상·장·코·스·닥·기·업·분·석

본 책자 이용 시 유의사항

 상장 · 코스닥 기업분석 2017년 가을호

발행일 2017년 10월 16일
발행인 장대환
편집인 매경이코노미 · 에프앤가이드
발행처 매일경제신문사
  서울시 중구 퇴계로 190 매경미디어센터
  대표전화 02)2000-2520~7
  FAX 02)2000-2539
인쇄처 M-PRINT 031)8071-0960
ISBN 979-11-5542-752-1(03320)

〈22,000원〉

매일경제·에프앤가이드 상장기업분석 2017년 가을호는 주식투자의 대중화 시대를 맞아 일반투자자에 대한 효율적인 정보제공을 목적으로 **매일경제신문사**가 에프앤가이드의 협조를 받아 제작했습니다.

■ **개요/재무자료** : 에프앤가이드가 보유하고 있는 기업정보 DB와 금융감독원의 공시사이트(DART)에서 최근 6개 사업연도 사업보고서 및 감사보고서를 분석해 수록, 2017년 9월 22일 현재 자료 미입수 및 자료 미제출 기업의 경우 기존 제출된 최근 보고서 기준으로 작성

■ **수록기준** : 2017년 9월 22일 현재 한국거래소 유가증권시장에 상장된 750개사, 코스닥시장에 상장된 1,195개사, 코넥스 시장에 상장된 150개사 등 총 2,095개사를 가나다순으로 수록

■ **기업명** : 해당 회사의 한글 및 영문 회사명

■ **기업코드** : 해당 회사의 보통주 기준 단축코드

■ **업종분류** : 에프앤가이드 표준산업분류 (FICS, FnGuide Industry Classification Standard) 기준

■ **신용등급** : 해당 회사의 단기(기업어음) 및 장기(회사채) 채권에 대한 국내 신용평가 3사의 유효등급 중 최저등급

국내 신용평가회사의 신용등급 체계			
구분	장기	단기	· 장기/단기는 각각 1년이상/미만
투자 등급	AAA, AA, A, BBB	A1, A2, A3	· 장기 AA~CCC와 단기 A2~B 등급에는
투기 등급	BB, B, CCC, CC, C, D	B, C, D	상대적 우열에 따라 +, − 기호 첨부

■ **기업규모** : 유가증권시장 소속회사는 시가총액 순위에 따라 분류, 코스닥시장 소속회사는 우량, 중견, 벤처, 신성장으로 분류
(시가총액 대형 : 1~100위, 중형 : 101~300위, 소형 : 301위 이하)

■ **홈페이지** : 해당 회사의 웹사이트 홈페이지 URL

■ **연락처** : 해당회사의 본사 대표전화번호

■ **기업개요**

· 설립일 : 법인으로 설립 혹은 전환된 날짜
· 액면가 : 2017년 9월 22일 기준 주당 액면가
· 종업원수 : 최근에 공시한 사업·반기·분기 보고서 상의 상시 종업원수(임원 제외)
· 감사의견 : 최근 사업연도 외부감사인 및 감사의견(분기·반기의 경우 직전 사업연도 외부감사인 및 감사의견 기재)
· 주식수 : 2017년 9월 22일 기준 보통주와 우선주의 총발행주식수
· 계열 : 공정거래위원회 발표 상호출자제한 기업집단 기준 소속 계열
· 구상호 : 최근 5년 이내에 상호를 변경한 회사의 직전 상호

■ **주주구성** : 데이터 마감일 기준 주요주주의 보통주 지분율과 2017년 9월 22일 기준 외국인 지분율

■ **출자관계** : 출자 관계사명, 지분율(출자액, 지분율 등 중요도 기준 상위 회사)

■ **주요 경쟁사** : 유가증권시장과 코스닥시장에 상장된 회사 중 동일 업종에 속한 회사와 각 회사의 비교가능한 외형을 기재
(제조업은 최근 사업·반기·분기 보고서 기준 매출액, 금융업종은 영업수익 또는 업종별 주요 수익 계정)

■ **매출/수익구성** : 매출비중이 높은 제품·상품·사업부문의 구성비, 금융업종은 영업수익의 구성비율

■ **비용구성** : 매출액 대비 매출원가와 판매 및 일반관리비가 차지하는 비중, 금융업종은 영업비용의 구성비율

■ **수출비중** : 사업·반기·분기 보고서 기준 매출액 대비 수출 및 내수 비중

■ **회사개요** : 사업·반기·분기 보고서에 기재된 내용을 토대로 해당 회사가 속한 업종, 해당 회사의 영업현황, 연혁, 경쟁력 등을 수록
(일부 관리종목은 회사개요를 기재하지 않음)

■ **시장 대비 수익률**

· 기간 : 2012년 7월 7일 ~ 2017년 9월 23일
· 굵은 선 : 기간 내 해당 회사(보통주)의 주간 수정 주가
· 가는 선 : 기간 내 해당 회사(보통주)의 벤치마크 지수 대비 수익률
　※벤치마크 지수 대비 수익률
　　= 해당 회사(보통주)의 2012년 7월 7일 대비 주가 수익률
　　　－ 2012년 7월 7일 대비 KOSPI 또는 KOSDAQ 지수의 수익률

■ **IFRS의 적용**

· IFRS가 일부 유예 업종을 제외하고 전 상장사에 적용됨에 따라 본 책자에서도 IFRS를 적용한 재무제표를 수록함
· 본 책자에 수록된 재무제표는 IFRS 적용 연결재무제표를 기본으로 함
　(IFRS 적용 연결재무제표 외의 재무제표를 수록하는 경우, 해당 재무제표의 구분을 별도 표기)
· IFRS 적용 기업 간 계정의 정의가 동일하지 않은 경우 해당 계정은 에프앤가이드가 정한 계정정의에 따라 표기함
　따라서 해당 회사의 IFRS 적용 방식에 따라 회사가 발표한 수치와 본 책자에 표시된 내용이 상이할 수 있음
· IFRS 적용 기업의 기존 GAAP 기준 계정은 에프앤가이드의 계정정의에 따라 IFRS 기준으로 변환하여 수록함
　단, 해당 회사가 IFRS 기준으로 변환 가능한 GAAP 기준 수치를 발표한 경우에 한하여 변환함
　(예 : IFRS 기준 연결재무제표를 발표하는 기업이 GAAP 기준으로 연결재무제표를 발표하지 않은 경우 변환하지 않음)
· IFRS 적용 의무 및 반기·분기 보고서 제출 의무가 면제되는 코넥스 상장사의 재무제표는 IFRS 적용 여부를 무시함.

[기업가치 지표와 재무 비율]

주가관련 지표

주가(최고/최저)	기중의 보통주 최고/최저가, 주식분할/병합 시 과거 주가를 조정한 수정주가 기준
PER(최고/최저)	수정주가(최고/최저) ÷ 주당순이익
PBR(최고/최저)	수정주가(최고/최저) ÷ 주당순자산
PSR(최고/최저)	기중의 보통주 최고/최저가 ÷ 주당매출액(또는 주당영업수익)
EV/EBITDA	EV ÷ EBITDA

- EV(Enterprise Value) = 시가총액 + 자본총계(비지배주주지분) + 순차입금
- 시가총액 = 주식수(상장예정주/우선주 포함) × 기말주가
- 순차입금 = 금융부채 − (현금 및 현금성자산 + 단기금융자산)

※ EV 및 EBITDA는 당사의 계정 재분류 작업으로 인해 기존 과거 데이터가 변경될 수도 있음

내재가치 지표

EPS(주당순이익)	지배주주귀속당기순이익 ÷ 평균발행주식수(우선주 및 자기주식 포함)

- 연결재무제표가 아닌 경우 : 당기순이익 ÷ 평균발행주식수(우선주 및 자기주식 포함)
- 평균발행주식수 = (기초발행주식수 + 무상증자/주식배당/사채전환발행주식수 +
  유상증자발행주식수) × (발행일로부터 기말까지의 일수) ÷ 기중총일수

BPS(주당순자산)	(지배주주지분 + 자기주식) ÷ 기말발행주식수

- 연결재무제표가 아닌 경우 : (자본총계 + 자기주식) ÷ 기말발행주식수

CFPS(주당현금흐름)	총현금흐름 ÷ 평균발행주식수(우선주 및 자기주식 포함)

- 총현금흐름 = NOPLAT(세후영업이익) + 감가상각비
- NOPLAT = 영업이익 × (1 − 법인세율)

DPS(주당배당금)	보통주 1주당 기말 현금배당금
EBITDAPS(주당EBITDA)	EBITDA ÷ 평균발행주식수(우선주 및 자기주식 포함)
EBITDA	세전영업이익(EBIT) + 감가상각비

※ 회계상의 순이익은 회계처리방식(감가상각법 등)과 영업 외적인 요인에 의해 크게 영향
  받을 수 있음에 따라 최근에는 이러한 요인에 의해 영향 받지 않는 EBITDA(Earnings Before
  Interest, Tax, Depreciation, Amortization)를 기업의 새로운 성과지표로 사용하는 추세임
  특히 국내외 업체의 수익력 비교, 업종간 수익력 비교시에는 필수적으로 활용됨

※ 분기, 반기 또는 결산기 변경의 경우에도 계절적인 요인에 의한 영향을 감안하여 순이익,
  현금흐름, EBITDA 등을 연간 환산하지 않음에 따라 비교시 주의해야 함

부채비율	부채총계 ÷ 자기자본 × 100
차입금비율	총차입금 ÷ 자기자본 × 100
ROA	당기순이익 ÷ 평균자산총계 × 100
ROE	지배주주귀속순이익 ÷ 평균지배주주지분 × 100
	◦ 연결재무제표가 아닌 경우 : 당기순이익 ÷ 평균자본총계 × 100
유보율	(지배주주지분 − 자본금 − 자기주식) ÷ 자본금 × 100
	◦ 연결재무제표가 아닌 경우 : (자본총계 − 자본금 − 자기주식) ÷ 자본금 × 100
자기자본비율	자본총계 ÷ 자산총계 × 100
EBITDA마진율	EBITDA ÷ 매출액 × 100
총자산증가율	(당기말총자산 − 전기말총자산) ÷ 전기말총자산 × 100

목차(가나다 순)

코드		종목명	페이지	코드		종목명	페이지	코드		종목명	페이지
036630	*	세종텔레콤	392	A035510		신세계아이앤씨	423	A079160		씨제이씨지브이	454
039310	*	세중	393	A031430		신세계인터내셔날	424	A011150		씨제이씨푸드	455
075580		세진중공업	393	A031440		신세계푸드	424	A035760	*	씨제이오쇼핑	455
067770		세진티에스	394	A006880		신송홀딩스	425	A130960	*	씨제이이앤엠	456
053450		세코닉스	394	A056000	*	신스타임즈	425	A097950		씨제이제일제당	456
027970		세하	395	A002800	*	신신제약	426	A051500	*	씨제이프레시웨이	457
145210		세화아이엠씨	395	A005800		신영와코루	426	A037560		씨제이헬로비전	457
252500		세화피앤씨	396	A001720		신영증권	427	A096530	*	씨젠	458
049180	*	셀루메드	396	A009270		신원	427	A900120	*	씨케이에이치	458
108860	*	셀바스에이아이	397	A017000	*	신원종합개발	428	A235090	**	씨케이컴퍼니	459
208370	*	셀바스헬스케어	397	A002700		신일산업	428	A101240	*	씨큐브	459
068270	*	셀트리온	398	A012790	*	신일제약	429	A047920	*	씨트리	460
068760	*	셀트리온제약	398	A138070		신진에스엠	429	A189540	**	씨티네트웍스	460
091990	*	셀트리온헬스케어	399	A019170	*	신풍제약	430	A060590	*	씨티씨바이오	461
053110	*	소리바다	399	A002870		신풍제지	430	A036170	*	씨티엘	461
032680	*	소프트센	400	A005450		신한	431				
210610	**	소프트캠프	400	A055550		신한금융지주회사	431			**아**	
066910	*	손오공	401	A001770		신화실업	432	A013990	*	아가방앤컴퍼니	462
043100	*	솔고바이오메디칼	401	A056700	*	신화인터텍	432	A123860	*	아나패스	462
154040	*	솔루에타	402	A187270	*	신화콘텍	433	A008700		아남전자	463
035610	*	솔본	402	A004080		신흥	433	A058220	*	아리온테크놀로지	463
036830	*	솔브레인	403	A108320	*	실리콘웍스	434	A090430		아모레퍼시픽	464
230980	*	솔트웍스	403	A222800	*	심텍	434	A002790		아모레퍼시픽그룹	464
004430		송원산업	404	A036710	*	심텍홀딩스	435	A052710	*	아모텍	465
086980	*	쇼박스	404	A090730	*	심팩메탈	435	A074430	*	아미노로직스	465
050960	*	수산아이앤티	405	A160980	*	싸이맥스	436	A092040	*	아미코젠	466
017550	*	수산중공업	405	A102280		쌍방울	436	A083930	*	아바코	466
084180	*	수성	406	A047400		쌍용머티리얼	437	A149950	*	아바텍	467
253840	**	수젠텍	406	A003410		쌍용양회공업	437	A090370		아비스타	467
185190	**	수프로	407	A003620		쌍용자동차	438	A036010	*	아비코전자	468
236200	*	슈프리마	407	A010280	*	쌍용정보통신	438	A002030		아세아	468
094840	*	슈프리마에이치큐	408	A004770		써니전자	439	A183190		아세아시멘트	469
192440	*	슈피겐코리아	408	A051170	*	썬코어	439	A002310		아세아제지	469
099440	*	스맥	409	A217320	**	썬테크	440	A050860	*	아세아텍	470
159910	*	스킨앤스킨	409	A122800		썬테크놀로지스	440	A246720	*	아스타	470
115570	*	스타플렉스	410	A208640	*	썸에이지	441	A067390	*	아스트	471
258540	**	스템랩	410	A222420	*	쎄노텍	441	A127710	*	아시아경제	471
087220	*	스틸플라워	411	A037760	*	쎄니트	442	A020560		아시아나항공	472
028040	*	스페로글로벌	411	A136510	*	쎄미시스코	442	A154030	**	아시아종묘	472
245030	**	스페이스솔루션	412	A099320	*	쎄트렉아이	443	A227610	*	아우딘퓨쳐스	473
013810	*	스페코	412	A049960	*	쎌바이오텍	443	A143160	*	아이디스	473
039670	*	스포츠서울	413	A050890	*	쏠리드	444	A054800	*	아이디스홀딩스	474
049830	*	승일	413	A060310	*	쓰리에스코리아	444	A060570	*	아이리버	474
020710	*	시공테크	414	A099830	*	씨그널엔터테인먼트그룹	445	A122900		아이마켓코리아	475
033170	*	시그네틱스	414	A066790		씨씨에스충북방송	445	A099190	*	아이센스	475
260870	**	시그넷이브이	415	A222080	*	씨아이에스	446	A214430	*	아이쓰리시스템	476
246830	**	시냅스엠	415	A004920		씨아이테크	446	A040910	*	아이씨디	476
048870	*	시너지이노베이션	416	A103660	**	씨앗	447	A068940	*	아이씨케이	477
025320	*	시노펙스	416	A245450	**	씨앤에스링크	447	A052860	*	아이앤씨테크놀로지	477
131090	*	시큐브	417	A032040	*	씨앤에스자산관리	448	A010780		아이에스동서	478
232830	**	시큐센	417	A023460	*	씨앤에이치	448	A095340	*	아이에스시	478
016590		신대양제지	418	A065770	*	씨에스	449	A069920	*	아이에스이커머스	479
029530		신도리코	418	A083660	*	씨에스에이코스믹	449	A038880	*	아이에이	479
004970		신라교역	419	A112610		씨에스윈드	450	A003560		아이에이치큐	480
001000	*	신라섬유	419	A000590		씨에스홀딩스	450	A079440		아이엔지생명보험	480
025870	*	신라에스지	420	A115530	*	씨엔플러스	451	A101390	*	아이엠	481
215600	*	신라젠	420	A225330	*	씨엠에스에듀	451	A052220	*	아이엠비씨	481
065350	*	신성델타테크	421	A058820	*	씨엠지제약	452	A226350	*	아이엠텍	482
011930	*	신성이엔지	421	A115480	*	씨유메디칼시스템	452	A078860	*	아이오케이컴퍼니	482
005390		신성통상	422	A189330	**	씨이랩	453	A114810	*	아이원스	483
004170		신세계	422	A001040		씨제이	453	A023430	*	아이이	483
034300		신세계건설	423	A000120		씨제이대한통운	454	A031310	*	아이즈비전	484

종목코드		종목명	페이지
A139050	*	아이지스시스템	484
A185490	*	아이진	485
A059100	*	아이컴포넌트	485
A149010	**	아이케이세미콘	486
A039570		아이콘트롤스	486
A052460	*	아이크래프트	487
A119830	*	아이텍반도체	487
A124500	*	아이티센	488
A099520	*	아이티엑스엠투엠	488
A033660		아주캐피탈	489
A032080	*	아즈텍더블유비이	489
A013310	*	아진산업	490
A059120	*	아진엑스텍	490
A023890	*	아트라스비엑스	491
A101140		아티스	491
A067160	*	아프리카티비	492
A001540	*	안국약품	492
A053800	*	안랩	493
A251280	*	안지오랩	493
A065660	*	안트로젠	494
A271400	**	알로이스	494
A001780	*	알루코	495
A002250		알보젠코리아	495
A106080	*	알비케이이엠디	496
A131370	*	알서포트	496
A140670	*	알에스오토메이션	497
A096610	*	알에프세미	497
A218410	*	알에프에이치아이씨	498
A061040	*	알에프텍	498
A148250	*	알엔투테크놀로지	499
A196170	*	알테오젠	499
A123750	*	알톤스포츠	500
A085810	*	알티캐스트	500
A117670	*	알파홀딩스	501
A007630		암니스	501
A267810	**	앙츠	502
A161000		애경유화	502
A196300	*	애니젠	503
A205500	*	액션스퀘어	503
A052790	*	액토즈소프트	504
A131400	*	액트	504
A238090	*	앤디포스	505
A174900	*	앱클론	505
A030960	*	양지사	506
A102120	*	어보브반도체	506
A224810	**	엄지하우스	507
A019990	*	에너토크	507
A011090		에넥스	508
A208890	**	에듀케이션파트너	508
A025980	*	에머슨퍼시픽	509
A041440	*	에버다임	509
A270660	**	에브리봇	510
A038680	*	에스넷시스템	510
A217480	*	에스디생명공학	511
A121890	*	에스디시스템	511
A099220	*	에스디엔	512
A030270	*	에스마크	512
A097780	*	에스맥	513
A019550	*	에스비아이인베스트먼트	513
A950110	*	에스비아이핀테크솔루션즈	514
A034120		에스비에스	514
A101060		에스비에스미디어홀딩스	515
A046140	*	에스비에스콘텐츠허브	515
A042110	*	에스씨디	516
A036120	*	에스씨아이평가정보	516
A065420	*	에스아이리소스	517
A009160		에스아이엠피에이씨	517
A050320	*	에스아이티글로벌	518
A270210	**	에스알바이오텍	518
A103230	*	에스앤더블류	519
A260970	**	에스앤디	519
A900080	*	에스앤씨엔진그룹	520
A101490	*	에스앤에스텍	520
A064960		에스앤티모티브	521
A100840		에스앤티씨	521
A003570	*	에스앤티중공업	522
A036530	*	에스앤티홀딩스	522
A095910	*	에스에너지	523
A031330	*	에스에이엠티	523
A002360		에스에이치에너지화학	524
A060540	*	에스에이치	524
A158300	**	에스에이티	525
A112240	*	에스에프씨	525
A056190	*	에스에프에이	526
A036540	*	에스에프에이반도체	526
A080000	*	에스엔유프리시젼	527
A091340	*	에스엔케이폴리텍	527
A160600	*	에스엔텍	528
A086460	**	에스엔피제네틱스	528
A005850		에스엘	529
A246250	**	에스엘에스	529
A252940	**	에스엠로보틱스	530
A041510	*	에스엠엔터테인먼트	530
A048550	*	에스엠컬처앤콘텐츠	531
A007820	*	에스엠코어	531
A251540	**	에스와이제이	532
A109610	*	에스와이패널	532
A012750	*	에스원	533
A123700		에스제이엠	533
A025530		에스제이엠홀딩스	534
A080440	*	에스제이케이	534
A004060		에스지세계물산	535
A049470	*	에스지에이	535
A184230	*	에스지에이솔루션즈	536
A232290	**	에스지에이시스템즈	536
A224880	**	에스지에이임베디드	537
A040610	*	에스지엔지	537
A001380		에스지충방	538
A034730		에스케이	538
A018670		에스케이가스	539
A001740		에스케이네트웍스	539
A210980		에스케이디앤디	540
A036490	*	에스케이머티리얼즈	540
A052260	*	에스케이바이오랜드	541
A011790		에스케이씨	541
A057500	*	에스케이씨솔믹스	542
A224020	**	에스케이씨에스	542
A178920	*	에스케이씨코오롱피아이	543
A096770		에스케이이노베이션	543
A001510		에스케이증권	544
A006120		에스케이케미칼	544
A017670		에스케이텔레콤	545
A000660		에스케이하이닉스	545
A096630	*	에스코넥	546
A069510	*	에스텍	5
A041910	*	에스텍파마	54
A039440	*	에스티아이	54
A011810		에스티엑스	5
A077970		에스티엑스엔진	5
A071970		에스티엑스중공업	5
A098660	*	에스티오	5
A052020	*	에스티큐브	5
A237690	*	에스티팜	5
A050760	*	에스폴리텍	5
A005610		에스피씨삼립	5
A058610	*	에스피지	5
A043340	*	에쎈테크	5
A023960		에쓰씨엔지니어링	5
A010950		에쓰-오일	5
A054630	*	에이디칩스	5
A200710	*	에이디테크놀로지	5
A078520	*	에이블씨엔씨	5
A203400	**	에이비온	5
A003800	*	에이스침대	5
A088800	*	에이스테크놀로지	5
A138360	*	에이씨티	5
A015260		에이엔피	5
A234070	**	에이원알폼	5
A035290	*	에이원앤	5
A095570		에이제이네트웍스	5
A068400		에이제이렌터카	5
A078150	*	에이치비테크놀러지	5
A072990	*	에이치시티	5
A036640	*	에이치알에스	5
A044990	**	에이치엔에스하이텍	5
A176440	*	에이치엔티일렉트로닉스	5
A028300	*	에이치엘비	5
A067630	*	에이치엘비생명과학	5
A043220	*	에이치엘비파워	5
A239610	*	에이치엘사이언스	5
A044780	*	에이치케이	5
A006840		에이케이홀딩스	5
A071670	*	에이테크솔루션	5
A045660	*	에이텍	5
A224110	*	에이텍티앤	5
A021080	*	에이티넘인베스트먼트	5
A089530	*	에이티세미콘	5
A182400	*	에이티젠	5
A073570	*	에이티테크놀러지	5
A003060		에이프로젠제약	5
A109960	*	에이프로젠헬스케어앤게임	5
A265520	*	에이피시스템	5
A054620	*	에이피에스홀딩스	5
A211270	*	에이피위성	5
A043580	*	에임하이글로벌	5
A214870	*	에치디프로	5
A230360	*	에코마케팅	5
A038870	*	에코바이오홀딩스	5
A086520	*	에코프로	5
A038110	*	에코플라스틱	5
A073540	*	에코프알텍	5
A064850	**	에프앤가이드	5
A064090	*	에프앤리퍼블릭	5
A007700		에프앤에프	5
A036810	*	에프에스티	5
A063440	*	에프엔씨애드컬쳐	5

Code		Name	Page	Code		Name	Page	Code		Name	Page
173940	★	에프씨엔터테인먼트	577	A032790	★	엠젠플러스	608	A057030	★	와이비엠넷	639
083500	★	에프엔에스테크	578	A180400	★	엠지메드	609	A122990	★	와이솔	640
065160		에프티아이앤이	578	A033160	★	엠케이전자	609	A232140	★	와이아이케이	640
054940	★	엑사이엔씨	579	A069640		엠케이트렌드	610	A067900	★	와이엔텍	641
950130	★	엑세스바이오	579	A259630	★	엠플러스	610	A155650	★	와이엠씨	641
205100	★	엑셈	580	A065150	★	엠피그룹	611	A251370	★	와이엠티	642
092870	★	엑시콘	580	A219550	★	엠피한강	611	A066430	★	와이오엠	642
067570	★	엔브이에이치코리아	581	A115960	★	연우	612	A193250	★	와이제이엠게임즈	643
036570		엔씨소프트	581	A090740	★	연이정보통신	612	A122870	★	와이지엔터테인먼트	643
008260		엔아이스틸	582	A014440		영보화학	613	A019210	★	와이지-원	644
054340	★	엔알케이	582	A007530	★	영신금속공업	613	A037270		와이지플러스	644
217820	★	엔에스	583	A143540	★	영우디에스피	614	A040300	★	와이티엔	645
138250		엔에스쇼핑	583	A111770		영원무역	614	A079000	★	와토스코리아	645
031860	★	엔에스엔	584	A009970		영원무역홀딩스	615	A900180	★	완리	646
224760	★★	엔에스컴퍼니	584	A036180	★	영인프런티어	615	A070960		용평리조트	646
104200	★	엔에이치엔벅스	585	A003520		영진약품	616	A114630	★	우노앤컴퍼니	647
181710	★	엔에이치엔엔터테인먼트	585	A000670		영풍	616	A032820	★	우리기술	647
060250	★	엔에이치엔한국사이버결제	586	A036560	★	영풍정밀	617	A041190	★	우리기술투자	648
005940		엔에이치투자증권	586	A006740		영풍제지	617	A115440	★	우리넷	648
208860	★	엔지스테크널러지	587	A242850	★★	영현무역	618	A004720		우리들제약	649
183490	★★	엔지켐생명과학	587	A012280		영화금속	618	A118000		우리들휴브레인	649
085310	★	엔케이	588	A012160		영흥철강	619	A046970	★	우리로	650
009810	★	엔케이물산	588	A036000	★	예림당	619	A215360	★	우리산업	650
206400	★	엔터메이트	589	A053280	★	예스이십사	620	A072470	★	우리산업홀딩스	651
069410	★	엔텔스	589	A015360		예스코	620	A073560	★	우리손에프앤지	651
004250		엔피씨	590	A122640	★	예스티	621	A000030		우리은행	652
048830	★	엔피케이	590	A179720	★★	엘로페이	621	A153490	★	우리아엔엘	652
096870	★	엘디티	591	A900300	★	오가닉티코스메틱스	622	A082850	★	우리이티아이	653
061970	★	엘비세미콘	591	A045060	★	오공	622	A037400	★	우리조명	653
138690	★	엘아이에스	592	A080520	★	오디텍	623	A010050		우리종합금융	654
079550	★	엘아이지넥스원	592	A007310		오뚜기	623	A101170	★	우림기계	654
066970	★	엘앤에프	593	A039830	★	오로라월드	624	A006980		우성사료	655
156100	★	엘앤케이바이오메드	593	A046120	★	오르비텍	624	A194610	★	우성아이비	655
006260		엘에스	594	A014940	★	오리엔탈정공	625	A066590	★	우수에이엠에스	656
000680	★	엘에스네트웍스	594	A002630		오리엔트바이오	625	A017370		우신시스템	656
010120		엘에스산전	595	A065500	★	오리엔트정공	626	A046940	★	우원개발	657
229640		엘에스전선아시아	595	A271560		오리온	626	A215380	★	우정비에스씨	657
093050		엘에프	596	A001800		오리온홀딩스	627	A065680	★	우주일렉트로닉스	658
073110	★	엘엠에스	596	A010470	★	오리콤	627	A105840		우진	658
083310	★	엘오티베큠	597	A227420	★★	오백볼트	628	A018620	★	우진비앤지	659
003550		엘지	597	A053980	★	오상자이엘	628	A049800		우진플라임	659
034220		엘지디스플레이	598	A052420	★	오성엘에스티	629	A016880		웅진	660
001120		엘지상사	598	A241790	★	오션브릿지	629	A095720		웅진씽크빅	660
051900		엘지생활건강	599	A039200	★	오스코텍	630	A103130		웅진에너지	661
032640		엘지유플러스	599	A226400	★★	오스테오닉	630	A005820		원림	661
011070		엘지이노텍	600	A031510	★	오스템	631	A032940	★	원익	662
066570		엘지전자	600	A048260	★	오스템임플란트	631	A104830	★	원익머트리얼즈	662
108670		엘지하우시스	601	A010060		오씨아이	632	A240810	★	원익아이피에스	663
051910		엘지화학	601	A138080	★	오이솔루션	632	A014190	★	원익큐브	663
037950	★	엘컴텍	602	A080580	★	오킨스전자	633	A074600	★	원익큐엔씨	664
170920	★	엘티씨	602	A067170	★	오텍	633	A030530	★	원익홀딩스	664
183350	★★	엘피케이	603	A173130	★★	오파스넷	634	A012620	★	원일특강	665
058630	★	엠게임	603	A049480	★	오픈베이스	634	A216280	★★	원텍	665
086960	★	엠디에스테크놀로지	604	A196450	★	온다엔터테인먼트	635	A008370	★	원풍	666
058970	★★	엠로	604	A057540	★	옴니시스템	635	A008290	★	원풍물산	666
019590	★	엠벤처투자	605	A057680	★	옴니텔	636	A101160	★	월덱스	667
097520	★	엠씨넥스	605	A123010	★	옵토팩	636	A095270	★	웨이브일렉트로닉스	667
225860	★★	엠앤씨생명과학	606	A082210	★	옵트론텍	637	A065950	★	웰크론	668
009780	★	엠에스씨	606	A109080	★	옵티시스	637	A114190	★	웰크론강원	668
123040	★	엠에스오토텍	607	A051390	★	와이더블유	638	A076080	★	웰크론한텍	669
023150		엠에이치에탄올	607	A052770	★	와이디온라인	638	A196700	★	웹스	669
251960	★★	엠피엠코리아	608	A010600		와이비로드	639	A069080	★	웹젠	670

종목코드		종목명	페이지
A039790	*	위노바	670
A044340	*	위닉스	671
A112040	*	위메이드엔터테인먼트	671
A024070		위스컴	672
A140660	**	위월드	672
A038620	*	위즈코프	673
A036090	*	위지트	673
A136540	*	윈스	674
A097800	*	윈팩	674
A192390	*	윈하이텍	675
A008600		윌비스	675
A044480	*	유니더스	676
A014830		유니드	676
A036200	*	유니셈	677
A018000	*	유니슨	677
A000910		유니온	678
A203450	*	유니온커뮤니티	678
A011330		유니켐	679
A077500		유니퀘스트	679
A011320	*	유니크	680
A086390	*	유니테스트	680
A241690	*	유니테크노	681
A142210	*	유니트론텍	681
A121060	**	유니포인트	682
A091270	**	유디피	682
A048430	*	유라테크	683
A206650	*	유바이오로직스	683
A089850	*	유비벨록스	684
A084440	*	유비온	684
A032620	*	유비케어	685
A264450	*	유비쿼스	685
A078070	*	유비쿼스홀딩스	686
A002920		유성기업	686
A024800	*	유성티엔에스	687
A000700	*	유수홀딩스	687
A054930	*	유신	688
A252370	**	유쎌	688
A069330	*	유아이디	689
A049520	*	유아이엘	689
A003470		유안타증권	690
A056090	*	유앤아이	690
A011690		유양디앤유	691
A072130	*	유엔젤	691
A000220		유유제약	692
A195990	*	유지인트	692
A023410	*	유진기업	693
A056080	*	유진로봇	693
A084370	*	유진테크	694
A001200		유진투자증권	694
A178780	*	유테크	695
A221800	**	유투바이오	695
A000100		유한양행	696
A003460		유화증권	696
A191410	*	육일씨엔에쓰	697
A008730		율촌화학	697
A008250		이건산업	698
A039020	*	이건홀딩스	698
A025820		이구산업	699
A060230	*	이그잭스	699
A067920	*	이글루시큐리티	700
A044960	*	이-글벳	700
A214320		이노션	701
A073490	*	이노와이어리스	701
A215790	*	이노인스트루먼트	702
A088390	*	이녹스	702
A272290	*	이녹스첨단소재	703
A053350	*	이니텍	703
A258610	*	이더블유케이	704
A033110	*	이디	704
A041520	*	이라이콤	705
A054210	*	이랜텍	705
A065440	*	이루온	706
A139480		이마트	706
A036260	*	이매진아시아	707
A115610		이미지스테크놀로지	707
A078020	*	이베스트투자증권	708
A208850	**	이비테크	708
A080010	*	이상네트웍스	709
A086890	*	이수앱지스	709
A007660		이수페타시스	710
A005950		이수화학	710
A015020	*	이스타코	711
A047560	*	이스트소프트	711
A900110	*	이스트아시아홀딩스	712
A067010	*	이씨에스텔레콤	712
A093230		이아이디	713
A223310	*	이에스브이	713
A241510	**	이에스산업	714
A052190	*	이에스에이	714
A101360	**	이엔디디	715
A074610		이엔쓰리	715
A102710	*	이엔에프테크놀로지	716
A094190	*	이엘케이	716
A063760	*	이엘피	717
A123570	*	이엠넷	717
A079190	*	이엠따블유	718
A095190	*	이엠코리아	718
A091120	*	이엠텍	719
A232530	**	이엠티	719
A102460		이연제약	720
A039030	*	이오테크닉스	720
A017940		이원	721
A088290	*	이원컴포텍	721
A084680		이월드	722
A033600	*	이젠텍	722
A181340	*	이즈미디어	723
A037370	*	이지	723
A035810	*	이지바이오	724
A090850	*	이지웰페어	724
A092130	*	이크레더블	725
A016250	*	이테크건설	725
A096040	*	이트론	726
A134060	*	이퓨처	726
A001840	*	이화공영	727
A000760	*	이화산업	727
A024810	*	이화전기공업	728
A014990	*	인디에프	728
A041830	*	인바디	729
A079950	*	인베니아	729
A062580	**	인산가	730
A060150	*	인선이엔티	730
A033230	*	인성정보	731
A006490		인스코비	731
A037330	*	인지디스플레이	732
A023800		인지컨트롤스	7
A034590		인천도시가스	73
A211050	**	인카금융서비스	73
A083640	*	인콘	73
A216050	*	인크로스	73
A049070	*	인탑스	73
A119610	*	인터로조	73
A158310	*	인터불스	73
A017250	*	인터엠	73
A129260		인터지스	73
A240340	**	인터코스	73
A108790	*	인터파크	73
A035080	*	인터파크홀딩스	73
A051370	*	인터플렉스	73
A064290	*	인텍플러스	73
A189300	*	인텔리안테크놀로지스	74
A150840	*	인트로메딕	74
A048530	*	인트론바이오테크놀로지	74
A023810		인팩	74
A175140	*	인포마크	74
A115310	*	인포바인	74
A039290	*	인포뱅크	74
A041020	*	인프라웨어	74
A247300	**	인프라웨어테크놀러지	74
A071200	*	인피니트헬스케어	74
A101930	*	인화정공	74
A078940	*	일경산업개발	74
A249420		일동제약	74
A000230		일동홀딩스	74
A013360		일성건설	74
A003120		일성신약	74
A068330	*	일신바이오베이스	74
A003200		일신방직	74
A007110		일신석재	74
A058450	*	일야	74
A007570		일양약품	7
A008500		일정실업	7
A019540	*	일지테크	7
A081000		일진다이아몬드	7
A020760		일진디스플레이	7
A020150		일진머티리얼즈	7
A103590		일진전기	7
A094820	*	일진파워	7
A015860		일진홀딩스	7
A226320		잇츠한불	7
A950140	*	잉글우드랩	7
A049550	*	잉크테크	7

자

A230400	**	자비스	7
A043910	*	자연과환경	7
A234920	*	자이글	7
A033240		자화전자	7
A174880	*	장원테크	7
A049630	*	재영솔루텍	7
A000950		전방	7
A120780	**	전우정밀	7
A208140	*	정다운	7
A022220	*	정산애강	7
A040420	*	정상제이엘에스	7
A045510	*	정원엔시스	7
A065620	*	제낙스	7

종목코드		종목명	페이지
A064820	★	케이프	853
A256940	★	케이피에스	854
A024880	★	케이피에프	854
A083420		케이피엑스그린케미칼	855
A114450	★	케이피엑스라이프사이언스	855
A025000	★	케이피엑스케미칼	856
A092230		케이피엑스홀딩스	856
A042040	★	케이피엠테크	857
A054410	★	케이피티유	857
A217600	★	켐온	858
A089010	★	켐트로닉스	858
A052400	★	코나아이	859
A094860	★	코닉글로리	859
A046070	★	코다코	860
A047770	★	코데즈컴바인	860
A080530		코디	861
A224060		코디엠	861
A900140		코라오홀딩스	862
A078650	★	코렌	862
A104540	★	코렌텍	863
A027050	★	코리아나화장품	863
A007810	★	코리아써키트	864
A101670	★	코리아에스이	864
A123410	★	코리아에프티	865
A152330		코리아오토글라스	865
A003690		코리안리재보험	866
A036690	★	코맥스	866
A049430	★	코메론	867
A183300	★	코미코	867
A041960	★	코미팜	868
A009730	★	코센	868
A189350	★★	코셋	869
A192820		코스맥스	869
A044820		코스맥스비티아이	870
A241710	★	코스메카코리아	870
A005070	★	코스모신소재	871
A005420		코스모화학	871
A069110	★	코스온	872
A071950		코아스	872
A166480	★	코아스템	873
A045970		코아시아홀딩스	873
A029960	★	코엔텍	874
A002020		코오롱	874
A003070		코오롱글로벌	875
A102940	★	코오롱생명과학	875
A120110		코오롱인더스트리	876
A144620		코오롱패션머티리얼	876
A138490		코오롱플라스틱	877
A021240		코웨이	877
A033290	★	코웰패션	878
A056360	★	코위버	878
A121850	★	코이즈	879
A015710	★	코콤	879
A052330	★	코텍	880
A126600	★	코프라	880
A200130	★	콜마비앤에이치	881
A031820		콤텍시스템	881
A225650	★	쿠첸	882
A192400		쿠쿠전자	882
A060280	★	큐렉소	883
A040350	★	큐로컴	883
A051780	★	큐로홀딩스	884
A115180	★	큐리언트	884
A065560	★	큐브스	885
A182360	★	큐브엔터테인먼트	885
A066310	★	큐에스아이	886
A136660	★★	큐엠씨	886
A016600	★	큐캐피탈파트너스	887
A264900		크라운제과	887
A005740		크라운해태홀딩스	888
A058530	★	크레아플래닛	888
A215570	★★	크로넥스	889
A043590	★	크로바하이텍	889
A114120	★	크루셜텍	890
A900250	★	크리스탈신소재	890
A083790	★	크리스탈지노믹스	891
A045520	★	크린앤사이언스	891
A237880	★	클리오	892
A039490		키움증권	892
A012170	★	키위미디어그룹	893
A054780	★	키이스트	893

타

종목코드		종목명	페이지
A219130	★	타이거일렉	894
A065130	★	탑엔지니어링	894
A015890		태경산업	895
A006890		태경화학	895
A023160	★	태광	896
A003240		태광산업	896
A011280	★	태림포장	897
A053620	★	태양	897
A004100		태양금속공업	898
A116100	★★	태양기계	898
A072520	★	태양씨앤엘	899
A009410		태영건설	899
A044490	★	태웅	900
A001420		태원물산	900
A007980		태평양물산	901
A191420	★	테고사이언스	901
A123100	★	테라세미콘	902
A182690	★	테라셈	902
A066700	★	테라젠이텍스	903
A095610	★	테스	903
A131970	★	테스나	904
A089030	★	테크윙	904
A038540	★	텍셀네트컴	905
A054450	★	텔레칩스	905
A091440	★	텔레필드	906
A078000	★	텔코웨어	906
A200230	★	텔콘	907
A214420		토니모리	907
A215480	★	토박스코리아	908
A051360	★	토비스	908
A045340	★	토탈소프트뱅크	909
A057880	★	토필드	909
A108230	★	톱텍	910
A079970	★	투비소프트	910
A066410	★	투원글로벌	911
A199800	★★	툴젠	911
A052290	★	트레이스	912
A105550	★	트루윈	912
A026150	★	특수건설	913
A033830	★	티비씨	913
A084870		티비에이치글로벌	914

종목코드		종목명	페이지
A002710		티씨씨동양	91
A228180	★★	티씨엠생명과학	91
A064760	★	티씨케이	91
A131290	★	티에스이	91
A246690	★	티에스인베스트먼트	91
A019180		티에이치엔	91
A062860	·	티엘아이	91
A004870		티웨이홀딩스	91
A032540	★	티제이미디어	91
A191600	★★	티케이씨	91
A104480	★	티케이케미칼	91
A081150	★	티플랙스	92
A130740	★	티피씨	92
A048770	★	티피씨메카트로닉스	92
A217880	★★	틸론	92
A134790		팀스	922
A084730	★	팅크웨어	922

파

종목코드		종목명	페이지
A046210	★	파나진	923
A034230	★	파라다이스	923
A033540	★	파라텍	924
A043200	★	파루	924
A214450	★	파마리서치프로덕트	925
A005690		파미셀	925
A177830	★	파버나인	926
A037070	★	파세코	926
A150900	★	파수닷컴	927
A047310	★	파워로직스	927
A170790	★	파이오링크	928
A049120	★	파인디앤씨	928
A038950	★	파인디지털	929
A106240	★	파인테크닉스	929
A131760	★	파인텍	930
A140860	★	파크시스템스	930
A091700	★	파트론	931
A194510	★	파티게임즈	931
A038160	★	팍스넷	932
A202960	★★	판도라티비	932
A032800	★	판타지오	933
A043090	★	팜스웰바이오	933
A036580		팜스코	934
A027710	★	팜스토리	934
A256090	★★	패션플랫폼	935
A054300	★	팬스타엔터프라이즈	935
A068050	★	팬엔터테인먼트	936
A028670		팬오션	936
A222110	★	팬젠	937
A010820		퍼스텍	937
A016800		퍼시스	938
A060900	★	퍼시픽바이오	938
A263750	★	펄어비스	939
A001020		페이퍼코리아	939
A087010	★	펩트론	940
A090080		평화산업	940
A043370	★	평화정공	941
A010770		평화홀딩스	941
A119500	★	포메탈	942
A016670	★	포비스티앤씨	942
A056730	★	포스링크	943
A005490		포스코	943
A058430		포스코강판	944

코드		종목명	페이지
047050		포스코대우	944
022100	*	포스코아이씨티	945
009520	*	포스코엠텍	945
003670	*	포스코켐텍	946
189690		포시에스	946
042940	*	포워드컴퍼니스	947
176560	**	포인트엔지니어링	947
141020		포티스	948
039230	*	폭스브레인	948
005670	*	푸드웰	949
094940	*	푸른기술	949
007330	*	푸른저축은행	950
017810		풀무원	950
093380	*	풍강	951
023900		풍국주정공업	951
103140		풍산	952
005810		풍산홀딩스	952
195440		퓨전데이타	953
214270		퓨쳐스트림네트웍스	953
220100		퓨쳐켐	954
035200	*	프럼파스트	954
203690		프로스테믹스	955
053610	*	프로텍	955
053160	*	프리엠스	956
075130	*	플랜티넷	956
222670	**	플럼라인생명과학	957
023770	*	플레이위드	957
266870		플렉스파워에이더블유에스	958
150440	*	피노텍	958
032580	*	피델릭스	959
258250	**	피시피아비아이티	959
051380	*	피씨디렉트	960
241820		피씨엘	960
237750		피앤씨테크	961
131390	*	피앤이솔루션	961
024850	*	피에스엠씨	962
031980	*	피에스케이	962
002230	*	피에스텍	963
242350	**	피엔아이시스템	963
239890	**	피엔에이치테크	964
037400	*	피엔티	964
024940		피엔풍년	965
044740	**	피엠디아카데미	965
028660	*	피제이메탈	966
006140	*	피제이전자	966
087600	*	픽셀플러스	967
033180		필룩스	967
064800	*	필링크	968
061580	*	필옵틱스	968

하

코드		종목명	페이지
086790		하나금융지주	969
067310	*	하나마이크론	969
166090		하나머티리얼즈	970
039130		하나투어	970
136480		하림	971
024660		하림홀딩스	971
033990	**	하우동천	972
049980	*	하이로닉	972
013030		하이록코리아	973
026700		하이비젼시스템	973
200470	*	하이셈	974

코드		종목명	페이지
A071090		하이스틸	974
A221840	*	하이즈항공	975
A106190	*	하이텍팜	975
A019490		하이트론씨스템즈	976
A000080		하이트진로	976
A000140		하이트진로홀딩스	977
A066130	*	하츠	977
A050540	*	한국	978
A004590	*	한국가구	978
A036460		한국가스공사	979
A039340	*	한국경제티브이	979
A005430		한국공항	980
A034950	*	한국기업평가	980
A010040		한국내화	981
A025540		한국단자공업	981
A222980	*	한국맥널티	982
A226610	**	한국비엔씨	982
A004090		한국석유공업	983
A025550	*	한국선재	983
A002200		한국수출포장공업	984
A002960		한국쉘석유	984
A017890	*	한국알콜산업	985
A033270		한국유나이티드제약	985
A002000		한국유리공업	986
A123890		한국자산신탁	986
A015760		한국전력공사	987
A052690		한국전력기술	987
A063570	*	한국전자금융	988
A041460	*	한국전자인증	988
A006200		한국전자홀딩스	989
A065530	*	한국전파기지국	989
A101680	*	한국정밀기계	990
A039740	*	한국정보공학	990
A053300	*	한국정보인증	991
A025770	*	한국정보통신	991
A002300		한국제지	992
A023350		한국종합기술	992
A025890		한국주강	993
A000970		한국주철관공업	993
A071320		한국지역난방공사	994
A104700		한국철강	994
A017960		한국카본	995
A023760	*	한국캐피탈	995
A054040	*	한국컴퓨터	996
A161890		한국콜마	996
A024720		한국콜마홀딩스	997
A021650	*	한국큐빅	997
A161390		한국타이어	998
A000240		한국타이어월드와이드	998
A053590	*	한국테크놀로지	999
A034830		한국토지신탁	999
A071050		한국투자금융지주	1000
A007280		한국특수형강	1000
A037230	*	한국팩키지	1001
A010100		한국프랜지공업	1001
A047810		한국항공우주산업	1002
A123690		한국화장품	1002
A003350		한국화장품제조	1003
A030520	*	한글과컴퓨터	1003
A052600	*	한네트	1004
A011500		한농화성	1004
A002390		한독	1005

코드		종목명	페이지
A014790		한라	1005
A092460	*	한라아이엠에스	1006
A060980		한라홀딩스	1006
A053690		한미글로벌건축사사무소	1007
A042700		한미반도체	1007
A008930		한미사이언스	1008
A128940		한미약품	1008
A047080	*	한빛소프트	1009
A009240		한샘	1009
A020000		한섬	1010
A003680		한성기업	1010
A105630		한세실업	1011
A016450		한세예스투포홀딩스	1011
A081970	*	한솔넥스지	1012
A009180		한솔로지스틱스	1012
A070300	*	한솔시큐어	1013
A099660	*	한솔신텍	1013
A221610	*	한솔씨앤피	1014
A070590	*	한솔인티큐브	1014
A213500		한솔제지	1015
A014680		한솔케미칼	1015
A004710		한솔테크닉스	1016
A010420		한솔피엔에스	1016
A004150		한솔홀딩스	1017
A025750		한솔홈데코	1017
A042520	*	한스바이오메드	1018
A004960		한신공영	1018
A011700		한신기계공업	1019
A078350	*	한양디지텍	1019
A045100	*	한양이엔지	1020
A001750		한양증권	1020
A018880		한온시스템	1021
A009420		한올바이오파마	1021
A014130		한익스프레스	1022
A046110	*	한일네트웍스	1022
A024740	*	한일단조공업	1023
A005860	*	한일사료	1023
A003300		한일시멘트	1024
A123840	*	한일진공	1024
A002220		한일철강	1025
A007770	*	한일화학공업	1025
A130660		한전산업개발	1026
A051600		한전케이피에스	1026
A107640	**	한중엔시에스	1027
A002320		한진	1027
A097230		한진중공업	1028
A003480		한진중공업홀딩스	1028
A180640		한진칼	1029
A061460	*	한진피앤씨	1029
A005110		한창	1030
A079170	*	한창산업	1030
A009460		한창제지	1031
A054920	*	한컴시큐어	1031
A077280	*	한컴지엠디	1032
A002680	*	한탑	1032
A066110		한프	1033
A000880		한화	1033
A027390		한화갤러리아타임월드	1034
A088350		한화생명보험	1034
A000370		한화손해보험	1035
A009830		한화케미칼	1035
A012450		한화테크윈	1036

부록 - 상장ETF 현황

목차(업종별 순)

종목코드		종목명	영문명	페이지
A221980	*	케이디켐	KDCHEM CO	831
A001390		케이지케미칼	KG Chemical	848
A083420		케이피엑스그린케미칼	KPX Green Chemical	855
A025000		케이피엑스케미칼	KPX CHEMICAL	856
A092230		케이피엑스홀딩스	KPX Holdings	856
A042040	*	케이피엠테크	KPMTECH	857
A089010	*	켐트로닉스	Chemtronics	858
A005420		코스모화학	Cosmo Chemical	871
A120110		코오롱인더스트리	KOLON INDUSTRIES	876
A144620		코오롱패션머티리얼	Kolon Fashion Material	876
A138490		코오롱플라스틱	KOLON PLASTICS	877
A900250	*	크리스탈소재	China Crystal New Material Holdings	890
A006890		태경화학	TaeKyung Chemical	895
A003240		태광산업	Taekwang Industrial	896
A104480	*	티케이케미칼	TK CHEMICAL	919
A002960		한국쉘석유	Hankook Shell Oil	984
A017890	*	한국알콜산업	Korea Alcohol Industrial	985
A017960		한국카본	HANKUK Carbon	995
A011500		한농화성	Hannong Chemicals	1004
A221610	*	한솔씨앤피	Hansol CNP	1014
A014680		한솔케미칼	Hansol Chemical	1015
A007770	*	한일화학공업	Hanil Chemical Ind	1025
A079170	*	한창산업	Hanchang Industry	1030
A009830		한화케미칼	Hanwha Chemical	1035
A097870	*	효성오앤비	Hyosung ONB	1072
A093370		후성	Foosung	1072
A079980		휴비스	HUVIS	1076
A069260		휴켐스	Huchems Fine Chemical	1079

건축소재

A198440	*	고려시멘트	KOREA CEMENT	50
A004440		대림씨엔에스	DAELIM C&S	127
A001520		동양	TONGYANG	183
A228340	*	동양파일	TONGYANG PILE	187
A003580		동원	Dong Won	189
A270020	**	두원석재	Doowon stone	201
A171120	*	라이온켐텍	Lion Chemtech	225
A006920	*	모헨즈	Mohenz	269
A014580		백광소재	Baek Kwang Mineral Products	292
A225530	*	보광산업	BoKwang Industry	295
A011390		부산산업	Busan Industrial	302
A038500	*	삼표시멘트	SAMPYO Cement	349
A079650	*	서산	SEOSAN	359
A004980		성신양회	Sungshin Cement	377
A028040	*	스페로글로벌	SPERO GLOBAL	411
A003410		쌍용양회공업	Ssangyong Cement Industri	437
A037760	*	쎄니트	Cenit	442
A183190		아세아시멘트	ASIA CEMENT COLTD	469
A000910		유니온	Union	678
A023410	*	유진기업	Eugene	693
A007110		일신석재	IlshinstoneCo	749
A112190	**	케이씨산업	KC INDUSTRY COLTD	834
A004090		한국석유공업	Korea Petroleum Industrial	983
A003300		한일시멘트	Hanil Cement	1024
A006390		현대시멘트	Hyundai Cement	1049
A060560	*	홈센타홀딩스	Home Center Holdings	1062

용기 및 포장

A008870		금비	Kumbi	72
A004780	*	대륙제관	DAERYUK CAN CO	126
A014160		대영포장	Dae Young Packaging	137
A014820		동원시스템즈	DONGWON SYSTEMS CORP	191
A033310	*	디케이디앤아이	DK D&I	2
A115390		락앤락	LOCK&LOCK	2
A005090		삼광글라스	Sam Kwang Glass CO	3
A014970	*	삼륭물산	SAMRYOONG	3
A023600	*	삼보판지	SAMBO CORRUGATED BO.	3
A003720		삼영화학공업	SAMYOUNG CHEMICAL	3
A004450		삼화왕관	Samhwa Crown & Closure	3
A049830	*	승일	SEUNG IL	4
A224020	**	에스케이씨에스	SKCS COLTD	5
A115960	*	연우	YONWOO CO	6
A005820		원림	Wonlim	6
A008730		율촌화학	YoulChon Chemical	69
A900290	*	지알티	Great Rich Technologies	80
A018290	*	지엠피	GMP	80
A011280		태림포장	Tailim Packaging	89
A002200		한국수출포장공업	Korea Export Packaging Inc	98
A037230	*	한국팩키지	Hankuk Package	100
A061460	*	한진피앤씨	Hanjin P&C	102

금속 및 광물

A039240	*	경남스틸	Kyeong Nam Steel	4
A010130		고려아연	Korea Zinc	5
A002240		고려제강	KISWIRE	5
A026910	*	광진실업	Kwang Jin Ind	5
A060480	*	국일신동	KUKIL METAL CO	6
A186230	**	그린플러스	GREEN PLUS	6
A053260	*	금강철강	Keum Kang Steel	7
A121600	*	나노신소재	Advanced Nano Products	8
A007460		나라케이아이씨	NARAKIC	8
A008350		남선알미늄	Namsun Aluminum	8
A048470	*	대동스틸	DaeDongSteel	12
A009190		대양금속	DaiYang Metal	13
A114920	**	대주이엔티	Daejoo Energy INnovation Technology	14
A012800		대창	Daechang	14
A084010		대한제강	Daehan Steel	153
A069460		대호에이엘	Daeho Al	156
A021040	*	대호피앤씨	DAEHO P&C COLTD	157
A005160	*	동국산업	DONGKUK INDUSTRIES CO	168
A075970	*	동국알앤에스	DONGKUK REFRACTORIES & STEEL CO	169
A001230		동국제강	Dongkuk Steel Mill	170
A016380		동부제철	DONGBU STEEL	174
A060380	*	동양에스텍	DONGYANG S ·TEC	185
A008970		동양철관	Dong Yang Steel Pipe	186
A004890		동일산업	Dongil Industries	194
A002690		동일제강	DONG IL STEEL MFG CO	195
A023790	*	동일철강	DONGIL STEEL	195
A024090		디씨엠	DCM	205
A155660		디에스알	DSR CORP	209
A069730		디에스알제강	DSR Wire	209
A033430	*	디에스티	DST	210
A001080		만호제강	Manho Rope & Wire	249
A008420		문배철강	Moon Bae Steel	271
A026940		부국철강	Bookook Steel	301
A100090	*	삼강엠앤티	SAMKANG M&T	322
A009620	*	삼보산업	Sambo Industrial	325
A006110		삼아알미늄	Sam-A Aluminium	335
A017480	*	삼현철강	Samhyun Steel	349
A021050		서원	Seowon	366
A199870	**	세기리텍	SEGI RECYCLING TECHNOLOGY	381
A110660	**	세신버팔로	SESHIN BUFFALO CO	385
A001430		세아베스틸	SeAH Besteel	386
A003030		세아제강	SeAH Steel	386

19440		세아특수강	SeAH SPECIAL STEEL	387
58650		세아홀딩스	SeAH Holdings	387
35270	**	세종머티리얼즈	Sejong Materials	392
87220	*	스틸플라워	Steel Flower	411
01770		신화실업	Shin Hwa Sil Up	432
90730	*	심팩메탈	SIMPAC METAL	435
22800	*	썬테크놀로지스	Sun Technologies	440
00590		씨에스홀딩스	CS Holdings	450
01780		알루코	ALUKO	495
08260		엔아이스틸	NI Steel	582
09810		엔케이물산	NK Mulsan CO	588
12160		영흥철강	YOUNG HEUNG IRON & STEEL	619
12620	*	원일특강	WONIL SPECIAL STEEL	665
24800	*	유성티엔에스	Yoosung T&S	687
25820		이구산업	Lee Ku Industrial	699
37370	*	이지	EG	723
81000		일진다이아몬드	Iljin Diamond	751
65620	*	제낙스	JENAX	762
01560		제일연마공업	Cheil Grinding Wheel Ind	780
23440	*	제일제강공업	Jeilsteel MFG	780
00480		조선내화	Chosun Refractories	787
20030		조선선재	CHOSUN WELDING POHANG	788
18470		조일알미늄	Choil Aluminum	790
32860	*	지엠알머티리얼즈	GMR Materials	807
01940		케이아이에스씨오홀딩스	KISCO Holdings	839
54410	*	케이피티유	Korea Plasma Technology U	857
09730	*	코센	KOSSEN	868
02710		티씨씨동양	TCC Steel	914
81150	*	티플랙스	Tplex	920
77830	*	파버나인	PAVONINE CO	926
56730	*	포스링크	Fourth-Link	943
05490		포스코	POSCO	943
58430		포스코강판	POSCO Coated & Color Steel	944
09520	*	포스코엠텍	POSCO M-TECH	945
03670	*	포스코켐텍	POSCO CHEMTECH	946
03140		풍산	POONGSAN	952
05810		풍산홀딩스	Poongsan Holdings	952
28660	*	피제이메탈	PJ METAL	966
71090		하이스틸	Histeel	974
10040		한국내화	Korea Refractories	981
25550	*	한국선재	Hankuk Steel Wire	983
25890		한국주강	HanKook Steel	993
00970		한국주철관공업	Korea Cast Iron Pipe Ind	993
04700		한국철강	KISCO	994
07280		한국특수형강	Korea Steel Shapes	1000
02220		한일철강	Hanil Iron & Steel	1025
04560		현대비앤지스틸	HYUNDAI BNG STEEL	1047
04020		현대제철	HYUNDAI STEEL	1054
33820		화인베스틸	FINE BESTEEL	1067
32560		황금에스티	Hwang Kum Steel & Technology	1070
05010		휴스틸	Husteel	1077

종이 및 목재

78130	*	국일제지	Kuk-il Paper Mfg	65
04540		깨끗한나라	KleanNara	78
17650	*	대림제지	Dae Lim Paper	128
06580		대양제지공업	DAEYANG PAPER MFG CO	137
25900		동화기업	DONGWHA ENTERPRISE	196
01810	*	무림에스피	Moorim SP	269
09200		무림페이퍼	Moorim Paper	270
09580		무림피앤피	Moorim P&P	270
36620	*	버추얼텍	Virtualtek	293

A002820		선창산업	Sunchang	374
A000180		성창기업지주	Sungchang Enterprise Holdings	380
A027970		세하	Seha	395
A185190	**	수프로	Suppro	407
A016590		신대양제지	Shindaeyang Paper	418
A002870		신풍제지	Shin Poong Paper Mfg	430
A002030		아세아	ASIA HOLDINGS	468
A002310		아세아제지	ASIA PAPER MANUFACTURING	469
A006740		영풍제지	YOUNGPOONG PAPER MFG COLTD	617
A008250		이건산업	Eagon Industrial	698
A900090	*	차이나하오란	China Hao Ran Recycling	818
A109070		케이지피	KOREA GREEN PAPER MFG	849
A001020		페이퍼코리아	PaperCorea	939
A002300		한국제지	Hankuk Paper Mfg	992
A213500		한솔제지	Hansol Paper	1015
A010420		한솔피엔에스	HansolPNS	1016
A025750		한솔홈데코	Hansol Homedeco	1017
A009460		한창제지	Hanchangpaper	1031

건축자재

A000860		강남제비스코	KANGNAM JEVISCO CO	38
A006050	*	국영지앤엠	KukYoung G&M	64
A014280		금강공업	Kumkang Kind	71
A090350		노루페인트	Noroo Paint & Coatings	105
A000320		노루홀딩스	NorooHoldings	105
A060260	*	뉴보텍	Nuvotec	112
A005750		대림비앤코	DAELIM B&Co	126
A006570		대림통상	Daelim Trading	128
A140520	*	대창스틸	DaeChang Steel CO	149
A090410	*	덕신하우징	Duckshin housing	161
A007210		벽산	BYUCK SAN	295
A018310	*	삼목에스폼	SAMMOK S-FORM	324
A000390		삼화페인트공업	SamHwa Paints Industrial	353
A013810	*	스페코	SPECO	412
A083660	*	씨에스에이코스믹	CSA COSMIC	449
A109610	*	에스와이패널	SYPANEL COLTD	532
A050760	*	에스폴리텍	SPOLYTECH	551
A234070	**	에이원알폼	A ONE ALFORM CO	558
A108670		엘지하우시스	LG Hausys	601
A079000	*	와토스코리아	Watos Corea	645
A900180	*	완리	WANLI INTERNATIONAL HOLDINGS	646
A192390	*	원하이텍	WINHITECH CO	675
A039020	*	이건홀딩스	Eagon Holdings	698
A022220	*	정산애강	JEONGSAN AIKANG COLTD	760
A038010	*	제일테크노스	JEIL TECHNOS	781
A004910		조광페인트	Chokwang Paint	786
A002380		케이씨씨	KCC	834
A101670	*	코리아에스이	KOREASE	864
A035200	*	프럼파스트	PlumbFast	954
A066130	*	하츠	Haatz	977
A002000		한국유리공업	HANKUK GLASS INDUSTRIES	986

건설

A013580		계룡건설산업	Kyeryong Construction Industrial	47
A004200		고려개발	Korea Development	48
A076340	**	관악산업	GWANAK CONSTRUCTION AND EQUIPMENT SERVICE CO	55
A066620	*	국보디자인	Kukbo Design	63
A002990		금호산업	Kumho Industrial	73
A036190	*	금화피에스시	GEUMHWA PLANT SERVIC	75
A013700		까뮤이앤씨	CAMUS ENGINEERING & CONSTRUCTION	78
A001260		남광토건	Nam-Kwang Engineering & Construction	87
A091590	*	남화토건	Nam Hwa Construction	90

코드		종목명	영문명	페이지
232680	**	라온테크	RAONTECH	224
090360	*	로보스타	ROBOSTAR	231
141070	*	맥스로텍	MAXROTEC	251
008470	*	부-스타	BOOSTER	303
083650	*	비에이치아이	BHI	310
086670	*	비엠티	BMT	311
054540		삼영엠텍	Samyoung M-Tek	339
073640		삼원테크	SAM WON TECHCo	342
004380		삼익티에이치케이	Samick THK	343
263540		샘코	SACHEON AEROSPACE MANUFACTURING IND CO	357
100660	*	서암기계공업	SEOAM MACHINERY INDUSTRY	360
014620	*	성광벤드	SUNG KWANG BEND	375
017550		수산중공업	Soosan Heavy Industries	405
084180	*	수성	Soosung	406
099440	*	스맥	SMEC	409
138070	*	신진에스엠	SINJIN SM COLTD	429
051170	*	썬코어	Suncore	439
060310		쓰리에스코리아	3S Korea	444
235090	**	씨케이컴퍼니	CK	459
050860	*	아세아텍	ASIA TECHNOLOGY	470
067390	*	아스트	AeroSpace Technology of Korea	471
140670	*	알에스오토메이션	RS AUTOMATION COLTD	497
019990	*	에너토크	ENERTORK	507
041440	*	에버다임	EVERDIGM	509
009160		에스아이엠피에이씨	SIMPAC	517
007820	*	에스엠코어	SMCoreInc	531
043340	*	에쎈테크	ESSEN TECH	552
044780	*	에이치케이	HK	564
071670	*	에이테크솔루션	A-Tech Solution	565
183350	**	엘피케이	LPK	603
036560	*	영풍정밀	Young Poong Precision	617
067170	*	오텍	Autech	633
019210	*	와이지-원	YG-1	644
101170		우림기계	WOORIM MACHINERY	654
105840		우진	WOOJIN	658
049800		우진플라임	WOOJIN PLAIMM CO	659
195990		유지인트	Ugint	692
241510	**	이에스산업	ES INDUSTRY COLTD	714
074610		이엔쓰리	EN3	715
095190		이엠코리아	ENERGY&MACHINERY KOREA	718
158310	*	인터불스	Interbulls	736
147830	*	제룡산업	CHERYONG INDUSTRIAL C	766
044060		조광아이엘아이	Jokwang ILI	785
036890	*	진성티이씨	Jinsung TEC	813
016920	*	카스	CAS	824
024880		케이피에프	Korea Parts & Fasteners	854
049430		코메론	Komelon	867
023160	*	태광	TAE KWANG	896
048770	*	티피씨메카트로닉스	TPC Mechatronics	921
033540		파라텍	Paratech	924
119500		포메탈	FORMETAL	942
053160		프리엠스	Freems	956
013030		하이록코리아	Hy-Lok	973
101680	*	한국정밀기계	HNK MACHINE TOOL	990
011700		한신기계공업	HANSHIN Machinery	1019
267270		현대건설기계	Hyundai Construction Equip	1042
017800		현대엘리베이터	Hyundai Elevator	1051
003010		혜인	Hae In	1060
039610	*	화성밸브	HS valve	1063
010660		화천기계	Hwacheon Machinery	1069
000850		화천기공	Hwacheon Machine Tool	1069
010240	*	흥국	HEUNGKUK METALTECH	1080

무역

코드		종목명	영문명	페이지
A011810		에스티엑스	STX	548
A001120	*	엘지상사	LG International	598
A001250	*	지에스글로벌	GS Global	803
A047050		포스코대우	POSCO DAEWOO	944
A011760		현대종합상사	Hyundai	1054

조선

코드		종목명	영문명	페이지
A272420	**	극동자동화	Kukdong Automation	68
A108380	*	대양전기공업	DAEYANG ELECTRIC	136
A042660		대우조선해양	Daewoo Shipbuilding & Marine Engineering	139
A096350	*	대창솔루션	Daechang Solution	148
A099410	*	동방선기	Dongbang Ship Machinery	172
A082740		두산엔진	Doosan Engine	199
A101000	*	디엠씨	Dongnam Marine Crane	214
A010140		삼성중공업	Samsung Heavy Industries	332
A065570	*	삼영이엔씨	SAMYUNG ENC	339
A075580		세진중공업	SEJIN HEAVY INDUSTRIES COLTD	393
A099220		에스디엔	SDN	512
A103230	*	에스앤더블류	S&W	519
A077970		에스티엑스엔진	STX Engine	548
A071970		에스티엑스중공업	STX Heavy Industries	549
A028300	*	에이치엘비	HLB	562
A085310		엔케이	NK	588
A014940	*	오리엔탈정공	Oriental Precision & Engineering	625
A101930	*	인화정공	Inhwa Precision	745
A054180	*	중앙오션	ChoongAng Ocean	797
A073010	*	케이에스피	KSP	841
A064820	*	케이프	CAPE INDUSTREIS	853
A092460	*	한라아이엠에스	Hanla IMS	1006
A097230		한진중공업	Hanjin Heavy Industries & Constrution	1028
A102210	*	해덕파워웨이	Haeduk Powerway	1037
A267250		현대로보틱스	HYUNDAI ROBOTICS COLTD	1044
A010620		현대미포조선	Hyundai Mipo Dockyard	1046
A009540		현대중공업	Hyundai Heavy Industries	1055
A053660	*	현진소재	Hyunjin Materials	1059

상업서비스

코드		종목명	영문명	페이지
A049720	*	고려신용정보	Koryo Credit Information	50
A130580	*	나이스디앤비	NICE D&B	85
A036800	*	나이스정보통신	Nice Information & Telecommunication	86
A030190	*	나이스평가정보	NICE Information Service	86
A034310	*	나이스홀딩스	NICE Holdings	87
A069140	*	누리플랜	Nuriplan	111
A005360		모나미	Monami	263
A054220	*	비츠로시스	VitzroSys	313
A065450	*	빅텍	Victek	316
A143240	*	사람인에이치알	SaraminHR	318
A099320	*	쎄트렉아이	Satrec Initiative	443
A032040	*	씨앤에스자산관리	C&S	448
A122900		아이마켓코리아	iMarketKorea	475
A068940	*	아이씨케이	ICK	477
A030960	*	양지사	Yangjisa	506
A036120	*	에스씨아이평가정보	SCI Information Service	516
A012750		에스원	S-1	533
A079550		엘아이지넥스원	LIG Nex1	592
A067900		와이엔텍	Y-Entec	641
A060150	*	인선이엔티	INSUN Environmental New Technology	730
A043910	*	자연과환경	Nature & Environment	756
A009440		케이씨그린홀딩스	KC Green Holdings	833
A119650		케이씨코트렐	KC Cottrell	836
A058860		케이티스	ktis	851

Code		Korean	English	No.
A058850		케이티씨에스	ktcs	852
A029960	★	코엔텍	Korea Environment Technology	874
A010820		퍼스텍	Firstec	937
A050540	★	한국	HANKOOK	978
A034950	★	한국기업평가	Korea Ratings	980
A063570	★	한국전자금융	NICE Total Cash Manageme	988
A041460	★	한국전자인증	KOREA ELECTRONIC CERTI	988
A025770	★	한국정보통신	Korea Information & Comm	991
A047810		한국항공우주산업	KOREA AEROSPACE INDUSTRIES	1002
A052600	★	한네트	Hannet	1004
A012450		한화테크윈	HANWHA TECHWIN	1036
A094280		효성아이티엑스	HYOSUNG ITX	1071

항공운수

Code		Korean	English	No.
A003490		대한항공	Korean Air Lines	154
A020560		아시아나항공	Asiana Airlines	472
A036000	★	예림당	YeaRimDang Publishing	619
A089590		제주항공	JEJUAIR CO	783
A004870		티웨이홀딩스	T'way Holdingsorporation	918
A005430		한국공항	KOREA AIRPORT SERVICE COLTD	980
A180640		한진칼	HANJIN KAL	1029

해상운수

Code		Korean	English	No.
A005880		대한해운	Korea Line	155
A000700		유수홀딩스	EUSU HOLDINGS COLTD	687
A129260		인터지스	INTERGIS CO	737
A044450		케이에스에스해운	KSS LINE	840
A012170		키위미디어그룹	Kiwi Media Group	893
A028670		팬오션	Pan Ocean	936
A011200		현대상선	HYUNDAI MERCHANT MARINE	1048
A003280		흥아해운	Heung-A Shipping	1082

육상운수

Code		Korean	English	No.
A001140		국보	KUKBO LOGISTICS CO	62
A052300	★	더블유홀딩컴퍼니	W Holding	158
A084670		동양고속	Dongyang Express	183
A032280	★	삼일	SAMIL	343
A004360		세방	Sebang	384
A000120		씨제이대한통운	CJ korea express	454
A000650		천일고속	Chunil Express	820
A009070		케이씨티시	KCTC	838
A009180		한솔로지스틱스	Hansol Logistics	1012
A014130		한익스프레스	HanExpress	1022
A002320		한진	Hanjin Transportation	1027
A086280		현대글로비스	HYUNDAI GLOVIS	1044

운송인프라

Code		Korean	English	No.
A045390	★	대아티아이	Daea TI	135
A004140		동방	Dongbang Transport Logist	171
A058730		동아에스텍	Dang-A Steel Technology	180
A006730	★	서부티엔디	Seobu T&D	359
A065710	★	서호전기	Seoho Electric	369
A003100	★	선광	SUN KWANG	371
A139050	★	아이지스시스템	IGis System	484
A121890	★	에스디시스템	SD system	511
A038620	★	위즈코프	Wiz	673
A045340	★	토탈소프트뱅크	Total Soft Bank	909
A221840	★	하이즈항공	HIZEAERO	975
A064350		현대로템	HYUNDAI ROTEM	1045

자동차부품

Code		Korean	English	No.
A024910	★	경창산업	Kyung Chang Industrial	47
A012200		계양전기	Keyang Electric Machinery	
A090150	★	광진윈텍	Kwangjin Wintec	
A053270	★	구영테크	Guyoung Technology	
A214330		금호에이치티	KUMHO HT	
A073240		금호타이어	Kumho TireInc	
A187790	★	나노	NANO	
A212560	★	네오오토	NEOOTO CO	
A085910	★	네오티스	NEO TECHNICAL SYSTEM	
A005720		넥센	Nexen	
A002350		넥센타이어	Nexen Tire	
A073070	★	넥센테크	NEXEN TECH CORP	
A900100	★	뉴프라이드	New Pride	
A020400	★	대동금속	Daedong Metals	
A025440	★	대성엘텍	DAESUNG ELTEC CO	
A104040	★	대성파인텍	DAESUNG FINETEC CO	
A009320		대우전자부품	Daewoo Electronic Components	
A000430		대원강업	Dae Won Kang Up	
A005710		대원산업	DAE WON SAN UP CO	
A002880	★	대유에이텍	DAYOU A-TECH COLTD	
A000300		대유플러스	DAYOU PLUS CO	
A024900		덕양산업	Duckyang Ind	
A001620		동국실업	Dongkook Ind	
A007340		동아타이어공업	Dong Ah Tire & Rubber	
A018500		동원금속	Dongwon Metal	
A163560		동일고무벨트	DRB Industrial	
A016740		두올	DUAL	
A078590	★	두올산업	DUAL INDUSTRIAL	
A092200		디아이씨	DAE-IL	
A004840		디알비동일	DRB Holding	
A210540		디와이파워	DY POWER	
A113810	★	디젠스	Dgenx	
A900260	★	로스웰	Rothwell International	
A204320		만도	Mando	
A087260	★	모바일어플라이언스	MOBILE APPLIANCE	
A009680		모토닉	Motonic	
A118990	★	모트렉스	MOTREX COLTD	
A161570	★	미동앤씨네마	Midong & Cinema	
A005030		부산주공	Pusan Cast Iron	
A122350	★	삼기오토모티브	SAMKEE AUTOMOTIVE	
A053700	★	삼보모터스	Sambo Motos	
A006660		삼성공조	Samsung Climate Control	
A023000		삼원강재	SAMWONSTEEL	
A041650		상신브레이크	Sangsin Brake	
A075180		새론오토모티브	Saeron Automotive	
A007860		서연	SEOYON	
A200880		서연이화	SEOYON E-HWA COLTD	
A012860	★	서연전자	SEOYON ELECTRONICS CO	
A019770	★	서연탑메탈	SEOYON TOPMETAL CO	
A122690	★	서진오토모티브	Seojin Automotive	
A015750	★	성우하이텍	SUNGWOO HITECH CO	
A080470	★	성창오토텍	SUNGCHANG AUTOTECH	
A053060	★	세동	SAEDONG	
A004490		세방전지	SEABANG GLOBAL BATTERY	
A234100	★★	세원	Sewon	
A024830	★	세원물산	SEWON	
A021820		세원정공	Sewon Precision Industry	
A033530		세종공업	Sejong Industrial	
A145210		세화아이엠씨	SAEHWA IMC	
A260870	★★	시그넷이브이	SIGNET EV	
A048870	★	시너지이노베이션	Synergy Innovation	
A047400	★	쌍용머티리얼	Ssangyong Materials	
A245450	★★	씨앤에스링크	CNSLINK	

A013310	* 아진산업	A-JIN INDUSTRY COLTD	490
A900080	* 에스앤씨엔진그룹	S&C Engine Group	520
A064960	에스앤티모티브	S&T Motiv	521
A003570	에스앤티중공업	S&T Dynamics	522
A036530	에스앤티홀딩스	S&T Holdings	522
A005850	에스엘	SL	529
A123700	에스제이엠	SJM	533
A025530	에스제이엠홀딩스	SJM Holdings	534
A080440	* 에스제이케이	SJK COLTD	534
A040610	* 에스지엔지	SG&G	537
A015260	에이엔피	Automobile & PCB	557
A038110	에코플라스틱	Ecoplastic	574
A067570	* 엔브이에이치코리아	NVH KOREA	581
A123040	* 엠에스오토텍	MS AUTOTECH	607
A007530	* 영신금속공업	Youngsin Metal Industrial	613
A012280	영화금속	Yeong Hwa Metal	618
A065500	* 오리엔트정공	Orient Precision Industries	626
A031510	* 오스템	Austem	631
A215360	* 우리산업	WOORY INDUSTRIAL COLTD	650
A072470	* 우리산업홀딩스	Woory Industrial Holdings	651
A066590	* 우수에이엠에스	Woosu AMS	656
A017370	우신시스템	Wooshin Systems	656
A140660	** 위월드	WIWORLD	672
A011320	* 유니크	Unick	680
A241690	* 유니테크노	UNITEKNO	681
A048430	* 유라테크	Yura Tech	683
A002920	유성기업	Yoosung Enterprise	686
A223310	* 이에스브이	ESV	713
A101360	** 이엔드디	E&D	715
A088290	* 이원컴포텍	EWON COMFORTECH	721
A033600	* 이젠텍	Ezen Tech	722
A023800	인지컨트롤스	INZI CONTROLS COLTD	732
A023810	인팩	Infac	741
A008500	일정실업	Il Jeong Industrial	750
A019540	* 일지테크	ILJI TECHNOLOGY CO	751
A120780	** 전우정밀	JEONWOO PRECISION	759
A130500	* 지에이치신소재	GH Advanced Materials	805
A013870	지엠비코리아	GMB Korea	807
A010580	지코	Jico	809
A100250	진양홀딩스	Chinyang Holdings	815
A013720	* 청보산업	Cheong Bo Industrial	822
A033250	체시스	Chasys	823
A071850	* 캐스텍코리아	CASTEC KOREA COLTD	827
A024120	* 케이비오토시스	KB Autosys	832
A105330	* 케이엔더블유	KNW	842
A046070	* 코다코	KODACO CO	860
A123410	* 코리아에프티	KOREA FUEL-TECH	865
A152330	코리아오토글라스	KOREA AUTO GLASS CO	865
A126600	* 코프라	KOPLA	880
A045520	* 크린앤사이언스	Clean & Science	891
A004100	태양금속공업	Taeyang Metal Industrial	898
A116100	** 태양기계	Sun Machinery	898
A001420	태원물산	Taewonmulsan	900
A105550	* 트루원	Truwin	912
A019180	티에이치엔	THN	917
A130740	* 티피씨	TPC	920
A084730	* 팅크웨어	THINKWARE	922
A038950	* 파인디지털	Finedigital	929
A054300	* 팬스타엔터프라이즈	Panstar Enterprise	935
A090080	평화산업	Pyung Hwa Industrial	940
A043370	* 평화정공	Pyeong Hwa Automotive	941
A010770	평화홀딩스	Pyung Hwa Holdings	941

A093380	* 풍강	Pungkang	951
A025540	한국단자공업	Korea Electric Terminal	981
A021650	* 한국큐빅	Cubic Korea	997
A161390	한국타이어	HANKOOK TIRE	998
A000240	한국타이어월드와이드	Hankook Tire WorldWide	998
A010100	한국프랜지공업	KOREA FLANGE CO	1001
A060980	한라홀딩스	Halla Holdings	1006
A018880	한온시스템	Hanon Systems	1021
A024740	* 한일단조공업	Hanil Forging Industrial	1023
A107640	** 한중엔시에스	HanJung Natural Connectiv	1027
A143210	핸즈	Hands	1040
A170030	* 현대공업	Hyundai Industrial	1043
A012330	현대모비스	HYUNDAI MOBIS	1046
A011210	현대위아	HYUNDAI WIA	1051
A089470	현대이피	Hyundai Engineering Plastic	1052
A013520	화승알앤에이	HWASEUNG R & A	1064
A010690	화신	HwaShin	1065
A126640	* 화신정공	HWASHIN PRECISION	1066
A086250	* 화신테크	Hwashin Tech	1066
A134780	* 화진	HWAJIN	1068

자동차

A000270	기아자동차	Kia Motors	77
A067990	* 도이치모터스	DEUTSCH MOTORS	167
A003620	쌍용자동차	Ssangyong Motor	438
A001380	에스지충방	SG CHOONGBANG	538
A002630	오리엔트바이오	ORIENT BIO	625
A000040	케이알모터스	KR Motors	840
A900140	코라오홀딩스	Kolao Holdings	862
A005380	현대자동차	Hyundai Motor	1053

내구소비재

A009450	경동나비엔	Kyung Dong Navien	43
A071460	* 대유위니아	DAYOU WINIA	144
A073190	* 디비케이	DBK	204
A026890	디피씨	Digital Power Communications	222
A111870	* 삼본정밀전자	SAMBON PRECISION & ELECTRONICS	326
A225190	* 삼양옵틱스	SAMYANG OPTICS CO	337
A032750	* 삼진	Sam Jin	346
A065350	* 신성델타테크	SHINSUNG DELTA TECH COLTD	421
A002700	신일산업	Shinil Industrial	428
A008700	아남전자	Anam Electronics	463
A011090	에넥스	Enex	508
A270660	** 에브리봇	EVERYBOT	510
A069510	* 에스텍	ESTec	546
A003800	에이스침대	Ace Bed	556
A054940	* 엑사이엔씨	EXA E&C	579
A066570	엘지전자	LG Electronics	600
A051390	* 와이더블유	YW	638
A065950	* 웰크론	Welcron	668
A044340	* 위닉스	Winix	671
A234920	* 자이글	Zaigle	757
A260490	** 캐로스	CAROS CO	827
A071950	코아스	KOAS CO	872
A021240	코웨이	Coway	877
A225650	* 쿠첸	Cuchen	882
A192400	쿠쿠전자	CUCKOO ELECTRONICS CO	882
A134790	팀스	Teems	922
A037070	파세코	Paseco	926
A016800	퍼시스	Fursys	938
A024940	* 피엔풍년	Pnpoongnyun	965
A004590	* 한국가구	Hankook Furniture	978

코드		기업명	영문명	페이지
A009240		한샘	Hanssem	1009
A008800	*	행남생활건강	HAENGNAM HOUSEHOLD & HEALTH CARE	1041
A079430		현대리바트	HYUNDAI LIVART FURNITURE	1045

레저용품

코드		기업명	영문명	페이지
A183410	**	데카시스템	Deca System	164
A050120	*	라이브플렉스	LIVEPLEX	224
A206950	**	볼빅	VolvikInc	299
A068290		삼성출판사	Samsung Publishing	333
A002450		삼익악기	Samick Musical Instruments	342
A024950	*	삼천리자전거	Samchuly Bicycle	348
A066910	*	손오공	SONOKONG	401
A123750	*	알톤스포츠	Alton Sports coltd	500
A252940	**	에스엠로보틱스	SMROBOTICS	530
A031860	*	엔에스엔	NSN	584
A039830	*	오로라월드	Aurora World	624
A194610	*	우성아이비	WOOSUNG IB CO	655
A056080	*	유진로봇	Yujin Robot	693
A900110	*	이스트아시아홀딩스	East Asia Holdings Investment	712
A094850	*	참좋은레져	Very Good Leisure	819
A032540	*	티제이미디어	TJ MEDIA	918
A900270	*	형성그룹	HENG SHENG HOLDING GROUP	1041

섬유 및 의복

코드		기업명	영문명	페이지
A000050		경방	Kyungbang	45
A005320		국동	Kukdong	62
A002070		남영비비안	Namyeung Vivien	89
A024890		대원화성	Daewon Chemical	143
A001070		대한방직	Taihan Textile	151
A016090		대현	DAEHYUN CO	156
A004830		덕성	Duksung	161
A017680	*	데코앤이	DECO&E COLTD	165
A001530		동일방직	DONG-IL	194
A039980	*	리노스	Leenos	242
A003610		방림	Pangrim	291
A035150		백산	Baiksan	293
A001460		비와이씨	BYC	312
A002170		삼양통상	SAMYANG TONGSANG	337
A011300		성안	Seong An	377
A005390		신성통상	Shinsung Tongsang	422
A031430		신세계인터내셔날	Shinsegae International	424
A005800		신영와코루	Shinyoungwacoal	426
A009270		신원	Shinwon	427
A102280		쌍방울	SBW	436
A013990	*	아가방앤컴퍼니	AGABANG&COMPANY	462
A090370		아비스타	Avista	467
A032080	*	아즈텍더블유비이	AztechWB	489
A030270	*	에스마크	SMARK CO	512
A251540	**	에스와이제이	SYJ	532
A004060		에스지세계물산	SG	535
A098660	*	에스티오	STO	549
A007700		에프앤에프	F&F	576
A065160	*	에프티이앤이	Finetex EnE	578
A000680		엘에스네트웍스	LS Networks	594
A093050		엘에프	LF	596
A251960	**	엠에프엠코리아	MFM KOREACOLTD	608
A069640		엠케이트렌드	MKTREND	610
A111770		영원무역	Youngone	614
A009970		영원무역홀딩스	Youngone Holdings co	615
A010600		와이비로드	YBROAD	639
A066430		와이오엠	Y-OPTICS MANUFACTURE	642
A114630		우노앤컴퍼니	UNO&COMPANY	647

코드		기업명	영문명	페이지
A008290	*	원풍물산	Won Pung Mulsan	66
A008600		월비스	The Willbes &	67
A011330		유니켐	Uni Chem	67
A014990		인디에프	In the F	72
A003200		일신방직	Ilshin Spinning	74
A000950		전방	Chonbang	75
A159580	*	제로투세븐	Zero to Seven	76
A194370		제이에스	JS	77
A026040	*	제이에스티나	JESTINA	77
A004700		조광피혁	Chokwang Leather	78
A033340	*	좋은사람들	GOODPEOPLE	79
A221670	**	주노콜렉션	JUNO COLLECTION COLTD	79
A065060	*	지엔코	GNCO	80
A088790		진도	Jindo	81
A900040	*	차이나그레이트	CHINA GREAT STAR INTER	81
A047770	*	코데즈컴바인	Codes Combine	86
A007980		태평양물산	Pan-Pacific	90
A215480	*	토박스코리아	TOEBOX KOREA	90
A084870		티비에이치글로벌	TBH GLOBAL COLTD	91
A256090	**	패션플랫폼	Fashion Platform COLTD	93
A020000		한섬	HANDSOME	101
A105630		한세실업	HANSAE	101
A016450		한세예스투포홀딩스	Hansae Yes24 Holdings	101
A011080	*	형지아이앤씨	HYUNGJI INNOVATION & CREATIVE	105
A093240		형지엘리트	hyungji Elite	106
A111110		호전실업	HOJEON	106
A241590	*	화승엔터프라이즈	HWASEUNG ENTERPRISE CO	106
A006060		화승인더스트리	HWASEUNG Industries	106
A081660		휠라코리아	FILA KOREA	107

호텔 및 레저

코드		기업명	영문명	페이지
A035250		강원랜드	Kangwon Land	3
A215000	*	골프존	GOLFZON	5
A121440	*	골프존뉴딘	GOLFZON NEWDIN	5
A114090		그랜드코리아레저	Grand Korea Leisure	6
A217620	*	디딤	Hanwha ACPC Special Purpose Acquisition	20
A038390	*	레드캡투어	RedcapTour	22
A032350		롯데관광개발	Lotte Tour Development	23
A035480	*	마제스타	Majestar	24
A080160	*	모두투어네트워크	ModetournetworkInc	26
A018700	*	바른손	Barunson	28
A039310		세중	SEJOONG	39
A020710	*	시공테크	Sigongtech	41
A005450		신한	SHINHAN ENG & CONST	43
A025980	*	에머슨퍼시픽	Emerson Pacific	50
A095570		에이제이네트웍스	AJ Networks	55
A068400		에이제이렌터카	AJ RENT A CAR	55
A065150	*	엠피그룹	MP Group	61
A070960		용평리조트	YONG PYONG RESORT	64
A084680		이월드	E-WORLD	72
A034230	*	파라다이스	Paradise	92
A039130		하나투어	HANATOUR SERVICE	97
A220630	*	해마로푸드서비스	Haimarrow Food Service	103
A005440		현대그린푸드	Hyundai Green Food	104
A008770		호텔신라	Hotel Shilla	

교육

코드		기업명	영문명	페이지
A053290	*	능률교육	Neungyule Education	11
A019680		대교	Daekyo	21
A068930	*	디지털대성	Digital Daesung	22
A038340	*	리젠	REGEN	23
A067280	*	멀티캠퍼스	Multicampus	24

코드		회사명	영문명	페이지
072870	*	메가스터디	Megastudy	252
215200	*	메가스터디교육	MegaStudyEdu	253
133750	*	메가엠디	MegaMD	253
100220		비상교육	Visang Education	308
225330		씨엠에스에듀	CMS Edu	451
208890	**	에듀케이션파트너	Educationpartner co ltd	508
035290	*	에이원앤	A1N	558
036180		영인프런티어	Young In Frontier	615
057030	*	와이비엠넷	YBM NET	639
095720		웅진씽크빅	Woongjin Thinkbig	660
084440	**	유비온	UBION	684
033110	*	이디	ED	704
134060	*	이퓨쳐	e-futureCo	726
040420		정상제이엘에스	JLS	761
096240	*	청담러닝	Chungdahm Learning	821
144740	**	피엠디아카데미	PMD ACADEMY CORP	965

미디어

코드		회사명	영문명	페이지
A011420		갤럭시아에스엠	Galaxia SM	40
A089600	*	나스미디어	Nasmedia	84
A160550	*	넥스트엔터테인먼트월드	Next Entertainment World	102
A048910	*	대원미디어	Daewon Media	141
A206560	*	덱스터스튜디오	Dexter studios	165
A220110	**	드림티엔터테인먼트	Dream T Entertainment	203
A263720	*	디앤씨미디어	D&C MEDIA COLTD	208
A033130		디지털조선일보	DIGITAL CHOSUN	220
A200350	**	래몽래인	Raemong Raein	226
A060300	*	레드로버	Redrover	229
A016170	*	로엔엔터테인먼트	LOEN ENTERTAINMENT	233
A207760	*	미스터블루	Mr Blue	276
A121800	*	비덴트	Vidente	307
A210120	**	빅토리콘텐츠	Victory Contents	316
A266170	**	뿌리깊은나무들	Redwoods	318
A046390	*	삼화네트웍스	SAMHWA NETWORKS	351
A002420		세기상사	The Century	382
A086980	*	쇼박스	SHOWBOX	404
A115570	*	스타플렉스	StarFlex	410
A039670	*	스포츠서울	The Sports Seoul	413
A099830	*	씨그널엔터테인먼트그룹	Signal Entertainment Group	445
A066790	*	씨씨에스충북방송	KOREA CABLE TV CHUNG-	445
A079160	*	씨제이씨지브이	CJ CGV	454
A130960	*	씨제이이앤엠	CJ E&M	456
A037560	*	씨제이헬로비전	CJ HellowVision	457
A127710	*	아시아경제	The Asia Business Daily	471
A003560		아이에이치큐	IHQ	480
A052220	*	아이엠비씨	iMBC	481
A078860	*	아이오케이컴퍼니	IOKCOMPANY	482
A034120		에스비에스	Seoul Broadcasting System	514
A101060		에스비에스미디어홀딩스	SBS Media Holdings	515
A046140	*	에스비에스콘텐츠허브	SBS Contents Hub	515
A041510	*	에스엠엔터테인먼트	SM Entertainment	530
A048550	*	에스엠컬처앤콘텐츠	SM Culture & Contents	531
A230360	*	에코마케팅	ECHOMARKETING	572
A063440	*	에프엔씨애드컬쳐	FNC ADD CULTURE	577
A173940	*	에프엔씨엔터테인먼트	FNC ENTERTAINMENT	577
A104200	*	엔에이치엔벅스	NHN BUGS	585
A010470	*	오리콤	Oricom	627
A122870	*	와이지엔터테인먼트	YG Entertainment	643
A037270		와이지플러스	YG PLUS	644
A040300	*	와이티엔	YTN	645
A214320		이노션	Innocean Worldwide	701
A036260	*	이매진아시아	IMAGINE ASIA	707
A015020		이스타코	e-Starco	711
A123570	*	이엠넷	EMNET	717
A216050	*	인크로스	Incross	734
A035900	*	제이와이피엔터테인먼트	JYP Entertainment	776
A058420	*	제이웨이	J way	776
A036420	*	제이콘텐트리	Jcontentree corp	777
A030000	*	제일기획	Cheil Worldwide	778
A035000		지투알	G II R	809
A047820	*	초록뱀미디어	Chorokbaem Media	823
A058400	*	케이엔엔	KOREA NEW NETWORK	842
A122450	*	케이엠에이치	KMH	844
A053210		케이티스카이라이프	KT Skylife	851
A051780	*	큐로홀딩스	CUROHOLDINGS	884
A182360	*	큐브엔터테인먼트	CUBE ENTERTAINMENT	885
A054780	*	키이스트	Keyeast	893
A066410	*	투원글로벌	TO-WIN Global	911
A033830	*	티비씨	Taegu Broadcasting	913
A202960	**	판도라티비	PANDORA TV COLTD	932
A032800	*	판타지오	Fantagio	933
A068050	*	팬엔터테인먼트	Pan Entertainment	936
A214270	*	퓨쳐스트림네트웍스	Futurestream Networks	953
A242350	**	피엔아이시스템	PNI System COLTD	963
A039340	*	한국경제티브이	Korea Business News	979
A126560		현대에이치씨엔	HYUNDAI HCN CO	1050
A204630	*	화이브라더스코리아	Huayi Brothers Korea	1067

도소매

코드		회사명	영문명	페이지
A007720	*	대명	DAEMYUNG COLTD	129
A071840		롯데하이마트	LOTTE Himart	238
A015540		메디플란트	Mediplant	257
A014470	*	부방	Bubang COLTD	301
A027410		비지에프리테일	BGF Retail	312
A063170	*	서울옥션	Seoul Auction	364
A067630		에이치엘비생명과학	HLB Life Science	563
A242850	**	영현무역	YOUNG HYUN TRADING	618
A139480		이마트	E-MART	706
A051160	*	지어소프트	GAEASOFT	801
A007070		지에스리테일	GS Retail	803
A051380	*	피씨디렉트	PC Direct	960
A039740		한국정보공학	Korea Information Engineering Services	990

온라인쇼핑

코드		회사명	영문명	페이지
A119860	*	다나와	Danawa	116
A035760	*	씨제이오쇼핑	CJ O SHOPPING CO	455
A069920	*	아이에스이커머스	ISE Commerce	479
A138250		엔에스쇼핑	NS Home Shopping	583
A053280	*	예스이십사	YES24	620
A108790	*	인터파크	Interpark	738
A035080	*	인터파크홀딩스	Interpark Holdings	738
A028150	*	지에스홈쇼핑	GS Home Shopping	804
A141020	*	포티스	Fortis	948
A057050		현대홈쇼핑	HYUNDAI HOME SHOPPIN	1057

백화점

코드		회사명	영문명	페이지
A037710		광주신세계	Gwangju Shinsegae	58
A019010	*	그랜드백화점	Grand Departmentstore	66
A006370		대구백화점	DAEGU DEPARTMENT STC	121
A023530		롯데쇼핑	Lotte Shopping	235
A067830		세이브존아이앤씨	SAVEZONE I&C	391
A004170		신세계	SHINSEGAE	422
A027390		한화갤러리아타임월드	Hanwha Galleria Timeworl	1034
A069960		현대백화점	Hyundai Department Store	1047

음료

코드		한글명	영문명	페이지
A043650	*	국순당	Kook Soon Dang	63
A007390	*	네이처셀	NATURECELL COLTD	96
A178600	**	대동고려삼	DAEDONG KOREA GINSENG COLTD	123
A005300		롯데칠성음료	Lotte Chilsung Beverage	237
A033920		무학	Muhak	271
A000890		보해양조	BOHAE BREWERY	298
A023150		엠에이치에탄올	MHETHANOL	607
A018120	*	진로발효	Jinro Distillers	811
A004650	*	창해에탄올	Changhae Ethanol	819
A023900	*	풍국주정공업	PUNGGUK ETHANOL INDU	951
A000080		하이트진로	HITEJINRO CO	976
A000140		하이트진로홀딩스	HITEJINRO HOLDINGS	977
A189980	*	흥국에프엔비	HYUNGKUK F&B	1081

식료품

코드		한글명	영문명	페이지
A002140		고려산업	Korea Industrial	49
A038530	*	골드파시픽	Gold Pacific	53
A003920		남양유업	Namyang Dairy Products	89
A065170	*	넥스트비티	NEXT BT	101
A004370		농심	NongShim	109
A072710		농심홀딩스	Nongshimholdings	109
A222040	*	뉴트리바이오텍	NUTRIBIOTECH COLTD	113
A001680		대상	Daesang	130
A003310	*	대주산업	DAEJOO COLTD	145
A001790		대한제당	TS	153
A001130		대한제분	Daehan Flour Mills	154
A026960		동서	DongSuh Companies	176
A088910	*	동우팜투테이블	DONGWOO FARM TO TAB	188
A006040		동원산업	Dongwon Industries	190
A030720		동원수산	Dong Won Fisheries	191
A049770		동원에프앤비	Dongwon F&B	192
A004990		롯데제과	Lotte Confectionery	236
A002270		롯데푸드	LOTTE FOODS COLTD	238
A027740		마니커	Maniker	246
A267980	*	매일유업	Maeil Dairies	249
A005990	*	매일홀딩스	Maeil Holdings	250
A267060	**	명진홀딩스	Myungjin HoldingsCorp	262
A233190	**	미래자원엠엘	MILAE RESOURCES ML	275
A250000	*	보라티알	BORATR CO	296
A005180		빙그레	Binggrae	317
A003960		사조대림	SAJODAERIM	319
A008040		사조동아원	SAJODONGAONE	319
A007160		사조산업	Sajo Industries	320
A014710		사조씨푸드	SAJO SEA FOOD	320
A006090		사조오양	Oyang	321
A079660		사조해표	SAJOHAEPYO	321
A145990		삼양사	Samyang	336
A003230		삼양식품	Samyang Foods	336
A000070		삼양홀딩스	Samyang Holdings	338
A007540		샘표	SEMPIO	357
A248170		샘표식품	SEMPIO FOODS	358
A004410		서울식품공업	Seoul Food Industrial	364
A136490		선진	Sunjin	374
A004970		신라교역	Silla	419
A025870	*	신라에스지	SILLA SG	420
A031440		신세계푸드	SHINSEGAE FOOD	424
A006880		신송홀딩스	SINGSONG HOLDINGS CO	425
A001040		씨제이	CJ	453
A011150		씨제이씨푸드	CJ Seafood	455
A097950		씨제이제일제당	CJ CheilJedang	456
A051500	*	씨제이프레시웨이	CJ Freshway	457
A154030	**	아시아종묘	ASIA SEED	4
A260970	**	에스앤디	S&D COLTD	5
A005610		에스피씨삼립	SPC SAMLIP CO	5
A009780	*	엠에스씨	MSC	6
A007310		오뚜기	Ottogi	6
A271560		오리온	ORION	6
A001800		오리온홀딩스	ORION Holdings	6
A073560	*	우리손에프앤지	Woorison F&G CO	6
A006980		우성사료	Woosung Feed	6
A035810	*	이지바이오	EASY BIO	7
A062580	**	인산가	INSAN	7
A208140	*	정다운	JUNGDAWN	7
A003380	*	제일홀딩스	JEIL HOLDINGS CO	7
A002600		조흥	Choheung	
A900050		중국원양자원	CHINA OCEAN RESOURCES CO	
A025880	*	케이씨피드	KC Feed	8
A044820		코스맥스비티아이	COSMAX BTI	8
A060280	*	큐렉소	CUREXO	8
A264900		크라운제과	CORWN CONFECTIONERY	8
A005740		크라운해태홀딩스	CROWNHAITAI Holdings	8
A036580		팜스코	FARMSCO	
A027710	*	팜스토리	FARMSTORY CO	9
A005670	*	푸드웰	FOODWELL	9
A017810		풀무원	Pulmuone	
A136480	*	하림	HARIM	9
A024660	*	하림홀딩스	Harim Holdings	9
A222980	*	한국맥널티	Mcnulty Korea	9
A003680		한성기업	Hansung Enterprise	10
A005860	*	한일사료	HanilFeed	10
A002680	*	한탑	Hantop	10
A101530		해태제과식품	Haitai Confectionery & Foods	10
A227840		현대홀딩스	HYUNDAI HOLDINGS	10
A204990	*	현성바이탈	HS Vital CO	10

담배

코드	한글명	영문명	페이지
A033780	케이티앤지	KT&G	8

가정생활용품

코드		한글명	영문명	페이지
A012690		모나리자	Monalisa	2
A215050	**	비엔디생활건강	B&D Life Health COLTD	3
A009770		삼정펄프	Sam Jung Pulp	
A051900		엘지생활건강	LG Household & Healthcare	5
A036670	*	케이씨아이	KCI	8
A053620	*	태양	TAEYANG	8
A033180		필룩스	Feelux	9

개인생활용품

코드		한글명	영문명
A092730	*	네오팜	Neopharm
A016100	*	리더스코스메틱	LEADERS COSMETICS CO
A225850	**	미애부	Miev
A014100	*	보령메디앙스	Boryung Medience
A242420	**	본느	Bonne
A252500	*	세화피엔씨	IBKSGMB Special Purpose Acquisition
A090430		아모레퍼시픽	AMOREPACIFIC
A002790		아모레퍼시픽그룹	AMOREPACIFIC Group
A227610	*	아우딘퓨쳐스	Outin Futures
A217480	*	에스디생명공학	SD BIOTECHNOLOGIES CO
A270210	**	에스알바이오텍	SR biotek
A078520		에이블씨엔씨	ABLE C&C
A064090	*	에프앤리퍼블릭	FN REPUBLIC COLTD
A225860	**	엠앤씨생명과학	M&C Life Science
A219550	*	엠피한강	MP Hankang

900300	★ 오가닉티코스메틱스	ORGANIC TEA COSMETICS HOLDINGS	622
039790	★ 위노바	Winnova	670
044480	★ 유니더스	Unidus	676
252370	★★ 유쎌	YOUCEL	688
240340	★★ 인터코스	Interkos	737
226320	잇츠한불	IT'S HANBUL CO	754
950140	★ 잉글우드랩	ENGLEWOOD LAB	755
123330	★ 제닉	GENIC	765
025620	제이준코스메틱	Jayjun Cosmetic	777
900310	★ 컬러레이	Coloray International Investment	828
214370	★ 케어젠	CAREGEN CO	830
237720	★★ 케이엠제약	KM PHARMACY	845
080530	★ 코디	KODI	861
027050	★ 코리아나화장품	COREANA COSMETICS CO	863
192820	★ 코스맥스	COSMAX	869
241710	★ 코스메카코리아	COSMECCA KOREA CO	870
069110	★ 코스온	COSON	872
200130	★ 콜마비앤에이치	Kolmar BNH	881
237880	★ 클리오	CLIO Cosmetics	892
214420	토니모리	TONYMOLY CO	907
266870	★ 플렉스파워에이더블유에스	Flex Power Aws	958
233990	★★ 하우동천	HAUDONGCHUN	972
161890	한국콜마	KOLMAR KOREA CO	996
024720	한국콜마홀딩스	KOREA KOLMAR HOLDINGS	997
123690	한국화장품	Hankook Cosmetics	1002
003350	한국화장품제조	Hankook Cosmetics Manufacturing	1003

의료 장비 및 서비스

214610	★★ 나노바이오시스	NANOBIOSYS	79
039860	★ 나노엔텍	NanoenTek	81
244880	★★ 나눔테크	NANOOMTECH	82
051980	★ 넥스트바이오홀딩스	NEXTBIO HOLDINGS	100
271850	★ 다이오진	DIOGENE CO	120
131220	★ 대한과학	DAIHAN SCIENTIFIC	149
145720	★ 덴티움	Dentium	166
214680	★ 디알텍	DRTECH	207
039840	★ 디오	DIO	215
228850	레이언스	RAYENCE COLTD	230
238120	로고스바이오시스템스	Logos Biosystems	231
085370	★ 루트로닉	Lutronic	240
200580	★★ 메디쎄이	MEDYSSEY	254
041920	★ 메디아나	MEDIANA	254
233250	★★ 메디안디노스틱	Median Diagnostics	255
059210	★ 메타바이오메드	Metabiomed	260
058110	★ 멕아이씨에스	MEKICS	261
206640	★ 바디텍메드	Boditech Med	281
199290	★★ 바이오프로테크	BIO PROTECH	289
043150	★ 바텍	Value Added Technology	290
100120	★ 뷰웍스	Vieworks	304
032850	★ 비트컴퓨터	Bit Computer	314
100700	★ 세운메디칼	SEWOONMEDICAL	388
049180	★ 셀루메드	CELLUMED	396
208370	★ 셀바스헬스케어	SELVAS Healthcare	397
043100	★ 솔고바이오메디칼	Solco Biomedical	401
035610	★ 솔본	Solborn	402
253840	★ 수젠텍	Sugentech	406
258540	★★ 스템랩	StemLab	410
004080	신흥	Shinhung	433
115480	★ 씨유메디칼시스템	CU MEDICAL SYSTEMS	452
246720	★ 아스타	ASTA	470
099190	★ 아이센스	i-SENS	475
950130	★ 엑세스바이오	Access Bio	579

A156100	★ 엘앤케이바이오메드	L&K BIOMED	593
A226400	★★ 오스테오닉	OSTEONIC	630
A048260	★ 오스템임플란트	Osstemimplant	631
A118000	우리들휴브레인	WOORIDUL HUE BRAIN	649
A032940	★ 원익	Wonik	662
A216280	★★ 원텍	WON TECH	665
A032620	★ 유비케어	UBcare	685
A056090	★ 유앤아이	U&I	690
A221800	★★ 유투바이오	U2BIO COLTD	695
A041830	★ 인바디	InBody	729
A119610	★ 인터로조	INTEROJO	735
A150840	★ 인트로메딕	IntroMedic	740
A071200	★ 인피니트헬스케어	INFINITT Healthcare	744
A230400	★★ 자비스	XAVIS CO	756
A054950	★ 제이브이엠	JVM	770
A229000	★★ 젠큐릭스	Gencurix	784
A228760	★★ 지노믹트리	Genomictree	797
A219750	★★ 지티지웰니스	GTG Wellness	810
A085660	★ 차바이오텍	Chabiotech	817
A104540	★ 코렌텍	Corentec	863
A228180	★★ 티씨엠생명과학	TCM BIOSCIENCES	915
A046210	★ 파나진	Panagene	923
A241820	★ 피씨엘	PCL	960
A006140	★ 피제이전자	PJ Electronics	966
A149980	★ 하이로닉	Hironic	972
A212310	★★ 휴벡셀	HUVEXEL	1076
A065510	★ 휴비츠	Huvitz	1077

바이오

A217730	★ 강스템바이오텍	KANGSTEM BIOTECH CO	39
A138610	★ 나이벡	NIBEC	85
A168330	★ 내츄럴엔도텍	Naturalendo Tech	91
A086220	★★ 네추럴에프앤피	Natural F&P	96
A144510	★ 녹십자랩셀	Green Cross Lab Cell	107
A142280	★ 녹십자엠에스	Green Cross Medical Scienc	108
A054050	★ 농우바이오	Nong Woo Bio	110
A176750	★★ 듀켐바이오	DUCHEMBIO	202
A127120	★ 디엔에이링크	DNA LINK	213
A084650	★ 랩지노믹스	LabGenomics	227
A141080	★ 레고켐바이오사이언스	LegoChem Biosciences	228
A038290	★ 마크로젠	Macrogen	248
A236340	★★ 메디젠휴먼케어	Medizen Humancare	255
A078160	★ 메디포스트	Medipost	256
A084990	★ 바이로메드	ViroMed	284
A064550	★ 바이오니아	BIONEER	285
A142760	★ 바이오리더스	Bioleaders	286
A216400	★★ 바이오코아	BIOCORE CO	288
A086040	★ 바이오톡스텍	Biotoxtech	288
A207940	삼성바이오로직스	SAMSUNG BIOLOGICS	328
A038070	★ 서린바이오사이언스	Seoulin Bioscience	358
A068270	★ 셀트리온	Celltrion	398
A091990	★ 셀트리온헬스케어	Celltrion Healthcare	399
A215600	★ 신라젠	Sillajen	420
A049960	★ 쎌바이오텍	CELLBIOTECH	443
A096530	★ 씨젠	Seegene	458
A900120	★ 씨케이에이치	CKH Food & Health	458
A185490	★ 아이진	EyeGeneInc	485
A196170	★ 알테오젠	ALTEOGEN	499
A196300	★ 애니젠	ANYGEN COLTD	503
A086460	★★ 에스엔피제네틱스	SNP Genetics	528
A246250	★★ 에스엘에스	SLS	529
A052260	★ 에스케이바이오랜드	SKbioland	541

종목코드		회사명	영문명	페이지
A203400	**	에이비온	ABION	555
A138360	*	에이씨티	ACT	557
A182400	*	에이티젠	ATGen	568
A183490	**	엔지켐생명과학	ENZYCHEM LIFESCIENCES	587
A180400	*	엠지메드	MG MED	609
A039200	*	오스코텍	Oscotec	630
A215380	*	우정비에스씨	WOOJUNG BSC	657
A206650	*	유바이오로직스	EuBiologics	683
A086890	*	이수앱지스	ISU Abxis	709
A048530	*	인트론바이오테크놀로지	iNtRON Biotechnology	741
A068330	*	일신바이오베이스	ilShinbiobase	748
A095700	*	제넥신	Genexine	763
A066830	**	제노텍	GENOTECH CORP	763
A187420	*	제노포커스	GenoFocus	764
A225220	**	제놀루션	GENOLUTION	764
A109820	*	진매트릭스	GENEMATRIX	812
A011000		진원생명과학	GeneOne Life Science	816
A026260	*	카테아	CATEA COLTD	826
A217600	*	켐온	CHEMON	858
A166480	*	코아스템	CORESTEM	873
A215570	**	크로넥스	CRONEX CO	889
A083790	*	크리스탈지노믹스	CrystalGenomics	891
A191420	*	테고사이언스	Tego Science	901
A199800	**	툴젠	ToolGen	911
A214450	*	파마리서치프로덕트	PHARMA RESEARCH PRODUCTS	925
A005690		파미셀	Pharmicell	925
A222110	*	팬젠	Pangen Biotech	937
A087010	*	펩트론	Peptron	940
A203690	*	프로스테믹스	PROSTEMICS CO	955
A222670	**	플럼라인생명과학	Plumbline Life Scienes	957
A042520	*	한스바이오메드	HANS BIOMED	1018
A200670	*	휴메딕스	Humedix	1075

제약

종목코드		회사명	영문명	페이지
A053950	*	경남제약	KYUNG NAM PHARMCOLTD	42
A011040	*	경동제약	Kyungdong Pharmaceutica	44
A214390		경보제약	KYONGBO PHARMACEUTI	45
A014570	*	고려제약	Korean Drug	52
A009290	*	광동제약	Kwangdong Pharmaceutical	56
A002720		국제약품	Kukje Pharma	65
A229500	**	노브메타파마	NovMetaPharma	106
A006280	*	녹십자	Green Cross	106
A005250		녹십자홀딩스	Green Cross Holdings	108
A078140	*	대봉엘에스	Deabongls	129
A036480	*	대성미생물연구소	DAESUNG MICROBIOLOGI	131
A003090		대웅	Dae Woong	139
A069620	*	대웅제약	Daewoong Pharmaceutical	140
A003220	*	대원제약	Daewon Pharmaceutical	142
A054670	*	대한뉴팜	Daehan New Pharm	150
A023910	*	대한약품공업	Daihan Pharmaceutical	151
A067080	*	대화제약	DAEHWA PHARM COLTD	157
A086450	*	동국제약	DongKook Pharmaceutical	170
A002210	*	동성제약	Dong Sung Bio Pharm	177
A000640		동아쏘시오홀딩스	Dong-A Socio Holdings	179
A170900	*	동아에스티	Dong-A ST	180
A000020		동화약품	Dong Wha Pharm	197
A131030	*	디에이치피코리아	DHP KOREACo	211
A086900	*	메디톡스	Medy-Tox	256
A140410	*	메지온	Mezzion Pharma	260
A017180	*	명문제약	MYUNGMOON PHARM	262
A053030	*	바이넥스	BinexCo	284
A217950	**	바이오씨앤디	BIOCND	287

종목코드		회사명	영문명	페이지
A003850		보령제약	Boryung Pharmaceutical	29
A003000		부광약품	Bukwang PharmCo	30
A200780	*	비씨월드제약	BCWORLD PHARM COLTD	30
A001360		삼성제약	SAMSUNG PHARM	33
A009300	*	삼아제약	Sam-A Pharm	33
A000520		삼일제약	Samil Pharmaceutical	34
A005500		삼진제약	Samjin Pharmaceutical	34
A000250	*	삼천당제약	SAM CHUN DANG PHARM	34
A018680	*	서울제약	SEOUL PHARMA	36
A008490		서흥	SUHEUNG	37
A067370	**	선바이오	SunBio	37
A068760	*	셀트리온제약	Celltrion Pharm	39
A002800	*	신신제약	SINSIN PHARMACEUTICAL	42
A012790	*	신일제약	SINIL PHARMACEUTICAL C	42
A019170		신풍제약	Shin Pooong Pharm	43
A058820	*	씨엠지제약	CMG Pharmaceutical	45
A047920	*	씨트리	CHEM TECH RESEARCHORPORATION	46
A060590	*	씨티씨바이오	CTCBIO	46
A074430	*	아미노로직스	Aminologics	46
A092040	*	아미코젠	Amicogen	46
A001540	*	안국약품	AHN-GOOK PHARMACEUTICAL	46
A251280	**	안지오랩	AngioLab	46
A065660	*	안트로젠	ANTEROGEN CO	46
A002250		알보젠코리아	ALVOGEN KOREA COLTD	
A174900	*	앱클론	AbClon	50
A041910	*	에스텍파마	EstechPharma	54
A237690	*	에스티팜	ST PHARM CO	55
A239610	*	에이치엘사이언스	HLSCIENCE CO	56
A003060		에이프로젠제약	Aprogen pharmaceuticalsIr	56
A003520	*	영진약품	YUNGJIN Pharm	61
A004720		우리들제약	Wooridul Pharmaceutical	64
A018620	*	우진비앤지	WooGene B&G	65
A000220		유유제약	Yuyu Pharma	69
A000100		유한양행	Yuhan	69
A044960	*	이-글벳	Eagle Vetrinary Technology	70
A102460		이연제약	REYON PHARMACEUTICAL	72
A249420		일동제약	IL DONG PHARMACEUTIC/	74
A000230		일동홀딩스	ILDONG HOLDINGS	74
A003120		일성신약	Ilsung Pharmaceuticals	74
A007570		일양약품	Ilyang Pharamaceutical	75
A234080		제이더블유생명과학	JW Life Science	76
A067290	*	제이더블유신약	JW SHINYAK	76
A001060		제이더블유중외제약	JW PHARMACEUTICAL	76
A096760		제이더블유홀딩스	JW Holdings	76
A052670	*	제일바이오	CheilBio	72
A271980		제일약품	JEIL PHARMACEUTICAL COLTD	72
A002620		제일파마홀딩스	JEIL PHARMA HOLDINGS	78
A034940	*	조아제약	CHOA PHARMACEURICAL	78
A185750		종근당	Chong Kun Dang Pharmaceutical	
A063160		종근당바이오	CKD Bio	79
A001630		종근당홀딩스	Chong Kun Dang Holdings	79
A072020	*	중앙백신연구소	Choong Ang Vaccine Laboratory	79
A204840	*	지엘팜텍	GL Pharm Tech	80
A086060	*	진바이오텍	GeneBioTech	81
A007370	*	진양제약	JIN YANG PHARMACEUTICAL CO	81
A220250	**	카이노스메드	KAINOS MEDICINE	82
A205290	**	케미메디	KEMIMEDI CO	82
A114450	*	케이피엑스라이프사이언스	KPX LIFESCIENCE	82
A041960	*	코미팜	Komipharm International	82
A102940	*	코오롱생명과학	KOLON LIFE SCIENCE	83
A115180	*	큐리언트	Qurient	88
A065560	*	큐브스	Cubes	88

066700	★ 테라젠이텍스	Theragen Etex	903
043090	★ 팜스웰바이오	PharmswellBio	933
220100	★ 퓨쳐켐	FutureChem	954
106190	★ 하이텍팜	HIGH TECH PHARM	975
226610	★★ 한국비엔씨	BNC Korea	982
033270	한국유나이티드제약	Korea United Pharm	985
002390	한독	Handok	1005
008930	한미사이언스	Hanmi Science	1008
128940	한미약품	Hanmi Pharm	1008
009420	한올바이오파마	Hanall Biopharma	1021
004310	현대약품	Hyundai Pharmaceutical	1050
061250	★ 화일약품	HWAIL PHARMACEUTICAL COLTD	1068
016580	환인제약	Whan In Pharm	1070
243070	★ 휴온스	HUONS CO	1078
084110	★ 휴온스글로벌	Huons Global	1078
145020	★ 휴젤	Hugel	1079

상업은행

192530	광주은행	Kwangju Bank	58
139130	디지비금융지주	DGB Financial Group	218
138930	비엔케이금융지주	BNK Financial Group	311
055550	신한금융지주회사	Shinhan Financial Group	431
000030	우리은행	Woori Bank	652
175330	제이비금융지주	JB Financial Group	770
006220	제주은행	Jeju Bank	783
024110	중소기업은행	Industrial Bank Of Korea	795
105560	케이비금융지주	KB Financial Group	832
086790	하나금융지주	Hana Financial Group	969

상호저축은행

007330	★ 푸른저축은행	Pureun Mutual Savings Bar	950

창업투자 및 종금

019660	★ 글로본	GLOBON	70
027830	★ 대성창업투자	Daesung Private Equity	133
241520	★ 디에스씨인베스트먼트	DSC Investment	208
019550	★ 에스비아이인베스트먼트	SBI Investment Korea	513
021080	★ 에이티넘인베스트먼트	Atinum Investment	567
019590	★ 엠벤처투자	M-Venture Investment	605
041190	★ 우리기술투자	Woori Technology Investment	648
010050	우리종합금융	Woori Investment Bank	654
019570	★ 제미니투자	Gemini Investment	767
016600	★ 큐캐피탈파트너스	Q Capital Partners	887
246690	★ 티에스인베스트먼트	TSInvestment	916

소비자 금융

204620	★ 글로벌텍스프리	Yuanta 1 Special Purpose Acquisition	70
021880	★ 메이슨캐피탈	MASON CAPITAL	259
029780	삼성카드	Samsung Card	334
023460	★ 씨앤에이치	CNH	448
033660	아주캐피탈	Aju Capital	489
038540	텍셀네트컴	Texcell-Netcom	905
023760	한국캐피탈	Han Kook Capital	995

보험

005830	동부화재해상보험	Dongbu Insurance	176
082640	동양생명보험	TONG YANG LIFE INSURANCE	185
000400	롯데손해보험	Lotte Non-Life Insurance	235
138040	메리츠금융지주	Meritz Financial Group	258
000060	메리츠화재해상보험	Meritz Fire & Marine Insurance	259
085620	미래에셋생명보험	Mirae Asset Life Insurance	274
032830	삼성생명보험	Samsung Life Insurance	329
A000810	삼성화재해상보험	Samsung Fire & Marine Insu	334
A079440	아이엔지생명보험	ING Life Insurance	480
A211050	★★ 인카금융서비스	INCAR FINANCE SERVICE CO	733
A003690	코리안리재보험	Korean Reinsurance	866
A088350	한화생명보험	HanWha Life Insurance	1034
A000370	한화손해보험	Hanwha General Insurance	1035
A001450	현대해상화재보험	Hyundai Marine&Fire Insurance	1056
A000540	흥국화재해상보험	Heungkuk Fire & Marine Insurance	1081

부동산

A001000	★ 신라섬유	SILLA TEXTILE CO	419
A210980	에스케이디앤디	SK D&D	540
A123890	한국자산신탁	Korea Asset In Trust	986
A034830	한국토지신탁	Korea Real Estate Investme	999
A005110	한창	Hanchang	1030
A034810	★ 해성산업	Haesung Industrial	1038

증권

A001290	골든브릿지투자증권	Golden Bridge Investment &	53
A030610	교보증권	Kyobo Securities	60
A023590	다우기술	DAOU TECHNOLOGY	118
A032190	★ 다우데이타	Daou Data	118
A003540	대신증권	Daishin Securities	135
A016610	동부증권	Dongbu Securities	175
A008560	메리츠종합금융증권	Meritz Securities	258
A006800	미래에셋대우	MIRAE ASSET DAEWOO COLTD	274
A001270	부국증권	BOOKOOK SECURITIES	300
A016360	삼성증권	Samsung Securities	333
A001720	신영증권	Shinyoung Securities	427
A001510	에스케이증권	SK Securities	544
A005940	엔에이치투자증권	NH Investment & Securities	586
A003470	유안타증권	Yuanta Securities Korea	690
A001200	유진투자증권	EUGENE INVESTMENT & SECURITIES CO	694
A003460	유화증권	Yuhwa Securities	696
A078020	★ 이베스트투자증권	EBEST INVESTMENT & SECURITIES	708
A030210	케이티비투자증권	KTB Investment & Securities	850
A039490	키움증권	Kiwoom Securities	892
A071050	한국투자금융지주	Korea Investment Holdings	1000
A001750	한양증권	Hanyang Securities	1020
A003530	한화투자증권	Hanwha Investment&Secur	1036
A001500	현대투자증권	HMC INVESTMENT SECURITIES	1056

인터넷 서비스

A079940	★ 가비아	Gabia	36
A094480	★ 갤럭시아커뮤니케이션즈	Galaxia Communications	40
A072770	★ 네오디안테크놀로지	Neodian Technology	91
A035420	네이버	Naver	95
A064260	★ 다날	Danal	116
A066980	★ 브레인콘텐츠	Brain Contents CO	304
A053110	★ 소리바다	SORIBADA	399
A246830	★★ 시냅스엠	SCENAPPSM inc	415
A067160	★ 아프리카티비	AfreecaTV	492
A950110	★ 에스비아이핀테크솔루션즈	SBI AXES	514
A060250	★ 엔에이치엔한국사이버결제	NHN KCP	586
A179720	★★ 옐로페이	Yelopay	621
A057680	★ 옴니텔	Omnitel	636
A080010	★ 이상네트웍스	eSang Networks	709
A090850	★ 이지웰페어	Ezwelfare	724
A092130	★ 이크레더블	e-Credible	725
A115310	★ 인포바인	INFOvine co	742
A229480	★★ 줌인터넷	ZUM internet	794
A043610	★ 지니뮤직	GENIE Music	798

Code		Korean	English	No.
A111820	★	처음앤씨	Cheoum & C	820
A035720		카카오	Kakao	825
A093320	★	케이아이엔엑스	KINX	839
A046440	★	케이지모빌리언스	KGMobilians	847
A035600	★	케이지이니시스	KGINICIS	847
A036030	★	케이티하이텔	KT Hitel	853
A075130	★	플랜티넷	Plantynet	956

IT 서비스

Code		Korean	English	No.
A243870	★★	굿센	Goodcen	66
A167380	★★	나무기술	NAMU TECH CO	84
A020180	★	대신정보통신	Daishin Information & Communications	134
A263800	★	데이타솔루션	Datasolution	163
A199150	★★	데이터스트림즈	Data Streams	164
A012030		동부	Dongbu	173
A030790		동양네트웍스	TONGYANG Networks	184
A042500	★	링네트	RingNet	245
A100030	★	모바일리더	Mobileleader	265
A250060	★	모비스	Mobiis	267
A007120		미래아이앤지	MiraeINGCo	273
A214180	★	민앤지	Minwise	281
A029480	★	바른테크놀로지	BARUN Technology	283
A064480	★	브리지텍	BRIDGETEC	305
A148780	★★	비플라이소프트	BFLYSOFT COLTD	315
A018260		삼성에스디에스	SAMSUNG SDS COLTD	330
A032680	★	소프트센	SOFTCEN	400
A035510		신세계아이앤씨	SHINSEGAE Information & Communication	423
A010280		쌍용정보통신	SsangYong Information & Communications	438
A004920		씨아이테크	CITECH COLTD	446
A189330	★★	씨이랩	XIIlab	453
A052460	★	아이크래프트	iCRAFT	487
A124500	★	아이티센	ITCEN	488
A050320		에스아이티글로벌	Smart Information Technolo	518
A064850	★★	에프앤가이드	FnGuide	575
A205100	★	엑셈	EXEM	580
A069410	★	엔텔스	nTels	589
A053980	★	오상자이엘	Osangjaiel	628
A173130	★★	오파스넷	OPASNET COLTD	634
A049480	★	오픈베이스	Openbase	634
A121060	★★	유니포인트	UNIPOINT	682
A072130		유엔젤	Uangel	691
A065440	★	이루온	ELUON	706
A067010	★	이씨에스텔레콤	ECS Telecom	712
A096040	★	이트론	E-TRON	726
A033230	★	인성정보	Insung Information	731
A045510	★	정원엔시스	Zungwon EN-SYS	761
A192250	★	케이사인	KSIGN	833
A115500	★	케이씨에스	Korea Computer & Systems	836
A039420	★	케이엘넷	KL-Net	843
A040350	★	큐로컴	Curocom	883
A217880	★★	틸론	TILON	921
A038160	★	팍스넷	Paxnet	932
A022100	★	포스코아이씨티	POSCO ICT	945
A195440	★	퓨전데이타	Fusion Data	953
A258250	★★	피시피아비아이티	PCPIA BIT	959
A070590		한솔인티큐브	Hansol Inticube	1014
A046110	★	한일네트웍스	HANIL NETWORKS	1022
A026180	★	현대정보기술	Hyundai Information Technology	1053

일반 소프트웨어

Code		Korean	English	No.
A153460	★	네이블커뮤니케이션즈	Nable Communications	95
A139670	★	넥스트리밍	NexStreaming	100

Code		Korean	English	No.
A040160	★	누리텔레콤	Nuri Telecom	11
A222810	★	닉스테크	NICSTECH	11
A012510		더존비즈온	DuzonBizon	1
A203650	★	드림시큐리티	Dream Security	20
A197140	★★	디지캡	DigiCAP	21
A042510	★	라온시큐어	RaonSecure	22
A219420	★★	링크제니시스	Linkgenesis	24
A108860	★	셀바스에이아이	Selvas AI	3
A210610	★★	소프트캠프	SOFTCAMP COLTD	40
A230980	★	솔트웍스	Soltworks	40
A050960	★	수산아이앤티	SOOSAN INT CO	40
A245030	★★	스페이스솔루션	SPACE SOLUTION	41
A131090	★	시큐브	SECUVE	41
A232830	★★	시큐센	SECUCEN COLTD	41
A053800		안랩	AHNlab	49
A131370	★	알서포트	Rsupport	49
A085810	★	알티캐스트	Alticast	50
A049470	★	에스지에이	SGA	53
A184230	★	에스지에이솔루션즈	SGA Solutions	53
A232290	★★	에스지에이시스템즈	SGA SYSTEMS	53
A224880	★★	에스지에이임베디드	SGA Embedded	53
A208860	★	엔지스테크널러지	EnGIS Technolgies	58
A086960	★	엠디에스테크놀로지	MDS Technology	60
A058970	★★	엠로	EMRO	60
A136540	★	윈스	Wins	62
A067920	★	이글루시큐리티	IGLOO SECURITY	70
A053350	★	이니텍	Initech	70
A047560	★	이스트소프트	ESTsoft	7
A039290	★	인포뱅크	InfoBank	74
A041020	★	인프라웨어	Infraware	74
A247300	★★	인프라웨어테크놀러지	INFRAWARE TECHNOLOGY	74
A263860	★	지니언스	GENIANS	79
A208350	★	지란지교시큐리티	Jiransecurity	79
A115450	★	지트리비앤티	G-treeBNT	8
A094860	★	코닉글로리	KORNICGLORYCO	8
A078000	★	텔코웨어	Telcoware	90
A079970	★	투비소프트	TOBESOFT	9
A150900	★	파수닷컴	FASOOCOM	92
A016670	★	포비스티앤씨	Pobis TNC	94
A189690	★	포시에스	FORCS	94
A150440	★★	피노텍	Finotek	9
A053300	★	한국정보인증	KOREA INFORMATION CERTIFICATE AUTHORITYORPORATED	9
A030520	★	한글과컴퓨터	Hancom	100
A081970	★	한솔넥스지	Hansol NexG	10
A054920	★	한컴시큐어	Hancom Secure	103
A077280	★	한컴지엠디	Hancom GMD	103
A220180	★	핸디소프트	HANDYSOFT	10

게임 소프트웨어

Code		Korean	English	No.
A063080	★	게임빌	GAMEVIL	
A223220	★★	구름컴퍼니	GURUM	
A095660	★	네오위즈	NEOWIZ	
A042420	★	네오위즈홀딩스	Neowiz Holdings	
A041140	★	넥슨지티	Nexon GT CO	1
A217270	★	넵튠	Neptune	
A225570	★	넷게임즈	NAT GAMES COLTD	1
A251270	★	넷마블게임즈	Netmarble Games	1
A192080	★	더블유게임즈	DoubleUGames	1
A194480	★	데브시스터즈	Devsisters	1
A030350	★	드래곤플라이	Dragonfly GF	1
A060240	★	룽투코리아	LONGTU KOREA	24
A201490	★	미투온	ME2ON CO	2

35620	★	바른손이앤에이	Barunson Entertainment &	282
43710	★	서울리거	SEOULEAGUER	363
23420		선데이토즈	SundayToz	372
56000		신스타임즈	SINCETIMES	425
08640		썸에이지	Thumbage	441
05500		액션스퀘어	Action Square	503
52790		액토즈소프트	Actoz Soft	504
09960		에이프로젠헬스케어앤게임	Aprogen Healthcare & Games	569
36570		엔씨소프트	NCsoft	581
81710		엔에이치엔엔터테인먼트	NHN Entertainment	585
06400		엔터메이트	Entermate	589
58630		엠게임	MGAME	603
52770		와이디온라인	YD Online	638
69080	★	웹젠	Webzen	670
12040	★	위메이드엔터테인먼트	Wemade Entertainment	671
52190		이에스에이	ESA	714
01730		조이맥스	Joymax	789
67000		조이시티	JoyCity	789
78340		컴투스	Com2uS	829
94510		파티게임즈	PATI Games	931
63750		펄어비스	PearlAbyss	939
23770		플레이위드	PLAYWITH	957
47080	★	한빛소프트	HANBIT SOFT	1009

통신장비

92410	★	감마누	Gamma Nu	37
35460	★	기산텔레콤	Kisan Telecom	76
39560	★	다산네트웍스	DASAN Networks	117
10170	★	대한광통신	TAIHAN FIBER OPTICS CO	150
87220	★	디티앤씨	DT&C	222
69540	★	라이트론	LIGHTRON	225
67730	★	로지시스	LOGISYS	233
49940	★	모다	Moda	264
46310	★	백금티앤에이	BG T&A	292
72950	★	빛샘전자	Vissem Electronics	317
37460	★	삼지전자	Samji Electronics	345
78320	★	서진시스템	SEOJIN SYSTEM COLTD	367
33790	★	서화정보통신	Seohwa	370
50890	★	쏠리드	SOLiD	444
65770	★	씨에스	CS	449
89540	★★	씨티네트웍스	ctnetworks	460
14430	★	아이쓰리시스템	i3system	476
31310	★	아이즈비전	EYESVISION	484
18410	★	알에프에이치아이씨	NH SPECIAL PURPOSE ACQUISITION 8 CO	498
07630	★	암니스	AMNIS	501
38680	★	에스넷시스템	Snet systems	510
88800	★	에이스테크놀로지	Ace Technologies	556
11270	★	에이피위성	Asia Pacific Satellite	571
73540	★	에프알텍	FRTEK	574
38080	★	오이솔루션	OE Solutions	632
09080	★	옵티시스	Opticis	637
15440	★	우리넷	WooriNet	648
46970	★	우리로	WOORIRO	650
95270	★	웨이브일렉트로닉스	Wave Electronics	667
64450	★	유비쿼스	Ubiquoss	685
78070	★	유비쿼스홀딩스	Ubiquoss Holdings	686
60230	★	이그잭스	Exax	699
73490	★	이노와이어리스	Innowireless	701
15790	★	이노인스트루먼트	INNO INSTRUMENT	702
89300	★	인텔리안테크놀로지스	Intellian Technologies	740
35160	★★	지오씨	GOC	808
32500	★	케이엠더블유	KMW	844

A189350	★★	코셋	Coset	869
A056360	★	코위버	Communication Weaver	878
A031820		콤텍시스템	Comtec Systems	881
A091440	★	텔레필드	Telefield	906
A200230	★	텔콘	TELCON	907
A170790	★	파이오링크	Piolink	928
A005870		휴니드테크놀러지스	Huneed Technologies	1074

컴퓨터 및 주변기기

A065690	★	대진디엠피	DAEJINDMPCOLTD	147
A043360	★	디지아이	DIGITAL GRAPHICSORPOR.	218
A131180	★	딜리	DILLI ILLUSTRATE	223
A065650	★	메디프론디비티	Medifron DBT	257
A213090	★	미래테크놀로지	MIRAE TECHNOLOGY CO	276
A093190	★	빅솔론	Bixolon	315
A060570	★	아이리버	Iriver	474
A045660	★	에이텍	Atec	566
A032790	★	엠젠플러스	MGENPLUS	608
A049550	★	잉크테크	Inktec	755
A096690	★	제이스테판	J Stephen Lab	771
A033320	★	제이씨현시스템	JC hyun System	772
A044380		주연테크	Jooyontech	794
A012600	★	청호컴넷	ChungHo Comnet	822
A089150	★	케이씨티	Korea Computer Terminal	837
A005070		코스모신소재	Cosmo Advanced Materials & Technology	871
A094940	★	푸른기술	PULOON TECHNOLOGY	949
A066110	★	한프	HANP	1033

전자 장비 및 기기

A009140		경인전자	Kyung in Electronics	46
A098460	★	고영테크놀러지	Koh Young Technology	52
A017900		광전자	AUK	57
A004270		남성	Namsung	88
A031390	★	녹십자셀	GREEN CROSS CELL	107
A085670	★	뉴프렉스	Newflex Technolgy	114
A008060		대덕전자	Daeduck Electronics	122
A004130		대덕지디에스	DAEDUCK GDS	122
A008110		대동전자	Daidong Electronics	125
A078600	★	대주전자재료	Daejoo Electronic Materials	146
A079960	★	동양이엔피	DONGYANG E&P	186
A032960	★	동일기연	DONGIL TECHNOLOGY	193
A196490	★	디에이테크놀로지	DA Technology	212
A238500	★★	로보쓰리	Robo3	232
A080420	★	모다이노칩	Moda-InnoChips	264
A033200	★	모아텍	Moatech	267
A038460	★	바이오스마트	BioSmart	287
A090460	★	비에이치	Bh	309
A082920	★	비츠로셀	VITZROCELL	313
A006400		삼성에스디아이	SAMSUNG SDI	329
A009150		삼성전기	Samsung Electro-Mechanics	331
A091580	★	상신이디피	SANGSIN ENERGY DISPLAY PRECISION	355
A043260	★	성호전자	SUNGHO ELECTRONICS CO	381
A154040	★	솔루에타	Solueta	402
A222800	★	심텍	SIMMTECH	434
A036710	★	심텍홀딩스	SIMMTECH HOLDINGS	435
A004770	★	써니전자	SUNNY ELECTRONICS CORP	439
A222080	★	씨아이에스	Creative & Innovative System	446
A052710	★	아모텍	Amotech	465
A036010	★	아비코전자	ABCO ELECTRONICS	468
A101390	★	아이엠	IM	481
A023890	★	아트라스비엑스	Atlasbx	491
A148250	★	알엔투테크놀로지	RN2 Technologies	499

코드		한글명	영문명	페이지
A131400	*	액트	ACT	504
A042110	*	에스씨디	SCD	516
A091340	*	에스엔케이폴리텍	S&K Polytec	527
A052020	*	에스티큐브	STCUBE	550
A072990	*	에이치시티	HCT COLTD	560
A224110	*	에이텍티앤	ATEC T& CO	566
A086520	*	에코프로	ECOPRO	573
A217820	*	엔에스	NS	583
A066970	*	엘앤에프	L&F	593
A011070		엘지이노텍	LG Innotek	600
A259630	*	엠플러스	mPLUS corp	610
A082210		옵트론텍	Optrontec	637
A089850	*	유비벨록스	UbiVelox	684
A011690		유양디앤유	YUYANG D&U	691
A088390	*	이녹스	Innox	702
A272290	*	이녹스첨단소재	INNOX Advanced Materials	703
A007660		이수페타시스	ISU PETASYS	710
A232530	**	이엠티	Energy Material Technology	719
A017250		인터엠	INTER-MCo	736
A051370	*	인터플렉스	Interflex	739
A020150		일진머티리얼즈	ILJIN MATERIALS	752
A033240		자화전자	Jahwa Electronics	757
A052400	*.*	코나아이	KONA I	859
A007810		코리아써키트	KOREA CIRCUIT COLTD	864
A045970	*	코아시아홀딩스	CoAsia Holdings	873
A033290	*	코웰패션	COWELL FASHION	878
A058530	*	크레아플래닛	CREAPLANET COLTD	888
A043590	*	크로바하이텍	Clover Hitech	889
A182690	*	테라셈	TerraSem	902
A191600	**	티케이씨	TKC COLTD	919
A047310	*	파워로직스	PowerLogics	927
A140860	*	파크시스템스	Park Systems	930
A131390	*	피앤이솔루션	PNE SOLUTION	961
A137400	*	피엔티	PEOPLE & TECHNOLOGY	964
A092300	*	현우산업	HYUNWOOINDUSTRIAL	1058

사무기기

A029530		신도리코	SINDOH	418

휴대폰 및 관련부품

A151910	*	나노스	NANOS	80
A190510	*	나무가	NAMUGA CO	83
A263600	*	덕우전자	DERKWOO ELECTRONICS COLTD	162
A066670	*	디스플레이테크	DISPLAYTECH	205
A066900	*	디에이피	DAP	212
A106520	*	디지탈옵틱	DIGITAL OPTICS	219
A096640	*	멜파스	Melfas	261
A101330	*	모베이스	MOBASE	266
A208710	*	바이오로그디바이스	BIOLOG DEVICE	285
A033560	*	블루콤	BLUECOM	306
A005930		삼성전자	Samsung Electronics	331
A082660	*	삼우엠스	SamwooEms	341
A093920	*	서원인텍	SEOWONINTECH	366
A081580	*	성우전자	SUNGWOO ELECTRONICS	378
A053450	*	세코닉스	SEKONIX	394
A192440	*	슈피겐코리아	Spigen Korea	408
A025320	*	시노펙스	Synopex	416
A187270	*	신화콘텍	Shin Hwa Contech	433
A052860	*	아이앤씨테크놀로지	I&C Technology	477
A226350	*	아이엠텍	IM Tech	482
A106080	*	알비케이이엠디	RBK EMD	496
A096610	*	알에프세미	RFsemi Technologies	497

A061040	*	알에프텍	RFTech	4
A267810	**	양츠	AntzCo	5
A238090	*	앤디포스	NDFOS CO	5
A097780	*	에스맥	S-MAC	5
A060540	*	에스에이티	System and Application Technologies	5
A096630	*	에스코넥	S Connect	5
A176440	*	에이치엔티일렉트로닉스	HNT Electronics	5
A043580	*	에임하이글로벌	Aimhigh Global	5
A054340	*	엔알케이	NRKCOLTD	5
A037950	*	엘컴텍	Elcomtec	6
A097520	*	엠씨넥스	MCNEX COLTD	6
A000670		영풍	Young Poong	6
A196450	*	온다엔터테인먼트	ONDA Entertainment	6
A122990	*	와이솔	WiSoL	6
A193250	*	와이제이엠게임즈	YJM Games	6
A065680	*	우주일렉트로닉스	Uju Electronics	6
A049520	*	유아이엘	UIL	6
A191410	*	육일씨엔에쓰	RYUK-IL C&S	6
A041520	*	이라이콤	e-Litecom	7
A054210	*	이랜텍	Elentec	7
A115610	*	이미지스테크놀로지	IMAGIS	7
A094190	*	이엘케이	ELK	7
A079190	*	이엠따블유	EMW	7
A091120	*	이엠텍	EM-Tech	7
A181340	*	이즈미디어	isMedia	7
A049070	*	인탑스	Intops	7
A175140	*	인포마크	INFOMARK	7
A058450	*	일야	ILYA	7
A174880	*	장원테크	JANG WON TECH COLTD	7
A049630	*	재영솔루텍	JAEYOUNG SOLUTEC	7
A080220	*	제주반도체	Jeju Semiconductor	7
A041590	*	젬백스테크놀러지	GemVax Technology	7
A050110	*	캠시스	CammSys	8
A060720	*	케이에이치바텍	KHVATEC	8
A083470	*	케이제이프리텍	KJPretech	8
A078650	*	코렌	KOLEN	8
A114120	*	크루셜텍	Crucialtec	8
A072520	*	태양씨앤엘	TAE YANG C&L COLTD	8
A052290	*	트레이스	Trais	8
A091700	*	파트론	PARTRON	8
A032580	*	피델릭스	Fidelix	8
A126700	*	하이비젼시스템	HyVISION SYSTEM	9
A070300	*	한솔시큐어	Hansol Secure	10
A004710		한솔테크닉스	Hansol Technics	10
A123840	*	한일진공	HANIL VACUUM CO	10
A076610	*	해성옵틱스	Haesung Optics	10

셋톱 박스

A078890	*	가온미디어	Kaonmedia	
A134580	*	디엠티	Digital Multimedia Technology	
A058220	*	아리온테크놀로지	ARION TECHNOLOGY	4
A271400	**	알로이스	ALOYS	4
A057880	*	토필드	Topfield	4
A064240	*	홈캐스트	Homecast	10
A115160	*	휴맥스	HUMAX	10
A028080	*	휴맥스홀딩스	Humax Holdings	10

보안장비

A092600	*	넥스트칩	NEXTCHIP	
A236200	*	슈프리마	Suprema	
A094840	*	슈프리마에이치큐	Suprema HQ	
A143160	*	아이디스	Intelligent Digital Integrated	4

054800	* 아이디스홀딩스	IDIS Holdings	474
099520	* 아이티엑스엠투엠	ITX-M2M	488
14870	* 에치디프로	HD PRO CO	572
03450	* 유니온커뮤니티	Union community	678
091270	** 유디피	UDP Technology	682
083640	* 인콘	INCON	734
036690	* 코맥스	Commax	866
015710	* 코콤	Kocom	879
019490	* 하이트론씨스템즈	Hitron Systems	976
039010	* 현대통신	Hyundai Telecommunicatio	1055

반도체 및 관련장비

89890	* 고려반도체시스템	Korea Semiconductor Syste	49
83450	* 글로벌스탠다드테크놀로지	Global Standard Technolog	69
49080	* 기가레인	GIGALANE	76
01400	* 네오피델리티	NEOFIDELITY	94
33640	* 네패스	Nepes	97
87730	* 네패스신소재	NEPES Advanced Materials	97
44960	* 뉴파워프라즈마	New Power Plasma	113
93640	* 다믈멀티미디어	Tamul Multimedia	117
20120	다우인큐브	Daouincube	119
77360	* 덕산하이메탈	DUKSAN HI METAL COLTD	160
00990	* 동부하이텍	Dongbu HiTek	175
94170	* 동운아나텍	DONGWOON ANATECH C	188
05290	* 동진쎄미켐	Dongjin Semichem	196
03160	* 디아이	DI	206
92070	* 디엔에프	DNF	213
71010	* 램테크놀러지	RAM TECHNOLOGY CO	227
71280	* 로체시스템즈	Rorze Systems	234
58470	* 리노공업	Leeno Industrial	241
98120	* 마이크로컨텍솔루션	Micro Contact Solution	246
47760	* 마이크로프랜드	Micro Friend	247
27160	* 매직마이크로	MAGICMICRO CO	250
93520	* 매커스	Makus	251
25560	* 미래산업	Mirae	273
59090	* 미코	MiCo	280
64520	* 바른전자	Barun Electronics	283
22160	** 바이옵트로	Bioptro	290
40070	* 서플러스글로벌	SurplusGLOBAL	368
45300	* 성우테크론	Sungwoo Techron	378
14310	* 세미콘라이트	Semicon Light	383
36830	* 솔브레인	Soulbrain	403
33170	* 시그네틱스	Signetics	414
60980	* 싸이맥스	CYMECHS	436
95340	* 아이에스시	ISC	478
38880	* 아이에이	iA	479
49010	** 아이케이세미콘	IK Semicon	486
19830	* 아이텍반도체	ITEK Semiconductor	487
59120	* 아진엑스텍	AJINEXTEK	490
17670	* 알파홀딩스	Alpha Holdings	501
02120	* 어보브반도체	ABOV Semiconductor	506
01490	* 에스앤에스텍	S&S TECH	520
31330	* 에스에이엠티	SAMT	523
36540	* 에스에프에이반도체	SFA Semicon	526
60600	* 에스엔텍	SNTEK CO	528
36490	* 에스케이머티리얼즈	SK Materials	540
57500	* 에스케이씨솔믹스	SKC Solmics	542
00660	* 에스케이하이닉스	SK hynix	545
39440	* 에스티아이	STI	547
54630	* 에이디칩스	Advanced Digital Chips	554
00710	* 에이디테크놀로지	ADTechnologyCo	554
89530	* 에이티세미콘	AT semicon	567

A073570	* 에이티테크놀러지	AT technology	568
A036810	* 에프에스티	FINE SEMITECH	576
A092870	* 엑시콘	Exicon	580
A061970	* 엘비세미콘	LB SEMICON	591
A083310	* 엘오티베큠	LOT VACUUM	597
A170920	* 엘티씨	LTC	602
A033160	* 엠케이전자	MK Electron	609
A122640	* 예스티	YEST	621
A080520	* 오디텍	ODTech	623
A241790	* 오션브릿지	OCEANBRIDGE CO	629
A080580	* 오킨스전자	OKins Electronics	633
A123010	* 옵토팩	OptoPAC	636
A232140	* 와이아이케이	YIK	640
A251370	* 와이엠티	YMT CO	642
A104830	* 원익머트리얼즈	WONIK Materials	662
A240810	* 원익아이피에스	WONIK IPS CO	663
A074600	* 원익큐엔씨	WONIK QnC	664
A030530	* 원익홀딩스	WONIK HOLDINGS COLTD	664
A101160	* 월덱스	WORLDEX INDUSTRY&TRA	667
A097800	* 윈팩	Winpac	674
A036200	* 유니셈	Unisem	677
A077500	유니퀘스트	Uniquest	679
A086390	* 유니테스트	UniTestorporation	680
A142210	* 유니트론텍	Unitrontech	681
A084370	* 유진테크	Eugene Technology	694
A102710	* 이엔에프테크놀러지	ENF Technology	716
A039030	* 이오테크닉스	EO Technics	720
A064290	* 인텍플러스	INTEKPLUS	739
A217190	* 제너셈	GENESEM	762
A079370	* 제우스	Zeus	767
A089790	* 제이티	JT	778
A082270	* 젬백스앤카엘	GemVax&KAEL	784
A036930	* 주성엔지니어링	Jusung Engineering	793
A114570	* 지스마트글로벌	G-SMATT GLOBAL	800
A094360	* 칩스앤미디어	Chips&Media	824
A029460	* 케이씨텍	KCTech	837
A083550	* 케이엠	KM	843
A052900	* 케이엠에이치하이텍	KMH HITECH COLTD	845
A092220	케이이씨	KEC	846
A224060	* 코디엠	KODI-M COLTD	861
A183300	* 코미코	KoMiCo	867
A066310	* 큐에스아이	QSI	886
A136660	** 큐엠씨	QMC	886
A219130	* 타이거일렉	TigerElec	894
A095610	* 테스	TES	903
A131970	* 테스나	TESNA	904
A089030	* 테크윙	TECHWING	904
A054450	* 텔레칩스	Telechips	905
A064760	* 티씨케이	Tokai Carbon Korea	915
A131290	* 티에스이	TSE CO	916
A053610	* 프로텍	Protec	955
A024850	* 피에스엠씨	PSMC	962
A031980	* 피에스케이	PSK	962
A087600	* 픽셀플러스	Pixelplus	967
A067310	* 하나마이크론	Hana Micron	969
A166090	* 하나머티리얼즈	Hana Materials	970
A200470	* 하이셈	HISEM CO	974
A006200	한국전자홀딩스	KEC Holdings	989
A042700	한미반도체	Hanmi Semiconductor	1007
A078350	* 한양디지텍	Hanyang Digitech	1019
A045100	* 한양이엔지	Hanyang ENG	1020
A195870	* 해성디에스	HAESUNG DS	1038

가비아 (A079940)
Gabia

업 종 : 인터넷 서비스	시 장 : KOSDAQ
신용등급 : (Bond) — (CP) —	기업규모 : 벤처
홈페이지 : ir.gabia.com	연 락 처 : 1544-4370
본 사 : 경기도 성남시 분당구 대왕판교로 660(삼평동) 유스페이스1 B동 5층	

설 립 일	1999.09.21	종업원수	272명	대표이사	김홍국
상 장 일	2005.10.19	감사의견	적정(대주)	계 열	
결 산 기	12월	보통주	1,354만주	종속회사수	6개사
액 면 가	500원	우선주		구 상 호	

주주구성 (지분율,%)		출자관계 (지분율,%)		주요경쟁사 (외형,%)	
김홍국	18.3	가비아	100		
서은경	9.7	이크레더블	31		
(외국인)	13.8	인포바인	21		

매출구성		비용구성		수출비중	
호스팅/IDC/솔루션	64.5	매출원가율	53.8	수출	6.0
도메인	13.4	판관비율	33.9	내수	94.0
IX 등	9.8				

회사 개요
1999년 설립되어 2005년 코스닥에 상장한 동사는 인터넷 비즈니스를 영위하거나 인터넷 환경이 필요한 기업을 대상으로 인프라 및 솔루션을 서비스로 제공함. 인터넷인프라서비스로는 호스팅사업, 도메인사업, 솔루션사업을 영위 중이며, (주)케이아이엔엑스를 통하여 상호접속 서비스인 IX사업, IDC(Internet Data Center)산업, CDN사업, 클라우드 서비스업을 영위하고 있음. 이외에 6개의 연결대상 종속회사를 소유하고 있음.

실적 분석
2017년 상반기 매출액은 550.3억원을 기록하며 전년동기 대비 15.2% 증가함. 주요 사업 부문의 고른 매출 증가가 이익 증가에도 기여함. 영업이익은 51.4억원으로 대비 19.5% 감소. 외형 확대되었으나 원가와 판관비 또한 상승한 결과. 안정적인 매출처 확보 및 대기업, 금융과 교육기관, 정부 및 공기관 등을 대상으로 하는 클라우드 기반의 호스팅 서비스 확대와 통합보안솔루션 시장 성장세로 지속적인 매출 및 이익 확대가 기대됨.

현금 흐름
〈단위 : 억원〉

항목	2016	2017.2Q
영업활동	179	79
투자활동	-182	-47
재무활동	21	2
순현금흐름	22	28
기말현금	254	283

시장 대비 수익률

결산 실적
〈단위 : 억원〉

항목	2012	2013	2014	2015	2016	2017
매출액	691	707	804	916	1,022	—
영업이익	76	70	84	113	125	—
당기순이익	94	95	68	85	102	—

분기 실적
〈단위 : 억원〉

항목	2016.1Q	2016.2Q	2016.3Q	2016.4Q	2017.1Q	2017.2Q
매출액	236	242	255	289	275	276
영업이익	31	33	29	32	27	24
당기순이익	24	30	21	26	17	24

재무 상태
〈단위 : 억원〉

항목	2012	2013	2014	2015	2016	2017.2Q
총자산	852	912	985	1,051	1,258	1,300
유형자산	378	370	371	369	432	458
무형자산	61	67	51	85	110	102
유가증권	29	35	55	98	18	20
총부채	263	226	230	210	298	308
총차입금	132	107	90	60	94	104
자본금	67	67	68	68	68	68
총자본	589	686	755	841	960	992
지배주주지분	353	410	450	505	529	543

기업가치 지표

항목	2012	2013	2014	2015	2016	2017.2Q
주가(최고/저)(천원)	7.6/3.5	6.4/3.8	6.9/4.8	7.6/4.7	8.0/5.5	—/—
PER(최고/저)(배)	15.4/7.2	14.6/8.7	26.8/18.6	18.1/11.3	19.6/13.4	—/—
PBR(최고/저)(배)	2.9/1.3	2.1/1.2	2.1/1.4	2.0/1.3	2.0/1.4	1.7/1.4
EV/EBITDA(배)	5.3	5.6	6.6	5.1	4.6	—/—
EPS(원)	505	448	261	423	408	127
BPS(원)	2,736	3,170	3,413	3,820	3,998	4,105
CFPS(원)	942	938	747	944	935	410
DPS(원)	20	20	20	30	30	—
EBITDAPS(원)	1,013	1,018	1,108	1,360	1,454	662

재무 비율
〈단위 : % 〉

연도	영업이익률	순이익률	부채비율	차입금비율	ROA	ROE	유보율	자기자본비율	EBITDA마진율
2016	12.3	10.0	31.1	9.8	8.8	10.7	699.7	76.3	19.3
2015	12.4	9.3	25.0	7.2	8.4	12.0	664.0	80.0	20.1
2014	10.4	8.4	30.5	11.9	7.1	8.2	582.7	76.6	18.6
2013	10.0	13.5	33.0	15.6	10.8	15.7	534.1	75.2	19.2

가온미디어 (A078890)
Kaonmedia

업 종 : 셋톱 박스	시 장 : KOSDAQ
신용등급 : (Bond) — (CP) —	기업규모 : 우량
홈페이지 : www.kaonmedia.com	연 락 처 : (031)724-8500
본 사 : 경기도 성남시 분당구 성남대로 884-3 (야탑동, 가온미디어빌딩)	

설 립 일	2001.05.11	종업원수	309명	대표이사	임화섭
상 장 일	2005.07.12	감사의견	적정(삼일)	계 열	
결 산 기	12월	보통주	1,341만주	종속회사수	7개사
액 면 가	500원	우선주		구 상 호	

주주구성 (지분율,%)		출자관계 (지분율,%)		주요경쟁사 (외형,%)	
임화섭	16.2	가온소프트	69.6	가온미디어	100
브이아이피투자자문	10.5	KAONDOBRASILINDUSTRIA&ELETRONICALTDA	100.0	휴맥스	309
(외국인)	6.5	KAONMEDIADEMEXICO	100.0	홈캐스트	28

매출구성		비용구성		수출비중	
디지털STBSeries	91.1	매출원가율	83.1	수출	69.0
기타	8.9	판관비율	12.3	내수	31.0

회사 개요
동사는 2001년 설립되어 2005년 코스닥시장에 상장했으며, 세계 전역을 대상으로디지털셋톱박스, IP-hybrid, 스마트박스, 홈게이트웨이 등의 제조 및 판매를 주요 사업으로 영위하고 있음. 주력 시장은 국내외 방송통신 사업자 시장임. 2016년 12월 말 기준 동사의 국내외 연결대상 종속회사는 가온소프트 등 총 7개사이며, 디지털셋톱박스 판매 및 Mobile Smart-Work 판매와 관련된 회사로 구성됨.

실적 분석
경쟁이 극심한 보급형 셋톱박스 비중을 축소하고, 복합기능을 가진 셋톱박스 출시를 통해 수익성을 끌어올리고 있음. 셋톱박스 기반의 인공지능 스피커 '기가지니'가 5월부터 본격적인 판매 궤도에 진입했음. IPTV용 셋톱박스를 기반으로 인공지능이나 사물인터넷 기능을 더한 복합형 제품의 생산비중은 4년내 0% 수준이었으나 최근 40% 대로 상승함. 기가지니 판매증가 덕분에 2분기 연결기준 누적 매출액은 3.9% 증가함

현금 흐름
〈단위 : 억원〉

항목	2016	2017.2Q
영업활동	96	-577
투자활동	-41	-20
재무활동	147	358
순현금흐름	219	-255
기말현금	452	198

시장 대비 수익률

결산 실적
〈단위 : 억원〉

항목	2012	2013	2014	2015	2016	2017
매출액	1,919	2,893	3,434	3,758	4,369	—
영업이익	62	122	176	203	204	—
당기순이익	44	75	113	93	175	—

분기 실적
〈단위 : 억원〉

항목	2016.1Q	2016.2Q	2016.3Q	2016.4Q	2017.1Q	2017.2Q
매출액	1,150	1,229	970	1,020	1,055	1,428
영업이익	64	68	45	27	22	84
당기순이익	54	64	9	47	-35	75

재무 상태
〈단위 : 억원〉

항목	2012	2013	2014	2015	2016	2017.2Q
총자산	1,519	1,325	1,887	2,217	2,393	2,819
유형자산	139	141	133	176	182	186
무형자산	21	20	19	15	19	20
유가증권	10					
총부채	968	648	1,063	1,217	1,236	1,613
총차입금	510	258	245	274	416	783
자본금	50	53	60	67	67	67
총자본	551	677	824	1,000	1,157	1,206
지배주주지분	551	677	826	1,007	1,169	1,221

기업가치 지표

항목	2012	2013	2014	2015	2016	2017.2Q
주가(최고/저)(천원)	4.7/3.0	6.7/4.2	9.1/5.2	15.3/8.7	12.2/9.8	—/—
PER(최고/저)(배)	11.2/7.2	9.6/6.0	9.5/5.5	20.9/11.9	9.2/7.4	—/—
PBR(최고/저)(배)	0.8/0.5	1.0/0.6	1.3/0.7	2.0/1.1	1.4/1.1	1.4/1.1
EV/EBITDA(배)	8.2	4.4	6.2	6.6	5.9	—/—
EPS(원)	438	726	983	748	1,339	322
BPS(원)	5,986	6,845	7,320	7,875	9,028	9,420
CFPS(원)	654	911	1,160	926	1,548	443
DPS(원)	50	70	100	100	100	—
EBITDAPS(원)	827	1,372	1,698	1,723	1,729	919

재무 비율
〈단위 : % 〉

연도	영업이익률	순이익률	부채비율	차입금비율	ROA	ROE	유보율	자기자본비율	EBITDA마진율
2016	4.7	4.0	106.8	36.0	7.6	16.5	1,705.7	48.4	5.3
2015	5.4	2.5	121.7	27.4	4.6	10.7	1,475.0	45.1	6.0
2014	5.1	3.3	129.1	29.8	5.1	15.1	1,364.0	43.7	5.7
2013	4.2	2.6	95.6	38.1	5.3	12.2	1,269.0	51.1	4.9

가온전선 (A000500)
Gaon Cable

업 종 : 전기장치		시 장 : 거래소		
신용등급 : (Bond) A　　(CP) A2		기업규모 : 시가총액 소형주		
홈 페 이 지 : www.gaoncable.com		연 락 처 : 031)459-6207		
본 사 : 경기도 군포시 엘에스로45번길 120				

설 립 일	1947.09.24	종 업 원 수	426명	대 표 이 사	윤재인
상 장 일	1987.06.08	감사의견	적정(한영)	계 열	
결 산 기	12월	보 통 주	416만주	종속회사수	1개사
액 면 가	5,000원	우 선 주		구 상 호	

주주구성 (지분율,%)		출자관계 (지분율,%)		주요경쟁사 (외형,%)	
구자엽	6.2	모보	90.8	가온전선	100
구자열	5.5	LSGM	49.9	성문전자	6
(외국인)	4.7			광명전기	13

매출구성		비용구성		수출비중	
[제품]절연선, 전력선,케이블 류	61.2	매출원가율	94.3	수출	17.0
[상품]절연선, 전력선,케이블 류	26.1	판관비율	3.4	내수	83.0
[통신사업부]부산물 외 및 내부거래	8.2				

회사 개요
동사는 전력케이블 및 통신케이블을 생산하는 국내 3대 전선 전문제조업체임. 전선산업은 80년대말까지 국가경제의 급속한 성장과 더불어 전력수요의 급증, 통신망의 현대화로 수요가 급증했으나 90년 이후 저성장국면에 진입하였음. 최근 선진국의 기존 망 교체 수요 및 이머징 시장의 수요가 증가하고 있는 추세임. 최근 수출 비중은 아직 20% 수준임. 원재료는 전기동인데 이는 원가에 중요한 변수임. 매출에서 전력선 비중이 약 90%, 통신선 비중이 12%임.

실적 분석
동사의 2017년 상반기 연결기준 누적매출액은 4,075.9억원으로 전년동기대비 8% 증가함. 비용면에서 매출원가가 9.7% 상승하면서 영업이익은 전년동기보다 41.3% 줄어든 56.1억원을 기록함. 동사는 수요가 한정된 내수 시장에서 벗어나고자 해외시장개척에 많은 노력을 기울이고 있음. 미국, 프랑스, 영국, 싱가포르, 일본, 방글라데시, 호주, 아르헨티나 등이 수출 주력시장임.

현금 흐름
〈단위 : 억원〉

항목	2016	2017.2Q
영업활동	476	-235
투자활동	64	-78
재무활동	-503	214
순현금흐름	38	-99
기말현금	385	286

시장 대비 수익률

결산 실적
〈단위 : 억원〉

항목	2012	2013	2014	2015	2016	2017
매출액	10,059	8,974	8,887	7,810	7,494	
영업이익	150	195	115	99	168	40
당기순이익	42	83	-6	21	40	

분기 실적
〈단위 : 억원〉

항목	2016.1Q	2016.2Q	2016.3Q	2016.4Q	2017.1Q	2017.2Q
매출액	1,883	1,892	1,799	1,920	2,074	2,002
영업이익	55	41	35	38	31	25
당기순이익	32	19	36	-47	27	6

재무 상태
〈단위 : 억원〉

항목	2012	2013	2014	2015	2016	2017.2Q
총자산	5,171	5,398	5,113	5,205	5,192	5,431
유형자산	2,010	2,259	2,167	2,129	2,112	2,113
무형자산	53	87	79	79	77	74
유가증권	26	40	19	91	109	72
총부채	2,525	2,699	2,477	2,579	2,547	2,782
총차입금	1,398	1,478	1,234	1,344	856	1,118
자본금	208	208	208	208	208	208
총자본	2,647	2,699	2,636	2,626	2,646	2,649
지배주주지분	2,650	2,696	2,627	2,616	2,634	2,637

기업가치 지표

항목	2012	2013	2014	2015	2016	2017.2Q
주가(최고/저)(천원)	20.2/13.4	22.1/16.0	31.0/17.5	26.8/17.1	23.6/17.1	—/—
PER(최고/저)(배)	21.6/14.3	12.0/8.7	—/—	58.4/37.3	26.3/19.1	0.4/0.3
PBR(최고/저)(배)	0.4/0.3	0.4/0.3	0.5/0.3	0.5/0.3	0.4/0.3	0.4/0.3
EV/EBITDA(배)	8.7	6.7	10.3	9.1	5.1	
EPS(원)	1,095	2,102	-84	485	920	770
BPS(원)	64,061	65,177	63,516	63,246	63,687	63,753
CFPS(원)	2,620	3,793	1,588	2,015	2,382	1,502
DPS(원)	600	1,000	600	600	600	
EBITDAPS(원)	5,122	6,381	4,427	3,904	5,500	2,082

재무 비율
〈단위 : % 〉

연도	영업이익률	순이익률	부채비율	차입금비율	ROA	ROE	유보율	자기자본비율	EBITDA마진율
2016	2.2	0.5	96.3	32.4	0.8	1.5	1,173.8	51.0	3.1
2015	1.3	0.3	98.2	51.2	0.4	0.8	1,164.9	50.5	2.1
2014	1.3	-0.1	94.0	46.8	-0.1	-0.1	1,170.3	51.6	2.1
2013	2.2	0.9	100.0	54.7	1.6	3.3	1,203.5	50.0	3.0

감마누 (A192410)
Gamma Nu

업 종 : 통신장비		시 장 : KOSDAQ		
신용등급 : (Bond) —　　(CP) —		기업규모 : 중견		
홈 페 이 지 : www.gammanu.com		연 락 처 : 031)831-8800		
본 사 : 경기도 화성시 동탄면 금곡로 185-44				

설 립 일	1997.10.15	종 업 원 수	91명	대 표 이 사	김상기,우성덕(각자대표이사)
상 장 일	2014.08.15	감사의견	적정(삼일)	계 열	
결 산 기	12월	보 통 주	2,444만주	종속회사수	2개사
액 면 가	500원	우 선 주		구 상 호	

주주구성 (지분율,%)		출자관계 (지분율,%)		주요경쟁사 (외형,%)	
에스엠브이	42.2	WEIHAIGAMMANURHOCO.,LTD	100.0	감마누	100
더블유에스디홀딩스	5.0	GammaNuTheta	100.0	옵티시스	112
				텔레필드	282

매출구성		비용구성		수출비중	
기지국 안테나	90.7	매출원가율	116.1	수출	—
인빌딩 안테나 등	7.6	판관비율	18.2	내수	—
상품 및 기타 매출	1.8				

회사 개요
동사는 1997년 감마누 웨이브라는 이름으로 국방과학연구소와 한국과학기술원 출신 연구원들이 설립한 회사로서 이동통신 기지국 안테나와 인빌딩 안테나 등을 개발하였음. SK텔레콤, KT, LG유플러스 등 국내 이동통신 3사와 일본 NTT도코모, 미국 버라이즌(Verizon) 등에 안테나를 공급하고 있음. 최근 PIM Analyzer을 출시하였으며 2013년 말에 2013 SK telecom Partner's Day 최우수상을 수상하였음.

실적 분석
동사의 2017년 2분기 연결기준 매출액은 88.9억원으로 전년동기 대비 320.7% 증가함. 주목할만한 외형 확대에도 원가부담이 여전히 개선되지 못하면서 영업이익은 전년동기와 마찬가지로 22.3억원의 손실을 유지함. 영업적자의 적자지속으로 당기순이익 역시 19.6억원의 손실을 기록하며 적자지속됨. 인바운드 플랫폼을 통한 구매액이 일별 최고치를 경신하고 있고, IP 여행사 지분 취득으로 내년 매출이 급증할 것으로 기대됨.

현금 흐름
〈단위 : 억원〉

항목	2016	2017.2Q
영업활동	18	-74
투자활동	-22	1
재무활동	0	-0
순현금흐름	-4	-73
기말현금	239	166

시장 대비 수익률

결산 실적
〈단위 : 억원〉

항목	2012	2013	2014	2015	2016	2017
매출액	472	292	430	265	153	
영업이익	54	25	49	3	-52	
당기순이익	49	27	45	13	-33	

분기 실적
〈단위 : 억원〉

항목	2016.1Q	2016.2Q	2016.3Q	2016.4Q	2017.1Q	2017.2Q
매출액	9	12	27	104	26	63
영업이익	-16	-18	-16	18	-17	-6
당기순이익	-16	-19	-16	18	-16	-2

재무 상태
〈단위 : 억원〉

항목	2012	2013	2014	2015	2016	2017.2Q
총자산	247	277	317	369	343	295
유형자산	24	23	25	29	25	26
무형자산	2	6	3	13	11	9
유가증권			4	1	17	6
총부채	66	69	21	65	71	44
총차입금						5
자본금	10	10	12	18	18	251
총자본	181	208	296	304	271	251
지배주주지분	181	208	296	304	271	251

기업가치 지표

항목	2012	2013	2014	2015	2016	2017.2Q
주가(최고/저)(천원)	—/—	—/—	12.3/8.2	12.9/5.9	17.4/6.1	—/—
PER(최고/저)(배)	0.0/0.0	0.0/0.0	9.1/6.1	36.8/17.0	—/—	—/—
PBR(최고/저)(배)	0.0/0.0	0.0/0.0	1.5/1.0	1.5/0.7	2.3/0.8	4.1/1.2
EV/EBITDA(배)			1.7	4.2		
EPS(원)	411	228	344	87	-230	-136
BPS(원)	9,045	10,411	12,294	8,412	7,514	6,950
CFPS(원)	2,912	1,848	2,579	723	-575	-379
DPS(원)			200			
EBITDAPS(원)	3,133	1,727	2,779	470	-1,107	-454

재무 비율
〈단위 : % 〉

연도	영업이익률	순이익률	부채비율	차입금비율	ROA	ROE	유보율	자기자본비율	EBITDA마진율
2016	-34.3	-21.7	26.3	0.0	-9.3	-11.5	1,402.8	79.2	-26.2
2015	1.1	4.8	21.4	0.0	3.7	4.2	1,582.4	82.4	6.4
2014	11.5	10.4	7.1	0.0	15.1	17.8	2,358.7	93.3	14.1
2013	8.5	9.4	33.2	0.0	10.4	14.0	1,982.2	75.1	11.8

갑을메탈 (A024840)
KB METAL

업 종 : 전기장비		시 장 : KOSDAQ	
신용등급 : (Bond) — (CP) —		기업규모 : 중견	
홈페이지 : www.kabulmetal.co.kr		연 락 처 : (053)610-5600	
본 사 : 대구시 달성군 논공읍 논공로87길 88 갑을메탈 대구공장			

설 립 일	1987.02.25	종 업 원 수	212명	대 표 이 사	박한상
상 장 일	1994.12.29	감사의견	적정 (한영)	계 열	
결 산 기	12월	보 통 주	3,124만주	종속회사수	1개사
액 면 가	500원	우 선 주		구 상 호	엠비성산

주주구성 (지분율,%)		출자관계 (지분율,%)		주요경쟁사 (외형,%)	
국인산업	12.0	코스모링크	45.0	갑을메탈	100
갑을오토텍	10.9	모보	6.5	성문전자	13
(외국인)	0.9	COSMOLINKVIETNAMCABLECO.,LTD	63.9	가온전선	209

매출구성		비용구성		수출비중	
동 ROD	91.0	매출원가율	95.9	수출	1.0
CORE	5.0	판관비율	1.6	내수	99.0
전장품	3.6				

회사 개요
모터와 트랜스포머의 코어(자성철심) 생산, 비철금속 제조 및 판매를 주력으로 하는 업체로 2010년말 갑을상사그룹에 인수됨. 전장부품의 상당 부분이 중국 등에서 생산되고 있으며, 장치산업의 특성상 생산능력의 비중이 높아 시장점유율은 안정적이나 신뢰성을 바탕으로 한 품질기술력이 요구됨. 전장사업부 비중은 8.1%, 메탈사업부가 90.9%를 차지함. 주요 거래처로는 한국전력공사, 대한중전기 판매, 포스코건설 등이 있음.

실적 분석
동사의 2017년 2분기 연결기준 매출액은 2,245.4억원으로 전년 동기 대비 28.1% 증가함. 원가율이 증가하였지만, 매출총이익은 74.5% 증가한 97.7억원을 시현하였으며, 이에 영업이익은 전년 동기 대비 128.9%증가한 64.4억원을 시현함. 당기순이익 역시 37.7억원으로 전년 동기 대비 58.0% 상승. 부품 생산에서 탈피, 자동차사업 분야로의 사업다각화로 전장사업 부문의 매출 증대가 기대됨.

현금 흐름		〈단위 : 억원〉
항목	2016	2017.2Q
영업활동	-130	8
투자활동	-53	-43
재무활동	177	92
순현금흐름	-6	57
기말현금	2	59

시장 대비 수익률

결산 실적						〈단위 : 억원〉
항목	2012	2013	2014	2015	2016	2017
매출액	5,271	5,662	4,807	4,576	3,583	—
영업이익	25	71	-67	-45	91	—
당기순이익	-34	153	-91	-127	32	—

분기 실적						〈단위 : 억원〉
항목	2016.1Q	2016.2Q	2016.3Q	2016.4Q	2017.1Q	2017.2Q
매출액	880	873	—	—	1,089	1,157
영업이익	23	5	—	—	38	26
당기순이익	13	11	—	—	21	17

재무 상태						〈단위 : 억원〉
항목	2012	2013	2014	2015	2016	2017.2Q
총자산	1,523	2,054	1,712	1,212	1,560	1,614
유형자산	329	472	467	322	314	335
무형자산	5	5	7	7	7	37
유가증권	13	14	11	9	20	13
총부채	1,043	1,406	1,130	781	1,100	859
총차입금	901	1,097	879	639	823	703
자본금	506	506	531	531	106	156
총자본	480	649	582	431	461	755
지배주주지분	480	624	561	431	461	728

기업가치 지표						
항목	2012	2013	2014	2015	2016	2017.2Q
주가(최고/저)(천원)	5.2/2.6	3.4/2.3	3.2/1.7	4.3/1.7	6.7/2.6	—/—
PER(최고/저)(배)	—/—	4.8/3.2	—/—	—/—	47.4/18.8	—/—
PBR(최고/저)(배)	2.3/1.1	1.1/0.8	1.2/0.7	2.2/0.9	3.2/1.3	1.6/0.9
EV/EBITDA(배)	26.7	14.3			13.7	—
EPS(원)	-160	712	-395	-567	141	127
BPS(원)	489	631	542	420	2,182	2,341
CFPS(원)	-3	186	-49	-86	260	168
DPS(원)						
EBITDAPS(원)	55	106	-30		541	261

재무 비율									〈단위 : % 〉
연도	영업이익률	순이익률	부채비율	차입금비율	ROA	ROE	유보율	자기자본비율	EBITDA마진율
2016	2.6	0.9	238.8	178.8	2.3	7.1	336.5	29.5	3.2
2015	-1.0	-2.8	일부잠식	일부잠식	-8.7	-25.6	-16.0	35.6	-0.2
2014	-1.4	-1.9	194.3	151.1	-4.8	-14.6	8.4	34.0	-0.7
2013	1.3	2.7	216.7	169.2	8.6	27.6	26.2	31.6	1.9

강남제비스코 (A000860)
KANGNAM JEVISCO CO

업 종 : 건축자재		시 장 : 거래소	
신용등급 : (Bond) — (CP) —		기업규모 : 시가총액 소형주	
홈페이지 : www.jevisco.com		연 락 처 : (051)892-4221	
본 사 : 부산시 부산진구 냉정로 289 (가야동)			

설 립 일	1952.07.16	종 업 원 수	631명	대 표 이 사	황익준
상 장 일	1975.11.12	감사의견	적정 (삼일)	계 열	
결 산 기	12월	보 통 주	650만주	종속회사수	4개사
액 면 가	1,000원	우 선 주		구 상 호	건설화학

주주구성 (지분율,%)		출자관계 (지분율,%)		주요경쟁사 (외형,%)	
황중운	19.2	피앤에스	100.0	강남제비스코	100
황중호	18.9	케이엔케이코팅스	60.0	노루홀딩스	208
(외국인)	10.5	강남케이피아이	45.2	삼화페인트	145

매출구성		비용구성		수출비중	
도료	82.1	매출원가율	78.3	수출	6.0
상품	11.0	판관비율	10.6	내수	94.0
기타	6.9				

회사 개요
동사는 1952년 도료와 안료의 제조 및 판매를 주요 사업목적으로 설립되어, 1975년에 유가증권시장에 상장됨. 도료의 기본 구성요소는 수지, 안료, 용제로서 가장 중요한 수지의 원료는 대부분 석유화학에서 추출되며, 범용도료용을 제외한 특수원료는 거의 수입에 의존하고 있음. 약 1,000억원을 투자하여 현재의 안양공장을 평택시 포승공단 내 소유부지로 2020년까지 단계적으로 이전할 계획임.

실적 분석
동사의 2017년 연결기준 2분기 누적 매출액은 도료제품의 내수판매 증가로 전년동기 대비 4.8% 증가한 1,721.6억원을 시현하였음. 반면 원재료 등 매출원가가 상승하고 판관비가 늘어나면서 수익성은 다소 하락함. 같은 기간 동사의 영업이익은 24.1%감소한 157.2억원을 기록하였으며 당기순이익 역시 14.8% 감소한 175.9억원에 그침. 2016년 대비 시장점유율은 소폭 하락한 것으로 추정됨.

현금 흐름		〈단위 : 억원〉
항목	2016	2017.2Q
영업활동	315	288
투자활동	-222	-407
재무활동	-36	-44
순현금흐름	55	-176
기말현금	1,004	827

시장 대비 수익률

결산 실적						〈단위 : 억원〉
항목	2012	2013	2014	2015	2016	2017
매출액	3,661	3,828	3,775	3,353	3,323	—
영업이익	278	338	381	384	368	—
당기순이익	306	424	417	435	373	—

분기 실적						〈단위 : 억원〉
항목	2016.1Q	2016.2Q	2016.3Q	2016.4Q	2017.1Q	2017.2Q
매출액	741	902	821	860	777	944
영업이익	77	131	86	75	59	98
당기순이익	86	121	94	73	69	107

재무 상태						〈단위 : 억원〉
항목	2012	2013	2014	2015	2016	2017.2Q
총자산	4,286	4,731	5,065	5,421	5,820	6,139
유형자산	1,097	1,079	1,122	1,132	1,317	1,490
무형자산	14	14	14	16	8	8
유가증권	62	82	87	79	84	108
총부채	954	994	965	942	1,030	1,195
총차입금	112	57	58	44	49	172
자본금	65	65	65	65	65	65
총자본	3,332	3,737	4,100	4,479	4,791	4,944
지배주주지분	3,277	3,661	3,996	4,349	4,641	4,784

기업가치 지표						
항목	2012	2013	2014	2015	2016	2017.2Q
주가(최고/저)(천원)	19.5/13.3	28.6/18.6	49.3/26.5	60.9/34.7	42.8/33.1	—/—
PER(최고/저)(배)	4.8/3.3	4.9/3.2	8.6/4.6	10.1/5.8	8.1/6.3	—/—
PBR(최고/저)(배)	0.4/0.3	0.5/0.4	0.8/0.5	0.9/0.5	0.6/0.5	0.5/0.5
EV/EBITDA(배)	2.4	2.6	4.7	2.8	2.3	—
EPS(원)	4,387	6,180	5,928	6,192	5,335	2,492
BPS(원)	50,411	56,316	61,484	66,914	71,406	73,598
CFPS(원)	5,071	6,881	6,659	6,984	6,203	2,492
DPS(원)	450	450	500	500	500	
EBITDAPS(원)	4,965	5,907	6,592	6,693	6,531	2,419

재무 비율									〈단위 : % 〉
연도	영업이익률	순이익률	부채비율	차입금비율	ROA	ROE	유보율	자기자본비율	EBITDA마진율
2016	11.1	11.2	21.5	1.0	6.6	7.7	7,040.6	82.3	12.8
2015	11.4	13.0	21.0	1.0	8.3	9.6	6,591.4	82.6	13.0
2014	10.1	11.0	23.5	1.4	8.5	10.1	6,048.4	81.0	11.4
2013	8.8	11.1	26.6	1.5	9.4	11.6	5,531.6	79.0	11.0

강스템바이오텍 (A217730)
KANGSTEM BIOTECH CO

업 종 : 바이오			시 장 : KOSDAQ		
신용등급 : (Bond) — (CP) —			기업규모 : 신성장		
홈페이지 : www.kangstem.com			연 락 처 : 02)888-1590		
본 사 : 서울시 강남구 테헤란로 512 신안빌딩 17층					

설 립 일	2010.10.29	종 업 원 수	83명	대 표 이 사	이태화
상 장 일	2015.12.21	감사의견	적정(안진)	계 열	
결 산 기	12월	보 통 주	1,450만주	종속회사수	1개사
액 면 가	500원	우 선 주		구 상 호	

주주구성 (지분율,%)
강경선	17.4
한화인베스트먼트	9.6
(외국인)	0.6

출자관계 (지분율,%)
크로엔	62.0
티엘아이	0.8

주요경쟁사 (외형,%)
강스템바이오텍	100
코아스템	2,130
진원생명과학	3,721

매출구성
줄기세포 배양액	73.7
줄기세포 치료제	23.7
기 타	2.6

비용구성
매출원가율	6.8
판관비율	1175.0

수출비중
수출	0.0
내수	100.0

회사 개요
동사는 2010년에 제대혈 줄기세포 응용사업단(ASCRC)의 연구 인력과 원천기술을 토대로 설립된 줄기세포 치료제 개발 기업으로, 제대혈을 기반으로 한 고순도 줄기세포 분리 및 대량 배양에 대한 원천기술을 보유하고 있음. 줄기세포분야는 국가 중점과학기술 로드맵상 범부처 협력이 필요한 분야로 선정됨. 국가차원에서 전략적인 전략을 수립하는 5대 분야 30개 기술 중 하나이며, 향후 10여 년간 정부차원의 R&D지원이 활발할 것으로 예상됨.

실적 분석
동사의 2017년 연결기준 상반기 매출액은 전년동기 대비 매우 크게 증가한 49.0억원 기록. 매출액 대비 높은 수준의 매출원가로 52.6억원의 영업손실 이끌며 적자지속 함. 당기순손실은 62.5억원을 기록하면서 전년대비 적자지속하며 그 폭을 확대 함. 그러나 화장품 사업을 진행하며 아모레퍼시픽 출신 인사를 영입해 화장품 시장 공략에 나섰고 화장품 브랜드 GD11은 상반기에만 매출액 31억원을 기록하며 60%가 넘는 매출 비중을 기록.

현금 흐름 〈단위 : 억원〉
항목	2016	2017.2Q
영업활동	-79	-50
투자활동	-269	40
재무활동	305	56
순현금흐름	-43	45
기말현금	19	65

시장 대비 수익률

결산 실적 〈단위 : 억원〉
항목	2012	2013	2014	2015	2016	2017
매출액	—	4	2	15	8	—
영업이익	—	-28	-45	-51	-91	—
당기순이익	—	-28	-44	-58	-83	—

분기 실적 〈단위 : 억원〉
항목	2016.1Q	2016.2Q	2016.3Q	2016.4Q	2017.1Q	2017.2Q
매출액	—	1	—	—	—	38
영업이익	—	-27	—	—	—	-26
당기순이익	—	-26	—	—	—	-32

재무 상태 〈단위 : 억원〉
항목	2012	2013	2014	2015	2016	2017.2Q
총자산	—	110	72	250	474	532
유형자산	—	29	26	30	40	127
무형자산	—	7	8	9	10	46
유가증권	—	—	—	20	121	81
총부채	—	21	27	37	245	350
총차입금	—	15	14	11	215	288
자본금	—	49	49	69	71	72
총자본	—	89	44	212	230	182
지배주주지분	—	89	44	212	230	182

기업가치 지표
항목	2012	2013	2014	2015	2016	2017.2Q
주가(최고/저)(천원)	—/—	—/—	—/—	10.9/8.1	21.8/9.7	—/—
PER(최고/저)(배)	0.0/0.0	0.0/0.0	0.0/0.0	7.1/5.3	13.5/6.0	9.4/7.6
PBR(최고/저)(배)	0.0/0.0					
EV/EBITDA(배)	0.0					
EPS(원)	—	-388	-588	-495	-593	-439
BPS(원)	—	9,106	456	1,537	1,617	1,260
CFPS(원)	—	-2,742	-515	-436	-533	-410
DPS(원)	—	—	—	—	—	—
EBITDAPS(원)	—	-2,780	-522	-382	-591	-339

재무 비율 〈단위 : % 〉
연도	영업이익률	순이익률	부채비율	차입금비율	ROA	ROE	유보율	자기자본비율	EBITDA마진율
2016	-1,081.8	-984.9	106.5	93.6	-22.9	-37.6	223.3	48.4	-982.3
2015	-345.2	-387.6	17.6	5.0	-35.8	-44.8	207.4	85.0	-299.0
2014	-2,158.0	-2,130.2	일부잠식	일부잠식	-8.8		62.0	81.1	-1,893.2
2013	-684.6	-676.6	23.3	16.4	0.0	0.0	82.1	81.1	-575.6

강원랜드 (A035250)
Kangwon Land

업 종 : 호텔 및 레저			시 장 : 거래소		
신용등급 : (Bond) — (CP) —			기업규모 : 시가총액 대형주		
홈페이지 : kangwonland.high1.com			연 락 처 : 033)590-7700		
본 사 : 강원도 정선군 사북읍 하이원길 265					

설 립 일	1998.06.29	종 업 원 수	3,705명	대 표 이 사	함승희
상 장 일	2001.10.25	감사의견	적정(대주)	계 열	
결 산 기	12월	보 통 주	21,394만주	종속회사수	3개사
액 면 가	500원	우 선 주		구 상 호	

주주구성 (지분율,%)
한국광해관리공단	36.3
강원도개발공사	6.1
(외국인)	29.3

출자관계 (지분율,%)
하이원엔터테인먼트	100.0
하이원상동테마파크	100.0
하이원추추파크	99.6

주요경쟁사 (외형,%)
강원랜드	100
호텔신라	219
GKL	32

매출구성
카지노	95.4
호 텔	1.7
콘 도	1.5

비용구성
매출원가율	46.3
판관비율	17.3

수출비중
수출	0.0
내수	100.0

회사 개요
동사는 국내 유일의 내국인 허용 가능 카지노 사업자임. 폐광지역개발에 관한 특별법으로 보장받은 독점적 지위를 기반으로 안정적인 성장을 해왔음. 중장기적으로는 워터파크 등 가족형 종합 리조트 업체로의 도약을 목표로 함. 내국인 대상 카지노 산업은 수요는 넘치는 반면, 시설 공급은 여전히 부족해 안정적 성장이 기대됨. 반면 사행성 산업에 대한 규제와 사회 전반의 부정적 인식은 여전하여 향후 게임, 테마파크 등 카지노 외 사업부문의 분발 필요.

실적 분석
동사의 반기 영업수익은 8,100억원으로 전년동기 대비 4.5% 감소하며 다소 주춤한 모습을 나타냄. 수익성 또한 하락한 모습. 원가율 상승으로 전년동기 대비 11.9% 감소한 2,979억원의 영업이익 시현하였으나, 꾸준한 흑자기조를 이어가는 수익성 안정된 모습을 보임. 경상수지 역시 이익폭 감소되며 9.9% 감소. 독점적 시장 지위와 오랜 흑자기조, 우수한 이익률, 높은 유보율 등 탄탄한 재무구조를 바탕으로 견조한 실적 이어갈 것으로 기대.

현금 흐름 〈단위 : 억원〉
항목	2016	2017.2Q
영업활동	5,967	1,081
투자활동	-4,115	1,581
재무활동	-1,980	-2,007
순현금흐름	-127	655
기말현금	930	1,585

시장 대비 수익률

결산 실적 〈단위 : 억원〉
항목	2012	2013	2014	2015	2016	2017
매출액	12,962	13,613	14,965	16,337	16,965	—
영업이익	4,049	3,880	5,132	5,954	6,186	—
당기순이익	3,062	2,976	3,593	4,416	4,545	—

분기 실적 〈단위 : 억원〉
항목	2016.1Q	2016.2Q	2016.3Q	2016.4Q	2017.1Q	2017.2Q
매출액	4,366	4,118	4,381	4,100	4,230	3,870
영업이익	1,779	1,603	1,617	1,188	1,624	1,355
당기순이익	1,428	1,237	1,243	637	1,298	1,104

재무 상태 〈단위 : 억원〉
항목	2012	2013	2014	2015	2016	2017.2Q
총자산	29,067	31,020	33,751	36,908	39,790	38,243
유형자산	13,577	13,857	13,876	13,536	13,157	12,962
무형자산	49	36	32	25	19	18
유가증권	2,669	1,489	4,574	10,486	6,074	4,867
총부채	5,346	5,843	6,698	6,930	7,263	5,328
총차입금	—	—	—	—	—	14
자본금	1,070	1,070	1,070	1,070	1,070	1,070
총자본	23,720	25,177	27,054	29,978	32,527	32,915
지배주주지분	23,720	25,174	27,054	29,975	32,525	32,913

기업가치 지표
항목	2012	2013	2014	2015	2016	2017.2Q
주가(최고/저)(천원)	27.7/19.7	31.8/23.6	33.7/26.0	43.0/28.6	43.4/34.4	—/—
PER(최고/저)(배)	22.0/15.7	25.3/18.8	21.7/16.7	21.9/14.6	21.0/16.6	—/—
PBR(최고/저)(배)	2.7/1.9	2.8/2.1	2.7/2.1	3.1/2.0	2.8/2.2	2.4/2.0
EV/EBITDA(배)	10.8	12.0	8.8	9.7	8.5	—/—
EPS(원)	1,431	1,391	1,680	2,064	2,125	1,123
BPS(원)	11,091	12,580	13,458	14,824	16,017	16,198
CFPS(원)	1,756	1,749	2,033	2,412	2,475	1,296
DPS(원)	755	730	850	980	990	—
EBITDAPS(원)	2,217	2,172	2,752	3,130	3,242	1,565

재무 비율 〈단위 : % 〉
연도	영업이익률	순이익률	부채비율	차입금비율	ROA	ROE	유보율	자기자본비율	EBITDA마진율
2016	36.5	26.8	22.3	0.0	11.9	14.6	3,103.3	81.8	40.9
2015	36.4	27.0	23.1	0.0	12.5	15.5	2,864.9	81.2	41.0
2014	34.3	24.0	24.8	0.0	11.1	13.8	2,591.5	80.2	39.3
2013	28.5	21.9	23.2	0.0	9.9	12.2	2,416.1	81.2	34.1

갤럭시아에스엠 (A011420)
Galaxia SM

업　　　종 : 미디어		시　　　장 : 거래소	
신용등급 : (Bond) — (CP) —		기업규모 : 시가총액 소형주	
홈페이지 : www.galaxiasme.com		연 락 처 : 02)775-1300	
본　　　사 : 서울시 강남구 학동로 311 미성빌딩 7층			

설 립 일	1975.05.06	종 업 원 수	91명	대 표 이 사	심우택
상 장 일	1989.11.14	감사의견	적정 (이현)	계	열
결 산 기	12월	보 통 주	2,755만주	종속회사수	3개사
액 면 가	500원	우 선 주		구 상 호	I8월드와이드

주주구성 (지분율,%)		출자관계 (지분율,%)		주요경쟁사 (외형,%)	
트리니티에셋매니지먼트	22.4	에브리쇼	100.0	갤럭시아에스엠	100
에스.엠.엔터테인먼트	12.6	에버그린콘텐츠그룹(버상장)보통주	14.0	티비씨	74
(외국인)	1.3	에스.엠엔터테인먼트	1.0	오리콤	308

매출구성		비용구성		수출비중	
스포츠 마케팅 등	76.9	매출원가율	98.2	수출	—
채널수신료등	13.5	판관비율	8.9	내수	—
스포츠 중계권 등	9.2				

회사 개요
동사는 1975년에 설립된 스포츠 판권사업 및 스포츠마케팅 사업을 영위하고 있는 업체로 서 국내 및 해외 스포츠 방송중계권을 확보를 통한 중계권 판매와 각종 스포츠 협회, 스포츠 연맹, 스포츠 구단등을 위한 마케팅활동 및 스포츠선수 매니지먼트사업을 주요 수입원으로 하고 있음. 'IB미디어넷'(방송콘텐츠)과 '에브 리쇼'(IPTV) 등 4개의 종속회사를 두고 있으 며, 2015년 11월 'IB월드와이드'에서 '갤럭 시아SM'으로 상호를 변경함.

실적 분석
동사의 4개 종속회사 연결기준 2017년 2분 기 누적매출액은 전년동기 대비 29.3% 감소 한 182.2억원을 시현하는데 그침. 외형축소 에도 불구하고 매출원가 및 판관비가 전년동 기 대비 각각 35.3%, 24.9% 감소함에 따라 1.8억원의 영업이익을 기록하며 흑자전환하 였음. 그러나 비영업부문에서 3.1억원의 손 실을 기록함에 따라 3.5억원의 당기순손실을 기록하며 적자를 지속하였음.

현금 흐름 〈단위 : 억원〉

항목	2016	2017.2Q
영업활동	-12	-59
투자활동	-6	-25
재무활동	-10	—
순현금흐름	-27	-84
기말현금	193	109

시장 대비 수익률

결산 실적 〈단위 : 억원〉

항목	2012	2013	2014	2015	2016	2017
매출액	550	464	439	625	526	—
영업이익	21	7	-4	21	-37	—
당기순이익	4	-17	-3	19	-16	—

분기 실적 〈단위 : 억원〉

항목	2016.1Q	2016.2Q	2016.3Q	2016.4Q	2017.1Q	2017.2Q
매출액	101	156	156	148	85	97
영업이익	-13	-4	-7	-13	-6	8
당기순이익	1	-8	-7	-1	-7	4

재무 상태 〈단위 : 억원〉

항목	2012	2013	2014	2015	2016	2017.2Q
총자산	440	376	453	687	584	534
유형자산	34	31	31	29	26	4
무형자산	71	49	58	38	30	43
유가증권	55	52	56	107	64	86
총부채	181	161	221	189	136	89
총차입금	48	42	49	14	4	6
자본금	98	98	98	138	138	138
총자본	259	215	232	497	448	445
지배주주지분	245	215	232	497	448	445

기업가치 지표

항목	2012	2013	2014	2015	2016	2017.2Q
주가(최고/저)(천원)	2.9/1.5	2.3/1.5	3.6/1.5	4.2/1.7	3.5/1.6	—/—
PER(최고/저)(배)	156.7/79.4	—/—	—/—	49.9/19.7	—/—	—/—
PBR(최고/저)(배)	2.3/1.2	2.1/1.4	3.0/1.3	2.3/0.9	2.1/1.0	2.0/1.3
EV/EBITDA(배)	1.9	3.6	12.5	18.1	—	—
EPS(원)	19	-83	-13	84	-57	-13
BPS(원)	1,247	1,095	1,183	1,805	1,628	1,616
CFPS(원)	606	362	143	175	-10	-7
DPS(원)						
EBITDAPS(원)	693	483	135	185	-88	13

재무 비율 〈단위 : % 〉

연도	영업이익률	순이익률	부채비율	차입금비율	ROA	ROE	유보율	자기자본비율	EBITDA마진율
2016	-7.1	-3.0	30.3	0.9	-2.5	-3.3	225.6	76.7	-4.6
2015	3.4	3.0	38.1	2.8	3.3	5.1	261.1	72.4	6.6
2014	-1.0	-0.6	95.1	21.2	-0.6	-1.1	136.5	51.3	6.0
2013	1.6	-3.7	75.1	19.7	-4.3	-7.1	119.1	57.1	20.4

갤럭시아커뮤니케이션즈 (A094480)
Galaxia Communications

업　　　종 : 인터넷 서비스		시　　　장 : KOSDAQ	
신용등급 : (Bond) — (CP) —		기업규모 : 벤처	
홈페이지 : www.galaxiacommunications.co.k		연 락 처 : 1566-0123	
본　　　사 : 서울시 강남구 광평로 281 수서빌딩 15층 (수서동)			

설 립 일	1994.10.05	종 업 원 수	126명	대 표 이 사	김용광
상 장 일	2007.07.20	감사의견	적정 (서일)	계	열
결 산 기	12월	보 통 주	3,483만주	종속회사수	1개사
액 면 가	500원	우 선 주		구 상 호	

주주구성 (지분율,%)		출자관계 (지분율,%)		주요경쟁사 (외형,%)	
조현준	33.9	가비	50.0	갤럭시아컴즈	100
효성ITX	17.6	나무액터스	13.1	KG이니시스	1,302
(외국인)	0.4	액센스퀘어	0.4	NHN한국사이버결제	505

매출구성		비용구성		수출비중	
전자결제사업부문	74.8	매출원가율	54.0	수출	—
모바일사업부문	13.1	판관비율	37.2	내수	—
기타부문	7.6				

회사 개요
동사는 효성그룹 계열사로 1994년에 설립되 어 다양한 규격의 멀티미디어콘텐츠를 제작, 변환, 전송, 판매할 수 있는 뉴미디어사업과 통합 전자결제사업을 영위하는 전자결제사업 자임. 모바일 백화점 사업권, KIOSK 등을 운 영하는 마케팅사업, 유/무선 플랫폼을 기반으 로 다양한 멀티미디 콘텐츠를 서비스하기 위해 시스템 개발, 서비스 운영 및 유지보수 등을 일괄 대행하여 주는 모바일 ASP사업과 소셜커머스 사업 등을 영위함.

실적 분석
동사의 기존 사업 성장에 힘입어 2017년 2분 기기준 누적 매출액은 전년동기대비 35.6% 상승한 336.9억원을 기록하였음. 상승한 매 출액 만큼 비용증가도 있었으나 매출액의 더 큰 상승에 힘입어 전년동기대비 영업이익은 42.2억원으로 100.6% 크게 상승하였음. 최 종적으로 전년동기대비 당기순이익은 상승하 여 34.3억원을 기록하였음. 결제 플랫폼의 적극적 인 마케팅으로 향후 지속적인 수익 성장이 기 대됨.

현금 흐름 〈단위 : 억원〉

항목	2016	2017.2Q
영업활동	-119	-210
투자활동	-29	-5
재무활동	176	178
순현금흐름	28	-37
기말현금	211	174

시장 대비 수익률

결산 실적 〈단위 : 억원〉

항목	2012	2013	2014	2015	2016	2017
매출액	1,203	1,257	983	396	539	—
영업이익	-46	-27	19	24	47	—
당기순이익	-94	-138	251	15	37	—

분기 실적 〈단위 : 억원〉

항목	2016.1Q	2016.2Q	2016.3Q	2016.4Q	2017.1Q	2017.2Q
매출액	120	124	146	144	169	168
영업이익	11	10	15	11	24	18
당기순이익	11	8	13	6	19	15

재무 상태 〈단위 : 억원〉

항목	2012	2013	2014	2015	2016	2017.2Q
총자산	1,702	1,690	1,052	1,240	1,433	1,576
유형자산	187	135	16	15	13	8
무형자산	234	228	204	239	241	240
유가증권	1	20	13	30	67	67
총부채	1,370	1,488	601	770	900	1,030
총차입금	746	771	143	180	356	556
자본금	154	154	154	163	163	163
총자본	332	203	451	470	533	546
지배주주지분	426	316	437	468	526	540

기업가치 지표

항목	2012	2013	2014	2015	2016	2017.2Q
주가(최고/저)(천원)	2.4/1.1	3.3/1.3	3.6/1.3	9.3/2.9	5.6/3.8	—/—
PER(최고/저)(배)	—/—	—/—	8.8/3.1	186.5/58.6	49.7/33.1	—/—
PBR(최고/저)(배)	1.8/0.8	3.3/1.2	2.6/0.9	5.1/1.6	3.0/2.0	3.0/2.0
EV/EBITDA(배)	30.1	26.2	13.7	45.3	29.4	—
EPS(원)	-248	-400	412	50	114	106
BPS(원)	1,380	1,024	1,415	1,819	1,890	1,969
CFPS(원)	27	-214	535	81	144	119
DPS(원)					25	
EBITDAPS(원)	126	97	183	107	174	142

재무 비율 〈단위 : % 〉

연도	영업이익률	순이익률	부채비율	차입금비율	ROA	ROE	유보율	자기자본비율	EBITDA마진율
2016	8.7	6.8	168.9	66.9	2.8	7.5	277.9	37.2	10.5
2015	6.1	3.8	163.8	38.3	1.3	3.5	263.7	37.9	8.6
2014	1.9	25.5	133.1	31.7	18.3	33.8	182.9	42.9	5.8
2013	-2.2	-11.0	734.3	380.4	-8.1	-33.3	104.7	12.0	5.4

게임빌 (A063080)
GAMEVIL

업   종 : 게임 소프트웨어 　　시   장 : KOSDAQ
신용등급 : (Bond) — 　(CP) — 　　기업규모 : 우량
홈 페 이 지 : www.gamevil.com 　　연 락 처 : 02)876-5252
본   사 : 서울시 서초구 서초동 서초중앙로4 게임빌빌딩

설 립 일	2000.01.10	종업원수	389명	대표이사	송병준
상 장 일	2009.07.30	감사의견	적정 (안진)	계 열	
결 산 기	12월	보 통 주	660만주	종속회사수	8개사
액 면 가	500원	우 선 주		구 상 호	

주주구성 (지분율,%)		출자관계 (지분율,%)		주요경쟁사 (외형,%)	
송병준	30.9	게임빌와플	91.0	게임빌	100
Pictet-Digital communication	4.4	게임빌엔	91.0	엔씨소프트	609
(외국인)	8.5	게임빌컴투스플랫폼	87.7	컴투스	318

매출구성		비용구성		수출비중	
모바일게임	100.0	매출원가율	38.9	수출	60.0
		판관비율	58.4	내수	40.0

회사 개요
동사는 모바일게임 및 온라인 네트워크게임 서비스의 제공을 목적으로 2000년에 설립됨. 현재는 모바일게임의 제작 및 서비스를 주된 사업으로 영위중. 연결대상 종속회사로 미국, 일본, 중국, 동남아시아, 유럽의 해외법인과 (주)게임빌엔, (주)게임빌에버, (주)게임빌와플 등이 있으며, (주)컴투스와 (주)컴투스의 일본, 미국 해외법인을 계열회사로 두고 있음. 전 계열회사가 모바일게임 제작 및 서비스의 단일 영업부문으로 구성됨.

실적 분석
동사의 2017년 2분기 누적 매출액은 전년동기대비 30.1% 감소한 587.4억원을 기록함. 영업손실은 72.8억원을 기록하며 전년동기대비 적자전환함. 당기순손실은 88.6억원으로 전년동기대비 57.5% 감소함. 동사는 하반기에 간판게임 '별이되어라!'의 시즌5 업데이트와 '아키에이지 비긴즈', '로열블러드', '엘룬' 등 신작 출시를 준비 중이며 신규 농구 게임, '피싱마스터2', '게임빌 프로야구 (가제)' 등 스포츠 라인업 강화 계획임.

현금 흐름 　〈단위 : 억원〉
항목	2016	2017.2Q
영업활동	40	-121
투자활동	-106	-69
재무활동	-440	105
순현금흐름	-503	-87
기말현금	315	228

시장 대비 수익률

결산 실적 　〈단위 : 억원〉
항목	2012	2013	2014	2015	2016	2017
매출액	703	812	1,450	1,523	1,615	
영업이익	241	121	114	32	43	
당기순이익	224	140	229	200	293	

분기 실적 　〈단위 : 억원〉
항목	2016.1Q	2016.2Q	2016.3Q	2016.4Q	2017.1Q	2017.2Q
매출액	408	432	390	384	286	302
영업이익	47	22	0	-27	-30	-42
당기순이익	117	92	56	28	32	56

재무 상태 　〈단위 : 억원〉
항목	2012	2013	2014	2015	2016	2017.2Q
총자산	994	1,792	2,264	3,319	3,255	3,414
유형자산	162	172	229	236	256	283
무형자산	32	105	153	110	89	84
유가증권	25	43	31	39	37	42
총부채	86	127	328	1,195	909	976
총차입금	3	0	97	972	562	662
자본금	28	33	33	33	33	33
총자본	908	1,665	1,937	2,124	2,347	2,439
지배주주지분	908	1,664	1,939	2,125	2,339	2,428

기업가치 지표
항목	2012	2013	2014	2015	2016	2017.2Q
주가(최고/저)(천원)	143/60.6	124/38.4	171/42.6	184/64.5	98.7/46.9	—/—
PER(최고/저)(배)	35.3/15.0	53.2/16.5	48.1/12.0	59.9/21.0	21.9/10.4	2.0/1.2
PBR(최고/저)(배)	8.6/3.7	4.8/1.5	5.7/1.4	5.6/2.0	2.7/1.3	—/—
EV/EBITDA(배)	19.9		17.5	49.3	69.4	39.0	—/—
EPS(원)	4,041	2,323	3,560	3,076	4,516	1,360
BPS(원)	16,591	25,703	29,885	32,728	36,468	37,408
CFPS(원)	4,310	2,727	4,151	3,724	5,191	1,788
DPS(원)						-679
EBITDAPS(원)	4,619	2,414	2,334	1,144	1,331	

재무 비율 　〈단위 : % 〉
연도	영업이익률	순이익률	부채비율	차입금비율	ROA	ROE	유보율	자기자본비율	EBITDA마진율
2016	2.7	18.1	38.7	24.0	8.9	13.2	7,193.6	72.1	5.4
2015	2.1	13.2	56.3	45.7	7.2	9.9	6,445.5	64.0	4.9
2014	7.8	15.8	16.9	5.0	11.3	12.9	5,877.1	85.5	10.5
2013	14.9	17.2	7.6	0.0	10.0	10.9	5,040.6	92.9	17.9

경남스틸 (A039240)
Kyeong Nam Steel

업   종 : 금속 및 광물 　　시   장 : KOSDAQ
신용등급 : (Bond) — 　(CP) — 　　기업규모 : 우량
홈 페 이 지 : www.ksteel.co.kr 　　연 락 처 : 055)274-2066
본   사 : 경남 창원시 성산구 연덕로15번길 10

설 립 일	1990.11.15	종업원수	71명	대표이사	최충경
상 장 일	2000.03.07	감사의견	적정 (대주)	계 열	
결 산 기	12월	보 통 주	500만주	종속회사수	
액 면 가	500원	우 선 주		구 상 호	

주주구성 (지분율,%)		출자관계 (지분율,%)		주요경쟁사 (외형,%)	
최충경	49.5			경남스틸	100
임철준	4.1			부국철강	53
(외국인)	0.9			스틸플라워	35

매출구성		비용구성		수출비중	
상품(기타)	29.5	매출원가율	94.6	수출	0.0
산세코일 (PO)	27.0	판관비율	4.7	내수	100.0
냉연강판(CR)	23.5				

회사 개요
동사는 1990년 삼현강업(주)으로 설립되어 1995년 사명을 경남스틸로 변경함. 동사는 (주)포스코에서 생산한 냉연 및 열연 강판을 공급받아 수요가들에게 주문판매를 하고 있으며, 절단 가공업무 공급하고 있음. 동사는 경남 창원과 전남 광양에서 강판을 절단가공해 자동차, 기계, 가전 업체가 밀집한 경남지역에 공급하고 있음. 포스코의 냉연판매점 업체 간 점유율로 보면 2016년 기준 8.1%를 차지함.

실적 분석
동사는 2017년 상반기 누적 매출액이 1491.2억원으로 전년 동기 대비 13.9% 증가했고, 영업이익은 23.4억원으로 전년 동기 대비 21.8% 감소했음. 동사가 판매하는 제품 중에 산세코일, 합금화아연도금강판, 열연코일 등의 판매가 호조세를 보였음. 동사는 매출채권 대손상각비가 증가하면서 판매관리비가 전년 동기보다 40.4%가 증가했으며, 이로 인해 수익성이 악화됨. 2017년 2월 33억원 규모의 전환사채 발행함.

현금 흐름 　*IFRS 별도 기준 　〈단위 : 억원〉
항목	2016	2017.2Q
영업활동	190	64
투자활동	9	-14
재무활동	-192	11
순현금흐름	7	61
기말현금	13	74

시장 대비 수익률

결산 실적 　〈단위 : 억원〉
항목	2012	2013	2014	2015	2016	2017
매출액	3,132	3,057	2,895	2,912	2,655	
영업이익	117	97	106	106	18	
당기순이익	63	60	72	82	8	

분기 실적 　*IFRS 별도 기준 　〈단위 : 억원〉
항목	2016.1Q	2016.2Q	2016.3Q	2016.4Q	2017.1Q	2017.2Q
매출액	627	682	667	679	742	750
영업이익	12	18	10	-22	18	5
당기순이익	12	10	6	-20	10	5

재무 상태 　*IFRS 별도 기준 　〈단위 : 억원〉
항목	2012	2013	2014	2015	2016	2017.2Q
총자산	1,178	1,148	1,372	1,463	1,305	1,424
유형자산	338	324	308	347	331	333
무형자산	8	8	6	6	6	8
유가증권	6	4	4	4	1	1
총부채	577	499	662	685	535	639
총차입금	228	210	270	432	256	269
자본금	25	25	25	25	25	25
총자본	601	649	709	778	770	784
지배주주지분	601	649	709	778	770	784

기업가치 지표 　*IFRS 별도 기준
항목	2012	2013	2014	2015	2016	2017.2Q
주가(최고/저)(천원)	8.3/5.1	6.4/5.5	7.3/5.9	9.0/6.6	14.5/8.4	—/—
PER(최고/저)(배)	7.7/4.7	6.0/5.2	5.5/4.4	5.6/4.3	87.3/50.9	—/—
PBR(최고/저)(배)	0.8/0.5	0.6/0.5	0.6/0.5	0.6/0.5	1.0/0.6	0.7/0.6
EV/EBITDA(배)	3.9		4.6	5.1	6.9	21.8	
EPS(원)	1,268	1,201	1,449	1,635	168	303
BPS(원)	12,019	12,983	14,189	15,565	15,402	15,689
CFPS(원)	1,625	1,585	1,842	2,028	548	484
DPS(원)	250	250	300	300	150	
EBITDAPS(원)	2,699	2,328	2,512	2,511	739	649

재무 비율 　〈단위 : % 〉
연도	영업이익률	순이익률	부채비율	차입금비율	ROA	ROE	유보율	자기자본비율	EBITDA마진율
2016	0.7	0.3	69.5	33.2	0.6	1.1	2,980.3	59.0	1.4
2015	3.6	2.8	88.0	55.6	5.8	11.0	3,013.0	53.2	4.3
2014	3.7	2.5	93.3	38.1	5.8	10.7	2,737.9	51.7	4.3
2013	3.2	2.0	76.9	32.4	5.2	9.6	2,496.7	56.5	3.8

경남제약 (A053950)
KYUNG NAM PHARMCOLTD

업 종 : 제약	시 장 : KOSDAQ	
신용등급 : (Bond) — (CP) —	기업규모 : 중견	
홈페이지 : www.kyungnampharm.co.kr	연락처 : 055)572-8700	
본 사 : 경남 의령군 의령읍 구룡로4남길 79		

설 립 일	1998.12.29	종업원수	215명	대표이사	류충효
상 장 일	2001.10.28	감사의견	적정 (삼덕)	계 열	
결 산 기	12월	보통주	1,125만주	종속회사	
액 면 가	500원	우선주		구상호	

주주구성 (지분율,%)		출자관계 (지분율,%)		주요경쟁사 (외형,%)	
오수진	13.8	경남제약	100		
이희철	7.1	명문제약	358		
(외국인)	2.8	유유제약	180		

매출구성		비용구성		수출비중	
[제품]OTC	69.8	매출원가율	56.1	수출	0.0
[상품]OTC	10.5	판관비율	30.4	내수	100.0
[상품]기타	10.4				

회사 개요
동사는 의약품 제조 및 판매업을 영위하는 업체로 2010년 4월 자회사인 경남제약과의 소규모 합병을 통해 현재의 상호로 변경. 전통적인 비타민 시장에서 동사의 비타민산제가 부동의 1위를 보유하고 있으며, 주요 제품으로 무좀약 'PM정'과 인후염증약 '미놀 트로키', '경남유산균5' 등 다양한 품목을 보유. 약국 유통용 품목으로 비타민군, 태반군, 건강식품군, 일반의 제품군을 보유하고 있으며, 전국 1만여 약국에 제품을 유통하고 있음.

실적 분석
동사의 2017년 2분기기준 누적 매출액은 전년동기대비 4.6% 소폭 상승한 198억원을 기록하였음. 그러나 비용면에서 전년동기대비 매출원가 및 인건비가 증가하여 전년동기대비 영업이익은 20.3억원으로 -14.3% 하락하였음. 최종적으로 전년동기대비 당기순이익은 적자지속하여 -9.1억원을 기록함. 향후 수익 성장을 위해 수출다변화를 준비하고 있으며 지속적인 해외시장 개척을 통해 매출을 증가시킬수 있도록 노력하고 있음.

현금 흐름 *IFRS 별도 기준 〈단위 : 억원〉

항목	2016	2017.2Q
영업활동	49	18
투자활동	-12	-9
재무활동	-16	38
순현금흐름	21	47
기말현금	38	85

시장 대비 수익률

결산 실적 〈단위 : 억원〉

항목	2012	2013	2014	2015	2016	2017
매출액	403	328	360	391	398	
영업이익	46	5	36	68	53	
당기순이익	0	-166	6	21	1	

분기 실적 *IFRS 별도 기준 〈단위 : 억원〉

항목	2016.1Q	2016.2Q	2016.3Q	2016.4Q	2017.1Q	2017.2Q
매출액	90	99	98	110	87	111
영업이익	10	14	16	13	4	17
당기순이익	4	-18	13	2	1	-10

재무 상태 *IFRS 별도 기준 〈단위 : 억원〉

항목	2012	2013	2014	2015	2016	2017.2Q
총자산	789	526	479	470	452	518
유형자산	327	189	184	180	153	157
무형자산	3	4	2	1	1	1
유가증권						
총부채	545	413	361	302	284	359
총차입금	436	339	289	222	204	269
자본금	221	50	50	56	56	56
총자본	244	113	118	168	168	158
지배주주지분	244	113	118	168	168	158

기업가치 지표 *IFRS 별도 기준

항목	2012	2013	2014	2015	2016	2017.2Q
주가(최고/저)(천원)	6.1/3.2	3.5/1.3	3.2/1.4	12.6/2.2	10.0/4.9	—/—
PER(최고/저)(배)	9,445.7/4,988.5	—/—	54.7/23.6	66.5/11.4	866.5/425.4	—/—
PBR(최고/저)(배)	2.2/1.2	3.1/1.1	2.7/1.2	8.4/1.4	6.7/3.3	6.4/3.3
EV/EBITDA(배)	11.4	40.4	11.0	13.3	13.0	—/—
EPS(원)	1	-1,694	58	189	12	-81
BPS(원)	552	1,126	1,179	1,500	1,496	1,407
CFPS(원)	23	-1,620	125	248	68	-51
DPS(원)						
EBITDAPS(원)	140	127	431	671	531	210

재무 비율 〈단위 : % 〉

연도	영업이익률	순이익률	부채비율	차입금비율	ROA	ROE	유보율	자기자본비율	EBITDA마진율
2016	13.4	0.3	168.6	121.1	0.3	0.8	199.1	37.2	15.0
2015	17.5	5.4	179.2	131.5	4.5	14.7	200.0	35.8	19.1
2014	10.1	1.6	304.6	244.0	1.2	5.0	135.9	24.7	12.0
2013	1.6	-50.7	365.5	300.1	-25.3	-93.0	125.3	21.5	3.8

경농 (A002100)
Kyung Nong

업 종 : 화학	시 장 : 거래소	
신용등급 : (Bond) — (CP) —	기업규모 : 시가총액 소형주	
홈페이지 : www.knco.co.kr	연락처 : 02)3488-5800	
본 사 : 서울시 서초구 효령로77길 28 동오빌딩		

설 립 일	1957.07.12	종업원수	333명	대표이사	이병만
상 장 일	1977.06.30	감사의견	적정 (정진)	계 열	
결 산 기	12월	보통주	2,169만주	종속회사	5개사
액 면 가	500원	우선주		구상호	

주주구성 (지분율,%)		출자관계 (지분율,%)		주요경쟁사 (외형,%)	
동오레저	27.6	글로벌아그로	99.0	경농	100
이용진	15.4	탑프레쉬	90.0	효성오앤비	17
(외국인)	0.8	동오라이프사이언스	70.0	바이오빌	16

매출구성		비용구성		수출비중	
유액제	35.5	매출원가율	66.4	수출	0.0
수화제	32.2	판관비율	29.1	내수	100.0
입제	18.4				

회사 개요
동사는 1957년 농약 제조, 판매를 영위할 목적으로 설립됨. 1977년 유가증권시장에 상장됨. 현재 동오그룹에 소속되어 있으며, 주요 계열사로는 비료 제조, 판매를 목적으로 하는 조비와 글로벌아그로, 탑프레쉬, 동오시드, 종오요묘 등이 있음. 동사의 주요 제품인 작물보호제는 수요의 계절성을 가져 농번기인 3~6월 사이 매출이 집중됨. 이상기후, 천재지변, 병해충의 발생 등에 따라 수요가 영향을 받음.

실적 분석
전면적 경쟁체제에 따른 과열양상으로 동사의 2017년 2분기기준 누적 매출액은 전년동기대비 0.8% 소폭 변동에 그친 1,643.3억원을 기록하였음. 비용면에서도 전년동기대비 매출원가 및 인건비가 소폭 증가하였으나 광고선전비는 크게 감소하였음. 이처럼 비용절감에 힘을 기울이게 됨에 따라 전년동기대비 영업이익은 318.3억원으로 17.6% 상승하였음. 최종적으로 전년동기대비 당기순이익은 상승하여 284.8억원을 기록함.

현금 흐름 〈단위 : 억원〉

항목	2016	2017.2Q
영업활동	160	-331
투자활동	-141	-87
재무활동	-74	459
순현금흐름	-54	39
기말현금	96	134

시장 대비 수익률

결산 실적 〈단위 : 억원〉

항목	2012	2013	2014	2015	2016	2017
매출액	1,370	1,964	1,885	1,964	2,040	
영업이익	127	188	147	121	92	
당기순이익	103	140	71	70	64	

분기 실적 〈단위 : 억원〉

항목	2016.1Q	2016.2Q	2016.3Q	2016.4Q	2017.1Q	2017.2Q
매출액	926	705	205	203	958	68
영업이익	222	48	-72	-107	237	
당기순이익	161	44	-58	-84	188	

재무 상태 〈단위 : 억원〉

항목	2012	2013	2014	2015	2016	2017.2Q
총자산	2,694	2,560	2,846	3,163	3,209	3,81
유형자산	931	1,012	1,186	1,221	1,332	1,39
무형자산	113	132	132	132	122	11
유가증권	60	60	61	49	40	4
총부채	1,177	928	1,157	1,417	1,369	1,71
총차입금	709	459	624	868	769	1,24
자본금	108	108	108	108	108	10
총자본	1,517	1,632	1,689	1,747	1,840	2,10
지배주주지분	1,472	1,570	1,615	1,663	1,713	1,93

기업가치 지표

항목	2012	2013	2014	2015	2016	2017.2Q
주가(최고/저)(천원)	2.8/2.3	3.5/2.6	5.6/3.1	5.7/4.3	7.0/4.7	—/—
PER(최고/저)(배)	6.9/5.7	6.6/5.0	18.4/10.3	19.9/15.0	24.3/16.2	—/—
PBR(최고/저)(배)	0.5/0.4	0.6/0.4	0.8/0.5	0.8/0.6	0.9/0.6	0.7/0.
EV/EBITDA(배)	7.3	5.1	8.1	11.2	15.0	—/—
EPS(원)	504	623	347	312	301	1,26
BPS(원)	7,097	7,549	7,750	7,928	8,156	9,19
CFPS(원)	700	826	553	533	507	1,37
DPS(원)	150	200	200	240	265	
EBITDAPS(원)	783	1,069	882	779	629	1,58

재무 비율 〈단위 : % 〉

연도	영업이익률	순이익률	부채비율	차입금비율	ROA	ROE	유보율	자기자본비율	EBITDA마진율
2016	4.5	3.1	74.4	41.8	2.0	3.9	1,531.3	57.3	8.
2015	6.2	3.6	81.1	49.7	2.3	4.1	1,485.6	55.2	8.
2014	7.8	3.8	68.5	36.9	2.6	4.7	1,450.0	59.4	10.
2013	9.6	7.1	56.9	28.1	5.1	8.9	1,409.9	63.7	11.

경동나비엔 (A009450)
Kyung Dong Navien

업 종: 내구소비재		시 장: 거래소	
신용등급: (Bond) —	(CP) —	기업규모: 시가총액 중형주	
홈 페 이 지: www.kdnavien.co.kr		연 락 처: 031)8060-5500	
본 사: 경기도 평택시 서탄면 수월암길 95			

설 립 일	1978.11.03	종 업 원 수	924명	대 표 이 사	손연호,홍준기
상 장 일	1991.09.20	감 사 의 견	적정 (신한)	계 열	
결 산 기	12월	보 통 주	1,274만주	종속회사수	7개사
액 면 가	1,000원	우 선 주		구 상 호	

주주구성 (지분율,%)		출자관계 (지분율,%)		주요경쟁사 (외형,%)	
경동원	50.5	경동에버런	93.2	경동나비엔	100
경동도시가스	5.9	경동티에스	45.0	코웨이	407
(외국인)	4.0	경동도시가스	1.7	쿠쿠전자	123

매출구성		비용구성		수출비중	
보일러,온수기 (국내)(기타)	51.2	매출원가율	65.6	수출	54.0
보일러,온수기 (북미)(기타)	36.5	판관비율	26.6	내수	46.0
보일러,온수기 (러시아)(기타)	5.2				

회사 개요
동사는 보일러 및 냉난방기를 제조 및 판매하는 사업을 주 사업으로 영위하고 있음. 과거 경동보일러에서 경동나비엔으로 상호를 변경하며, 에어컨, 환기시스템, 홈네트워 시스템까지 사업영역을 확장했음. 주요 상표는 콘덴싱으로 주력 제품은 가스보일러와 온수기를 판매하고 있으며, 2016년 3분기 기준 가정용 보일러가 59%, 온수기가 33%의 매출비중을 차지하고 있음. 북미, 중국, 유럽 등에 진출하여 꾸준한 외형성장을 보이고 있음.

실적 분석
동사의 2017년 2분기기준 누적 매출액은 전년동기대비 8.6% 상승한 2,684.8억원을 기록하였음. 비용면에서 전년동기대비 매출원가는 증가 했으며 인건비도 증가, 광고선전비도 증가, 기타판매비와관리비도 마찬가지로 증가함. 이와 같이 상승한 매출 대비 비용증가가 높아 그에 따라 전년동기대비 영업이익은 183.2억원으로 -36.3% 크게 하락하였음. 최종적으로 전년동기대비 당기순이익은 크게 하락하여 112.5억원을 기록함.

현금 흐름 〈단위 : 억원〉

항목	2016	2017.2Q
영업활동	613	-355
투자활동	-221	-129
재무활동	-350	421
순현금흐름	42	-63
기말현금	223	160

시장 대비 수익률

결산 실적 〈단위 : 억원〉

항목	2012	2013	2014	2015	2016	2017
매출액	3,790	4,142	4,290	5,120	5,833	—
영업이익	139	198	135	242	458	—
당기순이익	92	111	94	168	375	—

분기 실적 〈단위 : 억원〉

항목	2016.1Q	2016.2Q	2016.3Q	2016.4Q	2017.1Q	2017.2Q
매출액	1,319	1,153	1,321	2,038	1,388	1,297
영업이익	159	129	72	98	119	64
당기순이익	126	101	39	109	61	52

재무 상태 〈단위 : 억원〉

항목	2012	2013	2014	2015	2016	2017.2Q
총자산	2,997	3,548	4,017	4,021	4,298	4,503
유형자산	1,201	1,844	1,910	1,951	2,037	2,094
무형자산	122	98	93	88	86	86
유가증권	97	115	184	165	151	149
총부채	1,239	1,675	2,116	1,960	1,910	2,035
총차입금	249	484	1,052	690	333	767
자본금	127	127	127	127	127	127
총자본	1,759	1,873	1,900	2,061	2,388	2,468
지배주주지분	1,740	1,854	1,879	2,039	2,361	2,437

기업가치 지표

항목	2012	2013	2014	2015	2016	2017.2Q
주가(최고/저)(천원)	12.3/5.4	20.6/11.1	32.2/17.1	40.0/22.0	63.7/27.1	—/—
PER(최고/저)(배)	17.5/7.6	24.0/12.9	45.1/23.9	30.9/17.0	22.1/9.4	—/—
PBR(최고/저)(배)	0.9/0.4	1.4/0.8	2.2/1.2	2.5/1.4	3.4/1.5	2.7/1.6
EV/EBITDA(배)	5.8	8.3	17.8	11.5	9.1	—/—
EPS(원)	722	873	721	1,304	2,898	854
BPS(원)	13,706	14,601	14,804	16,055	18,581	19,133
CFPS(원)	1,456	1,739	1,675	2,474	4,151	1,498
DPS(원)	100	100	100	100	150	
EBITDAPS(원)	1,827	2,419	2,011	3,071	4,850	2,081

재무 비율 〈단위 : % 〉

연도	영업이익률	순이익률	부채비율	차입금비율	ROA	ROE	유보율	자기자본비율	EBITDA마진율
2016	7.9	6.4	80.0	14.0	9.0	16.8	1,758.1	55.6	10.6
2015	4.7	3.3	95.1	33.5	4.2	8.5	1,505.5	51.3	7.6
2014	3.1	2.2	111.4	55.4	2.5	4.9	1,380.4	47.3	6.0
2013	4.8	2.7	89.4	25.9	3.4	6.2	1,360.1	52.8	7.4

경동도시가스 (A267290)
KYUNGDONG CITY GAS CO

업 종: 가스		시 장: 거래소	
신용등급: (Bond) —	(CP) —	기업규모: —	
홈 페 이 지: www.kdgas.co.kr		연 락 처: 052)219-5300	
본 사: 울산시 북구 염포로 260-10			

설 립 일	2017.04.01	종 업 원 수	275명	대 표 이 사	송재호,나윤호
상 장 일	2017.05.12	감 사 의 견	적정 (삼일)	계 열	
결 산 기	12월	보 통 주	315만주	종속회사수	4개사
액 면 가	2,500원	우 선 주		구 상 호	

주주구성 (지분율,%)		출자관계 (지분율,%)		주요경쟁사 (외형,%)	
경동인베스트	20.0	경동강북고객서비스	85.0	경동도시가스	
경동홀딩스	16.9	경동양산고객서비스	85.0	한국가스공사	
(외국인)	24.5	경동강동고객서비스	70.0	서울가스	

매출구성		비용구성		수출비중	
		매출원가율	0.0	수출	0.0
		판관비율	0.0	내수	100.0

회사 개요
동사는 2017년 4월 1일을 분할기일로 하여, 존속회사인 경동인베스트의 지주회사 전환과 도시가스사업부문의 투자 및 관리 집중을 위해 신설된 기업임. 인적분할 후 기존 사업이던 도시가스공급 및 에너지절약사업을 영위할 예정임. 울산에 본사를 두고 있으며 천연가스를 구매하여 공급배관을 통해 울산과 양산지역에 판매하고 있음. 2017년 4월 1일 기준 동사를 제외하고 22개의 계열회사가 있음.

실적 분석
동사의 연결기준 2017년 2분기 누적매출액은 2,699.2억원을 시현, 영업이익은 65.2억원을 기록함. 정부의 에너지원 다변화 정책, 도시가스업체의 지속적인 배관망 확충 및 편의성, 청정성 등의 특성으로 소비가 매년 꾸준하게 증가할 것으로 전망되고 있으나, 신규수요개발의 둔화, 유가하락 등으로 성장세가 둔화될 수 있음. 향후 사업 경쟁력 강화를 통한 수익 증대가 기대됨.

현금 흐름 〈단위 : 억원〉

항목	2016	2017.2Q
영업활동	—	-70
투자활동	—	-152
재무활동	—	-6
순현금흐름	—	-229
기말현금	—	730

시장 대비 수익률
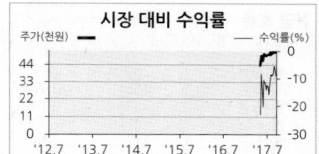

결산 실적 〈단위 : 억원〉

항목	2012	2013	2014	2015	2016	2017
매출액	—	—	—	—	—	—
영업이익	—	—	—	—	—	—
당기순이익	—	—	—	—	—	—

분기 실적 〈단위 : 억원〉

항목	2016.1Q	2016.2Q	2016.3Q	2016.4Q	2017.1Q	2017.2Q
매출액						2,699
영업이익						65
당기순이익						60

재무 상태 〈단위 : 억원〉

항목	2012	2013	2014	2015	2016	2017.2Q
총자산	—	—	—	—	—	5,420
유형자산	—	—	—	—	—	3,092
무형자산	—	—	—	—	—	134
유가증권	—	—	—	—	—	0
총부채	—	—	—	—	—	2,602
총차입금	—	—	—	—	—	151
자본금	—	—	—	—	—	79
총자본	—	—	—	—	—	2,818
지배주주지분	—	—	—	—	—	2,813

기업가치 지표

항목	2012	2013	2014	2015	2016	2017.2Q
주가(최고/저)(천원)	—/—	—/—	—/—	—/—	—/—	—/—
PER(최고/저)(배)	0.0/0.0	0.0/0.0	0.0/0.0	0.0/0.0	0.0/0.0	—/—
PBR(최고/저)(배)	0.0/0.0	0.0/0.0	0.0/0.0	0.0/0.0	0.0/0.0	0.6/0.5
EV/EBITDA(배)	—	—	—	—	—	—
EPS(원)	—	—	—	—	—	1,906
BPS(원)	—	—	—	—	—	89,473
CFPS(원)	—	—	—	—	—	3,739
DPS(원)	—	—	—	—	—	
EBITDAPS(원)	—	—	—	—	—	3,905

재무 비율 〈단위 : % 〉

연도	영업이익률	순이익률	부채비율	차입금비율	ROA	ROE	유보율	자기자본비율	EBITDA마진율
2016	0.0	0.0	0.0	0.0	0.0	0.0	0.0	0.0	0.0
2015	0.0	0.0	0.0	0.0	0.0	0.0	0.0	0.0	0.0
2014	0.0	0.0	0.0	0.0	0.0	0.0	0.0	0.0	0.0
2013	0.0	0.0	0.0	0.0	0.0	0.0	0.0	0.0	0.0

경동인베스트 (A012320)
KYUNGDONG INVEST COLTD

업 종 : 가스	시 장 : 거래소
신용등급 : (Bond) — (CP) —	기업규모 : 시가총액 소형주
홈페이지 : www.kdinvest.co.kr	연락처 : 031)738-5557
본 사 : 경기도 성남시 분당구 수내로46번길 4 경동빌딩	

설 립 일 1977.06.15	종 업 원 수 9명	대 표 이 사 박영훈
상 장 일 1997.02.02	감사의견 적정(삼일)	계 열
결 산 기 12월	보 통 주 237만주	종속회사수 7개사
액 면 가 5,000원	우 선 주	구 상 호 경동가스

주주구성 (지분율,%)		출자관계 (지분율,%)		주요경쟁사 (외형,%)	
경동홀딩스	45.2	경동에너아이	100.0	경동인베스트	100
손경호	5.7	경동	50.0	한국가스공사	1,786
(외국인)	14.0	경동건설	30.2	서울가스	108

매출구성		비용구성		수출비중	
도시가스(CNG포함),가스보일러 판매외	86.4	매출원가율	90.1	수출	0.0
광업 및 자원개발 외	10.1	판관비율	7.5	내수	100.0
플랜트 및 물류서비스외	3.0				

회사 개요
동사는 1977년 설립돼 도시가스 공급사업을 영위하고 있음. 가스 제조 및 배관공급업체로 주요 사업 부문은 도시가스 사업부문, 플랜트/물류서비스 사업부문, 건설 사업부문 및 도시가스 안전관리서비스 사업부문으로 구분됨. 가스산업의 특성상 지역별로 사업자를 선정, 그 지역 내에서의 가스공급을 전담토록 하고 있어 울산시, 양산시 전역에 독점공급하고 있음. 전국시장 점유율(공급량누계)은 7.7%로 전국 도시가스 업체 중 3위임.

실적 분석
동사의 2017년 상반기 연결기준 누적매출액은 579.3억원으로 전년동기 대비 7% 감소함. 매출 감소 및 판관비 증가로 영업손실은 31.3억원으로 적자지속됨. 동사는 지주회사 체제 전환을 위해 자회사 지분의 관리 및 투자를 목적으로 하는 주식회사 경동인베스트사(분할존속회사)와 도시가스 공급 및 에너지절약사업을 목적으로 하는 주식회사 경동도시가스(분할신설회사)로 2017년 4월 인적분할 함.

현금 흐름 〈단위 : 억원〉

항목	2016	2017.2Q
영업활동	269	681
투자활동	-255	-197
재무활동	-57	-130
순현금흐름	-43	-607
기말현금	815	208

시장 대비 수익률

결산 실적 〈단위 : 억원〉

항목	2012	2013	2014	2015	2016	2017
매출액	25,026	27,883	26,031	15,154	11,819	—
영업이익	499	505	479	219	287	—
당기순이익	429	501	759	-213	191	—

분기 실적 〈단위 : 억원〉

항목	2016.1Q	2016.2Q	2016.3Q	2016.4Q	2017.1Q	2017.2Q
매출액	283	340	2,042	9,154	261	318
영업이익	-33	2	102	216	-8	-30
당기순이익	117	-19	78	15	89	-6

재무 상태 〈단위 : 억원〉

항목	2012	2013	2014	2015	2016	2017.2Q
총자산	12,099	12,073	13,208	11,678	11,261	5,100
유형자산	3,020	3,226	4,362	4,785	4,904	1,761
무형자산	101	98	235	275	255	136
유가증권	242	326	369	348	411	475
총부채	7,634	7,066	7,133	5,913	5,382	1,862
총차입금	476	477	862	1,483	1,477	1,240
자본금	174	174	174	174	174	96
총자본	4,465	5,007	6,075	5,765	5,879	3,237
지배주주지분	4,430	4,970	5,560	5,345	5,437	2,796

기업가치 지표

항목	2012	2013	2014	2015	2016	2017.2Q
주가(최고/저)(천원)	75.3/50.3	94.1/68.2	123/92.4	124/84.5	86.6/58.7	—/—
PER(최고/저)(배)	6.9/4.6	7.2/5.3	6.4/4.8	—/—	17.9/12.1	—/—
PBR(최고/저)(배)	0.7/0.5	0.7/0.5	0.8/0.6	0.8/0.6	0.6/0.4	0.5/0.4
EV/EBITDA(배)	—	0.5	2.4	4.0	3.9	—/—
EPS(원)	12,297	14,309	20,938	-4,455	5,161	2,987
BPS(원)	127,145	142,642	159,548	153,397	159,746	153,047
CFPS(원)	17,401	19,769	29,204	6,011	15,241	6,843
DPS(원)	1,250	1,250	1,250	1,250	1,250	—
EBITDAPS(원)	19,423	19,963	22,021	16,747	18,307	2,455

재무 비율 〈단위 : % 〉

연도	영업이익률	순이익률	부채비율	차입금비율	ROA	ROE	유보율	자기자본비율	EBITDA마진율
2016	2.4	1.6	91.5	25.1	1.7	3.3	3,094.9	52.2	5.4
2015	1.4	-1.4	102.6	25.7	-1.7	-2.9	2,967.9	49.4	3.9
2014	1.8	2.9	117.4	14.2	6.0	13.9	3,091.0	46.0	3.0
2013	1.8	1.8	141.1	9.5	4.1	10.6	2,752.8	41.5	2.5

경동제약 (A011040)
Kyungdong Pharmaceutical

업 종 : 제약	시 장 : KOSDAQ
신용등급 : (Bond) — (CP) —	기업규모 : 우량
홈페이지 : www.kdpharma.co.kr	연락처 : 031)352-0990
본 사 : 경기도 화성시 양감면 제약단지로 224-3	

설 립 일 1976.02.12	종 업 원 수 563명	대 표 이 사 류덕희,류기성
상 장 일 1992.12.18	감사의견 적정(한영)	계 열
결 산 기 12월	보 통 주 1,328만주	종속회사수 3개사
액 면 가 1,000원	우 선 주	구 상 호

주주구성 (지분율,%)		출자관계 (지분율,%)		주요경쟁사 (외형,%)	
류덕희	10.0	RYUILINTERNATIONAL	100.0	경동제약	100
류기성	5.3	경동스포츠	76.7	아미노로직스	10
(외국인)	17.1	케이디파마	53.0	에스텍파마	27

매출구성		비용구성		수출비중	
로트로반정 등	31.6	매출원가율	40.1	수출	6.0
기타제품	24.7	판관비율	43.3	내수	94.0
아트로반정 외	23.0				

회사 개요
동사는 1976년 2월에 설립된 퍼스트제네릭에 특화된 전문의약품 업체로 1992년 12월에 코스닥시장에 상장됨. 주요 품목은 심혈관계, 소화기계, 내분비계 등 고령화 사회에 적합한 품목군을 다수 보유하고 있음. 내수 및 수출 증대를 위해 2014년 12월에 신규 합성공장을 준공했음. 수출은 일본으로의 원료의약품과, 베트남, 파키스탄, 필리핀 등으로의 완제의약품을 중심으로 이뤄짐.

실적 분석
동사의 2017년 2분기 연결기준 누적 매출액은 전년 동기 대비 10.8% 증가한 828.1억원을 기록함. 광고선전비 등 비용 통제로 판관비는 전년 동기 대비 4.2% 증가에 그쳐 영업이익은 21.7% 증가함. 영업이익 증가에 힘입어 당기순이익은 전년 동기 대비 15.7% 증가한 114.6억원을 시현함. 매출액 성장과 더불어 수익성도 추가로 개선되는 견조한 실적 성장세를 보이고 있음.

현금 흐름 〈단위 : 억원〉

항목	2016	2017.2Q
영업활동	256	70
투자활동	-119	-40
재무활동	-89	-72
순현금흐름	48	-42
기말현금	229	187

시장 대비 수익률

결산 실적 〈단위 : 억원〉

항목	2012	2013	2014	2015	2016	2017
매출액	1,247	1,331	1,533	1,519	1,586	—
영업이익	252	300	354	260	263	—
당기순이익	81	185	243	133	169	—

분기 실적 〈단위 : 억원〉

항목	2016.1Q	2016.2Q	2016.3Q	2016.4Q	2017.1Q	2017.2Q
매출액	366	382	419	419	407	42
영업이익	72	66	70	55	83	8
당기순이익	53	47	52	19	63	-6

재무 상태 〈단위 : 억원〉

항목	2012	2013	2014	2015	2016	2017.2Q
총자산	1,892	2,004	2,277	2,334	2,385	2,41
유형자산	474	500	684	738	713	71
무형자산	32	32	37	41	41	4
유가증권	69	91	179	259	212	20
총부채	355	314	372	290	299	30
총차입금	36	36	33	34	33	3
자본금	136	136	136	136	136	13
총자본	1,538	1,690	1,904	2,044	2,086	2,10
지배주주지분	1,539	1,694	1,903	2,051	2,099	2,12

기업가치 지표

항목	2012	2013	2014	2015	2016	2017.2Q
주가(최고/저)(천원)	12.8/7.5	16.0/10.3	25.7/11.7	28.2/17.1	19.8/16.0	—/—
PER(최고/저)(배)	24.4/14.5	12.9/8.2	15.2/6.9	28.4/17.2	15.5/12.5	—/—
PBR(최고/저)(배)	1.1/0.7	1.3/0.8	1.8/0.8	1.8/1.1	1.2/1.0	1.1/1.
EV/EBITDA(배)	3.8	3.4	6.9	6.9	5.4	—/—
EPS(원)	620	1,420	1,847	1,065	1,326	88
BPS(원)	13,207	14,378	15,947	16,956	17,526	17,70
CFPS(원)	969	1,725	2,167	1,468	1,788	1,12
DPS(원)	500	600	600	600	700	—
EBITDAPS(원)	2,247	2,567	2,985	2,363	2,440	1,49

재무 비율 〈단위 : % 〉

연도	영업이익률	순이익률	부채비율	차입금비율	ROA	ROE	유보율	자기자본비율	EBITDA마진율
2016	16.6	10.7	14.3	1.6	7.2	8.5	1,613.9	87.5	20.
2015	17.1	8.7	14.2	1.7	5.8	7.2	1,558.2	87.6	20.
2014	23.1	15.9	19.6	1.7	11.4	13.6	1,459.4	83.6	25.
2013	22.6	13.9	18.6	2.1	9.5	11.7	1,306.1	84.4	25.

경방 (A000050)
Kyungbang

업 종 : 섬유 및 의복
신용등급 : (Bond) —　(CP) —
홈 페 이 지 : www.kyungbang.co.kr
본 사 : 서울시 영등포구 영중로 15 (영등포동4가)

시 장 : 거래소
기 업 규 모 : 시가총액 중형주
연 락 처 : 02)2638-6000

설 립 일 1919.10.05	종 업 원 수 538명	대 표 이 사 김준,김담	
상 장 일 1956.03.03	감 사 의 견 적정 (다산)	계 열	
결 산 기 12월	보 통 주 2,742만주	종속회사수 2개사	
액 면 가 500원	우 선 주	구 상 호	

주주구성 (지분율,%)
김담	21.0
김준	13.4
(외국인)	2.4

출자관계 (지분율,%)
다우엔터프라이즈	32.2
인챈트인터렉티브	11.0
한국능률협회컨설팅	2.3

주요경쟁사 (외형,%)
경방	100
한세예스24홀딩스	593
LF	405

매출구성
임대	37.4
[경방/상품]사류, 포류	33.1
[경방/제품]사류, 포류,의류	28.4

비용구성
매출원가율	71.1
판관비율	17.4

수출비중
수출	—
내수	—

회사 개요
동사는 1919년 설립된 업체로 직물, 내의, 양말, 신발용품의 원사와 각종 의류 원료 등의 방적사 및 가공사를 생산 제조하는 원재료생산업체 및 부동산임대업체임. 매출액 구성은 내수 73%, 수출 27%로 구성됨. 경남베트남은 현지에서 우수한 품질로 호평을 받고 있으며, 베트남 공장은 1공장 안정기, 2공장 공정 안정화를 달성함. 타임스퀘어는 오픈 7주년 맞이 MD조닝을 성공적으로 완성함.

실적 분석
동사의 2017년도 2분기 연결기준 누적 매출액은 1,822.4억원으로 전년동기 대비 1.9% 감소함. 원가절감 노력에 따라 영업이익은 전년동기 대비 26.2% 상승한 222.5억원을 기록. 반면 비영업손익에서 적자지속함. 경방 사업부문의 매출이 전체의 81%를 구성하며, 경방 베트남의 매출이 전년동기 대비 증가함. 현재 염색단지를 설립 중에 있으며 새로운 성장 발판이 될 것으로 기대됨.

현금 흐름　〈단위 : 억원〉
항목	2016	2017.2Q
영업활동	680	161
투자활동	-137	-190
재무활동	-536	14
순현금흐름	7	-14
기말현금	75	61

시장 대비 수익률

결산 실적　〈단위 : 억원〉
항목	2012	2013	2014	2015	2016	2017
매출액	3,336	3,472	3,290	3,576	3,774	—
영업이익	73	360	306	390	434	—
당기순이익	-79	146	115	167	295	—

분기 실적
항목	2016.1Q	2016.2Q	2016.3Q	2016.4Q	2017.1Q	2017.2Q
매출액	913	944	924	993	920	903
영업이익	72	104	105	153	119	104
당기순이익	31	114	61	88	62	66

재무 상태
항목	2012	2013	2014	2015	2016	2017.2Q
총자산	13,350	12,970	13,018	13,186	13,019	13,046
유형자산	3,241	3,065	3,079	3,258	3,155	3,206
무형자산	46	49	49	48	47	45
유가증권	37	38	85	84	86	83
총부채	7,143	6,606	6,542	6,557	6,221	6,174
총차입금	4,153	3,654	3,739	3,735	3,268	3,287
자본금	104	125	137	137	137	137
총자본	6,207	6,364	6,477	6,630	6,798	6,872
지배주주지분	6,207	6,365	6,477	6,630	6,799	6,873

기업가치 지표
항목	2012	2013	2014	2015	2016	2017.2Q
주가(최고/저)(천원)	9.9/6.5	12.9/7.4	19.3/10.7	25.9/15.4	20.7/15.3	—/—
PER(최고/저)(배)	—/—	24.7/14.3	47.0/26.1	43.3/25.8	19.4/14.2	0.7/0.5
PBR(최고/저)(배)	0.5/0.3	0.6/0.3	0.8/0.5	1.1/0.7	0.8/0.6	0.7/0.5
EV/EBITDA(배)	20.6	10.6	15.3	13.2	10.0	
EPS(원)	-288	532	419	609	1,075	465
BPS(원)	298,924	255,370	236,250	241,825	24,799	25,068
CFPS(원)	7,299	15,961	13,630	16,463	2,174	1,008
DPS(원)		250	500	1,250	180	
EBITDAPS(원)	14,587	24,563	20,608	24,586	2,683	1,354

재무 비율　〈단위 : % 〉
연도	영업이익률	순이익률	부채비율	차입금비율	ROA	ROE	유보율	자기자본비율	EBITDA마진율
2016	11.5	7.8	91.5	48.1	2.3	4.4	4,859.8	52.2	19.5
2015	10.9	4.7	98.9	56.3	1.3	2.6	4,736.5	50.3	18.9
2014	9.3	3.5	101.0	57.7	0.9	1.8	4,625.0	49.8	17.2
2013	10.4	4.2	103.8	57.4	1.1	2.3	5,007.4	49.1	17.6

경보제약 (A214390)
KYONGBO PHARMACEUTICAL CO

업 종 : 제약
신용등급 : (Bond) —　(CP) —
홈 페 이 지 : www.kbpharma.co.kr
본 사 : 충남 아산시 실옥로 174

시 장 : 거래소
기 업 규 모 : 시가총액 소형주
연 락 처 : 041)420-0500

설 립 일 1987.03.31	종 업 원 수 416명	대 표 이 사 강태원	
상 장 일 2015.06.29	감 사 의 견 적정 (한영)	계 열	
결 산 기 12월	보 통 주 2,391만주	종속회사수	
액 면 가 500원	우 선 주	구 상 호	

주주구성 (지분율,%)
종근당홀딩스	39.5
이장한	5.8
(외국인)	2.3

출자관계 (지분율,%)
종근당바이오	0.6
종근당홀딩스	0.1
BardiaFarmaS.P.A	100.0

주요경쟁사 (외형,%)
경보제약	100
삼진제약	128
종근당홀딩스	180

매출구성
기 타	39.2
일반 API	34.3
세파계 항생제 API	23.2

비용구성
매출원가율	76.4
판관비율	15.3

수출비중
수출	52.0
내수	48.0

회사 개요
1987년 원료의약품 사업으로 시작하여 2002년도에는 완제의약품을 포괄하여 사업영역을 넓히고 회사 상호를 경보제약으로 변경. 의약품 종합도매업 허가, 미국FDA 인증과 KGMP 공장 건설 등 견실한 발전을 지속하고 있음. 2015년 6월 한국거래소 유가증권시장에 상장됨. 2016년에 완공된 High Potency-2 공장을 통해 항바이러스제, 폐렴·천식 등의 고효능활성 품목에 대한 CMO사업도 추진할 계획임.

실적 분석
동사의 2017년 2분기 누적 매출액은 전년 동기대비 0.5% 증가한 965.0억원을 기록함. 매출원가는 4.0% 감소하였으며 이는 제3공장의 가동이 시작되었으며 주요 제품의 공정개선 때문임. 그 결과 매출총이익은 14.3% 증가함. 인건비의 증가 등으로 영업이익은 10.5% 증가함. 영업이익은 116.2억원으로 전년 동기 대비 19.8% 증가하여 수익성이 개선됨. 영업이익 증가에도 당기순이익은 전년과 같은 80.8억원을 시현함.

현금 흐름　*IFRS 별도 기준　〈단위 : 억원〉
항목	2016	2017.2Q
영업활동	253	27
투자활동	-202	-38
재무활동	-48	18
순현금흐름	2	6
기말현금	46	50

시장 대비 수익률

결산 실적　〈단위 : 억원〉
항목	2012	2013	2014	2015	2016	2017
매출액	1,528	1,622	1,698	1,780	1,867	—
영업이익	225	262	277	256	156	—
당기순이익	145	180	86	261	127	—

분기 실적　*IFRS 별도 기준
항목	2016.1Q	2016.2Q	2016.3Q	2016.4Q	2017.1Q	2017.2Q
매출액	449	511	469	439	454	511
영업이익	54	43	24	35	56	60
당기순이익	44	37	12	34	35	46

재무 상태　*IFRS 별도 기준
항목	2012	2013	2014	2015	2016	2017.2Q
총자산	1,199	1,434	1,680	1,955	2,037	2,076
유형자산	409	438	553	749	839	805
무형자산	11	17	21	16	34	30
유가증권	8	12	23	29	29	31
총부채	662	772	997	727	743	734
총차입금	307	363	473	391	411	477
자본금	108	108	108	120	120	120
총자본	537	662	683	1,228	1,294	1,342
지배주주지분	537	662	683	1,228	1,294	1,342

기업가치 지표　*IFRS 별도 기준
항목	2012	2013	2014	2015	2016	2017.2Q
주가(최고/저)(천원)	—/—	—/—	—/—	33.9/12.3	20.6/11.6	—/—
PER(최고/저)(배)	0.0/0.0	0.0/0.0	0.0/0.0	30.6/11.1	39.3/22.1	—/—
PBR(최고/저)(배)	0.0/0.0	0.0/0.0	0.0/0.0	6.8/2.5	3.9/2.2	2.6/2.2
EV/EBITDA(배)	1.0		0.9	1.2	11.0	14.2
EPS(원)	675	838	401	1,147	531	338
BPS(원)	24,970	30,776	31,757	5,137	5,413	5,612
CFPS(원)	9,344	11,086	7,361	1,510	968	576
DPS(원)				275	200	
EBITDAPS(원)	13,078	14,892	16,207	1,489	1,089	724

재무 비율　〈단위 : % 〉
연도	영업이익률	순이익률	부채비율	차입금비율	ROA	ROE	유보율	자기자본비율	EBITDA마진율
2016	8.4	6.8	57.4	31.8	6.4	10.1	982.6	63.5	13.9
2015	14.4	14.7	59.2	31.8	14.4	27.3	927.5	62.8	19.1
2014	16.3	5.1	145.9	69.2	5.6	12.8	535.2	40.7	20.5
2013	16.2	11.1	116.5	54.8			515.5	46.2	19.8

경인양행 (A012610)
KYUNGIN SYNTHETIC

업 종 : 화학		시 장 : 거래소	
신용등급 : (Bond) — (CP) —		기업규모 : 시가총액 소형주	
홈 페 이 지 : www.kyungin.co.kr		연 락 처 : 032)571-7498	
본 사 : 인천시 서구 건지로 199 (석남동 223-52)			

설 립 일	1977.10.14	종 업 원 수	498명	대 표 이 사	김흥준,조성용(각자대표이사)
상 장 일	1995.09.06	감 사 의 견	적정 (한울)	계 열	
결 산 기	12월	보 통 주	4,040만주	종 속 회 사 수	5개사
액 면 가	500원	우 선 주		구 상 호	

주주구성 (지분율,%)		출자관계 (지분율,%)		주요경쟁사 (외형,%)	
김흥준	21.1	제이엠씨	79.5	경인양행	100
국민연금공단	3.9	와이즈캡	50.0	한국알콜	69
(외국인)	9.3	다이토키스코	50.0	카프로	126

매출구성		비용구성		수출비중	
[제품]반응성염료 외	70.3	매출원가율	83.0	수출	—
[제품]사카린 외	25.1	판관비율	13.2	내수	—
[상품]반응성염료 외	4.0				

회사 개요
동사는 1977년 10월 14일 염료의 제조·판매와 수출입 등을 목적으로 설립됨. 1994년 3월 31일 염료제조용 원재료 및 반제품을 생산 및 판매하는 특수관계자인 삼원화학공업을 흡수합병함. 국내 염료시장에서 2016년 기준 약 38%의 시장점유율로 업계 선두를 유지하고 있음. 고품질 사카린시장에서도 독점적 지위를 차지하고 있음. 매출비중은 염료 67%, 화학 26%로 구성됨.

실적 분석
동사의 2017년 연결기준 반기 매출액은 1,513억원으로 전년동기 대비 6.1% 증가함. 반면, 원가 및 판관비 부담 증가로 영업이익은 전년동기 대비 45.6% 감소한 39.8억원에 그침. 비영업손익 개선에도 불구하고 당기순이익 또한 전년동기 대비 26.7% 감소함. 동사는 지속적으로 기존 사업의 매출 확대를 도모하고 있으며, 향후 사카린 사용규정의 변화가 일어난다면 동사의 실적 또한 한단계 업그레이드 가능할 것으로 기대.

현금 흐름 〈단위 : 억원〉
항목	2016	2017.2Q
영업활동	189	-150
투자활동	-70	-83
재무활동	-72	301
순현금흐름	45	63
기말현금	201	263

시장 대비 수익률

결산 실적 〈단위 : 억원〉
항목	2012	2013	2014	2015	2016	2017
매출액	2,186	2,608	2,772	2,632	2,749	—
영업이익	36	111	141	67	106	—
당기순이익	21	102	101	37	68	—

분기 실적 〈단위 : 억원〉
항목	2016.1Q	2016.2Q	2016.3Q	2016.4Q	2017.1Q	2017.2Q
매출액	645	781	644	678	763	750
영업이익	8	65	15	18	11	28
당기순이익	-5	45	2	26	4	28

재무 상태 〈단위 : 억원〉
항목	2012	2013	2014	2015	2016	2017.2Q
총자산	2,875	3,169	3,130	3,267	3,443	3,652
유형자산	1,241	1,277	1,356	1,361	1,378	1,433
무형자산	27	33	28	24	33	32
유가증권	13	13	13	14	21	18
총부채	1,125	1,272	1,148	1,256	1,360	1,564
총차입금	682	733	724	800	727	1,036
자본금	188	202	202	202	202	202
총자본	1,750	1,897	1,982	2,011	2,083	2,088
지배주주지분	1,616	1,770	1,855	1,867	1,924	1,925

기업가치 지표
항목	2012	2013	2014	2015	2016	2017.2Q
주가(최고/저)(천원)	4.0/2.2	4.6/2.5	7.7/3.8	5.9/3.1	6.8/3.2	—/—
PER(최고/저)(배)	66.6/37.0	17.9/9.9	32.6/15.9	130.1/68.8	53.7/25.6	—/—
PBR(최고/저)(배)	1.0/0.5	1.1/0.6	1.7/0.8	1.3/0.7	1.4/0.7	1.1/0.8
EV/EBITDA(배)	13.7		11.9	10.4	13.6	13.1	—/—
EPS(원)	64	269	246	47	127	51
BPS(원)	4,363	4,495	4,695	4,722	4,831	4,833
CFPS(원)	295	493	476	293	376	168
DPS(원)	50	50	50	50	50	
EBITDAPS(원)	328	500	579	412	511	215

재무 비율 〈단위 : %〉
연도	영업이익률	순이익률	부채비율	차입금비율	ROA	ROE	유보율	자기자본비율	EBITDA마진율
2016	3.9	2.5	65.3	34.9	2.0	2.7	866.3	60.5	7.5
2015	2.6	1.4	62.4	39.8	1.2	1.0	844.5	61.6	6.3
2014	5.1	3.7	57.9	36.5	3.2	5.5	839.0	63.3	8.4
2013	4.3	3.9	67.0	38.6	3.4	6.4	799.1	59.9	7.7

경인전자 (A009140)
Kyung in Electronics

업 종 : 전자 장비 및 기기		시 장 : 거래소	
신용등급 : (Bond) — (CP) —		기업규모 : 시가총액 소형주	
홈 페 이 지 : www.kie.co.kr		연 락 처 : 02)2113-2000	
본 사 : 서울시 금천구 가산디지털 2로 184 (가산동, 벽산/경디지털 밸리 2차 1411호)			

설 립 일	1973.08.06	종 업 원 수	10명	대 표 이 사	김효조
상 장 일	1989.06.20	감 사 의 견	적정 (대주)	계 열	
결 산 기	12월	보 통 주	157만주	종 속 회 사 수	4개사
액 면 가	5,000원	우 선 주		구 상 호	

주주구성 (지분율,%)		출자관계 (지분율,%)		주요경쟁사 (외형,%)	
김효조	21.3	고퀄	32.8	경인전자	100
김성완	14.2	케이아이디벨롭먼트	18.0	대주전자재료	256
(외국인)	16.5	우남앤파트너스	8.9	이엠티	34

매출구성		비용구성		수출비중	
리모콘	73.0	매출원가율	78.2	수출	95.0
TMS	19.9	판관비율	19.3	내수	5.0
스위치	5.0				

회사 개요
동사는 전자부품 제조업체로 스위치를 비롯하여 리모콘, Thermostat 제조 사업을 영위하고 있음. 삼성전자, LG전자, 기아자동차 등이 주요 고객사임. 매출은 스위치 사업 6.79%, 리모콘 사업 69.08%, TMS 사업 22.23%, 기타 사업 1.9%로 구성됨. Kyungin Electronics(Tian Jin) Co.,Ltd, Kyungin Electronics(Shen Zhen) Co.,Ltd 등을 연결대상 종속회사로 보유함.

실적 분석
2017년 상반기 연결기준 동사 매출은 전년동기 대비 8.1% 감소한 109.7억원임. 매출원가가 5.0% 감소하고 판매비와 관리비 역시 7.0% 줄었으나 매출하락으로 인해 영업이익은 -1.8억원을 기록하며 적자전환됨. 비영업부문 역시 -6.0억원을 기록함에 따라 당기순이익 역시 -9.7억원을 기록하며 적자전환됨. 국내 시장의 지속적인 축소, 해외 현지 업체 간 치열한 가격경쟁이 부진 원인으로 꼽힘.

현금 흐름 〈단위 : 억원〉
항목	2016	2017.2Q
영업활동	13	-14
투자활동	33	10
재무활동	-5	-3
순현금흐름	44	-10
기말현금	264	254

시장 대비 수익률

결산 실적 〈단위 : 억원〉
항목	2012	2013	2014	2015	2016	2017
매출액	442	466	340	283	266	—
영업이익	21	31	27	17	7	—
당기순이익	11	-10	13	30	—	

분기 실적 〈단위 : 억원〉
항목	2016.1Q	2016.2Q	2016.3Q	2016.4Q	2017.1Q	2017.2Q
매출액	62	58	84	63	55	54
영업이익	3	-0	6	-0	-2	-0
당기순이익	2	-1	5	23	-8	-2

재무 상태 〈단위 : 억원〉
항목	2012	2013	2014	2015	2016	2017.2Q
총자산	637	660	617	642	643	623
유형자산	53	57	57	54	50	48
무형자산	3	3	4	3	3	3
유가증권	238	49	97	75	78	
총부채	68	80	43	46	46	43
총차입금						
자본금	79	79	79	79	79	79
총자본	570	580	575	596	597	580
지배주주지분	570	580	575	596	597	580

기업가치 지표
항목	2012	2013	2014	2015	2016	2017.2Q
주가(최고/저)(천원)	13.9/11.3	16.1/12.5	22.2/15.4	28.2/16.4	25.1/18.6	—/—
PER(최고/저)(배)	20.9/16.9	16.3/12.7	—/—	34.1/19.9	13.5/10.0	—/—
PBR(최고/저)(배)	0.4/0.3	0.4/0.3	0.6/0.4	0.7/0.4	0.6/0.5	0.6/0.5
EV/EBITDA(배)						
EPS(원)	732	1,053	-633	850	1,880	-615
BPS(원)	38,418	39,216	39,025	40,415	40,639	39,445
CFPS(원)	1,159	1,475	-220	1,246	2,231	-449
DPS(원)	350	350	350	350	250	
EBITDAPS(원)	1,753	2,365	2,147	1,459	785	50

재무 비율 〈단위 : %〉
연도	영업이익률	순이익률	부채비율	차입금비율	ROA	ROE	유보율	자기자본비율	EBITDA마진율
2016	2.6	11.1	7.6	0.0	4.6	5.0	712.8	92.9	4.6
2015	5.9	4.7	7.7	0.0	2.1	2.3	708.3	92.8	8.1
2014	8.0	-2.9	7.4	0.0	-1.6	-1.7	680.5	93.1	9.9
2013	6.6	3.6	13.8	0.0	2.6	2.9	684.3	87.9	8.0

경창산업 (A024910)
Kyung Chang Industrial

업 종 : 자동차부품		시 장 : KOSDAQ	
신용등급 : (Bond) — (CP) —		기업규모 : 우량	
홈 페 이 지 : www.kc.co.kr		연 락 처 : (053)555-2333	
본 사 : 대구시 달서구 성서로35길 6(월암동)			

설 립 일	1977.06.22	종 업 원 수	1,146명	대 표 이 사	손일호
상 장 일	1994.12.29	감 사 의 견	적정 (한올)	계	열
결 산 기	12월	보 통 주	1,756만주	종속회사수	3개사
액 면 가	500원	우 선 주		구 상 호	

주주구성 (지분율,%)		출자관계 (지분율,%)		주요경쟁사 (외형,%)	
손일호	18.4	KCW	97.6	경창산업	100
대경A/S	7.2	경창정공	40.8	동원금속	76
(외국인)	3.8	경창일괄기차채권(유)	65.0	유라테크	33

매출구성		비용구성		수출비중	
AUTO T/M부품	81.6	매출원가율	87.1	수출	70.0
CABLE	6.6	판관비율	8.3	내수	30.0
LEVER	5.1				

회사 개요
동사는 AUTO 트랜스밋션부품류, CABLE류, 페달류, AUTO LEVER류 등 자동차부품을 제조하며 국내 완성차 및 시판업체에 판매하고 있음. 국내자동차 산업의 첨단 고급화 추세와 지속적인 신모델 개발로 내수 및 수출의 성장이 계속되고 있으며, 국내 및 해외 완성차 생산 메이커를 통한 주문 생산방식으로 판매가 이루어져 시장도 안정적으로 형성되어 있음. AUTO T/M부품이 매출의 약 80%를 차지하는 주요 매출원임.

실적 분석
동사의 2017년 연결기준 상반기 매출액은 2,968.4억원으로 7.3% 감소하였으나 매출원가율 상승으로 매출총이익은 27.1% 감소해 영업이익은 84.5억원으로 50%이상 감소했고 당기순이익도 97.9% 감소한 2.7억원을 기록. 관계기업 중 케이비더블유에스에서 발생한 지분법평가손실이 비영업손실 폭을 확대해 63.4억원을 기록하며 적자를 지속한 것이 주된 이익 감소의 원인. 현재 현대다이모스와 단일판매, 공급계약을 통해 이익창출 노력 중.

현금 흐름 〈단위 : 억원〉
항목	2016	2017.2Q
영업활동	1,113	161
투자활동	-808	20
재무활동	-203	-112
순현금흐름	100	61
기말현금	288	349

시장 대비 수익률

결산 실적 〈단위 : 억원〉
항목	2012	2013	2014	2015	2016	2017
매출액	4,231	5,266	5,528	5,990	6,458	—
영업이익	126	298	284	250	293	—
당기순이익	121	273	249	135	98	—

분기 실적 〈단위 : 억원〉
항목	2016.1Q	2016.2Q	2016.3Q	2016.4Q	2017.1Q	2017.2Q
매출액	1,551	1,653	1,449	1,806	1,601	1,370
영업이익	96	101	8	88	83	4
당기순이익	59	68	-46	17	19	-16

재무 상태 〈단위 : 억원〉
항목	2012	2013	2014	2015	2016	2017.2Q
총자산	3,935	4,338	4,753	5,799	6,140	6,603
유형자산	2,396	2,750	2,829	3,163	3,424	4,308
무형자산	17	30	35	45	56	63
유가증권	26	22	39	82	110	66
총부채	3,066	3,313	3,520	4,409	4,673	4,482
총차입금	2,353	2,216	2,524	3,238	3,146	2,994
자본금	88	88	88	88	88	88
총자본	869	1,025	1,233	1,389	1,467	2,121
지배주주지분	830	972	1,166	1,190	1,255	1,898

기업가치 지표
항목	2012	2013	2014	2015	2016	2017.2Q
주가(최고/저)(천원)	5.7/3.6	10.1/4.1	13.9/7.9	9.1/5.5	6.3/4.7	—/—
PER(최고/저)(배)	9.4/6.0	7.1/2.9	10.7/6.1	16.0/9.6	14.5/10.8	0.5/0.4
PBR(최고/저)(배)	1.3/0.8	1.7/0.7	2.0/1.1	1.2/0.8	0.8/0.6	—/—
EV/EBITDA(배)	5.4	5.2	4.8	5.4	5.0	—/—
EPS(원)	637	1,479	1,334	582	443	-18
BPS(원)	4,748	6,128	7,229	7,502	7,862	11,062
CFPS(원)	3,126	3,919	4,169	3,646	3,259	1,257
DPS(원)	55	100	80	50	70	
EBITDAPS(원)	3,208	4,135	4,454	4,487	4,482	1,756

재무 비율 〈단위 : % 〉
연도	영업이익률	순이익률	부채비율	차입금비율	ROA	ROE	유보율	자기자본비율	EBITDA마진율
2016	4.5	1.5	318.6	214.4	1.7	6.4	1,472.5	23.9	12.2
2015	4.2	2.3	317.4	233.1	2.6	8.7	1,400.5	24.0	13.2
2014	5.1	4.5	285.5	204.7	5.5	21.9	1,345.9	25.9	14.2
2013	5.7	5.2	323.3	216.2	6.6	30.4	1,125.6	23.6	13.8

계룡건설산업 (A013580)
Kyeryong Construction Industrial

업 종 : 건설		시 장 : 거래소	
신용등급 : (Bond) BBB (CP) —		기업규모 : 시가총액 소형주	
홈 페 이 지 : www.krcon.co.kr		연 락 처 : (042)480-7114	
본 사 : 대전시 서구 문정로 48번길 48			

설 립 일	1978.10.11	종 업 원 수	1,106명	대 표 이 사	한승구,이승찬
상 장 일	1995.12.30	감 사 의 견	적정 (한올)	계	열
결 산 기	12월	보 통 주	893만주	종속회사수	18개사
액 면 가	5,000원	우 선 주		구 상 호	

주주구성 (지분율,%)		출자관계 (지분율,%)		주요경쟁사 (외형,%)	
이승찬	22.9	케이알스포츠	99.9	계룡건설	100
머스트자산운용	8.7	KR산업	73.0	KT서브마린	4
(외국인)	13.8	KR유통	50.0	남광토건	9

매출구성		비용구성		수출비중	
도급공사(건축부문)	62.8	매출원가율	92.2	수출	—
도급공사(토목부문)	21.1	판관비율	3.9	내수	—
자체사업	14.1				

회사 개요
동사는 1978년 설립되어 건축, 토목, 분양, 패션아울렛, 고속도로 휴게소 운영 등의 사업을 영위하고 있으며 2015년 기준 시공능력평가순위는 23위. 2016년 기준 매출비중은 건축 54.1%, 토목 23.2%, 유통 8.1%, 분양 13.1% 등임. 계룡산업, 케이알산업, 케이알유통, 동성건설 등 16개의 계열사를 보유함. 건설시장의 경쟁 심화와 수익성 저하로 기술력 확보를 통한 사업 다각화 모색 중임.

실적 분석
동사의 2017년 2분기기준 누적 매출액은 전년동기대비 24.9% 상승한 10,619.7억원을 기록하였음. 비용면에서 전년동기대비 매출원가는 증가 하였으며 인건비도 증가, 광고선전비는 감소 하였고 기타판매비와관리비는 증가함. 이와 같이 상승된 매출율 만큼 비용이 증가하지 않아서 매출액의 더 큰 상승에 힘입어 그에 따라 전년동기대비 영업이익은 435.5억원으로 75.5% 상승하였음. 최종적으로 전년동기대비 당기순이익은 상승하여 185.5억원을 기록하였음.

현금 흐름 〈단위 : 억원〉
항목	2016	2017.2Q
영업활동	553	301
투자활동	-706	-253
재무활동	1,052	367
순현금흐름	900	414
기말현금	2,279	2,687

시장 대비 수익률

결산 실적 〈단위 : 억원〉
항목	2012	2013	2014	2015	2016	2017
매출액	15,467	15,850	16,333	15,222	19,585	—
영업이익	441	-501	-1,037	361	776	—
당기순이익	44	-826	-1,111	169	186	—

분기 실적 〈단위 : 억원〉
항목	2016.1Q	2016.2Q	2016.3Q	2016.4Q	2017.1Q	2017.2Q
매출액	3,714	4,789	4,862	6,221	4,561	6,058
영업이익	89	159	134	394	156	280
당기순이익	32	64	63	28	44	142

재무 상태 〈단위 : 억원〉
항목	2012	2013	2014	2015	2016	2017.2Q
총자산	16,198	14,819	12,383	12,247	15,134	16,751
유형자산	1,601	1,845	1,468	1,445	1,460	1,964
무형자산	248	242	228	238	145	147
유가증권	2,422	798	855	894	1,079	869
총부채	11,036	10,465	9,366	9,068	11,840	13,270
총차입금	5,919	5,103	4,386	3,931	4,166	5,214
자본금	447	447	447	447	447	447
총자본	5,162	4,354	3,017	3,179	3,294	3,481
지배주주지분	4,576	3,745	2,568	2,750	2,885	3,053

기업가치 지표
항목	2012	2013	2014	2015	2016	2017.2Q
주가(최고/저)(천원)	16.9/7.1	10.3/7.8	16.8/8.2	14.4/8.5	15.5/8.6	—/—
PER(최고/저)(배)	61.6/25.8	—/—	—/—	8.2/4.9	8.3/4.6	0.6/0.4
PBR(최고/저)(배)	0.3/0.1	0.2/0.2	0.6/0.3	0.5/0.3	0.5/0.3	—/—
EV/EBITDA(배)	7.3			7.2	3.3	—/—
EPS(원)	274	-9,484	-12,490	1,754	1,864	1,854
BPS(원)	51,575	42,267	29,336	31,422	32,920	34,804
CFPS(원)	1,177	-8,590	-11,433	2,859	2,844	2,412
DPS(원)						
EBITDAPS(원)	5,844	-4,711	-10,550	5,147	9,672	5,435

재무 비율 〈단위 : % 〉
연도	영업이익률	순이익률	부채비율	차입금비율	ROA	ROE	유보율	자기자본비율	EBITDA마진율
2016	4.0	1.0	359.4	126.5	1.4	5.9	558.4	21.8	4.4
2015	2.4	1.1	285.2	123.7	1.4	5.9	528.4	26.0	3.0
2014	-6.4	-6.8	310.4	145.4	-8.2	-35.3	486.7	24.4	-5.8
2013	-3.2	-5.2	240.4	117.2	-5.3	-20.4	745.4	29.4	-2.7

계양전기 (A012200)
Keyang Electric Machinery

업　　종 : 자동차부품	시　　장 : 거래소
신용등급 : (Bond) —　(CP) —	기업규모 : 시가총액 소형주
홈페이지 : www.keyang.co.kr	연 락 처 : 02)559-6800
본　　사 : 서울시 강남구 테헤란로 508 (대치동) 해성2빌딩 2층	

설 립 일	1977.04.27	종업원수	701명	대표이사	단재완,정한수
상 장 일	1988.07.06	감사의견	적정 (삼일)	계　　열	
결 산 기	12월	보 통 주	3,260만주	종속회사수	2개사
액 면 가	500원	우 선 주	140만주	구 상 호	

주주구성 (지분율,%)		출자관계 (지분율,%)		주요경쟁사 (외형,%)	
단재완	20.3	프레스토라이트아시아	59.4	계양전기	100
케이머스원	10.0	해성디에스	9.6	우리산업홀딩스	94
(외국인)	5.3	계양전기(소주)유한공사	100.0	디아이씨	164

매출구성		비용구성		수출비중	
Seat 모터, Window 모터 등	57.3	매출원가율	79.0	수출	20.0
전동공구,엔진,산업용구	42.7	판관비율	16.5	내수	80.0

회사 개요
동사는 1977년 전동공구 제조 및 판매를 목적으로 설립되어 전동공구, 엔진, 산업용구 등 산업용품 및 자동차용 DC모터 등 전장품 관련 사업을 운영하고 있음. 국내 전동공구 시장 1위 기업이며, 산업용품 매출이 가장 큰 비중을 차지함. 동사는 고객 주문에 의한 단기 납품 형식을 취하고 있음. 자동차 좌석, 문에 장착되는 전동모터(DC모터)를 생산하며 현대차, 기아차 등에 납품함. 최근 골프차 모터 생산 업체 프레스토라이트아시아 지분 취득함.

실적 분석
동사의 2017년 상반기 매출액은 1,775.9억원으로 전년동기 대비 4.7% 증가함. 영업이익은 원가율 1.5%p 상승, 판관비 9.6% 증가로 인해 전년동기 대비 28.7% 감소한 68.7억원에 그침. 전 사업부문 모두 영업이익률이 하락함. 영업외수익 3.3억원을 반영한 당기순이익은 63.8억원으로 전년동기 대비 52.1% 감소한 실적. 당분기 연구개발비는 매출액 대비 2.88%로 평균 3.4%에 비해 크게 감소함.

현금 흐름
〈단위 : 억원〉

항목	2016	2017.2Q
영업활동	187	184
투자활동	-151	-53
재무활동	-38	-14
순현금흐름	-3	103
기말현금	79	182

시장 대비 수익률

결산 실적
〈단위 : 억원〉

항목	2012	2013	2014	2015	2016	2017
매출액	2,474	2,609	2,865	2,936	3,399	—
영업이익	27	61	42	71	155	—
당기순이익	50	59	65	96	172	—

분기 실적
〈단위 : 억원〉

항목	2016.1Q	2016.2Q	2016.3Q	2016.4Q	2017.1Q	2017.2Q
매출액	818	878	826	877	849	927
영업이익	47	49	39	20	30	38
당기순이익	49	84	27	12	21	43

재무 상태
〈단위 : 억원〉

항목	2012	2013	2014	2015	2016	2017.2Q
총자산	1,746	1,808	2,042	2,116	2,440	2,542
유형자산	528	558	639	835	999	1,035
무형자산	29	18	15	27	64	77
유가증권	3	0	0	0	0	10
총부채	302	316	513	511	648	712
총차입금	35	6	15	14	30	25
자본금	170	170	170	170	170	170
총자본	1,443	1,492	1,529	1,604	1,791	1,830
지배주주지분	1,443	1,492	1,529	1,604	1,762	1,799

기업가치 지표
〈단위 : 억원〉

항목	2012	2013	2014	2015	2016	2017.2Q
주가(최고/저)(천원)	3.0/2.1	3.3/2.2	5.2/2.7	5.2/3.7	7.4/4.1	—/—
PER(최고/저)(배)	22.1/15.4	20.1/13.2	28.1/14.4	18.9/13.3	15.0/8.3	—/—
PBR(최고/저)(배)	0.8/0.5	0.8/0.5	1.2/0.6	1.1/0.8	1.5/0.8	1.1/1.0
EV/EBITDA(배)	5.5	4.9	12.6		6.7	—/—
EPS(원)	147	175	191	282	499	179
BPS(원)	4,245	4,387	4,498	4,719	5,183	5,290
CFPS(원)	306	334	353	460	754	319
DPS(원)	50	50	45	55	65	—
EBITDAPS(원)	239	340	285	387	709	342

재무 비율
〈단위 : % 〉

연도	영업이익률	순이익률	부채비율	차입금비율	ROA	ROE	유보율	자기자본비율	EBITDA마진율
2016	4.6	5.1	36.2	1.7	7.6	10.1	936.7	73.4	7.1
2015	2.4	3.3	31.9	0.9	4.6	6.1	843.8	75.8	4.5
2014	1.5	2.3	33.6	1.0	3.4	4.3	799.5	74.9	3.4
2013	2.4	2.3	21.2	0.4	3.4	4.1	777.5	82.5	4.4

고려개발 (A004200)
Korea Development

업　　종 : 건설	시　　장 : 거래소
신용등급 : (Bond) —　(CP) —	기업규모 : 시가총액 소형주
홈페이지 : www.kdc.co.kr	연 락 처 : 031)420-9000
본　　사 : 경기도 용인시 수지구 풍덕천로 112, 501호 (풍덕천동, 하나프라자빌딩)	

설 립 일	1965.03.31	종업원수	358명	대표이사	박상신
상 장 일	1978.10.30	감사의견	적정 (한울)	계　　열	
결 산 기	12월	보 통 주	2,155만주	종속회사수	
액 면 가	5,000원	우 선 주	556만주	구 상 호	

주주구성 (지분율,%)		출자관계 (지분율,%)		주요경쟁사 (외형,%)	
대림산업	62.2	광명경전철	50.0	고려개발	100
켐텍	5.4	화천강군	34.6	서희건설	172
(외국인)	0.1	부산포항강군	29.5	서한	80

매출구성		비용구성		수출비중	
[건축공사]민간	54.2	매출원가율	91.0	수출	0.0
[토목공사]관급	23.3	판관비율	4.7	내수	100.0
[토목공사]민간	15.5				

회사 개요
사는 1965년 설립돼 1976년 해외건설업 면허 1호 취득, 1981년 철강재 면허 취득, 국내 오피스텔 건축 1호를 기록한 종합건설업체로 1978년 상장되었으며 1987년 대림산업 계열사로 편입됨. 2011년 11월 기업개선절차에 들어갔으며 2017년말까지 연장된 상태임. 2016년 1분기에 무상감자와 출자전환, 제3자배정유상증자로 자본금을 확충함. 2017년 상반기 기준 매출비중은 건축 66.6%, 토목 33.0%, 기타 등으로 구성됨.

실적 분석
동사의 연결기준 2017년 상반기 매출액은 3,059.9억원으로 전년동기 대비 9.8% 감소함. 고정비 감소에도 불구하고 매출총이익은 3.8% 증가하는데 그침. 다만 판관비 절감 노력에 따라 같은 기간 영업이익은 21.0% 증가한 237.7억원을 기록함. 용손실 등 비영업부문에서 적자가 지속되었으나 그 폭은 줄어들었음. 동사는 이 기간 전년동기 대비 122.3% 늘어난 182.0억원의 당기순이익을 시현하였음.

현금 흐름
*IFRS 별도 기준　〈단위 : 억원〉

항목	2016	2017.2Q
영업활동	175	-124
투자활동	-171	-527
재무활동	138	497
순현금흐름	141	-153
기말현금	586	433

시장 대비 수익률

결산 실적
〈단위 : 억원〉

항목	2012	2013	2014	2015	2016	2017
매출액	6,942	7,443	6,868	6,071	6,239	—
영업이익	271	456	165	-798	263	—
당기순이익	-23	-31	-617	-1,198	-305	—

분기 실적
*IFRS 별도 기준　〈단위 : 억원〉

항목	2016.1Q	2016.2Q	2016.3Q	2016.4Q	2017.1Q	2017.2Q
매출액	1,627	1,763	1,211	1,637	1,407	1,653
영업이익	129	68	8	59	118	120
당기순이익	70	12	-30	-357	105	77

재무 상태
*IFRS 별도 기준　〈단위 : 억원〉

항목	2012	2013	2014	2015	2016	2017.2Q
총자산	9,161	8,234	7,655	6,391	6,065	6,311
유형자산	60	50	42	36	33	36
무형자산	50	50	50	49	38	38
유가증권	1,369	1,678	1,662	1,211	1,210	1,174
총부채	7,959	7,043	7,086	7,037	5,851	5,516
총차입금	4,823	4,431	4,293	4,201	3,141	3,084
자본금	1,000	1,000	1,000	1,000	1,078	1,355
총자본	1,203	1,191	569	-646	214	795
지배주주지분	1,203	1,191	569	-646	214	795

기업가치 지표
*IFRS 별도 기준

항목	2012	2013	2014	2015	2016	2017.2Q
주가(최고/저)(천원)	6.5/3.6	6.6/4.1	10.9/4.8	13.4/4.8	11.3/6.0	—/—
PER(최고/저)(배)	—	—	—	—	—	—/—
PBR(최고/저)(배)	0.4/0.3	0.5/0.3	1.6/0.7	-1.7/-0.6	11.3/6.1	2.4/1.7
EV/EBITDA(배)	16.1	9.2	24.3		14.6	—/—
EPS(원)	-277	-372	-7,514	-14,583	-1,562	719
BPS(원)	6,015	5,959	2,849	-3,228	997	2,935
CFPS(원)	-88	-128	-3,064	-5,968	-1,541	726
DPS(원)	—	—	—	—	—	—
EBITDAPS(원)	1,382	2,303	847	-3,966	1,369	946

재무 비율
〈단위 : % 〉

연도	영업이익률	순이익률	부채비율	차입금비율	ROA	ROE	유보율	자기자본비율	EBITDA마진율
2016	4.2	-4.9	일부잠식	일부잠식	-4.9	전기잠식	-80.1	3.5	4.3
2015	-13.1	-19.7	완전잠식	완전잠식	-17.1	당기잠식	-164.6	-10.1	-13.1
2014	2.4	-9.0	일부잠식	일부잠식	-7.8	-70.1	-43.0	7.4	2.5
2013	6.1	-0.4	591.2	372.0	-0.4	-2.6	19.2	14.5	6.2

고려반도체시스템 (A089890)
Korea Semiconductor System

업 종 : 반도체 및 관련장비		시 장 : KOSDAQ	
신용등급 : (Bond) — (CP) —		기업규모 : —	
홈 페 이 지 : www.koses.co.kr		연 락 처 : 032)662-2224	
본 사 : 경기도 부천시 오정구 산업로 62			

설 립 일 1994.01.25	종업원수 113명	대 표 이 사 박명순
상 장 일 2006.11.08	감사의견 적정 (다산)	계 열
결 산 기 12월	보 통 주 843만주	종속회사수
액 면 가 500원	우 선 주	구 상 호

주주구성 (지분율,%)		출자관계 (지분율,%)		주요경쟁사 (외형,%)	
박명순	48.5	고려반도체	100		
포스텍기술투자	2.4	에이티세미콘	320		
(외국인)	0.1	코디엠	159		

매출구성		비용구성		수출비중	
반도체 제조용 장비/레이저응용장비 등	64.5	매출원가율	82.4	수출	47.0
Conversion Kit , A/S	29.2	판관비율	29.5	내수	53.0
반도체 제조용 장비 등	5.8				

회사 개요
동사는 1994년 설립되어 반도체 공정 중 후공정장비인 Solder Ball Attach System장비, Laser 응용장비, Marking Handler System 장비 및 Stack 장비 등을 제조하는 업체임. 동사는 2016년 11월 전체 지분의 4.5%에 해당되는 37만 6082주를 제3자 배정 유상증자로 새로 발행해 10.0억원의 운영자금을 조달함. 반도체 제조용 장비/레이저응용장비 등이 전체 매출의 78.1%를 차지함.

실적 분석
동사는 2017년 상반기 누적 매출액이 179.4억원으로 전년 동기 대비 2.0% 감소했고, 영업이익은 24.8억원으로 전년 동기 0.3억원 적자에서 흑자로 전환함. 동사는 해외 매출이 늘었으나, 내수 판매가 부진해 전체 매출이 감소했음. 납기가 2017년 연말까지인 반도체 제조장비 수주잔액이 128.5억원으로 하반기 수요는 안정적인 편임. 인건비 등 판매관리비를 대폭 줄여 수익성 개선했고, 당기순이익도 18.7억원으로 흑자전환함.

현금 흐름
*IFRS 별도 기준 〈단위 : 억원〉

항목	2016	2017.2Q
영업활동	-17	15
투자활동	-14	-6
재무활동	28	-10
순현금흐름	-3	-1
기말현금	10	8

시장 대비 수익률

결산 실적
〈단위 : 억원〉

항목	2012	2013	2014	2015	2016	2017
매출액	767	339	369	431	279	—
영업이익	60	-77	-32	-1	-33	—
당기순이익	63	-106	-87	-9	-12	—

분기 실적
*IFRS 별도 기준 〈단위 : 억원〉

항목	2016.1Q	2016.2Q	2016.3Q	2016.4Q	2017.1Q	2017.2Q
매출액	120	63	41	55	86	93
영업이익	1	-1	-7	-26	14	11
당기순이익	-2	-2	-14	6	8	11

재무 상태
*IFRS 별도 기준 〈단위 : 억원〉

항목	2012	2013	2014	2015	2016	2017.2Q
총자산	447	445	419	367	273	328
유형자산	176	168	153	144	137	134
무형자산	24	46	44	36	36	31
유가증권	—	—	—			
총부채	209	308	370	324	231	267
총차입금	88	189	164	147	111	101
자본금	40	40	40	40	42	42
총자본	237	136	50	43	43	62
지배주주지분	237	136	50	43	43	62

기업가치 지표
*IFRS 별도 기준

항목	2012	2013	2014	2015	2016	2017.2Q
주가(최고/저)(천원)	9.5/4.5	5.8/3.2	7.8/2.5	3.8/1.7	4.8/2.7	—/—
PER(최고/저)(배)	12.0/5.7	—/—	—/—	7.1/3.2	9.4/5.3	5.5/4.0
PBR(최고/저)(배)	3.2/1.5	3.4/1.9	12.6/4.0	13.3/8.0		—/—
EV/EBITDA(배)	6.1			29.1		
EPS(원)	787	-1,314	-1,075	-110	-153	222
BPS(원)	2,948	1,695	620	535	509	731
CFPS(원)	966	-1,145	-926	77	-7	297
DPS(원)						
EBITDAPS(원)	921	-788	-243	174	-264	369

재무 비율
〈단위 : % 〉

연도	영업이익률	순이익률	부채비율	차입금비율	ROA	ROE	유보율	자기자본비율	EBITDA마진율
2016	-11.9	-4.4	537.9	259.7	-3.9	-28.8	1.8	15.7	-7.7
2015	-0.3	-2.1	754.1	342.2	-2.3	-19.1	6.9	11.7	3.3
2014	-8.6	-23.5	741.3	328.9	-20.0	-92.9	23.9	11.9	-5.3
2013	-22.7	-31.2	138.4	138.4	-23.7	-56.6	238.9	30.7	-18.7

고려산업 (A002140)
Korea Industrial

업 종 : 식료품		시 장 : 거래소	
신용등급 : (Bond) — (CP) —		기업규모 : 시가총액 소형주	
홈 페 이 지 : www.hafeed.com		연 락 처 : 051)600-5000	
본 사 : 부산시 사상구 새벽시장로 21(감전동)			

설 립 일 1957.07.24	종업원수 105명	대 표 이 사 전장열,김영교(각자대표이사)
상 장 일 1991.01.14	감사의견 적정 (안경)	계 열
결 산 기 12월	보 통 주 2,494만주	종속회사수 5개사
액 면 가 1,000원	우 선 주	구 상 호

주주구성 (지분율,%)		출자관계 (지분율,%)		주요경쟁사 (외형,%)	
금강공업	48.4	코리아캐피탈대부	100.0	고려산업	100
한국외환은행	4.1	D&A	99.9	대주산업	49
(외국인)	1.2	부산청과	78.0	한탑	74

매출구성		비용구성		수출비중	
(배합사료부문)제품	75.4	매출원가율	79.5	수출	0.0
(식육사업부문)상품	13.6	판관비율	16.6	내수	100.0
(배합사료부문)상품	6.6				

회사 개요
동사는 가축용 배합사료의 제조 및 판매를 주업종으로 하고 있으며, 배합사료의 안정적인 판로확보를 위하여 식육사업부문도 함께 영위함. 국내 배합 사료업계 최초로 전자동 공정 제어 시스템을 도입해 제품의 표준화와 균일화를 달성하여, 최적 배합비율의 고효율 배합사료를 생산함. 또한, 부산, 대구 양대공장의 실험실에서 고품질의 신제품 개발, 농장자동화, 사양관리 등 전 부문에 걸친 선진기술 이전을 통해 경쟁력을 확보하고 있음.

실적 분석
동사의 2017년 연결기준 반기 매출액은 839.7억원으로 전년동기 대비 3.8% 감소함. 외형 축소와 더불어 원가율 상승 및 판관비 비중 확대 여파로 영업이익은 전년동기 대비 22.9% 감소한 30.6억원을 시현하는데 그침. 반면, 비영업손익 부문에서 관련기업 투자 손익이 큰 폭으로 증가한 영향으로 당기순이익은 36억원을 시현하며 전년동기 대비 16.3% 증가한 모습

현금 흐름
〈단위 : 억원〉

항목	2016	2017.2Q
영업활동	158	2
투자활동	-119	-39
재무활동	-35	80
순현금흐름	4	43
기말현금	143	186

시장 대비 수익률

결산 실적
〈단위 : 억원〉

항목	2012	2013	2014	2015	2016	2017
매출액	1,911	2,024	1,851	1,854	1,723	—
영업이익	67	50	107	68	67	—
당기순이익	78	47	90	54	69	—

분기 실적
〈단위 : 억원〉

항목	2016.1Q	2016.2Q	2016.3Q	2016.4Q	2017.1Q	2017.2Q
매출액	440	433	414	436	413	427
영업이익	29	10	18	9	8	23
당기순이익	24	1	42	-5	19	17

재무 상태
〈단위 : 억원〉

항목	2012	2013	2014	2015	2016	2017.2Q
총자산	1,483	1,484	1,560	1,600	1,678	1,803
유형자산	376	386	402	457	476	499
무형자산	9	9	18	18	18	18
유가증권	25	24	28	35	35	41
총부채	862	818	799	806	828	904
총차입금	622	557	521	585	564	618
자본금	249	249	249	249	249	249
총자본	621	665	761	793	850	899
지배주주지분	619	664	756	770	834	884

기업가치 지표

항목	2012	2013	2014	2015	2016	2017.2Q
주가(최고/저)(천원)	1.0/0.6	1.4/1.0	3.2/1.1	2.9/1.8	6.8/1.6	—/—
PER(최고/저)(배)	3.6/2.2	7.6/5.5	9.2/3.1	13.3/8.0	24.5/5.9	—/—
PBR(최고/저)(배)	0.4/0.3	0.5/0.4	1.1/0.4	1.0/0.6	2.0/0.5	2.3/0.8
EV/EBITDA(배)	8.7	10.6	6.1	10.0	22.2	
EPS(원)	311	190	363	225	279	148
BPS(원)	12,547	2,687	3,059	3,114	3,371	3,552
CFPS(원)	1,746	233	409	281	344	178
DPS(원)	150	25	30	30	30	
EBITDAPS(원)	1,528	245	475	326	333	153

재무 비율
〈단위 : % 〉

연도	영업이익률	순이익률	부채비율	차입금비율	ROA	ROE	유보율	자기자본비율	EBITDA마진율
2016	3.9	4.0	97.4	66.4	4.2	8.7	237.1	50.7	4.8
2015	3.7	2.9	101.6	73.7	3.4	7.4	211.4	49.6	4.4
2014	5.8	4.9	105.0	68.4	5.9	12.7	205.9	48.8	6.4
2013	2.5	2.3	123.0	83.7	3.2	7.4	168.7	44.8	3.0

고려시멘트 (A198440)
KOREA CEMENT

업　　종 : 건축소재　　　　　　　　　　　시　　장 : KOSDAQ
신용등급 : (Bond) —　(CP) —　　　　　기업규모 : 중견
홈페이지 : www.koreacement.co.kr　　　연락처 : 061)390-6300
본　　사 : 전남 장성군 장성읍 영천로 35

설 립 일 2014.04.28	종업원수 118명	대표이사 이국노
상 장 일 2014.08.13	감사의견 적정 (삼영)	계 열
결 산 기 12월	보 통 주 3,048만주	종속회사수
액 면 가 100원	우 선 주	구 상 호 우리스팩3호

주주구성 (지분율,%)		출자관계 (지분율,%)		주요경쟁사 (외형,%)	
강대완	50.5	고려콘크리트	50.0	고려시멘트	100
강동산업	13.3	부강레미콘	29.0	아세아시멘트	511
(외국인)	0.0	에이취.에이취레저	23.0	현대시멘트	425

매출구성	비용구성		수출비중	
	매출원가율	80.5	수출	0.0
	판관비율	9.5	내수	100.0

회사 개요
동사는 2012년 7월 설립되어 시멘트 및 레미콘 제조/판매업을 주요 사업으로 영위하고 있으며 2017년 5월 'NH SPAC III' 과의 합병을 통하여 코스닥에 상장함. 동사는 2016년 광양레미콘 공장을 준공하여 2017년 1월부터 본격 가동을 시작함. 2016년 3월에는 고려콘크리트에 지분 50%를 출자하여 자회사를 통하여 PHC파일 등 콘크리트 2차제품을 생산하고 있음.

실적 분석
동사의 사업구조는 고려시멘트 사업과 시멘트 2차제품인 레미콘 사업으로 구성됨. 동사의 연결기준 2017년 2분기 누적매출액은 전년동기 대비 2.9% 증가한 433.7억원을 기록하였으며 매출원가 부담 증가와 판관비 증가로 매출총이익과 영업이익은 각각 12.5%, 43.6% 감소한 60.2억원, 18.0억원을 기록함. 이에 따라 동사는 9.5억원의 당기순손실을 기록, 적자전환하였음.

현금 흐름	*IFRS 별도 기준	〈단위 : 억원〉
항목	2016	2017.2Q
영업활동	49	-11
투자활동	-104	-57
재무활동	8	38
순현금흐름	-46	-29
기말현금	33	3

시장 대비 수익률

결산 실적 〈단위 : 억원〉
항목	2012	2013	2014	2015	2016	2017
매출액	236	717	689	750	891	—
영업이익	48	70	69	84	89	—
당기순이익	40	64	74	81	81	—

분기 실적 *IFRS 별도 기준 〈단위 : 억원〉
항목	2016.1Q	2016.2Q	2016.3Q	2016.4Q	2017.1Q	2017.2Q
매출액	—	—	—	—	—	254
영업이익	—	—	—	—	—	35
당기순이익	—	—	—	—	—	7

재무 상태 *IFRS 별도 기준 〈단위 : 억원〉
항목	2012	2013	2014	2015	2016	2017.2Q
총자산	365	568	559	819	939	1,040
유형자산	117	270	285	475	525	526
무형자산	8	8	7	9	9	9
유가증권	0	0	0	0	0	0
총부채	275	272	221	267	304	287
총차입금	135	130	70			51
자본금	50	50	50	100	100	30
총자본	90	296	338	552	635	753
지배주주지분	90	296	338	552	635	753

기업가치 지표 *IFRS 별도 기준
항목	2012	2013	2014	2015	2016	2017.2Q
주가(최고/저)(천원)	—/—	—/—	1.5/1.5	2.4/1.5	2.1/1.9	—/—
PER(최고/저)(배)	0.0/0.0	0.0/0.0	3.1/3.0	5.5/3.4	7.8/7.3	—/—
PBR(최고/저)(배)	0.0/0.0	0.0/0.0	0.7/0.7	1.3/0.8	1.0/0.9	1.2/0.8
EV/EBITDA(배)	2.2	1.0	2.2	0.6	0.9	0.9
EPS(원)	262	423	486	432	265	-31
BPS(원)	8,988	29,555	33,836	2,759	3,174	2,578
CFPS(원)	4,696	8,616	9,286	777	498	9
DPS(원)						
EBITDAPS(원)	5,546	9,210	8,767	796	541	99

재무 비율 〈단위 : % 〉
연도	영업이익률	순이익률	부채비율	차입금비율	ROA	ROE	유보율	자기자본비율	EBITDA마진율
2016	10.0	9.1	47.9	0.0	9.2	13.6	534.8	67.6	12.2
2015	11.2	10.9	48.4	0.0	11.8	18.3	451.8	67.4	13.1
2014	10.0	10.8	65.3	20.7	13.2	23.4	576.7	60.5	12.7
2013	9.8	9.0	92.1	44.0	13.8	33.4	491.1	52.1	12.9

고려신용정보 (A049720)
Koryo Credit Information

업　　종 : 상업서비스　　　　　　　　　시　　장 : KOSDAQ
신용등급 : (Bond) —　(CP) —　　　　　기업규모 : 중견
홈페이지 : www.koryoinfo.co.kr　　　　연락처 : 02)3450-9000
본　　사 : 서울시 서초구 서초대로 353, 유니온타워 (서초동)

설 립 일 1991.06.27	종업원수 339명	대표이사 박종진
상 장 일 2002.01.19	감사의견 적정 (예일)	계 열
결 산 기 12월	보 통 주 1,430만주	종속회사수 2개사
액 면 가 500원	우 선 주	구 상 호

주주구성 (지분율,%)		출자관계 (지분율,%)		주요경쟁사 (외형,%)	
윤의국	18.6	고려에프엔비	100.0	고려신용정보	100
신예철	14.8	고려아이앤씨	80.0	아이씨케이	29
(외국인)	0.6	에프지자산운용	7.2	SCI평가정보	42

매출구성		비용구성		수출비중	
[고려신용정보]채권추심업	88.2	매출원가율	0.0	수출	0.0
[고려신용정보]신용조사업	9.1	판관비율	93.6	내수	100.0
[고려신용정보]민원대행업	2.7				

회사 개요
동사는 1991년 6월 27일 설립되어 1991년 10월 2일 신용조사업 허가취득을 시작으로 1996년 6월 7일 민원대행업 겸업승인, 1998년 7월 24일 채권추심업 허가 취득으로 사업을 계속 영위하고 있음. 현재 동사는 채권추심 전문회사로서 채권추심업이 전체매출의 88% 이상을 차지하고 있음. 민 · 상사채권 사업부는 전국 37개 지사 및 1개 영업소로 구성, 금융/통신채권 사업부는 본사를 중심으로 8개 채권부로 구성됨

실적 분석
동사의 2017년 2분기 연결기준 매출액은 426억원으로 전년동기 대비 2.9% 증가함. 영업이익은 20.5억원으로 전년동기 대비 10.2% 감소, 당기순이익은 14.5억원으로 13.2% 감소함. 채권추심업은 경기 침체기에 부실 채권 증가로 인해 수주 물량이 증가하지만 채무자의 채무 상환 능력 저하로 회수율이 감소하는 현상을 보임. 동사는 우수한 영업, 관리 인력을 통해 민사 및 상사 채권의 수주를 늘리는 데 집중할 계획임.

현금 흐름		〈단위 : 억원〉
항목	2016	2017.2Q
영업활동	53	14
투자활동	-3	-15
재무활동	-23	-24
순현금흐름	27	-25
기말현금	81	55

시장 대비 수익률

결산 실적 〈단위 : 억원〉
항목	2012	2013	2014	2015	2016	2017
매출액	834	824	816	828	849	—
영업이익	18	3	18	51	54	—
당기순이익	8	3	12	40	37	—

분기 실적 〈단위 : 억원〉
항목	2016.1Q	2016.2Q	2016.3Q	2016.4Q	2017.1Q	2017.2Q
매출액	197	218	208	226	209	217
영업이익	7	16	12	19	9	12
당기순이익	6	11	9	11	5	9

재무 상태 〈단위 : 억원〉
항목	2012	2013	2014	2015	2016	2017.2Q
총자산	201	206	230	252	274	252
유형자산	24	24	18	16	14	18
무형자산	16	20	32	29	29	28
유가증권	2	2	3	51	33	9
총부채	77	84	105	99	106	96
총차입금		1	6	2		
자본금	72	72	72	72	72	72
총자본	124	122	125	153	168	156
지배주주지분	122	121	124	152	167	155

기업가치 지표
항목	2012	2013	2014	2015	2016	2017.2Q
주가(최고/저)(천원)	1.0/0.7	0.8/0.8	1.2/0.7	4.2/1.2	3.1/2.3	—/—
PER(최고/저)(배)	21.1/15.2	41.7/37.4	16.1/9.7	16.7/4.9	12.6/9.4	—/—
PBR(최고/저)(배)	1.5/1.1	1.2/1.1	1.6/0.9	4.4/1.3	2.8/2.1	2.8/2.3
EV/EBITDA(배)	2.8	5.4	4.6	6.2	4.5	—
EPS(원)	62	25	85	280	260	102
BPS(원)	868	863	880	1,073	1,180	1,098
CFPS(원)	130	96	155	344	316	131
DPS(원)	50	50	75	150	175	—
EBITDAPS(원)	197	90	195	423	435	173

재무 비율 〈단위 : % 〉
연도	영업이익률	순이익률	부채비율	차입금비율	ROA	ROE	유보율	자기자본비율	EBITDA마진율
2016	6.4	4.4	63.2	0.0	14.1	23.3	136.0	61.3	7.3
2015	6.2	4.8	65.1	1.3	16.6	29.0	114.6	60.6	7.3
2014	2.2	1.5	84.3	4.6	5.4	9.9	75.9	54.3	3.4
2013	0.3	0.4	68.4	0.6	2.9	2.9	72.7	59.4	1.6

고려아연 (A010130)
Korea Zinc

업 종 : 금속 및 광물			시 장 : 거래소	
신용등급 : (Bond) — (CP) —			기업규모 : 시가총액 대형주	
홈 페 이 지 : www.koreazinc.co.kr			연 락 처 : 02)519-3416	
본 사 : 서울시 강남구 강남대로 542 (논현동), 영풍빌딩				

설 립 일	1974.08.01	종 업 원 수	1,369명	대 표 이 사	최창근,이제중
상 장 일	1990.07.28	감사의견	적정 (삼정)	계 열	
결 산 기	12월	보 통 주	1,887만주	종속회사수	22개사
액 면 가	5,000원	우 선 주		구 상 호	

주주구성 (지분율,%)		출자관계 (지분율,%)		주요경쟁사 (외형,%)	
영풍	26.9	클린코리아	100.0	고려아연	100
국민연금공단	8.0	케이지그린텍	100.0	포스코켐텍	19
(외국인)	22.5	케이지엑스	100.0	나노신소재	1

매출구성		비용구성		수출비중	
은 (수 출)	28.6	매출원가율	83.9	수출	71.0
금 (내 수)	22.4	판관비율	3.0	내수	29.0
아연 (수 출)	21.0				

회사 개요
동사는 비철금속제련회사로서 아연과 연의 생산판매를 주업종으로 영위하고 있으며 이 사업은 한국표준산업분류표의 소분류가 같고, 기타 금, 은, 황산 등은 아연과 연제련과정에서 회수하는 유가금속과 부산물의 일종으로 생산하고 있음. 비철금속 가격은 Global 시장 상황과 연동되기 때문에 투기적 수요 등 수급 상황이외의 세계 금융 시장 환경 변화에도 제한적으로 영향을 받음.

실적 분석
동사의 2017년 2분기기준 누적 매출액은 전년동기대비 17.5% 상승한 32,455.6억원을 기록하였음. 비용면에서 전년동기대비 매출원가는 증가 하였으며 인건비도 증가, 광고선전비도 증가, 기타판매비와관리비는 감소함. 이와 같이 상승한 매출액 만큼 비용증가도 있었으나 매출액의 더 큰 상승에 힘입어 그에 따라 전년동기대비 영업이익은 4,846억원으로 31.9% 상승하였음. 최종적으로 전년동기대비 당기순이익은 상승하여 3,392.1억원을 기록함.

현금 흐름 〈단위 : 억원〉
항목	2016	2017.2Q
영업활동	6,807	6,170
투자활동	-4,590	-299
재무활동	-1,565	-1,540
순현금흐름	698	4,243
기말현금	3,093	7,335

시장 대비 수익률

결산 실적 〈단위 : 억원〉
항목	2012	2013	2014	2015	2016	2017
매출액	54,975	48,177	49,385	47,714	58,475	—
영업이익	7,575	5,986	6,827	6,722	7,647	—
당기순이익	5,680	4,528	5,049	5,140	5,946	—

분기 실적 〈단위 : 억원〉
항목	2016.1Q	2016.2Q	2016.3Q	2016.4Q	2017.1Q	2017.2Q
매출액	13,519	14,097	14,590	16,269	15,738	16,717
영업이익	1,873	1,802	1,621	2,351	2,363	2,483
당기순이익	1,470	1,374	1,306	1,795	1,692	1,700

재무 상태 〈단위 : 억원〉
항목	2012	2013	2014	2015	2016	2017.2Q
총자산	49,405	51,210	56,424	59,079	64,826	66,506
유형자산	17,058	18,523	21,117	24,281	24,843	25,874
무형자산	784	672	650	708	737	766
유가증권	9,933	11,996	13,413	16,022	16,468	15,093
총부채	9,545	7,890	8,593	6,886	8,199	7,940
총차입금	3,301	1,662	1,733	530	511	465
자본금	944	944	944	944	944	944
총자본	39,860	43,320	47,831	52,194	56,627	58,566
지배주주지분	38,594	41,827	46,339	50,773	55,165	56,995

기업가치 지표
항목	2012	2013	2014	2015	2016	2017.2Q
주가(최고/저)(천원)	452/276	380/243	423/293	540/368	549/402	—/—
PER(최고/저)(배)	16.5/10.1	17.1/11.0	16.8/11.6	20.8/14.2	17.8/13.0	1.7/1.3
PBR(최고/저)(배)	2.4/1.4	1.8/1.2	1.8/1.2	2.1/1.4	1.9/1.4	—/—
EV/EBITDA(배)	7.9	6.8	8.2	9.3	8.0	—/—
EPS(원)	29,685	23,745	26,565	26,994	31,395	17,776
BPS(원)	207,361	224,494	248,406	271,901	295,176	304,078
CFPS(원)	36,312	31,516	34,828	36,218	42,976	23,834
DPS(원)	5,000	5,000	6,500	8,500	8,500	
EBITDAPS(원)	46,772	39,493	44,441	44,848	52,105	31,739

재무 비율 〈단위 : % 〉
연도	영업이익률	순이익률	부채비율	차입금비율	ROA	ROE	유보율	자기자본비율	EBITDA마진율
2016	13.1	10.2	14.5	0.9	9.6	11.2	5,803.5	87.4	16.8
2015	14.1	10.8	13.2	1.0	8.9	10.5	5,338.0	88.4	17.7
2014	13.8	10.2	18.0	3.6	9.4	11.4	4,868.1	84.8	17.0
2013	12.4	9.4	18.2	3.8	9.0	11.1	4,389.9	84.6	15.5

고려제강 (A002240)
KISWIRE

업 종 : 금속 및 광물			시 장 : 거래소	
신용등급 : (Bond) — (CP) —			기업규모 : 시가총액 중형주	
홈 페 이 지 : www.kiswire.com			연 락 처 : 051)760-1700	
본 사 : 부산시 수영구 구락로 141번길 37(망미동)				

설 립 일	1945.09.21	종 업 원 수	953명	대 표 이 사	이이문,박창회(각자대표)
상 장 일	1976.05.25	감사의견	적정 (삼일)	계 열	
결 산 기	12월	보 통 주	1,800만주	종속회사수	28개사
액 면 가	1,000원	우 선 주		구 상 호	

주주구성 (지분율,%)		출자관계 (지분율,%)		주요경쟁사 (외형,%)	
홍영철	18.5	서울통상	100.0	고려제강	100
키스와이어홀딩스	18.3	케이.에이.티	100.0	POSCO	3,745
(외국인)	7.6	홍덕섬유	100.0	현대제철	1,178

매출구성		비용구성		수출비중	
S/W, B/W	72.1	매출원가율	83.8	수출	—
W/R, PC강연선, GAC등	23.7	판관비율	13.5	내수	—
기타, 임대수익등	4.2				

회사 개요
동사는 1945년 국내외 와이어로프, 경강선 등 특수선재 제품의 생산 등을 주 영업목적으로 설립됨. 선재산업은 타 품목과는 달리 전량 선재 가공 업체에 가공되어 2차 가공 공정을 거친 다음, 강선 및 스프링, 와이어로프 등의 최종제품으로 생산됨. 용도는 자동차산업, 광산, 선박어업, 기계 등 그 이용 범위가 매우 넓고, 산업현장에 투입되는 중간재적인 성격으로서 제품 개발 여하에 따라 그 수요도 매우 광범위함.

실적 분석
동사의 2017년 2분기 누적 매출액은 7,668억원으로 전년동기 대비 9% 상승하였음. 주요 원재료인 ROD와 아연의 가격상승과 함께 제품가격 역시 상승하였지만 영업이익과 당기순이익은 크게 증가하였음. 후방국의 저가 공세로 국내 시장상황의 변화와 수요수준이 정체 내지는 감소하는 추세에 있으나 고부가 가치제품의 개발, 원가경쟁력 강화 등의 수익 극대화 정책을 시행하여 시장개척 및 적정수준의 수익성을 확보해야 함.

현금 흐름 〈단위 : 억원〉
항목	2016	2017.2Q
영업활동	1,157	737
투자활동	-1,561	-336
재무활동	-116	-31
순현금흐름	-515	373
기말현금	1,183	1,556

시장 대비 수익률

결산 실적 〈단위 : 억원〉
항목	2012	2013	2014	2015	2016	2017
매출액	11,186	10,806	13,412	14,732	14,174	—
영업이익	513	486	492	431	384	—
당기순이익	438	367	2,984	174	413	—

분기 실적 〈단위 : 억원〉
항목	2016.1Q	2016.2Q	2016.3Q	2016.4Q	2017.1Q	2017.2Q
매출액	3,357	3,681	3,530	3,607	3,813	3,855
영업이익	92	108	118	67	189	161
당기순이익	75	74	157	108	169	104

재무 상태 〈단위 : 억원〉
항목	2012	2013	2014	2015	2016	2017.2Q
총자산	18,140	18,240	25,244	24,273	24,546	24,862
유형자산	6,592	6,564	10,409	10,918	10,740	10,396
무형자산	63	66	128	163	227	235
유가증권	388	376	539	567	591	181
총부채	5,549	5,531	10,360	9,575	9,574	9,825
총차입금	2,394	2,415	6,400	5,773	5,784	5,665
자본금	150	150	150	180	180	180
총차입금	12,590	12,709	14,885	14,698	14,971	15,038
지배주주지분	11,430	11,560	13,841	13,698	13,998	14,068

기업가치 지표
항목	2012	2013	2014	2015	2016	2017.2Q
주가(최고/저)(천원)	38.5/23.6	32.4/21.6	46.6/28.7	68.6/36.5	45.4/33.8	—/—
PER(최고/저)(배)	17.1/10.5	20.0/13.3	2.9/1.8	68.2/36.3	20.1/15.0	—/—
PBR(최고/저)(배)	0.6/0.4	0.5/0.4	0.6/0.4	0.9/0.5	0.6/0.4	0.6/0.5
EV/EBITDA(배)	6.1	6.7	8.7	8.1	8.3	—/—
EPS(원)	2,359	1,679	16,586	1,024	2,279	1,446
BPS(원)	76,205	77,071	92,279	76,106	77,770	78,162
CFPS(원)	7,517	7,091	26,175	6,668	8,109	4,290
DPS(원)	350	350	350	350	350	
EBITDAPS(원)	8,103	8,314	9,553	8,037	7,963	4,787

재무 비율 〈단위 : % 〉
연도	영업이익률	순이익률	부채비율	차입금비율	ROA	ROE	유보율	자기자본비율	EBITDA마진율
2016	2.7	2.9	64.0	38.6	1.7	3.0	7,677.0	61.0	10.1
2015	2.9	1.2	65.2	39.3	0.7	1.3	7,510.6	60.6	9.8
2014	3.7	22.3	69.6	43.0	13.7	23.5	9,127.9	59.0	10.7
2013	4.5	3.4	43.5	19.0	2.0	2.6	7,607.1	69.7	11.5

고려제약 (A014570)
Korean Drug

업 종: 제약		시 장: KOSDAQ	
신용등급: (Bond) — (CP) —		기업규모: 중견	
홈페이지: www.nicepharma.com		연 락 처: 031)634-7100	
본 사: 경기도 이천시 신둔면 원적로 69-10			

설 립 일 1980.01.10	종 업 원 수 249명	대 표 이 사 박해룡,박상훈(각자대표)	
상 장 일 2000.11.30	감 사 의 견 적정(안진)	계 열	
결 산 기 12월	보 통 주 1,100만주	종 속 회 사 수	
액 면 가 500원	우 선 주	구 상 호	

주주구성 (지분율,%)		출자관계 (지분율,%)		주요경쟁사 (외형,%)	
박상훈	37.5	디아메스코	9.2	고려제약	100
박해룡	10.0	비보존	3.2	녹십자씨아이	7
(외국인)	2.9	비엔씨바이오팜	0.5	KPX생명과학	78

매출구성		비용구성		수출비중	
중추신경계용제	44.5	매출원가율	58.9	수출	2.0
고지혈증	20.0	판관비율	30.0	내수	98.0
항생항균제 외	19.6				

회사 개요
동사는 1980년 설립돼 의약품 제조 및 판매가 주요 사업임. 2017년 상반기 기준 중추신경계용제의 매출 비중이 46.4%로 가장 높으며, 피부과용제 6.7%, 항생항균제 5.0%, 비타민/영양제 3.4% 등으로 구성됨. 2017년 2분기 누적 수출 금액은 4.3억원으로 전체 매출의 1.8%임. 같은 기간 연구개발비용은 14.9억원으로 매출액 대비 6.2%를 차지하고 있음.

실적 분석
동사의 2017년 2분기 누적 매출액은 전년 동기 대비 2.6% 감소한 241.9억원을 기록함. 원가율 개선으로 매출원가가 5.7% 감소하여 매출총이익은 2.4% 증가한 98.5억원을 기록함. 인건비의 16.8% 증가로 판관비는 전년 동기 대비 4.7% 증가한 82.2억원을 기록함. 그 결과 영업이익은 16.2억원으로 전년 동기 대비 7.9% 감소함. 당기순이익은 비영업손익의 증가로 전년 동기 대비 1.3% 증가한 15.5억원임.

현금 흐름   *IFRS 별도 기준   〈단위 : 억원〉
항목	2016	2017.2Q
영업활동	40	25
투자활동	-12	-7
재무활동	-29	-11
순현금흐름	-1	7
기말현금	31	38

시장 대비 수익률

결산 실적   〈단위 : 억원〉
항목	2012	2013	2014	2015	2016	2017
매출액	439	416	454	474	553	—
영업이익	25	10	28	25	61	—
당기순이익	15	7	22	18	51	—

분기 실적   *IFRS 별도 기준   〈단위 : 억원〉
항목	2016.1Q	2016.2Q	2016.3Q	2016.4Q	2017.1Q	2017.2Q
매출액	110	139	129	176	97	145
영업이익	6	12	11	32	5	11
당기순이익	5	10	10	25	5	11

재무 상태   *IFRS 별도 기준   〈단위 : 억원〉
항목	2012	2013	2014	2015	2016	2017.2Q
총자산	659	635	622	592	634	631
유형자산	161	156	152	149	146	146
무형자산	3	3	7	9	8	9
유가증권	6	6	2	11	21	20
총부채	184	161	134	95	97	91
총차입금	115	100	65	30	10	10
자본금	55	55	55	55	55	55
총자본	476	474	488	497	537	541
지배주주지분	476	474	488	497	537	541

기업가치 지표   *IFRS 별도 기준
항목	2012	2013	2014	2015	2016	2017.2Q
주가(최고/저)(천원)	3.0/1.9	3.9/2.4	5.0/3.0	8.4/3.9	8.5/4.9	—/—
PER(최고/저)(배)	24.2/15.1	65.2/39.2	26.5/15.9	53.9/25.2	18.7/10.7	—/—
PBR(최고/저)(배)	0.8/0.5	1.0/0.6	1.2/0.7	1.9/0.9	1.8/1.0	1.8/1.1
EV/EBITDA(배)	11.7	20.8	12.6	15.4	9.8	—
EPS(원)	137	64	196	161	459	141
BPS(원)	4,325	4,327	4,454	4,539	4,911	4,946
CFPS(원)	228	151	283	249	543	184
DPS(원)	70	60	70	70	100	—
EBITDAPS(원)	314	181	346	318	641	191

재무 비율   〈단위 : % 〉
연도	영업이익률	순이익률	부채비율	차입금비율	ROA	ROE	유보율	자기자본비율	EBITDA마진율
2016	11.1	9.1	18.2	1.9	8.2	9.8	882.2	84.6	12.8
2015	5.4	3.7	19.2	6.0	2.9	3.6	807.9	83.9	7.4
2014	6.3	4.7	27.4	13.3	3.4	4.5	790.8	78.5	8.4
2013	2.5	1.7	34.0	21.1	1.1	1.5	765.3	74.6	4.8

고영테크놀러지 (A098460)
Koh Young Technology

업 종: 전자 장비 및 기기		시 장: KOSDAQ	
신용등급: (Bond) — (CP) —		기업규모: 우량	
홈페이지: www.kohyoung.com		연 락 처: 02)6343-6000	
본 사: 서울시 금천구 가산디지털 2로 53(한라시그마밸리 14,15층)			

설 립 일 2002.04.25	종 업 원 수 334명	대 표 이 사 고광일	
상 장 일 2008.06.03	감 사 의 견 적정(안진)	계 열	
결 산 기 12월	보 통 주 1,368만주	종 속 회 사 수 5개사	
액 면 가 500원	우 선 주	구 상 호	

주주구성 (지분율,%)		출자관계 (지분율,%)		주요경쟁사 (외형,%)	
고영홀딩스	15.7	Koh Young Europe GmbH	100.0	고영	100
Columbia Wanger Asset Management, LLC	5.0	Koh Young America, INC	100.0	삼성SDI	3,027
(외국인)	49.5	KOHYOUNG TECHNOLOGY SUZHOU LTD	100.0	삼성전기	3,512

매출구성		비용구성		수출비중	
aSPIre/Prime/Zenith 등	100.0	매출원가율	37.2	수출	93.0
		판관비율	43.5	내수	8.0

회사 개요
동사는 전자제품 생산용, 반도체 생산용 3D 납도포검사기, 3D 부품 장착 및 납땜 검사기, 반도체 Substrate Bump 검사기를 제조하여 전자 제조 전문 서비스(EMS)업체, 휴대폰, 자동차 부품 제조업체 등에 공급하고 있음. 3D SPI와 3D AOI, 반도체검사장비 판매업을 영위하는 기업 5개사를 연결대상 종속회사로 보유하고 있음. 이들은 일본, 독일, 미국 등지에 위치함.

실적 분석
2017년 상반기 연결기준 동사 매출은 968.7억원으로 전년 동기 매출액인 838.4억원에 비해 15.5% 증가함. 매출원가가 9.9% 증가하고 판매비와 관리비 또한 15.3% 증가했으나 매출 상승폭이 이를 상회함. 이에 전년 동기 156.3억원을 기록한 영업이익은 27.7% 성장한 199.6억원을 기록함. 그러나 비영업부문이 적자로 전환되며 당기순이익은 1.1% 감소한 134.2억원을 기록함.

현금 흐름   〈단위 : 억원〉
항목	2016	2017.2Q
영업활동	292	67
투자활동	-70	46
재무활동	-36	-54
순현금흐름	197	51
기말현금	463	514

시장 대비 수익률

결산 실적   〈단위 : 억원〉
항목	2012	2013	2014	2015	2016	2017
매출액	1,078	1,119	1,428	1,459	1,718	—
영업이익	214	168	282	234	332	—
당기순이익	152	139	221	235	297	—

분기 실적   *IFRS 별도 기준   〈단위 : 억원〉
항목	2016.1Q	2016.2Q	2016.3Q	2016.4Q	2017.1Q	2017.2Q
매출액	370	468	418	461	432	536
영업이익	59	97	89	86	80	120
당기순이익	54	82	38	123	8	126

재무 상태   〈단위 : 억원〉
항목	2012	2013	2014	2015	2016	2017.2Q
총자산	1,034	1,210	1,417	1,589	1,951	2,079
유형자산	155	148	200	197	238	244
무형자산	64	73	72	67	64	63
유가증권	1		1	1	1	1
총부채	200	226	259	274	379	427
총차입금		4	3	1	1	
자본금	45	45	67	68	68	68
총자본	834	983	1,158	1,315	1,573	1,653
지배주주지분	832	981	1,156	1,311	1,569	1,648

기업가치 지표
항목	2012	2013	2014	2015	2016	2017.2Q
주가(최고/저)(천원)	20.1/14.1	22.3/17.0	42.5/17.4	47.2/31.7	46.7/32.9	—/—
PER(최고/저)(배)	18.1/12.8	22.4/17.0	26.3/10.8	27.8/18.6	21.7/15.3	—/—
PBR(최고/저)(배)	3.3/2.3	3.2/2.4	4.9/2.0	4.6/3.1	3.8/2.7	4.7/3.3
EV/EBITDA(배)	9.5	11.1	16.9	17.6	14.8	—
EPS(원)	1,155	1,036	1,645	1,728	2,173	976
BPS(원)	9,522	10,954	8,850	10,441	12,300	12,879
CFPS(원)	1,966	1,798	1,866	1,978	2,435	1,111
DPS(원)	200	350	300	300	400	—
EBITDAPS(원)	2,681	2,118	2,316	1,980	2,691	1,594

재무 비율   〈단위 : % 〉
연도	영업이익률	순이익률	부채비율	차입금비율	ROA	ROE	유보율	자기자본비율	EBITDA마진율
2016	19.3	17.3	24.1	0.1	16.8	20.6	2,360.1	80.6	21.4
2015	16.1	16.1	20.8	0.2	15.7	19.0	1,988.3	82.8	18.4
2014	19.7	15.5	22.4	0.4	16.8	20.7	1,670.0	81.7	21.8
2013	15.0	12.5	23.0	0.0	12.4	15.4	2,090.9	81.3	17.0

골드퍼시픽 (A038530)
Gold Pacific

업 종 : 식료품		시 장 : KOSDAQ			
신용등급 : (Bond) — (CP) —		기 업 규 모 :			
홈 페 이 지 : www.corecross.com		연 락 처 : 02)2029-0700			
본 사 : 광주시 북구 첨단과기로 313, 비동 204호 (대촌동, 하이테크센터)					

설 립 일	1997.06.24	종업원수	9명	대표이사	송상욱
상 장 일	2000.06.02	감사의견	적정 (태영)	계 열	
결 산 기	12월	보 통 주	666만주	종속회사수	
액 면 가	500원	우 선 주		구 상 호	코아크로스

주주구성 (지분율,%)		출자관계 (지분율,%)		주요경쟁사 (외형,%)	
바이오프리벤션	7.0	오션블루냉장	48.1	골드퍼시픽	100
에버리치파트너스	5.2	휘라포토닉스	34.9	아이에스이커머스	462
		케빈우드텍	26.9	인터파크	2,741

매출구성		비용구성		수출비중	
식자재유통외	95.0	매출원가율	87.2	수출	0.0
웨이퍼 & 칩, ASIC, 기타	5.1	판관비율	58.9	내수	100.0

회사 개요
1997년에 설립된 동사는 광통신부품(웨이퍼, 칩, 케이블 방송용 CAS모듈 등) 제조, 식자재 유통사업을 영위하였으나, 2017년 대대적인 구조조정을 통해 사업영역이 100% 변경됨. 현재는 중고휴대폰을 국내외 딜러, 통신사 등으로부터 매입을 한 후 동남아 등 해외 지역으로 수출하는 모바일 사업(유통)이 주력이며, 휴대용 X-ray 유통사업도 2016년 하반기부터 시작하였음. 병의원 브랜드인 '라마르', '라프린'의 프랜차이즈 사업도 병행함.

실적 분석
신규사업으로 식자재 유통부문이 추가되었으나, 광신호분배, 주문형반도체 등 광통신부품 부문의 매출이 급감함. 부진한 사업부 정리와 수익성 위주 경영을 통한 사업 체질 개선 노력으로 영업이익 적자폭은 크게 줄어듦. 최근 밀란 런서스 등을 대상으로 30억원의 유상증자와 144.5억원의 CB를 발행하면서 사업 안정화와 신규사업 진출을 위한 유동자금을 확보하였음. 10대 1 감자를 실시하여 자본잠식률이 50% 미만으로 회복되면서 관리종목 지정사유가 일부 해소됨.

현금 흐름 *IFRS 별도 기준 〈단위 : 억원〉

항목	2016	2017.2Q
영업활동	-65	-18
투자활동	-4	-64
재무활동	65	121
순현금흐름	-4	39
기말현금	26	65

시장 대비 수익률

결산 실적 〈단위 : 억원〉

항목	2012	2013	2014	2015	2016	2017
매출액	105	72	165	186	170	
영업이익	7	-61	-58	-82	-78	
당기순이익	3	-94	-74	-102	-227	

분기 실적 *IFRS 별도 기준 〈단위 : 억원〉

항목	2016.1Q	2016.2Q	2016.3Q	2016.4Q	2017.1Q	2017.2Q
매출액	41	40	38	51	23	32
영업이익	-13	-13	-5	-48	1	-1
당기순이익	-15	-13	-9	-190	1	-3

재무 상태 *IFRS 별도 기준 〈단위 : 억원〉

항목	2012	2013	2014	2015	2016	2017.2Q
총자산	299	305	319	286	179	254
유형자산	87	72	56	26	13	13
무형자산	18	31	20	44	20	20
유가증권	3	—				30
총부채	69	134	150	74	153	189
총차입금	58	105	112	56	76	149
자본금	116	129	176	265	293	33
총자본	229	171	169	212	26	65
지배주주지분	229	171	169	212	26	65

기업가치 지표 *IFRS 별도 기준

항목	2012	2013	2014	2015	2016	2017.2Q
주가(최고/저)(천원)	2.4/1.0	1.4/0.8	1.2/0.5	2.1/0.9	1.8/0.7	—/—
PER(최고/저)(배)	281.7/119.7	—/—	—/—	6.9/2.9	47.6/18.1	10.1/3.9
PBR(최고/저)(배)	3.2/1.4	2.8/1.6	3.2/1.4			
EV/EBITDA(배)	9.2					
EPS(원)	113	-3,509	-2,593	-2,201	-4,210	-57
BPS(원)	1,004	679	491	406	50	1,035
CFPS(원)	116	-245	-174	-171	-399	-49
DPS(원)						
EBITDAPS(원)	137	-126	-127	-128	-123	-1

재무 비율 〈단위 : % 〉

연도	영업이익률	순이익률	부채비율	차입금비율	ROA	ROE	유보율	자기자본비율	EBITDA 마진율
2016	-46.1	-133.5	일부잠식	일부잠식	-97.7	-191.0	-89.9	14.5	-39.0
2015	-44.2	-54.8	일부잠식	일부잠식	-29.0	-55.4	-18.8	74.2	-32.5
2014	-35.3	-44.8	일부잠식	일부잠식	-19.5	-47.8	-8.7	39.5	-19.5
2013	-85.6	-130.9	108.1	86.5	-29.5	-48.0	28.7	48.1	-49.5

골든브릿지투자증권 (A001290)
Golden Bridge Investment & Securities

업 종 : 증권		시 장 : 거래소			
신용등급 : (Bond) — (CP) —		기 업 규 모 : 시가총액 소형주			
홈 페 이 지 : www.bridgefn.com		연 락 처 : 02)3779-3000			
본 사 : 서울시 서대문구 충정로 50 (충정로3가)					

설 립 일	1954.08.30	종업원수	138명	대표이사	박정하
상 장 일	1988.09.23	감사의견	적정 (정동)	계 열	
결 산 기	12월	보 통 주	5,069만주	종속회사수	4개사
액 면 가	1,000원	우 선 주		구 상 호	

주주구성 (지분율,%)		출자관계 (지분율,%)		주요경쟁사 (외형,%)	
골든브릿지	33.3	엘나인글로벌	11.4	골든브릿지증권	100
김선현	5.5	얀트리	7.2	부국증권	530
(외국인)	0.4	이리언스	4.4	유화증권	81

수익구성		비용구성		수출비중	
금융상품 관련이익	62.1	이자비용	11.3	수출	—
이자수익	17.6	파생상품손실	0.0	내수	—
수수료수익	15.3	판관비	36.3		

회사 개요
동사는 주식거래 중개, 금융상품 판매 등의 사업을 영위하는 소형 증권사임. 동사는 1954년 설립됐고, 1998년 영국 리젠트퍼시픽그룹과 합작하면서 사명을 대유리젠트증권에서 대우리젠트증권으로 바꿨다가 2000년 리젠트증권으로 다시 변경함. 동사는 2002년 일은증권과 합병하여 브릿지증권으로 변경하고, 2007년부터 현재 사명을 사용함. 동사는 골든브릿지자산운용, 골든브릿지베트남증권 등 계열회사를 두고 있음.

실적 분석
동사의 2017년 2분기 연결기준 영업수익은 전년 동기대비 큰 폭 감소한 227억원을 기록함. 영업수익 감소는 수수료수익과 기타 영업수익을 제외한 계정에서 전반적으로 이뤄졌으며 특히 당기손익인식금융상품관련이익은 전년 동기대비 큰 폭 감소하며 외형 축소의 주요 원인으로 작용함. 반면 고정비 성격의 판관비 절감은 크게 이뤄지지 않아 9.3억원의 영업손실과 당기순손실을 기록함. 동사는 신규 성장 동력 창출이 시급한 상태.

현금 흐름 〈단위 : 억원〉

항목	2016	2017.2Q
영업활동	85	-162
투자활동	48	73
재무활동	-109	406
순현금흐름	24	317
기말현금	181	498

시장 대비 수익률

결산 실적 〈단위 : 억원〉

항목	2012	2013	2014	2015	2016	2017
순영업손익	222	170	178	284	202	—
영업이익	-85	-64	-94	7	-46	—
당기순이익	-41	-63	-65	31	-43	—

분기 실적 〈단위 : 억원〉

항목	2016.1Q	2016.2Q	2016.3Q	2016.4Q	2017.1Q	2017.2Q
순영업손익	69	57	47	28	52	63
영업이익	6	7	-12	-48	-6	-8
당기순이익	-2	2	-7	-36	-3	3

재무 상태 〈단위 : 억원〉

항목	2012	2013	2014	2015	2016	2017.2Q
총자산	6,311	5,471	8,745	7,029	5,598	6,844
유형자산	17	15	13	3	4	6
무형자산	36	30	28	21	18	11
유가증권	3,463	2,841	5,784	4,588	3,261	3,377
총부채	4,438	4,028	7,316	5,584	4,097	5,298
총차입금	2,483	2,340	2,761	3,263	3,085	3,101
자본금	500	650	650	650	650	650
총자본	1,873	1,443	1,429	1,445	1,501	1,546
지배주주지분	1,838	1,415	1,410	1,428	1,415	1,409

기업가치 지표

항목	2012	2013	2014	2015	2016	2017.2Q
주가(최고/저)(천원)	1.0/0.6	1.2/0.9	1.2/0.7	1.8/0.8	1.2/0.9	—/—
PER(최고/저)(배)	—/—	—/—	—/—	35.4/16.1	—/—	0.7/0.4
PBR(최고/저)(배)	0.5/0.3	0.6/0.4	0.5/0.3	0.8/0.4	0.5/0.4	
PSR(최고/저)(배)	0/0		0/0		4/3	
EPS(원)	-59	-80	-97	51	-66	
BPS(원)	3,841	2,274	2,266	2,294	2,274	2,265
CFPS(원)	-87	-69	-74	72	-45	11
DPS(원)						
EBITDAPS(원)	-174	-89	-147	11	-73	-15

재무 비율 〈단위 : % 〉

연도	계속사업이익률	순이익률	부채비율	차입금비율	ROA	ROE	유보율	자기자본비율	총자산증가율
2016	-17.9	-21.4	273.0	205.5	-0.7	-3.0	122.9	26.8	-20.4
2015	15.7	11.0	386.4	225.8	0.4	2.3	124.8	20.6	-19.6
2014	-42.4	-36.4	512.1	193.2	-0.9	-4.4	122.1	16.3	38.6
2013	-33.8	-37.2	279.2	162.2	-1.1	-3.5	122.8	26.4	-13.3

골든센츄리 (A900280)
Cayman Golden Century Wheel Group

업　　종 : 기계		시　　장 : KOSDAQ	
신용등급 : (Bond) — 　(CP) —		기업규모 :	
홈 페 이 지 : www.jsj-wheel.co.kr		연 락 처 : 86-514-80806067	
본　　사 : Floor 4, Willow House, Cricket Square, P O Box 2084, Grand Cayman KY1-1112, Cayman Islands			

설 립 일 2014.09.03	종 업 원 수 375명	대 표 이 사 주승화	
상 장 일 2016.10.19	감 사 의 견 적정 (신한)	계　　　　열	
결 산 기 12월	보 통 주 2,980만주	종 속 회 사 수 4개사	
액 면 가	우 선 주	구 상 호	

주주구성 (지분율,%)
주승화(ZHU CHENGHUA)	42.5
퍼펙트빌리언그룹리미티드	15.9
(외국인)	73.1

출자관계 (지분율,%)
양주금세기	100.0
홍콩금세기	100.0
낙양금세기	100.0

주요경쟁사 (외형,%)
골든센츄리	100
대동공업	643
와이지-원	368

매출구성
휠	68.0
타이어	30.7
기타	1.4

비용구성
매출원가율	66.0
판관비율	6.4

수출비중
수출	—
내수	—

회사 개요
동사의 명칭은 케이만금세기차륜집단유한공사이며, 해외상장을 목적으로 2014년 9월 3일 케이만에 설립되었음. 실질 영업회사는 중국 내 양주금세기, 낙양동방홍, 낙양금세기의 3개사임. 각각 트랙터용 휠 및 트랙터용 타이어를 생산 및 판매하는 것을 주요 사업의 내용으로 하고 있으며, 농기계 수요의 증가와 함께 본격적인 매출신장이 발생하였음. 주요 매출 구성은 휠(직판) 62.1%, 타이어 26%, 휠(유통) 8.9% 등으로 구성되어 있음.

실적 분석
동사의 2017년 2분기 기준 매출액은 504.9억원이며, 이는 전년 동기 대비 20.2% 증가한 수치임. 원가율이 악화되며 영업이익은 소폭 증가한 126.9억원을 시현하였음. 당기순이익은 전년 동기대비 소폭 상승한 93.6억원을 보임. 2015년부터 생산을 시작한 타이어 사업부문의 매출이 본 궤도에 올라 전년 동기 대비 큰 성장세를 기록하였음. 자체 브랜드를 통해 제일트랙터, 상주동풍 등 중국의 주요 트랙터 업체에 직접 납품을 진행중임.

현금 흐름 〈단위 : 억원〉
항목	2016	2017.2Q
영업활동	118	26
투자활동	-37	-199
재무활동	238	31
순현금흐름	318	-141
기말현금	398	245

시장 대비 수익률

결산 실적 〈단위 : 억원〉
항목	2012	2013	2014	2015	2016	2017
매출액	—	—	589	778	910	—
영업이익	—	—	184	202	248	—
당기순이익	—	—	134	144	183	—

분기 실적 〈단위 : 억원〉
항목	2016.1Q	2016.2Q	2016.3Q	2016.4Q	2017.1Q	2017.2Q
매출액	216	207	—	—	262	245
영업이익	60	56	—	—	62	65
당기순이익	46	41	—	—	46	48

재무 상태 〈단위 : 억원〉
항목	2012	2013	2014	2015	2016	2017.2Q
총자산	—	—	580	644	1,097	1,193
유형자산	—	—	202	189	172	344
무형자산	—	—	0	0	0	0
유가증권	—	—	—	—	—	—
총부채	—	—	207	82	93	133
총차입금	—	—	127	47	0	39
자본금	—	—	—	48	66	64
총자본	—	—	373	563	1,005	1,060
지배주주지분	—	—	347	563	1,005	1,060

기업가치 지표
항목	2012	2013	2014	2015	2016	2017.2Q
주가(최고/저)(천원)	#VALUE!	—/—	—/—	—/—	—/—	—/—
PER(최고/저)(배)	0.0/0.0	0.0/0.0	0.0/0.0	0.0/0.0	9.9/4.9	—/—
PBR(최고/저)(배)	0.0/0.0	0.0/0.0	0.0/0.0	0.0/0.0	2.3/1.1	1.9/1.1
EV/EBITDA(배)	0.0	0.0	0.0	0.7	5.7	
EPS(원)	—	—	2,440,038	1,245	785	314
BPS(원)	—	—	34,719,025	2,617	3,371	3,558
CFPS(원)	—	—	13,841,630	1,392	851	340
DPS(원)	—	—	—	—	—	—
EBITDAPS(원)	—	—	20,119,290	1,943	1,143	451

재무 비율 〈단위 : % 〉
연도	영업이익률	순이익률	부채비율	차입금비율	ROA	ROE	유보율	자기자본비율	EBITDA마진율
2016	27.3	20.1	9.2	0.0	21.0	23.3	1,431.0	91.6	29.2
2015	25.9	18.5	14.5	8.3	23.5	30.5	1,067.3	87.3	27.8
2014	31.2	22.8	N/A	N/A	0.0	0.0	64.4	34.1	
2013	0.0	0.0	0.0	0.0	0.0	0.0	0.0	0.0	0.0

골프존 (A215000)
GOLFZON

업　　종 : 호텔 및 레저		시　　장 : KOSDAQ	
신용등급 : (Bond) — 　(CP) —		기업규모 : 우량	
홈 페 이 지 : company.golfzon.com		연 락 처 : 1577-4333	
본　　사 : 대전시 유성구 엑스포로97번길 40(도룡동)			

설 립 일 2015.03.03	종 업 원 수 256명	대 표 이 사 박기원	
상 장 일 2015.04.03	감 사 의 견 적정 (삼정)	계　　　　열	
결 산 기 12월	보 통 주 628만주	종 속 회 사 수 5개사	
액 면 가 500원	우 선 주	구 상 호	

주주구성 (지분율,%)
KB자산운용	25.3
골프존유원홀딩스	20.3
(외국인)	7.0

출자관계 (지분율,%)
골프존네트웍스	100.0
스튜디오에스비	52.0
GOLFZONJAPAN	100.0

주요경쟁사 (외형,%)
골프존	100

매출구성
Golf Simulator 판매 및 온라인 서비스	91.8
직영사업/광고 등	5.1
소모품상품	3.1

비용구성
매출원가율	40.3
판관비율	38.8

수출비중
수출	6.0
내수	94.0

회사 개요
동사는 골프시뮬레이터를 주력으로 하는 업체로서 국내시장에서 약 12여개 업체가 경쟁하고 있는 완전경쟁 상태임. 그러나 브랜드 인지도 상승과 함께 이용고객 간의 네트워크 형성을 통한 시장지배력이 실질적으로 독점적인 지위를 차지하고 있음. 골프 시뮬레이터의 지속적인 기술개발을 통하여 총 360건의 특허를 출원해 240건 이상의 특허권을 보유하고 있음. 해외 12개국에 골프시뮬레이터를 판매 중이며 일본, 중국의 경우에는 동사의 현지법인이 설립됨.

실적 분석
동사의 연결기준 2017년 2분기 누적매출액은 1,063.1억원으로 전년동기 대비 1.6% 감소함. 같은 기간 매출원가가 13% 상승, 매출총이익은 9.5% 감소하였으며 판관비 절감 노력에도 불구하고 영업이익은 18.7% 감소했으나 220.4억원을 기록했음. 다만 비영업부문의 적자가 이 기간 141.3억원으로 흑자전환하였으며 최종적으로 649.7억원의 순이익이 발생함. 전국 골프용품 오프라인 소매점이 캐시카우 역할을 하고 있음.

현금 흐름 〈단위 : 억원〉
항목	2016	2017.2Q
영업활동	352	694
투자활동	-336	149
재무활동	-250	-109
순현금흐름	-232	733
기말현금	314	1,046

시장 대비 수익률

결산 실적 〈단위 : 억원〉
항목	2012	2013	2014	2015	2016	2017
매출액	—	—	—	2,016	2,170	—
영업이익	—	—	—	496	454	—
당기순이익	—	—	—	365	365	—

분기 실적 〈단위 : 억원〉
항목	2016.1Q	2016.2Q	2016.3Q	2016.4Q	2017.1Q	2017.2Q
매출액	568	513	561	528	588	475
영업이익	146	125	110	73	143	77
당기순이익	110	92	101	62	102	547

재무 상태 〈단위 : 억원〉
항목	2012	2013	2014	2015	2016	2017.2Q
총자산	—	—	—	1,781	1,879	2,419
유형자산	—	—	—	779	731	717
무형자산	—	—	—	61	65	72
유가증권	—	—	—	—	51	52
총부채	—	—	—	693	673	666
총차입금	—	—	—	351	350	344
자본금	—	—	—	31	31	31
총자본	—	—	—	1,089	1,206	1,753
지배주주지분	—	—	—	1,089	1,206	1,755

기업가치 지표
항목	2012	2013	2014	2015	2016	2017.2Q
주가(최고/저)(천원)	—/—	—/—	—/—	142/55.2	85.5/62.4	—/—
PER(최고/저)(배)	0.0/0.0	0.0/0.0	0.0/0.0	26.1/10.2	15.1/11.0	—/—
PBR(최고/저)(배)	0.0/0.0	0.0/0.0	0.0/0.0	8.8/3.4	4.6/3.3	2.4/1.8
EV/EBITDA(배)	0.0	0.0	0.0	9.5	7.3	
EPS(원)	—	—	—	5,822	5,822	10,385
BPS(원)	—	—	—	17,374	19,246	27,999
CFPS(원)	—	—	—	6,846	7,008	10,845
DPS(원)	—	—	—	4,000	1,600	—
EBITDAPS(원)	—	—	—	8,925	8,427	3,973

재무 비율 〈단위 : % 〉
연도	영업이익률	순이익률	부채비율	차입금비율	ROA	ROE	유보율	자기자본비율	EBITDA마진율
2016	20.9	16.8	55.8	29.0	20.0	31.9	3,749.2	64.2	24.4
2015	24.6	18.1	63.6	32.3	0.0	0.0	3,374.8	61.1	27.8
2014	0.0	0.0	0.0	0.0	0.0	0.0	0.0	0.0	0.0
2013	0.0	0.0	0.0	0.0	0.0	0.0	0.0	0.0	0.0

골프존뉴딘 (A121440)
GOLFZON NEWDIN

업 종 : 호텔 및 레저		시 장 : KOSDAQ	
신용등급 : (Bond) — (CP) —		기업규모 : 우량	
홈 페 이 지 : www.golfzonnewdin.com		연 락 처 : 1577-4333	
본 사 : 서울시 강남구 영동대로 735			

설 립 일	2000.05.08	종 업 원 수	123명	대 표 이 사	김준환
상 장 일	2011.05.20	감 사 의 견	적정 (삼정)	계 열	
결 산 기	12월	보 통 주	4,284만주	종속회사수	12개사
액 면 가	500원	우 선 주		구 상 호	골프존유원홀딩스

주주구성 (지분율,%)		출자관계 (지분율,%)		주요경쟁사 (외형,%)	
김원일	41.8	골프존카운티	100.0	골프존뉴딘	100
김영찬	10.7	골프존유통	100.0	이월드	12
(외국인)	4.0	뉴딘콘텐츠	100.0	AJ렌터카	266

매출구성		비용구성		수출비중	
오프라인	34.7	매출원가율	51.9	수출	—
체험형 야구 게임	20.1	판관비율	32.9	내수	—
골프장 운영	17.1				

회사 개요
동사는 골프시뮬레이터를 주력으로 하는 업체임. 브랜드 인지도 상승과 함께 이용고객 간의 네트워크 형성을 통한 시장지배력이 실질적으로 독보적인 지위를 차지하고 있음. 골프시뮬레이터의 지속적인 기술개발을 통해 다수의 특허권을 보유하고 있음. 동사는 경영과 사업 효율성을 높이기 위하여 2015년 3월을 기점으로 분할을 결정하여 인적분할 형태로 지주회사인 골프존유원홀딩스와 사업부문인 골프존으로 재상장함.

실적 분석
동사의 2017년도 2분기 연결기준 누적 매출액은 1,169.9억원으로 전년동기 대비 15.6% 증가함. 골프장 사업의 전체 매출은 감소했으나 전기 신규 발생한 체험형 야구 게임의 본격적인 매출 증가가 컸으며, 그에 따른 광고매출이 발생함. 초기 운영비용이 안정화되면서 영업이익은 전년동기 대비 255.0% 증가한 123.1억원을 시현. 향후 유아동 공간 사업과 VR 컨텐츠 플랫폼 사업을 확장할 계획임.

현금 흐름 〈단위 : 억원〉

항목	2016	2017.2Q
영업활동	159	9
투자활동	-111	-13
재무활동	-185	23
순현금흐름	-136	19
기말현금	349	368

시장 대비 수익률

결산 실적 〈단위 : 억원〉

항목	2012	2013	2014	2015	2016	2017
매출액	2,896	3,651	1,217	1,645	2,433	—
영업이익	690	805	-189	-93	370	—
당기순이익	734	28	792	8,711	29	—

분기 실적 〈단위 : 억원〉

항목	2016.1Q	2016.2Q	2016.3Q	2016.4Q	2017.1Q	2017.2Q
매출액	408	605	831	589	422	748
영업이익	-22	60	283	49	-30	153
당기순이익	-35	49	252	-238	-62	134

재무 상태 〈단위 : 억원〉

항목	2012	2013	2014	2015	2016	2017.2Q
총자산	5,409	6,378	7,620	7,673	7,608	7,728
유형자산	1,982	2,223	4,543	4,013	3,986	3,986
무형자산	229	261	187	86	83	83
유가증권	924	1,009	605	432	291	406
총부채	1,293	2,133	2,757	2,160	2,327	2,440
총차입금	884	1,016	1,952	1,864	1,942	2,024
자본금	61	184	184	214	214	214
총자본	4,116	4,245	4,864	5,514	5,281	5,288
지배주주지분	4,116	4,245	4,864	5,482	5,274	5,288

기업가치 지표

항목	2012	2013	2014	2015	2016	2017.2Q
주가(최고/저)(천원)	11.0/7.0	10.9/8.2	12.7/7.3	14.1/5.7	9.0/6.9	—/—
PER(최고/저)(배)	6.4/4.1	162.5/122.6	6.6/3.8	0.7/0.3	97.4/74.5	—/—
PBR(최고/저)(배)	1.1/0.7	1.1/0.8	1.1/0.6	1.2/0.5	0.7/0.6	0.6/0.4
EV/EBITDA(배)	8.2	6.8		150.6	9.7	느/—
EPS(원)	1,996	76	2,150	23,032	94	168
BPS(원)	35,680	11,521	13,276	12,833	12,347	12,380
CFPS(원)	6,647	392	2,513	23,356	367	314
DPS(원)	1,200	400	500	580	117	433
EBITDAPS(원)	6,277	2,500	-151	77	1,137	

재무 비율 〈단위 : % 〉

연도	영업이익률	순이익률	부채비율	차입금비율	ROA	ROE	유보율	자기자본비율	EBITDA마진율
2016	15.2	1.2	44.1	36.8	0.4	0.8	2,369.5	69.4	20.0
2015	-5.7	529.4	39.2	33.8	113.9	168.4	2,466.6	71.9	1.8
2014	-15.6	65.1	56.7	40.1	11.3	17.4	2,555.3	63.8	-4.6
2013	22.0	1.6	50.2	23.9	0.6	0.7	2,204.2	66.6	25.2

관악산업 (A076340)
GWANAK CONSTRUCTION AND EQUIPMENT SERVICE CO

업 종 : 건설		시 장 : KONEX	
신용등급 : (Bond) — (CP) —		기업규모 :	
홈 페 이 지 : www.gwan-ak.co.kr		연 락 처 : 02)2240-7900	
본 사 : 서울시 송파구 올림픽로 293-19 (신천동, 현대타워빌딩 2층)			

설 립 일	1998.07.27	종 업 원 수	170명	대 표 이 사	이규형
상 장 일	2015.05.18	감 사 의 견	적정 (신아)	계 열	
결 산 기	12월	보 통 주		종속회사수	
액 면 가		우 선 주		구 상 호	

주주구성 (지분율,%)		출자관계 (지분율,%)		주요경쟁사 (외형,%)	
이규형	23.2	관악개발	100.0	관악산업	100
마그나포커싱펀드	16.4	엔지니어링공제조합	0.1	엄지하우스	65
				청광종건	102

매출구성		비용구성		수출비중	
[국내도급공사]관급도급	87.5	매출원가율	91.2	수출	0.0
장비임대, 용역매출	12.6	판관비율	3.4	내수	100.0

회사 개요
동사는 수중공사와 준설공사를 주요 사업목적으로 하여 1998년 7월 27일자로 설립되었으며, 수중공사, 준설공사 등 총 8개부문의 면허를 취득하여 사업을 영위하고 있음. 관악산업 주식회사와 그 종속회사(관악개발)의 연결부문인 사업본부는 서로 다른 사업과 용역을 제공하는 사업단위이며, 2015년 5월 18일자로 한국거래소가 개설한 코넥스시장에 주식을 상장함.

실적 분석
코넥스 상장기업인 동사의 연결기준 2016년 매출액은 1,200.1억원으로 상장 전인 2015년 80.0억원 대비 외형이 큰 폭으로 성장하였음. 영업이익은 64.5억원으로 이 역시 2015년 2.2억원 대비 크게 늘어남. 최종적으로 동사는 62.5억원의 당기순이익을 시현함. 동사는 최근 토목사업 분야에서 시공능력 및 역량을 인정받아 국내시장에서의 공사 참여 요구가 점차 확대 되고 있어 동사의 위상 및 시장 유지가 가능할 것으로 판단됨.

현금 흐름 *IFRS 별도 기준 〈단위 : 억원〉

항목	2016	2017.2Q
영업활동	108	—
투자활동	-37	—
재무활동	-4	—
순현금흐름	68	—
기말현금	117	—

시장 대비 수익률

결산 실적 〈단위 : 억원〉

항목	2012	2013	2014	2015	2016	2017
매출액	821	1,025	900	796	1,200	—
영업이익	23	23	22	22	65	—
당기순이익	32	40	28	29	62	—

분기 실적 *IFRS 별도 기준 〈단위 : 억원〉

항목	2016.1Q	2016.2Q	2016.3Q	2016.4Q	2017.1Q	2017.2Q
매출액						
영업이익						
당기순이익						

재무 상태 *IFRS 별도 기준 〈단위 : 억원〉

항목	2012	2013	2014	2015	2016	2017.2Q
총자산	372	372	389	395	513	—
유형자산	151	135	119	104	90	—
무형자산						—
유가증권	17	17	17	18	23	—
총부채	72	36	27	7	67	—
총차입금	50	5				—
자본금	24	24	24	24	24	—
총자본	300	336	362	388	447	—
지배주주지분	300	336	362	388	447	—

기업가치 지표 *IFRS 별도 기준

항목	2012	2013	2014	2015	2016	2017.2Q
주가(최고/저)(천원)	—/—	—/—	—/—	6.5/2.4	4.4/2.5	—/—
PER(최고/저)(배)	0.0/0.0	0.0/0.0	0.0/0.0	11.3/4.2	3.5/2.0	—/—
PBR(최고/저)(배)	0.0/0.0	0.0/0.0	0.0/0.0	0.9/0.3	0.5/0.3	0.0/0.0
EV/EBITDA(배)	1.0			3.0	0.1	
EPS(원)	655	812	584	603	1,282	
BPS(원)	61,604	69,042	74,386	7,966	9,174	
CFPS(원)	10,297	11,739	9,204	929	1,598	
DPS(원)				75	100	
EBITDAPS(원)	8,435	8,241	7,977	780	1,641	

재무 비율 〈단위 : % 〉

연도	영업이익률	순이익률	부채비율	차입금비율	ROA	ROE	유보율	자기자본비율	EBITDA마진율
2016	5.4	5.2	14.9	0.0	13.8	15.0	1,734.7	87.1	6.7
2015	2.8	3.7	1.8	0.0	7.5	7.8	1,493.3	98.2	4.8
2014	2.5	3.2	7.5	0.0	7.5	8.2	1,387.7	93.1	4.3
2013	2.2	3.9	10.6	1.5	10.6	12.4	1,280.8	90.4	3.9

광동제약 (A009290)
Kwangdong Pharmaceutical

업 종 : 제약		시 장 : 거래소	
신용등급 : (Bond) A (CP) —		기업규모 : 시가총액 중형주	
홈 페 이 지 : www.ekdp.com		연 락 처 : 02)6006-7777	
본 사 : 서울시 서초구 서초중앙로 85, 가산빌딩 3~8층 (서초동)			

설 립 일	1963.10.16	종 업 원 수	1,014명	대 표 이 사	최성원
상 장 일	1989.11.17	감 사 의 견	적정 (삼정)	계 열	
결 산 기	12월	보 통 주	5,242만주	종속회사수	10개사
액 면 가	1,000원	우 선 주		구 상 호	

주주구성 (지분율,%)		출자관계 (지분율,%)		주요경쟁사 (외형,%)	
최성원	6.6	광동GLS	100.0	광동제약	100
FID Low Priced Stock Fund	5.9	애플에셋	100.0	신풍제약	18
(외국인)	20.7	가산	100.0	에이프로젠제약	4

매출구성		비용구성		수출비중	
기타(약국,병원,유통 등)	35.5	매출원가율	76.6	수출	1.0
삼다수(생수영업)	28.9	판관비율	19.2	내수	99.0
비타500류(유통영업)	14.2				

회사 개요
동사는 한방과학화를 창업이념으로 독창적인 의약품개발과 우수한 기술도입을 통해 국민보건과 삶의 질을 향상시킬 목적으로 1963년 10월 설립되어 1989년 11월 유가증권시장에 상장됨. 의약품 주요 품목으로는 한방감기약 "쌍화탕류"와 동의보감 처방의 "우황청심원"이 있음. 비타500, 옥수수 수염차, 헛개차 등 주요 음료 품목임. 2012년 12월 제주개발공사로부터 삼다수 판매권을 획득하여 생수사업도 영위하고 있음.

실적 분석
동사의 연결 기준 2017년 상반기 매출액은 전년동기 대비 8.4% 증가한 5,664.4억원을 기록. 채널별로는 병원영업이 감소했으나 유통영업은 증가함. 그러나 원가율 상승과 판관비 지출확대로 영업이익은 전년동기 대비 37.5% 감소한 152.8억원에 그침. 영업외비용을 반영한 당기순이익은 42.4% 감소한 101.9억원을 시현. 삼다수 판권이 2017년 말에 종료됨.

현금 흐름 〈단위 : 억원〉

항목	2016	2017.2Q
영업활동	288	226
투자활동	-189	-71
재무활동	-43	3
순현금흐름	58	153
기말현금	427	580

시장 대비 수익률

결산 실적 〈단위 : 억원〉

항목	2012	2013	2014	2015	2016	2017
매출액	3,326	4,684	5,223	9,555	10,564	—
영업이익	363	444	505	509	444	—
당기순이익	278	220	351	361	279	—

분기 실적 〈단위 : 억원〉

항목	2016.1Q	2016.2Q	2016.3Q	2016.4Q	2017.1Q	2017.2Q
매출액	2,444	2,783	2,684	2,653	2,643	3,022
영업이익	111	133	129	70	97	56
당기순이익	83	94	84	18	64	38

재무 상태 〈단위 : 억원〉

항목	2012	2013	2014	2015	2016	2017.2Q
총자산	3,894	4,257	4,425	6,638	6,798	7,046
유형자산	1,393	1,386	1,478	1,670	1,734	1,736
무형자산	1	1	1	310	283	273
유가증권	514	648	685	731	711	692
총부채	1,222	1,349	1,281	2,861	2,801	2,983
총차입금	685	572	652	1,006	999	1,039
자본금	524	524	524	524	524	524
총자본	2,673	2,908	3,144	3,777	3,997	4,062
지배주주지분	2,660	2,893	3,128	3,499	3,730	3,815

기업가치 지표

항목	2012	2013	2014	2015	2016	2017.2Q
주가(최고/저)(천원)	5.9/3.4	8.3/5.7	11.3/7.2	18.4/10.0	12.2/7.9	—/—
PER(최고/저)(배)	11.6/6.8	20.4/14.0	17.4/11.0	28.0/15.2	23.1/14.9	—/—
PBR(최고/저)(배)	1.1/0.6	1.4/1.0	1.7/1.1	2.5/1.3	1.6/1.0	1.2/1.0
EV/EBITDA(배)	7.3	7.2	9.1	10.1	8.1	—/—
EPS(원)	531	420	669	668	535	193
BPS(원)	5,782	6,208	6,873	7,551	7,991	8,154
CFPS(원)	674	565	813	888	814	337
DPS(원)	60	70	80	80	80	—
EBITDAPS(원)	836	992	1,108	1,190	1,125	435

재무 비율 〈단위 : % 〉

연도	영업이익률	순이익률	부채비율	차입금비율	ROA	ROE	유보율	자기자본비율	EBITDA마진율
2016	4.2	2.6	70.1	25.0	4.2	7.8	699.1	58.8	5.6
2015	5.3	3.8	75.7	26.6	6.0	655.2	655.2	56.9	6.5
2014	9.7	6.7	40.8	20.7	8.1	11.6	587.3	71.1	11.1
2013	9.5	4.7	46.4	19.7	5.4	7.9	520.8	68.3	11.1

광림 (A014200)
Kang Lim

업 종 : 기계		시 장 : KOSDAQ	
신용등급 : (Bond) — (CP) —		기업규모 : 벤처	
홈 페 이 지 : www.kanglim.com		연 락 처 : 043)260-9111	
본 사 : 충북 청주시 서원구 현도면 청남로 484			

설 립 일	1980.03.13	종 업 원 수	217명	대 표 이 사	이인우
상 장 일	1993.07.07	감 사 의 견	적정 (정동)	계 열	
결 산 기	12월	보 통 주	4,850만주	종속회사수	5개사
액 면 가	500원	우 선 주		구 상 호	

주주구성 (지분율,%)		출자관계 (지분율,%)		주요경쟁사 (외형,%)	
칼라스홀딩스	32.6	나노스	53.6	광림	100
브이더블유홀딩스	4.4	원라이트전자	23.0	두산중공업	15,913
(외국인)	0.2	녹원목장	12.2	현대엘리베이	2,015

매출구성		비용구성		수출비중	
SN15B NEW BATTERY TYPE 외	36.8	매출원가율	85.9	수출	20.0
특장부문 기타(제품)	27.1	판관비율	13.9	내수	80.0
크레인부문 기타(제품)	14.6				

회사 개요
1979년 설립돼 1993년 코스닥 시장에 상장됨. 유압크레인, 전기공사용 특장차, 운송용차량, 환경차 등 중량물 운반용 건설장비와 특수장비를 제조 판매하는 업체임. 2016년 나노스의 제3자배정 유상증자에 참여해 지분 약 52.62%를 취득함. 나노스와 종속회사는 정밀가공, 박막코팅, 세정기술등을 바탕으로 휴대폰 카메라모듈 부품 및 가전에 들어가는 모터용 홀센서를 생산함.

실적 분석
동사는 2017년 상반기 연결기준 매출 684.6억원을 시현함. 전년도 같은 기간 매출액인 378.4억원에 비해 80.9% 성장함. 매출이 큰 폭으로 뛰었으나 매출원가가 95.3% 증가하고 판매비와 관리비 역시 49.9% 상승함. 이로 인해 전년 동기 6.2억원에 불과했던 영업손실액은 39.4억원으로 적자폭이 커짐. 비영업부문 이익은 16.3억원에서 적자로 전환됨. 이에 5.2억원을 기록했던 당기순이익 역시 적자로 돌아섰음.

현금 흐름 〈단위 : 억원〉

항목	2016	2017.2Q
영업활동	33	-74
투자활동	-120	-45
재무활동	196	43
순현금흐름	110	-77
기말현금	290	213

시장 대비 수익률

결산 실적 〈단위 : 억원〉

항목	2012	2013	2014	2015	2016	2017
매출액	853	1,034	2,314	2,372	873	—
영업이익	13	33	22	13	2	—
당기순이익	6	16	-2	92	-19	—

분기 실적 〈단위 : 억원〉

항목	2016.1Q	2016.2Q	2016.3Q	2016.4Q	2017.1Q	2017.2Q
매출액	204	175	—	—	363	322
영업이익	-2	-4	—	—	-19	-21
당기순이익	0	5	—	—	-47	-31

재무 상태 〈단위 : 억원〉

항목	2012	2013	2014	2015	2016	2017.2Q
총자산	898	1,016	2,449	1,463	2,296	2,288
유형자산	239	239	567	245	709	658
무형자산	11	9	198	10	97	124
유가증권	14	9	0	36	26	24
총부채	263	368	1,159	654	1,161	1,213
총차입금	117	155	815	419	567	568
자본금	191	191	191	191	242	242
총자본	635	648	1,290	809	1,135	1,075
지배주주지분	635	648	656	809	988	962

기업가치 지표

항목	2012	2013	2014	2015	2016	2017.2Q
주가(최고/저)(천원)	2.5/0.8	1.5/0.8	1.0/0.7	3.1/0.8	8.4/1.5	—/—
PER(최고/저)(배)	133.9/45.5	34.5/19.3	54.3/39.2	12.2/3.0	—/—	—/—
PBR(최고/저)(배)	1.5/0.5	0.9/0.5	0.6/0.4	1.5/0.4	4.1/0.7	4.4/1.7
EV/EBITDA(배)	15.6	4.3	24.7	15.3	427.3	—/—
EPS(원)	19	43	19	252	-41	-90
BPS(원)	3,325	3,393	3,433	4,235	2,038	1,986
CFPS(원)	99	131	229	700	-24	-14
DPS(원)	—	—	—	—	—	—
EBITDAPS(원)	145	219	306	265	21	-6

재무 비율 〈단위 : % 〉

연도	영업이익률	순이익률	부채비율	차입금비율	ROA	ROE	유보율	자기자본비율	EBITDA마진율
2016	0.2	-2.2	102.3	50.0	-1.0	-2.1	307.7	49.4	1.1
2015	0.6	3.9	80.9	51.8	4.7	13.2	323.5	55.3	2.1
2014	0.9	-0.1	89.9	63.2	-0.1	1.1	243.3	52.7	2.5
2013	3.2	1.6	56.8	23.8	1.7	2.5	239.3	63.8	4.0

광명전기 (A017040)
KWANG MYUNG ELECTRIC CO

업 종 : 전기장비		시 장 : 거래소	
신용등급 : (Bond) — (CP) —		기업규모 : 시가총액 소형주	
페 이 지 : www.kmec.co.kr		연 락 처 : 031)494-0720	
본 사 : 경기도 안산시 단원구 목내로 160(목내동)			

설 립 일 1955.07.01	종 업 원 수 193명	대 표 이 사 이재광,조광식	
상 장 일 1990.09.14	감 사 의 견 적정 (대성)	계 열	
결 산 기 12월	보 통 주 4,334만주	종속회사수 3개사	
액 면 가 500원	우 선 주	구 상 호	

주주구성 (지분율,%)		출자관계 (지분율,%)		주요경쟁사 (외형,%)	
이재광	15.0	광명태양광	92.5	광명전기	100
조광식	10.2	케이엠씨	67.4	성문전자	47
(외국인)	2.2	광명에스지	38.4	가온전선	773

매출구성		비용구성		수출비중	
수배전반	93.1	매출원가율	90.5	수출	9.0
태양광발전시스템시공	5.8	판관비율	5.8	내수	91.0
임대	1.0				

회사 개요

동사는 1955년 설립돼 수배전반 제조, 판매 등을 영위하며, 수배전반 부문, 태양광발전시스템부문, 전력기기부문, 임대부문 4개의 사업으로 구분됨. (주)광명전기의 주요 고객은 한국전력공사, 한국수력원자력, 삼성물산 등이 있음. 대표적인 제품인 중전기기는 대형 플랜트나 아파트, 전력수급 설비에 안정적인 전력 공급을 위한 전기 설비임. 태양광발전시스템의 경우 RPS 제도 도입에 따른 변화를 앞두고 있음.

실적 분석

동사의 2017년도 2분기 연결기준 누적 매출액은 489.6억원으로 전년동기 대비 15.9% 감소함. 주요 수익원인 수배전반 사업부문의 매출이 증가하였으나, 태양광발전시스템의 매출이 감소하고 전력기기부문 피앤씨테크가 종속기업에서 제외된 것에 기인함. 비영업손익의 적자전환에 따라 순이익 또한 적자전환함. 광명태양광 태양광발전소시스템 건설공사를 신규 수주하여 진행 중임.

현금 흐름		〈단위 : 억원〉
항목	2016	2017.2Q
영업활동	24	129
투자활동	-331	-268
재무활동	230	48
순현금흐름	-69	-98
기말현금	390	292

시장 대비 수익률

결산 실적					〈단위 : 억원〉	
항목	2012	2013	2014	2015	2016	2017
매출액	1,172	1,179	1,348	932	969	—
영업이익	42	108	125	38	36	—
당기순이익	4	65	91	89	112	—

분기 실적					〈단위 : 억원〉	
항목	2016.1Q	2016.2Q	2016.3Q	2016.4Q	2017.1Q	2017.2Q
매출액	232	350	209	178	251	239
영업이익	23	48	10	-46	9	-1
당기순이익	15	54	6	39	-16	-2

재무 상태					〈단위 : 억원〉	
항목	2012	2013	2014	2015	2016	2017.2Q
총자산	1,311	1,209	1,386	1,315	1,458	1,524
유형자산	185	171	178	178	176	223
무형자산	43	42	44	47	37	39
유가증권	23	22	79	39	18	14
총부채	681	511	599	436	485	569
총차입금	280	209	193	167	207	255
자본금	217	217	217	217	217	217
총자본	630	698	787	878	972	955
지배주주지분	570	629	710	777	893	876

기업가치 지표						
항목	2012	2013	2014	2015	2016	2017.2Q
주가(최고/저)(천원)	4.5/2.3	3.3/2.0	2.5/2.0	2.7/2.1	4.1/1.8	—/—
PER(최고/저)(배)	283.3/141.3	24.4/14.7	13.0/10.6	17.9/14.3	18.9/8.1	—/—
PBR(최고/저)(배)	3.5/1.7	2.2/1.4	1.5/1.2	1.5/1.2	2.0/0.9	1.7/1.3
EV/EBITDA(배)	17.2	6.4	6.1	14.2	25.6	—/—
EPS(원)	16	133	192	148	218	-40
BPS(원)	1,314	1,451	1,638	1,792	2,061	2,022
CFPS(원)	61	176	229	184	251	-23
DPS(원)	—	—	—	—	—	—
EBITDAPS(원)	141	291	325	124	117	36

재무 비율								〈단위 : % 〉
연도	영업이익률	순이익률	부채비율	차입금비율	ROA	ROE	유보율	자기자본비율	EBITDA마진율
2016	3.7	11.6	49.9	21.3	8.1	11.3	312.2	66.7	5.2
2015	4.1	9.5	49.7	19.0	6.6	8.6	258.4	66.7	5.8
2014	9.3	6.8	76.1	24.5	7.0	12.5	227.5	56.8	10.4
2013	9.2	5.5	73.1	29.9	5.1	9.6	190.2	57.8	10.7

광전자 (A017900)
AUK

업 종 : 전자 장비 및 기기		시 장 : 거래소	
신용등급 : (Bond) — (CP) —		기업규모 : 시가총액 소형주	
홈페이지 : www.auk.co.kr		연 락 처 : 063)839-1111	
본 사 : 전북 익산시 약촌로8길 62-8 (어양동)			

설 립 일 1984.07.31	종 업 원 수 892명	대 표 이 사 박래원	
상 장 일 1996.10.16	감 사 의 견 적정 (안진)	계 열	
결 산 기 12월	보 통 주 5,794만주	종속회사수 4개사	
액 면 가 500원	우 선 주	구 상 호	

주주구성 (지분율,%)		출자관계 (지분율,%)		주요경쟁사 (외형,%)	
중도곽화	17.1	옵토씨엔	57.0	광전자	100
에이유이	12.1	원광전자	41.0	써니전자	12
(외국인)	22.6	파인로보틱스	18.0	파워로직스	319

매출구성		비용구성		수출비중	
PHOTO SENSOR	43.7	매출원가율	90.1	수출	73.0
TRANSISTOR	37.6	판관비율	10.7	내수	27.0
LED/LDM등	15.9				

회사 개요

동사는 반도체 전문 생산업체임. 2010년 고덴시와 나리지 온을 흡수합병 하였음. 반도체 중에서도 Transistor, LED, Photo Sensor 등이 주요 제품임. Transistor는 전력 반도체이고 안정된 고속 스위칭과 낮은 포화전압의 특징을 갖고 있어서 휴대폰 뿐만 아니라 가전 및 자동차 등에 사용되고 있음. LED는 아직 매출에서 차지하는 비중이 16% 수준임.

실적 분석

동사의 2017년 연결기준 상반기 매출액은 894.1억원으로 전년동기 대비 7.8% 증가함. 원가절감으로 영업이익은 37.0억원으로 흑자전환됨. 외환손익의 적자폭의 확대되었음에도 당기순이익은 6.3억원으로 흑자전환됨. 동사는 원가경쟁력 확보에 주력하고 있으며, 경기침체에도 적응 가능하고 신성장 동력 제품개발을 위해서 한,중,일 협력 체제를 구축하여 아낌없는 투자를 진행하고 있음.

현금 흐름		〈단위 : 억원〉
항목	2016	2017.2Q
영업활동	124	67
투자활동	-120	-40
재무활동	0	-0
순현금흐름	3	27
기말현금	129	156

시장 대비 수익률

결산 실적					〈단위 : 억원〉	
항목	2012	2013	2014	2015	2016	2017
매출액	3,186	3,077	2,356	2,062	1,709	—
영업이익	-59	-72	-99	-115	-14	—
당기순이익	-134	-48	-107	-41	20	—

분기 실적					〈단위 : 억원〉	
항목	2016.1Q	2016.2Q	2016.3Q	2016.4Q	2017.1Q	2017.2Q
매출액	403	426	449	431	438	456
영업이익	-18	-10	4	10	14	23
당기순이익	-19	-8	-37	83	-39	45

재무 상태					〈단위 : 억원〉	
항목	2012	2013	2014	2015	2016	2017.2Q
총자산	2,825	2,694	2,782	2,403	2,423	2,420
유형자산	1,268	764	956	860	748	749
무형자산	43	13	8	5	3	4
유가증권	62	62	79	79	79	79
총부채	732	603	566	371	390	384
총차입금	118		0	2	2	2
자본금	290	290	290	290	290	290
총자본	2,093	2,090	2,217	2,032	2,033	2,036
지배주주지분	2,101	2,096	2,221	2,036	2,037	2,039

기업가치 지표						
항목	2012	2013	2014	2015	2016	2017.2Q
주가(최고/저)(천원)	3.8/1.7	2.9/1.7	2.4/1.4	3.2/1.6	3.0/2.0	—/—
PER(최고/저)(배)					86.3/57.7	—/—
PBR(최고/저)(배)	0.8/0.4	0.6/0.4	0.6/0.4	0.9/0.4	0.8/0.5	0.7/0.6
EV/EBITDA(배)	3.9	5.2	2.1	12.1	3.4	—/—
EPS(원)	-191	-86	-186	-90	34	11
BPS(원)	4,692	4,557	3,850	3,757	3,758	3,763
CFPS(원)	398	305	119	185	268	106
DPS(원)	—	—	—	—	—	—
EBITDAPS(원)	486	266	134	76	209	160

재무 비율								〈단위 : % 〉
연도	영업이익률	순이익률	부채비율	차입금비율	ROA	ROE	유보율	자기자본비율	EBITDA마진율
2016	-0.9	1.2	19.2	0.1	0.8	1.0	651.7	83.9	7.1
2015	-5.6	-2.5	18.2	0.1	-2.0	-2.4	651.5	84.6	2.1
2014	-4.2	-4.5	25.5	0.0	-3.9	-5.0	670.0	79.7	3.3
2013	-2.4	-1.6	28.9	-1.7	-2.4	811.3	77.6	5.0

광주신세계 (A037710)
Gwangju Shinsegae

업 종 : 백화점		시 장 : 거래소	
신용등급 : (Bond) — (CP) A1		기업규모 : 시가총액 중형주	
홈페이지 : www.gjshinsegae.co.kr		연 락 처 : 062)360-1234	
본 사 : 광주시 서구 무진대로 932 (광천동)			

설 립 일 1995.04.10	종 업 원 수 356명	대 표 이 사 임훈	
상 장 일 2002.01.30	감사의견 적정 (삼정)	계 열	
결 산 기 12월	보통주 160만주	종속회사수	
액 면 가 5,000원	우 선 주	구 상 호	

주주구성 (지분율,%)		출자관계 (지분율,%)		주요경쟁사 (외형,%)	
정용진	52.1	신세계의정부역사 25.0		광주신세계	100
신세계	10.4			롯데쇼핑	14,032
(외국인)	13.1			현대백화점	871

매출구성		비용구성		수출비중	
[백화점]상품 매출	52.8	매출원가율	32.8	수출	0.0
[이마트]상품 매출	35.2	판관비율	40.6	내수	100.0
[백화점]기타 수입	11.4				

회사 개요
동사는 1955년 설립됐으며, 신세계 백화점의 자회사로 광주 및 호남지역을 상권으로 하여 식품, 의류, 잡화 등을 판매하는 백화점 및 대형마트업을 주요 사업으로 영위하고 있음. 매출의 64%는 백화점 사업에서, 36%는 이마트 사업(마트부문)에서 거둬들임. 백화점 부문 시장 점유율은 44.9%로 파악됨. 2015년엔 점유율이 다소 하락했으나 2016년부터 다시 상승세에 접어듦. 마트부문 점유율은 8.5%로 추산됨.

실적 분석
2017년 상반기 연결기준 동사는 매출 1024.9억원을 시현함. 전년 대비 소폭 하락한 수치임. 영업이익은 266.6억원으로 역시나 소폭 축소됨. 지역 내에서 백화점 부문 경쟁이 심화되고 있다는 점이 원인으로 파악됨. 매출과 영업이익은 줄었으나 비영업부문 수익이 25.2% 성장한 덕에 당기순이익은 전년도 같은 기간에 비해 8.3% 증가한 237.5억원을 기록함.

현금 흐름   *IFRS 별도 기준   〈단위 : 억원〉

항목	2016	2017.2Q
영업활동	506	158
투자활동	-97	-23
재무활동	-511	-136
순현금흐름	-102	-1
기말현금	9	8

시장 대비 수익률

결산 실적   〈단위 : 억원〉

항목	2012	2013	2014	2015	2016	2017
매출액	2,138	2,066	2,048	2,053	2,104	—
영업이익	582	560	518	548	560	—
당기순이익	538	486	422	459	456	—

분기 실적   *IFRS 별도 기준   〈단위 : 억원〉

항목	2016.1Q	2016.2Q	2016.3Q	2016.4Q	2017.1Q	2017.2Q
매출액	530	504	515	555	517	508
영업이익	140	132	116	173	130	136
당기순이익	118	102	102	134	114	123

재무 상태   *IFRS 별도 기준   〈단위 : 억원〉

항목	2012	2013	2014	2015	2016	2017.2Q
총자산	4,307	6,564	6,528	6,595	6,555	6,519
유형자산	1,183	1,135	1,124	1,117	1,098	1,082
무형자산	6	8	8	9	13	13
유가증권	—	—	—	—	—	—
총부채	690	2,477	2,041	1,681	1,212	974
총차입금	—	1,801	1,357	1,000	509	393
자본금	80	80	80	80	80	80
총자본	3,616	4,087	4,486	4,914	5,343	5,545
지배주주지분	3,616	4,087	4,486	4,914	5,343	5,545

기업가치 지표   *IFRS 별도 기준

항목	2012	2013	2014	2015	2016	2017.2Q
주가(최고/저)(천원)	235/165	284/226	320/230	362/264	278/235	—/—
PER(최고/저)(배)	7.2/5.0	9.5/7.6	12.3/8.8	12.7/9.3	9.8/8.3	—/—
PBR(최고/저)(배)	1.1/0.8	1.1/0.9	1.2/0.8	1.2/0.9	0.8/0.7	0.8/0.7
EV/EBITDA(배)	1.6	9.4	10.8	8.9	7.2	
EPS(원)	33,606	30,356	26,398	28,688	28,471	14,844
BPS(원)	226,010	255,432	280,391	307,113	333,931	346,548
CFPS(원)	37,406	33,941	30,186	32,543	32,017	16,574
DPS(원)	1,250	1,250	1,250	1,250	1,250	
EBITDAPS(원)	40,166	38,574	36,185	38,087	38,576	18,395

재무 비율   〈단위 : % 〉

연도	영업이익률	순이익률	부채비율	차입금비율	ROA	ROE	유보율	자기자본비율	EBITDA마진율
2016	26.6	21.7	22.7	9.5	6.9	8.9	6,578.6	81.5	29.3
2015	26.7	22.4	34.2	20.4	7.0	9.8	6,042.3	74.5	29.7
2014	25.3	20.6	45.5	30.3	6.6	9.9	5,507.8	68.7	28.3
2013	27.1	23.5	60.6	44.1	8.9	12.6	5,008.6	62.3	29.9

광주은행 (A192530)
Kwangju Bank

업 종 : 상업은행		시 장 : 거래소	
신용등급 : (Bond) AA+ (CP) —		기업규모 : 시가총액 중형주	
홈페이지 : www.kjbank.com		연 락 처 : 062)239-5000	
본 사 : 광주시 동구 제봉로 225			

설 립 일 2014.05.08	종 업 원 수 1,642명	대 표 이 사 김한	
상 장 일 2014.05.22	감사의견 적정 (안진)	계 열	
결 산 기 12월	보통주 5,132만주	종속회사수 4개사	
액 면 가 5,000원	우 선 주	구 상 호 KJB금융지주	

주주구성 (지분율,%)		출자관계 (지분율,%)		주요경쟁사 (외형,%)	
JB금융지주	57.0	광주제일차유동화전문회사 24.7		광주은행	100
브이아이피투자자문	6.5	원광	16.6	BNK금융지주	449
(외국인)	13.7	전북제일학사	15.0	DGB금융지주	240

수익구성		비용구성		수출비중	
		이자비용	36.3	수출	
		파생상품손실		내수	
		판관비	41.1		

회사 개요
동사는 우리금융지주 민영화 방침에 따라 우리금융지주에서 분할돼 KJB금융지주를 2014년 5월 설립함. 이후 자회사인 광주은행과 합병하면서 사명을 광주은행으로 변경함. 그 해 10월 JB금융지주가 예금보험공사가 보유 중이던 광주 은행 주식 56.97%를 취득하면서 자회사로 편입됨. 광주, 전남권에 집중된 점을 극복하기 위해 서울 및 수도권 지역에 소형 점포를 확충해 영업력 확대를 통한 규모의 경제를 꾀함.

실적 분석
동사는 2017년도 2분기 중 당기순이익 417억원, 상반기 누적으로 846억원을 달성하였음. 이는 누적 기준 전년동기 대비 37.5% 증가한 실적임. 또한 2분기 영업이익은 545억원으로 전년동기 대비 25.7% 증가했고 분기 중 NIM(순이자 마진)은 전분기 대비 0.04%P 상승한 2.26%를 나타냄. 건전성 지표인 고정이하 여신비율은 0.57%, 연체비율은 0.56%를 기록해 전년 동기대비 각각 0.11%P, 0.08%P 개선되었음.

현금 흐름   〈단위 : 억원〉

항목	2016	2017.2Q
영업활동	1,910	-280
투자활동	-705	2,901
재무활동	-1,899	-2,581
순현금흐름	-673	35
기말현금	1,832	1,867

시장 대비 수익률

결산 실적   〈단위 : 억원〉

항목	2012	2013	2014	2015	2016	2017
이자수익	—	—	5,017	6,650	7,250	—
영업이익	—	—	317	722	1,328	—
당기순이익	—	—	200	579	1,034	—

분기 실적   〈단위 : 억원〉

항목	2016.1Q	2016.2Q	2016.3Q	2016.4Q	2017.1Q	2017.2Q
이자수익	1,729	1,808	1,843	1,870	1,921	1,971
영업이익	375	433	448	71	568	545
당기순이익	287	328	350	69	428	417

재무 상태   〈단위 : 억원〉

항목	2012	2013	2014	2015	2016	2017.2Q
총자산			173,479	197,763	226,195	230,788
유형자산			1,658	1,792	1,779	1,684
무형자산			203	174	122	56
유가증권			31,619	30,530	29,061	26,044
총부채			160,195	183,927	211,402	215,315
총차입금			27,566	23,876	22,132	19,68
자본금			2,566	2,566	2,566	2,566
총자본			13,284	13,836	14,793	15,474
지배주주지분			13,284	13,836	14,793	15,474

기업가치 지표

항목	2012	2013	2014	2015	2016	2017.2Q
주가(최고/저)(천원)	—/—	—/—	11.7/9.2	9.3/7.1	10.8/7.1	—/—
PER(최고/저)(배)	0.0/0.0	0.0/0.0	33.6/26.5	8.6/6.6	5.5/3.6	—/—
PBR(최고/저)(배)	0.0/0.0	0.0/0.0	0.5/0.4	0.4/0.3	0.4/0.3	0.5/0.3
PSR(최고/저)(배)	0/0	0/0	0/0	0/0	1/1	—/—
EPS(원)	—	—	363	1,127	2,014	
BPS(원)	—	—	25,893	26,969	28,832	30,161
CFPS(원)	—	—	633	1,601	2,568	1,972
DPS(원)	—	—		200	200	
EBITDAPS(원)	—	—	619	1,407	2,587	2,168

재무 비율   〈단위 : % 〉

연도	계속사업이익률	순이익률	부채비율	차입금비율	ROA	ROE	유보율	자기자본비율	총자산증가율
2016	18.7	14.3	1,429.1	149.6	0.5	7.2	476.7	6.5	14.4
2015	11.6	8.7	1,329.3	172.6	0.3	4.3	439.4	7.0	14.0
2014	6.3	4.0	1,205.9	207.5	0.0	0.0	417.9	7.7	0.0
2013	0.0	0.0	0.0	0.0	0.0	0.0	0.0	0.0	0.0

광진실업 (A026910)
Kwang Jin Ind

업 종 : 금속 및 광물			시 장 : KOSDAQ		
신용등급 : (Bond) — (CP) —			기업규모 : 중견		
홈 페 이 지 : www.kjsteel.co.kr			연 락 처 : 051)204-9102		
본 사 : 부산시 사하구 하신중앙로 160 (신평동)					

설 립 일 1976.12.06	종 업 원 수 98명	대 표 이 사 김영욱,허정도
상 장 일 1996.01.03	감 사 의 견 적정 (남경)	계 열
결 산 기 12월	보 통 주 641만주	종속회사수
액 면 가 500원	우 선 주	구 상 호

주주구성 (지분율,%)
허정도	33.2
최두필	8.9
(외국인)	3.1

출자관계 (지분율,%)
(없음)

주요경쟁사 (외형,%)
광진실업	100
하이스틸	390
한국주강	69

매출구성
봉강(제품)	72.2
스텐(상품)	27.7
기타	0.2

비용구성
매출원가율	88.9
판관비율	10.8

수출비중
수출	2.0
내수	98.0

회사 개요
동사는 철강제품 제조 판매업, 철강제품 도매업, 수출입업, 오토바이 판매와 수리를 주된 사업으로 영위하고 있음. 전방 산업인 설비투자, 기계부문 및 자동차 부문의 성장이 둔화될 것으로 예상되나, 경기회복에 따른 설비투자가 이어질 경우 전방산업의 호조로 작용될 것으로 전망됨. 반면, 국제 철강가격의 상승 추세는 계속 이어질 것으로 판단되어 영업이익율 상승의 기회로 평가되어짐.

실적 분석
동사의 2017년 연결 기준 2분기 매출과 영업이익은 216.2억원, 7.3억원으로 매출은 6.3% 증가, 영업이익은 421.8% 증가함. 매출원가는 매출액대비 88.0%로 전년동기 (92.3%) 대비 1.05%포인트 감소함. 판관비는 19.2억원으로 전년동기 대비 10.4% 감소하였음. 매출의 증가, 원가비율의 개선, 판관비의 감소 노력에 힘입어 동사의 당기순이익은 5.3억원을 기록하며 전년 동기 대비 1,552.9% 증가함.

현금 흐름 *IFRS 별도 기준
〈단위 : 억원〉
항목	2016	2017.2Q
영업활동	45	32
투자활동	-4	-1
재무활동	-27	-7
순현금흐름	14	24
기말현금	47	71

시장 대비 수익률

결산 실적
〈단위 : 억원〉
항목	2012	2013	2014	2015	2016	2017
매출액	733	562	467	421	382	
영업이익	19	-1	12	-2	1	
당기순이익	12	-6	6	-1	-0	

분기 실적 *IFRS 별도 기준
〈단위 : 억원〉
항목	2016.1Q	2016.2Q	2016.3Q	2016.4Q	2017.1Q	2017.2Q
매출액	97	106	82	97	107	109
영업이익	-3	4	-1	1	3	4
당기순이익	-3	3	-1	0	2	2

재무 상태 *IFRS 별도 기준
〈단위 : 억원〉
항목	2012	2013	2014	2015	2016	2017.2Q
총자산	535	455	435	425	405	401
유형자산	191	174	172	189	178	172
무형자산	2	2	2	3	3	3
유가증권	2	2	2	3	3	3
총부채	247	174	152	139	121	111
총차입금	191	131	120	97	73	67
자본금	32	32	32	32	32	32
총자본	288	281	283	286	285	290
지배주주지분	288	281	283	286	285	290

기업가치 지표 *IFRS 별도 기준
항목	2012	2013	2014	2015	2016	2017.2Q
주가(최고/저)(천원)	4.2/2.1	2.9/2.1	2.6/2.2	5.2/2.3	5.4/3.4	—/—
PER(최고/저)(배)	24.0/12.1	—/—	26.9/22.5	—/—	—/—	1.6/1.0
PBR(최고/저)(배)	1.0/0.5	0.7/0.5	0.6/0.5	1.2/0.5	1.2/0.8	1.0/1.0
EV/EBITDA(배)	8.1	12.2	7.4	19.0	20.2	11.4
EPS(원)	183	-91	98	-20	-3	83
BPS(원)	4,595	4,480	4,531	4,470	4,445	4,529
CFPS(원)	513	215	389	280	224	187
DPS(원)	25	25	25			
EBITDAPS(원)	622	288	472	263	242	217

재무 비율
〈단위 : % 〉
연도	영업이익률	순이익률	부채비율	차입금비율	ROA	ROE	유보율	자기자본비율	EBITDA마진율
2016	0.3	-0.1	42.4	25.5	0.0	-0.1	789.1	70.3	4.1
2015	-0.6	-0.3	48.5	34.0	-0.3	-0.4	794.1	67.3	4.0
2014	2.5	1.3	53.8	42.3	1.4	2.2	806.2	65.0	6.5
2013	-0.2	-1.0	61.8	46.8	-1.2	-2.0	796.0	61.8	3.3

광진윈텍 (A090150)
Kwangjin Wintec

업 종 : 자동차부품			시 장 : KOSDAQ		
신용등급 : (Bond) — (CP) —			기업규모 : 중견		
홈 페 이 지 : www.kwangjinwintec.com			연 락 처 : 051)711-2222		
본 사 : 부산시 기장군 장안읍 장안산단9로 110					

설 립 일 1999.02.06	종 업 원 수 189명	대 표 이 사 신규진
상 장 일 2006.10.20	감 사 의 견 적정 (부원)	계 열
결 산 기 12월	보 통 주 966만주	종속회사수 4개사
액 면 가 500원	우 선 주	구 상 호

주주구성 (지분율,%)
신태식	29.0
신규진	25.8
(외국인)	1.3

출자관계 (지분율,%)
씨텍시스템	42.3
광진윈텍베트남	100.0
북경광진기차부품유한공사	100.0

주요경쟁사 (외형,%)
광진윈텍	100
디젠스	113
에스제이케이	12

매출구성
시트히터(상품)	67.0
시트히터(제품)	33.1

비용구성
매출원가율	83.7
판관비율	14.8

수출비중
수출	33.0
내수	67.0

회사 개요
동사는 1999년 설립되어 2006년에 코스닥 시장에 상장했으며 현대, 기아, 르노삼성자동차의 대부분 차종에 시트히터를 납품하고 있음. 현재 국내 경쟁 업체 2개사 정도가 한국GM, 쌍용車 등에 시트히터를 납품하고 있으며 해외업체를 비롯한 잠재적 경쟁사들의 시장진출노력이 강화되면서 대·내외적으로 경쟁이 심화되고 있음. 2015년 기준 국내 시트히터 시장 점유율은 94%이며 현대, 기아차향 매출 비중은 97.5%임.

실적 분석
동사의 2017년 2분기 연결 매출액은 512억원으로 전년동기 대비 7.7% 감소하였음. 2016년 최대 과제로서 기존 시트히터 사업은 물론 통풍시트 등 신규 발전 사업분야의 상품화 주력과 중국 북경공장, 미국 앨리바마, 슬로바키아 질리나, 현지 법인과 2008년 1월 준공한 베트남 현지공장을 통해 글로벌 다각화를 위해 노력중임. 원가절감을 통한 수익성 제고 노력이 지속적으로 필요함.

현금 흐름
〈단위 : 억원〉
항목	2016	2017.2Q
영업활동	71	2
투자활동	-38	-19
재무활동	-50	20
순현금흐름	-20	7
기말현금	134	141

시장 대비 수익률

결산 실적
〈단위 : 억원〉
항목	2012	2013	2014	2015	2016	2017
매출액	943	922	948	970	1,058	—
영업이익	43	23	26	15	15	—
당기순이익	39	28	9	9	21	—

분기 실적
〈단위 : 억원〉
항목	2016.1Q	2016.2Q	2016.3Q	2016.4Q	2017.1Q	2017.2Q
매출액	270	285	269	235	256	256
영업이익	9	7	9	-9	2	-41
당기순이익	12	8	-6	7	-10	-13

재무 상태
〈단위 : 억원〉
항목	2012	2013	2014	2015	2016	2017.2Q
총자산	1,016	1,045	1,012	983	974	981
유형자산	203	190	178	175	167	163
무형자산	16	16	16	16	19	19
유가증권	4	6	21	23	21	5
총부채	636	643	604	566	541	581
총차입금	410	432	419	371	323	347
자본금	48	48	48	48	48	48
총자본	380	402	408	417	433	401
지배주주지분	380	402	408	417	433	401

기업가치 지표
항목	2012	2013	2014	2015	2016	2017.2Q
주가(최고/저)(천원)	2.5/1.8	2.9/1.9	3.0/2.1	3.5/1.9	6.7/2.6	—/—
PER(최고/저)(배)	6.8/4.9	10.6/6.8	35.2/24.5	36.6/19.9	31.2/12.3	—/—
PBR(최고/저)(배)	0.7/0.5	0.7/0.5	0.7/0.5	0.8/0.4	1.4/0.6	1.3/0.8
EV/EBITDA(배)	7.3	9.8	8.5	14.8	19.1	
EPS(원)	390	287	87	96	215	-243
BPS(원)	4,100	4,324	4,389	4,480	4,644	4,313
CFPS(원)	578	515	306	300	420	-140
DPS(원)	30	30	30	30	30	—
EBITDAPS(원)	634	464	490	365	363	-299

재무 비율
〈단위 : % 〉
연도	영업이익률	순이익률	부채비율	차입금비율	ROA	ROE	유보율	자기자본비율	EBITDA마진율
2016	1.4	2.0	125.1	74.8	2.1	4.9	828.8	44.4	3.3
2015	1.6	1.0	135.8	88.9	0.9	2.2	795.9	42.4	3.6
2014	2.8	0.9	148.0	102.7	0.8	2.1	777.8	40.3	5.0
2013	2.5	3.0	160.1	107.5	2.7	7.1	764.7	38.4	4.9

교보증권 (A030610)
Kyobo Securities

업　　　종 : 증권		시　　　장 : 거래소	
신용 등급 : (Bond) A　　(CP) A1		기업규모 : 시가총액 소형주	
홈 페 이 지 : www.iprovest.com		연 락 처 : 02)3771-9000	
본　　　사 : 서울시 영등포구 여의도동 의사당대로 97 (여의도동 26-4)교보증권빌딩			

설 립 일	1949.11.22	종 업 원 수	937명	대 표 이 사	김해준
상 장 일	2002.07.18	감 사 의 견	적정 (한영)	계　　　열	
결 산 기	12월	보 통 주	3,600만주	종속회사수	2개사
액 면 가	5,000원	우 선 주		구 상 호	

주주구성 (지분율,%)		출자관계 (지분율,%)		주요경쟁사 (외형,%)	
교보생명보험	51.6	공공임대리츠13호출자금	19.7	교보증권	100
하나은행	5.0	공공임대리츠14호출자금	19.7	키움증권	189
(외국인)	12.7	화성정남일반산업단지	19.0	유안타증권	122

수익구성		비용구성		수출비중	
금융상품 관련이익	52.7	이자비용	12.1	수출	—
이자수익	20.3	파생상품손실	0.0	내수	—
수수료수익	17.1	판관비	17.2		

회사 개요
동사는 주요 사업으로 위탁매매업, 자기매매업, 장내외파생상품업, 투자은행업, 자산관리업 등을 영위하고 있음. 종속회사로는 부동산임대업을 목적으로 설립된 투자신탁과 사모단독펀드가 있으며, 투자신탁은 당분기 중 관련 부동산을 처분함. 현 금융투자업은 낮은 진입장벽과 갈수록 낮아지고 있는 위탁 수수료율 등으로 심한 경쟁상태에 놓여져 있으며 다양한 상품 개발과 금융서비스 차별화로 경쟁력 확보를 위해 노력중임.

실적 분석
동사의 2017년 2분기 연결기준 누적 영업수익은 5,732억원으로 전년 동기(6,390억원) 대비 큰폭 감소함. 영업수익은 증가했지만 수수료 비용 등의 각종 제반 비용이 늘어나고 투자 손실로 인해 영업이익은 445억원으로 전년 동기(532억원) 대비 큰 폭 감소함. 영업이익이 줄면서 당기순이익은 365억원으로 전년 동기(472억원) 대비 큰 폭 감소했음.

현금 흐름 〈단위 : 억원〉

항목	2016	2017.2Q
영업활동	5,734	-2,872
투자활동	655	-29
재무활동	-6,585	2,685
순현금흐름	-193	-218
기말현금	759	540

시장 대비 수익률

결산 실적 〈단위 : 억원〉

항목	2012	2013	2014	2015	2016	2017
순영업손익	1,502	1,245	1,872	2,766	2,508	—
영업이익	33	101	340	973	722	—
당기순이익	120	113	298	789	623	—

분기 실적 〈단위 : 억원〉

항목	2016.1Q	2016.2Q	2016.3Q	2016.4Q	2017.1Q	2017.2Q
순영업손익	664	752	658	434	631	670
영업이익	231	302	246	-57	221	225
당기순이익	215	258	190	-40	183	183

재무 상태 〈단위 : 억원〉

항목	2012	2013	2014	2015	2016	2017.2Q
총자산	51,573	49,382	56,736	55,342	51,185	63,446
유형자산	738	729	696	683	667	711
무형자산	184	156	131	58	64	64
유가증권	36,608	31,806	37,852	38,331	34,002	42,760
총부채	45,711	43,496	50,590	48,481	43,729	55,685
총차입금	25,744	22,077	22,344	20,717	14,240	16,882
자본금	1,800	1,800	1,800	1,800	1,800	1,800
총자본	5,862	5,886	6,146	6,861	7,456	7,761
지배주주지분	5,862	5,886	6,146	6,861	7,456	7,761

기업가치 지표

항목	2012	2013	2014	2015	2016	2017.2Q
주가(최고/저)(천원)	5.4/4.2	5.3/4.2	13.4/4.2	13.8/7.8	10.9/7.7	—/—
PER(최고/저)(배)	17.2/13.4	17.6/13.9	17.0/5.3	6.5/3.7	6.4/4.5	—/—
PBR(최고/저)(배)	0.4/0.3	0.3/0.3	0.8/0.3	0.7/0.4	0.5/0.4	0.5/0.4
PSR(최고/저)(배)	0/0	0/0	0/0	0/0	2/1	—/—
EPS(원)	332	313	827	2,193	1,731	—
BPS(원)	16,481	16,548	17,272	19,257	20,910	21,723
CFPS(원)	586	507	1,076	2,441	1,980	1,088
DPS(원)	50	—	100	150	170	—
EBITDAPS(원)	91	280	944	2,703	2,005	1,238

재무 비율 〈단위 : %〉

연도	계속사업이익률	순이익률	부채비율	차입금비율	ROA	ROE	유보율	자기자본비율	총자산증가율
2016	33.6	24.8	586.5	191.0	1.2	8.7	318.2	14.6	-7.5
2015	39.2	28.5	706.6	302.0	1.4	12.1	285.1	12.4	-2.5
2014	21.2	15.9	823.1	363.5	0.6	5.0	245.4	10.8	10.0
2013	13.8	9.1	739.0	375.1	0.2	1.9	231.0	11.9	-4.3

구름컴퍼니 (A223220)
GURUM

업　　　종 : 게임 소프트웨어		시　　　장 : KONEX	
신용 등급 : (Bond) —　　(CP) —		기업규모 :	
홈 페 이 지 : www.gurumcompany.com		연 락 처 : 031)714-9909	
본　　　사 : 경기도 성남시 분당구 성남대로331번길 8 킨스타워 6층 607호,608호			

설 립 일	2013.08.21	종 업 원 수	17명	대 표 이 사	조상익
상 장 일	2015.07.09	감 사 의 견	적정 (이촌)	계　　　열	
결 산 기	12월	보 통 주		종속회사수	
액 면 가	—	우 선 주		구 상 호	구름컴퍼니

주주구성 (지분율,%)		출자관계 (지분율,%)		주요경쟁사 (외형,%)	
이은석	13.7			구름게임즈앤컴퍼니	100
Directouch Management Limited	13.4			엔터메이트	339
				엠게임	510

매출구성		비용구성		수출비중	
모바일게임(기타)	100.0	매출원가율	103.4	수출	—
		판관비율	48.8	내수	—

회사 개요
동사는 2013년 8월 16일 설립한 (구)추콩테크놀로지로, 2015년 7월 코넥스 시장에 상장함. 주요 사업은 온라인, 모바일 게임 소프트웨어 개발로 주요 게임으로는 미검온라인, 천하제일 용병단, 피싱라이더, 낚시의 달인 등이 있으며 카카오플랫폼에서 서비스하였음. 액션부터 RPG까지 다양한 라인업을 서비스하였음. 2017년 8월 '구름게임즈앤컴퍼니'로 사명을 변경하고 방송·e스포츠 사업본부를 신설하여 신사업 추진 준비 중임.

실적 분석
동사의 2016년 매출액은 59.8억원으로 전년 대비 70.2% 감소함. 영업손실은 31.3억원을 기록하며 적자가 지속되는 모습. 당기순손실은 34억원 기록, 적자가 지속되됨. 2017년 8월 사업목적에 e스포츠 및 관련 여가서비스업, 방송프로그램 제작업 등을 추가하였음. 게임사업의 다각화를 통한 수익 증대가 기대됨. 향후 게임방송 및 급성장 중인 VOD, 모바일 미디어 시장의 유망 콘텐츠 투자 및 공동제작으로 안정적인 부가수익을 창출할 계획임.

현금 흐름 *IFRS 별도 기준 〈단위 : 억원〉

항목	2016	2017.2Q
영업활동	-11	—
투자활동	-12	—
재무활동	6	—
순현금흐름	-17	—
기말현금	5	—

시장 대비 수익률

결산 실적 *IFRS 별도 기준 〈단위 : 억원〉

항목	2012	2013	2014	2015	2016	2017
매출액	—	39	239	201	60	—
영업이익	—	-6	16	-20	-31	—
당기순이익	—	-4	14	-19	-34	—

분기 실적 *IFRS 별도 기준 〈단위 : 억원〉

항목	2016.1Q	2016.2Q	2016.3Q	2016.4Q	2017.1Q	2017.2Q
매출액						
영업이익						
당기순이익						

재무 상태 *IFRS 별도 기준 〈단위 : 억원〉

항목	2012	2013	2014	2015	2016	2017.2Q
총자산		51	133	132	65	—
유형자산			0	46	41	—
무형자산		6	11	14	1	—
유가증권				0	9	—
총부채		38	106	119	84	—
총차입금				22	27	—
자본금		17	17	17	17	—
총자본		13	27	13	-20	—
지배주주지분		13	27	13	-20	—

기업가치 지표 *IFRS 별도 기준

항목	2012	2013	2014	2015	2016	2017.2Q
주가(최고/저)(천원)	—/—	—/—	—/—	38.0/3.2	51.6/3.0	—/—
PER(최고/저)(배)	0.0/0.0	0.0/0.0	0.0/0.0	—/—	—/—	—/—
PBR(최고/저)(배)	0.0/0.0	0.0/0.0	0.0/0.0	97.6/8.2	-88.1/-5.1	—/—
EV/EBITDA(배)			0.0			0.0/0.0
EPS(원)	—	-131	400	-418	-956	—
BPS(원)	—	3,758	7,968	389	-586	—
CFPS(원)	—	-1,089	6,104	-89	-622	—
DPS(원)	—					—
EBITDAPS(원)	—	-1,565	6,926	-98	-513	—

재무 비율 〈단위 : %〉

연도	영업이익률	순이익률	부채비율	차입금비율	ROA	ROE	유보율	자기자본비율	EBITDA마진율
2016	-52.3	-56.8	완전잠식	완전잠식	-34.8	당기잠식	-217.2	-30.9	-33.2
2015	-9.7	-9.6	일부잠식	일부잠식	-14.6	-98.3	-44.3	8.0	-4.1
2014	6.9	5.7	392.3	0.0	14.8	68.3	59.4	20.3	9.8
2013	-15.7	-11.5	일부잠식		0.0	-24.8	25.3	-13.8

구영테크 (A053270)
Guyoung Technology

업 종 : 자동차부품		시 장 : KOSDAQ	
신용등급 : (Bond) — (CP) —		기업규모 : 중견	
홈 페 이 지 : www.guyoungtech.com		연 락 처 : 053)592-6111	
본 사 : 대구시 달서구 달서대로91길 97 (호림동)			

설 립 일	1989.11.09	종 업 원 수	282명	대 표 이 사	이희화
상 장 일	2002.01.25	감사의견	적정 (삼일)	계	열
결 산 기	12월	보 통 주	1,979만주	종속회사수	3개사
액 면 가	500원	우 선 주		구 상 호	

주주구성 (지분율,%)		출자관계 (지분율,%)		주요경쟁사 (외형,%)	
이희화	22.2	미광에너지	72.0	구영테크	100
미광정공	15.9	미광스포렉스	25.0	티에이치엔	198
(외국인)	1.2	GuyoungTechUSA.INS	100.0	GH신소재	37

매출구성		비용구성		수출비중	
기 타	57.0	매출원가율	84.8	수출	71.0
HR-CAR 외	25.6	판관비율	12.3	내수	29.0
YP-CAR(카니발)	10.6				

회사 개요
1989년에 설립되어 1000여종 이상의 자동차용 부품을 생산해 현대차와 기아차에 납품중인 자동차부품 생산업체. 자체 개발한 Progressive 금형 및 Transfer 자동화 공정으로 자동화 시스템을 구축하여 인건비를 절감해 품질 및 가격 경쟁력을 확보하고 있음. 중국에 2개 종속회사와 미국의 현지법인에서 부품을 생산하여 동사와 미국의 현대차 및 현지 협력업체에 납품중임.

실적 분석
동사의 2017년 반기 매출액은 다소 감소한 모습을 나타내며 전년동기 대비 4.2% 감소한 741.2억원을 기록함. 영업이익은 37.8억원을 시현하며 전년동기 대비 19.8% 증가하였으나, 당기순이익은 큰 폭으로 감소한 9.8억원을 시현하는데 그침. 외형 축소와 판관비 증가에도 불구하고 원가율 하락 영향으로 비교적 큰 폭으로 영업수익성 상승함. 다만, 비영업수지 악화 여파로 경상수지는 큰 폭으로 감소한 상황.

현금 흐름 〈단위 : 억원〉
항목	2016	2017.2Q
영업활동	181	17
투자활동	-166	-72
재무활동	-19	84
순현금흐름	-3	28
기말현금	84	112

시장 대비 수익률

결산 실적 〈단위 : 억원〉
항목	2012	2013	2014	2015	2016	2017
매출액	1,558	1,727	1,705	1,721	1,483	—
영업이익	75	75	54	61	43	—
당기순이익	16	22	24	39	25	—

분기 실적 〈단위 : 억원〉
항목	2016.1Q	2016.2Q	2016.3Q	2016.4Q	2017.1Q	2017.2Q
매출액	372	402	356	353	378	363
영업이익	16	15	12	-1	21	17
당기순이익	10	11	-9	13	1	9

재무 상태 〈단위 : 억원〉
항목	2012	2013	2014	2015	2016	2017.2Q
총자산	1,612	1,492	1,559	1,613	1,667	1,706
유형자산	833	825	856	904	972	898
무형자산	4	4	4	4	4	4
유가증권	5	54	39	64	69	84
총부채	1,245	1,102	1,036	1,049	1,090	1,139
총차입금	948	803	756	753	756	885
자본금	64	64	99	99	99	99
총자본	367	390	522	564	578	568
지배주주지분	359	382	513	554	569	559

기업가치 지표
항목	2012	2013	2014	2015	2016	2017.2Q
주가(최고/저)(천원)	2.1/1.3	1.7/1.3	2.6/1.2	2.4/1.3	2.6/1.6	—/—
PER(최고/저)(배)	17.2/10.5	10.5/8.1	22.4/10.7	12.1/6.4	20.0/12.2	0.8/0.7
PBR(최고/저)(배)	0.7/0.5	0.6/0.4	1.0/0.5	0.9/0.5	0.9/0.5	0.7/0.7
EV/EBITDA(배)	6.1	5.9	7.0	7.3	8.6	
EPS(원)	125	165	119	208	131	53
BPS(원)	2,911	3,080	2,637	2,912	3,005	2,974
CFPS(원)	731	786	586	628	562	266
DPS(원)					100	
EBITDAPS(원)	1,188	1,204	772	730	650	404

재무 비율 〈단위 : % 〉
연도	영업이익률	순이익률	부채비율	차입금비율	ROA	ROE	유보율	자기자본비율	EBITDA마진율
2016	2.9	1.7	188.6	130.8	1.6	4.6	500.9	34.7	8.7
2015	3.6	2.4	186.0	133.5	2.6	7.7	482.4	35.0	8.4
2014	3.2	1.3	198.5	144.9	1.5	4.8	427.4	33.5	8.1
2013	4.3	1.3	282.4	205.7	1.4	5.7	516.0	26.2	9.0

국도화학 (A007690)
KukDo Chemical

업 종 : 화학		시 장 : 거래소	
신용등급 : (Bond) A+ (CP) —		기업규모 : 시가총액 소형주	
홈 페 이 지 : www.kukdo.com		연 락 처 : 02)3282-1400	
본 사 : 서울시 금천구 가산디지털 2로 61 (가산동)			

설 립 일	1972.02.22	종 업 원 수	438명	대 표 이 사	이삼열,이시창
상 장 일	1989.08.05	감사의견	적정 (신한)	계	열
결 산 기	12월	보 통 주	581만주	종속회사수	4개사
액 면 가	5,000원	우 선 주		구 상 호	

주주구성 (지분율,%)		출자관계 (지분율,%)		주요경쟁사 (외형,%)	
Nippon Steel Chemical Co.,Ltd	22.4	국도정밀	100.0	국도화학	100
신도케미칼	20.0	국도비앤켐	100.0	휴켐스	63
(외국인)	32.3	일도화학	50.0	송원산업	73

매출구성		비용구성		수출비중	
GY-3010E등	75.7	매출원가율	89.4	수출	—
KSF-ISO등	12.5	판관비율	6.7	내수	—
HJ-2200V등	6.0				

회사 개요
동사는 1972년 설립돼 에폭시수지, 경화제용 수지를 주로 생산함. 주력 상품인 에폭시수지는 산업용 화학 소재로 전기·전자, 우주항공, 도료, 풍력블레이드, 토목 건축 등 전 산업분야에서 필수적인 고기능성 원자재로 사용됨. 정보통신기술의 발달로 에폭시수지의 사용용도가 꾸준히 늘어나고 있음. 동사의 제품별 생산능력은 에폭시 16만톤, 폴리올 3만톤임. 에폭시수지의 국내 시장점유율 66%를 차지하고 있음.

실적 분석
동사의 2017년 연결기준 상반기 매출액은 5,036.3억원으로 전년동기 대비와 비슷한 실적을 기록함. 매출은 정체되었으나, 매출원가의 증가로 영업이익은 215.2억원으로 전년동기 대비 22.6% 감소되었으며, 당기순이익 또한 170.6억원으로 15.1% 감소함. 신규 생산설비를 통해 자동차 시트 및 가구용 연질 우레탄 시장에서 지속적으로 매출을 확대해 나가고 있음.

현금 흐름 〈단위 : 억원〉
항목	2016	2017.2Q
영업활동	564	128
투자활동	-294	-427
재무활동	-113	162
순현금흐름	155	-138
기말현금	472	334

시장 대비 수익률

결산 실적 〈단위 : 억원〉
항목	2012	2013	2014	2015	2016	2017
매출액	8,414	9,119	9,780	10,119	9,526	—
영업이익	405	406	315	780	370	—
당기순이익	299	314	209	563	266	—

분기 실적 〈단위 : 억원〉
항목	2016.1Q	2016.2Q	2016.3Q	2016.4Q	2017.1Q	2017.2Q
매출액	2,408	2,618	2,284	2,217	2,435	2,601
영업이익	167	111	42	50	60	156
당기순이익	123	78	21	44	57	114

재무 상태 〈단위 : 억원〉
항목	2012	2013	2014	2015	2016	2017.2Q
총자산	5,478	5,904	6,374	6,813	6,828	7,429
유형자산	2,108	2,222	2,349	2,463	2,756	2,889
무형자산	34	22	21	21	20	19
유가증권	11	5	223	588	609	851
총부채	2,109	2,277	2,584	2,506	2,369	2,895
총차입금	881	990	1,225	1,047	1,022	1,254
자본금	291	291	291	291	291	291
총자본	3,368	3,627	3,791	4,307	4,458	4,534
지배주주지분	3,288	3,544	3,700	4,212	4,364	4,443

기업가치 지표
항목	2012	2013	2014	2015	2016	2017.2Q
주가(최고/저)(천원)	55.0/35.0	51.8/36.0	58.6/37.8	80.2/37.7	69.6/50.3	—/—
PER(최고/저)(배)	12.1/7.7	10.4/7.4	18.0/11.6	8.7/4.1	15.8/11.5	—/—
PBR(최고/저)(배)	1.1/0.7	0.9/0.6	1.0/0.6	1.2/0.6	1.0/0.7	0.7/0.6
EV/EBITDA(배)	5.2	6.8	6.4	3.9		
EPS(원)	5,098	5,335	3,495	9,618	4,490	2,909
BPS(원)	56,584	60,985	63,683	72,495	75,108	76,461
CFPS(원)	6,853	7,305	5,754	12,013	7,137	4,255
DPS(원)	1,000	1,000	1,000	1,500	1,200	
EBITDAPS(원)	8,732	8,949	7,688	15,813	9,012	5,050

재무 비율 〈단위 : % 〉
연도	영업이익률	순이익률	부채비율	차입금비율	ROA	ROE	유보율	자기자본비율	EBITDA마진율
2016	3.9	2.8	53.1	22.9	3.9	6.1	1,402.2	65.3	5.5
2015	7.7	5.6	58.2	24.3	8.5	14.1	1,349.9	63.2	9.1
2014	3.2	2.1	68.2	32.3	3.4	5.6	1,173.7	59.5	4.6
2013	4.5	3.4	62.8	27.3	5.5	9.1	1,119.7	61.4	5.7

국동 (A005320)
Kukdong

업　　종 : 섬유 및 의복　　　　시　　장 : 거래소
신용등급 : (Bond) —　　(CP) —　　기업규모 : 시가총액 소형주
홈페이지 : www.kd.co.kr　　　　연 락 처 : 02)3407-7715
본　　사 : 서울시 동대문구 천호대로 405 7,8층(동보빌딩)

설 립 일	1967.12.08	종 업 원 수	73명	대 표 이 사	변상기
상 장 일	1996.12.24	감 사 의 견	적정 (우리)	계 열	
결 산 기	12월	보 통 주	1,303만주	종속회사수	6개사
액 면 가	500원	우 선 주		구 상 호	

주주구성 (지분율,%)		출자관계 (지분율,%)		주요경쟁사 (외형,%)	
KB자산운용	15.6	바이오밸류	100.0	국동	100
변상기	10.4	KUKDONGAPPAREL(AMERICA),INC.	100.0	방림	76
(외국인)	1.9	PT.KUKDONGAPPARELBATANG	100.0	형지I&C	65

매출구성		비용구성		수출비중	
의류(수출)	89.4	매출원가율	81.4	수출	91.0
의류(내수)	10.5	판관비율	13.3	내수	9.0
건강보조식품(내수)	0.2				

회사 개요
동사는 1967년 설립되어 니트의류의 수출을 주된 사업으로 하고 있으며, 주문자상표부착방식(OEM)에 의해 NIKE, FOREVER21, H&M등과의 계약으로 의류를 인도네시아에 소재하는 해외생산법인 등에서 생산판매하고 있음. 또한 1999년에 수출지역의 다변화를 목적으로 북미시장에 진출하고자 멕시코 및 미국에 현지법인을 설립하였음. 사업다각화의 일환으로 산삼배양근(건강보조식품) 사업도 소규모로 추진중임.

실적 분석
동사의 2017년 상반기 연결기준 매출액은 전년대비 0.5% 증가한 1,037.3억원을 기록함. 영업이익은 전년 대비 4.6% 증가한 53.1억원을 기록함. 다만 대규모 외환관련손실로 비영업손실이 확대되며 당기순이익은 13.3억원을 시현, 전년 대비 61.7% 감소함. 동사는 향후 향후 미주지역의 경기호조와 생산CAPA 확대 및 바이어와의 신뢰관계 유지로 향후 업황 호전 및 실적 개선이 기대됨.

현금 흐름
〈단위 : 억원〉
항목	2016	2017.2Q
영업활동	7	-174
투자활동	-159	15
재무활동	172	78
순현금흐름	18	-82
기말현금	123	41

시장 대비 수익률

결산 실적
〈단위 : 억원〉
항목	2012	2013	2014	2015	2016	2017
매출액	1,382	1,479	1,861	1,703	1,974	—
영업이익	68	55	101	87	106	—
당기순이익	51	40	89	52	62	—

분기 실적
〈단위 : 억원〉
항목	2016.1Q	2016.2Q	2016.3Q	2016.4Q	2017.1Q	2017.2Q
매출액	482	551	476	465	411	627
영업이익	24	27	27	27	23	30
당기순이익	12	23	-1	28	-2	15

재무 상태
〈단위 : 억원〉
항목	2012	2013	2014	2015	2016	2017.2Q
총자산	658	730	893	938	1,241	1,294
유형자산	239	220	257	276	386	366
무형자산	0	0	0	0	0	0
유가증권	2	10	10	0	0	0
총부채	564	576	606	625	724	726
총차입금	389	379	444	448	502	521
자본금	20	23	23	23	30	65
총자본	94	154	286	312	517	568
지배주주지분	94	154	286	312	517	568

기업가치 지표
항목	2012	2013	2014	2015	2016	2017.2Q
주가(최고/저)(천원)	2.4/1.1	3.0/1.4	12.7/1.7	22.9/8.9	16.4/7.5	—/—
PER(최고/저)(배)	1.9/0.9	3.3/1.5	6.6/0.9	20.6/8.0	15.6/7.2	—/—
PBR(최고/저)(배)	1.0/0.5	0.9/0.4	2.1/0.3	3.4/1.3	1.9/0.9	1.3/0.9
EV/EBITDA(배)	5.1	5.8	7.2	8.2	6.5	—/—
EPS(원)	653	464	979	567	534	102
BPS(원)	2,385	3,406	6,129	6,679	8,770	4,369
CFPS(원)	1,628	1,360	2,222	1,379	1,380	185
DPS(원)						
EBITDAPS(원)	2,040	1,703	2,493	2,107	2,116	490

재무 비율
〈단위 : % 〉
연도	영업이익률	순이익률	부채비율	차입금비율	ROA	ROE	유보율	자기자본비율	EBITDA마진율
2016	5.4	3.2	140.0	97.1	5.7	15.0	1,654.0	41.7	6.3
2015	5.1	3.1	200.3	143.6	5.7	17.5	1,235.9	33.3	5.8
2014	5.5	4.8	211.7	155.2	11.0	40.4	1,125.7	32.1	6.2
2013	3.7	2.7	373.9	245.9	5.8	32.3	581.2	21.1	5.1

국보 (A001140)
KUKBO LOGISTICS CO

업　　종 : 육상운수　　　　시　　장 : 거래소
신용등급 : (Bond) —　　(CP) —　　기업규모 : 시가총액 소형주
홈페이지 : www.kukbo.com　　　연 락 처 : 02)765-5544
본　　사 : 서울시 중구 소공로 88 (소공동)

설 립 일	1953.12.28	종 업 원 수	132명	대 표 이 사	김영철
상 장 일	1989.12.02	감 사 의 견	적정 (신우)	계 열	
결 산 기	12월	보 통 주	168만주	종속회사수	1개사
액 면 가	5,000원	우 선 주		구 상 호	

주주구성 (지분율,%)		출자관계 (지분율,%)		주요경쟁사 (외형,%)	
흥아해운	21.1			국보	100
윤성욱	3.3			KCTC	401
(외국인)	0.3			동양고속	178

매출구성		비용구성		수출비중	
컨테이너 운송, 보관, 운송주선	92.9	매출원가율	91.1	수출	0.0
보세화물 보관	5.8	판관비율	8.6	내수	100.0
컨테이너하역 외	1.3				

회사 개요
동사는 1953년에 설립되어 현재 컨테이너 화물운송, 보관, 하역 등을 주요 사업으로 하고 있으며 전국의 각 영업소를 거점으로 물류서비스업을 영위하고 있는 종합물류기업 인증업체임. 동사의 연결대상 종속회사인 (주)에스엘케이국보는 국제물류운송주선을 주요사업으로 하고 있으며 주매출은 지배회사인 (주)국보의 운송부문에 포함됨. 매출비중은 운송부문 92.2%, 창고부문 7.8%로 구성됨.

실적 분석
동사의 2017년 상반기 연결기준 매출액은 376.2억원임. 이는 전년도 같은 기간 매출액이었던 424.5억원에서 11.4% 축소된 금액. 매출은 감소했지만 매출원가가 13.5% 줄고 판매비와 관리비가 11.6% 감소해 영업손실 폭이 줄어듦. 비영업부문 역시 적자가 지속됐지만 손실 폭은 감소함. 당기순손실 또한 전년 동기의 7.4억원에서 6억원으로 적자폭이 축소됨.

현금 흐름
〈단위 : 억원〉
항목	2016	2017.2Q
영업활동	5	-21
투자활동	2	-17
재무활동	-8	69
순현금흐름	-1	30
기말현금	3	33

시장 대비 수익률

결산 실적
〈단위 : 억원〉
항목	2012	2013	2014	2015	2016	2017
매출액	1,223	1,083	975	916	873	—
영업이익	14	8	-24	-25	2	—
당기순이익	-9	-38	-70	-40	-42	—

분기 실적
〈단위 : 억원〉
항목	2016.1Q	2016.2Q	2016.3Q	2016.4Q	2017.1Q	2017.2Q
매출액	213	211	238	211	186	191
영업이익	-7	-5	5	11	-1	-1
당기순이익	-8	2	3	-36	-4	-2

재무 상태
〈단위 : 억원〉
항목	2012	2013	2014	2015	2016	2017.2Q
총자산	985	983	910	831	813	795
유형자산	387	423	413	404	397	394
무형자산	84	77	57	53	46	53
유가증권	24	15	36	22	21	44
총부채	647	685	684	647	660	596
총차입금	324	385	434	409	396	350
자본금	51	51	51	51	51	84
총자본	338	298	226	184	153	199
지배주주지분	337	297	226	184	152	199

기업가치 지표
항목	2012	2013	2014	2015	2016	2017.2Q
주가(최고/저)(천원)	24.9/10.7	13.9/10.0	14.2/10.7	23.3/12.7	29.3/15.5	—/—
PER(최고/저)(배)	—/—	—/—	—/—	—/—	—/—	—/—
PBR(최고/저)(배)	0.6/0.3	0.4/0.3	0.5/0.4	1.1/0.6	1.6/0.9	1.8/1.0
EV/EBITDA(배)	10.2	13.9			40.5	
EPS(원)	-870	-3,746	-6,761	-3,912	-4,140	-537
BPS(원)	33,114	29,201	22,295	18,221	14,861	11,810
CFPS(원)	1,265	-1,604	-5,274	-2,726	-3,043	-537
DPS(원)	50	50	50	50		
EBITDAPS(원)	3,464	2,939	-858	-1,211	1,296	-160

재무 비율
〈단위 : % 〉
연도	영업이익률	순이익률	부채비율	차입금비율	ROA	ROE	유보율	자기자본비율	EBITDA마진율
2016	0.2	-4.8	432.3	259.3	-5.1	-25.3	197.2	18.8	1.5
2015	-2.7	-4.4	351.3	222.4	-4.7	-19.6	264.4	22.2	-1.4
2014	-2.5	-7.2	302.3	191.7	-7.4	-26.6	345.9	24.9	-0.9
2013	0.8	-3.6	230.3	129.2	-3.9	-12.1	484.0	30.3	2.8

국보디자인 (A066620)
Kukbo Design

종 류 : 건설	시 장 : KOSDAQ	
용 급 등 급 : (Bond) — (CP) —	기업규모 : 우량	
페이지 : www.ikukbo.com	연 락 처 : 02)6220-1800	
사 : 서울시 마포구 월드컵로10길 49 (서교동)		

설 립 일 1988.03.02	종 업 원 수 384명	대 표 이 사 황창연
상 장 일 2002.08.23	감 사 의 견 적정 (한울)	계 열
결 산 기 12월	보 통 주 750만주	종속회사수 4개사
액 면 가 500원	우 선 주	구 상 열

주주구성 (지분율,%)		출자관계 (지분율,%)		주요경쟁사 (외형,%)	
황창연	45.9	국보디자인제주	100.0	국보디자인	100
한가람투자자문	4.9	인치	100.0	한라	910
(외국인)	9.6	세르비레	100.0	화성산업	245

매출구성		비용구성		수출비중	
[국내 도급공사]건축(공사)	81.2	매출원가율	87.7	수출	8.0
[해외 도급공사]건축(공사)	18.8	판관비율	7.1	내수	92.0

회사 개요
동사는 인테리어의 기획 및 설계, 시공감리를 전문으로 하는 인테리어디자인 전문회사임. 최근에는 리모델링공사 등에 주력하고 있음. 업무시설, 호텔, 레져 및 국가기간산업 인테리어 시장의 성장세가 두드러짐. 업무시설부문은 사무실의 사무환경을 효율적이고 효과적인 공간이 될 수 있도록 과학적인 분석을 적용한 인테리어디자인이 요구되며 정보사회로 전환에 따라 고객 수요에 각각 부합하는 형태로 변화중임.

실적 분석
동사의 2017년 반기 매출액은 1,321억원을 기록하며 전년동기 대비 61.4% 증가함. 견조한 외형 확대와 원가율 하락, 판관비중 축소 영향으로 전년동기 대비 99.9% 증가한 131.1억원의 영업이익 시현함. 당기순이익 또한 비영업부문의 소득 약화에도 불구하고 지난해 같은 기간 대비 큰 폭으로 증가한 모습. 꾸준히 실적 회복하는 모습을 보인점은 긍정적으로 평가하며, 향후 해외시장에서의 성장세 지속 이어갈 것으로 기대.

현금 흐름 〈단위 : 억원〉

항목	2016	2017.2Q
영업활동	127	-64
투자활동	-36	79
재무활동	-76	-18
순현금흐름	21	-4
기말현금	126	122

시장 대비 수익률

결산 실적 〈단위 : 억원〉

항목	2012	2013	2014	2015	2016	2017
매출액	1,194	1,635	1,764	1,926	2,014	—
영업이익	99	118	133	128	105	—
당기순이익	77	109	109	108	107	—

분기 실적 〈단위 : 억원〉

항목	2016.1Q	2016.2Q	2016.3Q	2016.4Q	2017.1Q	2017.2Q
매출액	366	452	502	694	645	675
영업이익	35	30	27	13	62	69
당기순이익	31	19	20	36	48	18

재무 상태 〈단위 : 억원〉

항목	2012	2013	2014	2015	2016	2017.2Q
총자산	929	1,279	1,320	1,411	1,585	1,615
유형자산	22	22	26	69	74	73
무형자산	18	18	20	20	18	18
유가증권	14	42	32	35	32	43
총부채	353	623	577	578	715	686
총차입금	—	34		19		—
자본금	38	38	38	38	38	38
총자본	576	656	744	833	869	929
지배주주지분	576	656	744	833	869	929

기업가치 지표

항목	2012	2013	2014	2015	2016	2017.2Q
주가(최고/저)(천원)	10.0/4.4	11.2/6.3	21.1/9.6	25.5/12.1	23.4/14.8	—/—
PER(최고/저)(배)	10.7/4.7	8.2/4.6	15.1/6.9	18.2/8.7	16.6/10.5	—/—
PBR(최고/저)(배)	1.4/0.6	1.4/0.8	2.2/1.0	2.4/1.1	2.0/1.2	1.4/1.2
EV/EBITDA(배)		1.0	2.1	5.3	3.8	—/—
EPS(원)	1,026	1,458	1,459	1,436	1,432	873
BPS(원)	7,675	8,746	9,913	11,108	12,097	12,891
CFPS(원)	1,043	1,477	1,482	1,462	1,456	891
DPS(원)	200	230	250	250	250	
EBITDAPS(원)	1,342	1,588	1,802	1,731	1,426	1,766

재무 비율 〈단위 : % 〉

연도	영업이익률	순이익률	부채비율	차입금비율	ROA	ROE	유보율	자기자본비율	EBITDA마진율
2016	5.2	5.3	82.3	0.0	7.2	12.6	2,319.4	54.9	5.3
2015	6.6	5.6	69.4	2.3	7.9	13.7	2,121.5	59.1	6.7
2014	7.6	6.2	77.6	0.0	8.4	15.6	1,882.7	56.3	7.7
2013	7.2	6.7	95.0	5.1	9.9	17.8	1,649.3	51.3	7.3

국순당 (A043650)
Kook Soon Dang

업 종 : 음료	시 장 : KOSDAQ	
신용등급 : (Bond) — (CP) —	기업규모 : 중견	
홈 페 이 지 : www.ksdb.co.kr	연 락 처 : 033)3404-300	
본 사 : 강원도 횡성군 둔내면 강변로 975		

설 립 일 1983.02.05	종 업 원 수 303명	대 표 이 사 배중호
상 장 일 2000.08.24	감 사 의 견 적정 (삼정)	계 열
결 산 기 12월	보 통 주 1,786만주	종속회사수 5개사
액 면 가 500원	우 선 주	구 상 열

주주구성 (지분율,%)		출자관계 (지분율,%)		주요경쟁사 (외형,%)	
배중호	36.6	IMM16호기업구조조합	98.0	국순당	100
JF Asset Management Limited	5.0	지앤텍벤처투자	96.5	진로발효	125
(외국인)	3.5	자연그대로농업	88.2	풍국주정	139

매출구성		비용구성		수출비중	
막걸리	43.6	매출원가율	60.3	수출	10.0
기타	17.3	판관비율	49.0	내수	90.0
백세주	15.6				

회사 개요
국내 주류시장은 정체기에 들어섬. 매년 2~3%의 완만한 성장이 예상되며 시장 규모는 약 8조 4천억 정도로 추정됨. 동사는 탁주 및 약주제조업을 영위하는 기업으로서 신선도 유지를 위해 업계 최초로 전국냉장유통시스템을 도입하여 생막걸리의 유통기한을 늘려 기존 제품과의 차별화를 추구함. 주류 수입이 활발해지고 소비자의 선택 폭이 다양해짐에 따라 과실주, 청주, 약주의 구분이 모호해지고 있음.

실적 분석
동사의 2017년 2분기 누적 매출액은 322.7억원으로 전년동기 대비 8.7% 감소함. 동사가 영위하는 전통주 시장이 최근 침체를 겪고 있으나 원가 및 판관비 절감을 통하여 영업손실의 폭을 다소 좁힘. 1인당 주류소비량 감소, 과일 맛을 첨가한 낮은 도수의 소주의 신제품 출시, 수입맥주의 가정용 시장 공략에 따른 소비자의 관심 분산 등 시장의 위험요인들이 존재하여 막걸리 판매증가율도 둔화 되는 현상은 상당기간 지속 될 것으로 전망.

현금 흐름 〈단위 : 억원〉

항목	2016	2017.2Q
영업활동	1	9
투자활동	-127	85
재무활동	-15	-9
순현금흐름	-139	82
기말현금	239	329

시장 대비 수익률

결산 실적 〈단위 : 억원〉

항목	2012	2013	2014	2015	2016	2017
매출액	1,187	992	919	774	697	—
영업이익	57	14	11	-82	-65	—
당기순이익	62	54	35	-35	-28	—

분기 실적 〈단위 : 억원〉

항목	2016.1Q	2016.2Q	2016.3Q	2016.4Q	2017.1Q	2017.2Q
매출액	166	188	186	158	155	167
영업이익	-19	-5	-13	-29	-13	-6
당기순이익	-3	10	-15	-19	-10	14

재무 상태 〈단위 : 억원〉

항목	2012	2013	2014	2015	2016	2017.2Q
총자산	2,097	2,181	2,175	2,166	2,130	2,134
유형자산	825	797	720	692	649	624
무형자산	43	40	43	35	31	25
유가증권	316	587	502	435	439	
총부채	191	235	207	184	190	198
총차입금	12	45	9	7	12	12
자본금	89	89	89	89	89	89
총자본	1,906	1,946	1,968	1,982	1,940	1,936
지배주주지분	1,861	1,897	1,921	1,932	1,895	1,892

기업가치 지표

항목	2012	2013	2014	2015	2016	2017.2Q
주가(최고/저)(천원)	10.2/6.2	8.5/5.7	6.9/5.5	10.8/5.7	7.5/6.0	—/—
PER(최고/저)(배)	29.0/17.6	28.9/19.2	38.2/30.7	—/—	—/—	—/—
PBR(최고/저)(배)	1.0/0.6	0.8/0.5	0.6/0.5	1.0/0.5	0.7/0.6	0.7/0.6
EV/EBITDA(배)	7.3	7.9	8.5	—		
EPS(원)	366	304	185	-208	-148	30
BPS(원)	10,771	10,974	11,106	10,928	10,720	10,705
CFPS(원)	689	567	417	-12	28	116
DPS(원)	90	45	50	50	50	
EBITDAPS(원)	644	344	293	-263	-187	-22

재무 비율 〈단위 : % 〉

연도	영업이익률	순이익률	부채비율	차입금비율	ROA	ROE	유보율	자기자본비율	EBITDA마진율
2016	-9.3	-4.0	9.8	0.6	-1.3	-1.4	2,043.9	91.1	-4.8
2015	-10.6	-4.6	9.3	0.3	-1.6	-1.9	2,085.6	91.5	-6.1
2014	1.2	3.8	10.5	0.5	1.6	1.7	2,121.1	90.5	5.7
2013	1.5	5.8	12.1	2.3	2.5	2.9	2,094.8	89.2	6.2

국영지앤엠 (A006050)
KukYoung G&M

업　　종 : 건축자재		시　　장 : KOSDAQ	
신용등급 : (Bond) —	(CP) —	기업규모 : 중견	
홈페이지 : www.kukyounggnm.com		연 락 처 : 02)2015-0300	
본　　사 : 서울시 서초구 서초중앙로 36 준영빌딩 7층			

설 립 일 1969.05.07	종 업 원 수 112명	대 표 이 사 최재원	
상 장 일 1994.10.07	감 사 의 견 적정 (태성)	계　　　열	
결 산 기 12월	보 통 주 3,490주	종속회사수	
액 면 가 500원	우 선 주	구 상 호	

주주구성 (지분율,%)
최재원	10.8
박종철	2.9
(외국인)	3.1

출자관계 (지분율,%)
전문건설공제조합	
자본재공제조합	

주요경쟁사 (외형,%)
국영지앤엠	100
대림B&Co	406
뉴보텍	70

매출구성
복층유리 외(공사)	80.3
복층유리 외(제품)	19.7

비용구성
매출원가율	96.4
판관비율	3.1

수출비중
수출	0.0
내수	100.0

회사 개요
동사는 1959년 설립되어 원자재인 판유리를 판유리 생산업체로부터 구매하여 용도에 맞게 가공하여 건축용, 철도용, 차량용, 인테리어용, 특수시설 보안용등으로 공급함. 다양한 제품을 고객(유리시공업체 포함)에게 판매하거나, 직접 상업용, 주택용 건물 프로젝트를 수주하여 시공함. 부설연구소의 활발한 연구개발의 성과로 30분용 비차열 접합방화유리와 60분 차열방화유리를 국내최초 개발하여, 발코니 확장 시장에 납품·시공하고 있음.

실적 분석
동사의 연결기준 2017년 2분기 누적 매출액은 전년동기 대비 9.5% 증가한 289.1억원을 기록하였음. 전년동기 대비 매출원가율이 상승하여 매출총이익은 21.2% 감소함. 이에 판관비를 크게 감소하였음에도 전년동기와 비슷한 0.3억원의 영업이익을 기록하는 데 그침. 비영업부문 이익이 1.8억원을 반영한 당기순이익은 전년동기와 비슷한 수준인 1.9억원을 기록함.

현금 흐름 •IFRS 별도 기준 〈단위 : 억원〉
항목	2016	2017.2Q
영업활동	-33	34
투자활동	-5	-15
재무활동	15	6
순현금흐름	-23	25
기말현금	102	127

시장 대비 수익률

결산 실적 〈단위 : 억원〉
항목	2012	2013	2014	2015	2016	2017
매출액	438	558	515	401	515	—
영업이익	-15	13	16	-10	2	—
당기순이익	48	10	4	-5	4	—

분기 실적 •IFRS 별도 기준 〈단위 : 억원〉
항목	2016.1Q	2016.2Q	2016.3Q	2016.4Q	2017.1Q	2017.2Q
매출액	100	164	126	124	156	133
영업이익	-1	1	-4	6	-7	7
당기순이익	-0	2	-4	7	-5	7

재무 상태 •IFRS 별도 기준 〈단위 : 억원〉
항목	2012	2013	2014	2015	2016	2017.2Q
총자산	602	631	590	637	657	628
유형자산	321	317	324	316	318	312
무형자산	4	5	4	4	4	4
유가증권	6	6	6	6	5	20
총부채	142	168	118	147	151	114
총차입금	65	72	30	30	33	33
자본금	147	147	150	165	171	174
총자본	460	463	472	490	506	513
지배주주지분	460	463	472	490	506	513

기업가치 지표 •IFRS 별도 기준
항목	2012	2013	2014	2015	2016	2017.2Q
주가(최고/저)(천원)	2.1/0.8	1.4/0.9	1.3/0.9	2.6/1.0	3.5/1.6	—/—
PER(최고/저)(배)	13.2/4.7	42.6/27.1	100.0/66.1	—/—	302.0/143.4	—/—
PBR(최고/저)(배)	1.4/0.5	0.9/0.6	0.8/0.6	1.7/0.6	2.3/1.1	1.6/0.8
EV/EBITDA(배)	—	9.0	7.3	186.2	42.8	—/—
EPS(원)	167	32	13	-17	11	5
BPS(원)	1,590	1,603	1,604	1,512	1,500	1,494
CFPS(원)	212	76	80	29	51	25
DPS(원)	20		15			
EBITDAPS(원)	-7	89	100	12	47	21

재무 비율 〈단위 : % 〉
연도	영업이익률	순이익률	부채비율	차입금비율	ROA	ROE	유보율	자기자본비율	EBITDA마진율
2016	0.5	0.8	29.9	6.4	0.6	0.8	200.0	77.0	3.1
2015	-2.6	-1.3	30.1	6.0	-0.9	-1.1	202.4	76.9	1.0
2014	3.1	0.8	24.9	6.4	0.7	0.9	220.7	80.1	5.8
2013	2.4	1.7	36.2	15.4	1.6	2.1	220.6	73.4	4.7

국일신동 (A060480)
KUKIL METAL CO

업　　종 : 금속 및 광물		시　　장 : KOSDAQ	
신용등급 : (Bond) —	(CP) —	기업규모 : 중견	
홈페이지 : www.kukilmetal.com		연 락 처 : 031)499-9192	
본　　사 : 경기도 안산시 단원구 번영2로 58			

설 립 일 1993.02.26	종 업 원 수 61명	대 표 이 사 김연경,손인국(각자대표)	
상 장 일 2014.12.29	감 사 의 견 적정 (태성)	계　　　열	
결 산 기 12월	보 통 주 1,109주	종속회사수	
액 면 가 500원	우 선 주	구 상 호	

주주구성 (지분율,%)
손인국	42.3
이구무역	5.8
(외국인)	1.6

출자관계 (지분율,%)
한국동협조합	
인천시민프로축구단	

주요경쟁사 (외형,%)
국일신동	100
하이스틸	538
한국주강	96

매출구성
황동봉 내수 제품매출	56.4
철동 합금코일 제품매출 외	13.5
압연 외 임가공	11.8

비용구성
매출원가율	91.6
판관비율	5.9

수출비중
수출	4.0
내수	96.0

회사 개요
동사는 1993년 설립된 동합금계열 비철전문 제조업체로서 주 생산품은 황동봉이며 그외 철동합금코일 등을 생산하고 있음. 품목다변화를 위해 중공봉, Anode-Ball, BAR, 무연 및 고력황동을 개발해 생산 시작했음, Ni Strike Plating 및 Sn Plating 개발 중임. 계열회사는 상장사인 이구산업을 포함하여 5개사가 있음. 황동봉은 대창과 풍산이 점유율 70%를 차지하며 동사의 점유율은 8% 전후로 추정됨.

실적 분석
동사는 2017년 상반기 누적 매출액과 영업이익이 전년 동기 대비 각각 5.5%, 1552.3% 증가한 150.3억원과 19.8억원을 기록함. 동사는 황동봉의 내수 판매액이 증가하면서 매출이 늘었고, 원재료인 황동스크랩의 가격이 인상됐으나 제품 가격에 이를 반영해 원가율이 하락함. 인건비를 동결하는 등 판매관리비를 적절히 통제해 수익성이 크게 향상됨. 비영업부문에서 1.0억원의 적자가 발생했으나, 14.7억원의 당기순이익을 기록해 흑자전환함.

현금 흐름 •IFRS 별도 기준 〈단위 : 억원〉
항목	2016	2017.2Q
영업활동	44	10
투자활동	-1	-5
재무활동	-34	-20
순현금흐름	9	-15
기말현금	15	0

시장 대비 수익률

결산 실적 〈단위 : 억원〉
항목	2012	2013	2014	2015	2016	2017
매출액	318	355	337	301	277	—
영업이익	27	28	19	9	7	—
당기순이익	19	20	13	7	4	—

분기 실적 •IFRS 별도 기준 〈단위 : 억원〉
항목	2016.1Q	2016.2Q	2016.3Q	2016.4Q	2017.1Q	2017.2Q
매출액	74	68	53	82	83	67
영업이익	-1	2	1	5	10	10
당기순이익	-3	1	1	4	7	8

재무 상태 •IFRS 별도 기준 〈단위 : 억원〉
항목	2012	2013	2014	2015	2016	2017.2Q
총자산	471	473	536	479	451	445
유형자산	292	290	288	289	285	286
무형자산	0	0	0	0	0	0
유가증권	0	0	0	0	0	0
총부채	136	157	155	93	67	51
총차입금	87	97	100	44	16	—
자본금	40	40	55	55	55	55
총자본	334	315	381	386	384	394
지배주주지분	334	315	381	386	384	394

기업가치 지표 •IFRS 별도 기준
항목	2012	2013	2014	2015	2016	2017.2Q
주가(최고/저)(천원)	—/—	—/—	2.7/2.3	3.5/1.7	5.9/2.0	—/—
PER(최고/저)(배)	0.0/0.0	0.0/0.0	16.9/14.4	59.6/29.2	172.7/60.0	—/—
PBR(최고/저)(배)	0.0/0.0	0.0/0.0	0.7/0.6	0.9/0.5	1.6/0.5	1.7/0.7
EV/EBITDA(배)	2.7	2.7	12.9	19.1	34.7	—/—
EPS(원)	238	254	162	60	35	132
BPS(원)	4,180	4,415	3,778	3,818	3,805	3,892
CFPS(원)	297	320	228	111	88	160
DPS(원)			25	50	50	
EBITDAPS(원)	392	415	295	131	118	205

재무 비율 〈단위 : % 〉
연도	영업이익률	순이익률	부채비율	차입금비율	ROA	ROE	유보율	자기자본비율	EBITDA마진율
2016	2.6	1.4	17.5	4.1	0.8	1.0	661.1	85.1	4.7
2015	2.9	2.2	24.2	11.4	1.3	1.7	663.7	80.6	4.8
2014	5.5	3.9	40.6	26.3	2.6	3.8	655.5	71.1	7.1
2013	7.9	5.7	49.9	30.9	4.3	6.3	783.0	66.7	9.4

국일제지 (A078130)
Kuk-il Paper Mfg

업 종 : 종이 및 목재 　　시 장 : KOSDAQ
신용등급 : (Bond) — (CP) — 　　기업규모 : 중견
홈페이지 : www.kukilpaper.co.kr 　　연 락 처 : 031)339-9100
본 사 : 경기도 용인시 처인구 이동면 백옥대로 563

설 립 일	1978.08.21	종 업 원 수	133명
상 장 일	2004.10.22	감 사 의 견	적정 (다산)
결 산 기	12월	보 통 주	11,600만주
액 면 가	100원	우 선 주	

대 표 이 사 : 변종경
계 열 :
종 속 회 사 수 :
구 상 사 :

주주구성 (지분율,%)
최우식	35.4
배진한	4.2
(외국인)	1.2

출자관계 (지분율,%)
진영지업	30.0
필로시스	9.5
케이지피	1.1

주요경쟁사 (외형,%)
국일제지	100
한창제지	481
영풍제지	216

매출구성
박엽지	94.6
박엽지 등	5.2
임대매출	0.2

비용구성
매출원가율	84.9
판관비율	14.8

수출비중
수출	12.0
내수	88.0

회사 개요
동사는 1978년 설립된 제지업체로서, 각종 지류의 제조, 가공 및 판매, 도소매 및 수출입을 영위함. 산업용 지류 중 특수지에 해당하는 박엽지가 주력 제품으로서, 담배필터용 등으로 이용됨. 제지사업은 주 원재료인 펄프의 해외의존도가 80% 이상이며, 원료 및 제품의 크기가 크기 때문에 내수 지향적인 수요구조를 가지고 있음. 향후 환경보호에 큰 효과를 얻음과 동시에 주 생산품을 대체할 수 있는 식품용지 제품을 생산 중임.

실적 분석
동사의 2017년 상반기 매출액은 222.9억원으로 전년동기 대비 15.1% 증가함. 반면 영업이익은 적자전환됨. 담배필터용 등 박엽지의 매출액이 90.8%를 차지하며, 상품유형의 박엽지 매출액이 크게 증가함. 적극적인 해외 시장 개척과 국내시장에서의 지배력 강화를 목표로 하고 있으며, 고부가가치 특수지 개발이 주력이 되고 있음.

현금 흐름 *IFRS 별도 기준 〈단위 : 억원〉
항목	2016	2017.2Q
영업활동	33	-21
투자활동	-108	-24
재무활동	26	45
순현금흐름	-49	1
기말현금	16	17

시장 대비 수익률

결산 실적 〈단위 : 억원〉
항목	2012	2013	2014	2015	2016	2017
매출액	1,406	1,074	969	415	404	—
영업이익	17	20	-7	9	1	—
당기순이익	-63	1	-56	146	-3	—

분기 실적 *IFRS 별도 기준 〈단위 : 억원〉
항목	2016.1Q	2016.2Q	2016.3Q	2016.4Q	2017.1Q	2017.2Q
매출액	95	99	99	111	110	113
영업이익	-1	2	-4	-4	1	3
당기순이익	5	0	4	-13	8	4

재무 상태 *IFRS 별도 기준 〈단위 : 억원〉
항목	2012	2013	2014	2015	2016	2017.2Q
총자산	892	720	1,154	1,009	1,020	1,100
유형자산	201	205	587	188	191	187
무형자산	1	1	1	1	2	2
유가증권	0	1	0	0	218	222
총부채	580	398	846	507	468	536
총차입금	398	284	619	398	383	442
자본금	100	100	100	103	116	116
총자본	312	323	308	502	552	564
지배주주지분	312	323	308	502	552	564

기업가치 지표 *IFRS 별도 기준
항목	2012	2013	2014	2015	2016	2017.2Q
주가(최고/저)(천원)	0.1/0.1	0.1/0.1	0.2/0.1	0.7/0.1	0.8/0.5	—/—
PER(최고/저)(배)	—/—	11.4/7.5	—/—	4.8/0.9	—/—	—/—
PBR(최고/저)(배)	0.4/0.3	0.4/0.3	0.6/0.4	1.4/0.3	1.6/1.1	1.7/0.8
EV/EBITDA(배)	8.9	8.0	15.4	26.1	81.4	—/—
EPS(원)	-57	11	-56	145	-3	10
BPS(원)	15,598	16,128	15,380	2,439	476	486
CFPS(원)	-2,498	1,073	-1,123	860	7	15
DPS(원)						
EBITDAPS(원)	2,542	2,463	2,319	181	10	3

재무 비율 〈단위 : % 〉
연도	영업이익률	순이익률	부채비율	차입금비율	ROA	ROE	유보율	자기자본비율	EBITDA마진율
2016	0.3	-0.8	84.7	69.4	-0.3	-0.6	376.1	54.2	2.9
2015	2.2	35.2	100.9	79.3	13.5	36.9	387.9	49.8	8.8
2014	-0.8	-5.8	275.2	201.3	-4.7	-11.4	189.6	26.7	2.7
2013	1.9	0.1	235.6	173.5	0.0	10.8	245.5	29.8	5.0

국제약품 (A002720)
Kukje Pharma

업 종 : 제약 　　시 장 : 거래소
신용등급 : (Bond) — (CP) — 　　기업규모 : 시가총액 소형주
홈페이지 : www.kukjepharm.co.kr 　　연 락 처 : 031)781-9081~9
본 사 : 경기도 성남시 분당구 야탑로 96-8

설 립 일	1959.07.27	종 업 원 수	420명
상 장 일	1975.12.27	감 사 의 견	적정 (삼일)
결 산 기	12월	보 통 주	1,740만주
액 면 가	1,000원	우 선 주	

대 표 이 사 : 남영우,남태훈,안재만
계 열 :
종 속 회 사 수 : 1개사
구 상 사 :

주주구성 (지분율,%)
효림산업	23.7
남영우	8.5
(외국인)	2.0

출자관계 (지분율,%)
케이제이케어	94.7
국제피앤비	33.6
제아에이치앤비	20.0

주요경쟁사 (외형,%)
국제약품	100
하이텍팜	45
우리들제약	59

매출구성
[의약품]기타	51.3
상품	17.0
콜렌시아연질캡슐 외	14.9

비용구성
매출원가율	55.4
판관비율	41.3

수출비중
수출	4.0
내수	96.0

회사 개요
동사는 1959년 설립되어 1975년 12월 한국거래소에 상장된 의약품 업체임. 주요 품목으로는 당뇨병성망막질환 치료제인 타겐에프, 건성안 치료제인 큐알론점안액과 항생제인 세포제돈 등이 있음. 2017년 상반기 수출금액은 22.0억원으로 전체 매출의 3.6%를 차지함. 상반기 연구개발비용은 31.9억원으로 전체 매출의 5.3%임. 사업 다각화를 위해 화장품 수입 및 판매업도 하고 있음.

실적 분석
동사의 2017년도 연결 기준 2분기 누적 매출액은 605.7억원으로 전년 동기 대비 2.4% 감소함. 매출원가는 0.7% 감소하여 매출총이익은 4.4% 감소한 269.4억원을 기록함. 경상개발비의 147.2% 증가에도 광고선전비의 감소로 판관비는 전년 동기 대비 6.7% 감소함. 그 결과 영업이익은 21.4억원으로 전년 동기 대비 33.2% 증가함. 당기순이익은 49.0% 증가한 9.0억원을 시현하였음.

현금 흐름 *IFRS 별도 기준 〈단위 : 억원〉
항목	2016	2017.2Q
영업활동	161	1
투자활동	-49	-39
재무활동	-53	-6
순현금흐름	59	-44
기말현금	64	19

시장 대비 수익률

결산 실적 〈단위 : 억원〉
항목	2012	2013	2014	2015	2016	2017
매출액	1,268	1,205	1,224	1,176	1,207	—
영업이익	-147	10	-14	21	40	—
당기순이익	-189	17	-69	-59	8	—

분기 실적 *IFRS 별도 기준 〈단위 : 억원〉
항목	2016.1Q	2016.2Q	2016.3Q	2016.4Q	2017.1Q	2017.2Q
매출액	296	325	299	288	294	312
영업이익	13	3	13	10	12	10
당기순이익	6	-0	-2	4	7	2

재무 상태 *IFRS 별도 기준 〈단위 : 억원〉
항목	2012	2013	2014	2015	2016	2017.2Q
총자산	1,149	1,174	1,175	1,366	1,295	1,301
유형자산	400	373	361	619	601	598
무형자산	11	10	8	6	14	24
유가증권	13	13	13	8	7	20
총부채	596	591	667	682	619	622
총차입금	348	348	354	404	331	330
자본금	154	154	159	166	166	174
총자본	554	583	509	685	675	678
지배주주지분	550	583	508	683	675	678

기업가치 지표
항목	2012	2013	2014	2015	2016	2017.2Q
주가(최고/저)(천원)	3.3/1.8	2.8/1.6	2.7/1.7	7.3/2.2	6.5/3.5	—/—
PER(최고/저)(배)	—/—	23.5/13.6	—/—	—/—	147.0/79.3	—/—
PBR(최고/저)(배)	1.0/0.6	0.8/0.5	0.9/0.6	1.8/0.6	1.6/0.9	1.2/1.0
EV/EBITDA(배)	—/—	12.2	31.3	18.7	15.5	—/—
EPS(원)	-1,089	122	-398	-342	44	54
BPS(원)	3,666	3,881	3,303	4,175	4,191	4,038
CFPS(원)	-958	402	-199	-156	220	130
DPS(원)			40	60	60	
EBITDAPS(원)	-684	332	149	328	413	199

재무 비율 〈단위 : % 〉
연도	영업이익률	순이익률	부채비율	차입금비율	ROA	ROE	유보율	자기자본비율	EBITDA마진율
2016	3.3	0.7	91.7	49.0	0.6	1.1	319.1	52.2	5.7
2015	1.8	-5.0	99.6	59.0	-4.6	-10.0	317.5	50.1	4.6
2014	-1.2	-5.7	131.1	69.6	-5.9	-12.7	230.3	43.3	1.9
2013	0.9	1.4	101.3	59.7	1.5	3.8	288.1	49.7	4.3

굿센 (A243870)
Goodcen

업　종 : 서비스	시　장 : KONEX
신용등급 : (Bond) —　(CP) —	기업규모 : —
홈페이지 : www.goodcen.com	연락처 : 02)580-6500
본　사 : 서울시 서초구 반포대로 22, 7층(서초동, 서초평화빌딩)	

설 립 일	2004.09.30	종 업 원 수	98명	대 표 이 사	윤석구
상 장 일	2016.10.31	감 사 의 견	적정 (삼덕)	계　열	
결 산 기	12월	보 통 주		종속회사수	
액 면 가		우 선 주		구 상 호	

주주구성 (지분율,%)		출자관계 (지분율,%)		주요경쟁사 (외형,%)	
아이티센	41.6	소프트아이텍	32.5	굿센	100
조해근	17.4	굿센씨엠에스		링네트	451
				동부	716

매출구성		비용구성		수출비중	
유지보수매출	49.8	매출원가율	81.8	수출	—
SI매출	29.6	판관비율	14.8	내수	—
상품매출	19.0				

회사 개요
동사는 2004년 설립돼 건설업용 ERP와 통합 커뮤니케이션과 협업 포탈 및 EKP, 정보기술 아웃소싱, 공공 클라우드 기반의 HW 공급 및 SW 서비스 구축 등의 사업을 영위함. 2014년부터는 위 4대 사업영역에 대해 클라우드 서비스로 변환하는 작업을 진행 중에 있음. 2016년 10월, 에너지 분석전문 기업인 인코어드테크놀로지스와 빅데이터 에너지관리서비스 협약을 체결함.

실적 분석
동사는 코넥스 상장 기업으로 반기와 분기 실적 공개 의무가 없음. 동사의 2016년 연결기준 연간 누적 매출액은 286.1억원으로 전년동기(73.9억원) 대비 큰 폭으로 늘어남. 매출 증가에 따라 영업이익도 9.6억원을 시현함. 비영업손익 부문에서 금융 등 소폭 이익을 얻음으로써 당기순이익은 11.7억원을 시현함. 매출이 대폭 늘어나면서 고정비용 감소 효과에 따라 영업이익이 늘어났으며 순이익도 발생.

현금 흐름 *IFRS 별도 기준　〈단위 : 억원〉

항목	2016	2017.2Q
영업활동	-51	—
투자활동	47	—
재무활동	-1	—
순현금흐름	-5	—
기말현금	95	—

시장 대비 수익률

결산 실적　〈단위 : 억원〉

항목	2012	2013	2014	2015	2016	2017
매출액	119	128	85	74	286	—
영업이익	13	14	-2	-1	10	—
당기순이익	16	16	3	3	12	—

분기 실적 *IFRS 별도 기준　〈단위 : 억원〉

항목	2016.1Q	2016.2Q	2016.3Q	2016.4Q	2017.1Q	2017.2Q
매출액	—	—	—	—	—	—
영업이익	—	—	—	—	—	—
당기순이익	—	—	—	—	—	—

재무 상태 *IFRS 별도 기준　〈단위 : 억원〉

항목	2012	2013	2014	2015	2016	2017.2Q
총자산	176	195	191	186	252	—
유형자산	18	18	18	17	2	—
무형자산	0	0	0	0	34	—
유가증권	73	99	99	35	8	—
총부채	18	21	14	7	43	—
총차입금	5	5	3			—
자본금	6	6	6	6	7	—
총자본	158	174	177	178	209	—
지배주주지분	158	174	177	178	209	—

기업가치 지표 *IFRS 별도 기준

항목	2012	2013	2014	2015	2016	2017.2Q
주가(최고/저)(천원)	#VALUE!	—/—	—/—	—/—	—/—	—/—
PER(최고/저)(배)	0.0/0.0	0.0/0.0	0.0/0.0	0.0/0.0	30.8/13.2	—/—
PBR(최고/저)(배)	0.0/0.0	0.0/0.0	0.0/0.0	0.0/0.0	1.7/0.7	—/—
EV/EBITDA(배)	—	—	—	—	9.4	—
EPS(원)	1,457	1,438	299	247	911	
BPS(원)	14,157	15,567	15,815	15,952	16,341	
CFPS(원)	1,530	1,499	364	304	1,019	
DPS(원)						
EBITDAPS(원)	1,264	1,318	-103	-48	855	

재무 비율　〈단위 : % 〉

연도	영업이익률	순이익률	부채비율	차입금비율	ROA	ROE	유보율	자기자본비율	EBITDA마진율
2016	3.3	4.1	20.8	0.0	5.3	6.0	3,168.2	82.8	3.8
2015	-1.6	3.7	4.1	0.0	1.5	1.6	3,090.5	96.1	-0.7
2014	-2.2	3.9	8.1	1.9	1.7	1.9	3,063.0	92.5	-1.4
2013	11.0	12.6	12.0	3.0	8.7	9.7	3,013.5	89.3	11.5

그랜드백화점 (A019010)
Grand Departmentstore

업　종 : 백화점	시　장 : KOSDAQ
신용등급 : (Bond) —　(CP) —	기업규모 : 우량
홈페이지 : www.granddept.co.kr	연락처 : 02)3665-0101
본　사 : 서울시 강남구 대치동 936-21	

설 립 일	1979.04.27	종 업 원 수	264명	대 표 이 사	김만진
상 장 일	1993.11.05	감 사 의 견	적정 (도원)	계　열	
결 산 기	12월	보 통 주	482만주	종속회사수	2개사
액 면 가	5,000원	우 선 주		구 상 호	

주주구성 (지분율,%)		출자관계 (지분율,%)		주요경쟁사 (외형,%)	
정도진흥기업	20.1	호텔그랜드유통	71.6	그랜드백화점	100
김만진	7.7	부국관광	47.6	신세계	4,226
(외국인)	0.5	정도건설	37.7	광주신세계	302

매출구성		비용구성		수출비중	
상품매출액(백화점)	89.2	매출원가율	44.3	수출	0.0
영업수수료외(백화점)	10.9	판관비율	50.4	내수	100.0

회사 개요
동사는 백화점 및 할인점 등 소매유통업을 전문으로 영위하고 있는 중견 유통업체임. 현재 백화점 1개소(일산점)와 할인점 1개소(신촌점)을 운영하고 있으며, 계열 건설사와 함께 주택 분양 등 부동산사업도 영위하고 있음. 동사의 전국적 시장 점유율은 선두 3개 업체에 비해 상대적으로 열세이나, 점포의 위치 특성을 활용하여 적극적인 지역 밀착형 마케팅을 펼치고 있음. 상품구성은 상품매출액이 79.6%, 수입수수료 외 20.4%로 이루어짐.

실적·분석
동사의 2017년 2분기 연결기준 매출액은 전년동기 수준인 341.7억원을 기록함. 원가율 및 판관비의 감소로 수익성이 크게 개선되면서 영업이익은 전년동기 대비 23.4% 개선된 25.1억원을 시현. 단기매매증권평가손실 및 영업권손상 등이 해소되면서 비영업수지가 개선되었음에도 당기순이익은 3.2억원의 손실을 시현하며 적자지속. 상품매출, 수수료 및 임대료 수입 등 대부분의 사업부문에서 매출이 정체되고 있음.

현금 흐름　〈단위 : 억원〉

항목	2016	2017.2Q
영업활동	-45	8
투자활동	-28	-99
재무활동	-53	60
순현금흐름	-125	-21
기말현금	186	165

시장 대비 수익률

결산 실적　〈단위 : 억원〉

항목	2012	2013	2014	2015	2016	2017
매출액	1,026	578	671	684	697	—
영업이익	-25	-5	24	6	37	—
당기순이익	-258	-170	-149	409	128	—

분기 실적 *IFRS 별도 기준　〈단위 : 억원〉

항목	2016.1Q	2016.2Q	2016.3Q	2016.4Q	2017.1Q	2017.2Q
매출액	179	172	164	183	166	166
영업이익	7	14	-1	17	10	15
당기순이익	-29	12	-22	167	9	-12

재무 상태　〈단위 : 억원〉

항목	2012	2013	2014	2015	2016	2017.2Q
총자산	3,981	3,723	3,897	3,918	4,131	4,239
유형자산	1,949	2,030	1,905	2,215	2,848	3,008
무형자산	1	1	1	1	2	1
유가증권	56	59	28	311	202	184
총부채	2,060	1,980	2,302	1,874	1,763	1,887
총차입금	1,207	1,209	1,034	1,141	1,219	1,315
자본금	241	241	241	241	241	241
총자본	1,921	1,742	1,595	2,043	2,368	2,352
지배주주지분	1,853	1,682	1,566	1,985	2,108	2,097

기업가치 지표

항목	2012	2013	2014	2015	2016	2017.2Q
주가(최고/저)(천원)	8.0/4.4	5.1/4.1	9.4/4.0	16.9/8.3	12.7/9.1	—/—
PER(최고/저)(배)	—/—	—/—	—/—	2.3/1.1	4.6/3.3	—/—
PBR(최고/저)(배)	0.2/0.1	0.2/0.1	0.3/0.1	0.4/0.2	0.3/0.2	0.3/0.3
EV/EBITDA(배)	26.8	25.2	11.7	11.7	17.0	—
EPS(원)	-5,134	-3,346	-2,430	7,898	2,808	28
BPS(원)	40,047	36,511	34,095	42,237	44,784	44,558
CFPS(원)	-3,964	-2,239	-977	9,290	4,047	596
DPS(원)			300	300	300	
EBITDAPS(원)	642	1,005	1,955	1,508	2,010	1,089

재무 비율　〈단위 : % 〉

연도	영업이익률	순이익률	부채비율	차입금비율	ROA	ROE	유보율	자기자본비율	EBITDA마진율
2016	5.3	18.3	74.5	51.5	3.2	6.6	795.7	57.3	13.9
2015	0.8	59.9	91.7	55.8	10.5	21.4	744.7	52.2	10.6
2014	3.6	-22.3	144.3	64.8	-3.9	-7.2	581.9	40.9	14.0
2013	-0.9	-29.3	113.7	69.4	-4.4	-9.1	630.2	46.8	8.4

그랜드코리아레저 (A114090)
Grand Korea Leisure

업 종 : 호텔 및 레저		시 장 : 거래소	
신용등급 : (Bond) — (CP) —		기업규모 : 시가총액 중형주	
홈페이지 : www.grandkorea.com		연 락 처 : 02)6421-6000	
본 사 : 서울시 강남구 삼성로 610 GKL			

설 립 일	2005.09.06	종 업 원 수	1,820명	대 표 이 사	이기우
상 장 일	2009.11.19	감 사 의 견	적정 (삼정)	계 열	
결 산 기	12월	보 통 주	6,186만주	종속회사수	
액 면 가	500원	우 선 주		구 상 호	

주주구성 (지분율,%)		출자관계 (지분율,%)		주요경쟁사 (외형,%)	
한국관광공사	51.0	GKL	100		
국민연금공단	10.3	강원랜드	309		
(외국인)	12.3	호텔신라	678		

매출구성		비용구성		수출비중	
카지노매출	98.4	매출원가율	66.6	수출	100.0
환전수입	1.6	판관비율	5.9	내수	0.0

회사 개요
동사는 카지노, 관광숙박업 등을 영위하는 업체로, 한국관광공사의 자회사로 서울 강남, 힐튼, 부산롯데 카지노를 운영 중. 주요 고객은 중국인 비중이 절반 이상으로 크고 일본 방문객이 두 번째 높은 비중을 차지하나 2015년 중국의 반부패정책 영향에 따른 중국 VIP 고객 감소, 메르스(MERS) 발병으로 매출이 감소함. 또 2016년 회복 기조를 보였으나 사드 배치 문제로 중국인 관광객이 감소해 어려움을 겪고 있음.

실적 분석
동사의 2017년 2분기 누적매출액은 2,349.8억원으로 전년동기 대비 11.5% 감소함. 외형 축소에 따라 매출총이익이 27.5% 급감하였으며 이에 따라 판관비를 제외한 영업이익 또한 33.2% 감소한 491.2억원을 시현함. 경쟁사의 대규모 카지노 복합리조트 개장이 예정되어 있어 성장성이 다소 줄어들 전망. 2016년 사드 배치 문제로 중국인 관광객이 감소했으나 일본인 VIP 드롭액은 2,633억원으로 전년동기 대비 증가한 점은 긍정적임.

현금 흐름	*IFRS 별도 기준	〈단위 : 억원〉
항목	2016	2017.2Q
영업활동	1,378	12
투자활동	-898	45
재무활동	-516	-534
순현금흐름	-35	-478
기말현금	1,913	1,436

시장 대비 수익률

결산 실적
항목	2012	2013	2014	2015	2016	2017
매출액	5,024	5,613	5,407	5,057	5,482	—
영업이익	1,464	1,911	1,478	1,184	1,512	—
당기순이익	1,441	1,376	1,165	917	1,143	—

분기 실적 *IFRS 별도 기준 〈단위 : 억원〉
항목	2016.1Q	2016.2Q	2016.3Q	2016.4Q	2017.1Q	2017.2Q
매출액	1,366	1,290	1,340	1,486	1,253	1,097
영업이익	421	314	345	431	315	176
당기순이익	268	256	277	341	175	154

재무 상태 *IFRS 별도 기준 〈단위 : 억원〉
항목	2012	2013	2014	2015	2016	2017.2Q
총자산	5,027	5,629	6,510	6,505	7,302	6,675
유형자산	369	355	382	780	986	973
무형자산	104	118	105	98	94	92
유가증권	943	2,133	2,614	1,871	2,457	2,068
총부채	1,712	1,674	2,196	1,943	2,115	1,696
총차입금	39	8	5	2	—	4
자본금	309	309	309	309	309	309
총자본	3,314	3,955	4,314	4,562	5,187	4,980
지배주주지분	3,314	3,955	4,314	4,562	5,187	4,980

기업가치 지표 *IFRS 별도 기준
항목	2012	2013	2014	2015	2016	2017.2Q
주가(최고/저)(천원)	28.1/14.9	36.0/23.6	44.0/28.8	39.5/22.0	28.8/19.6	—/—
PER(최고/저)(배)	14.0/7.4	18.4/12.3	26.1/17.1	29.0/16.1	16.4/11.1	—/—
PBR(최고/저)(배)	6.1/3.2	6.4/4.3	7.1/4.6	5.8/3.2	3.6/2.4	2.9/2.3
EV/EBITDA(배)	9.0	10.3	9.4	7.8	4.4	—
EPS(원)	2,329	2,224	1,884	1,483	1,849	533
BPS(원)	5,358	6,395	6,974	7,376	8,386	8,050
CFPS(원)	2,559	2,397	2,067	1,688	2,056	659
DPS(원)	1,217	1,179	1,002	831	1,000	—
EBITDAPS(원)	2,597	3,263	2,573	2,119	2,652	920

재무 비율 〈단위 : % 〉
연도	영업이익률	순이익률	부채비율	차입금비율	ROA	ROE	유보율	자기자본비율	EBITDA마진율
2016	27.6	20.9	40.8	0.0	16.6	23.5	1,577.2	71.0	29.9
2015	23.4	18.1	42.6	0.0	14.1	20.7	1,375.2	70.1	25.9
2014	27.3	21.6	50.9	0.1	19.2	28.2	1,294.9	66.3	29.4
2013	34.1	24.5	42.3	0.2	25.8	37.9	1,178.9	70.3	36.0

그린플러스 (A186230)
GREEN PLUS

업 종 : 금속 및 광물		시 장 : KONEX	
신용등급 : (Bond) — (CP) —		기업규모 :	
홈페이지 : www.greenplus.co.kr		연 락 처 : 041)332-6421	
본 사 : 충남 예산군 응봉면 응봉로 50-42			

설 립 일	1997.10.21	종 업 원 수	89명	대 표 이 사	박영환
상 장 일	2013.12.20	감 사 의 견	적정 (태영)	계 열	
결 산 기	12월	보 통 주		종속회사수	
액 면 가		우 선 주		구 상 호	

주주구성 (지분율,%)		출자관계 (지분율,%)		주요경쟁사 (외형,%)	
박영환	40.7	그린케이팜	85.0	그린플러스	100
박선희	11.6	그린피시팜	70.0	세기리텍	172
				대주이엔티	309

매출구성		비용구성		수출비중	
건축용알미늄	52.7	매출원가율	83.7	수출	13.0
온실시공	19.4	판관비율	10.4	내수	87.0
온실자재 및 기타	19.0				

회사 개요
동사는 1997년 10월 21일 설립되어 알루미늄 제품의 생산, 가공 및 판매와 대형식물원, 첨단유리온실 등 온실 관련 창호공사 및 강구조물공사를 주업으로 하고 있음. 동사의 사업은 알루미늄사업부문과 첨단온실사업부문으로 구성됨. 알루미늄 사업부문은 원자재와 스크랩을 혼합하여 생산된 Billet을 압출작업과 가공작업을 통해 최종 제품을 생산함. 첨단온실사업부문에는 설계와 제작, 시공 등 전단계 맞춤식 시공이 가능한 첨단온실을 구현하고 있음.

실적 분석
동사의 2016년 연결 기준 매출과 영업이익, 당기순이익은 각각 383억원, 23억원, 14억원을 기록함. 매출과 영업이익은 전년 대비 각각 22.5%, 40.9% 감소함. 매출 감소의 주요 요인은 일본수출 발주의 이월(약70억원)과 장어양식장 시공매출의 이월(약40억원)에 기인함. 이익률이 높은 일본 온실자재 수출의 감소로 인하여 영업이익률도 소폭 감소함.

현금 흐름	*IFRS 별도 기준	〈단위 : 억원〉
항목	2016	2017.2Q
영업활동	-8	—
투자활동	-32	—
재무활동	73	—
순현금흐름	33	—
기말현금	35	—

시장 대비 수익률

결산 실적 〈단위 : 억원〉
항목	2012	2013	2014	2015	2016	2017
매출액	383	308	378	495	383	—
영업이익	21	18	16	39	23	—
당기순이익	7	4	4	22	14	—

분기 실적 *IFRS 별도 기준 〈단위 : 억원〉
항목	2016.1Q	2016.2Q	2016.3Q	2016.4Q	2017.1Q	2017.2Q
매출액	—	—	—	—	—	—
영업이익	—	—	—	—	—	—
당기순이익	—	—	—	—	—	—

재무 상태 *IFRS 별도 기준 〈단위 : 억원〉
항목	2012	2013	2014	2015	2016	2017.2Q
총자산	293	323	307	295	385	—
유형자산	164	164	165	161	157	—
무형자산	2	2	2	3	6	—
유가증권	4	4	4	13	4	—
총부채	169	207	196	147	162	—
총차입금	137	164	164	128	141	—
자본금	15	15	16	17	20	—
총자본	124	116	111	148	222	—
지배주주지분	124	116	111	148	222	—

기업가치 지표 *IFRS 별도 기준
항목	2012	2013	2014	2015	2016	2017.2Q
주가(최고/저)(천원)	—/—	5.2/4.5	5.0/4.8	12.5/5.0	14.5/7.3	—/—
PER(최고/저)(배)	0.0/0.0	37.8/32.4	33.6/32.0	16.5/6.6	37.6/18.9	—/—
PBR(최고/저)(배)	0.0/0.0	1.2/1.1	1.2/1.1	2.5/1.0	2.4/1.2	0.0/0.0
EV/EBITDA(배)	4.0	9.2	10.1	7.3	9.3	—
EPS(원)	228	137	149	756	386	—
BPS(원)	4,072	4,210	4,169	4,931	6,005	—
CFPS(원)	554	482	547	1,163	760	—
DPS(원)						—
EBITDAPS(원)	1,027	953	963	1,712	1,002	—

재무 비율 〈단위 : % 〉
연도	영업이익률	순이익률	부채비율	차입금비율	ROA	ROE	유보율	자기자본비율	EBITDA마진율
2016	6.0	3.7	73.1	63.4	4.1	7.6	1,000.3	57.8	9.5
2015	7.8	4.5	99.6	86.6	7.4	17.3	785.9	50.1	10.2
2014	4.3	1.1	176.5	147.9	1.4	3.7	647.7	36.2	7.3
2013	6.0	1.4	178.3	141.3	1.4	3.5	742.0	35.9	9.4

극동유화 (A014530)
Kukdong Oil & Chemicals

업　　종 : 화학　　　　　　시　　장 : 거래소
신용등급 : (Bond) —　(CP) —　기업규모 : 시가총액 소형주
홈페이지 : www.kdoc.co.kr　　연 락 처 : 055)370-9900
본　　사 : 경남 양산시 어실로 101

설 립 일	1979.12.28	종 업 원 수	111명	대 표 이 사	장홍선,장선우(각자대표)
상 장 일	1991.01.31	감 사 의 견	적정 (삼정)	계　　　　열	
결 산 기	12월	보 통 주	3,487만주	종 속 회 사 수	2개사
액 면 가	500원	우 선 주		구 상 호	

주주구성 (지분율,%)		출자관계 (지분율,%)		주요경쟁사 (외형,%)	
장홍선	27.7	쌍용에너텍	100.0	극동유화	100
아이베스트투자	9.5	선진모터스	30.0	동성화인텍	140
(외국인)	1.4	세양물류	25.0	동성화학	74

매출구성		비용구성		수출비중	
윤활유	47.5	매출원가율	83.5	수출	62.0
L P G	16.9	판관비율	8.9	내수	38.0
유동파라핀 외	13.3				

회사 개요
동사는 산업 및 기계용 윤활유와 의약, 화장품, 식품용 및 PS가소제로 사용 중인 고급특수유 등을 생산하고 있음. 부산, 경남권에 난방취사용 프로판과 산업용 ,차량용 부탄을 공급하고 있으며, 건설용 자재인 방수용시트와 특수 아스팔트를 생산함. 2011년 중반 현대오일뱅크와 제휴를 체결해 김포, 인천, 여주, 천안 등에서 LPG 영업소를 운영 중임. 선인자동차, 고진모터스, 선진모터스 등 계열사를 통해 수입차 판매사업도 영위하고 있음.

실적 분석
주력제품인 윤활유 부문의 매출이 소폭 감소하였으나, ASPHALT의 판매가 큰 폭으로 증가함. 2017년 상반기 전체 매출액은 전년동기 대비 7.2% 증가하였음. 그러나 조유와 기유 등 원료재 가격이 크게 오르면서 원가율이 악화되어 영업이익은 32.8% 감소함. 경영효율성 제고를 위해 SHEET공장(경남 양산시) 등 유형자산을 극동씨엠씨에 161억원에 2017년 5월 처분함. 최근 쌍용에너텍을 인수하여 흡수합병함.

현금 흐름　〈단위 : 억원〉

항목	2016	2017.2Q
영업활동	296	-23
투자활동	-22	-396
재무활동	-73	414
순현금흐름	201	-4
기말현금	334	330

시장 대비 수익률

결산 실적　〈단위 : 억원〉

항목	2012	2013	2014	2015	2016	2017
매출액	3,332	3,060	2,916	2,620	2,398	—
영업이익	177	181	130	181	181	—
당기순이익	119	129	93	145	140	—

분기 실적　〈단위 : 억원〉

항목	2016.1Q	2016.2Q	2016.3Q	2016.4Q	2017.1Q	2017.2Q
매출액	542	601	561	693	580	644
영업이익	43	53	40	46	36	28
당기순이익	29	43	20	47	14	83

재무 상태　〈단위 : 억원〉

항목	2012	2013	2014	2015	2016	2017.2Q
총자산	1,979	1,956	1,886	1,875	1,917	2,626
유형자산	376	381	381	383	414	528
무형자산	12	12	12	12	12	305
유가증권	34	21	8	28	11	6
총부채	946	821	689	570	518	1,209
총차입금	484	497	398	262	227	733
자본금	174	174	174	174	174	174
총자본	1,033	1,135	1,197	1,305	1,399	1,417
지배주주지분	1,033	1,135	1,197	1,305	1,399	1,417

기업가치 지표

항목	2012	2013	2014	2015	2016	2017.2Q
주가(최고/저)(천원)	1.9/1.4	2.3/1.8	2.5/2.1	4.1/2.2	4.1/2.9	—/—
PER(최고/저)(배)	6.6/4.9	7.1/5.5	10.2/8.9	10.5/5.7	10.5/7.5	—/—
PBR(최고/저)(배)	0.8/0.6	0.8/0.6	0.8/0.7	1.2/0.6	1.1/0.8	0.9/0.7
EV/EBITDA(배)	5.1	6.0	7.0	6.5	4.9	
EPS(원)	342	371	267	415	401	277
BPS(원)	29,629	32,556	34,319	37,430	4,012	4,194
CFPS(원)	3,677	4,102	3,093	4,608	454	306
DPS(원)	700	800	700	1,000	115	—
EBITDAPS(원)	5,339	5,581	4,155	5,640	573	212

재무 비율　〈단위 : % 〉

연도	영업이익률	순이익률	부채비율	차입금비율	ROA	ROE	유보율	자기자본비율	EBITDA마진율
2016	7.6	5.8	37.1	16.3	7.4	10.3	702.3	73.0	8.3
2015	6.9	5.5	43.6	20.1	7.7	11.6	648.6	69.6	7.5
2014	4.5	3.2	57.6	33.3	4.8	8.0	586.4	63.5	5.0
2013	5.9	4.2	72.3	43.7	6.6	11.9	551.1	58.0	6.4

극동자동화 (A272420)
Kukdong Automation

업　　종 : 조선　　　　　　시　　장 : KONEX
신용등급 : (Bond) —　(CP) —　기업규모 : —
홈페이지 : www.kdakr.com　　연 락 처 : 052)288-6208
본　　사 : 울산시 북구 숙보로 27

설 립 일	1991.07.01	종 업 원 수	명	대 표 이 사	이상열
상 장 일	2017.06.28	감 사 의 견	적정 (대주)	계　　　　열	
결 산 기	12월	보 통 주		종 속 회 사	
액 면 가		우 선 주		구 상 호	

주주구성 (지분율,%)		출자관계 (지분율,%)		주요경쟁사 (외형,%)	
이상열	35.0			극동자동화	100
최병녀	35.0			대창솔루션	493
				에스앤더블유	422

매출구성		비용구성		수출비중	
통신시스템구축	50.4	매출원가율	80.7	수출	2.0
선박엔진부품	49.6	판관비율	19.0	내수	98.0

회사 개요
동사는 1991년 신흥기계라는 법인으로 설립되었으며 1993년 (주)극동자동화로 사명을 변경함. 2017년 06월 28일 코넥스 시장에 상장함. 선박엔진부품 사업부와 해외 및 국내 육상, 해상 플랜트에 필요한 통신 및 보안시스템 구축, 선박용 CCTV 등을 제조하는 시스템 사업부로 구성되어 있음. 2016년 기준 전체 매출액 중 선박엔진 부품이 54%, 통신·보안 시스템 구축 공사가 46%를 차지함.

실적 분석
코넥스 상장 기업인 동사의 2016년 매출액은 100억원으로 전년동기 6.7% 감소함. 전체 매출액 중 선박엔진부품이 54%, 통신·보안 시스템 구축 공사가 46%를 차지함. 원가 부담이 커지면서 같은 기간 매출총이익은 14.5% 감소한 19.3억원을 기록. 이 기간 판관비 등 고정비 부담이 커지면서 영업이익은 전년동기 312억원에서 29억원으로 급감함. 최종적으로 동사는 전년대비 64.4% 감소한 1.3억원의 당기순이익을 기록함.

현금 흐름　*IFRS 별도 기준　〈단위 : 억원〉

항목	2016	2017.2Q
영업활동	15	—
투자활동	-13	—
재무활동	22	—
순현금흐름	24	—
기말현금	27	—

시장 대비 수익률

결산 실적　〈단위 : 억원〉

항목	2012	2013	2014	2015	2016	2017
매출액			79	107	100	—
영업이익			-1	3	0	—
당기순이익			-1	4	1	—

분기 실적　*IFRS 별도 기준　〈단위 : 억원〉

항목	2016.1Q	2016.2Q	2016.3Q	2016.4Q	2017.1Q	2017.2Q
매출액						
영업이익						
당기순이익						

재무 상태　*IFRS 별도 기준　〈단위 : 억원〉

항목	2012	2013	2014	2015	2016	2017.2Q
총자산			70	74	123	
유형자산			19	18	18	
무형자산			0	0	0	
유가증권						
총부채			52	52	100	
총차입금			38	35	57	
자본금			3	3	3	
총자본			18	21	23	
지배주주지분			18	21	23	

기업가치 지표　*IFRS 별도 기준

항목	2012	2013	2014	2015	2016	2017.2Q
주가(최고/저)(천원)	—/—	—/—	—/—	—/—	—/—	—/—
PER(최고/저)(배)	0.0/0.0	0.0/0.0	0.0/0.0	0.0/0.0	0.0/0.0	—/—
PBR(최고/저)(배)	0.0/0.0	0.0/0.0	0.0/0.0	0.0/0.0	0.0/0.0	0.0/0.0
EV/EBITDA(배)	0.0	0.0	149.6	7.9	27.3	
EPS(원)	—	—	-243	753	269	—
BPS(원)	—	—	70,833	85,888	4,564	—
CFPS(원)	—	—	-975	18,808	429	—
DPS(원)	—	—	—	—	—	—
EBITDAPS(원)	—	—	912	16,267	218	—

재무 비율　〈단위 : % 〉

연도	영업이익률	순이익률	부채비율	차입금비율	ROA	ROE	유보율	자기자본비율	EBITDA마진율
2016	0.3	1.4	439.8	249.8	1.4	6.1	812.7	18.5	1.5
2015	2.9	3.5	243.3	163.5	5.3	19.2	758.9	29.1	3.8
2014	-0.9	-1.5	293.5	217.3	0.0	0.0	608.3	25.4	0.2
2013	0.0	0.0	0.0	0.0	0.0	0.0	0.0	0.0	0.0

글로벌스탠다드테크놀로지 (A083450)
Global Standard Technology

업 종 : 반도체 및 관련장비		시 장 : KOSDAQ	
신용등급 : (Bond) — (CP) —		기업규모 : 벤처	
홈 페 이 지 : www.gst-in.com		연 락 처 : 031)371-2200	
본 사 : 경기도 화성시 동탄면 동탄산단6길 15-13			

설 립 일	2001.10.12	종 업 원 수	494명	대 표 이 사	김덕준
상 장 일	2006.02.01	감사의견	적정 (이촌)	계 열	
결 산 기	12월	보 통 주	932만주	종속회사수	7개사
액 면 가	500원	우 선 주		구 상 호	

주주구성 (지분율,%)
김덕준	23.6
한국증권금융	4.1
(외국인)	4.7

출자관계 (지분율,%)
이에스티	60.0
아브로퍼시픽코퍼레이티드	50.0
로보케어	39.4

주요경쟁사 (외형,%)
GST	100
다우인큐브	28
한양디지텍	97

매출구성
용역	34.6
Scrubber	33.4
Chiller	27.7

비용구성
매출원가율	63.3
판관비율	31.3

수출비중
수출	20.0
내수	80.0

회사 개요
동사는 2001년에 설립되어 반도체, FPD(Flat Panel Display), LED, 태양전지 공정에서 사용후 배출되는 유해가스를 정화하는 가스정화장비 Scrubber와, 안정적인 온도유지를 제공함으로써 공정효율을 개선하는 온도조절 장비인 Chiller제품과, FPD 제조공정에서 발생되는 Acid 및 VOC(휘발성 유기화합물)가스를 처리하여 작업환경 개선하는 VOC농축장비 제조 장비를 생산하고 있음. 종속회사는 이에스티 등 7개임.

실적 분석
동사는 2017년 상반기 매출액이 872.3억원으로 전년 동기에 비해 172.7% 증가했고, 영업이익은 131.2억원으로 9.4억원 적자에서 흑자전환함. 동사는 반도체 호황에 따라 실적이 급성장함. 동사의 이사회는 2017년 1월 중국 현지법인 설립을 결정하고, 4월엔 동탄 제2공장 신축안을 가결함. 향후에도 반도체·디스플레이의 생산 시설 증설이 본격화되면서 스크러버와 칠러의 수요가 늘어날 것으로 전망됨.

현금 흐름 〈단위 : 억원〉
항목	2016	2017.2Q
영업활동	2	75
투자활동	-37	-26
재무활동	5	59
순현금흐름	-28	109
기말현금	128	236

시장 대비 수익률

결산 실적 〈단위 : 억원〉
항목	2012	2013	2014	2015	2016	2017
매출액	648	810	891	844	908	
영업이익	81	75	86	60	49	46
당기순이익	70	59	79	57	46	

분기 실적 〈단위 : 억원〉
항목	2016.1Q	2016.2Q	2016.3Q	2016.4Q	2017.1Q	2017.2Q
매출액	134	186	213	375	438	434
영업이익	-8	-2	19	39	61	70
당기순이익	-8	-0	10	45	40	62

재무 상태 〈단위 : 억원〉
항목	2012	2013	2014	2015	2016	2017.2Q
총자산	538	626	700	697	894	1,067
유형자산	173	193	193	236	262	288
무형자산	12	13	19	20	17	16
유가증권	—	—	—	—	—	—
총부채	178	200	191	130	286	349
총차입금	30	43	37	38	45	135
자본금	42	45	47	47	47	47
총자본	360	426	508	567	608	717
지배주주지분	350	411	487	541	577	676

기업가치 지표
항목	2012	2013	2014	2015	2016	2017.2Q
주가(최고/저)(천원)	4.7/3.0	5.7/4.0	6.7/4.4	8.3/5.3	6.1/4.9	—/—
PER(최고/저)(배)	5.9/3.8	9.6/6.7	8.6/5.7	14.8/9.4	14.1/11.2	1.2/0.7
PBR(최고/저)(배)	1.1/0.7	1.2/0.9	1.3/0.8	1.4/0.9	1.0/0.8	1.2/0.7
EV/EBITDA(배)	3.3	5.2	4.1	6.0	6.9	
EPS(원)	825	612	787	565	434	1,055
BPS(원)	4,341	4,785	5,380	5,929	6,313	7,365
CFPS(원)	935	726	903	720	608	1,139
DPS(원)	50	50	70	—	—	1,491
EBITDAPS(원)	1,142	969	1,054	800	697	

재무 비율 〈단위 : % 〉
연도	영업이익률	순이익률	부채비율	차입금비율	ROA	ROE	유보율	자기자본비율	EBITDA마진율
2016	5.4	5.1	47.1	7.4	5.8	7.2	1,162.5	68.0	7.2
2015	7.1	6.8	23.0	6.6	8.2	10.3	1,085.7	81.3	8.8
2014	9.7	8.8	37.6	7.3	11.9	16.1	975.9	72.7	10.8
2013	9.3	7.3	46.9	10.1	10.2	14.2	857.0	68.1	10.5

글로벌에스엠 (A900070)
Global SM Tech

업 종 : 기계		시 장 : KOSDAQ	
신용등급 : (Bond) — (CP) —		기업규모 :	
홈 페 이 지 : www.globalsmtech.com		연 락 처 : 031)932-9770	
본 사 : Offshore Incorporations, Scotia Centre, 4thFloor, P.O. Box 2804, George Town, Grand Cayman			

설 립 일	2008.08.28	종 업 원 수	950명	대 표 이 사	나윤복
상 장 일	2009.12.23	감사의견	적정 (이현)	계 열	
결 산 기	12월	보 통 주	5,374만주	종속회사수	14개사
액 면 가		우 선 주		구 상 호	

주주구성 (지분율,%)
서울메탈홀딩스	48.1
나윤복	3.8
(외국인)	2.7

출자관계 (지분율,%)
에스엔텍	0.7

주요경쟁사 (외형,%)
글로벌에스엠	100
SIMPAC	244
영풍정밀	55

매출구성

비용구성
매출원가율	72.9
판관비율	21.0

수출비중
수출	—
내수	—

회사 개요
동사는 SM(HK), SM(WH), SM(TJ), SM(HZ), 등 4개 자회사를 소유함으로써 그 회사를 지배하는 것을 목적으로 하는 순수지주회사에 해당하며 4개 자회사는 동관법인, 위해법인, 천진법인, 혜주법인, 말레이시아법인을 각 100% 소유하고 있음. 동사의 자회사 및 손자회사들은 각종 전자제품 및 기계 등의 체결용 부품으로 사용되는 스크류, 샤프트, 스프링 등을 생산하고 전방 전자산업에 공급하는 패스너 업체들임.

실적 분석
동사의 2017년 2분기 연결기준 누적매출액은 유럽법인 인수로 인한 매출구조 다각화에도 불구하고 전년 동기대비 11.4% 감소한 524.9억원을 기록함. 영업이익은 전년 동기대비 63.9% 감소한 18.5억원, 당기순이익은 62.4% 감소한 16.1억원을 기록함. 법인마다 채용 제품의 확대, 신규 제품 개발, 공정 효율성 향상 그리고 거래처 다양화를 통해 매출 확대에 노력중임.

현금 흐름 〈단위 : 억원〉
항목	2016	2017.2Q
영업활동	81	22
투자활동	-136	1
재무활동	29	5
순현금흐름	-21	27
기말현금	247	267

시장 대비 수익률

결산 실적 〈단위 : 억원〉
항목	2012	2013	2014	2015	2016	2017
매출액	828	807	691	837	1,095	
영업이익	41	34	33	19	56	
당기순이익	24	5	-37	-0	44	

분기 실적 〈단위 : 억원〉
항목	2016.1Q	2016.2Q	2016.3Q	2016.4Q	2017.1Q	2017.2Q
매출액	286	310	274	224	261	266
영업이익	20	27	24	-15	8	10
당기순이익	17	26	25	-24	13	3

재무 상태 〈단위 : 억원〉
항목	2012	2013	2014	2015	2016	2017.2Q
총자산	1,038	1,059	1,056	1,424	1,459	1,454
유형자산	309	320	271	437	396	378
무형자산				27	21	22
유가증권	3	3	3	19	24	25
총부채	221	232	257	595	530	488
총차입금	79	90	95	383	308	293
자본금	208	220	223	257	309	301
총자본	817	827	799	829	929	966
지배주주지분	818	826	795	834	851	866

기업가치 지표
항목	2012	2013	2014	2015	2016	2017.2Q
주가(최고/저)(천원)	—/—	—/—	—/—	—/—	—/—	—/—
PER(최고/저)(배)	26.7/16.0	107.8/71.0	—/—	839.7/196.0	44.5/24.3	—/—
PBR(최고/저)(배)	0.7/0.4	0.7/0.4	0.8/0.4	2.0/0.5	1.9/1.0	1.4/0.9
EV/EBITDA(배)	2.1	1.1	1.7	25.0	7.4	
EPS(원)	47	11	-82	4	70	15
BPS(원)	2,431	2,340	2,260	2,067	1,673	1,689
CFPS(원)	201	129	-21	125	189	75
DPS(원)	—	—	—	—	—	—
EBITDAPS(원)	261	217	201	158	243	95

재무 비율 〈단위 : % 〉
연도	영업이익률	순이익률	부채비율	차입금비율	ROA	ROE	유보율	자기자본비율	EBITDA마진율
2016	5.2	4.0	57.0	33.2	3.0	4.5	189.4	63.7	11.8
2015	2.3	-0.1	71.7	46.2	0.0	0.3	241.2	58.2	8.0
2014	4.8	-5.4	32.1	11.9	-3.5	-4.9	276.1	75.7	10.8
2013	4.2	0.7	28.0	10.9	0.6	0.6	295.6	78.1	10.0

글로벌텍스프리 (A204620)
Yuanta 1 Special Purpose Acquisition

업 종 : 소비자 금융		시 장 : KOSDAQ	
신용 등급 : (Bond) — (CP) —		기업규모 : 중견	
홈 페 이 지 : 0		연 락 처 : 02)3770-3518	
본 사 : 서울시 중구 을지로 76(을지로2가, 유안타증권빌딩)			

설 립 일	2014.07.31	종 업 원 수	3명	대 표 이 사	강진원
상 장 일	2014.11.19	감 사 의 견	적정 (이촌)	계 열	
결 산 기	12월	보 통 주	9,294만주	종속회사수	
액 면 가	100원	우 선 주	211만주	구 상 호	유안타제1호스팩

주주구성 (지분율,%)		출자관계 (지분율,%)		주요경쟁사 (외형,%)	
브레인콘텐츠	34.2			글로벌텍스프리	
프리미어성장전략엠앤에이사모투자합자회사	9.4			텍셀네트컴	
(외국인)	5.6			아주캐피탈	

수익구성		비용구성		수출비중	
		이자비용	0.0	수출	—
		투자및금융비	0.0	내수	—
		판관비	100.0		

회사 개요
동사는 기업인수목적회사인 유안타제1호스팩과 합병하여 상장한 기업으로 2005년 설립된 1세대 택스리펀드 전문기업으로 가맹점 수 기준 국내54%를 점유한 1위 사업자임. 영위하는 사업은 외국인 관광객들이 사후면세점에서 물건을 구입할 때 지불할 부가세/소비세의 환급을 대행함. 타사 대비 업력이 길고 가맹점과 관계 유지로 M/S 유지가 유리하며 가맹점내 설치하는 기기에서 국내 최다 시내 환급창구에 이르기까지 환급 관련 인프라를 갖추고 있음.

실적 분석
동사가 영위하는 사업인 택스리펀드는 외국인 관광객들이 국내 사후면세점에서 물건을 구입할 때 지불한 부가세/소비세를 공항이나 매장에서 환급해주는 서비스를 말함. 외국인 관광객이 증가하고 소비규모가 늘어나며 2013년 이후 국내 사후면세점 시장은 CAGR 68.8%로 고 성장세를 기록하고 있음. 2016년 실적은 별도기준 매출 408억원, 영업이익 100억원을 기록함. 관광산업 성장과 제도 개선에 따라 택스리펀드 산업은 앞으로도 성장이 기대됨.

현금 흐름 〈단위 : 억원〉

항목	2016	2017.2Q
영업활동	89	
투자활동	-45	
재무활동	385	
순현금흐름	427	
기말현금	496	

시장 대비 수익률

결산 실적 〈단위 : 억원〉

항목	2012	2013	2014	2015	2016	2017
영업수익	—	76	133	233	412	—
영업이익	—	24	44	19	78	—
당기순이익	—	18	33	12	22	—

분기 실적 〈단위 : 억원〉

항목	2016.1Q	2016.2Q	2016.3Q	2016.4Q	2017.1Q	2017.2Q
영업수익	89	—	—	—	97	—
영업이익	16	—	—	—	9	—
당기순이익	11	—	—	—	4	—

재무 상태 〈단위 : 억원〉

항목	2012	2013	2014	2015	2016	2017.2Q
총자산	—	78	126	250	746	
유형자산	—	5	16	23	40	
무형자산	—	11	12	0	27	
유가증권	—					
총부채	—	43	68	131	250	
총차입금	—					
자본금	—	2	13	13	35	
총자본	—	35	58	119	496	
지배주주지분	—	35	58	119	496	

기업가치 지표

항목	2012	2013	2014	2015	2016	2017.2Q
주가(최고/저)(천원)	—/—	—/—	2.2/2.0	2.2/1.7	2.0/2.0	—/—
PER(최고/저)(배)	0.0/0.0	0.0/0.0	0.7/0.6	10.5/8.1	5.5/5.3	—
PBR(최고/저)(배)	0.0/0.0	0.0/0.0	1.9/1.7	1.1/0.8	0.2/0.2	0.0/0.0
PSR(최고/저)(배)			0.0/0	1/0	0/0	—
EPS(원)	—	—	2,670	206	369	—
BPS(원)	—	—	963	1,982	8,269	—
CFPS(원)	—	—	3,053	340	594	—
DPS(원)	—	—	—	—	—	—
EBITDAPS(원)	—	—	3,603	318	1,303	—

재무 비율 〈단위 : % 〉

연도	계속사업 이익률	순 이익률	부채 비율	차입금 비율	ROA	ROE	유보율	자기자본 비율	총자산 증가율
2016	8.1	5.4	50.3	0.0	4.5	7.2	1,329.2	66.5	198.3
2015	7.7	5.3	110.2	0.0	6.6	14.0	785.5	47.6	98.8
2014	33.0	24.5	117.7	0.0	32.1	70.4	352.6	45.9	61.6
2013	29.9	23.2	121.8	0.0	0.0	0.0	1,549.6	45.1	0.0

글로본 (A019660)
GLOBON

업 종 : 창업투자 및 종금		시 장 : KOSDAQ	
신용 등급 : (Bond) — (CP) —		기업규모 : 중견	
홈 페 이 지 : www.globon.co.kr		연 락 처 : 02)6934-0800	
본 사 : 서울시 강남구 도산대로 331 (신사동)			

설 립 일	1986.12.20	종 업 원 수	15명	대 표 이 사	한상호
상 장 일	1992.06.04	감 사 의 견	적정 (세림)	계 열	
결 산 기	12월	보 통 주	2,800만주	종속회사수	
액 면 가	500원	우 선 주	—	구 상 호	베리타스

주주구성 (지분율,%)		출자관계 (지분율,%)		주요경쟁사 (외형,%)	
한상호	17.1	이데일리	1.6	글로본	
최영덕	5.8			우리종금	
				SBI인베스트먼트	

매출구성		비용구성		수출비중	
기타영업수익	96.7	매출원가율	0.0	수출	—
이자수익	1.8	판관비율	0.0	내수	—
외환거래이익	0.9				

회사 개요
동사는 1986년에 설립, 1992년에 코스닥시장에 상장한 회사로, 한국창업투자, 케이티아이씨글로벌투자자문, 에스비아이글로벌인베스트먼트의 상호를 거쳐 2013년 6월 베리타스인베스트먼트로 상호를 변경함. 2008년에 창업투자업을 반납하고, 금융위에서 투자자문 및 일임업 인가를 받았으나 2011년 자진폐지하여 현재는 국내 U자사업 및 관련업, 종합 컨설팅 서비스업을 영위함. 2013년 9월부터 휴대폰 유통사업을 신규사업으로 진행.

실적 분석
동사의 2017년 2분기 누적 매출액은 20.9억원으로 전년 동기(121.3억원) 대비 82.8% 감소함. 외형축소에 비해 판관비 감소는 0.8%에 그쳐 영업손실 37.2억원을 기록. 전년 영업손실(1.5억원)보다 적자 폭이 확대됨. 전년 기록했던 40억원 가량의 비영업부문 손실이 해소돼 당기순이익 적자 폭은 줄어듦. 2분기 당기순손실은 37.2억원을 기록함.

현금 흐름 *IFRS 별도 기준 〈단위 : 억원〉

항목	2016	2017.2Q
영업활동	-29	
투자활동	30	
재무활동	3	
순현금흐름	3	
기말현금	24	

시장 대비 수익률

결산 실적 *IFRS 별도 기준 〈단위 : 억원〉

항목	2012	2013	2014	2015	2016	2017
매출액	—	—	—	—	—	—
영업이익	—	—	—	—	—	—
당기순이익	—	—	—	—	—	—

분기 실적 *IFRS 별도 기준 〈단위 : 억원〉

항목	2016.1Q	2016.2Q	2016.3Q	2016.4Q	2017.1Q	2017.2Q
매출액	58	64	—	—	8	13
영업이익	6	-49	—	—	-14	-23
당기순이익	11	-49	—	—	-14	-23

재무 상태 *IFRS 별도 기준 〈단위 : 억원〉

항목	2012	2013	2014	2015	2016	2017.2Q
총자산	—	—	—	—	—	286
유형자산	—	—	—	—	—	15
무형자산	—	—	—	—	—	10
유가증권	—	—	—	—	—	
총부채	—	—	—	—	—	20
총차입금	—	—	—	—	—	
자본금	—	—	—	—	—	140
총자본	—	—	—	—	—	266
지배주주지분	—	—	—	—	—	266

기업가치 지표 *IFRS 별도 기준

항목	2012	2013	2014	2015	2016	2017.2Q
주가(최고/저)(천원)	18.0/5.0	9.4/1.5	2.4/1.0	6.7/1.8	9.4/3.6	—/—
PER(최고/저)(배)	0.0/0.0	0.0/0.0	0.0/0.0	0.0/0.0	0.0/0.0	—/—
PBR(최고/저)(배)	0.0/0.0	0.0/0.0	0.0/0.0	0.0/0.0	0.0/0.0	—/—
EV/EBITDA(배)	0.0	0.0	0.0	0.0	0.0	5.3/3.6
EPS(원)	—	—	—	—	—	-133
BPS(원)	—	—	—	—	—	951
CFPS(원)	—	—	—	—	—	-127
DPS(원)	—	—	—	—	—	—
EBITDAPS(원)	—	—	—	—	—	-127

재무 비율 〈단위 : % 〉

연도	영업 이익률	순 이익률	부채 비율	차입금 비율	ROA	ROE	유보율	자기자본 비율	EBITDA 마진율
2016	0.0	0.0	0.0	0.0	0.0	0.0	0.0	0.0	0.0
2015	0.0	0.0	0.0	0.0	0.0	0.0	0.0	0.0	0.0
2014	0.0	0.0	0.0	0.0	0.0	0.0	0.0	0.0	0.0
2013	0.0	0.0	0.0	0.0	0.0	0.0	0.0	0.0	0.0

금강공업 (A014280)
Kumkang Kind

업　　종 : 건축자재		시　　장 : 거래소	
신용등급 : (Bond) — 　(CP) —		기업규모 : 시가총액 소형주	
페이지 : www.kumkangkind.com		연 락 처 : 051)264-8881	
본　　사 : 부산시 사하구 다산로 110 (다대동)			

설 립 일 1979.08.08	총 업 원 수 398명	대 표 이 사 전장열,이범호(각자대표이사)	
상 장 일 1988.09.10	감 사 의 견 적정 (안경)	계　　　열	
결 산 기 12월	보 통 주 486만주	종속회사수 13개사	
액 면 가 5,000원	우 선 주 12만주	구 상 호	

주주구성 (지분율,%)		출자관계 (지분율,%)		주요경쟁사 (외형,%)	
KB자산운용	22.8	금강엔지니어링	66.7	금강공업	100
중원엔지니어링	14.6	고려산업	48.4	KCC	579
(외국인)	2.2	케이엔엔	2.8	LG하우시스	485

매출구성		비용구성		수출비중	
판넬품(알루미늄품)-상품 외	26.8	매출원가율	77.8	수출	15.0
알루미늄품(임대)-제품	24.8	판관비율	12.8	내수	85.0
사료-제품	21.5				

회사 개요

1979년 설립된 강관 및 건설용 가설자재 전문기업으로 강관, 알루미늄품, 모듈러, 가설자재를 제조하고 있음. 상하수도, 공업용수, 건축, 교량 등의 공사에 사용되는 배관용 및 구조용 강관은 매출의 약 20%를 차지하고 있음. 매출의 30~40%인 알루미늄품은 건설에 거푸집 용도로 사용되는 자재로 대형 공사에 주로 쓰이며, 국내 시장은 동사와 삼목에스폼, 현대알미늄이 과점하고 있음. 2017년 케냐, 인도네시아에 해외법인 설립.

실적 분석

동사의 2017년도 2분기 매출액은 전년대비 3% 감소한 3,055.7억원을 기록. 영업이익 및 당기순이익도 각 전년대비 9.5%, 10% 감소. 건설 및 부동산 등 철강 관련 수요산업의 경기는 침체 상태이나, 계속되는 강관 제조업체의 설비 증설 및 신규 시장의 공격적 진입으로 과당경쟁 구도가 된 것이 영향을 미친 것으로 되이나, 최근 강관의 판매가 인상 및 유가하락의 회복 등으로 수요 회복세가 나타나는 중임.

현금 흐름		〈단위 : 억원〉	
항목	2016	2017.2Q	
영업활동	466	-91	
투자활동	-257	-34	
재무활동	-172	212	
순현금흐름	36	91	
기말현금	500	592	

시장 대비 수익률

결산 실적					〈단위 : 억원〉	
항목	2012	2013	2014	2015	2016	2017
매출액	6,887	6,943	6,586	5,660	6,032	—
영업이익	313	320	410	322	563	—
당기순이익	151	185	231	76	358	—

분기 실적					〈단위 : 억원〉	
항목	2016.1Q	2016.2Q	2016.3Q	2016.4Q	2017.1Q	2017.2Q
매출액	1,524	1,626	1,444	1,437	1,493	1,562
영업이익	137	159	144	124	139	129
당기순이익	103	99	82	74	81	101

재무 상태					〈단위 : 억원〉	
항목	2012	2013	2014	2015	2016	2017.2Q
총자산	6,566	6,755	7,231	6,783	7,108	7,692
유형자산	3,152	3,452	3,877	3,201	3,550	3,782
무형자산	84	84	105	104	93	90
유가증권	112	74	87	83	108	1
총부채	4,145	4,181	4,485	4,084	4,060	4,481
총차입금	2,633	2,824	3,275	3,130	2,957	3,184
자본금	249	249	249	249	249	249
총자본	2,420	2,573	2,746	2,700	3,048	3,211
지배주주지분	2,007	2,133	2,270	2,264	2,566	2,702

기업가치 지표						
항목	2012	2013	2014	2015	2016	2017.2Q
주가(최고/저)(천원)	14.3/9.0	17.4/12.9	65.0/16.2	103/37.5	59.9/28.8	—/—
PER(최고/저)(배)	7.0/4.4	5.7/4.3	18.1/4.5	97.7/35.5	9.9/4.7	—/—
PBR(최고/저)(배)	0.4/0.2	0.4/0.3	1.4/0.4	2.3/0.8	1.2/0.6	0.8/0.7
EV/EBITDA(배)	4.7		4.8	5.6	5.5	3.9
EPS(원)	2,188	3,188	3,701	1,080	6,163	3,232
BPS(원)	41,248	43,776	46,539	46,418	52,489	55,220
CFPS(원)	8,988	11,291	16,972	12,511	18,738	10,468
DPS(원)	350	350	400	400	500	
EBITDAPS(원)	13,099	14,544	21,505	17,912	23,900	12,612

재무 비율								〈단위 : % 〉
연도	영업이익률	순이익률	부채비율	차입금비율	ROA	ROE	유보율	자기자본비율	EBITDA마진율
2016	9.3	5.9	133.2	97.0	5.2	12.7	949.8	42.9	19.7
2015	5.7	1.4	151.3	115.9	1.1	2.4	828.4	39.8	15.7
2014	6.2	3.5	163.3	119.3	3.3	8.4	830.8	38.0	16.2
2013	4.6	2.7	162.5	109.7	2.8	7.7	775.5	38.1	10.4

금강철강 (A053260)
Keum Kang Steel

업　　종 : 금속 및 광물		시　　장 : KOSDAQ	
신용등급 : (Bond) — 　(CP) —		기업규모 : 우량	
홈 페 이 지 : www.kksteel.co.kr		연 락 처 : 02)3471-0001	
본　　사 : 서울시 서초구 서운로 19, 701호 (서초동, 서초월드오피스텔)			

설 립 일 1977.01.12	총 업 원 수 65명	대 표 이 사 주광남,주성호(각자대표)	
상 장 일 2002.01.04	감 사 의 견 적정 (신한)	계　　　열	
결 산 기 12월	보 통 주 1,872만주	종속회사수 3개사	
액 면 가 500원	우 선 주	구 상 호	

주주구성 (지분율,%)		출자관계 (지분율,%)		주요경쟁사 (외형,%)	
주광남	30.4	케이엔베스트먼트	100.0	금강철강	100
주성호	15.4	금강에코너지	70.5	황금에스티	138
(외국인)	1.7	푸드사이언스	52.3	GMR 머티리얼즈	41

매출구성		비용구성		수출비중	
산세, 코일(상품) 외	27.7	매출원가율	93.5	수출	0.0
산세, 코일(제품)	21.1	판관비율	3.9	내수	100.0
아연, 도금, 강판(제품)	19.4				

회사 개요

동사는 철강재 판매업, 자동차 및 전자부품 제조 및 판매업을 주요 목적으로 하는 전문 철강 유통 서비스 회사임. 1977년 설립되어 2002년 1월 코스닥시장에 상장되었음. 포스코의 냉연강판 지정 코일센터로서 자동차, 가전, 건설, 산업용 등의 냉연강판자재인 냉연코일을 수요자가 원하는 규격으로 가공하여 공급함. 주요 매출은 냉연 압연강판 29.89%, 산세코일 26.05%, 아연도금 강판 21.80%, 등으로 구성됨.

실적 분석

동사의 2017년 2분기 기준 매출액과 영업이익은 964.4억원, 21.1억원으로 전년 동기 대비 각각 18.3%증가, 13.6% 감소함. 매출액이 증가하였으나 매출원가가 더 큰폭으로 늘며 수익성에 악영향. 비영업부문의 외환부문에서 적자가 발생하면서 당기순이익은 소폭 감소한 23.8억원은 시현함. 전년 동기 대비 철강부문의 매출액은 18% 증가하였으나, 영업이익은 9.9% 가량 감소하였음.

현금 흐름		〈단위 : 억원〉	
항목	2016	2017.2Q	
영업활동	82	5	
투자활동	-99	12	
재무활동	-11	-17	
순현금흐름	-26	1	
기말현금	251	252	

시장 대비 수익률

결산 실적					〈단위 : 억원〉	
항목	2012	2013	2014	2015	2016	2017
매출액	2,564	2,468	2,006	1,595	1,627	—
영업이익	91	68	44	43	41	—
당기순이익	85	77	59	68	56	—

분기 실적					〈단위 : 억원〉	
항목	2016.1Q	2016.2Q	2016.3Q	2016.4Q	2017.1Q	2017.2Q
매출액	365		372	440	527	438
영업이익	7	18	2	15	16	5
당기순이익	9	16	2	30	6	18

재무 상태					〈단위 : 억원〉	
항목	2012	2013	2014	2015	2016	2017.2Q
총자산	1,284	1,309	1,278	1,319	1,349	1,362
유형자산	177	175	173	161	155	155
무형자산	18	18	22	24	22	22
유가증권	124	100	176	261	295	250
총부채	377	350	279	272	260	265
총차입금	17	16	16	18	18	19
자본금	99	99	99	99	99	99
총자본	907	960	999	1,047	1,089	1,097
지배주주지분	908	961	1,001	1,050	1,093	1,100

기업가치 지표						
항목	2012	2013	2014	2015	2016	2017.2Q
주가(최고/저)(천원)	2.7/1.8	2.4/2.0	3.1/2.3	4.2/2.6	6.3/3.6	—/—
PER(최고/저)(배)	6.8/4.7	6.6/5.5	10.6/7.8	11.7/7.4	21.1/12.1	—/—
PBR(최고/저)(배)	0.6/0.4	0.5/0.4	0.6/0.5	0.8/0.5	1.1/0.6	0.9/0.6
EV/EBITDA(배)	1.5	0.7		3.9	6.6	
EPS(원)	458	414	314	366	305	129
BPS(원)	4,938	5,233	5,445	5,707	5,928	5,970
CFPS(원)	503	461	364	416	348	153
DPS(원)	100	100	100	100	100	
EBITDAPS(원)	532	408	287	277	262	136

재무 비율								〈단위 : % 〉
연도	영업이익률	순이익률	부채비율	차입금비율	ROA	ROE	유보율	자기자본비율	EBITDA마진율
2016	2.5	3.5	23.8	1.6	4.2	5.3	1,025.4	80.8	3.0
2015	2.7	4.3	26.0	1.7	5.2	6.7	983.6	79.4	3.3
2014	2.2	2.9	28.0	1.6	4.5	6.0	933.7	78.2	2.7
2013	2.7	3.1	36.4	1.7	5.9	8.3	893.5	73.3	3.1

금비 (A008870)
Kumbi

업　종 : 용기 및 포장	시　장 : 거래소
신용등급 : (Bond) — 　(CP) —	기업규모 : 시가총액 소형주
홈페이지 : www.kumbi.co.kr	연락처 : 031)632-5280
본　사 : 경기도 이천시 부발읍 중부대로1707번길 13	

설 립 일	1973.06.05	종 업 원 수	240명	대 표 이 사	고병헌,고기영(각자대표)
상 장 일	1990.06.08	감 사 의 견	적정 (한영)	계　　열	
결 산 기	09월	보 통 주	100만주	종속회사수	2개사
액 면 가	5,000원	우 선 주		구 상 호	

주주구성 (지분율,%)
고병헌	15.0
고기영	11.1
(외국인)	0.1

출자관계 (지분율,%)
금비인터내셔널	90.0
삼화왕관	50.4

주요경쟁사 (외형,%)
금비	100
디케이디앤아이	25
승일	69

매출구성
Cap(알루미늄캡)	48.8
유리(주류)	42.4
유리(식품병)	4.6

비용구성
매출원가율	77.0
판관비율	13.0

수출비중
수출	4.0
내수	96.0

회사 개요
동사의 주요사업으로는 유리사업부문, Cap 사업부문(병마개제조업), 화장품사업부문으로 분류됨. 사업부문별 매출비중은 Cap사업부문 54%, 유리사업부문 39.42%, 화장품 사업부문 6.59% 등임. 음료와 주류병이 70% 정도를 차지하고 있으며, 제병 시장의 성장률는 다소 주춤하나 유리병에 대한 수요는 음료 및 주류산업의 소비성향이 꾸준히 상향 전개될 것으로 전망. 또한 병마개시장은 경기회복 전망에 따라 수요가 소폭 증가할 것으로 예상됨.

실적 분석
동사의 연결기준 2017년 2분기 매출액은 전년동기 대비 8.8% 감소한 1347.8억원을 기록했으며, 이에 따라 영업이익은 92억원으로 전년동기 대비 42.2% 감소하였음. 비영업손익은 3.9억원을 기록하며 전년 대비 흑자전환했음에도 불구하고, 매출감소 및 비용증가에 따라 당기순이익은 54.4억원으로 전년동기 대비 45.9% 감소하면서 수익성이 크게 악화되었음.

현금 흐름　〈단위 : 억원〉
항목	2016	2017.3Q
영업활동	206	158
투자활동	-183	-93
재무활동	47	-58
순현금흐름	70	7
기말현금	279	286

시장 대비 수익률

결산 실적　〈단위 : 억원〉
항목	2012	2013	2014	2015	2016	2017
매출액	1,762	1,751	1,775	1,895	2,005	—
영업이익	61	61	55	153	200	—
당기순이익	23	19	31	77	132	—

분기 실적　〈단위 : 억원〉
항목	2016.2Q	2016.3Q	2016.4Q	2017.1Q	2017.2Q	2017.3Q
매출액	468	490	528	488	427	370
영업이익	68	45	41	34	39	12
당기순이익	46	32	31	17	33	6

재무 상태　〈단위 : 억원〉
항목	2012	2013	2014	2015	2016	2017.3Q
총자산	2,155	2,098	2,209	2,318	2,506	2,458
유형자산	1,201	1,231	1,275	1,242	1,288	1,265
무형자산	183	145	111	77	66	66
유가증권	31	62	106	171	173	196
총부채	879	819	904	929	1,039	956
총차입금	458	454	507	474	544	515
자본금	50	50	50	50	50	50
총자본	1,276	1,279	1,304	1,389	1,467	1,501
지배주주지분	787	785	790	844	909	929

기업가치 지표
항목	2012	2013	2014	2015	2016	2017.3Q
주가(최고/저)(천원)	41.7/27.0	28.9/23.5	38.1/25.9	78.2/30.4	168/52.0	—/—
PER(최고/저)(배)	103.6/66.7	81.4/66.4	51.9/35.7	16.6/6.5	18.0/5.6	—/—
PBR(최고/저)(배)	0.6/0.4	0.4/0.3	0.5/0.3	0.9/0.4	1.8/0.6	1.3/0.9
EV/EBITDA(배)	6.9	6.6	6.5	5.4	5.6	—
EPS(원)	470	399	786	4,897	9,496	3,184
BPS(원)	81,454	81,197	81,754	87,163	93,579	95,576
CFPS(원)	10,941	11,670	13,624	17,992	19,906	11,606
DPS(원)	1,200	1,200	1,000	1,500	1,800	
EBITDAPS(원)	16,570	17,350	18,371	28,376	30,402	17,619

재무 비율　〈단위 : % 〉
연도	영업이익률	순이익률	부채비율	차입금비율	ROA	ROE	유보율	자기자본비율	EBITDA마진율
2016	10.0	6.6	70.9	37.1	5.5	10.8	1,771.6	58.5	15.2
2015	8.1	4.1	66.9	34.1	3.4	6.0	1,643.3	59.9	15.0
2014	3.1	1.8	69.3	38.9	1.4	1.0	1,535.1	59.1	10.4
2013	3.5	1.1	64.0	35.5	0.9	0.5	1,524.0	61.0	9.9

금양 (A001570)
Kum Yang

업　종 : 화학	시　장 : 거래소
신용등급 : (Bond) BB+　(CP) —	기업규모 : 시가총액 소형주
홈페이지 : www.kyc.co.kr	연락처 : 051)316-5881
본　사 : 부산시 사상구 낙동대로960번길 81 (감전동)	

설 립 일	1955.11.17	종 업 원 수	112명	대 표 이 사	류광지
상 장 일	1976.12.17	감 사 의 견	적정 (한울)	계　　열	
결 산 기	12월	보 통 주	4,271만주	종속회사수	8개사
액 면 가	500원	우 선 주		구 상 호	

주주구성 (지분율,%)
류광지	45.7
오토해운	0.8
(외국인)	0.5

출자관계 (지분율,%)
KUMYANGNEIMENGGUCHEMICALCO.,LTD.	100.0
HANKUMIMENENGGUCHEMICALCO.,LTD.	100.0
KUMYANGLIANYUNGANGCHEMICALCO.,LTD	100.0

주요경쟁사 (외형,%)
금양	100
KPX그린케미칼	144
세우글로벌	25

매출구성
발포제(제품)	54.8
기 타(상품)	40.9
기 타(제품)	4.3

비용구성
매출원가율	81.5
판관비율	11.3

수출비중
수출	70.0
내수	30.0

회사 개요
동사는 발포제를 주력으로 하는 정밀화학 전문업체로서, 2009년 하반기부터 발포제 유관 각종 첨가제 및 화학제품의 TRADING 사업을 병행하고 있음. 발포제는 스폰지제품을 제조하기 위해 합성수지 또는 고무 등과 같은 고분자재료에 첨가되는 화공약품임. 매출액의 약 70%이상을 수출하고 있는 수출형 산업으로 분류되며 중국현지공장으로 이전하여 생산을 점차 확대하고 있음. 2017년 6월 기준 중국 종속회사의 경영권을 420억원에 매각함.

실적 분석
동사의 2017년 2분기 누적 연결기준 매출액은 853.8억원으로 전년동기 대비 소폭 감소하였으며, 매출총이익은 168.13억으로 전년동기 대비 14.5% 증가함. 이에 따라 영업이익은 67.8억으로 전년 동기 대비 20.4% 증가하였음. 중국 종속회사 경영권을 420억원에 매각함에 따라 관련기업 투자이익이 209억원이 발생함. 이를 반영한 당기순이익은 전년 36.3억원 대비 368.4% 증가한 170.1억원을 시현함.

현금 흐름　〈단위 : 억원〉
항목	2016	2017.2Q
영업활동	80	-240
투자활동	-254	140
재무활동	116	38
순현금흐름	-78	-77
기말현금	173	97

시장 대비 수익률

결산 실적　〈단위 : 억원〉
항목	2012	2013	2014	2015	2016	2017
매출액	1,229	1,563	1,586	1,590	1,687	—
영업이익	66	56	52	69	121	—
당기순이익	37	7	-1	145	-205	—

분기 실적　〈단위 : 억원〉
항목	2016.1Q	2016.2Q	2016.3Q	2016.4Q	2017.1Q	2017.2Q
매출액	416	442	484	345	409	44
영업이익	32	24	29	36	28	4
당기순이익	29	7	26	-268	34	13

재무 상태　〈단위 : 억원〉
항목	2012	2013	2014	2015	2016	2017.2Q
총자산	1,276	1,471	1,602	1,654	1,789	2,06
유형자산	430	421	372	378	510	49
무형자산	88	87	9	16	51	5
유가증권	4	3	2	12	13	1
총부채	820	1,016	1,158	1,075	1,444	1,50
총차입금	696	863	750	799	925	89
자본금	197	197	197	197	197	21
총자본	455	456	445	580	345	55
지배주주지분	448	448	437	571	338	55

기업가치 지표
항목	2012	2013	2014	2015	2016	2017.2Q
주가(최고/저)(천원)	1.4/0.7	1.2/0.8	1.6/1.0	2.0/1.2	4.8/1.7	—/—
PER(최고/저)(배)	17.3/8.5	81.4/54.8	—/—	5.6/3.4	—/—	—/—
PBR(최고/저)(배)	1.3/0.7	1.1/0.8	1.4/0.9	1.3/0.8	5.1/1.8	2.2/1.1
EV/EBITDA(배)	11.0	12.1	9.2	10.0	11.7	—
EPS(원)	94	17	-3	367	-519	39
BPS(원)	1,229	1,227	1,199	1,541	947	1,38
CFPS(원)	133	112	104	461	-423	4
DPS(원)	35	45	60	60		
EBITDAPS(원)	207	238	238	268	404	21

재무 비율　〈단위 : % 〉
연도	영업이익률	순이익률	부채비율	차입금비율	ROA	ROE	유보율	자기자본비율	EBITDA마진율
2016	7.2	-12.2	418.9	268.3	-11.9	-45.0	89.4	19.3	9.
2015	4.3	9.1	185.4	137.8	8.9	28.7	208.2	35.0	6.
2014	3.3	-0.1	260.2	168.6	-0.1	-0.3	139.9	27.8	5.
2013	3.6	0.5	222.9	189.3	0.5	1.5	145.3	31.0	6.

금호산업 (A002990)
Kumho Industrial

업 종 : 건설		시 장 : 거래소	
신용등급 : (Bond) — (CP) —		기업규모 : 시가총액 중형주	
홈 페 이 지 : www.kumhoenc.com		연 락 처 : 061)333-7612	
본 사 : 전남 나주시 시청길4			

설 립 일 1960.09.05	종 업 원 수 1,627명	대 표 이 사 박삼구,서재환(각자대표이사)
상 장 일 1976.06.26	감 사 의 견 적정 (삼정)	계 열
결 산 기 12월	보 통 주 3,585만주	종 속 회 사 수
액 면 가 5,000원	우 선 주 29만주	구 상 호

주주구성 (지분율,%)		출자관계 (지분율,%)		주요경쟁사 (외형,%)	
금호홀딩스	45.5	총주보라매	100.0	금호산업	100
호반건설	4.7	제이외곽순환도로	35.7	아이에스동서	127
(외국인)	5.8	아시아나항공	33.5	태영건설	152

매출구성		비용구성		수출비중	
토목	27.6	매출원가율	92.3	수출	4.0
건축	26.6	판관비율	4.6	내수	96.0
주택	23.6				

회사 개요
동사는 1960년 9월에 설립됐으며, 1999년 2월 건설업과 운송업을 영위하는 금호건설(주)를 흡수합병하면서 금호건설(주)로 변경함. 2011년 11월 운송업을 금호고속(주)로 물적분할하여 건설업을 주력 사업으로 영위 중임. 종합건설업 시공능력은 2015년 기준 17위임. 회사는 '어울림'이라는 아파트 브랜드를 보유하고 있음. 현재 워크아웃 진행 중이며 경영정상화를 위해 노력함.

실적 분석
동사의 2017년도 연결기준 상반기 매출액은 5,538.3억원으로 전년동기 대비 4.1% 감소함. 매출 감소에도 불구하고 판관비는 큰폭으로 증가하여 영업이익은 120.1억원으로 전년동기 대비 17.9% 감소함. 당기순이익 또한 154.3억원으로 전년동기 대비 56% 감소됨. 동사는 주로 베트남 지역을 중심으로 도로, 상하수도 시설 등의 원조자금(ODA) 공사에도 참여하고 있으며, 점차 사업을 확대할 예정임.

현금 흐름 〈단위 : 억원〉

항목	2016	2017.2Q
영업활동	191	810
투자활동	222	31
재무활동	-875	-262
순현금흐름	-465	577
기말현금	713	1,291

시장 대비 수익률

결산 실적 〈단위 : 억원〉

항목	2012	2013	2014	2015	2016	2017
매출액	14,999	14,345	15,235	15,310	13,537	—
영업이익	-1,648	589	398	208	418	—
당기순이익	-7,279	526	1,058	-61	360	—

분기 실적 〈단위 : 억원〉

항목	2016.1Q	2016.2Q	2016.3Q	2016.4Q	2017.1Q	2017.2Q
매출액	2,659	3,114	3,282	4,482	2,543	2,996
영업이익	96	50	121	151	33	87
당기순이익	247	104	534	-525	354	-200

재무 상태 〈단위 : 억원〉

항목	2012	2013	2014	2015	2016	2017.2Q
총자산	19,322	17,664	15,044	13,100	12,746	12,113
유형자산	191	185	90	90	94	95
무형자산	66	63	62	61	46	38
유가증권	1,183	1,352	1,182	1,144	1,280	1,303
총부채	19,177	16,132	12,035	10,199	9,633	8,813
총차입금	6,661	4,769	4,356	3,345	2,689	2,601
자본금	8,627	1,614	1,715	1,755	1,769	1,807
총자본	145	1,532	3,009	2,902	3,113	3,300
지배주주지분	145	1,532	3,009	2,902	3,113	3,300

기업가치 지표

항목	2012	2013	2014	2015	2016	2017.2Q
주가(최고/저)(천원)	55.7/9.7	34.0/9.7	22.2/9.8	29.4/13.3	13.4/7.7	—/—
PER(최고/저)(배)	—/—	17.4/5.0	7.2/3.2	—/—	13.5/7.8	—/—
PBR(최고/저)(배)	94.8/16.5	7.4/2.1	2.6/1.2	3.7/1.7	1.6/0.9	1.3/1.0
EV/EBITDA(배)		8.6	24.3	33.2	10.6	—
EPS(원)	-32,760	2,015	3,194	-176	1,021	432
BPS(원)	87	4,754	8,780	8,276	8,806	9,141
CFPS(원)	-4,539	2,080	3,232	-142	1,055	449
DPS(원)					300	
EBITDAPS(원)	-919	2,319	1,240	631	1,218	353

재무 비율 〈단위 : % 〉

연도	영업이익률	순이익률	부채비율	차입금비율	ROA	ROE	유보율	자기자본비율	EBITDA마진율
2016	3.1	2.7	309.5	86.4	2.8	12.0	76.1	24.4	3.2
2015	1.4	-0.4	351.5	115.3	-0.4	-2.1	65.5	22.2	1.4
2014	2.6	6.9	400.0	144.8	6.5	46.6	75.6	20.0	2.7
2013	4.1	3.7	일부잠식	일부잠식	2.9	62.8	-4.9	8.7	4.2

금호석유화학 (A011780)
Kumho Petrochemical

업 종 : 화학		시 장 : 거래소	
신용등급 : (Bond) A- (CP) —		기업규모 : 시가총액 대형주	
홈 페 이 지 : www.kkpc.com		연 락 처 : 02)6961-1114	
본 사 : 서울시 중구 청계천로 100(수표동, 시그니처타워스 서울)			

설 립 일 1970.12.28	종 업 원 수 1,262명	대 표 이 사 박찬구,김성채
상 장 일 1988.01.22	감 사 의 견 적정 (삼덕)	계 열
결 산 기 12월	보 통 주 3,047만주	종 속 회 사 수 7개사
액 면 가 5,000원	우 선 주 302만주	구 상 호

주주구성 (지분율,%)		출자관계 (지분율,%)		주요경쟁사 (외형,%)	
박철완	10.0	코리아에너지발전소	96.1	금호석유	100
국민연금공단	10.0	금호티앤엘	95.0	LG화학	520
(외국인)	26.8	금호피앤비화학	78.2	한화케미칼	233

매출구성		비용구성		수출비중	
SBR, BR, NBR,LATEX등	49.7	매출원가율	91.6	수출	65.0
PS, ABS, EPS,PPG등	33.0	판관비율	4.4	내수	35.0
전자소재, 스팀,임대료 등	13.4				

회사 개요
동사는 1976년 설립돼 합성고무제품과 합성수지제품 등 석유화학제품을 제조 및 판매함. 매출은 합성고무 49.7%, 합성수지 33%, 정밀화학 3.9% 및 기타 13.4%로 구성됐 있음. 현재 페놀 세계 5위, BPA 세계 5위권의 생산능력을 보유하고 있으며, 수출비중은 약 55%임. 시장점유율은 국내 합성고무 시장의 47%, 합성수지 시장의 16%를 차지하고 있음. 주요 종속회사는 금호피앤비화학, 금호티앤엘 등임.

실적 분석
동사의 2017년 상반기 연결기준 매출액은 2조 6,473.1억원으로 전년동기 대비 40.6% 증가함. 매출원가가 크게 상승하면서 영업이익은 1.6% 줄어든 1,099.3억원을 기록함. 금호렌터카의 최대주주였던 아시아나항공과 렌트카 지분 모두를 금호피앤피화학에 넘기며 관련기업 투자이익이 개선을 보이고, 합성고무 부문에서 부타디엔 원재료 가격이 최악의 국면을 벗어나면서 재무구조가 개선세를 보임.

현금 흐름 〈단위 : 억원〉

항목	2016	2017.2Q
영업활동	2,968	695
투자활동	-2,507	-512
재무활동	1,036	261
순현금흐름	1,497	443
기말현금	1,970	2,413

시장 대비 수익률

결산 실적 〈단위 : 억원〉

항목	2012	2013	2014	2015	2016	2017
매출액	58,837	51,321	47,657	39,345	39,704	—
영업이익	2,238	1,342	1,849	1,640	1,571	—
당기순이익	1,261	-427	883	1,219	808	—

분기 실적 〈단위 : 억원〉

항목	2016.1Q	2016.2Q	2016.3Q	2016.4Q	2017.1Q	2017.2Q
매출액	8,715	10,115	9,944	10,930	14,082	12,391
영업이익	463	654	235	219	657	442
당기순이익	384	479	184	-240	704	375

재무 상태 〈단위 : 억원〉

항목	2012	2013	2014	2015	2016	2017.2Q
총자산	44,107	42,116	44,373	42,106	45,461	46,179
유형자산	21,296	22,217	22,610	25,057	25,648	24,946
무형자산	284	197	162	162	173	167
유가증권	4,059	3,167	3,484	2,513	2,322	3,140
총부채	27,524	26,519	27,957	25,468	28,182	27,433
총차입금	20,932	20,362	21,505	19,162	20,816	21,343
자본금	1,675	1,675	1,675	1,675	1,675	1,675
총자본	16,584	15,598	16,416	16,637	17,279	18,745
지배주주지분	15,477	14,746	15,594	15,565	16,197	17,641

기업가치 지표

항목	2012	2013	2014	2015	2016	2017.2Q
주가(최고/저)(천원)	168/89.9	130/74.0	90.6/66.8	89.6/49.3	82.2/47.4	—/—
PER(최고/저)(배)	46.9/25.0	—/—	34.0/25.1	25.9/14.2	38.0/21.9	—/—
PBR(최고/저)(배)	3.8/2.0	3.1/1.7	2.0/1.5	1.9/1.1	1.7/1.0	1.7/1.3
EV/EBITDA(배)	15.6	16.3	12.6	10.8	12.5	—
EPS(원)	3,869	-368	2,782	3,550	2,187	3,158
BPS(원)	47,407	45,236	47,764	47,677	49,559	53,870
CFPS(원)	8,644	4,840	8,085	8,804	8,337	6,484
DPS(원)	2,000	1,500	1,500	800	800	
EBITDAPS(원)	11,458	9,216	10,823	10,149	10,840	6,608

재무 비율 〈단위 : % 〉

연도	영업이익률	순이익률	부채비율	차입금비율	ROA	ROE	유보율	자기자본비율	EBITDA마진율
2016	4.0	2.0	163.1	120.5	1.8	4.6	891.2	38.0	9.1
2015	4.2	3.1	153.1	115.2	2.8	7.6	853.5	39.5	8.6
2014	3.9	1.9	170.3	131.0	2.0	6.1	855.3	37.0	7.6
2013	4.2	-0.8	170.0	130.6	-1.0	-0.8	804.7	37.0	6.0

금호에이치티 (A214330)
KUMHO HT

업 종 : 자동차부품			시 장 : 거래소		
신용등급 : (Bond) — (CP) —			기업규모 : 시가총액 소형주		
홈페이지 : www.kumhoht.co.kr			연락처 : 062)958-2700		
본 사 : 광주시 광산구 용아로 717					

설 립 일	1989.07.01	총 원 원 수	492명	대 표 이 사	조석래
상 장 일	2015.11.11	감사의견	적정 (삼정)	계 열	
결 산 기	12월	보 통 주	977만주	종속회사수	1개사
액 면 가	500원	우 선 주		구 상 호	

주주구성 (지분율,%)
금호전기	37.0
TOSHIBA LIGHTING & TECHNOLOGY	8.5
(외국인)	10.0

출자관계 (지분율,%)
금호에이엠티	9.3
루미마이크로	1.7
TIANJINKUMHOHTCO.,LTD	100.0

주요경쟁사 (외형,%)
금호에이치티	100
삼보모터스	409
트루윈	16

매출구성
DRL	32.8
RCL	26.1
ETC 외	19.2

비용구성
매출원가율	88.5
판관비율	4.7

수출비중
수출	29.0
내수	71.0

회사 개요
동사는 자동차의 조명과 실내 등에 사용하는 LED 모듈 등을 생산하는 기업으로, 1998년 최대주주인 금호전기와 일본 TLT사가 합작하여 설립하였음. 현재 양사의 동사 지분율은 각각 37%, 17%임. 금호전기에서 금호에이티오토닉스로 사명을 변경하였다 2008년부터 현재의 사명을 사용중임. 주 매출처는 에스엘그룹, 현대차 그룹 등이며, 연결대상 종속회사로 2013년 중국에 설립한 TIANJIN KUMHO HT를 보유하고 있음.

실적 분석
동사의 2017년 반기 매출액은 총 898.8억원으로, 전년동기 대비 12.8% 감소한 실적을 시현하였음. 매출 감소 영향으로 영업이익은 전년 동기 대비 36.1% 축소된 47.2억원을 시현함. 외환손실 등으로 비영업손익에서 14.3억원의 적자가 발생하여 법인세비용 7.9억원이 발생하여 당기순이익은 전년 동기 대비 36.4% 감소한 25억원에 그침. 동사는 향후 사업다각화로 수익성 개선을 추진할 계획임.

현금 흐름 〈단위 : 억원〉
항목	2016	2017.2Q
영업활동	235	87
투자활동	-364	-9
재무활동	168	-45
순현금흐름	39	33
기말현금	46	79

시장 대비 수익률

결산 실적 〈단위 : 억원〉
항목	2012	2013	2014	2015	2016	2017
매출액	1,064	1,240	1,792	2,031	2,086	—
영업이익	65	105	163	203	143	—
당기순이익	34	72	135	150	84	—

분기 실적 〈단위 : 억원〉
항목	2016.1Q	2016.2Q	2016.3Q	2016.4Q	2017.1Q	2017.2Q
매출액	504	527	482	573	492	407
영업이익	37	36	34	35	35	12
당기순이익	22	18	11	33	8	17

재무 상태 〈단위 : 억원〉
항목	2012	2013	2014	2015	2016	2017.2Q
총자산	763	906	1,108	1,239	1,566	1,479
유형자산	200	245	297	351	619	591
무형자산	—	—	0	0	2	1
유가증권	13	13	11	9	20	21
총부채	334	429	478	425	703	600
총차입금	154	176	267	247	439	400
자본금	23	23	23	49	49	49
총자본	428	476	630	814	863	879
지배주주지분	428	476	619	806	863	879

기업가치 지표
항목	2012	2013	2014	2015	2016	2017.2Q
주가(최고/저)(천원)	—/—	—/—	—/—	9.7/8.6	11.5/5.7	—/—
PER(최고/저)(배)	0.0/0.0	0.0/0.0	0.0/0.0	6.8/6.0	12.1/6.0	—/—
PBR(최고/저)(배)	0.0/0.0	0.0/0.0	0.0/0.0	1.2/1.1	1.3/0.7	0.9/0.7
EV/EBITDA(배)	0.9		0.7	1.3	4.5	4.6
EPS(원)	332	693	1,269	1,471	967	256
BPS(원)	186,191	207,090	13,455	8,257	8,836	9,005
CFPS(원)	28,234	49,371	3,963	2,125	1,777	631
DPS(원)				125	100	—
EBITDAPS(원)	41,336	63,652	4,657	2,603	2,274	858

재무 비율 〈단위 : %〉
연도	영업이익률	순이익률	부채비율	차입금비율	ROA	ROE	유보율	자기자본비율	EBITDA마진율
2016	6.9	4.0	81.5	50.9	6.0	11.3	1,667.2	55.1	10.7
2015	10.0	7.4	52.2	30.4	12.8	21.5	1,551.5	65.7	13.4
2014	9.1	7.5	75.9	42.4	13.4	24.0	2,591.1	56.9	12.0
2013	8.4	5.8	90.1	36.9		—	1,970.9	52.6	11.8

금호전기 (A001210)
KUMHO ELECTRIC

업 종 : 디스플레이 및 관련부품			시 장 : 거래소		
신용등급 : (Bond) — (CP) —			기업규모 : 시가총액 소형주		
홈페이지 : www.khe.co.kr			연락처 : 02)707-4000		
본 사 : 서울시 마포구 마포대로4다길 41 마포타워빌딩					

설 립 일	1935.05.25	총 원 원 수	192명	대 표 이 사	박명구
상 장 일	1973.11.15	감사의견	적정 (삼정)	계 열	
결 산 기	12월	보 통 주	692만주	종속회사수	11개사
액 면 가	5,000원	우 선 주		구 상 호	

주주구성 (지분율,%)
박명구	13.1
박병구	12.8
(외국인)	3.1

출자관계 (지분율,%)
동경정밀	98.5
금호에이엠티	54.6
루미마이크로	38.2

주요경쟁사 (외형,%)
금호전기	100
탑엔지니어링	39
동부라이텍	18

매출구성
자동차용전구	48.4
LED용 부품 제조	18.2
LED조명	14.9

비용구성
매출원가율	87.7
판관비율	10.5

수출비중
수출	—
내수	—

회사 개요
동사는 전문 조명제조업체로 일반조명부문(LED조명포함), IT&DISPLAY용 BLU부문, LED PKG제조부문 및 자동차용 전구부문으로 운영되고 있음. 일반/LED 조명부문의 시장점유율은 2016년말 기준 15%에 달하고 있음. 동사는 주력사업인 LED조명 사업에서 스마트폰으로 손쉽게 조명을 제어할 수 있는 스마트 LED제어 시스템을 개발 중에 있음. 이외에도 신규사업인 스마트테이블과 SiC히터 응용제품도 점점 완성도가 높아지고 있음.

실적 분석
동사의 2017년 2분기기준 누적 매출액은 전년동기대비 -7% 하락한 1,835.2억원을 기록하였음. 비용면에서 전년동기대비 매출원가는 감소 하였으며 인건비도 감소, 광고선전비는 증가 하였고 기타판매비와관리비도 마찬가지로 감소하였음. 그에 따라 매출액 하락 등에 의해 전년동기대비 영업이익은 36.1억원으로 3.9% 상승하였음. 그러나 비영업손익의 적자지속으로 전년동기대비 당기순이익은 -67.1억원을 기록함.

현금 흐름 〈단위 : 억원〉
항목	2016	2017.2Q
영업활동	238	62
투자활동	-81	15
재무활동	-127	-63
순현금흐름	28	14
기말현금	100	114

시장 대비 수익률

결산 실적 〈단위 : 억원〉
항목	2012	2013	2014	2015	2016	2017
매출액	3,798	3,867	4,475	3,963	4,152	—
영업이익	-142	-46	48	-126	74	—
당기순이익	-671	-181	-46	-564	-174	—

분기 실적 〈단위 : 억원〉
항목	2016.1Q	2016.2Q	2016.3Q	2016.4Q	2017.1Q	2017.2Q
매출액	979	993	1,013	1,166	1,013	822
영업이익	9	26	28	11	41	-5
당기순이익	-33	-30	-28	-84	-10	-57

재무 상태 〈단위 : 억원〉
항목	2012	2013	2014	2015	2016	2017.2Q
총자산	5,093	5,327	5,157	4,756	4,605	4,316
유형자산	2,125	1,932	2,149	1,912	1,988	1,918
무형자산	135	152	179	124	92	83
유가증권	19	210	206	33	54	54
총부채	2,930	3,467	3,210	2,946	3,004	2,797
총차입금	2,352	2,645	2,628	2,465	2,357	2,300
자본금	346	346	346	346	346	346
총자본	2,163	1,859	1,946	1,810	1,601	1,519
지배주주지분	1,895	1,566	1,704	1,276	1,023	943

기업가치 지표
항목	2012	2013	2014	2015	2016	2017.2Q
주가(최고/저)(천원)	29.1/16.4	39.0/20.9	28.9/16.1	23.5/12.4	13.6/8.9	—/—
PER(최고/저)(배)	—/—	—/—	—/—	—/—	—/—	—/—
PBR(최고/저)(배)	0.9/0.5	1.5/0.8	1.0/0.6	1.0/0.5	0.7/0.5	0.6/0.5
EV/EBITDA(배)	33.4	26.0	15.9	44.0	13.6	
EPS(원)	-8,134	-3,058	-844	-6,881	-3,057	-1,017
BPS(원)	31,787	27,020	28,899	22,742	19,078	17,924
CFPS(원)	-4,538	20	2,107	-3,809	-485	114
DPS(원)	100	100				
EBITDAPS(원)	1,537	2,417	3,648	1,252	3,639	1,654

재무 비율 〈단위 : %〉
연도	영업이익률	순이익률	부채비율	차입금비율	ROA	ROE	유보율	자기자본비율	EBITDA마진율
2016	1.8	-4.2	187.6	147.2	-3.7	-18.4	281.6	34.8	6.1
2015	-3.2	-14.2	162.8	136.2	-11.4	-31.9	354.9	38.1	2.2
2014	1.1	-1.0	165.0	135.0	-0.9	-3.6	478.0	37.7	5.6
2013	-1.2	-4.7	186.5	142.3	-3.5	-12.2	440.4	34.9	4.3

금호타이어 (A073240)
Kumho TireInc

업 종 : 자동차부품	시 장 : 거래소
신용등급 : (Bond) BBB (CP) —	기업규모 : 시가총액 중형주
홈 페 이 지 : www.kumhotire.co.kr	연 락 처 : 062)940-2114
본 사 : 광주시 광산구 어등대로 658 (소촌동)	

설 립 일	2003.06.30	종업원수	5,043명	대표이사	박삼구,이한섭
상 장 일	2005.02.17	감사의견	적정 (한영)	계 열	
결 산 기	12월	보 통 주	15,799만주	종속회사수	14개사
액 면 가	5,000원	우 선 주		구 상 호	

주주구성 (지분율,%)		출자관계 (지분율,%)		주요경쟁사 (외형,%)	
우리은행	14.2	대우건설	4.4	금호타이어	100
한국산업은행	13.5	KumhoTireH.K.Co.,Ltd	100.0	한국타이어	225
(외국인)	3.6	KumhoTireU.S.A.Inc.	100.0	한국타이어월드와이드	23

매출구성		비용구성		수출비중	
타이어	98.9	매출원가율	74.7	수출	—
임대료	0.6	판관비율	21.2	내수	—
ATB, CMB 등	0.5				

회사 개요
동사는 2003년 금호산업 타이어산업부의 자산부채 현물출자 및 영업양수도를 통해 설립되었음. 동사는 한국, 중국, 베트남에 위치한 8개의 생산공장에서 글로벌 생산체계를 구축하고 전세계 8개 판매법인, 14개 지사를 통해 제품을 공급하고 있음. 국내 시장은 동사와 한국타이어, 넥센타이어가 90%이상 점유하고 있으며, 세계시장은 미쉐린, 브릿지스톤, 굿이어 등 Big 3 업체의 매출액이 전체의 약 40%를 차지함.

실적 분석
동사의 2017년 2분기 누적 매출액은 1조 3814억원으로서 전년동기 대비 4.5% 감소하며 외형 축소됨. 수익성 또한 원가율 상승 영향으로 크게 하락한 상황. 영업이익은 506.8억원의 손실을 기록하며 적자전환함. 중국 중심의 신흥시장이 수요확대를 주도하는 가운데 생산판매에 있어서도 중국, 인도 등의 업체들이 고 성장세를 보이고 있어 경쟁우위 확보를 위한 고부가가치 제품 개발 노력이 요구될 전망.

현금 흐름 〈단위 : 억원〉

항목	2016	2017.2Q
영업활동	1,883	-849
투자활동	-2,649	-967
재무활동	56	934
순현금흐름	-804	-937
기말현금	1,635	699

시장 대비 수익률

결산 실적 〈단위 : 억원〉

항목	2012	2013	2014	2015	2016	2017
매출액	40,706	36,985	34,379	30,404	29,472	
영업이익	3,753	3,459	3,584	1,360	1,201	
당기순이익	1,306	1,010	1,316	-675	-379	

분기 실적 〈단위 : 억원〉

항목	2016.1Q	2016.2Q	2016.3Q	2016.4Q	2017.1Q	2017.2Q
매출액	7,018	7,448	7,101	7,906	6,693	7,122
영업이익	151	407	95	547	-282	-225
당기순이익	-154	-75	-320	170	-606	-475

재무 상태 〈단위 : 억원〉

항목	2012	2013	2014	2015	2016	2017.2Q
총자산	47,810	47,339	48,047	52,200	51,217	50,132
유형자산	23,364	23,948	25,097	29,976	29,518	29,274
무형자산	524	469	416	347	287	230
유가증권	1,823	1,354	1,085	1,030	929	1,385
총부채	38,509	35,957	34,787	39,592	39,076	38,937
총차입금	28,002	25,961	24,235	27,824	27,340	27,409
자본금	6,313	7,391	7,900	7,900	7,900	7,900
총자본	9,301	11,382	13,260	12,608	12,141	11,196
지배주주지분	8,104	10,172	12,090	11,429	11,022	10,097

기업가치 지표

항목	2012	2013	2014	2015	2016	2017.2Q
주가(최고/저)(천원)	16.1/10.0	13.1/10.2	14.6/9.7	10.5/5.7	11.4/6.1	—/—
PER(최고/저)(배)	15.6/9.7	20.3/15.7	17.8/11.8	1.4/0.8	1.6/0.9	1.5/1.1
PBR(최고/저)(배)	2.5/1.6	1.9/1.5	1.9/1.3	1.4/0.8	1.0/0.5	—/—
EV/EBITDA(배)	7.6		7.5	6.6	10.4	11.3
EPS(원)	1,032	646	820	-439	-228	-692
BPS(원)	6,418	6,882	7,652	7,234	6,976	6,391
CFPS(원)	2,549	1,906	1,998	856	1,191	-9
DPS(원)						362
EBITDAPS(원)	4,649	3,601	3,447	2,155	2,179	

재무 비율 〈단위 : %〉

연도	영업이익률	순이익률	부채비율	차입금비율	ROA	ROE	유보율	자기자본비율	EBITDA마진율
2016	4.1	-1.3	321.9	225.2	-0.7	-3.2	39.5	23.7	11.7
2015	4.5	-2.2	314.0	220.7	-1.4	-5.9	44.7	24.2	11.2
2014	10.4	3.8	262.3	182.8	2.8	11.6	53.1	27.6	15.8
2013	9.4	2.7	315.9	228.1	2.1	11.2	37.6	24.0	14.4

금화피에스시 (A036190)
GEUMHWA PLANT SERVICE & CONSTRUCTION

업 종 : 건설	시 장 : KOSDAQ
신용등급 : (Bond) — (CP) —	기업규모 : 우량
홈 페 이 지 : www.geumhwa.co.kr	연 락 처 : 02)2186-6220
본 사 : 서울시 강남구 테헤란로25길 15-4 (역삼동 643-11)	

설 립 일	1981.05.13	종업원수	807명	대표이사	정도정,김경태(각자대표이사)
상 장 일	2000.12.16	감사의견	적정 (삼일)	계 열	
결 산 기	12월	보 통 주	600만주	종속회사수	3개사
액 면 가	500원	우 선 주		구 상 호	

주주구성 (지분율,%)		출자관계 (지분율,%)		주요경쟁사 (외형,%)	
김성기	16.9	금화씨앤이	100.0	금화피에스시	100
TETON CAPITAL PARTNERS, L.P.	13.3	금화전자	93.0	이테크건설	507
(외국인)	27.7	엔에스컴퍼니	41.1	아이콘트롤스	80

매출구성		비용구성		수출비중	
경상정비(공사)	62.7	매출원가율	82.9	수출	14.0
해외설비(공사)	11.6	판관비율	4.5	내수	86.0
발전소설비(공사)	9.8				

회사 개요
동사는 발전소 건설을 위한 플랜트 건설 및 설비의 유지보수를 위한 경상정비 등을 주로 하는 플랜트 전문건설업체임. 민간 발전소 경상정비 시장에서 경쟁사 대비 시장 점유율과 기술력에서 우위를 보이고 있으며, 2014년 마진율이 높은 계획예방정비 공사가 집중됨에 따라 큰 폭의 실적 개선이 기대됨. 국내 발전소 경상정비 시장은 한전KPS가 약 78%를 점유하고 있고 나머지 시장을 민간 정비업체 6개사가 차지하고 있음.

실적 분석
동사의 연결기준 2017년 2분기 누적매출액은 1,124.4억원으로 전년동기 1,156.0억원 대비 2.7% 감소하였음. 매출 감소 원인은 신규 수주물량 감소가 원인이었으나 매출원가가 8.2% 감소, 원가율이 개선되면서 영업이익은 49.4% 증가한 161.0억원을 시현함. 비영업부문의 이익은 55.4% 감소한 8.6억원에 그쳤으며 최종적으로 동사의 당기순이익은 전년동기 대비 27.2% 증가한 126.3억원을 기록하였음.

현금 흐름 〈단위 : 억원〉

항목	2016	2017.2Q
영업활동	322	331
투자활동	-236	-72
재무활동	-48	-54
순현금흐름	40	204
기말현금	210	414

시장 대비 수익률

결산 실적 〈단위 : 억원〉

항목	2012	2013	2014	2015	2016	2017
매출액	1,082	1,661	1,896	2,360	2,350	
영업이익	205	271	234	277	298	
당기순이익	185	228	214	227	239	

분기 실적 〈단위 : 억원〉

항목	2016.1Q	2016.2Q	2016.3Q	2016.4Q	2017.1Q	2017.2Q
매출액	537	619	487	707	486	638
영업이익	62	46	44	146	57	104
당기순이익	54	46	33	107	34	92

재무 상태 〈단위 : 억원〉

항목	2012	2013	2014	2015	2016	2017.2Q
총자산	1,055	1,429	1,581	1,890	2,150	2,332
유형자산	140	155	193	246	266	257
무형자산	19	163	161	142	117	117
유가증권	61	68	121	152	104	904
총부채	132	253	245	400	463	571
총차입금				23	29	115
자본금	30	30	30	30	30	30
총자본	923	1,176	1,335	1,491	1,687	1,761
지배주주지분	923	1,176	1,332	1,487	1,683	1,758

기업가치 지표

항목	2012	2013	2014	2015	2016	2017.2Q
주가(최고/저)(천원)	18.4/9.8	32.4/18.1	48.3/29.9	51.4/31.4	38.2/28.9	—/—
PER(최고/저)(배)	6.7/3.6	9.4/5.3	14.5/9.0	14.3/8.8	9.8/7.4	1.3/1.2
PBR(최고/저)(배)	1.3/0.7	1.8/1.0	2.3/1.4	2.2/1.3	1.4/1.1	—
EV/EBITDA(배)	2.7	4.8	8.6	4.4	3.8	—
EPS(원)	3,081	3,798	3,565	3,773	3,986	2,111
BPS(원)	15,599	19,603	22,194	24,780	28,057	29,297
CFPS(원)	3,289	4,127	4,229	4,162	4,308	2,283
DPS(원)	600	900	900	900	900	
EBITDAPS(원)	3,617	4,884	4,572	5,002	5,291	2,854

재무 비율 〈단위 : %〉

연도	영업이익률	순이익률	부채비율	차입금비율	ROA	ROE	유보율	자기자본비율	EBITDA마진율
2016	12.7	10.2	27.5	1.7	11.8	15.1	5,511.4	78.5	13.5
2015	11.7	9.6	26.8	1.5	13.1	16.1	4,856.0	78.9	12.7
2014	12.4	11.3	18.4	0.0	14.2	17.1	4,338.9	84.5	14.5
2013	16.3	13.7	21.5	0.0	18.4	21.7	3,820.6	82.3	17.5

기가레인 (A049080)
GIGALANE

업　　종 : 반도체 및 관련장비		시　　장 : KOSDAQ	
신용등급 : (Bond) — (CP) —		기업규모 : 벤처	
홈페이지 : www.gigalane.com		연 락 처 : 031)233-7325	
본　　사 : 경기도 화성시 삼성1로5길 46			

설 립 일	2000.01.31	종 업 원 수	191명	대 표 이 사	김정곤,장밀준(각자대표)
상 장 일	2013.12.19	감 사 의 견	적정 (이촌)	계　　열	
결 산 기	12월	보 통 주	2,396만주	종 속 회 사 수	2개사
액 면 가	500원	우 선 주		구 상 호	

주주구성 (지분율,%)		출자관계 (지분율,%)		주요경쟁사 (외형,%)	
케플러밸류파트너스	22.8	르네코	8.1	기가레인	100
전재홍	5.9			엘비세미콘	180
(외국인)	1.0			에스엔텍	88

매출구성		비용구성		수출비중	
LED/DRIE Etcher,Parts 등	49.9	매출원가율	98.7	수출	56.0
RF케이블 조립체,RF커넥터	43.1	판관비율	13.3	내수	44.0
검사부품 등	7.1				

회사 개요
동사는 200년 조온정보시스템으로 설립되어 RF통신부품 및 반도체 장비 제조사업을 주요 사업으로 영위하고 있음. 동사의 RF통신부품은 주요 모바일 기기에 사용되고 있으며, 반도체 장비인 LED Etcher 역시 지속적으로 수익을 창출하고 있음. 동사는 RF동축케이블을 제조하는 (주)씨쓰리와 통신기기 및 부품 제조하는 베트남기가레인을 종속회사로 두고 있음. 동사는 2017년 5월 최대주주가 김정곤에서 케플러파트너스로 변경됨.

실적 분석
동사는 2017년 상반기 매출액이 451.3억원으로 전년 동기 대비 12.6% 증가했으며, 영업이익은 10.1억원으로 전년 동기에 비해 28.7% 감소했음. 동사는 모바일 기기에 들어가는 RF통신부품의 판매가 전년보다 부진했으나, 반도체 호황의 영향으로 반도체 장비 부문의 매출이 급증하면서 매출이 늘었음. 매출보다 매출원가가 더 증가하면서 수익성이 악화됨. 비영업부문에서도 손실 36.5억원으로 적자가 지속돼 당기순손실 55.1억원을 기록함.

현금 흐름
<단위 : 억원>

항목	2016	2017.2Q
영업활동	-11	26
투자활동	-157	-29
재무활동	91	53
순현금흐름	-77	35
기말현금	92	127

결산 실적
<단위 : 억원>

항목	2012	2013	2014	2015	2016	2017
매출액	560	948	957	616	754	—
영업이익	120	129	91	-189	-91	—
당기순이익	85	108	78	-134	-103	—

분기 실적
<단위 : 억원>

항목	2016.1Q	2016.2Q	2016.3Q	2016.4Q	2017.1Q	2017.2Q
매출액	175	256	121	202	223	250
영업이익	-15	22	-36	-62	-30	20
당기순이익	-11	9	-30	-71	-58	3

재무 상태
<단위 : 억원>

항목	2012	2013	2014	2015	2016	2017.2Q
총자산	797	1,225	1,319	1,518	1,557	1,508
유형자산	380	507	664	725	726	575
무형자산	99	127	151	195	225	160
유가증권	1	4	2	3	5	51
총부채	532	601	564	860	981	853
총차입금	362	441	412	674	752	641
자본금	54	80	89	89	89	102
총자본	265	624	756	657	576	655
지배주주지분	265	624	756	647	571	638

기업가치 지표

항목	2012	2013	2014	2015	2016	2017.2Q
주가(최고/저)(천원)	—/—	4.6/4.2	13.3/4.5	12.2/4.5	7.3/4.8	—/—
PER(최고/저)(배)	0.0/0.0	5.1/4.8	30.4/10.4		2.3/1.5	2.2/1.5
PBR(최고/저)(배)	0.0/0.0	1.2/1.1	3.1/1.1	3.3/1.2		
EV/EBITDA(배)	2.4	5.2	14.6		240.1	—/—
EPS(원)	1,088	902	439	-755	-560	-306
BPS(원)	2,456	3,908	4,269	3,652	3,223	3,139
CFPS(원)	1,374	1,358	817	-239	-7	-54
DPS(원)		50	50			
EBITDAPS(원)	1,825	1,535	893	-549	38	304

재무 비율
<단위 : % >

연도	영업이익률	순이익률	부채비율	차입금비율	ROA	ROE	유보율	자기자본비율	EBITDA마진율
2016	-12.1	-13.7	170.4	130.6	-6.7	-16.3	544.5	37.0	0.9
2015	-30.6	-21.7	130.8	102.5	-9.4	-19.1	630.5	43.3	-15.8
2014	9.5	8.1	74.6	54.5	6.1	11.3	753.7	57.3	16.5
2013	13.7	11.4	96.4	70.6	10.7	24.4	681.6	50.9	19.4

기산텔레콤 (A035460)
Kisan Telecom

업　　종 : 통신장비		시　　장 : KOSDAQ	
신용등급 : (Bond) — (CP) —		기업규모 : 벤처	
홈페이지 : www.kisantel.co.kr		연 락 처 : 02)3433-8200	
본　　사 : 서울시 송파구 오금로 111, 세기빌딩 11층 (방이동)			

설 립 일	1994.09.06	종 업 원 수	84명	대 표 이 사	박병기
상 장 일	1999.11.12	감 사 의 견	적정 (우리)	계　　열	
결 산 기	12월	보 통 주	1,458만주	종 속 회 사 수	3개사
액 면 가	500원	우 선 주		구 상 호	

주주구성 (지분율,%)		출자관계 (지분율,%)		주요경쟁사 (외형,%)	
박병기	30.8	와이티엔디엠비	3.0	기산텔레콤	100
연종숙	3.1			백금T&A	102
(외국인)	1.4	한국방위산업진흥회		서화정보통신	22

매출구성		비용구성		수출비중	
중계기외	100.0	매출원가율	83.5	수출	22.0
		판관비율	21.4	내수	78.0

회사 개요
1994년에 설립된 동사는 통신장비 제조 및 판매 사업을 영위하고 있으며 군통신장비를 제조하는 현대제이콤, 항공통신장비를 제조하는 모빈언스 등을 종속회사로 두고 있음. 동사와 종속회사는 서로 다른 제품과 용역을 제공하는 전략적인 사업단위임. 동사는 이동통신사에서 14년간 중계장비를 공급해왔고, 유선장비사업도 9년째까 맞아 안정화 수준을 유지하고 있음. 매출에서 통신부문이 차지하는 비중이 높음.

실적 분석
2017년 상반기 연결기준 전체 매출은 291.3억원으로 전년동기 대비 63.1% 증가, 영업손실은 14억원으로 적자지속, 당기순손실도 18.2억원으로 적자지속. 전체 외형은 수주 증가 및 신규 거래선 개척으로 높은 증강율을 시현. 다만 원가율 상승으로 수익성 개선은 미진함. 2017년 내수경기의 점진적 회복되 국내 통신사업자들의 투자 확대이어진다면 중계기 수요 증가, 항공통신장비 수요가 증가해 매출 성장이 이루어질것으로 기대됨.

현금 흐름
<단위 : 억원>

항목	2016	2017.2Q
영업활동	-21	-44
투자활동	-92	-32
재무활동	45	11
순현금흐름	-67	-66
기말현금	161	95

결산 실적
<단위 : 억원>

항목	2012	2013	2014	2015	2016	2017
매출액	743	795	745	797	592	—
영업이익	17	51	17	16	-29	—
당기순이익	-19	39	27	17	-26	—

분기 실적
<단위 : 억원>

항목	2016.1Q	2016.2Q	2016.3Q	2016.4Q	2017.1Q	2017.2Q
매출액	87	91	190	223	151	140
영업이익	-11	-22	39	-35	0	-14
당기순이익	-12	-19	34	-29	-10	-9

재무 상태
<단위 : 억원>

항목	2012	2013	2014	2015	2016	2017.2Q
총자산	732	787	781	760	742	693
유형자산	25	25	20	23	23	23
무형자산	92	75	64	53	47	45
유가증권	25	18	15	14	13	13
총부채	417	422	395	338	343	313
총차입금	228	144	150	123	139	128
자본금	72	72	72	72	73	73
총자본	315	365	385	423	399	380
지배주주지분	293	336	354	388	366	350

기업가치 지표

항목	2012	2013	2014	2015	2016	2017.2Q
주가(최고/저)(천원)	2.5/1.7	2.7/1.8	2.8/1.7	5.2/1.8	4.4/2.5	—/—
PER(최고/저)(배)		11.4/7.7	16.4/10.0	50.6/17.1	—/—	—/—
PBR(최고/저)(배)	1.2/0.8	1.1/0.8	1.1/0.7	1.9/0.6	1.7/1.0	1.7/1.4
EV/EBITDA(배)	7.1	3.4	6.4	10.9		
EPS(원)	-42	239	173	102	-171	-111
BPS(원)	2,131	2,430	2,559	2,729	2,543	2,428
CFPS(원)	176	422		349	-50	-51
DPS(원)				278		
EBITDAPS(원)	338	540	297	287	-78	-37

재무 비율
<단위 : % >

연도	영업이익률	순이익률	부채비율	차입금비율	ROA	ROE	유보율	자기자본비율	EBITDA마진율
2016	-4.9	-4.5	86.1	34.8	-3.5	-6.6	408.6	53.7	-1.9
2015	2.0	2.1	79.9	29.1	2.2	4.0	445.8	55.6	5.2
2014	2.4	3.7	102.7	38.9	3.5	7.2	411.8	49.3	5.7
2013	6.4	4.9	115.5	39.5	5.2	10.9	386.0	46.4	9.7

기신정기 (A092440)
KISHIN

종 목 : 기계		시 장 : 거래소	
신용등급 : (Bond) — (CP) —		기업규모 : 시가총액 소형주	
홈페이지 : www.kishin.com		연 락 처 : 032)820-1600	
본 사 : 인천시 남동구 은봉로 111 49동 1호(논현동, 남동공단)			

설 립 일	1988.11.01	종 업 원 수	425명	대 표 이 사	윤현도
상 장 일	2007.10.30	감 사 의 견	적정 (삼일)	계	열
결 산 기	03월	보 통 주	2,920만주	종 속 회 사 수	3개사
액 면 가	500원	우 선 주		구 상 호	

주주구성 (지분율,%)		출자관계 (지분율,%)		주요경쟁사 (외형,%)	
UTABA CORPORATION	60.9	기신메가텍	100.0	기신정기	100
국민연금공단	4.9	한국단자공업	0.8	유지인트	46
(외국인)	64.7	동양	0.1	에버다임	313

매출구성		비용구성		수출비중	
몰드베이스(MOLD BASE)(기타)	82.2	매출원가율	77.7	수출	—
밀 플레이트(CORE PLATE)(기타)	6.7	판관비율	12.9	내수	—
금형용 공구강 및 단조강(기타)	6.5				

회사 개요

동사는 1988년 일본 후다바전자공업과 합작 설립됨. 2007년 유가증권시장에 상장됨 및 플라스틱 사출금형 제작용 몰드베이스 및 플라스틱 사출금형 형상가공 및 치공구 제작용 경밀 플레이트, 프레스 금형 제작용 스틸 다이 세트 및 프레스 금형용 가공 원판인 이너 플레이트를 제조·판매함. 기신메가텍 등 3개의 연결대상 종속회사를 보유하고 있음. 기신 정밀모구는 현재 청산 수속이 진행중임.

실적 분석

3월 결산법인인 동사의 당분기 누적 매출액과 영업손실은 각각 260.4억원, 2.9억원으로, 전년 동기 대비 각각 2.1% 감소, 적자전환. 매출액은 전년 동기 대비 비슷한 수준을 유지했으나, 인건비가 전년 동기 대비 154.8% 증가하며 판관비가 84.6% 증가, 영업손실로 이어짐. 비영업손익도 전년 동기 대비 크게 감소하며 당기순이익 또한 적자전환함.

현금 흐름		〈단위 : 억원〉
항목	2016	2017.1Q
영업활동	178	100
투자활동	-192	7
재무활동	-44	0
순현금흐름	-68	109
기말현금	215	323

시장 대비 수익률

결산 실적						〈단위 : 억원〉
항목	2012	2013	2014	2015	2016	2017
매출액	1,138	1,191	1,227	1,129	1,078	—
영업이익	192	216	208	131	101	—
당기순이익	161	197	181	31	9	—

분기 실적						〈단위 : 억원〉
항목	2015.4Q	2016.1Q	2016.2Q	2016.3Q	2016.4Q	2017.1Q
매출액	305	266	261	273	279	260
영업이익	36	24	17	29	31	-3
당기순이익	-40	20	-1	11	-22	-9

재무 상태						〈단위 : 억원〉
항목	2012	2013	2014	2015	2016	2017.1Q
총자산	2,207	2,306	2,440	2,423	2,360	#N/A
유형자산	957	1,060	1,141	1,102	1,074	#N/A
무형자산	29	28	28	17	12	1,062
유가증권	29	39	63	90	68	12
총부채	189	143	151	144	134	67
총차입금	50					1
자본금	146	146	146	146	146	146
총자본	2,018	2,164	2,288	2,279	2,226	2,177
지배주주지분	1,939	2,093	2,220	2,254	2,197	2,148

기업가치 지표						
항목	2012	2013	2014	2015	2016	2017.1Q
주가(최고/저)(천원)	6.4/3.9	7.6/5.5	7.7/6.5	8.6/5.3	6.0/4.2	—/—
PER(최고/저)(배)	11.5/7.1	12.2/8.8	12.9/11.1	35.8/22.2	613.4/433.7	—/—
PBR(최고/저)(배)	1.1/0.7	1.2/0.9	1.1/0.9	1.2/0.7	0.8/0.6	0.7/0.6
EV/EBITDA(배)	5.5	5.5	6.4	5.3	4.2	—
EPS(원)	633	695	635	254	10	-27
BPS(원)	6,639	7,168	7,604	7,719	7,523	7,355
CFPS(원)	870	945	898	545	272	38
DPS(원)	200	200	200	150	150	—
EBITDAPS(원)	895	990	974	741	609	55

재무 비율								〈단위 : % 〉
연도	영업이익률	순이익률	부채비율	차입금비율	ROA	ROE	유보율	자기자본비율	EBITDA마진율
2016	9.4	0.8	6.0	0.0	0.4	0.1	1,404.6	94.3	16.5
2015	11.6	2.7	6.3	0.0	1.3	3.3	1,443.7	94.1	19.2
2014	16.9	14.7	6.6	0.0	7.6	8.6	1,420.8	93.8	23.2
2013	18.1	16.5	6.6	0.0	8.7	10.1	1,333.7	93.8	24.3

기아자동차 (A000270)
Kia Motors

업 종 : 자동차		시 장 : 거래소	
신용등급 : (Bond) AA+ (CP) —		기업규모 : 시가총액 대형주	
홈페이지 : www.kia.com		연 락 처 : 02)3464-1114	
본 사 : 서울시 서초구 헌릉로 12			

설 립 일	1944.12.11	종 업 원 수	34,527명	대 표 이 사	이형근,박한우
상 장 일	1973.07.21	감 사 의 견	적정 (안진)	계	열
결 산 기	12월	보 통 주	40,536만주	종 속 회 사 수	23개사
액 면 가	5,000원	우 선 주		구 상 호	

주주구성 (지분율,%)		출자관계 (지분율,%)		주요경쟁사 (외형,%)	
현대자동차	33.9	기아타이거즈	100.0	기아	100
국민연금공단	7.1	현대다이모스	45.4	현대차	178
(외국인)	37.6	현대파워텍	37.6	쌍용차	7

매출구성		비용구성		수출비중	
K5, K7, K3 등	100.0	매출원가율	80.2	수출	62.0
		판관비율	15.1	내수	38.0

회사 개요

동사는 현대자동차그룹의 자회사로 현대차와 함께 국내 시장을 견인함. 동사는 1944년 설립되어 1973년 유가증권시장에 상장됨. 국내(소하리, 화성, 광주 등)와 미국, 슬로박 공장의 생산능력을 모두 합하면 연간 230만대 규모임. 2016년 출고판매 사업계획 물량을 멕시코 공장 신규 가동 및 중국 3공장 생산성 개선 등 추가 CAPA 확보를 반영, 전년 대비 2.3% 증가한 총 312만대로 수립함.

실적 분석

동사의 2017년 2분기 누적 연결기준 매출액은 전년동기대비 소폭 감소한 26조4,223억원을 기록하였음. 비용면에서 전년동기대비 매출원가는 변동없었으며 인건비는 감소하였고 광고선전비는 감소 했으나 기타판매비와 관리비는 소폭 증가함. 이에 따라 전년동기대비 영업이익은 7,868억원으로 44% 크게 감소함. 당기순이익도 전년동기대비 크게 감소하여 1조1,549억원을 시현함에 그침.

현금 흐름		〈단위 : 억원〉
항목	2016	2017.2Q
영업활동	32,759	14,980
투자활동	-23,123	-21,330
재무활동	9,454	1,084
순현금흐름	19,593	-5,031
기말현금	30,642	25,611

시장 대비 수익률

결산 실적						〈단위 : 억원〉
항목	2012	2013	2014	2015	2016	2017
매출액	472,429	475,979	470,970	495,214	527,129	—
영업이익	35,223	31,771	25,725	23,543	24,615	—
당기순이익	38,647	38,171	29,936	26,306	27,546	—

분기 실적						〈단위 : 억원〉
항목	2016.1Q	2016.2Q	2016.3Q	2016.4Q	2017.1Q	2017.2Q
매출액	126,494	144,500	126,989	129,147	128,439	135,784
영업이익	6,336	7,709	5,247	5,322	3,828	4,040
당기순이익	9,446	8,257	6,644	3,200	7,654	3,896

재무 상태						〈단위 : 억원〉
항목	2012	2013	2014	2015	2016	2017.2Q
총자산	323,983	361,820	410,442	459,801	508,893	528,087
유형자산	97,212	97,770	101,143	130,421	134,932	133,266
무형자산	15,240	17,157	18,888	21,338	22,953	22,704
유가증권	16,251	12,451	26,217	37,973	25,559	27,201
총부채	155,503	159,272	185,603	217,761	243,098	256,585
총차입금	38,762	33,405	47,041	63,179	80,702	84,895
자본금	21,393	21,393	21,393	21,393	21,393	21,393
총자본	168,481	202,548	224,839	242,040	265,794	271,503
지배주주지분	168,481	202,548	224,839	242,040	265,794	271,503

기업가치 지표						
항목	2012	2013	2014	2015	2016	2017.2Q
주가(최고/저)(천원)	76.5/50.0	63.6/45.3	58.3/45.9	55.5/38.4	49.4/35.6	—/—
PER(최고/저)(배)	8.8/5.7	7.3/5.2	8.4/6.7	9.0/6.2	7.5/5.4	—/—
PBR(최고/저)(배)	2.0/1.3	1.4/1.0	1.1/0.9	1.0/0.7	0.8/0.6	0.6/0.5
EV/EBITDA(배)	4.9	4.5	4.8	5.5	3.7	—
EPS(원)	9,537	9,416	7,385	6,489	6,795	2,849
BPS(원)	41,623	50,027	55,685	60,290	66,103	67,511
CFPS(원)	12,163	12,380	10,684	9,999	10,956	5,035
DPS(원)	650	700	1,000	1,100	1,100	—
EBITDAPS(원)	11,318	10,801	9,645	9,317	10,233	4,127

재무 비율								〈단위 : % 〉
연도	영업이익률	순이익률	부채비율	차입금비율	ROA	ROE	유보율	자기자본비율	EBITDA마진율
2016	4.7	5.2	91.5	30.4	5.7	10.9	1,152.5	52.2	7.9
2015	4.8	5.3	90.0	26.1	6.1	11.3	1,042.4	52.6	7.6
2014	5.5	6.4	82.6	20.9	7.8	14.0	955.1	54.8	8.3
2013	6.7	8.0	78.6	16.5	11.1	20.6	847.9	56.0	9.2

까뮤이앤씨 (A013700)
CAMUS ENGINEERING & CONSTRUCTION

업　종 : 건설	시　장 : 거래소
신용등급 : (Bond) — 　(CP) —	기업규모 : 시가총액 소형주
홈페이지 : www.camusenc.com	연락처 : 031)633-9114
본　사 : 경기도 이천시 대월면 경충대로 1937번길 57	

설립일 1978.12.22	종업원수 159명	대표이사 손병재
상장일 1989.11.30	감사의견 적정(한영)	계　열
결산기 12월	보통주 452만주	종속회사수
액면가 5,000원	우선주	구상호 삼환까뮤

주주구성 (지분율,%)
베이스에이치디	55.0
신영자산운용	5.0
(외국인)	0.1

출자관계 (지분율,%)
인천남부에스엠씨	3.5
건설공제조합	0.1

주요경쟁사 (외형,%)
까뮤이앤씨	100
범양건영	78
한국종합기술	143

매출구성
건축(공사)	47.1
P.C(공사)	44.4
토목(공사)	7.3

비용구성
매출원가율	92.0
판관비율	4.8

수출비중
수출	0.0
내수	100.0

회사 개요
동사는 건설업을 영위할 목적으로 1978년에 설립되어 도급공사 및 PC(Precast Concrete) 제작·임대사업을 영위중임. PC공법을 이용한 국내외 대형 건축물의 외관공사, 조립식 아파트 건설 및 공장건설 등을 수행하고, 서울 여의도동 사옥의 일부를 임대하는 임대사업도 영위중인 종합건설체임. 2012년 워크아웃이 개시되었다가 2014년 3월 최대주주 변경과 함께 종결, 2015년 11월 (주)삼환까뮤에서 (주)까뮤이앤씨로 상호 변경됨.

실적 분석
동사의 연결기준 2017년 2분기 누적매출액은 829.7억원으로 전년동기 대비 28.8% 증가하였음. 국내 도급공사 가운데 P.C 부문 매출액이 488.1억원으로 전체 매출액에서 차지하는 비중이 크게 증가하였음. 다만 원가율 상승에 따라 같은 기간 영업이익은 4.2억원 늘어난 39.8억원을 시현하는데 그침. 또한 동사는 지난해 동기보다 소폭 감소한 26.6억원의 당기순이익을 기록함.

현금 흐름　*IFRS 별도 기준　〈단위 : 억원〉
항목	2016	2017.2Q
영업활동	-97	-42
투자활동	-40	-4
재무활동	107	56
순현금흐름	-31	10
기말현금	1	11

시장 대비 수익률

결산 실적　〈단위 : 억원〉
항목	2012	2013	2014	2015	2016	2017
매출액	910	836	1,236	1,324	1,397	—
영업이익	43	-11	28	40	44	—
당기순이익	-34	-120	23	52	33	—

분기 실적　*IFRS 별도 기준　〈단위 : 억원〉
항목	2016.1Q	2016.2Q	2016.3Q	2016.4Q	2017.1Q	2017.2Q
매출액	331	313	364	389	388	442
영업이익	20	16	0	9	12	27
당기순이익	15	14	6	-2	10	17

재무 상태　*IFRS 별도 기준　〈단위 : 억원〉
항목	2012	2013	2014	2015	2016	2017.2Q
총자산	2,057	1,676	1,296	1,295	1,430	1,421
유형자산	315	349	351	435	488	494
무형자산	2	2	2	6	7	11
유가증권	112	108	122	91	92	89
총부채	1,627	1,339	940	837	919	888
총차입금	1,097	940	330	199	333	393
자본금	226	226	226	226	226	226
총자본	430	337	357	458	511	534
지배주주지분	430	337	357	458	511	534

기업가치 지표　*IFRS 별도 기준
항목	2012	2013	2014	2015	2016	2017.2Q
주가(최고/저)(천원)	3.3/1.7	3.8/1.8	7.1/3.4	17.3/5.8	12.8/10.5	—/—
PER(최고/저)(배)	—/—	—/—	14.8/7.1	15.6/5.3	18.1/14.7	—/—
PBR(최고/저)(배)	0.4/0.2	0.5/0.3	1.0/0.5	1.8/0.6	1.1/0.9	1.2/0.9
EV/EBITDA(배)	20.6		17.5	14.6	14.9	
EPS(원)	-758	-2,668	506	1,145	721	588
BPS(원)	9,526	7,467	7,906	10,140	11,549	12,050
CFPS(원)	-566	-2,587	589	1,263	866	680
DPS(원)			150	150	150	
EBITDAPS(원)	1,152	-160	714	1,010	1,129	974

재무 비율　〈단위 : % 〉
연도	영업이익률	순이익률	부채비율	차입금비율	ROA	ROE	유보율	자기자본비율	EBITDA마진율
2016	3.2	2.3	179.7	65.2	2.4	6.7	131.0	35.8	3.7
2015	3.0	3.9	182.8	43.4	4.0	12.7	102.8	35.4	3.5
2014	2.3	1.9	263.2	92.5	1.5	6.6	58.1	27.5	2.6
2013	-1.3	-14.4	397.2	278.9	-6.5	-31.4	49.3	20.1	-0.9

깨끗한나라 (A004540)
KleanNara

업　종 : 종이 및 목재	시　장 : 거래소
신용등급 : (Bond) BBB+　(CP) —	기업규모 : 시가총액 소형주
홈페이지 : www.kleannara.com	연락처 : 02)2270-9200
본　사 : 서울시 중구 삼일대로6길 5, 신조양빌딩 8층	

설립일 1966.03.07	종업원수 619명	대표이사 최병민
상장일 1975.06.25	감사의견 적정(안진)	계　열
결산기 12월	보통주 3,724만주	종속회사수 4개사
액면가 5,000원	우선주 37만주	구상호

주주구성 (지분율,%)
최정규	16.0
최윤수	7.7
(외국인)	2.2

출자관계 (지분율,%)
케이앤이	100.0
보노아	51.0
서일물산	48.0

주요경쟁사 (외형,%)
깨끗한나라	100
한국제지	92
선창산업	78

매출구성
[제품]백판지-화이트호스	44.8
[제품]생활용품-깨끗한나라,보솜이,릴리안	35.2
[상품]생활용품-소비재	16.2

비용구성
매출원가율	80.8
판관비율	16.6

수출비중
수출	24.0
내수	76.0

회사 개요
1966년에 설립된 동사는 포장재로 사용되는 백판지와 미용티슈, 두루마리 화장지, 생리대, 기저귀 등 생활용품을 제조, 판매하는 사업을 영위하고 있음. 제지사업부는 주로 포장재를 판매하며, 생활용품사업부는 두루마리 화장지, 미용티슈류, 기저귀류, 생리대류 등을 제조, 판매함. 동사의 생활용품 브랜드는 깨끗한나라, 화이트호스, 여성생리대 순수한면, 릴리안, 기저귀 봄날 등임.

실적 분석
동사의 2017년 2분기 기준 누적 매출액은 전년 동기 대비 2.3% 상승한 3,570.7억원을 기록함. 매출원가 증가에도 불구하고 동사 총 이익이 전년보다 5.8% 늘어나며 영업이익 역시 같은 기간 10% 상승한 80.2억원을 달성함. 비영업손익이 40억원 가까이 개선되며 당기 순이익은 전년 대비 121.2% 급증한 69.6억원을 기록함. 최근 불거진 릴리안 생리대 부작용은 식약처 조사 중에 있지만 단기 매출 감소는 불가피해 보임.

현금 흐름　〈단위 : 억원〉
항목	2016	2017.2Q
영업활동	501	28
투자활동	-251	-138
재무활동	-217	72
순현금흐름	33	-38
기말현금	68	30

시장 대비 수익률

결산 실적　〈단위 : 억원〉
항목	2012	2013	2014	2015	2016	2017
매출액	6,334	6,474	6,565	6,786	7,060	—
영업이익	169	209	70	40	183	—
당기순이익	144	161	26	-14	76	—

분기 실적　〈단위 : 억원〉
항목	2016.1Q	2016.2Q	2016.3Q	2016.4Q	2017.1Q	2017.2Q
매출액	1,735	1,755	1,832	1,739	1,816	1,75
영업이익	20	53	40	70	52	2
당기순이익	8	23	38	7	59	1

재무 상태　〈단위 : 억원〉
항목	2012	2013	2014	2015	2016	2017.2Q
총자산	4,239	4,500	4,698	5,191	5,225	5,27
유형자산	2,960	3,173	3,278	3,617	3,605	3,62
무형자산	14	11	14	11	8	
유가증권	21	18	31	36	33	3
총부채	3,071	2,716	2,893	3,150	3,118	3,10
총차입금	1,620	1,354	1,602	1,822	1,646	1,68
자본금	1,232	1,636	1,637	1,880	1,880	1,88
총자본	1,168	1,784	1,805	2,041	2,106	2,16
지배주주지분	1,168	1,784	1,805	2,010	2,086	2,14

기업가치 지표
항목	2012	2013	2014	2015	2016	2017.2Q
주가(최고/저)(천원)	5.0/3.8	6.4/4.6	6.2/4.6	9.7/4.0	6.6/4.6	—/—
PER(최고/저)(배)	8.6/6.5	12.5/9.1	77.0/57.2	—	33.2/23.2	—/—
PBR(최고/저)(배)	1.1/0.8	1.2/0.8	1.1/0.8	1.8/0.8	1.2/0.8	1.1/0.
EV/EBITDA(배)	7.1	5.9	8.7	12.2	8.6	
EPS(원)	583	508	80	-40	199	18
BPS(원)	4,740	5,453	5,517	5,349	5,550	5,71
CFPS(원)	1,466	1,222	815	639	880	54
DPS(원)						
EBITDAPS(원)	1,570	1,373	949	784	1,169	57

재무 비율　〈단위 : %〉
연도	영업이익률	순이익률	부채비율	차입금비율	ROA	ROE	유보율	자기자본비율	EBITDA마진율
2016	2.6	1.1	148.1	78.2	1.5	3.6	11.0	40.3	4.
2015	0.6	-0.2	154.3	89.3	-0.3	-0.8	7.0	39.3	4.
2014	1.1	0.4	160.2	88.7	0.6	1.5	10.3	38.4	4.
2013	3.2	2.5	152.3	75.9	3.7	10.9	9.1	39.6	6.

나노 (A187790)
NANO

업 종 : 자동차부품		시 장 : KOSDAQ	
신용등급 : (Bond) — (CP) —		기업규모 : 벤처	
홈 페 이 지 : www.nanoin.com		연 락 처 : (054)533-5887	
본 사 : 경북 상주시 청리면 마공공단로 60			

설 립 일	2013.10.18	종 업 원 수	75명	대 표 이 사	신동우
상 장 일	2014.05.08	감 사 의 견	적정 (태성)	계 열	
결 산 기	12월	보 통 주	3,923만주	종속회사수	6개사
액 면 가	100원	우 선 주		구 상 호	유진스팩1호

주주구성 (지분율,%)		출자관계 (지분율,%)		주요경쟁사 (외형,%)	
신동우	9.0			나노	100
KTB 해외진출 Platform 펀드	1.8			동국실업	1,299
(외국인)	0.2			넥센테크	170

매출구성		비용구성		수출비중	
자동차부품	51.6	매출원가율	103.9	수출	57.0
SCR탈질촉매	38.1	판관비율	25.5	내수	43.0
TiO2	10.4				

회사 개요
동사는 대기정화 사업을 주요사업으로 영위하고 있음. 대기정화 사업은 연소 후 발생하는 질소산화물을 암모니아와 함께 촉매층을 통과시켜 무해한 질소 혹은 수증기로 환원시키는 작업임. 종속기업으로 비상장회사인 나노환보과학기술(상해)유한공사를, 관계기업으로는 비상장회사인 NANO-Yufeida를 두고 있음. 매출 구성은 SCR탈질촉매 36.9%, 자동차부품 32.4% 이 대부분을 차지하고 있음.

실적 분석
동사의 2017년 연결기준 상반기 매출액은 433.3억원으로 전년동기 대비 68.1% 증가함. 이는 해외법인의 정상화에 의한 매출증가임. 매출원가는 증가했으나, 판관비의 감소로 영업이익은 0.9억원으로 흑자전환을 달성함. 동사는 최근 미국 사무소와 일본 사무소를 개소하여 미국과 일본 등에서 새로운 고객 확보에 주력하고 있으며, 선진 SCR 기술력을 통해 유럽뿐 아니라 미국, 일본에서 신규 고객 확보에 더욱 노력할 예정임.

현금 흐름 〈단위 : 억원〉

항목	2016	2017.2Q
영업활동	0	24
투자활동	-56	-31
재무활동	59	27
순현금흐름	2	18
기말현금	34	52

시장 대비 수익률

결산 실적 〈단위 : 억원〉

항목	2012	2013	2014	2015	2016	2017
매출액	205	628	383	299	482	—
영업이익	15	49	31	-85	-142	—
당기순이익	1	18	1	-90	-244	—

분기 실적 〈단위 : 억원〉

항목	2016.1Q	2016.2Q	2016.3Q	2016.4Q	2017.1Q	2017.2Q
매출액	128	130	115	109	182	251
영업이익	-10	-32	-28	-72	-9	10
당기순이익	-14	-72	-14	-144	-16	8

재무 상태 〈단위 : 억원〉

항목	2012	2013	2014	2015	2016	2017.2Q
총자산	413	594	736	995	834	884
유형자산	196	259	252	439	468	469
무형자산	12	11	16	19	17	20
유가증권	3	3	3	3	3	3
총부채	284	446	566	568	491	439
총차입금	270	366	473	421	352	268
자본금	13	13	10	24	29	39
총자본	129	148	170	427	343	445
지배주주지분	129	148	170	347	244	354

기업가치 지표

항목	2012	2013	2014	2015	2016	2017.2Q
주가(최고/저)(천원)	—/—	—/—	2.1/1.8	3.6/1.5	3.0/1.2	—/—
PER(최고/저)(배)	0.0/0.0	0.0/0.0	626.7/555.5	2.5/1.1	3.8/1.6	2.2/1.5
PBR(최고/저)(배)	0.0/0.0	0.0/0.0	2.0/1.8	2.5/1.1	3.8/1.6	2.2/1.5
EV/EBITDA(배)	6.3		4.1	8.8		
EPS(원)	7	119	3	-383	-738	-17
BPS(원)	3,840	4,408	3,887	1,520	834	902
CFPS(원)	633	1,144	629	-235	-636	40
DPS(원)						
EBITDAPS(원)	1,053	2,077	1,331	-224	-350	60

재무 비율 〈단위 : % 〉

연도	영업이익률	순이익률	부채비율	차입금비율	ROA	ROE	유보율	자기자본비율	EBITDA마진율
2016	-29.4	-50.6	143.1	102.6	-26.7	-76.1	734.5	41.1	-21.1
2015	-28.3	-30.1	133.2	98.8	-10.4	-33.8	1,420.0	42.9	-16.3
2014	8.1	0.1	333.9	279.2	0.1	0.3	1,520.2	23.1	15.1
2013	7.8	2.8	301.0	246.7	3.5	12.6	1,040.5	24.9	11.1

나노바이오시스 (A214610)
NANOBIOSYS

업 종 : 의료 장비 및 서비스		시 장 : KONEX	
신용등급 : (Bond) — (CP) —		기업규모 : —	
홈 페 이 지 : www.nanobiosys.co.kr		연 락 처 : 02)2025-3019	
본 사 : 서울시 금천구 디지털로9길 47, 9층(가산동, 한신IT타워2차)			

설 립 일	2009.03.06	종 업 원 수	57명	대 표 이 사	김성우
상 장 일	2015.06.22	감 사 의 견	적정 (삼정)	계 열	
결 산 기	12월	보 통 주		종속회사수	
액 면 가		우 선 주		구 상 호	

주주구성 (지분율,%)		출자관계 (지분율,%)		주요경쟁사 (외형,%)	
김성우	22.6			나노바이오시스	100
전태재	7.9			엑세스바이오	2,020
				나노엔텍	1,381

매출구성		비용구성		수출비중	
유전자 증폭장치	52.2	매출원가율	73.9	수출	41.0
핵산 추출기구	29.3	판관비율	343.3	내수	59.0
진단시약	15.7				

회사 개요
동사는 2009년 3월 설립돼 체외진단 의료기기 및 진단시약류 제조 및 판매를 주요 사업으로 영위하고 있음. 2015년 6월 22일 코넥스 시장에 상장됨. 소형화 (Hand-held), 다중진단 (Multiplex diagnosis), 무선통신 의료서비스 (U-healthcare), 유전증폭장치 및 핵산추출기구의 통합형 (Integration) 분자 진단 시스템 개발을 목표로 하고 있음.

실적 분석
동사의 2016년 누적매출액은 16.1억원으로 전년 대비 20.3% 감소함. 매출 축소에 판관비는 전년보다 27.6% 늘면서 51억원의 영업손실이 발생해 적자폭이 확대됨. 비영업손익이 흑자전환하면서 당기순손실은 48억원으로 적자폭이 줄어듦. 글로벌 분자진단회사, 유통회사, 병원 검진센터에 기술이전, ODM, OEM 제품공급, 전략적 제휴 등의 다양한 글로벌 파트너링을 추진 중임.

현금 흐름 *IFRS 별도 기준 〈단위 : 억원〉

항목	2016	2017.2Q
영업활동	-40	—
투자활동	8	—
재무활동	32	—
순현금흐름	-0	—
기말현금	1	—

시장 대비 수익률

결산 실적 〈단위 : 억원〉

항목	2012	2013	2014	2015	2016	2017
매출액	6	6	11	20	16	—
영업이익	-10	-17	-25	-34	-51	—
당기순이익	-12	-17	-53	-67	-48	—

분기 실적 *IFRS 별도 기준 〈단위 : 억원〉

항목	2016.1Q	2016.2Q	2016.3Q	2016.4Q	2017.1Q	2017.2Q
매출액						
영업이익						
당기순이익						

재무 상태 *IFRS 별도 기준 〈단위 : 억원〉

항목	2012	2013	2014	2015	2016	2017.2Q
총자산	64	98	74	105	95	
유형자산	5	39	42	44	43	
무형자산	12	23	1	0	1	
유가증권			0	0	0	
총부채	23	50	180	56	57	
총차입금	11	36	164	33	29	
자본금	14	16	14	19	20	
총자본	41	48	-106	49	38	
지배주주지분	41	48	-106	49	38	

기업가치 지표 *IFRS 별도 기준

항목	2012	2013	2014	2015	2016	2017.2Q
주가(최고/저)(천원)	—/—	—/—		63.1/18.0	28.2/10.8	—/—
PER(최고/저)(배)	0.0/0.0	0.0/0.0	0.0/0.0	49.6/14.2	29.6/11.3	0.0/0.0
PBR(최고/저)(배)	0.0/0.0	0.0/0.0	0.0/0.0	49.6/14.2	29.6/11.3	0.0/0.0
EV/EBITDA(배)						
EPS(원)	-487	-584	-1,577	-1,808	-1,212	
BPS(원)	1,445	1,530	-3,093	1,271	953	
CFPS(원)	-403	-463	-1,465	-1,696	-1,081	
DPS(원)						
EBITDAPS(원)	-319	-462	-641	-806	-1,157	

재무 비율 〈단위 : % 〉

연도	영업이익률	순이익률	부채비율	차입금비율	ROA	ROE	유보율	자기자본비율	EBITDA마진율
2016	-317.2	-298.5	147.8	76.1	-48.0	-110.0	90.7	40.4	-285.1
2015	-168.1	-330.9	114.5	66.4	-74.4	전기잠식	154.2	46.6	-147.6
2014	-237.8	-497.7	완전잠식	완전잠식			-831.9	-142.0	-202.4
2013	-285.1	-285.7	103.1	75.5	-21.5	-38.9	206.1	49.2	-226.0

나노스 (A151910)
NANOS

업 종 : 휴대폰 및 관련부품		시 장 : KOSDAQ
신용등급 : (Bond) — (CP) —		기업규모 :
홈 페 이 지 : www.nanosm.com		연 락 처 : 031)240-3900
본 사 : 경기도 화성시 마도면 마도공단로2길 4		

설 립 일 2004.12.02	종 업 원 수 230명	대 표 이 사 이인우
상 장 일 2012.08.02	감 사 의 견 —(한영)	계 열
결 산 기 12월	보 통 주 9,817만주	종속회사수 4개사
액 면 가 500원	우 선 주	구 상 호

주주구성 (지분율,%)		출자관계 (지분율,%)		주요경쟁사 (외형,%)	
광림	53.1	YantaiNanosElectronicsCo.,Ltd.	100.0	나노스	100
베스트마스터1호투자조합	25.5	TianjinNanosTechElectronicsCo.,Ltd.	100.0	텔루스	100
(외국인)	0.0	NanosTechElectronicsCorp.	100.0	해성옵틱스	925

매출구성		비용구성		수출비중	
광학필터(나노스)	78.0	매출원가율	167.6	수출	—
Hal sensor IC외(나노스)	22.0	판관비율	62.4	내수	—

회사 개요
동사는 2004년 삼성전기의 VCR헤드 부문을 분사해 종업원 지주회사로 설립된 전자제품 설계제조회사임. 그러나 2006년 VCR 헤드사업은 정리하고 현재는 휴대폰 카메라 모듈용 광학필터 개발 및 제조를 주력 사업으로 영위하고 있으며, 휴대폰 카메라 모듈조립과 酷센서 사업도 영위하고 있음. 연태나노스유한공사, 천진나노스텍전자유한공사, 나노스텍일렉트로닉스, Tianjin NanosTech Electronics등의 연결대상 종속법인을 보유함.

실적 분석
동사의 2017년 반기 매출액은 연결기준으로 165.4원으로 전년동기 대비 33.2% 감소하며 전기에 이어 실적의 지속 악화되는 상황임. 매출원가가 매출액보다 큰 198.1원에 달하는 등 비용 부담으로 영업손실 48.9원을 시현함. 그러나 전년동기보다는 원가가 크게 줄어 손실폭이 크게 줄었음. 2016년 감사인 안진회계법인으로부터 감사범위 제한으로 인한 한정 의견을 받았으나 재감사를 진행하여 적정의견을 받음.

현금 흐름 〈단위 : 억원〉
항목	2016	2017.2Q
영업활동	-227	-121
투자활동	177	-34
재무활동	120	208
순현금흐름	69	52
기말현금	118	170

시장 대비 수익률

결산 실적 〈단위 : 억원〉
항목	2012	2013	2014	2015	2016	2017
매출액	1,321	2,305	936	909	397	—
영업이익	86	81	66	-526	-516	—
당기순이익	73	44	4	-1,078	295	—

분기 실적 〈단위 : 억원〉
항목	2016.1Q	2016.2Q	2016.3Q	2016.4Q	2017.1Q	2017.2Q
매출액	129	119	95	55	87	79
영업이익	-190	-485	-83	243	-26	-23
당기순이익	-236	-530	-88	1,149	-45	-31

재무 상태 〈단위 : 억원〉
항목	2012	2013	2014	2015	2016	2017.2Q
총자산	1,108	1,791	1,958	1,164	807	950
유형자산	440	895	979	487	414	396
무형자산	10	30	33	9	5	8
유가증권	0	—	—	2	—	—
총부채	736	1,214	1,349	1,652	527	692
총차입금	384	760	972	1,044	150	299
자본금	41	55	56	60	482	482
총자본	372	577	609	-488	280	258
지배주주지분	372	577	609	-488	280	258

기업가치 지표
항목	2012	2013	2014	2015	2016	2017.2Q
주가(최고/저)(천원)	13.5/6.9	20.7/9.5	11.7/7.7	13.7/7.0	9.0/1.8	—/—
PER(최고/저)(배)	4.3/2.2	0.4/0.2	2.2/1.4	—/—	4.3/0.9	—/—
PBR(최고/저)(배)	0.0/0.0	0.0/0.0	0.0/0.0	0.0/0.0	86.0/17.4	19.0/19.0
EV/EBITDA(배)	13.3		10.8	10.3		
EPS(원)	8,841	157,774	15,115	-3,531,181	5,832	-79
BPS(원)	4,523	5,336	5,249	-3,854	290	268
CFPS(원)	1,533	1,192	1,081	-7,655	7,057	-46
DPS(원)	100	150	150			
EBITDAPS(원)	1,715	1,548	1,606	-3,079	-8,980	-18

재무 비율 〈단위 : % 〉
연도	영업이익률	순이익률	부채비율	차입금비율	ROA	ROE	유보율	자기자본비율	EBITDA마진율
2016	-130.0	74.3	일부잠식	일부잠식	29.9	전기잠식	-42.0	34.7	-114.4
2015	-57.9	-118.6	완전잠식	완전잠식	-69.1	당기잠식	-870.8	-41.9	-40.8
2014	7.0	0.5	221.5	159.6	0.2	0.8	949.7	31.1	20.0
2013	3.5	1.9	210.4	131.7	3.0	9.2	967.2	32.2	7.0

나노신소재 (A121600)
Advanced Nano Products

업 종 : 금속 및 광물		시 장 : KOSDAQ
신용등급 : (Bond) — (CP) —		기업규모 : 벤처
홈 페 이 지 : www.anapro.com		연 락 처 : 044)275-6966
본 사 : 세종시 부강면 금호안골길 78, 부강지방산업단지내		

설 립 일 2000.03.15	종 업 원 수 178명	대 표 이 사 박장우
상 장 일 2011.02.09	감 사 의 견 적정(신한)	계 열
결 산 기 12월	보 통 주 1,085만주	종속회사수 1개사
액 면 가 500원	우 선 주 8만주	구 상 호

주주구성 (지분율,%)		출자관계 (지분율,%)		주요경쟁사 (외형,%)	
박장우	24.7	ANPUSAInc.		나노신소재	100
베어링자산운용	5.0			고려아연	14,223
(외국인)	1.8			포스코켐텍	2,719

매출구성		비용구성		수출비중	
[디스플레이 소재]인듐계산화물 TCO 타겟 등	43.2	매출원가율	56.6	수출	74.0
[기타]TRB paste외	40.4	판관비율	28.1	내수	26.0
[반도체 소재]CMP slurry	14.2				

회사 개요
2000년에 설립된 동사는 디스플레이 패널 시장 및 박막형 태양전지시장, 반도체 CMP 공정에 투입되는 소재를 제조하는 업체임. 금속원재료를 매입해 나노파우더로 제조하고 이를 전기전도도가 우수한 전극용 재료 '타겟'과 반도체 평탄화 공정에 활용되는 소재 '슬러리' 등으로 출하함. 고도의 기술력을 요하고 제품 안정성 테스트를 1~2년간 거쳐야 하므로 시장 진입장벽이 높은 편임. 해외거래처 관리 및 영업업체인 ANP USA Inc가 종속회사임.

실적 분석
동사는 2017년 상반기 누적 매출액이 184.3억원으로 전년 동기에 비해 2.5% 감소했고, 영업이익은 26.5억으로 전년 동기 대비 8.4%감소함. 동사는 원가율이 낮아졌으나, 판매관리비가 늘어 수익성을 개선하지 못함. 동사는 디스플레이소재와 반도체소재의 매출이 늘었으나, 열차단 필름소재 및 기타 기능성 소재의 판매가 줄어 전체 매출이 감소했음. 동사는 디스플레이 등에 적용되는 TCO Rotary target에 대한 마케팅을 강화하고 있음

현금 흐름 〈단위 : 억원〉
항목	2016	2017.2Q
영업활동	66	41
투자활동	-48	2
재무활동	-30	-27
순현금흐름	-8	10
기말현금	129	139

시장 대비 수익률

결산 실적 〈단위 : 억원〉
항목	2012	2013	2014	2015	2016	2017
매출액	236	270	279	431	411	—
영업이익	-7	14	37	91	63	—
당기순이익	-14	12	38	77	59	—

분기 실적 〈단위 : 억원〉
항목	2016.1Q	2016.2Q	2016.3Q	2016.4Q	2017.1Q	2017.2Q
매출액	95	94	88	134	90	94
영업이익	15	14	13	21	11	1
당기순이익	12	16	2	29	5	1

재무 상태 〈단위 : 억원〉
항목	2012	2013	2014	2015	2016	2017.2Q
총자산	684	675	717	834	842	85
유형자산	215	196	185	194	186	19
무형자산	26	28	21	16	15	1
유가증권						
총부채	118	97	101	96	67	7
총차입금	84	63	68	30	23	2
자본금	36	36	36	54	54	5
총자본	566	579	616	739	776	77
지배주주지분	566	579	616	739	776	77

기업가치 지표
항목	2012	2013	2014	2015	2016	2017.2Q
주가(최고/저)(천원)	18.2/6.7	14.4/9.1	16.1/8.5	30.9/9.7	22.4/13.5	—/—
PER(최고/저)(배)	—/—	136.7/86.8	47.0/24.9	44.4/13.9	41.4/25.0	—/—
PBR(최고/저)(배)	3.4/1.2	2.6/1.7	2.8/1.5	4.6/1.4	3.2/1.9	2.2/1.
EV/EBITDA(배)	46.5	26.0	15.7	19.4	15.1	—/
EPS(원)	-133	108	350	706	544	21
BPS(원)	8,236	8,411	8,925	6,811	7,144	7,26
CFPS(원)	216	600	1,004	1,029	855	37
DPS(원)			150	150	100	1
EBITDAPS(원)	320	631	991	1,162	888	40

재무 비율 〈단위 : % 〉
연도	영업이익률	순이익률	부채비율	차입금비율	ROA	ROE	유보율	자기자본비율	EBITDA마진율
2016	15.3	14.5	8.6	2.9	7.1	7.8	1,339.0	92.1	23.
2015	21.1	17.8	12.9	4.1	9.9	11.3	1,262.2	88.5	29.
2014	13.3	13.6	16.4	11.0	5.5	6.4	1,685.0	85.9	25.
2013	5.2	4.3	16.7	10.9	1.7	2.0	1,582.2	85.7	15.

나노엔텍 (A039860)
NanoenTek

종 목 : 의료 장비 및 서비스		시 장 : KOSDAQ	
용 등 급 : (Bond) — (CP) —		기 업 규 모 : 벤처	
페이지 : www.nanoentek.com		연 락 처 : 02)6220-7728	
사 : 서울시 구로구 디지털로26길 5, 에이스하이엔드타워1차 12			

설 립 일 1987.11.18	종 업 원 수 95명	대 표 이 사 정찬일	
상 장 일 2000.07.30	감 사 의 견 적정 (한영)	계 열	
결 산 기 12월	보 통 주 2,444만주	종 속 회 사 수 1개사	
객 면 가 500원	우 선 주	구 상 호	

주주구성 (지분율,%)		출자관계 (지분율,%)		주요경쟁사 (외형,%)	
에스케이텔레콤	28.5	NanoentekUSAInc.	100.0	나노엔텍	100
장준근	3.8	BiofootprintsHealthcarePvt.Ltd.	41.6	엑세스바이오	146
(외국인)	0.5			파나진	31

매출구성		비용구성		수출비중	
FREND Kit	32.4	매출원가율	78.4	수출	83.0
Rapid Kit	20.1	판관비율	65.2	내수	17.0
C-Chip/	19.9				

회사 개요
동사는 1987년 정보보안을 주사업으로 하는 큐텍시스템으로 설립됐으나 2006년 8월 나노바이오 융복합기술을 주사업으로 영위하는 (주)디지탈바이오테크놀러지와의 포괄적 주식교환 이후 상호를 나노엔텍으로 변경함. 동사는 나노바이오 융복합 기술, 즉 랩온어칩 (Lab-On-A-Chip) 기술을 기반으로 생명공학 유전자전달시스템, 세포분석시스템)과 진단의료기기를 개발, 생산, 판매하는 사업을 영위하고 있음.

실적 분석
동사의 2017년 상반기 연결기준 누적매출액은 111.4억원으로 전년동기 대비 2.3% 증가함. 매출원가가 68.6억원으로 하락하면서 영업이익은 3.1억원을 기록하며 흑자전환함. 현장진단의료기기는 최대주주인 SK텔레콤과의 전략적 제휴를 통해 해외시장을 공략하고 있고, 미국 FDA승인과 중국 CFDA승인 등 글로벌 공략에 박차를 가하고 있음. 지속적으로 발전하는 전방산업을 기반으로 공격적인 마케팅을 통해 향후 수익개선이 기대됨.

금 흐름 〈단위 : 억원〉
항목	2016	2017.2Q
영업활동	-30	-0
투자활동	-42	-3
재무활동	86	-4
순현금흐름	13	-4
기말현금	89	85

시장 대비 수익률

산 실적 〈단위 : 억원〉
항목	2012	2013	2014	2015	2016	2017
매출액	134	191	195	248	222	—
영업이익	-53	-5	-26	-72	-97	—
당기순이익	-59	-12	-25	-75	-148	—

기 실적 〈단위 : 억원〉
항목	2016.1Q	2016.2Q	2016.3Q	2016.4Q	2017.1Q	2017.2Q
매출액	51	58	53	60	52	59
영업이익	-23	-22	-13	-39	0	3
당기순이익	-28	-30	-18	-72	-9	3

무 상태 〈단위 : 억원〉
항목	2012	2013	2014	2015	2016	2017.2Q
총자산	444	448	433	527	457	428
유형자산	131	126	119	148	154	141
무형자산	48	69	81	124	70	70
유가증권	1	1	1	1	1	1
총부채	215	212	78	143	201	177
총차입금	166	158	13	48	123	123
자본금	97	99	113	122	122	122
총자본	230	236	355	384	256	251
지배주주지분	230	236	355	384	256	251

업가치 지표
항목	2012	2013	2014	2015	2016	2017.2Q
가(최고/저)(천원)	4.6/3.4	6.2/3.8	8.1/5.0	12.1/5.6	7.8/3.9	—/—
ER(최고/저)(배)	—/—	—/—	—/—	—/—	—/—	—/—
R(최고/저)(배)	3.9/2.9	5.2/3.2	5.2/3.2	7.6/3.6	7.5/3.8	5.2/4.5
V/EBITDA(배)		80.8				
EPS(원)	-302	-63	-109	-314	-607	-24
BPS(원)	1,181	1,193	1,573	1,578	1,047	1,028
CFPS(원)	-238	27	-12	-195	-490	32
DPS(원)						
EBITDAPS(원)	-209	66	-18	-192	-281	69

무 비율 〈단위 : % 〉
연도	영업이익률	순이익률	부채비율	차입금비율	ROA	ROE	유보율	자기자본비율	EBITDA마진율
016	-43.6	-66.6	78.7	48.0	-30.1	-46.3	109.3	56.0	-30.9
015	-29.0	-30.1	37.2	12.5	-15.6	-19.7	215.6	72.9	-17.9
014	-13.3	-12.6	21.9	3.6	-5.6	-8.3	214.6	82.1	-2.1
013	-2.5	-6.5	90.0	66.7	-2.9	-5.3	138.7	52.6	6.8

나노캠텍 (A091970)
Nano Chem Tech

업 종 : 화학		시 장 : KOSDAQ	
신용등급 : (Bond) — (CP) —		기 업 규 모 : 중견	
홈페이지 : www.nanosbiz.com		연 락 처 : 031)671-9466	
본 사 : 경기도 용인시 처인구 남사면 완장천로 42-34			

설 립 일 1999.12.23	종 업 원 수 83명	대 표 이 사 손진곤	
상 장 일 2007.01.30	감 사 의 견 적정 (신한)	계 열	
결 산 기 12월	보 통 주 2,000만주	종 속 회 사 수 4개사	
액 면 가 500원	우 선 주	구 상 호	

주주구성 (지분율,%)		출자관계 (지분율,%)		주요경쟁사 (외형,%)	
We media International Limited	10.1	해피글로벌이앤티	100.0	나노캠텍	100
비앤비산업	3.4	나노전자화학	100.0	바이온	53
(외국인)	13.6	NanoHoldingsLtd	85.9	리켐	67

매출구성		비용구성		수출비중	
Nanos 외	70.0	매출원가율	84.3	수출	1.0
Glassom 외	24.7	판관비율	22.1	내수	99.0
기 타	5.4				

회사 개요
동사는 플라스틱 전도성 표면도포제 및 제품, 대전방지 합성수지, 전도성 테이프, 전자재료, 정밀화학 제조기술과 관련된 사업 등을 주사업으로 영위하고 있음. 또한 레이저 프린터에 들어가는 폴리우레탄 롤러를 개발해, 국내 롤러 생산 업체에 반가공 형태로 공급하고 있음. 다품종생산체제로 연간 약 180여개 제품을 생산함. 2016년 매출 비중은 도전성 소재 사업이 70%, 기능성ECO소재 사업이 25%, 기타 5%로 구성됨.

실적 분석
동사의 2017년 상반기 누적매출액은 329.8억원으로 전년동기 대비 36.4% 증가함. 영업손실은 18.8억원을 기록해 적자폭이 축소됨. 2016년 6월 클래시컬 레전드 인터내셔널 리미티드 등에 주식 310만 주(지분율 27.7%)를 200억원에 넘기는 주식양수도 계약을 체결함. 2016년 동사는 향후 수익성 개선을 위한 저마진사업 정리 등을 단행함.

현금 흐름 〈단위 : 억원〉
항목	2016	2017.2Q
영업활동	18	-59
투자활동	-102	74
재무활동	226	-30
순현금흐름	143	-14
기말현금	173	159

시장 대비 수익률

결산 실적 〈단위 : 억원〉
항목	2012	2013	2014	2015	2016	2017
매출액	761	883	749	620	531	—
영업이익	20	46	22	-73	-34	—
당기순이익	16	38	17	-96	-46	—

분기 실적 〈단위 : 억원〉
항목	2016.1Q	2016.2Q	2016.3Q	2016.4Q	2017.1Q	2017.2Q
매출액	121	121	134	155	172	158
영업이익	-2	-30	-6	4	0	-19
당기순이익	-3	-39	-12	9	4	-39

재무 상태 〈단위 : 억원〉
항목	2012	2013	2014	2015	2016	2017.2Q
총자산	703	782	834	684	849	782
유형자산	352	397	435	385	301	295
무형자산	0	3	24	4	1	2
유가증권	7	3	4	4	0	0
총부채	258	287	339	273	214	184
총차입금	187	189	237	191	144	114
자본금	50	50	50	50	100	100
총자본	446	495	495	411	635	598
지배주주지분	439	482	492	398	633	596

기업가치 지표
항목	2012	2013	2014	2015	2016	2017.2Q
주가(최고/저)(천원)	4.8/2.9	5.1/3.2	4.8/2.7	3.6/2.3	7.3/2.7	—/—
PER(최고/저)(배)	31.7/19.2	13.8/8.6	27.6/15.4	—/—	—/—	—/—
PBR(최고/저)(배)	1.1/0.7	1.1/0.7	1.0/0.5	0.9/0.6	2.3/0.8	1.9/1.5
EV/EBITDA(배)	11.9	8.4	9.7	—		
EPS(원)	155	378	175	-882	-346	-175
BPS(원)	4,485	4,877	5,002	4,100	3,241	3,056
CFPS(원)	347	645	468	-535	-121	-125
DPS(원)		50	30			
EBITDAPS(원)	387	722	515	-377	-58	-44

재무 비율 〈단위 : % 〉
연도	영업이익률	순이익률	부채비율	차입금비율	ROA	ROE	유보율	자기자본비율	EBITDA마진율
2016	-6.4	-8.6	33.7	22.7	-6.0	-8.1	548.3	74.8	-1.3
2015	-11.8	-15.5	66.3	46.5	-12.6	-20.0	720.0	60.2	-6.1
2014	3.0	2.3	68.3	47.9	2.1	3.6	900.5	59.4	6.9
2013	5.2	4.3	57.8	38.1	5.1	8.3	875.3	63.4	8.3

나눔테크 (A244880)
NANOOMTECH

업 종 : 의료 장비 및 서비스		시 장 : KONEX	
신용등급 : (Bond) — (CP) —		기업규모 : —	
홈 페 이 지 : www.nanoomtech.co.kr		연 락 처 : 062)955-8588	
본 사 : 광주시 북구 첨단벤처로 57 (월출동)			

설 립 일	2005.08.31	종업원수	41명	대표이사	최무진
상 장 일	2016.06.01	감사의견	적정(대주)	계 열	
결 산 기	12월	보 통 주		종속회사수	
액 면 가		우 선 주		구 상 호	

주주구성 (지분율,%)		출자관계 (지분율,%)		주요경쟁사 (외향,%)	
최무진	44.5	나눔테크	100		
최오진	10.5				

매출구성		비용구성		수출비중	
자동심장충격기	92.1	매출원가율	47.4	수출	15.0
골밀도진단기	6.4	판관비율	49.4	내수	85.0
기타	1.5				

회사 개요
동사는 의료기기 제조 및 판매 등을 사업목적으로 2005년 8월 설립. 2016년 6월 1일에 코넥스 시장 상장해 매매가 개시됐음. 동사는 2008년부터 자동심장충격기 분야를 중점적으로 연구, 개발함으로써 성인, 소아 공용 패드 기술을 국내 최초로 개발해 응급 상황 시 신속한 대응은 물론 소모품 가격 경쟁력을 확보하고 있으며, 축적된 레퍼런스를 통해 품질의 우수성을 입증했음.

실적 분석
동사의 2016년 누적매출액은 78.4억원으로 전년 15억원에서 크게 증가함. 영업이익은 2.5억원으로 전년 2.9억원 영업손실에서 흑자전환에 성공했고, 당기순이익도 2.3억원을 기록하며 흑자전환함. 2017년 해외사업 계획은 자동심장충격기 3가지 모델의 기존 고객을 대상으로 판매확대를 유도하는 한편 신규 시장 발굴에 나설 계획임. 차세대 제품인 전신형골밀도측정기와 무릎고주파측정기는 해외 규격인증(CE) 획득으로 사업을 추진 중임.

현금 흐름 *IFRS 별도 기준 〈단위 : 억원〉
항목	2016	2017.2Q
영업활동	10	
투자활동	-5	
재무활동	-8	
순현금흐름	-3	
기말현금	7	

시장 대비 수익률

결산 실적 〈단위 : 억원〉
항목	2012	2013	2014	2015	2016	2017
매출액	—	41	50	65	78	
영업이익	—	-6	0	-3	2	
당기순이익	—	-4	0	-3	2	

분기 실적 *IFRS 별도 기준 〈단위 : 억원〉
항목	2016.1Q	2016.2Q	2016.3Q	2016.4Q	2017.1Q	2017.2Q
매출액	—	—	—	—	—	—
영업이익	—	—	—	—	—	—
당기순이익	—	—	—	—	—	—

재무 상태 *IFRS 별도 기준 〈단위 : 억원〉
항목	2012	2013	2014	2015	2016	2017.2Q
총자산	—	85	80	75	70	
유형자산	—	22	23	19	18	
무형자산	—	0	1	1	1	
유가증권	—	4	1	1	1	
총부채	—	38	41	38	31	
총차입금	—	34	34	31	23	
자본금	—	13	12	12	25	
총자본	—	47	40	37	39	
지배주주지분	—	47	40	37	39	

기업가치 지표 *IFRS 별도 기준
항목	2012	2013	2014	2015	2016	2017.2Q
주가(최고/저)(천원)	#VALUE!	—/—	—/—	—/—	—/—	—/—
PER(최고/저)(배)	0.0/0.0	0.0/0.0	0.0/0.0	0.0/0.0	71.7/14.3	—/—
PBR(최고/저)(배)	0.0/0.0	0.0/0.0	0.0/0.0	0.0/0.0	4.2/0.8	0.0/0.0
EV/EBITDA(배)	0.0		6.0	7.0	6.6	—/—
EPS(원)	—	-84	5	-58	46	
BPS(원)	—	36,493	31,990	29,687	790	
CFPS(원)	—	-2,098	1,884	1,498	105	
DPS(원)	—					
EBITDAPS(원)	—	-3,090	1,778	1,480	108	

재무 비율 〈단위 : % 〉
연도	영업이익률	순이익률	부채비율	차입금비율	ROA	ROE	유보율	자기자본비율	EBITDA마진율
2016	3.1	2.9	79.9	59.7	3.1	6.0	57.9	55.6	6.8
2015	-4.5	-4.4	102.8	85.3	-3.7	-7.6	196.9	49.3	2.8
2014	0.2	0.5	102.3	86.9	0.3	0.6	219.9	49.4	4.5
2013	-13.7	-10.5	79.4	70.6		264.9	55.7	-9.8	

나라엠앤디 (A051490)
Nara Mold & Die

업 종 : 기계		시 장 : KOSDAQ	
신용등급 : (Bond) — (CP) —		기업규모 : 우량	
홈 페 이 지 : www.naramnd.com		연 락 처 : 055)239-3600	
본 사 : 경남 창원시 성산구 공단로 675 (성주동 50-1)			

설 립 일	1999.02.19	종업원수	251명	대표이사	김영조
상 장 일	2001.05.30	감사의견	적정(현대)	계 열	
결 산 기	12월	보 통 주	1,420만주	종속회사수	5개사
액 면 가	500원	우 선 주		구 상 호	

주주구성 (지분율,%)		출자관계 (지분율,%)		주요경쟁사 (외향,%)	
엘지전자	12.6	나라플라테크	100.0	나라엠앤디	100
김영조	8.9	나라엠텍	83.1	아세아텍	78
(외국인)	3.6	쓰리에스엠케이	22.9	동일금속	45

매출구성		비용구성		수출비중	
PRESS금형, MOLD사출금형	76.3	매출원가율	89.6	수출	60.0
ESS / 자동차 부품, 가전 부품	23.8	판관비율	8.6	내수	40.0

회사 개요
동사는 1999년 LG전자 금형공장을 스핀오프 방식으로 분할하여 설립된 금형 전문 업체임. 금형은 자동차, 디스플레이, 휴대폰, 가전 등의 대량생산을 위한 필수장치임. 금형 제작 사업과 함께 금형을 이용한 부품 양상 사업도 영위 중임. 부품 부문에서는 자동차용 Pedal Assembly, Seat Rail 등을 생산 중임. 금형 제작 부문이 전체 매출의 76% 가량을 차지하며 수출 비중은 43% 가량임.

실적 분석
동사의 2017년 반기 매출액은 613.1억원으로 전년동기 대비 2.5% 증가함. 반면, 외형 확대와 함께 원가율 하락 영향으로 수익성은 크게 상승함. 31.3억원의 영업이익 시현하며 전년동기 대비 큰 폭으로 증가함. 전방 산업이 완만한 회복세를 나타낼것으로 기대되어 외형 확대 가능할 것으로 보이며, 오랜 흑자 기조에 힘입은 탄탄한 재무구조와 안정적 수익기반을 바탕으로 점진적 실적 회복할 것으로 기대됨.

현금 흐름 〈단위 : 억원〉
항목	2016	2017.2Q
영업활동	184	35
투자활동	-81	-23
재무활동	-100	-4
순현금흐름	3	4
기말현금	77	81

시장 대비 수익률

결산 실적 〈단위 : 억원〉
항목	2012	2013	2014	2015	2016	2017
매출액	1,322	1,241	1,365	1,297	1,310	
영업이익	91	77	74	48	23	
당기순이익	62	49	43	37	21	

분기 실적 〈단위 : 억원〉
항목	2016.1Q	2016.2Q	2016.3Q	2016.4Q	2017.1Q	2017.2Q
매출액	264	334	317	395	250	36
영업이익	-2	6	12	8	12	1
당기순이익	-1	11	2	9	1	1

재무 상태 〈단위 : 억원〉
항목	2012	2013	2014	2015	2016	2017.2Q
총자산	1,395	1,371	1,569	1,601	1,704	1,73
유형자산	528	601	623	631	643	63
무형자산	23	23	23	24	32	3
유가증권	31	30	42	30	29	2
총부채	685	653	831	835	926	96
총차입금	352	372	455	519	461	4
자본금	72	72	72	72	72	7
총자본	710	719	738	766	778	77
지배주주지분	688	697	718	747	762	76

기업가치 지표
항목	2012	2013	2014	2015	2016	2017.2Q
주가(최고/저)(천원)	2.7/1.8	2.9/2.1	3.1/2.4	6.7/2.5	5.2/3.8	—/—
PER(최고/저)(배)	7.8/5.3	9.7/7.0	10.7/8.5	25.9/9.5	30.0/21.8	—/—
PBR(최고/저)(배)	0.6/0.4	0.6/0.5	0.6/0.5	1.3/0.5	1.0/0.7	0.8/0
EV/EBITDA(배)	4.5	5.6	5.9	11.2	10.3	—
EPS(원)	413	341	312	270	177	13
BPS(원)	4,975	5,072	5,236	5,347	5,456	5,44
CFPS(원)	738	723	746	724	657	39
DPS(원)	120	120	120	110	100	
EBITDAPS(원)	969	928	956	791	645	

재무 비율 〈단위 : % 〉
연도	영업이익률	순이익률	부채비율	차입금비율	ROA'	ROE	유보율	자기자본비율	EBITDA마진율
2016	1.8	1.6	119.1	59.2	1.3	3.3	971.5	45.7	7
2015	3.7	2.9	109.1	67.8	2.4	5.2	950.3	47.8	8
2014	5.4	3.2	112.6	61.7	2.9	6.3	928.3	47.1	10
2013	6.2	4.0	90.8	51.7	3.5	7.0	896.1	52.4	10

나라케이아이씨 (A007460)
NARAKIC

업 종 : 금속 및 광물		시 장 : 거래소	
신용등급 : (Bond) — (CP) —		기업규모 : 시가총액 소형주	
홈페이지 : www.kicltd.co.kr		연 락 처 : 02)3440-3000	
본 사 : 서울시 강남구 영동대로 719 (청담동) 나라빌딩			

설 립 일	1971.11.15	종 업 원 수	123명	대 표 이 사	변원섭
상 장 일	1995.06.09	감 사 의 견	적정 (위드)	계 열	
결 산 기	12월	보 통 주	1,693만주	종속회사수	
액 면 가	500원	우 선 주		구 상 호	케이아이씨

주주구성 (지분율,%)		출자관계 (지분율,%)		주요경쟁사 (외형,%)	
나라에이스홀딩스	49.4	나라케이아이씨	100	대호에이엘	215
(외국인)	1.4			삼아알미늄	236

매출구성		비용구성		수출비중	
Hardfacing	52.1	매출원가율	81.9	수출	22.0
제철 플랜트	14.7	판관비율	8.9	내수	78.0
NUKON	11.9				

회사 개요

동사는 1971년에 설립되어 제철설비, 환경설비, 에너지설비 등의 플랜트 설비의 제작과 하드페이싱 등의 유지보수 전문기업임. 하드페이싱은 금속의 표면을 내열성, 내충격성 등이 강한 금속으로 용접하여 금속의 수명을 연장하고 염가로 고품질의 부품을 제작, 보수하는 것임. 제철소의 각종 ROLL에 대해 하드페이싱을 수행하고 있음. 플랜트 제작은 코크스 이동기계 (제철소)의 비중이 가장 높음. 동사는 삼양가속기, 나라씨티건설 등 9개 계열사를 두고 있음.

실적 분석

동사는 2017년 상반기 매출액이 244.0억원으로 전년 동기에 비해 16.5% 감소했고, 영업이익은 23.3억원으로 전년에 비해 39.7% 감소함. 동사는 가열로와 코크스 이동기계 등 플랜트 사업부문의 매출이 2016년 139.5억원에서 2017년 상반기 29.6억원으로 급감하면서 매출액이 줄었고, 매출원가가 매출액보다 작은 폭으로 줄면서 수익성이 악화됨. 비영업부문에서도 적자가 지속되면서 당기순이익은 12.3억원을 기록함.

현금 흐름 *IFRS 별도 기준		〈단위 : 억원〉
항목	2016	2017.2Q
영업활동	27	48
투자활동	-13	0
재무활동	-23	-31
순현금흐름	-9	18
기말현금	4	22

결산 실적
〈단위 : 억원〉

항목	2012	2013	2014	2015	2016	2017
매출액	1,707	1,030	765	659	548	—
영업이익	240	44	86	60	51	—
당기순이익	-285	-511	124	34	24	—

분기 실적
*IFRS 별도 기준 〈단위 : 억원〉

항목	2016.1Q	2016.2Q	2016.3Q	2016.4Q	2017.1Q	2017.2Q
매출액	147	145	121	135	137	107
영업이익	31	8	6	6	14	10
당기순이익	22	9	-9	2	9	3

재무 상태
*IFRS 별도 기준 〈단위 : 억원〉

항목	2012	2013	2014	2015	2016	2017.2Q
총자산	3,424	1,145	930	865	786	766
유형자산	515	487	496	472	463	453
무형자산	5	3	3	4	4	4
유가증권	12	7	7	6	5	5
총부채	3,497	1,106	767	556	433	401
총차입금	997	766	471	397	361	330
자본금	144	52	52	80	85	85
총자본	-73	39	164	309	353	365
지배주주지분	-73	39	164	309	353	365

기업가치 지표
*IFRS 별도 기준

항목	2012	2013	2014	2015	2016	2017.2Q
주가(최고/저)(천원)	10.3/4.0	5.0/2.1	2.8/1.7	3.7/1.7	3.2/2.3	—/—
PER(최고/저)(배)			2.4/1.4	12.9/5.9	21.8/15.6	—/—
PBR(최고/저)(배)	-8.2/-3.1	13.6/5.6	1.8/1.1	1.9/0.9	1.5/1.1	1.4/1.1
EV/EBITDA(배)	4.3	13.6	5.9	9.2	10.7	
EPS(원)	-5,985	-5,986	1,194	288	148	73
BPS(원)	-254	370	1,570	1,933	2,086	2,157
CFPS(원)	-1,085	-5,695	1,420	483	291	139
DPS(원)						
EBITDAPS(원)	1,107	807	1,051	706	454	204

재무 비율
〈단위 : % 〉

연도	영업이익률	순이익률	부채비율	차입금비율	ROA	ROE	유보율	자기자본비율	EBITDA마진율
2016	9.2	4.4	122.5	102.4	2.9	7.3	317.3	45.0	13.5
2015	9.1	5.1	180.2	128.6	3.8	14.4	286.6	35.7	12.6
2014	11.2	16.3	468.5	287.9	12.0	123.1	213.9	17.6	14.3
2013	4.3	-49.6	일부잠식	일부잠식	-22.4	-233.1	-26.0	3.4	6.7

나무가 (A190510)
NAMUGA CO

업 종 : 휴대폰 및 관련부품		시 장 : KOSDAQ	
신용등급 : (Bond) — (CP) —		기업규모 : 우량	
홈페이지 : www.namuga.co.kr		연 락 처 : 031)7012-8477	
본 사 : 경기도 성남시 중원구 사기막골로 124, 709호(상대원동, SKn테크노파크)			

설 립 일	2004.10.14	종 업 원 수	146명	대 표 이 사	서정화
상 장 일	2015.11.12	감 사 의 견	적정 (삼덕)	계 열	
결 산 기	12월	보 통 주	339만주	종속회사수	4개사
액 면 가	500원	우 선 주		구 상 호	

주주구성 (지분율,%)		출자관계 (지분율,%)		주요경쟁사 (외형,%)	
서정화	25.0	나무서원	100.0	나무가	100
현대인베스트먼트자산운용	4.8	인스케이프	48.3	세코닉스	107
(외국인)	0.3	NAMUGAPHUTHO	100.0	엠씨넥스	141

매출구성		비용구성		수출비중	
카메라 모듈	95.9	매출원가율	94.3	수출	98.0
무선 데이터 모듈	2.2	판관비율	6.0	내수	2.0
기타	1.9				

회사 개요

동사는 2004년 설립되어 컴퓨터 및 주변기기 관련 제조 및 판매, 공급을 영위하고 있으며, 2015년 11월 코스닥에 상장함. 5개의 연결대상 종속기업을 보유하고 있으며, 2014년 벤처천억기업으로 선정된 바 있음. 주요 생산제품은 스마트폰 카메라 모듈, 노트북 카메라 모듈, 무선 오디오 모듈, 3D 카메라 모듈이며, 카메라 모듈 제품은 삼성전자의 스마트폰, 태블릿, 노트북 등에 채용되고 있음.

실적 분석

동사의 2017년도 2분기 연결기준 누적 매출액은 1,184.7억원으로 전년동기 대비 27.2% 감소함. 스마트폰 시장 성장세 둔화와 제품 판매단가 하락에 따른 수익성이 저하됨. 이에 따라 당기순손실 177.1억원을 시현. 향후 스마트카, 드론, HMD용 3D 센싱 카메라 등 신기술 개발로 차별화된 기술을 확보하며 글로벌 전략 고객의 매출 비중을 확대할 예정임.

현금 흐름		〈단위 : 억원〉
항목	2016	2017.2Q
영업활동	97	-228
투자활동	-238	139
재무활동	191	59
순현금흐름	55	-42
기말현금	423	380

결산 실적
〈단위 : 억원〉

항목	2012	2013	2014	2015	2016	2017
매출액	855	2,193	2,183	4,038	2,926	—
영업이익	36	54	18	257	-7	—
당기순이익	11	21	18	85	-42	—

분기 실적
〈단위 : 억원〉

항목	2016.1Q	2016.2Q	2016.3Q	2016.4Q	2017.1Q	2017.2Q
매출액	881	746	662	637	512	671
영업이익	23	16	4	-49	-69	-89
당기순이익	28	-28	-10	-33	-72	-105

재무 상태
〈단위 : 억원〉

항목	2012	2013	2014	2015	2016	2017.2Q
총자산	641	913	1,356	2,039	1,959	1,849
유형자산	110	177	374	478	589	599
무형자산	5	5	5	8	9	10
유가증권			5	5	5	5
총부채	623	745	1,162	1,436	1,242	1,315
총차입금	307	311	558	560	589	609
자본금	7	13	13	19	19	19
총자본	18	168	194	603	717	534
지배주주지분	18	168	194	603	716	536

기업가치 지표

항목	2012	2013	2014	2015	2016	2017.2Q
주가(최고/저)(천원)	—/—	—/—	—/—	58.0/30.4	82.9/44.6	—/—
PER(최고/저)(배)	0.0/0.0	0.0/0.0	0.0/0.0	19.8/10.4	—/—	—/—
PBR(최고/저)(배)	0.0/0.0	0.0/0.0	0.0/0.0	2.9/1.5	3.7/2.0	3.5/2.0
EV/EBITDA(배)	3.3	1.0	5.9	5.5	19.3	
EPS(원)	552	981	691	2,937	-1,241	-5,130
BPS(원)	874	6,377	7,331	20,189	22,209	16,859
CFPS(원)	1,380	1,977	2,242	5,477	1,703	-3,504
DPS(원)						
EBITDAPS(원)	2,594	3,446	2,226	11,424	2,744	-2,980

재무 비율
〈단위 : % 〉

연도	영업이익률	순이익률	부채비율	차입금비율	ROA	ROE	유보율	자기자본비율	EBITDA마진율
2016	-0.2	-1.4	173.2	82.2	-2.1	-6.3	3,877.0	36.6	3.1
2015	6.4	2.1	238.2	92.9	5.0	21.3	3,509.9	29.6	8.2
2014	0.8	0.8	599.9	288.1	1.6	10.1	1,366.3	14.3	2.7
2013	2.4	1.0	444.8	185.8	2.8	23.1	1,175.3	18.4	3.4

나무기술 (A167380)
NAMU TECH CO

업 종 : IT 서비스		시 장 : KONEX	
신용등급 : (Bond) — (CP) —		기업규모 : —	
홈 페 이 지 : www.namutech.co.kr		연 락 처 : (031)8060-0200	
본 사 : 경기도 성남시 분당구 판교로 242, 에이동 4층 403호			

설 립 일 2001.11.13	종 업 원 수 55명	대 표 이 사 정철
상 장 일 2016.11.28	감 사 의 견 적정 (우리)	계 열
결 산 기 12월	보 통 주	종속회사수
액 면 가	우 선 주	구 상 호

주주구성 (지분율,%)
이수병	36.7
정충현	9.8

출자관계 (지분율,%)
아스펜스	51.0
아콘소프트	50.0
NANJINGNAMUTECH	100.0

주요경쟁사 (외형,%)
나무기술	100
동양네트웍스	285
신세계 I&C	898

매출구성
솔루션(클라우드)	50.7
솔루션용역	21.9
서버, 스토리지 장비류	14.2

비용구성
매출원가율	83.4
판관비율	11.5

수출비중
수출	—
내수	—

회사 개요
2001년 11월 설립한 동사는 IT분야에서 네트워크 환경 인프라 구축(서버 및 스토리지 등)과 가상화 및 클라우드 솔루션, 시스템통합(SI) 및 유지보수 사업을 중심으로 사업을 영위. 사업 초기는 인프라 구축(정보통신 HW 위주)으로 사업을 진행하다 2010년 이후 부터는 가상화 및 클라우드 사업분야 위주로 사업을 확장. 최근 사업구조는 소프트웨어 개발 및 공급으로 전환하는 과정임.

실적 분석
동사는 코넥스 상장 기업으로 반기와 분기 기준 실적을 공개할 의무가 없음. 동사의 2016년 연결기준 매출액은 330.1억원으로 전년동기(318.8억원) 대비 소폭 상승함. 매출 증가에 따라 고정비용 감소효과로 인해 영업이익은 16.7억원으로 전년 동기(5.4억원) 대비 3배 이상 증가함. 영업이익이 크게 증가하면서 당기순이익도 13.5억원으로 전년 동기(5.3억원) 대비 큰 폭으로 증가함. 매출은 소폭 상승한 반면 수익성은 대폭 개선됐음.

현금 흐름 *IFRS 별도 기준 〈단위 : 억원〉
항목	2016	2017.2Q
영업활동	-4	—
투자활동	6	—
재무활동	-4	—
순현금흐름	-2	—
기말현금	276	—

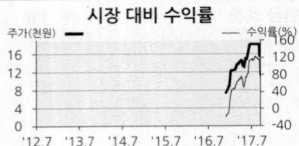

결산 실적 〈단위 : 억원〉
항목	2012	2013	2014	2015	2016	2017
매출액	248	293	326	319	330	
영업이익	2	7	6	5	17	
당기순이익	0	1	1	5	13	

분기 실적 *IFRS 별도 기준 〈단위 : 억원〉
항목	2016.1Q	2016.2Q	2016.3Q	2016.4Q	2017.1Q	2017.2Q
매출액	—	—	—	—	—	—
영업이익	—	—	—	—	—	—
당기순이익	—	—	—	—	—	—

재무 상태 *IFRS 별도 기준 〈단위 : 억원〉
항목	2012	2013	2014	2015	2016	2017.2Q
총자산	103	115	92	120	120	
유형자산	4	4	4	4	1	
무형자산				0	0	
유가증권	4	2	2	5	8	
총부채	86	98	73	90	71	
총차입금	32	41	27	36	28	
자본금	5	5	5	10	12	
총자본	17	17	18	30	48	
지배주주지분	17	17	18	30	48	

기업가치 지표 *IFRS 별도 기준
항목	2012	2013	2014	2015	2016	2017.2Q
주가(최고/저)(천원)	—/—	—/—	—/—	—/—	9.0/6.5	—/—
PER(최고/저)(배)	0.0/0.0	0.0/0.0	0.0/0.0	0.0/0.0	14.0/10.1	—/—
PBR(최고/저)(배)	0.0/0.0	0.0/0.0	0.0/0.0	0.0/0.0	4.3/3.1	0.0/0.0
EV/EBITDA(배)	5.7	3.9	1.8	2.5	12.9	
EPS(원)	21	72	84	353	643	
BPS(원)	17,161	17,495	18,406	14,784	2,088	
CFPS(원)	1,169	1,931	2,811	4,289	688	
DPS(원)						
EBITDAPS(원)	3,009	8,437	7,983	4,387	845	

재무 비율 〈단위 : % 〉
연도	영업이익률	순이익률	부채비율	차입금비율	ROA	ROE	유보율	자기자본비율	EBITDA마진율
2016	5.1	4.1	147.9	58.0	11.2	34.3	317.6	40.3	5.4
2015	1.7	1.7	298.0	120.4	5.0	22.0	195.7	25.1	2.1
2014	1.9	0.4	398.5	144.0	1.1	6.4	268.1	20.1	2.5
2013	2.6	0.3	558.7	234.1	0.9	5.6	249.9	15.2	2.9

나스미디어 (A089600)
Nasmedia

업 종 : 미디어		시 장 : KOSDAQ	
신용등급 : (Bond) — (CP) —		기업규모 : 벤처	
홈 페 이 지 : www.nasmedia.co.kr		연 락 처 : (02)2188-7300	
본 사 : 서울시 강남구 도곡로1길 14 삼일프라자 4,5층			

설 립 일 2000.03.13	종 업 원 수 300명	대 표 이 사 정기호
상 장 일 2013.07.17	감 사 의 견 적정 (안진)	계 열
결 산 기 12월	보 통 주 875만주	종속회사수 1개사
액 면 가 500원	우 선 주	구 상 호

주주구성 (지분율,%)
케이티	42.8
정기호	19.6
(외국인)	6.9

출자관계 (지분율,%)
엔서치마케팅	66.7
얼라이언스인터넷	19.1
ISUkth콘텐츠투자조합	4.5

주요경쟁사 (외형,%)
나스미디어	100
SBS미디어홀딩스	721
현대에이치씨엔	418

매출구성
온라인 디스플레이	70.7
디지털사이니지	21.7
IPTV(디지털방송)	7.4

비용구성
매출원가율	0.0
판관비율	77.9

수출비중
수출	—
내수	—

회사 개요
동사는 KT기업집단에 편입된 국내 온라인 미디어랩 전문회사임. 매출비중은 온라인 71.5%, IPTV 7.6%, 디지털외 20.9%임. 2000년부터 시작한 인터넷 광고사업은 국내 주요 포탈사를 고객으로 확보하였고, 이를 기반으로 2011년 모바일광고 분야로 사업을 확대함. 인터넷 및 모바일광고 분야에서 국내 1위. 또한 2009년부터 진출한 IPTV광고 시장에서도 KT 고객을 기반으로 국내 시장점유율 1위 달성.

실적 분석
동사의 연결기준 2017년 2분기 누적 매출액은 597억원으로 전년동기대비 113% 증가함. 온라인광고 부문에 지난해 10월에 인수한 NSM의 실적이 올해 반영되었고, 대형광고주 취급 물량 증가와, 동영상 및 모바일 플랫폼 사업부문의 매출 증가함. IPTV 부문도 신규 광고주 수주 및 광고수요 회복에 따르는 성장세 기록, 지하철 5678호선 및 KT야구장 광고 물량 증가 등으로 디지털사이니지 부문도 성장함.

현금 흐름 〈단위 : 억원〉
항목	2016	2017.2Q
영업활동	168	37
투자활동	33	-6
재무활동	-60	-34
순현금흐름	142	-4
기말현금	276	272

결산 실적 〈단위 : 억원〉
항목	2012	2013	2014	2015	2016	2017
매출액	235	248	299	455	699	
영업이익	76	61	86	117	154	
당기순이익	65	56	80	99	120	

분기 실적 〈단위 : 억원〉
항목	2016.1Q	2016.2Q	2016.3Q	2016.4Q	2017.1Q	2017.2Q
매출액	125	155	—	—	282	31
영업이익	28	36	—	—	75	
당기순이익	23	28	—	—	60	

재무 상태 〈단위 : 억원〉
항목	2012	2013	2014	2015	2016	2017.2Q
총자산	907	971	975	1,417	2,639	2,66
유형자산	4	4	3	117	121	11
무형자산	10	10	11	10	483	47
유가증권	7	7	9	6	4	
총부채	471	409	349	722	1,595	1,52
총차입금					60	6
자본금	38	43	43	43	46	4
총자본	436	562	626	695	1,044	1,14
지배주주지분	436	562	626	695	981	1,06

기업가치 지표
항목	2012	2013	2014	2015	2016	2017.2Q
주가(최고/저)(천원)	—/—	14.7/9.9	28.0/10.8	71.3/21.1	65.6/31.0	—/—
PER(최고/저)(배)	0.0/0.0	21.2/14.3	29.9/11.5	60.3/17.9	46.9/22.2	—/—
PBR(최고/저)(배)	0.0/0.0	2.3/1.5	3.8/1.5	8.6/2.6	5.9/2.8	4.5/2.
EV/EBITDA(배)	—	9.6	18.5	31.2	19.4	
EPS(원)	887	726	965	1,202	1,413	1,36
BPS(원)	5,994	6,815	7,587	8,432	11,207	12,18
CFPS(원)	931	766	1,011	1,251	1,581	1,54
DPS(원)		170	290	360	390	
EBITDAPS(원)	1,090	824	1,089	1,467	2,014	2,07

재무 비율 〈단위 : % 〉
연도	영업이익률	순이익률	부채비율	차입금비율	ROA	ROE	유보율	자기자본비율	EBITDA마진율
2016	22.1	17.1	152.8	5.8	5.9	14.1	2,052.8	39.6	24.
2015	25.7	21.8	103.8	0.0	8.3	15.0	1,515.7	49.1	26
2014	28.8	26.7	55.8	0.0	8.2	13.4	1,353.9	64.2	30
2013	24.5	22.7	72.9	0.0	6.0	11.3	1,205.8	57.9	25

나이벡 (A138610)
NIBEC

업 종 : 바이오		시 장 : KOSDAQ	
신용등급 : (Bond) — (CP) —		기업규모 : 신성장	
홈페이지 : www.nibec.co.kr		연 락 처 : (043)532-7458	
본 사 : 충북 진천군 이월면 밤디길 116 이월전기전자농공1단지			

설 립 일	2004.02.20	종 업 원 수	61명	대 표 이 사	정종평
상 장 일	2011.07.13	감 사 의 견	적정 (가립)	계 열	
결 산 기	12월	보 통 주	546만주	종속회사수	
액 면 가	500원	우 선 주		구 상 호	

주주구성 (지분율,%)		출자관계 (지분율,%)		주요경쟁사 (외형,%)	
정종평	20.8			나이벡	100
박윤정	4.2			에이씨티	522
(외국인)	0.5			듀켐바이오	547

매출구성		비용구성		수출비중	
치과용 골이식재	84.4	매출원가율	83.4	수출	50.0
치주조직재생용 바이오소재	10.3	판관비율	68.7	내수	50.0
치아미백제	3.0				

회사 개요
동사는 구강케어 관련제품과 조직재생용 바이오소재와 펩타이트 소재를 연구, 개발, 판매하는 업체임. 약물전달시스템, 조직재생용 바이오소재기술, 펩타이드 공학기술의 학문적 성과를 제품 개발에 응용하고자 2004년 1월 24일 설립됨. 조직재생용 바이오소재, 구강보건제품, 펩타이드 융합제인 바이오 소재, 펩타이드 치료제의 개발 및 제품화를 목적으로 함. 항노화 기능성 화장품과 아토피증상 개선용 피부면역 증진 소재 함유 화장품 사업에 투자를 늘리고 있음.

실적 분석
2017년 반기 매출액은 35.2억원으로 전년동기 대비 44.6% 상승함. 매출이 늘면서 원가율 상승에도 불구하고 영업이익 2.1억원으로 흑자전환함. 비영업손실 발생으로 순손실은 2.0억원을 기록. 펩타이드 함유 골관절염 치료제, 류마티스 관절염 치료제 및 건선치료제의 임상 1상이나 임상 2상 시험을 완료하고 기술이전을 추진할 계획임. 2015년 출시하여 바이어에게 호평을 받은 차폐막, 콜라겐 제품군 등으로 실적 개선이 기대됨.

현금 흐름
*IFRS 별도 기준 〈단위 : 억원〉

항목	2016	2017.2Q
영업활동	-4	13
투자활동	-28	-26
재무활동	54	-8
순현금흐름	23	-22
기말현금	46	24

시장 대비 수익률

결산 실적
〈단위 : 억원〉

항목	2012	2013	2014	2015	2016	2017
매출액	39	23	48	42	48	—
영업이익	-8	-26	-30	-16	-25	—
당기순이익	-14	-38	-36	-24	-30	—

분기 실적
*IFRS 별도 기준 〈단위 : 억원〉

항목	2016.1Q	2016.2Q	2016.3Q	2016.4Q	2017.1Q	2017.2Q
매출액	12	12	10	13	22	13
영업이익	-4	-3	-7	-11	6	-3
당기순이익	-5	-3	-10	-12	3	-5

재무 상태
*IFRS 별도 기준 〈단위 : 억원〉

항목	2012	2013	2014	2015	2016	2017.2Q
총자산	165	171	141	194	230	229
유형자산	82	77	72	77	92	94
무형자산	33	38	34	33	44	51
유가증권				12	0	11
총부채	76	112	91	86	131	131
총차입금	47	82	71	56	95	89
자본금	17	17	20	26	27	27
총자본	89	58	51	108	98	98
지배주주지분	89	58	51	108	98	98

기업가치 지표
*IFRS 별도 기준

항목	2012	2013	2014	2015	2016	2017.2Q
주가(최고/저)(천원)	7.9/3.7	6.0/3.1	9.9/3.1	16.0/6.0	14.0/7.2	—/—
PER(최고/저)(배)						—/—
PBR(최고/저)(배)	3.1/1.4	3.6/1.8	8.2/2.6	7.7/2.9	7.7/4.0	5.4/4.1
EV/EBITDA(배)						
EPS(원)	-406	-1,110	-1,011	-522	-563	-36
BPS(원)	2,632	1,731	1,247	2,073	1,811	1,799
CFPS(원)	-222	-873	-727	-275	-318	89
DPS(원)						
EBITDAPS(원)	-44	-512	-556	-93	-220	164

재무 비율
〈단위 : % 〉

연도	영업이익률	순이익률	부채비율	차입금비율	ROA	ROE	유보율	자기자본비율	EBITDA마진율
2016	-52.0	-63.0	133.4	96.8	-14.3	-29.3	262.2	42.8	-24.6
2015	-38.0	-58.1	79.6	51.9	-14.5	-30.5	314.5	55.7	-10.4
2014	-63.2	-75.7	178.6	139.2	-23.2	-66.4	149.3	35.9	-40.4
2013	-116.1	-169.5	192.9	140.0	-23.0	-52.5	246.1	34.1	-75.9

나이스디앤비 (A130580)
NICE D&B

업 종 : 상업서비스		시 장 : KOSDAQ	
신용등급 : (Bond) — (CP) —		기업규모 : 중견	
홈페이지 : www.nicednb.com		연 락 처 : (02)2122-2500	
본 사 : 서울시 마포구 마포대로 217 (아현동)			

설 립 일	2002.11.01	종 업 원 수	190명	대 표 이 사	노영훈
상 장 일	2011.12.22	감 사 의 견	적정 (삼정)	계 열	
결 산 기	12월	보 통 주	1,540만주	종속회사수	1개사
액 면 가	500원	우 선 주		구 상 호	

주주구성 (지분율,%)		출자관계 (지분율,%)		주요경쟁사 (외형,%)	
NICE홀딩스	35.0	나이스데이터	100.0	나이스디앤비	100
PHILLIP CAPITAL PTE LTD	26.6	GmbH	6.1	아이마켓코리아	10,010
(외국인)	48.2			NICE평가정보	1,017

매출구성		비용구성		수출비중	
신용인증 서비스(기타)	48.0	매출원가율	0.0	수출	10.0
글로벌 기업정보 서비스(기타)	41.2	판관비율	81.0	내수	90.0
거래처관리 서비스외(기타)	10.9				

회사 개요
동사는 신용정보의 이용 및 보호에 관한 법률에 근거, 신용조회 및 신용조사사업 허가를 보유하고 있는 기업신용정보 전문기업. 국내외 기업신용정보제공서비스, 기업신용인증서비스, 신용평가시스템구축 컨설팅서비스 등을 제공하고 있음. 글로벌 기업정보 서비스 부문 매출이 전체의 41.2%, 신용인증 서비스가 47.9%, 거래처관리 서비스와 기타를 합쳐 10.9%를 차지함.

실적 분석
동사의 2017년 상반기 매출액은 224.4억원으로 전년동기 대비 18.9% 증가함. 영업이익은 62.5억원으로 전년동기 대비 19.6% 증가함. 당기순이익은 50.6억원으로 15.6% 감소. 기업신용정보 사업은 정부 및 공공기관, 대기업 등의 발주량 증가, 무역량의 증가 등 경제규모의 성장에 따라 시장규모는 증가될 것으로 예상됨. 글로벌 업체인 D&B 월드와이드 네트워크의 국내 유일한 멤버로서 D&B 서비스를 독점적으로 제공하는 것도 장점임.

현금 흐름
〈단위 : 억원〉

항목	2016	2017.2Q
영업활동	66	64
투자활동	-32	-2
재무활동	-25	-13
순현금흐름	9	49
기말현금	73	122

시장 대비 수익률

결산 실적
〈단위 : 억원〉

항목	2012	2013	2014	2015	2016	2017
매출액	193	196	211	257	340	—
영업이익	32	33	41	49	65	—
당기순이익	30	30	36	44	57	—

분기 실적
〈단위 : 억원〉

항목	2016.1Q	2016.2Q	2016.3Q	2016.4Q	2017.1Q	2017.2Q
매출액	74	115	72	79	81	143
영업이익	11	41	5	7	11	51
당기순이익	10	33	5	9	10	41

재무 상태
〈단위 : 억원〉

항목	2012	2013	2014	2015	2016	2017.2Q
총자산	248	271	311	372	405	465
유형자산	8	3	9	7	10	11
무형자산	9	9	10	14	20	20
유가증권		5	5	49	65	259
총부채	43	43	57	73	67	90
총차입금						
자본금	77	77	77	77	77	77
총자본	205	228	254	299	337	375
지배주주지분	205	228	254	287	337	375

기업가치 지표

항목	2012	2013	2014	2015	2016	2017.2Q
주가(최고/저)(천원)	4.6/1.5	3.4/2.0	3.9/2.2	9.0/3.1	7.1/4.4	—/—
PER(최고/저)(배)	25.6/8.6	18.8/10.9	17.3/10.0	32.7/11.3	19.7/12.3	—/—
PBR(최고/저)(배)	3.8/1.3	2.5/1.4	2.5/1.4	5.0/1.7	3.3/2.1	2.8/2.2
EV/EBITDA(배)	6.3	4.2	4.9	11.5	7.9	
EPS(원)	196	196	235	283	366	329
BPS(원)	1,333	1,482	1,650	1,862	2,190	2,435
CFPS(원)	210	211	254	309	405	357
DPS(원)	59	59	71	84	84	—
EBITDAPS(원)	222	231	285	347	459	434

재무 비율
〈단위 : % 〉

연도	영업이익률	순이익률	부채비율	차입금비율	ROA	ROE	유보율	자기자본비율	EBITDA마진율
2016	19.0	16.9	20.0	0.0	14.8	18.1	338.1	83.4	20.8
2015	19.3	17.0	24.3	0.0	12.8	16.1	272.4	80.4	20.8
2014	19.4	17.2	22.3	0.0	12.5	15.0	229.9	81.8	20.7
2013	16.9	15.4	18.9	0.0	11.6	13.9	196.4	84.1	18.1

나이스정보통신 (A036800)
Nice Information & Telecommunication

업　　종 : 상업서비스　　　　　　　　　시　　장 : KOSDAQ
신용등급 : (Bond) —　　　(CP) —　　　기업규모 : 우량
홈페이지 : www.nicevan.co.kr　　　　　연락처 : 02)2187-2700
본　　사 : 서울시 마포구 마포대로 217 크레디트센터빌딩

설 립 일 1988.05.12	종 업 원 수 167명	대 표 이 사 홍우선	
상 장 일 2000.05.03	감 사 의 견 적정(안진)	계　　　열	
결 산 기 12월	보 통 주 1,000만주	종속회사수 2개사	
액 면 가 500원	우 선 주	구 상 호	

주주구성 (지분율,%)		출자관계 (지분율,%)		주요경쟁사 (외형,%)	
한국신용정보	42.7	NICE페이먼츠	100.0	나이스정보통신	100
NTAsian Discovery Master Fund	11.0	후퍼	25.0	아이마켓코리아	1,072
(외국인)	29.9	NICEINFORMATIONVIETNAM**	60.0	NICE평가정보	109

매출구성		비용구성		수출비중	
카드조회서비스	67.6	매출원가율	66.5	수출	0.0
전자지불결제대행	26.4	판관비율	18.6	내수	100.0
카드조회단말기	6.0				

회사 개요
동사는 밴(VAN) 사업과 PG(온라인지불결제서비스) 사업, 그에 따른 단말기 임대 및 판매를 주요사업으로 영위함. 13개사 VAN 사업자 중 1위를 달림. 2016년 7월 PG부문을 물적분할해 독립적인 PG전문기업을 설립함으로써 온라인 지급결제 시장의 변화에 대한 능동적 대응력을 확보함. 오프라인 지급결제 시장에서의 시너지를 창출해 O2O 지급결제 시장을 선도하는 사업자로 탈바꿈한다는 계획임.

실적 분석
동사의 2017년 2/4분기 연결기준 누적매출액은 1,723.2억원으로 전년동기 대비 14.9% 증가함. 그러나 영업이익은 비용상승으로 인해 전년동기 대비 21.1% 감소했음. 현금능력이 높은 카드 사용 선호도가 높은 전자상거래의 활성화, 모바일결제에서 신용카드 사용량 증대로 VAN 사업이 지속적으로 확대되고 있음. PG 사업도 모바일 기기의 확산 및 O2O결제의 활성화, 현금없는 사회를 지향하는 정부 정책 등에 힘입어 커지고 있음.

현금 흐름 〈단위 : 억원〉

항목	2016	2017.2Q
영업활동	675	12
투자활동	-272	5
재무활동	-59	-55
순현금흐름	350	-42
기말현금	951	909

시장 대비 수익률

결산 실적 〈단위 : 억원〉

항목	2012	2013	2014	2015	2016	2017
매출액	1,781	2,007	2,255	2,639	3,171	—
영업이익	147	203	212	342	472	—
당기순이익	105	193	300	305	303	—

분기 실적 〈단위 : 억원〉

항목	2016.1Q	2016.2Q	2016.3Q	2016.4Q	2017.1Q	2017.2Q
매출액	695	805	797	874	826	897
영업이익	108	134	126	104	84	108
당기순이익	83	51	102	67	59	94

재무 상태 〈단위 : 억원〉

항목	2012	2013	2014	2015	2016	2017.2Q
총자산	1,510	1,887	2,461	2,909	3,769	3,924
유형자산	201	191	217	265	250	196
무형자산	26	26	41	347	319	311
유가증권	112	170	29	76	92	70
총부채	960	1,119	1,503	1,670	2,252	2,309
총차입금	197	130	100	250	220	220
자본금	50	50	50	50	50	50
총자본	550	767	958	1,240	1,517	1,615
지배주주지분	550	767	958	1,240	1,517	1,611

기업가치 지표

항목	2012	2013	2014	2015	2016	2017.2Q
주가(최고/저)(천원)	5.8/3.9	13.0/4.5	31.9/12.8	47.6/24.1	38.5/27.9	—/—
PER(최고/저)(배)	6.0/4.1	7.0/2.4	11.0/4.4	15.9/8.0	12.9/9.3	—/—
PBR(최고/저)(배)	1.1/0.8	1.8/0.6	3.4/1.4	3.9/2.0	2.6/1.9	2.0/1.5
EV/EBITDA(배)	1.5	2.8	4.6	5.2	3.5	—/—
EPS(원)	1,049	1,929	2,998	3,053	3,031	1,537
BPS(원)	5,531	7,701	9,606	12,425	15,204	16,404
CFPS(원)	2,170	3,165	4,354	4,764	5,011	2,498
DPS(원)	200	230	240	300	350	
EBITDAPS(원)	2,589	3,269	3,480	5,127	6,701	2,873

재무 비율 〈단위 : %〉

연도	영업이익률	순이익률	부채비율	차입금비율	ROA	ROE	유보율	자기자본비율	EBITDA마진율
2016	14.9	9.6	148.4	14.5	9.1	22.0	2,940.8	40.3	21.1
2015	13.0	11.6	134.7	20.2	11.4	27.8	2,385.1	42.6	19.4
2014	9.4	13.3	157.0	10.4	13.8	34.8	1,821.1	38.9	15.4
2013	10.1	9.6	145.9	17.0	11.4	29.3	1,440.2	40.7	16.3

나이스평가정보 (A030190)
NICE Information Service

업　　종 : 상업서비스　　　　　　　　　시　　장 : KOSDAQ
신용등급 : (Bond) —　　　(CP) —　　　기업규모 : 우량
홈페이지 : www.niceinfo.co.kr　　　　　연락처 : 02)2122-4000
본　　사 : 서울시 영등포구 국회대로74길 4(여의도동)

설 립 일 1985.02.28	종 업 원 수 547명	대 표 이 사 심의영	
상 장 일 2000.05.02	감 사 의 견 적정(안진)	계　　　열	
결 산 기 12월	보 통 주 6,071만주	종속회사수 2개사	
액 면 가 500원	우 선 주	구 상 호	

주주구성 (지분율,%)		출자관계 (지분율,%)		주요경쟁사 (외형,%)	
NICE홀딩스	43.0	동부사모부동산투자신탁제11호	50.0	NICE평가정보	100
삼성자산운용	5.0	오픈메이트우선주	12.0	아이마켓코리아	984
(외국인)	19.5	오픈메이트보통주	12.0	나이스정보통신	92

매출구성		비용구성		수출비중	
개인신용정보 제공 및 컨설팅 외	64.1	매출원가율	0.0	수출	0.0
기업정보 제공, 컨설팅, TCB 외	18.9	판관비율	88.7	내수	100.0
채권추심, 신용조사	17.3				

회사 개요
동사는 기업정보 제공 및 컨설팅, 개인신용정보, 자산관리부문에서 수익을 창출함. 개인신용정보사업 및 기업정보사업 성장세가 지속되고 있고 개인신용정보사업에서는 기존 사업영역 지배력 강화 및 신규시장 발굴에 노력하고 있음. 동사는 채권회수 대행 등의 자산관리사업과 개인신용정보 및 솔루션 관련 매출이 전체 사업의 대부분을 차지함. 국내업체 중 유일하게 개인신용정보와 기업신용정보 사업을 모두 영위함.

실적 분석
동사의 2017년 상반기 매출액은 1842.1억원으로 전년 대비 4.8% 증가함. 영업이익은 258.8억원으로 10.2% 증가함. 당기순이익은 200.1억원으로 9.7% 증가함. 개인신용정보 시장은 본인 신용관리 중요성 및 개인정보보호 인식 강화에 따른 개인 회원의 지속적인 유입으로 꾸준한 성장세 기록함. 전체 매출액 중 개인신용정보 비중은 60.68%를 차지함. 기업정보사업과 자산관리사업 비중은 각각 21.1%, 16.82%임.

현금 흐름 〈단위 : 억원〉

항목	2016	2017.2Q
영업활동	368	125
투자활동	-58	-72
재무활동	-73	-144
순현금흐름	237	-91
기말현금	672	581

시장 대비 수익률

결산 실적 〈단위 : 억원〉

항목	2012	2013	2014	2015	2016	2017
매출액	1,845	2,222	2,792	3,381	3,455	—
영업이익	194	221	228	281	392	—
당기순이익	112	155	178	222	283	—

분기 실적 〈단위 : 억원〉

항목	2016.1Q	2016.2Q	2016.3Q	2016.4Q	2017.1Q	2017.2Q
매출액	837	921	847	851	883	95
영업이익	93	141	96	62	110	14
당기순이익	75	108	72	29	86	11

재무 상태 〈단위 : 억원〉

항목	2012	2013	2014	2015	2016	2017.2Q
총자산	1,454	1,477	1,678	1,901	2,187	2,17
유형자산	149	243	82	95	153	19
무형자산	309	279	279	278	276	29
유가증권	0	6	6	103	119	8
총부채	473	402	501	565	633	56
총차입금			1			
자본금	304	304	304	304	304	30
총자본	981	1,076	1,177	1,336	1,553	1,60
지배주주지분	982	1,076	1,177	1,336	1,553	1,60

기업가치 지표

항목	2012	2013	2014	2015	2016	2017.2Q
주가(최고/저)(천원)	2.5/1.7	3.0/2.2	5.0/2.7	14.1/4.8	9.7/6.5	—/—
PER(최고/저)(배)	14.6/10.4	12.5/9.3	18.1/9.7	39.6/13.6	21.2/14.2	—/—
PBR(최고/저)(배)	1.7/1.2	1.8/1.3	2.7/1.5	6.6/2.3	3.9/2.6	3.1/2.
EV/EBITDA(배)	4.8	4.6	7.3	15.2	7.3	—/—
EPS(원)	187	256	294	366	466	33
BPS(원)	3,236	1,773	1,939	2,202	2,559	2,75
CFPS(원)	647	390	430	512	602	30
DPS(원)	180	90	100	120	130	
EBITDAPS(원)	912	498	512	609	782	49

재무 비율 〈단위 : %〉

연도	영업이익률	순이익률	부채비율	차입금비율	ROA	ROE	유보율	자기자본비율	EBITDA마진율
2016	11.4	8.2	40.8	0.0	13.9	19.6	411.8	71.0	13.
2015	8.3	6.6	42.2	0.0	12.4	17.7	340.4	70.3	10.
2014	8.2	6.4	42.5	0.1	11.3	15.8	287.9	70.2	11.
2013	9.9	7.0	37.3	0.0	10.6	15.1	254.5	72.8	13.

나이스홀딩스 (A034310)
NICE Holdings

업 종 : 상업서비스	시 장 : 거래소
신용등급 : (Bond) — (CP) —	기업규모 : 시가총액 중형주
홈페이지 : www.nice.co.kr	연 락 처 : 02)2122-4000
본 사 : 서울시 영등포구 국회대로74길 4 (여의도동) 나이스그룹 3사옥	

설 립 일	1986.09.11	종 업 원 수	34명	대 표 이 사	김광수,최영(각자대표이사)
상 장 일	2004.02.04	감사의견	적정(안진)	계 열	
결 산 기	12월	보 통 주	3,788만주	종속회사수	16개사
액 면 가	500원	우 선 주		구 상 호	

주주구성 (지분율,%)		출자관계 (지분율,%)		주요경쟁사 (외형,%)	
김광수	29.9	나이스인프라	100.0	NICE	100
에스투비네트워크	18.1	나이스인베스트먼트	100.0	한국항공우주	219
(외국인)	7.8	나이스신용평가	100.0	에스원	136

매출구성		비용구성		수출비중	
신용카드VAN	42.0	매출원가율	0.0	수출	—
기업 및 개인신용정보	21.6	판관비율	90.6	내수	—
제조	20.1				

회사 개요
1986년 한국신용정보 주식회사로 출발함 2004년 2월 유가증권시장에 상장됨. 2010년 11월 투자사업부문과 신용조회사업부문을 인적분할했으며, 동일자로 동사의 투자사업부문을 존속법인으로 한 한국신용평가정보㈜로부터 인적분할된 투자사업부문을 흡수합병하고 상호를 한국신용정보 주식회사에서 주식회사 나이스홀딩스로 변경했음. 현재 26개 종속회사를 두고 있으며, 종속회사 및 기타 투자회사로부터의 배당수익, 상표권 사용수익 등으로 수익을 올림.

실적 분석
동사의 2017년 상반기 매출액은 7,054억원으로 전년 동기 대비 4.0% 증가함. 영업이익은 678.9억원으로 전년 대비 19.1% 감소함. 당기순이익은 486.7억원으로 전년 대비 14.1% 감소함. 동사는 회사채 및 기업어음 등에 대한 신용평가사업, 기업정보 및 개인신용정보사업, 자산관리 사업, CD 및 ATM 관리 사업 등 주요 종속회사의 사업 포트폴리오가 다양하게 구성돼 있어 안정적인 사업 기반을 갖추고 있음.

현금 흐름 〈단위 : 억원〉
항목	2016	2017.2Q
영업활동	1,396	186
투자활동	-253	-287
재무활동	-3	-23
순현금흐름	1,154	-135
기말현금	3,209	3,074

시장 대비 수익률

결산 실적 〈단위 : 억원〉
항목	2012	2013	2014	2015	2016	2017
매출액	5,002	7,533	9,285	10,908	13,464	
영업이익	618	728	710	912	1,269	
당기순이익	553	637	537	629	908	

분기 실적 〈단위 : 억원〉
항목	2016.1Q	2016.2Q	2016.3Q	2016.4Q	2017.1Q	2017.2Q
매출액	3,241	3,541	3,252	3,430	3,378	3,676
영업이익	326	513	304	127	291	388
당기순이익	241	325	277	64	202	285

재무 상태 〈단위 : 억원〉
항목	2012	2013	2014	2015	2016	2017.2Q
총자산	7,907	8,655	11,910	12,425	14,083	14,614
유형자산	2,158	1,885	3,293	2,649	2,495	2,428
무형자산	852	756	1,186	1,856	1,809	1,847
유가증권	451	722	649	730	965	900
총부채	2,755	2,946	5,239	5,471	6,350	6,608
총차입금	792	720	2,212	2,446	2,662	2,885
자본금	189	189	189	189	189	189
총자본	5,151	5,708	6,671	6,954	7,732	8,006
지배주주지분	3,867	4,245	4,468	4,703	5,106	5,338

기업가치 지표
항목	2012	2013	2014	2015	2016	2017.2Q
주가(최고/저)(천원)	6.2/4.5	13.5/6.3	18.2/11.6	28.7/15.1	23.0/15.8	—/—
PER(최고/저)(배)	5.1/3.7	13.2/6.1	22.9/14.6	39.5/20.8	16.8/11.6	—/—
PBR(최고/저)(배)	0.6/0.4	1.2/0.6	1.5/0.9	2.2/1.2	1.6/1.1	1.3/1.1
EV/EBITDA(배)	2.5	3.3	5.5	6.3	3.8	—/—
EPS(원)	1,264	1,056	811	737	1,379	727
BPS(원)	106,332	11,631	12,660	13,279	14,342	14,955
CFPS(원)	24,152	2,415	2,419	2,580	3,424	1,775
DPS(원)	1,300	110	110	120	130	
EBITDAPS(원)	29,351	3,282	3,482	4,252	5,396	2,841

재무 비율 〈단위 : % 〉
연도	영업이익률	순이익률	부채비율	차입금비율	ROA	ROE	유보율	자기자본비율	EBITDA마진율
2016	9.4	6.7	82.1	34.4	6.9	10.7	2,768.4	54.9	15.2
2015	8.4	5.8	78.7	35.2	5.2	6.1	2,555.8	56.0	14.8
2014	7.6	5.8	78.5	33.2	5.2	7.1	2,431.9	56.0	14.2
2013	9.7	8.5	51.6	12.6	7.7	9.9	2,226.2	66.0	16.5

남광토건 (A001260)
Nam-Kwang Engineering & Construction

업 종 : 건설	시 장 : 거래소
신용등급 : (Bond) — (CP) —	기업규모 : 시가총액 소형주
홈페이지 : www.namkwang.co.kr	연 락 처 : 02)3011-0114
본 사 : 경기도 용인시 기흥구 흥덕중앙로 120(영덕동, 흥덕유타워)	

설 립 일	1954.08.05	종 업 원 수	152명	대 표 이 사	김종오
상 장 일	1976.12.28	감사의견	적정(삼일)	계 열	
결 산 기	12월	보 통 주	980만주	종속회사수	1개사
액 면 가	5,000원	우 선 주		구 상 호	

주주구성 (지분율,%)		출자관계 (지분율,%)		주요경쟁사 (외형,%)	
세운건설	22.5	남광엔케이	100.0	남광토건	100
금광기업	20.4			KT서브마린	46
(외국인)	0.2			계룡건설	1,067

매출구성		비용구성		수출비중	
[국내도급공사]토목(공사)	60.0	매출원가율	100.6	수출	2.0
[국내도급공사]건축(공사)	32.7	판관비율	4.5	내수	98.0
[해외도급공사]토목(공사)	7.2				

회사 개요
동사는 1947년 설립된 건설 업체로서 현재 회생 노력 중임. 민간 도급공사 채권의 대규모 부실, 과도한 시행사 연대보증 및 대여금 증가에 따른 자금 부담, 워크아웃 절차 진행에 따른 수주 및 매출 감소 등으로 자금 사정이 급격하게 악화돼 2012년 12월 회생절차 인가를 결정 받은 바 있음. 2015년 11월 세운건설 컨소시엄을 우선협상대상자로 선정하고 회생절차를 진행해 2016년 2월 회생계획상 확정된 채권의 93.4%를 변제 완료함.

실적 분석
동사의 연결기준 2017년 2분기 누적 매출액은 전년동기 대비 39.1% 감소한 527.6억원으로 외형이 크게 축소되었음. 다만 원가율이 감소하면서 매출총이익이 개선되며 영업적자폭이 전년동기 77.0억원에서 34.6억원으로 줄었음. 동사는 강도높은 원가개선 노력이 점차 결실을 맺어가고 있음. 전반적인 건설경기 위축으로 국내외 도급공사 실적이 감소하고 있어 동사는 수익성 높은 수주에 힘쓸 계획임.

현금 흐름 〈단위 : 억원〉
항목	2016	2017.2Q
영업활동	-46	-3
투자활동	334	-6
재무활동	-293	-1
순현금흐름	-4	-10
기말현금	271	261

시장 대비 수익률

결산 실적 〈단위 : 억원〉
항목	2012	2013	2014	2015	2016	2017
매출액	3,935	2,845	2,786	3,024	1,836	
영업이익	-1,490	-233	-404	-509	-93	
당기순이익	-3,001	-419	-1,060	-770	-21	

분기 실적 〈단위 : 억원〉
항목	2016.1Q	2016.2Q	2016.3Q	2016.4Q	2017.1Q	2017.2Q
매출액	461	405	510	460	229	298
영업이익	-53	-23	38	-54	-9	-26
당기순이익	-53	24	48	-41	-6	-27

재무 상태 〈단위 : 억원〉
항목	2012	2013	2014	2015	2016	2017.2Q
총자산	4,369	4,579	5,256	2,392	1,759	1,676
유형자산	310	292	285	281	25	31
무형자산	100	68	54	44	20	20
유가증권	126	253	231	431	305	223
총부채	3,900	4,298	5,915	1,998	1,352	1,299
총차입금	1,122	1,921	4,169	469	180	180
자본금	2,816	386	414	490	490	490
총자본	469	281	-659	394	407	378
지배주주지분	467	280	-661	394	407	378

기업가치 지표
항목	2012	2013	2014	2015	2016	2017.2Q
주가(최고/저)(천원)	4,199/406	778/105	246/38.9	78.1/14.1	15.0/7.1	—/—
PER(최고/저)(배)	—/—	—/—	—/—	—/—	—/—	—/—
PBR(최고/저)(배)	15.7/1.5	5.1/0.7	-0.8/-0.1	19.4/3.5	3.6/1.7	2.5/1.7
EV/EBITDA(배)	—/—	—/—	—/—	—/—	—/—	—/—
EPS(원)	-23,482,421	-224,694	-531,867	-50,329	-219	-335
BPS(원)	829	3,795	-7,813	4,030	4,167	3,874
CFPS(원)	-72,351	-5,399	-13,016	-49,670	-188	-318
DPS(원)						
EBITDAPS(원)	-35,664	-2,928	-4,844	-32,611	-918	-337

재무 비율 〈단위 : % 〉
연도	영업이익률	순이익률	부채비율	차입금비율	ROA	ROE	유보율	자기자본비율	EBITDA마진율
2016	-5.1	-1.2	일부잠식	일부잠식	-1.0	-5.4	-16.7	23.1	-4.9
2015	-16.8	-25.5	일부잠식	전기잠식	-20.1	-19.4	16.5	-16.5
2014	-14.5	-38.0	완전잠식	완전잠식	-21.6	-256.3	-12.5	-14.0
2013	-8.2	-14.7	일부잠식	일부잠식	-9.4	-112.0	6.1	-7.7

남선알미늄 (A008350)
Namsun Aluminum

업　　종 : 금속 및 광물		시　　장 : 거래소	
신용등급 : (Bond) —	(CP) —	기업규모 : 시가총액 소형주	
홈페이지 : www.namsun.co.kr		연 락 처 : (053)610-5200	
본　　사 : 대구시 달성군 논공읍 논공중앙로 288			

설 립 일	1973.01.04	종업원수	591명	대표이사	이상일,박기재
상 장 일	1978.05.22	감사의견	적정 (안진)	계 열	
결 산 기	12월	보 통 주	11,018만주	종속회사수	
액 면 가	500원	우 선 주	31만주	구 상 호	

주주구성 (지분율,%)		출자관계 (지분율,%)		주요경쟁사 (외형,%)	
우방산업	16.7	ADM21	34.0	남선알미늄	100
하이플러스카드	9.9	에스엠티케미칼	28.7	고려아연	1,459
(외국인)	8.0	경남모직	23.8	포스코켐텍	279

매출구성		비용구성		수출비중	
범퍼(제품)	35.9	매출원가율	88.3	수출	31.0
AL형재	28.2	판관비율	5.7	내수	69.0
부재료 외	20.3				

회사 개요
동사는 1947년에 설립되어 알루미늄 샷시, PVC 창호를 생산하여 건설회사에 주로 납품하는 알미늄 부문과 Bumper 등 자동차용 내외장 Plastic 부품을 생산하여 한국지엠에 납품하는 자동차 부문으로 구성됨. 2014년부터 부동산개발업, 주택건설사업으로 사업영역을 확대함. 동사는 삼라마이더스(SM)그룹에 속한 대한해운, 티케이케미칼과 함께 3개의 상장사 가운데 하나임. 계열회사는 벡셀, 우방 등 국내외 61개임.

실적 분석
동사는 2017년 상반기 매출액이 2141.6억원으로 전년 동기에 비해 12.1% 증가했고, 영업이익은 123.5억원으로 전년 동기에 비해 17.4% 감소함. 동사의 자동차부품 사업부문의 매출이 줄었으나, 신사업인 주택분양사업이 실적에 반영되면서 매출이 증가함. 주요 원재료인 알루미늄 잉고트, 알루미늄 비레트 등의 가격이 인상되어 인건비를 줄이는 등 판매관리비를 줄였는데도 수익성이 악화됨. 당기순이익은 전년 동기보다 증가한 148.8억원임.

현금 흐름 *IFRS 별도 기준 〈단위 : 억원〉

항목	2016	2017.2Q
영업활동	413	167
투자활동	-156	-117
재무활동	-338	21
순현금흐름	-82	71
기말현금	9	81

시장 대비 수익률

결산 실적 〈단위 : 억원〉

항목	2012	2013	2014	2015	2016	2017
매출액	3,085	3,534	3,413	3,503	4,007	—
영업이익	-39	136	139	171	242	—
당기순이익	-165	97	176	149	204	—

분기 실적 *IFRS 별도 기준 〈단위 : 억원〉

항목	2016.1Q	2016.2Q	2016.3Q	2016.4Q	2017.1Q	2017.2Q
매출액	834	1,077	979	1,118	993	1,148
영업이익	53	97	44	48	59	64
당기순이익	51	95	55	3	65	84

재무 상태 *IFRS 별도 기준 〈단위 : 억원〉

항목	2012	2013	2014	2015	2016	2017.2Q
총자산	2,367	2,376	2,403	2,861	2,834	2,938
유형자산	684	671	673	651	641	632
무형자산	4	2	1	1	1	1
유가증권	4	3	4	35	60	61
총부채	1,754	1,667	1,529	1,830	1,608	1,569
총차입금	938	810	734	995	666	690
자본금	552	552	552	552	552	552
총자본	613	708	875	1,031	1,226	1,369
지배주주지분	613	708	875	1,031	1,226	1,369

기업가치 지표 *IFRS 별도 기준

항목	2012	2013	2014	2015	2016	2017.2Q
주가(최고/저)(천원)	0.9/0.4	0.8/0.5	1.6/0.7	1.6/1.0	1.7/1.1	—/—
PER(최고/저)(배)	—/—	8.0/4.9	9.2/3.7	10.6/6.8	8.2/5.4	—/—
PBR(최고/저)(배)	1.5/0.7	1.1/0.7	1.8/0.8	1.5/1.0	1.4/0.9	1.1/1.0
EV/EBITDA(배)	85.4	7.7	10.5	10.0	6.7	—/—
EPS(원)	-150	87	159	135	185	135
BPS(원)	555	641	792	933	1,109	1,239
CFPS(원)	-99	137	210	186	233	157
DPS(원)	—	—	—	—	—	—
EBITDAPS(원)	15	173	177	206	267	135

재무 비율 〈단위 : % 〉

연도	영업이익률	순이익률	부채비율	차입금비율	ROA	ROE	유보율	자기자본비율	EBITDA마진율
2016	6.0	5.1	131.2	54.4	7.2	18.1	121.9	43.3	7.4
2015	4.9	4.3	177.6	96.5	5.7	15.6	86.6	36.0	6.5
2014	4.1	5.2	174.8	84.0	7.4	22.2	58.3	36.4	5.7
2013	3.9	2.7	235.4	114.3	4.1	14.6	28.2	29.8	5.4

남성 (A004270)
Namsung

업　　종 : 전자 장비 및 기기		시　　장 : 거래소	
신용등급 : (Bond) —	(CP) —	기업규모 : 시가총액 소형주	
홈페이지 : www.namsung.com		연 락 처 : (02)2109-1550	
본　　사 : 서울시 구로구 디지털로 31길 20 크라운프라자 13층			

설 립 일	1965.06.10	종업원수	60명	대표이사	윤봉수윤남철윤성호
상 장 일	1989.11.14	감사의견	적정 (한영)	계 열	
결 산 기	12월	보 통 주	3,621만주	종속회사수	2개사
액 면 가	500원	우 선 주		구 상 호	

주주구성 (지분율,%)		출자관계 (지분율,%)		주요경쟁사 (외형,%)	
윤남철	14.3	엔에스에너지	100.0	남성	100
윤종호	8.7	남성전자	49.9	비에이치	444
(외국인)	0.2	NAMSUNGAMERICA	98.1	액트	73

매출구성		비용구성		수출비중	
MOBILE AUDIO/VIDEO(상품)	75.9	매출원가율	73.5	수출	93.0
MOBILE SPEAKER/AMP(상품)	13.4	판관비율	21.0	내수	7.0
쇼핑몰 운영 및 임대(기타)	7.5				

회사 개요
동사는 Digital Mobile Audio/Video 기기, SM위성수신 RADIO, GPS 수신기 등을 미국, 캐나다, 중국 등지로 수출하는 사업을 영위함. 주력인 디지털전자사업부문이 전체 매출의 92.9%를 차지함. 생활필수품 도소매업, 식품 가공업 및 판매업, 부동산 매매 및 임대업, 종합물류업, 백화점 운영 및 관련사업 등을 영위하는 유통/임대사업부문은 7.1%를 차지함.

실적 분석
동사의 2017년 상반기 연결기준 매출액은 450.8억원으로 전년도 같은 기간에 비해 6.3% 성장함. 매출원가가 4.8% 증가하고 판매비와 관리비 또한 소폭 상승했으나 매출 성장이 이를 상회함. 이에 전년도 같은 기간 29.3억원이던 영업이익은 35.9% 증가한 39.8억원을 시현함. 비영업부문의 원가절감 적자가 확대했으나 전반적인 원가율 개선에 힘입어 당기순이익은 34.4% 증가한 14.1억원을 기록함.

현금 흐름 〈단위 : 억원〉

항목	2016	2017.2Q
영업활동	69	46
투자활동	37	41
재무활동	-98	-8
순현금흐름	8	79
기말현금	31	111

시장 대비 수익률

결산 실적 〈단위 : 억원〉

항목	2012	2013	2014	2015	2016	2017
매출액	680	731	691	759	837	—
영업이익	-0	20	16	28	46	—
당기순이익	-69	-7	-40	-5	13	—

분기 실적 *IFRS 별도 기준 〈단위 : 억원〉

항목	2016.1Q	2016.2Q	2016.3Q	2016.4Q	2017.1Q	2017.2Q
매출액	234	190	209	204	235	21
영업이익	18	11	16	0	21	1
당기순이익	8	3	1	-2	6	

재무 상태 *IFRS 별도 기준 〈단위 : 억원〉

항목	2012	2013	2014	2015	2016	2017.2Q
총자산	2,214	2,001	1,955	2,017	2,045	2,04
유형자산	82	80	80	77	78	7
무형자산	10	10	11	11	11	1
유가증권	123	99	90	87	85	3
총부채	1,415	1,219	1,229	1,307	1,311	1,25
총차입금	1,028	764	881	976	895	86
자본금	181	181	181	181	181	18
총자본	799	782	726	710	734	79
지배주주지분	803	786	731	716	741	79

기업가치 지표

항목	2012	2013	2014	2015	2016	2017.2Q
주가(최고/저)(천원)	0.8/0.6	0.9/0.6	1.2/0.8	2.9/1.1	2.3/1.6	—/—
PER(최고/저)(배)	—/—	—/—	—/—	—/—	61.6/42.3	—/—
PBR(최고/저)(배)	0.4/0.3	0.4/0.3	0.6/0.4	1.3/0.5	1.0/0.7	0.9/0.8
EV/EBITDA(배)	68.7	24.1	33.9	33.1	22.3	—/—
EPS(원)	-183	-18	-109	-12	38	39
BPS(원)	24,467	24,001	22,460	2,204	2,253	2,399
CFPS(원)	-1,345	293	-623	35	84	6
DPS(원)	250	250	250	25	25	—
EBITDAPS(원)	475	1,041	907	124	173	13

재무 비율 〈단위 : % 〉

연도	영업이익률	순이익률	부채비율	차입금비율	ROA	ROE	유보율	자기자본비율	EBITDA마진율
2016	5.5	1.6	178.7	122.0	0.7	1.9	350.7	35.9	7.5
2015	3.7	-0.7	184.2	137.4	-0.3	-0.6	340.9	35.2	4.9
2014	2.3	-5.8	169.2	121.3	-2.0	-5.2	349.2	37.2	5.8
2013	2.8	-1.0	155.9	97.7	-0.4	-0.8	380.0	39.1	5.2

남양유업 (A003920)
Namyang Dairy Products

업 종 : 식료품	시 장 : 거래소
신용등급 : (Bond) — (CP) —	기업규모 : 시가총액 중형주
홈페이지 : www.namyangi.com	연 락 처 : 02)2010-6423
본 사 : 서울시 강남구 도산대로 240 1964빌딩	

설 립 일 1964.03.13	종 업 원 수 2,542명	대 표 이 사 이원구	
상 장 일 1978.06.24	감 사 의 견 적정 (안진)	계 열	
결 산 기 12월	보 통 주 72만주	종 속 회 사 수 3개사	
액 면 가 5,000원	우 선 주 17만주	구 상 호	

주주구성 (지분율,%)		출자관계 (지분율,%)		주요경쟁사 (외형,%)	
홍원식	51.7	금양흥업	100.0	남양유업	100
국민연금공단	6.0	남양에프앤비	100.0	빙그레	66
(외국인)	21.4			매일홀딩스	132

매출구성		비용구성		수출비중	
맛있는우유GT 外	47.9	매출원가율	72.8	수출	3.0
몸이가벼워지는시간17차 外	27.6	판관비율	23.8	내수	97.0
XO FiveSolution 外	24.5				

회사 개요
동사는 분유, 시유, 발효유, 치즈 등 유가공제품 및 카페믹스, 음료제품 등을 생산판매. 제품 형태에 따라 우유류, 분유류, 기타 외식사업, 음료생산 및 OEM, 부동산경영 및 임대업을 영위하고 있음. 매출은 우유류가 절반 가까이 차지하는 가운데 분유와 기타 등으로 구성. 매출의 상당 부분을 차지하고 있는 우유류 제품의 경우 원유 과잉생산 및 소비심리 위축으로 인해 우유와 탈지분유 재고부담이 가중되고 있는 상황.

실적 분석
동사의 2017년 연결기준 반기 매출액은 5,706억원으로 전년동기 대비 7.0% 감소. 외형 축소와 더불어 원가율 상승 영향으로 영업이익은 전년동기 대비 87.9% 감소한 23.3억원을 시현하는데 그침. 다만, 비영업손익 부문에서 개선된 모습을 나타내며 당기순이익은 전년동기 대비 74.8% 감소한 41.8억원을 시현함. 수익성 하락세이며, 우유 시장의 성장성이 둔화되고 있다는 점은 향후 성장에 걸림돌이 될 전망.

현금 흐름 〈단위 : 억원〉
항목	2016	2017.2Q
영업활동	1,221	-393
투자활동	-794	225
재무활동	-9	-40
순현금흐름	419	-208
기말현금	965	757

시장 대비 수익률

결산 실적 〈단위 : 억원〉
항목	2012	2013	2014	2015	2016	2017
매출액	13,650	12,299	11,517	12,150	12,392	—
영업이익	637	-175	-261	201	418	—
당기순이익	611	-455	2	267	372	—

분기 실적 〈단위 : 억원〉
항목	2016.1Q	2016.2Q	2016.3Q	2016.4Q	2017.1Q	2017.2Q
매출액	2,923	3,213	3,113	3,142	2,713	2,993
영업이익	52	140	120	106	10	13
당기순이익	50	115	90	116	9	33

재무 상태 〈단위 : 억원〉
항목	2012	2013	2014	2015	2016	2017.2Q
총자산	10,333	9,755	9,632	9,941	10,415	10,187
유형자산	2,852	3,490	3,347	3,177	3,196	3,273
무형자산	70	77	73	73	56	56
유가증권	1,188	553	634	1,315	1,690	1,121
총부채	1,625	1,490	1,393	1,450	1,522	1,263
총차입금						
자본금	44	44	44	44	44	44
총자본	8,708	8,265	8,239	8,491	8,893	8,925
지배주주지분	8,708	8,265	8,239	8,491	8,893	8,925

기업가치 지표
항목	2012	2013	2014	2015	2016	2017.2Q
주가(최고/저)(천원)	1,027/604	1,159/793	959/600	862/625	826/652	—/—
PER(최고/저)(배)	15.0/8.8		5,197.1/3,254.3	28.7/20.9	19.7/15.6	0.9/0.7
PBR(최고/저)(배)	1.0/0.6	1.2/0.8	1.0/0.6	0.9/0.6	0.8/0.6	
EV/EBITDA(배)	4.9	55.6	21.9	6.5		
EPS(원)	68,879	-51,361	185	30,064	41,928	4,711
BPS(원)	1,008,204	958,192	955,307	983,744	1,029,018	1,032,606
CFPS(원)	97,159	-21,128	46,533	76,229	84,108	25,804
DPS(원)	1,000	1,000	1,000	1,000	1,000	23,722
EBITDAPS(원)	100,156	10,550	16,959	68,869	89,355	

재무 비율 〈단위 : %〉
연도	영업이익률	순이익률	부채비율	차입금비율	ROA	ROE	유보율	자기자본비율	EBITDA마진율
2016	3.4	3.0	17.1	0.0	3.7	4.3	20,480.4	85.4	6.4
2015	1.7	2.2	17.1	0.0	2.7	3.2	19,574.9	85.4	5.0
2014	-2.3	0.0	16.9	0.0	0.0	0.0	19,006.1	85.5	1.3
2013	-1.4	-3.7	18.0	0.0	-4.5	-5.4	19,063.9	84.7	0.8

남영비비안 (A002070)
Namyeung Vivien

업 종 : 섬유 및 의복	시 장 : 거래소
신용등급 : (Bond) — (CP) —	기업규모 : 시가총액 소형주
홈페이지 : www.namyeung.co.kr	연 락 처 : 02)3780-1114
본 사 : 서울시 용산구 서빙고로 51길 52(서빙고동)	

설 립 일 1957.06.14	종 업 원 수 423명	대 표 이 사 남석우	
상 장 일 1976.07.13	감 사 의 견 적정 (광교)	계 열	
결 산 기 12월	보 통 주 687만주	종 속 회 사 수 5개사	
액 면 가 1,000원	우 선 주	구 상 호	

주주구성 (지분율,%)		출자관계 (지분율,%)		주요경쟁사 (외형,%)	
남석우	23.8	남영나이론	100.0	남영비비안	100
남영산업	17.5	청도남남	82.3	우노앤컴퍼니	20
(외국인)	1.8	훼미모드	60.0	좋은사람들	64

매출구성		비용구성		수출비중	
BBM(여성용 파운데이션,란제리) 外	31.5	매출원가율	45.2	수출	8.0
기타(여성용 파운데이션,란제리)	23.6	판관비율	55.8	내수	92.0
VIVIEN(여성용 파운데이션,란제리)	21.4				

회사 개요
1957년에 설립된 국내 최대의 여성란제리 전문기업으로 'VIVIEN', 'SONORE' 등 다양한 상품을 출시함. 여성 내의류는 내수 비중이 높고, 신규업체의 시장 진입 장벽이 낮은 산업으로 신규업체들이 해외 브랜드의 수입을 통해 시장진입을 시도하고 있음. 동사는 2011년 프랑스 고급 란제리인 '바바라'를 인수해 명품 란제리 사업을 강화함. 주요 종속회사인 청도남남유한공사는 스타킹, 카브링사의 생산을 주력으로 하고 있음.

실적 분석
동사의 2017년 상반기 매출액은 1,015.7억원으로 전년 동기 대비 2.7% 증가함. 영업손실은 3.1억원으로 적자지속됨. 당기순이익은 1.2억원으로 흑자전환함. SPA(제조·유통 일괄형) 및 해외 브랜드들이 속속 시장에 진출해 경쟁이 격화됨에 따라 외형이 크게 성장하지는 못함. 시장 대응이 상대적으로 빠른 소규모 신규 업체의 진입도 기존 업체에 위협 요소로 작용하고 있음.

현금 흐름 〈단위 : 억원〉
항목	2016	2017.2Q
영업활동	-28	-15
투자활동	50	2
재무활동	-3	-9
순현금흐름	17	-23
기말현금	62	39

시장 대비 수익률

결산 실적 〈단위 : 억원〉
항목	2012	2013	2014	2015	2016	2017
매출액	2,385	2,327	2,167	2,003	1,981	—
영업이익	-14	-60	-152	-76	-21	—
당기순이익	-13	-53	-2	67	-24	—

분기 실적 〈단위 : 억원〉
항목	2016.1Q	2016.2Q	2016.3Q	2016.4Q	2017.1Q	2017.2Q
매출액	462	527	496	495	467	549
영업이익	-15	-5	2	-4	-2	-1
당기순이익	-8	-8	-9	1	6	-4

재무 상태 〈단위 : 억원〉
항목	2012	2013	2014	2015	2016	2017.2Q
총자산	2,244	2,291	1,942	1,780	1,728	1,743
유형자산	676	665	639	482	462	453
무형자산	34	53	67	70	73	71
유가증권	17	8	8	8	11	11
총부채	754	876	552	331	327	360
총차입금	436	491	283	93	95	94
자본금	69	69	69	69	69	69
총자본	1,490	1,414	1,390	1,449	1,401	1,383
지배주주지분	1,478	1,407	1,387	1,449	1,415	1,398

기업가치 지표
항목	2012	2013	2014	2015	2016	2017.2Q
주가(최고/저)(천원)	7.2/5.9	6.6/5.5	8.3/5.9	13.4/7.4	10.0/7.8	—/—
PER(최고/저)(배)	—/—	—/—	355.9/251.7	13.8/7.6	—/—	—/—
PBR(최고/저)(배)	0.4/0.3	0.4/0.3	0.4/0.3	0.7/0.4	0.5/0.4	0.4/0.4
EV/EBITDA(배)	45.4			11,648.3		
EPS(원)	-139	-719	25	1,012	-342	17
BPS(원)	21,838	20,893	20,666	21,669	21,113	20,855
CFPS(원)	333	-286	404	1,372	-31	155
DPS(원)	250	400	200	200	200	93
EBITDAPS(원)	268	-446	-1,840	-745	1	

재무 비율 〈단위 : %〉
연도	영업이익률	순이익률	부채비율	차입금비율	ROA	ROE	유보율	자기자본비율	EBITDA마진율
2016	-1.1	-1.2	23.3	6.8	-1.4	-1.6	2,011.3	81.1	-2.6
2015	-3.8	3.3	22.8	6.4	3.6	4.9	2,066.9	81.4	-2.6
2014	-7.0	-0.1	39.7	20.3	-0.1	0.1	1,966.6	71.6	-5.8
2013	-2.6	-2.3	62.0	34.7	-2.4	-3.4	1,989.3	61.7	-1.3

남해화학 (A025860)
Namhae Chemical

업　　종 : 화학　　　　　　　　　　　　시　　장 : 거래소
신용등급 : (Bond) —　　(CP) —　　　기업규모 : 시가총액 중형주
홈페이지 : www.nhchem.co.kr　　　　　연 락 처 : 061)688-5354
본　　사 : 서울시 강남구 테헤란로113길 15(삼성동)

설 립 일	1947.05.08	종 업 원 수	432명	대 표 이 사	이광록
상 장 일	1995.11.10	감 사 의 견	적정 (한영)	계	열
결 산 기	12월	보 통 주	4,968만주	종속회사수	1개사
액 면 가	1,000원	우 선 주		구 상 호	

주주구성 (지분율,%)		출자관계 (지분율,%)		주요경쟁사 (외형,%)	
농협경제지주	56.0	바이오필드	70.0	남해화학	100
국민연금공단	7.0	여수그린에너지	49.0	한국쉘석유	19
(외국인)	5.5	닛소남해아그로	25.0	동성코퍼레이션	78

매출구성		비용구성		수출비중	
석유류	43.5	매출원가율	91.5	수출	20.0
복합비료	29.1	판관비율	7.4	내수	80.0
암모니아	14.4				

회사 개요
동사는 1974년 정부의 중화학공업 육성정책으로 설립돼 국내 최대의 비료 생산설비를 갖추고 있음. 현재 비료와 3대 농자재 중 하나인 유류사업을 영위해 2003년부터 자영, 농협 및 직영주유소를 운영하고 있음. 동사의 비료부문은 수요량보다 높은 생산능력으로 인해 수출비중이 커지고 있음. 동사의 최대주주는 농협경제지주(주)로 지분율은 56%임. 2016년 6월 기준 동사의 비료시장 국내 점유율은 49.3%임.

실적 분석
동사의 반기 매출액은 6,045억원으로 전년동기 대비 2.4% 증가함. 원가율 하락 및 판관비 중 축소로 273.3억원의 영업이익 시현하며 63% 증가함. 비료부문의 부진에도 불구하고 화학과 유류부문에서 선방하였고, 유류사업은 고정비 부담 완화된 모습. 농지면적 감소로 인해 매년 비료수요가 감소하고 있는 점은 다소 부정적이나 유류부문의 호조와 고정비 부담 완화로 수익성은 개선세. 2019년 열병합발전소를 건립할 예정임.

현금 흐름
〈단위 : 억원〉

항목	2016	2017.2Q
영업활동	519	-345
투자활동	-323	-159
재무활동	-200	229
순현금흐름	2	-273
기말현금	927	654

시장 대비 수익률

결산 실적
〈단위 : 억원〉

항목	2012	2013	2014	2015	2016	2017
매출액	14,688	13,916	12,518	11,751	10,965	—
영업이익	-391	208	182	241	127	—
당기순이익	-249	129	182	205	144	—

분기 실적
〈단위 : 억원〉

항목	2016.1Q	2016.2Q	2016.3Q	2016.4Q	2017.1Q	2017.2Q
매출액	2,921	2,982	2,523	2,540	2,894	3,151
영업이익	52	116	55	-95	96	177
당기순이익	46	102	62	-66	83	148

재무 상태
〈단위 : 억원〉

항목	2012	2013	2014	2015	2016	2017.2Q
총자산	5,631	5,041	5,200	5,162	5,304	5,612
유형자산	1,584	1,496	1,472	1,532	1,702	1,694
무형자산	18	17	17	14	16	16
유가증권	82	86	78	53	2	2
총부채	2,218	1,497	1,518	1,306	1,325	1,423
총차입금	1,811	937	656	465	257	496
자본금	497	497	497	497	497	497
총자본	3,413	3,543	3,682	3,856	3,980	4,190
지배주주지분	3,413	3,543	3,682	3,856	3,976	4,187

기업가치 지표

항목	2012	2013	2014	2015	2016	2017.2Q
주가(최고/저)(천원)	11.5/7.1	8.5/6.4	10.6/6.7	13.3/8.3	10.7/7.9	—/—
PER(최고/저)(배)	—/—	33.4/25.2	29.5/18.7	32.6/20.4	36.8/27.1	—/—
PBR(최고/저)(배)	1.7/1.0	1.2/0.9	1.4/0.9	1.7/1.1	1.3/1.0	1.3/1.0
EV/EBITDA(배)		12.2	15.1	12.3	13.2	
EPS(원)	-502	261	366	412	292	467
BPS(원)	7,023	7,284	7,565	7,915	8,157	8,580
CFPS(원)	-232	524	626	675	569	622
DPS(원)	30	50	60	60	60	
EBITDAPS(원)	-518	682	627	749	534	705

재무 비율
〈단위 : %〉

연도	영업이익률	순이익률	부채비율	차입금비율	ROA	ROE	유보율	자기자본비율	EBITDA마진율
2016	1.2	1.3	33.3	6.5	2.8	3.7	715.7	75.0	2.4
2015	2.1	1.7	33.9	12.1	4.0	5.4	691.5	74.7	3.2
2014	1.5	1.5	41.2	17.8	3.6	5.0	656.5	70.8	2.5
2013	1.5	0.9	42.3	26.4	2.4	3.7	628.4	70.3	2.4

남화토건 (A091590)
Nam Hwa Construction

업　　종 : 건설
신용등급 : (Bond) —　　(CP) —　　　시　　장 : KOSDAQ
홈페이지 : www.namhwaconst.co.kr　　기업규모 : 우량
본　　사 : 전남 화순군 화순읍 벽라1길 40　　연 락 처 : 061)374-4409

설 립 일	1959.08.22	종 업 원 수	82명	대 표 이 사	최상준,최재훈
상 장 일	2012.01.31	감 사 의 견	적정 (승일)	계	열
결 산 기	12월	보 통 주	1,174만주	종속회사수	1개사
액 면 가	500원	우 선 주		구 상 호	

주주구성 (지분율,%)		출자관계 (지분율,%)		주요경쟁사 (외형,%)	
시유	13.9	남화개발	68.6	남화토건	100
최상준	11.2	KCTV광주방송	41.8	성도이엔지	659
(외국인)	1.9	남화산업	29.1	희림	216

매출구성		비용구성		수출비중	
건축(공사)	76.0	매출원가율	88.3	수출	0.0
토목(공사)	15.2	판관비율	6.4	내수	100.0
기타	8.8				

회사 개요
동사는 1958년 설립되어 토목공사, 건축공사, 조경공사, 전기도급공사 등을 시행하는 종합건설사로, 2012년 1월 코스닥시장에 상장됨. 약 70%의 지분을 보유한 남화개발을 종속회사로 보유하고 있음. 토목과 건축공사가 총 매출의 90% 이상을 차지함. 2016년 대한건설협회에서 발표한 시공능력평가액은 1669.1억원으로 국내 건설사 중 126위를 기록한 중견 건설업체임. 2015년까지 100위 안에 들었으나 2016년 순위가 밀려남.

실적 분석
최근 건설시장은 정부의 정책사업 발주 증가와 부동산 대책 수립등의 시장개입에도 불구하고 지속적인 부동산 경기 침체와 금융여건 회복의 지연으로 민간사업이 크게 위축되었음. 동사는 양질의 수주에 총력을 기울여 2017년 상반기 연결기준 매출액은 전년대비 24.0% 증가한 389.1억원의 매출액을 기록함. 외형성장으로 영업이익은 198.1%로 증가한 39.5억원 시현하였으며, 당기순이익은 전년 대비 80.7% 증가한 48.8억원 시현함.

현금 흐름
〈단위 : 억원〉

항목	2016	2017.2Q
영업활동	64	-11
투자활동	-47	-9
재무활동	-6	-9
순현금흐름	11	-20
기말현금	106	86

시장 대비 수익률

결산 실적
〈단위 : 억원〉

항목	2012	2013	2014	2015	2016	2017
매출액	873	897	952	504	646	—
영업이익	51	31	31	-15	34	—
당기순이익	72	61	59	12	60	—

분기 실적
〈단위 : 억원〉

항목	2016.1Q	2016.2Q	2016.3Q	2016.4Q	2017.1Q	2017.2Q
매출액	111	203	144	188	183	206
영업이익	3	11	6	15	10	29
당기순이익	6	21	14	18	14	34

재무 상태
〈단위 : 억원〉

항목	2012	2013	2014	2015	2016	2017.2Q
총자산	1,324	1,382	1,381	1,394	1,504	1,564
유형자산	37	36	35	33	33	33
무형자산	0	0	0	33	33	33
유가증권	64	60	64	48	109	112
총부채	209	221	172	172	231	252
총차입금	—	1	0		2	5
자본금	59	59	59	59	59	59
총자본	1,115	1,161	1,209	1,222	1,273	1,312
지배주주지분	1,069	1,112	1,158	1,169	1,218	1,255

기업가치 지표

항목	2012	2013	2014	2015	2016	2017.2Q
주가(최고/저)(천원)	5.4/3.6	6.4/4.2	6.4/4.5	6.8/4.9	6.3/5.2	—/—
PER(최고/저)(배)	9.9/6.7	13.7/9.1	13.7/9.7	39.6/28.5	13.2/10.8	—/—
PBR(최고/저)(배)	0.7/0.4	0.7/0.5	0.7/0.5	0.7/0.5	0.6/0.5	0.8/0.5
EV/EBITDA(배)	4.8	8.7	6.7		10.3	
EPS(원)	599	496	493	178	485	403
BPS(원)	9,103	9,470	9,866	9,960	10,373	10,694
CFPS(원)	622	520	518	202	506	415
DPS(원)	150	100	100	70	100	
EBITDAPS(원)	464	288	293	-104	313	348

재무 비율
〈단위 : %〉

연도	영업이익률	순이익률	부채비율	차입금비율	ROA	ROE	유보율	자기자본비율	EBITDA마진율
2016	5.3	9.2	18.2	0.2	4.1	4.8	1,974.7	84.6	5.7
2015	-3.0	4.4	14.1	0.0	1.6	1.8	1,892.1	87.6	-2.4
2014	3.3	6.2	14.2	0.0	4.3	5.1	1,873.3	87.6	3.6
2013	3.5	6.8	19.1	0.0	4.5	5.3	1,793.9	84.0	3.8

내츄럴엔도텍 (A168330)
Naturalendo Tech

업 종 : 바이오		시 장 : KOSDAQ	
신용등급 : (Bond) — (CP) —		기업규모 : 벤처	
홈페이지 : www.naturalendo.co.kr		연 락 처 : 070)4601-3152	
본 사 : 경기도 성남시 분당구 판교로 255번길 58, 씨즈타워 A동 3층			

설 립 일 2001.05.31	종업원수 63명	대 표 이 사 장현우
상 장 일 2013.10.31	감사의견 적정(삼정)	계 열
결 산 기 12월	보 통 주 1,983만주	종속회사수 1개사
액 면 가 500원	우 선 주	구 상 호

주주구성 (지분율,%)		출자관계 (지분율,%)		주요경쟁사 (외형,%)	
김재수	18.2	엔도더마	32.0	내츄럴엔도텍	100
(유)엔에이치씨	8.5	안덕태(북경)생물과기	100.0	씨젠	1,124
(외국인)	1.8			프로스테믹스	216

매출구성		비용구성		수출비중	
백수오 여성호르몬제	49.1	매출원가율	64.8	수출	19.0
기타	34.6	판관비율	178.4	내수	81.0
백수오등 복합추출물	16.3				

회사 개요

동사는 2001년 5월 물리, 화학 및 생물학 연구개발업을 주요사업 목적으로 설립됐으며, 현재 헬스케어 신소재 연구개발 전문 바이오 기업임. 특히 호르몬 관련 증상 치료용 소재의 연구개발에 주력하고 있으며, 폐경기 증상 개선용 제품 백수오 여성호르몬제를 주력 품목으로 제조하고 있음. 매출 비중은 백수오 여성호르몬제가 51.14%, 백수오등 복합추출물이 9.62%, 웰뮨 등 다이어트 소재가 39.24%임. 북미 및 유럽 등에 제품 런칭 예정임.

실적 분석

동사의 2017년 상반기 누적매출액은 38.2억원으로 전년동기 대비 3% 증가함. 영업손실은 33.7억원으로 적자폭이 커졌고, 당기순손실도 61억원으로 적자지속함. 2016년 가짜 백수오 파동으로 생산을 중단하면서 실적이 급격히 악화됨. 생산을 재개했으나 홈쇼핑 등 판로 확보는 아직까지 불투명한 상태임. 백수오 제품에 대한 소비자들의 신뢰를 회복하는 것이 급선무임. 코스트코 등의 유통채널을 통해 판매 중임.

현금 흐름 〈단위 : 억원〉

항목	2016	2017.2Q
영업활동	-183	-49
투자활동	-118	-5
재무활동	398	-6
순현금흐름	97	-60
기말현금	163	103

시장 대비 수익률

결산 실적 〈단위 : 억원〉

항목	2012	2013	2014	2015	2016	2017
매출액	216	841	1,241	445	66	
영업이익	51	241	259	-109	-94	
당기순이익	44	193	208	-156	-132	

분기 실적 〈단위 : 억원〉

항목	2016.1Q	2016.2Q	2016.3Q	2016.4Q	2017.1Q	2017.2Q
매출액	14	23	9	19	18	21
영업이익	-9	-23	-14	-48	-18	-16
당기순이익	-7	-43	-18	-65	-27	-34

재무 상태 〈단위 : 억원〉

항목	2012	2013	2014	2015	2016	2017.2Q
총자산	159	683	887	694	859	788
유형자산	15	108	453	320	312	306
무형자산	9	12	16	10	10	10
유가증권				5	92	200
총부채	69	175	171	190	386	376
총차입금	11		12	28	328	337
자본금	22	26	97	97	97	97
총자본	90	508	716	505	473	412
지배주주지분	90	508	716	505	473	412

기업가치 지표

항목	2012	2013	2014	2015	2016	2017.2Q
주가(최고/저)(천원)	—/—	27.3/20.3	58.2/26.1	91.0/8.6	23.6/13.4	—/—
PER(최고/저)(배)	0.0/0.0	24.3/18.1	53.8/24.2	—/—	—/—	7.2/4.9
PBR(최고/저)(배)	0.0/0.0	10.2/7.6	15.7/7.1	31.5/3.0	8.6/4.9	—/—
EV/EBITDA(배)		19.6	32.4			
EPS(원)	286	1,123	1,081	-798	-677	-313
BPS(원)	2,065	9,635	3,710	2,893	2,731	2,417
CFPS(원)	1,043	4,061	1,121	-743	-607	-278
DPS(원)						-138
EBITDAPS(원)	1,213	5,072	1,388	-505	-413	

재무 비율 〈단위 : % 〉

연도	영업이익률	순이익률	부채비율	차입금비율	ROA	ROE	유보율	자기자본비율	EBITDA마진율
2016	-143.3	-201.0	81.6	69.4	-17.0	-27.0	446.2	55.1	-122.7
2015	-24.5	-35.2	37.6	5.6	-19.8	-25.4	478.7	72.7	-22.1
2014	20.9	16.7	23.8	1.6	26.5	33.9	642.0	80.8	21.5
2013	28.7	22.9	34.5		45.8	64.6	1,827.1	74.4	28.8

네오디안테크놀로지 (A072770)
Neodian Technology

업 종 : 인터넷 서비스		시 장 : KOSDAQ	
신용등급 : (Bond) — (CP) —		기업규모 : 중견	
홈페이지 : www.neodian.co.kr		연 락 처 : 02)2028-2800	
본 사 : 서울시 서초구 방배로34길 8, 301(방배동, 다원빌딩)			

설 립 일 1998.03.03	종업원수 42명	대 표 이 사 이현진
상 장 일 2007.07.25	감사의견 적정(성도)	계 열
결 산 기 12월	보 통 주 3,031만주	종속회사수
액 면 가 500원	우 선 주	구 상 호 아로마소프트

주주구성 (지분율,%)		출자관계 (지분율,%)		주요경쟁사 (외형,%)	
이현진	17.1			네오디안테크놀로지	100
수성에셋투자자문	2.5			이지웰페어	86
(외국인)	0.5			소리바다	65

매출구성		비용구성		수출비중	
EMC 솔루션과 Dell Software(상품)	71.1	매출원가율	86.2	수출	0.0
EMC 솔루션과 Dell Software(용역)	27.6	판매비율	12.0	내수	100.0
무선인터넷 플랫폼(수수료)	0.9				

회사 개요

동사는 임베디드 소프트웨어 개발 및 공급업체로, 임베디드 시스템이란 각종 기기에 내장되어 고유한 목적과 기능을 수행하는 컴퓨터를 말함. 동사의 제품은 이 중 무선인터넷 서비스 환경의 일부인 모바일 미들웨어 플랫폼으로 사용되고 있음. 백업과 스토리지 분야의 장비 및 유지보수 전문 기업인 네오디안테크놀로지와 7월 31일자로 합병하고 네오디안테크놀로지로 사명을 변경, 기술적으로 빅데이터 처리를 위한 수직계열화를 구축하여 고객층을 넓힐 예정.

실적 분석

2017년 반기 매출액과 영업이익은 전년동기 대비 각각 35.1% 증가, 적자지속한 248.2억원, -28.5억원을 기록함. EMC 솔루션과 Dell Software 판매가 증가한 영향으로 외형 성장. 무선인터넷 플랫폼 용역 매출은 발생하지 않았음. 사이버 보안, 모바일 컴퓨팅의 약화되는 기술적 변화로 인해 스토리지 산업의 시장규모는 완만한 성장을 지속할 것으로 전망. 임베디드 디바이스 산업의 요구에 부합하는 방향으로 발전하도록 노력 중.

현금 흐름 〈단위 : 억원〉

항목	2016	2017.2Q
영업활동	-90	-12
투자활동	-74	53
재무활동	229	-41
순현금흐름	82	-1
기말현금	124	124

시장 대비 수익률

결산 실적 〈단위 : 억원〉

항목	2012	2013	2014	2015	2016	2017
매출액	60	58	425	365	608	—
영업이익	16	11	7	-3	11	—
당기순이익	2	2	-4	2	11	—

분기 실적 〈단위 : 억원〉

항목	2016.1Q	2016.2Q	2016.3Q	2016.4Q	2017.1Q	2017.2Q
매출액	83	101	197	227	81	168
영업이익	-8	-3	7	15	-7	-22
당기순이익	-11	-6	9	20	-6	-21

재무 상태 〈단위 : 억원〉

항목	2012	2013	2014	2015	2016	2017.2Q
총자산	205	302	284	243	538	412
유형자산	46	57	46	21	20	20
무형자산	3	40	36	44	39	37
유가증권	5	12	8	2	3	3
총부채	97	154	139	111	244	144
총차입금	80	41	36	32	115	75
자본금	57	80	80	80	152	152
총자본	108	148	145	132	295	268
지배주주지분	77	136	131	130	293	266

기업가치 지표

항목	2012	2013	2014	2015	2016	2017.2Q
주가(최고/저)(천원)	1.8/0.7	2.5/1.2	1.6/1.0	2.3/1.0	1.7/1.3	—/—
PER(최고/저)(배)	71.5/28.2	118.5/54.9	—/—	263.0/114.2	43.1/31.8	1.7/1.4
PBR(최고/저)(배)	3.1/1.2	3.3/1.5	2.2/1.4	3.2/1.4	1.8/1.3	1.7/1.4
EV/EBITDA(배)	11.8	12.3	11.1		18.6	
EPS(원)	26	21	-33	9	40	-89
BPS(원)	676	853	820	818	967	878
CFPS(원)	71	65	23	28	64	-78
DPS(원)						
EBITDAPS(원)	180	117	103	-3	63	-83

재무 비율 〈단위 : % 〉

연도	영업이익률	순이익률	부채비율	차입금비율	ROA	ROE	유보율	자기자본비율	EBITDA마진율
2016	1.8	1.9	82.7	39.0	2.9	5.4	93.4	54.7	2.9
2015	-0.9	0.4	84.2	24.3	0.6	1.2	63.6	54.3	-0.1
2014	1.6	-1.0	96.2	24.7	-1.5	-4.4	63.9	51.0	3.9
2013	18.5	3.6	104.2	27.7	0.9	3.2	70.5	49.0	28.6

네오오토 (A212560)
NEOOTO CO

업 종 : 자동차부품		시 장 : KOSDAQ	
신용등급 : (Bond) — (CP) —		기업규모 : 중견	
홈페이지 : www.neooto.kr		연 락 처 : 02)732-2871	
본 사 : 서울시 종로구 새문안로5길 19 6층(당주동, 로얄빌딩)			

설 립 일 2010.01.01	종업원수 103명	대표이사 김홍직	
상 장 일 2015.11.18	감사의견 적정 (안진)	계 열	
결 산 기 12월	보 통 주 787만주	종속회사수	
액 면 가 500원	우 선 주	구 상 호	

주주구성 (지분율,%)		출자관계 (지분율,%)		주요경쟁사 (외형,%)	
김선현	26.7			네오오토	100
오토인더스트리	5.3			오리엔트정공	51
(외국인)	2.1			대우부품	38

매출구성		비용구성		수출비중	
피니언기어	58.6	매출원가율	88.5	수출	63.0
대형 기어등	24.2	판관비율	4.4	내수	37.0
디프어셈블리	16.9				

회사 개요
동사는 2010년 오토인더스트리로부터 물적분할을 통해 자동차부품 가공 및 제조를 주된 사업 목적으로 설립됐음. 주로 자동차 변속기에 사용되는 피니언 기어, T/F 드라이브, 드리븐 기어 등 기어류 부품을 생산하고 있음. 주요 매출업체로는 현대파워텍(88.7%), 기아자동차(6.9%), 현대자동차(4.1%) 등으로 구성되어 있음. 제품 품목별 매출 비중은 피니언기어 56.6%, 디프어셈블리 20.4%, 대형기어등이 22.7%를 차지함.

실적 분석
동사의 연결기준 2017년 2분기 누적매출액은 726.9억원으로 전년 동기 대비 1.6% 증가함. 모든 부문에서 전년동기 대비 매출이 소폭 증가했으나, 매출원가 또한 증가하여 영업이익은 전년 동기 대비 29.4% 감소한 39.6억원을 기록함. 2016년에 변속기 구동의 핵심부품인 4대기어, 어널러스기어를 국내 기어가공업계 최초로 생산하며 향후 동사의 중요매출 비중을 차지할 것으로 예상중임.

현금 흐름 *IFRS 별도 기준 〈단위 : 억원〉

항목	2016	2017.2Q
영업활동	195	84
투자활동	-301	-128
재무활동	66	27
순현금흐름	-39	-16
기말현금	143	127

결산 실적 〈단위 : 억원〉

항목	2012	2013	2014	2015	2016	2017
매출액	1,063	1,173	1,088	1,154	1,405	—
영업이익	28	100	83	92	101	—
당기순이익	18	92	68	77	79	—

분기 실적 *IFRS 별도 기준 〈단위 : 억원〉

항목	2016.1Q	2016.2Q	2016.3Q	2016.4Q	2017.1Q	2017.2Q
매출액	327	389	366	324	372	355
영업이익	24	33	21	23	22	17
당기순이익	18	17	17	27	19	25

재무 상태 *IFRS 별도 기준 〈단위 : 억원〉

항목	2012	2013	2014	2015	2016	2017.2Q
총자산	682	954	909	1,205	1,349	1,439
유형자산	507	602	510	801	948	952
무형자산	1	2	6	5	5	5
유가증권			10			
총부채	543	612	488	591	658	712
총차입금	390	394	307	384	450	456
자본금	14	14	14	26	26	39
총자본	139	343	422	613	690	727
지배주주지분	139	343	422	613	690	727

기업가치 지표 *IFRS 별도 기준

항목	2012	2013	2014	2015	2016	2017.2Q
주가(최고/저)(천원)	—/—	—/—	—/—	6.5/5.9	7.7/6.1	—/—
PER(최고/저)(배)	0.0/0.0	0.0/0.0	0.0/0.0	5.8/5.3	7.9/6.2	—/—
PBR(최고/저)(배)	0.0/0.0	0.0/0.0	0.0/0.0	0.9/0.8	0.9/0.7	1.2/0.7
EV/EBITDA(배)	2.0	1.1	0.5	2.8	3.0	—/—
EPS(원)	278	1,465	1,084	1,156	1,001	566
BPS(원)	49,722	122,326	14,766	11,686	13,152	9,232
CFPS(원)	60,001	93,309	7,689	5,115	4,972	1,685
DPS(원)					150	
EBITDAPS(원)	63,867	96,017	8,201	5,473	5,385	1,622

재무 비율 〈단위 : % 〉

연도	영업이익률	순이익률	부채비율	차입금비율	ROA	ROE	유보율	자기자본비율	EBITDA마진율
2016	7.2	5.6	95.3	65.2	6.2	12.1	2,530.5	51.2	20.1
2015	8.0	6.6	96.4	62.6	-7.2	14.8	2,237.2	50.9	20.9
2014	7.6	6.3	115.6	72.9	7.3	17.9	2,853.2	46.4	21.1
2013	8.5	7.9	178.7	115.1			2,346.5	35.9	22.9

네오위즈 (A095660)
NEOWIZ

업 종 : 게임 소프트웨어		시 장 : KOSDAQ	
신용등급 : (Bond) — (CP) —		기업규모 : 중견	
홈페이지 : www.neowizgames.com		연 락 처 : 031)8023-6600	
본 사 : 경기도 성남시 분당구 대왕판교로 645번길 14 네오위즈판교타워			

설 립 일 2007.04.26	종업원수 309명	대표이사 이기원	
상 장 일 2007.07.02	감사의견 적정 (삼일)	계 열	
결 산 기 12월	보 통 주 2,192만주	종속회사수 11개사	
액 면 가 500원	우 선 주	구 상 호 네오위즈게임즈	

주주구성 (지분율,%)		출자관계 (지분율,%)		주요경쟁사 (외형,%)	
네오위즈	29.4	게임온	100.0	네오위즈	100
나성균	5.2	네오위즈아이엔에스	100.0	넥슨지티	32
(외국인)	6.9	네오위즈블레스	91.8	위메이드	57

매출구성		비용구성		수출비중	
피망 유료아이템	94.8	매출원가율	47.3	수출	6.0
기타	5.2	판관비율	40.4	내수	94.0

회사 개요
동사는 2007년 네오위즈홀딩스에서 인적분할 방식으로 설립된 업체로, 온라인 게임포털 피망 및 피망플러스 서비스 운영 및 온라인/모바일 게임 콘텐츠 개발과 퍼블리싱 사업 영위하는 업체임. 총 19개의 계열회사를 보유하고 있며 당기 중 (주)네오위즈게임즈는 (주)네오위즈로, (주)게임온스튜디오는 (주)네오위즈온스튜디오로 사명이 변경됨. 주요 사업부문은 프리미엄서비스 게임유료 아이템 부문, 광고 부문, 서비스대행 부문으로 나뉘어짐.

실적 분석
동사의 2017년 2분기 연결 매출액은 일본 자회사 게임온 매출 하락의 영향으로 전년동기 대비 21.8% 감소한 852.7억원을 기록함. 매출 감소로 인해 영업이익은 전년대비 83.4% 감소한 37.7억원을 시현함. 비영업손익 적자가 지속되고 있어 2분기 누적 당기순손실은 13.8억원으로 전년동기대비 적자전환함. 2016년 7월 '크로스파이어' 서비스 종료 이후 실적 부진이 이어져왔으나 신작 게임이 견고한 성장세를 보여주고 있음.

현금 흐름 〈단위 : 억원〉

항목	2016	2017.2Q
영업활동	304	48
투자활동	382	-114
재무활동	-681	-0
순현금흐름	38	-76
기말현금	665	590

결산 실적 〈단위 : 억원〉

항목	2012	2013	2014	2015	2016	2017
매출액	6,753	4,428	1,950	1,901	1,910	—
영업이익	1,150	963	301	157	235	—
당기순이익	57	469	-82	-219	99	—

분기 실적 *IFRS 별도 기준 〈단위 : 억원〉

항목	2016.1Q	2016.2Q	2016.3Q	2016.4Q	2017.1Q	2017.2Q
매출액	571	519	424	396	382	47
영업이익	123	104	26	-18	2	3
당기순이익	78	84	-14	-49	-20	2

재무 상태 *IFRS 별도 기준 〈단위 : 억원〉

항목	2012	2013	2014	2015	2016	2017.2Q
총자산	5,978	5,068	4,233	3,744	3,174	3,112
유형자산	1,103	1,058	54	35	49	68
무형자산	419	309	322	75	77	175
유가증권	218	110	933	774	228	185
총부채	3,350	2,110	1,385	1,101	464	417
총차입금	1,897	1,406	806	604	4	3
자본금	110	110	110	110	110	110
총자본	2,628	2,958	2,848	2,643	2,711	2,695
지배주주지분	2,620	2,953	2,838	2,650	2,717	2,703

기업가치 지표

항목	2012	2013	2014	2015	2016	2017.2Q
주가(최고/저)(천원)	44.5/17.8	25.8/14.2	25.8/14.5	25.0/14.3	19.2/10.3	—/—
PER(최고/저)(배)	130.1/51.9	12.0/6.6	—/—	—/—	40.6/21.9	—/—
PBR(최고/저)(배)	3.5/1.4	1.8/1.0	1.9/1.1	2.0/1.1	1.4/0.8	1.1/0.8
EV/EBITDA(배)	4.3	3.7	10.5	10.8	5.4	—/—
EPS(원)	342	2,140	-347	-940	471	-46
BPS(원)	12,628	14,148	13,537	12,671	13,338	13,267
CFPS(원)	1,742	2,829	129	-563	708	-46
DPS(원)						
EBITDAPS(원)	6,645	5,086	1,849	1,093	1,307	172

재무 비율 〈단위 : % 〉

연도	영업이익률	순이익률	부채비율	차입금비율	ROA	ROE	유보율	자기자본비율	EBITDA마진율
2016	12.3	5.2	17.1	0.2	2.9	3.9	2,567.7	85.4	15.0
2015	8.3	-11.5	41.7	22.9	-5.5	-7.5	2,434.3	70.6	12.6
2014	15.4	-4.2	48.6	28.3	-1.8	-2.6	2,607.5	67.3	20.8
2013	21.8	10.6	71.3	47.5	8.6	16.8	2,729.7	58.4	22.5

네오위즈홀딩스 (A042420)
Neowiz Holdings

종 목: 게임 소프트웨어		시 장: KOSDAQ	
용 등 급: (Bond) — (CP) —		기업규모: 우량	
페 이 지: www.neowiz.com		연 락 처: 031)8023-6600	
사: 경기도 성남시 분당구 대왕판교로 645번길 14 네오위즈판교타워			

설 립 일 1997.06.06	종 업 원 수 3명	대 표 이 사 나성균	
상 장 일 2000.06.27	감 사 의 견 적정 (삼일)	계 열	
결 산 기 12월	보 통 주 886만주	종속회사수 15개사	
액 면 가 500원	우 선 주	구 상 호 네오위즈	

주주구성 (지분율,%)		출자관계 (지분율,%)		주요경쟁사 (외형,%)	
나성균	42.4	네오위즈인베스트먼트	100.0	네오위즈홀딩스	100
한국투자신탁운용	4.5	네오위즈	29.4	액토즈소프트	36
(외국인)	8.2	엑스엘게임즈	6.3	액션스퀘어	2

매출구성		비용구성		수출비중	
Brand Royalty(기타)	75.5	매출원가율	48.0	수출	—
지주사업(기타)	24.5	판관비율	40.9	내수	—

회사 개요
동사는 컴퓨터 설비 자문업, 소프트웨어 자문 및 개발업을 목적으로 1997년 6월에 설립되어 2000년 6월에 코스닥시장에 상장한 업체로 현재는 지주회사로서 온라인, 모바일 게임 컨텐츠 개발과 퍼블리싱을 주요 사업으로 영위하고 있음. 또한 종속회사를 통하여 온라인, 모바일 게임 제작 및 해외 퍼블리싱 사업을 진행중임. 2016년 말 현재 네오위즈게임즈를 포함해 총 17개의 연결 자회사를 두고 있음.

실적 분석
동사의 2017년 2분기 누적 연결기준 매출액은 전년대비 20.8% 감소한 905.5억원에 그침. 매출 감소는 주로 해외 온라인게임의 부진에 기인함. 외형 축소에 따른 고정비 부담으로 영업이익은 35.7억원을 보이며 전년대비 대폭 감소함. 관련기업투자손실 확대로 비영업 손실이 발생한 결과 당기순이익은 3.4억원에 그침. 해외 사업은 자체 개발작의 출시 및 일본 자회사 게임온을 통한 퍼블리싱과 인도네시아 BBM 모바일 사업을 추진중임.

현금 흐름 〈단위 : 억원〉

항목	2016	2017.2Q
영업활동	148	51
투자활동	-36	-115
재무활동	-151	-0
순현금흐름	-7	-74
기말현금	690	616

시장 대비 수익률

결산 실적 〈단위 : 억원〉

항목	2012	2013	2014	2015	2016	2017
매출액	7,437	5,043	2,022	1,995	2,017	—
영업이익	1,129	1,030	288	143	224	—
당기순이익	137	599	575	500	-84	—

분기 실적 〈단위 : 억원〉

항목	2016.1Q	2016.2Q	2016.3Q	2016.4Q	2017.1Q	2017.2Q
매출액	597	546	453	422	407	498
영업이익	121	100	24	-22	2	33
당기순이익	96	81	-12	-249	-7	10

재무 상태 〈단위 : 억원〉

항목	2012	2013	2014	2015	2016	2017.2Q
총자산	6,677	5,885	5,740	5,709	5,334	5,317
유형자산	890	859	93	40	54	71
무형자산	761	633	634	338	340	438
유가증권	154	116	1,880	2,523	2,187	1,639
총부채	3,022	1,723	1,065	780	544	498
총차입금	1,347	833	223	7	12	10
자본금	47	47	47	47	47	47
총자본	3,655	4,162	4,675	4,929	4,790	4,819
지배주주지분	1,660	1,885	2,429	3,085	2,891	2,931

기업가치 지표

항목	2012	2013	2014	2015	2016	2017.2Q
주가(최고/저)(천원)	25.4/10.6	15.7/9.2	22.0/11.0	20.8/13.2	17.0/13.0	—/—
PER(최고/저)(배)	21.6/9.0	6.6/3.8	3.5/1.7	3.0/1.9	—/—	—/—
PBR(최고/저)(배)	1.4/0.6	0.8/0.5	0.8/0.4	0.6/0.4	0.5/0.4	0.5/0.5
EV/EBITDA(배)	1.8	2.0	3.7	1.8	3.7	—
EPS(원)	1,203	2,437	6,499	6,996	-1,636	158
BPS(원)	18,471	20,925	26,866	34,025	32,958	33,410
CFPS(원)	4,707	4,073	7,638	7,936	-1,036	158
DPS(원)				330		
EBITDAPS(원)	15,839	12,883	4,286	2,504	3,054	403

재무 비율 〈단위 : % 〉

연도	영업이익률	순이익률	부채비율	차입금비율	ROA	ROE	유보율	자기자본비율	EBITDA마진율
2016	11.1	-4.2	11.4	0.3	-1.5	-5.0	6,173.0	89.8	13.8
2015	7.2	25.1	15.8	0.1	8.7	23.2	6,595.4	86.3	11.5
2014	14.3	28.4	22.8	4.8	9.9	27.6	5,186.6	81.5	19.4
2013	20.4	11.9	41.4	20.0	9.5	12.6	4,017.5	70.7	23.4

네오티스 (A085910)
NEO TECHNICAL SYSTEM

업 종: 자동차부품		시 장: KOSDAQ	
신용등급: (Bond) — (CP) —		기업규모: 중견	
홈 페 이 지: www.neotis.co.kr		연 락 처: 031)671-0170	
본 사: 경기도 안성시 죽산면 용대길 38-9, 두교산업단지			

설 립 일 2000.08.18	종 업 원 수 221명	대 표 이 사 권은영	
상 장 일 2007.10.01	감 사 의 견 적정 (삼일)	계 열	
결 산 기 12월	보 통 주 1,101만주	종속회사수 1개사	
액 면 가 500원	우 선 주	구 상 호	

주주구성 (지분율,%)		출자관계 (지분율,%)		주요경쟁사 (외형,%)	
권은영	26.5	네오디에스	51.7	네오티스	100
김현미	7.2	알트론	38.5	오리엔트정공	177
(외국인)	10.1	서울생주조	11.9	대우부품	133

매출구성		비용구성		수출비중	
Shaft	57.9	매출원가율	78.8	수출	51.0
Router&Endmill Bit	25.6	판관비율	14.9	내수	49.0
Drill Bit	13.7				

회사 개요
동사는 2000년 8월에 설립되어 PCB의 가공에 사용되는 초정밀 공구인 마이크로비트와 자동차 모터용 샤프트의 제조 및 판매 등을 영위함. 총매출의 약 40%를 차지하는 마이크로비트 시장은 국내에는 동사와 인곡산업이 경쟁 중이며 국내에서 거래하고 있는 해외 판매 업체로는 일본의 Union Tool, 대만의 TCT, Topoint 등이 있음. 자회사 네오디에스를 통해 초정밀 가공 Tool 및 특수가공 Tool의 연구개발을 진행하고 있음.

실적 분석
동사의 2017년도 2분기 매출액은 211.6억원으로 전년동기 대비 7.3% 증가함. 영업이익은 9.0억원을 기록하여 전년동기 대비 52.7% 감소하였으며 당기순손실 또한 60.9억원을 기록하며 적자전환함. 동사는 국내시장의 60%~70%를 점유한 라우터비트의 인지도와 품질 및 성능의 우수성을 기반으로 신규 설비 투자를 하는 고객사를 적극 공략하여 시장 점유율을 유지할 예정임. 또한 제품을 극소경 및 초정밀화하여 시대의 흐름에 맞춰갈 예정임.

현금 흐름 〈단위 : 억원〉

항목	2016	2017.2Q
영업활동	18	21
투자활동	-36	-28
재무활동	4	-24
순현금흐름	-14	-30
기말현금	69	39

시장 대비 수익률

결산 실적 〈단위 : 억원〉

항목	2012	2013	2014	2015	2016	2017
매출액	350	361	377	357	402	—
영업이익	39	34	40	20	25	—
당기순이익	43	24	31	-36	-16	—

분기 실적 〈단위 : 억원〉

항목	2016.1Q	2016.2Q	2016.3Q	2016.4Q	2017.1Q	2017.2Q
매출액	101	96	95	110	106	105
영업이익	13	6	5	1	5	4
당기순이익	7	2	-0	-24	4	-65

재무 상태 〈단위 : 억원〉

항목	2012	2013	2014	2015	2016	2017.2Q
총자산	709	852	846	849	849	824
유형자산	358	371	342	324	300	302
무형자산	17	16	22	21	21	21
유가증권	15	13	59	52	45	54
총부채	102	245	207	250	285	350
총차입금	44	189	139	180	192	261
자본금	47	47	50	52	55	55
총자본	607	607	640	599	563	474
지배주주지분	601	600	629	589	556	466

기업가치 지표

항목	2012	2013	2014	2015	2016	2017.2Q
주가(최고/저)(천원)	4.0/2.3	4.6/3.7	5.3/3.5	6.8/4.0	5.2/4.1	—/—
PER(최고/저)(배)	11.7/6.9	24.2/18.5	21.9/14.3	—/—	—/—	—/—
PBR(최고/저)(배)	0.8/0.5	0.9/0.7	0.9/0.6	1.3/0.8	1.0/0.8	1.2/1.1
EV/EBITDA(배)	6.3	6.1	7.7	10.4	10.4	—
EPS(원)	462	243	286	-348	-147	-556
BPS(원)	6,896	6,807	6,684	5,951	5,349	4,555
CFPS(원)	735	553	612	-6	186	-393
DPS(원)	350	350	350	350	350	—
EBITDAPS(원)	691	677	748	537	568	244

재무 비율 〈단위 : % 〉

연도	영업이익률	순이익률	부채비율	차입금비율	ROA	ROE	유보율	자기자본비율	EBITDA마진율
2016	6.3	-4.0	50.7	34.1	-1.9	-2.8	969.7	66.4	15.2
2015	5.6	-10.1	41.8	30.1	-4.2	-5.9	1,090.2	70.5	15.5
2014	10.6	8.1	32.3	21.8	3.6	4.4	1,236.8	75.6	18.8
2013	9.5	6.7	40.5	31.1	3.1	3.8	1,261.3	71.2	17.5

네오팜 (A092730)
Neopharm

업 종 : 개인생활용품		시 장 : KOSDAQ	
신용등급 : (Bond) — (CP) —		기업규모 : 벤처	
홈페이지 : www.neopharm.co.kr		연 락 처 : 042)864-0038	
본 사 : 대전시 유성구 테크노2로 309-8			

설 립 일 2000.07.01	종업원수 103명	대표이사 이대열
상 장 일 2007.01.30	감사의견 적정 (삼덕)	계 열
결 산 기 12월	보 통 주 746만주	종속회사수 1개사
액 면 가 500원	우 선 주	구 상 호

주주구성 (지분율,%)		출자관계 (지분율,%)		주요경쟁사 (외형,%)	
잇츠한불	29.3	Neopharm(Huzhou)TradeCo.,Ltd 100.0		네오팜	100
Templeton Asian Smaller Companies Fund	4.9			코리아나	293
(외국인)	8.4			보령메디앙스	321

매출구성		비용구성		수출비중	
화장품	93.9	매출원가율	24.8	수출	5.0
용품/벌크	2.8	판관비율	52.7	내수	95.0
의약품	2.8				

회사 개요
동사는 2000년에 설립되어 2007년에 코스닥시장에 상장하였으며 화장품(보습제), 의약품의 개발, 제조 및 판매 사업을 영위함. 주요 제품은 병원용 아토피 보습제와 물티슈, 화장품원료, 피부외용제 등임. 2016년 6월 안읍찬외 7명에서 한불화장품(주)외 3명으로 최대주주 변동이 확정됨. 2016년 말 현재 연결종속기업으로 NEOPARM(HUZHOU) TRADE CO., LTD를 보유중임.

실적 분석
동사의 2017년 상반기 연결기준 누적매출액은 261.1억원으로 전년대비 20.1% 증가함. 비용측면에서 매출원가와 판관비가 각각 14.8%, 15.5% 상승했음에도 불구하고, 매출 확대로 영업이익은 전년동기보다 33.3% 증가한 77.6억원을 기록함. 현재 전방산업의 시장 규모는 작으나 향후 소비자 인식의 재고와 환경오염 및 스트레스의 증가 등으로 민감성 피부용 보습제에 의한 관리가 필요한 인구의 증가가 예상되고 있어 성장가능성이 높음.

현금 흐름 〈단위 : 억원〉

항목	2016	2017.2Q
영업활동	92	39
투자활동	-79	-53
재무활동	-18	-25
순현금흐름	-4	-41
기말현금	76	35

시장 대비 수익률

결산 실적 〈단위 : 억원〉

항목	2012	2013	2014	2015	2016	2017
매출액	188	201	256	360	424	—
영업이익	2	21	50	63	96	—
당기순이익	6	19	26	34	77	—

분기 실적 〈단위 : 억원〉

항목	2016.1Q	2016.2Q	2016.3Q	2016.4Q	2017.1Q	2017.2Q
매출액	123	95	84	122	131	130
영업이익	36	22	21	16	43	35
당기순이익	30	18	18	12	34	30

재무 상태 〈단위 : 억원〉

항목	2012	2013	2014	2015	2016	2017.2Q
총자산	341	348	358	404	465	484
유형자산	95	90	84	83	86	85
무형자산	51	41	28	11	12	12
유가증권	16	76	43	73	31	30
총부채	42	44	47	78	79	60
총차입금	8	4	0	1	1	1
자본금	37	37	37	37	37	37
총자본	299	303	311	326	386	424
지배주주지분	299	303	311	326	386	424

기업가치 지표

항목	2012	2013	2014	2015	2016	2017.2Q
주가(최고/저)(천원)	8.7/4.9	7.0/4.5	15.9/4.3	50.6/13.0	39.4/23.6	—/—
PER(최고/저)(배)	107.5/61.1	29.1/19.0	48.1/12.9	113.2/29.1	38.5/23.0	—/—
PBR(최고/저)(배)	2.3/1.3	1.7/1.1	3.7/1.0	10.9/2.8	7.2/4.3	5.5/3.8
EV/EBITDA(배)	32.8	8.9	15.6	34.2	16.4	—/—
EPS(원)	87	254	344	457	1,038	858
BPS(원)	4,100	4,291	4,533	4,731	5,529	6,039
CFPS(원)	208	385	469	581	1,149	911
DPS(원)	75	100	250	250	350	—
EBITDAPS(원)	149	419	795	963	1,392	1,093

재무 비율 〈단위 : % 〉

연도	영업이익률	순이익률	부채비율	차입금비율	ROA	ROE	유보율	자기자본비율	EBITDA마진율
2016	22.6	18.3	20.6	0.2	17.8	21.8	1,005.7	82.9	24.5
2015	17.4	9.5	23.9	0.1	8.9	10.7	846.3	80.7	20.0
2014	19.5	10.0	15.1	1.3	7.3	8.4	806.7	86.9	23.2
2013	10.7	9.4	14.6	3.1	5.5	6.3	758.2	87.3	15.5

네오피델리티 (A101400)
NEOFIDELITY

업 종 : 반도체 및 관련장비		시 장 : KOSDAQ	
신용등급 : (Bond) — (CP) —		기업규모 : 벤처	
홈페이지 : www.neofidelity.com		연 락 처 : 031)8038-4810	
본 사 : 경기도 성남시 분당구 판교로255번길 35(삼평동, 실리콘파크 A동 9층)			

설 립 일 2000.04.04	종업원수 40명	대표이사 김성우
상 장 일 2009.03.31	감사의견 적정 (대영)	계 열
결 산 기 12월	보 통 주 8,117만주	종속회사수 4개사
액 면 가 100원	우 선 주	구 상 호 네오피델리티

주주구성 (지분율,%)		출자관계 (지분율,%)		주요경쟁사 (외형,%)	
티알에스	14.3	이지함화장품	11.1	엔시트론	100
티알-리치 1호조합	6.6	지비보스톤창업투자	4.0	GST	217
(외국인)	0.6	이에스에스스프라자디젤콘텐츠창업초기투자조합 1.8		다우인큐브	60

매출구성		비용구성		수출비중	
FPD TV용 완전 디지털 오디오 앰프칩	64.3	매출원가율	77.6	수출	99.0
FPD TV용 스피커	27.2	판관비율	22.4	내수	1.0
미용 의료기기	8.6				

회사 개요
디지털 오디오 신호처리(DSP: Digital Signal Processor) 기술을 보유한 음향공학 출신의 반도체 설계 전문 인력들에 의해 설립된 반도체 설계 제조 전문기업임. 오디오 DSP 설계기술을 기반으로 한 FPD(Flat Panel Display) TV용 완전 디지털 오디오 앰프 솔루션 제품을 주력으로 생산하여 공급하고 있음. 연결대상 해외 자회사로 중국, 홍콩 등 4개사가 있음. 스킨케어용 미용 의료기기의 사업을 신규로 진행하고 있음.

실적 분석
주력제품인 스피커의 국내외 판매 부진으로 2017년 상반기 매출액은 전년동기의 절반 수준으로 감소한 106.7억원에 그침. 인건비, 연구개발비 등 판관비를 축소하였으나, 고정비용 부담으로 영업이익은 적자로 전환됨. 구로에 위치한 부동산을 33억원에 양도하여 약 8억원의 매각이익이 발생함. 운영자금 조달을 위해 60억원 규모의 3차배정 유상증자와 150억원 규모의 전환사채를 발행함. 신제품 아쿠아필을 판매하며 미용기기 사업을 강화함.

현금 흐름 〈단위 : 억원〉

항목	2016	2017.2Q
영업활동	-3	-25
투자활동	-43	33
재무활동	53	-17
순현금흐름	2	-9
기말현금	14	6

시장 대비 수익률

결산 실적 〈단위 : 억원〉

항목	2012	2013	2014	2015	2016	2017
매출액	493	400	632	565	418	—
영업이익	2	-87	-45	-34	0	—
당기순이익	6	-113	-37	-75	-13	—

분기 실적 〈단위 : 억원〉

항목	2016.1Q	2016.2Q	2016.3Q	2016.4Q	2017.1Q	2017.2Q
매출액	119	102	95	102	61	4
영업이익	0	-7	1	5	-4	-4
당기순이익	1	-10	-4	0	-1	-2

재무 상태 〈단위 : 억원〉

항목	2012	2013	2014	2015	2016	2017.2Q
총자산	435	375	397	327	346	29
유형자산	127	133	30	31	23	2
무형자산	92	46	49	43	38	3
유가증권	1	0	2	17	27	2
총부채	181	234	293	203	224	18
총차입금	149	186	199	132	175	14
자본금	42	42	42	67	69	7
총자본	253	141	104	124	122	11
지배주주지분	253	141	104	124	122	11

기업가치 지표

항목	2012	2013	2014	2015	2016	2017.2Q
주가(최고/저)(천원)	3.8/2.1	3.9/2.0	4.0/1.6	4.2/1.6	3.9/2.5	—/—
PER(최고/저)(배)	45.0/25.5	—/—	—/—	—/—	—/—	—/—
PBR(최고/저)(배)	1.2/0.7	2.2/1.1	2.9/1.2	4.2/1.6	4.1/2.6	6.5/2.
EV/EBITDA(배)	7.8	—	—	391,929.3	18.3	—
EPS(원)	17	-267	-87	-128	-19	-3
BPS(원)	3,132	1,792	1,356	999	961	87
CFPS(원)	442	-750	-16	-349	101	-
DPS(원)	—	—	—	—	—	—
EBITDAPS(원)	382	-443	-116	—	197	-6

재무 비율 〈단위 : % 〉

연도	영업이익률	순이익률	부채비율	차입금비율	ROA	ROE	유보율	자기자본비율	EBITDA마진율
2016	0.0	-3.1	182.9	142.8	-3.9	-10.7	92.2	35.3	6.
2015	-6.0	-13.3	163.6	106.3	-20.8	-66.0	99.7	37.9	0.
2014	-7.2	-5.8	282.2	191.4	-9.5	-30.1	171.1	26.2	-1.
2013	-21.6	-28.1	166.7	132.0	-27.8	-57.1	258.3	37.5	-6.

네이버 (A035420)
Naver

종 목 : 인터넷 서비스	시 장 : 거래소
신용등급 : (Bond) AA (CP) —	기업규모 : 시가총액 대형주
홈 페 이 지 : www.navercorp.com	연 락 처 : 1588-3830
본 사 : 경기도 성남시 분당구 불정로 6, 그린팩토리 (정자동)	

설 립 일	1999.06.02	종업원수	2,532명	대표이사	한성숙
상 장 일	2002.10.29	감사의견	적정 (삼일)	계 열	
결 산 기	12월	보 통 주	3,296만주	종속회사수	74개사
액 면 가	500원	우 선 주		구 상 호	NHN

주주구성 (지분율,%)		출자관계 (지분율,%)		주요경쟁사 (외형,%)	
국민연금공단	10.6	네이버비즈니스플랫폼	100.0	NAVER	100
Goldman Sachs International	4.5	캠프모바일	100.0	카카오	36
(외국인)	60.0	네이버웹툰	100.0	KTH	5

매출구성		비용구성		수출비중	
광고(기타)	73.8	매출원가율	0.0	수출	—
콘텐츠(기타)	23.0	판관비율	72.6	내수	—
기타	3.3				

회사 개요
동사는 국내 최대 인터넷 포털 서비스업체임. 주요 서비스는 인터넷포털서비스 '네이버(한국, 일본)'와 글로벌 메신저 'LINE(라인)', 온라인 기부포털 '해피빈', 소셜네트워크서비스인 'BAND(밴드)' 등이 있음. 이를 기반으로 검색광고, 디스플레이광고 등의 온라인광고 사업을 통해 수익을 얻고 있음. 온라인광고사업은 2014년 7월부터 동사 검색사업부가 운영하며, 일본 온라인 포털 및 LINE 사업은 LINE Corp.이 운영함.

실적 분석
동사의 2017년 2분기 연결기준 누적매출액은 2조 2,118.8억원으로 전년동기 대비 14.9% 증가함. 네이버 쇼핑 및 모바일 검색 쿼리 증가 등에 따른 모바일 광고 성장의 영향임. 매출 확대로 영업실적도 개선되어 영업이익은 전년대비 8.8% 증가하는 모습. 모바일 광고 시장의 성장 둔화로 영업 및 마케팅 비용이 늘면서 1분기 대비 실적은 다소 부진한 상황

현금 흐름 〈단위 : 억원〉
항목	2016	2017.2Q
영업활동	11,640	3,176
투자활동	-9,417	-3,627
재무활동	6,978	4,550
순현금흐름	9,128	3,833
기말현금	17,262	21,095

시장 대비 수익률

결산 실적 〈단위 : 억원〉
항목	2012	2013	2014	2015	2016	2017
매출액	17,987	22,591	27,585	32,539	40,226	—
영업이익	5,212	5,065	7,582	8,302	11,020	—
당기순이익	5,444	18,953	4,518	5,170	7,591	—

분기 실적 〈단위 : 억원〉
항목	2016.1Q	2016.2Q	2016.3Q	2016.4Q	2017.1Q	2017.2Q
매출액	9,373	9,873	10,131	10,850	10,822	11,296
영업이익	2,568	2,727	2,823	2,903	2,908	2,852
당기순이익	1,650	2,132	1,980	1,828	2,109	1,714

재무 상태 〈단위 : 억원〉
항목	2012	2013	2014	2015	2016	2017.2Q
총자산	29,273	26,977	33,945	43,859	63,706	72,015
유형자산	5,656	7,916	9,010	8,638	8,633	9,811
무형자산	1,216	1,340	1,208	1,033	1,121	1,470
유가증권	5,248	4,845	5,480	6,390	7,758	13,686
총부채	10,237	12,224	15,970	21,163	22,410	22,536
총차입금	3,302	3,517	4,558	6,677	3,773	3,545
자본금	241	165	165	165	165	165
총자본	19,036	14,753	17,974	22,696	41,296	49,479
지배주주지분	18,964	14,713	17,960	21,245	35,947	44,141

기업가치 지표
항목	2012	2013	2014	2015	2016	2017.2Q
주가(최고/저)(천원)	452/325	736/345	849/656	787/460	899/555	—/—
PER(최고/저)(배)	40.1/28.9	16.3/7.6	61.9/47.8	50.2/29.3	39.6/24.5	5.7/4.4
PBR(최고/저)(배)	7.8/5.6	11.5/5.4	10.5/8.1	8.2/4.8	6.0/3.7	—/—
EV/EBITDA(배)	15.7	36.4	24.9	20.7	18.2	—/—
EPS(원)	11,346	45,425	13,787	15,737	22,732	11,487
BPS(원)	58,637	64,165	81,551	96,527	150,192	169,475
CFPS(원)	13,571	48,578	18,158	20,470	27,676	14,244
DPS(원)	616	734	782	1,100	1,131	20,232
EBITDAPS(원)	13,054	15,279	27,373	29,919	38,377	28.3

재무 비율 〈단위 : % 〉
연도	영업이익률	순이익률	부채비율	차입금비율	ROA	ROE	유보율	자기자본비율	EBITDA마진율
2016	27.4	18.9	54.3	9.1	14.1	26.2	29,938.4	64.8	31.5
2015	25.5	15.9	93.3	29.4	13.3	26.5	19,205.4	51.8	30.3
2014	27.5	16.4	88.9	25.4	14.8	27.8	16,210.3	53.0	32.7
2013	22.4	83.9	82.9	23.8	67.4	112.7	12,732.9	54.7	28.3

네이블커뮤니케이션즈 (A153460)
Nable Communications

업 종 : 일반 소프트웨어	시 장 : KOSDAQ
신용등급 : (Bond) — (CP) —	기업규모 : 벤처
홈 페 이 지 : www.nablecomm.com	연 락 처 : 070)7780-9910
본 사 : 서울시 강남구 학동로 401, 15층 (청담동, 금하빌딩)	

설 립 일	2003.01.29	종업원수	174명	대표이사	심재희,이준용(각자대표)
상 장 일	2012.07.19	감사의견	적정 (삼정)	계 열	
결 산 기	12월	보 통 주	653만주	종속회사수	
액 면 가	500원	우 선 주		구 상 호	

주주구성 (지분율,%)		출자관계 (지분율,%)		주요경쟁사 (외형,%)	
엔텔스	18.1	리니어허브	13.2	네이블	100
한국차량공업	6.7	로디스컴퍼니	4.8	한컴지엠디	70
		유스페이스	1.9	엠로	126

매출구성		비용구성		수출비중	
FMC, RCS솔루션 외	85.5	매출원가율	48.9	수출	0.0
SBC 외	12.6	판관비율	50.2	내수	100.0
기타	1.9				

회사 개요
동사는 2003년 1월 29일 설립되어 유무선 융합통신 솔루션 및 ALL-IP 통신 보안 솔루션의 개발 및 공급업 등의 사업을 영위하고 있음. 주 고객군은 통신사업자, 단말제조사, 기업 및 관공서 등임. 동사는 유무선 융합 통신 분야에선 텔코웨어, 필링크 등과 경쟁하고 있으며, All-IP 분야에선 Acme Packet, 나온에스,SMEC 등과 경쟁하면서 시장을 형성하고 있음. 2014년 (주)엔텔스가 동사 지분을 인수하며 최대주주가 되었음.

실적 분석
2017년 기준 동사가 보유한 연결대상 종속은 없음. 2017년 반기에는 전년 동기 대비 26% 감소한 49.8억원의 매출을 시현함. 주요 거래처인 통신사업자의 신규투자 축소로 주요 사업부문인 유무선융합통신솔루션 및 All-IP통신보안 부문의 매출이 감소했기 때문임. 매출 감소에 따라 영업손실도 전년동기 18.9억원 대비 심화된 42.9억원을 시현하였고, 당기순손실 41.3억원을 시현하며 적자가 지속되고 있음.

현금 흐름 *IFRS 별도 기준 〈단위 : 억원〉
항목	2016	2017.2Q
영업활동	60	-35
투자활동	-24	-0
재무활동	74	—
순현금흐름	110	-35
기말현금	172	137

시장 대비 수익률

결산 실적 〈단위 : 억원〉
항목	2012	2013	2014	2015	2016	2017
매출액	285	219	237	229	216	—
영업이익	51	0	1	3	2	—
당기순이익	58	12	5	4	2	—

분기 실적 *IFRS 별도 기준 〈단위 : 억원〉
항목	2016.1Q	2016.2Q	2016.3Q	2016.4Q	2017.1Q	2017.2Q
매출액	30	37	55	94	16	34
영업이익	-12	-6	-0	21	-27	-16
당기순이익	-12	-6	1	18	-27	-14

재무 상태 *IFRS 별도 기준 〈단위 : 억원〉
항목	2012	2013	2014	2015	2016	2017.2Q
총자산	332	293	303	307	381	318
유형자산	82	80	79	77	75	73
무형자산	4	3	3	2	3	1
유가증권	6	13	8	9	1	1
총부채	97	44	56	53	50	29
총차입금	2	0				
자본금	22	24	24	25	33	33
총자본	235	249	247	254	330	289
지배주주지분	235	249	247	254	330	289

기업가치 지표 *IFRS 별도 기준
항목	2012	2013	2014	2015	2016	2017.2Q
주가(최고/저)(천원)	16.2/6.4	16.0/6.5	10.7/4.4	6.9/4.0	13.7/5.0	—/—
PER(최고/저)(배)	13.2/5.2	68.2/27.6	111.4/45.7	89.0/51.5	474.4/174.3	—/—
PBR(최고/저)(배)	3.5/1.4	3.2/1.3	2.1/0.9	1.3/0.8	2.7/1.0	1.6/1.3
EV/EBITDA(배)	9.0	32.7	27.7	20.2	17.5	—/—
EPS(원)	1,234	234	96	77	29	-633
BPS(원)	4,880	5,146	5,285	5,362	5,188	4,555
CFPS(원)	1,426	382	242	229	173	-580
DPS(원)						
EBITDAPS(원)	1,280	145	169	201	182	-604

재무 비율 〈단위 : % 〉
연도	영업이익률	순이익률	부채비율	차입금비율	ROA	ROE	유보율	자기자본비율	EBITDA마진율
2016	0.9	0.7	15.2	0.0	0.4	0.5	937.6	86.8	4.4
2015	1.1	1.7	20.8	0.0	1.3	1.6	972.3	82.8	4.3
2014	0.6	2.1	22.7	0.2	1.6	2.1	956.8	81.5	3.5
2013	0.2	5.4	17.6	0.0	3.8	4.9	929.2	85.0	3.2

네이처셀 (A007390)
NATURECELL COLTD

업 종 : 음료		시 장 : KOSDAQ	
신용등급 : (Bond) — (CP) —		기업규모 : 중견	
홈 페 이 지 : www.naturecell.co.kr		연 락 처 : 02)545-4137	
본 사 : 서울시 영등포구 국회대로 76길 10, 5층			

설 립 일	1971.08.06	종 업 원 수	120명	대 표 이 사	라정찬
상 장 일	1992.11.30	감 사 의 견	적정(진성)	계 열	
결 산 기	12월	보 통 주	5,175만주	종 속 회 사 수	
액 면 가	500원	우 선 주		구 상 호	알앤엘삼미

주주구성 (지분율,%)
바이오스타코리아	21.1
알바이오	3.8
(외국인)	0.1

출자관계 (지분율,%)
STEMCELLBIOInc	66.7
케이엔디씨	9.3
가온아이	5.0

주요경쟁사 (외형,%)
네이처셀	100
흥국에프엔비	154
풍국주정	361

매출구성
수출(제품)	39.7
OEM(용역)	39.2
기타	10.9

비용구성
매출원가율	85.3
판관비율	28.2

수출비중
수출	41.0
내수	59.0

회사 개요
동사는 1971년 산업용보일러 제작 등을 목적으로 설립되었으며, 2008년 삼미식품과의 합병을 통해 음료사업을 주된 사업영역으로 확대하였음. 2013년 3월 알앤엘삼미에서 네이처셀로 회사명 재차 변경함. 과실 캔 음료를 주로 생산 중임. 음료 산업은 비교적 경기변동의 영향을 덜 받고 하절기 보다 동절기 매출이 감소하는 등 주로 계절적 요인에 의해 민감하게 반응함. 2014년 줄기세포사업부문을 추가하여 첨단 바이오기업으로 변모를 추진 중임.

실적 분석
동사의 2017년 상반기 연결기준 누적 매출액은 150억원으로 전년 동기 대비 11.1% 증가함. 매출이 늘면서 매출원가와 판관비 또한 증가했지만 고정비용 감소효과로 인해 영업이익은 1.6억원으로 전년 동기 대비 흑자전환에 성공함. 비영업손익 부문에서 금융손실과 외환손실로 인해 전년 동기 대비 손익이 줄었지만 영업이익이 큰 폭 늘면서 당기순이익은 3.1억원으로 흑자전환에 성공함.

현금 흐름 *IFRS 별도 기준
〈단위 : 억원〉
항목	2016	2017.2Q
영업활동	-21	14
투자활동	-49	-19
재무활동	48	4
순현금흐름	-22	-1
기말현금	34	34

시장 대비 수익률

결산 실적
〈단위 : 억원〉
항목	2012	2013	2014	2015	2016	2017
매출액	272	292	254	306	268	—
영업이익	-5	11	-13	-12	-36	—
당기순이익	-19	-35	19	-13	-32	—

분기 실적 *IFRS 별도 기준
〈단위 : 억원〉
항목	2016.1Q	2016.2Q	2016.3Q	2016.4Q	2017.1Q	2017.2Q
매출액	65	70	70	63	74	76
영업이익	-5	-5	-4	-22	0	1
당기순이익	-3	-4	-6	-20	0	3

재무 상태 *IFRS 별도 기준
〈단위 : 억원〉
항목	2012	2013	2014	2015	2016	2017.2Q
총자산	248	230	245	460	527	528
유형자산	96	97	97	93	108	112
무형자산				51	63	63
유가증권	9	9	8	63	67	68
총부채	162	122	108	143	186	173
총차입금	102	73	66	68	85	87
자본금	146	185	194	246	254	255
총자본	86	108	137	317	340	355
지배주주지분	86	108	137	317	340	355

기업가치 지표 *IFRS 별도 기준
항목	2012	2013	2014	2015	2016	2017.2Q
주가(최고/저)(천원)	0.8/0.4	1.2/0.3	2.1/0.5	8.6/1.0	7.9/3.5	—/—
PER(최고/저)(배)	—/—	—/—	42.4/11.0	—/—	—/—	—/—
PBR(최고/저)(배)	1.3/0.7	4.1/1.1	5.9/1.5	13.3/1.6	11.7/5.2	7.7/6.1
EV/EBITDA(배)			19.2			
EPS(원)	-70	-113	50	-29	-64	6
BPS(원)	630	291	355	645	670	696
CFPS(원)	-60	-104	57	-21	-53	12
DPS(원)						
EBITDAPS(원)	-6	46	-27	-18	-61	9

재무 비율
〈단위 : % 〉
연도	영업이익률	순이익률	부채비율	차입금비율	ROA	ROE	유보율	자기자본비율	EBITDA마진율
2016	-13.6	-12.0	54.8	25.1	-6.5	-9.8	33.9	64.6	-11.5
2015	-3.8	-4.4	45.1	21.5	-3.8	-5.9	28.9	68.9	-2.6
2014	-5.1	7.5	일부잠식	일부잠식	8.0	15.5	-29.0	56.0	-4.0
2013	3.9	-12.0	일부잠식	일부잠식	-14.7	-36.2	-41.8	46.8	4.9

네추럴에프앤피 (A086220)
Natural F&P

업 종 : 바이오		시 장 : KONEX	
신용등급 : (Bond) — (CP) —		기업규모 : —	
홈 페 이 지 : www.naturalfnp.com		연 락 처 : 043)211-1056	
본 사 : 충북 청원군 오창읍 양청송대길 39(송대리)			

설 립 일	1992.12.29	종 업 원 수	146명	대 표 이 사	문지성
상 장 일	2015.07.09	감 사 의 견	적정(삼덕)	계 열	
결 산 기	12월	보 통 주		종 속 회 사 수	
액 면 가		우 선 주		구 상 호	

주주구성 (지분율,%)
넥스트비티	61.8
SBI-성장사다리 코넥스 활성화펀드	10.3

출자관계 (지분율,%)
바이오프로젠	25.5
나노바이오텍	21.5
메디코프	1.1

주요경쟁사 (외형,%)
네추럴FNP	100
진매트릭스	13
메디젠휴먼케어	4

매출구성
홍삼원골드외	92.2
상품	4.8
퓨어스킨	3.0

비용구성
매출원가율	87.2
판관비율	7.7

수출비중
수출	16.0
내수	84.0

회사 개요
동사는 1992년 설립됐으며, 건강기능식품 및 기능성화장품 제조업을 주력으로 하고 있는 바이오 벤처기업임. 건강기능식품과 기능성화장품 이외에도 기능성원료개발 및 신약개발 분야에 적극적인 연구개발 및 투자를 진행하고 있음. 주력 품목은 홍삼 가공제품, 녹용활력수 등의 건강음료, 프로바이오틱스 유산균 등이며, 이외에도 비타민, 칼슘 등 영양 보충용 식품에서 글루코사민, 생식, 다이어트식이섬유, 오메가3 등약 30여가지 제품군을 보유하고 있음.

실적 분석
동사의 2016년 연간 매출액은 397.4억원으로 전년 대비 1.1% 증가함. 판관비 감소로 영업이익은 전년보다 20.1% 증가한 20.3억원을 기록함. 비영업손실이 전년 42억원에서 13.5억원으로 줄면서 당기순이익 6.9억원을 내며 흑자전환함. 동사의 건강기능식품은 약 110개 이상의 안정적인 B2B 판매처를 확보하고 있음. 천연물 유래 항암제 개발 및 B형 간염 등 각종 성인병 관련 예방 및 치료제를 개발 중임.

현금 흐름 *IFRS 별도 기준
〈단위 : 억원〉
항목	2016	2017.2Q
영업활동	41	—
투자활동	-17	—
재무활동	-8	—
순현금흐름	16	—
기말현금	33	—

시장 대비 수익률

결산 실적
〈단위 : 억원〉
항목	2012	2013	2014	2015	2016	2017
매출액	359	318	381	393	397	—
영업이익	24	24	20	17	20	—
당기순이익	5	-3	-4	-20	7	—

분기 실적 *IFRS 별도 기준
〈단위 : 억원〉
항목	2016.1Q	2016.2Q	2016.3Q	2016.4Q	2017.1Q	2017.2Q
매출액	—	—	—	—	—	—
영업이익	—	—	—	—	—	—
당기순이익	—	—	—	—	—	—

재무 상태 *IFRS 별도 기준
〈단위 : 억원〉
항목	2012	2013	2014	2015	2016	2017.2Q
총자산	395	399	393	377	401	—
유형자산	241	229	217	211	220	—
무형자산	15	14	12	10	8	—
유가증권	5	2	3	16	13	—
총부채	352	362	274	272	290	—
총차입금	288	272	195	181	182	—
자본금	28	28	37	38	38	—
총자본	43	38	118	105	110	—
지배주주지분	43	38	118	105	110	—

기업가치 지표 *IFRS 별도 기준
항목	2012	2013	2014	2015	2016	2017.2Q
주가(최고/저)(천원)	2.2/0.4	9.5/2.0		8.1/3.1	6.0/2.2	—/—
PER(최고/저)(배)	32.5/5.6	—/—	0.0/0.0	—/—	—/—	—/—
PBR(최고/저)(배)	2.7/0.5	13.1/2.8	0.0/0.0	62.5/23.1		—/—
EV/EBITDA(배)	9.8	19.6	5.0	5.6/2.2	3.9/1.5	0.0/0.0
				13.9	11.0	
EPS(원)	64	-69	-57	-265	90	—
BPS(원)	778	681	1,602	1,362	1,438	—
CFPS(원)	280	221	231	-64	289	—
DPS(원)						
EBITDAPS(원)	542	726	644	421	463	—

재무 비율
〈단위 : % 〉
연도	영업이익률	순이익률	부채비율	차입금비율	ROA	ROE	유보율	자기자본비율	EBITDA마진율
2016	5.1	1.7	263.1	165.0	1.8	6.4	187.5	27.5	9.0
2015	4.3	-5.2	260.4	172.8	-5.3	-18.2	172.4	27.7	8.2
2014	5.3	-0.9	232.0	164.6	-0.8	-4.2	220.5	30.1	9.5
2013	7.6	-1.2	960.4	722.4	-0.9	-12.4	36.2	9.4	12.6

네패스 (A033640)
Nepes

업   종 : 반도체 및 관련장비　　　　　시   장 : KOSDAQ
신용등급 : (Bond) —　　(CP) —　　　기업규모 : 중견
홈 페 이 지 : www.nepes.co.kr　　　　연 락 처 : 043)877-3040
본   사 : 충북 음성군 삼성면 금일로 965번길 105

설 립 일	1990.12.27	종 업 원 수	659명	대 표 이 사	이병구
상 장 일	1999.11.30	감 사 의 견	적정(대주)	계　열	
결 산 기	12월	보 통 주	2,183만주	종속회사수	6개사
액 면 가	500원	우 선 주	10만주	구 상 호	

주주구성 (지분율,%)		출자관계 (지분율,%)		주요경쟁사 (외형,%)	
이병구	19.5	네패스디스플레이	98.5	네패스	100
랜드마크자산운용	4.5	이리도스	50.0	아이에이	30
(외국인)	14.7	네패스엘이디	37.5	에스에이엠티	418

매출구성		비용구성		수출비중	
[(주)네패스]Driver IC Bumping,WLP 외	65.2	매출원가율	81.5	수출	79.0
[(주)네패스]Developer, EMC Chemical외	14.8	판관비율	15.3	내수	21.0
[(주)네패스신소재]Developer, EMC Chemical외	7.2				

회사 개요
동사는 지배회사는 반도체 및 전자관련 부품, 전자재료 및 화학제품 제조, 판매를 영위할 목적으로 1990년에 설립되어 2011년 웨이퍼 레벨패키지(WLP) 시장에서 비약적인 매출성장과 고객선 확대가 이루어짐. 종속회사로 상장회사인 네패스신소재를 비롯해 6개가 있고, 계열회사는 동사 포함 12개임. 동사는 LCD 구동칩의 Bumping 기술을 최초로 Turn-Key Base 국산화하여 삼성전자, 동부하이텍 등 안정적 공급처를 확보한 상황.

실적 분석
동사는 2017년 2분기 연결 누적 매출액이 1,412.7억원으로 전년 동기 대비 14.4% 증가했고, 영업이익은 96.4억원으로 전년 동기에 비해 108.7% 증가했음. 동사는 전자재료와 디스플레이 부문의 판매가 다소 줄었는데도 반도체 부문의 매출이 늘면서 실적이 개선됨. 종속회사인 네패스신소재, 네패스디스플레이, 네패스엘이디 등을 당반기순손실을 기록했음에도 수익성이 개선됨.

현금 흐름　〈단위 : 억원〉

항목	2016	2017.2Q
영업활동	443	286
투자활동	-275	-353
재무활동	-77	-47
순현금흐름	18	-113
기말현금	489	375

시장 대비 수익률

결산 실적　〈단위 : 억원〉

항목	2012	2013	2014	2015	2016	2017
매출액	3,102	3,630	3,288	2,792	2,545	—
영업이익	257	8	69	39	82	—
당기순이익	141	-458	-116	-163	180	—

분기 실적　〈단위 : 억원〉

항목	2016.1Q	2016.2Q	2016.3Q	2016.4Q	2017.1Q	2017.2Q
매출액	609	626	647	663	684	729
영업이익	15	32	27	9	33	64
당기순이익	36	152	-10	2	5	12

재무 상태　〈단위 : 억원〉

항목	2012	2013	2014	2015	2016	2017.2Q
총자산	3,801	3,951	3,855	3,559	2,986	3,004
유형자산	2,360	2,236	1,940	2,087	1,484	1,598
무형자산	66	44	74	123	51	47
유가증권	4	4	3	3	3	55
총부채	2,174	2,785	2,361	2,178	1,828	1,836
총차입금	1,526	1,863	1,842	1,749	1,353	1,318
자본금	110	110	110	110	110	110
총자본	1,626	1,166	1,494	1,381	1,158	1,168
지배주주지분	1,605	1,272	1,206	1,115	1,308	1,255

기업가치 지표

항목	2012	2013	2014	2015	2016	2017.2Q
주가(최고/저)(천원)	20.9/10.9	19.2/6.6	10.0/5.1	11.3/5.6	8.5/5.2	—/—
PER(최고/저)(배)	29.1/15.2				10.1/6.1	1.9/1.4
PBR(최고/저)(배)	2.8/1.5	3.2/1.1	1.7/0.9	2.1/1.0	1.4/0.8	
EV/EBITDA(배)	7.3	8.7	7.5	6.9	5.5	
EPS(원)	728	-1,532	-382	-398	845	121
BPS(원)	7,608	6,106	5,822	5,409	6,292	6,022
CFPS(원)	2,187	-13	1,276	1,306	2,549	983
DPS(원)	100			50	—	1,302
EBITDAPS(원)	2,638	1,554	1,972	1,882	2,082	

재무 비율　〈단위 : %〉

연도	영업이익률	순이익률	부채비율	차입금비율	ROA	ROE	유보율	자기자본비율	EBITDA마진율
2016	3.2	7.1	157.8	116.8	5.5	15.2	1,146.9	38.8	17.9
2015	1.4	-5.9	157.7	126.6	-4.4	-7.5	971.9	38.8	14.7
2014	2.1	-3.5	158.0	123.3	-3.0	-6.7	1,053.8	38.8	13.1
2013	0.2	-12.6	238.9	159.8	-11.8	-23.2	1,110.1	29.5	9.4

네패스신소재 (A087730)
NEPES Advanced Materials

업   종 : 반도체 및 관련장비　　　　　시   장 : KOSDAQ
신용등급 : (Bond) —　　(CP) —　　　기업규모 : 벤처
홈 페 이 지 : www.nepesamc.co.kr　　　연 락 처 : 063)900-7202
본   사 : 전북 익산시 석암로 99(팔봉동 841)

설 립 일	2000.02.10	종 업 원 수	91명	대 표 이 사	이병구,고영욱
상 장 일	2008.04.04	감 사 의 견	적정(대주)	계　열	
결 산 기	12월	보 통 주	286만주	종속회사수	
액 면 가	500원	우 선 주		구 상 호	

주주구성 (지분율,%)		출자관계 (지분율,%)		주요경쟁사 (외형,%)	
네패스	31.5	네패스	0.5	네패스신소재	100
이병구	5.6			피에스엠씨	58
(외국인)	2.3			에이디칩스	138

매출구성		비용구성		수출비중	
EMC(제품)	79.6	매출원가율	79.2	수출	66.0
CMC(제품)	14.2	판관비율	31.6	내수	34.0
기타 (상품외)(기타)	6.2				

회사 개요
동사는 2000년에 LG화학의 EMC 사업부를 네패스가 인수하여 설립되었으며, 반도체 칩 외부를 밀봉하는 재료인 에폭시 몰딩 컴파운드(EMC)와 LED 칩을 보호하는 소재 클리어 몰딩 컴파운드(CMC)를 생산하는 전문화학 소재 기업임. 최근 LED Packaging 및 Lighting의 제조, 판매업체인 네패스LED를 자회사로 설립하여 하이파워 LED 형광등 사업으로의 진출을 추진 중에 있음.

실적 분석
동사의 2017년 2분기 누적 매출액은 84.9억원으로 전년동기 대비 6.1% 감소하였음. 외형 감소 대비 원가의 감소 폭은 미미하였고 판관비는 축소되었지만 영업손실은 지속되고 있음. 합성수지 및 기타 플라스틱물질 제조업은 반도체 재료로 사용되기 때문에 반도체 경기에 매우 민감하게 반응함. 반도체용 EMC 및 LED용 CMC는 전기, 전자재료의 다른 부문에서와 마찬가지로 일본업체들이 세계시장을 지배하고 있음.

현금 흐름　*IFRS 별도 기준　〈단위 : 억원〉

항목	2016	2017.2Q
영업활동	-7	-6
투자활동	-6	-4
재무활동	1	4
순현금흐름	-12	-7
기말현금	60	53

시장 대비 수익률

결산 실적　〈단위 : 억원〉

항목	2012	2013	2014	2015	2016	2017
매출액	186	208	248	227	183	—
영업이익	17	22	42	25	-20	—
당기순이익	22	21	36	25	-7	—

분기 실적　*IFRS 별도 기준　〈단위 : 억원〉

항목	2016.1Q	2016.2Q	2016.3Q	2016.4Q	2017.1Q	2017.2Q
매출액	49	41	50	42	44	41
영업이익	0	-5	-5	-10	-4	-4
당기순이익	2	-1	-3	-3	-4	-2

재무 상태　*IFRS 별도 기준　〈단위 : 억원〉

항목	2012	2013	2014	2015	2016	2017.2Q
총자산	123	143	207	237	224	216
유형자산	22	23	81	86	83	82
무형자산	4		3	1	1	1
유가증권		3	10	7	9	14
총부채	36	40	72	86	81	75
총차입금	8	6	9	38	36	35
자본금	14	14	14	14	14	14
총자본	86	103	135	151	143	141
지배주주지분	86	103	135	151	143	141

기업가치 지표　*IFRS 별도 기준

항목	2012	2013	2014	2015	2016	2017.2Q
주가(최고/저)(천원)	10.5/2.5	17.8/8.5	16.2/8.7	16.6/9.4	12.1/8.4	—/—
PER(최고/저)(배)	14.4/3.4	24.8/11.8	13.3/7.1	19.6/11.1	—/—	—/—
PBR(최고/저)(배)	3.6/0.9	5.1/2.4	3.5/1.9	3.2/1.8	2.4/1.7	2.5/1.6
EV/EBITDA(배)	8.6	8.1	7.8	7.9		
EPS(원)	759	738	1,243	857	-236	-171
BPS(원)	3,015	3,594	4,710	5,266	4,998	4,917
CFPS(원)	1,061	1,051	1,524	1,140	50	-28
DPS(원)	100	100	150	100	—	—
EBITDAPS(원)	881	1,088	1,734	1,143	-410	-165

재무 비율　〈단위 : %〉

연도	영업이익률	순이익률	부채비율	차입금비율	ROA	ROE	유보율	자기자본비율	EBITDA마진율
2016	-10.9	-3.7	56.6	25.4	-2.9	-4.6	899.7	63.9	-6.4
2015	10.8	10.8	57.1	25.1	11.1	17.2	953.2	63.7	14.4
2014	16.7	14.3	53.6	6.8	20.3	29.9	842.0	65.1	20.0
2013	10.7	10.0	39.0	5.6	15.9	22.3	618.8	72.0	15.0

넥센 (A005720)
Nexen

업 종 : 자동차부품		시 장 : 거래소	
신용 등급 : (Bond) — (CP) —		기업규모 : 시가총액 중형주	
홈 페 이 지 : www.nexencorp.co.kr		연 락 처 : 055)320-7370	
본 사 : 경남 김해시 김해대로 2595번지			

설 립 일	1968.09.10	종 업 원 수	818명	대 표 이 사	강병중,강호찬
상 장 일	1987.12.19	감 사 의 견	적정 (안경)	계 열	
결 산 기	12월	보 통 주	5,088만주	종 속 회 사 수	2개사
액 면 가	500원	우 선 주		구 상 호	

주주구성 (지분율,%)		출자관계 (지분율,%)		주요경쟁사 (외형,%)	
강호찬	50.5	넥센디앤에스	100.0	넥센	100
한국투자밸류자산운용	15.2	넥센타이어	42.2	넥센타이어	2,060
(외국인)	7.9	KNN	39.3	한국타이어월드와이드	215

매출구성		비용구성		수출비중	
튜브류	40.6	매출원가율	55.7	수출	—
기타	24.6	판관비율	10.3	내수	—
기타(고무사업)	22.2				

회사 개요
2013년 4월 넥센 그룹의 지주회사로 전환, 주력 계열사인 넥센타이어를 비롯해 넥센테크, 케이엔엔, 넥센디앤에스를 자회사로 보유하고 있음. 넥센타이어를 포함한 국내 3개 업체가 세계 튜브 시장 점유율의 50% 이상을 차지, 넥센타이어는 한국 전체 수출의 43%가량을 점유. 넥센디앤에스는 방배동에 넥센 강남타워 빌딩 및 주변 상가와 경기 시흥시에 위치한 공장부지에 대해 임대사업을 수행 중임.

실적 분석
동사의 2017년 연결기준 2분기 누적 매출액은 1,504.6억원으로 전년동기 대비 8% 감소함. 고무부문의 매출액이 감소했으며, 지분법평가손익을 포함한 연결조정효과에 따른 매출액이 전년동기 대비 절반 수준으로 감소함. 이에 영업이익은 전년동기 대비 33.9% 감소한 384.4억원을 기록함. 세계 경기 불황으로 인한 수주량 감소가 우려되나, 내수 전략 품목의 M/S 확대를 통해 수익성 강화에 노력 중임.

현금 흐름 〈단위 : 억원〉
항목	2016	2017.2Q
영업활동	1,055	405
투자활동	-960	-206
재무활동	-184	-136
순현금흐름	-90	64
기말현금	220	284

시장 대비 수익률

결산 실적 〈단위 : 억원〉
항목	2012	2013	2014	2015	2016	2017
매출액	3,487	3,799	3,543	3,061	3,214	—
영업이익	882	843	882	858	1,091	—
당기순이익	744	691	789	778	994	—

분기 실적 〈단위 : 억원〉
항목	2016.1Q	2016.2Q	2016.3Q	2016.4Q	2017.1Q	2017.2Q
매출액	800	836	777	801	748	757
영업이익	276	305	267	242	190	194
당기순이익	237	274	234	249	153	176

재무 상태 〈단위 : 억원〉
항목	2012	2013	2014	2015	2016	2017.2Q
총자산	7,209	7,872	8,372	8,831	9,706	9,959
유형자산	1,087	1,100	1,249	1,230	1,193	1,178
무형자산	44	45	49	49	50	48
유가증권	266	281	296	270	241	284
총부채	1,944	1,938	1,797	1,582	1,498	1,459
총차입금	1,041	953	936	735	602	487
자본금	272	272	272	272	272	272
총자본	5,264	5,934	6,576	7,249	8,208	8,499
지배주주지분	5,211	5,868	6,576	7,249	8,208	8,499

기업가치 지표
항목	2012	2013	2014	2015	2016	2017.2Q
주가(최고/저)(천원)	8.6/4.9	9.1/6.9	9.5/7.4	9.1/7.2	8.3/7.0	—/—
PER(최고/저)(배)	6.0/3.5	7.5/5.7	6.8/5.3	6.5/5.1	4.6/3.9	—/—
PBR(최고/저)(배)	0.9/0.5	0.9/0.7	0.8/0.6	0.7/0.6	0.6/0.5	0.6/0.5
EV/EBITDA(배)	5.0	5.4	5.1	4.7	3.8	—
EPS(원)	1,485	1,246	1,435	1,428	1,824	603
BPS(원)	95,678	107,748	120,732	133,088	15,069	15,604
CFPS(원)	16,064	13,818	15,801	15,634	1,952	661
DPS(원)	400	500	550	550	75	—
EBITDAPS(원)	18,807	16,832	17,652	17,099	2,130	764

재무 비율 〈단위 : %〉
연도	영업이익률	순이익률	부채비율	차입금비율	ROA	ROE	유보율	자기자본비율	EBITDA마진율
2016	33.9	30.9	18.3	7.3	10.7	12.9	2,913.8	84.6	36.1
2015	28.0	25.4	21.8	10.1	9.0	11.3	2,561.8	82.1	30.4
2014	24.9	22.3	27.3	14.2	9.7	12.6	2,314.6	78.5	27.1
2013	22.2	18.2	32.7	16.1	9.2	12.3	2,055.0	75.4	24.1

넥센타이어 (A002350)
Nexen Tire

업 종 : 자동차부품		시 장 : 거래소	
신용 등급 : (Bond) A+ (CP) A2+		기업규모 : 시가총액 중형주	
홈 페 이 지 : www.nexentire.com		연 락 처 : 055)370-5114	
본 사 : 경남 양산시 충렬로 355 (유산동)			

설 립 일	1958.04.11	종 업 원 수	4,345명	대 표 이 사	대표이사회장강병중대표이사사장강호찬
상 장 일	1976.05.19	감 사 의 견	적정 (한영)	계 열	
결 산 기	12월	보 통 주	9,767만주	종 속 회 사 수	13개사
액 면 가	500원	우 선 주	650만주	구 상 호	

주주구성 (지분율,%)		출자관계 (지분율,%)		주요경쟁사 (외형,%)	
넥센	41.7	누리네트웍스	68.3	넥센타이어	100
강병중	20.5	넥센L&C	50.0	한국타이어	349
(외국인)	15.3	대전방송	1.5	한국타이어월드와이드	36

매출구성		비용구성		수출비중	
타이어	98.0	매출원가율	63.8	수출	—
운송보관	1.4	판관비율	23.2	내수	—
임대, 렌탈 및 판매대행	0.6				

회사 개요
동사는 한국타이어, 금호타이어와 함께 3대 타이어 회사로 1958년 설립됨. 1976년 유가증권시장에 상장됨. 국내 본사를 거점으로 중국, 미국, 유럽 등 글로벌 판매 네트워크를 통해 타이어 제조, 판매를 하고 있음. 사업영역은 타이어부문과 운송 보관, 비타이어부문(금형)으로 나뉨. 중국산 타이어의 반덤핑 제소에 따른 관세부과등으로 높은 비중을 차지하고 있던 북미쪽 매출이 신장. 유럽시장 광고 확대 및 메이저리그 3개 팀과 파트너십 체결.

실적 분석
동사의 2017년도 상반기 매출액은 9,956.2억원으로 전년 동기 대비 4.7%증가하였음. 반면 원가율 증가에 따라 영업이익은 923.2억원으로 전년 동기대비 27.6% 감소하였음. 영업이익이 감소되면서 당기순이익 역시 전년동기 대비 큰 폭으로 감소한 590.4억원을 시현함. 렌탈 등 새 사업분야 개척과 중국산 타이어 관세(세이프가드)에 따른 반사이익 지속. 마곡지구에 신규 R&D 센터 건립예정임.

현금 흐름 〈단위 : 억원〉
항목	2016	2017.2Q
영업활동	3,832	239
투자활동	-1,264	-1,168
재무활동	-2,374	383
순현금흐름	212	-509
기말현금	1,261	752

시장 대비 수익률

결산 실적 〈단위 : 억원〉
항목	2012	2013	2014	2015	2016	2017
매출액	17,062	17,282	17,588	18,375	18,947	—
영업이익	1,802	1,770	2,086	2,249	2,480	—
당기순이익	1,343	1,240	1,298	1,271	1,760	—

분기 실적 〈단위 : 억원〉
항목	2016.1Q	2016.2Q	2016.3Q	2016.4Q	2017.1Q	2017.2Q
매출액	4,580	4,932	4,702	4,734	4,815	5,141
영업이익	579	695	654	551	488	436
당기순이익	419	439	468	433	296	294

재무 상태 〈단위 : 억원〉
항목	2012	2013	2014	2015	2016	2017.2Q
총자산	20,521	22,998	25,273	25,809	26,179	27,329
유형자산	12,779	14,822	17,024	16,920	16,472	17,171
무형자산	55	79	131	140	152	176
유가증권	541	414	400	356	518	490
총부채	13,715	15,028	15,940	15,468	14,152	14,815
총차입금	10,149	11,404	11,719	10,788	8,411	9,196
자본금	527	527	535	535	535	535
총자본	6,806	7,970	9,334	10,340	12,027	12,514
지배주주지분	6,778	7,930	9,280	10,266	11,932	12,395

기업가치 지표
항목	2012	2013	2014	2015	2016	2017.2Q
주가(최고/저)(천원)	21.2/14.3	17.3/11.6	16.9/12.4	15.4/11.7	15.3/10.8	—/—
PER(최고/저)(배)	16.6/11.2	14.7/9.8	13.7/10.0	12.9/9.7	9.1/6.1	—/—
PBR(최고/저)(배)	3.3/2.2	2.3/1.5	1.9/1.4	1.6/1.2	1.3/0.9	1.2/1.1
EV/EBITDA(배)	9.4	8.6	7.3	5.8	4.8	—/—
EPS(원)	1,314	1,209	1,255	1,217	1,689	569
BPS(원)	6,713	7,848	9,046	10,004	11,622	12,073
CFPS(원)	2,118	2,196	2,278	2,573	3,095	1,287
DPS(원)	60	65	75	80	100	—
EBITDAPS(원)	2,581	2,733	3,061	3,542	3,817	1,615

재무 비율 〈단위 : %〉
연도	영업이익률	순이익률	부채비율	차입금비율	ROA	ROE	유보율	자기자본비율	EBITDA마진율
2016	13.1	9.3	117.7	69.9	6.8	15.7	2,137.5	45.9	20.7
2015	12.2	6.9	149.6	104.3	5.0	12.8	1,826.0	40.1	19.8
2014	11.9	7.4	170.8	125.6	5.4	14.9	1,641.5	36.9	17.8
2013	10.2	7.2	188.6	143.1	5.4	16.7	1,410.0	34.7	16.0

넥센테크 (A073070)
NEXEN TECH CORP

업 종 : 자동차부품		시 장 : KOSDAQ	
신용등급 : (Bond) — (CP) —		기업규모 : 중견	
홈페이지 : www.nexentech.co.kr		연 락 처 : (052)259-8300	
본 사 : 울산시 울주군 웅촌면 웅비공단길91-1(대대리)			

설 립 일	1994.02.01	종 업 원 수	118명	대 표 이 사	김정훈
상 장 일	2004.01.28	감 사 의 견	적정 (성도)	계	열
결 산 기	12월	보 통 주	1,450만주	종속회사수	1개사
액 면 가	500원	우 선 주		구 상 호	

주주구성 (지분율,%)		출자관계 (지분율,%)		주요경쟁사 (외형,%)	
루트원투자조합	24.7	청도넥센전장	100.0	넥센테크	100
루트원투자조합2호	22.5			동국실업	766
(외국인)	0.5			디와이파워	281

매출구성		비용구성		수출비중	
자동차용 WIRE HARNESS(제품)	95.8	매출원가율	85.1	수출	0.0
자동차용 WIRE HARNESS(상품)	2.6	판관비율	8.5	내수	100.0
기타	1.5				

회사 개요

동사는 1994년 설립돼 자동차용 와이어링 하네스류 부품 생산업체임. 완성차 업체와 장기 공급 계약을 맺어 부품 협력업체로서 사업을 영위함. 와이어링 하네스는 동사와 함께 유라코퍼레이션, 경신 등 몇몇 업체가 과점을 하는 구조임. 이 부품은 자동차 전기, 전자적 신호 체계를 전달하는 역할을 함. 신규 차종의 개발 시 완성차 업체와 공동으로 개발, 설계가 이뤄져 생산 후 전량 완성차 업체로 공급되는 장점을 가짐.

실적 분석

동사의 2017년도 2분기 매출액은 전년동기 대비 10.4% 감소한 378.8억원을 기록함. 이는 저금리, 저유가 지속 등에도 불구하고 2016년 하반기 개별소비세 인하정책 종료에 따른 기저효과와 가계부채 증가한 것으로 보임. 영업이익은 매출액 감소 영향에도 불구하고 전년동기 대비 34.1% 증가한 30.3억원 시현. 당기순이익 또한 25억원에서 전년동기 대비 56.7%의 큰 성장을 보임. 이는 제조원가 개선 및 판가 조정으로 인한 것으로 보임.

현금 흐름 〈단위 : 억원〉

항목	2016	2017.2Q
영업활동	114	71
투자활동	-60	-1
재무활동	-17	-20
순현금흐름	36	49
기말현금	92	141

시장 대비 수익률

결산 실적 〈단위 : 억원〉

항목	2012	2013	2014	2015	2016	2017
매출액	667	591	720	934	817	
영업이익	10	20	36	46	52	
당기순이익	43	20	62	36	53	

분기 실적 〈단위 : 억원〉

항목	2016.1Q	2016.2Q	2016.3Q	2016.4Q	2017.1Q	2017.2Q
매출액	228	194	167	227	189	190
영업이익	15	8	13	17	15	16
당기순이익	11	5	14	23	13	12

재무 상태 〈단위 : 억원〉

항목	2012	2013	2014	2015	2016	2017.2Q
총자산	513	529	622	606	673	676
유형자산	195	188	187	179	166	159
무형자산	2	4	4	10	8	8
유가증권	48	44	—	—	—	—
총부채	124	127	194	154	186	185
총차입금	21	19	37	5	2	
자본금	73	73	73	73	73	73
총자본	389	401	428	452	487	490
지배주주지분	389	401	428	452	487	490

기업가치 지표

항목	2012	2013	2014	2015	2016	2017.2Q
주가(최고/저)(천원)	6.6/1.9	3.2/2.3	3.4/2.2	6.1/3.4	6.9/4.0	—/—
PER(최고/저)(배)	24.5/7.1	24.4/17.5	8.5/5.5	26.0/14.3	19.5/11.2	—/—
PBR(최고/저)(배)	2.7/0.8	1.2/0.9	1.2/0.8	2.1/1.1	2.1/1.2	3.9/1.1
EV/EBITDA(배)	12.7	9.6	9.3	10.5	7.4	
EPS(원)	299	140	427	247	364	172
BPS(원)	2,685	2,768	2,951	3,119	3,358	3,383
CFPS(원)	398	235	531	352	452	213
DPS(원)	50	35	75	100	125	
EBITDAPS(원)	170	231	353	423	449	249

재무 비율 〈단위 : % 〉

연도	영업이익률	순이익률	부채비율	차입금비율	ROA	ROE	유보율	자기자본비율	EBITDA마진율
2016	6.4	6.5	38.2	0.4	8.3	11.2	571.6	72.4	8.0
2015	4.9	3.8	34.0	1.0	5.8	8.1	523.8	74.7	6.6
2014	5.0	8.6	45.3	8.6	10.8	14.9	490.2	68.8	7.1
2013	3.3	3.4	31.7	4.7	3.9	5.1	453.5	75.9	5.7

넥스턴 (A089140)
NEXTURN COLTD

업 종 : 기계		시 장 : KOSDAQ	
신용등급 : (Bond) — (CP) —		기업규모 : 벤처	
홈페이지 : www.nexturn.co.kr		연 락 처 : (031)288-2021	
본 사 : 경기도 용인시 기흥구 기흥단지로 121번길 35			

설 립 일	2000.07.18	종 업 원 수	67명	대 표 이 사	정영화
상 장 일	2006.11.01	감 사 의 견	적정 (이정)	계	열
결 산 기	12월	보 통 주	1,185만주	종속회사수	
액 면 가	500원	우 선 주		구 상 호	

주주구성 (지분율,%)		출자관계 (지분율,%)		주요경쟁사 (외형,%)	
대호테크	33.2			넥스턴	100
우아	7.9			SIMPAC	359
(외국인)	2.0			영풍정밀	81

매출구성		비용구성		수출비중	
3D 열성형장비	82.4	매출원가율	66.9	수출	66.0
CNC자동선반	16.3	판관비율	7.2	내수	34.0
상품	1.2				

회사 개요

동사는 자동차, 항공기, 선박, 의료기기를 포함한 기계류의 부품제작에 활용되는 주축 이동형 CNC자동선반을 전문적으로 생산하는 업체로 2000년 '케이엠티'라는 상호로 설립됨. 이후 2004년 넥스턴으로 상호가 변경되었음. 국산 장비 시장은 한화기계와 동사가 과점하고 있으며 동사의 점유율은 약 37%로 추산됨. 2016년 스마트폰 커버 유리를 구부려 옛지 글래스를 만드는 유리 열성형 장비 사업을 새롭게 시작함.

실적 분석

2017년 상반기 연결기준 매출액과 영업이익은 각각 전년동기 대비 178.1% 상승, 흑자전환된 184.7억원, 44.2억원을 기록. 매출비중이 기존 CNC 자동선반 94.4%에서 CNC 자동선반와 3D 열성형장비 각각 50%, 47%로 증가하며 새로운 제품 라인업이 매출성장을 견인. 중국 내 Display 공급업체에서 Flexible Display의 공급이 원활해 지면 시장은 급속히 성장할 것으로 예측됨.

현금 흐름 *IFRS 별도 기준 〈단위 : 억원〉

항목	2016	2017.2Q
영업활동	153	-17
투자활동	-401	-131
재무활동	427	-16
순현금흐름	185	-162
기말현금	276	113

시장 대비 수익률

결산 실적 〈단위 : 억원〉

항목	2012	2013	2014	2015	2016	2017
매출액	213	220	205	162	744	—
영업이익	34	35	41	16	193	—
당기순이익	24	28	32	14	172	—

분기 실적 *IFRS 별도 기준 〈단위 : 억원〉

항목	2016.1Q	2016.2Q	2016.3Q	2016.4Q	2017.1Q	2017.2Q
매출액	30	36	382	295	110	75
영업이익	1	-8	114	86	25	19
당기순이익	2	-2	74	98	7	24

재무 상태 *IFRS 별도 기준 〈단위 : 억원〉

항목	2012	2013	2014	2015	2016	2017.2Q
총자산	284	306	334	332	985	982
유형자산	77	74	71	78	85	89
무형자산	5	4	4	3	3	3
유가증권	0	—	—	—	—	552
총부채	42	41	44	32	86	66
총차입금						
자본금	29	29	29	29	59	59
총자본	242	265	291	300	899	915
지배주주지분	242	265	291	300	899	915

기업가치 지표 *IFRS 별도 기준

항목	2012	2013	2014	2015	2016	2017.2Q
주가(최고/저)(천원)	2.6/1.9	4.0/2.0	5.1/2.8	12.5/3.0	27.5/5.2	—/—
PER(최고/저)(배)	9.4/6.9	11.9/6.1	13.5/7.3	76.5/18.5	15.6/2.9	—/—
PBR(최고/저)(배)	0.8/0.6	1.1/0.6	1.3/0.7	3.1/0.7	3.5/0.7	3.7/2.3
EV/EBITDA(배)	3.1	7.3	3.1	31.9	12.3	
EPS(원)	294	344	387	165	1,774	259
BPS(원)	4,828	5,243	5,696	5,862	7,925	8,062
CFPS(원)	490	556	614	281	1,793	269
DPS(원)	100	100	100	60	150	
EBITDAPS(원)	650	663	762	324	2,012	383

재무 비율 〈단위 : % 〉

연도	영업이익률	순이익률	부채비율	차입금비율	ROA	ROE	유보율	자기자본비율	EBITDA마진율
2016	25.9	23.1	9.6	0.0	26.1	28.6	1,485.1	91.2	26.2
2015	9.9	8.4	10.6	0.1	4.1	4.6	1,072.4	90.5	11.6
2014	19.8	15.6	15.2	0.1	10.0	11.5	1,039.1	86.8	21.5
2013	15.7	12.9	15.7	0.1	9.6	11.2	948.6	86.5	17.5

넥스트리밍 (A139670)
NexStreaming

업　　종 : 일반 소프트웨어		시　　장 : KOSDAQ	
신용등급 : (Bond) —　　(CP) —		기업규모 : 벤처	
홈페이지 : www.nexstreaming.com		연락처 : 02)2194-5300	
본　　사 : 서울시 서초구 바우뫼로37길 56 건영빌딩 3층			

설 립 일	2002.09.09	종업원수	83명	대표이사	임일택
상 장 일	2011.12.02	감사의견	적정 (대주)	계　　열	
결 산 기	12월	보 통 주	702만주	종속회사수	3개사
액 면 가	500원	우 선 주		구 상 호	

주주구성 (지분율,%)		출자관계 (지분율,%)		주요경쟁사 (외형,%)	
임일택	13.5	100.0	넥스트리밍	100	
솔본	13.4	NEXSTREAMINGUSA,INC.	100.0	포시에스	150
(외국인)	1.0	NEXSTREAMINGEUROPESLU	100.0	한컴시큐어	155

매출구성		비용구성		수출비중	
NexPlayer SDK	72.7	매출원가율	0.0	수출	89.0
기타	21.4	판관비율	153.2	내수	11.0
NexPlayer	6.0				

회사 개요
동사는 모바일기기를 중심으로 하는 멀티미디어 환경에서 독자기술로 개발한 모바일 멀티미디어 소프트웨어를 글로벌 기업 및 콘텐츠업체들에게 개발/제공하는 업체임. 주요 제품은 모바일 디바이스에 탑재 또는 설치되는 동영상 플레이어임. 특히 삼성전자, LG전자 등 글로벌 휴대폰 제조업체를 고객으로 확보하고 있으며, NexPlayerSDK등을 sbs콘텐츠허브에 공급. 제품별 매출비중은 NexPlayer 65.1%. 최대주주는 솔본 및 관계인으로 변경됨.

실적 분석
동사의 2017년 2분기 기준 매출액은 53억원을 기록하면서 전년동기 49.9억원 대비 6.2% 증가함. 매출액 증가 대비 판관비는 소폭감소하면서 영업손실은 전년동기 24억원 적자대비 적자폭을 줄이며 13.6억원의 영업손실을 시현하였고, 당기순손실은 전년동기 24억원 대비 적자폭을 줄인 17.2억원의 손실을 시현함. 신규 플랫폼용 플러그인 개발과 차세대 플랫폼에 대한 연구개발 지속중에 있음.

현금 흐름　　〈단위 : 억원〉

항목	2016	2017.2Q
영업활동	-53	-10
투자활동	-69	10
재무활동	—	—
순현금흐름	-121	-3
기말현금	109	107

시장 대비 수익률

결산 실적　　〈단위 : 억원〉

항목	2012	2013	2014	2015	2016	2017
매출액	153	183	173	127	93	—
영업이익	44	45	23	-22	-50	—
당기순이익	39	41	25	-12	-53	—

분기 실적　　〈단위 : 억원〉

항목	2016.1Q	2016.2Q	2016.3Q	2016.4Q	2017.1Q	2017.2Q
매출액	24	26	22	21	27	26
영업이익	-14	-10	-11	-14	-9	-5
당기순이익	-10	-14	-15	-14	-14	-4

재무 상태　　〈단위 : 억원〉

항목	2012	2013	2014	2015	2016	2017.2Q
총자산	216	271	301	282	218	210
유형자산	7	6	5	4	7	6
무형자산	6	7	8	6	5	4
유가증권	0	0	0	0	2	2
총부채	33	48	61	53	39	48
총차입금	—	—	6			
자본금	35	35	35	35	35	35
총자본	183	223	240	228	179	162
지배주주지분	183	223	240	228	179	162

기업가치 지표

항목	2012	2013	2014	2015	2016	2017.2Q
주가(최고/저)(천원)	7.5/3.5	9.7/5.2	8.5/4.9	8.5/5.2	7.5/5.1	—/—
PER(최고/저)(배)	13.9/6.5	16.9/9.1	24.2/13.8	—/—	—/—	—/—
PBR(최고/저)(배)	2.7/1.2	2.9/1.6	2.3/1.3	2.3/1.4	2.6/1.7	2.2/1.6
EV/EBITDA(배)	5.9	3.9	6.7	—/—	—/—	—/—
EPS(원)	556	589	355	-170	-750	-244
BPS(원)	2,899	3,446	3,765	3,634	2,937	2,691
CFPS(원)	601	646	418	-102	-684	-216
DPS(원)	70	70	50			
EBITDAPS(원)	670	705	389	-243	-642	-166

재무 비율　　〈단위 : % 〉

연도	영업이익률	순이익률	부채비율	차입금비율	ROA	ROE	유보율	자기자본비율	EBITDA마진율
2016	-53.2	-56.3	21.8	0.0	-21.1	-25.8	487.4	82.1	-48.2
2015	-17.2	-9.4	23.3	2.6	-4.1	-5.1	626.9	81.1	-13.4
2014	13.2	14.4	25.7	2.3	8.7	10.8	653.0	79.6	15.8
2013	24.9	22.6	21.7	0.0	17.0	20.4	589.1	82.2	27.0

넥스트바이오홀딩스 (A051980)
NEXTBIO HOLDINGS

업　　종 : 의료 장비 및 서비스		시　　장 : KOSDAQ	
신용등급 : (Bond) —　　(CP) —		기업규모 :	
홈페이지 : www.nextbio-holdings.com		연락처 : 070)5153-3200	
본　　사 : 경기도 안양시 동안구 학의로 282 (관양동,금강펜테리움IT타워 B동 617호)			

설 립 일	1999.04.23	종업원수	4명	대표이사	정인철
상 장 일	2001.07.20	감사의견	적정 (삼일)	계　　열	
결 산 기	12월	보 통 주	2,049만주	종속회사수	2개사
액 면 가	500원	우 선 주		구 상 호	휴림스

주주구성 (지분율,%)		출자관계 (지분율,%)		주요경쟁사 (외형,%)	
제이엔케이인베스트먼트	7.2	엔에프앤비	100.0	넥스트바이오홀딩스	100
머큐리	3.5	넥스트메디컬	100.0	원익	363
(외국인)	2.1			루트로닉	473

매출구성		비용구성		수출비중	
[의약품-의료기기]상품-용역	63.5	매출원가율	86.2	수출	—
[통신기기 및 장비]NID/EAD	23.8	판관비율	26.3	내수	—
[통신기기 및 장비]MSPP	7.2				

회사 개요
1994년에 설립된 동사는 전기적 통신신호(오디오+비디오+데이터)를 광원(빛)으로 변환하여 수백km까지 송수신하는 전송장비와 망구조로 연계하여 최적의 전송시스템을 구축하는 전송신장비를 주요 통신사업자에 공급하는 네트워크 장비 전문기업임. 동사의 주력제품은 SCAN-WM, OADM, MWDM, MSPP 등임. 종속회사인 지피시스의 사업부문은 네트워크망, 유무선통신기기 제조로 SKB를 주요 매출처로 하고 있음.

실적 분석
동사의 2017년 2분기 누적 연결기준 매출액은 7.9억원으로 전년대비 대폭 감소함. 기존 사업 영역이던 광통신장비의 매출이 전무한 가운데 상품용역이 일부 발생하여 매출을 인식하고 있음. 매출 급감과 고정비 부담으로 영업손실 5.2억원을 보였으나, 부동산처분이익 발생으로 당기순이익 4.4억원을 시현함. 동사는 당반기 중 관리종목지정우려로 주권매매거래정지, 불성실공시법인지정 등을 공시하였음.

현금 흐름　　〈단위 : 억원〉

항목	2016	2017.2Q
영업활동	6	8
투자활동	-35	43
재무활동	-29	-18
순현금흐름	-57	32
기말현금	46	78

시장 대비 수익률

결산 실적　　〈단위 : 억원〉

항목	2012	2013	2014	2015	2016	2017
매출액	536	289	205	188	179	—
영업이익	36	-44	-46	-91	-22	—
당기순이익	38	-70	-95	-217	-37	—

분기 실적　　〈단위 : 억원〉

항목	2016.1Q	2016.2Q	2016.3Q	2016.4Q	2017.1Q	2017.2Q
매출액	41	87	11	39	4	4
영업이익	-1	3	-1	-17	-8	-3
당기순이익	-3	4	-9	-26	-8	12

재무 상태　　〈단위 : 억원〉

항목	2012	2013	2014	2015	2016	2017.2Q
총자산	690	610	397	288	194	164
유형자산	43	39	35	34	8	12
무형자산	163	141	127	19	0	0
유가증권	3	4	2		17	11
총부채	230	218	80	181	71	43
총차입금	138	62	23	113	36	39
자본금	90	95	95	95	100	100
총자본	460	421	318	107	123	121
지배주주지분	506	391	298	100	117	121

기업가치 지표

항목	2012	2013	2014	2015	2016	2017.2Q
주가(최고/저)(천원)	2.3/1.7	2.3/1.5	1.7/1.0	9.1/1.0	8.4/2.0	—/—
PER(최고/저)(배)	11.7/8.4	—/—	—/—	—/—	—/—	—/—
PBR(최고/저)(배)	0.8/0.5	1.1/0.7	1.0/0.6	15.3/1.7	12.9/3.0	4.0/1.4
EV/EBITDA(배)	6.4	—/—	—/—	—/—	—/—	—/—
EPS(원)	197	-829	-455	-1,112	-182	22
BPS(원)	3,078	2,129	1,671	598	652	673
CFPS(원)	301	-735	-383	-1,086	-151	32
DPS(원)						
EBITDAPS(원)	314	-158	-177	-467	-83	—

재무 비율　　〈단위 : % 〉

연도	영업이익률	순이익률	부채비율	차입금비율	ROA	ROE	유보율	자기자본비율	EBITDA마진율
2016	-12.5	-20.7	57.2	28.8	-15.4	-32.8	27.1	63.6	-9.1
2015	-48.2	-115.4	168.1	104.9	-63.4	-103.1	16.5	37.3	-45.7
2014	-22.3	-46.2	25.1	7.4	-18.8	-24.4	225.3	79.9	-15.9
2013	-15.3	-24.3	44.8	14.6	-10.8	-32.6	314.5	69.0	-9.6

넥스트비티 (A065170)
NEXT BT

업 종 : 식료품		시 장 : KOSDAQ	
신용등급 : (Bond) — (CP) —		기업규모 : 중견	
홈 페 이 지 : www.nextbt.co.kr		연 락 처 : 043)878-8851	
주 소 : 충북 음성군 삼성면 대양로 193-12			

설 립 일 1995.02.17	종 업 원 수 31명	대 표 이 사 문원국	
상 장 일 2002.11.14	감 사 의 견 적정 (한영)	계 열	
결 산 기 12월	보 통 주 3,974만주	종 속 회 사 수 6개사	
액 면 가 500원	우 선 주 —	구 상 호 엔알디	

주주구성 (지분율,%)		출자관계 (지분율,%)		주요경쟁사 (외형,%)	
문원국	16.0	넥스트에스앤엘	100.0	넥스트BT	100
에너텍	1.5	네추럴에프앤피	61.8	뉴트리바이오텍	163
(외국인)	0.4	바이오프로젠	47.4	코스맥스비티아이	361

매출구성		비용구성		수출비중	
다이어트,비타민,홍삼외	69.3	매출원가율	65.6	수출	—
마스크팩외	35.8	판관비율	31.9	내수	—
연결조정	-5.1				

회사 개요
동사는 2008년 7월 31일 회사 분할하여 종속기업인 (주)네츄럴에프앤피의 기존 제조사업을 해외사업부로 세분하여 운영중임. 유통사업부에서는 TV홈쇼핑과 인터넷쇼핑몰을 통해 건강기능식품은 물론 생활, 미용제품에서 무형상품에 이르기 까지 현재 유통되지 않는 상품에 대해서도 개발, 유통에 관한 전체적인 전략을 수립하며 해외사업부에서는 건강식품 및 화장품의 해외수출업무를 담당중임.

실적 분석
동사의 2017년 상반기 연결기준 누적 매출액은 413.6억원으로 전년 동기 대비 8.2% 증가함. 매출이 증가했지만 매출원가가 큰 폭으로 증가했음에도 판관비가 대폭 감소, 영업이익은 전년 동기 대비 2.1% 증가한 12.3억원을 시현함. 비영업손익 부문에서 적자가 지속됐지만 적자 폭이 줄어 당기순이익은 3.6억원으로 전년 동기 대비 적자 규모가 감소함.

현금 흐름 〈단위 : 억원〉

항목	2016	2017.2Q
영업활동	23	-40
투자활동	-102	33
재무활동	114	17
순현금흐름	35	9
기말현금	71	80

시장 대비 수익률

결산 실적 〈단위 : 억원〉

항목	2012	2013	2014	2015	2016	2017
매출액	613	507	616	571	740	
영업이익	23	19	20	-2	18	
당기순이익	-25	-40	-13	-78	-50	

분기 실적 〈단위 : 억원〉

항목	2016.1Q	2016.2Q	2016.3Q	2016.4Q	2017.1Q	2017.2Q
매출액	162	220	186	171	260	154
영업이익	6	6	3	3	8	5
당기순이익	4	-24	1	-31	4	-4

재무 상태 〈단위 : 억원〉

항목	2012	2013	2014	2015	2016	2017.2Q
총자산	712	654	658	632	734	728
유형자산	262	249	236	242	277	292
무형자산	66	75	73	67	65	65
유가증권	25	36	41	47	31	40
총부채	357	346	292	305	444	430
총차입금	302	249	202	192	289	304
자본금	136	150	172	190	199	199
총자본	355	309	366	326	290	298
지배주주지분	274	284	312	279	241	237

기업가치 지표

항목	2012	2013	2014	2015	2016	2017.2Q
주가(최고/저)(천원)	2.7/1.3	1.8/1.1	1.4/1.1	5.0/1.2	4.0/1.7	—/—
PER(최고/저)(배)	—/—	—/—	—/—	—/—	—/—	—/—
PBR(최고/저)(배)	2.6/1.3	1.9/1.2	1.6/1.2	6.9/1.6	6.6/2.8	3.9/2.7
EV/EBITDA(배)	18.3	16.5	16.1	116.8	26.7	
EPS(원)	-99	-109	-33	-177	-130	-8
BPS(원)	1,004	945	907	734	605	595
CFPS(원)	-38	-50	21	-132	-86	11
DPS(원)	—	—	—	—	—	—
EBITDAPS(원)	146	126	116	41	90	53

재무 비율 〈단위 : % 〉

연도	영업이익률	순이익률	부채비율	차입금비율	ROA	ROE	유보율	자기자본비율	EBITDA마진율
2016	2.5	-6.7	152.8	99.7	-7.3	-19.6	21.0	39.6	4.8
2015	-0.3	-13.6	93.6	58.9	-12.1	-22.0	46.7	51.7	2.6
2014	3.2	-2.2	79.7	55.3	-2.0	-3.5	81.4	55.7	6.0
2013	3.7	-8.0	112.0	80.5	-5.9	-11.0	89.0	47.2	7.0

넥스트아이 (A137940)
NextEye

업 종 : 디스플레이 및 관련부품		시 장 : KOSDAQ	
신용등급 : (Bond) — (CP) —		기업규모 : 벤처	
홈 페 이 지 : www.nexteye.com		연 락 처 : 031)389-2299	
주 소 : 경기도 안양시 동안구 동편로13번길65 넥스트아이빌딩			

설 립 일 1998.09.07	종 업 원 수 123명	대 표 이 사 진광	
상 장 일 2011.06.14	감 사 의 견 적정 (삼일)	계 열	
결 산 기 12월	보 통 주 1,370만주	종 속 회 사 수 11개사	
액 면 가 500원	우 선 주 —	구 상 호	

주주구성 (지분율,%)		출자관계 (지분율,%)		주요경쟁사 (외형,%)	
Aesthetic International Beauty Chain Group Limited	20.4	사사면세점	85.0	넥스트아이	100
Joy Billion Finance Limited	14.6	실로닉스	64.0	루멘스	1,021
(외국인)	23.4	이노메트리	60.0	상아프론테크	396

매출구성		비용구성		수출비중	
디스플레이용 편광필름 검사장비	42.2	매출원가율	72.3	수출	26.0
X-RAY	42.0	판관비율	18.3	내수	74.0
3차원 측정기등	13.8				

회사 개요
동사는 머신비전(Machine Vision) 기술을 활용하여, 각종 첨단 제품 또는 관련 부품의 외관검사를 하는 장비를 제조하고 판매하는 것을 주요 사업으로 영위하고 있음. 주요 제품인 편광필름검사장비, BLU검사장비, 유리모서리 깨짐 검사장비(GECD) 등은 LCD제품 또는 부품의 제조공정에서 활용되고 있으며, 전방산업은 TFT-LCD산업 및 TFT-LCD부품산업분야임.

실적 분석
동사의 2017년 2분기기준 누적 매출액은 전년동기대비 58.2% 상승한 277.7억원을 기록하였음. 비용면에서 전년동기대비 매출원가는 증가 하였으며 인건비도 크게 증가, 광고선전비도 증가, 기타판매비와관리비는 크게 증가함. 이와 같이 상승한 매출액 대비 비용증가가 높아 그에 따라 전년동기대비 영업이익은 -13.7억원으로 적자전환함. 최종적으로 전년동기대비 당기순이익은 적자전환하여 -21억원을 기록함.

현금 흐름 〈단위 : 억원〉

항목	2016	2017.2Q
영업활동	36	-36
투자활동	-309	-162
재무활동	424	323
순현금흐름	152	124
기말현금	205	329

시장 대비 수익률

결산 실적 〈단위 : 억원〉

항목	2012	2013	2014	2015	2016	2017
매출액	257	279	292	266	394	
영업이익	69	53	38	27	37	
당기순이익	48	43	35	30	35	

분기 실적 〈단위 : 억원〉

항목	2016.1Q	2016.2Q	2016.3Q	2016.4Q	2017.1Q	2017.2Q
매출액	78	97	64	155	131	147
영업이익	13	17	-8	15	-12	-1
당기순이익	11	12	-4	16	-14	-7

재무 상태 〈단위 : 억원〉

항목	2012	2013	2014	2015	2016	2017.2Q
총자산	341	406	444	463	989	1,376
유형자산	77	66	112	116	132	166
무형자산	18	9	9	6	14	46
유가증권	17	15	47	47	266	409
총부채	47	69	77	76	335	595
총차입금	—	30	24	17	217	485
자본금	42	42	42	42	62	71
총자본	294	337	367	387	654	781
지배주주지분	287	331	362	379	605	684

기업가치 지표

항목	2012	2013	2014	2015	2016	2017.2Q
주가(최고/저)(천원)	7.1/3.9	8.8/6.2	7.9/4.1	11.2/4.0	30.5/10.5	—/—
PER(최고/저)(배)	12.3/6.8	17.2/12.2	17.9/9.2	33.4/11.8	141.9/48.8	—/—
PBR(최고/저)(배)	1.9/1.0	2.1/1.5	1.7/0.9	2.3/0.8	5.9/2.0	4.6/3.3
EV/EBITDA(배)	6.4	7.9	5.1	18.8	46.2	
EPS(원)	598	528	451	339	216	-110
BPS(원)	3,893	4,389	4,729	5,026	5,235	5,155
CFPS(원)	639	576	542	433	284	-60
DPS(원)	50	75	50	50	75	—
EBITDAPS(원)	885	700	555	439	396	-50

재무 비율 〈단위 : % 〉

연도	영업이익률	순이익률	부채비율	차입금비율	ROA	ROE	유보율	자기자본비율	EBITDA마진율
2016	9.4	9.0	51.1	33.1	4.9	4.9	910.6	66.2	11.3
2015	10.3	11.4	19.6	4.4	6.7	7.3	853.6	83.7	13.1
2014	12.9	12.0	21.0	6.6	8.2	10.6	797.1	82.7	15.5
2013	19.0	15.3	20.6	8.9	11.4	13.9	753.6	82.9	20.5

넥스트엔터테인먼트월드 (A160550)
Next Entertainment World

업 종 : 미디어		시 장 : KOSDAQ	
신용등급 : (Bond) — (CP) —		기업규모 : 벤처	
홈페이지 : www.its-new.co.kr		연 락 처 : 02)3490-9300	
본 사 : 서울시 강남구 언주로 726 두산빌딩 8층			

설 립 일	2008.06.25	종 업 원 수	77명	대 표 이 사	김우택
상 장 일	2014.12.23	감사의견	적정 (삼일)	계 열	
결 산 기	12월	보 통 주	2,741만주	종속회사수	
액 면 가	500원	우 선 주		구 상 호	뉴

주주구성 (지분율,%)		출자관계 (지분율,%)		주요경쟁사 (외형,%)	
김우택	37.2	스튜디오앤뉴	95.6	NEW	100
HUACE MEDIA (HONG KONG) INVESTMENT LIMITED	13.0	콘텐츠판다	70.9	SBS미디어홀딩스	401
(외국인)	13.9	뮤직앤뉴	70.6	현대에이치씨엔	232

매출구성		비용구성		수출비중	
영화(제품)	85.7	매출원가율	79.5	수출	0.0
드라마(제품)	13.1	판관비율	15.2	내수	100.0
기타	1.2				

회사 개요
동사는 도메오홀딩스에서 경영합리화, 기업의 경쟁력 제고를 위하여 2012년 1월 11일 간이흡수합병을 통하여 넥스트엔터테인먼트월드를 합병하였으며, 합병소멸법인의 상호인 넥스트엔터테인먼트월드로 상호를 변경함. 동사는 영화, 비디오물 및 방송 프로그램 배급업을 주요 사업으로 영위하고 있으며 종속회사인 뮤직앤뉴는 음반 기획/제작 및 매니지먼트업, 콘텐츠판다는 영상 콘텐츠에 대한 부가판권 유통업, 쇼앤뉴는 공연 기획 및 제작업을 영위.

실적 분석
동사의 연결기준 2017년 2분기 누적매출액은 566.4억원으로 전년동기 대비 44.5% 증가하였음. 매출원가와 판관비가 각각 21.9%, 70% 증가하였지만 12.9억원의 영업이익을 기록, 전년동기 대비 흑자전환에 성공하였음. 외환손실이 일부 발생하는 등 비영업 부문이 적자 전환하였으나 0.8억원의 당기순이익을 시현, 흑자전환에 성공함. 2대 주주인 중국 화책미디어와 JV를 통해 중국진출을 도모하고 있음.

현금 흐름 〈단위 : 억원〉
항목	2016	2017.2Q
영업활동	39	101
투자활동	-267	102
재무활동	38	103
순현금흐름	-190	304
기말현금	581	885

시장 대비 수익률

결산 실적 〈단위 : 억원〉
항목	2012	2013	2014	2015	2016	2017
매출액	443	1,264	620	826	1,257	
영업이익	39	191	61	-25	66	
당기순이익	39	189	31	9	36	

분기 실적 〈단위 : 억원〉
항목	2016.1Q	2016.2Q	2016.3Q	2016.4Q	2017.1Q	2017.2Q
매출액	240	152	536	329	378	189
영업이익	-22	-15	118	-15	37	-24
당기순이익	-27	-31	130	-36	10	-9

재무 상태 〈단위 : 억원〉
항목	2012	2013	2014	2015	2016	2017.2Q
총자산	797	1,175	1,793	2,004	2,305	2,368
유형자산	5	5	10	8	422	460
무형자산	13	10	14	14	16	28
유가증권	62	81	100	141	158	176
총부채	683	861	501	675	939	1,000
총차입금	181	258	129	198	235	338
자본금	36	37	69	137	137	137
총자본	113	314	1,292	1,330	1,367	1,367
지배주주지분	114	312	1,292	1,311	1,354	1,337

기업가치 지표
항목	2012	2013	2014	2015	2016	2017.2Q
주가(최고/저)(천원)	—/—	—/—	9.1/8.7	15.4/9.6	16.2/9.3	—/—
PER(최고/저)(배)	0.0/0.0	0.0/0.0	59.5/56.7	304.9/190.0	100.8/57.8	—/—
PBR(최고/저)(배)	0.0/0.0	0.0/0.0	1.9/1.8	3.2/2.0	3.3/1.9	2.4/1.6
EV/EBITDA(배)	—	—	22.1	—	34.2	—
EPS(원)	338	1,116	153	50	160	-59
BPS(원)	13,172	3,081	9,428	4,783	4,940	4,878
CFPS(원)	6,927	1,989	334	69	192	-42
DPS(원)						
EBITDAPS(원)	5,943	2,001	620	-73	274	64

재무 비율 〈단위 : % 〉
연도	영업이익률	순이익률	부채비율	차입금비율	ROA	ROE	유보율	자기자본비율	EBITDA마진율
2016	5.3	2.8	68.7	17.2	1.7	3.3	888.0	59.3	6.0
2015	-3.1	1.1	50.8	14.9	0.5	1.1	856.6	66.3	-2.4
2014	9.8	4.9	38.8	10.0	2.1	3.8	1,785.5	72.0	10.5
2013	15.1	14.9	274.4	82.2	19.1	89.3	751.9	26.7	15.6

넥스트칩 (A092600)
NEXTCHIP

업 종 : 보안장비		시 장 : KOSDAQ	
신용등급 : (Bond) — (CP) —		기업규모 : 벤처	
홈페이지 : www.nextchip.com		연 락 처 : 02)3460-4700	
본 사 : 경기도 성남시 분당구 판교로 323 (삼평동)			

설 립 일	1997.05.13	종 업 원 수	124명	대 표 이 사	김경수
상 장 일	2007.06.26	감사의견	적정 (삼일)	계 열	
결 산 기	12월	보 통 주	1,345만주	종속회사수	5개사
액 면 가	500원	우 선 주		구 상 호	

주주구성 (지분율,%)		출자관계 (지분율,%)		주요경쟁사 (외형,%)	
김경수	22.3	앤커넥트	85.4	넥스트칩	100
장지훈	16.6	베이다스	74.5	아이디스홀딩스	689
(외국인)	1.8	앤씨비아이티	72.0	아이디스	202

매출구성		비용구성		수출비중	
영상처리칩(제품)	92.0	매출원가율	65.1	수출	86.0
Camera 외(상품)	8.0	판관비율	36.9	내수	14.0
기타	0.0				

회사 개요
영상보안시장 멀티미디어 반도체 제품의 제조 및 판매를 주 사업으로 영위하고 있음. 설립이래 영상보안시장용 영상처리칩을 개발하기 위해 많은 노력을 해왔으며, 현재 주력 매출이 영상보안 시장에서 발생함. 영상처리칩이 매출액의 91%를 차지하며, 매출 중 대만과 중국으로의 수출 물량이 상당량을 차지하고 있음. 향후 중국이 세계 영상보안 기기 생산에 있어 주도적인 국가로 자리매김할 것이 예상되므로

실적 분석
동사의 2017년 반기 연결기준 매출액은 전년동기 대비 31.7% 감소한 257.8억원을 기록. 중국 경쟁사들의 가격 경쟁으로 인한 매출 부진으로 판단됨. 외형이 크게 축소되면서 영업손실 55.6억원, 당기순손실 52.0억원으로 적자전환함. 동사의 기존 주력사업은 CCTV ISP인데 AHD(Analog High Definition) 방식으로 기존 아날로그보다 화질을 선명하게 변환하면서 경쟁력을 갖추고 있음.

현금 흐름 〈단위 : 억원〉
항목	2016	2017.2Q
영업활동	-41	-55
투자활동	39	44
재무활동	-28	9
순현금흐름	-27	-1
기말현금	75	74

시장 대비 수익률

결산 실적 〈단위 : 억원〉
항목	2012	2013	2014	2015	2016	2017
매출액	531	367	359	632	641	
영업이익	3	-119	-27	79	-13	
당기순이익	34	-186	-19	84	15	

분기 실적 〈단위 : 억원〉
항목	2016.1Q	2016.2Q	2016.3Q	2016.4Q	2017.1Q	2017.2Q
매출액	192	185	130	134	128	130
영업이익	7	-1	-14	-6	-14	-4
당기순이익	8	12	-9	-2	-12	-4

재무 상태 〈단위 : 억원〉
항목	2012	2013	2014	2015	2016	2017.2Q
총자산	777	576	562	675	653	62
유형자산	11	10	7	6	31	3
무형자산	31	18	13	40	51	5
유가증권	39	50	54	74	57	8
총부채	101	91	93	119	94	11
총차입금	59	65	43	52	39	6
자본금	66	66	66	66	67	6
총자본	676	485	469	556	559	50
지배주주지분	676	485	469	553	557	50

기업가치 지표
항목	2012	2013	2014	2015	2016	2017.2Q
주가(최고/저)(천원)	12.4/6.3	7.1/2.6	4.1/2.6	7.7/3.3	8.6/4.4	—/—
PER(최고/저)(배)	50.4/25.4	—/—	—/—	12.2/5.3	101.6/52.4	—/—
PBR(최고/저)(배)	2.5/1.3	2.0/0.7	1.2/0.8	1.9/0.8	2.0/1.1	3.3/1.5
EV/EBITDA(배)	25.3	—	—	5.8	—	—
EPS(원)	252	-1,400	-143	637	84	-352
BPS(원)	5,087	3,647	3,526	4,162	4,195	3,840
CFPS(원)	406	-1,313	-93	682	127	-33
DPS(원)	80			50		
EBITDAPS(원)	174	-811	-152	642	-54	-394

재무 비율 〈단위 : % 〉
연도	영업이익률	순이익률	부채비율	차입금비율	ROA	ROE	유보율	자기자본비율	EBITDA마진율
2016	-2.0	1.3	16.8	7.0	1.2	2.0	739.1	85.6	-1.1
2015	12.6	13.3	21.5	9.3	13.6	16.6	732.4	82.3	13.5
2014	-7.5	-5.3	19.8	9.2	-3.4	-4.0	605.1	83.5	-5.0
2013	-32.5	-50.7	18.7	13.4	-27.5	-31.4	629.5	84.3	-29.4

넥슨지티 (A041140)
Nexon GT CO

업 종 : 게임 소프트웨어		시 장 : KOSDAQ	
신용등급 : (Bond) — (CP) —		기업규모 : 우량	
홈 페 이 지 : www.nexon-gt.com		연 락 처 : 031)779-2500	
본 사 : 경기도 성남시 분당구 판교로 256번길 25 (삼평동, 판교테크노밸리 씨3-7비동)			

설 립 일 1993.11.08	종 업 원 수 172명	대 표 이 사 김정준
상 장 일 2000.07.25	감 사 의 견 적정 (삼일)	계 열
결 산 기 12월	보 통 주 3,537만주	종속회사수 1개사
액 면 가 500원	우 선 주	구 상 호 게임하이

주주구성 (지분율,%)		출자관계 (지분율,%)		주요경쟁사 (외형,%)	
넥슨코리아	63.2	넥슨레드	100.0	넥슨지티	100
최성학	4.8	레드덕	5.1	위메이드	177
(외국인)	1.6			선데이토즈	126

매출구성		비용구성		수출비중	
온라인게임	61.2	매출원가율	29.1	수출	3.0
기타게임 및 서비스	38.8	판관비율	41.8	내수	97.0

회사 개요
동사는 국내 최대 온라인 게임 개발사인 넥슨의 자회사로 1993년 11월에 설립되었으며, 2000년 7월에 코스닥시장에 상장한 온라인 게임 개발 및 판매 전문 업체임. 2014년 2월 온라인게임 업체인 넥스토릭과 합병을 실시함. 연결대상 종속회사로 웰게임즈가 있음. 현재 슈퍼판타지위(S-RPG), 서든어택(FPS) 등을 공급하고 있으며 넥슨코리아에서 퍼블리싱 담당하고 있음. 주요 매출 유형은 퍼블리셔 로열티와 아이템 판매수익으로 구성됨.

실적 분석
동사의 2017년 반기 영업수익은 주력 온라인 게임인 서든어택의 급격한 수익 감소로 전년 동기 대비 41.1% 감소한 196.5억원을 기록함. 영업이익 또한 외형 축소와 더불어 원가율 상승 및 대손상각비 및 기타 판관비의 증가로 연결대상 종속동기 대비 적자전환하며 54.3억원의 손실 시현하는 등 수익성 크게 후퇴한 모습. 지난해 상반기 출시한 신작 게임 서든어택2가 선정성 문제로 9월 서비스 종료되어 실적 개선의 리스크 요인으로 보임.

현금 흐름 〈단위 : 억원〉
항목	2016	2017.2Q
영업활동	242	-40
투자활동	-38	80
재무활동	-113	-52
순현금흐름	91	-12
기말현금	237	225

시장 대비 수익률

결산 실적 〈단위 : 억원〉
항목	2012	2013	2014	2015	2016	2017
매출액	531	553	633	601	612	—
영업이익	288	228	206	201	178	—
당기순이익	154	198	97	179	158	—

분기 실적 〈단위 : 억원〉
항목	2016.1Q	2016.2Q	2016.3Q	2016.4Q	2017.1Q	2017.2Q
매출액	200	134	194	84	111	85
영업이익	98	22	82	-23	-19	-35
당기순이익	69	17	67	5	-16	-27

재무 상태 〈단위 : 억원〉
항목	2012	2013	2014	2015	2016	2017.2Q
총자산	906	1,097	1,326	1,499	1,517	1,404
유형자산	17	28	15	14	11	9
무형자산	17	24	19	12	217	195
유가증권	6		13	37	28	32
총부채	176	156	210	196	125	59
총차입금		67	73	90	73	33
자본금	170	170	177	177	177	177
총자본	730	942	1,116	1,303	1,392	1,346
지배주주지분	730	942	1,116	1,303	1,392	1,346

기업가치 지표
항목	2012	2013	2014	2015	2016	2017.2Q
주가(최고/저)(천원)	11.7/6.9	8.9/6.5	22.8/6.8	17.6/10.3	13.2/7.4	—/—
PER(최고/저)(배)	25.9/15.2	15.4/11.1	82.9/24.7	34.7/20.4	29.5/16.5	—/—
PBR(최고/저)(배)	5.5/3.2	3.2/2.3	7.2/2.2	4.8/2.8	3.2/1.8	2.3/1.8
EV/EBITDA(배)	6.4	6.8	14.7	13.9	8.6	
EPS(원)	452	581	275	505	448	-123
BPS(원)	2,142	2,762	3,154	3,685	4,184	4,087
CFPS(원)	487	695	377	582	583	-46
DPS(원)						
EBITDAPS(원)	879	783	685	646	638	-76

재무 비율 〈단위 : % 〉
연도	영업이익률	순이익률	부채비율	차입금비율	ROA	ROE	유보율	자기자본비율	EBITDA마진율
2016	29.1	25.9	9.0	5.3	10.5	11.8	736.7	91.7	36.9
2015	33.5	29.7	15.0	6.9	12.7	14.8	636.9	86.9	38.0
2014	32.5	15.3	18.9	6.5	8.0	9.4	530.8	84.1	38.2
2013	41.2	35.8	16.5	7.1	19.8	23.7	452.4	85.8	48.3

넵튠 (A217270)
Neptune

업 종 : 게임 소프트웨어		시 장 : KOSDAQ	
신용등급 : (Bond) — (CP) —		기업규모 : 중견	
홈 페 이 지 : www.neptunegames.co.kr		연 락 처 : 031)698-3498	
본 사 : 경기도 성남시 분당구 성남대로 331번길 8 13층(정자동, 킨스타워)			

설 립 일 2015.03.19	종 업 원 수 100명	대 표 이 사 정욱
상 장 일 2015.06.18	감 사 의 견 적정 (안진)	계 열
결 산 기 12월	보 통 주 1,895만주	종속회사수 7개사
액 면 가 500원	우 선 주	구 상 호 대신밸런스제1호스팩

주주구성 (지분율,%)		출자관계 (지분율,%)		주요경쟁사 (외형,%)	
정욱	12.9	에이치앤씨게임즈	100.0	넵튠	100
손호준	12.2	펠릭스랩	100.0	한빛소프트	168
(외국인)	1.7	아크베어스	69.2	파티게임즈	172

매출구성		비용구성		수출비중	
Real Casino Free Slots& PokerVegas Tower	57.5	매출원가율	0.0	수출	85.0
LINE퍼즐탄탄 탄탄사천성 for Kakao(용역)	39.3	판관비율	117.0	내수	15.0
넥슨프로야구마스터,블랙서바이벌,겔설의터치헌	3.2				

회사 개요
동사는 2012년에 설립되어 2016년 12월 코스닥시장에 상장한 모바일 게임 개발사임. 동사의 첫 게임은 '프로야구마스터'로 최초의 스마트폰용 정통 야구 시뮬레이션 게임임. 2013년 애플 앱스토어 최고 매출 8위까지 올랐고, 2012년 10월 출시해서 2013년 8월까지 누적 매출 70억 원 기록. 최근 카카오, 라인 등 IP를 활용한 사천성 게임으로 주목 받고 있음.

실적 분석
동사의 2017년 반기 연결기준 매출액은 105.8억원 기록, 전년 대비 14.0% 증가함. 판관비와 관리비는 140.7억원 기록, 전년 대비 두배 이상 큰 폭으로 증가함. 외형 성장에도 불구하고 비용 증가로 인해 영업손실은 34.9억원을 기록하며 적자전환함. 당기순손실 역시 35.7억원 기록하며 적자 전환함. 향후 신규 IP 활용한 사천성 게임 출시를 통한 실적 개선이 기대됨.

현금 흐름 〈단위 : 억원〉
항목	2016	2017.2Q
영업활동	9	-23
투자활동	29	-84
재무활동	-0	106
순현금흐름	38	-2
기말현금	90	88

시장 대비 수익률

결산 실적 〈단위 : 억원〉
항목	2012	2013	2014	2015	2016	2017
매출액	—	—	16	100	183	—
영업이익	—	—	-10	28	-31	—
당기순이익	—	—	-37	29	-40	—

분기 실적 〈단위 : 억원〉
항목	2016.1Q	2016.2Q	2016.3Q	2016.4Q	2017.1Q	2017.2Q
매출액	49	44	—	—	57	49
영업이익	5	-3	—	—	-9	-26
당기순이익	2	-1	—	—	-11	-25

재무 상태 〈단위 : 억원〉
항목	2012	2013	2014	2015	2016	2017.2Q
총자산			30	359	479	553
유형자산			1	3	6	7
무형자산			5	263	344	336
유가증권			3	3	3	37
총부채			75	55	89	102
총차입금			68	12	26	40
자본금			2	81	88	95
총자본			-45	303	389	452
지배주주지분			-45	306	402	474

기업가치 지표
항목	2012	2013	2014	2015	2016	2017.2Q
주가(최고/저)(천원)	—/—	—/—	—/—	2.6/2.1	2.4/1.6	—/—
PER(최고/저)(배)	0.0/0.0	0.0/0.0	0.0/0.0	47.6/38.1	0.0/0.0	—/—
PBR(최고/저)(배)	0.0/0.0	0.0/0.0	0.0/0.0	7.4/5.9	5.1/3.5	5.1/2.8
EV/EBITDA(배)	0.0	0.0		1.9		
EPS(원)	—	—	-423	277	-206	-138
BPS(원)	—	—	-9,075	32,133	464	2,539
CFPS(원)	—	—	-7,393	5,430	-23	-86
DPS(원)	—	—				
EBITDAPS(원)	—	—	-1,843	5,092	-18	-134

재무 비율 〈단위 : % 〉
연도	영업이익률	순이익률	부채비율	차입금비율	ROA	ROE	유보율	자기자본비율	EBITDA마진율
2016	-17.0	-21.8	23.0	6.8	-9.5	-10.2	363.6	81.3	-8.4
2015	28.5	28.5	18.3	4.0	14.7	전기잠식	277.6	84.5	31.4
2014	-61.0	-235.9	완전잠식	완전잠식	0.0	0.0	-2,010.4	-150.1	-58.1
2013	0.0	0.0	0.0	0.0	0.0	0.0	0.0	0.0	0.0

넷게임즈 (A225570)
NAT GAMES COLTD

업 종 : 게임 소프트웨어		시 장 : KOSDAQ	
신용등급 : (Bond) — (CP) —		기업규모 : 중견	
홈 페 이 지 : 0		연 락 처 : 02)750-5644	
본 사 : 서울시 영등포구 여의대로 60(여의도동, 8층)			

설 립 일	2015.07.14	종 업 원 수 250명	대 표 이 사 박용현
상 장 일	2015.09.25	감 사 의 견 적정 (우리)	계 열
결 산 기	12월	보 통 주 11,491만주	종속회사수
액 면 가	100원	우 선 주	구 상 호

주주구성 (지분율,%)		출자관계 (지분율,%)		주요경쟁사 (외형,%)	
바른손이앤에이	31.9	넷게임즈	100		
넥슨코리아	18.9	룽투코리아	279		
(외국인)	0.0	선데이토즈	302		

매출구성		비용구성		수출비중	
		매출원가율	0.0	수출	88.0
		판관비율	59.7	내수	12.0

회사 개요
동사는 2013년 5월 설립되었으며 모바일 게임의 개발 및 제작업을 영위하고 있음. 2개의 상장자사(바른손이앤에이, 바른손)와 3개의 비상장자사(스튜디오8, 엔트스튜디오, 이브이알 스튜디오)를 자회사로 두고 있음. 동사의 매출은 게임 단일 사업부문으로 모바일게임 히트(HIT)에서 100% 발생됨. 최대주주는 바른 손이앤에이로 34.67%의 지분을 보유하고 있으며 이외에 넥슨코리아가 20.48%의 지분을 보유하고 있음.

실적 분석
동사는 2017년 6월 엔에이치기업인수목적9호 주식회사와의 합병을 통해 증권시장에 상장함. 동사의 2017년 2분기 누적 매출액은 113.5억원,영업적자 3.6억원, 당기순실익 17.2억원을 기록함. 2016년 7월 히트(HIT)의 글로벌 버전 출시 이후 해외 매출 비중이 전체 매출의 약 57.9%로 크게 높아진 상황임. 개발 중인 차기작 '오버히트'는 2017 4분기 출시 계획이며 또 다른 신작 '멀티히트'는 2019년 출시 계획임.

현금 흐름 *IFRS 별도 기준 〈단위 : 억원〉

항목	2016	2017.2Q
영업활동	136	111
투자활동	-15	112
재무활동	-7	-5
순현금흐름	115	217
기말현금	115	333

결산 실적 〈단위 : 억원〉

항목	2012	2013	2014	2015	2016	2017
매출액	—	—	—	61	256	—
영업이익	—	—	-48	9	103	—
당기순이익	—	—	-51	15	97	—

분기 실적 *IFRS 별도 기준 〈단위 : 억원〉

항목	2016.1Q	2016.2Q	2016.3Q	2016.4Q	2017.1Q	2017.2Q
매출액	—	42	—	—	—	45
영업이익	—	0	—	—	—	-27
당기순이익	—	1	—	—	—	-47

재무 상태 *IFRS 별도 기준 〈단위 : 억원〉

항목	2012	2013	2014	2015	2016	2017.2Q
총자산			12	77	200	429
유형자산			2	2	8	10
무형자산			2	3	5	5
유가증권						
총부채			49	31	48	137
총차입금			37	10		15
자본금			9	25	25	106
총자본			-36	46	151	293
지배주주지분			-36	46	151	293

기업가치 지표 *IFRS 별도 기준

항목	2012	2013	2014	2015	2016	2017.2Q
주가(최고/저)(천원)	#VALUE!	—/—	—/—	—/—	—/—	—/—
PER(최고/저)(배)	0.0/0.0	0.0/0.0	0.0/0.0	136.3/126.2	23.8/22.5	—/—
PBR(최고/저)(배)	0.0/0.0	0.0/0.0	0.0/0.0	52.1/48.3	15.2/14.3	8.0/6.3
EV/EBITDA(배)	0.0			18.0	0.6	
EPS(원)	—		-183	17	91	-16
BPS(원)	—		-3,888	1,855	6,053	277
CFPS(원)	—		-7,596	777	4,018	-13
DPS(원)	—					
EBITDAPS(원)	—		-7,187	485	4,284	-0

재무 비율 〈단위 : % 〉

연도	영업이익률	순이익률	부채비율	차입금비율	ROA	ROE	유보율	자기자본비율	EBITDA마진율
2016	40.3	37.7	32.0	0.0	69.7	97.7	505.3	75.8	41.8
2015	14.8	25.3	66.8	20.5	34.4	전기잠식	85.6	60.0	17.3
2014	0.0	0.0	완전잠식	완전잠식	0.0	0.0	-488.8	-292.6	0.0
2013	—	—	—	—	—	—	—	—	—

넷마블게임즈 (A251270)
Netmarble Games

업 종 : 게임 소프트웨어		시 장 : 거래소	
신용등급 : (Bond) — (CP) —		기업규모 : —	
홈 페 이 지 : www.netmarble.com		연 락 처 : 02)371-7110	
본 사 : 서울시 구로구 디지털로 300, 20층(구로동, 지밸리비즈플라자)			

설 립 일	2011.11.17	종 업 원 수 666명	대 표 이 사 권영식
상 장 일	2017.05.12	감 사 의 견 적정 (삼정)	계 열
결 산 기	12월	보 통 주 8,502만주	종속회사수 39개사
액 면 가	100원	우 선 주	구 상 호

주주구성 (지분율,%)		출자관계 (지분율,%)		주요경쟁사 (외형,%)	
방준혁	24.4	넷마블엔투	100.0	넷마블게임즈	100
CJ E&M	22.0	넷마블넥서스	100.0	엔씨소프트	66
(외국인)	26.4	아이지에스	100.0	컴투스	34

매출구성		비용구성		수출비중	
기타(모바일)	26.5	매출원가율	50.1	수출	40.0
세븐나이츠	23.5	판관비율	30.3	내수	60.0
모두의마블	13.6				

회사 개요
2011년 11월 설립, 자회사가 개발한 게임 등을 퍼블리싱하는 사업을 전문적으로 영위하고 있음. 종속회사는 2016년 말 기준, 넷마블넥서스, 넷마블엔투 및 넷마블네오 등 34개사임. 매출은 세븐나이츠 23.50%,모두의마블 13.55%,쿠키잼 9.59%,리니지II:레볼루션 8.06%,마블퓨처파이트 7.26%,판타랩 5.26%, 기타(모바일) 26.50% 등으로 구성되어 있음. 2017년 5월 12일 KOSPI 시장에 상장하였음.

실적 분석
동사의 2017년 상반기 연결기준 매출액은 1조 2,272.9억원을 기록하였으며 영업이익은 3,052억원을 시현. 각각 전년 동기 대비 81%, 172.3% 증가함. 리니지2:레볼루션 동남아 및 신작 론칭에 따라 마케팅비 상승. 누적 매출은 증가하였으나 2분기 매출은 매우 저조하였음. 하반기에는 리니지2:레볼루션의 일본, 북미/유럽 지역 출시 및 블소, 세븐나이츠 등 대작 출시가 예정되어 있음.

현금 흐름 〈단위 : 억원〉

항목	2016	2017.2Q
영업활동	1,488	3,743
투자활동	-2,098	-12,866
재무활동	1,136	25,173
순현금흐름	567	15,835
기말현금	2,727	18,561

결산 실적 〈단위 : 억원〉

항목	2012	2013	2014	2015	2016	2017
매출액	673	1,333	3,624	10,729	15,000	—
영업이익	-110	177	888	2,253	2,947	—
당기순이익	-208	-66	422	1,686	2,092	—

분기 실적 〈단위 : 억원〉

항목	2016.1Q	2016.2Q	2016.3Q	2016.4Q	2017.1Q	2017.2Q
매출액	—	3,518	—	—	—	5,401
영업이익	—	526	—	—	—	1,051
당기순이익	—	325	—	—	—	781

재무 상태 〈단위 : 억원〉

항목	2012	2013	2014	2015	2016	2017.2Q
총자산	1,291	1,894	7,664	14,584	19,574	51,123
유형자산	39	169	230	257	1,229	1,346
무형자산	747	810	2,966	4,476	5,400	13,396
유가증권	87	47	28	4,825	6,038	9,033
총부채	450	1,148	1,534	2,777	6,471	8,081
총차입금	116	652	296	456	3,093	2,925
자본금	10	10	13	15	68	85
총자본	841	746	6,130	11,807	13,104	43,042
지배주주지분	670	615	5,660	10,592	12,163	41,857

기업가치 지표

항목	2012	2013	2014	2015	2016	2017.2Q
주가(최고/저)(천원)	—/—	—/—	—/—	—/—	—/—	—/—
PER(최고/저)(배)	0.0/0.0	0.0/0.0	0.0/0.0	0.0/0.0	0.0/0.0	—/—
PBR(최고/저)(배)	0.0/0.0	0.0/0.0	0.0/0.0	0.0/0.0	0.0/0.0	3.3/2.8
EV/EBITDA(배)	0.0/0.0		1.4			
EPS(원)	-439	-90	536	2,050	2,718	2,715
BPS(원)	336,103	308,760	2,105,586	71,076	17,949	49,240
CFPS(원)	-66,755	18,044	165,530	9,731	3,197	3,118
DPS(원)	—					
EBITDAPS(원)	-34,647	124,845	445,990	16,853	5,082	4,542

재무 비율 〈단위 : % 〉

연도	영업이익률	순이익률	부채비율	차입금비율	ROA	ROE	유보율	자기자본비율	EBITDA마진율
2016	19.6	14.0	49.4	23.6	12.3	15.3	17,848.9	66.9	21.7
2015	21.0	15.7	23.5	3.9	15.2	14.8	70,976.2	81.0	23.1
2014	24.5	11.6	25.0	4.8	8.8	7.8	42,011.7	80.0	28.2
2013	13.3	-5.0	153.9	87.4	-4.2	-5.6	6,075.2	39.4	18.7

노루페인트 (A090350)
Noroo Paint & Coatings

업 종 : 건축자재		시 장 : 거래소	
신용등급 : (Bond) A- (CP) —		기업규모 : 시가총액 소형주	
홈페이지 : www.noroopaint.com		연 락 처 : 031)467-6114	
본 사 : 경기도 안양시 만안구 박달로 351			

설 립 일	2006.06.02	종 업 원 수	797명	대 표 이 사	한영재,김수경(각자대표이사)
상 장 일	2006.07.03	감 사 의 견	적정(안진)	계 열	
결 산 기	12월	보 통 주	2,000만주	종속회사수	6개사
액 면 가	500원	우 선 주	46만주	구 상 호	

주주구성 (지분율,%)		출자관계 (지분율,%)		주요경쟁사 (외형,%)	
노루홀딩스	50.5	노루코일코팅	100.0	노루페인트	100
국민연금공단	6.4	칼라메이트	100.0	노루홀딩스	144
(외국인)	4.4	NOROOPaint(Shanghai)Co.,Ltd		삼화페인트	101

매출구성		비용구성		수출비중	
건축도료	38.8	매출원가율	73.2	수출	—
공업도료	18.6	판관비율	20.3	내수	
자보도료	16.7				

회사 개요
동사는 노루홀딩스에서 2006년 인적분할됨. 도료는 타 산업의 중간재로 건설, 철강, 금속, 선박, 자동차, 전기전자 등의 광범위한 마감소재로 사용됨. 동사의 시장점유율은 15%로 국내 시장 여건은 매출액 상위 5개사가 약 80%의 과점체제를 형성하고 있음. 국내 페인트 시장은 포화상태에서 꾸준히 4% 내외의 성장을 기록함. 다양한 Supply Chain System을 구현하여, 효율적인 경영활동 중임.

실적 분석
동사의 연결기준 2017년 상반기 매출액은 전년동기 대비 13.8% 증가한 2,693.4억원을 시현하였음. 주요 매출은 건축용 도료, 공업용 도료, 자보용 도료, PCM강판용도료 등으로 구성됨. 매출액 증가는 고품질/고가격 제품에 대한 선호도가 상승됨에 따른 시장점유율 확대, 신규거래선 확보, 신축완공물량, 신규 유통채널 증가에 따른 도료 수요 증가 등에 기인함. 외형확대에도 원가부담으로 영업이익은 10.2% 감소한 144.1억원에 그침.

현금 흐름		〈단위 : 억원〉
항목	2016	2017.2Q
영업활동	445	81
투자활동	-258	-77
재무활동	-139	-17
순현금흐름	48	-0
기말현금	179	178

시장 대비 수익률

결산 실적						〈단위 : 억원〉
항목	2012	2013	2014	2015	2016	2017
매출액	4,186	4,335	4,581	4,616	4,789	—
영업이익	174	210	270	307	312	
당기순이익	46	118	153	327	95	

분기 실적						〈단위 : 억원〉
항목	2016.1Q	2016.2Q	2016.3Q	2016.4Q	2017.1Q	2017.2Q
매출액	1,043	1,324	1,216	1,207	1,148	1,546
영업이익	53	107	98	54	46	98
당기순이익	31	10	37	17	13	228

재무 상태						〈단위 : 억원〉
항목	2012	2013	2014	2015	2016	2017.2Q
총자산	5,275	5,289	5,442	5,729	5,706	6,296
유형자산	2,596	2,636	2,686	2,687	2,725	2,856
무형자산	96	91	91	77	200	214
유가증권	12	11	11	2	1	12
총부채	3,048	2,982	3,030	3,017	2,941	3,333
총차입금	1,692	1,532	1,483	1,385	1,285	1,439
자본금	102	102	102	102	102	102
총자본	2,227	2,306	2,413	2,712	2,765	2,963
지배주주지분	2,227	2,306	2,413	2,712	2,765	2,963

기업가치 지표						
항목	2012	2013	2014	2015	2016	2017.2Q
주가(최고/저)(천원)	8.0/2.5	5.7/3.9	8.7/4.5	19.2/8.0	13.4/8.3	—/—
PER(최고/저)(배)	41.2/13.0	11.0/7.6	12.1/6.4	12.5/5.2	29.5/18.2	0.6/0.5
PBR(최고/저)(배)	0.9/0.3	0.6/0.4	0.8/0.4	1.5/0.6	1.0/0.6	0.6/0.5
EV/EBITDA(배)	9.2	8.4	8.7	8.4	6.8	
EPS(원)	225	577	750	1,600	464	1,176
BPS(원)	10,883	11,271	11,790	13,253	13,510	14,478
CFPS(원)	605	1,003	1,237	2,135	975	1,465
DPS(원)	200	200	200	200	200	—
EBITDAPS(원)	1,229	1,452	1,805	2,035	2,035	993

재무 비율									〈단위 : %〉
연도	영업이익률	순이익률	부채비율	차입금비율	ROA	ROE	유보율	자기자본비율	EBITDA마진율
2016	6.5	2.0	106.4	46.5	1.7	3.5	2,602.0	48.5	8.7
2015	6.7	7.1	111.2	51.1	5.9	12.8	2,550.6	47.3	9.0
2014	5.9	3.4	125.6	61.5	2.9	6.5	2,258.0	44.3	8.1
2013	4.9	2.7	129.3	66.4	2.2	5.2	2,154.3	43.6	6.9

노루홀딩스 (A000320)
NorooHoldings

업 종 : 건축자재		시 장 : 거래소	
신용등급 : (Bond) — (CP) —		기업규모 : 시가총액 소형주	
홈페이지 : www.norooholdings.co.kr		연 락 처 : 031)467-6114	
본 사 : 경기도 안양시 만안구 박달로 351			

설 립 일	1945.11.01	종 업 원 수	47명	대 표 이 사	한영재,김용기
상 장 일	1973.08.10	감 사 의 견	적정(안진)	계 열	
결 산 기	12월	보 통 주	1,329만주	종속회사수	19개사
액 면 가	500원	우 선 주	19만주	구 상 호	

주주구성 (지분율,%)		출자관계 (지분율,%)		주요경쟁사 (외형,%)	
한영재	35.3	노루케미칼	100.0	노루홀딩스	100
국민연금공단	6.1	더기반	100.0	삼화페인트	70
(외국인)	2.2	노루기반	100.0	강남제비스코	48

매출구성		비용구성		수출비중	
공업용도료,건축용도료	79.5	매출원가율	71.9	수출	—
자동차도료	21.8	판관비율	24.8	내수	
PCM 강판용도료	19.3				

회사 개요
동사는 사업지주회사로서 노루페인트, 노루케미칼, 아이피케이, 노루오토코팅 등의 자회사를 보유하고 있으며, 이들 자회사 및 기타 투자회사들로부터의 배당금수익(지분법이익)과 동사 산하 연구소의 신기술 연구 및 개발기술의 이전과 지원을 통한 로열티 수입을 주된 수익원으로 하고 있음. 사업부문은 생산하는 제품의 성격에 따라 4개의 부문(건축/공업용 도료 등, 자동차용 도료, PCM용 도료, 기타)으로 구분되어 있음.

실적 분석
동사의 연결기준 2017년 2분기 누적 매출액은 전년동기 대비 10.7% 증가한 3,781.8억원을 기록하였음. 그러나 매출원가와 판관비 증가로 인하여 영업이익은 전년동기 대비 43.6% 감소한 80.1억원 시현에 그침. 2017년 상반기 매출액 비중은 건축/공업용 도료 63.1%, 자동차용 도료 16.4%, PMC용 도료 15.3%, 기타 부문 5.2%로 구성됨.

현금 흐름		〈단위 : 억원〉
항목	2016	2017.2Q
영업활동	364	115
투자활동	-440	647
재무활동	-371	-48
순현금흐름	-431	701
기말현금	1,094	1,796

시장 대비 수익률

결산 실적						〈단위 : 억원〉
항목	2012	2013	2014	2015	2016	2017
매출액	5,856	6,132	6,700	6,835	6,901	—
영업이익	171	228	337	272	227	
당기순이익	189	360	371	882	209	

분기 실적						〈단위 : 억원〉
항목	2016.1Q	2016.2Q	2016.3Q	2016.4Q	2017.1Q	2017.2Q
매출액	1,595	1,821	1,693	1,793	1,726	2,056
영업이익	45	97	76	9	8	72
당기순이익	112	23	42	32	7	529

재무 상태						〈단위 : 억원〉
항목	2012	2013	2014	2015	2016	2017.2Q
총자산	8,359	8,524	8,999	9,865	9,702	10,277
유형자산	3,797	3,834	3,841	3,894	3,995	4,078
무형자산	136	138	142	129	178	183
유가증권	28	41	21	19	33	42
총부채	4,640	4,500	4,600	4,651	4,367	4,544
총차입금	2,857	2,585	2,472	2,290	2,021	2,061
자본금	85	85	85	85	85	85
총자본	3,719	4,025	4,398	5,214	5,335	5,733
지배주주지분	2,434	2,672	2,811	3,422	3,492	3,807

기업가치 지표						
항목	2012	2013	2014	2015	2016	2017.2Q
주가(최고/저)(천원)	8.4/5.8	18.4/7.8	24.5/14.9	38.7/20.9	22.9/13.7	—/—
PER(최고/저)(배)	8.7/5.9	10.4/4.4	14.7/9.0	8.5/4.6	29.2/17.4	—/—
PBR(최고/저)(배)	0.5/0.4	1.0/0.4	1.2/0.7	1.6/0.8	0.9/0.5	0.6/0.5
EV/EBITDA(배)	13.2	13.2	12.2	11.8	10.5	
EPS(원)	1,098	1,932	1,765	4,780	809	2,947
BPS(원)	18,691	20,453	21,487	26,020	26,537	28,877
CFPS(원)	2,452	3,341	3,296	6,409	2,416	3,780
DPS(원)	350	400	400	400	450	—
EBITDAPS(원)	2,621	3,102	4,035	3,650	3,291	1,428

재무 비율									〈단위 : %〉
연도	영업이익률	순이익률	부채비율	차입금비율	ROA	ROE	유보율	자기자본비율	EBITDA마진율
2016	3.3	3.0	81.9	37.9	2.1	3.2	4,107.2	55.0	6.4
2015	4.0	12.9	89.2	43.9	9.4	20.7	4,025.3	52.9	7.2
2014	5.0	5.5	104.6	56.2	4.2	8.7	3,306.7	48.9	8.1
2013	3.7	5.9	111.8	64.2	4.3	10.2	3,142.7	47.2	6.8

노브메타파마 (A229500)
NovMetaPharma

업 종 : 제약		시 장 : KONEX	
신용등급 : (Bond) — (CP) —		기업규모 :	
홈페이지 : www.novmeta.com		연 락 처 : 02)538-1893	
본 사 : 서울시 강남구 언주로 727 13층 (논현동, 트리스빌딩)			

설 립 일	2010.11.04	종 업 원 수	10명	대 표 이 사	황선욱
상 장 일	2015.10.28	감 사 의 견	적정 (삼일)	계 열	
결 산 기	12월	보 통 주		종속회사수	
액 면 가		우 선 주		구 상 호	

주주구성 (지분율,%)
송미진	10.0
황선욱	8.6

출자관계 (지분율,%)
아이컴포넌트	0.5
대정화금	

주요경쟁사 (외형,%)
노브메타파마	100
선바이오	39
대봉엘에스	2,443

매출구성
건강기능식품(상품)	100.0

비용구성
매출원가율	56.7
판관비율	189.5

수출비중
수출	2.0
내수	98.0

회사 개요
동사는 포도당, 지방, 단백질 등의 대사 이상에 기인한 질병인 대사질환(Metabolic disease)과 관련한 신약 개발(인슐린, 당뇨치료제, 면역치료제, 비만치료제, 골다공증치료제, 알츠하이머 등) 및 건강기능식품의 개발과 판매를 영위하는 기업으로 2010년 11월에 설립되었음. 2015년 4월에 노브메타파마(구 피엔씨메타팜)로 사명을 변경하였으며 2015년 10월에 코넥스시장에 상장됨.

실적 분석
동사의 연결 기준 2016년 매출액은 전년 대비 84.8% 증가한 29.1억원임. 신규 음료(식초) 매출 24.9억원의 반영 때문임. 매출원가는 16.5억원으로 매출총이익은 12.6억원을 시현함. 인건비 9.9억원, 경상개발비 23.0억원 등 판매비와관리비는 55.1억원임. 그 결과 영업이익은 42.5억원의 적자를 나타냈으며 당기순이익은 41.3억원의 적자임.

현금 흐름 *IFRS 별도 기준
항목	2016	2017.2Q
영업활동	-32	
투자활동	29	
재무활동	-0	
순현금흐름	-2	
기말현금	27	

시장 대비 수익률

결산 실적
〈단위 : 억원〉
항목	2012	2013	2014	2015	2016	2017
매출액	4	—	13	16	29	—
영업이익	-3	0	-2	-6	-43	—
당기순이익	-3	0	0	-5	-41	—

분기 실적 *IFRS 별도 기준
〈단위 : 억원〉
항목	2016.1Q	2016.2Q	2016.3Q	2016.4Q	2017.1Q	2017.2Q
매출액						
영업이익						
당기순이익						

재무 상태 *IFRS 별도 기준
〈단위 : 억원〉
항목	2012	2013	2014	2015	2016	2017.2Q
총자산	9	23	55	124	67	
유형자산	0	0	1	2	2	
무형자산	1	1	24	4	4	
유가증권				6	5	
총부채	1	1	2	4	6	
총차입금						
자본금	7	15	17	29	39	
총자본	9	22	53	121	60	
지배주주지분	9	22	53	121	60	

기업가치 지표 *IFRS 별도 기준
항목	2012	2013	2014	2015	2016	2017.2Q
주가(최고/저)(천원)	#VALUE!	—/—	—/—	—/—	—/—	—/—
PER(최고/저)(배)	0.0/0.0	0.0/0.0	0.0/0.0	—/—	—/—	—/—
PBR(최고/저)(배)	0.0/0.0	0.0/0.0	0.0/0.0	9.6/4.3	25.1/13.3	0.0/0.0
EV/EBITDA(배)						—/—
EPS(원)	-63	4	50	-73	-552	
BPS(원)	633	742	1,560	2,095	776	
CFPS(원)	-213	18	109	-83	-542	
DPS(원)						
EBITDAPS(원)	-209	28	-59	-94	-562	

재무 비율
〈단위 : %〉
연도	영업이익률	순이익률	부채비율	차입금비율	ROA	ROE	유보율	자기자본비율	EBITDA마진율
2016	-146.2	-141.9	11.0	0.0	-42.7	-45.2	59.5	90.1	-143.5
2015	-35.1	-31.6	3.2	0.0	-5.5	-5.7	319.0	96.9	-30.1
2014	-18.0	23.0	3.9	0.0	7.6	7.9	212.1	96.3	-14.3
2013	4.5	1.8	5.9	0.0	1.7	1.3	48.4	94.4	7.5

녹십자 (A006280)
Green Cross

업 종 : 제약		시 장 : 거래소	
신용등급 : (Bond) AA- (CP) —		기업규모 : 시가총액 중형주	
홈페이지 : www.greencross.com		연 락 처 : 031)260-9300	
본 사 : 경기도 용인시 기흥구 이현로30번길 107 (보정동)			

설 립 일	1969.11.01	종 업 원 수	1,958명	대 표 이 사	허은철
상 장 일	1989.08.01	감 사 의 견	적정 (한영)	계 열	
결 산 기	12월	보 통 주	1,169만주	종속회사수	5개사
액 면 가	5,000원	우 선 주		구 상 호	

주주구성 (지분율,%)
녹십자홀딩스	50.1
국민연금공단	10.0
(외국인)	26.0

출자관계 (지분율,%)
인백팜	92.5
녹십자지놈	54.1
메디진바이오	50.0

주요경쟁사 (외형,%)
녹십자	100
녹십자홀딩스	113
제일파마홀딩스	52

매출구성
[제품]혈액제제류	28.5
[상품]일반제제류	23.7
[상품]혈액제제류 외	20.8

비용구성
매출원가율	70.6
판관비율	22.8

수출비중
수출	20.0
내수	80.0

회사 개요
의약품을 제조 및 판매하는 업체로 혈액제제와 백신 제제에 특화된 사업을 영위하고 있음. 2008년말 전남 화순에 독감백신 생산 설비를 구축하고 계절독감백신이 2011년 세계보건기구 WHO의 PQ(Pre-Qualification) 승인을 받음. 현재 WHO 산하 기관 등의 공급계약 체결은 물론 향후 남미, 아시아, 중동 지역으로의 개별적 수출 확대 진행 중임.

실적 분석
동사의 연결 기준 2017년 2분기 누적 매출액은 6,055.4억원으로 전년 동기 대비 10.2% 증가함. 매출원가는 11.3% 증가하여 매출총이익은 7.7% 증가에 그침. 광고선전비 등 마케팅 관련 비용의 효율적인 집행으로 판관비는 전년 동기 대비 0.6% 감소함. 그 결과 영업이익은 전년 동기 대비 38.1% 증가한 482.1억원을 기록함. 영업이익의 증가에 힘입어 당기순이익도 전년 동기 대비 45.2% 증가함.

현금 흐름
〈단위 : 억원〉
항목	2016	2017.2Q
영업활동	-17	420
투자활동	-1,111	186
재무활동	1,106	485
순현금흐름	-8	1,067
기말현금	569	1,636

시장 대비 수익률

결산 실적
〈단위 : 억원〉
항목	2012	2013	2014	2015	2016	2017
매출액	8,118	8,882	9,753	10,478	11,979	—
영업이익	744	788	970	917	785	—
당기순이익	556	720	868	957	652	—

분기 실적
〈단위 : 억원〉
항목	2016.1Q	2016.2Q	2016.3Q	2016.4Q	2017.1Q	2017.2Q
매출액	2,458	3,035	3,276	3,210	2,754	3,302
영업이익	109	240	346	90	137	345
당기순이익	64	169	229	189	70	269

재무 상태
〈단위 : 억원〉
항목	2012	2013	2014	2015	2016	2017.2Q
총자산	9,544	11,043	13,304	14,151	15,506	16,626
유형자산	3,008	3,681	4,089	5,004	5,540	5,535
무형자산	384	449	546	602	736	813
유가증권	1,248	1,025	683	260	261	373
총부채	2,691	2,649	4,097	4,174	4,916	5,788
총차입금	822	483	1,605	1,396	2,614	3,275
자본금	507	584	584	584	584	584
총자본	6,852	8,394	9,206	9,977	10,590	10,838
지배주주지분	6,718	8,231	8,927	9,568	9,931	10,152

기업가치 지표
항목	2012	2013	2014	2015	2016	2017.2Q
주가(최고/저)(천원)	157/103	145/112	141/114	265/125	248/133	—/—
PER(최고/저)(배)	33.0/21.7	24.2/18.8	20.2/16.4	33.2/15.7	46.3/24.9	—/—
PBR(최고/저)(배)	2.6/1.7	2.1/1.6	1.9/1.5	3.3/1.5	2.8/1.5	2.1/1.5
EV/EBITDA(배)	16.3	15.1	14.1	18.4	18.7	—/—
EPS(원)	4,970	6,201	7,183	8,126	5,388	2,551
BPS(원)	66,369	71,622	77,574	83,063	88,031	89,923
CFPS(원)	6,841	7,831	9,196	10,559	8,047	4,047
DPS(원)	1,250	1,250	1,250	1,750	1,250	
EBITDAPS(원)	8,885	8,605	10,310	10,277	9,372	5,622

재무 비율
〈단위 : %〉
연도	영업이익률	순이익률	부채비율	차입금비율	ROA	ROE	유보율	자기자본비율	EBITDA마진율
2016	6.6	5.4	46.4	24.7	4.4	6.5	1,660.6	68.3	9.1
2015	8.8	9.1	41.8	14.0	7.0	10.3	1,561.3	70.5	11.5
2014	9.9	8.9	44.5	17.4	7.1	9.8	1,451.5	69.2	12.4
2013	8.9	8.1	31.6	5.8	7.0	9.4	1,332.4	76.0	11.0

녹십자랩셀 (A144510)
Green Cross Lab Cell

종 : 바이오			시 장 : KOSDAQ	
용 등 급 : (Bond) — (CP) —			기업규모 : 중견	
페 이 지 : www.gclabcell.com			연 락 처 : 031)260-9300	
사 : 경기도 용인시 기흥구 이현로30번길 107				

설 립 일	2011.06.21	종 업 원 수	381명	대 표 이 사	박대우
상 장 일	2016.06.23	감 사 의 견 적정 (한영)		계 열	
결 산 기	12월	보 통 주	1,055만주	종속회사수	
액 면 가	500원	우 선 주		구 상 호	

주주구성 (지분율,%)		출자관계 (지분율,%)		주요경쟁사 (외형,%)	
녹십자	38.7			녹십자랩셀	100
황유경	0.3			셀트리온	1,581
(외국인)	0.5			바이로메드	16

매출구성		비용구성		수출비중	
검체검사서비스	85.2	매출원가율	75.8	수출	1.0
기타	9.3	판관비율	19.5	내수	99.0
제대혈보관	5.4				

회사 개요
동사는 세포치료제 연구 및 개발사업 및 수탁검사를 위한 검체 운반 및 영업에 관한 사업을 목적으로 2011년 6월 21일에 설립된 법인으로 NK면역세포치료제를 연구개발하는 것을 주요사업으로 하고 있음. 그 외 목적사업으로는 세포치료제 연구 및 개발사업, 바이오 신약 개발, 제조 및 판매업, 수탁검사를 위한 검체 운반 및 영업에 관한 사업, 진단검사중개사업 등이 있음.

실적 분석
동사의 2017년 상반기 누적 매출액은 223.3억원으로 전년동기대비 16.1% 증가함. 매출확대에도 불구하고 비용면에서 매출원가와 판관비가 각각 21.5%, 10.1% 상승하면서 영업이익은 전년동기보다 15.9% 줄어든 14.7억원을 기록함. 검체검사서비스사업의 주요 경쟁사는 서울의과학연구소, 삼광의료재단, 씨젠의료재단, 이원의료재단 등으로 동사는 차별화된 경쟁력 확보를 위해 노력 중임.

현금 흐름 *IFRS 별도 기준 〈단위 : 억원〉

항목	2016	2017.2Q
영업활동	-3	33
투자활동	-364	-25
재무활동	368	-8
순현금흐름	1	-0
기말현금	2	1

시장 대비 수익률

결산 실적 〈단위 : 억원〉

항목	2012	2013	2014	2015	2016	2017
매출액	—	276	309	345	424	—
영업이익	—	21	29	32	20	—
당기순이익	—	13	17	23	23	—

분기 실적 *IFRS 별도 기준 〈단위 : 억원〉

항목	2016.1Q	2016.2Q	2016.3Q	2016.4Q	2017.1Q	2017.2Q
매출액	90	102	112	120	104	120
영업이익	8	9	7	-4	9	6
당기순이익	7	9	9	-1	8	6

재무 상태 *IFRS 별도 기준 〈단위 : 억원〉

항목	2012	2013	2014	2015	2016	2017.2Q
총자산	—	120	142	169	545	562
유형자산	—	27	25	29	31	37
무형자산	—	22	23	24	19	21
유가증권	—					5
총부채	—	72	78	79	64	74
총차입금	—					
자본금	—	40	40	43	53	53
총자본	—	47	64	90	481	488
지배주주지분	—	47	64	90	481	488

기업가치 지표 *IFRS 별도 기준

항목	2012	2013	2014	2015	2016	2017.2Q
주가(최고/저)(천원)	—/—	—/—	—/—	—/—	62.3/20.9	—/—
PER(최고/저)(배)	0.0/0.0	0.0/0.0	0.0/0.0	0.0/0.0	257.5/86.3	—/—
PBR(최고/저)(배)	0.0/0.0	0.0/0.0	0.0/0.0	0.0/0.0	13.7/4.6	6.3/5.2
EV/EBITDA(배)	0.0				86.0	—/—
EPS(원)	—	157	208	274	243	139
BPS(원)	—	592	796	1,054	4,557	4,621
CFPS(원)	—	207	265	339	306	170
DPS(원)	—				75	
EBITDAPS(원)	—	308	416	455	272	170

재무 비율 〈단위 : %〉

연도	영업이익률	순이익률	부채비율	차입금비율	ROA	ROE	유보율	자기자본비율	EBITDA마진율
2016	4.7	5.5	13.3	0.0	6.5	8.2	811.4	88.2	6.1
2015	9.3	6.6	88.2	0.0	14.6	29.5	110.8	53.1	10.9
2014	9.3	5.4	122.7	0.0	12.8	30.0	59.2	44.9	10.8
2013	7.5	4.6	152.7	0.0	0.0	18.4	19.7	39.6	8.9

녹십자셀 (A031390)
GREEN CROSS CELL

업 종 : 전자 장비 및 기기			시 장 : KOSDAQ	
신용등급 : (Bond) — (CP) —			기업규모 : 중견	
홈 페 이 지 : www.greencrosscell.com			연 락 처 : 02)2101-0600	
본 사 : 서울시 금천구 벚꽃로 278 (가산동, SJ테크노빌 6층)				

설 립 일	1992.09.17	종 업 원 수	116명	대 표 이 사	이득주
상 장 일	1998.09.16	감 사 의 견 적정 (대성)		계 열	
결 산 기	12월	보 통 주	1,170만주	종 속 회 사 수	4개사
액 면 가	500원	우 선 주		구 상 호	이노셀

주주구성 (지분율,%)		출자관계 (지분율,%)		주요경쟁사 (외형,%)	
녹십자	25.0			녹십자셀	100
녹십자홀딩스	5.0			아트라스BX	1,950
(외국인)	6.4			대덕전자	1,725

매출구성		비용구성		수출비중	
실리콘 외(기타)	58.1	매출원가율	75.9	수출	34.0
항암세포치료제(제품)	39.7	판관비율	21.4	내수	66.0
시험용역매출 외(용역)	2.1				

회사 개요
동사는1992년 수도권문선호출 사업자로 선정되며 IT 회사로 설립된 후, 2005년 2월에 비상장회사인 (주)바이오메디칼홀딩스의 BT사업 영업권을 양수하였음. 2013년 3월 사명을 이노셀에서 녹십자셀로 변경하고, 현재는 BT사업 부문인 항암면역세포치료제사업과 면역세포은행사업, 제대혈은행 사업을 주로 영위하고 있음. 종속회사를 통해 IT 사업을 영위하고 있음. 항암면역세포치료제 사업의 경우 간암치료제 이뮨셀-엘씨를 제조판매하고 있음.

실적 분석
동사의 연결대상 종속법인은 전자부품 제조업을 영위하는 코리아하이테크 외 중국 및 폴란드에 소재한 3개의 해외법인이 있음. 연결기준 2017년 반기 매출액은 173.2억원으로 전년동기 대비 22.2% 증가함. 매출 증가에 힘입어 영업이익은 16.9억원으로, 전년동기 8.9억원 대비 88.8% 증가한 실적을 시현함. 당기순이익은 16.2억원으로 전년동기 대비 이익 개선됨. 2017년 2월 (주)녹십자의 CT사업을 부문 양수를 결의함.

현금 흐름 〈단위 : 억원〉

항목	2016	2017.2Q
영업활동	29	3
투자활동	-59	-69
재무활동	-3	52
순현금흐름	-34	-11
기말현금	18	7

시장 대비 수익률

결산 실적 〈단위 : 억원〉

항목	2012	2013	2014	2015	2016	2017
매출액	460	299	438	298	285	—
영업이익	23	-41	11	19	8	—
당기순이익	-112	-77	-23	30	-1	—

분기 실적 〈단위 : 억원〉

항목	2016.1Q	2016.2Q	2016.3Q	2016.4Q	2017.1Q	2017.2Q
매출액	71	71	70	73	78	96
영업이익	5	4	1	-2	9	8
당기순이익	3	0	1	-3	6	10

재무 상태 〈단위 : 억원〉

항목	2012	2013	2014	2015	2016	2017.2Q
총자산	725	543	557	517	517	612
유형자산	94	87	88	128	215	257
무형자산	61	26	10	12	39	117
유가증권	56	99	171	151	104	52
총부채	258	153	190	123	126	207
총차입금	100	89	110	85	83	141
자본금	577	58	58	58	58	58
총자본	467	390	367	394	392	405
지배주주지분	467	390	367	394	392	405

기업가치 지표

항목	2012	2013	2014	2015	2016	2017.2Q
주가(최고/저)(천원)	84.2/9.6	48.8/21.5	42.1/19.4	77.4/26.3	51.6/25.3	—/—
PER(최고/저)(배)	—/—	—/—	—/—	302.7/102.7	—/—	—/—
PBR(최고/저)(배)	20.8/2.4	14.5/6.4	13.4/6.2	22.9/7.8	15.3/7.5	9.7/7.2
EV/EBITDA(배)	114.3		156.9	190.4	193.3	—/—
EPS(원)	-1,160	-659	-193	256	-8	139
BPS(원)	406	3,366	3,161	3,387	3,370	3,486
CFPS(원)	-99	-569	-121	328	65	186
DPS(원)					50	
EBITDAPS(원)	41	-262	166	232	139	192

재무 비율 〈단위 : %〉

연도	영업이익률	순이익률	부채비율	차입금비율	ROA	ROE	유보율	자기자본비율	EBITDA마진율
2016	2.7	-0.3	32.1	21.3	-0.2	-0.2	574.0	75.7	5.7
2015	6.3	10.1	31.2	21.6	5.6	7.9	577.3	76.2	9.1
2014	2.5	-5.1	51.7	30.0	-4.1	-5.9	532.2	65.9	4.4
2013	-13.7	-25.7	39.2	22.8	-12.1	-17.9	573.2	71.8	-10.2

녹십자엠에스 (A142280)
Green Cross Medical Science

업 종 : 바이오		시 장 : KOSDAQ	
신용등급 : (Bond)	(CP)	기업규모 : 중견	
홈페이지 : www.greencrossms.com		연 락 처 : 031)260-9300	
본 사 : 경기도 용인시 기흥구 이현로30번길 107			

설 립 일	2003.12.30	종 업 원 수	173명	대 표 이 사	김영필
상 장 일	2014.12.17	감 사 의 견	적정 (한영)	계 열	
결 산 기	12월	보 통 주	956만주	종속회사수	
액 면 가	500원	우 선 주		구 상 호	

주주구성 (지분율,%)		출자관계 (지분율,%)		주요경쟁사 (외형,%)	
녹십자	42.1	녹십자엠에스	100		
허일섭	17.2	바이오니아	25		
(외국인)	0.3	이수앱지스	22		

매출구성		비용구성		수출비중	
제상품 기타	43.4	매출원가율	85.5	수출	20.0
NAT	17.4	판관비율	16.7	내수	80.0
혈액백	15.8				

회사 개요
동사는 2003년 12월 29일 설립되어 체외진단용의약품, 의료기기의약품 및 의약부외품 제조판매를 주요사업으로 영위하고 있음. 최대주주는 녹십자로 전체 지분의 68.16%를 보유하고 있음. 2011년부터 녹십자의 진단시약 및 혈액백 영업부문을 인수하여 사업을 하고 있음. 동사의 사업부문은 크게 진단시약, 혈액백, 혈액투석액 3개 사업부문으로 매출비중은 각각 16%, 23%, 9%임.

실적 분석
2017년 반기 연결기준 매출액은 전년대비 10.5% 증가한 478.8억원임. 매출호조와 효율적인 판매관리비 및 연구개발비 집행을 통해 영업이익 468.6% 증가하여 23.1억원을 시현함. 당기순이익 역시 15.8억원으로 전년동기대비 흑자전환 하였음. 동사는 시장의 다변화를 위해 해외시장 진출에 노력하고 있으며, 수출의 비중을 지속적으로 넓혀가고 있는 상황임.

현금 흐름 〈단위 : 억원〉

항목	2016	2017.2Q
영업활동	102	45
투자활동	-29	-5
재무활동	-69	3
순현금흐름	5	44
기말현금	16	60

시장 대비 수익률

결산 실적 〈단위 : 억원〉

항목	2012	2013	2014	2015	2016	2017
매출액	651	620	813	893	862	—
영업이익	36	28	44	14	-19	—
당기순이익	27	22	37	6	-26	—

분기 실적 〈단위 : 억원〉

항목	2016.1Q	2016.2Q	2016.3Q	2016.4Q	2017.1Q	2017.2Q
매출액	200	233	207	221	227	252
영업이익	3	1	-5	-18	18	5
당기순이익	1	-5	-11	-11	12	4

재무 상태 〈단위 : 억원〉

항목	2012	2013	2014	2015	2016	2017.2Q
총자산	336	430	521	726	636	682
유형자산	48	67	81	126	122	115
무형자산	10	25	29	79	75	73
유가증권	0	0	0	0	0	0
총부채	198	267	206	396	333	369
총차입금	92	111	34	215	148	157
자본금	38	38	48	48	48	48
총자본	138	163	315	330	303	313
지배주주지분	138	163	315	289	268	279

기업가치 지표

항목	2012	2013	2014	2015	2016	2017.2Q
주가(최고/저)(천원)	—/—	—/—	20.5/10.3	29.5/12.6	22.6/10.0	—/—
PER(최고/저)(배)	0.0/0.0	0.0/0.0	42.2/21.2	386.0/165.2	—/—	—/—
PBR(최고/저)(배)	0.0/0.0	0.0/0.0	6.3/3.1	9.8/4.2	8.1/3.5	4.2/3.5
EV/EBITDA(배)	1.8	2.6	28.4	45.9	169.7	—
EPS(원)	360	290	488	76	-198	162
BPS(원)	1,836	2,167	3,295	3,020	2,808	2,971
CFPS(원)	446	399	666	296	79	306
DPS(원)	—	—	50	—	—	—
EBITDAPS(원)	564	482	763	367	74	385

재무 비율 〈단위 : % 〉

연도	영업이익률	순이익률	부채비율	차입금비율	ROA	ROE	유보율	자기자본비율	EBITDA마진율
2016	-2.3	-3.0	109.9	48.7	-3.8	-6.8	461.7	47.7	0.8
2015	1.6	0.7	120.3	65.3	1.0	2.4	503.9	45.4	3.9
2014	5.5	4.6	65.4	10.9	7.8	15.6	559.1	60.5	7.1
2013	4.5	3.5	164.3	68.0	5.7	14.5	333.4	37.8	5.8

녹십자홀딩스 (A005250)
Green Cross Holdings

업 종 : 제약		시 장 : 거래소	
신용등급 : (Bond)	(CP)	기업규모 : 시가총액 중형주	
홈페이지 : www.greencross.com		연 락 처 : 031)260-9300	
본 사 : 경기도 용인시 기흥구 이현로30번길 107 (보정동)			

설 립 일	1967.10.05	종 업 원 수	190명	대 표 이 사	허일섭,허용준
상 장 일	1978.08.28	감 사 의 견	적정 (한영)	계 열	
결 산 기	12월	보 통 주	4,703만주	종속회사수	19개사
액 면 가	500원	우 선 주	251만주	구 상 호	

주주구성 (지분율,%)		출자관계 (지분율,%)		주요경쟁사 (외형,%)	
허일섭	11.8	녹십자이엠	100.0	녹십자홀딩스	100
목암생명공학연구소	9.8	부동산처분신탁	100.0	한미사이언스	49
(외국인)	6.7	녹십자헬스케어	90.8	제일파마홀딩스	46

매출구성		비용구성		수출비중	
분양매출(기타)	49.0	매출원가율	71.0	수출	—
기타영업수익(기타)	29.7	판관비율	21.7	내수	—
배당금수익(기타)	11.5				

회사 개요
동사는 2001년 3월 정기주총에서 지주회사에 대한 사업목적을 승인 받아 생명공학 및 헬스케어 관련 기업을 사업자회사로 둔 지주회사 체제로 경영시스템을 전환하였음. 동사의 주력 자회사는 국내 ㈜녹십자, ㈜녹십자헬스케어, ㈜녹십자이엠, ㈜씨씨웰페어 해외 Green Cross HK Holdings Limited(홍콩), Green Cross North America Inc., GC Labtech, Inc. 등이 있음.

실적 분석
동사의 2017년 2분기 누적 연결기준 매출액은 6,950.1억원으로 전년 동기 대비 12.8% 증가하였음. 매출원가는 13.1% 증가하여 매출총이익은 11.8% 증가함. 인건비는 7.9% 증가하였으나 경상개발비와 광고선전비가 감소하여 전체 판관비는 전년 동기 대비 0.1% 감소함. 그 결과 영업이익은 602.8억원으로 전년 동기 대비 53.7% 증가함. 당기순이익도 87.7% 증가하여 수익성이 개선됨.

현금 흐름 〈단위 : 억원〉

항목	2016	2017.2Q
영업활동	-8	723
투자활동	-1,995	-413
재무활동	1,438	1,015
순현금흐름	-497	1,259
기말현금	1,136	2,395

시장 대비 수익률

결산 실적 〈단위 : 억원〉

항목	2012	2013	2014	2015	2016	2017
매출액	8,566	9,383	10,448	11,329	13,545	—
영업이익	890	949	1,152	1,076	993	—
당기순이익	901	808	1,015	1,128	743	—

분기 실적 〈단위 : 억원〉

항목	2016.1Q	2016.2Q	2016.3Q	2016.4Q	2017.1Q	2017.2Q
매출액	2,731	3,432	3,554	3,827	3,160	3,79
영업이익	135	257	363	238	185	41
당기순이익	41	173	205	325	95	30

재무 상태 〈단위 : 억원〉

항목	2012	2013	2014	2015	2016	2017.2Q
총자산	14,463	16,241	17,909	20,587	22,493	24,12
유형자산	4,561	5,394	5,945	7,204	8,524	9,27
무형자산	413	479	586	667	809	88
유가증권	2,268	1,937	1,393	942	980	1,20
총부채	4,735	5,245	6,098	7,513	8,723	10,05
총차입금	1,651	1,966	2,550	3,449	4,982	6,23
자본금	266	266	266	266	266	26
총자본	9,728	10,997	11,811	13,074	13,770	14,07
지배주주지분	6,218	6,732	7,047	7,322	7,716	7,90

기업가치 지표

항목	2012	2013	2014	2015	2016	2017.2Q
주가(최고/저)(천원)	16.1/11.1	17.2/11.4	24.0/11.8	56.7/19.6	49.1/20.0	—/—
PER(최고/저)(배)	14.1/9.7	20.7/13.7	21.7/10.7	43.8/15.2	52.2/21.3	—/—
PBR(최고/저)(배)	1.3/0.9	1.3/0.9	1.7/0.8	3.8/1.3	3.1/1.3	2.2/1.
EV/EBITDA(배)	11.6	10.1	11.6	19.6	15.5	—
EPS(원)	1,242	879	1,146	1,320	952	44
BPS(원)	12,976	13,883	14,525	15,148	15,944	16,32
CFPS(원)	1,586	1,292	1,671	1,956	1,661	84
DPS(원)	450	250	300	300	300	—
EBITDAPS(원)	2,140	2,328	2,851	2,808	2,712	1,61

재무 비율 〈단위 : % 〉

연도	영업이익률	순이익률	부채비율	차입금비율	ROA	ROE	유보율	자기자본비율	EBITDA마진율
2016	7.3	5.5	63.3	36.2	3.5	6.3	2,871.9	61.2	9.
2015	9.5	10.0	57.5	26.4	5.9	9.1	2,723.5	63.5	12.
2014	11.0	9.7	51.6	21.6	5.9	8.6	2,607.3	66.0	13.
2013	10.1	8.6	47.7	17.9	5.3	6.7	2,487.8	67.7	12.

농심 (A004370)
NongShim

종 목 : 식료품
신용등급 : (Bond) — (CP) —
페이지 : www.nongshim.com
본 사 : 서울시 동작구 여의대방로 112 (신대방동)

시 장 : 거래소
기업규모 : 시가총액 대형주
연 락 처 : 02)820-7114

설 립 일	1965.09.18	종 업 원 수	4,956명	대 표 이 사	신동원,박준
상 장 일	1976.06.30	감 사 의 견	적정 (한영)	계 열	
결 산 기	12월	보 통 주	608만주	종속회사수	12개사
액 면 가	5,000원	우 선 주		구 상 호	

주주구성 (지분율,%)		출자관계 (지분율,%)		주요경쟁사 (외형,%)	
농심홀딩스	32.7	농심기획	90.0	농심	100
국민연금공단	11.3	한국카레하우스	10.0	오뚜기	91
(외국인)	20.7	농심켈로그	8.3	농심홀딩스	22

매출구성		비용구성		수출비중	
라면	74.6	매출원가율	67.8	수출	94.0
스낵	15.9	판관비율	28.1	내수	6.0
기타	10.8				

회사 개요
동사의 주력인 라면 사업은 원재료 비중이 차지하는 비율이 높아 환율이나 국제 곡물이나 환율. 2016년 동사의 라면류 시장점유율은 약 56%로 과반 이상 점유율을 보이고 있지만 경쟁사 신제품 영향으로 점유율 감소 추세임. 신성장 동력 확보를 위해 '태풍냉면', '육개장큰사발', '볶음쌀면', '우육탕면', '짜왕'과 같이 소비자 니즈에 부합하는 신제품을 지속적으로 출시 중.

실적 분석
동사의 2017년 반기 매출액은 1조 917억원으로 전년동기 대비 0.3% 감소함. 반면 매출은 소폭 감소했지만 매출 원가율 하락 영향으로 영업이익은 507.1억원을 시현하며 지난해 같은 기간 대비 13.1% 증가한 모습. 비영업손익 부문에서는 지난해 라면가격 담합 혐의에서 벗어나 과징금 약 1000억원을 돌려 받는 등 비영업손익이 일시적으로 증가했던것에 따른 기저효과로 당기순이익은 전년동기 대비 큰 폭으로 감소한 상황.

현금 흐름 〈단위 : 억원〉
항목	2016	2017.2Q
영업활동	2,210	870
투자활동	-1,345	-419
재무활동	-772	-383
순현금흐름	105	63
기말현금	1,794	1,857

결산 실적 〈단위 : 억원〉
항목	2012	2013	2014	2015	2016	2017
매출액	21,757	20,867	20,417	21,816	22,170	—
영업이익	969	926	735	1,183	897	—
당기순이익	-92	869	645	1,174	1,992	—

분기 실적 〈단위 : 억원〉
항목	2016.1Q	2016.2Q	2016.3Q	2016.4Q	2017.1Q	2017.2Q
매출액	5,681	5,272	5,477	5,739	5,554	* 5,363
영업이익	324	124	228	221	325	182
당기순이익	1,437	148	231	176	298	158

재무 상태 〈단위 : 억원〉
항목	2012	2013	2014	2015	2016	2017.2Q
총자산	21,513	22,154	22,241	24,187	24,813	24,488
유형자산	10,722	10,590	10,881	11,330	10,925	11,109
무형자산	312	355	345	568	587	625
유가증권	221	68	70	333	580	426
총부채	6,920	6,987	6,707	7,722	6,789	6,378
총차입금	1,026	953	954	1,521	991	796
자본금	304	304	304	304	304	304
총자본	14,593	15,167	15,535	16,465	18,024	18,110
지배주주지분	14,408	14,991	15,347	16,350	17,899	17,980

기업가치 지표
항목	2012	2013	2014	2015	2016	2017.2Q
주가(최고/저)(천원)	266/191	340/221	305/238	434/224	528/280	—/—
PER(최고/저)(배)	—/—	24.6/16.0	29.6/23.1	22.8/11.9	16.3/8.7	1.2/0.9
PBR(최고/저)(배)	1.1/0.8	1.4/0.9	1.2/0.9	1.6/0.8	1.7/0.9	1.2/0.9
EV/EBITDA(배)	7.4	6.4	7.5	11.4	8.6	
EPS(원)	-1,115	14,533	10,687	19,291	32,764	7,504
BPS(원)	250,158	259,740	265,581	282,078	307,539	308,878
CFPS(원)	12,145	28,180	24,008	32,431	46,812	14,338
DPS(원)	4,000	4,000	4,000	4,000	4,000	
EBITDAPS(원)	29,189	28,872	25,412	32,587	28,796	15,170

재무 비율 〈단위 : % 〉
연도	영업이익률	순이익률	부채비율	차입금비율	ROA	ROE	유보율	자기자본비율	EBITDA마진율
2016	4.1	9.0	37.7	5.5	8.1	11.6	6,050.8	72.6	7.9
2015	5.4	5.4	46.9	9.2	5.1	7.4	5,541.6	68.1	9.1
2014	3.6	3.2	43.2	6.1	2.9	4.3	5,211.6	69.9	7.6
2013	4.4	4.2	46.1	6.6	4.0	6.0	5,094.8	68.5	8.4

농심홀딩스 (A072710)
Nongshimholdings

업 종 : 식료품
신용등급 : (Bond) AA (CP) —
홈페이지 : www.nongshimholdings.co.kr
본 사 : 서울시 동작구 여의대방로 112 (신대방동 370 농심빌딩)

시 장 : 거래소
기업규모 : 시가총액 중형주
연 락 처 : 02)820-7820

설 립 일	2003.07.01	종 업 원 수	6명	대 표 이 사	신동원
상 장 일	2003.07.30	감 사 의 견	적정 (한영)	계 열	
결 산 기	12월	보 통 주	464만주	종속회사수	3개사
액 면 가	5,000원	우 선 주		구 상 호	

주주구성 (지분율,%)		출자관계 (지분율,%)		주요경쟁사 (외형,%)	
신동원	42.9	태경농산	100.0	농심홀딩스	100
신동윤	13.2	농심엔지니어링	100.0	오뚜기	404
(외국인)	5.0	농심개발	96.9	롯데푸드	354

매출구성		비용구성		수출비중	
지주회사투자(기타)	100.0	매출원가율	73.5	수출	—
		판관비율	9.0	내수	—

회사 개요
동사는 농심을 인적 분할하여 설립되었고 율촌화학, 태경농산 등 6개 회사를 자회사로 두고 있음. 자산과 대부분을 자회사 주식가액의 합계액이 차지하는 등 자회사의 영업과 산업 특성에 영향을 크게 받음. 주요 자회사인 농심은 원재료 비중이 높아 환율이나 국제곡물 및 팜유 시세 변동에 의한 원가변동요인이 있음. 태경농산은 농수산물 가공 및 스프 제조를 주요 사업으로 매출의 90%가 농심으로부터 발생함.

실적 분석
동사의 2017년 2분기 누적 연결기준 매출액은 전년대비 17.0% 감소한 2,228.6억원을 기록함. 전년동기 대비 매출액의 차이는 연결 조정효과에 기인함. 외형 축소로 매출원가율이 악화된 결과 영업이익은 197.8억원으로 전년대비 69.4% 감소함. 비영업손익 개선이 반영된 당기순이익은 169.5억원으로 역시 전년대비 대폭 감소함. 당반기 사업부분별 매출 비중은 태경농산 72.7%, 농심엔지니어링 16.6% 및 농심홀딩스 등으로 구성됨.

현금 흐름 〈단위 : 억원〉
항목	2016	2017.2Q
영업활동	171	201
투자활동	-125	-5
재무활동	-1	-183
순현금흐름	45	13
기말현금	104	117

결산 실적 〈단위 : 억원〉
항목	2012	2013	2014	2015	2016	2017
매출액	2,889	3,570	3,874	4,491	4,978	—
영업이익	175	527	317	557	869	—
당기순이익	152	489	256	476	794	—

분기 실적 〈단위 : 억원〉
항목	2016.1Q	2016.2Q	2016.3Q	2016.4Q	2017.1Q	2017.2Q
매출액	1,467	1,217	1,112	1,182	1,031	1,197
영업이익	546	100	126	96	107	91
당기순이익	514	88	115	77	60	110

재무 상태 〈단위 : 억원〉
항목	2012	2013	2014	2015	2016	2017.2Q
총자산	9,683	10,273	10,345	10,847	11,719	11,718
유형자산	1,834	2,045	2,223	2,171	2,124	2,117
무형자산	12	12	55	53	44	38
유가증권	136	137	145	147	161	161
총부채	2,734	2,994	2,943	3,052	3,304	3,277
총차입금	906	1,244	1,260	1,356	1,449	1,360
자본금	232	232	232	232	232	232
총자본	6,949	7,280	7,402	7,795	8,415	8,441
지배주주지분	6,896	7,268	7,390	7,783	8,402	8,428

기업가치 지표
항목	2012	2013	2014	2015	2016	2017.2Q
주가(최고/저)(천원)	58.8/45.1	78.9/56.1	123/75.2	151/97.1	173/99.3	—/—
PER(최고/저)(배)	20.7/15.8	8.1/5.7	23.4/14.3	15.1/9.7	10.3/5.9	—/—
PBR(최고/저)(배)	0.4/0.3	0.5/0.4	0.8/0.5	0.9/0.6	1.0/0.6	0.8/0.6
EV/EBITDA(배)	14.8	8.0	14.6	12.6	7.0	
EPS(원)	3,167	10,516	5,530	10,264	17,111	3,648
BPS(원)	148,700	156,712	159,349	167,826	181,174	181,729
CFPS(원)	4,720	12,163	7,580	12,719	19,572	4,856
DPS(원)	2,000	2,000	2,000	2,000	2,000	
EBITDAPS(원)	5,335	13,008	8,885	14,461	21,188	5,473

재무 비율 〈단위 : % 〉
연도	영업이익률	순이익률	부채비율	차입금비율	ROA	ROE	유보율	자기자본비율	EBITDA마진율
2016	17.5	16.0	39.3	17.2	7.0	9.8	3,523.5	71.8	19.7
2015	12.4	10.6	39.2	17.4	4.5	6.3	3,256.5	71.9	14.9
2014	8.2	6.6	39.8	17.0	2.5	3.5	3,087.0	71.6	10.6
2013	14.8	13.7	41.1	17.1	4.9	6.9	3,034.2	70.9	16.9

농우바이오 (A054050)
Nong Woo Bio

업　　종 : 바이오		시　　장 : KOSDAQ		
신용등급 : (Bond) — 　(CP) —		기업규모 : 우량		
홈페이지 : www.nongwoobio.co.kr		연 락 처 : (031)218-1116		
본　　사 : 경기도 수원시 영통구 센트럴타운로 114-8 (이의동)				

설 립 일 1990.06.05	종 업 원 수 485명	대 표 이 사 최유현
상 장 일 2002.03.22	감 사 의 견 적정 (삼정)	계　　열
결 산 기 12월	보 통 주 1,430만주	종속회사수 7개사
액 면 가 500원	우 선 주	구 상 호

주주구성 (지분율,%)		출자관계 (지분율,%)		주요경쟁사 (외형,%)	
농협경제지주	52.8	에이씨피씨	13.9	농우바이오	100
KB자산운용	4.5	남안동농협	4.8	셀트리온	650
(외국인)	1.5	유원미디어	1.4	바이로메드	7

매출구성		비용구성		수출비중	
미니찰토마토 외	37.6	매출원가율	45.8	수출	—
멋진맛وو무	24.5	판관비율	41.2	내수	—
빅스타고추 등	21.0				

회사 개요
동사는 국내외 작물 재배자들을 대상으로 종자를 개발, 생산, 판매하는 사업을 영위하는 업체로 1981년에 설립됐고, 종자와 상토 사업을 영위하고 있음. 국내 종자 시장 규모는 약 1500억원, 상토 시장규모는 1400억원으로 추산됨. 국내 종자시장에는 총 50여개의 종자업체가 있으며 동사와 동부팜한농, 사카다, 신젠타, 코레곤 5개사가 전체 종자시장의 80%를 점유하고 있음. 동사는 국내 시장점유율 25%로 1위를 차지하고 있음.

실적 분석
동사의 2017년 상반기 연결기준 누적 매출액은 514.4억원으로 전년동기대비 -1.4% 감소함. 매출원가가 10.3% 줄면서 영업이익은 전년동기보다 5.6% 증가한 88.3억원을 기록. 당기순이익도 70.4억원으로 4.2% 늘어남. 동사는 여주, 밀양 2곳의 육종연구소를 비롯해 중국, 인도네시아, 미국 등 해외법인을 보유한 유일한 국내자본 종묘회사임. 고기능성 채소작물 개발, 유전체 사업 및 DNA chip 개발 등 생명공학연구를 추진 중임.

현금 흐름 〈단위 : 억원〉

항목	2016	2017.2Q
영업활동	77	-148
투자활동	3	-18
재무활동	-69	180
순현금흐름	12	9
기말현금	141	149

시장 대비 수익률

결산 실적 〈단위 : 억원〉

항목	2012	2013	2014	2015	2016	2017
매출액	778	817	893	968	1,031	—
영업이익	187	119	152	125	135	—
당기순이익	183	115	143	162	-75	—

분기 실적 〈단위 : 억원〉

항목	2016.1Q	2016.2Q	2016.3Q	2016.4Q	2017.1Q	2017.2Q
매출액	285	237	244	265	280	235
영업이익	73	10	40	11	58	30
당기순이익	57	11	27	-170	41	30

재무 상태 〈단위 : 억원〉

항목	2012	2013	2014	2015	2016	2017.2Q
총자산	1,636	1,748	1,869	2,164	2,212	2,208
유형자산	614	675	740	657	616	602
무형자산	37	36	32	34	32	35
유가증권	24	22	22	22	21	20
총부채	150	196	221	358	534	476
총차입금	1	13	0	115	73	256
자본금	72	72	72	72	72	72
총자본	1,487	1,552	1,648	1,806	1,679	1,732
지배주주지분	1,486	1,551	1,648	1,805	1,678	1,730

기업가치 지표

항목	2012	2013	2014	2015	2016	2017.2Q
주가(최고/저)(천원)	19.5/11.6	31.5/19.2	26.5/19.8	26.8/20.6	27.2/14.8	—/—
PER(최고/저)(배)	15.7/9.4	40.4/24.6	27.1/20.2	23.9/18.4	—	—/—
PBR(최고/저)(배)	1.9/1.2	3.0/1.8	2.4/1.8	2.1/1.7	2.3/1.3	1.5/1.3
EV/EBITDA(배)	12.1	21.5	18.1	18.6	12.2	—
EPS(원)	1,279	804	1,000	1,130	-528	490
BPS(원)	10,394	10,845	11,523	12,623	11,735	12,099
CFPS(원)	1,491	1,043	1,274	1,435	-201	666
DPS(원)	250	250	250	250		
EBITDAPS(원)	1,521	1,074	1,340	1,181	1,269	793

재무 비율 〈단위 : %〉

연도	영업이익률	순이익률	부채비율	차입금비율	ROA	ROE	유보율	자기자본비율	EBITDA마진율
2016	13.1	-7.3	31.8	4.3	-3.5	-4.4	2,247.0	75.9	17.6
2015	12.9	16.7	19.8	6.4	8.0	9.4	2,424.7	83.5	17.4
2014	17.1	16.0	13.4	0.0	7.9	8.9	2,204.6	88.2	21.5
2013	14.6	14.0	12.6	0.8	6.8	7.6	2,069.1	88.8	18.8

누리텔레콤 (A040160)
Nuri Telecom

업　　종 : 일반 소프트웨어		시　　장 : KOSDAQ		
신용등급 : (Bond) — 　(CP) —		기업규모 : 벤처		
홈페이지 : www.nuritelecom.co.kr		연 락 처 : (02)781-0700		
본　　사 : 서울시 서초구 사평대로16 누리빌딩 (방배동)				

설 립 일 1994.04.18	종 업 원 수 138명	대 표 이 사 조송만,김영덕(각자대표이사)
상 장 일 2000.08.08	감 사 의 견 적정 (리안)	계　　열
결 산 기 12월	보 통 주 1,206만주	종속회사수 7개사
액 면 가 500원	우 선 주	구 상 호

주주구성 (지분율,%)		출자관계 (지분율,%)		주요경쟁사 (외형,%)	
1105354 B.C.LTD	31.4	누리비스타	100.0	누리텔레콤	100
김영덕	5.2	누리빌	100.0	한컴MDS	293
(외국인)	3.2	1101324B.C.LTD	100.0	이니텍	451

매출구성		비용구성		수출비중	
[제품]AMI(스마트그리드)	43.6	매출원가율	52.7	수출	61.0
[상품]AMI(스마트그리드)	26.3	판관비율	32.0	내수	39.0
RFID 제품군	17.4				

회사 개요
유/무선 검침용 통신모뎀, 집중기 등 통신장치, 양방향 원격검침시스템 플랫폼 소프트웨어, 인터넷 전자고지 서비스 등 스마트그리드 AMI(지능형 검침 인프라) 토탈 솔루션을 제공함. 일본 전력재판매 업체인 알테리아 네크웍스와 EMS구축 사업을 추진함. 2015년 누리비스타 세라믹사업부문 흡수합병, 2016년 9월 게임개발업체 누리스타덱스 흡수합병에 이어 2017년 8월 캐나다 자회사 두 곳을 합병함.

실적 분석
동사의 2017년 2분기 누적 매출액은 전년 동기 대비 1.1% 증가한 232.8억원을 기록함. 판매비와 관리비는 연구개발비 등의 영향으로 전년 동기 대비 50.5% 증가함. 비용 증가에 따라 2017년 2분기 누적 영업손실은 32.9억원을 시현, 적자전환함. 당기순손실도 41.1억원을 기록하며 적자전환. 다만 지난해부터 마이크로그리드사업이 지속되고 있고, 지난해까지 없던 저압AMI 사업이 신규로 시작되어 향후 실적 성장이 기대됨.

현금 흐름 〈단위 : 억원〉

항목	2016	2017.2Q
영업활동	173	-178
투자활동	-88	-171
재무활동	43	218
순현금흐름	133	-62
기말현금	190	128

시장 대비 수익률

결산 실적 〈단위 : 억원〉

항목	2012	2013	2014	2015	2016	2017
매출액	296	374	389	584	513	—
영업이익	-56	21	13	88	79	—
당기순이익	-113	69	15	44	65	—

분기 실적 〈단위 : 억원〉

항목	2016.1Q	2016.2Q	2016.3Q	2016.4Q	2017.1Q	2017.2Q
매출액	104	126	57	226	59	17
영업이익	30	25	-24	47	-34	
당기순이익	25	21	-28	46	-50	

재무 상태 〈단위 : 억원〉

항목	2012	2013	2014	2015	2016	2017.2Q
총자산	831	622	633	688	815	1,21
유형자산	333	262	216	202	210	23
무형자산	68	75	91	80	86	20
유가증권	34	1	1	2	2	
총부채	312	242	238	203	265	70
총차입금	201	144	172	112	139	21
자본금	57	60	60	60	60	6
총자본	518	381	395	484	550	51
지배주주지분	314	380	395	484	550	50

기업가치 지표

항목	2012	2013	2014	2015	2016	2017.2Q
주가(최고/저)(천원)	6.5/3.6	6.5/4.0	7.2/4.4	14.7/4.6	14.5/8.0	—/—
PER(최고/저)(배)		11.8/7.2	57.7/35.8	39.9/12.6	26.9/14.9	—/—
PBR(최고/저)(배)	2.2/1.2	1.9/1.1	2.0/1.2	3.5/1.1	3.1/1.7	2.5/2
EV/EBITDA(배)		10.1	17.6	15.8	10.5	—
EPS(원)	-1,151	553	124	368	538	-34
BPS(원)	2,961	3,517	3,636	4,204	4,747	4,41
CFPS(원)	-882	844	298	536	682	-22
DPS(원)	—	—	—	—	—	
EBITDAPS(원)	-227	470	279	895	796	-15

재무 비율 〈단위 : %〉

연도	영업이익률	순이익률	부채비율	차입금비율	ROA	ROE	유보율	자기자본비율	EBITDA마진율
2016	15.3	12.7	48.2	25.3	8.6	12.6	849.3	67.5	18
2015	15.0	7.6	42.0	23.1	6.7	10.1	740.8	70.4	18
2014	3.3	3.8	60.4	43.5	2.3	3.9	627.2	62.4	8
2013	5.6	18.4	63.4	37.9	9.5	14.6	603.5	61.2	14

누리플랜 (A069140)
Nuriplan

종 목: 상업서비스		시 장: KOSDAQ	
신용등급: (Bond) — (CP) —		기업규모: 벤처	
페이지: www.nuriplan.com		연 락 처: 031)997-9097	
본 사: 경기도 김포시 대곶면 대곶로202번길 191			

설 립 일 1994.03.04	종 업 원 수 84명	대 표 이 사 이규홍	
상 장 일 2010.10.26	감 사 의 견 적정 (참)	계 열	
결 산 기 12월	보 통 주 475만주	종속회사수 1개사	
액 면 가 500원	우 선 주	구 상 호	

주주구성 (지분율,%)
이상우	41.0
누리플랜우리사주조합	6.4
(외국인)	0.1

출자관계 (지분율,%)
누리플랜	100
아이씨케이	72
SCI평가정보	103

주요경쟁사 (외형,%)

매출구성
LED조명기구 외 (제품 및 상품)	69.7
경관조명 외 (공사)	29.4
설계용역 (용역수입)	0.9

비용구성
매출원가율	81.5
판관비율	16.4

수출비중
수출	0.0
내수	100.0

회사 개요
동사는 조명 등 경관 시설 전문업체임. 주요 제품은 방음벽, 차량방호울타리, LED조명기구, 난간헬스 등임. 업계에서 유일하게 디자인, 설계, 제작, 시공, 사후관리까지 제공하고 있음. 한편 사업다각화를 지속적으로 추진하고 있으며, 이미 군사 및 국가주요시설에 대한 방호전자파 차단시설을 제작, 설치하는 EMP 차폐사업과 전기저장장치사업과 안개소산장치 사업도 영위 중임.

실적 분석
동사의 2017년 2분기 누적 연결기준 매출액은 전년대비 31.1% 감소한 134.1억원을 기록함. 매출 감소는 조명사업부문의 부진에 기인함. 외형 축소와 원가율 급증으로 영업손실 11.5억원, 당기순손실 14.1억원을 보이며 적자전환함. 동사는 당반기 중 불법행위미수금의 발생과 관련하여 불법행위미수금발생 해당 보고기간의 재무제표에 대한 수정을 실행하여 2010년 이후의 수정 감사보고서를 다시 제출함.

현금 흐름 〈단위 : 억원〉
항목	2016	2017.2Q
영업활동	-21	-0
투자활동	20	2
재무활동	17	20
순현금흐름	16	23
기말현금	43	67

결산 실적 〈단위 : 억원〉
항목	2012	2013	2014	2015	2016	2017
매출액	451	394	306	321	344	
영업이익	-18	-38	-74	12	7	
당기순이익	-12	-32	-98	5	24	

분기 실적 〈단위 : 억원〉
항목	2016.1Q	2016.2Q	2016.3Q	2016.4Q	2017.1Q	2017.2Q
매출액	58	137	—	—	65	69
영업이익	-1	8	—	—	-1	-10
당기순이익	7	32	—	—	-2	-11

재무 상태 〈단위 : 억원〉
항목	2012	2013	2014	2015	2016	2017.2Q
총자산	554	523	336	326	354	360
유형자산	158	155	149	82	126	125
무형자산	10	9	5	10	9	16
유가증권	4	6	5	7	18	15
총부채	278	260	169	153	160	165
총차입금	171	170	93	74	87	89
자본금	22	23	23	23	23	24
총자본	276	263	167	173	194	194
지배주주지분	275	263	167	173	194	194

기업가치 지표
항목	2012	2013	2014	2015	2016	2017.2Q
주가(최고/저)(천원)	10.9/5.8	9.5/5.5	9.0/4.1	6.4/3.8	9.9/4.7	—/—
PER(최고/저)(배)	—/—	—/—	—/—	60.1/35.5	18.9/9.0	—/—
PBR(최고/저)(배)	1.7/0.9	1.6/0.9	2.3/1.1	1.6/1.0	2.2/1.1	2.0/1.3
EV/EBITDA(배)				15.5	25.2	—/—
EPS(원)	-269	-735	-2,164	107	522	-280
BPS(원)	6,584	5,979	3,844	3,974	4,443	4,253
CFPS(원)	-156	-612	-2,053	203	614	-238
DPS(원)						
EBITDAPS(원)	-304	-744	-1,527	367	252	-209

재무 비율 〈단위 : % 〉
연도	영업이익률	순이익률	부채비율	차입금비율	ROA	ROE	유보율	자기자본비율	EBITDA마진율
2016	2.1	6.9	82.5	45.0	7.0	12.9	788.7	54.8	3.3
2015	3.8	1.5	88.6	42.9	1.5	2.9	694.9	53.0	5.2
2014	-24.3	-32.1	101.4	55.6	-22.9	-45.7	668.8	49.7	-22.7
2013	-9.7	-8.2	99.0	64.8	-6.0	-12.0	1,095.8	50.3	-8.3

뉴로스 (A126870)
NEUROS

업 종: 기계		시 장: KOSDAQ	
신용등급: (Bond) — (CP) —		기업규모: 벤처	
홈페이지: www.neuros.co.kr		연 락 처: 042)865-7300	
본 사: 대전시 유성구 테크노2로 274 (탑립동)			

설 립 일 2000.05.09	종 업 원 수 144명	대 표 이 사 김승우	
상 장 일 2012.02.15	감 사 의 견 적정 (리안)	계 열	
결 산 기 12월	보 통 주 1,559만주	종속회사수 2개사	
액 면 가 500원	우 선 주	구 상 호	

주주구성 (지분율,%)
김승우	17.6
한국증권금융	5.2
(외국인)	0.5

출자관계 (지분율,%)
뉴로스정밀	100.0
Nuerosturbomachinery	100.0

주요경쟁사 (외형,%)
뉴로스	100
로보스타	344
스맥	278

매출구성
터보블로워	91.3
용역	7.1
상품	1.5

비용구성
매출원가율	62.2
판관비율	34.1

수출비중
수출	71.0
내수	29.0

회사 개요
동사는 블로워로 불리우는 오폐수 처리용 송풍기 전문 제조업체임. 블로워 산업은 설비투자 및 건설산업에 큰 영향을 받기 때문에 경기 변동에 민감한 편임. 주요 판매처는 크게 국내, 미국, 유럽, 일본, 중국 시장으로 나눌 수 있음. 공기베어링 방식의 터보블로워가 우리나라에서 세계 최초로 개발된 이래 세계시장에서의 채택이 점차 증가하고 동사의 경우 수출이 전체 매출에서 차지하는 비중이 크게 높음.

실적 분석
동사의 2017년도 반기 연결 매출액은 208.3억원으로 매출액은 전년 대비 0.5%으로 소폭 감소하였고, 매출원가 상승으로 영업이익은 전년 동기 대비 41.4% 감소하였으며, 당기순이익은 적자전환하였음. 다소 부진하였던 국내 블로워 제품 매출이 개선되었으며 향후 기업들의 설비투자 계획에 따른 매출 확대가 기대됨.

현금 흐름 〈단위 : 억원〉
항목	2016	2017.2Q
영업활동	82	-47
투자활동	-173	-197
재무활동	143	195
순현금흐름	54	-49
기말현금	70	21

결산 실적 〈단위 : 억원〉
항목	2012	2013	2014	2015	2016	2017
매출액	321	369	350	423	441	—
영업이익	55	48	-1	5	16	—
당기순이익	27	29	3	6	11	—

분기 실적 〈단위 : 억원〉
항목	2016.1Q	2016.2Q	2016.3Q	2016.4Q	2017.1Q	2017.2Q
매출액	103	106	113	119	105	103
영업이익	8	2	3	3	2	4
당기순이익	2	3	-9	15	-22	2

재무 상태 〈단위 : 억원〉
항목	2012	2013	2014	2015	2016	2017.2Q
총자산	565	664	800	803	1,032	1,191
유형자산	150	171	191	206	386	397
무형자산	9	2	10	11	12	14
유가증권		2	—	2	2	48
총부채	248	312	411	301	536	693
총차입금	171	222	311	212	405	573
자본금	25	25	28	36	71	71
총자본	317	352	389	502	497	498
지배주주지분	317	352	389	502	497	498

기업가치 지표
항목	2012	2013	2014	2015	2016	2017.2Q
주가(최고/저)(천원)	6.4/3.1	4.3/3.2	5.8/3.2	6.8/3.6	5.6/4.1	—/—
PER(최고/저)(배)	22.5/11.1	14.7/10.9	204.9/113.5	148.9/78.9	73.0/54.1	—/—
PBR(최고/저)(배)	1.9/1.0	1.2/0.9	1.7/0.9	1.8/1.0	1.5/1.1	1.4/1.2
EV/EBITDA(배)	7.0	9.2	72.1	48.3	29.8	—/—
EPS(원)	283	292	29	46	77	-142
BPS(원)	6,431	6,911	6,945	7,339	3,793	3,806
CFPS(원)	785	753	235	262	188	-67
DPS(원)						
EBITDAPS(원)	1,347	1,123	169	255	227	117

재무 비율 〈단위 : % 〉
연도	영업이익률	순이익률	부채비율	차입금비율	ROA	ROE	유보율	자기자본비율	EBITDA마진율
2016	3.7	2.5	107.9	81.5	1.2	2.2	658.7	48.1	7.3
2015	1.3	1.4	59.9	42.3	0.7	1.3	1,367.9	62.5	4.0
2014	-0.2	0.9	105.6	80.0	0.4	0.8	1,289.0	48.7	2.6
2013	13.0	7.9	88.7	63.0	4.8	8.7	1,282.3	53.0	15.5

뉴보텍 (A060260)
Nuvotec

업　　종 : 건축자재		시　　장 : KOSDAQ	
신용등급 : (Bond) — (CP) —		기업규모 : 벤처	
홈 페 이 지 : www.nuvotec.co.kr		연 락 처 : 033)734-6001	
본　　사 : 강원도 원주시 태장공단길 42-6			

설 립 일 1990.11.01	종 업 원 수 114명	대 표 이 사 한거희	
상 장 일 2002.01.26	감사의견 적정 (세일)	계　　　열	
결 산 기 12월	보 통 주 2,461만주	종속회사수	
액 면 가 500원	우 선 주	구 상 호	

주주구성 (지분율,%)		출자관계 (지분율,%)		주요경쟁사 (외형,%)	
한거희	9.1	디자인허브	49.0	뉴보텍	100
유환미디어	4.0			대림B&Co	582
(외국인)	0.9			정산애강	193

매출구성		비용구성		수출비중	
고강성 PVC 이중벽하수관	45.8	매출원가율	66.7	수출	—
기타 상하수도관 부속자재(제품)	16.8	판관비율	31.1	내수	—
수도관(HIVP수도관/ASA수도관)	16.7				

회사 개요
동사는 플라스틱 하수도관 및 상수도관과 그 부속 자재들을 생산하여 전국 상하수도사업소, 전국 지방자치단체, 대형건설사를 주요 고객으로 동사의 제품을 공급하는 수질환경 전문기업임. 동사는 사업의 확장을 위해 2008년 일본 세키스이화학공업과 함께 투자해 세키스이뉴보텍화학을 설립했고, 이 업체의 지분 33%를 보유하다가 자산 유동화를 목적으로 보유지분 전량을 2014년 3월 일본 세키스이화학공업에 매각함.

실적 분석
동사의 2017년 2분기기준 누적 매출액은 전년동기대비 11.1% 상승한 195.3억원을 기록하였음. 그러나 늘어난 매출원가 및 인건비, 광고선전비 등 매출액 대비 비용증가가 높아 전년동기대비 영업이익은 -7.7억원으로 적자전환하였음. 최종적으로 전년동기대비 당기순이익은 적자전환하여 -5.9억원을 기록함. 시장경기보다 정부정책에 보다 밀접한 관계를 맺으므로 향후 방향성에 따라 수익개선이 진행될 것으로 보임.

현금 흐름　*IFRS 별도 기준　〈단위 : 억원〉
항목	2016	2017.2Q
영업활동	12	-20
투자활동	-13	-19
재무활동	8	4
순현금흐름,	7	-35
기말현금	60	26

시장 대비 수익률

결산 실적　〈단위 : 억원〉
항목	2012	2013	2014	2015	2016	2017
매출액	347	349	307	351	359	—
영업이익	5	4	-6	11	8	—
당기순이익	3	3	-7	7	6	—

분기 실적　*IFRS 별도 기준　〈단위 : 억원〉
항목	2016.1Q	2016.2Q	2016.3Q	2016.4Q	2017.1Q	2017.2Q
매출액	64	112	83	100	80	116
영업이익	-2	6	2	3	-6	-2
당기순이익	-3	5	2	2	-6	0

재무 상태　*IFRS 별도 기준　〈단위 : 억원〉
항목	2012	2013	2014	2015	2016	2017.2Q
총자산	252	265	261	274	299	296
유형자산	94	86	82	82	79	84
무형자산	1	4	6	9	8	4
유가증권	3	2	2	1	1	1
총부채	104	114	109	116	135	136
총차입금	65	66	59	58	66	70
자본금	114	114	123	123	123	123
총자본	148	152	152	158	164	160
지배주주지분	148	152	152	158	164	160

기업가치 지표　*IFRS 별도 기준
항목	2012	2013	2014	2015	2016	2017.2Q
주가(최고/저)(천원)	0.9/0.4	1.2/0.5	0.8/0.6	2.8/0.7	6.7/1.3	—/—
PER(최고/저)(배)	61.1/26.5	93.7/41.7	—/—	104.5/26.5	272.0/53.8	—/—
PBR(최고/저)(배)	1.4/0.6	1.8/0.8	1.3/0.9	4.4/1.1	10.1/2.0	7.6/3.5
EV/EBITDA(배)	8.7	7.5	30.0	17.3	68.1	—/—
EPS(원)	15	13	-29	27	25	-24
BPS(원)	647	663	616	640	666	651
CFPS(원)	75	70	21	65	62	-5
DPS(원)						
EBITDAPS(원)	82	75	25	82	69	-12

재무 비율　〈단위 : %〉
연도	영업이익률	순이익률	부채비율	차입금비율	ROA	ROE	유보율	자기자본비율	EBITDA마진율
2016	2.2	1.7	82.4	40.0	2.1	3.8	33.3	54.8	4.7
2015	3.1	1.9	73.6	36.6	2.5	4.3	28.1	57.6	5.8
2014	-1.9	-2.2	72.0	38.7	-2.5	-4.4	23.1	58.2	1.9
2013	1.2	0.8	75.0	43.8	1.1	1.9	32.6	57.2	4.9

뉴인텍 (A012340)
NUINTEK

업　　종 : 전기장비		시　　장 : KOSDAQ	
신용등급 : (Bond) — (CP) —		기업규모 : 벤처	
홈 페 이 지 : www.nuin.co.kr		연 락 처 : 041)541-8100	
본　　사 : 충남 아산시 음봉면 음봉로 243			

설 립 일 1977.06.29	종 업 원 수 139명	대 표 이 사 장기수	
상 장 일 1997.02.12	감사의견 적정 (삼정)	계　　　열	
결 산 기 12월	보 통 주 4,913만주	종속회사수 2개사	
액 면 가 500원	우 선 주	구 상 호	

주주구성 (지분율,%)		출자관계 (지분율,%)		주요경쟁사 (외형,%)	
장기수	16.0			뉴인텍	100
뉴인텍우리사주조합	2.0			서울전자통신	186
(외국인)	0.3			비츠로테크	216

매출구성		비용구성		수출비중	
금속증착필름	47.6	매출원가율	101.7	수출	72.0
AC용 콘덴서	28.4	판관비율	17.6	내수	28.0
원부자재매출등	12.5				

회사 개요
동사는 생활가전, 전력용, 신재생에너지용 등 다양한 분야의 전기전자 제품에 사용되는 콘덴서 및 콘덴서의 원재료인 증착필름을 제조·판매하는 업체임. 축전기 부분의 매출액이 총 매출액의 24.4%, 축전기 원재료로 사용되는 증착필름부분이 51.7%를 차지함. 그 외에 미래형 자동차 및 태양광발전 시장이 새로이 열리면서 전력전자용 콘덴서의 매출 비중이 10% 수준임. 은성산업, 디지털텍 등과 시장에서 경쟁을 하고 있음.

실적 분석
동사의 2017년 2분기기준 누적 매출액은 전년동기대비 -4.7% 하락한 250.3억원을 기록하였음. 매출원가는 전년동기대비 절감되었으나 매출액 하락폭이 커 전년동기대비 영업이익은 -4.7억원으로 적자지속하였음. 최종적으로 전년동기대비 당기순이익은 적자 지속하여 -12.5억원을 기록함. 태양광, 풍력등 대체에너지에서 콘덴서가 필수 사용되기 때문에 향후 성장이 기대됨.

현금 흐름　〈단위 : 억원〉
항목	2016	2017.2Q
영업활동	-18	-11
투자활동	-25	-18
재무활동	50	3
순현금흐름	8	-4
기말현금	16	12

시장 대비 수익률

결산 실적　〈단위 : 억원〉
항목	2012	2013	2014	2015	2016	2017
매출액	520	559	574	501	479	—
영업이익	-59	-18	-44	-8	-93	—
당기순이익	-91	-31	-33	-17	-97	—

분기 실적　〈단위 : 억원〉
항목	2016.1Q	2016.2Q	2016.3Q	2016.4Q	2017.1Q	2017.2Q
매출액	133	130	105	112	118	130
영업이익	-1	-9	-18	-65	-0	-7
당기순이익	-2	-11	-24	-60	-7	—

재무 상태　〈단위 : 억원〉
항목	2012	2013	2014	2015	2016	2017.2Q
총자산	598	587	552	515	446	45
유형자산	208	200	187	201	192	19
무형자산	22	19	15	13	12	1
유가증권	1	1	1	0	0	
총부채	391	409	366	343	255	27
총차입금	293	274	247	224	153	15
자본금	173	173	191	191	246	24
총자본	207	179	187	172	191	17
지배주주지분	207	179	187	172	191	17

기업가치 지표
항목	2012	2013	2014	2015	2016	2017.2Q
주가(최고/저)(천원)	2.0/1.0	1.7/1.1	1.5/0.6	2.0/0.7	1.8/1.0	—/—
PER(최고/저)(배)	—/—	—/—	—/—	—/—	—/—	—/—
PBR(최고/저)(배)	3.6/1.8	3.4/2.2	3.2/1.4	4.8/1.7	4.7/2.6	3.6/2.
EV/EBITDA(배)	—	73.0	—	57.3	—	—/—
EPS(원)	-250	-84	-85	-41	-219	-2
BPS(원)	598	516	490	452	389	36
CFPS(원)	-187	-10	-2	20	-162	
DPS(원)						
EBITDAPS(원)	-93	27	-32	43	-154	1

재무 비율　〈단위 : %〉
연도	영업이익률	순이익률	부채비율	차입금비율	ROA	ROE	유보율	자기자본비율	EBITDA마진율
2016	-19.4	-20.2	일부잠식	일부잠식	-20.1	-53.2	-22.3	42.8	-14.
2015	-1.6	-3.3	일부잠식	일부잠식	-3.1	-9.2	-9.7	33.4	3.
2014	-7.7	-5.7	일부잠식	일부잠식	-5.8	-18.1	-2.0	33.8	-2.
2013	-3.2	-5.5	229.0	153.5	-5.2	-16.0	3.2	30.4	1.

뉴트리바이오텍 (A222040)
NUTRIBIOTECH COLTD

업 종 : 식료품		시 장 : KOSDAQ	
신용등급 : (Bond) — (CP) —		기업규모 : 우량	
홈 페 이 지 : www.nutribiotech.co.kr		연 락 처 : 02)3474-8527	
주 사 : 서울시 강남구 테헤란로 145, 1001호(역삼동, 우신빌딩)			

설 립 일 2002.01.02	종업원수 397명	대표이사 권진혁
상 장 일 2015.12.16	감사의견 적정 (삼덕)	계 열
결 산 기 12월	보 통 주 2,063만주	종속회사수 6개사
액 면 가 500원	우 선 주	구 상 호

주주구성 (지분율,%)		출자관계 (지분율,%)		주요경쟁사 (외형,%)	
코스맥스비티아이	37.3	뉴트리원	70.0	뉴트리바이오텍	100
권진혁	12.1	뉴트리사이언스	54.0	코스맥스비티아이	221
(외국인)	17.0	닥터디앤에이	40.6	넥스트BT	61

매출구성		비용구성		수출비중	
오메가외	53.1	매출원가율	70.0	수출	42.0
식사대용식외	46.3	판관비율	14.4	내수	58.0
기타매출	0.7				

회사 개요
동사는 건강기능식품 산업에서 기능성 원료 및 성분을 연구하는 연구개발 사업, 건강기능식품 및 건강지향식품을 생산하는 제조업, 건강기능식품을 판매하는 유통사업을 주요사업으로 하는 건강기능식품업을 영위할 목적으로 2002년 1월 2일 설립되었음. 화장품 ODM으로 유명한 코스맥스그룹 계열사 중 하나로 동일한 산업군의 코스맥스바이오과 함께 코스맥스비티아이의 자회사임.

실적 분석
2017년 반기 연결기준 매출액과 영업이익은 590.9억원(-1.3%), 34.7억원(-65.8%)을 기록함. 미국 법인 매출 본격화 지연 및 인력 확대에 따른 비용 증가한 영향. 올해 1분기부터 발생한 중국 수출 결제조건 변경에 의한 매출 이연 효과로 수출 매출 감소. 하반기는 상반기 중국향 이연 매출 계상, 미국 공장 가동 상승과 바이어 확대, 호주 공장 가동 본격화 및 기존 바이어 신제품 출시 효과로 외형 회복할 전망.

현금 흐름
〈단위 : 억원〉

항목	2016	2017.2Q
영업활동	95	15
투자활동	-322	-293
재무활동	262	200
순현금흐름	32	-75
기말현금	280	205

시장 대비 수익률

결산 실적
〈단위 : 억원〉

항목	2012	2013	2014	2015	2016	2017
매출액	308	392	469	775	1,208	—
영업이익	21	30	35	108	188	—
당기순이익	13	20	22	86	171	—

분기 실적
〈단위 : 억원〉

항목	2016.1Q	2016.2Q	2016.3Q	2016.4Q	2017.1Q	2017.2Q
매출액	272	327	347	262	275	316
영업이익	44	58	65	22	20	15
당기순이익	33	43	45	50	8	6

재무 상태
〈단위 : 억원〉

항목	2012	2013	2014	2015	2016	2017.2Q
총자산	220	334	453	1,144	1,830	2,008
유형자산	147	222	301	514	978	1,225
무형자산	0	3	0	1	9	12
유가증권	0	0	0	0	1	1
총부채	144	231	330	502	1,005	1,173
총차입금	84	146	214	306	572	767
자본금	41	41	41	52	52	103
총자본	76	103	124	642	825	835
지배주주지분	76	103	123	640	815	821

기업가치 지표

항목	2012	2013	2014	2015	2016	2017.2Q
주가(최고/저)(천원)	—/—	—/—	—/—	39.7/29.0	81.3/38.9	—/—
PER(최고/저)(배)	0.0/0.0	0.0/0.0	0.0/0.0	38.7/28.3	48.7/23.3	—/—
PBR(최고/저)(배)	0.0/0.0	0.0/0.0	0.0/0.0	6.4/4.7	10.3/4.9	8.0/4.9
EV/EBITDA(배)	2.3	3.0	3.6	29.1	28.8	
EPS(원)	76	125	135	513	834	67
BPS(원)	1,845	2,494	2,994	6,203	7,904	3,982
CFPS(원)	612	872	1,039	1,372	2,085	199
DPS(원)						
EBITDAPS(원)	825	1,109	1,341	1,635	2,236	300

재무 비율
〈단위 : % 〉

연도	영업이익률	순이익률	부채비율	차입금비율	ROA	ROE	유보율	자기자본비율	EBITDA마진율
2016	15.5	14.2	121.8	69.3	11.5	23.7	1,480.8	45.1	19.1
2015	13.9	11.1	78.3	47.6	10.7	22.5	1,140.6	56.1	17.6
2014	7.4	4.8	266.0	173.0	5.7	19.6	199.4	27.3	11.8
2013	7.7	5.2	225.3	141.7			149.4	30.8	11.6

뉴파워프라즈마 (A144960)
New Power Plasma

업 종 : 반도체 및 관련장비		시 장 : KOSDAQ	
신용등급 : (Bond) — (CP) —		기업규모 : 벤처	
홈 페 이 지 : www.newpower.co.kr		연 락 처 : 031)612-7600	
주 사 : 경기도 수원시 영통구 신원로 176			

설 립 일 1999.10.07	종업원수 337명	대표이사 위순임
상 장 일 2016.11.30	감사의견 적정 (삼일)	계 열
결 산 기 12월	보 통 주 811만주	종속회사수 4개사
액 면 가 500원	우 선 주	구 상 호

주주구성 (지분율,%)		출자관계 (지분율,%)		주요경쟁사 (외형,%)	
최대규	25.1	조은샘교육	17.8	뉴파워프라즈마	100
위순임	10.7	플라즈포	16.9	제우스	431
(외국인)	4.9	메디치20142투자조합	3.3	아이에이	113

매출구성		비용구성		수출비중	
[RPGRPG-05 외]	48.0	매출원가율	52.0	수출	12.0
[RPG]RPG-01	16.1	판관비율	29.3	내수	88.0
기타	13.4				

회사 개요
동사는 1993년 12월 '뉴파워'로 설립하여 1999년 10월 뉴파워 프라즈마 법인으로 전환하였으며, 2002년 세계에서 2번째로 반도체 및 FPD의 CVD 공정에서 챔버 내에 잔류하는 이물질을 제거하는 Remote Plasma Generator를 개발한 회사임. 박막공정의 장비에 사용되는 RPG는 박막공정 진행 후 공정 내 잔존하는 부산물에 대한 Plasma Cleaning을 실시하는 핵심 모듈임.

실적 분석
동사의 2017년 2분기 연결 기준 누적매출은 604.6억원으로 전년동기 대비 147.4% 성장하며 창사이래 분기 최대실적을 달성했음. 전년매출액의 90%를 상반기만에 달성한 급격한 외형성장으로 영업이익 역시 138.5억원을 기록하며 전년동기 대비 2배이상 증가. 주 매출원인 Plasma 전원장치는 유기발광다이오드 등 디스플레이·반도체 공정 내 필수 부품으로 동사는 외국 기업이 독점하던 핵심부품의 국산화에 성공해 본격적인 매출에 반영되고 있음.

현금 흐름
〈단위 : 억원〉

항목	2016	2017.2Q
영업활동	76	153
투자활동	-330	-135
재무활동	247	-10
순현금흐름	-6	8
기말현금	90	98

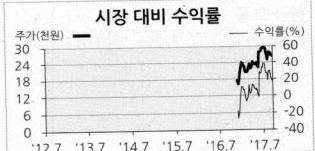

시장 대비 수익률

결산 실적
〈단위 : 억원〉

항목	2012	2013	2014	2015	2016	2017
매출액	243	321	358	505	674	—
영업이익	25	54	60	80	126	—
당기순이익	25	55	55	81	110	—

분기 실적
〈단위 : 억원〉

항목	2016.1Q	2016.2Q	2016.3Q	2016.4Q	2017.1Q	2017.2Q
매출액	107	137	—	—	311	293
영업이익	10	33	—	—	68	71
당기순이익	10	29	—	—	56	58

재무 상태
〈단위 : 억원〉

항목	2012	2013	2014	2015	2016	2017.2Q
총자산	574	623	670	816	1,273	1,451
유형자산	283	285	268	278	323	380
무형자산	2	4	10	11	31	29
유가증권	37	37	67	141	147	213
총부채	176	174	224	278	276	351
총차입금	128	107	119	167	102	110
자본금	32	33	30	31	41	41
총자본	398	449	446	538	997	1,099
지배주주지분	398	449	446	539	997	1,099

기업가치 지표

항목	2012	2013	2014	2015	2016	2017.2Q
주가(최고/저)(천원)	—/—	—/—	—/—	—/—	22.8/14.9	—/—
PER(최고/저)(배)	0.0/0.0	0.0/0.0	0.0/0.0	0.0/0.0	13.1/8.6	—/—
PBR(최고/저)(배)	0.0/0.0	0.0/0.0	0.0/0.0	0.0/0.0	1.9/1.2	2.2/1.5
EV/EBITDA(배)	—	—	—	—	9.4	
EPS(원)	392	853	846	1,739	1,739	1,396
BPS(원)	6,144	6,902	7,014	8,762	12,298	13,560
CFPS(원)	583	1,058	1,042	1,578	2,053	1,508
DPS(원)					130	
EBITDAPS(원)	576	1,037	1,128	1,521	2,297	1,820

재무 비율
〈단위 : % 〉

연도	영업이익률	순이익률	부채비율	차입금비율	ROA	ROE	유보율	자기자본비율	EBITDA마진율
2016	18.6	16.3	27.7	10.2	10.5	14.3	2,359.5	78.3	21.6
2015	15.8	16.1	51.7	31.0	10.9	16.9	1,652.4	65.9	18.4
2014	16.8	15.3	50.4	26.7			1,365.4	66.5	20.4
2013	16.8	17.2	38.8	23.8	9.2	13.1	1,280.4	72.1	20.9

뉴프라이드 (A900100)
New Pride

업 종 : 자동차부품		시 장 : KOSDAQ	
신용등급 : (Bond) — (CP) —		기업규모 : —	
홈 페 이 지 : www.newpridecorporation.com		연 락 처 : +1-310-631-7000	
본 사 : 2757 E. Del Amo Blvd. Rancho Dominguez, California, USA			

설 립 일	1978.05.01	종 업 원 수	145명	대 표 이 사	JohnLee
상 장 일	2010.04.21	감 사 의 견	적정 (우리)	계 열	
결 산 기	12월	보 통 주	6,921만주	종속회사수	8개사
액 면 가		우 선 주		구 상 호	

주주구성 (지분율,%)
SRV ENTERPRISES (CYPRUS) LTD	5.2
김은규	1.6
(외국인)	10.4

출자관계 (지분율,%)
뉴프라이드모터스	100.0
뉴프라이드코리아	100.0
뉴프라이드엔터테인먼트	51.0

주요경쟁사 (외형,%)
뉴프라이드	100
평화정공	1,982
서연	5,169

매출구성 / 비용구성 / 수출비중
비용구성		수출비중	
매출원가율	91.3	수출	—
판관비율	34.2	내수	—

회사 개요
동사는 1978년 설립돼 2007년 뉴프라이드 코퍼레이션으로 사명 변경했으며, 자회사는 총 3개임. IMS와 SM은 미국에 위치한 자회사로 각각 100% 지분을 보유하고 있음. 동사는 컨테이너 선박고, 트레일러트럭 운송 간의 환적에 사용되는 차량과 장비의 운용과 관리에 요구되는 모든 서비스를 미국전역에 걸쳐 통합적으로 제공함. 신규사업인 화장품사업은 중국 정저우시 중원복탑의 면세점을 직접 운영함.

실적 분석
동사의 2017년 2분기 누적 연결기준 매출액은 전년대비 15.1% 감소한 238.6억원을 기록함. 원가율은 여전히 100%를 상회한 결과 영업손실 41.7억원으로 적자를 지속함. 비영업손실도 큰 규모로 발생하여 당기순손실 76.9억원을 시현함. 중국의 반덤핑문제로 매출액이 감소했으며 신규 사업 진출에 따라 손실이 증가함. 향후 신규사업으로 중국 지역에서의 화장품 사업 확대를 도모할 계획임.

현금 흐름 〈단위 : 억원〉
항목	2016	2017.2Q
영업활동	-165	-55
투자활동	-110	-17
재무활동	184	212
순현금흐름	-30	143
기말현금	14	156

시장 대비 수익률

결산 실적 〈단위 : 억원〉
항목	2012	2013	2014	2015	2016	2017
매출액	930	700	662	725	617	
영업이익	1	-28	1	-28	-157	
당기순이익	-6	-126	24	-56	-181	

분기 실적 〈단위 : 억원〉
항목	2016.1Q	2016.2Q	2016.3Q	2016.4Q	2017.1Q	2017.2Q
매출액	171	137	161	148	109	131
영업이익	-9	-41	-42	-65	-6	-36
당기순이익	6	-52	-52	-83	-14	-73

재무 상태 〈단위 : 억원〉
항목	2012	2013	2014	2015	2016	2017.2Q
총자산	451	337	329	702	697	801
유형자산	91	81	74	191	186	174
무형자산	35	11	11	55	48	45
유가증권				28	61	62
총부채	326	330	289	541	446	347
총차입금	238	260	215	424	324	261
자본금	0	1	1	1	2	2
총자본	124	7	40	161	251	454
지배주주지분	125	7	40	157	262	466

기업가치 지표
항목	2012	2013	2014	2015	2016	2017.2Q
주가(최고/저)(천원)	#VALUE!	—/—	—/—	—/—	—/—	—/—
PER(최고/저)(배)			8.0/3.8	—/—	—/—	—/—
PBR(최고/저)(배)	1.9/1.0	46.2/20.3	4.8/2.2	41.3/1.2	17.5/4.7	5.0/2.8
EV/EBITDA(배)	17.6		16.5			—
EPS(원)	-29	-601	105	-178	-381	-150
BPS(원)	1,786	35	177	447	555	756
CFPS(원)	151	-520	182	-120	-363	-143
DPS(원)	—	—	—	—	—	—
EBITDAPS(원)	246	-51	79	-30	-330	-76

재무 비율 〈단위 : %〉
연도	영업이익률	순이익률	부채비율	차입금비율	ROA	ROE	유보율	자기자본비율	EBITDA마진율
2016	-25.4	-29.4	178.0	129.2	-25.9	-82.1	15,194.7	36.0	-24.1
2015	-3.9	-7.8	336.3	263.6	-10.9	-57.2	12,605.3	22.9	-1.3
2014	0.1	3.6	714.0	532.0	7.2	100.2	5,274.0	12.3	2.7
2013	-4.0	-18.1	4,441.0	3,492.6	-32.1	-190.9	990.3	2.2	-1.5

뉴프렉스 (A085670)
Newflex Technolgy

업 종 : 전자 장비 및 기기		시 장 : KOSDAQ	
신용등급 : (Bond) — (CP) —		기업규모 : 중견	
홈 페 이 지 : www.newflex.co.kr		연 락 처 : (031)494-9325	
본 사 : 경기도 안산시 단원구 만해로 181, 반월공단 603블럭 4로트			

설 립 일	2000.06.22	종 업 원 수	372명	대 표 이 사	임우현
상 장 일	2006.01.13	감 사 의 견	적정 (신우)	계 열	
결 산 기	12월	보 통 주	1,354만주	종속회사수	4개사
액 면 가	500원	우 선 주		구 상 호	

주주구성 (지분율,%)
임우현	33.2
한국증권금융	3.4
(외국인)	1.7

출자관계 (지분율,%)
뉴크리텍	60.0
이엑스엔디	20.0
청도유로전자유한공사	100.0

주요경쟁사 (외형,%)
뉴프렉스	100
로보쓰리	0
S&K폴리텍	44

매출구성 / 비용구성 / 수출비중
매출구성		비용구성		수출비중	
FPCB(제품)	98.9	매출원가율	92.4	수출	66.0
기타매출(기타)	1.2	판관비율	7.0	내수	34.0

회사 개요
동사는 연성인쇄회로기판 제조, 전자부품 도매, 인쇄배전판 제조, 부동산 임대업, LCD MODULE 제조업, 소형 MOTOR 제조업, 각종 조명 제품 제조 및 판매를 주요 사업으로 영위하고 있음. 청도유로전자, 뉴크리텍, Newflex Technology HongKong LTD, Newflex Technology Vina CO.,LTD 등을 연결대상 종속회사로 보유하고 있음.

실적 분석
20917년 상반기 연결기준 동사는 매출 708.7억원을 시현함. 전년도 대비 소폭 증가. 영업이익은 32억원을 기록하며 흑자로 돌아섰음. 비영업부문은 적자가 계속됐으나 손실폭은 줄어들었음. 당기순이익이 15.3억원을 시현하며 흑자전환함. FPCB 제품 특성상 소량 다품종 생산방식으로 인해 경기변동에 민감해 성숙기에 접어든 스마트폰시장에서 이익률 개선을 위해선 비영업손실의 개선이 필요.

현금 흐름 〈단위 : 억원〉
항목	2016	2017.2Q
영업활동	146	100
투자활동	-73	-52
재무활동	-75	-16
순현금흐름	-2	31
기말현금	23	55

시장 대비 수익률

결산 실적 〈단위 : 억원〉
항목	2012	2013	2014	2015	2016	2017
매출액	1,152	1,353	1,378	1,206	1,452	
영업이익	41	-24	38	-12	9	
당기순이익	20	-36	23	-16	-25	

분기 실적 〈단위 : 억원〉
항목	2016.1Q	2016.2Q	2016.3Q	2016.4Q	2017.1Q	2017.2Q
매출액	371	336	454	292	352	357
영업이익	-7	3	24	-11	18	14
당기순이익	-12	-18	5	-0	5	10

재무 상태 〈단위 : 억원〉
항목	2012	2013	2014	2015	2016	2017.2Q
총자산	946	1,016	1,013	1,203	1,071	1,156
유형자산	431	475	488	542	529	528
무형자산	34	33	30	40	33	32
유가증권		0	0	0	0	0
총부채	567	671	646	796	672	721
총차입금	254	398	400	473	386	346
자본금	61	61	61	61	61	67
총자본	379	345	367	408	399	435
지배주주지분	379	345	365	404	394	428

기업가치 지표
항목	2012	2013	2014	2015	2016	2017.2Q
주가(최고/저)(천원)	4.8/1.6	7.0/2.6	3.2/1.6	3.9/1.6	5.2/1.9	—/—
PER(최고/저)(배)	26.0/8.6	—/—	18.6/9.3	—/—	—/—	—/—
PBR(최고/저)(배)	1.5/0.5	2.5/0.9	1.1/0.5	1.2/0.5	1.6/0.6	1.6/1.0
EV/EBITDA(배)	9.7	11.6	6.4	14.6	9.7	—
EPS(원)	184	-295	171	-146	-214	100
BPS(원)	3,123	2,839	3,005	3,324	3,218	3,176
CFPS(원)	534	113	670	393	435	415
DPS(원)						
EBITDAPS(원)	692	523	813	441	722	553

재무 비율 〈단위 : %〉
연도	영업이익률	순이익률	부채비율	차입금비율	ROA	ROE	유보율	자기자본비율	EBITDA마진율
2016	0.6	-1.7	168.7	97.0	-2.2	-6.6	543.7	37.2	6.1
2015	-1.0	-1.4	195.1	116.0	-1.5	-4.6	564.9	33.9	4.4
2014	2.8	1.6	176.2	109.2	2.2	5.9	501.1	36.2	7.2
2013	-1.8	-2.7	194.6	115.4	-3.7	-9.9	467.9	33.9	4.7

능률교육 (A053290)
Neungyule Education

업　종 : 교육　　　　　　　　　　　　　　　　시　장 : KOSDAQ
용 등 급 : (Bond) —　　(CP) —　　　　　　기업규모 : 중견
홈 페 이 지 : www.neungyule.com　　　　　　연 락 처 : 02)2014-7114
본　　사 : 서울시 마포구 월드컵북로 396(누리꿈스퀘어) 비즈니스타워 10층

설 립 일 1994.06.28	종업원수 295명	대 표 이 사 황도순
상 장 일 2002.12.04	감사의견 적정 (안진)	계 열
결 산 기 12월	보 통 주 1,155만주	종속회사수 1개사
액 면 가 500원	우 선 주	구 상 호

주주구성 (지분율,%)		출자관계 (지분율,%)		주요경쟁사 (외형,%)	
한국야쿠르트	48.0	능률에듀폰	100.0	능률교육	100
윤호중	4.3			에이원앤	30
(외국인)	0.8			메가엠디	123

매출구성		비용구성		수출비중	
영어 학습서 등 (출판사업 제품)	83.1	매출원가율	30.9	수출	4.0
러닝, 전화 화상영어, 저작권 등 교육 서비스	13.4	판관비율	54.7	내수	96.0
영어 학습서 등 (출판사업 상품)	3.6				

회사 개요

동사는 초중고 및 성인용 영어학습교재를 개발, 출판해 온 영어교육출판 전문회사로 교재는 이러닝 영어교육 및 전화영어, 영어캠프 사업, 스마트러닝 사업, 방과후교실 사업 등으로 그 사업영역을 확대해 나가고 있음. 필린에서 전화, 화상영어 사업을 영위하는 능률에듀폰을 연결대상 종속회사로 보유하고 있음. 매출은 출판사업 82%, 서비스 사업 18%로 구성돼있음.

실적 분석

2017년 상반기 연결기준 동사 매출은 전년동기 대비 2.6% 증가한 237.2억원을 기록함. 외형은 성장했으나 판매비와 관리비가 9.8% 증가해 영업이익은 전년도 같은 기간 대비 30.8% 감소한 16.3억원을 기록하는 데 그침. 비영업부문이 적자로 돌아서 당기순이익도 49% 하락한 1.2억원을 기록함. 출산율 저하로 교육대상 연령층 인구수가 감소해 시장 성장세가 둔화된 점이 수익성 부진에 영향을 미친 것으로 파악됨.

금 흐름 〈단위 : 억원〉

항목	2016	2017.2Q
영업활동	59	41
투자활동	-82	-43
재무활동	40	22
순현금흐름	18	21
기말현금	106	127

시장 대비 수익률

산 실적 〈단위 : 억원〉

항목	2012	2013	2014	2015	2016	2017
매출액	517	556	529	531	535	—
영업이익	17	64	85	92	77	—
당기순이익	1	45	28	52	53	—

기 실적 〈단위 : 억원〉

항목	2016.1Q	2016.2Q	2016.3Q	2016.4Q	2017.1Q	2017.2Q
매출액	149	82	103	201	155	82
영업이익	31	-7	-1	54	30	-13
당기순이익	24	-5	1	33	15	-13

무 상태 〈단위 : 억원〉

항목	2012	2013	2014	2015	2016	2017.2Q
총자산	502	580	604	656	737	714
유형자산	29	25	25	23	23	35
무형자산	151	162	122	129	160	155
유가증권	2	1	1	1	—	—
총부채	127	163	173	180	171	126
총차입금	1	0	0	—	—	—
자본금	58	58	58	58	58	58
총자본	375	417	432	477	566	588
지배주주지분	375	417	432	477	566	588

업가치 지표

항목	2012	2013	2014	2015	2016	2017.2Q
가(최고/저)(천원)	6.9/2.9	4.1/2.7	4.0/2.8	4.5/3.4	8.5/3.7	—/—
ER(최고/저)(배)	1,199.6/504.8	11.4/7.5	17.2/12.1	10.5/7.8	18.8/8.2	—/—
BR(최고/저)(배)	1.8/0.8	1.0/0.7	0.9/0.7	1.0/0.7	1.6/0.7	1.5/1.0
EV/EBITDA(배)	12.3	2.7	3.0	2.6	5.5	—
EPS(원)	6	387	243	448	456	11
BPS(원)	4,070	4,429	4,560	4,947	5,346	5,321
CFPS(원)	141	674	601	862	801	189
DPS(원)	—	100	50	100	70	—
EBITDAPS(원)	281	843	1,095	1,213	1,010	319

무 비율 〈단위 : % 〉

연도	영업이익률	순이익률	부채비율	차입금비율	ROA	ROE	유보율	자기자본비율	EBITDA마진율
*016	14.4	9.8	30.2	0.0	7.6	10.1	969.1	76.8	21.8
*015	17.4	9.7	37.7	0.0	8.2	11.4	889.4	72.6	26.4
*014	16.1	5.3	40.0	0.0	4.8	6.6	812.0	71.4	23.9
*013	11.6	8.0	39.1	0.0	8.3	11.3	785.9	71.9	17.5

닉스테크 (A222810)
NICSTECH

업　종 : 일반 소프트웨어　　　　　　　　　　　시　장 : KOSDAQ
신용등급 : (Bond) —　　(CP) —　　　　　　기업규모 : 벤처
홈 페 이 지 : www.nicstech.com　　　　　　연 락 처 : 02)3497-8900
본　　사 : 서울시 성동구 왕십리로 58, 10층 1001호~1012호(성수동 1가, 포휴)

설 립 일 2015.06.08	종업원수 122명	대 표 이 사 박동훈
상 장 일 2015.08.13	감사의견 적정 (한일)	계 열
결 산 기 12월	보 통 주 1,566만주	종속회사수
액 면 가 100원	우 선 주	구 상 호 교보4호스팩

주주구성 (지분율,%)		출자관계 (지분율,%)		주요경쟁사 (외형,%)	
박동훈	35.6			닉스테크	100
닉스테크	5.9			포시에스	95
(외국인)	0.4			한컴시큐어	98

매출구성		비용구성		수출비중	
[정보보안 제품] SafePC	41.0	매출원가율	84.2	수출	1.0
[네트워크보안제품] Fortigate	34.3	판관비율	37.1	내수	99.0
[보안제품] 유지보수	16.8				

회사 개요

동사는 1995년 설립하여 소프트웨어 자문 개발 및 공급업, 소프트웨어 제조 및 도·소매업, 정보처리 기술 컨설팅 서비스업 등을 주요 사업으로 영위하고 있음. 동사의 대표 주력상품인 PC보안 솔루션 SafePC Enterpirse는 DLP시장의 No.1 제품임. 최근 교보4호스팩과 합병을 통하여 코스닥 시장으로 이전 상장했으며 최근 이상징후탐지 및 대응 시스템 'ADS플러스'를 보유한 시큐플러스와 합병함.

실적 분석

동사의 2017년 2분기 누적 매출액은 전년동기대비 20% 증가한 55.4억원을 기록함. 판매관리비 감소에도 불구하고 2분기 누적 영업손실은 11.6억원을 기록, 적자가 지속됨. 당기순손실 역시 14.8억원으로 손실 폭은 축소되었으나 적자 지속됨. 2017년 4월 시큐플러스를 인수합병했으며 이상징후 탐지대응(UEBA) 솔루션을 도입함. 국내 이상징후 탐지대응 시장은 매년 연간 100% 이상씩 성장하고 있어 향후 실적 성장이 기대됨.

현금 흐름 *IFRS 별도 기준 〈단위 : 억원〉

항목	2016	2017.2Q
영업활동	-10	-14
투자활동	7	7
재무활동	6	-10
순현금흐름	7	-17
기말현금	31	14

시장 대비 수익률

결산 실적 〈단위 : 억원〉

항목	2012	2013	2014	2015	2016	2017
매출액	139	157	151	164	148	—
영업이익	9	16	14	14	-31	—
당기순이익	8	14	10	22	-36	—

분기 실적 *IFRS 별도 기준 〈단위 : 억원〉

항목	2016.1Q	2016.2Q	2016.3Q	2016.4Q	2017.1Q	2017.2Q
매출액	19	27	22	79	25	31
영업이익	-12	-8	-8	-4	-9	-3
당기순이익	-26	-9	-8	6	-9	-6

재무 상태 *IFRS 별도 기준 〈단위 : 억원〉

항목	2012	2013	2014	2015	2016	2017.2Q
총자산	127	146	169	211	255	206
유형자산	24	22	39	35	89	88
무형자산	26	24	15	19	14	33
유가증권	2	2	2	1	11	11
총부채	55	61	75	96	113	69
총차입금	34	32	31	35	40	47
자본금	28	28	28	15	16	16
총자본	71	85	94	116	142	138
지배주주지분	71	85	94	116	142	138

기업가치 지표 *IFRS 별도 기준

항목	2012	2013	2014	2015	2016	2017.2Q
주가(최고/저)(천원)	—/—	—/—	—/—	3.0/1.9	3.1/1.9	—/—
PER(최고/저)(배)	0.0/0.0	14.8/5.9	47.3/22.3	19.7/12.3	—/—	—/—
PBR(최고/저)(배)	0.0/0.0	2.5/1.0	5.2/2.9	3.6/2.3	3.0/1.8	2.9/2.2
EV/EBITDA(배)	0.5	3.9	6.4	1.8	—	—
EPS(원)	54	101	70	151	-239	-96
BPS(원)	1,274	1,538	1,705	2,103	1,052	996
CFPS(원)	280	395	317	513	-177	-70
DPS(원)						
EBITDAPS(원)	302	417	385	375	-144	-49

재무 비율 〈단위 : % 〉

연도	영업이익률	순이익률	부채비율	차입금비율	ROA	ROE	유보율	자기자본비율	EBITDA마진율
2016	-21.3	-24.6	79.4	28.2	-15.6	-28.2	951.6	55.8	-14.9
2015	8.4	13.1	82.5	30.2	11.4	20.6	320.5	54.8	12.8
2014	9.2	6.6	80.1	33.4	6.6	10.6	241.0	55.5	14.3
2013	10.0	9.2	71.7	37.1	10.6	18.5	207.6	58.3	14.8

다나와 (A119860)
Danawa

업 종 : 온라인쇼핑		시 장 : KOSDAQ	
신용등급 : (Bond) — (CP) —		기업규모 : 벤처	
홈페이지 : www.danawa.com		연락처 : (02)1688-2450	
본 사 : 서울시 양천구 목동동로 233-1, 501호 (현대드림타워)			

설 립 일	2002.06.21	종 업 원 수	256명	대 표 이 사	손윤환,안징현
상 장 일	2011.01.24	감사의견	적정 (삼화)	계	열
결 산 기	12월	보 통 주	1,307만주	종속회사수	2개사
액 면 가	500원	우 선 주		구 상 호	

주주구성 (지분율,%)
성장현	30.0
손윤환	11.3
(외국인)	11.3

출자관계 (지분율,%)
다나와컴퓨터	100.0
늑대와여우컴퓨터	99.2

주요경쟁사 (외형,%)
다나와	100
인터파크	724
엔에스쇼핑	685

매출구성
제품 등	49.7
광고사업	16.3
제휴쇼핑	15.1

비용구성
매출원가율	0.0
판관비율	86.7

수출비중
수출	0.0
내수	100.0

회사 개요
동사는 가격비교서비스 제공을 근간으로 한 거래연계 수수료와, 온라인 사이트를 통한 광고 수익을 주사업으로 영위하고 있음. 소프트웨어 개발 및 판매업, 컴퓨터 및 주변기기 제조 및 유통, 부동산 임대업 등을 주요 사업으로 영위하는 다나와컴퓨터, 컴퓨터 제조 및 판매업, 프랜차이즈체인 사업, 소프트웨어 개발업 등을 영위하는 늑대와여우컴퓨터를 연결대상 종속회사로 보유하고 있음.

실적 분석
2017년 상반기 연결기준 동사 매출은 475.8억원으로 전년도 같은 기간 대비 43.8% 성장함. 인건비 증가 등으로 인해 판매비와 관리비가 40.2% 증가. 영업이익은 전년 동기 42억원에서 68.3% 성장한 70.6억원을 시현함. 비영업부문 수익은 줄었으나 영업이익 증가에 힘입어 당기순이익은 30.2% 성장한 63.2억원을 기록함.

현금 흐름 〈단위 : 억원〉
항목	2016	2017.2Q
영업활동	87	59
투자활동	-52	30
재무활동	-19	-39
순현금흐름	16	51
기말현금	49	99

시장 대비 수익률

결산 실적 〈단위 : 억원〉
항목	2012	2013	2014	2015	2016	2017
매출액	254	266	352	455	644	—
영업이익	52	55	52	57	85	—
당기순이익	53	56	49	61	89	—

분기 실적 〈단위 : 억원〉
항목	2016.1Q	2016.2Q	2016.3Q	2016.4Q	2017.1Q	2017.2Q
매출액	171	160	150	164	304	172
영업이익	26	16	22	21	43	27
당기순이익	33	15	20	20	42	22

재무 상태 〈단위 : 억원〉
항목	2012	2013	2014	2015	2016	2017.2Q
총자산	523	581	605	640	731	791
유형자산	7	6	6	16	14	46
무형자산	26	27	27	30	29	29
유가증권	10	12	26	88	87	66
총부채	57	54	66	64	79	97
총차입금	10	10	8	5	2	11
자본금	33	33	33	33	33	65
총자본	465	527	539	576	652	694
지배주주지분	465	527	539	576	652	694

기업가치 지표
항목	2012	2013	2014	2015	2016	2017.2Q
주가(최고/저)(천원)	4.0/2.6	5.0/3.1	7.7/3.8	7.2/4.5	7.0/4.1	—/—
PER(최고/저)(배)	11.2/7.3	13.0/8.1	22.0/10.9	16.6/10.3	10.6/6.3	—/—
PBR(최고/저)(배)	1.2/0.8	1.4/0.9	2.0/1.0	1.7/1.1	1.4/0.8	1.8/1.2
EV/EBITDA(배)	2.3	2.2	3.4	4.9	5.4	—/—
EPS(원)	408	427	382	464	683	483
BPS(원)	7,278	7,984	8,434	8,993	10,137	5,461
CFPS(원)	892	943	858	1,016	1,434	505
DPS(원)	200	220	220	250	300	
EBITDAPS(원)	872	927	889	963	1,374	562

재무 비율 〈단위 : % 〉
연도	영업이익률	순이익률	부채비율	차입금비율	ROA	ROE	유보율	자기자본비율	EBITDA마진율
2016	13.3	13.9	12.2	0.3	13.0	14.6	1,927.4	89.1	14.1
2015	12.6	13.3	11.1	0.9	9.7	10.9	1,698.6	90.0	14.0
2014	14.7	14.0	12.2	1.6	8.3	9.4	1,586.8	89.1	16.7
2013	20.6	21.0	10.3	1.9	10.1	11.2	1,496.8	90.7	23.0

다날 (A064260)
Danal

업 종 : 인터넷 서비스		시 장 : KOSDAQ	
신용등급 : (Bond) — (CP) —		기업규모 : 벤처	
홈페이지 : www.danal.co.kr		연락처 : (031)697-1004	
본 사 : 경기도 성남시 분당구 분당로 55 퍼스트타워 9층			

설 립 일	1997.07.04	종 업 원 수	157명	대 표 이 사	최병우
상 장 일	2004.07.23	감사의견	적정 (삼일)	계	열
결 산 기	12월	보 통 주	4,726만주	종속회사수	5개사
액 면 가	500원	우 선 주		구 상 호	

주주구성 (지분율,%)
박성찬	21.2
한국증권금융	4.5
(외국인)	1.9

출자관계 (지분율,%)
다날게임즈	86.7
바이오페이	50.0
다날엔터테인먼트	44.9

주요경쟁사 (외형,%)
다날	100
KG이니시스	525
NHN한국사이버결제	204

매출구성
유무선 결제 및 인증시스템	100.0

비용구성
매출원가율	0.0
판관비율	96.1

수출비중
수출	0.0
내수	100.0

회사 개요
동사는 1997년에 설립된 휴대폰결제서비스 업체로 경쟁사인 KG모빌리언스와 함께 국내 시장의 90% 이상을 점유하고 있음. 동사의 사업모델은 온라인콘텐츠를 구매하거나, 전자상거래를 할 때 휴대폰으로 결제하고, 결제대금이 휴대폰요금에 합산되는 형태임. 최근 바코드 결제 어플리케이션 "바통"을 개발하여 서비스 하고 있으며, 카카오의 '카카오페이'와 중국 텐센트 그룹의 모바일 메신저 "WeChat"에도 국내 바코드 결제 솔루션 제공중임.

실적 분석
동사의 2017년도 2분기 연결기준 매출액은 767.8억원으로 전년동기 대비 26.9% 증가함. 영업이익과 당기순이익도 각 63.0억원과 64.2억원을 기록하며 전년동기 대비 337.9%, 흑자전환하며 수익성 대폭 확대됨. 결제한도 상승, 결제시스템 고도화에 따른 거래 성공율의 증가 등이 실적 호조를 이끈것으로 보임. 동사는 2016년 12월 국내 최초로 인터넷전문은행 본인가를 받은 K뱅크의 주주사로서 다양한 분야에서 '제휴사업 추진을 준비 중임.

현금 흐름 〈단위 : 억원〉
항목	2016	2017.2Q
영업활동	-241	-40
투자활동	-339	-52
재무활동	705	618
순현금흐름	125	526
기말현금	512	1,037

시장 대비 수익률

결산 실적 〈단위 : 억원〉
항목	2012	2013	2014	2015	2016	2017
매출액	1,017	1,181	985	1,129	1,335	—
영업이익	-21	45	41	9	52	—
당기순이익	-116	41	3	-26	-39	—

분기 실적 〈단위 : 억원〉
항목	2016.1Q	2016.2Q	2016.3Q	2016.4Q	2017.1Q	2017.2Q
매출액	304	301	363	367	390	—
영업이익	6	8	5	33	28	—
당기순이익	-1	-25	-6	-7	20	—

재무 상태 〈단위 : 억원〉
항목	2012	2013	2014	2015	2016	2017.2Q
총자산	2,614	2,857	2,686	3,005	3,878	4,5
유형자산	20	17	13	13	22	
무형자산	372	310	285	212	102	
유가증권	109	114	229	524	759	8
총부채	1,941	2,013	1,791	1,925	2,447	2,9
총차입금	1,234	1,201	924	793	1,121	1,6
자본금	92	102	105	108	212	
총자본	673	843	895	1,080	1,431	1,5
지배주주지분	691	899	970	1,152	1,505	1,5

기업가치 지표
항목	2012	2013	2014	2015	2016	2017.2Q
주가(최고/저)(천원)	8.6/3.3	8.4/4.6	6.8/4.0	7.1/4.1	7.3/4.0	—/—
PER(최고/저)(배)	—/—	94.3/51.4	82.0/48.4	984.3/561.4	—/—	—/—
PBR(최고/저)(배)	3.5/1.4	3.0/1.6	2.3/1.4	2.2/1.3	2.2/1.2	1.9/1
EV/EBITDA(배)	164.0	27.9	28.7	49.4	38.9	
EPS(원)	-277	89	83	7	-14	1
BPS(원)	4,102	4,709	4,899	5,313	3,547	3,4
CFPS(원)	-251	329	270	139	13	1
DPS(원)					35	
EBITDAPS(원)	92	407	332	168	164	1

재무 비율 〈단위 : % 〉
연도	영업이익률	순이익률	부채비율	차입금비율	ROA	ROE	유보율	자기자본비율	EBITDA마진율
2016	3.9	-2.9	170.9	78.3	-1.1	-0.5	609.5	36.9	4
2015	0.8	-2.3	178.3	73.4	-0.9	0.2	962.6	35.9	3
2014	4.2	0.3	200.0	103.1	0.1	3.0	879.8	33.3	7
2013	3.9	0.2	238.8	142.4	0.1	3.7	841.9	29.5	3

다믈멀티미디어 (A093640)
Tamul Multimedia

업 종 : 반도체 및 관련장비		시 장 : KOSDAQ	
신용등급 : (Bond) — (CP) —		기업규모 : 벤처	
홈페이지 : www.tamulm.com		연 락 처 : 031)380-6950	
본 사 : 경기도 안양시 동안구 시민대로 161, 안양무역센터 10층			

설 립 일	1998.12.18	종 업 원 수	68명	대 표 이 사	정연홍
상 장 일	2007.10.19	감 사 의 견	적정(삼정)	계 열	
결 산 기	12월	보 통 주	653만주	종속회사수	
액 면 가	500원	우 선 주		구 상 호	

주주구성 (지분율,%)		출자관계 (지분율,%)		주요경쟁사 (외형,%)	
정연홍	8.2	지투지솔루션	16.7	다믈멀티미디어	100
현윤종	8.0	글로벌트로닉스	5.9	에이디테크놀로지	88
(외국인)	0.4			제너셈	69

매출구성		비용구성		수출비중	
기타(DAB 등)	40.0	매출원가율	72.2	수출	89.0
Multimedia IC	37.4	판관비율	27.1	내수	11.0
Optical IC	18.0				

회사 개요
동사는 삼성전자 연구원들이 1998년에 설립한 기능형 반도체 설계전문회사로서 홈 멀티미디어기기 시장과 자동차용 멀티미디어기기를 주요 목표시장으로 하고 있음. 반도체 업체들은 크게 칩 설계만 맡는 설계전문회사(팹리스업체), 설계대로 제조하는 파운드리업체, 완성된 웨이퍼를 받아 조립 및 테스트를 하는 후공정업체로 나뉘고, 이 모든 것을 하는 곳은 종합반도체업체임. 동사는 팹리스 업체로 제조시설을 보유하지 않고 설계만해서 아웃소싱하는 구조임.

실적 분석
동사는 2017년 상반기 누적 매출액이 90.8억원을 기록해 전년 동기 대비 23.8% 감소했고, 영업손실은 15.4억원으로 전년 동기 3억원에서 적자폭이 확대됨. 동사는 광학 저장매체에 저장된 디지털 음원 파일 재생하는 분야는 광학 저장매체에 저장된 디지털 음원 파일 재생하는 옵티컬 부문과 SD카드, USB 메모리 등에 저장된 디지털 음원파일 재생하는 반도체 설계하는 멀티미디어 인터페이스 부문과 반도체 라이센스 수수료 등 전반적으로 영업이 부진했음. 판매관리비가 늘어 수익성도 악화됨

현금 흐름 *IFRS 별도 기준 〈단위 : 억원〉

항목	2016	2017.2Q
영업활동	13	-14
투자활동	-13	-5
재무활동	1	31
순현금흐름	1	12
기말현금	31	43

시장 대비 수익률

결산 실적 〈단위 : 억원〉

항목	2012	2013	2014	2015	2016	2017
매출액	284	245	265	242	257	—
영업이익	11	6	6	-11	2	—
당기순이익	5	3	5	-14	1	—

분기 실적 *IFRS 별도 기준 〈단위 : 억원〉

항목	2016.1Q	2016.2Q	2016.3Q	2016.4Q	2017.1Q	2017.2Q
매출액	60	59	63	74	41	50
영업이익	-1	-2	-1	5	-8	-7
당기순이익	-2	-1	-2	6	-11	-8

재무 상태 *IFRS 별도 기준 〈단위 : 억원〉

항목	2012	2013	2014	2015	2016	2017.2Q
총자산	117	111	116	139	149	159
유형자산	1	1	0	1	1	2
무형자산	14	6	11	5	10	10
유가증권	—		5	10	10	10
총부채	66	55	53	65	68	94
총차입금	21	12	10	33	30	60
자본금	31	32	32	32	33	33
총자본	51	56	63	74	81	64
지배주주지분	51	56	63	74	81	64

기업가치 지표 *IFRS 별도 기준

항목	2012	2013	2014	2015	2016	2017.2Q
주가(최고/저)(천원)	8.2/1.3	8.8/2.1	5.8/2.3	8.7/2.5	8.3/4.1	—/—
PER(최고/저)(배)	96.4/15.3	188.7/45.3	71.9/28.6		651.6/319.5	8.8/3.6
PBR(최고/저)(배)	8.5/1.3	8.5/2.0	5.1/2.0	7.5/2.2	6.7/3.3	
EV/EBITDA(배)	4.6	21.3	18.6		90.4	—/—
EPS(원)	85	47	80	-216	13	-288
BPS(원)	972	1,037	1,132	1,152	1,240	987
CFPS(원)	308	177	103	-174	42	-269
DPS(원)					56	-217
EBITDAPS(원)	396	231	111	-132		

재무 비율 〈단위 : % 〉

연도	영업이익률	순이익률	부채비율	차입금비율	ROA	ROE	유보율	자기자본비율	EBITDA마진율
2016	0.7	0.3	84.3	36.9	0.6	1.1	148.1	54.3	1.4
2015	-4.6	-5.7	88.2	44.2	-10.9	-20.3	130.4	53.1	-3.5
2014	2.1	1.9	84.4	16.5	4.5	8.6	126.4	54.2	2.7
2013	2.6	1.2	98.1	22.2	5.5	10.7	107.4	50.3	6.0

다산네트웍스 (A039560)
DASAN Networks

업 종 : 통신장비		시 장 : KOSDAQ	
신용등급 : (Bond) — (CP) —		기업규모 : 중견	
홈페이지 : www.dasannetworks.com		연 락 처 : 070)7010-1000	
본 사 : 경기도 성남시 분당구 대왕판교로644번길 49 다산타워 10층			

설 립 일	1993.03.04	종 업 원 수	76명	대 표 이 사	남민우
상 장 일	2000.06.22	감 사 의 견	적정(삼일)	계 열	
결 산 기	12월	보 통 주	2,212만주	종속회사수	15개사
액 면 가	500원	우 선 주		구 상 호	

주주구성 (지분율,%)		출자관계 (지분율,%)		주요경쟁사 (외형,%)	
다산인베스트	24.7	에이블	95.0	다산네트웍스	100
신영자산운용	10.6	팬더미디어	90.0	텔콘	13
(외국인)	2.3	디티에스	82.0	디티앤씨	18

매출구성		비용구성		수출비중	
Ethernet Switch	39.7	매출원가율	72.6	수출	65.0
PON	36.8	판관비율	33.4	내수	35.0
Etc	23.5				

회사 개요
네트워크 통신장비를 개발 공급하는 기업으로 주요 제품은 이더넷 스위치, FTTx 솔루션, TPS 솔루션 등이 있고, 장비 매출과 용역 매출로 구성되어 있음. 장비 매출의 비중이 약 80%를 차지하는데, 장비 매출 중에서는 FTTx와 이더넷 스위치가 메인 제품임. 2016년 글로벌 사업 본격 확대에 따른 그룹 구조개편을 위해 디엠씨 주식 전량을 처분하였으며, 890억원을 투자하여 미국 통신장비 기업이자 나스닥상장사인 존테크놀로지를 인수함.

실적 분석
다산존솔루션스의 인수로 미국에서의 네트워크 장비 및 솔루션 판매가 늘어남에 따라 2017년 상반기 매출액은 전년동기 대비 75.2% 급증함. 그러나 인건비, 지급수수료 등을 포함한 판매관리비와 연구개발비가 크게 증가하여 영업이익은 적자를 지속함. 상반기 실적에 반영된 일회성 비용(존테크놀로지 인수 관련) 이슈가 해소되면서 하반기 이익률 개선과 사상 최대 매출이 기대됨. 일본, 인도, 태국 등 아시아 신규 통신사 거래처를 확보하였음.

현금 흐름 〈단위 : 억원〉

항목	2016	2017.2Q
영업활동	-156	-81
투자활동	31	-144
재무활동	266	41
순현금흐름	152	-190
기말현금	397	207

시장 대비 수익률

결산 실적 〈단위 : 억원〉

항목	2012	2013	2014	2015	2016	2017
매출액	1,339	1,427	1,640	1,806	2,228	—
영업이익	60	57	24	-41	-133	—
당기순이익	-115	32	-27	-33	-412	—

분기 실적 〈단위 : 억원〉

항목	2016.1Q	2016.2Q	2016.3Q	2016.4Q	2017.1Q	2017.2Q
매출액	747	530	425	527	716	1,006
영업이익	-28	0	-58	-47	-39	8
당기순이익	-31	28	-83	-326	-52	-53

재무 상태 〈단위 : 억원〉

항목	2012	2013	2014	2015	2016	2017.2Q
총자산	2,136	2,410	2,590	3,555	3,713	3,715
유형자산	402	424	431	798	615	591
무형자산	147	135	119	150	172	134
유가증권	83	144	164	98	109	97
총부채	797	1,026	1,253	2,186	2,236	2,358
총차입금	460	640	778	1,434	1,412	1,706
자본금	105	105	105	112	120	120
총자본	1,339	1,385	1,337	1,370	1,477	1,356
지배주주지분	1,338	1,367	1,334	1,276	1,120	1,027

기업가치 지표

항목	2012	2013	2014	2015	2016	2017.2Q
주가(최고/저)(천원)	7.2/4.3	7.2/4.4	8.7/5.1	8.1/5.1	8.5/5.8	—/—
PER(최고/저)(배)	—/—	96.5/59.1	—/—	—/—	—/—	1.3/1.0
PBR(최고/저)(배)	1.0/0.6	0.9/0.6	1.2/0.7	1.1/0.7	1.4/1.0	
EV/EBITDA(배)	6.8	10.8	24.2	73.1		—/—
EPS(원)	-533	74	-148	-266	-1,606	-353
BPS(원)	7,526	7,684	7,505	7,193	5,918	5,492
CFPS(원)	-189	309	73	116	-1,233	-170
DPS(원)						
EBITDAPS(원)	668	546	350	167	-243	41

재무 비율 〈단위 : % 〉

연도	영업이익률	순이익률	부채비율	차입금비율	ROA	ROE	유보율	자기자본비율	EBITDA마진율
2016	-6.0	-18.5	151.4	95.6	-11.3	-29.0	963.0	39.8	-2.4
2015	-2.3	-1.8	159.6	104.7	-1.1	-3.9	1,181.0	38.5	1.8
2014	1.5	-1.7	93.8	58.2	-1.1	-2.0	1,224.8	51.6	3.9
2013	4.0	2.3	74.1	46.2	1.4	1.0	1,256.4	57.5	7.1

다우기술 (A023590)
DAOU TECHNOLOGY

업 종 : 증권	시 장 : 거래소
신용등급 : (Bond) A (CP) —	기업규모 : 시가총액 중형주
홈페이지 : www.daou.co.kr	연락처 : (070)8707-1000
본 사 : 경기도 용인시 수지구 디지털밸리로 81 디지털스퀘어 6층	

설 립 일 1986.01.09	종업원수 488명	대표이사 김윤덕
상 장 일 1997.08.27	감사의견 적정 (한영)	계 열
결 산 기 12월	보통주 4,487만주	종속회사수 37개사
액 면 가 500원	우 선 주	구 상 호

주주구성 (지분율,%)
다우데이타시스템	37.9
국민연금공단	7.9
(외국인)	24.3

출자관계 (지분율,%)
다우기술	100
다우데이타	120
유안타증권	26

주요경쟁사 (외형,%)

매출구성
증권 브로커리지	36.7
SI, 인터넷 서비스	22.4
선물/옵션	16.9

비용구성
매출원가율	58.4
판관비율	19.7

수출비중
수출	—
내수	—

회사 개요
동사는 차별화된 기술력과 솔루션으로 국내를 대표하는 IT 서비스 전문기업임. 대형 SI업체와 차별화를 이루기 위해 전문 솔루션분야에 대한 System Integration, Solution integration 사업에 주력하고 있음. '다우데이타', '다우인큐브', '키움증권' 등 24개의 계열회사를 보유하고 있으며, 중점 추진 사업분야는 가상화, SaaS 솔루션(클라우드 컴퓨팅), 스마트프로세스, 전자결제 사업임.

실적 분석
동사의 2017년 2분기 연결기준 누적 매출액은 6,375억원으로 전년 동기 대비 14.8% 증가함. 저수익성 사업 매각과 자회사 실적호조로 영업이익은 전년동기대비 32.6% 증가한 1,744억원을 기록함. 2017년 3월 서버와 스토리지등의 IT자원을 빌려주는 서비스형인프라(IaaS)서비스인 '다우클라우드'를 출시. 서버가상화 사업 확대가 진행되고 있는 중으로 클라우드사업, O2O사업, 자체 솔루션 확대로 수익성 개선이 지속될 것으로 전망됨

현금 흐름 〈단위 : 억원〉
항목	2016	2017.2Q
영업활동	2,046	923
투자활동	-19,576	-1,210
재무활동	17,210	1,376
순현금흐름	-301	1,053
기말현금	1,561	2,614

시장 대비 수익률

결산 실적 〈단위 : 억원〉
항목	2012	2013	2014	2015	2016	2017
매출액	7,592	7,522	7,830	10,385	11,534	—
영업이익	1,042	812	1,202	2,605	2,534	—
당기순이익	970	541	849	2,026	1,920	—

분기 실적 〈단위 : 억원〉
항목	2016.1Q	2016.2Q	2016.3Q	2016.4Q	2017.1Q	2017.2Q
매출액	3,033	2,520	2,582	3,399	3,313	3,062
영업이익	773	542	585	634	841	904
당기순이익	566	390	447	518	643	656

재무 상태 〈단위 : 억원〉
항목	2012	2013	2014	2015	2016	2017.2Q
총자산	48,485	48,495	53,385	68,347	95,446	112,687
유형자산	1,589	1,988	2,514	2,460	2,275	2,324
무형자산	363	874	931	985	991	944
유가증권	22,858	22,973	23,336	39,420	59,803	64,311
총부채	37,043	36,733	40,884	53,871	79,370	94,453
총차입금	10,282	9,047	9,261	14,443	30,812	32,520
자본금	224	224	224	224	224	224
총자본	11,442	11,761	12,501	14,476	16,076	18,234
지배주주지분	7,049	7,214	7,601	8,507	9,310	10,075

기업가치 지표
항목	2012	2013	2014	2015	2016	2017.2Q
주가(최고/저)(천원)	16.6/9.9	19.6/12.2	16.1/9.9	33.3/12.1	26.6/15.6	—/—
PER(최고/저)(배)	11.9/7.1	32.0/19.9	16.6/10.2	14.8/5.4	12.4/7.3	—/—
PBR(최고/저)(배)	1.1/0.7	1.3/0.8	1.0/0.6	1.8/0.6	1.3/0.8	1.0/0.7
EV/EBITDA(배)						
EPS(원)	1,464	638	1,000	2,297	2,173	1,330
BPS(원)	15,916	16,284	17,145	19,164	20,954	22,659
CFPS(원)	1,912	1,189	1,707	3,054	2,942	1,800
DPS(원)	130	130	130	150	250	
EBITDAPS(원)	2,769	2,361	3,387	6,563	6,417	4,358

재무 비율 〈단위 : % 〉
연도	영업이익률	순이익률	부채비율	차입금비율	ROA	ROE	유보율	자기자본비율	EBITDA마진율
2016	22.0	16.6	493.7	191.7	2.3	11.0	4,090.7	16.8	25.0
2015	25.1	19.5	372.2	99.8	3.3	12.8	3,732.7	21.2	28.4
2014	15.4	10.9	327.1	74.1	1.7	6.1	3,329.0	23.4	19.4
2013	10.8	7.2	312.3	76.9	1.1	4.0	3,156.7	24.3	14.1

다우데이타 (A032190)
Daou Data

업 종 : 증권	시 장 : KOSDAQ
신용등급 : (Bond) — (CP) —	기업규모 : 우량
홈페이지 : www.daoudata.co.kr	연락처 : (02)3410-5100
본 사 : 서울시 마포구 독막로 311 재화스퀘어 5층 & 11층	

설 립 일 1992.06.10	종업원수 141명	대표이사 김익래,이인복(각자대표)
상 장 일 1999.12.13	감사의견 적정 (한영)	계 열
결 산 기 12월	보통주 3,830만주	종속회사수 45개사
액 면 가 500원	우 선 주	구 상 호

주주구성 (지분율,%)
김익래	40.6
이머니	20.5
(외국인)	5.3

출자관계 (지분율,%)
다우인큐브	49.3
다우기술	37.9
미래테크놀로지	33.9

주요경쟁사 (외형,%)
다우데이타	100
다우기술	84
유안타증권	22

매출구성
금융영업수익	68.5
상품 및 용역매출	27.2
부가통신매출	3.5

비용구성
매출원가율	60.0
판관비율	20.9

수출비중
수출	—
내수	—

회사 개요
동사는 프로그램미디어 제조, 컴퓨터 조직 및 프로그램 개발, 컴퓨터 정보처리 관련 교육 및 자문, 전자기기 조립, 판매 및 용역업 등을 영위할 목적으로 1992년 6월 10일에 설립됨. 1999년 12월 21일자로 코스닥 시장에 상장되어 코스닥시장에서 매매가 개시됨. 한편 2013년 11월 30일 VAN 사업자인 스타뱅스코리아를 흡수합병하여 VAN 사업을 시작하였음.

실적 분석
동사의 2017년 2분기 연결기준 누적매출액은 전년동기 대비 13.6% 증가한 7,553.9억원을 기록하였음.외형성장의 영향으로 인해 매출원가 및 판관비가 전년동기 대비 각각 7.9%, 9.5% 증가했음에도 불구하고 영업이익은 전년동기 1,383.2억원대비 1,848.4억원으로 33.6% 증가했음. 비영업부문에서도 20.3억원의 이익을 시현함에 따라 이익폭이 확대되어 당기순이익은 전년동기 대비 39.3% 증가한 1231억원을 기록했음.

현금 흐름 〈단위 : 억원〉
항목	2016	2017.2Q
영업활동	2,377	2,103
투자활동	-20,143	-9,344
재무활동	17,818	8,480
순현금흐름	72	1,203
기말현금	2,211	3,414

시장 대비 수익률

결산 실적 〈단위 : 억원〉
항목	2012	2013	2014	2015	2016	2017
매출액	9,149	9,742	10,371	12,868	13,784	—
영업이익	1,028	966	1,374	2,744	2,642	—
당기순이익	693	649	981	2,574	1,741	—

분기 실적 〈단위 : 억원〉
항목	2016.1Q	2016.2Q	2016.3Q	2016.4Q	2017.1Q	2017.2Q
매출액	3,649	3,010	3,182	3,942	3,925	3,62
영업이익	803	578	630	631	893	9
당기순이익	581	303	465	392	673	55

재무 상태 〈단위 : 억원〉
항목	2012	2013	2014	2015	2016	2017.2Q
총자산	50,509	50,775	55,931	71,334	99,012	116,22
유형자산	1,811	2,342	2,888	2,907	2,702	2,69
무형자산	749	1,244	1,323	1,260	1,242	1,26
유가증권	22,278	22,196	21,319	37,416	57,328	60,25.
총부채	39,037	38,631	42,867	55,922	81,852	96,82.
총차입금	28,052	31,859	35,094	48,935	75,056	82,08.
자본금	179	179	179	179	192	19
총자본	11,472	12,143	13,065	15,412	17,160	19,40
지배주주지분	2,538	2,703	2,893	3,881	4,340	4,53

기업가치 지표
항목	2012	2013	2014	2015	2016	2017.2Q
주가(최고/저)(천원)	5.4/2.8	6.2/3.0	7.4/4.7	22.2/6.9	15.2/9.9	—/—
PER(최고/저)(배)	15.7/8.0	12.6/6.2	10.6/6.7	9.3/2.9	25.9/16.9	—/—
PBR(최고/저)(배)	0.8/0.4	0.8/0.4	0.9/0.6	2.1/0.6	1.4/0.9	1.1/0.9
EV/EBITDA(배)	4.5	5.1	4.1	3.4	4.5	—
EPS(원)	365	513	716	2,431	591	37
BPS(원)	7,208	7,670	8,202	10,871	11,332	11,82
CFPS(원)	1,045	1,490	1,994	3,745	1,948	1,110
DPS(원)	50	70	110	100	100	
EBITDAPS(원)	3,560	3,684	5,127	9,000	8,711	5,56

재무 비율 〈단위 : % 〉
연도	영업이익률	순이익률	부채비율	차입금비율	ROA	ROE	유보율	자기자본비율	EBITDA마진율
2016	19.2	12.6	477.0	437.4	2.0	5.2	2,166.5	17.3	22.7
2015	21.3	20.0	362.9	317.5	4.1	25.6	2,074.1	21.6	25.0
2014	13.3	9.5	328.1	268.6	1.8	9.1	1,540.5	23.4	17.7
2013	9.9	6.7	318.1	262.4	1.5	7.0	1,433.9	23.9	15.3

다우인큐브 (A020120)
Daouincube

업   종 : 반도체 및 관련장비
신용등급 : (Bond) — (CP) —
홈 페 이 지 : www.daouincube.com
본   사 : 서울시 마포구 독막로 311(염리동, 재화스퀘어)

시   장 : 거래소
기업규모 : 시가총액 소형주
연 락 처 : 02)6320-8510

설 립 일	1987.07.29	종업원수	41명
상 장 일	1996.07.03	감사의견	적정 (이현)
결 산 기	12월	보통주	1,583만주
액 면 가	500원	우선주	

대 표 이 사 박성찬
계   열
종속회사수
구 상 호 인큐브테크

주주구성 (지분율,%)
다우데이타시스템	55.2
이머니	9.2
(외국인)	0.1

출자관계 (지분율,%)
이매진스	41.7

주요경쟁사 (외형,%)
다우인큐브	100
GST	360
한양디지텍	349

매출구성
반도체(반도체 설계용 소프트웨어 등)	64.0
미디어콘텐츠(전자책콘텐츠서비스 등)	36.0

비용구성
매출원가율	86.9
판관비율	12.1

수출비중
수출	—
내수	—

회사 개요
동사는 1987년 설립된 IT 업체로서, 반도체, 디스플레이 및 미디어콘텐츠 사업을 영위함. 인쇄편집 디자인 전문소프트웨어인 QuarkXPress를 국내 최초로 독점 공급함. 출판 및 디자인 업계와의 인연을 바탕으로 현재는 고품질의 디지털 출판시장 확대와 멀티미디어 기능이 가미된 디지털 콘텐츠 활성화를 위한 전자책 비즈니스에 주력하고 있음. QuarkXPress파일을 국제 전자책 표준 포맷으로 자동 변환시켜 주는 기술을 주요 기술로 보유 하고있음.

실적 분석
동사의 2017년 2분기 누적 매출액과 영업손실은 52.5억원, 2.7억원으로 전년 대비 -18.4%감소, 적자전환을 기록함. 동사는 자회사인 ㈜북로부과의 합병 및 교원연수사업를 통해 콘텐츠 사업자로의 전환을 계획하고 있음. 반도체 사업부문은 고객 및 파트너사와 공동개발을 통해 수율관리(향상)솔루션과 제품수명주기관리 솔루션 사업을 추진할 계획임. 디스플레이사업부문이 경영상의 사유로 사업중단을 결정함.

현금 흐름   *IFRS 별도 기준   〈단위 : 억원〉
항목	2016	2017.2Q
영업활동	-28	12
투자활동	19	29
재무활동	0	-18
순현금흐름	-9	22
기말현금	19	41

시장 대비 수익률

결산 실적   〈단위 : 억원〉
항목	2012	2013	2014	2015	2016	2017
매출액	92	222	224	283	253	—
영업이익	-34	10	20	5	2	—
당기순이익	-31	7	39	86	-62	—

분기 실적   *IFRS 별도 기준   〈단위 : 억원〉
항목	2016.1Q	2016.2Q	2016.3Q	2016.4Q	2017.1Q	2017.2Q
매출액	35	30	70	118	26	27
영업이익	3	-1	-1	1	-1	-2
당기순이익	-2	-32	-0	-28	-1	-2

재무 상태   *IFRS 별도 기준   〈단위 : 억원〉
항목	2012	2013	2014	2015	2016	2017.2Q
총자산	276	280	349	423	214	200
유형자산	9	6	4	5	2	3
무형자산	12	11	9	46	24	22
유가증권	111	111	119	105	—	—
총부채	127	129	144	120	46	34
총차입금	65	68	66	18	18	—
자본금	79	79	79	79	79	79
총자본	148	151	206	303	168	165
지배주주지분	148	151	206	303	168	165

기업가치 지표   *IFRS 별도 기준
항목	2012	2013	2014	2015	2016	2017.2Q
주가(최고/저)(천원)	2.7/1.3	3.8/2.0	3.1/2.4	5.2/2.8	4.0/2.8	—/—
PER(최고/저)(배)	—/—	90.1/46.3	15.9/12.5	9.6/5.2	—/—	—/—
PBR(최고/저)(배)	2.5/1.2	3.5/1.8	2.2/1.7	2.6/1.4	3.4/2.4	2.9/2.1
EV/EBITDA(배)	—	32.8	20.2	57.3	52.7	—
EPS(원)	-274	43	199	545	-393	-18
BPS(원)	1,105	1,106	1,422	2,037	1,181	1,165
CFPS(원)	-239	76	231	602	-359	-6
DPS(원)			30	20		
EBITDAPS(원)	-272	98	159	71	49	-6

재무 비율   〈단위 : % 〉
연도	영업이익률	순이익률	부채비율	차입금비율	ROA	ROE	유보율	자기자본비율	EBITDA마진율
2016	0.9	-24.7	27.6	10.8	-19.5	-26.5	136.2	78.3	3.1
2015	1.7	30.5	39.4	5.8	21.5	34.9	306.6	71.7	4.9
2014	8.8	17.3	66.0	30.6	11.7	19.5	182.7	60.2	12.4
2013	4.6	3.1	85.8	45.0	2.5	4.6	121.1	53.8	7.0

다원시스 (A068240)
DAWONSYS

업   종 : 전기장비
신용등급 : (Bond) — (CP) —
홈 페 이 지 : www.dawonsys.com
본   사 : 경기도 안산시 단원구 시화호수로 485 (성곡동)

시   장 : KOSDAQ
기업규모 : 우량
연 락 처 : 031)8085-3012

설 립 일	1996.01.15	종업원수	357명
상 장 일	2010.09.14	감사의견	적정 (우리)
결 산 기	12월	보통주	2,430만주
액 면 가	500원	우선주	

대 표 이 사 박선순
계   열
종속회사수 3개사
구 상 호

주주구성 (지분율,%)
박선순	20.4
미래에셋자산운용투자자문	10.7
(외국인)	3.1

출자관계 (지분율,%)
로원에이치테엘	13.0
마루투자자문	10.0
자본재공제조합	

주요경쟁사 (외형,%)
다원시스	100
대한전선	1,852
LS	12,968

매출구성
전동차(제품)	63.5
정류기외 기타(제품)	12.4
핵융합(제품)	11.3

비용구성
매출원가율	69.0
판관비율	18.5

수출비중
수출	10.0
내수	90.0

회사 개요
동사는 특수전원장치사업과 전자유도가열사업 그리고 철도사업을 주요 사업으로 영위함. 특수전원장치사업부문의 주요제품은 핵융합전원장치, 플라즈마전원장치, 태양광 CVD전원장치, 철도전원장치 등으로 구분될 수 있으며, 전자유도가열사업부문은 유도가열장치와 유도용해장치로 구분됨. 국내 핵융합발전소인 KStar 1호기에 동사의 전원공급장치가 적용되는 등 기술력을 인정받은 바 동사가 추진 중인 신규사업 시장 안착 가능성은 높을 것으로 판단됨.

실적 분석
동사의 연결기준 2017년 2분기 누적 매출액은 531.1억원으로 전년 대비 102.6% 증가함. 매출액 증가는 노후화된 전동차의 전장품 교체 수요 증대가 유효했으며 수출보다는 내수에 의한 매출이 증가하였음. 영업이익은 88.7% 증가, 54.1억원을 시현하였음. 다만 비영업 부문에서 일부 손실이 발생했으나, 당기순이익은 86.0% 증가한 45.2억원을 기록함.

현금 흐름   〈단위 : 억원〉
항목	2016	2017.2Q
영업활동	-252	-82
투자활동	16	-42
재무활동	269	178
순현금흐름	30	63
기말현금	185	248

시장 대비 수익률

결산 실적   〈단위 : 억원〉
항목	2012	2013	2014	2015	2016	2017
매출액	476	514	530	670	742	—
영업이익	71	72	70	79	92	—
당기순이익	53	56	60	82	68	—

분기 실적   〈단위 : 억원〉
항목	2016.1Q	2016.2Q	2016.3Q	2016.4Q	2017.1Q	2017.2Q
매출액	126	136	236	243	209	322
영업이익	14	15	30	34	21	33
당기순이익	11	14	18	26	17	28

재무 상태   〈단위 : 억원〉
항목	2012	2013	2014	2015	2016	2017.2Q
총자산	838	880	1,230	1,990	2,380	2,881
유형자산	224	283	431	542	578	742
무형자산	83	92	99	139	285	517
유가증권	2	3	2	75	94	122
총부채	405	354	593	668	989	1,390
총차입금	316	272	451	540	778	1,122
자본금	50	54	60	79	120	121
총자본	433	525	637	1,322	1,391	1,491
지배주주지분	433	525	632	1,291	1,364	1,466

기업가치 지표
항목	2012	2013	2014	2015	2016	2017.2Q
주가(최고/저)(천원)	5.0/2.9	5.4/4.0	9.9/4.6	32.0/8.8	20.4/10.4	—/—
PER(최고/저)(배)	14.9/8.7	16.0/12.0	30.0/13.7	76.2/21.0	69.7/35.5	—/—
PBR(최고/저)(배)	1.8/1.1	1.7/1.3	2.9/1.3	5.9/1.6	3.6/1.8	2.9/1.7
EV/EBITDA(배)	8.9	10.4	19.1	44.2	27.7	—
EPS(원)	345	344	335	422	294	193
BPS(원)	4,357	4,881	5,318	8,185	5,705	6,133
CFPS(원)	703	696	683	797	418	342
DPS(원)	60	60	60	50	50	
EBITDAPS(원)	884	844	779	756	509	373

재무 비율   〈단위 : % 〉
연도	영업이익률	순이익률	부채비율	차입금비율	ROA	ROE	유보율	자기자본비율	EBITDA마진율
2016	12.5	9.1	71.1	55.9	3.1	5.3	1,041.0	58.4	16.4
2015	11.9	12.3	50.6	40.9	5.1	8.8	1,537.0	66.4	15.2
2014	13.2	11.3	93.1	70.9	5.7	10.2	963.6	51.8	16.8
2013	14.0	11.0	67.5	51.8	6.6	11.8	876.3	59.7	17.5

다이오진 (A271850)
DIOGENE CO

업 종 : 의료 장비 및 서비스		시 장 : KONEX	
신용등급 : (Bond) —	(CP) —	기업규모 : —	
홈페이지 : www.diogene.co.kr		연 락 처 : 031)701-6488	
본 사 : 경기도 성남시 분당구 판교로 255번길 9-22, 302호(삼평동, 우림더블유시티)			

설 립 일	2009.07.21	종업원수	명	대표이사	임성식
상 장 일	2017.06.19	감사의견	적정(신아)	계 열	
결 산 기	12월	보 통 주		종속회사수	
액 면 가	—	우 선 주		구 상 호	

주주구성 (지분율,%)		출자관계 (지분율,%)		주요경쟁사 (외형,%)	
임성식	56.8	다이오진	100		
김연수	39.9	나노바이오시스	76		
		엑세스바이오	1,545		

매출구성		비용구성		수출비중	
분자진단서비스	53.0	매출원가율	25.4	수출	0.0
ISD ™C STD12 AES Detecti on Kit	35.0	판관비율	61.8	내수	100.0
기타 제품 매출	12.0				

회사 개요
동사는 2009년 7월 설립되어 2017년 6월 코넥스 시장에 상장한 분자진단 사업 전문 기업임. 동사의 분자진단 사업은 질병의 감염여부를 판정할 목적으로 감염물질과 원인물질의 유전정보를 담고 있는 유전자를 검사하는 것임. 체외진단 방법 중 유일하게 조기진단이 가능하고 예방의학 및 맞춤형 치료를 가능하게 하기 때문에 산업의 성장속도가 빠른 분야로 높은 부가가치를 보이고 있음.

실적 분석
동사는 코넥스 상장법인으로 분반기 감사보고서 제출 의무는 없음. 최근 결산인 2016년 매출액은 전년대비 18% 성장한 21.0억원을 기록함. 전년대비 서비스 매출은 감소하였으나 제품 매출이 상대적으로 호조를 보임. 매출 증가에도 판관비는 통제되어 영업이익 2.7억원을 보이며 흑자전환함. 판관비의 경우 급여는 증가했으나 의약소모품비와 경상연구개발비 등이 급격하게 감소. 영업흑자 전환에 힘입어 당기순이익도 1.7억원을 보이며 흑자전환에 성공함.

현금 흐름 *IFRS 별도 기준 〈단위 : 억원〉

항목	2016	2017.2Q
영업활동	-4	
투자활동	-15	
재무활동	21	
순현금흐름	2	
기말현금	3	

시장 대비 수익률

결산 실적 〈단위 : 억원〉

항목	2012	2013	2014	2015	2016	2017
매출액	—	—	16	18	21	—
영업이익	—	—	1	-2	3	—
당기순이익	—	—	2	-2	2	—

분기 실적 *IFRS 별도 기준 〈단위 : 억원〉

항목	2016.1Q	2016.2Q	2016.3Q	2016.4Q	2017.1Q	2017.2Q
매출액					7	
영업이익					1	
당기순이익					1	

재무 상태 *IFRS 별도 기준 〈단위 : 억원〉

항목	2012	2013	2014	2015	2016	2017.2Q
총자산	—	—	10	12	36	
유형자산	—	—	1	1	1	
무형자산	—	—	0	0	0	
유가증권	—	—	0	0	0	
총부채	—	—	5	5	28	
총차입금	—	—	2	2	20	
자본금	—	—	1	1	1	
총자본	—	—	5	4	8	
지배주주지분	—	—	5	4	8	

기업가치 지표 *IFRS 별도 기준

항목	2012	2013	2014	2015	2016	2017.2Q
주가(최고/저)(천원)		#VALUE!	—/—	—/—	—/—	—/—
PER(최고/저)(배)	0.0/0.0	0.0/0.0	0.0/0.0	0.0/0.0	0.0/0.0	0.0/0.0
PBR(최고/저)(배)	0.0/0.0	0.0/0.0	0.0/0.0	0.0/0.0	0.0/0.0	0.0/0.0
EV/EBITDA(배)		0.0			5.0	
EPS(원)	—	—	788	-828	547	—
BPS(원)	—	—	26,138	1,786	1,333	—
CFPS(원)	—	—	11,229	-516	715	—
DPS(원)	—	—				—
EBITDAPS(원)	—	—	10,752	-656	1,012	—

재무 비율 〈단위 : % 〉

연도	영업이익률	순이익률	부채비율	차입금비율	ROA	ROE	유보율	자기자본비율	EBITDA마진율
2016	12.8	8.3	345.5	246.3	7.3	30.2	166.7	22.5	15.4
2015	-10.9	-9.3	245.1	48.1	-14.7	-37.6	257.2	29.0	-7.4
2014	9.1	9.7	94.1	0.0	0.0	0.0	422.8	51.5	13.2
2013	0.0	0.0	0.0	0.0	0.0	0.0	0.0	0.0	0.0

대경기계기술 (A015590)
Daekyung Machinery & Engineering

업 종 : 기계		시 장 : 거래소	
신용등급 : (Bond) —	(CP) —	기업규모 : 시가총액 소형주	
홈페이지 : www.dkme.com		연 락 처 : 052)278-9000	
본 사 : 울산시 남구 처용로 260-37 (부곡동 125-2)			

설 립 일	1981.09.30	종업원수	447명	대표이사	서상훈
상 장 일	1989.05.27	감사의견	적정(대성)	계 열	
결 산 기	12월	보 통 주	9,074만주	종속회사수	
액 면 가	500원	우 선 주		구 상 호	

주주구성 (지분율,%)		출자관계 (지분율,%)		주요경쟁사 (외형,%)	
큐로컴	24.3	국일인토트	4.3	대경기계	100
김석기	1.4	자본재공제조합		비에이치아이	164
(외국인)	1.5	대한설비건설공제조합		TPC	48

매출구성		비용구성		수출비중	
열교환기,압력용기,TOWER 등	78.2	매출원가율	97.3	수출	84.0
HRSG 보일러	21.8	판관비율	8.8	내수	16.0

회사 개요
석유화학산업에 필요한 열교환기, 압력용기, 저장탱크 등과 발전산업에 필요한 HRSG, 보일러 등을 생산하는 업체임. 에너지 산업 부문 매출 비율은 22.27%, 화공기기 매출 비율은 77.73%임. 석유화학 플랜트(화공기기 부문) 부문의 경우 해외 시장에 주력하며 상위권 점유율을 유지하고 있음. HRSG와 보일러 부문(에너지사업 부문)은 해외와 국내 시장 모두 진출해있음.

실적 분석
동사의 2017년 2/4분기 연결기준 매출액은 940.7억원으로 전년동기 대비 1.1% 감소했음. 판관비가 전년동기 대비 2.2% 증가했으나 매출원가가 전년동기 대비 2.5% 감소함에 따라 40.4억원의 영업이익을 기록했음. 그러나 비영업부문에서 59.3억원의 손실을 시현하며 적자를 지속함에 따라 이익폭이 축소되어 18.9억원의 당기순손실을 시현하며 적자전환되었음.

현금 흐름 *IFRS 별도 기준 〈단위 : 억원〉

항목	2016	2017.2Q
영업활동	287	-77
투자활동	-22	-52
재무활동	-283	145
순현금흐름	-15	15
기말현금	15	31

시장 대비 수익률

결산 실적 〈단위 : 억원〉

항목	2012	2013	2014	2015	2016	2017
매출액	2,829	2,400	2,973	2,237	1,914	—
영업이익	201	165	50	-123	-115	—
당기순이익	68	95	3	-151	-193	—

분기 실적 *IFRS 별도 기준 〈단위 : 억원〉

항목	2016.1Q	2016.2Q	2016.3Q	2016.4Q	2017.1Q	2017.2Q
매출액	463	488	480	482	522	418
영업이익	26	4	-42	-102	58	
당기순이익	18	6	-89	-128	-25	

재무 상태 *IFRS 별도 기준 〈단위 : 억원〉

항목	2012	2013	2014	2015	2016	2017.2Q
총자산	2,509	2,549	2,957	2,764	2,359	2,33
유형자산	938	911	983	886	811	80
무형자산	4	4	4	3	3	1
유가증권	16	16	16	17	17	1
총부채	1,828	1,774	2,177	2,122	1,793	1,67
총차입금	1,063	893	1,118	1,132	729	759
자본금	274	274	274	274	354	454
총자본	681	774	780	643	567	66
지배주주지분	681	774	780	643	567	66

기업가치 지표 *IFRS 별도 기준

항목	2012	2013	2014	2015	2016	2017.2Q
주가(최고/저)(천원)	2.5/1.5	1.9/1.4	1.8/1.3	1.7/1.0	1.5/0.8	—/—
PER(최고/저)(배)	23.9/14.6	14.2/10.9	383.2/270.1	—/—	—/—	—/—
PBR(최고/저)(배)	2.2/1.4	1.5/1.1	1.6/1.0	1.6/1.0	1.9/1.1	1.4/0.9
EV/EBITDA(배)	8.7	9.4	18.9			
EPS(원)	103	132	5	-247	-269	-22
BPS(원)	1,244	1,415	1,425	1,174	801	73
CFPS(원)	192	225	96	-190	-222	
DPS(원)						
EBITDAPS(원)	424	336	182	-140	-108	7

재무 비율 〈단위 : % 〉

연도	영업이익률	순이익률	부채비율	차입금비율	ROA	ROE	유보율	자기자본비율	EBITDA마진율
2016	-6.0	-10.1	316.5	128.6	-7.5	-31.9	60.2	24.0	-3.9
2015	-5.5	-6.7	330.1	176.1	-5.3	-21.2	134.8	23.3	-3.4
2014	1.7	0.1	279.1	143.3	0.1	0.4	184.6	26.4	3.4
2013	6.9	4.0	228.7	117.5	3.6	12.7	191.8	30.4	5.7

대교 (A019680)
Daekyo

종 목 : 교육	시 장 : 거래소
용 등 급 : (Bond) — (CP) —	기 업 규 모 : 시가총액 중형주
페 이 지 : www.daekyo.com	연 락 처 : 02)829-1114
사 : 서울시 관악구 보라매로 3길 23(보라매동 729-21) 대교타워	

설 립 일 1986.12.20	종 업 원 수 2,481명	대 표 이 사 박수완	
상 장 일 2004.02.03	감 사 의 견 적정 (삼일)	계 열	
결 산 기 12월	보 통 주 8,470만주	종속회사수 20개사	
액 면 가 500원	우 선 주 1,943만주	구 상 호	

주주구성 (지분율,%)		출자관계 (지분율,%)		주요경쟁사 (외형,%)	
대교홀딩스	54.5	현대에드밴티지사모주식5호	100.0	대교	100
강영중	5.7	트러스톤서오문문투자신탁제4호	100.0	웅진씽크빅	76
(외국인)	10.9	대교에듀캠프	99.9	멀티캠퍼스	23

매출구성		비용구성		수출비중	
국내교육서비스 및 출판사업	94.1	매출원가율	79.8	수출	3.0
교육기관사업	3.6	판관비율	15.0	내수	97.0
해외교육사업	2.6				

회사 개요
동사는 1976년 한국공문수학연구회로 설립되어, 1991년 1월 대교로 상호변경함. 주간학습지 시장의 대표 브랜드인 '눈높이'를 주력으로 하는 교육문화기업으로 눈높이 학습지 사업을 비롯한 유아교육사업, 교육출판사업, 학원사업, 홈스쿨사업, 온라인교육, 방과후교실사업 등 다양한 제품과 교육서비스사업을 영위하고 있음. 대교에듀피아, 대교CSA 등 연결대상 종속회사 총 20개사를 보유함.

실적 분석
동사의 2017년 연결기준 상반기 매출액은 4151.1억원을 기록함 전년도 대비 0.4% 증가함. 매출엔 큰 변화 없었으나 판매비와 관리비가 3.2% 감소한 덕에 영업이익은 전년도 같은 기간에 비해 12.2% 증가한 230.4억원을 시현함. 35.7억원에 불과했던 비영업부문 수익이 112.9억원까지 오른 덕에 당기순이익이 180.6억원에서 258.6억원으로 43.2% 증가함.

현금 흐름 〈단위 : 억원〉

항목	2016	2017.2Q
영업활동	717	418
투자활동	-504	-347
재무활동	-255	-145
순현금흐름	-44	-76
기말현금	968	893

시장 대비 수익률

결산 실적 〈단위 : 억원〉

항목	2012	2013	2014	2015	2016	2017
매출액	8,695	8,396	8,106	8,132	8,207	—
영업이익	317	317	307	430	428	—
당기순이익	208	322	382	461	418	—

분기 실적 〈단위 : 억원〉

항목	2016.1Q	2016.2Q	2016.3Q	2016.4Q	2017.1Q	2017.2Q
매출액	2,091	2,043	2,037	2,036	2,104	2,047
영업이익	97	108	114	110	121	109
당기순이익	123	58	83	154	133	126

재무 상태 〈단위 : 억원〉

항목	2012	2013	2014	2015	2016	2017.2Q
총자산	8,141	8,423	8,422	8,206	8,481	8,617
유형자산	1,478	1,415	1,532	1,606	1,909	1,955
무형자산	836	755	607	505	402	393
유가증권	3,047	2,561	2,804	2,839	2,966	3,152
총부채	1,922	1,957	2,013	1,767	1,853	1,857
총차입금	242	286	357	286	293	276
자본금	521	521	521	521	521	521
총자본	6,219	6,465	6,408	6,440	6,628	6,761
지배주주지분	6,156	6,385	6,289	6,353	6,548	6,656

기업가치 지표

항목	2012	2013	2014	2015	2016	2017.2Q
주가(최고/저)(천원)	6.3/4.7	6.9/5.5	7.1/5.8	10.0/6.3	10.6/7.8	—/—
PER(최고/저)(배)	33.0/25.0	23.1/18.5	19.9/16.5	24.5/15.8	26.9/19.7	—/—
PBR(최고/저)(배)	1.1/0.9	1.2/0.9	1.2/1.0	1.6/1.0	1.6/1.2	1.2/1.1
EV/EBITDA(배)	5.5	6.8	6.7	7.9	7.3	—/—
EPS(원)	220	339	388	430	409	245
BPS(원)	6,443	6,717	6,683	6,813	7,017	7,161
CFPS(원)	712	807	812	814	746	413
DPS(원)	210	210	230	240	240	—
EBITDAPS(원)	796	773	718	797	748	389

재무 비율 〈단위 : % 〉

연도	영업이익률	순이익률	부채비율	차입금비율	ROA	ROE	유보율	자기자본비율	EBITDA마진율
2016	5.2	5.1	28.0	4.4	5.0	6.6	1,303.4	78.2	9.5
2015	5.3	5.7	27.4	4.4	5.5	7.1	1,262.7	78.5	10.2
2014	3.8	4.7	31.4	5.6	4.5	6.4	1,236.6	76.1	9.2
2013	3.8	3.8	30.3	4.4	3.9	5.6	1,243.5	76.8	9.6

대구백화점 (A006370)
DAEGU DEPARTMENT STORE

업 종 : 백화점	시 장 : 거래소
신용등급 : (Bond) — (CP) —	기 업 규 모 : 시가총액 소형주
홈 페 이 지 : www.debec.co.kr	연 락 처 : 053)423-1234
본 사 : 대구시 중구 동성로 30	

설 립 일 1969.12.26	종 업 원 수 293명	대 표 이 사 구정모	
상 장 일 1988.10.10	감 사 의 견 적정 (세일)	계 열	
결 산 기 03월	보 통 주 1,082만주	종속회사수 2개사	
액 면 가 5,000원	우 선 주 만주	구 상 호	

주주구성 (지분율,%)		출자관계 (지분율,%)		주요경쟁사 (외형,%)	
구정모	12.9	이니컴	16.6	대구백화점	100
씨앤에이치캐피탈	9.3	그린바이오텍	10.3	신세계	2,147
(외국인)	6.7	티비씨	6.3	광주신세계	153

매출구성		비용구성		수출비중	
의류잡화등의도소매외(상품)	84.6	매출원가율	36.2	수출	0.0
임대사업외(기타)	15.4	판관비율	69.9	내수	100.0

회사 개요
동사는 지역 유통 전문기업으로 백화점 사업을 주력으로 하고 있으며 인터넷 쇼핑몰과 체인 마트 사업도 함께 영위함. 주요연결대상 종속회사인 대백저축은행은 예금 적금, 자금금제원 어음의 할인업부, 내·외국환 업무, 금융결제원 업무 등의 사업을 영위함. 2015년 7월 30일 주요종속회사로 편입된 대백아울렛은 대구 동구 신천동에 도심형 아울렛사업을 주력사업으로 2017년 4월 14일에 정식오픈했음.

실적 분석
동사의 2017년 2분기 연결기준 매출액은 414.5억원으로 전년 동기 매출액 362.5억원 대비 14.3% 증가함. 매출은 성장했으나 판매비와 관리비가 18.0% 증가해 영업손실 폭이 커짐. 전년동기 6.3억원 적자에서 20.8억원 적자로 늘어남. 비영업부문이익도 전년도 4.8억원에서 3.2억원으로 34% 감소함. 이에 당기순손실이 3.4억원에서 14.1억원으로 늘어났음.

현금 흐름 〈단위 : 억원〉

항목	2016	2017.1Q
영업활동	-223	-108
투자활동	-406	-246
재무활동	616	378
순현금흐름	-13	25
기말현금	22	47

시장 대비 수익률

결산 실적 〈단위 : 억원〉

항목	2012	2013	2014	2015	2016	2017
매출액	1,730	1,711	1,582	1,583	1,373	—
영업이익	45	44	13	7	-84	—
당기순이익	63	57	34	64	-70	—

분기 실적 〈단위 : 억원〉

항목	2015.4Q	2016.1Q	2016.2Q	2016.3Q	2016.4Q	2017.1Q
매출액	413	362	355	358	298	414
영업이익	-1	-6	-25	-2	-51	-21
당기순이익	-10	-3	-23	-5	-39	-14

재무 상태 〈단위 : 억원〉

항목	2012	2013	2014	2015	2016	2017.1Q
총자산	6,687	6,401	6,231	6,260	6,841	#N/A
유형자산	3,016	3,003	3,001	3,802	4,525	#N/A
무형자산	15	9	8	14	12	4,692
유가증권	1,150	1,166	1,194	922	852	6
총부채	2,626	2,268	2,502	2,494	3,159	863
총차입금	—	1,344	1,531	1,531	2,356	2,700
자본금	541	541	541	541	541	541
총자본	4,061	4,133	3,728	3,766	3,682	3,674
지배주주지분	3,988	4,061	3,650	3,677	3,581	3,564

기업가치 지표

항목	2012	2013	2014	2015	2016	2017.1Q
주가(최고/저)(천원)	13.3/11.3	18.6/11.7	23.0/13.3	17.4/12.8	14.0/12.6	13.4/12.9
PER(최고/저)(배)	21.2/18.0	38.5/24.2	97.5/56.2	36.0/26.5	—/—	—/—
PBR(최고/저)(배)	0.4/0.3	0.5/0.3	0.7/0.4	0.5/0.4	0.4/0.4	0.4/0.4
EV/EBITDA(배)	4.2	13.0	16.7	19.3	—/—	—/—
EPS(원)	721	539	256	505	-756	-223
BPS(원)	38,218	38,844	37,810	38,072	37,179	37,031
CFPS(원)	1,802	1,602	1,141	1,380	-7	19
DPS(원)	400	600	600	400	250	—
EBITDAPS(원)	1,499	1,465	1,004	936	-29	49

재무 비율 〈단위 : % 〉

연도	영업이익률	순이익률	부채비율	차입금비율	ROA	ROE	유보율	자기자본비율	EBITDA마진율
2016	-6.1	-5.1	85.8	64.0	-1.1	-2.3	643.6	53.8	-0.2
2015	0.4	4.0	66.2	40.7	1.0	1.5	661.5	60.2	6.4
2014	0.8	2.2	67.1	41.1	0.5	0.7	656.2	59.8	6.9
2013	2.5	3.4	54.9	32.5	0.9	1.5	676.9	64.6	9.3

ㄷ

대덕전자 (A008060)
Daeduck Electronics

업　종 : 전자 장비 및 기기　　　　시　장 : 거래소
신용등급 : (Bond) —　　　(CP) —　　기업규모 : 시가총액 중형주
홈 페 이 지 : www.daeduck.com　　연 락 처 : 031)599-8829
본　사 : 경기도 시흥시 소망공원로 335 (정왕동)

설 립 일	1972.08.11	종업원수	1,129명	대 표 이 사	김영재,장흥은(각자대표)
상 장 일	1989.01.26	감사의견	적정 (한영)	계　　열	
결 산 기	12월	보 통 주	4,880만주	종속회사수	
액 면 가	500원	우 선 주		구 상 호	

주주구성 (지분율,%)		출자관계 (지분율,%)		주요경쟁사 (외형,%)	
김영재	11.4	대덕GDS	9.0	대덕전자	100
국민연금공단	6.1	삼성벤처투자(SVIC30호)	2.1		
(외국인)	25.1	삼성벤처투자(SVIC18호)	2.0		

매출구성		비용구성		수출비중	
PCB	99.9	매출원가율	89.9	수출	40.0
상품	0.1	판관비율	4.2	내수	60.0

회사 개요
동사는 1972년 설립돼 1989년 유가증권시장에 상장함. 전자부품에 들어가는 핵심부품인 인쇄회로기판(PCB)을 생산해 판매하는 기업임. 반도체 및 Mobile 통신기기 등 각 분야에 걸쳐서 첨단 PCB를 공급함. 삼성전자, 하이닉스반도체, SKYWORKS, MICRON, CIENA 등을 주요 거래처로 보유하고 있음. 주요 영업지역은 중국, 미국, 동남아임.

실적 분석
2017년 상반기 연결기준 동사는 매출 2448.7억원을 시현함. 전년 동기 대비 11.1% 증가한 금액임. 매출원가가 7.6% 늘었으나 매출이 증가한 데다 판매비와 관리비인 인건비 감소로 사업 4.1% 줄어들었음. 이에 힘입어 영업이익은 140.6% 성장한 160.4억원을 기록함. 비영업부문 이익도 증가해 당기순이익은 119.3% 성장한 182.4억원을 기록함. 인공지능, 빅데이터 등의 산업이 성장함에 따라 PCB 수요 역시 증가할 전망임.

현금 흐름   •IFRS 별도 기준   〈단위 : 억원〉

항목	2016	2017.2Q
영업활동	447	267
투자활동	-479	-136
재무활동	-125	-136
순현금흐름	-150	-7
기말현금	246	239

시장 대비 수익률

결산 실적   〈단위 : 억원〉

항목	2012	2013	2014	2015	2016	2017
매출액	7,511	7,372	6,909	5,126	4,909	—
영업이익	564	10	242	268	288	—
당기순이익	486	84	302	306	234	—

분기 실적   •IFRS 별도 기준   〈단위 : 억원〉

항목	2016.1Q	2016.2Q	2016.3Q	2016.4Q	2017.1Q	2017.2Q
매출액	1,037	1,168	1,286	1,418	1,235	1,214
영업이익	23	44	112	109	110	51
당기순이익	34	49	92	58	70	113

재무 상태   •IFRS 별도 기준   〈단위 : 억원〉

항목	2012	2013	2014	2015	2016	2017.2Q
총자산	5,427	5,306	5,473	5,254	5,577	5,691
유형자산	2,025	2,174	1,961	1,913	1,718	1,859
무형자산	90	79	63	40	39	36
유가증권	677	214	313	538	391	435
총부채	1,166	1,018	1,093	692	909	883
총차입금	—	2	-0	-0	-0	—
자본금	244	244	244	244	244	244
총자본	4,261	4,288	4,380	4,562	4,669	4,808
지배주주지분	4,261	4,288	4,380	4,562	4,669	4,808

기업가치 지표   •IFRS 별도 기준

항목	2012	2013	2014	2015	2016	2017.2Q
주가(최고/저)(천원)	10.6/7.5	10.5/7.0	8.8/6.3	9.6/6.3	8.2/6.8	—/—
PER(최고/저)(배)	12.8/9.1	70.6/46.8	15.8/11.4	16.6/10.9	17.8/14.7	—/—
PBR(최고/저)(배)	1.3/0.9	1.3/0.8	1.0/0.7	1.0/0.7	0.8/0.7	1.0/0.7
EV/EBITDA(배)	3.9	4.3	4.2	2.2	3.6	—/—
EPS(원)	981	172	619	627	479	374
BPS(원)	9,638	9,692	9,881	10,254	10,472	10,759
CFPS(원)	2,115	1,520	1,887	1,724	1,385	783
DPS(원)	300	300	300	300	300	
EBITDAPS(원)	2,335	1,369	1,764	1,646	1,495	738

재무 비율   〈단위 : %〉

연도	영업이익률	순이익률	부채비율	차입금비율	ROA	ROE	유보율	자기자본비율	EBITDA마진율
2016	5.9	4.8	19.5	0.0	4.3	5.1	1,994.5	83.7	14.9
2015	5.2	6.0	15.2	0.0	5.7	6.8	1,950.8	86.8	15.7
2014	3.5	4.4	25.0	0.0	5.6	7.0	1,876.1	80.0	12.5
2013	0.1	1.1	23.7	0.1	1.6	2.0	1,838.5	80.8	9.1

대덕지디에스 (A004130)
DAEDUCK GDS

업　종 : 전자 장비 및 기기　　　　시　장 : 거래소
신용등급 : (Bond) —　　　(CP) —　　기업규모 : 시가총액 소형주
홈 페 이 지 : www.daeduckgds.com　　연 락 처 : 031)8040-8072
본　사 : 경기도 안산시 단원구 산단로 63

설 립 일	1965.01.13	종업원수	782명	대 표 이 사	김영재,강경식
상 장 일	1987.08.10	감사의견	적정 (한영)	계　　열	
결 산 기	12월	보 통 주	2,058만주	종속회사수	3개사
액 면 가	500원	우 선 주	216만주	구 상 호	

주주구성 (지분율,%)		출자관계 (지분율,%)		주요경쟁사 (외형,%)	
대덕전자	11.1	대덕전자	4.6	대덕GDS	100
신영자산운용	10.5	TNP벤처투자조합	2.1	아트라스BX	120
(외국인)	22.0	대덕필리핀	100.0	녹십자셀	6

매출구성		비용구성		수출비중	
인쇄회로기판	102.0	매출원가율	94.1	수출	56.0
기타	3.6	판관비율	4.9	내수	44.0
내부거래등	-5.6				

회사 개요
동사는 PCB를 주요제품으로 제조 및 판매하는 전자부품 전문회사이며 주요 사업으로 휴대폰, 카메라모듈, 웨어러블 기기, 자동차용 전장, 노트북, 셋톱박스, TV 등에 사용되는 PCB를 생산하는 사업을 영위하고 있음. 필리핀에 위치한 대덕필리핀, 중국에 위치한 천진대덕주식유한공사, 베트남에 위치한 대덕베트남을 연결대상 종속회사로 보유하고 있으며 이들은 PCB 제조와 판매업을 영위함.

실적 분석
2017년 상반기 연결기준 동사는 매출 2,275.1억원을 시현함. 이는 전년도 같은 기간 매출인 2,378.1억원에서 4.3% 축소된 금액임. 매출원가가 소폭 감소하고 판매비와 관리비 역시 18.5% 줄었으나 매출 감소폭이 커 영업이익이 축소됨. 전년 동기 234.5억원에서 22.5% 감소한 181.7억원을 시현하는데, 그럼. 비영업부문 또한 적자로 돌아서 당기순이익이 37.3% 감소한 129.4억원을 기록함.

현금 흐름   〈단위 : 억원〉

항목	2016	2017.2Q
영업활동	312	237
투자활동	-684	549
재무활동	-158	-64
순현금흐름	-527	717
기말현금	163	879

결산 실적   〈단위 : 억원〉

항목	2012	2013	2014	2015	2016	2017
매출액	5,427	6,164	5,898	5,231	4,632	—
영업이익	425	623	179	76	49	—
당기순이익	359	518	213	210	96	—

분기 실적   •IFRS 별도 기준   〈단위 : 억원〉

항목	2016.1Q	2016.2Q	2016.3Q	2016.4Q	2017.1Q	2017.2Q
매출액	1,264	1,114	1,077	1,176	1,081	1,19
영업이익	142	93	71	-257	94	8
당기순이익	118	88	32	-142	46	8

재무 상태   〈단위 : 억원〉

항목	2012	2013	2014	2015	2016	2017.2Q
총자산	4,778	5,382	5,366	5,263	5,131	5,35
유형자산	1,161	1,980	2,355	1,911	1,620	1,54
무형자산	24	27	40	26	31	3
유가증권	173	318	265	313	246	33
총부채	1,092	1,255	989	721	571	70
총차입금	181	130	149	105	66	6
자본금	114	114	114	114	114	11
총자본	3,686	4,127	4,377	4,543	4,560	4,65
지배주주지분	3,686	4,127	4,377	4,543	4,560	4,56

기업가치 지표

항목	2012	2013	2014	2015	2016	2017.2Q
주가(최고/저)(천원)	16.3/8.4	20.8/14.5	17.2/9.4	13.8/7.8	13.7/8.6	—/—
PER(최고/저)(배)	10.1/5.3	9.1/6.3	18.0/9.8	14.2/8.1	30.0/18.9	—/—
PBR(최고/저)(배)	1.1/0.6	1.2/0.9	1.0/0.5	0.7/0.4	0.7/0.4	1.0/0.
EV/EBITDA(배)	3.5	2.9	4.2	1.8	4.8	—/—
EPS(원)	1,779	2,518	1,035	1,019	467	56
BPS(원)	16,644	18,583	19,345	20,074	20,373	20,80
CFPS(원)	2,950	3,879	2,909	2,963	2,089	1,22
DPS(원)	300	300	300	300	300	
EBITDAPS(원)	3,235	4,388	2,744	2,313	1,858	1,45

재무 비율   〈단위 : %〉

연도	영업이익률	순이익률	부채비율	차입금비율	ROA	ROE	유보율	자기자본비율	EBITDA마진율
2016	1.1	2.1	12.5	1.4	1.9	2.1	3,974.6	88.9	8.3
2015	1.5	4.0	15.9	2.3	3.9	4.7	3,914.7	86.3	9.
2014	3.0	3.6	22.6	3.4	4.0	5.0	3,769.1	81.6	9.
2013	10.1	8.4	30.4	3.2	10.2	13.3	3,616.6	76.7	14.7

대동고려삼 (A178600)
DAEDONG KOREA GINSENG COLTD

종　　목 : 음료		시　　장 : KONEX	
용 등 급 : (Bond) — 　(CP) —		기 업 규 모 : —	
페 이 지 : www.ddkorea.co.kr		연 락 처 : 041)753-8803	
사 : 충남 금산군 군북면 군북로 586			

설 립 일 2002.03.26	종 업 원 수 126명	대 표 이 사 최성근	
상 장 일 2013.12.20	감 사 의 견 적정 (대현)	계　　열	
결 산 기 06월	보 통 주	종 속 회 사 수	
액 면 가 —	우 선 주	구 상 호	

주주구성 (지분율,%)		출자관계 (지분율,%)		주요경쟁사 (외형,%)	
최성근	48.4	대동고려삼	100		
최순	23.3	네이처셀	55		
		흥국에프엔비	85		

매출구성		비용구성		수출비중	
농축액	29.6	매출원가율	83.0	수출	6.0
기타	28.2	판관비율	9.3	내수	94.0
태극삼	18.9				

회사 개요
동사는 2002년 인삼가공식품 전문제조기업으로 설립됨. 주로 홍삼가공제품과 중간원료를 제조해 홍삼가공완제품 업체에 납품하거나 '블로건'과 '더함'이라는 브랜드로 판매하고 있음. 동사가 제조하는 홍삼가공제품은 대표적인 건강기능식품으로 전체 건기식의 절반을 차지하고 있으며 매년 평균 6% 성장함. 태극삼 점유율은 3.1%, 홍삼 농축액과 홍삼 점유율은 각각 0.8%, 0.6%임.

실적 분석
동사는 코넥스 상장 기업으로 분기와 반기 실적 공개 의무가 없음. 동사는 6월 결산법인으로 2016년 6월 실적(2015년 7월~2016년 6월)까지 공시됨. 동사의 2016년 연결기준 연간 누적 매출액은 488.1억원으로 전년 동기(361.9억원) 대비 약 30% 늘어남. 매출 증가에 따라 영업이익도 37.4억원으로 전년 동기(27.7억원) 대비 30% 이상 증가함. 당기순이익은 20.1억원으로 전년 동기(17.1억원) 대비 약 15% 증가함

현금 흐름 *IFRS 별도 기준 〈단위 : 억원〉

항목	2016	2017.3Q
영업활동	-10	—
투자활동	-21	—
재무활동	21	—
순현금흐름	-10	—
기말현금	37	—

시장 대비 수익률

결산 실적 〈단위 : 억원〉

항목	2012	2013	2014	2015	2016	2017
매출액	203	229	260	362	488	—
영업이익	13	17	22	28	37	—
당기순이익	5	5	10	17	20	—

분기 실적 *IFRS 별도 기준 〈단위 : 억원〉

항목	2016.2Q	2016.3Q	2016.4Q	2017.1Q	2017.2Q	2017.3Q
매출액	—	—	—	—	—	—
영업이익	—	—	—	—	—	—
당기순이익	—	—	—	—	—	—

재무 상태 *IFRS 별도 기준 〈단위 : 억원〉

항목	2012	2013	2014	2015	2016	2017.3Q
총자산	150	211	246	356	413	—
유형자산	61	74	70	77	82	—
무형자산	0	13	11	10	9	—
유가증권	—	1	1	1	1	—
총부채	112	147	172	219	248	—
총차입금	88	120	143	166	180	—
자본금	12	22	22	29	29	—
총자본	37	63	74	137	165	—
지배주주지분	37	63	74	137	165	—

기업가치 지표 *IFRS 별도 기준

항목	2012	2013	2014	2015	2016	2017.3Q
주가(최고/저)(천원)	—/—	—/—	2.6/2.5	5.5/1.6	15.0/4.4	—/—
PER(최고/저)(배)	0.0/0.0	0.0/0.0	10.7/10.3	14.0/4.1	43.7/12.7	—/—
PBR(최고/저)(배)	0.0/0.0	0.0/0.0	1.5/1.5	1.8/0.5	5.4/1.6	0.0/0.0
EV/EBITDA(배)	4.9	4.8	8.3	7.7	12.9	—
EPS(원)	224	214	237	391	343	—
BPS(원)	15,437	14,401	1,677	3,122	2,800	—
CFPS(원)	3,953	4,963	438	681	577	—
DPS(원)	—	—	—	—	—	—
EBITDAPS(원)	7,289	9,524	694	922	871	—

재무 비율 〈단위 : %〉

연도	영업이익률	순이익률	부채비율	차입금비율	ROA	ROE	유보율	자기자본비율	EBITDA마진율
2016	7.7	4.1	150.6	109.1	5.3	13.4	459.9	39.9	10.5
2015	7.7	4.8	159.4	120.9	5.7	16.3	380.9	38.6	11.2
2014	8.3	4.0	233.5	194.1	4.6	15.2	235.4	30.0	11.7
2013	7.4	2.4	232.8	189.5	3.0	10.8	188.0	30.1	10.5

대동공업 (A000490)
Daedong Industrial

업　　종 : 기계		시　　장 : 거래소	
신 용 등 급 : (Bond) — 　(CP) —		기 업 규 모 : 시가총액 소형주	
홈 페 이 지 : www.daedong.co.kr		연 락 처 : 053)610-3000	
본　　사 : 대구시 달성군 논공읍 논공중앙로 34길 35			

설 립 일 1947.05.20	종 업 원 수 788명	대 표 이 사 김준식,하창욱	
상 장 일 1975.06.27	감 사 의 견 적정 (안경)	계　　열	
결 산 기 12월	보 통 주 2,373만주	종 속 회 사 수 6개사	
액 면 가 1,000원	우 선 주	구 상 호	

주주구성 (지분율,%)		출자관계 (지분율,%)		주요경쟁사 (외형,%)	
김준식	21.2	제주대동	100.0	대동공업	100
박영옥	16.4	대동서천	100.0	와이지-원	57
(외국인)	2.2	대동금속	70.1	태광	42

매출구성		비용구성		수출비중	
트랙터외	75.3	매출원가율	79.3	수출	44.0
작업기외	14.4	판관비율	22.9	내수	56.0
실린더헤드외	10.3				

회사 개요
동사는 본사를 거점으로 한국, 미국, 중국, 유럽 등 제조 및 판매법인 7개의 동종업종을 영위하는 농기계를 전문으로 구성된 농기계 전문기업임. 기술제휴를 통한 다기통엔진개발 완료, 배기가스규제통과 및 전략형 중소형 트랙터의 개발 및 환경친화적인 엔진(Tier4) 개발 및 장착을 통한 수출 시장의 생산, 판매 증대를 기대함. 유럽현지법인을 통해 유럽시장에 진입했고 점차적인 매출신장이 예상됨.

실적 분석
동사의 2017년도 2분기 연결기준 누적 매출액은 3,520.6억원으로 전년동기 대비 6.6% 증가함. 주요종속회사인 미국 소재 Daedong-USA의 매출 신장에 따라 국내 본사 매출에 영향을 받고 있음. 수출 비중은 약 43.6%로 전년동기 대비 수출금액은 약 15.7% 증가함. 차후 소형트랙터의 수출기반으로 하여 점차 매출을 확대할 예정임. 신기종 개발 및 전시회 참가 등으로 시장점유율 신장에 노력 중임.

현금 흐름 〈단위 : 억원〉

항목	2016	2017.2Q
영업활동	3	-365
투자활동	-114	-71
재무활동	70	514
순현금흐름	-40	78
기말현금	71	150

시장 대비 수익률

결산 실적 〈단위 : 억원〉

항목	2012	2013	2014	2015	2016	2017
매출액	5,635	5,812	6,032	5,835	5,854	—
영업이익	7	59	65	54	-130	—
당기순이익	-14	-10	50	35	-180	—

분기 실적 〈단위 : 억원〉

항목	2016.1Q	2016.2Q	2016.3Q	2016.4Q	2017.1Q	2017.2Q
매출액	1,621	1,682	1,355	1,197	1,777	1,744
영업이익	51	30	-55	-156	144	114
당기순이익	36	6	-83	-139	119	85

재무 상태 〈단위 : 억원〉

항목	2012	2013	2014	2015	2016	2017.2Q
총자산	5,544	5,778	7,070	6,883	6,672	7,299
유형자산	2,523	2,462	2,517	2,474	2,370	2,337
무형자산	193	178	173	172	172	167
유가증권	24	22	23	23	22	22
총부채	3,240	3,519	4,766	4,552	4,521	4,984
총차입금	1,733	1,626	2,278	2,405	2,605	3,143
자본금	237	237	237	237	237	237
총자본	2,304	2,259	2,304	2,331	2,151	2,315
지배주주지분	2,252	2,207	2,251	2,278	2,100	2,261

기업가치 지표

항목	2012	2013	2014	2015	2016	2017.2Q
주가(최고/저)(천원)	6.6/3.6	6.9/5.1	11.8/5.7	13.6/8.7	9.2/6.6	—/—
PER(최고/저)(배)	—/—	—/—	58.2/27.9	98.2/62.6	—/—	—/—
PBR(최고/저)(배)	0.7/0.4	0.7/0.5	1.2/0.6	1.4/0.9	1.0/0.7	0.8/0.7
EV/EBITDA(배)	13.1	9.8	14.4	14.5	36.8	—
EPS(원)	-62	-46	207	141	-755	852
BPS(원)	9,737	9,547	9,735	9,847	9,096	9,775
CFPS(원)	901	983	1,263	1,225	282	1,352
DPS(원)	50	50	60	50	40	—
EBITDAPS(원)	991	1,279	1,328	1,314	491	1,589

재무 비율 〈단위 : %〉

연도	영업이익률	순이익률	부채비율	차입금비율	ROA	ROE	유보율	자기자본비율	EBITDA마진율
2016	-2.2	-3.1	210.1	121.1	-2.7	-8.2	809.6	32.3	2.0
2015	0.9	0.6	195.3	103.2	0.5	1.5	884.7	33.9	5.3
2014	1.1	0.8	206.9	98.9	0.8	2.2	873.5	32.6	5.2
2013	1.0	-0.2	155.8	72.0	-0.2	-0.5	854.7	39.1	5.2

대동금속 (A020400)
Daedong Metals

업　　종 : 자동차부품　　　　　　　시　　장 : KOSDAQ
신용등급 : (Bond) —　　(CP) —　　기업규모 : 중견
홈페이지 : www.daedongmetals.co.kr　　연 락 처 : (053)610-5000
본　　사 : 대구시 달성군 논공읍 논공로 602

설 립 일 1987.12.29	종 업 원 수 107명	대 표 이 사 이성태
상 장 일 1993.07.30	감 사 의 견 적정 (안경)	계 열
결 산 기 12월	보 통 주 48만주	종속회사수
액 면 가 5,000원	우 선 주	구 상 호

주주구성 (지분율,%)		출자관계 (지분율,%)		주요경쟁사 (외형,%)	
대동공업	70.1	대동금속	100		
김형국	6.3	태양기계	50		
		한중엔시에스	119		

매출구성		비용구성		수출비중	
[제품]기타	55.8	매출원가율	92.7	수출	8.0
실린더헤드	29.6	판관비율	6.2	내수	92.0
실린더블록	13.7				

회사 개요
동사는 1987년 대동공업과 미국 Intermet사의 합작 계약 체결로 설립됐다가 1993년 독자 법인으로 전환함. 1993년 코스닥 시장에 상장됨. 동사는 연 4만톤의 주물생산능력을 보유하고 있는 주물 제품 생산업체임. 농기계용 주물 제품은 모기업인 대동공업과 가족사인 대동기어에 생산해 납품 중임. 자동차 엔진용 실린더 헤드류는 현대차에 납품하고 있으며, 산업용 기계가 매출의 60% 넘게 차지하고, 상용차용 실린더헤드가 30% 이상을 차지함

실적 분석
동사의 2017년 2분기 매출액은 384억원으로 전년동기 297.2억원 대비 29.4% 증가하였음. 또한 판매비와 관리비는 22억원으로 15.3% 증가하였음. 그리고 매출총이익은 37.3억원으로 51% 증가하였음. 이에 따라 영업이익은 15억원으로 큰 폭 증가하였음. 당기순이익은 9.7억원을 시현함. 동사는 기계 및 자동차 생산업체의 2차 협력업체 형태를 취하고 있어 1차 협력사의 경영 상태에 영향을 받음

현금 흐름 *IFRS 별도 기준 〈단위 : 억원〉		
항목	2016	2017.2Q
영업활동	21	18
투자활동	-11	-1
재무활동	-10	-17
순현금흐름	1	-0
기말현금	1	1

시장 대비 수익률

결산 실적 〈단위 : 억원〉						
항목	2012	2013	2014	2015	2016	2017
매출액	603	590	605	598	611	—
영업이익	8	9	11	21	6	—
당기순이익	2	4	3	8	-3	—

분기 실적 *IFRS 별도 기준 〈단위 : 억원〉						
항목	2016.1Q	2016.2Q	2016.3Q	2016.4Q	2017.1Q	2017.2Q
매출액	146	152	128	186	187	197
영업이익	4	1	-7	8	5	10
당기순이익	2	-1	-6	3	3	7

재무 상태 *IFRS 별도 기준 〈단위 : 억원〉						
항목	2012	2013	2014	2015	2016	2017.2Q
총자산	522	480	569	645	654	670
유형자산	337	334	373	486	471	465
무형자산	8	8	7	6	6	5
유가증권						
총부채	348	303	392	375	390	398
총차입금	187	150	212	173	171	158
자본금	24	24	24	24	24	24
총자본	174	177	177	270	264	272
지배주주지분	174	177	177	270	264	272

기업가치 지표 *IFRS 별도 기준						
항목	2012	2013	2014	2015	2016	2017.2Q
주가(최고/저)(천원)	26.9/21.3	24.6/20.2	35.9/20.7	53.1/23.3	44.2/29.1	—/—
PER(최고/저)(배)	60.8/48.1	31.3/25.7	55.2/31.9	34.5/15.1	—	—
PBR(최고/저)(배)	0.8/0.6	0.7/0.6	1.0/0.6	0.5/0.2	0.8/0.5	0.9/0.7
EV/EBITDA(배)	9.2	8.4	9.3	6.9	10.5	—
EPS(원)	468	818	669	1,568	-528	2,025
BPS(원)	36,285	36,853	36,950	56,168	54,896	56,641
CFPS(원)	5,417	5,555	5,666	6,924	5,083	4,787
DPS(원)	300	300	300	300	250	—
EBITDAPS(원)	6,663	6,557	7,345	9,672	6,914	5,947

재무 비율 〈단위 : % 〉								
연도	영업이익률	순이익률	부채비율	차입금비율	ROA	ROE	유보율	자기자본비율	EBITDA마진율
2016	1.0	-0.4	148.1	64.8	-0.4	-1.0	997.9	40.3	5.4
2015	3.5	1.3	139.2	64.1	1.2	3.4	1,023.4	41.8	7.8
2014	1.9	0.5	220.8	119.3	0.6	1.8	639.0	31.2	5.8
2013	1.5	0.7	171.4	84.9	0.8	2.2	637.1	36.8	5.3

대동기어 (A008830)
Dae Dong Gear

업　　종 : 기계　　　　　　　　　시　　장 : KOSDAQ
신용등급 : (Bond) —　　(CP) —　　기업규모 : 중견
홈페이지 : www.daedonggear.com　　연 락 처 : (055)851-2300
본　　사 : 경남 사천시 사남면 공단1로 42

설 립 일 1973.05.29	종 업 원 수 155명	대 표 이 사 이우태
상 장 일 1991.05.17	감 사 의 견 적정 (안경)	계 열
결 산 기 12월	보 통 주 90만주	종속회사수
액 면 가 5,000원	우 선 주	구 상 호

주주구성 (지분율,%)		출자관계 (지분율,%)		주요경쟁사 (외형,%)	
대동공업	31.7	카이오티골프	20.0	대동기어	100
득인기공	11.6	대동공업	0.6	수성	30
(외국인)	0.1			흥국	68

매출구성		비용구성		수출비중	
동력전달장치부품 및 조합품(기계용)	53.2	매출원가율	96.9	수출	23.0
동력전달장치부품 및 조합품(자동차용)	39.8	판관비율	6.3	내수	77.0
동력전달장치부품 및 조합품(산업용)	7.1				

회사 개요
동사는 농업기계, 선박기, 원동기, 자동차, 공작기계기어 및 부품제조 및 판매를 목적으로 1973년 설립됨. 농기계용이 매출의 52.6%, 자동차용이 35.4%, 산업용이 12%를 차지함. 대동공업, 한국지엠, 현대다이모스 외 현대 계열사 등이 주요 매출처임. 2017년 설비투자에 약 81억원을 들일 계획임. 매출의 22.7%는 수출로, 77.3%는 내수 시장에서 거둬들임.

실적 분석
2017년 상반기 연결기준 동사 매출액은 593.5억원임. 전년 동기 대비 매출이 11.5% 증가함. 농기계의 매출이 일부감소한 반면 자동차 및 산업기계 매출액이 증가한 결과임. 매출원가가 10.2% 증가했으나 매출성장이 이를 상회해 영업이익 7.2억원을 기록하며 흑자 전환에 성공함. 비영업부문 손실은 늘어났지만 당기순손실은 적자폭이 7.2억원에서 4.5억원으로 감소함.

현금 흐름 *IFRS 별도 기준 〈단위 : 억원〉		
항목	2016	2017.2Q
영업활동	-13	147
투자활동	-58	-28
재무활동	71	-65
순현금흐름	0	52
기말현금	1	54

시장 대비 수익률

결산 실적 〈단위 : 억원〉						
항목	2012	2013	2014	2015	2016	2017
매출액	1,151	1,180	1,275	1,149	929	—
영업이익	-34	4	3	3	-30	—
당기순이익	-29	1	9	9	-31	—

분기 실적 *IFRS 별도 기준 〈단위 : 억원〉						
항목	2016.1Q	2016.2Q	2016.3Q	2016.4Q	2017.1Q	2017.2Q
매출액	288	244	185	211	303	291
영업이익	0	-3	-10	-17	0	7
당기순이익	-3	-4	-8	-15	-6	2

재무 상태 *IFRS 별도 기준 〈단위 : 억원〉						
항목	2012	2013	2014	2015	2016	2017.2Q
총자산	1,112	1,340	1,445	1,666	1,646	1,636
유형자산	678	751	790	1,027	1,071	1,076
무형자산	2	1				
유가증권	11	19	26	14	11	12
총부채	601	834	941	1,026	1,047	1,043
총차입금	325	471	480	506	599	546
자본금	45	45	45	45	45	45
총자본	511	506	504	639	598	593
지배주주지분	511	506	504	639	598	593

기업가치 지표 *IFRS 별도 기준						
항목	2012	2013	2014	2015	2016	2017.2Q
주가(최고/저)(천원)	20.1/16.4	20.1/15.4	23.3/16.3	34.6/17.7	29.9/20.4	—/—
PER(최고/저)(배)	—/—	255.7/195.5	154.3/108.0	35.8/18.3	—	—
PBR(최고/저)(배)	0.4/0.3	0.4/0.3	0.4/0.3	0.5/0.3	0.5/0.3	0.5/0.4
EV/EBITDA(배)	—	18.8	17.6	16.3	62.7	—
EPS(원)	-3,209	83	157	987	-3,414	-504
BPS(원)	56,842	56,310	56,072	71,153	66,574	65,946
CFPS(원)	10	3,353	3,937	5,279	1,373	2,080
DPS(원)	250	300	300	300	200	—
EBITDAPS(원)	-585	3,680	4,058	4,578	1,488	3,387

재무 비율 〈단위 : % 〉								
연도	영업이익률	순이익률	부채비율	차입금비율	ROA	ROE	유보율	자기자본비율	EBITDA마진율
2016	-3.2	-3.3	175.1	100.1	-1.9	-5.0	1,231.5	36.4	1.4
2015	0.2	0.8	160.5	79.2	0.6	1.6	1,323.1	38.4	3.6
2014	0.2	0.1	186.8	95.2	0.1	0.2	1,021.4	34.9	2.9
2013	0.3	0.1	164.7	93.2	0.1	0.2	1,026.2	37.8	4.5

대동스틸 (A048470)
DaeDongSteel

종 목 : 금속 및 광물		시 장 : KOSDAQ	
용 등 급 : (Bond) — (CP) —		기업규모 : 중견	
페 이 지 : www.daedongsteel.co.kr		연 락 처 : (032)817-4448	
본 사 : 인천시 남동구 앵고개로622번길 29 남동공단 165B-1L			

설 립 일	1973.08.14	종 업 원 수	53명	대 표 이 사	임형기임주희(각자대표이사)
상 장 일	2001.12.29	감 사 의 견	적정 (삼정)	계 열	
결 산 기	12월	보 통 주	1,000만주	종속회사수	
액 면 가	500원	우 선 주		구 상 호	

주주구성 (지분율,%)		출자관계 (지분율,%)		주요경쟁사 (외형,%)	
임형기	20.1	대동스틸	100	대동스틸	100
오수복	11.9	세기리텍	97	세기리텍	97
(외국인)	0.9	그린플러스	56	그린플러스	56

매출구성		비용구성		수출비중	
열연박판(제품)	53.9	매출원가율	89.0	수출	0.0
후판 (상품)	37.1	판관비율	4.6	내수	100.0
열연박판(상품)	3.8				

회사 개요

동사는 1973년에 설립되어 포스코에서 생산되는 열연제품을 판매하다가 1989년 포항공장에 Die Shear Line을 설치하면서 절단가공, 표면처리 강재 생산업체로 변모함. 동사는 POSCO의 8개 열연제품 지정판매점 중 가장 수요가 많은 지역인 서울을 비롯 경기도, 영남, 충청권을 주된 사업영역으로 하고 있음. 동사의 주요 매출구성은 열연박판이 62%를, 후판이 35%를, 무늬강판이 1%를 차지함.

실적 분석

동사는 2017년 상반기 누적 매출액이 445.2억원으로 전년 동기에 비해 24.7% 증가했고, 영업이익이 39.8억원으로 전년 동기에 비해 8.7% 증가함. 동사는 중국 철강업 구조조정으로 인해 주요 제품인 열연박판, 후판 등의 가격이 올라 매출이 증가했으나, 매출증가에 준하는 수준으로 원재료가격이 올라 원가율은 오히려 높아졌음. 비영업손익은 금융손익의 영향으로 전년 동기보다 252.6% 증가한 20.9억원으로 당기순이익은 47.7억원임.

현금 흐름 *IFRS 별도 기준 〈단위 : 억원〉

항목	2016	2017.2Q
영업활동	-22	45
투자활동	9	-26
재무활동	-5	-5
순현금흐름	-17	14
기말현금	55	69

시장 대비 수익률

결산 실적 〈단위 : 억원〉

항목	2012	2013	2014	2015	2016	2017
매출액	1,886	1,306	1,096	923	682	—
영업이익	-18	22	9	-16	44	—
당기순이익	-4	6	4	-48	44	—

분기 실적 *IFRS 별도 기준 〈단위 : 억원〉

항목	2016.1Q	2016.2Q	2016.3Q	2016.4Q	2017.1Q	2017.2Q
매출액	154	203	140	185	220	225
영업이익	5	31	-0	7	39	1
당기순이익	4	30	-0	10	45	2

재무 상태 *IFRS 별도 기준 〈단위 : 억원〉

항목	2012	2013	2014	2015	2016	2017.2Q
총자산	964	778	892	581	627	742
유형자산	111	109	125	121	116	116
무형자산	12	12	9	9	9	8
유가증권	152	143	91	78	123	122
총부채	403	189	321	60	42	116
총차입금	228	96	189	—	—	—
자본금	50	50	50	50	50	50
총자본	561	589	570	520	585	626
지배주주지분	561	589	570	520	585	626

기업가치 지표 *IFRS 별도 기준

항목	2012	2013	2014	2015	2016	2017.2Q
주가(최고/저)(천원)	4.9/2.4	5.8/2.9	4.2/2.9	4.6/2.5	4.8/2.8	—/—
PER(최고/저)(배)	—/—	104.2/51.8	101.3/70.4	—/—	11.1/6.5	—/—
PBR(최고/저)(배)	0.9/0.4	1.0/0.5	0.8/0.5	0.9/0.5	0.9/0.5	0.9/0.6
EV/EBITDA(배)		10.7	31.7		6.7	—/—
EPS(원)	-39	58	43	-479	432	477
BPS(원)	5,771	5,889	5,704	5,207	5,875	6,285
CFPS(원)	59	154	93	-419	493	503
DPS(원)	30	30	30	30	50	50
EBITDAPS(원)	-83	318	136	-104	497	425

재무 비율 〈단위 : % 〉

연도	영업이익률	순이익률	부채비율	차입금비율	ROA	ROE	유보율	자기자본비율	EBITDA마진율
2016	6.4	6.3	7.2	0.0	7.2	7.8	1,075.1	93.3	7.3
2015	-1.8	-5.2	11.5	0.0	-6.5	-8.8	941.5	89.7	-1.1
2014	0.8	0.4	56.3	33.2	0.5	0.7	1,040.9	64.0	1.2
2013	1.7	0.4	32.1	16.3	0.7	1.0	1,077.7	75.7	2.4

대동전자 (A008110)
Daidong Electronics

업 종 : 전자 장비 및 기기		시 장 : 거래소	
신용등급 : (Bond) — (CP) —		기업규모 : 시가총액 소형주	
홈 페 이 지 : www.daidong.com		연 락 처 : 02)868-5121~2	
본 사 : 서울시 금천구 가산디지털1로 33			

설 립 일	1972.10.10	종 업 원 수	105명	대 표 이 사	김명성
상 장 일	1990.06.05	감 사 의 견	적정 (삼일)	계 열	
결 산 기	03월	보 통 주	1,049만주	종속회사수	5개사
액 면 가	500원	우 선 주		구 상 호	

주주구성 (지분율,%)		출자관계 (지분율,%)		주요경쟁사 (외형,%)	
DAIMEI SHOUJI (SINGAPORE) PTE LTD.	29.9	DAIDONG ELECTRONICS THAILAND CO.,LTD.	100.0	대동전자	100
강정우	28.1	DAIDONGENGINEERING MALAYSIA SDN. BHD	100.0	상신이디피	185
(외국인)	40.6	P.T.DAIDONG ELECTRONICS INDONESIA	99.0	크로바하이텍	145

매출구성		비용구성		수출비중	
금형(TV 및 소형 금형)	71.8	매출원가율	75.5	수출	80.0
성형(TV 및 소형 금형)	16.2	판관비율	21.4	내수	20.0
용역(TV 및 소형 금형)	9.5				

회사 개요

동사는 원유에서 추출된 RESIN을 사용하여 만든 PLASTIC제품에 도장, 인쇄등 후처리를 하여 각종 전자제품에 사용되는 내, 외장품을 만드는 제조업과 각종 제품의 디자인 및 설계가 주요 사업임. 디지털TV, 디지털 카메라, 오디오 드으이 가전 부품을 주로 생산함. DAIDONG ELECTRONICS THAILAND CO.,LTD., DAIDONG MOULD & PLASTICS(SHANGHAI) CO.,LTD 등을 연결대상 종속회사로 보유함.

실적 분석

2017년 2분기 연결기준 동사 매출은 71억원을 기록함. 이는 전년 동기 대비 12.6% 감소한 금액임. 이어 매출원가가 14.7% 증가해 영업이익은 -6.7억원을 기록하며 적자로 돌아섰음. 비영업부문은 전년도 같은 기간에 비해 55.7% 감소한 5.2억원을 기록. 이에 전년 동기 14.6억원이었던 당기순이익은 -0.8억원을 기록하며 적자로 돌아섰음. 세계 경제 침체로 인한 TV제품 매출 감소, 경쟁 심화가 부진한 원인으로 꼽힘.

현금 흐름 〈단위 : 억원〉

항목	2016	2017.1Q
영업활동	35	26
투자활동	-73	-12
재무활동	-0	-1
순현금흐름	-45	21
기말현금	246	267

시장 대비 수익률

결산 실적 〈단위 : 억원〉

항목	2012	2013	2014	2015	2016	2017
매출액	471	410	423	380	416	—
영업이익	-10	-31	-29	-28	13	—
당기순이익	133	66	3	-21	13	—

분기 실적 *IFRS 별도 기준 〈단위 : 억원〉

항목	2015.4Q	2016.1Q	2016.2Q	2016.3Q	2016.4Q	2017.1Q
매출액	106	81	91	140	105	71
영업이익	-19	7	-0	9	-2	-7
당기순이익	-22	15	-15	27	-5	-1

재무 상태 〈단위 : 억원〉

항목	2012	2013	2014	2015	2016	2017.1Q
총자산	1,443	1,394	1,572	1,661	1,609	#N/A
유형자산	268	236	435	470	456	#N/A
무형자산	22	20	19	19	18	460
유가증권	4	3	3	4	4	18
총부채	278	290	256	373	321	4
총차입금		6				
자본금	52	52	52	52	52	52
총자본	1,165	1,104	1,316	1,288	1,288	1,310
지배주주지분	1,094	1,049	1,255	1,224	1,218	1,237

기업가치 지표

항목	2012	2013	2014	2015	2016	2017.1Q
주가(최고/저)(천원)	2.9/2.0	3.9/2.5	5.4/3.1	7.3/4.9	5.3/4.4	4.9/4.4
PER(최고/저)(배)	2.8/1.9	7.7/4.9	—/—	—/—	31.2/25.9	—/—
PBR(최고/저)(배)	0.3/0.2	0.4/0.3	0.4/0.3	0.6/0.4	0.4/0.4	0.4/0.4
EV/EBITDA(배)			4.6	0.2		—/—
EPS(원)	1,111	540	-46	-218	171	-6
BPS(원)	10,611	10,621	12,583	12,288	12,237	12,413
CFPS(원)	1,685	927	297	124	516	71
DPS(원)	50		350			
EBITDAPS(원)	479	95	70	77	470	12

재무 비율 〈단위 : % 〉

연도	영업이익률	순이익률	부채비율	차입금비율	ROA	ROE	유보율	자기자본비율	EBITDA마진율
2016	3.2	5.3	24.9	0.0	1.3	1.5	2,347.4	80.1	11.9
2015	-7.3	-5.5	28.9	0.0	-1.3	-1.8	2,357.7	77.6	2.1
2014	-6.8	0.7	19.5	0.0	-0.4	0.4	2,416.7	83.7	1.7
2013	-7.5	16.0	26.3	4.6	5.3	5.3	2,024.1	79.2	2.4

대륙제관 (A004780)
DAERYUK CAN CO

업　　종 : 용기 및 포장		시　　장 : KOSDAQ	
신용등급 : (Bond) — (CP) —		기업규모 : 우량	
홈페이지 : www.drcc.co.kr		연 락 처 : 02)6003-0600	
본　　사 : 서울시 강남구 역삼로 221 (역삼동)			

설 립 일 1966.12.24	종 업 원 수 442명	대 표 이 사 박봉국,박봉준(각자대표이사)
상 장 일 1994.12.29	감 사 의 견 적정 (성도)	계　　열
결 산 기 12월	보 통 주 1,590만주	종속회사수
액 면 가 500원	우 선 주	구 상 호

주주구성 (지분율,%)		출자관계 (지분율,%)		주요경쟁사 (외형,%)	
박영옥	10.3	대양코리아	19.0	대륙제관	100
박봉국	9.8	한국제관공업조합	11.0	락앤락	228
(외국인)	2.3	DAESUNVINACO.,LTD	49.0	연우	126

매출구성		비용구성		수출비중	
에어졸관	60.7	매출원가율	83.0	수출	—
일반 관	36.7	판관비율	6.8	내수	—
기타	2.6				

회사 개요
동사는 1966년 대륙제관공업주식회사로 설립되었으며, 1989년 4월에 현재 상호인 주식회사 대륙제관으로 변경. 주요제품은 일반관과 연료관인 휴대용 부탄가스, 헤어스프레이관, 스프레이식 살충제관 등과 연료관에 부착되는캡 등의 사출물, 각종 제관 기계를 제작·판매하고 있음. 휴대용 부탄연료의 경우 1994년부터 자체브랜드로 생산·판매하고 있으며, 전기 전자부품을 제조 생산하는 주식회사 대양코리아를 인수하는 등 사업다각화를 추진 중임.

실적 분석
동사의 2017년 상반기 매출액은 전년동기 대비 5.5% 증가한 999.3억원을 기록함. 매출 증가에도 불구하고 고정비의 증가로 영업이익은 77.5억원으로 전년동기 대비 11.8% 감소함. 비영업손실 규모가 확대되며, 당기순이익은 55.6억원으로 전년동기 대비 15.3% 감소됨. 동사는 지속적인 해외시장 개척을 추진하고 있으며, 특히 일본과 중국등 동남아시아 시장을 목표로 해외영업을 수행하고 있음.

현금 흐름　　*IFRS 별도 기준　　〈단위 : 억원〉

항목	2016	2017.2Q
영업활동	230	-21
투자활동	-147	-34
재무활동	-35	-41
순현금흐름	49	-97
기말현금	241	144

시장 대비 수익률

결산 실적　　〈단위 : 억원〉

항목	2012	2013	2014	2015	2016	2017
매출액	1,879	2,011	2,053	2,051	1,862	
영업이익	67	90	98	168	190	
당기순이익	39	20	83	129	145	

분기 실적　　*IFRS 별도 기준　　〈단위 : 억원〉

항목	2016.1Q	2016.2Q	2016.3Q	2016.4Q	2017.1Q	2017.2Q
매출액	437	510	445	470	462	537
영업이익	34	54	48	53	33	44
당기순이익	26	39	36	43	22	34

재무 상태　　*IFRS 별도 기준　　〈단위 : 억원〉

항목	2012	2013	2014	2015	2016	2017.2Q
총자산	1,233	1,290	1,309	1,362	1,485	1,548
유형자산	400	398	417	434	504	511
무형자산	17	17	12	17	19	19
유가증권	19	19	14	14	14	14
총부채	632	677	624	562	552	580
총차입금	322	348	331	260	246	227
자본금	80	80	80	80	80	80
총자본	601	613	686	800	933	968
지배주주지분	601	613	686	800	933	968

기업가치 지표　　*IFRS 별도 기준

항목	2012	2013	2014	2015	2016	2017.2Q
주가(최고/저)(천원)	5.9/3.4	5.4/3.8	6.6/4.6	9.3/5.4	8.0/6.0	—/—
PER(최고/저)(배)	25.6/14.4	44.4/31.5	13.1/9.2	11.9/6.9	8.9/6.7	—/—
PBR(최고/저)(배)	1.7/0.9	1.5/1.1	1.6/1.1	1.9/1.1	1.4/1.0	1.2/1.1
EV/EBITDA(배)	9.2	7.4	7.0	5.2	4.3	—/—
EPS(원)	247	128	522	810	912	349
BPS(원)	3,781	3,856	4,310	5,029	5,864	6,085
CFPS(원)	557	467	848	1,144	1,306	552
DPS(원)	50	50	60	90	120	—
EBITDAPS(원)	733	907	941	1,388	1,586	690

재무 비율　　〈단위 : % 〉

연도	영업이익률	순이익률	부채비율	차입금비율	ROA	ROE	유보율	자기자본비율	EBITDA마진율
2016	10.2	7.8	59.2	26.4	10.2	16.8	1,072.8	62.8	13.5
2015	8.2	6.3	70.3	32.5	9.6	17.3	905.9	58.7	10.8
2014	4.8	4.1	91.0	48.3	6.4	12.8	762.1	52.4	7.3
2013	4.5	1.0	110.4	56.8	1.6	3.4	671.2	47.5	7.2

대림비앤코 (A005750)
DAELIM B&Co

업　　종 : 건축자재		시　　장 : 거래소	
신용등급 : (Bond) — (CP) —		기업규모 : 시가총액 소형주	
홈페이지 : www.daelimbath.com		연 락 처 : 055)280-8400	
본　　사 : 경남 창원시 성산구 공단로 52 (양곡동)			

설 립 일 1968.09.20	종 업 원 수 851명	대 표 이 사 강태식
상 장 일 1992.12.04	감 사 의 견 적정 (안진)	계　　열
결 산 기 12월	보 통 주 1,667만주	종속회사수 4개사
액 면 가 1,000원	우 선 주	구 상 호

주주구성 (지분율,%)		출자관계 (지분율,%)		주요경쟁사 (외형,%)	
이해영	33.4	대림수전	100.0	대림B&Co	100
이해서	9.8	대림케어	100.0	뉴보텍	17
(외국인)	5.1	아도바이오	59.0	정산애강	33

매출구성		비용구성		수출비중	
수전금구 제조, 욕실관련 상품 및 렌탈, 서비스	72.1	매출원가율	76.7	수출	3.0
위생도기	27.9	판관비율	16.5	내수	97.0

회사 개요
1968년 정부산하기관인 요업센터로 시작되어 44년 동안 대한민국의 욕실 문화를 선도하는 기업으로 위생도기, 기타 욕실 건자재 및 서비스 (비데, 수전금구, 타일본드, 부속,욕실리모델링, 욕실관련제품 렌탈 및 클린서비스) 등을 제조, 판매하는 사업을 영위하고 있음. 동사의 종속회사인 대림수전(주)은 2011년 설립된 신설법인으로 수전금구 제조 및 판매를 영위하고 있음.

실적 분석
부동산 및 건설경기의 영향을 많이 받는 산업의 특성상 부진한 건설경기 영향에도 불구하고 동사의 연결기준 2017년 2분기 누적 매출액은 전년동기 대비 11.1% 증가한 1,095.0억원을 기록함. 안정적인 외형성장과 더불어 영업이익은 9.8% 증가한 59.7억원을 기록하였음. 동사는 비영업부문에서 적자가 지속되었음에도 불구하고 전년동기 대비 20.8% 증가한 당기순이익을 기록함.

현금 흐름　　〈단위 : 억원〉

항목	2016	2017.2Q
영업활동	108	84
투자활동	-55	-39
재무활동	56	-40
순현금흐름	110	4
기말현금	137	141

시장 대비 수익률

결산 실적　　〈단위 : 억원〉

항목	2012	2013	2014	2015	2016	2017
매출액	1,015	1,163	1,475	1,809	2,091	
영업이익	-36	14	80	121	143	
당기순이익	-46	-30	33	79	74	

분기 실적　　〈단위 : 억원〉

항목	2016.1Q	2016.2Q	2016.3Q	2016.4Q	2017.1Q	2017.2Q
매출액	445	541	521	584	506	58
영업이익	22	32	39	50	31	2
당기순이익	11	20	26	17	21	

재무 상태　　〈단위 : 억원〉

항목	2012	2013	2014	2015	2016	2017.2Q
총자산	2,405	2,532	2,661	2,817	3,005	3,00
유형자산	1,154	1,162	1,182	1,214	1,230	1,22
무형자산	34	28	27	33	28	3
유가증권	5	6	14	15	5	
총부채	986	1,147	1,263	1,359	1,461	1,45
총차입금	547	648	700	682	724	70
자본금	150	150	152	155	167	16
총자본	1,419	1,385	1,398	1,458	1,544	1,55
지배주주지분	1,419	1,385	1,398	1,455	1,545	1,56

기업가치 지표

항목	2012	2013	2014	2015	2016	2017.2Q
주가(최고/저)(천원)	4.2/1.5	2.5/1.4	4.5/2.2	28.3/3.5	17.3/7.4	—/—
PER(최고/저)(배)	—/—	—/—	21.9/10.8	54.8/6.7	35.2/15.0	—/—
PBR(최고/저)(배)	0.5/0.2	0.3/0.2	0.5/0.3	3.0/0.4	1.9/0.8	1.1/0.—
EV/EBITDA(배)		17.3	9.8	15.0	9.2	—/—
EPS(원)	-308	-197	216	530	499	23
BPS(원)	9,460	9,231	9,215	9,389	9,266	9,36
CFPS(원)	-70	62	499	852	870	41
DPS(원)		67	100	130	130	
EBITDAPS(원)	-2	356	815	1,108	1,295	54

재무 비율　　〈단위 : % 〉

연도	영업이익률	순이익률	부채비율	차입금비율	ROA	ROE	유보율	자기자본비율	EBITDA마진율
2016	6.9	3.5	94.7	46.9	2.5	5.2	826.6	51.4	9
2015	6.7	4.4	93.2	46.8	2.9	5.7	838.9	51.8	9
2014	5.4	2.2	90.4	50.1	1.3	2.3	821.5	52.5	8
2013	1.2	-2.5	82.9	46.8	-1.2	-2.1	823.1	54.7	4

대림산업 (A000210)
Daelim Industrial

종 목 : 건설
용 등 급 : (Bond) A+   (CP) A2+
페 이 지 : www.daelim.co.kr
사 : 서울시 종로구 종로1길 36 대림빌딩

시 장 : 거래소
기 업 규 모 : 시가총액 대형주
연 락 처 : 02)2011-7114

설 립 일	1939.10.10	종 업 원 수	7,978명	대 표 이 사	이해욱,김재율,강영국(각자대표이사)
상 장 일	1976.02.02	감 사 의 견	적정 (안진)	계 열	
결 산 기	12월	종속회사수	17개사		
액 면 가	5,000원	우 선 주	380만주	구 상 호	

주주구성 (지분율,%)
대림코퍼레이션	21.7
국민연금공단	13.5
(외국인)	33.2

출자관계 (지분율,%)
오라광광	100.0
송도파워	100.0
에코슐이홀	100.0

주요경쟁사 (외형,%)
대림산업	100
현대건설	191
현대산업	48

매출구성
축공사 건설용역, 부동산 관련 서비스	45.0
플랜트공사 건설용역	24.3
목공사 건설용역, 철구조물 제작/설치 용역	14.8

비용구성
매출원가율	90.1
판관비율	5.6

수출비중
수출	—
내수	—

회사 개요
1939년 부림상회라는 상호로 설립, 1947년 대림산업으로 상호 변경하면서 법인 전환함. 1976년 유가증권시장에 상장함. 토목, 건축, 플랜트 등의 종합건설업을 영위하는 건설사업부와 석유화학제품을 생산하는 석유화학사업부로 구성됨. 이밖에 부동산임대업, 관광, 레저업을 일부 영위함. 중동지역 플랜트 발주에 따라 해외 매출이 달라지고 있음. 최근 이라크, 리비아 내전, 서방국가와 러시아 관계 악화로 발주 및 수주 여건 불확실성이 고조되고 있는 상황임.

실적 분석
동사의 2017년 2분기 연결기준 누적매출액은 5조6,176.5억원으로 전년동기 대비 16.6% 증가함. 판관비 부담이 늘어났음에도 같은 기간 영업이익은 13.3% 증가하여 2,570.2억원을 시현함. 금융손실 발생으로 비영업부문 손실이 지속되었음에도 당기순이익은 전년 대비 68.3% 크게 개선된 모습을 보임. 다만 해외사업 비중이 큰 플랜트 부문 수주실적이 부진했으며 최근 동사가 해외 비중을 높이고 있는 토목 부분도 실적부진을 겪는 상황.

금 흐름 〈단위 : 억원〉
항목	2016	2017.2Q
영업활동	1,470	3,130
투자활동	-6,994	-2,562
재무활동	-463	2,029
순현금흐름	-5,907	2,602
기말현금	15,772	18,373

시장 대비 수익률

산 실적 〈단위 : 억원〉
항목	2012	2013	2014	2015	2016	2017
매출액	102,533	98,469	92,947	95,137	98,538	—
영업이익	4,861	397	-2,702	2,718	4,194	—
당기순이익	4,008	-103	-4,405	2,170	2,932	—

기 실적 〈단위 : 억원〉
항목	2016.1Q	2016.2Q	2016.3Q	2016.4Q	2017.1Q	2017.2Q
매출액	22,537	25,638	24,574	25,789	25,114	31,063
영업이익	908	1,362	1,307	618	1,140	1,430
당기순이익	310	1,198	1,091	333	1,493	1,045

무 상태 〈단위 : 억원〉
항목	2012	2013	2014	2015	2016	2017.2Q
총자산	110,065	107,830	105,967	120,649	123,915	132,063
유동자산	15,172	14,022	13,417	18,316	19,642	20,084
무형자산	792	806	778	658	614	591
유가증권	2,627	2,705	2,920	3,244	4,645	3,826
총부채	60,879	59,127	61,315	72,591	72,461	78,188
총차입금	15,663	19,015	20,084	30,618	29,066	30,985
자본금	2,185	2,185	2,185	2,185	2,185	2,185
총자본	49,185	48,703	44,653	48,058	51,454	53,875
지배주주지분	47,787	47,141	42,281	43,448	46,109	48,424

업가치 지표
항목	2012	2013	2014	2015	2016	2017.2Q
가 (최고/저)(천원)	127/66.5	107/72.7	93.0/64.4	87.3/53.0	93.3/63.1	—/—
ER(최고/저)(배)	12.7/6.7	—/—	—/—	16.4/10.0	13.6/9.2	—/—
BR(최고/저)(배)	1.0/0.6	0.9/0.6	0.9/0.6	0.8/0.5	0.8/0.5	0.7/0.6
V/EBITDA(배)	5.2	30.1		9.0	8.5	—/—
EPS(원)	10,133	-643	-11,762	5,357	6,873	6,248
BPS(원)	123,800	122,126	109,537	112,559	119,454	125,451
CFPS(원)	11,748	1,225	-9,710	7,614	9,681	7,789
DPS(원)	500	100	100	300	300	—
EBITDAPS(원)	14,207	2,896	-4,949	9,298	13,673	8,199

무 비율 〈단위 : %〉
연도	영업 이익률	순 이익률	부채 비율	차입금 비율	ROA	ROE	유보율	자기자본 비율	EBITDA 마진율
016	4.3	3.0	140.8	56.5	2.4	5.9	2,010.3	41.5	5.4
015	2.9	2.3	151.1	63.7	1.9	4.8	1,888.5	39.8	3.8
014	-2.9	-4.7	137.3	45.0	-4.1	-10.2	1,835.1	42.1	-2.1
013	0.4	-0.1	121.4	39.0	-0.1	-0.5	2,057.5	45.2	1.1

대림씨엔에스 (A004440)
DAELIM C&S

업 종 : 건축소재
신용등급 : (Bond) —   (CP) —
홈페이지 : www.daelimcns.co.kr
본 사 : 서울시 중구 을지로5길 16 (을지로2가, 삼화타워 5층)

시 장 : 거래소
기 업 규 모 : 시가총액 소형주
연 락 처 : 02)311-3300

설 립 일	1965.12.31	종 업 원 수	304명	대 표 이 사	배동호
상 장 일	2016.03.30	감 사 의 견	적정 (안진)	계 열	
결 산 기	12월	종속회사수			
액 면 가	1,000원	우 선 주	1,273만주	구 상 호	

주주구성 (지분율,%)
대림산업	50.8
이부용	6.6
(외국인)	0.9

출자관계 (지분율,%)
한국피에이치씨파일협회	20.0
SG신성건설	0.1

주요경쟁사 (외형,%)
대림씨엔에스	100
쌍용양회	725
동양	155

매출구성
PHC 파일 등	65.1
철구조물	34.9

비용구성
매출원가율	70.7
판관비율	9.7

수출비중
수출	0.0
내수	100.0

회사 개요
동사는 1965년 12월 31일 대림콩크리트공업으로 설립되었으며, 2009년 11월 대림씨엔에스로 사명을 변경함. 동사는 건축, 플랜트 기반공사에 활용되는 콘크리트파일과 스틸(강교)사업을 영위하고 있으며, 두 사업부문 모두 시장 1위 점유율을 차지하고 있음. 동사는 대림산업, 상호, 고려개발 등 대림그룹 내 계열사향 매출 비중이 30~40%를 차지하며 안정적인 매출을 기록하고 있으며 3월 30일에 신규상장함.

실적 분석
동사의 2017년 상반기 매출액은 1,227.2억원으로 전년동기 대비 13.8% 감소함. 반면 매출원가는 감소했지만 매출 감소 영향으로 영업이익은 146.6억원으로 전년동기 대비 52.8% 감소함. 금융손익의 흑자전환에도 불구에도 당기순이익은 115.3억원으로 45.9% 감소됨. 2017년은 기존 계획된 수주 물량과 2016년 이월된 대형 2건 공구 제작으로 인해 차질없이 매출 신장을 예상함.

현금 흐름 *IFRS 별도 기준 〈단위 : 억원〉
항목	2016	2017.2Q
영업활동	537	-39
투자활동	-120	-77
재무활동	177	-76
순현금흐름	593	-192
기말현금	692	500

시장 대비 수익률

결산 실적 〈단위 : 억원〉
항목	2012	2013	2014	2015	2016	2017
매출액	2,442	2,550	2,579	2,955	2,841	—
영업이익	224	319	337	542	557	—
당기순이익	147	164	193	364	375	—

분기 실적 *IFRS 별도 기준 〈단위 : 억원〉
항목	2016.1Q	2016.2Q	2016.3Q	2016.4Q	2017.1Q	2017.2Q
매출액	695	729	682	735	572	655
영업이익	152	159	117	129	68	79
당기순이익	111	102	91	71	53	62

재무 상태 *IFRS 별도 기준 〈단위 : 억원〉
항목	2012	2013	2014	2015	2016	2017.2Q
총자산	3,322	3,235	3,050	3,386	3,789	3,687
유동자산	1,698	1,913	1,814	1,827	1,873	1,852
무형자산	403	357	307	262	222	222
유가증권	4	5	5	5	9	8
총부채	1,947	1,697	1,319	1,395	902	761
총차입금	788	890	682	433	90	90
자본금	129	129	129	129	127	127
총자본	1,375	1,538	1,730	1,991	2,887	2,926
지배주주지분	1,375	1,538	1,730	1,991	2,887	2,926

기업가치 지표 *IFRS 별도 기준
항목	2012	2013	2014	2015	2016	2017.2Q
주가 (최고/저)(천원)	—/—	—/—	—/—	—/—	26.7/18.2	—/—
PER(최고/저)(배)	0.0/0.0	0.0/0.0	0.0/0.0	0.0/0.0	9.0/6.2	—/—
PBR(최고/저)(배)	0.0/0.0	0.0/0.0	0.0/0.0	0.0/0.0	1.2/0.8	0.9/0.7
EV/EBITDA(배)	2.8	2.3	1.7	0.6	3.0	—
EPS(원)	1,361	1,515	1,785	3,359	3,052	905
BPS(원)	53,195	62,832	66,954	80,347	22,677	22,983
CFPS(원)	6,991	8,010	9,664	16,413	3,633	1,205
DPS(원)					600	—
EBITDAPS(원)	9,968	14,013	15,213	23,316	5,111	1,451

재무 비율 〈단위 : %〉
연도	영업 이익률	순 이익률	부채 비율	차입금 비율	ROA	ROE	유보율	자기자본 비율	EBITDA 마진율
2016	19.6	13.2	31.3	3.1	10.5	15.4	2,167.7	76.2	22.1
2015	18.3	12.3	70.0	21.8	11.3	19.5	1,506.9	58.8	20.4
2014	13.1	7.5	76.2	39.4	6.2	11.8	1,239.1	56.7	15.2
2013	12.5	6.4	110.3	57.8	5.0	11.3	1,156.6	47.6	14.2

대림제지 (A017650)
Dae Lim Paper

업 종: 종이 및 목재		시 장: KOSDAQ	
신용등급: (Bond) — (CP) —		기업규모: 우량	
홈페이지: www.daelimpaper.co.kr		연락처: 031)373-7670	
본 사: 경기도 오산시 황새로 169			

설립일 1984.03.04	종업원수 76명	대표이사 유창승	
상장일 1994.11.07	감사의견 적정(대성)	계열	
결산기 12월	보통주 4,500만주	종속회사수 1개사	
액면가 100원	우선주	구상호	

주주구성 (지분율,%)		출자관계 (지분율,%)		주요경쟁사 (외형,%)	
유창승	22.5	동진판지	100.0	대림제지	100
유종우	15.4	고려제지	14.2	한창제지	288
(외국인)	1.6			영풍제지	130

매출구성		비용구성		수출비중	
골판지용 원지	100.0	매출원가율	83.1	수출	—
		판관비율	6.3	내수	—

회사 개요
1984년 설립된 골판지 원지생산업체임. 골판지시장은 IT, 운송경기에 민감하며, 원가측면에서는 주원료로 사용되는 고지가격이 주요한 수익성 변동요인임. 건실한 고정적 대규모 기업체인 삼보판지, 동진판지, 한청, 삼화, 한덕판지, 성일판지 등 주요 거래처로 확보되어 있어 안정적인 시장을 유지하고 있음. 2016년도 기준 시장점유율은 4.15%임. 2017년 2분기중 동진판지를 연결대상회사로 신규편입함.

실적 분석
동사의 2017년 2분기 연결기준 누적매출액은 379.4억원으로 전년 동기 대비 30.7% 증가함. 그러나 매출원가가 전년 동기 대비 크게 증가하여 영업이익은 4.2억에 그침. 관련 기업투자등 관련손익이 적자전환하며 당기순손실은 52.1억원을 기록함. 인터넷산업 활성화에 따른 택배산업의 급성장으로 제지 수요가 증가할 것으로 예상되고, 내수 뿐만 아니라 해외수출등 다양한 거래처의 수요 조건에 대응하며 향후 지속적 매출 증대가 기대됨.

현금 흐름 〈단위 : 억원〉
항목	2016	2017.2Q
영업활동	37	30
투자활동	-60	-64
재무활동	44	95
순현금흐름	20	60
기말현금	109	169

시장 대비 수익률

결산 실적 〈단위 : 억원〉
항목	2012	2013	2014	2015	2016	2017
매출액	769	613	574	547	674	
영업이익	136	31	40	-16	72	
당기순이익	126	71	65	-118	170	

분기 실적 〈단위 : 억원〉
항목	2016.1Q	2016.2Q	2016.3Q	2016.4Q	2017.1Q	2017.2Q
매출액	—	149	—	—	—	198
영업이익	—	0	—	—	—	5
당기순이익	—	52	—	—	—	-56

재무 상태 〈단위 : 억원〉
항목	2012	2013	2014	2015	2016	2017.2Q
총자산	1,009	1,046	1,098	1,044	1,216	1,666
유형자산	252	224	214	278	261	954
무형자산	1	1	2	2	2	2
유가증권	0	0	0	0	0	212
총부채	197	168	159	227	231	728
총차입금	58	33	22	25	69	450
자본금	45	45	45	45	45	45
총자본	812	878	940	816	986	939
지배주주지분	812	878	940	816	986	939

기업가치 지표
항목	2012	2013	2014	2015	2016	2017.2Q
주가(최고/저)(천원)	0.6/0.4	1.0/0.6	1.2/0.6	1.1/0.8	2.2/0.9	—/—
PER(최고/저)(배)	2.4/1.3	6.2/3.8	8.4/4.3	—/—	5.7/2.3	—/—
PBR(최고/저)(배)	0.4/0.2	0.5/0.3	0.6/0.3	0.6/0.4	1.0/0.4	0.9/0.7
EV/EBITDA(배)	1.5	4.0	4.1	40.0	7.7	—
EPS(원)	280	158	144	-263	377	-116
BPS(원)	9,017	9,761	10,440	9,070	2,190	2,086
CFPS(원)	1,647	1,029	954	-1,029	446	-79
DPS(원)	50		50			
EBITDAPS(원)	1,758	587	683	104	229	46

재무 비율 〈단위 : %〉
연도	영업이익률	순이익률	부채비율	차입금비율	ROA	ROE	유보율	자기자본비율	EBITDA마진율
2016	10.7	25.2	23.4	7.0	15.0	18.9	2,090.3	81.0	15.3
2015	-3.0	-21.6	27.9	3.1	-11.1	-13.5	1,714.0	78.2	1.7
2014	7.0	11.3	16.9	2.3	6.0	7.1	1,988.1	85.6	10.7
2013	5.1	11.6	19.1	3.8	4.2	4.9	1,852.2	84.0	8.6

대림통상 (A006570)
Daelim Trading

업 종: 건축자재		시 장: 거래소	
신용등급: (Bond) — (CP) —		기업규모: 시가총액 소형주	
홈페이지: www.dltc.co.kr		연락처: 02)730-9811	
본 사: 서울시 서대문구 연희로 142 (연희동 87-9)			

설립일 1970.04.01	종업원수 324명	대표이사 고은희,이재만(각자대표)	
상장일 1975.11.20	감사의견 적정(삼일)	계열	
결산기 12월	보통주 1,523만주	종속회사수 3개사	
액면가 1,000원	우선주	구상호	

주주구성 (지분율,%)		출자관계 (지분율,%)		주요경쟁사 (외형,%)	
디앤디파트너스	38.9	리빙스타	94.1	대림통상	100
이재우	22.8	PT.DLI	100.0	대림B&Co	120
(외국인)	1.3	D.B.M	100.0	뉴보텍	21

매출구성		비용구성		수출비중	
수도꼭지,위생도기용,수전금구 등	49.2	매출원가율	84.6	수출	—
기타 잡화 등	22.4	판관비율	12.9	내수	—
비데,감지기,샤워부스 등	19.1				

회사 개요
수전금구, 비데, 감지기, 샤워부스, 기타 건자재 등을 생산하여 수출·내수판매하는 건자재 종합업체임. 종속회사로는 양식기를 생산하는 PT.DLI와 수전금구 등 건축자재를 생산하는 D.B.M, 주방용품 도소매업체인 리빙스타가 있음. 국내 거래처로는 한일씽크, 진공하우징 등이 있음. 수출비중이 전체 매출의 30~40% 가량을 차지함. 수출은 중고가품 중심으로 OEM 방식, 내수는 건설사에 대한 직접 납품과 대리점을 통한 도소매 판매를 병행함.

실적 분석
동사의 연결기준 2017년 2분기 누적 매출액은 전년동기 대비 11.9% 증가한 934.1억원을 기록. 매출원가율은 전년동기와 비슷한 수준. 영업이익은 1.1억원가량 증가한 22.2억원을 기록. 비데 부문은 매출액과 함께 이익률이 크게 증가, 매출액 비중이 가장 큰 수전금구부문은 매출액 증가에도 이익률은 감소함. 이에 따라 동사는 전년동기 대비 4.8% 감소한 22.2억원의 영업이익을 기록. 또한 11.9억원의 당기순손실이 발생, 적자전환함.

현금 흐름 〈단위 : 억원〉
항목	2016	2017.2Q
영업활동	133	11
투자활동	-59	-17
재무활동	-42	-36
순현금흐름	35	-43
기말현금	77	34

시장 대비 수익률

결산 실적 〈단위 : 억원〉
항목	2012	2013	2014	2015	2016	2017
매출액	1,648	1,608	1,664	1,677	1,744	
영업이익	6	11	30	-23	43	
당기순이익	-74	-73	-16	-37	3	

분기 실적 〈단위 : 억원〉
항목	2016.1Q	2016.2Q	2016.3Q	2016.4Q	2017.1Q	2017.2Q
매출액	403	432	435	474	445	48
영업이익	9	14	7	13	12	1
당기순이익	-1	5	-17	17	-17	

재무 상태 〈단위 : 억원〉
항목	2012	2013	2014	2015	2016	2017.2Q
총자산	2,544	2,542	2,554	2,335	2,307	2,30
유형자산	1,445	1,408	1,216	1,216	1,206	1,14
무형자산	24	23	23	22	22	2
유가증권	6	5	5	5	6	
총부채	1,157	1,226	1,290	1,150	1,141	1,17
총차입금	826	871	928	790	767	75
자본금	164	164	164	164	164	16
총자본	1,386	1,316	1,263	1,186	1,166	1,13
지배주주지분	1,385	1,315	1,263	1,185	1,165	1,13

기업가치 지표
항목	2012	2013	2014	2015	2016	2017.2Q
주가(최고/저)(천원)	4.6/3.4	4.0/3.5	5.0/3.7	8.7/4.0	7.4/4.6	—/—
PER(최고/저)(배)	—/—	—/—	—/—	—/—	354.4/219.3	—/—
PBR(최고/저)(배)	0.6/0.4	0.5/0.5	0.7/0.5	1.2/0.5	1.0/0.6	0.8/0.7
EV/EBITDA(배)	23.2	24.0	20.7	54.7	15.6	
EPS(원)	-485	-475	-104	-245	21	-7
BPS(원)	9,097	8,638	8,292	7,781	7,649	7,45
CFPS(원)	-121	-154	199	88	418	12
DPS(원)	100	150	150	150	150	
EBITDAPS(원)	404	396	498	183	681	35

재무 비율 〈단위 : %〉
연도	영업이익률	순이익률	부채비율	차입금비율	ROA	ROE	유보율	자기자본비율	EBITDA마진율
2016	2.5	0.2	97.9	65.8	0.2	0.3	609.0	50.5	6
2015	-1.4	-2.2	97.0	66.6	-1.5	-3.0	621.2	50.8	1
2014	1.8	-1.0	102.1	73.4	-0.6	-1.2	668.7	49.5	4
2013	0.7	-4.5	93.1	66.1	-2.9	-5.4	700.7	51.8	3

ㄷ

대명 (A007720)
DAEMYUNG COLTD

업 종 : 도소매	시 장 : KOSDAQ
신용등급 : (Bond) — (CP) —	기업규모 : 중견
홈 페 이 지 : www.daemyungcorporation.com	연 락 처 : 02)2222-7500
본 사 : 강원도 홍천군 서면 한치골길 262	

설 립 일	1972.03.11	종 업 원 수	278명	대 표 이 사	서준혁,유용회(각자대표이사)
상 장 일	1994.01.06	감 사 의 견	적정 (대주)	계	열
결 산 기	12월	보 통 주	10,080만주	종속회사수	3개사
액 면 가	500원	우 선 주		구 상 호	대명엔터프라이즈

주주구성 (지분율,%)		출자관계 (지분율,%)		주요경쟁사 (외형,%)	
대명홀딩스	34.3	대명문화공장	100.0	대명코퍼레이션	100
엔브이제이씨펀드시모토자전문회사	4.9	대명레저	50.0	부방	118
(외국인)	0.7	씨앗과열매투자파트너스	27.0	영현무역	6

매출구성		비용구성		수출비중	
기업소모성자재 구매 외(기타)	89.0	매출원가율	79.6	수출	2.0
영상보안장비(DVR 외)(기타)	5.8	판관비율	20.2	내수	98.0
결혼중개(기타)	3.7				

회사 개요
동사는 1972년 설립되어 기업소모성자재 구매대행업(도소매), 유통업, 영상보안장비 제조업, 여행업을주요사업으로 영위하고 있으며 대명홀딩스그룹에 속한 21개 계열사 중에 유일한 상장회사임. 동사는 종속회사로 대명문화공장을 두고 있고, 2017년 6월 구천안리 조트PFV인 (주)대명레저의 경영권을 양수하였음. 대명레저의 지분은 대명홀디스와 동사가 50%씩 보유함. 기존 종속회사인 대명본웨딩은 2017년 2분기 중에 보유지분 전량을 대명홀딩스에 매각함

실적 분석
동사는 2017년 상반기 매출액이 1,919.3억원으로 전년 동기에 비해 5.0% 감소했고, 영업이익은 24.9억원으로 전년 대비 55.4% 증가했음. 동사는 지분을 매각한 종속회사 대명본웨디의 실적이 반영되지 않으면서 매출액이 전년에 비해 줄었으나, 매출원가는 매출액보다 큰 폭으로 줄면서 오히려 수익성은 개선됨. 동사가 경영권을 양수한 리조트 사업은 2017년 3분기부터 실적에 반영될 예정임.

현금 흐름
〈단위 : 억원〉

항목	2016	2017.2Q
영업활동	39	145
투자활동	-57	-416
재무활동	408	4
순현금흐름	391	-269
기말현금	557	289

시장 대비 수익률

결산 실적
〈단위 : 억원〉

항목	2012	2013	2014	2015	2016	2017
매출액	137	1,706	1,790	2,055	2,175	—
영업이익	-48	57	72	-46	3	—
당기순이익	-171	55	119	-52	-16	—

분기 실적
〈단위 : 억원〉

항목	2016.1Q	2016.2Q	2016.3Q	2016.4Q	2017.1Q	2017.2Q
매출액	460	632	589	494	465	570
영업이익	-6	13	10	-15	4	17
당기순이익	-4	1	3	-16	21	170

재무 상태
〈단위 : 억원〉

항목	2012	2013	2014	2015	2016	2017.2Q
총자산	991	967	1,202	1,130	1,490	2,684
유형자산	135	53	44	37	40	1,239
무형자산	130	116	179	156	142	134
유가증권	71	9	35	45	93	91
총부채	280	201	312	294	518	1,535
총차입금	103	0		21	274	646
자본금	504	504	504	504	504	504
총자본	711	766	890	836	972	1,149
지배주주지분	717	771	888	836		1,154

기업가치 지표

항목	2012	2013	2014	2015	2016	2017.2Q
주가(최고/저)(천원)	1.0/0.5	0.9/0.5	1.2/0.6	2.0/0.9	1.9/1.0	—/—
PER(최고/저)(배)	—/—	17.4/9.9	10.5/5.3	—/—	—/—	2.3/1.3
PBR(최고/저)(배)	1.3/0.6	1.1/0.6	1.3/0.6	2.2/1.0	2.0/1.0	1.3
EV/EBITDA(배)		2.5	6.1		28.2	
EPS(원)	-162	54	118	-50	-15	190
BPS(원)	4,035	861	977	926	965	1,145
CFPS(원)	-741	84	148	-16	19	202
DPS(원)						
EBITDAPS(원)	-169	87	101	-12	37	37

재무 비율
〈단위 : % 〉

연도	영업이익률	순이익률	부채비율	차입금비율	ROA	ROE	유보율	자기자본비율	EBITDA마진율
2016	0.1	-0.7	53.3	28.2	-1.2	-1.7	93.1	65.2	1.7
2015	-2.2	-2.6	35.1	2.5	-4.5	-5.9	85.1	74.0	-0.6
2014	4.0	6.6	35.1	0.1	11.0	14.4	95.5	74.0	5.7
2013	3.3	3.2	26.2	0.0	6.7	7.3	72.1	79.2	5.1

대봉엘에스 (A078140)
Deabongls

업 종 : 제약	시 장 : KOSDAQ
신용등급 : (Bond) — (CP) —	기업규모 : 우량
홈 페 이 지 : www.daebongls.co.kr	연 락 처 : 032)712-8800
본 사 : 인천시 남동구 능허대로 649번길 123 (고잔동)	

설 립 일	1986.07.08	종 업 원 수	123명	대 표 이 사	박종호,박진오
상 장 일	2005.12.23	감 사 의 견	적정 (한영)	계	열
결 산 기	12월	보 통 주	1,109만주	종속회사수	2개사
액 면 가	500원	우 선 주		구 상 호	

주주구성 (지분율,%)		출자관계 (지분율,%)		주요경쟁사 (외형,%)	
박종호	24.1	피엔케이피부임상연구센타	83.3	대봉엘에스	100
박진오	18.1	코셀러코리아	75.3	선바이오	2
(외국인)	5.8	대봉엘에프영어교육협동법인	35.7	동성제약	112

매출구성		비용구성		수출비중	
Valsartan 외,생녹차수 외	49.7	매출원가율	71.5	수출	1.0
Acetaminophen 외,Luviskol-PVP/K30 외	41.2	판관비율	12.8	내수	99.0
용역매출	9.1				

회사 개요
동사는 1986년 설립 이래 32여년간 쌓아온 아미노산 제조관련 핵심기술을 바탕으로 원가 및 품질경쟁력을 갖춘 원료의약품, 화장품소재, 식품첨가물 원료등을 제조 공급하고 있음. 2010년 중앙대학교 의학연구소와 전략적제휴를 통해피엔케이피부임상연구센타 설립. 2017년 상반기 수출 금액은 4.5억원으로 전체 매출의 1.3%임. 제품 매출은 154.8억원으로 매출에서 차지하는 비중은 45.4%임.

실적 분석
동사의 2017년 2분기 누적 매출액은 전년 동기 대비 6.6% 감소한 341.0억원을 기록함. 매출원가는 8.8% 감소. 인건비의 증가 등으로 판관비는 전년 동기 대비 18.4% 증가한 48.2억원임. 그 결과 영업이익은 51.2억원으로 전년 동기 대비 13.9% 감소함. 영업이익의 감소로 당기순이익 또한 전년 동기 대비 20.0% 감소함.

현금 흐름
〈단위 : 억원〉

항목	2016	2017.2Q
영업활동	75	27
투자활동	-64	-12
재무활동	-4	-8
순현금흐름	8	6
기말현금	56	62

시장 대비 수익률

결산 실적
〈단위 : 억원〉

항목	2012	2013	2014	2015	2016	2017
매출액	444	438	522	586	710	—
영업이익	36	61	64	86	112	—
당기순이익	35	53	57	75	88	—

분기 실적
〈단위 : 억원〉

항목	2016.1Q	2016.2Q	2016.3Q	2016.4Q	2017.1Q	2017.2Q
매출액	174	191	173	172	183	158
영업이익	25	34	28	24	32	19
당기순이익	20	30	22	16	24	16

재무 상태
〈단위 : 억원〉

항목	2012	2013	2014	2015	2016	2017.2Q
총자산	465	510	566	655	754	770
유형자산	117	123	121	120	145	171
무형자산	6	6	5	5	4	4
유가증권	1		69	18	28	38
총부채	70	68	73	91	108	89
총차입금	3	2	3	7	9	6
자본금	55	55	55	55	55	55
총자본	395	442	494	563	646	681
지배주주지분	393	437	486	552	629	661

기업가치 지표

항목	2012	2013	2014	2015	2016	2017.2Q
주가(최고/저)(천원)	3.9/2.2	5.7/2.8	12.5/4.0	17.2/8.0	15.8/9.8	—/—
PER(최고/저)(배)	13.3/7.7	13.1/6.5	25.9/8.2	27.0/12.5	21.0/13.1	—/—
PBR(최고/저)(배)	1.1/0.7	1.5/0.7	2.9/0.9	3.5/1.6	2.8/1.7	2.3/1.8
EV/EBITDA(배)	6.5	5.6	12.5	10.3	9.4	
EPS(원)	304	450	491	645	757	337
BPS(원)	3,541	3,941	4,383	4,978	5,676	5,962
CFPS(원)	358	520	572	726	858	397
DPS(원)	50	50	50	50		
EBITDAPS(원)	374	621	654	853	1,111	522

재무 비율
〈단위 : % 〉

연도	영업이익률	순이익률	부채비율	차입금비율	ROA	ROE	유보율	자기자본비율	EBITDA마진율
2016	15.8	12.5	16.7	1.3	12.6	14.2	1,035.1	85.7	17.4
2015	14.6	12.8	16.2	1.3	12.3	13.8	895.6	86.0	16.1
2014	12.2	10.9	14.8	0.7	10.5	11.8	776.5	87.1	13.9
2013	14.0	12.0	15.3	0.5	10.8	12.0	688.3	86.7	15.7

대상 (A001680)
Daesang

업   종 : 식료품
신용 등급 : (Bond) A+　(CP) —
홈 페 이 지 : www.daesang.com
본   사 : 서울시 동대문구 천호대로 26 대상빌딩 (신설동 96-48)

시   장 : 거래소
기업 규모 : 시가총액 중형주
연 락 처 : 02)2220-9500

설 립 일	1956.01.31	종 업 원 수	5,031명	대 표 이 사	임정배,정홍언각자대표이사
상 장 일	1970.04.01	감 사 의 견	적정 (한영)	계	열
결 산 기	12월	보 통 주	3,465만주	종속회사수	15개사
액 면 가	1,000원	우 선 주	137만주	구 상 호	

주주구성 (지분율,%)		출자관계 (지분율,%)		주요경쟁사 (외형,%)	
대상홀딩스	39.3	복음자리	100.0	대상	100
국민연금공단	12.7	정풍	100.0	동서	18
(외국인)	9.4	대상베스트코	100.0	롯데푸드	62

매출구성		비용구성		수출비중	
조미료류,종합양념류, 냉동식품류, 해외MSG 외	86.6	매출원가율	72.8	수출	45.0
매출 조정	26.2	판관비율	23.3	내수	55.0
전분, 당, 라이신, 바이오류	-12.8				

회사 개요
국내 최대 조미료 및 식품첨가물 생산능력을 보유한 회사로서 장류와 조미료 매출이 전체 매출액의 40% 이상을 차지함. 원재료인 농산물의 국내 자급도가 낮아 상당량을 수입에 의존함에 따라 국내 경기변동에는 비교적 둔감한 식품(내수)산업임. 2016년 12월에 경영효율화를 위하여 종속회사인 대상에프앤에프(주)를 흡수합병하고, 외식사업부문을 주요종속회사인 대상베스크코에 양도함.

실적 분석
동사의 2017년 상반기 기준 누적 매출액은 1조4,382.7억원으로 전년 동기 대비 3.1% 증가함. 매출은 소폭 증가한 반면 매출원가와 판관비는 매출액 상승률 이상 증가하면서 영업이익은 전년 동기 대비 19.3% 감소한 528.2억원을 시현함. 비영업손익 부문에서도 금융손실 등으로 인해 적자가 지속되면서 당기순이익은 전년 동기 대비 11% 감소한 356.4억원을 기록함.

현금 흐름
〈단위 : 억원〉

항목	2016	2017.2Q
영업활동	548	511
투자활동	-2,203	-341
재무활동	967	416
순현금흐름	-695	490
기말현금	1,842	2,333

시장 대비 수익률

결산 실적
〈단위 : 억원〉

항목	2012	2013	2014	2015	2016	2017
매출액	24,518	25,423	25,888	26,350	28,550	—
영업이익	1,297	1,558	1,403	1,099	1,111	—
당기순이익	883	1,058	1,403	900	472	601

분기 실적
〈단위 : 억원〉

항목	2016.1Q	2016.2Q	2016.3Q	2016.4Q	2017.1Q	2017.2Q
매출액	6,843	7,106	7,508	7,093	7,142	7,241
영업이익	324	330	365	91	289	239
당기순이익	210	191	285	-84	235	121

재무 상태
〈단위 : 억원〉

항목	2012	2013	2014	2015	2016	2017.2Q
총자산	16,213	17,389	18,148	21,046	23,085	23,931
유형자산	6,317	6,327	6,786	8,016	8,541	8,784
무형자산	1,028	1,154	1,131	1,131	1,395	1,390
유가증권	137	1,648	2,162	2,138	2,961	2,582
총부채	9,951	10,259	10,303	12,861	14,412	15,139
총차입금	6,487	6,586	6,229	8,242	9,576	10,137
자본금	360	360	360	360	360	360
총자본	6,262	7,130	7,845	8,185	8,673	8,791
지배주주지분	5,984	6,834	7,579	7,934	8,482	8,648

기업가치 지표

항목	2012	2013	2014	2015	2016	2017.2Q
주가(최고/저)(천원)	29.2/12.7	40.8/26.5	54.4/29.1	47.9/28.1	37.2/25.7	—/—
PER(최고/저)(배)	11.5/5.0	13.4/8.7	20.9/11.2	29.1/17.1	20.1/13.9	—/—
PBR(최고/저)(배)	1.8/0.8	2.2/1.5	2.7/1.4	2.2/1.3	1.6/1.1	1.2/1.0
EV/EBITDA(배)	7.1	7.8	7.2	8.8	7.8	—/—
EPS(원)	2,657	3,183	2,696	1,694	1,878	1,022
BPS(원)	16,613	18,974	21,042	22,027	23,549	24,009
CFPS(원)	4,441	4,913	4,525	3,659	4,099	2,064
DPS(원)	150	150	300	400	400	—
EBITDAPS(원)	5,552	6,258	5,907	5,158	5,449	2,508

재무 비율
〈단위 : % 〉

연도	영업이익률	순이익률	부채비율	차입금비율	ROA	ROE	유보율	자기자본비율	EBITDA마진율
2016	3.9	2.1	166.2	110.4	2.7	7.9	2,254.9	37.6	6.6
2015	4.2	1.8	157.1	100.7	2.4	7.5	2,102.7	38.9	6.7
2014	5.4	3.5	131.3	79.4	5.1	12.9	2,004.2	43.2	7.9
2013	6.1	4.2	143.9	92.4	6.3	17.1	1,797.4	41.0	8.5

대상홀딩스 (A084690)
Daesang Holdings

업   종 : 복합 산업
신용 등급 : (Bond) —　(CP) —
홈 페 이 지 : 0
본   사 : 서울시 중구 세종대로9길 41 올리브타워 2층 (서소문동)

시   장 : 거래소
기업 규모 : 시가총액 중형주
연 락 처 : 02)2211-6533

설 립 일	2005.08.01	종 업 원 수	13명	대 표 이 사	임창욱,김훈식각자대표이사
상 장 일	2005.08.17	감 사 의 견	적정 (한영)	계	열
결 산 기	12월	보 통 주	3,621만주	종속회사수	8개사
액 면 가	1,000원	우 선 주	91만주	구 상 호	

주주구성 (지분율,%)		출자관계 (지분율,%)		주요경쟁사 (외형,%)	
임상민	36.7	상암커뮤니케이션즈	100.0	대상홀딩스	100
임세령	20.4	동서건설	100.0	SK네트웍스	556
(외국인)	5.9	대상정보기술	100.0	코오롱	119

매출구성		비용구성		수출비중	
식품부문-대상(주),대상베스트코 (주)등	76.8	매출원가율	72.9	수출	—
소재부문-대상(주)DAESANG EUROPE B.V.외	23.3	판관비율	23.0	내수	—

회사 개요
동사는 2005년 8월 대상으로부터 인적분할하여 사업부문은 대상에 존속시키고, 투자부문은 동사로 분리되어 설립된 순수 지주회사임. 동사는 지분법평가이익과 상표권 사용에 대한 대가로 얻는 로열티 수입이 수익의 원천으로 자회사들의 영업 및 산업의 특성에 영향을 받는 구조임. 매출구성은 배당금수익 85.73%, 로열티수입 14.27% 등으로 구성됨. 그룹차원의 정책 및 전략을 개발하여 자회사간의 시너지효과와 경영효율을 극대화하는 데 주력하고 있음.

실적 분석
동사의 2017년 상반기 연결기준 누적 매출액은 1조6,325.9억원으로 전년 동기 대비 0.3% 증가함. 매출원가와 판관비가 급증하면서 영업이익은 640억원으로 전년 동기 대비 20.2% 감소함. 비영업손익 부문에서도 적자가 지속되고 영업이익이 대폭 감소함에 따라 당기순이익은 398.9억원으로 전년 동기 대비 15.1% 감소함. 매출은 견조한 반면 수익성은 악화되고 있음.

현금 흐름
〈단위 : 억원〉

항목	2016	2017.2Q
영업활동	782	708
투자활동	-2,150	-415
재무활동	903	400
순현금흐름	-468	595
기말현금	2,621	3,216

시장 대비 수익률

결산 실적
〈단위 : 억원〉

항목	2012	2013	2014	2015	2016	2017
매출액	27,309	28,419	29,591	30,517	33,181	—
영업이익	1,463	1,725	1,595	1,330	1,361	—
당기순이익	909	847	931	530	672	—

분기 실적
〈단위 : 억원〉

항목	2016.1Q	2016.2Q	2016.3Q	2016.4Q	2017.1Q	2017.2Q
매출액	7,927	8,353	8,572	8,328	7,985	8,341
영업이익	395	407	425	134	334	306
당기순이익	247	223	282	-80	247	152

재무 상태
〈단위 : 억원〉

항목	2012	2013	2014	2015	2016	2017.2Q
총자산	19,782	20,895	21,801	24,804	26,893	28,005
유형자산	6,633	6,658	7,082	8,323	8,834	9,064
무형자산	1,239	1,393	1,418	1,426	1,679	1,673
유가증권	198	1,690	2,255	2,282	3,050	2,685
총부채	11,445	11,933	12,112	14,824	16,391	17,361
총차입금	7,808	7,394	7,073	9,113	10,407	10,975
자본금	371	371	371	371	371	371
총자본	8,338	8,962	9,690	9,980	10,502	10,644
지배주주지분	4,104	4,318	4,580	4,719	4,963	5,040

기업가치 지표

항목	2012	2013	2014	2015	2016	2017.2Q
주가(최고/저)(천원)	6.2/3.6	9.4/6.3	22.3/7.7	28.4/16.2	18.6/9.6	—/—
PER(최고/저)(배)	6.8/4.0	12.6/8.5	22.9/7.9	43.2/24.6	23.9/12.3	—/—
PBR(최고/저)(배)	0.6/0.4	0.9/0.6	1.9/0.7	2.3/1.3	1.4/0.7	0.9/0.7
EV/EBITDA(배)	5.1	4.4	5.9	7.6	6.4	—/—
EPS(원)	968	781	1,006	674	793	461
BPS(원)	11,056	11,631	12,335	12,712	13,368	13,575
CFPS(원)	2,801	2,581	2,932	2,767	3,122	1,564
DPS(원)	120	120	170	170	170	—
EBITDAPS(원)	5,873	6,565	6,331	5,767	6,086	2,827

재무 비율
〈단위 : % 〉

연도	영업이익률	순이익률	부채비율	차입금비율	ROA	ROE	유보율	자기자본비율	EBITDA마진율
2016	4.1	2.0	156.1	99.1	2.6	5.9	1,236.8	39.1	6.6
2015	4.4	1.7	148.5	91.3	2.3	5.3	1,171.2	40.2	6.8
2014	5.4	3.2	125.0	73.0	4.4	8.2	1,133.5	44.5	7.8
2013	6.1	3.0	133.2	72.7	4.2	6.7	1,063.1	42.9	8.4

대성미생물연구소 (A036480)
DAESUNG MICROBIOLOGICAL LABS CO

업　　종 : 제약		시　　장 : KOSDAQ	
신용등급 : (Bond) —　　(CP) —		기업규모 : 중견	
홈페이지 : www.dsmbio.com		연 락 처 : 031)461-7103	
본　　사 : 경기도 의왕시 덕영대로 103			

설 립 일	1966.02.04	종 업 원 수	139명	대 표 이 사	조항원
상 장 일	2000.03.22	감 사 의 견	적정 (우덕)	계　　열	
결 산 기	12월	보 통 주	38만주	종속회사수	
액 면 가	5,000원	우 선 주		구 상 호	

주주구성 (지분율,%)		출자관계 (지분율,%)		주요경쟁사 (외형,%)	
이동규	32.0	대성미생물	100		
조항원	6.6	한국비엔씨	40		
(외국인)	0.3	이-글 벳	94		

매출구성		비용구성		수출비중	
기타	60.6	매출원가율	66.8	수출	19.0
대성 에프엠디 백신	29.2	판관비율	17.1	내수	81.0
대성 지속성PPS주	6.2				

회사 개요
동사는 우리나라 축산업의 태동기인 1968년 5월에 설립되어 지난 50년간 '성공축산을 향한 신뢰의 선택' 이라는 믿음을 바탕으로 양질의 동물용의약품만을 생산하며 대한민국 축산업 발전에 공헌해 온 동물용의약품 전문 기업임. 2000년 3월 코스닥시장에 상장한 주권상장법인으로서 현재 아시아, 유럽 등 10여개국에 동사의 제품을 수출하고 있음. 2017년 상반기 기준 내수 매출액은 99.6억원으로 전체 매출의 80.6%를 차지함.

실적 분석
동사의 2017년 2분기 누적 매출액은 123.6억원으로 전년 동기 대비 21.8% 감소하였음. 매출원가와 매출총이익은 각각 19.9%, 25.4% 감소하였음. 인건비 등의 증가로 판매비와관리비는 전년 동기 대비 8.6% 증가한 26.0억원을 기록함. 그 결과 영업이익은 14.9억원으로 전년 동기 대비 51.8% 감소하며 부진하였음. 영업이익의 감소로 당기순이익 또한 전년 동기 대비 57.5% 감소한 10.4억원에 그침.

현금 흐름　*IFRS 별도 기준
〈단위 : 억원〉

항목	2016	2017.2Q
영업활동	35	-3
투자활동	-47	2
재무활동	-10	-4
순현금흐름	-21	-7
기말현금	44	37

시장 대비 수익률

결산 실적
〈단위 : 억원〉

항목	2012	2013	2014	2015	2016	2017
매출액	163	216	253	310	308	
영업이익	3	13	24	53	49	
당기순이익	4	4	20	46	45	

분기 실적　*IFRS 별도 기준

항목	2016.1Q	2016.2Q	2016.3Q	2016.4Q	2017.1Q	2017.2Q
매출액	78	80	76	74	56	68
영업이익	15	16	12	7	5	10
당기순이익	12	13	8	12	4	9

재무 상태　*IFRS 별도 기준
〈단위 : 억원〉

항목	2012	2013	2014	2015	2016	2017.2Q
총자산	255	289	278	324	356	345
유형자산	130	147	142	134	128	125
무형자산	8	8	8	10	12	12
유가증권	0	0	0	0	0	0
총부채	58	92	67	73	66	49
총차입금	40	54	30	20	14	14
자본금	19	19	19	19	19	19
총자본	197	197	211	251	290	297
지배주주지분	197	197	211	251	290	297

기업가치 지표　*IFRS 별도 기준

항목	2012	2013	2014	2015	2016	2017.2Q
주가(최고/저)(천원)	44.2/28.7	41.1/31.8	56.3/36.8	144/46.7	178/86.7	—/—
PER(최고/저)(배)	40.7/26.5	38.1/29.5	10.9/7.1	12.3/4.0	15.2/7.4	—/—
PBR(최고/저)(배)	0.9/0.6	0.8/0.7	1.1/0.7	2.2/0.7	2.4/1.1	2.1/1.5
EV/EBITDA(배)	10.1	7.1	5.1	4.0	6.4	
EPS(원)	1,174	1,141	5,375	11,975	11,828	2,732
BPS(원)	51,926	51,884	55,625	66,035	76,346	78,070
CFPS(원)	4,606	4,582	8,954	15,630	15,418	3,987
DPS(원)	850	850	850	1,000	1,000	
EBITDAPS(원)	4,146	6,826	9,834	17,699	16,607	5,165

재무 비율
〈단위 : % 〉

연도	영업이익률	순이익률	부채비율	차입금비율	ROA	ROE	유보율	자기자본비율	EBITDA마진율
2016	16.1	14.6	22.7	4.9	13.2	16.6	1,426.9	81.5	20.5
2015	17.2	14.7	29.2	8.0	15.1	19.7	1,220.7	77.4	21.7
2014	9.4	8.1	31.5	14.2	7.2	10.0	1,012.5	76.1	14.8
2013	6.0	2.0	46.8	27.3	1.6	2.2	937.7	68.1	12.0

대성산업 (A128820)
DAESUNG INDUSTRIAL

업　　종 : 석유 및 가스		시　　장 : 거래소	
신용등급 : (Bond) BB　　(CP) —		기업규모 : 시가총액 소형주	
홈페이지 : www.daesung.co.kr		연 락 처 : 02)2170-2160	
본　　사 : 서울시 구로구 경인로 662 디큐브시티			

설 립 일	2010.06.30	종 업 원 수	657명	대 표 이 사	김영대,정광우
상 장 일	2010.07.30	감 사 의 견	적정 (삼정)	계　　열	
결 산 기	12월	보 통 주	4,524만주	종속회사수	10개사
액 면 가	5,000원	우 선 주		구 상 호	

주주구성 (지분율,%)		출자관계 (지분율,%)		주요경쟁사 (외형,%)	
김영대	31.6	대성히트펌프	100.0	대성산업	100
김영훈	1.1	대성글루콘겔	100.0	E1	510
(외국인)	0.2	에스필	100.0	리드코프	56

매출구성		비용구성		수출비중	
석유가스부문	79.6	매출원가율	86.7	수출	—
기타	10.3	판관비율	15.9	내수	—
기계사업부문	6.4				

회사 개요
동사는 대성나찌유압공업 등 13개의 연결대상 종속회사를 거느린 지주회사로 2010년 6월에 설립됨. 석유가스 및 기계 판매, 해외자원개발을 주사업으로 영위하고 있으며, 주력부문인 석유가스판매부문은 주유소 35개소와 가스충전소 19개소를 설치 운영중임. 기계부문은 세계 유명메이커로부터 유공압기기, 일반산업기기의 수입 판매와 계열사 생산 제품인 유공압 밸브류 및 자체 생산품인 기어드모터를 판매 중.

실적 분석
동사의 2017년 반기 연결기준 매출액은 4,005.3 억원으로 전년 대비 5.1% 감소함. 높은 비용구조로 영업손실 12.2억원이 발생함. 비영업손실이 큰폭으로 줄면서 순손실은 296.5억원이 발생하였으나, 전년동기 대비 해서는 큰폭으로 축소됨. 동사는 대성합동지주 [005620]를 흡수합병해 8월 합병 변경 상장함. 소멸법인인 대성합동지주는 상장폐지되었음.

현금 흐름
〈단위 : 억원〉

항목	2016	2017.2Q
영업활동	121	-9
투자활동	386	59
재무활동	-492	16
순현금흐름	14	77
기말현금	256	333

시장 대비 수익률

결산 실적
〈단위 : 억원〉

항목	2012	2013	2014	2015	2016	2017
매출액	13,204	11,779	11,202	8,527	7,830	—
영업이익	-106	-2,040	-165	-415	-201	—
당기순이익	-1,218	-3,072	-4,127	-1,260	-1,341	—

분기 실적

항목	2016.1Q	2016.2Q	2016.3Q	2016.4Q	2017.1Q	2017.2Q
매출액	2,137	2,085	1,905	1,704	2,036	1,970
영업이익	-11	-69	-11	-109	8	-20
당기순이익	-230	-327	-97	-687	-122	-174

재무 상태
〈단위 : 억원〉

항목	2012	2013	2014	2015	2016	2017.2Q
총자산	26,681	22,687	18,708	10,763	9,491	10,673
유형자산	12,474	9,415	5,050	4,903	4,602	6,066
무형자산	586	520	505	592	236	212
유가증권	2,174	1,314	1,420	759	584	1,216
총부채	20,422	18,258	18,562	9,597	8,793	10,181
총차입금	17,902	15,514	15,187	6,854	5,910	6,801
자본금	289	1,431	204	2,124	2,624	2,624
총자본	6,259	4,429	146	1,166	698	492
지배주주지분	6,205	4,383	113	1,136	670	304

기업가치 지표

항목	2012	2013	2014	2015	2016	2017.2Q
주가(최고/저)(천원)	74.6/32.4	40.1/17.5	23.7/10.5	10.7/3.4	5.1/2.4	—/—
PER(최고/저)(배)	—/—	—/—	—/—	—/—	—/—	—/—
PBR(최고/저)(배)	0.2/0.1	0.4/0.2	9.9/4.4	3.7/1.2	3.5/1.6	6.3/2.8
EV/EBITDA(배)	57.5		390.9			
EPS(원)	-84,263	-108,810	-85,897	-3,484	-3,146	-573
BPS(원)	107,337	15,322	2,801	2,908	1,466	768
CFPS(원)	-15,073	-16,726	-95,808	-2,941	-2,722	-429
DPS(원)						
EBITDAPS(원)	4,740	-10,636	943	-606	-47	121

재무 비율
〈단위 : % 〉

연도	영업이익률	순이익률	부채비율	차입금비율	ROA	ROE	유보율	자기자본비율	EBITDA마진율
2016	-2.6	-17.1	일부잠식	일부잠식	-13.2	-148.3	-70.7	7.4	-0.3
2015	-4.9	-14.8	일부잠식	일부잠식	-8.6	-201.7	-41.8	10.8	-2.6
2014	-1.5	-36.8	일부잠식	일부잠식	-19.9	-183.3	-44.0	0.8	0.3
2013	-17.3	-26.1	412.2	350.2	-12.5	-57.9	206.5	19.5	-15.2

대성에너지 (A117580)
DAESUNG ENERGY

업 종 : 가스		시 장 : 거래소	
신용등급 : (Bond) A+ (CP) —		기업규모 : 시가총액 소형주	
홈페이지 : www.daesungenergy.com		연 락 처 : 053)606-1000	
본 사 : 대구시 중구 명덕로 85(남산동)			

설 립 일 2009.10.01	종 업 원 수 428명	대 표 이 사 김영훈,강석기(공동대표이사)
상 장 일 2010.12.24	감 사 의 견 적정 (삼일)	계 열
결 산 기 12월	보 통 주 2,750만주	종속회사수
액 면 가 1,000원	우 선 주	구 상 호

주주구성 (지분율,%)		출자관계 (지분율,%)		주요경쟁사 (외형,%)	
대성홀딩스	63.6	대구청정에너지	23.5	대성에너지	100
알앤알	9.1	바이이지	13.8	예스코	142
(외국인)	3.3	대구그린에너지센터	4.6	대성홀딩스	121

매출구성		비용구성		수출비중	
도시가스	97.4	매출원가율	83.8	수출	0.0
기타매출	2.6	판관비율	13.6	내수	100.0

회사 개요

1983년 설립 후 도시가스 사업을 영위함. 1995년 기존 LPG와 공기혼합방식의 도시가스를 한국가스공사로부터 천연가스를 인수해 공급하는 방식으로 변경함. 2009년 대성홀딩스로부터 물적분할함. 도시가스 사업은 삼천리, 서울가스, 코원ES, 경동가스 외 대형업체들이 전국 공급량의 41.2%(2016년 기준)를 차지하고 있으며, 동사는 4.8%의 시장점유율을 기록함. 대구광역시, 경상북도 일대에서 가스 공급함.

실적 분석

원료비 연동제에 따른 도시가스 판매단가 하락으로 동사의 2017년 상반기 매출액은 4,290.3억원을 기록하며 전년동기 대비 0.4% 감소함. 동사의 판매량 증가율도 1.7%에 그침. 매출원가 하락으로 수익성이 개선됨에 따라 영업이익은 전년동기 대비 6.5% 증가한 170.0억원을 기록함. 당기순이익은 비영업수익 감소로 127.0억원을 시현함. 유틸리티 기업으로 안정적인 수익을 내고 있다는 점이 동사의 최대 장점임.

현금 흐름 *IFRS 별도 기준
〈단위 : 억원〉

항목	2016	2017.2Q
영업활동	514	387
투자활동	-653	-179
재무활동	-188	-188
순현금흐름	-326	20
기말현금	80	100

시장 대비 수익률

결산 실적
〈단위 : 억원〉

항목	2012	2013	2014	2015	2016	2017
매출액	9,797	10,195	10,669	8,754	7,386	—
영업이익	150	127	137	153	193	—
당기순이익	128	125	127	137	140	—

분기 실적 *IFRS 별도 기준
〈단위 : 억원〉

항목	2016.1Q	2016.2Q	2016.3Q	2016.4Q	2017.1Q	2017.2Q
매출액	3,128	1,180	905	2,173	2,965	1,326
영업이익	234	-74	-84	117	213	-43
당기순이익	192	-63	-69	80	165	-37

재무 상태 *IFRS 별도 기준
〈단위 : 억원〉

항목	2012	2013	2014	2015	2016	2017.2Q
총자산	6,446	6,530	6,838	6,274	6,223	5,365
유형자산	3,448	3,610	3,707	3,858	4,026	4,080
무형자산	43	40	36	31	27	25
유가증권	111	40	36	43	50	113
총부채	3,761	3,787	4,051	3,422	3,300	2,384
총차입금	882	923	898	973	859	743
자본금	275	275	275	275	275	275
총자본	2,685	2,743	2,788	2,852	2,923	2,982
지배주주지분	2,685	2,743	2,788	2,852	2,923	2,982

기업가치 지표 *IFRS 별도 기준

항목	2012	2013	2014	2015	2016	2017.2Q
주가(최고/저)(천원)	6.6/3.6	5.2/4.2	6.3/4.5	8.1/5.1	6.5/5.5	—/—
PER(최고/저)(배)	17.5/9.4	13.5/11.0	15.5/11.0	17.5/11.0	13.3/11.2	—/—
PBR(최고/저)(배)	0.8/0.5	0.6/0.5	0.7/0.5	0.8/0.5	0.6/0.5	0.6/0.6
EV/EBITDA(배)	4.9		5.1		5.0	4.5	—/—
EPS(원)	465	454	461	499	508	463
BPS(원)	9,763	9,976	10,137	10,370	10,629	10,842
CFPS(원)	1,242	1,311	1,363	1,469	1,551	1,013
DPS(원)	250	250	250	250	250	
EBITDAPS(원)	1,323	1,320	1,399	1,525	1,744	1,168

재무 비율
〈단위 : % 〉

연도	영업이익률	순이익률	부채비율	차입금비율	ROA	ROE	유보율	자기자본비율	EBITDA마진율
2016	2.6	1.9	112.9	29.4	2.2	4.8	962.9	47.0	6.5
2015	1.7	1.6	120.0	34.1	2.1	4.9	937.1	45.5	4.8
2014	1.3	1.2	145.3	32.2	1.9	4.6	913.7	40.8	3.6
2013	1.3	1.2	138.0	33.6	1.9	4.6	897.6	42.0	3.6

대성엘텍 (A025440)
DAESUNG ELTEC CO

업 종 : 자동차부품		시 장 : KOSDAQ	
신용등급 : (Bond) BB- (CP) —		기업규모 : 중견	
홈페이지 : www.dseltec.co.kr		연 락 처 : 02)2102-3000	
본 사 : 서울시 금천구 벚꽃로 278			

설 립 일 1979.06.05	종 업 원 수 625명	대 표 이 사 박상규
상 장 일 1995.05.22	감 사 의 견 적정 (삼정)	계 열
결 산 기 12월	보 통 주 9,916만주	종속회사수 2개사
액 면 가 500원	우 선 주	구 상 호

주주구성 (지분율,%)		출자관계 (지분율,%)		주요경쟁사 (외형,%)	
STIC Private Equity Fund III L.P.	47.2	청도대성전자유한공사	100.0	대성엘텍	100
STIC Shariah Private Equity Fund III L.P.	8.7	천진대성전자유한공사	100.0	우수AMS	66
(외국인)	33.4			KB오토시스	46

매출구성		비용구성		수출비중	
AVN , Audio, F/ P	85.9	매출원가율	94.5	수출	—
기타	9.4	판관비율	3.9	내수	—
AMP	4.7				

회사 개요

동사는 1979년 대성정밀로 설립됐다가 1999년 대성엘텍으로 상호변경함. 1995년 코스닥 시장에 상장됨. 카오디오, 앰프 등 자동차용 멀티미디어 제품을 주력으로 생산함. 현대모비스와 일본 알파인, 르노삼성, GM코리아, 쌍용차에 제품을 공급 중임. 현대모비스에 납품한 제품은 최종적으로 현대기아차에 장착됨. 일본 알파인 납품 제품은 토요타 등에 공급됨. STIC Private Equity Fund III L.P.외3인으로 최대주주 변경.

실적 분석

동사는 2017년 2분기 전년 동기 대비 5.9% 감소한 1772억원의 매출을 시현함. 매출총이익은 13.4% 감소하였으며, 영업이익은 전년 대비 28.6% 감소한 27.8억원을 시현함. 당기순이익은 비영업부문의 손실발생 때문에 전년 동기 대비 큰폭 감소한 14.4억원을 시현함. 동사의 매출 구성을 25%가 직수출이며 일본 등에 수출함. 동사가 현대모비스와 알파인 등에 공급하는 제품은 전체 제품의 90%에 달함.

현금 흐름
〈단위 : 억원〉

항목	2016	2017.2Q
영업활동	101	90
투자활동	-91	-20
재무활동	-20	-66
순현금흐름	-9	6
기말현금	23	30

시장 대비 수익률

결산 실적
〈단위 : 억원〉

항목	2012	2013	2014	2015	2016	2017
매출액	2,657	3,187	3,926	3,552	3,667	—
영업이익	34	-20	70	41	57	—
당기순이익	-85	-240	20	14	15	—

분기 실적
〈단위 : 억원〉

항목	2016.1Q	2016.2Q	2016.3Q	2016.4Q	2017.1Q	2017.2Q
매출액	915	968	867	917	868	905
영업이익	14	25	4	11	21	6
당기순이익	7	11	-9	7	12	2

재무 상태
〈단위 : 억원〉

항목	2012	2013	2014	2015	2016	2017.2Q
총자산	1,293	1,098	1,104	1,170	1,171	1,113
유형자산	554	491	491	451	455	449
무형자산	99	101	98	110	101	95
유가증권	3	3	0	0	3	3
총부채	1,030	836	835	890	679	603
총차입금	765	551	530	549	373	315
자본금	256	344	344	344	496	496
총자본	263	262	270	281	492	510
지배주주지분	263	262	270	281	492	510

기업가치 지표

항목	2012	2013	2014	2015	2016	2017.2Q
주가(최고/저)(천원)	1.3/0.7	0.9/0.6	0.8/0.4	1.1/0.7	1.4/0.7	—/—
PER(최고/저)(배)	—/—	—/—	28.0/13.2	53.0/35.5	88.0/47.7	—/—
PBR(최고/저)(배)	2.3/1.2	2.4/1.7	2.1/1.0	2.7/1.8	2.8/1.5	—/—
EV/EBITDA(배)	8.7		12.3	6.9	9.2	10.3	3.0/2.1
EPS(원)	-215	-432	29	20	16	15
BPS(원)	513	382	392	408	496	514
CFPS(원)	16	-249	151	138	98	56
DPS(원)						
EBITDAPS(원)	288	147	223	178	140	69

재무 비율
〈단위 : % 〉

연도	영업이익률	순이익률	부채비율	차입금비율	ROA	ROE	유보율	자기자본비율	EBITDA마진율
2016	1.6	0.4	일부잠식	일부잠식	1.3	4.0	-0.7	42.0	3.8
2015	1.2	0.4	일부잠식	일부잠식	1.2	5.1	-18.4	24.0	3.4
2014	1.8	0.5	일부잠식	일부잠식	1.8	7.6	-21.6	24.4	3.9
2013	-0.6	-7.5	일부잠식	일부잠식	-20.1	-91.4	-23.7	23.9	2.6

대성창업투자 (A027830)
Daesung Private Equity

업 종 : 창업투자 및 종금		시 장 : KOSDAQ	
신용등급 : (Bond) — (CP) —		기업규모 : 중견	
홈 페 이 지 : www.daesungpe.com		연 락 처 : 02)559-2900	
본 사 : 서울시 강남구 역삼로 165 해성빌딩 4층			

설 립 일 1987.08.22	종 업 원 수 21명	대 표 이 사 김영훈,박근진(각자대표이사)	
상 장 일 1999.11.17	감 사 의 견 적정 (대주)	계 열	
결 산 기 12월	보 통 주 4,000만주	종속회사수	
액 면 가 500원	우 선 주	구 상 호	

주주구성 (지분율,%)		출자관계 (지분율,%)		주요경쟁사 (외형,%)	
대성홀딩스	47.2	나라비전	15.2	대성창투	100
김영훈	3.0	KInnovation수산전문투자조합	15.0	우리종금	1,726
(외국인)	1.2	아주하이텍	14.6	글로본	

수익구성		비용구성		수출비중	
창업투자 및 기업구조조정 수익	85.8	이자비용	0.0	수출	—
기타영업수익	11.8	투자및금융비	11.0	내수	—
이자수익	1.4	판관비	73.3		

회사 개요

벤처캐피탈 도입초기였던 1987년에 설립되어 중소기업창업 및 벤처기업에 대한 투자와 창업투자조합의 결성 및 운용의 집행을 주업무로 하고 있음. 대성그룹 계열사로서의 브랜드를 대외로 확고히 구축하고 대성그룹과의 협업을 통한 시너지 창출을 목적으로 2010년 3월 사명을 현재 사명으로 변경함. 부품소재, 에너지, 환경, IT산업 및 문화콘텐츠 등에 특화된 창업투자회사로 도약하기 위한 노력중.

실적 분석

동사의 2017년 2분기 영업수익은 45.4억원으로 전년동기 대비 10% 감소함. 이에 따라 전년 18.억원이었던 영업이익은 4.2억원까지, 15.8억원이었던 당기순이익은 4.5억원까지 줄어듦. 2016년에는 동사에서 운용 중인 조합에서 투자한 기업인 안트로젠, 레이언스, GRT가 코스닥 시장에 상장됨. 2017년 6월말 현재 총 3,207억원의 조합을 운용 중임.

현금 흐름   *IFRS 별도 기준   〈단위 : 억원〉

항목	2016	2017.2Q
영업활동	21	17
투자활동	-3	1
재무활동	-12	-12
순현금흐름	7	6
기말현금	65	70

시장 대비 수익률

결산 실적   〈단위 : 억원〉

항목	2012	2013	2014	2015	2016	2017
영업수익	63	61	96	103	103	
영업이익	14	-9	38	38	28	
당기순이익	15	-6	33	35	23	

분기 실적   *IFRS 별도 기준   〈단위 : 억원〉

항목	2016.1Q	2016.2Q	2016.3Q	2016.4Q	2017.1Q	2017.2Q
영업수익	31	19	35	18	25	20
영업이익	17	2	21	-12	5	-0
당기순이익	18	-2	22	-15	4	0

재무 상태   *IFRS 별도 기준   〈단위 : 억원〉

항목	2012	2013	2014	2015	2016	2017.2Q
총자산	424	454	535	530	522	495
유형자산	2	1	2	1	1	1
무형자산	2	1	1	1	1	5
유가증권						
총부채	6	8	16	14	18	12
총차입금						
자본금	200	200	200	200	200	200
총자본	418	446	519	516	503	482
지배주주지분	418	446	519	516	503	482

기업가치 지표   *IFRS 별도 기준

항목	2012	2013	2014	2015	2016	2017.2Q
주가(최고/저)(천원)	2.2/0.5	1.7/0.8	2.4/0.8	2.9/1.5	3.9/1.7	—/—
PER(최고/저)(배)	61.3/13.0	—/—	30.1/9.8	34.8/17.3	67.9/29.4	—/—
PBR(최고/저)(배)	2.2/0.5	1.6/0.7	1.9/0.6	2.3/1.2	3.1/1.4	3.6/1.8
PSR(최고/저)(배)	15/3	12/5	10/3	12/6	15/7	1/4
EPS(원)	38	-16	83	86	58	11
BPS(원)	1,045	1,116	1,297	1,290	1,258	1,206
CFPS(원)	43	-12	85	90	63	14
DPS(원)	10		30	30	30	
EBITDAPS(원)	35	-21	95	95	71	11

재무 비율   〈단위 : % 〉

연도	계속사업이익률	순이익률	부채비율	차입금비율	ROA	ROE	유보율	자기자본비율	총자산증가율
2016	27.1	22.4	3.6	0.0	4.4	4.6	151.6	96.5	-1.7
2015	38.6	33.5	2.8	0.0	6.5	6.7	158.0	97.3	-0.8
2014	42.9	34.7	3.0	0.0	6.7	6.9	159.4	97.1	17.7
2013	-13.7	-10.4	1.8	0.0	-1.4	-1.5	123.1	98.2	7.1

대성파인텍 (A104040)
DAESUNG FINETEC CO

업 종 : 자동차부품		시 장 : KOSDAQ	
신용등급 : (Bond) — (CP) —		기업규모 : 벤처	
홈 페 이 지 : www.dsfinetec.com		연 락 처 : 055)289-4885	
본 사 : 경남 창원시 성산구 성산패총로24번길 16(성산동)			

설 립 일 2000.01.04	종 업 원 수 152명	대 표 이 사 김병준	
상 장 일 2009.01.23	감 사 의 견 적정 (태성)	계 열	
결 산 기 12월	보 통 주 2,820만주	종속회사수 1개사	
액 면 가 100원	우 선 주	구 상 호	

주주구성 (지분율,%)		출자관계 (지분율,%)		주요경쟁사 (외형,%)	
GMU홀딩스투자조합	20.5	에스비인베스트먼트	4.9	대성파인텍	100
티엠디네트웍스	11.4	태국대성파인텍	91.2	케이엔더블유	143
(외국인)				풍강	181

매출구성		비용구성		수출비중	
Door Lock	35.7	매출원가율	81.7	수출	23.0
Seat Recliner	27.5	판관비율	8.0	내수	77.0
Mission 외	16.5				

회사 개요

철판 프레스 가공 시 후공정을 최소화할 수 있도록 절단면을 정밀하게 만드는 기술인 파인 블랭킹 핵심기술을 보유하고 있음. 내수시장 위주로 영업활동을 했으나 2005년부터 세계 4위 자동차 부품 기업인 마그나와의 거래를 통해 수출이 점차 증가하여 현재 16개 업체에 수출을 하고 있음. 내수시장 주요 매출처는 현대기아차, 르노삼성차 등임. 태양열을 이용한 사업에 신규 진출하기 위해 태양열 온수기 제조업체인 강남을 흡수합병함.

실적 분석

금형 및 도어락, Seat Recliner, Mission 등 자동차 부품의 판매가 증가와 함께 신재생업도 외형확대 추세. 2017년 상반기 연결기준 매출액은 전년동기 수준인 217.5억원을 시현. 판관비율 의 증가로 영업이익은 17.7% 감소하였고, 당기순이익은 비영업손실 발생으로 전년동기 대비 35.2% 감소함. 최근 경영권 변경 등에 관한 계약체결 공시불이행으로 불성실공시법인에 지정되어 주권매매거래가 정지됨.

현금 흐름   〈단위 : 억원〉

항목	2016	2017.2Q
영업활동	60	22
투자활동	-79	-43
재무활동	54	-19
순현금흐름	38	-43
기말현금	144	101

시장 대비 수익률

결산 실적   〈단위 : 억원〉

항목	2012	2013	2014	2015	2016	2017
매출액	351	356	389	443	477	
영업이익	46	48	40	53	49	
당기순이익	37	32	33	40	40	

분기 실적   〈단위 : 억원〉

항목	2016.1Q	2016.2Q	2016.3Q	2016.4Q	2017.1Q	2017.2Q
매출액	121	112	109	134	118	100
영업이익	14	10	3	22	12	8
당기순이익	12	7	1	20	5	7

재무 상태   〈단위 : 억원〉

항목	2012	2013	2014	2015	2016	2017.2Q
총자산	392	418	525	591	678	653
유형자산	128	126	219	219	285	326
무형자산	4	5	5	3	6	2
유가증권	36	24	23	12	6	6
총부채	129	130	204	228	259	222
총차입금	57	59	120	135	177	158
자본금	26	26	27	27	28	28
총자본	263	288	320	363	419	431
지배주주지분	261	286	319	362	418	430

기업가치 지표

항목	2012	2013	2014	2015	2016	2017.2Q
주가(최고/저)(천원)	2.0/0.5	0.9/0.7	0.9/0.7	1.3/0.7	5.2/1.1	—/—
PER(최고/저)(배)	16.0/4.0	8.3/6.0	7.2/5.5	9.1/4.5	36.7/7.9	—/—
PBR(최고/저)(배)	2.2/0.5	0.9/0.6	0.7/0.6	1.0/0.5	3.5/0.7	2.7/1.2
EV/EBITDA(배)	3.6	2.5	3.8	4.5	11.5	—/—
EPS(원)	141	121	127	141	141	42
BPS(원)	5,207	5,691	6,167	6,905	1,494	1,536
CFPS(원)	1,007	884	972	1,080	205	77
DPS(원)	110	110	110	120		
EBITDAPS(원)	1,178	1,190	1,109	1,329	239	105

재무 비율   〈단위 : % 〉

연도	영업이익률	순이익률	부채비율	차입금비율	ROA	ROE	유보율	자기자본비율	EBITDA마진율
2016	10.3	8.3	61.7	42.2	6.2	10.2	1,394.0	61.8	14.1
2015	12.1	9.1	62.9	37.2	7.2	11.8	1,281.0	61.4	16.0
2014	10.4	8.5	63.8	37.6	7.0	11.0	1,133.4	61.1	15.0
2013	13.4	8.9	45.2	20.5	7.8	11.5	1,038.5	68.9	17.4

대성홀딩스 (A016710)
Daesung Holdings

업 종 : 가스		시 장 : 거래소	
신용등급 : (Bond) A+ (CP) —		기업규모 : 시가총액 소형주	
홈페이지 : www.daesung-holdings.com		연 락 처 : 053)606-1300	
본 사 : 대구시 중구 명덕로 85 (남산동)			

설 립 일 1983.01.31	종업원수 63명	대 표 이 사 김영훈,김정주(공동대표이사)
상 장 일 1999.12.16	감사의견 적정 (삼일)	계 열
결 산 기 12월	보 통 주 1,609만주	종속회사수 10개사
액 면 가 1,000원	우 선 주	구 상 호

주주구성 (지분율,%)		출자관계 (지분율,%)		주요경쟁사 (외형,%)	
김영훈	39.9	대성글로벌네트웍 100.0		대성홀딩스	100
알앤알	16.8	대성에너지제2서비스 100.0		예스코	118
(외국인)	3.8	대성에너지제3서비스 100.0		서울가스	143

매출구성		비용구성		수출비중	
배당금수익(기타)	45.9	매출원가율	84.7	수출	—
전산용역및유지보수(용역)	17.8	판관비율	12.0	내수	—
기타	13.9				

회사 개요
동사는 도시가스 제조 및 공급을 영위할 목적으로 1983년 설립하였으며, 그룹 종속회사 및 계열사 경영 및 법무 컨설팅 뿐만 아니라 자체 사업부인 IT사업부문과 교육컨텐츠사업 부문이 있음. IT사업부문과 교육콘텐츠 사업 부문을 통하여 시스템 통합, 소프트웨어 개발, 교육콘텐츠 개발 및 교육정보처리 사업을 영위하고 있음. 종속회사로는 대성에너지, 대성이앤씨 등 국내 9개사, 해외 1개사를 보유하고 있음.

실적 분석
동사의 2017년 상반기 연결기준 매출액은 5,014.7억원으로 전년동기 대비 2% 감소함. 매출 감소에도 불구하고 원가율 개선으로 영업이익은 전년동기보다 8.2% 늘어난 235억원을 기록함. 비영업손익이 60.8억원으로 전년동기 대비 20.9% 줄면서 당기순이익은 2.8% 증가한 252.3억원에 그침. 모바일 유통 등 자체사업 위축에도 불구하고 자회사들의 안정적인 실적으로 실적을 유지함.

현금 흐름 〈단위 : 억원〉
항목	2016	2017.2Q
영업활동	629	488
투자활동	-889	-133
재무활동	-293	-365
순현금흐름	-552	-10
기말현금	770	760

시장 대비 수익률

결산 실적 〈단위 : 억원〉
항목	2012	2013	2014	2015	2016	2017
매출액	11,842	12,739	12,694	10,560	8,902	
영업이익	201	259	246	240	294	
당기순이익	330	283	270	277	234	

분기 실적 〈단위 : 억원〉
항목	2016.1Q	2016.2Q	2016.3Q	2016.4Q	2017.1Q	2017.2Q
매출액	3,594	1,525	1,211	2,572	3,392	1,623
영업이익	266	-48	-71	148	274	-39
당기순이익	267	-22	-58	46	282	-29

재무 상태 〈단위 : 억원〉
항목	2012	2013	2014	2015	2016	2017.2Q
총자산	10,578	11,392	11,902	11,394	11,284	10,291
유형자산	3,782	3,927	4,033	4,251	4,475	4,542
무형자산	82	78	66	60	54	51
유가증권	591	72	87	213	245	215
총부채	5,828	6,436	6,717	6,043	5,842	4,704
총차입금	2,398	2,777	2,763	2,785	2,600	2,328
자본금	161	161	161	161	161	161
총자본	4,750	4,956	5,185	5,351	5,443	5,587
지배주주지분	3,381	3,520	3,674	3,809	3,875	3,993

기업가치 지표
항목	2012	2013	2014	2015	2016	2017.2Q
주가(최고/저)(천원)	8.8/5.2	8.8/6.5	12.1/8.2	14.3/9.0	10.1/8.7	—/—
PER(최고/저)(배)	6.1/3.6	7.8/5.7	11.8/8.0	12.5/7.9	11.7/10.1	—/—
PBR(최고/저)(배)	0.5/0.3	0.4/0.3	0.6/0.4	0.6/0.4	0.4/0.4	0.4/0.4
EV/EBITDA(배)	7.2	6.4	7.0	7.0	6.1	
EPS(원)	1,645	1,250	1,104	1,196	883	1,058
BPS(원)	21,016	21,878	22,836	23,671	24,082	24,816
CFPS(원)	3,180	2,983	2,899	3,131	2,881	2,109
DPS(원)	250	250	250	250	250	
EBITDAPS(원)	2,785	3,345	3,325	3,430	3,827	2,512

재무 비율 〈단위 : % 〉
연도	영업이익률	순이익률	부채비율	차입금비율	ROA	ROE	유보율	자기자본비율	EBITDA마진율
2016	3.3	2.6	107.3	47.8	2.1	3.7	2,308.2	48.2	6.9
2015	2.3	2.6	112.9	52.1	2.4	5.2	2,267.1	47.0	5.2
2014	1.9	2.1	129.5	53.3	2.4	4.9	2,183.6	43.6	4.2
2013	2.0	2.2	129.9	56.1	2.5	5.8	2,087.8	43.5	4.2

대신정보통신 (A020180)
Daishin Information & Communications

업 종 : IT 서비스		시 장 : KOSDAQ	
신용등급 : (Bond) — (CP) —		기업규모 : 중견	
홈페이지 : www.dsic.co.kr		연 락 처 : 02)2107-5000	
본 사 : 광주시 서구 상무중앙로 110 (치평동, 우체국보험광주회관)			

설 립 일 1987.08.28	종업원수 480명	대 표 이 사 이재원
상 장 일 1995.10.06	감사의견 적정 (삼정)	계 열
결 산 기 03월	보 통 주 3,843만주	종속회사수
액 면 가 500원	우 선 주	구 상 호

주주구성 (지분율,%)		출자관계 (지분율,%)		주요경쟁사 (외형,%)	
이재원	6.8			대신정보통신	100
최대승	4.8			동양네트웍스	59
(외국인)	2.5			오상자이엘	38

매출구성		비용구성		수출비중	
시스템구축	55.4	매출원가율	92.7	수출	5.0
기타IT서비스	18.3	판관비율	6.3	내수	95.0
H/W	15.6				

회사 개요
동사는 대신그룹 계열의 IT 전문기업으로서, 한국표준산업분류상 컴퓨터 프로그래밍, 시스템 통합 및 관리업을 영위하고 있으며 주요제품으로는 공공분야, 금융분야, 물류분야의 시스템 통합, 네트워크 컨설팅, 모바일 솔루션, 프린팅 솔루션 등이 있음. SI산업은 지식과 기술 집약적인 고부가가치 산업으로 전 세계적으로 연평균 10% 이상의 고도 성장을 거듭하고 있기 때문에 안정적인 시장이 형성되고 있음.

실적 분석
연결기준 2017년 1분기 매출액은 전년 동기 대비 8.5% 감소한 231.9억원, 영업손실은 24.8억원을 기록하며 적자지속함. 이는 동사 결산기준 전년 4분기와 올해 1분기 사이 공공기관이 발주한 프로젝트의 수주가 부진했기 때문임. 순손실 역시 전년 동기 대비 적자폭이 증가하여 21.7억원을 기록함. 향후 지속적인 공공기관 발주 프로젝트의 수주를 통한 실적 개선이 필요해보임.

현금 흐름 *IFRS 별도 기준 〈단위 : 억원〉
항목	2016	2017.1Q
영업활동	61	26
투자활동	-64	-207
재무활동	-5	89
순현금흐름	-8	-92
기말현금	154	63

시장 대비 수익률

결산 실적 〈단위 : 억원〉
항목	2012	2013	2014	2015	2016	2017
매출액	1,007	1,079	1,411	1,504	1,604	
영업이익	11	-8	13	13	17	
당기순이익	10	-4	12	14	17	

분기 실적 *IFRS 별도 기준 〈단위 : 억원〉
항목	2015.4Q	2016.1Q	2016.2Q	2016.3Q	2016.4Q	2017.1Q
매출액	266	254	323	752	276	232
영업이익	-2	-12	5	37	-13	-25
당기순이익	0	-11	6	29	-8	-22

재무 상태 *IFRS 별도 기준 〈단위 : 억원〉
항목	2012	2013	2014	2015	2016	2017.1Q
총자산	338	338	404	455	534	624
유형자산	76	86	86	81	78	157
무형자산	7	6	4	3	4	7
유가증권	4	4	4	4	20	20
총부채	128	131	187	229	297	414
총차입금	—	—	—	—	—	100
자본금	192	192	192	192	192	192
총자본	210	206	218	226	237	209
지배주주지분	210	206	218	226	237	209

기업가치 지표 *IFRS 별도 기준
항목	2012	2013	2014	2015	2016	2017.1Q
주가(최고/저)(천원)	1.4/0.4	1.0/0.5	0.9/0.6	1.6/0.7	3.0/1.2	1.8/1.3
PER(최고/저)(배)	53.3/17.1	—/—	29.4/19.6	45.5/21.0	70.4/28.7	—/—
PBR(최고/저)(배)	2.6/0.9	1.9/1.0	1.6/1.1	2.8/1.3	4.9/2.0	3.2/2.4
EV/EBITDA(배)	12.0	34.3	8.5	16.0	19.7	
EPS(원)	27	-10	31	36	43	-57
BPS(원)	547	537	567	588	616	545
CFPS(원)	61	22	65	66	67	-50
DPS(원)			15	15	15	
EBITDAPS(원)	62	11	67	65	68	-58

재무 비율 〈단위 : % 〉
연도	영업이익률	순이익률	부채비율	차입금비율	ROA	ROE	유보율	자기자본비율	EBITDA마진율
2016	1.0	1.0	125.4	0.0	3.4	7.2	23.3	44.4	1.6
2015	0.9	0.9	101.5	0.0	3.2	6.2	17.6	49.6	1.7
2014	0.9	0.8	85.6	0.0	3.2	5.5	13.5	53.9	1.8
2013	-0.8	-0.4	63.8	0.0	-1.1	-1.9	7.4	61.1	0.4

대신증권 (A003540)
Daishin Securities

업 종 : 증권		시 장 : 거래소	
신용등급 : (Bond) AA- (CP) A1		기업규모 : 시가총액 중형주	
홈 페 이 지 : www.daishin.com		연 락 처 : 02)769-2000	
본 사 : 서울시 중구 삼일대로 343			

설 립 일 1962.07.27	종 업 원 수 1,544명	대 표 이 사 나재철	
상 장 일 1975.10.01	감 사 의 견 적정 (삼일)	계 열	
결 산 기 12월	보 통 주 5,077만주	종속회사수 102개사	
액 면 가 5,000원	우 선 주 3,600만주	구 상 호	

주주구성 (지분율,%)
양홍석	7.0
신영자산운용	5.0
(외국인)	22.3

출자관계 (지분율,%)
대신에프앤아이	100.0
대신저축은행	100.0
대신자산운용	100.0

주요경쟁사 (외형,%)
대신증권	100
키움증권	106
유안타증권	68

수익구성
금융상품 관련이익	78.8
이자수익	7.9
수수료수익	7.1

비용구성
이자비용	5.7
파생상품손실	0.0
판관비	9.0

수출비중
수출	—
내수	—

회사 개요
동사는 금융투자업을 주요 사업으로 영위하고 있으며, 주요 자회사는 대신F&I, 대신저축은행, 대신자산운용, 대신프라이빗에쿼티, 대신경제연구소 등. 전통적으로 강했던 주식중개업과 자회사를 중심으로 양호한 이익구조를 보유하고 있음. 2015년 주식 위탁매매 시장점유율은 3.69%로 중위권, 전년 연간 3.19% 대비 시장점유율이 소폭 상승. 일본 및 동남아시아 증권사들과 전략적 제휴를 맺음으로써 영업기반 확대를 위한 노력을 지속 중임.

실적 분석
동사의 2017년 상반기 영업이익은 737억원, 세전이익은 838억원으로 전년동기 대비 큰 폭 증가하였음. 순수수료이익은 1,038억원으로 전년 동기 대비 감소하였으나 순이자손익은 590억원을 기록하며 소폭 증가. 동사는 증권,운용, 저축은행 등 각 분야별 고른 포트폴리오로 안정적인 수익 창출 기반을 보유. 낮은 실적변동성을 이어가며 탄탄한 이익성장이 기대됨.

현금 흐름 〈단위 : 억원〉
항목	2016	2017.2Q
영업활동	-7,944	-3,424
투자활동	1,953	-404
재무활동	7,190	5,093
순현금흐름	1,217	1,233
기말현금	3,075	4,308

시장 대비 수익률

결산 실적 〈단위 : 억원〉
항목	2012	2013	2014	2015	2016	2017
순영업손익	3,620	2,447	4,107	5,268	4,463	
영업이익	8	-117	478	1,701	833	
당기순이익	32	151	437	1,362	740	

분기 실적 〈단위 : 억원〉
항목	2016.1Q	2016.2Q	2016.3Q	2016.4Q	2017.1Q	2017.2Q
순영업손익	1,039	1,436	1,032	956	1,106	1,272
영업이익	173	431	176	53	269	469
당기순이익	172	267	194	107	244	415

재무 상태 〈단위 : 억원〉
항목	2012	2013	2014	2015	2016	2017.2Q
총자산	125,861	138,241	182,217	186,860	176,926	182,493
유형자산	4,164	3,808	3,694	3,892	2,763	3,590
무형자산	552	426	343	321	296	288
유가증권	73,052	82,815	87,785	89,125	83,004	83,531
총부채	109,280	121,895	165,788	169,545	159,145	164,379
총차입금	45,379	50,503	71,653	63,523	65,212	69,934
자본금	4,349	4,349	4,349	4,349	4,349	4,349
총자본	16,581	16,346	16,429	17,315	17,781	18,114
지배주주지분	16,581	16,345	16,428	17,314	17,780	18,113

기업가치 지표
항목	2012	2013	2014	2015	2016	2017.2Q
주가(최고/저)(천원)	9.6/6.8	8.8/6.6	10.9/6.6	14.2/8.0	12.0/9.4	—/—
PER(최고/저)(배)	305.9/214.1	56.9/42.5	24.3/14.7	9.9/5.6	14.8/11.6	0.7/0.5
PBR(최고/저)(배)	0.6/0.4	0.5/0.4	0.6/0.4	0.7/0.4	0.6/0.4	—/—
PSR(최고/저)(배)	0/0	0/0	0/0	0/0	2/2	—/—
EPS(원)	37	174	503	1,569	853	
BPS(원)	20,904	20,535	20,824	22,097	22,589	22,973
CFPS(원)	465	475	796	1,803	1,060	884
DPS(원)	500	200	250	500	550	—
EBITDAPS(원)	9	-135	551	1,960	960	850

재무 비율 〈단위 : % 〉
연도	계속사업이익률	순이익률	부채비율	차입금비율	ROA	ROE	유보율	자기자본비율	총자산증가율
2016	19.3	16.6	895.1	366.8	0.4	4.2	350.7	10.1	-5.3
2015	34.3	25.9	979.2	366.9	0.7	8.1	340.9	9.3	2.6
2014	12.7	10.6	1,009.1	436.1	0.3	2.7	315.5	9.0	44.8
2013	9.2	6.2	745.7	309.0	0.1	0.9	309.8	11.8	9.8

대아티아이 (A045390)
Daea TI

업 종 : 운송인프라		시 장 : KOSDAQ	
신용등급 : (Bond) — (CP) —		기업규모 : 우량	
홈 페 이 지 : www.daeati.co.kr		연 락 처 : 032)680-0800	
본 사 : 경기도 부천시 오정구 수도로 139 (내동)			

설 립 일 1995.09.12	종 업 원 수 269명	대 표 이 사 최진우	
상 장 일 2001.05.10	감 사 의 견 적정 (위드)	계 열	
결 산 기 12월	보 통 주 7,115만주	종속회사수 4개사	
액 면 가 100원	우 선 주	구 상 호	

주주구성 (지분율,%)
최진우	16.1
경봉기술	7.0
(외국인)	3.2

출자관계 (지분율,%)
대아글로벌	100.0
코마스인터렉티브	70.0
워터멜론	70.0

주요경쟁사 (외형,%)
대아티아이	100
현대로템	3,014
서부T&D	56

매출구성
철도신호장치	64.6
광고	21.2
공사	6.6

비용구성
매출원가율	71.9
판관비율	14.0

수출비중
수출	0.0
내수	100.0

회사 개요
동사는 철도신호제어 시스템 개발 및 공급업을 주사업으로 영위하고 있음. 1995년 설립돼 2001년 코스닥증권시장에 상장함. 코마스인터렉티브, 대아글로벌, 워터멜론, 북경코마스광고유한공사 등 4개의 연결대상 종속회사를 보유하고 있음. 이들이 영위하는 사업으로는 온라인광고대행업, 철도신호관련 용역 등. 총 매출액의 85.89%는 철도에서, 14.11%는 광고에서 나옴.

실적 분석
2017년 상반기 연결기준 동사는 매출 454.5억원을 기록함. 전년 동기 매출은 412.7억원에서 10.2% 성장한 금액임. 매출원가가 소폭 증가했으나 판매비와 관리비가 소폭 감소하고 매출이 성장해 영업이익 역시 증가함. 전년도 같은 기간 36.8억원에서 87.5% 증가한 69억원을 기록함. 비영업부문은 7.2% 감소하였으나 당기순이익은 35.7억원에서 62억원으로 증가함.

현금 흐름 〈단위 : 억원〉
항목	2016	2017.2Q
영업활동	198	85
투자활동	-121	-185
재무활동	-0	2
순현금흐름	76	-98
기말현금	126	28

시장 대비 수익률

결산 실적 〈단위 : 억원〉
항목	2012	2013	2014	2015	2016	2017
매출액	562	641	849	826	990	
영업이익	50	47	57	56	140	
당기순이익	28	28	49	52	108	

분기 실적 〈단위 : 억원〉
항목	2016.1Q	2016.2Q	2016.3Q	2016.4Q	2017.1Q	2017.2Q
매출액	203	210	249	329	204	250
영업이익	24	12	33	70	24	45
당기순이익	20	16	28	45	22	40

재무 상태 〈단위 : 억원〉
항목	2012	2013	2014	2015	2016	2017.2Q
총자산	902	952	925	1,022	1,146	1,205
유형자산	34	32	34	35	45	44
무형자산	84	60	122	118	120	123
유가증권	36	55	44	54	54	57
총부채	316	336	262	304	317	312
총차입금	112	57	1	0	0	2
자본금	70	70	71	71	71	71
총자본	586	616	663	718	830	892
지배주주지분	575	605	662	702	809	809

기업가치 지표
항목	2012	2013	2014	2015	2016	2017.2Q
주가(최고/저)(천원)	2.2/1.3	2.2/1.4	1.8/1.3	1.7/1.1	2.5/1.2	—/—
PER(최고/저)(배)	58.8/34.1	53.7/33.2	26.1/19.0	23.1/15.5	17.0/8.2	—/—
PBR(최고/저)(배)	2.8/1.6	2.5/1.6	1.9/1.4	1.7/1.2	2.2/1.1	1.8/1.4
EV/EBITDA(배)	17.3	13.6	11.1	12.9	7.3	—/—
EPS(원)	38	41	70	73	1,138	90
BPS(원)	816	859	935	987	1,138	1,227
CFPS(원)	59	63	96	100	175	101
DPS(원)						
EBITDAPS(원)	92	96	107	107	223	108

재무 비율 〈단위 : % 〉
연도	영업이익률	순이익률	부채비율	차입금비율	ROA	ROE	유보율	자기자본비율	EBITDA마진율
2016	14.2	11.0	38.2	0.0	10.0	14.0	1,037.7	72.4	16.0
2015	6.8	6.3	42.3	0.1	5.3	7.6	887.3	70.3	9.1
2014	6.7	5.8	39.4	0.1	5.3	7.8	834.9	71.7	8.9
2013	7.4	4.4	54.6	9.3	3.1	4.9	759.0	64.7	9.9

대양금속 (A009190)
DaiYang Metal

업　　종 : 금속 및 광물　　　　시　　장 : 거래소
신용등급 : (Bond) —　　(CP) —　　기업규모 : 시가총액 소형주
홈페이지 : www.daiyangmetal.co.kr　　연 락 처 : 041)333-4675
본　　사 : 충남 예산군 신암면 추사로 146-8

설 립 일	1973.08.22	종업원수	206명	대표이사	송윤순
상 장 일	1994.03.30	감사의견	적정 (한영)	계	열
결 산 기	12월	보 통 주	1,232만주	종속회사	
액 면 가	500원	우 선 주	1,395만주	구 상 호	

주주구성 (지분율,%)		출자관계 (지분율,%)		주요경쟁사 (외형,%)	
한국스탠다드차타드은행	23.1	대양금속	100		
KEB 하나은행	12.3	SIMPAC Metal	94		
(외국인)	0.0	원일특강	141		

매출구성		비용구성		수출비중	
스테인리스 강판 제품	97.3	매출원가율	88.7	수출	41.0
스테인리스 강판 부산물	1.4	판관비율	4.6	내수	59.0
스테인리스 강판 상품	1.0				

회사 개요
동사는 1973년 설립되어 스테인리스 냉간압연 제품 제조와 판매 사업을 영위하고 있음. 세계시장에서 중국이 45%의 점유율을 차지하며, 그뒤를 일본, 한국, 인도 등의 순임. 국내 판매량 기준으로는 동사의 점유율은 5.0%로 업계 4위의 수준이고, 포스코가 수위를 차지한 가운데 BNG스틸, 현대제철, 대양금속 순임. 동사의 최대주주는 채권은행이던 스탠다드차타드은행으로 2014년 경영정상화를 위해 출자전환된 23.1% 지분 보유 중임.

실적 분석
동사의 2017년 상반기 매출액은 896.9억원으로 전년 동기에 비해 26.8% 증가했고, 영업이익은 77.0억원으로 전년 동기 대비 137.3% 증가했음. 동사는 대형 가전업체인 삼성전자와 엘지전자에 납품하는 비중이 전체 매출의 40% 정도이고, 내수 판매가 늘면서 실적이 개선됨. 동사는 원재료의 가격이 하락한데다 판매관리비를 줄여 수익성을 개선함. 동사가 채권은행과 맺은 경영정상화 이행약정 기간은 2017년 10월 4일까지임.

현금 흐름　*IFRS 별도 기준　〈단위 : 억원〉
항목	2016	2017.2Q
영업활동	79	86
투자활동	-6	-15
재무활동	-80	-75
순현금흐름	-7	-3
기말현금	33	30

시장 대비 수익률

결산 실적　〈단위 : 억원〉
항목	2012	2013	2014	2015	2016	2017
매출액	1,051	1,137	1,223	1,216	1,462	—
영업이익	-292	-41	-105	-68	98	—
당기순이익	-714	-100	-181	-179	46	—

분기 실적　*IFRS 별도 기준　〈단위 : 억원〉
항목	2016.1Q	2016.2Q	2016.3Q	2016.4Q	2017.1Q	2017.2Q
매출액	326	381	364	391	428	469
영업이익	6	26	31	35	44	33
당기순이익	19	8	17	3	48	24

재무 상태　*IFRS 별도 기준　〈단위 : 억원〉
항목	2012	2013	2014	2015	2016	2017.2Q
총자산	1,048	1,018	1,049	985	1,001	1,053
유형자산	573	492	469	414	367	354
무형자산				0	0	0
유가증권	1	1				
총부채	877	817	996	864	836	822
총차입금	720	636	752	721	683	629
자본금	229	308	338	131	131	131
총자본	170	200	53	121	165	231
지배주주지분	170	200	53	121	165	231

기업가치 지표　*IFRS 별도 기준
항목	2012	2013	2014	2015	2016	2017.2Q
주가(최고/저)(천원)	99.8/9.6	11.6/3.2	6.7/2.7	4.6/2.1	6.2/2.5	—/—
PER(최고/저)(배)	—/—	—/—	—/—	—/—	35.0/14.3	—/—
PBR(최고/저)(배)	53.8/5.2	7.1/2.0	17.2/6.9	9.9/4.6	9.8/4.0	5.2/4.2
EV/EBITDA(배)		74.0			8.2	—/—
EPS(원)	-68,247	-887	-1,469	-1,314	176	274
BPS(원)	371	325	78	462	630	881
CFPS(원)	-12,713	-79	-221	-995	336	347
DPS(원)	—	—	—	—	—	—
EBITDAPS(원)	-3,520	31	-98	-184	534	366

재무 비율　〈단위 : % 〉
연도	영업이익률	순이익률	부채비율	차입금비율	ROA	ROE	유보율	자기자본비율	EBITDA 마진율
2016	6.7	3.2	505.8	413.6	4.7	32.3	25.9	16.5	9.6
2015	-5.6	-14.7	일부잠식	일부잠식	-17.6	-205.3	-7.5	12.3	-2.1
2014	-8.6	-14.8	일부잠식	일부잠식	-17.5	-144.7	-84.4	5.0	-4.9
2013	-3.6	-8.8	일부잠식	일부잠식	-9.7	-53.9	-35.8	19.5	0.9

대양전기공업 (A108380)
DAEYANG ELECTRIC

업　　종 : 조선　　　　시　　장 : KOSDAQ
신용등급 : (Bond) —　　(CP) —　　기업규모 : 우량
홈페이지 : www.daeyang.co.kr　　연 락 처 : 051)200-5331
본　　사 : 부산시 사하구 장평로 245

설 립 일	1988.07.01	종업원수	363명	대표이사	서영우
상 장 일	2011.07.08	감사의견	적정 (성도)	계	열
결 산 기	12월	보 통 주	957만주	종속회사수	1개사
액 면 가	500원	우 선 주		구 상 호	

주주구성 (지분율,%)		출자관계 (지분율,%)		주요경쟁사 (외형,%)	
서영우	59.3	방위산업진흥회		대양전기공업	100
신영자산운용	6.5	부산조선기자재협동조합외		두산엔진	459
(외국인)	4.3	다원시스		엔케이	94

매출구성		비용구성		수출비중	
[조명등기구]기 타	41.9	매출원가율	81.9	수출	51.0
[조명등기구]LED등 외	21.0	판관비율	7.6	내수	49.0
전자시스템	14.1				

회사 개요
1977년 설립된 동사는 초기 산업용 조명등기구, 배전반, 송풍기 등을 제조했으나, 현재는 조선, 해양, 방위산업 분야로 사업을 다각화하고 있고, LED조명, MEMS기술 등의 신사업을 추진 중임. 동사는 잠수함용 축전지를 제조하는 한국특수전지의 지분 100%를 소유해 종속회사로 두고 있음. 2017년 상반기 매출액은 조명등기구 64.8%, 전자시스템 8.6%, 전기기구 23.4%, 기타 3.2% 등으로 구성됨.

실적 분석
동사의 연결기준 2017년 2분기 누적 매출액은 755.4억원으로 전년동기 대비 17.4% 감소하였음. 원가율이 소폭 개선되어 매출총이익은 15.6억원 감소하는데 그쳤으나 판관비가 소폭 증가하였음. 이에 따라 영업이익은 전년 동기 특수전지의 지분 16.5% 감소한 84.0억원을 시현함. 전방산업인 조선업황에도 불구하고 육상용 조명 및 방위산업으로 다각화와 고부가가치 조명제품의 전문화된 생산으로 꾸준한 외형 성장세를 보이고 있음.

현금 흐름　〈단위 : 억원〉
항목	2016	2017.2Q
영업활동	304	185
투자활동	-98	-11
재무활동	-9	0
순현금흐름	198	174
기말현금	484	658

시장 대비 수익률

결산 실적　〈단위 : 억원〉
항목	2012	2013	2014	2015	2016	2017
매출액	1,391	1,456	1,399	1,542	1,749	—
영업이익	154	174	157	179	183	—
당기순이익	135	150	142	171	164	—

분기 실적　〈단위 : 억원〉
항목	2016.1Q	2016.2Q	2016.3Q	2016.4Q	2017.1Q	2017.2Q
매출액	347	568	373	462	361	394
영업이익	37	64	47	36	38	46
당기순이익	34	54	44	32	29	24

재무 상태　〈단위 : 억원〉
항목	2012	2013	2014	2015	2016	2017.2Q
총자산	1,526	1,664	1,907	2,051	2,276	2,371
유형자산	535	592	641	678	689	688
무형자산	117	122	131	145	150	144
유가증권	27	26	25	23	24	15
총부채	439	424	515	494	559	600
총차입금	1	7	7	5	2	1
자본금	47	47	48	48	48	48
총자본	1,087	1,240	1,392	1,556	1,717	1,772
지배주주지분	1,087	1,240	1,392	1,556	1,717	1,772

기업가치 지표
항목	2012	2013	2014	2015	2016	2017.2Q
주가(최고/저)(천원)	14.2/8.2	16.8/11.8	16.2/12.2	14.5/11.0	14.3/11.3	—/—
PER(최고/저)(배)	10.0/5.8	10.6/7.4	10.9/8.2	8.1/6.1	8.3/6.6	—/—
PBR(최고/저)(배)	1.2/0.7	1.3/0.9	1.1/0.8	0.9/0.7	0.8/0.6	0.8/0.7
EV/EBITDA(배)	4.0	4.6	3.3	2.6	2.3	—/—
EPS(원)	1,417	1,584	1,493	1,789	1,712	557
BPS(원)	11,515	13,127	14,612	16,398	18,115	18,675
CFPS(원)	1,634	1,884	1,783	2,067	2,009	753
DPS(원)	—	—	—	—	—	—
EBITDAPS(원)	1,842	2,132	1,937	2,151	2,211	1,075

재무 비율　〈단위 : % 〉
연도	영업이익률	순이익률	부채비율	차입금비율	ROA	ROE	유보율	자기자본비율	EBITDA 마진율
2016	10.5	9.4	32.6	0.1	7.6	10.0	3,523.0	75.4	12.1
2015	11.6	11.1	31.8	0.3	8.7	11.6	3,179.5	75.9	13.3
2014	11.2	10.1	37.0	0.5	8.0	10.8	2,822.5	73.0	13.2
2013	12.0	10.3	34.2	0.6	9.4	12.9	2,525.3	74.5	13.9

대양제지공업 (A006580)
DAEYANG PAPER MFG CO

업 종 : 종이 및 목재	시 장 : KOSDAQ
신용등급 : (Bond) — (CP) —	기업규모 : 중견
홈페이지 : www.dygroup.co.kr	연 락 처 : 031)491-1641
본 사 : 경기도 안산시 단원구 신원로 50 (신길동)	

설 립 일	1970.02.01	종 업 원 수	96명	대 표 이 사	권영,권혁홍
상 장 일	1993.12.29	감사의견	적정 (대주)	계 열	
결 산 기	12월	보 통 주	2,685만주	종속회사수	1개사
액 면 가	500원	우 선 주		구 상 호	

주주구성 (지분율,%)		출자관계 (지분율,%)		주요경쟁사 (외형,%)	
신대양제지	46.5	대양판지	63.4	대양제지	100
김순철	4.9	광신판지	39.0	한창제지	100
(외국인)	0.1	대영포장	19.8	영풍제지	45

매출구성		비용구성		수출비중	
골판지용 원지	100.0	매출원가율	88.8	수출	—
		판관비율	8.0	내수	—

회사 개요
동사는 1970년 설립 이래 골판지 원지를 생산, 공급하고 있음. 1995년 안산공장에 2호기를 신설하였으며, 수차례의 증설을 통해 연간 34만톤의 생산체제를 유지하고 있음. 골판지 원지 시장에서는 관계회사인 신대양제지, 동일제지, 아세아제지가 10% 이상의 시장점유율을 차지하고 있으며, 동사(7.9%)를 비롯 고려제지 등이 7%대를 유지 중. 골판지 및 골판지상자제조업을 영위 중인 대양판지가 주요 계열사.

실적 분석
동사의 2017년 연결기준 상반기 매출액은 1,206억원으로 전년동기 대비 37.7% 증가함. 매출원가와 판관비 부담이 전년보다 늘어나 외형확대에도 불구하고 영업손실은 0.5억원으로 전년동기 대비 92.7% 감소됨. 비영업손실이 적자전환되며 당기순손실은 또한 13.1억원을 기록하며 적자전환됨. 농산물의 골판지 포장화 정착과 택배산업 성장에 따른 2차 포장 수요의 증가가 성장세를 이끌 것으로 보임.

현금 흐름 〈단위 : 억원〉
항목	2016	2017.2Q
영업활동	-6	-88
투자활동	-153	-120
재무활동	186	182
순현금흐름	26	-27
기말현금	35	8

시장 대비 수익률

결산 실적 〈단위 : 억원〉
항목	2012	2013	2014	2015	2016	2017
매출액	1,929	1,849	1,770	1,740	1,951	
영업이익	162	47	82	-14	63	
당기순이익	117	41	61	-179	28	

분기 실적 〈단위 : 억원〉
항목	2016.1Q	2016.2Q	2016.3Q	2016.4Q	2017.1Q	2017.2Q
매출액	412	464	528	547	578	628
영업이익	3	4	58	-3	-8	9
당기순이익	7	8	15	-2	-16	3

재무 상태 〈단위 : 억원〉
항목	2012	2013	2014	2015	2016	2017.2Q
총자산	2,079	2,046	1,905	1,868	2,140	2,230
유형자산	1,237	1,212	1,126	1,132	1,240	1,324
무형자산	14	18	18	14	14	14
유가증권	10	13	13	10	2	1
총부채	1,014	952	769	921	1,147	1,259
총차입금	738	698	517	574	759	944
자본금	134	134	134	134	134	134
총자본	1,065	1,094	1,136	947	993	971
지배주주지분	929	943	995	810	859	845

기업가치 지표
항목	2012	2013	2014	2015	2016	2017.2Q
주가(최고/저)(천원)	12.4/7.3	15.4/9.9	17.7/11.1	21.1/13.6	21.0/13.6	—/—
PER(최고/저)(배)	3.1/1.8	11.3/7.3	7.7/4.8	—/—	17.3/11.2	0.8/0.6
PBR(최고/저)(배)	0.4/0.2	0.4/0.3	0.5/0.3	0.7/0.4	0.6/0.4	0.0/0.0
EV/EBITDA(배)	4.8	8.6	6.2	15.6	10.2	
EPS(원)	446	142	233	-655	122	-20
BPS(원)	36,277	36,782	38,730	31,836	33,674	3,316
CFPS(원)	7,346	4,598	5,602	-3,414	3,821	117
DPS(원)	500	375	250			139
EBITDAPS(원)	8,913	4,937	6,316	2,630	4,932	

재무 비율 〈단위 : % 〉
연도	영업이익률	순이익률	부채비율	차입금비율	ROA	ROE	유보율	자기자본비율	EBITDA마진율
2016	3.2	1.4	115.5	76.4	1.4	3.9	573.5	46.4	6.8
2015	-0.8	-10.3	97.3	60.6	-9.5	-19.5	536.7	50.7	4.1
2014	4.6	3.5	67.7	45.5	3.1	6.5	674.6	59.6	9.6
2013	2.6	2.2	87.1	63.8	2.0	3.8	635.6	53.5	7.2

대영포장 (A014160)
Dae Young Packaging

업 종 : 용기 및 포장	시 장 : 거래소
신용등급 : (Bond) — (CP) —	기업규모 : 시가총액 소형주
홈페이지 : www.dygroup.co.kr	연 락 처 : 031)490-9300
본 사 : 경기도 안산시 단원구 산단로 265 (원시동, 대영포장(주))	

설 립 일	1979.06.01	종 업 원 수	362명	대 표 이 사	권영,권택환
상 장 일	1990.03.06	감사의견	적정 (대주)	계 열	
결 산 기	12월	보 통 주	10,658만주	종속회사수	
액 면 가	500원	우 선 주		구 상 호	

주주구성 (지분율,%)		출자관계 (지분율,%)		주요경쟁사 (외형,%)	
신대양제지	20.2	대양판지	12.8	대영포장	100
대양제지공업	19.3	해태제과식품		율촌화학	166
(외국인)	4.5	골판지협동조합		태림포장	141

매출구성		비용구성		수출비중	
[제품]골판지원단,상자	96.6	매출원가율	86.7	수출	3.0
[상품]골판지상자	1.8	판관비율	10.8	내수	97.0
[기타]부설물 외	1.6				

회사 개요
동사는 1979년 설립돼 전자제품, 섬유 및 의약품, 농수산물 등의 포장재로 사용되는 골판지상자를 생산하는 업체임. 표면지, 중심지, 이면지 등을 매입해 골판지 원단과 상자를 제조함. 동사는 계열회사로 유가증권시장에 상장된 신대양제지와 대영포장, 비상장사인 광신판지, 신대한판지, 대양판지 5개사를 두고 있음. 계열회사 모두 골판지 원단과 상자를 제조하는 업체임.

실적 분석
동사의 2017년 2분기기준 누적 매출액은 전년동기대비 23.3% 상승한 1,515.8억원을 기록하였음. 비용면에서 전년동기대비 매출원가는 증가 하였으며 인건비도 증가, 광고선전비도 증가, 기타판매비와관리비도 마찬가지로 증가하였음. 이와 같이 상승한 매출액 대비 비용증가가 높아 그에 따라 전년동기대비 영업이익은 -2.5억원으로 적자전환하였음. 최종적으로 전년동기대비 당기순이익은 적자전환하여 -4.2억원을 기록함.

현금 흐름 *IFRS 별도 기준 〈단위 : 억원〉
항목	2016	2017.2Q
영업활동	72	1
투자활동	36	3
재무활동	-100	-3
순현금흐름	8	2
기말현금	13	16

시장 대비 수익률

결산 실적 〈단위 : 억원〉
항목	2012	2013	2014	2015	2016	2017
매출액	2,342	2,236	2,466	2,442	2,671	
영업이익	164	86	113	84	67	
당기순이익	123	67	60	-70	107	

분기 실적 *IFRS 별도 기준 〈단위 : 억원〉
항목	2016.1Q	2016.2Q	2016.3Q	2016.4Q	2017.1Q	2017.2Q
매출액	584	645	681	761	739	776
영업이익	31	27	2	7	-10	7
당기순이익	24	99	-7	-8	-11	6

재무 상태 *IFRS 별도 기준 〈단위 : 억원〉
항목	2012	2013	2014	2015	2016	2017.2Q
총자산	1,981	2,042	2,011	2,108	2,097	2,063
유형자산	1,406	1,378	1,448	1,489	1,430	1,386
무형자산	4	5	5	8	8	8
유가증권	15	15	15	15	14	15
총부채	862	842	755	860	716	738
총차입금	607	546	449	425	302	351
자본금	475	475	475	517	533	533
총자본	1,119	1,200	1,256	1,248	1,381	1,325
지배주주지분	1,119	1,200	1,256	1,248	1,381	1,325

기업가치 지표 *IFRS 별도 기준
항목	2012	2013	2014	2015	2016	2017.2Q
주가(최고/저)(천원)	1.4/0.4	1.1/0.7	1.0/0.7	1.3/0.9	1.2/0.9	—/—
PER(최고/저)(배)	10.6/2.9	16.1/10.1	16.2/11.0	—/—	11.8/8.7	0.8/0.7
PBR(최고/저)(배)	1.2/0.3	0.9/0.6	0.8/0.5	1.1/0.7	0.9/0.7	0.0/0.0
EV/EBITDA(배)	6.1	7.7	7.0	9.6	8.3	
EPS(원)	130	70	64	-71	102	-4
BPS(원)	1,179	1,263	1,323	1,215	1,296	1,292
CFPS(원)	200	141	141	14	186	38
DPS(원)						
EBITDAPS(원)	242	162	196	171	148	39

재무 비율 〈단위 : % 〉
연도	영업이익률	순이익률	부채비율	차입금비율	ROA	ROE	유보율	자기자본비율	EBITDA마진율
2016	2.5	4.0	51.8	21.9	5.1	8.2	159.2	65.9	5.8
2015	3.4	-2.9	69.0	34.1	-3.4	-5.6	143.1	59.2	6.9
2014	4.6	2.5	60.1	35.8	3.0	4.9	164.5	62.5	7.6
2013	3.9	3.0	70.2	45.5	3.3	5.8	152.6	58.8	6.9

대우건설 (A047040)
Daewoo Engineering & Construction

업　　종 : 건설
신용등급 : (Bond) A-　　(CP) A2-
홈페이지 : www.daewooenc.co.kr
본　　사 : 서울시 종로구 새문안로 75
시　　장 : 거래소
기업규모 : 시가총액 대형주
연 락 처 : 02)2288-3114

설 립 일	2000.12.27	종 업 원 수	5,990명	대 표 이 사	송문선
상 장 일	2001.03.23	감 사 의 견	적정 (안진)	계　　　열	
결 산 기	12월	보 통 주	41,562만주	종속회사수	12개사
액 면 가	5,000원	우 선 주		구 상 자	

주주구성 (지분율,%)		출자관계 (지분율,%)		주요경쟁사 (외형,%)	
케이디비밸류제6호유한회사	50.8	대우건설	100	현대건설	170
에스비티투자유한회사	4.8				
(외국인)	12.4			현대산업	43

매출구성		비용구성		수출비중	
주택공사(공사)	30.7	매출원가율	99.1	수출	—
플랜트공사(공사)	25.1	판관비율	5.1	내수	—
건축공사(공사)	20.4				

회사 개요
동사는 토목, 건축, 주택, 발전 등 다양한 사업을 영위하고 있는 국내 메이저 건설사 중 하나임. 알제리, 나이지리아, 리비아 등 아프리카 지역에서 풍부한 수주 경험을 보유하고 있으며, 발전 특히 원전 공사와 국내 아파트 사업에 강점을 보유함. 신규사업으로는 차세대 신성장사업인 민자발전사업을 추진하고자 포천복합민자발전사업을 착실 및 현재 공사 진행 중, 신재생에너지 사업 참여 확대를 추진함.

실적 분석
동사의 2017년 2분기 누적 연결기준 매출액은 전년대비 3.0% 증가한 5조 7,542.0억원을 기록함. 매출원가율 하락 및 판관비 통제로 영업이익 4,669.2억원, 당기순이익 3,225.7억원을 보이며 수익성이 개선됨. 비영업손실도 대폭 축소됨. 당반기 부문별 매출비중은 주택 36.23%, 플랜트 23.47%, 건축 19.99%, 토목 9.99% 등으로 구성됨. 동사는 현재 최대주주의 보유지분 매각절차가 진행되고 있음.

현금 흐름 〈단위 : 억원〉

항목	2016	2017.2Q
영업활동	3,588	5,520
투자활동	-2,618	-2,275
재무활동	1,745	-3,762
순현금흐름	2,777	-514
기말현금	8,168	7,654

시장 대비 수익률

결산 실적 〈단위 : 억원〉

항목	2012	2013	2014	2015	2016	2017
매출액	82,234	87,822	99,950	98,900	111,059	—
영업이익	3,457	-2,447	4,270	1,689	-4,672	—
당기순이익	1,730	-7,180	1,297	1,046	-7,549	—

분기 실적 〈단위 : 억원〉

항목	2016.1Q	2016.2Q	2016.3Q	2016.4Q	2017.1Q	2017.2Q
매출액	25,589	30,286	28,177	27,007	26,401	31,141
영업이익	816	1,127	976	-7,592	2,211	2,458
당기순이익	-75	538	429	-8,441	1,919	1,306

재무 상태 〈단위 : 억원〉

항목	2012	2013	2014	2015	2016	2017.2Q
총자산	98,593	101,223	102,602	100,637	99,702	98,706
유형자산	6,978	6,981	7,976	9,363	7,313	6,694
무형자산	1,136	1,104	1,152	1,203	867	849
유가증권	7,543	6,136	4,958	4,934	5,107	6,082
총부채	64,483	74,687	75,346	72,704	79,003	75,099
총차입금	28,534	31,209	28,894	26,222	28,108	23,951
자본금	20,781	20,781	20,781	20,781	20,781	20,781
총자본	34,110	26,536	27,256	27,933	20,699	23,607
지배주주지분	33,535	25,962	26,297	27,355	20,316	23,236

기업가치 지표

항목	2012	2013	2014	2015	2016	2017.2Q
주가(최고/저)(천원)	12.0/8.1	10.3/6.8	10.2/5.5	9.2/5.2	6.7/5.1	—/—
PER(최고/저)(배)	28.1/19.0	—/—	32.0/17.4	36.0/20.2	—/—	—/—
PBR(최고/저)(배)	1.4/1.0	1.6/1.0	1.6/0.8	1.3/0.8	1.3/1.0	1.4/0.9
EV/EBITDA(배)	16.5		10.0	17.5		
EPS(원)	426	-1,727	319	255	-1,770	778
BPS(원)	8,313	6,491	6,572	6,827	5,133	5,836
CFPS(원)	549	-1,585	458	427	-1,538	897
DPS(원)						
EBITDAPS(원)	955	-447	1,167	579	-892	1,243

재무 비율 〈단위 : %〉

연도	영업이익률	순이익률	부채비율	차입금비율	ROA	ROE	유보율	자기자본비율	EBITDA마진율
2016	-4.2	-6.8	일부잠식	일부잠식	-7.5	-30.9	2.7	20.8	-3.3
2015	1.7	1.1	260.3	93.9	1.0	4.0	36.5	27.8	2.4
2014	4.3	1.3	276.4	106.0	1.3	5.1	31.4	26.6	4.9
2013	-2.8	-8.2	281.5	117.6	-7.2	-24.1	29.8	26.2	-2.1

대우전자부품 (A009320)
Daewoo Electronic Components

업　　종 : 자동차부품
신용등급 : (Bond) —　　(CP) —
홈페이지 : www.dwecc.com
본　　사 : 전북 정읍시 공단2길 3 (망제동)
시　　장 : 거래소
기업규모 : 시가총액 소형주
연 락 처 : 063)530-8171

설 립 일	1973.10.13	종 업 원 수	168명	대 표 이 사	서준교,서중호(각자대표)
상 장 일	1989.08.25	감 사 의 견	적정 (안경)	계　　　열	
결 산 기	12월	보 통 주	4,765만주	종속회사수	2개사
액 면 가	500원	우 선 주		구 상 자	

주주구성 (지분율,%)		출자관계 (지분율,%)		주요경쟁사 (외형,%)	
우신산업	13.9	대우전장	100.0	대우부품	100
아진산업	9.7	대우부품홀딩스	100.0	오리엔트정공	133
(외국인)	0.3	대우D&C	100.0	화신정공	383

매출구성		비용구성		수출비중	
HIC,OBC,PWM, A/P등	85.9	매출원가율	81.1	수출	21.0
[자동차부문]상품	10.0	판관비율	13.8	내수	79.0
기타콘덴서	4.2				

회사 개요
1973년 설립되어 과거에는 콘덴서 등의 전자부품생산을 주로 영위하였지만, 현재는 자동차 전장부품 생산으로 주력사업을 변경함. 전장부품은 전자제어부품으로서 자동차의 운행 유지 등과 관련된 각종동작을 전자제어방식으로 조정하는 데 사용됨. 전장부품 부문이 주요 매출을 차지함. 동사는 자동차 전기차 및 연비개선에 효과가 있는 전장부품을 개발 양산 중. 또한 전장부품시장은 차량의 안전성 및 고객의 편의욕구, 연비개선 등과 맞물려 지속적 성장 중임.

실적 분석
동사의 2017년도 2분기 연결기준 매출액은 301.9억원으로 전년동기 대비 10.1%의 외형 성장을 시현. 매출원가, 판관비는 전년동기 대비 증가하였지만 영업이익과 당기순이익은 각 22억원과 15억원을 시현하여 전년동기 대비 64%, 138% 증가하여 수익성 대폭 개선. 이는 동사의 신규개발제품 대부분이 고객사인 현대, 기아자동차의 볼륨모델의 신차에 적용됨에 따른 것으로 보임.

현금 흐름 〈단위 : 억원〉

항목	2016	2017.2Q
영업활동	50	58
투자활동	-27	-14
재무활동	-8	-40
순현금흐름	15	3
기말현금	51	55

시장 대비 수익률

결산 실적 〈단위 : 억원〉

항목	2012	2013	2014	2015	2016	2017
매출액	242	238	318	485	536	—
영업이익	-34	-17	15	24	27	—
당기순이익	-33	-32	3	11	25	—

분기 실적 〈단위 : 억원〉

항목	2016.1Q	2016.2Q	2016.3Q	2016.4Q	2017.1Q	2017.2Q
매출액	142	132	118	143	147	155
영업이익	4	9	6	8	10	12
당기순이익	1	6	3	15	8	7

재무 상태 〈단위 : 억원〉

항목	2012	2013	2014	2015	2016	2017.2Q
총자산	420	445	559	639	667	659
유형자산	276	172	367	385	386	379
무형자산	11	19	19	18	14	11
유가증권	2		1			
총부채	248	295	317	349	313	291
총차입금	148	205	236	228	191	153
자본금	190	190	190	216	238	238
총자본	172	150	243	290	354	368
지배주주지분	185	163	243	290	354	368

기업가치 지표

항목	2012	2013	2014	2015	2016	2017.2Q
주가(최고/저)(천원)	1.2/0.7	1.2/0.7	1.1/0.8	1.6/0.9	1.8/1.2	—/—
PER(최고/저)(배)	—/—	—/—	117.4/82.8	54.8/30.5	34.3/22.2	—/—
PBR(최고/저)(배)	2.5/1.4	2.7/1.5	1.7/1.2	2.3/1.3	2.5/1.6	2.2/1.9
EV/EBITDA(배)			13.7	14.9	14.9	
EPS(원)	-85	-84	8	29	53	32
BPS(원)	489	431	641	672	743	773
CFPS(원)	-28	-44	75	96	124	66
DPS(원)						
EBITDAPS(원)	-32	-5	106	129	129	80

재무 비율 〈단위 : %〉

연도	영업이익률	순이익률	부채비율	차입금비율	ROA	ROE	유보율	자기자본비율	EBITDA마진율
2016	5.1	4.6	88.3	53.9	3.8	7.6	48.6	53.1	11.1
2015	5.0	2.3	120.2	78.8	1.9	4.2	34.3	45.4	10.5
2014	4.7	1.0	130.4	97.2	0.7	1.8	28.1	43.4	12.6
2013	-7.3	-13.6	일부잠식	일부잠식	-7.5	-18.3	-13.8	33.6	-0.6

대우조선해양 (A042660)
Daewoo Shipbuilding & Marine Engineering

업 종	조선	시 장	거래소
신용등급	(Bond) CC (CP) C	기업규모	시가총액 중형주
홈페이지	www.dsme.co.kr	연 락 처	055)735-2114
본 사	경남 거제시 거제대로 3370 (아주동)		

설 립 일	2000.10.23	종업원수	10,342명	대표이사	정성립
상 장 일	2001.02.02	감사의견	―(삼일)	계 열	
결 산 기	12월	보 통 주	10,503만주	종속회사수	16개사
액 면 가	5,000원	우 선 주		구 상 호	

주주구성 (지분율,%)
한국산업은행	57.0
KEB 하나은행	8.6
(외국인)	2.4

출자관계 (지분율,%)
웰리브	100.0
디에스엠이정보시스템	100.0
삼우중공업	100.0

주요경쟁사 (외형,%)
대우조선해양	100
현대중공업	307
삼성중공업	81

매출구성
LNGC,LPGC,B/C 등	51.8
FPSO,Fixed Platform,발전설비 등	39.2
서비스,해상 화물운송 등	5.6

비용구성
매출원가율	104.9
판관비율	7.0

수출비중
수출	―
내수	―

회사 개요
동사는 종합 조선·해양 전문회사로서 LNG선, 유조선, 컨테이너선, LPG선, 자동차운반선 등 각종 선박과 FPSO, RIG선, 고정식 플랫폼 등 해양제품과 잠수함, 구난함, 경비함 등 특수선을 건조함. 사업부문은 선박, 해양사업, 건설사업, 기타사업 등으로 구성되어 있음. 글로벌 금융위기 이후 찾아온 조선업의 장기 불황을 극복하지 못했고, 해양플랜트 사업 손실 등에 대한 분식회계 이슈까지 겹쳐 매우 어려운 상황임.

실적 분석
동사의 2017년 2분기 누적 매출액은 6조 1,880.9억원으로 전년동기 대비 13.0% 감소했음에도, 원가절감 등 자구노력이 본격화되면서 영업실적은 흑자전환. 상반기 인도된 해양플랜트 관련 추가 공사대금을 확보, 인도 지연 지체보상금 조정 성공 등이 수익 개선으로 이어짐. 구조조정 및 전사적인 원가절감 노력 등 자구계획 효과가 본격적으로 반영됐고, LNG선, 초대형컨테이너선 등 고부가가치선박들이 생산성 향상 등도 실적 개선에 기여

현금 흐름 〈단위 : 억원〉
항목	2016	2017.2Q
영업활동	-5,310	-1,328
투자활동	-2,827	1,047
재무활동	-2,009	3,801
순현금흐름	-10,117	3,500
기말현금	2,243	5,743

시장 대비 수익률

결산 실적 〈단위 : 억원〉
항목	2012	2013	2014	2015	2016	2017
매출액	135,435	145,848	155,616	154,436	128,192	—
영업이익	-721	-10,100	-5,651	-21,245	-15,308	—
당기순이익	-2,788	-9,204	-8,527	-22,092	-27,895	—

분기 실적 〈단위 : 억원〉
항목	2016.1Q	2016.2Q	2016.3Q	2016.4Q	2017.1Q	2017.2Q
매출액	36,645	34,498	30,531	26,517	27,305	34,576
영업이익	1,542	-3,526	-1,413	-11,911	2,233	6,647
당기순이익	1,855	-11,462	-2,382	-15,906	2,336	12,547

재무 상태 〈단위 : 억원〉
항목	2012	2013	2014	2015	2016	2017.2Q
총자산	155,113	167,764	177,358	188,803	150,648	132,374
유형자산	62,186	62,111	62,330	58,383	51,979	44,781
무형자산	1,333	1,387	1,214	819	733	317
유가증권	3,415	3,266	2,098	1,466	974	635
총부채	116,454	138,477	157,090	182,615	144,055	94,336
총차입금	58,262	72,707	79,728	99,167	72,048	38,925
자본금	9,620	9,620	9,620	13,721	3,329	4,311
총자본	38,659	29,287	20,268	6,189	6,594	38,038
지배주주지분	39,833	30,774	22,364	9,291	10,269	42,134

기업가치 지표
항목	2012	2013	2014	2015	2016	2017.2Q
주가(최고/저)(천원)	35.1/20.7	37.8/23.2	36.9/15.7	21.6/5.1	6.2/4.0	—/—
PER(최고/저)(배)	—/—	—/—	—/—	—/—	—/—	—/—
PBR(최고/저)(배)	1.3/0.8	1.8/1.1	2.5/1.0	5.0/1.2	4.0/2.5	0.9/0.9
EV/EBITDA(배)						
EPS(원)	-15,598	-59,855	-51,837	-139,240	-126,806	22,209
BPS(원)	20,969	16,236	11,842	3,398	15,660	49,440
CFPS(원)	-1,216	-3,307	-2,705	-9,611	-117,315	23,728
DPS(원)	250	300	150			
EBITDAPS(원)	-376	-3,917	-1,615	-9,751	-61,507	15,016

재무 비율 〈단위 : % 〉
연도	영업이익률	순이익률	부채비율	차입금비율	ROA	ROE	유보율	자기자본비율	EBITDA마진율
2016	-11.9	-21.8	2,184.7	1,092.7	-16.4	-279.6	208.5	4.4	-10.4
2015	-13.8	-14.3	일부잠식	일부잠식	-12.1	-132.5	-32.3	3.3	-12.2
2014	-3.6	-5.5	775.1	393.4	-4.9	-29.1	135.6	11.4	-2.0
2013	-6.9	-6.3	472.8	248.3	-5.7	-25.3	223.0	17.5	-5.1

대웅 (A003090)
Dae Woong

업 종	제약	시 장	거래소
신용등급	(Bond) — (CP) —	기업규모	시가총액 중형주
홈페이지	www.daewoongholdings.com	연 락 처	031)741-7700~4
본 사	경기도 성남시 중원구 갈마치로 223-23 (상대원동)		

설 립 일	1945.08.15	종업원수	286명	대표이사	윤영환,윤재승,윤재춘
상 장 일	1973.06.26	감사의견	적정(삼정)	계 열	
결 산 기	12월	보 통 주	5,814만주	종속회사수	24개사
액 면 가	500원	우 선 주		구 상 호	

주주구성 (지분율,%)
윤재승	11.6
대웅재단	10.0
(외국인)	4.1

출자관계 (지분율,%)
대웅바이오	100.0
대웅개발	100.0
산웅개발	100.0

주요경쟁사 (외형,%)
대웅	100
동아쏘시오홀딩스	72
JW중외제약	46

매출구성
[의약품/제품]기 타	45.9
알비스D 외	24.8
[의약품/상품]기 타	12.5

비용구성
매출원가율	54.6
판관비율	39.4

수출비중
수출	―
내수	―

회사 개요
동사는1961년 1월 대한비타민산업주식회사로 설립되어1973년 6월 유가증권시장에 상장함. 1978년 2월 상호를 주식회사 대웅제약으로 변경함. 2002년 10월 1일 회사분할을 통하여 지주회사로 전환됨. 주요 자회사로는 의약품 제조 및 판매를 영위하는 대웅제약(지분율 40.7%), 원료의약품 전문 업체인 대웅바이오(지분율 100.0%)가 있음. 식품 가공업 및 판매업체인 대웅생명과학(지분율 76.8%)도 주요 자회사임.

실적 분석
동사의 2017년 연결 기준 2분기 누적 매출액은 전년동기대비 12.5% 증가한 5,490억원을 기록하였음. 매출원가는 전년동기대비 13.9% 증가 하여 매출총이익은 10.9% 증가하였음. 인건비와 광고선전비는 감소하여 판매비와관리비는 전년동기대비 4.1% 증가에 그침. 그에 따라 영업이익은 393.7억원으로 전년동기대비 69.6% 증가하였음. 법인세비용의 감소로 당기순이익은 크게 증가한 314.8억원을 기록함.

현금 흐름 〈단위 : 억원〉
항목	2016	2017.2Q
영업활동	188	620
투자활동	-1,818	-192
재무활동	1,687	-126
순현금흐름	52	288
기말현금	1,062	1,350

시장 대비 수익률

결산 실적 〈단위 : 억원〉
항목	2012	2013	2014	2015	2016	2017
매출액	8,226	8,433	8,940	9,968	10,150	—
영업이익	728	972	787	797	610	—
당기순이익	654	747	379	546	346	—

분기 실적 〈단위 : 억원〉
항목	2016.1Q	2016.2Q	2016.3Q	2016.4Q	2017.1Q	2017.2Q
매출액	2,416	2,462	2,565	2,706	2,628	2,862
영업이익	102	200	175	133	150	244
당기순이익	11	-1	105	231	132	183

재무 상태 〈단위 : 억원〉
항목	2012	2013	2014	2015	2016	2017.2Q
총자산	8,035	8,985	10,107	12,423	14,673	14,872
유형자산	3,536	3,645	3,891	4,414	5,607	5,751
무형자산	493	456	400	1,431	1,594	1,590
유가증권	343	804	1,822	1,673	1,789	1,571
총부채	1,835	2,114	3,020	4,138	6,027	5,978
총차입금	549	732	1,684	2,420	4,135	4,076
자본금	291	291	291	291	291	291
총자본	6,200	6,871	7,087	8,285	8,646	8,894
지배주주지분	3,607	3,980	4,304	4,654	4,858	5,033

기업가치 지표
항목	2012	2013	2014	2015	2016	2017.2Q
주가(최고/저)(천원)	21.7/13.2	39.3/22.1	53.0/36.0	110/41.2	70.7/42.4	—/—
PER(최고/저)(배)	6.0/3.7	11.7/6.6	26.8/18.2	33.8/12.7	42.1/25.2	—/—
PBR(최고/저)(배)	0.7/0.4	1.1/0.6	1.3/0.9	2.5/1.0	1.6/0.9	1.6/0.9
EV/EBITDA(배)	4.6	5.2	6.7	8.7	10.4	—/—
EPS(원)	762	701	410	664	341	430
BPS(원)	35,264	38,350	41,132	44,147	45,747	9,450
CFPS(원)	6,447	6,108	4,640	6,483	5,041	829
DPS(원)	550	500	500		500	
EBITDAPS(원)	8,901	10,961	9,358	10,012	8,581	1,076

재무 비율 〈단위 : % 〉
연도	영업이익률	순이익률	부채비율	차입금비율	ROA	ROE	유보율	자기자본비율	EBITDA마진율
2016	6.0	3.4	69.7	47.8	2.6	4.2	1,729.9	58.9	9.8
2015	8.0	5.5	50.0	29.2	4.9	8.6	1,665.9	66.7	11.7
2014	8.8	4.2	42.6	23.8	4.0	5.8	1,545.3	70.1	12.2
2013	11.5	8.9	30.8	10.7	8.8	10.8	1,434.0	76.5	15.1

대웅제약 (A069620)
Daewoong Pharmaceutical

업 종 : 제약		시 장 : 거래소	
신용등급 : (Bond) A+ (CP) —		기업규모 : 시가총액 중형주	
홈 페 이 지 : www.daewoong.co.kr		연 락 처 : 031)741-7700~4	
본 사 : 경기도 성남시 중원구 갈마치로 244			

설 립 일 2002.10.02	종 업 원 수 1,436명	대 표 이 사 이종욱,윤재승	
상 장 일 2002.11.01	감 사 의 견 적정 (삼정)	계 열	
결 산 기 12월	보 통 주 1,159만주	종속회사수 14개사	
액 면 가 2,500원	우 선 주	구 상 호	

주주구성 (지분율,%)		출자관계 (지분율,%)		주요경쟁사 (외형,%)	
대웅	40.7	힐리언스	76.0	대웅제약	100
대웅재단	8.6	엠디웰아이엔씨	50.0	에스티팜	23
(외국인)	5.0	한올바이오파마	30.0	종근당	94

매출구성		비용구성		수출비중	
[제품]기타	34.9	매출원가율	57.7	수출	12.0
세비카 외	26.5	판관비율	39.3	내수	88.0
[상품]기타	21.5				

회사 개요
동사는 2002년 10월 1일을 기준일로 주식회사 대웅(분할 전 상호 : 주식회사 대웅제약)이 사업부문을 인적분할하여 2002년 10월 2일자로 설립되었으며 지배기업은 2002년 11월 1일자로 유가증권 시장에 상장하였음. 경기 도 성남시와 화성군 향남공단 내에 정제의약품 생산 KGMP 기준에 부합하는 제조시설을 두고 의약품 생산 및 판매를 주요 사업으로 영위하고 있음.

실적 분석
동사의 연결 기준 2017년 2분기 누적 매출액은 전년 동기 대비 10.3% 증가한 4,712억원을 기록함. ETC와 OTC, 수출 등 전 사업부문에서 실적 호조로 지속적인 성장세가 나타나고 있으며, 마케팅 비용과 R&D 비용 감소로 수익성이 큰 폭으로 개선됨. 오송 신공장 kGMP 인증으로 나보타 물량 공급 확대에 따라 국내 및 수출 증가로 매출 성장에 기여할 것으로 판단.

현금 흐름
〈단위 : 억원〉

항목	2016	2017.2Q
영업활동	154	471
투자활동	-1,558	-255
재무활동	1,592	-60
순현금흐름	183	142
기말현금	783	925

시장 대비 수익률

결산 실적
〈단위 : 억원〉

항목	2012	2013	2014	2015	2016	2017
매출액	6,690	6,825	7,359	8,397	8,839	—
영업이익	369	714	519	436	259	—
당기순이익	335	580	305	357	261	—

분기 실적
〈단위 : 억원〉

항목	2016.1Q	2016.2Q	2016.3Q	2016.4Q	2017.1Q	2017.2Q
매출액	2,112	2,159	2,205	2,362	2,259	2,453
영업이익	44	56	47	112	59	111
당기순이익	32	49	28	152	19	111

재무 상태
〈단위 : 억원〉

항목	2012	2013	2014	2015	2016	2017.2Q
총자산	4,823	5,790	6,943	9,445	11,447	11,591
유형자산	1,149	1,326	1,601	2,558	3,671	3,855
무형자산	297	278	314	1,367	1,510	1,512
유가증권	167	144	107	130	64	68
총부채	958	1,410	2,388	3,643	5,401	5,475
총차입금	29	429	1,444	2,369	3,969	3,961
자본금	282	290	290	290	290	290
총자본	3,866	4,380	4,555	5,802	6,046	6,116
지배주주지분	3,832	4,337	4,431	4,801	4,995	5,057

기업가치 지표

항목	2012	2013	2014	2015	2016	2017.2Q
주가(최고/저)(천원)	46.8/19.1	85.0/44.3	79.7/53.1	138/55.0	114/62.2	—/—
PER(최고/저)(배)	16.8/6.9	17.5/9.1	30.1/20.1	38.1/15.1	49.2/26.9	—/—
PBR(최고/저)(배)	1.3/0.6	2.1/1.1	2.0/1.3	3.1/1.2	2.4/1.3	2.1/1.4
EV/EBITDA(배)	9.3	9.2	10.8	10.8	15.1	21.2
EPS(원)	2,941	5,040	2,723	3,705	2,328	1,271
BPS(원)	37,937	41,305	42,117	45,310	46,986	47,525
CFPS(원)	4,610	6,609	4,239	5,699	4,728	2,782
DPS(원)	800	800	700	700	600	—
EBITDAPS(원)	4,859	7,729	6,000	5,754	4,635	2,977

재무 비율
〈단위 : % 〉

연도	영업이익률	순이익률	부채비율	차입금비율	ROA	ROE	유보율	자기자본비율	EBITDA마진율
2016	2.9	3.0	89.4	65.7	2.5	5.5	1,779.5	52.8	6.1
2015	5.2	4.3	62.8	40.8	4.4	9.3	1,712.4	61.4	7.9
2014	7.1	4.1	52.4	31.7	4.8	7.2	1,584.7	65.6	9.5
2013	10.5	8.5	32.2	9.8	11.0	14.3	1,552.2	75.6	13.1

대원강업 (A000430)
Dae Won Kang Up

업 종 : 자동차부품		시 장 : 거래소	
신용등급 : (Bond) (CP) —		기업규모 : 시가총액 소형주	
홈 페 이 지 : www.daewonspring.com		연 락 처 : 041)520-7500	
본 사 : 충남 천안시 서북구 성거읍 오송1길 114-41			

설 립 일 1946.09.20	종 업 원 수 968명	대 표 이 사 허재철,허승호,성열각	
상 장 일 1977.06.22	감 사 의 견 적정 (삼일)	계 열	
결 산 기 12월	보 통 주 6,200만주	종속회사수 8개사	
액 면 가 500원	우 선 주	구 상 호	

주주구성 (지분율,%)		출자관계 (지분율,%)		주요경쟁사 (외형,%)	
홍민철	12.6	삼원강재	50.0	대원강업	100
고려용접봉	9.0	콘티테크대원에어스프링시스템즈	49.0	S&T홀딩스	143
(외국인)	1.5	대원제강	28.7	S&T중공업	43

매출구성		비용구성		수출비중	
스프링	80.1	매출원가율	87.4	수출	34.0
시트	14.2	판관비율	7.1	내수	66.0
기타	5.7				

회사 개요
동사는 차량용 스프링 및 시트를 주력제품으로 생산하는 자동차 부품업체. 매출비중은 스프링 제품이 대부분을 차지하고 있고 시트와 기타 제품이 약 20% 내외. 차량용 스프링 국내 시장점유율 1위 기업임. 국내 유일의 종합 스프링 메이커로 스프링 일괄 생산체제를 갖추고 있어 원가경쟁력에서 경쟁사에 절대적인 우위를 갖추고 있음. 소재는 자회사인 삼원강재, 대원정밀 등에서 공급받고 있음

실적 분석
2017년 상반기 매출은 5,085.6억원으로 전년 동기 대비 5.4% 감소함. 국내 매출액은 전년동기 대비 소폭 감소한 실적을 보임. 또한 중국 내 현대, 기아자동차의 판매 감소로 인하여 중국법인 매출액이 감소하여 전체 해외 매출액이 전년 동기 대비 감소함. 최근 중국 및 인도를 중심으로 한 신흥국 업계의 증저가 자동차 부품의 범람은 시장 내 경쟁 강도를 높이는 요소로 작용하고 있음

현금 흐름
〈단위 : 억원〉

항목	2016	2017.2Q
영업활동	906	539
투자활동	-875	-134
재무활동	200	-238
순현금흐름	240	177
기말현금	582	759

시장 대비 수익률

결산 실적
〈단위 : 억원〉

항목	2012	2013	2014	2015	2016	2017
매출액	10,004	10,106	10,294	10,130	10,761	—
영업이익	627	638	371	528	597	—
당기순이익	488	378	184	263	461	—

분기 실적
〈단위 : 억원〉

항목	2016.1Q	2016.2Q	2016.3Q	2016.4Q	2017.1Q	2017.2Q
매출액	2,586	2,791	2,457	2,928	2,596	2,490
영업이익	121	222	184	70	150	43
당기순이익	83	153	100	126	67	40

재무 상태
〈단위 : 억원〉

항목	2012	2013	2014	2015	2016	2017.2Q
총자산	9,887	11,682	11,484	11,575	12,884	12,344
유형자산	5,870	6,985	6,883	6,973	7,419	7,247
무형자산	94	100	131	118	113	118
유가증권	128	186	255	213	297	297
총부채	5,357	6,820	6,578	6,471	7,342	6,858
총차입금	2,581	3,673	3,896	3,470	3,818	3,667
자본금	310	310	310	310	310	310
총자본	4,530	4,862	4,906	5,104	5,542	5,485
지배주주지분	3,851	4,142	4,152	4,194	4,491	4,478

기업가치 지표

항목	2012	2013	2014	2015	2016	2017.2Q
주가(최고/저)(천원)	8.3/4.2	8.2/5.7	6.9/5.6	6.3/4.3	5.5/3.9	—/—
PER(최고/저)(배)	13.6/6.9	17.7/12.2	37.1/30.0	21.8/15.0	9.2/6.5	—/—
PBR(최고/저)(배)	1.5/0.7	1.3/0.9	1.1/0.9	1.0/0.7	0.8/0.6	0.7/0.6
EV/EBITDA(배)	9.3	8.9	10.1	7.1	6.4	—
EPS(원)	672	508	200	305	619	121
BPS(원)	6,211	6,680	6,698	6,764	7,279	7,250
CFPS(원)	1,109	1,053	876	1,034	1,411	551
DPS(원)	110	120	120	125	125	—
EBITDAPS(원)	1,447	1,574	1,274	1,581	1,755	740

재무 비율
〈단위 : % 〉

연도	영업이익률	순이익률	부채비율	차입금비율	ROA	ROE	유보율	자기자본비율	EBITDA마진율
2016	5.6	4.3	132.5	68.9	3.8	8.8	1,355.8	43.0	10.1
2015	5.2	2.6	126.8	68.0	2.3	4.5	1,252.9	44.1	9.7
2014	3.6	1.8	134.1	79.4	1.6	3.0	1,239.5	42.7	7.7
2013	6.3	3.7	140.3	75.6	3.5	7.9	1,236.1	41.6	9.7

대원미디어 (A048910)
Daewon Media

업　　종 : 미디어		시　　장 : KOSDAQ	
신용등급 : (Bond) — (CP) —		기업규모 : 중견	
홈 페 이 지 : www.daewonmedia.com		연 락 처 : 02)6373-3000	
본　　사 : 서울시 용산구 한강대로15길 9-12 (한강로3가)			

설 립 일 1977.12.06	종 업 원 수 145명	대 표 이 사 정욱,정동훈
상 장 일 2001.07.21	감 사 의 견 적정 (지암)	계　　　열
결 산 기 12월	보 통 주 1,258만주	종 속 회 사 수 3개사
액 면 가 500원	우 선 주	구 상 호

주주구성 (지분율,%)		출자관계 (지분율,%)		주요경쟁사 (외형,%)	
정욱	23.8	대원씨아이	100.0	대원미디어	100
안정교	6.0	대원방송	44.9	레드로버	44
(외국인)	5.3	도원씨앤피	12.0	SBS미디어홀딩스	531

매출구성		비용구성		수출비중	
[상품매출]게임기 등	54.1	매출원가율	75.1	수출	3.0
[제품매출]카드 등	45.9	판관비율	22.4	내수	97.0
[기타매출]기타	0.0				

회사 개요
동사는 만화영화의 제작 및 판매, 캐릭터 라이센싱 및 캐릭터 프랜차이즈업 등을 목적으로 1977년 12월 설립됐으며 2001년 7월 코스닥시장에 상장됨. 2001년, 2005년에 애니메이션 전문 위성 및 케이블 방송국을, 2007년에는 대원게임을 설립해 닌텐도DS 및 Wii를 판매하고 있음. 애니메이션 창작기획, 캐릭터 라이센스, 애니메이션 방송, DVD, 비디오, 잡지, 만화, 게임 등을 망라하는 사업의 수직 계열화를 달성함.

실적 분석
동사의 연결기준 2017년 2분기 누적매출액은 471.5억원으로 전년동기 대비 7.5% 증가하였음. 매출 원가율이 개선되면서 매출총이익은 전년동기 대비 37.1% 증가한 149.3억원을 시현하였으며 판관비 부담이 증가하였음에도 전년동기 대비 211.1% 증가한 영업이익 45.7억원을 시현하였음. 비영업 부문에서 이익이 확대되었으며 최종적으로 증가한 54.1억원을 기록하였음.

현금 흐름 〈단위 : 억원〉
항목	2016	2017.2Q
영업활동	62	81
투자활동	-124	18
재무활동	2	-10
순현금흐름	-43	94
기말현금	110	204

시장 대비 수익률

결산 실적 〈단위 : 억원〉
항목	2012	2013	2014	2015	2016	2017
매출액	750	770	802	914	950	—
영업이익	3	-51	17	43	24	—
당기순이익	-17	-136	7	50	5	—

분기 실적 〈단위 : 억원〉
항목	2016.1Q	2016.2Q	2016.3Q	2016.4Q	2017.1Q	2017.2Q
매출액	230	209	212	299	263	208
영업이익	17	-3	8	1	36	10
당기순이익	14	-6	5	-8	35	19

재무 상태 〈단위 : 억원〉
항목	2012	2013	2014	2015	2016	2017.2Q
총자산	992	887	900	938	978	1,002
유형자산	157	157	154	159	168	169
무형자산	161	96	80	86	91	106
유가증권	34	139	77	41	37	24
총부채	340	377	352	275	234	218
총차입금	78	132	142	65	—	—
자본금	45	45	49	56	63	63
총자본	652	511	548	663	743	784
지배주주지분	524	387	412	512	581	617

기업가치 지표
항목	2012	2013	2014	2015	2016	2017.2Q
주가(최고/저)(천원)	12.1/6.5	11.1/4.5	9.0/4.6	12.4/6.5	15.5/7.2	—/—
PER(최고/저)(배)	—/—	—/—	—/—	41.6/21.7	—/—	—/—
PBR(최고/저)(배)	2.0/1.1	2.4/1.0	2.0/1.0	2.6/1.3	3.3/1.5	2.0/1.2
EV/EBITDA(배)	15.3	24.3	7.2	10.1	11.1	—/—
EPS(원)	-215	-1,620	-120	298	-86	359
BPS(원)	6,063	4,547	4,498	4,797	4,759	5,049
CFPS(원)	433	-853	496	731	543	674
DPS(원)						
EBITDAPS(원)	681	197	798	825	823	678

재무 비율 〈단위 : %〉
연도	영업이익률	순이익률	부채비율	차입금비율	ROA	ROE	유보율	자기자본비율	EBITDA마진율
2016	2.5	0.5	31.5	0.0	0.5	-1.9	847.2	76.0	10.6
2015	4.7	5.5	41.6	9.8	5.4	7.1	854.2	70.6	9.9
2014	2.2	0.9	64.1	25.9	0.8	-2.9	794.0	60.9	9.4
2013	-6.7	-17.7	73.7	25.9	-14.5	-32.1	803.4	57.6	2.3

대원산업 (A005710)
DAE WON SAN UP CO

업　　종 : 자동차부품		시　　장 : KOSDAQ	
신용등급 : (Bond) — (CP) —		기업규모 : 우량	
홈 페 이 지 : www.dwsu.co.kr		연 락 처 : 031)495-2301	
본　　사 : 경기도 안산시 단원구 원시로 179			

설 립 일 1968.09.10	종 업 원 수 514명	대 표 이 사 허재건,허재영,김재덕
상 장 일 1993.06.21	감 사 의 견 적정 (천지)	계　　　열
결 산 기 12월	보 통 주 2,004만주	종 속 회 사 수 3개사
액 면 가 500원	우 선 주	구 상 호

주주구성 (지분율,%)		출자관계 (지분율,%)		주요경쟁사 (외형,%)	
허재건	16.0	대영정밀	24.0	대원산업	100
대원강업	9.8	옥천산업	19.9	대유에이텍	124
(외국인)	10.8	대원정밀	18.7	SG&G	146

매출구성		비용구성		수출비중	
자동차 시트(한국)	59.7	매출원가율	91.5	수출	27.0
자동차 시트(중국)	29.1	판관비율	3.6	내수	73.0
자동차 시트(러시아)	11.2				

회사 개요
동사는 각종 시트 제작 판매업을 영위할 목적으로 1968년 설립되어 1993년 코스닥시장에 상장됨. 기아차에 전문적으로 시트를 납품하고 있음. 기아차 포르테, 모닝, 레이, 카니발, 프라이드 등의 카시트를 제조하고 있으며, 기아차 현지 공장인 중국, 러시아에도 생산공장을 두고 있음. 주문에 의한 생산 및 납품을 하고 있으며, 내수 및 수출 판매에 있어 자동차 생산업체로 직판을 하고 있음.

실적 분석
중국에서의 매출은 감소하였으나, 카니발 등의 국내 판매 증가에 따라 동사의 2017년 상반기 매출액은 전년동기 대비 소폭 증가한 4,013.8억원을 기록함. 원재료 가격 상승으로 원가율이 악화되어 영업이익은 전년동기 대비 25.5% 줄어듦. 보유 외화의 적용환율 변동에 따른 대규모 손실 발생으로 당기순이익은 37.8% 감소한 147.1억원을 나타냄. 보유하고 있는 순현금이 시가총액의 60% 가량을 차지하는 자산가치 우량 종목임.

현금 흐름 〈단위 : 억원〉
항목	2016	2017.2Q
영업활동	548	440
투자활동	-337	-31
재무활동	6	-92
순현금흐름	262	289
기말현금	1,081	1,370

시장 대비 수익률

결산 실적 〈단위 : 억원〉
항목	2012	2013	2014	2015	2016	2017
매출액	6,467	6,713	7,130	7,735	8,236	—
영업이익	292	289	187	153	405	—
당기순이익	249	287	132	64	428	—

분기 실적 〈단위 : 억원〉
항목	2016.1Q	2016.2Q	2016.3Q	2016.4Q	2017.1Q	2017.2Q
매출액	1,826	2,151	1,869	2,390	2,067	1,947
영업이익	115	146	128	15	119	76
당기순이익	111	126	63	129	67	80

재무 상태 〈단위 : 억원〉
항목	2012	2013	2014	2015	2016	2017.2Q
총자산	3,073	3,240	3,663	3,071	4,375	4,107
유형자산	729	687	675	642	809	801
무형자산	8	9	17	18	17	16
유가증권	68	61	52	138	133	141
총부채	1,642	1,533	1,862	1,208	2,161	1,766
총차입금	305	211	299	238	274	234
자본금	72	83	91	91	91	100
총자본	1,431	1,707	1,801	1,863	2,214	2,342
지배주주지분	1,431	1,707	1,801	1,863	2,214	2,342

기업가치 지표
항목	2012	2013	2014	2015	2016	2017.2Q
주가(최고/저)(천원)	4.7/2.9	7.9/4.0	13.2/7.1	9.3/5.8	9.4/5.4	—/—
PER(최고/저)(배)	3.7/2.3	5.3/2.7	19.1/10.2	27.3/17.0	4.1/2.3	—/—
PBR(최고/저)(배)	0.6/0.4	0.9/0.5	1.4/0.8	0.9/0.6	0.8/0.5	0.8/0.6
EV/EBITDA(배)	1.1	1.3	2.0	1.8	1.4	—/—
EPS(원)	1,241	1,430	658	318	2,137	734
BPS(원)	9,935	10,306	9,887	10,227	12,157	11,687
CFPS(원)	3,114	2,954	2,013	1,305	3,441	994
DPS(원)	75	75	125	125	100	
EBITDAPS(원)	3,415	2,968	2,317	1,796	3,313	1,231

재무 비율 〈단위 : %〉
연도	영업이익률	순이익률	부채비율	차입금비율	ROA	ROE	유보율	자기자본비율	EBITDA마진율
2016	4.9	5.2	97.6	12.4	11.5	21.0	2,331.3	50.6	7.3
2015	2.0	0.8	64.8	12.8	1.9	3.5	1,945.3	60.7	4.2
2014	2.6	1.9	103.4	16.6	3.8	7.5	1,877.5	49.2	5.9
2013	4.3	4.3	89.8	12.4	9.1	18.3	1,961.1	52.7	7.3

대원전선 (A006340)
Daewon Cable

업　　종 : 전기장비		시　　장 : 거래소	
신용 등급 : (Bond) — 　(CP) —		기업 규모 : 시가총액 소형주	
홈 페 이 지 : www.daewoncable.co.kr		연 락 처 : 041)339-3400	
본　　사 : 충남 예산군 고덕면 호음덕령길 92			

설 립 일	1969.11.29	종 업 원 수	192명	대 표 이 사	서명환
상 장 일	1988.05.04	감 사 의 견	적정 (삼영)	계　　　열	
결 산 월	12월	보 통 주	6,811만주	종속회사수	2개사
액 면 가	500원	우 선 주	262만주	구 상 호	

주주구성 (지분율,%)		출자관계 (지분율,%)		주요경쟁사 (외형,%)	
갑도물산	28.7	대명전선	51.0	대원전선	100
서명환	6.3	케이비즈사모투자전문회사	21.4	삼영전자	51
(외국인)	1.8	한국전선공업협동조합	5.5	일진전기	161

매출구성		비용구성		수출비중	
절연전선	44.9	매출원가율	95.8	수출	5.0
전력전선	36.6	판관비율	2.5	내수	95.0
나선	11.2				

회사 개요
동사는 전력 및 통신 케이블을 주력으로 각종 전선류를 제조하는 업체임. 한국전력, 케이티의 안정적인 수요로 성장세를 유지해 왔으나 최근 중소 전선업체 증가 및 국내 생산량 증가로 경쟁이 치열해지고 있음. 국내시장은 LS전선, 대한전선 등 대형 3사가 높은 시장점유율을 차지하고 있으며, 동사를 포함한 중견업체들이 중상위권에서 경쟁 중임. 수출이 전체매출의 15%가량을 차지함. 최근 종속회사인 대명전선을 통해 89억원 규모의 전선생산 공장을 인수함.

실적 분석
동사의 2017년 2분기기준 누적 매출액은 전년동기대비 28.7% 상승한 2,616.9억원을 기록하였음. 비용면에서 전년동기대비 매출원가는 증가 했으며 인건비는 감소 하였고 광고선전비도 감소, 기타판매비와관리비는 증가함. 그에 따라 매출액 하락에 의해 전년동기대비 영업이익은 42.6억원으로 -25.6% 크게 하락하였음. 그러나 비영업손익의 흑자전환으로 전년동기대비 당기순이익은 91.8억원을 기록함.

현금 흐름 〈단위 : 억원〉

항목	2016	2017.2Q
영업활동	118	-168
투자활동	34	-15
재무활동	-145	187
순현금흐름	7	4
기말현금	13	17

시장 대비 수익률

결산 실적 〈단위 : 억원〉

항목	2012	2013	2014	2015	2016	2017
매출액	4,489	4,792	4,147	4,437	4,224	—
영업이익	87	54	43	98	72	—
당기순이익	31	34	14	35	21	—

분기 실적 〈단위 : 억원〉

항목	2016.1Q	2016.2Q	2016.3Q	2016.4Q	2017.1Q	2017.2Q
매출액	950	1,083	1,028	1,163	1,324	1,293
영업이익	26	32	23	-8	22	21
당기순이익	18	4	8	-10	15	77

재무 상태 〈단위 : 억원〉

항목	2012	2013	2014	2015	2016	2017.2Q
총자산	2,155	2,227	2,109	2,145	2,232	2,281
유형자산	331	600	597	680	686	401
무형자산	14	14	14	14	20	13
유가증권	0	0	23	24	0	30
총부채	1,440	1,483	1,342	1,333	1,409	1,367
총차입금	677	696	663	671	527	575
자본금	354	354	354	354	354	354
총자본	715	744	767	812	823	914
지배주주지분	710	738	752	788	803	887

기업가치 지표

항목	2012	2013	2014	2015	2016	2017.2Q
주가(최고/저)(천원)	1.3/0.6	1.1/0.7	1.2/0.7	3.1/0.7	2.5/1.1	—/—
PER(최고/저)(배)	29.6/13.0	22.1/13.3	62.5/34.7	61.6/14.9	86.6/39.4	—/—
PBR(최고/저)(배)	1.3/0.6	1.0/0.6	1.2/0.6	2.8/0.7	2.2/1.0	1.2/0.9
EV/EBITDA(배)	9.0	12.6	14.8	16.8	12.6	—
EPS(원)	45	49	20	50	28	121
BPS(원)	1,003	1,044	1,063	1,114	1,135	1,254
CFPS(원)	75	84	65	105	86	144
DPS(원)	—	—	—	—	—	—
EBITDAPS(원)	153	111	106	194	159	84

재무 비율 〈단위 : %〉

연도	영업이익률	순이익률	부채비율	차입금비율	ROA	ROE	유보율	자기자본비율	EBITDA마진율
2016	1.7	0.5	171.1	64.0	1.0	2.5	127.1	36.9	2.7
2015	2.2	0.8	164.1	82.6	1.7	4.6	122.8	37.9	3.1
2014	1.0	0.3	174.9	86.4	0.6	1.9	112.7	36.4	1.8
2013	1.1	0.7	199.4	93.6	1.4	4.8	108.8	33.4	1.6

대원제약 (A003220)
Daewon Pharmaceutical

업　　종 : 제약		시　　장 : 거래소	
신용 등급 : (Bond) — 　(CP) —		기업 규모 : 시가총액 중형주	
홈 페 이 지 : www.daewonpharm.com		연 락 처 : 02)2204-7000	
본　　사 : 서울시 성동구 천호대로 386 (용답동 229-3)			

설 립 일	1961.08.09	종 업 원 수	876명	대 표 이 사	백승호,백승열
상 장 일	1999.12.08	감 사 의 견	적정 (삼정)	계　　　열	
결 산 월	12월	보 통 주	1,820만주	종속회사수	1개사
액 면 가	500원	우 선 주		구 상 호	

주주구성 (지분율,%)		출자관계 (지분율,%)		주요경쟁사 (외형,%)	
백승호	15.5	딜라이트	64.4	대원제약	100
백승렬	14.3	대원바이오텍	20.0	삼진제약	99
(외국인)	22.8	퓨어스피어	6.5	종근당홀딩스	139

매출구성		비용구성		수출비중	
기타	70.0	매출원가율	42.9	수출	3.0
호흡기감염치료제(의약품) 외	13.8	판관비율	45.0	내수	97.0
진해거담제(의약품)	6.6				

회사 개요
동사는 치료제 전문 제네릭 의약품 제조 및 판매를 사업으로 영위하고 있음. 주요 매출처는 신약 / 개량신약 / 제네릭 의약품을 국내 병의원을 대상으로 공급하고 있음. 또한 우수한 cGMP생산시설을 확보함으로써 국내 유수의 제약기업에 동사제품을 납품하는 수탁사업과 중국 등 세계시장에 완제전문의약품을 수출하고 있지만 매출의 대부분이 국내 판매로 내수 의존도가 높음.

실적 분석
동사의 2017년 2분기 연결 기준 누적 매출액은 1,273.7억원으로 전년 동기 대비 6.4% 증가하였음. 매출원가는 1.5% 증가하였고 매출총이익은 10.4% 증가한 723.2억원을 기록함. 광고선전비 등 마케팅 비용의 증가로 판매비와관리비는 전년 동기 대비 12.2% 증가한 600.0억원을 기록함. 그 결과 영업이익은 123.2억원으로 전년 동기 대비 2.2% 증가에 그침. 법인세비용의 큰 폭 증가로 당기순이익은 9.4억원으로 크게 감소함.

현금 흐름 〈단위 : 억원〉

항목	2016	2017.2Q
영업활동	208	38
투자활동	-202	-119
재무활동	-58	54
순현금흐름	-51	-27
기말현금	140	113

시장 대비 수익률

결산 실적 〈단위 : 억원〉

항목	2012	2013	2014	2015	2016	2017
매출액	1,382	1,589	1,820	2,162	2,407	—
영업이익	135	155	178	231	291	—
당기순이익	98	122	156	173	197	—

분기 실적 〈단위 : 억원〉

항목	2016.1Q	2016.2Q	2016.3Q	2016.4Q	2017.1Q	2017.2Q
매출액	581	617	552	657	629	645
영업이익	51	70	84	87	48	75
당기순이익	38	43	70	46	32	-23

재무 상태 〈단위 : 억원〉

항목	2012	2013	2014	2015	2016	2017.2Q
총자산	1,471	1,601	1,806	1,947	2,147	2,214
유형자산	574	639	762	903	1,009	1,017
무형자산	97	82	68	87	93	103
유가증권	18	15	4	4	7	9
총부채	342	369	461	461	527	631
총차입금	30	30	—	—	—	100
자본금	71	78	82	86	88	91
총자본	1,129	1,233	1,345	1,487	1,620	1,583
지배주주지분	1,124	1,225	1,339	1,482	1,614	1,579

기업가치 지표

항목	2012	2013	2014	2015	2016	2017.2Q
주가(최고/저)(천원)	8.7/3.4	11.1/7.2	15.3/9.0	27.5/12.7	21.7/15.7	—/—
PER(최고/저)(배)	17.4/6.7	17.1/11.1	18.3/10.8	29.0/13.4	19.8/14.3	—/—
PBR(최고/저)(배)	1.5/0.6	1.7/1.1	2.2/1.3	3.4/1.6	2.4/1.8	2.6/2.0
EV/EBITDA(배)	6.2	7.1	9.7	9.6	9.0	—
EPS(원)	528	677	864	972	1,112	62
BPS(원)	7,964	7,896	8,220	8,665	9,333	8,878
CFPS(원)	944	1,050	1,226	1,379	1,567	295
DPS(원)	50	75	150	200	260	—
EBITDAPS(원)	1,218	1,256	1,353	1,693	2,071	910

재무 비율 〈단위 : %〉

연도	영업이익률	순이익률	부채비율	차입금비율	ROA	ROE	유보율	자기자본비율	EBITDA마진율
2016	12.1	8.2	32.5	0.0	9.6	13.1	1,766.7	75.5	15.2
2015	10.7	8.0	31.0	0.0	9.2	12.6	1,633.1	76.3	13.4
2014	9.8	8.6	34.3	2.2	9.2	12.3	1,544.1	74.5	12.2
2013	9.8	7.7	29.9	2.4	8.0	10.5	1,479.2	77.0	12.2

대원화성 (A024890)
Daewon Chemical

업 종 : 섬유 및 의복			시 장 : 거래소	
신용등급 : (Bond) — (CP) —			기업규모 : 시가총액 소형주	
홈 페 이 지 : www.daewon21.co.kr			연 락 처 : (02)2141-3533	
본 사 : 서울시 강남구 봉은사로 327 (논현동 278-19 궁도빌딩 13층)				

설 립 일	1974.05.23	종 업 원 수	223명	대 표 이 사	강동엽
상 장 일	1997.10.28	감 사 의 견	적정 (삼덕)	계 열	
결 산 기	12월	보 통 주	4,125만주	종속회사수	2개사
액 면 가	500원	우 선 주		구 상 호	

주주구성 (지분율,%)		출자관계 (지분율,%)		주요경쟁사 (외형,%)	
강동엽	11.8	팜크린에너지	24.3	대원화성	100
강기엽	9.8	DaewonChemicalVinaCO.LTD.	100.0	형지엘리트	125
(외국인)	1.6		100.0	LS네트웍스	392

매출구성		비용구성		수출비중	
습/습건식 外	70.4	매출원가율	76.8	수출	50.0
발포,실크,레자外	15.6	판관비율	13.2	내수	50.0
[상 품]원단	9.5				

회사 개요
동사는 1974년 벽지 사업으로부터 출발한 합성피혁(PU) 업체로 현대기아차의 도어트림용 PU소재를 공급하고 있음. 사업 부문은 크게 벽지사업과 합성피혁 및 정제사업 부문으로 나뉨. 해외자원개발 사업진출을 위해 캐나다 몰리브덴 광구개발 사업을 추진 중임. 연결대상 종속회사로 베트남 소재의 합성피혁 제조 기업인 대원 케미칼 비나(Daewon Chemical Vina)가 있음. 매출 기준 점유율은 2015년 기준 약 16%임.

실적 분석
동사의 2017년 상반기 매출액은 전년 동기 대비 8.7% 감소한 574.9억원을 기록함. 비용면에서 전년 동기 대비 매출원가는 감소하였으며 인건비는 증가했고 광고선전비는 감소함. 기타판매비와 관리비도 마찬가지로 감소함. 그에 따라 매출액 하락 등에 의해 전년 동기 대비 영업이익은 59억으로 18.2% 감소함. 최종적으로 전년 동기 대비 당기순이익은 크게 하락해 25.9억원을 기록함.

현금 흐름		〈단위 : 억원〉
항목	2016	2017.2Q
영업활동	89	20
투자활동	2	-8
재무활동	-8	-14
순현금흐름	83	-4
기말현금	134	130

시장 대비 수익률

결산 실적					〈단위 : 억원〉	
항목	2012	2013	2014	2015	2016	2017
매출액	1,205	1,082	1,316	1,446	1,244	—
영업이익	9	52	141	184	124	—
당기순이익	-50	-13	58	115	72	—

분기 실적					〈단위 : 억원〉	
항목	2016.1Q	2016.2Q	2016.3Q	2016.4Q	2017.1Q	2017.2Q
매출액	333	297	277	337	287	288
영업이익	38	34	26	26	30	29
당기순이익	23	17	16	17	11	14

재무 상태					〈단위 : 억원〉	
항목	2012	2013	2014	2015	2016	2017.2Q
총자산	1,096	1,092	1,177	1,268	1,349	1,306
유형자산	526	502	489	491	488	480
무형자산	31	25	21	19	12	11
유가증권	13	0	0	1	1	1
총부채	740	732	725	627	638	569
총차입금	503	478	453	387	386	361
자본금	156	161	181	206	206	206
총자본	356	360	452	642	711	736
지배주주지분	356	360	452	642	711	736

기업가치 지표						
항목	2012	2013	2014	2015	2016	2017.2Q
주가(최고/저)(천원)	1.2/0.7	2.5/1.0	2.6/1.4	4.2/2.0	3.4/2.3	—/—
PER(최고/저)(배)	—/—	—/—	15.2/8.1	14.7/7.2	19.3/13.1	—/—
PBR(최고/저)(배)	1.0/0.6	2.0/0.8	1.9/1.0	2.7/1.3	2.0/1.3	1.6/1.3
EV/EBITDA(배)	18.5	11.5	7.0	7.1	8.6	—/—
EPS(원)	-160	-42	172	284	175	63
BPS(원)	1,258	1,228	1,349	1,563	1,732	1,793
CFPS(원)	-56	62	271	368	247	93
DPS(원)						
EBITDAPS(원)	133	270	514	540	374	174

재무 비율								〈단위 : % 〉
연도	영업이익률	순이익률	부채비율	차입금비율	ROA	ROE	유보율	자기자본비율	EBITDA마진율
2016	10.0	5.8	89.7	54.2	5.5	10.7	246.3	52.7	12.4
2015	12.7	7.9	97.6	60.2	9.4	21.0	212.7	50.6	15.1
2014	10.7	4.4	160.3	100.2	5.1	14.4	169.8	38.4	13.2
2013	4.8	-1.2	203.5	132.7	-1.2	-3.7	145.7	33.0	7.8

대유에이텍 (A002880)
DAYOU A-TECH COLTD

업 종 : 자동차부품			시 장 : 거래소	
신용등급 : (Bond) — (CP) —			기업규모 : 시가총액 소형주	
홈 페 이 지 : www.dayou.co.kr			연 락 처 : (062)942-8611	
본 사 : 광주시 광산구 소촌로 123번길 40-11 (소촌동)				

설 립 일	1960.01.16	종 업 원 수	291명	대 표 이 사	권의경,라현근(각자대표이사)
상 장 일	1977.02.18	감 사 의 견	적정 (동명)	계 열	
결 산 기	12월	보 통 주	9,187만주	종속회사수	11개사
액 면 가	500원	우 선 주	1,501만주	구 상 호	

주주구성 (지분율,%)		출자관계 (지분율,%)		주요경쟁사 (외형,%)	
대유홀딩스	24.5	대유합금	100.0	대유에이텍	100
박영우	13.5	염성대유	100.0	대원산업	81
(외국인)	1.7	스마트홀딩스	95.0	SG&G	117

매출구성		비용구성		수출비중	
차량용의자 완제품	99.5	매출원가율	83.3	수출	—
임대용역	0.5	판관비율	14.5	내수	—

회사 개요
동사는 1960년 설립되어 1977년에 유가증권시장에 상장함. 자동차 시트 제조, 도소매, 수출입업, 비철금속, 비철금속 합금소재, 가공품 제조, 판매업, 부동산 임대업이 주 사업임. 특히 자동차 시트 사업부문에서 강점을 보임. 자동차용 의자 완제품을 제조 가공해 기아차 및 쌍용차에 납품하고 있음. 그러던 중 2014년 김치냉장고 "딤채"를 선보인 위니아만도(구 만도기계)를 인수하며 사업을 다각화하고 있음.

실적 분석
동사의 2017년 상반기 매출액은 4,660.8억원으로 전년동기 대비 13.3% 증가함. 별도기준 매출액또한 3.4% 신장하는 모습. 연결기준 매출총이익은 63.2% 증가함. 그러나 영업적자는 229.9억원, 당기순손실은 255.6억원으로 적자를 지속함. 매출액 증가, 원가율 하락에도 불구하고 지급수수료, 지급임차료 등의 증가로 판관비율이 급증하여 수익성이 개선되지 못함.

현금 흐름		〈단위 : 억원〉
항목	2016	2017.2Q
영업활동	117	-188
투자활동	-741	-69
재무활동	565	383
순현금흐름	-60	124
기말현금	185	310

시장 대비 수익률

결산 실적					〈단위 : 억원〉	
항목	2012	2013	2014	2015	2016	2017
매출액	5,055	5,552	7,375	10,311	10,213	—
영업이익	177	130	142	260	216	—
당기순이익	40	87	153	149	67	—

분기 실적					〈단위 : 억원〉	
항목	2016.1Q	2016.2Q	2016.3Q	2016.4Q	2017.1Q	2017.2Q
매출액	1,924	2,191	2,401	3,698	2,118	2,542
영업이익	-142	-196	39	514	-143	-87
당기순이익	-146	-187	28	372	-147	-108

재무 상태					〈단위 : 억원〉	
항목	2012	2013	2014	2015	2016	2017.2Q
총자산	3,857	4,387	7,493	7,642	8,486	8,748
유형자산	1,671	1,682	2,769	2,964	2,987	3,253
무형자산	270	249	825	857	875	882
유가증권	144	165	252	129	168	177
총부채	2,874	3,351	6,262	6,108	6,451	6,981
총차입금	1,137	1,326	2,363	2,265	2,461	3,005
자본금	422	422	433	496	496	497
총자본	983	1,036	1,232	1,534	2,035	1,767
지배주주지분	896	944	1,016	1,311	1,170	1,067

기업가치 지표						
항목	2012	2013	2014	2015	2016	2017.2Q
주가(최고/저)(천원)	2.6/1.3	1.5/0.9	2.1/1.0	3.1/1.4	2.7/1.5	—/—
PER(최고/저)(배)	59.0/29.1	16.1/10.3	17.7/8.7	24.8/11.3	—/—	—/—
PBR(최고/저)(배)	2.7/1.3	1.4/0.9	1.9/0.9	2.6/1.2	2.5/1.4	1.8/1.4
EV/EBITDA(배)	8.5	8.5	12.7	7.7	9.1	—/—
EPS(원)	48	100	124	130	-0	-78
BPS(원)	1,062	1,119	1,173	1,228	1,095	998
CFPS(원)	140	201	278	424	251	61
DPS(원)	30	30	50	40	15	
EBITDAPS(원)	324	254	321	565	454	-76

재무 비율								〈단위 : % 〉
연도	영업이익률	순이익률	부채비율	차입금비율	ROA	ROE	유보율	자기자본비율	EBITDA마진율
2016	2.1	0.7	317.0	120.9	0.8	0.0	135.7	24.0	4.8
2015	2.5	1.4	398.3	147.7	2.0	10.7	164.6	20.1	5.3
2014	1.9	2.1	508.4	191.8	2.6	10.8	134.7	16.4	3.7
2013	2.3	1.6	323.6	128.1	2.1	9.2	123.7	23.6	3.9

대유위니아 (A071460)
DAYOU WINIA

업 종 : 내구소비재		시 장 : KOSDAQ	
신용등급 : (Bond) — (CP) —		기업규모 : 중견	
홈페이지 : www.dayou-winia.com		연락처 : 041)530-6078	
본 사 : 광주시 광산구 하남산단9번로 110(안청동)			

설 립 일 1999.10.06	종업원수 648명	대표이사 박성관
상 장 일 2016.07.14	감사의견 적정 (동명)	계 열
결 산 기 12월	보통주 3,597만주	종속회사수 2개사
액 면 가 500원	우선주	구상호

주주구성 (지분율,%)		출자관계 (지분율,%)		주요경쟁사 (외형,%)	
위니아대유	47.4	대유위니아서비스	100.0	대유위니아	100
코웨이(쿠쿠전자의자회사는대상해상평화실업자회사이다)	10.1	푸른산수목원	31.9	코웨이	532
(외국인)	0.6	대유서비스	9.9	쿠쿠전자	160

매출구성		비용구성		수출비중	
김치냉장고	71.9	매출원가율	73.7	수출	2.0
건강/생활가전	16.6	판관비율	24.5	내수	98.0
대유위니아서비스	12.9				

회사 개요
동사는 1999년 10월 충청남도 아산시에 설립된 가정용 기기 제조업체임. 주요제품으로는 김치냉장고, 에어컨, 정수기 등이 있음. 자본금은 120억5500만원임. 4년간 100만 포기가 넘는 김치로 수많은 시행착오를 거듭한 끝에 1995년 김치냉장고 '딤채'를 출시한 만도기계 아산사업부가 모태임. 2015년 3월에는 물류서비스 전문업체인 대유위니아서비스가 출범함. 2016년 7월 코스닥에 상장함.

실적 분석
동사의 2017년 2분기 누적 연결기준 매출액은 전년대비 41.8% 증가한 1,660.0억원을 기록함. 매출액 성장으로 원가율이 대폭 개선되었으나 여전히 100%를 상회하고 있어 영업손실 292.1억원, 당기순손실 280.7억원을 기록함. 당반기 적자를 지속함. 당반기 매출비중은 대유위니아(김치냉장고 등) 96.6% 및 기타 등으로 구성됨. 동사는 당반기 결산일 이후 1주당 0.5주의 무상증자 결정을 공시함.

현금 흐름 〈단위 : 억원〉

항목	2016	2017.2Q
영업활동	-235	-366
투자활동	-380	-381
재무활동	640	723
순현금흐름	26	-25
기말현금	64	39

시장 대비 수익률
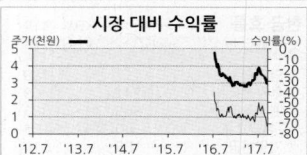

결산 실적 〈단위 : 억원〉

항목	2012	2013	2014	2015	2016	2017
매출액	3,395	4,127	3,825	4,345	4,467	—
영업이익	182	168	-196	164	78	—
당기순이익	130	111	-180	118	25	—

분기 실적 〈단위 : 억원〉

항목	2016.1Q	2016.2Q	2016.3Q	2016.4Q	2017.1Q	2017.2Q
매출액	516	655	1,204	2,092	619	1,041
영업이익	-177	-257	6	506	-173	-119
당기순이익	-189	-207	3	419	-188	-93

재무 상태 〈단위 : 억원〉

항목	2012	2013	2014	2015	2016	2017.2Q
총자산	2,345	2,784	2,317	2,100	2,965	3,311
유형자산	847	870	834	836	990	1,291
무형자산	20	38	38	60	96	100
유가증권	—	—	—	1	2	3
총부채	1,862	2,185	1,921	1,586	1,988	2,622
총차입금	320	343	283	150	356	1,087
자본금	84	84	84	87	121	121
총자본	483	599	396	514	978	689
지배주주지분	483	599	396	514	978	689

기업가치 지표

항목	2012	2013	2014	2015	2016	2017.2Q
주가(최고/저)(천원)	—/—	—/—	—/—	—/—	7.7/4.2	—/—
PER(최고/저)(배)	0.0/0.0	0.0/0.0	0.0/0.0	0.0/0.0	62.3/34.3	—/—
PBR(최고/저)(배)	0.0/0.0	0.0/0.0	0.0/0.0	0.0/0.0	1.9/1.0	1.9/1.4
EV/EBITDA(배)	—	—	—	0.4	5.9	—
EPS(원)	518	444	-718	471	83	-780
BPS(원)	2,875	3,570	2,359	2,943	4,054	2,896
CFPS(원)	1,438	1,470	-196	1,579	888	-811
DPS(원)	—	—	—	—	—	—
EBITDAPS(원)	1,749	1,810	-295	1,850	1,143	-859

재무 비율 〈단위 : %〉

연도	영업이익률	순이익률	부채비율	차입금비율	ROA	ROE	유보율	자기자본비율	EBITDA마진율
2016	1.8	0.6	203.3	36.5	1.0	3.4	710.8	33.0	5.3
2015	3.8	2.7	308.6	29.2	5.4	26.0	488.7	24.5	7.2
2014	-5.1	-4.7	485.0	71.4	-7.1	-36.1	371.8	17.1	-1.3
2013	4.1	2.7	364.4	57.1	4.3	20.6	614.0	21.5	7.4

대유플러스 (A000300)
DAYOU PLUS CO

업 종 : 자동차부품		시 장 : 거래소	
신용등급 : (Bond) — (CP) —		기업규모 : 시가총액 소형주	
홈페이지 : www.dayouplus.co.kr		연락처 : 031)737-7000	
본 사 : 광주시 서구 화운로230번길 28 (화정동)			

설 립 일 1967.12.30	종업원수 54명	대표이사 김상규
상 장 일 1975.06.09	감사의견 적정 (안세)	계 열
결 산 기 12월	보통주 8,812만주	종속회사수 4개사
액 면 가 500원	우선주	구상호 대유신소재

주주구성 (지분율,%)		출자관계 (지분율,%)		주요경쟁사 (외형,%)	
대유홀딩스	21.5	대유글로벌	100.0	대유플러스	100
대유에이텍	7.9	대유에이피	100.0	아진산업	117
(외국인)	2.0	DAYOUINC	100.0	에이엔피	24

매출구성		비용구성		수출비중	
스티어링휠(기타)	61.0	매출원가율	89.4	수출	—
알루미늄휠(기타)	39.0	판관비율	8.2	내수	—

회사 개요
동사는 자동차용 알루미늄휠과 스티어링휠 전문 제조업체임. 2016년 2분기 기준 알루미늄휠 부문에서 국내 시장의 19.0%를 점유하고 있으며, 스티어링휠 부문에서 55.4%의 점유율을 보이고 있음. 완성차 시장이 전방 산업이며, 현대/기아차, 한국지엠 등 안정적인 대형 거래처를 확보 중임. 최근 완성차 시장의 경량화 추세로 알루미늄휠 뿐 아니라 스티어링휠의 전환 및 지속적인 수요 증가가 기대됨.

실적 분석
동사의 연결기준 2017년 누적 2분기 매출액은 전년동기 대비 4.1% 증가한 2,332.8억원을 시현함. 매출원가 증가로 인해 영업이익은 전년동기 대비 93.3% 감소함. 여전히 스티어링휠과 알루미늄휠의 수출 감소가 지속되어 자동차부품부문과 통신사업부문은 수익성 부진이 지속되고 있는 상태로 판단됨. 동사는 금융업에서 영업이익을 내며 수익성을 방어하고 있음.

현금 흐름 〈단위 : 억원〉

항목	2016	2017.2Q
영업활동	218	-158
투자활동	13	-13
재무활동	-138	130
순현금흐름	93	-40
기말현금	154	114

시장 대비 수익률

결산 실적 〈단위 : 억원〉

항목	2012	2013	2014	2015	2016	2017
매출액	3,794	4,236	5,017	4,958	4,341	—
영업이익	-182	93	6	15	104	—
당기순이익	-181	73	-39	-2	95	—

분기 실적 〈단위 : 억원〉

항목	2016.1Q	2016.2Q	2016.3Q	2016.4Q	2017.1Q	2017.2Q
매출액	1,053	1,189	955	1,144	1,140	1,19
영업이익	47	36	-20	40	8	—
당기순이익	82	3	-25	35	-13	-3

재무 상태 〈단위 : 억원〉

항목	2012	2013	2014	2015	2016	2017.2Q
총자산	6,094	6,392	7,067	7,845	9,452	9,88
유형자산	1,105	1,189	1,387	1,338	1,372	1,33
무형자산	323	321	323	325	356	20
유가증권	565	497	299	340	206	20
총부채	5,082	5,314	5,997	6,779	8,253	8,81
총차입금	4,086	4,058	4,356	5,350	6,954	7,14
자본금	436	436	441	441	441	44
총자본	1,012	1,078	1,069	1,066	1,199	1,06
지배주주지분	1,010	1,026	981	917	910	77

기업가치 지표

항목	2012	2013	2014	2015	2016	2017.2Q
주가(최고/저)(천원)	3.6/1.3	1.7/1.0	2.2/1.2	1.5/1.0	1.5/0.9	—/—
PER(최고/저)(배)	—/—	35.8/22.3	—/—	—/—	—/—	—/—
PBR(최고/저)(배)	3.1/1.1	1.4/0.9	2.0/1.1	1.4/1.0	1.4/0.9	1.3/1
EV/EBITDA(배)	—	14.6	25.8	27.5	21.5	—
EPS(원)	-193	46	-86	-90	-42	-10
BPS(원)	1,159	1,177	1,113	1,041	1,032	88
CFPS(원)	-45	186	82	92	132	6
DPS(원)	—	—	—	—	—	—
EBITDAPS(원)	-95	246	175	199	291	9

재무 비율 〈단위 : %〉

연도	영업이익률	순이익률	부채비율	차입금비율	ROA	ROE	유보율	자기자본비율	EBITDA마진율
2016	2.4	2.2	688.4	580.0	1.1	-4.1	106.5	12.7	5
2015	0.3	0.0	636.0	501.9	0.0	-8.4	108.2	13.6	3
2014	0.1	-0.8	560.7	407.3	-0.6	-7.5	122.6	15.1	3
2013	2.2	1.7	493.0	376.4	1.2	4.0	135.5	16.9	5

대정화금 (A120240)
Daejung Chemicals & Metals

업 종 : 화학		시 장 : KOSDAQ	
신용등급 : (Bond) — (CP) —		기업규모 : 우량	
홈 페 이 지 : www.daejung.kr		연 락 처 : 031)488-8822	
본 사 : 경기도 시흥시 서해안로 186, 시화공단 1다 107호			

설 립 일 1986.11.13	종 업 원 수 154명	대 표 이 사 송영준
상 장 일 2010.12.20	감 사 의 견 적정 (길인)	계 열
결 산 기 12월	보 통 주 605만주	종속회사수
액 면 가 500원	우 선 주	구 상 호

주주구성 (지분율,%)		출자관계 (지분율,%)		주요경쟁사 (외형,%)	
송기섭	32.0	·		대정화금	100
송영준	10.0			KPX그린케미칼	400
(외국인)	1.2			세우글로벌	70

매출구성		비용구성		수출비중	
Acetone 18L(제품)	58.7	매출원가율	74.5	수출	3.0
Acetonitrile 4L(상품)	41.3	판관비율	11.7	내수	97.0
기타					

회사 개요
동사는 시험용약품 및 원료의약품을 생산하여 국내 및 해외에 수출하는 화학회사로 Alcohol, Hexane 등을 제조 및 판매하며, 약 2만여 품목의 재고를 보유함. 시약업종 시장은 동사를 포함한 3개사가 40여 년간 과점 형태로 시장을 형성하고 있음. 2차전지 소재를 생산하는 대정이엠을 계열회사로 보유함. 주로 화학산업에서 시약이 사용되고 있지만, 녹색뉴딜이 본격화된다면 바이오산업 뿐 아니라 환경산업까지 그 수요가 확대될 것으로 기대됨.

실적 분석
동사의 2017년 2분기기준 누계 매출액은 전년동기대비 11.2% 상승한 331.9억원을 기록하였음. 시약은 경기변동의 영향이 거의 없고 화학 및 바이오 산업에 필수적인 소모품이므로 제품의 질적 수준이 높으면 점진적 성장을 기대할 수 있음. 이런 환경에 따라 전년동기대비 영업이익은 45.3억원으로 13.2% 상승하였음. 최종적으로 전년동기대비 당기순이익은 상승하여 35억원을 기록함.

현금 흐름 *IFRS 별도 기준 〈단위 : 억원〉

항목	2016	2017.2Q
영업활동	74	24
투자활동	-64	-25
재무활동	-15	-13
순현금흐름	-4	-14
기말현금	23	9

시장 대비 수익률

결산 실적 〈단위 : 억원〉

항목	2012	2013	2014	2015	2016	2017
매출액	553	577	606	579	609	—
영업이익	45	60	70	81	84	—
당기순이익	36	98	65	77	75	—

분기 실적 *IFRS 별도 기준 〈단위 : 억원〉

항목	2016.1Q	2016.2Q	2016.3Q	2016.4Q	2017.1Q	2017.2Q
매출액	145	154	147	164	163	168
영업이익	18	22	19	25	20	25
당기순이익	16	16	10	33	11	24

재무 상태 *IFRS 별도 기준 〈단위 : 억원〉

항목	2012	2013	2014	2015	2016	2017.2Q
총자산	682	894	987	1,002	1,122	1,137
유형자산	276	279	273	253	246	242
무형자산	6	6	9	9	8	8
유가증권	1	1	0	2	2	144
총부채	122	236	276	203	261	254
총차입금	22	112	116	2	2	5
자본금	29	29	29	30	30	30
총자본	560	658	711	799	861	883
지배주주지분	560	658	711	799	861	883

기업가치 지표 *IFRS 별도 기준

항목	2012	2013	2014	2015	2016	2017.2Q
주가(최고/저)(천원)	13.7/7.8	12.5/8.4	10.6/8.6	18.3/8.9	16.0/11.7	—/—
PER(최고/저)(배)	24.6/13.9	8.1/5.4	10.0/8.1	14.8/7.2	13.1/9.6	1.0/0.8
PBR(최고/저)(배)	1.6/0.9	1.2/0.8	0.9/0.7	1.4/0.7	1.1/0.8	—/—
EV/EBITDA(배)	6.3	4.9	5.4	6.0	5.8	—/—
EPS(원)	630	1,691	1,125	1,284	1,244	578
BPS(원)	9,673	11,365	12,274	13,216	14,239	14,601
CFPS(원)	898	1,913	1,318	1,463	1,382	651
DPS(원)	300	250	250	250	250	822
EBITDAPS(원)	1,047	1,259	1,396	1,543	1,530	

재무 비율 〈단위 : % 〉

연도	영업이익률	순이익률	부채비율	차입금비율	ROA	ROE	유보율	자기자본비율	EBITDA마진율
2016	13.8	12.4	30.3	0.2	7.1	9.1	2,747.7	76.8	15.2
2015	14.0	13.2	25.4	0.3	7.7	10.1	2,543.1	79.8	15.9
2014	11.5	10.8	38.8	16.3	6.9	9.6	2,354.7	72.1	13.4
2013	10.4	17.0	35.9	17.1	12.4	16.1	2,173.0	73.6	12.7

대주산업 (A003310)
DAEJOO CO LTD

업 종 : 식료품		시 장 : KOSDAQ	
신용등급 : (Bond) — (CP) —		기업규모 : 중견	
홈 페 이 지 : www.daejooind.com		연 락 처 : 02)2201-8108	
본 사 : 서울시 광진구 구의강변로 44, 남전빌딩			

설 립 일 1962.01.16	종 업 원 수 121명	대 표 이 사 정은섭,김창종
상 장 일 1992.08.01	감 사 의 견 적정 (우리)	계 열
결 산 기 12월	보 통 주 3,539만주	종속회사수
액 면 가 500원	우 선 주	구 상 호

주주구성 (지분율,%)		출자관계 (지분율,%)		주요경쟁사 (외형,%)	
정은섭	31.6	코리아로터리서비스	0.3	대주산업	100
정석원	6.8			고려산업	203
(외국인)	1.4	녹색계란		한탑	151

매출구성		비용구성		수출비중	
배합사료(코끼리표,도그랑등)	100.0	매출원가율	78.3	수출	0.0
		판관비율	17.9	내수	100.0

회사 개요
동사는 사료산업을 영위하며 업종의 성격상 축산업에 생산재를 공급하는 기초 산업으로서 시설면에서는 장치산업으로 분류되고 있음. 축산업 경기는 가축의 광우병, 콜레라, 조류독감 등의 질병으로 인한 축산물 소비 감소와 국내 경기 변동에 따른 영향을 받으며 한정된 시장 내에서 시장 점유율을 넓혀가는 대기업 사료업체간의 과당경쟁과 농.축협 통합에 따른 시장 점유율 확보로 시장 경쟁은 더욱 심화되고 있는 추세임.

실적 분석
동사의 2017년 연결기준 상반기 매출액은 416.5억원으로 전년동기 대비 5.4% 감소함. 매출원가 및 판관비가 감소하면서 영업이익은 전년동기 대비 6.1% 증가하면서 16.3억원을 기록함. 비영업손익 부문은 적자를 지속하였으나 당기순이익은 전년동기 대비 11.0% 증가한 11.2억원을 시현함. 매출액은 비슷한 수준이지만 수익성은 개선되고 있는 상황.

현금 흐름 〈단위 : 억원〉

항목	2016	2017.2Q
영업활동	74	2
투자활동	-7	-40
재무활동	-73	36
순현금흐름	-7	-3
기말현금	13	11

시장 대비 수익률

결산 실적 〈단위 : 억원〉

항목	2012	2013	2014	2015	2016	2017
매출액	899	894	776	844	851	—
영업이익	6	20	25	27	32	—
당기순이익	-1	12	15	14	19	—

분기 실적 〈단위 : 억원〉

항목	2016.1Q	2016.2Q	2016.3Q	2016.4Q	2017.1Q	2017.2Q
매출액	225	215	191	219	208	209
영업이익	4	12	8	9	6	11
당기순이익	2	8	6	3	3	8

재무 상태 〈단위 : 억원〉

항목	2012	2013	2014	2015	2016	2017.2Q
총자산	830	813	799	793	768	773
유형자산	453	450	449	450	453	459
무형자산	10	10	10	7	7	7
유가증권	7	7	7	7	7	7
총부채	385	356	329	314	283	285
총차입금	227	191	139	137	73	118
자본금	187	187	187	187	187	187
총자본	445	458	470	479	485	487
지배주주지분	445	458	470	479	485	487

기업가치 지표

항목	2012	2013	2014	2015	2016	2017.2Q
주가(최고/저)(천원)	1.8/0.5	0.8/0.5	0.9/0.5	1.4/0.6	2.7/0.9	—/—
PER(최고/저)(배)	—/—	24.5/15.5	22.6/12.5	38.2/17.1	50.0/17.4	2.9/1.2
PBR(최고/저)(배)	1.5/0.4	0.6/0.4	0.7/0.4	1.1/0.5	2.0/0.7	—/—
EV/EBITDA(배)	29.2	11.8	9.8	15.7	20.1	—/—
EPS(원)	-3	33	43	39	55	32
BPS(원)	1,258	1,293	1,328	1,352	1,370	1,377
CFPS(원)	21	58	69	66	83	47
DPS(원)				25	25	
EBITDAPS(원)	42	80	97	105	119	61

재무 비율 〈단위 : % 〉

연도	영업이익률	순이익률	부채비율	차입금비율	ROA	ROE	유보율	자기자본비율	EBITDA마진율
2016	3.8	2.3	58.4	15.0	2.5	4.0	159.4	63.1	5.0
2015	3.3	1.6	65.7	28.6	1.7	2.9	155.9	60.4	4.4
2014	3.3	2.0	70.0	29.7	1.9	3.3	151.4	58.8	4.4
2013	2.2	1.3	77.7	41.7	1.4	2.6	144.7	56.3	3.2

대주이엔티 (A114920)
Daejoo Energy INnovation Technology

업　　종 : 금속 및 광물　　　　　　시　　장 : KONEX
신용등급 : (Bond) —　　　(CP) —　　기업규모 :
홈페이지 : www.daejooent.co.kr　　연 락 처 : 070)7015-1323
본　　사 : 인천시 중구 신포로 4 4층(사동)

설 립 일	1989.05.29	종 업 원 수	139명	대 표 이 사	황광수
상 장 일	2013.07.01	감 사 의 견	적정 (삼덕)	계	열
결 산 기	12월	보 통 주		종속회사수	
액 면 가	—	우 선 주		구 상 호	

주주구성 (지분율,%)		출자관계 (지분율,%)		주요경쟁사 (외형,%)	
박광수	23.1	케이디로지스	30.0	대주이엔티	100
박주봉	21.3	아봉금속	28.5	세기리텍	56
		케이디엘	13.3	그린플러스	32

매출구성		비용구성		수출비중	
E/Rail(제품)	47.7	매출원가율	93.1	수출	4.0
E/Rail(기타)	17.6	판관비율	5.4	내수	96.0
배관공사(공사)	15.0				

회사 개요
동사는 1989년에 설립되어 단열 이중보온관 등을 제조 및 판매하고 있으며, 2002년 7월 1일에 관계회사인 대주중공업으로부터 엘리베이터 레일사업부를 인수하여 엘리베이터 레일의 제조 및 판매를 추가함. 2004년 신규사업으로 철골공사업이 추가되었고 2007년에는 ESCO사업과 승강기설치공사업, 2009년에는 토공사업외 5개 사업이 신규로 추가함. 매출구성은 이중보온관 19%, 엘리베이터가이드레일 32%, 배관공사 25%, 기타 24%임.

실적 분석
동사의 2016년 연결 기준 매출과 영업이익, 당기순이익은 1185억원, 18억원, 11억원으로, 전년 대비 각각 0.14%, 147.8% 증가하고 흑자전환함. 부채총계는 810억원, 자본총계는 348억원으로 전년 대비 각각 16.5%, 3.3% 증가함. 동사는 2017년 7월 12일 수원지방법원 성남지원으로부터 이중보온관 담합행위와 관련 1심 손해배상청구소송에서 패소해 동사를 포함한 4사가 119억원의 배상의무가 생김. 항소를 진행 중임.

현금 흐름 *IFRS 별도 기준 〈단위 : 억원〉

항목	2016	2017.2Q
영업활동	69	—
투자활동	-164	—
재무활동	33	—
순현금흐름	-62	—
기말현금	17	—

시장 대비 수익률

결산 실적 〈단위 : 억원〉

항목	2012	2013	2014	2015	2016	2017
매출액	1,193	1,230	1,447	1,183	1,185	
영업이익	48	34	52	7	18	
당기순이익	33	27	33	-8	11	

분기 실적 *IFRS 별도 기준 〈단위 : 억원〉

항목	2016.1Q	2016.2Q	2016.3Q	2016.4Q	2017.1Q	2017.2Q
매출액	—	—	—	—	—	—
영업이익	—	—	—	—	—	—
당기순이익	—	—	—	—	—	—

재무 상태 *IFRS 별도 기준 〈단위 : 억원〉

항목	2012	2013	2014	2015	2016	2017.2Q
총자산	581	696	755	1,032	1,158	
유형자산	52	93	119	315	296	
무형자산	5	4	4	3	2	
유가증권	84	84	77	77	82	
총부채	296	384	410	696	811	
총차입금	145	218	204	507	602	
자본금	17	17	17	17	17	
총자본	285	311	345	337	348	
지배주주지분	285	311	345	337	348	

기업가치 지표 *IFRS 별도 기준

항목	2012	2013	2014	2015	2016	2017.2Q
주가(최고/저)(천원)	—/—	11.3/5.2	11.3/7.0	15.5/2.1	15.5/2.4	—/—
PER(최고/저)(배)	0.0/0.0	14.8/6.8	11.8/7.3	—/—	48.4/7.5	—/—
PBR(최고/저)(배)	0.0/0.0	1.3/0.6	1.1/0.7	1.6/0.2	1.6/0.2	0.0/0.0
EV/EBITDA(배)	1.5	11.7	4.8	11.6	11.2	
EPS(원)	951	765	959	-227	320	
BPS(원)	8,216	8,975	9,933	9,706	10,026	
CFPS(원)	1,182	1,071	1,609	586	928	
DPS(원)	25					
EBITDAPS(원)	1,613	1,284	2,140	1,021	1,123	

재무 비율 〈단위 : % 〉

연도	영업이익률	순이익률	부채비율	차입금비율	ROA	ROE	유보율	자기자본비율	EBITDA마진율
2016	1.5	0.9	233.0	173.1	1.0	3.3	1,905.3	30.0	3.3
2015	0.6	-0.7	206.6	150.6	-0.9	-2.3	1,841.2	32.6	3.0
2014	3.6	2.3	119.0	59.2	4.6	10.1	1,886.7	45.7	5.1
2013	2.8	2.2	123.5	70.0	4.2	8.9	1,694.9	44.8	3.6

대주전자재료 (A078600)
Daejoo Electronic Materials

업　　종 : 전자 장비 및 기기　　　　시　　장 : KOSDAQ
신용등급 : (Bond) —　　　(CP) —　　기업규모 : 벤처
홈페이지 : www.daejoo.co.kr　　　연 락 처 : 031)498-2901
본　　사 : 경기도 시흥시 서해안로 148 (정왕동 시흥스마트 허브 1라 110)

설 립 일	1981.07.06	종 업 원 수	192명	대 표 이 사	임일지,임중규(각자대표)
상 장 일	2004.12.10	감 사 의 견	적정 (성도)	계	열
결 산 기	12월	보 통 주	1,403만주	종속회사수	3개사
액 면 가	500원	우 선 주		구 상 호	

주주구성 (지분율,%)		출자관계 (지분율,%)		주요경쟁사 (외형,%)	
임중규	8.6	대주USLLC	90.0	대주전자재료	100
임일지	7.2	대주나노솔라㈜	33.9	이엠티	13
(외국인)	1.4	청도대주전자재료유한공사	100.0	상신이디피	113

매출구성		비용구성		수출비중	
형광체	35.8	매출원가율	72.7	수출	73.0
전도성 페이스트	33.0	판관비율	21.3	내수	27.0
태양전지전극재료	12.2				

회사 개요
동사는 전자제품에 필수적으로 사용되는 전자부품용 소재를 종합적으로 개발, 제조, 양산할 수 있는 전자재료 전문기업임. 2016년 기준 주요 제품은 전도성페이스트(33%), 태양전지 전극재료(12.2%), 고분자재료(11.6%), LED 형광체(35.8%) 등 임. 전극페이스트는 국내는 삼성전기를 필두로 하여 칩부품용 전극재료의 수요가 증가하고 있으며 중국, 대만에서의 시장이 크게 확대되고 있음.

실적 분석
동사의 연결기준 2017년 2분기 누적매출액은 449.1억원으로 전년동기 대비 35.9% 증가함. 매출 증가는 형광체재료사업부의 LED 매출이 전기대비 증가하였으며 본사 전도성 페이스트 부분 매출 역시 소폭 증가했기 때문. 외형확대와 판관비 부담의 감소로 동사는 18.2억원의 영업이익을 기록, 전년동기 대비 47.7% 이상 개선됨. 비영업 부문에서 손실이 지속되었음에도 5.7억원의 당기순이익을 실현하며 전년동기 대비 흑자전환

현금 흐름 〈단위 : 억원〉

항목	2016	2017.2Q
영업활동	41	8
투자활동	-69	-14
재무활동	39	12
순현금흐름	10	4
기말현금	109	114

시장 대비 수익률

결산 실적 〈단위 : 억원〉

항목	2012	2013	2014	2015	2016	2017
매출액	1,052	796	706	575	679	
영업이익	85	14	3	-23	40	
당기순이익	45	-10	-64	-49	11	

분기 실적 〈단위 : 억원〉

항목	2016.1Q	2016.2Q	2016.3Q	2016.4Q	2017.1Q	2017.2Q
매출액	158	172	166	183	208	24
영업이익	5	7	11	17	9	
당기순이익	1	-1	4	3	2	

재무 상태 〈단위 : 억원〉

항목	2012	2013	2014	2015	2016	2017.2Q
총자산	1,161	1,171	1,152	1,349	1,412	1,44
유형자산	622	611	704	877	874	87
무형자산	105	116	88	95	99	10
유가증권	—	—	—	—	—	
총부채	700	688	728	819	828	82
총차입금	573	570	633	725	708	70
자본금	42	46	46	47	66	7
총자본	461	483	424	530	585	61
지배주주지분	446	470	410	517	572	60

기업가치 지표

항목	2012	2013	2014	2015	2016	2017.2Q
주가(최고/저)(천원)	9.5/6.0	9.4/6.5	8.0/3.9	6.5/3.8	4.4/3.0	—/—
PER(최고/저)(배)	20.7/13.0	—/—	—/—	—/—	73.2/49.3	—/—
PBR(최고/저)(배)	2.1/1.3	2.0/1.4	2.0/0.9	1.3/0.8	1.0/0.7	1.5/0.
EV/EBITDA(배)	10.5	21.5	18.7	44.7	14.7	
EPS(원)	465	-76	-572	-431	61	
BPS(원)	5,605	5,685	5,022	6,055	4,594	4,56
CFPS(원)	1,162	483	-144	1	397	
DPS(원)	100					
EBITDAPS(원)	1,621	735	590	272	683	30

재무 비율 〈단위 : % 〉

연도	영업이익률	순이익률	부채비율	차입금비율	ROA	ROE	유보율	자기자본비율	EBITDA마진율
2016	5.9	1.0	141.5	121.1	0.5	1.3	818.8	41.4	11.
2015	-4.0	-8.5	154.4	136.6	-3.9	-10.4	1,111.1	39.3	4.
2014	0.5	-9.0	171.9	149.4	-5.5	-14.4	904.4	36.8	7.
2013	1.7	-1.2	142.3	118.0	-0.8	-1.8	1,036.9	41.3	5.

대진디엠피 (A065690)
DAEJINDMPCOLTD

업 종 : 컴퓨터 및 주변기기			시 장 : KOSDAQ	
신용등급 : (Bond) — (CP) —			기업규모 : 우량	
홈 페 이 지 : www.daejindmp.co.kr			연 락 처 : 041)522-5361	
본 사 : 충남 천안시 서북구 성거읍 천흥리 316-4				

설 립 일	1987.06.23	종 업 원 수	148명	대 표 이 사	박창식
상 장 일	2002.06.27	감 사 의 견	적정 (인덕)	계 열	
결 산 기	12월	보 통 주	1,386만주	종속회사수	1개사
액 면 가	500원	우 선 주		구 상 호	

주주구성 (지분율,%)		출자관계 (지분,%)		주요경쟁사 (외형,%)	
박창식	21.5	위해대진전자유한공사 100.0		대진디엠피	100
박영태	7.5			엠젠플러스	82
(외국인)	1.1			아이리버	82

매출구성		비용구성		수출비중	
BLADE/ROLLER	52.3	매출원가율	81.6	수출	50.0
LED&LED LAMP	47.7	판관비율	11.8	내수	50.0

회사 개요
1970년 3월에 설립된 동사는 프린터 제품에 들어가는 핵심 고무 롤러류 및 블레이드류와 LED PKG, LAMP의 제조와 판매를 주 영업목적으로 하고 있음. 동사는 프린터 부품 부문이 전체 매출의 52% 가량을 차지하고, 주요 거래선은 삼성전자임. 매출의 47%를 차지하는 LED 조명부문에선 핸드폰에 들어가는 발광 chip LED 및 할로겐램프 대체용 LED 램프를 생산 중임. 최근에는 피부미용기기를 개발하며 사업다각화 추진 중

실적 분석
동사의 2017년 상반기 매출은 333억원으로 전년대비 4.7% 증가, 영업이익은 5억원으로 전년대비 39.3% 감소, 당기순이익은 -4.2억원으로 적자전환 시현. 매출 정체 가운데 원가율 상승, 판관비 증가로 수익성은 부진함. LED 조명사업은 진입장벽 약화, 중국산 저가 제품의 확대로 성장 정체, 수익성 약화로 연결. 향후에 LED를 이용한 헬스케어 사업을 확대 예정. 또한 광원을 이용한 다른 의료장비도 출시할 계획

현금 흐름		〈단위 : 억원〉	
항목	2016	2017.2Q	
영업활동	114	-28	
투자활동	-22	16	
재무활동	11	-22	
순현금흐름	112	-42	
기말현금	272	230	

시장 대비 수익률

결산 실적					〈단위 : 억원〉
항목	2012	2013	2014	2015	2016	2017
매출액	890	753	659	699	639	—
영업이익	32	4	13	28	42	—
당기순이익	7	-48	32	35	25	—

분기 실적					〈단위 : 억원〉
항목	2016.1Q	2016.2Q	2016.3Q	2016.4Q	2017.1Q	2017.2Q
매출액	165	153	168	153	169	165
영업이익	12	12	7	11	6	-1
당기순이익	8	13	-6	10	-11	7

재무 상태					〈단위 : 억원〉
항목	2012	2013	2014	2015	2016	2017.2Q
총자산	971	937	923	933	1,008	1,007
유형자산	398	368	357	328	269	257
무형자산	7	7	16	14	6	8
유가증권	24	47	12	63	64	44
총부채	190	204	158	109	130	127
총차입금	106	94	80	76	56	28
자본금	59	59	59	63	68	69
총자본	780	733	765	824	878	880
지배주주지분	780	733	765	824	878	880

기업가치 지표					
항목	2012	2013	2014	2015	2016	2017.2Q
주가(최고/저)(천원)	4.5/3.0	5.8/3.5	4.1/2.5	6.2/2.8	5.2/3.5	—/—
PER(최고/저)(배)	70.4/46.6	—	15.1/9.3	21.5/9.7	26.8/18.2	—/—
PBR(최고/저)(배)	0.6/0.4	0.9/0.5	0.6/0.4	0.9/0.4	0.8/0.5	0.7/0.6
EV/EBITDA(배)	4.7	5.9	2.6	5.2	1.2	—/—
EPS(원)	63	-409	272	287	194	-30
BPS(원)	7,055	6,649	6,924	6,920	6,768	6,676
CFPS(원)	504	-29	622	646	510	92
DPS(원)	—	—	—	—	—	—
EBITDAPS(원)	710	411	462	586	637	158

재무 비율								〈단위 : % 〉
연도	영업이익률	순이익률	부채비율	차입금비율	ROA	ROE	유보율	자기자본비율	EBITDA마진율
2016	6.6	4.0	14.8	6.4	2.6	3.0	1,253.7	87.1	13.0
2015	4.0	5.0	13.2	9.2	3.8	4.4	1,284.1	88.4	10.3
2014	2.0	4.8	20.7	10.5	3.4	4.3	1,284.8	82.9	8.2
2013	0.5	-6.4	27.8	12.8	-5.0	-6.3	1,229.8	78.2	6.4

대창 (A012800)
Daechang

업 종 : 금속 및 광물			시 장 : 거래소	
신용등급 : (Bond) — (CP) —			기업규모 : 시가총액 소형주	
홈 페 이 지 : www.brassone.com			연 락 처 : 031)496-3000	
본 사 : 경기도 시흥시 공단1대로 391(정왕동), 시화공단4나 506호				

설 립 일	1974.04.16	종 업 원 수	369명	대 표 이 사	조시영,김옥렬
상 장 일	1989.12.05	감 사 의 견	적정 (삼경)	계 열	
결 산 기	12월	보 통 주	9,114만주	종속회사수	7개사
액 면 가	500원	우 선 주	만주	구 상 호	

주주구성 (지분율,%)		출자관계 (지분,%)		주요경쟁사 (외형,%)	
서원	27.9	DGSCCO.LTD 100.0		대창	100
조시영	4.4	아이엔스틸 80.9		포스코엠텍	33
(외국인)	2.6	태우 78.4		동양철관	16

매출구성		비용구성		수출비중	
황동봉(제품)	80.4	매출원가율	92.7	수출	49.0
건설부품등 소재	19.6	판관비율	3.6	내수	51.0

회사 개요
동사는 1974년 동합금계열 비철금속 등의 제조 및 판매를 목적으로 설립됨. 동사의 종속회사는 전선소재인 동 Wirebar와 파이프 소재인 동 Billet 생산하는 (주)태우, 황동 소재 부품을 생산하는 (주)에엔테크, 냉간압연 특수대강 및 포장용 대강 생산하는 (주)아이엔스틸 등 국내 3개사, 해외 판매거점인 해외 4개사임. 동사는 황동봉 국내 시장에서 2017년 기준 38%를 차지하는 국내 1위 업체이자 세계 시장에서도 5위권 이내임.

실적 분석
동사의 2017년 상반기 누적 매출액은 4773.3억원으로 전년 동기 대비 3.4% 증가했고, 영업이익은 187.6억원으로 전년 동기에 비해 8.3% 증가함. 동사는 원재료인 동의 가격이 2016년에 비해 10% 이상 올랐으나, 재료가격 인상분이 제품가격에도 반영됨. 판매관리비를 전년 동기보다 5.6% 줄인 141.5억원으로 통제해 수익성이 개선됨. 비영업부문에선 금융부문의 손실이 확대되어 당기순이익이 전년 동기보다 감소한 85.6억원에 그침.

현금 흐름		〈단위 : 억원〉	
항목	2016	2017.2Q	
영업활동	416	-100	
투자활동	-60	79	
재무활동	-623	-11	
순현금흐름	-266	-31	
기말현금	134	102	

시장 대비 수익률

결산 실적					〈단위 : 억원〉
항목	2012	2013	2014	2015	2016	2017
매출액	7,813	7,549	13,237	10,167	8,177	—
영업이익	79	7	163	-320	302	—
당기순이익	88	-186	-80	-509	120	—

분기 실적					〈단위 : 억원〉
항목	2016.1Q	2016.2Q	2016.3Q	2016.4Q	2017.1Q	2017.2Q
매출액	2,362	2,253	1,680	1,882	2,341	2,432
영업이익	103	71	-6	135	107	80
당기순이익	83	53	-19	3	53	32

재무 상태					〈단위 : 억원〉
항목	2012	2013	2014	2015	2016	2017.2Q
총자산	4,770	6,578	6,557	5,391	5,660	5,572
유형자산	1,447	1,988	1,968	2,081	2,162	2,223
무형자산	27	30	27	28	103	100
유가증권	58	47	12	0	16	60
총부채	2,877	4,724	4,877	3,900	3,867	3,672
총차입금	2,440	4,265	4,138	3,512	3,238	3,194
자본금	456	456	456	456	456	456
총자본	1,893	1,854	1,679	1,491	1,792	1,900
지배주주지분	1,870	1,662	1,579	1,427	1,473	1,565

기업가치 지표					
항목	2012	2013	2014	2015	2016	2017.2Q
주가(최고/저)(천원)	1.7/1.0	1.5/0.9	1.1/0.8	1.2/0.8	1.3/0.9	—/—
PER(최고/저)(배)	18.3/10.7	—	—	—	13.2/8.9	—/—
PBR(최고/저)(배)	—	0.8/0.5	0.6/0.4	0.7/0.5	0.8/0.5	0.7/0.5
EV/EBITDA(배)	21.7	53.5	16.8	—	10.0	—/—
EPS(원)	95	-206	-60	-491	101	77
BPS(원)	2,112	1,885	1,837	1,671	1,721	1,822
CFPS(원)	186	-109	83	-351	242	145
DPS(원)	30	—	—	—	—	—
EBITDAPS(원)	177	106	321	-211	473	274

재무 비율								〈단위 : % 〉
연도	영업이익률	순이익률	부채비율	차입금비율	ROA	ROE	유보율	자기자본비율	EBITDA마진율
2016	3.7	1.5	215.8	180.6	2.2	6.3	244.2	31.7	5.3
2015	-3.2	-5.0	261.6	235.6	-8.5	-29.8	234.1	27.7	-1.9
2014	1.2	-0.6	290.5	246.5	-1.2	-3.4	267.4	25.6	2.2
2013	0.1	-2.5	254.8	230.0	-3.3	-10.7	277.0	28.2	1.3

대창단조 (A015230)
Daechang Forging

업 종 : 기계
신용등급 : (Bond) — (CP) —
홈페이지 : www.dcf.co.kr
본 사 : 경남 김해시 생림면 봉림로 115-92

시 장 : 거래소
기업규모 : 시가총액 소형주
연 락 처 : 055)329-3911

설 립 일 1981.01.01	종업원수 134명
상 장 일 1989.07.25	감사의견 적정 (성도)
결 산 기 12월	보통주 200만주
액 면 가 5,000원	우 선 주

대표이사 박권일
계 열
종속회사 3개사
구 상 호

주주구성 (지분율,%)		출자관계 (지분율,%)		주요경쟁사 (외형,%)	
박권일	12.3	나전금속	92.0	대창단조	100
박권욱	11.0	대창중기	85.0	로보스타	71
(외국인)	5.8	TrekInc	70.0	스맥	58

매출구성		비용구성		수출비중	
링크아세이(제품)	31.5	매출원가율	85.0	수출	60.0
링크슈아세이(제품)	30.4	판관비율	7.3	내수	40.0
상품	23.2				

회사 개요
동사는 건설 및 토목용 장비 전문 업체로 50년 이상 자동차, 중장비 부품의 단조 및 가공 사업을 전문적으로 영위해 옴. Trek Inc, 대충중기, 나전금속 등 총 3개의 연결대상 종속회사를 보유하고 있음. 매출의 약 40%는 내수, 약 60%는 수출에서 나옴. 내수는 볼보, 현대, 두산의 중장비 완성차 업체에 OEM 방식으로 납품해 매출을 거둬 들이고 수출 매출은 굴삭기 등 중장비용 글로벌 A/S시장과 해외 OEM 시장에서 나옴.

실적 분석
2017년 상반기 연결기준 매출액은 1,234.3억원. 전년동기 대비 25.2% 증가. 매출상승과 판관비율 하락에도 불구하고 원가율 상승으로 영업이익은 0.6% 하락함. 주요제품의 단가 하락, 원재료가 상승등 비우호적인 경영환경 때문. 비영업부문에서 외환손실을 포함 약 5.7억원 손실이 발생해 당기순이익은 8.5% 감소한 68.4억원을 기록함. 2017년도 매출목표는 1,800억원. 해외OEM시장 개척과 신모델개발 및 판매에 주력하고 있음.

현금 흐름
〈단위 : 억원〉

항목	2016	2017.2Q
영업활동	24	61
투자활동	95	-22
재무활동	-109	-27
순현금흐름	11	11
기말현금	98	109

시장 대비 수익률

결산 실적
〈단위 : 억원〉

항목	2012	2013	2014	2015	2016	2017
매출액	3,123	2,583	2,451	2,313	2,134	—
영업이익	306	225	183	189	165	—
당기순이익	233	181	181	158	140	—

분기 실적
〈단위 : 억원〉

항목	2016.1Q	2016.2Q	2016.3Q	2016.4Q	2017.1Q	2017.2Q
매출액	460	526	505	643	604	631
영업이익	32	63	37	33	46	48
당기순이익	23	52	20	45	21	48

재무 상태
〈단위 : 억원〉

항목	2012	2013	2014	2015	2016	2017.2Q
총자산	1,440	1,551	1,840	1,953	2,024	2,043
유형자산	401	390	547	665	633	612
무형자산	7	8	9	9	12	18
유가증권	163	1	2	12	10	9
총부채	399	352	460	437	392	379
총차입금	80	50	100	116	34	32
자본금	100	100	100	100	100	100
총자본	1,041	1,199	1,380	1,516	1,632	1,664
지배주주지분	991	1,150	1,315	1,437	1,553	1,586

기업가치 지표

항목	2012	2013	2014	2015	2016	2017.2Q
주가(최고/저)(천원)	47.3/28.8	46.1/34.2	52.9/38.3	54.8/38.8	49.4/38.0	—/—
PER(최고/저)(배)	4.7/2.9	5.8/4.3	6.3/4.6	7.4/5.2	7.2/5.6	—/—
PBR(최고/저)(배)	1.1/0.7	0.9/0.7	0.9/0.6	0.8/0.6	0.7/0.5	0.8/0.6
EV/EBITDA(배)	2.1	2.5	2.7	2.1	3.1	—/—
EPS(원)	11,700	8,989	9,275	7,858	6,972	3,329
BPS(원)	49,573	57,482	65,771	71,848	77,662	79,315
CFPS(원)	13,161	10,329	10,734	10,199	8,962	4,352
DPS(원)	1,000	1,000	2,000	1,300	1,300	—
EBITDAPS(원)	16,747	12,608	10,634	11,809	10,224	5,737

재무 비율
〈단위 : %〉

연도	영업이익률	순이익률	부채비율	차입금비율	ROA	ROE	유보율	자기자본비율	EBITDA마진율
2016	7.7	6.6	24.0	2.1	7.0	9.3	1,453.2	80.6	9.6
2015	8.2	6.8	28.9	7.6	8.3	11.4	1,337.0	77.6	10.2
2014	7.5	7.4	33.3	7.3	10.7	15.1	1,215.4	75.0	8.7
2013	8.7	7.0	29.4	4.2	12.1	16.8	1,049.6	77.3	9.8

대창솔루션 (A096350)
Daechang Solution

업 종 : 조선
신용등급 : (Bond) — (CP) —
홈페이지 : www.dsol.co.kr
본 사 : 부산시 강서구 화전산단1로 155 (화전동)

시 장 : KOSDAQ
기업규모 : 중견
연 락 처 : 051)899-5555

설 립 일 1977.10.27	종업원수 141명
상 장 일 2007.12.17	감사의견 적정 (한울)
결 산 기 12월	보통주 1,820만주
액 면 가 500원	우 선 주

대표이사 박정호,김대성
계 열
종속회사 1개사
구 상 호 대창메탈

주주구성 (지분율,%)		출자관계 (지분율,%)		주요경쟁사 (외형,%)	
박정호	15.9	크리오스	98.7	대창솔루션	100
이진식	6.2			에스앤더블유	86
(외국인)	0.8			인화정공	194

매출구성		비용구성		수출비중	
에너지변환장치품	63.6	매출원가율	98.6	수출	43.0
수송 및 산업기기부품소재	17.4	판관비율	13.7	내수	57.0
초저온산업	15.7				

회사 개요
동사는 1953년 설립돼 선박용엔진부품류, 발전설비품, 플랜트등 산업기계 소재 등을 주로 생산하는 업체로서 동사의 제품은 현대중공업과 두산엔진, STX 등과 일본 등 해외시장에 납품하고 있음. 동사는 초저온 액화가스를 저장하는 탱크를 제조하는 크리오스의 지분 94%를 보유하며 계열회사로 두고 있음. 계열회사의 제품은 현대로템, 디섹 등에 납품하고 있음. 2015년 박정호, 김대성 각자대표 체제로 변경되었음

실적 분석
전방산업의 위축에 따른 자회사 매출 부진으로 동사의 연결기준 2017년 2분기 누적 매출액은 전년동기 대비 4.9% 감소한 206.9억을 시현하였음. 영업이익은 2.3억원을 기록, 흑자전환함. 다만, 비영업부문에서 손실이 발생함에 따라 당기순손실은 9.5억원으로 적자지속함. 동사는 공장 일원화 및 고부가가치 제품 생산을 위한 진공정련설비(LF/VOD) 추가 도입을 위해 160억원을 투자하였음.

현금 흐름
〈단위 : 억원〉

항목	2016	2017.2Q
영업활동	-37	1
투자활동	-51	8
재무활동	60	-8
순현금흐름	-28	2
기말현금	8	9

시장 대비 수익률

결산 실적
〈단위 : 억원〉

항목	2012	2013	2014	2015	2016	2017
매출액	689	952	827	597	493	—
영업이익	11	-34	-70	-2	-60	—
당기순이익	-23	-7	-129	-22	-84	—

분기 실적
〈단위 : 억원〉

항목	2016.1Q	2016.2Q	2016.3Q	2016.4Q	2017.1Q	2017.2Q
매출액	114	104	125	151	97	111
영업이익	-18	-22	13	-34	-2	5
당기순이익	-19	-24	47	-88	-8	-1

재무 상태
〈단위 : 억원〉

항목	2012	2013	2014	2015	2016	2017.2Q
총자산	1,708	1,677	1,537	1,540	1,465	1,45
유형자산	1,128	1,018	996	1,075	1,084	1,07
무형자산	126	113	62	58	53	5
유가증권	17	12	12	13	13	1
총부채	897	871	885	913	882	88
총차입금	616	617	672	695	730	72
자본금	56	56	56	56	56	5
총자본	811	806	652	627	583	57
지배주주지분	810	805	652	627	582	57

기업가치 지표

항목	2012	2013	2014	2015	2016	2017.2Q
주가(최고/저)(천원)	6.7/2.7	4.1/2.4	3.7/2.3	3.2/1.9	3.7/2.0	—/—
PER(최고/저)(배)	—/—	—/—	—/—	—/—	—/—	—/—
PBR(최고/저)(배)	0.8/0.3	0.5/0.3	0.5/0.3	0.5/0.3	0.6/0.3	0.5/0.
EV/EBITDA(배)	22.0	249.4		28.9		—/—
EPS(원)	-206	-60	-1,116	-189	-747	-8
BPS(원)	7,321	7,274	6,086	5,861	5,466	5,38
CFPS(원)	49	268	-798	120	-443	-4
DPS(원)	50	30	30	30	—	—
EBITDAPS(원)	351	29	-304	296	-236	-2

재무 비율
〈단위 : %〉

연도	영업이익률	순이익률	부채비율	차입금비율	ROA	ROE	유보율	자기자본비율	EBITDA마진율
2016	-12.3	-17.0	151.4	125.2	-5.6	-13.9	993.1	39.8	-5.
2015	-0.3	-3.7	145.6	110.9	-1.4	-3.3	1,072.2	40.7	5.
2014	-8.4	-15.6	135.7	103.1	-8.0	-17.2	1,117.2	42.4	-4.
2013	-3.5	-0.8	108.0	76.5	-0.4	-0.8	1,354.9	48.1	-5.

대창스틸 (A140520)
DaeChang Steel CO

업 종: 건축자재	시 장: KOSDAQ
신용등급: (Bond) — (CP) —	기업규모: 중견
홈 페 이 지: www.dcsteel.com	연 락 처: 032)816-7700
본 사: 인천시 남동구 아암대로 1213 (고잔동)	

설 립 일	1980.06.10	종업원수	118명	대표이사	문창복,문경석
상 장 일	2014.12.05	감사의견	적정 (삼일)	계 열	
결 산 기	12월	보 통 주	2,000만주	종속회사수	1개사
액 면 가	500원	우 선 주		구 상 호	

주주구성 (지분율,%)		출자관계 (지분율,%)	주요경쟁사 (외형,%)	
문창복	42.4		대창스틸	100
김복녀	27.2	전문건설협회	스페코	28
(외국인)	0.6		원하이텍	21

매출구성		비용구성		수출비중	
[철강사업부]전기아연도금강판(EGI) 외	22.1	매출원가율	95.0	수출	3.0
[철강사업부]아연용융도금강판(GI)	21.5	판관비율	5.5	내수	97.0
[철강사업부]산세강판(PO)	21.2				

회사 개요
동사는 1980년 설립되어 철강재 및 건축자재의 가공, 제조 및 판매를 주 사업 목적으로 하고 있으며 2006년 7월 상호를 대창스틸로 변경하였다. 동사는 창업하여 현재에 이르기까지 포스코의 냉연강판 Steel Service Center로서 자동차, 가전, 건설 및 산업용 등의 산업 원자재인 냉연코일을 자동화 기계설비를 통하여 수요자가 원하는 규격으로 절단 가공하여 공급하고 있는 전문 철강유통 서비스 회사임.

실적 분석
중요한 전방산업인 자동차 산업에서 신차 출시 등을 통해 부진에서 벗어나는 모습을 보임에 따라 동사의 2017년 2분기기준 누적 매출액은 전년동기대비 13.9% 상승한 1,663.1억원을 기록하였다. 그에 따라 전년동기대비 영업이익은 32.2억원으로 111.4% 크게 상승하였다. 그외 건설 경기 및 선재사업 등 전반에 대해 향후 지속적인 시장활성화가 예측되는 만큼 전체적인 매출 신장이 기대됨.

현금 흐름 〈단위 : 억원〉

항목	2016	2017.2Q
영업활동	2	-118
투자활동	-16	-15
재무활동	54	132
순현금흐름	40	-2
기말현금	47	45

시장 대비 수익률

결산 실적 〈단위 : 억원〉

항목	2012	2013	2014	2015	2016	2017
매출액	3,693	3,343	2,661	2,601	3,027	
영업이익	76	90	69	39	-14	
당기순이익	39	37	15	46	-45	

분기 실적 〈단위 : 억원〉

항목	2016.1Q	2016.2Q	2016.3Q	2016.4Q	2017.1Q	2017.2Q
매출액	709	752	699	867	859	804
영업이익	6	9	13	-42	23	10
당기순이익	0	-5	5	-45	8	4

재무 상태 〈단위 : 억원〉

항목	2012	2013	2014	2015	2016	2017.2Q
총자산	2,855	2,449	2,243	2,945	2,949	3,128
유형자산	694	645	626	1,301	1,272	1,254
무형자산	26	26	17	20	19	9
유가증권	77	17	1	1	1	1
총부채	1,889	1,463	1,194	1,679	1,744	1,928
총차입금	1,278	946	823	1,204	1,275	1,437
자본금	60	60	73	73	73	73
총자본	966	986	1,049	1,267	1,205	1,200
지배주주지분	966	986	1,049	1,076	1,025	1,019

기업가치 지표

항목	2012	2013	2014	2015	2016	2017.2Q
주가(최고/저)(천원)	—/—	—/—	3.7/2.3	6.1/2.6	6.3/3.2	—/—
PER(최고/저)(배)	0.0/0.0	0.0/0.0	33.1/20.7	19.2/8.2	—/—	—/—
PBR(최고/저)(배)	0.0/0.0	0.0/0.0	0.5/0.3	0.8/0.4	0.9/0.5	0.8/0.6
EV/EBITDA(배)	13.0	8.3	13.4	27.1	55.9	
EPS(원)	297	281	107	291	-213	73
BPS(원)	8,053	8,219	7,203	7,387	7,037	6,997
CFPS(원)	501	497	301	567	115	254
DPS(원)			150	150	150	
EBITDAPS(원)	809	934	739	512	254	394

재무 비율 〈단위 : % 〉

연도	영업이익률	순이익률	부채비율	차입금비율	ROA	ROE	유보율	자기자본비율	EBITDA마진율
2016	-0.5	-1.5	144.8	105.8	-1.5	-3.3	1,307.5	40.9	1.2
2015	1.5	1.8	132.5	95.0	1.8	4.4	1,377.4	43.0	2.9
2014	2.6	0.6	113.8	78.5	0.6	1.4	1,340.5	46.8	3.4
2013	2.7	1.1	148.3	96.0	1.4	3.8	1,543.7	40.3	3.4

대한과학 (A131220)
DAIHAN SCIENTIFIC

업 종: 의료 장비 및 서비스	시 장: KOSDAQ
신용등급: (Bond) — (CP) —	기업규모: 벤처
홈 페 이 지: www.daihan-sci.com	연 락 처: 033)737-7500
본 사: 강원도 원주시 지정면 신평석화로 326	

설 립 일	1993.06.19	종업원수	104명	대표이사	서정구
상 장 일	2011.10.11	감사의견	적정 (삼일)	계 열	
결 산 기	12월	보 통 주	716만주	종속회사수	4개사
액 면 가	500원	우 선 주		구 상 호	

주주구성 (지분율,%)		출자관계 (지분율,%)		주요경쟁사 (외형,%)	
서정구	8.8	올포랩	51.0	대한과학	100
서현정	5.0	대한분석기기	51.0	메디아나	116
(외국인)	2.0	싸이랩코리아	50.4	유비케어	148

매출구성		비용구성		수출비중	
연구용소모품	45.5	매출원가율	74.8	수출	17.0
건조/배양기(Oven / Incubators)	26.4	판관비율	21.7	내수	83.0
가열/혼합기(Heating & Mixing)	11.1				

회사 개요
동사는 과학기술분야 R&D의 필수과정인 연구, 실험에 사용되는 연구용 실험기기를 유통 및 제조하는 국내 최대의 실험기기 종합 서비스 기업임. 또한 바이오메디컬 연구용 실험장비를 개발 및 제조하는 기술벤처기업으로서 2009년 삼백만불수출탑, 2010년 오백만불수출탑, 2012년 수출천만불탑을 수상하는 등 세계시장을 무대로 빠르게 성장하고 있음. 기존 제품들의 업그레이드와 제품 라인업 강화로 성장성 견인 중.

실적 분석
동사의 2017년도 반기 연결기준 매출액은 189.9원으로 전년대비 15.9% 감소함. 영업이익은 7.8억원을 기록하여 전년대비 9.4% 증가. 당기순이익은 5.4억원을 기록하여 전년대비 64.8% 감소. 동사는 시장 성장을 위해 높은 신흥국 현지 영업파트너에 프랜차이즈대리점 형태로 DAIHAN Scientific의 상표권을 부여해 보다 전략적인 제휴를 진행 중임. 또한 국내 자회사 '싸이랩코리아', '올포랩' 등을 통한 시장 점유율 확대 예정.

현금 흐름 〈단위 : 억원〉

항목	2016	2017.2Q
영업활동	39	9
투자활동	8	-2
재무활동	-29	-31
순현금흐름	18	-24
기말현금	31	7

시장 대비 수익률

결산 실적 〈단위 : 억원〉

항목	2012	2013	2014	2015	2016	2017
매출액	392	397	391	416	461	
영업이익	20	12	11	-2	16	
당기순이익	13	7	9	-13	22	

분기 실적 〈단위 : 억원〉

항목	2016.1Q	2016.2Q	2016.3Q	2016.4Q	2017.1Q	2017.2Q
매출액	109	117	106	129	92	98
영업이익	2	5	4	6	4	4
당기순이익	9	4	2	5	2	3

재무 상태 〈단위 : 억원〉

항목	2012	2013	2014	2015	2016	2017.2Q
총자산	325	377	408	406	408	365
유형자산	137	134	131	131	125	121
무형자산	10	17	14	14	12	10
유가증권	0	1	9	1	2	13
총부채	147	192	187	175	157	113
총차입금	86	121	112	92	63	61
자본금	28	30	32	36	36	36
총자본	178	186	221	231	251	252
지배주주지분	176	183	212	217	233	234

기업가치 지표

항목	2012	2013	2014	2015	2016	2017.2Q
주가(최고/저)(천원)	11.1/4.7	13.0/4.8	7.4/4.5	11.0/5.8	9.5/5.6	—/—
PER(최고/저)(배)	57.6/24.4	120.5/44.5	62.0/37.4	—/—	37.6/22.1	—/—
PBR(최고/저)(배)	4.1/1.7	4.6/1.7	2.4/1.5	3.7/1.9	2.9/1.7	2.3/1.9
EV/EBITDA(배)	26.2	18.1	19.7	55.7	16.1	—/—
EPS(원)	197	109	121	-217	255	62
BPS(원)	3,188	3,098	3,352	3,029	3,260	3,276
CFPS(원)	402	314	346	-14	466	161
DPS(원)	126		35	50	40	
EBITDAPS(원)	533	397	393	181	440	207

재무 비율 〈단위 : % 〉

연도	영업이익률	순이익률	부채비율	차입금비율	ROA	ROE	유보율	자기자본비율	EBITDA마진율
2016	3.6	4.9	62.4	24.9	5.5	8.1	552.0	61.6	6.8
2015	-0.4	-3.0	76.0	40.0	-3.1	-7.1	505.8	56.8	3.1
2014	2.8	2.2	84.3	50.4	2.2	4.0	570.5	54.3	6.1
2013	3.0	1.8	103.1	65.2	1.9	3.9	519.7	49.2	5.9

대한광통신 (A010170)
TAIHAN FIBER OPTICS CO

업　　종 : 통신장비		시　　장 : KOSDAQ	
신용등급 : (Bond) BB　(CP) —		기업규모 : 중견	
홈페이지 : www.tfo.co.kr		연 락 처 : 031)489-5113	
본　　사 : 경기도 안산시 단원구 장자골로 49			

설 립 일 1974.09.02	종 업 원 수 207명	대 표 이 사 오치환	
상 장 일 1994.11.07	감 사 의 견 적정 (대현)	계　　　　열	
결 산 기 12월	보 통 주 4,696만주	종속회사수 2개사	
액 면 가 500원	우 선 주	구 상 호	

주주구성 (지분율,%)		출자관계 (지분율,%)		주요경쟁사 (외형,%)	
큐씨피6호프로젝트사모투자전문회사	19.2	티에프오네트웍스	100.0	대한광통신	100
대청기업	14.6	TaihanFiberopticsAmerica,INC	100.0	AP위성	21
(외국인)	5.3			쏠리드	250

매출구성		비용구성		수출비중	
광케이블 외	88.1	매출원가율	87.9	수출	54.0
OPGW 외	12.0	판관비율	13.4	내수	46.0

회사 개요
동사는 광섬유, 광케이블 사업부로 구성되어 있으며 광섬유사업부 매출 비중은 12%, 광케이블 사업부는 통신선과 전력선을 포함해서 88%를 차지하고 있음. 동사는 전합성 제조공법을 바탕으로 뛰어난 기술력과 품질 및 가격경쟁력을 보유하고 있음. 국내 고객은 SK텔레콤, KT, LG U플러스 등이 있음. 광섬유는 수출비중이 높고, 광케이블은 내수 비중이 높은 상황임.

실적 분석
동사의 2017년 상반기 매출은 699억원으로 전년대비 33.6% 증가, 영업이익은 82.4억원으로 전년대비 317.3% 증가, 당기순이익은 72.2억원으로 전년대비 흑자전환. 전체적인 매출 증가, 해외 부분 수주 증가에 힘입어 수익성이 전년대비 큰 폭으로 개선. 동사는 지속적인 연구개발과 기술력을 바탕으로 국내 시장은 물론 해외시장도 적극적으로 공략하며 보급, 확대할 계획임. 광섬유의 수요 증가로 광케이블 매출 증가도 기대

현금 흐름 〈단위 : 억원〉

항목	2016	2017.2Q
영업활동	108	71
투자활동	130	-20
재무활동	-187	-9
순현금흐름	48	39
기말현금	201	240

시장 대비 수익률

결산 실적 〈단위 : 억원〉

항목	2012	2013	2014	2015	2016	2017
매출액	1,017	1,064	1,060	1,090	1,165	—
영업이익	82	8	8	-44	-15	—
당기순이익	-45	-339	-273	-13	-126	—

분기 실적 〈단위 : 억원〉

항목	2016.1Q	2016.2Q	2016.3Q	2016.4Q	2017.1Q	2017.2Q
매출액	234	289	291	350	325	374
영업이익	5	15	-20	-15	32	50
당기순이익	-4	-45	-53	-24	30	42

재무 상태 〈단위 : 억원〉

항목	2012	2013	2014	2015	2016	2017.2Q
총자산	2,121	1,838	1,580	1,525	1,271	1,316
유형자산	1,038	976	909	875	566	560
무형자산	2	2	9	9	8	7
유가증권	450	288	12	11	11	11
총부채	1,011	821	837	793	667	638
총차입금	730	496	551	509	345	339
자본금	170	235	235	235	235	235
총자본	1,110	1,017	744	732	604	679
지배주주지분	1,110	1,017	744	732	604	679

기업가치 지표

항목	2012	2013	2014	2015	2016	2017.2Q
주가(최고/저)(천원)	2.8/1.5	1.8/1.0	1.3/0.9	1.4/0.9	2.0/1.2	—/—
PER(최고/저)(배)	—/—	—/—	—/—	—/—	—/—	—/—
PBR(최고/저)(배)	0.9/0.5	0.8/0.5	0.8/0.6	0.9/0.6	1.6/0.9	2.2/0.9
EV/EBITDA(배)	7.0	13.4	11.8	34.2	14.4	14.4
EPS(원)	-173	-739	-581	-29	-268	154
BPS(원)	3,269	2,165	1,584	1,558	1,286	1,445
CFPS(원)	117	-586	-430	125	-113	206
DPS(원)	—	—	—	—	—	—
EBITDAPS(원)	609	170	168	59	122	228

재무 비율 〈단위 : %〉

연도	영업이익률	순이익률	부채비율	차입금비율	ROA	ROE	유보율	자기자본비율	EBITDA마진율
2016	-1.3	-10.8	110.4	57.1	-9.0	-18.9	157.3	47.5	4.9
2015	-4.1	-1.2	108.4	69.5	-0.9	-1.8	211.6	48.0	2.5
2014	0.8	-25.7	112.4	74.0	-16.0	-31.0	216.8	47.1	7.5
2013	0.7	-31.8	80.7	48.8	-17.1	-31.9	333.1	55.3	7.3

대한뉴팜 (A054670)
Daehan New Pharm

업　　종 : 제약		시　　장 : KOSDAQ	
신용등급 : (Bond) —　(CP) —		기업규모 : 벤처	
홈페이지 : www.dhnp.co.kr		연 락 처 : 031)353-6141~5	
본　　사 : 경기도 화성시 향남읍 제약공단1길 66			

설 립 일 1984.10.20	종 업 원 수 338명	대 표 이 사 배건우	
상 장 일 2002.02.08	감 사 의 견 적정 (대주)	계　　　　열	
결 산 기 12월	보 통 주 1,435만주	종속회사수	
액 면 가 500원	우 선 주	구 상 호	

주주구성 (지분율,%)		출자관계 (지분율,%)		주요경쟁사 (외형,%)	
이완진	34.9	대한약품공업협회		대한뉴팜	100
최성숙	2.5	향남제약공단사업협동조합		메지온	8
		한국동물약품협회		비씨월드제약	42

매출구성		비용구성		수출비중	
페스틴정 외, 킹사이드 외(상품및제품)	100.0	매출원가율	44.3	수출	9.0
		판관비율	45.2	내수	91.0

회사 개요
동사는 1984년 10월 설립된 후 동물약품 사업을 영위하다 1995년에 건강보조식품, 인체의약품, 창업사업으로 사업 영역을 확장함. 2007년에는 해외자원개발투자사업에 진출함. 2012년 11월에는 미래성장동력이면서 기존사업과 시너지효과가 큰 바이오사업에 진출함. 2014년 3월에는 의료기기 사업에도 진출함. 제약사업 부문은 주로 특화된 전문의 약품과 웰빙의약품을 판매하고 있음. 동물의약품 부문은 항생제 대체제, 면역증강제, 백신을 판매함.

실적 분석
동사의 2017년도 2분기 연결기준 누적 매출액은 전년대비 22.8% 성장한 650.7억원을 시현하였음. 영업이익은 전년대비 17.3% 증가한 65.6억원을 기록. 그러나 당기순손실 157.7억원을 기록하며 적자전환함. 이는 2017년 7월 13일 공시된 세무조사로 인한 법인세 추징금의 부과로 인한 손실로 보임. 다만 주력사업인 제약사업의 빠른 성장과 모태사업인 동물의약품 부문의 호실적으로 성장성은 긍정적임.

현금 흐름 *IFRS 별도 기준 〈단위 : 억원〉

항목	2016	2017.2Q
영업활동	88	11
투자활동	-15	6
재무활동	-9	8
순현금흐름	63	25
기말현금	82	107

시장 대비 수익률

결산 실적 〈단위 : 억원〉

항목	2012	2013	2014	2015	2016	2017
매출액	480	567	719	902	1,094	—
영업이익	35	60	79	100	115	—
당기순이익	-55	-20	27	41	-57	—

분기 실적 *IFRS 별도 기준 〈단위 : 억원〉

항목	2016.1Q	2016.2Q	2016.3Q	2016.4Q	2017.1Q	2017.2Q
매출액	241	284	272	297	308	34
영업이익	26	30	30	30	32	3
당기순이익	13	16	8	-94	17	-17

재무 상태 *IFRS 별도 기준 〈단위 : 억원〉

항목	2012	2013	2014	2015	2016	2017.2Q
총자산	1,268	1,310	1,305	1,326	1,307	1,28
유형자산	153	175	219	233	254	24
무형자산	36	29	32	29	17	1
유가증권	458	458	458	73	2	
총부채	587	593	566	554	595	79
총차입금	479	440	393	369	360	36
자본금	67	72	72	72	72	7
총자본	681	716	739	772	712	48
지배주주지분	681	716	739	772	712	48

기업가치 지표 *IFRS 별도 기준

항목	2012	2013	2014	2015	2016	2017.2Q
주가(최고/저)(천원)	8.1/5.1	10.2/5.1	41.9/5.9	34.0/13.4	21.6/14.6	—/—
PER(최고/저)(배)	—/—	—/—	226.5/31.8	117.8/46.4	—/—	—/—
PBR(최고/저)(배)	1.5/1.0	2.0/1.0	7.8/1.1	6.1/2.4	4.2/2.8	5.7/4.0
EV/EBITDA(배)	23.5	16.8	22.9	19.6	19.6	—
EPS(원)	-412	-141	185	289	-395	-1,09
BPS(원)	5,303	5,205	5,361	5,592	5,174	3,57
CFPS(원)	-307	-23	335	496	-125	—
DPS(원)	—	—	—	—	50	—
EBITDAPS(원)	362	548	700	905	1,074	57

재무 비율 〈단위 : %〉

연도	영업이익률	순이익률	부채비율	차입금비율	ROA	ROE	유보율	자기자본비율	EBITDA마진율
2016	10.6	-5.2	83.6	50.5	-4.3	-7.6	934.9	54.5	14.1
2015	11.1	4.6	71.8	47.7	3.2	5.5	1,018.5	58.2	14.4
2014	11.0	3.7	76.6	53.3	2.0	3.7	972.3	56.6	14.4
2013	10.5	-3.5	82.8	61.5	-1.5	-2.8	941.1	54.7	14.3

대한방직 (A001070)
Taihan Textile

업 종 : 섬유 및 의복		시 장 : 거래소	
신용등급 : (Bond) BB+ (CP) —		기업규모 : 시가총액 소형주	
홈 페 이 지 : www.thtc.co.kr		연 락 처 : 02)368-0114	
본 사 : 서울시 영등포구 국제금융로2길 17(여의도동)			

설 립 일 1953.08.10	종 업 원 수 515명	대 표 이 사 설범,김인호	
상 장 일 1973.12.28	감 사 의 견 적정(정동)	계 열	
결 산 기 12월	보 통 주 106만주	종속회사수 4개사	
액 면 가 5,000원	우 선 주	구 상 호	

주주구성 (지분율,%)	출자관계 (지분율,%)	주요경쟁사 (외형,%)
설범 19.9	대한방직(상해)유한공사 100.0	대한방직 100
신명철 7.7	청도대한인염유한공사 100.0	진도 50
(외국인) 0.6	PT.TAIHANINDONESIA 99.8	전방 82

매출구성	비용구성	수출비중
사·포 51.5	매출원가율 92.7	수출 —
포류 38.9	판관비율 6.8	내수 —
사류 8.7		

회사 개요
동사는 원면 및 폴리에스테르 등의 단섬유를 원료로 하여 방적사를 제조하고, 방적사를 이용하여 직물을 제직하는 방직사업에 주력하고 있음. 주요 생산설비로는 방적사를 제조하고, 직물을 제직하는 전주공장과 직물을 염색 가공하여 2차 섬유제조업체에 공급하는 대구공장이 있음. 주로 계획생산을 통해 판매하고 있으나 염색 가공제품의 경우 거래처의 발주에 의한 주문생산 방식임. 내수 및 수출 매출액의 구성비는 약 4 대 6 수준임.

실적 분석
상반기 매출액은 1,019.4억원으로 전년동기 대비 16.9% 감소하였으며, 영업이익은 36.6억원 손실 시현하여 적자전환함. 당기순이익은 30.3억원의 손실 시현하였으나, 비영업손익 개선으로 손실규모는 축소된 모습. 사류 및 포류 등 전반적인 제품의 판매 부진, 특히 수출액의 감소 영향에 내수경기 침체에 따른 바이어의 재고 부담, 군관납 입찰 지연 등에 의해 원가 및 판관비 부담 증가하여 영업수익성은 크게 하락한 상황.

현금 흐름 〈단위 : 억원〉
항목	2016	2017.2Q
영업활동	-68	53
투자활동	162	-5
재무활동	-97	-76
순현금흐름	11	-17
기말현금	54	37

시장 대비 수익률

결산 실적 〈단위 : 억원〉
항목	2012	2013	2014	2015	2016	2017
매출액	2,751	2,854	2,444	2,444	2,456	
영업이익	-102	0	-84	43	12	
당기순이익	-168	19	-115	-71	-41	

분기 실적 〈단위 : 억원〉
항목	2016.1Q	2016.2Q	2016.3Q	2016.4Q	2017.1Q	2017.2Q
매출액	573	654	629	600	501	518
영업이익	6	6	1	-2	-18	-18
당기순이익	-8	-25	34	-43	-6	-24

재무 상태 〈단위 : 억원〉
항목	2012	2013	2014	2015	2016	2017.2Q
총자산	2,411	2,552	3,644	3,705	3,716	3,648
유형자산	998	968	2,400	2,352	2,553	2,539
무형자산	6	6	5	5	5	5
유가증권	28	24	20	13	15	14
총부채	1,708	1,833	1,931	2,068	1,926	1,880
총차입금	1,423	1,543	1,434	1,525	1,427	1,351
자본금	53	53	53	53	53	53
총자본	703	719	1,713	1,638	1,790	1,768
지배주주지분	702	719	1,713	1,638	1,791	1,769

기업가치 지표
항목	2012	2013	2014	2015	2016	2017.2Q
주가(최고/저)(천원)	28.4/20.2	22.0/17.3	36.0/17.5	155/30.5	95.8/48.5	—/—
PER(최고/저)(배)	—/—	11.8/9.3	—/—	1.0/0.2	0.6/0.3	0.7/0.4
PBR(최고/저)(배)	0.4/0.3	0.3/0.3	0.2/0.1			
EV/EBITDA(배)		31.4		22.1	41.1	
EPS(원)	-15,720	1,854	-10,839	-6,627	-3,851	-2,846
BPS(원)	66,231	67,837	161,631	154,537	169,005	166,876
CFPS(원)	-10,512	6,919	-5,975	-1,614	350	-1,063
DPS(원)						-1,666
EBITDAPS(원)	-4,414	5,103	-3,078	9,064	5,341	

재무 비율 〈단위 : %〉
연도	영업이익률	순이익률	부채비율	차입금비율	ROA	ROE	유보율	자기자본비율	EBITDA마진율
2016	0.5	-1.7	107.6	79.7	-1.1	-2.4	3,280.1	48.2	2.3
2015	1.8	-2.9	126.3	93.1	-1.9	-4.2	2,990.7	44.2	3.9
2014	-3.4	-4.7	112.7	83.7	-3.7	-9.5	3,132.6	47.0	-1.3
2013	0.0	0.7	254.8	214.4	0.8	2.8	1,256.8	28.2	1.9

대한약품공업 (A023910)
Daihan Pharmaceutical

업 종 : 제약		시 장 : KOSDAQ	
신용등급 : (Bond) — (CP) —		기업규모 : 우량	
홈 페 이 지 : www.daihan.com		연 락 처 : 02)2678-8443	
본 사 : 서울시 영등포구 선유로 45길 3			

설 립 일 1963.05.11	종 업 원 수 608명	대 표 이 사 이윤우	
상 장 일 1994.11.23	감 사 의 견 적정(삼덕)	계 열	
결 산 기 12월	보 통 주 600만주	종속회사수	
액 면 가 500원	우 선 주	구 상 호	

주주구성 (지분율,%)	출자관계 (지분율,%)	주요경쟁사 (외형,%)
이윤우 20.7		대한약품 100
브이아이피투자자문 8.8		테라젠이텍스 73
(외국인) 10.8		삼성제약 35

매출구성	비용구성	수출비중
수액제품 80.4	매출원가율 68.7	수출 1.0
앰플및바이알제품 14.7	판관비율 15.7	내수 99.0
기타제품 4.5		

회사 개요
동사는 1994년 코스닥 시장에 상장함. 주로 병원 및 의원에서 필요로 하는 기초의약품인 수액제 및 앰플제를 생산 판매하는 업체임. 영양 보급 및 치료용 수액제 매출 비중이 높은 편임. 또한 정부의 보험재정 건실화를 위한 약가 재평가 제도 및 지속적인 약가 사후관리, 한미 FTA협정에 따른 제네릭 제제 발매의 제한, 리베이트 투아웃제 등에 따른 외부환경 변화에 상당한 영향을 받을 것으로 예상됨.

실적 분석
2017년 2분기 매출액은 705.5억원으로 전년동기 대비 1.9% 증가하였음. 매출원가는 7.2% 하락하였으나, 매출총이익은 263.9억원으로 전년동기 대비 21.9% 증가함. 비영업손익은 전년동기 대비 흑자전환되었으며, 영업이익은 전년동기 대비 40.8% 증가한 151.7억원을 기록함. 그 결과 당기순이익은 전년동기 대비 41.7% 증가한 119.8억원을 기록함.

현금 흐름 *IFRS 별도 기준 〈단위 : 억원〉
항목	2016	2017.2Q
영업활동	279	46
투자활동	-237	-45
재무활동	-46	-17
순현금흐름	-5	-16
기말현금	88	72

시장 대비 수익률

결산 실적 〈단위 : 억원〉
항목	2012	2013	2014	2015	2016	2017
매출액	966	1,068	1,117	1,243	1,394	
영업이익	105	126	139	187	217	
당기순이익	73	78	104	138	177	

분기 실적 *IFRS 별도 기준 〈단위 : 억원〉
항목	2016.1Q	2016.2Q	2016.3Q	2016.4Q	2017.1Q	2017.2Q
매출액	342	351	343	359	348	357
영업이익	55	52	62	47	73	79
당기순이익	42	43	52	40	54	66

재무 상태 *IFRS 별도 기준 〈단위 : 억원〉
항목	2012	2013	2014	2015	2016	2017.2Q
총자산	1,011	1,187	1,316	1,388	1,603	1,648
유형자산	450	581	646	641	803	821
무형자산	2	4	4	4	4	4
유가증권						
총부채	533	630	675	620	674	612
총차입금	150	235	259	181	146	142
자본금	30	30	30	30	30	30
총자본	478	557	641	768	929	1,036
지배주주지분	478	557	641	768	929	1,036

기업가치 지표 *IFRS 별도 기준
항목	2012	2013	2014	2015	2016	2017.2Q
주가(최고/저)(천원)	19.1/10.2	22.5/13.2	21.9/15.7	24.7/17.7	34.7/22.7	—/—
PER(최고/저)(배)	16.4/8.8	17.9/10.5	12.9/9.3	10.9/7.8	11.9/7.8	—/—
PBR(최고/저)(배)	2.5/1.3	2.5/1.5	2.1/1.5	2.0/1.4	2.3/1.5	2.0/1.6
EV/EBITDA(배)	6.8	8.4	7.7	6.0	6.3	
EPS(원)	1,213	1,295	1,737	2,296	2,943	1,997
BPS(원)	8,088	9,277	10,683	12,806	15,491	17,268
CFPS(원)	1,694	1,883	2,401	3,045	3,788	2,594
DPS(원)	120	120	150	180	220	
EBITDAPS(원)	2,224	2,685	2,988	3,863	4,466	3,125

재무 비율 〈단위 : %〉
연도	영업이익률	순이익률	부채비율	차입금비율	ROA	ROE	유보율	자기자본비율	EBITDA마진율
2016	15.6	12.7	72.5	15.7	11.8	20.8	2,998.1	58.0	19.2
2015	15.0	11.1	80.7	23.6	10.2	19.6	2,461.3	55.4	18.7
2014	12.5	9.3	105.3	40.5	8.3	17.4	2,036.6	48.7	16.1
2013	11.8	7.3	113.2	42.2	7.1	15.0	1,755.4	46.9	15.1

대한유화 (A006650)
KOREA PETROCHEMICAL IND CO

업 종 : 화학		시 장 : 거래소	
신용등급 : (Bond) A (CP) —		기업규모 : 시가총액 중형주	
홈 페 이 지 : www.kpic.co.kr		연 락 처 : 02)2122-1424	
본 사 : 서울시 종로구 자하문로 77 (유남빌딩)			

설 립 일 1970.06.02	종 업 원 수 794명	대 표 이 사 정영태
상 장 일 1999.07.29	감사의견 적정 (대명)	계 열
결 산 기 12월	보 통 주 650만주	종속회사수 1개사
액 면 가 5,000원	우 선 주	구 상 호

주주구성 (지분율,%)		출자관계 (지분율,%)		주요경쟁사 (외형,%)	
케이피아이씨코퍼레이션	31.0	오드펠터미널코리아	43.6	대한유화	100
국민연금공단	10.8	한주	40.1	롯데케미칼	828
(외국인)	9.9	티씨에스원	11.4	태광산업	167

매출구성		비용구성		수출비중	
합성수지	63.1	매출원가율	75.2	수출	47.0
MC4등	31.2	판관비율	3.3	내수	53.0
기초유분	3.6				

회사 개요
동사는 에틸렌 등 기초 유분과 고밀도폴리에틸렌, 폴리프로필렌 등 합성수지 제품을 주력으로 생산하는 기업임. 동사의 제품별 매출 비중은 합성수지 63.54%, 합성수지 기초원재료 31.43%로 구성됨. 독립된 6개의 폴리머 공장을 운영하고 있어서 다품종 소량생산이 가능하며 시황에 따라 탄력적으로 생산량을 조절이 가능함. 에틸렌, 프로필렌 생산능력은 각각 47만톤, 35만톤으로, 국내 시장점유율은 각각 6%, 5%대를 유지하고 있음.

실적 분석
2017년은 유가의 완만한 상승세가 예상되는 가운데, 미국의 금리인상, 보호무역주의 강화 등 세계경제의 불확실성이 지속될 것으로 전망됨. 동사의 연결기준 반기 매출액은 전년동기 17.6% 감소한 6,584.1억원이며, 영형 축소로 인하여 영업이익은 45.4% 감소한 962.7억원임. 대규모 일회성 손실로 인하여 영업이익은 48.4% 감소한 719.3억원을 나타냄. 하반기부터 주요제품 가격이 반등하고 있으며, 가동률이 상승하면서 실적 개선 기대됨.

현금 흐름 〈단위 : 억원〉
항목	2016	2017.2Q
영업활동	3,226	914
투자활동	-2,780	-2,020
재무활동	-919	768
순현금흐름	-473	-338
기말현금	870	533

시장 대비 수익률

결산 실적 〈단위 : 억원〉
항목	2012	2013	2014	2015	2016	2017
매출액	20,829	19,660	20,534	17,270	15,964	—
영업이익	-48	179	699	2,712	3,430	—
당기순이익	-122	458	638	2,008	2,729	—

분기 실적 〈단위 : 억원〉
항목	2016.1Q	2016.2Q	2016.3Q	2016.4Q	2017.1Q	2017.2Q
매출액	3,944	4,047	3,606	4,367	4,346	2,238
영업이익	779	985	689	978	1,078	-116
당기순이익	631	764	559	775	769	-49

재무 상태 〈단위 : 억원〉
항목	2012	2013	2014	2015	2016	2017.2Q
총자산	12,781	13,545	14,404	15,291	17,636	18,678
유형자산	7,202	7,776	9,156	9,600	11,612	13,615
무형자산	70	61	61	50	53	57
유가증권	92	70	99	21	121	1
총부채	5,324	5,649	5,983	4,935	4,706	5,307
총차입금	3,156	2,999	3,856	2,603	1,865	2,880
자본금	410	410	410	410	410	410
총자본	7,457	7,896	8,421	10,356	12,931	13,371
지배주주지분	7,394	7,834	8,361	10,293	12,861	13,298

기업가치 지표
항목	2012	2013	2014	2015	2016	2017.2Q
주가(최고/저)(천원)	114/36.0	82.7/36.1	81.4/52.5	219/64.4	276/153	—/—
PER(최고/저)(배)	—/—	12.3/5.5	8.7/5.6	7.3/2.2	6.6/3.7	—/—
PBR(최고/저)(배)	1.1/0.3	0.7/0.3	0.7/0.4	1.4/0.4	1.4/0.8	1.4/1.1
EV/EBITDA(배)	14.0		14.2	7.4	3.7	4.6
EPS(원)	-1,902	7,071	9,864	30,846	41,867	11,030
BPS(원)	114,306	121,076	129,197	158,921	198,414	205,150
CFPS(원)	5,036	12,942	15,194	40,692	51,769	15,051
DPS(원)		1,000	1,500	3,000	4,000	
EBITDAPS(원)	6,200	8,632	16,084	51,567	62,675	18,832

재무 비율 〈단위 : % 〉
연도	영업이익률	순이익률	부채비율	차입금비율	ROA	ROE	유보율	자기자본비율	EBITDA마진율
2016	21.5	17.1	36.4	14.4	16.6	23.5	3,045.6	73.3	25.5
2015	15.7	11.6	47.7	25.1	13.5	21.5	2,419.5	67.7	19.4
2014	3.4	3.1	71.1	45.8	4.6	7.9	1,948.3	58.5	5.1
2013	0.9	2.3	71.5	38.0	3.5	6.0	1,819.5	58.3	2.9

대한전선 (A001440)
Taihan Electric Wire

업 종 : 전기장비		시 장 : 거래소	
신용등급 : (Bond) BB+ (CP) —		기업규모 : 시가총액 중형주	
홈 페 이 지 : www.taihan.com		연 락 처 : 02)316-9114	
본 사 : 경기도 안양시 동안구 시민대로 317 대한스마트타워(관양동 1746-2)			

설 립 일 1955.02.21	종 업 원 수 855명	대 표 이 사 최진용(대표집행임원)
상 장 일 1968.12.27	감사의견 적정 (삼덕)	계 열
결 산 기 12월	보 통 주 85,647만주	종속회사수 10개사
액 면 가 500원	우 선 주	구 상 호

주주구성 (지분율,%)		출자관계 (지분율,%)		주요경쟁사 (외형,%)	
니케	70.1	티이씨파트너스	100.0	대한전선	100
KEB 하나은행	5.4	국민유람벤처투자조합제5호투자전문회사	99.5	LS	700
(외국인)	0.7	삼서스우주파인스톤사모부동산투자신탁	71.1	LS산전	161

매출구성		비용구성		수출비중	
나선 및 권선	45.9	매출원가율	88.9	수출	38.0
전력 및 절연선	36.6	판관비율	7.6	내수	62.0
상품	8.3				

회사 개요
동사는 1955년 설립되어 통신 및 전력부문으로 구성됨. 전력부문은 시장이 수년간 정체 상태를 보이면서 매출이 감소해왔으나 최근 교체 수요의 증가, 중동 지역의 개발투자, 개발도상국의 인프라투자 등으로 초고압선 수요가 증가하고 있음. 2016년 5월 2일 기준으로 티이씨앤코와 합병하기로 결의했으며 티이씨앤코와 합병 비율은 1대 1.07주임. 동사는 2016년 6월 고내열 고내화(950℃) 소방용 케이블을 개발함.

실적 분석
동사의 2017년도 2분기 매출액은 7,602억원으로 전년 동기 대비 16.3% 증가. 원가율이 증가하였으나 인건비 및 감가상각비 등의 판관비 하락으로 영업이익은 91.6% 증가한 233억원을 기록함. 원가 상승은 주요 원재료인 전기동과 알루미늄의 가격 증가에 기인함. 최근 선진국 위주의 경기회복세, 사우디 및 카타르를 중심으로 한 중동지역의 신규발주 증가, 전력수요의 증가에 따른 각 국의 전력인프라 투자의 확대로 향후 전망은 긍정적.

현금 흐름 〈단위 : 억원〉
항목	2016	2017.2Q
영업활동	-125	387
투자활동	1,363	-302
재무활동	-363	-199
순현금흐름	595	-105
기말현금	1,557	1,453

시장 대비 수익률

결산 실적 〈단위 : 억원〉
항목	2012	2013	2014	2015	2016	2017
매출액	25,272	25,135	21,179	16,887	13,740	—
영업이익	-646	-1,985	156	281	487	—
당기순이익	-5,781	-5,934	-2,211	-683	-159	—

분기 실적 〈단위 : 억원〉
항목	2016.1Q	2016.2Q	2016.3Q	2016.4Q	2017.1Q	2017.2Q
매출액	3,284	3,251	3,206	4,000	3,439	4,163
영업이익	85	37	115	250	58	175
당기순이익	12	-301	58	72	-5	-34

재무 상태 〈단위 : 억원〉
항목	2012	2013	2014	2015	2016	2017.2Q
총자산	28,803	22,550	18,735	15,528	13,158	12,877
유형자산	7,572	7,133	6,789	6,309	5,266	5,377
무형자산	396	225	257	195	171	159
유가증권	2,841	2,593	1,705	569	360	706
총부채	26,923	19,838	18,001	11,986	10,167	9,716
총차입금	19,986	12,634	11,598	7,864	6,822	6,698
자본금	2,628	4,916	5,196	4,195	4,282	4,282
총자본	1,881	2,711	734	3,542	2,991	3,161
지배주주지분	1,891	2,596	124	3,084	3,155	3,140

기업가치 지표
항목	2012	2013	2014	2015	2016	2017.2Q
주가(최고/저)(천원)	46.5/9.2	10.8/4.4	6.1/3.0	3.8/2.2	5.0/1.8	—/—
PER(최고/저)(배)	—/—	—/—	—/—	—/—	—/—	—/—
PBR(최고/저)(배)	4.0/0.8	2.6/1.0	7.1/3.4	10.3/5.9	13.4/4.9	5.4/3.6
EV/EBITDA(배)	28.0		41.8		27.1	
EPS(원)	-65,103	-25,722	-2,837	-155	-21	-4
BPS(원)	2,312	1,595	319	368	375	373
CFPS(원)	-13,201	-5,092	-901	-41	10	
DPS(원)						
EBITDAPS(원)	-940	-1,533	232	211	90	41

재무 비율 〈단위 : % 〉
연도	영업이익률	순이익률	부채비율	차입금비율	ROA	ROE	유보율	자기자본비율	EBITDA마진율
2016	3.5	-1.2	일부잠식	일부잠식	-1.1	-5.8	-25.0	22.7	5.9
2015	1.7	-4.1	일부잠식	일부잠식	-4.0	-27.9	-26.4	22.8	3.6
2014	0.7	-10.4	일부잠식	일부잠식	-10.7	-159.6	-87.2	3.9	2.3
2013	-7.9	-23.6	일부잠식	일부잠식	-23.1	-259.6	-36.2	12.0	-6.6

대한제강 (A084010)
Daehan Steel

업 종 : 금속 및 광물	시 장 : 거래소	
신용등급 : (Bond) — (CP) —	기업규모 : 시가총액 소형주	
홈 페 이 지 : www.idaehan.com	연 락 처 : 051)998-8893~4	
본 사 : 부산시 사하구 하신번영로 69		

설 립 일 1954.06.10	종 업 원 수 538명	대 표 이 사 오치훈		
상 장 일 2005.10.31	감 사 의 견 적정 (삼일)	계 열		
결 산 기 12월	보 통 주 2,465만주	종 속 회 사 수 8개사		
액 면 가 1,000원	우 선 주	구 상 호		

주주구성 (지분율,%)
오치훈	18.4
오완수	16.6
(외국인)	20.2

출자관계 (지분율,%)
에코마이스터	
풍림	

주요경쟁사 (외형,%)
대한제강	100
풍산홀딩스	33
한국주철관	43

매출구성
철근	85.6
Bar-in-Coil	9.9
기타	4.3

비용구성
매출원가율	87.8
판관비율	5.9

수출비중
수출	1.0
내수	99.0

회사 개요
동사는 1964년에 설립되어 철스크랩을 원재료로 하여 빌렛을 생산하는 제강사업과 반제품인 빌렛을 원재료로 하여 철근을 생산하는 압연사업을 영위하고 있음. 연결대상 종속기업으로는 화물운송 사업을 영위하는 네트웍스와 부동산 개발 및 임대업을 영위하는 센텀사이언스파크크와 싱가폴, 미국 등에 현지법인을 둠 8개임. 동사는 전방산업인 건설경기의 영향을 받고, 매출에서 철근이 차지하는 비중이 2017년 기준 82%임.

실적 분석
동사는 2017년 상반기 누적 매출액이 6106.9억원으로 전년 동기 대비 44.1% 증가했으나, 영업이익은 307.8억원으로 15.4% 감소함. 비영업부문에서 17.0억원의 손실이 발생했고, 당기순이익은 전년 동기 대비 17.0% 감소한 216.9억원 기록. 동사는 철근과 빌렛의 판매가 증가하면서 매출이 신장됐으나, 원재료인 철스크랩과 부재료인 합금철 등의 가격이 인상되면서 원가율이 높아졌고, 수익성이 악화되.

현금 흐름 〈단위 : 억원〉
항목	2016	2017.2Q
영업활동	409	350
투자활동	-129	28
재무활동	-208	-97
순현금흐름	77	280
기말현금	846	1,126

시장 대비 수익률

결산 실적 〈단위 : 억원〉
항목	2012	2013	2014	2015	2016	2017
매출액	10,492	10,423	10,441	8,897	8,979	
영업이익	175	155	104	557	563	
당기순이익	310	155	-8	359	398	

분기 실적 〈단위 : 억원〉
항목	2016.1Q	2016.2Q	2016.3Q	2016.4Q	2017.1Q	2017.2Q
매출액	1,626	2,612	2,140	2,601	2,839	3,268
영업이익	93	271	105	94	102	206
당기순이익	63	198	61	76	73	144

재무 상태 〈단위 : 억원〉
항목	2012	2013	2014	2015	2016	2017.2Q
총자산	7,788	8,106	7,766	6,355	6,696	7,085
유형자산	2,831	2,780	2,665	2,416	2,180	2,119
무형자산	93	89	93	86	110	176
유가증권	174	162	131	81	131	300
총부채	4,146	4,359	4,041	2,309	2,294	2,529
총차입금	2,160	2,333	2,188	789	643	970
자본금	246	246	246	246	246	246
총자본	3,642	3,748	3,725	4,045	4,402	4,556
지배주주지분	3,642	3,748	3,725	4,045	4,386	4,524

기업가치 지표
항목	2012	2013	2014	2015	2016	2017.2Q
주가(최고/저)(천원)	13.8/5.5	7.5/5.0	6.7/4.9	12.2/5.1	11.5/7.2	—/—
PER(최고/저)(배)	12.3/4.9	13.2/8.8	—/—	8.9/3.7	7.3/4.6	0.7/0.5
PBR(최고/저)(배)	1.0/0.4	0.5/0.3	0.5/0.3	0.8/0.3	0.6/0.4	0.5/0.5
EV/EBITDA(배)	8.6	6.5	6.0	2.2	2.3	
EPS(원)	1,273	630	-34	1,458	1,622	899
BPS(원)	15,597	16,040	15,949	17,247	18,674	19,234
CFPS(원)	2,349	1,714	1,066	2,547	2,633	899
DPS(원)	200	100	100	250	330	1,249
EBITDAPS(원)	1,793	1,710	1,522	3,350	3,294	

재무 비율 〈단위 : % 〉
연도	영업이익률	순이익률	부채비율	차입금비율	ROA	ROE	유보율	자기자본비율	EBITDA마진율
2016	6.3	4.4	52.1	14.6	6.1	9.5	1,767.4	65.8	9.0
2015	6.3	4.0	57.1	19.5	5.1	9.3	1,624.7	63.7	9.3
2014	1.0	-0.1	108.5	58.7	-0.1	-0.2	1,494.9	48.0	3.6
2013	1.5	1.5	116.3	62.3	2.0	4.2	1,504.0	46.2	4.0

대한제당 (A001790)
TS

업 종 : 식료품	시 장 : 거래소	
신용등급 : (Bond) A- (CP) —	기업규모 : 시가총액 소형주	
홈 페 이 지 : www.ts.co.kr	연 락 처 : 032)770-1400	
본 사 : 인천시 중구 월미로 116 (북성동1가)		

설 립 일 1956.07.06	종 업 원 수 549명	대 표 이 사 조현		
상 장 일 1968.12.27	감 사 의 견 적정 (대주)	계 열		
결 산 기 12월	보 통 주 884만주	종 속 회 사 수 14개사		
액 면 가 2,500원	우 선 주 78만주	구 상 호		

주주구성 (지분율,%)
설윤호	23.6
박선영	14.4
(외국인)	2.9

출자관계 (지분율,%)
TS개발	100.0
TS우인	100.0
TS유업	100.0

주요경쟁사 (외형,%)
대한제당	100
팜스코	75
이지바이오	111

매출구성
설탕	46.5
배합사료	25.4
기타	23.2

비용구성
매출원가율	87.4
판관비율	9.0

수출비중
수출	26.0
내수	74.0

회사 개요
동사는 설탕과 배합사료를 제조, 판매하는 업체임. 주 사업군인 제당식품과 사료 이외에 삼성상호저축은행, TS신용투자대부 등 자회사, 그리고 푸드림, 파파이스 등의 외식업을 영위함. 시장점유율은 설탕 약 20.1, 사료 2.9%로 중위권 수준. 돼지사육, 가공, 유통에 걸친 일원화시스템을 구축 중. 2017년 3월 이후 김영권 단독대표 체제에서 김영권, 조현 각자 대표이사 체제로 변경하였음.

실적 분석
동사의 2017년 상반기 연결기준 누적 매출액은 6,416.3억원으로 전년 동기 대비 4.5% 증가함. 매출은 늘었지만 매출원가 또한 큰 폭으로 늘면서 영업이익은 62.9억원으로 전년 동기 대비 무려 66.5% 감소함. 비영업손익 부문에서 금융손실이 지속됐지만 외환손익이 크게 증가하면서 흑자 전환에 성공. 당기순이익은 영업이익이 대폭 줄면서 전년 동기 대비 23.9% 감소한 63.9억원을 시현.

현금 흐름 〈단위 : 억원〉
항목	2016	2017.2Q
영업활동	1,036	-138
투자활동	447	126
재무활동	-802	-111
순현금흐름	674	-129
기말현금	1,377	1,249

시장 대비 수익률

결산 실적 〈단위 : 억원〉
항목	2012	2013	2014	2015	2016	2017
매출액	15,139	13,897	13,459	12,458	12,642	
영업이익	536	447	439	229	448	
당기순이익	290	104	65	-176	226	

분기 실적 〈단위 : 억원〉
항목	2016.1Q	2016.2Q	2016.3Q	2016.4Q	2017.1Q	2017.2Q
매출액	2,936	3,205	3,181	3,320	3,139	3,278
영업이익	72	116	163	97	44	19
당기순이익	38	46	127	15	64	0

재무 상태 〈단위 : 억원〉
항목	2012	2013	2014	2015	2016	2017.2Q
총자산	16,207	15,700	15,613	15,417	12,106	11,819
유형자산	4,522	4,464	4,532	4,489	4,253	4,258
무형자산	56	56	66	70	39	38
유가증권	652	546	351	363	540	469
총부채	11,865	11,261	11,138	11,168	7,608	7,319
총차입금	4,739	4,635	5,277	5,269	4,812	4,732
자본금	204	204	240	240	240	240
총자본	4,342	4,440	4,475	4,249	4,498	4,501
지배주주지분	4,337	4,438	4,473	4,246	4,495	4,496

기업가치 지표
항목	2012	2013	2014	2015	2016	2017.2Q
주가(최고/저)(천원)	22.2/14.7	29.9/19.8	30.2/21.0	28.7/19.1	24.9/19.4	—/—
PER(최고/저)(배)	8.3/5.5	29.8/19.7	48.6/33.8	—/—	10.9/8.5	0.6/0.5
PBR(최고/저)(배)	0.5/0.4	0.7/0.5	0.7/0.5	0.7/0.4	0.5/0.4	0.0/0.0
EV/EBITDA(배)	6.2	7.6	9.4	13.3	8.2	
EPS(원)	2,986	1,099	667	-1,834	2,344	647
BPS(원)	54,887	56,125	47,964	45,602	47,733	47,740
CFPS(원)	5,560	3,265	2,379	-112	3,896	1,425
DPS(원)	625	500	550	450	650	
EBITDAPS(원)	8,549	7,434	6,200	4,103	6,209	1,432

재무 비율 〈단위 : % 〉
연도	영업이익률	순이익률	부채비율	차입금비율	ROA	ROE	유보율	자기자본비율	EBITDA마진율
2016	3.5	1.8	169.1	107.0	1.6	5.2	1,809.3	37.2	4.7
2015	1.8	-1.4	262.9	124.0	-1.1	-4.1	1,724.1	27.6	3.2
2014	3.3	0.5	248.9	117.9	0.4	1.5	1,818.6	28.7	4.5
2013	3.2	0.8	253.6	104.4	0.7	2.5	2,145.0	28.3	4.4

대한제분 (A001130)
Daehan Flour Mills

업　　종 : 식료품　　　　　　　　　　시　　　장 : 거래소
신용등급 : (Bond) —　　(CP) —　　기업규모 : 시가총액 소형주
홈페이지 : www.dhflour.co.kr　　　연 락 처 : 02)3455-0200
본　　사 : 서울시 중구 세종대로 39

설 립 일 1953.11.28	종업원수 337명	대 표 이 사 이건영,박현용	
상 장 일 1970.11.25	감사의견 적정 (한영)	계 열	
결 산 월 12월	보 통 주 169만주	종속회사수 7개사	
액 면 가 5,000원	우 선 주	구 상 호	

주주구성 (지분율,%)		출자관계 (지분율,%)		주요경쟁사 (외형,%)	
디앤비씨컴퍼니	27.7	보나비	100.0	대한제분	100
이건영	6.5	디비에스주식회사	100.0	오뚜기	249
(외국인)	14.2	대한사료	98.2	농심	275

매출구성		비용구성		수출비중	
소맥분 외 (제과, 빵, 라면, 사료용 등)	100.0	매출원가율	78.3	수출	0.0
		판관비율	16.2	내수	100.0

회사 개요
동사는 제분업과 소맥분 판매업 등을 주요사업으로 영위하고 있음. 주요 제품영역으로 대표 브랜드인 '곰표' 밀가루와 튀김·부침가루 등이 있음. 한국제분협회에 등록돼 있는 제분회사는 8개사 총 10개 공장이 가동 중임. 원맥의 국내 생산량은 전체 소요량의 2% 미만으로 원자재의 대부분을 수입에 의존하기 때문에 국제가격 변동폭의 확대로 수입가격의 등락이 심하고, 원화 환율 또한 원재료 가격에 미치는 영향이 지대함.

실적 분석
동사의 2017년도 연결기준 상반기 매출액은 4,015.7억원으로 전년동기 대비 비슷한 실적을 기록함. 영업이익은 178.4억원으로 전년동기 대비 26.8% 감소함. 반면 외화환산이익 및 파생금융상품거래이익의 실적개선으로 비영업이익이 큰 폭으로 증가하며 당기순이익은 340.7억원으로 전년동기 대비 78% 증가함. 동사는 생산 효율성 제고와 연구개발을 통한 제품 경쟁력 확보와 탄력적인 전략 운영 등 실적 향상을 위해 노력중임.

현금 흐름　〈단위 : 억원〉

항목	2016	2017.2Q
영업활동	888	276
투자활동	-307	-285
재무활동	-470	-193
순현금흐름	113	-202
기말현금	919	716

시장 대비 수익률

결산 실적　〈단위 : 억원〉

항목	2012	2013	2014	2015	2016	2017
매출액	8,901	8,647	8,697	8,258	8,075	—
영업이익	340	273	530	473	442	—
당기순이익	343	184	368	343	274	—

분기 실적　〈단위 : 억원〉

항목	2016.1Q	2016.2Q	2016.3Q	2016.4Q	2017.1Q	2017.2Q
매출액	2,004	2,005	2,025	2,040	1,964	2,051
영업이익	132	112	130	68	85	93
당기순이익	88	103	67	16	248	93

재무 상태　〈단위 : 억원〉

항목	2012	2013	2014	2015	2016	2017.2Q
총자산	8,997	8,973	9,004	8,954	8,675	8,749
유형자산	2,708	2,640	2,631	2,576	2,470	2,333
무형자산	223	220	209	201	190	188
유가증권	1,048	888	731	1,010	730	752
총부채	2,962	2,899	2,757	2,385	2,056	1,799
총차입금	1,796	1,769	1,620	1,380	1,030	882
자본금	85	85	85	85	85	85
총자본	6,035	6,074	6,247	6,569	6,619	6,950
지배주주지분	6,016	6,056	6,222	6,543	6,619	6,950

기업가치 지표

항목	2012	2013	2014	2015	2016	2017.2Q
주가(최고/저)(천원)	166/95.7	158/116	221/130	263/146	200/164	—/—
PER(최고/저)(배)	8.7/5.0	15.1/11.1	10.5/6.2	13.3/7.4	12.5/10.3	—/—
PBR(최고/저)(배)	0.5/0.3	0.5/0.3	0.6/0.4	0.7/0.4	0.5/0.4	0.5/0.4
EV/EBITDA(배)	4.2	4.6	2.5	3.3	2.3	—/—
EPS(원)	20,360	11,023	21,792	20,207	16,130	20,161
BPS(원)	356,562	359,019	368,857	387,971	394,270	414,009
CFPS(원)	34,126	25,781	36,343	34,772	30,171	26,971
DPS(원)	2,500	2,000	2,500	2,000	2,000	
EBITDAPS(원)	33,898	30,887	45,893	42,545	40,173	17,368

재무 비율　〈단위 : %〉

연도	영업이익률	순이익률	부채비율	차입금비율	ROA	ROE	유보율	자기자본비율	EBITDA마진율
2016	5.5	3.4	31.1	15.6	3.1	4.1	7,785.4	76.3	8.4
2015	5.7	4.2	36.3	21.0	3.8	5.4	7,659.4	73.4	8.7
2014	6.1	4.2	44.1	25.9	4.1	6.0	7,277.1	69.4	8.9
2013	3.2	2.1	47.7	29.1	2.1	3.1	7,080.4	67.7	6.0

대한항공 (A003490)
Korean Air Lines

업　　종 : 항공운수　　　　　　　　　시　　　장 : 거래소
신용등급 : (Bond) BBB　(CP) —　　기업규모 : 시가총액 대형주
홈페이지 : www.koreanair.com　　　연 락 처 : 02)2656-7114
본　　사 : 서울시 강서구 하늘길 260

설 립 일 1962.06.19	종업원수 18,466명	대 표 이 사 조양호,조원태,우기홍	
상 장 일 1966.03.18	감사의견 적정 (안진)	계 열	
결 산 월 12월	보 통 주 9,484만주	종속회사수 27개사	
액 면 가 5,000원	우 선 주 111만주	구 상 호	

주주구성 (지분율,%)		출자관계 (지분율,%)		주요경쟁사 (외형,%)	
한진칼	30.0	왕산레저개발	100.0	대한항공	100
국민연금공단	11.3	HanjinInternationalCorp	100.0	한진칼	8
(외국인)	18.6	항공종합서비스	100.0	아시아나항공	49

매출구성		비용구성		수출비중	
국제선 여객	56.3	매출원가율	80.4	수출	0.0
화물	21.2	판관비율	10.0	내수	100.0
기타	9.5				

회사 개요
동사는 1962년 설립되어 1969년 민영으로 전환된 이래 국내 및 해외 각국 도시에 여객 및 화물 노선을 개설하여 항공운송사업을 수행하고 있음. 이와 더불어 항공기 설계 및 제작, 민항기 및 군용기 정비, 위성체 등의 연구·개발을 수행하는 항공우주사업, 기내식 제조사업, 기내 면세품 판매사업 등의 연관 사업을 통해 시너지 효과를 창출. 한국공항, 한진정보통신 등을 연결대상 종속회사로 보유하고 있음.

실적 분석
동사의 2017년도 연결기준 상반기 매출액은 5조 7,712.3억원으로 전년동기 대비 1.5% 증가함. 판매비와 관리비는 비슷한 수준을 유지했으나 매출원가가 4.4% 늘어 영업이익이 24.5% 감소한 3643.2억원을 기록함. 그러나 비영업부문 손실의 흑자전환되며 당기순이익도 흑자로 돌아섰음. 3분기엔 휴가철이 포함돼 수요 증가가 예상되고 글로벌 경기 회복세에 힘입어 화물 부문 실적 역시 개선될 전망.

현금 흐름　〈단위 : 억원〉

항목	2016	2017.2Q
영업활동	28,063	16,735
투자활동	-8,735	-13,579
재무활동	-18,293	-77
순현금흐름	1,224	2,908
기말현금	10,899	13,807

시장 대비 수익률

결산 실적　〈단위 : 억원〉

항목	2012	2013	2014	2015	2016	2017
매출액	123,418	118,487	119,097	115,448	117,319	—
영업이익	2,286	-196	3,953	8,831	11,208	—
당기순이익	2,564	-3,836	-6,129	-5,630	-5,568	—

분기 실적　〈단위 : 억원〉

항목	2016.1Q	2016.2Q	2016.3Q	2016.4Q	2017.1Q	2017.2Q
매출액	28,670	28,177	31,179	29,292	28,660	29,052
영업이익	3,233	1,592	4,600	1,783	1,915	1,728
당기순이익	-1,749	-2,508	5,108	-6,419	5,592	-2,003

재무 상태　〈단위 : 억원〉

항목	2012	2013	2014	2015	2016	2017.2Q
총자산	229,734	229,204	234,657	241,804	239,565	249,200
유형자산	148,801	155,039	157,781	178,507	178,733	183,649
무형자산	3,146	3,492	3,312	2,947	4,050	3,857
유가증권	1,786	2,266	2,085	1,731	2,206	2,002
총부채	200,690	201,802	212,646	216,813	220,822	219,374
총차입금	146,550	144,362	151,483	150,567	145,927	140,359
자본금	3,668	2,989	2,989	3,698	3,698	4,798
총자본	29,044	27,402	22,012	24,990	18,744	29,826
지배주주지분	26,216	26,470	20,909	23,871	17,607	28,647

기업가치 지표

항목	2012	2013	2014	2015	2016	2017.2Q
주가(최고/저)(천원)	65.6/47.9	54.6/25.9	47.5/29.3	53.1/27.2	35.7/23.2	—/—
PER(최고/저)(배)	19.0/13.9	—/—	—/—	—/—	—/—	—/—
PBR(최고/저)(배)	1.8/1.3	1.2/0.6	1.4/0.8	1.6/0.8	1.4/0.9	1.3/0.8
EV/EBITDA(배)	9.5	9.1	8.5	6.3	5.4	—/—
EPS(원)	3,244	-3,195	-10,080	-7,892	-7,639	4,054
BPS(원)	35,573	44,020	34,773	32,130	23,698	29,748
CFPS(원)	24,489	21,549	16,018	15,170	16,046	13,639
DPS(원)						
EBITDAPS(원)	24,241	24,628	33,258	35,398	38,841	13,752

재무 비율　〈단위 : %〉

연도	영업이익률	순이익률	부채비율	차입금비율	ROA	ROE	유보율	자기자본비율	EBITDA마진율
2016	9.6	-4.8	1,178.1	778.5	-2.3	-27.2	376.2	7.8	24.5
2015	7.7	-4.9	867.6	602.5	-2.4	-25.2	545.0	10.3	22.0
2014	3.3	-5.2	966.1	688.2	-2.6	-26.8	599.5	9.4	16.7
2013	-0.2	-3.2	736.5	526.8	-1.7	-8.5	785.5	12.0	13.9

대한해운 (A005880)
Korea Line

업　종 : 해상운수		시　장 : 거래소	
신용등급 : (Bond) BBB　(CP) A3		기업규모 : 시가총액 중형주	
페이지 : www.korealines.co.kr		연 락 처 : 02)3701-0114	
본　사 : 서울시 강서구 마곡중앙8로 78 에스엠알엔디센터			

설 립 일 1968.12.12	종 업 원 수 358명	대 표 이 사 김용완
상 장 일 1992.04.02	감 사 의 견 적정 (한울)	계　　　　열
결 산 기 12월	보 통 주 2,443만주	종 속 회 사 수 16개사
액 면 가 5,000원	우 선 주	구 상 호

주주구성 (지분율,%)		출자관계 (지분율,%)		주요경쟁사 (외형,%)	
케이엘홀딩스	16.4	코리아엘엔지트레이딩	36.0	대한해운	100
케이엘홀딩스이호	16.2	신광	19.7	팬오션	347
(외국인)	6.0	통영예선	14.5	흥아해운	154

매출구성		비용구성		수출비중	
철광석 등	71.2	매출원가율	88.4	수출	—
천연가스	22.7	판관비율	3.5	내수	—
분양사업 등	5.0				

회사 개요
해운업은 식량, 에너지,원자재, 생필품 등을 수요와 공급의 원칙에 따라 원하는 시기에 필요한 장소로 수송하는 산업의 모체인 선박을 확보하는데 대규모 자금이 투하되는 대표적인 자본집약적 산업이며 전세계를 상대로 산업활동이 이루어지는 완전경쟁 산업임. 동사는 1968년 설립된 해운회사로서, 철광석, 천연가스, 원유 등의 원재료를 선박으로 운송하는 해상 화물운송 및 해운 대리점업을 주로 영위 중임.

실적 분석
SM상선의 컨테이너 사업 매출이 본격적으로 발생하기 시작하여 동사의 2017년 2분기기준 누적 매출액은 전년동기대비 185.5% 이상 크게 상승한 7,118.6억원을 기록하였음. 그에 따라 전년동기대비 영업이익은 615.3억원으로 213.6% 크게 상승하였음. 최종적으로 전년동기대비 당기순이익은 크게 상승하여 506억원을 기록함. 컨테이너 사업부문의 매출이 본격적으로 늘어나는 상황이므로 향후 수익 성장이 기대됨.

현금 흐름　〈단위 : 억원〉

항목	2016	2017.2Q
영업활동	1,130	1,206
투자활동	-3,666	-6,717
재무활동	2,773	5,424
순현금흐름	280	-138
기말현금	844	706

시장 대비 수익률

결산 실적　〈단위 : 억원〉

항목	2012	2013	2014	2015	2016	2017
매출액	5,956	5,355	5,803	5,317	5,403	—
영업이익	-1,096	1,014	983	860	441	—
당기순이익	-2,504	3,839	719	395	308	—

분기 실적　〈단위 : 억원〉

항목	2016.1Q	2016.2Q	2016.3Q	2016.4Q	2017.1Q	2017.2Q
매출액	1,147	1,337	1,324	1,595	3,101	4,017
영업이익	112	84	86	159	320	295
당기순이익	66	57	74	111	295	211

재무 상태　〈단위 : 억원〉

항목	2012	2013	2014	2015	2016	2017.2Q
총자산	14,194	12,224	13,007	15,179	22,045	27,048
유형자산	11,309	10,085	10,896	13,198	17,833	22,202
무형자산	73	53	46	33	131	338
유가증권	37	81	69	78	79	520
총부채	15,904	8,184	8,018	9,486	15,784	20,414
총차입금	13,820	7,523	7,035	8,823	13,938	18,053
자본금	916	1,198	1,221	1,221	1,221	1,221
총자본	-1,710	4,040	4,989	5,694	6,260	6,635
지배주주지분	-1,710	4,040	4,932	5,632	6,066	6,157

기업가치 지표

항목	2012	2013	2014	2015	2016	2017.2Q
주가(최고/저)(천원)	308/29.7	125/17.5	29.8/21.2	25.8/17.1	21.7/15.5	—/—
PER(최고/저)(배)	—/—	3.8/0.5	10.1/7.2	16.2/10.7	17.8/12.7	—/—
PBR(최고/저)(배)	-2.7/-0.3	7.4/1.0	1.5/1.1	1.1/0.7	0.9/0.6	1.5/0.7
EV/EBITDA(배)		6.7	6.7	7.6	13.4	—/—
EPS(원)	-209,537	32,554	2,958	1,594	1,220	1,933
BPS(원)	-7,592	16,866	20,210	23,067	24,845	25,216
CFPS(원)	-9,410	40,409	6,502	5,006	4,678	3,824
DPS(원)						
EBITDAPS(원)	-1,608	16,454	7,597	6,934	5,262	4,411

재무 비율　〈단위 : % 〉

연도	영업이익률	순이익률	부채비율	차입금비율	ROA	ROE	유보율	자기자본비율	EBITDA마진율
2016	8.2	5.7	252.1	222.6	1.7	5.1	396.9	28.4	23.8
2015	16.2	7.4	166.6	155.0	2.8	7.4	361.3	37.5	31.9
2014	16.9	12.4	160.7	141.0	5.7	16.0	304.2	38.4	31.7
2013	18.9	71.7	202.6	186.2	29.1	전기잠식	237.3	33.1	36.2

대한화섬 (A003830)
DaeHan Synthetic Fiber

업　종 : 화학		시　장 : 거래소	
신용등급 : (Bond) —　(CP) —		기업규모 : 시가총액 소형주	
홈페이지 : www.daehansf.co.kr		연 락 처 : 02)3406-0300	
본　사 : 서울시 중구 동호로 310			

설 립 일 1963.10.22	종 업 원 수 145명	대 표 이 사 이중호
상 장 일 1985.12.23	감 사 의 견 적정 (삼정)	계　　　　열
결 산 기 12월	보 통 주 133만주	종 속 회 사 수
액 면 가 5,000원	우 선 주	구 상 호

주주구성 (지분율,%)		출자관계 (지분율,%)		주요경쟁사 (외형,%)	
한국도서보급	17.7	태광관광개발	45.0	대한화섬	100
이호진	15.4	예가람저축은행	22.2	동성화인텍	320
(외국인)	0.0	고려저축은행	20.2	동성화학	169

매출구성		비용구성		수출비중	
Polyester	93.2	매출원가율	94.5	수출	70.0
임대수익	6.8	판관비율	7.4	내수	30.0

회사 개요
동사는 1963년 대한합성섬유주식회사로 설립된 태광산업 계열의 화학섬유 제조업체로 동사를 포함 총 29개의 계열사가 있음. 동사의 주력제품은 폴리에스터로 매출비중이 약 95%를 차지하고 있으며, 2016년 기준 FILAMENT 부문에서 9% 가량의 시장점유율을 보유하고 있음 (효성, TK케미칼, 성안화섬, 도레이첨단소재에 이어 5위임). 원료인 PTA에서부터 원사, 직물생산까지 수직계열화를 이루어 경쟁력을 제고함.

실적 분석
폴리에스터 범용제품의 내수와 수출 가격이 모두 상승함에 따라 2017년 상반기 매출액은 전년동기 대비 7.9% 증가한 555.5억원을 기록함. 제품가격 상승폭이 PTA 등 원재료의 가격 상승폭보다 크고, 차별화 제품에 대한 영업력 집중으로 원가율이 개선됨. 판관비도 일부 축소하여 영업이익은 24.2억원의 흑자로 전환됨. 영업외에서는 계열사로부터의 배당금 수입과 지분법평가이익 모두 감소하였으나, 법인세 효과로 당기순이익도 6.1% 증가함.

현금 흐름　*IFRS 별도 기준　〈단위 : 억원〉

항목	2016	2017.2Q
영업활동	157	44
투자활동	33	51
재무활동	-178	-73
순현금흐름	12	23
기말현금	14	37

시장 대비 수익률

결산 실적　〈단위 : 억원〉

항목	2012	2013	2014	2015	2016	2017
매출액	3,449	2,164	1,431	1,354	1,046	—
영업이익	-78	-56	-243	-128	-20	—
당기순이익	45	50	-146	-156	153	—

분기 실적　*IFRS 별도 기준　〈단위 : 억원〉

항목	2016.1Q	2016.2Q	2016.3Q	2016.4Q	2017.1Q	2017.2Q
매출액	262	253	244	287	281	275
영업이익	-1	1	-7	-12	8	17
당기순이익	54	62	25	12	59	64

재무 상태　*IFRS 별도 기준　〈단위 : 억원〉

항목	2012	2013	2014	2015	2016	2017.2Q
총자산	4,773	5,036	5,239	5,164	4,837	4,892
유형자산	1,036	908	756	497	476	459
무형자산	140	120	120	120	120	120
유가증권	1,429	1,627	1,947	2,137	1,844	1,844
총부채	1,151	1,056	1,109	1,027	833	764
총차입금	353	539	461	529	365	298
자본금	66	66	66	66	66	66
총자본	3,621	3,981	4,129	4,137	4,004	4,128
지배주주지분	3,621	3,981	4,129	4,137	4,004	4,128

기업가치 지표　*IFRS 별도 기준

항목	2012	2013	2014	2015	2016	2017.2Q
주가(최고/저)(천원)	88.9/51.2	69.1/56.6	92.0/59.9	137/69.1	113/95.0	—/—
PER(최고/저)(배)	26.6/15.3	18.5/15.1	—/—	9.7/8.2	—/—	—/—
PBR(최고/저)(배)	0.3/0.2	0.2/0.2	0.3/0.2	0.4/0.3	0.4/0.3	0.4/0.3
EV/EBITDA(배)	18.9	15.4		119.0	38.1	
EPS(원)	3,424	3,785	-11,009	-11,765	11,549	9,291
BPS(원)	281,045	308,114	319,301	319,882	309,825	319,161
CFPS(원)	14,039	14,543	-226	-920	16,485	11,932
DPS(원)	750	750				
EBITDAPS(원)	4,723	6,577	-7,530	1,173	3,440	4,467

재무 비율　〈단위 : % 〉

연도	영업이익률	순이익률	부채비율	차입금비율	ROA	ROE	유보율	자기자본비율	EBITDA마진율
2016	-1.9	14.7	20.8	9.1	3.1	3.8	6,096.5	82.8	4.4
2015	-9.5	-11.5	24.8	12.8	-3.0	-3.8	6,297.6	80.1	1.2
2014	-17.0	-10.2	26.9	11.2	-2.9	-3.6	6,286.0	78.8	-7.0
2013	-2.6	2.3	26.5	13.5	1.0	1.3	6,062.3	79.0	4.0

대현 (A016090)
DAEHYUN CO

업 종 : 섬유 및 의복
신용등급 : (Bond) — (CP) —
홈 페 이 지 : www.daehyun.co.kr
본 사 : 서울시 서초구 강남대로51길 1, 대현블루타워

시 장 : 거래소
기업규모 : 시가총액 소형주
연 락 처 : 02)3485-7000

설 립 일	1982.05.25	종 업 원 수	492명	대 표 이 사	신현균,신윤건
상 장 일	1990.09.20	감 사 의 견	적정 (안진)	계 열	
결 산 기	12월	보 통 주	4,528만주	종속회사수	
액 면 가	500원	우 선 주		구 상 호	

주주구성 (지분율,%)		출자관계 (지분율,%)		주요경쟁사 (외형,%)	
신현균	26.5	한국패션유통물류	1.1	대현	100
신윤황	12.0	영풍		TBH글로벌	258
(외국인)	6.5			F&F	157

매출구성		비용구성		수출비중	
주크	23.3	매출원가율	43.7	수출	1.0
듀엘	22.4	판관비율	50.5	내수	99.0
모조에스핀	21.9				

회사 개요
동사는 1977년 페페 브랜드로 여성복 사업을 시작했음. 블루페페, 씨씨콜렉트, 주크, 모조에스핀, 듀엘, 엣플레이 등 6개 브랜드를 가지고 있음. 백화점 및 대리점 등 499개 유통망을 확보하고 있음. 2000년부터 흑자 경영을 지속했으며, 2016년 결산현금배당은 1주당 50원임. 동사는 여성복 시장에서 한섬, 신세계인터내셔널 등 주요 업체와 치열한 시장경쟁을 펼치고 있음.

실적 분석
동사의 2017년 상반기 매출액은 1364.7억원으로 전년 대비 2.1% 증가함. 영업이익은 61억원으로 전년 대비 11.8% 감소함. 당기순이익은 53.9억원으로 전년 대비 86.7% 감소함. 당기순이익의 주된 감소 원인은 전년 동기에 인식한 유형자산 처분이익 차이 때문임. 부채비율은 35.0%로 재무안전성은 양호한 수준임. 이밖에 임대 사업도 영위하고 있음.

현금 흐름 *IFRS 별도 기준 〈단위 : 억원〉

항목	2016	2017.2Q
영업활동	100	11
투자활동	330	-45
재무활동	-292	-22
순현금흐름	137	-56
기말현금	147	91

시장 대비 수익률

결산 실적 〈단위 : 억원〉

항목	2012	2013	2014	2015	2016	2017
매출액	2,169	2,453	2,454	2,596	2,802	—
영업이익	91	125	74	101	161	—
당기순이익	68	88	47	83	469	—

분기 실적 *IFRS 별도 기준 〈단위 : 억원〉

항목	2016.1Q	2016.2Q	2016.3Q	2016.4Q	2017.1Q	2017.2Q
매출액	733	604	568	896	766	598
영업이익	46	23	7	84	50	11
당기순이익	394	10	7	58	41	13

재무 상태 *IFRS 별도 기준 〈단위 : 억원〉

항목	2012	2013	2014	2015	2016	2017.2Q
총자산	1,988	2,162	2,257	2,257	2,497	2,240
유형자산	291	316	300	277	140	146
무형자산	4	4	5	20	21	20
유가증권	6	6	6	2	39	76
총부채	989	1,087	1,159	1,084	871	580
총차입금	257	298	341	277		
자본금	269	269	269	269	269	269
총자본	999	1,075	1,098	1,172	1,626	1,660
지배주주지분	999	1,075	1,098	1,172	1,626	1,660

기업가치 지표 *IFRS 별도 기준

항목	2012	2013	2014	2015	2016	2017.2Q
주가(최고/저)(천원)	1.7/1.0	2.8/1.1	3.8/1.8	3.7/2.0	4.2/2.7	—/—
PER(최고/저)(배)	11.8/7.1	15.1/5.7	38.0/18.0	20.5/11.1	4.0/2.7	—/—
PBR(최고/저)(배)	0.8/0.5	1.2/0.5	1.6/0.8	1.4/0.8	1.2/0.8	1.2/0.8
EV/EBITDA(배)	5.2	7.0	10.9	11.4	6.4	—
EPS(원)	151	194	103	183	1,035	119
BPS(원)	2,231	2,398	2,449	2,613	3,615	3,690
CFPS(원)	268	346	268	338	1,159	179
DPS(원)	16	23	17	35	50	
EBITDAPS(원)	318	428	328	378	478	194

재무 비율 〈단위 : %〉

연도	영업이익률	순이익률	부채비율	차입금비율	ROA	ROE	유보율	자기자본비율	EBITDA마진율
2016	5.7	16.7	53.6	0.0	19.7	33.5	508.4	65.1	7.7
2015	3.9	3.2	92.5	23.6	3.7	7.3	339.8	52.0	6.6
2014	3.0	1.9	105.6	31.1	2.1	4.3	312.2	48.7	6.1
2013	5.1	3.6	101.2	27.7	4.2	8.5	303.6	49.7	7.9

대호에이엘 (A069460)
Daeho Al

업 종 : 금속 및 광물
신용등급 : (Bond) — (CP) —
홈 페 이 지 : www.daeho-al.com
본 사 : 대구시 달성군 논공읍 논공중앙로 211

시 장 : 거래소
기업규모 : 시가총액 소형주
연 락 처 : 053)610-5400

설 립 일	2002.10.01	종 업 원 수	172명	대 표 이 사	류영길
상 장 일	2002.11.11	감 사 의 견	적정 (정일)	계 열	
결 산 기	12월	보 통 주	2,713만주	종속회사수	
액 면 가	500원	우 선 주		구 상 호	

주주구성 (지분율,%)		출자관계 (지분율,%)		주요경쟁사 (외형,%)	
대호하이텍	33.0			대호에이엘	100
KB자산운용	4.8			포스링크	7
(외국인)	1.3			피제이메탈	84

매출구성		비용구성		수출비중	
AL COIL	54.1	매출원가율	96.2	수출	30.0
AL CIRCLE	42.9	판관비율	3.9	내수	70.0
임가공	3.0				

회사 개요
동사는 2002년 남선알미늄의 판매사업부 분할로 설립되어, 알루미늄 판재의 제조 및 판매를 주요사업으로 영위하고 있음. 주로 알미늄 코일(Coil), 판재(Sheet) 및 고품질 환절판(Circle Sheet)을 전문 생산하고 있음. 철도차량사업은 국가, 지방자치단체 등 관급으로 수주가 이뤄지고 있으며, 동사는 현대로템의 1차협력업체로 임가공 수주로 수요가 점차적으로 증가하고 있음.

실적 분석
동사는 2017년 상반기 누적 매출액이 625.9억원으로 전년 동기 대비 9.8% 증가했고, 영업이익은 23.8억원을 전년 동기 1.6억원 적자에서 흑자전환함. 동사는 알루미늄 반제품인 코일의 판매가 늘면서 매출이 증가했고, 매출원가의 증가율이 매출에 비해 낮아 원가율이 개선됨. 외환손익에서 21.9억원의 이익이 나는 등 18.1억원의 비영업손익을 기록하며 42.5억원의 당기순이익을 기록함. 부채총계가 줄고, 자본금이 증가해 재무구조가 개선됨.

현금 흐름 *IFRS 별도 기준 〈단위 : 억원〉

항목	2016	2017.2Q
영업활동	29	25
투자활동	-20	-10
재무활동	-31	6
순현금흐름	-23	21
기말현금	38	59

시장 대비 수익률

결산 실적 〈단위 : 억원〉

항목	2012	2013	2014	2015	2016	2017
매출액	1,510	1,391	1,317	1,216	1,176	—
영업이익	45	15	-11	26	-1	—
당기순이익	23	-26	-133	-10	-22	—

분기 실적 *IFRS 별도 기준 〈단위 : 억원〉

항목	2016.1Q	2016.2Q	2016.3Q	2016.4Q	2017.1Q	2017.2Q
매출액	278	292	297	309	308	318
영업이익	-6	4	2	-1	13	11
당기순이익	-2	0	16	-36	36	7

재무 상태 *IFRS 별도 기준 〈단위 : 억원〉

항목	2012	2013	2014	2015	2016	2017.2Q
총자산	1,265	1,266	1,103	900	870	933
유형자산	300	468	311	307	496	273
무형자산	6	3	3	2	0	0
유가증권	2	3				
총부채	824	931	847	660	648	669
총차입금	740	798	749	553	538	531
자본금	136	136	136	136	136	136
총자본	441	336	256	240	222	264
지배주주지분	441	336	256	240	222	264

기업가치 지표 *IFRS 별도 기준

항목	2012	2013	2014	2015	2016	2017.2Q
주가(최고/저)(천원)	3.7/1.9	4.2/2.0	2.8/1.0	2.6/1.1	2.8/1.2	—/—
PER(최고/저)(배)	45.2/22.7	—/—	—/—	—/—	—/—	—/—
PBR(최고/저)(배)	2.2/1.1	3.4/1.6	2.9/1.0	2.8/1.2	3.2/1.4	1.7/1.5
EV/EBITDA(배)	19.4	17.9	31.5	14.7	24.0	—
EPS(원)	82	-94	-489	-36	-82	157
BPS(원)	1,660	1,241	977	920	854	1,009
CFPS(원)	211	-352		100	69	230
DPS(원)						
EBITDAPS(원)	244	245	98	231	147	161

재무 비율 〈단위 : %〉

연도	영업이익률	순이익률	부채비율	차입금비율	ROA	ROE	유보율	자기자본비율	EBITDA마진율
2016	-0.1	-1.9	291.5	242.0	-2.5	-9.6	70.9	25.6	3.4
2015	2.1	-0.8	274.7	230.3	-1.0	-3.9	84.0	26.7	5.2
2014	-0.8	-10.1	331.3	293.1	-11.2	-44.9	95.5	23.2	2.0
2013	1.1	-1.8	277.3	237.7	-1.9	-7.8	148.2	26.5	4.8

대호피앤씨 (A021040)
DAEHO P&C COLTD

업 종: 금속 및 광물		시 장: KOSDAQ	
신용등급: (Bond) — (CP) —		기업규모: 중견	
홈페이지: www.daehopnc.co.kr		연락처: 055)388-4001	
본 사: 경남 양산시 산막공단 북4길 13 (산막동)			

설립일	1988.09.02	종업원수	244명	대표이사	정경태
상장일	1996.08.27	감사의견	적정(한영)	계열	
결산기	12월	보통주	7,311만주	종속회사수	
액면가	500원	우선주	424만주	구상호	

주주구성 (지분율,%)		출자관계 (지분율,%)		주요경쟁사 (외형,%)	
디에스피	28.2	POSCOMVWPC	30.0	대호피앤씨	100
대호	13.2	HepaHope.INC	4.7	NI스틸	62
(외국인)	0.5	영구아트	2.4	EG	79

매출구성		비용구성		수출비중	
CHQ	96.1	매출원가율	88.0	수출	15.0
STS Wire	2.8	판관비율	5.6	내수	85.0
CD-BAR	1.0				

회사 개요
동사는 1988년 냉간압조용 강선의 제조, 판매를 목적으로 설립되었음. 선재부문과 강관부문, 마봉강부문, 스테인레스 선재부문 사업을 영위하고 있음. 선재부문은 자동차용, 일반산업 기계류용 및 전자부품인 볼트, 너트, 베아링볼, 스크류 등의 냉간압조용선을 생산함. 강관부문에서는 전 산업에 다양하게 분포되어있는 파이프 및 철강재를 생산하고 있음. 동사는 2012년 11월 30일을 합병기일로 동방금속공업을 흡수합병함.

실적 분석
동사의 2017년 2분기 연결기준 매출액은 1,040.6억원으로 전년 동기 대비 10.3% 증가함. 영업이익 또한 71.1억원을 기록하며 전년동기 대비 35.9% 성장, 당기순이익도 52.0억원을 시현하여 전년 동기 대비 65.8% 증가하며 수익성 개선. 선재부문에서 냉간압조용선재는 세아특수강, 현대종합특수강과 경쟁관계이며 동사를 포함하여 국내 상위 3사가 시장의 83%를 점유하고 있음. 동사의 점유율은 20%내외임.

현금 흐름 *IFRS 별도 기준 〈단위 : 억원〉

항목	2016	2017.2Q
영업활동	153	44
투자활동	-12	-18
재무활동	-159	-13
순현금흐름	-19	13
기말현금	13	27

시장 대비 수익률

결산 실적 〈단위 : 억원〉

항목	2012	2013	2014	2015	2016	2017
매출액	2,204	2,487	2,221	2,009	1,857	—
영업이익	-14	84	105	87	119	—
당기순이익	-104	-84	-16	25	56	—

분기 실적 *IFRS 별도 기준 〈단위 : 억원〉

항목	2016.1Q	2016.2Q	2016.3Q	2016.4Q	2017.1Q	2017.2Q
매출액	470	474	443	470	517	524
영업이익	21	31	32	34	38	33
당기순이익	14	17	19	5	29	23

재무 상태 *IFRS 별도 기준 〈단위 : 억원〉

항목	2012	2013	2014	2015	2016	2017.2Q
총자산	2,285	2,098	1,692	1,542	1,412	1,473
유형자산	521	497	440	457	436	428
무형자산	314	232	222	207	178	185
유가증권	6	6	3	2	1	3
총부채	1,834	1,735	1,349	1,182	1,002	838
총차입금	1,440	1,332	1,096	918	759	572
자본금	272	272	272	272	272	387
총자본	452	364	342	360	410	635
지배주주지분	452	364	342	360	410	635

기업가치 지표 *IFRS 별도 기준

항목	2012	2013	2014	2015	2016	2017.2Q
주가(최고/저)(천원)	2.0/1.0	1.2/0.8	1.1/0.8	1.6/0.8	1.7/1.2	—/—
PER(최고/저)(배)	—/—	—/—	—/—	30.7/15.3	15.2/10.8	—/—
PBR(최고/저)(배)	2.1/1.1	1.5/1.0	1.5/1.1	2.1/1.0	2.0/1.4	1.7/1.2
EV/EBITDA(배)	1,448.6	13.0	10.5	12.6	9.2	—
EPS(원)	-305	-155	-30	46	103	83
BPS(원)	857	695	656	689	779	839
CFPS(원)	-260	-72	40	121	186	122
DPS(원)	—	—	—	—	—	—
EBITDAPS(원)	4	237	264	235	302	152

재무 비율 〈단위 : % 〉

연도	영업이익률	순이익률	부채비율	차입금비율	ROA	ROE	유보율	자기자본비율	EBITDA마진율
2016	6.4	3.0	244.7	185.4	3.8	14.6	55.9	29.0	8.8
2015	4.4	1.2	328.0	254.7	1.5	7.1	37.8	23.4	6.4
2014	4.8	-0.7	394.0	319.9	-0.9	-4.6	31.2	20.2	6.5
2013	3.4	-3.4	477.0	366.4	-3.8	-20.6	39.0	17.3	5.2

대화제약 (A067080)
DAEHWA PHARM COLTD

업 종: 제약		시 장: KOSDAQ	
신용등급: (Bond) — (CP) —		기업규모: 중견	
홈페이지: www.dhpharm.co.kr		연락처: 033)342-5140	
본 사: 강원도 횡성군 횡성읍 한우로 495			

설립일	1989.01.19	종업원수	347명	대표이사	노병태,김은석(각자대표)
상장일	2003.02.11	감사의견	적정(새시대)	계열	
결산기	12월	보통주	1,822만주	종속회사수	3개사
액면가	500원	우선주		구상호	

주주구성 (지분율,%)		출자관계 (지분율,%)		주요경쟁사 (외형,%)	
고준진	11.4	디에이치호림	63.9	대화제약	100
김수지	11.2	리독스바이오	59.6	동아쏘시오홀딩스	510
(외국인)	2.6	스페셜라이즈드메드	56.9	JW중외제약	329

매출구성		비용구성		수출비중	
유파딘정 등	55.9	매출원가율	68.7	수출	4.0
OEM매출	20.3	판관비율	27.6	내수	96.0
아말리안 외	9.7				

회사 개요
동사는 1984년 1월 의약품 및 의약부외품 제조 및 판매업을 주 영업 목적으로 설립되었으며 2003년 코스닥시장에 상장됨. 사업부문별로는 의약품 및 의약부외품을 제조 및 판매하는 의약품 제조 판매부문과 완제의약품을 공급받아 유통하는 의약품 도매업 부문으로 구성됨. 지속적인 R&D 투자로 2012년 6월 혁신형제약기업 인증을 받고 2015년 6월 재인증됨.

실적 분석
동사의 2017년 2분기 연결기준 누적 매출액은 전년 동기 대비 14.3% 감소한 625.7억원을 기록함. 매출원가는 19.1% 감소하여 매출총이익 감소는 3.5%에 그침. 경상개발비의 증가에도 인건비와 광고선전비 등이 감소하여 전체 판관비는 전년 동기 1.8% 감소함. 외형 부진에 영업이익은 전년 동기 대비 15.5% 감소한 24.1억원을 기록함. 영업이익 감소로 당기순이익 또한 15.0% 감소함.

현금 흐름 〈단위 : 억원〉

항목	2016	2017.2Q
영업활동	88	99
투자활동	-256	-115
재무활동	257	-60
순현금흐름	90	-77
기말현금	118	41

시장 대비 수익률

결산 실적 〈단위 : 억원〉

항목	2012	2013	2014	2015	2016	2017
매출액	1,432	1,280	1,349	1,391	1,423	—
영업이익	81	46	44	56	53	—
당기순이익	36	20	-11	41	38	—

분기 실적 〈단위 : 억원〉

항목	2016.1Q	2016.2Q	2016.3Q	2016.4Q	2017.1Q	2017.2Q
매출액	362	369	340	353	331	295
영업이익	18	10	5	20	18	6
당기순이익	13	5	-1	19	13	3

재무 상태 〈단위 : 억원〉

항목	2012	2013	2014	2015	2016	2017.2Q
총자산	1,302	1,219	1,241	1,246	1,538	1,471
유형자산	525	497	493	496	702	665
무형자산	24	53	69	77	80	93
유가증권	0	0	0	0	0	0
총부채	688	598	656	629	804	730
총차입금	408	330	329	336	496	430
자본금	91	91	91	91	91	91
총자본	614	620	585	617	734	741
지배주주지분	601	604	580	611	662	671

기업가치 지표

항목	2012	2013	2014	2015	2016	2017.2Q
주가(최고/저)(천원)	10.2/4.8	8.0/5.4	9.0/5.9	50.9/7.1	47.7/19.3	—/—
PER(최고/저)(배)	61.9/29.2	90.0/60.9	—/—	239.1/33.3	234.6/94.6	—/—
PBR(최고/저)(배)	3.1/1.5	2.4/1.6	2.8/1.8	14.8/2.1	12.8/5.2	6.8/5.2
EV/EBITDA(배)	14.4	17.7	19.8	77.2	50.8	—
EPS(원)	173	92	-6	215	205	101
BPS(원)	3,446	3,438	3,300	3,467	3,747	3,798
CFPS(원)	350	277	178	410	417	207
DPS(원)	80	100	100	100	100	—
EBITDAPS(원)	622	435	428	503	505	238

재무 비율 〈단위 : % 〉

연도	영업이익률	순이익률	부채비율	차입금비율	ROA	ROE	유보율	자기자본비율	EBITDA마진율
2016	3.7	2.6	109.6	67.6	2.7	5.9	649.4	47.7	6.5
2015	4.0	3.0	101.9	54.5	3.3	6.6	593.4	49.5	6.6
2014	3.3	-0.9	112.1	56.2	-0.9	-0.2	559.9	47.2	5.8
2013	3.6	1.6	96.5	53.3	1.6	2.8	587.5	50.9	6.2

더블유게임즈 (A192080)
DoubleUGames

업 종 : 게임 소프트웨어		시 장 : KOSDAQ	
신용등급 : (Bond) ― (CP) ―		기업규모 : 우량	
홈 페 이 지 : www.doubleugames.com		연 락 처 : (02)501-7216	
본 사 : 서울시 강남구 테헤란로 152, 강남파이낸스센터 16층(역삼동)			

설 립 일 2012.04.27	종 업 원 수 192명	대 표 이 사 김가람
상 장 일 2015.11.04	감 사 의 견 적정 (한영)	계 열
결 산 기 12월	보 통 주 1,747만주	종속회사수 6개사
액 면 가 500원	우 선 주	구 상 호

주주구성 (지분율,%)		출자관계 (지분율,%)		주요경쟁사 (외형,%)	
김가람	42.4	디에이트게임즈	100.0	더블유게임즈	100
한국투자글로벌콘텐츠펀드이펀드20호	3.0	디드래곤게임즈	100.0	엔씨소프트	632
(외국인)	10.8	애피타이저게임즈	20.3	컴투스	330

매출구성		비용구성		수출비중	
모바일게임	53.1	매출원가율	0.0	수출	100.0
PC게임	47.0	판관비율	71.2	내수	0.0

회사 개요
동사는 북미를 중심으로 한 소셜카지노 게임 업체임. 동사가 운영하고 있는 DoubleU Casino는 페이스북을 기반으로 하는 PC게임 (2012년 5월 출시)와 모바일 게임(애플 2013년 9월 출시)으로 구성. 소셜카지노 게임시장은 2015년 33억달러 수준에서 2017년까지 연평균 20% 이상의 성장세를 보일 것으로 전망됨. 당기 중 지분 추가 취득으로 디에이트게임즈를 관계기업에서 자회사로 편입함.

실적 분석
동사의 2017년 연결기준 2분기 매출액은 1,017.8억원을 기록함. 영업이익은 매출이 큰폭으로 증가함에 따라 243.9억원을 기록하였으며, 금융손실 66.9억원으로 인해 순이익은 176.2억원을 기록하는데 그침. 페이스북 기반 매출은 소폭 감소한 반면 모바일은 ARPU 개선으로 성장세를 보임. 동사의 성장전략은 마케팅을 통한 더블유카지노 매출 극대화에서 신규 슬롯게임 출시에 따른 포트폴리오 다양화로 변화되고 있는 상황임.

현금 흐름 〈단위 : 억원〉

항목	2016	2017.2Q
영업활동	543	352
투자활동	-1,059	-6,115
재무활동	-64	5,994
순현금흐름	-575	224
기말현금	153	378

시장 대비 수익률

결산 실적 〈단위 : 억원〉

항목	2012	2013	2014	2015	2016	2017
매출액	―	453	713	1,224	1,556	―
영업이익	―	130	293	319	449	―
당기순이익	―	112	279	342	487	―

분기 실적 〈단위 : 억원〉

항목	2016.1Q	2016.2Q	2016.3Q	2016.4Q	2017.1Q	2017.2Q
매출액	376	382	376	422	414	604
영업이익	60	125	101	163	168	76
당기순이익	61	128	84	215	114	62

재무 상태 〈단위 : 억원〉

항목	2012	2013	2014	2015	2016	2017.2Q
총자산		187	508	3,825	4,370	10,834
유형자산		3	2	10	11	26
무형자산		0	1	2	2	9,309
유가증권					1,485	566
총부채		54	94	143	587	6,681
총차입금					435	6,179
자본금		1		85	86	87
총자본		133	414	3,682	3,782	4,153
지배주주지분		133	414	3,682	3,782	4,153

기업가치 지표

항목	2012	2013	2014	2015	2016	2017.2Q
주가(최고/저)(천원)	―/―	―/―	―/―	67.2/45.5	53.8/29.9	―/―
PER(최고/저)(배)	0.0/0.0	0.0/0.0	0.0/0.0	27.0/18.3	19.2/10.7	―/―
PBR(최고/저)(배)	0.0/0.0	0.0/0.0	0.0/0.0	3.2/2.1	2.2/1.2	2.4/1.4
EV/EBITDA(배)	0.0			15.9	9.4	
EPS(원)	―	916	2,192	2,527	2,847	997
BPS(원)		77,268	240,570	21,546	24,914	26,658
CFPS(원)		67,996	162,583	2,538	2,865	1,166
DPS(원)					650	
EBITDAPS(원)		78,783	170,774	2,371	2,633	1,571

재무 비율 〈단위 : %〉

연도	영업이익률	순이익률	부채비율	차입금비율	ROA	ROE	유보율	자기자본비율	EBITDA마진율
2016	28.8	31.3	15.5	11.5	11.9	13.1	4,882.7	86.6	29.0
2015	26.1	27.9	3.9	0.0	15.8	16.7	4,209.3	96.3	26.2
2014	41.1	39.2	22.7	0.0	80.3	102.1	48,013.9	81.5	41.2
2013	28.6	24.7	41.0	0.0			15,353.6	71.0	28.7

더블유홀딩컴퍼니 (A052300)
W Holding

업 종 : 육상운수		시 장 : KOSDAQ	
신용등급 : (Bond) ― (CP) ―		기업규모 : 중견	
홈 페 이 지 : www.wholdingcompany.co.kr		연 락 처 : (02)6237-9780	
본 사 : 서울시 강남구 언주로148길 19 청호빌딩 4층			

설 립 일 1995.08.17	종 업 원 수 25명	대 표 이 사 윤기태
상 장 일 2001.07.21	감 사 의 견 적정 (리안)	계 열
결 산 기 12월	보 통 주 11,898만주	종속회사수 1개사
액 면 가 100원	우 선 주	구 상 호 SH 홀딩스

주주구성 (지분율,%)		출자관계 (지분율,%)		주요경쟁사 (외형,%)	
오션인더블유	15.9	더블유투자금융	100.0	W홀딩컴퍼니	100
대안합명회사	8.5	에스씨에프앤비	50.0	KCTC	1,973
(외국인)	1.1	쿠쿠루자코리아	50.0	동양고속	877

매출구성		비용구성		수출비중	
운송료(육상운송 등)	70.2	매출원가율	71.4	수출	―
방송프로그램 제작	11.5	판관비율	18.9	내수	―
할리스커피(커피/식음료)등	10.2				

회사 개요
사는 1992년 설립되어 물류운송사업, 식음료 판매, CATV, IPTV 방송, 매니저 사업 부문을 영위하고 있는 업체임. 2010년 6월 기존 수입차 판매사업과 창고사업을 각각 엠앤엠모터카와 마이트앤메인으로 물적 분할함. '프로젝트런웨지코리아', '도전수퍼모델코리아', '지니어스게임' 등 해외 포맷의 대규모 프로그램을 다수 제작. 매출은 방송 20.43%, 물류 66.98%, 식음료 12.59% 등으로 구성됨.

실적 분석
동사의 2017년 반기 연결 기준 매출액은 전년동기대비 20.3% 감소한 69.4억원을 기록. 원가절감 노력으로 매출원가는 전년비 30.6% 감소하여 영업이익은 11.8억원으로 22.7% 증가함. 물류운송사업을 주요사업으로 영위해 오던 중, 중·장기 사업전략에 따라 신규사업진출을 다각적으로 모색하면서 2016년 더블유투자금융이 연결종속회사에 편입 하였으며, 현재 지분율 100%를 보유하고 있음.

현금 흐름 〈단위 : 억원〉

항목	2016	2017.2Q
영업활동	1	24
투자활동	-481	61
재무활동	347	6
순현금흐름	-133	85
기말현금	52	136

시장 대비 수익률

결산 실적 〈단위 : 억원〉

항목	2012	2013	2014	2015	2016	2017
매출액	261	633	467	154	177	―
영업이익	-4	28	-27	-35	17	―
당기순이익	-35	5	-49	41	79	―

분기 실적 〈단위 : 억원〉

항목	2016.1Q	2016.2Q	2016.3Q	2016.4Q	2017.1Q	2017.2Q
매출액	30	57	39	51	35	3
영업이익	1	11	3	5	9	
당기순이익	4	21	31	24	50	-3

재무 상태 〈단위 : 억원〉

항목	2012	2013	2014	2015	2016	2017.2Q
총자산	504	547	387	583	1,086	1,08
유형자산	11	14	7	4	50	6
무형자산	304	269	56	23	25	2
유가증권	12	10	139	267	104	9
총부채	265	314	75	143	337	28
총차입금	120	159	24	118	298	25
자본금	232	273	343	399	105	1
총자본	239	234	313	441	748	80
지배주주지분	176	177	301	439	749	80

기업가치 지표

항목	2012	2013	2014	2015	2016	2017.2Q
주가(최고/저)(천원)	2.5/0.5	1.5/1.0	1.3/0.6	1.6/0.6	1.3/0.9	―/―
PER(최고/저)(배)	―/―	―/―	28.8/10.7	13.2/9.1	―/―
PBR(최고/저)(배)	6.5/1.2	4.5/3.0	2.9/1.3	2.9/1.1	1.8/1.2	1.3/0.
EV/EBITDA(배)	13.2	3.3	7.9		49.8	
EPS(원)	-94	-35	-100	55	96	1
BPS(원)	386	329	443	555	714	71
CFPS(원)	34	337	20	60	99	1
DPS(원)						
EBITDAPS(원)	117	425	76	-42	23	1

재무 비율 〈단위 : %〉

연도	영업이익률	순이익률	부채비율	차입금비율	ROA	ROE	유보율	자기자본비율	EBITDA마진율
2016	9.7	44.5	45.0	39.8	9.5	13.7	614.4	69.0	11.
2015	-22.7	26.7	32.3	26.7	8.5	11.2	11.0	75.6	-20.
2014	-5.7	-10.6	일부잠식	일부잠식	-10.6	-25.2	-11.4	80.8	9.
2013	4.4	0.8	일부잠식	일부잠식	1.0	-10.3	-34.2	42.7	35.

ㄷ

관리종목

더이앤엠 (A089230)
THE E&M

업 종 : 기계	시 장 : KOSDAQ
신용등급 (Bond) — (CP) —	기업규모 :
홈 페 이 지 : www.theenm.com	연 락 처 : 02)2088-8222
본 사 : 서울시 금천구 디지털로9길 68 9층(가산동, 대룡포스트타워 5차)	

설 립 일 2002.07.08	종업원수 56명	대표이사 양성휘,남득현(각자대표이사)
상 장 일 2006.10.10	감사의견 적정 (대성)	계 열
결 산 기 12월	보 통 주 9,186만주	종속회사수 1개사
액 면 가 100원	우 선 주	구 상 호 용현BM

주주구성 (지분율,%)		출자관계 (지분율,%)		주요경쟁사 (외형,%)	
룽투코리아	48.2	코리아티이	100.0	THE E&M	100
현진소재	16.7			유지인트	323
(외국인)	0.2			기신정기	703

매출구성		비용구성		수출비중	
인터넷사업부문 (팝콘티비 외)	50.5	매출원가율	52.7	수출	0.0
강관사업부문 (무계목강관 외)	49.5	판관비율	32.0	내수	100.0

회사 개요
동사는 2002년 설립돼 2006년 코스닥증권시장에 상장함. 유무선 통합 개인방송 플랫폼사업을 영위하고 있으며 연결대상 종속회사인 코리아티이는 비상장사로 무계목강관 제품 제조업을 영위하고 있음. 강관사업부문은 국제유가 하락과 저유가 지속으로 생산물량이 줄고 판매가 하락함. 이에 동사는 매출 규모보다 이익률 확보를 최우선순위로 상정하는 방식으로 대응하고 잇음.

실적 분석
2017년 상반기 연결기준 매출 69.7억원을 기록함. 전년 동기대비 20.8% 감소. 강관사업부문 불황이 원인으로 파악됨. 이에 영업이익은 전년도 대비 6.4% 증가한 8.9억원을 시현함. 그러나 비영업부문이 적자 전환. 동사는 향후 엔터테인먼트와 미디어를 주사업분야로서 집중 운영하며 재무적인 성과를 만들 예정임.

현금 흐름		〈단위 : 억원〉
항목	2016	2017.2Q
영업활동	23	4
투자활동	-82	-24
재무활동	10	13
순현금흐름	-49	-7
기말현금	18	11

시장 대비 수익률

결산 실적					〈단위 : 억원〉
항목	2012	2013	2014	2015	2016	2017
매출액	1,383	628	676	247	153	—
영업이익	34	-215	-442	-136	23	—
당기순이익	-47	-280	-609	-247	38	—

분기 실적					〈단위 : 억원〉
항목	2016.1Q	2016.2Q	2016.3Q	2016.4Q	2017.1Q	2017.2Q
매출액	47	41	44	21	35	35
영업이익	1	7	24	-9	6	3
당기순이익	1	2	28	7	4	-2

재무 상태					〈단위 : 억원〉
항목	2012	2013	2014	2015	2016	2017.2Q
총자산	2,462	2,138	1,069	667	683	696
유형자산	1,546	1,372	721	330	362	358
무형자산	2			180	175	173
유가증권	7	2			30	32
총부채	1,822	1,585	911	160	139	148
총차입금	1,382	1,202	703	81	91	100
자본금	41	96	209	92	92	92
총자본	640	553	158	507	544	547
지배주주지분	640	553	158	507	544	547

기업가치 지표					
항목	2012	2013	2014	2015	2016	2017.2Q
주가(최고/저)(천원)	9.5/3.9	5.1/2.0	2.4/0.9	20.0/3.2	16.5/6.3	—/—
PER(최고/저)(배)	—/—	—/—	—/—	—/—	80.5/30.8	—/—
PBR(최고/저)(배)	1.5/0.6	1.9/0.7	6.7/2.6	7.3/1.2	5.6/2.1	3.6/1.7
EV/EBITDA(배)	15.0				34.5	
EPS(원)	-972	-4,867	-5,887	-1,116	41	1
BPS(원)	7,769	2,898	377	2,763	2,965	596
CFPS(원)	377	-1,729	-2,597	-4,601	282	9
DPS(원)						
EBITDAPS(원)	1,362	-1,157	-1,791	-2,096	204	17

재무 비율								〈단위 : % 〉
연도	영업이익률	순이익률	부채비율	차입금비율	ROA	ROE	유보율	자기자본비율	EBITDA마진율
2016	15.3	24.6	25.5	16.6	5.6	7.2	493.0	79.7	24.5
2015	-55.0	-99.7	31.5	16.0	-28.4	-74.2	452.5	76.0	-37.5
2014	-65.4	-90.0	일부잠식	일부잠식	-38.0	-171.2	-24.6	14.8	-54.8
2013	-34.2	-44.6	286.5	217.4	-12.2	-47.0	479.6	25.9	-21.2

더존비즈온 (A012510)
DuzonBizon

업 종 : 일반 소프트웨어	시 장 : 거래소
신용등급 (Bond) — (CP) —	기업규모 : 시가총액 중형주
홈 페 이 지 : www.duzon.com	연 락 처 : 02)6233-3000
본 사 : 강원도 춘천시 남산면 버들1길 130	

설 립 일 1977.08.20	종업원수 1,144명	대표이사 김용우
상 장 일 1988.10.28	감사의견 적정 (대주)	계 열
결 산 기 12월	보 통 주 2,967만주	종속회사수
액 면 가 500원	우 선 주	구 상 호

주주구성 (지분율,%)		출자관계 (지분율,%)		주요경쟁사 (외형,%)	
더존다스	30.2	더존이엔에이치	75.7	더존비즈온	100
김용우	6.0	키컴	71.7	안랩	81
(외국인)	34.0	모자이크넷	20.0	한컴MDS	85

매출구성		비용구성		수출비중	
ERP	56.8	매출원가율	40.6	수출	0.0
D클라우드사업	24.0	판관비율	37.6	내수	100.0
보안 및 그룹웨어, 기타	17.1				

회사 개요
동사는 1991년 설립된 기업용 IT솔루션 제공업체로, 2000년 12월 코스닥에 상장. 동사는 ERP, 그룹웨어 등 기업정보화 분야에서 독보적인 시장지배력을 보유하고 있음. D-클라우드사업 시작을 기반으로 2013년 7월 출시한 Smart A는 거래자료 수집, 데이터 패턴 분석, 전표처리 자동화 등을 강화하여 고객들의 기장시간 단축 등 사용 편의성이 강화되었음.

실적 분석
동사의 2017년 2분기 기준 누적 매출액은 ERP와 클라우드 사업의 지속적인 성장으로 전년동기대비 12.8% 증가한 952.7억원을 기록하였음. 매출원가는 전년동기대비 11.2% 증가했으며 판매비와관리비도 인건비와 광고선전비 증가의 영향으로 전년동기대비 9.6% 증가함. 동사의 2017년 2분기 누적 영업이익은 전년동기대비 21.6% 증가한 215.4억원을 기록하였으며 당기순이익은 전년동기대비 30.8% 증가한 169.1억원을 시현함.

현금 흐름		〈단위 : 억원〉
항목	2016	2017.2Q
영업활동	493	160
투자활동	-241	-174
재무활동	-99	-92
순현금흐름	155	-107
기말현금	380	273

시장 대비 수익률

결산 실적					〈단위 : 억원〉
항목	2012	2013	2014	2015	2016	2017
매출액	1,249	1,296	1,364	1,577	1,768	—
영업이익	241	184	205	290	384	—
당기순이익	170	137	109	217	282	—

분기 실적					〈단위 : 억원〉
항목	2016.1Q	2016.2Q	2016.3Q	2016.4Q	2017.1Q	2017.2Q
매출액	422	423	404	519	467	485
영업이익	80	97	75	132	102	114
당기순이익	60	70	52	101	78	91

재무 상태					〈단위 : 억원〉
항목	2012	2013	2014	2015	2016	2017.2Q
총자산	1,923	1,934	2,106	2,135	2,365	2,446
유형자산	776	785	826	794	756	1,027
무형자산	220	240	407	361	310	286
유가증권	59	43	42	42	25	25
총부채	1,101	1,026	929	808	832	830
총차입금	765	676	507	353	317	313
자본금	148	148	148	148	148	148
총자본	822	907	1,177	1,328	1,533	1,615
지배주주지분	818	901	1,171	1,319	1,524	1,605

기업가치 지표					
항목	2012	2013	2014	2015	2016	2017.2Q
주가(최고/저)(천원)	11.4/6.0	14.8/8.7	12.1/6.5	22.4/8.8	25.6/16.3	—/—
PER(최고/저)(배)	21.7/11.4	34.7/20.3	35.0/18.6	31.9/12.5	27.4/17.4	—/—
PBR(최고/저)(배)	3.5/1.8	4.1/2.4	3.2/1.7	5.2/2.0	5.1/3.2	6.1/3.7
EV/EBITDA(배)	11.2	11.8	8.4	13.5	11.1	
EPS(원)	567	454	363	720	949	566
BPS(원)	3,542	3,823	3,947	4,445	5,135	5,410
CFPS(원)	944	905	869	1,255	1,466	825
DPS(원)	200	150	200	220	290	
EBITDAPS(원)	1,189	1,070	1,197	1,512	1,812	985

재무 비율								〈단위 : % 〉
연도	영업이익률	순이익률	부채비율	차입금비율	ROA	ROE	유보율	자기자본비율	EBITDA마진율
2016	21.7	16.0	54.3	20.7	12.6	19.8	927.0	64.8	30.4
2015	18.4	13.8	60.8	26.6	10.2	17.2	788.9	62.2	28.4
2014	15.1	8.0	79.0	43.1	5.4	10.4	689.4	55.9	26.1
2013	14.2	10.6	113.1	74.5	7.1	15.7	664.5	46.9	24.5

ㄷ

덕산네오룩스 (A213420)
DUK SAN NEOLUX COLTD

업　　종 : 디스플레이 및 관련부품	시　　장 : KOSDAQ
신용등급 : (Bond) ―　　(CP) ―	기업규모 : 중견
홈페이지 : www.dsneolux.co.kr	연 락 처 : 041)590-5400
본　　사 : 충남 천안시 서북구 입장면 쑥골길 21-32	

설 립 일 2014.12.31	종업원수 132명	대표이사	이준호,김병회(각자대표이사)
상 장 일 2015.02.06	감사의견 적정 (삼일)	계 열	
결 산 기 12월	보 통 주 2,401만주	종속회사수	
액 면 가 200원	우 선 주	구 상 호	

주주구성 (지분율,%)		출자관계 (지분율,%)		주요경쟁사 (외형,%)	
덕산하이메탈	37.9	덕산네오룩스	100		
이준호	17.2	APS홀딩스	1,311		
(외국인)	19.2	비아트론	181		

매출구성		비용구성		수출비중	
AMOLED	100.0	매출원가율	77.2	수출	79.0
		판관비율	13.6	내수	21.0

회사 개요
동사는 2014년 12월 30일(분할기일)에 덕산하이메탈로 부터 인적분할해 신설된 법인으로 전자부품 제조업을 주업종으로 하고 있고, 2015년 2월 6일 코스닥시장에 상장함. 동사의 주요사업은 AMOLED 유기물 재료 및 반도체 공정용 화학제품을 제조/판매하는 화학소재사업임. 동사가 사업을 영위하고 있는 OLED는 기존 디스플레이 시장에서 LCD와 경쟁하며 꾸준히 성장하고 있음.

실적 분석
동사의 2017년 2분기기준 누적 매출액은 전년동기대비 100.4% 이상 크게 상승한 463.7억원을 기록하였음. 비용면에서 전년동기대비 매출원가는 증가 하였으며 인건비도 증가, 기타판매비와관리비는 크게 증가함. 이와 같이 상승한 매출액 만큼 비용증가도 있었으나 매출액의 더 큰 상승에 힘입어 그에 따라 전년동기대비 영업이익은 86.3억원으로 296.8% 크게 상승하였음. 최종적으로 전년동기대비 당기순이익은 크게 상승하여 80.8억원을 기록함.

현금 흐름 *IFRS 별도 기준		〈단위 : 억원〉	
항목	2016	2017.2Q	
영업활동	84	5	
투자활동	-38	53	
재무활동	18	30	
순현금흐름	65	88	
기말현금	293	381	

시장 대비 수익률

결산 실적　　　　　　　　　〈단위 : 억원〉

항목	2012	2013	2014	2015	2016	2017
매출액	―	―	―	403	423	
영업이익	―	―	―	24	39	
당기순이익	―	―	―	22	47	

분기 실적 *IFRS 별도 기준

항목	2016.1Q	2016.2Q	2016.3Q	2016.4Q	2017.1Q	2017.2Q
매출액	132	99	89	103	196	268
영업이익	17	5	8	10	36	50
당기순이익	14	9	4	19	36	45

재무 상태 *IFRS 별도 기준　　〈단위 : 억원〉

항목	2012	2013	2014	2015	2016	2017.2Q
총자산			1,084	1,142	1,181	1,347
유형자산			383	380	357	375
무형자산			290	291	293	294
유가증권						
총부채			61	100	96	211
총차입금			―	―	10	79
자본금			24	24	24	48
총자본			1,023	1,043	1,085	1,135
지배주주지분			1,023	1,043	1,085	1,135

기업가치 지표 *IFRS 별도 기준

항목	2012	2013	2014	2015	2016	2017.2Q
주가(최고/저)(천원)	―/―	―/―	―/―	31.4/14.0	35.5/19.5	―/―
PER(최고/저)(배)	0.0/0.0	0.0/0.0	0.0/0.0	174.3/77.7	91.4/50.2	―/―
PBR(최고/저)(배)	0.0/0.0	0.0/0.0	0.0/0.0	3.6/1.6	3.9/2.2	6.3/2.4
EV/EBITDA(배)	0.0	0.0	0.0	53.4	46.6	
EPS(원)	―	―	―	90	195	336
BPS(원)	―	―	―	8,695	9,050	4,735
CFPS(원)	―	―	―	456	672	403
DPS(원)	―	―	―			
EBITDAPS(원)	―	―	―	479	609	427

재무 비율　　　　　　〈단위 : %〉

연도	영업이익률	순이익률	부채비율	차입금비율	ROA	ROE	유보율	자기자본비율	EBITDA마진율
2016	9.3	11.0	8.9	0.9	4.0	4.4	4,425.0	91.9	17.3
2015	6.0	5.4	9.6	0.0	2.0	2.1	4,247.3	91.3	14.3
2014	0.0	0.0	6.0	0.0	0.0	0.0	4,159.6	94.4	0.0
2013	0.0	0.0	0.0	0.0	0.0	0.0	0.0	0.0	0.0

덕산하이메탈 (A077360)
DUKSAN HI METAL COLTD

업　　종 : 반도체 및 관련장비	시　　장 : KOSDAQ
신용등급 : (Bond) ―　　(CP) ―	기업규모 : 우량
홈페이지 : www.dshm.co.kr	연 락 처 : 052)283-9000
본　　사 : 울산시 북구 무룡1로 66(연암동)	

설 립 일 1999.05.06	종업원수 163명	대표이사	이준호,김길연(각자대표이사)
상 장 일 2005.10.14	감사의견 적정 (삼일)	계 열	
결 산 기 12월	보 통 주 2,272만주	종속회사수 1개사	
액 면 가 200원	우 선 주	구 상 호	

주주구성 (지분율,%)		출자관계 (지분율,%)		주요경쟁사 (외형,%)	
덕산홀딩스	34.9	덕산에스지	70.8	덕산하이메탈	100
이준호	15.4	대성뉴텍	40.0	피에스케이	381
(외국인)	2.7	덕산네오룩스	37.9	미래산업	54

매출구성		비용구성		수출비중	
솔더볼/파우더 外	100.0	매출원가율	70.2	수출	53.0
		판관비율	17.3	내수	47.0

회사 개요
동사는 반도체 패키징 재료인 Solder Ball의 제조 및 판매와 AMOLED 유기물 재료 제조 및 판매사업을 주요사업으로 영위함. 세계 반도체용 솔더볼시장에서 점유율 약 40%를 차지함. 계열사로는 덕산유엠티, 덕산에스지가 있음. 3월 OLED 사업부를 인적분할을 통해 분리하여 덕산네오룩스로 신규 상장하고 5월 공개매수를 통해 사업지주회사 체제로 재편, 기업지배구조의 투명성과 경영효율성 및 경영안정성이 증대될 것으로 예상.

실적 분석
2017년 반기 연결기준 누적 매출액과 영업이익은 전년동기대비 각각 5.9% 증가, 50.4% 감소한 214억원, 13.9억원을 기록함. 덕산에스지는 지속적인 매출 부진으로 인하여 관련 영업에 대한 손익은 중단 영업부분에 편입, 덕산유엠티 피흡수합병으로 해산되며 영업이익 크게 감소, 당기순이익은 전년대비 흑자전환함. 주 사업부 반도체용 솔더볼시장 과점체제로 안정적 성장을 달성 중.

현금 흐름		〈단위 : 억원〉	
항목	2016	2017.2Q	
영업활동	82	17	
투자활동	-236	104	
재무활동	-6		
순현금흐름	-153	112	
기말현금	169	281	

시장 대비 수익률

결산 실적　　　　　　　　〈단위 : 억원〉

항목	2012	2013	2014	2015	2016	2017
매출액	1,438	686	582	514	428	
영업이익	417	167	57	96	54	
당기순이익	419	311	412	-171	-167	

분기 실적

항목	2016.1Q	2016.2Q	2016.3Q	2016.4Q	2017.1Q	2017.2Q
매출액	101	101	152	75	107	10
영업이익	11	17	4	21	6	
당기순이익	-4	-121	3	-45	5	

재무 상태　　　　　　〈단위 : 억원〉

항목	2012	2013	2014	2015	2016	2017.2Q
총자산	1,985	2,465	1,996	2,185	1,835	1,87
유형자산	648	714	387	632	334	32
무형자산	342	729	411	251	14	1
유가증권	517	571	163	22	89	3
총부채	159	215	517	359	166	16
총차입금	18	34	82	225	105	12
자본금	59	59	35	45	45	4
총자본	1,826	2,250	1,479	1,827	1,669	1,70
지배주주지분	1,826	2,156	1,387	1,773	1,714	1,75

기업가치 지표

항목	2012	2013	2014	2015	2016	2017.2Q
주가(최고/저)(천원)	25.9/16.2	27.5/17.4	19.4/9.2	11.5/6.5	10.8/6.6	―/―
PER(최고/저)(배)	18.2/11.4	26.3/16.7	13.8/6.5	―/―	―/―	―/―
PBR(최고/저)(배)	3.7/2.3	3.4/2.2	2.2/1.0	1.4/0.8	1.3/0.8	1.2/0.
EV/EBITDA(배)	11.9	20.6	19.0	14.7	15.7	
EPS(원)	1,426	1,044	1,411	-586	-328	15
BPS(원)	6,956	8,078	8,899	8,509	8,253	8,42
CFPS(원)	1,624	1,301	1,723	-289	-94	21
DPS(원)						
EBITDAPS(원)	1,615	826	506	759	469	11

재무 비율　　　　　　〈단위 : %〉

연도	영업이익률	순이익률	부채비율	차입금비율	ROA	ROE	유보율	자기자본비율	EBITDA마진율
2016	12.5	-38.9	9.9	6.3	-8.3	-4.3	4,026.3	91.0	24.
2015	18.6	-33.3	19.6	12.3	-8.2	-7.7	4,154.7	83.6	30.
2014	9.7	70.7	34.9	5.5	18.5	23.4	4,349.6	74.1	25.
2013	24.4	45.3	9.6	1.5	14.0	15.4	3,939.0	91.3	35.

덕성 (A004830)
Duksung

검   종 : 섬유 및 의복
신용등급 : (Bond) —   (CP) —
홈 페 이 지 : www.duksung21.com
검   사 : 경기도 수원시 영통구 신원로 25

시   장 : 거래소
기업규모 : 시가총액 소형주
연 락 처 : 031)204-0781

설 립 일 1966.11.10	종 업 원 수 190명	대 표 이 사 이해성,이봉근
상 장 일 1987.09.25	감 사 의 견 적정 (안진)	계 열
결 산 기 12월	보 통 주 1,568만주	종속회사수 1개사
액 면 가 500원	우 선 주 139만주	구 상 호

주주구성 (지분율,%)		출자관계 (지분율,%)		주요경쟁사 (외형,%)	
이봉근	13.0	덕성피엔티	48.7	덕성	100
이혁종	4.3	덕성인코	15.0	TBH글로벌	696
(외국인)	1.9	바이오베터바이오로직스	12.5	F&F	423

매출구성		비용구성		수출비중	
합성피혁	47.2	매출원가율	87.1	수출	60.0
합성피혁외	32.7	판관비율	9.7	내수	40.0
합성수지	13.6				

회사 개요
동사는 1966년 설립된 국내 최초 합성피혁 전문생산 업체임. 수원, 인천, 오산, 평택, 중국(광주)에서 생산공장을 가동 중임. 2002년 한일월드컵 공인구 피버노바, 2006년 독일월드컵 공인구 팀가이스트, 2014년 브라질월드컵 공인구인 브라주카의 원단을 공급함은 물론 유로2004, 2008공인구의 원단도 아디다스에 독점공급함. IT 기기 관련 액세서리와 화장품용 소재 분첩도 공급함.

실적 분석
2017년 상반기 매출액은 547.0억원으로 전년동기 대비 7.4% 증가함. 원가율 증가로 영업이익은 45.6% 감소한 12.6억원에 그침. 전체 매출의 60%가 수출에서 발생. 나이키, 리복, 아디다스 등 OEM 발주처가 주로 동남아, 중국 등에 산재해 있음. 이들 지역 수출은 주로 신발 소재. 업계의 과당 경쟁, 중국 저가 품 공세, 유가 상승 등에 맞서 신제품 개발, 원가절감 등으로 대응하고 있음.

현금 흐름 〈단위 : 억원〉
항목	2016	2017.2Q
영업활동	34	30
투자활동	-70	-60
재무활동	54	19
순현금흐름	18	-10
기말현금	76	65

시장 대비 수익률

결산 실적 〈단위 : 억원〉
항목	2012	2013	2014	2015	2016	2017
매출액	915	974	823	769	1,038	—
영업이익	34	62	16	5	34	—
당기순이익	20	44	8	5	29	—

분기 실적 〈단위 : 억원〉
항목	2016.1Q	2016.2Q	2016.3Q	2016.4Q	2017.1Q	2017.2Q
매출액	251	258	270	259	289	258
영업이익	15	8	14	-4	8	-4
당기순이익	6	8	7	9	14	9

재무 상태 〈단위 : 억원〉
항목	2012	2013	2014	2015	2016	2017.2Q
총자산	999	1,030	979	973	1,082	1,088
유형자산	228	240	242	237	270	301
무형자산	1	5	8	8	8	8
유가증권	59	78	69	93	99	139
총부채	413	403	353	338	423	435
총차입금	218	252	226	198	255	285
자본금	85	85	85	85	85	85
총자본	585	627	627	635	659	653
지배주주지분	585	627	627	635	659	653

기업가치 지표
항목	2012	2013	2014	2015	2016	2017.2Q
주가(최고/저)(천원)	3.3/1.7	5.1/2.5	3.3/2.3	15.1/2.4	12.6/4.8	—/—
PER(최고/저)(배)	27.7/14.1	19.1/9.5	70.2/49.4	457.7/71.7	67.4/25.7	1.6/1.2
PBR(최고/저)(배)	0.9/0.5	1.4/0.7	0.9/0.6	3.8/0.6	3.1/1.2	1.1/1.2
EV/EBITDA(배)	8.7	5.6	9.9	48.3	17.7	—/—
EPS(원)	126	280	48	33	188	23
BPS(원)	3,709	3,942	3,938	3,986	4,126	4,094
CFPS(원)	239	409	182	175	334	92
DPS(원)	45	45	45	20	45	143
EBITDAPS(원)	332	523	237	177	362	

재무 비율 〈단위 : % 〉
연도	영업이익률	순이익률	부채비율	차입금비율	ROA	ROE	유보율	자기자본비율	EBITDA마진율
2016	3.3	2.8	64.2	38.8	2.9	4.6	725.2	60.9	5.5
2015	0.7	0.7	53.2	31.2	0.5	0.8	697.2	65.3	3.6
2014	2.0	0.9	56.3	36.0	0.8	1.2	687.6	64.0	4.5
2013	6.3	4.5	64.2	40.2	4.3	7.2	688.3	60.9	8.4

덕신하우징 (A090410)
Duckshin housing

업   종 : 건축자재
신용등급 : (Bond) —   (CP) —
홈 페 이 지 : www.duckshin.com
본   사 : 충남 천안시 동남구 수신면 수신로 485-34

시   장 : KOSDAQ
기업규모 : 중견
연 락 처 : 041)556-2600

설 립 일 1991.01.04	종 업 원 수 303명	대 표 이 사 김용회
상 장 일 2014.08.01	감 사 의 견 적정 (인덕)	계 열
결 산 기 12월	보 통 주 4,006만주	종속회사수 1개사
액 면 가 100원	우 선 주	구 상 호

주주구성 (지분율,%)		출자관계 (지분율,%)		주요경쟁사 (외형,%)	
김명환	26.9	전문건설공제조합		덕신하우징	100
허용순	6.0	DUCKSHINHOUSINGVIETNAMCO.,LTD	100.0	이건홀딩스	134
(외국인)	0.4			코리아에스이	12

매출구성		비용구성		수출비중	
일체형데크	97.6	매출원가율	96.0	수출	2.0
폼데크	1.3	판관비율	12.8	내수	98.0
원재료	0.6				

회사 개요
1990년 11월에 설립된 동사는 건축용 자재인 데크플레이트 생산 및 시공을 주요 사업으로 영위하고 있음. 데크플레트는 철골과 철골사이에 시공돼 평평한 바닥을 이루며 콘크리트 타설시 바닥 거푸집 역할을 하는 금속재료로 일반건물, 대형고층건물, 교량 등의 시공 시 H-Beam위에 첫 번째로 설치되는 바닥재료임. 동사의 2016년 매출 기준 데크플레이트 시장 점유율은 28.95%로 업계 1위를 차지하고 있음.

실적 분석
동사의 2017년 상반기 매출액은 전년동기 대비 8.4% 감소한 574.9억원을 기록. 그러나 매출감소에도 불구하고 원가율하락과 판관비 축소로 영업이익은 전년동기 74.6억원 적자에서 27.4억원으로 흑자전환하였음. 올해 2분기 연속 흑자 전환과 수익성 개선은 영업 활동 강화와 한혜지, 원가절감 노력 등이 복합적으로 작용한 결과. 민간영업, 베트남 등 동남아시아 국가의 해외무역 수출 증대 예상.

현금 흐름 〈단위 : 억원〉
항목	2016	2017.2Q
영업활동	-129	65
투자활동	-107	-0
재무활동	210	-52
순현금흐름	-23	7
기말현금	23	30

시장 대비 수익률

결산 실적 〈단위 : 억원〉
항목	2012	2013	2014	2015	2016	2017
매출액	953	1,044	906	1,049	1,216	—
영업이익	89	135	106	32	-106	—
당기순이익	65	117	70	11	-122	—

분기 실적 〈단위 : 억원〉
항목	2016.1Q	2016.2Q	2016.3Q	2016.4Q	2017.1Q	2017.2Q
매출액	294	333	251	338	274	301
영업이익	-30	-45	-37	6	3	25
당기순이익	-25	-32	-38	-28	14	18

재무 상태 〈단위 : 억원〉
항목	2012	2013	2014	2015	2016	2017.2Q
총자산	591	754	812	982	1,112	1,069
유형자산	159	280	331	389	489	476
무형자산	11	14	4	36	33	36
유가증권	3	4	4	17	17	11
총부채	325	374	117	299	568	498
총차입금	227	221	—	173	406	346
자본금	19	30	40	40	40	40
총자본	266	380	695	683	544	571
지배주주지분	266	380	695	683	544	571

기업가치 지표
항목	2012	2013	2014	2015	2016	2017.2Q
주가(최고/저)(천원)	—/—	—/—	20.7/7.2	12.2/6.3	7.3/5.4	—/—
PER(최고/저)(배)	0.0/0.0	0.0/0.0	20.6/7.2	86.5/44.4	—/—	—/—
PBR(최고/저)(배)	0.0/0.0	0.0/0.0	2.4/0.8	1.4/0.7	1.0/0.8	1.1/0.8
EV/EBITDA(배)	2.1	1.1	5.5	11.3	—	—
EPS(원)	218	394	204	28	-304	80
BPS(원)	7,160	6,384	8,674	8,670	7,105	1,488
CFPS(원)	2,219	2,310	1,342	466	-1,293	119
DPS(원)			120			
EBITDAPS(원)	2,864	2,605	1,876	717	-1,100	107

재무 비율 〈단위 : % 〉
연도	영업이익률	순이익률	부채비율	차입금비율	ROA	ROE	유보율	자기자본비율	EBITDA마진율
2016	-8.8	-10.0	104.4	74.6	-11.6	-19.9	1,321.0	48.9	-7.3
2015	3.0	1.1	43.8	25.4	1.3	1.6	1,634.0	69.5	5.5
2014	11.7	7.7	16.9	0.0	8.9	13.0	1,634.8	85.6	14.1
2013	12.9	11.2	98.5	58.1	17.4	36.3	1,176.9	50.4	14.9

ㄷ

덕양산업 (A024900)
Duckyang Ind

업 종 : 자동차부품		시 장 : 거래소	
신용 등급 : (Bond) — (CP) —		기업규모 : 시가총액 소형주	
홈 페 이 지 : www.dyauto.kr		연 락 처 : (052)219-1114	
본 사 : 울산시 북구 효암로 366 (연암동)			

설 립 일 1977.07.11	종 업 원 수 731명	대 표 이 사 윤성희,이종숙(각자대표이사)
상 장 일 1997.06.23	감 사 의 견 적정 (한영)	계 열
결 산 기 12월	보 통 주 3,256만주	종 속 회 사 수 2개사
액 면 가 500원	우 선 주	구 상 호

주주구성 (지분율,%)		출자관계 (지분율,%)		주요경쟁사 (외형,%)	
윤성희	20.0	북경덕양홀딩지차영부건유한공사 60.0		덕양산업	100
이국진	13.0			넥센테크	8
(외국인)	0.8			동국실업	60

매출구성		비용구성		수출비중	
Crash Pad	71.0	매출원가율	98.0	수출	—
기타	19.4	판관비율	1.8	내수	—
Carrier	4.9				

회사 개요
동사는 자동차용 내장재인 Cockpit Module, Anti-Vibration Pad 등을 생산하는 자동차 부품 전문업체임. Cockpit Module은 속도계 계기판류와 오디오, 내비게이션 등 전장 부품류, 에어컨 등의 공조 부품류, 에어백 등 각종 안전보호 시스템류 등으로 구성됨. 동사의 주 거래처는 완성차 업체인 현대기아자동차로서, 한국지엠을 주거래처로 하는 대의테크 등과 함께 국내 시장을 과점 중임.

실적 분석
동사의 2017년 상반기 매출액은 내수수요 부진으로 4,360.2억원을 기록하며 전년동기와 비슷한 수준을 기록함. 매출원가율이 매우 높은 상황, 고정비 부담으로 영업이익은 -14.2억원을 기록하며 전년동기 대비 적자전환됨. 덕양산업 별도 실적은 순손실 21.8억원을 기록했으며, 북경중차기차법인, 중경중차기차 법인 또한 각각 9.5억원, 0.8억원의 순손실을 기록함.

현금 흐름 〈단위 : 억원〉

항목	2016	2017.2Q
영업활동	-46	345
투자활동	-217	-126
재무활동	-36	71
순현금흐름	-304	287
기말현금	263	550

시장 대비 수익률

결산 실적 〈단위 : 억원〉

항목	2012	2013	2014	2015	2016	2017
매출액	9,063	8,366	8,119	9,567	10,502	
영업이익	-16	-13	15	43	23	
당기순이익	41	13	33	27	-9	

분기 실적 〈단위 : 억원〉

항목	2016.1Q	2016.2Q	2016.3Q	2016.4Q	2017.1Q	2017.2Q
매출액	2,575	2,854	1,967	3,106	2,273	2,680
영업이익	-5	21	-77	79	-26	3
당기순이익	-9	12	-85	73	-30	2

재무 상태 〈단위 : 억원〉

항목	2012	2013	2014	2015	2016	2017.2Q
총자산	2,323	2,281	2,170	4,194	4,103	4,079
유형자산	476	500	784	1,033	1,074	1,118
무형자산	16	16	15	584	573	556
유가증권	1	1	1	1	1	0
총부채	1,775	1,722	1,562	3,282	3,260	3,287
총차입금				640	632	703
자본금	163	163	163	163	163	163
총자본	547	558	608	913	843	791
지배주주지분	547	558	608	612	561	521

기업가치 지표

항목	2012	2013	2014	2015	2016	2017.2Q
주가(최고/저)(천원)	1.6/1.0	1.8/1.0	4.7/1.5	4.0/1.6	2.5/1.6	—/—
PER(최고/저)(배)	16.8/10.0	51.3/31.4	47.0/14.8	171.3/70.5	—/—	—/—
PBR(최고/저)(배)	1.2/0.7	1.2/0.7	2.6/0.8	2.1/0.9	1.4/0.9	1.2/0.9
EV/EBITDA(배)		1.5	8.5	5.8	6.7	
EPS(원)	126	40	102	23	-97	-73
BPS(원)	16,949	17,291	1,881	1,893	1,737	1,613
CFPS(원)	2,835	2,147	286	404	398	169
DPS(원)	628	3,876	40	20		
EBITDAPS(원)	1,083	1,352	230	513	565	170

재무 비율 〈단위 : % 〉

연도	영업이익률	순이익률	부채비율	차입금비율	ROA	ROE	유보율	자기자본비율	EBITDA마진율
2016	0.2	-0.1	386.7	75.0	-0.2	-5.4	247.4	20.6	1.8
2015	0.5	0.3	359.6	70.1	0.9	1.3	278.7	21.8	1.7
2014	0.2	0.4	256.9		1.5	5.7	276.3	28.0	0.9
2013	-0.2	0.2	308.4		0.6	2.4	245.8	24.5	0.5

덕우전자 (A263600)
DERKWOO ELECTRONICS COLTD

업 종 : 휴대폰 및 관련부품		시 장 : KOSDAQ	
신용 등급 : (Bond) — (CP) —		기업규모 : 중견	
홈 페 이 지 : www.derkwoo.com		연 락 처 : (054)474-9661	
본 사 : 경북 구미시 산동면 첨단기업7로 98-23			

설 립 일 1992.08.01	종 업 원 수 명	대 표 이 사 이준용
상 장 일 2017.08.28	감 사 의 견 검토 (대주)	계 열
결 산 기 12월	보 통 주 811만주	종 속 회 사 수
액 면 가 500원	우 선 주	구 상 호

주주구성 (지분율,%)		출자관계 (지분율,%)		주요경쟁사 (외형,%)	
이준용	37.0			덕우전자	100
이혜경	14.8			아이엠텍	105
(외국인)	1.1			세코닉스	404

매출구성		비용구성		수출비중	
모바일부품	86.3	매출원가율	72.9	수출	95.0
기타	12.8	판관비율	9.2	내수	5.0
부산물	0.9				

회사 개요
동사는 1992년 8월 설립되어 TV 기구 사업을 시작으로 2006년 휴대폰 힌지, 소형 BLU 샤시 생산, 2009년 전기차 배터리 케이스 생산 등의 사업확대로 성장한 스티프너, 브라켓 등 모바일 카메라모듈용 부품 및 TV 부품, ABS/EPS 모터 부품 등 차량용 전장부품을 개발/생산하는 기업임. 동사의 주요 고객사로는 카메라모듈 1차벤더인 LG이노텍, 소니, 샤프, Cowell, ASE group 등이 있음.

실적 분석
동사는 2016년 매출액 기준 모바일 부품 82%, TV/자동차 부품 17% 등의 비중을 기록함. 동사는 25년간 축적된 독보적인 금형기술 및 설계기술이 핵심경쟁력으로 모바일, TV, 자동차 부품 등 다양한 제품 및 고객 다각화를 완성하였음. 2017년은 하반기 듀얼카메라가 적용되는 고객사의 신제품 출시에 따라 브라켓 등 고부가 부품 공급이 확대되고 있어 높은 실적 성장세를 회복할 것으로 예상됨.

현금 흐름 〈단위 : 억원〉

항목	2016	2017.2Q
영업활동	249	—
투자활동	-189	—
재무활동	-12	—
순현금흐름	55	—
기말현금	113	—

시장 대비 수익률

결산 실적 〈단위 : 억원〉

항목	2012	2013	2014	2015	2016	2017
매출액	462	457	723	880	773	
영업이익	44	48	89	159	138	
당기순이익	43	41	76	107	107	

분기 실적 〈단위 : 억원〉

항목	2016.1Q	2016.2Q	2016.3Q	2016.4Q	2017.1Q	2017.2Q
매출액	145				204	
영업이익	24				35	
당기순이익	18				25	

재무 상태 〈단위 : 억원〉

항목	2012	2013	2014	2015	2016	2017.2Q
총자산	177	199	348	447	615	
유형자산	62	59	135	231	381	
무형자산		1	1	4	4	
유가증권	13	16	19	22	30	
총부채	104	86	168	162	218	
총차입금	24	19	17	32	36	
자본금	6	6	6	6	6	
총자본	73	114	180	285	397	
지배주주지분	73	114	180	287	399	

기업가치 지표

항목	2012	2013	2014	2015	2016	2017.2Q
주가(최고/저)(천원)	—/—	—/—	—/—	—/—	—/—	—/—
PER(최고/저)(배)	0.0/0.0	0.0/0.0	0.0/0.0	0.0/0.0	0.0/0.0	—/—
PBR(최고/저)(배)	0.0/0.0	0.0/0.0	0.0/0.0	0.0/0.0	0.0/0.0	0.0/0.0
EV/EBITDA(배)						
EPS(원)	709	682	1,270	1,798	1,790	
BPS(원)	60,609	94,725	149,891	240,072	333,282	
CFPS(원)	45,776	47,420	79,790	109,514	119,878	
DPS(원)						
EBITDAPS(원)	46,658	52,984	90,408	152,041	145,577	

재무 비율 〈단위 : % 〉

연도	영업이익률	순이익률	부채비율	차입금비율	ROA	ROE	유보율	자기자본비율	EBITDA마진율
2016	17.9	13.8	55.0	9.0	20.1	31.3	6,565.6	64.5	22.
2015	18.1	12.1	56.9	11.2			4,701.4	63.7	20.
2014	12.3	10.5	93.2	9.7	27.9	51.9	2,897.8	51.8	15.
2013	10.4	9.0	75.3	16.7	21.8	43.9	1,794.5	57.1	13.

데브시스터즈 (A194480)
Devsisters

검 종 : 게임 소프트웨어　　　　시 장 : KOSDAQ
신용등급 : (Bond) —　　(CP) —　　기업규모 : 벤처
홈페이지 : www.devsisters.com　　연 락 처 : 02)2148-0657
본 사 : 서울시 강남구 도산대로 327 데브시스터즈(주)

설 립 일	2007.05.30	종 업 원 수	127명	대 표 이 사	이지훈,김종흔
상 장 일	2014.10.06	감 사 의 견	적정(안진)	계 열	
결 산 기	12월	보 통 주	1,112만주	종속회사수	5개사
액 면 가	500원	우 선 주		구 상 호	

주주구성 (지분율,%)		출자관계 (지분율,%)		주요경쟁사 (외형,%)	
이지훈	23.7	데브시스터즈벤처스	100.0	데브시스터즈	100
엔에이치엔엔터테인먼트	16.0	메이커스게임즈	100.0	넥슨지티	402
(외국인)	0.7	젤리팝게임즈	100.0	위메이드	709

매출구성		비용구성		수출비중	
게임매출	92.2	매출원가율	0.0	수출	46.0
로열티매출	4.0	판관비율	179.6	내수	54.0
상품매출	2.6				

회사 개요
동사는 2007년도 설립된 모바일 게임 전문 업체로 2009년 4월 소셜 파티 게임 'Obey!'의 출시를 시작으로 2013년 4월 '쿠키런 for Kakao'의 출시까지 10개 이상의 모바일 게임을 출시하였음. 3여년간의 모바일게임 개발 및 출시를 통해 성공과 실패를 반복하면서 습득된 노하우는 현재의 '쿠키런 시리즈'를 성공리에 서비스 중임. 동사는 현재까지 누적 8천만건 이상에 이르는 글로벌 다운로드 기반을 갖고 있음.

실적 분석
동사의 2017년 2분기 누적 연결기준 영업수익은 전년대비 41.0% 성장한 72.8억원을 기록함. 큰 폭의 영업수익 증가에도 경상개발비와 광고선전비 등의 증가로 비용 규모가 더 크게 증가한 바 72.9억원의 영업손실과 71.8억원의 당기순손실을 시현함. 제품별 매출비중은 게임 91.84% 및 기타로 구성됨. 동사는 신규게임 쿠키런2-오븐브레이크의 출시를 계기로 실적반등을 모색할 계획임.

현금 흐름 〈단위 : 억원〉

항목	2016	2017.2Q
영업활동	-95	-42
투자활동	95	38
재무활동	13	—
순현금흐름	13	-4
기말현금	29	25

시장 대비 수익률

결산 실적 〈단위 : 억원〉

항목	2012	2013	2014	2015	2016	2017
매출액	8	613	695	195	152	—
영업이익	-25	241	330	-41	-121	—
당기순이익	-29	223	313	-9	-98	—

분기 실적 〈단위 : 억원〉

항목	2016.1Q	2016.2Q	2016.3Q	2016.4Q	2017.1Q	2017.2Q
매출액	27	25	20	80	41	32
영업이익	-28	-31	-31	-31	-38	-35
당기순이익	-22	-18	-29	-28	-32	-39

재무 상태 〈단위 : 억원〉

항목	2012	2013	2014	2015	2016	2017.2Q
총자산	11	303	2,035	1,579	1,497	1,432
유형자산	2	13	20	21	40	38
무형자산	0	1	6	21	22	30
유가증권		20	224	1,003	827	683
총부채	52	103	82	23	23	26
총차입금	46	30				6
자본금	3	3	54	55	55	55
총자본	-41	200	1,953	1,556	1,474	1,406
지배주주지분	-41	200	1,953	1,556	1,474	1,406

기업가치 지표

항목	2012	2013	2014	2015	2016	2017.2Q
주가(최고/저)(천원)	—/—	—/—	61.0/32.0	55.4/23.3	29.5/14.3	—/—
PER(최고/저)(배)	0.0/0.0	0.0/0.0	17.1/9.0	3.1/1.3	1.8/0.9	1.1/0.8
PBR(최고/저)(배)	0.0/0.0	0.0/0.0	3.4/1.8	3.1/1.3	1.8/0.9	1.1/0.8
EV/EBITDA(배)	—	—	9.7			—
EPS(원)	-356	2,756	3,562	-85	-893	-639
BPS(원)	-5,075	24,752	18,087	17,802	16,821	16,202
CFPS(원)	-3,468	27,685	3,601	-29	-821	-592
DPS(원)						
EBITDAPS(원)	-3,008	29,866	3,797	-324	-1,027	-611

재무 비율 〈단위 : % 〉

연도	영업이익률	순이익률	부채비율	차입금비율	ROA	ROE	유보율	자기자본비율	EBITDA마진율
2016	-79.6	-64.7	1.6	0.0	-6.4	-6.5	3,264.3	98.5	-74.4
2015	-21.2	-4.7	1.5	0.0	-0.5	-0.5	3,460.4	98.6	-18.1
2014	47.5	45.0	4.2	0.0	26.8	29.1	3,517.4	96.0	48.0
2013	39.3	36.4	51.3	14.9	142.0	전기잠식	5,762.3	66.1	39.5

데이타솔루션 (A263800)
Datasolution

업 종 : IT 서비스　　　　시 장 : KOSDAQ
신용등급 : (Bond) —　　(CP) —　　기업규모 : 벤처
홈페이지 : www.datasolution.kr　　연 락 처 : 02)3404-5656
본 사 : 서울시 강남구 언주로 620, 10층

설 립 일	2010.12.31	종 업 원 수		대 표 이 사	배복태
상 장 일	2017.08.03	감 사 의 견	적정(삼정)	계 열	
결 산 기	12월	보 통 주	1,536만주	종속회사수	
액 면 가	500원	우 선 주		구 상 호	

주주구성 (지분율,%)		출자관계 (지분율,%)		주요경쟁사 (외형,%)	
오픈베이스	69.2			데이타솔루션	100
조장연	0.1			오픈베이스	155
(외국인)	0.1			신세계 I&C	294

매출구성		비용구성		수출비중	
H/W(Hardware)	42.4	매출원가율	86.6	수출	0.0
SI(System Integration)	30.6	판관비율	9.5	내수	100.0
S/W(Software)	16.1				

회사 개요
동사는 코스닥 등록기업인 ㈜오픈베이스로부터 2010년 12월 물적분할을 통해 설립된 법인으로 설립 당시 SI(System Integration) 사업(현 서비스 부문), 스토리지 제품 판매업(현 인프라 부문)과 검색솔루션 판매업(현 데이터 부문의 일부)을 영위. 2016년 7월에는 통계분석소프트웨어(SPSS) 판매와 예측분석 컨설팅 사업을 영위해온 ㈜데이타솔루션(데이터 부문)을 합병해 데이터 전문기업으로 활동 중.

실적 분석
동사의 2017년 연결기준 1분기 매출액은 117.9억원을 기록해 전년 동기(115.4억원)과 비슷한 수준을 기록함. 고정 비용 증가로 인해 영업손실은 7.3억원으로 전년 동기(영업손실 11.2억원) 대비 적자 지속했지만 적자 규모는 감소함. 각종 비영업부문 수익이 발생해 당기순손실은 전년 동기 대비 소폭 감소한 4.3억원을 시현함. 지난해에 이어 순손실이 지속되고 있음.

현금 흐름 *IFRS 별도 기준 〈단위 : 억원〉

항목	2016	2017.2Q
영업활동	23	—
투자활동	-10	—
재무활동	37	—
순현금흐름	50	—
기말현금	132	—

시장 대비 수익률

결산 실적 〈단위 : 억원〉

항목	2012	2013	2014	2015	2016	2017
매출액	578	578	552	541	1,008	—
영업이익	7	4	6	5	39	—
당기순이익	7	4	3	4	31	—

분기 실적 *IFRS 별도 기준 〈단위 : 억원〉

항목	2016.1Q	2016.2Q	2016.3Q	2016.4Q	2017.1Q	2017.2Q
매출액	115	—	—	—	118	—
영업이익	-11	—	—	—	-7	—
당기순이익	-9	—	—	—	-4	—

재무 상태 *IFRS 별도 기준 〈단위 : 억원〉

항목	2012	2013	2014	2015	2016	2017.2Q
총자산	133	170	185	219	396	—
유형자산	35	33	34	33	5	—
무형자산	0	0	0	5	34	—
유가증권			0	5	5	—
총부채	53	86	98	125	219	—
총차입금	8	47	58	63	109	—
자본금	35	35	35	35	60	—
총자본	80	85	88	94	177	—
지배주주지분	80	85	88	94	177	—

기업가치 지표 *IFRS 별도 기준

항목	2012	2013	2014	2015	2016	2017.2Q
주가(최고/저)(천원)	—/—	—/—	—/—	—/—	—/—	—/—
PER(최고/저)(배)	0.0/0.0	0.0/0.0	0.0/0.0	0.0/0.0	0.0/0.0	—/—
PBR(최고/저)(배)	0.0/0.0	0.0/0.0	0.0/0.0	0.0/0.0	0.0/0.0	—/—
EV/EBITDA(배)				2.2		—
EPS(원)	98	62	43	93	321	—
BPS(원)	11,470	12,094	12,521	13,449	1,476	—
CFPS(원)	1,241	882	677	1,174	454	—
DPS(원)						
EBITDAPS(원)	1,286	843	1,147	993	547	—

재무 비율 〈단위 : % 〉

연도	영업이익률	순이익률	부채비율	차입금비율	ROA	ROE	유보율	자기자본비율	EBITDA마진율
2016	3.9	3.0	123.6	61.3	9.9	22.5	195.3	44.7	5.2
2015	1.0	1.2	133.1	67.4			169.0	42.9	1.3
2014	1.1	0.5	111.6	66.2	1.7	3.5	150.4	47.3	1.5
2013	0.7	0.8	101.1	56.1	2.9	5.3	141.9	49.7	1.0

ㄷ

데이터스트림즈 (A199150)
Data Streams

업 종 : IT 서비스
신용 등급 : (Bond) —   (CP) —
홈 페 이 지 : www.datastreams.co.kr
본   사 : 서울시 서초구 사임당로 28 6층(서초동, 청호나이스)

시   장 : KONEX
기업규모 : —
연 락 처 : 02)3473-9077

설 립 일	2001.09.13	종 업 원 수	151명	대 표 이 사	이영상
상 장 일	2014.06.25	감 사 의 견	적정 (삼일)	계 열	
결 산 기	12월	보 통 주		종속회사수	
액 면 가	—	우 선 주		구 상 호	

주주구성 (지분율,%)		출자관계 (지분율,%)		주요경쟁사 (외형,%)	
이영상	31.7			데이터스트림즈	100
JAFCO ASIA TECHNOLOGY FUND IV	20.6				

매출구성		비용구성		수출비중	
용역수입(용역)	60.5	매출원가율	62.2	수출	1.0
유지보수(용역)	16.3	판관비율	45.0	내수	99.0
TeraStream(제품)	14.1				

회사 개요
동사는 2001년 9월에 설립됐으며, 소프트웨어 개발 및 공급업을 주 사업으로 영위하고 있음. 금융, 공공, 의료 및 제조/서비스분야 등 업종별로 목표시장을 구분하고 세부 제품별 전략을 수립하여 합리적인 비용의 고품질 서비스를 제공함. 제품 매출 대부분은 내수를 통해 이루어지고 있으나, 일부분 수출이 발생하고 있음. 향후 매출 규모 증대를 위해 중국 해외법인 활용 및 기타 해외업체와의 총판계약 체결을 통해 해외진출을 계획하고 있음.

실적 분석
동사는 코넥스 상장기업으로 반기와 분기 기준 실적 공개 의무가 없음. 동사의 2016년 연결기준 연간 매출액은 168.6억원으로 전년 대비 17.8% 증가. 매출 증가에 따른 고정비용 감소 효과, 매출원가율 하락 등으로 영업손실은 전년 적자규모에서 축소된 12.1억원을 시현. 비영업손익 부문은 0.7억원으로 흑자 전환에 성공함. 법인세비용을 계상한 당기순손실은 16.8억원을 기록함.

현금 흐름   *IFRS 별도 기준   〈단위 : 억원〉

항목	2016	2017.2Q
영업활동	3	
투자활동	-6	
재무활동	1	
순현금흐름	-1	
기말현금	17	

시장 대비 수익률

결산 실적   〈단위 : 억원〉

항목	2012	2013	2014	2015	2016	2017
매출액	128	189	183	143	168	
영업이익	-0	-8	4	-19	-12	
당기순이익	1	-9	3	-25	-17	

분기 실적   *IFRS 별도 기준   〈단위 : 억원〉

항목	2016.1Q	2016.2Q	2016.3Q	2016.4Q	2017.1Q	2017.2Q
매출액	—	—	—	—	—	—
영업이익	—	—	—	—	—	—
당기순이익	—	—	—	—	—	—

재무 상태   *IFRS 별도 기준   〈단위 : 억원〉

항목	2012	2013	2014	2015	2016	2017.2Q
총자산	120	118	124	103	104	
유형자산	3	19	17	17	20	
무형자산					8	
유가증권	7	5	4	4	6	
총부채	29	37	34	37	52	
총차입금						
자본금	20	20	20	20	20	
총자본	90	81	90	66	53	
지배주주지분	90	81	90	66	53	

기업가치 지표   *IFRS 별도 기준

항목	2012	2013	2014	2015	2016	2017.2Q
주가(최고/저)(천원)	—/—	—/—	8.0/5.0	12.0/1.3	11.3/2.6	—/—
PER(최고/저)(배)	0.0/0.0	0.0/0.0	117.1/73.2	—/—	—/—	—/—
PBR(최고/저)(배)	0.0/0.0	0.0/0.0	3.6/2.2	7.3/0.8	8.8/2.0	0.0/0.0
EV/EBITDA(배)	—	—	30.2	—	—	—
EPS(원)	36	-233	68	-617	-374	
BPS(원)	2,250	2,015	2,232	1,642	1,289	
CFPS(원)	87	-170	114	-576	-329	
DPS(원)	—	—	—	—	—	
EBITDAPS(원)	43	-127	147	-431	-212	

재무 비율   〈단위 : % 〉

연도	영업이익률	순이익률	부채비율	차입금비율	ROA	ROE	유보율	자기자본비율	EBITDA마진율
2016	-7.2	-10.0	99.6	0.0	-16.2	-28.4	156.6	50.1	-6.1
2015	-13.3	-17.3	56.6	0.0	-21.9	-31.9	228.3	63.8	-12.1
2014	2.2	1.5	37.9	0.0	2.3	3.2	346.3	72.5	3.2
2013	-4.1	-5.0	46.0	0.0	-7.9	-10.9	303.0	68.5	-2.7

데카시스템 (A183410)
Deca System

업 종 : 레저용품
신용 등급 : (Bond) —   (CP) —
홈 페 이 지 : www.decasystem.co.kr
본   사 : 경기도 성남시 분당구 야탑로 98, 신도리코빌딩 7,8층

시   장 : KONEX
기업규모 : —
연 락 처 : 1644-8481

설 립 일	2003.12.10	종 업 원 수	17명	대 표 이 사	정승욱
상 장 일	2013.11.12	감 사 의 견	적정 (이촌)	계 열	
결 산 기	12월	보 통 주		종속회사수	
액 면 가	—	우 선 주		구 상 호	

주주구성 (지분율,%)		출자관계 (지분율,%)		주요경쟁사 (외형,%)	
정승욱	30.1	DecaInternational	100.0	데카시스템	100
장미애	2.1	GolfBuddyEurope	99.9	삼익악기	1,464
		GolfBuddyAustralia	99.9	TJ미디어	547

매출구성		비용구성		수출비중	
Hand Held Type	52.3	매출원가율	71.2	수출	78.0
Voice Type	46.8	판관비율	46.4	내수	22.0
기타(상품 및 A/S 등)	0.9				

회사 개요
동사는 GPS와 첨단 알고리즘을 이용해 골프장의 홀과 코스에 대한 거리 정보를 정확히 알려주는 휴대용 골프 거리측정기를 연구·개발, 판매하는 벤처투자기업으로 2003년 12월 10일에 설립함. 국내에 도입된 지 약 100여 년이 흐른 국내 골프 산업은 최근 약 20여 년 동안 급속도로 발전해왔음. 동사는 국내 골프 거리측정기 시장뿐만 아니라 미주, 유럽, 아시아, 호주 등 전 세계 골프거리측정기 시장을 노리고 수출에 중심을 두고 있음.

실적 분석
코넥스 상장 기업인 동사의 2016년 매출액은 142.5억원으로 전년 대비 30.3% 감소함. 누적 영업손실 25.1억원, 당기순손실은 28.9억원을 기록하며 각각 전년보다 적자폭이 확대됨. 수출, 내수시장 모두 판매 부진을 겪음. 동사는 신제품 개발 및 초기양산을 위한 운영자금을 외부에서 조달함. 2017년 중 3~4개 신제품모델 개발을 진행 중이며 상반기 양산도입 예정인 점을 감안하면 부채비율과 차입금 의존도는 소폭 증가할 것으로 예상됨.

현금 흐름   *IFRS 별도 기준   〈단위 : 억원〉

항목	2016	2017.2Q
영업활동	0	
투자활동	9	
재무활동	-10	
순현금흐름	-0	
기말현금	0	

시장 대비 수익률

결산 실적   〈단위 : 억원〉

항목	2012	2013	2014	2015	2016	2017
매출액	237	218	211	204	143	
영업이익	11	7	-13	-7	-25	
당기순이익	6	7	-18	-13	-29	

분기 실적   *IFRS 별도 기준   〈단위 : 억원〉

항목	2016.1Q	2016.2Q	2016.3Q	2016.4Q	2017.1Q	2017.2Q
매출액	—	—	—	—	—	—
영업이익	—	—	—	—	—	—
당기순이익	—	—	—	—	—	—

재무 상태   *IFRS 별도 기준   〈단위 : 억원〉

항목	2012	2013	2014	2015	2016	2017.2Q
총자산	156	167	177	176	100	
유형자산	2	1	1	0	0	
무형자산				0	0	
유가증권				0	0	
총부채	46	44	58	56	44	
총차입금	30	30	38	45	35	
자본금	23	23	23	23	23	
총자본	110	124	119	120	56	
지배주주지분	110	124	119	120	56	

기업가치 지표   *IFRS 별도 기준

항목	2012	2013	2014	2015	2016	2017.2Q
주가(최고/저)(천원)	—/—	3.7/1.2	2.0/0.9	1.7/0.5	1.1/0.4	—/—
PER(최고/저)(배)	0.0/0.0	12.2/4.0	—/—	—/—	—/—	—/—
PBR(최고/저)(배)	0.0/0.0	1.4/0.4	0.8/0.3	0.7/0.2	0.9/0.3	0.0/0.0
EV/EBITDA(배)	0.3	5.6	11.8	—	—	—
EPS(원)	-353	303	-159	-17	-1,383	
BPS(원)	2,435	2,732	2,596	2,616	1,216	
CFPS(원)	-311	331	-140	-4	-1,377	
DPS(원)	—	—	—	—	—	
EBITDAPS(원)	597	324	108	-48	-279	

재무 비율   〈단위 : % 〉

연도	영업이익률	순이익률	부채비율	차입금비율	ROA	ROE	유보율	자기자본비율	EBITDA마진율
2016	-17.6	-20.3	97.3	66.6	-22.4	-41.2	140.5	50.7	-17.4
2015	-3.7	-6.5	75.3	52.9	-8.6	-14.6	268.2	57.0	-3.3
2014	-6.3	-8.3	65.2	39.8	-10.9	-16.9	320.2	60.5	-5.9
2013	3.1	3.4	47.3	26.8	4.4	6.5	390.7	67.9	3.3

데코앤이 (A017680)
DECO&E COLTD

업 종 : 섬유 및 의복		시 장 : KOSDAQ	
신용등급 : (Bond) — (CP) —		기업규모 : 중견	
홈페이지 : www.deco.co.kr		연 락 처 : 02)2145-1300	
본 사 : 서울시 송파구 위례성대로 22길 32			

설 립 일 1984.04.01	종업원수 91명	대표이사 정인견	
상 장 일 1993.09.03	감사의견 적정 (삼일)	계 열	
결 산 기 12월	보 통 주 7,321만주	종속회사수 2개사	
액 면 가 500원	우 선 주	구 상 호 데코네티션	

주주구성 (지분율,%)		출자관계 (지분율,%)		주요경쟁사 (외형,%)	
제이피어드바이저	9.4	쌈넷	20.4	데코앤이	100
키위미디어그룹	6.8	브라이트유니온	5.0	동일방직	1,485
(외국인)	2.3	포인트코드	1.7	신영와코루	324

매출구성		비용구성		수출비중	
DECO	67.5	매출원가율	52.2	수출	0.0
기타	32.6	판관비율	62.4	내수	100.0

회사 개요
동사는 1984년 설립된 회사로 국내 의류 제조 및 도소매업 등을 영위함. 'DECO'라는 브랜드의 여성의류를 생산, 판매함. 20대 중반부터 40대 중반의 여성을 타깃으로 함. 1992년 EnC, 1996년 96NY 브랜드를 론칭했으며, 2010년 데코를 합병함. 데코의 매출액 비중은 76.7%임. 숙녀복 시장은 경쟁자 증가와 소비자의 구매 패턴 다양화로 변화기를 맞이하고 있음.

실적 분석
동사의 2017년 상반기 매출액은 234.1억원으로 전년 동기 대비 20.7% 감소함. 영업손실은 66.1억원으로 적자 지속됨. 당기순손실도 74.6억원으로 적자 지속됨. 동사는 스타마케팅과 더불어 보다 적극적으로 의류 뿐 아니라 잡화에 이르는 다양한 상품에 스타들의 이름을 붙여 쉽게 브랜드를 인식할 수 있게 하거나 스타들이 직접 디자인한 상품을 전개해 회소성을 높이는 등 새로운 비즈니스 모델을 개발할 계획임.

현금 흐름 〈단위 : 억원〉
항목	2016	2017.2Q
영업활동	-26	-20
투자활동	-24	10
재무활동	90	-2
순현금흐름	40	-12
기말현금	86	74

시장 대비 수익률

결산 실적 〈단위 : 억원〉
항목	2012	2013	2014	2015	2016	2017
매출액	1,660	1,326	1,071	637	554	
영업이익	-33	-49	-81	-34	-81	
당기순이익	-18	140	-65	-44	-87	

분기 실적 〈단위 : 억원〉
항목	2016.1Q	2016.2Q	2016.3Q	2016.4Q	2017.1Q	2017.2Q
매출액	148	147	109	150	124	110
영업이익	-17	-7	-34	-23	-21	-45
당기순이익	-19	-9	-40	-19	-27	-48

재무 상태 〈단위 : 억원〉
항목	2012	2013	2014	2015	2016	2017.2Q
총자산	891	975	536	543	530	425
유형자산	54	32	14	14	23	15
무형자산	2	2	82	84	86	86
유가증권	3	3	3	3	18	7
총부채	715	659	276	223	186	127
총차입금	339	376	77	92	74	49
자본금	250	250	250	300	344	356
총자본	176	316	260	320	345	298
지배주주지분	176	316	260	320	345	298

기업가치 지표
항목	2012	2013	2014	2015	2016	2017.2Q
주가(최고/저)(천원)	2.0/0.8	1.5/0.4	1.6/0.5	4.7/0.9	2.9/1.1	—/—
PER(최고/저)(배)	—/—	5.4/1.5	—/—	8.8/1.7	5.8/2.3	—/—
PBR(최고/저)(배)	5.6/2.1	2.4/0.7	3.0/0.9			3.7/2.4
EV/EBITDA(배)	244.5					
EPS(원)	-36	281	-130	-73	-126	-105
BPS(원)	352	633	521	532	501	418
CFPS(원)	35	346	-93	-58	-111	-105
DPS(원)						
EBITDAPS(원)	5	-33	-125	-41	-103	-93

재무 비율 〈단위 : % 〉
연도	영업이익률	순이익률	부채비율	차입금비율	ROA	ROE	유보율	자기자본비율	EBITDA마진율
2016	-14.7	-15.7	53.9	21.6	-16.2	-26.1	0.2	65.0	-12.8
2015	-5.3	-6.8	69.7	28.9	-8.1	-15.0	6.5	58.9	-3.9
2014	-7.6	-6.1	106.0	29.5	-8.6	-22.6	4.2	48.6	-5.8
2013	-3.7	10.6	208.4	118.8	15.0	57.0	26.7	32.4	-1.2

덱스터스튜디오 (A206560)
Dexter studios

업 종 : 미디어		시 장 : KOSDAQ	
신용등급 : (Bond) — (CP) —		기업규모 : 신성장	
홈페이지 : www.dexterstudios.com		연 락 처 : 02)6391-7000	
본 사 : 서울시 마포구 매봉산로 75 1801호, 1901호(상암동,디디엠씨)			

설 립 일 2011.12.29	종업원수 370명	대표이사 김용화	
상 장 일 2015.12.22	감사의견 적정 (대주)	계 열	
결 산 기 12월	보 통 주 2,216만주	종속회사수	
액 면 가 500원	우 선 주	구 상 호	

주주구성 (지분율,%)		출자관계 (지분율,%)		주요경쟁사 (외형,%)	
김용화	26.7	콘텐츠공제조합		덱스터	100
WELL ALIKE LIMITED	8.1	유니온시네마투자조합		키이스트	293
(외국인)	9.0	유니온미래1호에프엑스투자조합		SBS콘텐츠허브	811

매출구성		비용구성		수출비중	
VFX 제작	88.6	매출원가율	68.4	수출	74.0
기타용역수익	11.4	판관비율	24.0	내수	26.0

회사 개요
동사는 '국가대표', '미스터 고' 등을 제작한 김용화 감독을 중심으로 2011년 12월 설립한 한국 최고의 영상제작물 시각특수효과(VFX) 전문기업으로 VFX의 디지털 사업 외에 광고 및 영화 관련 제작, 컨텐츠 개발 등 사업영역을 확장하기 위하여 덱스터디지털에서 덱스터로 상호를 변경함. 자체 개발 소프트웨어를 활용하여 동물 크리처, 디지털 휴먼, 메카닉 등 다양한 분야에 적용 가능한 제작 능력 확보한 국내 유일 업체임.

실적 분석
매출의 약 80%가 중국에서 발생하는데, 사드 보복의 영향으로 2017년 상반기 매출액은 전년동기 대비 16.1% 감소함. 외주비 등 원가율도 크게 높아져 영업이익은 92.6억원의 적자를 기록함. 상반기 중국 수주가 없었고, VFX 작업 및 투자에 참여한 '신과 함께'의 개봉이 7월에서 12월로 늦춰지면서 매출·비용 인식 시점이 엇갈리게 됨에 따라 2017년은 적자를 기록할 것임. 장기적인 관점에서 중국 VFX 수요 확대로 수혜를 입을 전망임.

현금 흐름 〈단위 : 억원〉
항목	2016	2017.2Q
영업활동	54	
투자활동	-383	
재무활동	-20	
순현금흐름	-350	
기말현금	105	

시장 대비 수익률

결산 실적 〈단위 : 억원〉
항목	2012	2013	2014	2015	2016	2017
매출액	—	136	187	261	318	
영업이익	—	13	50	45	24	
당기순이익	—	5	31	41	51	

분기 실적 〈단위 : 억원〉
항목	2016.1Q	2016.2Q	2016.3Q	2016.4Q	2017.1Q	2017.2Q
매출액	61	82	85	89	—	—
영업이익	3	11	4	6	—	—
당기순이익	5	11	12	24	—	—

재무 상태 〈단위 : 억원〉
항목	2012	2013	2014	2015	2016	2017.2Q
총자산		133	184	801	857	
유형자산		27	24	55	71	
무형자산		14	13	11	11	
유가증권			0	6	34	
총부채		31	147	64	75	
총차입금		20	120	26		
자본금		11	7	54	108	
총자본		101	37	737	782	
지배주주지분		101	36	737	782	

기업가치 지표
항목	2012	2013	2014	2015	2016	2017.2Q
주가(최고/저)(천원)	—/—	—/—	—/—	15.2/12.7	17.3/6.6	—/—
PER(최고/저)(배)	0.0/0.0	0.0/0.0	0.0/0.0	42.5/35.6	71.1/27.4	0.0/0.0
PBR(최고/저)(배)	0.0/0.0	0.0/0.0	0.0/0.0	4.4/3.7	4.7/1.8	
EV/EBITDA(배)	0.0		1.5	35.1	29.4	
EPS(원)	—	65	371	358	243	
BPS(원)	—	47,119	16,539	6,879	3,653	
CFPS(원)	—	9,840	21,414	1,110	399	
DPS(원)	—					
EBITDAPS(원)	—	14,627	30,697	1,187	268	

재무 비율 〈단위 : % 〉
연도	영업이익률	순이익률	부채비율	차입금비율	ROA	ROE	유보율	자기자본비율	EBITDA마진율
2016	7.6	16.2	9.6	0.0	6.2	6.9	630.7	91.3	18.2
2015	17.4	15.8	8.7	3.5	8.4	10.6	1,275.9	92.0	26.2
2014	27.1	16.8	400.0	325.5			420.7	20.0	35.3
2013	9.6	3.9	31.0	19.7	0.0	0.0	842.4	76.3	17.3

덴티움 (A145720)
Dentium

업 종 : 의료 장비 및 서비스	시 장 : 거래소
신용등급 : (Bond) — (CP) —	기업규모 :
홈페이지 : www.dentium.com	연락처 : 070)7098-9158
본 사 : 서울시 강남구 테헤란로87길 21, 3층	

설 립 일 2000.06.07	종업원수 365명	대표이사 강희택,김용근
상 장 일 2017.03.15	감사의견 적정 (삼덕)	계 열
결 산 기 12월	보통주 1,107만주	종속회사수 17개사
액 면 가 500원	우 선 주	구 상 호

주주구성 (지분율,%)
정성민	17.3
정경숙	0.5
(외국인)	5.8

출자관계 (지분율,%)
ImplantiumCO.,LTD	100.0
ImplantiumIndiaPvt.Ltd.	100.0
ICTWORLDWIDEINDONESIA	100.0

주요경쟁사 (외형,%)
덴티움	100
오스템임플란트	287
디오	73

매출구성
제품(기타)	92.5
상품(기타)	7.1
서비스(기타)	0.4

비용구성
매출원가율	30.6
판관비율	45.6

수출비중
수출	62.0
내수	38.0

회사 개요
동사는 임플란트 제품을 주력으로 치과용 의료기기 및 생체재료를 개발, 생산, 판매하는 치과용 의료기기분야 전문업체임. 2017년 3월 유가증권시장에 상장함. 북경, 독일, 두바이 포함 17개의 해외법인과 현지 딜러 네트워크 영업망을 활용, 70여개 국가 내 판매 확대를 통한 사업성장 전략을 갖추고 있음. 국내 보험급여 적용연령 확대와 고령화 추세가 국내 임플란트 시장 규모확대에 있어 중요한 요인이 될 것임.

실적 분석
동사의 2017년 상반기 연결기준 누적매출액은 722억원으로 전년동기대비 28% 증가함. 비용측면에서 매출원가와 판관비가 각각 45.6%, 15% 상승했음에도 불구하고 영업이익은 전년동기보다 34.3% 늘어난 194.8억원을 기록함. 치과용임플란트, 치과용장비 제품 매출이 꾸준히 증가하고 있음. 중국 시장 내 덴탈 클리닉 1위 그룹인 바이보(Bibo)와 향후 2년간 거래를 체결함.

현금 흐름 〈단위 : 억원〉
항목	2016	2017.2Q
영업활동	176	67
투자활동	-191	-294
재무활동	52	512
순현금흐름	37	284
기말현금	91	374

시장 대비 수익률

결산 실적 〈단위 : 억원〉
항목	2012	2013	2014	2015	2016	2017
매출액	629	738	824	955	1,200	—
영업이익	125	212	181	168	285	—
당기순이익	83	150	171	145	200	—

분기 실적 〈단위 : 억원〉
항목	2016.1Q	2016.2Q	2016.3Q	2016.4Q	2017.1Q	2017.2Q
매출액	258	306	312	325	320	402
영업이익	82	63	104	36	85	109
당기순이익	55	47	71	27	38	113

재무 상태 〈단위 : 억원〉
항목	2012	2013	2014	2015	2016	2017.2Q
총자산	784	855	1,138	1,506	1,874	2,479
유형자산	223	233	422	659	841	1,063
무형자산	7	31	26	29	22	19
유가증권	0	0	0	0	0	50
총부채	541	467	728	1,019	1,179	1,000
총차입금	333	241	542	698	779	514
자본금	61	61	62	62	62	62
총자본	243	388	410	488	694	1,479
지배주주지분	274	419	408	485	690	1,474

기업가치 지표
항목	2012	2013	2014	2015	2016	2017.2Q
주가(최고/저)(천원)	—/—	—/—	—/—	—/—	—/—	—/—
PER(최고/저)(배)	0.0/0.0	0.0/0.0	0.0/0.0	0.0/0.0	0.0/0.0	—/—
PBR(최고/저)(배)	0.0/0.0	0.0/0.0	0.0/0.0	0.0/0.0	0.0/0.0	3.3/2.2
EV/EBITDA(배)	1.7	0.7	2.4	3.1	2.1	—/—
EPS(원)	773	1,375	1,542	1,308	1,788	1,358
BPS(원)	4,472	5,786	7,200	7,897	9,747	15,042
CFPS(원)	967	1,571	1,777	1,627	2,146	1,579
DPS(원)	—	—	—	—	100	—
EBITDAPS(원)	1,418	2,136	1,875	1,834	2,935	1,981

재무 비율 〈단위 : %〉
연도	영업이익률	순이익률	부채비율	차입금비율	ROA	ROE	유보율	자기자본비율	EBITDA마진율
2016	23.8	16.7	169.8	112.2	11.8	33.7	1,644.5	37.1	27.1
2015	17.6	15.2	208.9	143.1	11.0	32.4	1,313.3	32.4	21.3
2014	22.0	20.7	177.4	132.0	17.1	41.2	1,188.7	36.1	25.1
2013	28.7	20.3	120.5	62.2	18.3	43.4	934.2	45.4	31.6

도레이케미칼 (A008000)
Toray Chemical Korea

업 종 : 화학	시 장 : 거래소
신용등급 : (Bond) — (CP) —	기업규모 : 시가총액 중형주
홈페이지 : www.toray-tck.com	연락처 : 054)469-4114
본 사 : 경북 구미시 구미대로 102	

설 립 일 1972.07.01	종업원수 1,043명	대표이사 이영관,이준인서외1,임회배(공동대표이사)
상 장 일 1977.06.30	감사의견 적정 (한영)	계 열
결 산 기 03월	보통주 4,636만주	종속회사수 8개사
액 면 가 5,000원	우 선 주	구 상 호 웅진케미칼

주주구성 (지분율,%)
도레이첨단소재	90.5
하나은행	4.8
(외국인)	0.5

출자관계 (지분율,%)
티씨케이스타일	100.0
티씨케이마이크로필터	100.0
삼광수기	35.0

주요경쟁사 (외형,%)
도레이케미칼	100
LG화학	2,367
한화케미칼	1,061

매출구성
PSF,PF 외	77.1
필터,필름 외	22.9

비용구성
매출원가율	86.9
판관비율	8.5

수출비중
수출	67.0
내수	33.0

회사 개요
동사는 폴리에스터 섬유 및 관련제품의 제조 및 판매 등을 영위할 목적으로 설립됨. 2014년 일본 도레이의 한국 자회사인 도레이첨단소재가 웅진케미칼을 인수(지분율 56%)해 사명을 현재와 같이 변경함. 동사의 사업 구성은 원면, 원사, CHIP 등이 포함된 섬유부문과 정수용 역삼투 분리막, 산업소재 등의 비섬유부문으로 구성됨. 동사는 2015년 12월 마이크로필터 사업부에서 티씨케이마이크로필터(주)를 물적분할하여 신설함

실적 분석
동사의 2017년도 1분기 연결 기준 매출액은 2,179.5억원으로 전년동기 대비 3.1% 증가함. 영업이익과 당기순이익은 각각 전년동기 대비 57.4%, 51.4% 감소된 67.8억원, 60.6억원으로 수익성 대폭 하락. 이는 유럽 내 네터러 및 브렉시트 여파로 인한 경기 불확실성과 국내/외 화섬업체들의 신규 진입 및 증설로 경쟁이 심화된 것이 영향을 미친것으로 보임.

현금 흐름 〈단위 : 억원〉
항목	2016	2017.1Q
영업활동	474	108
투자활동	-620	-100
재무활동	317	-40
순현금흐름	163	-31
기말현금	478	447

시장 대비 수익률

결산 실적 〈단위 : 억원〉
항목	2012	2013	2014	2015	2016	2017
매출액	11,104	10,329	9,538	8,565	8,728	—
영업이익	285	288	412	487	397	—
당기순이익	87	160	-236	219	153	—

분기 실적 〈단위 : 억원〉
항목	2015.4Q	2016.1Q	2016.2Q	2016.3Q	2016.4Q	2017.1Q
매출액	2,012	2,115	2,289	2,179	2,145	2,179
영업이익	44	159	114	101	23	67
당기순이익	-68	125	72	58	-101	60

재무 상태 〈단위 : 억원〉
항목	2012	2013	2014	2015	2016	2017.1Q
총자산	7,763	8,159	7,602	7,138	7,687	#N/A
유형자산	4,015	4,290	3,806	3,925	4,135	#N/A
무형자산	382	348	304	274	237	4,079
유가증권	7	9	11	133	55	287
총부채	4,679	4,925	4,571	3,972	4,376	5?
총차입금	2,949	3,254	3,113	2,630	3,017	3,000
자본금	2,372	2,372	2,372	2,372	2,372	2,372
총자본	3,084	3,234	3,031	3,166	3,311	3,392
지배주주지분	3,057	3,202	3,031	3,166	3,311	3,392

기업가치 지표
항목	2012	2013	2014	2015	2016	2017.1Q
주가(최고/저)(천원)	11.8/5.0	11.6/7.4	15.5/10.2	25.3/18.6	19.8/19.1	19.3/19.1
PER(최고/저)(배)	69.0/29.5	34.7/22.0	—/—	53.7/39.5	59.9/57.8	—/—
PBR(최고/저)(배)	1.8/0.8	1.7/1.1	2.4/1.6	3.7/2.7	2.8/2.7	2.6/2.6
EV/EBITDA(배)	9.7	11.5	10.1	13.2	15.0	—/—
EPS(원)	171	334	-509	471	330	131
BPS(원)	670	6,936	6,550	6,841	7,155	7,329
CFPS(원)	89	1,141	379	1,241	1,116	347
DPS(원)	—	—	—	—	—	—
EBITDAPS(원)	133	1,427	1,776	1,819	1,641	363

재무 비율 〈단위 : %〉
연도	영업이익률	순이익률	부채비율	차입금비율	ROA	ROE	유보율	자기자본비율	EBITDA마진율
2016	4.5	1.8	132.2	91.1	2.1	4.7	39.8	43.1	8.6
2015	5.7	2.6	125.5	83.1	3.0	7.1	33.7	44.4	9.9
2014	4.3	-2.5	150.8	102.7	-3.0	-7.6	28.0	39.9	8.6
2013	2.8	1.6	152.3	100.6	2.0	5.0	35.6	39.6	8.4

도이치모터스 (A067990)
DEUTSCH MOTORS

업　　종 : 자동차		시　　장 : KOSDAQ	
신용등급 : (Bond) — (CP) —		기업규모 : 중견	
홈페이지 : www.deutschmotors.com		연 락 처 : 1577-3456	
본　　사 : 서울시 성동구 동일로 111 (성수동 2가)			

설 립 일	2000.08.17	종 업 원 수	834명	대 표 이 사	권오수
상 장 일	2004.12.03	감사의견	적정 (대주)	계　　　열	
결 산 기	12월	보 통 주	2,626만주	종속회사수	5개사
액 면 가	500원	우 선 주		구 상 호	

주주구성 (지분율,%)		출자관계 (지분율,%)		주요경쟁사 (외형,%)	
권오수	27.7	디에이에프에스	100.0	도이치모터스	100
권혁민	3.6	도이치오토월드	100.0	현대차	13,907
(외국인)	4.0	지카	85.7	기아차	7,828

매출구성		비용구성		수출비중	
BMW3Series 외	34.1	매출원가율	92.9	수출	0.0
BMW5Series	25.2	판관비율	7.4	내수	100.0
MINI	15.5				

회사 개요
자동차 판매, 정비 및 수리업을 목적으로 2000년 설립된 BMW코리아의 딜러 회사임. BMQ코리아가 수입차 1위를 달리면서 동사 규모도 점차 커지고 있음. BMW가 전기차 시장으로 영역을 확대하면서 동사도 친환경차 시장에 대비하고 있음. 매출구성은 BMW사업부 약 65%, 미니사업부 20%임. 연결 대상 자회사로는 도이치파이낸셜(할부, 리스), 디에이에프에스(금융알선, 중고차 수입판매), 지카(수입차 온라인 정보제공), 도이치파트 등이 있음.

실적 분석
2017년 상반기 연결 매출액은 전년동기 대비 33.7% 증가한 4,387억원, 영업이익과 순이익은 각각 흑자전환한 54억원, 26억원을 기록함. 신차와 A/S, 도이치파이낸셜 등 전 사업부문에 걸친 실적호조와 BMW5 풀체인지 모델 출시로 2분기 신차 판매량이 4,000대를 넘어서면서 창사이래 최대 분기 판매량을 기록함. 도이치오토월드 관련 분양수익이 올해부터 인식되는 것이 확정됨에 따라 올해와 내년 이익이 급증할 전망임.

현금 흐름　〈단위 : 억원〉

항목	2016	2017.2Q
영업활동	58	233
투자활동	-523	-33
재무활동	621	-412
순현금흐름	156	-211
기말현금	570	359

시장 대비 수익률

결산 실적　〈단위 : 억원〉

항목	2012	2013	2014	2015	2016	2017
매출액	3,947	4,370	5,348	6,623	6,734	
영업이익	42	26	-4	49	-20	
당기순이익	38	-13	-4	41	-26	

분기 실적　〈단위 : 억원〉

항목	2016.1Q	2016.2Q	2016.3Q	2016.4Q	2017.1Q	2017.2Q
매출액	1,482	1,799	1,276	2,177	1,718	2,666
영업이익	-29	-20	0	29	8	40
당기순이익	-31	-4	-4	13	6	20

재무 상태　〈단위 : 억원〉

항목	2012	2013	2014	2015	2016	2017.2Q
총자산	1,380	2,060	3,698	3,911	4,333	4,764
유형자산	626	715	783	896	1,420	2,526
무형자산	52	30	48	55	50	47
유가증권	—	5	29	103	119	124
총부채	1,041	1,517	3,120	3,310	3,365	3,067
총차입금	807	1,091	2,388	2,836	2,904	2,538
자본금	100	121	131	131	131	131
총자본	340	543	578	601	968	1,697
지배주주지분	337	475	543	566	656	1,392

기업가치 지표

항목	2012	2013	2014	2015	2016	2017.2Q
주가(최고/저)(천원)	6.2/3.1	5.5/2.9	6.0/3.7	6.0/3.2	4.7/3.3	—/—
PER(최고/저)(배)	33.1/16.4	—/—	489.8/303.3	36.5/19.2	—/—	1.1/0.7
PBR(최고/저)(배)	3.3/1.7	2.6/1.4	2.8/1.7	2.6/1.4	1.8/1.2	—/—
EV/EBITDA(배)	20.5	27.8	30.9	15.0	65.4	—/—
EPS(원)	187	-48	12	164	-62	85
BPS(원)	1,848	2,103	2,199	2,342	2,683	5,485
CFPS(원)	309	90	250	437	172	191
DPS(원)						
EBITDAPS(원)	328	254	220	458	160	312

재무 비율　〈단위 : % 〉

연도	영업이익률	순이익률	부채비율	차입금비율	ROA	ROE	유보율	자기자본비율	EBITDA마진율
2016	-0.3	-0.4	347.7	300.1	-0.6	-2.7	436.6	22.3	0.6
2015	0.7	0.6	550.6	471.8	1.1	7.8	368.3	15.4	0.7
2014	-0.1	-0.1	539.9	413.3	-0.1	-0.6	339.8	15.6	1.0
2013	0.6	-0.3	279.7	201.2	-0.7	-3.1	320.5	26.3	1.3

도화엔지니어링 (A002150)
DOHWA ENGINEERING

업　　종 : 건설		시　　장 : 거래소	
신용등급 : (Bond) — (CP) —		기업규모 : 시가총액 소형주	
홈페이지 : www.dohwa.co.kr		연 락 처 : 02)6323-3032	
본　　사 : 서울시 강남구 삼성로 438 도화타워			

설 립 일	1962.05.05	종 업 원 수	2,050명	대 표 이 사	오세향,박승우,노진영,곽준상
상 장 일	2010.08.12	감사의견	적정 (안진)	계　　　열	
결 산 기	12월	보 통 주	3,372만주	종속회사수	
액 면 가	500원	우 선 주		구 상 호	

주주구성 (지분율,%)		출자관계 (지분율,%)		주요경쟁사 (외형,%)	
곽영필	22.5	우진에너지삼호	100.0	도화엔지니어링	100
유재소	12.6	우진에너지삼호	100.0	서희건설	331
(외국인)	1.3	울릉도진환경에너지자립섬	18.7	고려개발	192

매출구성		비용구성		수출비중	
기타	24.5	매출원가율	0.0	수출	—
인프라(용역)	20.9	판관비율	95.4	내수	—
감리(용역)	19.7				

회사 개요
동사는 1962년 도화종합기술공사로 설립되어 2011년 도화엔지니어링으로 사명을 변경함. 상하수도, 수자원개발, 도시계획, 조경, 도로교통, 교량, 터널, 항만, 철도, 환경 등 엔지니어링 전 분야에서 기획, 타당성조사, 설계, 분석, 시험, 감리, 시운전, 평가, 자문 및 지도 업무를 수행하는 종합건설엔지니어링 업체임. 국내시장점유율은 2016년 공시 기준으로 토목엔지니어링 업계 상위 10개사 중 동사의 비중이 24.6%로 가장 큼.

실적 분석
동사의 매출 분야는 설계, 감리, 공사로 나누어지며, 그중 설계는 다시 물산업, 도시사업, 환경사업, 수자원, 도로구조 등으로 세분화됨. 설계분야 매출이 2017년 2분기 기준 전체 매출의 약 83%임. 분기 매출액은 2,139.2억원으로 전년 동기 58.3% 확대됨. 영업이익도 전년 동기 대비 66.1% 늘어난 87.3억원을 시현함. 영업이익 확대에 힘입어 반기 순이익도 전년동기 42.4억원 대비 49.4% 증가한 63.4억원을 시현함.

현금 흐름　*IFRS 별도 기준　〈단위 : 억원〉

항목	2016	2017.2Q
영업활동	93	234
투자활동	-15	-20
재무활동	-54	-49
순현금흐름	26	163
기말현금	302	465

시장 대비 수익률

결산 실적　〈단위 : 억원〉

항목	2012	2013	2014	2015	2016	2017
매출액	2,827	2,702	2,296	2,750	3,247	
영업이익	12	68	19	45	149	
당기순이익	-87	55	31	178	13	

분기 실적　*IFRS 별도 기준　〈단위 : 억원〉

항목	2016.1Q	2016.2Q	2016.3Q	2016.4Q	2017.1Q	2017.2Q
매출액	621	730	720	1,176	727	1,413
영업이익	24	28	-6	102	24	63
당기순이익	20	23	-114	84	11	53

재무 상태　*IFRS 별도 기준　〈단위 : 억원〉

항목	2012	2013	2014	2015	2016	2017.2Q
총자산	3,467	3,376	3,336	3,134	3,085	3,413
유형자산	1,717	1,686	1,679	1,663	1,643	1,641
무형자산	34	62	54	47	42	40
유가증권	316	313	289	311	311	319
총부채	1,302	1,189	1,197	835	825	1,146
총차입금	704	556	551	5	5	5
자본금	84	169	169	169	169	169
총자본	2,166	2,187	2,139	2,299	2,261	2,268
지배주주지분	2,166	2,187	2,139	2,299	2,261	2,268

기업가치 지표　*IFRS 별도 기준

항목	2012	2013	2014	2015	2016	2017.2Q
주가(최고/저)(천원)	6.3/4.0	7.1/3.8	5.1/3.5	4.7/3.6	5.3/3.9	—/—
PER(최고/저)(배)	—/—	49.0/26.1	62.3/42.5	9.5/7.3	147.1/106.8	—/—
PBR(최고/저)(배)	1.1/0.7	1.2/0.7	0.9/0.6	0.7/0.6	0.8/0.6	0.8/0.6
EV/EBITDA(배)	46.4	18.3	25.4	13.4	7.2	—/—
EPS(원)	-259	163	91	528	37	188
BPS(원)	12,845	6,547	6,437	6,913	6,801	6,822
CFPS(원)	-340	272	239	642	145	235
DPS(원)	150	100	100	150	170	
EBITDAPS(원)	249	310	206	249	548	306

재무 비율　〈단위 : % 〉

연도	영업이익률	순이익률	부채비율	차입금비율	ROA	ROE	유보율	자기자본비율	EBITDA마진율
2016	4.6	0.4	36.5	0.2	0.4	0.6	1,260.2	73.3	5.7
2015	1.7	6.5	36.3	0.2	5.5	8.0	1,282.5	73.4	3.1
2014	0.8	1.3	56.0	25.8	0.9	1.4	1,187.5	64.1	3.0
2013	2.5	2.0	54.4	25.4	1.6	2.5	1,209.4	64.8	3.9

동국산업 (A005160)
DONGKUK INDUSTRIES CO

업 종 : 금속 및 광물		시 장 : KOSDAQ	
신용등급 : (Bond) BBB+ (CP) —		기업규모 : 우량	
홈페이지 : www.dkis.co.kr		연 락 처 : 02)316-7500	
본 사 : 서울시 중구 다동길 46			

설 립 일 1967.09.01	종업원수 397명	대표이사 장세희,안상철	
상 장 일 1999.06.13	감사의견 적정 (천지)	계 열	
결 산 기 12월	보 통 주 5,424만주	종속회사수 8개사	
액 면 가 1,000원	우 선 주	구 상	

주주구성 (지분율,%)
장세희	26.9
장상건	7.0
(외국인)	4.3

출자관계 (지분율,%)
동국S&C	50.0
불이	45.0
디케이동신	20.0

주요경쟁사 (외형,%)
동국산업	100
풍산홀딩스	39
한국주철관	51

매출구성
철강부문(산세강판,냉연특수강)	49.3
철강부문(칼라인쇄강판)	23.4
신재생에너지부문(WINDTOWER, 풍력발전)	20.3

비용구성
매출원가율	86.1
판관비율	7.3

수출비중
수출	—
내수	—

회사 개요
동사는 1967년 부동산, 산림업을 주사업으로 설립된 이래 1974년 주물사업, 1977년에 철구조물사업으로 사업영역을 확대했고, 1986년엔 동국건설 흡수합병하면서 건설업에도 참여함. 지속적 사업다각화로 1990년 냉연강판공장을 준공, 2000년대 들어 사업부문을 나눠 동국S&C, 동국R&S로 인적분할, 물적분할함. 동사의 주력제품인 냉연특수강의 80% 이상이 자동차 소재로 공급됨. 신안풍력발전 등 신재생에너지 사업이 매출의 20%를 차지함.

실적 분석
동사는 2017년 상반기 매출액이 4079.4억원으로 전년 동기에 비해 8.1% 증가했고, 영업이익은 287.3억원으로 전년 동기 대비 10.7% 감소함. 동사는 건설부문의 영업이익이 2016년 상반기 26.4억원에서 2017년 상반기 2.1억원으로 급감했고, 칼라인쇄강판과 신재생에너지부문에서도 수익성이 악화됨. 동사가 영업을 하고 있는 해상풍력발전의 경우 정부가 2020년까지 12.6조원을 투자해 국가전략사업으로 육성하겠다고 밝힌 바 있음.

현금 흐름 〈단위 : 억원〉
항목	2016	2017.2Q
영업활동	422	242
투자활동	203	-117
재무활동	-363	-52
순현금흐름	264	73
기말현금	408	481

시장 대비 수익률

결산 실적 〈단위 : 억원〉
항목	2012	2013	2014	2015	2016	2017
매출액	5,019	4,898	6,790	7,361	7,549	—
영업이익	164	196	272	367	505	—
당기순이익	116	137	179	278	304	—

분기 실적 〈단위 : 억원〉
항목	2016.1Q	2016.2Q	2016.3Q	2016.4Q	2017.1Q	2017.2Q
매출액	1,745	2,031	1,892	1,881	2,060	2,020
영업이익	146	176	133	51	171	116
당기순이익	96	129	45	34	88	98

재무 상태 〈단위 : 억원〉
항목	2012	2013	2014	2015	2016	2017.2Q
총자산	7,192	7,652	8,333	7,923	8,360	8,423
유형자산	2,938	3,063	3,437	3,371	3,398	3,332
무형자산	28	30	30	60	73	72
유가증권	218	213	161	170	177	168
총부채	3,083	3,574	4,026	3,402	3,215	3,215
총차입금	1,676	2,100	2,298	1,908	1,478	1,538
자본금	500	500	500	500	542	542
총자본	4,109	4,078	4,307	4,521	5,144	5,207
지배주주지분	3,095	3,168	3,231	3,337	3,586	3,640

기업가치 지표
항목	2012	2013	2014	2015	2016	2017.2Q
주가(최고/저)(천원)	4.2/2.5	3.4/2.8	4.4/3.0	4.0/2.8	6.2/3.2	—/—
PER(최고/저)(배)	26.0/15.6	18.8/15.6	16.0/10.8	11.4/7.9	15.3/7.9	—/—
PBR(최고/저)(배)	0.8/0.5	0.6/0.5	0.7/0.5	0.6/0.4	0.9/0.5	0.7/0.6
EV/EBITDA(배)	13.0	11.9	9.8	7.8	6.3	—
EPS(원)	190	205	305	376	419	259
BPS(원)	6,501	6,649	6,776	7,058	6,952	7,051
CFPS(원)	429	513	746	812	834	470
DPS(원)	120	120	120	140	150	—
EBITDAPS(원)	566	701	985	1,171	1,347	740

재무 비율 〈단위 : % 〉
연도	영업이익률	순이익률	부채비율	차입금비율	ROA	ROE	유보율	자기자본비율	EBITDA마진율
2016	6.7	4.0	62.5	28.7	3.7	6.6	595.2	61.5	9.7
2015	5.0	3.8	75.2	42.2	3.4	5.7	605.8	57.1	8.0
2014	4.0	2.6	93.5	53.4	2.2	4.8	577.6	51.7	7.3
2013	4.0	2.8	87.7	51.5	3.3	5.4	564.9	53.3	7.2

동국실업 (A001620)
Dongkook Ind

업 종 : 자동차부품		시 장 : 거래소	
신용등급 : (Bond) — (CP) —		기업규모 : 시가총액 소형주	
홈페이지 : www.dongkook-ind.co.kr		연 락 처 : 02)754-2961	
본 사 : 서울시 용산구 한강대로 350			

설 립 일 1955.12.29	종업원수 356명	대표이사 이근활	
상 장 일 1990.09.15	감사의견 적정 (한영)	계 열	
결 산 기 12월	보 통 주 2,941만주	종속회사수 5개사	
액 면 가 500원	우 선 주	구 상	

주주구성 (지분율,%)
박유상	12.7
박효상	5.6
(외국인)	5.2

출자관계 (지분율,%)
에이스테크놀로지	98.3
갑을산업개발	80.0
KDKAutomotiveGmbH	70.0

주요경쟁사 (외형,%)
동국실업	100
넥센테크	13
디와이파워	37

매출구성
자동차부품(제품)	93.6
상품(상품)	6.1
임대(기타)	0.3

비용구성
매출원가율	89.5
판관비율	7.6

수출비중
수출	66.0
내수	34.0

회사 개요
동사는 1955년 설립됨. 유가증권시장에 1990년 상장함. 현대기아차 및 현대모비스 1차 부품 공급 협력사로 플라스틱 가스 사출성형, 콘솔, 크래쉬패드, 글로브박스 등 다양한 제품을 생산, 공급함. 동사는 갑을상사그룹에 속해있음. 2013년 독일 ICT사를 인수해 유럽 자동차부품 시장에 진출, ICT사는 3년 연속 흑자달성. 중국 염성공장에 2만㎡ 부지를 추가 확보해 3공장을 신축함.

실적 분석
2017년 연결기준 반기 매출액은 2,853억원으로 전년동기 대비 8.4% 감소하였으며, 원가부담 증가로 영업이익은 전년동기 대비 적자전환하며 156.1억원의 손실을 시현하며 수익성 악화된 모습. 동사 자동차부문의 제품 매출은 점진적으로 증가하고 있으나, 연결기업의 매출 부진에 따른 영향으로 판단되며, 원가율 관리에 보다 집중해야 할 듯. 기아차의 하이브리드 SUV인 니로에 센터콘솔을 공급하며 향후 매출 전망이 긍정적임.

현금 흐름 〈단위 : 억원〉
항목	2016	2017.2Q
영업활동	62	256
투자활동	-652	-135
재무활동	460	-171
순현금흐름	-130	-50
기말현금	220	174

시장 대비 수익률

결산 실적 〈단위 : 억원〉
항목	2012	2013	2014	2015	2016	2017
매출액	3,934	4,652	6,723	6,223	6,260	—
영업이익	204	135	19	128	182	—
당기순이익	123	223	-48	49	156	—

분기 실적 〈단위 : 억원〉
항목	2016.1Q	2016.2Q	2016.3Q	2016.4Q	2017.1Q	2017.2Q
매출액	1,509	1,605	1,393	1,752	1,544	1,30
영업이익	27	60	13	81	-47	-10
당기순이익	28	34	47	47	-77	-12

재무 상태 〈단위 : 억원〉
항목	2012	2013	2014	2015	2016	2017.2Q
총자산	3,145	4,853	5,164	5,707	6,310	5,80
유형자산	1,057	1,934	2,104	2,448	2,606	2,65
무형자산	58	249	185	142	153	14
유가증권	104	91	68	155	362	39
총부채	1,574	3,046	3,430	3,883	4,393	3,98
총차입금	353	1,161	1,414	1,905	2,341	2,09
자본금	132	132	132	132	132	14
총자본	1,571	1,807	1,734	1,824	1,917	1,82
지배주주지분	1,568	1,719	1,639	1,702	1,790	1,70

기업가치 지표
항목	2012	2013	2014	2015	2016	2017.2Q
주가(최고/저)(천원)	3.4/1.8	4.2/2.2	4.2/2.3	3.0/2.2	3.0/2.1	—/—
PER(최고/저)(배)	7.2/3.9	5.2/2.8	—/—	17.0/12.7	5.2/3.8	—/—
PBR(최고/저)(배)	0.6/0.3	0.7/0.3	0.7/0.4	0.5/0.3	0.4/0.3	0.8/0.
EV/EBITDA(배)	3.2	5.5	6.4	5.2	5.3	—
EPS(원)	468	810	-242	174	572	-62
BPS(원)	5,953	6,529	6,223	6,461	6,796	5,80
CFPS(원)	871	1,347	789	1,323	1,786	-1
DPS(원)						
EBITDAPS(원)	1,178	1,051	1,103	1,638	1,904	7

재무 비율 〈단위 : % 〉
연도	영업이익률	순이익률	부채비율	차입금비율	ROA	ROE	유보율	자기자본비율	EBITDA마진율
2016	2.9	2.5	229.2	122.1	2.6	8.6	1,259.1	30.4	6.4
2015	2.1	0.8	212.9	104.5	0.9	2.7	1,192.3	32.0	6.5
2014	0.3	-0.7	197.7	81.5	-1.0	-3.8	1,144.6	33.6	4.3
2013	2.9	4.8	168.5	64.3	5.6	13.0	1,205.8	37.2	6.4

동국알앤에스 (A075970)
DONGKUK REFRACTORIES & STEEL CO

업 종: 금속 및 광물	시 장: KOSDAQ
신용등급: (Bond) — (CP) —	기업규모: 중견
홈페이지: www.dkrns.co.kr	연 락 처: 055)323-6589
본 사: 경남 김해시 상동면 상동로 375번길 26-29	

설 립 일 2004.01.01	종 업 원 수 64명	대 표 이 사 이강학	
상 장 일 2004.02.13	감 사 의 견 적정 (신한)	계 열	
결 산 기 12월	보 통 주 1,840만주	종속회사수 4개사	
액 면 가 1,000원	우 선 주	구 상 호	

주주구성 (지분율,%)		출자관계 (지분율,%)		주요경쟁사 (외형,%)	
동국S&C	22.4	대한내화물공업협동조합	6.7	동국알앤에스	100
장세희	12.1	불이	5.0	나라케이아이씨	58
(외국인)	0.9	동국산업	3.7	대호에이엘	124

매출구성		비용구성		수출비중	
내화물(정형,부정형), 세라믹	78.6	매출원가율	83.9	수출	9.0
파이프(단관각관)HGI강외	21.4	판관비율	12.3	내수	91.0

회사 개요
동사는 동국산업으로부터 인적분할 후 설립된 동국산업 계열회사로 제철, 제강 및 기타 공업로용 내화물 제품을 생산, 판매하고 있으며 2004년 코스닥시장에 상장됨. 동사는 마산과 김해에 연간 7만1천톤 규모의 생산시설을 보유하고 제강용 내화물 제품을 생산하여 국내외의 철강업체 등에 공급하고 있음. 동국산업의 계열회사로서 연결대상 종속회사로 동연에스텐티를 비롯한 4개회사가 있음.

실적 분석
동사의 2017년 2분기 누적 매출액과 영업이익은 468.4억원, 23.7억원으로 전년 대비 매출은 6.4% 감소하였으나 영업이익은 5.6% 증가함. 당기순이익은 21억원을 기록, 전년 동기 대비 소폭 감소하였음. 주요 제품인 내화물 및 철강의 가격이 상승하였으며, 일부 원재료인 복사이트와 알루미나의 가격이 하락하여 수익성이 개선되었음. 내화물 사업의 특성상 철강산업의 경기와 대외적인 여건에 업황이 좌우됨.

현금 흐름 〈단위 : 억원〉

항목	2016	2017.2Q
영업활동	72	-22
투자활동	126	-7
재무활동	-131	-27
순현금흐름	67	-55
기말현금	123	67

시장 대비 수익률

결산 실적 〈단위 : 억원〉

항목	2012	2013	2014	2015	2016	2017
매출액	1,299	1,173	1,093	989	945	—
영업이익	93	51	32	5	36	—
당기순이익	11	-8	18	4	19	—

분기 실적 〈단위 : 억원〉

항목	2016.1Q	2016.2Q	2016.3Q	2016.4Q	2017.1Q	2017.2Q
매출액	231	270	225	220	226	243
영업이익	7	16	18	-5	10	14
당기순이익	6	15	9	-11	12	9

재무 상태 〈단위 : 억원〉

항목	2012	2013	2014	2015	2016	2017.2Q
총자산	1,561	1,471	1,416	1,337	1,252	1,234
유형자산	677	673	674	489	463	461
무형자산	19	18	18	18	18	17
유가증권	4	11	11	14	11	10
총부채	772	700	642	592	490	470
총차입금	479	416	355	350	240	232
자본금	184	184	184	184	184	184
총자본	788	771	774	744	762	764
지배주주지분	751	734	735	702	720	723

기업가치 지표

항목	2012	2013	2014	2015	2016	2017.2Q
주가(최고/저)(천원)	2.0/1.1	1.5/1.2	1.5/1.3	2.3/1.5	3.6/1.6	—/—
PER(최고/저)(배)	49.4/27.0	—/—	17.0/14.4	—/—	37.3/16.5	0.8/0.5
PBR(최고/저)(배)	0.6/0.3	0.4/0.3	0.4/0.4	0.6/0.4	0.9/0.4	—/—
EV/EBITDA(배)	5.7	7.9	8.3	14.3	10.6	—
EPS(원)	49	-45	97	-80	98	111
BPS(원)	4,081	3,987	3,996	3,816	3,913	3,930
CFPS(원)	260	153	347	146	264	185
DPS(원)	80	80	80	—	80	—
EBITDAPS(원)	715	476	423	255	361	202

재무 비율 〈단위 : % 〉

연도	영업이익률	순이익률	부채비율	차입금비율	ROA	ROE	유보율	자기자본비율	EBITDA마진율
2016	3.8	2.0	64.3	31.5	1.5	2.5	291.3	60.9	7.0
2015	0.6	-1.2	79.6	47.0	-0.8	-2.0	281.6	55.7	4.8
2014	2.9	1.6	83.0	45.8	1.2	2.4	299.6	54.7	7.1
2013	4.4	-0.7	90.7	54.0	-0.6	-1.1	298.7	52.4	7.5

동국에스엔씨 (A100130)
DONGKUK STRUCTURES & CONSTRUCTION

업 종: 에너지 시설 및 서비스	시 장: KOSDAQ
신용등급: (Bond) — (CP) —	기업규모: 우량
홈페이지: www.dongkuksnc.co.kr, www.wind	연 락 처: 054)285-4500
본 사: 경북 포항시 남구 대송로 62 (장흥동)	

설 립 일 2001.07.02	종 업 원 수 110명	대 표 이 사 양승주	
상 장 일 2009.08.31	감 사 의 견 적정 (천지)	계 열	
결 산 기 12월	보 통 주 5,714만주	종속회사수 3개사	
액 면 가 500원	우 선 주	구 상 호	

주주구성 (지분율,%)		출자관계 (지분율,%)		주요경쟁사 (외형,%)	
동국산업	50.0	청안	100.0	동국S&C	100
중도	2.6	신안풍력발전	100.0	한전기술	132
(외국인)	1.8	디케이동신	62.0	씨에스윈드	81

매출구성		비용구성		수출비중	
컬러강판	45.9	매출원가율	85.8	수출	70.0
Wind Tower외	39.9	판관비율	7.6	내수	30.0
건설	14.2				

회사 개요
동사는 철강사업부문, 칼라강판부문, 풍력산업, 건설업등을 주요 사업으로 영위하고 있으며, 풍력발전기용 WIND-TOWER등이 주력 제품임. 풍력산업은 전력수요의 증가와 경제성, 저탄소배출에 따른 환경친화성의 부각으로 기대와 수요가 증가하고 있음. 풍력타워 전문에서 더 나아가 해상풍력 타워와 부품, 중대형 해상 해상 구조물 사업으로 영역을 확대하고 육상 및 해상 풍력단지 개발에도 뛰어들 계획임.

실적 분석
동사의 2017년 2분기 누적매출액은 2,044.7억원으로 전년동기 대비 4.9% 증가했으나 매출원가가 9.7% 증가하며 매출총이익이 20.2% 감소. 영업이익과 당기순이익은 전년동기 대비 각각 32.9%, 42.7% 감소한 128.8억원, 92.1억원을 기록하였음. 동사는 해상풍력 타워와 부품뿐 아니라 중대형 해상 구조물에도 사업을 확장 중이며 서던 파워가 미국남부지역에 신규 풍력발전단지를 건설할 것이라 발표하면서, 실적기대감이 커지고 있음.

현금 흐름 〈단위 : 억원〉

항목	2016	2017.2Q
영업활동	181	259
투자활동	18	-93
재무활동	-80	-24
순현금흐름	122	142
기말현금	181	322

시장 대비 수익률

결산 실적 〈단위 : 억원〉

항목	2012	2013	2014	2015	2016	2017
매출액	1,396	1,409	2,031	2,113	3,839	—
영업이익	27	92	126	152	256	—
당기순이익	69	25	110	238	160	—

분기 실적 〈단위 : 억원〉

항목	2016.1Q	2016.2Q	2016.3Q	2016.4Q	2017.1Q	2017.2Q
매출액	885	1,065	990	900	1,051	994
영업이익	91	101	74	-10	88	41
당기순이익	74	86	36	-38	42	50

재무 상태 〈단위 : 억원〉

항목	2012	2013	2014	2015	2016	2017.2Q
총자산	2,821	3,004	3,058	4,019	4,346	4,429
유형자산	932	832	858	1,316	1,437	1,427
무형자산	3	2	2	65	69	69
유가증권	134	135	134	162	172	163
총부채	532	717	704	1,261	1,475	1,538
총차입금	48	35	17	504	481	525
자본금	286	286	286	286	286	286
총자본	2,289	2,286	2,353	2,758	2,871	2,891
지배주주지분	2,289	2,286	2,353	2,550	2,664	2,681

기업가치 지표

항목	2012	2013	2014	2015	2016	2017.2Q
주가(최고/저)(천원)	5.1/2.0	4.5/2.7	5.4/2.8	4.8/2.9	8.9/4.0	—/—
PER(최고/저)(배)	46.9/18.0	110.3/65.3	29.6/15.5	12.0/7.2	32.3/14.6	1.5/1.1
PBR(최고/저)(배)	1.3/0.5	1.2/0.7	1.3/0.7	1.1/0.6	1.9/0.8	—
EV/EBITDA(배)	17.6	16.5	8.1	16.7	10.7	—
EPS(원)	121	44	193	416	282	159
BPS(원)	4,236	4,231	4,348	4,692	4,892	4,922
CFPS(원)	166	94	252	476	389	159
DPS(원)	70	70	70	100	120	—
EBITDAPS(원)	92	212	279	327	555	225

재무 비율 〈단위 : % 〉

연도	영업이익률	순이익률	부채비율	차입금비율	ROA	ROE	유보율	자기자본비율	EBITDA마진율
2016	6.7	4.2	51.4	16.7	3.8	6.2	878.4	66.1	8.3
2015	7.2	11.2	45.7	18.3	6.7	9.7	838.5	68.6	8.8
2014	6.2	5.4	29.9	0.7	3.6	4.8	769.6	77.0	7.9
2013	6.6	1.8	31.4	1.5	0.9	1.1	746.2	76.1	8.6

동국제강 (A001230)
Dongkuk Steel Mill

업 종 : 금속 및 광물		시 장 : 거래소	
신용등급 : (Bond) BB+ (CP) —		기업규모 : 시가총액 중형주	
홈 페 이 지 : www.dongkuk.co.kr		연 락 처 : 02)317-1114	
본 사 : 서울시 중구 을지로 5길 19 페럼타워			

설 립 일	1954.07.07	종 업 원 수	2,521명	대 표 이 사	장세욱
상 장 일	1988.05.09	감 사 의 견	적정 (삼일)	계 열	
결 산 기	12월	보 통 주	9,543만주	종속회사수	24개사
액 면 가	5,000원	우 선 주		구 상 호	

주주구성 (지분율,%)		출자관계 (지분율,%)		주요경쟁사 (외형,%)	
JFE STEEL INTERNATIONAL EUROPE B.V.	14.1	디케이유엔씨	100.0	동국제강	100
장세주	13.8	동국	95.9	POSCO	1,060
(외국인)	32.5	인터지스	48.3	현대제철	333

매출구성		비용구성		수출비중	
봉형강	46.8	매출원가율	87.0	수출	—
컬러강판	16.1	판관비율	7.9	내수	—
도금강판	14.8				

회사 개요
동사는 철강제조기업으로 1971년 국내 최초로 후판사업에 진출하며 판재류와 봉형강류로 재편되었음. 철강부문에는 유니온스틸, 무서강강박판유한공사, 유니온스틸차이나를 보유하고 있으며 농기계 제조 및 판매부문에 국제종합기계, 운송부문에는 인터지스 등을 보유함. 동사의 주요 사업부문인 봉강, 후판, 형강의 시장점유율은 2016년 기준 각각 24%, 16%, 29%로 추정됨.

실적 분석
동사는 2017년 2분기 누적 매출액이 크게 증가하였지만 높은 원가가 투입되었고, 제품 가격은 하락해 스프레드가 축소됨. 중국의 철강제품 상승으로 인해 국내 철강기업들은 판매단가를 상승시키려는 노력을 하고 있음. 포스코와 현대제철은 8월에 유통 철강재 가격을 인상하였고, 후판가격 상승노력도 지속되고 있음. 따라서 3분기에는 제품 가격 인상으로 스프레드가 개선될 전망.

현금 흐름
<단위 : 억원>

항목	2016	2017.2Q
영업활동	8,864	-153
투자활동	-993	-37
재무활동	-6,795	-730
순현금흐름	1,009	-939
기말현금	4,931	3,992

시장 대비 수익률

결산 실적
< 단위 : 억원>

항목	2012	2013	2014	2015	2016	2017
매출액	76,791	66,909	60,685	52,663	50,066	
영업이익	-693	811	-204	1,694	2,566	
당기순이익	-2,351	-1,184	-2,925	-2,244	708	

분기 실적
<단위 : 억원>

항목	2016.1Q	2016.2Q	2016.3Q	2016.4Q	2017.1Q	2017.2Q
매출액	11,098	13,151	13,797	12,019	15,136	15,101
영업이익	521	1,118	709	218	576	543
당기순이익	848	1,296	423	-1,860	420	-694

재무 상태
<단위 : 억원>

항목	2012	2013	2014	2015	2016	2017.2Q
총자산	93,207	91,098	88,537	68,959	63,247	61,669
유형자산	44,848	43,950	45,362	41,217	36,872	35,747
무형자산	1,178	1,364	1,009	1,010	972	970
유가증권	1,650	1,262	1,230	167	77	16
총부채	64,860	64,909	62,460	46,500	40,353	39,471
총차입금	50,607	52,201	52,185	37,444	31,069	30,307
자본금	4,212	4,212	5,562	5,889	5,892	5,892
총자본	28,347	26,189	26,078	22,459	22,893	22,198
지배주주지분	24,986	22,826	21,965	20,551	21,796	21,110

기업가치 지표

항목	2012	2013	2014	2015	2016	2017.2Q
주가(최고/저)(천원)	21.6/10.7	14.1/9.3	11.6/5.5	7.4/4.9	11.9/4.8	—/—
PER(최고/저)(배)	—/—	—/—	—/—	—/—	18.8/7.5	—/—
PBR(최고/저)(배)	0.6/0.3	0.4/0.3	0.5/0.2	0.3/0.2	0.5/0.2	0.7/0.5
EV/EBITDA(배)	22.7	14.2	21.9	9.0	7.3	—/—
EPS(원)	-3,351	-1,749	-3,533	-2,503	642	-316
BPS(원)	40,762	37,267	24,970	21,821	23,123	22,401
CFPS(원)	1,008	2,659	-133	297	3,296	940
DPS(원)	500	150			150	
EBITDAPS(원)	3,498	5,856	3,137	4,578	5,343	2,429

재무 비율
<단위 : % >

연도	영업이익률	순이익률	부채비율	차입금비율	ROA	ROE	유보율	자기자본비율	EBITDA마진율
2016	5.1	1.4	176.3	135.7	1.1	2.9	274.5	36.2	10.2
2015	3.2	-4.3	207.0	166.7	-2.9	-11.2	253.4	32.6	8.3
2014	-0.3	-4.8	239.5	200.1	-3.3	-12.3	298.8	29.5	4.0
2013	1.2	-1.8	247.8	199.3	-1.3	-4.9	447.0	28.8	5.4

동국제약 (A086450)
DongKook Pharmaceutical

업 종 : 제약		시 장 : KOSDAQ	
신용등급 : (Bond) — (CP) —		기업규모 : 우량	
홈 페 이 지 : www.dkpharm.co.kr		연 락 처 : 02)2191-9800	
본 사 : 서울시 강남구 테헤란로 108길 7			

설 립 일	1968.10.15	종 업 원 수	802명	대 표 이 사	오흥주
상 장 일	2007.05.29	감 사 의 견	적정 (삼정)	계 열	
결 산 기	12월	보 통 주	889만주	종속회사수	2개사
액 면 가	2,500원	우 선 주		구 상 호	

주주구성 (지분율,%)		출자관계 (지분율,%)		주요경쟁사 (외형,%)	
권기범	20.2	디케이메디비젼	70.0	동국제약	100
동국정밀화학	19.9	나섬컨설팅	12.5	JW홀딩스	221
(외국인)	22.8	에이티지씨	7.4	아미코젠	22

매출구성		비용구성		수출비중	
정제	28.9	매출원가율	40.9	수출	11.0
프리필드 외	22.2	판관비율	43.9	내수	89.0
수액제	20.0				

회사 개요
동사는 의약품 제조 및 판매 등을 영위할 목적으로 1968년 설립되어 2007년 5월 코스닥 시장에 상장됨. '인사돌', '오라메디', '마데카솔' 등 일반의약품과 조영제, 항암제 등의 전문의약품을 주력으로 하고 있음. 주력 제품인 잇몸질환치료제 '인사돌'은 인지도를 바탕으로 고령화, 식습관 변화 등에 따른 복용 연령층이 확대로 안정적으로 성장하고 있음. CT, MRI 등이 보편화하면서 조영제 시장도 꾸준히 성장하고 있음.

실적 분석
동사의 2017년 2분기 매출액은 전년 대비 13.9% 증가한 1,721.1억원을 기록함. 매출원가는 15.3% 증가하여 매출총이익률은 개선됨. 인건비와 광고선전비 등의 증가로 판매비와관리비는 전년 대비 17.9% 증가함. 영업이익은 219.6억원으로 2.3% 감소함. 그러나 비영업이익 11.2억원으로 인해 당기순이익은 4.4% 감소하며 176억원을 시현하는 데 그침. 기타판매비와 관리비의 감소를 위한 노력이 필요함.

현금 흐름
<단위 : 억원>

항목	2016	2017.2Q
영업활동	394	82
투자활동	-156	-20
재무활동	-45	-27
순현금흐름	193	33
기말현금	564	597

시장 대비 수익률

결산 실적
< 단위 : 억원>

항목	2012	2013	2014	2015	2016	2017
매출액	1,803	2,131	2,260	2,599	3,097	
영업이익	271	245	266	336	469	
당기순이익	223	167	210	272	407	

분기 실적
<단위 : 억원>

항목	2016.1Q	2016.2Q	2016.3Q	2016.4Q	2017.1Q	2017.2Q
매출액	699	812	784	801	806	91
영업이익	100	125	117	128	112	10
당기순이익	85	100	110	113	82	9

재무 상태
<단위 : 억원>

항목	2012	2013	2014	2015	2016	2017.2Q
총자산	1,921	2,183	2,442	2,748	3,251	3,39
유형자산	440	444	534	569	628	62
무형자산	40	56	50	52	53	5
유가증권	52	112	90	145	152	12
총부채	444	560	676	742	868	87
총차입금	19	36	61	84	56	5
자본금	222	222	222	222	222	22
총자본	1,477	1,622	1,766	2,006	2,383	2,51
지배주주지분	1,477	1,619	1,763	1,996	2,373	2,51

기업가치 지표

항목	2012	2013	2014	2015	2016	2017.2Q
주가(최고/저)(천원)	22.9/12.8	40.4/21.2	44.2/25.1	71.6/33.9	76.0/47.2	—/—
PER(최고/저)(배)	9.5/5.3	22.1/11.6	19.0/10.8	23.5/11.1	16.7/10.4	—/—
PBR(최고/저)(배)	1.4/0.8	2.3/1.2	2.2/1.3	3.2/1.5	2.8/1.8	2.5/1.8
EV/EBITDA(배)	5.4	9.3	8.5	11.8	8.1	—/—
EPS(원)	2,509	1,885	2,373	3,084	4,573	1,99
BPS(원)	16,724	18,225	20,165	22,802	27,042	28,58
CFPS(원)	3,118	2,469	2,863	3,720	5,219	2,37
DPS(원)	380	280	300	300	400	
EBITDAPS(원)	3,651	3,342	3,477	4,416	5,924	2,85

재무 비율
<단위 : % >

연도	영업이익률	순이익률	부채비율	차입금비율	ROA	ROE	유보율	자기자본비율	EBITDA마진율
2016	15.2	13.1	36.4	2.4	13.6	18.6	981.7	73.3	17.
2015	12.9	10.5	37.0	4.2	10.5	14.6	812.1	73.0	15.1
2014	11.8	9.3	38.3	3.5	9.1	12.5	706.6	72.3	13.7
2013	11.5	7.9	34.5	2.3	8.2	10.8	629.0	74.3	13.2

동남합성 (A023450)
Dongnam Chemical

업 종 : 화학		시 장 : 거래소	
신용등급 : (Bond) — (CP) —		기업규모 : 시가총액 소형주	
홈 페 이 지 : www.dongnamchem.com		연 락 처 : 041)840-3100	
본 사 : 충남 공주시 탄천면 탄천산업단지길 80-61			

설 립 일 1965.10.01	종 업 원 수 142명	대 표 이 사 이장훈
상 장 일 1996.12.24	감 사 의 견 적정 (삼정)	계 열
결 산 기 12월	보 통 주 151만주	종속회사수
액 면 가 5,000원	우 선 주	구 상 호

주주구성 (지분율,%)		출자관계 (지분율,%)		주요경쟁사 (외형,%)	
미원상사	40.0	한국계면활성제공업협동조합	8.6	동남합성	100
미원화학	14.6	태광정밀화학	6.8	엔피케이	65
(외국인)	0.0	미원상사	0.5	HRS	54

매출구성		비용구성		수출비중	
계면활성제	92.0	매출원가율	84.7	수출	13.0
상품 등	8.0	판관비율	7.5	내수	87.0

회사 개요
동사는 계면활성제를 제조, 판매하는 회사임. 계면활성제는 용매(물 또는 기름)에 녹였을때 빨리 용매에 녹아 표면장력을 현저하게 저하시켜 물체 표면의 여러 성질을 크게 변화시키는 특징을 가진 물질임. 세정, 살균, 침투, 분산, 대전방지 등 다양한 기능과 작용으로 나타내고 있어 세제, 섬유, 제지, 금속, 농약, 페인트, 피혁 등 전 산업에 걸쳐서 사용되고 있음. 동사는 다품종 소량생산의 생산구조를 가지고 있음.

실적 분석
동사의 2017년 상반기 연결기준 누적 매출액은 704.2억원으로 전년동기대비 64.3% 증가함. 매출원가율이 86.3%, 판관비가 33% 늘면서 영업손실이 8.7억원으로 적자전환함. 당기순이익도 전년동기 31.7억원에서 순손실 5.5억원으로 적자전환함. 순수계면활성제 선두권을 유지하면서 양호한 재무구조를 지속했으나 설비 운영계획을 변경하고 생산량을 늘리면서 유형자산 내용을 재검토한 결과 감가상각비가 증가하면서 영업이익이 악화됨.

현금 흐름 *IFRS 별도 기준
<단위 : 억원>

항목	2016	2017.2Q
영업활동	90	26
투자활동	-44	-92
재무활동	-44	65
순현금흐름	3	-1
기말현금	10	9

시장 대비 수익률

결산 실적
<단위 : 억원>

항목	2012	2013	2014	2015	2016	2017
매출액	620	606	761	765	1,042	—
영업이익	8	24	25	40	81	—
당기순이익	38	20	23	35	71	—

분기 실적 *IFRS 별도 기준
<단위 : 억원>

항목	2016.1Q	2016.2Q	2016.3Q	2016.4Q	2017.1Q	2017.2Q
매출액	202	226	270	344	384	320
영업이익	16	21	20	24	2	-10
당기순이익	14	18	18	21	-3	-3

재무 상태 *IFRS 별도 기준
<단위 : 억원>

항목	2012	2013	2014	2015	2016	2017.2Q
총자산	547	566	676	683	917	967
유형자산	298	303	423	423	556	562
무형자산	2	5	6	6	6	6
유가증권	0	24	24	24	25	37
총부채	69	73	172	146	252	335
총차입금		15	98	72	113	203
자본금	64	64	64	64	79	79
총자본	478	494	503	536	665	632
지배주주지분	478	494	503	536	665	632

기업가치 지표 *IFRS 별도 기준

항목	2012	2013	2014	2015	2016	2017.2Q
주가(최고/저)(천원)	80.1/32.2	39.0/31.8	37.0/31.0	49.2/32.5	74.0/38.6	—/—
PER(최고/저)(배)	27.6/11.1	25.6/20.9	20.9/17.5	18.4/12.1	14.4/7.5	1.5/1.3
PBR(최고/저)(배)	2.1/0.8	1.0/0.8	0.9/0.7	1.1/0.7	1.7/0.9	—/—
EV/EBITDA(배)	22.9		12.3	13.8	9.3	8.8
EPS(원)	2,980	1,556	1,796	2,704	5,158	-363
BPS(원)	39,744	41,019	42,363	44,943	44,008	43,461
CFPS(원)	3,833	2,435	2,865	4,531	7,389	4,540
DPS(원)	200	200	200	200	200	
EBITDAPS(원)	1,446	2,751	3,002	4,976	8,101	4,327

재무 비율
<단위 : % >

연도	영업이익률	순이익률	부채비율	차입금비율	ROA	ROE	유보율	자기자본비율	EBITDA마진율
2016	7.7	6.8	38.0	17.1	8.9	11.8	744.9	72.5	10.7
2015	5.3	4.5	27.3	13.4	5.1	6.7	795.4	78.6	8.3
2014	3.3	3.0	34.2	19.6	3.7	4.6	747.3	74.5	5.0
2013	4.0	3.3	14.8	3.0	3.6	4.1	720.4	87.1	5.8

동방 (A004140)
Dongbang Transport Logistics

업 종 : 운송인프라		시 장 : 거래소	
신용등급 : (Bond) BBB- (CP) —		기업규모 : 시가총액 소형주	
홈 페 이 지 : www.dongbang.co.kr		연 락 처 : 02)2190-8100	
본 사 : 서울시 중구 남대문로 63 한진빌딩 23층			

설 립 일 1965.01.14	종 업 원 수 822명	대 표 이 사 김형곤,이달근
상 장 일 1988.08.10	감 사 의 견 적정 (삼덕)	계 열
결 산 기 12월	보 통 주 3,252만주	종속회사수 10개사
액 면 가 1,000원	우 선 주 264만주	구 상 호

주주구성 (지분율,%)		출자관계 (지분율,%)		주요경쟁사 (외형,%)	
김형곤	17.6	동방컨테이너터미널	100.0	동방	100
김용대	3.5	동방광양물류센터	90.0	서호전기	10
(외국인)	1.9	동방물류센터	76.0	아이지스시스템	7

매출구성		비용구성		수출비중	
수출입 및 일반화물하역창고보관업	41.6	매출원가율	87.4	수출	0.0
일반 및 중량화물 도로운송	38.0	판관비율	9.1	내수	100.0
일반 및 중량화물 해상운송	19.8				

회사 개요
1965년 설립된 동사는 전국의 주요 항만 및 물류거점을 통한 네트워크 시스템을 구축하고, 항만하 역 및 육상·해상운송사업을 근간으로 초중량물 운송·설치와 3자물류(3PL), 컨테 이너터미널, 물류센터 운영 등의 물류사업을 영위하고 있음. 동방그룹에 속해있으며 동방그룹을 포함한 국내 계열사 15개와 해외계열사 3개가 소속되어 있음. 광양선박 등을 연결대상 종속회사로 보유하고 있음.

실적 분석
2017년 상반기 동사는 연결기준 매출액 2,604억원을 시현함. 이는 전년도 같은 기간 매출액인 2,943.7억원에서 11.5%축소된 금액임. 매출원가는 10.1%, 판매비와 관리비는 1.5% 감소했지만 매출 축소의 여파로 전년 동기 130.5억원이던 영업이익이 절반 이상 감소함. 이에 비영업부문도 적자전환되 당기순이익이 200.9억원에서 46.9억원으로 76.7% 감소함.

현금 흐름
<단위 : 억원>

항목	2016	2017.2Q
영업활동	260	109
투자활동	235	-49
재무활동	-358	-100
순현금흐름	143	-48
기말현금	318	271

시장 대비 수익률

결산 실적
<단위 : 억원>

항목	2012	2013	2014	2015	2016	2017
매출액	6,194	6,354	6,163	6,298	5,751	—
영업이익	240	122	138	246	203	—
당기순이익	9	-192	-44	-172	146	—

분기 실적
<단위 : 억원>

항목	2016.1Q	2016.2Q	2016.3Q	2016.4Q	2017.1Q	2017.2Q
매출액	1,518	1,426	1,440	1,367	1,312	1,292
영업이익	72	58	57	16	34	21
당기순이익	23	178	23	-78	-69	116

재무 상태
<단위 : 억원>

항목	2012	2013	2014	2015	2016	2017.2Q
총자산	7,051	6,562	6,518	6,309	5,885	5,823
유형자산	3,583	3,434	3,354	3,313	3,058	2,984
무형자산	308	302	301	297	203	208
유가증권	347	158	126	107	129	154
총부채	5,523	5,165	5,191	5,148	4,394	4,364
총차입금	4,143	3,878	3,831	3,580	3,055	3,051
자본금	242	242	242	268	378	378
총자본	1,528	1,397	1,327	1,160	1,491	1,459
지배주주지분	1,216	1,044	992	818	1,151	1,213

기업가치 지표

항목	2012	2013	2014	2015	2016	2017.2Q
주가(최고/저)(천원)	6.4/2.2	3.8/1.8	2.2/1.5	3.4/1.7	2.7/1.8	—/—
PER(최고/저)(배)					4.7/3.1	—/—
PBR(최고/저)(배)	1.4/0.5	0.9/0.4	0.6/0.4	1.1/0.5	0.8/0.5	0.6/0.5
EV/EBITDA(배)	9.5	11.0	10.1	8.2	8.0	—/—
EPS(원)	-4	-703	-112	-536	579	97
BPS(원)	5,095	4,377	4,160	3,444	3,313	3,489
CFPS(원)	1,255	401	1,011	554	1,625	461
DPS(원)	30	10	10	10	10	
EBITDAPS(원)	2,374	1,648	1,700	2,143	1,862	521

재무 비율
<단위 : % >

연도	영업이익률	순이익률	부채비율	차입금비율	ROA	ROE	유보율	자기자본비율	EBITDA마진율
2016	3.5	2.5	294.8	204.9	2.4	14.6	208.1	25.3	8.1
2015	3.9	-2.7	443.7	308.5	-2.7	-15.1	210.4	18.4	8.2
2014	2.2	-0.7	391.3	288.8	-0.7	-2.8	316.0	20.4	6.7
2013	1.9	-3.0	369.8	277.6	-2.8	-15.9	337.7	21.3	6.3

동방선기 (A099410)
Dongbang Ship Machinery

업　　종 : 조선		시　　장 : KOSDAQ	
신용등급 : (Bond) — 　(CP) —		기업규모 : 중견	
홈 페 이 지 : www.dongbangsm.co.kr		연 락 처 : 055)545-0882	
본　　사 : 경남 창원시 진해구 명제로 73 (죽곡동)			

설 립 일	1994.07.06	종 업 원 수	102명	대 표 이 사	김성호
상 장 일	2009.11.10	감 사 의 견	적정 (성도)	계 열	
결 산 기	12월	보 통 주	1,354만주	종속회사수	1개사
액 면 가	500원	우 선 주	—	구 상 호	

주주구성 (지분율,%)		출자관계 (지분율,%)		주요경쟁사 (외형,%)	
김성호	14.5	대련동방선기	100.0	동방선기	100
김운하	6.7			에스앤드블류	133
(외국인)	1.0			인화정공	303

매출구성		비용구성		수출비중	
PIPE PC'S SPOOL	92.8	매출원가율	86.0	수출	0.0
도장	7.2	판관비율	10.9	내수	100.0

회사 개요
동사는 선박용 배관 및 Module Unit과 육상 및 해양플랜트 제작 및 생산을 비롯한 수리조선업, 도장(금속표면처리)을 영위하고 있음. 그간 조선업계는 전 세계적인 해운 수요의 감소로 발주가 급감하였으나 동사는 이를 타개하기 위하여 자체매출액 관리강화 및 신규 매출처 확보에 중점을 둔 영업전략을 추진하고 있음. 중국 대련동방선기유한공사를 부산 동방조선을 종속회사로 두고 있음.

실적 분석
동사의 연결기준 2017년 2분기 누적매출액은 99.8억원으로 전년동기 대비 29.6% 감소함. 원가부담이 높아지면서 매출총이익은 전년동기 21.8억원에서 6.4억원으로 급감함. 이에 따라 영업이익은 전년동기 11.4억원 이익에서 3.7억원 손실로 적자전환하였으며 비영업부문에서도 손실이 지속되었음. 동사는 9.6억원의 당기순손실을 기록하였음. 향후 조선산업의 전망에 따라 매출증감 및 실적 개선 여부가 결정될 것으로 예상됨.

현금 흐름
〈단위 : 억원〉

항목	2016	2017.2Q
영업활동	1	32
투자활동	281	1
재무활동	-302	1
순현금흐름	-20	33
기말현금	10	43

시장 대비 수익률

결산 실적
〈단위 : 억원〉

항목	2012	2013	2014	2015	2016	2017
매출액	386	242	355	451	317	—
영업이익	-40	-80	-18	13	10	—
당기순이익	-87	-79	-16	-9	-23	—

분기 실적
〈단위 : 억원〉

항목	2016.1Q	2016.2Q	2016.3Q	2016.4Q	2017.1Q	2017.2Q
매출액	82	71	77	86	57	42
영업이익	1	8	3	-3	-5	-1
당기순이익	-3	-4	0	-16	-15	5

재무 상태
〈단위 : 억원〉

항목	2012	2013	2014	2015	2016	2017.2Q
총자산	864	871	772	758	422	395
유형자산	368	351	548	546	241	197
무형자산	29	22	16	18	11	1
유가증권	2	2	2	2	0	1
총부채	517	502	424	413	49	31
총차입금	470	452	363	346	—	—
자본금	30	55	55	55	68	68
총자본	347	369	348	346	374	365
지배주주지분	347	369	348	346	374	365

기업가치 지표

항목	2012	2013	2014	2015	2016	2017.2Q
주가 (최고/저)(천원)	8.3/1.4	5.1/1.8	3.2/1.8	3.8/1.7	7.6/1.9	—/—
PER (최고/저)(배)	—/—	—/—	—/—	—/—	—/—	—/—
PBR (최고/저)(배)	1.7/0.3	1.5/0.5	1.0/0.6	1.2/0.6	2.7/0.7	1.0/0.8
EV/EBITDA (배)				23.4	10.3	—
EPS(원)	-1,229	-944	-143	-83	-206	-71
BPS(원)	5,784	3,381	3,214	3,159	2,758	2,694
CFPS(원)	-1,155	-747	2	64	-87	-32
DPS(원)						
EBITDAPS(원)	-372	-755	-16	269	207	11

재무 비율
〈단위 : %〉

연도	영업이익률	순이익률	부채비율	차입금비율	ROA	ROE	유보율	자기자본비율	EBITDA마진율
2016	3.1	-7.2	13.1	0.0	-3.9	-6.3	451.7	88.5	7.2
2015	3.0	-2.0	119.5	100.3	-1.2	-2.6	531.8	45.6	6.5
2014	-5.0	-4.4	121.8	104.3	-1.9	-4.4	542.9	45.1	-0.5
2013	-33.0	-32.7	136.2	122.6	-9.2	-22.2	576.3	42.4	-26.2

동방아그로 (A007590)
Dongbang Agro

업　　종 : 화학		시　　장 : 거래소	
신용등급 : (Bond) — 　(CP) —		기업규모 : 시가총액 소형주	
홈 페 이 지 : www.dongbangagro.co.kr		연 락 처 : 02)580-3600	
본　　사 : 서울시 관악구 남부순환로 2028 남현동, 동방빌딩			

설 립 일	1971.12.31	종 업 원 수	230명	대 표 이 사	염병만
상 장 일	1977.06.29	감 사 의 견	적정 (제원)	계 열	
결 산 기	12월	보 통 주	1,362만주	종속회사수	1개사
액 면 가	500원	우 선 주	—만주	구 상 호	

주주구성 (지분율,%)		출자관계 (지분율,%)		주요경쟁사 (외형,%)	
염병만	13.5	나노바이오	65.1	동방아그로	100
스미토모상사주식회사	13.1	*		경농	176
(외국인)	28.4			효성오앤비	30

매출구성		비용구성		수출비중	
유액제	45.5	매출원가율	71.8	수출	2.0
입제	26.9	판관비율	23.0	내수	98.0
수화제	24.4				

회사 개요
동사는 1971년 설립되어 주움, 확시란, 베테랑, 일품 등의 농약과 비료를 생산 판매함. 주요 상표로 살림꾼, 일품, 싸이메트, 동방지오릭스, 스미렉스, 꼬끼시 등을 보유하고 있음. 농약산업은 기후, 병해충 등 외부환경에 의해 실적이 좌우됨. 원체물질의 수입 의존도가 높아 환율에도 민감하게 반응함. 동사는 화학제품, 금속분말 제조 및 판매사업, 수출입업, 도소매업을 목적으로 하는 연결자회사 나노바이오의 지분 65.07%를 보유함.

실적 분석
동사의 2017년 상반기 매출액은 990.9억원으로 전년동기와 비슷한 수준. 주요 상품 단가를 소폭 인상함. 영업이익 또한 전년동기와 비슷한 152.7억원을 기록함. 동사는 기술연구소 신축을 통해 GLP설비를 완비하고, 사용편리한 최신의 선호제형 및 다양한 혼합제 등 고부가가치 제품, 다기능 친환경 비료로 사업을 다각화 하는 등 성장동력 확보를 위해 노력 중임.

현금 흐름
〈단위 : 억원〉

항목	2016	2017.2Q
영업활동	22	-380
투자활동	-57	112
재무활동	-26	-28
순현금흐름	-61	-296
기말현금	328	32

시장 대비 수익률

결산 실적
〈단위 : 억원〉

항목	2012	2013	2014	2015	2016	2017
매출액	1,054	1,092	1,146	1,158	1,158	—
영업이익	66	80	99	84	61	—
당기순이익	53	63	76	57	59	—

분기 실적
〈단위 : 억원〉

항목	2016.1Q	2016.2Q	2016.3Q	2016.4Q	2017.1Q	2017.2Q
매출액	669	292	109	90	670	32*
영업이익	145	7	-43	-48	137	15
당기순이익	115	7	-33	-31	111	15

재무 상태
〈단위 : 억원〉

항목	2012	2013	2014	2015	2016	2017.2Q
총자산	1,524	1,534	1,615	1,701	1,698	1,651
유형자산	329	322	319	325	371	362
무형자산	26	22	20	19	16	16
유가증권	1	1	1	1	1	
총부채	384	386	414	467	431	289
총차입금						
자본금	68	68	68	68	68	68
총자본	1,140	1,148	1,200	1,234	1,267	1,364
지배주주지분	1,136	1,143	1,195	1,229	1,262	1,359

기업가치 지표

항목	2012	2013	2014	2015	2016	2017.2Q
주가 (최고/저)(천원)	6.1/5.3	5.9/5.5	7.3/5.7	9.9/5.6	7.6/6.0	—/—
PER (최고/저)(배)	18.4/16.0	14.7/13.5	14.4/11.2	25.2/14.2	18.3/14.5	—/—
PBR (최고/저)(배)	0.8/0.7	0.7/0.7	0.9/0.7	1.1/0.6	0.8/0.6	0.7/0.6
EV/EBITDA (배)	5.4	3.6	2.8	3.4	6.4	—
EPS(원)	386	458	556	419	431	922
BPS(원)	8,752	9,045	9,431	9,680	9,923	10,632
CFPS(원)	547	628	722	587	608	1,016
DPS(원)	185	200	200	220	250	
EBITDAPS(원)	649	757	894	788	624	1,216

재무 비율
〈단위 : %〉

연도	영업이익률	순이익률	부채비율	차입금비율	ROA	ROE	유보율	자기자본비율	EBITDA마진율
2016	5.3	5.1	34.0	0.0	3.5	4.7	1,884.7	74.6	9.3
2015	7.3	4.9	37.8	0.0	3.5	4.7	1,835.9	72.6	9.3
2014	8.7	6.6	34.5	0.0	4.8	6.5	1,786.3	74.3	10.6
2013	7.3	5.7	33.7	0.0	4.1	5.5	1,709.1	74.8	9.3

동부 (A012030)
Dongbu

업 종 : IT 서비스	시 장 : 거래소
신용등급 : (Bond) — (CP) —	기업규모 : 시가총액 소형주
홈 페 이 지 : www.dongbuinc.co.kr	연 락 처 : 02)2136-6000
본 사 : 서울시 강남구 삼성로 96길 23, 7층	

설 립 일	1977.03.15	종 업 원 수	363명	대 표 이 사	곽제동,강운식(각자대표이사)
상 장 일	1992.12.04	감 사 의 견	적정 (안진)	계	열
결 산 기	12월	보 통 주	18,213만주	종 속 회 사 수	1개사
액 면 가	500원	우 선 주		구 상 호	동부CNI

주주구성 (지분율,%)
김남호	18.6
김준기	12.4
(외국인)	2.4

출자관계 (지분율,%)
동부하이텍	12.4
동부라이텍	11.1
동부메탈	7.8

주요경쟁사 (외형,%)
동부	100
엑셈	13
링네트	63

매출구성
[IT 사업부문]용역매출	48.1
[글로벌(무역) 사업부문]상품매출	35.7
[IT 사업부문]상품매출	11.2

비용구성
매출원가율	86.5
판관비율	8.2

수출비중
수출	32.0
내수	68.0

회사 개요
동사는 1977년 설립, 2010년 8월 바이오/작물보호 사업부문을 물적분할하고, 2010년 11월 동부CNI와의 합병에 따라 전자재료 및 글로벌사업부문과 동부CNI의 사업을 영위하는 동부그룹사임. 영위하는 업종의 2017년 6월말 현재 매출구성은 IT사업이 62.04%, 글로벌(무역)부문이 31.58%, 기타(컨설팅사업등) 6.38%임. 기타(컨설팅사업등) 부문만이 전년동기 대비 매출이 증가했을뿐 나머지 사업부문은 모두 매출이 감소함.

실적 분석
동사의 연결기준 2017년 2분기 누적 매출액은 전년동기 대비 19.3% 감소한 843.9억원을 기록하는데 그침. 매출원가는 전년동기 대비 18.6% 감소했으나 판관비가 외형축소에도 불구하고 14.1% 증가함에 따라 영업이익은 전년동기 대비 큰 폭으로 감소했음. 비영업부문에서 18.5억원의 손실을 기록함에 따라, 당기순손실은 전년동기 대비 손실폭이 축소되어 7.9억원의 적자를 지속함.

현금 흐름 〈단위 : 억원〉
항목	2016	2017.2Q
영업활동	139	59
투자활동	71	-28
재무활동	-183	-31
순현금흐름	28	-1
기말현금	117	117

시장 대비 수익률

결산 실적 〈단위 : 억원〉
항목	2012	2013	2014	2015	2016	2017
매출액	5,445	4,429	2,542	2,037	2,048	—
영업이익	218	108	-134	98	109	—
당기순이익	30	-638	-1,245	132	-207	—

분기 실적 〈단위 : 억원〉
항목	2016.1Q	2016.2Q	2016.3Q	2016.4Q	2017.1Q	2017.2Q
매출액	457	589	511	491	406	438
영업이익	37	43	21	9	15	17
당기순이익	21	-225	10	-13	7	-15

재무 상태 〈단위 : 억원〉
항목	2012	2013	2014	2015	2016	2017.2Q
총자산	6,933	6,384	3,659	2,762	2,150	2,324
유형자산	654	660	606	36	38	36
무형자산	506	498	242	208	200	198
유가증권	1,091	1,146	922	436	1,112	1,460
총부채	3,974	3,921	2,556	1,104	634	533
총차입금	2,514	2,565	1,299	453	288	256
자본금	911	911	911	911	911	911
총자본	2,959	2,463	1,102	1,658	1,515	1,791
지배주주지분	2,959	2,463	1,102	1,658	1,515	1,791

기업가치 지표
항목	2012	2013	2014	2015	2016	2017.2Q
주가(최고/저)(천원)	1.1/0.6	0.7/0.4	0.5/0.2	0.7/0.2	0.9/0.4	—/—
PER(최고/저)(배)	55.7/29.1	—/—	—/—	10.1/2.9	—/—	—/—
PBR(최고/저)(배)	0.6/0.3	0.5/0.2	0.7/0.3	0.7/0.2	0.9/0.4	0.7/0.6
EV/EBITDA(배)	13.1	20.0		9.3	11.5	—/—
EPS(원)	20	-350	-684	72	-114	-4
BPS(원)	17,818	15,091	7,622	10,674	989	1,140
CFPS(원)	522	-3,215	-6,503	921	—	—
DPS(원)	100	—	—	—	-102	1
EBITDAPS(원)	1,816	882	-402	733	72	23

재무 비율 〈단위 : % 〉
연도	영업이익률	순이익률	부채비율	차입금비율	ROA	ROE	유보율	자기자본비율	EBITDA마진율
2016	5.3	-10.1	41.9	19.0	-8.4	-13.1	97.8	70.5	6.4
2015	4.8	6.5	66.6	27.3	4.1	9.6	113.5	60.0	6.6
2014	-5.3	-49.0	231.8	117.8	-24.8	-69.9	52.4	30.1	-2.9
2013	2.4	-14.4	159.2		-9.6	-23.5	201.8	38.6	3.6

동부건설 (A005960)
Dongbu

업 종 : 건설	시 장 : 거래소
신용등급 : (Bond) — (CP) —	기업규모 : 시가총액 소형주
홈 페 이 지 : dbcon.dongbu.co.kr	연 락 처 : 02)3484-2114
본 사 : 서울시 용산구 한강대로 372 센트레빌아스테리움서울	

설 립 일	1969.01.24	종 업 원 수	850명	대 표 이 사	이중길
상 장 일	1978.10.30	감 사 의 견	적정 (신한)	계	열
결 산 기	12월	보 통 주	2,085만주	종 속 회 사 수	4개사
액 면 가	5,000원	우 선 주	23만주	구 상 호	

주주구성 (지분율,%)
키스톤에코프라임	67.7
김준기	0.1
(외국인)	1.2

출자관계 (지분율,%)
동부자산관리	100.0
동부엔지니어링	100.0
동부당진솔라	100.0

주요경쟁사 (외형,%)
동부서브마린	100
KT서브마린	14
남광토건	31

매출구성
국내도급(토목·관급)(공사)	46.5
국내도급(건축·관급)(공사)	32.5
기타부대사업(공사)	9.0

비용구성
매출원가율	88.8
판관비율	8.4

수출비중
수출	—
내수	—

회사 개요
동사는 1969년에 미륭건설로 설립되어 1978년에 한국거래소의 유가증권시장에 상장된 법인으로서 1989년 상호를 동부건설 주식회사로 변경함. 동사는 크게 토목공사, 플랜트공사, 건물 및 아파트 신축공사 등의 건설부문과 택배사업을 하는 물류부문, 엔지니어링 및 발전업 등 기타부문의 사업을 영위하고 있음. 연결대상 종속회사는 4개사로 동부자산관리, 동부당진솔라가 추가로 당기 동사의 연결대상 종속회사에 포함되었음.

실적 분석
동사는 회생절차 기간 중 현장의 공사 중단 및 적자사업장 철수 등에 따라 일시적으로 영업이 부진하였으나, 이후 원가율 악성현장 종료 및 철수, 신규현장의 본격적인 공사착공, 원가절감 노력 등으로 영업이익이 점차 개선되고 있는 상황이며 2016년 회생절차가 종결됨. 동사의 연결기준 2017년 2분기 누적매출액과 영업이익은 각각 3,049.8억원, 175.3억원이며 전년동기 대비 각각 6.2%, 57.4% 증가하였음.

현금 흐름 〈단위 : 억원〉
항목	2016	2017.2Q
영업활동	-100	294
투자활동	172	827
재무활동	642	-873
순현금흐름	714	248
기말현금	1,937	2,186

시장 대비 수익률

결산 실적 〈단위 : 억원〉
항목	2012	2013	2014	2015	2016	2017
매출액	24,847	10,643	8,929	6,982	5,855	—
영업이익	726	-1,342	-1,567	-356	161	—
당기순이익	-39	-1,781	-2,342	-715	537	—

분기 실적 〈단위 : 억원〉
항목	2016.1Q	2016.2Q	2016.3Q	2016.4Q	2017.1Q	2017.2Q
매출액	1,355	1,516	1,325	1,660	1,278	1,772
영업이익	11	100	28	22	11	165
당기순이익	10	77	255	195	34	809

재무 상태 〈단위 : 억원〉
항목	2012	2013	2014	2015	2016	2017.2Q
총자산	29,186	25,122	8,526	5,988	6,821	6,713
유형자산	4,385	3,689	504	422	449	436
무형자산	2,004	1,995	305	25	13	25
유가증권	3,353	3,667	1,770	1,937	1,879	1,118
총부채	24,091	21,621	8,282	5,284	4,291	3,783
총차입금	14,992	13,263	3,664	3,056	2,244	337
자본금	1,797	1,935	2,669	441	1,051	1,053
총자본	5,095	3,501	244	703	2,531	2,929
지배주주지분	4,607	3,023	244	703	2,531	2,929

기업가치 지표
항목	2012	2013	2014	2015	2016	2017.2Q
주가(최고/저)(천원)	118/66.8	96.4/56.0	73.2/21.3	39.6/8.9	22.1/9.9	—/—
PER(최고/저)(배)	—/—	—/—	—/—	—/—	3.5/1.6	1.2/0.7
PBR(최고/저)(배)	1.0/0.6	1.3/0.7	12.5/3.6	2.4/0.6	1.8/0.8	1.2/0.7
EV/EBITDA(배)	13.4				11.9	—/—
EPS(원)	-1,584	-44,714	-55,839	-12,600	6,261	4,006
BPS(원)	12,842	7,829	470	8,056	12,078	13,947
CFPS(원)	1,158	-3,817	-4,736	-8,209	6,692	4,090
DPS(원)	—	—	—	—	—	—
EBITDAPS(원)	3,892	-2,654	-3,148	-3,845	2,309	917

재무 비율 〈단위 : % 〉
연도	영업이익률	순이익률	부채비율	차입금비율	ROA	ROE	유보율	자기자본비율	EBITDA마진율
2016	2.8	9.2	169.5	88.7	8.4	33.2	141.6	37.1	3.4
2015	-5.1	-10.3	751.4	434.5	-9.9	-151.1	61.1	11.7	-4.5
2014	-17.5	-26.2	일부잠식	일부잠식	-13.9	-143.2	-90.6	2.9	-17.1
2013	-12.6	-16.7	617.5	378.8	-6.6	-46.8	56.6	13.9	-9.5

동부라이텍 (A045890)
DONGBU LIGHTEC CO

업 종 : 디스플레이 및 관련부품		시 장 : KOSDAQ	
신용등급 : (Bond) — (CP) —		기업규모 : 중견	
홈 페 이 지 : www.dongbulightec.co.kr		연 락 처 : 032)670-3000	
본 사 : 경기도 부천시 오정구 산업로104번길 14(오정동)			

설 립 일 1999.07.15	종 업 원 수 214명	대 표 이 사 이재형
상 장 일 2005.11.28	감 사 의 견 적정 (대주)	계 열
결 산 기 12월	보 통 주 2,623만주	종 속 회 사 수 4개사
액 면 가 500원	우 선 주	구 상 호

주주구성 (지분율,%)
동부하이텍	15.2
동부CNI	11.0
(외국인)	0.4

출자관계 (지분율,%)
에코센스	11.1
동부대우전자	1.8

주요경쟁사 (외형,%)
동부라이텍	100
한국컴퓨터	311
케이맥	118

매출구성
LumiDas	61.6
LumiSheet	21.8
CNC전용장비, 레이저조각기 등	16.6

비용구성
매출원가율	69.1
판관비율	25.4

수출비중
수출	57.0
내수	43.0

회사 개요
동사는 1999년 7월 15일 설립되어 CNC전용장비, CNC레이저장비, LED조명의 제조 및 판매업을 주요사업으로 영위하고 있음. 매출 비중은 LED 조명사업부문이 대부분을 차지하고 나뉘지는 CNC사업부문으로 구성됨. LED 관련 국내외 60건의 특허 확보, 세계 60개국 250개의 판매 네트워크 보유. CNC 부문은 베트남, 중국 등에서 생산 및 판매를 확대해 나가는 중.

실적 분석
동사의 2017년 상반기 연결기준 누적 매출액은 400.7억원으로 전년 동기 대비 1.6% 증가함. 매출은 소폭 증가했지만 매출원가와 판관비가 크게 늘어나면서 영업이익은 전년 동기 대비 오히려 55.5% 감소한 10.5억원을 시현함. 비영업손익 부문에서도 금융손실 등이 이어지면서 적자가 지속됨에 따라 당기순이익은 0.1억원으로 전년 동기 대비 99.8% 감소함.

현금 흐름 〈단위 : 억원〉
항목	2016	2017.2Q
영업활동	71	-31
투자활동	-41	14
재무활동	-12	26
순현금흐름	18	9
기말현금	27	36

시장 대비 수익률

결산 실적 〈단위 : 억원〉
항목	2012	2013	2014	2015	2016	2017
매출액	719	884	827	848	757	—
영업이익	-43	54	57	43	42	—
당기순이익	-64	29	16	31	26	—

분기 실적 〈단위 : 억원〉
항목	2016.1Q	2016.2Q	2016.3Q	2016.4Q	2017.1Q	2017.2Q
매출액	178	217	161	201	202	199
영업이익	3	21	3	15	3	7
당기순이익	7	13	0	7	2	-2

재무 상태 〈단위 : 억원〉
항목	2012	2013	2014	2015	2016	2017.2Q
총자산	982	1,040	1,092	1,109	1,107	1,165
유형자산	433	422	423	422	411	407
무형자산	44	48	54	44	57	64
유가증권	7	7	88	82	84	85
총부채	571	605	640	623	578	636
총차입금	401	476	439	460	440	500
자본금	127	127	127	127	130	130
총자본	411	434	452	486	529	529
지배주주지분	410	433	452	486	529	529

기업가치 지표
항목	2012	2013	2014	2015	2016	2017.2Q
주가(최고/저)(천원)	3.2/1.7	3.3/1.9	2.3/1.2	2.7/1.1	2.3/1.5	—/—
PER(최고/저)(배)	—/—	28.8/16.5	36.5/19.4	22.4/9.4	22.8/15.0	—/—
PBR(최고/저)(배)	1.6/0.8	1.1/0.6	1.1/0.6	1.2/0.5	1.0/0.6	0.9/0.8
EV/EBITDA(배)		11.5	7.8	11.8	11.7	
EPS(원)	-250	113	64	120	102	0
BPS(원)	2,009	2,101	2,175	2,308	2,431	2,420
CFPS(원)	-157	224	190	239	222	66
DPS(원)	—					
EBITDAPS(원)	-76	322	351	287	281	—

재무 비율 〈단위 : % 〉
연도	영업이익률	순이익률	부채비율	차입금비율	ROA	ROE	유보율	자기자본비율	EBITDA마진율
2016	5.5	3.5	109.2	83.1	2.4	5.2	386.2	47.8	9.6
2015	5.0	3.6	128.2	94.6	2.8	6.5	361.5	43.8	8.6
2014	6.9	2.0	141.5	97.0	1.5	3.6	335.0	41.4	10.8
2013	6.1	3.3	139.4	109.7	2.9	6.9	320.3	41.8	9.3

동부제철 (A016380)
DONGBU STEEL

업 종 : 금속 및 광물		시 장 : 거래소	
신용등급 : (Bond) CCC (CP) —		기업규모 : 시가총액 중형주	
홈 페 이 지 : www.dongbusteel.co.kr		연 락 처 : 02)3450-8114	
본 사 : 서울시 중구 후암로 98 LG서울역빌딩 22층			

설 립 일 1982.10.27	종 업 원 수 702명	대 표 이 사 김창수
상 장 일 1986.02.03	감 사 의 견 적정 (삼정)	계 열
결 산 기 12월	보 통 주 2,500만주	종 속 회 사 수 7개사
액 면 가 5,000원	우 선 주 16만주	구 상 호

주주구성 (지분율,%)
한국산업은행	37.3
한국수출입은행	14.9
(외국인)	0.7

출자관계 (지분율,%)
동부인천스틸	100.0
동부당진항만운영	100.0
동부철구	42.9

주요경쟁사 (외형,%)
동부제철	100
포스코엠텍	11
동양철관	6

매출구성
냉연강판,아연도강판,칼라강판,석도강판	92.2
해외법인판매	17.4
상품, 부산물 등	3.3

비용구성
매출원가율	87.3
판관비율	6.5

수출비중
수출	—
내수	—

회사 개요
동사는 1982년 설립되어 강재 및 비철금속제조업을 영위하고 있음. 철강업 지속 불황과 유동성 위기에 따른 재무구조 악화로 2014년 10월 채권금융기관과 약정한 경영정상화계획을 이행 중임. 동사는 동부인천스틸, 동부당진항만주식회사 등 국내 3개, 해외 4개 종속회사를 두고 있음. 동사는 충남 당진에 전기로를 보유해 철광석을 투입해 중간재인 열연강판, 완제품인 냉연강판을 생산하는 일관제철소임. 강판은 가전, 자동차, 건축, 조선업 등에 널리 사용됨.

실적 분석
동사는 2017년 상반기 매출액이 1조 3382.7억원으로 전년 동기 대비 19.8% 증가했고, 영업이익은 266.8억원으로 전년 동기에 비해 73.4% 감소했음. 동사는 원재료인 HR코일과 아연 가격이 급등하면서 매출 신장에도 불구하고 매출원가가 큰 폭으로 증가했고, 판매관리비를 전년 동기에 비해 5.1% 줄였는데도 수익성 악화를 피할 수 없었음. 비영업부문에서 436.6억원의 손실을 기록해 당기순손실이 189.9억원 발생함.

현금 흐름 〈단위 : 억원〉
항목	2016	2017.2Q
영업활동	3,175	-216
투자활동	-289	-166
재무활동	-2,163	-184
순현금흐름	723	-565
기말현금	1,475	910

시장 대비 수익률

결산 실적 〈단위 : 억원〉
항목	2012	2013	2014	2015	2016	2017
매출액	39,441	33,647	30,244	23,208	23,280	—
영업이익	171	168	-1,601	786	1,436	—
당기순이익	-1,101	-1,405	-12,812	-481	-727	—

분기 실적 〈단위 : 억원〉
항목	2016.1Q	2016.2Q	2016.3Q	2016.4Q	2017.1Q	2017.2Q
매출액	5,338	5,835	6,022	6,084	6,662	6,720
영업이익	370	635	295	136	239	28
당기순이익	-240	251	139	-877	212	-402

재무 상태 〈단위 : 억원〉
항목	2012	2013	2014	2015	2016	2017.2Q
총자산	53,467	52,415	33,939	28,905	28,232	28,058
유형자산	36,327	35,405	20,657	20,498	19,574	19,057
무형자산	534	528	292	70	80	74
유가증권	1,352	625	349	310	233	475
총부채	38,740	39,148	33,244	28,871	26,970	26,973
총차입금	24,325	25,290	22,765	21,818	19,935	20,439
자본금	3,211	3,211	3,711	1,582	1,808	1,808
총자본	14,727	13,267	695	34	1,263	1,085
지배주주지분	13,739	12,239	515	16	1,244	1,065

기업가치 지표
항목	2012	2013	2014	2015	2016	2017.2Q
주가(최고/저)(천원)	356/160	219/116	216/65.9	87.2/35.5	60.6/12.0	—/—
PER(최고/저)(배)	—/—	—/—	—/—	—/—	—/—	—/—
PBR(최고/저)(배)	1.1/0.5	0.8/0.4	14.0/4.3	282.1/115.0	12.2/2.4	3.7/2.9
EV/EBITDA(배)	13.0	13.2	323.9	11.9	8.7	
EPS(원)	-25,683	-33,296	-276,000	-6,529	-3,924	-761
BPS(원)	26,311	23,484	1,162	84	4,949	4,238
CFPS(원)	1,224	719	-18,530	2,865	1,987	1,411
DPS(원)						
EBITDAPS(원)	3,657	3,770	120	8,774	13,659	3,233

재무 비율 〈단위 : % 〉
연도	영업이익률	순이익률	부채비율	차입금비율	ROA	ROE	유보율	자기자본비율	EBITDA마진율
2016	6.2	-3.1	일부잠식	일부잠식	-2.6	-115.4	-31.1	4.5	10.9
2015	3.4	-2.1	일부잠식	일부잠식	-1.5	-174.0	-98.9	0.1	8.0
2014	-5.3	-42.4	일부잠식	일부잠식	-29.7	-199.9	-80.3	2.1	0.2
2013	0.5	-4.2	295.1	190.6	-2.7	-11.2	288.0	25.3	5.9

동부증권 (A016610)
Dongbu Securities

업　　종 : 증권		시　　장 : 거래소	
신용등급 : (Bond) A　　(CP) A2+		기업규모 : 시가총액 소형주	
홈 페 이 지 : www.dongbuhappy.com		연 락 처 : 02)369-3000	
본　　사 : 서울시 영등포구 국제금융로 8길 32 동부증권빌딩			

설 립 일	1982.12.20	종 업 원 수	825명	대 표 이 사	고원종
상 장 일	1988.06.27	감 사 의 견	적정 (안진)	계	열
결 산 기	12월	보 통 주	4,245만주	종속회사수	26개사
액 면 가	5,000원	우 선 주		구 상 호	

주주구성 (지분율,%)		출자관계 (지분율,%)		주요경쟁사 (외형,%)	
동부화재해상보험	19.9	동부자산운용	55.3	동부증권	100
동부증권우리사주조합	10.4	동부저축은행	50.0	부국증권	52
(외국인)	6.7	청진이삼자산관리	19.4	유화증권	8

수익구성		비용구성		수출비중	
금융상품 관련이익	70.2	이자비용	6.4	수출	—
수수료수익	12.2	파생상품손실		내수	—
이자수익	10.5	판관비	14.9		

회사 개요
동사는 1982년 단기금융법에 따라 국민투자금융으로 설립돼 1988년 한국증권거래소에 상장됨. 1991년 동부증권으로 상호를 변경했고, 기업집단 동부그룹에 속한 중소형 증권사임. 2017년 6월 30일 현재 국내에 30개 지점을 설치 운영하고 있음. 금융투자업, 기업자문, 컨설팅 등의 사업을 영위하고 있으며 동사의 종속회사로는 동부자산운용, 동부저축은행 등이 있음.

실적 분석
동사의 2017년 연결기준 2분기 영업이익과 당기순이익은 각각 25억원, 20억원으로 전년 동기 대비 큰 폭 감소하였음. 금융/파생상품 운용 실적의 악화가 동사 실적악화의 주요원인임. 동사의 외형은 대형 금융투자회사 대비 부진한 수준으로 향후 금융투자업의 다변화, 복잡화에 대비하여 확대할 필요가 있다고 볼 수 있으며, 신상품 공급 확대를 통한 수익원 다변화 및 리스크관리 강화를 통한 손익안정화 주력 중임.

현금 흐름 〈단위 : 억원〉

항목	2016	2017.2Q
영업활동	3,077	1,252
투자활동	35	102
재무활동	-1,445	-796
순현금흐름	1,672	550
기말현금	3,302	3,853

시장 대비 수익률

결산 실적 〈단위 : 억원〉

항목	2012	2013	2014	2015	2016	2017
순영업손익	2,939	1,302	2,113	2,110	2,059	—
영업이익	820	-87	213	104	98	—
당기순이익	585	-83	163	-85	64	—

분기 실적 〈단위 : 억원〉

항목	2016.1Q	2016.2Q	2016.3Q	2016.4Q	2017.1Q	2017.2Q
순영업손익	553	621	382	503	373	671
영업이익	46	83	-107	76	-129	154
당기순이익	30	65	-104	74	-94	114

재무 상태 〈단위 : 억원〉

항목	2012	2013	2014	2015	2016	2017.2Q
총자산	65,526	62,168	64,903	66,392	63,356	63,763
유형자산	1,101	1,067	1,029	1,048	1,041	1,032
무형자산	666	619	628	281	250	261
유가증권	38,651	35,707	36,001	34,106	30,542	27,196
총부채	58,487	55,366	57,953	59,541	56,396	56,794
총차입금	22,243	28,078	30,746	30,705	30,484	30,014
자본금	2,122	2,122	2,122	2,122	2,122	2,122
총자본	7,039	6,802	6,949	6,850	6,960	6,969
지배주주지분	6,187	5,971	6,110	6,027	6,081	6,042

기업가치 지표

항목	2012	2013	2014	2015	2016	2017.2Q
주가(최고/저)(천원)	4.5/2.8	4.9/3.1	5.5/3.1	7.4/3.7	4.2/3.1	—/—
PER(최고/저)(배)	3.5/2.2	—/—	16.0/9.0	—/—	1,690.2/1,264.1	0.3/0.2
PBR(최고/저)(배)	0.3/0.2	0.4/0.2	0.4/0.2	0.5/0.3	0.3/0.2	0.3/0.2
PSR(최고/저)(배)	0/0	0/0	0/0	0/0	1/1	
EPS(원)	1,419	-161	352	-176	2	
BPS(원)	14,754	14,245	14,573	14,376	14,504	14,412
CFPS(원)	1,756	68	639	107	194	3
DPS(원)	250		100			
EBITDAPS(원)	1,931	-206	503	245	231	59

재무 비율 〈단위 : % 〉

연도	계속사업이익률	순이익률	부채비율	차입금비율	ROA	ROE	유보율	자기자본비율	총자산증가율
2016	6.1	3.1	810.3	445.2	0.1	0.0	190.1	11.0	-4.6
2015	-3.4	-4.0	869.2	448.2	-0.1	-1.2	187.5	10.3	2.3
2014	10.8	7.7	833.9	442.4	0.3	2.5	191.5	10.7	4.4
2013	-5.8	-6.4	813.9	412.8	-0.1	-1.1	184.9	10.9	-5.1

동부하이텍 (A000990)
Dongbu HiTek

업　　종 : 반도체 및 관련장비		시　　장 : 거래소	
신용등급 : (Bond) —　　(CP) —		기업규모 : 시가총액 중형주	
홈 페 이 지 : www.dongbuhitek.co.kr		연 락 처 : 02)3484-2888	
본　　사 : 서울시 강남구 테헤란로 432(대치동), 동부금융센터			

설 립 일	1953.04.28	종 업 원 수	2,070명	대 표 이 사	최창식
상 장 일	1975.12.12	감 사 의 견	적정 (삼정)	계	열
결 산 기	12월	보 통 주	4,437만주	종속회사수	1개사
액 면 가	5,000원	우 선 주	14만주	구 상 호	

주주구성 (지분율,%)		출자관계 (지분율,%)		주요경쟁사 (외형,%)	
동부CNI	12.4	동부철강	49.7	동부하이텍	100
국민연금공단	7.4	동부메탈	24.8	SK하이닉스	2,224
(외국인)	22.9	부산정관에너지	24.3	이오테크닉스	40

매출구성		비용구성		수출비중	
Fab System-LSI Wafer 외	100.0	매출원가율	62.5	수출	67.0
		판매비율	15.2	내수	33.0

회사 개요
동사는 1953년에 설립되었으며, 2010년 농업사업부문을 동부팜한농으로 물적분할하며 반도체를 주사업부문으로 영위하고 있음. 동사의 주요 사업부문은 웨이퍼 수탁 생산 및 판매를 담당하는 Foundry 사업과 디스플레이 구동 및 Sensor IC 등 자사 제품을 설계, 판매하는 Brand 사업으로 구성되어 있음. 동사의 주요경쟁사로는 TSMC, UMC 등이 있음.

실적 분석
동사의 2017년 연결-기준 2분기 누적 매출액은 3,651.4억원으로 전년동기대비 2.4% 감소함. 수익성이 개선되어 영업이익 및 당기순이익은 증가함. 국내 주요 고객사향 LDI와 중국 스마트폰향 CIS 주문 물량 감소 때문임. 전세계 파운드리 업체들의 실적 추이를 확인하면, 파운드리 업황은 여전히 호황인 것으로 파악됨. 또한 12인치 및 8인치 파운드리 업체들의 주가도 견조한 흐름을 보임.

현금 흐름 〈단위 : 억원〉

항목	2016	2017.2Q
영업활동	2,483	1,009
투자활동	-1,210	-517
재무활동	-1,185	-840
순현금흐름	74	-366
기말현금	1,156	790

시장 대비 수익률

결산 실적 〈단위 : 억원〉

항목	2012	2013	2014	2015	2016	2017
매출액	5,908	4,938	5,677	6,666	7,731	—
영업이익	-156	-96	456	1,250	1,724	—
당기순이익	-313	-830	-770	1,267	883	—

분기 실적 〈단위 : 억원〉

항목	2016.1Q	2016.2Q	2016.3Q	2016.4Q	2017.1Q	2017.2Q
매출액	1,839	1,901	1,982	2,010	1,905	1,747
영업이익	407	442	458	417	517	451
당기순이익	272	198	289	124	281	261

재무 상태 〈단위 : 억원〉

항목	2012	2013	2014	2015	2016	2017.2Q
총자산	11,578	10,584	9,849	9,846	9,868	9,693
유형자산	6,854	6,360	5,918	5,331	5,477	5,601
무형자산	767	742	618	342	257	255
유가증권	913	51	55	165	323	354
총부채	8,669	8,536	8,642	7,306	6,449	5,735
총차입금	6,932	6,740	6,715	5,410	4,351	3,569
자본금	2,226	2,226	2,226	2,226	2,226	2,226
총자본	2,909	2,048	1,207	2,541	3,419	3,958
지배주주지분	2,909	2,048	1,207	2,541	3,419	3,958

기업가치 지표

항목	2012	2013	2014	2015	2016	2017.2Q
주가(최고/저)(천원)	10.9/6.1	8.8/5.0	8.2/3.4	19.0/4.4	20.7/12.7	—/—
PER(최고/저)(배)	—/—	—/—	—/—	6.7/1.5	10.4/6.4	—/—
PBR(최고/저)(배)	1.3/0.7	1.4/0.8	1.8/0.8	3.1/0.7	2.5/1.5	2.4/1.7
EV/EBITDA(배)	8.8	12.3	6.5	5.1	4.0	
EPS(원)	-704	-1,866	-1,730	2,847	1,985	1,218
BPS(원)	8,341	6,406	4,492	6,238	8,212	9,422
CFPS(원)	1,788	104	114	4,709	3,767	2,015
DPS(원)						
EBITDAPS(원)	2,142	1,754	2,867	4,670	5,656	2,972

재무 비율 〈단위 : % 〉

연도	영업이익률	순이익률	부채비율	차입금비율	ROA	ROE	유보율	자기자본비율	EBITDA마진율
2016	22.3	11.4	188.6	127.2	9.0	29.7	64.2	34.7	32.6
2015	18.8	19.0	287.6	213.0	12.9	67.6	24.8	25.8	31.2
2014	8.0	-13.6	일부잠식	일부잠식	-7.5	-47.3	-10.2	12.3	22.5
2013	-2.0	-16.8	일부잠식	일부잠식	-7.5	-33.5	28.1	19.4	15.8

ㄷ

동부화재해상보험 (A005830)
Dongbu Insurance

업　　종 : 보험　　　　　　　　　　　　시　　　장 : 거래소
신용등급 : (Bond) —　　(CP) —　　　기업규모 : 시가총액 대형주
홈페이지 : www.idongbu.com　　　　　연 락 처 : 1588-0100
본　　사 : 서울시 강남구 테헤란로 432 동부금융센터

설 립 일	1968.11.01	종업원수	4,489명	대표이사	김정남
상 장 일	1973.06.28	감사의견 적정(한영)		계	열
결 산 기	12월	보 통 주	7,080만주	종속회사수	63개사
액 면 가	500원	우 선 주		구 상 호	

주주구성 (지분율,%)		출자관계 (지분율,%)		주요경쟁사 (외형,%)	
김남호	9.0	동부MnS	100.0	동부화재	100
국민연금공단	8.2	동부생명우선주1	100.0	삼성생명	127
(외국인)	49.9	동부씨에이에스손해사정	100.0	삼성화재	141

수익구성		비용구성		수출비중	
[손해보험]장기	63.6	책임준비금전입	18.5	수출	—
[손해보험]자동차	23.7	보험금비용	27.9	내수	—
[손해보험]특종	5.8	사업비	8.4		

회사 개요
1962년 '한국자동차보험공영사'로 설립된 동사는 1983년 동부그룹의 경영권 인수로 1995년 동부화재해상보험으로 사명을 변경함. 국내 손보업계는 현재 31개의 보험사가 영업 중이며 동사는 시장점유율 15.8%로 업계 3위의 업체임. 동사가 소속된 기업집단 또는 동부그룹엔 총53개의 국내 계열사를 두고 있음. 이 중 상장사는 동부제철, 동부하이텍, 동부증권 등 5개사이고, 비상장사는 대우전자, 동부메탈 등 총 21개가 있음.

실적 분석
동사는 올 2분기 당기순이익 2105억으로 양호한 실적을 기록하였음. 자동차보험 손해율 77.8%, 장기위험손해율 81.4% 등으로 전년 동기 보다 큰 폭으로 하락했기 때문. 자동차보험의 경우, 3분기에는 손해율이 전년 동기보다 상승이 예상되지만 장기 위험손해율 하락이 이를 상쇄시킬 전망. 특히 위험손해율은 내년에도 보유 실손계약의 절반 정도가 갱신이 예상되면서, 내년에도 실적 개선 모멘텀으로 작용할 전망.

현금 흐름　　〈단위 : 억원〉

항목	2016	2017.2Q
영업활동	31,026	-1,114
투자활동	-30,135	-4,549
재무활동	-940	4,530
순현금흐름	63	-1,208
기말현금	7,539	6,331

시장 대비 수익률

결산 실적　　〈단위 : 억원〉

항목	2012	2013	2014	2015	2016	2017
보험료수익	96,273	85,476	118,371	126,359	132,422	—
영업이익	5,690	3,718	5,288	5,662	7,261	—
당기순이익	4,942	2,632	4,293	4,304	5,338	—

분기 실적　　〈단위 : 억원〉

항목	2016.1Q	2016.2Q	2016.3Q	2016.4Q	2017.1Q	2017.2Q
보험료수익	32,571	32,886	32,755	34,209	33,759	34,273
영업이익	1,529	2,162	2,515	1,055	2,295	2,669
당기순이익	1,154	1,568	1,780	836	1,724	2,156

재무 상태　　〈단위 : 억원〉

항목	2012	2013	2014	2015	2016	2017.2Q
총자산	282,500	303,135	349,321	400,184	448,634	469,745
유형자산	3,215	4,063	3,565	3,644	3,632	3,838
무형자산	4,639	4,137	5,091	3,838	3,188	2,899
유가증권	132,289	136,804	162,029	187,287	221,265	223,534
총부채	251,834	274,557	313,409	360,514	405,187	423,008
총차입금	2,166	2,836	2,478	3,897	3,937	9,784
자본금	354	354	354	354	354	354
총자본	30,666	28,578	35,912	39,669	43,447	46,737
지배주주지분	28,406	27,140	34,537	38,058	41,697	44,950

기업가치 지표

항목	2012	2013	2014	2015	2016	2017.2Q
주가(최고/저)(천원)	47.1/35.2	53.0/38.3	58.8/45.3	68.6/44.5	74.3/60.3	—/—
PER(최고/저)(배)	7.5/5.6	14.9/10.8	10.6/8.2	12.2/7.9	10.3/8.4	—/—
PBR(최고/저)(배)	1.3/1.0	1.5/1.1	1.3/1.0	1.3/0.9	1.3/1.0	1.1/0.9
PSR(최고/저)(배)	0/0	0/0	0/0	0/0	0/0	0/0
EPS(원)	6,981	3,814	5,961	5,915	7,396	
BPS(원)	40,540	38,752	49,200	54,173	59,312	63,908
CFPS(원)	7,996	5,401	7,853	8,087	9,348	6,352
DPS(원)	1,250	1,000	1,450	1,550	1,650	
EBITDAPS(원)	8,037	5,252	7,469	7,997	10,255	7,010

재무 비율　　〈단위 : % 〉

연도	계속사업이익률	순이익률	부채비율	차입금비율	ROA	ROE	유보율	자기자본비율	총자산증가율
2016	5.3	4.0	932.6	9.1	1.3	13.1	11,762.5	9.7	12.1
2015	4.3	3.4	908.8	9.8	1.2	11.5	10,734.7	9.9	14.6
2014	4.5	3.6	872.7	6.9	1.3	13.7	9,739.9	10.3	23.7
2013	4.1	3.1	960.7	9.4	0.9	9.7	7,650.4	9.4	7.3

동서 (A026960)
DongSuh Companies

업　　종 : 식료품　　　　　　　　　　시　　　장 : 거래소
신용등급 : (Bond) —　　(CP) —　　　기업규모 : 시가총액 대형주
홈페이지 : www.dongsuh.com　　　　연 락 처 : 02)701-5050
본　　사 : 서울시 마포구 독막로 324(도화동) 동서빌딩 10층

설 립 일	1975.05.16	종업원수	261명	대표이사	김종원
상 장 일	2016.07.15	감사의견 적정(안진)		계	열
결 산 기	12월	보 통 주	9,970만주	종속회사수	5개사
액 면 가	500원	우 선 주		구 상 호	

주주구성 (지분율,%)		출자관계 (지분율,%)		주요경쟁사 (외형,%)	
김석수	19.4	NH지역농축협경기제일레이블1호(3)	100.0	동서	100
김상헌	18.9	NH지역농축협경기제일레이블1호(2)	100.0	롯데푸드	343
(외국인)	10.9	NH지역농축협경기제일레이블1호(1)	100.0	대상	556

매출구성		비용구성		수출비중	
식자재 등	58.0	매출원가율	83.2	수출	14.0
포장재, 다류, 동서물산	27.6	판관비율	7.9	내수	86.0
수출 및 대행	13.9				

회사 개요
동사는 식품사업, 포장사업, 다류사업, 수출입 및 구매대행업 등을 주요 사업으로 영위하고 있으며, 2015년 말 기준으로 커피외 제조업 등을 영위하는 종속회사를 포함하여 총 8개 계열회사를 가지고 있음. 식품사업에서 전국에 걸친 안정적인 유통망 및 물류시스템, 품질관리, 브랜드 인지도 등으로 경쟁력을 지니고 있으며, 포장사업의 경우 고기능성 포장재 및 체계적인 품질관리 시스템 등에서 경쟁력을 지니고 있는 것으로 평가됨.

실적 분석
동사의 2017년 2분기 연결기준 누적매출액은 2,723.8억원으로 전년동기 대비 7.3% 증가함. 매출은 증가에도 불구하고 판관비가 전년동기 대비 대폭 증가하면서 영업이익은 전년 동기 대비 2.6% 감소한 240억원을 기록함. 비영업손익 부문에서 관련기업에 대한 지분법이익 역시 전년동기 수준을 유지하면서, 당기순이익은 4.4% 감소한 726.9억원을 시현함.

현금 흐름　　〈단위 : 억원〉

항목	2016	2017.2Q
영업활동	1,065	786
투자활동	-437	-280
재무활동	-682	-682
순현금흐름	-54	-177
기말현금	309	131

시장 대비 수익률

결산 실적　　〈단위 : 억원〉

항목	2012	2013	2014	2015	2016	2017
매출액	4,597	4,704	5,027	5,094	5,138	—
영업이익	513	510	541	488	456	—
당기순이익	1,255	1,265	1,310	1,250	1,224	—

분기 실적　　〈단위 : 억원〉

항목	2016.1Q	2016.2Q	2016.3Q	2016.4Q	2017.1Q	2017.2Q
매출액	1,269	1,269	1,194	1,406	1,366	1,358
영업이익	123	123	90	120	119	121
당기순이익	431	329	277	186	403	324

재무 상태　　〈단위 : 억원〉

항목	2012	2013	2014	2015	2016	2017.2Q
총자산	10,270	11,128	11,758	12,564	13,270	13,267
유형자산	781	801	768	809	781	759
무형자산	31	25	24	21	18	19
유가증권	1,437	716	607	686	936	2,156
총부채	1,027	1,090	1,015	1,163	1,296	1,249
총차입금					0	
자본금	296	499	499	499	499	499
총자본	9,243	10,038	10,743	11,401	11,974	12,017
지배주주지분	9,093	9,874	10,559	11,200	11,757	11,798

기업가치 지표

항목	2012	2013	2014	2015	2016	2017.2Q
주가(최고/저)(천원)	10.2/7.8	17.1/9.6	22.8/14.2	44.9/20.1	33.4/24.6	—/—
PER(최고/저)(배)	9.6/7.4	15.3/8.6	19.2/11.9	38.5/17.2	28.7/21.2	—/—
PBR(최고/저)(배)	1.3/1.0	1.9/1.1	2.3/1.4	4.2/1.9	2.9/2.1	2.8/2.1
EV/EBITDA(배)	11.9	21.6	29.4	47.1	41.9	—/—
EPS(원)	1,228	1,240	1,279	1,220	1,194	711
BPS(원)	15,383	9,914	10,601	11,244	11,802	11,843
CFPS(원)	2,191	1,305	1,340	1,282	1,263	740
DPS(원)	800	550	600	670	670	
EBITDAPS(원)	989	576	604	552	527	275

재무 비율　　〈단위 : % 〉

연도	영업이익률	순이익률	부채비율	차입금비율	ROA	ROE	유보율	자기자본비율	EBITDA마진율
2016	8.9	23.8	10.8	0.0	9.5	10.4	2,260.5	90.2	10.2
2015	9.6	24.5	10.2	0.0	10.3	11.2	2,148.8	90.7	10.8
2014	10.8	26.1	9.5	0.0	11.5	12.5	2,020.2	91.4	12.0
2013	10.8	26.9	10.9	0.0	11.8	13.0	1,882.8	90.2	12.2

동성 (A102260)
Dongsung

업 종 : 화학	시 장 : 거래소
신용등급 : (Bond) — (CP) —	기업규모 : 시가총액 소형주
홈페이지 : www.dongsungcorp.co.kr	연 락 처 : 051)200-4500
주 소 : 부산시 사하구 신산로 99	

설 립 일 2008.05.14	종 업 원 수 302명	대 표 이 사 박충열
상 장 일 2008.06.23	감 사 의 견 적정(한영)	계 열
결 산 기 12월	보 통 주 4,544만주	종속회사수 19개사
액 면 가 1,000원	우 선 주	구 상 호 동성홀딩스

주주구성 (지분율,%)		출자관계 (지분율,%)		주요경쟁사 (외형,%)	
디에스티아이	42.7	동성TCS	100.0	동성코퍼레이션	100
OYO TIRE & RUBBER CO. LTD.	3.3	동성케멕스	100.0	한국쉘석유	25
(외국인)	5.0	동성빅썸	100.0	남해화학	129

매출구성		비용구성		수출비중	
동성코퍼레이션(기타)	100.0	매출원가율	81.7	수출	—
		판관비율	10.6	내수	—

회사 개요
동사는 2008년 동성화학을 인적분할하여 설립된 지주회사로 2008년 유가증권시장에 상장됨. 2015년 7월에는 동성하이켐을 합병하고 상호를 동성코퍼레이션으로 변경함. 연결대상 종속회사의 사업으로는 동성화학, 동성화인텍 화학 부문, 중장비 및 항공부품 부문 및 바이오와 그린에너지 부문 등이 있음. 동사는 영업부문과 지주부문으로 구성되어 있으며 동성그룹 계열회사에 대한 경영자문활동 및 상표권 관리 등을 종합적으로 수행함.

실적 분석
동사의 2017년 2분기 연결기준 누적 매출액은 4,305.3억원으로 전년동기 대비 3% 감소함. 영업이익은 80.4억원으로 82% 줄었으나, 비영업손익의 적자를 지속하면서 당기순이익은 전년동기 대비 92.8% 감소한 25.2억원을 기록함. 동사는 석유·정밀화학부문 및 폴리우레탄(TPU)부문에서 견조한 매출 성장세를 보임. 원자재 가격상승과 수급 불안정이 원가 부담으로 작용하는 약조건 속에서도 주력 사업부문은 안정적인 매출 유지 중

현금 흐름		〈단위 : 억원〉
항목	2016	2017.2Q
영업활동	783	-59
투자활동	-497	-8
재무활동	-178	85
순현금흐름	104	7
기말현금	505	512

시장 대비 수익률

결산 실적					〈단위 : 억원〉	
항목	2012	2013	2014	2015	2016	2017
매출액	6,540	8,234	9,054	8,712	8,529	—
영업이익	441	439	500	667	650	—
당기순이익	302	180	291	436	530	—

분기 실적					〈단위 : 억원〉	
항목	2016.1Q	2016.2Q	2016.3Q	2016.4Q	2017.1Q	2017.2Q
매출액	2,307	2,134	1,872	2,216	2,191	2,114
영업이익	231	216	144	60	76	5
당기순이익	172	180	101	76	26	-1

재무 상태					〈단위 : 억원〉	
항목	2012	2013	2014	2015	2016	2017.2Q
총자산	7,240	7,356	8,092	8,017	8,721	8,428
유형자산	2,375	2,444	3,069	3,132	3,366	3,469
무형자산	421	428	498	455	424	418
유가증권	642	496	470	375	464	356
총부채	4,174	3,988	4,308	4,032	4,314	4,152
총차입금	2,848	2,348	2,388	2,424	2,392	2,584
자본금	274	351	362	454	454	454
총자본	3,066	3,367	3,783	3,985	4,406	4,276
지배주주지분	1,844	1,951	2,029	2,663	2,953	2,958

기업가치 지표						
항목	2012	2013	2014	2015	2016	2017.2Q
주가(최고/저)(천원)	5.4/3.2	7.0/4.0	7.2/4.7	8.7/5.1	7.3/5.8	—/—
PER(최고/저)(배)	11.0/6.5	358.9/206.6	38.8/25.0	18.7/10.9	9.2/7.2	—/—
PBR(최고/저)(배)	0.9/0.5	1.4/0.8	1.4/0.9	1.5/0.9	1.1/0.9	1.0/0.8
EV/EBITDA(배)	8.2	6.8	8.4	6.8	6.5	—/—
EPS(원)	554	22	203	496	824	179
BPS(원)	6,764	5,593	5,664	6,217	6,838	6,813
CFPS(원)	1,137	643	715	1,021	1,290	417
DPS(원)	100	100	170	200	200	—
EBITDAPS(원)	2,231	2,213	1,909	2,157	1,897	414

재무 비율								〈단위 : % 〉
연도	영업이익률	순이익률	부채비율	차입금비율	ROA	ROE	유보율	자기자본비율	EBITDA마진율
2016	7.6	6.2	97.9	54.3	6.3	13.3	583.9	50.5	10.1
2015	7.7	5.0	101.2	60.8	5.4	8.7	521.7	49.7	10.1
2014	5.5	3.2	113.9	63.1	3.8	5.7	466.4	46.8	7.6
2013	5.3	2.2	118.4	69.7	2.5	0.3	459.3	45.8	7.4

동성제약 (A002210)
Dong Sung Bio Pharm

업 종 : 제약	시 장 : 거래소
신용등급 : (Bond) — (CP) —	기업규모 : 시가총액 소형주
홈페이지 : www.dongsung-pharm.co.kr	연 락 처 : 02)6911-3600
주 소 : 서울시 도봉구 도봉로 683 (방학동) 동성빌딩	

설 립 일 1957.11.25	종 업 원 수 334명	대 표 이 사 이양구
상 장 일 1990.01.19	감 사 의 견 적정(상록)	계 열
결 산 기 12월	보 통 주 2,311만주	종속회사수
액 면 가 1,000원	우 선 주	구 상 호

주주구성 (지분율,%)		출자관계 (지분율,%)		주요경쟁사 (외형,%)	
이양구	20.0	퀀트와이즈투자자문	4.0	동성제약	100
이상구	3.6			선바이오	1
(외국인)	3.7			대봉엘에스	89

매출구성		비용구성		수출비중	
의약품 등	87.8	매출원가율	53.5	수출	—
화장품 등	14.1	판관비율	49.4	내수	—
매출할인	-2.0				

회사 개요
동사는 1957년 11월에 설립되었으며, 1990년 1월 19일자로 유가증권시장에 상장되어 매매가 개시되었음. 의약품의 제조, 판매를 주요 사업으로 하고 있으며 수익을 창출하는 재화의 성격, 제품 및 제조공정의 특징, 시장 및 판매 방법의 특징, 사업부문 구분의 계속성을 고려하여 경영의 다각화에 반영할수 있도록 의약품 사업과 화장품 사업 및 관계기업의 LED 사업으로 구분할 수 있음.

실적 분석
동사의 연결기준 2017년 2분기 누적 매출액은 415.9억원으로 전년 동기 대비 2.3% 증가하였음. 반면 매출원가는 8.7% 증가하여 매출총이익은 4.9% 감소한 180.7억원에 그침. 대손상각비환입의 영향으로 판관비는 전년 동기 대비 11.4% 감소함. 판관비의 감소에 따라 영업이익은 전년 동기 0.3억원 대비 크게 늘어난 12.6억원을 시현하였음. 당기순이익도 4.8억원으로 흑자 전환에 성공함.

현금 흐름	*IFRS 별도 기준	〈단위 : 억원〉
항목	2016	2017.2Q
영업활동	-33	24
투자활동	-9	1
재무활동	25	-18
순현금흐름	-17	5
기말현금	29	34

시장 대비 수익률

결산 실적					〈단위 : 억원〉	
항목	2012	2013	2014	2015	2016	2017
매출액	846	752	732	747	797	—
영업이익	41	-20	-18	12	-23	—
당기순이익	32	-20	-109	5	-17	—

분기 실적	*IFRS 별도 기준				〈단위 : 억원〉	
항목	2016.1Q	2016.2Q	2016.3Q	2016.4Q	2017.1Q	2017.2Q
매출액	204	203	196	194	202	213
영업이익	5	-4	-9	-15	6	7
당기순이익	2	-13	-7	1	3	2

재무 상태	*IFRS 별도 기준				〈단위 : 억원〉	
항목	2012	2013	2014	2015	2016	2017.2Q
총자산	1,336	1,271	1,343	1,241	1,254	1,251
유형자산	322	322	322	319	332	343
무형자산	9	8	5	11	10	9
유가증권	97	95	220	158	145	127
총부채	708	646	787	664	698	689
총차입금	382	394	401	395	409	395
자본금	211	218	218	224	224	224
총자본	629	615	556	577	556	562
지배주주지분	629	615	556	577	556	562

기업가치 지표	*IFRS 별도 기준					
항목	2012	2013	2014	2015	2016	2017.2Q
주가(최고/저)(천원)	5.8/1.4	6.6/3.1	8.5/3.3	8.1/4.3	7.1/3.6	—/—
PER(최고/저)(배)	39.1/9.3	—/—	—/—	397.9/212.5	—/—	—/—
PBR(최고/저)(배)	1.9/0.4	2.2/1.1	3.2/1.2	3.0/1.6	2.7/1.4	1.8/1.4
EV/EBITDA(배)	17.1			45.4		—/—
EPS(원)	151	-92	-503	20	-74	21
BPS(원)	3,170	3,013	2,689	2,707	2,613	2,637
CFPS(원)	226	-24	-432	92	-1	62
DPS(원)	30	30	—	—	—	—
EBITDAPS(원)	269	-23	-13	126	-29	96

재무 비율								〈단위 : % 〉
연도	영업이익률	순이익률	부채비율	차입금비율	ROA	ROE	유보율	자기자본비율	EBITDA마진율
2016	-2.9	-2.1	125.4	73.6	-1.3	-2.9	161.3	44.4	-0.8
2015	1.6	0.7	115.0	68.5	0.4	0.8	170.7	46.5	3.8
2014	-2.5	-15.0	141.5	72.0	-8.4	-18.7	168.9	41.4	-0.4
2013	-2.6	-2.6	106.7	64.1	-1.5	-3.2	201.3	48.4	-0.7

동성화인텍 (A033500)
DONGSUNG FINETEC

업　　종 : 화학
신용등급 : (Bond) —　　(CP) —
홈페이지 : www.dsfinetec.co.kr
본　　사 : 경기도 안성시 미양면 협동단지길 120(보체리) 동성화인텍

시　　장 : KOSDAQ
기업규모 : 우량
연 락 처 : 031)677-7000

설 립 일 1985.07.31	종 업 원 수 417명	대 표 이 사	류완수
상 장 일 1997.12.19	감 사 의 견 적정 (삼일)	계	열
결 산 기 12월	보 통 주 2,698만주	종속회사수	4개사
액 면 가 500원	우 선 주 —	구 상 호	화인텍

주주구성 (지분율,%)
동성홀딩스	39.3
베어링자산운용	5.7
(외국인)	3.5

출자관계 (지분율,%)
화인텍피앤씨	100.0
캐파코리아	49.0
DONGSUNGFINETECVIETNAMCO.,LTD	100.0

주요경쟁사 (외형,%)
동성화인텍	100
동성화학	53
대한화섬	31

매출구성
R-PUF 외	90.2
HCFC-22 외	9.9

비용구성
매출원가율	86.8
판관비율	9.2

수출비중
수출	2.0
내수	98.0

회사 개요
동사는 화공품 수입알선 및 판매를 목적으로 1985년 설립됨. 동사의 사업영역은 크게 PU단열재사업부문과 가스사업부문으로 구성됨. PU단열재사업부문은 초저온보냉재, PU SYSTEM, 샌드위치판넬이며, 가스사업부문은 냉매, 방재시스템, SGC사업으로 구분됨. 매출구성은 PU단열재가 90% 이상을 차지함. LNG/LPG 수송선용 초저온보냉재 계약을 했으며, 미국 종합건축회사 등 해외 신규 수주물량이 증가추세임.

실적 분석
동사의 2017년 상반기 연결 누적매출액은 1,328.6억원으로 전년동기 대비 28.9% 감소함. 특히 PU단열재사업 부문 초저온보냉재 PU System S/W Panel 제품 매출이 급감해 영업손실이 125.3억원 발생하면서 적자전환함. 당기순손실도 147.5억원으로 적자전환함. 건축자재로 쓰이는 보냉재 주문이 증가세에 있어 실적 개선이 기대됨. 유가 회복으로 지연된 LNG선 프로젝트와 셰일가스 운반용 LNG선 발주가 재개될 전망.

현금 흐름 〈단위 : 억원〉
항목	2016	2017.2Q
영업활동	118	135
투자활동	-48	17
재무활동	-90	-37
순현금흐름	-21	115
기말현금	32	147

시장 대비 수익률

결산 실적 〈단위 : 억원〉
항목	2012	2013	2014	2015	2016	2017
매출액	2,394	4,095	4,208	3,471	3,350	—
영업이익	155	205	255	204	133	—
당기순이익	101	98	235	141	87	—

분기 실적 〈단위 : 억원〉
항목	2016.1Q	2016.2Q	2016.3Q	2016.4Q	2017.1Q	2017.2Q
매출액	1,030	838	655	826	687	642
영업이익	78	47	36	-27	-34	-91
당기순이익	51	38	15	-17	-63	-85

재무 상태 〈단위 : 억원〉
항목	2012	2013	2014	2015	2016	2017.2Q
총자산	2,967	2,984	2,806	2,824	2,800	2,453
유형자산	1,245	1,280	1,290	1,255	1,230	1,200
무형자산	19	19	21	21	12	11
유가증권	4	4	4	4	4	4
총부채	2,225	2,140	1,777	1,691	1,616	1,449
총차입금	1,652	1,276	1,125	1,116	1,061	1,058
자본금	138	138	138	138	138	138
총자본	741	845	1,030	1,133	1,185	1,004
지배주주지분	741	845	1,030	1,133	1,196	1,018

기업가치 지표
항목	2012	2013	2014	2015	2016	2017.2Q
주가(최고/저)(천원)	7.7/3.4	10.8/6.6	12.6/7.2	8.2/4.4	6.9/3.6	—/—
PER(최고/저)(배)	22.1/9.9	32.1/19.5	15.4/8.8	16.5/8.8	19.4/10.2	—/—
PBR(최고/저)(배)	3.0/1.4	3.7/2.3	3.4/2.0	2.0/1.1	1.6/0.8	2.1/1.5
EV/EBITDA(배)	15.5		14.5	9.8	8.8	12.8	—/—
EPS(원)	376	363	871	524	362	-536
BPS(원)	2,747	3,130	3,919	4,303	4,536	3,875
CFPS(원)	662	646	1,115	762	605	-416
DPS(원)		70	130	130	130	—
EBITDAPS(원)	861	1,044	1,188	994	738	-344

재무 비율 〈단위 : % 〉
연도	영업이익률	순이익률	부채비율	차입금비율	ROA	ROE	유보율	자기자본비율	EBITDA마진율
2016	4.0	2.6	136.4	89.6	3.1	8.4	785.6	42.3	5.9
2015	5.9	4.1	149.3	98.5	5.0	13.1	740.1	40.1	7.7
2014	6.1	5.6	172.6	109.2	8.1	25.1	665.0	36.7	7.6
2013	5.0	2.4	253.3	151.1	3.3	12.4	511.0	28.3	6.9

동성화학 (A005190)
Dong Sung Chemical

업　　종 : 화학
신용등급 : (Bond) —　　(CP) —
홈페이지 : www.dschem.com
본　　사 : 부산시 사하구 신산로 99

시　　장 : 거래소
기업규모 : 시가총액 소형주
연 락 처 : 051)200-4500

설 립 일 1967.09.16	종 업 원 수 224명	대 표 이 사	이경석
상 장 일 1988.07.01	감 사 의 견 적정 (한영)	계	열
결 산 기 12월	보 통 주 530만주	종속회사수	4개사
액 면 가 1,000원	우 선 주 —	구 상 호	

주주구성 (지분율,%)
동성홀딩스	51.5
현대인베스트먼트자산운용	3.3
(외국인)	2.4

출자관계 (지분율,%)
VDS	100.0
JDS	63.0
GDJ	50.0

주요경쟁사 (외형,%)
동성화학	100
동성화인텍	189
대한화섬	59

매출구성
원재료	42.4
신발창용 PU	33.8
합성피혁용 PU	23.8

비용구성
매출원가율	75.8
판관비율	12.6

수출비중
수출	75.0
내수	25.0

회사 개요
동사는 신발용 폴리우레탄 수지, 합성 피혁용 표면처리제 등의 신발용 및 산업용 소재와 의료용 Casting 및 산업용 흡수 PU용을 생산하는 기업으로 1959년에 설립돼, 1988년 유가증권시장에 상장됨. 2005년 투자사업부문을 인적분할 방식으로 분할해 신설법인인 동성홀딩스로 이전함. 3년간의 연구개발을 통해 최근 멜라민 폼의 국산화에 성공함으로서 자동차의 엔진커버와 철도차량 흡음재, 항공기 쿠션재와 같은 기존제품 대체 기반을 마련함.

실적 분석
동사의 2017년 상반기 연결기준 누적 매출액은 1,061.2억원으로 전년동기 대비 21.8% 증가함. 외형확대에도 불구하고 매출원가 증가로 영업이익은 전년동기보다 47.3% 줄어든 68.7억원을 기록함. 비영업손익 적자폭이 늘면서 당기순이익은 47.9% 감소한 48.5억원을 기록함. 최근 중동 등 신규시장을 발굴하여 수출물량을 늘리는 등 글로벌 PUS소재 시장 공략에 적극적으로 나서고 있음.

현금 흐름 〈단위 : 억원〉
항목	2016	2017.2Q
영업활동	262	-110
투자활동	-302	126
재무활동	39	-42
순현금흐름	-8	-32
기말현금	170	138

시장 대비 수익률

결산 실적 〈단위 : 억원〉
항목	2012	2013	2014	2015	2016	2017
매출액	1,259	1,469	1,760	1,808	1,768	—
영업이익	66	41	68	213	205	—
당기순이익	43	50	31	118	153	—

분기 실적 〈단위 : 억원〉
항목	2016.1Q	2016.2Q	2016.3Q	2016.4Q	2017.1Q	2017.2Q
매출액	434	437	414	483	548	514
영업이익	61	70	47	28	38	31
당기순이익	40	53	18	41	11	38

재무 상태 〈단위 : 억원〉
항목	2012	2013	2014	2015	2016	2017.2Q
총자산	1,102	1,353	1,416	1,588	1,972	1,924
유형자산	483	624	673	701	743	725
무형자산	53	61	59	53	45	42
유가증권	135	51	54	81	232	122
총부채	509	595	642	673	861	808
총차입금	210	248	292	325	395	374
자본금	40	51	51	53	55	55
총자본	593	758	774	915	1,111	1,115
지배주주지분	593	730	742	873	1,007	1,018

기업가치 지표
항목	2012	2013	2014	2015	2016	2017.2Q
주가(최고/저)(천원)	27.5/8.4	36.5/14.9	21.0/13.9	30.3/13.9	31.6/16.8	—/—
PER(최고/저)(배)	26.0/7.9	41.5/16.9	54.2/35.8	15.9/7.4	12.7/6.8	—/—
PBR(최고/저)(배)	1.9/0.6	2.6/1.1	1.5/1.0	1.7/0.9	1.0/0.9	
EV/EBITDA(배)	10.5	15.9	8.3	6.7	4.0	—/—
EPS(원)	1,143	943	411	1,951	2,547	820
BPS(원)	15,642	14,967	15,222	16,947	19,211	19,415
CFPS(원)	1,711	1,640	1,276	2,845	3,432	1,283
DPS(원)	160	250	250	500	500	—
EBITDAPS(원)	2,309	1,604	2,251	5,186	4,750	1,758

재무 비율 〈단위 : % 〉
연도	영업이익률	순이익률	부채비율	차입금비율	ROA	ROE	유보율	자기자본비율	EBITDA마진율
2016	11.6	8.6	77.5	35.6	8.6	14.4	1,752.8	56.4	14.2
2015	11.8	6.6	73.6	35.6	7.9	12.0	1,532.7	57.6	14.2
2014	3.8	1.8	82.9	37.7	2.3	2.7	1,363.4	54.7	6.2
2013	2.8	3.4	78.6	32.8	4.1	6.4	1,339.0	56.0	4.9

178

동신건설 (A025950)
DONGSHIN CONSTRUCTION INDUTSTRIAL CO

업 종 : 건설		시 장 : KOSDAQ	
신용등급 : (Bond) — (CP) —		기업규모 : 우량	
홈페이지 : 0		연 락 처 : (054)858-7811	
본 사 : 경북 안동시 서동문로 217			

설 립 일 1958.10.08	종 업 원 수 101명	대 표 이 사 김근한,김동한	
상 장 일 1995.08.07	감사의견 적정 (성도)	계 열	
결 산 기 12월	보 통 주 840만주	종속회사수	
액 면 가 500원	우 선 주	구 상 호	

주주구성 (지분율,%)		출자관계 (지분율,%)		주요경쟁사 (외형,%)	
김근한	36.2	꿈나무	90.0	동신건설	100
김정한	31.1	인천공항고속도로	7.8	삼일기업공사	43
(외국인)	0.7	갑을민자	6.5	신원종합개발	178

매출구성		비용구성		수출비중	
토목(공사)	77.9	매출원가율	87.6	수출	0.0
건축(공사)	18.6	판관비율	5.6	내수	100.0
기타	3.5				

회사 개요
동사는 사회간접자본 토목사업(도로, 항만, 상하수도, 택지개발, 댐, 전략구공사, 하수처리시설 가중 환경사업, 주택사업, 대한주택공사 도급공사와 자체 분양 아파트사업), 문화재공사, 전기, 환경, 소방공사 등을 영위하는 종합건설회사로 정부시책과 관련한 임대형 민자사업에 참여함. 수주환경 변화(최저가 낙찰제 확대), 원자재 비용에 따른 원가부담에 부동산 경기가 전반적 위축상태에 있음.

실적 분석
동사의 2017년 2분기기준 누적 매출액은 전년동기대비 10.7% 상승한 301.2억원을 기록하였음. 비용면에서 전년동기대비 매출원가는 증가 하였으며 인건비도 증가, 기타판매비와관리비도 마찬가지로 증가함. 이와 같이 상승한 매출액 만큼 비용증가도 있었으나 매출액의 더 큰 상승에 힘입어 그에 따라 전년동기대비 영업이익은 38.3억원으로 37.7% 상승하였음. 최종적으로 전년동기대비 당기순이익은 상승하여 37.2억원을 기록함.

현금 흐름   *IFRS 별도 기준   〈단위 : 억원〉

항목	2016	2017.2Q
영업활동	-22	55
투자활동	212	0
재무활동	-8	-8
순현금흐름	182	47
기말현금	380	428

시장 대비 수익률

결산 실적   〈단위 : 억원〉

항목	2012	2013	2014	2015	2016	2017
매출액	421	872	505	698	651	—
영업이익	13	87	16	18	44	—
당기순이익	24	80	19	36	58	—

분기 실적   *IFRS 별도 기준   〈단위 : 억원〉

항목	2016.1Q	2016.2Q	2016.3Q	2016.4Q	2017.1Q	2017.2Q
매출액	126	146	157	222	193	108
영업이익	25	3	10	6	31	8
당기순이익	28	-1	10	22	32	5

재무 상태   *IFRS 별도 기준   〈단위 : 억원〉

항목	2012	2013	2014	2015	2016	2017.2Q
총자산	839	844	832	905	979	1,048
유형자산	2	2	2	2	3	3
무형자산	7	6	5	5	4	4
유가증권	103	255	198	189	188	190
총부채	217	151	136	182	206	246
총차입금	7	7	7	7	7	7
자본금	42	42	42	42	42	42
총자본	622	693	696	723	773	802
지배주주지분	622	693	696	723	773	802

기업가치 지표   *IFRS 별도 기준

항목	2012	2013	2014	2015	2016	2017.2Q
주가(최고/저)(천원)	4.8/2.9	4.7/3.0	7.3/3.9	7.8/4.4	11.1/4.1	—/—
PER(최고/저)(배)	19.6/11.8	5.5/3.5	33.6/17.9	18.9/10.6	16.2/6.0	—/—
PBR(최고/저)(배)	0.7/0.5	0.6/0.4	0.9/0.5	0.9/0.5	1.2/0.5	0.9/0.7
EV/EBITDA(배)					5.9	
EPS(원)	280	954	229	426	691	442
BPS(원)	7,400	8,254	8,283	8,610	9,200	9,542
CFPS(원)	295	969	246	440	703	450
DPS(원)	100	200	100	100	100	—
EBITDAPS(원)	168	1,046	211	231	535	463

재무 비율   〈단위 : % 〉

연도	영업이익률	순이익률	부채비율	차입금비율	ROA	ROE	유보율	자기자본비율	EBITDA마진율
2016	6.7	8.9	26.7	0.9	6.2	7.8	1,740.1	78.9	6.9
2015	2.6	5.1	25.2	0.9	4.1	5.1	1,621.9	79.9	2.8
2014	3.2	3.8	19.6	1.0	2.3	2.8	1,556.6	83.6	3.5
2013	9.9	9.2	21.8	1.0	9.5	12.2	1,550.8	82.1	10.1

동아쏘시오홀딩스 (A000640)
Dong-A Socio Holdings

업 종 : 제약		시 장 : 거래소	
신용등급 : (Bond) A (CP) —		기업규모 : 시가총액 중형주	
홈페이지 : www.donga.co.kr		연 락 처 : 02)920-8114	
본 사 : 서울시 동대문구 천호대로 64(용두동)			

설 립 일 1949.08.09	종 업 원 수 298명	대 표 이 사 한종현	
상 장 일 1970.02.10	감사의견 적정 (삼정)	계 열	
결 산 기 12월	보 통 주 614만주	종속회사수 8개사	
액 면 가 5,000원	우 선 주	구 상 호 동아제약	

주주구성 (지분율,%)		출자관계 (지분율,%)		주요경쟁사 (외형,%)	
강정석	27.0	수석	100.0	동아쏘시오홀딩스	100
국민연금공단	12.8	동아제약	100.0	JW중외제약	64
(외국인)	18.1	용마로지스	100.0	한올바이오파마	11

매출구성		비용구성		수출비중	
용역 및 브랜드사용료	58.9	매출원가율	61.0	수출	—
배당금수익	39.1	판관비율	28.5	내수	—
기타	2.0				

회사 개요
의약품 업체인 동아에스티를 비롯해 포장용 기계조를 영위하는 수석, 운송 사업을 영위하는 용마로지스, 원료의약품 업체인 에스티팜을 주요 자회사로 두고 있는 지주회사임. 박카스를 비롯한 일반의약품 사업부문은 계속 영위하고 있으며 바이오시밀러 사업도 추진하고 있음. 제약 사업 비중은 58%로 가장 높음. 최대 매출 품목은 박카스로 31.7%를 차지하고 있음.운송서비스 사업 비중은 27.2%, 포장용기 사업부문은 14.2%를 차지하고 있음.

실적 분석
동사의 연결기준 2017년 상반기 매출액은 3,341.3억원으로 전년동기 대비 17.0% 감소함. 고정비 감소에도 불구하고 영업이익은 264.3억원으로 전년동기 대비 51.8% 감소함. 작년도 일회성으로 발생한 종속기업투자대체이익이 소멸됨에 따라 당기순손실 또한 221.5억원으로 85.2% 감소함. 동사는 최근 불거진 리베이트의혹과 경영진의 횡령·배임 사건에 대해 내부개선 경영계획을 수립해 시행할 예정임.

현금 흐름   〈단위 : 억원〉

항목	2016	2017.2Q
영업활동	305	565
투자활동	-669	-128
재무활동	125	662
순현금흐름	-241	1,090
기말현금	959	2,049

시장 대비 수익률

결산 실적   〈단위 : 억원〉

항목	2012	2013	2014	2015	2016	2017
매출액	4,848	5,709	6,306	7,047	7,262	—
영업이익	322	336	208	644	760	—
당기순이익	903	215	65	666	1,757	—

분기 실적   〈단위 : 억원〉

항목	2016.1Q	2016.2Q	2016.3Q	2016.4Q	2017.1Q	2017.2Q
매출액	1,674	2,352	1,694	1,542	1,514	1,827
영업이익	141	408	126	86	54	211
당기순이익	158	1,337	126	136	-11	233

재무 상태   〈단위 : 억원〉

항목	2012	2013	2014	2015	2016	2017.2Q
총자산	17,231	9,883	10,811	12,235	14,022	14,977
유형자산	7,782	3,664	4,288	4,408	3,552	3,464
무형자산	180	123	139	225	184	175
유가증권	435	1,054	142	435	255	254
총부채	8,419	4,737	5,466	6,209	5,264	5,968
총차입금	6,059	3,428	4,206	4,300	3,614	4,293
자본금	557	217	224	233	303	307
총자본	8,812	5,146	5,345	6,026	8,759	9,009
지배주주지분	8,489	4,716	4,857	5,216	8,759	9,009

기업가치 지표

항목	2012	2013	2014	2015	2016	2017.2Q
주가(최고/저)(천원)	83.9/49.3	157/82.1	152/108	232/104	238/130	—/—
PER(최고/저)(배)	12.3/7.2	60.3/31.5	412.9/294.4	23.5/10.5	8.4/4.6	—/—
PBR(최고/저)(배)	1.2/0.7	1.6/0.8	1.5/1.1	2.2/1.0	1.7/0.9	1.1/0.8
EV/EBITDA(배)	21.0		14.8	20.7	13.0	11.7
EPS(원)	7,064	2,678	375	10,011	28,410	3,620
BPS(원)	72,907	103,808	104,039	107,667	144,762	146,772
CFPS(원)	10,173	6,464	5,092	15,511	33,631	5,447
DPS(원)	1,000	1,000	1,000	1,000	1,000	—
EBITDAPS(원)	5,759	4,460	9,272	18,956	19,707	6,146

재무 비율   〈단위 : % 〉

연도	영업이익률	순이익률	부채비율	차입금비율	ROA	ROE	유보율	자기자본비율	EBITDA마진율
2016	10.5	24.2	60.1	41.3	13.4	21.3	2,795.3	62.5	14.2
2015	9.1	9.5	103.0	71.3	5.8	9.5	2,144.4	49.3	12.9
2014	3.3	1.0	102.3	78.7	0.6	0.4	2,077.0	49.4	6.7
2013	5.9	3.8	92.1	66.6	1.6	2.4	2,075.3	52.1	9.8

동아에스텍 (A058730)
Dang-A Steel Technology

업 종 : 운송인프라		시 장 : 거래소	
신용등급 : (Bond) — (CP) —		기업규모 : 시가총액 소형주	
홈 페 이 지 : www.dast.co.kr		연 락 처 : 061)370-2114	
본 사 : 전남 화순군 동면 동농공길 26-2			

설 립 일	1996.01.26	종 업 원 수	257명	대 표 이 사	한상원
상 장 일	2004.08.02	감 사 의 견	적정 (신한)	계 열	
결 산 기	12월	보 통 주	1,540만주	종속회사수	1개사
액 면 가	500원	우 선 주		구 상 호	

주주구성 (지분율,%)		출자관계 (지분율,%)		주요경쟁사 (외형,%)	
한상원	29.9	동아세라믹	47.7	동아에스텍	100
박일선	10.4	DongASteelTechnology(BJSdnBhd	99.9	현대로템	1,899
(외국인)	1.4			서부T&D	36

매출구성		비용구성		수출비중	
일반가드레일 외	52.0	매출원가율	79.2	수출	0.0
방음벽	14.5	판관비율	10.7	내수	100.0
강성차등형가드레일	13.0				

회사 개요
동사는 도로안전시설 전문기업으로 도로와 교량의 가드레일 시공이 주 사업영역임. 동사가 주력으로 영위하는 도로안전시설물 중 차량방호울타리 사업분야는 국가기간산업인 SOC사업과 밀접하게 관련되어 있어 SOC사업의 지속적인 성장에 비례하여 성장해 왔으며, 정부의 제4차 국토종합계획에 의하면 2020년까지의 전체 도로연장을 20만Km까지 확충할 계획을 가지고 있어 향후 수요도 안정적인 편임.

실적 분석
방호울타리 사업 분야는 국가기간 산업인 SOC사업과 밀접하게 관련되어 있어 SOC사업의 성장에 비례해 성장이 진행됨. 특정 경기 요인이나 경기주가와는 특별한 상관관계는 갖고 있지 않는 등의 특성이 반영되어 동사의 2017년 2분기기준 누적 매출액은 전년동기 대비 52.5% 상승한 916.7억원을 기록하였음. 그에 따라 전년동기대비 영업이익은 70.7억원으로 24.4% 상승하였음. 최종적으로 전년동기대비 당기순이익은 상승하여 68.6억원을 기록함.

현금 흐름 〈단위 : 억원〉

항목	2016	2017.2Q
영업활동	130	11
투자활동	-294	-58
재무활동	144	59
순현금흐름	-21	13
기말현금	132	145

시장 대비 수익률

결산 실적 〈단위 : 억원〉

항목	2012	2013	2014	2015	2016	2017
매출액	1,018	1,082	1,115	1,354	1,571	
영업이익	83	91	84	104	158	
당기순이익	71	76	63	84	123	

분기 실적 〈단위 : 억원〉

항목	2016.1Q	2016.2Q	2016.3Q	2016.4Q	2017.1Q	2017.2Q
매출액	286	315	424	546	393	523
영업이익	17	40	50	52	28	42
당기순이익	15	29	46	34	32	37

재무 상태 〈단위 : 억원〉

항목	2012	2013	2014	2015	2016	2017.2Q
총자산	894	1,078	1,062	1,288	1,571	1,873
유형자산	257	290	348	340	507	570
무형자산	35	37	37	40	26	28
유가증권	16	16	40	17	100	99
총부채	261	370	293	442	531	783
총차입금	145	170	136	147	221	291
자본금	64	65	67	67	80	80
총자본	634	707	769	845	1,040	1,089
지배주주지분	634	707	769	844	1,040	1,089

기업가치 지표

항목	2012	2013	2014	2015	2016	2017.2Q
주가(최고/저)(천원)	2.6/1.5	3.1/2.4	5.7/2.8	4.9/3.6	6.3/4.0	—/—
PER(최고/저)(배)	5.5/3.1	5.9/4.5	12.8/6.3	8.0/6.0	7.5/4.9	—/—
PBR(최고/저)(배)	0.6/0.4	0.6/0.5	1.1/0.5	0.8/0.6	0.9/0.6	1.1/0.8
EV/EBITDA(배)	4.7	4.2	5.7	4.6	5.1	
EPS(원)	557	591	485	636	840	446
BPS(원)	5,256	5,784	6,123	6,683	6,835	7,074
CFPS(원)	706	793	715	910	1,078	569
DPS(원)	75	100	100	150	200	—
EBITDAPS(원)	803	917	879	1,062	1,318	582

재무 비율 〈단위 : % 〉

연도	영업이익률	순이익률	부채비율	차입금비율	ROA	ROE	유보율	자기자본비율	EBITDA마진율
2016	10.1	7.8	51.0	21.2	8.6	13.1	1,215.7	66.2	12.3
2015	7.7	6.2	52.4	17.4	7.2	10.5	1,176.6	65.6	10.0
2014	7.5	5.7	38.2	17.8	5.9	8.6	1,069.5	72.4	9.9
2013	8.4	7.0	52.4	24.0	7.7	11.3	1,003.3	65.6	10.4

동아에스티 (A170900)
Dong-A ST

업 종 : 제약		시 장 : 거래소	
신용등급 : (Bond) A+ (CP) —		기업규모 : 시가총액 중형주	
홈 페 이 지 : www.donga-st.com		연 락 처 : 02)920-8111	
본 사 : 서울시 동대문구 천호대로 64 (용두동)			

설 립 일	2013.03.04	종 업 원 수	1,499명	대 표 이 사	강수형,민장성
상 장 일	2013.04.08	감 사 의 견	적정 (삼정)	계 열	
결 산 기	12월	보 통 주	844만주	종속회사수	4개사
액 면 가	5,000원	우 선 주		구 상 호	

주주구성 (지분율,%)		출자관계 (지분율,%)		주요경쟁사 (외형,%)	
동아쏘시오홀딩스	22.1	비티랩스	100.0	동아에스티	100
국민연금공단	9.9	효유코리아	20.0	녹십자	214
(외국인)	22.6	사이언스메딕	10.0	녹십자홀딩스	242

매출구성		비용구성		수출비중	
기타	67.4	매출원가율	50.6	수출	24.0
오팔몬 외	19.7	판관비율	46.7	내수	76.0
스티렌	4.8				

회사 개요
동사는 구 동아제약에서 2013년 3월 1일 인적분할되어 설립. 기존 동아제약에서 영위하던 전문의약품, 수출, 의료기기, 진단 사업부문을 영위하고 있음. 일반의약품 부문은 홀딩스 사업부로 편입됨. 총 매출에서 전문의약품 부문이 32.6%를 차지하고 있으며 수출이 약 26.2%를 차지하고 있음. 최대 매출 품목인 스티렌, 미국으로 기술 수출된 수퍼항생제 등 자체 신약 개발 능력 보유함.

실적 분석
동사의 2017년 2분기 기준 매출액은 2,658.4억원으로 전년동기 대비 11.3% 감소함. 매출원가의 감소(-8.7%)에도 불구하고 매출총이익은 1,329.9억원을 기록하며 전년동기 대비 13.8% 감소함. 광고선전비, 무형자산상각비, 인건비의 감소로 판관비는 전년동기 대비 7.4% 감소하였음. 영업이익은 85.1억원으로 57% 감소하였고, 당기순손실은 68.3억원을 기록하며 적자전환함.

현금 흐름 〈단위 : 억원〉

항목	2016	2017.2Q
영업활동	19	380
투자활동	458	83
재무활동	-647	-329
순현금흐름	-103	10
기말현금	2,859	2,868

시장 대비 수익률

결산 실적 〈단위 : 억원〉

항목	2012	2013	2014	2015	2016	2017
매출액	—	5,010	5,786	5,679	5,605	
영업이익	—	398	494	539	148	
당기순이익	—	-657	375	486	106	

분기 실적 〈단위 : 억원〉

항목	2016.1Q	2016.2Q	2016.3Q	2016.4Q	2017.1Q	2017.2Q
매출액	1,469	1,528	1,364	1,244	1,331	1,32?
영업이익	116	81	16	-65	48	3?
당기순이익	47	-30	-4	94	-114	4?

재무 상태 〈단위 : 억원〉

항목	2012	2013	2014	2015	2016	2017.2Q
총자산	—	9,317	10,819	10,635	10,666	9,95?
유형자산	—	4,450	4,611	4,115	3,662	3,49?
무형자산	—	130	145	201	158	13?
유가증권	—	264	231	169	174	19?
총부채	—	4,924	5,935	5,098	4,774	4,17?
총차입금	—	3,567	4,493	3,728	2,927	2,69?
자본금	—	368	385	402	422	42?
총자본	—	4,394	4,883	5,538	5,892	5,77?
지배주주지분	—	4,388	4,881	5,536	5,892	5,77?

기업가치 지표

항목	2012	2013	2014	2015	2016	2017.2Q
주가(최고/저)(천원)	—/—	174/96.5	123/79.0	170/81.3	174/80.2	—/—
PER(최고/저)(배)	0.0/0.0	—/—	25.8/16.6	27.8/13.3	138.1/63.6	—/—
PBR(최고/저)(배)	0.0/0.0	3.1/1.7	2.0/1.3	2.5/1.2	2.5/1.2	1.5/1.?
EV/EBITDA(배)	0.0	15.6	11.3	16.1	24.7	—/?
EPS(원)	—	-8,532	4,858	6,187	1,267	-80?
BPS(원)	—	57,055	63,449	68,973	69,857	68,46?
CFPS(원)	—	-5,883	8,093	9,242	3,832	4,57?
DPS(원)	—	250	750	1,000	500	—
EBITDAPS(원)	—	7,815	9,645	9,917	4,334	2,29?

재무 비율 〈단위 : % 〉

연도	영업이익률	순이익률	부채비율	차입금비율	ROA	ROE	유보율	자기자본비율	EBITDA마진율
2016	2.7	1.9	81.0	49.7	1.0	1.9	1,297.1	55.2	6.?
2015	9.5	8.6	92.1	67.3	4.5	9.3	1,279.5	52.1	13.?
2014	8.5	6.5	121.5	92.0	3.7	8.1	1,169.0	45.1	12.?
2013	7.9	-13.1	112.1	81.2	0.0	0.0	1,095.6	47.2	12.?

ㄷ

동아엘텍 (A088130)
Dong A Eltek

업 종 : 디스플레이 및 관련부품	시 장 : KOSDAQ
신용등급 : (Bond) — (CP) —	기업규모 : 우량
홈페이지 : www.dongaeltek.co.kr	연 락 처 : 031)345-1500
본 사 : 경기도 안양시 동안구 시민대로327번길 12-24 (관양동) (주)동아엘텍 빌딩	

설 립 일 1999.04.14	종 업 원 수 113명	대 표 이 사 박재규,김재평(각자대표이사)
상 장 일 2006.12.27	감 사 의 견 적정 (삼정)	계 열
결 산 기 12월	보 통 주 1,115만주	종 속 회 사 수 2개사
액 면 가 500원	우 선 주	구 상 호

주주구성 (지분율,%)		출자관계 (지분율,%)		주요경쟁사 (외형,%)	
박규재	29.6	디에이밸류인베스트먼트	100.0	동아엘텍	100
한국증권금융	4.9	선익시스템	70.1	HB테크놀러지	125
(외국인)	3.8	경기IBKC STI일자리창출투자조합	5.0	DMS	115

매출구성		비용구성		수출비중	
[디스플레이 검사장비]검사기	55.5	매출원가율	72.7	수출	84.0
[디스플레이 검사장비]Part 및 기타	29.1	판관비율	11.7	내수	16.0
[디스플레이 검사장비]OLED 및 산업응용장비	15.4				

회사 개요
동사는 1990년에 법인전환되어 2007년에 코스닥시장에 상장하였으며 주요 사업목적은 LCD검사장비, OLED 검사장비 등 디스플레이 제조 공정장비 주로 후공정의 검사장비 제조 판매임. 연결자회사인 선익시스템은 1990년에 창업되어 OLED 제조공정상 전공정의 증착장비 및 봉지장비를 제조판매하고 있다. 현재 전방산업은 중국 패널 업체들의 공격적인 투자 계획에 따라 중국 디스플레이 장비 시장이 급성장할 것으로 기대됨.

실적 분석
동사의 2017년 2분기 누적 연결기준 매출액은 전년대비 58.5% 성장한 1,555.8억원을 기록함. 큰 폭의 외형성장에도 매출원가율이 다소 상승하여 영업이익은 전년과 유사한 155.9억원을 보임. 당기순이익은 50.3% 감소한 82.0억원을 보임. 당반기 사업부문별 매출비중은 디스플레이 검사장비 53.78%, OLED 제조장비 46.22%로 구성되며 OLED제조장비는 전공정의 핵심장비인 유기물질 증착장비 매출이 대부분을 차지함.

현금 흐름 〈단위 : 억원〉
항목	2016	2017.2Q
영업활동	159	180
투자활동	-8	-138
재무활동	18	55
순현금흐름	170	106
기말현금	595	700

시장 대비 수익률

결산 실적 〈단위 : 억원〉
항목	2012	2013	2014	2015	2016	2017
매출액	674	912	1,190	1,197	2,162	—
영업이익	56	121	107	130	336	—
당기순이익	54	90	71	81	317	—

분기 실적 〈단위 : 억원〉
항목	2016.1Q	2016.2Q	2016.3Q	2016.4Q	2017.1Q	2017.2Q
매출액	212	770	536	644	707	849
영업이익	18	135	79	105	66	90
당기순이익	25	140	62	90	35	47

재무 상태 〈단위 : 억원〉
항목	2012	2013	2014	2015	2016	2017.2Q
총자산	899	1,257	1,356	1,260	2,016	2,369
유형자산	130	213	359	404	391	434
무형자산	77	61	35	24	16	16
유가증권	66	34	124	29	25	105
총부채	316	536	578	310	766	984
총차입금	140	279	259	142	174	178
자본금	35	40	42	56	56	56
총자본	583	721	778	949	1,250	1,385
지배주주지분	515	646	703	887	1,117	1,231

기업가치 지표
항목	2012	2013	2014	2015	2016	2017.2Q
주가(최고/저)(천원)	5.6/3.2	7.4/4.1	8.7/6.2	20.0/7.9	25.6/14.0	—/—
PER(최고/저)(배)	12.4/7.1	8.1/4.5	11.4/8.1	22.2/8.8	11.7/6.4	2.3/2.0
PBR(최고/저)(배)	0.9/0.5	1.0/0.6	1.1/0.8	2.5/1.0	2.5/1.4	—
EV/EBITDA(배)	2.4	3.1		9.6	6.9	
EPS(원)	476	937	781	914	2,206	548
BPS(원)	7,430	8,112	8,450	8,138	10,204	11,043
CFPS(원)	803	1,224	1,072	1,095	2,395	632
DPS(원)	75	105	105	130	130	—
EBITDAPS(원)	1,059	1,746	1,511	1,424	3,205	1,482

재무 비율 〈단위 : % 〉
연도	영업이익률	순이익률	부채비율	차입금비율	ROA	ROE	유보율	자기자본비율	EBITDA마진율
2016	15.6	14.7	61.3	13.9	19.3	24.5	1,940.9	62.0	16.5
2015	10.8	6.8	32.7	15.0	6.2	12.0	1,527.5	75.4	12.4
2014	9.0	5.9	74.2	33.3	5.4	10.3	1,590.1	57.4	10.8
2013	13.3	9.9	74.4	38.7	8.3	13.8	1,522.4	57.4	14.9

동아지질 (A028100)
Dong-Ah Geological Engineering

업 종 : 건설	시 장 : 거래소
신용등급 : (Bond) — (CP) —	기업규모 : 시가총액 소형주
홈페이지 : www.dage.co.kr	연 락 처 : 051)580-5550
본 사 : 부산시 금정구 금샘로 347	

설 립 일 1973.11.30	종 업 원 수 351명	대 표 이 사 이정우,최재우
상 장 일 2009.06.12	감 사 의 견 적정 (안진)	계 열
결 산 기 12월	보 통 주 1,150만주	종 속 회 사 수 3개사
액 면 가 500원	우 선 주	구 상 호

주주구성 (지분율,%)		출자관계 (지분율,%)		주요경쟁사 (외형,%)	
이정우	30.5	부산동서고속화도로	10.2	동아지질	100
동아지질우리사주조합	5.0	부산바이오에너지	10.0	KT서브마린	26
(외국인)	5.0	한국지질조사탐사협동조합	8.6	남광토건	57

매출구성		비용구성		수출비중	
토목(공사)	98.4	매출원가율	93.5	수출	—
기타	1.6	판관비율	2.6	내수	—

회사 개요
동사는 건설업을 영위하고 있으며 주요 사업은 토목분야의 보링 그라우팅 공사, 수중공사, 상하수도설비 공사, 토공사, 비계 구조물 해체 공사, 미장 방수 조적 공사, 철근 콘크리트 공사 등임. 기계식 터널(TBM), 지반개량 (DCM), 지하연속벽, 일반토목, 엔지니어링 부문으로 세부분류됨. 매출구성은 국내 토목 59.58%, 해외토목 39.74%, 기타 0.68%로 나뉨. 주요 매출처는 대우건설, SK건설 등이 있음.

실적 분석
동사의 2017년 2분기 연결기준 누적 매출액은 전년 동기 대비 15.8% 증가한 1,684.8억원을 기록함. 외형확대와 원가절감으로 인한 원가율 개선으로 영업이익은 전년 동기 대비 129.0% 증가한 95.7억원을 기록함. 비영업수지의 개선으로 당기순이익 역시 전년동기 대비 116.8% 증가한 77.1억원을 시현. 홍콩향 지반개량 및 조사 부문 수주액이 올해부터 본격적으로 매출에 반영될 예정.

현금 흐름 〈단위 : 억원〉
항목	2016	2017.2Q
영업활동	516	12
투자활동	-347	-104
재무활동	28	-167
순현금흐름	196	-259
기말현금	745	486

시장 대비 수익률

결산 실적 〈단위 : 억원〉
항목	2012	2013	2014	2015	2016	2017
매출액	2,834	3,299	3,057	2,967	3,232	—
영업이익	96	24	30	40	125	—
당기순이익	79	21	42	45	114	—

분기 실적 〈단위 : 억원〉
항목	2016.1Q	2016.2Q	2016.3Q	2016.4Q	2017.1Q	2017.2Q
매출액	697	759	722	1,054	863	822
영업이익	19	23	28	55	49	47
당기순이익	15	20	33	45	49	28

재무 상태 〈단위 : 억원〉
항목	2012	2013	2014	2015	2016	2017.2Q
총자산	2,262	2,253	2,327	2,594	2,989	2,767
유형자산	454	400	484	716	788	701
무형자산	15	18	14	14	12	13
유가증권	72	67	75	74	79	85
총부채	926	924	970	1,210	1,494	1,249
총차입금	225	351	337	412	461	316
자본금	58	58	58	58	58	58
총자본	1,336	1,329	1,357	1,384	1,494	1,517
지배주주지분	1,336	1,329	1,358	1,384	1,494	1,517

기업가치 지표
항목	2012	2013	2014	2015	2016	2017.2Q
주가(최고/저)(천원)	11.5/7.7	11.3/7.2	9.6/7.0	8.9/6.9	11.5/7.0	—/—
PER(최고/저)(배)	18.5/12.5	67.5/42.7	27.5/20.1	23.3/18.1	11.8/7.2	1.1/0.7
PBR(최고/저)(배)	1.1/0.7	1.0/0.7	0.9/0.6	0.8/0.6	0.9/0.5	—
EV/EBITDA(배)	3.5	3.9	3.8	4.4	1.8	
EPS(원)	685	183	371	397	989	670
BPS(원)	11,885	11,819	12,070	12,298	13,258	13,460
CFPS(원)	2,135	1,499	1,515	1,500	3,698	2,170
DPS(원)	175	175	175	175	200	—
EBITDAPS(원)	2,283	1,679	1,402	1,449	3,798	2,332

재무 비율 〈단위 : % 〉
연도	영업이익률	순이익률	부채비율	차입금비율	ROA	ROE	유보율	자기자본비율	EBITDA마진율
2016	3.9	3.5	100.0	30.8	4.1	7.9	2,551.7	50.0	13.5
2015	1.3	1.5	87.5	29.8	1.8	3.3	2,359.6	53.3	5.6
2014	1.0	1.4	71.5	24.8	1.8	3.2	2,313.9	58.3	5.3
2013	1.3	0.6	69.6	26.5	0.9	1.6	2,263.7	59.0	5.9

동아타이어공업 (A007340)
Dong Ah Tire & Rubber

업 종 : 자동차부품		시 장 : 거래소	
신용 등급 : (Bond) — (CP) —		기업규모 : 시가총액 중형주	
홈 페 이 지 : www.dongahtire.co.kr		연 락 처 : 055)389-0011	
본 사 : 경남 양산시 유산공단11길 11			

설 립 일 1971.06.23	종 업 원 수 856명	대 표 이 사 김만수,김상헌
상 장 일 1988.09.24	감 사 의 견 적정 (안진)	계 열
결 산 기 12월	보 통 주 2,373만주	종속회사수 9개사
액 면 가 500원	우 선 주	구 상 호

주주구성 (지분율,%)		출자관계 (지분율,%)		주요경쟁사 (외형,%)	
김만수	28.6	디티알	100.0	동아타이어	100
김상헌	22.8	동아전지	100.0	한국타이어	690
(외국인)	6.4	DTRVMSLTD.	100.0	한국타이어월드와이드	72

매출구성		비용구성		수출비중	
자동차용 부품	64.8	매출원가율	82.6	수출	—
자동차용 고무제품	19.6	판관비율	7.8	내수	—
자동차용 축전지	15.0				

회사 개요
동사는 자동차용 고무제품, 자동차용 부품, 자동차용 축전지 등의 사업을 영위함. 자동차용 부품이 매출의 절반을 차지하고 있으며 자동차용 고무제품과 자동차용 축전지(배터리)도 각각 10 ~ 20%대를 차지하고 있음. 자동차용 부품, 고무제품은 과점적 성격이 강한데 동사는 자동차용 튜브 시장에서 넥센과 경쟁관계를 이루며 성장하고 있음. 국내 축전지 시장은 2조 5,000억원 규모에 달함.

실적 분석
2017년 반기 연결기준 매출액은 전년동기 대비 증가한 5,110.9억원(+3.1%)을 시현하며 외형 성장함. 매출원가와 판관비 상승으로 영업이익은 392.4억원을 기록하며 전년대비 27.4% 감소. 자동차용 부품과 축전지 부문의 성장이 주요 성장동력이었음. 주력 상품인 자동차용 부품의 경우 우수한 연구개발능력을 보유하고 있는 지배기업과 다년간 국내외 완성차 업계와 협업체계를 구축, 제품 우수성을 유지하기 위한 노력을 지속함.

현금 흐름
〈단위 : 억원〉

항목	2016	2017.2Q
영업활동	1,386	335
투자활동	-743	-383
재무활동	-251	-352
순현금흐름	398	-396
기말현금	1,175	778

시장 대비 수익률

결산 실적
〈단위 : 억원〉

항목	2012	2013	2014	2015	2016	2017
매출액	6,328	6,665	7,220	9,105	9,590	—
영업이익	413	520	453	849	922	—
당기순이익	580	485	448	747	840	—

분기 실적
〈단위 : 억원〉

항목	2016.1Q	2016.2Q	2016.3Q	2016.4Q	2017.1Q	2017.2Q
매출액	2,477	2,481	2,242	2,390	2,518	2,593
영업이익	278	263	190	191	216	176
당기순이익	258	256	161	165	205	136

재무 상태
〈단위 : 억원〉

항목	2012	2013	2014	2015	2016	2017.2Q
총자산	7,306	7,983	9,716	10,645	11,155	11,195
유형자산	2,104	2,461	3,362	3,410	3,443	3,501
무형자산	109	134	268	272	265	274
유가증권	1,447	1,545	1,450	2,371	2,701	2,798
총부채	1,711	2,002	3,213	3,391	3,251	3,086
총차입금	691	985	1,649	1,614	1,474	1,157
자본금	119	119	119	119	119	119
총자본	5,595	5,981	6,503	7,254	7,905	8,109
지배주주지분	5,535	5,972	6,415	7,150	7,767	7,946

기업가치 지표

항목	2012	2013	2014	2015	2016	2017.2Q
주가(최고/저)(천원)	15.5/10.3	20.2/13.6	21.1/18.0	25.9/17.6	28.3/21.0	—/—
PER(최고/저)(배)	6.6/4.4	10.3/6.9	11.4/9.7	8.7/5.9	8.5/6.3	—/—
PBR(최고/저)(배)	0.7/0.5	0.8/0.6	0.8/0.7	0.9/0.6	0.9/0.6	0.9/0.7
EV/EBITDA(배)	6.1		6.4	7.2	5.2	4.8
EPS(원)	2,448	2,046	1,915	3,066	3,372	1,370
BPS(원)	23,727	25,565	27,427	30,527	33,125	33,879
CFPS(원)	3,214	2,946	3,032	4,578	4,937	2,186
DPS(원)	75	100	150	250	350	—
EBITDAPS(원)	2,506	3,093	3,025	5,093	5,448	2,470

재무 비율
〈단위 : % 〉

연도	영업이익률	순이익률	부채비율	차입금비율	ROA	ROE	유보율	자기자본비율	EBITDA마진율
2016	9.6	8.8	41.1	18.7	7.7	10.7	6,525.0	70.9	13.5
2015	9.3	8.2	46.7	22.2	7.3	10.7	6,005.4	68.2	13.3
2014	6.3	6.2	49.4	25.4	5.1	7.3	5,385.5	66.9	9.9
2013	7.8	7.3	33.5	16.5	6.4	8.4	5,013.1	74.9	11.0

동아화성 (A041930)
Dong-A Hwa Sung

업 종 : 화학		시 장 : KOSDAQ	
신용 등급 : (Bond) — (CP) —		기업규모 : 우량	
홈 페 이 지 : www.dacm.com		연 락 처 : 055)313-1800	
본 사 : 경남 김해시 유하로 154-9			

설 립 일 1974.11.18	종 업 원 수 368명	대 표 이 사 임경식,성락제
상 장 일 2001.12.14	감 사 의 견 적정 (신우)	계 열
결 산 기 12월	보 통 주 1,580만주	종속회사수 7개사
액 면 가 500원	우 선 주	구 상 호

주주구성 (지분율,%)		출자관계 (지분율,%)		주요경쟁사 (외형,%)	
임경식	40.7	DONGAINDIAAUTOMOTIVEPVT.LTD	100.0	동아화성	100
케이머스원	10.0	DONGAHWASUNGVINA.,LTD	100.0	경농	85
(외국인)	1.1	D.ARUSCO.,LTD	100.0	효성오앤비	14

매출구성		비용구성		수출비중	
자동차부문 GASKET, INTAKE HOSE 등	56.6	매출원가율	86.6	수출	30.0
가전부문 DOOR GASKET 등	43.4	판관비율	7.3	내수	70.0

회사 개요
동사의 주력제품은 자동차 엔진 및 각종 부품을 연결하는 인테크 호스와 드럼세탁기 도어의 누수방지 고무제품인 도어가스켓임. 동사의 경쟁력은 원재료인 합성고무에 카본, 충전제, 활성제 등 첨가제를 배합한 고무소재(CMB)를 직접 생산하는 것임. 주력 매출처는 삼성전자와 LG전자, 현대기아차 그룹으로 주요 매출처 내 점유율이 기업별로 70~90%에 달하고 있음.

실적 분석
동사는 자동차 및 가전 부문의 판매 증가와 외형이 성장함. 2017년 반기 매출액은 전년동기 대비 7% 증가한 1,196억원을 기록하였으나, 원가율 상승 및 판관비 부담 증가 여파로 영업이익은 전년동기 대비 4.9% 감소한 63.2억원을 시현하는데 그침. 향후 경기 회복 및 소비심리 상승으로 가전제품 및 자동차 등의 수요 확대되어 자동차용 가스켓, 드럼세탁기용 가스켓 등의 판매가 늘어날 것으로 기대되나, 원가율 관리에 힘써야 할 듯.

현금 흐름
〈단위 : 억원〉

항목	2016	2017.2Q
영업활동	197	84
투자활동	-253	-43
재무활동	94	-42
순현금흐름	39	-2
기말현금	110	108

시장 대비 수익률

결산 실적
〈단위 : 억원〉

항목	2012	2013	2014	2015	2016	2017
매출액	1,807	1,951	1,941	2,114	2,401	—
영업이익	106	210	222	148	146	—
당기순이익	80	147	107	46	151	—

분기 실적
〈단위 : 억원〉

항목	2016.1Q	2016.2Q	2016.3Q	2016.4Q	2017.1Q	2017.2Q
매출액	538	580	565	718	613	583
영업이익	50	17	23	56	33	30
당기순이익	31	38	1	82	24	26

재무 상태
〈단위 : 억원〉

항목	2012	2013	2014	2015	2016	2017.2Q
총자산	1,210	1,186	1,436	1,779	2,069	1,944
유형자산	456	427	507	570	811	809
무형자산	13	13	14	14	28	27
유가증권	0	0	0	28	48	39
총부채	712	529	677	973	1,140	995
총차입금	482	258	391	637	763	707
자본금	80	80	80	80	80	80
총자본	498	657	759	806	929	949
지배주주지분	480	637	738	783	905	926

기업가치 지표

항목	2012	2013	2014	2015	2016	2017.2Q
주가(최고/저)(천원)	4.2/2.7	6.4/3.0	6.8/4.5	6.7/4.8	5.9/4.2	—/—
PER(최고/저)(배)	9.1/5.8	7.5/3.5	10.6/7.0	24.5/17.5	6.3/4.5	—/—
PBR(최고/저)(배)	1.5/0.9	1.7/0.8	1.5/1.0	1.4/1.0	1.0/0.7	0.9/0.8
EV/EBITDA(배)	5.8		4.3	4.0	5.9	6.1
EPS(원)	500	914	670	283	949	321
BPS(원)	3,148	4,030	4,720	4,954	5,855	5,985
CFPS(원)	871	1,277	1,080	717	1,472	622
DPS(원)	60	80	80	60	100	—
EBITDAPS(원)	1,041	1,696	1,817	1,372	1,445	701

재무 비율
〈단위 : % 〉

연도	영업이익률	순이익률	부채비율	차입금비율	ROA	ROE	유보율	자기자본비율	EBITDA마진율
2016	6.1	6.3	122.6	82.1	7.9	17.8	1,056.4	44.9	9.5
2015	7.0	2.2	120.8	79.0	2.9	5.9	878.3	45.3	10.3
2014	11.5	5.5	89.1	51.6	8.2	15.4	832.2	52.9	14.8
2013	10.8	7.5	80.5	39.3	12.3	25.9	696.0	55.4	13.7

동양 (A001520)
TONGYANG

업 종 : 건축소재		시 장 : 거래소	
신용등급 : (Bond) BBB- (CP) —		기업규모 : 시가총액 중형주	
홈 페 이 지 : www.tongyanginc.co.kr		연 락 처 : 02)3770-3000	
본 사 : 서울시 중구 청계천로 100, 서관(수표동, 시그니처타워)			

설 립 일 1955.08.25	종 업 원 수 456명	대 표 이 사 백의현,박재병(각자대표)
상 장 일 1976.06.25	감 사 의 견 적정 (대주)	계 열
결 산 기 12월	보 통 주 23,868만주	종속회사수 12개사
액 면 가 500원	우 선 주 103만주	구 상 호

주주구성 (지분율,%)		출자관계 (지분율,%)		주요경쟁사 (외형,%)	
유진기업	22.8	티와이강원	100.0	동양	100
유진투자증권	4.8	한성레미콘	100.0	쌍용양회	468
(외국인)	6.7	한일온두라스	100.0	한일시멘트	328

매출구성		비용구성		수출비중	
레미콘 외	60.5	매출원가율	87.8	수출	—
스판본드, 아크릴원사	31.8	판관비율	10.5	내수	—
건축공사, 토목공사	10.5				

회사 개요
동사는 2014년 회생계획의 승인에 따라 부채의 출자전환에 따른 채무조정이익 5,826억원 동양매직처분이익 1,541억 동양파워 매각이익 734억 등으로 자본잠식을 벗어나 건전한 회사로 변모하였다. 2014년 동양매직과 동양파워를 회생계획에 따라 처분하여 동사 회생채권 현금변제액의 49.5%를 조기변제하였고 2015년 동양시멘트 매각에 따른 처분이익으로 회생채권을 전액 조기변제하였다. 유진기업이 인수하면서 시너지 효과 창출하며 영업회복 중.

실적 분석
동사의 2017년 상반기 연결기준 매출액은 전년동기에 비하여 13.6%증가한 2,377.2억원을 기록. 이에 따라 영업이익은 80.3억원으로 63.5% 증가했다. 하지만 당기순이익은 금융이익의 감소로 124.7억원을 기록하며 전년동기 대비 34% 이상 감소. 유진기업에 피합병된 이후 원자재 구매와 영업 분야에서 협업을 통해 레미콘 출하량이 증가하면서 매출과 영업이익이 증가해 개선흐름을 보이고 있음.

현금 흐름
<단위 : 억원>

항목	2016	2017.2Q
영업활동	-522	55
투자활동	-420	883
재무활동	-1,269	-224
순현금흐름	-2,208	708
기말현금	297	1,004

시장 대비 수익률

결산 실적
<단위 : 억원>

항목	2012	2013	2014	2015	2016	2017
매출액	8,498	5,676	3,812	3,927	4,399	—
영업이익	1,341	-141	242	351	77	—
당기순이익	-1,436	-6,753	6,320	6,073	245	—

분기 실적
<단위 : 억원>

항목	2016.1Q	2016.2Q	2016.3Q	2016.4Q	2017.1Q	2017.2Q
매출액	960	1,133	1,057	1,250	1,123	1,254
영업이익	-24	73	51	-23	18	62
당기순이익	87	102	48	8	18	106

재무 상태
<단위 : 억원>

항목	2012	2013	2014	2015	2016	2017.2Q
총자산	34,014	11,246	8,304	11,842	10,047	9,832
유형자산	16,128	2,252	2,206	2,171	2,646	2,857
무형자산	3,929	153	112	106	99	98
유가증권	583	1,663	2,030	36	1,707	1,640
총부채	31,668	16,061	4,555	2,242	1,420	1,317
총차입금	26,500	11,850	2,683	49	22	16
자본금	1,277	1,277	1,183	1,196	1,199	1,199
자본총	2,346	-4,815	3,750	9,600	8,627	8,514
지배주주지분	1,348	-4,818	3,739	9,601	8,628	8,521

기업가치 지표

항목	2012	2013	2014	2015	2016	2017.2Q
주가(최고/저)(천원)	7.1/2.8	8.9/1.4	1.9/0.7	3.2/0.9	3.6/2.4	—/—
PER(최고/저)(배)	—/—	—/—	0.6/0.2	1.3/0.4	35.9/24.3	—/—
PBR(최고/저)(배)	0.9/0.4	-0.5/-0.1	1.1/0.4	0.8/0.2	0.9/0.6	0.8/0.5
EV/EBITDA(배)	10.2	4.5	12.8	1.3	23.8	—
EPS(원)	-5,634	-25,240	3,441	2,606	102	54
BPS(원)	758	-1,644	1,839	4,050	4,059	4,063
CFPS(원)	10	-1,848	3,480	2,631	129	72
DPS(원)					100	—
EBITDAPS(원)	1,064	464	169	173	59	51

재무 비율
<단위 : % >

연도	영업이익률	순이익률	부채비율	차입금비율	ROA	ROE	유보율	자기자본비율	EBITDA마진율
2016	1.7	5.6	16.5	0.3	2.2	2.7	711.8	85.9	3.2
2015	9.0	154.7	23.4	0.5	60.3	93.4	711.6	81.1	10.5
2014	6.3	165.8	121.5	71.6	64.7	전기잠식	268.7	45.2	8.2
2013	-2.5	-119.0	완전잠식	완전잠식	-29.8	당기잠식	-428.7	-42.8	20.9

동양고속 (A084670)
Dongyang Express

업 종 : 육상운수		시 장 : 거래소	
신용등급 : (Bond) — (CP) —		기업규모 : 시가총액 소형주	
홈 페 이 지 : www.dyexpress.co.kr		연 락 처 : 031)458-9201	
본 사 : 경기도 안양시 동안구 흥안대로 67 (호계동)			

설 립 일 2005.07.04	종 업 원 수 764명	대 표 이 사 백남근
상 장 일 2005.07.25	감 사 의 견 적정 (대명)	계 열
결 산 기 12월	보 통 주 259만주	종속회사수 3개사
액 면 가 5,000원	우 선 주	구 상 호

주주구성 (지분율,%)		출자관계 (지분율,%)		주요경쟁사 (외형,%)	
최성원	22.7	동양고속산업	100.0	동양고속	100
이자영	13.0	서광	90.0	KCTC	225
(외국인)	2.1	미자리온	90.0	W홀딩컴퍼니	11

매출구성		비용구성		수출비중	
제품(제품)	86.6	매출원가율	80.0	수출	0.0
기타	13.4	판관비율	8.6	내수	100.0

회사 개요
동사는 고속버스를 이용하여 여행하고자 하는 이용객들을 대상으로 안전하고 편안하게 이용할 수 있도록 서비스를 제공하는 운송사업을 주요사업으로 영위하고 있음. 운송사업과 연계하여 대구, 마산, 아산, 평택 등에 터미널을 운영하고 있음. 안양과 아산에서 고속버스 정비를 위한 자가정비 시설도 운영하고 있음. 부동산개발업을 영위하는 동양고속산업, 출판업을 영위하는 미자리온, 농업을 영위하는 농업회사법인서광을 연결대상 종속회사로 보유하고 있음.

실적 분석
2017년 상반기 동사는 연결기준 매출 673.2억원을 시현함. 전년 동기 매출은 681.4억원에서 소폭 감소함. 인건비 감소로 판매비와 관리비가 7.1% 줄었으나 매출이 감소하고 매출원가가 5.5% 증가함. 이로 인해 동사 영업이익은 전년 동기 75.9억원에서 42.7% 축소된 43.5억원을 기록함. 또한 비영업부문에서 손실이 발생해 당기순이익은 적자로 돌아섰음.

현금 흐름
<단위 : 억원>

항목	2016	2017.2Q
영업활동	160	78
투자활동	-92	-1
재무활동	-93	-105
순현금흐름	-24	-29
기말현금	167	138

시장 대비 수익률

결산 실적
<단위 : 억원>

항목	2012	2013	2014	2015	2016	2017
매출액	1,155	1,271	1,363	1,358	1,555	—
영업이익	130	115	205	148	178	—
당기순이익	69	68	117	158	70	—

분기 실적
<단위 : 억원>

항목	2016.1Q	2016.2Q	2016.3Q	2016.4Q	2017.1Q	2017.2Q
매출액	337	345	414	460	335	338
영업이익	40	36	53	48	16	27
당기순이익	35	25	-10	20	13	-36

재무 상태
<단위 : 억원>

항목	2012	2013	2014	2015	2016	2017.2Q
총자산	2,091	2,148	2,241	2,404	2,379	2,337
유형자산	639	705	741	782	675	669
무형자산	79	126	126	126	126	126
유가증권	164	149	159	107	92	0
총부채	973	997	1,003	1,090	1,114	1,068
총차입금	700	650	653	666	691	625
자본금	133	133	133	133	133	138
총자본	1,119	1,150	1,238	1,314	1,265	1,269
지배주주지분	1,114	1,147	1,235	1,309	1,260	1,264

기업가치 지표

항목	2012	2013	2014	2015	2016	2017.2Q
주가(최고/저)(천원)	19.0/13.7	23.0/17.2	33.8/17.7	39.8/30.4	37.8/29.4	—/—
PER(최고/저)(배)	9.3/6.7	10.3/7.7	8.7/4.6	7.4/5.6	15.0/11.7	—/—
PBR(최고/저)(배)	0.6/0.4	0.6/0.5	0.8/0.4	0.8/0.6	0.8/0.6	0.8/0.7
EV/EBITDA(배)	5.6	6.5	5.0	6.1	5.7	—/—
EPS(원)	2,497	2,556	4,258	5,744	2,549	-809
BPS(원)	42,021	43,261	46,588	49,370	49,476	49,117
CFPS(원)	4,606	4,829	6,804	8,747	5,713	598
DPS(원)	1,250	1,000	1,250	1,750	400	—
EBITDAPS(원)	6,918	6,512	10,118	8,352	9,762	2,997

재무 비율
<단위 : % >

연도	영업이익률	순이익률	부채비율	차입금비율	ROA	ROE	유보율	자기자본비율	EBITDA마진율
2016	11.4	4.5	88.1	54.6	2.9	5.5	889.5	53.2	16.7
2015	10.9	11.6	82.9	50.7	6.8	12.4	887.4	54.7	16.3
2014	15.1	8.6	81.0	52.7	5.3	9.8	831.8	55.3	19.7
2013	9.1	5.4	86.7	56.5	3.2	6.2	765.2	53.6	13.6

동양네트웍스 (A030790)
TONGYANG Networks

업　　　종 : IT 서비스　　　　　　　　　시　　　장 : 거래소
신 용 등 급 : (Bond) B　　　(CP) —　　기 업 규 모 : 시가총액 소형주
홈 페 이 지 : www.tongyangnetworks.com　연 락 처 : 02)405-7700
본　　　사 : 서울시 송파구 백제고분로 69 (잠실동, 애플타워)

설 립 일	1991.03.30	종 업 원 수	309명	대 표 이 사	김형겸
상 장 일	2000.12.15	감 사 의 견	적정 (삼화)	계　　 열	
결 산 기	12월	보 통 주	6,692만주	종 속 회 사 수	5개사
액 면 가	500원	우 선 주		구 상 호	

주주구성 (지분율,%)		출자관계 (지분율,%)		주요경쟁사 (외형,%)	
메타헬스케어투자조합	21.2	동양네트웍스	100		
서린코퍼레이션	3.0	신세계 I&C	315		
(외국인)	0.1	오픈베이스	166		

매출구성		비용구성		수출비중	
SI 및 Outsourcing	62.1	매출원가율	92.9	수출	0.0
원부자재등	28.5	판관비율	14.1	내수	100.0
기타	5.2				

회사 개요
동사는 IT 전문기업으로서, 시스템통합, 아웃소싱, 컨설팅, 솔루션 등의 서비스 사업을 주로 영위함. 2015년 3월 기준으로 회생절차가 종결됨. 동양그룹 계열이었으나 최대주주 변경으로 계열관계 해소됨. 제2금융권을 고객으로 한 금융솔루션 부문에 특화된 경쟁력을 보유하고 있음. 2010년에는 KTFDS를 합병, 은행시장 진출의 기반을 마련하는데 성공하였고, 같은 해 11월 코스닥시장에서 유가증권시장으로 이전 상장함.

실적 분석
동사의 2017년 상반기 연결기준 누적 매출액은 427.8억원으로 전년 동기 대비 9.7% 감소함. 매출이 줄면서 매출원가와 판관비도 대폭 감소하면서 영업손실은 26.7억원으로 전년 동기 대비 적자 규모가 소폭 축소됐음. 비영업손익 부문에서 1회성 금융손실이 대폭 발생하면서 당기순손실은 450.7억원으로 전년 동기 대비 적자폭이 크게 확대됐음. 매출 감소와 함께 금융손실로 인해 수익성이 악화됐음.

현금 흐름 〈단위 : 억원〉

항목	2016	2017.2Q
영업활동	-24	-17
투자활동	24	10
재무활동	84	189
순현금흐름	84	181
기말현금	493	674

결산 실적 〈단위 : 억원〉

항목	2012	2013	2014	2015	2016	2017
매출액	3,220	4,917	1,430	1,123	941	—
영업이익	-74	-742	8	-65	-66	—
당기순이익	-240	-1,661	1,435	-90	-40	—

분기 실적 〈단위 : 억원〉

항목	2016.1Q	2016.2Q	2016.3Q	2016.4Q	2017.1Q	2017.2Q
매출액	244	230	230	237	202	226
영업이익	-10	-21	-10	-25	-9	-18
당기순이익	-3	-3	1	-35	-9	-441

재무 상태 〈단위 : 억원〉

항목	2012	2013	2014	2015	2016	2017.2Q
총자산	3,563	2,238	1,278	975	964	1,178
유형자산	1,194	297	65	39	28	26
무형자산	315	103	53	46	37	34
유가증권	15	101	148	229	153	188
총부채	3,338	3,562	925	478	548	985
총차입금	2,135	2,271	512	172	268	691
자본금	160	208	157	263	264	335
총자본	225	-1,324	353	497	416	193
지배주주지분	243	-1,311	350	494	407	183

기업가치 지표

항목	2012	2013	2014	2015	2016	2017.2Q
주가(최고/저)(천원)	5.5/2.7	5.7/1.7	2.6/0.5	2.6/0.6	1.6/1.1	—/—
PER(최고/저)(배)	—/—	—/—	0.6/0.1	—/—	—/—	—/—
PBR(최고/저)(배)	1.2/0.6	-0.3/-0.1	2.8/0.6	2.8/0.6	2.0/1.4	8.9/3.5
EV/EBITDA(배)			9.2			
EPS(원)	-4,378	-22,498	4,703	-239	-77	-846
BPS(원)	814	-3,108	1,119	938	772	274
CFPS(원)	-663	-3,831	5,708	-189	-51	-835
DPS(원)	—	—	—	—	—	—
EBITDAPS(원)	-134	-1,653	173	-123	-100	-39

재무 비율 〈단위 : %〉

연도	영업이익률	순이익률	부채비율	차입금비율	ROA	ROE	유보율	자기자본비율	EBITDA마진율
2016	-7.1	-4.2	131.8	64.5	-4.1	-9.0	54.3	43.1	-5.6
2015	-5.8	-8.0	96.2	34.7	-8.0	-21.3	87.6	51.0	-4.1
2014	0.5	100.3	261.8	144.9	81.6	전기감식	123.8	27.6	3.1
2013	-15.1	-33.8	완전잠식	완전잠식	-57.3	당기잠식	-721.7	-59.2	-13.7

동양물산기업 (A002900)
Tong Yang Moolsan

업　　　종 : 기계　　　　　　　　　　시　　　장 : 거래소
신 용 등 급 : (Bond) —　　(CP) —　　기 업 규 모 : 시가총액 소형주
홈 페 이 지 : www.tym.co.kr　　연 락 처 : 02)3014-2800
본　　　사 : 서울시 강남구 언주로133길 7, 대용빌딩 2,3층

설 립 일	1960.02.01	종 업 원 수	701명	대 표 이 사	김희용
상 장 일	1973.06.26	감 사 의 견	적정 (새빛)	계　　 열	
결 산 기	12월	보 통 주	6,539만주	종 속 회 사 수	2개사
액 면 가	500원	우 선 주		구 상 호	

주주구성 (지분율,%)		출자관계 (지분율,%)		주요경쟁사 (외형,%)	
김희용	15.0	셀파씨엔씨	29.7	동양물산	100
김식	6.4	케이에이엠홀딩스	27.1	신진에스엠	13
(외국인)	6.7	세일공업	8.3	수산중공업	24

매출구성		비용구성		수출비중	
농기계사업부 - 트랙터, 콤바인, 이앙기 등	74.8	매출원가율	82.8	수출	50.0
필터 사업부 - 탄소복합필터, 아세테이트필터 등	20.8	판관비율	16.3	내수	50.0
문화사업부 - 신문, 서적 등	4.5				

회사 개요
1960년 설립된 동사는 농기계사업과 담배필터사업을 주요사업으로 영위하고 있음. 농기계사업부의 80%, 필터부문이 18%, 기타부문이 2%를 차지함. 국내에 3개, 해외에 4개 계열사를 두고 있음. 국내 농업기계 시장은 소형기종 대체수요 증가, 과수·채소·축산 등 전작부문 기계화, 시설장비 현대화 등으로 당분간 성장세 이어갈 전망임.

실적 분석
동사는 2017년 연결기준 상반기 매출액은 2,048.5억원으로 전년도와 비슷한 실적을 기록. 사업부문별로 살펴보면, 농기계사업부문 매출액은 전년동기 대비 3% 증가, 농기계사업부문은 6% 감소됨. 고정비의 감소로 영업이익은 103.3억원으로 전년동기 대비 31.5% 증가함. 비영업부문의 적자폭이 확대되었음에도 당기순이익 또한 39.5억원으로 18.8% 증가함.

현금 흐름 〈단위 : 억원〉

항목	2016	2017.2Q
영업활동	85	94
투자활동	-266	-50
재무활동	99	-7
순현금흐름	-81	36
기말현금	216	252

결산 실적 〈단위 : 억원〉

항목	2012	2013	2014	2015	2016	2017
매출액	3,667	3,736	3,274	3,575	3,755	—
영업이익	89	116	13	53	34	—
당기순이익	-13	-15	-89	27	37	—

분기 실적 〈단위 : 억원〉

항목	2016.1Q	2016.2Q	2016.3Q	2016.4Q	2017.1Q	2017.2Q
매출액	1,103	961	1,010	680	1,018	1,03
영업이익	65	13	28	-73	56	4
당기순이익	41	-8	16	-13	20	2

재무 상태 〈단위 : 억원〉

항목	2012	2013	2014	2015	2016	2017.2Q
총자산	3,389	3,368	3,496	3,418	3,555	3,80
유형자산	1,077	1,034	1,006	986	997	98
무형자산	61	58	67	61	48	3
유가증권	26	24	22	30	31	3
총부채	1,961	1,967	2,207	2,117	2,228	2,44
총차입금	1,103	1,186	1,356	1,298	1,426	1,47
자본금	327	327	327	327	327	32
총자본	1,428	1,401	1,289	1,302	1,326	1,35
지배주주지분	1,428	1,401	1,289	1,302	1,326	1,35

기업가치 지표

항목	2012	2013	2014	2015	2016	2017.2Q
주가(최고/저)(천원)	2.6/1.0	1.2/0.8	1.1/0.7	1.3/0.7	4.1/1.1	—/—
PER(최고/저)(배)	—/—	—/—	30.7/17.8	72.1/19.0	—/—	—/—
PBR(최고/저)(배)	1.3/0.5	0.6/0.4	0.6/0.4	0.6/0.4	2.0/0.5	2.3/0.
EV/EBITDA(배)	9.0	6.7	15.3	11.9	26.9	
EPS(원)	-20	-22	-136	41	56	6
BPS(원)	21,844	21,432	19,706	19,906	2,029	2,07
CFPS(원)	1,078	1,123	-53	1,866	211	14
DPS(원)	150	150	100	150	10	
EBITDAPS(원)	2,643	3,117	1,507	2,261	207	24

재무 비율 〈단위 : %〉

연도	영업이익률	순이익률	부채비율	차입금비율	ROA	ROE	유보율	자기자본비율	EBITDA마진율
2016	0.9	1.0	168.0	107.5	1.1	2.8	305.7	37.3	3.
2015	1.5	0.8	162.6	99.8	0.8	2.1	298.1	38.1	4.
2014	0.4	-2.7	171.3	105.2	-2.6	-6.6	294.1	36.9	3.
2013	3.1	-0.4	140.3	84.6	-0.4	-1.0	328.7	41.6	4.

동양생명보험 (A082640)
TONG YANG LIFE INSURANCE

업 종 : 보험	시 장 : 거래소
신용등급 : (Bond) — (CP) —	기업규모 : 시가총액 중형주
홈 페 이 지 : www.myangel.co.kr	연 락 처 : 02)1577-1004
본 사 : 서울시 종로구 종로 33 (청진동)	

설 립 일 1989.07.01	종 업 원 수 1,017명	대 표 이 사 구한서,뤄젠룽
상 장 일 2009.10.08	감 사 의 견 적정 (삼정)	계 열
결 산 기 12월	보 통 주 16,136만주	종속회사 5개사
액 면 가 5,000원	우 선 주	구 상 호

주주구성 (지분율,%)
Anbang Life Insurance Co., Ltd.	42.0
Anbang Group Holdings Co. Limited	33.3
(외국인)	84.5

출자관계 (지분율,%)
동양자산운용	73.0
메리츠화재	20.0
용인클린워터	15.0

주요경쟁사 (외형,%)
동양생명	100
메리츠화재	98
코리안리	110

수익구성
[생명보험]생사혼합	63.3
[생명보험]사망	22.6
[생명보험]특별계정	8.6

비용구성
책임준비금전입	53.8
보험금비용	26.8
사업비	4.6

수출비중
수출	—
내수	—

회사 개요
동사는 생명보험업을 주업으로 1989년 한국의 동양과 미국의 Mutual Benefits Life Insurance가 공동출자하여 동양베네피트생명으로 설립된 후 외국인 지분이 정리됨에 따라 상호를 동양생명보험으로 변경함. 2000년 태평양생명보험을 흡수합병하였으며, 2013년 12월 동양그룹으로부터 계열 분리됨. 금융위의 대주주 승인으로 중국 안방보험이 동사를 인수하게 됨에 따라 최초로 중국 자본이 한국 보험사를 운영하게 됨.

실적 분석
동사의 2017년 2분기 순이익은 576억원 전년 동기 대비 -18.7%감소하였음. 이익 감소의 주요 요인은 보장성 신계약 판매 증가에 따른 사업비 추가 집행과 금리 하락에 따른 이자율차손익의 감소에 기인함. 반면, 위험손해율은 전년대비 6.5%포인트 개선된 75%를 기록하였음. 이원별 세전이익은 사업비차손익 277억원, 위험률차손익 315억원, 이자율차손익 210억원 등을 기록하였음.

현금 흐름 〈단위 : 억원〉
항목	2016	2017.2Q
영업활동	40,166	8,519
투자활동	-39,433	-14,100
재무활동	-641	5,060
순현금흐름	92	-520
기말현금	2,341	1,821

시장 대비 수익률

결산 실적 〈단위 : 억원〉
항목	2012	2013	2014	2015	2016	2017
보험료수익	40,427	26,193	32,625	35,631	61,019	
영업이익	2,033	993	1,206	2,122	-298	
당기순이익	1,580	761	1,670	1,605	148	

분기 실적 〈단위 : 억원〉
항목	2016.1Q	2016.2Q	2016.3Q	2016.4Q	2017.1Q	2017.2Q
보험료수익	18,964	15,714	14,079	12,261	14,958	13,306
영업이익	933	925	600	-2,755	1,489	772
당기순이익	815	740	685	-2,092	1,193	587

재무 상태 〈단위 : 억원〉
항목	2012	2013	2014	2015	2016	2017.2Q
총자산	176,627	180,635	204,257	226,209	267,208	293,005
유형자산	1,065	1,084	853	816	762	813
무형자산	401	189	180	154	131	123
유가증권	90,738	94,177	105,159	121,202	168,407	187,458
총부채	160,521	167,097	186,198	206,282	248,851	267,687
총차입금						
자본금	5,379	5,379	5,379	5,379	5,379	8,068
총자본	16,106	13,538	18,060	19,927	18,357	25,318
지배주주지분	15,938	13,382	17,714	19,651	18,129	25,076

기업가치 지표
항목	2012	2013	2014	2015	2016	2017.2Q
주가(최고/저)(천원)	11.6/7.6	10.6/8.3	10.6/8.6	14.6/9.7	13.7/9.7	—/—
PER(최고/저)(배)	9.2/6.0	16.6/12.9	7.8/6.3	10.6/7.1	125.1/88.6	—
PBR(최고/저)(배)	0.9/0.6	0.9/0.7	0.7/0.6	0.8/0.6	0.8/0.6	0.8/0.5
PSR(최고/저)(배)	0/0	0/0	0/0	0/0	0/0	—
EPS(원)	1,460	720	1,529	1,468	112	—
BPS(원)	15,181	12,805	17,033	18,833	17,418	15,917
CFPS(원)	1,693	885	1,698	1,599	237	1,345
DPS(원)	350	200	550	620	200	—
EBITDAPS(원)	1,890	923	1,121	1,972	-277	1,665

재무 비율 〈단위 : % 〉
연도	계속사업이익률	순이익률	부채비율	차입금비율	ROA	ROE	유보율	자기자본증가율	총자산증가율
2016	-0.5	0.2	1,355.6	0.0	0.1	0.6	248.4	6.9	18.1
2015	4.8	4.5	1,035.2	0.0	0.8	8.5	276.7	8.8	10.8
2014	6.5	5.1	1,031.0	0.0	0.9	10.6	240.7	8.8	15.6
2013	4.0	2.9	1,234.3	0.0	0.5	5.3	156.1	7.5	2.3

동양에스텍 (A060380)
DONGYANG S·TEC

업 종 : 금속 및 광물	시 장 : KOSDAQ
신용등급 : (Bond) — (CP) —	기업규모 : 중견
홈 페 이 지 : www.dystec.co.kr	연 락 처 : 042)221-6900
본 사 : 대전시 중구 중앙로 164번길 20(은행동)	

설 립 일 1981.11.12	종 업 원 수 67명	대 표 이 사 조남욱
상 장 일 2002.01.19	감 사 의 견 적정 (예교)	계 열
결 산 기 12월	보 통 주 1,000만주	종속회사 3개사
액 면 가 500원	우 선 주	구 상 호

주주구성 (지분율,%)
조은구	41.2
박은희	10.5
(외국인)	0.6

출자관계 (지분율,%)
파워엠엔씨	4.3
한국프랜지공업	1.0
아이에스동서	0.6

주요경쟁사 (외형,%)
동양에스텍	100
세기리테크	43
그린플러스	25

매출구성
(도매)열연 외	57.7
(제조)열연 외	31.2
코일 외	10.2

비용구성
매출원가율	91.7
판관비율	5.7

수출비중
수출	0.0
내수	100.0

회사 개요
동사는 철강제품 제조, 판매 등의 목적으로 (주)동양철강으로 설립되었고 2001년 4월에 동양에스텍으로 상호를 변경하였음. 동사는 (주)포스코의 가공센터로서 포스코가 생산하는 제품을 전·절단 및 가공하여 판매하는 회사임. 동사의 2016년 기준 점유율은 10.1%이며 동사의 계열회사는 건설폐기물 처리를 하는 동양알디 1곳이 있음. 동사는 국내 최초로 22mm shear line을 도입한 포항 제2공장을 준공해 운영하고 있음.

실적 분석
철강부문은 전년 기저효과로 별도 기준으로 25.4% 성장. 이에 따라 동사의 2017년 상반기 매출액은 전년동기 대비 24.7% 증가한 872.4억원을 시현함. 연결종속기업인 동양이엔씨와 디와이에스엠 매출도 급증함. 영업이익과 당기순이익은 각각 25.2억원, 18.9억원을 기록함. 향후 중국 정부의 환경 규제 정책에 따라 중국 철강사들의 생산량 감소로 국내 열연 내수 가격 상승 분위기.

현금 흐름 〈단위 : 억원〉
항목	2016	2017.2Q
영업활동	8	-81
투자활동	-139	15
재무활동	122	115
순현금흐름	1	49
기말현금	21	70

시장 대비 수익률

결산 실적 〈단위 : 억원〉
항목	2012	2013	2014	2015	2016	2017
매출액	2,055	2,243	1,742	1,338	1,520	
영업이익	-16	44	21	17	39	
당기순이익	-42	24	-35	-19	42	

분기 실적 〈단위 : 억원〉
항목	2016.1Q	2016.2Q	2016.3Q	2016.4Q	2017.1Q	2017.2Q
매출액	331	368	351	469	427	446
영업이익	6	18	3	12	10	0
당기순이익	9	12	12	9	18	7

재무 상태 〈단위 : 억원〉
항목	2012	2013	2014	2015	2016	2017.2Q
총자산	1,334	1,197	1,061	927	1,202	1,406
유형자산	231	215	221	242	380	372
무형자산	11	11	11	12	12	12
유가증권	244	225	193	129	208	200
총부채	835	693	570	466	681	875
총차입금	610	410	344	286	471	594
자본금	50	50	50	50	50	50
총자본	499	505	491	460	521	531
지배주주지분	499	505	491	459	503	513

기업가치 지표
항목	2012	2013	2014	2015	2016	2017.2Q
주가(최고/저)(천원)	2.1/1.4	1.9/1.6	2.3/1.8	4.0/1.9	4.2/2.5	—/—
PER(최고/저)(배)	—/—	9.3/7.8	—/—	—/—	10.0/5.8	—/—
PBR(최고/저)(배)	0.5/0.3	0.4/0.4	0.5/0.4	0.9/0.4	0.9/0.5	0.9/0.7
EV/EBITDA(배)		11.0	15.9	18.2	14.1	—/—
EPS(원)	-416	238	-353	-195	437	258
BPS(원)	5,018	5,070	4,937	4,614	5,057	5,158
CFPS(원)	-302	339	-233	-73	637	366
DPS(원)	100	100	100	100	100	212
EBITDAPS(원)	-42	544	330	297	590	

재무 비율 〈단위 : % 〉
연도	영업이익률	순이익률	부채비율	차입금비율	ROA	ROE	유보율	자기자본비율	EBITDA마진율
2016	2.6	2.7	130.7	90.4	3.9	9.1	911.4	43.4	3.9
2015	1.3	-1.5	101.3	62.1	-2.0	-4.1	822.9	49.7	2.2
2014	1.2	-2.0	116.0	70.1	-3.1	-7.1	887.3	46.3	1.9
2013	2.0	1.1	137.3	81.3	1.9	4.8	914.1	42.1	2.4

동양이엔피 (A079960)
DONGYANG E&P

업 종 : 전자 장비 및 기기		시 장 : KOSDAQ	
신용 등급 : (Bond) — (CP) —		기업 규모 : 우량	
홈 페 이 지 : www.dyenp.com		연 락 처 : 031)370-6631	
본 사 : 경기도 평택시 진위면 진위산단로 76, 진위산업단지			

설 립 일 1987.03.27	종업원수 404명	대 표 이 사 김재수,김재만
상 장 일 2005.02.01	감 사 의 견 적정 (대성)	계 열
결 산 기 12월	보 통 주 786만주	종속회사수 8개사
액 면 가 500원	우 선 주	구 상 호

주주구성 (지분율,%)
에스디와이	19.1
신동양홀딩스	14.0
(외국인)	17.2

출자관계 (지분율,%)
네모텔	
쎄이미지	

주요경쟁사 (외형,%)
동양이엔피	100
옵트론텍	31
에스씨디	31

매출구성
(기타)	100.0

비용구성
매출원가율	90.3
판관비율	6.1

수출비중
수출	—
내수	—

회사 개요
동사는 SMPS(Switching-Mode Power Supply), 충전기, 파워써플라이, 아답터등 전원공급장치 제조업을 영위하고 있음. 동사의 취급 품목은 크게 휴대폰용 충전기와 디지털 가전용 SMPS, O/A 및 통신장 비용 SMPS 로 구분되어 있으며 최근 태양열전지 등의 친환경제품과 LED 조명에 쓰이는 SMPS 등의 개발에도 주력을 다하며 빠르게 변화하는 시장에 신속히 대응하고자 노력하고 있음.

실적 분석
주문량 감소에 따라 동사의 2017년 2분기 연결 기준 매출액은 2,046.5억원이며 전년동기 대비 4.6% 감소한 실적임. 외형이 축소에도 원가개선으로 영업이익은 오히려 24.1% 증가한 80.6억원을 기록. 외환손실의 영향으로 당기순이익은 14.3% 감소한 46.8억원을 시현. 태양열전지와 LED조명 등으로 외연을 확대하는데 주력 중. 기존 강병수 대표이사의 사임으로 김재수, 김재만 각자 대표체제로 경영진이 변경됨.

현금 흐름
〈단위 : 억원〉
항목	2016	2017.2Q
영업활동	155	70
투자활동	-335	144
재무활동	-1	-6
순현금흐름	-184	208
기말현금	524	733

시장 대비 수익률

결산 실적
〈단위 : 억원〉
항목	2012	2013	2014	2015	2016	2017
매출액	5,523	5,958	4,774	4,641	4,406	—
영업이익	268	315	125	184	160	—
당기순이익	120	271	105	176	151	—

분기 실적
〈단위 : 억원〉
항목	2016.1Q	2016.2Q	2016.3Q	2016.4Q	2017.1Q	2017.2Q
매출액	1,079	1,067	1,249	1,011	929	1,118
영업이익	33	32	41	55	34	47
당기순이익	32	23	2	95	-17	63

재무 상태
〈단위 : 억원〉
항목	2012	2013	2014	2015	2016	2017.2Q
총자산	2,151	2,542	2,322	2,564	2,611	2,662
유형자산	559	657	682	758	666	613
무형자산	22	47	48	46	39	45
유가증권	53	53	53	46	44	43
총부채	879	999	697	769	702	744
총차입금	70	73	20	48	46	41
자본금	39	39	39	39	39	39
총자본	1,271	1,543	1,625	1,794	1,909	1,919
지배주주지분	1,271	1,543	1,625	1,783	1,902	1,912

기업가치 지표
항목	2012	2013	2014	2015	2016	2017.2Q
주가(최고/저)(천원)	15.6/7.0	21.9/11.7	19.0/8.2	14.5/10.1	14.8/11.6	—/—
PER(최고/저)(배)	10.1/4.6	6.9/3.7	15.2/6.6	6.7/4.7	7.7/6.0	—/—
PBR(최고/저)(배)	1.0/0.5	1.2/0.6	1.0/0.4	0.7/0.5	0.6/0.5	0.6/0.5
EV/EBITDA(배)	2.2	2.5	1.1	1.4	0.8	
EPS(원)	1,717	3,449	1,340	2,249	1,971	595
BPS(원)	16,891	19,910	20,949	22,967	24,475	24,603
CFPS(원)	3,036	4,472	2,561	3,617	3,277	1,212
DPS(원)	300	300	300	300	300	
EBITDAPS(원)	4,734	5,031	2,807	3,705	3,342	1,642

재무 비율
〈단위 : % 〉
연도	영업이익률	순이익률	부채비율	차입금비율	ROA	ROE	유보율	자기자본비율	EBITDA마진율
2016	3.6	3.4	36.8	2.4	5.9	8.4	4,795.0	73.1	6.0
2015	4.0	3.8	42.9	2.7	7.2	10.4	4,493.4	70.0	6.3
2014	2.6	2.2	42.9	1.2	4.3	6.7	4,089.8	70.0	6.4
2013	5.3	4.6	64.7	4.7	11.6	19.3	3,882.0	60.7	6.6

동양철관 (A008970)
Dong Yang Steel Pipe

업 종 : 금속 및 광물		시 장 : 거래소	
신용 등급 : (Bond) — (CP) —		기업 규모 : 시가총액 소형주	
홈 페 이 지 : www.dysp.co.kr		연 락 처 : 041)578-5511	
본 사 : 충남 천안시 동남구 풍세면 풍세로 515			

설 립 일 1973.08.01	종업원수 167명	대 표 이 사 한흥수
상 장 일 1977.03.05	감 사 의 견 적정 (삼정)	계 열
결 산 기 12월	보 통 주 8,724만주	종속회사수 1개사
액 면 가 500원	우 선 주 2만주	구 상 호

주주구성 (지분율,%)
동국실업	18.8
한국증권금융	3.7
(외국인)	0.8

출자관계 (지분율,%)
갑을알로이	100.0
KBREMICONL.L.C.,	8.3
신이피엔씨	0.8

주요경쟁사 (외형,%)
동양철관	100
포스코엠텍	206
휴스틸	282

매출구성
[제품]나관, 도복관 외	79.0
[상품]나관 외	19.3
[임가공]나관 외	1.2

비용구성
매출원가율	98.3
판관비율	11.0

수출비중
수출	44.0
내수	56.0

회사 개요
동사는 1973년에 설립되어, 수도용 강관 및 주물의 제조 및 판매 등을 주요 사업으로 영위하고 있음. 연결대상 종속기업으로 동특수합금을 생산 판매하는 갑을알로이를 보유하고 있음. 동사의 주요제품은 가스관, 강관말뚝, 각종 배관 등은 거시경제 변수에 많은 영향을 받고 있으며 특히, 건설경기 성장장 및 SOC 투자와 밀접한 관계를 가지고 있고 연결회사의 주요 제품인 동특수합금은 세계 자동차산업의 성장률과 밀접한 관계가 있음.

실적 분석
동사의 2017년 2분기기준 누적 매출액은 전년동기대비 35.7% 상승한 760.7억원을 기록했으며. 비용면에서 전년동기대비 매출원가는 증가 하였으며 인건비는 감소 하였고 광고선전비는 크게 증가 하였으며 기타판매비와 관리비도 마찬가지로 증가함. 그에 따라 전년동기대비 영업이익은 -6.4억원으로 적자지속 이지만 그 폭을 줄여가고 있음. 최종적으로 전년동기대비 당기순이익은 적자지속하여 -23.6억원을 기록함.

현금 흐름
〈단위 : 억원〉
항목	2016	2017.2Q
영업활동	59	-16
투자활동	0	23
재무활동	-84	-27
순현금흐름	-25	-19
기말현금	28	9

시장 대비 수익률

결산 실적
〈단위 : 억원〉
항목	2012	2013	2014	2015	2016	2017
매출액	2,564	2,226	1,998	1,713	1,293	—
영업이익	35	-61	-85	32	-120	—
당기순이익	26	-88	-124	23	-147	—

분기 실적
〈단위 : 억원〉
항목	2016.1Q	2016.2Q	2016.3Q	2016.4Q	2017.1Q	2017.2Q
매출액	297	264	291	442	422	338
영업이익	-20	-25	-25	-50	-2	-4
당기순이익	-26	-23	-48	-49	-13	-11

재무 상태
〈단위 : 억원〉
항목	2012	2013	2014	2015	2016	2017.2Q
총자산	2,123	2,167	1,858	1,775	1,598	1,448
유형자산	1,111	1,051	996	967	914	880
무형자산	11	10	9	7	6	6
유가증권	3	5	2	2	2	2
총부채	1,041	1,172	993	891	792	640
총차입금	590	559	631	587	448	399
자본금	407	407	407	407	428	436
총자본	1,082	995	865	884	805	807
지배주주지분	1,082	995	865	884	805	807

기업가치 지표
항목	2012	2013	2014	2015	2016	2017.2Q
주가(최고/저)(천원)	3.0/1.5	2.2/1.3	1.5/1.0	1.6/0.9	1.7/1.1	—/—
PER(최고/저)(배)	94.9/48.6	—/—	—/—	57.6/33.1	—/—	—/—
PBR(최고/저)(배)	2.3/1.2	1.8/1.0	1.4/1.0	1.5/0.9	1.8/1.2	1.7/1.3
EV/EBITDA(배)	19.3	88.4		14.9		
EPS(원)	32	-108	-152	28	-171	-27
BPS(원)	1,328	1,221	1,062	1,085	941	925
CFPS(원)	116	-12	-59	119	-86	14
DPS(원)						
EBITDAPS(원)	127	20	-12	130	-54	33

재무 비율
〈단위 : % 〉
연도	영업이익률	순이익률	부채비율	차입금비율	ROA	ROE	유보율	자기자본비율	EBITDA마진율
2016	-9.3	-11.3	98.4	55.7	-8.7	-17.4	88.2	50.4	-3.6
2015	1.9	1.4	100.7	66.4	1.3	2.7	117.1	49.8	6.2
2014	-4.3	-6.2	114.8	73.0	-6.2	-13.3	112.4	46.6	-0.5
2013	-2.8	-3.9	117.9	56.2	-4.1	-8.4	144.2	45.9	0.7

동양파일 (A228340)
TONGYANG PILE

업 종 : 건축소재　　　　　　시 장 : KOSDAQ
신용등급 : (Bond) —　　(CP) —　　기업규모 : 우량
홈페이지 : www.tongyangphc.com　　연 락 처 : 02)3770-3157
본 사 : 충남 아산시 염치읍 아산온천로 16-127

설 립 일	2013.06.12	종 업 원 수	35명	대 표 이 사	김시년,한웅걸(각자대표이사)
상 장 일	2016.04.06	감사의견	적정 (호연)	계 열	
결 산 기	12월	보 통 주	2,000만주	종속회사수	
액 면 가	500원	우 선 주		구 상 호	

주주구성 (지분율,%)		출자관계 (지분율,%)		주요경쟁사 (외형,%)	
한림건설	40.0			동양파일	100
케이에이치디	20.0			아세아시멘트	377
(외국인)	3.7			현대시멘트	313

매출구성		비용구성		수출비중	
PHC파일(제품)	99.7	매출원가율	56.4	수출	0.0
(용역)	0.3	판관비율	11.8	내수	100.0
PHC파일(상품)	0.0				

회사 개요
동사는 콘크리트관 및 기타구조용 콘크리트 제품 제조업을 목적사업으로 하며 2013년 6월 12일 설립되었으며 2014년 한림건설의 동양 지분 인수와 함께 대주주가 변경됨. 동사는 건축물 등의 지반 강화를 위한 필수품인 PHC파일 업계 2위 업체로 아산, 익산, 함안에 3개 공장을 가지고 있으며 연 생산능력은 92만톤가량임. 현재 초고강도 시장은 성장초입으로 시장확대가 기대됨. 동사는 4월 6일 코스닥시장에 상장됨.

실적 분석
동사의 2017년 연결기준 상반기 매출액은 560.5억원으로 전년동기 대비 11.6% 감소하였음. 영업이익은 124.9억원으로 41.1% 감소하였고 당기순이익 또한 93.4억원으로 전년동기 대비 54.4% 하락하며 부진함. 올 하반기 신한울 3,4호기 발전플랜트 주설비공사와 강릉 석탄화력, 고성 석탄화력, 삼척 석탄화력, 신평택 액화천연가스(LNG)발전소, 충남아산 탕정의 OLED신공장 착공으로 PHC파일의 매출 증대를 꾀함.

현금 흐름　*IFRS 별도 기준　〈단위 : 억원〉

항목	2016	2017.2Q
영업활동	328	167
투자활동	-18	-8
재무활동	-44	-50
순현금흐름	267	109
기말현금	570	679

시장 대비 수익률

결산 실적　〈단위 : 억원〉

항목	2012	2013	2014	2015	2016	2017
매출액	—	333	1,052	1,156	1,209	
영업이익		63	258	349	384	
당기순이익		20	97	248	285	

분기 실적　*IFRS 별도 기준　〈단위 : 억원〉

항목	2016.1Q	2016.2Q	2016.3Q	2016.4Q	2017.1Q	2017.2Q
매출액	314	320	257	318	296	265
영업이익	105	107	73	99	71	53
당기순이익	125	80	53	26	54	39

재무 상태　*IFRS 별도 기준　〈단위 : 억원〉

항목	2012	2013	2014	2015	2016	2017.2Q
총자산	—	1,347	1,431	1,631	1,887	1,899
유형자산		655	637	641	578	569
무형자산		295	295	295	246	246
유가증권		1		2	2	1
총부채		938	923	875	451	419
총차입금		748	700	690	250	250
자본금		4	4	80	100	100
총자본		409	507	756	1,437	1,480
지배주주지분		409	507	756	1,437	1,480

기업가치 지표　*IFRS 별도 기준

항목	2012	2013	2014	2015	2016	2017.2Q
주가(최고/저)(천원)	#VALUE!	—/—	—/—	—/—	—/—	—/—
PER(최고/저)(배)	0.0/0.0	0.0/0.0	0.0/0.0	0.0/0.0	7.6/4.7	—/—
PBR(최고/저)(배)	0.0/0.0	0.0/0.0	0.0/0.0	0.0/0.0	1.6/1.0	1.1/1.0
EV/EBITDA(배)	0.0	9.9	2.1	1.0	2.9	
EPS(원)	—	282	607	1,548	1,498	467
BPS(원)		49,903	61,898	4,725	7,185	7,400
CFPS(원)		8,854	15,370	1,743	1,670	539
DPS(원)					250	
EBITDAPS(원)		21,073	34,972	2,377	2,195	696

재무 비율　〈단위 : % 〉

연도	영업이익률	순이익률	부채비율	차입금비율	ROA	ROE	유보율	자기자본비율	EBITDA마진율
2016	31.8	23.5	31.4	17.4	16.2	26.0	1,336.9	76.1	34.5
2015	30.2	21.4	115.8	91.3	16.2	39.2	844.9	46.3	32.9
2014	24.5	9.2	182.0	138.0	7.0	21.2	12,279.7	35.5	27.3
2013	18.9	5.9	229.3	182.9			9,880.6	30.4	22.5

동양피엔에프 (A104460)
DONGYANG P&F

업 종 : 기계　　　　　　시 장 : KOSDAQ
신용등급 : (Bond) —　　(CP) —　　기업규모 : 중견
홈페이지 : www.dypnf.com　　연 락 처 : 02)2106-8000
본 사 : 서울시 금천구 가산디지털1로 88, 17층,18층(가산동, 아이티프리미어타워)

설 립 일	1999.07.01	종 업 원 수	140명	대 표 이 사	배효점
상 장 일	2009.12.22	감사의견	적정 (삼정)	계 열	
결 산 기	12월	보 통 주	1,071만주	종속회사수	3개사
액 면 가	500원	우 선 주		구 상 호	

주주구성 (지분율,%)		출자관계 (지분율,%)		주요경쟁사 (외형,%)	
조좌진	44.6	동양피엔에프자동화사업부	55.5	동양피엔에프	100
동양피엔에프글로벌서비스	4.7	더이한에스티이	28.2	아세아텍	110
(외국인)	18.3	동양피엔에스	18.3	나라엠앤디	142

매출구성		비용구성		수출비중	
뉴메틱 컨베잉시스템	45.7	매출원가율	89.2	수출	31.0
메카니컬 컨베잉시스템	45.6	판관비율	9.0	내수	69.0
기타	8.7				

회사 개요
1999년 설립된 동사는 분체이송시스템의 설계, 제작, 설치 및 시운전을 주사업으로 하는 전문 엔지니어링 업체로 2002년 코스닥시장에 상장됨. 최근 캐나다 Enersul사와 협력하여 유황 분체이송사업의 신규 시장 개척을 진행하고 있으며 석탄발전소 관련사업 (Coal/Ash Handling System)을 수주하며 진행중임. 동사의 매출구성은 메카니컬 컨베잉 시스템 45.6%, 뉴메틱 컨베잉 시스템 45.7%, 기타 8.3% 등으로 구성됨

실적 분석
2017년 반기 동사의 연결기준 매출액은 전년동기 대비 6.7% 증가한 443.3억원을 기록. 높은 원가율로 인해 영업손실 0.5억원, 당기순손실 16.1억원으로 적자전환 하였음. 동사는 최근 TOSHIBA Plant Systems & Services Corp.와 석탄화력발전소 기계식이 송장치 플랜트설비 공급 계약을 체결함. 계약금액은 84억677만원이며 이는 2016년 매출액 대비 9.11%에 해당하는 규모임.

현금 흐름　〈단위 : 억원〉

항목	2016	2017.2Q
영업활동	14	41
투자활동	40	-4
재무활동	-38	-15
순현금흐름	18	21
기말현금	142	163

시장 대비 수익률

결산 실적　〈단위 : 억원〉

항목	2012	2013	2014	2015	2016	2017
매출액	558	713	767	802	923	
영업이익	28	22	48	31	16	
당기순이익	18	7	37	16	-4	

분기 실적　〈단위 : 억원〉

항목	2016.1Q	2016.2Q	2016.3Q	2016.4Q	2017.1Q	2017.2Q
매출액	209	206	180	328	205	238
영업이익	2	1	-7	20	-8	7
당기순이익	4	1	-8	4	-24	8

재무 상태　〈단위 : 억원〉

항목	2012	2013	2014	2015	2016	2017.2Q
총자산	746	917	842	943	1,011	958
유형자산	134	109	116	102	199	210
무형자산	11	10	4	64	4	4
유가증권	27	9	29	44	26	26
총부채	219	389	274	370	445	418
총차입금	19	36	123	131	97	88
자본금	51	54	54	54	* 54	54
총자본	527	528	568	574	566	540
지배주주지분	527	528	562	573	579	548

기업가치 지표

항목	2012	2013	2014	2015	2016	2017.2Q
주가(최고/저)(천원)	8.0/5.2	8.1/5.6	7.8/3.8	7.9/3.8	8.4/4.2	—/—
PER(최고/저)(배)	52.2/34.3	135.3/93.5	23.6/11.5	35.4/17.1	233.4/115.9	—/—
PBR(최고/저)(배)	1.7/1.1	1.6/1.1	1.5/0.7	1.4/0.7	1.5/0.7	1.0/0.9
EV/EBITDA(배)	14.4	20.1	6.4	16.8	19.8	
EPS(원)	165	64	353	233	37	-128
BPS(원)	5,458	5,319	5,634	5,744	5,795	5,508
CFPS(원)	232	121	407	293	89	-106
DPS(원)	25	50	120	120	100	
EBITDAPS(원)	337	259	505	347	203	18

재무 비율　〈단위 : % 〉

연도	영업이익률	순이익률	부채비율	차입금비율	ROA	ROE	유보율	자기자본비율	EBITDA마진율
2016	1.8	-0.4	78.6	17.1	-0.4	0.7	1,059.1	56.0	2.4
2015	3.8	1.9	64.4	22.8	1.7	4.4	1,048.7	60.8	4.6
2014	6.3	4.8	48.3	21.6	4.2	6.5	1,026.8	67.4	7.1
2013	3.0	1.0	73.8	6.9	0.8	1.3	963.8	57.5	3.9

동우팜투테이블 (A088910)
DONGWOO FARM TO TABLE

업　　종 : 식료품　　　　　　　　　　　　시　　장 : KOSDAQ
신용등급 : (Bond) —　　(CP) —　　　　　기업규모 : 우량
홈페이지 : www.e-dongwoo.com　　　　　연 락 처 : 063)450-2000
본　　사 : 전북 군산시 서수면 동군산로 1095

설 립 일	1993.02.17	종 업 원 수	448명	대 표 이 사	이계창
상 장 일	2006.06.23	감 사 의 견	적정 (바른)	계 열	
결 산 기	12월	보 통 주	2,446만주	종속회사수	
액 면 가	500원	우 선 주		구 상 호	동우

주주구성 (지분율,%)		출자관계 (지분율,%)		주요경쟁사 (외형,%)	
군산도시가스	22.8	다농	47.5	동우팜투테이블	100
김동수	18.2	나농	45.0	하림	350
(외국인)	2.3	가농	45.0	마니커	97

매출구성		비용구성		수출비중	
도계육(육계)	44.9	매출원가율	89.4	수출	0.0
도계육(부분육)	17.2	판관비율	6.5	내수	100.0
생계	15.8				

회사 개요
동사는 1993년 설립됐으며, 2006년 6월 코스닥시장에 상장함. 동사가 영위하는 사업영역은 양계, 축산물의 제조 및 가공부문으로 해당 사업의 매출이 전체 매출액의 100%를 점하고 있음. 동사는 계열화사업본부의 기반시설을 통하여 병아리 및 생계를 생산하고 있고, 생산시설을 통하여 통닭(육계, 삼계, 토종닭), 염장육, 부분육, 부산물(닭발, 근위, 염통 등), 단미사료(도계과정 중 발생된 우모, 내장 등)을 사료화한 제품)등을 생산함.

실적 분석
2017년 반기 매출액과 영업이익은 각각 5.7% 증가, 흑자전환한 1,137.7억원, 121.4억원을 기록함. 원가 절감, 판관비 관리를 통해 영업이익 흑자전환에 성공. HACCP 인증획득. 브랜드 부각을 위한 예찬맘 브랜드네임 개발을 통해 판매다각화와 시장개척에 박차를 가하고 있음. 2,550억원의 투자비를 사용하여 국내 최초 동물복지공장의 인증을 받은 선진화 시스템으로 고품질의 닭고기를 소비자들에게 제공 중.

현금 흐름　*IFRS 별도 기준　〈단위 : 억원〉

항목	2016	2017.2Q
영업활동	151	109
투자활동	-89	-162
재무활동	16	9
순현금흐름	78	-44
기말현금	151	107

시장 대비 수익률

결산 실적　〈단위 : 억원〉

항목	2012	2013	2014	2015	2016	2017
매출액	2,143	2,517	2,198	2,397	2,358	
영업이익	-13	125	65	59	97	
당기순이익	24	105	17	83	129	

분기 실적　*IFRS 별도 기준　〈단위 : 억원〉

항목	2016.1Q	2016.2Q	2016.3Q	2016.4Q	2017.1Q	2017.2Q
매출액	514	563	684	597	514	624
영업이익	-29	20	56	49	37	84
당기순이익	-26	25	88	43	55	81

재무 상태　*IFRS 별도 기준　〈단위 : 억원〉

항목	2012	2013	2014	2015	2016	2017.2Q
총자산	1,496	1,523	1,581	1,627	1,736	1,932
유형자산	243	237	225	219	207	207
무형자산	0	0	0	0	0	1
유가증권	26	25	12	17	9	10
총부채	398	308	350	313	297	325
총차입금	132	117	141	49	73	52
자본금	114	114	114	114	115	119
총자본	1,097	1,215	1,231	1,314	1,439	1,607
지배주주지분	1,097	1,215	1,231	1,314	1,439	1,607

기업가치 지표　*IFRS 별도 기준

항목	2012	2013	2014	2015	2016	2017.2Q
주가(최고/저)(천원)	4.4/2.8	4.2/3.0	5.5/3.0	5.8/3.5	4.7/3.7	—/—
PER(최고/저)(배)	42.4/27.2	9.3/6.6	76.7/41.3	16.2/9.6	8.4/6.6	—/—
PBR(최고/저)(배)	0.9/0.6	0.8/0.6	1.0/0.6	1.0/0.6	0.8/0.6	0.8/0.6
EV/EBITDA(배)	21.6	4.2	6.8	7.8	4.6	
EPS(원)	104	458	73	364	566	576
BPS(원)	4,802	5,316	5,387	5,750	6,272	6,737
CFPS(원)	212	576	180	458	653	615
DPS(원)	—	—	—	50	—	
EBITDAPS(원)	51	664	392	352	511	553

재무 비율　〈단위 : % 〉

연도	영업이익률	순이익률	부채비율	차입금비율	ROA	ROE	유보율	자기자본비율	EBITDA마진율
2016	4.1	5.5	20.6	5.1	7.7	9.4	1,154.3	82.9	5.0
2015	2.5	3.5	23.8	3.8	5.2	6.5	1,050.0	80.8	3.4
2014	3.0	0.8	28.4	11.5	1.1	1.4	977.3	77.9	4.1
2013	5.0	4.2	25.4	9.6	6.9	9.1	963.3	79.8	6.0

동운아나텍 (A094170)
DONGWOON ANATECH COLTD

업　　종 : 반도체 및 관련장비　　　　　시　　장 : KOSDAQ
신용등급 : (Bond) —　　(CP) —　　　　　기업규모 : 벤처
홈페이지 : www.dwanatech.com　　　　　연 락 처 : 02)3465-8765
본　　사 : 서울시 서초구 남부순환로 2351 (서초동, 아리랑타워 9층)

설 립 일	2006.07.01	종 업 원 수	130명	대 표 이 사	김동철
상 장 일	2015.06.30	감 사 의 견	적정 (한영)	계 열	
결 산 기	12월	보 통 주	599만주	종속회사수	
액 면 가	500원	우 선 주		구 상 호	

주주구성 (지분율,%)		출자관계 (지분율,%)		주요경쟁사 (외형,%)	
김동철	27.1			동운아나텍	100
스톤브릿지영상콘텐츠투자조합	5.0			SKC 솔믹스	173
(외국인)	0.2			프로텍	173

매출구성		비용구성		수출비중	
AF Driver IC	95.4	매출원가율	70.0	수출	72.0
Display Driver IC	3.2	판관비율	27.3	내수	28.0
LED 조명 Driver IC	1.5				

회사 개요
동사는 휴대폰, 태블릿, 기타 전자기기에 들어가는 아날로그(Analog) 반도체를 회로설계, 개발 및 일괄 외주생산 상용화하여 고객사에 판매하는 팹리스(Fabless) 아날로그 반도체 회사. Auto Focus Driver IC, 모바일 디스플레이 전원 IC, LED 조명 Driver IC 반도체 제품들을 국내외 IT제조사에 공급하고 있음. 주요 제품인 휴대용 카메라용 AF Driver IC는 시장점유율 세계 1위 제품임.

실적 분석
2017년 상반기 매출액은 전년동기 대비 각각 5.7% 감소한 255.3억원, 영업손실 9억원을 기록하며 전년동기대비 적자전환을 기록함. 지난 분기에 이어 신규제품 출시가 지연되고 있는 가운데, 기존 제품에 대한 주요고객의 단가인하가 이어졌으며, 신규 제품 개발을 위한 인원증가에 따른 판매관리비 증가 등이 반영된 영향. 중국향 매출비중이 높아지고 있고, 3분기부터 신제품 출시를 통한 단가 상승 등으로 점차 수익성 개선이 일어날 것으로 전망됨.

현금 흐름　*IFRS 별도 기준　〈단위 : 억원〉

항목	2016	2017.2Q
영업활동	-1	9
투자활동	-17	-16
재무활동	-8	11
순현금흐름	-29	-0
기말현금	76	76

시장 대비 수익률

결산 실적　〈단위 : 억원〉

항목	2012	2013	2014	2015	2016	2017
매출액	304	465	445	569	547	
영업이익	28	74	55	83	15	
당기순이익	14	53	57	80	13	

분기 실적　*IFRS 별도 기준　〈단위 : 억원〉

항목	2016.1Q	2016.2Q	2016.3Q	2016.4Q	2017.1Q	2017.2Q
매출액	130	141	130	146	107	149
영업이익	10	5	-6	5	-9	
당기순이익	8	7	-13	11	-17	

재무 상태　*IFRS 별도 기준　〈단위 : 억원〉

항목	2012	2013	2014	2015	2016	2017.2Q
총자산	263	262	329	434	428	442
유형자산	5	3	4	4	6	
무형자산	53	36	39	64	71	
유가증권	0	0	0	3	5	
총부채	178	111	127	81	100	131
총차입금	128	65	62		30	42
자본금	24	25	25	30	30	30
총자본	85	151	202	354	328	311
지배주주지분	85	151	202	354	328	311

기업가치 지표　*IFRS 별도 기준

항목	2012	2013	2014	2015	2016	2017.2Q
주가(최고/저)(천원)	—/—	—/—	—/—	14.9/8.4	13.9/9.1	—/—
PER(최고/저)(배)	0.0/0.0	0.0/0.0	0.0/0.0	10.7/6.0	62.5/40.9	—/—
PBR(최고/저)(배)	0.0/0.0	0.0/0.0	0.0/0.0	2.6/1.4	2.3/1.5	2.2/1.7
EV/EBITDA(배)	2.1	0.2	0.0	5.2	22.7	
EPS(원)	255	968	1,072	1,412	222	-250
BPS(원)	1,497	2,817	3,767	5,904	5,964	5,687
CFPS(원)	534	1,263	1,299	1,647	437	-150
DPS(원)	—	—	—	140	30	
EBITDAPS(원)	770	1,649	1,248	1,695	460	-50

재무 비율　〈단위 : % 〉

연도	영업이익률	순이익률	부채비율	차입금비율	ROA	ROE	유보율	자기자본비율	EBITDA마진율
2016	2.7	2.4	30.5	9.2	3.1	3.9	1,092.8	76.6	5.0
2015	14.6	14.1	22.8	0.0	21.0	28.9	1,080.9	81.4	16.9
2014	12.3	12.9	63.0	30.7	19.5	32.6	698.0	61.3	15.1
2013	15.8	11.3	73.2	42.8	20.1	44.7	496.7	57.7	19.3

동원 (A003580)
Dong Won

<table>
<tr><td>업　　종 : 건축소재</td><td colspan="2">시　　장 : 거래소</td></tr>
<tr><td>신용등급 : (Bond) —　　(CP) —</td><td colspan="2">기업규모 : 시가총액 소형주</td></tr>
<tr><td>홈페이지 : www.dongwoncorp.com</td><td colspan="2">연 락 처 : 02)6925-4450</td></tr>
<tr><td>본　　사 : 강원도 정선군 사북읍 동탄길 38-13</td><td></td><td></td></tr>
</table>

설 립 일 1962.09.24	종 업 원 수 37명	대 표 이 사 남을진	
상 장 일 1990.03.23	감 사 의 견 적정 (우리)	계　　　열	
결 산 기 12월	보 통 주 1,918만주	종 속 회 사 수	
액 면 가 500원	우 선 주	구 상 호	

주주구성 (지분율,%)
더블유투자금융채권전문투자조합2호	13.5
스타감마투자조합	11.2
(외국인)	1.0

출자관계 (지분율,%)
더블유투자금융주식전문투자조합10호	40.0
동원리소스	19.8
이에스에이제2호투자조합	19.3

주요경쟁사 (외형,%)
동원	100
유니온	506
서산	617

매출구성
해사(제품등)	100.0

비용구성
매출원가율	65.1
판관비율	23.6

수출비중
수출	0.0
내수	100.0

회사 개요
동사는 해사채취 전문 기업으로서, 해상의 허가된 광구에서 특수선박을 이용하여 해사를 채취, 육상으로 이송하여 특수 세척설비를 이용, 염분을 제거한 후 건축용 레미콘과 토목공사용 아스콘, 그리고 매립용으로 공급판매하는 사업을 영위하고 있음. 해사채취 부문은 2016년 인천항 내 기준 약 6.96% 점유로 업계 6위임. 태안군, 옹진군 허가물량 채취 및 EEZ 등 해사를 구매, 생산하여 골재수요가 있는 레미콘업체에 직접 판매함.

실적 분석
동사의 2017년 상반기 매출액은 전년동기 대비 13.1% 증가한 93억원이며, 영업이익은 9.6억원으로 큰 폭으로 증가함. 이는 전기 국내 건설경기가 호조세를 지속하고 공급대비 수요 폭증으로 인하여 골재가격이 전년대비 30%가량 인상되면서 매출액과 영업이익이 증가하는 효과를 가져왔음. 비영업손실의 적자폭이 확대되었음에도 불구하고 영업이익의 큰 폭의 증가 영향으로 당기순이익 또한 4.8억원으로 큰 폭의 증가세를 기록함.

현금 흐름 *IFRS 별도 기준
〈단위 : 억원〉
항목	2016	2017.2Q
영업활동	-20	31
투자활동	-75	-145
재무활동	115	169
순현금흐름	21	55
기말현금	47	102

시장 대비 수익률

결산 실적
〈단위 : 억원〉
항목	2012	2013	2014	2015	2016	2017
매출액	216	196	229	153	183	
영업이익	-38	-32	-2	12	21	
당기순이익	-49	-91	-12	2	-21	

분기 실적 *IFRS 별도 기준
〈단위 : 억원〉
항목	2016.1Q	2016.2Q	2016.3Q	2016.4Q	2017.1Q	2017.2Q
매출액	37	46	49	52	42	51
영업이익	9	9	9	9	5	4
당기순이익	1	-1	6	-28	-1	6

재무 상태 *IFRS 별도 기준
〈단위 : 억원〉
항목	2012	2013	2014	2015	2016	2017.2Q
총자산	509	464	568	584	578	745
유형자산	37	30	108	17	14	46
무형자산	4	4	5	4	4	4
유가증권	33	34	35	22	162	154
총부채	171	199	307	208	143	130
총차입금	135	158	239	76	108	94
자본금	236	236	236	236	64	96
총자본	338	266	261	375	435	615
지배주주지분	338	266	261	375	435	615

기업가치 지표 *IFRS 별도 기준
항목	2012	2013	2014	2015	2016	2017.2Q
주가(최고/저)(천원)	29.6/18.8	24.9/18.8	20.4/15.2	28.2/16.1	48.2/22.4	—/—
PER(최고/저)(배)	—/—	—/—	—/—	122.8/70.1	—/—	1.6/1.0
PBR(최고/저)(배)	0.8/0.5	0.9/0.7	0.7/0.6	0.7/0.4	1.4/0.7	
EV/EBITDA(배)				7.1	15.4	20.0
EPS(원)	-264	-767	-131	23	-178	273
BPS(원)	7,173	5,635	5,540	7,959	34,037	32,101
CFPS(원)	-365	-1,374	632	170	-1,403	393
DPS(원)						
EBITDAPS(원)	-231	-22	1,057	389	2,140	667

재무 비율
〈단위 : % 〉
연도	영업이익률	순이익률	부채비율	차입금비율	ROA	ROE	유보율	자기자본비율	EBITDA마진율
2016	11.3	-11.4	32.9	24.8	-3.6	-5.2	580.7	75.2	13.7
2015	8.2	1.4	55.5	20.2	0.4	0.7	59.2	64.3	12.0
2014	-0.8	-5.4	117.5	91.6	-2.1	-2.6	9.8	46.0	17.6
2013	-16.2	-46.7	113.5	89.8	-14.8	-26.4	2.0	46.8	10.2

동원개발 (A013120)
DongWon Development

<table>
<tr><td>업　　종 : 건설</td><td colspan="2">시　　장 : KOSDAQ</td></tr>
<tr><td>신용등급 : (Bond) —　　(CP) —</td><td colspan="2">기업규모 : 우량</td></tr>
<tr><td>홈페이지 : www.dongwonapt.co.kr</td><td colspan="2">연 락 처 : 051)645-3113</td></tr>
<tr><td>본　　사 : 부산시 동구 조방로 39, 8층</td><td></td><td></td></tr>
</table>

설 립 일 1978.03.31	종 업 원 수 179명	대 표 이 사 장복만	
상 장 일 1994.12.29	감 사 의 견 적정 (안경)	계　　　열	
결 산 기 12월	보 통 주 9,081만주	종 속 회 사 수	
액 면 가 500원	우 선 주	구 상 호	

주주구성 (지분율,%)
동원주택	32.5
장호익	15.5
(외국인)	15.6

출자관계 (지분율,%)
동원관광개발	10.0
건설공제조합	

주요경쟁사 (외형,%)
동원개발	100
아이에스동서	323
태영건설	385

매출구성
자체 공사	68.5
건축공사 민간	28.2
토목공사 민간	1.4

비용구성
매출원가율	72.9
판관비율	2.6

수출비중
수출	0.0
내수	100.0

회사 개요
동사는 건설업 및 주택공급업 등을 영위할 목적으로 1978년에 설립되었으며, 1994년 코스닥시장에 상장됨. 주택전문 1군종합건설업으로서 학교, 빌딩, 도로, 교량 등 토목, 건축공사업 및 주택(APT)공급업을 영위하고 있음. 주요 영업지역은 부산, 경남, 수도권 지역이며, 자체 주택사업 및 재개발, 재건축시장이 주요 목표시장임. 2016년 동사의 시공능력평가액은 7,984억원으로 전국 34위 수준임.

실적 분석
동사의 2017년 2분기 누적 매출액은 전년대비 13.8% 성장한 3,125.4억원을 기록함. 외형 성장은 주로 자체공사의 호조에 기인함. 외형성장에 동반한 원가율 개선으로 영업이익과 당기순이익은 각각 전년대비 33.1%, 16.0% 증가한 823.9억원과 551.7억원을 시현하였으며 수익성도 개선됨. 국내 건설 특수 확대 및 부산 동로알두크 분양인식, 자체공사 확대가 기대되며 풍부한 수주잔고 확보하고 있어 실적 성장세가 지속될 전망임.

현금 흐름 *IFRS 별도 기준
〈단위 : 억원〉
항목	2016	2017.2Q
영업활동	554	894
투자활동	-441	9
재무활동	-77	-101
순현금흐름	36	802
기말현금	870	1,673

시장 대비 수익률

결산 실적
〈단위 : 억원〉
항목	2012	2013	2014	2015	2016	2017
매출액	3,849	3,183	3,401	5,150	5,344	—
영업이익	418	443	772	1,171	1,311	—
당기순이익	345	328	590	902	980	—

분기 실적 *IFRS 별도 기준
〈단위 : 억원〉
항목	2016.1Q	2016.2Q	2016.3Q	2016.4Q	2017.1Q	2017.2Q
매출액	1,416	1,329	1,325	1,273	1,467	1,658
영업이익	353	266	350	343	375	449
당기순이익	269	207	260	244	223	328

재무 상태 *IFRS 별도 기준
〈단위 : 억원〉
항목	2012	2013	2014	2015	2016	2017.2Q
총자산	4,198	3,871	4,335	5,460	6,540	7,510
유형자산	9	10	10	9	10	10
무형자산	2	0	0	0	0	0
유가증권	33	31	32	33	162	192
총부채	1,774	1,149	1,055	1,325	1,497	2,016
총차입금	501	329	34	27	27	45
자본금	454	454	454	454	454	454
총자본	2,423	2,722	3,279	4,135	5,043	5,493
지배주주지분	2,423	2,722	3,279	4,135	5,043	5,493

기업가치 지표 *IFRS 별도 기준
항목	2012	2013	2014	2015	2016	2017.2Q
주가(최고/저)(천원)	1.3/0.6	1.7/1.0	3.2/1.4	6.1/2.7	4.9/3.5	—/—
PER(최고/저)(배)	4.0/1.7	5.3/3.1	5.4/2.3	6.6/2.9	4.7/3.4	0.8/0.6
PBR(최고/저)(배)	0.6/0.3	0.6/0.4	1.0/0.4	1.4/0.6	0.9/0.7	
EV/EBITDA(배)	3.0		3.4	2.6	1.9	
EPS(원)	380	362	650	993	1,079	608
BPS(원)	26,683	29,971	36,115	4,554	5,553	6,050
CFPS(원)	3,828	3,631	6,511	994	1,080	608
DPS(원)	400	450	650	100	140	
EBITDAPS(원)	4,638	4,892	8,513	1,291	1,445	908

재무 비율
〈단위 : % 〉
연도	영업이익률	순이익률	부채비율	차입금비율	ROA	ROE	유보율	자기자본비율	EBITDA마진율
2016	24.5	18.3	29.7	0.5	16.3	21.4	1,010.6	77.1	24.6
2015	22.7	17.5	32.1	0.7	18.4	24.3	810.7	75.7	22.8
2014	22.7	17.4	32.2	1.0	14.4	19.7	622.3	75.7	22.7
2013	13.9	10.3	42.2	12.1	8.1	12.8	499.4	70.3	14.0

동원금속 (A018500)
Dongwon Metal

업　　종 : 자동차부품
신용등급 : (Bond) —　　(CP) —
홈페이지 : www.dwmic.com
본　　사 : 경북 경산시 진량읍 북리 1길 69

시　　장 : 거래소
기업규모 : 시가총액 소형주
연락처 : 053)859-2311

설립일	1985.12.14	종업원수	696명	대표이사	이은우,박승룡
상장일	1995.11.10	감사의견	적정 (안경)	계 열	
결산기	03월	보통주	3,595만주	종속회사수	7개사
액면가	500원	우선주		구상호	

주주구성 (지분율,%)		출자관계 (지분율,%)		주요경쟁사 (외형,%)	
손명완	30.7	동원파이프	100.0	동원금속	100
이은우	30.0	DongwonAutopartTechnologyInc.	81.0	유라테크	43
(외국인)	0.5	디에이케이	80.0	엔브이에이치코리아	116

매출구성		비용구성		수출비중	
제품-자동차부품(DOOR FRAME 외)	90.4	매출원가율	84.0	수출	74.0
제품-강관(산업용 강관 외)	7.8	판관비율	12.5	내수	26.0
상품-강관(산업용 강관 외)	0.8				

회사 개요
동사는 자동차 DOOR FRAME 류를 비롯한 각종 CHANNEL, IMPACT BEAM, BUMPER BEAM, COWL CROSS MEMBER등 자동차 부품 생산에만 전력을 기울여온 자동차 부품 전문기업임. 현대·기아자동차 및 한국지엠과 회사의 창립 초기부터 현재에 이르기까지 자동차 설계 단계부터 개발, 생산, A/S에 이르기까지 유기적인 협업체제로 참여하고 있으며 50PPM을 통해 제품의 품질 및 기술 경쟁력의 기반을 확고히 다졌음.

실적 분석
동사의 2017년 2분기 누적 매출액은 1,163.2억원으로 전년동기 대비 2% 증가함. 자동차부품부문의 매출이 전체의 90.9%를 구성하고, 강관부문이 나머지 9.1%를 구성함. 유럽 등 해외 매출이 증가하고 멕시코 지역 매출이 신규로 발생함. 판관비의 소폭 증가로 영업이익은 52.3% 감소함. 안정적인 판로 확보와 납품소요시간 단축, 물류비용 감소 등을 통한 경쟁력 확보와 수익구조 개선이 기대됨.

현금 흐름 〈단위 : 억원〉
항목	2016	2017.1Q
영업활동	731	88
투자활동	-539	-115
재무활동	-233	-50
순현금흐름	-41	-77
기말현금	170	93

시장 대비 수익률

결산 실적 〈단위 : 억원〉
항목	2012	2013	2014	2015	2016	2017
매출액	4,214	4,197	4,087	4,609	4,929	—
영업이익	178	170	122	136	171	—
당기순이익	46	79	16	31	-21	—

분기 실적 〈단위 : 억원〉
항목	2015.4Q	2016.1Q	2016.2Q	2016.3Q	2016.4Q	2017.1Q
매출액	1,273	1,141	1,281	1,219	1,288	1,163
영업이익	1	62	77	38	-6	29
당기순이익	-41	26	9	23	-79	31

재무 상태 〈단위 : 억원〉
항목	2012	2013	2014	2015	2016	2017.1Q
총자산	3,532	3,593	4,167	4,932	4,928	#N/A
유형자산	1,835	1,916	2,227	2,998	3,057	#N/A
무형자산	85	85	88	104	113	3,069
유가증권	25	24	24	23	20	110
총부채	3,050	3,070	3,629	4,294	4,339	20
총차입금	1,984	2,082	2,329	2,748	2,627	2,611
자본금	134	134	146	171	176	180
총자본	483	523	537	638	590	649
지배주주지분	483	523	537	638	590	649

기업가치 지표
항목	2012	2013	2014	2015	2016	2017.1Q
주가(최고/저)(천원)	1.7/1.3	1.7/1.3	1.9/1.6	2.7/1.8	4.2/2.6	—/—
PER(최고/저)(배)	11.8/8.9	6.5/5.1	36.2/30.9	337.1/219.3	—/—	—/—
PBR(최고/저)(배)	1.1/0.8	1.0/0.8	1.1/1.0	1.5/1.0	2.5/1.6	2.2/1.8
EV/EBITDA(배)	5.2	5.5	6.3	7.3	6.8	—/—
EPS(원)	170	294	57	8	-59	86
BPS(원)	1,801	1,953	1,838	1,861	1,679	1,806
CFPS(원)	1,156	1,298	1,080	1,050	1,055	375
DPS(원)	50	50	100	100		
EBITDAPS(원)	1,651	1,637	1,456	1,462	1,603	370

재무 비율 〈단위 : % 〉
연도	영업이익률	순이익률	부채비율	차입금비율	ROA	ROE	유보율	자기자본비율	EBITDA마진율
2016	3.5	-0.4	736.0	445.6	-0.4	-3.4	235.8	12.0	11.4
2015	3.0	0.1	672.8	430.6	0.1	0.5	272.2	12.9	10.3
2014	3.0	0.4	675.6	433.5	0.4	0.7	267.7	12.9	10.0
2013	4.0	1.9	586.7	397.9	2.2	15.7	290.6	14.6	10.5

동원산업 (A006040)
Dongwon Industries

업　　종 : 식료품
신용등급 : (Bond) AA-　　(CP) A1
홈페이지 : www.dwml.co.kr
본　　사 : 서울시 서초구 마방로 68 (양재동)

시　　장 : 거래소
기업규모 : 시가총액 중형주
연락처 : 02)589-3333

설립일	1969.04.16	종업원수	784명	대표이사	이명우
상장일	1989.03.07	감사의견	적정 (삼일)	계 열	
결산기	12월	보통주	336만주	종속회사수	19개사
액면가	5,000원	우선주		구상호	

주주구성 (지분율,%)		출자관계 (지분율,%)		주요경쟁사 (외형,%)	
동원엔터프라이즈	59.2	동부익스프레스	100.0	동원산업	100
국민연금공단	10.0	Starkist.Co	100.0	동원F&B	142
(외국인)	6.7	동원로엑스	85.0	신라교역	19

매출구성		비용구성		수출비중	
참치횟감외	60.6	매출원가율	80.8	수출	52.0
참치원어외	23.4	판관비율	9.6	내수	48.0
물류 보관 배송 (3PL 등)	15.3				

회사 개요
동사는 2000년 식품 제조업 및 판매업을 영위하는 사업부문이 분할되어 원양어업 및 수산물 수출입업 등을 주요 사업으로 영위함. 2014년 동원식품주식회사를 합병하고 냉장 및 냉동창고업과 수산물 및 냉동품 제조업을 사업목적에 추가함. 2017년 물류 역량 확대와 서비스 강화를 위해 동부익스프레스 지분 100%를 인수한 바 있음. 지주회사로 동원엔터프라이즈를 두고 국내외 해외법인을 운영 중임.

실적 분석
동사의 2017년도 2분기 연결기준 누적 매출액은 1조 1,418억원으로 전년동기 대비 46.4% 증가함. 참치유통과 연어 및 기타수산물 유통사업의 활성화와 수비송, 냉장보관 사업 등 물류사업부문의 매출 증가에 기인함. 물류사업부문의 동부익스프레스는 종합물류사업과 여객자동차 운수사업을 영위하고 있으며 이를 통한 기존 물류사업부문의 외형 확대와 시너지 창출효과가 기대됨.

현금 흐름 〈단위 : 억원〉
항목	2016	2017.2Q
영업활동	2,100	1,345
투자활동	-1,182	-4,913
재무활동	945	1,197
순현금흐름	1,889	-2,449
기말현금	3,079	631

시장 대비 수익률

결산 실적 〈단위 : 억원〉
항목	2012	2013	2014	2015	2016	2017
매출액	15,436	14,438	13,839	13,597	15,764	—
영업이익	1,398	1,113	812	573	1,514	—
당기순이익	1,027	839	586	70	774	—

분기 실적 〈단위 : 억원〉
항목	2016.1Q	2016.2Q	2016.3Q	2016.4Q	2017.1Q	2017.2Q
매출액	3,790	4,008	3,980	3,986	5,546	5,872
영업이익	187	452	451	424	349	471
당기순이익	130	215	313	117	287	262

재무 상태 〈단위 : 억원〉
항목	2012	2013	2014	2015	2016	2017.2Q
총자산	13,807	12,780	14,649	16,180	19,003	25,460
유형자산	4,959	5,064	5,416	5,775	5,766	8,125
무형자산	731	702	714	744	753	2,394
유가증권	25	24	308	4	4	1,389
총부채	7,990	6,463	7,754	9,091	11,092	17,224
총차입금	5,845	4,735	5,795	6,932	8,232	12,690
자본금	168	168	168	168	168	168
총자본	5,817	6,316	6,895	7,089	7,911	8,236
지배주주지분	5,559	6,305	6,904	7,129	7,925	8,176

기업가치 지표
항목	2012	2013	2014	2015	2016	2017.2Q
주가(최고/저)(천원)	310/159	386/260	386/279	374/243	364/240	—/—
PER(최고/저)(배)	10.6/5.4	17.5/11.8	21.9/15.8	110.3/71.6	16.3/10.9	—/—
PBR(최고/저)(배)	2.0/1.0	2.1/1.4	1.9/1.4	1.8/1.2	1.5/1.0	1.5/1.3
EV/EBITDA(배)	6.7	8.3	10.6	11.7	7.6	—/—
EPS(원)	30,497	22,794	18,034	3,451	22,300	16,476
BPS(원)	165,295	187,471	205,268	211,974	235,636	243,115
CFPS(원)	49,155	41,577	35,986	22,375	42,657	30,761
DPS(원)	3,000	3,000	2,000	2,000	3,000	
EBITDAPS(원)	60,214	51,889	42,087	35,975	65,387	38,653

재무 비율 〈단위 : % 〉
연도	영업이익률	순이익률	부채비율	차입금비율	ROA	ROE	유보율	자기자본비율	EBITDA마진율
2016	9.6	4.9	140.2	104.1	4.4	10.0	4,612.7	41.6	14.0
2015	4.2	0.5	128.2	97.8	0.5	1.7	4,139.5	43.8	8.9
2014	5.9	4.2	112.5	84.1	4.3	9.2	4,005.4	47.1	10.2
2013	7.7	5.8	102.3	75.0	6.3	12.9	3,649.4	49.4	12.1

동원수산 (A030720)
Dong Won Fisheries

업 종 : 식료품	시 장 : 거래소
신용등급 : (Bond) — (CP) —	기업규모 : 시가총액 소형주
홈 페 이 지 : www.dongwonfish.co.kr	연 락 처 : 02)528-8000
본 사 : 서울시 강남구 테헤란로 8길 8 동주빌딩 6층	

설 립 일	1970.05.05	종 업 원 수	201명	대 표 이 사	왕기철
상 장 일	1996.10.20	감 사 의 견	적정 (안진)	계 열	
결 산 기	12월	보 통 주	406만주	종속회사수	5개사
액 면 가	5,000원	우 선 주		구 상 호	

주주구성 (지분율,%)		출자관계 (지분율,%)		주요경쟁사 (외형,%)	
왕기철	13.8	윤국식품	100.0	동원수산	100
유왕	4.0	와이케이푸드서비스	60.0	사조대림	716
(외국인)	0.6	유왕	43.8	사조씨푸드	243

매출구성		비용구성		수출비중	
수산물외	56.4	매출원가율	89.9	수출	52.0
트롤 및 참치연승	34.7	판관비율	9.1	내수	48.0
빵가루, 냉동냉장료,임대료외	8.9				

회사 개요
동사는 원양어업을 통한 어획물, 수산물 판매 전문 기업으로서, 참치 관련 매출이 주를 이 룸. 중국 내 참치 소비 증가 및 경쟁국의 대규 모 선박 감척에 의한 공급 부족으로 동사의 수 요 전망은 양호한 편임. 식품사업 부문에서는 생산라인 증설 및 설비 현대화를 완료, 본격적 으로 가동 중임. 수출이 전체 매출의 70% 가 량을 차지함. 동시장은 수요처 집중에 따라 국 내 경기보다는 미국, 일본 등 선진국의 경기변 동에 큰 영향을 받는 특징이 있음.

실적 분석
동사의 2017년 상반기 연결기준 누적 매출액 은 898억우너로 전년 동기 대비 29.7% 증 가함. 매출이 늘면서 매출원가와 판관비도 늘 었지만 매출 상승에 따른 고정비용 감소 효과 로 인해 영업이익은 전년 동기 대비 501.9% 증가한 41.3원을 시현함. 비영업손익 부문 에서도 흑자 전환에 성공하면서 당기순이익 은 전년 동기 대비 1만1881.8% 증가한 57.7억원을 기록함.

현금 흐름		〈단위 : 억원〉
항목	2016	2017.2Q
영업활동	27	93
투자활동	-29	5
재무활동	6	-3
순현금흐름	5	95
기말현금	35	131

시장 대비 수익률

결산 실적					〈단위 : 억원〉	
항목	2012	2013	2014	2015	2016	2017
매출액	1,181	1,170	1,102	1,185	1,331	—
영업이익	19	-107	-118	23	13	—
당기순이익	16	-79	-75	-4	—	—

분기 실적					〈단위 : 억원〉	
항목	2016.1Q	2016.2Q	2016.3Q	2016.4Q	2017.1Q	2017.2Q
매출액	258	434	316	323	402	496
영업이익	6	0	13	-6	23	18
당기순이익	1	-1	16	-11	28	30

재무 상태					〈단위 : 억원〉	
항목	2012	2013	2014	2015	2016	2017.2Q
총자산	1,088	1,215	997	936	942	1,029
유형자산	216	323	295	273	305	288
무형자산	12	13	10	10	2	2
유가증권	86	99	5	5	6	6
총부채	636	775	655	600	606	647
총차입금	463	634	478	466	464	456
자본금	153	187	203	203	203	203
총자본	452	440	342	336	336	382
지배주주지분	421	404	341	337	336	383

기업가치 지표						
항목	2012	2013	2014	2015	2016	2017.2Q
주가(최고/저)(천원)	23.5/10.4	18.9/10.0	13.7/6.8	16.6/7.1	11.7/7.7	—/—
PER(최고/저)(배)	36.2/16.0	—/—	—/—	—/—	55.1/36.4	1.1/0.9
PBR(최고/저)(배)	1.7/0.8	1.8/0.9	1.6/0.8	2.0/0.9	1.4/0.9	1.1/0.9
EV/EBITDA(배)	17.6			15.7	21.5	
EPS(원)	660	-2,588	-1,910	-93	212	1,449
BPS(원)	13,750	10,789	8,395	8,312	8,284	9,444
CFPS(원)	1,538	-1,646	-1,111	507	784	1,728
DPS(원)	250					
EBITDAPS(원)	1,485	-2,403	-2,289	1,155	902	1,297

재무 비율								〈단위 : % 〉
연도	영업이익률	순이익률	부채비율	차입금비율	ROA	ROE	유보율	자기자본비율	EBITDA마진율
2016	1.0	0.4	180.0	138.1	0.6	2.6	65.7	35.7	2.8
2015	1.9	-0.6	178.7	138.7	-0.7	-1.1	66.2	35.9	4.0
2014	-10.7	-6.8	191.3	139.7	-6.8	-19.5	67.9	34.3	-7.9
2013	-9.2	-6.7	176.2	144.3	-6.8	-20.1	115.8	36.2	-6.6

동원시스템즈 (A014820)
DONGWON SYSTEMS CORP

업 종 : 용기 및 포장	시 장 : 거래소
신용등급 : (Bond) — (CP) A2	기업규모 : 시가총액 중형주
홈 페 이 지 : www.dongwonsystems.com	연 락 처 : 02)589-4700
본 사 : 경기도 성남시 중원구 둔촌대로 541번길 46 (상대원동)	

설 립 일	1980.05.10	종 업 원 수	513명	대 표 이 사	김영현,이필환, 조점근(각자대표)
상 장 일	1994.03.01	감 사 의 견	적정 (한영)	계 열	
결 산 기	12월	보 통 주	2,562만주	종속회사수	9개사
액 면 가	5,000원	우 선 주	27만주	구 상 호	

주주구성 (지분율,%)		출자관계 (지분율,%)		주요경쟁사 (외형,%)	
동원엔터프라이즈	85.5	동원건설산업	100.0	동원시스템즈	100
김호랑	0.3	TALOFASYSTEMS	100.0	락앤락	33
(외국인)	0.9	한진피앤씨	56.6	연우	18

매출구성		비용구성		수출비중	
[제품]연포장재,유리병,PET, 제관(CAN),압연 등	60.4	매출원가율	84.8	수출	—
아파트 건축등	19.1	판관비율	5.4	내수	—
[상품]연포장재,유리병,PET, 제관(CAN),압연 등	13.7				

회사 개요
동사는 1980년 설립돼 동원건설산업(주) 외 11개의 종속기업을 보유하고 있음. 주요 사업 으로 각종 포장재와 알미늄을 제조, 가공 및 판매하고 있음. 포장사업 부문은 국내 최초로 식관용 DRD 캔을 개발했고, E.O.E를 국내 생 산하여 수입을 대체하고, 수출 상품으로 육성 하고 있음. 인쇄사업부는 전 공정 자동화와 인쇄 공장을 준공해 품질향상과 원가절감 효과를 가져옴. 높은 기술력을 바탕으로 안정적인 수 익을 확보하고 있음.

실적 분석
동사의 2017년 2/4분기 연결기준 누적 매출 액은 전년동기 6,181.8억원 대비 0.7억원 감 소한 6,181.1억원을 기록함. 외형축소로 인 해 판관비가 전년동기 대비 5.9% 감소했음 에도 불구하고 영업이익은 전년동기 대비 5.1% 감소한 548.2억원 시현에 그침. 그러 나 비영부문에서 9.2억원의 이익을 기록함으 로 인해 당기순이익은 전년동기 대비 21.3% 증가한 469.2억원을 기록했음.

현금 흐름		〈단위 : 억원〉
항목	2016	2017.2Q
영업활동	1,100	-100
투자활동	-32	-171
재무활동	-1,067	-865
순현금흐름	2	-1,136
기말현금	1,589	453

시장 대비 수익률

결산 실적					〈단위 : 억원〉	
항목	2012	2013	2014	2015	2016	2017
매출액	4,181	5,493	7,546	12,183	13,008	—
영업이익	163	166	267	985	1,269	—
당기순이익	-11	94	4	461	806	—

분기 실적					〈단위 : 억원〉	
항목	2016.1Q	2016.2Q	2016.3Q	2016.4Q	2017.1Q	2017.2Q
매출액	3,003	3,179	3,320	3,506	2,950	3,231
영업이익	271	307	377	314	238	311
당기순이익	206	181	285	134	228	241

재무 상태					〈단위 : 억원〉	
항목	2012	2013	2014	2015	2016	2017.2Q
총자산	4,179	5,419	11,224	12,724	13,087	11,832
유형자산	393	736	3,460	4,007	3,974	3,962
무형자산	50	52	1,471	2,104	2,075	2,008
유가증권	139	-148	205	168	229	287
총부채	3,286	3,362	8,768	9,609	9,222	7,116
총차입금	2,042	1,394	5,836	6,460	5,685	4,227
자본금	616	1,217	1,217	1,217	1,217	1,217
총자본	893	2,057	2,456	3,114	3,865	4,716
지배주주지분	851	2,025	1,755	2,188	2,709	3,495

기업가치 지표						
항목	2012	2013	2014	2015	2016	2017.2Q
주가(최고/저)(천원)	13.2/9.1	11.7/6.4	31.3/8.2	131/22.0	94.4/51.7	—/—
PER(최고/저)(배)		27.8/15.3	349.0/91.6	103.6/17.4	39.9/21.8	—/—
PBR(최고/저)(배)	1.9/1.3	1.3/0.7	4.4/1.2	14.7/2.5	8.5/4.7	4.7/3.7
EV/EBITDA(배)	14.4	11.5	27.3	20.4	11.5	
EPS(원)	-34	429	91	1,274	2,376	1,548
BPS(원)	695	8,868	7,210	8,989	11,127	14,354
CFPS(원)	49	786	758	2,656	4,096	2,378
DPS(원)			250	250	250	
EBITDAPS(원)	184	1,040	1,763	5,428	6,931	3,082

재무 비율								〈단위 : % 〉
연도	영업이익률	순이익률	부채비율	차입금비율	ROA	ROE	유보율	자기자본비율	EBITDA마진율
2016	9.8	6.2	238.6	147.1	6.2	23.6	122.5	29.5	13.0
2015	8.1	3.8	308.6	207.4	3.9	15.7	79.8	24.5	10.9
2014	3.5	0.1	357.0	237.6	0.1	1.2	44.2	21.9	5.7
2013	3.0	1.7	163.5	67.8	2.0	7.3	77.4	38.0	4.6

ㄷ

동원에프앤비 (A049770)
Dongwon F&B

업 종 : 식료품		시 장 : 거래소	
신용등급 : (Bond) A+ (CP) A1		기업규모 : 시가총액 중형주	
홈페이지 : www.dongwonfnb.com		연 락 처 : 02)589-3000	
본 사 : 서울시 서초구 마방로 68 (양재동, 동원산업빌딩)			

설 립 일 2000.11.01	종업원수 3,310명	대표이사 김재옥	
상 장 일 2000.11.23	감사의견 적정 (한영)	계 열	
결 산 기 12월	보 통 주 386만주	종속회사수 9개사	
액 면 가 5,000원	우 선 주	구 상 호	

주주구성 (지분율,%)		출자관계 (지분율,%)		주요경쟁사 (외형,%)	
동원엔터프라이즈	71.3	동원F&B	100		
국민연금공단	6.0	동원산업	70		
(외국인)	4.6	신라교역	14		

매출구성		비용구성		수출비중	
참치통조림외(국내)	63.0	매출원가율	73.9	수출	2.0
소스류 및 유통 사업 외(국내)	30.5	판관비율	22.9	내수	98.0
참치통조림외(해외)	2.3				

회사 개요

동사는 일반식품, 유통, 조미식품, 유제품, 사료 등을 주로 판매함. 일반식품(참치캔) 에서는 시장점유율이 70%가 넘으며 1위 사업자 지위가 견고히 됨. 김, 냉동만두, 캔햄 등에서도 시장점유율이 10~30%를 기록함. 2015년 동사의 경영목표는 '기본으로 돌아가서 다시 기초를 튼튼히 하는 것'임. 1위 제품도 보유하고 있지만 경쟁이 치열해진 만큼 중국 시장 개척, 식자재 전용제품 개발, 온라인 채널 유통 확대를 위한 투자를 지속함.

실적 분석

동사의 2017년 상반기 연결기준 누적 매출액은 1조 2,214.6억원으로 전년 동기 대비 13.7% 증가함. 매출은 증가했지만 매출원가 또한 늘고 판매비와 관리비 부담도 커지면서 영업이익은 전년 동기 대비 1.6% 감소한 387.8억원을 시현함. 비영업손익 부문에서도 금융손실 등이 늘어 적자가 지속되면서 당기순이익은 전년 동기 대비 7.4% 감소한 263.7억원을 기록함.

현금 흐름 〈단위 : 억원〉

항목	2016	2017.2Q
영업활동	1,046	-349
투자활동	-544	-1,734
재무활동	-174	1,625
순현금흐름	330	-457
기말현금	684	227

시장 대비 수익률

결산 실적 〈단위 : 억원〉

항목	2012	2013	2014	2015	2016	2017
매출액	16,628	16,886	17,949	19,310	22,413	—
영업이익	344	586	823	771	733	—
당기순이익	212	366	592	568	537	—

분기 실적 〈단위 : 억원〉

항목	2016.1Q	2016.2Q	2016.3Q	2016.4Q	2017.1Q	2017.2Q
매출액	5,637	5,104	6,350	5,322	6,327	5,888
영업이익	278	117	282	56	301	87
당기순이익	203	81	224	29	237	26

재무 상태 〈단위 : 억원〉

항목	2012	2013	2014	2015	2016	2017.2Q
총자산	9,673	9,149	8,971	9,524	10,923	12,820
유형자산	3,468	3,597	3,653	3,815	3,880	4,473
무형자산	215	212	217	538	752	748
유가증권	87	84	76	153	146	146
총부채	5,697	4,879	4,185	4,302	5,317	7,050
총차입금	3,536	2,527	1,839	1,862	1,950	3,996
자본금	193	193	193	193	193	193
총자본	3,976	4,271	4,786	5,222	5,606	5,771
지배주주지분	3,973	4,267	4,784	5,221	5,604	5,768

기업가치 지표

항목	2012	2013	2014	2015	2016	2017.2Q
주가(최고/저)(천원)	72.1/55.3	135/70.0	354/124	550/263	395/192	—/—
PER(최고/저)(배)	14.0/10.7	14.9/7.7	23.7/8.3	38.0/18.2	28.7/14.0	—/—
PBR(최고/저)(배)	0.7/0.6	1.3/0.7	2.9/1.0	4.1/2.0	2.8/1.3	1.8/1.3
EV/EBITDA(배)	8.1	7.5	10.6	14.6	7.9	—/—
EPS(원)	5,484	9,471	15,350	14,731	13,901	6,806
BPS(원)	102,961	110,581	123,964	135,283	145,215	149,459
CFPS(원)	13,689	17,991	24,410	24,302	23,941	12,109
DPS(원)	1,500	2,000	3,000	2,500	2,500	—
EBITDAPS(원)	17,112	23,692	30,379	29,541	29,034	15,352

재무 비율 〈단위 : % 〉

연도	영업이익률	순이익률	부채비율	차입금비율	ROA	ROE	유보율	자기자본비율	EBITDA마진율
2016	3.3	2.4	94.8	34.8	5.3	9.9	2,804.3	51.3	5.0
2015	4.0	2.9	82.4	35.7	6.2	11.4	2,605.7	54.8	5.9
2014	4.6	3.3	87.4	38.4	6.5	13.1	2,379.3	53.4	6.5
2013	3.5	2.2	114.2	59.2	3.9	8.9	2,111.6	46.7	5.4

동일고무벨트 (A163560)
DRB Industrial

업 종 : 자동차부품		시 장 : 거래소	
신용등급 : (Bond) — (CP) —		기업규모 : 시가총액 소형주	
홈페이지 : www.drbworld.com		연 락 처 : 051)520-9000	
본 사 : 부산시 금정구 공단로 55번길 28			

설 립 일 2012.10.05	종업원수 596명	대표이사 문승필	
상 장 일 2012.10.19	감사의견 적정 (이정)	계 열	
결 산 기 12월	보 통 주 1,264만주	종속회사수 1개사	
액 면 가 500원	우 선 주	구 상 호	

주주구성 (지분율,%)		출자관계 (지분율,%)		주요경쟁사 (외형,%)	
DRB동일	44.1	DRB유니온벨티노	100.0	동일고무벨트	100
김세연	15.8			삼원강재	114
(외국인)	2.3			코프라	56

매출구성		비용구성		수출비중	
전동벨트, 컨베어벨트	59.1	매출원가율	77.6	수출	55.0
크롤러, 언더캐리지외	40.9	판관비율	13.2	내수	45.0

회사 개요

동사는 2012년 동일고무벨트주식회사에서 인적분할되어 설립된 회사로, DRB동일에 속한 계열회사임. 동력 전달에 널리 쓰이는 전동벨트 및 운반라인의 효율성을 극대화하는 컨베이어벨트를 생산하는 고무벨트 부문과 크롤러, 언더캐리지시스템 등을 제공하는 기타 고무제품 부문으로 구성됨. 동사는 주요 원재료의 가격 변화 위험에 노출돼 있음. 천연고무, 합성고무 가격은 경제, 기후, 유가에 민감하고 이로 인해 매출, 손익에 영향을 끼칠 수 있음.

실적 분석

고무벨트는 일반제조업, 조선업, 건설업, 자동차산업 등 다양한 산업과 연관을 가지며 연관산업의 발전과 함께 매출성장을 하는 분야임. 내수의 정체속에 지속적인 수출확장을 통한 성장에 노력하고 있음. 동사의 연결기준 2017년 상반기 매출액은 전년동기 15.3% 증가한 1,353.1억원임. 매출 규모 증가에도 불구하고 원가 상승하면서 영업손실 14.2억원 발생하여 적자전환함. 높은 원가율에 대한 개선 노력이 필요함.

현금 흐름 〈단위 : 억원〉

항목	2016	2017.2Q
영업활동	242	6
투자활동	-124	-60
재무활동	-7	-10
순현금흐름	112	-62
기말현금	402	340

시장 대비 수익률

결산 실적 〈단위 : 억원〉

항목	2012	2013	2014	2015	2016	2017
매출액	565	2,234	2,491	2,544	2,344	—
영업이익	45	201	255	230	217	—
당기순이익	35	140	192	192	179	—

분기 실적 〈단위 : 억원〉

항목	2016.1Q	2016.2Q	2016.3Q	2016.4Q	2017.1Q	2017.2Q
매출액	604	570	578	592	654	699
영업이익	59	58	39	62	48	-62
당기순이익	47	54	11	66	15	-62

재무 상태 〈단위 : 억원〉

항목	2012	2013	2014	2015	2016	2017.2Q
총자산	1,994	2,143	2,367	2,486	2,769	2,799
유형자산	1,039	1,059	1,110	1,121	1,159	1,235
무형자산	2	4	3	3	3	3
유가증권	0	0	1	0	4	4
총부채	870	886	939	884	991	1,079
총차입금	343	340	348	361	368	355
자본금	54	56	58	59	61	63
총자본	1,124	1,257	1,428	1,602	1,778	1,719
지배주주지분	1,124	1,257	1,428	1,602	1,778	1,719

기업가치 지표

항목	2012	2013	2014	2015	2016	2017.2Q
주가(최고/저)(천원)	9.6/5.9	8.1/6.0	10.3/6.5	15.8/8.3	15.3/9.3	—/—
PER(최고/저)(배)	35.7/22.1	7.5/5.5	6.9/4.4	10.5/5.5	10.9/6.6	—/—
PBR(최고/저)(배)	1.1/0.7	0.8/0.6	0.9/0.6	1.3/0.7	1.1/0.7	0.9/0.7
EV/EBITDA(배)	23.6	5.0	4.5	5.8	5.8	—/—
EPS(원)	276	1,106	1,522	1,521	1,415	-368
BPS(원)	10,502	11,320	12,421	13,478	14,492	13,602
CFPS(원)	372	1,422	1,874	1,867	1,719	-217
DPS(원)	59	58	77	76	95	—
EBITDAPS(원)	462	1,976	2,421	2,187	2,033	39

재무 비율 〈단위 : % 〉

연도	영업이익률	순이익률	부채비율	차입금비율	ROA	ROE	유보율	자기자본비율	EBITDA마진율
2016	9.3	7.6	55.7	20.7	6.8	10.6	2,798.4	64.2	10.6
2015	9.1	7.6	55.1	22.5	7.9	12.7	2,595.5	64.5	10.2
2014	10.3	7.7	65.7	24.4	8.5	14.3	2,384.2	60.3	11.2
2013	9.0	6.3	70.5	27.1	6.8	11.8	2,164.1	58.6	9.8

동일금속 (A109860)
DONGIL METAL

업 종 : 기계		시 장 : KOSDAQ	
신용등급 : (Bond) — (CP) —		기업규모 : 우량	
홈페이지 : www.dongilmetal.co.kr		연 락 처 : 054)333-5501	
본 사 : 경북 영천시 금호읍 금호로 6			

설 립 일	1984.12.20	종 업 원 수	61명	대 표 이 사	오길봉
상 장 일	2009.07.28	감 사 의 견	적정 (안경)	계 열	
결 산 기	12월	보 통 주	700만주	종속회사수	2개사
액 면 가	500원	우 선 주		구 상 호	

주주구성 (지분율,%)		출자관계 (지분율,%)		주요경쟁사 (외형,%)	
오길봉	30.4	동일산업		동일금속	100
오순택	20.1	SVIC25호신기술사업투자조합		아세아텍	172
(외국인)	1.2	SVIC30호신기술사업투자조합		나라엠앤디	222

매출구성		비용구성		수출비중	
크로라크레인 SHOE, 가공품(제품)	55.1	매출원가율	91.0	수출	—
굴삭기용 아이들러, 트랙스프링 콘튜뮬로드(제품	35.6	판관비율	6.4	내수	—
초대형 굴삭기용 트랙슈(제품)	4.9				

회사 개요
동사는 1984년 11월에 설립된 건설기계장비용 크롤러 크레인용 트랙슈 어셈블리, 텀블러, 아이들러와 굴삭기용 아이들러 어셈블리, 트랙스프링 어셈블리 등 주강제품을 생산하는 기업임. 동사는 품질, 가격, 적기공급에 있어서 비교우위를 확보하고 있어, 2013년 기준 전세계(중국 제외) 점유율 57.75%를 확보하고 있음. 생산제품은 전량 수출하며, 전세계 건설경기 및 SOC투자와 밀접한 관련이 있음.

실적 분석
동사의 2017년 2분기기준 누적 매출액은 전년동기대비 6.5% 상승한 339.9억원을 기록하였음. 비용면에서 전년동기대비 매출원가는 증가 했으며 인건비도 증가, 기타판매비와 관리비는 감소함. 이와 같이 상승한 매출액 대비 비용증가가 낮아 그에 따라 전년동기대비 영업이익은 11.2억원으로 -39.9% 크게 하락하였음. 최종적으로 전년동기대비 당기순이익은 크게 하락하여 19.9억원을 기록함.

현금 흐름 〈단위 : 억원〉

항목	2016	2017.2Q
영업활동	50	26
투자활동	-41	-10
재무활동	-25	-16
순현금흐름	-16	1
기말현금	28	28

시장 대비 수익률

결산 실적 〈단위 : 억원〉

항목	2012	2013	2014	2015	2016	2017
매출액	1,090	872	733	757	590	
영업이익	187	63	9	66	16	
당기순이익	161	74	75	80	37	

분기 실적 〈단위 : 억원〉

항목	2016.1Q	2016.2Q	2016.3Q	2016.4Q	2017.1Q	2017.2Q
매출액	153	166	135	136	161	179
영업이익	11	8	-1	-1	6	6
당기순이익	16	15	4	1	11	10

재무 상태 〈단위 : 억원〉

항목	2012	2013	2014	2015	2016	2017.2Q
총자산	1,082	1,035	1,161	1,189	1,204	1,220
유형자산	192	188	229	296	291	277
무형자산	38	29	29	28	51	49
유가증권	478	382	451	488	622	637
총부채	235	159	219	206	187	202
총차입금	63	41	78	85	90	84
자본금	35	35	35	35	35	35
총자본	847	875	943	983	1,016	1,017
지배주주지분	843	872	939	978	1,011	1,011

기업가치 지표

항목	2012	2013	2014	2015	2016	2017.2Q
주가(최고/저)(천원)	15.6/10.3	14.7/8.8	10.2/7.9	9.7/7.7	10.2/8.1	—/—
PER(최고/저)(배)	7.3/4.8	14.6/8.7	10.0/7.7	8.9/7.0	19.8/16.0	—/—
PBR(최고/저)(배)	1.4/0.9	1.2/0.7	0.8/0.6	0.7/0.6	0.7/0.5	0.7/0.6
EV/EBITDA(배)	3.3	5.9	15.1	4.6	16.9	—/—
EPS(원)	2,306	1,069	1,070	1,124	515	278
BPS(원)	12,061	12,547	13,516	14,350	15,099	15,182
CFPS(원)	2,482	1,285	1,327	1,396	921	474
DPS(원)	200	150	140	160	100	
EBITDAPS(원)	2,854	1,114	386	1,215	631	356

재무 비율 〈단위 : % 〉

연도	영업이익률	순이익률	부채비율	차입금비율	ROA	ROE	유보율	자기자본비율	EBITDA마진율
2016	2.7	6.2	18.5	8.8	3.1	3.6	2,919.7	84.4	7.5
2015	8.7	10.6	21.0	8.6	8.2	8.2	2,770.1	82.7	11.2
2014	1.2	10.2	23.2	8.3	6.8	8.3	2,603.2	81.2	3.7
2013	7.2	8.5	18.2	4.7	7.0	8.7	2,409.3	84.6	8.9

동일기연 (A032960)
DONGIL TECHNOLOGY

업 종 : 전자 장비 및 기기		시 장 : KOSDAQ	
신용등급 : (Bond) — (CP) —		기업규모 : 벤처	
홈페이지 : www.dongiltech.co.kr		연 락 처 : 031)299-5500	
본 사 : 경기도 화성시 남양읍 남양로 930번길 28 동일기연			

설 립 일	1986.03.10	종 업 원 수	153명	대 표 이 사	손동준
상 장 일	1997.07.18	감 사 의 견	적정 (대주)	계 열	
결 산 기	12월	보 통 주	596만주	종속회사수	3개사
액 면 가	500원	우 선 주		구 상 호	

주주구성 (지분율,%)		출자관계 (지분율,%)		주요경쟁사 (외형,%)	
아침해	23.6	새한오존	84.3	동일기연	100
아침해의료기	13.5	동일비전	34.4	파크시스템스	86
(외국인)		위해동일기연전자유한공사	100.0	엔에스	105

매출구성		비용구성		수출비중	
전자부품(전자파 제거 등)	91.1	매출원가율	59.4	수출	49.0
산업용, 의료기	8.9	판관비율	36.7	내수	51.0
상품(전자부품)	0.0				

회사 개요
동사는 전자 제품 등에 사용되는 EMI필터 제조업을 영위하고 있음. 이는 전기·전자기기에서 발생하는 불필요한 유해전자파를 제거 또는 감쇄하여 제품의 전자파 장해(EMI)를 방지하고 전자파 적합성을 유지시켜주는 부품으로 모니터, 정보·통신기기, 산업용 기기 등 다양한 분야에 사용되고 있음. 전자부품 조립 사업을 영위하는 위해동일기연유한공사, 전자제품을 제조해 판매하는 새한오존, 센서 및 부품 사업을 영위하는 동일비전을 연결대상 종속회사로 보유함.

실적 분석
2017년 상반기 연결 기준 동사 매출은 176.5억원을 기록함. 전년 동기 대비 28.7% 성장함. 매출원가가 22.7% 증가하고 인건비 상승 등으로 인해 판매비와 관리비 또한 35.5% 늘었으나 매출증가가 이를 상회함. 이에 영업이익은 전년 동기 대비 42.2% 증가한 23.5억원을 시현함. 다만 비영업부문 이익이 감소해 당기순이익 역시 31.6% 축소된 25.2억원을 기록하는 데 그침.

현금 흐름 〈단위 : 억원〉

항목	2016	2017.2Q
영업활동	37	6
투자활동	-30	-50
재무활동	2	-1
순현금흐름	10	-45
기말현금	87	42

시장 대비 수익률

결산 실적 〈단위 : 억원〉

항목	2012	2013	2014	2015	2016	2017
매출액	355	320	331	285	283	
영업이익	37	31	31	18	11	
당기순이익	63	45	41	35	53	

분기 실적 〈단위 : 억원〉

항목	2016.1Q	2016.2Q	2016.3Q	2016.4Q	2017.1Q	2017.2Q
매출액	65	72	73	72	90	87
영업이익	6	10	1	-6	13	11
당기순이익	25	12	8	8	6	19

재무 상태 〈단위 : 억원〉

항목	2012	2013	2014	2015	2016	2017.2Q
총자산	595	635	667	599	658	669
유형자산	41	39	55	96	44	42
무형자산	5	5	5	6	11	10
유가증권	151	119	154	121	152	248
총부채	79	73	59	58	64	54
총차입금	1				2	2
자본금	43	43	44	45	46	47
총자본	517	562	608	541	594	615
지배주주지분	513	558	603	536	583	609

기업가치 지표

항목	2012	2013	2014	2015	2016	2017.2Q
주가(최고/저)(천원)	13.3/6.4	11.0/7.7	13.2/7.7	16.5/9.1	17.4/12.4	—/—
PER(최고/저)(배)	15.8/7.5	14.8/10.4	17.8/10.4	24.6/13.6	18.3/13.1	—/—
PBR(최고/저)(배)	1.3/0.6	1.0/0.7	1.1/0.6	1.3/0.7	1.3/0.9	1.0/0.9
EV/EBITDA(배)	11.8	4.3	4.6	22.4	24.6	—/—
EPS(원)	857	752	747	674	952	495
BPS(원)	12,702	13,126	13,471	13,700	14,279	14,268
CFPS(원)	1,092	939	910	812	1,107	589
DPS(원)	85	60	60	60	60	
EBITDAPS(원)	677	678	663	413	312	487

재무 비율 〈단위 : % 〉

연도	영업이익률	순이익률	부채비율	차입금비율	ROA	ROE	유보율	자기자본비율	EBITDA마진율
2016	3.8	18.8	10.8	0.3	8.5	10.1	1,678.3	90.3	6.4
2015	6.3	12.3	10.7	0.0	5.5	7.1	1,585.9	90.2	8.1
2014	9.4	12.5	9.6	0.0	6.4	7.7	1,533.8	91.2	10.8
2013	9.8	14.0	13.0	0.0	7.3	8.4	1,468.7	88.5	11.0

동일방직 (A001530)
DONG-IL

업　　종 : 섬유 및 의복　　　　　　　　시　　장 : 거래소
신용등급 : (Bond) —　　　(CP) —　　기업규모 : 시가총액 소형주
홈 페 이 지 : www.dong-il.com　　　　　연 락 처 : 02)2222-3071
본　　사 : 서울시 강남구 테헤란로 516, 정현빌딩 8층

설 립 일	1955.08.05	종업원수 439명	대 표 이 사 서민석,김인환
상 장 일	1964.01.04	감 사 의 견 적정 (신한)	계　　　열
결 산 기	12월	보 통 주 234만주	종속회사수 11개사
액 면 가	5,000원	우 선 주	구 상 호

주주구성 (지분율,%)		출자관계 (지분율,%)		주요경쟁사 (외형,%)	
정현재단	10.4	동일씨앤이	100.0	동일방직	100
서민석	6.8	디아이알	100.0	데코앤이	7
(외국인)	3.0	디아이비즈	100.0	신영와코루	22

매출구성		비용구성		수출비중	
[동일방직(주)]상품류	69.3	매출원가율	76.2	수출	—
[동일방직(주)]사 류	16.0	판관비율	21.7	내수	—
[동일방직(주)]임대료,부산물등	7.1				

회사 개요
동사는 1955년 설립되어 섬유제품의 제조, 가공 및 판매를 주요 사업으로 하고 있음. 그 외 의류제품 제조 및 판매업, 알루미늄박 및 열교환기 제조, 판매업 등도 영위 중임. 섬유제품 제조 시장에서 일신방직, 경방에 이어 국내 3위권의 시장점유율을 보이고 있음. 계열회사 중에서는 동사 외에 라코스테를 주요 브랜드로 하는 동일드방레, 전기전자부품용 알루미늄 제품을 생산하는 동일알루미늄 등의 매출기여도가 큼.

실적 분석
동사의 2017년 연결기준 상반기 매출액은 4,379.5억원으로 전년동기 대비 3.6% 증가함. 영업이익은 160.8억원으로 전년 대비 57.2% 증가함. 당기순이익은 45.5억원으로 467.2% 증가함. 컴팩트사 전문 2공장 건설은 2017년 연말 가동을 목표로 진행 중. 염가공 부문 시화, 안산, 반월공장은 염색기 및 와인더기 일부 설비를 고품질 제품 생산을 위해 교체함.

현금 흐름
〈단위 : 억원〉

항목	2016	2017.2Q
영업활동	86	125
투자활동	5	-37
재무활동	-87	-160
순현금흐름	6	-74
기말현금	449	374

시장 대비 수익률

결산 실적
〈단위 : 억원〉

항목	2012	2013	2014	2015	2016	2017
매출액	7,523	7,731	7,646	7,741	8,224	—
영업이익	-12	280	141	104	173	—
당기순이익	-53	148	42	-75	11	—

분기 실적
〈단위 : 억원〉

항목	2016.1Q	2016.2Q	2016.3Q	2016.4Q	2017.1Q	2017.2Q
매출액	2,006	2,223	1,991	2,005	2,078	2,302
영업이익	-3	105	33	38	31	130
당기순이익	-51	59	-1	4	-30	76

재무 상태
〈단위 : 억원〉

항목	2012	2013	2014	2015	2016	2017.2Q
총자산	9,200	9,942	9,848	9,787	9,869	9,791
유형자산	5,349	5,722	5,795	5,889	5,538	5,509
무형자산	55	90	153	122	185	182
유가증권	367	477	418	386	200	205
총부채	3,589	4,257	4,241	4,321	4,445	4,469
총차입금	2,000	2,430	2,680	2,958	2,984	2,871
자본금	111	111	111	113	115	117
총자본	5,611	5,685	5,608	5,466	5,424	5,322
지배주주지분	5,261	5,299	5,191	5,023	4,956	4,951

기업가치 지표

항목	2012	2013	2014	2015	2016	2017.2Q
주가(최고/저)(천원)	52.1/37.8	51.8/39.3	88.8/45.9	89.6/56.3	62.6/57.6	—/—
PER(최고/저)(배)	—/—	29.6/22.4	—/—	—/—	—/—	—/—
PBR(최고/저)(배)	0.2/0.2	0.2/0.2	0.4/0.2	0.4/0.3	0.3/0.3	0.3/0.3
EV/EBITDA(배)	14.3		6.9	11.9	12.4	10.8
EPS(원)	-7,123	1,827	-2,174	-6,317	-1,608	418
BPS(원)	247,452	249,943	246,118	235,095	228,023	223,748
CFPS(원)	2,143	11,497	8,097	4,360	8,240	418
DPS(원)	750	1,000	625	625	625	
EBITDAPS(원)	9,122	22,233	16,745	15,530	17,404	6,884

재무 비율
〈단위 : % 〉

연도	영업이익률	순이익률	부채비율	차입금비율	ROA	ROE	유보율	자기자본비율	EBITDA마진율
2016	2.1	0.1	82.0	55.0	0.1	-0.8	4,460.5	55.0	4.9
2015	1.4	-1.0	79.1	54.1	-0.8	-2.9	4,601.9	55.9	4.5
2014	1.8	0.6	75.6	47.8	0.4	-1.0	4,822.4	56.9	4.9
2013	3.6	1.9	74.9	42.7	1.5	0.8	4,898.9	57.2	6.4

동일산업 (A004890)
Dongil Industries

업　　종 : 금속 및 광물　　　　　　　　시　　장 : 거래소
신용등급 : (Bond) —　　　(CP) —　　기업규모 : 시가총액 소형주
홈 페 이 지 : www.dongil.co.kr　　　　연 락 처 : 054)285-7251
본　　사 : 경북 포항시 남구 괴동로 112 (장흥동)

설 립 일	1966.12.27	종업원수 228명	대 표 이 사 오순택,오승민
상 장 일	2005.06.30	감 사 의 견 적정 (안경)	계　　　열
결 산 기	12월	보 통 주 243만주	종속회사수
액 면 가	5,000원	우 선 주	구 상 호

주주구성 (지분율,%)		출자관계 (지분율,%)		주요경쟁사 (외형,%)	
오순택	26.1	희망경제기업구조조정조합1호	6.2	동일산업	100
디씨엠	5.2	SVIC30호신기술사업투자조합	5.3	세아특수강	220
(외국인)	7.0	SVIC25호신기술사업투자	3.0	유성티엔에스	145

매출구성		비용구성		수출비중	
[제품]봉강 외	56.3	매출원가율	91.0	수출	56.0
[제품]훼로망간 외	21.5	판관비율	5.0	내수	44.0
[상품]훼로실리콘 외	11.9				

회사 개요
동사는 1966년 주강, 특수강 및 합금철 등의 제조를 목적으로 설립된 후 1987년 7월 동일전공을 흡수합병하였고, 1997년 10월 동일철강을 흡수합병함. 동사는 봉강사업부, 합금철사업부, 주조사업부 등 크게 3가지 사업부문으로 나뉨. 봉강사업부는 네ођ 등에 납품하며, 합금철사업부는 포스코, 현대제철 등 대기업을 고객사로 확보함. 주강 및 특수강을 생산하는 주조사업부는 두산인프라코어 등에 납품함.

실적 분석
동사의 2017년 2분기기준 누적 매출액은 전년동기대비 27% 상승한 1,876.6억원을 기록함. 용비용면에서 전년동기대비 매출원가는 증가 하였으며 인건비도 증가, 광고선전비는 거의 동일 하였으며 기타판매비와관리비는 증가함. 이와 같이 상승한 매출액 만큼 비용증가도 있었으나 매출액의 더 큰 상승에 힘입어 그에 따라 전년동기대비 영업이익은 119.5억원으로 102.2% 크게 상승하였음. 최종적으로 전년동기대비 당기순이익은 상승하여 123억원을 기록함.

현금 흐름
〈단위 : 억원〉

항목	2016	2017.2Q
영업활동	214	114
투자활동	-276	35
재무활동	-14	-29
순현금흐름	-76	120
기말현금	242	362

시장 대비 수익률

결산 실적
〈단위 : 억원〉

항목	2012	2013	2014	2015	2016	2017
매출액	4,386	3,799	3,642	3,082	3,044	—
영업이익	275	62	104	20	123	—
당기순이익	289	93	112	42	134	—

분기 실적
〈단위 : 억원〉

항목	2016.1Q	2016.2Q	2016.3Q	2016.4Q	2017.1Q	2017.2Q
매출액	666	812	691	875	923	954
영업이익	6	53	32	32	65	55
당기순이익	19	55	33	27	66	57

재무 상태
〈단위 : 억원〉

항목	2012	2013	2014	2015	2016	2017.2Q
총자산	3,619	3,601	3,569	3,475	3,714	3,847
유형자산	981	966	923	843	757	733
무형자산	14	14	12	4	10	10
유가증권	360	1,016	1,076	1,277	1,544	1,502
총부채	530	535	410	318	449	478
총차입금	57	17	10			
자본금	121	121	121	121	121	121
총자본	3,089	3,065	3,159	3,157	3,265	3,368
지배주주지분	3,089	3,065	3,159	3,157	3,265	3,368

기업가치 지표

항목	2012	2013	2014	2015	2016	2017.2Q
주가(최고/저)(천원)	62.7/40.5	60.2/44.4	64.2/46.6	79.8/47.0	84.7/49.4	—/—
PER(최고/저)(배)	5.7/3.7	16.6/12.2	14.4/10.5	47.2/27.8	15.5/9.0	—/—
PBR(최고/저)(배)	0.5/0.3	0.5/0.4	0.5/0.4	0.6/0.4	0.6/0.4	0.6/0.5
EV/EBITDA(배)	1.4		0.5	2.4	1.7	—/—
EPS(원)	11,914	3,834	4,623	1,733	5,539	5,070
BPS(원)	129,580	129,469	133,689	134,451	139,076	143,347
CFPS(원)	16,058	8,191	9,056	5,949	9,395	7,019
DPS(원)	1,250	750	1,000	1,000	1,200	
EBITDAPS(원)	15,479	6,911	8,729	5,025	8,918	6,875

재무 비율
〈단위 : % 〉

연도	영업이익률	순이익률	부채비율	차입금비율	ROA	ROE	유보율	자기자본비율	EBITDA마진율
2016	4.0	4.4	13.8		3.7	4.2	2,681.5	87.9	7.1
2015	0.6	1.4	10.1	0.0	1.2	1.3	2,589.0	90.9	4.0
2014	2.9	3.1	13.0	0.3	3.1	3.6	2,573.8	88.5	5.8
2013	1.6	2.5	17.5	0.6	2.6	3.0	2,489.4	85.1	4.4

동일제강 (A002690)
DONG IL STEEL MFG CO

업　　　종 : 금속 및 광물		시　　　장 : 거래소	
신용등급 : (Bond) — (CP) —		기업규모 : 시가총액 소형주	
홈페이지 : www.dongil-steel.com		연 락 처 : 031)677-1234	
본　　　사 : 경기도 안성시 미양면 안성맞춤대로 474-40			

설 립 일	1959.07.13	종 업 원 수	104명	대 표 이 사	김익중,김우진
상 장 일	2015.09.24	감 사 의 견	적정 (광교)	계 열	
결 산 기	12월	보 통 주	1,500만주	종속회사수	
액 면 가	500원	우 선 주		구 상 호	

주주구성 (지분율,%)		출자관계 (지분율,%)		주요경쟁사 (외형,%)	
에스폼알파	32.0	삼목	30.0	동일제강	100
김준년	6.7	삼목에스폼	3.7	경남스틸	280
(외국인)	1.3			부국철강	148

매출구성		비용구성		수출비중	
CDB	29.2	매출원가율	89.0	수출	8.0
SUS CDB	28.2	판관비율	5.2	내수	92.0
PC강연선	23.0				

회사 개요

동사는 PC강선 및 강연선, 아연도 강선 및 강연선, 경강선, 마봉강 등을 제조, 판매 등을 영위할 목적으로 1959년에 설립됨. 동사는 철강사업과 관련한 선재와 마봉강을 생산하고 있으나, 중장기적 관점에서 성장동력을 높이기 위해 자동차부품용 소재인 알루미늄 세경봉 영업을 위한 준비를 하고 있는 상황임. 동사는 2016년 기준 국내시장 점유율이 주력제품인 스테인리스 마봉강이 38.4%, 선재 부문에선 13.3%를 차지함.

실적 분석

동사는 2017년 상반기 매출액이 541.3억원으로 전년 동기 대비 11.8% 증가했고, 영업이익은 22.5억원으로 전년 동기 26.6억원에 비해 15.4% 감소했음. 원재료인 선재, 마봉재, 스테인리스 등의 가격이 상승하면서 매출원가가 매출액보다 더 큰 비율로 상승하면서 수익성이 악화됨. 동사의 유동부채는 2016년 4분기말 112.7억원에서 2017년 2분기말 150.6억원으로 증가했음.

현금 흐름 *IFRS 별도 기준 〈단위 : 억원〉

항목	2016	2017.2Q
영업활동	92	7
투자활동	-204	-15
재무활동	5	1
순현금흐름	-107	-3
기말현금	68	65

시장 대비 수익률

결산 실적 〈단위 : 억원〉

항목	2012	2013	2014	2015	2016	2017
매출액	1,530	1,243	1,222	1,068	947	—
영업이익	27	38	91	82	56	—
당기순이익	31	37	63	66	48	—

분기 실적 *IFRS 별도 기준 〈단위 : 억원〉

항목	2016.1Q	2016.2Q	2016.3Q	2016.4Q	2017.1Q	2017.2Q
매출액	229	255	227	236	281	260
영업이익	5	22	5	24	18	5
당기순이익	5	16	5	22	15	5

재무 상태 *IFRS 별도 기준 〈단위 : 억원〉

항목	2012	2013	2014	2015	2016	2017.2Q
총자산	1,327	1,219	1,375	1,446	1,468	1,527
유형자산	607	568	576	652	690	686
무형자산	2	2	2	1	1	1
유가증권	3	38	113	75	91	90
총부채	396	234	271	162	158	200
총차입금	217	59	65	3	7	13
자본금	25	25	50	75	75	75
총자본	931	985	1,104	1,284	1,310	1,327
지배주주지분	931	985	1,104	1,284	1,310	1,327

기업가치 지표 *IFRS 별도 기준

항목	2012	2013	2014	2015	2016	2017.2Q
주가(최고/저)(천원)	—/—	—/—	—/—	3.3/3.0	4.1/3.0	—/—
PER(최고/저)(배)	0.0/0.0	0.0/0.0	0.0/0.0	5.8/5.2	12.9/9.7	—/—
PBR(최고/저)(배)	0.0/0.0	0.0/0.0	0.0/0.0	0.4/0.4	0.5/0.4	0.5/0.4
EV/EBITDA(배)	2.0	0.5	—	2.8	4.7	—
EPS(원)	310	374	632	578	317	132
BPS(원)	186,165	196,971	110,375	8,562	8,734	8,845
CFPS(원)	22,116	17,743	8,529	766	521	262
DPS(원)				20	20	
EBITDAPS(원)	21,304	17,913	11,351	908	575	280

재무 비율 〈단위 : % 〉

연도	영업이익률	순이익률	부채비율	차입금비율	ROA	ROE	유보율	자기자본비율	EBITDA마진율
2016	5.9	5.0	12.1	0.6	3.3	3.7	1,646.8	89.2	9.1
2015	7.7	6.2	12.6	0.2	4.7	5.5	1,612.4	88.8	9.7
2014	7.5	5.2	24.6	5.9	4.9	6.1	2,107.5	80.3	9.3
2013	3.1	3.0	23.8	6.0	3.1	3.9	3,839.4	80.8	7.2

동일철강 (A023790)
DONGIL STEEL

업　　　종 : 금속 및 광물		시　　　장 : KOSDAQ	
신용등급 : (Bond) — (CP) —		기업규모 :	
홈페이지 : www.dongilsteel.com		연 락 처 : 051)316-5341	
본　　　사 : 부산시 사상구 가야대로 46			

설 립 일	1967.07.12	종 업 원 수	108명	대 표 이 사	장인화
상 장 일	1994.11.07	감 사 의 견	적정 (삼정)	계 열	
결 산 기	12월	보 통 주	735만주	종속회사수	
액 면 가	500원	우 선 주		구 상 호	

주주구성 (지분율,%)		출자관계 (지분율,%)		주요경쟁사 (외형,%)	
장인화	26.4	화인베스틸	15.5	동일철강	100
화인인터내셔널	24.4			하이스틸	256
(외국인)	0.3			한국주강	46

매출구성		비용구성		수출비중	
마봉강	29.7	매출원가율	85.0	수출	0.0
부등변 앵글	25.6	판관비율	8.7	내수	100.0
일반형강	20.2				

회사 개요

동사는 철강제품제조 및 판매를 주목적사업으로 1967년에 설립되었으며 주로 기계부품소재로 사용되는 봉강과 형강을 원재료인 빌렛을 열간 압연하여 생산하는 업체임. 봉강은 자동차, 조선 및 기계산업을, 형강은 건설 및 토목공사를 전방산업으로 함. 한국철강협회 자료로 동사의 시장점유율은 봉강 압연업체 기준으로 0.9%이고, 1,2위는 세아베스틸(점유율 67.5%), 현대제철(11.6%)임.

실적 분석

동사는 2017년 상반기 누적 매출액이 261.1억원으로 전년 동기 대비 11.0% 감소했고, 영업이익은 7.3억원으로 전년 동기에 비해 77.2% 감소함. 동사는 주요 원재료인 빌렛의 가격이 2016년 MT당 370달러에서 431달러로 인상했으며, 주요 제품인 마환봉은 MT당 80만원에서 91.8만원으로 인상되는데 그쳐 수익성이 악화됨. 비영업부문에서도 손실이 12.2억원으로 전년 동기 5.0억원에서 적자폭이 확대돼 당기순손실 4.9억원임.

현금 흐름 *IFRS 별도 기준 〈단위 : 억원〉

항목	2016	2017.2Q
영업활동	-20	-1
투자활동	25	-7
재무활동	-4	1
순현금흐름	1	-6
기말현금	14	8

시장 대비 수익률

결산 실적 〈단위 : 억원〉

항목	2012	2013	2014	2015	2016	2017
매출액	827	368	395	541	582	—
영업이익	-48	-14	-74	-89	37	—
당기순이익	-48	4	-144	-106	-10	—

분기 실적 *IFRS 별도 기준 〈단위 : 억원〉

항목	2016.1Q	2016.2Q	2016.3Q	2016.4Q	2017.1Q	2017.2Q
매출액	144	149	124	164	124	137
영업이익	17	15	1	4	7	0
당기순이익	10	18	-5	-32	-1	-4

재무 상태 *IFRS 별도 기준 〈단위 : 억원〉

항목	2012	2013	2014	2015	2016	2017.2Q
총자산	791	802	998	784	1,226	1,216
유형자산	175	388	397	331	744	742
무형자산	7	14	14	14	8	8
유가증권	62	11	10	6	6	6
총부채	406	414	757	649	770	765
총차입금	367	380	665	575	572	574
자본금	37	37	37	37	37	37
총자본	385	388	242	135	456	451
지배주주지분	385	388	242	135	456	451

기업가치 지표 *IFRS 별도 기준

항목	2012	2013	2014	2015	2016	2017.2Q
주가(최고/저)(천원)	10.5/4.3	6.5/3.8	6.7/4.2	5.2/3.6	7.0/2.2	—/—
PER(최고/저)(배)	—/—	134.5/79.3	—/—	—/—	—/—	—/—
PBR(최고/저)(배)	1.5/0.6	0.9/0.5	1.3/0.8	1.4/0.9	0.9/0.3	0.8/0.5
EV/EBITDA(배)					18.7	—
EPS(원)	-649	48	-1,954	-1,437	-141	-67
BPS(원)	7,217	7,260	5,270	3,813	8,180	8,114
CFPS(원)	-454	191	-1,658	-1,205	73	39
DPS(원)						
EBITDAPS(원)	-455	-52	-717	-973	713	205

재무 비율 〈단위 : % 〉

연도	영업이익률	순이익률	부채비율	차입금비율	ROA	ROE	유보율	자기자본비율	EBITDA마진율
2016	6.3	-1.8	169.0	125.5	-1.0	-3.5	1,536.1	37.2	9.0
2015	-16.4	-19.5	481.7	426.5	-11.8	-56.1	662.6	17.2	-13.2
2014	-18.9	-36.3	312.9	274.9	-15.9	-45.6	953.9	24.2	-13.3
2013	-3.9	1.0	106.8	97.9	0.5	0.9	1,351.9	48.4	-1.0

동진쎄미켐 (A005290)
Dongjin Semichem

업 종 : 반도체 및 관련장비
신용등급 : (Bond) — (CP) —
홈 페 이 지 : www.dongjin.com
본 사 : 인천시 서구 백범로 644

시 장 : KOSDAQ
기업규모 : 우량
연 락 처 : 032)578-5091

설 립 일	1973.07.10	종 업 원 수	1,032명	대 표 이 사	이부섭,이준혁
상 장 일	1999.12.15	감 사 의 견	적정 (정동)	계	열
결 산 기	12월	보 통 주	5,013만주	종속회사수	13개사
액 면 가	500원	우 선 주		구 상 호	

주주구성 (지분율,%)		출자관계 (지분율,%)		주요경쟁사 (외형,%)	
동진홀딩스	28.0	동진글로벌홀딩스	100.0	동진쎄미켐	100
이부섭	8.4	신암정유	69.6	원익머트리얼즈	23
(외국인)	6.6	이엔에이치	0.1	유진테크	18

매출구성		비용구성		수출비중	
국내전자재료	74.6	매출원가율	83.9	수출	66.0
해외전자재료	25.1	판관비율	10.2	내수	34.0
국내정유외	0.3				

회사 개요

동사는 1973년 설립되어 반도체 및 TFT-LCD의 노광공정에 사용되는 Photoresist 관련 전자재료사업과 산업용 기초소재인 발포제사업을 주로 하고 있음. 발포제의 경우 인도네시아 현지법인인 PT.Dongjin Indonesia에서 생산을 담당하고 있음. 동사의 계열회사는 국내 신암정유 외 국외 12개사임. 발포제 부문에서 스웨덴, 일본에 이어 세계 네 번째 상용화된 동사의 Microsphere가 판매신장이 두드러짐.

실적 분석

동사는 2017년 상반기 매출액이 3,906.8억원으로 전년 동기 대비 3.0% 증가했고, 영업이익은 339.6억원으로 전년 동기에 비해 27.2% 증가함. 동사는 매출보다 적은 수준으로 매출원가가 증가하고, 판매관리비에서 감가상각비가 줄어 영업이익이 증가함. 외환손실이 전년 동기 27.7억원에서 7.8억원으로 줄여 영업외손실의 규모를 줄여 당기순이익은 전년 동기에 비해 66.5% 증가한 236.9억원을 기록함.

현금 흐름 〈단위 : 억원〉

항목	2016	2017.2Q
영업활동	1,066	376
투자활동	-692	-283
재무활동	-307	-85
순현금흐름	59	-1
기말현금	618	620

시장 대비 수익률

결산 실적 〈단위 : 억원〉

항목	2012	2013	2014	2015	2016	2017
매출액	5,712	6,544	6,696	7,093	7,650	—
영업이익	274	234	377	585	454	—
당기순이익	72	38	106	199	264	—

분기 실적 〈단위 : 억원〉

항목	2016.1Q	2016.2Q	2016.3Q	2016.4Q	2017.1Q	2017.2Q
매출액	1,906	1,888	1,926	1,930	1,952	1,955
영업이익	167	100	91	96	160	180
당기순이익	100	43	42	79	103	134

재무 상태 〈단위 : 억원〉

항목	2012	2013	2014	2015	2016	2017.2Q
총자산	5,947	6,211	6,277	6,557	6,576	6,644
유형자산	3,217	3,441	3,410	3,341	3,199	3,215
무형자산	265	267	238	210	195	180
유가증권	32	39	37	43	86	185
총부채	4,605	4,826	4,889	4,852	4,607	4,408
총차입금	3,973	4,148	4,141	4,084	3,732	3,560
자본금	210	210	210	234	237	251
총자본	1,341	1,385	1,388	1,705	1,969	2,236
지배주주지분	1,289	1,329	1,328	1,643	1,902	2,167

기업가치 지표

항목	2012	2013	2014	2015	2016	2017.2Q
주가(최고/저)(천원)	4.5/3.1	5.1/3.3	4.0/3.3	7.7/3.5	11.9/4.2	—/—
PER(최고/저)(배)	32.4/22.5	67.1/43.8	17.0/14.1	17.7/8.0	21.8/7.7	—/—
PBR(최고/저)(배)	1.6/1.1	1.7/1.1	1.3/1.1	2.2/1.0	3.0/1.1	3.7/1.9
EV/EBITDA(배)	9.9	9.9	7.5	6.6	6.6	
EPS(원)	147	80	242	443	550	479
BPS(원)	3,066	3,161	3,160	3,514	4,010	4,323
CFPS(원)	835	842	1,060	1,240	2,110	926
DPS(원)	60	60	60	60	60	
EBITDAPS(원)	1,339	1,320	1,715	2,106	2,522	1,140

재무 비율 〈단위 : % 〉

연도	영업이익률	순이익률	부채비율	차입금비율	ROA	ROE	유보율	자기자본비율	EBITDA마진율
2016	5.9	3.5	233.9	189.5	4.0	14.7	702.1	30.0	15.6
2015	8.2	2.8	284.6	239.6	3.1	13.3	602.7	26.0	13.3
2014	5.6	1.6	352.1	298.2	1.7	7.7	532.0	22.1	10.8
2013	3.6	0.6	348.5	299.5	0.6	2.6	532.2	22.3	8.5

동화기업 (A025900)
DONGWHA ENTERPRISE

업 종 : 종이 및 목재
신용등급 : (Bond) — (CP) —
홈 페 이 지 : www.dongwha.co.kr
본 사 : 인천시 서구 가정로97번길 28(가좌동)

시 장 : KOSDAQ
기업규모 : 우량
연 락 처 : 032)585-0728

설 립 일	1948.04.02	종 업 원 수	682명	대 표 이 사	김홍진
상 장 일	1995.08.07	감 사 의 견	적정 (안진)	계	열
결 산 기	12월	보 통 주	1,436만주	종속회사수	11개사
액 면 가	500원	우 선 주		구 상 호	동화홀딩스

주주구성 (지분율,%)		출자관계 (지분율,%)		주요경쟁사 (외형,%)	
Dongwha international	45.8	태양합성	100.0	동화기업	100
승은호	9.3	한국일보사	60.0	한솔제지	222
(외국인)	34.1	대성목재공업	58.0	깨끗한나라	102

매출구성		비용구성		수출비중	
[소재사업]PB(대성목재) 외 기타	49.7	매출원가율	72.0	수출	—
[소재사업]해외(베트남)	15.6	판관비율	16.1	내수	—
[소재사업]MDF	14.4				

회사 개요

동사는 1948년 설립, 2003년에 지주회사(동아홀딩스)로 전환되었다가, 2013년에 자회사였던 동화기업과 동화자연마루를 흡수합병하여 다시 지주회사에서 탈피함. 2013년 10월 1일을 기일로 인적분할의 방법으로 목재사업과 자동차사업 부문으로 구조 개편을 실시하였으며, 동사는 현재 국내와 베트남, 호주에서 MDF, PB, MFB, 화학, 건강재 등의 사업을 영위하고 있음. 자회사로는 대성목재공업(파티클보드), 한국일보 등이 있음.

실적 분석

국내에서 친환경 고품질 파티클보드 제품의 매출 호조와 더불어 베트남, 호주법인의 성장세가 이어지며 2017년 상반기 매출액은 전년 동기 대비 7.2% 증가함. 국내 공급 증가 및 원재료 가격 인상 등으로 이익률이 감소했지만 베트남 법인의 경우 30%대의 높은 영업이익률을 유지하고 있음. 지분법이익도 큰 폭으로 증가함. 베트남 MDF 2라인이 가동으로 추가 성장 기대됨. 액상 페놀수지 국내 1위 기업으로 안정적인 수익을 내는 태양합성을 인수함.

현금 흐름 〈단위 : 억원〉

항목	2016	2017.2Q
영업활동	1,134	388
투자활동	-1,048	-253
재무활동	-3	-364
순현금흐름	99	-242
기말현금	485	243

시장 대비 수익률

결산 실적 〈단위 : 억원〉

항목	2012	2013	2014	2015	2016	2017
매출액	4,021	4,236	5,652	6,747	6,907	—
영업이익	95	-22	562	787	828	—
당기순이익	8	-156	364	500	585	—

분기 실적 〈단위 : 억원〉

항목	2016.1Q	2016.2Q	2016.3Q	2016.4Q	2017.1Q	2017.2Q
매출액	1,621	1,765	1,737	1,783	1,675	1,954
영업이익	185	264	208	171	171	281
당기순이익	143	159	178	106	142	351

재무 상태 〈단위 : 억원〉

항목	2012	2013	2014	2015	2016	2017.2Q
총자산	13,511	10,642	10,627	11,439	12,109	12,084
유형자산	9,754	7,444	7,187	7,012	7,577	7,633
무형자산	212	198	256	377	377	459
유가증권	49	24	70	108	141	496
총부채	7,012	6,118	5,691	5,734	5,814	5,502
총차입금	4,696	4,315	3,734	3,159	3,214	2,988
자본금	101	77	77	77	77	77
총자본	6,499	4,524	4,936	5,705	6,295	6,582
지배주주지분	5,756	3,531	3,788	4,245	4,604	4,847

기업가치 지표

항목	2012	2013	2014	2015	2016	2017.2Q
주가(최고/저)(천원)	8.1/6.1	9.6/5.1	30.6/5.3	65.7/17.8	45.0/29.8	—/—
PER(최고/저)(배)	99.8/74.5	—/—	21.5/3.7	38.7/10.5	19.1/12.6	—/—
PBR(최고/저)(배)	0.3/0.2	0.4/0.2	1.2/0.2	2.1/0.6	1.3/0.9	1.0/0.8
EV/EBITDA(배)	27.8	27.9	8.5	8.2	7.0	
EPS(원)	82	-791	1,441	1,713	2,378	2,157
BPS(원)	30,548	24,923	26,599	31,417	33,918	35,615
CFPS(원)	832	459	3,600	4,014	4,797	3,431
DPS(원)					300	
EBITDAPS(원)	1,221	1,132	5,819	7,640	8,183	4,417

재무 비율 〈단위 : % 〉

연도	영업이익률	순이익률	부채비율	차입금비율	ROA	ROE	유보율	자기자본비율	EBITDA마진율
2016	12.0	8.5	92.4	51.1	5.0	7.7	6,241.8	52.0	17.0
2015	11.7	7.4	100.5	55.4	4.5	6.3	5,774.3	49.9	16.7
2014	9.9	6.5	115.3	75.7	3.4	6.1	5,219.9	46.5	15.8
2013	-0.5	-3.7	135.2	95.4	-1.3	-3.2	4,884.6	42.5	5.1

동화약품 (A000020)
Dong Wha Pharm

종 목 : 제약		시 장 : 거래소	
신용등급 : (Bond) — (CP) —		기업규모 : 시가총액 소형주	
페이지 : www.dong-wha.co.kr		연 락 처 : 02)2021-9300	
사 : 서울시 중구 후암로 98, 19층(남대문로5가)			

설 립 일	1897.09.25	종 업 원 수	713명	대 표 이 사	윤도준,손지훈
상 장 일	1976.03.24	감 사 의 견	적정 (한영)	계 열	
결 산 기	12월	보 통 주	2,793만주	종속회사수	
액 면 가	1,000원	우 선 주		구 상 호	

주주구성 (지분율,%)		출자관계 (지분율,%)		주요경쟁사 (외형,%)	
동화지앤피	15.2	동화개발	33.8	동화약품	100
가송재단	6.4	흥진전공	29.6	알보젠코리아	76
(외국인)	8.2	태양당인쇄	10.0	유나이티드제약	74

매출구성		비용구성		수출비중	
상품	30.8	매출원가율	56.6	수출	1.0
후시딘연고 외	22.1	판관비율	38.7	내수	99.0
기타	21.3				

회사 개요
1897년 9월 설립된 국내 최초의 제약 업체로 1976년 3월 유가증권시장에 상장됨. 2016년 기준으로 제품 매출 비중은 69.2%, 상품 매출 비중은 30.8%임. 소화제인 까스활명수 쿠아 전체 매출의 17.4%를 차지하는 최대 품목임. 피부질환제인 후시딘연고의 매출 비중은 8.0%, 종합감기약 판콜(에이,에스)의 매출 비중은 8.4%로 소비자 인지도가 높은 일반 의약품을 다수 보유하고 있음.

실적 분석
2017년 반기 매출액은 1,276억원으로 전년 동기 대비 4.8% 증가하였음. 매출가 상승에도 불구하고, 견조한 매출 증가세와 판관비 비중 축소로 전년동기 대비 3.2% 증가한 89.5억원의 영업이익 시현하며 수익성 개선된 모습. 비영업손익 또한 개선되어 경상수지 역시 전년동기 대비 14.8% 증가한 66.2억원을 시현함. 동사는 까스활명수, 후시딘, 판콜 등 대중 인지도를 바탕으로 시장지위를 유지하고 있음.

현금 흐름 *IFRS 별도 기준 〈단위 : 억원〉
항목	2016	2017.2Q
영업활동	255	60
투자활동	-304	28
재무활동	-42	-33
순현금흐름	-92	56
기말현금	357	413

시장 대비 수익률

결산 실적 〈단위 : 억원〉
항목	2012	2013	2014	2015	2016	2017
매출액	2,234	2,202	2,135	2,232	2,375	—
영업이익	100	21	53	48	113	—
당기순이익	13	10	49	56	263	—

분기 실적 *IFRS 별도 기준
항목	2016.1Q	2016.2Q	2016.3Q	2016.4Q	2017.1Q	2017.2Q
매출액	592	625	574	584	606	670
영업이익	66	21	21	5	47	43
당기순이익	48	10	14	191	34	32

재무 상태 *IFRS 별도 기준 〈단위 : 억원〉
항목	2012	2013	2014	2015	2016	2017.2Q
총자산	3,243	3,162	3,131	3,172	3,246	3,325
유형자산	1,839	1,719	1,619	1,518	1,422	1,384
무형자산	42	83	71	64	64	62
유가증권	51	54	61	76	69	72
총부채	973	889	833	871	717	758
총차입금	101	60	40	22	2	2
자본금	279	279	279	279	279	279
총자본	2,270	2,272	2,297	2,301	2,529	2,568
지배주주지분	2,270	2,272	2,297	2,301	2,529	2,568

기업가치 지표 *IFRS 별도 기준
항목	2012	2013	2014	2015	2016	2017.2Q
주가(최고/저)(천원)	6.3/3.8	6.9/4.2	6.3/4.3	10.9/5.3	11.4/7.2	—/—
PER(최고/저)(배)	144.0/87.0	201.5/121.2	36.8/25.1	55.8/27.2	12.3/7.8	—/—
PBR(최고/저)(배)	0.8/0.5	0.9/0.5	0.8/0.5	1.4/0.7	1.3/0.8	1.0/0.9
EV/EBITDA(배)	6.5	6.7	6.9	10.7	7.0	—
EPS(원)	47	36	177	201	940	237
BPS(원)	8,127	8,135	8,225	8,309	9,125	9,263
CFPS(원)	484	485	629	626	1,360	443
DPS(원)	80	70	80	80	110	—
EBITDAPS(원)	795	523	644	597	824	526

재무 비율 〈단위 : % 〉
연도	영업이익률	순이익률	부채비율	차입금비율	ROA	ROE	유보율	자기자본비율	EBITDA마진율
2016	4.7	11.1	28.3	0.1	8.2	10.9	812.5	77.9	9.7
2015	2.2	2.5	37.8	1.0	1.8	2.4	730.9	72.6	7.5
2014	2.5	2.3	36.3	1.7	1.6	2.2	722.5	73.4	8.4
2013	0.9	0.5	39.1	2.6	0.3	0.5	713.5	71.9	6.6

두산 (A000150)
DOOSAN

업 종 : 복합 산업		시 장 : 거래소	
신용등급 : (Bond) A- (CP) —		기업규모 : 시가총액 대형주	
홈페이지 : www.doosan.com		연 락 처 : 02)3398-0114	
사 : 서울시 중구 장충단로 275			

설 립 일	1933.12.18	종 업 원 수	4,118명	대 표 이 사	박정원,이재경
상 장 일	1973.06.29	감 사 의 견	적정 (삼일)	계 열	
결 산 기	12월	보 통 주	2,021만주	종속회사수	147개사
액 면 가	5,000원	우 선 주	540만주	구 상 호	

주주구성 (지분율,%)		출자관계 (지분율,%)		주요경쟁사 (외형,%)	
박정원	6.6	두타몰	100.0	두산	100
국민연금공단	5.1	디아이피홀딩스	100.0	삼성물산	171
(외국인)	7.3	두산베어스	100.0	LG	65

매출구성		비용구성		수출비중	
원자력, 화력, 복합화력, 열병합,보일러 등	36.9	매출원가율	82.5	수출	—
건설기계, 엔진 등	34.6	판관비율	11.9	내수	—
CCL,OLED,동박 외	15.4				

회사 개요
동사는 1933년 12월 18일에 설립됐으며, 동사를 포함하여 두산중공업 등 24개 계열사를 포함하는 두산그룹의 모회사임과 동시에 전자BG, 모트롤BG, 산업차량BG, 정보통신BU 등의 자체사업부문을 영위하는 사업형 지주회사임. 주요 연결대상종속회사로는 두산중공업, 두산인프라코어, 두산건설 및 두산엔진 등이 있음. 매출구성은 건설기계 37.1%, 담수설비 34.2%, 건설 7.1%, CCL 5.1% 등으로 구성되어 있음

실적 분석
동사의 2017년 연결기준 상반기 누적 매출액은 8조6747.1억원으로 전년 동기 대비 9% 증가함. 매출이 늘면서 매출원가와 판관비는 늘었지만 매출원가율이 개선되면서 영업이익은 전년 대비 17.4% 증가한 6548.4억원을 기록함. 비영업손실 부문에서 대폭의 금융손실이 발생함에 따라 당기순이익은 전년동기대비 무려 83.1% 감소한 744.7억원을 시현함.

현금 흐름 〈단위 : 억원〉
항목	2016	2017.2Q
영업활동	9,250	-2,789
투자활동	10,612	-2,502
재무활동	-22,538	3,858
순현금흐름	-3,163	-1,853
기말현금	20,163	18,310

시장 대비 수익률

결산 실적 〈단위 : 억원〉
항목	2012	2013	2014	2015	2016	2017
매출액	243,523	216,161	203,124	169,024	164,107	—
영업이익	7,992	11,352	9,979	706	9,172	—
당기순이익	2,015	1,302	332	-17,008	504	—

분기 실적 〈단위 : 억원〉
항목	2016.1Q	2016.2Q	2016.3Q	2016.4Q	2017.1Q	2017.2Q
매출액	37,090	42,514	36,478	48,025	40,863	45,884
영업이익	2,516	3,062	1,871	1,723	2,658	3,890
당기순이익	2,539	1,864	946	-4,845	513	231

재무 상태 〈단위 : 억원〉
항목	2012	2013	2014	2015	2016	2017.2Q
총자산	315,049	311,660	313,693	315,563	286,648	288,607
유형자산	75,126	86,600	85,835	87,961	80,770	79,480
무형자산	71,717	72,136	71,734	70,253	69,542	68,961
유가증권	4,477	3,706	4,318	5,842	5,316	1,824
총부채	244,270	221,081	224,670	231,628	207,639	210,118
총차입금	145,582	131,236	134,514	144,665	123,138	124,764
자본금	1,328	1,329	1,348	1,348	1,348	1,348
총자본	70,779	90,580	89,023	83,935	79,009	78,490
지배주주지분	27,078	30,385	28,894	25,770	23,915	23,520

기업가치 지표
항목	2012	2013	2014	2015	2016	2017.2Q
주가(최고/저)(천원)	146/102	131/103	122/90.7	115/83.2	114/67.1	—/—
PER(최고/저)(배)	50.7/35.2	32.3/25.6	56.3/41.6	—/—	16.2/9.5	—/—
PBR(최고/저)(배)	1.6/1.1	1.2/1.0	1.2/0.9	1.2/0.8	1.1/0.7	1.2/0.9
EV/EBITDA(배)	12.7	11.0	11.4	25.5	11.4	—
EPS(원)	3,451	4,703	2,478	-14,671	7,384	1,154
BPS(원)	110,851	124,714	119,600	110,105	106,038	104,491
CFPS(원)	24,827	28,803	27,728	11,152	31,447	13,220
DPS(원)	3,500	3,500	4,000	4,550	5,100	—
EBITDAPS(원)	50,281	67,311	63,084	28,471	58,518	37,642

재무 비율 〈단위 : % 〉
연도	영업이익률	순이익률	부채비율	차입금비율	ROA	ROE	유보율	자기자본비율	EBITDA마진율
2016	5.6	0.3	262.8	155.9	0.2	7.9	1,913.5	27.6	9.5
2015	0.4	-10.1	276.0	172.4	-5.4	-14.3	2,077.6	26.6	4.5
2014	4.9	0.2	252.4	151.1	0.1	2.2	2,265.4	28.4	8.2
2013	5.3	0.6	244.1	144.9	0.4	4.3	2,366.1	29.1	8.2

두산건설 (A011160)
Doosan Engineering & Construction

업 종 : 건설		시 장 : 거래소	
신용등급 : (Bond) BB+ (CP) B+		기업규모 : 시가총액 소형주	
홈페이지 : www.doosanenc.com		연 락 처 : 02)510-3114	
본 사 : 서울시 강남구 언주로 726 (논현동)			

설 립 일 1976.04.07	종 업 원 수 1,181명	대 표 이 사 이병화,곽승환(각자대표이사)
상 장 일 1995.12.30	감사의견 적정 (삼정)	계 열
결 산 기 12월	보 통 주 6,157만주	종속회사수 11개사
액 면 가 500원	우 선 주 2,742만주	구 상 호

주주구성 (지분율,%)
두산중공업	75.5
박정원	0.5
(외국인)	0.1

출자관계 (지분율,%)
밸류웍스	60.9
네오트랜스	42.9
대전천변도시고속화도로	33.3

주요경쟁사 (외형,%)
두산건설	100
아이에스동서	135
태영건설	162

매출구성
건축(민간)	55.2
토목(민간)	18.0
토목(관급)	16.3

비용구성
매출원가율	91.1
판관비율	7.9

수출비중
수출	—
내수	—

회사 개요
동사는 건설(토목·건축·주택) 사업을 주요사업으로 영위하고 있음. 동사는 그간 일부 사업부를 매각하고 타계열사의 지원으로 손실을 줄여옴. 또 재무건전성 강화와 효율적 자산관리를 위해 2017년 4월 28일 창원1공장 매각 분할을 결정, 2017년 6월 30일 동사가 보유한 신설법인 밸류웍스(주) 100% 지분 중 39.1%를 두산메카텍(주)에 매각 완료하였음. 매출액 비중은 건축BG가 74.19%, 토목환경BG가 26.18%를 차지함.

실적 분석
동사의 연결기준 2017년 2분기 누적매출액은 7,261.2억원이며 전년동기 대비 23.8% 증가함. 매출원가와 판관비가 증가했음에도 전년동기 대비 16.4% 늘어난 영업이익 306.1억원을 기록하였음. 다만 비영업 부문에서 적자폭이 확대되어 최종적으로 443.1억원의 당기순손실을 기록함. 상승세를 띠지만 차입금 부담 등이 지속되고 있어 포트폴리오 다각화를 통해 미래 성장 동력 확보가 필요해보임.

현금 흐름 〈단위 : 억원〉
항목	2016	2017.2Q
영업활동	-1,005	-194
투자활동	5,374	-516
재무활동	-4,653	1,147
순현금흐름	-283	437
기말현금	799	1,206

시장 대비 수익률

결산 실적 〈단위 : 억원〉
항목	2012	2013	2014	2015	2016	2017
매출액	23,772	23,552	22,080	11,853	12,746	—
영업이익	-4,491	574	1,328	-1,279	128	—
당기순이익	-6,541	-603	-686	-5,207	-3,570	—

분기 실적 〈단위 : 억원〉
항목	2016.1Q	2016.2Q	2016.3Q	2016.4Q	2017.1Q	2017.2Q
매출액	2,752	3,114	3,210	3,670	3,266	3,995
영업이익	160	103	23	-158	112	194
당기순이익	-712	-320	-380	-2,159	-420	-23

재무 상태 〈단위 : 억원〉
항목	2012	2013	2014	2015	2016	2017.2Q
총자산	40,657	49,504	51,331	42,257	30,300	29,989
유형자산	8,786	10,662	10,622	7,986	2,939	2,922
무형자산	213	3,326	3,274	3,149	58	78
유가증권	2,299	1,476	1,456	1,313	1,411	1,506
총부채	34,580	29,350	31,705	28,114	19,654	19,066
총차입금	18,747	15,521	17,108	14,207	9,070	9,513
자본금	8,773	28,829	3,996	4,206	543	545
총자본	6,078	20,154	19,626	14,143	10,647	10,922
지배주주지분	6,078	20,154	19,626	14,143	10,647	10,122

기업가치 지표
항목	2012	2013	2014	2015	2016	2017.2Q
주가(최고/저)(천원)	32.4/18.1	28.2/13.1	16.6/8.9	13.1/4.8	6.1/3.5	—/—
PER(최고/저)(배)	—/—	—/—	—/—	—/—	—/—	—/—
PBR(최고/저)(배)	0.9/0.5	1.1/0.5	0.7/0.4	0.8/0.3	0.5/0.3	0.3/0.3
EV/EBITDA(배)	—	20.6	9.4	—	31.0	—
EPS(원)	-37,375	-1,338	-880	-6,342	-4,220	-500
BPS(원)	3,504	3,528	25,190	17,346	12,279	11,629
CFPS(원)	-3,638	-73	-457	-5,955	-4,007	-459
DPS(원)			100			
EBITDAPS(원)	-2,457	193	2,128	-1,170	364	386

재무 비율 〈단위 : %〉
연도	영업이익률	순이익률	부채비율	차입금비율	ROA	ROE	유보율	자기자본비율	EBITDA마진율
2016	1.0	-28.0	184.6	85.2	-9.8	-28.8	1,903.2	35.1	2.4
2015	-10.8	-43.9	198.8	100.5	-11.1	-30.4	238.7	33.5	-8.1
2014	6.0	-3.1	161.6	87.2	-1.4	-3.5	391.2	38.2	7.5
2013	2.4	-2.6	일부잠식	일부잠식	-1.3	-4.6	-29.7	40.7	3.6

두산밥캣 (A241560)
Doosan Bobcat

업 종 : 기계		시 장 : 거래소	
신용등급 : (Bond) — (CP) —		기업규모 : 시가총액 대형주	
홈페이지 : www.doosanbobcat.com		연 락 처 : 02)3398-0993	
본 사 : 서울시 중구 장충단로 275 (을지로6가, 두산타워빌딩)			

설 립 일 2014.04.25	종 업 원 수 57명	대 표 이 사 스캇성철박,김종선
상 장 일 2016.11.18	감사의견 적정 (안진)	계 열
결 산 기 12월	보 통 주 10,025만주	종속회사수 27개사
액 면 가 500원	우 선 주	구 상 호

주주구성 (지분율,%)
두산인프라코어	59.3
HSD엔진	10.6
(외국인)	24.3

출자관계 (지분율,%)
Doosan Holding Europe Ltd.	100.0
Clark Equipment Co.	100.0
Doosan Bobcat Singapore Pte.Ltd.	100.0

주요경쟁사 (외형,%)
두산밥캣	100
두산중공업	352
현대엘리베이	45

매출구성
Compact 건설기계	75.4
Heavy 건설기계	17.5
Portable Power	7.1

비용구성
매출원가율	77.7
판관비율	11.8

수출비중
수출	—
내수	—

회사 개요
동사는 지주회사로 연결실체 기준으로 건설기계 생산 및 판매를 영위하고 있으며 북미, 오세아니아, 유럽, 중동, 아프리카, 아시아, 라틴아메리카 지역 내 종속회사를 두고 있음. 총속회사를 통하여 건설기계 및 Portable Power 장비 등을 생산, 판매함. 연결대상 종속회사는 총 27개사임. 매출은 Compact 건설기계 75.2%, Heavy 건설기계 17.6%, Portable Power 7.2%로 구성됨.

실적 분석
2017년 상반기 연결기준 동사 매출은 2조51.5억원임. 전년도 같은 기간 매출인 2조1501.4억원에 비해 6.7% 축소됨. 매출원가가 7.8% 감소하고 판매비와 관리비 또한 줄었으나 외형축소로 인해 영업이익이 감소함. 전년도 같은 기간 영업이익인 2348.2억원에서 2.4% 감소한 2292.6억원을 기록함. 비영업부문 또한 적자가 지속됐으며 손실폭이 커짐. 이에 당기순이익은 1249.8억원에서 27.2% 감소한 909.7억원을 기록함.

현금 흐름 〈단위 : 억원〉
항목	2016	2017.2Q
영업활동	3,269	2,417
투자활동	-901	-710
재무활동	-3,028	-740
순현금흐름	-699	1,058
기말현금	3,636	4,487

시장 대비 수익률

결산 실적 〈단위 : 억원〉
항목	2012	2013	2014	2015	2016	2017
매출액			29,303	40,408	39,499	—
영업이익			2,802	3,856	4,140	—
당기순이익			560	1,481	1,803	—

분기 실적 〈단위 : 억원〉
항목	2016.1Q	2016.2Q	2016.3Q	2016.4Q	2017.1Q	2017.2Q
매출액	9,744	11,909			9,299	10,85
영업이익	849	1,512			933	1,37
당기순이익	582	677			418	49

재무 상태 〈단위 : 억원〉
항목	2012	2013	2014	2015	2016	2017.2Q
총자산			62,563	63,649	63,261	64,15
유형자산			3,837	4,287	4,471	4,34
무형자산			42,135	41,589	42,302	41,45
유가증권				1	1	
총부채			32,045	32,395	29,742	30,65
총차입금			17,243	18,546	16,126	15,42
자본금			1	1	521	49
총자본			30,519	31,255	33,518	33,50
지배주주지분			26,529	27,428	33,518	33,500

기업가치 지표
항목	2012	2013	2014	2015	2016	2017.2Q
주가(최고/저)(천원)	—/—	—/—	—/—	—/—	—/—	—/—
PER(최고/저)(배)	0.0/0.0	0.0/0.0	0.0/0.0	0.0/0.0	20.8/18.8	—/—
PBR(최고/저)(배)	0.0/0.0	0.0/0.0	0.0/0.0	0.0/0.0	1.1/1.0	1.2/1.
EV/EBITDA(배)	0.0		5.5	3.7	9.2	
EPS(원)			678	1,370	1,779	90
BPS(원)			265,292,421	271,992,670	33,435	33,41
CFPS(원)			13,581,135	21,474,012	2,963	1,45
DPS(원)					700	
EBITDAPS(원)			35,672,506	43,265,112	5,544	2,82

재무 비율 〈단위 : %〉
연도	영업이익률	순이익률	부채비율	차입금비율	ROA	ROE	유보율	자기자본비율	EBITDA마진율
2016	10.5	4.6	88.7	48.1	2.8	5.5	6,335.8	53.0	13.
2015	9.5	3.7	103.7	59.3	2.4	5.1	4,963,747.9	49.1	12.
2014	9.6	1.9	105.0	56.5	0.0	0.0	5,159,023.0	48.8	12.
2013	0.0	0.0							

두산엔진 (A082740)
Doosan Engine

업 종 : 조선		시 장 : 거래소	
신용등급 : (Bond) — (CP) —		기업규모 : 시가총액 소형주	
홈 페 이 지 : www.doosanengine.com		연 락 처 : 055)260-6000	
본 사 : 경남 창원시 성산구 공단로 21번길 18			

설 립 일	1999.12.30	종 업 원 수	817명	대 표 이 사	김동철,김일도(각자대표)
상 장 일	2011.01.04	감 사 의 견	적정 (안진)	계 열	
결 산 기	12월	보 통 주	6,950만주	종속회사수	2개사
액 면 가	1,000원	우 선 주		구 상 호	

주주구성 (지분율,%)
두산중공업	42.7
두산엔진우리사주조합	4.1
(외국인)	5.5

출자관계 (지분율,%)
두산건설	17.1
두산밥캣	10.6
한국조선기자재공업협동조합	8.1

주요경쟁사 (외형,%)
두산엔진	100
엔케이	20
세진중공업	53

매출구성
선박용 디젤엔진	95.0
육상용 디젤엔진	4.3
기타	0.7

비용구성
매출원가율	94.8
판관비율	4.7

수출비중
수출	—
내수	—

회사 개요
동사는 선박용 엔진 위주의 엔진 전문메이커로서 선박용 엔진 및 이에 부수되는 부품을 공급하고 있음. 세계 2위의 저속엔진은 약 20% 시장점유율을 유지하고 있으며, 한국 3개 엔진업체가 전세계 엔진의 평균 50% 이상을 생산하여 선박에 탑재하고 있음. 중속엔진은 2007년 사업을 시작하여, 세계 시장 점유율 10~15% 확보를 목표로 하고 있으며, 장기적으로 연간 1,000대 생산 물량 확보할 계획임.

실적 분석
2분기 신규수주가 크게 증가하여 동사의 2017년 2분기기준 누적 매출액은 전년동기 대비 18.2% 상승한 4,433억원을 기록하였음. 이에 따라 전년동기대비 영업이익은 142.5익원으로 307.9% 크게 상승하였음. 그러나 비영업손익의 적자전환으로 전년동기 대비 당기순이익은 82.8억원을 기록함. 신조선 시황이 회복됨에 따라 긍정적인 영향을 줌으로서 향후 지속적인 수익 성장이 기대됨.

현금 흐름 〈단위 : 억원〉
항목	2016	2017.2Q
영업활동	45	-187
투자활동	414	-387
재무활동	-187	674
순현금흐름	273	99
기말현금	728	827

시장 대비 수익률

결산 실적 〈단위 : 억원〉
항목	2012	2013	2014	2015	2016	2017
매출액	13,788	7,439	8,888	6,936	8,029	—
영업이익	698	7	-396	-638	42	—
당기순이익	1,904	-52	-422	-1,254	-1,812	—

분기 실적 〈단위 : 억원〉
항목	2016.1Q	2016.2Q	2016.3Q	2016.4Q	2017.1Q	2017.2Q
매출액	1,654	2,097	1,907	2,372	2,071	2,362
영업이익	17	18	8	-0	70	72
당기순이익	52	1,374	-2,713	-524	57	26

재무 상태 〈단위 : 억원〉
항목	2012	2013	2014	2015	2016	2017.2Q
총자산	17,862	16,626	15,403	14,060	13,564	13,582
유형자산	5,929	6,274	6,071	5,060	4,982	4,851
무형자산	188	250	417	285	78	75
유가증권	79	71	71	1	3,977	3,963
총부채	10,384	8,726	8,396	8,314	8,222	8,167
총차입금	3,702	3,734	3,590	3,895	3,565	4,023
자본금	695	695	695	695	695	695
총자본	7,478	7,900	7,007	5,747	5,343	5,415
지배주주지분	7,478	7,900	7,007	5,747	5,343	5,415

기업가치 지표
항목	2012	2013	2014	2015	2016	2017.2Q
주가(최고/저)(천원)	15.5/7.5	10.7/6.8	9.9/5.6	7.9/3.1	4.8/2.4	—/—
PER(최고/저)(배)	5.6/2.7	—/—	—/—	—/—	0.6/0.3	0.6/0.4
PBR(최고/저)(배)	1.4/0.7	0.9/0.6	1.0/0.6	1.0/0.4	0.6/0.3	
EV/EBITDA(배)	6.6	26.9			19.7	
EPS(원)	2,739	-75	-608	-1,805	-2,608	119
BPS(원)	10,759	11,367	10,082	8,269	7,687	7,792
CFPS(원)	3,134	307	-234	-1,442	-2,323	245
DPS(원)						331
EBITDAPS(원)	1,398	392	-196	-555	345	

재무 비율 〈단위 : % 〉
연도	영업이익률	순이익률	부채비율	차입금비율	ROA	ROE	유보율	자기자본비율	EBITDA마진율
2016	0.5	-22.6	153.9	66.7	-13.1	-32.7	668.7	39.4	3.0
2015	-9.2	-18.1	144.7	67.8	-8.5	-19.7	726.9	40.9	-5.6
2014	-4.5	-4.8	119.8	51.2	-2.6	-5.7	908.2	45.5	-1.5
2013	0.1	-0.7	110.5	47.3	-0.3	-0.7	1,036.7	47.5	3.7

두산인프라코어 (A042670)
Doosan Infracore

업 종 : 기계		시 장 : 거래소	
신용등급 : (Bond) BBB- (CP) A3		기업규모 : 시가총액 중형주	
홈 페 이 지 : www.doosaninfracore.com		연 락 처 : 032)211-1114	
본 사 : 인천시 동구 인중로 489 (화수동)			

설 립 일	2000.10.23	종 업 원 수	2,526명	대 표 이 사	손동연,최형희
상 장 일	2001.02.02	감 사 의 견	적정 (안진)	계 열	
결 산 기	12월	보 통 주	20,746만주	종속회사수	40개사
액 면 가	5,000원	우 선 주		구 상 호	

주주구성 (지분율,%)
두산중공업	36.4
국민연금공단	4.5
(외국인)	10.4

출자관계 (지분율,%)
두산밥캣	59.3
두산큐벡스	19.9
캐스코드	19.4

주요경쟁사 (외형,%)
두산인프라코어	100
두산중공업	242
현대엘리베이	31

매출구성
Compact,Portable Power,Heavy	67.7
굴삭기, 휠로더 등	23.6
엔진, 발전기, A/S부품 등	8.7

비용구성
매출원가율	76.9
판관비율	14.6

수출비중
수출	66.0
내수	34.0

회사 개요
동사의 사업은 엔진, 동력전달장치, 유압장치 등 다양한 부품의 가공 조립산업인 건설기계사업, 자동차, 항공기, 선박을 포함한 기계류의 부품을 제작하는 공작기계사업, 차량용과 산업용 엔진을 생산하는 엔진사업으로 구성됨. 굴삭기 국내시장에서는 동사가 현대중공업, 볼보와 함께 3강 체제를 구축하고 있으며, 중국에서는 Sany와 Komatsu와 함께 상위의 시장점유율을 보이고 있음.

실적 분석
2017년 상반기 연결기준 동사는 매출 3조 3,350.1억원을 시현함. 전년도 동기 매출인 3조519.4억원 대비 9.3% 성장한 금액임. 매출원가가 늘고 인건비 상승으로 인해 판매비와 관리비 역시 증가 했으나 매출상승이 이를 상회함. 이에 영업이익은 같은 기간 2,846.9억원에서 27.5% 성장한 3,630.6억원을 기록함. 비영업부문은 손실폭이 줄었지만 적자가 지속되어 이에 당기순손실은 48.6% 축소된 1,578.9억원을 기록.

현금 흐름 〈단위 : 억원〉
항목	2016	2017.2Q
영업활동	5,130	3,042
투자활동	9,096	-1,702
재무활동	-14,544	167
순현금흐름	-214	1,381
기말현금	5,386	6,767

시장 대비 수익률

결산 실적 〈단위 : 억원〉
항목	2012	2013	2014	2015	2016	2017
매출액	81,584	77,368	76,886	59,649	57,296	—
영업이익	3,624	3,695	4,530	-951	4,908	—
당기순이익	3,933	-1,009	240	-8,595	1,160	—

분기 실적 〈단위 : 억원〉
항목	2016.1Q	2016.2Q	2016.3Q	2016.4Q	2017.1Q	2017.2Q
매출액	14,336	16,183	13,021	13,755	15,616	17,734
영업이익	1,112	1,735	1,058	1,003	1,484	2,147
당기순이익	796	2,278	357	-2,272	743	836

재무 상태 〈단위 : 억원〉
항목	2012	2013	2014	2015	2016	2017.2Q
총자산	115,450	114,815	119,574	113,832	100,268	103,650
유형자산	20,237	22,566	22,826	22,541	18,231	17,553
무형자산	47,546	47,399	46,326	44,237	44,407	43,398
유가증권	92	92	953	983	1,512	1,635
총부채	85,362	79,325	86,691	82,802	65,784	68,215
총차입금	61,600	56,458	61,062	60,472	44,247	43,821
자본금	8,433	10,373	10,373	10,373	10,373	10,373
총자본	30,088	35,490	32,883	31,030	34,484	35,434
지배주주지분	24,572	29,869	27,991	20,214	20,605	21,457

기업가치 지표
항목	2012	2013	2014	2015	2016	2017.2Q
주가(최고/저)(천원)	24.3/15.3	17.6/10.3	14.4/9.4	13.4/4.7	9.7/3.4	—/—
PER(최고/저)(배)	12.0/7.6	—/—	70.9/46.7	—/—	31.8/11.2	—/—
PBR(최고/저)(배)	1.7/1.1	1.2/0.7	1.1/0.7	1.4/0.5	1.0/0.3	1.0/0.8
EV/EBITDA(배)	14.4	12.5	10.4	35.6	9.3	
EPS(원)	2,018	-596	202	-3,948	305	541
BPS(원)	14,569	14,398	13,493	9,744	9,932	10,343
CFPS(원)	3,483	1,010	1,590	-2,520	1,545	1,150
DPS(원)						
EBITDAPS(원)	3,614	3,771	3,571	970	3,606	2,360

재무 비율 〈단위 : % 〉
연도	영업이익률	순이익률	부채비율	차입금비율	ROA	ROE	유보율	자기자본비율	EBITDA마진율
2016	8.6	2.0	190.8	128.3	1.1	3.1	98.6	34.4	13.1
2015	-1.6	-14.4	266.9	194.9	-7.4	-34.0	94.9	27.3	3.4
2014	5.9	0.3	263.6	185.7	0.2	1.5	169.9	27.5	9.6
2013	4.8	-1.3	223.5	159.1	-0.9	-3.7	188.0	30.9	8.3

두산중공업 (A034020)
Doosan Heavy Industries & Construction

업 종 : 기계		시 장 : 거래소	
신용등급 : (Bond) A- (CP) —		기업규모 : 시가총액 대형주	
홈페이지 : www.doosanheavy.com		연 락 처 : 055)278-6114	
본 사 : 경남 창원시 성산구 두산볼보로 22 (귀곡동)			

설 립 일 1962.09.20	종 업 원 수 7,681명	대 표 이 사 박지원,정지택	
상 장 일 2000.10.25	감 사 의 견 적정 (안진)	계 열	
결 산 기 12월	보 통 주 10,646만주	종속회사수 109개사	
액 면 가 5,000원	우 선 주 1,290만주	구 상 호	

주주구성 (지분율,%)		출자관계 (지분율,%)		주요경쟁사 (외형,%)	
두산	41.3	두산건설상환전환우선주	100.0	두산중공업	100
국민연금공단	9.4	두산에이엠씨	100.0	현대엘리베이	13
(외국인)	9.9	두산건설보통주	79.8	두산인프라코어	41

매출구성		비용구성		수출비중	
건설기계, 엔진 등	41.2	매출원가율	82.6	수출	61.0
원자력, 화력, 복합화력, 열병합, 보일러 등	35.5	판관비율	11.7	내수	39.0
아파트, 주상복합, 상업용, 주거용건축물, 도로	9.0				

회사 개요
동사는 1962년 현대양행으로 설립됐으며 1980년 중화학공업 구조조정의 일환으로 정부에 귀속돼 공기업인 한국중공업으로 변경됨. 이후 정부의 민영화 방침에 따라 두산그룹에 인수돼 2001년 사명이 두산중공업으로 변경됨. 동사는 원자력, 화력 및 발전설비를 제작하는 발전부문, 해수 담수화 플랜트와 수처리 설비를 제작하는 Water부문, 토목과 건설 사업을 수행하는 건설부문 등으로 구성됨.

실적 분석
동사의 2017년 2분기기준 누적 매출액은 전년동기대비 7.2% 상승한 72,625.5억원을 기록하였음. 비용면에서 전년동기대비 매출원가는 증가 하였으며 인건비는 감소 하였고 광고선전비는 증가 하였고 기타판매비와관리비도 마찬가지로 증가함. 이와 같이 상승한 매출액 만큼 비용증가도 있었으나 매출액의 더 큰 상승에 힘입어 그에 따라 전년동기대비 영업이익은 5,427.8억원으로 12.4% 상승하였음.

현금 흐름 〈단위 : 억원〉

항목	2016	2017.2Q
영업활동	9,676	-2,922
투자활동	8,048	-3,186
재무활동	-22,516	7,703
순현금흐름	-5,235	1,209
기말현금	13,695	14,904

시장 대비 수익률

결산 실적 〈단위 : 억원〉

항목	2012	2013	2014	2015	2016	2017
매출액	212,741	192,082	179,716	144,705	138,927	—
영업이익	5,862	9,581	8,781	-273	7,912	—
당기순이익	975	187	-855	-17,509	-2,155	—

분기 실적 〈단위 : 억원〉

항목	2016.1Q	2016.2Q	2016.3Q	2016.4Q	2017.1Q	2017.2Q
매출액	31,740	35,984	30,592	40,611	34,379	38,246
영업이익	2,206	2,624	1,544	1,538	2,368	3,059
당기순이익	898	1,307	743	-5,103	375	-261

재무 상태 〈단위 : 억원〉

항목	2012	2013	2014	2015	2016	2017.2Q
총자산	279,143	277,255	275,519	272,601	248,326	253,282
유형자산	61,557	72,318	71,901	72,066	63,815	63,813
무형자산	68,744	69,246	68,633	66,578	66,462	65,853
유가증권	2,909	2,121	2,193	1,909	4,277	4,825
총부채	219,278	198,137	198,749	202,340	180,097	183,997
총차입금	131,793	118,546	120,098	128,303	104,799	108,362
자본금	5,293	5,308	5,968	5,968	5,968	5,968
총자본	59,865	79,118	76,770	70,261	68,228	69,286
지배주주지분	38,187	47,266	46,594	35,807	34,757	33,268

기업가치 지표

항목	2012	2013	2014	2015	2016	2017.2Q
주가(최고/저)(천원)	67.9/35.3	44.0/28.6	33.9/20.0	30.3/16.0	29.2/14.2	—/—
PER(최고/저)(배)	191.7/99.8	75.3/49.0	—/—	—/—	—/—	—/—
PBR(최고/저)(배)	2.0/1.1	1.1/0.7	0.9/0.5	1.0/0.5	1.0/0.5	1.1/0.7
EV/EBITDA(배)	15.1	10.9	12.9	28.3	11.1	—
EPS(원)	402	653	-884	-8,701	-1,431	-719
BPS(원)	38,035	45,375	40,510	31,472	29,836	28,589
CFPS(원)	5,160	5,716	4,443	-3,796	3,029	1,389
DPS(원)	750	750	750	850	550	—
EBITDAPS(원)	10,296	14,104	13,526	4,676	11,088	6,655

재무 비율 〈단위 : % 〉

연도	영업이익률	순이익률	부채비율	차입금비율	ROA	ROE	유보율	자기자본비율	EBITDA마진율
2016	5.7	-1.6	264.0	153.6	-0.8	-4.8	496.7	27.5	9.5
2015	-0.2	-12.1	288.0	182.6	-6.4	-25.2	529.4	25.8	3.9
2014	4.9	-0.5	258.9	156.4	-0.3	-2.0	710.2	27.9	8.1
2013	5.0	0.1	250.4	149.8	0.1	1.6	807.5	28.5	7.8

두올 (A016740)
DUAL

업 종 : 자동차부품		시 장 : 거래소	
신용등급 : (Bond) — (CP) —		기업규모 : 시가총액 소형주	
홈페이지 : www.idual.co.kr		연 락 처 : 02)6922-7132	
본 사 : 서울시 강남구 영동대로96길 20 대화빌딩 2층			

설 립 일 1983.02.11	종 업 원 수 544명	대 표 이 사 조인회	
상 장 일 2016.07.29	감 사 의 견 적정 (삼덕)	계 열	
결 산 기 12월	보 통 주 1,776만주	종속회사수 9개사	
액 면 가 2,500원	우 선 주 448만주	구 상 호	

주주구성 (지분율,%)		출자관계 (지분율,%)		주요경쟁사 (외형,%)	
아이에이치씨	31.7			두올	100
조인회	12.4			SG&G	406
(외국인)	2.5			대유에이텍	345

매출구성		비용구성		수출비중	
[시트]승용	42.4	매출원가율	83.2	수출	—
[시트]SUV	24.9	판관비율	10.6	내수	—
[원단]승용	17.1				

회사 개요
동사는 1983년 주식회사 두오올로 설립되어 2016년 상장한 자동차용 내장재(원단, 시트 커버링, 에어백쿠션) 제조 사업 영위 업체임. 원단사업부문 생산을 담당하고 있는 강화공장을 1986년 준공하였으며, 1998년 시트원단 연관 사업인 시트커버링 사업을 영위하는 두올상사(주), 두올실업(주)을 설립하였음. 2012년 두올상사를 합병함. 주요 고객사는 현대기아자동차 및 Tier 1 부품업체임.

실적 분석
동사의 2017년 2분기 누적 연결기준 매출액은 전년대비 4.5% 감소한 1,431.5억원을 기록. 매출액 감소는 주로 승용차용 시트부문의 부진에 기인함. 외형 축소에 따른 원가율 상승으로 영업이익은 72.1억원, 당기순이익은 76.7억원을 보이며 전년동기대비 축소됨. 당분기 제품별 매출비중은 원단 19.0%, 시트 69.5%, 에어백 11.5%로 구성됨.

현금 흐름 〈단위 : 억원〉

항목	2016	2017.2Q
영업활동	118	292
투자활동	-75	-101
재무활동	-21	-6
순현금흐름	18	181
기말현금	103	284

시장 대비 수익률

결산 실적 〈단위 : 억원〉

항목	2012	2013	2014	2015	2016	2017
매출액	901	1,701	3,168	3,663	2,959	—
영업이익	71	56	184	261	184	—
당기순이익	109	122	124	209	127	—

분기 실적 〈단위 : 억원〉

항목	2016.1Q	2016.2Q	2016.3Q	2016.4Q	2017.1Q	2017.2Q
매출액	783	716	613	848	705	727
영업이익	65	22	27	70	30	42
당기순이익	56	15	8	48	28	48

재무 상태 〈단위 : 억원〉

항목	2012	2013	2014	2015	2016	2017.2Q
총자산	1,226	1,437	2,090	2,303	2,206	2,197
유형자산	195	251	479	554	559	635
무형자산	2	1	106	110	107	106
유가증권	4	4	1	0	0	0
총부채	940	1,028	1,648	1,416	989	936
총차입금	602	710	878	600	369	374
자본금	279	279	279	383	456	456
총자본	286	409	442	887	1,217	1,261
지배주주지분	286	409	443	885	1,212	1,253

기업가치 지표

항목	2012	2013	2014	2015	2016	2017.2Q
주가(최고/저)(천원)	—/—	—/—	—/—	—/—	6.9/4.1	—/—
PER(최고/저)(배)	0.0/0.0	0.0/0.0	0.0/0.0	0.0/0.0	9.5/5.7	—/—
PBR(최고/저)(배)	0.0/0.0	0.0/0.0	0.0/0.0	0.0/0.0	1.1/0.6	0.9/0.6
EV/EBITDA(배)	7.4	9.4	3.1	1.5	4.4	—
EPS(원)	1,353	1,091	985	1,346	743	403
BPS(원)	539	760	599	1,176	6,733	6,958
CFPS(원)	289	247	265	347	1,097	565
DPS(원)					115	—
EBITDAPS(원)	193	130	361	418	1,461	558

재무 비율 〈단위 : % 〉

연도	영업이익률	순이익률	부채비율	차입금비율	ROA	ROE	유보율	자기자본비율	EBITDA마진율
2016	6.2	4.3	81.3	30.4	5.7	11.8	169.3	55.2	8.2
2015	7.1	5.7	159.7	67.7	9.5	31.0	135.2	38.5	8.7
2014	5.8	3.9	372.7	198.6	—	—	64.2	21.2	7.2
2013	3.3	7.2	251.2	173.5	9.2	35.1	52.0	28.5	4.3

두올산업 (A078590)
DUAL INDUSTRIAL

업 종 : 자동차부품		시 장 : KOSDAQ
신용등급 : (Bond) — (CP) —		기업규모 : 중견
홈 페 이 지 : www.idual.co.kr		연 락 처 : 055)352-4860
본 사 : 경남 밀양시 산내면 산내로 670-21		

설 립 일 1993.08.25	종 업 원 수 110명	대 표 이 사 박재진	
상 장 일 2005.10.27	감 사 의 견 적정 (세림)	계 열	
결 산 기 12월	보 통 주 1,288만주	종속회사수	
액 면 가 500원	우 선 주	구 상 호	

주주구성 (지분율,%)
아이에이치씨	35.1
금호종합금융	3.7
(외국인)	1.4

출자관계 (지분율,%)

주요경쟁사 (외형,%)
두올산업	100
팬스타엔터프라이즈	72
체시스	133

매출구성
자동차 내장CARPET 승용제품	49.3
자동차 내장CARPET 승용상품	28.9
자동차 내장CARPET 상용 외 제품	26.3

비용구성
매출원가율	83.8
판관비율	10.9

수출비중
수출	—
내수	—

회사 개요
동사는 1993년 설립이래 자동차 내장 카펫 및 소재만을 개발, 생산하고 있는 전문기업임. 2005년 코스닥 시장에 상장됨. 동사는 현대기아차 1차 협력회사이며, 현대차 중대형 트럭에 친환경소재(TPO)를 납품 중임. 또한 동사는 일본 닛산자동차와 한국 르노삼성자동차 개발예정 모델인 SUV 차종 내장 카펫 공동개발을 진행하는 등 해외 완성차 업체와의 공동개발 진행으로 사업구조 다각화를 진행중임.

실적 분석
동사의 2017년 연결기준 2분기 누적매출액은 218.1억원으로 전년 동기대비 10.3% 증가함. 카페트 제품 부문에서 매출 증가가 일어났으나, 카페트 상품 부문에서 부진한 실적을 기록함. 원가절감노력에도 매출원가가 증가하였지만 영업이익은 전년 동기대비 큰 폭 증가한 23.7억원을 기록함. 그에 따라 당기순이익도 60% 늘어난 26.7억원을 기록함. 저유가 지속, 완성차 업계의 신차 출시 등이 매출에 긍정적인 영향을 끼칠 것으로 전망됨

현금 흐름 *IFRS 별도 기준 〈단위 : 억원〉
항목	2016	2017.2Q
영업활동	35	34
투자활동	-9	4
재무활동	—	50
순현금흐름	27	87
기말현금	52	140

결산 실적 〈단위 : 억원〉
항목	2012	2013	2014	2015	2016	2017
매출액	335	313	367	396	391	—
영업이익	5	4	6	14	21	—
당기순이익	8	-7	7	13	25	—

분기 실적 *IFRS 별도 기준 〈단위 : 억원〉
항목	2016.1Q	2016.2Q	2016.3Q	2016.4Q	2017.1Q	2017.2Q
매출액	93	104	75	118	105	113
영업이익	7	7	-2	9	9	14
당기순이익	9	8	1	7	12	14

재무 상태 *IFRS 별도 기준 〈단위 : 억원〉
항목	2012	2013	2014	2015	2016	2017.2Q
총자산	168	152	167	189	216	289
유형자산	70	67	69	87	86	75
무형자산	8	8	6	6	6	7
유가증권	—	—	—	—	—	—
총부채	99	93	96	69	73	120
총차입금	37	23	23	—	—	51
자본금	48	48	50	64	64	64
총자본	69	60	71	120	143	169
지배주주지분	69	60	71	120	143	169

기업가치 지표 *IFRS 별도 기준
항목	2012	2013	2014	2015	2016	2017.2Q
주가(최고/저)(천원)	5.5/1.4	2.4/1.1	1.9/1.1	2.8/1.5	5.2/2.1	—/—
PER(최고/저)(배)	65.7/17.2	—/—	27.8/16.1	26.4/13.6	27.0/10.7	—/—
PBR(최고/저)(배)	7.6/2.0	3.8/1.8	2.7/1.6	3.1/1.6	4.7/1.9	3.3/1.7
EV/EBITDA(배)	18.2	11.9	12.2	15.2	7.7	—
EPS(원)	84	-76	70	108	194	207
BPS(원)	722	626	714	931	1,110	1,310
CFPS(원)	141	-14	141	175	282	253
DPS(원)	—	—	—	—	—	—
EBITDAPS(원)	109	107	130	183	251	231

재무 비율 〈단위 : % 〉
연도	영업이익률	순이익률	부채비율	차입금비율	ROA	ROE	유보율	자기자본비율	EBITDA마진율
2016	5.3	6.4	50.8	0.0	12.3	19.0	122.1	66.3	8.3
2015	3.6	3.3	57.5	0.0	7.4	13.8	86.1	63.5	5.7
2014	1.6	1.8	135.3	32.4	4.2	10.4	42.9	42.5	3.4
2013	1.4	-2.3	155.8	38.6	-4.5	-11.3	25.2	39.1	3.3

두원석재 (A270020)
Doowon stone

업 종 : 건축소재		시 장 : KONEX
신용등급 : (Bond) — (CP) —		기업규모 : 중견
홈 페 이 지 : www.21stone.co.kr		연 락 처 : 033)761-8361
본 사 : 강원도 원주시 귀래면 고청길 102-74		

설 립 일 2012.06.07	종 업 원 수 명	대 표 이 사 강두원	
상 장 일 2017.09.08	감 사 의 견 적정 (오성)	계 열	
결 산 기 12월	보 통 주	종속회사수	
액 면 가	우 선 주	구 상 호	

주주구성 (지분율,%)
강두원	54.8
박경화	22.0

출자관계 (지분율,%)
동원석재	100.0

주요경쟁사 (외형,%)
두원석재	100
스페로 글로벌	98
아세아시멘트	2,714

매출구성
석골재(제품)	92.0
석골재(상품)	5.5
규석	2.5

비용구성
매출원가율	76.5
판관비율	18.7

수출비중
수출	0.0
내수	100.0

회사 개요
동사는 2012년 6월 8일 석산 개발 및 광물 생산을 영위하는 목적으로 회사를 설립하였으며, 주요사업은 골재채취 및 생산, 석재(조경석) 생산 및 유통임. 2017년 신규사업으로 규석 생산업을 추가하였으며 강원 원주를 포함한 전국으로 제품을 납품하고 있음. 동사는 골재채취, 석산 생산을 주요사업으로 성장하였으며 2017년 09월 08일 한국거래소의 코넥스시장에 등록함.

실적 분석
골재채취는 골재를 캐거나 들어내는 등 자연 상태로부터 분리하여 모래, 자갈과 같은 자재를 생산하는 사업임. 골재는 건설공사 용적의 70 ~ 80%를 점유하여 건설공사의 양과 질을 좌우하는 주요자재로 공사용자재에서 차지하는 비중은 약 4%임. 동사의 당 분기 매출액은 82.6억원, 영업이익은 2.1억원이며 당기순이익은 0.9억원을 기록함. 골재는 공공재적 성격이 강하고 , 천연자재이기 때문에 현재 대체재가 없는 상황임.

현금 흐름 *IFRS 별도 기준 〈단위 : 억원〉
항목	2016	2017.2Q
영업활동	9	-3
투자활동	-2	-7
재무활동	1	5
순현금흐름	7	-5
기말현금	8	2

결산 실적 〈단위 : 억원〉
항목	2012	2013	2014	2015	2016	2017
매출액	—	—	92	133	168	—
영업이익	—	—	4	4	8	—
당기순이익	—	—	2	3	4	—

분기 실적 *IFRS 별도 기준 〈단위 : 억원〉
항목	2016.1Q	2016.2Q	2016.3Q	2016.4Q	2017.1Q	2017.2Q
매출액						
영업이익						
당기순이익						

재무 상태 *IFRS 별도 기준 〈단위 : 억원〉
항목	2012	2013	2014	2015	2016	2017.2Q
총자산	—	—	39	64	76	84
유형자산	—	—	13	15	13	14
무형자산	—	—	1	1	1	3
유가증권	—	—	3	0	3	0
총부채	—	—	31	53	62	69
총차입금	—	—	3	21	30	35
자본금	—	—	4	7	10	10
총자본	—	—	8	11	14	15
지배주주지분	—	—	8	11	14	15

기업가치 지표 *IFRS 별도 기준
항목	2012	2013	2014	2015	2016	2017.2Q
주가(최고/저)(천원)	—/—	—/—	—/—	—/—	—/—	—/—
PER(최고/저)(배)	0.0/0.0	0.0/0.0	0.0/0.0	0.0/0.0	0.0/0.0	—/—
PBR(최고/저)(배)	0.0/0.0	0.0/0.0	0.0/0.0	0.0/0.0	0.0/0.0	0.0/0.0
EV/EBITDA(배)	0.0	0.0	0.3	2.2	1.7	—
EPS(원)	—	—	178	230	187	44
BPS(원)	—	—	9,650	8,175	7,056	750
CFPS(원)	—	—	7,599	6,011	4,441	174
DPS(원)	—	—	—	—	—	—
EBITDAPS(원)	—	—	9,527	7,024	6,702	232

재무 비율 〈단위 : % 〉
연도	영업이익률	순이익률	부채비율	차입금비율	ROA	ROE	유보율	자기자본비율	EBITDA마진율
2016	4.9	2.2	437.5	211.3	5.3	30.0	41.1	18.6	7.9
2015	3.3	2.3	494.9	193.3	5.9	32.3	63.5	16.8	6.9
2014	4.3	2.5	393.3	43.3	0.0	0.0	93.0	20.3	8.5
2013	—	—	—	—	—	—	—	—	—

ㄷ

듀켐바이오 (A176750)
DUCHEMBIO

업 종 : 바이오		시 장 : KONEX	
신용등급 (Bond) — (CP) —		기업규모 : —	
홈 페 이 지 : www.duchembio.com		연 락 처 : 02)332-4868	
본 사 : 서울시 서대문구 경기대로 47, 4층 (충정로2가 190-3)			

설 립 일	2003.03.01	종 업 원 수	52명	대 표 이 사	김종우
상 장 일	2014.12.29	감 사 의 견	적정 (정현)	계 열	
결 산 기	12월	보 통 주		종 속 회 사 수	
액 면 가	—	우 선 주		구 상 호	

주주구성 (지분율,%)
김종우	48.9
키움성장12호일자리창출투자조합	12.0

출자관계 (지분율,%)
케이헬스코리아	35.0
KHEALTHCORPORATION	25.0

주요경쟁사 (외형,%)
듀켐바이오	100
에이씨티	95
디엔에이링크	44

매출구성
기타	44.3
FDG(제품)	42.9
공동운영수익(기타)	7.3

비용구성
매출원가율	87.6
판관비율	29.4

수출비중
수출	0.0
내수	100.0

회사 개요
동사는 2002년 11월 메딕보스라는 사명으로 설립되어 설립 초기에는 주로 기능성 식품 등의 판매에 주력했음. 2007년 현재의 사명인 듀켐바이오로 변경해 방사성의약품의 제조 및 판매에 주력하고 있음. 국내 방사성의약품 시장은 2006년 8월 건강보험에 암환자의 PET 촬영이 포함되면서 급격한 성장세를 보이고 있음. 동사는 하반기 중 기술성 평가를 신청하고 연내 코스닥 상장을 추진할 계획임.

실적 분석
동사의 2016년 매출액은 132.4억원으로 전년 123.8억원 대비 소폭 증가함. 영업손실은 45억원으로 적년 37억원에서 적자폭이 커졌고, 당기순이익도 88.3억원으로 적자지속함. 동사는 전국 주요 5개 거점에 방사성의약품 일괄생산시설을 구축함. 최근 암/치매 진단 의약품 원료인 산소-18 농축수 상용화 설비를 갖추고 본격 생산에 돌입. 선진국 대비 생산단가를 반 이하로 낮춰 가격경쟁력을 확보할 전망임.

현금 흐름   *IFRS 별도 기준   〈단위 : 억원〉
항목	2016	2017.2Q
영업활동	12	—
투자활동	-11	—
재무활동	2	—
순현금흐름	2	—
기말현금	4	—

시장 대비 수익률

결산 실적   〈단위 : 억원〉
항목	2012	2013	2014	2015	2016	2017
매출액	121	128	280	238	263	
영업이익	18	16	19	-51	-45	
당기순이익	8	7	2	-116	-88	

분기 실적   *IFRS 별도 기준   〈단위 : 억원〉
항목	2016.1Q	2016.2Q	2016.3Q	2016.4Q	2017.1Q	2017.2Q
매출액	—	—	—	—	—	—
영업이익	—	—	—	—	—	—
당기순이익	—	—	—	—	—	—

재무 상태   *IFRS 별도 기준   〈단위 : 억원〉
항목	2012	2013	2014	2015	2016	2017.2Q
총자산	349	442	461	349	291	
유형자산	249	310	290	236	202	
무형자산	0	5	4	3	2	
유가증권	3	3	3			
총부채	259	344	357	317	317	
총차입금	244	280	338	297	270	
자본금	26	26	29	34	35	
총자본	91	98	104	32	-25	
지배주주지분	91	98	104	32	-25	

기업가치 지표   *IFRS 별도 기준
항목	2012	2013	2014	2015	2016	2017.2Q
주가(최고/저)(천원)	—/—	—/—	9.0/8.0	31.8/8.3	21.8/11.4	—/—
PER(최고/저)(배)	0.0/0.0	0.0/0.0	254.8/226.5	—/—	—/—	—/—
PBR(최고/저)(배)	0.0/0.0	0.0/0.0	4.3/3.8	59.0/15.4	-53.4/-28.0	0.0/0.0
EV/EBITDA(배)	5.6		6.1	13.2	466.1	
EPS(원)	163	129	35	-1,946	-1,459	—
BPS(원)	17,471	1,889	2,087	539	-407	—
CFPS(원)	6,217	691	751	-1,286	-915	—
DPS(원)						—
EBITDAPS(원)	8,174	863	982	39	-199	—

재무 비율   〈단위 : % 〉
연도	영업이익률	순이익률	부채비율	차입금비율	ROA	ROE	유보율	자기자본비율	EBITDA마진율
2016	-17.0	-33.6	완전잠식	완전잠식	-20.7	당기잠식	-172.7	-6.4	0.7
2015	-21.6	-48.7	일부잠식	일부잠식	-22.6	-171.0	-4.3	7.0	2.1
2014	6.9	0.6	410.2	370.7	0.4	1.8	262.5	19.6	25.4
2013	12.2	5.2	350.7	285.8	1.7	7.1	277.8	22.2	34.9

드래곤플라이 (A030350)
Dragonfly GF

업 종 : 게임 소프트웨어		시 장 : KOSDAQ	
신용등급 (Bond) — (CP) —		기업규모 : 중견	
홈 페 이 지 : www.dragonflygame.com		연 락 처 : 02)2017-7800	
본 사 : 서울시 서초구 서초대로 347, 서초D타워 10F			

설 립 일	1990.03.22	종 업 원 수	184명	대 표 이 사	박철우
상 장 일	1997.11.10	감 사 의 견	적정 (세림)	계 열	
결 산 기	12월	보 통 주	1,485만주	종 속 회 사 수	1개사
액 면 가	500원	우 선 주		구 상 호	

주주구성 (지분율,%)
박철우	22.7
박철승	19.1
(외국인)	0.3

출자관계 (지분율,%)
AP스튜디오	70.0
미디어웹	1.7

주요경쟁사 (외형,%)
드래곤플라이	100
파티게임즈	287
한빛소프트	281

매출구성
온라인게임	96.3
모바일게임	2.4
기타매출	1.2

비용구성
매출원가율	0.0
판관비율	85.6

수출비중
수출	43.0
내수	57.0

회사 개요
동사는 인터넷에 연결된 PC상에서 접속하여 즐길 수 있는 게임을 개발하고 서비스함. 넷마블(CJ E&M 게임즈), 피망(네오위즈게임즈)과 일본, 중국, 대만, 태국, 유럽 등에 게임을 서비스하고 있음. 동사가 보유한 마케팅 채널 및 게임 개발력을 바탕으로 국내외 온라인에 게임을 배급하는 배급업으로 사업확장을 기획하고 있으며 전문 엔터테인먼트회사로 발전을 모색하고 있음.

실적 분석
동사의 2017년 2분기 누적 매출액은 주 매출원인 '스페셜포스'와 '스페셜포스 2' 매출 감소로 인해 전년 동기 대비 32.6% 감소한 40.1억원을 기록함. 판매비와 관리비가 전년동기 대비 21.3% 증가했으며 영업손실 16.5억원을 시현하며 적자전환함. 당기순이익은 논현동 사옥을 매각한 것에 따른 유형자산처분이익이 반영되어 8.1억원을 기록함. 향후 플랫폼 다각화에 집중할 계획이며 다양한 VR, AR 신작 게임 출시 예정.

현금 흐름   〈단위 : 억원〉
항목	2016	2017.2Q
영업활동	17	-15
투자활동	-53	51
재무활동	78	-68
순현금흐름	41	-32
기말현금	63	30

시장 대비 수익률

결산 실적   〈단위 : 억원〉
항목	2012	2013	2014	2015	2016	2017
매출액	340	230	196	165	109	
영업이익	41	2	28	37	16	
당기순이익	-75	-334	-93	-78	-3	

분기 실적   *IFRS 별도 기준   〈단위 : 억원〉
항목	2016.1Q	2016.2Q	2016.3Q	2016.4Q	2017.1Q	2017.2Q
매출액	31	29	26	24	21	1
영업이익	7	6	3	-0	-3	-1
당기순이익	10	5	0	-19	-5	1

재무 상태   〈단위 : 억원〉
항목	2012	2013	2014	2015	2016	2017.2Q
총자산	1,206	893	769	628	673	60
유형자산	507	544	525	506	489	44
무형자산	294	151	124	44	82	9
유가증권	5		5	4	4	
총부채	535	569	490	398	356	27
총차입금	330	362	343	306	299	23
자본금	70	70	70	70	74	7
총자본	671	324	279	229	317	32
지배주주지분	675	329	285	240	328	33

기업가치 지표
항목	2012	2013	2014	2015	2016	2017.2Q
주가(최고/저)(천원)	24.6/12.3	14.2/5.5	12.8/4.5	15.2/5.2	12.5/4.6	—/—
PER(최고/저)(배)	—/—	—/—	—/—	—/—	—/—	—/—
PBR(최고/저)(배)	4.2/2.1	4.0/1.6	5.1/1.8	6.9/2.4	5.6/2.1	3.7/2.4
EV/EBITDA(배)	22.2	15.7	14.7	14.3	37.0	
EPS(원)	-536	-2,366	-653	-516	-20	—
BPS(원)	5,958	3,514	2,519	2,201	2,221	2,279
CFPS(원)	-123	-1,884	-192	-257	111	16
DPS(원)	100					—
EBITDAPS(원)	708	499	657	522	238	-2

재무 비율   〈단위 : % 〉
연도	영업이익률	순이익률	부채비율	차입금비율	ROA	ROE	유보율	자기자본비율	EBITDA마진율
2016	14.4	-2.8	112.5	94.5	-0.5	-1.1	344.2	47.1	32.2
2015	22.4	-47.2	173.8	133.4	-11.2	-27.6	340.2	36.5	44.5
2014	14.1	-47.3	175.3	122.9	-11.2	-29.9	403.8	36.3	47.2
2013	1.0	-144.9	175.3	111.7	-31.8	-66.3	602.7	36.3	34.9

드림시큐리티 (A203650)
Dream Security

업   종 : 일반 소프트웨어
신용등급 : (Bond) —   (CP) —
홈 페 이 지 : www.dreamsecurity.com
본   사 : 서울시 송파구 중대로8길 8 서경빌딩 3,5,6,7층
시   장 : KOSDAQ
기업규모 : 벤처
연 락 처 : 02)2233-5533

설 립 일 2014.06.25　종 업 원 수 154명　대 표 이 사 범진규
상 장 일 2014.10.13　감 사 의 견 적정 (세림)　계   열
결 산 기 12월　보 통 주 3,483만주　종 속 회 사 수
액 면 가 100원　우 선 주 　구 상 호 신한제2호SPAC

주주구성 (지분율,%)		출자관계 (지분율,%)		주요경쟁사 (외형,%)	
범진규	49.9	시드코어	100.0	드림시큐리티	100
나명자	3.6			SGA솔루션즈	343
(외국인)	0.5			인프라웨어	91

매출구성		비용구성		수출비중	
		매출원가율	65.7	수출	0.0
		판관비율	17.1	내수	100.0

회사 개요
동사는 1998년 설립되어 최고의 정보화 인력과 기술력을 바탕으로 PKI기반의 보안/인증 솔루션 및 서비스를 제공하는 IT 인증보안 전문기업임. IT 환경, 스마트환경, 클라우드등 빠르고 다양하게 변화하는 IT 환경에서도 최고의 보안 솔루션 및 서비스를 안전하고 편리하게 제공하는 것을 목표로 하고 있음. 매출액의 대부분은 보안 소프트웨어의 판매로부터 발생함.

실적 분석
동사의 2017년 2분기기준 누적 매출액은 전년동기대비 47.2% 상승한 92.1억원을 기록하였음. 비용면에서 전년동기대비 매출원가는 증가 하였으며 기타판매비와관리비는 증가함. 이와 같이 상승한 매출액 대비 비용증가가 높아 그에 따라 전년동기대비 영업이익은 -15.5억원으로 적자지속하였음. 최종적으로 전년동기대비 당기순이익은 적자지속하여 -41.9억원을 기록함.

현금 흐름 〈단위 : 억원〉
항목	2016	2017.2Q
영업활동	17	-30
투자활동	2	66
재무활동	1	-49
순현금흐름	26	-13
기말현금	32	19

시장 대비 수익률

결산 실적 〈단위 : 억원〉
항목	2012	2013	2014	2015	2016	2017
매출액	—	—	143	144	206	—
영업이익	—	—	3	21	36	—
당기순이익	—	—	3	15	36	—

분기 실적 〈단위 : 억원〉
항목	2016.1Q	2016.2Q	2016.3Q	2016.4Q	2017.1Q	2017.2Q
매출액	26	36			36	56
영업이익	-9	4			-14	-2
당기순이익	-10	3			-37	-5

재무 상태 〈단위 : 억원〉
항목	2012	2013	2014	2015	2016	2017.2Q
총자산			102	117	189	213
유형자산			6	6	20	22
무형자산			2	2	18	18
유가증권			2	31	6	51
총부채			65	52	90	46
총차입금			27	20	41	22
자본금			16	16	16	34
총자본			37	65	99	167
지배주주지분			37	65	99	167

기업가치 지표
항목	2012	2013	2014	2015	2016	2017.2Q
주가(최고/저)(천원)	—/—	—/—	2.2/2.0	2.4/2.0	2.1/2.0	—/—
PER(최고/저)(배)	0.0/0.0	0.0/0.0	144.7/131.2	30.1/25.0	20.9/19.2	4.9/2.6
PBR(최고/저)(배)	0.0/0.0	0.0/0.0	20.4/18.5	12.7/10.6	7.4/6.8	—
EV/EBITDA(배)			16.8	3.8	2.9	—
EPS(원)	—	—	15	80	102	-122
BPS(원)	—	—	1,182	2,065	3,164	538
CFPS(원)	—	—	341	973	1,244	-116
DPS(원)	—	—	—	—	—	-38
EBITDAPS(원)	—	—	330	778	1,258	—

재무 비율 〈단위 : %〉
연도	영업이익률	순이익률	부채비율	차입금비율	ROA	ROE	유보율	자기자본비율	EBITDA마진율
2016	17.3	17.1	91.0	41.0	22.9	42.9	532.9	52.4	19.1
2015	14.8	19.0	80.8	31.6	25.0	53.9	313.0	55.3	16.9
2014	1.8	2.0	176.3	74.4	0.0	0.0	136.4	36.2	3.9
2013	0.0	0.0	0.0	0.0	0.0	0.0	0.0	0.0	0.0

드림티엔터테인먼트 (A220110)
Dream T Entertainment

업   종 : 미디어
신용등급 : (Bond) —   (CP) —
홈 페 이 지 : www.dreamteaent.co.kr
본   사 : 서울시 용산구 녹사평대로26길 36 C&C빌딩 2층(이태원동)
시   장 : KONEX
기업규모 :
연 락 처 : 02)3452-2525

설 립 일 2009.07.28　종 업 원 수 20명　대 표 이 사 이종석
상 장 일 2015.06.24　감 사 의 견 적정 (한영)　계   열
결 산 기 12월　보 통 주 　종 속 회 사 수
액 면 가 　우 선 주 　구 상 호

주주구성 (지분율,%)		출자관계 (지분율,%)		주요경쟁사 (외형,%)	
제미니밸류2호조합	32.1	와이엠씨엔터테인먼트	80.0	드림티엔터테인먼트	100
아리온테크놀로지	31.0	쇼이십일		래몽래인	78
				제이웨이	41

매출구성		비용구성		수출비중	
매니지먼트	100.0	매출원가율	81.2	수출	3.0
		판관비율	13.7	내수	97.0

회사 개요
동사는 2009년 설립돼, 음반 및 각종 영상 매체의 기획, 제작 및 유통, 연예인 매니지먼트 사업 등을 영위하고 있음. 대표적인 아티스트인 '걸스데이'는 국내 대표적인 걸그룹으로 성장하였음. 매년 안정적인 성장을 이어가고 있음. 국내의 성공을 바탕으로 해외시장 진출을 준비하고 있으며, 일본, 중국국을 중심으로 한 해외시장 활동이 예정되어 있음. 다양한 콘텐츠 상품 개발과 해외 진출을 통해 아티스트의 부가가치 강화가 기대됨.

실적 분석
코넥스 상장 기업인 동사의 2016년 연간 매출액은 매니지먼트매출의 증가와 공연매출 발생으로 전년대비 71.5% 증가한 182.5억원을 시현하였음. 아티스트 라인업 확대 및 관리를 위해 5인조 보이그룹 'A-Prince'(가칭) 등 신규 아티스트의 발굴 및 트레이닝을 진행하고 있어 신규 수익원이 기대됨. 또한, 관계회사인 공연기획사 쇼이십일과 함께 대규모 전국 순회 콘서트를 기획하고 있으며, 이에 따른 수익이 기대됨.

현금 흐름 *IFRS 별도 기준 〈단위 : 억원〉
항목	2016	2017.2Q
영업활동	4	
투자활동	83	
재무활동	-84	
순현금흐름	3	
기말현금	21	

시장 대비 수익률

결산 실적 〈단위 : 억원〉
항목	2012	2013	2014	2015	2016	2017
매출액	9	32	63	106	182	—
영업이익	-7	9	21	12	9	—
당기순이익	-7	9	18	0	-5	—

분기 실적 *IFRS 별도 기준 〈단위 : 억원〉
항목	2016.1Q	2016.2Q	2016.3Q	2016.4Q	2017.1Q	2017.2Q
매출액						
영업이익						
당기순이익						

재무 상태 *IFRS 별도 기준 〈단위 : 억원〉
항목	2012	2013	2014	2015	2016	2017.2Q
총자산	2	19	42	176	113	
유형자산	0	1	0	2	2	
무형자산	0	0	4	10	12	
유가증권	0		0	15		
총부채	11	19	25	138	36	
총차입금	4	10	2	109		
자본금	10	10	10	11	14	
총자본	-9	-0	16	38	77	
지배주주지분	-9		16	38	77	

기업가치 지표 *IFRS 별도 기준
항목	2012	2013	2014	2015	2016	2017.2Q
주가(최고/저)(천원)	—/—	—/—	—/—	6.1/2.4	4.3/2.0	—/—
PER(최고/저)(배)	0.0/0.0	0.0/0.0	0.0/0.0	60.7/23.8	4.1/1.8	0.0/0.0
PBR(최고/저)(배)	0.0/0.0	0.0/0.0	0.2	9.0/3.5	19.8	—
EV/EBITDA(배)				18.1		
EPS(원)	-134	175	370	101	-156	
BPS(원)	-4,432	-48	8,235	681	1,069	
CFPS(원)	-3,219	4,546	9,663	146	-57	
DPS(원)	—	—	—	—	—	
EBITDAPS(원)	-3,207	4,593	10,734	235	101	

재무 비율 〈단위 : %〉
연도	영업이익률	순이익률	부채비율	차입금비율	ROA	ROE	유보율	자기자본비율	EBITDA마진율
2016	5.1	-3.0	106.5	0.0	-2.9	-19.6	324.7	48.4	9.7
2015	11.4	7.7	824.5	414.9	5.6	37.1	106.6	10.8	14.7
2014	32.6	29.2	152.9	9.3	61.1	전기잠식	64.7	39.5	33.9
2013	27.7	27.4	완전잠식	완전잠식			-101.0	-0.5	28.7

디딤 (A217620)
Hanwha ACPC Special Purpose Acquisition

업 종 : 호텔 및 레저		시 장 : KOSDAQ	
신용등급 : (Bond) — (CP) —		기업규모 : 중견	
홈페이지 : 0		연 락 처 : 02)3772-7318	
본 사 : 서울시 영등포구 여의대로 56			

설 립 일 2015.03.30	종업원수 1명	대표이사 이범택	
상 장 일 2015.06.10	감사의견 적정 (한길)	계 열	
결 산 기 12월	보 통 주 3,520만주	종속회사수	
액 면 가 100원	우 선 주	구 상 호 한화ACPC스팩	

주주구성 (지분율,%)	출자관계 (지분율,%)	주요경쟁사 (외형,%)
이범택 31.5	디딤 100	
WESTPOINT INVESTMENT, LLC. 23.7	MP그룹 219	
(외국인) 22.7	현대그린푸드 3,653	

수익구성	비용구성	수출비중
	이자비용 0.0	수출 —
	투자및금융비 0.0	내수 —
	판관비 0.0	

회사 개요
동사는 2006년 설립된 이래로 모태사업인 외식업업(파인다이닝)은 물론, 식자재유통 및 제조 등으로 사업포트폴리오를 다변화하고 있는 2017년 8월 31일 스팩 합병을 통해 상장한 외식전문업체임. 대표 브랜드는 직영점 기준 한식부문 '백제원'과 일식부문 '도쿄하나', 양식부문 'POOLSIDE228'가 있으며, 프랜차이즈 기준 '마포갈매기', '미술관' 등이 있음. 2016년 기준 프랜차이즈 312개, 직영점 19개점을 보유 중.

실적 분석
동사는 국내매장은 2014년부터 기존 프랜차이즈 위주에서 직영점 위주로, 해외매장(주로 동남아지역)은 프랜차이즈 위주로 출점하고 있음. 주요 경쟁사로는 MP그룹과 해마로푸드서비스가 있으며 경쟁사 모두 프랜차이즈 위주의 사업구조를 영위하고 있는 반면, 동사는 최근 직영점 위주로 출점하고 있다는 데에 차이를 보임. 상장 이후 연말까지 해외점포 10곳을 신규 오픈할 계획인 만큼 추가 로열티 수익확보를 통한 성장이 기대됨.

현금 흐름
*IFRS 별도 기준 〈단위 : 억원〉

항목	2016	2017.2Q
영업활동	62	—
투자활동	-40	—
재무활동	-24	—
순현금흐름	-3	—
기말현금	35	—

시장 대비 수익률

결산 실적
*IFRS 별도 기준 〈단위 : 억원〉

항목	2012	2013	2014	2015	2016	2017
영업수익	—	—	—	—	—	—
영업이익	—	—	18	26	55	—
당기순이익	—	—	8	13	39	—

분기 실적
*IFRS 별도 기준 〈단위 : 억원〉

항목	2016.1Q	2016.2Q	2016.3Q	2016.4Q	2017.1Q	2017.2Q
영업수익	—	—	—	—	—	—
영업이익	—	—	—	—	—	—
당기순이익	—	—	—	—	—	—

재무 상태
*IFRS 별도 기준 〈단위 : 억원〉

항목	2012	2013	2014	2015	2016	2017.2Q
총자산			417	415	435	—
유형자산			174	180	198	—
무형자산			10	4	10	—
유가증권			0	0	0	—
총부채			343	326	308	—
총차입금			294	298	272	—
자본금			5	5	5	—
총자본			74	88	127	—
지배주주지분			74	88	127	—

기업가치 지표
*IFRS 별도 기준

항목	2012	2013	2014	2015	2016	2017.2Q
주가(최고/저)(천원)	—/—	—/—	—/—	2.3/2.0	2.0/1.9	—/—
PER(최고/저)(배)	0.0/0.0	0.0/0.0	0.0/0.0	64.2/55.5	18.4/17.6	—/—
PBR(최고/저)(배)	0.0/0.0	0.0/0.0	0.0/0.0	9.2/8.0	5.6/5.4	0.0/0.0
PSR(최고/저)(배)	0/0	0/0	0/0	1/1	1/1	1/1
EPS(원)			22	36	110	
BPS(원)			82,515	98,156	141,192	
CFPS(원)			24,363	35,448	65,526	
DPS(원)						
EBITDAPS(원)			35,851	50,765	83,845	

재무 비율
〈단위 : % 〉

연도	계속사업이익률	순이익률	부채비율	차입금비율	ROA	ROE	유보율	자기자본비율	총자산증가율
2016	7.0	5.9	242.1	214.4	0.0	0.0	0.0	0.0	0.0
2015	2.5	2.0	369.4	337.0	0.0	0.0	0.0	0.0	0.0
2014	1.2	1.3	462.0	395.4	0.0	0.0	0.0	0.0	0.0
2013									

디비케이 (A073190)
DBK

업 종 : 내구소비재		시 장 : KOSDAQ	
신용등급 : (Bond) — (CP) —		기업규모 : 중견	
홈페이지 : www.duoback.co.kr		연 락 처 : 032)816-4814	
본 사 : 인천시 서구 가재울로 32번길 27 (가좌동)			

설 립 일 1987.05.01	종업원수 163명	대표이사 정관영	
상 장 일 2004.02.06	감사의견 적정 (성도)	계 열	
결 산 기 12월	보 통 주 1,197만주	종속회사수 1개사	
액 면 가 500원	우 선 주	구 상 호 듀오백코리아	

주주구성 (지분율,%)	출자관계 (지분율,%)	주요경쟁사 (외형,%)
정관영 35.3	디비케이에듀케이션 79.0	디비케이 100
신영자산운용 4.1	에스쳐 35.0	한국가구 177
(외국인) 1.1	코오롱2011신성장투자조합 10.0	코아스 299

매출구성	비용구성	수출비중
듀오백 의자(내수) 86.2	매출원가율 74.7	수출 0.0
듀오백 의자(수출) 13.8	판관비율 40.9	내수 100.0

회사 개요
듀오백이라는 가정 및 사무용 의자를 생산, 판매하는 전문기업으로 1995년 독일에서 Duoback 이론을 도입하여 한국인의 신체와 체형에 맞는 의자를 제조하고 있음. 2004년 Duoback 이론의 특허권을 취득하여 국내뿐만 아니라 해외 시장에도 진출함. 일산과 합정, 분당 등에 직영매장을 열고 영업에 들어갔으며, 고객들이 손쉽게 제품을 만날 수 있도록 온라인 직영 쇼핑몰도 오픈함. DBK에듀케이션이라는 자회사를 설립해 교육사업에도 진출함.

실적 분석
동사의 2017년 2분기 연결 기준 매출은 190.9억원으로 전년동기 대비 6.0% 증가. 원가율이 개선과 판관비 절감으로 영업이익은 7.1억원을 기록하며 흑자전환함. 영업수지의 개선으로 당기순이익 역시 16.2억원의 이익을 실현. 전년 손실의 주범이었던 광고선전비 등 판관비 부담과 투자자산 감액에 따른 영업외 비용이 해소되면서 전년동기 대비 흑자전환에 성공함.

현금 흐름
〈단위 : 억원〉

항목	2016	2017.2Q
영업활동	-41	2
투자활동	31	18
재무활동	—	—
순현금흐름	-10	20
기말현금	21	42

시장 대비 수익률

결산 실적
〈단위 : 억원〉

항목	2012	2013	2014	2015	2016	2017
매출액	387	404	417	348	325	—
영업이익	-14	1	-35	-39	-51	—
당기순이익	-1	-9	-42	-35	-55	—

분기 실적
〈단위 : 억원〉

항목	2016.1Q	2016.2Q	2016.3Q	2016.4Q	2017.1Q	2017.2Q
매출액	104	76	78	67	110	—
영업이익	-9	-14	-14	-13	7	—
당기순이익	-8	-15	-18	-14	8	—

재무 상태
〈단위 : 억원〉

항목	2012	2013	2014	2015	2016	2017.2Q
총자산	515	516	466	434	381	38
유형자산	101	102	97	92	95	9
무형자산	39	38	21	16	14	1
유가증권	115	136	109	86	35	2
총부채	49	65	55	64	62	4
총차입금	10	11	5	5	4	
자본금	60	60	60	60	60	6
총자본	466	450	411	370	319	33
지배주주지분	455	443	408	370	319	33

기업가치 지표

항목	2012	2013	2014	2015	2016	2017.2Q
주가(최고/저)(천원)	2.4/1.8	2.0/1.7	2.1/1.7	4.1/1.6	2.7/2.0	—/—
PER(최고/저)(배)	—/—	—/—	—/—	—/—	—/—	—/—
PBR(최고/저)(배)	0.6/0.5	0.5/0.4	0.6/0.4	1.2/0.5	0.9/0.7	1.4/0.
EV/EBITDA(배)		3.6				
EPS(원)	-10	-65	-315	-283	-465	13
BPS(원)	8,206	8,016	7,425	3,398	2,971	3,10
CFPS(원)	214	158	-338	-152	-330	
DPS(원)	150					
EBITDAPS(원)	-4	302	-284	-193	-289	11

재무 비율
〈단위 : % 〉

연도	영업이익률	순이익률	부채비율	차입금비율	ROA	ROE	유보율	자기자본비율	EBITDA마진율
2016	-15.6	-17.0	19.3	1.4	-13.5	-16.1	494.3	83.8	-10.
2015	-11.2	-9.9	17.2	1.3	-7.7	-8.7	579.6	85.3	-6.
2014	-8.3	-10.0	13.4	1.2	-8.5	-8.9	642.5	88.2	-4.
2013	0.2	-2.3	14.5	2.4	-1.8	-1.7	701.6	87.3	4.

디스플레이테크 (A066670)
DISPLAYTECH

업　　종 : 휴대폰 및 관련부품		시　　장 : KOSDAQ	
신용등급 : (Bond) — 　(CP) —		기업규모 : 우량	
홈페이지 : www.displaytech.co.kr		연 락 처 : 031)776-7502	
주　　소 : 경기도 안성시 공단1로 10			

설 립 일	1998.08.04	종 업 원 수	39명	대 표 이 사	박윤민
상 장 일	2002.12.30	감 사 의 견	적정 (삼덕)	계 열	
결 산 기	12월	보 통 주	1,869만주	종 속 회 사 수	
액 면 가	500원	우 선 주		구 상 호	

주주구성 (지분율,%)		출자관계 (지분율,%)		주요경쟁사 (외형,%)	
박윤민	25.9	전자신문사	13.1	디스플레이텍	100
아이원벤처캐피탈	4.4	스틱해외진출플랫폼펀드	3.1	육일씨엔에쓰	48
(외국인)	2.5	스폰브릿지국기업전문투자조합		이엘케이	196

매출구성		비용구성		수출비중	
LCD모듈	92.8	매출원가율	89.1	수출	90.0
용역	6.7	판관비율	5.8	내수	10.0
원재료	0.5				

회사 개요

동사는 LCD모듈 등의 개발, 제조 및 판매를 주요 사업으로 영위함. 제품의 대부분은 이동통신단말기 제조사에 공급되고 있으며 기타 LCD 모듈이 장착되는 MP3, PDA, DMB폰, 네비게이션, 넷북, 게임기 등에도 공급 중임. 휴대폰 시장의 성장에 따라 이동통신단말기용 LCD 모듈에 주력하고 있음. 수출이 전체 매출의 80% 이상을 차지함. 환율 등 외부 요인에 의한 실적변동이 큰 편임.

실적 분석

동사의 2017년 상반기 매출은 414.5억원으로 전년동기 대비 8.5% 감소함. 원가율 하락으로 영업이익과 당기순이익은 44.7억원, 35.5억을 시현하며 각각 24.7억원, 17.8억원 증가함. 전방산업인 휴대폰시장의 성장 둔화, 가격 경쟁으로 ASP가 큰 폭으로 하락하면서 외형이 축소됨. 글로벌 경기 회복 기대감이 낮아지고 거래선 다변화가 쉽지 않아 외형 확대가 쉽지 않을 것으로 보임.

현금 흐름	*IFRS 별도 기준	〈단위 : 억원〉
항목	2016	2017.2Q
영업활동	101	36
투자활동	-106	64
재무활동	-124	-46
순현금흐름	-127	55
기말현금	77	132

시장 대비 수익률

결산 실적					〈단위 : 억원〉	
항목	2012	2013	2014	2015	2016	2017
매출액	2,937	5,353	4,296	3,180	892	
영업이익	222	337	215	146	45	
당기순이익	170	266	157	150	40	

분기 실적	*IFRS 별도 기준				〈단위 : 억원〉	
항목	2016.1Q	2016.2Q	2016.3Q	2016.4Q	2017.1Q	2017.2Q
매출액	261	192	210	229	194	220
영업이익	15	5	9	16	18	27
당기순이익	11	5	6	16	12	23

재무 상태	*IFRS 별도 기준				〈단위 : 억원〉	
항목	2012	2013	2014	2015	2016	2017.2Q
총자산	1,840	3,041	2,661	1,982	1,803	1,757
유형자산	530	607	557	324	310	298
무형자산	0	1	4	3	2	2
유가증권	13	104	159	176	383	367
총부채	946	1,895	1,362	559	358	286
총차입금	412	799	525	271	169	132
자본금	88	88	93	93	93	93
총자본	894	1,146	1,299	1,423	1,445	1,471
지배주주지분	894	1,146	1,299	1,423	1,445	1,471

기업가치 지표	*IFRS 별도 기준					
항목	2012	2013	2014	2015	2016	2017.2Q
주가(최고/저)(천원)	6.6/2.1	12.0/5.2	8.6/3.3	5.9/3.8	5.3/3.6	—/—
PER(최고/저)(배)	7.4/2.4	8.7/3.7	10.8/4.1	7.7/4.9	25.1/17.0	0.6/0.4
PBR(최고/저)(배)	1.3/0.4	1.9/0.8	1.3/0.5	0.8/0.5	0.7/0.5	0.6/0.4
EV/EBITDA(배)	4.1	5.5	3.7	2.0	3.9	
EPS(원)	966	1,504	853	802	213	190
BPS(원)	5,318	6,745	7,189	7,852	7,968	8,111
CFPS(원)	1,088	1,678	1,074	1,038	431	295
DPS(원)	50	100	150	100	50	—
EBITDAPS(원)	1,382	2,081	1,387	1,018	460	344

재무 비율							〈단위 : % 〉	
연도	영업이익률	순이익률	부채비율	차입금비율	ROA	ROE	유보율	자기자본비율	EBITDA마진율
2016	5.1	4.5	24.8	11.7	2.1	2.8	1,493.6	80.1	9.6
2015	4.6	4.7	39.3	19.0	6.5	11.0	1,470.3	71.8	6.0
2014	5.0	3.7	104.8	40.4	5.5	12.8	1,337.9	48.8	5.9
2013	6.3	5.0	165.3	69.7	10.9	26.0	1,249.0	37.7	6.9

디씨엠 (A024090)
DCM

업　　종 : 금속 및 광물		시　　장 : 거래소	
신용등급 : (Bond) — 　(CP) —		기업규모 : 시가총액 소형주	
홈페이지 : www.dcmcorp.co.kr		연 락 처 : 055)366-9991	
주　　소 : 경남 양산시 웅상농공단지길 55			

설 립 일	1972.03.04	종 업 원 수	138명	대 표 이 사	정연택
상 장 일	1999.08.18	감 사 의 견	적정 (삼일)	계 열	
결 산 기	12월	보 통 주	1,170만주	종 속 회 사 수	2개사
액 면 가	500원	우 선 주		구 상 호	

주주구성 (지분율,%)		출자관계 (지분율,%)		주요경쟁사 (외형,%)	
정연택	17.8	동일산업		디씨엠	100
정동우	9.7	대한방직		세아특수강	520
(외국인)		와이엔텍		유성티엔에스	343

매출구성		비용구성		수출비중	
LAMINATED 칼라강판(해외)	54.3	매출원가율	78.9	수출	—
LAMINATED 칼라강판(국내)	18.2	판관비율	6.0	내수	—
PET, 고광택, 메탈론 FILM(국내)	15.3				

회사 개요

동사는 1972년 설립돼, 주요 사업으로 칼라코팅강판과 산업용 필름 제조 및 판매, 칼라필름 생산을 주 영업목적으로 하고 있음. 주요 거래처는 삼성전자, LG전자, 동부대우전자 등이 있음. 라미네이팅 강판은 주로 냉장고, 세탁기, 에어컨, 김치냉장고 등 가전제품 외장강판 제조에 쓰이고, 산업계반 분야에서도 고급소재로 사용됨. ABS, PP 등 복합수지의 임가공매출과 농업용 필름 기능성 첨가제 생산판매 매출이 주를 이루고 있음.

실적 분석

동사의 2017년 2분기기준 누적 매출액은 전년동기대비 6.9% 상승한 695.5억원을 기록하였음. 비용면에서 전년동기대비 매출원가는 증가 했으며 기타판매비와관리비는 거의 동일했음. 이와 같이 상승한 매출액 대비 비용증가가 높아 그에 따라 전년동기대비 영업이익은 104.8억원으로 -1.2% 하락하였음. 그러나 비영업손익의 크게 상승으로 전년동기대비 당기순이익은 105.8억원을 기록함.

현금 흐름		〈단위 : 억원〉
항목	2016	2017.2Q
영업활동	159	78
투자활동	-86	56
재무활동	-66	-49
순현금흐름	8	84
기말현금	140	224

시장 대비 수익률

결산 실적					〈단위 : 억원〉	
항목	2012	2013	2014	2015	2016	2017
매출액	1,582	1,267	1,122	1,062	1,285	
영업이익	106	8	-10	63	194	
당기순이익	113	28	2	45	208	

분기 실적					〈단위 : 억원〉	
항목	2016.1Q	2016.2Q	2016.3Q	2016.4Q	2017.1Q	2017.2Q
매출액	318	333	328	306	340	355
영업이익	49	57	44	44	60	44
당기순이익	49	44	52	64	61	45

재무 상태					〈단위 : 억원〉	
항목	2012	2013	2014	2015	2016	2017.2Q
총자산	1,958	1,617	1,568	1,632	1,820	1,915
유형자산	307	297	278	313	309	308
무형자산	1	1	9	1	1	1
유가증권	326	328	373	441	428	388
총부채	529	230	212	246	275	313
총차입금	205	47	51	40	31	30
자본금	60	60	60	60	60	60
총자본	1,430	1,387	1,356	1,386	1,545	1,602
지배주주지분	1,382	1,340	1,312	1,337	1,483	1,538

기업가치 지표						
항목	2012	2013	2014	2015	2016	2017.2Q
주가(최고/저)(천원)	10.4/7.8	11.7/9.2	15.8/9.9	19.2/9.0	13.0/8.8	—/—
PER(최고/저)(배)	11.8/8.9	49.1/38.7	491.2/306.1	59.8/28.1	8.0/5.5	1.0/0.9
PBR(최고/저)(배)	1.0/0.7	1.1/0.8	1.4/0.9	1.7/0.8	1.0/0.7	1.0/0.9
EV/EBITDA(배)	7.5	22.8	78.0	7.9	4.3	
EPS(원)	1,005	259	337	1,225	1,672	833
BPS(원)	12,169	11,846	11,706	11,922	13,500	14,010
CFPS(원)	1,176	486	271	604	1,913	833
DPS(원)	600	200	200	200	400	—
EBITDAPS(원)	1,079	298	155	801	1,903	895

재무 비율							〈단위 : % 〉	
연도	영업이익률	순이익률	부채비율	차입금비율	ROA	ROE	유보율	자기자본비율	EBITDA마진율
2016	15.1	16.2	17.8	2.0	12.1	13.9	2,532.4	84.9	17.3
2015	5.9	4.2	17.8	2.9	2.8	3.0	2,224.8	84.9	8.8
2014	-0.9	0.2	15.7	3.7	0.1	0.3	2,182.7	86.5	1.6
2013	0.7	2.2	16.6	3.4	1.6	2.2	2,210.0	85.8	2.8

디아이 (A003160)
DI

업　　종 : 반도체 및 관련장비　　　　시　　장 : 거래소
신용등급 : (Bond) —　　(CP) —　　기업규모 : 시가총액 소형주
홈페이지 : www.di.co.kr　　　　연락처 : 02)546-5501
본　　사 : 서울시 강남구 논현로 703

설 립 일	1961.03.16	종 업 원 수	126명	대 표 이 사	박원호,장일선
상 장 일	1996.07.31	감 사 의 견	적정 (태성)	계	열
결 산 기	12월	보 통 주	3,150만주	종속회사수	8개사
액 면 가	500원	우 선 주		구 상 호	

주주구성 (지분율,%)		출자관계 (지분율,%)		주요경쟁사 (외형,%)	
박원덕	10.9	두성산업	100.0	디아이	100
박원호	10.0	디아이씨	100.0	아이에이	69
(외국인)	3.9	디아이엔바이로	86.5	에스에이엠티	969

매출구성		비용구성		수출비중	
반도체검사장비	30.7	매출원가율	66.4	수출	41.0
반도체검사보드	25.0	판관비율	28.6	내수	59.0
전자파 차폐체	19.1				

회사 개요
동사는 1955년 과학기기 수입 판매업으로 출범하여 반도체 검사장비 초정밀 시험장비의 제조 및 수입업을 영위하고 있으며, 50년간 축적된 경험, 전문기술로 반도체 제조공정상 필수적인 전공정 장비, 조립장비 등 해외의 고부가 반도체장비 공급과 검사장비의 국산화에 매진하고 있음. 반도체 검사장비 제조 및 판매 등의 반도체 검사장비 사업부문, 전자파차폐체(EMC) 등을 제조하는 전자부품 사업부문 및 기타 수(水)처리 관련 환경사업으로 구분함.

실적 분석
동사의 2017년 2분기기준 누적 매출액은 전년동기대비 29.1% 상승한 537억원을 기록하였음. 비용면에서 전년동기대비 매출원가는 증가 하였으며 인건비도 증가, 광고선전비는 크게 감소 하였고 기타판매비와관리비는 증가. 이처럼 매출액 상승과 더불어 비용절감에도 힘을 기울였음. 그에 따라 전년동기대비 영업이익은 19억원으로 703.9% 크게 상승하였음. 최종적으로 전년동기대비 당기순이익은 흑자전환하며 16.5억원을 기록함.

현금 흐름　〈단위 : 억원〉
항목	2016	2017.2Q
영업활동	115	-108
투자활동	-98	20
재무활동	5	-27
순현금흐름	22	-114
기말현금	260	146

시장 대비 수익률

결산 실적　〈단위 : 억원〉
항목	2012	2013	2014	2015	2016	2017
매출액	939	1,069	1,340	1,055	1,097	—
영업이익	11	70	88	15	55	—
당기순이익	25	27	32	14	17	—

분기 실적　〈단위 : 억원〉
항목	2016.1Q	2016.2Q	2016.3Q	2016.4Q	2017.1Q	2017.2Q
매출액	201	215	347	334	227	310
영업이익	4	-2	25	27	-8	27
당기순이익	0	-3	19	1	-10	26

재무 상태　〈단위 : 억원〉
항목	2012	2013	2014	2015	2016	2017.2Q
총자산	1,880	1,845	1,794	1,717	1,796	1,842
유형자산	380	391	378	477	583	584
무형자산	184	163	132	146	141	140
유가증권	119	39	29	26	12	12
총부채	805	705	624	562	644	691
총차입금	567	426	355	369	395	385
자본금	172	172	172	172	172	172
총자본	1,075	1,140	1,171	1,155	1,152	1,151
지배주주지분	1,045	1,108	1,137	1,124	1,119	1,122

기업가치 지표
항목	2012	2013	2014	2015	2016	2017.2Q
주가(최고/저)(천원)	12.7/1.2	13.8/3.8	13.8/6.3	10.9/6.1	6.5/3.8	—/—
PER(최고/저)(배)	245.7/23.3	182.6/50.4	148.8/67.5	247.2/139.4	207.5/121.0	—/—
PBR(최고/저)(배)	3.7/0.4	3.8/1.1	3.7/1.7	2.9/1.7	1.8/1.0	1.9/1.1
EV/EBITDA(배)	38.9	32.4	16.8	42.9	15.6	—
EPS(원)	53	78	95	45	32	48
BPS(원)	3,547	3,734	3,826	3,785	3,769	3,779
CFPS(원)	123	157	184	150	176	120
DPS(원)	—	—	75	50	50	—
EBITDAPS(원)	105	303	368	154	318	132

재무 비율　〈단위 : %〉
연도	영업이익률	순이익률	부채비율	차입금비율	ROA	ROE	유보율	자기자본비율	EBITDA마진율
2016	5.0	1.6	55.9	34.3	1.0	0.9	588.3	64.1	9.1
2015	1.5	1.4	48.6	32.0	0.8	1.3	591.1	67.3	4.6
2014	6.6	2.4	53.3	30.3	1.8	2.7	598.6	65.3	8.7
2013	6.6	2.5	61.9	37.4	1.4	2.3	581.8	61.8	8.9

디아이씨 (A092200)
DAE-IL

업　　종 : 자동차부품　　　　시　　장 : 거래소
신용등급 : (Bond) —　　(CP) —　　기업규모 : 시가총액 소형주
홈페이지 : www.dicorp.co.kr　　　연락처 : 052)255-0500
본　　사 : 울산시 울주군 두동면 봉계농공길 8 (주)디아이씨

설 립 일	1976.08.03	종 업 원 수	842명	대 표 이 사	김성문,김경렬(각자대표이사)
상 장 일	2007.10.18	감 사 의 견	적정 (성도)	계	열
결 산 기	12월	보 통 주	2,247만주	종속회사수	7개사
액 면 가	500원	우 선 주		구 상 호	

주주구성 (지분율,%)		출자관계 (지분율,%)		주요경쟁사 (외형,%)	
김성문	20.4	디아이씨글로벌	100.0	디아이씨	100
중원기계공업	16.3	대호기계공업	47.9	우리산업홀딩스	58
(외국인)	2.0	대일이노텍	44.4	세종공업	207

매출구성		비용구성		수출비중	
Diff Case,경승용차 밋션 Ass'y,	85.4	매출원가율	86.3	수출	61.0
T/M, D/A ASS'Y 단품류	13.6	판관비율	7.5	내수	39.0
7DCT, 6단 Gear류 등	0.8				

회사 개요
동사는 자동차 부품 등의 기어 및 SHAFT, T/M ASS'Y 등 제작 및 판매 등을 영위함. 매출의 70%이상을 차지하는 자동차 부품은 현대자동차, 기아자동차, 대형 부품 조립업체에 납품하고 미국, 호주 등 해외에 직접 수출하고 있으며 경승용차용 Transmission을 조립하여 공급함. 대표적 수출품인 Motorcycle용 6단 Transmission을 세계 최초로 자체 기술력으로 개발하여 기술력을 인정받고 있음.

실적 분석
동사의 2017년도 연결기준 상반기 매출액은 3,199.3억원으로 전년 대비 21.3% 증가함. 매출원가와 판관비의 증가에도 불구하고 영업이익은 209.7억으로 전년 동기 대비 21.4% 증가함. 당기순이익은 66.3억으로 전년 동기 대비 48.2% 상승함. 미국 전기자동차 제조업체 A사에 기어박스 공급을 2017년 230억원, 2018년 490억원, 이후 연간 490억원 내외로 공급계약을 수주하며 매출 증대를 이룸.

현금 흐름　〈단위 : 억원〉
항목	2016	2017.2Q
영업활동	213	-45
투자활동	-1,180	-485
재무활동	1,061	495
순현금흐름	92	-37
기말현금	154	117

시장 대비 수익률

결산 실적　〈단위 : 억원〉
항목	2012	2013	2014	2015	2016	2017
매출액	5,049	5,036	5,020	5,194	5,575	—
영업이익	159	171	141	311	348	—
당기순이익	33	47	38	135	111	—

분기 실적　〈단위 : 억원〉
항목	2016.1Q	2016.2Q	2016.3Q	2016.4Q	2017.1Q	2017.2Q
매출액	1,263	1,374	1,328	1,610	1,565	1,63
영업이익	83	90	80	96	98	11
당기순이익	29	16	2	65	-19	26

재무 상태　〈단위 : 억원〉
항목	2012	2013	2014	2015	2016	2017.2Q
총자산	5,468	5,536	5,635	5,858	7,338	7,81
유형자산	3,105	3,273	3,408	3,458	4,218	4,38
무형자산	46	51	56	60	77	7
유가증권	12	14	13	11	9	
총부채	3,837	3,840	3,949	4,102	5,305	5,76
총차입금	2,758	2,780	2,935	2,990	3,884	4,39
자본금	109	109	109	109	109	11
총자본	1,631	1,697	1,686	1,756	2,033	2,04
지배주주지분	1,373	1,432	1,395	1,477	1,716	1,72

기업가치 지표
항목	2012	2013	2014	2015	2016	2017.2Q
주가(최고/저)(천원)	7.2/3.9	5.4/3.7	6.9/3.9	10.7/4.1	11.9/7.2	—/—
PER(최고/저)(배)	417.7/226.0	56.8/38.7	1,220.3/688.1	22.6/8.5	36.1/21.9	—/—
PBR(최고/저)(배)	1.2/0.6	0.8/0.6	1.1/0.6	1.6/0.6	1.5/0.9	1.4/1.
EV/EBITDA(배)	10.0	8.9	10.2	8.2	9.0	—
EPS(원)	18	97	6	478	331	21
BPS(원)	6,337	6,620	6,451	6,902	8,002	7,92
CFPS(원)	1,072	1,308	1,291	1,852	1,818	1,05
DPS(원)						
EBITDAPS(원)	1,788	1,999	1,935	2,807	3,093	1,79

재무 비율　〈단위 : %〉
연도	영업이익률	순이익률	부채비율	차입금비율	ROA	ROE	유보율	자기자본비율	EBITDA마진율
2016	6.3	2.0	260.9	191.0	1.7	4.5	1,500.4	27.7	10.2
2015	6.0	2.6	233.7	170.3	2.4	7.2	1,280.4	30.0	11.7
2014	2.8	0.8	234.2	174.1	0.7	0.1	1,190.2	29.9	8.4
2013	3.4	0.9	226.3	163.9	0.9	1.5	1,224.0	30.7	8.4

디알비동일 (A004840)
DRB Holding

종 목 : 자동차부품		시 장 : 거래소	
용 등 급 : (Bond) — (CP) —		기업규모 : 시가총액 소형주	
페이지 : www.drbworld.com		연 락 처 : 051)520-9000	
사 : 부산시 금정구 공단동로 55번길 28			

설 립 일	1945.09.30	종 업 원 수	373명	대 표 이 사	박진삼
상 장 일	1976.05.21	감 사 의 견	적정 (이정)	계 열	
결 산 기	12월	보 통 주	1,900만주	종속회사수	16개사
액 면 가	500원	우 선 주	—	구 상 호	동일벨트

주주구성 (지분율,%)		출자관계 (지분율,%)		주요경쟁사 (외형,%)	
김세연	47.7	DRB인터내셔널	100.0	DRB동일	100
김형수	14.2	세일기업	100.0	평화정공	201
(외국인)	3.3	DRB파텍	100.0	서연	523

매출구성		비용구성		수출비중	
전동벨트, 컨베어벨트 등	52.0	매출원가율	73.7	수출	50.0
자동차용고무부품, 토건 등	38.6	판관비율	15.2	내수	50.0
기타	9.4				

회사 개요
동사는 1945년 동일화학공업소로 창업. 1976년 동일고무벨트 주식회사로 상장됨. 자동차 고무 부품(창고무)과 토목건축자재, 콘지제진시스템 등을 제공하는 종합고무부품과 동력 전달에 널리 쓰이는 전동벨트, 운반라인의 효율성을 극대화시키는 컨베이어벨트를 생산하는 산업용 고무제품 부문으로 나뉨. 전동벨트, 컨베이어벨트 등 산업용고무제품 매출 비중이 50.0%로 높음. 2015년 7월 DRB Chongqing(중국)을 설립함.

실적 분석
자동차와 토목건설 등에 사용되는 종합고무부품의 판매는 감소하였으나, 진동벨트, 컨베어벨트 등 산업용고무제품의 수요가 늘어나 2017년 2분기 매출액은 전년동기 대비 소폭 증가함. 그러나 주원료인 천연고무와 합성고무의 가격이 상승함에 따라 원가율이 악화되고, 인건비 등 판관비도 증가하여 영업이익은 77.4% 감소하여 수익성이 둔화됨. 외환 관련 손실이 크게 늘어나 영업외수지도 악화되는 모습임.

현금 흐름 〈단위 : 억원〉

항목	2016	2017.2Q
영업활동	623	50
투자활동	-664	-177
재무활동	107	3
순현금흐름	60	-138
기말현금	1,221	1,084

시장 대비 수익률

결산 실적 〈단위 : 억원〉

항목	2012	2013	2014	2015	2016	2017
매출액	3,361	4,211	5,851	6,796	6,095	—
영업이익	279	339	692	737	675	—
당기순이익	299	303	483	526	489	—

분기 실적 〈단위 : 억원〉

항목	2016.1Q	2016.2Q	2016.3Q	2016.4Q	2017.1Q	2017.2Q
매출액	1,392	1,381	1,212	2,111	1,401	1,389
영업이익	163	163	75	272	102	-28
당기순이익	124	124	29	212	42	-24

재무 상태 〈단위 : 억원〉

항목	2012	2013	2014	2015	2016	2017.2Q
총자산	3,690	5,671	6,172	6,391	7,012	6,808
유형자산	1,324	2,382	2,424	2,594	3,042	3,168
무형자산	47	56	52	59	73	77
유가증권	102	77	79	65	68	68
총부채	2,209	2,776	2,830	2,540	2,708	2,549
총차입금	1,251	1,570	1,567	1,433	1,542	1,526
자본금	61	85	88	90	93	95
총자본	1,481	2,895	3,343	3,851	4,304	4,259
지배주주지분	1,481	2,193	2,560	2,958	3,317	3,300

기업가치 지표

항목	2012	2013	2014	2015	2016	2017.2Q
주가(최고/저)(천원)	6.5/2.7	8.1/5.1	16.3/6.4	16.3/11.3	14.9/10.6	—/—
PER(최고/저)(배)	5.2/2.2	4.1/2.6	8.1/3.1	7.6/5.3	7.2/5.2	—/—
PBR(최고/저)(배)	0.6/0.3	0.7/0.4	1.2/0.5	1.1/0.7	0.9/0.6	0.7/0.6
EV/EBITDA(배)	3.9	6.0	4.3	3.9	4.2	—/—
EPS(원)	1,267	2,008	2,057	2,171	2,072	209
BPS(원)	12,232	13,059	14,763	16,551	18,045	17,490
CFPS(원)	1,979	3,039	2,998	3,139	3,058	705
DPS(원)	57	56	75	74	94	—
EBITDAPS(원)	1,882	3,359	4,722	4,943	4,576	885

재무 비율 〈단위 : % 〉

연도	영업이익률	순이익률	부채비율	차입금비율	ROA	ROE	유보율	자기자본비율	EBITDA마진율
2016	11.1	8.0	62.9	35.8	7.3	12.6	3,508.9	61.4	13.9
2015	10.9	7.7	65.9	37.2	8.4	15.0	3,210.2	60.3	13.1
2014	11.8	8.3	84.7	46.9	8.2	16.5	2,852.5	54.2	14.1
2013	8.1	7.2	95.9	54.2	6.5	16.2	2,511.8	51.0	10.5

디알텍 (A214680)
DRTECH

업 종 : 의료 장비 및 서비스		시 장 : KOSDAQ	
신용등급 : (Bond) — (CP) —		기업규모 : 벤처	
홈페이지 : www.drtech.co.kr		연 락 처 : 031)779-7426	
본 사 : 경기도 성남시 중원구 둔촌대로 541번길 29 상대원동 3층			

설 립 일	2015.02.03	종 업 원 수	154명	대 표 이 사	안성현
상 장 일	2015.04.20	감 사 의 견	적정 (한영)	계 열	
결 산 기	12월	보 통 주	4,133만주	종속회사수	3개사
액 면 가	100원	우 선 주	—	구 상 호	

주주구성 (지분율,%)		출자관계 (지분율,%)		주요경쟁사 (외형,%)	
윤정기	13.5	DRTECHShanghaiCo.,Ltd.	100.0	디알텍	100
JW홀딩스	7.2	DRTECHNorthAmerica,Inc.	100.0	원익	177
(외국인)	0.2	DRTECHEuropeGmbH	100.0	루트로닉	231

매출구성		비용구성		수출비중	
[제품]직접	37.1	매출원가율	52.4	수출	70.0
[제품]간접	31.2	판관비율	40.9	내수	30.0
맘모	16.6				

회사 개요
동사는 2000년 3월 29일 주식회사 디알텍으로 설립되었으며, 2016년 12월 5일 한국거래소 코스닥시장에 신규 상장(SPAC합병상장)되었음. 전세계 업계에서는 유일하게 직접·간접 방식 디텍터 기술을 동시에 제공하는 기업으로 X-ray 진단영상 시스템의 핵심 장비인 디지털 X-ray 디텍터의 개발 및 생산과 함께 영상처리 엔진과 소프트웨어를 Total 솔루션으로 개발하여 전세계에 판매하고 있음.

실적 분석
동사의 2017년 상반기 연결기준 매출액은 189.4 억원으로 전년동기대비 3.2% 성장하였음. 매출 성장 하였으나 매출원가 및 판관비가 상승하였으나 영업이익은 전년동기대비 49.4% 감소하여 10.4억원을 시현함. 동사는 직접방식 위주로 사업을 진행하면서 미국 동물용시장에서 1위를 유지하고 있었으며 2014년 2분기부터 간접방식 시장에 후발주자로 진입, 2015년말에는 차별화된 여성유방 촬영용 제품 출시로 고성장기에 진입하였음.

현금 흐름 〈단위 : 억원〉

항목	2016	2017.2Q
영업활동	-72	-13
투자활동	64	-20
재무활동	7	55
순현금흐름	-1	22
기말현금	10	32

시장 대비 수익률

결산 실적 〈단위 : 억원〉

항목	2012	2013	2014	2015	2016	2017
매출액	264	236	242	302	366	—
영업이익	31	14	7	15	24	—
당기순이익	16	7	10	26	-4	—

분기 실적 〈단위 : 억원〉

항목	2016.1Q	2016.2Q	2016.3Q	2016.4Q	2017.1Q	2017.2Q
매출액	62	121			79	110
영업이익	-3	23			4	7
당기순이익	-2	21			1	4

재무 상태 〈단위 : 억원〉

항목	2012	2013	2014	2015	2016	2017.2Q
총자산	186	266	210	237	376	434
유형자산	33	91	29	26	34	37
무형자산	8	7	6	6	12	15
유가증권	1	3	3	3	0	0
총부채	117	189	126	122	103	129
총차입금	41	120	84	87	60	93
자본금	23	23	21	26	40	41
총자본	69	78	84	115	273	305
지배주주지분	69	78	84	115	273	305

기업가치 지표

항목	2012	2013	2014	2015	2016	2017.2Q
주가(최고/저)(천원)	—/—	—/—	—/—	7.3/3.1	3.5/1.9	—/—
PER(최고/저)(배)	0.0/0.0	0.0/0.0	0.0/0.0	82.6/35.5	—/—	—/—
PBR(최고/저)(배)	0.0/0.0	0.0/0.0	0.0/0.0	18.8/8.1	5.2/2.8	3.0/2.5
EV/EBITDA(배)	0.2	4.3	3.9	6.2	23.9	—
EPS(원)	54	23	32	88	-12	13
BPS(원)	1,348	1,535	1,743	2,536	678	739
CFPS(원)	475	341	432	818	26	32
DPS(원)						
EBITDAPS(원)	759	476	371	572	106	44

재무 비율 〈단위 : % 〉

연도	영업이익률	순이익률	부채비율	차입금비율	ROA	ROE	유보율	자기자본비율	EBITDA마진율
2016	6.7	-1.2	37.8	22.1	-1.4	-2.2	577.9	72.6	10.4
2015	4.9	8.7	105.9	75.6	11.8	26.4	341.5	48.6	8.8
2014	2.7	4.0	148.9	99.1	—	—	304.0	40.2	7.7
2013	5.8	2.9	243.3	155.2	3.0	9.3	241.5	29.1	10.2

디앤씨미디어 (A263720)
D&C MEDIA COLTD

업 종 : 미디어　　　　　　　　　　　　　　시 장 : KOSDAQ
신용등급 : (Bond) —　　(CP) —　　　　기업규모 : 중견
홈 페 이 지 : www.dncmedia.co.kr　　　　연 락 처 : 02)333-2513
본　　사 : 서울시 구로구 디지털로26길 111, 503호

설 립 일	2012.01.04	종 업 원 수	5명	대 표 이 사	신현호
상 장 일	2017.08.01	감 사 의 견	적정 (대주)	계　　 열	
결 산 기	12월	보 통 주	403만주	종속회사수	
액 면 가	500원	우 선 주		구 상 호	

주주구성 (지분율,%)		출자관계 (지분율,%)		주요경쟁사 (외형,%)	
신현호	34.7	디앤씨미디어	100		
포도트리	18.4	미스터블루	127		
(외국인)	0.0			한국경제TV	398

매출구성		비용구성		수출비중	
전자책	59.4	매출원가율	0.0	수출	0.0
종이책	39.3	판관비율	80.4	내수	100.0
상품 및 기타	1.3				

회사 개요

동사는 웹소설 기업으로 2017년 8월 28일 코스닥 시장에 신규 상장됨. 동사는 이번 상장을 통해 노블코믹스(소셜기반 웹툰), 애니메이션 제작 등 원소스멀티유즈(OSMU) 사업을 확대하고, 해외 시장 진출에 박차를 가할 예정이며 유망 작가를 발굴하고 자체 콘텐츠 경쟁력도 강화해 향후 글로벌 시장에서 한국을 대표하는 문화 아이콘으로 자리잡는다는 계획임. 현재 카카오페이지, 네이버 등 대형 콘텐츠 플랫폼의 메인 콘텐츠 공급자(CP)임.

실적 분석

코스닥 상장 기업인 동사의 2016년 매출액은 189억원으로 2014년부터 연평균 성장률 44.2%를 기록 중임. 같은 기간 영업이익은 14억원에서 37억원으로 증가하였음. 2014년 7월 웹소설 연재를 시작한 '황제의 외동딸'은 노블코믹스로 중국 시장에 진출해 누적 조회수 7억뷰를 달성하였으며 애니메이션, 드라마, 영화 등 지적재산권(IP) 활용 영역을 확대하고 북미·일본·동남아 등 해외시장 진출도 박차를 가할 계획임.

현금 흐름　*IFRS 별도 기준
〈단위 : 억원〉

항목	2016	2017.2Q
영업활동	26	—
투자활동	-30	—
재무활동	—	—
순현금흐름	-2	—
기말현금	29	—

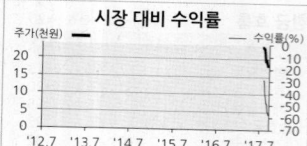

시장 대비 수익률

결산 실적
〈단위 : 억원〉

항목	2012	2013	2014	2015	2016	2017
매출액	—	—	—	144	189	—
영업이익	—	—	—	26	37	—
당기순이익	—	—	—	21	30	—

분기 실적　*IFRS 별도 기준
〈단위 : 억원〉

항목	2016.1Q	2016.2Q	2016.3Q	2016.4Q	2017.1Q	2017.2Q
매출액	45	—	—	—	64	—
영업이익	9	—	—	—	13	—
당기순이익	8	—	—	—	11	—

재무 상태　*IFRS 별도 기준
〈단위 : 억원〉

항목	2012	2013	2014	2015	2016	2017.2Q
총자산	—	—	—	62	96	—
유형자산	—	—	—	0	0	—
무형자산	—	—	—	0	1	—
유가증권	—	—	—	0	31	—
총부채	—	—	—	25	29	—
총차입금	—	—	—	2	0	—
자본금	—	—	—	1	1	—
총자본	—	—	—	37	68	—
지배주주지분	—	—	—	37	68	—

기업가치 지표　*IFRS 별도 기준

항목	2012	2013	2014	2015	2016	2017.2Q
주가(최고/저)(천원)	#VALUE!	—/—	—/—	—/—	—/—	—/—
PER(최고/저)(배)	0.0/0.0	0.0/0.0	0.0/0.0	0.0/0.0	0.0/0.0	—/—
PBR(최고/저)(배)	0.0/0.0	0.0/0.0	0.0/0.0	0.0/0.0	0.0/0.0	—/—
EV/EBITDA(배)	0.0/0.0	0.0/0.0	0.0/0.0	0.0/0.0	0.0/0.0	—/—
EPS(원)	—	—	—	759	1,074	—
BPS(원)	—	—	—	365,312	659,734	—
CFPS(원)	—	—	—	213,071	301,083	—
DPS(원)	—	—	—	—	—	—
EBITDAPS(원)	—	—	—	263,274	369,090	—

재무 비율
〈단위 : % 〉

연도	영업이익률	순이익률	부채비율	차입금비율	ROA	ROE	유보율	자기자본비율	EBITDA마진율
2016	19.6	15.9	42.3	0.0	38.1	57.8	6,497.3	70.3	19.6
2015	18.3	14.8	69.6	4.6	0.0	0.0	3,553.1	59.0	18.3
2014	0.0	0.0	0.0	0.0	0.0	0.0	0.0	0.0	0.0
2013	0.0	0.0	0.0	0.0	0.0	0.0	0.0	0.0	0.0

디에스씨인베스트먼트 (A241520)
DSC Investment

업 종 : 창업투자 및 종금　　　　　　　　시 장 : KOSDAQ
신용등급 : (Bond) —　　(CP) —　　　　기업규모 : 중견
홈 페 이 지 : www.dscinvestment.com　　연 락 처 : 02)3453-3190
본　　사 : 서울시 강남구 역삼로 180, 4층(역삼동, 마루180)

설 립 일	2012.01.18	종 업 원 수	11명	대 표 이 사	윤건수
상 장 일	2016.12.19	감 사 의 견	적정 (삼덕)	계　　 열	
결 산 기	12월	보 통 주	1,750만주	종속회사수	1개사
액 면 가	500원	우 선 주		구 상 호	

주주구성 (지분율,%)		출자관계 (지분율,%)		주요경쟁사 (외형,%)	
윤건수	22.5	슈미트	100.0	DSC인베스트먼트	100
하태훈	6.3			SBI인베스트먼트	389
(외국인)	0.2			우리종금	4,140

수익구성		비용구성		수출비중	
창업투자 및 기업구조조정 수익	99.4	이자비용	1.9	수출	—
이자수익	0.3	투자및금융비	0.0	내수	—
금융상품 관련이익		판관비	0.0		

회사 개요

동사는 중소·벤처기업에 대한 투자금융을 제공하는 벤처캐피탈(Venture Capital, VC)로 중소기업창업투자조합 및 조합결성을 통한 창업초기 기업 투자를 주력 사업으로 영위하고 있음. 1986년 제정된 '중소기업창업지원법'에 근거하여 설립되었으며, 2009년 2월 4일부터 시행된 '자본시장과 금융투자업에 관한 법률'을 따라 2012년 1월 18일 설립됨.

실적 분석

동사의 2017년 상반기 경영성과를 살펴보면 영업수익은 36.4억원, 영업이익은 21.6억원으로 전년동기 대비 각각 63.3%, 55.2% 증가함. 영업수익 중 주요 수익은 투자조합의 관리보수(30.2억원)임. 동사의 당기순이익은 16.7억원으로 3년 연속 흑자를 달성함. 동사의 총자산은 191.9억원으로 2016년 169억 대비 13.5% 증가하였으며 총부채는 14.9억원으로 2016년 대비 67.4% 증가함. 자기자본총액은 177억원임.

현금 흐름
〈단위 : 억원〉

항목	2016	2017.2Q
영업활동	-21	-4
투자활동	-30	9
재무활동	58	10
순현금흐름	7	15
기말현금	15	30

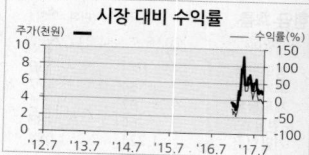

시장 대비 수익률

결산 실적
〈단위 : 억원〉

항목	2012	2013	2014	2015	2016	2017
영업수익	—	—	23	44	43	—
영업이익	—	—	5	16	14	—
당기순이익	—	—	3	13	10	—

분기 실적
〈단위 : 억원〉

항목	2016.1Q	2016.2Q	2016.3Q	2016.4Q	2017.1Q	2017.2Q
영업수익	—	14	—	—	—	19
영업이익	—	6	—	—	—	15
당기순이익	—	5	—	—	—	9

재무 상태
〈단위 : 억원〉

항목	2012	2013	2014	2015	2016	2017.2Q
총자산	—	—	65	111	169	192
유형자산	—	—	1	1	1	1
무형자산	—	—	0	0	1	1
유가증권	—	—	0	0	0	2
총부채	—	—	2	28	9	15
총차입금	—	—	0	0	0	0
자본금	—	—	65	65	88	88
총자본	—	—	63	83	160	177
지배주주지분	—	—	63	83	160	177

기업가치 지표

항목	2012	2013	2014	2015	2016	2017.2Q
주가(최고/저)(천원)	—/—	—/—	—/—	—/—	—/—	—/—
PER(최고/저)(배)	0.0/0.0	0.0/0.0	0.0/0.0	0.0/0.0	52.0/42.7	—/—
PBR(최고/저)(배)	0.0/0.0	0.0/0.0	0.0/0.0	0.0/0.0	4.5/3.7	—/—
PSR(최고/저)(배)	0/0			0/0	12/10	9.0/2.6
EPS(원)	—	—	24	100	78	—
BPS(원)	—	—	4,857	6,396	915	1,012
CFPS(원)	—	—		264	1,024	96
DPS(원)	—	—			81	—
EBITDAPS(원)	—	—	383	1,269	105	123

재무 비율
〈단위 : % 〉

연도	계속사업이익률	순이익률	부채비율	차입금비율	ROA	ROE	유보율	자기자본비율	총자산증가율
2016	31.8	24.0	5.6	0.0	7.4	8.5	82.9	94.7	52.0
2015	36.7	29.3	33.8	0.0	14.8	17.8	27.9	74.7	71.7
2014	16.8	13.0	일부잠식	0.0	0.0	-2.9	97.4	0.0	0.0
2013	0.0	0.0	0.0	0.0	0.0	0.0	0.0	0.0	0.0

디에스알 (A155660)
DSR CORP

업 종 : 금속 및 광물		시 장 : 거래소	
신용등급 : (Bond) — (CP) —		기업규모 : 시가총액 소형주	
홈 페 이 지 : www.dsr.com		연 락 처 : 051)979-0500	
본 사 : 부산시 강서구 녹산산업중로 192번길 7			

설 립 일	1965.04.01	종 업 원 수	169명	대 표 이 사	홍석빈
상 장 일	2013.05.15	감 사 의 견	적정 (삼일)	계 열	
결 산 기	12월	보 통 주	1,600만주	종속회사수	3개사
액 면 가	500원	우 선 주		구 상 호	

주주구성 (지분율,%)		출자관계 (지분율,%)		주요경쟁사 (외형,%)	
DSR제강	31.8	DSR제강	3.2	DSR	100
홍하종	8.6	DSRVINACO.,Ltd	100.0	NI스틸	57
(외국인)	2.0	청도DSR제강유한공사	92.3	EG	73

매출구성		비용구성		수출비중	
스테인리스 와이어	31.2	매출원가율	83.3	수출	—
와이어로프 외(제품)	22.3	판관비율	10.0	내수	—
합성섬유로프 외(제품)	17.0				

회사 개요

동사는 1965년에 설립된 와이어로프 및 합성섬유로프, 스테인리스 와이어 등의 제조업체로 중국에 청도DSR제강유한공사 등을 비롯해 미국 뉴욕과 베트남에 해외 현지법인을 종속회사로 두고 있음. 동사의 사업구조는 합성섬유로프부문과 스테인리스와이어부문으로 구성되어 있음. 합성섬유용 로프는 조선업, 토목건축업, 해양구조물용, 농업목축용 등 다양한 분야에서 사용됨. 합성섬유로프의 재료 등은 SK나 대한유화, LG화학 등에서 공급받고 있음.

실적 분석

동사는 2017년 상반기 매출액이 1,115.6억원으로 전년동기에 비해 11.0% 증가했고, 영업이익은 84.2억원으로 전년동기 대비 21.8% 증가했음. 동사는 스테인리스와이어와 와이어로프의 판매가 호조를 보이면서 매출이 신장됨. 판매관리비는 101.0억원으로 매출액에 비해 현저히 낮은 증가율(2.2%)을 보여 수익성이 개선됨. 동사는 해외 매출이 느어나는 추세를 보이고 있음.

현금 흐름		〈단위 : 억원〉
항목	2016	2017.2Q
영업활동	105	76
투자활동	-125	-115
재무활동	48	52
순현금흐름	29	12
기말현금	77	88

시장 대비 수익률

결산 실적					〈단위 : 억원〉	
항목	2012	2013	2014	2015	2016	2017
매출액	2,044	2,011	2,198	2,148	2,011	—
영업이익	119	86	89	127	134	—
당기순이익	92	66	68	100	107	—

분기 실적					〈단위 : 억원〉	
항목	2016.1Q	2016.2Q	2016.3Q	2016.4Q	2017.1Q	2017.2Q
매출액	488	516	498	508	557	559
영업이익	33	36	31	34	43	42
당기순이익	26	31	21	30	33	34

재무 상태					〈단위 : 억원〉	
항목	2012	2013	2014	2015	2016	2017.2Q
총자산	1,449	1,680	1,838	1,773	1,957	2,181
유형자산	494	532	564	579	595	789
무형자산						
유가증권	31	109	157	279	383	326
총부채	615	623	712	550	622	802
총차입금	387	367	434	324	359	448
자본금	60	80	80	80	80	80
총자본	834	1,057	1,126	1,223	1,335	1,380
지배주주지분	820	1,043	1,112	1,207	1,320	1,365

기업가치 지표						
항목	2012	2013	2014	2015	2016	2017.2Q
주가(최고/저)(천원)	—/—	6.4/3.5	4.2/3.4	4.1/3.3	10.2/3.7	—/—
PER(최고/저)(배)	0.0/0.0	14.7/8.0	10.2/8.2	6.8/5.4	15.3/5.5	2.1/0.8
PBR(최고/저)(배)	0.0/0.0	1.0/0.6	0.6/0.5	0.6/0.4	1.3/0.5	—/—
EV/EBITDA(배)	2.3	6.2	6.3	4.2	8.4	—
EPS(원)	758	451	423	621	672	419
BPS(원)	6,837	6,520	6,948	7,546	8,252	8,533
CFPS(원)	1,086	739	698	913	969	419
DPS(원)		30	30	50	50	
EBITDAPS(원)	1,316	879	832	1,088	1,132	526

재무 비율								〈단위 : % 〉
연도	영업이익률	순이익률	부채비율	차입금비율	ROA	ROE	유보율	자기자본비율	EBITDA마진율
2016	6.6	5.3	46.6	26.9	5.8	8.5	1,550.5	68.2	9.0
2015	5.9	4.7	45.0	26.5	5.5	8.6	1,409.2	69.0	8.1
2014	4.1	3.1	63.3	38.6	3.9	6.3	1,289.5	61.3	6.1
2013	4.3	3.3	59.0	34.7	4.2	7.1	1,203.9	62.9	6.4

디에스알제강 (A069730)
DSR Wire

업 종 : 금속 및 광물		시 장 : 거래소	
신용등급 : (Bond) — (CP) —		기업규모 : 시가총액 소형주	
홈 페 이 지 : www.dsr.com		연 락 처 : 061)729-3500	
본 사 : 전남 순천시 서면 산단1길 15			

설 립 일	1971.09.01	종 업 원 수	136명	대 표 이 사	홍하종
상 장 일	2003.01.28	감 사 의 견	적정 (안진)	계 열	
결 산 기	12월	보 통 주	1,440만주	종속회사수	
액 면 가	500원	우 선 주		구 상 호	

주주구성 (지분율,%)		출자관계 (지분율,%)		주요경쟁사 (외형,%)	
홍하종	26.5	DSR	31.8	DSR제강	100
홍석빈	18.4	청도DSR제강유한공사	7.7	대양금속	85
(외국인)	3.3			SIMPAC Metal	80

매출구성		비용구성		수출비중	
경강선 외(제품)	49.0	매출원가율	87.1	수출	—
와이어로프(제품)	27.2	판관비율	8.4	내수	—
와이어로프 외(상품)	23.8				

회사 개요

동사는 와이어로프, 경강선 등 선재 전문 생산업체임. 선재는 자동차, 광산, 선박, 기계 등 이용범위가 매우 넓고 산업현장에 투입되는 중간재적 성격을 지니고 있어 수요가 매우 광범위함. 반면 조립금속산업 및 산업전반의 경기변동에 영향을 크게 받음. 동사의 국내 시장점유율은 2016년 3분기 실적 기준으로 28.9% 정도임. 동시장은 중국 등 후발국의 저가공세로 수출수요가 정체 내지는 감소하는 추세임.

실적 분석

2017년 반기 연결기준 누적 매출액은 전년동기대비 증가한 916.6억원을 기록함(+7.6%). 영업이익은 전년동기대비 45.3% 감소한 22.3억원을 기록. 와이어로프, 경강선을 포함한 모든 사업부의 매출이 증가한 영향. 매출원가와 판관비 상승 영향으로 이익은 감소. 매출 비중은 수출 비중이 65%로 높아 해외시장의 경기변동에 따라 판매 실적이 영향을 받는데 그 중 각각 30%를 차지하는 북미와 유럽 경기가 개선되면 이익이 개선되는 구조임.

현금 흐름	*IFRS 별도 기준	〈단위 : 억원〉
항목	2016	2017.2Q
영업활동	139	19
투자활동	-64	-39
재무활동	-68	43
순현금흐름	7	24
기말현금	34	57

시장 대비 수익률

결산 실적					〈단위 : 억원〉	
항목	2012	2013	2014	2015	2016	2017
매출액	1,691	1,795	2,018	1,827	1,725	—
영업이익	-14	46	93	101	77	—
당기순이익	12	18	73	99	87	—

분기 실적	*IFRS 별도 기준				〈단위 : 억원〉	
항목	2016.1Q	2016.2Q	2016.3Q	2016.4Q	2017.1Q	2017.2Q
매출액	405	447	417	456	463	453
영업이익	15	26	16	20	15	8
당기순이익	19	24	16	27	20	18

재무 상태	*IFRS 별도 기준				〈단위 : 억원〉	
항목	2012	2013	2014	2015	2016	2017.2Q
총자산	2,003	2,039	2,021	1,843	1,902	1,978
유형자산	809	808	746	707	642	635
무형자산						
유가증권	2	2	1	1	14	8
총부채	1,000	1,025	933	662	638	686
총차입금	752	717	677	422	366	424
자본금	72	72	72	72	72	72
총자본	1,003	1,014	1,088	1,181	1,264	1,292
지배주주지분	1,003	1,014	1,088	1,181	1,264	1,292

기업가치 지표	*IFRS 별도 기준					
항목	2012	2013	2014	2015	2016	2017.2Q
주가(최고/저)(천원)	4.7/2.6	3.9/2.5	4.5/3.0	4.4/3.1	10.6/3.4	—/—
PER(최고/저)(배)	57.8/31.4	32.0/20.5	9.1/6.1	6.5/4.6	17.6/5.6	—/—
PBR(최고/저)(배)	0.7/0.4	0.6/0.4	0.6/0.4	0.6/0.4	1.2/0.4	1.9/0.7
EV/EBITDA(배)	14.0	7.9	5.5	4.5	8.6	—
EPS(원)	86	126	507	685	603	266
BPS(원)	6,964	7,038	7,555	8,199	8,780	8,973
CFPS(원)	763	812	1,263	1,450	1,341	604
DPS(원)	30	30	40	40	40	
EBITDAPS(원)	579	1,008	1,404	1,465	1,270	493

재무 비율								〈단위 : % 〉
연도	영업이익률	순이익률	부채비율	차입금비율	ROA	ROE	유보율	자기자본비율	EBITDA마진율
2016	4.4	5.0	50.4	29.0	4.6	7.1	1,656.0	66.5	10.6
2015	5.5	5.4	56.1	35.8	5.1	8.7	1,539.9	64.1	11.6
2014	4.6	3.6	85.8	62.2	3.6	7.0	1,411.0	53.8	10.0
2013	2.6	1.0	101.2	70.8	0.9	1.8	1,307.6	49.7	8.1

디에스케이 (A109740)
DSK

업　　종 : 디스플레이 및 관련부품　　　시　　장 : KOSDAQ
신용등급 : (Bond) —　　(CP) —　　　기업규모 : 벤처
홈 페 이 지 : www.dsk.co.kr　　　연 락 처 : 031)416-9100
본　　사 : 경기도 안산시 상록구 안산테콤1길 21 (사사동)

설 립 일	1995.02.03	종 업 원 수	111명	대 표 이 사	김태구,박광철
상 장 일	2009.09.23	감 사 의 견	적정 (안진)	계　　열	
결 산 기	12월	보 통 주	1,725만주	종속회사수	5개사
액 면 가	500원	우 선 주		구 상 호	

주주구성 (지분율,%)		출자관계 (지분율,%)		주요경쟁사 (외형,%)	
김태구	12.5	알티하이텍	100.0	디에스케이	100
프로토스1호조합	12.2	프로토스	60.6	루멘스	677
				넥스트아이	66

매출구성		비용구성		수출비중	
FPD용 Bonding System 및 In-line System	71.2	매출원가율	70.7	수출	23.0
Linear System & 기타	28.7	판관비율	19.3	내수	77.0
임대수익 외	0.1				

회사 개요
동사의 주요 제품은 FPD용 PCB Bonding System과 Linear System으로 구성되며 매출 비중은 2014년 1분기 기준 PCB Bonding System이 68.8%로절대적임. 세계적으로 일본과 국내 일부 업체들만이 이러한 제품을 생산할 수 있는 기술을 보유하고 있으며, 동사의 기술은 차세대 디스플레이 및 신재생에너지 관련 사업의 기반 기술로도 활용할 수 있어 미래에 대한 기술적 가치가 높은 산업임.

실적 분석
동사의 2017년 상반기 연결기준 매출액은 650.3억원으로 전년 동기 대비 242.4% 증가함. 매출이 증가하면서 매출원가 부담이 대폭 늘었고 판관비 또한 기록적으로 증가하면서 영업이익은 오히려 전년 동기 대비 31.1% 감소한 22.7억원을 시현함. 비영업손익 부문에서도 금융과 외환 손실로 인해 적자전환하면서 당기순손실은 48.2억원으로 전년 동기와 비교해 적자 전환함.

현금 흐름		〈단위 : 억원〉
항목	2016	2017.2Q
영업활동	28	40
투자활동	-383	-119
재무활동	633	-138
순현금흐름	285	-217
기말현금	403	187

결산 실적 〈단위 : 억원〉

항목	2012	2013	2014	2015	2016	2017
매출액	196	320	350	565	595	—
영업이익	-7	21	30	105	60	—
당기순이익	-10	26	25	94	39	—

분기 실적 〈단위 : 억원〉

항목	2016.1Q	2016.2Q	2016.3Q	2016.4Q	2017.1Q	2017.2Q
매출액	91	99	137	269	277	373
영업이익	16	16	6	21	9	14
당기순이익	13	14	-10	22	-7	-41

재무 상태 〈단위 : 억원〉

항목	2012	2013	2014	2015	2016	2017.2Q
총자산	369	361	460	550	1,797	1,811
유형자산	85	78	75	74	284	326
무형자산	7	7	7	6	484	447
유가증권	1	1	1	0	55	75
총부채	98	60	139	138	883	847
총차입금	28	7	5	10	563	309
자본금	33	33	33	33	33	84
총자본	271	301	321	412	914	964
지배주주지분	271	301	321	412	564	649

기업가치 지표

항목	2012	2013	2014	2015	2016	2017.2Q
주가(최고/저)(천원)	2.1/1.1	2.7/1.3	2.3/1.2	6.6/1.4	24.4/3.3	—/—
PER(최고/저)(배)	—/—	14.2/6.7	11.9/6.4	9.2/2.0	57.8/7.8	—/—
PBR(최고/저)(배)	1.0/0.5	1.2/0.6	0.9/0.5	2.1/0.5	5.6/0.8	4.0/1.9
EV/EBITDA(배)		4.6	0.5	3.6	38.4	—/—
EPS(원)	-76	200	195	723	423	-262
BPS(원)	4,292	4,690	4,993	6,393	8,679	4,276
CFPS(원)	-66	487	477	1,524	983	-189
DPS(원)		50	50	100	50	
EBITDAPS(원)	-29	418	542	1,692	1,054	220

재무 비율 〈단위 : % 〉

연도	영업 이익률	순 이익률	부채 비율	차입금 비율	ROA	ROE	유보율	자기자본 비율	EBITDA 마진율
2016	10.0	6.5	96.6	61.6	3.3	11.3	1,635.8	50.9	11.5
2015	18.6	16.7	33.6	2.5	18.6	25.7	1,178.7	74.9	19.5
2014	8.4	7.2	43.4	1.7	6.2	9.1	898.6	69.8	10.1
2013	6.7	8.1	19.8	2.4	7.1	9.1	838.1	83.5	8.5

디에스티 (A033430)
DST

업　　종 : 금속 및 광물　　　시　　장 : KOSDAQ
신용등급 : (Bond) —　　(CP) —　　　기업규모 :
홈 페 이 지 : www.korid.co.kr　　　연 락 처 : 031)997-6181
본　　사 : 경기도 김포시 대곶면 대명항로 403번길 109

설 립 일	1995.05.11	종 업 원 수	112명	대 표 이 사	김윤기,양성문(각자대표이사)
상 장 일	1998.05.13	감 사 의 견	적정 (삼덕)	계　　열	
결 산 기	12월	보 통 주	925만주	종속회사수	6개사
액 면 가	500원	우 선 주		구 상 호	코리드

주주구성 (지분율,%)		출자관계 (지분율,%)		주요경쟁사 (외형,%)	
한강홀딩스	21.3	자본재공제조합		디에스티	100
제이앤케이엔터프라이즈	6.8	BHKResourcesinc	15.0	나라케이아이씨	176
		ProteanwaveenergyLtd	1.0	대호에이엘	377

매출구성		비용구성		수출비중	
몰리브덴	57.5	매출원가율	69.4	수출	—
식품류	22.4	판관비율	30.6	내수	—
자동차 등 공조기 제작 설비 제조업	17.8				

회사 개요
동사는 1995년 반도체 검사장비를 생산하는 유원전자공업으로 설립된 이후 인수합병으로 사업영역을 확대하면서 사명을 2015년 한국자원투자개발에서 코리드로, 2017년 코리드에서 디에스티로 변경함. 주요 사업은 자동차 공조기, 자원개발 등임. 종속회사로는 대산євр병합발전, 자이온텍, Daewoo International Cameroon S.A, 코리드에너지 등 6개사임. 최대주주는 2016년 6월에 주식을 인수한 한강홀디스로 지분율 21.3%임.

실적 분석
동사는 2017년 상반기 매출액이 220.7억원으로 전년 동기 대비 114.4% 증가했고, 영업이익은 4.1억원으로 전년 동기 78.7억원 적자에서 흑자로 전환함. 동사는 자원개발사업 본부의 매출 급감에도 자동차 공조기를 부문의 판매가 늘면서 실적을 개선함. 동사는 부채총계가 715.8억원으로 전년 동기 1466.8억원에서 절반 이상 줄었으나, 자본총계가 마이너스 9.2억원으로 자본잠식됨. 2017년 8월 거래소로부터 불성실공시법인으로 지정됨.

현금 흐름		〈단위 : 억원〉
항목	2016	2017.2Q
영업활동	-33	30
투자활동	-91	-167
재무활동	179	98
순현금흐름	54	-40
기말현금	58	18

결산 실적 〈단위 : 억원〉

항목	2012	2013	2014	2015	2016	2017
매출액	83	68	346	291	312	—
영업이익	-28	-15	-74	-119	-0	—
당기순이익	-65	-45	-192	-218	-463	—

분기 실적 〈단위 : 억원〉

항목	2016.1Q	2016.2Q	2016.3Q	2016.4Q	2017.1Q	2017.2Q
매출액	57	46	117	92	128	9
영업이익	-33	-46	8	70	11	-6
당기순이익	-39	-145	-2	-277	25	-3

재무 상태 〈단위 : 억원〉

항목	2012	2013	2014	2015	2016	2017.2Q
총자산	327	435	1,811	1,743	786	70
유형자산	1	0	375	333	127	12
무형자산			391	581	65	6
유가증권	28	17	398	110	5	2
총부채	200	260	1,417	1,386	673	71
총차입금	118	198	1,172	604	282	35
자본금	208	285	591	708	462	4
총자본	127	175	394	357	113	
지배주주지분	127	175	391	236	142	13

기업가치 지표

항목	2012	2013	2014	2015	2016	2017.2Q
주가(최고/저)(천원)	1.6/0.8	1.7/0.7	2.1/1.1	1.4/0.8	1.2/0.5	—/—
PER(최고/저)(배)	—/—	—/—	—/—	—/—	—/—	—/—
PBR(최고/저)(배)	2.3/1.2	2.6/1.1	3.1/1.6	4.0/2.4	6.9/2.9	3.1/3.
EV/EBITDA(배)					33.7	—/—
EPS(원)	-3,346	-2,051	-3,612	-3,178	-2,804	-3
BPS(원)	334	329	342	176	166	1,63
CFPS(원)	-155	-96	-178	-157	-261	-7
DPS(원)						
EBITDAPS(원)	-59	-28	-69	-90	19	15

재무 비율 〈단위 : % 〉

연도	영업 이익률	순 이익률	부채 비율	차입금 비율	ROA	ROE	유보율	자기자본 비율	EBITDA 마진율
2016	-0.1	-148.1	일부잠식	일부잠식	-36.6	-122.1	-66.7	14.4	5.6
2015	-40.8	-74.9	일부잠식	일부잠식	-12.3	-65.4	-64.9	20.5	-39.
2014	-21.5	-55.6	일부잠식	일부잠식	-17.1	-67.1	-31.7	21.8	-20.
2013	-21.9	-66.6	일부잠식	일부잠식	-11.9	-30.0	-34.2	40.2	-17.

디에스티로봇 (A090710)
DST ROBOT

종 목 : 기계		시 장 : KOSDAQ	
신용등급 : (Bond) — (CP) —		기업규모 : 벤처	
홈 페 이 지 : www.dstrobot.com		연 락 처 : 041)590-1700	
본 사 : 충남 천안시 서북구 직산읍 4산단6길 27			

설 립 일	1998.11.29	종업원수	94명	대표이사	천징,최명규
상 장 일	2006.12.05	감사의견	적정(한미)	계 열	
결 산 기	12월	보 통 주	5,547만주	종속회사수	3개사
액 면 가	200원	우 선 주		구 상 호	동부로봇

주주구성 (지분율,%)		출자관계 (지분율,%)		주요경쟁사 (외형,%)	
Beijing Linksun Technology Co., Ltd.	7.0	디에스티파트너즈	100.0	디에스티로봇	100
디신통컨소시엄	6.5	디에셋홀딩스	100.0	에이테크솔루션	508
(외국인)	25.3	다사전자기계기술	100.0	부스타	191

매출구성		비용구성		수출비중	
직각좌표 로봇외(제품)	95.6	매출원가율	82.3	수출	—
로봇응용시스템외(제품)	2.8	판관비율	14.1	내수	—
서비스용로봇(제품)	1.6				

회사 개요
동사는 산업용 로봇 및 지능형 로봇을 생산공급할 목적으로 1999년에 설립됨. 2010년 7월 동부그룹으로 인수되었다가 2015년 3월 최대주주가 동부CNI 외 1인에서 베이징 링크선테크놀로지로 변경됐으며 상호도 디에스티로봇으로 변경함. 중국과 동남아 시장 수출 비중을 매출의 40%까지 끌어올리겠다는 목표를 갖고 있음. 특히 제조업용로봇과 서비스용로봇 분야에서 중국 시장 점유율을 늘리는 데 박차를 가할 계획임.

실적 분석
동사의 2017년 상반기 연결기준 매출액은 490.7억원으로 전년도 대비 169.2% 대폭 증가함. 영업이익 또한 전년도보다 645.6% 늘어남. 그에 따라 당기순이익은 793.2% 증가함. 실적 개선을 위해 디스플레이를 포함한 반도체, 자동차, 3D프린터 등으로 제품 판매처를 다양화하고 있음. 이어 진공로봇 세계 3대 메이커로 도약하기 위해 박차를 가하고 있음.

현금 흐름 〈단위 : 억원〉
항목	2016	2017.2Q
영업활동	-18	28
투자활동	0	-98
재무활동	39	204
순현금흐름	21	133
기말현금	30	163

시장 대비 수익률

결산 실적 〈단위 : 억원〉
항목	2012	2013	2014	2015	2016	2017
매출액	311	424	315	272	451	
영업이익	-43	-33	-75	14	16	
당기순이익	-51	-54	-145	13	11	

분기 실적 〈단위 : 억원〉
항목	2016.1Q	2016.2Q	2016.3Q	2016.4Q	2017.1Q	2017.2Q
매출액	77	105	75	193	240	251
영업이익	6	4	-9	19	16	33
당기순이익	2	2	-14	21	14	30

재무 상태 〈단위 : 억원〉
항목	2012	2013	2014	2015	2016	2017.2Q
총자산	491	448	312	262	426	743
유형자산	97	95	87	76	73	74
무형자산	67	59	16	16	16	17
유가증권	1	31	19	0	0	
총부채	251	259	264	159	292	503
총차입금	164	175	177	78	97	235
자본금	44	44	44	47	49	108
총자본	239	190	48	103	135	240
지배주주지분	239	190	48	103	135	240

기업가치 지표
항목	2012	2013	2014	2015	2016	2017.2Q
주가(최고/저)(천원)	3.1/1.5	2.5/1.6	1.9/1.0	5.1/1.4	4.6/1.9	—/—
PER(최고/저)(배)	—/—	—/—	—/—	73.2/20.4	81.7/34.5	7.6/3.2
PBR(최고/저)(배)	2.3/1.1	2.3/1.5	6.9/3.4	9.2/2.6	6.7/2.8	
EV/EBITDA(배)				19.7	31.3	
EPS(원)	-133	-124	-331	28	22	72
BPS(원)	2,752	2,181	560	1,095	1,372	448
CFPS(원)	-312	-256	-1,367	258	261	83
DPS(원)						
EBITDAPS(원)	-204	-13	-566	276	316	105

재무 비율 〈단위 : %〉
연도	영업이익률	순이익률	부채비율	차입금비율	ROA	ROE	유보율	자기자본비율	EBITDA마진율
2016	3.6	2.4	216.7	72.5	3.2	9.2	174.4	31.6	6.8
2015	5.3	4.7	154.5	76.0	4.5	17.0	119.0	39.3	9.4
2014	-23.7	-46.0	553.2	370.1	-38.1	-121.9	12.0	15.3	-15.7
2013	-7.8	-12.8	136.4	92.4	-11.6	-25.3	336.2	42.3	-1.7

디에이치피코리아 (A131030)
DHP KOREACo

업 종 : 제약		시 장 : KOSDAQ	
신용등급 : (Bond) — (CP) —		기업규모 : 중견	
홈 페 이 지 : www.dhpkorea.co.kr		연 락 처 : 043)239-3303	
본 사 : 충북 청주시 흥덕구 오송읍 오송생명6로 50			

설 립 일	2010.07.27	종업원수	179명	대표이사	여대훈
상 장 일	2010.12.03	감사의견	적정(신한)	계 열	
결 산 기	12월	보 통 주	1,656만주	종속회사수	
액 면 가	500원	우 선 주		구 상 호	하이제1호스팩

주주구성 (지분율,%)		출자관계 (지분율,%)		주요경쟁사 (외형,%)	
삼천당제약	38.4			디에이치피코리아	100
국민연금공단	7.2			대한뉴팜	245
(외국인)	5.1			메지온	20

매출구성		비용구성		수출비중	
티어린프리 외(제품)	93.9	매출원가율	43.8	수출	0.0
기타	3.7	판관비율	30.7	내수	100.0
히알 외(상품)	1.5				

회사 개요
동사는 점안제 및 안과용제 제조 전문기업으로 충청북도 청주시 흥덕구 오송읍 오송생명과학단지 내에 생산시설을 두고 있음. 오송공장에서는 일회용 점안제 및 안과용제 생산과 더불어 개발부내에 제품개발팀에서 품질개선과 연구개발을 함께 진행하고 있음. 연간 252백만개의 일회용 점안제 생산 능력을 보유하고 있음. 고령화에 따른 노인 인구의 증가와 스마트폰 등 IT 제품의 사용 확대로 인공 눈물 수요가 늘어 매출 증가세 이어질 전망.

실적 분석
동사의 2017년 2분기기준 누적 매출액은 전년동기대비 19.4% 상승한 248.5억원을 기록하였음. 비용면에서 전년동기대비 매출원가는 증가 하였으며 인건비도 증가, 광고선전비는 크게 감소 하였으며 기타판매비와관리비는 증가함. 이처럼 매출액 상승과 더불어 비용절감에도 힘을 기울였음. 그에 따라 전년동기대비 영업이익은 74억원으로 38% 상승하였음. 최종적으로 전년동기대비 당기순이익은 상승하여 75.1억원을 기록함.

현금 흐름 *IFRS 별도 기준 〈단위 : 억원〉
항목	2016	2017.2Q
영업활동	120	97
투자활동	34	-11
재무활동	-16	-16
순현금흐름	138	69
기말현금	420	489

시장 대비 수익률

결산 실적 〈단위 : 억원〉
항목	-2012	2013	2014	2015	2016	2017
매출액	219	268	326	386	447	
영업이익	43	68	91	103	114	
당기순이익	13	14	95	103	115	

분기 실적 *IFRS 별도 기준 〈단위 : 억원〉
항목	2016.1Q	2016.2Q	2016.3Q	2016.4Q	2017.1Q	2017.2Q
매출액	98	110	118	121	125	124
영업이익	25	29	31	30	37	37
당기순이익	24	30	31	30	37	38

재무 상태 *IFRS 별도 기준 〈단위 : 억원〉
항목	2012	2013	2014	2015	2016	2017.2Q
총자산	302	539	674	731	838	890
유형자산	218	210	238	283	272	258
무형자산	1	3	—	—	—	—
유가증권			30	30		19
총부채	228	90	109	77	86	79
총차입금	188	57	27	20	20	20
자본금	13	76	82	83	83	83
총자본	75	449	565	655	753	811
지배주주지분	75	449	565	655	753	811

기업가치 지표 *IFRS 별도 기준
항목	2012	2013	2014	2015	2016	2017.2Q
주가(최고/저)(천원)	3.9/3.6	5.8/3.9	14.1/5.5	16.8/9.4	12.9/7.0	—/—
PER(최고/저)(배)	32.8/30.4	57.9/38.9	24.6/9.7	27.6/15.5	18.8/10.2	2.1/1.6
PBR(최고/저)(배)	5.7/5.3	2.0/1.3	4.1/1.6	4.3/2.4	2.8/1.5	
EV/EBITDA(배)	8.1	8.3	17.7	12.4	7.6	
EPS(원)	123	104	588	622	694	453
BPS(원)	2,141	3,027	3,525	4,017	4,606	4,962
CFPS(원)	780	226	692	763	863	540
DPS(원)			100	100	100	
EBITDAPS(원)	1,605	616	668	764	856	534

재무 비율 〈단위 : %〉
연도	영업이익률	순이익률	부채비율	차입금비율	ROA	ROE	유보율	자기자본비율	EBITDA마진율
2016	25.5	25.7	11.4	2.7	14.7	16.3	821.3	89.8	31.7
2015	26.8	26.7	11.7	3.1	14.7	16.9	703.3	89.5	32.8
2014	28.1	29.1	19.3	4.8	15.7	18.8	604.9	83.8	33.2
2013	25.3	5.3	20.0	12.7	3.4	5.4	505.4	83.4	31.6

디에이테크놀로지 (A196490)
DA Technology

업　종 : 전자 장비 및 기기　　　　　　시　장 : KOSDAQ
신용등급 : (Bond) —　　(CP) —　　　　기업규모 : 벤처
홈페이지 : www.dat21.co.kr　　　　　　연락처 : 031)369-8813
본　사 : 경기도 화성시 비봉면 쌍학길 15(쌍학리 250-2)

설 립 일	2000.05.03	종 업 원 수 141명	대 표 이 사 박명관,신영천(각자대표이사)
상 장 일	2014.11.19	감 사 의 견 적정 (길인)	계　　열
결 산 기	12월	보 통 주 660만주	종 속 회 사 수 1개사
액 면 가	500원	우 선 주	구 상 호

주주구성 (지분율,%)		출자관계 (지분율,%)		주요경쟁사 (외형,%)	
휴스틸	14.4	NanJingDATradingCo.,Ltd. 100.0		디에이테크놀로지	100
박명관	11.5			비에이치	496
(외국인)	0.3			액트	81

매출구성		비용구성		수출비중	
기타	68.4	매출원가율	88.7	수출	56.0
NOTCHING	12.8	판관비율	7.3	내수	44.0
FPD	10.6				

회사 개요
동사는 2000년 5월에 설립되어 2차전지 설비 제조 및 판매업을 주요 사업으로 영위하고 있음. 중국 난징에 위치한 2차전지 설비관련 영업을 영위하는 Nan Jing DA Trading Co., Ltd.를 연결대상 종속회사로 보유하고 있음. 매출은 2차전지 91.09%, FPD 7.04%, 기타 1.87%로 구성됨. 매출의 56.2%는 수출에서, 43.8%는 국내시장에서 거둬들임.

실적 분석
2017년 상반기 연결기준 동사 매출은 498.6억원을 기록함. 이는 전년 동기 매출인 337.1억원에서 47.9% 증가한 금액임. 매출원가율 48.7% 증가하고 인건비 증가로 인해 판매비와 관리비 역시 13.9% 늘었으나 매출상승이 이를 상회함. 이에 영업이익은 전년 동기 13.7억원에서 두 배 가까이 성장한 27.1억원을 시현함. 다만 비영업부문이 적자로 돌아서며 당기순이익은 14% 감소한 12.5억원을 기록하는 데 그침.

현금 흐름 〈단위 : 억원〉
항목	2016	2017.2Q
영업활동	-91	11
투자활동	-67	-65
재무활동	210	75
순현금흐름	53	21
기말현금	130	151

시장 대비 수익률

결산 실적 〈단위 : 억원〉
항목	2012	2013	2014	2015	2016	2017
매출액	200	289	403	605	749	—
영업이익	20	27	49	32	30	—
당기순이익	18	21	28	34	40	—

분기 실적 〈단위 : 억원〉
항목	2016.1Q	2016.2Q	2016.3Q	2016.4Q	2017.1Q	2017.2Q
매출액	184	154	237	175	256	242
영업이익	9	5	11	6	12	15
당기순이익	9	5	-3	22	-5	17

재무 상태 〈단위 : 억원〉
항목	2012	2013	2014	2015	2016	2017.2Q
총자산	177	224	345	468	736	901
유형자산	40	40	39	132	214	225
무형자산	13	10	15	18	26	24
유가증권				23	0	0
총부채	104	130	68	167	382	470
총차입금	57	63	10	51	244	262
자본금	9	9	30	30	30	33
총자본	73	94	277	301	353	431
지배주주지분	73	94	277	301	353	431

기업가치 지표
항목	2012	2013	2014	2015	2016	2017.2Q
주가(최고/저)(천원)	—/—	—/—	6.5/4.4	12.1/4.3	14.5/8.0	—/—
PER(최고/저)(배)	0.0/0.0	0.0/0.0	9.9/6.6	21.7/7.8	22.2/12.2	—/—
PBR(최고/저)(배)	0.0/0.0	0.0/0.0	1.5/1.0	2.4/0.9	2.4/1.3	2.6/1.6
EV/EBITDA(배)	0.8	1.1	2.2	17.4	24.7	—
EPS(원)	512	586	676	562	660	204
BPS(원)	35,988	46,144	4,586	5,089	6,010	6,581
CFPS(원)	12,888	12,834	802	660	780	308
DPS(원)			50	60		
EBITDAPS(원)	14,074	16,055	1,302	628	619	545

재무 비율 〈단위 : % 〉
연도	영업이익률	순이익률	부채비율	차입금비율	ROA	ROE	유보율	자기자본비율	EBITDA마진율
2016	4.0	5.3	108.3	69.1	6.6	12.2	1,102.1	48.0	5.0
2015	5.3	5.6	55.7	17.0	8.4	11.8	917.9	64.2	6.3
2014	12.1	6.9	24.5	3.6	9.8	15.1	817.1	80.4	13.4
2013	9.5	7.2	139.2	67.4	10.4	25.0	962.6	41.8	11.3

디에이피 (A066900)
DAP

업　종 : 휴대폰 및 관련부품　　　　　　시　장 : KOSDAQ
신용등급 : (Bond) —　　(CP) —　　　　기업규모 : 중견
홈페이지 : www.dap.co.kr　　　　　　연락처 : 031)677-0005
본　사 : 경기도 안성시 미양면 안성맞춤대로 474-22

설 립 일	1987.11.28	종 업 원 수 1,048명	대 표 이 사 권오일,최봉윤
상 장 일	2004.05.14	감 사 의 견 적정 (신한)	계　　열
결 산 기	12월	보 통 주 2,274만주	종 속 회 사 수
액 면 가	500원	우 선 주	구 상 호

주주구성 (지분율,%)		출자관계 (지분율,%)		주요경쟁사 (외형,%)	
대명화학	45.5			디에이피	100
푸르덴셜 자산운용	1.9			이엠텍	92
(외국인)	1.0			우주일렉트로	88

매출구성		비용구성		수출비중	
PCB	97.4	매출원가율	93.8	수출	91.0
기타	2.6	판관비율	4.2	내수	9.0

회사 개요
동사는 이동통신단말기의 인쇄회로기판(PCB)를 주력으로 생산, 판매하고 있으며 이외에도 캠코더, 시디롬, 디지털카메라, MP3 등의 다양한 전자제품용 PCB를 생산, 판매하고 있음. PCB가 동사의 매출에서 97% 가량을 차지함. PCB는 반도체, 디스플레이, 2차전지와 더불어 전자제품의 4대 부품으로 휴대폰용 PCB는 제품의 고성능화, 경박단소화, 부품의 패키지화 추세로 기술력을 요구하는 제품으로 분류됨.

실적 분석
동사의 2017년 상반기 매출은 1,420.7억원으로 전년대비 11.7% 증가, 영업이익은 28.2억원으로 전년대비 52.6% 감소, 당기순이익은 31.2억원으로 전년대비 10.6% 증가. 국내 전략 거래선의 스마트폰이 전년대비 판매 증가세를 시현. 관련 HDI 매출 증가로 전체 외형이 견조한 성장세를 시현. 다만 HDI 기술 변화가 적은 가운데 경쟁 심화로 판가 하락 영향으로 영업이익은 전년대비 감소.

현금 흐름 *IFRS 별도 기준 〈단위 : 억원〉
항목	2016	2017.2Q
영업활동	166	36
투자활동	-52	-77
재무활동	-227	42
순현금흐름	-113	1
기말현금	1	1

시장 대비 수익률

결산 실적 〈단위 : 억원〉
항목	2012	2013	2014	2015	2016	2017
매출액	3,096	3,044	2,167	2,561	2,478	—
영업이익	277	271	58	124	49	—
당기순이익	209	206	-17	76	24	—

분기 실적 *IFRS 별도 기준 〈단위 : 억원〉
항목	2016.1Q	2016.2Q	2016.3Q	2016.4Q	2017.1Q	2017.2Q
매출액	708	564	614	592	673	748
영업이익	57	2	3	-13	9	19
당기순이익	37	-9	11	-14	9	23

재무 상태 *IFRS 별도 기준 〈단위 : 억원〉
항목	2012	2013	2014	2015	2016	2017.2Q
총자산	2,194	2,288	2,841	2,516	2,390	2,454
유형자산	1,640	1,685	2,025	1,830	1,688	1,598
무형자산	12	4	4	4	4	4
유가증권			30	30		
총부채	1,508	1,454	2,044	1,642	1,494	1,527
총차입금	746	867	1,522	1,157	932	964
자본금	114	114	114	114	114	114
총자본	686	834	796	873	895	926
지배주주지분	686	834	796	873	895	926

기업가치 지표 *IFRS 별도 기준
항목	2012	2013	2014	2015	2016	2017.2Q
주가(최고/저)(천원)	6.7/2.3	11.6/4.9	6.9/3.7	5.7/3.1	5.4/3.5	—/—
PER(최고/저)(배)	7.3/2.5	12.8/5.4	—/—	16.8/9.2	50.6/32.2	—/—
PBR(최고/저)(배)	1.9/0.7	2.7/1.1	1.6/0.9	1.2/0.7	1.2/0.7	1.1/0.8
EV/EBITDA(배)	4.3	4.0	6.5	4.8	5.8	—
EPS(원)	920	906	-75	336	107	137
BPS(원)	3,446	4,350	4,235	4,574	4,653	4,790
CFPS(원)	1,935	2,092	1,282	1,607	1,325	716
DPS(원)						
EBITDAPS(원)	2,231	2,379	1,610	1,819	1,434	703

재무 비율 〈단위 : % 〉
연도	영업이익률	순이익률	부채비율	차입금비율	ROA	ROE	유보율	자기자본비율	EBITDA마진율
2016	2.0	1.0	166.9	104.1	1.0	2.8	830.6	37.5	13.2
2015	4.9	3.0	188.0	132.5	2.9	9.2	814.9	34.7	16.2
2014	2.7	-0.8	256.8	191.2	-0.7	-2.1	746.9	28.0	16.9
2013	8.9	6.8	174.3	104.0	9.2	27.1	770.0	36.5	17.8

디엔에이링크 (A127120)
DNA LINK

업 종 : 바이오		시 장 : KOSDAQ			
신용등급 : (Bond) — (CP) —		기업규모 : 신성장			
홈 페 이 지 : www.dnalink.com		연 락 처 : 02)3153-1500			
주 소 : 서울시 서대문구 북아현로150 산학협력관 2층 DNA Link,Inc.					

설 립 일	2000.03.15	종 업 원 수	62명	대 표 이 사	이종은
상 장 일	2011.12.26	감 사 의 견	적정 (한영)	계 열	
결 산 기	12월	보 통 주	762만주	종속회사수	1개사
액 면 가	500원	우 선 주		구 상 호	

주주구성 (지분율,%)		출자관계 (지분율,%)		주요경쟁사 (외형,%)	
이종은	9.0	DNALinkUSA,Inc 100.0		디엔에이링크	100
에이티넘고성장기업투자조합	8.8			에이씨티	218
(외국인)	1.1			듀켐바이오	229

매출구성		비용구성		수출비중	
유전체분석(EGIS)	95.2	매출원가율	96.4	수출	13.0
DNAGPS	4.8	판관비율	58.9	내수	87.0
기타	0.0				

회사 개요

동사는 2000년 3월 설립돼 유전체 분석을 통한 고품질 데이터 생성 및 결과 해석을 포함하는 유전체 분석사업과 유전자 분자진단용 키트, 개인유전체 분석서비스를 포함하는 맞춤의료사업 등을 영위하고 있음. 동사 매출의 대부분을 차지하고 있는 것은 유전체분석 사업이며, 향후 동사의 주요 성장동력이 될 개인유전체 분석서비스는 4만건의 한국인 데이터베이스 보유 및 가격 경쟁력, 국책사업으로 맺어진 종합병원과의 관계가 강점임.

실적 분석

동사의 2017년 반기 연결기준 매출액은 전년 동기 42.8억원에서 65.6% 증가한 70.9억원을 기록. 매출호조와 원가 감소 및 판관비 축소 노력으로 인하여 영업손실 폭이 대폭 축소되었음. 이로 인해 당기순손실 역시 4.7억원을 기록하여 재무제표가 개선됨. 손익분기점을 넘어선 외형 성장으로 흑자 기조에 들어서기 위해 노력함. 동사는 최근 출자전환을 통해 60억원의 부채가 자본으로 전환됨으로써 자본구조 개선에 노력하고 있음.

현금 흐름 〈단위 : 억원〉

항목	2016	2017.2Q
영업활동	-38	-25
투자활동	-8	55
재무활동	16	-6
순현금흐름	-30	24
기말현금	30	54

결산 실적 〈단위 : 억원〉

항목	2012	2013	2014	2015	2016	2017
매출액	100	67	87	94	115	—
영업이익	5	-63	-43	-80	-63	—
당기순이익	4	-72	-45	-91	-98	—

분기 실적 〈단위 : 억원〉

항목	2016.1Q	2016.2Q	2016.3Q	2016.4Q	2017.1Q	2017.2Q
매출액	15	28	32	40	32	39
영업이익	-21	-23	-21	1	-0	3
당기순이익	-25	-27	-26	-20	-0	-5

재무 상태 〈단위 : 억원〉

항목	2012	2013	2014	2015	2016	2017.2Q
총자산	301	224	205	327	259	245
유형자산	90	87	66	73	47	41
무형자산	0	1	16	15	19	24
유가증권			2	42	41	—
총부채	125	114	127	215	240	172
총차입금	107	102	97	187	217	157
자본금	25	25	25	31	31	38
총자본	175	110	77	112	18	73
지배주주지분	175	110	77	112	18	73

기업가치 지표

항목	2012	2013	2014	2015	2016	2017.2Q
주가(최고/저)(천원)	22.3/7.5	17.3/8.1	17.4/8.0	23.5/10.8	15.9/5.5	—/—
PER(최고/저)(배)	258.2/86.5	—/—	—/—	—/—	—/—	7.1/3.6
PBR(최고/저)(배)	6.5/2.2	8.0/3.8	11.4/5.3	13.1/6.0	54.8/19.2	—
EV/EBITDA(배)	30.1					
EPS(원)	86	-1,418	-877	-1,529	-1,563	-62
BPS(원)	3,449	2,155	1,521	1,784	289	960
CFPS(원)	366	-1,035	-370	-1,023	-1,074	62
DPS(원)						
EBITDAPS(원)	382	-865	-329	-839	-522	167

재무 비율 〈단위 : % 〉

연도	영업이익률	순이익률	부채비율	차입금비율	ROA	ROE	유보율	자기자본비율	EBITDA마진율
2016	-55.2	-85.4	일부잠식	일부잠식	-33.5	-150.8	-42.2	7.0	-28.5
2015	-84.6	-96.1	192.2	166.6	-34.0	-95.6	256.8	34.2	-52.7
2014	-48.7	-51.1	164.8	125.7	-20.8	-47.7	204.1	37.8	-19.2
2013	-95.2	-108.2	104.5	93.0	-27.5	-50.6	331.0	48.9	-66.0

디엔에프 (A092070)
DNF

업 종 : 반도체 및 관련장비		시 장 : KOSDAQ			
신용등급 : (Bond) — (CP) —		기업규모 : 우량			
홈 페 이 지 : www.dnfsolution.com		연 락 처 : 042)932-7939			
주 소 : 대전시 대덕구 대화로 132번길 142 (대화동)					

설 립 일	2001.01.05	종 업 원 수	216명	대 표 이 사	김명운
상 장 일	2007.11.16	감 사 의 견	적정 (현대)	계 열	
결 산 기	12월	보 통 주	1,076만주	종속회사수	
액 면 가	500원	우 선 주		구 상 호	

주주구성 (지분율,%)		출자관계 (지분율,%)		주요경쟁사 (외형,%)	
김명운	18.3	대덕벤처타운	27.8	디엔에프	100
KB자산운용	14.4	켐이	21.5	유니테스트	201
(외국인)	14.4			에스앤에스텍	93

매출구성		비용구성		수출비중	
DPT 제품	44.8	매출원가율	57.7	수출	6.0
High-k 제품	22.3	판관비율	21.6	내수	94.0
HCDS 제품	17.6				

회사 개요

동사는 2001년에 설립되어 반도체 및 디스플레이 산업의 핵심소재로 사용되는 유기금속 화합물의 개발 등 반도체화학소재 사업을 주로 영위함. 주력 제품은 반도체 박막 재료임. 반도체 칩 메이커인 삼성전자, 하이닉스, TSMC 등의 업체에 납품 중이며, 수출이 전체 매출의 20% 이상을 차지함. 동사는 2017년 4~5월에 자기주식 20만주를 취득해 자사주 30만주(지분율 2.78%)를 보유하고 있음.

실적 분석

동사의 2017년 상반기 매출액과 영업이익이 전년 동기보다 각각 19.5%, 18.9% 증가한 333.2억원과 63.0억원을 기록함. 전방산업인 반도체 업황 호조로 인해 동사의 주력 제품인 반도체 전극 배선재료, 하드마스크재료 등의 내수 수요가 증가해 매출이 신장됨을 기록했고, 수출이 전체 매출의 20% 이상을 차지함. 비영업부문에서 8.9억원의 이익을 기록했고, 당기순이익은 57.0억원임. 동사는 부채총계가 209.2억원으로 13.4% 줄어든 반면 자본총계가 12.1% 증가해 재무구조 개선함.

현금 흐름 *IFRS 별도 기준 〈단위 : 억원〉

항목	2016	2017.2Q
영업활동	127	67
투자활동	-202	-55
재무활동	65	-55
순현금흐름	-9	-19
기말현금	69	51

결산 실적 〈단위 : 억원〉

항목	2012	2013	2014	2015	2016	2017
매출액	272	206	616	715	582	—
영업이익	10	-88	150	196	121	—
당기순이익	5	-134	102	173	104	—

분기 실적 *IFRS 별도 기준 〈단위 : 억원〉

항목	2016.1Q	2016.2Q	2016.3Q	2016.4Q	2017.1Q	2017.2Q
매출액	142	137	149	155	163	171
영업이익	22	31	29	39	29	34
당기순이익	22	31	22	30	36	21

재무 상태 *IFRS 별도 기준 〈단위 : 억원〉

항목	2012	2013	2014	2015	2016	2017.2Q
총자산	683	578	677	794	939	949
유형자산	415	384	374	431	540	527
무형자산	43	30	27	22	8	8
유가증권					0	0
총부채	378	405	250	187	227	209
총차입금	334	365	157	110	176	150
자본금	47	47	54	54	54	54
총자본	305	173	427	607	711	740
지배주주지분	305	173	427	607	711	740

기업가치 지표 *IFRS 별도 기준

항목	2012	2013	2014	2015	2016	2017.2Q
주가(최고/저)(천원)	13.9/3.9	13.2/7.7	23.3/9.1	29.3/14.2	18.2/10.6	—/—
PER(최고/저)(배)	279.8/78.7	—/—	24.6/9.6	18.3/8.9	18.8/10.9	2.5/1.7
PBR(최고/저)(배)	4.3/1.2	6.8/4.0	5.7/2.2	5.1/2.5	2.7/1.6	—
EV/EBITDA(배)	37.1		12.2	7.1	10.5	—
EPS(원)	50	-1,424	945	1,605	6,771	7,301
BPS(원)	3,250	-1,009	4,062	5,802	6,771	719
CFPS(원)	380	-1,009	1,342	2,050	1,469	
DPS(원)			1,791	2,262	1,622	774
EBITDAPS(원)	437	-521	1,791	2,262	1,622	774

재무 비율 〈단위 : % 〉

연도	영업이익률	순이익률	부채비율	차입금비율	ROA	ROE	유보율	자기자본비율	EBITDA마진율
2016	20.8	17.9	31.9	24.7	12.0	15.8	1,254.2	75.8	30.0
2015	27.4	24.2	30.9	18.2	23.5	33.4	1,060.3	76.4	34.0
2014	24.3	16.5	58.5	36.7	16.2	33.9	712.5	63.1	31.3
2013	-42.9	-65.3	233.6	210.9	-21.3	-56.2	290.0	30.0	-23.9

디엠씨 (A101000)
Dongnam Marine Crane

업 종 : 조선	시 장 : KOSDAQ
신용등급 : (Bond) — (CP) —	기업규모 : 중견
홈 페 이 지 : www.dongnam-crane.co.kr	연 락 처 : 055)720-3000
본 사 : 경남 김해시 한림면 김해대로 1102-171	

설 립 일 2004.06.03	종 업 원 수 138명	대 표 이 사 김영채	
상 장 일 2009.11.06	감 사 의 견 적정 (대주)	계 열	
결 산 기 12월	보 통 주 3,275만주	종속회사수 3개사	
액 면 가 500원	우 선 주	구 상 호	

주주구성 (지분율,%)		출자관계 (지분율,%)		주요경쟁사 (외형,%)	
지엠씨	18.5	큐테크	100.0	디엠씨	100
배영달	2.8	디엠씨인베스트먼트	100.0	STX중공업	324
(외국인)	1.3	제이피엘	79.9	삼영이엔씨	28

매출구성		비용구성		수출비중	
MARINE CRANES	49.6	매출원가율	80.0	수출	82.0
ENGINE CASING& FUNNEL	26.9	판관비율	8.2	내수	18.0
DECK MACHINERY	19.8				

회사 개요
2004년에 설립된 동사는 선박용 크레인, 선박구성부품 및 선박의장품 등의 제조 및 판매를 주사업으로 영위하고 있음. 지배회사인 세진중공업은 선박용과 해양플랜트용 크레인, 데크머시너리 등의 전문 제조사임. 종속회사 큐테크는 엔진케이싱(Engine Casing), 펀넬(Funnel), 윙브릿지(Wing Bridge) 등의 전문 제조사임. 동사의 제품은 매출액 기준으로 80% 이상을 현대삼호중공업, 현대미포조선, 현대중공업에 판매되고 있음.

실적 분석
2017년 상반기 매출액은 전방산업 부진으로 529.9억원을 기록하며 전년동기 대비 28.5% 외형 축소됨. 매출원가율, 판관비율 상승으로 영업이익은 전년동기 대비 97.6% 감소한 2.1억원을 기록함. 판관비는 인건비 증가와 더불어 전년동기 대손충당금환입으로 인한 대손상각비 차감 효과가 사라졌기 때문. 동사는 신조선 발주 급감, 중국 조선소의 약진 등 어려운 시황을 원가절감, 매출 포트폴리오 다양화 등으로 돌파하고 있음.

현금 흐름 〈단위 : 억원〉
항목	2016	2017.2Q
영업활동	155	45
투자활동	-214	-301
재무활동	9	229
순현금흐름	-51	-26
기말현금	50	24

시장 대비 수익률

결산 실적 〈단위 : 억원〉
항목	2012	2013	2014	2015	2016	2017
매출액	510	674	1,302	1,224	1,284	—
영업이익	-71	33	45	73	151	—
당기순이익	-71	60	38	57	95	—

분기 실적 〈단위 : 억원〉
항목	2016.1Q	2016.2Q	2016.3Q	2016.4Q	2017.1Q	2017.2Q
매출액	345	395	233	310	276	254
영업이익	38	48	32	33	9	-7
당기순이익	34	31	16	15	-0	-106

재무 상태 〈단위 : 억원〉
항목	2012	2013	2014	2015	2016	2017.2Q
총자산	867	976	1,138	1,114	1,321	1,759
유형자산	486	554	573	588	807	1,166
무형자산	4	4	5	9	7	68
유가증권	4	14	1	0	9	14
총부채	729	703	831	756	872	1,266
총차입금	502	502	593	614	703	988
자본금	50	64	64	64	128	164
총자본	138	273	307	358	449	494
지배주주지분	140	271	305	345	449	490

기업가치 지표
항목	2012	2013	2014	2015	2016	2017.2Q
주가(최고/저)(천원)	3.4/2.1	2.9/1.7	3.0/1.8	2.4/1.4	3.3/1.7	—/—
PER(최고/저)(배)	—/—	11.3/6.8	20.9/12.5	11.7/7.1	9.2/4.8	—/—
PBR(최고/저)(배)	5.4/3.3	2.8/1.7	2.5/1.5	1.7/1.1	1.9/1.0	2.7/1.3
EV/EBITDA(배)		17.0	15.0	11.6	7.1	—/—
EPS(원)	-317	263	145	205	358	-345
BPS(원)	1,389	2,125	2,386	2,752	1,757	1,497
CFPS(원)	-471	723	451	578	446	-284
DPS(원)			25	30	20	—
EBITDAPS(원)	-499	504	514	737	679	69

재무 비율 〈단위 : % 〉
연도	영업이익률	순이익률	부채비율	차입금비율	ROA	ROE	유보율	자기자본비율	EBITDA마진율
2016	11.8	7.4	194.4	156.8	7.8	23.0	251.5	34.0	13.5
2015	5.9	4.7	211.2	171.7	5.1	16.1	450.4	32.1	7.7
2014	3.5	2.9	270.4	193.1	3.6	12.9	377.2	27.0	5.0
2013	4.9	9.0	257.9	184.1	6.6	27.7	325.0	27.9	8.1

디엠에스 (A068790)
DMS

업 종 : 디스플레이 및 관련부품	시 장 : KOSDAQ
신용등급 : (Bond) — (CP) —	기업규모 : 우량
홈 페 이 지 : www.dms21.co.kr	연 락 처 : 031)8031-1133
본 사 : 경기도 용인시 기흥구 흥덕중앙로 120 흥덕유타워6층 (영덕동)	

설 립 일 1999.07.08	종 업 원 수 194명	대 표 이 사 박용석	
상 장 일 2004.10.01	감 사 의 견 적정 (안진)	계 열	
결 산 기 12월	보 통 주 2,293만주	종속회사수 10개사	
액 면 가 500원	우 선 주	구 상 호	

주주구성 (지분율,%)		출자관계 (지분율,%)		주요경쟁사 (외형,%)	
박용석	22.1	영천풍력발전	100.0	DMS	100
한국투자신탁운용	3.7	오이티	100.0	HB테크놀러지	109
(외국인)	3.2	김천풍력발전	100.0	동아엘텍	87

매출구성		비용구성		수출비중	
제조(FPD설비 제조)	99.5	매출원가율	73.0	수출	66.0
기타	0.5	판관비율	13.5	내수	34.0

회사 개요
동사의 주력제품은 TFT-LCD 패널 제조용 핵심 공정장비인 고집적 세정장비, 습식 식각장비, 감광액 박리장비 등임. 주요 종속회사인 디엠에스플렉스는 스마트폰 및 각종 소형 가전제품 등에 사용되는 FCCL 기판용 부품을 생산 중임. 반도체 및 디스플레이 업황 개선 추세에 따라 제품 수요가 점차 확대될 전망임. 최근 수출 비중이 빠른 속도로 확대되는 양상을 보이며 전체 매출의 절반 가량을 차지함. 태양전지 제조장비 사업 등 사업영역 확대 중임.

실적 분석
2017년 반기 연결기준 매출액은 전년동기대비 13.3% 증가한 1,170.7억원을 기록함. 영업이익은 전년동기대비 15.9% 감소한 118.8억원을 기록. 전방산업인 디스플레이 시장에서 역사상 최대 규모의 설비증설 붐이 일어나고 있음. 주요 고객사들의 설비증설 일정으로 미루어 볼 때 성장세는 내년에 가속화할 가능성이 큼. 향후 중국에서 전개될 6세대 OLED 및 10세대 LCD Capex 사이클의 최대 수혜업체가 될 것으로 판단.

현금 흐름 〈단위 : 억원〉
항목	2016	2017.2Q
영업활동	116	-144
투자활동	-30	-11
재무활동	-137	188
순현금흐름	-51	34
기말현금	27	61

시장 대비 수익률

결산 실적 〈단위 : 억원〉
항목	2012	2013	2014	2015	2016	2017
매출액	915	1,093	1,044	1,809	2,488	—
영업이익	-123	-19	-81	162	334	—
당기순이익	-437	-105	-361	117	361	—

분기 실적 〈단위 : 억원〉
항목	2016.1Q	2016.2Q	2016.3Q	2016.4Q	2017.1Q	2017.2Q
매출액	436	597	652	803	540	630
영업이익	71	70	90	103	59	60
당기순이익	55	55	20	231	-19	6

재무 상태 〈단위 : 억원〉
항목	2012	2013	2014	2015	2016	2017.2Q
총자산	2,823	2,748	2,198	2,320	2,683	2,86
유형자산	790	723	652	662	544	55
무형자산	278	250	103	39	41	4
유가증권	113	59	65	9	38	9
총부채	1,671	1,705	1,505	1,408	1,366	1,46
총차입금	1,208	1,202	1,219	846	695	88
자본금	99	99	99	112	113	11
총자본	1,151	1,043	693	912	1,317	1,39
지배주주지분	1,127	1,036	692	912	1,317	1,39

기업가치 지표
항목	2012	2013	2014	2015	2016	2017.2Q
주가(최고/저)(천원)	6.2/2.6	4.6/2.5	3.4/2.1	6.9/2.2	10.3/5.6	—/—
PER(최고/저)(배)	—/—	—/—	—/—	13.2/4.2	6.5/3.5	—/—
PBR(최고/저)(배)	1.0/0.4	0.8/0.4	0.9/0.6	1.7/0.5	1.8/1.0	1.9/1.
EV/EBITDA(배)		15.1	36.5	8.6	7.6	—/—
EPS(원)	-2,237	-496	-1,809	524	1,608	27
BPS(원)	6,199	5,743	3,900	4,093	5,842	6,11
CFPS(원)	-1,759	110	-1,203	894	1,731	53
DPS(원)					50	
EBITDAPS(원)	-140	512	201	1,094	1,611	58

재무 비율 〈단위 : % 〉
연도	영업이익률	순이익률	부채비율	차입금비율	ROA	ROE	유보율	자기자본비율	EBITDA마진율
2016	13.4	14.5	103.7	52.8	14.4	32.4	1,068.3	49.1	14.
2015	8.9	6.5	154.3	92.7	5.2	14.6	718.6	39.3	13.
2014	-7.7	-34.5	217.2	175.9	-14.6	-41.6	679.9	31.5	3.
2013	-1.7	-9.6	163.5	115.3	-3.8	-9.1	1,048.6	38.0	4.

디엠티 (A134580)
Digital Multimedia Technology

종 목: 셋톱박스		시 장: KOSDAQ	
신용등급: (Bond) — (CP) —		기업규모: 중견	
홈페이지: www.dmt.kr		연 락 처: 02)3400-4600	
본 사: 서울시 강남구 언주로 710 성암빌딩 8층			

설 립 일	2007.02.01	종 업 원 수	53명	대 표 이 사	권영철
상 장 일	2013.11.26	감 사 의 견	적정 (현대)	계 열	
결 산 기	12월	보 통 주	1,125만주	종속회사수	1개사
액 면 가	500원	우 선 주		구 상 호	

주주구성 (지분율,%)		출자관계 (지분율,%)		주요경쟁사 (외형,%)	
이희기	31.7	캐비지스튜디오	39.5	디엠티	100
홈캐스트	29.6	한토리		휴맥스	1,746
(외국인)	9.1	부머스		토필드	25

매출구성		비용구성		수출비중	
디지털 셋톱박스	96.6	매출원가율	80.8	수출	50.0
상품	3.3	판관비율	28.6	내수	50.0
기타	0.1				

회사 개요
동사는 2008년 설립돼 위성방송 수신기개발, 방송장비 개발, 디지털 비디오 레코딩 시스템 소프트웨어개발 및 제조판매를 목적사업으로 영위하고 있음. 동사의 주요 영업전략은 목표 시장에 진입해 동사의 기술력과 제품의 안정성에 대해 인정받은 후, 고객사의 니즈를 파악 니즈에 맞는 제품을 개발하는 전략임. 국내 위성방송사업자인 KT스카이라이프를 매출처로 확보하여 안정적 성장의 기반을 다져왔으며, 미국, 아시아 및 유럽 시장 확대를 위해 노력하고 있음.

실적 분석
동사의 2017년 상반기 연결기준 매출액은 294.9억원으로 전년 동기 대비 7.7% 감소함. 매출이 감소하면서 매출원가와 판관비 부담은 줄었지만 매출 감소에 다른 고정비용 상승 효과로 인해 영업손실은 14.3억원으로 전년 동기 대비 적자 지속됨. 비영업손익 부문에서 소폭 흑자를 기록했지만 영업손실 영향으로 당기순손실은 15.7억원으로 전년 동기 대비 적자폭이 확대됨.

현금 흐름 〈단위 : 억원〉
항목	2016	2017.2Q
영업활동	-66	20
투자활동	-5	11
재무활동	-13	2
순현금흐름	-86	30
기말현금	118	148

시장 대비 수익률

결산 실적 〈단위 : 억원〉
항목	2012	2013	2014	2015	2016	2017
매출액	903	709	926	1,078	774	—
영업이익	96	53	43	46	-73	—
당기순이익	84	49	39	54	-67	—

분기 실적 〈단위 : 억원〉
항목	2016.1Q	2016.2Q	2016.3Q	2016.4Q	2017.1Q	2017.2Q
매출액	120	199	239	216	175	121
영업이익	-10	-9	-7	-46	-8	-8
당기순이익	-9	-5	-19	-34	-13	-2

재무 상태 〈단위 : 억원〉
항목	2012	2013	2014	2015	2016	2017.2Q
총자산	469	537	683	615	569	492
유동자산	6	4	5	44	46	43
무형자산	5	8	14	25	21	16
유가증권	18	10	8	7	3	—
총부채	149	112	224	114	150	80
총차입금	5	5				
자본금	32	38	38	56	56	56
총자본	319	425	460	501	419	412
지배주주지분	319	425	460	501	418	412

기업가치 지표
항목	2012	2013	2014	2015	2016	2017.2Q
주가(최고/저)(천원)	—/—	3.8/2.9	4.1/3.0	5.5/3.7	6.5/3.1	—/—
PER(최고/저)(배)	0.0/0.0	8.0/6.0	12.3/9.0	11.7/7.8	—/—	—/—
PBR(최고/저)(배)	0.0/0.0	1.1/0.8	1.0/0.8	1.2/0.8	1.7/0.8	1.9/0.8
EV/EBITDA(배)		2.2		6.7	4.5	
EPS(원)	874	500	347	480	-587	-136
BPS(원)	4,963	5,671	6,127	4,509	3,842	3,792
CFPS(원)	1,553	840	620	571	-494	-96
DPS(원)			100	70	65	
EBITDAPS(원)	1,743	893	679	501	-554	-86

재무 비율 〈단위 : % 〉
연도	영업이익률	순이익률	부채비율	차입금비율	ROA	ROE	유보율	자기자본비율	EBITDA마진율
2016	-9.4	-8.6	35.9	0.0	-11.3	-14.4	668.4	73.6	-8.1
2015	4.3	5.0	22.8	0.0	8.3	11.3	801.9	81.4	5.2
2014	4.7	4.2	48.7	0.0	6.4	8.8	1,125.4	67.3	5.5
2013	7.4	5.4	26.3	1.2	9.8	13.2	1,034.3	79.2	8.3

디오 (A039840)
DIO

업 종: 의료 장비 및 서비스		시 장: KOSDAQ	
신용등급: (Bond) — (CP) —		기업규모: 우량	
홈페이지: www.dio.co.kr		연 락 처: 051)745-7777	
본 사: 부산시 해운대구 센텀서로 66			

설 립 일	1988.01.25	종 업 원 수	341명	대 표 이 사	김진철,김진백
상 장 일	2000.06.21	감 사 의 견	적정 (대주)	계 열	
결 산 기	12월	보 통 주	1,517만주	종속회사수	15개사
액 면 가	500원	우 선 주		구 상 호	

주주구성 (지분율,%)		출자관계 (지분율,%)		주요경쟁사 (외형,%)	
DENTSPLY GERMANY INVESTMENTS GMBH	12.7	아이피오네트웍스		디오	100
김진철	7.8	네오월드		오스템임플란트	391
(외국인)	19.1	로덴포유		바텍	271

매출구성		비용구성		수출비중	
임플란트,치약	74.3	매출원가율	33.8	수출	51.0
의료기기외	25.7	판관비율	36.0	내수	49.0

회사 개요
자동포장기계의 생산을 영위할 목적으로 1988년 설립됨. 현재는 인공치아용 임플란트 및 치과용 장비 등을 주로 생산하고 있음. 2014년 7월부터 75세 이상 어르신 치아 임플란트 2개 보험 적용이 시행되어 내수 시장의 성장이 예상됨. 최근 국내 임플란트 업체 최초로 중국에 합작법인을 설립한데 이어 일본에서도 합작법인을 설립함으로써 아시아 시장에서 확실한 주도권을 잡을 것으로 기대됨.

실적 분석
동사의 2017년 연결기준 상반기 매출액은 446.1억원으로 전년동기 대비 6% 증가함. 인건비, 마케팅비, 연구개발비 등 판관비도 크게 늘어 영업이익과 당기순이익은 각각 127.4억원, 93.8억원으로 전년동기 대비 19.1%, 12.7% 감소함. 3D 프린트 브라켓에 부착된 와이어를 이용해 교정기간을 단축시켜 높은 소비자 만족도를 내면서 수익성 개선에 기여할 것으로 기대됨.

현금 흐름 〈단위 : 억원〉
항목	2016	2017.2Q
영업활동	115	12
투자활동	-90	-91
재무활동	24	126
순현금흐름	48	46
기말현금	69	116

시장 대비 수익률

결산 실적 〈단위 : 억원〉
항목	2012	2013	2014	2015	2016	2017
매출액	479	628	616	719	880	—
영업이익	67	-25	34	201	266	—
당기순이익	-41	-84	-37	91	209	—

분기 실적 〈단위 : 억원〉
항목	2016.1Q	2016.2Q	2016.3Q	2016.4Q	2017.1Q	2017.2Q
매출액	211	203	241	224	209	237
영업이익	70	88	82	26	65	63
당기순이익	33	74	51	51	32	62

재무 상태 〈단위 : 억원〉
항목	2012	2013	2014	2015	2016	2017.2Q
총자산	1,026	1,081	1,192	1,223	1,503	1,683
유동자산	375	381	440	440	515	576
무형자산	30	13	9	6	5	8
유가증권	42	35	37	36	19	5
총부채	570	702	794	448	401	511
총차입금	443	507	590	198	117	252
자본금	60	60	60	76	76	76
총자본	456	379	398	776	1,102	1,172
지배주주지분	456	378	398	777	1,068	1,122

기업가치 지표
항목	2012	2013	2014	2015	2016	2017.2Q
주가(최고/저)(천원)	20.1/7.1	13.2/7.9	9.4/6.7	30.3/7.3	59.7/32.0	—/—
PER(최고/저)(배)	—/—	—/—	—/—	47.3/11.4	44.2/23.7	—/—
PBR(최고/저)(배)	4.7/1.7	3.7/2.2	2.5/1.8	5.4/1.3	7.5/4.0	5.0/3.3
EV/EBITDA(배)	19.3		24.7	21.0	20.6	
EPS(원)	-345	-694	-303	639	1,352	553
BPS(원)	4,257	3,597	3,764	5,647	7,913	8,458
CFPS(원)	-207	-536	-108	793	1,542	673
DPS(원)						
EBITDAPS(원)	696	-50	478	1,542	1,943	960

재무 비율 〈단위 : % 〉
연도	영업이익률	순이익률	부채비율	차입금비율	ROA	ROE	유보율	자기자본비율	EBITDA마진율
2016	30.2	23.8	36.4	10.6	15.4	22.2	1,482.7	73.3	33.5
2015	27.9	12.6	57.8	25.5	7.5	15.8	1,029.4	63.4	31.0
2014	5.5	-6.0	199.5	148.3	-3.3	-9.3	652.8	33.4	9.3
2013	-3.9	-13.4	185.2	133.7	-8.0	-19.8	619.4	35.1	-0.9

디와이 (A013570)
DY

업 종 : 기계	시 장 : 거래소
신용등급 : (Bond) — (CP) —	기업규모 : 시가총액 소형주
홈페이지 : www.dy.co.kr	연 락 처 : 032)810-4100
본 사 : 인천시 남동구 남동서로 362번길 36(남촌동)	

설 립 일 1978.10.05	종 업 원 수 305명	대 표 이 사 조병호.김용진(각기대표이사)
상 장 일 2000.11.16	감 사 의 견 적정(안진)	계 열
결 산 기 12월	보 통 주 2,632만주	종속회사수 12개사
액 면 가 500원	우 선 주	구 상 호 동양기전

주주구성 (지분율,%)	출자관계 (지분율,%)	주요경쟁사 (외형,%)
조병호 40.4	디와이오토주식회사 100.0	디와이 100
국민연금공단 11.5	에이치에스테크놀로지 98.9	유지인트 7
(외국인) 14.7	나누리 75.0	기신정기 15

매출구성	비용구성	수출비중
[제품]크레인, 세차기, C.P.T., 골프카 외 79.2	매출원가율 84.6	수출 —
[지주사업] 10.3	판관비율 10.4	내수 —
[상품]P/TUBE 외 7.4		

회사 개요
동사는 자동차용 전장부품, 유압기기, 산업기계 등의 생산을 주력으로 하는 업체로서 한국GM, 두산인프라코어, 건설업자, 주유소 등이 주요 고객임. 자동차부품 부문에서는 최근의 경기 회복세와 지속적 저비용구조 실현 및 신흥국 시장 집중 개척, 현대기아차로부터의 파워윈도우모터 수주 증대 등에 힘입어 성장세가 이어지고 있으며, 유압기기 사업부문 역시 내수의 성수기 진입과 수출경기 회복으로 전망이 밝은 편임.

실적 분석
동사의 2017년 2분기기준 누적 매출액은 전년동기대비 14.1% 상승한 4,165.5억원을 기록하였음. 그러나 비용면에서도 전년동기대비 매출원가는 증가 했으나 인건비도 증가, 기타판매비와관리비도 마찬가지로 증가함. 이와 같이 상승한 매출액 대비 비용증가가 높아 그에 따라 전년동기대비 영업이익은 237.4억원으로 -5.6% 하락하였음. 그러나 비영업손익의 흑자전환으로 전년동기대비 당기순이익은 261.8억원을 기록함.

현금 흐름 〈단위 : 억원〉
항목	2016	2017.2Q
영업활동	621	163
투자활동	-370	-234
재무활동	-102	-100
순현금흐름	150	-184
기말현금	1,238	1,054

시장 대비 수익률

결산 실적 〈단위 : 억원〉
항목	2012	2013	2014	2015	2016	2017
매출액	7,329	6,120	6,035	6,424	7,234	—
영업이익	462	230	185	252	363	—
당기순이익	415	319	520	162	220	—

분기 실적 〈단위 : 억원〉
항목	2016.1Q	2016.2Q	2016.3Q	2016.4Q	2017.1Q	2017.2Q
매출액	1,832	1,820	1,656	1,925	2,034	2,132
영업이익	128	123	44	68	101	136
당기순이익	91	69	33	27	124	137

재무 상태 〈단위 : 억원〉
항목	2012	2013	2014	2015	2016	2017.2Q
총자산	5,735	6,157	4,833	7,004	7,224	7,355
유형자산	2,256	2,410	1,651	2,976	3,001	3,009
무형자산	76	75	55	91	103	114
유가증권	46	37	99	4	3	200
총부채	2,592	2,758	2,059	3,082	3,183	3,133
총차입금	1,724	1,781	1,095	2,011	1,919	1,778
자본금	158	158	103	132	132	132
총자본	3,142	3,399	2,774	3,922	4,041	4,222
지배주주지분	3,142	3,399	2,774	3,242	3,308	3,397

기업가치 지표
항목	2012	2013	2014	2015	2016	2017.2Q
주가(최고/저)(천원)	12.9/6.5	10.6/7.8	9.1/6.2	8.2/4.8	7.6/5.4	—/—
PER(최고/저)(배)	10.8/5.4	11.4/8.4	5.7/3.9	10.4/6.1	13.7/9.8	—/—
PBR(최고/저)(배)	1.4/0.7	1.0/0.8	0.7/0.5	0.7/0.4	0.6/0.4	0.6/0.5
EV/EBITDA(배)	6.2	9.9	6.6	7.5	5.2	—
EPS(원)	1,311	1,008	1,689	815	565	601
BPS(원)	10,366	11,177	13,894	12,666	12,917	13,256
CFPS(원)	1,961	1,684	2,355	1,699	1,509	1,077
DPS(원)	200	150	230	110	140	—
EBITDAPS(원)	2,109	1,403	1,266	2,038	2,325	1,378

재무 비율 〈단위 : % 〉
연도	영업이익률	순이익률	부채비율	차입금비율	ROA	ROE	유보율	자기자본비율	EBITDA마진율
2016	5.0	3.0	78.8	47.5	3.1	4.5	2,483.4	55.9	8.5
2015	3.9	2.5	78.6	51.3	2.7	5.9	2,433.1	56.0	6.9
2014	3.1	8.6	74.2	39.5	9.5	16.9	2,678.8	57.4	6.5
2013	3.8	5.2	81.1	52.4	5.4	9.8	2,135.5	55.2	7.3

디와이파워 (A210540)
DY POWER

업 종 : 자동차부품	시 장 : 거래소
신용등급 : (Bond) — (CP) —	기업규모 : 시가총액 소형주
홈페이지 : power.dy.co.kr	연 락 처 : 055)278-0800
본 사 : 경남 창원시 성산구 웅남로 812 (성주동)	

설 립 일 2014.12.03	종 업 원 수 378명	대 표 이 사 김지현
상 장 일 2015.01.15	감 사 의 견 적정(안진)	계 열
결 산 기 12월	보 통 주 1,104만주	종속회사수 2개사
액 면 가 500원	우 선 주	구 상 호

주주구성 (지분율,%)	출자관계 (지분율,%)	주요경쟁사 (외형,%)
디와이 37.7	DongyangMechatronicsJiangyinCo.,Ltd. 100.0	디와이파워 100
국민연금공단 6.1	DYPOWERINDIAPvt. 100.0	넥센테크 36
(외국인) 14.0		동국실업 273

매출구성	비용구성	수출비중
유압실린더 외(제품) 97.4	매출원가율 82.3	수출 74.0
유압실린더 외(상품) 2.2	판관비율 11.6	내수 26.0
유압실린더 외(기타) 0.4		

회사 개요
동사는 건설기계장비에 적용되는 유압실린더에 대한 제조 및 판매를 영위하는 회사로, 2014년 12월 동양기전 유압기기사업부에서 인적분할을 통해 설립되어, 2015년 유가증권시장에 주식을 상장하였음. 주요거래처로는 두산인프라코어, 현대중공업, GENIE 등이 있음. 연결대상 종속회사로 유압기기 제조업 등을 영위하는 중국 소재의 Dongyang Mechatronics Jiangyin 인도 소재의 DY POWER INDIA를 보유하고 있음.

실적 분석
전방산업인 건설업의 턴어라운드, 산업차량 수요 증가로 동사의 2017년 상반기 매출액은 전년동기 대비 36.5% 증가한 1,628.8억원을 시현함. 내수와 수출 모두 신장. 판관비는 1.2% 소폭 증가하였고 매출원가율이 하락하여 영업이익은 131.2% 증가한 182.3억원을 달성함. 비영업수익을 반영한 당기순이익은 160.2억원을 기록하며 전년 44.5억원에서 큰 폭의 증가세를 보임.

현금 흐름 〈단위 : 억원〉
항목	2016	2017.2Q
영업활동	324	74
투자활동	-119	-72
재무활동	-225	-54
순현금흐름	-21	-54
기말현금	379	325

시장 대비 수익률

결산 실적 〈단위 : 억원〉
항목	2012	2013	2014	2015	2016	2017
매출액	—	—	248	2,485	2,291	—
영업이익	—	—	13	101	140	—
당기순이익	—	—	10	15	96	—

분기 실적 〈단위 : 억원〉
항목	2016.1Q	2016.2Q	2016.3Q	2016.4Q	2017.1Q	2017.2Q
매출액	600	593	512	586	757	872
영업이익	40	38	29	32	79	103
당기순이익	29	15	32	19	68	91

재무 상태 〈단위 : 억원〉
항목	2012	2013	2014	2015	2016	2017.2Q
총자산			2,231	2,224	2,282	2,507
유형자산			908	961	1,001	980
무형자산			19	17	17	17
유가증권						
총부채			1,326	1,298	1,277	1,351
총차입금			908	1,086	837	756
자본금			55	55	55	55
총자본			905	926	1,005	1,151
지배주주지분			900	926	1,005	1,151

기업가치 지표
항목	2012	2013	2014	2015	2016	2017.2Q
주가(최고/저)(천원)	—/—	—/—	—/—	13.6/5.8	9.3/4.4	—/—
PER(최고/저)(배)	0.0/0.0	0.0/0.0	0.0/0.0	91.9/39.4	10.8/5.1	—/—
PBR(최고/저)(배)	0.0/0.0	0.0/0.0	0.0/0.0	1.7/0.7	1.0/0.5	1.6/0.8
EV/EBITDA(배)	—	—	41.1	7.9	6.9	—
EPS(원)	—	—	92	152	870	1,451
BPS(원)	—	—	8,159	8,390	9,108	10,428
CFPS(원)	—	—	145	795	1,509	1,308
DPS(원)	—	—	—	100	120	—
EBITDAPS(원)	—	—	170	1,556	1,908	2,007

재무 비율 〈단위 : % 〉
연도	영업이익률	순이익률	부채비율	차입금비율	ROA	ROE	유보율	자기자본비율	EBITDA마진율
2016	6.1	4.2	127.0	83.3	4.3	10.0	1,721.7	44.1	9.2
2015	4.1	0.6	140.2	117.3	0.7	1.8	1,578.0	41.6	7.1
2014	5.2	3.9	146.6	100.4	0.0	0.0	1,531.8	40.6	7.6
2013	0.0	0.0	0.0	0.0	0.0	0.0	0.0	0.0	0.0

디이엔티 (A079810)
DE&T

업 종 : 디스플레이 및 관련부품			시 장 : KOSDAQ		
신용등급 : (Bond) — (CP) —			기업규모 : 중견		
홈 페 이 지 : www.i-det.com			연 락 처 : 041)529-3456		
본 사 : 충남 천안시 동남구 수신면 장산동길 32					

설 립 일	2001.08.01	종 업 원 수	280명	대 표 이 사	김영길
상 장 일	2005.01.26	감 사 의 견	적정(태성)	계 열	
결 산 기	12월	보 통 주	898만주	종속회사수	3개사
액 면 가	500원	우 선 주		구 상 호	

주주구성 (지분율,%)		출자관계 (지분율,%)		주요경쟁사 (외형,%)	
APS홀딩스	26.2	코닉이앤씨	100.0	디이엔티	100
심상균	16.2	디앤에이	12.0	이엘피	68
(외국인)	2.7	제니스월드	3.1	세진티에스	72

매출구성		비용구성		수출비중	
GrossTester	39.7	매출원가율	98.3	수출	83.0
MAC/MIC	22.2	판관비율	14.9	내수	17.0
설비개조 및 부품 등	18.3				

회사 개요
동사는 2001년 설립되어 2005년에 코스닥 시장에 상장한 회사로 FPD(Flat Panel Display) 장비 및 관련 장치 제조 판매 등을 영위하는 업체임. 현재 LCD, PDP, OLED 제조용 검사 장비를 전문적으로 제조 및 판매하고 있음. OLED 제조장비의 수요 및 신규사업 확대에 따라 오산시 가장동에 117.5억원의 시설투자를 진행할 계획임.

실적 분석
동사의 2017년 2분기 누적 연결기준 매출액은 전년대비 680.8% 성장한 1,292.5억원을 기록함. 매출액 성장은 주로 전방산업의 호조 및 투자 증가로 Cell Tester 및 Probe Unit 등 디스플레이장비의 출하량 급증에 기인함. 외형 성장과 더불어 100%를 상회하던 매출원가율도 대폭 개선되어 영업이익 107.7억원, 당기순이익 79.7억원을 보이며 흑자전환에 성공함. 당반기말 현재 수주잔고는 450.0억원임.

현금 흐름 〈단위 : 억원〉
항목	2016	2017.2Q
영업활동	-161	70
투자활동	-24	-61
재무활동	145	20
순현금흐름	-40	28
기말현금	35	63

시장 대비 수익률

결산 실적 〈단위 : 억원〉
항목	2012	2013	2014	2015	2016	2017
매출액	304	408	251	480	455	
영업이익	1	-3	-26	28	-60	
당기순이익	10	-15	-22	37	-60	

분기 실적 〈단위 : 억원〉
항목	2016.1Q	2016.2Q	2016.3Q	2016.4Q	2017.1Q	2017.2Q
매출액	90	76	94	196	366	927
영업이익	-21	-17	-14	-7	22	86
당기순이익	-22	-17	-17	-4	7	73

재무 상태 〈단위 : 억원〉
항목	2012	2013	2014	2015	2016	2017.2Q
총자산	320	289	254	412	606	1,169
유형자산	46	49	52	41	141	198
무형자산	9	10	10	30	46	44
유가증권	75	80	87	89	11	16
총부채	56	43		153	397	859
총차입금				68	217	217
자본금	42	42	42	42	42	45
총자본	264	247	223	259	209	310
지배주주지분	264	247	223	259	209	310

기업가치 지표
항목	2012	2013	2014	2015	2016	2017.2Q
주가(최고/저)(천원)	3.3/1.6	3.2/1.8	2.5/1.7	3.8/1.8	9.9/3.0	—/—
PER(최고/저)(배)	27.1/13.6	—/—	—/—	8.5/4.0	—/—	2.9/2.2
PBR(최고/저)(배)	1.0/0.5	1.0/0.6	0.9/0.6	1.2/0.6	3.8/1.2	
EV/EBITDA(배)		9.4		5.2		
EPS(원)	121	-181	-264	446	-718	888
BPS(원)	3,272	3,066	2,783	3,210	2,606	3,538
CFPS(원)	188	-119	-206	513	-630	946
DPS(원)						
EBITDAPS(원)	85	23	-260	409	-634	1,257

재무 비율 〈단위 : %〉
연도	영업이익률	순이익률	부채비율	차입금비율	ROA	ROE	유보율	자기자본비율	EBITDA마진율
2016	-13.2	-13.1	190.3	104.1	-11.7	-25.5	421.3	34.5	-11.6
2015	5.9	7.7	59.3	26.3	11.1	15.4	542.0	62.8	7.1
2014	-10.5	-8.7	13.6	0.0	-8.1	-9.3	456.5	88.0	-8.6
2013	-0.8	-3.7	17.2		-4.9	-5.9	513.3	85.3	0.5

디젠스 (A113810)
Dgenx

업 종 : 자동차부품			시 장 : KOSDAQ		
신용등급 : (Bond) — (CP) —			기업규모 : 중견		
홈 페 이 지 : www.dgenx.com			연 락 처 : 041)906-2133		
본 사 : 충남 아산시 음봉면 연암율금로 288-7					

설 립 일	2006.02.01	종 업 원 수	222명	대 표 이 사	이석우
상 장 일	2012.11.22	감 사 의 견	적정(삼덕)	계 열	
결 산 기	12월	보 통 주	2,163만주	종속회사수	4개사
액 면 가	500원	우 선 주		구 상 호	

주주구성 (지분율,%)		출자관계 (지분율,%)		주요경쟁사 (외형,%)	
디에이치코리아	52.4	DHHONGKONGCO.,LIMITED	100.0	디젠스	100
한국산업은행	2.4	DONGWONTECHINDIAPRIVATELIMITED	100.0	광진윈텍	88
(외국인)	2.1	Dgenx(shanghai)TechnologyCo.,Ltd.	100.0	에스제이케이	11

매출구성		비용구성		수출비중	
Muffler(제품)	100.0	매출원가율	84.7	수출	—
		판관비율	11.3	내수	—

회사 개요
동사는 자동차용 소음기(머플러)를 제조, 판매하는 회사로 2006년 디에이치코리아에서 물적분할됨. 소음기는 자동차 환경 유해 배기가스를 정화하며 소음, 진동을 줄이는 배기계 시스템의 주요 구성품을 임. 주요 거래처는 한국GM, 상하이GM 등 임. 동사 매출은 수주를 기반으로 하되 1개 차종별 평균 5개년간 확정매출이 발생하기 때문에 시장 변동에 큰 영향을 받지 않음. 배기계시스템의 경우 자동차부품 중 진입장벽이 높은 분야임.

실적 분석
동사의 2017년 2분기 기준 누적 매출액은 전년동기대비 2.3% 감소한 575.8억원을 기록하였음. 비용면에서 전년동기대비 매출원가는 증가 했으며 인건비도 증가, 기타판매비와 관리비는 크게 증가함. 그에 따라 매출액 하락 등에 의해 전년동기대비 영업이익은 -5.2억원으로 적자전환함. 최종적으로 전년동기대비 당기순이익은 적자전환하여 -19.7억원을 기록함. 동사는 경기침체에 따라 수익성 부진이 지속되고 있음.

현금 흐름 〈단위 : 억원〉
항목	2016	2017.2Q
영업활동	110	-28
투자활동	-64	-24
재무활동	-47	37
순현금흐름	0	-17
기말현금	80	63

시장 대비 수익률

결산 실적 〈단위 : 억원〉
항목	2012	2013	2014	2015	2016	2017
매출액	1,050	799	663	1,032	1,199	
영업이익	41	-28	-64	38	47	
당기순이익	30	-21	-59	18	22	

분기 실적 〈단위 : 억원〉
항목	2016.1Q	2016.2Q	2016.3Q	2016.4Q	2017.1Q	2017.2Q
매출액	271	317	297	314	290	284
영업이익	8	14	24	1	6	-12
당기순이익	4	6	11	1	-2	-18

재무 상태 〈단위 : 억원〉
항목	2012	2013	2014	2015	2016	2017.2Q
총자산	788	808	930	963	1,015	1,017
유형자산	358	358	359	365	398	400
무형자산	8	0	0	21	32	36
유가증권						
총부채	453	497	667	680	684	704
총차입금	245	304	403	432	353	382
자본금	91	96	96	97	108	108
총자본	335	311	262	284	330	313
지배주주지분	335	311	262	284	330	307

기업가치 지표
항목	2012	2013	2014	2015	2016	2017.2Q
주가(최고/저)(천원)	2.3/1.7	2.1/1.1	1.3/0.8	1.8/0.9	2.4/1.3	—/—
PER(최고/저)(배)	10.6/7.8	—/—	—/—	19.5/9.2	23.1/11.9	2.7/1.4
PBR(최고/저)(배)	1.3/1.0	1.3/0.7	1.0/0.6	1.3/0.6	1.6/0.8	
EV/EBITDA(배)	7.6	96.7		9.1	8.0	
EPS(원)	225	-115	-306	95	105	-89
BPS(원)	1,836	1,621	1,365	1,458	1,528	1,419
CFPS(원)	445	60	-139	271	293	10
DPS(원)	75		25			
EBITDAPS(원)	530	27	-168	372	418	75

재무 비율 〈단위 : %〉
연도	영업이익률	순이익률	부채비율	차입금비율	ROA	ROE	유보율	자기자본비율	EBITDA마진율
2016	4.0	1.8	207.2	106.8	2.2	7.0	205.5	32.6	7.2
2015	3.7	1.8	239.8	152.3	1.9	6.7	191.5	29.4	6.9
2014	-9.7	-8.9	254.5	153.6	-6.8	-20.5	173.1	28.2	-4.9
2013	-3.4	-2.7	159.6	97.6	-2.7	-6.6	224.3	38.5	0.6

디지비금융지주 (A139130)
DGB Financial Group

업 종 : 상업은행 시 장 : 거래소
신용등급 : (Bond) AAA (CP) — 기업규모 : 시가총액 중형주
홈페이지 : www.dgbfg.co.kr 연 락 처 : (053)740-7900
본 사 : 대구시 북구 옥산로 111 대구은행 제2본점 9층

설 립 일	2011.05.17	종 업 원 수	74명	대 표 이 사	박인규
상 장 일	2011.06.07	감 사 의 견	적정 (삼정)	계 열	
결 산 기	12월	보 통 주	16,915만주	종속회사수	24개사
액 면 가	5,000원	우 선 주		구 상 호	

주주구성 (지분율,%)		출자관계 (지분율,%)		주요경쟁사 (외형,%)	
국민연금공단	8.1	대구은행	100.0	DGB금융지주	100
삼성생명보험	7.0	DGB캐피탈	100.0	BNK금융지주	187
(외국인)	62.9	DGB생명보험	100.0	JB금융지주	94

수익구성		비용구성		수출비중	
		이자비용	16.4	수출	—
		파생상품손실	0.3	내수	—
		판관비	19.6		

회사 개요
동사는 2011년 5월 17일에 대구은행, (주)DGB신용정보, (주)카드넷을 자회사로 하는 주식의 포괄적 이전 방식에 의해 설립됐음. 그리고 2012년에 (주)DGB캐피탈과 (주)DGB데이터시스템을 자회사에 추가, 2013년(주)카드넷과 (주)DGB유페이의 합병, 2015년 1월 DGB생명보험(주)을 자회사로 편입하였으며, 2016년 10월 6일 DGB자산운용(주)을 자회사로 편입했음.

실적 분석
주 수익원은 자회사의 배당수입임. 동사의 연결기준 2017년 2분기 매출액이 전기 대비 23.6%, 전년동기 대비로는 0.6% 각각 감소한 8,056억.2억원을 달성함. 동사의 영업이익은 전기 대비 2.4% 줄었지만 전년동기 대비로는 4.2% 증가한 1,183.1억원임. 당기순이익은 전기대비 0.4% 감소했지만 전년 동기에 비해서는 10.3% 늘어난 940.0억원으로 나타남. 2분기 실적 중 대구은행의 순이자마진이 전분기 대비 1bp 하락함.

현금 흐름 〈단위 : 억원〉

항목	2016	2017.2Q
영업활동	326	-5,739
투자활동	-5,454	-1,557
재무활동	5,253	7,378
순현금흐름	205	100
기말현금	9,302	9,402

시장 대비 수익률

결산 실적 〈단위 : 억원〉

항목	2012	2013	2014	2015	2016	2017
이자수익	17,162	16,826	17,113	17,767	17,390	—
영업이익	3,730	3,390	3,239	3,430	3,869	—
당기순이익	2,741	2,445	2,438	3,083	3,019	—

분기 실적 〈단위 : 억원〉

항목	2016.1Q	2016.2Q	2016.3Q	2016.4Q	2017.1Q	2017.2Q
이자수익	4,334	4,340	4,324	4,391	4,382	4,538
영업이익	1,312	1,135	946	476	1,212	1,183
당기순이익	1,050	852	739	378	944	940

재무 상태 〈단위 : 억원〉

항목	2012	2013	2014	2015	2016	2017.2Q
총자산	344,627	375,778	410,097	511,444	534,624	568,700
유형자산	3,114	3,179	3,360	3,767	4,290	4,215
무형자산	737	829	855	996	1,114	1,283
유가증권	68,070	73,565	73,388	121,929	124,522	129,553
총부채	319,313	345,793	377,982	473,673	494,901	527,558
총차입금	53,155	54,915	56,460	64,753	72,823	80,058
자본금	6,703	6,703	6,703	8,453	8,453	8,457
총자본	25,314	29,985	32,115	37,772	39,723	41,142
지배주주지분	25,314	27,090	29,220	34,866	36,807	38,236

기업가치 지표

항목	2012	2013	2014	2015	2016	2017.2Q
주가(최고/저)(천원)	14.7/10.3	14.9/12.2	16.0/10.6	12.6/9.1	9.9/7.6	—/—
PER(최고/저)(배)	8.4/5.9	9.6/7.9	10.5/6.8	7.6/5.5	6.0/4.6	—/—
PBR(최고/저)(배)	0.9/0.6	0.8/0.7	0.8/0.5	0.7/0.5	0.5/0.4	0.6/0.4
PSR(최고/저)(배)	0/0	0/0	0/0	0/0	1/1	0/0
EPS(원)	1,976	1,718	1,656	1,757	1,702	—
BPS(원)	18,883	20,208	21,797	20,624	21,773	22,605
CFPS(원)	2,423	2,175	2,145	2,174	2,056	1,243
DPS(원)	330	280	320	280	300	—
EBITDAPS(원)	2,782	2,529	2,416	2,049	2,289	1,416

재무 비율 〈단위 : %〉

연도	계속사업이익률	순이익률	부채비율	차입금비율	ROA	ROE	유보율	자기자본비율	총자산증가율
2016	22.3	17.4	1,245.9	183.3	0.6	8.0	335.5	7.4	4.5
2015	19.3	17.4	1,254.1	171.4	0.7	9.2	312.5	7.4	24.7
2014	18.5	14.3	1,176.9	175.8	0.6	8.2	335.9	7.8	9.1
2013	19.6	14.5	1,153.2	183.1	0.7	9.1	304.2	8.0	9.0

디지아이 (A043360)
DIGITAL GRAPHICSORPORATION

업 종 : 컴퓨터 및 주변기기 시 장 : KOSDAQ
신용등급 : (Bond) — (CP) — 기업규모 : 벤처
홈페이지 : www.dgi-net.com 연 락 처 : (031)820-8900
본 사 : 경기도 양주시 청담로 52 (고읍동)

설 립 일	1991.11.28	종 업 원 수	76명	대 표 이 사	최동호
상 장 일	2001.07.06	감 사 의 견	적정 (안진)	계 열	
결 산 기	12월	보 통 주	900만주	종속회사수	
액 면 가	500원	우 선 주		구 상 호	

주주구성 (지분율,%)		출자관계 (지분율,%)		주요경쟁사 (외형,%)	
최관수	26.6	팜테크놀로지	9.1	디지아이	100
최동호	13.9	쏘닉스	0.4	잉크테크	389
(외국인)	1.7			미래테크놀로지	116

매출구성		비용구성		수출비중	
INK	37.6	매출원가율	73.3	수출	82.0
TEXTILE PRINTER	30.2	판관비율	35.5	내수	18.0
INKJET PLOTTER	19.7				

회사 개요
동사는 1985년 설립되어 커팅플로터와 잉크젯플로터를 자체 기술로 자체 브랜드를 개발하여 상품화에 성공한 이후, 내수 시장뿐만 아니라 세계 60여개국에 수출하는 기업임. 섬유소재 프린팅이 가능한 Textile Printer 출시로 확대 성장하고는 Digital Printing 시장에 새롭게 진입함. 또한, FABRIJET 및 잉크젯기술을 접목 시켜 도로표지판용으로 활용하는 조명용 LED Module 사업도 영위하고 있음.

실적 분석
동사의 2017년 상반기 매출은 128.9억원으로 전년대비 23.9% 증가, 영업이익은 6.4억원으로 흑자전환, 당기순이익은 4.6억원으로 흑자전환 시현. 신제품 출시 효과와 거래선 추가로 높은 외형성장을 시현, 내부적인 원가개선 효과로 수익성은 전년대비 개선. 디지털 프린터 시장 확대로 신사업 추진으로 견조한 성장세 예상. 제품 믹스 개선과 비용 절감 노력으로 2017년 하반기에도 견조한 성장, 수익성 예상.

현금 흐름 *IFRS 별도 기준 〈단위 : 억원〉

항목	2016	2017.2Q
영업활동	0	-0
투자활동	-6	9
재무활동	-5	-5
순현금흐름	-11	4
기말현금	4	8

시장 대비 수익률

결산 실적 〈단위 : 억원〉

항목	2012	2013	2014	2015	2016	2017
매출액	308	245	259	223	190	—
영업이익	0	-27	0	-21	-17	—
당기순이익	9	-14	16	-2	-22	—

분기 실적 *IFRS 별도 기준 〈단위 : 억원〉

항목	2016.1Q	2016.2Q	2016.3Q	2016.4Q	2017.1Q	2017.2Q
매출액	56	48	54	31	66	63
영업이익	-2	1	-0	-16	3	3
당기순이익	-3	2	-4	-18	-2	1

재무 상태 *IFRS 별도 기준 〈단위 : 억원〉

항목	2012	2013	2014	2015	2016	2017.2Q
총자산	602	569	565	563	526	530
유형자산	103	98	105	139	128	128
무형자산	11	8	6	5	5	5
유가증권	0	0	0	0	0	0
총부채	76	61	46	51	40	44
총차입금	8	4	8	4	4	4
자본금	45	45	45	45	45	45
총자본	526	508	519	512	486	486
지배주주지분	526	508	519	512	486	486

기업가치 지표 *IFRS 별도 기준

항목	2012	2013	2014	2015	2016	2017.2Q
주가(최고/저)(천원)	3.8/1.8	4.2/2.2	3.3/2.3	3.5/2.3	6.0/3.0	—/—
PER(최고/저)(배)	42.3/20.0	—/—	19.7/14.0	—/—	—/—	—/—
PBR(최고/저)(배)	0.7/0.3	0.8/0.4	0.6/0.4	0.6/0.4	1.1/0.6	1.1/0.6
EV/EBITDA(배)	2.9		9.7			
EPS(원)	96	-150	173	-27	-248	51
BPS(원)	5,904	5,705	5,829	5,759	5,461	5,463
CFPS(원)	174	-77	245	39	-188	80
DPS(원)	50	50	50	50	50	—
EBITDAPS(원)	81	-222	74	-169	-125	100

재무 비율 〈단위 : %〉

연도	영업이익률	순이익률	부채비율	차입금비율	ROA	ROE	유보율	자기자본비율	EBITDA마진율
2016	-8.8	-11.8	8.3	0.8	-4.1	-4.5	992.3	92.4	-5.9
2015	-9.5	-1.1	9.9	0.8	-0.4	-0.5	1,051.7	91.0	-6.8
2014	0.1	6.0	8.9	1.4	2.8	3.1	1,066.6	91.9	2.6
2013	-10.8	-5.5	12.0	1.1	-2.3	-2.6	1,040.9	89.3	-8.1

디지캡 (A197140)
DigiCAP

업 종 : 일반 소프트웨어		시 장 : KONEX	
신용등급 : (Bond) — (CP) —		기업규모 : —	
홈 페 이 지 : www.digicaps.com		연 락 처 : 02)3477-2101	
본 사 : 서울시 마포구 매봉산로 37 DMC 산학협력연구센터 8층			

설 립 일	2000.04.01	종 업 원 수	92명	대 표 이 사	한승우
상 장 일	2014.05.30	감 사 의 견	적정(삼정)	계 속 회 사 수	—
결 산 기	12월	보 통 주		종 속 회 사 수	—
액 면 가	—	우 선 주		구 상 호	

주주구성 (지분율,%)		출자관계 (지분율,%)		주요경쟁사 (외형,%)	
신용태	22.6			디지캡	100
수성자산운용	8.2				

매출구성		비용구성		수출비중	
N-스크린 솔루션	35.9	매출원가율	68.7	수출	2.0
콘텐츠보호 솔루션	33.9	판관비율	26.0	내수	98.0
방송서비스 솔루션	25.2				

회사 개요
2000년 4월 설립된 콘텐츠 보안 솔루션, 방송서비스, N-스크린 솔루션 등의 사업을 영위하는 회사임. 2014년 5월 코넥스 시장에 상장, 국내 최초로 CAS 제품 상용화에 성공하며 500만명의 이용자를 확보하였음. SK텔레콤의 BTV의 다시보기 및 실시간 방송 보기, 주문형비디오(VOD) 등을 개발한 바 있음. 2010년에는 유럽연합 DMB 기구인 IDAG의 CAS 사업자로 선정되기도 하였음.

실적 분석
동사의 2016년 연간 매출액은 112.1억원으로 전년대비 1.8% 증가함. 매출총이익은 전년대비 14.1% 감소한 35.1억원을 기록함. 영업이익은 6억원으로 전년대비 48.1% 감소함. 당기순이익은 7.6억원을 기록하며 전년대비 24.4% 감소함. 매출 비중은 콘텐츠보호 솔루션 34%, 방송서비스 솔루션 25%, N-스크린 솔루션 36%, 기타 매출 5%로 구성됨. 2018년부터 북미 UHD 차세대 방송서비스 시장에 진출할 계획임.

현금 흐름   *IFRS 별도 기준   〈단위 : 억원〉
항목	2016	2017.2Q
영업활동	9	—
투자활동	-44	—
재무활동	33	—
순현금흐름	-2	—
기말현금	26	—

시장 대비 수익률

결산 실적   〈단위 : 억원〉
항목	2012	2013	2014	2015	2016	2017
매출액	82	109	97	110	112	—
영업이익	10	17	8	12	6	—
당기순이익	10	19	5	14	8	—

분기 실적   *IFRS 별도 기준
항목	2016.1Q	2016.2Q	2016.3Q	2016.4Q	2017.1Q	2017.2Q
매출액	—	—	—	—	—	—
영업이익	—	—	—	—	—	—
당기순이익	—	—	—	—	—	—

재무 상태   *IFRS 별도 기준   〈단위 : 억원〉
항목	2012	2013	2014	2015	2016	2017.2Q
총자산	123	157	158	124	171	—
유형자산	1	2	1	9	56	—
무형자산	6	11	10	9	14	—
유가증권	3	5	10			—
총부채	41	48	45	37	76	—
총차입금						33
자본금	15	15	16	16	16	—
총자본	82	109	113	87	95	—
지배주주지분	82	109	113	87	95	—

기업가치 지표   *IFRS 별도 기준
항목	2012	2013	2014	2015	2016	2017.2Q
주가(최고/저)(천원)	—/—	—/—	9.1/7.6	9.0/4.4	7.7/3.4	—/—
PER(최고/저)(배)	0.0/0.0	0.0/0.0	60.4/50.4	28.3/13.8	32.3/14.0	0.0/0.0
PBR(최고/저)(배)	0.0/0.0	0.0/0.0	2.5/2.1	2.3/1.1	1.8/0.8	
EV/EBITDA(배)			13.6	6.6	9.9	
EPS(원)	325	609	151	317	240	
BPS(원)	2,651	3,524	3,581	3,922	4,191	
CFPS(원)	379	690	226	397	316	
DPS(원)						
EBITDAPS(원)	380	643	335	446	266	

재무 비율   〈단위 : % 〉
연도	영업이익률	순이익률	부채비율	차입금비율	ROA	ROE	유보율	자기자본비율	EBITDA마진율
2016	5.4	6.8	79.7	35.0	5.1	8.3	738.1	55.7	7.5
2015	10.5	9.1	43.0	0.0	7.1	10.0	684.4	70.0	12.8
2014	8.4	4.9	39.6	0.0	3.0	4.3	616.2	71.6	10.8
2013	15.9	17.3	43.8	0.0			604.8	69.5	18.2

디지탈옵틱 (A106520)
DIGITAL OPTICS

업 종 : 휴대폰 및 관련부품		시 장 : KOSDAQ	
신용등급 : (Bond) — (CP) —		기업규모 : 중견	
홈 페 이 지 : www.digitaloptics.co.kr		연 락 처 : 031)365-5650	
본 사 : 경기도 화성시 동탄면 동탄산단2길 47 4층			

설 립 일	2000.03.14	종 업 원 수	208명	대 표 이 사	문석중,정광용각자대표이사
상 장 일	2012.07.13	감 사 의 견	적정(신한)	계 속	열
결 산 기	12월	보 통 주	2,360만주	종 속 회 사 수	5개사
액 면 가	500원	우 선 주		구 상 호	

주주구성 (지분율,%)		출자관계 (지분율,%)		주요경쟁사 (외형,%)	
케이피엔인베스트먼트	12.4	디지털헬스케어	100.0	디지털옵틱	100
계신국제그룹	8.7	함박재바이오팜	74.7	바이오로그디바이스	108
(외국인)		씨아이비엔케이	72.7	텔루스	62

매출구성		비용구성		수출비중	
광학렌즈 및 광학요소(제품)	84.5	매출원가율	97.7	수출	21.0
광학렌즈 및 광학요소(상품)	13.7	판관비율	38.1	내수	79.0
광학렌즈 및 광학요소(용역)	1.8				

회사 개요
동사는 2000년 설립되어 휴대폰용 카메라렌즈 등에 적용되는 이미지용·광학계, 프로젝션 TV나 프로젝터에 적용되는 투사용 광학계, CD 및 DVD에 적용되는 Laser(LED) 시스템 광학계 등 모든 광응용 시스템의 광학 설계가 가능한 광학전문 업체임. 또한 비구면 광학 렌즈 원천 설계 및 양산기술을 동시 보유한 전문회사로서 주력 제품인 휴대폰용 카메라렌즈를 개발 및 판매. 2017년 정광용·문석중 각자 대표이사 체제로 변경되었음.

실적 분석
동사의 2017년 상반기 매출은 272.1억원으로 전년동기 대비 18.4% 감소, 영업이익은 -84.3억원으로 적자 지속, 당기순이익은 -162.8억원으로 적자 지속. 국내 전략거래선의 스마트폰 출하량은 증가하나 부품 사양이 동일한 상황, 공급체인간의 경쟁 심화로 수익성은 부진 지속. 동사는 2017년 8월에 유상증자 결정으로 운영자금, 시설자금 용도로 활용할 예정. 2018년 글로벌 휴대폰 시장은 듀얼카메라 성장으로 반사이익 기대됨.

현금 흐름   〈단위 : 억원〉
항목	2016	2017.2Q
영업활동	-130	-69
투자활동	-153	32
재무활동	200	43
순현금흐름	-59	6
기말현금	15	18

시장 대비 수익률

결산 실적   〈단위 : 억원〉
항목	2012	2013	2014	2015	2016	2017
매출액	856	1,538	772	707	637	—
영업이익	109	225	20	-132	-228	—
당기순이익	79	172	-47	-108	-504	—

분기 실적   〈단위 : 억원〉
항목	2016.1Q	2016.2Q	2016.3Q	2016.4Q	2017.1Q	2017.2Q
매출액	168	165	160	144	142	130
영업이익	-38	-30	-52	-109	-44	-40
당기순이익	-42	-106	-47	-309	-49	-114

재무 상태   〈단위 : 억원〉
항목	2012	2013	2014	2015	2016	2017.2Q
총자산	912	1,295	1,042	1,618	1,241	1,025
유형자산	314	448	411	487	407	389
무형자산	44	41	20	110	30	10
유가증권	15	14	213	255	231	169
총부채	485	685	491	751	561	433
총차입금	245	404	349	528	398	295
자본금	27	27	28	86	103	118
총자본	428	609	550	867	680	593
지배주주지분	428	609	550	799	680	546

기업가치 지표
항목	2012	2013	2014	2015	2016	2017.2Q
주가(최고/저)(천원)	17.3/11.0	25.0/13.2	18.1/7.0	22.5/3.6	13.2/3.6	—/—
PER(최고/저)(배)	10.5/6.7	8.0/4.2		4.7/0.8	4.3/1.2	1.7/1.1
PBR(최고/저)(배)	2.3/1.4	2.3/1.2	1.8/0.7			
EV/EBITDA(배)	6.1	2.7	7.6			
EPS(원)	862	1,614	-433	-665	-2,301	-659
BPS(원)	7,841	11,146	10,297	4,803	3,084	2,314
CFPS(원)	2,525	4,219	277	-226	-1,979	-498
DPS(원)	100	150		-393	-790	-214
EBITDAPS(원)	3,159	5,189	1,483			

재무 비율   〈단위 : % 〉
연도	영업이익률	순이익률	부채비율	차입금비율	ROA	ROE	유보율	자기자본비율	EBITDA마진율
2016	-35.9	-79.1	82.5	58.5	-35.2	-65.8	516.7	54.8	-25.5
2015	-18.7	-15.2	86.6	63.5	-8.1	-15.6	860.6	53.6	-8.8
2014	2.6	-6.1	89.3	63.5	-4.0	-8.1	1,959.4	52.8	10.7
2013	14.6	11.2	112.4	66.3	15.6	33.1	2,129.2	47.1	18.4

디지털대성 (A068930)
Digital Daesung

업 종 : 교육		시 장 : KOSDAQ	
신용등급 : (Bond) — (CP) —		기업규모 : 중견	
홈 페 이 지 : www.digitaldaesung.com		연 락 처 : 02)2104-8600	
본 사 : 서울시 서초구 방배로 181, 단우빌딩 6층~8층			

설 립 일	2000.03.11	종 업 원 수	222명	대 표 이 사	김희선
상 장 일	2003.10.17	감 사 의 견	적정 (대주)	계 열	
결 산 기	12월	보 통 주	2,225만주	종속회사수	2개사
액 면 가	500원	우 선 주		구 상 호	

주주구성 (지분율,%)
대성출판	11.1
강남대성학원	9.8
(외국인)	1.0

출자관계 (지분율,%)
한우리열린교육	68.9

주요경쟁사 (외형,%)
디지털대성	100
에이원앤	19
메가엠디	79

매출구성
온라인 교육서비스	43.8
교육 프랜차이즈 제품공급	35.4
학원	13.2

비용구성
매출원가율	50.9
판관비율	39.7

수출비중
수출	0.0
내수	100.0

회사 개요
직영학원 및 '대성N스쿨' 등 교육프랜차이즈 사업 영위하는 업체로 2000년 설립되었으며, 2003년 코스닥시장에 상장됨. 매출구성은 동영상강의 46.28%, 학원 12.06%, 교육프랜차이즈 제품공급 41.65% 등이며, 향후 직영학원부문이 수익구조 개선 및 안정적인 성장을 통해 동사의 주 매출원으로 자리잡을 것으로 전망. 수능 전후에 활성화되는 교육정보 서비스부문은 각종 대학입시관련 데이터베이스를 바탕으로 경쟁력을 확보하고 있음.

실적 분석
학령인구의 감소로 학원 수강인원의 감소현상을 보이는 반면, 온라인 교육서비스와 교육프랜차이즈 제품(교습용 교재)의 매출이 신장함에 따라 2017년 2분기 누적 매출액은 전년동기 대비 19.9% 증가한 434.7억원을 시현함. 큰 폭의 외형성장으로 인해 원가 및 판관비가 증가했음에도 영업이익은 전년동기 대비 383.1% 증가한 38.2억원을 기록함. 비영업부문에서도 0.6억원의 이익을 시현해 이익폭이 확대되어 32.1억원의 당기순이익을 시현함

현금 흐름 〈단위 : 억원〉
항목	2016	2017.2Q
영업활동	141	69
투자활동	-50	-33
재무활동	-45	-60
순현금흐름	46	-25
기말현금	96	71

시장 대비 수익률

결산 실적 〈단위 : 억원〉
항목	2012	2013	2014	2015	2016	2017
매출액	525	580	575	602	835	
영업이익	40	60	56	60	79	
당기순이익	32	47	50	54	80	

분기 실적 〈단위 : 억원〉
항목	2016.1Q	2016.2Q	2016.3Q	2016.4Q	2017.1Q	2017.2Q
매출액	159	203	249	223	206	229
영업이익	-25	32	55	16	0	38
당기순이익	-19	30	53	16	1	31

재무 상태 〈단위 : 억원〉
항목	2012	2013	2014	2015	2016	2017.2Q
총자산	595	606	674	923	946	967
유형자산	16	18	21	149	142	139
무형자산	224	207	182	361	338	349
유가증권	106	78	122	138	141	183
총부채	84	60	92	300	271	289
총차입금				86	70	40
자본금	108	109	110	111	111	111
총자본	512	546	582	624	675	678
지배주주지분	512	546	582	610	646	644

기업가치 지표
항목	2012	2013	2014	2015	2016	2017.2Q
주가(최고/저)(천원)	2.9/1.6	3.5/2.0	4.6/2.5	4.0/2.8	4.0/2.8	—/—
PER(최고/저)(배)	23.9/13.3	19.3/10.6	22.9/12.3	18.7/12.9	13.1/9.2	—/—
PBR(최고/저)(배)	1.4/0.8	1.6/0.9	1.9/1.0	1.5/1.1	1.4/1.0	1.4/1.2
EV/EBITDA(배)	7.3	5.0	5.8	8.0	7.1	6.7
EPS(원)	148	217	230	236	316	124
BPS(원)	2,499	2,637	2,770	2,873	3,025	3,012
CFPS(원)	233	351	380	399	489	211
DPS(원)	100	120	160	160	160	
EBITDAPS(원)	275	412	408	434	529	259

재무 비율 〈단위 : %〉
연도	영업이익률	순이익률	부채비율	차입금비율	ROA	ROE	유보율	자기자본비율	EBITDA마진율
2016	9.5	9.6	40.1	10.4	8.5	11.1	505.0	71.4	14.1
2015	9.9	8.9	48.1	13.9	6.7	8.7	474.6	67.5	15.9
2014	9.8	8.7	15.8	0.0	7.8	8.9	454.1	86.4	15.5
2013	10.4	8.1	11.0	0.0	7.8	8.9	427.4	90.1	15.4

디지틀조선일보 (A033130)
DIGITAL CHOSUN

업 종 : 미디어		시 장 : KOSDAQ	
신용등급 : (Bond) — (CP) —		기업규모 : 중견	
홈 페 이 지 : www.chosun.com, pr.dizzo.com		연 락 처 : 02)3701-2114	
본 사 : 서울시 중구 세종대로21길 52 (태평로1가)			

설 립 일	1995.10.02	종 업 원 수	240명	대 표 이 사	김영수
상 장 일	1997.08.06	감 사 의 견	적정 (안진)	계 열	
결 산 기	12월	보 통 주	3,712만주	종속회사수	2개사
액 면 가	500원	우 선 주		구 상 호	

주주구성 (지분율,%)
스포츠조선	9.0
에스케이텔레콤	7.8
(외국인)	3.2

출자관계 (지분율,%)
골프조선	40.0
한미에셋	28.1
조선일보일본어판	25.0

주요경쟁사 (외형,%)
디지틀조선	100
지투알	1,042
비덴트	61

매출구성
인터넷사업부문	35.3
SI 사업 부문	25.7
네트워크서비스부문	25.4

비용구성
매출원가율	74.5
판관비율	13.7

수출비중
수출	—
내수	—

회사 개요
동사는 인터넷 신문인 chosun.com, 케이블방송인 Business& TV, 그리고 시티비전(옥외전광판)을 운영하고 있으며, CTS/SI사업, 온/오프라인 교육(캐나다문화어학원, 조선닷컴교육센터)과 토플 TPO 사업 등의 교육서비스를 제공하고 있음. 최근 모바일조선서비스 정착돼 웹과 모바일 아우르는 다양한 뉴스전달 수단 활용. 조선닷컴은 최근 트래픽 증가로 광고 매출 및 다양한 사업제휴로 인한 인터넷 비즈니스 확대 기대.

실적 분석
동사의 반기 영업수익은 기업들의 추가 비용집행 억제에도 불구하고 활발한 영업활동을 전개하여 전년동기 대비 9% 증가한 186.3억원을 기록함. 반면, 견조한 외형성장에도 불구하고 원가율 상승으로 전년동기 대비 2% 증가한 21.7억원의 영업이익 시현. 당기순이익 또한 전년동기 대비 3.7% 증가한 22.6억원을 시현하는 등 수익성 개선된 모습. 국내경기의 점진적 회복세 이어질 것으로 대하며, 추가적인 실적 개선 기대함.

현금 흐름 〈단위 : 억원〉
항목	2016	2017.2Q
영업활동	71	39
투자활동	-56	-16
재무활동	-15	-15
순현금흐름	0	8
기말현금	48	56

시장 대비 수익률

결산 실적 〈단위 : 억원〉
항목	2012	2013	2014	2015	2016	2017
매출액	422	363	341	351	391	
영업이익	55	39	34	37	46	
당기순이익	64	42	36	50	47	

분기 실적 〈단위 : 억원〉
항목	2016.1Q	2016.2Q	2016.3Q	2016.4Q	2017.1Q	2017.2Q
매출액	85	86	97	123	99	8
영업이익	11	10	14	12	17	
당기순이익	11	11	12	12	16	

재무 상태 〈단위 : 억원〉
항목	2012	2013	2014	2015	2016	2017.2Q
총자산	589	621	649	697	718	72
유형자산	31	41	42	47	38	34
무형자산	16	36	23	12	12	12
유가증권	59	30	32	30	30	3
총부채	49	54	60	73	63	62
총차입금						
자본금	186	186	186	186	186	18
총자본	540	567	588	623	655	66
지배주주지분	540	567	588	623	655	662

기업가치 지표
항목	2012	2013	2014	2015	2016	2017.2Q
주가(최고/저)(천원)	2.4/1.8	2.3/1.6	6.7/1.7	5.9/3.3	5.7/2.5	—/—
PER(최고/저)(배)	14.8/11.4	20.9/15.1	72.0/18.2	44.8/24.7	46.1/20.3	—/—
PBR(최고/저)(배)	1.8/1.4	1.6/1.1	4.4/1.1	3.6/2.0	3.3/1.4	1.8/1.3
EV/EBITDA(배)	7.5	6.4	16.0	31.1	12.9	
EPS(원)	173	114	97	135	125	6
BPS(원)	1,454	1,527	1,584	1,678	1,764	1,785
CFPS(원)	236	204	189	193	158	
DPS(원)	40	40	40	40	40	
EBITDAPS(원)	212	197	184	158	158	74

재무 비율 〈단위 : %〉
연도	영업이익률	순이익률	부채비율	차입금비율	ROA	ROE	유보율	자기자본비율	EBITDA마진율
2016	11.9	11.9	9.6	0.0	6.6	7.3	252.8	91.2	15.9
2015	10.6	14.3	11.7	0.0	7.4	8.3	235.7	89.5	16.7
2014	10.0	10.5	10.3	0.0	5.7	6.2	216.8	90.7	20.0
2013	10.8	11.6	9.5	0.0	7.0	7.6	205.5	91.3	20.0

디케이디앤아이 (A033310)
DK D&I

업 종 : 용기 및 포장		시 장 : KOSDAQ	
신용등급 : (Bond) — (CP) —		기업규모 : 중견	
홈 페 이 지 : www.dkdni.co.kr		연 락 처 : 02)2636-2431	
본 사 : 서울시 영등포구 여의대로 14 16층,(여의도동,KT빌딩)			

설 립 일	1965.12.15	종 업 원 수	67명	대 표 이 사	서홍민
상 장 일	1997.11.10	감 사 의 견	적정 (우리)	계 열	
결 산 기	12월	보 통 주	2,197만주	종속회사수	1개사
액 면 가	500원	우 선 주		구 상 호	

주주구성 (지분율,%)		출자관계 (지분율,%)		주요경쟁사 (외형,%)	
디케이마린	27.6	리드코프	13.0	디케이디앤아이	100
서홍민	16.6	디케이씨에스	10.9	금비	403
(외국인)	0.1	디케이씨	4.6	승일	278

매출구성		비용구성		수출비중	
드럼, 자동차부품 外	97.5	매출원가율	82.8	수출	—
드럼, 철강재 外	1.3	판관비율	10.9	내수	—
기타	1.2				

회사 개요
동사는 석유화학제품을 포장하는 철강제 포장용기인 스틸드럼을 주로 생산하는 업체임. 열연강판 생산으로 철강산업도 영위함. 드럼부문이 전체 매출의 98%를 차지하며, 국내 시장 2위권의 시장점유율을 보유 (점유율 23%). 드럼부문은 2010년 이후 석유화학산업 성장에 힘입어 꾸준한 판매량을 유지함. 매출 주요 시장은 전남지역이 82%를 차지하고, 곧 산대경기차배건유한공사를 계열회사로 보유하고 있음.

실적 분석
2017년 반기 연결기준 매출액과 영업이익은 각각 6.8% 증가, 38.1% 하락한 260.5억원, 11.5%원을 기록함. 외형증가에 따른 판관비 증가로 영업이익 감소함. 상품매출이 4배 이상 증가. 제품, 임가공 매출 또한 증가하였음. 주 거래처인 전남지역 외에 경남지역 추가물량 확보로 지역별 매출비율 편차 최소화를 통해 물량증대 효과를 기대. 아연소재의 특수드럼이 올해부터 본격적으로 생산됨에 따라 매출과 원가부담 개선될 것으로 예상.

현금 흐름 〈단위 : 억원〉

항목	2016	2017.2Q
영업활동	53	1
투자활동	-12	-5
재무활동	-3	-6
순현금흐름	34	-13
기말현금	73	60

시장 대비 수익률

결산 실적 〈단위 : 억원〉

항목	2012	2013	2014	2015	2016	2017
매출액	432	393	390	510	497	
영업이익	42	64	54	40	32	
당기순이익	50	67	74	64	53	

분기 실적 〈단위 : 억원〉

항목	2016.1Q	2016.2Q	2016.3Q	2016.4Q	2017.1Q	2017.2Q
매출액	119	125	130	123	133	127
영업이익	8	11	9	4	7	5
당기순이익	16	17	14	6	14	13

재무 상태 〈단위 : 억원〉

항목	2012	2013	2014	2015	2016	2017.2Q
총자산	557	553	726	785	856	879
유형자산	93	96	120	120	122	120
무형자산	2	2	9	8	7	7
유가증권	5		56	56	56	56
총부채	333	268	336	331	361	363
총차입금	294	213	216	201	209	203
자본금	110	110	110	110	110	110
총자본	224	285	389	454	495	516
지배주주지분	224	285	355	412	448	468

기업가치 지표

항목	2012	2013	2014	2015	2016	2017.2Q
주가(최고/저)(천원)	4.9/1.2	2.3/1.3	2.5/1.5	4.7/1.9	3.2/2.0	—/—
PER(최고/저)(배)	22.1/5.5	7.6/4.3	7.6/4.5	18.4/7.6	15.2/9.6	1.0/0.8
PBR(최고/저)(배)	3.3/0.8	1.3/0.7	1.2/0.7	2.2/0.9	1.6/1.0	—
EV/EBITDA(배)	11.1	8.5	10.4	13.7	15.8	—
EPS(원)	226	303	337	260	212	105
BPS(원)	1,502	1,796	2,112	2,375	2,535	2,627
CFPS(원)	259	334	374	321	263	131
DPS(원)				50		79
EBITDAPS(원)	226	323	285	244	194	

재무 비율 〈단위 : % 〉

연도	영업이익률	순이익률	부채비율	차입금비율	ROA	ROE	유보율	자기자본비율	EBITDA마진율
2016	6.3	10.7	73.1	42.3	6.5	10.8	407.1	57.8	8.6
2015	7.9	12.6	72.9	44.3	8.5	14.9	375.0	57.8	10.5
2014	14.0	19.1	86.4	55.4	7.6	23.1	322.5	53.6	16.1
2013	16.3	17.0	94.0	74.8	12.0	26.2	259.3	51.6	18.0

디케이락 (A105740)
DK-Lok

업 종 : 기계		시 장 : KOSDAQ	
신용등급 : (Bond) — (CP) —		기업규모 : 우량	
홈 페 이 지 : www.dklok.com		연 락 처 : 055)338-0114	
본 사 : 경남 김해시 주촌면 골든루트로 129번길 7			

설 립 일	1992.01.20	종 업 원 수	259명	대 표 이 사	노은식
상 장 일	2010.11.12	감 사 의 견	적정 (한영)	계 열	
결 산 기	12월	보 통 주	786만주	종속회사수	
액 면 가	500원	우 선 주		구 상 호	

주주구성 (지분율,%)		출자관계 (지분율,%)		주요경쟁사 (외형,%)	
노은식	37.4			디케이락	100
에이티넘팬아시아조합	12.2			서암기계공업	61
(외국인)	1.6			에이치케이	119

매출구성		비용구성		수출비중	
DK-LOK	37.5	매출원가율	77.1	수출	62.0
D-Pro	23.2	판관비율	17.8	내수	38.0
상품	18.7				

회사 개요
동사의 주요 제품인 계장용 Fittings&Valve는 조선, 해양 플랜트, 원자력, 수력 발전설비, CNG 및 수소용 자동차 산업, 해외 정유시설의 대형 플랜트 등에 주요 사용됨. 계장용 Fitting & Valve는 모든 산업 기반에 없어서는 안될 요소이며 산업 규모 역시 성장하고 있음. Exxon Mobil, 현대중공업, 두산엔진 등 300여개 거래처에 자체 브랜드로 제품을 공급하고 있음.

실적 분석
동사의 2017년도 상반기 매출액은 259.7억원으로 전년동기 수준을 유지함. 아메리카, 유럽 등 해외 매출이 감소하였으나, 아시아 지역 매출이 증가했기 때문임. 고정비 증가의 영향으로 영업이익은 전년동기 대비 45.4% 감소한 10.7억원임. 자체 기술연구소를 두어 신제품개발, 신규장비개발, 프로젝트 연구 등을 수행하고 있으며, 고객의 사양에 맞는 제품 설계, 제작이 매출의 기반이 되고 있음.

현금 흐름 *IFRS 별도 기준 〈단위 : 억원〉

항목	2016	2017.2Q
영업활동	87	8
투자활동	-10	-25
재무활동	-16	-5
순현금흐름	62	-24
기말현금	79	55

시장 대비 수익률

결산 실적 〈단위 : 억원〉

항목	2012	2013	2014	2015	2016	2017
매출액	469	546	591	543	520	
영업이익	100	69	69	45	27	
당기순이익	75	54	57	40	26	

분기 실적 *IFRS 별도 기준 〈단위 : 억원〉

항목	2016.1Q	2016.2Q	2016.3Q	2016.4Q	2017.1Q	2017.2Q
매출액	119	139	125	138	127	133
영업이익	9	10	9	-2	4	6
당기순이익	7	12	9	-7	-7	11

재무 상태 *IFRS 별도 기준 〈단위 : 억원〉

항목	2012	2013	2014	2015	2016	2017.2Q
총자산	823	884	984	971	977	980
유형자산	341	424	424	425	420	428
무형자산	5	0	21	23	19	18
유가증권	0	0	0	11	11	14
총부채	186	205	245	210	202	209
총차입금	36	80	95	72	72	74
자본금	39	39	39	39	39	39
총자본	637	679	739	761	775	771
지배주주지분	637	679	739	761	775	771

기업가치 지표 *IFRS 별도 기준

항목	2012	2013	2014	2015	2016	2017.2Q
주가(최고/저)(천원)	12.9/6.0	11.2/8.1	9.3/5.3	7.1/5.3	6.0/4.9	—/—
PER(최고/저)(배)	14.5/6.8	17.8/12.9	13.8/7.9	14.6/10.7	18.6/14.9	0.7/0.5
PBR(최고/저)(배)	1.7/0.8	1.4/1.0	1.1/0.6	0.8/0.6	0.6/0.5	—
EV/EBITDA(배)	7.3	9.3	5.3	7.4	9.0	—
EPS(원)	979	687	725	512	332	50
BPS(원)	8,231	8,766	9,403	9,684	9,863	9,820
CFPS(원)	1,077	856	936	732	565	172
DPS(원)	100	100	200	150	100	
EBITDAPS(원)	1,398	1,049	1,088	795	573	259

재무 비율 〈단위 : % 〉

연도	영업이익률	순이익률	부채비율	차입금비율	ROA	ROE	유보율	자기자본비율	EBITDA마진율
2016	5.1	5.0	26.1	9.3	2.7	3.4	1,872.7	79.3	8.7
2015	8.3	7.4	27.6	9.5	4.1	5.4	1,836.8	78.4	11.5
2014	11.7	9.6	33.2	12.8	6.1	8.0	1,780.6	75.1	14.5
2013	12.7	9.9	30.3	11.9	6.3	8.2	1,653.3	76.8	15.1

디티앤씨 (A187220)
DT&C

업 종 : 통신장비		시 장 : KOSDAQ	
신용등급 : (Bond) —	(CP) —	기업규모 : 벤처	
홈 페 이 지 : www.dtnc.co.kr		연 락 처 : 031)321-2664	
본 사 : 경기도 용인시 처인구 유림로154번길 42 (유방동)			

설 립 일	2000.10.18	종업원수	249명	대표이사	박채규
상 장 일	2014.12.17	감사의견	적정 (한미)	계 열	
결 산 월	12월	보 통 주	985만주	종속회사수	6개사
액 면 가	500원	우 선 주		구 상 호	

주주구성 (지분율,%)		출자관계 (지분율,%)		주요경쟁사 (외형,%)	
박채규	45.3	디티앤인베스트먼트	100.0	디티앤씨	100
트러스톤자산운용	4.5	디티앤씨알오	100.0	텔콘	74
(외국인)	1.7	DCJ	90.0	다산네트웍스	552

매출구성		비용구성		수출비중	
정보통신기기	44.6	매출원가율	60.7	수출	—
기간산업	20.8	판관비율	31.7	내수	—
자동차전장기기	18.5				

회사 개요
동사는 2000년 10월 전자파 시험인증 사업을 영위할 목적으로 설립되었으며, 시험인증 사업을 전문적으로 하는 기업으로 정보통신기기, 의료기기, 자동차 전장기기를 비롯한 다양한 분야내 인증 서비스를 제공하고 있음. 동사는 주력인 정보통신, 의료기기 및 자동차전장 외 우주항공, 원자력, 선급 등의 사업 영역 확장을 추진 중에 있으며, 이 분야 진출에 필수적인 신뢰성 및 환경 시험을 전담하는 시험센터를 설립함.

실적 분석
동사의 2017년 2분기 누적매출은 238억원으로 전년동기대비 30.5% 증가, 영업이익은 27.5억원으로 전년대비 227.1% 증가, 순이익은 21.4억원으로 전년대비 715.1% 증가. 전방산업인 IT부문의 매출 정체로 고정비 부담이 증가하여 수익성이 부진하였던 것으로 평가. 동사는 기존 IT중심의 사업분야를 원자력과, 항공/우주, 방위산업 등으로 확장해나갈 것으로 전망됨. 해당 사업군은 현재 상당규모의 인증 대기수요가 존재하고 있음.

현금 흐름 〈단위 : 억원〉
항목	2016	2017.2Q
영업활동	37	59
투자활동	-180	0
재무활동	122	15
순현금흐름	-20	75
기말현금	113	187

시장 대비 수익률

결산 실적 〈단위 : 억원〉
항목	2012	2013	2014	2015	2016	2017
매출액	134	202	275	318	404	—
영업이익	27	53	93	28	31	—
당기순이익	22	43	72	36	24	—

분기 실적 〈단위 : 억원〉
항목	2016.1Q	2016.2Q	2016.3Q	2016.4Q	2017.1Q	2017.2Q
매출액	90	92	102	119	113	125
영업이익	7	1	11	11	12	15
당기순이익	5	-2	5	17	10	11

재무 상태 〈단위 : 억원〉
항목	2012	2013	2014	2015	2016	2017.2Q
총자산	155	318	812	935	1,107	1,141
유형자산	117	198	380	574	656	675
무형자산	1	2	3	16	24	23
유가증권	—	—	—	67	105	106
총부채	106	207	173	259	399	409
총차입금	89	179	136	203	315	333
자본금	7	30	49	49	49	49
총자본	49	112	639	677	708	733
지배주주지분	49	112	639	675	705	730

기업가치 지표
항목	2012	2013	2014	2015	2016	2017.2Q
주가(최고/저)(천원)	—/—	—/—	26.6/21.5	30.6/15.5	18.1/7.9	—/—
PER(최고/저)(배)	0.0/0.0	0.0/0.0	28.5/23.1	82.8/41.8	74.9/32.7	—/—
PBR(최고/저)(배)	0.0/0.0	0.0/0.0	4.1/3.3	4.5/2.3	2.5/1.1	1.4/1.2
EV/EBITDA(배)	2.0	1.5	18.4	25.6	11.5	—
EPS(원)	459	761	930	370	242	215
BPS(원)	34,956	1,461	6,482	6,845	7,158	7,406
CFPS(원)	28,953	1,046	1,243	817	867	585
DPS(원)						
EBITDAPS(원)	33,070	1,230	1,506	733	936	649

재무 비율 〈단위 : %〉
연도	영업이익률	순이익률	부채비율	차입금비율	ROA	ROE	유보율	자기자본비율	EBITDA마진율
2016	7.6	6.0	56.3	44.5	2.4	3.5	1,331.7	64.0	22.8
2015	8.9	11.3	38.2	30.1	4.1	5.6	1,269.0	72.4	22.7
2014	33.8	26.4	27.2	21.2	12.8	19.3	1,196.3	78.6	42.7
2013	26.4	21.3	184.5	160.1			274.3	35.2	34.3

디피씨 (A026890)
Digital Power Communications

업 종 : 내구소비재		시 장 : 거래소	
신용등급 : (Bond) —	(CP) —	기업규모 : 시가총액 소형주	
홈 페 이 지 : www.dpc.co.kr		연 락 처 : 031)599-0100	
본 사 : 경기도 안산시 단원구 산단로 19번길 145 (목내동)			

설 립 일	1982.06.25	종업원수	50명	대표이사	도용환
상 장 일	1997.11.25	감사의견	적정 (삼일)	계 열	
결 산 월	12월	보 통 주	4,168만주	종속회사수	5개사
액 면 가	500원	우 선 주		구 상 호	

주주구성 (지분율,%)		출자관계 (지분율,%)		주요경쟁사 (외형,%)	
도용환	13.2	스틱인베스트먼트	100.0	디피씨	100
SC제일은행	5.8	에너솔	97.9	코웨이	1,700
(외국인)	2.8	알티에스	4.9	쿠쿠전자	513

매출구성		비용구성		수출비중	
[파워]HVT외	99.5	매출원가율	66.9	수출	—
[파워]임대료외	0.5	판관비율	21.6	내수	—

회사 개요
동사의 사업부문은 제조부문과 투자부문으로 나누어져 있음. 제조 부문은 전자렌지용 고압 변성기가 주력으로 중국 현지법인과 말레이시아 현지법인을 통해 납품하고 있으며, 투자부문은 창업투자가 주력임. 제조부문은 파워부문으로 주력이며, 전자레인지의 주요 부품인 HVT를 생산함. 전자레인지가 성숙기 산업임에도 불구하고 중국 및 동남아 시장의 확대로 중국 및 말레이시아에 해외생산기지 구축을 완료하였음. 매출비중은 파워 88.9%, 창업투자 11.1% 등으로 구성됨.

실적 분석
동사의 2017년 2/4분기 연결기준 누적매출액은 761.5억원으로 전년동기 대비 10.1% 증가했음. 외형성장에도 불구하고 매출원가가 전년동기 대비 30.7% 증가함에 따라 영업이익은 전년동기 대비 58.5% 감소한 40.3억원을 시현했음. 이로 인해 비영업부문에서 10.7억원의 이익을 시현했음에도 당기순이익은 전년동기 대비 49.5% 감소한 40.6억원을 시현하는데 그침.

현금 흐름 〈단위 : 억원〉
항목	2016	2017.2Q
영업활동	25	41
투자활동	-20	-45
재무활동	-2	-11
순현금흐름	5	-17
기말현금	170	153

시장 대비 수익률

결산 실적 〈단위 : 억원〉
항목	2012	2013	2014	2015	2016	2017
매출액	1,722	1,587	1,452	1,334	1,398	—
영업이익	209	61	120	120	162	—
당기순이익	157	15	91	142	141	—

분기 실적 〈단위 : 억원〉
항목	2016.1Q	2016.2Q	2016.3Q	2016.4Q	2017.1Q	2017.2Q
매출액	327	365	331	375	365	397
영업이익	30	68	39	24	28	12
당기순이익	30	50	28	33	24	17

재무 상태 〈단위 : 억원〉
항목	2012	2013	2014	2015	2016	2017.2Q
총자산	1,552	1,634	1,678	1,755	1,880	1,880
유형자산	230	213	196	177	159	167
무형자산	86	61	62	58	60	69
유가증권	79	36	31	1	8	14
총부채	520	554	528	458	518	505
총차입금	275	258	271	237	254	262
자본금	208	208	208	208	208	208
총자본	1,032	1,079	1,150	1,296	1,362	1,375
지배주주지분	1,010	1,058	1,129	1,275	1,340	1,354

기업가치 지표
항목	2012	2013	2014	2015	2016	2017.2Q
주가(최고/저)(천원)	3.2/1.3	4.5/2.5	3.8/2.7	7.1/3.5	4.9/3.1	—/—
PER(최고/저)(배)	9.4/3.9	207.5/113.6	18.8/13.3	22.0/10.8	15.3/9.8	—/—
PBR(최고/저)(배)	1.2/0.5	1.7/1.0	1.3/1.0	2.2/1.1	1.4/0.9	1.3/1.0
EV/EBITDA(배)	5.4	12.0	8.7	10.0	5.9	—
EPS(원)	360	23	210	332	325	92
BPS(원)	2,760	2,793	2,962	3,311	3,459	3,492
CFPS(원)	436	94	277	397	385	118
DPS(원)	50	50	50	50	70	
EBITDAPS(원)	578	217	354	353	448	124

재무 비율 〈단위 : %〉
연도	영업이익률	순이익률	부채비율	차입금비율	ROA	ROE	유보율	자기자본비율	EBITDA마진율
2016	11.6	10.1	38.1	18.6	7.8	10.4	591.8	72.4	13.3
2015	9.0	10.6	35.4	18.3	8.3	11.5	562.3	73.9	11.0
2014	8.2	6.3	45.9	23.6	5.5	8.0	492.4	68.5	10.2
2013	3.8	0.9	51.4	23.9	0.9	0.9	458.5	66.1	5.2

딜리 (A131180)
DILLI ILLUSTRATE

업　　　종 : 컴퓨터 및 주변기기		시　　　장 : KOSDAQ	
신용등급 : (Bond) — 　(CP) —		기업규모 : 벤처	
홈 페 이 지 : www.dilli.co.kr		연 락 처 : 031)860-5500	
본　　　사 : 경기도 동두천시 강변로 702번길 30			

설 립 일	1996.02.15	종 업 원 수	108명	대 표 이 사	최근수
상 장 일	2011.01.28	감 사 의 견	적정 (한영)	계	열
결 산 기	12월	보 통 주	2,935만주	종속회사수	3개사
액 면 가	100원	우 선 주		구 상 호	

주주구성 (지분율,%)		출자관계 (지분율,%)		주요경쟁사 (외형,%)	
최근수	35.5	딜리과기(상해)	100.0	딜리	100
Agfa Graphics NV	15.0	딜리S.A.	99.0	빅솔론	227
(외국인)	16.2	딜리멕시코	97.0	메디프론	34

매출구성		비용구성		수출비중	
UV프린터[직판]	42.4	매출원가율	64.8	수출	88.0
UV프린터[ODM]	36.0	판관비율	25.5	내수	12.0
INK등[직판]	12.3				

회사 개요
1996년 일리정공으로 설립된 동사는 2010년 사명을 딜리로 바꾸고, 2011년 코스닥시장에 상장됨. 동사가 생산하는 디지털 잉크젯 UV프린터는 주로 산업용으로 사용되며 자외선을 통해 순간경화로 잉크가 번지지 않고, 유리, 목재, 플라스틱, 금속, 캔버스 등 소재를 가리지 않고 출력이 가능함. 또한 잉크에서 발생하는 유해물질을 차단하는 것이 장점이 있음. 디지털 UV프린터 세계시장에서 동사의 제품이 차지하는 점유율이 업계 추산으로 10% 정도임.

실적 분석
UV프린터의 국내 판매는 줄었으나, 유럽에 대한 수출은 달러 기준으로 80% 이상 증가함. UV잉크의 국내외 판매도 회복됨에 따라 상반기 매출액은 전년 대비 53.0% 급증함. 원가율이 크게 악화되었으나, 고정비용 부담 완화로 영업이익은 24.6% 증가함. 외환관련 손실이 증가하여 영업외수지는 다소 악화됨. UV프린터의 장점인 인쇄 매체의 범용성으로 인해 유리, 가구, 악세서리, 인테리어 등 응용분야가 확대됨에 따라 수요 증가세가 지속될 전망임.

현금 흐름 〈단위 : 억원〉
항목	2016	2017.2Q
영업활동	11	46
투자활동	34	-17
재무활동	-53	-15
순현금흐름	-6	14
기말현금	80	93

시장 대비 수익률

결산 실적 〈단위 : 억원〉
항목	2012	2013	2014	2015	2016	2017
매출액	329	328	340	425	386	
영업이익	29	25	25	51	37	
당기순이익	35	32	34	192	41	

분기 실적 〈단위 : 억원〉
항목	2016.1Q	2016.2Q	2016.3Q	2016.4Q	2017.1Q	2017.2Q
매출액	108	86	93	99	123	175
영업이익	18	8	10	2	19	14
당기순이익	16	8	6	12	12	10

재무 상태 〈단위 : 억원〉
항목	2012	2013	2014	2015	2016	2017.2Q
총자산	481	500	522	606	583	631
유형자산	89	92	94	98	104	106
무형자산	8	13	12	12	12	12
유가증권	5	1	1	1	1	2
총부채	33	32	33	75	28	63
총차입금	3	4	1	36	0	
자본금	29	29	29	29	29	29
총자본	448	468	489	531	555	568
지배주주지분	448	468	489	531	555	568

기업가치 지표
항목	2012	2013	2014	2015	2016	2017.2Q
주가(최고/저)(천원)	1.4/0.8	3.1/1.3	2.5/1.6	3.3/1.8	3.0/2.1	—/—
PER(최고/저)(배)	12.8/8.1	30.9/12.5	23.4/14.6	17.7/9.6	21.9/15.0	1.4/1.1
PBR(최고/저)(배)	1.0/0.6	2.1/0.9	1.6/1.0	1.9/1.0	1.6/1.1	1.0/1.0
EV/EBITDA(배)	6.7	14.5	10.6	11.0	11.0	
EPS(원)	118	109	116	192	141	92
BPS(원)	1,541	1,609	1,681	1,823	1,904	1,949
CFPS(원)	128	121	128	204	155	100
DPS(원)	42	45	50	60	50	
EBITDAPS(원)	109	98	95	187	142	118

재무 비율 〈단위 : % 〉
연도	영업이익률	순이익률	부채비율	차입금비율	ROA	ROE	유보율	자기자본비율	EBITDA마진율
2016	9.7	10.7	5.0	0.1	7.0	7.6	1,804.4	95.2	10.8
2015	12.1	13.3	14.2	6.7	10.0	11.1	1,722.8	87.6	12.9
2014	7.3	10.1	6.7	0.3	6.7	7.1	1,580.7	93.7	8.2
2013	7.7	9.8	6.9	0.9	6.5	7.1	1,509.4	93.6	8.8

라온시큐어 (A042510)
RaonSecure

업　　　종 : 일반 소프트웨어		시　　　장 : KOSDAQ	
신용등급 : (Bond) — 　(CP) —		기업규모 : 벤처	
홈 페 이 지 : www.raonsecure.com		연 락 처 : 02)561-4545	
본　　　사 : 서울시 강남구 테헤란로 145, 11,12,13층(역삼동, 우신빌딩)			

설 립 일	1998.04.16	종 업 원 수	148명	대 표 이 사	이순형
상 장 일	2000.12.15	감 사 의 견	적정 (한길)	계	열
결 산 기	12월	보 통 주	3,181만주	종속회사수	2개사
액 면 가	500원	우 선 주		구 상 호	테라움

주주구성 (지분율,%)		출자관계 (지분율,%)		주요경쟁사 (외형,%)	
이순형	21.2	라온화이트햇	100.0	라온시큐어	100
장만호	4.2	RaonsecureUSAInc.	100.0	알서포트	128
(외국인)	0.6			SGA	654

매출구성		비용구성		수출비중	
TouchEn onepass 등	48.4	매출원가율	40.2	수출	0.0
TouchEn Key 등	23.4	판관비율	48.3	내수	100.0
모비싸인, 컨설팅,연구과제 등	21.5				

회사 개요
동사는 1998년 설립된 유무선 접속 장비 개발 업체임. 국내에서는 유일하게 모바일 보안 분야의 필수 보안솔루션(모바일단말관리, 암호인증, 모바일백신, 가상키패드)을 모두 보유하며, 모바일 보안 위협에 따른 핵심 솔루션 시장에서 국내 보안기술 및 시장을 선도. 매출구성은 모바일 보안 44%, PC보안 18%임. 연결대상 종속회사로는 지분 100%를 보유한 교육기업 라온화이트햇이 있음.

실적 분석
동사의 2017년 연결기준 상반기 매출액은 84.9억원으로 전년동기 대비 22% 증가함. 영업이익은 7.9억원을 기록하며 흑자전환함. 동사는 카카오페이에 지문인증 등 생체인증 서비스를 공급하고 있음. 국내 FIDO 도입 업체 수를 기준으로 동사의 국내 시장점유율은 약 90% 수준임. 인터넷전문은행의 출범과 함께 비대면 인증의 필요성이 높아진 시장상황과 더불어 인증 솔루션 분야 국내 최고 기술력을 보유한 동사의 성장이 기대됨.

현금 흐름 〈단위 : 억원〉
항목	2016	2017.2Q
영업활동	34	4
투자활동	-16	-29
재무활동	-4	-12
순현금흐름	13	-37
기말현금	59	22

시장 대비 수익률

결산 실적 〈단위 : 억원〉
항목	2012	2013	2014	2015	2016	2017
매출액	139	165	112	125	167	
영업이익	17	-17	-27	6	19	
당기순이익	24	-4	-15	7	17	

분기 실적 〈단위 : 억원〉
항목	2016.1Q	2016.2Q	2016.3Q	2016.4Q	2017.1Q	2017.2Q
매출액	32	38	39	58	42	43
영업이익	-5	3	15	3	3	6
당기순이익	-5	3	13	6	3	6

재무 상태 〈단위 : 억원〉
항목	2012	2013	2014	2015	2016	2017.2Q
총자산	295	164	149	162	166	168
유형자산	4	4	3	2	7	7
무형자산	15	20	21	24	23	27
유가증권			1		1	1
총부채	185	52	49	55	42	35
총차입금	125	15	18	18	17	5
자본금	152	157	159	159	159	159
총자본	110	112	100	107	124	132
지배주주지분	110	112	100	107	124	132

기업가치 지표
항목	2012	2013	2014	2015	2016	2017.2Q
주가(최고/저)(천원)	1.0/0.6	2.7/0.8	2.2/1.0	5.9/1.1	4.3/2.1	—/—
PER(최고/저)(배)	5.4/3.0	—/—	—/—	271.5/51.9	79.9/40.0	—/—
PBR(최고/저)(배)	2.9/1.6	7.5/2.1	7.0/3.2	17.5/3.3	11.0/5.5	8.0/6.0
EV/EBITDA(배)	18.1			79.8	30.3	
EPS(원)	194	-14	-46	22	54	26
BPS(원)	361	357	315	336	390	416
CFPS(원)	213	-1	-30	39	74	38
DPS(원)						
EBITDAPS(원)	157	-42	-71	41	81	37

재무 비율 〈단위 : % 〉
연도	영업이익률	순이익률	부채비율	차입금비율	ROA	ROE	유보율	자기자본비율	EBITDA마진율
2016	11.5	10.2	일부잠식	일부잠식	10.4	14.8	-22.0	74.7	15.4
2015	6.1	5.5	일부잠식	일부잠식	4.5	6.7	-32.7	66.2	10.5
2014	-24.4	-13.0	일부잠식	일부잠식	-9.3	-13.7	-37.1	67.3	-19.9
2013	-10.3	-2.6	일부잠식	일부잠식	-1.9	-3.8	-28.6	68.3	-7.9

라온테크 (A232680)
RAONTECH

업 종 : 기계	시 장 : KONEX
신용등급 : (Bond) — (CP) —	기업규모 : —
홈페이지 : www.naontec.com	연 락 처 : 031)201-0000
본 사 : 경기도 수원시 권선구 산업로156번길 88-4	

설 립 일 2000.03.14	종 업 원 수 63명	대 표 이 사 김원경	
상 장 일 2015.12.15	감 사 의 견 적정 (신정)	계 열	
결 산 기 12월	보 통 주	종속회사수	
액 면 가	우 선 주	구 상 호 나온테크	

주주구성 (지분율,%)		출자관계 (지분율,%)		주요경쟁사 (외형,%)	
김원경	25.8	라온테크	100		
최정윤	12.3	이에스산업	104		
		씨케이컴퍼니	44		

매출구성		비용구성		수출비중	
Platform	81.5	매출원가율	77.9	수출	0.0
Delta Robot	7.6	판관비율	17.8	내수	100.0
기타	7.1				

회사 개요
동사는 2000년 3월 설립하여 제조업용 로봇(Robot)과 자동화 시스템(FA)을 개발 공급하고 있는 기업임. 동사의 주요 사업은 반도체 제조라인에서 Wafer를 이송하는 반도체 로봇 및 자동화 모듈, LCD와 OLED 제조라인에서 Glass를 이송하는 FPD 로봇 및 자동화, 식품, 화장품, 의약품 제조라인에서 사용되는 제조업용 로봇 및 자동화 시스템임.

실적 분석
동사는 코넥스 상장기업으로 분반기 실적 공개 의무가 없음. 2016년 매출액은 187.9억원을 기록함. 전년도 매출액 140.7억원 대비 33.6% 증가한 금액임. 영업이익은 8억원을 시현함. 전년도 영업이익 9.1억원에 비해 12% 가량 감소한 금액임. 당기순이익은 15.8억원을 시현함. 전년도에는 3.2억원의 손실을 냈으나 외형성장에 힘입어 흑자 전환에 성공함.

현금 흐름 *IFRS 별도 기준 〈단위 : 억원〉

항목	2016	2017.2Q
영업활동	-8	—
투자활동	-17	—
재무활동	27	—
순현금흐름	3	—
기말현금	4	—

시장 대비 수익률

결산 실적 〈단위 : 억원〉

항목	2012	2013	2014	2015	2016	2017
매출액	105	45	60	141	188	—
영업이익	2	-3	5	9	8	—
당기순이익	5	1	5	-3	16	—

분기 실적 *IFRS 별도 기준 〈단위 : 억원〉

항목	2016.1Q	2016.2Q	2016.3Q	2016.4Q	2017.1Q	2017.2Q
매출액	—	—	—	—	—	—
영업이익	—	—	—	—	—	—
당기순이익	—	—	—	—	—	—

재무 상태 *IFRS 별도 기준 〈단위 : 억원〉

항목	2012	2013	2014	2015	2016	2017.2Q
총자산	105	110	111	181	260	—
유형자산	36	35	35	87	106	—
무형자산	31	32	20	20	20	—
유가증권						—
총부채	61	66	80	154	216	—
총차입금	47	49	43	114	137	—
자본금	11	11	11	11	11	—
총자본	44	45	31	28	44	—
지배주주지분	44	45	31	28	44	—

기업가치 지표 *IFRS 별도 기준

항목	2012	2013	2014	2015	2016	2017.2Q
주가(최고/저)(천원)	#VALUE!	—/—	—/—	—/—	—/—	—/—
PER(최고/저)(배)	0.0/0.0	0.0/0.0	0.0/0.0	—/—	20.6/3.9	—/—
PBR(최고/저)(배)	0.0/0.0	0.0/0.0	0.0/0.0	4.9/3.2	8.3/1.6	0.0/0.0
EV/EBITDA(배)	6.3	24.0	5.4	18.6	37.9	
EPS(원)	212	34	175	-111	512	
BPS(원)	1,985	2,030	1,407	1,261	1,895	
CFPS(원)	543	280	303	-67	869	
DPS(원)						
EBITDAPS(원)	363	85	291	494	519	

재무 비율 〈단위 : %〉

연도	영업이익률	순이익률	부채비율	차입금비율	ROA	ROE	유보율	자기자본비율	EBITDA마진율
2016	4.2	8.4	495.8	315.3	7.2	44.3	279.0	16.8	6.2
2015	6.5	-2.3	555.2	411.9	-2.2	-10.9	152.3	15.3	7.7
2014	8.0	8.4	258.5	139.8	4.6	13.4	181.4	27.9	10.7
2013	-7.3	2.4	147.6	109.4	0.9	2.3	306.1	40.4	4.1

라이브플렉스 (A050120)
LIVEPLEX

업 종 : 레저용품	시 장 : KOSDAQ
신용등급 : (Bond) — (CP) —	기업규모 : 중견
홈페이지 : www.liveplex.co.kr	연 락 처 : 02)3446-4872
본 사 : 서울시 강남구 언주로 702 8층 (논현동)	

설 립 일 1977.06.20	종 업 원 수 31명	대 표 이 사 김병진	
상 장 일 2002.04.25	감 사 의 견 적정 (대현)	계 열	
결 산 기 12월	보 통 주 8,324만주	종속회사수 5개사	
액 면 가 500원	우 선 주	구 상 호	

주주구성 (지분율,%)		출자관계 (지분율,%)		주요경쟁사 (외형,%)	
김병진	16.1	플렉스인베스트먼트	100.0	라이브플렉스	100
씨티엘	3.1	소셜큐브네트웍스	100.0	손오공	377
(외국인)	3.1	청도경조여유용품유한공사	100.0	오로라	418

매출구성		비용구성		수출비중	
텐트사업(제품)	96.2	매출원가율	71.3	수출	—
게임매출(기타)	1.9	판관비율	22.4	내수	—
임대매출(기타)	0.9				

회사 개요
동사는 1977년에 설립, 2002년에 코스닥 시장에 상장된 기업으로 현재 6개의 연결대상 종속법인을 보유하고 있음. 종속회사인 중국의 청도경조여유용품, 고밀화섬여유용품, 위방진호야외용품, 베트남의 LIVE OUTDOOR를 통해 레저 및 기능성 텐트를 생산하여 Snowpeak, Cabela's 등에 수출하는 ODM사업을 영위하고 있음. 또한 소셜큐브네트웍스를 통한 온라인 게임사업과 플렉스인베스트먼트를 통한 축산 관련 사업도 영위하고 있음.

실적 분석
동사의 2017년 2분기 누적 연결기준 매출액은 전년대비 7.3% 성장한 244.8억원을 기록함. 매출 성장은 주로 국내외 텐트사업의 호조에 기인함. 외형성장과 원가율 개선으로 영업이익 22.1억원, 당기순이익 17.7억원을 보이며 수익성이 개선됨. 전년동기의 당기순이익은 종속기업투자주식처분이익 192.7억원을 반영한 것이어서 올해 실적과 단순 비교하기에는 무리가 있음.

현금 흐름 〈단위 : 억원〉

항목	2016	2017.2Q
영업활동	12	36
투자활동	-230	7
재무활동	378	-8
순현금흐름	48	29
기말현금	313	342

시장 대비 수익률

결산 실적 〈단위 : 억원〉

항목	2012	2013	2014	2015	2016	2017
매출액	560	586	445	422	343	—
영업이익	1	-12	2	-41	22	—
당기순이익	-4	-165	-6	-23	215	—

분기 실적 *IFRS 별도 기준 〈단위 : 억원〉

항목	2016.1Q	2016.2Q	2016.3Q	2016.4Q	2017.1Q	2017.2Q
매출액	138	91	71	44	119	126
영업이익	10	1	4	4	13	1
당기순이익	200	8	1	7	7	1

재무 상태 *IFRS 별도 기준 〈단위 : 억원〉

항목	2012	2013	2014	2015	2016	2017.2Q
총자산	463	471	566	556	1,052	1,05
유형자산	32	22	23	20	71	11
무형자산	193	46	54	55	1	
유가증권	37	45	31	48	62	5
총부채	64	48	70	60	335	32
총차입금	2		27	19	298	29
자본금	117	182	182	182	208	41
총자본	399	424	496	497	717	72
지배주주지분	392	417	418	425	717	72

기업가치 지표

항목	2012	2013	2014	2015	2016	2017.2Q
주가(최고/저)(천원)	5.1/1.9	3.2/1.4	2.2/1.4	2.2/1.2	2.6/1.4	—/—
PER(최고/저)(배)	1,148.6/416.8	—/—	164.6/102.9	122.6/66.0	4.8/2.6	—/—
PBR(최고/저)(배)	3.4/1.2	2.8/1.2	1.9/1.2	1.9/1.0	1.5/0.8	1.5/1.
EV/EBITDA(배)	13.1		10.1	13.8	22.1	—
EPS(원)	2	-253	7	9	273	2
BPS(원)	1,676	1,143	1,145	1,166	1,723	87.
CFPS(원)	234	-375	62	44	563	2
DPS(원)						
EBITDAPS(원)	233	95	54	-85	71	32

재무 비율 〈단위 : %〉

연도	영업이익률	순이익률	부채비율	차입금비율	ROA	ROE	유보율	자기자본비율	EBITDA마진율
2016	6.3	62.8	46.7	41.6	26.8	38.1	244.5	68.2	6.2
2015	-9.6	-5.5	12.0	3.9	-4.1	1.6	133.2	89.3	-7.4
2014	0.4	-1.4	14.1	5.4	-1.2	1.2	128.9	87.7	4.4
2013	-2.0	-28.1	11.3	0.4	-35.2	-40.5	128.6	89.9	5.7

라

라이온켐텍 (A171120)
Lion Chemtech

종 목: 건축소재		시 장: KOSDAQ	
용 등 급: (Bond) — (CP) —		기업규모: 우량	
페 이 지: www.lctkorea.com		연 락 처: 042)930-3300	
본 사: 대전시 대덕구 대덕대로1277번길 36			

설 립 일	1982.11.24	종 업 원 수	213명	대 표 이 사	박희원,박서영
상 장 일	2013.11.19	감 사 의 견	적정(신우)	계 열	
결 산 기	12월	보 통 주	1,539만주	종속회사수	
액 면 가	500원	우 선 주		구 상 호	

주주구성 (지분율,%)		출자관계 (지분율,%)		주요경쟁사 (외형,%)	
박희원	44.2	라이온켐텍	100	LG하우시스	
신영자산운용	6.0	아세아시멘트	378		
(외국인)	3.8	현대시멘트	314		

매출구성		비용구성		수출비중	
인조대리석	76.2	매출원가율	71.9	수출	—
합성왁스	19.3	판관비율	12.6	내수	—
기타	4.5				

회사 개요
동사는 1973년 3월 새한화학공업사로 설립되어 1982년 11월 24일 화학물질 및 화학제품 제조 기업으로 법인전환되었으며, 건축 내외장재로 사용되는 인조대리석 및 플라스틱의 물성 개선을 위해 첨가되는 합성왁스를 생산함. 국내 인조대리석 시장에서 동사의 경쟁사는 LG하우시스, 제일모직, 한화L&C, 듀폰 등 4개 업체가 있음. 2015년 동사의 매출액의 25.6%가 왁스사업부에서, 74.4%가 대리석사업부에서 발생함.

실적 분석
동사의 2017년 2분기기준 누적 매출액은 전년동기대비 10.1% 상승한 638억원을 기록하였음. 비용면에서 전년동기대비 매출원가는 증가 했으며 인건비도 증가, 광고선전비는 크게 감소 하였고 기타판매비와관리비도 마찬가지로 감소함. 그에 따라 매출액 하락 등에 의해 전년동기대비 영업이익은 58.7억원으로 -46.5% 크게 하락하였음. 최종적으로 전년동기대비 당기순이익은 크게 하락하여 36.7억원을 기록함.

금 흐름 *IFRS 별도 기준 〈단위 : 억원〉
항목	2016	2017.2Q
영업활동	194	57
투자활동	-47	-22
재무활동	-39	-44
순현금흐름	109	-16
기말현금	264	248

시장 대비 수익률

산 실적 〈단위 : 억원〉
항목	2012	2013	2014	2015	2016	2017
매출액	933	1,031	1,140	1,151	1,207	
영업이익	201	184	182	212	187	
당기순이익	148	146	100	179	165	

기 실적 *IFRS 별도 기준 〈단위 : 억원〉
항목	2016.1Q	2016.2Q	2016.3Q	2016.4Q	2017.1Q	2017.2Q
매출액	277	303	299	328	303	335
영업이익	59	50	44	33	33	26
당기순이익	45	42	23	56	9	27

무 상태 *IFRS 별도 기준 〈단위 : 억원〉
항목	2012	2013	2014	2015	2016	2017.2Q
총자산	548	836	879	1,114	1,275	1,259
유형자산	310	338	432	591	551	536
무형자산	6	9	8	13	13	14
유가증권	0	0	1	3	30	40
총부채	184	90	87	182	208	183
총차입금	116	5	11	68	66	52
자본금	41	51	51	77	77	77
총자본	363	747	792	932	1,067	1,076
지배주지분	363	747	792	932	1,067	1,076

업가치 지표 *IFRS 별도 기준
항목	2012	2013	2014	2015	2016	2017.2Q
가(최고/저)(천원)	—/—	13.6/10.2	23.2/11.6	23.1/12.7	21.3/11.6	—/—
PER(최고/저)(배)	0.0/0.0	12.4/9.3	36.8/18.4	20.5/11.3	20.1/10.9	—/—
PBR(최고/저)(배)	0.0/0.0	2.9/2.2	4.5/2.3	3.7/2.0	2.9/1.6	2.9/2.0
EV/EBITDA(배)	0.3	9.7	11.5	8.4	13.1	—
EPS(원)	1,196	1,138	648	1,153	1,075	239
BPS(원)	4,461	7,346	8,098	6,448	7,325	7,381
CFPS(원)	1,888	1,850	1,204	1,342	1,311	376
DPS(원)			200	110	200	200
EBITDAPS(원)	2,541	2,305	2,010	1,556	1,454	519

무 비율 〈단위 : % 〉
연도	영업이익률	순이익률	부채비율	차입금비율	ROA	ROE	유보율	자기자본비율	EBITDA마진율
016	15.5	13.7	19.5	6.2	13.8	16.5	1,365.1	83.7	18.5
015	18.4	15.5	19.6	7.3	17.9	20.7	1,189.5	83.6	20.9*
014	16.0	8.8	11.0	1.4	11.7	13.1	1,519.7	90.1	17.9
013	17.9	14.1	12.0	0.7	21.1	26.3	1,369.3	89.3	18.8

라이트론 (A069540)
LIGHTRON

업 종: 통신장비		시 장: KOSDAQ	
신용등급: (Bond) — (CP) —		기업규모: 벤처	
홈 페 이 지: www.lightron.co.kr		연 락 처: 042)930-7700	
본 사: 대전시 대덕구 문평동로 68			

설 립 일	1998.10.27	종 업 원 수	164명	대 표 이 사	오중건,임영규,최병훈
상 장 일	2004.02.11	감 사 의 견	적정(성운)	계 열	
결 산 기	12월	보 통 주	734만주	종속회사수	7개사
액 면 가	500원	우 선 주		구 상 호	빛과전자

주주구성 (지분율,%)		출자관계 (지분율,%)		주요경쟁사 (외형,%)	
오중건	6.3	라이트론씨앤디	100.0	라이트론	100
한국증권금융	3.6	라이트론코퍼레이션	100.0	서화정보통신	32
		울프만브라더스	100.0	빛샘전자	141

매출구성		비용구성		수출비중	
SFP,SFP,GBIC 등	44.5	매출원가율	81.9	수출	—
PON용 ONU/OLT BI-Directonal	38.7	판관비율	16.7	내수	—
상품	14.0				

회사 개요
동사는 광송수신용 모듈 및 광소자부품 등을 제조 및 판매하는 업체임. RFoG 광 모듈 시장에서는 약 30% 정도의 시장 점유율이 추정되고, Video 전송 광 모듈은 10% 수준의 시장점유율이 예상됨. 광통신 전송 장비에 사용되는 Telecom/Datacom용 광 모듈은 전세계 시장규모인 2010년 약 US$30억 달러에 이르러 동사가 차지하는 비율은 미미함.

실적 분석
동사의 2017년 2분기기준 누적 매출액은 전년동기대비 330.6% 이상 크게 상승한 422.3억원을 기록하였음. 비용면에서 전년동기대비 매출원가는 크게 증가 하였으며 인건비도 증가, 광고선전비도 크게 증가, 기타판매비와관리비는 크게 증가함. 그에 따라 전년동기대비 영업이익은 -3.2억원으로 적자지속 하고 있음. 최종적으로 전년동기대비 당기순이익은 적자지속하여 -14.1억원을 기록함.

현금 흐름 〈단위 : 억원〉
항목	2016	2017.2Q
영업활동	-72	-30
투자활동	-126	-126
재무활동	105	165
순현금흐름	11	7
기말현금	51	58

시장 대비 수익률

결산 실적 〈단위 : 억원〉
항목	2012	2013	2014	2015	2016	2017
매출액	440	437	517	297	415	
영업이익	37	16	25	-50	6	
당기순이익	53	25	32	-44	5	

분기 실적 〈단위 : 억원〉
항목	2016.1Q	2016.2Q	2016.3Q	2016.4Q	2017.1Q	2017.2Q
매출액	40	58	119	198	217	206
영업이익	-18	-12	9	27	-6	3
당기순이익	-17	-5	5	22	-11	-4

재무 상태 〈단위 : 억원〉
항목	2012	2013	2014	2015	2016	2017.2Q
총자산	484	522	542	459	609	773
유형자산	121	125	125	118	114	120
무형자산	2	5	5	4	7	6
유가증권	15	10	10	10	66	86
총부채	146	159	144	99	194	349
총차입금	46	58	65	50	100	249
자본금	32	32	32	32	36	37
총자본	338	363	399	359	415	424
지배주지분	337	362	398	358	415	423

기업가치 지표
항목	2012	2013	2014	2015	2016	2017.2Q
주가(최고/저)(천원)	5.0/2.7	6.3/3.3	6.4/3.4	5.5/3.6	10.9/3.9	—/—
PER(최고/저)(배)	5.9/3.2	15.5/8.2	12.5/6.7	—/—	119.5/43.2	—/—
PBR(최고/저)(배)	0.9/0.5	1.1/0.6	1.0/0.5	0.9/0.6	1.8/0.7	1.3/1.1
EV/EBITDA(배)	3.5	6.8	3.6	—	25.4	—
EPS(원)	842	402	511	-693	91	-194
BPS(원)	5,508	5,909	6,471	5,848	5,938	5,907
CFPS(원)	1,010	622	768	-425	318	-89
DPS(원)						
EBITDAPS(원)	761	479	658	-531	315	62

재무 비율 〈단위 : % 〉
연도	영업이익률	순이익률	부채비율	차입금비율	ROA	ROE	유보율	자기자본비율	EBITDA마진율
2016	1.4	1.3	46.8	24.2	1.0	1.5	1,087.7	68.1	5.0
2015	-17.0	-14.8	27.6	13.8	-8.8	-11.6	1,069.6	78.4	-11.3
2014	4.9	6.2	36.0	16.4	6.1	8.5	1,194.3	73.5	8.0
2013	3.7	5.7	43.8	16.0	4.9	7.3	1,081.7	69.6	6.9

락앤락 (A115390)
LOCK&LOCK

업 종 : 용기 및 포장		시 장 : 거래소	
신용등급 : (Bond) — (CP) —		기업규모 : 시가총액 중형주	
홈페이지 : www.locknlock.com		연 락 처 : 041)538-2300	
본 사 : 충남 아산시 선장면 삽교천로 104			

설 립 일 2005.12.29	종업원수 438명	대표이사 김준일,김성태	
상 장 일 2010.01.28	감사의견 적정 (삼정)	계 열	
결 산 기 12월	보 통 주 5,500만주	종속회사수 18개사	
액 면 가 500원	우 선 주	구 상 호	

주주구성 (지분율,%)		출자관계 (지분율,%)		주요경쟁사 (외형,%)	
Consumer Strength Limited	63.6	LIVING&LIFEVINACO.,LTD	100.0	락앤락	100
국민연금공단	5.1	LOCK&LOCKVINACO.,Ltd.	100.0	연우	55
(외국인)	8.4	LOCK&LOCKHOUSEWARESUZHOUCO.,Ltd	100.0	삼광글라스	70

매출구성		비용구성		수출비중	
저장용품(밀폐용기 등)	55.5	매출원가율	51.9	수출	—
기타(생활, 리빙용품 등)	27.9	판관비율	33.9	내수	—
아웃도어(아쿠아,핫앤쿨 등)	17.5				

회사 개요
동사는 밀폐용품과 기타 주방용품을 생산 중이며 한국, 중국과 동남아의 해외법인 등 19개의 동종업종을 영위하는 종속회사로 구성된 글로벌 주방생활용품 업체임. 1998년 업계 최초 4면 결착 방식의 Lock Type 제품을 출시하여 밀폐용기 시장에서 혁신적인 제품으로 인정받으며, 밀폐용기 시장에서 해외 유수의 대기업들과 어깨를 나란히 하게 되었음. 2013년 중국에서 유아용품 전문 브랜드 '헬로베베' 출시 등 사업영역을 넓혀가고 있음.

실적 분석
동사의 2017년 2분기 누적 매출액은 전년동기 대비 7.1% 감소함. 영업이익은 전년동기 대비 12.7% 감소하여 246.3억원을 기록함. 반면, 당기순이익은 211.2억원으로 전년동기 대비 14.8% 증가하였음.중국과 내수 매출감소된 영향. 베트남을 중심으로 동남아의 고성장과 중국 특판주문이 점진적으로 회복되고 있어 실적 개선 예상됨.

현금 흐름 〈단위 : 억원〉

항목	2016	2017.2Q
영업활동	830	-26
투자활동	-21	60
재무활동	-629	-215
순현금흐름	181	-229
기말현금	1,360	1,131

시장 대비 수익률

결산 실적 〈단위 : 억원〉

항목	2012	2013	2014	2015	2016	2017
매출액	5,084	5,017	4,216	4,071	4,251	—
영업이익	721	709	273	353	602	—
당기순이익	598	450	150	125	470	—

분기 실적 〈단위 : 억원〉

항목	2016.1Q	2016.2Q	2016.3Q	2016.4Q	2017.1Q	2017.2Q
매출액	1,040	1,018	994	1,199	931	981
영업이익	139	143	137	183	107	139
당기순이익	85	99	62	224	84	128

재무 상태 〈단위 : 억원〉

항목	2012	2013	2014	2015	2016	2017.2Q
총자산	7,579	7,970	7,957	7,565	7,509	7,122
유형자산	2,869	2,956	2,999	2,898	2,814	2,757
무형자산	142	93	102	101	92	88
유가증권	330	467	160	135	141	138
총부채	1,729	1,817	1,654	1,165	789	681
총차입금	1,158	1,109	1,111	736	217	265
자본금	275	275	275	275	275	275
총자본	5,850	6,153	6,304	6,399	6,720	6,441
지배주주지분	5,848	6,152	6,303	6,398	6,716	6,437

기업가치 지표

항목	2012	2013	2014	2015	2016	2017.2Q
주가(최고/저)(천원)	35.3/18.9	27.5/17.1	22.8/9.6	16.1/9.5	15.2/11.2	—/—
PER(최고/저)(배)	34.8/18.6	35.9/22.3	88.9/37.6	74.2/43.9	18.4/13.5	—/—
PBR(최고/저)(배)	3.5/1.9	2.5/1.6	2.0/0.9	1.4/0.8	1.2/0.9	1.3/1.1
EV/EBITDA(배)	12.4	12.6	10.9	9.5	7.5	—
EPS(원)	1,089	820	273	228	854	384
BPS(원)	10,979	11,604	11,880	12,053	12,630	12,123
CFPS(원)	1,531	1,280	738	718	1,295	574
DPS(원)	80	100	150	200	500	—
EBITDAPS(원)	1,754	1,750	962	1,132	1,537	638

재무 비율 〈단위 : %〉

연도	영업이익률	순이익률	부채비율	차입금비율	ROA	ROE	유보율	자기자본비율	EBITDA마진율
2016	14.2	11.1	11.7	3.2	6.2	7.2	2,426.0	89.5	19.9
2015	8.7	3.1	18.2	11.5	1.6	2.0	2,310.6	84.6	15.3
2014	6.5	3.6	26.2	17.6	1.9	2.4	2,275.9	79.2	12.6
2013	14.1	9.0	29.5	18.0	5.8	7.5	2,220.8	77.2	19.2

래몽래인 (A200350)
Raemong Raein

업 종 : 미디어		시 장 : KONEX	
신용등급 : (Bond) — (CP) —		기업규모 : —	
홈페이지 : www.raemongraein.co.kr		연 락 처 : 02)761-9978	
본 사 : 서울시 강남구 봉은사로 214레드페이스 빌딩 5층			

설 립 일 2007.03.02	종업원수 15명	대표이사 김동래	
상 장 일 2014.12.24	감사의견 적정 (한영)	계 열	
결 산 기 12월	보 통 주	종속회사수	
액 면 가	우 선 주	구 상 호	

주주구성 (지분율,%)		출자관계 (지분율,%)		주요경쟁사 (외형,%)	
김동래	44.4	래몽래인재팬	100.0	래몽래인	100
센트럴융합콘텐츠기술투자조합	6.8	래몽래인씨앤씨	61.3	제이웨이	53
		이슈데일리	10.0	세기상사	39

매출구성		비용구성		수출비중	
콘텐츠제작	94.9	매출원가율	79.1	수출	32.0
매니지먼트	5.1	판관비율	17.2	내수	68.0

회사 개요
동사는 2007년 3월에 설립된 드라마 제작사로 기존의 드라마 제작사업과 함께 음반 및 매니지먼트 사업을 신사업으로 영위하고 있음. 동사의 매출은 공중파 및 종편, 케이블TV를 통해 방영되는 드라마를 제작하는 드라마 제작사업과 동사 소속 연예인의 매니지먼트를 담당하는 매니지먼트사업으로 구분됨. 동사 소속 가수로는 남성 3인조 밴드인 'EDEN'이 있음. 동사의 작품 중 하나인 '성균관 스캔들'의 경우 해외 18개국에 수출됨.

실적 분석
코넥스 상장 기업인 동사의 2016년 매출액은 141.9억원으로 전년 153.9억원보다 7.9% 감소세를 보임. 원가부담이 줄어든 반면 인건비, 무형자산상각비 등 판관비가 늘어난 탓에 영업이익은 5.2억원, 전년 수준을 유지하는 데 그침. 동사는 한류 흐름을 타고 해외 매출이 늘고 있으며 2014년 12월 코넥스에 상장했고, 현재 코스닥 이전 상장을 추진 중임. 최종적으로 동사는 6.5억원의 당기순이익을 기록, 흑자전환에 성공함.

현금 흐름 *IFRS 별도 기준 〈단위 : 억원〉

항목	2016	2017.2Q
영업활동	-41	
투자활동	-9	
재무활동	43	
순현금흐름	-7	
기말현금	20	

시장 대비 수익률

결산 실적 〈단위 : 억원〉

항목	2012	2013	2014	2015	2016	2017
매출액	65	52	148	154	142	—
영업이익	-5	1	19	7	5	—
당기순이익	-18	9	15	3	6	—

분기 실적 *IFRS 별도 기준 〈단위 : 억원〉

항목	2016.1Q	2016.2Q	2016.3Q	2016.4Q	2017.1Q	2017.2Q
매출액	—	—	—	—	—	—
영업이익	—	—	—	—	—	—
당기순이익	—	—	—	—	—	—

재무 상태 *IFRS 별도 기준 〈단위 : 억원〉

항목	2012	2013	2014	2015	2016	2017.2Q
총자산	26	35	81	125	240	
유형자산	0	0	0	0	0	
무형자산	0	1	1	2	5	
유가증권	2	2	2	2	3	
총부채	27	27	39	32	130	
총차입금	16	23	26	13	41	
자본금	5	5	6	9	9	
총자본	-1	8	42	94	110	
지배주주지분	-1	8	42	94	110	

기업가치 지표 *IFRS 별도 기준

항목	2012	2013	2014	2015	2016	2017.2Q
주가(최고/저)(천원)	—/—	—/—	18.0/18.0	34.5/10.9	22.3/8.5	—/—
PER(최고/저)(배)	0.0/0.0	0.0/0.0	14.6/14.6	193.3/60.8	39.9/15.1	—
PBR(최고/저)(배)	0.0/0.0	0.0/0.0	5.2/5.2	6.9/2.2	4.1/1.6	0.0/0.0
EV/EBITDA(배)	—	—	5.8	8.8	32.7	18.6
EPS(원)	-4,380	904	1,233	179	559	—
BPS(원)	-1,342	7,701	3,442	4,999	5,437	—
CFPS(원)	-43,293	9,325	1,292	219	624	—
DPS(원)	—	—	—	—	—	—
EBITDAPS(원)	-10,779	1,515	1,651	449	547	—

재무 비율 〈단위 : %〉

연도	영업이익률	순이익률	부채비율	차입금비율	ROA	ROE	유보율	자기자본비율	EBITDA마진율
2016	3.7	4.6	121.4	38.5	3.6	6.6	979.3	45.2	4
2015	4.8	2.1	33.7	13.9	3.1	4.8	899.7	74.8	5
2014	13.1	10.2	93.3	61.2	26.0	60.6	588.3	51.7	13
2013	2.4	17.3	350.0	298.3	29.9	전기잠식	54.0	22.2	2

램테크놀러지 (A171010)
RAM TECHNOLOGY CO

업 종 : 반도체 및 관련장비		시 장 : KOSDAQ	
신용등급 : (Bond) — (CP) —		기업규모 : 벤처	
홈페이지 : www.ramtech.co.kr		연 락 처 : 031)323-1119	
본 사 : 경기도 용인시 처인구 양지면 주북로 285			

설 립 일	2001.10.25	종 업 원 수	50명	대 표 이 사	길준잉
상 장 일	2013.11.18	감사의견	적정 (삼영)	계	열
결 산 기	12월	보 통 주	1,138만주	종속회사수	1개사
액 면 가	500원	우 선 주		구 상 호	

주주구성 (지분율,%)		출자관계 (지분율,%)		주요경쟁사 (외형,%)	
길준잉	35.6			램테크놀러지	100
	15.4			아진엑스텍	71
(외국인)	0.2			하이셈	64

매출구성		비용구성		수출비중	
식각액	53.1	매출원가율	95.9	수출	76.0
세정액	15.6	판관비율	12.8	내수	24.0
박리액	15.1				

회사 개요
동사는 반도체 공정용 화학 소재 & 산화막 절연체, 디스플레이 공정용 화학 소재 및 기타시장 등의 IT 산업 핵심 유무기 케미컬을 제조하는 회사임. 동사는 Package 기술의 한축인 TSV(Through Silicone Via)공정용 박리액 및 세정액을 SK하이닉스와 공동 개발 중에 있으며, 차세대 적층 기술을 위한 BSI(Back Side Illumination) 용 박리액 및 세정액을 또한 개발 중임.

실적 분석
동사의 2017년 2분기기준 누적 매출액은 전년동기대비 19.2% 하락한 110.4억원을 기록하였음. 비용면에서 전년동기대비 매출원가는 크게 감소 하였으며 인건비도 감소, 광고선전비도 크게 감소, 기타판매비와관리비도 마찬가지로 감소함. 매출액은 하락하였으나 매출원가의 절감이 커 그에 따라 매출액 하락 등에 의해 전년동기대비 영업이익은 5.3억원으로 흑자전환하였음. 최종적으로 전년동기대비 당기순이익은 흑자전환하여 3.7억원을 기록함.

현금 흐름 〈단위 : 억원〉

항목	2016	2017.2Q
영업활동	33	0
투자활동	5	0
재무활동	-33	-2
순현금흐름	5	-1
기말현금	14	13

시장 대비 수익률

결산 실적 〈단위 : 억원〉

항목	2012	2013	2014	2015	2016	2017
매출액	423	430	238	264	249	—
영업이익	36	35	-28	-9	-22	—
당기순이익	27	21	-36	-21	-33	—

분기 실적 〈단위 : 억원〉

항목	2016.1Q	2016.2Q	2016.3Q	2016.4Q	2017.1Q	2017.2Q
매출액	72	65	55	58	53	57
영업이익	1	-9	-5	-9	1	5
당기순이익	-1	-11	-9	-12	1	2

재무 상태 〈단위 : 억원〉

항목	2012	2013	2014	2015	2016	2017.2Q
총자산	444	519	579	567	495	495
유형자산	258	334	427	413	384	367
무형자산	15	17	19	18	14	14
유가증권	5		3	5	3	4
총부채	275	266	360	365	324	322
총차입금	228	245	338	335	304	308
자본금	19	44	44	57	57	57
총자본	169	254	219	202	171	172
지배주주지분	169	254	219	202	171	172

기업가치 지표

항목	2012	2013	2014	2015	2016	2017.2Q
주가(최고/저)(천원)	—/—	4.5/3.6	5.7/2.3	5.2/2.7	4.4/2.3	—/—
PER(최고/저)(배)	0.0/0.0	17.9/14.5	3.0/1.2	2.9/1.5	3.0/1.5	3.3/2.5
PBR(최고/저)(배)	0.0/0.0	2.0/1.6	2.3/0.9	2.3/1.2	1.7/0.9	
EV/EBITDA(배)	3.3	11.4	176.2	22.9	66.0	
EPS(원)	354	250	-320	-181	-286	33
BPS(원)	4,036	2,897	2,503	1,776	1,499	1,515
CFPS(원)	1,305	726	-53	137	7	167
DPS(원)						181
EBITDAPS(원)	1,540	942	41	242	101	

재무 비율 〈단위 : % 〉

연도	영업이익률	순이익률	부채비율	차입금비율	ROA	ROE	유보율	자기자본비율	EBITDA마진율
2016	-8.8	-13.1	189.8	178.1	-6.1	-17.5	199.8	34.5	4.7
2015	-3.3	-7.8	180.7	165.8	-3.6	-9.8	255.1	35.6	10.4
2014	-11.8	-15.3	164.3	154.1	-6.6	-15.4	400.5	37.8	1.5
2013	8.2		104.7	96.5	4.3	9.9	479.4	48.9	14.5

랩지노믹스 (A084650)
LabGenomics

업 종 : 바이오		시 장 : KOSDAQ	
신용등급 : (Bond) — (CP) —		기업규모 : 벤처	
홈페이지 : www.labgenomics.co.kr		연 락 처 : 031)628-0702	
본 사 : 경기도 성남시 분당구 대왕판교로 700, 코리아바이오파크 B동 6층			

설 립 일	2002.03.29	종 업 원 수	232명	대 표 이 사	진승현
상 장 일	2013.07.01	감사의견	적정 (대현)	계	열
결 산 기	12월	보 통 주	853만주	종속회사수	
액 면 가	500원	우 선 주		구 상 호	

주주구성 (지분율,%)		출자관계 (지분율,%)		주요경쟁사 (외형,%)	
진승현	14.5	비브로스	6.8	랩지노믹스	100
케이메이드	4.7			팬젠	6
(외국인)	0.8			툴젠	6

매출구성		비용구성		수출비중	
일반진단 검체분석 등 용역	48.3	매출원가율	55.3	수출	0.0
분자진단검사 서비스	29.9	판관비율	43.8	내수	100.0
유전자분석 서비스	21.8				

회사 개요
동사는 체외진단서비스 및 체외진단제품의 개발 및 공급업을 영위할 목적으로 2002년 3월 29일 설립. 2013년 7월 1일 코넥스 시장에 상장됨. 동사의 체외진단검사 서비스는 인체 내 각종 건강지표를 측정하는 일반진단검사는 물론 암 유전자 검사, 염색체 이상 검사, 산전기형 검사 등 다양한 분자진단검사를 포함하고 있음. DNA칩 바이오센서, POCT, 진단 키트 등 다양한 분자진단 제품을 출시함.

실적 분석
동사의 2017년 상반기 매출액은 113.7억원으로 전년 대비 6.3% 감소함. 매출 감소에도 불구하고 원가율 상승으로 인해 영업손실은 전년대비 적자전환한 6.9억원을 기록함. 당기순손실 또한 4.0억원으로 전년 대비 적자전환함. 신규사업으로 추진 중인 차세대염기서열 분석 기술을 활용한 진단 키트의 개발이 완료되고 상용화가 시작되면 추후 동사의 새로운 성장동력으로 작용할 것으로 기대됨.

현금 흐름 *IFRS 별도 기준 〈단위 : 억원〉

항목	2016	2017.2Q
영업활동	25	-14
투자활동	-53	-75
재무활동	111	3
순현금흐름	84	-86
기말현금	97	11

시장 대비 수익률

결산 실적 〈단위 : 억원〉

항목	2012	2013	2014	2015	2016	2017
매출액	150	170	232	236	241	—
영업이익	11	16	26	10	2	—
당기순이익	10	13	24	16	7	—

분기 실적 *IFRS 별도 기준 〈단위 : 억원〉

항목	2016.1Q	2016.2Q	2016.3Q	2016.4Q	2017.1Q	2017.2Q
매출액	59	62	56	63	53	61
영업이익	5	1	-2	-2	0	-7
당기순이익	6	3	0	-2	2	-6

재무 상태 *IFRS 별도 기준 〈단위 : 억원〉

항목	2012	2013	2014	2015	2016	2017.2Q
총자산	184	227	311	317	432	424
유형자산	59	63	64	64	64	63
무형자산	27	28	39	62	82	89
유가증권				20	30	10
총부채	71	94	99	95	182	179
총차입금	26	43	35	24	122	122
자본금	17	17	21	21	43	43
총자본	113	132	212	222	250	245
지배주주지분	113	132	212	222	250	245

기업가치 지표 *IFRS 별도 기준

항목	2012	2013	2014	2015	2016	2017.2Q
주가(최고/저)(천원)	—/—	3.8/1.7	9.0/2.8	26.3/8.5	19.2/9.8	—/—
PER(최고/저)(배)	0.0/0.0	20.8/9.4	27.7/8.6	137.4/44.4	225.9/115.5	—/—
PBR(최고/저)(배)	0.0/0.0	2.0/0.9	3.5/1.1	9.3/3.0	6.3/3.2	3.8/2.9
EV/EBITDA(배)	0.9	9.3	15.0	39.8	35.6	
EPS(원)	143	181	326	192	85	-47
BPS(원)	3,370	3,667	5,155	5,642	3,041	2,980
CFPS(원)	648	744	1,077	868	352	103
DPS(원)						
EBITDAPS(원)	683	828	1,128	728	293	69

재무 비율 〈단위 : % 〉

연도	영업이익률	순이익률	부채비율	차입금비율	ROA	ROE	유보율	자기자본비율	EBITDA마진율
2016	0.9	3.0	72.6	48.7	1.9	3.1	508.1	57.9	10.4
2015	4.4	6.9	43.1	11.9	5.2	7.5	1,028.4	69.9	13.1
2014	11.3	10.4	46.4	16.7	9.0	14.1	931.0	68.3	18.5
2013	9.2	7.4	72.0	32.2	6.1	10.3	664.6	58.2	17.4

럭스피아 (A092590)
Luxpia

업 종 : 디스플레이 및 관련부품		시 장 : KONEX	
신용등급 : (Bond) — (CP) —		기업규모 : —	
홈페이지 : www.luxpialed.com		연 락 처 : 070)8671-2400	
본 사 : 경기도 수원시 영통구 광교로 109			

설 립 일 2000.04.11	종 업 원 수 72명	대 표 이 사 성석종	
상 장 일 2015.10.30	감 사 의 견 적정 (대성)	계 열	
결 산 기 12월	보 통 주	종속회사수	
액 면 가 —	우 선 주	구 상 호	

주주구성 (지분율,%)		출자관계 (지분율,%)		주요경쟁사 (외형,%)	
성석종	48.6	엠더스	28.6	럭스피아	100
미래나노텍	11.8			세진티에스	316
				파인디앤씨	1,719

매출구성		비용구성		수출비중	
LED Package	86.8	매출원가율	75.9	수출	22.0
LED Module	9.9	판관비율	18.5	내수	78.0
상품	3.3				

회사 개요
동사는 2000년 4월 11일에 설립된 이후 LED가 적용되는 모든 제품의 핵심부품인 LED Chip과 Phosphor를 사용하여 LED Package를 개발하고 제조하는 전문 기업임. TV, 조명, Display, 자동차 등 LED 광원이 사용되는 관련 산업에 대한 사업 영역을 확장하고 있음. 사물인터넷(IoT) 개발, 생산, 판매에 관한 사업관련. 전자상거래 사업, 전기, 전자 하드웨어 제조 및 도/소매업 등을 영위 함.

실적 분석
동사는 코넥스 상장 기업으로 반기 기준 실적을 공개할 의무가 없음. 2016년 연결기준 연간 누적 매출액은 전년 동기(93.7억원) 대비 소폭 증가한 103.3억원을 기록. 매출이 증가하면서 매출원가와 판관비 등 기타 부대 비용도 크게 증가하여 영업이익은 오히려 전년 동기(6.1억원) 대비 소폭 감소한 5.8억원을 시현함. 비영업손익 부문에서 적자가 발생하면서 당기순이익은 4.2억원으로 전년 동기 대비 소폭 감소함.

현금 흐름 *IFRS 별도 기준 〈단위 : 억원〉
항목	2016	2017.2Q
영업활동	16	—
투자활동	-9	—
재무활동	—	—
순현금흐름	7	—
기말현금	19	—

시장 대비 수익률

결산 실적 〈단위 : 억원〉
항목	2012	2013	2014	2015	2016	2017
매출액	88	101	101	94	103	
영업이익	-10	-5	4	6	6	
당기순이익	-11	-9	5	6	4	

분기 실적 *IFRS 별도 기준 〈단위 : 억원〉
항목	2016.1Q	2016.2Q	2016.3Q	2016.4Q	2017.1Q	2017.2Q
매출액	—	—	—	—	—	—
영업이익	—	—	—	—	—	—
당기순이익	—	—	—	—	—	—

재무 상태 *IFRS 별도 기준 〈단위 : 억원〉
항목	2012	2013	2014	2015	2016	2017.2Q
총자산	143	111	98	89	93	
유형자산	27	24	24	26	27	
무형자산	0	0	0	0	1	
유가증권	2	1				
총부채	66	43	24	8	8	
총차입금	42	24	8			
자본금	36	36	36	36	36	
총자본	77	69	74	81	85	
지배주주지분	77	69	74	81	85	

기업가치 지표 *IFRS 별도 기준
항목	2012	2013	2014	2015	2016	2017.2Q
주가(최고/저)(천원)	—/—	—/—	1.2/0.6	1.5/0.7	—/—	
PER(최고/저)(배)	0.0/0.0	0.0/0.0	0.0/0.0	14.0/6.9	25.9/12.4	—/—
PBR(최고/저)(배)	0.0/0.0	0.0/0.0	0.0/0.0	1.1/0.5	1.3/0.6	0.0/0.0
EV/EBITDA(배)			4.6	5.3	6.6	
EPS(원)	-151	-121	72	87	58	
BPS(원)	1,063	942	1,013	1,105	1,169	
CFPS(원)	-47	-38	133	159	165	
DPS(원)						
EBITDAPS(원)	-34	8	118	156	186	

재무 비율 〈단위 : % 〉
연도	영업이익률	순이익률	부채비율	차입금비율	ROA	ROE	유보율	자기자본비율	EBITDA마진율
2016	5.6	4.1	9.5	0.0	4.6	5.1	133.8	91.3	13.1
2015	6.5	6.8	10.3	0.0	6.8	8.2	121.0	90.6	12.1
2014	4.0	5.2	32.2	10.5	5.0	7.3	102.7	75.6	8.5
2013	-5.4	-8.8	62.1	35.1	-6.9	-12.1	88.4	61.7	0.6

레고켐바이오사이언스 (A141080)
LegoChem Biosciences

업 종 : 바이오		시 장 : KOSDAQ	
신용등급 : (Bond) — (CP) —		기업규모 : 신성장	
홈페이지 : www.legochembio.com		연 락 처 : 042)861-0688	
본 사 : 대전시 대덕구 문평서로 8-26 (문평동)			

설 립 일 2006.05.02	종 업 원 수 81명	대 표 이 사 김용주	
상 장 일 2013.05.10	감 사 의 견 적정 (한울)	계 열	
결 산 기 12월	보 통 주 995만주	종속회사수 1개사	
액 면 가 500원	우 선 주	구 상 호	

주주구성 (지분율,%)		출자관계 (지분율,%)		주요경쟁사 (외형,%)	
김용주	12.5			레고켐바이오	100
장일태	5.5			테고사이언스	50
(외국인)	0.8			파미셀	167

매출구성		비용구성		수출비중	
[의약사업부문]의료기기	45.7	매출원가율	74.8	수출	84.0
[의약사업부문]의료소모품	42.9	판관비율	86.2	내수	16.0
[의약사업부문]전문의약품	4.5				

회사 개요
동사는 합성신약 연구개발 목적으로 2006년 5월 2일에 설립되었으며 2013년 5월 10일 코스닥시장에 상장됨. 의약화학 기술(LegoChemistry)과 신약평가 기술(early ADME/T)을 축으로 항생제, 항응혈제, 항암제 3개 분야에 집중하고 있으며, 차세대 신약개발 원천기술로 기대되는 ADC(Antibody-Drug onjugate: 항체-약물 복합체)기술을 개발 중에 있음.

실적 분석
동사의 2017년 상반기 연결기준 누적매출액은 110억원으로 전년동기대비 24.9% 증가함. 이는 중국 Fosun,RMX사와의 기술이전 계약 체결과 칸메드와의 합병으로 신규사업인 의약사업부문매출이 추가된 결과임. 매출 확대에도 불구하고 비용 측면에서 매출원가 상승과 합병으로 인한 의약사업부문의 인원 증가에 따른 판관비가 늘면서 영업손실은 54억원을 기록해 적자폭이 커짐.

현금 흐름 〈단위 : 억원〉
항목	2016	2017.2Q
영업활동	-131	-25
투자활동	-204	45
재무활동	340	3
순현금흐름	5	23
기말현금	30	52

시장 대비 수익률

결산 실적 〈단위 : 억원〉
항목	2012	2013	2014	2015	2016	2017
매출액	7	8	9	18	167	
영업이익	-33	-63	-85	-80	-102	
당기순이익	-27	-58	-87	-82	-147	

분기 실적 〈단위 : 억원〉
항목	2016.1Q	2016.2Q	2016.3Q	2016.4Q	2017.1Q	2017.2Q
매출액	46	42	36	42	55	5
영업이익	-17	-33	-24	-28	-30	-2
당기순이익	-17	-27	-21	-82	-32	-2

재무 상태 〈단위 : 억원〉
항목	2012	2013	2014	2015	2016	2017.2Q
총자산	69	232	338	684	896	87
유형자산	2	12	12	35	69	7
무형자산	1	1	91	329	268	26
유가증권				10	39	5
총부채	36	51	137	253	295	33
총차입금	0	11	91	116	140	14
자본금	28	36	38	45	50	5
총자본	34	181	200	432	601	54
지배주주지분	34	181	200	432	601	54

기업가치 지표
항목	2012	2013	2014	2015	2016	2017.2Q
주가(최고/저)(천원)	—/—	22.4/11.7	26.7/14.7	42.7/17.5	49.0/22.7	—/—
PER(최고/저)(배)	0.0/0.0	—/—	—/—	—/—	—/—	—/—
PBR(최고/저)(배)	0.0/0.0	8.8/4.6	10.2/5.6	8.9/3.7	8.1/3.8	6.8/4.
EV/EBITDA(배)		—	—	—	—	
EPS(원)	-497	-890	-1,192	-1,067	-1,550	-56
BPS(원)	607	2,535	2,618	4,774	6,042	5,49
CFPS(원)	-483	-856	-1,145	-1,016	-1,324	-43
DPS(원)						
EBITDAPS(원)	-590	-921	-1,113	-992	-844	-41

재무 비율 〈단위 : % 〉
연도	영업이익률	순이익률	부채비율	차입금비율	ROA	ROE	유보율	자기자본비율	EBITDA마진율
2016	-61.1	-88.4	49.1	23.4	-18.6	-28.5	1,108.3	67.1	-48.
2015	-450.0	-460.6	58.5	26.9	-16.1	-26.1	854.8	63.1	-428.
2014	-972.0	-998.3	68.4	45.3	-30.5	-45.6	423.6	59.4	-932.
2013	-745.4	-694.8	28.0	5.8	-30.5	-54.4	407.0	78.1	-719.

ㄹ

레드로버 (A060300)
Redrover

업 종 : 미디어		시 장 : KOSDAQ	
신용등급 : (Bond) — (CP) —		기업규모 : 중견	
홈 페 이 지 : www.redrover.co.kr		연 락 처 : 031)5171-3800	
본 사 : 경기도 성남시 분당구 판교역로146번길 20 현대백화점 판교오피스 12-13층			

설 립 일 1996.06.15	종 업 원 수 140명	대 표 이 사 가상	
상 장 일 2001.12.29	감 사 의 견 적정 (정일)	계 열	
결 산 기 12월	보 통 주 4,447만주	종 속 회 사 수 1개사	
액 면 가 500원	우 선 주	구 상 호	

주주구성 (지분율,%)		출자관계 (지분율,%)		주요경쟁사 (외형,%)	
Suning Universal Media Co., Ltd.	19.2	스튜디오레드우드	100.0	레드로버	100
하회진	4.1	IBK캐피탈콘텐츠투자조합	25.0	SBS미디어홀딩스	1,204
(외국인)	5.4	SBS디지털콘텐츠글로벌투자스페이셔투자조합	10.0	현대에이치씨엔	697

매출구성		비용구성		수출비중	
콘텐츠제작 외(제품)	100.0	매출원가율	77.1	수출	7.0
		판관비율	18.4	내수	93.0

회사 개요
동사는 애니메이션 및 영상콘텐츠의 제작, 판매, 캐릭터 라이선스 및 상품화 사업을 영위 중임. 특수영상관 제작 및 전시문화 사업도 영위함. 2010년 인크루트와 합병을 통해 코스닥시장에 상장되었으며 이후 인크루트의 사업부문인 HR사업부문을 물적분할 방식으로 분할하여 전량 매각하였음. 중국 2위 민영그룹인 쑤닝이 인수해 중국시장으로 진출할 시 각특수효과 및 시장 및 캐릭터 사업 다각화.

실적 분석
동사의 연결기준 2017년 2분기 매출액은 전년동기 대비 1.5% 증가한 207.9억원임. 같은 기간 매출원가는 14.1% 증가하였고 영업이익은 74% 축소된 2.4억원을 기록. 당기순손실 악화. 동사는 최근 현저한 시황변동 (주가급락)관련 조회공시 요구를 받았으며, 이에 대해 별도로 공시할 중요한 정보가 없다고 답변하였음.

현금 흐름 〈단위 : 억원〉

항목	2016	2017.2Q
영업활동	-134	-260
투자활동	-309	190
재무활동	445	62
순현금흐름	2	-8
기말현금	41	33

시장 대비 수익률

결산 실적 〈단위 : 억원〉

항목	2012	2013	2014	2015	2016	2017
매출액	177	331	555	386	419	—
영업이익	-51	55	90	-26	19	—
당기순이익	-105	22	22	-89	7	—

분기 실적 〈단위 : 억원〉

항목	2016.1Q	2016.2Q	2016.3Q	2016.4Q	2017.1Q	2017.2Q
매출액	108	97	95	119	126	82
영업이익	6	3	6	3	4	-2
당기순이익	4	-1	3	1	0	-7

재무 상태 〈단위 : 억원〉

항목	2012	2013	2014	2015	2016	2017.2Q
총자산	635	963	915	1,182	1,650	1,715
유형자산	20	29	21	12	22	17
무형자산	13	15	13	24	22	20
유가증권	69	77	92	147	202	215
총부채	150	318	236	176	203	213
총차입금	138	302	223	164	179	199
자본금	111	123	124	170	213	220
총자본	486	645	678	1,006	1,448	1,502
지배주주지분	486	645	678	1,006	1,448	1,502

기업가치 지표

항목	2012	2013	2014	2015	2016	2017.2Q
주가(최고/저)(천원)	5.9/3.2	7.9/3.8	9.7/4.5	13.5/4.9	9.1/4.6	—/—
PER(최고/저)(배)	—/—	96.7/46.4	123.3/56.9	—/—	489.0/248.7	2.0/1.5
PBR(최고/저)(배)	3.2/1.7	3.5/1.7	4.1/1.9	4.8/1.7	2.7/1.4	1.1/0.7
EV/EBITDA(배)		34.0	14.4		62.4	
EPS(원)	-495	81	79	-279	19	-17
BPS(원)	2,179	2,628	2,739	2,959	3,396	3,412
CFPS(원)	-498	170	170	-242	68	4
DPS(원)						
EBITDAPS(원)	-203	311	443	-34	98	26

재무 비율 〈단위 : % 〉

연도	영업이익률	순이익률	부채비율	차입금비율	ROA	ROE	유보율	자기자본비율	EBITDA마진율
2016	4.4	1.7	14.0	12.4	0.5	0.6	579.1	87.7	9.0
2015	-6.7	-23.2	17.4	16.3	-8.5	-10.6	491.8	85.2	-2.7
2014	16.2	4.1	34.8	32.8	2.4	3.4	447.8	74.2	19.6
2013	16.6	6.6	49.4	46.9	2.7	3.9	425.6	66.9	21.9

레드캡투어 (A038390)
RedcapTour

업 종 : 호텔 및 레저		시 장 : KOSDAQ	
신용등급 : (Bond) — (CP) A3+		기업규모 : 우량	
홈 페 이 지 : ir.redcaptour.com		연 락 처 : 02)2001-4563	
본 사 : 서울시 중구 을지로 100 파인에비뉴 비동 19층			

설 립 일 1996.07.30	종 업 원 수 507명	대 표 이 사 표영수	
상 장 일 2000.02.01	감 사 의 견 적정 (삼정)	계 열	
결 산 기 12월	보 통 주 859만주	종 속 회 사 수 1개사	
액 면 가 500원	우 선 주	구 상 호	

주주구성 (지분율,%)		출자관계 (지분율,%)		주요경쟁사 (외형,%)	
구본호	38.4	PT.REDCAPINDONESIA	100.0	레드캡투어	100
조원희	36.0			골프존뉴딘	104
(외국인)	13.8			이월드	13

매출구성		비용구성		수출비중	
차량대여	59.5	매출원가율	73.4	수출	0.0
계약만기차량 매각	24.1	판관비율	17.8	내수	100.0
항공권, 여행상품 등	16.3				

회사 개요
동사는 일반여행알선, 항공운송대리점과 관련된 여행사업과 자동차대여, 중고차매매와 관련된 렌터카사업을 영위 중임. 법인비즈니스에 강점을 보유한 회사로, 사업부문별 매출비중은 렌터카사업 82.6%, 여행사업 17.4%임. 동사의 렌터카 사업부문은 주로 법인대상의 장기 대여를 위주로 차량보유대수 기준 업계 2017년 6월말 6위를 기록하고 있음. 여행사업부문은 BSP 발권 판매금액 기준으로 업계 8위.

실적 분석
동사 연결기준 2017년 2분기 누적 매출액은 전년 동기 대비 11.6% 증가한 1,327.8억원임. 렌터카 사업과 여행사업 부문 수익이 고루 늘어난 결과. 단 같은 기간 영업이익은 전년 대비 10.8% 감소한 110.3억원을 기록함. 판관비 상승률이 14.2%로 매출액 증가율을 상회한 까닭. 당기순이익 역시 전년 대비 17.1% 줄어들며 58.7억원을 달성함.

현금 흐름 〈단위 : 억원〉

항목	2016	2017.2Q
영업활동	1,503	-167
투자활동	-1,755	-4
재무활동	180	228
순현금흐름	-73	57
기말현금	50	107

시장 대비 수익률

결산 실적 〈단위 : 억원〉

항목	2012	2013	2014	2015	2016	2017
매출액	1,564	1,763	1,937	2,058	2,340	—
영업이익	239	241	265	230	206	—
당기순이익	151	159	169	138	114	—

분기 실적 〈단위 : 억원〉

항목	2016.1Q	2016.2Q	2016.3Q	2016.4Q	2017.1Q	2017.2Q
매출액	599	591	561	588	662	666
영업이익	61	62	52	30	52	59
당기순이익	36	35	33	10	28	31

재무 상태 〈단위 : 억원〉

항목	2012	2013	2014	2015	2016	2017.2Q
총자산	2,251	2,549	3,195	3,786	4,188	4,553
유형자산	1,860	2,161	2,750	3,254	3,595	3,835
무형자산	18	38	32	46	35	31
유가증권	81	83	72	10	10	10
총부채	1,212	1,402	1,928	2,472	2,830	3,190
총차입금	791	942	1,427	2,070	2,319	2,596
자본금	43	43	43	43	43	43
총자본	1,039	1,147	1,267	1,315	1,358	1,363
지배주주지분	1,039	1,147	1,267	1,315	1,358	1,363

기업가치 지표

항목	2012	2013	2014	2015	2016	2017.2Q
주가(최고/저)(천원)	15.0/10.3	15.5/12.4	30.3/14.9	31.7/20.8	22.6/16.7	—/—
PER(최고/저)(배)	9.9/6.8	9.4/7.5	16.6/8.2	20.8/13.7	17.6/13.0	—/—
PBR(최고/저)(배)	1.4/1.0	1.3/1.0	2.2/1.1	2.1/1.4	1.4/1.0	1.1/1.0
EV/EBITDA(배)	2.2	2.4	3.9	3.4	3.0	
EPS(원)	1,761	1,846	1,966	1,611	1,327	684
BPS(원)	12,558	13,828	15,149	16,140	16,872	16,972
CFPS(원)	8,745	9,615	10,884	12,496	13,620	7,466
DPS(원)	550	600	600	600	600	
EBITDAPS(원)	9,765	10,571	12,005	13,567	14,693	8,067

재무 비율 〈단위 : % 〉

연도	영업이익률	순이익률	부채비율	차입금비율	ROA	ROE	유보율	자기자본비율	EBITDA마진율
2016	8.8	4.9	208.5	170.9	2.9	8.5	3,274.3	32.4	53.9
2015	11.2	6.7	188.0	157.4	4.0	10.7	3,127.9	34.7	56.6
2014	13.7	8.7	152.1	112.6	5.9	14.0	2,929.8	39.7	53.2
2013	13.7	9.0	122.3	82.1	6.6	14.5	2,665.6	45.0	51.5

레이언스 (A228850)
RAYENCE COLTD

업 종 : 의료 장비 및 서비스		시 장 : KOSDAQ	
신용등급 : (Bond) — (CP) —		기업규모 : 우량	
홈 페 이 지 : www.rayence.com		연 락 처 : 031)8015-6420	
본 사 : 경기도 화성시 삼성1로1길 14 (석우동)			

설 립 일 2011.05.02	총 업 원 수 211명	대 표 이 사 현정훈	
상 장 일 2016.04.11	감 사 의 견 적정 (한영)	계 열	
결 산 기 12월	보 통 주 1,659만주	종속회사수 3개사	
액 면 가 500원	우 선 주	구 상 호	

주주구성 (지분율,%)		출자관계 (지분율,%)		주요경쟁사 (외형,%)	
바텍이우홀딩스	31.6	RayenceInc.	100.0	레이언스	100
바텍	28.7	OSKOInc.	80.7	차바이오텍	456
(외국인)	0.4	OSKOMEX S.A.DECV	50.0	인바디	81

매출구성		비용구성		수출비중	
1012WCA, 17SCC/SGC 등	43.6	매출원가율	59.0	수출	—
1215CF, 1501CF,0712CF 등	34.0	판관비율	22.7	내수	—
Ez1.0, Ez1.5 등	16.5				

회사 개요
동사는 2011년 5월 2일 바텍의 DR(Digital Radiography) 사업본부가 물적분할하여 설립된 회사로, 현재까지 X-ray Detector를 연구개발, 설계, 제조, 판매하는 의료용 장비 제조회사임. 동사는 Inter-Oral 센서(2~4개의 차아를 촬영하기 위한 구강내 X-Ray 영상센서) 시장에서 세계 1위로 국내 유일업체이며 중국, 인도 등 신흥국 시장의 수요가 증가하고 있음. 2016년 4월 11일 코스닥 시장에 상장함.

실적 분석
동사의 2017년 2분기기준 누적 매출액은 전년동기대비 9.5% 소폭 상승한 512.5억원을 기록하였음. 상승한 매출액에 비해 인건비 등 비용증가가 높아 그에 따라 전년동기대비 영업이익은 82.9억원으로 -9.5% 하락하였음. 최종적으로 전년동기대비 당기순이익은 하락하여 62.9억원을 기록함. 향후 구강용 I/O센서와 동물용 엑스레이 시스템이 해외로 매출 성장하면서 수익 회복이 이루어질 것이라 기대함.

현금 흐름
<단위 : 억원>

항목	2016	2017.2Q
영업활동	84	83
투자활동	-950	13
재무활동	800	-98
순현금흐름	-67	-2
기말현금	91	89

결산 실적
<단위 : 억원>

항목	2012	2013	2014	2015	2016	2017
매출액	477	692	779	866	985	—
영업이익	43	71	111	197	180	—
당기순이익	20	184	32	145	147	—

분기 실적
<단위 : 억원>

항목	2016.1Q	2016.2Q	2016.3Q	2016.4Q	2017.1Q	2017.2Q
매출액	223	245	238	279	246	266
영업이익	43	49	50	38	43	40
당기순이익	30	34	36	47	28	35

재무 상태
<단위 : 억원>

항목	2012	2013	2014	2015	2016	2017.2Q
총자산	483	779	797	941	1,904	1,861
유형자산	75	228	245	283	345	351
무형자산	47	66	45	96	183	195
유가증권	6					
총부채	239	348	336	341	243	207
총차입금	107	184	178	197	79	47
자본금	63	63	63	63	83	83
총자본	244	431	461	600	1,660	1,654
지배주주지분	244	431	461	600	1,654	1,649

기업가치 지표

항목	2012	2013	2014	2015	2016	2017.2Q
주가(최고/저)(천원)	#VALUE!	—/—	—/—	—/—	—/—	—/—
PER(최고/저)(배)	0.0/0.0	0.0/0.0	0.0/0.0	0.0/0.0	25.2/16.7	—/—
PBR(최고/저)(배)	0.0/0.0	0.0/0.0	0.0/0.0	0.0/0.0	2.3/1.5	1.9/1.6
EV/EBITDA(배)	1.1	0.7	0.4	0.2	9.0	—
EPS(원)	294	1,464	256	1,150	948	383
BPS(원)	1,938	3,423	3,662	4,767	10,271	10,538
CFPS(원)	468	1,659	565	1,447	1,281	566
DPS(원)					300	
EBITDAPS(원)	806	761	1,188	1,865	1,489	682

재무 비율
<단위 : %>

연도	영업이익률	순이익률	부채비율	차입금비율	ROA	ROE	유보율	자기자본비율	EBITDA마진율
2016	18.3	14.9	14.6	4.8	10.3	13.1	1,954.2	87.2	23.5
2015	22.8	16.7	56.8	32.8	16.7	27.3	853.4	63.8	27.1
2014	14.2	4.1	73.0	38.6	4.1	7.2	632.4	57.8	19.2
2013	10.3	26.7	80.7	42.6	29.2	54.6	584.6	55.3	13.8

레이젠 (A047440)
Raygen

업 종 : 디스플레이 및 관련부품		시 장 : KOSDAQ	
신용등급 : (Bond) — (CP) —		기업규모 : 중견	
홈 페 이 지 : www.raygen.co.kr		연 락 처 : 054)979-5000	
본 사 : 경북 칠곡군 왜관읍 공단로5길 18-24			

설 립 일 1994.04.26	총 업 원 수 207명	대 표 이 사 정준기	
상 장 일 2001.11.07	감 사 의 견 적정 (지암)	계 열	
결 산 기 12월	보 통 주 2,792만주	종속회사수 6개사	
액 면 가 500원	우 선 주	구 상 호	

주주구성 (지분율,%)		출자관계 (지분율,%)		주요경쟁사 (외형,%)	
픽솔1호 투자조합	10.2	비즈바이오젠	100.0	레이젠	100
		에스티투자조합	79.0	신화인터텍	216
(외국인)	0.4	아이원투자조합	29.0	에스엔유	58

매출구성		비용구성		수출비중	
Mobile BLU	45.0	매출원가율	95.7	수출	—
압품원판	20.1	판관비율	15.9	내수	—
상품매출	15.5				

회사 개요
동사는 1981년 금형 제작 전문 현대전주로 설립되어 2000년 레이젠으로 상호변경하였음. 동사는 TV나 모니터, 노트북 PC등에 들어가는 BLU를 주로 생산하고 있으며, LG디스플레이, LG전자 등을 거래처로 함. 전자부품 부문은 압출 및 사출 도광판을 삼성전자에 납품 중임. 연결대상 종속회사로 4개의 홍콩, 중국 현지법인과 비즈바이오젠(주) 및 에스티투자조합을 보유함.

실적 분석
동사 제품은 국내 3개 사업장과 기술연구소, 계열사, 해외 중국현지법인에서 생산되어 국내 및 해외현지법인의 삼성전자와 LG디스플레이, LG이노텍에 대부분 판매됨. 동사의 2017년 반기 매출액은 498.2억원으로 전기대비 8.8% 감소한 실적을 시현함. 외형 축소에 따른 원가 부담으로 영업손실 56.1억원을 시현하여 전기 47.9억원 대비 적자 확대됨. 금융적자 등 영업외손실이 발생하며 당기순손실은 74.4억원을 시현하며 적자 확대됨.

현금 흐름
<단위 : 억원>

항목	2016	2017.2Q
영업활동	-45	-100
투자활동	15	-172
재무활동	-9	220
순현금흐름	-55	-49
기말현금	101	52

결산 실적
<단위 : 억원>

항목	2012	2013	2014	2015	2016	2017
매출액	1,205	1,064	1,398	1,337	998	—
영업이익	-15	-23	37	-21	-116	—
당기순이익	-29	-32	16	-23	-177	—

분기 실적
<단위 : 억원>

항목	2016.1Q	2016.2Q	2016.3Q	2016.4Q	2017.1Q	2017.2Q
매출액	253	293	232	221	251	247
영업이익	-21	-27	-39	-29	-31	-24
당기순이익	-28	-40	-73	-36	-48	-27

재무 상태
<단위 : 억원>

항목	2012	2013	2014	2015	2016	2017.2Q
총자산	1,131	1,212	1,392	1,276	851	990
유형자산	580	661	626	602	410	377
무형자산	34	32	26	22	7	7
유가증권	0	0	0	0	1	5
총부채	537	604	765	631	446	494
총차입금	340	444	512	469	333	335
자본금	83	83	83	83	83	140
총자본	594	609	627	644	405	495
지배주주지분	594	540	558	584	405	495

기업가치 지표

항목	2012	2013	2014	2015	2016	2017.2Q
주가(최고/저)(천원)	1.9/1.1	2.5/1.2	1.9/1.1	2.1/1.2	5.0/1.4	—/—
PER(최고/저)(배)	—/—	—/—	22.5/13.8	—/—	—/—	—/—
PBR(최고/저)(배)	0.5/0.3	0.8/0.4	0.6/0.3	0.6/0.4	2.2/0.6	2.1/0.6
EV/EBITDA(배)	8.5	16.3	6.2	13.6	—	—
EPS(원)	-157	-152	83	-79	-967	-289
BPS(원)	3,999	3,579	3,690	3,521	2,442	1,777
CFPS(원)	220	244	527	365	-674	-99
DPS(원)						
EBITDAPS(원)	303	271	659	324	-307	-122

재무 비율
<단위 : %>

연도	영업이익률	순이익률	부채비율	차입금비율	ROA	ROE	유보율	자기자본비율	EBITDA마진율
2016	-11.6	-17.7	110.3	82.3	-16.7	-35.8	388.4	47.6	-5.1
2015	-1.6	-1.7	98.0	72.8	-1.7	-2.5	604.3	50.5	4.0
2014	2.7	1.2	122.1	81.6	1.3	2.8	638.0	45.0	7.8
2013	-2.2	-3.0	99.2	73.0	-2.7	-4.9	615.7	50.2	4.2

로고스바이오시스템스 (A238120)
Logos Biosystems

업 종 : 의료 장비 및 서비스		시 장 : KOSDAQ	
신용등급 : (Bond) — (CP) —		기업규모 : 신성장	
홈페이지 : www.logosbio.com		연 락 처 : 031)478-4185	
본 사 : 경기도 안양시 동안구 흥안대로 415, 514호 (평촌동, 두산벤처다임)			

설 립 일	2008.10.02	종업원수	52명	대표이사	정연철
상 장 일	2016.11.03	감사의견	적정(한영)	계 열	
결 산 기	12월	보 통 주	359만주	종속회사수	2개사
액 면 가	500원	우 선 주		구 상 호	

주주구성 (지분율,%)		출자관계 (지분율,%)		주요경쟁사 (외형,%)	
정연철	19.1	로고스바이오	100		
스트라타컨설팅	10.0	지노믹트리	12		
(외국인)	0.3	나노바이오시스	34		

매출구성		비용구성		수출비중	
자동 세포 카운팅 시스템	53.8	매출원가율	46.5	수출	83.0
생체조직 투명화 시스템	27.2	판관비율	87.4	내수	17.0
디지털 세포 이미징 시스템	19.0				

회사 개요

동사는 2008년 10월 생명과학 및 진단장비 (Life Science Tools & Diagnostics)를 개발, 제조, 판매하는 회사로 안양에 위치함. 해외 수출을 확대하기 위하여 미국 Virginia주 Annandale에 현지 법인으로서 자회사를 운영하고 있음. 주요 품목으로는 자동 세포 카운팅 시스템, 생체조직 투명화 시스템, 디지털 세포 이미징 시스템으로 분류됨. 자동 세포 카운팅 시스템분야의 시장점유율은 30%로 추정됨.

실적 분석

동사의 2017년 연결기준 상반기 매출액은 25.7억원으로 전년동기 대비 17% 증가함. R&D 및 해외 마케팅 역량강화를 위한 인력충원 및 투자비용 증가로 영업손실은 9.4억원으로 적자지속중임. 동사는 자동세포카운팅 장치에 사용되는 마이크로칩에 관한 유럽 특허를 취득함. 이 특허를 자동세포카운팅 장치에 사용되는 일회용 마이크로칩을 제조하는 데 활용할 계획임.

현금 흐름 〈단위 : 억원〉

항목	2016	2017.2Q
영업활동	-11	-6
투자활동	-128	-2
재무활동	200	2
순현금흐름	61	-7
기말현금	93	86

시장 대비 수익률

결산 실적 〈단위 : 억원〉

항목	2012	2013	2014	2015	2016	2017
매출액			23	41	47	
영업이익			-9	-1	-16	
당기순이익			-8	-3	-16	

분기 실적

항목	2016.1Q	2016.2Q	2016.3Q	2016.4Q	2017.1Q	2017.2Q
매출액	11	11			12	14
영업이익	-6	-2			-4	-5
당기순이익	-6	-2			-5	-4

재무 상태 〈단위 : 억원〉

항목	2012	2013	2014	2015	2016	2017.2Q
총자산	—	—	70	69	259	253
유형자산	—	—	3	5	5	4
무형자산	—	—	5	6	10	12
유가증권	—	—				
총부채	—	—	16	8	17	19
총차입금	—	—	10			
자본금	—	—	13	14	18	18
총자본	—	—	54	61	242	235
지배주주지분	—	—	54	61	242	235

기업가치 지표

항목	2012	2013	2014	2015	2016	2017.2Q
주가(최고/저)(천원)	#VALUE!	—/—	—/—	—/—	—/—	—/—
PER(최고/저)(배)	0.0/0.0	0.0/0.0	0.0/0.0	0.0/0.0	3.1/2.2	2.7/1.8
PBR(최고/저)(배)	0.0/0.0	0.0/0.0	0.0/0.0	0.0/0.0	3.1/2.2	
EV/EBITDA(배)	0.0	0.0	0.0			
EPS(원)			-334	-97	-537	-239
BPS(원)			2,074	2,245	6,790	6,537
CFPS(원)			-274	-9	-431	-182
DPS(원)						
EBITDAPS(원)			-292	-44	-445	-207

재무 비율 〈단위 : % 〉

연도	영업이익률	순이익률	부채비율	차입금비율	ROA	ROE	유보율	자기자본비율	EBITDA마진율
2016	-33.9	-33.0	6.9	0.0	-9.5	-10.3	1,257.9	93.5	-27.4
2015	-8.7	-6.4	13.1	0.0	-3.8	-4.6	349.1	88.4	-2.9
2014	-36.7	-34.8	29.4	18.5		0.0	314.8	77.3	-30.5
2013	0.0	0.0	0.0	0.0	0.0	0.0	0.0	0.0	0.0

로보스타 (A090360)
ROBOSTAR

업 종 : 기계		시 장 : KOSDAQ	
신용등급 : (Bond) — (CP) —		기업규모 : 우량	
홈페이지 : www.robostar.co.kr		연 락 처 : 031)400-3600	
본 사 : 경기도 안산시 상록구 수인로 700 (사사동119-38)			

설 립 일	1999.02.26	종업원수	282명	대표이사	김정호
상 장 일	2011.10.17	감사의견	적정(한울)	계 열	
결 산 기	12월	보 통 주	780만주	종속회사수	2개사
액 면 가	500원	우 선 주		구 상 호	

주주구성 (지분율,%)		출자관계 (지분율,%)		주요경쟁사 (외형,%)	
김정호	12.5	로보메디	80.0	로보스타	100
강귀덕	7.9	키스타	49.0	스액	81
(외국인)	11.9	지엔비	25.0	뉴로스	29

매출구성		비용구성		수출비중	
직교좌표 로봇 외	66.0	매출원가율	82.5	수출	12.0
정밀Stage	19.8	판관비율	13.1	내수	88.0
전자부품장비	12.3				

회사 개요

동사는 1999년 2월 26일에 산업용 로봇 제조업 등을 주 목적으로 설립된 기업임. 동사는 자동화 작업을 수행하기 위해 활용되는 제조용로봇과 초정밀 생산 및 검사 등 다양한 공정장비의 기초장비이고 FPD장비, 그리고 시스템장비 성격인 IT부품 제조장비 등을 제조 및 판매를 주요 사업으로 하고 있음. 계열회사인 로보스타(상해)법인과 (주)로보스타 충청지사는 산업용 로봇 및 전자전기 제품의 제품의 제조, 도매업을 주요사업으로 영위하고 있음.

실적 분석

동사의 2017년 2분기 연결기준 누적 매출액은 1,132.9억원으로 전년 동기 대비 103.9% 증가함. 매출원가율이 상승하였고 판관비는 4.7% 증가. 영업이익은 75.6억원으로 전년 동기 대비 191.4% 증가했음. 비영업부문에서 11.8억원의 손실이 발생하여 당기순이익은 56억원으로 전년 동기 22.5억원 대비 148.6% 증가함. 판매 다각화는 향후 긍정적으로 작용할 전망.

현금 흐름 〈단위 : 억원〉

항목	2016	2017.2Q
영업활동	61	179
투자활동	-27	-3
재무활동	-24	-27
순현금흐름	7	147
기말현금	160	307

시장 대비 수익률

결산 실적 〈단위 : 억원〉

항목	2012	2013	2014	2015	2016	2017
매출액	716	1,034	970	1,306	1,517	
영업이익	-27	21	20	103	68	
당기순이익	-34	11	19	93	68	

분기 실적

항목	2016.1Q	2016.2Q	2016.3Q	2016.4Q	2017.1Q	2017.2Q
매출액	276	280	362	599	565	568
영업이익	18	8	20	21	47	28
당기순이익	14	9	11	35	30	26

재무 상태 〈단위 : 억원〉

항목	2012	2013	2014	2015	2016	2017.2Q
총자산	674	828	787	1,033	1,340	1,566
유형자산	159	167	161	250	257	254
무형자산	25	35	33	31	29	27
유가증권	10	10	11	8	3	1
총부채	414	556	492	648	901	1,077
총차입금	192	212	191	203	183	164
자본금	39	39	39	39	39	39
총자본	261	272	294	385	439	489
지배주주지분	256	267	292	384	438	488

기업가치 지표

항목	2012	2013	2014	2015	2016	2017.2Q
주가(최고/저)(천원)	10.2/4.4	6.5/4.5	5.5/3.4	13.8/3.7	17.8/8.7	—/—
PER(최고/저)(배)	—/—	46.5/32.2	19.9/12.5	11.4/3.1	20.6/10.1	—/—
PBR(최고/저)(배)	3.1/1.4	1.9/1.3	1.5/0.9	2.8/0.8	3.2/1.6	3.8/2.3
EV/EBITDA(배)	10.8		8.2	7.6	15.4	
EPS(원)	-454	140	276	1,229	864	720
BPS(원)	3,280	3,426	3,744	4,921	5,612	6,262
CFPS(원)	-235	434	568	1,492	1,174	887
DPS(원)				70	50	
EBITDAPS(원)	-131	557	549	1,588	1,176	1,137

재무 비율 〈단위 : % 〉

연도	영업이익률	순이익률	부채비율	차입금비율	ROA	ROE	유보율	자기자본비율	EBITDA마진율
2016	4.5	4.5	205.3	41.6	5.7	16.4	1,022.5	32.8	6.0
2015	7.9	7.2	168.1	52.6	10.3	28.4	884.2	37.3	9.5
2014	2.1	2.0	167.2	65.0	2.3	7.7	648.9	37.4	4.4
2013	2.0	1.1	204.7	77.9	1.5	4.2	585.1	32.9	4.2

로보쓰리 (A238500)
Robo3

업 종 : 전자 장비 및 기기		시 장 : KONEX	
신용등급 : (Bond) ― (CP) ―		기업규모 :	
홈페이지 : www.robo3.com		연락처 : 02)544-9145	
본 사 : 서울시 강남구 논현로 605, 5층			

설 립 일 2003.09.17	종 업 원 수 12명	대 표 이 사 김준형
상 장 일 2016.04.20	감 사 의 견 적정 (대주)	계 열
결 산 기 12월	보 통 주	종속회사수
액 면 가	우 선 주	구 상 호

주주구성 (지분율,%)		출자관계 (지분율,%)		주요경쟁사 (외형,%)	
김준형	22.3			로보쓰리	100
김명호	10.8			S&K폴리텍	113,270
				뉴프렉스	259,314

매출구성		비용구성		수출비중	
전동스쿠터	91.5	매출원가율	396.7	수출	0.0
기타	8.5	판관비율	1090.0	내수	100.0

회사 개요
2003년 설립된 동사는 산업용 로봇 제작 및 판매, 컴퓨터에 의한 통합 자동화시스템, 교육용로봇, 완구용로봇, 서비스로봇, 특수기계 부품 제작 및 판매, 소프트웨어의 개발, 제조, 유통, 자문 및 유지보수업, 전기차 개발, 제조, 유통업 등을 영위하는 기업임. 퍼스널 모빌리티 지상이 최우선 목표시장이나 지능형 배달 서비스 로봇, 카메라맨 로봇, 2월 셀프밸런싱 교육용 플랫폼 등을 신사업으로 추진하고 있음.

실적 분석
동사는 코넥스 상장 법인임. 2016년 동사는 매출 0.6억원을 시현함. 전년도 매출액인 8.9억원에서 대폭 감소함. 매출이 크게 감소한 데 이어 판매비와 관리비는 전년도 2.9억원에서 111.3% 증가한 6.2억원을 기록함. 이에 전년도 0.6억원을 기록한 영업이익은 7.8억원의 손실을 기록하며 적자로 돌아섰음. 전년도 0.4억원이던 당기순이익 역시 6.7억원의 손실을 기록하며 적자전환됨.

현금 흐름 *IFRS 별도 기준 〈단위 : 억원〉

항목	2016	2017.2Q
영업활동	-6	―
투자활동	-23	―
재무활동	28	―
순현금흐름	-1	―
기말현금	14	―

시장 대비 수익률

결산 실적 〈단위 : 억원〉

항목	2012	2013	2014	2015	2016	2017
매출액	―	5	―	―	1	―
영업이익	―	0	0	1	-8	―
당기순이익	―	0	0	1	-7	―

분기 실적 *IFRS 별도 기준 〈단위 : 억원〉

항목	2016.1Q	2016.2Q	2016.3Q	2016.4Q	2017.1Q	2017.2Q
매출액	―	―	―	―	―	―
영업이익	―	―	―	―	―	―
당기순이익	―	―	―	―	―	―

재무 상태 *IFRS 별도 기준 〈단위 : 억원〉

항목	2012	2013	2014	2015	2016	2017.2Q
총자산	―	15	14	32	53	―
유형자산	―	0	0	1	2	―
무형자산	―	6	6	6	12	―
유가증권	―				12	―
총부채	―	7	6	3	2	―
총차입금	―	4	5	1	1	―
자본금	―	10	10	20	22	―
총자본	―	8	8	30	51	―
지배주주지분	―	8	8	30	51	―

기업가치 지표 *IFRS 별도 기준

항목	2012	2013	2014	2015	2016	2017.2Q
주가(최고/저)(천원)	#VALUE!	―/―	―/―	―/―	―/―	―/―
PER(최고/저)(배)	0.0/0.0	0.0/0.0	0.0/0.0	0.0/0.0	―/―	―/―
PBR(최고/저)(배)	0.0/0.0	0.0/0.0	0.0/0.0	0.0/0.0	8.5/4.4	0.0/0.0
EV/EBITDA(배)	0.0	16.6	39.8			
EPS(원)	―	8	4	21	-155	―
BPS(원)	―	3,767	3,810	7,566	1,142	―
CFPS(원)	―	103	62	288	-146	―
DPS(원)	―					―
EBITDAPS(원)	―	115	56	291	-172	―

재무 비율 〈단위 : % 〉

연도	영업이익률	순이익률	부채비율	차입금비율	ROA	ROE	유보율	자기자본비율	EBITDA마진율
2016	-1,386.6	-1,187.5	4.1	2.6	-15.7	-16.7	128.5	96.1	-1,317.0
2015	6.4	6.3	9.7	4.4	2.4	3.0	51.3	91.2	8.8
2014	1.4	1.7	일부잠식	일부잠식	0.6	1.1	-23.8	56.1	2.1
2013	3.8	3.3	일부잠식	일부잠식	0.0	0.0	-24.7	53.9	4.8

로스웰 (A900260)
Rothwell International

업 종 : 자동차부품		시 장 : KOSDAQ	
신용등급 : (Bond) ― (CP) ―		기업규모 :	
홈페이지 : www.rothwell.com.cn		연락처 : 86-514-876338757	
본 사 : Unit 402, 4th Floor, Fairmont House, No. 8 Cotton Tree Drive, Admiralty Hong Kong			

설 립 일 2014.02.05	종 업 원 수 490명	대 표 이 사 저우샹동
상 장 일 2016.06.30	감 사 의 견 적정 (신한)	계 열
결 산 기 12월	보 통 주 9,078만주	종속회사수 4개사
액 면 가	우 선 주	구 상 호

주주구성 (지분율,%)		출자관계 (지분율,%)		주요경쟁사 (외형,%)	
ZHOU XIANG DONG	35.2			로스웰	100
ZHONG JIA HONG	18.0			동국실업	388
(외국인)	65.8			넥센테크	51

매출구성		비용구성		수출비중	
		매출원가율	66.0	수출	―
		판관비율	11.7	내수	―

회사 개요
동사는 2014년 2월 홍콩에 설립된 기업으로 2016년 6월 코스닥시장에 상장됨. 동사가 생산하고 있는 자동차 부품은 크게 CAN 제어시스템을 기반으로 한 전자제품과 차량용 공조설비로 구분됨. CAN(Controller Area Network)는 1986년 독일 BOSCH사에 의해 개발되었고 자동차의 각종 계측제어 장비들 간의 디지털 직렬 통신을 제공하기 위한 차량용 네트워크 시스템, 자동차 공조설비는 자동차 쾌적성을 결정짓는 중요한 부품임.

실적 분석
자동차 전자제품 시장은 계속 성장하고 있으므로 이에 따라 동사의 2017년 2분기 기준 누적 매출액은 전년동기대비 9% 상승한 667.2억원을 기록하였음. 그러나 상승한 매출액 대비 비용증가가 높아 전년동기대비 영업이익은 129.5억원으로 -5.9% 하락하였음. 최종적으로 전년동기대비 당기순이익은 하락하여 112억원을 기록함. 신에너지자동차 생산량이 점차 증가해갈 것이라 예상되므로 향후 수익 성장이 기대되고 있음.

현금 흐름 〈단위 : 억원〉

항목	2016	2017.2Q
영업활동	-182	242
투자활동	-117	-74
재무활동	837	-28
순현금흐름	553	133
기말현금	641	754

시장 대비 수익률

결산 실적 〈단위 : 억원〉

항목	2012	2013	2014	2015	2016	2017
매출액	―	―	822	960	1,612	―
영업이익	―	―	204	226	360	―
당기순이익	―	―	161	178	312	―

분기 실적 〈단위 : 억원〉

항목	2016.1Q	2016.2Q	2016.3Q	2016.4Q	2017.1Q	2017.2Q
매출액	265	352	493	504	253	41
영업이익	60	79	111	111	40	1
당기순이익	48	66	92	106	33	1

재무 상태 〈단위 : 억원〉

항목	2012	2013	2014	2015	2016	2017.2Q
총자산	―	―	845	1,064	2,292	2,42
유형자산	―	―	113	105	205	25
무형자산	―	―	2	2	2	
유가증권	―	―				1
총부채	―	―	379	407	418	56
총차입금	―	―	227	261	169	19
자본금	―	―	0	262	1,170	1,13
총자본	―	―	466	657	1,874	1,86
지배주주지분	―	―	466	657	1,874	1,86

기업가치 지표

항목	2012	2013	2014	2015	2016	2017.2Q
주가(최고/저)(천원)	―/―	―/―	―/―	―/―	―/―	―/―
PER(최고/저)(배)	0.0/0.0	0.0/0.0	0.0/0.0	0.0/0.0	9.2/5.9	―/―
PBR(최고/저)(배)	0.0/0.0	0.0/0.0	0.0/0.0	0.0/0.0	1.8/1.2	1.4/1.1
EV/EBITDA(배)	0.0	0.0	0.6	0.7	5.4	―
EPS(원)	―	―	1,246,289	529	410	12
BPS(원)	―	―	465,945	1,095	2,064	2,06
CFPS(원)	―	―	1,354,228	563	425	13
DPS(원)	―	―				―
EBITDAPS(원)	―	―	1,687,187	704	488	15

재무 비율 〈단위 : % 〉

연도	영업이익률	순이익률	부채비율	차입금비율	ROA	ROE	유보율	자기자본비율	EBITDA마진율
2016	22.3	19.4	22.3	9.0	18.6	24.7	60.2	81.8	25.
2015	23.6	18.6	62.0	39.8	18.7	31.8	150.9	61.7	24.
2014	24.9	19.6	81.4	48.8	0.0	0.0	329,679.0	55.1	26.
2013	0.0	0.0	0.0	0.0	0.0	0.0	0.0	0.0	0.

로엔엔터테인먼트 (A016170)
LOEN ENTERTAINMENT

업 종 : 미디어		시 장 : KOSDAQ	
신용등급 : (Bond) — (CP) —		기업규모 : 우량	
홈 페 이 지 : www.iloen.com		연 락 처 : 02)2280-7700	
본 사 : 서울시 강남구 삼성동 테헤란로103길 17 (삼성동, 정석빌딩)			

설 립 일	1982.07.07	종 업 원 수	362명	대 표 이 사	신원수,박성훈
상 장 일	2000.12.30	감사의견	적정 (삼일)	계 열	
결 산 기	12월	보 통 주	2,529만주	종속회사수	8개사
액 면 가	500원	우 선 주		구 상 호	

주주구성 (지분율,%)
카카오	67.7
NH투자증권	7.1
(외국인)	16.5

출자관계 (지분율,%)
크리스피스튜디오	100.0
엠텍크루	100.0
스토리플랜트	100.0

주요경쟁사 (외형,%)
로엔	100
CJ E&M	341
CJ CGV	318

매출구성
음원제공 및 온라인음원서비스	81.7
[상품]CD 외	7.6
기타매출	7.5

비용구성
매출원가율	0.0
판관비율	82.3

수출비중
수출	5.0
내수	95.0

회사 개요
동사는 음반의 기획, 제작 및 판매와 온라인 음원 서비스를 주요 사업으로 영위하고 있음. 2013년 9월 최대주주 변경으로 SK그룹 계열에서 제외되었으며 2013년 12월 스타쉽엔터테인먼트 지분 70%를 인수. 동사의 멜론 서비스는 지속적인 매출 신장이 이어지며 디지털 음원유통시장 내 브랜드 인지도 1위, 시장점유율 1위를 차지. 최근 오프라인 음반시장의 규모는 축소되고 있으나 온라인 음원시장의 성장이 전체 음악시장 규모를 견인하고 있음.

실적 분석
동사의 연결기준 2017년 2분기 누적매출액은 2,684.9억원으로 전년동기 대비 29.8% 증가하였음. 인건비와 광고선전비 등을 포함한 판관비가 비슷한 비율로 증가하였으며 영업이익 역시 비슷한 비율로 상승, 493.1억원을 시현함. 동사의 매출액 가운데 멜론에 음원제공 및 온라인 음원 서비스 등 콘텐츠 매출이 전체의 82.89%를 차지함. 최종적으로 동사는 전년동기 대비 22.8% 증가한 380.1억원을 기록하였음.

현금 흐름 〈단위 : 억원〉
항목	2016	2017.2Q
영업활동	970	548
투자활동	-895	-74
재무활동	15	-254
순현금흐름	90	220
기말현금	921	1,141

시장 대비 수익률

결산 실적 〈단위 : 억원〉
항목	2012	2013	2014	2015	2016	2017
매출액	1,850	2,526	3,233	3,576	4,506	
영업이익	301	373	585	634	799	
당기순이익	238	341	458	503	621	

분기 실적 〈단위 : 억원〉
항목	2016.1Q	2016.3Q	2016.4Q	2017.1Q	2017.2Q
매출액	965	1,104	1,106	1,332	1,336	1,349
영업이익	184	206	207	202	231	262
당기순이익	148	162	160	151	181	199

재무 상태 〈단위 : 억원〉
항목	2012	2013	2014	2015	2016	2017.2Q
총자산	1,731	2,372	3,039	3,628	4,539	4,858
유형자산	101	115	127	117	367	382
무형자산	180	363	340	467	435	453
유가증권	454	820	1,259	1,201	1,575	1,518
총부채	450	768	981	1,168	1,515	1,711
총차입금						18
자본금	126	126	126	126	126	126
총자본	1,281	1,604	2,058	2,460	3,024	3,147
지배주주지분	1,281	1,570	2,021	2,374	3,024	3,055

기업가치 지표
항목	2012	2013	2014	2015	2016	2017.2Q
주가(최고/저)(천원)	16.8/9.6	17.2/12.1	48.4/16.5	95.6/41.7	90.3/64.6	—/—
PER(최고/저)(배)	18.6/10.6	13.2/9.3	27.7/9.5	48.9/21.3	36.9/26.4	7.5/6.0
PBR(최고/저)(배)	3.5/2.0	2.9/2.0	6.2/2.1	10.3/4.5	7.9/5.7	—
EV/EBITDA(배)	6.8	6.6	12.4	23.6	16.6	
EPS(원)	943	1,349	1,801	1,983	2,477	1,518
BPS(원)	5,064	6,206	7,993	9,386	11,579	12,079
CFPS(원)	1,384	1,897	2,519	2,742	3,343	2,000
DPS(원)	189	—	711	—	1,004	2,432
EBITDAPS(원)	1,632	2,025	3,031	3,267	4,026	

재무 비율 〈단위 : % 〉
연도	영업이익률	순이익률	부채비율	차입금비율	ROA	ROE	유보율	자기자본비율	EBITDA마진율
2016	17.7	13.8	50.1	0.0	15.2	23.6	2,215.7	66.6	22.6
2015	17.7	14.1	47.5	0.0	15.1	22.8	1,777.2	67.8	23.1
2014	18.1	14.2	47.6	0.0	16.9	25.4	1,498.5	67.7	23.7
2013	14.8	13.5	47.9	0.0	16.6	23.9	1,141.1	67.6	20.3

로지시스 (A067730)
LOGISYS

업 종 : 통신장비		시 장 : KOSDAQ	
신용등급 : (Bond) — (CP) —		기업규모 : 중견	
홈 페 이 지 : www.logisys.co.kr		연 락 처 : 02)2125-6300	
본 사 : 서울시 마포구 독막로 281			

설 립 일	1996.07.04	종 업 원 수	470명	대 표 이 사	이규현
상 장 일	2015.07.29	감사의견	적정 (삼일)	계 열	
결 산 기	12월	보 통 주	934만주	종속회사수	
액 면 가	500원	우 선 주		구 상 호	

주주구성 (지분율,%)
한국컴퓨터지주	64.5
(외국인)	0.7

출자관계 (지분율,%)

주요경쟁사 (외형,%)
로지시스	100
기산텔레콤	165
백금T&A	168

매출구성
전산장비 유지보수	45.6
전산장비	29.8
VAN 대행관리	23.9

비용구성
매출원가율	91.6
판관비율	7.0

수출비중
수출	0.0
내수	100.0

회사 개요
동사는 1996년 7월 4일 컴퓨터 및 주변기기 제조 및 판매, 임대 및 서비스, 소프트웨어, 프로그램의 개발 및 제조판매, 수출입과, 유무선 통신장비업, 전기통신공사업 등을 사업목적으로 설립.현재 영위하는 사업을 대분류로 구분하면, 1.전산장비 유지보수 용역, 2.전산장비 판매, 3.VAN서비스 대행용역 사업임. 향후 10년 이상의 장기적인 비전을 위하여 무인경비 서비스 사업에 진출할 계획임.

실적 분석
동사의 2017년 2분기기준 누적 매출액은 전년동기대비 22.3% 상승한 168.1억원을 기록하였음. 비용면에서 전년동기대비 매출원가는 증가 하였으며 인건비는 감소 하였고 기타판매비와관리비는 증가함. 이와 같이 상승한 매출액 만큼 비용증가도 있었으나 매출액의 더 큰 상승에 힘입어 그에 따라 전년동기대비 영업이익은 8.1억원으로 3015.6%로 크게 상승하였음. 최종적으로 전년동기대비 당기순이익은 크게 상승하여 7.1억원을 기록함.

현금 흐름 *IFRS 별도 기준 〈단위 : 억원〉
항목	2016	2017.2Q
영업활동	-1	-15
투자활동	7	-1
재무활동	-3	-4
순현금흐름	3	-21
기말현금	135	114

시장 대비 수익률

결산 실적 〈단위 : 억원〉
항목	2012	2013	2014	2015	2016	2017
매출액	215	320	320	346	359	
영업이익	16	19	19	5	5	
당기순이익	12	17	17	6	6	

분기 실적 *IFRS 별도 기준 〈단위 : 억원〉
항목	2016.1Q	2016.2Q	2016.3Q	2016.4Q	2017.1Q	2017.2Q
매출액	75	63	107	115	82	86
영업이익	1	-0	3	2	3	5
당기순이익	1	1	3	2	3	4

재무 상태 *IFRS 별도 기준 〈단위 : 억원〉
항목	2012	2013	2014	2015	2016	2017.2Q
총자산	143	166	167	218	241	225
유형자산	27	12	11	10	9	10
무형자산	1	6	3	2	0	0
유가증권	6		0	0	0	0
총부채	29	51	52	60	78	59
총차입금						
자본금	36	36	36	47	47	47
총자본	113	115	115	158	163	166
지배주주지분	113	115	115	158	163	166

기업가치 지표 *IFRS 별도 기준
항목	2012	2013	2014	2015	2016	2017.2Q
주가(최고/저)(천원)	—/—	—/—	—/—	9.5/3.3	6.0/3.8	—/—
PER(최고/저)(배)	0.0/0.0	0.0/0.0	0.0/0.0	131.2/45.1	97.3/62.0	3.7/2.4
PBR(최고/저)(배)	0.0/0.0	0.0/0.0	0.0/0.0	5.8/2.0	3.5/2.2	—
EV/EBITDA(배)				47.4	48.0	
EPS(원)	174	233	244	74	62	76
BPS(원)	15,840	16,094	16,101	1,693	1,750	1,777
CFPS(원)	2,322	2,884	2,931	113	92	91
DPS(원)				60	60	
EBITDAPS(원)	2,793	3,262	3,168	101	84	101

재무 비율 〈단위 : % 〉
연도	영업이익률	순이익률	부채비율	차입금비율	ROA	ROE	유보율	자기자본비율	EBITDA마진율
2016	1.4	1.6	47.5	0.0	2.5	3.6	250.0	67.8	2.2
2015	1.5	1.7	38.1	0.0	3.1	4.4	238.6	72.4	2.4
2014	6.0	5.5	44.8	10.5	15.1		222.0	69.1	7.1
2013	6.1	5.2	44.3				221.9	69.3	7.3

로체시스템즈 (A071280)
Rorze Systems

업 종 : 반도체 및 관련장비		시 장 : KOSDAQ	
신용등급 : (Bond) — (CP) —		기업규모 : 벤처	
홈페이지 : www.rorze.co.kr		연 락 처 : 031)335-9100	
본 사 : 경기도 용인시 처인구 경안천로 364			

설 립 일 1997.11.01	총 업 원 수 250명	대 표 이 사 박기환
상 장 일 2003.11.14	감 사 의 견 적정 (안진)	계 열
결 산 기 12월	보 통 주 1,530만주	종속회사수
액 면 가 500원	우 선 주	구 상 호

주주구성 (지분율,%)		출자관계 (지분율,%)		주요경쟁사 (외형,%)	
Rorze International Pte. Ltd.	40.1	윈텔	18.2	로체시스템즈	100
김영민	,3.9	에이마크	14.2	아진엑스텍	18
(외국인)	41.5			하이셈	16

매출구성		비용구성		수출비중	
FPD	66.1	매출원가율	85.3	수출	81.0
GCM	15.5	판관비율	10.1	내수	19.0
반도체(EFEM, Sorter, Stocker)	13.8				

회사 개요

동사는 TFT-LCD 및 반도체 제조업체에 반도체용 Clean Robot을 비롯하여 LCD용 Clean Robot, Indexer, EFEM, Laser를 이용한 Glass Cutting System 등의 최첨단 고기능의 장비를 개발, 공급하고 있음. 태양광사업과 관련하여 레이저를 이용해 태양전지를 일정한 크기로 자르는 절단장비를 개발하고, 일본업체와 PCB 검사장비도 개발 중에 있음.

실적 분석

동사의 2017년 2분기누적 매출액은 전년동기 대비 1,573.2% 증가한 2,724.3억원을 시현하였음. 매출성장의 영향으로 매출원가와 판관비가 전년동기 대비 큰 폭으로 상승했음에도 108.4억원의 영업이익을 시현하며 흑자전환하였음. 비영업부문에서도 2.5억원의 이익을 시현해 86.1억원의 당기순이익을 시현하며 흑자전환하였음. 매출은 FPD 91.38%, 반도체 5.10%, GCM 2.79%, 기타 상품 및 용역 0.73%로 구성됨.

현금 흐름

*IFRS 별도 기준 〈단위 : 억원〉

항목	2016	2017.2Q
영업활동	-0	-177
투자활동	-42	-10
재무활동	41	216
순현금흐름	-1	29
기말현금	84	114

시장 대비 수익률

결산 실적

〈단위 : 억원〉

항목	2012	2013	2014	2015	2016	2017
매출액	410	661	352	749	989	—
영업이익	3	52	-38	35	46	—
당기순이익	8	40	-27	17	41	—

분기 실적

*IFRS 별도 기준 〈단위 : 억원〉

항목	2016.1Q	2016.2Q	2016.3Q	2016.4Q	2017.1Q	2017.2Q
매출액	89	74	394	432	725	1,999
영업이익	-18	-12	25	50	22	87
당기순이익	-14	-9	18	46	35	51

재무 상태

*IFRS 별도 기준 〈단위 : 억원〉

항목	2012	2013	2014	2015	2016	2017.2Q
총자산	526	642	514	566	886	1,529
유형자산	240	251	242	243	247	250
무형자산	9	5	8	7	8	8
유가증권	6	1	1	1	1	1
총부채	115	185	95	130	403	798
총차입금	54	41	30	60	90	137
자본금	40	41	41	41	41	76
총자본	410	457	420	435	484	731
지배주주지분	410	457	420	435	484	731

기업가치 지표

*IFRS 별도 기준

항목	2012	2013	2014	2015	2016	2017.2Q
주가(최고/저)(천원)	3.6/1.9	3.5/2.0	3.0/1.5	3.6/1.7	8.0/2.0	—/—
PER(최고/저)(배)	53.0/27.8	11.2/6.2	—/—	25.8/12.4	24.6/6.3	—/—
PBR(최고/저)(배)	1.1/0.6	1.0/0.5	0.9/0.4	1.0/0.5	2.1/0.5	2.1/1.6
EV/EBITDA(배)	15.4	5.1		7.4	18.1	
EPS(원)	70	321	-217	138	325	609
BPS(원)	5,164	5,590	5,181	5,372	5,917	4,798
CFPS(원)	255	644	-192	336	640	659
DPS(원)		50			50	
EBITDAPS(원)	183	784	-322	546	701	816

재무 비율

〈단위 : % 〉

연도	영업이익률	순이익률	부채비율	차입금비율	ROA	ROE	유보율	자기자본비율	EBITDA마진율
2016	4.6	4.1	83.2	18.5	5.6	8.8	1,083.4	54.6	5.8
2015	4.6	2.3	29.9	13.8	3.2	4.0	974.4	77.0	6.0
2014	-10.7	-7.7	22.6	7.2	-4.7	-6.2	936.3	81.6	-7.5
2013	7.8	6.1	40.6	9.0	6.9	9.3	1,018.1	71.1	9.8

롯데관광개발 (A032350)
Lotte Tour Development

업 종 : 호텔 및 레저		시 장 : 거래소	
신용등급 : (Bond) — (CP) —		기업규모 : 시가총액 중형주	
홈페이지 : www.lottetour.com		연 락 처 : 1577-3000	
본 사 : 서울시 종로구 세종대로 149 광화문빌딩 (세종로)			

설 립 일 1971.05.24	총 업 원 수 325명	대 표 이 사 김기병,백현
상 장 일 2006.06.08	감 사 의 견 적정 (삼덕)	계 열
결 산 기 12월	보 통 주 4,540만주	종속회사수 3개사
액 면 가 500원	우 선 주	구 상 호

주주구성 (지분율,%)		출자관계 (지분율,%)		주요경쟁사 (외형,%)	
김기병	43.6	LT크루즈홀리데이	100.0	롯데관광개발	100
동화투자개발	34.2	용산역세권개발	70.1	하나투어	1,182
(외국인)	0.1	마이데일리	58.5	모두투어	471

매출구성		비용구성		수출비중	
여행수입	70.3	매출원가율	45.9	수출	0.0
수수료수입	15.3	판관비율	47.5	내수	100.0
운수수입	6.4				

회사 개요

동사는 일반 및 국제 여행사업을 영위하는 업체임. 여행업은 다른 산업과 비교해 볼 때 투자자본이 적고, 생산과 동시에 소비가 이루어지는 상품의 특성상 재고자산이 발생하지 않으며, 현금의 유동성이 좋고 외상거래의 빈도가 낮아 위험부담이 상대적으로 적은 산업임. 동사는 지자체와 협업하여 특화된 상품 출시로 재래시장 및 지역경제 활성화에 동참하고 있으며 철도권 판매, 직영 전세버스 등 영업을 전개하고 있음.

실적 분석

동사의 연결기준 2017년 2분기 누적 매출액은 전년 동기 243.8억원 대비 45.4% 증가한 354.5억원을 시현하였음. 영업이익은 35.3억원을 달성하며 전년 15.6억원에 비해 126% 늘어남. 당기 순이익은 37.7억원으로 전년보다 24억원 증가. 동사는 향후 제주도에서 복합리조트 사업을 영위할 계획. 월드클래스로 조성되는 드림타워 복합리조트에는 관광·일반호텔, 외국인전용카지노, 쇼핑몰 등이 들어서며 2019년 7월 오픈할 예정.

현금 흐름

〈단위 : 억원〉

항목	2016	2017.2Q
영업활동	31	40
투자활동	-87	-46
재무활동	109	8
순현금흐름	53	-3
기말현금	120	120

시장 대비 수익률

결산 실적

〈단위 : 억원〉

항목	2012	2013	2014	2015	2016	2017
매출액	573	451	423	447	504	—
영업이익	12	16	-5	15	33	—
당기순이익	-805	-38	8	-499	15	—

분기 실적

〈단위 : 억원〉

항목	2016.1Q	2016.2Q	2016.3Q	2016.4Q	2017.1Q	2017.2Q
매출액	105	139	139	120	128	227
영업이익	-6	21	14	3	4	31
당기순이익	-6	20	12	-11	3	34

재무 상태

〈단위 : 억원〉

항목	2012	2013	2014	2015	2016	2017.2Q
총자산	1,428	1,388	1,453	2,490	3,622	3,710
유형자산	22	15	11	1,021	2,017	2,044
무형자산	56	41	44	45	44	43
유가증권	1,023	1,009	1,023	1,023	1,013	1,013
총부채	1,342	243	302	838	1,961	2,011
총차입금	1,083	1	4	17	127	130
자본금	55	123	123	151	227	227
총자본	86	1,145	1,151	1,652	1,661	1,699
지배주주지분	72	1,129	1,135	1,635	1,645	1,682

기업가치 지표

항목	2012	2013	2014	2015	2016	2017.2Q
주가(최고/저)(천원)	12.7/7.7	10.0/4.0	14.3/5.5	13.3/7.7	11.0/6.8	—/—
PER(최고/저)(배)	—/—	—/—	682.6/259.7	—/—	324.9/201.5	—/—
PBR(최고/저)(배)	29.4/17.9	3.3/1.3	4.7/1.8	3.7/2.1	3.0/1.9	2.5/2.0
EV/EBITDA(배)	96.1	72.3	988.7	164.3	79.4	—/—
EPS(원)	-4,885	-144	21	-1,296	34	82
BPS(원)	650	4,588	4,610	5,404	3,623	3,705
CFPS(원)	-7,216	-155	66	-1,914	54	92
DPS(원)						
EBITDAPS(원)	219	147	14	90	93	87

재무 비율

〈단위 : % 〉

연도	영업이익률	순이익률	부채비율	차입금비율	ROA	ROE	유보율	자기자본비율	EBITDA마진율
2016	6.5	3.0	118.0	7.6	0.5	0.9	624.6	45.9	8.4
2015	3.4	-111.7	50.7	1.0	-25.3	-36.1	980.8	66.4	5.2
2014	-1.2	2.0	26.2	0.7	0.6	0.7	822.0	79.2	0.8
2013	3.5	-8.4	21.2	0.4	-2.7	-6.5	817.6	82.5	5.4

롯데손해보험 (A000400)
Lotte Non-Life Insurance

업 종 : 보험		시 장 : 거래소	
신용 등급 : (Bond) — (CP) —		기업규모 : 시가총액 중형주	
홈 페 이 지 : www.lotteins.co.kr		연 락 처 : 1588-3344	
본 사 : 서울시 중구 소월로 3 (남창동) 롯데손해보험빌딩			

설 립 일 1946.05.20	종 업 원 수 1,617명	대 표 이 사 김현수	
상 장 일 1971.04.16	감 사 의 견 적정 (안진)	계 열	
결 산 기 12월	보 통 주 13,428만주	종 속 회 사 수	
액 면 가 1,000원	우 선 주	구 상 호	

주주구성 (지분율,%)		출자관계 (지분율,%)		주요경쟁사 (외형,%)	
호텔롯데	23.7	쿼넌시제일호사모투자전문회사	14.9	롯데손해보험	100
대홍기획	16.2	유니슨캐피탈사모투자전문회사(PEF)	9.8	메리츠화재	268
(외국인)	9.8	롯데렌탈	4.9	코리안리	298

수익구성		비용구성		수출비중	
[손해보험]장기	66.3	책임준비금전입	21.8	수출	—
[손해보험]자동차	21.0	보험금비용	26.8	내수	—
[손해보험]특종	8.1	사업비	7.5		

회사 개요
동사는 손해보험업 등을 영위할 목적으로 1946년에 설립됨. 손해보험업과 겸영 가능한 자산운용 등을 주요 사업으로 하고 있음. 점포현황은 지역단 19개, 지점 106개, 보상지원단 6개의 조직을 운영하고 있음. 그룹 시너지 활용을 통해 시장 저변을 확대하고 있고, 새로운 계열사로 편입된 롯데렌탈과의 시너지 극대화를 통해 매출 증대 및 손익개선에서 성과를 시현하고자 노력하고 있음

실적 분석
동사의 2017년 2분기 누적 영업수익은 1조 6,664억원으로 전년동기 대비 소폭 증가함. 주요 수익원인 보험료수익, 이자수익 등을 포함한 영업수익이 증가하는 등 전반적인 비용구조 개선으로 당기순이익 또한 123억원으로 전년 대비 큰 폭으로 개선되었음. 업계 최초의 단종보험 상품인 EW 상품 런칭과 웨딩보험 출시 등 향후 차별화되는 신상품, 영업채널 발굴을 통해 성장할 것으로 예상됨

현금 흐름   *IFRS 별도 기준   〈단위 : 억원〉

항목	2016	2017.2Q
영업활동	8,352	3,208
투자활동	-11,811	25
재무활동	1,197	-27
순현금흐름	-2,257	3,207
기말현금	1,730	4,936

시장 대비 수익률

결산 실적   〈단위 : 억원〉

항목	2012	2013	2014	2015	2016	2017
보험료수익	19,481	14,939	20,367	21,803	22,432	—
영업이익	-172	-8	70	116	358	—
당기순이익	-138	-1	25	99	291	—

분기 실적   *IFRS 별도 기준   〈단위 : 억원〉

항목	2016.1Q	2016.2Q	2016.3Q	2016.4Q	2017.1Q	2017.2Q
보험료수익	5,374	5,625	5,752	5,682	5,610	5,759
영업이익	150	173	-160	194	233	316
당기순이익	118	136	-124	160	184	245

재무 상태   *IFRS 별도 기준   〈단위 : 억원〉

항목	2012	2013	2014	2015	2016	2017.2Q
총자산	44,853	52,450	67,278	87,783	110,975	115,963
유형자산	627	628	619	649	680	678
무형자산	166	212	200	188	175	172
유가증권	18,088	20,614	22,359	27,644	38,170	37,152
총부채	41,899	49,803	64,233	83,353	105,961	110,405
총차입금	498	896	897	897	1,576	1,576
자본금	673	673	673	1,343	1,343	1,343
총자본	2,954	2,648	3,045	4,430	5,014	5,558
지배주주지분	2,954	2,648	3,045	4,430	5,014	5,558

기업가치 지표   *IFRS 별도 기준

항목	2012	2013	2014	2015	2016	2017.2Q
주가(최고/저)(천원)	4.7/2.5	3.2/2.4	3.9/2.3	3.3/2.3	3.0/2.4	—/—
PER(최고/저)(배)	—/—	—/—	113.3/65.3	35.5/24.8	13.9/11.0	0.8/0.6
PBR(최고/저)(배)	1.2/0.6	0.9/0.7	1.0/0.7	1.0/0.7	0.8/0.6	0.8/0.6
PSR(최고/저)(배)	0/0	0/0	0/0	0/0	0/0	0/0
EPS(원)	-245	-1	35	92	216	319
BPS(원)	4,421	3,952	4,542	3,308	3,742	4,148
CFPS(원)	-105	91	170	170	282	352
DPS(원)					10	
EBITDAPS(원)	-334	-11	104	108	267	409

재무 비율   〈단위 : % 〉

연도	계속사업이익률	순이익률	부채비율	차입금비율	ROA	ROE	유보율	자기자본비율	총자산증가율
2016	1.6	1.3	2,113.4	31.4	0.3	6.2	274.2	4.5	26.4
2015	0.6	0.5	1,881.5	20.3	0.1	2.6	230.8	5.1	30.5
2014	0.4	0.1	2,109.7	29.5	0.0	0.9	354.2	4.5	50.0
2013	-0.1	0.0	1,880.9	33.9	0.0	0.0	295.2	5.1	16.9

롯데쇼핑 (A023530)
Lotte Shopping

업 종 : 백화점		시 장 : 거래소	
신용 등급 : (Bond) — (CP) —		기업규모 : 시가총액 대형주	
홈 페 이 지 : www.lotteshopping.com		연 락 처 : 02)771-2500	
본 사 : 서울시 중구 남대문로 81 (소공동)			

설 립 일 1970.07.02	종 업 원 수 25,979명	대 표 이 사 이원준,강희태	
상 장 일 2006.02.09	감 사 의 견 적정 (삼정)	계 열	
결 산 기 12월	보 통 주 3,149만주	종 속 회 사 수 76개사	
액 면 가 5,000원	우 선 주	구 상 호	

주주구성 (지분율,%)		출자관계 (지분율,%)		주요경쟁사 (외형,%)	
신동빈	13.5	롯데백화점마산	100.0	롯데쇼핑	100
호텔롯데	8.8	롯데김해개발	100.0	현대백화점	6
(외국인)	17.5	롯데시네마	100.0	신세계	10

매출구성		비용구성		수출비중	
기타	25.9	매출원가율	68.4	수출	0.0
식품外(상품)	25.9	판관비율	28.4	내수	100.0
의류外(상품)	23.2				

회사 개요
동사는 지배회사로서 백화점, 마트, 슈퍼 등 종합 유통업을 영위하는 법인임. 롯데제과, 롯데푸드, 롯데칠성음료 등 9개 상장사를 계열회사로 보유하고 있음. 롯데리아, 호텔롯데, 한국후지필름 등 81개 비상장사도 계열회사로 보유하고 있음. 백화점 사업부문, 할인점 사업부문, 금융 사업부문, 전자제품전문점 사업부문, 편의점 사업부문, 기타 사업부문 등을 영위하고 있음.

실적 분석
동사의 연결기준 2017년 상반기 매출액은 13조9,822.6억원을 시현함. 이는 전년도 동기 매출액인 14조4,092.7억원에 비해 3% 감소한 금액. 매출원가가 4.9% 감소했으나 판매비와 관리비는 3.5% 증가해 영업이익은 전년도 같은 기간 대비 22.3% 축소한 2,946.7억원을 기록하는 데 그침. 비영업부문 적자 폭은 줄었으나 흑자전환에 실패. 당기순이익은 전년 대비 22% 감소한 1,156.5억원을 기록.

현금 흐름   〈단위 : 억원〉

항목	2016	2017.2Q
영업활동	22,273	2,873
투자활동	-17,320	-6,349
재무활동	219	7,068
순현금흐름	5,179	3,469
기말현금	22,692	26,161

시장 대비 수익률

결산 실적   〈단위 : 억원〉

항목	2012	2013	2014	2015	2016	2017
매출액	250,437	282,117	280,996	291,277	295,264	—
영업이익	14,675	14,853	11,884	8,537	9,404	—
당기순이익	11,576	8,806	6,157	-3,455	2,469	—

분기 실적   〈단위 : 억원〉

항목	2016.1Q	2016.2Q	2016.3Q	2016.4Q	2017.1Q	2017.2Q
매출액	71,789	72,304	75,751	75,421	70,594	69,228
영업이익	2,081	1,710	1,756	3,856	2,074	873
당기순이익	660	823	782	203	1,115	42

재무 상태   〈단위 : 억원〉

항목	2012	2013	2014	2015	2016	2017.2Q
총자산	368,570	389,726	400,723	406,934	419,159	418,667
유형자산	148,259	157,885	159,010	157,591	159,322	159,561
무형자산	44,084	43,414	41,561	35,784	33,567	33,209
유가증권	77,864	81,113	82,110	87,410	94,805	95,612
총부채	211,387	220,473	225,284	236,055	246,519	245,746
총차입금	122,968	129,019	128,523	141,745	145,877	151,992
자본금	1,452	1,575	1,575	1,575	1,575	1,575
총자본	157,183	169,252	175,439	170,878	172,640	172,921
지배주주지분	148,784	162,237	167,258	162,475	163,045	163,155

기업가치 지표

항목	2012	2013	2014	2015	2016	2017.2Q
주가(최고/저)(천원)	376/268	403/327	400/268	288/201	275/191	—/—
PER(최고/저)(배)	10.4/7.4	16.6/13.4	24.5/16.3	—/—	52.0/36.1	0.6/0.4
PBR(최고/저)(배)	0.8/0.5	0.8/0.7	0.8/0.5	0.6/0.4	0.5/0.4	0.6/0.4
EV/EBITDA(배)	7.0		7.3	5.8	5.4	
EPS(원)	37,195	25,048	16,724	-12,164	5,341	1,807
BPS(원)	512,281	515,186	531,131	515,941	517,811	518,158
CFPS(원)	62,132	51,127	45,284	19,152	36,244	16,652
DPS(원)	1,500	1,500	2,000	2,000	2,000	24,202
EBITDAPS(원)	75,464	73,263	66,297	58,427	60,764	

재무 비율   〈단위 : % 〉

연도	영업이익률	순이익률	부채비율	차입금비율	ROA	ROE	유보율	자기자본비율	EBITDA마진율
2016	3.2	0.8	142.8	84.5	0.6	1.0	10,256.2	41.2	6.5
2015	2.9	-1.2	138.1	83.0	-0.9	-2.3	10,218.8	42.0	6.3
2014	4.2	2.2	128.4	73.3	1.6	3.7	10,522.6	43.8	7.4
2013	5.3	3.1	130.3	76.2	2.3	5.1	10,203.7	43.4	8.2

롯데정밀화학 (A004000)
LOTTE Fine Chemical

업 종 : 화학		시 장 : 거래소
신용 등급 : (Bond) A+ (CP) —		기업규모 : 시가총액 중형주
홈 페 이 지 : www.lottefinechem.com		연 락 처 : (052)270-6114
주 소 : 울산시 남구 여천로 217번길 19 (여천동)		

설 립 일 1964.08.27	종 업 원 수 809명	대 표 이 사 이홍열
상 장 일 1976.04.15	감 사 의 견 적정 (삼일)	계 열
결 산 기 12월	보 통 주 2,580만주	종속회사수 3개사
액 면 가 5,000원	우 선 주	구 상 호 삼성정밀화학

주주구성 (지분율,%)
롯데케미칼	31.1
국민연금공단	8.2
(외국인)	22.1

출자관계 (지분율,%)
에스엔폴	100.0
한덕화학	50.0
아세아아세틸스	49.3

주요경쟁사 (외형,%)
롯데정밀화학	100
롯데케미칼	1,191
대한유화	144

매출구성
메셀로스, AnyCoat, ECH 등	40.5
암모니아 등	30.6
가성소다, 유록스, 염화메탄 등	18.9

비용구성
매출원가율	85.3
판관비율	12.0

수출비중
수출	53.0
내수	47.0

회사 개요
동사는 2016년 2월 롯데케미칼에 매각돼 삼성정밀화학에서 롯데정밀화학으로 사명이 변경됨. 동사의 사업부는 정밀화학본부, 일반화학부문, 전자재료부문 등 크게 3가지 제품군으로 나뉨. 정밀화학제품은 경쟁력 있는 고부가 제품을 주로 생산함. 생분해성 수지와 2차전지 활물질을 신규 사업으로 개발 중임. 동사의 제품 중 메셀로스의 시장점유율은 70%로 관련 시장 1위를 차지함. ECH, 염화메탄 원료도 각각 47%, 52%등 높은 시장점유율을 기록함.

실적 분석
동사의 2017년도 상반기 연결기준 누적 매출액은 6,096.6억원으로 전년동기 대비 5.5% 증가함. 매출 확대에 따라 영업이익은 1,590.3% 늘어난 556.5억원을 기록했고, 당기순이익도 499.5억원으로 흑자전환함. 일반화학제품에서 국내 전방산업(카프로락탐)의 시황 개선으로 판매물량 증가와 지난해 약세를 보였던 국제가격이 반등한 것이 원인임. 또한 정밀화학제품에서 ECH 가동률이 정상화되면서 판매물량이 증가한 것도 긍정적 영향을 미침.

현금 흐름 〈단위 : 억원〉
항목	2016	2017.2Q
영업활동	993	1,000
투자활동	-472	-462
재무활동	-613	719
순현금흐름	-92	1,257
기말현금	2,101	3,358

시장 대비 수익률

결산 실적 〈단위 : 억원〉
항목	2012	2013	2014	2015	2016	2017
매출액	14,312	13,141	12,105	11,619	11,107	—
영업이익	556	-203	-244	26	297	—
당기순이익	733	33	587	900	-435	—

분기 실적 〈단위 : 억원〉
항목	2016.1Q	2016.2Q	2016.3Q	2016.4Q	2017.1Q	2017.2Q
매출액	2,856	2,926	2,849	2,476	2,866	3,230
영업이익	-212	245	100	164	221	336
당기순이익	-769	220	87	26	195	305

재무 상태 〈단위 : 억원〉
항목	2012	2013	2014	2015	2016	2017.2Q
총자산	16,079	19,001	18,460	16,842	15,309	17,066
유형자산	6,774	9,290	9,274	7,609	7,171	6,998
무형자산	433	426	377	336	241	215
유가증권	2,568	2,351	2,447	1,084	264	264
총부채	4,545	7,736	6,502	5,206	4,193	5,526
총차입금	1,427	4,922	4,300	3,171	3,014	3,809
자본금	1,290	1,290	1,290	1,290	1,290	1,290
총자본	11,534	11,265	11,958	11,636	11,117	11,540
지배주주지분	11,533	11,265	11,867	11,636	11,117	11,540

기업가치 지표
항목	2012	2013	2014	2015	2016	2017.2Q
주가(최고/저)(천원)	67.3/48.1	59.6/39.6	47.3/28.1	43.3/29.1	41.0/26.8	—/—
PER(최고/저)(배)	24.9/17.8	478.8/317.8	20.6/12.2	12.2/8.2	—/—	—/—
PBR(최고/저)(배)	1.6/1.1	1.4/0.9	1.1/0.6	1.0/0.7	1.0/0.6	1.0/0.7
EV/EBITDA(배)	13.7	40.2	25.8	13.4	7.7	—/—
EPS(원)	2,840	129	2,371	3,638	-1,688	1,936
BPS(원)	45,068	44,027	46,358	45,463	43,451	45,092
CFPS(원)	5,406	2,419	5,096	6,479	1,473	3,425
DPS(원)	650	300	300	500	300	—
EBITDAPS(원)	4,720	1,501	1,780	2,939	4,314	3,646

재무 비율 〈단위 : %〉
연도	영업이익률	순이익률	부채비율	차입금비율	ROA	ROE	유보율	자기자본비율	EBITDA마진율
2016	2.7	-3.9	37.7	27.1	-2.7	-3.8	769.0	72.6	10.0
2015	0.2	7.7	44.8	27.3	5.1	8.0	809.3	69.1	6.5
2014	-2.0	4.9	54.4	36.0	3.1	5.3	827.2	64.8	3.8
2013	-1.6	0.3	68.7	43.7	0.2	0.3	780.5	59.3	3.0

롯데제과 (A004990)
Lotte Confectionery

업 종 : 식료품		시 장 : 거래소
신용 등급 : (Bond) AA+ (CP) A1		기업규모 : 시가총액 대형주
홈 페 이 지 : www.lotteconf.co.kr		연 락 처 : 02)2670-6114
주 소 : 서울시 영등포구 양평로21길 10 (양평동5가)		

설 립 일 1967.03.24	종 업 원 수 4,681명	대 표 이 사 신동빈,김용수,황각규
상 장 일 1974.02.16	감 사 의 견 적정 (삼일)	계 열
결 산 기 12월	보 통 주 1,421만주	종속회사수 28개사
액 면 가 500원	우 선 주	구 상 호

주주구성 (지분율,%)
롯데알미늄	15.3
LOTTE CO.,LTD	9.9
(외국인)	34.4

출자관계 (지분율,%)
스위트위드	100.0
롯데자이언츠	30.0
롯데칠성음료	19.3

주요경쟁사 (외형,%)
롯데제과	100
CJ	1,065
오리온홀딩스	106

매출구성
비스켓, 쵸코렛	34.2
빙과, 기타	33.6
기타	15.4

비용구성
매출원가율	63.9
판관비율	30.4

수출비중
수출	10.0
내수	90.0

회사 개요
동사는 식품 제조, 가공, 판매 및 수입 판매업 등을 영위할 목적으로 1967년 설립됨. 껌, 캔디, 초콜릿, 비스킷 분야에서 강점을 갖고 있음. 매년 신제품을 운영해 라인 기계설비 신규 투자가 이뤄지고, 건과, 빙과 시설 등 노후 설비 보수를 통해 생산성 향상과 원가 절감을 하고 있음. 국내 소비자의 기호에 맞춘 제품 연구와 설비 투자, 영업력의 강점을 기반으로 대형 4사가 시장을 주도하고 있음.

실적 분석
동사의 2017년 상반기 연결기준 누적 매출액은 1조1,059.9억원으로 전년 동기 대비 2.3% 증가함. 매출은 소폭 늘면서 매출원가도 늘었지만 고정비용 감소 효과로 영업이익은 전년 동기 대비 0.3% 소폭 늘어난 570.9억원을 시현함. 비영업손익 부분에서 외환손익의 증가로 흑자전환에 성공. 당기순이익은 430.2억원으로 전년동기 대비 15% 증가함.

현금 흐름 〈단위 : 억원〉
항목	2016	2017.2Q
영업활동	1,162	999
투자활동	-591	-940
재무활동	-1,386	1,734
순현금흐름	-805	1,792
기말현금	1,665	3,457

결산 실적 〈단위 : 억원〉
항목	2012	2013	2014	2015	2016	2017
매출액	18,645	19,764	22,248	22,579	22,483	—
영업이익	1,154	915	1,148	1,445	1,278	—
당기순이익	898	552	17	792	752	—

분기 실적 〈단위 : 억원〉
항목	2016.1Q	2016.2Q	2016.3Q	2016.4Q	2017.1Q	2017.2Q
매출액	5,316	5,495	5,933	5,738	5,515	5,54
영업이익	278	292	519	189	300	27
당기순이익	298	76	431	-52	320	11

재무 상태 〈단위 : 억원〉
항목	2012	2013	2014	2015	2016	2017.2Q
총자산	40,244	44,322	39,979	43,259	39,918	44,68
유형자산	12,245	13,525	13,875	14,022	13,934	13,69
무형자산	1,108	1,320	1,242	1,084	1,032	1,03
유가증권	16,721	18,781	15,748	16,593	14,453	18,24
총부채	12,228	14,657	13,777	16,233	14,298	16,88
총차입금	3,337	5,129	5,373	7,404	6,308	8,97
자본금	71	71	71	71	71	7
총자본	28,016	29,665	26,202	27,025	25,621	27,80
지배주주지분	27,056	28,124	24,829	25,872	24,426	26,61

기업가치 지표
항목	2012	2013	2014	2015	2016	2017.2Q
주가(최고/저)(천원)	181/139	197/145	229/167	227/170	279/161	—/—
PER(최고/저)(배)	28.6/22.0	56.2/41.2	—/—	43.1/32.4	57.2/33.0	—/—
PBR(최고/저)(배)	1.0/0.7	1.0/0.7	1.3/1.0	1.3/0.9	1.6/0.9	1.2/0.
EV/EBITDA(배)	13.2	17.5	15.0	13.4	13.7	—/—
EPS(원)	6,446	3,569	-201	5,293	4,911	2,96
BPS(원)	1,907,881	1,982,995	1,751,163	1,820,200	171,843	187,21
CFPS(원)	116,923	97,312	61,985	120,270	11,679	6,03
DPS(원)	4,000	4,000	5,200	11,270	1,130	—
EBITDAPS(원)	133,646	126,023	144,735	168,976	15,756	7,08

재무 비율 〈단위 : %〉
연도	영업이익률	순이익률	부채비율	차입금비율	ROA	ROE	유보율	자기자본비율	EBITDA마진율
2016	5.7	3.4	55.8	24.6	1.8	2.8	34,268.7	64.2	10.
2015	6.4	3.5	60.1	27.4	1.9	3.0	36,304.0	62.5	10.
2014	5.2	0.1	52.6	20.5	0.0	-0.1	34,923.3	65.5	9.
2013	4.6	2.8	49.4	17.3	1.3	1.8	39,559.9	66.9	9.

롯데칠성음료 (A005300)
Lotte Chilsung Beverage

업 종 : 음료		시 장 : 거래소	
신용등급 : (Bond) AA+　(CP) A1		기업규모 : 시가총액 중형주	
홈 페 이 지 : company.lottechilsung.co.kr		연 락 처 : 02)3479-9114	
본 사 : 서울시 서초구 서초대로70길 15			

설 립 일 1967.11.29	종 업 원 수 5,899명	대 표 이 사	이재혁,이영구,이종훈
상 장 일 1973.06.21	감 사 의 견 적정 (삼일)	계 열	
결 산 기 12월	보 통 주 124만주	종 속 회 사 수 12개사	
액 면 가 5,000원	우 선 주 12만주	구 상 호	

주주구성 (지분율,%)		출자관계 (지분율,%)		주요경쟁사 (외형,%)	
롯데제과	19.3	롯데베버리지홀딩스	100.0	롯데칠성	100
국민연금공단	10.0	충북소주	100.0	하이트진로	80
(외국인)	23.6	엠제이에이와인	100.0	무학	11

매출구성		비용구성		수출비중	
소주, 액주차	32.4	매출원가율	56.3	수출	6.0
탄산음료	27.4	판관비율	37.4	내수	94.0
먹는샘물 외	17.0				

회사 개요
동사는 1950년 설립된 롯데그룹의 주요 계열사로 탄산음료 및 주스 등 음료 제품 및 소주 등 주류 제품을 보유한 종합 음료회사임. 동사의 제품은 대형할인마장 및 편의점뿐 아니라 소매점 등에서 판매됨. 지난해 맥주 '클라우드'를 선보여 출혈을 일으킨 동사는 소주 '순하리 처음처럼'으로 후발주자인 소주 시장에서도 점유율 확보에 나서는 중임. 술시장 수요 감소로 착즙주스 등 새로운 시장 확대 중.

실적 분석
동사의 2017년 상반기 연결기준 누적 매출액은 1조 1,887.4억원으로 전년 동기 대비 1.5% 소폭 증가함. 매출은 늘었지만 매출원가 또한 늘었고 판관비가 대폭 증가하면서 영업이익은 전년 동기 대비 43.9% 감소한 497.4억원을 시현함. 비영업손익 부문에서도 적자폭이 확대되면서 당기순손실은 27.6억원으로 전년 동기 대비 적자 전환함. 매출은 늘었지만 수익성은 점점 악화되고 있음.

현금 흐름 　　〈단위 : 억원〉

항목	2016	2017.2Q
영업활동	1,913	1,091
투자활동	-3,413	-2,171
재무활동	2,656	919
순현금흐름	1,163	-167
기말현금	3,197	3,030

결산 실적 　　〈단위 : 억원〉

항목	2012	2013	2014	2015	2016	2017
매출액	21,986	22,159	21,841	22,992	23,695	
영업이익	1,500	1,724	930	1,429	1,488	
당기순이익	830	1,035	206	1,003	691	

분기 실적 　　〈단위 : 억원〉

항목	2016.1Q	2016.2Q	2016.3Q	2016.4Q	2017.1Q	2017.2Q
매출액	5,428	6,285	6,659	5,322	5,465	6,422
영업이익	380	507	564	37	267	230
당기순이익	263	290	393	-254	83	-110

재무 상태 　　〈단위 : 억원〉

항목	2012	2013	2014	2015	2016	2017.2Q
총자산	37,505	39,585	41,000	43,820	46,505	50,140
유형자산	15,073	16,299	18,539	19,881	22,186	23,825
무형자산	3,771	3,558	4,110	3,776	3,515	3,401
유가증권	7,963	8,543	6,513	6,471	6,191	7,212
총부채	14,820	15,326	17,834	20,194	22,778	25,942
총차입금	6,924	7,101	9,786	11,491	14,311	15,238
자본금	68	68	68	68	68	68
총자본	22,684	24,259	23,166	23,626	23,727	24,198
지배주주지분	22,643	24,149	22,737	23,361	23,467	23,951

기업가치 지표

항목	2012	2013	2014	2015	2016	2017.2Q
주가(최고/저)(천원)	1,490/1,179	1,693/1,293	2,212/1,392	2,722/1,445	2,409/1,422	—/—
PER(최고/저)(배)	24.8/19.6	23.1/17.7	163.0/102.6	37.5/19.9	47.5/28.0	1.1/0.8
PBR(최고/저)(배)	0.9/0.7	1.0/0.7	1.3/0.8	1.6/0.9	1.4/0.8	—/—
EV/EBITDA(배)	9.3	8.7	12.5	13.2	10.1	—/—
EPS(원)	61,201	74,438	13,763	73,398	51,074	-1,968
BPS(원)	1,668,321	1,779,294	1,675,276	1,721,282	1,729,103	1,764,700
CFPS(원)	139,572	153,989	104,025	171,560	152,311	50,238
DPS(원)	3,500	3,750	4,900	9,200	10,000	88,855
EBITDAPS(원)	188,920	206,566	158,784	203,435	210,868	

재무 비율 　　〈단위 : % 〉

연도	영업이익률	순이익률	부채비율	차입금비율	ROA	ROE	유보율	자기자본비율	EBITDA마진율
2016	6.3	2.9	96.0	60.3	1.5	3.0	34,482.1	51.0	12.1
2015	6.2	4.4	85.5	48.6	2.4	4.3	34,325.7	53.9	12.0
2014	4.3	0.9	77.0	42.2	0.5	0.8	33,405.5	56.5	9.9
2013	7.8	4.7	63.2	29.3	2.6	4.3	35,485.9	61.3	12.7

롯데케미칼 (A011170)
LOTTE CHEMICAL

업 종 : 화학		시 장 : 거래소	
신용등급 : (Bond) AA+　(CP) A1		기업규모 : 시가총액 대형주	
홈 페 이 지 : www.lottechem.com		연 락 처 : 02)829-4114	
본 사 : 서울시 송파구 올림픽로 300(신천동)			

설 립 일 1976.03.16	종 업 원 수 3,073명	대 표 이 사	김교현
상 장 일 1991.05.30	감 사 의 견 적정 (한영)	계 열	
결 산 기 12월	보 통 주 3,428만주	종 속 회 사 수 15개사	
액 면 가 5,000원	우 선 주	구 상 호 호남석유	

주주구성 (지분율,%)		출자관계 (지분율,%)		주요경쟁사 (외형,%)	
롯데물산	31.3	롯데첨단소재	100.0	롯데케미칼	100
호텔롯데	12.7	케이피켐텍	100.0	대한유화	12
(외국인)	30.8	데크항공	100.0	태광산업	20

매출구성		비용구성		수출비중	
고밀도 폴리에틸렌, LFT, EPP 등	66.2	매출원가율	75.3	수출	—
스타이렌모노머, 에틸렌옥사이드어덕트 등	26.8	판관비율	5.5	내수	—
에틸렌, 프로필렌, 벤젠, 파라자일렌, 올소자일렌	11.5				

회사 개요
동사는 1976년 3월 16일 석유화학제품의 제조/판매업을 영위할 목적으로 설립됨. 2009년 1월 1일 롯데대산유화, 2012년 12월 27일 케이피케미칼을 흡수합병하고 사명을 호남석유화학에서 롯데케미칼로 변경함. 벤젠, 톨루엔, 자일렌 등의 방향족계 제품 및 기초유분을 원료로 하여 합성수지, 합성원료, 합성고무 등을 생산함. 주요 자회사로 말레이시아 타이탄케미칼(지분율 100%), 대산MMA(50%) 등이 있음.

실적 분석
동사의 2017년 상반기 누적 매출액은 7조 8,493.3억원으로 전년동기 대비 28.1% 증가함. 비용면에서 매출원가와 판관비의 상승에도 불구하고 매출 증가에 힘입어 영업이익은 전년동기 대비 23.9% 늘어난 1조 4,470.5억원을 기록함. 주력 사업인 폴리머 부문이 저가의 수입품 증가, PP 국내 증설 물량의 본격적인 공급과 내수 경기 침체로 수요가 감소하여 어려움을 겪고 있음. 고부가가치 제품의 개발을 통한 수익성 개선 노력 중임.

현금 흐름 　　〈단위 : 억원〉

항목	2016	2017.2Q
영업활동	26,821	13,570
투자활동	-35,787	-16,011
재무활동	11,333	1,219
순현금흐름	2,607	-1,475
기말현금	22,029	20,555

결산 실적 　　〈단위 : 억원〉

항목	2012	2013	2014	2015	2016	2017
매출액	159,028	164,389	148,590	117,133	132,235	
영업이익	3,717	4,874	3,509	16,111	25,443	
당기순이익	3,161	2,858	1,437	9,907	18,372	

분기 실적 　　〈단위 : 억원〉

항목	2016.1Q	2016.2Q	2016.3Q	2016.4Q	2017.1Q	2017.2Q
매출액	26,845	34,411	34,266	36,714	39,960	38,533
영업이익	4,736	6,939	6,432	7,335	8,148	6,322
당기순이익	3,457	4,603	4,514	5,798	6,414	5,155

재무 상태 　　〈단위 : 억원〉

항목	2012	2013	2014	2015	2016	2017.2Q
총자산	103,723	106,877	103,227	114,678	158,668	171,627
유형자산	44,209	41,865	39,758	39,649	55,467	60,796
무형자산	330	238	376	376	17,924	17,505
유가증권	1,136	1,054	1,878	2,560	3,448	3,290
총부채	42,882	43,932	38,537	39,122	64,660	67,384
총차입금	19,756	25,128	26,282	24,153	41,882	44,391
자본금	1,714	1,714	1,714	1,714	1,714	1,714
총자본	60,841	62,945	64,690	75,556	94,008	104,243
지배주주지분	60,434	62,561	64,371	75,248	93,631	103,873

기업가치 지표

항목	2012	2013	2014	2015	2016	2017.2Q
주가(최고/저)(천원)	381/184	253/124	220/120	294/139	369/239	—/—
PER(최고/저)(배)	40.1/19.4	31.1/15.2	52.9/28.7	10.4/4.9	6.9/4.5	1.3/1.1
PBR(최고/저)(배)	2.2/1.1	1.4/0.7	1.2/0.7	1.4/0.7	1.4/0.9	
EV/EBITDA(배)	10.7	9.3	9.3	8.1	4.5	—/—
EPS(원)	9,862	8,400	4,285	28,957	53,561	33,712
BPS(원)	176,320	182,525	187,805	219,538	273,173	303,054
CFPS(원)	24,285	23,193	18,628	43,185	71,916	43,866
DPS(원)	1,000	1,000	1,000	2,500	4,000	
EBITDAPS(원)	26,079	29,014	24,582	61,233	92,585	52,372

재무 비율 　　〈단위 : % 〉

연도	영업이익률	순이익률	부채비율	차입금비율	ROA	ROE	유보율	자기자본비율	EBITDA마진율
2016	19.2	13.9	68.8	44.6	13.4	21.7	5,363.5	59.3	24.0
2015	13.8	8.5	51.8	32.0	9.1	14.2	4,290.8	65.9	17.9
2014	2.4	1.0	59.6	40.6	1.4	2.3	3,656.1	62.7	5.7
2013	3.0	1.7	69.8	39.9	2.7	4.7	3,550.5	58.9	6.1

롯데푸드 (A002270)
LOTTE FOODS COLTD

업 종 : 식료품		시 장 : 거래소	
신용 등급 : (Bond) AA (CP) A1		기업 규모 : 시가총액 중형주	
홈 페 이 지 : www.lottefoods.co.kr		연 락 처 : 02)3469-3114	
본 사 : 서울시 영등포구 양평로21길 10			

설 립 일 1958.01.10	종 업 원 수 2,121명	대 표 이 사 이영호(李榮篇)	
상 장 일 1973.05.09	감 사 의 견 적정 (삼일)	계 열	
결 산 기 12월	보 통 주 137만주	종 속 회 사 수	
액 면 가 5,000원	우 선 주	구 상 호 롯데삼강	

주주구성 (지분율,%)
국민연금공단	12.4
롯데칠성음료	9.3
(외국인)	7.2

출자관계 (지분율,%)
롯데네슬레코리아	50.0
대홍기획	10.0
롯데역사	7.5

주요경쟁사 (외형,%)
롯데푸드	100
동서	29
대상	162

매출구성
유지식품	43.6
육가공 등	30.3
빙과 등	26.0

비용구성
매출원가율	79.6
판관비율	15.9

수출비중
수출	1.0
내수	99.0

회사 개요
동사는 유지식품, 빙과 등, 육가공 등을 생산 판매함. 동사가 영위하는 식품가공 산업은 원재료의 수입의존도가 높아 국내경기변동에는 비교적 영향을 적게 받으나, 국외경기 및 환율, 국제 원재료 수급 상황에 민감하게 반응함. 주요 제품으로는 빠삐코, 돼지바, 롯데햄 로스팜, 후레쉬우유 930, 전주비빔삼각김밥 등이 있음. 현재 종합식품기업으로 변화하는 과정에 있음.

실적 분석
동사의 2017년 상반기 연결기준 누적 매출액은 9133.5억원으로 전년 동기 대비 4.4% 소폭 증가함. 매출은 늘었지만 매출원가 또한 늘고 판관비도 증가하면서 영업이익은 전년 동기 대비 23.2% 감소한 337.2억원을 시현함. 비영업손익 부문에서도 관련기업 투자 손실이 지속되는 등 적자가 지속되면서 당기순이익은 전년 동기 대비 29% 감소한 219.7억원을 기록함.

현금 흐름   *IFRS 별도 기준   〈단위 : 억원〉
항목	2016	2017.2Q
영업활동	898	435
투자활동	-1,277	-404
재무활동	-397	606
순현금흐름	-776	636
기말현금	367	1,003

시장 대비 수익률

결산 실적   〈단위 : 억원〉
항목	2012	2013	2014	2015	2016	2017
매출액	10,072	15,683	16,330	17,062	17,624	
영업이익	594	738	659	692	798	
당기순이익	614	1,139	599	503	582	

분기 실적   *IFRS 별도 기준   〈단위 : 억원〉
항목	2016.1Q	2016.2Q	2016.3Q	2016.4Q	2017.1Q	2017.2Q
매출액	4,229	4,522	4,796	4,078	4,372	4,762
영업이익	197	242	335	24	141	196
당기순이익	153	156	228	44	107	112

재무 상태   *IFRS 별도 기준   〈단위 : 억원〉
항목	2012	2013	2014	2015	2016	2017.2Q
총자산	8,979	11,286	11,932	12,876	13,362	14,127
유형자산	3,883	5,070	5,139	5,016	5,651	5,812
무형자산	520	554	595	526	511	511
유가증권	841	1,318	1,301	1,478	1,728	1,634
총부채	2,885	3,563	3,612	3,950	3,935	4,614
총차입금	1,074	1,113	1,295	1,544	1,212	1,888
자본금	65	68	68	68	68	68
총자본	6,094	7,724	8,320	8,926	9,426	9,513
지배주주지분	6,094	7,724	8,320	8,926	9,426	9,513

기업가치 지표   *IFRS 별도 기준
항목	2012	2013	2014	2015	2016	2017.2Q
주가(최고/저)(천원)	741/367	862/573	800/572	1,172/551	986/643	—/—
PER(최고/저)(배)	15.7/7.8	10.6/7.0	18.6/13.3	32.4/15.2	23.4/15.3	—/—
PBR(최고/저)(배)	1.6/0.8	1.6/1.0	1.3/1.0	1.8/0.9	1.5/0.9	1.0/0.8
EV/EBITDA(배)	9.7		9.1	8.1	11.3	7.5
EPS(원)	48,326	83,216	43,721	36,712	42,479	16,045
BPS(원)	467,329	564,019	607,536	651,806	688,336	694,664
CFPS(원)	75,193	114,505	77,166	71,632	78,408	34,850
DPS(원)	1,250	1,500	2,500	4,780	6,000	
EBITDAPS(원)	73,607	85,153	81,600	85,472	94,223	43,424

재무 비율   〈단위 : % 〉
연도	영업이익률	순이익률	부채비율	차입금비율	ROA	ROE	유보율	자기자본비율	EBITDA마진율
2016	4.5	3.3	41.8	12.9	4.4	6.3	13,666.7	70.6	7.3
2015	4.1	3.0	44.3	17.3	4.1	5.8	12,936.1	69.3	6.9
2014	4.0	3.7	43.4	15.6	5.2	7.5	12,050.7	69.7	6.8
2013	4.7	7.3	46.1	14.4	11.3	16.5	11,180.4	68.4	7.4

롯데하이마트 (A071840)
LOTTE Himart

업 종 : 도소매		시 장 : 거래소	
신용 등급 : (Bond) AA- (CP) A1		기업 규모 : 시가총액 중형주	
홈 페 이 지 : www.himart.co.kr/index.jsp		연 락 처 : 02)1588-0070	
본 사 : 서울시 강남구 삼성로 156 롯데하이마트빌딩			

설 립 일 1987.07.01	종 업 원 수 3,740명	대 표 이 사 이동우	
상 장 일 2011.06.29	감 사 의 견 적정 (삼정)	계 열	
결 산 기 12월	보 통 주 2,361만주	종 속 회 사 수	
액 면 가 5,000원	우 선 주	구 상 호 하이마트	

주주구성 (지분율,%)
롯데쇼핑	65.3
국민연금공단	5.0
(외국인)	16.8

출자관계 (지분율,%)
롯데렌탈	4.9
오마이뉴스	2.9

주요경쟁사 (외형,%)
롯데하이마트	100
BGF리테일	128
이마트	375

매출구성
상품	99.6
상품외	0.4

비용구성
매출원가율	74.3
판관비율	21.3

수출비중
수출	—
내수	—

회사 개요
동사는 가전제품 도·소매업을 영위할 목적으로 1987년에 설립되어 2017년 6월말 기준 458개 점포와 12개의 물류센터를 운영 중임. 2012년 롯데쇼핑으로 최대주주가 바뀌면서 롯데그룹에 편입됐고, 그 해 사명이 하이마트에서 롯데하이마트로 바뀜. 동사의 종속회사는 하이마트로지텍, 하이마트쇼핑물 등 두 개임. 동사는 국내 전자제품 및 가전제품 유통업 총 매출의 약 47%를 차지하는 1위 유통업체임.

실적 분석
동사는 2017년 상반기 누적 매출액과 영업이익이 전년 동기보다 각각 6.7%, 42.0% 증가한 1조 9,607.2억원, 976.5억원을 기록함. 동사는 전년에 무더운 여름을 겪은 소비자들이 이른 시기에 에어컨을 구매하는 등 계절 상품의 판매 호조로 상반기 매출이 신장됨. 마진율이 높은 프리미엄 가전제품의 판매가 늘면서 상대적으로 매출원가 증가유율이 낮아지면서 수익성이 개선됨. 비영업부문에선 적자폭이 줄었고, 당기순이익은 707.2억원을 기록함.

현금 흐름   *IFRS 별도 기준   〈단위 : 억원〉
항목	2016	2017.2Q
영업활동	2,368	565
투자활동	-779	-196
재무활동	-1,308	-203
순현금흐름	282	166
기말현금	1,580	1,745

시장 대비 수익률

결산 실적   〈단위 : 억원〉
항목	2012	2013	2014	2015	2016	2017
매출액	32,211	35,191	37,543	38,961	39,394	
영업이익	1,615	1,848	1,444	1,602	1,745	
당기순이익	696	1,291	964	1,066	1,214	

분기 실적   *IFRS 별도 기준   〈단위 : 억원〉
항목	2016.1Q	2016.2Q	2016.3Q	2016.4Q	2017.1Q	2017.2Q
매출액	8,877	9,507	11,215	9,796	8,970	10,638
영업이익	280	408	664	393	364	613
당기순이익	190	288	457	279	255	452

재무 상태   *IFRS 별도 기준   〈단위 : 억원〉
항목	2012	2013	2014	2015	2016	2017.2Q
총자산	26,047	27,554	27,746	29,052	30,049	31,046
유형자산	3,903	4,207	4,345	4,217	4,130	4,079
무형자산	16,902	16,918	16,936	17,046	17,039	17,014
유가증권			4	519	603	588
총부채	11,281	11,604	10,895	11,224	11,092	11,516
총차입금	8,592	8,013	7,325	7,540	6,490	6,492
자본금	1,180	1,180	1,180	1,180	1,180	1,180
총자본	14,766	15,950	16,851	17,828	18,957	19,530
지배주주지분	14,766	15,950	16,851	17,828	18,957	19,530

기업가치 지표   *IFRS 별도 기준
항목	2012	2013	2014	2015	2016	2017.2Q
주가(최고/저)(천원)	80.5/45.6	88.1/62.3	87.5/62.3	82.4/50.6	59.7/41.5	—/—
PER(최고/저)(배)	27.5/15.5	16.6/11.7	21.9/15.6	18.6/11.4	11.7/8.2	—/—
PBR(최고/저)(배)	1.3/0.8	1.3/1.0	1.5/1.1	1.1/0.7	0.8/0.5	0.9/0.5
EV/EBITDA(배)	11.7		12.1	11.2	9.5	6.5
EPS(원)	3,023	5,469	4,085	4,515	5,144	2,996
BPS(원)	62,547	67,564	71,381	75,519	80,298	82,729
CFPS(원)	4,873	7,433	6,334	6,734	7,364	4,047
DPS(원)	250	250	330	430	500	
EBITDAPS(원)	8,719	9,902	8,366	9,004	9,613	5,188

재무 비율   〈단위 : % 〉
연도	영업이익률	순이익률	부채비율	차입금비율	ROA	ROE	유보율	자기자본비율	EBITDA마진율
2016	4.4	3.1	58.5	34.2	4.1	6.6	1,506.0	63.1	5.8
2015	4.1	2.7	63.0	42.3	3.8	6.2	1,410.4	61.4	5.5
2014	3.9	2.6	64.7	43.5	3.5	5.9	1,327.6	60.7	5.3
2013	5.3	3.7	72.8	50.2	4.8	8.4	1,251.3	57.9	6.6

루멘스 (A038060)
Lumens

업 종 : 디스플레이 및 관련부품		시 장 : KOSDAQ	
신용등급 : (Bond) — (CP) —		기업규모 : 중견	
홈 페 이 지 : www.lumensleds.com		연 락 처 : 031)8033-1200	
본 사 : 경기도 용인시 기흥구 원고매로 12			

설 립 일 1996.06.17	종 업 원 수 274명	대 표 이 사 유태경
상 장 일 2006.08.08	감사의견 적정 (대주)	계 열
결 산 기 12월	보 통 주 4,728만주	종속회사수 7개사
액 면 가 500원	우 선 주	구 상 호

주주구성 (지분율,%)
루멘스홀딩스	10.1
알리안츠글로벌인베스터스자산운용	4.6
(외국인)	17.9

출자관계 (지분율,%)
골든바우	100.0
토파즈	39.7
엘아이씨티	35.4

주요경쟁사 (외형,%)
루멘스	100
넥스트아이	10
상아프론테크	39

매출구성
LED모듈 외	78.6
LGP 외	12.0
LED	6.5

비용구성
매출원가율	83.2
판관비율	15.5

수출비중
수출	83.0
내수	17.0

회사 개요
동사는 LED소자를 비롯하여, LED소자를 이용한 모듈 제품 군, 일반 조명 군 등의 각종 어플리케이션에 이르는 제품 군을 생산, 판매하고 있음. 자동차의 내, 외장조명 및 기존의 산업분야에 사용되는 공장등 및 가로등과 일반 형광등 및 백열전구를 대체하는 LED 형광등까지 LED를 이용한 모든 광원분야 뿐만 아니라 모바일용 LED부터 LCD TV용 LED BLU, 노트북용 LED BLU에서의 폭넓은 제품포트폴리오를 보유하고 있음

실적 분석
동사의 2017년 상반기 연결기준 누적 매출액은 1,747.1억원으로 전년 동기 대비 6.6% 감소함. 매출이 출현서 매출원가도 감소했지만 매출감소에 따른 고정비용 증가 효과로 인해 영업이익은 전년 동기 대비 무려 74.5% 감소한 9.5억원을 시현함. 비영업손익 부문에서도 금융손실 등으로 인해 적자가 지속되면서 당기순이익은 15.2억원으로 전년 동기 대비 44.1% 감소함.

현금 흐름 〈단위 : 억원〉
항목	2016	2017.2Q
영업활동	257	-268
투자활동	-374	73
재무활동	117	-95
순현금흐름	10	-282
기말현금	681	399

시장 대비 수익률

결산 실적 〈단위 : 억원〉
항목	2012	2013	2014	2015	2016	2017
매출액	4,950	6,142	5,245	4,256	4,028	—
영업이익	316	525	201	61	52	—
당기순이익	195	324	117	-79	-62	—

분기 실적 〈단위 : 억원〉
항목	2016.1Q	2016.2Q	2016.3Q	2016.4Q	2017.1Q	2017.2Q
매출액	958	912	1,042	1,117	1,024	724
영업이익	16	21	-27	42	31	-21
당기순이익	19	11	-60	-33	2	14

재무 상태 〈단위 : 억원〉
항목	2012	2013	2014	2015	2016	2017.2Q
총자산	3,042	3,343	3,525	3,400	3,499	3,539
유형자산	806	739	680	769	873	875
무형자산	85	64	64	41	44	41
유가증권	3	2	195	143	147	184
총부채	1,538	1,270	1,231	1,207	1,360	1,429
총차입금	740	255	327	441	582	721
자본금	204	225	236	236	236	236
총자본	1,504	2,073	2,293	2,193	2,139	2,110
지배주주지분	1,500	2,073	2,273	2,216	2,169	2,107

기업가치 지표
항목	2012	2013	2014	2015	2016	2017.2Q
주가(최고/저)(천원)	8.4/4.9	12.2/6.8	14.5/5.2	7.3/3.5	5.2/3.6	—/—
PER(최고/저)(배)	17.0/9.9	16.6/9.2	57.8/20.6	—/—	—/—	0.9/0.7
PBR(최고/저)(배)	2.2/1.3	2.6/1.5	2.9/1.0	1.5/0.7	1.1/0.8	—/—
EV/EBITDA(배)	6.4	4.9	6.6	6.1	5.9	—/—
EPS(원)	494	737	251	-129	-113	36
BPS(원)	3,757	4,680	4,999	4,878	4,780	4,649
CFPS(원)	957	1,396	746	257	317	233
DPS(원)			25			
EBITDAPS(원)	1,246	1,846	924	516	541	217

재무 비율 〈단위 : % 〉
연도	영업이익률	순이익률	부채비율	차입금비율	ROA	ROE	유보율	자기자본비율	EBITDA마진율
2016	1.3	-1.6	63.6	27.2	-1.8	-2.4	856.0	61.1	6.4
2015	1.4	-1.9	55.0	20.1	-2.3	-2.7	875.6	64.5	5.7
2014	3.8	2.2	53.7	14.3	3.4	5.4	899.8	65.1	8.2
2013	8.6	5.3	61.2	12.3	10.2	18.3	836.0	62.0	13.3

루미마이크로 (A082800)
LUMIMICRO CO

업 종 : 디스플레이 및 관련부품		시 장 : KOSDAQ	
신용등급 : (Bond) — (CP) —		기업규모 : 중견	
홈 페 이 지 : www.lumimicro.com		연 락 처 : 031)210-1917	
본 사 : 경기도 용인시 처인구 남사면 봉무로 309			

설 립 일 2002.08.22	종 업 원 수 97명	대 표 이 사 이진수
상 장 일 2005.11.18	감사의견 적정 (안진)	계 열
결 산 기 12월	보 통 주 3,794만주	종속회사수
액 면 가 500원	우 선 주	구 상 호

주주구성 (지분율,%)
금호전기	38.2
알에프텍	14.7
(외국인)	0.4

출자관계 (지분율,%)
금호에이엠티	33.5
세타스	15.0
KUMHOLCD(DONGGUAN)CO.,LTD	49.0

주요경쟁사 (외형,%)
루미마이크로	100
사파이어테크놀로지	21
쎄미시스코	18

매출구성
Module&기타	79.1
LED PKG	20.9

비용구성
매출원가율	92.0
판관비율	7.2

수출비중
수출	79.0
내수	21.0

회사 개요
동사는 화합물 반도체 제조 및 판매업 등을 영위할 목적으로 2002년 8월 설립, 2005년 11월 코스닥 시장에 상장함. 동사는 LED 사업 및 부동산임대업을 영위하고 있음. 수직계열화 형성에 따른 시너지 효과 창출의 결과로 동사의 최대 주주이자 주요 고객인 금호전기에 TV용 LED 및 조명용 LED를 납품하면서 금호전기가 완성품을 판매하는 협력을 통한 영업 경쟁력 강화 전략을 추구함.

실적 분석
동사의 2017년 2분기 누적 매출액은 309.4억원으로 전년동기 대비 10.4% 감소하였음. 원가율 악화 및 판관비 증가로 영업이익 적자 기록 중. 선진국에서는 에너지 및 환경문제를 해결하기 위하여 국가적 과제로 LED 조명기술을 개발하였으며, 에너지절약정책의 일환으로 LED조명 사용을 권장하고 있음. 국내는 2020년 까지 국내 조명 60%를 LED조명으로 대체하는 LED 조명 2060정책이 있음.

현금 흐름 *IFRS 별도 기준 〈단위 : 억원〉
항목	2016	2017.2Q
영업활동	59	-5
투자활동	-8	-5
재무활동	-46	0
순현금흐름	5	-10
기말현금	17	7

시장 대비 수익률

결산 실적 〈단위 : 억원〉
항목	2012	2013	2014	2015	2016	2017
매출액	1,177	1,339	1,200	897	682	—
영업이익	87	41	-30	-85	5	—
당기순이익	11	-25	-13	-97	-18	—

분기 실적 *IFRS 별도 기준 〈단위 : 억원〉
항목	2016.1Q	2016.2Q	2016.3Q	2016.4Q	2017.1Q	2017.2Q
매출액	167	178	168	169	160	149
영업이익	0	2	-1	3	1	-13
당기순이익	-4	-17	-2	1	-1	-14

재무 상태 *IFRS 별도 기준 〈단위 : 억원〉
항목	2012	2013	2014	2015	2016	2017.2Q
총자산	678	789	535	487	420	395
유형자산	139	153	100	65	56	52
무형자산	6	6	45	42	31	24
유가증권	2	5	14	13	10	11
총부채	399	435	196	241	192	182
총차입금	268	210	123	140	94	96
자본금	165	190	190	190	190	190
총자본	279	354	339	247	227	213
지배주주지분	279	354	339	247	227	213

기업가치 지표 *IFRS 별도 기준
항목	2012	2013	2014	2015	2016	2017.2Q
주가(최고/저)(천원)	3.3/1.1	4.0/1.6	3.0/1.0	1.7/0.9	1.9/0.9	—/—
PER(최고/저)(배)	104.6/34.6	—/—	—/—	—/—	—/—	—/—
PBR(최고/저)(배)	4.1/1.3	4.3/1.7	3.3/1.2	2.6/1.4	3.2/1.6	2.7/2.1
EV/EBITDA(배)	7.5	10.0	24.0		13.6	—/—
EPS(원)	32	-71	-34	-256	-47	-41
BPS(원)	844	933	894	650	599	561
CFPS(원)	208	62	114	-113	45	2
DPS(원)						
EBITDAPS(원)	438	249	70	-81	105	11

재무 비율 〈단위 : % 〉
연도	영업이익률	순이익률	부채비율	차입금비율	ROA	ROE	유보율	자기자본비율	EBITDA마진율
2016	0.7	-2.6	84.5	41.4	-3.9	-7.5	19.9	54.2	5.8
2015	-9.5	-10.8	97.6	56.6	-19.0	-33.1	50.6	50.6	-3.4
2014	-2.5	-1.1	57.9	36.4	-2.0	-3.8	78.7	63.3	2.2
2013	3.1	-1.9	123.0	59.4	-3.5	-8.1	86.6	44.9	6.6

루켄테크놀러지스 (A162120)
LUKEN Technologies

업　　종 : 디스플레이 및 관련부품
신용등급 : (Bond) ―　　(CP) ―
홈 페 이 지 : www.luken.co.kr
본　　사 : 경기도 이천시 마장면 중부대로2670번길 94
시　　장 : KONEX
기업규모 : ―
연 락 처 : 070)8633-8009

설 립 일	2007.10.02	종업원수	명
상 장 일	2017.07.25	감사의견	적정 (위드)
결 산 기	12월	보 통 주	
액 면 가		우 선 주	

대 표 이 사 안윤태
계　　열
종속회사수
구 상 호

주주구성 (지분율,%)
안윤태	91.0
스카이레이크글로벌앤이셔츠제오픈사모투자전문회사	25.0

출자관계 (지분율,%)
루켄엔지니어링	51.0

주요경쟁사 (외형,%)
루켄테크놀러지스	100
HB테크놀러지	992
동아엘텍	793

매출구성
검사장비	80.3
검사부품	9.8
용역	7.7

비용구성
매출원가율	77.1
판관비율	22.6

수출비중
수출	14.0
내수	86.0

회사 개요
동사는 LCD, OLED 디스플레이 검사장비 및 Probe unit 등 디스플레이 패널과 반도체 검사용 부품 전문업체다. 원장(Mother Glass) 공정, 셀공정, 모듈 공정에서 LCD, OLED Vision검사 및 Aging 장비 등의 검사장비 라인업을 갖추고 있으며 검사에 필요한 핵심부품을 MEMS 공정을 이용하여 자체적으로 제조. 동사는 Contact 기술을 바탕으로 모든 디스플레이 제품을 검사할 수 있는 검사관련 전문기업.

실적 분석
동사는 코넥스 상장 기업으로 반기와 분기 실적 공개 의무가 없음. 동사의 2016년 연결기준 연간 누적 매출액은 272.7억원으로 전년 동기(380.7억원) 대비 30% 이상 감소함. 매출이 감소하면서 고정비용 상승 효과로 인해 영업이익 또한 전년 동기(17.4억원) 대비 대폭 감소한 0.9억원을 시현함. 영업이익이 대폭 줄어들었지만 비영업손익 부문의 효과로 인해 당기순이익은 전년 동기 대비 크게 늘어난 6.3억원을 기록함.

현금 흐름
*IFRS 별도 기준　　〈단위 : 억원〉
항목	2016	2017.2Q
영업활동	-10	―
투자활동	14	―
재무활동	-2	―
순현금흐름	-2	―
기말현금	1	―

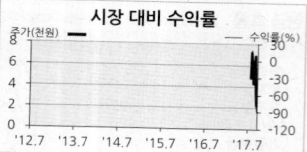
시장 대비 수익률

결산 실적
〈단위 : 억원〉
항목	2012	2013	2014	2015	2016	2017
매출액	64	207	496	381	273	―
영업이익	-33	14	17	1	1	―
당기순이익	-36	8	-13	1	6	―

분기 실적
*IFRS 별도 기준　　〈단위 : 억원〉
항목	2016.1Q	2016.2Q	2016.3Q	2016.4Q	2017.1Q	2017.2Q
매출액	―	―	―	―	―	―
영업이익	―	―	―	―	―	―
당기순이익	―	―	―	―	―	―

재무 상태
*IFRS 별도 기준　　〈단위 : 억원〉
항목	2012	2013	2014	2015	2016	2017.2Q
총자산	95	181	305	349	370	―
유형자산	52	60	96	138	107	―
무형자산	1	2	4	23	24	―
유가증권	0	0	0	0	6	―
총부채	74	137	250	276	291	―
총차입금	60	73	125	131	129	―
자본금	13	13	14	15	15	―
총자본	21	43	55	72	79	―
지배주주지분	21	43	55	72	79	―

기업가치 지표
*IFRS 별도 기준
항목	2012	2013	2014	2015	2016	2017.2Q
주가 (최고/저)(천원)	―/―	―/―	―/―	―/―	―/―	―/―
PER (최고/저)(배)	0.0/0.0	0.0/0.0	0.0/0.0	0.0/0.0	0.0/0.0	―/―
PBR (최고/저)(배)	0.0/0.0	0.0/0.0	0.0/0.0	0.0/0.0	0.0/0.0	―/―
EV/EBITDA(배)		3.0	4.8	2.5	3.7	0.0/0.0
EPS(원)	-1,403	315	-503	47	209	―
BPS(원)	819	1,671	1,917	2,390	2,599	―
CFPS(원)	-1,024	711	145	1,172	1,278	―
DPS(원)						―
EBITDAPS(원)	-894	931	968	1,726	1,099	―

재무 비율
〈단위 : % 〉
연도	영업이익률	순이익률	부채비율	차입금비율	ROA	ROE	유보율	자기자본비율	EBITDA마진율
2016	0.3	2.3	369.3	163.5	1.8	8.4	419.8	21.3	12.2
2015	4.6	0.4	381.3	181.2	0.4	2.1	378.0	20.8	13.1
2014	1.7	-2.7	455.5	228.6	-5.5	-27.4	283.4	18.0	5.2
2013	6.7	4.0	316.4	169.1	5.9	25.3	234.1	24.0	11.7

루트로닉 (A085370)
Lutronic

업　　종 : 의료 장비 및 서비스
신용등급 : (Bond) ―　　(CP) ―
홈 페 이 지 : www.lutronic.com
본　　사 : 경기도 고양시 덕양구 소원로 219 루트로닉센터
시　　장 : KOSDAQ
기업규모 : 우량
연 락 처 : 070)4714-6013

설 립 일	1997.07.08	종업원수	275명
상 장 일	2006.07.04	감사의견	적정 (일신)
결 산 기	12월	보 통 주	2,219만주
액 면 가	500원	우 선 주	333만주

대 표 이 사 황해령
계　　열
종속회사수 7개사
구 상 호

주주구성 (지분율,%)
황해령	24.6
디와이홀딩스	3.0
(외국인)	4.1

출자관계 (지분율,%)
강스템바이오텍	9.5
LUTRONICAesthetics,INC	100.0
LutronicMedicalSystemsGermany.GmbH	100.0

주요경쟁사 (외형,%)
루트로닉	100
인피니트헬스케어	85
솔본	93

매출구성
레이저 의료기기 外	86.0
기타	14.0

비용구성
매출원가율	44.5
판관비율	47.6

수출비중
수출	71.0
내수	29.0

회사 개요
레이저의료기기사업 등을 영위할 목적으로 1997년 7월 설립되어 코스닥 시장에는 2006년 7월 상장됨. Lutronic Vision, INC 안과사업으로, Lutronic Shanghai, LTD는 의료기기 및 화장품 판매, Lutronic Aesthetics, INC와 Lutronic Japan Co., LTD는 레이저 의료기기를 영위하고 있어 미국 및 상하이, 일본 등에 해외 현지 법인 지분을 취득하여 사업을 영위하고 있음.

실적 분석
동사의 2017년 연결기준 상반기 매출액은 전년 동기 대비 0.9% 감소한 422.4억원을 기록. 매출액은 감소했으나 매출원가와 판관비 증가로 영업손실은 13.6억원을 기록. 당기순손실은 29.5억원을 기록하며 적자전환 함.국내 최초로 개발한 망막치료 레이저 '알젠' 상용 가능성에도 불구하고 매출 증대로 이어지지 못했고, 외형 성장 둔화와 안과사업 관련 비용 증가로 인한 마진 악화가 동시에 일어나면서 부진을 지속함.

현금 흐름
〈단위 : 억원〉
항목	2016	2017.2Q
영업활동	56	-45
투자활동	-661	-29
재무활동	620	40
순현금흐름	68	-34
기말현금	96	62

시장 대비 수익률

결산 실적
〈단위 : 억원〉
항목	2012	2013	2014	2015	2016	2017
매출액	461	522	651	721	845	―
영업이익	0	11	28	53	67	―
당기순이익	0	-7	9	53	53	―

분기 실적
〈단위 : 억원〉
항목	2016.1Q	2016.2Q	2016.3Q	2016.4Q	2017.1Q	2017.2Q
매출액	211	215	188	231	197	225
영업이익	22	23	11	10	1	-14
당기순이익	17	47	4	-14	-15	-15

재무 상태
〈단위 : 억원〉
항목	2012	2013	2014	2015	2016	2017.2Q
총자산	680	728	805	1,295	1,917	1,884
유형자산	212	218	230	239	260	253
무형자산	143	203	232	300	332	344
유가증권				181	161	154
총부채	364	400	479	546	563	553
총차입금	272	278	323	282	317	346
자본금	51	52	52	54	65	128
총자본	316	328	325	749	1,354	1,331
지배주주지분	316	334	338	768	1,372	1,345

기업가치 지표
항목	2012	2013	2014	2015	2016	2017.2Q
주가 (최고/저)(천원)	5.5/3.7	14.7/4.8	26.6/10.7	70.1/22.8	54.4/31.4	―/―
PER (최고/저)(배)	1,375.2/923.0		185.4/74.6	128.7/41.8	106.8/61.7	―/―
PBR (최고/저)(배)	1.7/1.1	4.3/1.4	7.8/3.1	9.8/3.2	5.0/2.9	3.3/2.1
EV/EBITDA(배)	15.1	30.0	35.9	50.8	34.7	
EPS(원)	2	-25	73	278	260	-119
BPS(원)	3,346	3,442	3,466	7,213	10,960	5,438
CFPS(원)	469	354	551	941	923	-4
DPS(원)			25	50	75	
EBITDAPS(원)	468	506	674	884	1,018	61

재무 비율
〈단위 : % 〉
연도	영업이익률	순이익률	부채비율	차입금비율	ROA	ROE	유보율	자기자본비율	EBITDA마진율
2016	7.9	6.3	41.6	23.4	3.3	5.3	2,092.0	70.6	13.3
2015	7.3	7.3	73.0	37.7	5.0	10.6	1,342.7	57.8	13.1
2014	4.3	1.3	147.4	99.3	1.1	4.5	593.3	40.4	10.8
2013	2.0	-1.3	122.1	84.8	-1.0	-1.6	588.4	45.0	10.0

롱투코리아 (A060240)
LONGTU KOREA

업　종 : 게임 소프트웨어	시　장 : KOSDAQ	
신용등급 : (Bond) — (CP) —	기업규모 : 벤처	
홈페이지 : www.longtukorea.com	연락처 : 02)2640-3557	
본　사 : 서울시 금천구 가산디지털1로 137(아이티캐슬2차 13층)		

설 립 일	1993.07.15	종 업 원 수	97명	대 표 이 사	양성휘
상 장 일	2001.12.22	감 사 의 견	적정 (대성)	계	열
결 산 기	12월	보 통 주	2,299만주	종속회사수	5개사
액 면 가	500원	우 선 주		구 상 호	아이넷스쿨

주주구성 (지분율,%)		출자관계 (지분율,%)		주요경쟁사 (외형,%)	
LONGTUGAME HK LIMITED	35.4			룽투코리아	100
	11.3			선데이토즈	108
(외국인)	44.5			넥슨지티	86

매출구성		비용구성		수출비중	
모바일게임	64.7	매출원가율	25.4	수출	0.0
미디어 플랫폼	15.2	판관비율	65.1	내수	100.0
온라인 강의	14.2				

회사 개요
동사는 1999년 CTI(컴퓨터 통신 통합) 관련 솔루션 회사로 설립되었으며 현재는 온라인 교육서비스를 주 사업으로 영위하는 기업으로, 초/중/고등학생을 대상으로 교육 컨텐츠를 제공하고 있음. 2009년 디지털온넷과의 인수합병을 통해 코스닥 시장에 상장하였으며, 현재 최대주주는 LONGTUGAME HK LIMITED(44.53%)임. 2015년 4월 상호를 아이넷스쿨에서 룽투코리아로 변경함.

실적 분석
2017년 기준 동사의 연결대상 종속회사로는 강관제조기업 더에앤엠과 소프트웨어 기업 타이곤모바일 및 중국과 홍콩 소재의 해외법인 3개가 있음. 게임 및 교육사업 분야 부진으로 당반기 매출액은 전년동기 대비 9.2% 축소된 220.7억원을 시현함. 종속회사의 매출감소와 영업손실에 따라 반기 연결 영업손실 32억원을 시현하며 적자전환함. 비영업손익에서는 관련기업투자 손실에 따라 41.8억원의 적자가 발생하여 반기순손실 75.2억원을 시현함.

현금 흐름		〈단위 : 억원〉
항목	2016	2017.2Q
영업활동	27	-18
투자활동	-266	-63
재무활동	198	97
순현금흐름	-41	15
기말현금	50	65

결산 실적
〈단위 : 억원〉

항목	2012	2013	2014	2015	2016	2017
매출액	247	185	129	154	715	
영업이익	10	-11	-22	-26	68	
당기순이익	8	-14	-30	50	19	

분기 실적
〈단위 : 억원〉

항목	2016.1Q	2016.2Q	2016.3Q	2016.4Q	2017.1Q	2017.2Q
매출액	92	151	284	188	134	87
영업이익	5	19	43	1	-6	-26
당기순이익	-7	0	43	-17	-30	-45

재무 상태
〈단위 : 억원〉

항목	2012	2013	2014	2015	2016	2017.2Q
총자산	244	184	183	986	1,256	1,256
유형자산	29	20	18	349	420	417
무형자산	34	20	13	189	364	340
유가증권	11	—	—	33	33	39
총부채	162	111	104	455	553	280
총차입금	22	5	2	243	377	134
자본금	32	33	45	95	97	112
총자본	82	73	79	531	704	976
지배주주지분	82	73	80	309	414	654

기업가치 지표

항목	2012	2013	2014	2015	2016	2017.2Q
주가(최고/저)(천원)	12.4/1.6	3.5/1.2	2.7/1.1	20.5/1.8	15.2/8.8	—/—
PER(최고/저)(배)	59.3/7.6			410.6/35.2	420.5/242.9	—/—
PBR(최고/저)(배)	5.8/0.8	2.9/0.9	2.6/1.1	11.9/1.0	6.9/4.0	5.3/2.9
EV/EBITDA(배)	3.1	8.2			24.7	—/—
EPS(원)	209	-242	-424	50	36	-311
BPS(원)	2,139	1,231	1,017	1,721	2,203	3,013
CFPS(원)	586	34	-217	103	163	-200
DPS(원)						-36
EBITDAPS(원)	620	76	-102	-104	492	

재무 비율
〈단위 : % 〉

연도	영업이익률	순이익률	부채비율	차입금비율	ROA	ROE	유보율	자기자본비율	EBITDA마진율
2016	9.5	2.7	78.5	53.6	1.7	1.9	324.8	56.0	12.8
2015	-16.7	5.3	85.7	45.7	1.4	4.2	231.6	53.9	-11.0
2014	-16.9	-23.2	131.5	2.9	-16.4	-39.2	87.7	43.2	-5.6
2013	-6.2	-7.7	152.7	7.2	-6.6	-17.8	120.3	39.6	2.3

리노공업 (A058470)
Leeno Industrial

업　종 : 반도체 및 관련장비	시　장 : KOSDAQ	
신용등급 : (Bond) — (CP) —	기업규모 : 우량	
홈페이지 : www.leeno.co.kr	연락처 : 051)831-3232	
본　사 : 부산시 강서구 미음산단로 105번길 10		

설 립 일	1996.12.20	종 업 원 수	415명	대 표 이 사	이채윤
상 장 일	2001.12.08	감 사 의 견	적정 (성도)	계	열
결 산 기	12월	보 통 주	1,524만주	종속회사수	
액 면 가	500원	우 선 주		구 상 호	

주주구성 (지분율,%)		출자관계 (지분율,%)		주요경쟁사 (외형,%)	
이채윤	34.7	세일이엔에스	19.0	리노공업	100
국민연금공단	12.4	브리지	14.2	SK하이닉스	15,248
(외국인)	30.3	엠투엔	9.6	이오테크닉스	273

매출구성		비용구성		수출비중	
LEENO PIN 류	51.2	매출원가율	56.5	수출	62.0
IC TEST SOCKET 류	43.3	판관비율	8.6	내수	38.0
기타	5.6				

회사 개요
동사는 1978년 설립된 반도체 검사장비 전문 업체로 전량 수입에 의존하던 PCB회로기판 검사용 PROBE와 반도체 검사용 소켓을 자체 브랜드로 개발하여 제조·판매 중임. 반도체를 생산하기 위해서는 칩디자인, 웨이퍼가공, 패키징, 테스트의 공정을 거치며, 동사의 제품 LEENO PIN과 IC TEST SOCKET은 테스트장비가 다양한 반도체 칩과 호환될 수 있도록 어댑터 역할을 수행하는 소모성부품으로 다품종, 주문생산하는 제품임.

실적 분석
동사는 2017년 상반기 누적 매출액과 영업이익이 전년 동기에 비해 각각 25.6%, 24.2% 증가한 732.1억원, 272.9억원을 기록함. 동사는 반도체 호황에 힘입어 전반적인 실적 상승세를 보임. 세부적으로는 표준화된 메모리 반도체보다는 다품종 소량의 비메모리 반도체 칩에 대응 가능한 IC TEST SOCKET 수요가 증가해 2017년 상반기에만 생산량이 10만 6651EA로 2016년 한 해 생산량(12만 7846EA)에 육박함.

현금 흐름	*IFRS 별도 기준	〈단위 : 억원〉
항목	2016	2017.2Q
영업활동	414	170
투자활동	-24	113
재무활동	-121	-136
순현금흐름	283	148
기말현금	502	650

결산 실적
〈단위 : 억원〉

항목	2012	2013	2014	2015	2016	2017
매출액	752	806	934	995	1,128	
영업이익	277	288	327	360	393	
당기순이익	249	262	309	326	354	

분기 실적
*IFRS 별도 기준　〈단위 : 억원〉

항목	2016.1Q	2016.2Q	2016.3Q	2016.4Q	2017.1Q	2017.2Q
매출액	266	317	312	233	327	405
영업이익	99	120	105	69	117	156
당기순이익	82	116	71	85	66	150

재무 상태
*IFRS 별도 기준　〈단위 : 억원〉

항목	2012	2013	2014	2015	2016	2017.2Q
총자산	1,303	1,479	1,666	1,883	2,167	2,345
유형자산	346	460	563	637	686	683
무형자산	10	10	15	15	16	16
유가증권	117	165	168	198	202	138
총부채	87	84	103	102	158	256
총차입금						
자본금	40	76	76	76	76	76
총자본	1,216	1,394	1,563	1,781	2,009	2,089
지배주주지분	1,216	1,394	1,563	1,781	2,009	2,089

기업가치 지표
*IFRS 별도 기준

항목	2012	2013	2014	2015	2016	2017.2Q
주가(최고/저)(천원)	17.4/9.4	22.0/15.3	43.6/21.1	52.0/34.4	44.8/35.7	—/—
PER(최고/저)(배)	11.8/6.4	13.8/9.7	22.8/11.0	25.2/16.7	19.7/15.7	—/—
PBR(최고/저)(배)	2.4/1.3	2.6/1.8	4.4/2.1	4.5/3.0	3.4/2.7	3.4/2.7
EV/EBITDA(배)	7.1	8.7	13.4	15.1	11.9	—/—
EPS(원)	1,631	1,718	2,025	2,141	2,322	1,419
BPS(원)	15,157	9,148	10,568	12,016	13,510	14,036
CFPS(원)	3,553	1,972	2,357	2,516	2,757	1,659
DPS(원)	1,000	550	700	800	900	
EBITDAPS(원)	3,912	2,146	2,478	2,737	3,014	2,031

재무 비율
〈단위 : % 〉

연도	영업이익률	순이익률	부채비율	차입금비율	ROA	ROE	유보율	자기자본비율	EBITDA마진율
2016	34.9	31.4	7.9	0.0	17.5	18.7	2,602.0	92.7	40.7
2015	36.2	32.8	5.7	0.0	18.4	19.5	2,303.2	94.6	41.9
2014	35.0	33.0	6.6	0.0	19.6	20.9	2,013.6	93.8	40.4
2013	35.8	32.5	6.1	0.0	18.8	20.1	1,729.6	94.3	40.6

리노스 (A039980)
Leenos

업 종 : 섬유 및 의복
신용등급 : (Bond) — (CP) —
홈 페이지 : www.leenos.co.kr
본 사 : 서울시 서초구 효령로 317 대한건축사협회 5~6층

시 장 : KOSDAQ
기업규모 : 우량
연 락 처 : 02)3489-6800

설 립 일 1991.02.01	종 업 원 수 284명	대 표 이 사 이용상,김웅(각자대표이사)	
상 장 일 2002.08.01	감 사 의 견 적정 (안진)	계 열	
결 산 기 12월	보 통 주 3,600만주	종속회사수 1개사	
액 면 가 500원	우 선 주 —	구 상 호	

주주구성 (지분율,%)		출자관계 (지분율,%)		주요경쟁사 (외형,%)	
오디텍	15.2	에스유알코리아	66.7	리노스	100
노학영	5.0	이관희프로덕션	30.0	TBH글로벌	720
(외국인)	2.1			F&F	438

매출구성		비용구성		수출비중	
FnB사업부문 (리노스)	71.4	매출원가율	57.3	수출	—
IT사업부문 (리노스)	28.5	판관비율	38.6	내수	—
기 타 (리노스)	0.1				

회사 개요
동사는 1991년 컴퓨터 하드웨어 제조 및 판매를 목적으로 설립되었으며 2002년 8월 코스닥 시장에 상장됨. 동사는 키플링, 이스트팩의 국내유통 및 라이선스 사업을 전개하는 FnB 사업부문과 무선통신 및 SI 기술력을 바탕으로 최적의 정보통신기술을 공급하는 IT 사업부문의 두 가지 사업을 영위중. 종속회사인 에스유알코리아는 직매입 방식을 통한 홈쇼핑 및 오프라인에 화장품 유통 채널을 확보, 전국 450여개의 드러그스토어에 입점중임.

실적 분석
동사의 2017년 상반기 매출액은 587.3억원으로 전년 동기 대비 4.8% 증가함. 영업이익은 32.9억원으로 전년 대비 22.9% 감소함. 당기순이익은 39.4억원으로 전년 대비 12.6% 증가함. 사드 배치 이후 중국인들의 한국여행 금지가 부정적 영향을 미쳤지만 동사의 주요 매출채널인 면세점에서는 다양한 프로모션 진행으로 전년 대비 11%의 성장세를 기록함.

현금 흐름 〈단위 : 억원〉
항목	2016	2017.2Q
영업활동	-12	43
투자활동	114	-47
재무활동	-25	-64
순현금흐름	80	-67
기말현금	192	125

시장 대비 수익률

결산 실적 〈단위 : 억원〉
항목	2012	2013	2014	2015	2016	2017
매출액	1,039	811	1,050	939	1,003	—
영업이익	78	43	86	71	41	—
당기순이익	64	28	58	151	28	—

분기 실적 〈단위 : 억원〉
항목	2016.1Q	2016.2Q	2016.3Q	2016.4Q	2017.1Q	2017.2Q
매출액	282	279	244	199	278	309
영업이익	31	12	2	-4	20	13
당기순이익	26	9	7	-14	30	9

재무 상태 〈단위 : 억원〉
항목	2012	2013	2014	2015	2016	2017.2Q
총자산	763	640	859	988	1,051	1,053
유형자산	12	18	33	30	28	25
무형자산	23	26	103	21	43	38
유가증권	59	46	31	53	41	66
총부채	307	190	290	314	360	333
총차입금		85	167	187	201	146
자본금	180	180	180	180	180	180
총자본	456	450	569	674	690	720
지배주주지분	456	450	538	674	687	715

기업가치 지표
항목	2012	2013	2014	2015	2016	2017.2Q
주가(최고/저)(천원)	2.6/1.5	2.4/1.7	3.6/1.8	4.4/2.4	5.4/2.8	—/—
PER(최고/저)(배)	16.0/9.1	32.6/22.0	25.7/12.5	10.5/5.7	67.7/35.0	—/—
PBR(최고/저)(배)	2.0/1.2	1.8/1.2	2.4/1.2	2.3/1.2	2.8/1.4	2.1/1.6
EV/EBITDA(배)	5.1	12.4	10.5	12.4	22.9	
EPS(원)	177	78	148	424	80	106
BPS(원)	1,414	1,398	1,559	1,935	1,971	2,048
CFPS(원)	188	97	184	464	120	125
DPS(원)	100	—	50	50	30	
EBITDAPS(원)	228	139	276	238	154	111

재무 비율 〈단위 : % 〉
연도	영업이익률	순이익률	부채비율	차입금비율	ROA	ROE	유보율	자기자본비율	EBITDA마진율
2016	4.1	2.8	52.2	29.1	2.8	4.2	294.2	65.7	5.5
2015	7.6	16.1	46.6	27.8	16.4	25.2	286.9	68.2	9.1
2014	8.2	5.6	51.0	29.3	7.8	10.8	211.8	66.2	9.5
2013	5.4	3.5	42.2	18.9	4.0	6.2	179.6	70.3	6.2

리더스코스메틱 (A016100)
LEADERS COSMETICS CO

업 종 : 개인생활용품
신용등급 : (Bond) — (CP) —
홈 페이지 : www.leaderscosmetics.com
본 사 : 서울시 광진구 능동로 90 더클래식 500 씨 404호

시 장 : KOSDAQ
기업규모 : 중견
연 락 처 : 02)3453-8768

설 립 일 1986.12.24	종 업 원 수 161명	대 표 이 사 김진구	
상 장 일 2003.01.14	감 사 의 견 적정 (천지)	계 열	
결 산 기 12월	보 통 주 1,794만주	종속회사수 8개사	
액 면 가 500원	우 선 주 —	구 상 호 산성앨엔에스	

주주구성 (지분율,%)		출자관계 (지분율,%)		주요경쟁사 (외형,%)	
김판길	22.5	산성피앤씨	100.0	리더스코스메틱	100
에프씨비파미셀	4.1	리더스솔루션	50.0	케어젠	26
(외국인)	3.5	프로스테믹스	30.3	콜마비앤에이치	141

매출구성		비용구성		수출비중	
[화장품사업부문]제품(제품)	55.8	매출원가율	62.8	수출	19.0
[골판지사업부문]제품(제품)	26.1	판관비율	26.4	내수	81.0
[화장품사업부문]상품(상품)	12.0				

회사 개요
동사는 1986년 골판지 및 골판지 박스의 제조와 판매, 인쇄업을 주요 사업목적으로 설립되었으며 2002년 사명을 산성앨엔에스로 변경함. 동사는 골판지 이외 마스크팩, 기초화장품 등 화장품 사업을 영위하고 있음. 매출 비중은 골판지가 41%, 화장품이 59% 정도임. 동사가 골판지 시장에서 차지하는 점유율은 2.6% 가량임. 동사의 계열회사는 줄기세포 전문회사인 프로스테믹스와 한산취국제미용유한공사임.

실적 분석
동사의 2017년 연결기준 반기 매출액은 전년 동기 대비 34% 감소한 599.5억원을 기록함. 외형축소와 더불어 원가비 중 또한 증가하면서 영업이익은 전년동기 대비 적자 전환하며 18.7억원의 손실 시현하였으며, 비영업부문의 실적개선에도 불구하고 당기순이익 또한 지난해 같은 기간 대비 적자 전환하며 24.3억원의 순손실 시현하는 등 수익성 급격히 악화되는 모습. 원가구조 개선 시급한 상황.

현금 흐름 〈단위 : 억원〉
항목	2016	2017.2Q
영업활동	270	22
투자활동	-265	-7
재무활동	-53	58
순현금흐름	-46	-3
기말현금	176	173

시장 대비 수익률

결산 실적 〈단위 : 억원〉
항목	2012	2013	2014	2015	2016	2017
매출액	589	731	1,200	1,728	1,813	—
영업이익	9	22	221	344	194	—
당기순이익	-51	-22	171	89	77	—

분기 실적 〈단위 : 억원〉
항목	2016.1Q	2016.2Q	2016.3Q	2016.4Q	2017.1Q	2017.2Q
매출액	422	487	479	426	336	26
영업이익	44	83	75	-7	-6	-1
당기순이익	32	1	63	-18	-12	-1

재무 상태 〈단위 : 억원〉
항목	2012	2013	2014	2015	2016	2017.2Q
총자산	744	752	970	1,809	1,906	1,55
유형자산	412	408	471	650	698	71
무형자산	14	13	14	17	26	2
유가증권	110	60	20	218	27	1
총부채	296	289	330	723	705	65
총차입금	223	185	135	508	419	2
자본금	90	90	90	90	90	90
총자본	448	462	640	1,085	1,202	90
지배주주지분	428	429	588	830	896	89

기업가치 지표
항목	2012	2013	2014	2015	2016	2017.2Q
주가(최고/저)(천원)	8.7/3.9	5.3/3.1	26.3/3.3	117/24.4	36.1/19.5	—/—
PER(최고/저)(배)	—/—	—/—	30.3/3.8	139.5/29.0	139.4/75.3	—/—
PBR(최고/저)(배)	3.5/1.6	2.1/1.2	7.7/1.0	24.7/5.1	7.1/3.8	4.4/2
EV/EBITDA(배)	27.9	12.6	16.4	14.6	16.8	
EPS(원)	-270	-191	866	840	259	-11
BPS(원)	2,508	2,516	3,401	4,749	5,118	5,02
CFPS(원)	-135	-10	1,075	1,088	548	2
DPS(원)						
EBITDAPS(원)	183	303	1,443	2,167	1,373	2

재무 비율 〈단위 : % 〉
연도	영업이익률	순이익률	부채비율	차입금비율	ROA	ROE	유보율	자기자본비율	EBITDA마진율
2016	10.7	4.3	58.6	34.9	4.2	5.4	923.5	63.0	13
2015	19.9	5.2	66.7	46.8	6.4	21.3	849.9	60.0	22
2014	18.5	14.2	51.6	21.2	19.8	30.6	580.2	66.0	21
2013	3.0	-3.0	62.6	39.9	-2.9	-8.0	403.2	61.5	7

ㄹ

리드 (A197210)
LEED

종 목 : 디스플레이 및 관련부품		시 장 : KOSDAQ	
용 등 급 : (Bond) — (CP) —		기업규모 : 중견	
페 이 지 : www.leed1.com		연 락 처 : 031)324-0200	
사 : 경기도 화성시 향남읍 발안공단로4길 118			

설 립 일	2000.03.23	종 업 원 수	74명	대 표 이 사	박동규
상 장 일	2014.09.26	감 사 의 견	적정 (신한)	계 열	
결 산 기	12월	보 통 주	5,003만주	종 속 회 사 수	1개사
액 면 가	100원	우 선 주	만주	구 상 호	

주주구성 (지분율,%)		출자관계 (지분율,%)		주요경쟁사 (외형,%)	
아스팩투자조합	17.8	리드	100		
정영재	4.9	상보	429		
(외국인)	1.6	제이엠아이	316		

매출구성		비용구성		수출비중	
Inline System(제품)	76.8	매출원가율	85.9	수출	96.0
T.C.U(제품)	13.3	판관비율	12.3	내수	4.0
T.R.U(제품)	6.0				

회사 개요
동사는 2000년 3월 설립된 LCD 및 OLED 디스플레이 패널 제조관련 솔루션 공급 기업. 구체적으로 자동화 설비 운영인 PLC S/W 및 CIM S/W를 공급하는 공장 자동화 토탈 솔루션을 제조함. 2015년 11월 코넥스 시장에서 코스닥시장으로 이전 상장함. 주요 매출처인 BOE 및 LG디스플레이의 설비투자 계획에 따라 동사의 실적이 연동되고 있음. 95% 이상을 수출하기 때문에 결제통화인 달러의 가치 변화에도 영향을 받음.

실적 분석
동사의 2017년 2분기 연결기준 누적매출액은 324.2억원으로 전년 동기 대비 333.2% 증가함. 대폭 증가한 매출에도 불구하고, 판관비가 증가하며 영업손실은 12.5억원을 기록하며 적자지속함. 당기순이익의 비영업손실 증가로 적자폭을 확대함. 동사의 주요 고객인 BOE, CSOT, Tianma 등 중국 업체와의 원만하고 지속적인 수주계약이 향후 매출에 긍정적인 영향을 끼칠 것으로 기대됨.

현금 흐름		〈단위 : 억원〉
항목	2016	2017.2Q
영업활동	-12	35
투자활동	-52	-305
재무활동	92	243
순현금흐름	27	-27
기말현금	36	10

시장 대비 수익률

결산 실적						〈단위 : 억원〉
항목	2012	2013	2014	2015	2016	2017
매출액	38	366	405	426	354	
영업이익	-40	33	17	17	6	
당기순이익	-44	12	19	15	4	

분기 실적						〈단위 : 억원〉
항목	2016.1Q	2016.2Q	2016.3Q	2016.4Q	2017.1Q	2017.2Q
매출액	50	25	18	261	258	105
영업이익	-2	-12	-16	37	37	-26
당기순이익	-4	-11	-24	43	14	-34

재무 상태						〈단위 : 억원〉
항목	2012	2013	2014	2015	2016	2017.2Q
총자산	70	119	293	272	516	627
유형자산	7	7	6	9	7	7
무형자산	2	2	1	2	8	8
유가증권	2	—	—	—	3	70
총부채	88	174	273	174	378	368
총차입금	37	121	161	62	119	203
자본금	14	8	14	23	27	50
총자본	-18	-56	20	98	138	259
지배주주지분	-18	-56	20	98	138	259

기업가치 지표						
항목	2012	2013	2014	2015	2016	2017.2Q
주가 (최고/저)(천원)	—/—	—/—	3.7/0.7	14.7/2.5	29.3/4.6	—/—
PER(최고/저)(배)	0.0/0.0	0.0/0.0	5.1/0.9	37.8/6.4	411.5/64.2	—/—
PBR(최고/저)(배)	0.0/0.0	0.0/0.0	4.9/0.9	7.0/1.2	11.3/1.8	4.1/2.3
EV/EBITDA(배)		3.1	13.2	12.9	56.1	
EPS(원)	-211	37	68	52	10	-71
BPS(원)	-6,392	-14,523	523	2,120	2,591	518
CFPS(원)	-14,841	3,538	568	462	154	-67
DPS(원)	—	—	—	—	—	—
EBITDAPS(원)	-13,139	9,517	496	499	210	-21

재무 비율									〈단위 : % 〉
연도	영업이익률	순이익률	부채비율	차입금비율	ROA	ROE	유보율	자기자본비율	EBITDA마진율
2016	1.8	1.0	274.7	86.4	0.9	3.1	418.2	26.7	3.0
2015	3.9	3.6	177.6	63.8	5.4	25.9	324.0	36.0	4.6
2014	4.1	4.8	1,374.9	812.0	9.4	전기잠식	41.7	6.8	4.7
2013	8.9	2.8	완전잠식	완전잠식		-824.5		-46.8	9.6

리드코프 (A012700)
The Leadcorp

업 종 : 석유 및 가스		시 장 : KOSDAQ	
신용등급 : (Bond) BBB (CP) A3		기업규모 : 우량	
홈페이지 : www.leadcorp.co.kr		연 락 처 : 02)2126-5000	
본 사 : 서울시 영등포구 은행로 25, 안원빌딩 6층			

설 립 일	1977.09.19	종 업 원 수	402명	대 표 이 사	김철우
상 장 일	1996.01.19	감 사 의 견	적정 (삼일)	계 열	
결 산 기	12월	보 통 주	2,675만주	종 속 회 사 수	3개사
액 면 가	500원	우 선 주		구 상 호	

주주구성 (지분율,%)		출자관계 (지분율,%)		주요경쟁사 (외형,%)	
KB자산운용	21.5	앤알캐피탈대부	100.0	리드코프	100
디케이디앤아이(05130)	13.0	채권추심전문엘씨대부	100.0	E1	911
(외국인)	3.3	리드컴	100.0	에이치엘비파워	7

매출구성		비용구성		수출비중	
소비자금융	51.8	매출원가율	53.3	수출	0.0
유류	45.2	판관비율	35.0	내수	100.0
기타	1.6				

회사 개요
동사는 1977년 설립되어 석유, 휴게소, 소비자금융 사업 등 3가지 부문을 영위 중임. 석유사업은 S-OIL과 석유류 공급계약을 체결하여 대리점 사업 등을 영위 중이며, 휴게소사업으로는 경부고속도로 하행선 천안휴게소의 위탁운영권을 획득하여 운영 중임. 소비자금융사업은 2003년 대부업 등록 및 자금 조달 이후 인지도를 높여가며 현재 업계 상위권의 점유율을 시현함. 앤알캐피탈대부, 채권추심전문 엘씨대부가 연결대상 종속회사로 편입되어 있음.

실적 분석
동사의 2017년 연결기준 2/4분기 누적 매출액은 2,293.6억원으로 전년동기 대비 7.5% 증가함. 그러나 원가 및 판관비가 전년동기 대비 크게 상승하며 영업이익은 229.1억원으로 전년동기 대비 19.4% 감소했음. 이로 인해 당기순이익은 전년동기 대비 14.9% 감소하여 184.4억원을 기록함. 매출은 상품 47.1%(석유류, 휴게소), 기타 52.9%(임대수익)로 구성되어 있음

현금 흐름		〈단위 : 억원〉
항목	2016	2017.2Q
영업활동	-1,185	-657
투자활동	-29	-5
재무활동	1,301	700
순현금흐름	88	38
기말현금	256	294

시장 대비 수익률

결산 실적						〈단위 : 억원〉
항목	2012	2013	2014	2015	2016	2017
매출액	2,649	2,843	3,492	3,719	4,385	—
영업이익	360	453	499	531	511	—
당기순이익	253	349	390	408	330	—

분기 실적						〈단위 : 억원〉
항목	2016.1Q	2016.2Q	2016.3Q	2016.4Q	2017.1Q	2017.2Q
매출액	981	1,152	1,082	1,169	1,222	1,071
영업이익	147	137	120	106	113	116
당기순이익	113	104	68	45	93	91

재무 상태						〈단위 : 억원〉
항목	2012	2013	2014	2015	2016	2017.2Q
총자산	4,655	5,112	6,397	7,794	9,461	10,277
유형자산	103	97	77	84	74	70
무형자산	57	56	61	62	66	62
유가증권	21	22	15	14	14	14
총부채	3,182	3,318	4,238	5,244	6,614	7,272
총차입금	2,990	3,097	3,978	4,939	6,291	7,012
자본금	138	138	138	138	138	138
총자본	1,473	1,794	2,159	2,550	2,847	3,004
지배주주지분	1,473	1,794	2,159	2,550	2,847	3,004

기업가치 지표						
항목	2012	2013	2014	2015	2016	2017.2Q
주가 (최고/저)(천원)	5.0/3.3	7.8/4.1	16.2/5.9	17.4/9.1	10.3/6.2	—/—
PER(최고/저)(배)	5.7/3.7	6.3/3.3	11.6/4.3	11.9/6.2	8.6/5.2	—/—
PBR(최고/저)(배)	1.0/0.6	1.2/0.7	2.1/0.8	1.9/1.0	1.0/0.6	0.7/0.6
EV/EBITDA(배)	0.3	1.2	4.6	1.3	—	
EPS(원)	946	1,304	1,457	1,527	1,233	689
BPS(원)	5,511	6,713	8,076	9,539	10,650	11,238
CFPS(원)	997	1,355	1,513	1,590	1,301	722
DPS(원)	100	100	100	150	150	—
EBITDAPS(원)	1,396	1,767	1,922	2,047	1,978	889

재무 비율									〈단위 : % 〉
연도	영업이익률	순이익률	부채비율	차입금비율	ROA	ROE	유보율	자기자본비율	EBITDA마진율
2016	11.7	7.5	232.3	221.0	3.8	12.2	1,967.6	30.1	12.1
2015	14.3	11.0	205.6	193.7	5.8	17.3	1,752.1	32.7	14.7
2014	14.3	11.2	196.3	184.3	6.8	19.7	1,467.9	33.8	14.7
2013	15.9	12.3	185.0	172.6	7.1	21.4	1,203.2	35.1	16.6

리젠 (A038340)
REGEN

업 종 : 교육			시 장 : KOSDAQ		
신용등급 : (Bond) — (CP) —			기업규모 : 중견		
홈 페 이 지 : www.regengroup.co.kr			연 락 처 : 02)3438-6900		
본 사 : 서울시 구로구 디지털로31길 38-21 605호(구로동, 이앤씨벤처드림타워 3차)					

설 립 일 1967.04.07	종업원수 62명	대표이사 김병양
상 장 일 2001.11.12	감사의견 적정 (성운)	계 열
결 산 기 12월	보 통 주 1,149만주	종속회사수 4개사
액 면 가 500원	우 선 주	구 상 호 에이치에이엠 미디어

주주구성 (지분율,%)		출자관계 (지분율,%)		주요경쟁사 (외형,%)	
머큐리어드바이저	7.7	리젠	100	리젠	100
더포티스퀘어	2.0			메가엠디	284
(외국인)	0.8			에이원앤	69

매출구성		비용구성		수출비중	
교육서비스, 입시학원운영 등	79.8	매출원가율	51.1	수출	—
캐패시터 외	20.2	판관비율	47.4	내수	—

회사 개요
동사는 캐패시터 제조를 목적으로 1967년에 설립됨. 매출역량 강화를 위해 2016년 02월 교육서비스·입시학원 등 교육사업 관련한 사업을 운영하는 세정에듀와 평촌다수인학원의 지분을 각각 100% 인수하여 2016년 1분기부터 신규사업으로 영위하고 있음. 2016년 12월 29일 교육사업 역량 집중을 위하여 유통사업인 화장품사업, 전자사업을 중단하였으며, 2017년 1월 17일 유류사업을 중단하였음.

실적 분석
2017년 상반기 연결기준 동사는 매출 100.8억원을 시현함. 전년도 같은 기간 매출액인 130.7억원 대비 22.9% 축소된 금액임. 매출은 감소하고 매출원가는 22억원에서 61.5억원으로 크게 늘어 전년도 동기 5.4억원의 영업이익이 적자로 돌아섰고, 영업부문은 금융손실이 1.3억원에서 46.4억원으로 크게 늘며 적자폭이 커짐. 이에 당기순손실도 7.6억원에서 99.7억원으로 크게 증가함.

현금 흐름 〈단위 : 억원〉
항목	2016	2017.2Q
영업활동	60	1
투자활동	-154	-7
재무활동	93	22
순현금흐름	1	15
기말현금	2	18

시장 대비 수익률

결산 실적 〈단위 : 억원〉
항목	2012	2013	2014	2015	2016	2017
매출액	351	1,295	247	59	232	—
영업이익	-17	-35	-31	-16	4	—
당기순이익	-39	-70	-118	-63	-120	—

분기 실적 〈단위 : 억원〉
항목	2016.1Q	2016.2Q	2016.3Q	2016.4Q	2017.1Q	2017.2Q
매출액	63	67	70	31	53	48
영업이익	-2	9	2	-5	-4	-2
당기순이익	-6	-2	-10	-103	-9	-90

재무 상태 〈단위 : 억원〉
항목	2012	2013	2014	2015	2016	2017.2Q
총자산	375	346	224	243	299	218
유형자산	151	49	46	43	56	50
무형자산	55	83	31	35	110	70
유가증권	1	3	12	30	5	5
총부채	275	294	83	60	156	152
총차입금	215	202	35	19	86	74
자본금	51	63	195	224	271	56
총자본	100	52	141	183	143	66
지배주주지분	100	55	136	178	143	66

기업가치 지표
항목	2012	2013	2014	2015	2016	2017.2Q
주가(최고/저)(천원)	5.2/0.7	3.2/0.7	3.7/0.7	7.5/1.4	1.7/0.7	—/—
PER(최고/저)(배)	—/—	—/—	—/—	—/—	—/—	—/—
PBR(최고/저)(배)	5.0/0.7	7.3/1.6	10.5/1.9	18.7/3.6	6.5/2.7	6.0/6.0
EV/EBITDA(배)					24.6	
EPS(원)	-1,983	-3,146	-2,470	-716	-1,267	-904
BPS(원)	1,044	443	350	398	265	597
CFPS(원)	-354	-557	-461	-130	-228	-870
DPS(원)						
EBITDAPS(원)	-134	-256	-97	-24	33	-21

재무 비율 〈단위 : % 〉
연도	영업이익률	순이익률	부채비율	차입금비율	ROA	ROE	유보율	자기자본비율	EBITDA마진율
2016	1.5	-52.0	일부잠식	일부잠식	-44.4	-73.9	-47.1	48.0	6.7
2015	-27.7	-106.0	일부잠식	일부잠식	-26.9	-40.0	-20.5	75.2	-18.1
2014	-12.6	-47.7	일부잠식	일부잠식	-41.3	-123.6	-30.2	62.9	-9.4
2013	-2.7	-5.4	일부잠식	일부잠식	-19.5	-86.4	-12.2	15.1	-2.1

리켐 (A131100)
Lichem

업 종 : 화학			시 장 : KOSDAQ		
신용등급 : (Bond) — (CP) —			기업규모 :		
홈 페 이 지 : www.leechem.net			연 락 처 : 041)751-8630		
본 사 : 충남 금산군 추부면 금산로 2423-16 (추정리271-4)					

설 립 일 2007.03.14	종업원수 72명	대표이사 이상준
상 장 일 2011.06.14	감사의견 한정(감사범위제한) (상정)	계 열
결 산 기 12월	보 통 주 1,654만주	종속회사수 1개사
액 면 가 500원	우 선 주	구 상 호

주주구성 (지분율,%)		출자관계 (지분율,%)		주요경쟁사 (외형,%)	
와이에이치2호조합	10.0	와이즈플래닛	80.0	리켐	100
연구개발특구 일자리창출투자펀드	3.9	비비마스크	26.0	바이온	79
		비케이	17.9	웹스	77

매출구성		비용구성		수출비중	
상품	32.1	매출원가율	103.3	수출	9.0
기타	29.1	판관비율	22.2	내수	91.0
전해액 소재	23.2				

회사 개요
동사는 1999년에 설립되어 2011년에 코스닥에 상장된 기업으로, 연결실체는 기초화합물과 첨단 디스플레이 검사장비 제조·판매업 및 외식 및 음료서비스업, 자동차검사정비업을 주목적사업으로 하고 있음. 동사의 2016년 기준 연결대상 종속회사는 OLED 플렉시블 검사장비 제조기업인 와이즈플래닛(주)와 외식 및 음료 서비스업을 영위하는 (주)퍼슨앤에이쳐와 자동차 정비업을 영위하는 새한현대서비스 등 3개사임.

실적 분석
동사의 2017년 상반기 연결기준 누적매출액은 111.2억원으로 전년동기대비 42.6% 감소함. 비용측면에서 매출원가와 판관비가 각각 39.6%, 45.8% 줄이면서 영업손실이 21.5억원을 기록해 적자폭이 축소됨. 비영업손실이 17.5억원을 기록하고 당기순손실은 47.8억원으로 적자폭이 소폭 확대됨. 전방산업 경기 침체와 납품단가 인하로 인해 와이즈플래닛 매출이 크게 줄면서 실적이 악화됨.

현금 흐름 〈단위 : 억원〉
항목	2016	2017.2Q
영업활동	-24	-2
투자활동	44	115
재무활동	-21	-114
순현금흐름	-2	-0
기말현금	3	3

시장 대비 수익률

결산 실적 〈단위 : 억원〉
항목	2012	2013	2014	2015	2016	2017
매출액	519	541	546	509	355	—
영업이익	3	-19	-49	-90	-91	—
당기순이익	-6	-19	-64	-108	-263	—

분기 실적 〈단위 : 억원〉
항목	2016.1Q	2016.2Q	2016.3Q	2016.4Q	2017.1Q	2017.2Q
매출액	107	93	105	50	55	5
영업이익	-19	-16	-23	-32	-16	-1
당기순이익	-21	-24	-30	-188	-23	-2

재무 상태 〈단위 : 억원〉
항목	2012	2013	2014	2015	2016	2017.2Q
총자산	867	1,013	1,235	1,024	610	36
유형자산	512	647	664	558	361	23
무형자산	32	32	68	62	1	
유가증권	9	18	—	6	2	
총부채	424	578	799	677	402	29
총차입금	375	534	696	591	357	24
자본금	29	29	39	63	83	8
총자본	443	435	436	346	207	6
지배주주지분	443	435	434	346	207	6

기업가치 지표
항목	2012	2013	2014	2015	2016	2017.2Q
주가(최고/저)(천원)	10.2/3.6	6.5/2.7	4.0/2.0	3.4/1.9	4.6/1.8	—/—
PER(최고/저)(배)	—/—	—/—	—/—	—/—	—/—	—/—
PBR(최고/저)(배)	3.7/1.3	2.4/1.0	1.8/0.9	2.0/1.1	6.0/2.4	9.4/5.4
EV/EBITDA(배)	14.2	24.7	121.4			
EPS(원)	-62	-201	-537	-845	-1,805	-28
BPS(원)	7,638	7,492	5,564	2,790	1,253	40
CFPS(원)	631	501	-49	-307	-1,373	
DPS(원)						
EBITDAPS(원)	786	502	107	-175	-190	-2

재무 비율 〈단위 : % 〉
연도	영업이익률	순이익률	부채비율	차입금비율	ROA	ROE	유보율	자기자본비율	EBITDA마진율
2016	-25.6	-74.2	194.2	172.5	-32.2	-95.1	150.6	34.0	-7
2015	-17.7	-21.3	195.5	170.6	-9.6	-27.3	457.9	33.8	-4
2014	-9.0	-11.7	183.4	159.6	-5.7	-14.1	1,012.9	35.3	1
2013	-3.6	-3.6	133.0	122.8	-2.1	-4.4	1,398.3	42.9	5

링네트 (A042500)
RingNet

업   종 : IT 서비스
시   장 : KOSDAQ
신용등급 : (Bond) —   (CP) —
기업규모 : 중견
홈페이지 : www.ringnet.co.kr
연 락 처 : 02)6675-1500
본   사 : 서울시 구로구 디지털로 306, 418호 (구로동, 대륭포스트타워2차 4층)

설 립 일	2000.04.01	종 업 원 수	300명	대 표 이 사	이주석
상 장 일	2001.12.29	감 사 의 견	적정 (삼덕)	계 열	
결 산 기	12월	보 통 주	1,494만주	종 속 회 사 수	3개사
액 면 가	500원	우 선 주		구 상 호	

주주구성 (지분율,%)		출자관계 (지분율,%)		주요경쟁사 (외형,%)	
이주석	10.7	링네트플러스	100.0	링네트	100
민병숙	7.4	GuangzhouRINGNETChinaCo.,LTD	100.0	동부	159
(외국인)	2.2	RINGNETSPOLKAZ.o.o	100.0	엑셈	21

매출구성		비용구성		수출비중	
네트워크구축용역,네트워크유지보수-일반기업	58.9	매출원가율	89.4	수출	2.0
네트워크구축용역,네트워크유지보수-공공	35.6	판관비율	7.0	내수	98.0
네트워크구축용역,네트워크유지보수-교육기관	5.5				

회사 개요
동사는 2000년에 설립되어 컴퓨터 네트워크의 설계, 통신 장비공급, 설치 및 유지보수를 포함하는 NI사업과 화상회의시스템, Storage 시스템(저장장치), IP Telephony(인터넷전화)등의 사업을 주력으로 하고 있음. 무선 LAN의 고객 환경에 최적인 제품을 제안하고 자체 솔루션을 개발 및 발굴하고 있음. 매출구성은 일반 기업 부문이 상당 부분을 차지하는 가운데 공공과 교육 기관 부문에서도 매출 발생.

실적 분석
동사의 2017년 상반기 연결기준 누적 매출액은 608.3억원으로 전년 동기 대비 6.6% 증가함. 매출이 늘면서 매출원가 또한 늘었고 판관비도 증가하면서 영업이익은 전년 동기 대비 오히려 37.3% 감소한 8.5억원을 시현함. 비영업손익 부문에서도 금융손실 등의 발생으로 흑자 폭이 줄어들면서 당기순이익은 전년 동기 대비 30.6% 감소한 9.4억원을 기록함.

현금 흐름   〈단위 : 억원〉

항목	2016	2017.2Q
영업활동	-61	164
투자활동	-35	-18
재무활동	9	-2
순현금흐름	-86	144
기말현금	110	255

시장 대비 수익률

결산 실적   〈단위 : 억원〉

항목	2012	2013	2014	2015	2016	2017
매출액	788	971	1,147	1,002	1,289	—
영업이익	41	57	61	41	47	—
당기순이익	41	56	51	39	33	—

분기 실적   〈단위 : 억원〉

항목	2016.1Q	2016.2Q	2016.3Q	2016.4Q	2017.1Q	2017.2Q
매출액	214	357	307	411	224	384
영업이익	3	10	6	27	-2	11
당기순이익	4	9	4	15	-3	11

재무 상태   〈단위 : 억원〉

항목	2012	2013	2014	2015	2016	2017.2Q
총자산	618	684	762	797	873	823
유형자산	7	7	7	6	8	7
무형자산	3	3	5	6	5	5
유가증권	95	72	119	189	216	256
총부채	331	340	331	328	366	305
총차입금	121	45	39	5	7	6
자본금	66	66	73	73	74	74
총자본	287	344	431	468	507	518
지배주주지분	287	344	429	467	507	518

기업가치 지표

항목	2012	2013	2014	2015	2016	2017.2Q
주가(최고/저)(천원)	6.5/1.7	5.1/2.2	6.2/3.2	6.7/3.0	5.2/3.4	—/—
PER(최고/저)(배)	19.7/5.3	12.2/5.2	18.2/9.4	25.9/11.5	22.6/14.6	1.8/1.1
PBR(최고/저)(배)	2.9/0.8	1.9/0.8	2.1/1.1	2.0/0.9	1.5/1.0	—/—
EV/EBITDA(배)	1.3		4.3	9.9	8.0	5.6
EPS(원)	330	417	343	259	231	64
BPS(원)	2,285	2,715	3,038	3,295	3,523	3,599
CFPS(원)	357	445	363	280	251	73
DPS(원)						
EBITDAPS(원)	354	448	446	300	340	67

재무 비율   〈단위 : % 〉

연도	영업이익률	순이익률	부채비율	차입금비율	ROA	ROE	유보율	자기자본비율	EBITDA마진율
2016	3.6	2.5	72.1	1.4	3.9	7.0	604.6	58.1	3.9
2015	4.1	3.9	70.1	1.0	5.1	8.4	559.1	58.8	4.4
2014	5.3	4.5	76.7	5.1	7.1	12.7	507.6	56.6	5.6
2013	5.9	5.8	98.9	13.1	8.7	17.9	443.0	50.3	6.1

링크제니시스 (A219420)
Linkgenesis

업   종 : 일반 소프트웨어
시   장 : KONEX
신용등급 : (Bond) —   (CP) —
기업규모 : —
홈페이지 : www.linkgenesis.co.kr
연 락 처 : 031)422-3581
본   사 : 경기도 안양시 동안구 시민대로 401 319호(관양동, 대륭테크노타운15차)

설 립 일	2003.12.12	종 업 원 수	90명	대 표 이 사	정성우
상 장 일	2016.07.29	감 사 의 견	적정 (한미)	계 열	
결 산 기	12월	보 통 주		종 속 회 사 수	
액 면 가		우 선 주		구 상 호	

주주구성 (지분율,%)		출자관계 (지분율,%)		주요경쟁사 (외형,%)	
정성우	23.0	큐렉스	100.0	링크제니시스	100
성태진	9.2	힐러리어스	35.0	시큐브	209
				포시에스	137

매출구성		비용구성		수출비중	
S/W 자동화 Test	48.1	매출원가율	73.4	수출	4.0
큐렉스 외	18.1	판관비율	10.0	내수	96.0
XCom	12.7				

회사 개요
2003년 설립된 소프트웨어(SW) 개발 및 공급업체임. SW 테스트 자동화 솔루션인 'MAT' 등을 개발함. 2016년 7월 코넥스 시장에 신규 상장함. 최대주주인 정성우 대표 외 3인이 지분 53.81%을 보유 중임. 사업의 세부내용으로는 테스트 자동화 솔루션(MAT™) 개발, 테스트 자동화 컨설팅, 임베디드 소프트웨어 R&D, 반도체, LCD, LED, Solar 생산 정보 자동화 시스템 제품 개발 및 판매 등이 있음.

실적 분석
동사의 2016년 매출액은 102억원, 영업이익은 16.9억원, 당기순이익은 17억원을 기록함. 동사는 국내 소프트웨어 테스트 자동화 서비스 시장의 약 6.6%, 생산 정보 자동화 시장의 약 83.7%을 점유하고 있는 것으로 추정됨. 2017년 7월 코스닥 기술특례상장을 위한 기술성 평가를 통과하여 하반기 코스닥 이전 상장을 위한 예비심사청구 검토 예정. 향후 인공지능 신사업과 주력 사업의 검증 자동화 기술 개발 등에 투자할 계획임.

현금 흐름   *IFRS 별도 기준   〈단위 : 억원〉

항목	2016	2017.2Q
영업활동	27	—
투자활동	-35	—
재무활동	18	—
순현금흐름	11	—
기말현금	25	—

시장 대비 수익률

결산 실적   〈단위 : 억원〉

항목	2012	2013	2014	2015	2016	2017
매출액		52	61	90	102	—
영업이익		4	6	10	17	—
당기순이익		6	14	10	17	—

분기 실적   *IFRS 별도 기준   〈단위 : 억원〉

항목	2016.1Q	2016.2Q	2016.3Q	2016.4Q	2017.1Q	2017.2Q
매출액						—
영업이익						—
당기순이익						—

재무 상태   *IFRS 별도 기준   〈단위 : 억원〉

항목	2012	2013	2014	2015	2016	2017.2Q
총자산		31	82	86	122	—
유형자산		8	19	18	21	—
무형자산		0	0	0	0	—
유가증권		0	0	2	34	—
총부채		11	22	11	19	—
총차입금		4	14		8	—
자본금		1	2	2	2	—
총자본		20	60	76	103	—
지배주주지분		20	60	76	103	—

기업가치 지표   *IFRS 별도 기준

항목	2012	2013	2014	2015	2016	2017.2Q
주가(최고/저)(천원)	—/—	—/—	—/—	—/—	17.0/4.3	—/—
PER(최고/저)(배)	0.0/0.0	0.0/0.0	0.0/0.0	0.0/0.0	19.6/5.0	0.0/0.0
PBR(최고/저)(배)	0.0/0.0	0.0/0.0	0.0/0.0	0.0/0.0	2.8/0.7	0.0/0.0
EV/EBITDA(배)	0.0				3.9	
EPS(원)		567	1,235	539	867	
BPS(원)		101,273	222,075	261,575	6,150	
CFPS(원)		34,060	63,651	29,303	958	
DPS(원)						
EBITDAPS(원)		25,844	35,383	29,567	953	

재무 비율   〈단위 : % 〉

연도	영업이익률	순이익률	부채비율	차입금비율	ROA	ROE	유보율	자기자본비율	EBITDA마진율
2016	16.6	16.7	18.6	7.8	16.4	19.1	6,050.1	84.3	18.3
2015	11.4	11.3	14.3	0.0	12.1	15.0	5,131.5	87.5	13.0
2014	11.8	22.2	36.7	23.9	24.2	34.1	4,341.5	73.2	13.1
2013	7.8	10.9	53.8	22.1	0.0	0.0	1,925.5	65.0	10.0

마니커 (A027740)
Maniker

업 종 : 식료품		시 장 : 거래소	
신용등급 : (Bond) BB (CP) —		기업규모 : 시가총액 소형주	
홈페이지 : www.maniker.co.kr		연 락 처 : 031)281-5300	
본 사 : 경기도 용인시 기흥구 용구대로 2219번길 3(신갈동)			

설립일 1985.09.27	종업원수 679명	대표이사 이창우	
상장일 2002.10.29	감사의견 적정 (광교)	계 열	
결산기 12월	보통주 11,673만주	종속회사 2개사	
액면가 500원	우선주	구 상 호	

주주구성 (지분율,%)		출자관계 (지분율,%)		주요경쟁사 (외형,%)	
이지바이오	22.8	마니커에프앤지	100.0	마니커	100
금호영농조합법인	13.5	한국축산의희망서울사료	56.2	하림	359
(외국인)	0.9	이앤농식품프로젝트투자조합	20.0	동우팜투테이블	103

매출구성		비용구성		수출비중	
닭고기(통닭)	35.9	매출원가율	92.3	수출	0.0
닭고기(부분육)	22.2	판관비율	9.2	내수	100.0
염장육	17.8				

회사 개요
동사는 도계 및 제조 부문과 축산 부문으로 크게 나뉨. 1985년 대연식품으로 설립돼 1998년 대상마니커를 인수하면서 지금의 상호로 변경됨. 2008년 마니커 육가공 사업 전문 마니커F&G를 출범시킴. 2011년 배합사료제조업과 양돈업을 영위하는 이지바이오그룹에 매각됨. 국내 닭고기 시장은 40여개의 업체가 경쟁 상태를 이룸. 소규모 업체들도 난립함. 동사는 용인 및 동두천에 기반을 두고 있어 대량 소비처에 대한 접근성에서 우위.

실적 분석
동사의 2017년 상반기 연결기준 누적 매출액은 1,281.9억원으로 전년 동기 대비 10.6% 증가함. 매출이 늘면서 매출원가는 늘었지만 판관비는 오히려 감소했고 매출 증가에 따른 고정비용 감소효과로 인해 영업이익은 54.1억원으로 전년 동기 57.6억원 손실과 비교해 흑자전환에 성공함. 비영업손익 부문에서는 적자가 지속됐지만 적자폭이 크게 줄면서 당기순이익은 30.4억원으로 흑자전환함.

현금 흐름 〈단위 : 억원〉
항목	2016	2017.2Q
영업활동	19	63
투자활동	36	-99
재무활동	-200	67
순현금흐름	-146	30
기말현금	33	63

시장 대비 수익률

결산 실적 〈단위 : 억원〉
항목	2012	2013	2014	2015	2016	2017
매출액	3,650	3,518	3,399	2,745	2,298	—
영업이익	-147	-2	-90	-97	-35	—
당기순이익	-221	-25	-185	-139	11	—

분기 실적 〈단위 : 억원〉
항목	2016.1Q	2016.2Q	2016.3Q	2016.4Q	2017.1Q	2017.2Q
매출액	551	608	600	539	558	724
영업이익	-41	-17	23	-0	3	51
당기순이익	-48	-31	13	77	-9	39

재무 상태 〈단위 : 억원〉
항목	2012	2013	2014	2015	2016	2017.2Q
총자산	3,019	2,913	2,261	2,228	2,120	2,670
유형자산	1,245	1,488	1,263	1,338	1,324	1,772
무형자산	22	21	12	9	103	197
유가증권	37	37	35	33	107	108
총부채	2,180	2,099	1,436	1,425	1,147	1,579
총차입금	1,611	1,508	1,127	1,110	891	1,291
자본금	360	360	360	417	584	584
총자본	839	814	825	803	973	1,092
지배주주지분	786	769	720	710	877	992

기업가치 지표
항목	2012	2013	2014	2015	2016	2017.2Q
주가(최고/저)(천원)	1.1/0.5	0.7/0.5	0.9/0.5	1.4/0.4	1.4/0.7	—/—
PER(최고/저)(배)	—/—	—/—	—/—	—/—	159.3/76.2	—/—
PBR(최고/저)(배)	1.1/0.5	0.7/0.5	0.9/0.5	1.7/0.5	1.8/0.9	1.1/0.9
EV/EBITDA(배)		21.4		265.8	41.5	—
EPS(원)	-344	-21	-236	-173	9	23
BPS(원)	1,119	1,095	1,027	876	768	867
CFPS(원)	-229	96	-137	-40	97	64
DPS(원)						
EBITDAPS(원)	-122	116	-11	9	51	87

재무 비율 〈단위 : % 〉
연도	영업이익률	순이익률	부채비율	차입금비율	ROA	ROE	유보율	자기자본비율	EBITDA마진율
2016	-1.5	0.5	117.9	91.6	0.5	1.0	53.7	45.9	2.1
2015	-3.5	-5.1	177.4	138.2	-6.2	-18.6	75.2	36.1	0.3
2014	-2.7	-5.4	174.1	136.6	-7.2	-24.4	105.5	36.5	-0.2
2013	-0.1	-0.7	257.7	185.2	-0.8	-2.1	119.1	28.0	2.4

마이크로컨텍솔루션 (A098120)
Micro Contact Solution

업 종 : 반도체 및 관련장비		시 장 : KOSDAQ	
신용등급 : (Bond) — (CP) —		기업규모 : 벤처	
홈페이지 : www.mcsgroup.co.kr		연 락 처 : 041)621-4331	
본 사 : 충남 천안시 서북구 성거읍 오송2길 15-21			

설립일 1999.12.28	종업원수 91명	대표이사 양승은	
상장일 2008.09.23	감사의견 적정 (신한)	계 열	
결산기 12월	보통주 831만주	종속회사 4개사	
액면가 500원	우선주	구 상 호	

주주구성 (지분율,%)		출자관계 (지분율,%)		주요경쟁사 (외형,%)	
양승은	18.1	에이케이이노텍		마이크로컨텍솔	100
KYOUEI CO.,LTD.	10.6			매커스	249
(외국인)	14.4			엑시콘	166

매출구성		비용구성		수출비중	
[제품]Burn-in Socket,Module Socket,SSD 등	90.2	매출원가율	88.5	수출	15.0
[상품]IC Socket외	9.8	판관비율	13.9	내수	85.0

회사 개요
동사는 1999년에 설립되어 2008년에 코스닥 시장에 상장된 제조기업으로, 반도체 검사용 소모품인 IC소켓을 위주로 각종 반도체 및 통신기기 접속부품을 제조하는 단일 사업부문을 영위하고 있음. 연결대상 종속법인으로는 중국 소재의 반도체 검사용 커넥터 부품 수리업체인 Suzhou Micro Contact Solution과 국내 소재의 전기회로장치 제조업인 비티케어, 반도체 부품기업 에이케이이노텍, 일본 소재의 Shotoku Kohsan이 있음.

실적 분석
2017년 중 반도체 관련 기업인 에이케이이노텍의 지분을 추가로 취득하여 종속기업으로 신규 편입시킴. 당반기 연결기준 총 매출액은 전년동기 대비 1.9% 증가한 133.5억원을 시현하였음. 그러나 원가부담 증가로 이익률은 하락함. 영업이익은 전년 동기 1.2억원 대비 줄어든 0.3억원을 시현하였고, 관계기업투자 등 관련 손실이 발생하여 순이익은 전년 동기 5.3억원 대비 적자전환한 14.5억원 손실을 시현함.

현금 흐름 〈단위 : 억원〉
항목	2016	2017.2Q
영업활동	-2	17
투자활동	2	-7
재무활동	-10	-4
순현금흐름	-10	7
기말현금	39	48

시장 대비 수익률

결산 실적 〈단위 : 억원〉
항목	2012	2013	2014	2015	2016	2017
매출액	281	312	457	358	272	—
영업이익	58	59	104	41	-6	—
당기순이익	54	54	83	33	11	—

분기 실적 〈단위 : 억원〉
항목	2016.1Q	2016.2Q	2016.3Q	2016.4Q	2017.1Q	2017.2Q
매출액	61	71	71	70	53	8
영업이익	1	1	-1	-9	-10	1
당기순이익	1	3	-4	-3	-14	

재무 상태 〈단위 : 억원〉
항목	2012	2013	2014	2015	2016	2017.2Q
총자산	313	381	487	481	447	44
유형자산	140	126	135	140	142	14
무형자산	6	23	24	24	23	2
유가증권	1	4	8	8	12	1
총부채	41	60	89	60	37	5
총차입금	2	16	13	11	7	
자본금	42	42	42	42	42	4
총자본	272	321	397	421	410	39
지배주주지분	272	319	394	414	406	39.

기업가치 지표
항목	2012	2013	2014	2015	2016	2017.2Q
주가(최고/저)(천원)	4.5/2.7	5.9/3.1	14.6/4.9	18.8/6.2	9.1/4.5	—/—
PER(최고/저)(배)	7.5/4.6	9.5/5.1	14.9/5.0	45.4/15.0	—/—	—/—
PBR(최고/저)(배)	1.5/0.9	1.6/0.9	3.2/1.1	3.8/1.3	1.9/0.9	1.5/1.
EV/EBITDA(배)	2.9	5.1	7.9	8.6	81.2	—
EPS(원)	644	653	1,008	421	-20	-15
BPS(원)	3,276	3,840	4,735	4,984	4,885	4,71
CFPS(원)	708	733	1,123	555	125	-7
DPS(원)	85	100	160	80	20	
EBITDAPS(원)	756	795	1,372	623	68	8

재무 비율 〈단위 : % 〉
연도	영업이익률	순이익률	부채비율	차입금비율	ROA	ROE	유보율	자기자본비율	EBITDA마진율
2016	-2.4	-0.9	9.1	1.6	-0.5	-0.4	877.0	91.7	2
2015	11.3	9.3	14.2	2.5	6.9	8.7	896.8	87.6	14.
2014	22.8	18.2	22.5	3.4	19.1	23.5	847.0	81.7	24.
2013	19.1	17.4	18.6	5.0	15.6	18.4	668.0	84.4	21.2

마이크로프랜드 (A147760)
Micro Friend

업 종 : 반도체 및 관련장비			시 장 : KOSDAQ		
신용등급 : (Bond) — (CP) —			기업규모 : 벤처		
홈페이지 : www.microfriend.co.kr			연 락 처 : 02)944-6400		
본 사 : 서울시 노원구 공릉로 232, 10층(공릉동, 서울테크노파크)					

설 립 일	2004.05.12	종 업 원 수	172명	대 표 이 사	조병호
상 장 일	2016.12.12	감사의견	적정(한영)	계 열	
결 산 기	12월	보 통 주	1,082만주	종속회사수	
액 면 가	500원	우 선 주		구 상 호	

주주구성 (지분율,%)		출자관계 (지분율,%)		주요경쟁사 (외형,%)	
임동준	6.5	마이크로프랜드	100		
조병호	6.3	테크윙	317		
(외국인)	4.4	이엔에프테크놀로지	747		

매출구성		비용구성		수출비중	
반도체 검사용 프로브 카드	99.5	매출원가율	76.7	수출	9.0
기타	0.5	판관비율	11.3	내수	91.0

회사 개요

2004년 5월 설립한 동사는 반도체 검사관련 마이크로시스템 기술을 연구하고 개발 및 제조하는 사업을 영위하고 있음. 메모리반도체 웨이퍼테스트에 필요한 프로브 카드 제작업체. 서버용 SSD 등은 물론 4차산업혁명이 진행되면서 낸드플래시 시장은 크게 성장할 것으로 예상. 최근 동사의 주력 고객사는 낸드 생산량이 증가하고 있으며 신규 고객 확보 등으로 인해 향후 성장 가능성이 높아. 낸드 시장 확대에 따른 수혜 예상됨.

실적 분석

동사의 2017년 상반기 연결기준 매출액은 249.0억원으로 전년동기 대비 20.6% 증가함. 매출 호조로 영업이익 42.3억원으로 전년동기 대비 86.9% 증가하였음. 비영업손익 증가하면서 순이익은 전년동기 대비 88.0% 증가한 36.1억원 시현함. 오는 12월 예정된 신공장 준공에 이어 2018년 1분기 본격 양산으로 생산량이 70% 이상 증가할 것으로 기대됨.

현금 흐름 *IFRS 별도 기준 〈단위 : 억원〉

항목	2016	2017.2Q
영업활동	76	15
투자활동	17	-24
재무활동	131	-11
순현금흐름	225	-20
기말현금	271	251

시장 대비 수익률

결산 실적 〈단위 : 억원〉

항목	2012	2013	2014	2015	2016	2017
매출액	138	497	534	366	448	—
영업이익	-97	53	76	25	54	—
당기순이익	-97	10	49	23	47	—

분기 실적 *IFRS 별도 기준

항목	2016.1Q	2016.2Q	2016.3Q	2016.4Q	2017.1Q	2017.2Q
매출액	102	105	156	86	95	154
영업이익	5	18	36	-4	10	33
당기순이익	4	15	29	-2	9	27

재무 상태 *IFRS 별도 기준

항목	2012	2013	2014	2015	2016	2017.2Q
총자산	218	270	328	353	552	595
유형자산	60	48	65	65	63	73
무형자산	5	5	6	26	26	26
유가증권	—	—	—	—	—	—
총부채	156	416	124	124	131	140
총차입금	83	352	48	45	33	22
자본금	41	54	42	42	53	53
총자본	62	-146	204	229	422	456
지배주주지분	62	-146	204	229	422	456

기업가치 지표 *IFRS 별도 기준

항목	2012	2013	2014	2015	2016	2017.2Q
주가(최고/저)(천원)	—/—	—/—	—/—	—/—	9.2/6.0	—/—
PER(최고/저)(배)	0.0/0.0	0.0/0.0	0.0/0.0	0.0/0.0	17.1/11.1	2.8/1.9
PBR(최고/저)(배)	0.0/0.0	0.0/0.0	0.0/0.0	0.0/0.0	2.3/1.5	
EV/EBITDA(배)			3.8		9.4	
EPS(원)	-1,178	124	588	268	535	339
BPS(원)	755	-1,764	2,413	2,705	3,963	4,282
CFPS(원)	-857	441	819	556	814	461
DPS(원)						520
EBITDAPS(원)	-851	957	1,145	584	901	

재무 비율 〈단위 : % 〉

연도	영업이익률	순이익률	부채비율	차입금비율	ROA	ROE	유보율	자기자본비율	EBITDA마진율
2016	12.1	10.4	31.0	7.8	10.3	14.3	692.6	76.3	17.5
2015	6.8	6.2	54.3	19.7	6.7	10.5	440.9	64.8	13.5
2014	14.2	9.1	23.7	16.3	전기잠식		382.7	62.3	17.8
2013	10.6	2.1	완전잠식	완전잠식	-786.7	-53.9		17.8	15.9

마제스타 (A035480)
Majestar

업 종 : 호텔 및 레저			시 장 : KOSDAQ		
신용등급 : (Bond) — (CP) —			기업규모 : 중견		
홈페이지 : www.majestar.asia			연 락 처 : 064)730-1100		
본 사 : 제주도 서귀포시 중문관광로72번길 75					

설 립 일	1998.04.15	종 업 원 수	122명	대 표 이 사	윤덕태,우성덕(각자대표)
상 장 일	1999.11.06	감사의견	적정(참)	계 열	
결 산 기	12월	보 통 주	4,553만주	종속회사수	
액 면 가	500원	우 선 주		구 상 호	제이비어뮤즈먼트

주주구성 (지분율,%)		출자관계 (지분율,%)		주요경쟁사 (외형,%)	
NHT컨소시엄	25.1	마제스타투어	15.0	마제스타	100
서준성	4.0	메딕են	14.3	강원랜드	6,940
(외국인)	0.3	이피지	0.3	호텔신라	15,199

매출구성		비용구성		수출비중	
카지노	99.0	매출원가율	110.4	수출	—
디지털방송장비	1.0	판관비율	66.9	내수	—

회사 개요

동사는 1998년에 설립되어 1999년 11월에 코스닥시장에 상장되었음. 카지노업을 중심으로 디지털방송장비 제조 및 판매업을 영위했으나 2016년 5월에 STB사업을 중단함. 2017년 2분기 기준 동사의 카지노 시장 점유율은(입장객 기준)은 제주도에서 5.5%로 2016년 말(15.5%) 대비 감소. 동사는 2016년에 운영자금 확보를 위한 수차례의 유상증자를 단행함.

실적 분석

동사의 2017년 2분기 누적 매출액은 전년동기 대비 68% 감소한 42.7억원을 시현함. 매출액 급감에 따른 고정비 부담으로 매출총이익 -31.3억원을 기록. 이에 따라 영업손실 100.9억원을 기록하며 전년에 이어 적자상태 지속. 비영업부문에서 62.3억원 손실을 거둬 당기순이익 -161.6억원을 시현함. 전년보다 적자규모가 약 50억원 확대된 수치. 동사는 신규사업으로 2017년 하반기에 소셜카지노 게임의 글로벌 런칭 마케팅을 계획 중임.

현금 흐름 *IFRS 별도 기준 〈단위 : 억원〉

항목	2016	2017.2Q
영업활동	-71	-86
투자활동	-415	-118
재무활동	464	129
순현금흐름	-22	-75
기말현금	80	6

시장 대비 수익률

결산 실적 〈단위 : 억원〉

항목	2012	2013	2014	2015	2016	2017
매출액	454	477	461	352	244	—
영업이익	-75	-66	84	23	-189	—
당기순이익	-98	-224	17	-32	-223	—

분기 실적 *IFRS 별도 기준 〈단위 : 억원〉

항목	2016.1Q	2016.2Q	2016.3Q	2016.4Q	2017.1Q	2017.2Q
매출액	77	57	65	45	66	5
영업이익	-24	-74	-38	-52	-42	-59
당기순이익	-25	-87	-41	-52	-70	-104

재무 상태 *IFRS 별도 기준 〈단위 : 억원〉

항목	2012	2013	2014	2015	2016	2017.2Q
총자산	817	407	543	533	801	762
유형자산	10	12	46	55	37	38
무형자산	5	3	176	181	179	168
유가증권	5	3	10	1	226	290
총부채	582	332	192	114	232	340
총차입금	458	249	84	3	103	199
자본금	72	97	129	155	227	228
총자본	235	75	351	419	569	423
지배주주지분	235	75	351	419	569	423

기업가치 지표 *IFRS 별도 기준

항목	2012	2013	2014	2015	2016	2017.2Q
주가(최고/저)(천원)	8.0/1.1	6.1/2.7	8.5/1.6	7.0/3.0	3.7/1.8	—/—
PER(최고/저)(배)	—/—	—/—	107.6/20.5	—/—	—/—	—/—
PBR(최고/저)(배)	4.9/0.7	15.8/6.9	6.3/1.2	5.2/2.2	3.0/1.5	3.3/1.5
EV/EBITDA(배)			14.0	22.6		
EPS(원)	-539	-1,621	79	-108	-689	-355
BPS(원)	1,636	386	1,362	1,351	1,254	928
CFPS(원)	-498	-1,596	161	-55	-618	-339
DPS(원)						
EBITDAPS(원)	-374	-535	478	133	-513	-206

재무 비율 〈단위 : % 〉

연도	영업이익률	순이익률	부채비율	차입금비율	ROA	ROE	유보율	자기자본비율	EBITDA마진율
2016	-77.3	-91.1	40.7	18.0	-33.4	-45.1	150.8	71.1	-67.9
2015	6.6	-9.0	27.2	0.7	-5.9	-8.2	170.2	78.6	11.0
2014	18.2	3.6	54.5	23.9	2.7	6.5	172.4	64.7	21.9
2013	-13.8	-47.0	180.7	105.3	-29.2	-127.2	12.5	35.6	-10.7

마크로젠 (A038290)
Macrogen

업 종 : 바이오		시 장 : KOSDAQ	
신용등급 : (Bond) — (CP) —		기업규모 : 우량	
홈페이지 : www.macrogen.co.kr		연 락 처 : 02)2113-7000	
본 사 : 서울시 금천구 벚꽃로 254, 10층 (가산동, 월드메르디앙벤처센터)			

설 립 일	1997.06.05	종업원수	360명	대표이사	정현용
상 장 일	2000.02.22	감사의견	적정 (삼일)	계	
결 산 기	12월	보 통 주	943만주	종속회사수	2개사
액 면 가	500원	우 선 주		구 상 호	열

주주구성 (지분율,%)		출자관계 (지분율,%)		주요경쟁사 (외형,%)	
서정선	9.6	미젠스토리	50.0	마크로젠	100
미래에셋자산운용투자자문	4.8	엠지메드	26.1	테고사이언스	9
(외국인)	4.7	쓰리빌리언	19.5	파미셀	31

매출구성		비용구성		수출비중	
DNA Sequencing 등	88.4	매출원가율	67.2	수출	70.0
Oligo / PCR	5.8	판관비율	29.3	내수	30.0
Microarray 등	3.6				

회사 개요
동사는 1997년 유전자 이식과 유전자 적중동물 개발과 판매를 주요 사업목적으로 설립되어 2000년 코스닥시장에 상장함. DNA 염기서열 분석 서비스, DNA chip 개발 및 판매, 유전자 이식 및 적중 마우스 공급 서비스, 유전자합성, 올리고 DNA 제작 분야를 대상으로 사업을 영위하고 있음. 바이오에서 유전자 분석 전문업체로 사업 범위를 확장하고 있으며, 엠지메드, MCL 등을 포함하여 6개의 계열회사를 두고 있음.

실적 분석
동사의 2017년 2/4분기 연결기준 누적매출액은 479.1억원으로 전년동기 대비 8.3% 증가함. 그러나 매출원가와 판관비가 전년동기 대비 각각 11.0%, 12.0% 상승함에 따라 영업이익은 전년동기 대비 54.2% 감소한 9.4억원을 시현하였음. 비영업부문에서는 28.6억원의 손실을 시현함에 따라 18.0억원의 당기순손실을 기록하며 적자전환하였음.

현금 흐름 〈단위 : 억원〉
항목	2016	2017.2Q
영업활동	190	-36
투자활동	-103	-92
재무활동	103	37
순현금흐름	192	-89
기말현금	271	182

결산 실적 〈단위 : 억원〉
항목	2012	2013	2014	2015	2016	2017
매출액	441	481	541	795	911	—
영업이익	52	36	26	42	31	—
당기순이익	34	65	30	101	44	—

분기 실적 〈단위 : 억원〉
항목	2016.1Q	2016.2Q	2016.3Q	2016.4Q	2017.1Q	2017.2Q
매출액	230	213	205	263	242	237
영업이익	16	5	3	8	10	-1
당기순이익	14	22	-35	44	-31	13

재무 상태 〈단위 : 억원〉
항목	2012	2013	2014	2015	2016	2017.2Q
총자산	821	877	1,162	1,343	1,595	1,582
유형자산	270	241	393	389	433	424
무형자산	0	1	2	6	5	7
유가증권	280	272	1	3	14	27
총부채	304	277	490	569	757	750
총차입금	136	131	295	307	433	518
자본금	28	29	29	45	45	47
총자본	517	600	671	775	839	833
지배주주지분	514	598	668	761	826	821

기업가치 지표
항목	2012	2013	2014	2015	2016	2017.2Q
주가(최고/저)(천원)	28.0/12.9	28.7/16.0	39.7/17.4	49.4/26.4	41.1/30.7	—/—
PER(최고/저)(배)	68.0/31.2	38.4/21.4	117.3/51.4	43.1/23.1	85.2/63.6	—/—
PBR(최고/저)(배)	4.6/2.1	4.2/2.3	5.2/2.3	5.5/3.0	4.3/3.2	3.4/2.8
EV/EBITDA(배)	14.3	13.9	21.3	22.3	19.5	—
EPS(원)	412	746	339	1,145	482	-173
BPS(원)	9,045	10,281	11,448	8,915	9,577	9,795
CFPS(원)	1,492	2,035	1,750	2,169	1,740	473
DPS(원)	—	—	—	—	—	—
EBITDAPS(원)	1,798	1,538	1,684	1,493	1,611	747

재무 비율 〈단위 : %〉
연도	영업이익률	순이익률	부채비율	차입금비율	ROA	ROE	유보율	자기자본비율	EBITDA마진율
2016	3.5	4.9	90.2	51.6	3.0	5.4	1,815.5	52.6	15.8
2015	5.2	12.7	73.4	39.6	8.1	14.2	1,683.1	57.7	16.7
2014	4.8	5.6	73.1	43.9	3.0	4.7	2,189.6	57.8	18.3
2013	7.4	13.4	46.1	21.8	7.6	11.6	1,956.2	68.5	18.4

만도 (A204320)
Mando

업 종 : 자동차부품		시 장 : 거래소	
신용등급 : (Bond) AA- (CP) —		기업규모 : 시가총액 대형주	
홈페이지 : www.mando.com		연 락 처 : 031)680-6114	
본 사 : 경기도 평택시 포승읍 하만호길 32			

설 립 일	2014.09.02	종업원수	4,261명	대표이사	성일모,정경호(각자대표이사)
상 장 일	2014.10.06	감사의견	적정 (삼일)	계	
결 산 기	12월	보 통 주	939만주	종속회사수	18개사
액 면 가	5,000원	우 선 주		구 상 호	열

주주구성 (지분율,%)		출자관계 (지분율,%)		주요경쟁사 (외형,%)	
한라홀딩스	30.3	만도브로제	50.0	만도	100
국민연금공단	10.1	한라에스오이사모투자전문회사	49.6	현대모비스	652
(외국인)	40.6	현대엠파트너스	8.9	한온시스템	97

매출구성		비용구성		수출비중	
[자동차 부품 및 기타]한국	54.3	매출원가율	85.3	수출	—
[자동차 부품 및 기타]중국	30.2	판관비율	9.5	내수	—
[자동차 부품 및 기타]미국	19.3				

회사 개요
동사는 2014년 한라홀딩스의 제조업 부문이 인적분할되면서 설립됨. 자동차 제동장치, 조향장치, 현가장치 등을 생산하는 자동차 샤시부품 전문 제조회사임. 현대차 부품업체와 함께 세계적인 부품 회사로 커나가고 있음. 2014년 미국 Automotive News 기준으로 동사는 45위를 기록함. 주요 매출처는 현대차, 기아차 및 현대모비스, 현대위아임. 현대차그룹이 전체 매출액의 약 60%를 차지함. GM은 약 20%의 비중임.

실적 분석
동사의 2017년 반기 연결기준 매출액은 2조 8,236.4억원으로 전년동기 대비 0.6% 증가함. 외형이 전년동기와 비슷한 수준으로 유지되고, 판관비가 증가하면서 영업이익은 전년동기 대비 4.2% 감소한 1,156.2억원을 시현함. 비영업부문에서도 손실폭이 전년동기 대비 확대됨에 따라 당기순이익은 전년동기 대비 17.8% 감소한 712.0억원을 시현함. 동사는 설비사업, 친환경자동차사업 등 기타 사업부문에서 신성장동력 발굴을 위해 노력하고 있음.

현금 흐름 〈단위 : 억원〉
항목	2016	2017.2Q
영업활동	3,502	548
투자활동	-3,662	-1,867
재무활동	39	585
순현금흐름	-151	-783
기말현금	1,847	1,063

결산 실적 〈단위 : 억원〉
항목	2012	2013	2014	2015	2016	2017
매출액	—	—	17,214	52,992	58,664	—
영업이익	—	—	793	2,656	3,050	—
당기순이익	—	—	479	1,296	2,101	—

분기 실적 〈단위 : 억원〉
항목	2016.1Q	2016.2Q	2016.3Q	2016.4Q	2017.1Q	2017.2Q
매출액	13,664	14,400	13,568	17,032	14,304	13,93
영업이익	559	648	749	1,094	604	55
당기순이익	413	453	450	785	352	36

재무 상태 〈단위 : 억원〉
항목	2012	2013	2014	2015	2016	2017.2Q
총자산			38,465	41,598	44,644	43,13
유형자산			17,104	17,842	19,004	18,77
무형자산			1,276	1,571	1,966	2,16
유가증권			307	266	254	25
총부채			27,483	27,941	29,493	28,04
총차입금			13,171	12,493	12,984	13,79
자본금			470	470	470	47
총자본			10,981	13,658	15,151	15,09
지배주주지분			10,578	13,219	14,647	14,54

기업가치 지표
항목	2012	2013	2014	2015	2016	2017.2Q
주가(최고/저)(천원)	—/—	—/—	192/169	174/97.1	281/139	—/—
PER(최고/저)(배)	0.0/0.0	0.0/0.0	40.2/35.4	13.6/7.6	13.5/6.7	—/—
PBR(최고/저)(배)	0.0/0.0	0.0/0.0	1.8/1.6	1.3/0.7	1.8/0.9	1.8/1.4
EV/EBITDA(배)	0.0	0.0	18.4	5.3	6.3	—
EPS(원)	—	—	5,061	13,395	21,243	7,01
BPS(원)	—	—	113,193	141,318	156,515	155,44
CFPS(원)	—	—	12,713	37,321	45,584	19,80
DPS(원)	—	—	2,000	4,800	5,000	—
EBITDAPS(원)	—	—	16,091	52,212	56,818	25,09

재무 비율 〈단위 : %〉
연도	영업이익률	순이익률	부채비율	차입금비율	ROA	ROE	유보율	자기자본비율	EBITDA마진율
2016	5.2	3.6	194.7	85.7	4.9	14.3	3,030.3	33.9	9.
2015	5.0	2.5	204.6	91.5	3.2	10.6	2,726.4	32.8	9.
2014	4.6	2.8	250.3	119.9	0.0	0.0	2,163.9	28.6	8.
2013	0.0	0.0	0.0	0.0	0.0	0.0	0.0	0.0	0.

만호제강 (A001080)
Manho Rope & Wire

업 종 : 금속 및 광물	시 장 : 거래소
신용등급 : (Bond) ― (CP) ―	기업규모 : 시가총액 소형주
홈페이지 : www.manhorope.com	연 락 처 : 051)601-0351
본 사 : 부산시 강서구 녹산화전로 71(송정동)	

설 립 일 1953.09.04	종 업 원 수 186명	대 표 이 사 김상환	
상 장 일 1977.06.18	감 사 의 견 적정 (신한)	계 열	
결 산 기 06월	보 통 주 415만주	종속회사수	
액 면 가 1,000원	우 선 주	구 상 호	

주주구성 (지분율,%)		출자관계 (지분율,%)		주요경쟁사 (외형,%)	
하나유비에스자산운용	13.4	동대금속	100.0	만호제강	100
김상환	7.0			황금에스티	105
(외국인)	2.4			GMR 머티리얼즈	31

매출구성		비용구성		수출비중	
와이어로프,경강선,PC강선,스프링와샤 등	83.2	매출원가율	89.4	수출	―
섬유로프	16.0	판관비율	8.1	내수	―
기타	0.8				

회사 개요
동사는 와이어로프, 섬유로프를 생산하는 철강선 제조업체로, 동아제강이 전신이었으며 1984년 부국제강을 흡수하며 현재에 이름. 주요 품목으로는 와이어로프, 경강선, PC강선, 섬유로프 등이 있음. 와이어로프 및 섬유로프는 수산, 조선, 건설업종에 주로 사용되고, PC강선, 하이본 등은 건설 및 사회간접자본시설 확충에 사용되고 있으며, 경강선, 스텐레스강선 등은 자동차산업, 전자산업 등에서 다양하게 사용됨.

실적 분석
동사는 6월 결산 법인으로, 스트링와샤 제조기업인 동대금속(주)를 연결대상 종속회사로 보유하고 있음. 당기 감사전 동사의 매출액은 2,141.9억원으로 전기 대비 0.3% 매출이 감소했고, 영업이익은 46.2% 감소한 28.9억원을 시현하였음. 경기불황에 따른 수요감소와 원재료 가격의 인상으로 매출액 및 영업이익이 감소함. 유형자산처분이익의 증가 및 외환손실 감소로 당기순이익은 전기 대비 4.1% 증가한 41.8억원을 시현함.

현금 흐름 〈단위 : 억원〉
항목	2016	2017.3Q
영업활동	202	62
투자활동	-140	204
재무활동	-72	-200
순현금흐름	-9	65
기말현금	31	96

시장 대비 수익률

결산 실적 〈단위 : 억원〉
항목	2012	2013	2014	2015	2016	2017
매출액	2,450	2,455	2,557	2,321	2,149	2,142
영업이익	117	35	41	68	54	29
당기순이익	97	52	53	71	40	42

분기 실적 〈단위 : 억원〉
항목	2016.2Q	2016.3Q	2016.4Q	2017.1Q	2017.2Q	2017.3Q
매출액	543	511	561	508	528	551
영업이익	17	4	20	8	3	6
당기순이익	15	1	17	9	1	2

재무 상태 〈단위 : 억원〉
항목	2012	2013	2014	2015	2016	2017.3Q
총자산	2,562	2,694	2,637	2,723	2,700	2,491
유형자산	817	835	776	718	663	621
무형자산	12	11	11	10	10	10
유가증권	20	404	45	69	67	2
총부채	499	569	459	479	437	241
총차입금	251	300	253	237	209	14
자본금	42	42	42	42	42	42
총자본	2,063	2,125	2,178	2,244	2,264	2,250
지배주주지분	2,063	2,125	2,178	2,244	2,264	2,250

기업가치 지표
항목	2012	2013	2014	2015	2016	2017.3Q
주가(최고/저)(천원)	22.9/13.0	16.0/13.3	15.9/13.6	25.8/15.0	25.6/16.1	―/―
PER(최고/저)(배)	10.3/5.8	13.3/11.0	12.9/11.1	15.5/9.0	26.9/17.0	0.3/0.3
PBR(최고/저)(배)	0.5/0.3	0.3/0.3	0.3/0.3	0.5/0.3	0.4/0.3	0.3/0.3
EV/EBITDA(배)	3.2	4.2	3.8	3.4	1.0	
EPS(원)	2,348	1,259	1,271	1,703	967	289
BPS(원)	53,510	54,919	56,224	59,244	59,116	59,106
CFPS(원)	3,797	3,086	3,035	3,422	2,625	1,499
DPS(원)	180	150	150	150	150	
EBITDAPS(원)	4,268	2,677	2,744	3,365	2,952	1,631

재무 비율 〈단위 : % 〉
연도	영업이익률	순이익률	부채비율	차입금비율	ROA	ROE	유보율	자기자본비율	EBITDA마진율
2016	2.5	1.9	19.3	9.3	1.5	1.8	5,815.6	83.8	5.7
2015	2.9	3.0	21.3	10.6	2.6	3.2	5,824.4	82.4	6.0
2014	1.6	2.1	21.1	11.6	2.0	2.5	5,522.4	82.6	4.5
2013	1.4	2.1	26.8	14.1	2.0	2.5	5,391.9	78.9	4.5

매일유업 (A267980)
Maeil Dairies

업 종 : 식료품	시 장 : KOSDAQ
신용등급 : (Bond) ― (CP) ―	기업규모 : 중견
홈페이지 : www.maeil.com	연 락 처 : 02)2117-2113
본 사 : 서울시 종로구 종로1길 50	

설 립 일 2017.05.01	종 업 원 수 1,960명	대 표 이 사 김선희	
상 장 일 2017.06.05	감 사 의 견 적정 (삼일)	계 열	
결 산 기 12월	보 통 주 761만주	종속회사수	
액 면 가 500원	우 선 주	구 상 호	

주주구성 (지분율,%)		출자관계 (지분율,%)		주요경쟁사 (외형,%)	
김정완	15.0			매일유업	
진암복지법인	9.3			빙그레	
(외국인)	10.1			남양유업	

매출구성		비용구성		수출비중	
		매출원가율	0.0	수출	4.0
		판관비율	0.0	내수	96.0

회사 개요
동사는 2017년 5월1일(분할기준일)자로 존속회사인 매일홀딩스 주식회사와 신설회사 매일유업 주식회사(동사)로 분할돼 2017년 5월1일 설립됨. 동사는 낙농품을 비롯해 음료 제조판매수출입 등을 주요 사업으로 영위하고 있으며 2017년 06월 05일자로 코스닥시장에 재상장 됨. 동사의 영업부문은 생산하는 제품의 형태에 따라 유가공부문, 기타부문으로 분류함.

실적 분석
동사의 2017년 상반기 연결기준 누적 매출액은 2,163.8억원을 기록함. 매출원가와 판관비 반영 후 영업이익은 135.1억원을 기록했으며 비영업손익 부문에서 손실이 발생해 당기순이익은 99억원을 시현함. 분유부문은 경기에 따른 영향을 크게 받지 않는 시장으로 생산 공정을 위한 설비 투자, 제조사 인지도 등이 높은 진입장벽으로 작용해 신규업체 시장 진입이 어려운 시장이지만 외국 제조사의 제품들이 국내에 다수 유입될 가능성 있음.

현금 흐름 *IFRS 별도 기준 〈단위 : 억원〉
항목	2016	2017.2Q
영업활동		124
투자활동		-71
재무활동		33
순현금흐름		88
기말현금		549

시장 대비 수익률
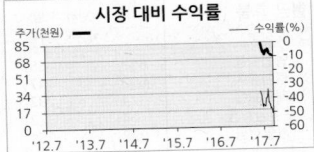

결산 실적 *IFRS 별도 기준 〈단위 : 억원〉
항목	2012	2013	2014	2015	2016	2017
매출액	―	―	―	―	―	―
영업이익	―	―	―	―	―	―
당기순이익	―	―	―	―	―	―

분기 실적 *IFRS 별도 기준 〈단위 : 억원〉
항목	2016.1Q	2016.2Q	2016.3Q	2016.4Q	2017.1Q	2017.2Q
매출액						2,164
영업이익						135
당기순이익						99

재무 상태 *IFRS 별도 기준 〈단위 : 억원〉
항목	2012	2013	2014	2015	2016	2017.2Q
총자산						5,994
유형자산						1,983
무형자산						76
유가증권						0
총부채						3,478
총차입금						1,630
자본금						36
총자본						2,516
지배주주지분						2,516

기업가치 지표 *IFRS 별도 기준
항목	2012	2013	2014	2015	2016	2017.2Q
주가(최고/저)(천원)	―/―	―/―	―/―	―/―	―/―	―/―
PER(최고/저)(배)	0.0/0.0	0.0/0.0	0.0/0.0	0.0/0.0	0.0/0.0	2.5/2.2
PBR(최고/저)(배)	0.0/0.0	0.0/0.0	0.0/0.0	0.0/0.0	0.0/0.0	
EV/EBITDA(배)	0.0					
EPS(원)						1,375
BPS(원)						34,529
CFPS(원)						1,375
DPS(원)						
EBITDAPS(원)						1,876

재무 비율 〈단위 : % 〉
연도	영업이익률	순이익률	부채비율	차입금비율	ROA	ROE	유보율	자기자본비율	EBITDA마진율
2016									0.0
2015									0.0
2014									0.0
2013									0.0

매일홀딩스 (A005990)
Maeil Holdings

업 종 : 식료품	시 장 : KOSDAQ
신용 등 급 : (Bond) A+ (CP) A2+	기 업 규 모 : 우량
홈 페 이 지 : www.maeil.com	연 락 처 : 02)2127-2113
본 사 : 서울시 종로구 종로1길 50 더 케이 트윈타워 A동	

설 립 일 1969.02.14	종 업 원 수 18명	대 표 이 사 김정완
상 장 일 1999.05.05	감 사 의 견 적정 (삼일)	계 열
결 산 기 12월	보 통 주 651만주	종속회사수 15개사
액 면 가 500원	우 선 주	구 상 사

주주구성 (지분율,%)	출자관계 (지분율,%)	주요경쟁사 (외형,%)
김정완 15.7	엠즈푸드시스템 100.0	매일홀딩스 100
김정민 6.7	엠즈씨드 100.0	빙그레 50
(외국인) 9.1	레뱅드매일 100.0	남양유업 76

매출구성	비용구성	수출비중
매일우유, 퓨어, 까페라떼 등 64.4	매출원가율 65.0	수출 —
페레로, 플로리다 등 25.5	판관비율 31.7	내수 —
알로앤루, 알풍소, 궁중비책 등 10.1		

회사 개요
1969년 한국낙농가공주식회사로 설립돼 1999년 코스닥 시장에 상장됨. 지주회사 체제 전환을 위해 2017년 5월 1일 자회사 지분의 관리 및 투자를 목적으로 하는 지주사업부문(매일홀딩스)과 기존의 유가공 제조 및 판매를 담당하는 유가공사업부문(매일유업)으로 인적 분할함. 신설 매일유업 지분 20%를 확보해야 하지만 현재 매일유업 자사주는 7.6%에 그침. 공개매수, 현물출자 등을 통한 지분 확대를 추진 중임.

실적 분석
연결대상 종속기업은 2017년 6월말 현재 15개사임. 2017년 상반기 연결기준 매출액은 전년동기 수준이며, 원가율 개선으로 영업이익은 26.0% 증가함. 지주사 요건 충족을 위해 매일유업 주식 200만주(예상주식수는 현 발행주식의 26.8%)를 일반 공모 방식으로 9월 20일부터 10월 10일까지 청약을 받아 주당 7만6600원에 공개매수할 예정임. 공개매수 자금 마련을 위해 1,532억 규모의 일반공모 유상증자도 결정함.

현금 흐름 〈단위 : 억원〉
항목	2016	2017.2Q
영업활동	659	-55
투자활동	-693	-147
재무활동	24	232
순현금흐름	-4	22
기말현금	1,028	1,051

시장 대비 수익률

결산 실적 〈단위 : 억원〉
항목	2012	2013	2014	2015	2016	2017
매출액	10,723	13,644	14,479	15,422	16,347	
영업이익	266	347	287	364	526	
당기순이익	206	230	239	261	337	

분기 실적 〈단위 : 억원〉
항목	2016.1Q	2016.2Q	2016.3Q	2016.4Q	2017.1Q	2017.2Q
매출액	1,040	4,073	4,169	7,065	922	4,048
영업이익	-54	85	191	304	-60	149
당기순이익	72	20	101	144	7	112

재무 상태 〈단위 : 억원〉
항목	2012	2013	2014	2015	2016	2017.2Q
총자산	6,277	7,242	7,751	8,355	8,856	8,989
유형자산	2,190	2,129	2,223	2,473	2,497	2,606
무형자산	59	101	123	135	171	177
유가증권	87	28	50	54	37	47
총부채	3,216	3,549	3,874	4,304	4,512	4,516
총차입금	1,445	1,412	1,678	1,956	1,981	2,179
자본금	67	67	67	67	68	33
총자본	3,061	3,694	3,877	4,051	4,344	4,473
지배주주지분	3,042	3,320	3,465	3,644	3,996	1,835

기업가치 지표
항목	2012	2013	2014	2015	2016	2017.2Q
주가 (최고/저)(천원)	36.9/13.6	54.5/30.8	48.0/31.1	44.2/30.8	49.1/33.0	—/—
PER (최고/저)(배)	11.7/4.3	16.9/9.6	13.3/8.7	11.0/7.7	8.3/5.6	—/—
PBR (최고/저)(배)	0.8/0.3	1.1/0.6	0.9/0.6	0.8/0.5	0.8/0.5	1.1/0.6
EV/EBITDA (배)	8.9	10.1	9.6	9.7	6.8	—
EPS (원)	1,593	1,619	1,805	2,001	2,964	606
BPS (원)	23,329	25,351	26,735	28,280	30,988	29,749
CFPS (원)	3,982	4,173	4,440	4,712	5,980	606
DPS (원)	125	125	125	125	250	
EBITDAPS (원)	4,372	5,141	4,775	5,426	6,897	1,964

재무 비율 〈단위 : %〉
연도	영업이익률	순이익률	부채비율	차입금비율	ROA	ROE	유보율	자기자본비율	EBITDA마진율
2016	3.2	2.1	103.9	45.6	3.9	10.5	6,097.5	49.1	5.7
2015	2.4	1.7	106.3	48.3	3.2	7.5	5,556.0	48.5	4.7
2014	2.0	1.7	99.9	43.3	3.2	7.1	5,247.1	50.0	4.4
2013	2.5	1.7	96.1	38.2	3.4	6.8	4,970.1	51.0	5.1

매직마이크로 (A127160)
MAGICMICRO CO

업 종 : 반도체 및 관련장비	시 장 : KOSDAQ
신용 등 급 : (Bond) — (CP) —	기 업 규 모 : 중견
홈 페 이 지 : www.magicmicro.co.kr	연 락 처 : 070)8680-3792
본 사 : 부산시 해운대구 센텀중앙로 48, 에이스하이테크21 1404호	

설 립 일 2006.08.11	종 업 원 수 112명	대 표 이 사 양경철
상 장 일 2013.12.20	감 사 의 견 적정 (현대)	계 열
결 산 기 12월	보 통 주 3,111만주	종속회사수 2개사
액 면 가 100원	우 선 주	구 상 사

주주구성 (지분율,%)	출자관계 (지분율,%)	주요경쟁사 (외형,%)
매직디스플레이 25.4	매직엘앤피 51.0	매직마이크로 100
한길구 13.9	이티엘 34.7	네패스신소재 28
(외국인) 0.5	매직디스플레이 4.3	피에스엠씨 16

매출구성	비용구성	수출비중
LED PKG 52.9	매출원가율 99.7	수출 33.0
리드프레임 43.0	판관비율 9.7	내수 67.0
기타 4.1		

회사 개요
동사는 LED용 및 반도체용 리드프레임 등의 전자제품 및 부분품 제조판매업 등을 영위할 목적으로 2006년 8월 11일 설립되었음. 2008년 4월 LS전선의 리드프레임 사업부를 양수하며 사업을 진행하였고, 2009년부터 본격적으로 LED 리드프레임을 생산하기 시작하였음. SK하이닉스, 하나마이크론 등 꾸준한 고객관리로 안정적 매출 창출에 노력하고 있음. 동사의 관계회사는 매직엘이디를 비롯하여 총 6개사가 있음.

실적 분석
동사는 2017년 상반기 연결기준 매출액은 308.1억원으로 전년동기 대비 6.9% 감소했고, 영업손실은 30.6억원으로 전년동기 23.3억원서 적자폭이 확대됨. 리드프레임, LED PKG등 주요 제품의 판매가 부진했고, 원가율이 100%를 넘은데다 판매관리비가 증가해 수익성이 악화됨. 비영업부문에서도 전년 동기 2.1억원 흑자에서 적자전환해 10.3억원의 손실이 발생했고, 당기순손실은 39.0억원을 기록함.

현금 흐름 〈단위 : 억원〉
항목	2016	2017.2Q
영업활동	-25	54
투자활동	-31	-131
재무활동	107	19
순현금흐름	50	-58
기말현금	87	30

시장 대비 수익률

결산 실적 〈단위 : 억원〉
항목	2012	2013	2014	2015	2016	2017
매출액	575	584	533	653	648	
영업이익	24	46	27	-12	-61	
당기순이익	15	37	34	-24	-61	

분기 실적 〈단위 : 억원〉
항목	2016.1Q	2016.2Q	2016.3Q	2016.4Q	2017.1Q	2017.2Q
매출액	172	159	154	164	154	15
영업이익	-15	-8	-30	-8	-14	-1
당기순이익	-13	-9	-38	-6	-20	-19

재무 상태 〈단위 : 억원〉
항목	2012	2013	2014	2015	2016	2017.2Q
총자산	418	432	461	941	952	979
유형자산	231	229	278	533	520	575
무형자산	4	2	8	25	21	39
유가증권	3			27	20	20
총부채	309	269	215	559	621	690
총차입금	154	200	142	381	474	477
자본금	20	20	20	31	31	3
총자본	110	163	245	382	332	288
지배주주지분	110	163	245	382	332	290

기업가치 지표
항목	2012	2013	2014	2015	2016	2017.2Q
주가 (최고/저)(천원)	—/—	10.0/10.0	11.5/9.7	8.1/3.7	6.5/4.0	—/—
PER (최고/저)(배)	0.0/0.0	5.8/5.8	7.4/6.2	—/—	—/—	—/—
PBR (최고/저)(배)	0.0/0.0	1.3/1.3	1.0/0.9	1.3/0.6	1.2/0.8	1.1/0.9
EV/EBITDA (배)	1.7	4.5	5.4	9.3	40.1	—
EPS (원)	77	186	170	-105	-206	-123
BPS (원)	2,723	4,050	6,092	6,137	5,343	931
CFPS (원)	1,980	2,543	2,615	1,227	217	2
DPS (원)						
EBITDAPS (원)	2,185	2,766	2,432	1,492	266	27

재무 비율 〈단위 : %〉
연도	영업이익률	순이익률	부채비율	차입금비율	ROA	ROE	유보율	자기자본비율	EBITDA마진율
2016	-9.4	-10.0	187.1	142.7	-6.9	-18.0	968.6	34.8	6.1
2015	-1.8	-3.6	146.4	99.8	-3.4	-7.6	1,127.5	40.6	10.3
2014	5.0	6.4	87.8	57.9	—	8.8	1,118.3	53.2	18.4
2013	8.0	6.4	164.8	122.5	8.8	27.5	710.1	37.8	8.9

매커스 (A093520)
Makus

업 종 : 반도체 및 관련장비		시 장 : KOSDAQ	
신용등급 : (Bond) — (CP) —		기업규모 : 중견	
홈 페 이 지 : www.makus.co.kr		연 락 처 : 02)3490-9500	
본 사 : 서울시 강남구 봉은사로 44길 73			

설 립 일	2006.12.14	종 업 원 수	36명	대 표 이 사	신동철,성종률
상 장 일	2007.02.12	감 사 의 견	적정 (대영)	계	열
결 산 기	12월	보 통 주	1,616만주	종속회사수	2개사
액 면 가	500원	우 선 주	—	구 상 호	

주주구성 (지분율,%)		출자관계 (지분율,%)		주요경쟁사 (외형,%)	
신동철	5.1	매커스인베스트먼트	100.0	매커스	100
한국증권금융	4.0	매커스시스템즈	79.8	엑시콘	67
(외국인)	7.4	세찬파워	41.4	테스나	45

매출구성		비용구성		수출비중	
비메모리 반도체 등 (상품)	100.0	매출원가율	81.8	수출	0.0
기타매출(기타)	0.1	판관비율	13.0	내수	100.0

회사 개요
동사는 분할회사인 (주)코아크로스(구 '(주)매커스')의 2006년 9월 이사회결의 및 2006년 11월 임시주주총회 승인에 의거 2006년 12월 인적분할방식으로 설립되어 비메모리반도체인 PLD(Programmable Logic Device) 반도체와 아날로그 반도체를 판매하는 비메모리 반도체 솔루션 사업을 영위하고 있음. 종속회사로는 구조조정 대상 기업에 투자하는 매커스인베스트먼트, 스토리지 및 서버 유통업체인 매커스시스템즈 등이 있음.

실적 분석
동사는 2017년 상반기 누적 매출액과 영업이익이 464.8억원과 52.8억원으로 전년 동기에 비해 각각 56.2%, 415.5% 증가했음. 동사는 종속회사의 매출이 전년 동기에 미치지 못했지만, 주력 사업인 비메모리 반도체 솔루션 부문에서 큰 폭의 매출신장을 기록했음. 반면 판매관리비는 전년 동기보다 10.2% 감소해 수익성이 크게 개선됨. 비영업부문에선 2.0억원의 적자가 발생했으나 전체 실적에서 미미한 수준으로 당기순이익은 44.2억원임.

현금 흐름 〈단위 : 억원〉
항목	2016	2017.2Q
영업활동	-34	170
투자활동	-44	10
재무활동	5	-37
순현금흐름	-72	144
기말현금	94	238

시장 대비 수익률

결산 실적 〈단위 : 억원〉
항목	2012	2013	2014	2015	2016	2017
매출액	501	646	635	735	677	—
영업이익	42	59	72	67	35	—
당기순이익	42	45	51	48	16	—

분기 실적 〈단위 : 억원〉
항목	2016.1Q	2016.2Q	2016.3Q	2016.4Q	2017.1Q	2017.2Q
매출액	128	170	171	209	255	210
영업이익	8	5	15	9	32	21
당기순이익	6	0	14	-5	15	16

재무 상태 〈단위 : 억원〉
항목	2012	2013	2014	2015	2016	2017.2Q
총자산	513	605	621	790	803	1,099
유형자산	48	50	45	44	71	42
무형자산	0	1	1	1	1	0
유가증권	16	14	36	42	60	79
총부채	234	274	241	385	393	677
총차입금	77	17	82	17	32	28
자본금	79	81	81	81	81	81
총자본	279	332	380	406	411	422
지배주주지분	279	332	380	406	414	426

기업가치 지표
항목	2012	2013	2014	2015	2016	2017.2Q
주가(최고/저)(천원)	3.9/1.0	3.3/1.5	3.1/2.1	3.7/2.3	5.0/2.7	—/—
PER(최고/저)(배)	15.3/3.9	12.5/5.5	10.4/7.0	13.2/8.1	49.3/26.9	1.5/1.1
PBR(최고/저)(배)	2.2/0.6	1.7/0.7	1.4/0.9	1.4/0.9	1.9/1.0	—/—
EV/EBITDA(배)	3.0	1.2	3.0	5.5	10.2	—/—
EPS(원)	267	281	316	295	104	279
BPS(원)	1,835	2,119	2,418	2,703	2,749	2,938
CFPS(원)	272	286	326	305	113	283
DPS(원)	—	—	—	80	100	—
EBITDAPS(원)	272	372	456	427	226	331

재무 비율 〈단위 : % 〉
연도	영업이익률	순이익률	부채비율	차입금비율	ROA	ROE	유보율	자기자본비율	EBITDA마진율
2016	5.2	2.3	95.6	7.9	2.0	4.1	449.7	51.1	5.4
2015	9.2	6.5	94.8	4.2	6.8	12.1	440.6	51.3	9.4
2014	11.4	8.0	63.6	21.6	8.3	14.4	383.6	61.1	11.6
2013	9.1	7.0	82.6	5.1	8.1	14.8	323.9	54.8	9.2

맥스로텍 (A141070)
MAXROTEC

업 종 : 기계		시 장 : KOSDAQ	
신용등급 : (Bond) — (CP) —		기업규모 : 벤처	
홈 페 이 지 : www.maxrotec.com		연 락 처 : 053)584-6540	
본 사 : 대구시 달서구 성서로71길 40(이곡동)			

설 립 일	1995.08.03	종 업 원 수	124명	대 표 이 사	김인환
상 장 일	2012.11.16	감 사 의 견	적정 (삼덕)	계	열
결 산 기	12월	보 통 주	2,442만주	종속회사수	
액 면 가	500원	우 선 주	136만주	구 상 호	

주주구성 (지분율,%)		출자관계 (지분율,%)		주요경쟁사 (외형,%)	
김인환	21.3	아이마트	49.0	맥스로텍	100
원익 2015 Hidden Opportunity 투자조합	5.6			카스	328
(외국인)	2.0			에너토크	65

매출구성		비용구성		수출비중	
자동화시스템	76.4	매출원가율	97.9	수출	21.0
실린더 블록&헤드	23.6	판관비율	10.9	내수	79.0

회사 개요
동사는 1995년에 금속 공작기계 전문 기업으로 설립되었으며, 현재는 갠트리로봇을 포함한 공장자동화시스템 제조와 자동차용 엔진 실린더블록 임가공을 주요 사업으로 영위함. 갠트리로봇 시스템은 자동차 엔진, 미션 부품 또는 차체 부품 등에서 가공 공정간 물류 이송을 담당하는 로봇이며, 무선 갠트리로봇 시스템은 일본의 Giken사와 동사 2개사만이 생산함. 2012년 11월 코스닥 시장에 상장됨.

실적 분석
동사는 연결대상 종속법인을 보유하고 있지 않음. 동사의 매출은 크게 자동화시스템과 실린더블록, 기타매출로 구분되며, 2017년 반기 매출액은 118.7억원으로 전년동기 272억원 대비 56.4% 축소됨. 자동화시스템 매출이 줄었기 때문. 매출감소에 따른 원가부담으로 수익면에서 적자 전환함. 반기 영업손실 27.6억원을 시현하였고, 비영업손실에서 금융손실에 따라 19.3억원 적자를 시현하여 당기순손실 38.2억원을 시현함.

현금 흐름 *IFRS 별도 기준 〈단위 : 억원〉
항목	2016	2017.2Q
영업활동	38	-73
투자활동	-67	14
재무활동	38	33
순현금흐름	10	-26
기말현금	35	9

시장 대비 수익률

결산 실적 〈단위 : 억원〉
항목	2012	2013	2014	2015	2016	2017
매출액	409	226	370	354	401	—
영업이익	45	-8	32	-56	-35	—
당기순이익	32	-31	2	-59	-88	—

분기 실적 *IFRS 별도 기준 〈단위 : 억원〉
항목	2016.1Q	2016.2Q	2016.3Q	2016.4Q	2017.1Q	2017.2Q
매출액	129	142	92	36	64	55
영업이익	7	2	-16	-28	-9	-18
당기순이익	4	-1	-18	-72	-14	-24

재무 상태 *IFRS 별도 기준 〈단위 : 억원〉
항목	2012	2013	2014	2015	2016	2017.2Q
총자산	697	645	741	865	794	711
유형자산	357	355	397	544	548	478
무형자산	26	29	31	26	22	20
유가증권	5	6	5	2	2	2
총부채	423	414	499	597	450	398
총차입금	322	347	344	439	319	329
자본금	29	29	29	66	127	127
총자본	274	231	242	268	343	313
지배주주지분	274	231	242	268	343	313

기업가치 지표 *IFRS 별도 기준
항목	2012	2013	2014	2015	2016	2017.2Q
주가(최고/저)(천원)	3.8/2.5	3.3/1.8	2.1/1.6	2.5/1.6	4.1/1.5	—/—
PER(최고/저)(배)	13.8/9.1	—/—	129.2/98.1	—/—	3.1/1.1	2.2/1.4
PBR(최고/저)(배)	1.9/1.2	1.8/1.0	1.1/0.9	1.4/0.9	40.4	—/—
EV/EBITDA(배)	8.8	24.8	8.3	—		
EPS(원)	283	-237	17	-447	-483	-151
BPS(원)	4,794	4,157	4,403	2,021	1,356	1,229
CFPS(원)	1,238	3	616	-135	-199	-48
DPS(원)	60	—	30	—	—	—
EBITDAPS(원)	1,517	412	1,135	-110	91	-7

재무 비율 〈단위 : % 〉
연도	영업이익률	순이익률	부채비율	차입금비율	ROA	ROE	유보율	자기자본비율	EBITDA마진율
2016	-8.8	-21.9	131.1	92.7	-10.6	-28.7	171.2	43.3	4.1
2015	-15.9	-16.7	222.8	163.7	-7.4	-23.2	304.1	31.0	-3.6
2014	8.6	0.6	206.5	142.3	0.3	0.9	780.5	32.6	17.5
2013	-3.4	-13.8	179.2	150.2	-4.6	-12.3	731.4	35.8	10.4

멀티캠퍼스 (A067280)
Multicampus

업 종 : 교육		시 장 : KOSDAQ	
신용등급 : (Bond) — (CP) —		기업규모 : 우량	
홈페이지 : www.multicampus.com		연 락 처 : 02)6262-9114	
본 사 : 서울시 강남구 언주로 508 서울상록회관 17층			

설 립 일 2000.05.04	종 업 원 수 723명	대 표 이 사 김대희
상 장 일 2006.11.16	감 사 의 견 적정 (안진)	계 열
결 산 기 12월	보 통 주 593만주	종속회사수 1개사
액 면 가 500원	우 선 주 —	구 상 호 크레듀

주주구성 (지분율,%)		출자관계 (지분율,%)		주요경쟁사 (외형,%)	
삼성에스디에스	47.2	LTIInc	82.4	멀티캠퍼스	100
삼성경제연구소	15.2			대교	440
(외국인)	2.6			웅진씽크빅	335

매출구성		비용구성		수출비중	
HRD BPO, 공공교육 BPO, 러닝플랫폼, HRD 컨설팅	67.4	매출원가율	63.5	수출	—
OPIc 평가, 외국어교육 BPO 등	21.3	판관비율	26.9	내수	—
지식 컨텐츠 등	11.3				

회사 개요
동사는 2000년 설립돼 기업, 공공기관을 대상으로 한 HR 컨설팅, 컨텐츠 개발 및 교육 운영, 교육 플랫폼 구축 등 기업교육서비스를 제공하고 있음. 외국어 평가와 교육을 제공하는 지식서비스를 제공하고 있으며, 연결종속회사인 LTI는 세계 최대 외국어 교육 연구기관인 ACTFL과 독점 사업대행 계약을 체결해 미국, 일본 등 글로벌 시장에서 OPIc 등 외국어 평가 시행 및 채점 서비스를 수행하고 있음.

실적 분석
2017년 상반기 연결기준 동사 매출은 971.5억원으로 전년도 같은 기간에 비해 9% 성장함. 매출원가가 증가했으나 매출이 증가한 데 이어 인건비 감소로 인해 판매비와 관리비가 16.9% 감소함. 이에 영업이익은 전년 동기 대비 대폭 증가한 79.4억원을 시현함. 비영업부문도 흑자로 돌아서 당기순이익은 14.3% 성장한 61.7억원을 기록함. 동사는 바일러닝, 집합교육 등 기업교육부문의 서비스 다각화를 추진하며 경쟁력을 확보해나가고 있음.

현금 흐름		〈단위 : 억원〉
항목	2016	2017.2Q
영업활동	175	120
투자활동	-143	-157
재무활동	-15	-15
순현금흐름	18	-53
기말현금	174	121

시장 대비 수익률

결산 실적
〈단위 : 억원〉

항목	2012	2013	2014	2015	2016	2017
매출액	804	1,086	1,286	1,356	1,865	—
영업이익	47	61	117	119	178	—
당기순이익	90	63	104	105	129	—

분기 실적
〈단위 : 억원〉

항목	2016.1Q	2016.2Q	2016.3Q	2016.4Q	2017.1Q	2017.2Q
매출액	396	495	450	523	435	536
영업이익	24	54	34	66	24	55
당기순이익	16	38	28	47	19	42

재무 상태
〈단위 : 억원〉

항목	2012	2013	2014	2015	2016	2017.2Q
총자산	1,009	1,319	1,406	909	1,084	1,150
유형자산	21	30	25	25	54	48
무형자산	169	268	227	208	229	213
유가증권	35	35	2	2	2	2
총부채	106	222	223	258	303	333
총차입금						
자본금	28	30	30	30	30	30
총자본	903	1,096	1,183	651	780	817
지배주주지분	888	1,081	1,166	633	761	798

기업가치 지표

항목	2012	2013	2014	2015	2016	2017.2Q
주가(최고/저)(천원)	51.2/32.6	51.9/36.4	84.5/43.5	67.6/46.8	50.8/30.8	—/—
PER(최고/저)(배)	32.8/20.9	48.6/34.1	48.9/25.2	39.0/27.0	23.7/14.3	—/—
PBR(최고/저)(배)	3.3/2.1	2.9/2.0	4.4/2.3	6.2/4.3	3.9/2.4	2.8/2.3
EV/EBITDA(배)	23.8	19.8	12.1	17.5	7.3	—/—
EPS(원)	1,604	1,091	1,759	1,754	2,162	1,029
BPS(원)	15,773	18,233	19,682	11,050	13,210	13,840
CFPS(원)	2,034	1,745	2,673	2,532	2,942	1,431
DPS(원)	200	200	250	250	250	
EBITDAPS(원)	1,259	1,722	2,894	2,792	3,789	1,741

재무 비율
〈단위 : % 〉

연도	영업이익률	순이익률	부채비율	차입금비율	ROA	ROE	유보율	자기자본비율	EBITDA마진율
2016	9.6	6.9	38.9	0.0	13.0	18.4	2,541.9	72.0	12.0
2015	8.8	7.7	39.6	0.0	9.1	11.6	2,110.0	71.6	12.2
2014	9.1	8.1	18.9	0.0	7.6	9.3	3,836.4	84.1	13.3
2013	5.6	5.8	20.3	0.0	6.3	6.3	3,546.6	83.1	9.0

메가스터디 (A072870)
Megastudy

업 종 : 교육		시 장 : KOSDAQ	
신용등급 : (Bond) — (CP) —		기업규모 : 우량	
홈페이지 : www.megastudy.co.kr		연 락 처 : 02)6350-8400	
본 사 : 서울시 마포구 상암산로 34, 15층(상암동, 디지털큐브)			

설 립 일 2000.07.12	종 업 원 수 108명	대 표 이 사 구우진
상 장 일 2004.12.21	감 사 의 견 적정 (안진)	계 열
결 산 기 12월	보 통 주 402만주	종속회사수 11개사
액 면 가 500원	우 선 주 —	구 상 호

주주구성 (지분율,%)		출자관계 (지분율,%)		주요경쟁사 (외형,%)	
손주은	26.6	메가푸드앤서비스	100.0	메가스터디	100
신영자산운용	16.7	성북메가스터디	100.0	대교	546
(외국인)	34.3	메가인베스트먼트	99.0	웅진씽크빅	415

매출구성		비용구성		수출비중	
기타 외	39.5	매출원가율	48.6	수출	0.0
교재	24.0	판관비율	53.2	내수	100.0
온라인강의	14.4				

회사 개요
동사는 2000년 7월 온라인 교육정보 제공업 및 학원사업 등을 영위할 목적으로 설립함. 주요 사업은은 교육사업, 급식사업, 기타사업 등으로 구분됨. 영·유아, 초·중·고교생부터 대학생 및 일반 성인에 이르기까지 국내 고객을 주 대상으로 하고 있으며, 해외에서 발생하는 수익은 미미한 수준임. 2015년도에 교육용역사업을 영위하는 메가스터디교육을 신설법인으로 인적분할함.

실적 분석
동사의 2017년 2분기 누적 연결기준 매출액은 전년과 유사한 767.7억원을 기록함. 성장정체에도 높은 판관비 등 원가 상승으로 영업손실 20.4억원을 기록하며 적자전환함. 판관비의 상승은 주로 인건비 및 광고선전비 등의 급증에 기인함. 비영업이익의 증가로 26.5억원의 당기순이익을 보였으나 전년대비로는 감소함. 동사는 현재 계열회사의 체계적인 성장전략의 수립, 추진에 집중하면서 미래 성장성 있는 신규 사업 발굴로 사업영역 확대를 추진함.

현금 흐름		〈단위 : 억원〉
항목	2016	2017.2Q
영업활동	145	33
투자활동	-376	-125
재무활동	13	-24
순현금흐름	-218	-36
기말현금	568	533

시장 대비 수익률

결산 실적
〈단위 : 억원〉

항목	2012	2013	2014	2015	2016	2017
매출액	3,279	3,168	1,367	2,494	1,502	—
영업이익	592	502	103	286	-27	—
당기순이익	537	412	401	1,206	-17	—

분기 실적
〈단위 : 억원〉

항목	2016.1Q	2016.2Q	2016.3Q	2016.4Q	2017.1Q	2017.2Q
매출액	371	396	415	320	407	36
영업이익	4	32	19	-82	-27	0
당기순이익	15	20	21	-74	-4	30

재무 상태
〈단위 : 억원〉

항목	2012	2013	2014	2015	2016	2017.2Q
총자산	4,653	4,867	5,747	3,544	3,601	3,395
유형자산	1,295	1,482	1,123	253	270	254
무형자산	311	290	429	179	275	275
유가증권	422	896	1,014	552	591	692
총부채	951	940	1,518	667	785	582
총차입금		25	568	122	180	121
자본금	32	32	32	20	20	20
총자본	3,701	3,927	4,228	2,877	2,816	2,812
지배주주지분	3,586	3,755	4,024	2,502	2,426	2,428

기업가치 지표

항목	2012	2013	2014	2015	2016	2017.2Q
주가(최고/저)(천원)	53.7/27.2	36.5/26.0	40.0/24.6	46.9/25.3	40.6/30.8	—/—
PER(최고/저)(배)	7.7/3.9	6.7/4.8	7.1/4.4	2.0/1.1	—/—	—/—
PBR(최고/저)(배)	1.0/0.5	0.7/0.5	0.7/0.4	0.7/0.4	0.7/0.5	0.6/0.5
EV/EBITDA(배)	4.6	5.7	10.9	2.1	9.1	—/—
EPS(원)	8,008	5,999	6,064	24,593	-290	676
BPS(원)	59,708	62,375	66,603	65,460	63,572	63,630
CFPS(원)	10,043	8,093	8,451	26,885	2,431	2,006
DPS(원)	3,000	2,000	2,200	600	700	
EBITDAPS(원)	11,379	10,009	4,019	8,516	2,057	823

재무 비율
〈단위 : % 〉

연도	영업이익률	순이익률	부채비율	차입금비율	ROA	ROE	유보율	자기자본비율	EBITDA마진율
2016	-1.8	-1.1	27.9	6.4	-0.5	-0.5	12,614.3	78.2	5.6
2015	11.5	48.3	23.2	4.2	26.0	34.6	12,991.9	81.2	15.7
2014	7.6	29.3	35.9	13.4	7.6	9.9	13,220.6	73.6	18.6
2013	15.8	13.0	23.9	0.6	8.7	10.4	12,374.9	80.7	20.0

메가스터디교육 (A215200)
MegaStudyEdu

업 종 : 교육		시 장 : KOSDAQ	
신용등급 : (Bond) — (CP) —		기업규모 : 우량	
홈 페 이 지 : corp.megastudy.net		연 락 처 : 02)3489-8200	
본 사 : 서울시 서초구 효령로 321 (서초동, 덕원빌딩)			

설 립 일	2015.04.03	종 업 원 수	1,050명	대 표 이 사	손성은
상 장 일	2015.05.04	감 사 의 견	적정 (삼정)	계 열	
결 산 기	12월	보 통 주	232만주	종속회사수	5개사
액 면 가	500원	우 선 주		구 상 호	

주주구성 (지분율,%)
신영자산운용	15.9
손주은	13.1
(외국인)	34.0

출자관계 (지분율,%)
메가스터디수학교육	70.0
아이비김영	68.1

주요경쟁사 (외형,%)
메가스터디교육	100
정상제이엘에스	48
영인프런티어	17

매출구성
[고등사업부문]온라인강의/학원강의	72.6
[초중등사업부문]온라인강의/학원강의	14.7
[고등사업부문]교재	6.1

비용구성
매출원가율	43.7
판관비율	54.4

수출비중
수출	0.0
내수	100.0

회사 개요
동사는 2000년 7월에 설립되었으며, 메가스터디 주식회사의 인적분할로 인해 2015년 5월 4일 코스닥시장에 재상장됨. 주요 사업은 초중등 및 고등학생을 대상으로 한 학원과 온라인교육 컨텐츠 제공임. 온라인교육 컨텐츠 제공에 있어서는 민간사업자 중 동사의 매출액이 가장 큰 것으로 파악하고 있으며, 전문적인 입시 분석 능력, 입시 상담, 강사 확보, 철저한 학생 관리 시스템 등의 경쟁력이 확보되어야 함.

실적 분석
동사의 2017년 상반기 매출액은 1,124.5억원을 시현. 영업이익과 당기순손실은 각각 3.2억원, 7.7억원을 기록. 전 사업부문 매출 증가에도 불구하고 원가 및 인건비 급증에 수익성은 하락. 고등사업부문과 초중등사업부문은 각각 3.8억원 3.5억원 영업적자 상태임. 2016년 11월 학원사업을 영위하는 자회사 엠베스트교육을 흡수합병함. 고등사업부문에서 7개의 러셀학원(오프라인)을 운영 중.

현금 흐름 〈단위 : 억원〉
항목	2016	2017.2Q
영업활동	113	251
투자활동	-129	-157
재무활동	3	-70
순현금흐름	-13	24
기말현금	9	33

시장 대비 수익률

결산 실적 〈단위 : 억원〉
항목	2012	2013	2014	2015	2016	2017
매출액	—	—	—	1,252	1,745	
영업이익	—	—	—	84	35	
당기순이익	—	—	—	80	30	

분기 실적 〈단위 : 억원〉
항목	2016.1Q	2016.2Q	2016.3Q	2016.4Q	2017.1Q	2017.2Q
매출액	394	468	531	351	473	651
영업이익	-42	54	90	-68	-64	61
당기순이익	-31	45	72	-56	-54	47

재무 상태 〈단위 : 억원〉
항목	2012	2013	2014	2015	2016	2017.2Q
총자산	—	—	—	2,287	2,318	2,575
유형자산	—	—	—	1,407	1,265	1,239
무형자산	—	—	—	216	164	282
유가증권	—	—	—	39	13	13
총부채	—	—	—	569	601	902
총차입금	—	—	—		28	65
자본금	—	—	—	12	12	12
총자본	—	—	—	1,718	1,717	1,673
지배주주지분	—	—	—	1,718	1,715	1,688

기업가치 지표
항목	2012	2013	2014	2015	2016	2017.2Q
주가(최고/저)(천원)	—/—	—/—	—/—	110/57.0	60.0/40.9	—/—
PER(최고/저)(배)	0.0/0.0	0.0/0.0	0.0/0.0	33.3/17.3	45.2/30.8	—/—
PBR(최고/저)(배)	0.0/0.0	0.0/0.0	0.0/0.0	1.6/0.8	0.8/0.6	0.7/0.5
EV/EBITDA(배)	0.0	0.0	0.0	7.0	5.7	
EPS(원)	—	—	—	3,444	1,357	-200
BPS(원)	—	—	—	74,040	73,893	72,719
CFPS(원)	—	—	—	8,028	7,745	3,129
DPS(원)	—	—	—	1,200	1,000	
EBITDAPS(원)	—	—	—	8,216	7,872	3,192

재무 비율 〈단위 : % 〉
연도	영업이익률	순이익률	부채비율	차입금비율	ROA	ROE	유보율	자기자본비율	EBITDA마진율
2016	2.0	1.7	35.0	1.6	1.3	1.8	14,678.7	74.1	10.5
2015	6.7	6.4	33.1	0.0	0.0	0.0	14,708.0	75.1	15.3
2014	0.0	0.0	0.0	0.0	0.0	0.0	0.0	0.0	0.0
2013	0.0	0.0	0.0	0.0	0.0	0.0	0.0	0.0	0.0

메가엠디 (A133750)
MegaMD

업 종 : 교육		시 장 : KOSDAQ	
신용등급 : (Bond) — (CP) —		기업규모 : 우량	
홈 페 이 지 : www.megamd.co.kr		연 락 처 : 02)3489-8346	
본 사 : 서울시 서초구 효령로 321 (서초동)			

설 립 일	2004.01.19	종 업 원 수	340명	대 표 이 사	임수아
상 장 일	2015.12.18	감 사 의 견	적정 (삼정)	계 열	
결 산 기	12월	보 통 주	2,237만주	종속회사수	2개사
액 면 가	500원	우 선 주		구 상 호	

주주구성 (지분율,%)
메가스터디	45.2
손성은	4.9
(외국인)	1.1

출자관계 (지분율,%)
지케이에듀	80.0
엠디엔피	50.0
SV일자리창출펀드2호	8.5

주요경쟁사 (외형,%)
메가엠디	100
에이원앤	24
와이비엠넷	104

매출구성
M/DEET,PEET(학원/온라인강의)	66.4
기타(학원/온라인강의)	13.5
LEET 등(학원/온라인강의)	11.8

비용구성
매출원가율	37.1
판관비율	61.6

수출비중
수출	0.0
내수	100.0

회사 개요
동사는 메가스터디의 계열회사로 2004년 '온라인교육 정보 제공업 및 학원사업'을 주요 사업목적으로 설립된 전문대학원(약학/의학/치의학/법학) 입시교육시장 1위 사업자로서, 2015년 기준 시장점유율 59.9%를 차지하고 있음. 현재 6개의 온라인 교육 사이트 (M/DEET&PEET, LEET, 변호사 시험, 원격평생교육원, 메가CST, 엠디엔피)와 24개 직영 학원을 운영하고 있으며, 경찰공무원 및 검찰직 시험 사업까지 분야를 넓히고 있음.

실적 분석
동사의 2017년 상반기 연결기준 매출액은 415.1억원으로 전년 동기 359.8억원 대비 15.4% 증가한 영업이익은 전년 동기대비 91.2% 감소한 4.9억원에 그침. 지속적인 취업난으로 성인교육시장의 지속적 성장세가 예상되는 가운데, 원격평생교육원과 일반공무원 사업 등 신규 성인교육시장 진출을 위한 투자 계획중으로, 사업다각화를 통한 신규 매출이 예상됨.

현금 흐름 〈단위 : 억원〉
항목	2016	2017.2Q
영업활동	52	-3
투자활동	-210	-12
재무활동	-6	-16
순현금흐름	-163	-31
기말현금	98	68

시장 대비 수익률

결산 실적 〈단위 : 억원〉
항목	2012	2013	2014	2015	2016	2017
매출액	489	617	648	669	657	
영업이익	101	95	72	104	8	
당기순이익	82	80	42	83	12	

분기 실적 〈단위 : 억원〉
항목	2016.1Q	2016.2Q	2016.3Q	2016.4Q	2017.1Q	2017.2Q
매출액	182	178	179	118	203	212
영업이익	28	28	10	-58	0	5
당기순이익	25	22	10	-45	2	5

재무 상태 〈단위 : 억원〉
항목	2012	2013	2014	2015	2016	2017.2Q
총자산	397	545	615	897	918	854
유형자산	68	84	92	118	128	134
무형자산	4	4	27	25	119	122
유가증권	4	11	17	54	43	48
총부채	160	178	202	283	292	243
총차입금				19		
자본금	78	84	102	112	112	112
총자본	237	368	413	614	626	611
지배주주지분	235	352	403	608	630	618

기업가치 지표
항목	2012	2013	2014	2015	2016	2017.2Q
주가(최고/저)(천원)	—/—	—/—	—/—	3.8/3.6	4.8/3.3	—/—
PER(최고/저)(배)	0.0/0.0	0.0/0.0	0.0/0.0	7.5/7.1	54.4/37.7	2.6/1.3
PBR(최고/저)(배)	0.0/0.0	0.0/0.0	0.0/0.0	1.3/1.2	1.7/1.2	
EV/EBITDA(배)				3.4	19.1	
EPS(원)	521	535	265	516	90	38
BPS(원)	15,049	21,024	23,974	2,980	2,819	2,763
CFPS(원)	5,909	6,258	3,836	640	248	134
DPS(원)					100	
EBITDAPS(원)	7,170	6,791	5,446	735	197	118

재무 비율 〈단위 : % 〉
연도	영업이익률	순이익률	부채비율	차입금비율	ROA	ROE	유보율	자기자본비율	EBITDA마진율
2016	1.3	1.8	46.7	0.0	1.3	3.0	463.7	68.2	6.3
2015	15.5	12.4	46.1	3.1	11.0	17.3	496.1	68.5	18.6
2014	11.0	6.4	48.9	0.0	7.2	11.8	379.5	67.2	14.1
2013	15.4	12.9	48.4	0.0	16.9	29.5	320.5	67.4	17.8

메디쎄이 (A200580)
MEDYSSEY

업 종 : 의료 장비 및 서비스		시 장 : KONEX	
신용등급 : (Bond) — (CP) —		기업규모 : —	
홈페이지 : www.medyssey.co.kr		연 락 처 : (043)716-1014	
본 사 : 충북 제천시 한방엑스포로 129 (왕암동)			

설 립 일 2003.10.14	종업원수 93명	대표이사 장종욱
상 장 일 2015.10.20	감사의견 적정 (인덕)	계 열
결 산 기 12월	보통주	종속회사수
액 면 가	우선주	구 상 호

주주구성 (지분율,%)		출자관계 (지분율,%)		주요경쟁사 (외형,%)	
장종욱	46.0			메디쎄이	100
김호정	12.2			엘앤케이바이오	300
				셀루메드	85

매출구성		비용구성		수출비중	
정형외과용 임플란트(제품)	92.3	매출원가율	50.7	수출	44.0
기타	6.6	판관비율	47.5	내수	56.0
임대(기타)	1.1				

회사 개요
동사는 척추 임플란트 제조회사로 국내에서 유일하게 3D장비를 이용한 환자 맞춤형 인공뼈 개발을 영위하고 있음. 현재 척추관련 국내 실용신안 3건과 미국 외 특허 7건을 보유하고 있으며 식품의약품안전처(MFDS)로부터 추간체고정보형체 등 다양한 품목의 정형/신경외과용 인체삽입의료기기의 제조품목허가를 받아 자체 생산하여 국내 및 해외에 수출하고 있음. 지난 2015년 10월 20일에 코넥스시장에 상장함.

실적 분석
동사의 2016년 매출액은 114.9억원, 매출총이익은 56.6억원이고 영업이익은 2.1억을 기록함. 동사의 매출액 성장률은 지난 2010년부터 2015년까지 연평균 9.63%를 기록했으며, 안정적인 외형 성장에 따라 영업이익과 당기순이익도 2010년부터 2014년까지 각각 연평균 141.61%, 83.36% 증가함. 해외진출을 위해 북미/남미 지역과 중국에 현지법인을 설립하고 독자적인 영업 및 자사 브랜드 이미지를 구축 중임.

현금 흐름 *IFRS 별도 기준 〈단위 : 억원〉

항목	2016	2017.2Q
영업활동	-15	—
투자활동	-92	—
재무활동	77	—
순현금흐름	-30	—
기말현금	7	—

시장 대비 수익률

결산 실적 〈단위 : 억원〉

항목	2012	2013	2014	2015	2016	2017
매출액	111	71	106	113	115	—
영업이익	5	3	21	1	2	—
당기순이익	2	9	19	1	2	—

분기 실적 *IFRS 별도 기준 〈단위 : 억원〉

항목	2016.1Q	2016.2Q	2016.3Q	2016.4Q	2017.1Q	2017.2Q
매출액	—	—	—	—	—	—
영업이익	—	—	—	—	—	—
당기순이익	—	—	—	—	—	—

재무 상태 *IFRS 별도 기준 〈단위 : 억원〉

항목	2012	2013	2014	2015	2016	2017.2Q
총자산	99	119	177	227	309	—
유형자산	33	29	36	70	97	—
무형자산	1	0	0	0	2	—
유가증권	—	0	3	4	29	—
총부채	33	45	46	65	104	—
총차입금	20	28	30	30	68	—
자본금	7	7	9	19	20	—
총자본	66	75	131	162	205	—
지배주주지분	66	75	131	162	205	—

기업가치 지표 *IFRS 별도 기준

항목	2012	2013	2014	2015	2016	2017.2Q
주가(최고/저)(천원)	—/—	—/—	—/—	26.9/18.6	22.7/10.0	—/—
PER(최고/저)(배)	0.0/0.0	0.0/0.0	0.0/0.0	412.2/284.8	370.9/163.4	0.0/0.0
PBR(최고/저)(배)	0.0/0.0	0.0/0.0	0.0/0.0	6.2/4.3	4.4/1.9	0.0/0.0
EV/EBITDA(배)	1.0	1.7		94.8	29.7	
EPS(원)	80	316	632	65	61	
BPS(원)	4,653	5,285	7,531	4,361	5,196	
CFPS(원)	1,107	1,189	1,673	250	391	
DPS(원)						
EBITDAPS(원)	1,516	779	1,796	211	384	

재무 비율 〈단위 : %〉

연도	영업이익률	순이익률	부채비율	차입금비율	ROA	ROE	유보율	자기자본비율	EBITDA마진율
2016	1.8	2.1	50.8	33.1	0.9	1.3	939.2	66.3	12.9
2015	0.8	2.0	39.9	18.7	1.1	1.5	772.2	71.5	6.4
2014	19.4	17.6	35.4	23.0	12.6	18.2	1,406.2	73.9	26.0
2013	4.4	12.6	60.0	37.8	8.2	12.7	957.1	62.5	15.5

메디아나 (A041920)
MEDIANA

업 종 : 의료 장비 및 서비스		시 장 : KOSDAQ	
신용등급 : (Bond) — (CP) —		기업규모 : 벤처	
홈페이지 : www.mediana.co.kr		연 락 처 : (033)742-5400	
본 사 : 강원도 원주시 문막읍 동화공단로 132			

설 립 일 1995.06.19	종업원수 238명	대표이사 길문종,김응석
상 장 일 2013.07.01	감사의견 적정 (삼정)	계 열
결 산 기 12월	보통주 865만주	종속회사수 2개사
액 면 가 500원	우선주	구 상 호

주주구성 (지분율,%)		출자관계 (지분율,%)		주요경쟁사 (외형,%)	
길문종	40.6			메디아나	100
김응석	5.5			유비케어	128
(외국인)	1.4			대한과학	86

매출구성		비용구성		수출비중	
Pulse Oximeter	40.3	매출원가율	63.9	수출	73.0
상품 및 기타	21.6	판관비율	20.0	내수	27.0
Patient Monitor	15.5				

회사 개요
동사는 핵심 브랜드 사업인 환자감시장치 및 제세동기를 제조, 판매하는 사업을 영위함. 상품영업, ODM 사업, 자사 브랜드 영업을 통해 구축한 내부 인프라를 바탕으로 제품 개발에서 판매까지 구축함. 미국 Covidien 사의 사업을 통해 ODM 거래선을 확보하여 사업기반의 안정화를 이룸. 세계적인 의료기기 회사인 Covidien, Omron 등과의 수출계약 및 해외 대리점 계약 등을 통해 해외 수출을 지속적으로 확대하고 있음.

실적 분석
동사의 2017년도 연결기준 상반기 매출액은 291.1억원으로 전년동기 대비 11.8% 증가함. 고정비 증가에도 매출성장에 힘입어 영업이익은 46.2억원으로 전년동기 대비 7.5% 증가함. 기존 사업군의 연구개발을 지속하여 새로운 신제품 모델을 개발하고 있으며, 이와 별도로 PICC 사업(카테터), 체성분분석기 사업영역에서 제품 개발을 진행 중임. ODM 방식의 사업구조를 통해 안정적 사업기반을 유지하면서 해외진출에 적극적으로 나설 계획임.

현금 흐름 *IFRS 별도 기준 〈단위 : 억원〉

항목	2016	2017.2Q
영업활동	74	8
투자활동	-63	-6
재무활동	6	-3
순현금흐름	19	-3
기말현금	113	110

시장 대비 수익률

결산 실적 〈단위 : 억원〉

항목	2012	2013	2014	2015	2016	2017
매출액	295	337	384	467	534	—
영업이익	7	37	43	79	86	—
당기순이익	12	32	36	71	80	—

분기 실적 〈단위 : 억원〉

항목	2016.1Q	2016.2Q	2016.3Q	2016.4Q	2017.1Q	2017.2Q
매출액	116	144	121	152	140	15
영업이익	18	25	17	26	19	2
당기순이익	16	23	10	31	8	2

재무 상태 〈단위 : 억원〉

항목	2012	2013	2014	2015	2016	2017.2Q
총자산	286	273	370	444	543	56
유형자산	53	51	51	87	117	12
무형자산	38	33	32	37	58	6
유가증권	5	2	2	6	6	
총부채	166	119	97	95	115	10
총차입금	54	31	2	1	14	1
자본금	29	29	36	36	43	4
총자본	120	154	273	349	427	46
지배주주지분	120	154	273	349	427	46

기업가치 지표

항목	2012	2013	2014	2015	2016	2017.2Q
주가(최고/저)(천원)	—/—	3.6/1.7	11.6/3.4	26.6/9.4	25.6/13.7	—/—
PER(최고/저)(배)	0.0/0.0	7.6/3.6	23.4/6.8	32.5/11.4	27.8/14.9	—/—
PBR(최고/저)(배)	0.0/0.0	1.6/0.8	6.5/2.3	5.1/2.8	3.1/2..
EV/EBITDA(배)	2.3	5.5	13.9	13.6	12.7	
EPS(원)	184	467	495	819	920	40
BPS(원)	2,090	2,688	3,834	4,888	4,989	5,37
CFPS(원)	481	818	823	1,169	1,115	50
DPS(원)	235					
EBITDAPS(원)	391	905	929	1,285	1,186	63

재무 비율 〈단위 : %〉

연도	영업이익률	순이익률	부채비율	차입금비율	ROA	ROE	유보율	자기자본비율	EBITDA마진율
2016	16.1	14.9	27.0	3.4	16.1	20.5	897.9	78.8	19.
2015	17.0	15.2	27.3	0.6	17.4	22.8	877.7	78.5	19.
2014	11.2	9.5	35.6	11.2	11.3	17.0	666.9	73.7	14.
2013	11.0	9.5	77.4	35.2	11.5	23.4	437.7	56.4	15.

메디안디노스틱 (A233250)
Median Diagnostics

업 종 : 의료 장비 및 서비스   시 장 : KONEX
신용등급 : (Bond) —   (CP) —   기업규모 : —
홈 페 이 지 : www.mediandiagnostics.com   연 락 처 : (033)244-0100
본 사 : 강원도 춘천시 동내면 순환대로 878

설 립 일	1999.10.18	종 업 원 수	명	대 표 이 사	오진식
상 장 일	2017.06.26	감 사 의 견	적정 (삼일)	계	열
결 산 기	12월	보 통 주		종속회사수	
액 면 가		우 선 주		구 상 호	

주주구성 (지분율,%)
STIC Private Equity Fund III L.P.	60.8
STIC Shariah Private Equity Fund III L.P.	10.9

출자관계 (지분율,%)
MedianLifeScienceLLC	100.0

주요경쟁사 (외형,%)
메디안디노스틱	100
수젠텍	14
티씨엠생명과학	22

매출구성
ELI SA	65.8
상품	11.9
제품 원료	11.5

비용구성
매출원가율	36.5
판관비율	48.6

수출비중
수출	29.0
내수	71.0

회사 개요
동사는 1999년 설립돼 동물 질병 진단용 체외진단키트 및 인체 질병진단용 원료 물질을 개발, 생산하고 있음. 2001년 동물진단용 약품 제조업을 허가 받은 국내 최초 기업으로서 국내 동물용 체외진단 산업의 선도기업임. 제품은 주로 항원-항체반응을 이용한 면역진단키트, 진단시약, 현장신속 진단키트, 유전자 진단키트 등임. 2015년 미국법인을 설립 운영 중이며, 2017년 6월 코넥스 시장에 상장함.

실적 분석
동사의 2016년 결산 연결기준 매출액은 78.6억원으로 전년동기 대비 40.4% 증가함. 이에 영업이익은 11.7억원을 기록하며 역대 영업이익을 경신. 반면 파생상품평가손실이 20.8억원 발생하면서 순이익은 적자전환함. 향후 Rapid Kit 헌팅과 POCT PCR Machine 플랫폼을 중심으로 중국 시장을 더욱 확대하고 일본 동남아시아, 중국, 미국, 유럽 등 다양한 지역에 판매활동을 강화할 예정.

현금 흐름   *IFRS 별도 기준   〈단위 : 억원〉
항목	2016	2017.2Q
영업활동	-0	
투자활동	-24	
재무활동	-30	
순현금흐름	-54	
기말현금	5	

시장 대비 수익률
(그래프: 주가(천원), 수익률(%), '12.7 ~ '17.7)

결산 실적   〈단위 : 억원〉
항목	2012	2013	2014	2015	2016	2017
매출액	—	52	54	56	79	—
영업이익	—	6	8	8	12	—
당기순이익	—	8	8	8	-6	—

분기 실적   *IFRS 별도 기준   〈단위 : 억원〉
항목	2016.1Q	2016.2Q	2016.3Q	2016.4Q	2017.1Q	2017.2Q
매출액					21	
영업이익					3	
당기순이익					2	

재무 상태   *IFRS 별도 기준   〈단위 : 억원〉
항목	2012	2013	2014	2015	2016	2017.2Q
총자산		113	105	160	150	
유형자산		67	59	62	70	
무형자산		6	4	4	4	
유가증권						
총부채		52	35	82	89	
총차입금		34	34	78	82	
자본금		8	8	8	8	
총자본		61	70	78	62	
지배주주지분		61	70	74	62	

기업가치 지표   *IFRS 별도 기준
항목	2012	2013	2014	2015	2016	2017.2Q
주가(최고/저)(천원)	#VALUE!	—/—	—/—	—/—	—/—	—/—
PER(최고/저)(배)	0.0/0.0	0.0/0.0	0.0/0.0	0.0/0.0	0.0/0.0	0.0/0.0
PBR(최고/저)(배)	0.0/0.0	0.0/0.0	0.0/0.0	0.0/0.0	0.0/0.0	0.0/0.0
EV/EBITDA(배)	0.0	1.4	1.9	0.1	2.8	—
EPS(원)	—	509	669	686	-494	
BPS(원)	—	5,107	5,776	6,461	5,967	
CFPS(원)	—	741	669	1,000	-149	
DPS(원)	—					
EBITDAPS(원)	—	583	657	1,077	1,407	

재무 비율   〈단위 : %〉
연도	영업이익률	순이익률	부채비율	차입금비율	ROA	ROE	유보율	자기자본비율	EBITDA마진율
2016	14.9	-7.2	145.3	133.2	-3.7	-8.2	784.2	40.8	20.3
2015	15.4	13.8	105.5	100.5	5.8	10.5	853.7	48.7	22.2
2014	14.6	14.9	50.9	49.4	7.4	12.3	755.9	66.3	14.6
2013	10.9	15.8	84.3	55.3			656.7	54.3	18.1

메디젠휴먼케어 (A236340)
Medizen Humancare

업 종 : 바이오   시 장 : KONEX
신용등급 : (Bond) —   (CP) —   기업규모 : —
홈 페 이 지 : www.medizencare.com   연 락 처 : (02)555-9808
본 사 : 서울시 강남구 테헤란로 223(역삼동, 큰길타워) 20층

설 립 일	2012.07.20	종 업 원 수	26명	대 표 이 사	신동직
상 장 일	2016.01.26	감 사 의 견	적정 (정진)	계	열
결 산 기	12월	보 통 주		종속회사수	
액 면 가		우 선 주		구 상 호	

주주구성 (지분율,%)
신동직	36.7
하재기	16.0

출자관계 (지분율,%)
메디젠헬스케어	100.0

주요경쟁사 (외형,%)
메디젠휴먼케어	100
진매트릭스	313
네추럴FNP	2,450

매출구성
M-CHECK	99.2
기타(연구과제)	0.7
타액키트	0.1

비용구성
매출원가율	29.7
판관비율	153.0

수출비중
수출	0.0
내수	100.0

회사 개요
동사는 유전정보 분석기반 헬스케어 기업으로 2016년 1월 26일 코넥스 시장에 상장됨. 개인별 맞춤형 질병예측 서비스인 '엠첵크(M-Check)' 등 다양한 서비스를 제공하고 있음. 국내 최대의 한국인과 동양인 DB 및 시료를 보유하고 있으며 분석의 정확성을 위해 한 질병 당 분석 유전자수를 최대로 활용함. 건강검진용을 비롯해 약 200여 종류의 분석 패키지를 시장에 선보이고 있음.

실적 분석
동사의 2016년 매출액은 16.2억원으로 전년 10.2억원 대비 58.8% 증가함. 영업손실은 13.4억원으로 전년 13.5억원보다 적자폭 줄어듦. 2016년 대만의 바이오 업체 코아시아바이오텍과 'M-체크' 및 '멜시'에 대한 독점 공급 계약을 체결함. 올해 암 진단 키트 출시 및 상용화를 통해 초기 투자비용 회수와 흑자전환이 기대됨. 분석 가격은 항목별로 10~200만원 수준이며, 일반인들의 접근성을 높이기 위해 저가의 패키지도 있음.

현금 흐름   *IFRS 별도 기준   〈단위 : 억원〉
항목	2016	2017.2Q
영업활동	-12	
투자활동	-1	
재무활동	-1	
순현금흐름	-14	
기말현금	7	

시장 대비 수익률

(그래프: 주가(천원), 수익률(%), '12.7 ~ '17.7)

결산 실적   〈단위 : 억원〉
항목	2012	2013	2014	2015	2016	2017
매출액	0	1	6	10	16	—
영업이익	-3	-11	-16	-14	-13	—
당기순이익	-3	-12	-17	-19	-16	—

분기 실적   *IFRS 별도 기준   〈단위 : 억원〉
항목	2016.1Q	2016.2Q	2016.3Q	2016.4Q	2017.1Q	2017.2Q
매출액						
영업이익						
당기순이익						

재무 상태   *IFRS 별도 기준   〈단위 : 억원〉
항목	2012	2013	2014	2015	2016	2017.2Q
총자산	11	15	38	41	27	
유형자산	5	3	11	7	5	
무형자산						
유가증권					1	
총부채		18	14	25	26	
총차입금		18	13	22	22	
자본금	7	8	12	12	12	
총자본	8	-3	24	16	0	
지배주주지분	6	-3	24	16	0	

기업가치 지표   *IFRS 별도 기준
항목	2012	2013	2014	2015	2016	2017.2Q
주가(최고/저)(천원)	—/—	—/—	—/—	—/—	—/—	—/—
PER(최고/저)(배)	0.0/0.0	0.0/0.0	0.0/0.0	0.0/0.0	1,388.4/517.6	0.0/0.0
PBR(최고/저)(배)	0.0/0.0	0.0/0.0	0.0/0.0	0.0/0.0		0.0/0.0
EV/EBITDA(배)						
EPS(원)	-272	-769	-794	-820	-656	
BPS(원)	418	-180	1,021	670	14	
CFPS(원)	-187	-613	-535	-650	-519	
DPS(원)						
EBITDAPS(원)	-187	-589	-517	-414	-424	

재무 비율   〈단위 : %〉
연도	영업이익률	순이익률	부채비율	차입금비율	ROA	ROE	유보율	자기자본비율	EBITDA마진율
2016	-82.7	-96.6	일부잠식	일부잠식	-46.3	-191.8	-97.2	1.3	-62.5
2015	-132.6	-186.3	156.2	134.7	-48.4	-96.2	34.0	39.0	-94.0
2014	-282.3	-288.8	59.4	54.7	-64.1	전기잠식	104.2	62.7	-188.1
2013	-1,178.2	-1,216.0	완전잠식	완전잠식	-87.8	당기잠식	-136.0	-18.5	-932.2

메디톡스 (A086900)
Medy-Tox

업　　종 : 제약　　　　　　　　　시　　장 : KOSDAQ
신용등급 : (Bond) —　 (CP) —　　기업규모 : 우량
홈페이지 : www.medy-tox.co.kr　　연 락 처 : 043)217-1555
본　　사 : 충북 청주시 청원구 오창읍 각리1길 78

설 립 일	2000.05.02	종업원수	427명	대표이사	정현호
상 장 일	2009.01.16	감사의견	적정(한영)	계 열	
결 산 기	12월	보 통 주	566만주	종속회사수	3개사
액 면 가	500원	우 선 주		구 상 호	

주주구성 (지분율,%)		출자관계 (지분율,%)		주요경쟁사 (외형,%)	
정현호	18.5	메디톡스코리아	100.0	메디톡스	100
Wasatch Advisors, Inc.	6.2	벙커엠	100.0	한미사이언스	499
(외국인)	48.1	MDT International	100.0	한미약품	662

매출구성		비용구성		수출비중	
메디톡신, Neuronox, Siax, 뉴라미스	91.2	매출원가율	18.1	수출	—
기술이전 계약금 등	8.5	판관비율	25.5	내수	—
뉴라젯, 뉴라펜	0.3				

회사 개요
동사는 의약품 관련 기술 및 제품의 제조업, 보툴리눔 독소단백질 치료제 제조업 등을 영위할 목적으로 2000년 5월 설립됨. 2009년 1월 코스닥시장에 상장됨. 주력 제품인 보툴리눔 A형 독소 의약품 메디톡신주®(Neuronox®)는 동사가 세계 4번째 독자적인 원천기술로 개발한 제품임. 기존의 메디톡신과 함께 미용시장에서 경쟁력을 가질 수 있는 HA 필러를 개발하여 국내외매출을 확대하고 있음.

실적 분석
2017년 2분기 누적 매출액은 전년동기 대비 45.9% 증가한 879.5억원을 기록함. 메디톡신, 이노톡스 등 보툴리눔 톡신 제제와 함께 히알루론산 필러 '뉴라미스'가 매출 호조세를 보였기 때문임. 판매비와 관리비는 경상개발비 증가 등으로 전년동기 대비 64.4% 증가함. 영업이익은 475.7억원으로 전년동기 대비 34.9%증가함. 당기순이익 또한 26.8% 증가함.

현금 흐름 〈단위 : 억원〉

항목	2016	2017.2Q
영업활동	541	160
투자활동	-1,143	-134
재무활동	492	-13
순현금흐름	-114	14
기말현금	158	172

시장 대비 수익률

결산 실적 〈단위 : 억원〉

항목	2012	2013	2014	2015	2016	2017
매출액	363	391	759	885	1,333	—
영업이익	170	168	500	517	752	—
당기순이익	154	143	436	423	592	—

분기 실적 〈단위 : 억원〉

항목	2016.1Q	2016.2Q	2016.3Q	2016.4Q	2017.1Q	2017.2Q
매출액	288	315	330	400	405	475
영업이익	164	188	178	221	212	264
당기순이익	136	159	146	151	170	205

재무 상태 〈단위 : 억원〉

항목	2012	2013	2014	2015	2016	2017.2Q
총자산	705	794	1,685	2,036	3,240	3,546
유형자산	206	358	510	810	1,506	1,765
무형자산	85	78	99	103	193	237
유가증권	1	2	1	2	2	1
총부채	153	187	869	901	1,764	1,812
총차입금	78	85	84	251	1,015	1,120
자본금	28	28	28	28	28	28
총자본	552	607	816	1,135	1,477	1,734
지배주주지분	552	607	816	1,135	1,477	1,734

기업가치 지표

항목	2012	2013	2014	2015	2016	2017.2Q
주가(최고/저)(천원)	94.5/23.4	182/79.2	317/117	595/306	554/315	—/—
PER(최고/저)(배)	35.5/8.8	73.3/32.0	41.5/15.4	80.3/41.3	53.2/30.2	—/—
PBR(최고/저)(배)	9.1/2.3	14.7/6.4	17.0/6.3	24.1/12.4	16.5/9.4	15.0/8.7
EV/EBITDA(배)	24.8	51.0	62.8	51.3	26.1	—/—
EPS(원)	2,729	2,529	7,713	7,477	10,471	6,624
BPS(원)	10,684	12,601	18,843	24,870	33,713	39,646
CFPS(원)	3,040	2,859	8,218	8,157	11,311	7,219
DPS(원)	500	1,000	1,500	1,700	2,000	—
EBITDAPS(원)	3,323	3,293	9,337	9,813	14,129	9,004

재무 비율 〈단위 : %〉

연도	영업이익률	순이익률	부채비율	차입금비율	ROA	ROE	유보율	자기자본비율	EBITDA마진율
2016	56.4	44.5	119.4	68.7	22.5	45.4	6,642.6	45.6	60.0
2015	58.4	47.8	79.4	22.1	22.7	43.4	4,874.0	55.8	62.7
2014	65.8	57.5	106.5	10.4	35.2	61.3	3,668.6	48.4	69.6
2013	42.8	36.5	30.9	14.0	19.1	24.7	2,420.3	76.4	47.6

메디포스트 (A078160)
Medipost

업　　종 : 바이오　　　　　　　　시　　장 : KOSDAQ
신용등급 : (Bond) —　 (CP) —　　기업규모 : 벤처
홈페이지 : www.medi-post.co.kr　　연 락 처 : 02)3465-6677
본　　사 : 경기도 성남시 분당구 대왕판교로 644번길21

설 립 일	2000.06.26	종업원수	204명	대표이사	양윤선
상 장 일	2005.07.29	감사의견	적정(다산)	계 열	
결 산 기	12월	보 통 주	786만주	종속회사수	2개사
액 면 가	500원	우 선 주		구 상 호	

주주구성 (지분율,%)		출자관계 (지분율,%)		주요경쟁사 (외형,%)	
양윤선	6.4	에임메드	33.4	메디포스트	100
알리안츠글로벌인베스터스자산운용	3.4	랩지노믹스	1.4	셀트리온	2,340
(외국인)	5.6	EVASTEM CORPORATION	50.0	바이로메드	24

매출구성		비용구성		수출비중	
제대혈 보관 및 조혈모세포 이식 등	55.4	매출원가율	45.2	수출	1.0
동종줄기세포치료제	19.7	판관비율	87.3	내수	99.0
멀티 비타민, 미네랄 건강기능식품	14.8				

회사 개요
동사는 줄기세포치료제 개발, 제대혈 보관, 조혈모세포이식 및 건강기능식품 판매 등의 사업을 영위함. 매출의 60% 이상을 차지하는 제대혈보관사업은 주로 병원에서 산모를 대상으로 한 계약에 의해 이루어짐. 동종줄기세포치료제 카티스템은 2012년에 세계최초로 국내에서 품목허가를 받았고 동아에스티에 국내 독점판매권을 부여함. 건강기능식품사업은 임산부의 건강관리에 필요한 영양보충제를 산부인과를 통하여 임산부에게 판매하고 있음.

실적 분석
동사의 2017년 연결기준 상반기 매출액은 217.4억원으로 전년 대비 43.1% 증가함. 매출원가 절감과 판관비 감소로 4.1억원의 영업이익이 발생하며 흑자전환하고 당기순이익 또한 24.6억원으로 큰폭 증가하며 흑자전환함. 줄기세포 치료제 카티스템에 대한 의료진과 환자들의 신뢰도가 점점 높아지면서 판매가 증가하는 추세이고, 제대혈을 보관하는 '제대혈은행' 사업으로 논란을 딛고 흑자전환하는 쾌거를 이룸.

현금 흐름 〈단위 : 억원〉

항목	2016	2017.2Q
영업활동	-44	7
투자활동	-190	16
재무활동	80	14
순현금흐름	-153	37
기말현금	101	138

시장 대비 수익률

결산 실적 〈단위 : 억원〉

항목	2012	2013	2014	2015	2016	2017
매출액	408	415	414	376	287	—
영업이익	-12	-2	-18	-2	-93	—
당기순이익	19	11	-18	27	-54	—

분기 실적 〈단위 : 억원〉

항목	2016.1Q	2016.2Q	2016.3Q	2016.4Q	2017.1Q	2017.2Q
매출액	80	72	66	68	97	12
영업이익	-13	-24	-25	-32	-6	
당기순이익	-6	-21	-14	-12	14	

재무 상태 〈단위 : 억원〉

항목	2012	2013	2014	2015	2016	2017.2Q
총자산	1,374	1,458	1,860	1,829	1,793	1,82
유형자산	176	386	476	459	442	43
무형자산	355	409	458	456	511	51
유가증권	98	69	127	116	119	9
총부채	202	283	686	365	360	36
총차입금	6	78	447	179	157	15
자본금	36	36	36	39	39	
총자본	1,172	1,174	1,173	1,465	1,433	1,45
지배주주지분	1,164	1,164	1,166	1,465	1,433	1,45

기업가치 지표

항목	2012	2013	2014	2015	2016	2017.2Q
주가(최고/저)(천원)	210/74.0	101/53.9	73.9/42.0	166/46.2	103/49.9	—/—
PER(최고/저)(배)	887.6/312.6	726.9/387.9	—/—	466.3/129.3	—/—	—/—
PBR(최고/저)(배)	12.8/4.5	6.1/3.2	4.5/2.5	8.7/2.4	5.5/2.7	3.7/2
EV/EBITDA(배)	1,110.4	166.4	238.5	163.5	—/—	
EPS(원)	237	139	-257	357	-683	31
BPS(원)	16,435	16,612	16,542	19,149	18,570	18,83
CFPS(원)	471	529	181	967	-82	
DPS(원)	—	—	—	—	—	
EBITDAPS(원)	67	362	192	583	-585	

재무 비율 〈단위 : %〉

연도	영업이익률	순이익률	부채비율	차입금비율	ROA	ROE	유보율	자기자본비율	EBITDA마진율
2016	-32.5	-18.7	25.1	10.9	-3.0	-3.7	3,614.1	79.9	-16
2015	-0.6	7.2	24.9	12.3	1.5	2.1	3,729.7	80.1	12
2014	-4.3	-4.4	58.5	38.1	-1.1	-1.6	3,208.3	63.1	3
2013	-0.5	2.7	24.1	6.6	0.7	0.9	3,222.5	80.6	5

메디프론디비티 (A065650)
Medifron DBT

종 목 : 컴퓨터 및 주변기기		시 장 : KOSDAQ	
신용등급 : (Bond) — (CP) —		기업규모 : 중견	
페이지 : www.medifron.com		연 락 처 : 02)545-9277	
본 사 : 서울시 강서구 양천로 583, A동 1401호(염창동, 우림블루나인비즈니스센터)			

설 립 일 1997.03.18	종 업 원 수 23명	대 표 이 사 김영호	
상 장 일 2003.01.16	감 사 의 견 적정 (삼덕)	계 열	
결 산 기 12월	보 통 주 2,658만주	종속회사수	
액 면 가 500원	우 선 주	구 상 호	

주주구성 (지분율,%)		출자관계 (지분율,%)		주요경쟁사 (외형,%)	
묵인희	2.7	브레인케어 42.0		메디프론	100
이현환	2.3			빅솔론	669
(외국인)	1.0			제이스테판	259

매출구성		비용구성		수출비중	
LCD모니터, 공유기, 마우스, 게임기기 외	91.1	매출원가율	88.5	수출	0.0
정보제공수수료	8.1	판관비율	15.3	내수	100.0
비마약성 강력진통제 등	0.8				

회사 개요	실적 분석
동사의 사업부문은 3가지로서, 유무선 통신사 및 포탈사이트, 커뮤니티 사이트 등에 컨텐츠를 제공하는 부문과, LCD모니터 및 마우스, 외장하드 등의 유통 부문, 알츠하이머성 치매치료제, 비마약성 강력진통제 등 중추신경계 질병치료 신약을 개발하는 신약 부문이다. IT기기 유통부문이 전체 매출의 대부분을 차지하며, 2006년 의약품 연구개발, 2007년 IT 기기 유통 등의 사업목적 추가하며 사업 다각화 노력 지속 중임.	동사의 2017년 2분기 누적 매출액은 97.2억원으로 전년 동기 대비 97.7% 증가, 영업이익과 당기순이익은 흑자전환에 성공함. IT 유통부문과 신약의 매출 증가에도 불구하고 원가율 상승, 판매 관리비 증가함. 신규벤조퓨란계 관계 유도체 인지기능장애로 인한 알츠하이머 치료제 물질에 대한 특허를 취득하는 등 신약 부문의 R&D 강화, 신규 거래선 개척으로 성장 확보에 주력하고 있음.

현금 흐름	·IFRS 별도 기준	〈단위 : 억원〉

항목	2016	2017.2Q
영업활동	-12	-11
투자활동	16	-2
재무활동	—	—
순현금흐름	4	-13
기말현금	22	9

시장 대비 수익률

결산 실적						〈단위 : 억원〉
항목	2012	2013	2014	2015	2016	2017
매출액	88	113	54	82	131	—
영업이익	-22	-16	-26	3	-5	—
당기순이익	-21	-20	-85	-17	-40	—

분기 실적	·IFRS 별도 기준					〈단위 : 억원〉
항목	2016.1Q	2016.2Q	2016.3Q	2016.4Q	2017.1Q	2017.2Q
매출액	23	26	35	46	47	50
영업이익	-0	-3	-2	1	0	1
당기순이익	-2	-4	-3	-31	-1	2

재무 상태	·IFRS 별도 기준					〈단위 : 억원〉
항목	2012	2013	2014	2015	2016	2017.2Q
총자산	365	347	265	308	278	270
유형자산	2	1	0	0	0	0
무형자산	275	275	212	196	165	165
유가증권	0	0	0	36	16	5
총부채	10	12	15	70	22	14
총차입금	—	—	—	57	—	—
자본금	123	123	123	123	133	133
총자본	355	335	249	238	256	256
지배주주지분	355	335	249	238	256	256

기업가치 지표	·IFRS 별도 기준					
항목	2012	2013	2014	2015	2016	2017.2Q
주가(최고/저)(천원)	10.1/3.0	6.0/3.0	3.7/2.5	6.5/2.5	7.7/3.2	—/—
PER(최고/저)(배)	—/—	—/—	—/—	—/—	—/—	—/—
PBR(최고/저)(배)	7.0/2.1	4.4/2.2	3.6/2.4	6.8/2.6	8.0/3.3	6.3/4.0
EV/EBITDA(배)			304.0			
EPS(원)	-87	-82	-345	-69	-149	3
BPS(원)	1,437	1,357	1,011	965	962	963
CFPS(원)	-82	-77	-339	-68	-148	4
DPS(원)						
EBITDAPS(원)	-84	-61	-101	12	-18	

재무 비율								〈단위 : % 〉
연도	영업이익률	순이익률	부채비율	차입금비율	ROA	ROE	유보율	자기자본비율	EBITDA마진율
'016	-3.8	-30.3	8.5	0.0	-13.5	-16.1	92.4	92.2	-3.7
'015	3.1	-20.8	29.6	24.2	-6.0	-7.0	92.9	77.2	3.5
'014	-48.7	-157.2	6.2	0.0	-27.8	-29.1	102.2	94.2	-45.9
'013	-14.5	-17.8	3.7	0.0	-5.7	-5.9	171.4	96.4	-13.4

메디플란트 (A015540)
Mediplant

업 종 : 도소매		시 장 : 거래소	
신용등급 : (Bond) — (CP) —		기업규모 : 시가총액 소형주	
홈페이지 : www.medi-plant.co.kr		연 락 처 : 02)3404-3222	
본 사 : 서울시 강남구 언주로 725 동관 8층(논현동, 보전빌딩)			

설 립 일 1981.09.02	종 업 원 수 60명	대 표 이 사 조재진,문정호(각자대표)	
상 장 일 1989.09.02	감 사 의 견 적정 (안경)	계 열	
결 산 기 12월	보 통 주 435만주	종속회사수 4개사	
액 면 가 500원	우 선 주 만주	구 상 호 핫텍	

주주구성 (지분율,%)		출자관계 (지분율,%)		주요경쟁사 (외형,%)	
메디파트너	12.6	미덴탈	100.0	메디플란트	100
유니온투자조합	2.2	티켓나라	100.0	부방	369
(외국인)	2.0	알트비이십일	100.0	대명코퍼레이션	313

매출구성		비용구성		수출비중	
상품권	100.0	매출원가율	99.4	수출	0.0
관리수수료	0.0	판관비율	6.7	내수	100.0

회사 개요	실적 분석
동사는 1981년 설립되어 2017년 사명을 핫텍에서 메디플란트로 변경함. 동사는 상품권 유통, 치과재료 및 장비 판매, 건설기계 임대 등의 사업을 영위하고 있으며 종속회사로는 티켓나라, 알트비이십일, JUNE SKY 등이 있음. 동사는 이노그리드 지분매각으로 연경 대상에서 이노그리드와 그 자회사 크라운게임즈를 연결 대상에서 제외했고, 치과 원재료 및 도매업체 미덴탈을 인수해 종속회사에 편입시킴.	동사는 2017년 상반기 매출액이 407.2억원으로 전년 동기 대비 20.4% 증가했고, 영업손실이 28.2억원으로 전년 동기 20.6억원에서 적자폭이 늘었음. 동사는 백화점 상품권을 할인된 가격에 매입해 마진을 붙여 도매업자에 판매하는 상품권사업부문에서 판매가 늘었고, 치과재료 및 의료기기 부문의 실적이 반영되면서 매출이 늘어남. 동사는 인건비 등 판매관리비가 증가하면서 수익성이 악화됨.

현금 흐름		〈단위 : 억원〉

항목	2016	2017.2Q
영업활동	-29	-23
투자활동	74	-58
재무활동	-54	57
순현금흐름	6	-14
기말현금	31	17

시장 대비 수익률

결산 실적						〈단위 : 억원〉
항목	2012	2013	2014	2015	2016	2017
매출액	1,033	872	995	982	696	—
영업이익	-25	-27	-43	-90	-42	—
당기순이익	-86	-35	-128	-277	-108	—

분기 실적						〈단위 : 억원〉
항목	2016.1Q	2016.2Q	2016.3Q	2016.4Q	2017.1Q	2017.2Q
매출액	184	154	182	175	202	205
영업이익	-14	-6	-10	-12	-12	-16
당기순이익	-29	-29	-14	-37	-13	-17

재무 상태						〈단위 : 억원〉
항목	2012	2013	2014	2015	2016	2017.2Q
총자산	138	124	120	284	131	204
유형자산	23	21	7	4	2	6
무형자산	5	5	33	42	9	16
유가증권	3	3	4	39	4	13
총부채	16	13	26	223	73	85
총차입금	14	3	7	192	68	75
자본금	193	209	103	145	17	22
총자본	121	111	93	61	58	118
지배주주지분	121	111	94	59	58	118

기업가치 지표						
항목	2012	2013	2014	2015	2016	2017.2Q
주가(최고/저)(천원)	43.9/9.3	51.4/14.1	32.3/14.3	85.9/26.6	45.5/8.1	—/—
PER(최고/저)(배)	—/—	—/—	—/—	—/—	—/—	—/—
PBR(최고/저)(배)	4.6/1.0	6.5/1.8	7.0/3.1	41.7/12.9	27.0/4.8	6.1/3.4
EV/EBITDA(배)						
EPS(원)	-9,181	-2,535	-6,885	-9,071	-3,148	-769
BPS(원)	315	266	460	206	1,686	2,727
CFPS(원)	-294	-76	-665	-898	-3,116	-742
DPS(원)						
EBITDAPS(원)	-79	-58	-205	-318	-1,193	-698

재무 비율								〈단위 : % 〉
연도	영업이익률	순이익률	부채비율	차입금비율	ROA	ROE	유보율	자기자본비율	EBITDA마진율
2016	-6.1	-15.6	125.6	117.3	-52.1	-184.1	237.2	44.3	-5.9
2015	-9.1	-28.2	일부잠식	일부잠식	-136.8	-324.5	-58.8	21.6	-8.9
2014	-4.3	-12.9	일부잠식	일부잠식	-105.1	-125.1	-8.0	77.9	-3.8
2013	-3.1	-4.0	일부잠식	일부잠식	-26.6	-30.0	-46.9	89.5	-2.7

메리츠금융지주 (A138040)
Meritz Financial Group

업 종 : 보험		시 장 : 거래소	
신용등급 : (Bond) AA (CP) A1		기업규모 : 시가총액 중형주	
홈페이지 : www.meritzgroup.com		연락처 : 02)2018-6868	
본 사 : 서울시 강남구 강남대로 382(역삼동)			

설 립 일 2011.03.28	종업원수 16명	대표이사 김용범	
상 장 일 2011.05.13	감사의견 적정 (한영)	계 열	
결 산 기 12월	보통주 14,289만주	종속회사수 154개사	
액 면 가 500원	우 선 주	구 상 호	

주주구성 (지분율,%)		출자관계 (지분율,%)		주요경쟁사 (외형,%)	
조정호	67.7	메리츠금융서비스	100.0	메리츠금융지주	100
KB자산운용	6.4	메리츠자산운용	100.0	코리안리	600
(외국인)	6.7	메리츠부동산자산운용	100.0	동양생명	548

수익구성		비용구성		수출비중	
		이자비용	2.8	수출	—
		파생상품손실	1.1	내수	—
		판관비	9.9		

회사 개요
동사는 2011년 금융지주회사의 설립을 목적으로 메리츠화재와 메리츠금융지주로 회사 인적분할에 따라 설립됨. 국내 최초의 보험지주회사로서 설립된 이래 유럽 재정위기, 글로벌 금융시장의 불확실성 확대로 어려운 경영환경이 지속되지만 지주체제를 통해 그룹 리스크 및 대응 프로세스를 보다 견고히 하고 비상경영체제를 통해 강도 높은 비용 절감을 추진하고 있음. 동사는 금융 자회사 경영 관리를 주 목적으로 함.

실적 분석
동사의 2017년 2분기 연결기준 누적 영업수익은 6조4915억원으로 전년 동기 5조9642억원 대비 소폭 증가함. 영업수익이 증가하면서 전반적인 비용 또한 소폭 증가했지만 영업수익 증가율이 높아 영업이익은 5772억원으로 전년 동기 3525억원 대비 큰 폭 늘어남. 영업이익이 늘어나면서 당기순이익 또한 증가해 전년동기 대비 약 큰 폭 늘어난 4459억원을 시현함.

현금 흐름 〈단위 : 억원〉
항목	2016	2017.2Q
영업활동	-3,025	1,667
투자활동	-17,444	-3,465
재무활동	22,633	5,331
순현금흐름	2,171	3,529
기말현금	10,087	13,616

시장 대비 수익률

결산 실적 〈단위 : 억원〉
항목	2012	2013	2014	2015	2016	2017
이자수익	5,549	4,628	7,948	9,366	11,137	—
영업이익	1,883	2,001	2,726	6,168	6,884	—
당기순이익	1,372	1,531	2,377	4,421	5,220	—

분기 실적 〈단위 : 억원〉
항목	2016.1Q	2016.2Q	2016.3Q	2016.4Q	2017.1Q	2017.2Q
이자수익	2,721	2,678	2,882	2,855	3,015	3,009
영업이익	1,396	2,129	1,978	1,381	2,696	3,077
당기순이익	1,060	1,606	1,476	1,078	2,117	2,342

재무 상태 〈단위 : 억원〉
항목	2012	2013	2014	2015	2016	2017.2Q
총자산	195,640	211,075	267,625	320,263	375,437	412,906
유형자산	5,673	5,742	5,967	6,005	5,604	5,479
무형자산	16,120	14,655	12,523	10,632	8,945	8,173
유가증권	91,699	92,362	132,449	154,572	181,266	189,694
총부채	173,866	189,509	237,629	283,969	335,571	366,365
총차입금	35,230	43,620	70,195	97,641	121,868	128,498
자본금	574	574	714	714	714	714
총자본	21,774	21,566	29,997	36,293	39,866	46,541
지배주주지분	9,564	9,425	13,636	15,566	17,587	19,907

기업가치 지표
항목	2012	2013	2014	2015	2016	2017.2Q
주가(최고/저)(천원)	4.0/2.1	6.1/3.5	9.0/6.1	16.1/8.8	12.6/10.1	—/—
PER(최고/저)(배)	9.0/4.6	10.9/6.3	10.4/7.1	11.7/6.4	7.3/5.9	—/—
PBR(최고/저)(배)	0.5/0.3	0.8/0.5	1.0/0.7	1.5/0.8	1.0/0.8	1.1/0.8
PSR(최고/저)(배)	0/0	0/0	0/0	0/0	2/1	—/—
EPS(원)	477	590	912	1,426	1,769	—
BPS(원)	8,634	8,364	9,664	11,015	12,429	14,128
CFPS(원)	3,062	2,541	3,043	3,296	3,185	2,215
DPS(원)	75	90	85	155	300	—
EBITDAPS(원)	1,641	1,744	2,138	4,317	4,818	4,040

재무 비율 〈단위 : % 〉
연도	계속사업이익률	순이익률	부채비율	차입금비율	ROA	ROE	유보율	자기자본비율	총자산증가율
2016	61.7	46.9	841.8	305.7	1.5	15.3	2,385.8	10.6	17.2
2015	65.5	47.2	782.4	269.0	1.5	14.0	2,102.9	11.3	19.7
2014	38.6	29.9	792.2	234.0	1.0	10.1	1,832.8	11.2	36.8
2013	44.3	33.1	878.8	203.2	0.7	7.6	1,572.8	10.2	7.9

메리츠종합금융증권 (A008560)
Meritz Securities

업 종 : 증권		시 장 : 거래소	
신용등급 : (Bond) AA- (CP) A1		기업규모 : 시가총액 중형주	
홈페이지 : home.imeritz.com		연락처 : 02)785-6611	
본 사 : 서울시 영등포구 국제금융로6길 15 (여의도동)			

설 립 일 1973.02.24	종업원수 1,424명	대표이사 최희문	
상 장 일 1991.12.24	감사의견 적정 (한영)	계 열	
결 산 기 12월	보통주 60,564만주	종속회사수 111개사	
액 면 가 1,000원	우 선 주 11,185만주	구 상 호	

주주구성 (지분율,%)		출자관계 (지분율,%)		주요경쟁사 (외형,%)	
메리츠금융지주	44.5	오라클1호투자조합	37.7	메리츠종금증권	100
국민연금공단	10.1	융복합게임"BTSG"프로젝트펀드	20.0	미래에셋대우	123
(외국인)	8.6	역삼오피스PFV	20.0	삼성증권	123

수익구성		비용구성		수출비중	
금융상품 관련이익	62.6	이자비용	5.3	수출	—
외환거래이익	20.7	파생상품손실	0.0	내수	—
이자수익	7.9	판관비	6.9		

회사 개요
동사는 2010년 4월 메리츠종합금융과의 합병으로 2020년 3월까지 유일하게 종합금융업을 영위할 수 있음. 호실적은 증권업 외에 종금대출업 등으로 사업포트폴리오를 다각화 했으며, 아울러 메리츠자산운용, 메리츠금융서비스, 메리츠캐피탈 등 계열회사와의 시너지 창출에 성공하고 있는 것으로 판단. 아울러 동사는 6월 아이엠투자증권과의 합병을 완료하였으며, 최근 4,100억원 규모의 유상증자를 성공적으로 완료하였음.

실적 분석
동사의 2017년 2분기 연결기준 순이익은 981억원으로 전분기 대비 21.3% 증가하였음. 호실적은 주식 및 채권운용 손익 증가에 따라 별도기준 순이익이 전분기와 유사한 수준을 기록한 가운데, 메리츠캐피탈 자회사 편입에 따른 이익 증가에 기인한 것으로 판단됨. 동사는 다수의 M&A, 메리츠캐피탈 자회사 편입, RCPS발행 등을 통해 종합금융투자 라이선스를 취득하였으며, 비즈니스 모델 개편을 위한 현재의 노력도 순조로운 것으로 판단.

현금 흐름 〈단위 : 억원〉
항목	2016	2017.2Q
영업활동	-3,989	-13,160
투자활동	-9,962	11,293
재무활동	15,052	5,970
순현금흐름	1,110	4,099
기말현금	6,572	10,671

시장 대비 수익률

결산 실적 〈단위 : 억원〉
항목	2012	2013	2014	2015	2016	2017
순영업손익	2,725	2,186	3,919	8,003	6,465	—
영업이익	764	682	1,443	4,051	3,269	—
당기순이익	586	516	1,447	2,873	2,538	—

분기 실적 〈단위 : 억원〉
항목	2016.1Q	2016.2Q	2016.3Q	2016.4Q	2017.1Q	2017.2Q
순영업손익	1,321	2,042	1,615	1,486	1,852	2,482
영업이익	680	1,092	814	682	978	1,251
당기순이익	502	832	630	575	809	981

재무 상태 〈단위 : 억원〉
항목	2012	2013	2014	2015	2016	2017.2Q
총자산	84,658	86,837	117,838	144,287	172,678	235,316
유형자산	730	697	1,040	1,013	996	1,001
무형자산	506	459	484	405	357	357
유가증권	40,006	36,860	64,687	77,067	90,435	95,094
총부채	77,584	79,693	107,066	127,101	153,895	203,937
총차입금	32,311	33,788	53,688	73,650	89,746	121,386
자본금	3,092	3,095	3,118	4,966	4,966	7,175
총자본	7,073	7,145	10,771	17,186	18,783	31,379
지배주주지분	7,073	7,145	8,998	17,186	18,783	30,382

기업가치 지표
항목	2012	2013	2014	2015	2016	2017.2Q
주가(최고/저)(천원)	1.1/0.5	1.5/1.1	3.7/1.3	5.9/3.0	3.7/2.9	—/—
PER(최고/저)(배)	7.8/3.8	10.9/8.0	9.9/3.5	9.1/4.7	7.7/6.0	—/—
PBR(최고/저)(배)	0.7/0.3	0.8/0.6	1.6/0.6	1.9/1.0	1.0/0.8	1.2/0.8
PSR(최고/저)(배)	0/0	0/0	0/0	0/0	3/2	—/—
EPS(원)	177	156	434	726	511	—
BPS(원)	2,288	2,340	2,917	3,480	3,802	4,248
CFPS(원)	256	216	510	760	538	348
DPS(원)	85	70	145	230	200	—
EBITDAPS(원)	247	221	464	993	658	416

재무 비율 〈단위 : % 〉
연도	계속사업이익률	순이익률	부채비율	차입금비율	ROA	ROE	유보율	자기자본비율	총자산증가율
2016	51.5	39.3	819.3	477.8	1.6	14.1	280.2	10.9	19.7
2015	50.8	35.9	739.6	428.6	2.2	22.6	248.0	11.9	22.5
2014	45.6	36.9	994.0	498.4	1.4	17.9	191.7	9.1	39.2
2013	32.3	23.6	1,115.4	472.9	0.6	7.3	134.0	8.2	2.6

메리츠화재해상보험 (A000060)
Meritz Fire & Marine Insurance

업 종 : 보험		시 장 : 거래소	
신용등급 : (Bond) AA (CP) —		기업규모 : 시가총액 중형주	
홈 페 이 지 : www.meritzfire.com		연 락 처 : 02)1566-7711	
본 사 : 서울시 강남구 강남대로 382 메리츠타워			

설 립 일	1922.10.01	종 업 원 수	1,701명	대 표 이 사	김용범
상 장 일	1956.07.02	감 사 의 견	적정(한영)	계 열	
결 산 기	12월	보 통 주	11,034만주	종속회사수	28개사
액 면 가	500원	우 선 주		구 상 호	

주주구성 (지분율,%)		출자관계 (지분율,%)		주요경쟁사 (외형,%)	
메리츠금융지주	52.0	메리츠코린도	51.0	메리츠화재	100
국민연금공단	4.9	마포애경타운	14.0	코리안리	111
(외국인)	19.6	신한인프라펀드폴리오	10.4	동양생명	102

수익구성		비용구성		수출비중	
장기	78.5	책임준비금전입	23.0	수출	—
자동차	12.0	보험금비용	30.0	내수	—
특종	6.0	사업비	9.2		

회사 개요
동사는 1922년 10월 조선재해상보험주식회사라는 상호로 설립된 후 1950년에 동양화재해상보험으로 사명을 변경했고, 2005년 메리츠화재해상보험이 됨. 동사가 소속된 메리츠금융지주엔 동사와 지주사, 메리츠종금증권 등 상장 금융사 3개, 메리츠자산운용, 메리츠부동산자산운용, 메리츠캐피탈, 메리츠금융서비스 등 비상장 금융사 4개, 해외법인과 기타법인 3개 등 9개 계열회사가 있음. 동사는 손해보험업계에서 약 8%의 점유율을 기록하고 있음.

실적 분석
동사의 연결기준 2017년 2분기 누적 영업수익은 3조 9,249억원으로 전년동기 대비 소폭 증가함. 같은 기간 영업이익은 3,145억원으로 전년동기 대비 2배 이상 증가함. 손해율이 전년동기 대비 꾸준히 개선되고 보험료 수입 및 자산의 운용수익금도 증가하는 등 보험산업의 성장 정체 속에서도 성장세를 시현하고 있음. 보험료 자율화에 따른 손해율 개선과 구조조정 효과 등이 맞물려 양호한 실적을 이어갈 것으로 보임.

현금 흐름 〈단위 : 억원〉
항목	2016	2017.2Q
영업활동	8,700	11,424
투자활동	-8,430	-9,851
재무활동	0	-993
순현금흐름	271	579
기말현금	1,762	2,341

시장 대비 수익률

결산 실적 〈단위 : 억원〉
항목	2012	2013	2014	2015	2016	2017
보험료수익	47,687	37,178	51,967	56,658	60,019	—
영업이익	1,813	1,748	1,566	2,247	3,143	—
당기순이익	1,356	1,337	1,149	1,690	2,372	—

분기 실적 〈단위 : 억원〉
항목	2016.1Q	2016.2Q	2016.3Q	2016.4Q	2017.1Q	2017.2Q
보험료수익	14,682	15,094	14,847	15,396	15,562	16,203
영업이익	621	927	1,012	583	1,397	1,748
당기순이익	489	702	748	434	1,056	1,324

재무 상태 〈단위 : 억원〉
항목	2012	2013	2014	2015	2016	2017.2Q
총자산	101,728	110,526	130,474	148,325	165,737	174,806
유형자산	4,550	4,607	4,776	4,617	4,419	4,360
무형자산	1,198	1,241	1,031	805	539	408
유가증권	50,695	55,970	65,046	75,884	88,146	94,291
총부채	90,832	100,098	116,452	133,513	149,351	157,363
총차입금		2,451	2,452	2,852	2,852	2,854
자본금	484	507	530	530	552	552
총자본	10,895	10,428	14,022	14,811	16,385	17,443
지배주주지분	10,862	10,393	13,976	14,762	16,326	17,382

기업가치 지표
항목	2012	2013	2014	2015	2016	2017.2Q
주가(최고/저)(천원)	13.6/8.6	14.0/10.0	13.9/10.5	15.6/10.4	16.0/13.2	—/—
PER(최고/저)(배)	11.2/7.1	12.0/8.6	13.9/10.6	10.7/7.1	7.8/6.4	1.3/0.9
PBR(최고/저)(배)	1.4/0.9	1.5/1.1	1.2/0.9	1.2/0.8	1.1/0.9	1.1/0.8
PSR(최고/저)(배)	0/0	0/0	0/0	0/0	0/0	0/0
EPS(원)	1,404	1,311	1,119	1,590	2,175	15,917
BPS(원)	11,234	10,381	13,303	13,989	14,895	15,917
CFPS(원)	1,726	1,657	1,665	2,108	2,643	2,373
DPS(원)	300	320	380	570	830	2,850
EBITDAPS(원)	1,875	1,727	1,530	2,121	2,891	

재무 비율 〈단위 : % 〉
연도	계속사업이익률	순이익률	부채비율	차입금비율	ROA	ROE	유보율	자기자본비율	총자산증가율
2016	5.2	4.0	911.5	17.4	1.5	15.2	2,878.9	9.9	11.7
2015	3.9	3.0	901.4	19.3	1.2	11.7	2,697.7	10.0	13.7
2014	3.0	2.2	830.5	17.5	1.0	9.4	2,560.6	10.8	28.3
2013	4.7	3.6	959.9	23.5	1.3	12.5	1,976.3	9.4	8.7

메이슨캐피탈 (A021880)
MASON CAPITAL

업 종 : 소비자 금융		시 장 : KOSDAQ	
신용등급 : (Bond) — (CP) —		기업규모 : 중견	
홈 페 이 지 : www.mason-capital.co.kr		연 락 처 : 063)287-5305	
본 사 : 전북 전주시 완산구 기린대로 213, 전주대우빌딩 13층			

설 립 일	1989.09.01	종 업 원 수	14명	대 표 이 사	강승태
상 장 일	1996.09.02	감 사 의 견	적정(유진)	계 열	
결 산 기	03월	보 통 주	8,045만주	종속회사수	1개사
액 면 가	500원	우 선 주		구 상 호	씨엑스씨종합캐피탈

주주구성 (지분율,%)		출자관계 (지분율,%)		주요경쟁사 (외형,%)	
제이디글로벌에셋조합	19.9	코아신용정보	40.4	메이슨캐피탈	100
디케이알인베스트먼트	17.0	도부라이프텍	19.4	삼성카드	107,824
(외국인)	0.6	온다컴	19.0		8,463

수익구성		비용구성		수출비중	
이자수익	80.4	이자비용	17.9	수출	—
대출채권 등 평가 및 처분이익	9.1	파생상품손실	0.0	내수	—
금융상품 관련이익	8.6	판관비	31.5		

회사 개요
동사는 1989년에 설립되어 여신전문금융법에 근거해 시설대여업, 신기술사업금융업, 여신성금융업, 기업구조조정 업무 등을 영위하고 있으며 신용조사 및 추심대행업을 영위하는 코아신용정보를 종속회사로 두고 있음. 동사는 2015년 유상증자로 최대주주가 기존 씨엑스씨에서 디케이알인베스트먼트로 바뀌었고, 2016년 4월엔 최대주주가 제이디글로벌에셋조합으로 바뀜. 동사는 8월 23일 한국거래소가 상장적격성 실질심사 대상으로 결정해 공시함.

실적 분석
동사는 3월 결산법인임. 2017년 4월부터 2017년 6월까지 영업수익이 73.4억원으로 전년 동기 57.7억원에 비해 늘었으나, 영업비용이 95.1억원으로 전년 동기 55.3억원에 비해 크게 늘어 21.7억원의 영업손실을 기록함. 당기순손실은 22.4억원으로 적자가 지속되고 있음. 동사는 부채총계, 자본총계가 2016년말 각각 638.8억원, 380.9억원에서 2017년 6월말 760.1억원, 358.5억원으로 재무상태도 악화됨.

현금 흐름 〈단위 : 억원〉
항목	2016	2017.1Q
영업활동	-493	-93
투자활동	-106	-16
재무활동	553	99
순현금흐름	-46	-11
기말현금	37	26

시장 대비 수익률

결산 실적 〈단위 : 억원〉
항목	2012	2013	2014	2015	2016	2017
순영업손익	-122	19	29	114	26	—
영업이익	-172	-96	-83	23	-67	—
당기순이익	-258	-114	-90	25	-69	—

분기 실적 〈단위 : 억원〉
항목	2015.4Q	2016.1Q	2016.2Q	2016.3Q	2016.4Q	2017.1Q
순영업손익	47	24	9	-9	0	
영업이익	33	2	-18	-21	-30	-22
당기순이익	30	2	-18	-21	-31	-22

재무 상태 〈단위 : 억원〉
항목	2012	2013	2014	2015	2016	2017.1Q
총자산	449	438	364	532	1,020	#N/A
유형자산	7	6	3	3	4	#N/A
무형자산	8	18	15	10	7	4
유가증권	10	5	6	39	57	7
총부채	111	159	176	211	639	56
총차입금	96	100	100	118	544	645
자본금	615	206	206	286	402	402
총자본	338	279	188	321	381	359
지배주주지분	337	243	152	278	343	322

기업가치 지표
항목	2012	2013	2014	2015	2016	2017.1Q
주가(최고/저)(천원)	1.0/0.5	0.5/0.2	0.3/0.2	1.0/0.2	0.9/0.5	0.7/0.5
PER(최고/저)(배)	—/—	—/—	—/—	24.6/5.5	—/—	—/—
PBR(최고/저)(배)	0.9/0.4	0.7/0.3	0.6/0.3	2.0/0.4	2.1/1.1	1.7/1.4
PSR(최고/저)(배)	0/0	0/0	0/0	0/0	25/13	—/—
EPS(원)	-691	-286	-219	39	-88	-26
BPS(원)	686	1,586	1,146	486	426	400
CFPS(원)	-416	-556	-425	44	-85	-26
DPS(원)						
EBITDAPS(원)	-279	-496	-404	47	-92	-27

재무 비율 〈단위 : % 〉
연도	계속사업이익률	순이익률	부채비율	차입금비율	ROA	ROE	유보율	자기자본비율	총자산증가율
2016	-262.8	-263.8	일부잠식	일부잠식	-8.9	-20.6	-14.7	37.4	91.7
2015	23.7	22.2	65.8	36.7	5.6	8.8	-2.9	60.3	46.2
2014	-312.4	-312.8	일부잠식	일부잠식	-22.5	-45.9	14.6	51.8	-16.8
2013	-502.2	-603.3	57.0	35.9	-25.7	-38.4	58.6	63.7	-2.5

메지온 (A140410)
Mezzion Pharma

업　　종 : 제약		시　　장 : KOSDAQ	
신용등급 : (Bond) — 　(CP) —		기업규모 : 중견	
홈 페 이 지 : www.mezzion.co.kr		연 락 처 : 02)560-8000	
본　　사 : 서울시 강남구 테헤란로 87길 35 C&H빌딩 3층			

설 립 일	2002.09.25	종 업 원 수	23명	대 표 이 사	박동현
상 장 일	2012.01.20	감 사 의 견	적정 (삼영)	계　　열	
결 산 기	12월	보 통 주	816만주	종속회사수	1개사
액 면 가	500원	우 선 주		구 상 호	동아팜텍

주주구성 (지분율,%)		출자관계 (지분율,%)		주요경쟁사 (외형,%)	
CCE Investment Inc	11.9	MezzionInternationalLLC	100.0	메지온	100
박동현	10.1			대한뉴팜	1,250
(외국인)	19.4			비씨월드제약	522

매출구성		비용구성		수출비중	
[발기부전증치료제]Milestone	41.0	매출원가율	43.3	수출	0.0
[국내 의료기기]Stent	41.0	판관비율	139.2	내수	100.0
[발기부전증치료제]상품매출	8.2				

회사 개요
동사는 의약품제조과 판매업을 주사업목적으로 설립된 글로벌 신약개발 전문기업임. 발기부전치료제로 개발한 신약물질 Udenafil을 미국, 캐나다, 멕시코, 러시아에 발기부전 및 전립선비대증에 대한 치료제 개발을 진행하고 있음. 폰탄수술환자의 미국 임상 3상 직접 수행과 최종허가를 현지에서 직접 수행하고, 향후 상용화와 판매 마케팅을 위한 회사를 설립함. 전립선암치료제, 치매치료제를 신규후보물질로 도입 검토중임.

실적 분석
동사의 2017년 2분기 연결기준 누적매출액은 전년 동기 대비 27.8% 감소한 25.1억원을 기록했으며, 적자지속함. 이는 폰탄임상 3상 진행에 따른 연구개발비 증가에 기인함. 현재 발기부전치료제 위탁생산기관인 인도 닥터레디사가 미국 의약품 품질관리기준을 충족하지 못하여 손해배상소송을 제기한 상태임. 이를 대비하여 타사와 원료 공급 및 완제품 공급 계약을 체결함. 향후, 폰탄수술 환자 치료제 임상실험 완료, 스텐트 사업 지속을 꾀하는 중임.

현금 흐름 〈단위 : 억원〉
항목	2016	2017.2Q
영업활동	-64	-79
투자활동	-368	295
재무활동	-15	—
순현금흐름	-447	211
기말현금	206	417

시장 대비 수익률

결산 실적 〈단위 : 억원〉
항목	2012	2013	2014	2015	2016	2017
매출액	86	44	49	149	88	—
영업이익	17	-25	-49	-27	-72	—
당기순이익	24	-8	-26	42	-130	—

분기 실적 〈단위 : 억원〉
항목	2016.1Q	2016.2Q	2016.3Q	2016.4Q	2017.1Q	2017.2Q
매출액	11	24	13	40	13	12
영업이익	-17	-36	-16	-4	-37	-25
당기순이익	-29	-47	-47	-6	-49	-5

재무 상태 〈단위 : 억원〉
항목	2012	2013	2014	2015	2016	2017.2Q
총자산	673	633	779	1,031	959	868
유형자산	2	1	3	7	2	2
무형자산	11	11	30	25	3	3
유가증권	108	49	10	67	270	141
총부채	40	12	117	405	431	382
총차입금	6			356	383	363
자본금	40	40	41	41	41	41
총자본	633	622	662	625	528	487
지배주주지분	633	622	662	625	528	487

기업가치 지표
항목	2012	2013	2014	2015	2016	2017.2Q
주가(최고/저)(천원)	29.7/14.2	23.4/13.7	40.3/14.8	46.6/23.2	34.2/19.6	—/—
PER(최고/저)(배)	99.8/47.8	—/—	—/—	89.8/44.7	—/—	—/—
PBR(최고/저)(배)	3.1/1.5	2.5/1.5	4.4/1.6	4.8/2.4	4.0/2.3	3.4/2.3
EV/EBITDA(배)	59.9					
EPS(원)	298	-103	-317	519	-1,592	-658
BPS(원)	9,572	9,429	9,228	9,727	8,535	8,027
CFPS(원)	304	-97	-299	561	-1,541	-655
DPS(원)	25					
EBITDAPS(원)	216	-300	-589	-294	-834	-756

재무 비율 〈단위 : %〉
연도	영업이익률	순이익률	부채비율	차입금비율	ROA	ROE	유보율	자기자본비율	EBITDA마진율
2016	-82.5	-148.4	81.6	72.5	-13.1	-22.5	1,606.9	55.1	-77.8
2015	-18.3	28.3	64.8	56.9	4.7	6.6	1,845.4	60.7	-16.0
2014	-101.2	-52.9	17.7	0.0	-3.6	-4.0	1,745.6	84.9	-98.1
2013	-56.2	-18.9	1.9	0.0	-1.3	-1.3	1,785.8	98.2	-55.1

메타바이오메드 (A059210)
Metabiomed

업　　종 : 의료 장비 및 서비스		시　　장 : KOSDAQ	
신용등급 : (Bond) — 　(CP) —		기업규모 : 벤처	
홈 페 이 지 : www.meta-biomed.com		연 락 처 : 043)218-1981	
본　　사 : 충북 청주시 흥덕구 오송읍 오송생명1로 270			

설 립 일	1999.07.01	종 업 원 수	193명	대 표 이 사	오석송
상 장 일	2008.04.15	감 사 의 견	적정 (안진)	계　　열	
결 산 기	12월	보 통 주	2,187만주	종속회사수	8개사
액 면 가	500원	우 선 주		구 상 호	

주주구성 (지분율,%)		출자관계 (지분율,%)		주요경쟁사 (외형,%)	
오석송	21.6	한국디지털병원수출사업협동조합	2.6	메타바이오메드	100
한국증권금융	3.2			오스템임플란트	524
(외국인)	2.3			디오	134

매출구성		비용구성		수출비중	
디지털 도어록 외	32.5	매출원가율	63.9	수출	61.0
Mepfil 외	28.4	판관비율	30.0	내수	39.0
GP 외 기타	17.6				

회사 개요
동사는 치과용재료 및 기기, 생분해성 봉합원사, 정형외과 및 치과용골복재 제품을 생산하여 판매하고 있음. 매출 구성은 덴탈부문이 전체 매출의 약 30%, 수술용 봉합원사 25~30%, 통신장비 30~40%를 차지함. 미국 판매법인인 'MetaBiomed, Inc'와 캄보디아 생산, 판매 법인 및 통신장비제조, 공사를 영위하는 '메타네트웍스' 등 9개사를 계열사로 보유하고 있음.

실적 분석
동사의 2017년 상반기 누적매출액은 321억원으로 전년동기 대비 4.3% 감소함. 원가율과 판관비는 하락하였으나 매출 감소로 영업이익은 전년동기보다 18% 줄어든 18.1억원을 기록함. 통신장비부문의 매출 감소와 수익성 저하가 전사 실적을 악화시킨 요인임. 동합사 부문은 진입장벽이 높아 경쟁력을 유지하기가 수월하며 덴탈 부문은 지속적인 수요 확대가 예상됨.

현금 흐름 〈단위 : 억원〉
항목	2016	2017.2Q
영업활동	50	21
투자활동	-62	12
재무활동	31	3
순현금흐름	21	36
기말현금	35	71

시장 대비 수익률

결산 실적 〈단위 : 억원〉
항목	2012	2013	2014	2015	2016	2017
매출액	442	635	614	686	658	—
영업이익	47	45	-2	72	40	—
당기순이익	22	22	-48	10	7	—

분기 실적 〈단위 : 억원〉
항목	2016.1Q	2016.2Q	2016.3Q	2016.4Q	2017.1Q	2017.2Q
매출액	165	171	137	186	151	11
영업이익	11	11	18	1	8	1
당기순이익	5	11	11	-20	6	—

재무 상태 〈단위 : 억원〉
항목	2012	2013	2014	2015	2016	2017.2Q
총자산	1,034	1,168	1,151	1,138	1,201	1,19
유형자산	517	516	524	529	464	43
무형자산	91	95	77	85	87	9
유가증권	3	3	3	2	2	
총부채	625	722	709	618	672	66
총차입금	507	612	594	494	535	53
자본금	86	86	95	108	109	10
총자본	409	445	442	520	528	52
지배주주지분	398	435	429	509	516	51

기업가치 지표
항목	2012	2013	2014	2015	2016	2017.2Q
주가(최고/저)(천원)	4.7/2.1	4.1/2.4	4.1/2.5	8.4/2.6	6.9/4.0	—/—
PER(최고/저)(배)	35.1/15.9	32.8/19.3	—/—	215.6/65.6	234.2/135.3	—/—
PBR(최고/저)(배)	2.0/0.9	1.6/1.0	1.8/1.1	3.5/1.1	2.8/1.6	2.1/1.
EV/EBITDA(배)	11.9	13.2	31.5	12.6	19.6	
EPS(원)	136	127	-283	39	29	—/—
BPS(원)	2,358	2,572	2,294	2,387	2,419	2,40
CFPS(원)	303	316	-88	216	200	8
DPS(원)	15	15	10	10	10	
EBITDAPS(원)	441	452	186	524	355	15

재무 비율 〈단위 : %〉
연도	영업이익률	순이익률	부채비율	차입금비율	ROA	ROE	유보율	자기자본비율	EBITDA마진율
2016	6.1	1.1	127.3	101.2	0.6	1.3	383.8	44.0	11.
2015	10.4	1.4	118.8	95.0	0.9	1.7	377.4	45.7	15.
2014	-0.3	-7.8	160.3	134.4	-4.1	-11.5	358.8	38.4	5.
2013	7.1	3.5	162.2	137.4	2.0	5.2	414.5	38.1	11.

멕아이씨에스 (A058110)
MEKICS

업　종	의료 장비 및 서비스	시　장	KOSDAQ
신용등급	(Bond) — (CP) —	기업규모	신성장
페 이 지	www.mek-ics.com	연 락 처	070)7119-2500
본　사	경기도 파주시 상지석길 21		

설 립 일	1998.11.26	종 업 원 수	56명	대 표 이 사	김종철
상 장 일	2015.12.14	감 사 의 견	적정 (리안)	계　　열	
결 산 기	12월	보 통 주	536만주	종 속 회 사 수	2개사
액 면 가	500원	우 선 주		구 상 호	

주주구성 (지분율,%)		출자관계 (지분율,%)		주요경쟁사 (외형,%)	
김종철	24.8	멕헬스케어	96.2	멕아이씨에스	100
엔에이치엔인베스트먼트	5.0	연대세종의료기계유한공사	100.0	메디아나	674
(외국인)	3.3			유비케어	862

매출구성		비용구성		수출비중	
인공호흡기	48.6	매출원가율	57.5	수출	65.0
상품 및 기타	22.8	판관비율	61.2	내수	35.0
환자감시장치	20.6				

회사 개요
동사는 1998년 11월 설립된 응급실 및 중환자실에 필수적으로 사용되는 인공호흡기 및 환자감시장치를 설계, 제조, 판매하는 중환자용 의료기기 전문 제조업체로서 국내에 유일하게 인공호흡기 자체 생산이 가능함. 동사의 기술을 기반으로 제조된 인공호흡기 및 호흡치료기는 국내의 요양병원, 로컬병원 및 대형 종합병원에 공급되고 있으며 BRICs를 중심으로 한 이머징 마켓을 포함한 전세계 20개국에 수출되고 있음.

실적 분석
동사의 2017년 상반기 매출액은 54.5억원으로 전년동기 37.8억원 대비 16.7억원 증가함. 인공호흡기 매출이 2배 가까이 급증하여, 31.0억원을 달성하였으며 매출비중이 43%에서 57%로 확대됨. 매출원가율과 판관비율의 하락하여 영업이익은 흑자전환하며 1.9억원을 시현함. 동사는 해외판매 네트워크 확보 및 중국 현지생산을 통한 해외영업 확대를 꾀하고 있으며 이런 노력이 수출 증가로 나타나고 있음.

현금 흐름		〈단위 : 억원〉
항목	2016	2017.2Q
영업활동	-22	1
투자활동	-3	-2
재무활동	50	-3
순현금흐름	25	-4
기말현금	54	49

시장 대비 수익률

결산 실적					〈단위 : 억원〉
항목	2012	2013	2014	2015	2016	2017
매출액	—	97	85	90	79	—
영업이익	—	9	3	-4	-15	—
당기순이익	—	5	-0	26	-18	—

분기 실적					〈단위 : 억원〉
항목	2016.1Q	2016.2Q	2016.3Q	2016.4Q	2017.1Q	2017.2Q
매출액	17	21	14	28	31	23
영업이익	-6	-6	-5	1	4	-3
당기순이익	-6	-6	-6	-1	2	-2

재무 상태					〈단위 : 억원〉
항목	2012	2013	2014	2015	2016	2017.2Q
총자산	—	113	202	217	250	250
유형자산	—	34	121	122	121	120
무형자산	—	0	0	1	1	1
유가증권	—	0	0	0	0	0
총부채	—	94	184	114	152	152
총차입금	—	78	159	105	138	138
자본금	—	15	15	27	27	27
총자본	—	19	18	103	99	98
지배주주지분	—	19	18	103	98	98

기업가치 지표					
항목	2012	2013	2014	2015	2016	2017.2Q
주가(최고/저)(천원)	—/—			7.1/5.6	11.7/4.7	—/—
PER(최고/저)(배)	0.0/0.0	0.0/0.0	0.0/0.0	12.8/10.2	—/—	—/—
PBR(최고/저)(배)	0.0/0.0	0.0/0.0	0.0/0.0	3.7/2.9	6.4/2.6	4.0/2.8
EV/EBITDA(배)	0.0	4.1	24.8			
EPS(원)	—	108	-7	551	-333	-7
BPS(원)	—	408	398	1,912	1,836	1,824
CFPS(원)	—	164	48	629	-251	35
DPS(원)	—					
EBITDAPS(원)	—	243	119	-15	-194	78

재무 비율							〈단위 : % 〉
연도	영업이익률	순이익률	부채비율	차입금비율	ROA	ROE	유보율	자기자본비율	EBITDA마진율
2016	-18.7	-22.9	153.8	139.6	-7.8	-17.8	267.1	39.4	-13.2
2015	-4.8	28.9	111.6	102.5	12.4	43.0	282.5	47.3	-0.8
2014	3.5	-0.4	1,008.5	873.7	-0.2	-1.7	21.9	9.0	6.4
2013	8.9	5.1	504.0	419.1	0.0	0.0	25.0	16.6	11.6

멜파스 (A096640)
Melfas

업　종	휴대폰 및 관련부품	시　장	KOSDAQ
신용등급	(Bond) — (CP) —	기업규모	중견
홈 페 이 지	www.melfas.com	연 락 처	031)707-2280
본　사	경기도 성남시 분당구 판교역로 225-14 멜파스 빌딩		

설 립 일	2000.02.02	종 업 원 수	176명	대 표 이 사	민동진
상 장 일	2009.12.18	감 사 의 견	적정 (세림)	계　　열	
결 산 기	12월	보 통 주	2,126만주	종 속 회 사 수	
액 면 가	500원	우 선 주		구 상 호	

주주구성 (지분율,%)		출자관계 (지분율,%)		주요경쟁사 (외형,%)	
강서연장규곡투자유한공사	15.4	엠알씨랩	81.8	멜파스	100
민동진	9.2	시이오파트너스	35.1	에스맥	167
(외국인)	2.7	플라웍스	26.9	젬백스테크놀러지	97

매출구성		비용구성		수출비중	
Touch Control IC	81.4	매출원가율	76.4	수출	91.0
Touch Screen Module	18.1	판관비율	22.4	내수	9.0
기타	0.5				

회사 개요
정전용량방식 터치센싱기술을 바탕으로 터치스크린 모듈 및 터치키 모듈을 공급하는 터치솔루션 기업임. 동사의 제품은 크게 터치센서칩과 이를 장착하여 제조한 터치키 모듈 및 터치스크린 모듈의 3가지로 구분됨. 최근 중국 기업을 대상으로 180억원의 3자배정 증자를 실시하여 최대주주가 변경됨. 중국 지방정부 및 민간기업과 공동으로 아날로그 반도체를 생산을 전문으로 하는 합자기업(동사 지분 20%)을 설립함

실적 분석
동사의 2017년 연결기준 상반기 매출액은 287.1억원으로 전년대비 36.3% 감소, 매출액의 감소폭은 24.4%를 기록하면서 영업손실은 61.1억원으로 적자전환, 당기순손실은 123.4억원으로 적자전환. 전방산업인 스마트 경기 둔화로 외형이 감소critere 보이면서 매출의 큰 폭 감소. 지문인식 센서칩, 터치디스플레이 드라이버 칩, 중대형 사이즈용 터치 반도체 등 신규 칩을 출시하여 이익 성장을 도모하고 있으나 가시화되지는 않음.

현금 흐름	*IFRS 별도 기준	〈단위 : 억원〉
항목	2016	2017.2Q
영업활동	36	-31
투자활동	-75	71
재무활동	-9	-30
순현금흐름	-46	9
기말현금	30	39

시장 대비 수익률

결산 실적					〈단위 : 억원〉
항목	2012	2013	2014	2015	2016	2017
매출액	3,833	7,943	2,719	1,438	833	—
영업이익	238	32	-215	-123	10	—
당기순이익	139	-161	-275	-399	13	—

분기 실적	*IFRS 별도 기준				〈단위 : 억원〉
항목	2016.1Q	2016.2Q	2016.3Q	2016.4Q	2017.1Q	2017.2Q
매출액	249	202	209	173	156	131
영업이익	2	3	7	-2	-20	-41
당기순이익	-2	3	8	3	-26	-98

재무 상태	*IFRS 별도 기준				〈단위 : 억원〉
항목	2012	2013	2014	2015	2016	2017.2Q
총자산	3,376	3,231	2,182	1,541	1,524	1,359
유형자산	1,095	1,112	758	569	501	486
무형자산	11	11	15	14	12	13
유가증권	22	4	21	28	30	6
총부채	1,775	1,769	996	779	575	552
총차입금	772	983	804	670	481	451
자본금	89	90	90	90	106	106
총자본	1,601	1,462	1,186	762	948	808
지배주주지분	1,601	1,462	1,186	762	948	808

기업가치 지표	*IFRS 별도 기준				
항목	2012	2013	2014	2015	2016	2017.2Q
주가(최고/저)(천원)	28.8/16.6	27.4/8.8	11.4/4.6	6.5/3.0	8.9/4.9	—/—
PER(최고/저)(배)	36.7/21.1	—/—	—/—	—/—	132.1/73.1	—/—
PBR(최고/저)(배)	3.1/1.8	3.3/1.1	1.7/0.7	1.4/0.6	1.9/1.0	1.9/1.3
EV/EBITDA(배)	14.8	12.7			73.3	
EPS(원)	788	-895	-1,532	-2,217	67	-580
BPS(원)	9,292	8,393	6,858	4,668	4,823	4,160
CFPS(원)	1,429	-68	-858	-2,012	150	-552
DPS(원)	100					
EBITDAPS(원)	1,993	1,004	-519	-479	131	-259

재무 비율							〈단위 : % 〉
연도	영업이익률	순이익률	부채비율	차입금비율	ROA	ROE	유보율	자기자본비율	EBITDA마진율
2016	1.2	1.6	60.7	50.7	0.9	1.6	864.6	62.2	3.1
2015	-8.5	-27.7	102.2	87.8	-21.4	-40.9	833.6	49.5	-6.0
2014	-7.9	-10.1	84.0	67.8	-10.2	-20.8	1,271.5	54.4	-3.4
2013	0.4	-2.0	121.0	67.2	-4.9	-10.5	1,578.6	45.2	2.3

261

명문제약 (A017180)
MYUNGMOON PHARM

업 종 : 제약		시 장 : 거래소	
신용등급 : (Bond) — (CP) —		기업규모 : 시가총액 소형주	
홈페이지 : www.mmpharm.co.kr		연락처 : 031)350-4000	
본 사 : 경기도 화성시 향남읍 제약공단2길 26			

설 립 일	1983.09.01	종업원수	505명	대표이사	우석민,박춘식
상 장 일	2008.07.10	감사의견	적정 (도원)	계 열	
결 산 기	12월	보 통 주	2,404만주	종속회사수	1개사
액 면 가	500원	우 선 주		구 상 호	

주주구성 (지분율,%)
우석민	23.7
박방홍	2.9
(외국인)	1.7

출자관계 (지분율,%)
바이오알앤디	23.1
한국제약협동조합	6.6

주요경쟁사 (외형,%)
명문제약	100
유제제약	50
씨트리	14

매출구성
기타	80.0
프로바이브주사(상품) 외	8.6
씨앤유캡슐(제품)	4.9

비용구성
매출원가율	46.4
판관비율	46.5

수출비중
수출	2.0
내수	98.0

회사 개요
의약품 제조 및 판매 등을 영위할 목적으로 1983년 설립되어 2008년 7월 한국거래소 유가증권시장에 상장됨. Surgery, 마취, 소화기 약물을 중심으로 성장을 하였으나 시장의 변화에 맞추어 순환기 및 소화기 약물의 시장에 집중하고 있음. 또한 일반의약품 중심으로 특화된 멀미약과 성기능개선제는 꾸준한 시장점유율을 기록함. 종속회사로는 경기도 이천의 9홀 규모의 대중 골프장을 운영하는 명문투자개발을 두고 있음.

실적 분석
동사의 연결기준 2017년 2분기 누적 매출액은 전년동기 대비 0.3% 감소한 688.5억원을 기록함. 매출원가가 전년동기 대비 12.3% 감소하여 매출총이익은 10.0% 증가함. 인건비와 광고선전비의 증가로 판관비는 17.5% 증가함. 그 결과 영업이익은 전년 동기 62.1억원에서 45.1억원으로 27.3% 감소함. 비영업손익의 증가로 당기순이익은 전년 동기 대비 51.9% 증가한 69.3억원을 기록함.

현금 흐름 〈단위 : 억원〉
항목	2016	2017.2Q
영업활동	56	63
투자활동	-47	-38
재무활동	142	-63
순현금흐름	151	-65
기말현금	176	111

시장 대비 수익률

결산 실적 〈단위 : 억원〉
항목	2012	2013	2014	2015	2016	2017
매출액	1,005	1,037	1,054	1,251	1,422	—
영업이익	-37	41	37	-25	101	—
당기순이익	-127	2	-0	-179	65	—

분기 실적 〈단위 : 억원〉
항목	2016.1Q	2016.2Q	2016.3Q	2016.4Q	2017.1Q	2017.2Q
매출액	334	357	372	359	321	368
영업이익	24	35	21	20	10	35
당기순이익	21	25	11	8	5	64

재무 상태 〈단위 : 억원〉
항목	2012	2013	2014	2015	2016	2017.2Q
총자산	1,883	1,924	1,907	1,994	2,211	2,217
유형자산	753	779	780	981	1,058	1,069
무형자산	104	103	87	33	18	18
유가증권	19	23	26	31	1	1
총부채	1,155	1,192	1,175	1,323	1,264	1,213
총차입금	875	912	874	916	837	763
자본금	85	85	88	91	116	120
총자본	729	732	732	671	947	1,004
지배주주지분	673	685	690	632	910	962

기업가치 지표
항목	2012	2013	2014	2015	2016	2017.2Q
주가(최고/저)(천원)	4.7/2.3	2.7/1.7	2.7/1.7	4.7/2.1	7.8/2.5	—/—
PER(최고/저)(배)	—/—	54.6/34.2	73.0/48.0	—/—	25.7/8.4	—/—
PBR(최고/저)(배)	1.5/0.7	0.8/0.5	0.8/0.5	1.6/0.7	2.1/0.7	1.9/1.2
EV/EBITDA(배)		19.0	20.4		16.1	
EPS(원)	-599	50	37	-788	305	269
BPS(원)	3,982	4,054	3,965	3,514	3,939	4,024
CFPS(원)	-589	193	175	-779	409	312
DPS(원)		31	35	35	68	—
EBITDAPS(원)	-87	374	344	-25	564	231

재무 비율 〈단위 : %〉
연도	영업이익률	순이익률	부채비율	차입금비율	ROA	ROE	유보율	자기자본비율	EBITDA마진율
2016	7.1	4.6	133.5	88.4	3.1	8.8	687.7	42.8	8.5
2015	-2.0	-14.3	197.1	136.4	-9.2	-24.4	602.9	33.7	-0.4
2014	3.5	0.0	160.6	119.4	0.0	1.1	692.9	38.4	5.7
2013	4.0	0.2	162.9	124.6	0.1	1.5	710.9	38.0	6.1

명진홀딩스 (A267060)
Myungjin HoldingsCorp

업 종 : 식료품		시 장 : KONEX	
신용등급 : (Bond) — (CP) —		기업규모 : —	
홈페이지 : www.salmonkorea.com		연락처 : 070)7561-9468	
본 사 : 서울시 서초구 매헌로 16 제리빙관 15층 1515호(양재동, 하이브랜드)			

설 립 일	2012.04.01	종업원수	명	대표이사	정상익
상 장 일	2017.08.24	감사의견	적정 (현대)	계 열	
결 산 기	12월	보 통 주		종속회사수	
액 면 가		우 선 주		구 상 호	

주주구성 (지분율,%)
하현선	33.6
정상익	23.6

출자관계 (지분율,%)

주요경쟁사 (외형,%)
명진홀딩스	100
한성기업	8,156
사조대림	24,251

매출구성
연어필렛	64.7
생연어	35.2
연어 HMR제품군	0.1

비용구성
매출원가율	79.8
판관비율	10.4

수출비중
수출	0.0
내수	100.0

회사 개요
동사는 2012년 3월에 설립된 수입 연어를 기반으로 한 생연어, 연어 필렛(Ready To Serve) 완제품 등의 유통과 연어 및 해산물 기반의 HMR(Home Meal Replacement) 제품 생산과 판매를 주요 사업으로 하는 업체임. 동사의 유통망은 B2B 거래와 B2C 거래로 구성되어 있으며 특히 B2C거래에 있어서 제품 판매 활성화 및 홍보를 위해 모바일 어플리케이션을 개발하여 운영하고 있음.

실적 분석
동사는 업력이 5년이 된 비교적 신생 법인이나, 재직 임원들의 과거 수산물 유통 경험과 시장에 대한 노하우를 바탕으로 영업망을 꾸준히 확대하고 있으며 2014년에는 연 매출액 50억원을 돌파함. 동사의 제품은 내수시장 100%로 판매되고 있으며, 판매경로별 분포는 프랜차이즈 레스토랑 등 거래처가 약 60%, 직배송 약 30%, 온라인 판매 10%로 이루어져 있으며 2분기 기준 매출액 12.8억원, 영업이익 0.2억원을 시현함.

현금 흐름 *IFRS 별도 기준 〈단위 : 억원〉
항목	2016	2017.2Q
영업활동	2	-1
투자활동	-2	-2
재무활동	-0	3
순현금흐름	-0	-0
기말현금	0	0

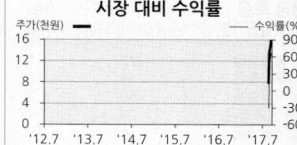
시장 대비 수익률

결산 실적 〈단위 : 억원〉
항목	2012	2013	2014	2015	2016	2017
매출액	—	—	—	45	39	—
영업이익	—	—	—	1	4	—
당기순이익	—	—	—	0	0	—

분기 실적 *IFRS 별도 기준 〈단위 : 억원〉
항목	2016.1Q	2016.2Q	2016.3Q	2016.4Q	2017.1Q	2017.2Q
매출액						
영업이익						
당기순이익						

재무 상태 *IFRS 별도 기준 〈단위 : 억원〉
항목	2012	2013	2014	2015	2016	2017.2Q
총자산	—	—	—	13	10	1
유형자산	—	—	—	0	0	0
무형자산	—	—	—			
유가증권	—	—	—			
총부채	—	—	—	11	8	
총차입금	—	—	—	7	7	
자본금	—	—	—	1	1	
총자본	—	—	—	2	2	
지배주주지분	—	—	—	2	2	

기업가치 지표 *IFRS 별도 기준
항목	2012	2013	2014	2015	2016	2017.2Q
주가(최고/저)(천원)	—/—	—/—	—/—	—/—	—/—	—/—
PER(최고/저)(배)	0.0/0.0	0.0/0.0	0.0/0.0	0.0/0.0	0.0/0.0	—/—
PBR(최고/저)(배)	0.0/0.0	0.0/0.0	0.0/0.0	0.0/0.0	0.0/0.0	0.0/0.0
EV/EBITDA(배)	0.0			7.1	1.4	
EPS(원)	—	—	—	30	47	2
BPS(원)	—	—	—	18,173	22,947	5,02
CFPS(원)	—	—	—	11,933	5,945	
DPS(원)	—	—	—			
EBITDAPS(원)	—	—	—	41,472	39,586	29

재무 비율 〈단위 : %〉
연도	영업이익률	순이익률	부채비율	차입금비율	ROA	ROE	유보율	자기자본비율	EBITDA마진율
2016	9.8	1.2	342.4	296.6	4.1	23.2	358.9	22.6	10.1
2015	1.7	0.2	611.1	390.9			263.5	14.1	2.2
2014	0.0	0.0	0.0	0.0	0.0	0.0	0.0	0.0	0.0
2013	0.0	0.0	0.0	0.0	0.0	0.0	0.0	0.0	0.0

모나리자 (A012690)
Monalisa

업 종 : 가정생활용품		시 장 : 거래소	
신용등급 : (Bond) — (CP) —		기업규모 : 시가총액 소형주	
홈 페 이 지 : www.monalisa.co.kr		연 락 처 : 02)829-8800	
본 사 : 서울시 동작구 보라매로5길 15, 전문건설회관 21층			

설 립 일	1977.11.01	종 업 원 수	175명	대 표 이 사	노유호
상 장 일	1988.10.14	감 사 의 견	적정 (안진)	계 열	
결 산 기	12월	보 통 주	3,657만주	종속회사수	
액 면 가	500원	우 선 주		구 상 호	

주주구성 (지분율,%)		출자관계 (지분율,%)		주요경쟁사 (외형,%)	
엠에스에스홀딩스	66.0	모나리자	100		
KTB13호03·4기업구조조정조합	4.9	LG생활건강	5,020		
(외국인)	1.5	KCI	36		

매출구성		비용구성		수출비중	
두루마리류 화장지외(제품)	70.0	매출원가율	74.7	수출	1.0
두루마리류 화장지외(상품)	17.7	판관비율	19.1	내수	99.0
원 지	11.9				

회사 개요

제지산업은 인쇄용지, 산업용지, 골판지, 위생용지로 분류되며, 동사는 위생용지 중 화장지 제조업을 영위하고 있음. 위생용지산업은 국민소득 증가에 따라 수요량이 증가하고 고급제품 비중이 높아지고 있으며, 초기 투자비용 부담이 커 후발업체의 진입이 용이하지 못한 특징이 있음. 펄프와 고지가격이 수익성을 결정하는 주요소이며, 생산시설을 확대시킨 동사는 규모의 경제를 유지할 수 있어 외부 변수에 대한 노출도가 낮게 이어질 전망임.

실적 분석

동사의 2017년 2분기기준 누적 매출액은 전년동기대비 -3.4% 하락한 611.7억원을 기록하였음. 비용면에서 전년동기대비 매출원가는 감소 하였으며 인건비는 증가 하였고 광고선전비는 감소 하였고 기타판매비와관리비는 증가함. 매출액은 하락하였으나 매출원가의 절감이 커 그에 따라 매출액 하락 등에 의해 전년동기대비 영업이익은 40.7억원으로 6% 상승하였음. 최종적으로 전년동기대비 당기순이익은 상승하여 32.9억원을 기록함.

현금 흐름	*IFRS 별도 기준	〈단위 : 억원〉
항목	2016	2017.2Q
영업활동	64	70
투자활동	8	-84
재무활동	-18	-27
순현금흐름	54	-41
기말현금	149	107

시장 대비 수익률

결산 실적					〈단위 : 억원〉	
항목	2012	2013	2014	2015	2016	2017
매출액	1,328	1,260	1,248	1,250	1,214	
영업이익	114	92	84	62	76	
당기순이익	94	59	57	49	54	

분기 실적	*IFRS 별도 기준				〈단위 : 억원〉	
항목	2016.1Q	2016.2Q	2016.3Q	2016.4Q	2017.1Q	2017.2Q
매출액	324	309	278	303	342	285
영업이익	14	24	18	19	18	18
당기순이익	10	20	15	10	15	18

재무 상태	*IFRS 별도 기준				〈단위 : 억원〉	
항목	2012	2013	2014	2015	2016	2017.2Q
총자산	640	695	750	787	806	821
유형자산	344	389	369	374	374	364
무형자산	0	1	1	2	2	2
유가증권	0	37	0	0	0	50
총부채	151	150	148	137	119	129
총차입금	25			5	5	5
자본금	189	189	189	189	189	189
총자본	488	545	602	650	686	692
지배주주지분	488	545	602	650	686	692

기업가치 지표	*IFRS 별도 기준					
항목	2012	2013	2014	2015	2016	2017.2Q
주가(최고/저)(천원)	6.3/2.6	4.5/1.9	3.6/2.0	7.2/2.6	7.0/3.5	—/—
PER(최고/저)(배)	25.2/10.6	28.6/12.3	23.8/13.2	55.3/19.8	47.3/23.5	—/—
PBR(최고/저)(배)	4.8/2.0	3.1/1.3	2.3/1.3	4.1/1.5	3.8/1.9	4.8/2.9
EV/EBITDA(배)	9.3	6.0	7.1	13.8	20.6	
EPS(원)	257	162	156	133	149	90
BPS(원)	1,336	1,490	1,645	1,778	1,877	1,892
CFPS(원)	320	226	235	224	248	142
DPS(원)	25	—		50	75	
EBITDAPS(원)	375		315	310	262	306	163

재무 비율								〈단위 : % 〉	
연도	영업이익률	순이익률	부채비율	차입금비율	ROA	ROE	유보율	자기자본비율	EBITDA마진율
2016	6.2	4.5	17.4	0.7	6.8	8.1	263.5	85.2	9.2
2015	5.0	3.9	21.1	0.8	6.3	7.8	244.4	82.6	7.7
2014	6.8	4.6	24.7	0.8	7.9	9.9	218.6	80.2	9.1
2013	7.3	4.7	27.6		8.9	11.5	188.5	78.4	9.1

모나미 (A005360)
Monami

업 종 : 상업서비스		시 장 : 거래소	
신용등급 : (Bond) — (CP) —		기업규모 : 시가총액 소형주	
홈 페 이 지 : www.monami.com		연 락 처 : 031)216-0153	
본 사 : 경기도 용인시 수지구 손곡로 17(동천동)			

설 립 일	1967.12.28	종 업 원 수	173명	대 표 이 사	송하경
상 장 일	1974.06.26	감 사 의 견	적정 (정동)	계 열	
결 산 기	12월	보 통 주	1,890만주	종속회사수	
액 면 가	1,000원	우 선 주		구 상 호	

주주구성 (지분율,%)		출자관계 (지분율,%)		주요경쟁사 (외형,%)	
송하경	13.8	모나미이미징솔루션즈	100.0	모나미	100
최명숙	5.1	항소	94.5	양지사	36
(외국인)	3.7	플라맥스	21.5	KTcs	680

매출구성		비용구성		수출비중	
문구류(기타)	84.4	매출원가율	62.5	수출	21.0
컴퓨터소모품류(기타)	21.9	판관비율	30.3	내수	79.0
기타	-6.2				

회사 개요

동사는 사무필기구류 '모나미'와 팬시문구류 '에버그린' 브랜드를 운영함. 문서 자동화 및 인구 감소로 필기 수요가 감소하고 있지만 디자인 및 품질 강화를 통한 제품 고부가가치화로 위기 극복에 나섬. 고급 필기류, 생활마카, 산업마카와 같은 특성화된 제품 개발에도 나섬. 시장 확대를 위해 해외 시장 진출에도 적극 나서고 있음. 동사의 2016년 기준 시장 점유율은 42%로 1위 자리를 유지함.

실적 분석

내수경기 침체에도 불구하고 주력제품인 문구류의 판매는 선방하였으나, 컴퓨터소모품류의 판매 감소로 2017년 상반기 매출액은 전년동기 대비 5.8% 줄어듦. 원가율이 일부 개선되며 인건비를 포함한 판관비가 6.3% 증가하면서 영업이익과 순이익은 각각 34.0%, 49.5% 감소함. 글로벌 시장 확대를 위한 마켓리더 상품군의 라인업 및 프리미엄 제품 강화를 통해 수익률을 제고하고 있으며, 문재인 정부의 고교 무상교육 전면시행의 수혜도 기대됨.

현금 흐름		〈단위 : 억원〉
항목	2016	2017.2Q
영업활동	76	79
투자활동	-41	-64
재무활동	-34	11
순현금흐름	0	26
기말현금	47	73

시장 대비 수익률

결산 실적					〈단위 : 억원〉	
항목	2012	2013	2014	2015	2016	2017
매출액	2,625	1,676	1,501	1,429	1,402	
영업이익	95	-12	93	97	101	
당기순이익	-25	-48	32	51	54	

분기 실적					〈단위 : 억원〉	
항목	2016.1Q	2016.2Q	2016.3Q	2016.4Q	2017.1Q	2017.2Q
매출액	379	347	324	351	375	310
영업이익	42	24	10	24	38	6
당기순이익	28	15	6	8	23	-2

재무 상태					〈단위 : 억원〉	
항목	2012	2013	2014	2015	2016	2017.2Q
총자산	1,978	1,734	1,683	1,623	1,662	1,651
유형자산	732	375	341	404	406	432
무형자산	39	2	27	23	21	23
유가증권	2	3	6	7	6	11
총부채	1,371	1,185	1,109	905	908	894
총차입금	1,064	946	858	706	693	721
자본금	139	139	139	189	189	189
총자본	607	549	574	718	753	757
지배주주지분	577	515	537	695	729	732

기업가치 지표						
항목	2012	2013	2014	2015	2016	2017.2Q
주가(최고/저)(천원)	7.1/2.0	3.6/1.7	4.6/1.7	5.6/2.6	5.3/3.8	—/—
PER(최고/저)(배)	—/—	—/—	25.4/9.6	20.9/9.9	18.3/13.1	—/—
PBR(최고/저)(배)	2.0/0.6	1.1/0.5	1.3/0.5	1.6/0.7	1.4/1.0	1.2/1.0
EV/EBITDA(배)	9.0	36.7	8.4	10.6	9.8	
EPS(원)	-168	-344	188	275	297	110
BPS(원)	4,193	3,752	3,908	3,709	3,943	3,980
CFPS(원)	133	-82	475	478	482	204
DPS(원)	50	50	50	60	70	
EBITDAPS(원)	999	204	945	764	719	326

재무 비율								〈단위 : % 〉	
연도	영업이익률	순이익률	부채비율	차입금비율	ROA	ROE	유보율	자기자본비율	EBITDA마진율
2016	7.2	4.1	120.6	92.0	3.5	7.9	294.3	45.3	9.7
2015	6.8	3.6	126.1	98.3	3.1	7.7	270.9	44.2	9.2
2014	6.2	2.1	193.1	149.4	1.9	5.3	290.8	34.1	8.8
2013	-0.7	-2.8	215.8	172.3	-2.6	-9.4	275.2	31.7	1.7

모다 (A149940)
Moda

업 종 : 통신장비		시 장 : KOSDAQ	
신용등급 : (Bond) — (CP) —		기업규모 : 벤처	
홈페이지 : www.modacom.co.kr		연 락 처 : 02)523-7677	
본 사 : 서울시 서초구 마방로 60 트러스트타워 13,14층			

설 립 일	1991.12.02	종 업 원 수	126명	대 표 이 사	김정식
상 장 일	2012.09.25	감 사 의 견	적정 (대현)	계 열	
결 산 기	12월	보 통 주	1,625만주	종속회사수	18개사
액 면 가	500원	우 선 주		구 상 호	모다정보통신

주주구성 (지분율,%)
대신에셋파트너스	9.9
세종상호저축은행	6.9
(외국인)	1.6

출자관계 (지분율,%)
니즈텔레콤	100.0
나임	100.0
코코아비전	100.0

주요경쟁사 (외형,%)
모다	100
유비쿼스홀딩스	128
웨이브일렉트로	48

매출구성
모바일라우터	77.4
지분법이익	10.7
M2M Gateway	6.3

비용구성
매출원가율	52.0
판관비율	42.4

수출비중
수출	0.0
내수	100.0

회사 개요
동사는 1991년 설립된 소프트웨어 개발전문 기업으로 무선데이터 통신단말기를 주력제품으로 하고 있으며 2012년 9월 코스닥시장에 상장함. 2006년부터 국내 모바일 와이맥스 사업자로 선정된 KT와 모바일 와이맥스 단말기 개발관련 협정을 체결하며 2007년도 세계 최초로 모바일 와이맥스 단말기 개발에 성공하였음. 2009년에는 일본시장에 진출하였으며 중국, 서남아 등의 시장에도 진출해 있음.

실적 분석
동사의 2017년 상반기 매출은 502.3억원으로 전년대비 165% 증가, 영업이익은 0.6억원으로 전년대비 73% 감소, 당기순이익은 -108억원으로 적자지속. 매출 증가는 긍정적이나 판관비 증가가 상대적으로 높아서 수익성은 부진. 모다의 자회사인 아이템베이와 아이템매니아에서 리니지M 관련 매출이 증가할 것으로 기대. 점유율 증가로 모다의 실적 개선 기대. 또한 산업용 모델 시장 진출로 매출 다변화로 수익성 개선에 주력

현금 흐름 〈단위 : 억원〉
항목	2016	2017.2Q
영업활동	134	-13
투자활동	-624	-746
재무활동	600	788
순현금흐름	111	29
기말현금	131	160

시장 대비 수익률

결산 실적 〈단위 : 억원〉
항목	2012	2013	2014	2015	2016	2017
매출액	374	340	193	222	939	—
영업이익	12	9	-69	-35	53	—
당기순이익	12	7	-64	-31	32	—

분기 실적 〈단위 : 억원〉
항목	2016.1Q	2016.2Q	2016.3Q	2016.4Q	2017.1Q	2017.2Q
매출액	96	93	353	397	266	236
영업이익	7	-5	49	1	20	-20
당기순이익	2	-2	28	4	-7	-101

재무 상태 〈단위 : 억원〉
항목	2012	2013	2014	2015	2016	2017.2Q
총자산	243	243	270	290	2,248	3,986
유형자산	29	29	28	26	123	124
무형자산	25	26	41	40	825	1,249
유가증권	1	1	1	1	1	1,281
총부채	34	27	98	138	1,544	2,443
총차입금		58		110	725	1,585
자본금	25	49	49	49	62	75
총자본	209	216	172	152	704	1,543
지배주주지분	209	216	172	152	298	321

기업가치 지표
항목	2012	2013	2014	2015	2016	2017.2Q
주가(최고/저)(천원)	6.0/3.2	6.8/3.1	10.0/4.1	7.5/2.6	15.0/4.7	—/—
PER(최고/저)(배)	43.5/23.6	93.0/42.7	—/—	—/—	—/—	—/—
PBR(최고/저)(배)	2.8/1.5	3.1/1.4	5.7/2.4	4.7/1.6	6.2/1.9	5.7/4.1
EV/EBITDA(배)	10.3	19.9			19.6	
EPS(원)	137	73	-653	-320	-30	-874
BPS(원)	4,257	2,203	1,750	1,595	2,429	2,173
CFPS(원)	623	234	-455	-89	297	-696
DPS(원)	—	—	—	—	—	—
EBITDAPS(원)	623	255	-509	-124	771	182

재무 비율 〈단위 : % 〉
연도	영업이익률	순이익률	부채비율	차입금비율	ROA	ROE	유보율	자기자본비율	EBITDA마진율
2016	5.6	3.4	219.3	103.0	2.5	-1.6	385.8	31.3	9.8
2015	-15.7	-14.2	91.2	72.2	-11.3	-19.5	219.0	52.3	-5.5
2014	-36.0	-33.3	56.9	34.0	-25.0	-33.1	250.0	63.7	-25.9
2013	2.7	2.1	12.3		2.9	3.4	340.6	89.0	7.4

모다이노칩 (A080420)
Moda-InnoChips

업 종 : 전자 장비 및 기기		시 장 : KOSDAQ	
신용등급 : (Bond) — (CP) —		기업규모 : 우량	
홈페이지 : www.moda-innochips.com		연 락 처 : 031)8040-0014	
본 사 : 경기도 안산시 단원구 동산로 27번길 42-7 (원시동)			

설 립 일	2000.04.24	종 업 원 수	619명	대 표 이 사	박인길,권오일,백철봉(각자대표이사)
상 장 일	2005.12.02	감 사 의 견	적정 (신한)	계 열	
결 산 기	12월	보 통 주	3,986만주	종속회사수	6개사
액 면 가	500원	우 선 주		구 상 호	이노칩

주주구성 (지분율,%)
대명화학	75.1
박인길	3.6
(외국인)	0.3

출자관계 (지분율,%)
모다	100.0
에코유통	100.0
모다아울렛	100.0

주요경쟁사 (외형,%)
모다이노칩	100
에코프로	93
자화전자	163

매출구성
전자 부문(기타)	56.5
유통 부문(기타)	43.5

비용구성
매출원가율	41.0
판관비율	45.5

수출비중
수출	85.0
내수	15.0

회사 개요
동사는 세라믹 소재를 기반으로 한 전자기기 부품 제조, 판매를 주요사업으로 하고 있고 도심외곽형 아울렛 사업인 유통부문이 2016년 7월 1일 흡수합병으로 목적사업에 추가됨. 전자 부문 전자기기에 적용되어 정전기(ESD) 및 전자파(EMI)를 방지하는 부품을 제조,판매하고 있고 매출의 85%를 차지하고 있음. 스마트 기기 시장의 확대로 CMF/CMEF 물량이 빠르게 성장하고 있으며 최근 중국 스마트폰 업체로 공급량이 증가하고 있는 추세임.

실적 분석
2016년 7월 1일 지배기업이 의료제조 및 판매업을 주요사업으로 하는 주식회사 모다를 흡수합병함에 따라 전자부문과 유통부문으로 사업분야 분리됨. 신사업 추가로 인해 2017년 반기 연결기준 매출액은 전년동기대비 360.7% 증가한 1,471.8억원을 기록하였으며, 영업이익 또한 전년대비 폭발적으로 증가한 249.3억원을 기록. 전자부문 외형성장과 더불어 유통부문의 합세로 향후 성장이 예상됨.

현금 흐름 〈단위 : 억원〉
항목	2016	2017.2Q
영업활동	668	-436
투자활동	-352	-73
재무활동	-119	191
순현금흐름	276	-299
기말현금	433	135

시장 대비 수익률

결산 실적 〈단위 : 억원〉
항목	2012	2013	2014	2015	2016	2017
매출액	722	952	1,077	896	1,830	—
영업이익	187	212	209	117	248	—
당기순이익	143	186	184	112	217	—

분기 실적 〈단위 : 억원〉
항목	2016.1Q	2016.2Q	2016.3Q	2016.4Q	2017.1Q	2017.2Q
매출액	165	154	646	865	739	73.
영업이익	22	14	55	157	107	14.
당기순이익	22	12	65	119	82	12.

재무 상태 〈단위 : 억원〉
항목	2012	2013	2014	2015	2016	2017.2Q
총자산	1,056	1,147	1,291	1,245	5,879	5,72.
유형자산	369	444	523	477	2,315	2,63.
무형자산	4	8	7	6	66	69
유가증권	—	15	30	31	708	61
총부채	231	129	208	106	3,372	3,01.
총차입금	146	40	65	30	2,023	2,19.
자본금	75	75	75	75	199	19.
총자본	824	1,018	1,083	1,139	2,506	2,70.
지배주주지분	824	1,018	1,083	1,139	2,478	2,67.

기업가치 지표
항목	2012	2013	2014	2015	2016	2017.2Q
주가(최고/저)(천원)	14.4/8.7	18.6/10.8	15.0/10.6	17.7/10.0	13.8/7.2	—/—
PER(최고/저)(배)	15.7/9.4	15.5/9.0	12.5/8.8	23.8/13.4	17.2/8.9	—/—
PBR(최고/저)(배)	2.1/1.3	2.4/1.4	1.7/1.2	1.8/1.0	2.0/1.0	1.3/1.1
EV/EBITDA(배)	6.8	4.9	5.3	4.2	11.8	—/—
EPS(원)	960	1,246	1,233	752	804	479
BPS(원)	7,151	8,199	9,285	9,883	7,056	7,539
CFPS(원)	1,443	1,893	2,042	1,771	1,326	686
DPS(원)	150	150	200	100		
EBITDAPS(원)	1,734	2,071	2,209	1,801	1,432	833

재무 비율 〈단위 : % 〉
연도	영업이익률	순이익률	부채비율	차입금비율	ROA	ROE	유보율	자기자본비율	EBITDA마진율
2016	13.6	11.9	134.6	80.7	6.1	12.1	1,311.2	42.6	21.3
2015	13.0	12.5	9.3	2.6	8.8	10.1	1,876.7	91.5	30.0
2014	19.4	17.1	19.2	6.0	15.1	17.5	1,757.0	83.9	30.0
2013	22.3	19.5	12.7	3.9	16.9	20.2	1,539.9	88.8	32.4

264

모두투어네트워크 (A080160)
ModetournetworkInc

업 종 : 호텔 및 레저			시 장 : KOSDAQ		
신용등급 : (Bond) — (CP) —			기업규모 : 우량		
홈 페 이 지 : www.modetour.com			연 락 처 : 02)728-8000		
본 사 : 서울시 중구 을지로 16 백남빌딩 5층					

설 립 일	1989.02.14	종 업 원 수	1,259명	대 표 이 사	우종웅
상 장 일	2005.07.26	감 사 의 견	적정 (이촌)	계 열	
결 산 기	12월	보 통 주	1,890만주	종속회사수	7개사
액 면 가	500원	우 선 주		구 상 호	

주주구성 (지분율,%)		출자관계 (지분율,%)		주요경쟁사 (외형,%)	
우종웅	10.9	모두스테이	100.0	모두투어	100
국민연금공단	10.0	모두관광개발	100.0	하나투어	251
(외국인)	43.3	서울호텔관광전문학교		롯데관광개발	21

매출구성		비용구성		수출비중	
여행알선 서비스	92.6	매출원가율	4.7	수출	—
호텔위탁운영 및 대행서비스	5.9	판관비율	86.8	내수	—
교육서비스	1.5				

회사 개요
동사는 1989년 해외 여행 자유화가 시작된 직후 해외여행상품을 기획해 전국의 여행 대리점에 유통시키는 국내 최초의 여행 도매업체로 출발함. 충성도가 높고 거래실적이나 영업능력이 우수한 소매 여행사들을 대상으로 모두투어 전문판매 베스트 파트너 대리점 자격을 주어 모두 CRS, 모두 플래너 등의 프로그램을 항공사들이 좌석 공급을 확대하고 있어 저가 항공사의 좌석 공급을 확대하고 있어 우호적인 사업환경이 펼쳐지고 있음.

실적 분석
동사의 2017년 2분기기준 누적 매출액은 전년동기대비 24.1% 상승한 1,412.8억원을 기록하였음. 비용면에서 전년동기대비 매출원가는 증가 하였으며 인건비도 증가, 광고선전비도 증가, 기타판매비와관리비도 마찬가지로 증가함. 이와 같이 상승한 매출액 만큼 비용증가도 있었으나 매출액의 더 큰 상승에 힘입어 그에 따라 전년동기대비 영업이익은 183.4억원으로 129.6% 크게 상승하였음. 최종적으로 전년동기대비 당기순이익도 크게 상승함.

현금 흐름 〈단위 : 억원〉
항목	2016	2017.2Q
영업활동	317	126
투자활동	-61	-420
재무활동	-119	90
순현금흐름	137	-202
기말현금	583	381

시장 대비 수익률

결산 실적 〈단위 : 억원〉
항목	2012	2013	2014	2015	2016	2017
매출액	1,379	1,470	1,647	2,043	2,371	—
영업이익	213	158	166	165	201	—
당기순이익	176	153	140	128	159	—

분기 실적 〈단위 : 억원〉
항목	2016.1Q	2016.2Q	2016.3Q	2016.4Q	2017.1Q	2017.2Q
매출액	595	543	642	591	740	673
영업이익	43	37	83	38	110	73
당기순이익	33	33	68	25	81	60

재무 상태 〈단위 : 억원〉
항목	2012	2013	2014	2015	2016	2017.2Q
총자산	1,488	1,523	2,243	1,825	2,104	2,343
유형자산	102	100	134	147	219	209
무형자산	12	13	43	49	56	52
유가증권	27	27	23	31	8	11
총부채	646	626	1,152	828	1,077	1,093
총차입금	3	14	351		51	51
자본금	63	63	63	63	63	95
총자본	842	898	1,091	997	1,027	1,250
지배주주지분	830	894	987	996	1,034	1,252

기업가치 지표
항목	2012	2013	2014	2015	2016	2017.2Q
주가(최고/저)(천원)	30.1/14.3	29.7/18.7	25.1/18.1	43.6/24.2	32.9/24.6	—/—
PER(최고/저)(배)	23.6/11.2	25.1/15.7	21.8/15.7	42.9/23.8	25.3/18.8	4.3/2.4
PBR(최고/저)(배)	4.4/2.1	3.9/2.4	3.0/2.1	4.7/2.6	3.2/2.4	2.4/2.4
EV/EBITDA(배)	13.3		12.2	13.5	18.4	11.7
EPS(원)	930	852	812	701	887	750
BPS(원)	7,438	8,274	8,962	9,539	10,475	7,606
CFPS(원)	1,501	1,382	1,387	1,295	1,553	819
DPS(원)	450	500	510	390	600	1,039
EBITDAPS(원)	1,794	1,357	1,488	1,550	1,820	

재무 비율 〈단위 : % 〉
연도	영업이익률	순이익률	부채비율	차입금비율	ROA	ROE	유보율	자기자본비율	EBITDA마진율
2016	8.5	6.7	104.9	5.3	8.1	16.5	1,995.0	48.8	9.7
2015	8.1	6.3	83.1	5.1	6.3	13.4	1,807.7	54.6	9.6
2014	10.1	8.5	105.7	32.1	7.5	16.3	1,692.5	48.6	11.4
2013	10.8	10.4	69.7	1.5	10.5	18.7	1,554.8	58.9	11.6

모바일리더 (A100030)
Mobileleader

업 종 : IT 서비스			시 장 : KOSDAQ		
신용등급 : (Bond) — (CP) —			기업규모 : 중견		
홈 페 이 지 : www.mobileleader.com			연 락 처 : 02)523-4151		
본 사 : 서울시 강남구 강남대로 330 (역삼동, 우덕빌딩 5층)					

설 립 일	2000.02.23	종 업 원 수	81명	대 표 이 사	정정기
상 장 일	2010.05.25	감 사 의 견	적정 (서우)	계 열	
결 산 기	12월	보 통 주	328만주	종속회사수	2개사
액 면 가	500원	우 선 주		구 상 호	

주주구성 (지분율,%)		출자관계 (지분율,%)		주요경쟁사 (외형,%)	
정정기	33.1	이그램	90.0	모바일리더	100
이성균	5.0	인지소프트	68.4	케이사인	240
(외국인)	2.8			유엔젤	226

매출구성		비용구성		수출비중	
[(주)인지소프트]SW솔루션(제품)	70.9	매출원가율	65.5	수출	—
SW솔루션, IT서비스(제품)	46.8	판관비율	28.4	내수	—
[(주)이그램]SW솔루션(제품)	3.4				

회사 개요
동사는 자체 개발한 이미지 프로세싱 기술을 바탕으로 금융권, 민간 및 공공기관에 솔루션 공급을 주사업으로 하고 있음. 주요 솔루션으로는 이미지 처리, 인식, 보안, 관리서버, 전자서식 등이 있으며, 솔루션 공급 사업과 함께 솔루션 기반 시스템 구축 사업도 수행함. 2016년 1월 인터넷전문은행 K뱅크 준비법인의 지분을 취득하였으며, 이를 기반으로 솔루션 기반의 ITO 사업을 추진 중임. 자회사로는 인지소프트와 이그램이 있음.

실적 분석
동사의 2017년 상반기 연결기준 누적 매출액은 58.3억원으로 전년 동기 대비 5.5% 증가함. 매출이 증가한 반면 매출원가는 오히려 감소하면서 영업손실은 3.2억원으로 전년 동기 대비 적자 폭이 다소 줄었음. 비영업손익 부문에서 흑자가 지속됐지만 영업손실이 계속 이어지어 당기순손실은 0.4억원으로 전년 동기와 비교해 적자가 이어짐. 매출은 증가 추세지만 흑자전환은 숙제로 남을 전망.

현금 흐름 〈단위 : 억원〉
항목	2016	2017.2Q
영업활동	27	-0
투자활동	-46	-4
재무활동	-0	-0
순현금흐름	-19	-0
기말현금	22	22

시장 대비 수익률

결산 실적 〈단위 : 억원〉
항목	2012	2013	2014	2015	2016	2017
매출액	101	166	136	143	134	—
영업이익	14	31	1	-9	8	—
당기순이익	19	39	12	1	1	—

분기 실적 〈단위 : 억원〉
항목	2016.1Q	2016.2Q	2016.3Q	2016.4Q	2017.1Q	2017.2Q
매출액	23	32	34	45	27	31
영업이익	-8	1	3	13	-5	2
당기순이익	-7	2	3	3	-3	2

재무 상태 〈단위 : 억원〉
항목	2012	2013	2014	2015	2016	2017.2Q
총자산	340	354	348	341	340	333
유형자산	3	3	2	2	2	2
무형자산	33	38	61	57	41	38
유가증권	187	202	187	183	229	230
총부채	48	36	22	26	22	15
총차입금	15	7				
자본금	16	16	16	16	16	16
총자본	292	319	326	315	318	318
지배주주지분	272	299	304	295	298	299

기업가치 지표
항목	2012	2013	2014	2015	2016	2017.2Q
주가(최고/저)(천원)	13.8/6.6	14.5/8.5	14.9/8.0	16.1/8.2	15.5/9.6	—/—
PER(최고/저)(배)	23.8/11.3	12.6/7.4	39.1/20.9	1,219.8/623.2	688.5/426.5	—/—
PBR(최고/저)(배)	1.6/0.7	1.5/0.9	1.4/0.8	1.5/0.8	1.5/0.9	1.6/1.0
EV/EBITDA(배)	12.8		5.0	32.3	20.1	
EPS(원)	593	1,176	381	13	22	19
BPS(원)	9,057	10,135	10,422	10,458	10,513	10,556
CFPS(원)	685	1,274	506	205	197	100
DPS(원)		170				
EBITDAPS(원)	510	1,040	155	-79	426	-16

재무 비율 〈단위 : % 〉
연도	영업이익률	순이익률	부채비율	차입금비율	ROA	ROE	유보율	자기자본비율	EBITDA마진율
2016	6.2	1.1	7.0	0.0	0.4	0.3	2,002.6	93.5	10.4
2015	-6.2	0.5	8.3	0.0	0.2	0.2	1,991.5	92.3	-1.8
2014	0.7	9.2	6.7	0.0	3.6	4.2	1,984.4	93.7	3.7
2013	18.6	23.4	11.2	2.4	11.2	13.5	1,927.0	90.0	20.5

모바일어플라이언스 (A087260)
MOBILE APPLIANCE

업　　종 : 자동차부품		시　　장 : KOSDAQ	
신용등급 : (Bond) — 　(CP) —		기업규모 : 벤처	
홈페이지 : www.mobileappliance.co.kr		연 락 처 : 031)421-8071	
본　　사 : 경기도 안양시 동안구 시민대로 401			

설 립 일 2004.04.16	종업원수 52명	대표이사 이재신	
상 장 일 2017.02.24	감사의견 적정 (삼일)	계　　열	
결 산 기 12월	보 통 주 1,500만주	종속회사수 1개사	
액 면 가 500원	우 선 주	구　　상　　호	

주주구성 (지분율,%)
이재신	17.3
엔투원	7.8
(외국인)	0.7

출자관계 (지분율,%)
텔레컨스	26.8
엠피온	16.7

주요경쟁사 (외형,%)
모바일어플라이언스	100
파인디지털	125
미동앤씨네마	46

매출구성
블랙박스, 네비게이션, HUD, ADAS외 제품	87.6
블랙박스, 네비게이션, HUD, ADAS외 상품	9.4
기타	3.0

비용구성
매출원가율	79.1
판관비율	12.9

수출비중
수출	41.0
내수	59.0

회사 개요
지난 2004년 설립된 모바일어플라이언스는 내비게이션, 블랙박스 등 운전 보조장치와 스마트/자율주행차 관련 솔루션 전문기업. 내비게이션으로 시작해 2009년 블랙박스 시장에 진출. 2013년부터는 헤드업디스플레이(HUD), 운전자보조시스템(ADAS) 등 스마트/자율주행차 관련 제품을 생산 중. 주요 고객은 현대모비스와 함께 BMW, 아우디 등 글로벌 완성차 업체들. 매출액은 2015년 537억원, 2016년 621억원을 기록.

실적 분석
동사의 2017년 2분기기준 누적 매출액은 전년동기 342.1억원 대비 14.5% 하락한 292.7억원을 기록하였음. 비용면에서 전년동기대비 매출원가는 감소 하였으며 기타판매비와관리비는 증가함. 그에 따라 매출액 하락에 의해 전년동기대비 영업이익은 20.1억원으로 -36.5% 크게 하락하였음. 최종적으로 전년동기대비 당기순이익은 크게 하락하여 21.7억원을 기록함.

현금 흐름 〈단위 : 억원〉
항목	2016	2017.2Q
영업활동	25	-57
투자활동	-29	-65
재무활동	-27	194
순현금흐름	-30	73
기말현금	23	96

시장 대비 수익률

결산 실적 〈단위 : 억원〉
항목	2012	2013	2014	2015	2016	2017
매출액	302	517	528	537	622	—
영업이익	4	50	46	19	50	—
당기순이익	-33	40	.1	17	47	—

분기 실적 〈단위 : 억원〉
항목	2016.1Q	2016.2Q	2016.3Q	2016.4Q	2017.1Q	2017.2Q
매출액	116	226	132	147	114	179
영업이익	8	24	9	9	3	17
당기순이익	6	25	5	11	0	22

재무 상태 〈단위 : 억원〉
항목	2012	2013	2014	2015	2016	2017.2Q
총자산	163	194	279	341	364	585
유형자산	11	11	9	54	56	58
무형자산	37	40	34	44	49	50
유가증권	—	—	—	5	7	10
총부채	224	214	282	261	161	313
총차입금	139	137	223	202	98	244
자본금	40	40	39	53	69	75
총자본	-61	-20	-3	80	203	272
지배주주지분	-61	-20	-3	80	203	272

기업가치 지표
항목	2012	2013	2014	2015	2016	2017.2Q
주가(최고/저)(천원)	—/—	—/—	—/—	—/—	—/—	—/—
PER(최고/저)(배)	0.0/0.0	0.0/0.0	0.0/0.0	0.0/0.0	0.0/0.0	—/—
PBR(최고/저)(배)	0.0/0.0	0.0/0.0	0.0/0.0	0.0/0.0	0.0/0.0	7.9/3.3
EV/EBITDA(배)	7.9	1.8	2.5	3.6	1.1	0.4
EPS(원)	-413	508	15	163	343	148
BPS(원)	-763	-255	-28	580	1,466	1,812
CFPS(원)	-254	745	268	369	459	211
DPS(원)						
EBITDAPS(원)	208	863	805	390	475	200

재무 비율 〈단위 : % 〉
연도	영업이익률	순이익률	부채비율	차입금비율	ROA	ROE	유보율	자기자본비율	EBITDA마진율
2016	8.0	7.6	79.4	48.4	13.5	33.5	193.2	55.8	10.6
2015	3.5	3.1	325.3	251.4	5.4	전기잠식	52.7	23.5	7.5
2014	8.7	0.2	완전잠식	완전잠식	—	-107.2	-1.0	12.7
2013	9.6	7.8	완전잠식	완전잠식	22.6	잠식지속	-151.0	-10.5	13.3

모베이스 (A101330)
MOBASE

업　　종 : 휴대폰 및 관련부품		시　　장 : KOSDAQ	
신용등급 : (Bond) — 　(CP) —		기업규모 : 우량	
홈페이지 : www.mobase.com		연 락 처 : 032)529-4200	
본　　사 : 경기도 화성시 동탄첨단산업1로 73 (영천동)			

설 립 일 1999.03.17	종업원수 128명	대표이사 손병준,김낙순	
상 장 일 2010.02.04	감사의견 적정 (태성)	계　　열	
결 산 기 12월	보 통 주 1,999만주	종속회사수 9개사	
액 면 가 500원	우 선 주	구　　상　　호	

주주구성 (지분율,%)
손병준	30.8
조해숙	14.0
(외국인)	9.3

출자관계 (지분율,%)
썬스타	88.6
소프트모션앤로보틱스	26.3
MOBASEINDIA	100.0

주요경쟁사 (외형,%)
모베이스	100
슈피겐코리아	63
이랜텍	211

매출구성
휴대폰 케이스	82.2
기타	15.8
산업용 재봉기 및 자수기	2.0

비용구성
매출원가율	78.7
판관비율	9.5

수출비중
수출	—
내수	—

회사 개요
동사는 1999년 설립되어, 2010년에 코스닥 시장에 상장한 휴대폰용케이스 및 넷북케이스 등 전자부품의 제작 및 판매회사임. 연결대상 종속회사로 중국 (쑤저우) 소재의 모베이스전자유한공사와 태국 (방콕)의 Son&Arrk Electronics Thailand, 베트남 박닌성 이엔풍공단의 Mobase Vietnam Joint Stock Company가 있으며, 연간 3,600백만대 휴대폰 케이스 생산규모를 보유함.

실적 분석
동사의 2017년 2분기기준 누적 매출액은 전년동기대비 13.5% 상승한 1,350.3억원을 기록하였음. 비용면에서 전년동기대비 매출원가는 증가 했으며 인건비도 증가, 광고선전비도 증가, 기타판매비와관리비도 마찬가지로 증가함. 이와 같이 상승한 매출액 대비 비용증가가 높아 그에 따라 전년동기대비 영업이익은 83.6억원으로 -11.1% 하락하였음. 최종적으로 전년동기대비 당기순이익은 크게 하락하여 62.3억원을 기록함.

현금 흐름 〈단위 : 억원〉
항목	2016	2017.2Q
영업활동	384	82
투자활동	-211	-109
재무활동	-13	-22
순현금흐름	183	-56
기말현금	435	379

시장 대비 수익률

결산 실적 〈단위 : 억원〉
항목	2012	2013	2014	2015	2016	2017
매출액	2,017	2,760	3,731	2,550	2,854	—
영업이익	211	319	463	201	337	—
당기순이익	185	243	346	295	315	—

분기 실적 〈단위 : 억원〉
항목	2016.1Q	2016.2Q	2016.3Q	2016.4Q	2017.1Q	2017.2Q
매출액	580	610	879	785	683	66
영업이익	46	48	111	132	47	3
당기순이익	44	41	87	144	30	3.

재무 상태 〈단위 : 억원〉
항목	2012	2013	2014	2015	2016	2017.2Q
총자산	1,318	1,677	1,809	2,000	2,477	2,51
유형자산	532	844	899	905	1,191	1,22
무형자산	4	13	16	19	19	2
유가증권	5	2	1	1	0	7
총부채	480	607	389	269	406	46
총차입금	170	225	27	4	15	2
자본금	45	45	54	78	78	10
총자본	838	1,070	1,419	1,731	2,072	2,05
지배주주지분	838	1,070	1,419	1,717	2,051	2,03.

기업가치 지표
항목	2012	2013	2014	2015	2016	2017.2Q
주가(최고/저)(천원)	7.9/1.8	14.2/5.2	10.1/4.5	15.6/5.3	9.2/5.7	—/—
PER(최고/저)(배)	6.9/1.6	9.4/3.5	4.7/2.1	8.5/2.9	4.7/2.9	—/—
PBR(최고/저)(배)	1.5/0.4	2.1/0.8	1.1/0.5	1.4/0.5	0.7/0.4	0.9/0.7
EV/EBITDA(배)	3.9	2.8	1.2	2.3	1.9	—
EPS(원)	924	1,218	1,729	1,466	1,575	322
BPS(원)	9,312	11,884	13,176	11,066	13,214	10,174
CFPS(원)	2,805	3,477	4,300	2,579	2,769	610
DPS(원)		200	100		200	
EBITDAPS(원)	3,095	4,321	5,385	1,984	2,909	700

재무 비율 〈단위 : % 〉
연도	영업이익률	순이익률	부채비율	차입금비율	ROA	ROE	유보율	자기자본비율	EBITDA마진율
2016	11.8	11.1	19.6	0.8	14.1	16.7	2,542.8	83.6	15.9
2015	7.9	11.6	15.5	0.2	15.5	18.7	2,113.3	86.6	12.1
2014	12.4	9.3	27.4	1.9	19.8	27.8	2,535.2	78.5	15.0
2013	11.6	8.8	56.8	21.0	16.3	25.5	2,276.9	63.8	14.5

모비스 (A250060)
Mobiis

업　　종 : IT 서비스	시　　장 : KOSDAQ
신용등급 : (Bond) — 　(CP) —	기업규모 : 신성장
홈 페 이 지 : www.mobiis.com	연 락 처 : 02)3463-1300
본　　사 : 서울시 서초구 남부순환로356길 100	

설 립 일 2016.07.01	종 업 원 수 25명	대 표 이 사 김지헌
상 장 일 2016.09.08	감 사 의 견 적정 (한울)	계　　열
결 산 기 12월	보 통 주 2,823만주	종 속 회 사 수
액 면 가 100원	우 선 주	구 상 호 하나금융8호스팩

주주구성 (지분율,%)		출자관계 (지분율,%)		주요경쟁사 (외형,%)	
김지헌	29.7	노아에이티에스	5.3	모비스	100
김형기	9.3			유엔젤	666
(외국인)	0.1			케이사인	706

매출구성	비용구성		수출비중	
	매출원가율	50.8	수출	2.0
	판관비율	32.8	내수	98.0

회사 개요
동사는 2000년 4월 설립되었으며, 설립초기에는 우수 인력을 바탕으로 삼성전자 등 대기업 IT솔루션 제공업체로서 멀티미디어 통신단말기 등을 공급하였음. 2008년 국내 최초로 영상단말기 10만대를 KT에 공급하는 등 IT분야에서 지속적인 성과를 달성함. 2010년에 기존의 IT 사업에서 기초과학 기반 빅사이언스 분야의 특수 정밀제어 분야로 주력 업종을 확장하였음.

실적 분석
동사의 2017년 2분기기준 누적 매출액은 전년동기대비 42.2% 하락한 14.3억원을 기록하였음. 비용면에서 전년동기대비 매출원가는 크게 감소 하였으나 인건비는 증가 하였고 기타판매비와관리비는 크게 증가함. 그에 따라 매출액 하락 등에 의해 전년동기대비 영업이익은 -5.6억원으로 적자전환하였음. 최종적으로 전년동기대비 당기순이익은 적자전환하여 -19.7억원을 기록함.

현금 흐름 *IFRS 별도 기준 〈단위 : 억원〉

항목	2016	2017.2Q
영업활동	-8	-1
투자활동	9	-32
재무활동	-3	4
순현금흐름	-2	-20
기말현금	40	20

시장 대비 수익률

결산 실적 〈단위 : 억원〉

항목	2012	2013	2014	2015	2016	2017
매출액	—	18	31	54	46	—
영업이익	—	-2	8	9	7	—
당기순이익	—	-2	10	12	7	—

분기 실적 *IFRS 별도 기준 〈단위 : 억원〉

항목	2016.1Q	2016.2Q	2016.3Q	2016.4Q	2017.1Q	2017.2Q
매출액	18	7	—	—	11	3
영업이익	7	-2	—	—	2	-5
당기순이익	8	-2	—	—	-16	-2

재무 상태 *IFRS 별도 기준 〈단위 : 억원〉

항목	2012	2013	2014	2015	2016	2017.2Q
총자산	—	18	27	92	82	186
유형자산	—	1	1	1	0	2
무형자산	—	0	0	0	0	0
유가증권	—	—	—	—	—	8
총부채	—	7	7	42	21	10
총차입금	—	3	3	12	11	—
자본금	—	6	6	28	28	28
총자본	—	11	21	50	62	176
지배주주지분	—	11	21	50	62	176

기업가치 지표 *IFRS 별도 기준 〈단위 : 원〉

항목	2012	2013	2014	2015	2016	2017.2Q
주가(최고/저)(천원)	#VALUE!	—/—	—/—	—/—	73.9/71.4	—/—
PER(최고/저)(배)	0.0/0.0	0.0/0.0	0.0/0.0	0.0/0.0	8.6/8.3	4.9/2.8
PBR(최고/저)(배)	0.0/0.0	0.0/0.0	0.0/0.0	0.0/0.0	12.4	
EV/EBITDA(배)	0.0			0.1		
EPS(원)		-8	47	50	28	-72
BPS(원)		8,901	16,964	3,281	4,047	692
CFPS(원)		-702	8,407	925	487	-70
DPS(원)						
EBITDAPS(원)		-801	7,270	739	519	-19

재무 비율 〈단위 : % 〉

연도	영업이익률	순이익률	부채비율	차입금비율	ROA	ROE	유보율	자기자본비율	EBITDA마진율
2016	16.4	15.3	33.4	18.6	8.0	12.5	767.6	75.0	17.4
2015	17.2	21.8	84.9	23.8	—	—	634.4	54.1	18.1
2014	27.1	31.5	32.2	14.5	43.4	62.4	239.3	75.6	28.4
2013	-9.5	-8.8	65.1	27.6	—	—	78.0	60.6	-5.5

모아텍 (A033200)
Moatech

업　　종 : 전자 장비 및 기기	시　　장 : KOSDAQ
신용등급 : (Bond) — 　(CP) —	기업규모 : 중견
홈 페 이 지 : www.moatech.com	연 락 처 : 032)810-9000
본　　사 : 인천시 남동구 인주대로 698 (구월동)	

설 립 일 1989.03.06	종 업 원 수 109명	대 표 이 사 유석권
상 장 일 1997.10.13	감 사 의 견 적정 (삼정)	계　　열
결 산 기 03월	보 통 주 1,433만주	종 속 회 사 수 2개사
액 면 가 500원	우 선 주	구 상 호

주주구성 (지분율,%)		출자관계 (지분율,%)		주요경쟁사 (외형,%)	
Minebea Co., Ltd.	50.9	세피스	40.0	모아텍	100
국민연금공단	3.8	MOATECHMANUFACTURINGPHILIPPINES,.INC	100.0	S&K폴리텍	463
(외국인)	51.0	MOATECHREALTY,INC	39.0	대동전자	304

매출구성	비용구성		수출비중	
STEPPINGMOTOR(상품) 61.2	매출원가율	83.4	수출	40.0
STEPPINGMOTOR(제품) 35.0	판관비율	16.7	내수	60.0
개발용역 외 2.7				

회사 개요
동사의 주력 제품은 Stepping Motor임. Stepping Motor는 주로 CD-ROM/DVD에 주로 사용되는데 PC용 Stepping Motor는 세계 시장 점유율 1위임. PC업황 부진으로 산업 성장은 주춤하지만 Slim형 개발 등 자구책으로 성장세는 유지 중에 있음. 자회사 하이소닉은 AF 액츄에이터를 생산하고 있음. 최근 AF 액츄에이터 시장 내 공급업체가 늘어나고 있음.

실적 분석
동사의 2017년 연결기준 상반기 매출액은 146억원으로 전년동기 대비 16.2% 감소됨. 원가개선 및 비용 절감의 영향으로 영업이익은 10.6억원을 시현하며 전년동기 대비 23.5% 증가함. 반면 비영업이익의 큰 폭의 감소로 당기순이익은 12.1억원으로 22.6% 감소됨. 동사는 신성장동력으로 자동차 관련 제품을 개발하여 시장에 출시를 하고 있으며 이는 안전, 편의장비에 대한 시장의 요구 및 법제화를 바탕으로 지속적인 성장이 예상됨.

현금 흐름 〈단위 : 억원〉

항목	2016	2017.1Q
영업활동	31	-10
투자활동	373	-35
재무활동	-122	-0
순현금흐름	290	-48
기말현금	499	123

시장 대비 수익률

결산 실적 〈단위 : 억원〉

항목	2012	2013	2014	2015	2016	2017
매출액	1,476	936	807	638	566	—
영업이익	-16	-56	-53	-37	-1	—
당기순이익	-43	-113	-74	-18	29	—

분기 실적 〈단위 : 억원〉

항목	2015.4Q	2016.1Q	2016.2Q	2016.3Q	2016.4Q	2017.1Q
매출액	189	174	146	115	131	146
영업이익	-2	9	-22	3	10	11
당기순이익	9	16	-15	25	2	12

재무 상태 〈단위 : 억원〉

항목	2012	2013	2014	2015	2016	2017.1Q
총자산	1,732	1,638	1,197	1,262	1,132	#N/A
유형자산	523	517	271	293	160	#N/A
무형자산	51	62	6	6	6	158
유가증권	12	34	61	69	1	6
총부채	314	356	163	241	81	1
총차입금	109	153	65	122	—	—
자본금	77	77	77	77	77	77
총자본	1,418	1,282	1,034	1,020	1,051	755
지배주주지분	1,188	1,100	1,032	1,018	1,043	748

기업가치 지표 〈단위 : 원〉

항목	2012	2013	2014	2015	2016	2017.1Q
주가(최고/저)(천원)	6.4/3.5	6.8/3.4	5.7/2.8	3.3/2.3	4.8/2.5	6.1/4.7
PER(최고/저)(배)	—/—	—/—	—/—	—/—	29.8/15.4	—/—
PBR(최고/저)(배)	0.8/0.4	0.9/0.4	0.8/0.4	0.5/0.3	0.7/0.3	1.0/0.7
EV/EBITDA(배)	4.7	13.9			2.7	
EPS(원)	-496	-516	-492	-126	161	83
BPS(원)	8,287	7,674	7,202	7,104	7,280	6,977
CFPS(원)	-3	82	-301	1	232	94
DPS(원)					65	84
EBITDAPS(원)	378	209	-177	-132	65	84

재무 비율 〈단위 : % 〉

연도	영업이익률	순이익률	부채비율	차입금비율	ROA	ROE	유보율	자기자본비율	EBITDA마진율
2016	-0.1	5.0	7.7	0.0	2.4	2.2	1,261.0	92.9	1.7
2015	-5.8	-2.8	23.7	12.0	-1.5	-1.8	1,228.1	80.9	-3.0
2014	-6.6	-9.2	15.8	6.3	-5.2	-6.6	1,246.4	86.4	-3.2
2013	-5.9	-12.0	27.7	11.9	-6.7	-6.5	1,334.7	78.3	3.2

모토닉 (A009680)
Motonic

업 종 : 자동차부품		시 장 : 거래소	
신용등급 : (Bond) — (CP) —		기업규모 : 시가총액 소형주	
홈 페 이 지 : www.motonic.co.kr		연 락 처 : 02)730-8711	
본 사 : 서울시 종로구 종로1길 50 에이동 10층(중학동, 중학오피스 빌딩)			

설 립 일 1974.03.07	종 업 원 수 302명	대 표 이 사 김영봉,신현돈(각자대표이사)	
상 장 일 1993.12.16	감 사 의 견 적정 (한영)	계 열	
결 산 기 12월	보 통 주 3,300만주	종속회사수 2개사	
액 면 가 500원	우 선 주	구 상 호	

주주구성 (지분율,%)
김영봉	25.1
김영목	14.9
(외국인)	15.7

출자관계 (지분율,%)
NIKKI	2.0
채널에이	0.3
북경모토닉	100.0

주요경쟁사 (외형,%)
모토닉	100
S&T홀딩스	787
S&T중공업	240

매출구성
P/CLUTCH 외	38.6
LPI SYSTEM	20.5
기타	18.1

비용구성
매출원가율	91.2
판관비율	7.6

수출비중
수출	31.0
내수	69.0

회사 개요
동사는 1974년 자동차용 기화기 제조 판매를 영업목적으로 설립됨. 1974년 유가증권 시장에 상장함. 자동차 엔진에 LPG 연료를 분사하는 LPI 시스템과 엔진 부하 등 조건에 따라 실린더 밸브 열림량을 조절하는 장치인 CVVL, 변속기에 장착되는 피스톤 클러치 등을 생산하는 자동차 엔진 및 변속기 주요 부품 전문 생산산업체임. 현대차, 기아차에 공급 중임. 중국 북경과 인도에 현지 공장을 두고 있음.

실적 분석
동사의 2017년 상반기 연결기준 매출액은 1,126.6억원으로 전년동기 대비 14.0% 증가하였고, 영업이익은 76.1억원으로 전년동기 대비 456.9% 증가함. 당기순이익은 76.6억원을 시현하였음. 영업이익은 매출증가로 순이익은 비영업손익이 크게 줄어들면서 전년동기 대비 44.6% 감소한 실적을 시현함. 매출원가는 전년동기 대비 8.3% 증가한 수치임.

현금 흐름 〈단위 : 억원〉
항목	2016	2017.2Q
영업활동	93	157
투자활동	-8	-159
재무활동	-103	-81
순현금흐름	-18	-85
기말현금	357	273

시장 대비 수익률

결산 실적 〈단위 : 억원〉
항목	2012	2013	2014	2015	2016	2017
매출액	2,404	2,182	2,172	2,033	1,953	
영업이익	261	193	135	63	24	
당기순이익	279	202	175	92	217	

분기 실적 〈단위 : 억원〉
항목	2016.1Q	2016.2Q	2016.3Q	2016.4Q	2017.1Q	2017.2Q
매출액	482	506	457	508	555	572
영업이익	7	6	8	2	25	51
당기순이익	123	15	13	66	25	52

재무 상태 〈단위 : 억원〉
항목	2012	2013	2014	2015	2016	2017.2Q
총자산	4,506	4,561	4,294	4,293	4,331	4,319
유형자산	535	582	736	941	966	932
무형자산	17	16	14	13	14	13
유가증권	142	17	73	125	118	199
총부채	760	662	541	497	414	410
총차입금	45	45	11	5	—	—
자본금	165	165	165	165	165	165
총자본	3,746	3,899	3,753	3,796	3,917	3,910
지배주주지분	3,497	3,642	3,753	3,796	3,917	3,910

기업가치 지표
항목	2012	2013	2014	2015	2016	2017.2Q
주가(최고/저)(천원)	11.7/6.1	12.8/8.6	16.9/9.9	13.9/9.8	10.8/8.1	—/—
PER(최고/저)(배)	16.5/8.6	24.2/16.3	35.3/20.7	52.3/36.9	16.8/12.6	—/—
PBR(최고/저)(배)	1.2/0.6	1.2/0.8	1.5/0.9	1.2/0.9	0.9/0.7	0.9/0.7
EV/EBITDA(배)	4.2	2.4	6.4	6.7	1.8	
EPS(원)	791	582	513	279	659	232
BPS(원)	10,951	11,390	11,724	11,853	12,323	12,377
CFPS(원)	1,014	823	765	476	951	377
DPS(원)	250	250	250	280	250	—
EBITDAPS(원)	1,014	826	663	386	363	375

재무 비율 〈단위 : %〉
연도	영업이익률	순이익률	부채비율	차입금비율	ROA	ROE	유보율	자기자본비율	EBITDA마진율
2016	1.2	11.1	10.6	0.0	5.0	5.6	2,364.6	90.4	6.1
2015	3.1	4.5	13.1	0.1	2.2	2.4	2,270.7	88.4	6.3
2014	6.2	8.1	14.4	0.3	4.0	4.6	2,244.8	87.4	10.1
2013	8.9	9.3	17.0	1.1	4.5	5.4	2,178.1	85.5	12.5

모트렉스 (A118990)
MOTREX COLTD

업 종 : 자동차부품		시 장 : KOSDAQ	
신용등급 : (Bond) — (CP) —		기업규모 : 중견	
홈 페 이 지 : www.motrex.co.kr		연 락 처 : 070)4892-6100	
본 사 : 서울시 영등포구 경인로 775 1동 1103호			

설 립 일 2001.10.01	종 업 원 수 명	대 표 이 사 이형환	
상 장 일 2017.08.04	감 사 의 견 적정 (한영)	계 열	
결 산 기 12월	보 통 주 534만주	종속회사수	
액 면 가 500원	우 선 주 19만주	구 상 호	

주주구성 (지분율,%)
이형환	40.7
송은희	14.3
(외국인)	0.3

출자관계 (지분율,%)

주요경쟁사 (외형,%)
모트렉스	100
파인디지털	33
미동앤씨네마	12

매출구성
AVN	55.0
AV	25.2
상품 기타	7.7

비용구성
매출원가율	78.8
판관비율	12.2

수출비중
수출	98.0
내수	2.0

회사 개요
동사는 자동차 및 공조기기 A/S 부품 판매업을 영위하는 회사로 2001년 10월 1일 설립됨. 설립 후 AVN 등 카인포테인먼트 시스템 전문 기업으로 도약해 현재 현대기아차의 신흥시장 AVN을 독점적으로 공급 중. 공급방식은 자동차 선적 전 제품 장착(PIO)으로 이는 자동차 제조사의 제품 단가 인하에서 자유롭다는 이점이 있음. 지난 8월 코스닥 시장에 상장함.

실적 분석
동사는 지난 8월 코스닥 시장에 상장해 1분기 실적 공개 의무가 없음. 잠정실적 공시에 따르면 2017년 2분기 매출액은 601.9억원으로 전년 동기 대비 6.6% 감소함. 영업이익은 72.3억원을 기록해 전년 동기 대비 11.5% 증가함. 순이익 또한 68.6억원으로 전년 동기 대비 4.1% 늘어남. 현재 러시아, 멕시코, 인도 등 신흥국에서의 높은 판매 성장세를 보이고 있음.

현금 흐름 〈단위 : 억원〉
항목	2016	2017.2Q
영업활동	101	
투자활동	-105	
재무활동	62	
순현금흐름	37	
기말현금	79	

시장 대비 수익률

결산 실적 〈단위 : 억원〉
항목	2012	2013	2014	2015	2016	2017
매출액	1,017	1,390	1,457	1,650	2,352	
영업이익	122	234	265	31	212	
당기순이익	108	207	168	-41	205	

분기 실적 〈단위 : 억원〉
항목	2016.1Q	2016.2Q	2016.3Q	2016.4Q	2017.1Q	2017.2Q
매출액	526	—	—	—	612	—
영업이익	48	—	—	—	58	—
당기순이익	59	—	—	—	47	—

재무 상태 〈단위 : 억원〉
항목	2012	2013	2014	2015	2016	2017.2Q
총자산	347	644	838	1,050	1,366	
유형자산	35	111	150	170	182	
무형자산	24	26	37	143	206	
유가증권	4	22	22	5	8	
총부채	191	308	358	617	742	
총차입금	56	122	103	287	344	
자본금	5	5	5	5	5	
총자본	156	335	480	433	624	
지배주주지분	156	335	481	430	619	

기업가치 지표
항목	2012	2013	2014	2015	2016	2017.2Q
주가(최고/저)(천원)	—/—	—/—	—/—	—/—	—/—	—/—
PER(최고/저)(배)	0.0/0.0	0.0/0.0	0.0/0.0	0.0/0.0	0.0/0.0	—/—
PBR(최고/저)(배)	0.0/0.0	0.0/0.0	0.0/0.0	0.0/0.0	0.0/0.0	0.0/0.0
EV/EBITDA(배)	0.1		0.0	4.5	1.0	—/—
EPS(원)	6,945	5,607	4,570	-1,181	5,415	
BPS(원)	160,983	345,874	488,970	43,742	59,237	
CFPS(원)	286,998	226,832	184,584	-2,139	24,672	
DPS(원)						
EBITDAPS(원)	322,880	255,273	283,706	5,540	25,605	

재무 비율 〈단위 : %〉
연도	영업이익률	순이익률	부채비율	차입금비율	ROA	ROE	유보율	자기자본비율	EBITDA마진율
2016	9.0	8.7	119.0	55.2	17.0	38.7	12,343.2	45.7	10.8
2015	1.9	-2.5	142.4	66.4	-4.4	-9.7	8,648.3	41.3	3.3
2014	18.2	11.5	74.5	21.5	22.7	41.3	9,679.4	57.3	18.9
2013	16.9	14.9	91.9	36.3	—	—	6,817.5	52.1	18.9

모헨즈 (A006920)
Mohenz

종 목: 건축소재		시 장: KOSDAQ	
신용등급: (Bond) — (CP) —		기업규모: 중견	
홈 페 이 지: www.imohenz.com		연 락 처: 041)578-7202	
본 사: 충남 천안시 동남구 풍세면 남관리 195			

설 립 일	1970.11.24	종 업 원 수	74명	대 표 이 사	이기명
상 장 일	1989.01.05	감 사 의 견	적정 (성신)	계	열
결 산 기	12월	보 통 주	1,092만주	종속회사수	1개사
액 면 가	500원	우 선 주		구 상 호	

주주구성 (지분율,%)
김기수	32.0
한국증권금융	3.6
(외국인)	1.2

출자관계 (지분율,%)
덕원산업	63.5
코모텍	44.3

주요경쟁사 (외형,%)
모헨즈	100
유니온	82
서산	100

매출구성
레미콘	97.4
시멘트외	2.6

비용구성
매출원가율	91.4
판관비율	5.3

수출비중
수출	0.0
내수	100.0

회사 개요
동사는 레미콘 제조 및 판매 등을 주요 목적사업으로 하여 1970년 11월 24일 설립되어 1989년 1월 5일 한국거래소가 개설하는 코스닥시장에 주식을 상장하였음. 또한 동사는 2000년 9월 8일자로 한일흥업 주식회사에서 주식회사 모헨즈로 상호를 변경하였음. 현재 레미콘 제조 및 판매업, 용접사업을 주사업으로 하는 덕원산업과 자동차부품 제조 및 판매업을 영위하는 코모텍을 계열회사로 두고 있음.

실적 분석
동사의 2017년 2분기 연결기준 매출액은 전년 동기 대비 10.1% 증가한 577.2억원을 시현함. 레미콘사업 부문의 매출수량의 증가로 인한 매출액이 증가한 반면 종속회사의 용접사업부문 및 자동차 부품사업의 매출액은 다소 감소한 모습임. 외형확대에도 원가부담이 늘면서 영업이익은 13.6% 감소한 12.8억원에 그침. 비영업손익 개선과 법인세비용 감소로 당기순이익은 전년동기대비 16.6% 증가한 12.1억원 시현.

현금 흐름 〈단위 : 억원〉
항목	2016	2017.2Q
영업활동	26	7
투자활동	-45	-20
재무활동	-12	4
순현금흐름	-30	-8
기말현금	50	42

시장 대비 수익률

결산 실적 〈단위 : 억원〉
항목	2012	2013	2014	2015	2016	2017
매출액	702	789	985	1,050	1,122	—
영업이익	24	38	49	45	37	—
당기순이익	21	28	39	36	18	—

분기 실적 〈단위 : 억원〉
항목	2016.1Q	2016.2Q	2016.3Q	2016.4Q	2017.1Q	2017.2Q
매출액	207	318	270	328	245	332
영업이익	-8	23	12	10	-5	17
당기순이익	-7	18	7	1	-4	16

재무 상태 〈단위 : 억원〉
항목	2012	2013	2014	2015	2016	2017.2Q
총자산	552	608	718	759	797	839
유형자산	250	267	278	270	286	284
무형자산	8	8	13	15	14	14
유가증권	4	3	3	4	5	5
총부채	380	407	482	492	511	540
총차입금	115	92	102	81	70	76
자본금	55	55	55	55	55	55
총자본	173	200	236	267	286	299
지배주주지분	112	131	156	175	188	196

기업가치 지표
항목	2012	2013	2014	2015	2016	2017.2Q
주가(최고/저)(천원)	4.4/2.4	3.6/2.4	6.3/3.6	5.9/3.7	6.2/4.1	—/—
PER(최고/저)(배)	35.7/19.3	19.5/13.1	25.2/14.3	27.0/16.8	54.3/36.1	5.3/2.3
PBR(최고/저)(배)	4.3/2.3	3.0/2.0	4.4/2.5	3.7/2.3	3.6/2.4	2.3/1.3
EV/EBITDA(배)	11.2	9.2	8.2	10.3	10.1	—/—
EPS(원)	122	184	248	217	114	71
BPS(원)	1,022	1,202	1,426	1,604	1,724	1,797
CFPS(원)	273	348	434	417	322	187
DPS(원)					—	233
EBITDAPS(원)	374	513	637	611	548	

재무 비율 〈단위 : %〉
연도	영업이익률	순이익률	부채비율	차입금비율	ROA	ROE	유보율	자기자본비율	EBITDA마진율
2016	3.3	1.6	178.4	24.3	2.4	6.9	244.8	35.9	5.3
2015	4.3	3.4	184.5	30.5	4.9	14.3	220.8	35.2	6.4
2014	5.0	4.0	204.3	43.1	5.9	18.5	185.2	32.9	7.1
2013	4.8	3.6	203.7	45.9	4.9	16.5	140.3	32.9	7.1

무림에스피 (A001810)
Moorim SP

업 종: 종이 및 목재		시 장: KOSDAQ	
신용등급: (Bond) A- (CP) —		기업규모: 중견	
홈 페 이 지: www.moorim.co.kr		연 락 처: 02)512-3672	
본 사: 서울시 강남구 강남대로 656			

설 립 일	1956.07.26	종 업 원 수	207명	대 표 이 사	김석만
상 장 일	1999.12.18	감 사 의 견	적정 (한영)	계	열
결 산 기	12월	보 통 주	2,214만주	종속회사수	
액 면 가	500원	우 선 주		구 상 호	

주주구성 (지분율,%)
이도균	21.4
이동욱	20.8
(외국인)	1.6

출자관계 (지분율,%)
무림로지텍	94.9
무림켐텍	90.0
무림오피스웨이	78.2

주요경쟁사 (외형,%)
무림SP	100
무림페이퍼	546
페이퍼코리아	204

매출구성
기 타 지	45.9
C.C.P지	33.6
L.W.C,컴퓨터지,신문용지 등	14.1

비용구성
매출원가율	85.3
판관비율	9.9

수출비중
수출	14.0
내수	86.0

회사 개요
동사는 산업활동 및 문화생활을 위해 필수불가결한 제품인 아트지, 백상지, 기타 특수지 등의 인쇄용지를 전문적으로 생산하여 국내외에 판매하고 있음. 특히 카탈로그, 화장품 케이스 등에 사용되는 C.C.P지의 시장점유율은 78.4%이며 종속회사로는 무림오피스웨이와 무림켐텍이 있음. 제지업종의 특성상 완전경쟁체제이며 막대한 시설자금의 소요로 시장진입은 매우 어려운 상태임.

실적 분석
동사의 2017년 2분기기준 누적 매출액은 전년동기대비 -2.1% 소폭 변동한 1014억원을 기록하였음. 비용면에서 전년동기대비 매출원가는 감소 하였으며 인건비는 거의 동일, 광고선전비는 증가 하였음. 기타판매비와관리비도 마찬가지로 증가함. 매출원가의 절감이 커 전년동기대비 영업이익은 52.3억원으로 20.5% 상승하였음. 최종적으로 전년동기대비 당기순이익은 크게 상승하여 57.4억원을 기록함.

현금 흐름 〈단위 : 억원〉
항목	2016	2017.2Q
영업활동	190	8
투자활동	-31	-53
재무활동	-176	46
순현금흐름	-16	1
기말현금	256	258

시장 대비 수익률

결산 실적 〈단위 : 억원〉
항목	2012	2013	2014	2015	2016	2017
매출액	1,506	2,238	2,142	2,114	2,071	—
영업이익	83	107	124	96	99	—
당기순이익	61	95	-12	18	26	—

분기 실적 〈단위 : 억원〉
항목	2016.1Q	2016.2Q	2016.3Q	2016.4Q	2017.1Q	2017.2Q
매출액	511	525	496	539	508	506
영업이익	8	35	36	20	19	33
당기순이익	12	7	32	-25	33	25

재무 상태 〈단위 : 억원〉
항목	2012	2013	2014	2015	2016	2017.2Q
총자산	2,687	2,781	2,982	2,958	2,838	2,898
유형자산	617	629	782	796	782	774
무형자산	23	25	79	77	77	77
유가증권	34	37	29	20	20	73
총부채	1,047	1,034	1,144	1,140	996	1,008
총차입금	582	570	630	617	461	514
자본금	111	111	111	111	111	111
총자본	1,641	1,747	1,838	1,818	1,842	1,890
지배주주지분	1,640	1,747	1,803	1,810	1,830	1,877

기업가치 지표
항목	2012	2013	2014	2015	2016	2017.2Q
주가(최고/저)(천원)	2.8/1.6	2.8/2.1	3.3/2.2	6.6/2.3	3.9/2.8	—/—
PER(최고/저)(배)	11.1/6.4	6.9/5.1	—/—	88.9/30.9	33.7/24.4	—/—
PBR(최고/저)(배)	0.4/0.2	0.4/0.3	0.4/0.3	0.8/0.3	0.5/0.3	0.5/0.4
EV/EBITDA(배)	8.0	7.2	5.8	8.3	7.1	—/—
EPS(원)	276	437	-55	76	117	256
BPS(원)	7,407	7,892	8,143	8,175	8,266	8,479
CFPS(원)	387	568	92	232	269	329
DPS(원)	80	50	35	35	30	—
EBITDAPS(원)	487	612	707	590	598	309

재무 비율 〈단위 : %〉
연도	영업이익률	순이익률	부채비율	차입금비율	ROA	ROE	유보율	자기자본비율	EBITDA마진율
2016	4.8	1.3	54.1	25.1	0.9	1.4	1,553.2	64.9	6.4
2015	4.5	0.9	62.7	33.9	0.6	0.9	1,534.9	61.5	6.5
2014	5.8	-0.5	62.2	34.3	-0.4	-0.7	1,528.7	61.6	7.3
2013	4.8	4.3	59.2	32.6	3.5	5.7	1,478.4	62.8	6.1

무림페이퍼 (A009200)
Moorim Paper

업　　종 : 종이 및 목재		시　　장 : 거래소	
신용등급 : (Bond) A-　(CP) —		기업규모 : 시가총액 소형주	
홈페이지 : www.moorim.co.kr		연 락 처 : 055)751-1234	
본　　사 : 경남 진주시 남강로 1003			

설 립 일	1973.08.29	종업원수	410명	대표이사	김석만
상 장 일	1990.06.09	감사의견	적정 (삼일)	계　　열	
결 산 기	12월	보 통 주	4,161만주	종속회사수	7개사
액 면 가	2,500원	우 선 주		구 상 호	

주주구성 (지분율,%)		출자관계 (지분율,%)		주요경쟁사 (외형,%)	
무림에스피	19.7	무림파워텍	85.6	무림페이퍼	100
이동욱	18.9	무림P&P	67.3	페이퍼코리아	37
(외국인)	5.6	무림오피스웨이	11.8	이건산업	26

매출구성		비용구성		수출비중	
백상지,아트지,기타지	97.6	매출원가율	87.1	수출	50.0
원료매출	1.2	판관비율	9.2	내수	50.0
LWC 외	1.2				

회사 개요
동사는 1973년 설립되어 백상지, 아트지 등 인쇄용지를 전문적으로 생산해 국내외에 판매하는 사업을 영위하고 있음. 2008년 무림 동해펄프를 인수해 무림P&P로 사명을 바꿈. 2011년 무림P&P 울산공장 옆에 제지공장을 완공해 목재칩-펄프-제지로 이어지는 국내 유일의 일관화 공장을 설립함. 무림P&P를 통해 필요한 펄프의 36%를 조달하며, 인쇄용지 시장점유율은 2017년 반기 기준 30.6%로 국내 제지업계 선두권을 형성함.

실적 분석
동사의 2017년 2분기 누적 매출액은 4,925억원으로 전년 동기대비 18.8% 감소함. 영업이익 역시 전년 286.4억원에서 335억원으로 14.5% 감소. 단 2017년 1분기 대비 감소폭이 줄어들고 있는 상황. 비영업부문 외환손실 등에서 흑자가 발생하며 당기순이익은 전년 동기(76.7억원) 대비 122.8% 급증한 171억원을 시현함. 우리나라 1인당 지류 소비량은 주요 선진국의 80% 수준이기에 점진적으로 수요가 증가할 것으로 보임.

현금 흐름　⟨단위 : 억원⟩

항목	2016	2017.2Q
영업활동	1,719	531
투자활동	102	147
재무활동	-2,042	-477
순현금흐름	-213	195
기말현금	1,173	1,369

시장 대비 수익률

결산 실적　⟨단위 : 억원⟩

항목	2012	2013	2014	2015	2016	2017
매출액	10,793	11,363	11,780	11,568	11,315	—
영업이익	447	759	294	724	421	—
당기순이익	47	249	-412	1	-14	—

분기 실적　⟨단위 : 억원⟩

항목	2016.1Q	2016.2Q	2016.3Q	2016.4Q	2017.1Q	2017.2Q
매출액	3,247	2,821	2,822	2,425	2,382	2,544
영업이익	188	147	-17	103	93	194
당기순이익	89	-13	40	-131	121	50

재무 상태　⟨단위 : 억원⟩

항목	2012	2013	2014	2015	2016	2017.2Q
총자산	22,249	22,796	21,579	21,703	19,045	18,738
유형자산	12,414	12,121	11,530	11,514	10,977	10,842
무형자산	645	636	691	679	666	652
유가증권	580	591	863	1,610	915	969
총부채	15,902	16,162	15,584	15,741	13,130	12,669
총차입금	13,905	13,810	13,322	12,745	10,872	10,301
자본금	1,040	1,040	1,040	1,040	1,040	1,040
총자본	6,347	6,635	5,995	5,961	5,915	6,069
지배주주지분	3,304	3,537	3,712	3,831	3,848	3,929

기업가치 지표

항목	2012	2013	2014	2015	2016	2017.2Q
주가(최고/저)(천원)	3.1/2.3	3.2/2.2	3.3/2.0	5.3/2.0	3.4/2.6	—/—
PER(최고/저)(배)	—/—	15.9/10.7	—/—	—/—	616.1/466.9	—/—
PBR(최고/저)(배)	0.4/0.3	0.4/0.3	0.4/0.2	0.6/0.2	0.4/0.3	0.3/0.3
EV/EBITDA(배)	13.2	11.3	12.5	8.3	10.0	
EPS(원)	-284	206	-943	-107	5	279
BPS(원)	7,941	8,500	8,920	9,207	9,248	9,443
CFPS(원)	1,352	1,959	916	1,758	1,845	1,120
DPS(원)		25				
EBITDAPS(원)	2,711	3,576	2,565	3,605	2,851	1,529

재무 비율　⟨단위 : %⟩

연도	영업이익률	순이익률	부채비율	차입금비율	ROA	ROE	유보율	자기자본비율	EBITDA마진율
2016	3.7	-0.1	222.0	183.8	-0.1	0.1	269.9	31.1	10.5
2015	6.3	0.0	264.1	213.8	0.0	-1.2	268.3	27.5	13.0
2014	2.5	-3.5	260.0	222.2	-1.9	-10.8	256.8	27.8	9.1
2013	6.7	2.2	243.6	208.2	1.1	2.5	240.0	29.1	13.1

무림피앤피 (A009580)
Moorim P&P

업　　종 : 종이 및 목재		시　　장 : 거래소	
신용등급 : (Bond) A-　(CP) —		기업규모 : 시가총액 소형주	
홈페이지 : www.moorim.co.kr		연 락 처 : 052)231-7031	
본　　사 : 울산시 울주군 온산읍 우봉길 3-36			

설 립 일	1974.01.14	종업원수	622명	대표이사	김석만
상 장 일	1989.06.20	감사의견	적정 (삼일)	계　　열	
결 산 기	12월	보 통 주	6,237만주	종속회사수	
액 면 가	2,500원	우 선 주		구 상 호	

주주구성 (지분율,%)		출자관계 (지분율,%)		주요경쟁사 (외형,%)	
무림페이퍼	67.3	대승케미칼	100.0	무림P&P	100
KB자산운용	4.2	무림캐피탈	32.6	동화기업	115
(외국인)	4.0	울산방송	2.0	한솔제지	256

매출구성		비용구성		수출비중	
아트지(제지부문-인쇄용지)	75.2	매출원가율	90.3	수출	36.0
활엽수표백화학펄프	24.3	판관비율	7.5	내수	64.0
펠릿, 톱밥 등	0.6				

회사 개요
동사는 1974년 설립된 국내 유일의 표백화학펄프 제조업체로서 표백화학펄프 단일종목을 생산하고 있음. 아트지, 백상지 등 인쇄용지를 주로 생산하는 제지 사업과 표백화학펄프를 생산하는 펄프 사업, 수산화마그네슘의 제조하는 기타 부문을 영위하며 있음. 1993년 제2공장을 건설해 연간 생산능력을 종전 16만톤에서 45만톤으로 증대함. 2011년엔 펄프-제지 일관화공장을 완공함.인도네시아 65,000ha 규모 조림지에 펄프생산용 조림 투자 진행 중.

실적 분석
동사의 2017년 2분기 연결기준 누적 매출액은 2,948.5억원으로 전년 동기(3,059.3억원) 대비 3.6% 감소함. 제지부문에서 수출과 내수시장 모두 부진했던 결과. 단 매출원가가 전년 대비 6.4% 감소한 덕분에 영업이익은 오히려 증가, 전년 대비 54.9% 늘어난 120.2억원을 기록함. 금융손실이 축소되고 외환수익이 발생해 당기순이익은 120.3억원을 시현, 전년 동기(25.8억원) 대비 급증함.

현금 흐름　⟨단위 : 억원⟩

항목	2016	2017.2Q
영업활동	883	430
투자활동	-112	-129
재무활동	-868	-319
순현금흐름	-95	-18
기말현금	489	471

시장 대비 수익률

결산 실적　⟨단위 : 억원⟩

항목	2012	2013	2014	2015	2016	2017
매출액	5,968	6,459	6,394	6,285	5,986	—
영업이익	328	517	131	366	136	—
당기순이익	292	302	-103	116	-8	—

분기 실적　⟨단위 : 억원⟩

항목	2016.1Q	2016.2Q	2016.3Q	2016.4Q	2017.1Q	2017.2Q
매출액	1,610	1,449	1,426	1,501	1,452	1,49
영업이익	58	19	-4	62	44	7
당기순이익	35	-9	52	-85	98	2

재무 상태　⟨단위 : 억원⟩

항목	2012	2013	2014	2015	2016	2017.2Q
총자산	12,376	12,311	11,497	11,680	10,953	10,81
유형자산	8,948	8,770	8,380	8,346	7,988	7,94
무형자산	80	75	139	134	131	11
유가증권	—	—	6	6		
총부채	6,782	6,564	6,028	6,217	5,612	5,44
총차입금	5,456	5,082	4,748	4,905	4,227	3,95
자본금	1,559	1,559	1,559	1,559	1,559	1,55
총자본	5,594	5,747	5,469	5,463	5,341	5,37
지배주주지분	5,594	5,747	5,469	5,463	5,339	5,37

기업가치 지표

항목	2012	2013	2014	2015	2016	2017.2Q
주가(최고/저)(천원)	4.9/2.7	5.6/2.9	5.1/3.5	6.3/3.6	4.8/3.8	—/—
PER(최고/저)(배)	13.0/7.1	13.4/6.9	—/—	36.0/20.7	—/—	—/—
PBR(최고/저)(배)	0.7/0.4	0.7/0.4	0.6/0.5	0.8/0.4	0.6/0.5	0.6/0.
EV/EBITDA(배)	9.6	8.2	10.2	8.4	9.6	
EPS(원)	468	484	-156	186	-13	19
BPS(원)	8,970	9,215	8,770	8,759	8,562	8,61
CFPS(원)	1,183	1,264	694	1,025	813	55
DPS(원)	250	250	175	200	125	
EBITDAPS(원)	1,242	1,608	1,061	1,425	1,043	55

재무 비율　⟨단위 : %⟩

연도	영업이익률	순이익률	부채비율	차입금비율	ROA	ROE	유보율	자기자본비율	EBITDA마진율
2016	2.3	-0.1	105.1	79.1	-0.1	-0.2	242.5	48.8	10.
2015	5.8	1.9	113.8	89.8	1.0	2.1	250.4	46.8	14.
2014	2.1	-1.6	110.2	86.8	-0.9	-1.7	250.8	47.6	10.
2013	8.0	4.7	114.2	88.4	2.5	5.3	268.6	46.7	14.

무학 (A033920)
Muhak

종 목 : 음료		시 장 : 거래소	
용 등 급 : (Bond) (CP)		기업규모 : 시가총액 중형주	
페이지 : www.muhak.co.kr, www.joeunday.com		연 락 처 : 070)7576-2045	
본 사 : 경남 창원시 마산회원구 봉암공단2길 6			

설 립 일 1973.10.01	종 업 원 수 578명	대 표 이 사 강민철
상 장 일 1998.07.14	감 사 의 견 적정 (안경)	계 열
결 산 기 12월	보 통 주 2,850만주	종속회사수 6개사
액 면 가 200원	우 선 주	구 상 호

주주구성 (지분율,%)		출자관계 (지분율,%)		주요경쟁사 (외형,%)	
최재호	49.8	무학스틸	100.0	무학	100
'D Low Priced Stock Fund	9.5	좋은데이디엔에프	100.0	롯데칠성	877
(외국인)	17.4	무학위드	100.0	하이트진로	700

매출구성		비용구성		수출비중	
희석식소주외	100.0	매출원가율	52.3	수출	1.0
		판관비율	28.4	내수	99.0

회사 개요

동사는 동남권을 대표하는 주류제조 및 판매기업으로 주력상품인 "좋은데이" 및 "화이트소주"로 소주시장에서 확고한 위치를 차지하고 있음. 소주시장에서 파란을 일으키고 있는 16.9도 초저도소주 '좋은데이' 판매신장과 더불어 최저도소주 시장점유율이 2010년 10%, 2011년 12.9%, 2012년 14.0%, 2013년 1~2월 15.1%로 총 판매량은 소주업계에서 3위를 유지하고 있음.

실적 분석

동사의 2017년 2분기기준 누적 매출액은 전년동기대비 0.3% 소폭 변동한 1,362.8억원을 기록하였음. 비용면에서 전년동기대비 매출원가는 증가 했으며 기타판매비와관리비는 증가함. 이와 같이 상승한 매출액 대비 비용증가가 높아 그에 따라 전년동기대비 영업이익은 223.2억원으로 -15% 하락하였음. 그러나 비영업손익의 크게 상승으로 전년동기대비 당기순이익은 478.2억원을 기록함.

금 흐름		〈단위 : 억원〉
항목	2016	2017.2Q
영업활동	528	175
투자활동	-257	-373
재무활동	-116	202
순현금흐름	155	5
기말현금	439	443

시장 대비 수익률

산 실적						〈단위 : 억원〉
항목	2012	2013	2014	2015	2016	2017
매출액	2,181	2,401	2,901	2,958	2,702	—
영업이익	463	598	814	657	520	—
당기순이익	345	550	829	288	615	—

기 실적						〈단위 : 억원〉
항목	2016.1Q	2016.2Q	2016.3Q	2016.4Q	2017.1Q	2017.2Q
매출액	660	699	642	700	705	658
영업이익	114	149	124	133	148	75
당기순이익	64	135	349	67	316	162

무 상태						〈단위 : 억원〉
항목	2012	2013	2014	2015	2016	2017.2Q
총자산	3,766	4,413	5,342	5,568	6,037	6,714
유형자산	1,588	1,747	1,905	2,070	2,078	2,052
무형자산	6	6	6	6	4	19
유가증권	1,188	1,604	2,600	2,684	3,024	3,501
총부채	821	949	1,192	1,209	1,128	1,423
총차입금	2	2	—	—	—	300
자본금	53	54	55	56	57	57
총자본	2,945	3,464	4,151	4,359	4,910	5,291
지배주주지분	2,945	3,464	4,151	4,359	4,910	5,291

업가치 지표						
항목	2012	2013	2014	2015	2016	2017.2Q
가(최고/저)(천원)	12.9/9.5	18.7/12.5	37.8/16.8	63.4/34.6	39.8/21.1	—/—
ER(최고/저)(배)	10.9/8.0	9.9/6.6	13.3/5.9	64.1/35.0	18.7/9.9	—/—
BR(최고/저)(배)	1.3/0.9	1.6/1.1	2.6/1.2	4.1/2.3	2.3/1.2	1.4/1.2
EV/EBITDA(배)	5.6	5.8		11.4	7.3	—/—
EPS(원)	1,210	1,928	2,908	1,011	2,157	1,678
BPS(원)	11,111	12,870	15,233	15,934	17,640	18,978
CFPS(원)	1,863	2,750	3,862	1,992	3,180	2,194
DPS(원)	53	4	4	253	350	—
EBITDAPS(원)	2,307	2,929	3,811	3,304	2,846	1,299

무 비율								〈단위 : % 〉
연도	영업이익률	순이익률	부채비율	차입금비율	ROA	ROE	유보율	자기자본비율	EBITDA마진율
2016	19.2	22.8	23.0	0.0	10.6	13.3	8,719.8	81.3	30.0
2015	22.2	9.7	27.7	0.0	5.3	6.8	7,867.1	78.3	31.4
2014	28.1	28.6	28.7	0.0	17.0	21.8	7,516.3	77.7	36.1
2013	24.9	22.9	27.4	0.1	13.4	17.2	6,335.1	78.5	32.9

문배철강 (A008420)
Moon Bae Steel

업 종 : 금속 및 광물		시 장 : 거래소	
신용등급 : (Bond) (CP)		기업규모 : 시가총액 소형주	
홈페이지 : www.moonbaesteel.co.kr		연 락 처 : 02)758-6600	
본 사 : 서울시 중구 세종대로 23 창화빌딩 9층			

설 립 일 1973.01.22	종 업 원 수 67명	대 표 이 사 배종민
상 장 일 1994.10.05	감 사 의 견 적정 (신한)	계 열
결 산 기 12월	보 통 주 2,050만주	종속회사수
액 면 가 500원	우 선 주	구 상 호

주주구성 (지분율,%)		출자관계 (지분율,%)		주요경쟁사 (외형,%)	
배종민	15.1	GE에너지	47.4	문배철강	100
배승준	14.3	NI스틸	38.2	대양금속	113
(외국인)	3.0	창화철강	22.6	SIMPAC Metal	106

매출구성		비용구성		수출비중	
제품	66.8	매출원가율	89.9	수출	0.0
상품	31.9	판관비율	5.9	내수	100.0
임가공	1.3				

회사 개요

동사는 1973년 설립되어 40여년간 포스코 지정 판매점을 영위하고 있으며, 1994년 한 국거래소에 상장됨. 포스코의 판매점 운영체제와 동사의 영업력을 기반으로 다수의 고정거래처를 확보하고 있음. 지속적인 성장을 통해 철강유통업계의 선두주자로 위치하고 있음. 동사는 1차금속 부문의 철강제품제조 및 판매업만을 영위하는 단일사업 구조임. 주요구매처인 포스코의 원재료 수급정책에 큰 영향을 받음.

실적 분석

동사의 2017년 2분기 누적매출액은 전년동기 대비 22.8% 증가한 755.1억원을 기록함. 매출신장에 힘입어 영업이익은 전년동기 대비 59.3% 증가한 41.2억원을 시현함. 2017년 2분기 각 부문별 매출비중은 철강제조가 63.9%, 철강도매가 34.8%, 서비스 1.3%로 구성됨. 동사는 중국산 저가제품에 대응하여 원가부담을 개선하기 위한 설비자동화로 생산성 향상을 지향하며, 품질개발과 판매망 확충을 꾀하고 있음.

현금 흐름	*IFRS 별도 기준	〈단위 : 억원〉
항목	2016	2017.2Q
영업활동	85	-20
투자활동	23	-33
재무활동	-15	-29
순현금흐름	94	-82
기말현금	144	62

시장 대비 수익률

결산 실적						〈단위 : 억원〉
항목	2012	2013	2014	2015	2016	2017
매출액	1,575	1,476	1,323	1,152	1,299	—
영업이익	14	31	30	11	54	—
당기순이익	26	47	27	57	74	—

분기 실적	*IFRS 별도 기준					〈단위 : 억원〉
항목	2016.1Q	2016.2Q	2016.3Q	2016.4Q	2017.1Q	2017.2Q
매출액	294	321	300	384	408	347
영업이익	5	20	2	27	40	1
당기순이익	13	20	10	32	47	9

재무 상태	*IFRS 별도 기준					〈단위 : 억원〉
항목	2012	2013	2014	2015	2016	2017.2Q
총자산	1,258	1,198	1,126	1,042	1,165	1,191
유형자산	72	71	69	70	67	66
무형자산	13	14	15	15	16	16
유가증권	161	112	92	31	19	8
총부채	443	359	291	197	250	221
총차입금	269	208	102	62	61	40
자본금	103	103	103	103	103	103
총자본	814	839	835	845	915	971
지배주주지분	814	839	835	845	915	971

기업가치 지표	*IFRS 별도 기준					
항목	2012	2013	2014	2015	2016	2017.2Q
주가(최고/저)(천원)	2.1/1.4	1.7/1.5	2.2/1.7	3.3/1.8	3.0/2.1	—/—
PER(최고/저)(배)	19.0/12.6	8.3/7.2	17.4/13.6	12.3/6.5	8.6/6.0	—/—
PBR(최고/저)(배)	0.6/0.4	0.5/0.4	0.6/0.4	0.8/0.4	0.7/0.5	0.7/0.6
EV/EBITDA(배)	33.9	16.5	13.8	33.6	7.7	—
EPS(원)	125	228	133	280	362	273
BPS(원)	4,020	4,139	4,122	4,303	4,643	4,915
CFPS(원)	143	248	153	300	383	283
DPS(원)	50	50	50	50	50	—
EBITDAPS(원)	89	171	167	73	287	211

재무 비율								〈단위 : % 〉
연도	영업이익률	순이익률	부채비율	차입금비율	ROA	ROE	유보율	자기자본비율	EBITDA마진율
2016	4.2	5.7	27.3	6.6	6.7	8.4	828.7	78.6	4.5
2015	0.9	5.0	23.3	7.3	5.3	6.8	760.6	81.1	1.3
2014	2.3	2.1	34.9	12.2	2.4	3.3	724.4	74.2	2.6
2013	2.1	3.2	42.8	24.8	-3.8	5.4	727.8	70.0	2.4

미동앤씨네마 (A161570)
Midong & Cinema

업　　종 : 자동차부품		시　　장 : KOSDAQ	
신용등급 : (Bond) — 　(CP) —		기업규모 : 중견	
홈 페 이 지 : www.mdncinema.com		연 락 처 : 070)7425-0614	
본　　사 : 서울시 서초구 동산로 23, 베델회관 702호			

설 립 일 2009.06.24	종 업 원 수 24명	대 표 이 사 진걸	
상 장 일 2013.11.13	감사의견 적정 (삼일)	계　　　열	
결 산 기 12월	보 통 주 1,379만주	종속회사수 2개사	
액 면 가 500원	우 선 주	구　　상　　사	

주주구성 (지분율,%)		출자관계 (지분율,%)		주요경쟁사 (외형,%)	
상해 유평 인베스트먼트	33.0	미동씨지먼트리미티드	100.0	미동앤씨네마	100
세코 매니지먼트 리미티드	10.7	채널브라더스	26.5	팅크웨어	641
(외국인)	29.3	미소전자통신	10.1	이에스브이	114

매출구성		비용구성		수출비중	
제품	69.6	매출원가율	96.4	수출	7.0
상품 외	30.4	판관비율	25.2	내수	93.0

회사 개요
동사는 2009년 전자, 정보통신기기 관련 제조, 판매업을 목적으로 설립됨. 차량용 영상저장장치(블랙박스)가 주력 제품임. 동사는 자체 브랜드인 유라이브 모델과 ODM 방식을 통해 판매가 이뤄지는 ODM 브랜드가 있음. 2012년 이후 자체 브랜드 매출이 급격히 증가해 자체 브랜드 매출 비중이 90% 이상을 차지하고 있음. 2015년 10월 최대주주가 중국계 펀드인 상해유평 인베스트먼트로 변경되었음.

실적 분석
동사의 2017년 2분기 연결기준 누적 매출액은 전년동기 대비 12.7% 성장한 157억원을 기록함. 매출액 성장에도 고정비 부담으로 영업손실 0.7억원, 당기순손실 2.2억원을 보이며 적자지속함. 당기 중 제품별 매출비중은 유라이브 모델 63.82%, ODM 외 36.18%로 구성됨. 동사는 향후 해외 블랙박스 시장 개척, 중국 2~4선 도시의 영화관 인수 및 신설 등을 계획중임

현금 흐름
<단위 : 억원>

항목	2016	2017.2Q
영업활동	-40	-38
투자활동	252	-5
재무활동	-17	-1
순현금흐름	194	-43
기말현금	240	196

시장 대비 수익률

결산 실적
<단위 : 억원>

항목	2012	2013	2014	2015	2016	2017
매출액	423	419	368	407	289	—
영업이익	55	33	7	1	-62	—
당기순이익	75	37	18	6	-31	—

분기 실적
<단위 : 억원>

항목	2016.1Q	2016.2Q	2016.3Q	2016.4Q	2017.1Q	2017.2Q
매출액	68	71	67	82	79	78
영업이익	-6	-8	-12	-36	-2	1
당기순이익	1	-1	-10	-21	-3	1

재무 상태
<단위 : 억원>

항목	2012	2013	2014	2015	2016	2017.2Q
총자산	216	362	381	584	535	532
유형자산	2	2	4	3	3	2
무형자산	0	0	0	0	0	0
유가증권	11	16	2	20	116	138
총부채	65	41	45	137	41	44
총차입금			0	100		
자본금	1	45	45	64	69	69
총자본	151	321	336	447	494	487
지배주주지분	151	321	336	447	494	487

기업가치 지표

항목	2012	2013	2014	2015	2016	2017.2Q
주가(최고/저)(천원)	—/—	8.3/4.1	8.3/4.1	15.8/2.7	12.5/6.2	—/—
PER(최고/저)(배)	0.0/0.0	16.3/8.1	42.5/21.2	257.3/43.3	—/—	—/—
PBR(최고/저)(배)	0.0/0.0	2.4/1.2	2.2/1.1	4.4/0.7	3.4/1.7	2.6/1.4
EV/EBITDA(배)	—	13.5	21.1	474.4	—	—
EPS(원)	1,242	518	198	61	-238	-16
BPS(원)	65,822	3,570	3,750	3,571	3,654	3,605
CFPS(원)	37,394	525	209	74	-230	-12
DPS(원)			50			
EBITDAPS(원)	27,822	468	89	27	-473	-2

재무 비율
<단위 : %>

연도	영업이익률	순이익률	부채비율	차입금비율	ROA	ROE	유보율	자기자본비율	EBITDA마진율
2016	-21.6	-10.7	8.2	0.0	-5.5	-6.6	630.7	92.4	-21.3
2015	0.4	1.5	30.6	22.4	1.2	1.5	614.2	76.6	0.7
2014	1.9	4.8	13.4	0.1	4.8	5.4	650.0	88.2	2.2
2013	7.9	8.9	12.7	0.0	12.9	15.8	614.1	88.8	8.1

미래나노텍 (A095500)
MNtech

업　　종 : 디스플레이 및 관련부품		시　　장 : KOSDAQ	
신용등급 : (Bond) — 　(CP) —		기업규모 : 중견	
홈 페 이 지 : www.mntech.co.kr		연 락 처 : 043)710-1100	
본　　사 : 충북 청주시 청원군 옥산면 과학산업1로 16			

설 립 일 2002.08.01	종 업 원 수 309명	대 표 이 사 김철영	
상 장 일 2007.10.01	감사의견 적정 (삼일)	계　　　열	
결 산 기 12월	보 통 주 2,329만주	종속회사수 13개사	
액 면 가 500원	우 선 주	구　　상　　사	

주주구성 (지분율,%)		출자관계 (지분율,%)		주요경쟁사 (외형,%)	
김철영	22.5	미래에쿼티파트너스	100.0	미래나노텍	100
현대기술투자	4.1	미래티엔에스	100.0	신화인터텍	69
(외국인)	4.5	미래나노텍글로벌	100.0	에스엔유	18

매출구성		비용구성		수출비중	
광학필름	59.4	매출원가율	80.5	수출	60.0
노이즈필터	22.9	판관비율	15.4	내수	40.0
WF	9.6				

회사 개요
동사는 한국 본사를 거점으로 중국 및 대만 계열회사 포함 총 8개의 계열회사로 구성된 디스플레이 부품소재 전문기업임. 사업부문별로 보면 LCD광학필름을 생산하는 광학사업부문(52%), 차량/건물에 부착하는 윈도우필름 사업(9%), 메탈메쉬 타입의 전도성필름을 적용하는 터치패널 사업 부문(1%), 백색전자기기의 전자파 감쇄에 사용되는 노이즈필터부문이 30%로 구성.

실적 분석
동사의 2017년 연결기준 상반기 매출액은 1,434.5억원으로 전년동기 대비 1.9% 소폭 감소하였으나 판관비가 대폭 감소해 영업이익은 39.2억원을 기록하며 8.3% 상승을 이룸. 비영업이익 또한 45.5억원으로 흑자전환해 당기순이익은 88.9억원을 기록하며 대폭 증가. (주)비긴스 지분을 처분하면서 관계기업투자손실이 발생하였으나 (주)모브릭의 풋옵션 공정가치 하락으로 금융이익이 증대하여 비영업이익이 크게 증가.

현금 흐름
<단위 : 억원>

항목	2016	2017.2Q
영업활동	363	-128
투자활동	-207	-79
재무활동	-3	-3
순현금흐름	155	-210
기말현금	639	429

시장 대비 수익률

결산 실적
<단위 : 억원>

항목	2012	2013	2014	2015	2016	2017
매출액	3,337	2,789	2,231	2,331	3,145	—
영업이익	340	-92	-322	-14	128	—
당기순이익	254	-54	-429	-1	-1	—

분기 실적
<단위 : 억원>

항목	2016.1Q	2016.2Q	2016.3Q	2016.4Q	2017.1Q	2017.2Q
매출액	697	765	983	700	837	600
영업이익	-7	43	112	-21	27	1
당기순이익	-26	48	83	-114	21	6

재무 상태
<단위 : 억원>

항목	2012	2013	2014	2015	2016	2017.2Q
총자산	3,450	3,417	2,739	2,867	2,984	2,92
유형자산	1,058	1,065	941	1,000	609	61
무형자산	169	163	97	180	168	10
유가증권	167	212	179	296	339	55
총부채	1,443	1,601	1,346	1,329	1,476	1,31
총차입금	854	1,214	1,088	887	1,030	1,05
자본금	116	116	116	116	116	11
총자본	2,007	1,816	1,393	1,538	1,509	1,60
지배주주지분	1,932	1,772	1,373	1,367	1,357	1,44

기업가치 지표

항목	2012	2013	2014	2015	2016	2017.2Q
주가(최고/저)(천원)	13.7/5.4	12.8/5.7	7.8/3.8	8.0/4.3	7.2/4.1	—/—
PER(최고/저)(배)	12.1/4.8	—/—	—/—	297.8/160.0	162.2/93.0	—/—
PBR(최고/저)(배)	1.6/0.6	1.5/0.7	1.2/0.6	1.2/0.6	1.0/0.6	1.0/0.
EV/EBITDA(배)	5.7	18.0		11.0	6.7	—
EPS(원)	1,145	-112	-1,709	27	44	36
BPS(원)	8,783	8,461	6,774	6,938	6,891	7,25
CFPS(원)	1,799	691	-839	762	765	36
DPS(원)	110					
EBITDAPS(원)	2,103	407	-513	675	1,270	16

재무 비율
<단위 : %>

연도	영업이익률	순이익률	부채비율	차입금비율	ROA	ROE	유보율	자기자본비율	EBITDA마진율
2016	4.1	-0.3	97.8	68.2	-0.3	0.8	1,278.3	50.6	9.4
2015	-0.6	-0.3	86.4	57.7	0.0	0.5	1,287.5	53.7	6.1
2014	-14.4	-19.3	96.6	78.1	-14.0	-25.3	1,254.9	50.9	-5.4
2013	-3.3	-1.9	88.2	66.8	-1.6	-1.4	1,592.3	53.1	3.4

272

미래산업 (A025560)
Mirae

업 종 : 반도체 및 관련장비		시 장 : 거래소	
신용등급 : (Bond) ― (CP) ―		기업규모 : 시가총액 소형주	
홈페이지 : www.mirae.co.kr		연 락 처 : 041)621-5070	
본 사 : 충남 천안시 서북구 백석공단7로 65 (백석동)			

설 립 일	1991.01.01	종 업 원 수	174명	대 표 이 사	이권휴
상 장 일	1996.11.22	감 사 의 견	적정 (태성)	계 열	
결 산 기	12월	보 통 주	63,082만주	종 속 회 사 수	3개사
액 면 가	100원	우 선 주		구 상 호	

주주구성 (지분율,%)		출자관계 (지분율,%)		주요경쟁사 (외형,%)	
에이세븐1호조합	2.8	아론테크	100.0	미래산업	100
미래산업우리사주조합	2.8	미래라이팅	98.1	피에스케이	700
(외국인)	1.5	코리아인터넷닷컴	87.4	덕산하이메탈	184

매출구성		비용구성		수출비중	
Chip Mounter	63.0	매출원가율	84.5	수출	44.0
Test Handler	37.1	판관비율	52.2	내수	56.0

회사 개요
동사는 1983년에 설립되어 반도체 검사장비 및 Chip Mounter 의 제조, 판매를 주요사업으로 영위하고 있음. 동사는 2016년 8월 유상증자로 최대주주가 우리사주조합으로 바뀌었다가 2017년 2월 우리사주조합원의 퇴사로 인한 인출로 인해 에이세븐1호조합이 지분율 2.8%로 최대주주가 됨. 동사는 종속회사였던 미래엔바이오를 2016년 12월 매각해 투자금을 회수했고, 아론테크 등 3개의 종속회사는 영업을 수행하지 않고 정리된 상태임.

실적 분석
동사는 2017년 상반기 매출액이 170.0억원으로 전년 동기 대비 64.5% 증가했고, 영업손실은 13.7억원으로 전년 동기 42억원에서 적자폭을 줄였음. 매출원가가 매출액보다 적은 부담으로 증가한데다 판매관리비를 전년 동기보다 14.7% 감소한 53억원으로 통제해 영업적자폭을 줄였음. 동사는 주력인 침마운터 부문에서 매출 83.1억원, 영업손실 11.0억원, 매출채권 62.4억원, 재고자산 122.0억원으로 부진한 실적을 기록함.

현금 흐름
〈단위 : 억원〉

항목	2016	2017.2Q
영업활동	-86	-4
투자활동	-42	-8
재무활동	237	90
순현금흐름	109	77
기말현금	134	211

시장 대비 수익률

결산 실적
〈단위 : 억원〉

항목	2012	2013	2014	2015	2016	2017
매출액	338	348	241	255	233	
영업이익	-138	-14	-91	-24	-86	
당기순이익	-286	-74	-130	-24	-95	

분기 실적

항목	2016.1Q	2016.2Q	2016.3Q	2016.4Q	2017.1Q	2017.2Q
매출액	59	45	60	70	60	110
영업이익	-9	-33	-21	-23	-5	-9
당기순이익	-11	-33	-28	-23	-18	-1

재무 상태
〈단위 : 억원〉

항목	2012	2013	2014	2015	2016	2017.2Q
총자산	962	760	648	701	845	961
유형자산	377	218	209	207	203	201
무형자산	141	139	101	86	65	74
유가증권	6	6	7	16	0	10
총부채	582	454	269	219	114	249
총차입금	384	242	112	110	5	97
자본금	301	301	445	501	631	631
총자본	380	306	379	483	731	712
지배주주지분	380	306	379	482	731	712

기업가치 지표

항목	2012	2013	2014	2015	2016	2017.2Q
주가(최고/저)(천원)	1.7/0.2	0.5/0.2	0.3/0.1	0.7/0.1	0.5/0.3	―/―
PER(최고/저)(배)	―/―	―/―	―/―	162.9/35.8	―/―	―/―
PBR(최고/저)(배)	15.0/1.9	5.4/2.6	3.0/1.5	6.9/1.5	3.8/2.1	3.6/2.4
EV/EBITDA(배)		88.6				
EPS(원)	-90	-21	-33	4	-17	-3
BPS(원)	134	109	90	101	120	117
CFPS(원)	-93	-15	-25	6	-14	-2
DPS(원)						
EBITDAPS(원)	-40	5	-15	-1	-13	-1

재무 비율
〈단위 : % 〉

연도	영업이익률	순이익률	부채비율	차입금비율	ROA	ROE	유보율	자기자본비율	EBITDA마진율
2016	-36.7	-40.7	15.6	0.7	-12.3	-15.7	19.6	86.5	-30.6
2015	-9.6	8.4	일부잠식	일부잠식	3.2	4.9	0.9	68.8	-2.6
2014	-37.6	-54.0	일부잠식	일부잠식	-18.5	-38.0	-9.6	58.5	-23.8
2013	-4.1	-21.2	148.6	79.3	-8.6	-21.5	9.4	40.2	3.9

미래아이앤지 (A007120)
MiraeINGCo

업 종 : IT 서비스		시 장 : 거래소	
신용등급 : (Bond) ― (CP) ―		기업규모 : 시가총액 소형주	
홈페이지 : www.miraeing.co.kr		연 락 처 : 02)3470-4400	
본 사 : 서울시 강남구 도산대로 509(청담동)			

설 립 일	1971.03.01	종 업 원 수	40명	대 표 이 사	김학수
상 장 일	1999.11.26	감 사 의 견	적정 (제열)	계 열	
결 산 기	12월	보 통 주	6,359만주	종 속 회 사 수	1개사
액 면 가	500원	우 선 주		구 상 호	디올메디바이오

주주구성 (지분율,%)		출자관계 (지분율,%)		주요경쟁사 (외형,%)	
엔케이물산	21.5			미래아이앤지	100
박성균	5.0			신세계 I&C	3,015
(외국인)	0.6			오픈베이스	1,593

매출구성		비용구성		수출비중	
SWIFT	63.8	매출원가율	70.0	수출	15.0
기타	32.4	판관비율	46.7	내수	85.0
자주포부품류,DVR	3.7				

회사 개요
동사는 솔루션사업, 방산보안사업, 바이오사업을 주요 사업으로 영위. 솔루션사업은 동사 매출의 약 60%를 차지하는데 은행권의 외환업무와 관련된 IT 제품의 구축 및 유지보수가 사업영역임. 방산사업은은 2010년에 보급형, 실속형, 고급형 9기종에 이르는 다양한 H.264 DVR 모델을 출시했고 2013년 상반기부터 HD급의 DVR을 출시하며 고해상도를 요구하는 고속도로관제시스템, 카지노, 은행 등의 CCTV 수요에 대응하여 왔음.

실적 분석
동사의 2017년 2분기 누적 연결기준 매출액은 전년대비 28.6% 감소한 33.4억원에 그침. 매출액 감소에도 판관비는 큰 폭으로 증가하여 영업손실 12.5억원, 당기순손실 11.2억원을 보이며 순손실로 전환됨. 동사는 당분기 중 수차례의 경영권분쟁소송 및 판결결정 등을 공시하였으며 당분기 결산일 이후에는 204.8억원 규모의 주주배정 유상증자 결정을 공시함.

현금 흐름
〈단위 : 억원〉

항목	2016	2017.2Q
영업활동	-35	-0
투자활동	-249	9
재무활동	73	2
순현금흐름	-211	6
기말현금	72	78

시장 대비 수익률

결산 실적
〈단위 : 억원〉

항목	2012	2013	2014	2015	2016	2017
매출액	350	268	188	92	98	
영업이익	14	-44	-60	-15	-16	
당기순이익	4	-122	-187	12	-23	

분기 실적

항목	2016.1Q	2016.2Q	2016.3Q	2016.4Q	2017.1Q	2017.2Q
매출액	17	30	22	29	15	18
영업이익	-3	-0	-5	-8	-8	-5
당기순이익	-1	1	-5	-19	-8	-3

재무 상태
〈단위 : 억원〉

항목	2012	2013	2014	2015	2016	2017.2Q
총자산	374	333	488	480	521	501
유형자산	86	59	40	42	41	40
무형자산	99	50	27	25	25	31
유가증권	13	18	15	33	43	43
총부채	122	150	110	30	29	22
총차입금	70	116	83			
자본금	115	118	268	291	318	318
총자본	252	182	378	450	492	479
지배주주지분	251	182	378	450	491	478

기업가치 지표

항목	2012	2013	2014	2015	2016	2017.2Q
주가(최고/저)(천원)	4.9/0.6	5.0/1.8	2.9/0.9	2.8/1.0	2.9/1.2	―/―
PER(최고/저)(배)	241.0/29.3	―/―	―/―	114.3/41.4	―/―	―/―
PBR(최고/저)(배)	3.3/0.4	4.5/1.7	3.3/1.1	3.0/1.1	3.0/1.3	1.7/0.9
EV/EBITDA(배)	63.7					
EPS(원)	17	-518	-682	21	-40	-17
BPS(원)	1,243	911	723	789	797	776
CFPS(원)	29	-480	-650	25	-35	-15
DPS(원)						
EBITDAPS(원)	72	-150	-187	-21	-23	-18

재무 비율
〈단위 : % 〉

연도	영업이익률	순이익률	부채비율	차입금비율	ROA	ROE	유보율	자기자본비율	EBITDA마진율
2016	-16.7	-23.9	5.8	0.0	-4.7	-5.0	59.3	94.5	-13.9
2015	-16.0	12.9	6.6	0.0	2.4	2.9	57.8	93.8	-12.9
2014	-31.9	-99.5	29.2	21.9	-45.5	-66.7	44.6	77.4	-27.2
2013	-16.6	-45.6	82.5	63.9	-34.5	-56.4	82.2	54.8	-13.2

미래에셋대우 (A006800)
MIRAE ASSET DAEWOO COLTD

업 종 : 증권		시 장 : 거래소	
신용등급 : (Bond) AA (CP) A1		기업규모 : 시가총액 대형주	
홈페이지 : www.miraeassetdaewoo.com		연 락 처 : (02)3774-1700	
본 사 : 서울시 중구 을지로5길 26(수하동, 미래에셋센터원빌딩 이스트타워)			

설 립 일 1970.09.23	종 업 원 수 4,716명	대 표 이 사 최현만,조웅기	
상 장 일 1975.09.30	감 사 의 견 적정 (안진)	계 열	
결 산 기 12월	보 통 주 66,632만주	종속회사수 74개사	
액 면 가 5,000원	우 선 주 1,408만주	구 상 호 대우증권	

주주구성 (지분율,%)		출자관계 (지분율,%)		주요경쟁사 (외형,%)	
미래에셋캐피탈	21.4	미래에셋벤처투자	76.8	미래에셋대우	100
국민연금공단	8.6	MAV신성장솔류션기업투자조합2호	64.3	유안타증권	38
(외국인)	12.0	미래에셋GS리테일신성장투자조합제1호	50.0	삼성증권	100

수익구성		비용구성		수출비중	
금융상품 관련이익	73.7	이자비용	4.9	수출	—
이자수익	12.0	파생상품손실	0.0	내수	—
수수료수익	7.3	판관비	10.1		

회사 개요
동사는 전통적으로 브로커리지 수익은 물론 종합자산관리 잔고, 자산유동화증권(ABS) 및 주가연계증권(ELS) 발행시장 점유율, 세일즈앤트레이딩 손익 등 거의 전 사업부문에 걸쳐 업계 리딩 증권사임. 수익증권, 주식, 신탁, 랩어카운트, 파생결합증권·사채, 개인연금, 방카슈랑스 등 다양한 포트폴리오를 통해 종합적 자산관리서비스를 제공중임. 2017년 3월말 현재 167개 영업점, 7개 IWC, 3개 해외사무소, 11개 주요 해외법인 운영 중임.

실적 분석
동사의 2017년 2분기 연결기준 당기순이익은 1,636억원으로 전분기대비 48.5% 증가했고, 시장추정치를 상회한 어닝서프라이즈를 기록하였음. 이익이 증가한 이유는 일평균 거래대금 증가와 오프라인 개인매매비중 상승으로 위탁매매 수익이 늘었고, 이자손익 및 배당수익이 증가했으며, 투자금융(IB)관련 인수금융 외에 투자 딜 성사로 인한 실적 증가가 있었기 때문으로 판단됨.

현금 흐름 〈단위 : 억원〉

항목	2016	2017.2Q
영업활동	50,146	-3,177
투자활동	-540	-1,435
재무활동	-33,635	5,941
순현금흐름	16,150	1,238
기말현금	20,060	21,298

시장 대비 수익률

결산 실적 〈단위 : 억원〉

항목	2012	2013	2014	2015	2016	2017
순영업손익	7,111	3,629	7,987	4,769	7,960	—
영업이익	1,634	-354	2,708	1,485	32	—
당기순이익	1,437	-287	2,058	1,746	157	—

분기 실적 〈단위 : 억원〉

항목	2016.1Q	2016.2Q	2016.3Q	2016.4Q	2017.1Q	2017.2Q
순영업손익	1,267	3,046	2,051	1,596	3,925	4,436
영업이익	483	714	632	-1,798	1,435	1,748
당기순이익	402	656	518	-1,419	1,102	1,636

재무 상태 〈단위 : 억원〉

항목	2012	2013	2014	2015	2016	2017.2Q
총자산	254,374	260,050	306,133	284,160	572,678	695,986
유형자산	2,496	2,446	2,491	109	3,478	2,894
무형자산	785	752	619	266	2,581	2,671
유가증권	155,384	165,921	196,029	195,875	351,674	355,789
총부채	213,858	220,905	264,390	249,640	506,020	623,657
총차입금	97,848	100,416	110,818	114,508	219,221	292,187
자본금	17,039	17,039	17,039	16,981	34,020	34,020
총자본	40,517	39,145	41,743	34,520	66,658	72,329
지배주주지분	40,517	39,080	41,671	34,287	66,389	72,041

기업가치 지표

항목	2012	2013	2014	2015	2016	2017.2Q
주가(최고/저)(천원)	12.6/9.1	10.8/8.1	11.3/7.5	17.2/9.0	9.1/6.6	—/—
PER(최고/저)(배)	32.1/23.4	—/—	20.1/13.3	36.0/18.9	79.5/58.3	—/—
PBR(최고/저)(배)	1.1/0.8	1.0/0.7	1.0/0.6	1.8/0.9	0.9/0.7	1.1/0.7
PSR(최고/저)(배)						4/3
EPS(원)	422	-86	602	498	115	—
BPS(원)	12,260	11,826	12,571	10,195	9,889	10,680
CFPS(원)	510	-18	657	536	232	469
DPS(원)	120		250	330	50	—
EBITDAPS(원)	479	-104	795	436	9	468

재무 비율 〈단위 : % 〉

연도	계속사업이익률	순이익률	부채비율	차입금비율	ROA	ROE	유보율	자기자본비율	총자산증가율
2016	2.6	2.6	759.1	328.9	0.0	0.8	97.8	11.6	101.5
2015	47.4	36.6	723.2	331.7	0.6	4.5	104.6	12.2	-7.2
2014	34.3	25.8	633.4	265.5	0.7	5.1	151.4	13.6	20.4
2013	-9.9	-7.9	564.3	256.5	-0.1	-0.7	136.5	15.1	2.2

미래에셋생명보험 (A085620)
Mirae Asset Life Insurance

업 종 : 보험		시 장 : 거래소	
신용등급 : (Bond) — (CP) —		기업규모 : 시가총액 중형주	
홈페이지 : life.miraeasset.com		연 락 처 : 1588-0220	
본 사 : 서울시 영등포구 국제금융로 56 (미래에셋대우빌딩)			

설 립 일 1988.03.07	종 업 원 수 1,009명	대 표 이 사 김재식	
상 장 일 2015.07.08	감 사 의 견 적정 (삼정)	계 열	
결 산 기 12월	보 통 주 14,518만주	종속회사수 12개사	
액 면 가 5,000원	우 선 주 2,113만주	구 상 호	

주주구성 (지분율,%)		출자관계 (지분율,%)		주요경쟁사 (외형,%)	
미래에셋대우	25.4	피씨에이생명보험	100.0	미래에셋생명	100
미래에셋캐피탈	13.5	미래에셋모바일	100.0	메리츠화재	262
(외국인)	8.1	미래에셋금융서비스	100.0	코리안리	292

수익구성		비용구성		수출비중	
[생명보험]특별계정	61.2	책임준비금전입	27.1	수출	—
[생명보험]사망	16.5	보험금비용	35.9	내수	—
[생명보험]생존	15.2	사업비	8.0		

회사 개요
동사는 보험상품과 더불어 펀드, 신탁, 퇴직연금 등 상품을 제공하고 있음. 동사는 펀드를 판매하는 8개 생명보험사 중 하나이며, 퇴직연금을 판매하는 15개 생명보험사 중 하나임. 신탁상품은 단 5개 회사만 판매하고 있음. 동사는 전통적인 보험상품과 함께 다양한 금융상품과 서비스를 고객들에게 원스탑으로 제공할 수 있는 장점을 가지고 있는 선두권 보험사 중 하나로 평가됨.

실적 분석
동사의 2017년 2분기 별도기준 순이익은 207억원으로, 시장 컨센서스에 부합하였음. 손해율이 81%로 전년 동기 대비 하락하면서 사차익이 전분기(30억)에서 크게 개선(147억). RBC비율은 216.3%로 전분기보다 4.6%포인트 하락. 연결기준 2분기 이익은 세전이익 2141억, 순이익 2017억원으로 급증하였음. 이는 2분기 PCA생명 지분 인수 과정에서 발생한 염가매수차익 1812억원에 기인함.

현금 흐름 〈단위 : 억원〉

항목	2016	2017.2Q
영업활동	13,503	3,998
투자활동	-14,064	-3,306
재무활동	712	-1,251
순현금흐름	-448	-567
기말현금	2,926	2,359

시장 대비 수익률

결산 실적 〈단위 : 억원〉

항목	2012	2013	2014	2015	2016	2017
보험료수익	28,003	18,910	25,025	26,259	22,868	—
영업이익	869	420	1,517	1,228	1,168	—
당기순이익	637	287	1,210	1,224	780	—

분기 실적 〈단위 : 억원〉

항목	2016.1Q	2016.2Q	2016.3Q	2016.4Q	2017.1Q	2017.2Q
보험료수익	5,983	5,698	5,611	5,576	5,404	5,77
영업이익	186	468	-9	523	-28	33
당기순이익	137	365	14	264	7	2,01

재무 상태 〈단위 : 억원〉

항목	2012	2013	2014	2015	2016	2017.2Q
총자산	201,607	215,195	246,811	272,203	286,441	344,70
유형자산	1,441	1,401	668	941	488	50
무형자산	211	267	218	232	165	2,24
유가증권	94,873	100,535	125,201	137,500	144,498	156,97
총부채	189,113	205,505	231,830	253,630	267,639	324,06
총차입금	2,815	3,074	1,728	1,606	1,360	1,25
자본금	6,315	6,315	6,315	8,315	8,315	8,31
총자본	12,494	9,689	14,981	18,573	18,802	20,63
지배주주지분	12,490	9,687	14,978	18,570	18,802	20,63

기업가치 지표

항목	2012	2013	2014	2015	2016	2017.2Q
주가(최고/저)(천원)	—/—	—/—	7.7/5.8	10.2/5.0	5.4/3.9	—/—
PER(최고/저)(배)	0.0/0.0	0.0/0.0	8.7/6.5	13.1/6.3	12.0/8.6	—/—
PBR(최고/저)(배)	0.0/0.0	0.0/0.0	0.7/0.5	1.0/0.5	0.5/0.4	0.5/0
PSR(최고/저)(배)	0/0	0/0	0/0	0/0	0/0	—/—
EPS(원)	478	216	907	798	459	—
BPS(원)	9,366	7,264	11,232	10,771	11,367	12,46
CFPS(원)	652	338	1,018	918	609	1,21
DPS(원)				55	55	—
EBITDAPS(원)	652	315	1,137	801	688	18

재무 비율 〈단위 : % 〉

연도	계속사업이익률	순이익률	부채비율	차입금비율	ROA	ROE	유보율	자기자본비율	총자산증가율
2016	5.4	3.4	1,423.5	7.2	0.3	4.2	127.3	6.6	5
2015	4.8	4.7	1,365.6	8.7	0.5	7.3	124.6	6.6	10
2014	6.3	4.8	1,547.5	11.5	0.5	9.8	137.2	6.1	22
2013	2.2	1.5	2,121.0	31.7	0.1	2.6	53.4	4.5	6

미래자원엠엘 (A233190)
MILAE RESOURCES ML

종 목 : 식료품	시 장 : KONEX
신용등급 : (Bond) — (CP) —	기업규모 : —
홈페이지 : www.milaeml.com	연 락 처 : 02)2203-7397
주 소 : 서울시 송파구 오금로11길 7, 7층	

설 립 일	1998.03.02	종 업 원 수	32명	대 표 이 사	김성진
상 장 일	2015.12.24	감 사 의 견	적정 (신성)	계 열	
결 산 기	12월	보 통 주		종 속 회 사 수	
액 면 가		우 선 주		구 상 호	

주주구성 (지분율,%)		출자관계 (지분율,%)		주요경쟁사 (외형,%)	
김성진	77.5			미래자원엠엘	100
김윤주	2.3			고려산업	418
				대주산업	206

매출구성		비용구성		수출비중	
특수가공원료(EP)(제품매출)	29.8	매출원가율	83.4	수출	0.0
첨가제(제품매출) 외	21.0	판관비율	10.3	내수	100.0
기능성원료(상품매출)	19.7				

회사 개요
동사는 1998년 2월 28일에 설립돼 동물용 사료 및 조제식품 제조업 사업을 영위하고 있음. 주요 제품으로는 단미사료에는 콘플러스, 소이플러스, 오트베이스, 미래베이스 등의 제품이 있으며, 보조사료에는 동사가 개발하고 생산, 판매하는 ML-F1, 슈자임(Suzyme)이 있음. 동사는 주요 제품 이외에도 50여 종류의 상품과 제품을 보유하고 있으며 면역제, 효소제, 지방유화제 등 다양한 종류의 제품을 판매하고 있음.

실적 분석
동사는 코넥스 상장 기업으로 분기와 반기 기준 실적 공개 의무가 없음. 동사의 2016년 연결기준 연간 누적 매출액은 412.3억으로 전년 동기 대비 16.2% 증가함. 매출 증가에 따라 매출원가 부담도 늘었지만 판매비와 관리비는 오히려 감소하면서 영업이익은 전년 동기 대비 무려 432.3% 증가한 25.7억원을 기록함. 당기순이익은 16.9억원으로 전년 동기 대비 192% 증가함.

현금 흐름 *IFRS 별도 기준 〈단위 : 억원〉
항목	2016	2017.2Q
영업활동	9	—
투자활동	0	—
재무활동	3	—
순현금흐름	13	—
기말현금	61	—

결산 실적 〈단위 : 억원〉
항목	2012	2013	2014	2015	2016	2017
매출액	297	256	242	251	412	—
영업이익	21	18	16	2	26	—
당기순이익	19	14	13	7	17	—

분기 실적 *IFRS 별도 기준 〈단위 : 억원〉
항목	2016.1Q	2016.2Q	2016.3Q	2016.4Q	2017.1Q	2017.2Q
매출액	—	—	—	—	—	—
영업이익	—	—	—	—	—	—
당기순이익	—	—	—	—	—	—

재무 상태 *IFRS 별도 기준 〈단위 : 억원〉
항목	2012	2013	2014	2015	2016	2017.2Q
총자산	203	165	202	190	214	—
유형자산	11	11	21	22	30	—
무형자산	3	0	3	0	0	—
유가증권	3	4	3	7	—	—
총부채	83	32	55	53	54	—
총차입금	61	7	34	34	35	—
자본금	3	3	3	3	3	—
총자본	120	134	146	136	160	—
지배주주지분	120	134	146	136	160	—

기업가치 지표 *IFRS 별도 기준
항목	2012	2013	2014	2015	2016	2017.2Q
주가(최고/저)(천원)	#VALUE!	—/—	—/—	—/—	—/—	—/—
PER(최고/저)(배)	0.0/0.0	0.0/0.0	0.0/0.0	90.0/90.0	16.0/6.9	—/—
PBR(최고/저)(배)	0.0/0.0	0.0/0.0	0.0/0.0	1.0/1.0	1.6/0.7	0.0/0.0
EV/EBITDA(배)	1.8			20.1	8.2	—
EPS(원)	648	460	427	54	562	—
BPS(원)	199,727	222,672	244,039	4,935	5,734	—
CFPS(원)	34,385	24,096	22,936	96	610	—
DPS(원)	—	—	—	—	—	—
EBITDAPS(원)	36,171	30,727	28,744	195	906	—

재무 비율 〈단위 : % 〉
연도	영업이익률	순이익률	부채비율	차입금비율	ROA	ROE	유보율	자기자본비율	EBITDA마진율
2016	6.2	4.1	42.7	29.8	8.0	11.3	5,727.4	70.1	6.6
2015	1.8	0.7	39.2	21.8	0.8	1.2	4,835.0	71.8	2.3
2014	6.8	5.3	37.6	23.1	7.0	9.2	4,780.8	72.7	7.1
2013	6.9	5.4	23.7	5.3	7.5	10.9	4,353.4	80.8	7.2

미래컴퍼니 (A049950)
MeereCompany

업 종 : 디스플레이 및 관련부품	시 장 : KOSDAQ
신용등급 : (Bond) — (CP) —	기업규모 : 벤처
홈페이지 : www.meerecompany.com	연 락 처 : 031)350-9997
주 소 : 경기도 화성시 양감면 정문송산로 69-12	

설 립 일	1992.12.30	종 업 원 수	300명	대 표 이 사	김준홍
상 장 일	2005.01.04	감 사 의 견	적정 (삼일)	계 열	
결 산 기	12월	보 통 주	766만주	종속회사수	1개사
액 면 가	500원	우 선 주		구 상 호	

주주구성 (지분율,%)		출자관계 (지분율,%)		주요경쟁사 (외형,%)	
김준구	23.2	미래디피	100.0	미래컴퍼니	100
김준홍	22.4	익스톨	35.7	오성엘에스티	56
(외국인)	2.1			제이스텍	188

매출구성		비용구성		수출비중	
디스플레이 제조장비	89.1	매출원가율	72.4	수출	37.0
부품(Touch Panel)	7.6	판관비율	20.5	내수	63.0
부품(Display 제조장비)	3.3				

회사 개요
동사는 1984년 미래엔지니어링으로 설립된 후 2004년 (주)미래컴퍼니로 사명을 변경하고, 2005년 1월 코스닥증권시장에 주권을 상장함. 동사는 디스플레이 제조장비를 생산하는 사업을 주력으로 영위하고 있고, 신규사업으로 3D 센서모듈 및 복강경 수술로봇 사업을 추진하고 있음. 연결대상 종속법인으로는 터치패널 제조 및 판매업을 영위하는 (주)미래디피가 있음.

실적 분석
동사의 2017년 반기 연결기준 매출액은 1,026.4억원으로 전년동기 397.7억원 대비 158.1% 증가한 실적을 시현함. 전방 산업의 설비투자 증가로 기존 주력 장비를 비롯해 레이저 가공 장비와 OLED 검사 장비 등 신규 장비의 매출이 증가했기 때문. 매출 증가에 힙입어 반기 영업이익 226.8억원을 달성하며 전년동기 대비 488.9% 이익이 확대됨. 외환손실이 발생하며 비영업손익 적자를 시현하였고 당기순이익 185억원을 시현함.

현금 흐름 〈단위 : 억원〉
항목	2016	2017.2Q
영업활동	-0	128
투자활동	-7	-46
재무활동	-27	38
순현금흐름	-34	121
기말현금	75	196

결산 실적 〈단위 : 억원〉
항목	2012	2013	2014	2015	2016	2017
매출액	964	637	448	624	804	—
영업이익	157	-27	-66	34	57	—
당기순이익	128	-12	-73	33	73	—

분기 실적 〈단위 : 억원〉
항목	2016.1Q	2016.2Q	2016.3Q	2016.4Q	2017.1Q	2017.2Q
매출액	201	197	169	238	487	539
영업이익	17	21	10	8	83	144
당기순이익	9	22	13	28	49	136

재무 상태 〈단위 : 억원〉
항목	2012	2013	2014	2015	2016	2017.2Q
총자산	1,115	886	832	894	996	1,287
유형자산	312	294	286	287	291	288
무형자산	13	12	28	55	52	62
유가증권	4	4	9	2	0	5
총부채	405	195	216	247	282	395
총차입금	247	46	85	83	60	82
자본금	38	38	38	38	38	38
총자본	709	691	616	647	713	892
지배주주지분	709	691	616	647	713	892

기업가치 지표
항목	2012	2013	2014	2015	2016	2017.2Q
주가(최고/저)(천원)	25.1/9.0	16.8/5.3	8.1/5.1	12.1/6.2	19.8/10.5	—/—
PER(최고/저)(배)	15.5/5.5			28.4/14.5	20.9/11.1	—/—
PBR(최고/저)(배)	2.5/0.9	1.7/0.6	0.9/0.6	1.3/0.7	2.0/1.0	6.7/1.6
EV/EBITDA(배)	7.5			17.1	22.3	—
EPS(원)	1,673	-150	-956	433	955	2,415
BPS(원)	10,162	9,918	9,005	9,405	10,274	12,539
CFPS(원)	1,909	52	-801	579	1,071	2,480
DPS(원)	150			100	170	—
EBITDAPS(원)	2,280	-156	-701	590	861	3,025

재무 비율 〈단위 : % 〉
연도	영업이익률	순이익률	부채비율	차입금비율	ROA	ROE	유보율	자기자본비율	EBITDA마진율
2016	7.1	9.1	39.6	8.4	7.8	10.8	1,954.8	71.6	8.2
2015	5.5	5.3	38.3	12.8	3.8	5.3	1,781.0	72.3	7.2
2014	-14.7	-16.4	35.1	13.9	-8.5	-11.2	1,701.0	74.0	-12.0
2013	-4.3	-1.8	28.3	6.7	-1.2	-1.6	1,883.6	78.0	-1.9

미래테크놀로지 (A213090)
MIRAE TECHNOLOGY CO

업 종 : 컴퓨터 및 주변기기		시 장 : KOSDAQ	
신용등급 : (Bond) — (CP) —		기업규모 : 중견	
홈페이지 : www.mirae-tech.co.kr		연락처 : (02)830-4474	
본 사 : 서울시 구로구 디지털로27길 36 (구로동, 이스페이스 813호)			

설립일 1997.06.25	종업원수 23명	대표이사 정균태	
상장일 2015.12.01	감사의견 적정 (한영)	계	열
결산기 12월	보통주 550만주	종속회사수	
액면가 500원	우선주	구 상 호	

주주구성 (지분율,%)		출자관계 (지분율,%)		주요경쟁사 (외형,%)	
다우데이타시스템	33.9	키움프라이빗에쿼티	20.0	미래테크놀로지	100
다우기술	29.7		8.0	엠젠플러스	239
(외국인)	0.9	다우기술	0.4	아이리버	238

매출구성		비용구성		수출비중	
H/W OTP	92.4	매출원가율	66.8	수출	2.0
소프트OTP	5.7	판관비율	13.8	내수	98.0
유지보수	1.8				

회사 개요
동사는 1997년 6월 25일 설립되어 OTP(One Time Password : 일회용 비밀번호)체계를 주요사업으로 영위하고 있음. 2015년 10월 20일 기준 동사를 포함하여 상장 6개사, 비상장 19개사 등 총 25개의 계열회사가 있음 금융권에서 "스마트OTP" 도입방송에 따라 우리은행, 기업은행 등 금융권과 "스마트OTP" 개발을 진행하고 있음. 동사는 2015년 8월 4일 주당 10,000원에서 500원으로 액면분할을 실시함.

실적 분석
동사의 2017년 상반기 매출은 111억원으로 전년대비 1.3% 감소, 영업이익은 23억원으로 전년대비 17.3% 증가, 당기순이익은 23.4억원으로 전년대비 30.6% 증가. 외형 정체 가운데 원가율 하락, 원가개선으로 수익성은 개선됨. 동사는 카카오뱅크에 OTP인증시스템을 공급으로 카카오뱅크 수혜로 거론. 카카오뱅크의 초기 성공에 힘입어 추가적인 매출 증가 기대. 또한 OTP 결합 체크카드를 NH투자증권에 공급을 확대.

현금 흐름 *IFRS 별도 기준 〈단위 : 억원〉
항목	2016	2017.2Q
영업활동	43	11
투자활동	-67	-46
재무활동	-14	-9
순현금흐름	-38	-45
기말현금	136	91

시장 대비 수익률

결산 실적 〈단위 : 억원〉
항목	2012	2013	2014	2015	2016	2017
매출액	—	119	174	220	220	
영업이익		34	47	52	43	
당기순이익		29	39	43	41	

분기 실적 *IFRS 별도 기준 〈단위 : 억원〉
항목	2016.1Q	2016.2Q	2016.3Q	2016.4Q	2017.1Q	2017.2Q
매출액	53	60	52	55	57	54
영업이익	9	11	11	12	11	12
당기순이익	8	10	10	13	10	14

재무 상태 *IFRS 별도 기준 〈단위 : 억원〉
항목	2012	2013	2014	2015	2016	2017.2Q
총자산		115	170	450	476	491
유형자산		4	4	4	3	3
무형자산		4	4	4	4	4
유가증권		0	4	10	43	53
총부채		12	16	20	16	15
총차입금						
자본금		3	20	28	28	28
총자본		103	154	429	460	476
지배주주지분		103	154	429	460	476

기업가치 지표 *IFRS 별도 기준
항목	2012	2013	2014	2015	2016	2017.2Q
주가(최고/저)(천원)	—/—	—/—	—/—	13.9/11.8	14.1/8.6	—/—
PER(최고/저)(배)	0.0/0.0	0.0/0.0	0.0/0.0	13.5/11.4	19.4/11.8	—/—
PBR(최고/저)(배)	0.0/0.0	0.0/0.0	0.0/0.0	1.8/1.5	1.7/1.0	1.2/1.0
EV/EBITDA(배)	0.0			7.4	2.3	
EPS(원)	—	840	1,138	1,044	737	426
BPS(원)		342,556	76,970	7,809	8,498	8,841
CFPS(원)		97,908	23,246	1,074	761	438
DPS(원)				80	100	
EBITDAPS(원)		115,445	27,695	1,277	801	431

재무 비율 〈단위 : % 〉
연도	영업이익률	순이익률	부채비율	차입금비율	ROA	ROE	유보율	자기자본비율	EBITDA마진율
2016	19.5	18.5	3.6	0.0	8.8	9.1	1,599.6	96.6	20.1
2015	23.5	19.7	4.7	0.0	14.0	14.9	1,461.7	95.5	24.1
2014	26.8	22.4	10.5	0.0	27.4	30.4	669.7	90.5	27.3
2013	28.5	24.1	11.6	0.0	0.0	0.0	3,325.6	89.6	29.1

미스터블루 (A207760)
Mr Blue

업 종 : 미디어		시 장 : KOSDAQ	
신용등급 : (Bond) — (CP) —		기업규모 : 벤처	
홈페이지 : www.mrbluecorp.com		연락처 : (02)337-0610	
본 사 : 서울시 마포구 월드컵북로6길 18 (동교동, 미스터블루빌딩)			

설립일 2014.10.10	종업원수 108명	대표이사 조승진	
상장일 2014.12.12	감사의견 적정 (이촌)	계	열
결산기 12월	보통주 2,416만주	종속회사수 3개사	
액면가 100원	우선주	구 상 호 동부스팩2호	

주주구성 (지분율,%)		출자관계 (지분율,%)		주요경쟁사 (외형,%)	
조승진	56.8			미스터블루	100
최진아	3.6			한국경제TV	313
(외국인)	0.1			투원글로벌	75

매출구성		비용구성		수출비중	
온라인만화 제작유통	76.9	매출원가율	0.0	수출	7.0
온라인게임	10.8	판관비율	80.4	내수	93.0
만화출판	9.6				

회사 개요
동사는 2002년에 설립되어 온라인 만화 콘텐츠 서비스 제공 및 만화 출판 등의 사업을 영위하는 회사임. 2014년 기준 전체 온라인만화 매출은 네이버, 다음 등의 포털과 카카오톡, 투니버스의 뒤를 이은 5위를 기록 중. 2015년 5월기준 동사의 플랫폼 가입자는 약 225만명에 이르고 있으며, 이중 약 5만여명이 유료회원으로 활동하고 있음. 동사는 동부스팩2호와의 합병을 통해 2015년 11월 스팩합병을 통해 코스닥 시장에 신규 상장함.

실적 분석
동사의 2017년 연결기준 2분기 매출액은 148.7억원으로 전년동기 대비 46.5% 증가하였음. 또한 판매비와 관리비는 124.3억원으로 53.2% 증가하였으며 영업이익은 6% 증가한 24.4억원을 시현함. 최종적으로 당기순이익은 21억원으로 전년동기 대비 20.5% 신장하였음. 동사는 2010년 이후 모바일 기기의 발전과 함께 가파른 성장세를 이어오고 있음.

현금 흐름 〈단위 : 억원〉
항목	2016	2017.2Q
영업활동	19	13
투자활동	-108	-7
재무활동	-15	1
순현금흐름	-105	5
기말현금	34	39

시장 대비 수익률

결산 실적 〈단위 : 억원〉
항목	2012	2013	2014	2015	2016	2017
매출액	—	107	137	171	240	
영업이익		27	35	37	47	
당기순이익		22	30	-61	40	

분기 실적 〈단위 : 억원〉
항목	2016.1Q	2016.2Q	2016.3Q	2016.4Q	2017.1Q	2017.2Q
매출액	45	56	59	80	76	
영업이익	8	12	9	18	14	
당기순이익	7	10	8	15	12	

재무 상태 〈단위 : 억원〉
항목	2012	2013	2014	2015	2016	2017.2Q
총자산		75	102	300	345	35
유형자산		2	1	69	73	7
무형자산		3	19	41	122	12
유가증권		9	11	7	9	1
총부채		21	18	86	79	7
총차입금		1		55	31	3
자본금		15	14	23	24	2
총자본		55	84	214	266	28
지배주주지분		55	84	214	266	28

기업가치 지표
항목	2012	2013	2014	2015	2016	2017.2Q
주가(최고/저)(천원)	—/—	—/—	2.4/2.4	7.1/2.4	4.6/3.2	—/—
PER(최고/저)(배)	0.0/0.0	0.0/0.0	18.5/18.2	—/—	28.6/20.1	—/—
PBR(최고/저)(배)	0.0/0.0	0.0/0.0	6.5/6.4	7.5/2.5	4.1/2.9	3.5/2.
EV/EBITDA(배)	0.0		2.0	22.9	16.9	
EPS(원)		751	131	-267	162	
BPS(원)		18,241	28,036	944	1,120	1,18
CFPS(원)		58,237	10,110	-260	189	9
DPS(원)					25	
EBITDAPS(원)		70,988	12,028	170	222	12

재무 비율 〈단위 : % 〉
연도	영업이익률	순이익률	부채비율	차입금비율	ROA	ROE	유보율	자기자본비율	EBITDA마진율
2016	19.6	16.7	29.6	11.5	12.4	16.3	1,019.7	77.2	22.
2015	21.6	-35.4	40.3	25.5	-30.1	-40.6	844.5	71.3	22.
2014	25.8	21.6	20.9	0.0	33.6	42.8	460.7	82.7	26.
2013	25.3	20.6	37.6	0.0	0.0	0.0	264.8	72.7	25.

미애부 (A225850)
Miev

업 종 : 개인생활용품		시 장 : KONEX	
신용등급 : (Bond) — (CP) —		기업규모 :	
홈 페 이 지 : www.miev.co.kr		연 락 처 : 1577-1401	
본 사 : 경기도 성남시 중원구 갈마치로 215, 금강펜테리움IT타워 에이동-808 (상대원동)			

설 립 일	2003.10.06	종 업 원 수	100명	대 표 이 사	김기수
상 장 일	2015.12.08	감사의견	적정(삼화)	계 열	
결 산 기	12월	보 통 주		종속회사수	
액 면 가		우 선 주		구 상 호	

주주구성 (지분율,%)		출자관계 (지분율,%)		주요경쟁사 (외형,%)	
미애부생명과학	57.9	MievJapan	100.0	미애부	100
김규종	5.4			한국화장품	269
				한국화장품제조	109

매출구성		비용구성		수출비중	
기초화장품	45.0	매출원가율	20.4	수출	0.0
건강기능식품	28.2	판관비율	73.9	내수	100.0
자외선차단제품 외	16.9				

회사 개요
동사는 2003년 10월 10일 화장품업을 영위할 목적으로 설립되었음. 2003년 가정에서 피부미용 민간요법으로 흔히 사용되는 요구르트를 통해 유산균 발효화장품을 개발, 출시하여 2003년 10월 최초로 '비움'이라는 발효화장품 성분에서 합성화학 성분을 배제하여 2008년 10월 무합성의 'Mie V'를 출시했고 2009년 10월 'Botanic-MieV', 2011년 4월 '미애부 시그니처' 라인을 출시함.

실적 분석
동사의 2016년 매출액은 전년 대비 15.4% 감소한 596.9원을 기록했음. 매출감소 요인은 판매방식 변경에 따른 판매조직의 과도기적 현상에 따라 2016년 1분기 매출액이 일시적으로 급감한데 기인한 것. 동사의 2016년 영업이익은 전년 대비 135.58% 상승한 33.9억원을 기록했음. 영업이익의 증가 요인은 2016년 1월 1일부터 시행한 판매보상정책 변경에 따른 판매수수료율 인하에 기인함.

현금 흐름   *IFRS 별도 기준   〈단위 : 억원〉

항목	2016	2017.2Q
영업활동	-62	-5
투자활동	-18	-9
재무활동	12	-5
순현금흐름	-69	-19
기말현금	23	4

시장 대비 수익률

결산 실적   〈단위 : 억원〉

항목	2012	2013	2014	2015	2016	2017
매출액	796	679	717	706	597	
영업이익	-0	3	7	14	34	
당기순이익	1	2	1	4	21	

분기 실적   *IFRS 별도 기준   〈단위 : 억원〉

항목	2016.1Q	2016.2Q	2016.3Q	2016.4Q	2017.1Q	2017.2Q
매출액	—	—	—	—	—	—
영업이익	—	—	—	—	—	—
당기순이익	—	—	—	—	—	—

재무 상태   *IFRS 별도 기준   〈단위 : 억원〉

항목	2012	2013	2014	2015	2016	2017.2Q
총자산	375	415	439	517	368	329
유형자산	15	19	42	114	109	107
무형자산	4	3	3	25	23	23
유가증권	10	41	34	—	10	10
총부채	371	403	424	481	311	265
총차입금	4	6	4	13	34	30
자본금	3	9	9	15	15	15
총자본	4	12	14	36	57	63
지배주주지분	4	12	14	36	57	63

기업가치 지표   *IFRS 별도 기준

항목	2012	2013	2014	2015	2016	2017.2Q
주가(최고/저)(천원)	#VALUE!	—/—	—/—	170.8/27.8	36.7/10.7	—/—
PER(최고/저)(배)	0.0/0.0	0.0/0.0	0.0/0.0	24.9/4.1	13.4/3.9	5.3/0.0
PBR(최고/저)(배)	0.0/0.0	0.0/0.0	0.0/0.0	33.2	5.3	—/—
EV/EBITDA(배)						
EPS(원)	208	309	79	172	681	218
BPS(원)	7,634	7,024	8,212	1,181	1,863	2,080
CFPS(원)	16,021	13,695	5,625	575	1,006	342
DPS(원)						608
EBITDAPS(원)	13,770	15,238	8,740	996	1,436	

재무 비율   〈단위 : % 〉

연도	영업이익률	순이익률	부채비율	차입금비율	ROA	ROE	유보율	자기자본비율	EBITDA마진율
2016	5.7	3.5	548.2	59.8	4.7	44.8	272.5	15.4	7.3
2015	2.0	0.6	1,335.4	35.3	0.9	16.6	136.3	7.0	3.4
2014	1.0	0.2	2,972.0	28.0	0.3	10.4	64.3	3.3	2.1
2013	0.5	0.3	3,300.7	49.7	0.5	25.7	40.5	2.9	1.5

미원상사 (A002840)
Miwon Commercial

업 종 : 화학		시 장 : 거래소	
신용등급 : (Bond) — (CP) —		기업규모 : 시가총액 소형주	
홈 페 이 지 : www.mwc.co.kr		연 락 처 : 031)8084-8300	
본 사 : 경기도 안산시 단원구 원시로 49 (목내동)			

설 립 일	1959.11.03	종 업 원 수	388명	대 표 이 사	조진욱,홍창식
상 장 일	1989.09.25	감사의견	적정(삼정)	계 열	
결 산 기	12월	보 통 주	86만주	종속회사수	2개사
액 면 가	5,000원	우 선 주		구 상 호	

주주구성 (지분율,%)		출자관계 (지분율,%)		주요경쟁사 (외형,%)	
김정돈	18.4	계동청운	100.0	미원상사	100
미원상사우리사주조합	16.8	동남합성	40.1	한국카본	85
(외국인)	4.1	아시아첨가제	35.0	NPC	125

매출구성		비용구성		수출비중	
계면활성제	49.6	매출원가율	83.2	수출	25.0
기타 제품	21.7	판관비율	9.3	내수	75.0
전자재료	19.2				

회사 개요
동사는 황산 및 분말유황을 주축으로 하는 기초화학회사로 출발하여 현재는 계면활성제, 자외선안정제, 산화방지제, 고무첨가제, 전자재료 등 첨단고차화학제품을 생산하는 회사로 성장함. 동사의 연결대상 종속회사들은 계면활성제와 도료첨가제의 중간체 제조/판매업(계동청운정세화공유한공사), EO/PO 부가물 제조업(미원EOD), 타이어첨가제등 제조업(태광정밀화학) 등의 사업을 영위하고 있음.

실적 분석
동사 2017년 2분기기준 누적 매출액은 전년동기대비 52.6% 상승한 1,565.9원을 기록하였음. 그러나 원가 및 매출이 증가하면서 매출원가 및 인건비도 증가하였으나 기타판매비와관리비도 증가함. 이와 같이 매출액은 상승하였으나 그만큼 비용이 전반적으로 증가하여 전년동기대비 영업이익은 44.6억원을 기록, -51% 정도 크게 하락하였음. 이후 익산공장이 가동되면 매출 성장에 도움이 될 것이라 기대함.

현금 흐름   〈단위 : 억원〉

항목	2016	2017.2Q
영업활동	305	150
투자활동	-133	-198
재무활동	-64	1
순현금흐름	108	-50
기말현금	201	151

시장 대비 수익률

결산 실적   〈단위 : 억원〉

항목	2012	2013	2014	2015	2016	2017
매출액	2,337	2,352	2,472	2,394	3,017	
영업이익	258	181	177	185	228	
당기순이익	215	161	117	170	264	

분기 실적   〈단위 : 억원〉

항목	2016.1Q	2016.2Q	2016.3Q	2016.4Q	2017.1Q	2017.2Q
매출액	663	528	777	1,050	985	759
영업이익	72	44	61	51	30	23
당기순이익	61	62	57	84	19	227

재무 상태   〈단위 : 억원〉

항목	2012	2013	2014	2015	2016	2017.2Q
총자산	2,106	2,264	2,286	2,312	3,296	3,039
유형자산	874	961	978	879	1,343	1,210
무형자산	20	21	20	20	23	19
유가증권	229	274	245	269	306	83
총부채	926	904	834	676	904	712
총차입금	560	474	468	266	318	204
자본금	77	78	78	79	79	79
총자본	1,180	1,361	1,453	1,636	2,392	2,327
지배주주지분	1,059	1,222	1,297	1,461	1,835	1,957

기업가치 지표

항목	2012	2013	2014	2015	2016	2017.2Q
주가(최고/저)(천원)	147/89.9	215/141	189/156	198/158	248/175	—/—
PER(최고/저)(배)	7.1/4.4	13.8/9.1	17.2/14.2	12.4/9.9	10.0/7.1	—/—
PBR(최고/저)(배)	1.2/0.8	1.5/1.0	1.3/1.1	1.2/1.0	1.2/0.8	1.0/0.9
EV/EBITDA(배)	5.2	7.4	6.2	6.0	6.6	—/—
EPS(원)	20,822	15,512	10,997	15,949	24,740	26,415
BPS(원)	122,383	139,703	147,955	166,153	211,688	229,757
CFPS(원)	33,019	29,272	26,554	31,367	42,095	40,409
DPS(원)	1,800					19,090
EBITDAPS(원)	41,774	34,250	35,386	36,015	43,145	

재무 비율   〈단위 : % 〉

연도	영업이익률	순이익률	부채비율	차입금비율	ROA	ROE	유보율	자기자본비율	EBITDA마진율
2016	7.6	8.7	37.8	13.3	9.4	13.3	2,246.2	72.6	12.6
2015	7.7	7.1	41.3	16.2	7.4	10.4	1,789.8	70.8	13.5
2014	7.2	4.7	57.4	32.2	5.1	7.8	1,604.1	63.5	12.8
2013	7.7	6.8	66.4	34.8	7.4	12.0	1,502.0	60.1	12.9

미원에스씨 (A268280)
Miwon Specialty Chemical

업 종 : 화학		시 장 : 거래소	
신용등급 : (Bond) — (CP) —		기업규모 : 0	
홈페이지 : 0		연 락 처 : 063)260-1500	
본 사 : 전북 완주군 봉동읍 완주산단1로 167			

설 립 일 2017.05.01	종업원수 330명	대표이사 임한순	
상 장 일 2017.05.22	감사의견 적정(대주)	계 열	
결 산 기 12월	보통주 518만주	종속회사수	
액 면 가 500원	우 선 주	구 상 호	

주주구성 (지분율,%)	출자관계 (지분율,%)	주요경쟁사 (외형,%)
미원홀딩스 20.2		미원에스씨
김정돈 13.4		후성
(외국인) 1.7		유니드

매출구성	비용구성		수출비중	
	매출원가율 0.0		수출 76.0	
	판관비율 0.0		내수 24.0	

회사 개요
동사는 2017년 5월, 에너지 경화수지 제조 및 판매사업을 영위하던 미원스페셜티케미칼이 분할신설한 기업으로 기존 사업을 그대로 영위하며 사업경쟁력을 강화할 예정임. 분할존속회사는 미원홀딩스로 지주회사의 역할을 수행하며, 주주가치를 극대화할 예정임. 기존의 에너지경화수지 사업부문 역시 2009년 미원상사로부터 인적분할하여 설립됨. 동사의 최대주주는 김정돈(지분율 15.61%)으로 분할이전과 동일함.

실적 분석
동사의 2017년도 2분기 누적 매출액은 473.0억원으로 5월 분할 이후 발생한 매출액임. UV경화에 사용되는 핵심 원료를 생산, 판매한 이래로 UV 전통 사업인 PVC 상재용, 목공용의 기반 위에 올해 Mobile Phone의 외장 Coating, 디스플레이의 핵심 소재인 BLU의 각종 필름 등의 Coating용 등 다양한 용도의 고객 요구에 부응하며, 전 세계 시장을 대상으로 에너지경화 수지 사업을 추진 중임.

현금 흐름   *IFRS 별도 기준   〈단위 : 억원〉

항목	2016	2017.2Q
영업활동	—	138
투자활동	—	-27
재무활동	—	19
순현금흐름	—	131
기말현금	—	182

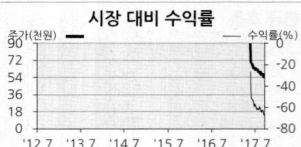
시장 대비 수익률

결산 실적   *IFRS 별도 기준   〈단위 : 억원〉

항목	2012	2013	2014	2015	2016	2017
매출액	—	—	—	—	—	—
영업이익	—	—	—	—	—	—
당기순이익	—	—	—	—	—	—

분기 실적   *IFRS 별도 기준   〈단위 : 억원〉

항목	2016.1Q	2016.2Q	2016.3Q	2016.4Q	2017.1Q	2017.2Q
매출액	—	—	—	—	—	473
영업이익	—	—	—	—	—	57
당기순이익	—	—	—	—	—	52

재무 상태   *IFRS 별도 기준   〈단위 : 억원〉

항목	2012	2013	2014	2015	2016	2017.2Q
총자산	—	—	—	—	—	2,063
유형자산	—	—	—	—	—	677
무형자산	—	—	—	—	—	23
유가증권	—	—	—	—	—	—
총부채	—	—	—	—	—	334
총차입금	—	—	—	—	—	25
자본금	—	—	—	—	—	26
총자본	—	—	—	—	—	1,729
지배주주지분	—	—	—	—	—	1,729

기업가치 지표   *IFRS 별도 기준

항목	2012	2013	2014	2015	2016	2017.2Q
주가(최고/저)(천원)	#VALUE!	—/—	—/—	—/—	—/—	—/—
PER(최고/저)(배)	0.0/0.0	0.0/0.0	0.0/0.0	0.0/0.0	0.0/0.0	2.7/1.9
PBR(최고/저)(배)	0.0/0.0	0.0/0.0	0.0/0.0	0.0/0.0	0.0/0.0	2.7/1.9
EV/EBITDA(배)	0.0	0.0	0.0	0.0	0.0	
EPS(원)	—	—	—	—	—	998
BPS(원)	—	—	—	—	—	33,390
CFPS(원)	—	—	—	—	—	1,352
DPS(원)	—	—	—	—	—	
EBITDAPS(원)	—	—	—	—	—	1,448

재무 비율   〈단위 : % 〉

연도	영업이익률	순이익률	부채비율	차입금비율	ROA	ROE	유보율	자기자본비율	EBITDA마진율
2016	0.0	0.0	0.0	0.0					
2015	0.0	0.0	0.0	0.0					
2014	0.0	0.0	0.0	0.0					
2013	0.0	0.0	0.0	0.0					

미원홀딩스 (A107590)
Miwon Holdings

업 종 : 화학		시 장 : 거래소	
신용등급 : (Bond) — (CP) —		기업규모 : 시가총액 중형주	
홈페이지 : www.miramer.co.kr		연 락 처 : 031)479-9313	
본 사 : 경기도 용인시 수지구 포은대로 59번길 20			

설 립 일 2009.02.02	종업원수 7명	대표이사 김정돈,양중상	
상 장 일 2009.03.02	감사의견 적정(삼정)	계 열	
결 산 기 12월	보통주 233만주	종속회사수 6개사	
액 면 가 500원	우 선 주	구 상 호	

주주구성 (지분율,%)	출자관계 (지분율,%)	주요경쟁사 (외형,%)
김정돈 15.4	미원스페셜티케미칼 20.0	미원홀딩스 100
미원상사 14.4	동남합성 0.2	후성 67
(외국인) 4.8	MiwonEuropeGmbH 100.0	유니드 257

매출구성	비용구성		수출비중	
에너지경화수지 및 기타(MIRAMER 외) 100.0	매출원가율 75.7		수출 —	
	판관비율 10.2		내수 —	

회사 개요
2009년 미원상사로부터 인적분할된 동사는 UV경화에 사용되는 핵심원료를 생산하였음. 2017년 5월 에너지경화수지 사업부문을 인적분할하여 미원에스씨를 신설하고, 동사는 투자사업을 중심으로 하는 미원홀딩스로 전환함. 향후 미원그룹의 지주회사로 변신하기 위한 작업이 추진되고 있음. 미원에스씨의 주력제품인 에너지경화수지는 솔벤트 시스템의 대체재로서 에너지 효율 증대 등의 장점을 바탕으로 건설, 자동차, 핸드폰 등의 다양한 산업분야에서 사용됨.

실적 분석
에너지경화수지(중단사업) 부문을 제외한 자회사들의 매출은 10.7% 증가하였으며, 영업이익으로 늘어남. 중단사업손익을 포함한 당기순이익은 93.6억원으로 전년동기의 절반 이하로 줄어듦. 최대주주인 김정돈 회장 및 계열회사를 포함한 특수관계인에 미원스페셜티케미칼의 보통주를 현물 출자 받고 이에 대한 대가로 동사의 보통주를 발행하는 형식의 현물출자 유상증자를 진행함. 이는 지주회사로 전환하기 위한 목적임.

현금 흐름   〈단위 : 억원〉

항목	2016	2017.2Q
영업활동	554	-92
투자활동	-248	-118
재무활동	-118	-95
순현금흐름	188	-310
기말현금	458	148

시장 대비 수익률

결산 실적   〈단위 : 억원〉

항목	2012	2013	2014	2015	2016	2017
매출액	2,388	2,633	2,739	2,704	2,878	
영업이익	355	382	334	369	405	
당기순이익	279	310	261	306	345	

분기 실적   〈단위 : 억원〉

항목	2016.1Q	2016.2Q	2016.3Q	2016.4Q	2017.1Q	2017.2Q
매출액	246	270	714	1,647	280	29
영업이익	5	2	113	284	17	
당기순이익	83	114	54	94	68	

재무 상태   〈단위 : 억원〉

항목	2012	2013	2014	2015	2016	2017.2Q
총자산	1,479	1,825	2,035	2,243	2,548	1,55
유형자산	515	633	684	777	923	33
무형자산	21	20	19	18	36	
유가증권	—	—	—	21	4	
총부채	289	312	311	319	383	39
총차입금	8	6	7	10	13	
자본금	36	36	36	36	37	1
총자본	1,190	1,513	1,725	1,924	2,165	1,16
지배주주지분	1,190	1,513	1,724	1,924	2,165	1,16

기업가치 지표

항목	2012	2013	2014	2015	2016	2017.2Q
주가(최고/저)(천원)	271/123	374/239	351/278	322/278	469/296	—/—
PER(최고/저)(배)	6.9/3.1	8.6/5.5	9.7/7.6	7.6/6.5	9.5/6.0	
PBR(최고/저)(배)	1.6/0.7	1.8/1.1	1.5/1.1	1.1/1.0	1.4/0.9	2.4/0
EV/EBITDA(배)	4.7	5.3	4.6	4.1	5.3	
EPS(원)	3,928	4,329	3,627	4,227	4,842	1,75
BPS(원)	166,110	210,065	242,722	284,671	328,827	51,49
CFPS(원)	46,521	54,447	49,811	56,311	63,511	2,54
DPS(원)			2,500	2,500	5,500	
EBITDAPS(원)	57,122	64,515	59,885	64,962	71,920	2,30

재무 비율   〈단위 : % 〉

연도	영업이익률	순이익률	부채비율	차입금비율	ROA	ROE	유보율	자기자본비율	EBITDA마진율
2016	14.1	12.0	17.7	0.6	14.4	16.9	6,208.0	85.0	17.
2015	13.6	11.3	16.6	0.5	14.3	16.8	5,593.4	85.8	17.
2014	12.2	9.5	18.0	0.4	13.5	16.1	4,754.5	84.7	15.
2013	14.5	11.8	20.6	0.4	18.8	23.0	4,101.3	82.9	17.

미원화학 (A134380)
Miwon Chemicals

업　　종 : 화학	시　　장 : 거래소
신용등급 : (Bond) —　(CP) —	기업규모 : 시가총액 소형주
홈페이지 : www.miwonchemicals.com	연 락 처 : (052)261-7988
본　　사 : 울산시 남구 장생포로 247	

설 립 일	2011.01.03	종 업 원 수	166명	대 표 이 사	정규식
상 장 일	2011.02.15	감사의견	적정 (바른)	계 열	
결 산 기	12월	보 통 주	218만주	종속회사수	
액 면 가	1,000원	우 선 주		구 상 호	

주주구성 (지분율,%)		출자관계 (지분율,%)		주요경쟁사 (외형,%)	
미성통상	29.5	동남합성	14.6	미원화학	100
미원상사우리사주조합	6.6	선광	2.7	동성화인텍	239
(외국인)	5.3	유니온	0.5	동성화학	126

매출구성		비용구성		수출비중	
계면활성제	64.9	매출원가율	78.7	수출	60.0
분화및황산	25.9	판관비율	9.8	내수	40.0
상품등	9.2				

회사 개요

동사는 2011년 2월 미원상사에서 인적분할을 통해 유가증권시장에 신규상장한 기업임. 각종 기능성 화학제품인 고무가황, PCB, 도금약품 등에 사용되는 유황 관련 제품(구황, 분황, 발연황산, 정제황산), 세제원료인 설폰산, 알코올설페이트 제품, 에탄올아민 등 각종 화학상품류를 생산, 판매하고 있음. 국내시장에서 계면활성제 중 설폰산은 20%, 분황 및 황산 중 분말유황은 60%, 정제황산은 70%의 시장점유율을 차지하고 있음.

실적 분석

동사의 2017년 상반기 연결기준 누적매출액은 754.8억원으로 전년동기대비 5.8% 증가함. 비용측면에서 매출원가와 판관비가 각각 10%, 12.1% 상승하면서 매출 확대에도 불구하고 영업이익은 전년동기보다 22.3%에 줄어든 76.6억원을 기록함. 당기순이익도 62.3억원으로 23.4% 감소함. 동사는 2개의 공장과 1개의 사무소에서 해외거래처와 국내대형 요자에게 직접판매하고 있으며, 그 외는 중간 도매상 등을 통해 실수요자에게 판매됨.

현금 흐름		*IFRS 별도 기준	〈단위 : 억원〉
항목	2016	2017.2Q	
영업활동	126	173	
투자활동	-33	-63	
재무활동	-121	-51	
순현금흐름	-28	60	
기말현금	131	191	

시장 대비 수익률

결산 실적					〈단위 : 억원〉	
항목	2012	2013	2014	2015	2016	2017
매출액	1,213	1,442	1,518	1,457	1,399	—
영업이익	89	131	108	137	160	—
당기순이익	78	105	89	118	134	—

분기 실적		*IFRS 별도 기준			〈단위 : 억원〉	
항목	2016.1Q	2016.2Q	2016.3Q	2016.4Q	2017.1Q	2017.2Q
매출액	358	355	345	340	374	381
영업이익	48	51	46	16	39	37
당기순이익	39	42	38	18	31	31

재무 상태		*IFRS 별도 기준			〈단위 : 억원〉	
항목	2012	2013	2014	2015	2016	2017.2Q
총자산	739	821	909	964	982	1,112
유형자산	278	289	330	371	382	406
무형자산	5	6	6	5	4	4
유가증권	139	126	132	145	174	166
총부채	223	207	211	136	99	218
총차입금	74	30	19	10	9	6
자본금	23	23	23	24	24	24
총자본	515	614	698	828	884	894
지배주주지분	515	614	698	828	884	894

기업가치 지표		*IFRS 별도 기준				
항목	2012	2013	2014	2015	2016	2017.2Q
주가(최고/저)(천원)	24.6/20.3	33.0/23.1	36.5/31.0	48.1/33.1	76.6/42.0	—/—
PER(최고/저)(배)	7.7/6.4	7.7/5.4	10.0/8.5	10.0/6.9	13.0/7.1	—/—
PBR(최고/저)(배)	1.2/1.0	1.3/0.9	1.3/1.1	1.4/1.0	2.0/1.1	2.0/1.6
EV/EBITDA(배)	4.6	4.4	4.8	4.8	6.6	
EPS(원)	3,364	4,526	3,826	5,016	5,993	2,836
BPS(원)	22,239	26,331	29,715	35,341	39,838	41,028
CFPS(원)	4,888	6,168	5,512	6,762	8,106	4,031
DPS(원)			400	1,250	1,000	
EBITDAPS(원)	5,371	7,301	6,302	7,576	9,106	4,682

재무 비율								〈단위 : % 〉	
연도	영업이익률	순이익률	부채비율	차입금비율	ROA	ROE	유보율	자기자본비율	EBITDA마진율
2016	11.5	9.8	11.2	1.0	14.1	16.1	3,605.1	90.0	14.9
2015	9.4	8.1	16.4	1.2	12.6	15.4	3,399.0	85.9	12.2
2014	7.1	5.9	30.3	2.8	10.3	13.6	2,871.5	76.8	9.7
2013	9.1	7.3	33.7	4.9	13.5	18.6	2,533.1	74.8	11.7

미창석유공업 (A003650)
Michang Oil Ind

업　　종 : 화학	시　　장 : 거래소
신용등급 : (Bond) —　(CP) —	기업규모 : 시가총액 소형주
홈페이지 : www.michang.co.kr	연 락 처 : (051)403-6441
본　　사 : 부산시 영도구 해양로 241 (동삼동)	

설 립 일	1962.12.27	종 업 원 수	87명	대 표 이 사	유재순
상 장 일	1989.09.27	감사의견	적정 (삼정)	계 열	
결 산 기	12월	보 통 주	174만주	종속회사수	
액 면 가	5,000원	우 선 주		구 상 호	

주주구성 (지분율,%)		출자관계 (지분율,%)		주요경쟁사 (외형,%)	
유재순	28.6	비앤피완	100.0	미창석유	100
최명희	10.5	스타자동차	30.1	경인양행	98
(외국인)	35.4	울산방송	2.0	한국알콜	67

매출구성		비용구성		수출비중	
윤활유(제품)	71.2	매출원가율	88.3	수출	53.0
고무배합유	17.3	판관비율	5.8	내수	47.0
윤활유(상품)	4.2				

회사 개요

동사는 자동차용, 선박용, 산업용 윤활유와 전기절연유, 고무배합유, 유동파라핀 등을 주력으로 생산하며, 일본석유와의 제휴를 바탕으로 향상된 기술력을 보유하고 있음. 생산능력은 총 27만3,600 리터로 국내 윤활유 시장의 8.6%를 점유하고 있음. 소품종 대규모 윤활유를 생산하는 정유사 대비 다품종 소량 생산형태의 사업 구조를 보유해 안정적인 이익 창출이 가능함. 사업 특성상 국제유가 및 환율의 변동에 따라 수익이 유동적임.

실적 분석

동사의 2017년도 상반기 연결기준 누적매출액은 1,580.9억원으로 전년동기 대비 11.6% 증가함. 하지만 유가 상승으로 같은 기간 영업이익은 16.9% 줄어든 74.8억원을 기록함. 비영업손익이 적자전환하면서 당기순이익도 전년동기 대비 74.8% 감소한 58억원에 그침. 국내외업체들의 윤활유 생산 및 매출은 꾸준히 증가 추세임. 동사는 국내윤활유 시장의 경쟁 심화에 따라 특수유 생산에 주력하여 제품의 고급화 및 신제품 개발을 진행하고 있음.

현금 흐름		*IFRS 별도 기준	〈단위 : 억원〉
항목	2016	2017.2Q	
영업활동	286	74	
투자활동	-239	148	
재무활동	-36	-54	
순현금흐름	14	21	
기말현금	178	199	

시장 대비 수익률

결산 실적					〈단위 : 억원〉	
항목	2012	2013	2014	2015	2016	2017
매출액	4,106	3,703	3,557	3,093	2,806	—
영업이익	314	233	185	221	167	—
당기순이익	247	174	160	251	307	—

분기 실적		*IFRS 별도 기준			〈단위 : 억원〉	
항목	2016.1Q	2016.2Q	2016.3Q	2016.4Q	2017.1Q	2017.2Q
매출액	679	737	660	729	819	762
영업이익	37	53	32	45	38	37
당기순이익	179	52	32	45	25	33

재무 상태		*IFRS 별도 기준			〈단위 : 억원〉	
항목	2012	2013	2014	2015	2016	2017.2Q
총자산	2,031	2,069	2,157	2,517	2,802	2,797
유형자산	405	444	455	477	289	290
무형자산						
유가증권	92	81	259	66	185	663
총부채	351	252	214	358	364	348
총차입금	34	16				
자본금	87	87	87	87	87	87
총자본	1,680	1,817	1,943	2,159	2,438	2,449
지배주주지분	1,680	1,817	1,943	2,159	2,438	2,449

기업가치 지표		*IFRS 별도 기준				
항목	2012	2013	2014	2015	2016	2017.2Q
주가(최고/저)(천원)	49.7/39.3	87.2/47.7	73.2/60.0	79.8/63.4	94.6/74.2	—/—
PER(최고/저)(배)	4.1/3.2	9.6/5.3	8.6/7.1	5.8/4.6	5.4/4.3	—/—
PBR(최고/저)(배)	0.6/0.5	0.9/0.5	0.7/0.6	0.7/0.5	0.7/0.5	0.7/0.6
EV/EBITDA(배)	2.6	4.4	4.0	2.7	1.9	
EPS(원)	14,183	10,025	9,188	14,431	17,665	3,331
BPS(원)	96,665	104,559	111,792	124,212	140,278	141,798
CFPS(원)	14,747	10,800	10,399	15,747	19,049	4,026
DPS(원)	2,300	1,900	1,800	2,100	2,200	
EBITDAPS(원)	18,616	14,145	11,826	14,039	10,971	4,995

재무 비율								〈단위 : % 〉	
연도	영업이익률	순이익률	부채비율	차입금비율	ROA	ROE	유보율	자기자본비율	EBITDA마진율
2016	5.9	11.0	14.9	0.0	11.6	13.4	2,705.6	87.0	6.8
2015	7.2	8.1	16.6	0.0	10.7	12.2	2,384.2	85.8	7.9
2014	5.2	4.5	11.0	0.0	7.6	8.5	2,135.8	90.1	5.8
2013	6.3	4.7	13.8	0.9	8.5	10.0	1,991.2	87.8	6.6

미코 (A059090)
MiCo

업 종 : 반도체 및 관련장비		시 장 : KOSDAQ	
신용등급 : (Bond) BB- (CP) —		기업규모 : 중견	
홈페이지 : www.mico.kr		연 락 처 : 031)8056-5500	
본 사 : 경기도 안성시 공단로 100			

설 립 일 1999.07.16	종 업 원 수 301명	대 표 이 사 최성학
상 장 일 2001.12.29	감 사 의 견 적정 (다산)	계 열
결 산 기 12월	보 통 주 3,132만주	종속회사수 9개사
액 면 가 500원	우 선 주	구 상 호 코미코

주주구성 (지분율,%)		출자관계 (지분율,%)		주요경쟁사 (외형,%)	
전선규	16.1	미코로지스	100.0	미코	100
정소영	2.1	미코에스앤피	100.0	오디텍	40
(외국인)	4.2	미코바이오메드	52.2	원팩	25

매출구성		비용구성		수출비중	
Heater, ESC 및 세라믹 부품 외	100.0	매출원가율	55.1	수출	—
		판관비율	31.7	내수	—

회사 개요
1999년 7월에 설립된 동사는 종속회사 10개사를 포함하여 주요 사업으로 부품사업과 세정사업 등을 영위하고 있음. 반도체 및 LCD 장비를 구성하는 부품을 제작하는 부품사업부문과 반도체 및 엘씨디 장비를 구성하는 부품의 세정과 코팅을 영위하는 세정사업부문, 기타사업부문으로는 프로브카드와 센서, 복합단근기, 빈혈측정기 등 의료기기 제작함. 반도체 공정 중 발생하는 미세오염을 제어하는 정밀 세정 사업을 주로 영위함.

실적 분석
동사의 2017년 연결기준 상반기 매출과 영업이익은 각각 860.6억원, 127.2억원으로 전년동기 대비 각각 27.2%, 50.8% 증가함. 당기순이익도 80.6억원으로 두배 이상 증가함. 이는 세라믹 히터와 세라믹 부품(파츠) 수요가 증가하고 주요 계열사 코미코의 세정·코팅사업이 성장한 것이 주원인으로 분석 됨. 해외ODM 공급 및 동사 자체 브랜드(VERI-Q) 공급의 투트랙 전략 등을 통해 해외시장을 개척하며 판로 확대 중.

현금 흐름 〈단위 : 억원〉
항목	2016	2017.2Q
영업활동	107	148
투자활동	-82	-196
재무활동	-37	125
순현금흐름	-10	70
기말현금	287	357

시장 대비 수익률

결산 실적 〈단위 : 억원〉
항목	2012	2013	2014	2015	2016	2017
매출액	1,304	1,236	1,360	1,215	1,410	—
영업이익	104	-141	53	115	186	—
당기순이익	41	-270	4	66	56	—

분기 실적 〈단위 : 억원〉
항목	2016.1Q	2016.2Q	2016.3Q	2016.4Q	2017.1Q	2017.2Q
매출액	315	361	315	418	399	462
영업이익	34	50	28	74	54	74
당기순이익	11	29	-5	22	29	52

재무 상태 〈단위 : 억원〉
항목	2012	2013	2014	2015	2016	2017.2Q
총자산	-	1,555	1,629	1,531	1,597	1,670	1,894
유형자산	896	919	839	820	822	946
무형자산	134	46	46	42	42	52
유가증권	5	3	55	63	51	43
총부채	1,054	1,195	979	947	881	872
총차입금	834	917	703	668	573	524
자본금	120	120	120	130	140	155
총자본	501	434	552	650	789	1,022
지배주주지분	495	397	478	510	603	593

기업가치 지표
항목	2012	2013	2014	2015	2016	2017.2Q
주가(최고/저)(천원)	3.3/1.8	3.2/1.9	2.1/1.5	3.5/1.4	3.8/2.0	—/—
PER(최고/저)(배)	22.5/12.4	—/—	—/—	37.9/15.1	78.1/41.8	—/—
PBR(최고/저)(배)	1.4/0.8	1.9/1.1	1.0/0.7	1.8/0.7	1.7/0.9	2.0/1.5
EV/EBITDA(배)	6.8		6.3	5.5	4.8	—/—
EPS(원)	148	-1,026	-0	93	48	144
BPS(원)	2,361	1,661	2,042	2,003	2,184	1,943
CFPS(원)	491	-585	417	458	361	295
DPS(원)						
EBITDAPS(원)	780	-147	639	821	992	566

재무 비율 〈단위 : % 〉
연도	영업이익률	순이익률	부채비율	차입금비율	ROA	ROE	유보율	자기자본비율	EBITDA마진율
2016	13.2	4.0	111.7	72.6	3.4	2.4	336.8	47.2	19.3
2015	9.5	5.4	145.7	102.7	4.2	4.8	300.6	40.7	17.1
2014	3.9	0.3	177.2	127.2	0.2	0.0	308.5	36.1	11.2
2013	-11.4	-21.8	275.3	211.2	-16.9	-55.0	232.2	26.6	-2.8

미투온 (A201490)
ME2ON CO

업 종 : 게임 소프트웨어		시 장 : KOSDAQ	
신용등급 : (Bond) — (CP) —		기업규모 : 벤처	
홈페이지 : www.me2on.com		연 락 처 : 02)515-2864	
본 사 : 서울시 강남구 학동로31길 12 2층(논현동, 벤처캐슬빌딩)			

설 립 일 2010.05.26	종 업 원 수 62명	대 표 이 사 손창욱
상 장 일 2016.10.10	감 사 의 견 적정 (우리)	계 열
결 산 기 12월	보 통 주 3,101만주	종속회사수 1개사
액 면 가 500원	우 선 주	구 상 호

주주구성 (지분율,%)		출자관계 (지분율,%)		주요경쟁사 (외형,%)	
손창욱	16.2	퍼플캣	62.9	미투온	100
Signeo Limited	13.8	아이플레이엔터테인먼트	50.0	파티게임즈	185
		레이월드	39.5	한빛소프트	180

매출구성		비용구성		수출비중	
게임매출(기타)	100.0	매출원가율	41.5	수출	77.0
		판관비율	40.7	내수	23.0

회사 개요
동사는 소프트웨어 개발과 공급서비스를 주요 목적사업으로 하고 있으며 단일 영업부문으로 구성되어 있음. 주식회사 미투온은 웹/모바일 게임 개발 및 서비스를 , Memoriki Limited는 게임서비스를 수행하고 있음. 동사의 2017년 2분기말 연결대상 종속회사는 Memoriki Holdings Limited, Memoriki Limited, Memoriki China Limited, Offerme2 Limited1 등 총 4개사임.

실적 분석
동사의 2017년 연결기준 2/4분기 누적매출액은 108.2억원으로 전년동기 87.9원 대비 23.1% 증가했음. 외형확대에도 불구하고 매출원가 및 판관비가 전년대비 각각 89.9%, 7.2% 증가함에 따라 영업이익은 전년동기 대비 40.4% 감소한 15.0억원을 시현했음. 이에 따라 당기순이익은 전년동기 대비 31.7% 감소한 18.1억원을 시현하는데 그침.

현금 흐름 〈단위 : 억원〉
항목	2016	2017.2Q
영업활동	18	25
투자활동	-298	-33
재무활동	262	31
순현금흐름	-18	23
기말현금	19	42

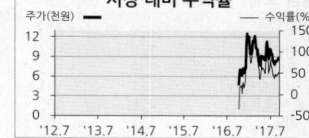
시장 대비 수익률

결산 실적 〈단위 : 억원〉
항목	2012	2013	2014	2015	2016	2017
매출액	26	33	84	168	170	—
영업이익	7	12	11	56	30	—
당기순이익	-230	11	2	51	31	—

분기 실적 〈단위 : 억원〉
항목	2016.1Q	2016.2Q	2016.3Q	2016.4Q	2017.1Q	2017.2Q
매출액	46	42	43	39	45	6
영업이익	15	10	2	3	8	
당기순이익	13	13	1	3	8	1

재무 상태 〈단위 : 억원〉
항목	2012	2013	2014	2015	2016	2017.2Q
총자산	36	48	116	186	473	52
유형자산	1	1	2	3	2	
무형자산			35	32	28	7
유가증권	3				223	21
총부채	5	5	104	31	18	1
총차입금	2		82	2		
자본금	7	38	31	114	151	155
총자본	32	42	12	155	455	50
지배주주지분	32	42	14	155	455	50

기업가치 지표
항목	2012	2013	2014	2015	2016	2017.2Q
주가(최고/저)(천원)	—/—	—/—	—/—	—/—	13.3/4.4	—/—
PER(최고/저)(배)	0.0/0.0	0.0/0.0	0.0/0.0	0.0/0.0	105.4/35.4	—/—
PBR(최고/저)(배)	0.0/0.0	0.0/0.0	0.0/0.0	0.0/0.0	8.8/2.9	7.7/4.1
EV/EBITDA(배)	—		1.8		93.5	—/—
EPS(원)	-2,097	59	11	229	126	6
BPS(원)	2,565	618	247	136	1,510	1,62
CFPS(원)	-30,767	179	82	50	144	6
DPS(원)						
EBITDAPS(원)	1,021	194	204	55	142	5

재무 비율 〈단위 : % 〉
연도	영업이익률	순이익률	부채비율	차입금비율	ROA	ROE	유보율	자기자본비율	EBITDA마진율
2016	17.8	18.2	4.0	0.0	9.4	10.2	202.1	96.1	20.
2015	33.5	30.2	20.3	1.3	33.6	60.3	36.1	83.1	36.
2014	13.5	2.0	일부잠식	일부잠식	—	—	-39.8	10.5	18.
2013	36.5	33.4	13.0	4.7	26.6	30.2	23.7	88.5	38.

민앤지 (A214180)
Minwise

업 종 : IT 서비스　　　　　　　　　시 장 : KOSDAQ
신용등급 : (Bond) —　(CP) —　　　기업규모 : 벤처
홈페이지 : www.minwise.co.kr　　연 락 처 : 02)929-4463
본　　사 : 서울시 강남구 테헤란로34길 6 태광타워 13층

설 립 일	2009.03.25	종 업 원 수	77명	대 표 이 사	이경민,이현철(공동대표이사)
상 장 일	2015.06.30	감사의견	적정(삼일)	계	열
결 산 기	12월	보 통 주	1,189만주	종 속 회 사 수	2개사
액 면 가	500원	우 선 주	159만주	구 상 호	

주주구성 (지분율,%)		출자관계 (지분율,%)		주요경쟁사 (외형,%)	
이경민	26.9	더넥스트씨	55.1	민앤지	100
스틱팬아시아테크놀로지펀드	4.7	코리아오메가프로젝트1호조합	50.0	인성정보	621
(외국인)	17.1	세틀뱅크	42.4	브리지텍	136

매출구성		비용구성		수출비중	
휴대폰번호 도용방지서비스(기타)	64.8	매출원가율	0.0	수 출	0.0
간편결제매니저(기타)	17.2	판관비율	61.0	내 수	100.0
로그인플러스(기타)	13.9				

회사 개요
동사는 2009년 3월 설립되어 개인정보보안 중심의 2차 본인인증서비스를 개발 및 운영하는 것을 주된 사업으로 하고 있으며 이동통신사 부가서비스 형태로 주된 매출이 발생함. 2009년 휴대폰번호도용방지 서비스를 시작으로 로그인플러스, 휴대폰간편로그인(간편결제매니저) 등의 다양한 2차 본인인증서비스를 제공하고 있으며 최근 주식투자노트, 미뮤(MEmu) 등을 서비스하며 생활플랫폼으로 사업영역을 확대중임.

실적 분석
동사의 2017년 2분기 연결기준 매출액은 361.3억원으로 전년대비 116.4% 증가함. 매출 증가에 따라 판관비도 전년대비 165.3% 증가. 영업이익은 전년 동기 대비 48.6% 증가한 103.9억원을 시현. 당기순이익 또한 전년 동기 대비 68.8% 증가한 99.9억원을 기록. 동사의 산업은 외부 인프라 측면에서 인터넷과 이동통신기기의 발달과 동반성장이 필연적인 모바일 비즈니스로 앞으로도 지속되는 성장이 기대됨.

현금 흐름 〈단위 : 억원〉
항목	2016	2017.2Q
영업활동	143	106
투자활동	-330	39
재무활동	230	-3
순현금흐름	43	142
기말현금	339	481

시장 대비 수익률

결산 실적 〈단위 : 억원〉
항목	2012	2013	2014	2015	2016	2017
매출액	—	102	177	266	407	
영업이익	—	23	60	110	159	
당기순이익	—	20	53	88	115	

분기 실적 〈단위 : 억원〉
항목	2016.1Q	2016.2Q	2016.3Q	2016.4Q	2017.1Q	2017.2Q
매출액	80	87	91	149	176	185
영업이익	34	36	39	49	52	52
당기순이익	29	31	31	42	48	52

재무 상태 〈단위 : 억원〉
항목	2012	2013	2014	2015	2016	2017.2Q
총자산		114	183	509	1,608	1,720
유형자산		2	5	6	84	22
무형자산		5	16	50	727	714
유가증권		1		4	147	151
총부채		59	74	39	436	405
총차입금		50	55		51	1
자본금		3	20	29	34	67
총자본		56	109	470	1,172	1,315
지배주주지분		56	109	470	770	891

기업가치 지표
항목	2012	2013	2014	2015	2016	2017.2Q
주가(최고/저)(천원)	—/—	—/—	—/—	43.7/30.2	34.4/26.5	—/—
PER(최고/저)(배)	0.0/0.0	0.0/0.0	0.0/0.0	26.9/18.6	19.1/14.7	3.2/2.2
PBR(최고/저)(배)	0.0/0.0	0.0/0.0	0.0/0.0	5.2/3.6	2.8/2.2	—/—
EV/EBITDA(배)	0.0			12.9	9.9	—/—
EPS(원)	—	232	550	835	916	625
BPS(원)	—	9,261	2,276	8,581	12,504	6,610
CFPS(원)	—	3,915	1,156	1,770	2,102	823
DPS(원)	—			350	450	970
EBITDAPS(원)	—	4,381	1,311	2,188	2,903	

재무 비율 〈단위 : % 〉
연도	영업이익률	순이익률	부채비율	차입금비율	ROA	ROE	유보율	자기자본비율	EBITDA마진율
2016	39.0	28.2	37.2	4.4	10.8	17.8	2,400.8	72.9	43.0
2015	41.3	33.1	8.3	0.0	25.5	30.4	1,616.1	92.3	43.3
2014	34.1	29.9	67.5	50.0	35.6	64.1	446.2	59.7	35.6
2013	22.3	19.8	105.8	89.2			2,122.6	48.6	23.4

바디텍메드 (A206640)
Boditech Med

업 종 : 의료 장비 및 서비스　　　　시 장 : KOSDAQ
신용등급 : (Bond) —　(CP) —　　　기업규모 : 벤처
홈페이지 : www.boditech.co.kr　　연 락 처 : 033)243-1400
본　　사 : 강원도 춘천시 동내면 거두단지 1길 43

설 립 일	2014.09.30	종 업 원 수	285명	대 표 이 사	최의열
상 장 일	2014.12.29	감사의견	적정(안진)	계	열
결 산 기	12월	보 통 주	2,329만주	종 속 회 사 수	5개사
액 면 가	1,000원	우 선 주		구 상 호	엔에이치스팩2호

주주구성 (지분율,%)		출자관계 (지분율,%)		주요경쟁사 (외형,%)	
최의열	21.3	한국디지털병원수출사업협동조합	36.5	바디텍메드	100
김재학	7.7	팍스젠바이오	17.3	차바이오텍	817
	1.8	라메디텍	15.0	인바디	145

매출구성		비용구성		수출비중	
면역진단카트리지	85.6	매출원가율	37.2	수출	97.0
면역진단기기	12.0	판관비율	40.2	내수	3.0
기타매출	2.1				

회사 개요
1998년 설립된 동사는 체외진단 중 현장진단검사(POCT) 분야에 특화된 제조 및 판매사로 5종의 체외진단기기와 29종의 진단시약을 제조, 판매 중. 전체 매출의 60% 이상을 중국 시장에 올리고 있는 동사는 2012년 이후 중국 반응성 단백질(CRP) 시장에서 점유율 1위를 유지하고 있음. 후발 주자와의 격차를 벌이기 위하여 연구개발 경쟁력과 영업력을 갖춘 중국 기업을 인수합병 할 계획을 가지고 있음.

실적 분석
주력 매출처인 중국 매출이 부진하고 법인 설립 및 인허가 비용 부담이 겹쳐 동사의 2017년 2분기기준 누적 매출액은 266.8억원을 기록하였음. 상승한 매출액 대비 비용증가가 높아 전년동기대비 영업이익은 42.7억원으로 -37.2% 크게 하락하였음. 최종적으로 전년동기대비 당기순이익은 크게 하락하여 35.6억원을 기록함. 향후 중국 매출액의 방향에 따라 수익 개선이 진행될 것으로 보임.

현금 흐름 〈단위 : 억원〉
항목	2016	2017.2Q
영업활동	118	30
투자활동	-166	-74
재무활동	14	256
순현금흐름	-34	210
기말현금	130	340

시장 대비 수익률

결산 실적 〈단위 : 억원〉
항목	2012	2013	2014	2015	2016	2017
매출액	181	230	307	398	550	
영업이익	56	55	89	124	124	
당기순이익	55	54	86	-20	123	

분기 실적 〈단위 : 억원〉
항목	2016.1Q	2016.2Q	2016.3Q	2016.4Q	2017.1Q	2017.2Q
매출액	101	157	149	142	133	133
영업이익	26	43	40	16	26	16
당기순이익	31	37	34	21	20	15

재무 상태 〈단위 : 억원〉
항목	2012	2013	2014	2015	2016	2017.2Q
총자산	201	418	485	717	908	1,187
유형자산	39	97	117	197	254	259
무형자산	3	13	18	27	207	214
유가증권	6		0	15	16	37
총부채	23	111	77	122	133	361
총차입금		78	24	33	33	256
자본금	35	36	205	210	212	233
총자본	178	307	408	595	775	826
지배주주지분	178	306	406	594	752	798

기업가치 지표
항목	2012	2013	2014	2015	2016	2017.2Q
주가(최고/저)(천원)	—/—	—/—	39.8/39.8	76.2/26.5	40.8/18.4	—/—
PER(최고/저)(배)	0.0/0.0	0.0/0.0	95.2/95.2	—/—	68.8/31.0	5.8/4.6
PBR(최고/저)(배)	0.0/0.0	0.0/0.0	20.2/20.2	26.7/9.3	11.1/5.0	—/—
EV/EBITDA(배)				54.4	28.9	
EPS(원)	266	253	383	-85	543	165
BPS(원)	2,558	4,143	5,537	288	3,696	3,561
CFPS(원)	942	894	1,330	-2	712	235
DPS(원)					100	
EBITDAPS(원)	960	905	1,370	67	701	253

재무 비율 〈단위 : % 〉
연도	영업이익률	순이익률	부채비율	차입금비율	ROA	ROE	유보율	자기자본비율	EBITDA마진율
2016	22.5	22.4	17.2	4.3	15.2	18.8	269.6	85.4	27.0
2015	31.1	-5.0	20.5	9.4	-3.3	-3.9	187.8	83.0	35.1
2014	29.1	28.0	19.0	5.8	19.0	24.3	102.8	84.1	33.1
2013	23.9	23.4	36.2	25.4			744.1	73.4	27.8

바른손 (A018700)
Barunson

업 종 : 호텔 및 레저	시 장 : KOSDAQ
신용등급 : (Bond) — (CP) —	기업규모 : 중견
홈 페 이 지 : www.barunson.co.kr	연 락 처 : 02)585-0771
본 사 : 경기도 성남시 분당구 판교로 253, 201호(삼평동, 이노밸리A동)	

설 립 일 1985.12.27	종 업 원 수 51명	대 표 이 사 강신범,안은미
상 장 일 1994.03.18	감 사 의 견 적정 (선진)	계 열
결 산 기 03월	보 통 주 1,390만주	종속회사수 4개사
액 면 가 1,000원	우 선 주	구 상 호

주주구성 (지분율,%)		출자관계 (지분율,%)		주요경쟁사 (외형,%)	
바른손이앤에이	20.2	바른손누보	85.2	바른손	100
다날	4.0	바른손크리에이티브	64.0	현대그린푸드	54,678
		바른손홈쿡	57.3	MP그룹	3,280

매출구성		비용구성		수출비중	
외식사업부문(음식 등)	48.2	매출원가율	51.3	수출	0.0
영화사업부문(영화제작 외)	43.2	판관비율	98.7	내수	100.0
기타사업부문(게임개발 및 투자 외)	8.7				

회사 개요
동사는 지난 28년간 다품종의 문구 및 생활제품을 생산하여 온오프라인으로 판매하고 있으며 각종 캐릭터 제품의 개발, 엔터테인먼트, 영화사업을 통해 복합문화 콘텐츠 사업을 영위하고 있다. 지난 2010년 와이즈온을 합병하여 베니건스의 브랜드로 서양식 레스토랑 사업에 진출함. 각 사업부별 매출비중은 2017년 1분기 기준 외식 42%, 영화 46%, 게임사업부문이 12%를 차지함. 2016년보다 외식사업 비중이 줄고 게임사업이 확대됨.

실적 분석
3월 결산법인인 동사의 2017년 1분기(4월 1일~6월 30일) 누적 매출액은 9억원으로 전년동기 (23.8억원) 대비 62% 감소함. 급격한 외형 축소 여파로 영업손실이 8.2억원 발생하며 지난해 기록했던 영업손실 3억원 적자가 지속됨. 전년 32.3억원이었던 동사의 금융이익은 올해는 0.1억원 손실을 기록함. 당기순이익 역시 지난 전년 26.2억원에서 올해 -10.9억원으로 적자전환. 외식사업부의 경쟁력 저하로 외형 회복 난망.

현금 흐름 〈단위 : 억원〉

항목	2016	2017.1Q
영업활동	-65	-3
투자활동	74	-5
재무활동	142	-2
순현금흐름	154	-10
기말현금	162	152

시장 대비 수익률

결산 실적 〈단위 : 억원〉

항목	2012	2013	2014	2015	2016	2017
매출액	642	367	293	46	46	—
영업이익	-129	-74	-103	-5	-23	—
당기순이익	-158	-113	-203	83	-12	—

분기 실적 〈단위 : 억원〉

항목	2015.4Q	2016.1Q	2016.2Q	2016.3Q	2016.4Q	2017.1Q
매출액	-99	24	12	13	-3	9
영업이익	-0	-3	-13	-8	0	-8
당기순이익	100	26	-11	-19	-8	-11

재무 상태 〈단위 : 억원〉

항목	2012	2013	2014	2015	2016	2017.1Q
총자산	602	552	267	290	409	#N/A
유형자산	106	88	46	17	12	#N/A
무형자산	13	8	6	1	26	12
유가증권	60	6	22	188	143	26
총부채	310	301	184	103	46	137
총차입금	166	100	56	32	13	12
자본금	255	317	334	115	139	139
총자본	292	252	83	188	364	347
지배주주지분	307	270	104	210	387	372

기업가치 지표

항목	2012	2013	2014	2015	2016	2017.1Q
주가(최고/저)(천원)	27.8/4.8	6.8/3.7	6.9/3.7	7.9/1.8	15.1/2.6	—/—
PER(최고/저)(배)	—/—	—/—	—/—	10.8/2.5	—/—	—/—
PBR(최고/저)(배)	7.9/1.3	2.7/1.5	7.4/4.0	4.4/1.0	5.4/0.9	3.8/1.2
EV/EBITDA(배)				53.7		—
EPS(원)	-1,751	-1,165	-1,769	729	-28	-71
BPS(원)	1,213	857	317	1,843	2,803	2,689
CFPS(원)	-467	-283	-524	846	33	-59
DPS(원)						
EBITDAPS(원)	-384	-146	-236		-119	-47

재무 비율 〈단위 : %〉

연도	영업이익률	순이익률	부채비율	차입금비율	ROA	ROE	유보율	자기자본비율	EBITDA마진율
2016	-50.1	-26.2	12.5	3.6	-3.5	-1.2	180.3	88.9	-33.1
2015	-10.2	182.4	54.8	17.1	29.9	54.0	84.4	64.6	13.9
2014	-35.3	-69.5	일부잠식	일부잠식	-49.7	-105.7	-68.3	31.0	-26.3
2013	-20.1	-30.8	일부잠식	일부잠식	-19.6	-39.0	-14.3	45.6	-11.2

바른손이앤에이 (A035620)
Barunson Entertainment & Arts

업 종 : 게임 소프트웨어.	시 장 : KOSDAQ
신용등급 : (Bond) — (CP) —	기업규모 : 중견
홈 페 이 지 : www.barunsonena.com	연 락 처 : 070)7609-1404
본 사 : 서울시 강남구 봉은사로 509 수당빌딩4층	

설 립 일 1996.12.20	종 업 원 수 25명	대 표 이 사 윤용기,곽신애
상 장 일 1999.07.29	감 사 의 견 적정 (대주)	계 열
결 산 기 12월	보 통 주 6,784만주	종속회사수 3개사
액 면 가 500원	우 선 주	구 상 호 바른손게임즈

주주구성 (지분율,%)		출자관계 (지분율,%)		주요경쟁사 (외형,%)	
문양권	20.4	스튜디오8	59.8	바른손이앤에이	100
다날	5.7	엔트스튜디오	53.0	액토즈소프트	174
(외국인)	2.3	영화사버들	40.0	액션스퀘어	10

매출구성		비용구성		수출비중	
히트 등	91.0	매출원가율	0.0	수출	90.0
가려진시간	5.3	판관비율	64.0	내수	10.0
라스트카오스	1.7				

회사 개요
2010년 6월 엔터테인먼트사업부를 분할하여 현재는 온라인 및 모바일게임을 개발, 배급하는 사업을 영위하고 있음. 매출 구성은 2015년 11월 출시한 모바일 게임 '히트'가 72.37%로 가장 크고, 라스트카오스 4.86%, 라그하임 3.26% 등임. 라스트카오스는 지난 2월 국내 서비스가 종료됨. 최근에는 빠르게 변화하는 게임 시장의 트렌드에 맞춰 신규 성장 동력으로 각광받는 스마트폰 기반 모바일 게임 개발에 집중하고 있음.

실적 분석
유럽, 미국 등 전세계 경제위기와 시장 내 경쟁심화로 인해 선진국들의 게임 콘텐츠 소비가 주춤한 가운데 동사의 2017년 2분기기준 누적 매출액은 전년동기대비 -7% 하락한 178.6억원을 기록하였음. 이런 매출액 하락 등에 의해 전년동기대비 영업이익은 27.7억원으로 -40.9% 크게 하락하였음. 향후 소비 중심이 인도, 브라질, 중남미 등으로 옮겨갈 것으로 보이며 이를 기반한 성장으로 수익 개선이 기대됨.

현금 흐름 〈단위 : 억원〉

항목	2016	2017.2Q
영업활동	173	166
투자활동	-146	82
재무활동	137	100
순현금흐름	147	348
기말현금	153	500

시장 대비 수익률

결산 실적 〈단위 : 억원〉

항목	2012	2013	2014	2015	2016	2017
매출액	65	41	21	157	417	—
영업이익	-27	-51	-68	38	150	—
당기순이익	64	-82	-240	-5	334	—

분기 실적 〈단위 : 억원〉

항목	2016.1Q	2016.2Q	2016.3Q	2016.4Q	2017.1Q	2017.2Q
매출액	125	67	100	125	108	7
영업이익	35	11	43	60	50	-2
당기순이익	26	244	55	9	64	-3

재무 상태 〈단위 : 억원〉

항목	2012	2013	2014	2015	2016	2017.2Q
총자산	415	437	344	478	688	1,10
유형자산	31	50	35	20	26	1
무형자산	180	191	138	253	262	35
유가증권	30	26	30	3	5	
총부채	99	177	137	183	235	41
총차입금	19	91	69	110	145	24
자본금	166	171	304	330	335	33
총자본	316	261	207	295	452	69
지배주주지분	286	235	187	246	327	44

기업가치 지표

항목	2012	2013	2014	2015	2016	2017.2Q
주가(최고/저)(천원)	4.0/1.4	2.5/0.9	2.5/0.4	5.2/1.0	3.9/2.1	—/—
PER(최고/저)(배)	32.2/11.6	—/—	—/—	9.0/4.9	—/—	—/—
PBR(최고/저)(배)	4.9/1.8	3.8/1.4	6.8/1.2	12.3/2.3	7.2/3.9	4.4/3.
EV/EBITDA(배)				43.9	11.8	—/
EPS(원)	123	-194	-497	-48	426	6
BPS(원)	958	779	359	419	535	71
CFPS(원)	176	-177	-476	-39	442	6
DPS(원)						
EBITDAPS(원)	-54	-100	-124	67	241	4

재무 비율 〈단위 : %〉

연도	영업이익률	순이익률	부채비율	차입금비율	ROA	ROE	유보율	자기자본비율	EBITDA마진율
2016	36.0	80.3	52.1	32.1	57.3	99.0	7.0	65.8	38.5
2015	24.2	-2.9	일부잠식	일부잠식	-1.1	-14.5	-16.2	61.7	27.9
2014	-325.3	-1,141.3	일부잠식	일부잠식	-61.5	-111.0	-28.3	60.1	-277.3
2013	-126.3	-200.3	67.8	34.9	-19.1	-29.7	55.8	59.6	-82.5

바른전자 (A064520)
Barun Electronics

업 종 : 반도체 및 관련장비	시 장 : KOSDAQ
신용등급 : (Bond) — (CP) —	기업규모 : 중견
홈 페 이 지 : www.bec.co.kr	연 락 처 : 031)8020-6000
본 사 : 경기도 화성시 동탄면 경기동로 548	

설 립 일 1998.02.17	종 업 원 수 364명	대 표 이 사 김태섭	
상 장 일 2002.11.30	감 사 의 견 적정 (현대)	계 열	
결 산 기 12월	보 통 주 6,569만주	종속회사수 1개사	
액 면 가 500원	우 선 주 —	구 상 호	

주주구성 (지분율,%)		출자관계 (지분율,%)		주요경쟁사 (외형,%)	
김태섭	5.4	바른테크놀로지	3.4	바른전자	100
케이디씨	4.1	바른전자강소	100.0	피에스케이	68
(외국인)	1.0			덕산하이메탈	18

매출구성		비용구성		수출비중	
반도체 Sensor,메모리카드,COB USB	98.3	매출원가율	92.7	수출	75.0
WiFi, Bluetooth, BLE 관련 Module	1.8	판관비율	6.3	내수	25.0

회사 개요
동사는 1998년 설립된 종합반도체 전문업체로 반도체 후공정 제조부문인 SIP(system in a package)사업과 사물인터넷 장비 제조업을 영위하고 있음. 동사는 반도체 후공정 제조로 SD메모리카드, USB메모리, SSD 등을 제조하고 있고, 근거리/장거리 무선통신 장비를 생산함. 동사는 2015년부터 사물인터넷 분야에서 미아방지용, 피트니스용 스마트밴드, 스마트슈즈 등 웨어러블 디바이스를 출시해 판매하고 있음.

실적 분석
동사는 2017년 상반기 누적 매출액이 1051.6억원으로 전년 동기 대비 7.7% 감소했고, 영업손실은 2.8억원으로 전년 동기 15.4억원 흑자에서 적자전환함. 동사는 신사업인 웨어러블 디바이스 부문에서 판매량(상반기 30억원)이 증가하고 있으나, 기존 주력 사업부문인 메모리카드, 반도체 센서 부문의 매출이 부진했음. 동사는 매출 감소폭에 비해 매출원가가 적게 줄어 원가율이 올라갔음. 비영업손실 14.1억원, 당기순손실 14.6억원을 기록함

현금 흐름		〈단위 : 억원〉
항목	2016	2017.2Q
영업활동	-107	2
투자활동	-21	-14
재무활동	78	-17
순현금흐름	-49	-32
기말현금	96	64

시장 대비 수익률

결산 실적					〈단위 : 억원〉	
항목	2012	2013	2014	2015	2016	2017
매출액	2,091	2,320	1,986	2,255	2,416	—
영업이익	101	75	95	56	24	—
당기순이익	-73	30	11	43	17	—

분기 실적					〈단위 : 억원〉	
항목	2016.1Q	2016.2Q	2016.3Q	2016.4Q	2017.1Q	2017.2Q
매출액	605	609	616	586	620	432
영업이익	11	10	6	-3	6	-9
당기순이익	3	5	-6	15	-9	-6

재무 상태					〈단위 : 억원〉	
항목	2012	2013	2014	2015	2016	2017.2Q
총자산	905	1,005	1,061	1,224	1,248	1,227
유형자산	352	368	399	396	384	368
무형자산	14	15	20	21	27	24
유가증권	25	24	11	22	17	16
총부채	715	785	743	654	602	591
총차입금	529	548	483	404	420	396
자본금	178	178	199	291	324	328
총자본	190	220	318	570	646	636
지배주주지분	190	220	318	570	646	636

기업가치 지표						
항목	2012	2013	2014	2015	2016	2017.2Q
주가(최고/저)(천원)	1.7/0.9	1.8/1.1	1.5/1.0	5.2/1.1	3.9/1.4	—/—
PER(최고/저)(배)	—/—	21.1/12.9	50.1/33.2	60.9/13.1	152.5/56.1	—/—
PBR(최고/저)(배)	3.2/1.7	2.9/1.8	1.9/1.3	5.3/1.1	4.0/1.5	2.3/1.8
EV/EBITDA(배)	6.1	7.1	5.4	16.9	15.6	
EPS(원)	-204	84	30	85	26	-22
BPS(원)	534	620	799	980	996	969
CFPS(원)	-60	249	203	217	121	20
DPS(원)						
EBITDAPS(원)	428	375	425	243	133	38

재무 비율								〈단위 : % 〉
연도	영업이익률	순이익률	부채비율	차입금비율	ROA	ROE	유보율	자기자본비율	EBITDA마진율
2016	1.0	0.7	93.2	65.0	1.4	2.7	99.1	51.8	3.5
2015	2.5	1.9	114.7	70.8	3.8	9.7	96.1	46.6	5.5
2014	4.8	0.6	233.5	151.9	1.1	4.3	59.8	30.0	8.1
2013	3.2	1.3	356.0	248.6	3.1	14.6	24.0	21.9	5.8

바른테크놀로지 (A029480)
BARUN Technology

업 종 : IT 서비스	시 장 : KOSDAQ
신용등급 : (Bond) — (CP) —	기업규모 : 중견
홈 페 이 지 : www.baruntechnology.co.kr	연 락 처 : 02)3459-0500
본 사 : 서울시 강남구 강남대로 262, 18층(도곡동, 캠코양재타워)	

설 립 일 1972.07.25	종 업 원 수 112명	대 표 이 사 김동섭	
상 장 일 1996.08.27	감 사 의 견 적정 (광교)	계 열	
결 산 기 12월	보 통 주 2,320만주	종속회사수	
액 면 가 500원	우 선 주 —	구 상 호 케이디씨	

주주구성 (지분율,%)		출자관계 (지분율,%)		주요경쟁사 (외형,%)	
케이디씨네트웍스	3.9	아이스테이션	21.0	바른테크놀로지	100
바른전자	3.4	MasterImage3DInc	13.9	쌍용정보통신	831
(외국인)	0.9	캄텔코리아	8.6	케이엘넷	133

매출구성		비용구성		수출비중	
제품매출	64.1	매출원가율	82.3	수출	0.0
유지보수	21.0	판관비율	12.8	내수	100.0
장비임대	14.1				

회사 개요
동사는 3D 입체영상사업을 영위하는 업체로 극장용 디지털입체영상시스템 및 편광안경, 무안경식 3D 패널, 디지털스페이스사업 등을 주요 사업으로 하고 있으며, NI(Network Integration)/ SI(System Integration) 사업의 Network Consulting, 기획, 설계, 구축, 감리, 유지보수 등을 제공하고 있음. 리어스코프를 연결대상 종속회사로 보유 중임.

실적 분석
동사의 2017년 상반기 연결기준 누적 매출액은 83억원으로 전년 동기 대비 31.3% 감소함. 매출이 줄면서 매출원가도 줄었지만 판매비와 관리비는 오히려 증가해 영업손실은 3억원으로 전년 동기 대비 적자전환함. 비영업손익 부문에서도 금융과 외환 등에서 손실이 계속되면서 당기순손실은 7.2억원으로 적자전환함. 매출이 큰 폭으로 감소하면서 수익성 또한 악화되고 있음.

현금 흐름	*IFRS 별도 기준	〈단위 : 억원〉
항목	2016	2017.2Q
영업활동	2	-2
투자활동	-30	-48
재무활동	71	-0
순현금흐름	42	-50
기말현금	54	4

시장 대비 수익률

결산 실적					〈단위 : 억원〉	
항목	2012	2013	2014	2015	2016	2017
매출액	412	205	384	176	264	—
영업이익	-58	-139	14	-6	13	—
당기순이익	-107	-287	-9	-27	1	—

분기 실적	*IFRS 별도 기준				〈단위 : 억원〉	
항목	2016.1Q	2016.2Q	2016.3Q	2016.4Q	2017.1Q	2017.2Q
매출액	64	57	67	77	50	33
영업이익	3	3	4	4	-2	-1
당기순이익	1	3	0	-3	-5	-2

재무 상태	*IFRS 별도 기준				〈단위 : 억원〉	
항목	2012	2013	2014	2015	2016	2017.2Q
총자산	602	354	279	211	291	264
유형자산	123	110	87	81	81	79
무형자산	8	2	2	2	1	1
유가증권	133	53	37	23	15	15
총부채	236	266	194	134	210	182
총차입금	170	150	117	75	144	134
자본금	65	94	94	113	113	116
총자본	365	88	85	77	81	82
지배주주지분	365	88	85	77	81	82

기업가치 지표	*IFRS 별도 기준					
항목	2012	2013	2014	2015	2016	2017.2Q
주가(최고/저)(천원)	15.7/1.7	3.2/1.1	2.6/0.6	2.8/0.8	4.0/1.4	—/—
PER(최고/저)(배)	—/—	—/—	—/—	—/—	948.3/330.3	—/—
PBR(최고/저)(배)	5.3/0.6	5.7/2.0	5.5/1.2	7.9/2.2	11.0/3.8	5.1/3.7
EV/EBITDA(배)			8.3	282.9	23.0	
EPS(원)	-1,178	-1,853	-46	-121	4	-31
BPS(원)	2,960	560	461	352	365	363
CFPS(원)	-963	-1,710	31	-85	30	-19
DPS(원)						
EBITDAPS(원)	-223	-754	152		84	-1

재무 비율								〈단위 : % 〉
연도	영업이익률	순이익률	부채비율	차입금비율	ROA	ROE	유보율	자기자본비율	EBITDA마진율
2016	4.9	0.4	일부잠식	일부잠식	0.4	1.2	-26.9	27.7	7.1
2015	-3.5	-15.5	일부잠식	일부잠식	-11.1	-33.6	-29.7	36.7	1.1
2014	3.7	-2.2	일부잠식	일부잠식	-2.7	-9.9	-7.8	30.5	7.5
2013	-67.7	-139.9	일부잠식	일부잠식	-63.0	-150.0	12.0	24.8	-56.9

바이넥스 (A053030)
BinexCo

업　　　종 : 제약　　　　　　　시　　　장 : KOSDAQ
신용등급 : (Bond) —　(CP) —　기업규모 : 중견
홈페이지 : www.bi-nex.com　　연 락 처 : 051)261-6611
본　　　사 : 부산시 사하구 다대로 368-3

설 립 일	1985.06.05	종업원수	391명	대표이사	이혁종
상 장 일	2001.07.25	감사의견	적정 (삼덕)	계　열	
결 산 기	12월	보 통 주	3,131만주	종속회사수	1개사
액 면 가	500원	우 선 주		구 상 호	

주주구성 (지분율,%)		출자관계 (지분율,%)		주요경쟁사 (외형,%)	
바이넥스홀딩스	8.7	라이노스자산운용	55.0	바이넥스	100
	3.8	바이젠	50.0	JW홀딩스	834
(외국인)	6.5	제넨메드	23.4	아미코젠	84

매출구성		비용구성		수출비중	
소화정장 생균제 외	34.6	매출원가율	63.1	수출	1.0
바이오의약품 위탁생산	25.6	판관비율	39.1	내수	99.0
점안제	18.1				

회사 개요
동사는 의약품 생산 및 생산품의 판매, 최근 제약산업의 신성장동력으로 주목을 받고 있는 바이오의약품의 연구개발, 바이오의약품 생산대행을 하는 CDMO 사업을 주된 목적사업으로 영위. 따라서 동사의 사업영역은 의약품 제조 및 판매 사업부문과 바이오의약품의 위탁생산 및 연구개발 위탁 사업, 세포조직공학연구소를 기반으로한 셀뱅크 사업의 세 부문으로 구분할 수 있으며, 의약품 제조 및 판매 사업부문의 매출이 약 70%를 차지함.

실적 분석
2017년 반기 매출액은 주력 사업부문에서 작지만 성장세를 시현하여 전년동기 대비 0.8% 증가한 406.3억원을 기록하였으나, 급격한 원가율 상승 여파로 33.9억원의 영업손실 시현하며 적자 전환된 모습. 비영업수지 또한 악화되어 당기순이익 또한 전년동기 대비 손실폭 확대된 52억원의 순손실 시현함. 바이오부문의 시장 확대를 위해 바이오시밀러 시장 진출 및 바이오 의약품 기술 개발에 역량을 집중하고 있음.

현금 흐름　〈단위 : 억원〉

항목	2016	2017.2Q
영업활동	47	63
투자활동	-124	-18
재무활동	20	9
순현금흐름	-56	54
기말현금	65	119

시장 대비 수익률

주가(천원) — 　수익률(%) —

결산 실적　〈단위 : 억원〉

항목	2012	2013	2014	2015	2016	2017
매출액	551	573	576	665	821	—
영업이익	2	-60	18	31	-18	—
당기순이익	-78	-42	99	-93	-29	—

분기 실적　〈단위 : 억원〉

항목	2016.1Q	2016.2Q	2016.3Q	2016.4Q	2017.1Q	2017.2Q
매출액	206	197	215	203	212	194
영업이익	6	4	-5	-24	3	-37
당기순이익	2	-3	-6	-23	3	-55

재무 상태　〈단위 : 억원〉

항목	2012	2013	2014	2015	2016	2017.2Q
총자산	1,438	1,223	1,287	1,761	1,771	1,738
유형자산	302	305	310	933	939	931
무형자산	328	293	253	174	123	108
유가증권	140	124	36	12	119	126
총부채	519	248	176	320	353	366
총차입금	417	166	104	240	266	287
자본금	119	128	133	155	156	157
총자본	919	974	1,111	1,441	1,418	1,372
지배주주지분	900	968	1,111	1,441	1,405	1,361

기업가치 지표

항목	2012	2013	2014	2015	2016	2017.2Q
주가(최고/저)(천원)	10.6/4.5	8.4/4.6	10.8/5.4	26.1/8.4	24.0/15.1	—/—
PER(최고/저)(배)	—/—	—/—	28.0/14.1	—/—	—/—	—/—
PBR(최고/저)(배)	2.8/1.2	2.2/1.2	2.5/1.3	5.6/1.8	5.2/3.3	3.8/2.4
EV/EBITDA(배)	32.9		26.3	54.2	87.7	
EPS(원)	-338	-167	384	-311	-96	-159
BPS(원)	3,847	3,841	4,265	4,702	4,630	4,487
CFPS(원)	-162	77	624	-99	163	-15
DPS(원)						
EBITDAPS(원)	185	-2	309	316	201	35

재무 비율　〈단위 : % 〉

연도	영업이익률	순이익률	부채비율	차입금비율	ROA	ROE	유보율	자기자본비율	EBITDA마진율
2016	-2.2	-3.6	24.9	18.8	-1.7	-2.1	826.0	80.1	7.6
2015	4.6	-14.0	22.2	16.6	-6.1	-7.3	840.3	81.9	14.2
2014	3.1	17.2	15.8	9.4	7.9	9.5	752.9	86.3	13.9
2013	-10.5	-7.3	25.5	17.1	-3.2	-4.4	668.3	79.7	-0.1

바이로메드 (A084990)
ViroMed

업　　　종 : 바이오　　　　　　시　　　장 : KOSDAQ
신용등급 : (Bond) —　(CP) —　기업규모 : 신성장
홈페이지 : www.viromed.co.kr　연 락 처 : 02)2102-7200
본　　　사 : 서울시 관악구 관악로1 서울대학교 자연과학대학 기초과학연구동 203동

설 립 일	1996.11.21	종업원수	65명	대표이사	김용수
상 장 일	2005.12.29	감사의견	적정 (이정)	계　열	
결 산 기	12월	보 통 주	1,596만주	종속회사수	
액 면 가	500원	우 선 주		구 상 호	

주주구성 (지분율,%)		출자관계 (지분율,%)		주요경쟁사 (외형,%)	
김선영	10.8			바이로메드	100
미래에셋자산운용투자자문	4.4			셀트리온	9,798
(외국인)	3.9			제넥신	166

매출구성		비용구성		수출비중	
VM202	51.0	매출원가율	7.9	수출	0.0
PG201	25.2	판관비율	87.6	내수	100.0
천연물	19.2				

회사 개요
1996년 서울대학교 최초 학내 벤처 기업으로 설립된 동사는 유전자 기반 바이오의약품과 천연물 신약 개발을 목표로 하고 있음. 현재까지 건강기능식품 매출과 신약 후보 물질의 조기 기술 수출을 통해 신약 개발 관련 비용을 충당해 오고 있음. 현재 임상 2상을 진행 중인 VM202 등의 임상 결과가 올해는 가시화되어 기술이전 논의가 활발히 이루어질 것으로 보여짐. 그외 바이오베터, 천연물신약도 다양한 파이프라인을 보유하고 있음.

실적 분석
동사의 2017년 상반기 누적매출은 14.2억원으로 전년동기 대비 60% 감소함. 매출 부진에 비용측면에서는 매출원가와 판관비가 상승하면서 영업손실 19.2억원을 기록하며 적자전환함. 당기순손실도 9.6억원으로 적자전환함. 바이오의약품 사업의 경우 출시된 제품은 없으나 혈소판 감소증 치료제, 항암 유전자 치료제 등 다수의 임상개발단계 제품을 보유하고 있으며, 향후 기술료 수입과 연구용역 수입으로 매출 증대가 기대됨.

현금 흐름　*IFRS 별도 기준　〈단위 : 억원〉

항목	2016	2017.2Q
영업활동	-3	-1
투자활동	-1,515	-5
재무활동	1,566	71
순현금흐름	50	65
기말현금	60	124

시장 대비 수익률
주가(천원) — 　수익률(%) —

결산 실적　〈단위 : 억원〉

항목	2012	2013	2014	2015	2016	2017
매출액	39	57	61	77	68	—
영업이익	-17	4	2	11	3	—
당기순이익	-46	4	1	3	6	—

분기 실적　*IFRS 별도 기준　〈단위 : 억원〉

항목	2016.1Q	2016.2Q	2016.3Q	2016.4Q	2017.1Q	2017.2Q
매출액	5	30	17	16	4	10
영업이익	-10	14	1	-1	-13	-7
당기순이익	-8	16	2	-5	-11	2

재무 상태　*IFRS 별도 기준　〈단위 : 억원〉

항목	2012	2013	2014	2015	2016	2017.2Q
총자산	680	696	704	706	2,275	2,340
유형자산	6	6	5	5	78	153
무형자산	450	491	533	600	749	907
유가증권	91	65	52	24	362	242
총부채	35	27	33	34	71	145
총차입금	21	10	12	10	47	117
자본금	69	71	71	71	80	80
총자본	644	670	671	672	2,204	2,195
지배주주지분	644	670	671	672	2,204	2,195

기업가치 지표　*IFRS 별도 기준

항목	2012	2013	2014	2015	2016	2017.2Q
주가(최고/저)(천원)	34.3/12.1	43.7/24.6	60.5/38.5	212/47.1	207/87.5	—/—
PER(최고/저)(배)	—/—	2,351.3/1,325.2	5,484.7/3,494.3	11,879.0/2,636.7	5,535.3/2,343.4	—/—
PBR(최고/저)(배)	7.5/2.7	9.4/5.3	13.0/8.3	45.4/10.1	15.0/6.3	8.4/6.2
EV/EBITDA(배)		576.9	917.2	1,620.6	2,633.4	
EPS(원)	-335	19	11	18	37	-60
BPS(원)	4,638	4,717	4,724	4,733	13,815	13,755
CFPS(원)	-280	59	51	56	58	-51
DPS(원)						
EBITDAPS(원)	-63	67	57	113	42	-110

재무 비율　〈단위 : % 〉

연도	영업이익률	순이익률	부채비율	차입금비율	ROA	ROE	유보율	자기자본비율	EBITDA마진율
2016	4.4	8.0	3.2	2.1	0.4	0.4	2,663.0	96.9	9.0
2015	13.9	3.3	5.1	1.5	0.4	0.4	846.6	95.2	20.9
2014	3.0	2.6	4.9	1.8	0.2	0.2	844.7	95.3	13.1
2013	6.6	4.6	4.0	1.5	0.4	0.4	843.4	96.2	16.5

ㅂ

바이오니아 (A064550)
BIONEER

업   종 : 바이오
신용등급 : (Bond) —   (CP) —
홈페이지 : www.bioneer.co.kr
본   사 : 대전시 대덕구 문평서로 8-11

시   장 : KOSDAQ
기업규모 : 신성장
연 락 처 : 042)936-8500

설 립 일	1992.08.28	종 업 원 수	343명	대 표 이 사	박한오
상 장 일	2005.12.29	감 사 의 견	적정 (우리)	계 열	
결 산 기	12월	보 통 주	2,062만주	종 속 회 사 수	3개사
액 면 가	500원	우 선 주		구 상 호	

주주구성 (지분율,%)		출자관계 (지분율,%)		주요경쟁사 (외형,%)	
박한오	17.1	바이오니아	100		
유한양행	6.4	이수앱지스	88		
(외국인)	2.4	녹십자엠에스	397		

매출구성		비용구성		수출비중	
올리고DNA/RNA 및 유전자 시약(제품)	80.1	매출원가율	46.8	수출	24.0
생명공학연구용 장비 및 소모품(상품)	16.7	판관비율	108.7	내수	76.0
유전자분석 및 진단 장비(제품)	3.2				

회사 개요
동사는 1992년 국내 바이오벤처1호로 창업한 이래 연매출액의 30% 이상을 연구개발비로 투자한 유전자 기술전문기업임. 국내 최초로 올리고DNA/RNA와 PCR용 효소를 국산화했음. 올리고DNA/RNA 및 유전자 시약, 분자진단키트가 매출의 84.4%를 차지하고, 유전자 분석 및 진단장비가 2.7%, 생명공학연구용 장비가 12.9%임. DNA 합성 분야에서 기초원료부터 초고속 DNA자동합성 시스템 장비까지 자체 개발해 프로세스를 운영 중임.

실적 분석
동사의 2017년 2분기기준 누적 매출액은 전년동기대비 12.4% 상승한 114.2억원을 기록하였음. 비용면에서 전년동기대비 매출원가는 증가 하였으며 인건비도 증가, 광고선전비는 감소 하였고 기타판매비와관리비는 증가함. 그에 따라 전년동기대비 영업이익은 -23.3억원으로 적자지속 이지만 그 폭을 줄여가고 있음. 최종적으로 전년동기대비 당기순이익은 적자지속하여 -38.4억원을 기록함.

현금 흐름 〈단위 : 억원〉
항목	2016	2017.2Q
영업활동	-25	-3
투자활동	-83	0
재무활동	45	131
순현금흐름	-62	128
기말현금	29	157

시장 대비 수익률

결산 실적 〈단위 : 억원〉
항목	2012	2013	2014	2015	2016	2017
매출액	205	239	179	208	217	—
영업이익	-43	-36	-86	-37	-120	—
당기순이익	-80	-72	-136	-54	-144	—

분기 실적 〈단위 : 억원〉
항목	2016.1Q	2016.2Q	2016.3Q	2016.4Q	2017.1Q	2017.2Q
매출액	45	57	51	65	59	56
영업이익	-24	-31	-39	-27	-8	-16
당기순이익	-29	-40	-59	-17	-25	-13

재무 상태 〈단위 : 억원〉
항목	2012	2013	2014	2015	2016	2017.2Q
총자산	681	699	674	720	637	742
유형자산	239	216	201	189	198	195
무형자산	173	176	191	200	198	197
유가증권	1	1	1	1	1	1
총부채	367	404	372	375	376	340
총차입금	276	297	264	257	249	206
자본금	63	65	70	77	81	103
총자본	314	295	302	345	261	402
지배주주지분	314	295	302	345	261	402

기업가치 지표
항목	2012	2013	2014	2015	2016	2017.2Q
주가(최고/저)(천원)	9.7/4.0	24.6/9.8	17.0/7.0	13.7/7.0	14.3/7.4	—/—
PER(최고/저)(배)	—/—	—/—	—/—	—/—	—/—	—/—
PBR(최고/저)(배)	3.6/1.5	10.1/4.0	7.3/3.0	5.7/2.9	8.2/4.2	3.7/2.3
EV/EBITDA(배)		289.6				
EPS(원)	-640	-564	-992	-374	-927	-237
BPS(원)	2,506	2,271	2,155	2,251	1,620	1,950
CFPS(원)	-300	-230	-750	-149	-640	-106
DPS(원)						
EBITDAPS(원)	-7	46	-390	-29	-488	-13

재무 비율 〈단위 : %〉
연도	영업이익률	순이익률	부채비율	차입금비율	ROA	ROE	유보율	자기자본비율	EBITDA마진율
2016	-55.5	-66.4	144.0	95.3	-21.3	-47.6	223.9	41.0	-34.9
2015	-17.5	-25.8	108.5	74.5	-7.7	-16.6	350.2	48.0	-2.0
2014	-48.4	-76.0	123.0	87.3	-19.8	-45.4	331.1	44.8	-29.9
2013	-15.3	-29.9	136.8	100.7	-10.4	-23.5	354.2	42.2	2.5

바이오로그디바이스 (A208710)
BIOLOG DEVICE

업   종 : 휴대폰 및 관련부품
신용등급 : (Bond) —   (CP) —
홈페이지 : www.biologdevice.com
본   사 : 경기도 화성시 동탄면 동탄기흥로 64-10,3층

시   장 : KOSDAQ
기업규모 : 벤처
연 락 처 : 031)831-3696

설 립 일	2014.10.23	종 업 원 수	41명	대 표 이 사	이재선,윤형진
상 장 일	2014.12.24	감 사 의 견	적정 (대주)	계 열	
결 산 기	12월	보 통 주	2,740만주	종 속 회 사 수	4개사
액 면 가	100원	우 선 주		구 상 호	교보3호스팩

주주구성 (지분율,%)		출자관계 (지분율,%)		주요경쟁사 (외형,%)	
이재선	14.9	비엘디	100.0	바이오로그디바이스	100
이승희	6.6	비앤에스코리아	50.0	디지탈옵틱	93
(외국인)	1.3	센비스	3.0	텔루스	58

매출구성		비용구성		수출비중	
OIS	50.8	매출원가율	76.9	수출	100.0
AF	33.3	판관비율	11.7	내수	0.0
기타매출	8.0				

회사 개요
동사는 천진보리달전자가 전신으로 2008년에 설립되어, 사업 초기에 모바일 디바이스에 탑재되는 배터리의 PCM SMT를 주로 수행함. ISM 임가공과 VCM 제조 등 카메라 모듈 제품의 풍부한 양산 경험을 바탕으로 신사업 분야 발굴 및 신제품 개발에 투자를 진행하고 있음. 사물인터넷 환경에 기반한 IoT용 소형 휴대용 카메라 및 서비스 플랫폼 개발을 진행하고 있고, 지문인식센서 개발에도 회사 연구 역량을 집중하고 있음.

실적 분석
동사의 2017년 2분기 연결기준 누적 매출액은 352.5억원으로 전년동기 대비 10.3% 증가함. OIS부품이 적용된 모델 증가와 최종 수요고객의 다변화로 해당 품목의 판매가 증가했으나, 기존사업부문인 ISM 모듈의 판매가 크게 감소함. 이에 따라 영업이익은 전년동기 대비 27.8% 감소한 37.0억원을 시현. 중국천진법인을 활용한 영업활동강화 전략을 세우고 있음.

현금 흐름 〈단위 : 억원〉
항목	2016	2017.2Q
영업활동	16	12
투자활동	-98	-59
재무활동	-15	129
순현금흐름	-90	76
기말현금	24	100

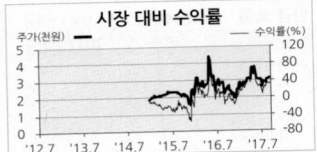
시장 대비 수익률

결산 실적 〈단위 : 억원〉
항목	2012	2013	2014	2015	2016	2017
매출액	83	401	397	449	686	—
영업이익	17	64	74	57	78	—
당기순이익	14	57	55	35	65	—

분기 실적 〈단위 : 억원〉
항목	2016.1Q	2016.2Q	2016.3Q	2016.4Q	2017.1Q	2017.2Q
매출액	174	145	153	213	160	193
영업이익	36	15	13	14	16	21
당기순이익	28	13	1	1	3	20

재무 상태 〈단위 : 억원〉
항목	2012	2013	2014	2015	2016	2017.2Q
총자산	55	125	316	424	526	633
유형자산	—	23	106	230	230	243
무형자산	—	2	11	11	11	11
유가증권					1	1
총부채	40	48	185	135	160	216
총차입금	7	5	87	74	48	119
자본금	1	1	1	26	27	27
총자본	15	77	131	289	366	417
지배주주지분	15	72	131	289	366	417

기업가치 지표
항목	2012	2013	2014	2015	2016	2017.2Q
주가(최고/저)(천원)	—/—	—/—	1.9/1.9	3.0/1.5	4.5/1.9	—/—
PER(최고/저)(배)	0.0/0.0	0.0/0.0	2.8/2.8	15.1/7.6	18.8/8.0	—/—
PBR(최고/저)(배)	0.0/0.0	0.0/0.0	1.2/1.2	2.6/1.3	3.3/1.4	2.6/1.6
EV/EBITDA(배)	0.4		2.0	6.0	5.6	
EPS(원)	168	677	671	198	237	78
BPS(원)	75,016	362,251	654,837	1,145	1,349	1,535
CFPS(원)	70,016	314,720	370,533	351	407	178
DPS(원)						
EBITDAPS(원)	85,368	353,035	460,308	473	455	236

재무 비율 〈단위 : %〉
연도	영업이익률	순이익률	부채비율	차입금비율	ROA	ROE	유보율	자기자본비율	EBITDA마진율
2016	11.4	9.5	43.8	13.2	13.7	19.9	1,248.6	69.6	18.2
2015	12.8	7.9	46.8	25.6	9.6	16.9	1,044.5	68.1	18.9
2014	18.6	14.0	141.5	66.5	25.1	54.9	12,996.7	41.4	23.2
2013	16.0	14.3	62.0	7.1			7,145.0	61.8	17.6

ㅂ

바이오리더스 (A142760)
Bioleaders

업 종 : 바이오		시 장 : KOSDAQ	
신용 등급 : (Bond) — (CP) —		기업규모 : 신성장	
홈 페 이 지 : www.bioleaders.co.kr		연 락 처 : (042)934-7671	
본 사 : 대전시 유성구 테크노8로 13			

설 립 일 1999.12.30	종 업 원 수 48명	대 표 이 사 박영철,성문희(각자대표이사)
상 장 일 2014.11.26	감 사 의 견 적정 (삼정)	계 열
결 산 기 12월	보 통 주 1,585만주	종속회사수
액 면 가 500원	우 선 주	구 상 호

주주구성 (지분율,%)
에이치비성장지원엔젤앤에이투자조합	10.4
성문희	7.6
(외국인)	0.1

출자관계 (지분율,%)
다인바이오	1.8

주요경쟁사 (외형,%)
바이오리더스	100
씨젠	2,947
내츄럴엔도텍	262

매출구성
건강기능식품(완제품)(제품)	40.1
폴리감마글루탐산 원료(제품)	35.7
화장품외(완제품)	17.5

비용구성
매출원가율	69.0
판관비율	271.0

수출비중
수출	19.0
내수	81.0

회사 개요
동사는 백신디스플레이 기술과 χ-PGA 면역기술에 대한 세계적 원천특허를 근간으로 1999년 12월 설립됨. 2014년 11월 코넥스 시장을 거쳐 2016년 7월 코스닥에 상장함. 동사는 바이오신약, 바이오소재, 바이러스연구 사업을 영위함. 바이오신약 사업으로 비임상 단계의 백신 아쥬반트와 근육질환 치료백신 등이 있고, 바이오소재 사업은 항바이러스제, 건강기능식품 등이 있음. 최근 자궁경부전암 치료제에 대한 임상(1/2a)을 성공적으로 종료함.

실적 분석
국내고객 수주 증가에 따라 동사의 2017년 상반기 누적 매출액은 전년동기대비 233.9% 증가한 27.3억원을 기록함. 비용 측면에서 매출원가와 판관비가 각각 224%, 31.8% 상승하면서 매출 확대에도 불구하고 영업손실 34억원으로 적자폭이 커짐. 동사는 유산균을 활용한 플랫폼 기술을 기반으로 한 면역치료 바이오신약을 개발 중이며, 건강기능식품사업과 화장품 사업으로도 사업분야를 확장 중임.

현금 흐름 *IFRS 별도 기준 〈단위 : 억원〉
항목	2016	2017.2Q
영업활동	-62	-41
투자활동	-77	5
재무활동	168	239
순현금흐름	29	203
기말현금	54	257

결산 실적 〈단위 : 억원〉
항목	2012	2013	2014	2015	2016	2017
매출액	21	16	12	15	25	—
영업이익	-26	-27	-35	-50	-60	—
당기순이익	-27	-32	-78	-186	-59	—

분기 실적 *IFRS 별도 기준 〈단위 : 억원〉
항목	2016.1Q	2016.2Q	2016.3Q	2016.4Q	2017.1Q	2017.2Q
매출액	2	6	4	13	7	21
영업이익	-13	-16	-19	-12	-20	-14
당기순이익	-12	-16	-19	-12	-20	-13

재무 상태 *IFRS 별도 기준 〈단위 : 억원〉
항목	2012	2013	2014	2015	2016	2017.2Q
총자산	114	101	108	95	216	422
유형자산	59	56	4	5	15	17
무형자산	28	20	16	7	8	7
유가증권	0	0	5	0	20	24
총부채	71	89	209	40	42	40
총차입금	41	48	185	7	—	—
자본금	38	38	32	56	62	79
총자본	43	12	-102	56	175	381
지배주주지분	43	12	-102	56	175	381

기업가치 지표 *IFRS 별도 기준
항목	2012	2013	2014	2015	2016	2017.2Q
주가(최고/저)(천원)	—/—	—/—	3.9/2.9	14.9/2.9	17.7/4.8	—/—
PER(최고/저)(배)	0.0/0.0	0.0/0.0	—/—	—/—	—/—	—/—
PBR(최고/저)(배)	0.0/0.0	0.0/0.0	-3.8/-2.8	29.9/5.9	12.5/3.4	3.4/2.3
EV/EBITDA(배)						
EPS(원)	-369	-421	-938	-1,767	-502	-234
BPS(원)	556	151	-1,048	499	1,413	2,406
CFPS(원)	-266	-323	-866	-1,720	-466	-214
DPS(원)						
EBITDAPS(원)	-245	-258	-354	-430	-475	-217

재무 비율 〈단위 : % 〉
연도	영업이익률	순이익률	부채비율	차입금비율	ROA	ROE	유보율	자기자본비율	EBITDA마진율
2016	-240.0	-235.8	23.8	0.0	-37.9	-51.2	182.7	80.8	-222.9
2015	-341.1	-1,261.0	일부잠식	일부잠식	-183.7	전기잠식	-0.1	58.2	-307.1
2014	-302.7	-666.6	완전잠식	완전잠식	-413.0	—	-94.4	-251.7	
2013	-172.4	-204.3	일부잠식	일부잠식	-30.0	-119.0	-69.8	11.5	-125.1

바이오빌 (A065940)
BIOVILL

업 종 : 화학		시 장 : KOSDAQ	
신용 등급 : (Bond) — (CP) —		기업규모 : 중견	
홈 페 이 지 : www.biovill.co.kr		연 락 처 : (055)383-7890	
본 사 : 경남 양산시 두전길 94			

설 립 일 1986.11.24	종 업 원 수 88명	대 표 이 사 최영석,강호경
상 장 일 2003.01.04	감 사 의 견 적정 (지양)	계 열
결 산 기 12월	보 통 주 2,355만주	종속회사수 12개사
액 면 가 500원	우 선 주	구 상 호 케이에스씨비

주주구성 (지분율,%)
플루스1호조합	11.0
장위	9.5
(외국인)	0.6

출자관계 (지분율,%)
포쉬텔제주	100.0
이피코리아	100.0
티바이오텍	100.0

주요경쟁사 (외형,%)
바이오빌	100
경농	624
효성오앤비	105

매출구성
보관수익	29.3
표면처리제	23.0
착 색 제	19.5

비용구성
매출원가율	56.8
판관비율	48.2

수출비중
수출	29.0
내수	71.0

회사 개요
동사는 1976년에 설립되고 2002년에 코스닥 시장에 증권을 상장함. 2011년에 사명을 풍경정화에서 케이에스씨비로 변경하였다가 2017년 바이오빌로 다시 변경함. 연결실체는 화학사업, 자동차 대여업, 헬스케어, 컨설팅, 면세, 수출입업 등을 영위하고 있으며, 연결대상 종속회사로 한국골프세포뱅크 외 11개 회사를 보유하고 있으며 포쉬텔제주, 티바이오텍, 케이에스씨비, 미즈앤코, 네이처빌 등은 당기중 신규 연결사로 편입됨.

실적 분석
동사의 2017년 반기 연결기준 매출액은 215.4억원으로 전년동기 대비 36% 증가하며 외형 확대됨. 한국골프세포뱅크의 매출증가 등 연결기업 확대로 매출은 증가했으나, 판매관리비 증가와 종속회사에의 투자비용 등으로 전년동기에 비해 적자가 확대되어 34.7억원의 반기 영업손실을 시현함. 금융손실, 외환손실이 발생하며 비영업손익으로 10.2억원의 적자가 발생하여 39.7억원의 반기순손실을 시현함.

현금 흐름 〈단위 : 억원〉
항목	2016	2017.2Q
영업활동	-27	-64
투자활동	-192	-563
재무활동	272	565
순현금흐름	52	-62
기말현금	104	41

결산 실적 〈단위 : 억원〉
항목	2012	2013	2014	2015	2016	2017
매출액	260	264	244	303	327	—
영업이익	-15	-40	-7	-20	-16	—
당기순이익	-44	-72	36	43	-105	—

분기 실적 〈단위 : 억원〉
항목	2016.1Q	2016.2Q	2016.3Q	2016.4Q	2017.1Q	2017.2Q
매출액	88	70	83	85	138	7
영업이익	-5	-2	-2	-7	-13	-2
당기순이익	-5	-4	-14	-83	-17	-2

재무 상태 〈단위 : 억원〉
항목	2012	2013	2014	2015	2016	2017.2Q
총자산	712	646	725	910	1,078	1,69
유형자산	129	191	204	145	175	24
무형자산	53	55	63	103	63	27.
유가증권	3	1	135	230	148	32
총부채	506	225	264	339	376	84
총차입금	412	150	186	190	245	70
자본금	50	70	70	76	104	11
총자본	206	421	461	571	702	85
지배주주지분	202	417	458	567	700	82

기업가치 지표
항목	2012	2013	2014	2015	2016	2017.2Q
주가(최고/저)(천원)	12.6/6.5	9.3/4.4	4.7/2.3	10.4/2.3	8.5/4.2	—/—
PER(최고/저)(배)	—/—	—/—	18.6/9.1	35.6/7.8	—/—	—/—
PBR(최고/저)(배)	6.2/3.2	3.1/1.5	1.4/0.7	2.8/0.6	2.5/1.3	2.3/1.
EV/EBITDA(배)			57.8			
EPS(원)	-442	-508	252	293	-534	-17
BPS(원)	2,021	2,969	3,256	3,749	3,352	3,48
CFPS(원)	-364	-442	342	392	-468	-13
DPS(원)						
EBITDAPS(원)	-68	-216	42	-37	-20	-11

재무 비율 〈단위 : % 〉
연도	영업이익률	순이익률	부채비율	차입금비율	ROA	ROE	유보율	자기자본비율	EBITDA마진율
2016	-5.0	-32.2	53.6	34.9	-10.6	-16.3	570.4	65.1	-1.
2015	-6.6	14.1	59.4	33.2	5.2	8.4	649.9	62.7	-1.8
2014	-2.8	14.9	57.4	40.5	5.3	8.1	551.2	63.6	2.
2013	-15.1	-27.4	53.6	35.5	-10.6	-23.1	493.8	65.1	-1.8

바이오스마트 (A038460)
BioSmart

업 종 : 전자 장비 및 기기		시 장 : KOSDAQ	
신용등급 (Bond) — (CP) —		기업규모 : 벤처	
홈페이지 : www.bio-smart.com		연 락 처 : 02)3218-9000	
본 사 : 서울시 성동구 광나루로 172 (성수동1가) 린하우스			

설 립 일 1985.12.30	종 업 원 수 160명	대 표 이 사 윤호권
상 장 일 2000.06.14	감사의견 적정 (삼화)	계 열
결 산 기 12월	보 통 주 1,743만주	종속회사수 6개사
액 면 가 500원	우 선 주	구 상 호

주주구성 (지분율,%)		출자관계 (지분율,%)		주요경쟁사 (외형,%)	
박혜린	15.9			바이오스마트	100
한국증권금융	6.1			써니전자	33
(외국인)	1.5			광전자	271

매출구성		비용구성		수출비중	
카드등	87.5	매출원가율	78.1	수출	14.0
신용카드관련 기자재(발급장비등)	12.2	판관비율	20.3	내수	86.0
서비스수입 및 기타	0.4				

회사 개요
동사는 신용카드 제조, 카드발급기, 카드발급 용역, Mailing System 등의 서비스를 제공하는 업체임. 신용카드 시장은 최근 IC형 카드로 빠르게 전환되고 있으며, 대기업, 학교, 각 정부 기관단체 등에서 스마트카드를 도입하면서 사원증, 출입패스, 개인인증, 근태관리, 구내식당, 주차 쿠폰까지 전 영역에 걸쳐 확대되고 있어 수요는 지속적으로 증가할 것으로 예상됨. 자회사로 한생, 라미화장품 등이 있음.

실적 분석
2017년 상반기 연결기준 동사 매출은 393.8억원임. 전년 동기 대비 42.7% 성장함. 매출원가가 37.6% 증가하고 판매비와 관리비 또한 증가했으나 매출상승이 이를 상회함. 이에 영업이익은 전년 동기 8.1억원에서 242.7% 성장한 27.9억원을 기록함. 비영업부문 적자는 계속됐으나 당기순이익은 전년도 같은 기간 0.3억원에서 크게 증가한 15.2억원을 기록함. IC카드 시장 규모 성장이 실적 개선 요인으로 꼽힘.

현금 흐름 〈단위 : 억원〉

항목	2016	2017.2Q
영업활동	-31	-46
투자활동	-162	60
재무활동	226	-43
순현금흐름	33	-29
기말현금	85	57

결산 실적 〈단위 : 억원〉

항목	2012	2013	2014	2015	2016	2017
매출액	424	403	415	542	630	—
영업이익	78	25	16	18	10	—
당기순이익	22	33	4	23	-5	—

분기 실적 〈단위 : 억원〉

항목	2016.1Q	2016.2Q	2016.3Q	2017.1Q	2017.2Q
매출액	123	153	167	187	173	221
영업이익	3	5	-3	6	8	20
당기순이익	2	-2	1	-6	1	15

재무 상태 〈단위 : 억원〉

항목	2012	2013	2014	2015	2016	2017.2Q
총자산	690	721	678	746	1,122	1,099
유형자산	218	214	126	141	232	232
무형자산	44	52	54	46	137	140
유가증권	47	42	41	35	81	82
총부채	307	256	173	173	548	511
총차입금	220	181	95	89	369	350
자본금	57	64	72	83	87	87
총자본	383	465	505	573	573	588
지배주주지분	381	467	511	588	592	606

기업가치 지표

항목	2012	2013	2014	2015	2016	2017.2Q
주가(최고/저)(천원)	2.9/1.6	3.7/2.1	3.4/2.1	18.7/2.4	9.4/4.2	—/—
PER(최고/저)(배)	11.3/6.3	11.5/6.5	63.1/38.5	94.2/11.9	259.2/116.2	1.7/1.2
PBR(최고/저)(배)	0.9/0.5	1.0/0.6	1.0/0.6	5.3/0.7	2.8/1.2	—/—
EV/EBITDA(배)	4.0	10.4	14.7	44.7	52.2	—
EPS(원)	260	318	54	199	36	85
BPS(원)	3,361	3,650	3,557	3,541	3,396	3,476
CFPS(원)	415	430	121	256	108	124
DPS(원)						199
EBITDAPS(원)	863	315	181	171	132	199

재무 비율 〈단위 : % 〉

연도	영업이익률	순이익률	부채비율	차입금비율	ROA	ROE	유보율	자기자본비율	EBITDA마진율
2016	1.6	-0.8	95.6	64.4	-0.5	1.1	579.2	51.1	3.6
2015	3.3	4.2	30.2	15.6	3.2	5.7	608.1	76.8	5.0
2014	3.8	0.5	34.3	18.8	0.3	1.5	611.5	74.5	6.0
2013	6.3	8.2	55.0	38.9	4.7	9.3	630.1	64.5	9.7

바이오씨앤디 (A217950)
BIOCND

업 종 : 제약		시 장 : KONEX	
신용등급 (Bond) — (CP) —		기업규모 :	
홈페이지 : www.biocnd.com		연 락 처 : 031)628-4300	
본 사 : 경기도 성남시 분당구 대왕판교로 660, 유스페이스1, B동 1201호			

설 립 일 2009.10.28	종 업 원 수 32명	대 표 이 사 송동호
상 장 일 2015.11.05	감사의견 적정 (한경)	계 열
결 산 기 12월	보 통 주	종속회사수
액 면 가	우 선 주	구 상 호

주주구성 (지분율,%)		출자관계 (지분율,%)		주요경쟁사 (외형,%)	
송동호	26.5	원진비씨디	39.9	바이오씨앤디	100
장덕수	8.4			녹십자씨아이	2,601
				KPX생명과학	29,063

매출구성		비용구성		수출비중	
컨설팅 L/O(용역)	100.0	매출원가율	5.3	수출	6.0
		판관비율	3666.9	내수	94.0

회사 개요
동사는 2009년 10월 설립되어 주로 바이오시밀러 제품을 연구, 개발하는 의약품 개발 전문회사임. 2015년 11월 코넥스시장에 상장하였음. 컨설팅을 통한 매출과 라이센싱 아웃을 통한 매출로 사업을 영위하고 있음. 류마티스 관절염 치료제 휴미라의 바이오시밀러인 BCD100은 현재 임상 1상이 완료되었음. 2016년 12월 황반변성 치료제루센티스의 바이오시밀러인 BCD300은 임상 1상 IND 승인을 받음.

실적 분석
동사는 코넥스 상장으로 분기보고서 공시 의무가 없음. 동사의 2016년 매출액은 1.5억원에 그쳐 부진하였음. 매출총이익은 0.1억원으로 매출총원가는 1.4억원임. 인건비 16.5억원, 경상개발비 17.5억원 등 판매비와 관리비는 54.6억원을 기록함. 영업이익은 53.1억원의 적자를 기록함. 영업이익 적자로 당기순이익도 44.6억원 적자임. 연구 개발 단계에 있어 대규모 기술 수출이 이루어지지 않으면 의미 있는 수익성 개선은 힘든 상황임.

현금 흐름 *IFRS 별도 기준 〈단위 : 억원〉

항목	2016	2017.2Q
영업활동	-25	
투자활동	7	
재무활동	8	
순현금흐름	16	
기말현금	34	

결산 실적 〈단위 : 억원〉

항목	2012	2013	2014	2015	2016	2017
매출액	5	3	1	21	1	—
영업이익	-1	-2	-6	-2	-53	—
당기순이익	-1	-2	-7	-8	-45	—

분기 실적 *IFRS 별도 기준 〈단위 : 억원〉

항목	2016.1Q	2016.2Q	2016.3Q	2016.4Q	2017.1Q	2017.2Q
매출액						
영업이익						
당기순이익						

재무 상태 *IFRS 별도 기준 〈단위 : 억원〉

항목	2012	2013	2014	2015	2016	2017.2Q
총자산	1	9	5	128	108	
유형자산	0	0	0	4	36	
무형자산	0					
유가증권						
총부채	2	11	14	6	26	
총차입금	1	10	10		19	
자본금	1	2	2	16	16	
총자본	-1	-2	-8	122	82	
지배주주지분	-1	-2	-8	122	82	

기업가치 지표 *IFRS 별도 기준

항목	2012	2013	2014	2015	2016	2017.2Q
주가(최고/저)(천원)	—/—	—/—	—/—	35.5/24.0	31.2/19.6	—/—
PER(최고/저)(배)	0.0/0.0	0.0/0.0	0.0/0.0	—/—	—/—	0.0/0.0
PBR(최고/저)(배)	0.0/0.0	0.0/0.0	0.0/0.0	9.3/6.3	12.2/7.7	—/—
EV/EBITDA(배)				307.6		
EPS(원)	-55	-129	-317	-267	-1,387	
BPS(원)	-5,791	-4,539	-21,105	3,799	2,554	
CFPS(원)	-2,979	-7,148	-17,766	-257	-1,353	
DPS(원)				79		
EBITDAPS(원)	-2,994	-6,119	-15,445		-1,620	

재무 비율 〈단위 : % 〉

연도	영업이익률	순이익률	부채비율	차입금비율	ROA	ROE	유보율	자기자본비율	EBITDA마진율
2016	-3,572.2	-2,996.7	31.6	23.1	-37.7	-43.7	410.9	76.0	-3,499.5
2015	10.2	-38.8	5.0		-12.4	전기잠식	659.8	95.2	11.6
2014	-464.9	-534.4	완전잠식	완전잠식	-100.6	잠식지속	-522.1	-163.8	-462.3
2013	-65.8	-76.7	완전잠식	완전잠식	-51.1	잠식지속	-190.8	-20.1	-64.8

바이오코아 (A216400)
BIOCORE CO

업 종 : 바이오		시 장 : KONEX	
신용등급 : (Bond) —	(CP) —	기업규모 :	
홈페이지 : www.bio-core.com		연 락 처 : 02)2027-6200	
본 사 : 서울시 금천구 디지털로9길 33, IT미래타워 8층			

설 립 일 2001.05.30	종업원수 108명	대표이사 황승용	
상 장 일 2015.06.29	감사의견 적정 (우리)	계 열	
결 산 기 12월	보 통 주	종속회사수	
액 면 가 —	우 선 주	구 상 호	

주주구성 (지분율,%)
HONGKONG DIAN BIOTECHNOLOGY CO., LIMITED	20.1
SBI-성장사다리 코넥스 활성화편드	13.4

출자관계 (지분율,%)
주요경쟁사 (외형,%)
바이오코아	100
팬젠	6
랩지노믹스	99

매출구성
CRO 용역	56.8
유전체분석	19.4
기타	19.0

비용구성
매출원가율	77.8
판관비율	14.7

수출비중
수출	1.0
내수	99.0

회사 개요
동사는 신약개발 과정 중 주요 단계인 생체시료 중의 약물분석과 초기임상 시험을 지원하는 CRO(시험수탁 기관)로, 주요 고객층은 신약 및 제네릭 약물 등을 개발하는 제약회사임. 세계적으로 제약계의 R&D 생산성이 저하되면서 아웃소싱의 중요성이 높아지고 있음. 과거와 달리 훨씬 강화된 절차 및 신뢰성 확보로 인해 임상시험조건을 통과하기가 어려워져 전문적 CRO의 역할에 대한 필요성 부각되고 있음.

실적 분석
동사의 2016년 누적 매출액은 243.9억원으로 전년 212.4억원 대비 14.8% 증가함. 영업이익은 18.3억원으로 전년 8.5억원보다 늘었고, 당기순이익도 25.5억원으로 증가함. 동사는 국내 주요 제약사를 포함한 90개 이상 회사를 클라이언트로 두고 있으며 화이자, 퀸타일스, 인텔시어스 등 다국적 기업과 파트너쉽이 체결되어 있음. 2016년 CRO 용역 및 유전체진단 시장의 점유율은 동사가 업계 1위임.

현금 흐름 *IFRS 별도 기준 〈단위 : 억원〉
항목	2016	2017.2Q
영업활동	10	
투자활동	-11	
재무활동	-4	
순현금흐름	-6	
기말현금	33	

시장 대비 수익률

결산 실적 〈단위 : 억원〉
항목	2012	2013	2014	2015	2016	2017
매출액	—	131	170	212	244	—
영업이익	—	10	12	8	18	—
당기순이익	—	8	7	8	26	—

분기 실적 *IFRS 별도 기준 〈단위 : 억원〉
항목	2016.1Q	2016.2Q	2016.3Q	2016.4Q	2017.1Q	2017.2Q
매출액	—					
영업이익	—					
당기순이익	—					

재무 상태 *IFRS 별도 기준 〈단위 : 억원〉
항목	2012	2013	2014	2015	2016	2017.2Q
총자산		61	117	238	280	
유형자산		10	7	26	32	
무형자산		0	27	56	63	
유가증권		0	0	0	—	
총부채		77	95	99	114	
총차입금		28	26	21	17	
자본금		12	22	34	34	
총자본		-17	23	139	166	
지배주주지분		-17	23	139	166	

기업가치 지표 *IFRS 별도 기준
항목	2012	2013	2014	2015	2016	2017.2Q
주가(최고/저)(천원)	—/—	—/—	—/—	20.0/11.0	18.7/11.7	—/—
PER(최고/저)(배)	0.0/0.0	0.0/0.0	0.0/0.0	148.5/81.3	50.0/31.3	—/—
PBR(최고/저)(배)	0.0/0.0	0.0/0.0	0.0/0.0	9.3/5.1	7.4/4.6	0.0/0.0
EV/EBITDA(배)	0.0	1.4		41.4	31.2	
EPS(원)	—	336	262	135	374	
BPS(원)	—	-689	520	2,145	2,530	
CFPS(원)	—	499	470	361	563	
DPS(원)	—					
EBITDAPS(원)	—	579	680	366	457	

재무 비율 〈단위 : % 〉
연도	영업이익률	순이익률	부채비율	차입금비율	ROA	ROE	유보율	자기자본비율	EBITDA마진율
2016	7.5	10.5	68.8	10.5	9.9	16.7	406.1	59.2	12.8
2015	4.0	3.8	70.8	14.8	4.6	10.1	328.9	58.5	10.4
2014	7.1	3.9	421.4	115.9	7.5	전기잠식	4.0	19.2	10.2
2013	7.7	6.2	완전잠식	완전잠식		0.0	-237.8	-27.4	10.7

바이오톡스텍 (A086040)
Biotoxtech

업 종 : 바이오		시 장 : KOSDAQ	
신용등급 : (Bond) —	(CP) —	기업규모 : 벤처	
홈페이지 : www.biotoxtech.com		연 락 처 : 043)210-7777	
본 사 : 충북 청주시 청원구 오창읍 연구단지로53			

설 립 일 2000.08.23	종업원수 166명	대표이사 강종구	
상 장 일 2007.09.21	감사의견 적정 (송강)	계 열	
결 산 기 12월	보 통 주 1,451만주	종속회사수 2개사	
액 면 가 500원	우 선 주 만주	구 상 호	

주주구성 (지분율,%)
강종구	14.0
셀트리온	11.2
(외국인)	1.7

출자관계 (지분율,%)
세종벤처파트너스	100.0
스카스비티티바이오애널리시스	51.0
세종농식품R&D산업화투자조합	10.0

주요경쟁사 (외형,%)
바이오톡스텍	100
팬젠	7
랩지노믹스	108

매출구성
안전성 평가(용역)	91.5
유효성 평가 등(용역)	5.1
공시료 판매/임대료(기타)	3.4

비용구성
매출원가율	66.9
판관비율	23.2

수출비중
수출	21.0
내수	79.0

회사 개요
동사는 의약품, 농약, 식품, 화장품, 생활용품 및 화학물질의 안전성 및 유효성 평가 목적으로 2000년 8월에 설립됐으며, 세종벤처파트너스를 종속회사로 두고 있음. 주요 종속회사였던 스카스비티티 바이오애널리시스는 자산총액이 연결 기준으로 전체 100분의 5 미만에 해당돼 주요 종속회사에서 탈퇴함. 동사는 스카스비티티의 지분 51%를 그대로 보유하고 있음. 동사가 영위하는 비임상CRO 분야 경쟁자는 정부출연기관 1곳, 민간CRO 2곳임.

실적 분석
동사의 2017년 상반기 연결기준 매출액은 114.6억원으로 전년동기 대비 17.9% 증가함. 매출 확대에도 불구하고 판관비는 오히려 13.9% 줄면서 영업이익은 13.9억원으로 개선됨. 영업실적 개선으로 당기순이익도 9.6억원을 기록. 화평법 본격 시행에 따른 시장 확대로 수주가 늘면서 실적이 개선됨. 최근 미국 FDA로부터 국내 민간기업 최초로 비임상시험기준 적격승인 평가를 받음.

현금 흐름 〈단위 : 억원〉
항목	2016	2017.2Q
영업활동	53	7
투자활동	-4	-18
재무활동	-2	-3
순현금흐름	47	-8
기말현금	106	98

시장 대비 수익률

결산 실적 〈단위 : 억원〉
항목	2012	2013	2014	2015	2016	2017
매출액	177	173	151	167	223	—
영업이익	3	-18	-46	-37	22	—
당기순이익	11	-6	-49	-37	12	—

분기 실적 〈단위 : 억원〉
항목	2016.1Q	2016.2Q	2016.3Q	2016.4Q	2017.1Q	2017.2Q
매출액	45	52	58	67	55	
영업이익	-2	5	7	13	6	
당기순이익	-2	4	5	5	2	

재무 상태 〈단위 : 억원〉
항목	2012	2013	2014	2015	2016	2017.2Q
총자산	447	463	478	454	480	47
유형자산	233	226	216	208	201	20
무형자산	38	36	32	22	18	1
유가증권	9	38	13	18	17	2
총부채	188	207	212	218	224	20
총차입금	122	142	147	141	135	13
자본금	56	56	72	72	72	7
총자본	259	256	267	236	256	27
지배주주지분	244	240	260	227	245	26

기업가치 지표
항목	2012	2013	2014	2015	2016	2017.2Q
주가(최고/저)(천원)	7.6/3.9	10.0/3.5	5.0/2.9	8.8/3.1	8.2/5.1	—/—
PER(최고/저)(배)	66.3/34.1	—/—	—/—	—/—	112.5/70.4	—/—
PBR(최고/저)(배)	3.6/1.9	4.8/1.7	2.7/1.5	5.4/1.9	4.8/3.0	4.6/3.
EV/EBITDA(배)	29.9	1,305.9			22.6	
EPS(원)	114	-7	-365	-271	72	
BPS(원)	2,260	2,228	1,869	1,641	1,713	1,80
CFPS(원)	274	159	-223	-156	178	1
DPS(원)						
EBITDAPS(원)	174	3	-233	-142	258	15

재무 비율 〈단위 : % 〉
연도	영업이익률	순이익률	부채비율	차입금비율	ROA	ROE	유보율	자기자본비율	EBITDA마진율
2016	9.9	5.2	87.8	52.8	2.5	4.4	242.6	53.3	16.
2015	-22.2	-22.3	92.4	59.8	-8.0	-16.1	228.2	52.0	-12.
2014	-30.8	-32.4	79.3	55.0	-10.4	-18.1	273.8	55.8	-19.
2013	-10.6	-3.2	80.8	55.6	-1.2	-0.3	345.6	55.3	1.

바이오프로테크 (A199290)
BIO PROTECH

업 종 : 의료 장비 및 서비스	시 장 : KONEX
신용등급 : (Bond) —　　(CP) —	기 업 규 모 : —
홈 페 이 지 : www.protechsite.com	연 락 처 : (033)735-7720
본 사 : 강원도 원주시 문막읍 동화공단로 151-3(동화첨단의료기기산업단지)	

설 립 일	2000.05.19	종 업 원 수	125명	대 표 이 사	박익로
상 장 일	2016.12.08	감 사 의 견	한정(동화실성) (서current)	계	열
결 산 기	12월	보 통 주		종 속 회 사 수	
액 면 가	—	우 선 주		구 상 호	

주주구성 (지분율,%)
박익로	36.7
한국산업은행	10.9

출자관계 (지분율,%)
바이오프로테크	100
원익	305
루트로닉	398

주요경쟁사 (외형,%)

매출구성
심전도 전극	43.1
기타	34.2
전기자극기용 전극	14.7

비용구성
매출원가율	78.8
판관비율	28.7

수출비중
수출	94.0
내수	6.0

회사 개요
동사는 의료용 전극제품을 전문으로 제조 판매하는 벤처기업임. 동사는 심전도 전극, 저주파 자극전극, 고주파 수술칼, 고주파 접지전극, 혈중 산소포화도 측정센서, 근전도전극, 뇌전도전극 등 주요 제품과 관련하여 원자재부터 완제품까지 생산라인을 구축함으로써 시장경쟁력을 확보하고 있으며, GE Healthcare, Cardinal Health, Medline 등 해외 굴지의 고객들을 확보하여 고품질의 제품을 안정적으로 판매하고 있음.

실적 분석
동사는 코넥스 상장 기업으로 분기보고서 공시 의무가 없음. 동사는 2016년 결산기준 누적매출액 212.4억원을 시현, 영업손실은 15.9억원을 기록함. 동사는 제조설비를 갖춘 사업본부를 중국 현지 2곳에 설립하여 개발, 제조, 판매 및 유통구조의 효율성을 높여 나가고 있으며 경쟁력 있는 가격과 다변화 판매방식으로 미국시장을 공략 중임. 미국의 건강보험 및 시장여건에 맞춘 제품개선과 신제품 개발로 향후 점진적 수익 개선이 기대되고 있음.

현금 흐름
*IFRS 별도 기준　　〈단위 : 억원〉

항목	2016	2017.2Q
영업활동	1	—
투자활동	-22	—
재무활동	26	—
순현금흐름	4	—
기말현금	4	—

시장 대비 수익률

결산 실적
〈단위 : 억원〉

항목	2012	2013	2014	2015	2016	2017
매출액	180	181	186	206	212	—
영업이익	21	-6	13	13	-16	—
당기순이익	11	-14	1	6	-26	—

분기 실적
*IFRS 별도 기준　　〈단위 : 억원〉

항목	2016.1Q	2016.2Q	2016.3Q	2016.4Q	2017.1Q	2017.2Q
매출액	—	—	—	—	—	—
영업이익	—	—	—	—	—	—
당기순이익	—	—	—	—	—	—

재무 상태
*IFRS 별도 기준　　〈단위 : 억원〉

항목	2012	2013	2014	2015	2016	2017.2Q
총자산	318	324	353	392	365	—
유형자산	105	113	114	116	107	—
무형자산	25	29	34	34	33	—
유가증권	22	29	33	39		—
총부채	177	203	209	238	238	—
총차입금	123	156	171	179	180	—
자본금	19	19	21	21	23	—
총자본	141	121	143	154	127	—
지배주주지분	141	121	143	154	127	—

기업가치 지표
*IFRS 별도 기준

항목	2012	2013	2014	2015	2016	2017.2Q
주가(최고/저)(천원)	—/—	—/—	—/—	—/—	11.2/6.8	—/—
PER(최고/저)(배)	0.0/0.0	0.0/0.0	0.0/0.0	0.0/0.0	3.7/2.3	0.0/0.0
PBR(최고/저)(배)	0.0/0.0	0.0/0.0	0.0/0.0	0.0/0.0		—
EV/EBITDA(배)	4.0	18.0	8.2	7.2	—/—	—
EPS(원)	384	-412	42	145	-669	—
BPS(원)	4,566	3,782	3,931	4,030	2,993	—
CFPS(원)	647	—	343	457	-339	—
DPS(원)	—	—	—	—	—	—
EBITDAPS(원)	981	238	560	646	-77	—

재무 비율
〈단위 : % 〉

연도	영업이익률	순이익률	부채비율	차입금비율	ROA	ROE	유보율	자기자본비율	EBITDA마진율
2016	-7.5	-12.3	187.2	141.5	-6.9	-18.7	446.5	34.8	-1.4
2015	6.2	2.7	154.9	116.7	1.5	3.7	628.7	39.2	11.9
2014	4.8	0.8	145.9	119.3	0.4	1.1	610.4	40.7	10.4
2013	-3.2	-7.9	168.3	128.9	-4.4	-10.8	574.8	37.3	4.6

바이온 (A032980)
BYON

업 종 : 화학	시 장 : KOSDAQ
신용등급 : (Bond) B-　　(CP) —	기 업 규 모 : 중견
홈 페 이 지 : www.by-on.co.kr	연 락 처 : (043)213-2722
본 사 : 충북 청원군 북이면 신대석성로 144	

설 립 일	1983.11.01	종 업 원 수	29명	대 표 이 사	김병준
상 장 일	1997.08.06	감 사 의 견	적정 (한길)	계	열
결 산 기	12월	보 통 주	2,926만주	종 속 회 사 수	4개사
액 면 가	500원	우 선 주		구 상 호	폴리비전

주주구성 (지분율,%)
더블유글로벌1호조합	3.6
엠아이1호조합	2.9
(외국인)	1.5

출자관계 (지분율,%)
로엘비케이	100.0
바이온아이앤씨	100.0
폴리플로어	81.4

주요경쟁사 (외형,%)
바이온	100
리켐	127
웹스	98

매출구성
건강식품류 원료(상품)	41.0
타포린, 배너플렉스(제품)	24.6
사출류, 시트원단 등 (상품)	19.8

비용구성
매출원가율	84.7
판관비율	11.5

수출비중
수출	14.0
내수	86.0

회사 개요
동사는 배너/타포린 공정 부문의 생산설비를 완료하고 LG하우시스에 배너플렉스 제품을 100% 납품하는 업체임. 미국 직수출을 시작으로 해외 매출처의 다변화를 꾀하는 등 수익성 개선을 시도하고 있음. 해외자원개발을 위한 광산 생산설비(선광장)를 구축하는 데에도 주력 중. 사업부문별 순매출실적 비중은 자동차부품부문이 46.34%, 건강식품 등 바이오부문이 26.3%, 화장품이 6.38%, 타포린과 배너플렉스 등 산업재가 -4.52%를 차지함.

실적 분석
국내 제약시장은 빠르게 진행되고 있는 인구 고령화, 경제성장으로 인한 평균수명 증가에도 불구하고 내수소비둔화와 정부규제 지속되고 있어 동사의 2017년 2분기기준 누적 매출액은 전년동기대비 3.4% 소폭 상승한 93.5억원을 기록하였음. 매출은 소폭 상승하였으나 비용면에서 매출원가가 및 인건비가 증가하여 전년동기대비 영업이익은 -8.2억원으로 적자전환하였음. 최종적으로 전년동기대비 당기순이익은 적자지속하여 -20.2억원을 기록함.

현금 흐름
〈단위 : 억원〉

항목	2016	2017.2Q
영업활동	10	-16
투자활동	-208	-41
재무활동	204	53
순현금흐름	5	-7
기말현금	15	7

시장 대비 수익률

결산 실적
〈단위 : 억원〉

항목	2012	2013	2014	2015	2016	2017
매출액	140	139	130	167	279	—
영업이익	-12	-29	-21	5	10	—
당기순이익	1	-118	-90	-22	-20	—

분기 실적
〈단위 : 억원〉

항목	2016.1Q	2016.2Q	2016.3Q	2016.4Q	2017.1Q	2017.2Q
매출액	50	52	69	109	62	43
영업이익	3	2	2	4	-1	-7
당기순이익	0	-11	-4	-9	-2	-18

재무 상태
〈단위 : 억원〉

항목	2012	2013	2014	2015	2016	2017.2Q
총자산	215	137	251	265	457	489
유형자산	101	84	79	74	74	98
무형자산	2	0	12	14	37	37
유가증권	11	3	6	22	29	36
총부채	82	41	53	81	215	207
총차입금	73	23	37	53	183	176
자본금	72	111	88	104	118	136
총자본	133	95	198	184	242	282
지배주주지분	131	94	190	189	240	281

기업가치 지표
항목	2012	2013	2014	2015	2016	2017.2Q
주가(최고/저)(천원)	9.6/3.7	5.8/2.0	5.1/1.1	2.6/1.1	3.2/1.6	—/—
PER(최고/저)(배)	541.9/210.9	—/—	—/—	—/—	—/—	—/—
PBR(최고/저)(배)	3.5/1.4	4.5/1.6	4.7/1.0	2.9/1.3	3.1/1.6	2.0/1.5
EV/EBITDA(배)				39.4	38.4	—
EPS(원)	18	-1,926	-653	-87	-88	-73
BPS(원)	909	424	1,078	910	1,016	1,036
CFPS(원)	47	-610	-620	-65	-69	-62
DPS(원)	—	—	—	—	—	—
EBITDAPS(원)	-40	-129	-123	50	-66	-20

재무 비율
〈단위 : % 〉

연도	영업이익률	순이익률	부채비율	차입금비율	ROA	ROE	유보율	자기자본비율	EBITDA마진율
2016	3.8	-7.2	88.9	75.5	-5.5	-9.5	103.3	53.0	5.4
2015	3.1	-13.1	43.7	28.6	-8.0	-9.5	82.1	69.6	5.7
2014	-16.0	-69.8	26.9	18.9	-46.7	-61.3	115.5	78.8	-12.6
2013	-21.2	-84.7	일부잠식	일부잠식	-66.9	-103.9	-15.1	69.9	-17.0

바이옵트로 (A222160)
Bioptro

업 종 : 반도체 및 관련장비		시 장 : KONEX	
신용등급 : (Bond) — (CP) —		기업규모 :	
홈페이지 : www.bioptro.co.kr		연락처 : 031)8005-5155	
본 사 : 경기도 용인시 기흥구 탑실로58번길 14(공세동)			

설 립 일 2000.07.06	종 업 원 수 39명	대 표 이 사 김완수			
상 장 일 2016.03.10	감사의견 적정 (신아)	계 열			
결 산 기 03월	보 통 주	종속회사수			
액 면 가 —	우 선 주	구 상 호			

주주구성 (지분율,%)		출자관계 (지분율,%)		주요경쟁사 (외형,%)	
김완수	39.0	바이옵트로자동화설비	100.0	바이옵트로	100
한국산업은행	8.3			제이티	462
				성우테크론	603

매출구성		비용구성		수출비중	
PCB전기검사기	65.4	매출원가율	88.4	수출	58.0
기타(Screw자동 체결기)	16.6	판관비율	97.1	내수	42.0
기타(PCB전기 검사기)	12.4				

회사 개요
동사는 광부품제조장비 및 측정장비 및 Vision 기술을 이용한 검사장비 등 공장자동화 (FA)장비에 대한 Total Solution의 제공을 목적으로 2000년 07월 06일 설립됨. 2016년 3월 10일 코넥스 시장에 상장됨. 주요 사업은 산업처리 자동측정 및 제어장비 제조업, 소프트웨어 자문, 개발 및 공급업, 전기전자 및 통신관련 엔지니어링 서비스업 등을 영위함. 공장은 경기도 용인 기흥에 있고 바이옵트로자동화설비(유)가 계열사임.

실적 분석
동사는 3월 결산법인임. 동사는 2016년 4월부터 2017년 3월까지 매출액이 483.8억원으로 전년 동기 116.2억원에서 362.6억원이 증가함. 영업손실은 41.4억원으로 전년 동기 5.3억원으로 적자전환함. 동사는 매출원가율이 63.7%에서 88.4%로 증가해 수익성이 악화됨. 당기순손실은 42.8억원을 기록함. 동사는 부채총계가 전년 동기보다 4.3억원 늘어난 118.5억원, 자본총계는 61.0억원에서 40.0억원으로 줄어듬.

현금 흐름	*IFRS 별도 기준	〈단위 : 억원〉
항목	2016	2017.1Q
영업활동	-24	
투자활동	7	
재무활동	16	
순현금흐름	-1	
기말현금	255	

시장 대비 수익률

결산 실적 〈단위 : 억원〉

항목	2012	2013	2014	2015	2016	2017
매출액	94	158	95	116	48	
영업이익	—	53	5	5	-41	
당기순이익	6	33	4	8	-43	

분기 실적 *IFRS 별도 기준 〈단위 : 억원〉

항목	2015.4Q	2016.1Q	2016.2Q	2016.3Q	2016.4Q	2017.1Q
매출액	—	—	—	—	—	—
영업이익	—	—	—	—	—	—
당기순이익	—	—	—	—	—	—

재무 상태 *IFRS 별도 기준 〈단위 : 억원〉

항목	2012	2013	2014	2015	2016	2017.1Q
총자산	98	126	152	175	158	
유형자산	28	28	52	54	54	
무형자산	4	2	2	1	1	
유가증권						
총부채	82	79	101	114	118	
총차입금	57	69	83	100	93	
자본금	12	12	25	25	27	
총자본	16	48	51	61	40	
지배주주지분	16	48	51	61	40	

기업가치 지표 *IFRS 별도 기준

항목	2012	2013	2014	2015	2016	2017.1Q
주가(최고/저)(천원)	—/—	—/—	—/—	3.1/1.0	5.0/1.2	—/—
PER(최고/저)(배)	0.0/0.0	0.0/0.0	0.0/0.0	19.7/6.5	—/—	—/—
PBR(최고/저)(배)	0.0/0.0	0.0/0.0	0.0/0.0	3.2/1.1	7.9/1.9	0.0/0.0
EV/EBITDA(배)	6.0	0.6	9.3	35.4		
EPS(원)	116	644	80	158	-679	
BPS(원)	5,156	15,162	8,135	967	636	
CFPS(원)	1,846	11,244	914	187	-652	
DPS(원)						
EBITDAPS(원)	2,128	18,072	1,136	130	-630	

재무 비율 〈단위 : % 〉

연도	영업이익률	순이익률	부채비율	차입금비율	ROA	ROE	유보율	자기자본비율	EBITDA마진율
2016	-85.5	-88.4	295.9	232.2	-25.7	-84.7	47.8	25.3	-82.0
2015	4.6	6.9	187.4	164.3	4.9	14.3	145.8	34.8	5.9
2014	5.5	4.2	196.4	162.5	2.9	8.0	106.8	33.7	6.7
2013	33.5	20.6	164.2	144.9	29.1	101.8	285.8	37.9	35.4

바텍 (A043150)
Value Added Technology

업 종 : 의료 장비 및 서비스		시 장 : KOSDAQ	
신용등급 : (Bond) — (CP) —		기업규모 : 우량	
홈페이지 : www.vatechcorp.co.kr		연락처 : 031)679-2000	
본 사 : 경기도 화성시 삼성1로 2길 13(석우동)			

설 립 일 1992.04.04	종 업 원 수 355명	대 표 이 사 노창준,안상욱(각자대표)			
상 장 일 2006.09.29	감사의견 적정 (한영)	계 열			
결 산 기 12월	보 통 주 1,485만주	종속회사수 13개사			
액 면 가 500원	우 선 주	구 상 호			

주주구성 (지분율,%)		출자관계 (지분율,%)		주요경쟁사 (외형,%)	
바텍이우홀딩스	46.4			바텍	100
노창준	6.3			오스템임플란트	145
(외국인)	16.6			디오	37

매출구성		비용구성		수출비중	
덴탈 이미징 사업부문(기타)	75.5	매출원가율	52.4	수출	80.0
디렉터 사업부문(기타)	24.5	판관비율	28.6	내수	20.0

회사 개요
치과용 디지털 엑스레이 및 CT를 제조하여 자회사인 바텍코리아와 바텍글로벌을 통해 국내외에 판매하는 업체임. 치과용 디지털 엑스레이 시장의 경우 북미, 유럽, 일본 등 선진국 시장이 전체 시장의 80%를 차지하고 있으나, 소득 증대에 따라 중국, 브라질, 러시아 등 이머징 마켓의 규모가 점차 커지고 있음. 국내 덴탈 이미징 시장의 78% 점유율을 차지하고 있어 사실상 독점적인 지위에 올라 있음. 글로벌 시장에서는 약 10%의 점유율을 차지함.

실적 분석
2017년 반기 연결기준 매출액은 전년동기 대비 16% 증가한 1,011.5 억원, 영업이익은 32.9% 증가한 205.9 억원을 기록. 글로벌 임플란트 시술 수요 확대 기반 CBCT 수출 고성장 궤도 진입. 연결 레이언스 제외 후 2개 분기 연속 매출액 성장률 15% 이상 시현. 임플란트 시술 수요 확대 기반 양호한 성장세 유지 전망. 중국에 서 주력 제품 Green Smart 허가 취득이 임박한 점도 긍정적임.

현금 흐름	*IFRS 연결 기준	〈단위 : 억원〉
항목	2016	2017.2Q
영업활동	322	173
투자활동	-1,145	-80
재무활동	742	-62
순현금흐름	-78	-39
기말현금	255	216

시장 대비 수익률

결산 실적 〈단위 : 억원〉

항목	2012	2013	2014	2015	2016	2017
매출액	1,758	1,715	1,948	2,174	2,383	
영업이익	124	153	316	410	453	
당기순이익	53	141	116	287	333	

분기 실적 *IFRS 별도 기준 〈단위 : 억원〉

항목	2016.1Q	2016.2Q	2016.3Q	2016.4Q	2017.1Q	2017.2Q
매출액	378	493	538	974	442	56
영업이익	48	107	100	198	83	13
당기순이익	56	111	50	116	606	13

재무 상태 〈단위 : 억원〉

항목	2012	2013	2014	2015	2016	2017.2Q
총자산	2,000	2,277	2,400	2,702	3,902	3,15
유형자산	423	480	564	759	907	66
무형자산	111	149	117	192	304	
유가증권	11	11	3	3	3	
총부채	1,133	1,230	1,269	1,362	1,331	1,26
총차입금	663	692	719	890	725	62
자본금	74	74	74	74	74	
총자본	867	1,047	1,130	1,340	2,570	1,88
지배주주지분	758	829	876	1,015	1,468	1,87

기업가치 지표

항목	2012	2013	2014	2015	2016	2017.2Q
주가(최고/저)(천원)	13.6/5.8	19.1/8.6	30.8/11.0	42.4/21.8	50.2/30.9	—/—
PER(최고/저)(배)	34.6/14.7	50.7/23.0	47.5/17.0	29.8/15.3	30.2/18.6	—/—
PBR(최고/저)(배)	2.7/1.1	3.4/1.5	5.3/1.9	6.2/3.2	5.1/3.1	3.0/2
EV/EBITDA(배)	12.2	9.8	11.4	13.5	10.7	
EPS(원)	405	382	653	1,433	1,667	4,72
BPS(원)	5,290	5,732	5,895	6,831	9,884	12,58
CFPS(원)	765	863	1,178	1,986	2,421	4,99
DPS(원)	100	100	100	100	100	
EBITDAPS(원)	1,196	1,511	2,655	3,312	3,804	1,65

재무 비율 〈단위 : % 〉

연도	영업이익률	순이익률	부채비율	차입금비율	ROA	ROE	유보율	자기자본비율	EBITDA마진율
2016	19.0	14.0	51.8	28.2	10.1	20.0	1,876.8	65.9	23
2015	18.9	13.2	101.6	66.4	11.3	22.5	1,266.1	49.6	22.
2014	16.3	6.0	112.3	63.6	5.0	11.4	1,078.9	47.1	20.
2013	8.9	8.2	117.4	66.1	7.2	15.1	1,046.5	46.0	17.

방림 (A003610)
Pangrim

업 종 : 섬유 및 의복		시 장 : 거래소	
신용등급 : (Bond) — (CP) —		기업규모 : 시가총액 소형주	
홈페이지 : www.pangrim.com		연 락 처 : 02)2085-2114	
본 사 : 서울시 마포구 월드컵북로 402 KGIT상암센터 18층			

설 립 일 1962.12.05	종 업 원 수 284명	대 표 이 사 서재희대표집행임원
상 장 일 1989.05.30	감 사 의 견 적정 (신한)	계 열
결 산 기 09월	보 통 주 423만주	종속회사수 1개사
액 면 가 5,000원	우 선 주	구 상 호

주주구성 (지분율,%)		출자관계 (지분율,%)		주요경쟁사 (외형,%)	
서재희	37.0	삼광글라스		방림	100
조문원	5.6	셀트리온		형지I&C	85
(외국인)	1.2	삼성생명		에스마크	19

매출구성		비용구성		수출비중	
면방(제품)	70.0	매출원가율	86.7	수출	77.0
면방(상품)	28.0	판관비율	8.1	내수	23.0
면방(기타)	2.1				

회사 개요
동사는 면직물, 염색가공원단의 제조 및 판매 등의 사업을 영위함. 1989년 유가증권시장에 상장됨. 1992년 베트남에 방직공장을 세워 방직, 직포 및 가공의 일괄생산체제를 구축함. 내수 시장 매출 비중이 약 40%인 동사는 극심한 국내 경기 침체로 영업 환경이 악화되고 있음. 미 트럼프 대통령의 TPP 탈퇴 방침으로 베트남 공장의 방림네오텍스의 관세철감 혜택을 통한 미주지역 수출 확대 전망이 불투명해질 것으로 예상됨.

실적 분석
동사의 3분기 누적 매출액(9월 회계)은 1,105.9억원으로 전년동기 대비 3.7% 감소함. 영업이익은 46.3억원으로 전년동기 대비 35.4% 감소함, 당기순이익은 57.7억원으로 55.4% 증가함. 의류, 침장용 등 가공직물이 전체 매출의 약 70%를 차지함. 미주 지역 대신 유럽, 중동 지역의 군복, 워크웨어, 아웃도어 의류 등으로의 판매 증대, 판로 개척에 힘을 쏟고 있음.

현금 흐름		〈단위 : 억원〉
항목	2016	2017.3Q
영업활동	237	115
투자활동	-101	67
재무활동	-124	-121
순현금흐름	12	61
기말현금	86	147

시장 대비 수익률

결산 실적					〈단위 : 억원〉	
항목	2012	2013	2014	2015	2016	2017
매출액	2,059	1,938	1,614	1,615	1,507	—
영업이익	-96	36	44	65	79	—
당기순이익	-70	15	34	67	50	—

분기 실적					〈단위 : 억원〉	
항목	2016.2Q	2016.3Q	2016.4Q	2017.1Q	2017.2Q	2017.3Q
매출액	356	359	359	401	374	331
영업이익	11	18	7	29	14	3
당기순이익	20	2	13	23	12	23

재무 상태					〈단위 : 억원〉	
항목	2012	2013	2014	2015	2016	2017.3Q
총자산	2,779	2,808	2,610	2,592	2,495	2,412
유형자산	740	748	738	745	587	593
무형자산	22	10	13	13	11	11
유가증권	255	471	396	565	685	640
총부채	1,084	1,095	880	805	670	577
총차입금	837	875	676	602	481	413
자본금	212	212	212	212	212	212
총자본	1,695	1,713	1,730	1,787	1,825	1,835
지배주주지분	1,695	1,713	1,730	1,787	1,825	1,835

기업가치 지표						
항목	2012	2013	2014	2015	2016	2017.3Q
주가(최고/저)(천원)	13.7/9.0	12.3/10.3	21.5/10.9	35.7/19.4	30.1/21.4	—/—
PER(최고/저)(배)	—/—	37.6/31.4	27.9/14.3	23.3/12.6	25.8/18.3	—/—
PBR(최고/저)(배)	0.4/0.2	0.3/0.3	0.5/0.3	0.9/0.5	0.7/0.5	0.6/0.5
EV/EBITDA(배)		8.2	10.8	9.4	5.5	—
EPS(원)	-1,651	347	792	1,577	1,188	1,364
BPS(원)	41,114	41,093	41,499	42,831	43,736	44,758
CFPS(원)	-926	949	1,649	2,605	2,294	2,180
DPS(원)	300	250	250	300	380	
EBITDAPS(원)	-1,534	1,443	1,888	2,564	2,965	1,910

재무 비율								〈단위 : % 〉	
연도	영업이익률	순이익률	부채비율	차입금비율	ROA	ROE	유보율	자기자본비율	EBITDA마진율
2016	5.2	3.3	36.7	26.3	2.0	2.8	774.7	73.2	8.3
2015	4.0	4.1	45.1	33.7	2.6	3.8	756.6	68.9	6.7
2014	2.7	2.1	50.9	39.1	1.2	2.0	730.0	66.3	5.0
2013	1.8	0.8	63.9	51.1	0.5	0.9	721.9	61.0	3.2

백광산업 (A001340)
Paik Kwang Industiral

업 종 : 화학		시 장 : 거래소	
신용등급 : (Bond) — (CP) —		기업규모 : 시가총액 소형주	
홈페이지 : www.pkic.co.kr		연 락 처 : 063)450-1700	
본 사 : 전북 군산시 임해로 494-16			

설 립 일 1954.11.25	종 업 원 수 123명	대 표 이 사 김성훈
상 장 일 1976.06.10	감 사 의 견 적정 (인덕)	계 열
결 산 기 12월	보 통 주 4,492만주	종속회사수
액 면 가 500원	우 선 주	구 상 호

주주구성 (지분율,%)		출자관계 (지분율,%)		주요경쟁사 (외형,%)	
김성훈	22.3			백광산업	100
상원상공	7.1			경농	151
(외국인)	1.7			효성오앤비	26

매출구성		비용구성		수출비중	
기타	58.1	매출원가율	78.7	수출	4.0
가성소다(화공사업)	41.9	판관비율	17.3	내수	96.0

회사 개요
동사는 전해조 설비를 통해 가성소다, 염산, 액체염소등의 무기화학제품과 솔비톨을 제조하는 업체임. 가성소다가 전체 매출의 절반 가량을 차지함. 라이신사업은 가격하락으로 적자가 계속되어 2013년 11월에 대상에 매각함(매각대금 1,207억원). 2009년 현물출자로 매수한 반도체 세정업체인 나노윈의 지분도 2016년 1월 전량 매각함. 서울공장에 골프연습장과 아이스링크장을 건설하여 2013년 11월에 영업을 개시함.

실적 분석
동사의 매출에서 큰 비중을 차지하는 가성소다와 염산의 국제가격이 오르면서 2017년 이익이 크게 늘어날 전망임. 국제 가성소다 가격은 지난해 1월 톤당 338달러에서 올 2분기 평균 445달러로 31.6% 상승함. 중국 화학기업이 석탄을 원료로 PVC와 부산물인 가성소다를 생산하는데 석탄가격이 오르면서 경제성이 상실하여 가성소다 공급이 위축됨. 업계 1위인 유니드의 인천공장 이전으로 염산 20만톤을 생산하지 못해 염산가격도 강세를 보일 전망임.

현금 흐름 *IFRS 별도 기준		〈단위 : 억원〉
항목	2016	2017.2Q
영업활동	181	83
투자활동	182	-46
재무활동	-348	-41
순현금흐름	15	-3
기말현금	38	35

시장 대비 수익률

결산 실적					〈단위 : 억원〉	
항목	2012	2013	2014	2015	2016	2017
매출액	4,040	3,841	1,426	1,292	1,347	—
영업이익	130	-382	66	33	54	—
당기순이익	12	-394	-340	-165	24	—

분기 실적 *IFRS 별도 기준					〈단위 : 억원〉	
항목	2016.1Q	2016.2Q	2016.3Q	2016.4Q	2017.1Q	2017.2Q
매출액	380	351	352	264	356	375
영업이익	15	19	3	17	15	32
당기순이익	3	-7	-6	34	10	29

재무 상태 *IFRS 별도 기준					〈단위 : 억원〉	
항목	2012	2013	2014	2015	2016	2017.2Q
총자산	4,857	5,026	4,492	3,073	2,688	2,670
유형자산	3,430	3,596	3,350	2,428	2,338	2,314
무형자산	14	11	9	1	0	0
유가증권	2	2	25	4	6	6
총부채	2,828	3,394	3,207	1,909	1,483	1,388
총차입금	2,245	2,659	2,585	1,434	1,071	991
자본금	149	156	156	225	225	225
총자본	2,029	1,632	1,285	1,164	1,205	1,281
지배주주지분	2,029	1,632	1,285	1,164	1,205	1,281

기업가치 지표 *IFRS 별도 기준						
항목	2012	2013	2014	2015	2016	2017.2Q
주가(최고/저)(천원)	4.5/2.9	5.5/2.5	4.4/2.0	3.0/1.8	2.1/1.7	—/—
PER(최고/저)(배)	132.8/86.7	—/—	—/—	—/—	39.6/32.0	—/—
PBR(최고/저)(배)	0.8/0.5	1.2/0.5	0.5/0.2	0.6/0.4	0.7/0.6	1.1/0.7
EV/EBITDA(배)	8.5		8.4	9.8	10.8	—
EPS(원)	34	-1,153	-993	-408	53	86
BPS(원)	6,842	5,256	4,145	2,927	2,961	3,014
CFPS(원)	875	-269	-60	87	327	221
DPS(원)	40					
EBITDAPS(원)	1,271	-228	1,240	577	394	240

재무 비율								〈단위 : % 〉	
연도	영업이익률	순이익률	부채비율	차입금비율	ROA	ROE	유보율	자기자본비율	EBITDA마진율
2016	4.0	1.8	123.1	88.9	0.8	2.0	492.1	44.8	13.1
2015	2.6	-12.8	164.1	123.2	-4.4	-13.5	485.4	37.9	18.0
2014	4.6	-23.8	249.4	201.1	-7.1	-23.3	728.9	28.6	27.1
2013	-9.9	-10.3	207.9	162.9	-8.0	-21.6	951.2	32.5	-1.9

백광소재 (A014580)
Baek Kwang Mineral Products

업 종 : 건축소재		시 장 : 거래소	
신용등급 : (Bond) ― (CP) ―		기업규모 : 시가총액 소형주	
홈 페 이 지 : www.bkmp.co.kr		연 락 처 : 02)3661-8018	
본 사 : 서울시 강서구 공항대로 467(등촌동) 송원빌딩 6층			

설 립 일 1980.01.22	종 업 원 수 310명	대 표 이 사 문희철	
상 장 일 1991.03.07	감 사 의 견 적정 (삼덕)	계 열	
결 산 기 12월	보 통 주 2,758만주	종속회사수 3개사	
액 면 가 500원	우 선 주	구 상 호	

주주구성 (지분율,%)
태경산업	49.5
신영자산운용	7.4
(외국인)	0.3

출자관계 (지분율,%)
태경화학	40.0
남영전구	31.9
에스비씨	17.5

주요경쟁사 (외형,%)
백광소재	100
보광산업	28
일신석재	25

매출구성
(상품)일반가스外 외	42.8
생석회분말	18.7
담배, 유류 외	16.0

비용구성
매출원가율	77.1
판관비율	17.9

수출비중
수출	2.0
내수	98.0

회사 개요
동사는 1980년에 설립되어 1991년에 한국거래소에 주식을 상장한 석회석 전문 제조 업체로서, 석회석을 가공하여 생석회, 소석회, 수산화칼슘 등의 각종 석회 제품을 생산 중임. 이외에도 2005년부터 휴게소 운영업을 영위하고 있으며, 2016년에 탄산가스 판매업을 영위하는 태경화학의 지분 추가매입으로 탄산가스 사업부문이 추가되었고, 연결대상 종속회사로 태경화학, 태경가스기술, 태경그린가스 등 3개사가 편입되어 있음.

실적 분석
동사의 매출은 석회제조 판매업과, 탄산가스 사업과 휴게소 운영업으로 구분되며, 사업별 매출액은 각각 741.2억원, 218.7억원, 137.1억원으로 전년동기 708.3억원 대비 54.9% 증가한 1,097.1억원을 시현함. 석회제조 및 탄산가스 사업부문이 크게 증가했으며, 매출 증가로 영업이익은 전년동기 대비 51.7% 증가한 12.2억원을 시현함. 비영업손익면에서 금융이익 등 12.7억원의 이익이 발생하였고 당기순이익은 46.1억원을 시현.

현금 흐름 〈단위 : 억원〉
항목	2016	2017.2Q
영업활동	47	149
투자활동	-117	-39
재무활동	204	-114
순현금흐름	134	-4
기말현금	170	166

시장 대비 수익률

결산 실적 〈단위 : 억원〉
항목	2012	2013	2014	2015	2016	2017
매출액	1,262	1,252	1,218	1,135	1,715	―
영업이익	59	85	65	51	85	―
당기순이익	87	64	46	100	53	―

분기 실적 〈단위 : 억원〉
항목	2016.1Q	2016.2Q	2016.3Q	2016.4Q	2017.1Q	2017.2Q
매출액	283	425	464	543	515	582
영업이익	10	20	30	24	12	34
당기순이익	13	12	16	12	21	26

재무 상태 〈단위 : 억원〉
항목	2012	2013	2014	2015	2016	2017.2Q
총자산	1,698	1,790	1,785	1,825	2,788	2,758
유형자산	558	623	639	696	1,210	1,190
무형자산	136	133	148	135	136	134
유가증권	35	50	60	84	340	374
총부채	665	668	640	673	1,124	1,064
총차입금	281	266	283	331	632	562
자본금	138	138	138	138	138	138
총자본	1,033	1,122	1,144	1,152	1,665	1,694
지배주주지분	1,033	1,122	1,144	1,152	1,115	1,128

기업가치 지표
항목	2012	2013	2014	2015	2016	2017.2Q
주가(최고/저)(천원)	1.7/1.5	2.0/1.6	2.4/1.9	2.7/2.2	3.0/2.2	―/―
PER(최고/저)(배)	6.6/5.8	10.0/8.2	16.3/12.9	29.2/23.2	20.8/15.5	―/―
PBR(최고/저)(배)	0.6/0.5	0.6/0.5	0.7/0.5	0.7/0.6	0.8/0.6	0.7/0.7
EV/EBITDA(배)	5.1	4.9	5.9	7.6	9.2	―
EPS(원)	316	231	166	100	149	120
BPS(원)	37,457	40,674	41,485	4,175	4,066	4,112
CFPS(원)	5,703	4,966	4,596	374	551	320
DPS(원)	1,000	1,000	1,000	100	100	―
EBITDAPS(원)	4,687	5,724	5,303	461	710	367

재무 비율 〈단위 : %〉
연도	영업이익률	순이익률	부채비율	차입금비율	ROA	ROE	유보율	자기자본비율	EBITDA마진율
2016	4.9	3.1	67.5	37.9	2.3	3.6	713.2	59.7	11.4
2015	4.5	2.4	58.5	28.7	1.5	2.4	735.0	63.1	11.2
2014	5.4	3.8	56.0	24.7	2.6	4.0	729.7	64.1	12.0
2013	6.8	5.1	59.5	23.7	3.7	5.8	713.5	62.7	12.6

백금티앤에이 (A046310)
BG T&A

업 종 : 통신장비		시 장 : KOSDAQ	
신용등급 : (Bond) ― (CP) ―		기업규모 : 중견	
홈 페 이 지 : www.bgtna.com		연 락 처 : 031)488-7900	
본 사 : 경기도 군포시 엘에스로 153-18, L&C타워 5~6층			

설 립 일 1996.12.17	종 업 원 수 43명	대 표 이 사 임학규	
상 장 일 2002.02.05	감 사 의 견 적정 (삼덕)	계 열	
결 산 기 12월	보 통 주 1,431만주	종속회사수 4개사	
액 면 가 500원	우 선 주	구 상 호	

주주구성 (지분율,%)
임학규	25.6
박태신	2.3
(외국인)	0.7

출자관계 (지분율,%)
엠티오메가	81.8
넥스커뮤니케이션	71.8
BGTECHInternationalLtd	100.0

주요경쟁사 (외형,%)
백금T&A	100
기산텔레콤	98
서화정보통신	22

매출구성
Navi 블랙박스(RDVR콤보)(상품및제품)	38.7
TWR(무전기)(상품및제품)	38.2
RD(레이더디텍터)(상품및제품)	19.8

비용구성
매출원가율	78.3
판관비율	25.4

수출비중
수출	81.0
내수	19.0

회사 개요
1996년 설립된 동사는 통신기기 제조업을 영위하고 있으며 주요 제품군은 4가지로 Radar Detecter, 무전기(TWR), 산업용 PDA, 네비게이션 등임. 동사는 내비게이션 개발하는 엠티오메가, PDA 개발하는 포인트모바일, TWR 개발하는 넥스커뮤니케이션 등 총 6개의 계열회사를 두고 있음. 동사는 레이더 기술을 응용한 스마트폰, GPS기술을 더한 야외 레저활동 용품, 포켓형 산업용 PDA 등을 신규 사업으로 추진 중임.

실적 분석
동사의 2017년 상반기 매출은 391억원으로 전년대비 35.2% 증가, 영업이익은 12.9억원으로 전년대비 흑자전환, 당기순이익은 7억원으로 전년대 흑자전환 시현. 주요 제품 중 레이더디텍터(RD)는 규모의 경제를 달성하여 원가경쟁력을 보유함. 미국의 Cobra / Escort 등 제1의 유통업체를 확보함에 따라 시장에서의 지배력을 높임. 자회사인 엠티오메가의 러시아 수출 호조 등에 힘입어 2017년 매출, 이익 증가 기대

현금 흐름 〈단위 : 억원〉
항목	2016	2017.2Q
영업활동	41	-19
투자활동	-132	-26
재무활동	87	36
순현금흐름	-6	-7
기말현금	65	59

시장 대비 수익률

결산 실적 〈단위 : 억원〉
항목	2012	2013	2014	2015	2016	2017
매출액	1,060	811	943	926	602	―
영업이익	22	-41	7	11	-22	―
당기순이익	21	-53	1	1	-20	―

분기 실적 〈단위 : 억원〉
항목	2016.1Q	2016.2Q	2016.3Q	2016.4Q	2017.1Q	2017.2Q
매출액	127	162	134	179	175	21
영업이익	-12	3	-7	-7	4	―
당기순이익	-6	3	-9	-8	-9	―

재무 상태 〈단위 : 억원〉
항목	2012	2013	2014	2015	2016	2017.2Q
총자산	775	729	745	554	650	80
유형자산	60	67	64	31	30	2
무형자산	53	64	72	82	100	10
유가증권	―	―	―	―	―	―
총부채	437	449	439	323	348	49
총차입금	296	320	299	241	232	28
자본금	35	35	57	57	72	7
총자본	338	280	306	231	301	31
지배주주지분	278	212	226	222	292	30

기업가치 지표
항목	2012	2013	2014	2015	2016	2017.2Q
주가(최고/저)(천원)	1.8/1.2	1.6/0.9	1.4/0.7	4.3/1.0	6.6/2.4	―/―
PER(최고/저)(배)	―/―	―/―	―/―	―/―	―/―	―/―
PBR(최고/저)(배)	0.5/0.4	0.4/0.2	0.7/0.4	2.4/0.5	3.2/1.2	3.9/1.1
EV/EBITDA(배)	5.1	―	9.4	11.9	86.0	―
EPS(원)	-75	-707	-141	-174	-151	4
BPS(원)	4,284	3,334	2,145	1,936	2,043	2,100
CFPS(원)	337	-437	248	126	104	18
DPS(원)	―	―	―	―	―	―
EBITDAPS(원)	746	-109	474	411	78	22

재무 비율 〈단위 : %〉
연도	영업이익률	순이익률	부채비율	차입금비율	ROA	ROE	유보율	자기자본비율	EBITDA마진율
2016	-3.7	-3.2	115.6	77.1	-3.3	-7.5	308.6	46.4	1.
2015	1.2	0.1	139.8	104.1	0.1	-9.5	287.2	41.7	5.
2014	0.7	0.3	143.1	97.6	0.3	-6.1	329.1	41.1	4.
2013	-5.0	-6.6	160.3	114.3	-7.1	-25.9	566.8	38.4	0.

백산 (A035150)
Baiksan

업 종 : 섬유 및 의복	시 장 : 거래소	
신용등급 : (Bond) — (CP) —	기업규모 : 시가총액 소형주	
홈페이지 : www.baiksan.co.kr	연 락 처 : 031)499-0044	
본 사 : 경기도 시흥시 공단1대로27번길 47 (정왕동)		

설 립 일	1986.08.16	종 업 원 수	260명	대 표 이 사	김상화,김한준(각자대표이사)
상 장 일	1999.08.11	감 사 의 견	적정 (한영)	계 열	
결 산 기	12월	보 통 주	2,420만주	종속회사수	6개사
액 면 가	500원	우 선 주		구 상 호	

주주구성 (지분율,%)
김한준	16.4
김상화	13.2
(외국인)	3.4

출자관계 (지분율,%)
BSK인베스트먼트	100.0
와이비아이	60.0
백산티엔에스	9.0

주요경쟁사 (외형,%)
백산	100
TBH글로벌	360
F&F	219

매출구성
제품	79.1
상품	11.1
임가공매출	8.7

비용구성
매출원가율	77.4
판관비율	8.8

수출비중
수출	55.0
내수	45.0

회사 개요
동사는 1986년 10월 6일 백산화성으로 설립된 후, 1994년 4월 백산으로 상호를 변경하였음. 1999년 8월 11일 유가증권 시장에 상장됨. 2010년 12월 31일 중소기업으로 분류되었으며 폴리우레탄 합성수지와 부직포의 기포제를 사용하여 합성피혁을 제조 및 판매 하고 있음. 세계적인 브랜드인 나이키, 아디다스, 리복의 합성피혁 사용량 25%를 차지함.

실적 분석
동사의 2017년 상반기 매출액은 1,002.0억원으로 전년 동기 대비 2.6% 증가함. 영업이익은 112.9억원으로 전년 동기 대비 15.5% 감소함. 외환손실의 적자폭이 확대되며 당기순이익 또한 74.8억원으로 전년 동기 대비 31.4% 감소함. 차량내장재 부문은 아직 매출비중은 크지 않지만 차량 내 적용부위가 확대되고, 적용차종도 늘어나게 되면서 차량내장재 부문이 장기적으로 동사의 성장축이 될 전망임.

현금 흐름 〈단위 : 억원〉
항목	2016	2017.2Q
영업활동	220	118
투자활동	-70	-16
재무활동	-138	25
순현금흐름	10	63
기말현금	136	199

시장 대비 수익률

결산 실적 〈단위 : 억원〉
항목	2012	2013	2014	2015	2016	2017
매출액	1,840	1,772	1,698	1,721	2,008	—
영업이익	210	132	112	178	276	—
당기순이익	103	77	-26	154	216	—

분기 실적 〈단위 : 억원〉
항목	2016.1Q	2016.2Q	2016.3Q	2016.4Q	2017.1Q	2017.2Q
매출액	527	450	501	530	524	478
영업이익	86	47	81	61	84	28
당기순이익	75	34	64	43	55	20

재무 상태 〈단위 : 억원〉
항목	2012	2013	2014	2015	2016	2017.2Q
총자산	1,564	1,526	1,630	1,706	1,868	1,907
유형자산	625	592	465	456	493	492
무형자산	10	21	20	40	46	60
유가증권	62	20	56	48	26	5
총부채	682	571	710	670	637	636
총차입금	465	382	423	442	305	349
자본금	140	140	140	140	140	140
총자본	882	954	920	1,036	1,231	1,271
지배주주지분	882	954	920	1,036	1,221	1,263

기업가치 지표
항목	2012	2013	2014	2015	2016	2017.2Q
주가(최고/저)(천원)	4.3/2.0	7.5/4.2	6.2/3.9	6.2/3.5	9.9/4.4	—/—
PER(최고/저)(배)	10.9/5.1	24.7/13.8	—/—	10.0/5.7	11.1/4.9	1.8/1.5
PBR(최고/저)(배)	1.3/0.6	2.0/1.1	1.7/1.1	1.5/0.8	1.9/0.9	1.4/1.2
EV/EBITDA(배)	5.1	10.4	8.2	6.0	7.1	1.9
EPS(원)	425	320	-106	638	903	314
BPS(원)	3,680	3,944	3,802	4,318	5,156	5,321
CFPS(원)	581	476	48	782	1,064	387
DPS(원)	60	80	60	60	90	540
EBITDAPS(원)	1,024	702	616	880	1,302	

재무 비율 〈단위 : % 〉
연도	영업이익률	순이익률	부채비율	차입금비율	ROA	ROE	유보율	자기자본비율	EBITDA마진율
2016	13.8	10.8	51.8	24.8	12.1	19.4	791.3	65.9	15.7
2015	10.4	9.0	64.7	42.6	9.3	15.8	646.4	60.7	12.4
2014	6.6	-1.5	77.1	46.0	-1.6	-2.7	557.3	56.5	8.8
2013	7.5	4.4	59.9	40.0	5.0	8.4	581.7	62.6	9.6

버추얼텍 (A036620)
Virtualtek

업 종 : 종이 및 목재	시 장 : KOSDAQ	
신용등급 : (Bond) B (CP) —	기업규모 : 중견	
홈페이지 : www.virtualtek.co.kr	연 락 처 : 02)3140-1000	
본 사 : 서울시 마포구 마포대로 25 신한DM빌딩 12층		

설 립 일	1994.07.28	종 업 원 수	8명	대 표 이 사	서지현
상 장 일	1999.12.30	감 사 의 견	적정 (우리)	계 열	
결 산 기	12월	보 통 주	2,556만주	종속회사수	
액 면 가	500원	우 선 주		구 상 호	

주주구성 (지분율,%)
진선기업	15.7
서지현	11.9

출자관계 (지분율,%)
나투라금속	47.0
페이퍼코리아	15.6

주요경쟁사 (외형,%)
버추얼텍	100
한솔PNS	1,951
세하	1,328

매출구성
고지(상품)	88.7
전기(제품)	8.8
시스템통합(용역)	2.5

비용구성
매출원가율	88.5
판관비율	20.7

수출비중
수출	0.0
내수	100.0

회사 개요
동사의 주요 사업은 고지의 수입 판매로, 해외에서 신문 폐품을 수입해 국내 신문 용지 제조사에 납품함. 그 외 SI 사업으로서 SAP ERP의 유지보수 사업을 영위 중이며, 신규 사업의 일환으로 보조 배터리 판매, 연료 전지를 통한 발전 사업 등도 영위함. 고지 판매 매출이 전체 매출의 대부분을 차지하나, 보조배터리 부문과 나투라파워 합병을 통해 본격화한 연료전지 발전 부문에서도 매출이 본격화해 발생하고 있음.

실적 분석
동사의 반기 매출액은 주력제품인 고지부문에서 실적 개선을 이루어냄으로써 전년동기 대비 19.2% 증가한 59.9억원 기록함. 매출액 상승 및 판관비중 축소에도 불구하고, 매출원가율 상승 영향으로 수익성은 정체된 모습. 영업이익은 적자 지속상태이며 손실규모는 지난해 수준. 지난해 대규모 관련기업투자수익 발생에 따른 기저효과로 당기순이익은 큰 폭으로 감소하여 8.2억원의 순손실 시현하는데 그침.

현금 흐름 *IFRS 별도 기준 〈단위 : 억원〉
항목	2016	2017.2Q
영업활동	-9	1
투자활동	-14	-2
재무활동	25	14
순현금흐름	2	13
기말현금	14	27

시장 대비 수익률

결산 실적 〈단위 : 억원〉
항목	2012	2013	2014	2015	2016	2017
매출액	85	84	115	170	120	—
영업이익	-15	-19	3	2	-11	—
당기순이익	-12	-69	-110	-140	90	—

분기 실적 *IFRS 별도 기준 〈단위 : 억원〉
항목	2016.1Q	2016.2Q	2016.3Q	2016.4Q	2017.1Q	2017.2Q
매출액	18	33	27	43	37	23
영업이익	-2	1	-4	-7	-1	-0
당기순이익	117	-2	0	-25	-1	-6

재무 상태 *IFRS 별도 기준 〈단위 : 억원〉
항목	2012	2013	2014	2015	2016	2017.2Q
총자산	461	398	558	406	340	312
유형자산	0	0	67	64	61	60
무형자산	0	19	17	5	5	5
유가증권	4	4	4	4	192	167
총부채	115	123	227	221	217	110
총차입금	94	99	197	193	179	87
자본금	65	65	71	74	87	128
총자본	346	275	331	185	123	202
지배주주지분	346	275	331	185	123	202

기업가치 지표 *IFRS 별도 기준
항목	2012	2013	2014	2015	2016	2017.2Q
주가(최고/저)(천원)	2.4/0.9	2.9/1.2	2.1/1.2	3.2/1.3	4.8/1.5	—/—
PER(최고/저)(배)	—/—	—/—	—/—	—/—	8.2/2.5	—/—
PBR(최고/저)(배)	0.9/0.3	1.3/0.5	0.8/0.5	2.3/1.0	5.9/1.8	2.9/1.7
EV/EBITDA(배)			71.0	78.4		
EPS(원)	-88	-489	-749	-895	531	-40
BPS(원)	2,761	2,213	2,441	1,347	796	848
CFPS(원)	-91	-521	-784	-932	594	-35
DPS(원)						
EBITDAPS(원)	-110	-139	40	44	-44	2

재무 비율 〈단위 : % 〉
연도	영업이익률	순이익률	부채비율	차입금비율	ROA	ROE	유보율	자기자본비율	EBITDA마진율
2016	-9.2	75.2	175.7	144.9	24.2	58.5	59.3	36.3	-5.9
2015	1.3	-82.4	119.4	104.4	-29.1	-54.3	169.5	45.6	3.8
2014	2.6	-95.2	68.4	59.4	-22.9	-36.2	388.2	59.4	4.8
2013	-22.3	-82.1	44.8	36.1	-16.0	-22.1	342.7	69.1	-21.7

ㅂ

범양건영 (A002410)
BUMYANG CONSTRUCTION COLTD

업 종 : 건설		시 장 : 거래소	
신용등급 : (Bond) — (CP) —		기업규모 : 시가총액 소형주	
홈페이지 : www.iby.co.kr		연 락 처 : 041)573-5631	
본 사 : 충남 천안시 서북구 검은들길 7, 4층(불당동, 포인트프라자)			

설 립 일	1958.08.21	종업원수	141명	대표이사	강병주
상 장 일	1988.05.25	감사의견	적정 (한울)	계 열	
결 산 기	12월	보 통 주	475만주	종속회사수	1개사
액 면 가	5,000원	우 선 주		구 상 호	

주주구성 (지분율,%)		출자관계 (지분율,%)		주요경쟁사 (외형,%)	
플라스코앤비	26.8	키스톤에코프라임PEF	12.5	범양건영	100
플라스코에스	20.4	화봉참교육	10.3	한국종합기술	183
서울개발동농스타이위해건설/부동산투자회사1			3.8	까뀌이앤씨	128

매출구성		비용구성		수출비중	
건축(공사)	49.3	매출원가율	93.0	수출	—
토목(공사)	46.8	판관비율	5.9	내수	—
물류부문(기타)	3.5				

회사 개요
1958년 설립된 건설회사로, 2011년 10월 서울지방법원에 회생절차 개시 신청을 하여, 11월 개시 결정을 받은 이후, 정상화 노력이 이어 옴. 2011년 시공능력 기준으로 50위권에 있었으나 점차 하락하여 2015년에는 200위권 밖에 자리. 2017년 기준 188위. 침체된 국내 시장 상황을 타개하기 위해 해외 공공 사업 공사 수주라는 신시장 개척으로 활로를 모색하고 있으며 신성장 동력의 일환으로 2010년부터 해외 자원 재생사업에 진출.

실적 분석
동사의 연결기준 2017년 상반기 매출액은 531.4억원으로 전년동기 대비 28.5% 급증함. 양호한 외형확대와 함께 판관비율 하락으로 영업이익은 14.0억원을 시현함. 영업이익은 여전히 미미한 수준이나 전년 동기 5.2억 적자에 비하면 수익성이 크게 개선된 모습. 동사는 2014년 5월 법원으로부터 회생절차 종결 결정을 받았음.올해 1분기, 2분기는 미미하나마 당기순이익을 실현하고 있음.

현금 흐름 〈단위 : 억원〉
항목	2016	2017.2Q
영업활동	-48	-90
투자활동	-215	7
재무활동	304	69
순현금흐름	41	-14
기말현금	64	49

시장 대비 수익률

결산 실적 〈단위 : 억원〉
항목	2012	2013	2014	2015	2016	2017
매출액	701	492	484	655	1,090	—
영업이익	-254	-89	-24	1	12	—
당기순이익	-824	-489	-46	87	-11	—

분기 실적 〈단위 : 억원〉
항목	2016.1Q	2016.2Q	2016.3Q	2016.4Q	2017.1Q	2017.2Q
매출액	146	268	285	391	233	298
영업이익	3	2	2	5	8	6
당기순이익	3	-0	-1	-12	1	1

재무 상태 〈단위 : 억원〉
항목	2012	2013	2014	2015	2016	2017.2Q
총자산	1,801	337	281	792	1,219	1,252
유형자산	340	2	1	333	333	333
무형자산	2	1	9	8	8	7
유가증권	695	22	58	60	179	179
총부채	1,711	149	146	357	794	824
총차입금	1	10	38	141	446	520
자본금	51	131	133	238	238	238
총자본	90	188	134	435	426	428
지배주주지분	109	188	134	435	426	428

기업가치 지표
항목	2012	2013	2014	2015	2016	2017.2Q
주가(최고/저)(천원)	424/84.5	84.5/84.5	97.0/10.9	22.7/11.8	15.6/10.9	—/—
PER(최고/저)(배)	—/—	—/—	—/—	8.6/4.5	—/—	—/—
PBR(최고/저)(배)	3.2/0.6	13.1/13.1	21.3/2.4	2.5/1.3	1.7/1.2	1.5/1.2
EV/EBITDA(배)				228.7	44.7	
EPS(원)	-3,546,132	-258,500	-1,581	2,647	-228	45
BPS(원)	10,553	7,176	5,046	9,147	8,958	9,015
CFPS(원)	-275,569	-284,951	-1,725	2,717	-87	118
DPS(원)						
EBITDAPS(원)	-83,516	-50,109	-894	88	393	367

재무 비율 〈단위 : %〉
연도	영업이익률	순이익률	부채비율	차입금비율	ROA	ROE	유보율	자기자본비율	EBITDA마진율
2016	1.1	-1.0	186.4	104.7	-1.1	-2.5	79.2	34.9	1.7
2015	0.1	13.3	82.2	32.5	16.3	30.6	83.0	54.9	0.4
2014	-5.0	-9.6	108.7	27.9	-15.0	-28.7	0.9	47.9	-4.9
2013	-18.0	-99.4	79.2	5.3	-45.8	-330.1	43.5	55.8	-17.4

베셀 (A177350)
Vessel

업 종 : 디스플레이 및 관련부품		시 장 : KOSDAQ	
신용등급 : (Bond) — (CP) —		기업규모 : 벤처	
홈페이지 : www.vessel21.com		연 락 처 : 031)683-3953	
본 사 : 경기도 수원시 권선구 산업로155번길 281			

설 립 일	2004.06.17	종업원수	182명	대표이사	서기만
상 장 일	2013.07.01	감사의견	적정 (한울)	계 열	
결 산 기	12월	보 통 주	1,119만주	종속회사수	1개사
액 면 가	500원	우 선 주		구 상 호	

주주구성 (지분율,%)		출자관계 (지분율,%)		주요경쟁사 (외형,%)	
서기만	22.7			베셀	100
양인석	5.5			사파이어테크놀로지	32
(외국인)	1.4			쎄미시스코	28

매출구성		비용구성		수출비중	
LCD In-Line 장비 외	81.0	매출원가율	77.1	수출	—
OLED In-Line 장비 외	12.5	판관비율	18.0	내수	—
부품 및 개조등	3.8				

회사 개요
동사는 코스닥 상장기업으로 2004년 LCD용 장비 등의 개발 및 국산화를 목표로 설립된 후 LCD용 자동제어장치 설비 및 관련 하드웨어/소프트웨어 자체 개발에 성공하였으며 LGD에 장비를 납품하며 기술력 인정받음. 주요 제품으로는 LCD In-line시스템, Bake Oven, OLED In-line 시스템, TSP Direct Bonding 등으로 전방산업인 디스플레이 산업의 환경변화에 맞추어 다양한 제품을 개발 및 판매하고 있음.

실적 분석
동사의 연결 재무제표 기준 2017년 반기 매출액은 전년 동기 183.2억원 대비 107.5% 증가한 380.1억원 기록. 매출액이 크게 증가하며 영업이익 59.8억원을 기록, 전년 동기 대비 크게 증가함. 당기순이익 역시 33.1억원을 기록하며 전년동기 대비 큰폭 증가 하였음. 중국 시장 진출을 위한 디스플레이 투자가 지속되고 있다는 점은 향후 동사 실적에 긍정적 영향을 끼칠 것으로 기대됨.

현금 흐름 〈단위 : 억원〉
항목	2016	2017.2Q
영업활동	-57	91
투자활동	-108	-17
재무활동	63	-56
순현금흐름	-101	17
기말현금	8	25

시장 대비 수익률

결산 실적 〈단위 : 억원〉
항목	2012	2013	2014	2015	2016	2017
매출액	380	514	572	528	440	—
영업이익	15	37	75	79	22	—
당기순이익	-1	10	61	72	42	—

분기 실적 〈단위 : 억원〉
항목	2016.1Q	2016.2Q	2016.3Q	2016.4Q	2017.1Q	2017.2Q
매출액	72	112	68	188	171	209
영업이익	-4	5	-3	25	34	26
당기순이익	-3	7	-21	58	4	29

재무 상태 〈단위 : 억원〉
항목	2012	2013	2014	2015	2016	2017.2Q
총자산	306	380	502	673	762	774
유형자산	63	85	84	151	119	120
무형자산	12	16	25	36	50	61
유가증권	1				1	1
총부채	175	307	368	296	338	338
총차입금	132	188	178	104	159	124
자본금	19	14	14	27	56	56
총자본	131	73	134	376	424	436
지배주주지분	131	73	134	376	424	436

기업가치 지표
항목	2012	2013	2014	2015	2016	2017.2Q
주가(최고/저)(천원)	—/—	3.4/2.4	3.7/2.0	7.0/2.0	7.9/4.0	—/—
PER(최고/저)(배)	0.0/0.0	23.6/16.4	4.1/2.2	9.4/2.7	21.1/10.8	—/—
PBR(최고/저)(배)	0.0/0.0	3.1/2.2	1.9/1.0	2.1/0.6	2.1/1.1	1.8/1.4
EV/EBITDA(배)	4.3	7.6	2.6	5.8	29.5	
EPS(원)	-16	147	914	753	379	296
BPS(원)	3,409	1,912	3,501	6,892	3,787	3,982
CFPS(원)	62	381	1,736	1,545	446	328
DPS(원)					100	
EBITDAPS(원)	482	1,103	2,119	1,699	265	567

재무 비율 〈단위 : %〉
연도	영업이익률	순이익률	부채비율	차입금비율	ROA	ROE	유보율	자기자본비율	EBITDA마진율
2016	5.0	9.5	79.8	37.5	5.8	10.5	657.4	55.6	6.7
2015	15.1	13.6	78.8	27.6	12.2	28.2	1,278.4	55.9	15.9
2014	13.2	10.6	274.1	133.1	13.7	58.5	858.0	26.7	14.2
2013	7.3	1.9	419.7	256.1			423.0	19.2	11.3

ㅂ

벽산 (A007210)
BYUCK SAN

종 목 : 건축자재		시 장 : 거래소	
용 등 급 : (Bond) — (CP) —		기업규모 : 시가총액 소형주	
페 이 지 : www.byucksan.com		연 락 처 : 02)2260-6114	
본 사 : 서울시 중구 퇴계로 307, 광희빌딩 (광희동1가)			

설 립 일 1971.04.09	종 업 원 수 333명	대 표 이 사 김성식	
상 장 일 1972.01.04	감 사 의 견 적정 (대영)	계 열	
결 산 기 12월	보 통 주 6,856만주	종 속 회 사 수 2개사	
액 면 가 500원	우 선 주	구 상 호	

주주구성 (지분율,%)		출자관계 (지분율,%)		주요경쟁사 (외형,%)	
김희철	8.8	벽산페인트	90.3	벽산	100
벽산엘티씨엔터프라이즈	5.0	하츠	46.3	KCC	787
(외국인)	8.2	인희	28.0	LG하우시스	660

매출구성		비용구성		수출비중	
[제품]내화단열재, 천장재 등	55.0	매출원가율	78.0	수출	1.0
[상품등]내장재, 바닥재 등	45.0	판관비율	14.1	내수	99.0

회사 개요

동사는 1971년 설립되어 이듬해에 한국거래소에 상장된 기업으로서 단열재, 외장재, 천장재 등 건축자재와 도료의 제조 및 판매 사업을 영위하고 있으며, 익산공장을 비롯한 6개 공장에서 다양한 종류의 천장재, 단열재, 외장재 등 양질의 건축자재를 생산하며 본사를 비롯한 부산, 대구, 대전, 광주의 전국 4개 지점과 영업소를 통해 전국의 유통망을 확보하고 있음. 벽산페인트와 하츠를 연결대상 종속회사로 보유중임.

실적 분석

동사의 반기 매출액은 1,956억원으로 전년동기 대비 5.1% 감소하였음. 하츠(주방기기/환기부문)의 상승세가 건재부문 및 도료부문의 부진을 만회하는 모습이나, 건재부문의 부진이 커 외형 축소된 상황. 동기간 중 영업이익은 124.7억원으로 전년동기 대비 29.9% 감소하였으며, 당기순이익 또한 전년동기 대비 45.7% 줄어든 60.1억원을 기록하는데 그침. 원가율 상승 및 비영업손익 악화에 기인함.

현금 흐름		〈단위 : 억원〉
항목	2016	2017.2Q
영업활동	386	-57
투자활동	-220	0
재무활동	-94	-42
순현금흐름	98	-92
기말현금	1,108	1,016

시장 대비 수익률

결산 실적					〈단위 : 억원〉	
항목	2012	2013	2014	2015	2016	2017
매출액	3,903	3,994	4,284	4,428	4,438	—
영업이익	127	204	316	399	352	—
당기순이익	31	104	214	303	244	—

분기 실적					〈단위 : 억원〉
항목	2016.1Q	2016.2Q	2016.3Q	2016.4Q	2017.1Q	2017.2Q
매출액	952	1,107	1,127	1,251	971	985
영업이익	78	100	95	78	63	62
당기순이익	61	50	68	65	27	33

재무 상태					〈단위 : 억원〉
항목	2012	2013	2014	2015	2016	2017.2Q
총자산	3,865	3,984	4,000	4,295	4,584	4,327
유형자산	1,413	1,412	1,429	1,423	1,720	1,723
무형자산	58	49	47	52	46	49
유가증권	316	231	187	291	215	168
총부채	1,664	1,711	1,568	1,621	1,781	1,482
총차입금	767	669	578	567	562	544
자본금	343	343	343	343	343	343
총자본	2,201	2,273	2,432	2,674	2,803	2,845
지배주주지분	1,673	1,755	1,899	2,121	2,235	2,265

기업가치 지표					
항목	2012	2013	2014	2015	2016	2017.2Q
주가(최고/저)(천원)	3.1/1.6	2.7/1.6	6.9/2.5	12.5/5.5	9.2/4.2	—/—
PER(최고/저)(배)	48.5/25.2	17.3/10.5	25.0/9.0	31.1/13.8	28.4/13.1	—/—
PBR(최고/저)(배)	1.3/0.7	1.0/0.6	2.4/0.9	3.8/1.7	2.6/1.2	1.3/1.0
EV/EBITDA(배)	8.7	7.8	10.4	12.3	7.4	—/—
EPS(원)	72	163	284	407	328	69
BPS(원)	2,677	2,796	3,005	3,329	3,568	3,612
CFPS(원)	204	256	379	499	414	113
DPS(원)	130	56	68	65	35	—
EBITDAPS(원)	316	392	555	674	599	226

재무 비율								〈단위 : % 〉
연도	영업이익률	순이익률	부채비율	차입금비율	ROA	ROE	유보율	자기자본비율	EBITDA마진율
2016	7.9	5.5	63.6	20.1	5.5	10.3	613.7	61.1	9.3
2015	9.0	6.8	60.6	21.2	7.3	13.9	565.8	62.3	10.4
2014	7.4	5.0	64.5	23.8	5.4	10.7	501.0	60.8	8.9
2013	5.1	2.6	75.3	29.4	2.6	6.5	459.1	57.1	6.7

보광산업 (A225530)
BoKwang Industry

업 종 : 건축소재		시 장 : KOSDAQ	
신용등급 : (Bond) — (CP) —		기업규모 : 벤처	
홈 페 이 지 : www.bokwangindustry.co.kr		연 락 처 : 053)384-0883	
본 사 : 대구시 북구 유통단지로3길 40			

설 립 일 2004.08.27	종 업 원 수 76명	대 표 이 사 김윤수	
상 장 일 2015.12.17	감 사 의 견 적정 (안경)	계 열	
결 산 기 12월	보 통 주 3,447만주	종 속 회 사 수	
액 면 가 500원	우 선 주	구 상 호	

주주구성 (지분율,%)		출자관계 (지분율,%)		주요경쟁사 (외형,%)	
홈센타홀딩스	41.2	HC보광산업개발	20.0	보광산업	100
박병준	7.9	보광세라믹스	18.3	일신석재	88
		홈센타홀딩스	6.2	쎄니트	243

매출구성		비용구성		수출비중	
골재(제품)	44.7	매출원가율	66.9	수출	0.0
레미콘	40.4	판관비율	8.8	내수	100.0
아스콘 재생(제품)	6.8				

회사 개요

2004년 8월 설립된 동사는 대구, 경북지역에서 골재 사업, 아스콘 사업, 레미콘 사업을 영위하고 있음. 산업의 특성상 제품의 생산과 소비가 거의 동시에 일어나기 때문에 타 지역 경쟁사가 진입하기 힘든 사업 환경에 노출되어 있으며 동사의 매출은 골재 사업(48.9%), 아스콘 사업(10%), 레미콘 사업(41.1%)으로 구성되고 있으며 골재 산업의 환경 변화로 인해 골재 사업의 높은 수익성은 유지될 가능성이 큼.

실적 분석

동사의 연결기준 2017년 2분기 누적매출액은 206.0억원으로 전년동기 대비 12% 감소함. 2017년 최근 주택공급 과잉우려, 내수침체 및 금리인상 등 영향임. 고정비는 감소했으나, 외형축소의 영향으로 영업이익 약 31.8% 감소한 40.3억원을 기록함. 1.2억원의 금융손실이 발생하였으며 최종적으로 전년동기 대비 31.7% 감소한 33.7억원의 당기순이익을 기록하였음.

현금 흐름	*IFRS 별도 기준	〈단위 : 억원〉
항목	2016	2017.2Q
영업활동	116	42
투자활동	-100	-22
재무활동	-92	-33
순현금흐름	-75	-13
기말현금	30	16

시장 대비 수익률

결산 실적					〈단위 : 억원〉	
항목	2012	2013	2014	2015	2016	2017
매출액	423	421	315	403	477	—
영업이익	22	69	100	132	116	—
당기순이익	12	49	39	104	102	—

분기 실적	*IFRS 별도 기준				〈단위 : 억원〉
항목	2016.1Q	2016.2Q	2016.3Q	2016.4Q	2017.1Q	2017.2Q
매출액	100	134	115	128	83	123
영업이익	22	37	20	36	9	31
당기순이익	16	34	20	32	7	26

재무 상태	*IFRS 별도 기준				〈단위 : 억원〉
항목	2012	2013	2014	2015	2016	2017.2Q
총자산	264	473	464	848	878	862
유형자산	155	259	245	463	489	487
무형자산	10	—	—	—	—	—
유가증권	23	110	117	151	127	110
총부채	216	401	272	409	333	332
총차입금	148	273	154	261	192	175
자본금	11	11	14	57	115	172
총자본	48	72	192	439	545	530
지배주주지분	48	72	192	439	545	530

기업가치 지표	*IFRS 별도 기준				
항목	2012	2013	2014	2015	2016	2017.2Q
주가(최고/저)(천원)	—/—	—/—	—/—	—/—	—/—	—/—
PER(최고/저)(배)	0.0/0.0	0.0/0.0	0.0/0.0	5.2/3.9	46.2/5.8	—/—
PBR(최고/저)(배)	0.0/0.0	0.0/0.0	0.0/0.0	1.7/1.2	8.7/1.1	7.6/4.1
EV/EBITDA(배)	4.0	2.8	1.1	4.5	24.5	—/—
EPS(원)	66	263	201	406	296	98
BPS(원)	43,497	65,453	135,138	3,821	2,370	1,539
CFPS(원)	24,585	67,894	57,707	1,590	602	155
DPS(원)					300	—
EBITDAPS(원)	33,708	85,936	110,529	1,962	663	174

재무 비율								〈단위 : % 〉
연도	영업이익률	순이익률	부채비율	차입금비율	ROA	ROE	유보율	자기자본비율	EBITDA마진율
2016	24.3	21.4	61.1	35.3	11.8	20.8	374.1	62.1	31.9
2015	32.8	25.1	93.2	59.4	15.4	32.0	664.3	51.8	40.4
2014	31.9	12.5	141.3	80.1	8.4	29.7	1,251.4	41.4	40.6
2013	16.3	11.6	557.0	379.5	—	—	554.5	15.2	22.4

ㅂ

보라티알 (A250000)
BORATR CO

<table>
<tr><td>업　　종 : 식료품</td><td>시　　장 : KOSDAQ</td></tr>
<tr><td>신용등급 : (Bond) —　　(CP) —</td><td>기업규모 : 중견</td></tr>
<tr><td>홈페이지 : www.boratr.co.kr</td><td>연 락 처 : 02)538-3373</td></tr>
<tr><td colspan="2">본　　사 : 서울시 강남구 학동로 506 4층(삼성동, 성일빌딩)</td></tr>
</table>

설 립 일	2015.11.02	종업원수	86명	대표이사	김대영
상 장 일	2017.06.08	감사의견	적정 (세림)	계 열	
결 산 기	12월	보 통 주	675만주	종속회사수	
액 면 가	500원	우 선 주		구 상 호	

주주구성 (지분율,%)		출자관계 (지분율,%)		주요경쟁사 (외형,%)	
김대영	43.4	씨이십일	100.0	보라티알	100
나현진	29.4	보라리커	100.0	엠에스씨	354
(외국인)	0.1			동원F&B	5,844

매출구성		비용구성		수출비중	
유가공품	27.0	매출원가율	57.8	수출	0.0
소스류	20.8	판관비율	20.0	내수	100.0
파스타류	16.3				

회사 개요
동사는 2015년 11월 2일 설립됐으며, 주요 사업은 식품 식자재 수입, 도소매 유통 업을 영위. 파스타, 올리브오일, 토마토소스 등 가공식품을 수입 유통하는 기업으로 우수한 브랜드를 발굴하여 호텔, 레스토랑, 백화점, 대형마트 등을 통해 제품을 소비자에게 전달. 동사의 매출의 구성은 파스타, 토마토홀, 휘핑크림, 올리브오일 등 수입가공식품에 대한 상품매출과 토마토소스나 크림소스 등 제조를 통해 발생함.

실적 분석
동사의 2017년 상반기 연결기준 누적 매출액은 202.8억원으로 전년 동기 대비 12.3% 증가함. 매출이 증가하면서 매출원가와 판관비도 증가했지만 매출 상승에 따른 고정비용 감소효과가 커 영업이익은 전년 동기 대비 21.3% 증가한 44.4억원을 시현함. 비영업손익 부문에서도 흑자 전환하면서 당기순이익은 전년 동기대비 39.4% 증가한 36.8억원을 기록함.

현금 흐름 〈단위 : 억원〉

항목	2016	2017.2Q
영업활동	87	40
투자활동	-8	-290
재무활동	-81	286
순현금흐름	-1	37
기말현금	2	38

시장 대비 수익률

결산 실적 〈단위 : 억원〉

항목	2012	2013	2014	2015	2016	2017
매출액	—	—	—	70	384	—
영업이익	—	—	—	17	85	—
당기순이익	—	—	—	10	74	—

분기 실적 〈단위 : 억원〉

항목	2016.1Q	2016.2Q	2016.3Q	2016.4Q	2017.1Q	2017.2Q
매출액	—	95	—	—	—	103
영업이익	—	17	—	—	—	19
당기순이익	—	15	—	—	—	14

재무 상태 〈단위 : 억원〉

항목	2012	2013	2014	2015	2016	2017.2Q
총자산	—	—	—	269	271	592
유형자산	—	—	—	100	94	95
무형자산	—	—	—	3	3	3
유가증권	—	—	—			
총부채	—	—	—	212	117	160
총차입금	—	—	—	165	61	108
자본금	—	—	—	2	25	34
총자본	—	—	—	57	154	433
지배주주지분	—	—	—	57	154	433

기업가치 지표

항목	2012	2013	2014	2015	2016	2017.2Q
주가(최고/저)(천원)	#VALUE!	—/—	—/—	—/—	—/—	—/—
PER(최고/저)(배)	0.0/0.0	0.0/0.0	0.0/0.0	0.0/0.0	0.0/0.0	—/—
PBR(최고/저)(배)	0.0/0.0	0.0/0.0	0.0/0.0	0.0/0.0	0.0/0.0	2.9/2.7
EV/EBITDA(배)	0.0			8.5	0.4	
EPS(원)	—	—	—	223	1,544	695
BPS(원)	—	—	—	186,214	3,078	6,412
CFPS(원)	—	—	—	36,192	1,598	719
DPS(원)	—	—	—			
EBITDAPS(원)	—	—	—	58,511	1,826	863

재무 비율 〈단위 : % 〉

연도	영업이익률	순이익률	부채비율	차입금비율	ROA	ROE	유보율	자기자본비율	EBITDA마진율
2016	22.2	19.3	75.6	39.8	27.4	70.2	515.6	57.0	22.8
2015	24.8	15.0	374.4	291.1	0.0	0.0	3,624.3	21.1	25.6
2014	0.0	0.0	0.0	0.0	0.0	0.0	0.0	0.0	0.0
2013	0.0	0.0	0.0	0.0	0.0	0.0	0.0	0.0	0.0

보락 (A002760)
Bolak

<table>
<tr><td>업　　종 : 화학</td><td>시　　장 : 거래소</td></tr>
<tr><td>신용등급 : (Bond) —　　(CP) —</td><td>기업규모 : 시가총액 소형주</td></tr>
<tr><td>홈페이지 : www.bolak.co.kr</td><td>연 락 처 : 031)352-6455</td></tr>
<tr><td colspan="2">본　　사 : 경기도 화성시 양감면 초록로 720-37</td></tr>
</table>

설 립 일	1959.08.08	종업원수	130명	대표이사	정기련
상 장 일	1989.11.30	감사의견	적정 (한울)	계 열	
결 산 기	12월	보 통 주	5,990만주	종속회사수	
액 면 가	200원	우 선 주		구 상 호	

주주구성 (지분율,%)		출자관계 (지분율,%)		주요경쟁사 (외형,%)	
정기련	26.2	해태제과식품	0.1	보락	100
최경애	7.9			코오롱머티리얼	949
(외국인)	1.7			씨큐브	106

매출구성		비용구성		수출비중	
파인애플 엣센스	64.9	매출원가율	83.6	수출	4.0
보락애엽95%에탄올연조엑스	20.0	판관비율	10.7	내수	96.0
삭카린 나트륨	12.9				

회사 개요
1959년 설립된 동사는 식품첨가물 및 원료의약품사업 등을 영위하고 있음. 매출비중은 식품첨가물이 약 70%, 원료의약품이 20%를 보이고 있음. 엘지생활건강, 에스트라, 해태제과, 동아오츠카, 동아제약 등이 주요 매출처로 안정적 외형을 보이고 있으며, 소비자 기호에 영향을 받는 제품의 특성상 제품의 수명이 대체로 짧은 편이므로 소비자의 기호와 욕구에 맞는 다양하고 기능성 식품의 개발이 관건임.

실적 분석
동사의 2017년 상반기 누적 매출액은 168.5억원으로 전년동기 대비 10.5% 감소함. 비용 면에서 전년동기대비 매출원가는 다소 줄었으나 판관비 증가로 영업이익은 전년동기보다 51.4% 감소한 8.8억원 기록함. 비영업손익이 크게 출면서 당기순이익은 28억원에서 8.3억원으로 70.5% 급감함. 최근 친환경 제품 선호현상에 발맞춰 웰빙식품, 향토브랜드 등 다양한 형태의 식품의 적용할 수 있는 고품질의 식품첨가물 개발에 박차를 가하고 있음.

현금 흐름　*IFRS 별도 기준　〈단위 : 억원〉

항목	2016	2017.2Q
영업활동	55	-1
투자활동	-3	-11
재무활동	-11	-10
순현금흐름	41	-22
기말현금	53	31

시장 대비 수익률

결산 실적 〈단위 : 억원〉

항목	2012	2013	2014	2015	2016	2017
매출액	314	307	312	311	357	—
영업이익	20	8	8	13	20	—
당기순이익	19	7	21	-2	30	—

분기 실적　*IFRS 별도 기준　〈단위 : 억원〉

항목	2016.1Q	2016.2Q	2016.3Q	2016.4Q	2017.1Q	2017.2Q
매출액	92	96	86	83	81	8
영업이익	9	9	5	-2	3	
당기순이익	6	22	4	-2	2	

재무 상태　*IFRS 별도 기준　〈단위 : 억원〉

항목	2012	2013	2014	2015	2016	2017.2Q
총자산	494	497	515	495	531	51
유형자산	243	242	252	258	309	32
무형자산	2	2	2	1	1	
유가증권	8	8	8	8	3	
총부채	109	104	104	95	104	
총차입금	26	37	25	24	17	
자본금	120	120	120	120	120	12
총자본	385	393	411	400	427	42
지배주주지분	385	393	411	400	427	42

기업가치 지표　*IFRS 별도 기준

항목	2012	2013	2014	2015	2016	2017.2Q
주가(최고/저)(천원)	3.4/2.4	3.5/2.2	3.3/2.3	6.2/2.9	7.3/3.4	—/—
PER(최고/저)(배)	22.9/15.8	61.1/39.4	19.6/14.0	—/—	29.1/13.7	—/—
PBR(최고/저)(배)	1.1/0.8	1.1/0.7	1.0/0.7	1.9/0.9	2.1/1.0	1.9/1.1
EV/EBITDA(배)	11.1	12.6	14.2	16.2	18.4	
EPS(원)	32	12	35	-3	51	1
BPS(원)	3,215	3,276	3,434	3,340	3,568	71
CFPS(원)	283	188	314	126	382	2
DPS(원)	40	20	70	30	70	
EBITDAPS(원)	293	190	208	247	299	2

재무 비율 〈단위 : % 〉

연도	영업이익률	순이익률	부채비율	차입금비율	ROA	ROE	유보율	자기자본비율	EBITDA마진율
2016	5.7	8.5	24.3	3.9	5.9	7.3	256.8	80.5	10
2015	4.1	-0.6	23.8	6.0	-0.3	-0.4	234.0	80.8	9
2014	2.6	6.7	25.2	6.0	4.1	5.2	243.4	79.9	8.
2013	2.4	2.3	26.6	9.5	1.5	1.9	227.6	79.0	7.

보령메디앙스 (A014100)
Boryung Medience

업 종 : 개인생활용품		시 장 : KOSDAQ	
신용등급 : (Bond) — (CP) —		기업규모 : 우량	
홈 페 이 지 : www.medience.co.kr		연 락 처 : 02)708-8357	
본 사 : 서울시 종로구 창경궁로 136 (원남동 66-21 보령빌딩)			

설 립 일 1979.04.28	종 업 원 수 196명	대 표 이 사 김은경,박세권(각자대표이사)
상 장 일 1995.01.03	감사의견 적정 (삼정)	계 열
결 산 기 12월	보 통 주 1,140만주	종속회사수 1개사
액 면 가 500원	우 선 주	구 상 수

주주구성 (지분율,%)		출자관계 (지분율,%)		주요경쟁사 (외형,%)	
김은정	29.8	비알엠로지스틱스	20.0	보령메디앙스	100
보령홀딩스	13.0	보령제약	5.4	코리아나	91
(외국인)	0.8	보령메디앙스천진상무유한공사	100.0	네오팜	31

매출구성		비용구성		수출비중	
B & B 등	38.2	매출원가율	47.4	수출	18.0
I - MOM 외 다수	25.8	판관비율	47.6	내수	82.0
쇼콜라, 뮤아 외	16.7				

회사 개요
동사는 스킨케어, 수유용품, 완구발육용품에서 패션에 이르기까지 육아에 필요한 제품을 만드는 회사임. 주요 제품으로는 아동 스킨케어 제품인 퓨어가닉, 닥터아토, 누크, 수유용품인 유피스, 누크수유용품, 생활건강 제품인 닥터아토, B&B, 완구제품 피셔프라이스, 아동패션브랜드 쇼콜라 등이 있음. 2009년에는 친환경 제품에 관심을 보이는 소비자 니즈에 부응하기 위해 대표적인 친환경 브랜드인 '오가닉코튼' 브랜드를 인수함.

실적 분석
동사의 2017년 상반기 누적매출액은 610.4억원으로 전년동기 대비 11.8% 감소함. 매출원가와 판관비 감소 등 비용절감에도 불구하고 영업이익은 전년동기보다 49.9% 줄어든 19.0억원을 기록함. 당기순이익은 전년동기 대비 69.6% 감소한 10.0억원에 그침. 2017년 유아동 업계로는 이례적으로 성인 여성용 기초 스킨케어 브랜드 크리템(CRITEM)을 출시하는 등 사업 영역을 확장하며 내실성장에 집중하고 있음.

현금 흐름 〈단위 : 억원〉
항목	2016	2017.2Q
영업활동	107	16
투자활동	-60	-37
재무활동	12	-14
순현금흐름	55	-39
기말현금	98	58

시장 대비 수익률

결산 실적 〈단위 : 억원〉
항목	2012	2013	2014	2015	2016	2017
매출액	1,778	1,543	1,453	1,367	1,359	—
영업이익	6	-39	57	65	67	—
당기순이익	7	-38	53	56	27	—

분기 실적 〈단위 : 억원〉
항목	2016.1Q	2016.2Q	2016.3Q	2016.4Q	2017.1Q	2017.2Q
매출액	336	356	330	338	306	304
영업이익	22	26	18	1	9	10
당기순이익	16	24	12	-26	6	3

재무 상태 〈단위 : 억원〉
항목	2012	2013	2014	2015	2016	2017.2Q
총자산	905	860	879	918	976	959
유형자산	101	135	135	228	217	224
무형자산	16	11	9	12	21	20
유가증권	3	3	3	3	4	4
총부채	555	545	511	493	560	534
총차입금	189	243	201	188	240	227
자본금	51	52	53	54	55	57
총자본	350	314	368	425	416	425
지배주주지분	350	314	368	425	416	425

기업가치 지표
항목	2012	2013	2014	2015	2016	2017.2Q
주가(최고/저)(천원)	22.0/6.7	13.5/6.2	11.9/4.5	35.3/7.3	21.4/12.7	—/—
PER(최고/저)(배)	352.1/106.6	—/—	25.5/9.6	72.0/14.8	90.5/53.9	—/—
PBR(최고/저)(배)	7.2/2.2	4.9/2.3	3.7/1.4	9.4/1.9	5.4/3.2	3.9/2.9
EV/EBITDA(배)	42.6		11.9	29.8	19.9	—/—
EPS(원)	63	-332	466	490	236	87
BPS(원)	3,438	3,039	3,493	3,954	4,091	4,037
CFPS(원)	329	-118	701	713	469	191
DPS(원)				10		
EBITDAPS(원)	316	-129	734	796	838	270

재무 비율 〈단위 : % 〉
연도	영업이익률	순이익률	부채비율	차입금비율	ROA	ROE	유보율	자기자본비율	EBITDA마진율
2016	5.0	2.0	134.6	57.7	2.8	6.4	718.2	42.6	6.8
2015	4.7	4.1	116.2	44.3	6.2	14.1	690.7	46.3	6.3
2014	3.9	3.7	138.7	54.5	6.1	15.6	598.5	41.9	5.4
2013	-2.5	-2.5	173.4	77.4	-4.3	-11.4	507.8	36.6	-0.9

보령제약 (A003850)
Boryung Pharmaceutical

업 종 : 제약		시 장 : 거래소	
신용등급 : (Bond) — (CP) —		기업규모 : 시가총액 중형주	
홈 페 이 지 : www.boryung.co.kr		연 락 처 : 02)708-8000	
본 사 : 서울시 종로구 창경궁로 136 보령빌딩			

설 립 일 1963.11.11	종 업 원 수 1,042명	대 표 이 사 김은선,최태홍각자대표
상 장 일 1988.10.24	감사의견 적정 (안진)	계 열
결 산 기 12월	보 통 주 884만주	종속회사수 2개사
액 면 가 2,500원	우 선 주	구 상 수

주주구성 (지분율,%)		출자관계 (지분율,%)		주요경쟁사 (외형,%)	
보령홀딩스	30.2	바이젠셀	32.8	보령제약	100
김은선	12.2	금정프로젝트드금융투자	10.0	신풍제약	47
(외국인)	4.9	BORYUNGHONGKONGLtd.	100.0	광동제약	258

매출구성		비용구성		수출비중	
[제품]기타	37.2	매출원가율	56.8	수출	7.0
[상품]기타	24.9	판관비율	37.8	내수	93.0
겔포스 외	15.0				

회사 개요
동사는 1963년에 설립되어 의약품의 제조, 매매 및 소분업, 무역업, 무역대리업, 부동산 매매 및 임대업을 영위하고 있으며 1988년 10월 한국거래소에 상장됨. 제약산업은 다른 산업에 비하여 수요탄력성이 낮고 경제 흐름의 영향을 덜 받는 특성이 있음. 또한 신약 개발을 통해 확보한 원천기술 및 헬스케어산업으로의 사업다각화를 통해 성장성을 확보할 수 있는 분야임. 2017년 상반기 겔포스 등 제품 매출 비중은 54.3%를 기록함.

실적 분석
동사의 2017년 연결기준 2분기 누적 매출액은 전년동기대비 7.5% 증가한 2,088억원을 기록함. 상품 매출이 급증하며 외형 성장을 견인함. 상품 매출의 증가로 매출원가율은 악화되어 매출총이익은 전년동기대비 6.5% 감소한 847.8억원에 그침. 인건비와 광고선전비는 감소하였으나 기타 마케팅 비용의 증가로 판관비는 3.7% 증가한 791.4억원임. 그 결과 영업이익은 56.4억원으로 전년동기대비 60.7% 감소함.

현금 흐름 〈단위 : 억원〉
항목	2016	2017.2Q
영업활동	94	-257
투자활동	324	-113
재무활동	-385	270
순현금흐름	42	-99
기말현금	263	164

시장 대비 수익률

결산 실적 〈단위 : 억원〉
항목	2012	2013	2014	2015	2016	2017
매출액	3,121	3,273	3,595	4,014	4,091	—
영업이익	34	191	244	276	220	—
당기순이익	94	141	216	203	56	—

분기 실적 〈단위 : 억원〉
항목	2016.1Q	2016.2Q	2016.3Q	2016.4Q	2017.1Q	2017.2Q
매출액	889	1,053			999	1,089
영업이익	43	100			49	8
당기순이익	32	87			26	7

재무 상태 〈단위 : 억원〉
항목	2012	2013	2014	2015	2016	2017.2Q
총자산	2,730	2,676	2,824	3,309	3,979	3,968
유형자산	678	644	681	800	893	984
무형자산	166	175	167	185	178	172
유가증권	5	5	5	5	21	21
총부채	1,272	1,076	1,051	1,350	2,026	2,000
총차입금	522	317	370	573	255	544
자본금	174	183	192	201	211	221
총자본	1,458	1,600	1,774	1,959	1,953	1,969
지배주주지분	1,458	1,600	1,774	1,959	1,953	1,969

기업가치 지표
항목	2012	2013	2014	2015	2016	2017.2Q
주가(최고/저)(천원)	20.7/9.3	32.1/18.8	40.9/26.9	71.0/34.1	68.1/49.5	—/—
PER(최고/저)(배)	19.9/8.9	20.4/12.0	16.9/11.2	31.1/14.9	107.6/78.2	—/—
PBR(최고/저)(배)	1.3/0.6	1.8/1.0	2.0/1.3	3.2/1.5	2.9/2.1	2.6/2.1
EV/EBITDA(배)	15.4	9.4	10.0	12.7	14.7	—/—
EPS(원)	1,063	1,598	2,442	2,297	635	371
BPS(원)	21,484	22,426	23,797	24,994	24,377	23,435
CFPS(원)	2,851	3,375	4,267	4,115	2,483	1,277
DPS(원)	150	150	200	200	200	
EBITDAPS(원)	1,986	4,060	4,638	5,017	4,429	1,544

재무 비율 〈단위 : % 〉
연도	영업이익률	순이익률	부채비율	차입금비율	ROA	ROE	유보율	자기자본비율	EBITDA마진율
2016	5.4	1.4	103.7	13.1	1.5	2.9	875.1	49.1	9.1
2015	6.9	5.1	68.9	29.3	6.6	10.9	899.8	59.2	10.1
2014	6.8	6.0	59.2	20.9	7.9	12.8	851.9	62.8	9.9
2013	5.9	4.3	67.3	19.8	5.2	9.2	797.0	59.8	9.1

보성파워텍 (A006910)
Bosung Power Technology

업 종 : 전기장비		시 장 : KOSDAQ	
신용등급 : (Bond) — (CP) —		기업규모 : 벤처	
홈페이지 : www.bosungpower.co.kr		연락처 : 043)857-0311	
본 사 : 충북 충주시 주덕읍 대창길 70			

설 립 일	1970.11.21	종업원수	164명	대표이사	임재황
상 장 일	1994.09.07	감사의견	적정 (대주)	계 열	
결 산 기	12월	보통주	4,585만주	종속회사수	1개사
액 면 가	500원	우선주		구상소	

주주구성 (지분율,%)		출자관계 (지분율,%)		주요경쟁사 (외형,%)	
임도수	6.7	보성갈바텍	20.0	보성파워텍	100
임재황	6.3	보성종합건설	16.0	대한전선	1,908
(외국인)	0.5	토러스투자증권	1.0	LS	13,361

매출구성		비용구성		수출비중	
가스개폐기 외	32.2	매출원가율	96.5	수출	7.0
철구조물	24.5	판관비율	8.8	내수	93.0
상품	17.6				

회사 개요
동사는 전력산업 기자재생산 전문업체로 중전기기류, 송배전자재류, 철구조물 등을 개발, 생산 및 판매사업을 영위하고 있음. 전력산업은 국가 기간산업으로서 국내외의 경기동향에 많은 영향을 받는 등 산업연관효과가 큼. 정부의 육성정책과 내수시장 보호정책으로 고도의 성장을 해왔으며, 이로 인해 안정적인 사업분야로 인식되어 점차 경쟁업체가 증가하고 있음. 경제성장에 따른 설비투자증가 및 전력수요증가 요인과 연계됨.

실적 분석
동사의 2017년 상반기 연결기준 누적매출액은 318.8억원으로 전년동기대비 6.7% 증가하면서 영업손실이 16.9억원을 기록해 적자폭이 확대됨. 당기순손실도 20.4억원으로 적자를 늘려 놓남. 최근 전기자동차 충전기의 개발을 완료하고 테슬라 등 국내외 전기차업체에 납품영업을 추진 중임. 납품처가 정해지면 대량생산체제에 돌입한다는 계획임.

현금 흐름 〈단위 : 억원〉

항목	2016	2017.2Q
영업활동	-49	61
투자활동	22	-53
재무활동	331	-25
순현금흐름	304	-17
기말현금	341	324

시장 대비 수익률

결산 실적 〈단위 : 억원〉

항목	2012	2013	2014	2015	2016	2017
매출액	1,050	1,032	896	765	720	—
영업이익	31	11	-43	18	-38	—
당기순이익	9	-19	-48	7	5	—

분기 실적 〈단위 : 억원〉

항목	2016.1Q	2016.2Q	2016.3Q	2016.4Q	2017.1Q	2017.2Q
매출액	149	149	142	280	123	196
영업이익	6	-6	-9	-28	-11	-6
당기순이익	3	-9	-11	21	-13	-7

재무 상태 〈단위 : 억원〉

항목	2012	2013	2014	2015	2016	2017.2Q
총자산	976	925	845	935	1,287	1,273
유형자산	349	345	337	361	381	419
무형자산	24	22	19	17	17	17
유가증권	47	48	51	59	93	32
총부채	598	568	500	455	348	355
총차입금	317	324	318	232	111	86
자본금	154	154	159	189	229	229
총자본	378	357	345	480	939	918
지배주주지분	377	356	344	478	937	916

기업가치 지표

항목	2012	2013	2014	2015	2016	2017.2Q
주가(최고/저)(천원)	3.2/1.5	2.4/1.5	4.6/1.2	5.5/2.4	13.8/3.9	—/—
PER(최고/저)(배)	114.5/52.1	—/—	—/—	343.6/147.2	1,268.5/363.0	—/—
PBR(최고/저)(배)	2.8/1.3	2.2/1.4	4.5/1.2	4.6/2.0	6.7/1.9	3.3/1.3
EV/EBITDA(배)	16.6	25.9	—	56.8	—	—
EPS(원)	28	-58	-146	16	11	-45
BPS(원)	1,237	1,167	1,089	1,272	2,051	2,005
CFPS(원)	89	5	-88	67	58	-24
DPS(원)						
EBITDAPS(원)	-159	103	-71	97	-42	-16

재무 비율 〈단위 : %〉

연도	영업이익률	순이익률	부채비율	차입금비율	ROA	ROE	유보율	자기자본비율	EBITDA마진율
2016	-5.3	0.7	37.1	11.9	0.4	0.7	310.1	72.9	-2.5
2015	2.3	0.9	94.8	48.3	0.8	1.6	154.4	51.3	4.8
2014	-4.8	-5.4	145.1	92.3	-5.4	-13.7	117.8	40.8	-2.4
2013	1.1	-1.8	159.1	90.9	-2.0	-5.2	133.5	38.6	3.1

보해양조 (A000890)
BOHAE BREWERY

업 종 : 음료		시 장 : 거래소	
신용등급 : (Bond) — (CP) —		기업규모 : 시가총액 소형주	
홈페이지 : www.bohae.co.kr		연락처 : 061)240-5700	
본 사 : 전남 목포시 호남로68번길 36			

설 립 일	1952.11.11	종업원수	365명	대표이사	채원영,임지선
상 장 일	1988.09.23	감사의견	적정 (승일)	계 열	
결 산 기	12월	보통주	9,657만주	종속회사수	3개사
액 면 가	500원	우선주	3만주	구상소	

주주구성 (지분율,%)		출자관계 (지분율,%)		주요경쟁사 (외형,%)	
창해에탄올	31.0	님과함께	100.0	보해양조	100
임성우	1.8	보해매실농원	90.0	롯데칠성	2,051
(외국인)	1.6	상해순보해	100.0	하이트진로	1,636

매출구성		비용구성		수출비중	
소주	54.3	매출원가율	62.0	수출	—
과실주	34.0	판관비율	43.2	내수	—
기타	5.9				

회사 개요
동사는 천년의 아침, 잎새주 등 브랜드로 광주/전남에서 소주 시장의 약 75% 점유율을 유지하고 있음. 보해복분자주, 매취순, 순희 등은 전국적인 판매망을 확보해 유통하고 있음. 최근 출시한 저도주 소주 시장점유율 확대를 위한 마케팅비용 지출 증가, 주류업체들간의 과당경쟁이 영업비용 상승으로 이어져 영업환경에 어려움이 있음. 2001년 일본 아사히맥주와 공동개발한 소주 보해(寶海)를 일본에 수출하고 있음.

실적 분석
동사의 2017년 2분기기준 누적 매출액은 전년동기대비 -20.4% 하락한 504.9억원을 기록하였음. 실질적 서민경제가 아직 불확실하기 때문으로 판단됨. 그러나 비용측면에서 전년동기대비 매출원가는 감소 하였으며 인건비도 크게 감소, 광고선전비도 크게 감소, 지급판매비와관리비도 크게 감소함. 그에 따라 전년동기대비 영업이익은 13.6억원으로 흑자전환하였음. 최종적으로 전년동기대비 당기순이익은 흑자전환하여 8.5억원을 기록함.

현금 흐름 〈단위 : 억원〉

항목	2016	2017.2Q
영업활동	-100	46
투자활동	-152	-111
재무활동	237	65
순현금흐름	-15	1
기말현금	9	10

시장 대비 수익률

*결산 실적 〈단위 : 억원〉

항목	2012	2013	2014	2015	2016	2017
매출액	1,209	1,197	1,224	1,238	1,155	—
영업이익	87	87	93	82	-60	—
당기순이익	-48	24	49	88	-73	—

분기 실적 〈단위 : 억원〉

항목	2016.1Q	2016.2Q	2016.3Q	2016.4Q	2017.1Q	2017.2Q
매출액	342	292	295	226	261	24
영업이익	-1	-18	-11	-30	12	
당기순이익	-4	-17	-15	-36	8	

재무 상태 〈단위 : 억원〉

항목	2012	2013	2014	2015	2016	2017.2Q
총자산	2,357	2,130	2,099	2,185	2,189	2,26
유형자산	1,001	995	1,032	1,100	1,234	1,30
무형자산	20	17	14	13	14	1
유가증권	97	94	115	74	82	8
총부채	1,902	1,614	1,298	1,150	1,195	1,24
총차입금	1,206	1,030	720	436	659	71
자본금	220	239	414	469	479	48
총자본	456	515	801	1,035	994	1,01
지배주주지분	456	516	799	1,033	994	1,01

기업가치 지표

항목	2012	2013	2014	2015	2016	2017.2Q
주가(최고/저)(천원)	1.4/0.7	0.8/0.7	1.5/0.6	2.7/1.0	2.1/1.1	—/—
PER(최고/저)(배)	—/—	16.5/13.8	21.2/8.7	28.3/11.0	—/—	—/—
PBR(최고/저)(배)	1.2/0.6	0.7/0.6	1.6/0.7	2.5/1.0	2.1/1.0	1.5/1.
EV/EBITDA(배)	8.1	7.4	7.9	11.4	34.0	—
EPS(원)	-104	51	72	95	-75	
BPS(원)	1,172	1,201	965	1,102	1,037	1,05
CFPS(원)	104	269	216	211	46	7
DPS(원)						
EBITDAPS(원)	409	406	278	204	58	7

재무 비율 〈단위 : %〉

연도	영업이익률	순이익률	부채비율	차입금비율	ROA	ROE	유보율	자기자본비율	EBITDA마진율
2016	-5.2	-6.3	120.2	66.3	-3.3	-7.1	107.5	45.4	4.4
2015	6.6	7.1	111.2	42.1	4.1	9.6	120.3	47.4	15.4
2014	7.6	4.0	162.0	89.9	2.3	7.6	93.1	38.2	15.1
2013	7.3	2.0	313.2	199.9	1.1	5.0	140.2	24.2	15.1

본느 (A242420)
Bonne

업　종 : 개인생활용품	시　장 : KONEX
신용등급 : (Bond) —　(CP) —	기업규모 : —
홈페이지 : www.bonne.co.kr	연 락 처 : 031)707-4111
본　사 : 경기도 성남시 분당구 대왕판교로 670, A동 5층 504호(삼평동, 유스페이스2)	

설 립 일	2009.03.09	종 업 원 수	23명	대 표 이 사	임성기
상 장 일	2016.05.16	감 사 의 견	적정(태영)	계	열
결 산 기	12월	보 통 주		종속회사수	
액 면 가		우 선 주		구 상 호	

주주구성 (지분율,%)
임성기	40.9
임예원	10.2

출자관계 (지분율,%)
터치인솔	
뷰티플래비뉴케이	
본느화장품(상해)	

주요경쟁사 (외형,%)
본느	100
한국화장품	1,070
한국화장품제조	432

매출구성
기초화장용 제품류(제품)	54.4
색조화장용 제품류(제품)	25.7
눈 화장용 제품류(제품)	14.0

비용구성
| 매출원가율 | 66.7 |
| 판관비율 | 17.3 |

수출비중
| 수출 | 88.0 |
| 내수 | 12.0 |

회사 개요
2009년 3월 설립된 화장품 개발 및 제조기업으로 현재 OEM 및 ODM 사업과 자체 BRAND를 통한 화장품 제조업을 영위. 설립 이후 해외 Retail PB브랜드 및 색조화장품 Brand ODM(OEM) 사업을 통해 성장, 그간의 경험으로 제품의 기획 및 생산에 대한 노하우를 축적. 동사는 이러한 경험을 바탕으로 2012년부터 자체브랜드사업을 개시하며 현재 관계사로 100% 지분을 보유한 터치인솔 외 메디솔, 컬러비킷 지분을 보유.

실적 분석
동사의 매출액 성장률은 지난 2014년부터 2016년까지 연평균 59.65%를 기록. 동사는 2016년 전년 대비 매출액은 34% 증가한 150.3억원을 기록. 매출총이익 35% 증가 영업이익은 76% 증가했음. 다만 재고자산 평가충당금 및 지분법 손실에 따른 영업외손실과 전년 대비 증가한 법인세비용에 따라 당기순이익은 42% 감소했음. 영업이익과 당기순이익이 각각 24억원, 10.5억원을 기록함.

현금 흐름 *IFRS 별도 기준 〈단위 : 억원〉
항목	2016	2017.2Q
영업활동	-0	
투자활동	-6	
재무활동	-3	
순현금흐름	-9	
기말현금	21	

시장 대비 수익률

결산 실적 〈단위 : 억원〉
항목	2012	2013	2014	2015	2016	2017
매출액	—	52	59	112	150	—
영업이익	—	1	4	14	24	—
당기순이익	—	1	3	18	10	—

분기 실적 *IFRS 별도 기준 〈단위 : 억원〉
항목	2016.1Q	2016.2Q	2016.3Q	2016.4Q	2017.1Q	2017.2Q
매출액	—	—	—	—	—	—
영업이익	—	—	—	—	—	—
당기순이익	—	—	—	—	—	—

재무 상태 *IFRS 별도 기준 〈단위 : 억원〉
항목	2012	2013	2014	2015	2016	2017.2Q
총자산	—	20	21	81	93	—
유형자산	—	1	0	1	1	—
무형자산	—	0	0	0	0	—
유가증권	—					—
총부채	—	20	17	29	31	—
총차입금	—	12		5	8	6
자본금	—	1	4	5	6	—
총자본	—	-1	3	52	62	—
지배주주지분	—	-1	3	52	62	—

기업가치 지표 *IFRS 별도 기준
항목	2012	2013	2014	2015	2016	2017.2Q
주가(최고/저)(천원)	#VALUE!	—/—	—/—	—/—	46.7/16.0	—/—
PER(최고/저)(배)	0.0/0.0	0.0/0.0	0.0/0.0	0.0/0.0	9.9/3.4	0.0/0.0
PBR(최고/저)(배)	0.0/0.0	0.0/0.0	0.0/0.0	0.0/0.0	6.7	—
EV/EBITDA(배)	0.0	20.3	0.7			
EPS(원)	—	187	143	711	407	
BPS(원)	—	-5,721	4,038	47,744	1,915	
CFPS(원)	—	5,613	5,611	21,420	426	
DPS(원)	—					
EBITDAPS(원)	—	5,640	8,376	16,179	952	

재무 비율 〈단위 : % 〉
연도	영업이익률	순이익률	부채비율	차입금비율	ROA	ROE	유보율	자기자본비율	EBITDA마진율
2016	16.0	7.0	50.6	9.2	12.0	18.4	282.9	66.4	16.3
2015	12.1	16.2	56.6	16.0	35.9	66.0	854.9	63.9	12.6
2014	7.6	4.6	일부잠식	일부잠식	13.6	전기잠식	-19.2	16.7	1.1
2013	1.1	1.1	완전잠식	완전잠식	0.0		-214.4	-2.9	1.1

볼빅 (A206950)
VolvikInc

업　종 : 레저용품	시　장 : KONEX
신용등급 : (Bond) —　(CP) —	기업규모 : 188명
홈페이지 : www.volvik.co.kr	연 락 처 : 043)877-1916
본　사 : 충북 음성군 대소면 대금로 628	

설 립 일	2008.12.01	종 업 원 수	188명	대 표 이 사	문경안
상 장 일	2015.12.30	감 사 의 견	적정(안진)	계	열
결 산 기	12월	보 통 주		종속회사수	
액 면 가		우 선 주		구 상 호	

주주구성 (지분율,%)
엠스하이	34.6
문경안	21.7

출자관계 (지분율,%)
| 아이진 | 3.7 |

주요경쟁사 (외형,%)
볼빅	100
삼익악기	664
TJ미디어	248

매출구성
VIVID	73.8
MAGMA	7.9
CRYSTAL	7.0

비용구성
| 매출원가율 | 49.0 |
| 판관비율 | 48.4 |

수출비중
| 수출 | 21.0 |
| 내수 | 79.0 |

회사 개요
동사는 2008년 12월 3일 설립된 회사로 골프공 제조업을 주요 사업으로 영위하는 중소기업임. 소득 수준 증가와 주 5일제 도입으로 레저 스포츠에 대한 관심이 크게 증가하면서 자연스럽게 골프에 대한 관심도 높아지고 있음. 2016년 기준 골프공 매출은 동사 전체 매출의 78.7%를 차지. 골프공업계 1위인 타이틀리스트(점유율 48%)에 이어 시장 점유율 28%를 기록하며 양강구도를 형성함.

실적 분석
코넥스 상장 기업인 동사의 2016년 연간 누적 매출액은 314.3억원으로 전년 대비 9.3% 증가함. 반면 영업이익은 매출원가와 판관비 증가로 인해 감소함. 7.9억원의 영업이익을 기록하며 전년대비 42.5% 감소한 모습을 보임. 단 매도가능증권처분이익과 외환차익 등 영업외수익이 급증하며 당기순이익은 전년보다 6.6억원 가량 오른 8억원을 시현. 당기 중 두 차례 유상증자로 자본잉여금이 62.5억원 증가함.

현금 흐름 *IFRS 별도 기준 〈단위 : 억원〉
항목	2016	2017.2Q
영업활동	-44	
투자활동	-9	
재무활동	51	
순현금흐름	-2	
기말현금	19	

시장 대비 수익률

결산 실적 〈단위 : 억원〉
항목	2012	2013	2014	2015	2016	2017
매출액	267	303	322	288	314	—
영업이익	-11	17	25	13	8	—
당기순이익	-8	10	16	1	8	—

분기 실적 *IFRS 별도 기준 〈단위 : 억원〉
항목	2016.1Q	2016.2Q	2016.3Q	2016.4Q	2017.1Q	2017.2Q
매출액	—	—	—	—	—	—
영업이익	—	—	—	—	—	—
당기순이익	—	—	—	—	—	—

재무 상태 *IFRS 별도 기준 〈단위 : 억원〉
항목	2012	2013	2014	2015	2016	2017.2Q
총자산	288	367	450	537	589	—
유형자산	77	81	79	78	82	—
무형자산	6	8	13	18	21	—
유가증권	4	25	43	63	43	—
총부채	160	210	263	284	277	—
총차입금	106	143	186	191	180	—
자본금	23	23	23	25	29	—
총자본	127	156	186	253	311	—
지배주주지분	127	156	186	253	311	—

기업가치 지표 *IFRS 별도 기준
항목	2012	2013	2014	2015	2016	2017.2Q
주가(최고/저)(천원)	—/—	—/—	—/—	10.0/10.0	15.7/6.4	—/—
PER(최고/저)(배)	0.0/0.0	0.0/0.0	0.0/0.0	289.3/289.3	108.0/44.2	—/—
PBR(최고/저)(배)	0.0/0.0	0.0/0.0	0.0/0.0	2.0/2.0	2.9/1.2	0.0/0.0
EV/EBITDA(배)	438.1	3.7	4.3	22.3	27.0	—
EPS(원)	-201	252	386	35	145	
BPS(원)	27,946	34,288	40,917	4,993	5,420	
CFPS(원)	684	5,107	6,328	324	371	
DPS(원)						
EBITDAPS(원)	28	6,619	8,326	617	369	

재무 비율 〈단위 : % 〉
연도	영업이익률	순이익률	부채비율	차입금비율	ROA	ROE	유보율	자기자본비율	EBITDA마진율
2016	2.5	2.6	89.1	57.7	1.4	2.8	984.1	52.9	6.5
2015	4.7	0.5	111.9	75.5	0.3	0.7	898.6	47.1	8.8
2014	7.7	4.9	141.2	100.0	3.8	9.2	718.4	41.5	11.8
2013	5.7	3.4	134.6	91.7	3.1	7.2	585.8	42.6	10.0

ㅂ

부광약품 (A003000)
Bukwang PharmCo

업 종 : 제약	시 장 : 거래소
신용등급 : (Bond) — (CP) —	기업규모 : 시가총액 중형주
홈페이지 : www.bukwang.co.kr	연 락 처 : 02)828-8114
본 사 : 서울시 동작구 상도로 7(대방동)	

설 립 일 1960.10.17	종 업 원 수 609명	대 표 이 사 유희원,김상훈(공동대표이사)	
상 장 일 1988.08.05	감사의 의견 적정 (삼일)	계 열	
결 산 기 12월	보 통 주 4,456만주	종속회사수 3개사	
액 면 가 500원	우 선 주	구 상 호	

주주구성 (지분율,%)		출자관계 (지분율,%)		주요경쟁사 (외형,%)	
김동연	17.7	안트로젠보통주	20.1	부광약품	100
정창수	12.1	AcerTherapeuticsInc우선주	12.9	녹십자	864
(외국인)	6.6			녹십자홀딩스	977

매출구성		비용구성		수출비중	
기 타(제품)	37.3	매출원가율	45.0	수출	—
덱시드 외	36.2	판관비율	48.9	내수	—
레가론	10.0				

회사 개요
동사는 1960년 10월 설립된 전문의약품 전문 제조 업체로 1988년 8월 한국거래소에 상장됨. 전문의약품과 일반의약품을 판매하고 있음. 대표 품목으로는 치옥타시드, 레가론, 아렙틴 등을 보유하고 있음. B형 간염치료제 레보비르를 개발하는 등 꾸준히 신약 개발에도 도전하고 있음. 현재는 표적항암제 아파티닙 메실레이트를 개발하고 있음. 연구개발이 강화되고 있어 R&D 투자증 증가가 예상됨. 대부분의 매출은 내수시장에서 발생하고 있음.

실적 분석
동사의 2017년 2분기기준 누적 매출액은 전년동기대비 2.9% 소폭 변동한 728억원을 기록하였음. 비용면에서 전년동기대비 매출원가는 증가 했으며 기타판매비와관리비는 증가함. 이와 같이 상승한 매출액 대비 비용증가가 높아 그에 따라 전년동기대비 영업이익은 31.7억원으로 -61.5% 크게 하락하였음. 최종적으로 전년동기대비 당기순이익은 크게 하락하여 76.1억원을 기록함.

현금 흐름 〈단위 : 억원〉

항목	2016	2017.2Q
영업활동	-80	55
투자활동	41	21
재무활동	-226	-208
순현금흐름	-264	-132
기말현금	411	279

시장 대비 수익률

결산 실적 〈단위 : 억원〉

항목	2012	2013	2014	2015	2016	2017
매출액	1,475	1,308	1,417	1,421	1,386	
영업이익	214	230	284	233	85	
당기순이익	165	195	236	251	158	

분기 실적 〈단위 : 억원〉

항목	2016.1Q	2016.2Q	2016.3Q	2016.4Q	2017.1Q	2017.2Q
매출액	329	378	347	332	339	389
영업이익	28	54	-4	7	29	3
당기순이익	149	45	-8	-27	57	19

재무 상태 〈단위 : 억원〉

항목	2012	2013	2014	2015	2016	2017.2Q
총자산	2,479	2,282	2,368	2,537	2,376	2,277
유형자산	682	645	627	618	609	598
무형자산	110	86	119	108	120	137
유가증권	38	44	62	227	211	210
총부채	517	271	268	285	230	235
총차입금	277					66
자본금	142	148	155	170	187	223
총자본	1,962	2,011	2,100	2,252	2,146	2,042
지배주주지분	1,962	2,011	2,100	2,252	2,146	2,042

기업가치 지표

항목	2012	2013	2014	2015	2016	2017.2Q
주가(최고/저)(천원)	9.8/5.9	10.3/7.7	14.9/8.8	28.2/13.0	33.5/19.3	—/—
PER(최고/저)(배)	30.5/18.4	26.0/19.4	30.2/17.9	52.2/24.1	96.2/55.5	—/—
PBR(최고/저)(배)	2.2/1.4	2.2/1.6	3.0/1.8	5.2/2.4	6.2/3.6	5.0/4.0
EV/EBITDA(배)	12.8	12.0	15.4	31.1	79.8	—/
EPS(원)	371	439	531	565	355	171
BPS(원)	7,957	7,762	7,699	7,470	6,532	5,247
CFPS(원)	843	915	942	889	576	238
DPS(원)	525	525	550	750	600	
EBITDAPS(원)	1,017	1,032	1,094	834	381	139

재무 비율 〈단위 : % 〉

연도	영업이익률	순이익률	부채비율	차입금비율	ROA	ROE	유보율	자기자본비율	EBITDA마진율
2016	6.2	11.4	10.7	0.0	6.4	7.2	1,206.3	90.3	10.3
2015	16.4	17.7	12.7	0.0	10.3	11.6	1,393.9	88.8	16.4
2014	20.0	16.7	12.8	0.0	10.2	11.5	1,439.7	88.7	24.0
2013	17.6	14.9	13.5	0.0	8.2	9.8	1,452.4	88.1	23.4

부국증권 (A001270)
BOOKOOK SECURITIES

업 종 : 증권	시 장 : 거래소
신용등급 : (Bond) — (CP) A2+	기업규모 : 시가총액 소형주
홈페이지 : www.bookook.co.kr	연 락 처 : 02)368-9200
본 사 : 서울시 영등포구 국제금융로 6길 17	

설 립 일 1954.08.25	종 업 원 수 227명	대 표 이 사 전평	
상 장 일 1988.07.19	감사의 의견 적정 (대성)	계 열	
결 산 기 12월	보 통 주 1,037만주	종속회사수 2개사	
액 면 가 5,000원	우 선 주 300만주	구 상 호	

주주구성 (지분율,%)		출자관계 (지분율,%)		주요경쟁사 (외형,%)	
리딩투자증권	15.5	용인시삼갈파메프브이(비상장) 2종류투주	100.0	부국증권	100
김중건	12.2	용인시삼갈파메프브이(비상장) 2종류투주	100.0	SK증권	159
(외국인)	1.8	인천글로벌캠퍼스	100.0	현대차투자증권	171

수익구성		비용구성		수출비중	
자기매매부문	91.2	이자비용	3.5	수출	—
기타부문	7.1	파생상품손실	43.0	내수	—
위탁매매부문	1.7	판관비	10.0		

회사 개요
1954년 설립된 동사는 유가증권, 수익증권 등을 취급하는 중소형 증권사로 1988년 증권거래소에 상장됨. 연결대상 종속회사로 자산규모가 2,864억원인 유리자산운용이 있음. 금융투자업은 경기와 금융시장 동향에 민감함. 금융투자업의 시장 진입장벽은 갈수록 낮아지고, 위탁매매 수수료 경쟁이 치열해져 경쟁상황은 치열해지고 있음. 동사는 중소형 증권사로서, 전문화 특성화를 통해서 브로커리지 기반의 수익구조에서 다변화된 수익구조로 다변화하고 있음.

실적 분석
동사의 2017년 2분기 연결기준 영업수익은 3,243억원으로 전년동기 대비 소폭 감소함. 구성항목별 구성(비중)은 수수료 수익 363억원, 금융상품평가 및 처분이익 1,210억원, 파생상품거래이익 1,247억원, 이자수익 279억원, 기타 영업수익 142억원임. 동사는 IB, 채권영업 등으로 수익성 제고 중이며, 저 수익부문의 과감한 축소 등을 수행하고 있음.

현금 흐름 〈단위 : 억원〉

항목	2016	2017.2Q
영업활동	1,383	-3,178
투자활동	-169	-24
재무활동	-724	4,455
순현금흐름	490	1,252
기말현금	840	2,092

시장 대비 수익률

결산 실적 〈단위 : 억원〉

항목	2012	2013	2014	2015	2016	2017
순영업손익	821	752	757	1,065	1,070	
영업이익	105	65	207	302	353	
당기순이익	59	45	154	248	278	

분기 실적 〈단위 : 억원〉

항목	2016.1Q	2016.2Q	2016.3Q	2016.4Q	2017.1Q	2017.2Q
순영업손익	313	309	235	214	389	40
영업이익	145	115	81	12	180	16
당기순이익	115	94	68	1	143	13

재무 상태 〈단위 : 억원〉

항목	2012	2013	2014	2015	2016	2017.2Q
총자산	6,479	6,557	8,958	12,078	14,334	44,41
유형자산	369	339	315	292	612	61
무형자산	183	162	150	163	172	17
유가증권	2,639	2,643	5,336	7,279	9,127	20,54
총부채	2,648	2,792	4,985	7,837	9,751	39,69
총차입금	649	221	2,375	3,296	2,691	7,26
자본금	668	668	668	668	668	66
총자본	3,831	3,765	3,973	4,240	4,583	4,72
지배주주지분	3,804	3,763	3,971	4,226	4,570	4,70

기업가치 지표

항목	2012	2013	2014	2015	2016	2017.2Q
주가(최고/저)(천원)	15.5/13.7	14.2/9.7	13.9/10.6	18.6/13.1	19.4/13.6	—/
PER(최고/저)(배)	42.6/37.3	49.6/33.7	13.8/10.5	11.5/8.1	9.9/7.0	—/
PBR(최고/저)(배)	0.6/0.5	0.6/0.4	0.5/0.4	0.6/0.4	0.6/0.4	0.7/0
PSR(최고/저)(배)	0/0	0/0	0/0	0/0	3/2	—/
EPS(원)	441	336	1,150	1,855	2,077	
BPS(원)	30,911	30,606	32,163	34,068	36,645	37,66
CFPS(원)	723	699	1,485	2,191	2,201	2,15
DPS(원)	500	350	1,000	1,200	1,200	
EBITDAPS(원)	785	486	1,545	2,260	2,639	2,61

재무 비율 〈단위 : % 〉

연도	계속사업이익률	순이익률	부채비율	차입금비율	ROA	ROE	유보율	자기자본비율	총자산증가율
2016	34.9	25.9	212.8	58.7	2.1	6.3	632.9	32.0	18.
2015	30.8	23.3	184.8	77.7	2.4	6.1	581.4	35.1	34.
2014	27.3	20.3	125.5	59.8	2.0	4.0	543.3	44.4	36.
2013	8.1	6.0	74.2	5.9	1.1	1.2	512.1	57.4	1.

부국철강 (A026940)
Bookook Steel

종 목: 금속 및 광물		시 장: 거래소	
용 등 급: (Bond) — (CP) —		기업규모: 시가총액 소형주	
페 이 지: www.bks.co.kr		연 락 처: 062)950-7757	
본 사: 광주시 광산구 하남산단9번로 90 (안청동)			

설 립 일	1976.08.23	종 업 원 수	64명	대 표 이 사	남상규,손일호
상 장 일	2008.10.14	감 사 의 견	적정 (삼정)	계 열	
결 산 기	12월	보 통 주	2,000만주	종속회사수	
액 면 가	500원	우 선 주		구 상 호	

주주구성 (지분율,%)		출자관계 (지분율,%)		주요경쟁사 (외형,%)	
남상규	24.1			부국철강	100
남상오	17.7			경남스틸	189
(외국인)	6.1			스틸플라워	66

매출구성		비용구성		수출비중	
[원재료]코 일	30.5	매출원가율	94.4	수출	0.0
[제 품]강 판	23.3	판관비율	3.7	내수	100.0
[제 품]스켈프	18.2				

회사 개요
동사는 포스코로부터 원재료(열연코일, 냉연코일 등)를 공급받아 1차 가공하여 호남지역 철강재 소요처(자동차, 가전, 농협 등)에 납품하는 업체임. 포스코의 열연 및 냉연판매대리점들의 2015년 시장 점유율 기준 13.1%(4위)를 차지하고 있으며, 포스코의 원재료 수급정책에 따라 매출의 변동성이 큼. 사업부문별 매출은 1차금속제조업(약 60%)과 기타 판매대리점업(40%)로 구성됨.

실적 분석
세계적인 경기침체와 철강재 공급과잉현상의 지속으로 수익성이 악화되는 등 철강산업의 성장세가 주춤하고 있으므로 이에 대한 영향으로 동사의 2017년 2분기기준 누적 매출액은 전년동기대비 -3.3% 감소한 702.2억원을 기록하였음. 그에 따라 매출액 하락 등에 의해 전년동기대비 영업이익은 11.3억원으로 -47.6% 크게 하락하였음. 향후 내수경기 회복 및 수출 성장, 중국경제 성장등으로 수익이 개선될 것으로 기대하고 있음.

현금 흐름 •IFRS 별도 기준 〈단위 : 억원〉

항목	2016	2017.2Q
영업활동	38	-23
투자활동	-147	0
재무활동	-15	-15
순현금흐름	-124	-38
기말현금	266	229

시장 대비 수익률

결산 실적 〈단위 : 억원〉

항목	2012	2013	2014	2015	2016	2017
매출액	2,987	2,449	1,842	1,656	1,402	—
영업이익	61	25	21	30	26	—
당기순이익	61	35	31	1	32	—

분기 실적 •IFRS 별도 기준 〈단위 : 억원〉

항목	2016.1Q	2016.2Q	2016.3Q	2016.4Q	2017.1Q	2017.2Q
매출액	355	372	314	362	337	365
영업이익	7	14	2	3	6	5
당기순이익	6	17	5	3	8	9

재무 상태 •IFRS 별도 기준 〈단위 : 억원〉

항목	2012	2013	2014	2015	2016	2017.2Q
총자산	1,401	1,378	1,259	1,202	1,215	1,270
유형자산	108	103	109	103	99	97
무형자산	1	1	1	1	1	1
유가증권	82	65	51	90	156	165
총부채	356	311	186	129	114	160
총차입금	—	—	—	—	—	—
자본금	100	100	100	100	100	100
총자본	1,045	1,067	1,073	1,073	1,101	1,110
지배주주지분	1,045	1,067	1,073	1,073	1,101	1,110

기업가치 지표 •IFRS 별도 기준

항목	2012	2013	2014	2015	2016	2017.2Q
주가(최고/저)(천원)	2.0/1.5	2.0/1.7	2.2/1.8	3.6/2.0	3.2/2.3	—/—
PER(최고/저)(배)	7.7/5.7	12.7/11.3	15.6/12.5	714.2/389.9	21.0/14.6	—/—
PBR(최고/저)(배)	0.5/0.3	0.4/0.4	0.5/0.4	0.7/0.4	0.6/0.4	0.6/0.5
EV/EBITDA(배)	3.8	5.5	2.8	4.8	6.7	—
EPS(원)	305	173	154	5	158	82
BPS(원)	5,227	5,334	5,365	5,367	5,507	5,550
CFPS(원)	333	197	181	39	184	94
DPS(원)	75	75	75	75	75	—
EBITDAPS(원)	332	149	133	186	155	69

재무 비율 〈단위 : % 〉

연도	영업이익률	순이익률	부채비율	차입금비율	ROA	ROE	유보율	자기자본비율	EBITDA마진율
2016	1.8	2.3	10.4	0.0	2.6	2.9	1,001.4	90.6	2.2
2015	1.8	0.1	12.0	0.0	0.1	0.1	973.4	89.3	2.2
2014	1.2	1.7	17.3	0.0	2.3	2.9	972.9	85.3	1.4
2013	1.0	1.4	29.2	0.0	2.5	3.3	966.9	77.4	1.2

부방 (A014470)
Bubang COLTD

업 종: 도소매		시 장: KOSDAQ	
신용등급: (Bond) — (CP) —		기업규모: 우량	
홈페이지: www.bubang.com		연 락 처: 02)2008-7272	
본 사: 서울시 강남구 삼성로 528 (삼성동, 부방빌딩)			

설 립 일	1976.04.15	종 업 원 수	53명	대 표 이 사	박주원
상 장 일	1994.02.25	감 사 의 견	적정 (삼정)	계 열	
결 산 기	12월	보 통 주	4,729만주	종속회사수	5개사
액 면 가	500원	우 선 주		구 상 호	리홈쿠첸

주주구성 (지분율,%)		출자관계 (지분율,%)		주요경쟁사 (외형,%)	
이대희	34.9			부방	100
제이원인베스트먼트	6.8			BGF리테일	1,966
(외국인)	0.6			이마트	5,750

매출구성		비용구성		수출비중	
밥솥,전기렌지 등	45.8	매출원가율	69.3	수출	—
유통	43.4	판관비율	26.2	내수	—
서비스	4.9				

회사 개요
동사는 1979년 12월 설립됐으며, 생활가전 제조 및 판매, 종합 도소매업, 전자부품 제조 판매업을 주요사업으로 영위하고 있음. 쿠첸으로 알려진 전기밥솥 제조 및 판매하는 리빙사업부는 전기밥솥시장의 약 40%의 점유율을 기록함으로써 국내 밥솥시장에서 중요한 위치를 차지하고 있음. 동사는 부방이라는 이름으로 지주사로 전환하였으며, 리빙사업부는 분할하여 쿠첸으로 재상장함.

실적 분석
동사의 2017년 2분기기준 누적 매출액은 전년동기대비 187% 이상 크게 상승한 1,894억원을 기록하였음. 비용면에서 전년동기대비 매출원가는 크게 증가 하였으며 인건비도 증가, 광고선전비도 크게 증가, 기타판매비와 관리비는 크게 증가함. 이와 같이 상승한 매출액 대비 비용증가가 높아 그에 따라 전년동기대비 영업이익은 -30.3억원으로 적자전환하였음. 최종적으로 전년동기대비 당기순이익은 적자전환하여 -28.4억원을 기록함.

현금 흐름 〈단위 : 억원〉

항목	2016	2017.2Q
영업활동	96	21
투자활동	-18	-51
재무활동	-96	41
순현금흐름	-18	11
기말현금	77	88

시장 대비 수익률

결산 실적 〈단위 : 억원〉

항목	2012	2013	2014	2015	2016	2017
매출액	3,290	3,721	1,237	1,220	2,570	—
영업이익	119	200	16	30	116	—
당기순이익	107	180	150	2,670	100	—

분기 실적 〈단위 : 억원〉

항목	2016.1Q	2016.2Q	2016.3Q	2016.4Q	2017.1Q	2017.2Q
매출액	344	316	850	1,060	1,013	881
영업이익	14	7	26	70	11	-41
당기순이익	9	13	22	56	8	-37

재무 상태 〈단위 : 억원〉

항목	2012	2013	2014	2015	2016	2017.2Q
총자산	2,157	2,219	2,346	2,267	2,751	2,711
유형자산	1,242	1,204	1,174	742	1,252	1,236
무형자산	17	28	37	37	57	90
유가증권	11	9	89	104	191	177
총부채	761	653	650	321	809	796
총차입금	159	—	—	1	109	150
자본금	175	175	175	181	236	236
총자본	1,396	1,566	1,697	1,946	1,942	1,915
지배주주지분	1,390	1,566	1,697	1,945	1,570	1,568

기업가치 지표

항목	2012	2013	2014	2015	2016	2017.2Q
주가(최고/저)(천원)	1.5/0.7	4.2/1.3	8.8/3.0	8.6/4.2	6.4/3.5	—/—
PER(최고/저)(배)	5.1/2.5	8.1/2.6	20.5/7.0	1.0/0.5	33.6/18.4	—/—
PBR(최고/저)(배)	0.4/0.2	0.9/0.3	1.8/0.6	1.0/0.8	1.7/1.0	1.5/1.1
EV/EBITDA(배)	5.5	8.0	38.7	16.0	16.1	—
EPS(원)	295	512	429	8,559	189	-8
BPS(원)	4,154	4,657	5,028	5,494	3,658	3,653
CFPS(원)	487	707	636	8,728	304	54
DPS(원)						
EBITDAPS(원)	531	766	252	265	400	-2

재무 비율 〈단위 : % 〉

연도	영업이익률	순이익률	부채비율	차입금비율	ROA	ROE	유보율	자기자본비율	EBITDA마진율
2016	4.5	3.9	41.7	5.6	4.0	4.4	631.6	70.6	6.4
2015	2.5	218.9	16.5	0.1	115.8	146.7	998.8	85.8	6.8
2014	1.3	12.1	38.3	0.0	6.6	9.2	905.6	72.3	7.1
2013	5.4	4.9	41.7	0.0	8.2	12.1	831.3	70.6	7.2

부산도시가스 (A015350)
Busan City Gas

업 종 : 가스		시 장 : 거래소	
신용등급 : (Bond) — (CP) —		기업규모 : 시가총액 중형주	
홈페이지 : www.busangas.co.kr		연 락 처 : 051)607-1178	
본 사 : 부산시 수영구 황령대로 513(남천동)			

설 립 일 1981.03.04	종업원수 305명	대표이사 김영광
상 장 일 1997.06.23	감사의견 적정 (삼일)	계 열
결 산 기 12월	보통주 1,100만주	종속회사수
액 면 가 5,000원	우 선 주	구 상 호

주주구성 (지분율,%)		출자관계 (지분율,%)		주요경쟁사 (외형,%)	
에스케이이엔에스	67.3	부산그린에너지	28.5	부산가스	100
동일고무벨트	4.8	세정21	1.0	한국가스공사	2,380
(외국인)	1.8	SKE&SHK	50.0	서울가스	143

매출구성		비용구성		수출비중	
LNG(상품)	98.6	매출원가율	85.1	수출	0.0
기타	0.7	판관비율	10.8	내수	100.0
임대등(기타)	0.7				

회사 개요
동사는 1981년 도시가스 제조, 배관공급업을 목적으로 설립됐으며, 부산광역시 전역에 도시가스를 공급하고 있으며 매출의 대부분을 차지하고 있음. 2017년 6월말 기준 공급실적은 1,351천 세대이며, 총 매출량은 전년동기 대비 1% 증가한 33,707백만MJ을 기록함. 롯데백화점, 현대백화점, 노보텔호텔 등 주요 영업점에 공급하고 있음. 도시가스는 경기변동의 영향이 적으며, 단가가 정부 및 자치단체의 통제하에 있음.

실적 분석
동사의 2017년도 상반기 매출액은 5,278.1억원으로 전년동기 대비 0.1% 증가함. LNG 매출이 전체 매출의 99%를 차지하고 있으며, 내수 100% 매출로 구성됨. 영업이익은 전년동기보다 15.6% 늘어난 321.4억원, 당기순이익은 5.2% 증가한 314.1억원을 기록함. 에너지다소비사업자를 대상으로 에너지 이용효율향상에 기여하는 에너지 집단사업을 신규 추진 중에 있음.

현금 흐름 *IFRS 별도 기준 〈단위 : 억원〉

항목	2016	2017.2Q
영업활동	462	282
투자활동	-361	-86
재무활동	-50	-50
순현금흐름	50	145
기말현금	1,330	1,475

시장 대비 수익률

결산 실적 〈단위 : 억원〉

항목	2012	2013	2014	2015	2016	2017
매출액	11,882	12,099	12,778	10,542	8,869	—
영업이익	449	374	382	310	359	—
당기순이익	373	368	351	416	497	—

분기 실적 *IFRS 별도 기준 〈단위 : 억원〉

항목	2016.1Q	2016.2Q	2016.3Q	2016.4Q	2017.1Q	2017.2Q
매출액	3,667	1,606	1,190	2,405	3,504	1,774
영업이익	217	61	10	71	242	79
당기순이익	211	88	198	1	212	102

재무 상태 *IFRS 별도 기준 〈단위 : 억원〉

항목	2012	2013	2014	2015	2016	2017.2Q
총자산	7,648	7,926	7,527	8,042	8,406	7,852
유형자산	3,102	3,116	3,231	3,485	3,724	3,712
무형자산	20	22	23	22	21	20
유가증권	9	56	54	31	4	4
총부채	3,544	3,561	2,931	3,041	2,962	2,181
총차입금	127	130	19	—	—	160
자본금	550	550	550	550	550	550
총자본	4,104	4,366	4,596	5,001	5,444	5,671
지배주주지분	4,104	4,366	4,596	5,001	5,444	5,671

기업가치 지표 *IFRS 별도 기준

항목	2012	2013	2014	2015	2016	2017.2Q
주가(최고/저)(천원)	20.2/16.0	36.6/19.1	43.6/33.9	37.5/31.0	35.7/30.5	—/—
PER(최고/저)(배)	6.7/5.3	11.4/6.1	14.3/11.0	10.2/8.4	8.0/6.8	—/—
PBR(최고/저)(배)	0.6/0.5	0.9/0.5	1.0/0.8	0.8/0.7	0.7/0.6	0.7/0.6
EV/EBITDA(배)	1.7	4.6	5.2	3.8	4.1	—
EPS(원)	3,388	3,346	3,187	3,778	4,517	2,855
BPS(원)	39,310	41,690	43,786	47,466	51,495	53,555
CFPS(원)	5,606	5,677	5,526	6,215	6,945	2,855
DPS(원)	1,000	1,000	500	500	500	—
EBITDAPS(원)	6,303	5,733	5,814	5,256	5,691	2,922

재무 비율 〈단위 : % 〉

연도	영업이익률	순이익률	부채비율	차입금비율	ROA	ROE	유보율	자기자본비율	EBITDA마진율
2016	4.1	5.6	54.4	0.0	6.0	9.5	929.9	64.8	7.1
2015	2.9	3.9	60.8	0.0	5.3	8.7	849.3	62.2	5.5
2014	3.0	2.7	63.8	0.4	4.5	7.8	775.7	61.1	5.0
2013	3.1	3.0	81.6	3.0	4.7	8.7	733.8	55.1	5.2

부산산업 (A011390)
Busan Industrial

업 종 : 건축소재		시 장 : 거래소	
신용등급 : (Bond) — (CP) —		기업규모 : 시가총액 소형주	
홈페이지 : www.busanind.co.kr		연 락 처 : 051)315-8331	
본 사 : 부산시 사상구 장인로 35 (감전동)			

설 립 일 1976.05.15	종업원수 43명	대표이사 이종산
상 장 일 1990.09.14	감사의견 적정 (신우)	계 열
결 산 기 12월	보통주 106만주	종속회사수 2개사
액 면 가 5,000원	우 선 주	구 상 호

주주구성 (지분율,%)		출자관계 (지분율,%)		주요경쟁사 (외형,%)	
김영일	51.8	태명실업	58.7	부산산업	100
한강엠앤에이인베스트먼트	6.1	오페론아이앤씨	29.0	유니온	75
(외국인)	0.5	KNN	0.2	서산	92

매출구성		비용구성		수출비중	
레미콘(제품)	99.7	매출원가율	79.1	수출	0.0
레미콘(상품)	0.4	판관비율	10.3	내수	100.0

회사 개요
동사는 레미콘 제조 및 판매를 영위함. 주요 사업부문인 레미콘제품은 시멘트, 모래, 자갈 등의 원재료를 이용하여 제조공정을 거친 후 레미콘 트럭으로 제한된 시간 내에 건설현장까지 운송해야 하는 지역형 산업의 특성을 지님. 경쟁우위 요소로써 최신식 전자동 시스템을 갖추고 있으며, 특수레미콘 생산인증 획득 등으로 최고의 품질과 공급능력을 꼽을 수 있어 부산·경남지역에서 신뢰성을 바탕으로 동종업계 우위를 지속적으로 점유하고 있음.

실적 분석
동사의 2017년 상반기 매출액은 태명실업의 레미콘, 세그먼트 부문 약진으로 전년동기 대비 13.7% 증가한 592.8억원을 달성함. 매출 증가와 판관비 감소에도 불구하고 매출원가율 상승으로 영업이익과 당기순이익은 각각 전년비 60.0%, 49.1% 감소한 21.3억원, 18.9억원을 시현함. 콘크리트침목 부문은 호남고속철도 이후 대규모 프로젝트가 없어서 제작용 설비 임대를 통해 수익을 창출하고 있는 상황.

현금 흐름 〈단위 : 억원〉

항목	2016	2017.2Q
영업활동	139	-44
투자활동	-80	-27
재무활동	-50	11
순현금흐름	9	-60
기말현금	89	29

시장 대비 수익률

결산 실적 〈단위 : 억원〉

항목	2012	2013	2014	2015	2016	2017
매출액	601	1,092	906	1,093	1,229	—
영업이익	-12	94	65	111	130	—
당기순이익	-23	77	47	81	92	—

분기 실적 〈단위 : 억원〉

항목	2016.1Q	2016.2Q	2016.3Q	2016.4Q	2017.1Q	2017.2Q
매출액	266	255	357	352	273	319
영업이익	28	25	44	33	15	
당기순이익	21	16	33	22	13	

재무 상태 〈단위 : 억원〉

항목	2012	2013	2014	2015	2016	2017.2Q
총자산	1,032	1,142	1,140	1,142	1,226	1,20
유형자산	659	663	668	664	666	66
무형자산	5	7	6	6	6	
유가증권	3	4	4	4	5	
총부채	648	687	645	576	576	54
총차입금	357	282	258	158	118	13
자본금	53	53	53	53	53	5
총자본	384	455	494	566	650	66
지배주주지분	303	343	374	419	473	48

기업가치 지표

항목	2012	2013	2014	2015	2016	2017.2Q
주가(최고/저)(천원)	33.5/12.8	20.4/12.7	41.8/17.2	36.5/20.6	66.4/28.3	—/—
PER(최고/저)(배)	—/—	5.1/3.2	15.7/6.4	8.1/4.5	12.5/5.4	—/—
PBR(최고/저)(배)	1.2/0.5	0.6/0.4	1.2/0.5	0.9/0.5	1.5/0.6	1.3/0
EV/EBITDA(배)	39.2	3.4	4.8	3.1	2.9	—
EPS(원)	-884	4,121	2,740	4,604	5,326	1,34
BPS(원)	28,739	32,507	35,432	39,680	44,757	45,80
CFPS(원)	1,605	7,691	6,830	11,362	13,332	3,80
DPS(원)			250	250	250	
EBITDAPS(원)	1,369	12,438	10,247	17,316	20,281	4,48

재무 비율 〈단위 : % 〉

연도	영업이익률	순이익률	부채비율	차입금비율	ROA	ROE	유보율	자기자본비율	EBITDA마진율
2016	10.5	7.5	88.6	18.2	7.8	12.6	795.1	53.0	17.
2015	10.2	7.4	101.9	27.9	7.1	12.3	693.6	49.5	16.
2014	7.2	5.2	130.7	52.2	4.1	8.1	608.6	43.4	12.
2013	8.6	7.0	150.8	61.9	7.1	13.5	550.1	39.9	12.

부산주공 (A005030)
Pusan Cast Iron

업 종 : 자동차부품	시 장 : 거래소		
신용등급 : (Bond) BB- (CP) —	기업규모 : 시가총액 소형주		
홈페이지 : www.pci21c.com	연 락 처 : 052)231-3881		
본 사 : 울산시 울주군 온산읍 화학1길 54			

설 립 일 1967.04.27	종업원수 286명	대 표 이 사 장세훈
상 장 일 1975.12.26	감사의견 적정 (삼덕)	계 열
결 산 기 12월	보 통 주 2,514만주	종속회사수
액 면 가 500원	우 선 주	구 상 호

주주구성 (지분율,%)		출자관계 (지분율,%)	주요경쟁사 (외형,%)	
세연아이엠	13.2		부산주공	100
세연문화재단	8.5		팬스타엔터프라이스	16
(외국인)	1.0		두올산업	22

매출구성		비용구성		수출비중	
자동차부품	90.5	매출원가율	94.6	수출	51.0
자동차부외	8.7	판관비율	8.5	내수	49.0
원가재외	0.9				

회사 개요

제동, 엔진, 동력전달소재 등 자동차부품용 주물 제조업체. 자동차부품공업은 완성차업계의 영업상황에 직접적인 영향을 받는 업종으로써 완성차업계의 지속적인 신차출시 및 다각적인 마케팅을 통해 내수와 수출의 꾸준한 성장에 힘입어 계속적인 성장세를 이어갈 것으로 보임. 안정적 경영전략의 일환으로 수출 비중을 50% 수준으로 유지하고자 노력 중.

실적 분석

동사의 2017년 연결기준 상반기 매출액은 전년동기 대비 4.2% 증가한 987.2억원을 기록하였음. 판관비의 증가(전년동기 대비 5.7% 증가)에도 불구하고 매출원가율 하락에 따라 영업이익은 7.9억원을 기록하며 흑자전환함. 당기순손실은 전년동기에 이어 16.2억원을 기록하며 적자를 이어갔음. 당기순손실 적자 폭은 확대. 동사는 자동차 경기의 영향을 직접적으로 받기에 경기회복에 따라 실적 변동이 클 수밖에 없는 구조.

현금 흐름 *IFRS 별도 기준 〈단위 : 억원〉

항목	2016	2017.2Q
영업활동	175	-37
투자활동	-262	-89
재무활동	92	121
순현금흐름	6	-6
기말현금	6	0

시장 대비 수익률

결산 실적 〈단위 : 억원〉

항목	2012	2013	2014	2015	2016	2017
매출액	1,980	1,942	2,024	1,921	1,796	—
영업이익	39	-3	71	34	-55	—
당기순이익	-20	-43	10	-9	-88	—

분기 실적 *IFRS 별도 기준 〈단위 : 억원〉

항목	2016.1Q	2016.2Q	2016.3Q	2016.4Q	2017.1Q	2017.2Q
매출액	474	473	395	454	486	501
영업이익	6	-7	-16	-37	0	7
당기순이익	3	-15	-23	-54	-9	-8

재무 상태 *IFRS 별도 기준 〈단위 : 억원〉

항목	2012	2013	2014	2015	2016	2017.2Q
총자산	2,227	2,351	2,560	2,614	2,775	3,062
유형자산	1,319	1,358	1,614	1,731	1,968	2,269
무형자산	10	9	10	8	7	7
유가증권	21	3	10	25	24	24
총부채	1,725	1,893	2,094	2,069	2,283	2,326
총차입금	1,302	1,440	1,614	1,555	1,619	1,703
자본금	66	66	66	113	113	126
총자본	502	458	466	545	492	736
지배주주지분	502	458	466	545	492	736

기업가치 지표 *IFRS 별도 기준

항목	2012	2013	2014	2015	2016	2017.2Q
주가(최고/저)(천원)	1.9/1.2	1.3/1.1	2.1/1.0	3.3/1.4	4.6/1.3	—/—
PER(최고/저)(배)	—/—	—/—	33.7/16.2	—/—	—/—	—/—
PBR(최고/저)(배)	0.6/0.4	0.4/0.4	0.7/0.3	1.3/0.6	2.1/0.6	1.1/0.6
EV/EBITDA(배)	9.8	13.0	9.4	12.1	52.2	
EPS(원)	-131	-281	64	-56	-391	-65
BPS(원)	3,923	3,584	3,650	2,467	2,177	2,927
CFPS(원)	683	543	941	679	48	136
DPS(원)	40	—	50			233
EBITDAPS(원)	1,131	848	1,409	955	196	

재무 비율 〈단위 : %〉

연도	영업이익률	순이익률	부채비율	차입금비율	ROA	ROE	유보율	자기자본비율	EBITDA마진율
2016	-3.1	-4.9	464.0	329.0	-3.3	-17.1	335.4	17.7	2.5
2015	1.8	-0.5	379.6	285.4	-0.3	-1.7	393.3	20.9	7.8
2014	3.5	0.5	448.9	346.2	0.4	2.1	630.0	18.2	9.1
2013	-0.2	-2.2	413.6	314.7	-1.9	-9.0	616.8	19.5	5.7

부-스타 (A008470)
BOOSTER

업 종 : 기계	시 장 : KOSDAQ		
신용등급 : (Bond) — (CP) —	기업규모 : 벤처		
홈페이지 : www.booster.co.kr	연 락 처 : 043)536-9107		
본 사 : 충북 진천군 이월면 고등2길 18			

설 립 일 1973.01.26	종업원수 184명	대 표 이 사 유승협
상 장 일 2011.02.23	감사의견 적정 (한길)	계 열
결 산 기 12월	보 통 주 840만주	종속회사수
액 면 가 500원	우 선 주	구 상 호

주주구성 (지분율,%)		출자관계 (지분율,%)	주요경쟁사 (외형,%)	
유동근	27.6	북경부스타 45.4	부스타	100
부스타우리사주조합	10.4		에이테크솔루션	265
(외국인)	2.7		디에스티로봇	52

매출구성		비용구성		수출비중	
히트펌프,펠릿	42.1	매출원가율	79.6	수출	2.0
무압보일러 외	32.5	판관비율	12.9	내수	98.0
관류보일러	15.9				

회사 개요

동사는 1973년 보일러제조 및 난방기판매를 목적으로 설립되어 산업용 보일러를 생산 및 판매하는 업체임. 한국미우라공업 등과 경쟁업체로 꼽히며 중국, 러시아, 미국 등에도 제품을 수출하지만 수출비중은 2% 수준으로 국내 매출이 대부분임. 2016년 기준 동사의 국내시장 점유율은 25%로 추산됨. 산업용 보일러 산업은 경기에 민감하고 여름에 비해 겨울에 수요가 증가하는 계절성을 띰. 그러나 수요층이 넓고 대체 수요도 꾸준히 발생함.

실적 분석

보일러의 신규판매 증가와 함께 판매된 보일러에 대한 유지보수 수요도 꾸준히 증가하면서 2017년 상반기 전체 매출액은 전년동기 대비 5.5% 증가한 420.4억원을 기록함. 제품가격 하락에 따른 원가율 상승과 세금공과금, 지급수수료 등 판관비의 증가로 영업이익은 61.3% 감소함. 지분법이익이 발생하여 영업외수지는 개선됨. 산업용보일러 시장은 정체되고 있으나, 친환경과 고효율을 선호하는 고객들을 중심으로 신규 수요 창출에 집중하고 있음.

현금 흐름 *IFRS 별도 기준 〈단위 : 억원〉

항목	2016	2017.2Q
영업활동	70	-12
투자활동	-20	-13
재무활동	-6	-8
순현금흐름	45	-34
기말현금	201	167

시장 대비 수익률

결산 실적 〈단위 : 억원〉

항목	2012	2013	2014	2015	2016	2017
매출액	670	680	722	770	863	—
영업이익	33	39	33	47	65	—
당기순이익	36	42	38	50	63	—

분기 실적 *IFRS 별도 기준 〈단위 : 억원〉

항목	2016.1Q	2016.2Q	2016.3Q	2016.4Q	2017.1Q	2017.2Q
매출액	176	223	222	242	227	193
영업이익	2	28	14	21	12	-0
당기순이익	2	24	11	26	10	6

재무 상태 *IFRS 별도 기준 〈단위 : 억원〉

항목	2012	2013	2014	2015	2016	2017.2Q
총자산	615	649	699	758	829	808
유형자산	125	120	119	124	119	115
무형자산	5	5	5	5	4	4
유가증권	55	59	71	133	126	128
총부채	133	124	138	155	169	142
총차입금						
자본금	41	41	42	42	42	42
총자본	482	526	561	603	659	666
지배주주지분	482	526	561	603	659	666

기업가치 지표 *IFRS 별도 기준

항목	2012	2013	2014	2015	2016	2017.2Q
주가(최고/저)(천원)	5.4/3.6	4.8/3.9	6.4/3.9	6.7/4.5	6.6/4.8	—/—
PER(최고/저)(배)	13.3/8.8	10.1/8.3	14.3/8.7	11.5/7.8	9.0/6.6	—/—
PBR(최고/저)(배)	1.0/0.7	0.8/0.7	1.0/0.6	1.0/0.7	0.9/0.6	0.9/0.7
EV/EBITDA(배)	3.7	2.1	2.6	4.7	3.0	
EPS(원)	447	512	469	601	746	186
BPS(원)	5,903	6,441	6,730	7,229	7,846	7,920
CFPS(원)	581	644	590	716	860	243
DPS(원)	100	100	90	100	100	
EBITDAPS(원)	544	608	520	682	887	195

재무 비율 〈단위 : %〉

연도	영업이익률	순이익률	부채비율	차입금비율	ROA	ROE	유보율	자기자본비율	EBITDA마진율
2016	7.5	7.3	25.7	0.0	7.9	9.9	1,469.2	79.6	8.6
2015	6.1	6.5	25.6	0.0	6.9	8.6	1,345.9	79.6	7.4
2014	4.5	5.3	24.6	0.0	5.7	7.1	1,246.0	80.3	5.9
2013	5.7	6.1	23.6	0.0	6.6	8.3	1,188.2	80.9	7.3

뷰웍스 (A100120)
Vieworks

업 종 : 의료 장비 및 서비스	시 장 : KOSDAQ
신용등급 : (Bond) — (CP) —	기업규모 : 우량
홈페이지 : www.vieworks.com	연 락 처 : (070)7011-6161
본 사 : 경기도 안양시 동안구 부림로 170번길 41-3(관양동)	

설 립 일 1999.09.18	종업원수 262명	대표이사 김후식
상 장 일 2009.04.10	감사의견 적정 (중앙)	계 열
결 산 기 12월	보통주 1,000만주	종속회사수 7개사
액 면 가 500원	우선주	구상호

주주구성 (지분율,%)		출자관계 (지분율,%)		주요경쟁사 (외형,%)	
김후식	14.6	센소허브	100.0	뷰웍스	100
Templeton Asian Smaller Companies Fund	6.6	이노이미징	78.0	차바이오텍	383
(외국인)	40.3	원솔루션	30.0	인바디	68

매출구성		비용구성		수출비중	
FP-DR디텍터	61.0	매출원가율	48.7	수출	57.0
산업용 이미징 솔루션	32.9	판관비율	25.4	내수	43.0
R/F Table용디텍터	4.1				

회사 개요
동사는 삼성테크윈에서 디지털 카메라분야에 종사하던 핵심 인력들이 국내 의료기기 시장의 디지털화를 선도하고자 하는 목적으로 1999년에 설립함. 2009년 하반기부터 패널 검사 장비 업체들을 통해 국내 주요 디스플레이 회사에 패널 검사용 카메라 공급 중임. 2011년 세계 최초로 2억6,000만 화소급 산업용 카메라 개발 성공했고 후공정에 주로 사용되는 고해상도 VNP 시리즈가 주력 제품으로, 국내 산업용 카메라 시장의 25%를 점유하고 있음.

실적 분석
동사의 2017년 2분기기준 누적 매출액은 전년동기대비 34.6% 상승한 639.4원을 기록하였음. 비용면에서 전년동기대비 매출원가는 증가 하였으나 인건비는 감소 하였고 광고선전비는 증가 하였고 기타판매비와관리비도 마찬가지로 증가함. 이와 같이 상승한 매출액 만큼 비용증가도 있었으나 매출액의 더 큰 상승에 힘입어 그에 따라 전년동기대비 영업이익은 151원으로 45.8% 상승하였음.

현금 흐름 〈단위 : 억원〉
항목	2016	2017.2Q
영업활동	199	97
투자활동	-87	-37
재무활동	-25	-25
순현금흐름	98	29
기말현금	348	376

시장 대비 수익률

결산 실적 〈단위 : 억원〉
항목	2012	2013	2014	2015	2016	2017
매출액	468	665	708	934	1,173	—
영업이익	75	128	133	184	305	—
당기순이익	55	94	106	158	269	—

분기 실적 〈단위 : 억원〉
항목	2016.1Q	2016.2Q	2016.3Q	2016.4Q	2017.1Q	2017.2Q
매출액	239	236	322	377	322	317
영업이익	48	55	78	123	76	75
당기순이익	40	53	47	129	31	72

재무 상태 〈단위 : 억원〉
항목	2012	2013	2014	2015	2016	2017.2Q
총자산	583	764	843	970	1,299	1,319
유형자산	89	195	298	295	315	322
무형자산	116	98	72	48	30	21
유가증권	48	0	0	0	0	0
총부채	47	145	134	123	196	135
총차입금	1	72	72	27	17	13
자본금	50	50	50	50	50	50
총자본	536	620	709	847	1,104	1,183
지배주주지분	533	619	707	846	1,103	1,183

기업가치 지표
항목	2012	2013	2014	2015	2016	2017.2Q
주가(최고/저)(천원)	22.4/7.2	27.5/13.6	38.0/24.0	44.8/27.0	67.9/41.3	—/—
PER(최고/저)(배)	40.3/12.9	29.5/14.5	36.6/23.1	28.3/17.1	25.3/15.4	—/—
PBR(최고/저)(배)	4.3/1.4	4.5/2.2	5.4/3.4	5.3/3.2	6.1/3.7	6.0/4.6
EV/EBITDA(배)	18.5	14.7	19.9	19.1	16.4	—
EPS(원)	566	946	1,048	1,589	2,697	1,033
BPS(원)	5,332	6,184	7,068	8,508	11,138	11,939
CFPS(원)	834	1,252	1,393	1,952	3,049	1,212
DPS(원)	100	100	100	100	200	—
EBITDAPS(원)	1,018	1,587	1,671	2,200	3,397	1,688

재무 비율 〈단위 : % 〉
연도	영업이익률	순이익률	부채비율	차입금비율	ROA	ROE	유보율	자기자본비율	EBITDA마진율
2016	26.0	22.9	17.7	1.6	23.7	27.7	2,127.7	84.9	29.0
2015	19.7	16.9	14.5	3.2	17.4	20.5	1,601.6	87.3	23.6
2014	18.7	15.0	19.0	10.2	13.2	15.8	1,313.7	84.1	23.6
2013	19.3	14.2	23.4	11.6	14.0	16.4	1,136.9	81.1	23.9

브레인콘텐츠 (A066980)
Brain Contents CO

업 종 : 인터넷 서비스	시 장 : KOSDAQ
신용등급 : (Bond) — (CP) —	기업규모 : 중견
홈페이지 : www.braincontents.kr	연 락 처 : (02)2017-7993
본 사 : 서울시 강남구 테헤란로 325 어반벤치빌딩 12층	

설 립 일 1998.09.24	종업원수 71명	대표이사 장대용
상 장 일 2003.01.17	감사의견 적정 (대주)	계 열
결 산 기 12월	보통주 15,126만주	종속회사수 7개사
액 면 가 500원	우선주	구상호

주주구성 (지분율,%)		출자관계 (지분율,%)		주요경쟁사 (외형,%)	
문양근	27.1	넷크루즈	100.0	브레인콘텐츠	100
김하경	3.9	스토리태그	100.0	처음앤씨	181
(외국인)	1.5	글로벌텍스프리	36.5	KG이니시스	2,986

매출구성		비용구성		수출비중	
콘텐츠사업부문	100.0	매출원가율	0.0	수출	0.0
		판관비율	79.2	내수	100.0

회사 개요
1998년 하이산업(주)로 설립되었으며, Digital Media기기 부품 제조 전문회사로 도약하기 위하여 2002년 하이엘(주)로 상호를 변경함. 이후 2016년 (주)리치커뮤니케이션즈와 합병을 통하여 콘텐츠 전문기업으로 도약하고자 상호를 (주)브레인콘텐츠로 변경함. 연결실체는 LCD 제조업, 터치스크린 모듈 제조업, 세금환급 서비스업, 소프트웨어 개발, 포털서비스 등을 영위하며 종속기업은 국내외 7개사가 있음.

실적 분석
2016년 12월 28일 리치커뮤니케이션과 합병하였으며, 합병시 회계상 리치커뮤니케이션즈가 하이엘을 매수하는 역합병 형태로 결합하여 연결 재무제표의 전년 동기 재무정보는 리치커뮤니케이션즈의 재무정보임. 이에 따라 동사의 당반기 매출액은 전기 대비 303% 증가한 379.4원임, 영업이익은 42.8% 증가한 15.7원을 시현하였음. 비영업손익 면에서 2.7원의 손실이 발생하였고 당기순이익은 2.8원을 시현하였음.

현금 흐름 〈단위 : 억원〉
항목	2016	2017.2Q
영업활동	87	7
투자활동	-30	-414
재무활동	1	7
순현금흐름	627	-400
기말현금	638	238

시장 대비 수익률

결산 실적 〈단위 : 억원〉
항목	2012	2013	2014	2015	2016	2017
매출액	430	590	507	151	235	—
영업이익	-59	15	-137	20	49	—
당기순이익	-76	26	-256	21	14	—

분기 실적 〈단위 : 억원〉
항목	2016.1Q	2016.2Q	2016.3Q	2016.4Q	2017.1Q	2017.2Q
매출액	46	48	144	-3	206	7
영업이익	4	7	21	17	9	—
당기순이익	-3	7	6	5	2	—

재무 상태 〈단위 : 억원〉
항목	2012	2013	2014	2015	2016	2017.2Q
총자산	396	689	674	187	2,008	2,00
유형자산	187	221	263	2	201	19
무형자산	3	71	84	2	820	82
유가증권		10	1	6	23	6
총부채	228	296	232	122	611	49
총차입금	156	216	112	7	312	20
자본금	139	194	351	304	752	75
총자본	168	393	442	66	1,397	1,51
지배주주지분	168	393	406	66	1,043	1,09

기업가치 지표
항목	2012	2013	2014	2015	2016	2017.2Q
주가(최고/저)(천원)	3.4/0.9	3.0/1.2	1.9/0.9	2.3/1.1	1.7/1.1	—/—
PER(최고/저)(배)	—/—	39.6/15.9	—/—	83.9/37.8	149.6/97.4	—/—
PBR(최고/저)(배)	6.6/1.7	3.3/1.3	3.2/1.5	29.5/13.3	2.2/1.4	1.7/1.
EV/EBITDA(배)		21.2		53.6	23.4	—
EPS(원)	-238	75	-552	28	11	—
BPS(원)	608	1,012	580	79	772	80
CFPS(원)	-234	125	-517	29	13	1
DPS(원)						
EBITDAPS(원)	-169	87	-249	27	57	2

재무 비율 〈단위 : % 〉
연도	영업이익률	순이익률	부채비율	차입금비율	ROA	ROE	유보율	자기자본비율	EBITDA마진율
2016	20.8	6.9	43.7	22.3	1.5	1.8	54.4	69.6	21.
2015	13.2	14.2	일부잠식	일부잠식	5.0	9.1	-78.4	35.1	13.
2014	-27.1	-50.4	52.6	25.4	-37.6	-66.7	16.0	65.5	-23.
2013	2.5	4.5	75.3	54.9	4.9	9.4	102.4	57.1	1.

브리지텍 (A064480)
BRIDGETEC

종 목 : IT 서비스		시 장 : KOSDAQ	
용 등 급 : (Bond) — (CP) —		기업규모 : 벤처	
페 이 지 : www.bridgetec.co.kr		연 락 처 : 02)3430-4114	
사 : 서울시 영등포구 여의나루로 27 사학연금회관 14,15층			

설 립 일 1995.03.31	종 업 원 수 168명	대 표 이 사 이상호			
상 장 일 2008.06.04	감 사 의 견 적정 (한울)	계 열			
결 산 기 12월	보 통 주 1,195만주	종 속 회 사 수			
액 면 가 500원	우 선 주	구 상 호			

주주구성 (지분율,%)		출자관계 (지분율,%)		주요경쟁사 (외형,%)	
이상호	34.2	케이스카이비	9.3	브리지텍	100
김영민	5.2	케이뱅크은행	6.1	민앤지	74
(외국인)	4.9			인성정보	458

매출구성		비용구성		수출비중	
콜센터솔루션	80.7	매출원가율	77.6	수출	8.0
클라우드콜센터, 유지보수	13.1	판관비율	7.7	내수	92.0
기반 유무선 멀티미디어 서비스	6.1				

회사 개요
동사는 콜센터와 인터넷전화 멀티미디어 부가서비스 장비 관련 소프트웨어를 개발하고, 어플리케이션 임대서비스를 제공하는 업체임. 금융, 통신, 공공기관, 지방자치단체 등을 대상으로 콜센터 구축 및 운영업무를 제공함. 콜센터의 유지보수 및 ASP사업과 임대고객을 대상으로 전화통화관리 프로그램 임대사 등을 제공하고 있음. 일정 규모 이상 콜센터 구축 솔루션에서는 동사가 독보적임.

실적 분석
동사의 2017년 상반기 연결기준 누적 매출액은 114.7억원으로 전년 동기 대비 50.3% 감소함. 영업손실은 35.6억원으로 전년 동기 대비 적자전환함. 비대면 채널거래 활성화로 인터넷 전문은행이나 온라인 본인인증을 위한 방법인 화장인증 방식의 생체인증 솔루션 수요 증가로 수혜가 기대됨. IP 기반의 인터넷전화, LTE 가입자가 급격하게 증가함에 따라 성장기에 접어들 경우 규모있는 사업영역으로 자리잡을 것임.

금 흐름 *IFRS 별도 기준 〈단위 : 억원〉

항목	2016	2017.2Q
영업활동	188	-37
투자활동	-55	-80
재무활동	-19	-22
순현금흐름	115	-140
기말현금	316	176

시장 대비 수익률

산 실적 〈단위 : 억원〉

항목	2012	2013	2014	2015	2016	2017
매출액	354	423	402	525	552	—
영업이익	57	65	30	62	82	—
당기순이익	55	62	38	63	79	—

기 실적 *IFRS 별도 기준 〈단위 : 억원〉

항목	2016.1Q	2016.2Q	2016.3Q	2016.4Q	2017.1Q	2017.2Q
매출액	93	138	128	194	41	74
영업이익	11	17	15	40	-28	-8
당기순이익	12	16	15	36	-26	-3

무 상태 *IFRS 별도 기준 〈단위 : 억원〉

항목	2012	2013	2014	2015	2016	2017.2Q
총자산	370	468	515	619	626	497
유형자산	4	3	3	5	5	4
무형자산	55	58	65	69	67	69
유가증권	2	2	2	2	53	136
총부채	88	107	133	188	135	60
총차입금						
자본금	45	62	62	62	62	62
총자본	281	362	382	431	491	438
지배주주지분	281	362	382	431	491	438

업가치 지표 *IFRS 별도 기준

항목	2012	2013	2014	2015	2016	2017.2Q
가(최고/저)(천원)	2.6/1.5	3.4/2.0	4.9/2.4	6.7/3.1	7.2/4.7	—/—
ER(최고/저)(배)	6.8/3.9	7.6/4.4	16.8/8.3	13.3/6.2	11.1/7.3	—/—
BR(최고/저)(배)	1.3/0.7	1.3/0.8	1.7/0.8	2.0/0.9	1.8/1.2	2.8/1.8
V/EBITDA(배)	2.1	1.6	4.6	5.4	4.9	
EPS(원)	460	519	319	530	664	-248
BPS(원)	3,519	3,026	3,195	3,605	4,109	3,661
CFPS(원)	769	614	439	638	814	-171
DPS(원)	180	150	120	160	200	
EBITDAPS(원)	791	635	374	630	833	-221

무 비율 〈단위 : % 〉

연도	영업이익률	순이익률	부채비율	차입금비율	ROA	ROE	유보율	자기자본비율	EBITDA마진율
016	14.8	14.4	27.5	0.0	12.7	17.2	695.2	78.5	18.0
015	11.9	12.1	43.6	0.0	11.2	15.6	597.7	69.6	14.4
014	7.6	9.5	34.8	0.0	7.8	10.3	518.4	74.2	11.1
013	15.3	14.7	29.5	0.0	14.8	19.3	485.6	77.2	17.9

브이원텍 (A251630)
V-ONE TECH CO

업 종 : 디스플레이 및 관련부품		시 장 : KOSDAQ	
신용등급 : (Bond) — (CP) —		기업규모 : 벤처	
홈 페 이 지 : www.v-one.co.kr		연 락 처 : 031)607-5540	
본 사 : 경기도 성남시 분당구 대왕판교로 660, A-710 (삼평동, 유스페이스1)			

설 립 일 2006.06.08	종 업 원 수 명	대 표 이 사 김선중			
상 장 일 2017.07.13	감 사 의 견 적정 (대주)	계 열			
결 산 기 12월	보 통 주 737만주	종 속 회 사 수			
액 면 가 500원	우 선 주	구 상 호			

주주구성 (지분율,%)		출자관계 (지분율,%)		주요경쟁사 (외형,%)	
김선중	25.7			브이원텍	100
정희선	15.3			이엘피	126
(외국인)	0.7			디이엔티	186

매출구성		비용구성		수출비중	
LCD/OLED 압흔검사기	77.3	매출원가율	50.8	수출	58.0
OLED Mask 관련 S/W 및 검사장비	17.9	판관비율	12.7	내수	42.0
2차전지, Solar 관련	4.0				

회사 개요
2006년 설립한 동사는 압흔검사기를 주력 상품으로 올해 코스닥시장에 상장. 압흔검사기는 디스플레이 부품이 회로기판에 제대로 접합됐는지를 검사하는 장비. 스마트폰과 스마트패드 등에 사용되는 디스플레이 기판에는 이방도전성필름(ACF), 칩온글라스(COG), 연성회로기판(FPCB) 등 전류 부품이 압착으로 탑재. 압흔검사기는 국내 주요 디스플레이 업체는 물론 중국 텐마, BOE, CSOT, 샤프 등 20여개사가 사용.

실적 분석
동사의 2017년 상반기 연결기준 누적 매출액은 196.8억원, 영업이익은 84.7억원을 기록함. 매출과 영업이익 모두 전년 동기와 비교해 꾸준히 증가 추세이며 법인세비용 차감전 영업이익은 79.7억원, 당기순이익은 63.3억원을 시현함. 글로벌 LCD와 OLED 투자 지속으로 내년 본업으로만 올해 대비 높은 성장이 가능할 것으로 전망되며 2차전지 등 신규사업 수주 가능성이 있어 지속적인 성장이 예상됨.

현금 흐름 〈단위 : 억원〉

항목	2016	2017.2Q
영업활동	64	
투자활동	-50	
재무활동	34	
순현금흐름	49	
기말현금	77	

시장 대비 수익률

결산 실적 〈단위 : 억원〉

항목	2012	2013	2014	2015	2016	2017
매출액		89	103	118	245	—
영업이익		19	15	25	89	—
당기순이익		14	15	23	80	—

분기 실적 〈단위 : 억원〉

항목	2016.1Q	2016.2Q	2016.3Q	2016.4Q	2017.1Q	2017.2Q
매출액	33				97	
영업이익	9				43	
당기순이익	11				26	

재무 상태 〈단위 : 억원〉

항목	2012	2013	2014	2015	2016	2017.2Q
총자산		112	127	165	319	—
유형자산		8	7	7	7	—
무형자산				0	0	—
유가증권			5	45	87	—
총부채		32	32	41	77	—
총차입금		10	7	7	11	—
자본금		5	5	7	29	
총자본		81	95	125	243	—
지배주주지분		81	95	124	242	—

기업가치 지표

항목	2012	2013	2014	2015	2016	2017.2Q
주가(최고/저)(천원)	—/—	—/—	—/—	—/—	—/—	—/—
PER(최고/저)(배)	0.0/0.0	0.0/0.0	0.0/0.0	0.0/0.0	0.0/0.0	—/—
PBR(최고/저)(배)	0.0/0.0	0.0/0.0	0.0/0.0	0.0/0.0	0.0/0.0	—/—
EV/EBITDA(배)	0.0	0.0	0.0	0.0	0.0	
EPS(원)		253	274	417	1,434	
BPS(원)		89,546	105,970	91,635	4,130	
CFPS(원)		15,428	17,049	17,003	1,442	
DPS(원)						
EBITDAPS(원)		20,978	16,941	18,527	1,624	

재무 비율 〈단위 : % 〉

연도	영업이익률	순이익률	부채비율	차입금비율	ROA	ROE	유보율	자기자본비율	EBITDA마진율
2016	36.6	32.6	31.7	4.5	32.9	43.5	726.0	75.9	36.8
2015	20.8	19.2	32.8	5.8			1,732.7	75.3	21.2
2014	14.2	14.3	33.4	7.9	12.3	16.8	2,019.4	74.9	14.8
2013	21.0	15.4	39.5	12.4			1,690.9	71.7	21.2

ㅂ

블루콤 (A033560)
BLUECOM

업 종 : 휴대폰 및 관련부품		시 장 : KOSDAQ	
신용 등급 : (Bond) — (CP) —		기업규모 : 우량	
홈 페 이 지 : www.bluec.co.kr		연 락 처 : 032)810-0500	
본 사 : 인천시 연수구 벤처로 116 (송도동)			

설 립 일 1991.10.07	종 업 원 수 189명	대 표 이 사 김종규			
상 장 일 2011.01.26	감사의견 적정 (신한)	계 열			
결 산 기 12월	보 통 주 1,920만주	종속회사수 2개사			
액 면 가 500원	우 선 주	구 상 호			

주주구성 (지분율,%)		출자관계 (지분율,%)		주요경쟁사 (외형,%)	
김종규	38.0	미디어젠	19.3	블루콤	100
베어링자산운용	7.9	TIANJINBLUECOM	100.0	KH바텍	158
(외국인)	9.4	BLUECOMVINA	100.0	서원인텍	150

매출구성		비용구성		수출비중	
제품	96.6	매출원가율	76.3	수출	—
기타	3.4	판관비율	12.4	내수	—

회사 개요
동사는 휴대폰용 마이크로 스피커와 리니어 진동모터, 블루투스 헤드셋 등 휴대폰 부품 및 엑세서리를 제조, 판매하고 있음. 종속회사인 천진부롬통신기술유한공사는 제품의 생산 및 중국 내수판매의 역할을 담당하고 있음. 휴대폰 부품 및 엑세서리 산업은 휴대폰의 내외장형 부품과 관련된 제품으로서, 전방산업인 휴대폰 제조업의 경기와 연동, 기술적인 진입장벽이 높은 특성을 가지고 있음.

실적 분석
동사의 2017년 상반기 매출은 759억원으로 전년동기 대비 38.7% 감소, 영업이익은 85.9억원으로 전년동기 대비 37.8% 감소, 당기순이익은 48억원으로 56.9% 감소 시현. 외형 감소로 고정비 부담 증가로 수익성은 전년대비 약화 예상. 스마트폰 시장의 변화에 맞추어 신규 사업 개척 중요성 부각. 주요 거래선내 경쟁 심화도 매출 및 이익 개선에 부담으로 작용. 2017년 하반기 글로벌 전략거래선내의 신모델 출시 효과가 기대됨.

현금 흐름 〈단위 : 억원〉
항목	2016	2017.2Q
영업활동	260	60
투자활동	-29	-84
재무활동	-126	-11
순현금흐름	124	-42
기말현금	681	639

시장 대비 수익률

결산 실적 〈단위 : 억원〉
항목	2012	2013	2014	2015	2016	2017
매출액	568	855	1,965	2,171	2,388	
영업이익	63	136	335	323	270	
당기순이익	37	123	285	310	234	

분기 실적 〈단위 : 억원〉
항목	2016.1Q	2016.2Q	2016.3Q	2016.4Q	2017.1Q	2017.2Q
매출액	381	858	645	504	410	348
영업이익	40	98	74	58	51	35
당기순이익	31	80	34	89	15	32

재무 상태 〈단위 : 억원〉
항목	2012	2013	2014	2015	2016	2017.2Q
총자산	1,040	1,199	1,618	1,859	1,978	1,907
유형자산	282	262	504	572	551	530
무형자산	25	24	66	82	82	78
유가증권	28	28	28	28	102	126
총부채	58	90	257	259	251	162
총차입금			0	23	0	
자본금	48	48	96	96	96	96
총자본	982	1,108	1,362	1,600	1,726	1,746
지배주주지분	982	1,108	1,362	1,600	1,726	1,746

기업가치 지표
항목	2012	2013	2014	2015	2016	2017.2Q
주가(최고/저)(천원)	6.6/3.8	7.0/3.3	19.3/6.4	18.3/10.7	16.7/9.6	—/—
PER(최고/저)(배)	37.5/21.9	11.7/5.6	13.8/4.6	11.8/6.9	13.8/7.9	—/—
PBR(최고/저)(배)	1.4/0.8	1.3/0.6	2.9/1.0	2.3/1.3	1.8/1.0	1.3/1.1
EV/EBITDA(배)	5.4	5.2	5.8	4.3	3.2	—/—
EPS(원)	194	642	1,485	1,615	1,217	248
BPS(원)	10,450	11,596	7,196	8,439	9,235	9,345
CFPS(원)	800	1,645	1,658	1,882	1,663	366
DPS(원)	200	300	400	400	50	
EBITDAPS(원)	1,068	1,774	1,919	1,952	1,853	565

재무 비율 〈단위 : % 〉
연도	영업이익률	순이익률	부채비율	차입금비율	ROA	ROE	유보율	자기자본비율	EBITDA마진율
2016	11.3	9.8	14.6	0.0	12.2	14.1	1,747.0	87.3	14.9
2015	14.9	14.3	16.2	1.5	17.8	20.9	1,587.7	86.1	17.3
2014	17.1	14.5	18.9	0.0	20.2	23.1	1,339.2	84.1	18.8
2013	15.9	14.4	8.2	0.0	11.0	11.8	2,219.2	92.5	19.9

비나텍 (A126340)
VINA TECH

업 종 : 전기장비		시 장 : KONEX	
신용 등급 : (Bond) — (CP) —		기업규모 :	
홈 페 이 지 : www.vina.co.kr		연 락 처 : 063)715-3020	
본 사 : 전북 전주시 덕진구 운암로 15 (팔복동2가)			

설 립 일 1999.07.26	종 업 원 수 120명	대 표 이 사 성도경			
상 장 일 2013.07.01	감사의견 적정 (상록)	계 열			
결 산 기 12월	보 통 주	종속회사수			
액 면 가	우 선 주	구 상 호			

주주구성 (지분율,%)		출자관계 (지분율,%)		주요경쟁사 (외형,%)	
성도경	44.7			비나텍	100
엘지전자	6.9			선도전기	466
				서전기전	249

매출구성		비용구성		수출비중	
초고용량 커패시터	85.2	매출원가율	68.8	수출	69.0
커패시터 등	9.7	판관비율	23.2	내수	31.0
MEA	3.2				

회사 개요
동사는 초고용량 커패시터를 제조, 탄탈커패시터 및 IT 상품을 판매하는 회사임. 동사의 제품은 휴대폰, 오디오 등 전자제품뿐만 아니라 산업용 로봇, 하이브리드 자동차 등 다양한 산업군에서 사용됨. 제품 매출 비중은 79.0%이며, 상품 매출은 20.7%를 차지하고 있음. 주요 제품은 초고용량 커패시터임. 세계 최초로 기존 최고 사양이던 2.7V보다 11% 용량을 향상시킨 3V제품을 2010년 11월에 개발하여 판매를 개시하였음.

실적 분석
2016년 동사의 매출액은 201.6억원이며 각각 16.1억원, 4.0억원의 영업이익과 당기순이익을 시현. 동사는 2011년 전주시 팔복동의 친환경복합단지로 본사 및 연구소, 공장을 이전하였음. 2012년 기계장치를 비롯한 추가 투자이후 비롯한 감가상각비의 증가로 2013년 210억 매출과 4억의 영업손실을 기록하였으나 초고용량 커패시터의 시장 확대 및 공장 가동율 향상으로 2014년 부터 2016년까지 꾸준히 영업이익이 증가하였음.

현금 흐름 *IFRS 별도 기준 〈단위 : 억원〉
항목	2016	2017.2Q
영업활동	55	
투자활동	-48	
재무활동	-4	
순현금흐름	3	
기말현금	5	

시장 대비 수익률

결산 실적 〈단위 : 억원〉
항목	2012	2013	2014	2015	2016	2017
매출액	186	210	220	202	202	
영업이익	8	-4	8	11	16	
당기순이익	4	-9	4	5	4	

분기 실적 *IFRS 별도 기준 〈단위 : 억원〉
항목	2016.1Q	2016.2Q	2016.3Q	2016.4Q	2017.1Q	2017.2Q
매출액	—	—	—	—	—	—
영업이익	—	—	—	—	—	—
당기순이익	—	—	—	—	—	—

재무 상태 *IFRS 별도 기준 〈단위 : 억원〉
항목	2012	2013	2014	2015	2016	2017.2Q
총자산	236	245	273	263	272	
유형자산	92	84	83	71	86	
무형자산	51	60	77	82	81	
유가증권	0	0				
총부채	158	177	181	184	193	
총차입금	131	147	156	153	156	
자본금	16	16	18	18	18	
총자본	78	68	91	79	80	
지배주주지분	78	68	91	79	80	

기업가치 지표 *IFRS 별도 기준
항목	2012	2013	2014	2015	2016	2017.2Q
주가(최고/저)(천원)	—/—	7.2/3.5	6.0/2.7	7.6/1.9	7.3/3.8	—/—
PER(최고/저)(배)	0.0/0.0	—/—	49.1/22.2	58.4/14.6	59.6/30.9	—/—
PBR(최고/저)(배)	0.0/0.0	3.4/1.7	2.3/1.0	3.2/0.8	3.0/1.6	0.0/0.0
EV/EBITDA(배)	7.2	13.1	7.7	8.4	9.2	—/—
EPS(원)	139	-287	122	130	123	
BPS(원)	24,100	2,110	2,593	2,398	2,440	
CFPS(원)	4,202	496	708	733	769	
DPS(원)	418					
EBITDAPS(원)	5,286	654	816	901	1,141	

재무 비율 〈단위 : % 〉
연도	영업이익률	순이익률	부채비율	차입금비율	ROA	ROE	유보율	자기자본비율	EBITDA마진율
2016	8.0	2.0	241.8	195.7	1.5	5.1	341.3	29.3	18
2015	5.3	2.3	234.4	195.3	1.7	5.4	342.2	29.9	15
2014	3.4	1.8	198.2	170.5	1.6	5.1	418.7	33.5	12
2013	-2.0	-4.4	261.5	216.5	-3.9	-12.8	322.1	27.7	10

비덴트 (A121800)
Vidente

종 목 : 미디어		시 장 : KOSDAQ	
용 등 급 : (Bond) — (CP) —		기업규모 : —	
페 이 지 : www.tvlogic.co.kr		연 락 처 : (070)8668-6611	
주 소 : 서울시 금천구 가산디지털1로 84, 에이스하이엔드8차 12층			

설 립 일 2002.03.20	종 업 원 수 109명	대 표 이 사 정병근
상 장 일 2011.12.01	감 사 의 견 —(한영)	계 열
결 산 기 12월	보 통 주 2,037만주	종속회사수 6개사
액 면 가 500원	우 선 주	구 상 호 세븐스타웍스

주주구성 (지분율,%)		출자관계 (지분율,%)		주요경쟁사 (외형,%)	
1트갤럭시아 1호 투자조합	14.8	씽크브릿지	100.0	비덴트	100
1로우스앤앨류션5호 투자조합	4.7	세븐스타웍스인터내셔널	100.0	지투알	1,700
(외국인)	0.9	에픽브이알	100.0	디지틀조선	163

매출구성		비용구성		수출비중	
LVM Series	39.4	매출원가율	71.9	수출	79.0
기타	24.9	판관비율	53.6	내수	21.0
RKM Series 외	16.9				

회사 개요
동사는 HD디지털 방송장비의 개발, 제조 및 판매를 주사업으로 영위하는 기업으로 2011 년 신규 상장함. 동사 제품을 구입하여 사용하고 있는 세계 주요 방송국으로는 영국의 BBC, 미국의 CNN, NBC, ABC, Disney, FOX TV, ESPN, HBO, 이탈리아의 RAI, 독일의 ZDF 등 다수임. 세계 시장점유율은 소니, JVC, 파나 소닉에 이어 4위를 차지하고 있음.

실적 분석
동사의 연결기준 2017년 2분기 누적매출액은 127.1억원으로 전년동기 136.9억원 대비 7.2% 감소하였음. 별도기준으로는 수출 부진으로 매출 성장이 부진하였으나 연결기준으로는 세븐스타웍스인터내셔널 매출 발생, 사업확장을 위해 지분을 인수한 씽크브릿지 매출이 계상됨. 45.8억원의 영업손실이 발생해 적자폭이 확대되었으나 비영업 부문에서 이익이 발생하며 16.5억원의 당기순이익을 기록, 전년동기 대비 25% 증가함.

금 흐름		〈단위 : 억원〉
항목	2016	2017.2Q
영업활동	-62	6
투자활동	-392	140
재무활동	431	-116
순현금흐름	-26	32
기말현금	80	112

시장 대비 수익률

산 실적					〈단위 : 억원〉
항목	2012	2013	2014	2015	2016	2017
매출액	311	263	290	227	240	—
영업이익	82	4	8	-22	-61	—
당기순이익	69	7	11	-42	-89	—

기 실적					〈단위 : 억원〉
항목	2016.1Q	2016.2Q	2016.3Q	2016.4Q	2017.1Q	2017.2Q
매출액	53	84	54	50	61	59
영업이익	-10	2	-16	-37	-20	-27
당기순이익	20	-5	-23	-81	-9	74

무 상태					〈단위 : 억원〉
항목	2012	2013	2014	2015	2016	2017.2Q
총자산	526	545	543	704	1,064	747
유형자산	155	155	154	154	93	90
무형자산	39	54	56	43	85	30
유가증권	18	24	23	31	177	130
총부채	86	119	109	194	423	182
총차입금	53	89	83	163	371	142
자본금	53	53	53	64	86	93
총자본	440	426	434	510	641	565
지배주지분	440	426	434	510	641	565

업가치 지표					
항목	2012	2013	2014	2015	2016	2017.2Q
가(최고/저)(천원)	5.2/3.8	4.4/2.3	2.8/1.9	21.8/2.1	17.5/3.6	—/—
ER(최고/저)(배)	14.9/11.0	125.3/64.0	57.1/37.5	—/—	—/—	—/—
BR(최고/저)(배)	2.5/1.9	2.1/1.1	1.3/0.9	11.0/1.1	9.4/1.9	3.7/2.4
EV/EBITDA(배)	3.6	9.8	8.0			
EPS(원)	710	71	100	-389	-575	89
BPS(원)	4,170	4,295	4,391	3,965	3,718	3,045
CFPS(원)	837	282	303	-204	-513	138
DPS(원)	100					
EBITDAPS(원)	971	248	278	-17	-335	-198

무 비율								〈단위 : %〉
연도	영업이익률	순이익률	부채비율	차입금비율	ROA	ROE	유보율	자기자본비율	EBITDA마진율
016	-25.5	-37.1	66.0	57.9	-10.1	-15.3	643.7	60.2	-21.4
015	-9.5	-18.3	38.0	32.0	-6.7	-8.8	693.5	72.5	-0.8
014	2.7	3.7	25.0	19.1	2.0	2.5	778.3	80.0	10.2
013	1.5	2.9	28.1	21.0	1.6	1.8	759.0	78.1	10.0

비디아이 (A148140)
BDI CO

업 종 : 에너지 시설 및 서비스		시 장 : KONEX	
신용등급 : (Bond) — (CP) —		기업규모 : —	
홈페이지 : www.bdindustry.co.kr		연 락 처 : (031)352-7365	
본 사 : 경기도 화성시 팔탄면 서해로 1155			

설 립 일 1992.06.18	종 업 원 수 62명	대 표 이 사 안승만
상 장 일 2017.01.16	감 사 의 견 적정 (송강)	계 열
결 산 기 12월	보 통 주	종속회사수
액 면 가	우 선 주	구 상 호

주주구성 (지분율,%)		출자관계 (지분율,%)		주요경쟁사 (외형,%)	
안승만	58.9			비디아이	100
LB크로스보더펀드II	23.1			한솔신텍	160
				S&TC	253

매출구성		비용구성		수출비중	
기타	74.2	매출원가율	89.2	수출	30.0
회처리설비	24.5	판관비율	4.0	내수	70.0
회정제설비	1.4				

회사 개요
동사는 1992년 6월 18일 설립되었으며, 2017년 1월 16일 코넥스시장에 상장된 회사임. 동사는 화력 발전소 플랜트 보조기기를 설계하고 제작 및 시공 그리고 시운전을 주사업으로 영위하고 있음. 동사의 주요 제품은 회처리 설비, 회정제 설비, 석탄이송설비, 석회석 이송설비 등임. 동사의 주요 매출처는 신규 발전소를 설립하는 한국전력 자회사와 건설사임. 전력 산업과 밀접한 연관을 맺고 있으며, 사업 구조 측면에서는 발전플랜에 속함.

실적 분석
코넥스 상장 기업인 동사의 2016년 연결기준 매출액은 1,005.6억원으로 전년대비 7.9% 증가함. 원가율 상승으로 매출총이익이 감소, 영업이익은 전년대비 37.2% 감소한 68.2억원을 기록. 당기순이익은 전년대비 51.9% 감소한 39.5억원을 기록함. 동사의 주 사업인 석탄화력발전소의 회처리설비, 회정제설비등 부문은 진입장벽이 존재하는 시장으로 과점이 형성되어 있음. 화력발전 건설 확대로 동사의 안정적인 매출이 기대됨.

현금 흐름	*IFRS 별도 기준	〈단위 : 억원〉
항목	2016	2017.2Q
영업활동	-188	—
투자활동	-5	—
재무활동	204	—
순현금흐름	11	—
기말현금	15	—

시장 대비 수익률

결산 실적					〈단위 : 억원〉
항목	2012	2013	2014	2015	2016	2017
매출액	293	674	768	932	1,006	—
영업이익	49	-11	14	108	68	—
당기순이익	3	-53	-28	82	40	—

분기 실적	*IFRS 별도 기준				〈단위 : 억원〉
항목	2016.1Q	2016.2Q	2016.3Q	2016.4Q	2017.1Q	2017.2Q
매출액	—	—	—	—	—	—
영업이익	—	—	—	—	—	—
당기순이익	—	—	—	—	—	—

재무 상태	*IFRS 별도 기준				〈단위 : 억원〉
항목	2012	2013	2014	2015	2016	2017.2Q
총자산	372	342	424	468	734	—
유형자산	102	114	134	135	133	—
무형자산	1	0	0	0	5	—
유가증권	78	49	27	22	24	—
총부채	258	340	452	334	561	—
총차입금	219	267	256	187	257	—
자본금	16	16	16	21	21	—
총자본	115	1	-28	133	173	—
지배주주지분	115	1	-28	133	173	—

기업가치 지표	*IFRS 별도 기준				
항목	2012	2013	2014	2015	2016	2017.2Q
주가(최고/저)(천원)	—/—	—/—	—/—	—/—	—/—	—/—
PER(최고/저)(배)	0.0/0.0	0.0/0.0	0.0/0.0	0.0/0.0	0.0/0.0	—/—
PBR(최고/저)(배)	0.0/0.0	0.0/0.0	0.0/0.0	0.0/0.0	0.0/0.0	—/—
EV/EBITDA(배)	4.2		9.6	1.6	3.3	
EPS(원)	81	-1,664	-875	2,498	949	—
BPS(원)	71,745	880	-14,334	62,947	4,069	—
CFPS(원)	3,448	-31,213	-14,292	44,007	1,049	—
DPS(원)						
EBITDAPS(원)	32,172	-4,869	10,045	57,451	1,736	—

재무 비율								〈단위 : %〉
연도	영업이익률	순이익률	부채비율	차입금비율	ROA	ROE	유보율	자기자본비율	EBITDA마진율
2016	6.8	3.9	325.4	149.0	6.6	25.8	729.5	23.5	7.2
2015	11.6	8.8	250.5	139.9	18.5	전기잠식	541.6	28.5	12.0
2014	1.9	-3.7	완전잠식	완전잠식	-7.4	당기잠식	-273.8	-6.6	2.3
2013	-1.7	-7.9	일부잠식	일부잠식			-91.2	0.4	-1.2

비상교육 (A100220)
Visang Education

업 종 : 교육		시 장 : 거래소	
신용등급 : (Bond) — (CP) —		기업규모 : 시가총액 소형주	
홈 페 이 지 : www.visang.com		연 락 처 : 02)6970-6012	
주 소 : 서울시 구로구 디지털로33길 48 (구로동, 대륭포스트타워 7차 19층)			

설 립 일	2002.01.21	종 업 원 수	613명	대 표 이 사	양태회
상 장 일	2008.06.30	감 사 의 견	적정 (삼정)	계 열	
결 산 기	12월	보 통 주	1,300만주	종속회사수	4개사
액 면 가	500원	우 선 주		구 상 호	

주주구성 (지분율,%)		출자관계 (지분율,%)		주요경쟁사 (외형,%)	
양태회	45.2	비상캠퍼스	100.0	비상교육	100
비유와상징우리사주조합	3.1	티스쿨이앤씨	100.0	대교	570
(외국인)	9.6	비상키즈	98.9	웅진씽크빅	434

매출구성		비용구성		수출비중	
출판 사업	86.4	매출원가율	46.1	수출	0.0
온라인 사업	9.6	판관비율	29.2	내수	100.0
오프라인 학원사업	3.0				

회사 개요
동사는 학습교재 출판, 온오프라인 교육 서비스 사업 등을 영위할 목적으로 1997년 설립됨. 2002년 법인으로 전환하면서 2008년 유가증권시장에 상장함. 초등, 중등, 고등학교 교과서 발행사업, 학습교재 출판, 학력평가, 컨설팅업을 주요 사업으로 영위함. 2016년 5월 경희대 국제교육원과 업무협약을 통해 한국어 교육 사이트인 마스터코리안을 운영하는 등 성인교육 시장에도 진출함. 최근에는 초등 온라인 학습업체 '와이즈캠프'를 인수함.

실적 분석
온라인 교육사업과 유아교육사업 부문이 성장하였으나, 주력인 출판과 오프라인 학원사업이 부진하여 2017년 상반기 전체 매출액은 전년동기 대비 4.9% 감소함. 출판부문의 제품가격 인상과 광고선전비 축소 등의 노력으로 영업이익은 13.8% 감소함. 중국 1위 교육 그룹인 신동방그룹과 손잡고 중국 유아 영어교육 시장에 진출하였으며, 초등학교 국정교과서를 납품을 시작함에 따라 안정적인 성장이 예상됨.

현금 흐름
<단위 : 억원>

항목	2016	2017.2Q
영업활동	512	203
투자활동	-209	-61
재무활동	-224	-41
순현금흐름	79	101
기말현금	215	316

시장 대비 수익률

결산 실적
< 단위 : 억원>

항목	2012	2013	2014	2015	2016	2017
매출액	1,446	1,349	1,369	1,438	1,439	—
영업이익	214	190	167	284	355	—
당기순이익	169	134	105	169	256	—

분기 실적
<단위 : 억원>

항목	2016.1Q	2016.2Q	2016.3Q	2016.4Q	2017.1Q	2017.2Q
매출액	285	307	231	616	309	254
영업이익	8	50	13	283	23	27
당기순이익	3	29	13	210	5	22

재무 상태
< 단위 : 억원>

항목	2012	2013	2014	2015	2016	2017.2Q
총자산	2,128	2,459	2,457	2,352	2,397	2,226
유형자산	409	443	436	444	431	425
무형자산	334	400	323	312	434	440
유가증권	48	60	32	20	18	25
총부채	742	945	899	630	449	292
총차입금	320	548	490	230	30	28
자본금	65	65	65	65	65	65
총자본	1,386	1,514	1,558	1,722	1,948	1,934
지배주주지분	1,386	1,524	1,561	1,725	1,951	1,937

기업가치 지표

항목	2012	2013	2014	2015	2016	2017.2Q
주가(최고/저)(천원)	13.8/5.7	17.2/10.2	12.7/7.2	10.5/7.1	17.6/7.6	—/—
PER(최고/저)(배)	11.4/4.7	17.5/10.4	16.0/9.1	8.5/5.7	9.1/3.9	—/—
PBR(최고/저)(배)	1.3/0.5	1.5/0.9	1.0/0.6	0.8/0.5	1.1/0.5	1.1/0.9
EV/EBITDA(배)	6.7	7.7	4.9	2.8	4.0	—
EPS(원)	1,309	1,057	842	1,294	1,970	210
BPS(원)	11,459	12,492	13,012	14,270	16,007	15,905
CFPS(원)	1,914	1,693	1,749	2,218	2,817	588
DPS(원)	110	130	130	200	330	—
EBITDAPS(원)	2,258	2,096	2,191	3;112	3,576	762

재무 비율
<단위 : % >

연도	영업이익률	순이익률	부채비율	차입금비율	ROA	ROE	유보율	자기자본비율	EBITDA마진율
2016	24.7	17.8	23.1	1.5	10.8	13.9	3,101.4	81.3	32.3
2015	19.8	11.7	36.6	13.4	7.0	10.2	2,754.0	73.2	28.1
2014	12.2	7.7	57.7	31.5	4.3	7.1	2,502.4	63.4	20.8
2013	14.1	10.0	62.5	36.2	5.9	9.2	2,398.4	61.6	20.2

비씨월드제약 (A200780)
BCWORLD PHARM COLTD

업 종 : 제약		시 장 : KOSDAQ	
신용등급 : (Bond) — (CP) —		기업규모 : 벤처	
홈 페 이 지 : www.bcwp.co.kr		연 락 처 : 031)881-6800	
주 소 : 경기도 여주시 가남읍 여주남로 872-23			

설 립 일	1980.03.19	종 업 원 수	287명	대 표 이 사	홍성한
상 장 일	2014.12.15	감 사 의 견	적정 (대현)	계 열	
결 산 기	12월	보 통 주	731만주	종속회사수	
액 면 가	200원	우 선 주	6만주	구 상 호	

주주구성 (지분율,%)		출자관계 (지분율,%)		주요경쟁사 (외형,%)	
홍성한	33.9	비씨월드헬스케어	50.0	비씨월드제약	100
최헌두	2.7	에스브이앤베스트먼트	2.4	대한뉴팜	240
(외국인)	1.0	한국제약협동조합		메지온	19

매출구성		비용구성		수출비중	
마취통증약(제품)	27.3	매출원가율	49.9	수출	4.0
항생제	26.8	판관비율	34.9	내수	96.0
기타처방약	24.9				

회사 개요
동사는 1980년 3월 의약품의 제조 및 판매, 의약품 수출입 등을 주 영업 목적으로 하여 설립되고 2014년 12월 코스닥시장에 상장됨. 2007년 회사의 명칭을 극동제약에서 비씨월드제약으로 변경함. 의약품 제조 및 판매, 국내 CMO사업, 해외수출용 CMO 포함, 라이센싱아웃 사업 등을 영위하고 있음. 특히 의약품 제조 및 판매 분야에선 R&D 개발력을 기반으로 마취통증약, 순환계약물, 항생제에 강점이 있음.

실적 분석
동사의 연결 재무제표 기준 2017년 반기 매출액은 전년 동기 219.9억원 대비 10.0% 증가한 241.9억원 기록. 매출 증대와 더불어 효율적인 비용 관리를 통해 영업이익 42.4억원을 기록, 전년 동기 31.8억원 대비 33.1% 증가한 수치를 기록. 당기순이익은 같은 기간 18.6% 증가한 39.5억원을 기록. 마취통증약이 전체 매출에서 가장 높은 비중을 차지하고 있으며 순환계약의 매출 비중이 높아지는 추세를 나타냄.

현금 흐름
*IFRS 별도 기준 <단위 : 억원>

항목	2016	2017.2Q
영업활동	2	33
투자활동	-128	-93
재무활동	95	54
순현금흐름	-30	-6
기말현금	12	6

시장 대비 수익률

결산 실적
< 단위 : 억원>

항목	2012	2013	2014	2015	2016	2017
매출액	255	304	357	414	457	—
영업이익	29	40	53	66	69	—
당기순이익	35	33	37	63	65	—

분기 실적
*IFRS 별도 기준 <단위 : 억원>

항목	2016.1Q	2016.2Q	2016.3Q	2016.4Q	2017.1Q	2017.2Q
매출액	103	117	114	123	121	12
영업이익	18	19	13	19	21	2
당기순이익	14	19	19	13	20	2

재무 상태
*IFRS 별도 기준 < 단위 : 억원>

항목	2012	2013	2014	2015	2016	2017.2Q
총자산	386	424	748	794	964	1,04
유형자산	108	129	216	454	561	63
무형자산	12	13	13	13	14	1
유가증권	0	0	0	5	5	
총부채	159	165	131	120	225	27
총차입금	121	115	60	32	127	18
자본금	8	8	13	13	13	1
총자본	227	259	617	674	739	77
지배주주지분	227	259	617	674	739	77

기업가치 지표
*IFRS 별도 기준

항목	2012	2013	2014	2015	2016	2017.2Q
주가(최고/저)(천원)	—/—	—/—	16.2/13.8	41.6/15.4	34.9/20.8	—/—
PER(최고/저)(배)	0.0/0.0	0.0/0.0	24.0/20.4	48.3/17.8	39.7/23.6	—/—
PBR(최고/저)(배)	0.0/0.0	0.0/0.0	1.9/1.6	4.5/1.7	3.5/2.1	2.4/1
EV/EBITDA(배)	1.4	1.4	14.0	27.6	22.8	—
EPS(원)	655	622	683	866	883	53
BPS(원)	114,074	130,437	9,280	10,132	11,000	10,50
CFPS(원)	23,793	22,996	1,083	1,154	1,225	74
DPS(원)			100		120	—
EBITDAPS(원)	20,522	26,587	1,382	1,198	1,291	74

재무 비율
<단위 : % >

연도	영업이익률	순이익률	부채비율	차입금비율	ROA	ROE	유보율	자기자본비율	EBITDA마진율
2016	15.1	14.2	30.5	17.2	7.4	9.2	5,451.2	76.6	18.
2015	16.0	15.3	17.7	4.7	8.2	9.8	4,966.1	84.9	19.
2014	14.7	10.5	21.3	9.7	6.4	8.5	4,539.8	82.5	19
2013	13.3	11.0	63.7	44.5	8.2	13.7	3,023.0	61.1	17

비아트론 (A141000)
Viatron Technologies

업　　종 : 디스플레이 및 관련부품	시　　장 : KOSDAQ
신용등급 : (Bond) — 　(CP) —	기업규모 : 우량
홈 페 이 지 : www.viatrontech.com	연 락 처 : 070)4016-3200
회　　사 : 경기도 수원시 권선구 산업로 155번길 139(고색동)	

설　립　일	2001.12.26	종 업 원 수	148명	대 표 이 사	김형준
상　장　일	2012.05.04	감사의견	적정 (신한)	계　　열	
결　산　기	12월	보 통 주	1,211만주	종속회사수	1개사
액　면　가	500원	우 선 주		구 상 호	

주주구성 (지분율,%)		출자관계 (지분율,%)		주요경쟁사 (외형,%)	
김형준	14.0	인터벨류파트너스	100.0	비아트론	100
LAZ EMSCTR	6.5	서울투자청년창업벤처조합	10.0	APS홀딩스	726
(외국인)	30.3	소스트	4.2	덕산네오룩스	55

매출구성		비용구성		수출비중	
Flexible Display 열처리장비	44.2	매출원가율	70.0	수출	52.0
LTPS LCD 열처리장비	27.2	판관비율	11.6	내수	48.0
AMOLED 열처리장비	22.6				

회사 개요
동사는 2001년 반도체 및 평판디스플레이 제조용 기계제조업 등을 목적으로 설립됨. AMOLED, LTPS LCD, Oxide TFT, Flexible Display 등 디스플레이 패널 제작을 위한 장비 중 전 공정 장비에 속하는 backplane 제조 관련 열처리장비가 주요 제품임. 각종 국책과제 및 삼성전자, 삼성모바일디스플레이, LG 디스플레이 등과의 연구과제 수행을 통해 꾸준히 열처리 장비 기술개발을 진행하여 우수한 경쟁력을 확보함.

실적 분석
2017년 2분기 매출액은 전년동기 대비 28.9% 증가한 363.2억원, 영업이익은 13.2% 감소한 48.1억원으로 시장 추정치를 크게 하회함. 수주가 확정시됐던 중국 BOE 폴리이미드큐어링 장비에 대한 수주가 3분기로 이월돼 2분기 매출에 일부 공백이 생기고, 고정비용이 크게 증가함. 현재 수주 잔고는 1,000억원을 초과해 연말까지 LG디스플레이, 중국 BOE향 PIC장비와 열처리 장비 추가 수주가 최소 한 라인 이상 가능할 전망임.

현금 흐름 〈단위 : 억원〉
항목	2016	2017.2Q
영업활동	97	-23
투자활동	-113	-38
재무활동	155	-12
순현금흐름	147	-77
기말현금	390	313

시장 대비 수익률

결산 실적 〈단위 : 억원〉
항목	2012	2013	2014	2015	2016	2017
매출액	532	327	328	451	764	
영업이익	104	40	8	83	140	
당기순이익	102	39	20	41	132	

분기 실적 〈단위 : 억원〉
항목	2016.1Q	2016.2Q	2016.3Q	2016.4Q	2017.1Q	2017.2Q
매출액	121	161	—	—	230	134
영업이익	24	32	—	—	31	17
당기순이익	19	30	—	—	2	25

재무 상태 〈단위 : 억원〉
항목	2012	2013	2014	2015	2016	2017.2Q
총자산	706	852	803	813	1,284	1,195
유형자산	97	200	196	190	188	186
무형자산	28	32	22	11	7	7
유가증권	49	336	219	122	153	89
총부채	194	287	223	109	293	191
총차입금	2	211	186	4	5	—
자본금	51	53	54	56	61	61
총자본	512	565	580	703	991	1,004
지배주주지분	512	565	580	703	991	1,004

기업가치 지표
항목	2012	2013	2014	2015	2016	2017.2Q
주가(최고/저)(천원)	21.5/10.1	20.1/9.7	13.6/7.4	22.1/8.1	30.3/18.5	—/—
PER(최고/저)(배)	20.9/9.8	54.3/26.3	74.7/40.7	34.6/12.7	27.3/16.7	3.2/2.3
PBR(최고/저)(배)	4.2/2.0	3.7/1.8	2.4/1.3	3.4/1.3	3.7/2.3	3.2/2.3
EV/EBITDA(배)	11.2	22.0	30.3	21.3	16.5	
EPS(원)	1,038	374	184	643	1,114	223
BPS(원)	5,120	5,487	5,668	6,518	8,178	8,290
CFPS(원)	1,102	510	355	815	1,201	250
DPS(원)					100	
EBITDAPS(원)	1,125	518	248	937	1,269	425

재무 비율 〈단위 : % 〉
연도	영업이익률	순이익률	부채비율	차입금비율	ROA	ROE	유보율	자기자본비율	EBITDA마진율
2016	18.4	17.3	29.6	0.6	12.6	15.6	1,535.7	77.2	19.7
2015	18.5	15.5	15.5	0.6	8.7	10.9	1,203.6	86.6	22.6
2014	2.5	6.0	38.4	32.1	2.4	3.5	1,033.6	72.2	8.1
2013	12.2	12.0	50.8	37.4	5.0	7.3	997.4	66.3	16.6

비에이치 (A090460)
Bh

업　　종 : 전자 장비 및 기기	시　　장 : KOSDAQ
신용등급 : (Bond) — 　(CP) —	기업규모 : 중견
홈 페 이 지 : www.bhe.co.kr	연 락 처 : 032)510-2644
회　　사 : 인천시 부평구 평천로 199번길 25	

설　립　일	1999.03.10	종 업 원 수	1,390명	대 표 이 사	이경환
상　장　일	2007.01.26	감사의견	적정 (안진)	계　　열	
결　산　기	12월	보 통 주	3,127만주	종속회사수	5개사
액　면　가	500원	우 선 주		구 상 호	

주주구성 (지분율,%)		출자관계 (지분율,%)		주요경쟁사 (외형,%)	
이경환	23.1	대경전자	100.0	비에이치	100
국민연금공단	4.7	디케이티	42.0	액트	16
(외국인)	7.9	비에이치디스플레이	39.0	남성	23

매출구성		비용구성		수출비중	
[FPCB]다층	37.0	매출원가율	99.9	수출	96.0
[FPCB]양면	29.8	판관비율	7.0	내수	4.0
[FPCB]RF, BU	29.0				

회사 개요
동사는 1999년 설립되었으며, 2007년부터 코스닥시장에 상장되어 거래되고 있음. 첨단 IT산업의 핵심부품인 FPCB와 그 응용부품을 전문적으로 제조, 공급하는 회사로서 전문 FPCB 벤처 중견기업으로 성장하고 있음. FPCB는 스마트폰, 태블릿 PC 및 휴대폰, LCD, PDP TV 등의 부품으로 들어감. 삼성전자와 LG전자 등이 주요 고객이며 국내 및 해외 신규업체 확보를 위해 노력 중임.

실적 분석
동사의 2017년도 2분기 연결기준 누적 매출액은 2,210.3억원으로 전년동기 대비 11.6% 증가함. 중국 지역 매출액은 전년동기 대비 절반가량 감소했으나, 베트남 지역의 매출액이 크게 증가한 것에 기인함. 이에 순이익은 86.1억원으로 흑자전환함. 생산능력 향상을 위한 신규건설과 증설을 계획 중임. 향후 Local 수출 형태를 기반으로 한 해외부문 매출 증대가 기대됨.

현금 흐름 〈단위 : 억원〉
항목	2016	2017.2Q
영업활동	6	61
투자활동	-123	-134
재무활동	53	149
순현금흐름	-59	76
기말현금	105	181

시장 대비 수익률

결산 실적 〈단위 : 억원〉
항목	2012	2013	2014	2015	2016	2017
매출액	2,298	3,791	3,159	3,646	3,720	
영업이익	247	314	190	94	-258	
당기순이익	141	221	127	87	-245	

분기 실적 〈단위 : 억원〉
항목	2016.1Q	2016.2Q	2016.3Q	2016.4Q	2017.1Q	2017.2Q
매출액	1,105	875	949	790	1,026	1,184
영업이익	-18	-83	-25	-131	22	100
당기순이익	-15	-87	-53	-89	-12	99

재무 상태 〈단위 : 억원〉
항목	2012	2013	2014	2015	2016	2017.2Q
총자산	1,816	2,310	2,639	3,319	3,106	3,607
유형자산	762	1,156	1,367	1,425	1,453	1,471
무형자산	26	35	24	38	29	43
유가증권	8	25	29	32	27	16
총부채	1,109	1,419	1,623	2,244	2,046	2,412
총차입금	790	1,018	1,203	1,604	1,504	1,588
자본금	75	78	78	78	78	156
총자본	707	891	1,016	1,076	1,060	1,195
지배주주지분	707	891	1,016	1,076	1,060	1,195

기업가치 지표
항목	2012	2013	2014	2015	2016	2017.2Q
주가(최고/저)(천원)	12.2/5.6	14.6/9.5	12.9/5.7	10.3/5.2	17.0/4.4	—/—
PER(최고/저)(배)	12.8/5.9	10.1/6.6	15.8/7.0	18.4/9.4	—/—	4.5/2.1
PBR(최고/저)(배)	2.4/1.1	2.3/1.5	1.8/0.8	1.3/0.7	2.5/0.6	
EV/EBITDA(배)	7.8	5.0	5.5	7.7		
EPS(원)	477	720	407	278	-783	275
BPS(원)	5,017	6,377	7,325	7,717	6,888	3,822
CFPS(원)	1,458	2,855	2,133	1,798	-364	601
DPS(원)						
EBITDAPS(원)	2,178	3,460	2,535	1,846	-446	716

재무 비율 〈단위 : % 〉
연도	영업이익률	순이익률	부채비율	차입금비율	ROA	ROE	유보율	자기자본비율	EBITDA마진율
2016	-6.9	-6.6	193.0	141.9	-7.6	-22.9	1,277.6	34.1	-1.9
2015	2.6	2.4	208.6	149.2	2.9	8.3	1,443.5	32.4	7.9
2014	6.0	4.0	159.7	118.3	5.1	13.3	1,365.0	38.5	12.6
2013	8.3	5.8	159.2	114.2	10.7	27.7	1,175.4	38.6	14.0

비에이치아이 (A083650)
BHI

업　　종 : 기계
신용등급 (Bond) —　　(CP) —
홈 페 이 지 : www.bhi.co.kr
본　　사 : 경남 함안군 군북면 장백로 122

시　　장 : KOSDAQ
기업규모 : 중견
연 락 처 : 055)585-3800

설 립 일	1998.06.12	종업원수	499명	대표이사	우종인,조원래(각자대표이사)
상 장 일	2005.12.02	감사의견	적정 (안진)	계　열	
결 산 기	12월	보통주	2,600만주	종속회사수	2개사
액 면 가	500원	우선주		구상호	

주주구성 (지분율,%)		출자관계 (지분율,%)		주요경쟁사 (외형,%)	
우종인	22.8	비에이치아이	100		
박은미	21.3	대경기계	61		
(외국인)	0.9	TPC	29		

매출구성		비용구성		수출비중	
HRSG	48.3	매출원가율	85.1	수출	55.0
B.O.P	19.6	판관비율	10.2	내수	45.0
보일러	17.5				

회사 개요
1998년 설립돼 2005년 코스닥증권 시장에 상장한 동사는 발전용 설비를 전문으로 설계·생산하는 사업을 영위하고 있음. 주된 고객으로는 한전을 비롯한 전력회사 및 발전사업자, 대형건설사, 포스코를 포함한 제철회사 등이 있음. 비에이치아이건설, PT Bum Woo Heavy Industry INDONESIA, BHI (Thailand) Co., Ltd.를 계열사로 보유하고 있으며 이들은 모두 비상장사임.

실적 분석
2017년 상반기 연결기준 동사는 매출 1,834.7억원을 기록함. 전년도 같은 기간에 비해 16.2% 증가함. 매출원가 20.0% 증가하나 매출증가 및 판매비와 관리비 40.2% 감소 등으로 영업이익은 전년 동기 70.4억원에서 87.1% 성장한 131.7억원을 기록함. 비영업부문 손실폭이 커졌으나 당기순이익은 전년 동기 52.3억원에서 101.9% 증가한 105.5억원을 시현함.

현금 흐름　〈단위 : 억원〉

항목	2016	2017.2Q
영업활동	147	313
투자활동	24	-69
재무활동	-199	-275
순현금흐름	-27	-32
기말현금	99	67

시장 대비 수익률

결산 실적　〈단위 : 억원〉

항목	2012	2013	2014	2015	2016	2017
매출액	5,021	6,213	4,970	3,564	3,132	—
영업이익	251	247	-6	-411	149	—
당기순이익	240	178	-192	-672	101	—

분기 실적　〈단위 : 억원〉

항목	2016.1Q	2016.2Q	2016.3Q	2016.4Q	2017.1Q	2017.2Q
매출액	626	953	660	893	903	932
영업이익	16	54	32	47	56	76
당기순이익	2	50	21	28	30	75

재무 상태　〈단위 : 억원〉

항목	2012	2013	2014	2015	2016	2017.2Q
총자산	5,863	5,700	5,353	4,554	4,464	4,365
유형자산	1,683	1,658	1,709	2,072	2,048	2,033
무형자산	275	256	240	218	191	189
유가증권	127	204	213	232	143	145
총부채	4,487	4,140	4,036	3,665	3,467	3,268
총차입금	2,850	2,921	2,590	2,553	2,205	1,897
자본금	65	65	65	130	130	130
총자본	1,375	1,560	1,318	890	997	1,097
지배주주지분	1,364	1,553	1,310	888	997	1,097

기업가치 지표

항목	2012	2013	2014	2015	2016	2017.2Q
주가(최고/저)(천원)	16.4/10.5	15.2/6.7	9.2/5.7	7.0/2.4	3.7/2.3	—/—
PER(최고/저)(배)	17.8/11.4	21.9/9.7	—/—	—/—	9.5/6.0	—/—
PBR(최고/저)(배)	3.1/2.0	2.6/1.1	1.8/1.1	1.9/0.7	0.9/0.6	1.7/0.8
EV/EBITDA(배)	18.4	14.6	48.2		12.7	
EPS(원)	937	701	-740	-2,609	392	406
BPS(원)	10,734	11,949	10,396	3,647	4,064	4,451
CFPS(원)	2,377	2,037	-787	-2,263	731	580
DPS(원)	210	140				
EBITDAPS(원)	2,431	2,532	635	-1,233	914	681

재무 비율　〈단위 : % 〉

연도	영업이익률	순이익률	부채비율	차입금비율	ROA	ROE	유보율	자기자본비율	EBITDA마진율
2016	4.8	3.2	347.8	221.2	2.3	10.8	712.9	22.3	7.6
2015	-11.5	-18.9	411.9	286.9	-13.6	-61.7	629.3	19.5	-9.0
2014	-0.1	-3.9	306.3	196.5	-3.5	-13.4	1,979.2	24.6	1.7
2013	4.0	2.9	265.5	187.3	3.1	12.5	2,289.8	27.4	5.3

비엔디생활건강 (A215050)
B&D Life Health COLTD

업　　종 : 가정생활용품
신용등급 (Bond) —　　(CP) —
홈 페 이 지 : www.e-seje.com
본　　사 : 인천시 부평구 서달로 298번길 73

시　　장 : KONEX
기업규모 : —
연 락 처 : 02)552-8481

설 립 일	2012.01.05	종업원수	22명	대표이사	이다니엘
상 장 일	2015.03.30	감사의견	적정 (영앤진)	계　열	
결 산 기	12월	보통주		종속회사	
액 면 가		우선주		구상호	

주주구성 (지분율,%)		출자관계 (지분율,%)		주요경쟁사 (외형,%)	
이다니엘	44.0	비엔디통상	40.0	비엔디생활건강	100
장경아	21.2			LG생활건강	24,665
				모나리자	491

매출구성		비용구성		수출비중	
세제혁명	48.6	매출원가율	34.5	수출	2.0
세제혁명 지엘	39.3	판관비율	59.4	내수	98.0
이젠드라이	8.5				

회사 개요
동사는 2012년 설립돼 2015년 코넥스 시장에 상장돼 주식 매매가 시작된 기업임. 친환경 세탁용 세제 전문제조업체로써, 다목적분말세제인 세제혁명, 홈드라이세제인 이젠드라이, 일반세탁세제인 세제혁명 지엘 등의 제품 Portfolio를 갖추고 있음. 동사 제품은 최근 수요가 증가하고 있는 친환경세제가 주를 이루고 있음. 환경오염이 없고 인체에 무해하지만 세척력은 뛰어난 게 특징임.

실적 분석
2016년 동사 매출은 247.1억원으로 전년대비 224억원 대비 10.3% 성장함. 매출총이익은 9.1% 늘어났으며 판매비와 관리비는 5.1% 줄면서 영업이익은 전년대비 -6.5억원에서 14.9억원으로 흑자전환함. 당기순이익 역시 전년도 -8억원에서 12원으로 흑자가되며 흑자로 돌아섰음. 중국시장에서 친환경세제에 대한 관심이 높아지고 있어 향후 중국으로의 수출이 큰 폭으로 늘어날 것으로 기대.

현금 흐름　＊IFRS 별도 기준　〈단위 : 억원〉

항목	2016	2017.2Q
영업활동	8	—
투자활동	3	—
재무활동	-2	—
순현금흐름	9	—
기말현금	9	—

시장 대비 수익률

결산 실적　〈단위 : 억원〉

항목	2012	2013	2014	2015	2016	2017
매출액	—	168	177	224	247	—
영업이익	—	23	18	-6	15	—
당기순이익	—	20	13	-8	12	—

분기 실적　＊IFRS 별도 기준　〈단위 : 억원〉

항목	2016.1Q	2016.2Q	2016.3Q	2016.4Q	2017.1Q	2017.2Q
매출액						
영업이익						
당기순이익						

재무 상태　＊IFRS 별도 기준　〈단위 : 억원〉

항목	2012	2013	2014	2015	2016	2017.2Q
총자산		48	41	95	103	
유형자산		8	11	53	56	
무형자산						
유가증권						
총부채		27	25	68	60	
총차입금		0	6	51	46	
자본금		2	2	2	2	
총자본		21	15	27	43	
지배주주지분		21	15	27	43	

기업가치 지표　＊IFRS 별도 기준

항목	2012	2013	2014	2015	2016	2017.2Q
주가(최고/저)(천원)	—/—	—/—	—/—	25.8/9.0	25.0/8.5	—/—
PER(최고/저)(배)	0.0/0.0	0.0/0.0	0.0/0.0	—/—	48.7/16.6	—/—
PBR(최고/저)(배)	0.0/0.0			22.0/7.7	13.5/4.6	0.0/0.0
EV/EBITDA(배)	0.0				20.3	
EPS(원)		1,318	672	-344	513	
BPS(원)		1,037	1,524	1,174	1,848	
CFPS(원)		1,359	714	-278	636	
DPS(원)			200			
EBITDAPS(원)		1,594	944	-210	763	

재무 비율　〈단위 : % 〉

연도	영업이익률	순이익률	부채비율	차입금비율	ROA	ROE	유보율	자기자본비율	EBITDA마진율
2016	6.0	4.8	139.3	106.9	12.0	33.9	1,932.8	41.8	7.2
2015	-2.9	-3.6	248.3	187.2	-11.8	-37.5	1,216.4	28.7	-2.4
2014	10.2	7.6	163.0	39.1			1,423.8	38.0	10.7
2013	13.9	11.8	132.3	2.2		0.0	936.9	43.1	14.1

비엔케이금융지주 (A138930)
BNK Financial Group

종 목 : 상업은행		시 장 : 거래소	
용 등 급 : (Bond) AAA (CP) —		기업규모 : 시가총액 대형주	
페이지 : www.bnkfg.com		연 락 처 : 051)620-3000	
사 : 부산시 남구 문헌금융로 30 (문현동)			

설 립 일	2011.03.15	종 업 원 수	108명	대 표 이 사	성세환
상 장 일	2011.03.30	감 사 의 견	적정 (안진)	계	열
결 산 기	12월	보 통 주	32,594만주	종속회사수	38개사
액 면 가	5,000원	우 선 주		구 상 호	BS금융지주

주주구성 (지분율,%)		출자관계 (지분율,%)		주요경쟁사 (외형,%)	
국민연금공단	12.1	부산은행	100.0	BNK금융지주	100
파크랜드	5.1	경남은행	100.0	DGB금융지주	53
(외국인)	50.5	BNK캐피탈	100.0	JB금융지주	50

수익구성		비용구성		수출비중	
		이자비용	26.6	수출	—
		파생상품손실	14.4	내수	—
		판관비	26.7		

회사 개요
동사는 2011년 부산은행, BNK투자증권, BNK신용정보, BNK캐피탈이 공동으로 주식의 포괄적 이전 방식에 의해 설립한 지주회사임. 같은 해 BNK정보시스템과 BNK저축은행을 설립하며 자회사로 편입함. 자회사에 대한 경영관리업무와 자금지원 등을 위한 자금 조달 업무 등을 주요 사업으로 하고 있음. 자회사는 은행업과 금융투자업, 여신전문업, 상호저축은행업으로 구분됨

실적 분석
동사는 2017년 2분기 순이자수익 11,338.9억원을 기록하며 전년동기 10,469.4대비 8.3% 증가한 실적을 기록. 순수수료손익 874.4억원과 당기손익인식금융자산관련수익 79.2억원, 매도가능금융자산손익 308.9억원 역시 크게 증가함. 영업이익은 4,516.6억원으로 증가함. 동사는 2017년 상반기 3,307억원의 당기순이익(지배지분)을 기록, 전년동기 대비 6.2% 증가. 금융지주 창립 이래 최대 규모의 상반기 순이익을 실현.

금 흐름 〈단위 : 억원〉

항목	2016	2017.2Q
영업활동	-11,258	13,807
투자활동	-3,719	-1,006
재무활동	11,978	-8,904
순현금흐름	-2,853	4,042
기말현금	8,586	12,629

시장 대비 수익률

산 실적 〈단위 : 억원〉

항목	2012	2013	2014	2015	2016	2017
이자수익	21,654	21,176	24,958	33,192	32,565	—
영업이익	4,936	4,127	9,411	6,962	7,123	—
당기순이익	3,659	3,055	8,197	5,305	5,181	—

기 실적 〈단위 : 억원〉

항목	2016.1Q	2016.2Q	2016.3Q	2016.4Q	2017.1Q	2017.2Q
이자수익	8,058	8,146	8,158	8,202	8,199	8,428
영업이익	2,157	2,052	2,023	890	2,291	2,226
당기순이익	1,631	1,566	1,498	486	1,725	1,667

무 상태 〈단위 : 억원〉

항목	2012	2013	2014	2015	2016	2017.2Q
총자산	431,633	469,169	840,501	902,795	934,822	967,955
유형자산	4,164	5,087	7,934	7,959	8,010	8,233
무형자산	772	918	3,720	3,241	2,989	3,132
유가증권	79,998	78,338	122,264	131,031	140,099	139,524
총부채	399,017	433,160	785,861	840,889	863,950	894,512
총차입금	82,669	90,398	139,427	141,682	148,951	141,870
자본금	9,669	9,669	11,719	12,797	16,297	16,297
총자본	32,616	36,009	54,639	61,907	70,872	73,443
지배주주지분	32,616	35,010	47,657	58,862	67,826	70,396

업가치 지표

항목	2012	2013	2014	2015	2016	2017.2Q
가(최고/저)(천원)	12.4/9.0	14.8/11.5	16.1/13.0	15.0/7.9	9.7/7.6	—/—
ER(최고/저)(배)	7.8/5.6	10.8/8.4	4.7/3.8	8.3/4.3	6.4/5.0	—/—
BR(최고/저)(배)	0.9/0.6	0.9/0.7	0.9/0.7	0.7/0.4	0.5/0.4	0.5/0.4
SR(최고/저)(배)	0/0		0/0		1/1	—/—
EPS(원)	1,766	1,470	3,618	1,898	1,556	
BPS(원)	16,875	18,104	20,333	23,000	20,810	21,599
CFPS(원)	2,267	1,767	4,103	2,512	1,989	1,227
DPS(원)	330	280	200	150	230	
EBITDAPS(원)	2,553	2,134	4,357	2,820	2,210	1,386

무 비율 〈단위 : % 〉

연도	계속사업이익률	순이익률	부채비율	차입금비율	ROA	ROE	유보율	자기자본비율	총자산증가율
2016	21.1	15.9	1,219.0	210.2	0.6	7.9	316.2	7.6	3.6
2015	21.1	16.0	1,358.3	228.9	0.6	9.1	360.0	6.9	7.4
2014	36.8	32.8	1,438.3	255.2	1.3	19.6	306.7	6.5	79.2
2013	19.0	14.4	1,202.9	251.0	0.7	9.0	262.1	7.7	8.7

비엠티 (A086670)
BMT

업 종 : 기계		시 장 : KOSDAQ	
신용등급 : (Bond) — (CP) —		기업규모 : 벤처	
홈페이지 : www.superlok.com		연 락 처 : 055)783-1000	
본 사 : 경남 양산시 산막공단남 11길 35			

설 립 일	2000.07.26	종 업 원 수	258명	대 표 이 사	윤종찬
상 장 일	2007.11.02	감 사 의 견	적정 (신정)	계	열
결 산 기	12월	보 통 주	815만주	종속회사수	1개사
액 면 가	500원	우 선 주		구 상 호	

주주구성 (지분율,%)		출자관계 (지분율,%)		주요경쟁사 (외형,%)	
윤종찬	50.0	파워쿨	70.4	비엠티	100
비엠티우리사주조합	4.8			맥스로텍	97
(외국인)	0.5			카스	320

매출구성		비용구성		수출비중	
FITTING	61.3	매출원가율	75.7	수출	32.0
VALVE	19.7	판관비율	27.1	내수	68.0
차단기외	11.2				

회사 개요
동사는 1988년 경품기계공업사로 설립하여 2000년에 비엠티로 법인전환 후 2007년 코스닥시장에 상장함. 주요 사업은 산업용 정밀 Fitting 및 Valve와 전기분전반을 생산판매하는 사업임. 배관자재는 국내외 조선·해양플랜트, 원자력 발전, 석유가스, 반도체 플랜트 건설 설비에 공급되고 있으며, 전기자재는 원자력·화력 발전소로 주로 공급되고 있음. 하이닉스, 삼성전자, 현대중공업, 두산중공업 등이 주요 거래처이며 해외 수출도 증가중임.

실적 분석
2017년 반기 기준 연결대상 법인으로는 박막전자부품 제조 기업인 파워쿨(구.노바마그네틱스)이 있음. 2017년 반기 매출액은 FITTING, VALVE, MCPD등의 매출이 증가하며, 전년 동기 대비 65.9% 증가한 325.8억원을 시현하였음. 매출 증가에 따른 비용 부담 감소로 당반기에 32.4억원의 영업이익을 시현하며 흑자전환함. 비영업손익 면에서는 외환손실에 따라 11.2억의 적자가 발생하며 당기순이익은 18.3억원을 시현함.

현금 흐름 〈단위 : 억원〉

항목	2016	2017.2Q
영업활동	68	14
투자활동	-18	-38
재무활동	-7	-15
순현금흐름	43	-39
기말현금	128	89

시장 대비 수익률

결산 실적 〈단위 : 억원〉

항목	2012	2013	2014	2015	2016	2017
매출액	422	512	600	551	411	—
영업이익	47	69	57	22	-12	—
당기순이익	12	33	41	24	-12	—

분기 실적 〈단위 : 억원〉

항목	2016.1Q	2016.2Q	2016.3Q	2016.4Q	2017.1Q	2017.2Q
매출액	94	103	87	128	157	168
영업이익	-8	1	-7	3	16	17
당기순이익	-9	-1	-15	13	2	17

재무 상태 〈단위 : 억원〉

항목	2012	2013	2014	2015	2016	2017.2Q
총자산	725	932	966	944	943	952
유형자산	320	362	388	381	375	404
무형자산	14	11	8	6	8	8
유가증권			1	4	2	7
총부채	309	404	399	372	390	388
총차입금	244	312	307	326	326	317
자본금	32	41	41	41	41	41
총자본	416	527	567	573	553	563
지배주주지분	415	531	572	580	564	575

기업가치 지표

항목	2012	2013	2014	2015	2016	2017.2Q
주가(최고/저)(천원)	5.3/3.6	7.2/4.9	7.2/5.0	6.3/4.3	9.4/3.5	—/—
PER(최고/저)(배)	23.0/15.8	16.4/11.1	14.4/9.9	21.0/14.5	—/—	—/—
PBR(최고/저)(배)	0.9/0.6	1.2/0.8	1.1/0.7	0.9/0.6	1.3/0.5	1.3/0.6
EV/EBITDA(배)	8.0	7.5	8.8	13.2	94.1	
EPS(원)	250	472	527	309	-124	231
BPS(원)	6,673	6,634	7,083	7,293	7,099	7,233
CFPS(원)	565	729	797	582	132	356
DPS(원)	100	100	100	100	100	—
EBITDAPS(원)	1,065	1,153	971	547	115	524

재무 비율 〈단위 : % 〉

연도	영업이익률	순이익률	부채비율	차입금비율	ROA	ROE	유보율	자기자본비율	EBITDA 마진율
2016	-2.8	-2.9	70.6	59.0	-1.3	-1.8	1,319.8	58.6	2.3
2015	4.1	4.3	64.9	56.8	2.5	4.4	1,358.6	60.7	8.1
2014	9.5	6.8	70.4	54.2	4.3	7.8	1,316.6	58.7	13.2
2013	13.5	6.4	76.7	59.1	3.9	7.1	1,226.7	56.6	17.3

ㅂ

비와이씨 (A001460)
BYC

업 종 : 섬유 및 의복		시 장 : 거래소	
신용등급 : (Bond) — (CP) —		기업규모 : 시가총액 소형주	
홈페이지 : www.byc.co.kr		연 락 처 : 02)840-3114	
본 사 : 서울시 영등포구 도림천로21길 3			

설 립 일 : 1955.05.13	종 업 원 수 : 755명	대 표 이 사 : 유중화
상 장 일 : 1975.06.02	감 사 의 견 : 적정 (대성)	계 속 계 열
결 산 기 : 12월	보 통 주 : 62만주	종속회사수 : 4개사
액 면 가 : 5,000원	우 선 주 : 22만주	구 상 호

주주구성 (지분율,%)		출자관계 (지분율,%)		주요경쟁사 (외형,%)	
남호섬유	13.4	바이콤광고	100.0	BYC	100
신한방	12.3	신한봉제	18.3	일신방직	226
(외국인)	1.4	전주방송	5.5	에프티앤이	21

매출구성		비용구성		수출비중	
봉제품(제품)	47.7	매출원가율	68.1	수출	5.0
양품류(상품)	17.2	판관비율	24.2	내수	95.0
임대(기타)	14.6				

회사 개요
동사는 제조업(도소매 포함), 건설, 임대사업을 영위하고 있으며, 이중 제조업 분야의 매출이 전체 매출의 대부분을 차지하고 있음. 제조업은 내의 제품을 주로 제조하여 판매하고 있으며, BYC, 스콜피오, 르송, 쎌핑크 등의 속옷 제품 및 상품 매출의 구조로 이루어짐. 국내·내외시장의 연간 시장규모는 약 2.4조원 규모로 추정되며 동사의 점유율은 약 5.4%임.

실적 분석
동사의 2017년 상반기 매출액은 912억원으로 전년 동기 대비 17.6% 감소함. 영업이익은 99.5억으로 3.3% 증가함. 당기이익은 51.8억으로 45.5% 감소함. 해외 브랜드 및 SPA 브랜드의 진출로 경쟁이 치열해지고 있음. 소규모 업체의 시장 진입도 활발해져 기존 업체에 위협이 되고 있음. 동사는 발열, 릴렉스웨어 '보디히트', 기능성 내의 '보디 드라이' 등으로 차별화를 꾀하고 있음.

현금 흐름
〈단위 : 억원〉

항목	2016	2017.2Q
영업활동	439	88
투자활동	-379	-181
재무활동	181	-15
순현금흐름	240	-114
기말현금	293	179

시장 대비 수익률

결산 실적
〈단위 : 억원〉

항목	2012	2013	2014	2015	2016	2017
매출액	2,170	1,824	1,769	1,822	2,119	—
영업이익	334	251	279	211	162	—
당기순이익	247	155	191	132	175	—

분기 실적
〈단위 : 억원〉

항목	2016.1Q	2016.2Q	2016.3Q	2016.4Q	2017.1Q	2017.2Q
매출액	446	661	473	539	460	452
영업이익	43	53	18	47	54	46
당기순이익	44	51	4	77	27	25

재무 상태
〈단위 : 억원〉

항목	2012	2013	2014	2015	2016	2017.2Q
총자산	5,055	5,252	6,084	6,915	7,330	7,327
유형자산	579	694	873	659	667	655
무형자산	10	8	11	11	3	3
유가증권	16	16	16	16	16	16
총부채	1,721	1,772	2,430	3,133	3,392	3,349
총차입금	852	832	1,418	2,014	2,205	2,189
자본금	42	42	42	42	42	42
총자본	3,333	3,479	3,654	3,781	3,939	3,978
지배주주지분	3,332	3,479	3,654	3,781	3,938	3,977

기업가치 지표

항목	2012	2013	2014	2015	2016	2017.2Q
주가(최고/저)(천원)	205/147	238/175	301/183	498/245	607/395	—/—
PER(최고/저)(배)	7.1/5.1	13.0/9.5	13.4/8.1	31.9/15.7	29.1/19.0	—/—
PBR(최고/저)(배)	0.5/0.4	0.6/0.4	0.7/0.4	1.1/0.6	1.3/0.8	0.9/0.8
EV/EBITDA(배)	5.2	6.3	9.4	16.7	17.2	—/—
EPS(원)	29,352	18,564	22,685	15,694	20,872	6,168
BPS(원)	397,103	414,562	435,396	450,529	469,264	473,914
CFPS(원)	38,304	28,724	32,573	27,915	34,666	13,355
DPS(원)	850	750	800	850	800	—
EBITDAPS(원)	48,716	40,062	43,104	37,377	33,025	19,033

재무 비율
〈단위 : %〉

연도	영업이익률	순이익률	부채비율	차입금비율	ROA	ROE	유보율	자기자본비율	EBITDA마진율
2016	7.6	8.3	86.1	56.0	2.5	4.5	9,285.3	53.7	13.1
2015	11.6	7.2	82.9	53.3	2.0	3.6	8,910.6	54.7	17.2
2014	15.8	10.8	66.5	38.8	3.4	5.3	8,607.9	60.1	20.5
2013	13.8	8.5	50.9	23.9	3.0	4.6	8,191.2	66.3	18.4

비지에프리테일 (A027410)
BGF Retail

업 종 : 도소매		시 장 : 거래소	
신용등급 : (Bond) — (CP) —		기업규모 : 시가총액 대형주	
홈페이지 : www.bgfretail.com		연 락 처 : 1577-3663	
본 사 : 서울시 강남구 테헤란로 405 (삼성동)			

설 립 일 : 1994.12.01	종 업 원 수 : 2,630명	대 표 이 사 : 박재구
상 장 일 : 2014.05.19	감 사 의 견 : 적정 (삼정)	계 속 계 열
결 산 기 : 12월	보 통 주 : 4,955만주	종속회사수 : 9개사
액 면 가 : 1,000원	우 선 주 :	구 상 호

주주구성 (지분율,%)		출자관계 (지분율,%)		주요경쟁사 (외형,%)	
홍석조	31.8	비지에프로지스	100.0	BGF리테일	100
홍라영	5.3	비지에프네트웍스	100.0	이마트	292
(외국인)	35.6	비지에프휴먼넷	100.0	GS리테일	146

매출구성		비용구성		수출비중	
직영/가맹점 상품 판매(상품)	86.1	매출원가율	80.1	수출	—
용역 (가맹점),임대료, 기타수수료(용역)	13.9	판관비율	15.6	내수	—

회사 개요
동사는 1990년 가락시영점을 오픈하여 편의점 체인화사업을 시작했으며, 물류, POS시스템, 서비스상품 등 편의점 체인화사업을 위한 네트워크를 확립함. 수익성 위주의 점포 확장정책에 따라 점포수 증가폭은 둔화되었으나, 수익성 중심의 점포 개발과 가맹점 수익성 향상을 목표로 내실경영 체제를 공고히 할 예정임. 종속기업인 (주)비지에프캐시넷을 통해 현금영수증 사업을 추진하며, 사업 다각화로 수익 안정성을 확보할 예정임.

실적 분석
동사의 2017년도 2분기 연결기준 누적 매출액은 2조 6,178.7억원으로 전년동기 대비 11.8% 증가함. 인프라 구축에 따른 고정비 성격의 비용이 증가했으나, 매출 증대에 힘입어 영업이익은 전년동기 대비 29.9% 증가함. 전체 매출의 97.5%를 차지하는 편의점 사업의 점포 수 증가, 점포당 일 매출 신장이 매출 증가에 기인함. 다양한 PB상품, 서비스 상품을 개발 중임. 운영 편리성 중심의 점포 개발과 가맹점 수익성 향상을 목표로 함.

현금 흐름
〈단위 : 억원〉

항목	2016	2017.2Q
영업활동	2,948	2,321
투자활동	-1,604	-1,815
재무활동	-1,853	-245
순현금흐름	-508	-300
기말현금	1,014	714

시장 대비 수익률

결산 실적
〈단위 : 억원〉

항목	2012	2013	2014	2015	2016	2017
매출액	29,122	31,300	33,680	43,343	50,526	—
영업이익	638	1,050	1,241	1,836	2,172	—
당기순이익	355	700	1,015	1,528	1,846	—

분기 실적
〈단위 : 억원〉

항목	2016.1Q	2016.2Q	2016.3Q	2016.4Q	2017.1Q	2017.2Q
매출액	10,923	12,605	13,722	13,276	12,156	14,13
영업이익	277	605	712	577	396	74
당기순이익	300	524	569	453	321	61

재무 상태
〈단위 : 억원〉

항목	2012	2013	2014	2015	2016	2017.2Q
총자산	10,542	11,599	13,385	16,216	19,176	20,88
유형자산	4,070	3,880	3,692	3,743	5,774	6,06
무형자산	598	504	470	515	858	88
유가증권	64	60	645	1,249	1,017	2,42
총부채	8,934	9,569	7,664	8,479	9,754	10,94
총차입금	3,571	3,794	1,129	678	563	3,51
자본금	246	246	246	248	495	49
총자본	1,608	2,030	5,721	7,737	9,422	9,94
지배주주지분	1,495	1,937	5,590	7,732	9,240	9,77

기업가치 지표

항목	2012	2013	2014	2015	2016	2017.2Q
주가(최고/저)(천원)	—/—	—/—	38.6/26.1	114/35.1	112/75.3	—/—
PER(최고/저)(배)	0.0/0.0	0.0/0.0	19.2/13.0	37.7/11.6	30.6/20.5	—/—
PBR(최고/저)(배)	0.0/0.0	0.0/0.0	3.4/2.3	7.4/2.3	6.1/4.1	7.1/4.
EV/EBITDA(배)	1.4	0.5	6.7	12.4	10.4	—/—
EPS(원)	726	1,398	2,063	3,072	3,704	1,88
BPS(원)	30,331	7,860	23,190	31,213	18,650	19,71
CFPS(원)	27,803	7,194	8,384	10,509	5,996	3,09
DPS(원)			600	1,200	800	—
EBITDAPS(원)	33,721	8,660	9,296	11,803	6,675	3,48

재무 비율
〈단위 : %〉

연도	영업이익률	순이익률	부채비율	차입금비율	ROA	ROE	유보율	자기자본비율	EBITDA마진율
2016	4.3	3.7	103.5	6.0	10.4	21.6	1,765.0	49.1	6.
2015	4.2	3.5	109.6	8.8	10.3	22.8	3,021.3	47.7	6.
2014	3.7	3.0	134.0	19.7	8.1	27.0	2,219.0	42.7	6.
2013	3.4	2.2	471.5	186.9	6.3	40.2	686.0	17.5	6.

비츠로셀 (A082920)
VITZROCELL

업　종 : 전자 장비 및 기기	시　장 : KOSDAQ
신용등급 : (Bond) ―　　(CP) ―	기업규모 : 벤처
홈페이지 : www.vitzrocell.com	연락처 : 041)330-0236
본　사 : 충남 예산군 신암면 추사로 235-35	

설 립 일	1987.10.31	종 업 원 수	391명	대 표 이 사	장승국,장순상(각자대표이사)
상 장 일	2009.10.28	감 사 의 견	적정 (한울)	계　　열	
결 산 기	06월	보 통 주	1,959만주	종 속 회 사 수	
액 면 가	500원	우 선 주		구 상 호	

주주구성 (지분율,%)		출자관계 (지분율,%)		주요경쟁사 (외형,%)	
비츠로테크	35.1	페타리		비츠로셀	100
하이자산운용	4.4	자본재공제조합		엘앤에프	274
(외국인)	19.0	VITZROCELLUSAInc	100.0	에스티큐브	17

매출구성		비용구성		수출비중	
Li/SOCl2 Bobbin(제품)	63.1	매출원가율	68.8	수출	70.0
Li/SOCl2 Wound(제품)	27.5	판관비율	13.5	내수	30.0
기타제품 외	6.6				

회사 개요
동사는 1987년 설립, 88년 미국 Greatbatch사로부터 기술제휴를 한 이후로 20년 이상 리튬일차전지만을 연구, 개발해왔으며 1991년 이후로 양산을 시작해 현재까지 양산설비를 자체개발, 그 기간동안 전지 제조 및 품질 관리의 기술을 축적함. Energy 산업, Security 산업, Mobile Data/Active RFID 산업, Electronics 산업 분야 등 4개 시장을 주요 목표시장으로 하고 있음.

실적 분석
6월 결산 법인인 동사는 제품 다각화와 사용처 확장으로 매출액이 꾸준히 늘고 있음. 연결 기준 누적 매출액은 862.1억원으로 전년 동기 대비 34.1% 증가함. 영업이익은 95.6% 성장한 180.6억원을 시현함. 당기순이익은 전년 동기 78.9억원에서 82.8% 성장한 144.3억원을 기록함. 매출 원가가 감소하고 판매비와 관리비가 줄어든 게 실적 개선 비결로 파악됨.

현금 흐름 〈단위 : 억원〉
항목	2016	2017.3Q
영업활동	64	132
투자활동	-103	-62
재무활동	6	12
순현금흐름	-31	64
기말현금	72	136

시장 대비 수익률

결산 실적 〈단위 : 억원〉
항목	2012	2013	2014	2015	2016	2017
매출액	615	706	140	822	910	―
영업이익	77	73	16	108	161	―
당기순이익	72	62	9	101	141	―

분기 실적 〈단위 : 억원〉
항목	2016.2Q	2016.3Q	2016.4Q	2017.1Q	2017.2Q	2017.3Q
매출액	271	205	267	250	321	291
영업이익	48	25	69	49	67	65
당기순이익	37	20	62	35	73	36

재무 상태 〈단위 : 억원〉
항목	2012	2013	2014	2015	2016	2017.3Q
총자산	686	763	751	980	1,139	1,243
유형자산	243	311	325	379	413	416
무형자산	69	77	80	88	94	90
유가증권	20	21	21	16	19	7
총부채	82	124	113	225	235	198
총차입금	10	27	19	24	16	32
자본금	64	64	64	64	74	82
총자본	604	639	639	754	904	1,045
지배주주지분	604	639	639	754	904	1,045

기업가치 지표
항목	2012	2013	2014	2015	2016	2017.3Q
주가(최고/저)(천원)	5.5/3.5	5.3/4.1	5.3/4.4	9.6/5.1	12.5/8.8	14.9/11.0
PER(최고/저)(배)	15.3/9.6	16.9/13.0	117.4/97.0	18.8/9.9	17.4/12.2	2.8/1.9
PBR(최고/저)(배)	1.8/1.1	1.6/1.2	1.6/1.3	2.5/1.3	2.7/1.9	―/―
EV/EBITDA(배)	7.0		6.7	34.0	9.9	8.6
EPS(원)	371	321	46	514	722	737
BPS(원)	4,764	5,146	5,146	5,961	6,094	6,401
CFPS(원)	736	705	125	1,058	1,274	1,158
DPS(원)	60	60		45	75	1,380
EBITDAPS(원)	779	790	182	1,116	1,406	

재무 비율 〈단위 : % 〉
연도	영업이익률	순이익률	부채비율	차입금비율	ROA	ROE	유보율	자기자본비율	EBITDA마진율
2016	17.7	15.5	25.9	1.8	13.3	17.0	1,118.9	79.4	22.9
2015	13.2	12.3	29.9	3.1	11.6	14.5	1,092.1	77.0	17.5
2014	11.6	6.4	17.6	3.0	1.2	1.4	929.2	85.0	16.7
2013	10.4	8.8	19.5	4.2	8.6	10.0	929.2	83.7	14.3

비츠로시스 (A054220)
VitzroSys

업　종 : 상업서비스	시　장 : KOSDAQ
신용등급 : (Bond) ―　　(CP) ―	기업규모 : 벤처
홈페이지 : www.vitzrosys.com	연락처 : 02)460-2000
본　사 : 서울시 성동구 성덕정길 151 (성수동 2가)	

설 립 일	1989.11.04	종 업 원 수	198명	대 표 이 사	이상호,김형진(각자대표이사)
상 장 일	2001.12.17	감 사 의 견	적정 (한울)	계　　열	
결 산 기	03월	보 통 주	4,366만주	종 속 회 사 수	
액 면 가	500원	우 선 주		구 상 호	

주주구성 (지분율,%)		출자관계 (지분율,%)		주요경쟁사 (외형,%)	
장태수	18.1	비츠로미디어	19.0	비츠로시스	100
비츠로씨앤씨	8.1			양지사	71
(외국인)	1.8			KTcs	1,323

매출구성		비용구성		수출비중	
DCS,ITS,SCADA,UV	100.0	매출원가율	81.7	수출	―
		판관비율	15.5	내수	―

회사 개요
동사는 1989년 11월 프랑스 클레메시(CLEMESSY)와 기술협력을 맺고 한불자동화 주식회사로 출범해 1991년 1월 주식회사 광명계어로, 2000년 7월 주식회사 비츠로시스로 상호를 변경함. 2001년 12월 코스닥 시장에 상장함. 관련 사업으로는 IT융복합, 신재생에너지, 첨단그린도시, 해외 사업이 있음. 대부분의 매출은 스마트 인프라 사업부문에서 발생함.

실적 분석
동사의 2017년 4월부터 6월까지 1분기 매출액은 196억원으로 전년 동기 대비 16.9% 증가함. 영업이익은 6.2억원으로 전년 대비 4.7% 증가함. 당기순이익은 2.5억원으로 전년 대비 64.6% 감소함. 전력자동화시스템, 스마트그리드, 공공용 사회안전시스템, 차세대 무선통신 및 센서네트워크 등 IT융복합사업 부문의 수주가 회복되고 있음. 스마트그리드 사업은 2030년까지 20~50조원의 신규 수요를 창출할 전망임.

현금 흐름 *IFRS 별도 기준 〈단위 : 억원〉
항목	2016	2017.1Q
영업활동	86	-35
투자활동	-21	-8
재무활동	-38	35
순현금흐름	27	-8
기말현금	31	23

시장 대비 수익률

결산 실적 〈단위 : 억원〉
항목	2012	2013	2014	2015	2016	2017
매출액	1,343	973	855	635	721	―
영업이익	59	-16	-160	24	20	―
당기순이익	9	-69	-147	13	11	―

분기 실적 *IFRS 별도 기준 〈단위 : 억원〉
항목	2015.4Q	2016.1Q	2016.2Q	2016.3Q	2016.4Q	2017.1Q
매출액	135	168	158	179	216	196
영업이익	4	6	4	3	2	6
당기순이익	2	7	-4	2	1	3

재무 상태 *IFRS 별도 기준 〈단위 : 억원〉
항목	2012	2013	2014	2015	2016	2017.1Q
총자산	1,369	1,405	1,433	1,147	1,232	1,183
유형자산	168	167	177	162	189	190
무형자산	58	75	92	95	97	95
유가증권	224	224	219	96	84	84
총부채	684	771	831	529	549	482
총차입금	244	434	348	356	268	289
자본금	110	111	201	201	214	218
총자본	685	634	602	618	684	701
지배주주지분	685	634	602	618	684	701

기업가치 지표 *IFRS 별도 기준
항목	2012	2013	2014	2015	2016	2017.1Q
주가(최고/저)(천원)	3.2/1.5	2.4/1.4	1.9/1.1	1.7/1.0	2.1/1.4	1.9/1.5
PER(최고/저)(배)	55.7/25.8	―/―	―/―	52.9/30.5	83.6/56.3	―/―
PBR(최고/저)(배)	1.3/0.6	1.1/0.6	1.3/0.7	1.1/0.6	1.3/0.9	1.2/1.0
EV/EBITDA(배)	10.0	105.0		22.8	29.2	
EPS(원)	58	-205	-438	31	26	6
BPS(원)	3,122	2,853	1,494	1,535	1,600	1,605
CFPS(원)	107	-198	-393	67	59	18
DPS(원)						
EBITDAPS(원)	361	40	-407	95	80	26

재무 비율 〈단위 : % 〉
연도	영업이익률	순이익률	부채비율	차입금비율	ROA	ROE	유보율	자기자본비율	EBITDA마진율
2016	2.8	1.5	80.3	39.2	0.9	1.7	219.9	55.5	4.8
2015	3.8	2.0	85.5	57.6	1.0	2.1	206.9	53.9	6.1
2014	-18.7	-17.2	138.1	57.8	-10.4	-24.1	198.5	42.0	-17.0
2013	-1.6	-7.1	125.3	70.4	-5.0	-10.7	455.1	44.4	-0.2

ㅂ

비츠로테크 (A042370)
VITZRO TECH

업　　종 : 전기장비　　　　　　　　　　　시　　장 : KOSDAQ
신용등급 : (Bond) —　　(CP) —　　　　　기업규모 : 중견
홈페이지 : www.vitzrotech.com　　　　　연락처 : 031)489-2000
본　　사 : 경기도 안산시 단원구 별망로 327

설 립 일	1968.01.30	종업원수	857명	대표이사	장순상,유병연,이병호 (각자대표)
상 장 일	2000.08.03	감사의견	적정 (한울)	계 열	
결 산 기	06월	보통주	2,235만주	종속회사수	
액 면 가	500원	우선주		구 상 호	

주주구성 (지분율,%)		출자관계 (지분율,%)		주요경쟁사 (외형,%)	
장순상	48.5	비츠로테크	100		
장택수	8.4	서울전자통신	86		
(외국인)	0.3	뉴인텍	46		

매출구성		비용구성		수출비중	
플라즈마폐액처리 및 초정밀접합	33.9	매출원가율	91.6	수출	—
고압개폐기외	29.5	판관비율	15.3	내수	—
수배전반	14.6				

회사 개요
동사는 1968년 01월 30일 설립되어 2000년 8월 3일 코스닥증권시장에 등록한 법인으로서 전기계어장치제조 및 판매를 주요사업으로 영위하고 있음. 고저압 차단기 및 개폐기, 플라즈마 응용, 진공상태 초정밀접합을 하는 특수사업으로 구성할 수 있으며, 차단기 및 개폐기, 수배전반을 판매하는 전력기기사업을 주된 사업으로 영위. 매출비중은 플라즈마폐액처리 및 초정밀 접합 비중이 가장 높음.

실적 분석
동사는 6월 결산법인으로 제51기 3분기 누적매출액은 1,756.5억원으로 전년동기 대비 121.5% 증가, 영업이익 및 당기순이익은 흑자전환함. 기존에 영위하던 전력부문이 크게 성장하였으며 특수부문은 무난한 실적을 기록중. 지분취득으로 연결회사에 포함된 전지사업부문의 실적이 반영됨. 티톤일차전지는 고전압, 고에너지 밀도, 광범위한 온도 대역, 장기 저장능력 등 다양한 장점을 보유하고 있음.

현금 흐름
〈단위 : 억원〉

항목	2016	2017.3Q
영업활동	32	157
투자활동	-40	-93
재무활동	-12	8
순현금흐름	-20	142
기말현금	4	146

시장 대비 수익률

결산 실적
〈단위 : 억원〉

항목	2012	2013	2014	2015	2016	2017
매출액	854	979	218	1,199	1,032	—
영업이익	14	19	6	10	-71	—
당기순이익	31	22	4	22	-55	—

분기 실적
〈단위 : 억원〉

항목	2016.2Q	2016.3Q	2016.4Q	2017.1Q	2017.2Q	2017.3Q
매출액	299	226	239	391	742	623
영업이익	-19	-13	-34	23	100	87
당기순이익	-14	-11	-30	185	183	52

재무 상태
〈단위 : 억원〉

항목	2012	2013	2014	2015	2016	2017.3Q
총자산	913	893	881	1,043	989	2,690
유형자산	249	243	262	286	290	792
무형자산	14	10	14	24	25	538
유가증권	2	7	6	4	4	19
총부채	398	361	346	488	490	767
총차입금	85	114	112	175	166	246
자본금	67	67	67	67	67	112
총자본	515	532	535	555	499	1,923
지배주주지분	515	532	535	555	499	1,244

기업가치 지표

항목	2012	2013	2014	2015	2016	2017.3Q
주가(최고/저)(천원)	9.5/4.0	4.9/3.4	4.2/3.7	6.5/3.3	6.8/4.3	—/—
PER(최고/저)(배)	41.5/17.5	30.3/20.8	142.5/124.1	39.0/20.1	—/—	—/—
PBR(최고/저)(배)	2.5/1.0	1.2/0.9	1.1/0.9	1.6/0.8	1.8/1.2	1.2/0.8
EV/EBITDA(배)	18.3	15.9	55.6	25.2		
EPS(원)	228	161	29	166	-409	1,687
BPS(원)	3,819	3,946	3,969	4,117	3,703	5,566
CFPS(원)	379	321	66	338	-220	1,956
DPS(원)						
EBITDAPS(원)	253	299	80	249	-340	1,302

재무 비율
〈단위 : %〉

연도	영업이익률	순이익률	부채비율	차입금비율	ROA	ROE	유보율	자기자본비율	EBITDA마진율
2016	-6.9	-5.3	98.1	33.3	-5.4	-10.5	640.6	50.5	-4.4
2015	0.9	1.9	87.9	31.5	2.3	4.1	723.5	53.2	2.8
2014	2.6	1.8	64.7	20.9	0.5	0.7	693.7	60.7	4.9
2013	1.9	2.2	67.8	21.4	2.4	4.2	689.3	59.6	4.1

비트컴퓨터 (A032850)
Bit Computer

업　　종 : 의료 장비 및 서비스　　　　　시　　장 : KOSDAQ
신용등급 : (Bond) —　　(CP) —　　　　　기업규모 : 벤처
홈페이지 : www.bit.kr　　　　　　　　　연락처 : 02)3486-1234
본　　사 : 서울시 서초구 서초대로74길 33 (서초동)

설 립 일	1988.08.15	종업원수	124명	대표이사	전진옥,조현정
상 장 일	1997.07.04	감사의견	적정 (삼정)	계 열	
결 산 기	12월	보통주	1,662만주	종속회사수	2개사
액 면 가	500원	우선주		구 상 호	

주주구성 (지분율,%)		출자관계 (지분율,%)		주요경쟁사 (외형,%)	
조현정	25.2	비트인테크	100.0	비트컴퓨터	100
한화자산운용	4.8	비타임	100.0	하이로닉	44
(외국인)	2.7	코펠비트	50.0	우리들휴브레인	32

매출구성		비용구성		수출비중	
의료정보시스템	67.6	매출원가율	72.1	수출	5.0
교육사업	16.6	판관비율	13.6	내수	95.0
U-Healthcare사업	13.4				

회사 개요
동사는 의료정보소프트웨어 개발, U-Healthcare 사업 및 IT교육사업을 영위하는 업체임. 의료정보소프트웨어 분야에서는 병원급 의료기관에 통합의료정보솔루션인 bitnixHIS를 판매하고 있음. 헬스케어 분야에서는 노인 및 만성 질환자의 건강관리 서비스인 드림케어TV 등을 운영하고 있음. 비트인테크, 코펠비트, 비트플렉스, BIT Healthcare, Inc 등 4개의 계열사를 보유하고 있음.

실적 분석
동사의 2017년 상반기 연결 누적매출액은 142.4억원으로 전년동기 대비 21.5% 감소함. 매출 감소에도 불구하고 판관비가 22.5억원으로 8% 늘면서 영업이익은 전년동기보다 98.1% 줄어든 0.5억원을 기록함. 원격의료 허용을 담은 의료법 개정안의 국회 통과가 지부진해짐에 따라 동사 주가 기대감도 잦아들고 있는 상황임. 매출액 대비 5~6%였던 연구개발비를 10% 가까이 끌어올리면서 활로 모색 중임.

현금 흐름
〈단위 : 억원〉

항목	2016	2017.2Q
영업활동	47	22
투자활동	-26	-4
재무활동	-25	-21
순현금흐름	-4	-3
기말현금	52	49

시장 대비 수익률

결산 실적
〈단위 : 억원〉

항목	2012	2013	2014	2015	2016	2017
매출액	328	354	347	373	355	—
영업이익	13	13	26	50	51	—
당기순이익	4	-5	13	46	54	—

분기 실적
〈단위 : 억원〉

항목	2016.1Q	2016.2Q	2016.3Q	2016.4Q	2017.1Q	2017.2Q
매출액	85	96	89	85	73	6
영업이익	17	10	13	10	2	
당기순이익	14	11	12	17	3	

재무 상태
〈단위 : 억원〉

항목	2012	2013	2014	2015	2016	2017.2Q
총자산	540	548	514	500	523	51
유형자산	154	150	147	177	154	15
무형자산	22	15	11	11	11	1
유가증권	21	13	11	7	27	2
총부채	237	248	202	141	111	11
총차입금	132	113	101	79	53	4
자본금	83	83	83	83	83	8
총자본	303	300	313	359	411	40
지배주주지분	303	300	313	359	411	40

기업가치 지표

항목	2012	2013	2014	2015	2016	2017.2Q
주가(최고/저)(천원)	9.8/3.9	5.9/3.5	5.9/3.6	8.9/4.8	9.3/4.4	—/—
PER(최고/저)(배)	464.0/185.9	—/—	75.3/46.5	32.5/17.5	29.0/13.8	—/—
PBR(최고/저)(배)	5.2/2.1	3.2/1.9	3.1/1.9	4.1/2.2	3.7/1.8	2.5/2.
EV/EBITDA(배)	41.3	33.5	26.3	22.4	14.9	1.
EPS(원)	21	-27	79	279	325	2
BPS(원)	1,900	1,881	1,957	2,237	2,552	2,50
CFPS(원)	60	7	110	310	354	18
DPS(원)					73	
EBITDAPS(원)	119	114	185	332	335	1

재무 비율
〈단위 : %〉

연도	영업이익률	순이익률	부채비율	차입금비율	ROA	ROE	유보율	자기자본비율	EBITDA마진율
2016	14.3	15.2	27.0	12.9	10.6	14.0	410.3	78.7	15.1
2015	13.4	12.4	39.3	22.0	9.1	13.8	347.5	71.8	14.8
2014	7.4	3.8	64.5	32.3	2.5	4.3	291.3	60.8	8.9
2013	3.8	-1.3	82.6	37.8	-0.8	-1.5	276.2	54.8	5.

비플라이소프트 (A148780)
BFLYSOFT COLTD

종 목: IT 서비스		시 장: KONEX	
용 등 급: (Bond) — (CP) —		기업규모: —	
페 이 지: www.bflysoft.co.kr		연 락 처: 02)3487-0215	
본 사: 서울시 광진구 강변역로 2, 6층(구의동, 광진우체국)			

설 립 일 1998.08.25	종 업 원 수 105명	대 표 이 사 임경환	
상 장 일 2016.11.16	감 사 의 견 적정 (우리)	계 열	
결 산 기 12월	보 통 주	종속회사수	
액 면 가	우 선 주	구 상 호	

주주구성 (지분율,%)		출자관계 (지분율,%)		주요경쟁사 (외형,%)	
임경환	53.9	비플라이소프트	100		
김병건	26.0	모바일리더	112		
		케이사인	268		

매출구성		비용구성		수출비중	
서비스 외(아이서퍼)	84.4	매출원가율	66.4	수출	0.0
서비스 외(기타,파오인 외)	12.6	판관비율	25.0	내수	100.0
서비스 외(e-NIE)	3.1				

회사 개요
동사는 1998년에 설립됐으며 미디어 빅데이터 및 소프트웨어개발을 기반으로 뉴스 미디어 정보 서비스업을 영위하고 있음. 뉴스저작권 신탁기관인 한국언론진흥재단의 뉴스저작권 공식 유통사. 미디어 빅데이터 서비스 플랫폼 기반 기술을 개발 구축하여 뉴스 컨텐츠 유통 사업을 주력 사업으로 신문 지면PDF 스크랩 서비스 및 관련 솔루션 등을 제공함. 전 매출이 국내에서 발생하며 80% 이상이 B2B 서비스임.

실적 분석
동사는 코넥스 기업으로 분기 및 반기 보고서 공시 의무가 없음. 동사의 2016년 연결기준 연간 누적 매출액은 119.8억원으로 전년 동기(95억원) 대비 약 20% 가량 증가함. 매출이 크게 늘면서 고정비용 감소 효과로 인해 영업이익은 10.4억원으로 전년 동기(-2.3억원) 대비 흑자전환에 성공함. 비영업손익 부문에서 소폭 손실이 있었지만 영업이익 증가로 인해 당기순이익은 8.5억원으로 전년 동기(-17.7억원) 대비 흑자 전환에 성공함.

현금 흐름 *IFRS 별도 기준 〈단위 : 억원〉

항목	2016	2017.2Q
영업활동	5	
투자활동	-3	
재무활동	1	
순현금흐름	4	
기말현금	26	

결산 실적 〈단위 : 억원〉

항목	2012	2013	2014	2015	2016	2017
매출액	—	80	103	95	120	
영업이익	—	-14	4	-2	10	
당기순이익	—	-15	4	-18	8	

분기 실적 *IFRS 별도 기준 〈단위 : 억원〉

항목	2016.1Q	2016.2Q	2016.3Q	2016.4Q	2017.1Q	2017.2Q
매출액	—	—	—	—	—	
영업이익	—	—	—	—	—	
당기순이익	—	—	—	—	—	

재무 상태 *IFRS 별도 기준 〈단위 : 억원〉

항목	2012	2013	2014	2015	2016	2017.2Q
총자산		61	73	52	55	
유형자산		1	2	1	1	
무형자산		26	19	9	8	
유가증권		1	0	1	0	
총부채		34	43	40	30	
총차입금		27	22	21	18	
자본금		25	25	29	5	
총자본		27	30	12	24	
지배주주지분		27	30	12	24	

기업가치 지표 *IFRS 별도 기준

항목	2012	2013	2014	2015	2016	2017.2Q
주가(최고/저)(천원)	—/—	—/—	—/—	—/—	30.0/6.6	—/—
PER(최고/저)(배)	0.0/0.0	0.0/0.0	0.0/0.0	0.0/0.0	30.6/6.8	—/—
PBR(최고/저)(배)	0.0/0.0	0.0/0.0	0.0/0.0	0.0/0.0	11.6/2.6	0.0/0.0
EV/EBITDA(배)	0.0				9.3	—/—
EPS(원)	—	-643	128	-1,711	978	
BPS(원)	—	551	602	210	2,578	
CFPS(원)	—	-149	222	-143	1,137	
DPS(원)	—					
EBITDAPS(원)	—	-124	247	128	1,358	

재무 비율 〈단위 : % 〉

연도	영업이익률	순이익률	부채비율	차입금비율	ROA	ROE	유보율	자기자본비율	EBITDA마진율
2016	8.7	7.1	123.3	75.3	15.9	46.2	415.6	44.8	9.8
2015	-2.4	-18.7	일부잠식	일부잠식	-28.3	-83.9	-58.1	23.4	7.7
2014	4.0	2.8	143.3	71.7	4.3	10.1	20.3	41.1	11.8
2013	-17.8	-19.3	124.6	99.6	0	10.2	10.0	44.5	-7.6

빅솔론 (A093190)
Bixolon

업 종: 컴퓨터 및 주변기기		시 장: KOSDAQ	
신용등급: (Bond) — (CP) —		기업규모: 우량	
홈페이지: www.bixolon.com		연 락 처: 031)218-5500	
본 사: 경기도 성남시 분당구 판교역로241번길 20, 7층, 8층(삼평동, 미래에셋벤처타워)			

설 립 일 2002.11.14	종 업 원 수 82명	대 표 이 사 김현근,김장환	
상 장 일 2007.08.20	감 사 의 견 적정 (세진)	계 열	
결 산 기 12월	보 통 주 1,924만주	종속회사수 6개사	
액 면 가 500원	우 선 주	구 상 호	

주주구성 (지분율,%)		출자관계 (지분율,%)		주요경쟁사 (외형,%)	
김현근	36.5	솔론인베스트먼트	100.0	빅솔론	100
한국투자밸류자산운용	7.5	메타빅솔론조합2호	100.0	메디프론	15
(외국인)	9.5	에버린트	100.0	제이스테판	39

매출구성		비용구성		수출비중	
POS프린터	43.0	매출원가율	64.8	수출	—
Mobile프린터	20.2	판관비율	20.6	내수	—
Label프린터	13.6				

회사 개요
판매정보관리시스템(POS)용 영수증 프린터, 라벨, 모바일 프린터 등을 생산하는 미니 프린터 전문회사임. 공장 자동화, 배달 서비스 사업 등의 발전으로 수익성이 높은 라벨프린팅 및 모바일프린팅 수요의 지속적인 증대가 기대됨. 국내 POS프린터 시장 점유율 40%, 프린팅 Mechanism 시장점유율 60%로 국내 1위이며, 수출 비중이 약 80%임. 2015년 100억원을 투자해 신기술금융회사인 메타베스트를 설립함.

실적 분석
2분기 들어 POS프린터와 모바일프린터의 수출이 감소하면서 2017년 상반기 전체 매출액은 전년동기 대비 소폭 감소함. 주요제품의 가격 하락으로 원가율이 악화되어 영업이익도 줄어듦. 외환위험 헤지를 위한 단기금융자산의 평가이익의 크게 증가함. 태블릿 기반 POS프린터와 IT기기를 활용한 모바일 프린터에 대한 수요 증가, 공장자동화, 택배 등에 사용되는 스티커 발급용 라벨 프린터의 추세적인 성장이 예상됨. 최근 100% 무상증자를 실시함.

현금 흐름 〈단위 : 억원〉

항목	2016	2017.2Q
영업활동	108	57
투자활동	-82	142
재무활동	-55	-27
순현금흐름	-28	172
기말현금	45	217

결산 실적 〈단위 : 억원〉

항목	2012	2013	2014	2015	2016	2017
매출액	749	840	789	839	876	
영업이익	105	151	130	150	132	
당기순이익	120	170	129	194	144	

분기 실적 〈단위 : 억원〉

항목	2016.1Q	2016.2Q	2016.3Q	2016.4Q	2017.1Q	2017.2Q
매출액	209	231	215	220	215	214
영업이익	35	42	36	19	27	46
당기순이익	30	43	42	29	30	59

재무 상태 〈단위 : 억원〉

항목	2012	2013	2014	2015	2016	2017.2Q
총자산	819	1,002	1,112	1,279	1,373	1,451
유형자산	95	105	94	93	112	113
무형자산	7	11	12	12	10	11
유가증권	361	495	580	680	757	682
총부채	111	144	149	160		175
총차입금	0		0		0	
자본금	51	51	51	51	51	51
총자본	708	858	963	1,119	1,202	1,276
지배주주지분	708	858	963	1,119	1,193	1,266

기업가치 지표

항목	2012	2013	2014	2015	2016	2017.2Q
주가(최고/저)(천원)	6.5/4.4	15.0/6.1	14.4/8.6	15.6/10.1	14.9/12.0	—/—
PER(최고/저)(배)	6.2/4.2	9.8/4.0	12.2/7.3	8.6/5.6	10.9/8.8	—/—
PBR(최고/저)(배)	1.0/0.7	1.9/0.8	1.6/0.9	1.4/0.9	1.2/1.0	1.1/0.9
EV/EBITDA(배)	2.9	5.8	3.7	5.9	5.9	—
EPS(원)	624	884	672	1,010	741	458
BPS(원)	7,332	8,804	9,832	11,610	12,583	13,305
CFPS(원)	1,346	1,871	1,480	2,101	1,609	980
DPS(원)	170	200	200	400	300	
EBITDAPS(원)	1,196	1,680	1,483	1,671	1,465	677

재무 비율 〈단위 : % 〉

연도	영업이익률	순이익률	부채비율	차입금비율	ROA	ROE	유보율	자기자본비율	EBITDA마진율
2016	15.1	16.4	14.3	0.0	10.8	12.3	2,416.5	87.5	17.1
2015	17.9	23.2	14.3	0.0	16.3	18.7	2,221.9	87.5	20.3
2014	16.4	16.4	15.5	0.0	12.2	14.2	1,866.3	86.6	19.2
2013	17.9	20.2	16.8	0.0	18.7	21.7	1,660.9	85.6	20.4

ㅂ

빅텍 (A065450)
Victek

업 종 : 상업서비스		시 장 : KOSDAQ	
신용등급 : (Bond) — (CP) —		기업규모 : 중견	
홈페이지 : www.victek.co.kr		연 락 처 : (031)631-7301	
본 사 : 경기도 이천시 마장면 덕이로 180-31			

설 립 일	1996.01.09	종 업 원 수	180명	대 표 이 사	박승운,이용국(각자대표이사)
상 장 일	2003.02.05	감 사 의 견	적정 (중앙)	계 열	
결 산 기	12월	보 통 주	2,450만주	종속회사수	
액 면 가	200원	우 선 주		구 상 호	

주주구성 (지분율,%)		출자관계 (지분율,%)		주요경쟁사 (외형,%)	
박승운	33.1	피알에프	40.0	빅텍	100
한국증권금융	5.5	멘토스	10.0	퍼스텍	395
(외국인)	0.6	노벨테크놀로지		KC그린홀딩스	1,020

매출구성		비용구성		수출비중	
전원공급기, 기타방산제품(기타)	46.7	매출원가율	94.3	수출	—
전자전시스템 방향탐지장치(기타)	21.2	판관비율	8.0	내수	—
태양광인버터, U-Bike 외(기타)	16.2				

회사 개요
동사는 전원공급·제어장치 개발 및 유·무선 통신신기기 제조 및 판매 등을 영위함. 주요 사업은 전자전시스템, 전원공급장치 및 RFID, USN,신재생에너지사업을 하고 있음. 특히 21년간의 방산 기술 개발 및 생산을 통하여 자주국방실현에 기여해 왔으며, 진행 사업에 있어 경쟁우위를 확보하고 있음. 미국 현지법인이 국내 중소·벤처 기업 중에서는 처음으로 미국의 SBIR(중소기업 혁신연구) 프로그램 지원 대상으로 선정됨.

실적 분석
동사의 2017년 2분기 매출액은 전년동기 대비 15.2% 증가함. 영업손실은 8.3억원으로 전년동기의 적자가 지속됨. 당기순손실도 4.1억원으로 적자가 지속되고 있음. 동사는 공공자전거 무인대여시스템 사업에 대한 연구개발 투자를 통해 다수의 특허를 보유하고 있음. 다만 아직까지 수익 창출로 이어지지 않고 있음. 관련 사업 수주 및 구축을 통해 사업 경쟁력을 확보한다는 방침임.

현금 흐름 *IFRS 별도 기준 〈단위 : 억원〉

항목	2016	2017.2Q
영업활동	-59	65
투자활동	-15	-30
재무활동	43	-48
순현금흐름	-30	-13
기말현금	25	12

시장 대비 수익률

결산 실적 〈단위 : 억원〉

항목	2012	2013	2014	2015	2016	2017
매출액	278	325	345	406	384	—
영업이익	-44	11	16	15	-9	—
당기순이익	-52	12	18	15	-8	—

분기 실적 *IFRS 별도 기준 〈단위 : 억원〉

항목	2016.1Q	2016.2Q	2016.3Q	2016.4Q	2017.1Q	2017.2Q
매출액	75	96	94	118	75	122
영업이익	-7	-2	-2	2	-9	0
당기순이익	-5	-2	-2	-1	-3	-1

재무 상태 *IFRS 별도 기준 〈단위 : 억원〉

항목	2012	2013	2014	2015	2016	2017.2Q
총자산	416	462	507	588	618	605
유형자산	93	82	97	191	184	177
무형자산	33	55	75	75	73	84
유가증권	8	20	20	29	21	24
총부채	128	152	188	260	266	259
총차입금	25	23	28	126	134	86
자본금	49	49	49	49	49	49
총자본	288	310	320	329	353	346
지배주주지분	288	310	320	329	353	346

기업가치 지표 *IFRS 별도 기준

항목	2012	2013	2014	2015	2016	2017.2Q
주가(최고/저)(천원)	3.5/1.3	3.0/1.5	2.1/1.4	2.6/1.5	4.0/2.0	—/—
PER(최고/저)(배)	—/—	63.4/30.8	28.3/19.5	44.0/25.3	—/—	—/—
PBR(최고/저)(배)	2.8/1.1	2.3/1.1	1.5/1.1	1.8/1.1	2.8/1.4	3.8/2.3
EV/EBITDA(배)		12.1	9.2	16.8	37.9	—/—
EPS(원)	-213	47	73	59	-34	-17
BPS(원)	1,239	1,302	1,366	1,423	1,439	1,414
CFPS(원)	-123	120	143	130	100	57
DPS(원)	—	—	—	—	—	—
EBITDAPS(원)	-88	117	133	134	98	40

재무 비율 〈단위 : % 〉

연도	영업이익률	순이익률	부채비율	차입금비율	ROA	ROE	유보율	자기자본비율	EBITDA마진율
2016	-2.3	-2.1	75.4	37.9	-1.4	-2.4	619.5	57.0	6.2
2015	3.8	3.6	78.9	38.4	2.7	4.5	611.7	55.9	8.1
2014	4.5	5.2	58.7	8.8	3.7	5.7	582.9	63.0	9.5
2013	3.4	3.6	49.1	7.4	2.6	3.9	551.2	67.1	8.9

빅토리콘텐츠 (A210120)
Victory Contents

업 종 : 미디어		시 장 : KONEX	
신용등급 : (Bond) — (CP) —		기업규모 :	
홈페이지 : www.vicpd.co.kr		연 락 처 : (02)786-2245	
본 사 : 서울시 영등포구 국제금융로 70 1205호(여의도동, 미원빌딩)			

설 립 일	2003.04.04	종 업 원 수	12명	대 표 이 사	조윤정,유성식(각자대표이사)
상 장 일	2014.12.16	감 사 의 견	적정 (삼일)	계 열	
결 산 기	12월	보 통 주		종속회사수	
액 면 가		우 선 주		구 상 호	이김프로덕션

주주구성 (지분율,%)		출자관계 (지분율,%)		주요경쟁사 (외형,%)	
조윤정	36.7			빅텐츠	100
PROMETHEUS CAPITAL (INTERNATIONAL) CO., LTD	15.5			팬엔터테인먼트	94
				에프엔씨애드컬처	30

매출구성		비용구성		수출비중	
드라마(제품)	91.7	매출원가율	84.9	수출	28.0
광고(제품)	4.1	판관비율	6.1	내수	72.0
홈쇼핑(상품)	3.6				

회사 개요
동사는 다수의 방송프로그램(드라마)를 제작하여 방송국 및 해외시장에 공급하는 방송프로그램제작 및 공급업을 영위하는 회사로, 2003년 4월 4일 설립됨. 동사의 주요 작품으로는 설립작품인 2004년 '발리에서 생긴 일'을 비롯하여 '연의 전쟁', '대물', '기황후' 등 20% 이상의 시청률을 기록한 화제작이 있음. 동사는 기업 이미지 제고를 위해 2016년 7월 29일 상호를 '이김프로덕션'에서 '빅토리콘텐츠'로 변경함.

실적 분석
동사는 2004년 이후 매년 2~3편의 드라마 제작하며 꾸준한 성장세를 시현해왔으나 2015년 매출액이 전년 대비 76.2% 감소한 85.1억원을 기록하였음. 다만 2016년 다시 373.9억원까지 매출액을 끌어올림. 매출원가 부담과 판관비 부담이 전년 대비 12.8억원가량 늘어나는데 그쳤음. 최종적으로 당기순이익은 26.9억원을 기록하였음. 일본 위주의 수출대상국도 대만, 중국을 비롯해 동남아시아, 중남미, 중동 등으로 확대되는 중.

현금 흐름 *IFRS 별도 기준 〈단위 : 억원〉

항목	2016	2017.2Q
영업활동	31	—
투자활동	-15	—
재무활동	40	—
순현금흐름	56	—
기말현금	61	—

시장 대비 수익률

결산 실적 〈단위 : 억원〉

항목	2012	2013	2014	2015	2016	2017
매출액	216	295	357	85	374	—
영업이익	33	21	29	20	33	—
당기순이익	27	18	20	16	27	—

분기 실적 *IFRS 별도 기준 〈단위 : 억원〉

항목	2016.1Q	2016.2Q	2016.3Q	2016.4Q	2017.1Q	2017.2Q
매출액	—	—	—	—	—	—
영업이익	—	—	—	—	—	—
당기순이익	—	—	—	—	—	—

재무 상태 *IFRS 별도 기준 〈단위 : 억원〉

항목	2012	2013	2014	2015	2016	2017.2Q
총자산	128	153	136	175	191	—
유형자산	0	1	1	2	4	—
무형자산	0	1	0	0	1	—
유가증권					6	—
총부채	96	103	68	91	32	—
총차입금						—
자본금	1	1	1	9	9	—
총자본	33	50	68	85	158	—
지배주주지분	33	50	68	85	158	—

기업가치 지표 *IFRS 별도 기준

항목	2012	2013	2014	2015	2016	2017.2Q
주가(최고/저)(천원)	—/—	—/—	18.1/15.8	23.0/13.8	50.0/22.9	—/—
PER(최고/저)(배)	0.0/0.0	0.0/0.0	15.2/13.2	24.2/14.5	33.9/15.5	—/—
PBR(최고/저)(배)	0.0/0.0	0.0/0.0	4.5/3.9	4.6/2.8	6.0/2.7	0.0/0.0
EV/EBITDA(배)			9.9	18.3	17.0	—/—
EPS(원)	1,640	1,075	1,193	949	1,477	
BPS(원)	32,519	50,344	4,006	4,987	8,360	
CFPS(원)	27,236	17,864	1,208	978	1,515	
DPS(원)	—	—	—	—	—	
EBITDAPS(원)	33,219	21,516	1,763	1,234	1,866	

재무 비율 〈단위 : % 〉

연도	영업이익률	순이익률	부채비율	차입금비율	ROA	ROE	유보율	자기자본비율	EBITDA마진율
2016	8.9	7.2	20.5	0.0	14.7	22.2	1,572.0	83.0	9.1
2015	24.1	19.0	106.9	0.0	10.4	21.1	897.4	48.3	24.7
2014	8.1	5.5	100.0	0.0	13.7	33.4	701.2	50.0	8.2
2013	7.2		204.5				9,968.9	32.8	7.3

빙그레 (A005180)
Binggrae

빛샘전자 (A072950)
Vissem Electronics

종 목 : 식료품		시 장 : 거래소	
용 등 급 : (Bond) AA- (CP) —		기업규모 : 시가총액 중형주	
페 이 지 : www.bing.co.kr		연 락 처 : 031)560-8009	
본 사 : 경기도 남양주시 미금로 65번길 45 (도농동)			

설 립 일 1967.09.13	종 업 원 수 1,843명	대 표 이 사 박영준
상 장 일 1978.08.31	감 사 의 견 적정 (한영)	계 열
결 산 기 12월	보 통 주 985만주	종속회사수 3개사
액 면 가 5,000원	우 선 주	구 상 호

주주구성 (지분율,%)		출자관계 (지분율,%)		주요경쟁사 (외형,%)	
김호연	36.8	크라운해태홀딩스(상장) 5.1		빙그레	100
국민연금공단	7.3	크라운제과 5.1		매일홀딩스	201
(외국인)	26.1	BCF&BUSACorp 100.0		남양유업	152

매출구성		비용구성		수출비중	
우유 및 유음료 외	61.3	매출원가율	69.7	수출	6.0
아이스크림 기 타	38.7	판관비율	25.7	내수	94.0

회사 개요
동사는 1967년 대일양행으로 출발해 1982년 빙그레로 상호를 변경함. 우유처리 가공 및 유제품 판매업을 주된 영업목적으로 함. 아이스크림 부문에서는 롯데제과, 롯데푸드, 해태제과와 경쟁하고 있으며, 우유 부문은 서울우유, 매일유업, 남양유업과 경쟁하고 있음. 동사의 주력 품목은 바나나맛우유와 요플레, 아카페라 등이 있음. 우유 부문의 매출액이 전체 매출액의 54%를 차지함.

실적 분석
동사는 올 상반기 처음으로 선보인 '옐로우카페'로 '바나나우유' 흥행기를 맞았음에도 불구하고 빙과류 부문 매출의 부진으로 2017년 2분기 연결기준 누적매출액은 전년동기 수준인 4,206.4억원을 시현하는데 그침. 매출 정체 속에 판관비 부담이 개선되며 영업이익은 전년동기 대비 7.4% 증가한 157.7억원을 기록. 영업실적 개선에도 법인세비용이 크게 증가하면서 당기순이익은 전년대비 49.1% 감소한 64.7억원에 그침

현금 흐름		〈단위 : 억원〉
항목	2016	2017.2Q
영업활동	656	4
투자활동	-500	98
재무활동	-112	-111
순현금흐름	45	-11
기말현금	211	201

시장 대비 수익률

결산 실적					〈단위 : 억원〉
항목	2012	2013	2014	2015	2016	2017
매출액	7,900	8,060	8,200	7,996	8,132	—
영업이익	666	507	417	317	372	—
당기순이익	507	379	376	247	287	—

분기 실적					〈단위 : 억원〉
항목	2016.1Q	2016.2Q	2016.3Q	2016.4Q	2017.1Q	2017.2Q
매출액	1,676	2,328	2,486	1,642	1,748	2,459
영업이익	21	126	248	-23	37	121
당기순이익	27	100	189	-28	41	24

재무 상태					〈단위 : 억원〉
항목	2012	2013	2014	2015	2016	2017.2Q
총자산	5,456	5,643	5,789	6,170	6,238	6,711
유형자산	2,032	2,183	2,297	2,277	2,264	2,254
무형자산	22	22	21	25	26	30
유가증권	173	230	165	459	265	294
총부채	1,071	967	948	998	1,020	1,521
총차입금	97	39	28	1	—	—
자본금	498	498	498	498	498	498
총자본	4,385	4,676	4,840	5,172	5,218	5,190
지배주주지분	4,357	4,647	4,840	5,172	5,218	5,190

기업가치 지표					
항목	2012	2013	2014	2015	2016	2017.2Q
주가(최고/저)(천원)	122/50.7	130/79.2	93.4/72.6	93.0/61.9	72.2/53.2	—/—
PER(최고/저)(배)	25.5/10.7	36.0/22.0	25.6/19.6	38.4/25.6	25.2/18.6	—/—
PBR(최고/저)(배)	2.8/1.2	2.8/1.7	1.9/1.5	1.8/1.2	1.3/1.0	1.3/1.1
EV/EBITDA(배)	10.9	10.9	8.9	8.5	6.6	—
EPS(원)	5,156	3,846	3,843	2,512	2,916	657
BPS(원)	46,507	49,457	51,414	54,779	55,245	54,968
CFPS(원)	7,305	6,161	6,325	5,157	5,514	1,920
DPS(원)	1,400	1,250	1,250	1,250	1,250	—
EBITDAPS(원)	8,908	7,465	6,715	5,863	6,378	2,864

재무 비율								〈단위 : % 〉
연도	영업이익률	순이익률	부채비율	차입금비율	ROA	ROE	유보율	자기자본비율	EBITDA마진율
2016	4.6	3.5	19.6	0.0	4.6	5.5	993.8	83.7	7.7
2015	4.0	3.1	19.3	0.0	4.1	4.9	984.6	83.8	7.2
2014	5.1	4.6	19.6	0.6	6.6	8.0	918.0	83.6	8.1
2013	6.3	4.7	20.7	0.8	6.8	8.4	879.2	82.9	9.1

업 종 : 통신장비		시 장 : KOSDAQ	
신용등급 : (Bond) — (CP) —		기업규모 : 벤처	
홈 페 이 지 : www.vissem.com		연 락 처 : 031)288-3420	
본 사 : 경기도 용인시 기흥구 언동로53-11 (청덕동)			

설 립 일 1998.11.03	종 업 원 수 93명	대 표 이 사 강만준
상 장 일 2012.03.21	감 사 의 견 적정 (안세)	계 열
결 산 기 12월	보 통 주 600만주	종속회사수 1개사
액 면 가 500원	우 선 주	구 상 호

주주구성 (지분율,%)		출자관계 (지분율,%)		주요경쟁사 (외형,%)	
강만준	22.2	동양텔레콤 90.9		빛샘전자	100
강명구	9.0			라이트론	71
(외국인)	2.3			서화정보통신	22

매출구성		비용구성		수출비중	
통신기기 등	31.9	매출원가율	82.7	수출	6.0
LED 디스플레이 및 경관조명,LED 소자 및 모듈	26.3	판관비율	12.6	내수	94.0
광접속 함체 및 분배반 등	23.8				

회사 개요
1998년 11월 3일에 LED표시모듈의 제조 및 판매 등을 목적으로 설립되었으며, 2012년 3월 21일 코스닥시장에 상장됨. 현재 LED 소자 및 디스플레이 연관 사업, 광통신 부품사업, 경부고속철도차량(K-TGV)관련 산업전자 부품사업 등의 3가지 사업을 영위하고 있음. LED시장은 연평균 20%이상으로 성장을 거듭하고 있으며, 초고속 광통신망 시장이 증가함에 따라 광선로 부품 시장 또한 크게 성장할 것으로 기대됨.

실적 분석
동양텔레콤 M&A로 인한 매출증대 및 PCB 및 트랜스 부품의 매출 비중이 증가하면서 동사의 2017년 2/4분기 누적매출액은 전년동기 대비 2.7% 증가한 263.1억원을 시현함. 외형확대에 따라 영업이익은 전년동기 대비 71.2% 증가한 17.9억원을 기록함. 동사의 2017년 2/4분기 매출구성은 통신사업부문 61.1%, LED사업부문 25.8%, PCB사업부문 13.0%이며 통신사업부문의 비중이 커지고 있음.

현금 흐름		〈단위 : 억원〉
항목	2016	2017.2Q
영업활동	48	11
투자활동	24	-90
재무활동	-12	8
순현금흐름	60	-71
기말현금	122	52

시장 대비 수익률

결산 실적					〈단위 : 억원〉
항목	2012	2013	2014	2015	2016	2017
매출액	313	290	282	539	586	—
영업이익	33	15	10	23	28	—
당기순이익	30	13	63	24	28	—

분기 실적					〈단위 : 억원〉
항목	2016.1Q	2016.2Q	2016.3Q	2016.4Q	2017.1Q	2017.2Q
매출액	109	147	162	168	125	138
영업이익	1	9	8	10	6	12
당기순이익	3	9	8	10	5	13

재무 상태					〈단위 : 억원〉
항목	2012	2013	2014	2015	2016	2017.2Q
총자산	383	392	576	628	630	652
유형자산	123	129	268	251	255	251
무형자산	0	0	1	1	1	2
유가증권	2	2	1	6	6	6
총부채	41	44	102	134	109	106
총차입금	1		10	10	10	10
자본금	25	25	30	30	30	30
총자본	343	348	474	494	521	546
지배주주지분	343	348	456	479	505	530

기업가치 지표					
항목	2012	2013	2014	2015	2016	2017.2Q
주가(최고/저)(천원)	12.1/4.4	5.3/3.5	4.3/2.9	6.9/2.8	8.8/4.7	—/—
PER(최고/저)(배)	25.6/9.3	25.1/16.9	4.3/2.9	15.4/6.3	18.6/10.0	—/—
PBR(최고/저)(배)	2.3/0.8	1.0/0.6	0.6/0.4	0.9/0.4	1.0/0.6	0.8/0.7
EV/EBITDA(배)	3.8	3.0	5.5	4.2	6.2	—
EPS(원)	519	224	1,046	462	482	292
BPS(원)	6,852	7,040	7,773	8,152	8,593	8,829
CFPS(원)	829	491	1,230	694	780	402
DPS(원)	100	100		200	100	—
EBITDAPS(원)	879	513	355	619	766	408

재무 비율								〈단위 : % 〉
연도	영업이익률	순이익률	부채비율	차입금비율	ROA	ROE	유보율	자기자본비율	EBITDA마진율
2016	4.8	5.1	20.8	1.9	4.7	5.9	1,618.6	82.8	7.8
2015	4.3	5.2	27.1	2.0	4.6	5.9	1,530.4	78.7	6.9
2014	3.7	22.5	21.5	2.1	13.1	15.6	1,454.5	82.3	7.6
2013	5.0	4.6	12.6	0.3	3.5	3.9	1,308.0	88.8	8.8

뿌리깊은나무들 (A266170)
Redwoods

업　　종 : 미디어		시　　장 : KONEX	
신용등급 : (Bond) — 　(CP) —		기업규모 :	
홈 페 이 지 : www.redwoods.co.kr		연 락 처 : 02)565-1676	
본　　사 : 서울시 영등포구 의사당대로 38, 101동 1314호 (여의도동, 여의도더샵아일랜드파크)			

설 립 일 2010.04.28	종 업 원 수 　명	대 표 이 사 이재원
상 장 일 2017.06.09	감 사 의 견 적정 (한신)	계　　　열
결 산 기 12월	보 통 주	종속회사수
액 면 가	우 선 주	구 상 호

주주구성 (지분율,%)		출자관계 (지분율,%)		주요경쟁사 (외형,%)	
이재원	37.2	매니지먼트에이엔디	51.0	뿌리깊은나무들	100
Pastoral Investment Limited	33.6			래몽래인	130
				빅텐츠	343

매출구성		비용구성		수출비중	
육룡이나르샤	84.4	매출원가율	95.6	수출	16.0
손의 흔적	14.7	판관비율	2.5	내수	84.0
우주의 크리스마스	0.9				

회사 개요
동사는 TV 드라마 제작을 중심으로 콘텐츠 제작·사업을 영위하고 있음. 케이블채널, IPTV, 웹포털로의 콘텐츠 유통 사업 역시 주요 사업으로 운영 중이며 추가로 연예기획사, 드라마 세트장 개발 및 운영 사업 역시 미래의 수입원으로 기획·개발 중임. 2015년 본격적으로 드라마 제작 사업을 시작했으며 대표작은 드라마 '육룡이나르샤', 영화 '우주의 크리스마스' 등임. 2010년 4월 28일에 설립되어 2017년 6월 9일 코넥스 시장에 상장됨.

실적 분석
코넥스 상장 기업인 동사의 2016년 매출액은 109.0억원이며 전년 대비 22.1% 감소함. 동사의 매출액에서 가장 큰 비중을 차지하는 부문은 방송프로그램수입임. 외형 축소에도 불구하고 매출총이익은 133.9% 증가함. 영업이익 역시 전년 대비 약 70배 증가한 2.1억원을 기록함. 영업 외 이익과 영업외 수익 역시 크게 늘었으며 최종적으로 동사는 2.8억원의 순이익을 시현함.

현금 흐름 　*IFRS 별도 기준　　〈단위 : 억원〉

항목	2016	2017.2Q
영업활동	-6	
투자활동	18	
재무활동	-18	
순현금흐름	-6	
기말현금	7	

시장 대비 수익률

결산 실적 　　〈단위 : 억원〉

항목	2012	2013	2014	2015	2016	2017
매출액	1		8	140	109	
영업이익	0	-6	-1	0	2	
당기순이익	1	-5	-1	0	3	

분기 실적 　*IFRS 별도 기준　〈단위 : 억원〉

항목	2016.1Q	2016.2Q	2016.3Q	2016.4Q	2017.1Q	2017.2Q
매출액	—	—	—	—	—	—
영업이익	—	—	—	—	—	—
당기순이익	—	—	—	—	—	—

재무 상태 　*IFRS 별도 기준　〈단위 : 억원〉

항목	2012	2013	2014	2015	2016	2017.2Q
총자산	5	30	75	113	53	
유형자산	0	0	1	5	17	
무형자산	0	0	3	3	4	
유가증권		0	0	0	1	
총부채	5	29	74	112	35	
총차입금	3	1	21	36	14	
자본금	1	6	7	7	11	
총자본			1	1	18	
지배주주지분			1	1	18	

기업가치 지표 　*IFRS 별도 기준

항목	2012	2013	2014	2015	2016	2017.2Q
주가(최고/저)(천원)	#VALUE!	—/—	—/—	—/—	—/—	—/—
PER(최고/저)(배)	0.0/0.0	0.0/0.0	0.0/0.0	0.0/0.0	0.0/0.0	—/—
PBR(최고/저)(배)	0.0/0.0	0.0/0.0	0.0/0.0	0.0/0.0	0.0/0.0	0.0/0.0
EV/EBITDA(배)						
EPS(원)	1,156	-1,649	-90	12	143	
BPS(원)	674	413	706	84	824	
CFPS(원)	12,925	-18,343	-969	20	184	
DPS(원)						
EBITDAPS(원)	2,821	-22,148	-1,021	8	148	

재무 비율 　　〈단위 : % 〉

연도	영업이익률	순이익률	부채비율	차입금비율	ROA	ROE	유보율	자기자본비율	EBITDA마진율
2016	1.9	2.6	201.3	81.6	3.4	30.1	64.8	33.2	2.7
2015	0.0	0.1	일부잠식	일부잠식	0.2	17.6	-83.2	1.0	0.1
2014	-18.6	-17.6	일부잠식	일부잠식	-2.6	-188.3	-85.9	1.3	-17.9
2013	0.0	0.0	일부잠식	일부잠식	-26.4	-1,510.5	-91.7	1.7	0.0

사람인에이치알 (A143240)
SaraminHR

업　　종 : 상업서비스		시　　장 : KOSDAQ	
신용등급 : (Bond) — 　(CP) —		기업규모 : 우량	
홈 페 이 지 : www.saraminhr.co.kr		연 락 처 : 02)2025-4733	
본　　사 : 서울시 구로구 디지털로34길 201(코오롱싸이언스밸리 1차, 201호)			

설 립 일 2005.10.07	종 업 원 수 373명	대 표 이 사 이정근
상 장 일 2012.02.21	감 사 의 견 적정 (한영)	계　　　열
결 산 기 12월	보 통 주 1,163만주	종속회사수 1개사
액 면 가 500원	우 선 주	구 상 호

주주구성 (지분율,%)		출자관계 (지분율,%)		주요경쟁사 (외형,%)	
다우기술	32.2	키움코리안드사모부동산투자탁제1호	50.0	사람인에이치알	100
국민연금공단	6.5	미래창조펀드	12.0	아이마켓코리아	4,613
(외국인)	7.5			NICE평가정보	469

매출구성		비용구성		수출비중	
플래티넘 스페셜 으뜸 등급문2.0	61.1	매출원가율	38.1	수출	0.0
인력파견	37.8	판관비율	43.7	내수	100.0
인재알선 평판조회	1.1				

회사 개요
동사는 2005년에 설립된 HR서비스 기업으로, 2012년 2월에 코스닥시장에 상장됨. 다우기술을 모회사로 두고 있으며, 온라인 기반의 취업포탈 사업과 오프라인 기반의 HRA사업을 영위하고 있음. 주요 사업인 취업포털 사업 부문은 잡코리아, 인크루트, 커리어 등과 함께 국내시장의 약 70%를 점유하는 과점 시장을 형성함. 2016년 동사는 시장점유율 25%로 2위를 차지함

실적 분석
동사의 2017년 2분기 기준 매출액은 401.3억원으로 전년동기 대비 12.3% 증가함. 매출원가는 전년동기 대비 19.5% 증가함. 영업이익은 77.1억원으로 전년동기 대비 34.8% 증가하였으며 비영업손익도 흑자전환 함. 따라서, 당기순이익은 전년동기 대비 61.7% 증가하여 66.4억원을 기록함. 모바일 매출의 증가에 기반한 매칭플랫폼의 성장세가 지속될 전망임.

현금 흐름 　　〈단위 : 억원〉

항목	2016	2017.2Q
영업활동	132	65
투자활동	-0	-132
재무활동	-10	-13
순현금흐름	121	-80
기말현금	177	96

시장 대비 수익률

결산 실적 　　〈단위 : 억원〉

항목	2012	2013	2014	2015	2016	2017
매출액	488	522	553	685	737	
영업이익	56	62	42	103	134	
당기순이익	48	49	33	87	104	

분기 실적 　　〈단위 : 억원〉

항목	2016.1Q	2016.2Q	2016.3Q	2016.4Q	2017.1Q	2017.2Q
매출액	180	177	174	206	196	20
영업이익	20	38	29	48	28	4
당기순이익	16	25	22	41	26	

재무 상태 　　〈단위 : 억원〉

항목	2012	2013	2014	2015	2016	2017.2Q
총자산	374	667	660	722	830	87
유형자산	70	78	76	79	98	9
무형자산	13	16	19	39	63	6
유가증권	—	70	86	13	21	2
총부채	81	54	63	80	92	8
총차입금	9		4			
자본금	44	58	58	58	58	5
총자본	294	612	598	642	737	79
지배주주지분	294	612	598	642	737	79

기업가치 지표

항목	2012	2013	2014	2015	2016	2017.2Q
주가(최고/저)(천원)	25.6/10.2	19.3/10.0	13.6/8.7	29.8/9.6	22.2/14.1	—/
PER(최고/저)(배)	51.0/20.4	44.0/22.8	49.6/31.9	40.4/13.0	25.0/15.8	—/
PBR(최고/저)(배)	8.7/3.5	3.8/2.0	2.6/1.6	5.0/1.6	3.2/2.1	3.1/2
EV/EBITDA(배)	16.8	11.3	16.1	21.8	12.0	
EPS(원)	516	452	279	747	896	57
BPS(원)	3,304	5,262	5,442	6,097	6,915	7,37
CFPS(원)	674	542	378	856	1,041	
DPS(원)		100	80	90	120	
EBITDAPS(원)	762	666	464	992	1,297	76

재무 비율 　　〈단위 : % 〉

연도	영업이익률	순이익률	부채비율	차입금비율	ROA	ROE	유보율	자기자본비율	EBITDA마진율
2016	18.2	14.1	12.5	0.0	13.4	15.1	1,282.9	88.9	20
2015	15.0	12.7	12.5	0.0	12.6	14.0	1,119.3	88.9	16
2014	7.7	5.9	10.5	0.7	4.9	5.4	988.4	90.5	9
2013	11.9	9.4	8.9	0.0	10.8	10.8	952.5	91.9	13

사조대림 (A003960)
SAJODAERIM

종 : 식료품	시 장 : 거래소
용 등 급 : (Bond) — (CP) —	기업규모 : 시가총액 소형주
페이지 : www.sajodr.co.kr	연 락 처 : 02)3470-6000
사 : 서울시 서초구 남부순환로 2159	

설 립 일	1964.05.01	종 업 원 수	592명	대 표 이 사	김일식
상 장 일	1976.09.16	감 사 의 견	적정 (삼일)	계 열	
결 산 기	12월	보 통 주	596만주	종 속 회 사 수	7개사
액 면 가	5,000원	우 선 주	만주	구 상 호	

주주구성 (지분율,%)		출자관계 (지분율,%)		주요경쟁사 (외형,%)	
사조해표	26.4	사조에프에스	100.0	사조대림	100
사조산업	22.5	사조농산	90.0	사조씨푸드	34
(외국인)	1.3	사조오양	54.9	한성기업	34

매출구성		비용구성		수출비중	
OEM, 명태, 대구 등	37.0	매출원가율	82.5	수출	4.0
육계 등	25.0	판관비율	13.7	내수	96.0
햄소시지류	17.0				

회사 개요
동사는 1964년에 설립돼 어묵, 맛살 및 햄, 소세지 등의 가공식품 제조업 및 수산과 도매사업을 영위하는 업체임. 사조남부햄, 사조농산, 제일푸드서비스, 중일종합식품의 4개 종속법인이 있음. 매출구성은 상품(OEM, 명태, 대구)과 식품 제조가 약 80% 차지하고 있음. 냉장식품의 카테고리 강화 및 신선식품의 전문브랜드화를 통한 동사의 신규 성장동력을 개발하는 신규사업을 전개하고 있음.

실적 분석
동사의 2017년 상반기 연결기준 매출액은 4,780.0억원으로 전년 동기 대비 6.9% 증가함. 전 사업 부문의 매출이 모두 증가함. 특히 수산부문의 기여도가 컸음. 매출이 큰 폭으로 증가하면서 매출원가율이 하락하며 영업이익은 214.3억원을 시현함. 수산 부문 또한 영업적자에서 벗어남. 이는 전년 동기 대비 114.0억원 증가한 규모임. 당기순이익도 전년동기 53.4억원에서 179.6억원으로 급증함.

현금 흐름		〈단위 : 억원〉
항목	2016	2017.2Q
영업활동	605	200
투자활동	-373	-184
재무활동	-183	-27
순현금흐름	50	-10
기말현금	117	107

시장 대비 수익률

결산 실적					〈단위 : 억원〉	
항목	2012	2013	2014	2015	2016	2017
매출액	4,542	5,081	5,436	7,151	9,535	—
영업이익	85	148	119	178	364	—
당기순이익	-10	-4	66	141	100	—

분기 실적					〈단위 : 억원〉	
항목	2016.1Q	2016.2Q	2016.3Q	2016.4Q	2017.1Q	2017.2Q
매출액	2,065	2,625	2,411	2,434	2,334	2,446
영업이익	37	63	154	110	103	112
당기순이익	16	39	81	-36	89	91

재무 상태					〈단위 : 억원〉	
항목	2012	2013	2014	2015	2016	2017.2Q
총자산	3,623	3,537	3,633	6,570	6,717	6,727
유형자산	1,148	1,156	1,163	2,461	2,417	2,438
무형자산	202	202	211	346	302	306
유가증권	143	92	102	114	116	135
총부채	2,191	2,128	2,162	4,078	4,126	3,982
총차입금	1,228	1,243	1,266	2,552	2,356	2,312
자본금	298	298	298	298	298	298
총자본	1,432	1,409	1,472	2,493	2,592	2,745
지배주주지분	1,420	1,392	1,451	1,757	1,829	1,936

기업가치 지표						
항목	2012	2013	2014	2015	2016	2017.2Q
주가(최고/저)(천원)	18.1/12.6	13.9/8.9	15.5/10.3	25.7/11.1	22.4/15.9	—/—
PER(최고/저)(배)	—/—	—/—	15.1/10.1	12.6/5.4	19.7/14.0	—/—
PBR(최고/저)(배)	0.8/0.5	0.6/0.4	0.7/0.4	0.9/0.4	0.7/0.5	0.9/0.5
EV/EBITDA(배)	11.5	7.9	9.1	14.1	7.6	—
EPS(원)	-219	-144	1,049	2,052	1,147	2,072
BPS(원)	23,800	23,341	24,329	29,465	30,659	32,465
CFPS(원)	1,089	1,015	2,244	3,929	3,877	3,521
DPS(원)			200		100	
EBITDAPS(원)	2,922	3,644	3,189	4,862	8,840	5,042

재무 비율								〈단위 : % 〉
연도	영업이익률	순이익률	부채비율	차입금비율	ROA	ROE	유보율	자기자본비율	EBITDA마진율
2016	3.8	1.1	159.2	90.9	1.5	3.8	513.2	38.6	5.5
2015	2.5	2.0	163.6	102.4	2.8	7.6	489.3	37.9	4.1
2014	2.2	1.2	146.9	86.1	1.9	4.4	386.6	40.5	3.5
2013	2.9	-0.1	151.0	88.2	-0.1	-0.6	366.8	39.8	4.3

사조동아원 (A008040)
SAJODONGAONE

업 종 : 식료품	시 장 : 거래소
신용등급 : (Bond) — (CP) —	기업규모 : 시가총액 소형주
홈페이지 : www.dongaone.com	연 락 처 : 02)789-9556
본 사 : 서울시 서초구 방배천로2길 12 사조빌딩	

설 립 일	1972.07.26	종 업 원 수	281명	대 표 이 사	이인우
상 장 일	1989.06.24	감 사 의 견	적정 (한영)	계 열	
결 산 기	12월	보 통 주	14,114만주	종 속 회 사 수	5개사
액 면 가	500원	우 선 주		구 상 호	동아원

주주구성 (지분율,%)		출자관계 (지분율,%)		주요경쟁사 (외형,%)	
사조씨푸드	23.8	KODO,Inc	93.0	사조동아원	100
사조대림	14.4	천안팜	85.0	팜스코	229
(외국인)	0.5	하나에너지	84.0	이지바이오	338

매출구성		비용구성		수출비중	
고급건용류 등	42.4	매출원가율	83.7	수출	—
배합사료(제품)	28.8	판관비율	9.9	내수	—
소맥분상품	11.5				

회사 개요
동사는 1972년 설립돼 배합사료 제조 및 판매사업을 영위하고 있음. 2008년 소맥분 제조 및 판매사업을 영위할 목적으로 설립된 동아제분과 합병함. 현재 원맥을 수입 가공해 판매하는 제분사업과 가축 및 양식 어류의 사료를 제조 판매하는 생물자원사업으로 나뉨. 제분 부문은 대기업이 주요 수요처로 시장 규모가 일정하며 수익기여도는 낮음. 모기업 자금난으로 워크아웃에 들어갔다가 2016년 사조그룹에 인수됨. 2017년 8월 최대주주인 한국제분을 흡수합병함.

실적 분석
종합식품기업을 지향하는 사조그룹이 계열사로 편입해 사업성이 확보된 주력사업부문 즉, 제분과 사료사업을 제외하고는 무수익 자산 매각, 부실 계열사 및 거래선 정리 등 과감한 구조조정을 단행했음. 2017년말까지 자산매각으로 300억원 이상 현금유입이 예상되며, 수익성 회복으로 한국제분을 포함한 차입금 규모가 인수전 5,200억원에서 2년 동안 2,700억원 감소한 2,500억원으로 예상됨.

현금 흐름		〈단위 : 억원〉
항목	2016	2017.2Q
영업활동	458	297
투자활동	301	15
재무활동	-796	-294
순현금흐름	-37	12
기말현금	41	53

시장 대비 수익률

결산 실적					〈단위 : 억원〉	
항목	2012	2013	2014	2015	2016	2017
매출액	6,110	6,375	5,069	4,914	4,146	—
영업이익	76	9	-214	31	265	—
당기순이익	10	-136	-744	-346	48	—

분기 실적					〈단위 : 억원〉	
항목	2016.1Q	2016.2Q	2016.3Q	2016.4Q	2017.1Q	2017.2Q
매출액	907	971	1,083	1,185	912	961
영업이익	22	84	66	93	30	71
당기순이익	7	6	48	-13	24	6

재무 상태					〈단위 : 억원〉	
항목	2012	2013	2014	2015	2016	2017.2Q
총자산	7,205	7,227	7,262	5,393	4,675	4,458
유형자산	3,284	3,629	3,820	2,732	2,568	1,680
무형자산	439	438	443	413	323	293
유가증권	160	138	97	65	40	34
총부채	5,390	5,676	6,445	4,780	3,956	3,768
총차입금	4,656	4,795	5,645	4,094	3,301	2,363
자본금	326	326	326	326	326	326
총자본	1,815	1,551	817	613	719	690
지배주주지분	1,673	1,422	697	497	592	580

기업가치 지표						
항목	2012	2013	2014	2015	2016	2017.2Q
주가(최고/저)(천원)	5.0/2.6	3.8/2.7	3.5/2.8	3.3/1.0	3.4/1.5	—/—
PER(최고/저)(배)	97.7/50.4	—/—	—/—	—/—	51.0/22.4	—/—
PBR(최고/저)(배)	1.9/1.0	1.6/1.2	2.8/2.2	4.0/1.2	3.7/1.6	2.0/1.7
EV/EBITDA(배)	32.1	46.3	—	30.3	11.7	—
EPS(원)	52	-176	-1,124	-508	67	51
BPS(원)	2,644	2,385	1,268	812	911	892
CFPS(원)	239	31	-892	-297	245	130
DPS(원)	30	30				
EBITDAPS(원)	309	220	-96	259	585	249

재무 비율								〈단위 : % 〉
연도	영업이익률	순이익률	부채비율	차입금비율	ROA	ROE	유보율	자기자본비율	EBITDA마진율
2016	6.4	1.2	550.3	459.2	1.0	8.0	82.1	15.4	9.2
2015	0.6	-7.0	779.5	667.5	-5.5	-55.5	62.4	11.4	3.4
2014	-4.2	-14.7	788.5	690.6	-10.3	-69.2	153.6	11.3	-1.2
2013	0.1	-2.1	366.0	309.2	-1.9	-7.4	376.9	21.5	2.3

321

사조산업 (A007160)
Sajo Industries

업　종 : 식료품
신용등급 : (Bond) —　　(CP) —
홈페이지 : ind.sajo.co.kr
본　사 : 서울시 서대문구 통일로 107-39 사조산업빌딩 5층
시　장 : 거래소
기업규모 : 시가총액 중형주
연락처 : 02)3277-1600

설 립 일	1971.03.19	종 업 원 수	732명
상 장 일	1989.07.25	감 사 의 견	적정 (안진)
결 산 기	12월	보 통 주	500만주
액 면 가	5,000원	우 선 주	

대 표 이 사 김정수
계 열
종속회사수 10개사
구 상 호

주주구성 (지분율,%)
사조시스템즈	23.8
주진우	14.9
(외국인)	3.7

출자관계 (지분율,%)
동화농산	100.0
캐슬렉스서울	79.5
사조씨푸드	62.1

주요경쟁사 (외형,%)
사조씨푸드	100
CJ프레시웨이	332
신세계푸드	152

매출구성
수산물 가공	32.7
참치, 명태 등	30.2
수산물캔	14.7

비용구성
매출원가율	86.2
판관비율	6.8

수출비중
수출	29.0
내수	71.0

회사 개요
사조그룹 계열사로 도축업, 식육가공업, 식품제조업, 도소매업 등으로 사업영역을 확장하고 있음. 그룹 계열사를 통해 원양, 수산, 축산업 등 1차 산업의 수평 계열화로 영업력을 강화했으며 골프장 운영을 통한 레저산업까지 사업영역을 확장해 새로운 성장을 모색하고 있음. 연결대상 종속회사에는 원양어업, 식품, 양돈, 레저부문 등 총 9개 법인이 포함됨. 참치와 장류 등에서 가격경쟁력 향상과 트렌드에 맞춘 신제품 개발에 열을 올리고 있음.

실적 분석
최근 참치가격이 지난 2013년 이래 최고가를 기록하고 있으며, 5월에 신규 선박 1척을 추가 투입하여 어획량도 늘어나 2017년 상반기 매출액은 전년동기 대비 18.2% 증가한 3,709.2억원을 달성함. 참치 매출의 70%를 차지하는 일본의 엔화 강세와 국제 유가 하락으로 영업이익도 32.8% 증가함. 관계기업에 대한 지분법평가이익이 크게 늘어나 당기순이익은 전년동기의 두배 수준으로 급증함.

현금 흐름 〈단위 : 억원〉
항목	2016	2017.2Q
영업활동	463	68
투자활동	-1,152	-76
재무활동	646	65
순현금흐름	-44	56
기말현금	50	106

시장 대비 수익률

결산 실적 〈단위 : 억원〉
항목	2012	2013	2014	2015	2016	2017
매출액	15,544	15,670	13,050	9,052	7,021	—
영업이익	487	286	578	341	492	—
당기순이익	158	-118	317	244	301	—

분기 실적 〈단위 : 억원〉
항목	2016.1Q	2016.2Q	2016.3Q	2016.4Q	2017.1Q	2017.2Q
매출액	1,512	1,626	1,816	2,066	1,750	1,960
영업이익	87	114	206	85	121	146
당기순이익	61	50	162	27	117	123

재무 상태 〈단위 : 억원〉
항목	2012	2013	2014	2015	2016	2017.2Q
총자산	14,602	14,588	12,125	9,031	10,107	10,530
유형자산	5,579	5,661	4,903	3,903	4,110	4,287
무형자산	612	633	592	51	47	71
유가증권	107	21	21	82	193	197
총부채	10,166	10,227	7,820	5,253	6,030	6,237
총차입금	6,678	6,954	5,139	3,273	3,927	4,124
자본금	250	250	250	250	250	250
총자본	4,436	4,360	4,304	3,778	4,077	4,293
지배주주지분	2,576	2,533	2,844	3,096	3,361	3,536

기업가치 지표
항목	2012	2013	2014	2015	2016	2017.2Q
주가(최고/저)(천원)	64.3/47.0	55.5/24.4	42.6/26.4	114/40.5	71.9/57.6	—/—
PER(최고/저)(배)	33.3/24.4	—/—	9.8/6.1	29.8/10.6	13.7/10.9	—/—
PBR(최고/저)(배)	1.2/0.9	1.1/0.5	0.7/0.5	1.8/0.7	1.1/0.9	1.2/0.9
EV/EBITDA(배)	13.8	17.2	9.8	13.3	11.8	
EPS(원)	1,934	-855	4,348	3,821	5,282	3,877
BPS(원)	52,994	52,134	57,531	61,951	67,257	70,750
CFPS(원)	6,792	4,180	9,107	7,419	8,241	5,447
DPS(원)					150	
EBITDAPS(원)	14,593	10,749	16,318	10,414	12,808	6,921

재무 비율 〈단위 : % 〉
연도	영업이익률	순이익률	부채비율	차입금비율	ROA	ROE	유보율	자기자본비율	EBITDA마진율
2016	7.0	4.3	147.9	96.3	3.1	8.2	1,245.1	40.3	9.1
2015	3.8	2.7	139.1	86.7	2.3	6.4	1,139.0	41.8	5.8
2014	4.4	2.4	181.7	119.4	2.4	8.1	1,050.6	35.5	6.3
2013	1.8	-0.8	234.6	159.5	-0.8	-1.7	942.7	29.9	3.4

사조씨푸드 (A014710)
SAJO SEA FOOD

업　종 : 식료품
신용등급 : (Bond) —　　(CP) —
홈페이지 : www.sajosf.co.kr
본　사 : 서울시 서대문구 통일로 107-39 사조산업빌딩 5층
시　장 : 거래소
기업규모 : 시가총액 소형주
연락처 : 02)721-6555

설 립 일	1980.03.27	종 업 원 수	289명
상 장 일	2012.06.29	감 사 의 견	적정 (삼정)
결 산 기	12월	보 통 주	1,722만주
액 면 가	1,000원	우 선 주	

대 표 이 사 최창욱
계 열
종속회사수
구 상 호

주주구성 (지분율,%)
사조산업	62.1
트러스톤자산운용	4.9
(외국인)	1.3

출자관계 (지분율,%)
한국제분	35.6
캐슬렉스서울	20.0
사조대림	16.2

주요경쟁사 (외형,%)
사조씨푸드	100
사조대림	295
한성기업	99

매출구성
횟감용참치	36.1
일반수산물	34.9
김, 팝콘	19.7

비용구성
매출원가율	90.7
판관비율	4.5

수출비중
수출	28.0
내수	72.0

회사 개요
동사는 1980년에 수산물 도소매업을 영위하는 소재냉장으로 설립되어, 현재는 참치 어획에서부터 유통, 수출, 부가식품 개발, 판매까지 하는 수산물 가공유통 전문기업임. 참치시장에서 일본으로의 진출을 위해 2010년 일본소재의 신사조를 인수하였으나 2016년중 청산함. 사업분야는 크게 횟감용 참치를 다루는 수산물가공유통, 김 등 식품사업, 원양어업을 하는 수산부문, 임대업 등 기타분야로 구분됨.

실적 분석
동사는 2017년 반기말 현재 연결대상 종속법인을 보유하고 있지 않음. 참치와 일반수산물 매출 증가로 수산물가공유통 분야 매출이 확대되고, 조미김의 지속적 중국 수출 증가에 힘입어 식품사업 매출도 확대되면서 2017년 반기 총매출 1,794.3억원을 달성하며 전년 동기 대비 13.6% 확대된 외형을 시현함. 매출확대에 힘입어 영업이익도 전년 동기 대비 1.4% 확대된 80.1억원, 당기순이익은 85.5% 확대된 82.4억원을 시현함.

현금 흐름 〈단위 : 억원〉
항목	2016	2017.2Q
영업활동	22	—
투자활동	-603	—
재무활동	580	—
순현금흐름	-0	—
기말현금	5	—

시장 대비 수익률

결산 실적 〈단위 : 억원〉
항목	2012	2013	2014	2015	2016	2017
매출액	2,820	2,537	2,632	2,826	3,234	—
영업이익	208	95	119	95	155	—
당기순이익	112	51	93	60	76	—

분기 실적 〈단위 : 억원〉
항목	2016.1Q	2016.2Q	2016.3Q	2016.4Q	2017.1Q	2017.2Q
매출액	773	807	837	817	—	—
영업이익	33	46	45	30	—	—
당기순이익	15	29	52	-21	—	—

재무 상태 〈단위 : 억원〉
항목	2012	2013	2014	2015	2016	2017.2Q
총자산	2,894	2,764	2,460	2,553	3,229	
유형자산	938	939	902	878	857	
무형자산	21	21	22	24	22	
유가증권	180	149	163	240	328	
총부채	1,357	1,200	799	765	1,394	
총차입금	1,045	925	486	457	1,047	
자본금	172	172	172	172	172	
총자본	1,537	1,564	1,662	1,787	1,835	
지배주주지분	1,537	1,564	1,662	1,787	1,835	

기업가치 지표
항목	2012	2013	2014	2015	2016	2017.2Q
주가(최고/저)(천원)	10.3/5.7	7.9/4.4	7.4/4.5	13.2/5.9	8.1/6.0	—/—
PER(최고/저)(배)	14.1/7.8	26.6/14.7	13.8/8.4	37.8/16.8	18.5/13.8	—/—
PBR(최고/저)(배)	1.2/0.7	0.9/0.5	0.8/0.5	1.3/0.6	0.8/0.6	0.0/0.0
EV/EBITDA(배)	6.7	9.6	9.3	10.5	11.7	0.0/0.0
EPS(원)	737	298	541	351	439	
BPS(원)	8,924	9,083	9,650	10,381	10,656	
CFPS(원)	1,029	555	788	587	656	
DPS(원)					50	
EBITDAPS(원)	1,464	809	938	787	1,115	

재무 비율 〈단위 : % 〉
연도	영업이익률	순이익률	부채비율	차입금비율	ROA	ROE	유보율	자기자본비율	EBITDA마진율
2016	4.8	2.3	76.0	57.1	2.6	4.2	965.6	56.8	5.9
2015	3.4	2.1	42.8	25.6	2.4	3.5	938.1	70.0	4.8
2014	4.5	3.5	48.1	29.3	3.6	5.8	865.0	67.5	6.1
2013	3.8	2.0	76.7	59.1	1.8	3.3	808.3	56.6	5.5

사조오양 (A006090)
Oyang

업 종 : 식료품		시 장 : 거래소	
신용등급 : (Bond) — (CP) —		기업규모 : 시가총액 소형주	
홈페이지 : www.sajooy.com		연 락 처 : 02)3470-6030	
본 사 : 서울시 서초구 남부순환로 2159(방배동)			

설 립 일 1969.06.09	종업원수 714명	대표이사 김일식
상 장 일 1986.12.24	감사의견 적정(삼정)	계 열
결 산 기 12월	보 통 주 942만주	종속회사수
액 면 가 5,000원	우 선 주	구 상 호

주주구성 (지분율,%)		출자관계 (지분율,%)		주요경쟁사 (외형,%)	
사조대림	54.9	사조바이오피드	50.0	사조오양	100
주지홍	5.1	TRALKOM.CO.LTD	49.0	동원F&B	803
(외국인)	2.9	사조화인코리아	44.9	동원산업	565

매출구성		비용구성		수출비중	
맛살 등 식품가공	72.4	매출원가율	85.8	수출	5.0
참치,명태 등 수산물 어획 및 판매	25.9	판관비율	6.2	내수	95.0
임대수익 등	1.8				

회사 개요
동사의 사업영역은 크게 수산, 식품제조, 기타로 나뉨. 매출액 구성비는 TUNA, 명태 등 수산물 어획 및 판매하는 수산부분이 약 23%, 맛살 등 식품가공부문이 약 75%, 임대사업 등 기타가 약 2%로 구성. 식품제조부문은 맛살 및 젓갈 부문에 대한 브랜드우위를 수년간 유지하고 있으며 연육 제품조달 점유 1위인 관계회사 사조대림의 다양한 영업전략을 접목시킴으로써 부문내 유일하게 매출 증가세를 기록함.

실적 분석
동사의 2017년 상반기 연결기준 누적 매출액은 1,402.3억원으로 전년 동기 대비 14.7% 증가함. 매출은 늘면서 매출원가와 판관비도 증가했지만 매출 증가에 따른 고정비용 감소 효과가 커지면서 영업이익은 전년 동기 대비 7.8% 증가한 104.2억원을 시현함. 비영업손익 부문에서도 관련기업 투자 이익 등 늘면서 흑자전환에 성공, 당기순이익은 93억원으로 전년 동기 대비 50.4% 증가함.

현금 흐름 *IFRS 별도 기준 〈단위 : 억원〉

항목	2016	2017.2Q
영업활동	271	109
투자활동	-61	-90
재무활동	-203	-30
순현금흐름	7	-12
기말현금	24	13

시장 대비 수익률

결산 실적 〈단위 : 억원〉

항목	2012	2013	2014	2015	2016	2017
매출액	1,272	1,098	1,118	1,949	2,791	
영업이익	115	10	-58	109	224	
당기순이익	6	42	-30	94	113	

분기 실적 *IFRS 별도 기준 〈단위 : 억원〉

항목	2016.1Q	2016.2Q	2016.3Q	2016.4Q	2017.1Q	2017.2Q
매출액	620	602	738	831	680	723
영업이익	50	47	93	34	51	53
당기순이익	20	42	73	-22	44	49

재무 상태 *IFRS 별도 기준 〈단위 : 억원〉

항목	2012	2013	2014	2015	2016	2017.2Q
총자산	1,742	1,726	1,733	2,825	2,924	2,928
유형자산	467	493	569	1,100	1,120	1,163
무형자산	3	3	3	119	119	118
유가증권	62	53	51	55	56	53
총부채	1,022	966	994	1,653	1,641	1,573
총차입금	821	739	808	1,221	1,058	1,054
자본금	218	218	218	471	471	471
총자본	720	760	739	1,172	1,283	1,355
지배주주지분	720	760	739	1,172	1,283	1,355

기업가치 지표 *IFRS 별도 기준

항목	2012	2013	2014	2015	2016	2017.2Q
주가(최고/저)(천원)	15.7/10.6	12.3/6.5	9.8/7.4	24.2/7.9	16.8/10.7	—/—
PER(최고/저)(배)	119.7/80.7	12.8/6.8	—/—	18.1/5.9	14.1/9.0	—/—
PBR(최고/저)(배)	1.0/0.6	0.7/0.4	0.6/0.4	2.0/0.6	1.2/0.8	1.1/0.8
EV/EBITDA(배)	7.0	26.6		15.5	7.6	—/—
EPS(원)	132	962	-684	1,342	1,204	987
BPS(원)	16,514	17,420	16,952	12,441	13,616	14,379
CFPS(원)	773	1,617		2,093	2,048	1,439
DPS(원)	—	—	—	—	100	
EBITDAPS(원)	3,290	895	-647	2,294	3,217	1,558

재무 비율 〈단위 : % 〉

연도	영업이익률	순이익률	부채비율	차입금비율	ROA	ROE	유보율	자기자본비율	EBITDA마진율
2016	8.0	4.1	127.9	82.5	4.0	9.2	172.3	43.9	10.9
2015	5.6	4.9	141.0	104.2	4.1	9.1	148.8	41.5	8.3
2014	-5.2	-2.7	134.5	109.3	-1.7	-4.0	239.1	42.6	-2.5
2013	1.0	3.8	127.2	97.3	2.4	5.7	248.4	44.0	3.6

사조해표 (A079660)
SAJOHAEPYO

업 종 : 식료품		시 장 : 거래소	
신용등급 : (Bond) — (CP) —		기업규모 : 시가총액 소형주	
홈페이지 : www.sajohp.co.kr		연 락 처 : 02)2007-3000	
본 사 : 서울시 서초구 남부순환로 2159 (방배동, 3층)			

설 립 일 2004.09.01	종업원수 355명	대표이사 김상훈
상 장 일 2004.09.21	감사의견 적정(우리)	계 열
결 산 기 12월	보 통 주 716만주	종속회사수 1개사
액 면 가 5,000원	우 선 주	구 상 호

주주구성 (지분율,%)		출자관계 (지분율,%)		주요경쟁사 (외형,%)	
사조산업	23.9	삼아벤처	100.0	사조해표	100
씨제이올리브영	12.6	사조씨앤씨	50.0	신송홀딩스	31
(외국인)	1.7	사조대림	26.9	아시아종묘	3

매출구성		비용구성		수출비중	
장류 외	27.5	매출원가율	85.9	수출	9.0
기타식품	25.4	판관비율	13.4	내수	91.0
대두박	21.5				

회사 개요
동사는 2004년 9월 (구)신동방에서 인적분할을 통해 설립되어 대두 및 식물성 유지를 수입, 가공, 정제해 식용유와 포도씨유, 올리브유등의 유지를 생산하는 업체. 대두에서 식용유를 정제하고 남은 대두박은 전량 사료업체들에게 판매하고 있음. 그외 기타사업부문은 사조그룹내의 참치캔, 김동의 판매를 맡고 있음. 원재료 수입의존도가 높아 수입국의 작물현황 및 환율에 민감한 구조임. 매출비중은 식용유 약 32%, 대두박 약 22% 수준임.

실적 분석
동사의 2017년 연결 기준 2분기 누적 매출액은 3,412.0억원으로 전년 동기 3,284.8억원 대비 3.9% 증가했음. 매출 증가에도 원가율의 증가로 인해 영업손실 41.2억원을 기록해 전년 동기 대비 적자전환함. 그러나 비영업이익 103.6억원을 시현하여 당기순이익은 52.3억원으로 전년 동기 28.7억원 대비 82.5% 증가함. 경기 변동에 덜 민감하기 때문에 꾸준한 실적 유지 예상됨.

현금 흐름 〈단위 : 억원〉

항목	2016	2017.2Q
영업활동	-3	-121
투자활동	-295	-66
재무활동	300	180
순현금흐름	1	-7
기말현금	18	11

시장 대비 수익률

결산 실적 〈단위 : 억원〉

항목	2012	2013	2014	2015	2016	2017
매출액	5,980	6,218	6,448	6,645	6,739	
영업이익	18	-100	158	183	47	
당기순이익	30	-168	114	203	12	

분기 실적 〈단위 : 억원〉

항목	2016.1Q	2016.2Q	2016.3Q	2016.4Q	2017.1Q	2017.2Q
매출액	1,789	1,496	1,944	1,510	1,877	1,535
영업이익	41	-10	61	-45	-17	-24
당기순이익	48	-19	93	-110	75	-22

재무 상태 〈단위 : 억원〉

항목	2012	2013	2014	2015	2016	2017.2Q
총자산	3,245	2,984	3,031	3,294	3,695	3,780
유형자산	821	803	871	910	904	916
무형자산	14	7	6	10	10	41
유가증권	251	147	198	284	243	275
총부채	2,042	2,026	1,920	1,948	2,356	2,375
총차입금	1,181	1,150	1,045	818	1,125	1,301
자본금	358	358	358	358	358	358
총자본	1,203	958	1,111	1,346	1,339	1,405
지배주주지분	1,203	958	1,111	1,346	1,339	1,405

기업가치 지표

항목	2012	2013	2014	2015	2016	2017.2Q
주가(최고/저)(천원)	14.6/7.0	13.7/7.3	22.1/6.9	25.7/11.6	18.8/11.4	—/—
PER(최고/저)(배)	37.9/18.2	—/—	13.9/4.3	9.0/4.1	113.7/68.9	—/—
PBR(최고/저)(배)	0.9/0.4	1.0/0.5	1.4/0.4	1.4/0.6	1.0/0.6	0.7/0.6
EV/EBITDA(배)	36.4		9.8	9.0	22.1	—/—
EPS(원)	384	-2,340	1,588	2,837	165	730
BPS(원)	16,806	13,389	15,519	18,803	18,705	19,628
CFPS(원)	882	-1,881	2,028	3,366	746	1,024
DPS(원)	—	—	—	—	—	—
EBITDAPS(원)	755	-932	2,647	3,091	1,234	-281

재무 비율 〈단위 : % 〉

연도	영업이익률	순이익률	부채비율	차입금비율	ROA	ROE	유보율	자기자본비율	EBITDA마진율
2016	0.7	0.2	176.0	84.0	0.3	0.9	274.1	36.2	1.3
2015	2.8	3.1	144.7	60.8	6.4	16.5	276.1	40.9	3.3
2014	2.5	1.8	172.8	94.0	3.8	11.0	210.4	36.7	2.9
2013	-1.6	-2.7	211.4	120.0	-5.4	-15.5	167.8	32.1	-1.1

사파이어테크놀로지 (A123260)
Sapphire Technology

업　　종 : 디스플레이 및 관련부품
신용등급 : (Bond) B-　　(CP) —
홈페이지 : www.sapphiretek.com
본　　사 : 경기도 화성시 향남읍 발안공단로4길 65

시　　장 : KOSDAQ
기업규모 : 중견
연 락 처 : (031)297-3551

설 립 일	2000.07.03	종 업 원 수	53명	대 표 이 사	이희춘
상 장 일	2011.12.05	감 사 의 견	적정 (대성)	계 열	
결 산 기	12월	보 통 주	2,033만주	종속회사수	1개사
액 면 가	500원	우 선 주		구 상 호	

주주구성 (지분율,%)		출자관계 (지분율,%)		주요경쟁사 (외형,%)	
이희춘	8.8	.에스티에이	81.5	사파이어테크놀로지	100
최이식	2.0	제이티비씨	0.1	쎄미시스코	89
(외국인)	1.1			에이치엠에스하이텍	239

매출구성		비용구성		수출비중	
기타(사파이어부품 및 기판등)(제품)	76.6	매출원가율	290.7	수출	24.0
LED용 기판용 사파이어 단결정(제품)	19.2	판관비율	16.0	내수	76.0
임대수익 등(기타)	4.2				

회사 개요
2000년 설립이후 2011년 코스닥시장에 상장함. 동사는 공업용 사파이어 단결정 및 기판을 생산하는 회사임. 최근 LED가 고효율, 친환경 광원으로 각광받으며 전통적인 광원을 대체해감에 따라 LED 및용 사파이어에 대한 수요가 증가하고 있음. 동사는 현재 자체적인 추산으로는 전세계 사파이어 시장의 최소 25%이상(Open Market 기준)을 점유하고 있을 예상. 종속회사인 에스티에이를 통해 LED용 사파이어 기판 사업에 진출함.

실적 분석
동사의 2017년 상반기 연결기준 매출액은 98.5억원으로 전년 동기 대비 65.9% 증가함. 매출이 증가한 반면 원가절감 노력으로 매출원가와 판관비는 오히려 감소하면서 영업손실은 36.3억원으로 전년 동기 대비 적자 폭이 대폭 줄었음. 비영업손익 부문에서 적자가 지속됐지만 적자 규모는 감소하면서 당기순손실은 110.6억원으로 전년 동기 대비 적자 지속됐지만 손실 규모는 줄었음.

현금 흐름　〈단위 : 억원〉

항목	2016	2017.2Q
영업활동	-4	-17
투자활동	74	61
재무활동	-107	-36
순현금흐름	-36	7
기말현금	8	15

시장 대비 수익률

결산 실적　〈단위 : 억원〉

항목	2012	2013	2014	2015	2016	2017
매출액	315	536	517	319	140	—
영업이익	-252	-275	-265	-59	-290	—
당기순이익	-270	-255	-290	-306	-487	—

분기 실적　〈단위 : 억원〉

항목	2016.1Q	2016.2Q	2016.3Q	2016.4Q	2017.1Q	2017.2Q
매출액	30	30	38	43	54	44
영업이익	-35	-58	-45	-152	-13	-23
당기순이익	-46	-164	-57	-220	-25	-86

재무 상태　〈단위 : 억원〉

항목	2012	2013	2014	2015	2016	2017.2Q
총자산	1,769	1,757	1,470	1,198	618	498
유형자산	869	836	689	579	328	295
무형자산	45	74	90	55	19	21
유가증권	26	37	55	42	11	2
총부채	663	848	782	599	509	496
총차입금	542	746	692	549	451	417
자본금	40	41	41	42	42	42
총자본	1,107	909	688	599	109	2
지배주주지분	1,102	923	725	666	213	121

기업가치 지표

항목	2012	2013	2014	2015	2016	2017.2Q
주가(최고/저)(천원)	65.8/25.8	49.0/25.9	48.5/12.2	21.2/10.1	10.6/4.5	—/—
PER(최고/저)(배)	—/—	—/—	—/—	—/—	—/—	—/—
PBR(최고/저)(배)	4.3/1.7	3.8/2.0	5.1/1.3	2.5/1.2	3.9/1.6	3.7/1.5
EV/EBITDA(배)			16.7			
EPS(원)	-2,921	-2,476	-2,793	-2,848	-4,593	-979
BPS(원)	14,321	12,024	8,863	7,994	2,558	1,454
CFPS(원)	-1,987	-1,273	-1,369	-1,672	-4,240	-1,148
DPS(원)						
EBITDAPS(원)	-1,913	-1,749	-1,339	962	-2,337	-435

재무 비율　〈단위 : %〉

연도	영업이익률	순이익률	부채비율	차입금비율	ROA	ROE	유보율	자기자본비율	EBITDA마진율
2016	-206.7	-346.8	469.4	415.9	-53.6	-102.1	411.6	17.6	-138.7
2015	-18.3	-95.9	99.9	91.6	-23.0	-39.8	1,498.8	50.0	25.0
2014	-51.4	-56.2	113.7	100.6	-18.0	-32.5	1,672.6	46.8	-21.2
2013	-51.4	-47.7	93.4	82.1	-14.5	-23.4	2,304.7	51.7	-26.6

삼강엠앤티 (A100090)
SAMKANG M&T

업　　종 : 금속 및 광물
신용등급 : (Bond) —　　(CP) —
홈페이지 : www.sam-kang.com
본　　사 : 경남 고성군 동해면 내산3길 51-1

시　　장 : KOSDAQ
기업규모 : 우량
연 락 처 : (055)673-7014

설 립 일	1996.11.01	종 업 원 수	306명	대 표 이 사	송무석
상 장 일	2008.08.01	감 사 의 견	적정 (이촌)	계 열	
결 산 기	12월	보 통 주	1,685만주	종속회사수	
액 면 가	500원	우 선 주		구 상 호	

주주구성 (지분율,%)		출자관계 (지분율,%)		주요경쟁사 (외형,%)	
송무석	21.7			삼강엠앤티	100
송정석	20.5			황금에스티	130
(외국인)	0.4			GMR 머티리얼즈	39

매출구성		비용구성		수출비중	
BLOCK 외	85.0	매출원가율	88.7	수출	67.0
해양구조용 파이프, 송유관 파이프 등	14.1	판관비율	5.2	내수	33.0
기타	0.5				

회사 개요
동사는 1996년 설립되어 해양구조용 파이프, 송유관용 파이프, 건축토목용 파이프를 제조 판매하는 업체임. 국내에서 후육강관을 최초 국산화했고, 세계 최장의 18m 길이의 파이프를 이음매 없이 한번에 생산할수 있는 기술력과 설비를 보유하고 있음. 동사는 2017년 기준 전체 매출의 67.0%가 수출 물량이며 주요 내수 판매처는 삼성중공업, 대우조선해양 등임. 동사는 2017년 8월 고성홀딩스(유)에 172.9억원을 출자했다고 공시함.

실적 분석
동사는 2017년 상반기 매출액이 511.3억원으로 전년동기 대비 54.1% 감소했고, 영업손실이 86.1억원으로 전년동기 100.8억원 흑자에서 적자로 전환함. 동사는 훈육강관의 매출이 예년보다 늘었으나, 글로벌 조선 수요 감소와 대형 조선사들의 경영부진으로 인해 주력 사업이던 선박용블록 및 해양플랜트 부문에서 매출이 급감함. 매출원가가 매출액보다 많은데다 판매관리비는 전년 동기보다 12.3% 늘어 적자폭이 커졌음.

현금 흐름　*IFRS 별도 기준　〈단위 : 억원〉

항목	2016	2017.2Q
영업활동	116	-256
투자활동	-22	-11
재무활동	-50	240
순현금흐름	45	-27
기말현금	57	30

시장 대비 수익률

결산 실적　〈단위 : 억원〉

항목	2012	2013	2014	2015	2016	2017
매출액	2,064	1,462	1,717	1,924	1,731	—
영업이익	80	-62	104	150	105	—
당기순이익	-6	-145	37	78	32	—

분기 실적　*IFRS 별도 기준　〈단위 : 억원〉

항목	2016.1Q	2016.2Q	2016.3Q	2016.4Q	2017.1Q	2017.2Q
매출액	605	508	288	330	221	290
영업이익	71	30	2	2	-49	-37
당기순이익	52	11	-11	-21	-60	-47

재무 상태　*IFRS 별도 기준　〈단위 : 억원〉

항목	2012	2013	2014	2015	2016	2017.2Q
총자산	2,569	2,550	2,464	2,639	2,383	2,459
유형자산	2,146	2,108	2,123	2,053	1,989	1,959
무형자산	8	8	7	16	13	1
유가증권	1	1				
총부채	2,008	2,133	2,013	2,075	1,653	1,814
총차입금	1,399	1,416	1,396	1,332	1,152	1,370
자본금	64	64	64	68	84	84
총자본	561	417	452	564	730	644
지배주주지분	561	417	452	564	730	644

기업가치 지표　*IFRS 별도 기준

항목	2012	2013	2014	2015	2016	2017.2Q
주가(최고/저)(천원)	9.7/4.5	5.5/3.5	4.7/3.4	7.1/3.6	11.5/3.9	—/—
PER(최고/저)(배)	—/—	—/—	16.4/11.8	11.9/6.1	53.3/18.1	—/—
PBR(최고/저)(배)	2.2/1.0	1.7/1.1	1.3/1.0	1.7/0.9	2.6/0.9	2.2/1.5
EV/EBITDA(배)	12.2	61.0	9.6	8.0	10.8	
EPS(원)	-49	-1,131	287	592	215	-638
BPS(원)	4,383	3,260	3,529	4,130	4,331	3,824
CFPS(원)	617	-405	994	1,262	783	-402
DPS(원)						
EBITDAPS(원)	1,292	241	1,522	1,806	1,281	-275

재무 비율　〈단위 : %〉

연도	영업이익률	순이익률	부채비율	차입금비율	ROA	ROE	유보율	자기자본비율	EBITDA마진율
2016	6.1	1.8	226.4	157.9	1.3	4.9	766.3	30.6	10.9
2015	7.8	4.1	367.7	236.1	3.1	15.4	726.1	21.4	12.4
2014	6.1	2.1	445.6	309.0	1.5	8.5	605.8	18.3	11.4
2013	-4.3	-9.9	511.2	339.3	-5.7	-29.6	552.1	16.4	1.7

삼광글라스 (A005090)
Sam Kwang Glass CO

종 목 : 용기 및 포장		시 장 : 거래소	
신용등급 : (Bond) — (CP) —		기업규모 : 시가총액 중형주	
홈 페 이 지 : www.glasslock.co.kr		연 락 처 : 02)489-8000	
본 사 : 서울시 서초구 양재대로 246 (염곡동, 송암빌딩 2.3층), 한국소비자원			

설 립 일	1967.07.01	종 업 원 수	505명	대 표 이 사	이복영
상 장 일	1993.01.06	감 사 의 견	적정 (안진)	계 열	
결 산 기	12월	보 통 주	485만주	종 속 회 사 수	3개사
액 면 가	5,000원	우 선 주		구 상 호	삼광유리

주주구성 (지분율,%)		출자관계 (지분율,%)		주요경쟁사 (외형,%)	
이복영	22.0	에스지개발	46.0	삼광글라스	100
이원준	8.8	이테크건설	31.0	락앤락	143
(외국인)	5.2	군장에너지	25.0	연우	79

매출구성		비용구성		수출비중	
[제품]일반병	36.3	매출원가율	88.5	수출	20.0
[제품]식기 등	28.8	판관비율	11.0	내수	80.0
[제품]2PC캔	21.8				

회사 개요
동사는 1967년에 설립되어 유리병, 유리식기, 알루미늄캔 등을 제조, 판매하고 있음. 1993년 상장됨. 공정거래법상 OCI 기업집단에 속하여 있는 23개 계열사 중 하나임. 주요 사업부문은 2016년 기준으로 유리사업(71.3%), 캔사업(21.7%), 석영 및 기타사업(7.0%)으로 구성되며 동 기간 중 수출비중은 24.9%. 동사는 '내열강화유리 제조기술'을 바탕으로 글라스락 유리밀폐용기를 출시하여 현재 80여 개 국에 수출하고 있음.

실적 분석
전 사업부문 부진으로 동사의 2017년 상반기 매출액은 전년동기 대비 0.9% 역성장. 석영사업부문의 적자폭은 축소됐으나 캔과 유리사업부문은 적자전환함. 전사 영업이익은 -41.5억원을 기록. 글라스락은 홈쇼핑 매출은 감소하였으나 보험사와 가전사의 특판이 증가하여 전반기 대비 소폭한 증가한 매출을 기록. 부진한 내수보다 해외실적이 동사 성장의 관건임. 중국을 제외한 아시아 시장은 외형 확대 중.

현금 흐름 〈단위 : 억원〉
항목	2016	2017.2Q
영업활동	143	26
투자활동	-220	383
재무활동	52	-345
순현금흐름	-25	65
기말현금	51	116

시장 대비 수익률

결산 실적 〈단위 : 억원〉
항목	2012	2013	2014	2015	2016	2017
매출액	2,852	2,900	2,978	3,103	2,975	—
영업이익	116	147	89	150	14	—
당기순이익	152	89	184	193	144	—

분기 실적 〈단위 : 억원〉
항목	2016.1Q	2016.2Q	2016.3Q	2016.4Q	2017.1Q	2017.2Q
매출액	714	755	758	747	657	799
영업이익	35	28	18	-67	-11	-30
당기순이익	57	48	6	33	87	-37

재무 상태 〈단위 : 억원〉
항목	2012	2013	2014	2015	2016	2017.2Q
총자산	6,297	7,667	8,133	8,412	8,543	8,391
유형자산	2,894	2,699	2,632	2,504	2,455	2,488
무형자산	7	15	15	16	18	16
유가증권	80	66	70	73	70	75
총부채	3,896	5,023	5,264	5,228	5,244	5,073
총차입금	3,109	4,279	4,487	4,393	4,481	4,174
자본금	243	243	243	243	243	243
총자본	2,400	2,644	2,869	3,184	3,299	3,318
지배주주지분	2,400	2,402	2,587	2,844	2,986	3,021

기업가치 지표
항목	2012	2013	2014	2015	2016	2017.2Q
주가(최고/저)(천원)	70.0/45.2	73.3/39.8	70.4/41.9	117/59.4	93.6/55.2	—/—
PER(최고/저)(배)	23.6/15.3	39.8/21.6	16.4/9.8	25.4/12.9	24.3/14.3	—/—
PBR(최고/저)(배)	1.5/1.0	1.5/0.8	1.3/0.8	2.0/1.0	1.5/0.9	1.2/0.9
EV/EBITDA(배)	20.5	16.5	20.2	20.3	24.8	—/—
EPS(원)	3,138	1,930	4,421	4,699	3,893	1,350
BPS(원)	49,445	50,143	53,981	58,580	61,520	62,223
CFPS(원)	7,109	7,133	10,395	10,996	10,254	4,710
DPS(원)	750	750	750	750	750	2,505
EBITDAPS(원)	6,363	8,226	7,817	9,381	6,654	

재무 비율 〈단위 : % 〉
연도	영업이익률	순이익률	부채비율	차입금비율	ROA	ROE	유보율	자기자본비율	EBITDA마진율
2016	0.5	4.9	159.0	135.8	1.7	6.5	1,130.4	38.6	10.9
2015	4.8	6.2	164.2	138.0	2.3	8.4	1,071.6	37.9	14.7
2014	3.0	6.2	183.5	156.4	2.3	8.6	979.6	35.3	12.7
2013	5.1	3.1	190.0	161.9	1.3	3.9	902.9	34.5	13.8

삼기오토모티브 (A122350)
SAMKEE AUTOMOTIVE

업 종 : 자동차부품		시 장 : KOSDAQ	
신용등급 : (Bond) — (CP) —		기업규모 : 우량	
홈 페 이 지 : www.samkee.com		연 락 처 : 031)491-0341	
본 사 : 경기도 평택시 포승읍 평택항로 268번길 147			

설 립 일	2009.12.24	종 업 원 수	545명	대 표 이 사	김남곤,김치환
상 장 일	2010.03.19	감 사 의 견	적정 (신우)	계 열	
결 산 기	12월	보 통 주	3,083만주	종 속 회 사 수	1개사
액 면 가	100원	우 선 주		구 상 호	

주주구성 (지분율,%)		출자관계 (지분율,%)		주요경쟁사 (외형,%)	
김치환	37.4	산동삼기기차배권유한공사	100.0	삼기오토모티브	100
미래에셋자산운용투자자문	5.6			삼원강재	88
(외국인)	2.8			코프라	43

매출구성		비용구성		수출비중	
변속기부품	57.7	매출원가율	85.1	수출	—
엔진부품	27.3	판관비율	7.9	내수	—
합금	11.7				

회사 개요
1984년 2월에 설립하여 2008년 6월 현재의 주식회사 삼기오토모티브로 상호를 변경. 자동차 부품의 제조 및 판매 등을 주 영업목적으로 하며, 2012년 3월 28일 현대드림투게더 기업인수목적(주)와 합병하여 4월 12일 한국거래소 코스닥시장에 상장됨. Timing Chain Cover, Ladder Frame 등의 엔진부품과 변속기 Valve Body 등 변속기 부품을 생산하여 현대/기아차, 쌍용차 등 완성차 업체와 계열사에 납품하는 회사.

실적 분석
동사의 2017년 연결기준 상반기 매출액은 전년동기 대비 3% 증가한 1,564억원을 기록함. 이는 현대차그룹향 7속 DCT, 폭스바겐향 DSG 매출 증가의 영향임. 반면 수주에 따른 설비 투자액의 증가와 그에 따른 감가상각비 증가로 영업이익은 104.3억원으로 전년동기 대비 6.3% 감소함. 동사는 LG그룹을 포함 폭스바겐그룹 중국 및 독일 사업부에서 전기차 관련 부품 수주 증가를 기대함.

현금 흐름 〈단위 : 억원〉
항목	2016	2017.2Q
영업활동	534	153
투자활동	-553	-184
재무활동	37	57
순현금흐름	17	26
기말현금	26	52

시장 대비 수익률

결산 실적 〈단위 : 억원〉
항목	2012	2013	2014	2015	2016	2017
매출액	1,875	2,042	2,439	2,761	3,045	—
영업이익	181	170	196	237	214	—
당기순이익	108	126	142	161	125	—

분기 실적 〈단위 : 억원〉
항목	2016.1Q	2016.2Q	2016.3Q	2016.4Q	2017.1Q	2017.2Q
매출액	789	729	701	825	821	743
영업이익	63	48	39	63	60	44
당기순이익	13	45	32	35	40	39

재무 상태 〈단위 : 억원〉
항목	2012	2013	2014	2015	2016	2017.2Q
총자산	1,686	2,061	2,471	2,857	3,083	3,110
유형자산	1,326	1,558	1,867	2,167	2,357	2,355
무형자산	2	12	14	52	50	49
유가증권	1	1	1	1	0	0
총부채	1,049	1,294	1,586	1,830	1,966	1,950
총차입금	781	964	1,318	1,505	1,577	1,645
자본금	15	16	31	31	31	31
총자본	638	766	886	1,027	1,117	1,160
지배주주지분	638	749	886	1,027	1,117	1,160

기업가치 지표
항목	2012	2013	2014	2015	2016	2017.2Q
주가(최고/저)(천원)	3.0/2.0	4.2/2.0	4.6/3.0	4.9/3.1	4.5/3.2	—/—
PER(최고/저)(배)	9.4/6.0	11.7/5.4	10.7/6.8	9.9/6.2	11.3/8.1	—/—
PBR(최고/저)(배)	1.5/0.9	1.8/0.8	1.7/1.1	1.6/1.0	1.3/0.9	1.0/0.8
EV/EBITDA(배)	5.4	5.9	6.3	6.2	5.2	—/—
EPS(원)	353	389	462	522	407	256
BPS(원)	4,546	5,052	2,873	3,332	3,624	3,763
CFPS(원)	1,390	1,977	1,110	1,271	1,347	742
DPS(원)	50		70	90	90	
EBITDAPS(원)	1,858	2,306	1,285	1,518	1,633	824

재무 비율 〈단위 : % 〉
연도	영업이익률	순이익률	부채비율	차입금비율	ROA	ROE	유보율	자기자본비율	EBITDA마진율
2016	7.0	4.1	175.9	141.1	4.2	11.7	3,524.4	36.2	16.5
2015	8.6	5.8	178.1	146.5	6.1	16.8	3,231.5	36.0	16.9
2014	8.1	5.8	179.0	148.8	6.3	17.4	2,772.7	35.8	16.2
2013	8.3	6.2	168.9	125.8	6.7	17.2	4,952.2	37.2	17.4

삼륭물산 (A014970)
SAMRYOONG

업 종 : 용기 및 포장	시 장 : KOSDAQ
신용등급 : (Bond) — (CP) —	기업규모 : 중견
홈 페 이 지 : www.srpack.com	연 락 처 : (032)321-0091
본 사 : 경기도 파주시 월롱면 통일로 644번길 35	

설 립 일	1980.08.25	종업원수	76명	대표이사	조홍로
상 장 일	1992.12.29	감사의견	적정 (한영)	계	열
결 산 기	12월	보 통 주	1,513만주	종속회사수	2개사
액 면 가	500원	우 선 주		구 상 호	

주주구성 (지분율,%)		출자관계 (지분율,%)		주요경쟁사 (외형,%)	
조낙교	37.6	에스알테크ك팩	100.0	삼륭물산	100
조홍로	27.2	에스알케미칼	40.0	율촌화학	439
(외국인)	0.2			태림포장	374

매출구성		비용구성		수출비중	
제품(우유팩)	92.4	매출원가율	81.4	수출	—
임대(물류창고외)	7.6	판관비율	5.6	내수	—

회사 개요
동사는 액체음료 용기로 사용되는 위생용 포장용기 전문 제조업체로 주요제품은 카톤팩임. 카톤팩은 우유나 주스 또는 청량음료를 담을 수 있는 포장용기의 일종으로서 수요면에서 특히 우유 소비량과 밀접한 관계에 있음. 국내 우유 업계가 낮은 수익성에 직면함에 따라 동시장 영업환경도 다소 부정적인 상황임. 국내 카톤팩 시장은 동사와 더불어 에버그린패킹코리아, 한국팩키지 등 4사가 점유하고 있으며 동사는 1~2위권의 시장점유율을 보유 중임.

실적 분석
동사의 2017년 연결기준 2분기 누적매출액은 475.7억원으로 전년동기 대비 6.5% 감소를 기록하였음. 매출감소와 원가율 소폭 감소로 매출총이익이 전년 동기대비 27.6% 하락하였음. 또한 판관비 증가로 영업이익은 전년동기 대비 46.3% 감소한 37.5억원을 기록. 영업이익 하락과 비영업손실의 적자지속으로 당기순이익은 전년동기 대비 48.2% 하락한 27.4억원을 기록하였음.

현금 흐름 〈단위 : 억원〉

항목	2016	2017.2Q
영업활동	175	90
투자활동	-102	-73
재무활동	-21	35
순현금흐름	56	52
기말현금	150	202

시장 대비 수익률

결산 실적 〈단위 : 억원〉

항목	2012	2013	2014	2015	2016	2017
매출액	918	876	878	925	1,011	—
영업이익	82	74	51	101	131	—
당기순이익	45	42	16	65	92	—

분기 실적 〈단위 : 억원〉

항목	2016.1Q	2016.2Q	2016.3Q	2016.4Q	2017.1Q	2017.2Q
매출액	244	265	266	237	235	241
영업이익	34	36	37	23	21	16
당기순이익	25	27	29	10	15	12

재무 상태 〈단위 : 억원〉

항목	2012	2013	2014	2015	2016	2017.2Q
총자산	1,098	1,099	1,158	1,191	1,280	1,378
유형자산	391	434	519	516	561	573
무형자산	89	75	61	58	51	50
유가증권	1	1	1	1	1	1
총부채	607	572	631	608	624	701
총차입금	456	421	480	447	430	527
자본금	76	76	76	76	76	76
총자본	491	527	528	583	656	676
지배주주지분	489	527	528	585	656	680

기업가치 지표

항목	2012	2013	2014	2015	2016	2017.2Q
주가(최고/저)(천원)	2.5/1.5	3.6/2.1	3.4/2.4	7.9/2.9	9.0/4.7	—/—
PER(최고/저)(배)	8.4/5.1	13.0/7.6	28.6/20.4	18.0/6.5	14.7/7.7	—/—
PBR(최고/저)(배)	0.8/0.5	1.1/0.6	1.0/0.7	2.0/0.7	2.1/1.1	1.6/1.2
EV/EBITDA(배)	6.0	5.8	8.4	7.6	7.1	—/—
EPS(원)	310	292	121	445	616	182
BPS(원)	3,233	3,482	3,540	3,925	4,420	4,553
CFPS(원)	600	592	442	775	1,003	373
DPS(원)	50	50	50	50	50	—
EBITDAPS(원)	834	789	658	995	1,255	439

재무 비율 〈단위 : %〉

연도	영업이익률	순이익률	부채비율	차입금비율	ROA	ROE	유보율	자기자본비율	EBITDA마진율
2016	13.0	9.1	95.0	65.5	7.5	15.0	784.0	51.3	18.8
2015	10.9	7.1	104.4	76.8	5.6	12.1	685.1	48.9	16.3
2014	5.8	1.8	119.6	91.0	1.4	3.5	607.9	45.5	11.3
2013	8.5	4.8	108.7	79.9	3.9	8.7	596.4	47.9	13.6

삼목에스폼 (A018310)
SAMMOK S-FORM

업 종 : 건축자재	시 장 : KOSDAQ
신용등급 : (Bond) — (CP) —	기업규모 : 우량
홈 페 이 지 : www.sammok.co.kr	연 락 처 : (02)561-0941
본 사 : 경기도 안성시 미양면 안성맞춤대로 474-40	

설 립 일	1985.06.07	종업원수	270명	대표이사	김준년,엄석호(각자대표이사)
상 장 일	1996.05.03	감사의견	적정 (광교)	계	열
결 산 기	12월	보 통 주	1,470만주	종속회사수	
액 면 가	500원	우 선 주		구 상 호	

주주구성 (지분율,%)		출자관계 (지분율,%)		주요경쟁사 (외형,%)	
에스폼	30.3	코그니티브조합	5.0	삼목에스폼	100
김준년	12.8			KCC	1,302
(외국인)	3.2	전문건설공제조합		LG하우시스	1,093

매출구성		비용구성		수출비중	
알루미늄폼	79.8	매출원가율	74.3	수출	0.0
갱폼	16.8	판관비율	8.5	내수	100.0
특수폼外	3.2				

회사 개요
동사는 건축용 거푸집류인 알루미늄폼, 갱폼, 유로폼류 등의 제조를 주요 사업으로 영위함. 알루미늄 거푸집(알폼)업체로 국내 시장점유율 35%를 차지함. 주요 제품인 알폼(매출 비중 80%)은 15층 이상의 아파트 시공시 기존 합판 거푸집 및 유로폼을 대체하고 있음. 이는 시공의 편리성과 공기 단축, 품질 향상, 원가 절감이 가능하기 때문임. 하이테크시스템 및 거푸집자동인양시스템을 개발하여 수입 대체 효과와 건설현장의 정밀시공에 크게 기여하였음.

실적 분석
2017년 연결기준 2분기 누적 매출액은 1,552.1억원으로 전년동기 대비 16.5% 증가함. 주택공급물량의 확대로 인한 수주물량이 증가한 덕분임. 분양시장의 확대에 힘입어 매출이 성장했으나 정부의 신규주택물량 감소 정책으로 시장상황이 어려울 전망. 이에 따라 동사는 수익사업의 전문화 및 비효율적인 사업부문의 구조조정을 통하여 수익성 제고 및 효율화를 추진함으로써 주력사업의 경쟁력을 강화시켜 나갈 계획임.

현금 흐름 *IFRS 별도 기준 〈단위 : 억원〉

항목	2016	2017.2Q
영업활동	731	331
투자활동	-1,389	-386
재무활동	634	-15
순현금흐름	-24	-70
기말현금	248	178

시장 대비 수익률

결산 실적 〈단위 : 억원〉

항목	2012	2013	2014	2015	2016	2017
매출액	1,460	2,179	2,515	2,604	2,680	—
영업이익	68	257	498	412	462	—
당기순이익	50	212	403	333	378	—

분기 실적 *IFRS 별도 기준 〈단위 : 억원〉

항목	2016.1Q	2016.2Q	2016.3Q	2016.4Q	2017.1Q	2017.2Q
매출액	655	678	674	674	737	81
영업이익	100	98	143	120	94	15
당기순이익	81	82	114	101	94	9

재무 상태 *IFRS 별도 기준 〈단위 : 억원〉

항목	2012	2013	2014	2015	2016	2017.2Q
총자산	1,511	1,919	2,122	2,426	3,499	3,65
유형자산	1,034	1,478	1,497	1,704	2,283	2,60
무형자산	1	1	1	1	2	
유가증권	1	1	1	1	21	2
총부채	555	738	543	527	607	60
총차입금	203	250				
자본금	49	49	49	49	74	7
총자본	956	1,181	1,579	1,899	2,892	3,05
지배주주지분	956	1,181	1,579	1,899	2,892	3,05

기업가치 지표 *IFRS 별도 기준

항목	2012	2013	2014	2015	2016	2017.2Q
주가(최고/저)(천원)	5.8/2.8	9.3/4.1	35.0/9.1	42.3/16.8	26.3/12.3	—/—
PER(최고/저)(배)	12.9/6.1	4.7/2.1	9.4/2.4	13.7/5.5	8.6/4.0	—/—
PBR(최고/저)(배)	0.7/0.3	0.9/0.4	2.4/0.6	2.4/1.0	1.4/0.6	0.8/0.
EV/EBITDA(배)	3.2	2.9	4.4	2.9	1.8	—/—
EPS(원)	468	1,994	3,782	3,122	3,094	1,17
BPS(원)	9,864	12,052	16,111	19,375	19,672	20,75
CFPS(원)	2,262	3,981	5,676	5,355	5,151	2,10
DPS(원)	50	50	100	100	100	2,10
EBITDAPS(원)	2,449	4,438	6,647	6,163	5,836	2,59

재무 비율 〈단위 : %〉

연도	영업이익률	순이익률	부채비율	차입금비율	ROA	ROE	유보율	자기자본비율	EBITDA마진율
2016	17.2	14.1	21.0	0.0	12.8	15.8	3,834.5	82.7	26.
2015	15.8	12.8	27.8	0.0	14.6	19.1	3,775.0	78.3	23.
2014	19.8	16.0	34.4	0.0	20.0	29.2	3,122.3	74.4	25.
2013	11.8	9.8	62.5	21.2	12.4	19.9	2,310.4	61.5	20.

삼보모터스 (A053700)
Sambo Motos

업　　종 : 자동차부품		시　　장 : KOSDAQ
신용등급 : (Bond) — (CP) —		기업규모 : 우량
홈페이지 : www.sambomotors.com		연 락 처 : 053)582-9230
본　　사 : 대구시 달서구 성서동로 142 (월암동)		

설 립 일 1987.09.25	종 업 원 수 460명	대 표 이 사	이재하
상 장 일 2001.10.19	감 사 의 견 적정(삼정)	계　　열	
결 산 기 12월	보 통 주 1,425만주	종속회사 6개사	
액 면 가 500원	우 선 주	구 상 호	

주주구성 (지분율,%)		출자관계 (지분율,%)		주요경쟁사 (외형,%)	
이재하	11.1	프라코	94.7	삼보모터스	100
이연성	10.6	나전	43.2	트루윈	4
		대경창투	7.5	인지컨트롤스	73

매출구성		비용구성		수출비중	
BUMPER,I/P,PILLAR 등	62.1	매출원가율	89.9	수출	39.0
Water/Heater 등	22.3	판관비율	7.2	내수	61.0
Plate	9.1				

회사 개요
동사는 자동차 자동변속기를 구성하는 부품 및 자동차 내부의 air, water, oil 등이 이동하는 통로가 되는 파이프류 제품을 생산, 판매하고 있음. 동사의 주력제품은 현대자동차뿐 아니라, 일본의 닛산, 도요다, 혼다 계열의 오토미션 제조업체인 JATCO, DYNAX, NSK WARNER 등이나, 미국완성차업체인 GM, CHRYSLER, 자동차부품 회사인 EATON에 수출되고 있음. 2013년 2월 삼보홀딩스 설립 후 프라코 외 2개사 인수.

실적 분석
동사의 연결재무제표 기준 2017년 2분기 누적 매출액은 수출과 내수 물량 확대로 6.2% 증가한 4,583억원을 기록. 특히 Pipe와 플라스틱 부문의 매출 신장이 두드러짐. 영업이익은 인건비와 감가상각비 증가 등으로 전년 대비 65.8% 감소한 50억원을 기록. 중국이 베이징을 시작으로 배기가스 규제를 실시할 것으로 예상돼, 글로벌 OEM에 대한 직수출 비중이 앞으로 더욱 확대될 것으로 전망됨.

현금 흐름
〈단위 : 억원〉

항목	2016	2017.2Q
영업활동	195	94
투자활동	-687	-226
재무활동	200	357
순현금흐름	-295	226
기말현금	354	581

시장 대비 수익률

결산 실적
〈단위 : 억원〉

항목	2012	2013	2014	2015	2016	2017
매출액	2,220	6,560	7,496	8,198	8,539	
영업이익	120	260	334	302	243	
당기순이익	39	412	242	221	213	

분기 실적
〈단위 : 억원〉

항목	2016.1Q	2016.2Q	2016.3Q	2016.4Q	2017.1Q	2017.2Q
매출액	2,156	2,159	1,812	2,412	2,287	2,297
영업이익	61	85	-5	102	56	-6
당기순이익	42	46	-49	174	-37	-9

재무 상태
〈단위 : 억원〉

항목	2012	2013	2014	2015	2016	2017.2Q
총자산	1,596	5,339	5,606	6,215	6,664	6,973
유형자산	535	2,759	2,863	3,371	3,658	3,687
무형자산	16	54	54	53	59	59
유가증권	47	85	82	104	75	79
총부채	1,096	3,740	3,880	4,262	4,845	5,095
총차입금	733	2,365	2,385	2,562	3,106	3,397
자본금	48	49	54	61	61	71
총자본	500	1,599	1,726	1,953	1,820	1,878
지배주주지분	500	960	1,192	1,386	1,740	1,811

기업가치 지표

항목	2012	2013	2014	2015	2016	2017.2Q
주가(최고/저)(천원)	5.9/3.7	8.0/4.8	11.0/5.6	11.3/6.4	8.9/6.2	—/—
PER(최고/저)(배)	14.9/9.5	2.3/1.4	6.9/3.5	8.1/4.6	6.9/4.8	—/—
PBR(최고/저)(배)	1.0/0.6	0.8/0.5	1.0/0.5	1.0/0.6	0.6/0.4	0.5/0.4
EV/EBITDA(배)	3.3	4.8	4.7	4.9	5.6	—/—
EPS(원)	410	3,611	1,630	1,421	1,309	-318
BPS(원)	6,213	10,449	11,555	11,813	14,725	13,078
CFPS(원)	1,200	7,029	4,962	4,748	4,726	1,273
DPS(원)	50	50	50	50	70	
EBITDAPS(원)	2,048	6,060	6,515	5,963	5,415	1,965

재무 비율
〈단위 : % 〉

연도	영업이익률	순이익률	부채비율	차입금비율	ROA	ROE	유보율	자기자본비율	EBITDA마진율
2016	2.9	2.5	266.3	170.7	3.3	10.2	2,845.0	27.3	7.7
2015	3.7	2.7	218.2	131.2	3.7	12.7	2,262.6	31.4	8.3
2014	4.5	3.2	224.8	138.2	4.4	15.9	2,210.9	30.8	9.1
2013	4.0	6.3	233.9	147.9	11.9	48.7	1,989.9	30.0	9.1

삼보산업 (A009620)
Sambo Industrial

업　　종 : 금속 및 광물		시　　장 : KOSDAQ
신용등급 : (Bond) — (CP) —		기업규모 : 중견
홈페이지 : www.samboind.kr		연 락 처 : 055)552-7130
본　　사 : 경남 창원시 진해구 남의로 21번길 36 (남양동)		

설 립 일 1974.02.08	종 업 원 수 438명	대 표 이 사	이태용,박성남(각자대표)
상 장 일 1993.12.07	감 사 의 견 적정(성도)	계　　열	
결 산 기 12월	보 통 주 140만주	종속회사 1개사	
액 면 가 500원	우 선 주	구 상 호	

주주구성 (지분율,%)		출자관계 (지분율,%)		주요경쟁사 (외형,%)	
이태용	42.1	씨맥스커뮤니케이션즈	27.5	삼보모터스	100
이정용	15.6			세기리텍	19
(외국인)	0.0			그린플러스	11

매출구성		비용구성		수출비중	
알미늄합금괴(용역)	98.5	매출원가율	97.1	수출	20.0
가공료수익(용역)	0.7	판관비율	3.4	내수	80.0
부산물(용역)	0.5				

회사 개요
동사는 1974년 설립돼 알루미늄합금괴 및 자동차 부품의 제조 판매하는 업체임. 알루미늄합금산업은 대표적인 재활용 산업으로, 재용해를 통해 생산된 합금제품은 대부분 자동차 부품 소재용으로 사용되고 있으며, 그 외 전자 및 철강업계 등으로 생산 제품을 공급하고 있음. 알루미늄 합금 제조 원재료는 국내 공급부족으로 수입에 많이 의존하고 있음. 종속회사인 삼보오토주식회사를 통해 자동차부품 중 다이캐스팅 분야를 영위함.

실적 분석
동사의 2017년 연결기준 상반기 매출액은 1,812.6억원으로 전년동기 대비 11.3% 증가함. 매출 증가에 힘입어 영업이익 또한 28.9억원으로 큰폭으로 증가함. 반면 비영업손실을 기록하며, 당기순손실은 적자지속중임. 동사는 2017년에는 생산량 향상 및 원가 절감으로 가격경쟁력을 갖추고 해외 고객사 확보, 국내 고객사 다변화 등 매출 포트폴리오 재검토, 불확실한 환율변동에 대한 적극적 대응으로 수익성 확보에 집중할 것임.

현금 흐름
〈단위 : 억원〉

항목	2016	2017.2Q
영업활동	235	99
투자활동	-173	-37
재무활동	-66	-61
순현금흐름	-4	1
기말현금	19	20

시장 대비 수익률

결산 실적
〈단위 : 억원〉

항목	2012	2013	2014	2015	2016	2017
매출액	2,984	3,111	3,730	3,633	3,399	
영업이익	56	10	23	84	-17	
당기순이익	24	65	-34	7	-73	

분기 실적
〈단위 : 억원〉

항목	2016.1Q	2016.2Q	2016.3Q	2016.4Q	2017.1Q	2017.2Q
매출액	780	849	756	1,014	947	865
영업이익	3	11	-4	-28	8	21
당기순이익	-7	-4	-10	-17	-39	-2	-11

재무 상태
〈단위 : 억원〉

항목	2012	2013	2014	2015	2016	2017.2Q
총자산	1,366	2,175	2,680	2,587	2,764	2,752
유형자산	448	1,161	1,153	1,272	1,456	1,477
무형자산	6	6	6	10	9	9
유가증권	34	6	5	7	9	2
총부채	1,096	1,688	2,232	2,134	2,387	2,386
총차입금	984	1,467	2,032	1,931	1,952	1,928
자본금	7	7	7	7	7	7
총자본	271	487	448	453	377	366
지배주주지분	271	321	283	286	223	212

기업가치 지표

항목	2012	2013	2014	2015	2016	2017.2Q
주가(최고/저)(천원)	25.4/15.2	23.0/15.9	30.5/15.0	33.3/16.6	30.3/20.0	—/—
PER(최고/저)(배)	14.9/8.9	6.1/4.2	—/—	110.4/55.1	—/—	—/—
PBR(최고/저)(배)	1.3/0.8	1.0/0.7	1.5/0.7	1.6/0.8	1.9/1.3	1.7/1.3
EV/EBITDA(배)	15.9	27.6	24.1	13.4	24.7	—/—
EPS(원)	1,697	3,765	-2,365	301	-4,303	-931
BPS(원)	19,322	22,964	20,248	20,455	15,945	15,134
CFPS(원)	2,972	7,793	3,127	6,778	3,957	3,294
DPS(원)						
EBITDAPS(원)	5,294	4,711	7,125	12,481	7,015	6,288

재무 비율
〈단위 : % 〉

연도	영업이익률	순이익률	부채비율	차입금비율	ROA	ROE	유보율	자기자본비율	EBITDA마진율
2016	-0.5	-2.2	633.3	518.0	-2.7	-23.6	3,089.1	13.6	2.9
2015	2.3	0.2	470.6	425.9	0.3	1.5	3,991.0	17.5	4.8
2014	0.6	-0.9	498.3	453.6	-1.4	-11.0	3,949.5	16.7	2.7
2013	0.3	2.1	346.3	301.0	3.7	17.8	4,492.7	22.4	2.1

삼보판지 (A023600)
SAMBO CORRUGATED BOARD

업 종 : 용기 및 포장		시 장 : KOSDAQ	
신용등급 : (Bond) ─ (CP) ─		기업규모 : 우량	
홈페이지 : www.isambo.com		연 락 처 : 031)319-6523	
본 사 : 경기도 시흥시 공단1대로28번길 120 (정왕동)			

설 립 일	1981.07.23	종 업 원 수	217명	대 표 이 사	류진호
상 장 일	1996.05.29	감사의견	적정 (대성)	계 열	
결 산 기	12월	보 통 주	1,400만주	종속회사수	3개사
액 면 가	500원	우 선 주		구 상 호	

주주구성 (지분율,%)
류진호	21.9
유동원	15.2
(외국인)	0.8

출자관계 (지분율,%)
삼화판지	100.0
한청판지	100.0
고려제지	85.8

주요경쟁사 (외형,%)
삼보판지	100
율촌화학	136
태림포장	116

매출구성
골판지 및 원지	98.4
기타	1.6

비용구성
매출원가율	82.1
판관비율	12.6

수출비중
수출	─
내수	─

회사 개요
동사는 공산품, 식품, 의약품 및 농수산물 등 각종 제품의 외부포장에 사용되는 골판지 및 골판지 원지를 전량 주문에 의한 생산, 판매하고 있는 업체임. 원재료의 98% 정도를 국내에서 조달하고 있으며 매입처 중 고려제지와 대림제지는 계열회사 및 관계회사로써 총 매입액의 약 90%를 차지하고 있음. 약 4%의 시장점유율을 차지하고 있으며, 고려제지 등 4개의 연결대상 종속회사를 보유 중임.

실적 분석
골판지 원지의 수출이 확대되고 임대료 수입 등 기타 매출이 소폭 증가하면서 동사의 2017년 2분기 연결기준 매출액은 전년 동기 대비 15% 증가한 1390.3억원을 시현함. 외형 확대에도 원가부담이 증가하면서 영업이익은 13억원으로 전년동기대비 큰 폭 감소. 영업실적의 부진에 비영업수지도 악화되면서 당기순이익은 전년동기 대비 90.5% 감소한 30.3억원으로 부진하였음.

현금 흐름 〈단위 : 억원〉
항목	2016	2017.2Q
영업활동	91	-41
투자활동	-409	-47
재무활동	367	11
순현금흐름	51	-77
기말현금	139	62

시장 대비 수익률

결산 실적 〈단위 : 억원〉
항목	2012	2013	2014	2015	2016	2017
매출액	2,916	3,019	3,032	3,025	3,267	─
영업이익	236	173	202	123	174	─
당기순이익	157	139	154	-325	403	─

분기 실적 〈단위 : 억원〉
항목	2016.1Q	2016.2Q	2016.3Q	2016.4Q	2017.1Q	2017.2Q
매출액	730	625	847	1,065	826	745
영업이익	24	37	75	38	-9	20
당기순이익	30	287	63	23	25	12

재무 상태 〈단위 : 억원〉
항목	2012	2013	2014	2015	2016	2017.2Q
총자산	5,184	5,130	5,440	5,316	5,749	4,963
유형자산	3,407	3,389	3,825	3,548	3,956	3,355
무형자산	35	34	33	32	31	31
유가증권	2	2	2	81	53	1
총부채	2,207	2,020	2,189	2,409	2,449	2,016
총차입금	1,473	1,254	1,406	1,188	1,568	1,290
자본금	70	70	70	70	70	70
총자본	2,977	3,110	3,252	2,908	3,299	2,946
지배주주지분	2,435	2,548	2,653	2,358	2,658	2,711

기업가치 지표
항목	2012	2013	2014	2015	2016	2017.2Q
주가(최고/저)(천원)	3.6/2.3	6.0/3.3	11.6/5.1	10.8/7.8	9.6/6.2	─/─
PER(최고/저)(배)	3.6/2.3	7.3/4.0	14.1/6.2	─/─	4.4/2.8	─/─
PBR(최고/저)(배)	0.2/0.1	0.3/0.2	0.6/0.3	0.7/0.5	0.5/0.3	0.5/0.4
EV/EBITDA(배)	5.5	6.5	8.5	9.9	9.9	─/─
EPS(원)	1,005	840	836	-1,975	2,211	166
BPS(원)	173,926	18,197	18,952	16,841	18,985	19,364
CFPS(원)	22,682	2,224	1,983	-894	3,300	740
DPS(원)	─	─	50	50	50	─
EBITDAPS(원)	29,477	2,623	2,589	1,963	2,331	666

재무 비율 〈단위 : %〉
연도	영업이익률	순이익률	부채비율	차입금비율	ROA	ROE	유보율	자기자본비율	EBITDA마진율
2016	5.3	12.3	74.2	47.5	7.3	12.3	3,696.9	57.4	10.0
2015	4.1	-10.7	82.8	40.9	-6.0	-11.0	3,268.3	54.7	9.1
2014	6.7	5.1	67.3	43.3	2.9	4.5	3,690.5	59.8	12.0
2013	5.8	4.6	64.9	40.3	2.7	4.7	3,539.3	60.6	12.2

삼본정밀전자 (A111870)
SAMBON PRECISION & ELECTRONICS

업 종 : 내구소비재		시 장 : KOSDAQ	
신용등급 : (Bond) ─ (CP) ─		기업규모 : 우량	
홈페이지 : www.esambon.com		연 락 처 : 032)683-7300	
본 사 : 경기도 부천시 오정구 삼작로 107번길 52(삼정동)			

설 립 일	1988.02.22	종 업 원 수	45명	대 표 이 사	장준택,김동윤
상 장 일	2010.11.05	감사의견	적정 (삼일)	계 열	
결 산 기	12월	보 통 주	950만주	종속회사수	3개사
액 면 가	500원	우 선 주		구 상 호	

주주구성 (지분율,%)
삼본정밀전자홀딩스투자목적회사	4.6
KB자산운용	3.2
(외국인)	0.8

출자관계 (지분율,%)
진앤튠	50.0
래드손	14.3
삼본(홍콩)전자유한공사	100.0

주요경쟁사 (외형,%)
삼본정밀전자	100
에스텍	508
아남전자	293

매출구성
이어폰,헤드폰외	98.9
샘플	1.1

비용구성
매출원가율	71.6
판관비율	19.9

수출비중
수출	100.0
내수	0.0

회사 개요
이어폰을 비롯 헤드폰과 블루투스 등을 제조하는 음향기기 전문 제조업체로 1988년 설립됨. 2008년에는 새롬아이티를 인수, 합병해 휴대폰용 키패드 제조사업에 진출함. 2010년 10월부터 홍채인식 알고리즘을 개발하는 미국 아이리테크와 기술제휴를 맺고 휴대용 홍채인식기를 개발함. 음향기기 사업부문은 고사양 헤드폰과 이어폰을 생산하여 주로 JVC에 ODM 형태로 납품함. 스마트폰의 확대에 따른 수요감소로 키패드사업 영업정지를 결정함.

실적 분석
동사의 2017년 2분기 연결 기준 누적 매출액은 199.1억원으로 전년대비 28.3% 감소함. 매출원가와 판관비가 개선되면 영업이익 또한 전년대비 6.9% 감소한 16.8억원을 기록. 당기순이익도 17.5억원을 기록하여 전년 대비 47.5% 감소함. 계절적 요인과 주요 거래처의 수주량 감소 및 달러와 엔화 약세에 따라 매출이 감소한 것으로 보이며 보유 외화의 달러 및 엔화 약세에 따른 평가손실로 이익이 감소된것으로 보임.

현금 흐름 〈단위 : 억원〉
항목	2016	2017.2Q
영업활동	120	-3
투자활동	-15	4
재무활동	-33	-42
순현금흐름	73	-46
기말현금	232	186

시장 대비 수익률

결산 실적 〈단위 : 억원〉
항목	2012	2013	2014	2015	2016	2017
매출액	623	673	534	600	572	─
영업이익	101	82	30	54	49	─
당기순이익	68	56	16	62	70	─

분기 실적 〈단위 : 억원〉
항목	2016.1Q	2016.2Q	2016.3Q	2016.4Q	2017.1Q	2017.2Q
매출액	117	161	153	142	81	11
영업이익	3	15	14	17	1	1
당기순이익	15	18	11	25	-7	2

재무 상태 〈단위 : 억원〉
항목	2012	2013	2014	2015	2016	2017.2Q
총자산	853	913	899	940	943	92
유형자산	101	44	46	57	68	6
무형자산	10	10	9	10	9	
유가증권	52	85	281	333	297	23
총부채	79	106	103	109	91	9
총차입금				0	16	2
자본금	48	48	48	48	48	4
총자본	774	807	796	831	852	82
지배주주지분	774	807	796	831	852	82

기업가치 지표
항목	2012	2013	2014	2015	2016	2017.2Q
주가(최고/저)(천원)	8.2/4.6	7.7/6.0	8.3/6.4	8.4/6.8	17.2/7.2	─/─
PER(최고/저)(배)	13.8/7.8	15.3/11.8	55.6/42.9	14.1/11.3	24.0/10.1	─/─
PBR(최고/저)(배)	1.2/0.7	1.0/0.8	1.0/0.8	1.0/0.8	1.9/0.8	2.1/1.4
EV/EBITDA(배)	2.5	3.1	5.6	3.6	11.1	─/─
EPS(원)	717	589	170	653	737	184
BPS(원)	8,462	8,807	8,696	9,062	9,283	9,03
CFPS(원)	830	671	244	729	822	22
DPS(원)	250	250	300	500	400	─
EBITDAPS(원)	1,171	946	385	645	597	21

재무 비율 〈단위 : %〉
연도	영업이익률	순이익률	부채비율	차입금비율	ROA	ROE	유보율	자기자본비율	EBITDA마진율
2016	8.5	12.2	10.6	1.9	7.4	8.3	1,756.5	90.4	9.9
2015	9.0	10.4	13.1	1.0	6.8	7.6	1,712.3	88.4	10.2
2014	5.5	3.0	12.9	0.0	1.8	2.0	1,639.1	88.6	6.3
2013	12.2	8.3	13.2	0.0	6.3	7.1	1,661.4	88.4	13.4

삼부토건 (A001470)
Sambu Construction

업 종 : 건설		시 장 : 거래소	
신용등급 : (Bond) — (CP) —		기업규모 : 시가총액 소형주	
홈페이지 : www.sambu.co.kr		연 락 처 : 02)3706-2114	
본 사 : 서울시 중구 퇴계로 63 삼부빌딩			

설 립 일	1955.05.14	종업원수	351명	대표이사	남금석
상 장 일	1976.06.26	감사의견	적정 (삼덕)	계 열	
결 산 기	12월	보 통 주	1,843만주	종속회사수	11개사
액 면 가	5,000원	우 선 주		구 상 호	

주주구성 (지분율,%)		출자관계 (지분율,%)		주요경쟁사 (외형,%)	
디에스티로봇	29.5	신라밀레니엄	100.0	삼부토건	100
	14.7	남우관광	100.0	국보디자인	52
(외국인)	0.3	보문관광	100.0	한라	469

매출구성		비용구성		수출비중	
국내사업부문(기타)	77.0	매출원가율	100.2	수출	—
해외사업부문(기타)	18.9	판관비율	8.7	내수	—
기타사업부문(기타)	3.2				

회사 개요

동사는 1948년 설립하여 1976년 유가증권 시장에 상장함. 60여년간의 토목사업 경험을 바탕으로 항만, 댐, 도로, 지하철, 발전소 공사 및 리조트 건설을 주요 사업으로 영위하고 있음. PF 대출원리금 연체 및 르네상스호텔 매각에 실패하며 법정관리를 신청함. 이후 기업회생절차가 개시됨. 벨레상스 서울호텔 및 삼부오피스빌딩에 대해 공개매각을 진행해, 매각이 완료됨.

실적 분석

동사의 2017년 반기 매출액은 1,776억원으로 전년동기 대비 10.5% 감소한 반면, 원가율 하락 영향으로 영업이익은 비록 적자가 지속되고 있으나 손실 폭이 크게 줄어들었음. 당기순이익은 지난해의 채무면제이익 발생에 따른 기저효과로 큰 폭으로 감소한 모습. 출자전환 및 주요 자산매각 등을 통한 회생채무 변제로 재무구조개선을 진행하고 있음. 추가적인 정상화 및 매출 확대 노력 지속 진행하고 있어 실적개선 가능성 상존함.

현금 흐름 〈단위 : 억원〉

항목	2016	2017.2Q
영업활동	979	-195
투자활동	979	153
재무활동	-1,300	-76
순현금흐름	657	-120
기말현금	936	817

시장 대비 수익률

결산 실적 〈단위 : 억원〉

항목	2012	2013	2014	2015	2016	2017
매출액	6,138	5,984	5,955	4,468	3,903	—
영업이익	-283	-247	-672	-726	-351	—
당기순이익	-283	-1,766	-2,826	-6,330	2,614	—

분기 실적 〈단위 : 억원〉

항목	2016.1Q	2016.2Q	2016.3Q	2016.4Q	2017.1Q	2017.2Q
매출액	833	1,150	800	1,121	929	846
영업이익	-71	-65	-170	-45	-12	-13
당기순이익	5,111	-526	-451	-1,520	2	-64

재무 상태 〈단위 : 억원〉

항목	2012	2013	2014	2015	2016	2017.2Q
총자산	16,294	23,908	22,171	17,861	4,257	3,632
유형자산	3,029	12,413	3,438	3,136	174	162
무형자산	39	44	36	29	17	5
유가증권	557	588	595	641	548	562
총부채	14,971	17,426	18,434	20,458	3,191	2,643
총차입금	10,782	11,434	11,392	10,936	1,196	1,121
자본금	400	400	400	440	488	489
총자본	1,323	6,482	3,737	-2,596	1,066	989
지배주주지분	2,006	7,117	4,441	-1,746	2,191	2,131

기업가치 지표

항목	2012	2013	2014	2015	2016	2017.2Q
주가(최고/저)(천원)	207/85.0	228/102	200/106	254/61.3	101/4.7	—/—
PER(최고/저)(배)	—/—	—/—	—/—	2.1/0.1	—/—	—/—
PBR(최고/저)(배)	0.1/0.1	0.0/0.0	0.1/0.0	-0.2/-0.1	4.5/0.2	1.0/0.2
EV/EBITDA(배)						
EPS(원)	-198,067	-1,251,698	-1,989,842	-4,223,500	49,432	-317
BPS(원)	25,418	88,979	55,495	-19,832	22,474	21,799
CFPS(원)	-1,031	-19,603	-32,477	-71,068	49,814	-265
DPS(원)						
EBITDAPS(원)	-1,169	-1,197	-6,704	-7,031	-6,160	-204

재무 비율 〈단위 : % 〉

연도	영업이익률	순이익률	부채비율	차입금비율	ROA	ROE	유보율	자기자본비율	EBITDA마진율
2016	-9.0	67.0	299.3	112.2	23.6	전기잠식	349.5		-8.5
2015	-16.3	-141.7	완전잠식	완전잠식	-31.6	당기잠식	-496.6	-14.5	-13.5
2014	-11.3	-47.5	493.3	304.8	-12.3	-47.3	1,009.9	16.9	-9.0
2013	-4.1	-29.5	268.8	176.4	-8.8	-37.7	1,679.6	27.1	-1.6

삼성공조 (A006660)
Samsung Climate Control

업 종 : 자동차부품		시 장 : 거래소	
신용등급 : (Bond) — (CP) —		기업규모 : 시가총액 소형주	
홈페이지 : www.samsungcc.co.kr		연 락 처 : 055)280-2733	
본 사 : 경남 창원시 성산구 연덕로 176			

설 립 일	1970.06.11	종업원수	236명	대표이사	고호곤
상 장 일	1987.11.28	감사의견	적정 (안경)	계 열	
결 산 기	12월	보 통 주	813만주	종속회사수	9개사
액 면 가	500원	우 선 주		구 상 호	

주주구성 (지분율,%)		출자관계 (지분율,%)		주요경쟁사 (외형,%)	
고호곤	34.7	이송	100.0	삼성공조	100
고태일	8.9	고산전자	100.0	현대공업	252
(외국인)	11.2	삼성유통	100.0	에코플라스틱	1,291

매출구성		비용구성		수출비중	
라디에터	57.5	매출원가율	91.0	수출	23.0
오일쿨러	18.9	판관비율	6.8	내수	77.0
변 속 기	14.0				

회사 개요

동사는 1970년 설립돼 내연기관 방열기, 자동차부속품 제조 판매업, 부동산임대업, 수출입업, 기타 부대사업을 영위함. 주요 제품으로는 라디에터, 오일쿨러, 변속기 등이 있음. 주요고객은 현대자동차, 두산인프라코어, DEERE&COMPANY 등이 있음. 총 매출액의 14.3%는 직수출이며, 연결실체의 직수출은 미국의 경기호조와 환율효과 등에 힘입어 전년동기 대비 10.2% 증가함.

실적 분석

동사의 2017년 연결기준 2분기 매출액은 476억원으로 전년동기 대비 13% 증가함. 삼성발레오써멀시스템스의 지분법이익이 반영 및 매출액 증가 영향으로 동사의 순이익은 47.4% 증가한 72억원을 시현함. 내수시장의 자동차보급이 성숙단계에 들어서면서, 주생산품인 라디에터, 오일쿨러 등의 매출은 감소하고, 해외수출 이륜차용 부품판매 증가로 기타자동차부품 매출은 증가함.

현금 흐름 〈단위 : 억원〉

항목	2016	2017.2Q
영업활동	92	72
투자활동	-6	-264
재무활동	-15	70
순현금흐름	73	-124
기말현금	179	55

시장 대비 수익률

결산 실적 〈단위 : 억원〉

항목	2012	2013	2014	2015	2016	2017
매출액	1,283	1,071	1,006	924	847	—
영업이익	54	36	8	31	19	—
당기순이익	33	135	97	84	78	—

분기 실적 〈단위 : 억원〉

항목	2016.1Q	2016.2Q	2016.3Q	2016.4Q	2017.1Q	2017.2Q
매출액	214	207	194	232	233	243
영업이익	8	4	-0	8	27	8
당기순이익	25	23	8	20	41	31

재무 상태 〈단위 : 억원〉

항목	2012	2013	2014	2015	2016	2017.2Q
총자산	2,491	2,506	2,527	2,441	2,527	2,663
유형자산	321	332	315	304	276	293
무형자산	24	24	24	—	—	—
유가증권	105	728	1,087	943	277	281
총부채	836	725	684	519	540	609
총차입금	387	140	125	119	112	189
자본금	41	41	41	41	41	41
총자본	1,655	1,781	1,843	1,922	1,987	2,054
지배주주지분	1,636	1,759	1,827	1,909	1,973	2,042

기업가치 지표

항목	2012	2013	2014	2015	2016	2017.2Q
주가(최고/저)(천원)	8.7/6.9	8.2/6.8	13.3/7.6	12.4/9.1	12.0/9.5	—/—
PER(최고/저)(배)	18.7/14.8	5.5/4.6	10.8/6.2	11.9/8.8	12.8/10.1	—/—
PBR(최고/저)(배)	0.5/0.4	0.4/0.3	0.6/0.4	0.5/0.4	0.5/0.4	0.6/0.5
EV/EBITDA(배)						
EPS(원)	483	1,540	1,269	1,061	948	903
BPS(원)	20,195	21,711	22,539	23,551	24,340	25,186
CFPS(원)	1,180	2,040	1,780	1,539	1,389	1,100
DPS(원)	60	50	80	100	90	
EBITDAPS(원)	1,368	946	610	862	670	626

재무 비율 〈단위 : % 〉

연도	영업이익률	순이익률	부채비율	차입금비율	ROA	ROE	유보율	자기자본비율	EBITDA마진율
2016	2.2	9.2	27.2	5.6	3.1	4.0	4,768.0	78.6	6.4
2015	3.4	9.1	27.0	6.2	3.4	4.6	4,610.1	78.7	7.6
2014	0.8	9.6	37.1	6.8	3.8	5.8	4,407.7	72.9	4.9
2013	3.4	12.6	40.7	7.9	5.4	7.4	4,242.2	71.1	7.2

삼성물산 (A028260)
SAMSUNG C&T

업 종 : 복합 산업	시 장 : 거래소
신용등급 : (Bond) — (CP) —	기업규모 : 시가총액 대형주
홈 페 이 지 : www.samsungcnt.com	연 락 처 : 02)2145-5114
본 사 : 서울시 송파구 올림픽로35길 123	

설 립 일	1963.12.23	종 업 원 수	9,886명	대 표 이 사	최치훈,김신,김봉영
상 장 일	2014.12.18	감 사 의 견	적정 (삼일)	계 열	
결 산 기	12월	보 통 주	18,969만주	종속회사수	120개사
액 면 가	100원	우 선 주	163만주	구 상 호	제일모직

주주구성 (지분율,%)		출자관계 (지분율,%)		주요경쟁사 (외형,%)	
이재용	17.2	삼성웰스토리	100.0	삼성물산	100
케이씨씨	9.0	서울레이크사이드	100.0	LG	38
(외국인)	9.9	삼우종합건축사사무소	100.0	효성	42

매출구성		비용구성		수출비중	
건설,주택사업	46.1	매출원가율	88.1	수출	—
에너지 · 환경,산업소재, 자원	37.2	판관비율	11.4	내수	—
의류/직물	6.6				

회사 개요
동사는 1963년 동화부동산주식회사로 시작하여, 2014년 제일모직주식회사로 사명을 변경함. 또한 삼성물산주식회사와의 합병을 통하여 2015년 9월 2일 삼성물산주식회사로 사명을 변경함. 사업부문별로 건축 · 토목 · 소방 · 조경공사 및 ESCO사업을 하는 건설사업부문과 전문급식 및 식자재유통사업을 영위하는 급식 · 식자재유통 사업부문(삼성웰스토리)과 테마파크 · 골프장을 운영하는 레져사업부문 그리고 의류제품 제조 및 판매사업 등을 패션사업부문으로 구성됨.

실적 분석
동사의 2017년 상반기 연결기준 누적 매출액은 14조215.5억원으로 전년 동기 대비 3.6% 증가함. 매출은 늘었지만 원가절감 노력으로 인해 매출원가는 소폭 감소했으며 판매비와 관리비 또한 눈에 띄게 줄어 영업이익은 3924.5억원으로 전년 동기 대비 흑자전환에 성공함. 비영업손익 또한 금융이익이 발생하면서 흑자전환 해 당기순이익은 2971.3억원으로 전년 동기 대비 흑자 전환함.

현금 흐름 〈단위 : 억원〉
항목	2016	2017.2Q
영업활동	13,554	6,346
투자활동	-8,121	3,932
재무활동	1,224	-10,529
순현금흐름	6,321	-1,106
기말현금	26,985	25,880

시장 대비 수익률

결산 실적 〈단위 : 억원〉
항목	2012	2013	2014	2015	2016	2017
매출액	27,026	32,261	51,296	133,447	281,027	—
영업이익	692	1,111	2,134	371	1,395	—
당기순이익	1,406	452	4,551	26,857	208	—

분기 실적 〈단위 : 억원〉
항목	2016.1Q	2016.2Q	2016.3Q	2016.4Q	2017.1Q	2017.2Q
매출액	64,870	70,507	66,215	79,434	67,023	73,192
영업이익	-4,348	1,768	1,867	2,108	1,370	2,554
당기순이익	-5,166	1,346	1,446	2,583	1,855	1,116

재무 상태 〈단위 : 억원〉
항목	2012	2013	2014	2015	2016	2017.2Q
총자산	66,423	85,539	95,114	423,614	444,585	471,793
유형자산	17,442	21,177	21,318	51,343	52,812	49,045
무형자산	1,594	2,377	2,748	18,402	16,013	14,742
유가증권	37,065	40,858	45,690	159,767	174,992	217,281
총부채	28,371	46,048	42,261	240,475	233,528	227,418
총차입금	9,105	23,300	17,599	80,547	71,654	61,345
자본금	125	125	135	191	191	191
총자본	38,052	39,491	52,853	183,139	211,057	244,374
지배주주지분	38,043	39,464	52,831	165,017	183,016	216,977

기업가치 지표
항목	2012	2013	2014	2015	2016	2017.2Q
주가(최고/저)(천원)	—/—	—/—	157/112	195/123	168/114	—/—
PER(최고/저)(배)	0.0/0.0	0.0/0.0	43.5/31.1	11.1/7.0	301.2/203.2	—/—
PBR(최고/저)(배)	0.0/0.0	0.0/0.0	3.6/2.6	2.1/1.3	1.6/1.1	1.2/1.0
EV/EBITDA(배)	12.7	10.3	63.6	107.9	47.0	
EPS(원)	1,127	362	3,632	17,749	561	1,741
BPS(원)	1,721,592	1,855,672	44,266	93,863	105,657	123,409
CFPS(원)	56,358	57,813	4,780	19,565	3,173	2,990
DPS(원)					500	550
EBITDAPS(원)	27,698	84,164	2,849	2,056	3,341	3,300

재무 비율 〈단위 : % 〉
연도	영업이익률	순이익률	부채비율	차입금비율	ROA	ROE	유보율	자기자본비율	EBITDA마진율
2016	0.5	0.1	110.7	34.0	0.1	0.6	105,557.3	47.5	2.3
2015	0.3	20.1	131.3	44.0	10.4	25.2	93,762.6	43.2	2.4
2014	4.2	8.9	80.0	33.3	5.0	9.9	44,165.9	55.6	7.0
2013	3.4	1.4	116.6	59.0	0.5	1.2	37,013.5	46.2	6.5

삼성바이오로직스 (A207940)
SAMSUNG BIOLOGICS

업 종 : 바이오	시 장 : 거래소
신용등급 : (Bond) — (CP) —	기업규모 : 시가총액 대형주
홈 페 이 지 : www.samsungbiologics.com	연 락 처 : 032)455-3114
본 사 : 인천시 연수구 송도바이오대로 300	

설 립 일	2011.04.22	종 업 원 수	1,735명	대 표 이 사	김태한
상 장 일	2016.11.10	감 사 의 견	적정 (안진)	계 열	
결 산 기	12월	보 통 주	6,617만주	종속회사수	
액 면 가	2,500원	우 선 주		구 상 호	

주주구성 (지분율,%)		출자관계 (지분율,%)		주요경쟁사 (외형,%)	
삼성물산	43.4	삼성바이오에피스	94.6	삼성바이오로직스	100
삼성전자	31.5	ArchigenBiotechLtd	50.0	셀트리온	228
(외국인)	9.7			바이로메드	2

매출구성		비용구성		수출비중	
항체의약품	81.7	매출원가율	91.0	수출	—
기타	18.3	판관비율	19.3	내수	—

회사 개요
동사는 2011년 4월에 설립된 삼성그룹의 계열사로 삼성물산과 삼성전자가 주요주주임. 국내외 제약회사의 첨단 바이오의약품을 위탁 생산하는CMO(Contract Manufacturing Organization) 사업을 영위하고 있으며, 동사의 주요 자회사인 삼성바이오에피스는 바이오시밀러 의약품을 연구개발 및 상업화하는 사업을 진행 중임. 2018년에 3공장이 완공되면, 현재의 두 배 수준인 36.2만리터 규모의 동물세포 배양 설비를 확보하게 됨.

실적 분석
지난해 연말 정기보수로 1분기 가동률 감소의 영향이 2분기 출하량 감소로 나타났으며, 영업이익도 다시 적자로 돌아섰음. 삼성바이오에피스의 실적개선으로 2분기 지분법손실은 216억원으로 1분기 대비 크게 줄어듦. 3분기부터는 1공장과 2공장의 가동률이 회복되고, 4분기는 2공장의 가동률 상승하여 실적이 개선될 것임. 하반기에는 SB9(루두수나, 란투스) 미국 허가, SB5(임랄디, 휴미라) 유럽 허가, SB3(허셉틴) 유럽시판 허가가 기대됨.

현금 흐름 *IFRS 별도 기준 〈단위 : 억원〉
항목	2016	2017.2Q
영업활동	-627	211
투자활동	-13,728	5,267
재무활동	16,313	-3,671
순현금흐름	1,958	1,808
기말현금	2,303	4,111

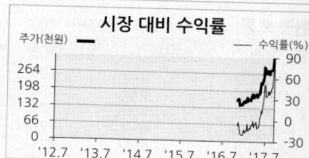
시장 대비 수익률

결산 실적 〈단위 : 억원〉
항목	2012	2013	2014	2015	2016	2017
매출액	—	437	1,054	913	2,946	—
영업이익	-834	-1,464	-1,052	-2,036	-304	—
당기순이익	-744	-1,408	-839	19,049	-1,768	—

분기 실적 *IFRS 별도 기준 〈단위 : 억원〉
항목	2016.1Q	2016.2Q	2016.3Q	2016.4Q	2017.1Q	2017.2Q
매출액	888	475	—	—	1,076	632
영업이익	-137	-32	—	—	34	-85
당기순이익	-257	-500	—	—	-331	-221

재무 상태 *IFRS 별도 기준 〈단위 : 억원〉
항목	2012	2013	2014	2015	2016	2017.2Q
총자산	5,387	6,777	13,557	59,605	75,330	71,150
유형자산	2,501	3,405	7,613	8,903	10,910	13,286
무형자산	47	50	3,122	143	140	153
유가증권						
총부채	786	2,085	7,250	31,857	34,506	30,923
총차입금	442	1,230	4,757	25,123	27,175	23,421
자본금	514	594	1,018	1,378	1,654	1,654
총자본	4,602	4,692	6,307	27,748	40,824	40,228
지배주주지분	4,602	4,692	6,307	27,748	40,824	40,228

기업가치 지표 *IFRS 별도 기준
항목	2012	2013	2014	2015	2016	2017.2Q
주가(최고/저)(천원)	—/—	—/—	—/—	—/—	176/142	—/—
PER(최고/저)(배)	0.0/0.0	0.0/0.0	0.0/0.0	0.0/0.0		—/—
PBR(최고/저)(배)	0.0/0.0	0.0/0.0	0.0/0.0	0.0/0.0	2.8/2.3	4.9/2.5
EV/EBITDA(배)					387.1	
EPS(원)	-2,063	-2,763	-2,921	38,520	-3,115	-834
BPS(원)	44,795	39,472	30,969	100,652	61,700	60,799
CFPS(원)	-3,977	-4,884	-4,298	78,723	-2,055	-332
DPS(원)						
EBITDAPS(원)	-4,540	-5,102	-5,462	-6,552	524	425

재무 비율 〈단위 : % 〉
연도	영업이익률	순이익률	부채비율	차입금비율	ROA	ROE	유보율	자기자본비율	EBITDA마진율
2016	-10.3	-60.0	84.5	66.6	-2.6	-5.2	2,368.0	54.2	10.1
2015	-223.1	2,087.0	114.8	90.5	52.1	112.0	1,913.0	46.6	-177.5
2014	-99.8	-79.6	105.0	71.9	-8.4	-16.5	515.2	48.8	-74.8
2013	-334.6	-321.8	63.3	30.7	-23.0	-32.5	519.7	61.2	-307.1

삼성생명보험 (A032830)
Samsung Life Insurance

종 목 : 보험		시 장 : 거래소	
용 등 급 : (Bond) — (CP) —		기 업 규 모 : 시가총액 대형주	
페이지 : www.samsunglife.com		연 락 처 : 1588-3114	
사 : 서울시 서초구 서초대로74길 11 (서초동)			

설 립 일	1957.04.24	종 업 원 수	5,265명	대 표 이 사	김창수
상 장 일	2010.05.12	감 사 의 견	적정 (삼일)	계	열
결 산 월	12월	보 통 주	20,000만주	종속회사수	96개사
액 면 가	500원	우 선 주		구 상 호	

주주구성 (지분율,%)		출자관계 (지분율,%)		주요경쟁사 (외형,%)	
이건희	20.8	삼성자산운용	100.0	삼성생명	100
삼성물산	19.3	삼성생명금융서비스빌딩관리업	100.0	삼성화재	111
(외국인)	16.7	삼성SRA자산운용주식회사	100.0	한화생명	78

수익구성		비용구성		수출비중	
[생명보험]특별계정	40.2	책임준비금전입	31.4	수출	—
[생명보험]사망	33.1	보험금비용	36.0	내수	—
[생명보험]생존	17.9	사업비	5.2		

회사 개요
1957년에 설립된 동사는 국내 최대규모의 개인연금과 퇴직연금 적립금을 보유하고 있음. 시장점유율 약 25%로 국내 생보업계 선두위치를 견지하는 중. 동사는 부유층 시장을 공략하기 위해 FP센터, 증권영업부, 패밀리오피스를 통합한 WM사업부를 신설함. 또 부유층을 대상으로 한 'WM보드'를 출범해 맞춤형 재무설계를 돕고 있음. 동사는 꾸준히 신용평가사로부터 좋은 평가를 얻고 있음

실적 분석
동사는 2017년 2분기 시장 컨센서스를 상회한 4,942억원의 당기순이익을 시현하였음. 투자이익률은 기대치를 밑돌았지만, 위험손해율이 74.9%로 크게 하락했다는 점이 실적개선의 가장 큰 이유로 분석됨. 그러나 1분기 81.8%로 위험손해율이 높아서 상반기로는 시장 추정치와 크게 다르지 않았다는 판단. 다만, 전체적으로 위험손해율이 하락하는 추세라는 점은 긍정적으로 분석됨.

금 흐름		〈단위 : 억원〉
항목	2016	2017.2Q
영업활동	48,344	-11,086
투자활동	-29,341	-24,627
재무활동	5,529	11,342
순현금흐름	24,469	-24,368
기말현금	47,235	22,867

시장 대비 수익률

산 실적						〈단위 : 억원〉
항목	2012	2013	2014	2015	2016	2017
보험료수익	220,513	125,674	174,616	173,541	167,683	—
영업이익	12,346	5,426	14,055	11,485	9,865	—
당기순이익	10,062	5,844	13,370	12,096	21,500	—

기 실적						〈단위 : 억원〉
항목	2016.1Q	2016.2Q	2016.3Q	2016.4Q	2017.1Q	2017.2Q
보험료수익	41,536	42,240	42,199	41,707	43,947	41,158
영업이익	5,604	4,365	3,971	-4,074	7,990	5,431
당기순이익	12,683	3,526	5,143	147	5,948	4,061

무 상태						〈단위 : 억원〉
항목	2012	2013	2014	2015	2016	2017.2Q
총자산	1,861,489	1,929,394	2,144,337	2,303,629	2,646,538	2,761,780
유형자산	16,960	17,835	18,007	17,569	14,541	12,116
무형자산	1,852	1,938	4,514	5,208	8,765	8,808
유가증권	1,130,095	1,140,090	1,272,504	1,346,242	1,405,804	1,496,205
총부채	1,643,679	1,739,090	1,921,490	2,066,412	2,363,454	2,443,195
총차입금		10,280	18,406	25,467	141,876	154,964
자본금	1,000	1,000	1,000	1,000	1,000	1,000
총자본	217,810	190,304	222,847	237,217	283,084	318,585
지배주주지분	216,688	189,702	222,049	236,458	266,442	301,746

업가치 지표						
항목	2012	2013	2014	2015	2016	2017.2Q
가(최고/저)(천원)	104/86.0	105/92.1	122/88.3	117/89.8	120/93.8	—/—
ER(최고/저)(배)	21.9/18.1	37.5/32.7	19.0/13.8	19.9/15.2	11.8/9.2	—/—
BR(최고/저)(배)	1.0/0.8	1.1/1.0	1.1/0.8	1.0/0.7	0.8/0.7	0.8/0.7
SR(최고/저)(배)	0/0	0/0	0/0	0/0	1/1	—/—
EPS(원)	5,034	2,935	6,687	6,056	10,271	—
BPS(원)	111,125	99,245	116,426	126,071	143,773	161,425
CFPS(원)	5,828	3,587	7,652	7,108	11,786	5,460
DPS(원)	1,500	850	1,800	1,800	1,200	—
EBITDAPS(원)	6,173	2,713	7,028	5,742	4,933	6,711

무 비율								〈단위 : %〉
연도	계속사업이익률	순이익률	부채비율	차입금비율	ROA	ROE	유보율	자기자본비율	총자산증가율
016	15.6	12.8	834.9	50.1	0.9	8.2	28,654.6	10.7	14.9
015	7.9	7.0	871.1	10.7	0.5	5.3	25,114.2	10.3	7.4
014	9.2	7.7	862.2	8.3	0.7	6.5	23,185.2	10.4	15.2
013	6.0	4.7	913.9	5.4	0.3	2.9	19,748.9	9.9	3.7

삼성에스디아이 (A006400)
SAMSUNG SDI

업 종 : 전자 장비 및 기기		시 장 : 거래소	
신용 등 급 : (Bond) AA (CP) —		기 업 규 모 : 시가총액 대형주	
홈 페 이 지 : www.samsungsdi.co.kr		연 락 처 : 031)8006-3100	
본 사 : 경기도 용인시 기흥구 공세로 150-20			

설 립 일	1970.01.20	종 업 원 수	9,145명	대 표 이 사	전영현
상 장 일	1979.02.27	감 사 의 견	적정 (삼정)	계	열
결 산 월	12월	보 통 주	6,876만주	종속회사수	24개사
액 면 가	5,000원	우 선 주	162만주	구 상 호	

주주구성 (지분율,%)		출자관계 (지분율,%)		주요경쟁사 (외형,%)	
삼성전자	19.6	에스티엠주식회사	100.0	삼성에스디아이	100
국민연금공단	8.2	신기술투자조합15호	99.0		
(외국인)	41.3	신기술투자조합24호	99.0		

매출구성		비용구성		수출비중	
소형전지 등	66.0	매출원가율	85.6	수출	85.0
EMC 등	34.1	판관비율	32.2	내수	15.0

회사 개요
동사는 소형전지, 자동차전지 등을 생산/판매하는 에너지솔루션 사업부문과, 반도체 및 디스플레이 소재 등을 생산/판매하는 전자재료 사업부문을 영위하고 있음. 동사의 기존 케미칼 사업부문은 물적분할하고, 분할신설회사를 설립 (2016년 1월1일)하고, 분할신설회사의 주식 90%를 롯데케미칼 주식회사에 처분하였음(2016년 4월 29일). 사업부 매각으로 충분한 현금을 보유 중이며 이를 전지 사업 확대에 집중.

실적 분석
동사의 2017년 상반기 매출액은 전년동기 대비 5.8% 증가한 2조 7,590.9억원을 시현함. 매출원가율 하락 및 판관비 축소로 영업손실은 전년동기 7,579.2억원에서 크게 축소된 618.6억원을 기록. 특히 소형전지 부문은 2분기부터 흑자전환됨. 전자재료의 경우 편광필름은 TV 수요 부진으로 실적 부진, 반도체 소재는 견조한 성장 지속 중이며 전 사업부문 턴어라운드 가속화되고 있음.

현금 흐름		〈단위 : 억원〉
항목	2016	2017.2Q
영업활동	-13,095	-94
투자활동	18,543	-64
재무활동	-8,187	260
순현금흐름	-2,763	88
기말현금	10,117	10,205

시장 대비 수익률

결산 실적						〈단위 : 억원〉
항목	2012	2013	2014	2015	2016	2017
매출액	57,712	34,285	54,742	49,549	52,008	—
영업이익	1,869	-113	708	-2,675	-9,263	—
당기순이익	14,868	1,479	-803	257	2,111	—

분기 실적						〈단위 : 억원〉
항목	2016.1Q	2016.2Q	2016.3Q	2016.4Q	2017.1Q	2017.2Q
매출액	12,907	13,172	12,900	13,029	13,048	14,543
영업이익	-7,038	-542	-1,104	-580	-673	55
당기순이익	-7,172	9,558	-352	77	817	1,866

재무 상태						〈단위 : 억원〉
항목	2012	2013	2014	2015	2016	2017.2Q
총자산	108,951	105,557	159,685	162,253	149,003	152,441
유형자산	19,711	17,880	33,244	32,290	25,038	27,541
무형자산	1,710	1,671	12,789	12,776	9,417	9,293
유가증권	19,796	16,089	24,485	11,997	14,979	16,882
총부채	33,306	30,133	41,416	49,721	39,362	40,855
총차입금	11,331	11,842	17,778	17,496	9,698	11,599
자본금	2,407	2,407	3,567	3,567	3,567	3,567
총자본	75,645	75,424	118,269	112,532	109,641	111,586
지배주주지분	73,732	73,781	115,864	110,120	107,221	109,286

기업가치 지표						
항목	2012	2013	2014	2015	2016	2017.2Q
주가(최고/저)(천원)	161/123	192/118	169/101	142/75.4	123/86.6	—/—
PER(최고/저)(배)	5.4/4.1	71.7/44.3	—/—	189.5/100.4	39.8/28.0	—/—
PBR(최고/저)(배)	1.1/0.8	1.2/0.8	1.1/0.6	0.9/0.5	0.8/0.6	1.1/0.7
EV/EBITDA(배)	11.4	19.3	14.0	20.5	—	—
EPS(원)	31,192	2,768	-1,426	765	3,117	3,892
BPS(원)	159,857	159,933	164,775	156,614	155,915	160,178
CFPS(원)	40,827	11,895	7,632	10,191	9,582	6,968
DPS(원)	1,500	1,500	1,000	1,000	1,000	—
EBITDAPS(원)	13,596	8,887	10,262	5,626	-6,697	2,197

재무 비율								〈단위 : %〉
연도	영업이익률	순이익률	부채비율	차입금비율	ROA	ROE	유보율	자기자본비율	EBITDA마진율
2016	-17.8	4.1	35.9	8.8	1.4	2.0	2,976.3	73.6	-9.1
2015	-5.4	0.5	44.2	15.6	0.2	0.5	2,990.1	69.4	8.0
2014	1.3	-1.5	35.0	15.0	-0.6	-0.9	3,151.2	74.1	11.0
2013	-0.3	4.3	40.0	15.7	1.4	1.8	3,034.9	71.5	12.2

삼성에스디에스 (A018260)
SAMSUNG SDS COLTD

업 종 : IT 서비스		시 장 : 거래소	
신용등급 : (Bond) — (CP) —		기업규모 : 시가총액 대형주	
홈페이지 : www.samsungsds.com		연락처 : 02)6155-3114	
본 사 : 서울시 송파구 올림픽로 35길 125 (신천동)			

설립일 1985.05.01	종업원수 13,084명	대표이사 정유성
상장일 2014.11.14	감사의견 적정 (안진)	계 열
결산기 12월	보통주 7,738만주	종속회사수 55개사
액면가 500원	우선주	구상호 삼성SDS

주주구성 (지분율,%)		출자관계 (지분율,%)		주요경쟁사 (외형,%)	
삼성전자	22.6	SVIC31호신기술사업투자조합	99.0	삼성에스디에스	100
삼성물산	17.1	미라콤아이앤씨	83.6	포스코 ICT	11
(외국인)	9.7	에스코어	81.8	큐로컴	0

매출구성		비용구성		수출비중	
물류BPO 서비스	42.0	매출원가율	82.7	수출	53.0
애플리케이션아웃소싱/인프라서비스	41.7	판관비율	9.7	내수	47.0
컨설팅/SI 서비스	16.3				

회사 개요
동사는 시스템통합구축서비스와 소프트웨어의 개발 및 정보처리기술에 관한 전문적인 서비스와 교육훈련 등을 사업목적으로 하여 1985년 설립된 회사임. 2014년 11월 14일 유가증권 시장에 상장됨. 동사의 사업은 IT서비스 부문과 물류BPO 부문으로 구성되어 있으며 동사가 제공하는 IT서비스는 크게 컨설팅/SI와 아웃소싱 서비스로 구분됨. 물류BPO 사업은 글로벌 통합 물류를 실행하는 제4자 물류(4PL) 사업임.

실적 분석
동사의 2017년 2분기 매출액은 4조 5,236.6억원으로 전년동기 대비 19.1% 증가. 영업이익은 3,327.6억원으로 13.6% 증가, 외환손실로 당기순이익은 14% 감소함. 외형 성장은 솔루션사업 확대와 유럽지역 판매물량 확대로 IT서비스 및 물류BPO부문 매출이 성장한 것에 기인. 최근 화두로 떠오른 IoT, 클라우드, 빅데이터, 보안 등의 트렌드를 접목해 차별화된 솔루션 및 서비스 제공에 주력할 계획임.

현금 흐름 〈단위 : 억원〉
항목	2016	2017.2Q
영업활동	6,228	2,635
투자활동	-2,539	-4,812
재무활동	-443	-646
순현금흐름	3,334	-2,863
기말현금	11,902	9,039

시장 대비 수익률

결산 실적 〈단위 : 억원〉
항목	2012	2013	2014	2015	2016	2017
매출액	61,059	70,468	78,977	78,535	81,802	—
영업이익	5,580	5,056	5,934	5,883	6,271	—
당기순이익	4,072	3,260	4,343	4,698	5,143	—

분기 실적 〈단위 : 억원〉
항목	2016.1Q	2016.2Q	2016.3Q	2016.4Q	2017.1Q	2017.2Q
매출액	17,450	20,521	20,012	23,819	21,495	23,741
영업이익	1,245	1,684	1,706	1,636	1,470	1,858
당기순이익	1,361	1,362	1,101	1,320	907	1,435

재무 상태 〈단위 : 억원〉
항목	2012	2013	2014	2015	2016	2017.2Q
총자산	44,654	53,001	55,460	63,317	68,420	70,814
유형자산	9,997	10,587	11,377	12,289	10,520	10,209
무형자산	9,072	10,575	10,099	11,006	10,414	9,841
유가증권	1,038	877	114	36	75	98
총부채	12,205	14,167	13,320	15,548	15,509	16,587
총차입금	424	533	202	108	67	10
자본금	361	387	387	387	387	387
총자본	32,449	38,834	42,140	47,769	52,911	54,227
지배주주지분	31,840	38,027	41,123	45,888	51,407	52,698

기업가치 지표
항목	2012	2013	2014	2015	2016	2017.2Q
주가(최고/저)(천원)	—/—	—/—	424/237	333/226	260/124	—/—
PER(최고/저)(배)	0.0/0.0	0.0/0.0	80.2/44.9	59.0/40.1	43.5/20.9	—/—
PBR(최고/저)(배)	0.0/0.0	0.0/0.0	8.1/4.5	5.7/3.8	3.9/1.9	2.8/1.9
EV/EBITDA(배)	—	—	21.4	18.3	8.6	—
EPS(원)	5,478	4,312	5,336	5,674	5,995	2,967
BPS(원)	44,086	49,166	53,166	59,324	66,457	68,125
CFPS(원)	9,741	9,856	10,461	10,695	10,711	5,155
DPS(원)	—	—	500	500	750	—
EBITDAPS(원)	11,986	12,524	12,794	12,624	12,820	6,489

재무 비율 〈단위 : %〉
연도	영업이익률	순이익률	부채비율	차입금비율	ROA	ROE	유보율	자기자본비율	EBITDA마진율
2016	7.7	6.3	29.3	0.1	7.8	9.5	13,191.4	77.3	12.1
2015	7.5	6.0	32.6	0.2	7.9	10.1	11,764.8	75.4	12.4
2014	7.5	5.5	31.6	0.5	8.0	10.4	10,533.2	76.0	12.5
2013	7.2	4.6	36.5	1.4	6.6	9.5	9,733.1	73.3	12.9

삼성엔지니어링 (A028050)
Samsung Engineering (SECL)

업 종 : 건설		시 장 : 거래소	
신용등급 : (Bond) BBB+ (CP) —		기업규모 : 시가총액 대형주	
홈페이지 : www.samsungengineering.co.kr		연락처 : 02)2053-3000	
본 사 : 서울시 강동구 상일로6길 26			

설립일 1978.10.19	종업원수 4,879명	대표이사 박중흠
상장일 1996.12.03	감사의견 적정 (안진)	계 열
결산기 12월	보통주 19,600만주	종속회사수 22개사
액면가 5,000원	우선주	구상호

주주구성 (지분율,%)		출자관계 (지분율,%)		주요경쟁사 (외형,%)	
삼성에스디아이	11.7	천안환경에너지	29.0	삼성엔지니어링	100
삼성물산	7.0	삼성베올리아인천환경	20.0	현대건설	269
(외국인)	14.1	용인클린워터	20.0	현대산업	6

매출구성		비용구성		수출비중	
플랜트공사(공사)	100.0	매출원가율	93.1	수출	51.
		판관비율	5.9	내수	49.

회사 개요
동사는 파이낸싱, 설계, 구매, 시공, 시운전, O&M에 이르는 엔지니어링 전 분야에서 종합 솔루션을 제공할 수 있는 삼성그룹의 글로벌 엔지니어링 전문기업으로, 특히 석유화학플랜트에 강점을 보유하고 있음. 엔지니어링 상품 부분에 따라 에너지 사업부, 화공 사업부, I&I사업부를 보유하고 있음. 2017년 당반기 기준 지역별 매출 비중은 국내 49.4%, 해외 50.6%이며 특히 중동 및 아시아의 지역 비중이 높음.

실적 분석
동사의 연결기준 2분기 누적매출액은 전년동기 대비 11.3% 감소한 29,749.0억원을 기록함. 판관비는 전년동기 대비 26.3% 감소하였으나 영업이익은 전년동기 대비 17.8% 감소한 247.7억원에 그침. 금융손실 확대로 이 대폭 확대됨. 이에 같은 기간 154.9억원의 당기순손실을 기록, 적자로 전환. 2017년 4분기부터 화공부문 매출이 비화공부문 매출보다 커질 전망이며 결국 이익 기여도에서 화공부문의 실적 안정성이 중요한 상황임.

현금 흐름 〈단위 : 억원〉
항목	2016	2017.2Q
영업활동	1,879	-4,225
투자활동	944	-216
재무활동	-1,019	2,376
순현금흐름	1,864	-2,192
기말현금	8,822	6,630

시장 대비 수익률

결산 실적 〈단위 : 억원〉
항목	2012	2013	2014	2015	2016	2017
매출액	114,402	98,063	89,115	64,413	70,094	—
영업이익	7,368	-10,280	1,618	-14,543	701	—
당기순이익	5,245	-7,087	564	-13,043	94	—

분기 실적 〈단위 : 억원〉
항목	2016.1Q	2016.2Q	2016.3Q	2016.4Q	2017.1Q	2017.2Q
매출액	14,741	18,800	16,309	20,244	16,189	13,5
영업이익	266	36	532	-133	124	
당기순이익	83	23	21	-33	-469	3

재무 상태 〈단위 : 억원〉
항목	2012	2013	2014	2015	2016	2017.2Q
총자산	56,736	59,288	61,519	56,308	55,201	51,8
유형자산	7,333	7,154	6,899	6,865	6,568	6,3
무형자산	398	525	592	503	957	9
유가증권	1,248	778	789	504	597	5
총부채	39,848	50,231	51,985	59,437	45,239	41,7
총차입금	3,826	16,323	15,994	28,749	14,858	16,6
자본금	2,000	2,000	2,000	2,000	9,800	9,8
총자본	16,888	9,057	9,533	-3,129	9,962	10,0
지배주주지분	16,882	9,065	9,527	-3,145	10,109	10,2

기업가치 지표
항목	2012	2013	2014	2015	2016	2017.2Q
주가(최고/저)(천원)	156/87.2	108/34.6	53.8/23.6	29.0/8.0	13.6/9.2	—/—
PER(최고/저)(배)	15.2/8.5	—/—	49.3/21.7	—/—	93.4/62.8	—/—
PBR(최고/저)(배)	4.1/2.3	4.6/1.5	2.2/1.0	-49.0/-13.5	2.6/1.8	2.6/2
EV/EBITDA(배)	8.2	—	10.2	—	16.6	—
EPS(원)	10,459	-14,028	1,091	-25,896	146	—
BPS(원)	49,324	29,779	30,934	-746	5,158	5,2
CFPS(원)	14,681	-15,870	3,393	-30,531	590	—
DPS(원)	3,000	—	—	—	—	—
EBITDAPS(원)	19,920	-23,894	6,065	-34,258	840	3

재무 비율 〈단위 : %〉
연도	영업이익률	순이익률	부채비율	차입금비율	ROA	ROE	유보율	자기자본비율	EBITDA마진율
2016	1.0	0.1	454.1	149.1	0.2	전기잠식	3.2	18.1	1
2015	-22.6	-20.3	완전잠식	완전잠식	-22.1	당기잠식	-114.9	-5.6	-21
2014	1.8	0.6	545.3	167.8	0.9	5.9	518.7	15.5	2
2013	-10.5	-7.2	554.6	180.2	-12.2	-54.5	495.6	15.3	-1

삼성전기 (A009150)
Samsung Electro-Mechanics

업 종 : 전자 장비 및 기기	시 장 : 거래소
신용등급 : (Bond) — (CP) —	기업규모 : 시가총액 대형주
홈페이지 : www.samsungsem.co.kr	연 락 처 : 031)210-5114
주 소 : 경기도 수원시 영통구 매영로 150 (매탄동)	

설 립 일 1973.08.08	종 업 원 수 10,610명	대 표 이 사 이윤태	
상 장 일 1979.02.27	감 사 의 견 적정 (한영)	계 열	
결 산 기 12월	보 통 주 7,469만주	종 속 회 사 수 15개사	
액 면 가 5,000원	우 선 주 291만주	구 상 호	

주주구성 (지분율,%)		출자관계 (지분율,%)		주요경쟁사 (외형,%)	
삼성전자	23.7	삼성벤처투자조합(SVIC19호)	99.0	삼성전기	100
국민연금공단	12.2	스템코주식회사	30.0	삼성SDI	86
(외국인)	20.9	삼성경제연구소	23.8	LG이노텍	95

매출구성		비용구성		수출비중	
카메라모듈, 통신모듈	46.3	매출원가율	83.0	수출	93.0
수동소자(MLCC, Inductor, Chip Resistor)	31.7	판관비율	16.6	내수	7.0
반도체패키지기판, 고밀도다층기판	22.0				

회사 개요
동사는 1973년 설립돼 1979년 한국거래소에 상장했음. 각종 전자부품의 제조·판매업을 영위함. 동사의 사업부문은 크게 DM(카메라모듈, 통신모듈), LCR(MLCC, inductor, chip resistor 등 수동소자), ACI(반도체패키지기판, 고밀도다층기판)로 구성됨. 국내사업장은 수원, 세종, 부산, 울산, 천안사업장 5곳이며 해외사업장은 중국, 태국, 필리핀, 베트남 등 4개국 7개 생산법인과 미주, 유럽 등지의 5개 판매법인임.

실적 분석
2017년 상반기 연결기준 동사는 매출 3조 2803.5억원을 시현함. 이는 전년도 동기 대비 1.9% 성장한 금액임. 매출원가는 1.1% 증가한 반면 판매비와 관리비는 인건비 감소로 인해 1.6% 축소됨. 영업이익은 전년도 같은 기간에 비해 65.6% 증가한 962.1억원을 기록함. 그러나 비영업부문이 적자로 돌아서 당기순이익은 전년 동기 559.7억원에서 24.5% 축소된 422.4억원을 기록하는 데 그침.

현금 흐름
〈단위 : 억원〉

항목	2016	2017.2Q
영업활동	6,776	1,712
투자활동	-11,866	-6,519
재무활동	2,835	2,999
순현금흐름	-2,394	-1,629
기말현금	7,958	6,329

시장 대비 수익률

결산 실적
〈단위 : 억원〉

항목	2012	2013	2014	2015	2016	2017
매출액	79,128	82,566	61,004	61,763	60,330	—
영업이익	5,805	4,640	649	3,013	244	—
당기순이익	4,520	3,457	5,089	206	229	—

분기 실적
〈단위 : 억원〉

항목	2016.1Q	2016.2Q	2016.3Q	2016.4Q	2017.1Q	2017.2Q
매출액	16,043	16,164	14,673	13,451	15,705	17,099
영업이익	429	152	128	-465	255	707
당기순이익	365	194	39	-369	44	379

재무 상태
〈단위 : 억원〉

항목	2012	2013	2014	2015	2016	2017.2Q
총자산	68,915	71,853	77,186	72,695	76,626	80,524
유형자산	25,862	29,498	29,259	32,984	37,144	40,383
무형자산	2,454	2,247	1,039	912	922	1,248
유가증권	13,330	12,261	9,402	7,999	7,454	8,891
총부채	29,258	29,273	30,758	29,541	33,250	36,446
총차입금	15,211	16,059	17,131	20,416	24,436	27,542
자본금	3,880	3,880	3,880	3,880	3,880	3,880
총자본	39,656	42,580	46,428	43,154	43,376	44,078
지배주주지분	38,944	41,741	45,534	42,221	42,401	43,138

기업가치 지표

항목	2012	2013	2014	2015	2016	2017.2Q
주가(최고/저)(천원)	105/75.4	96.9/69.1	71.7/38.8	80.4/48.8	61.0/44.9	—/—
PER(최고/저)(배)	19.5/14.0	23.7/16.9	11.4/6.2	567.4/344.4	325.0/239.3	1.9/0.9
PBR(최고/저)(배)	2.2/1.6	1.9/1.3	1.3/0.7	1.5/0.9	1.1/0.8	1.9/0.9
EV/EBITDA(배)	7.6	6.0	6.2	7.3	8.4	—/—
EPS(원)	5,680	4,256	6,478	144	190	458
BPS(원)	50,214	53,812	58,690	56,299	56,531	57,480
CFPS(원)	12,367	12,236	14,986	6,512	8,029	4,543
DPS(원)	1,000	750	750	500	500	
EBITDAPS(원)	14,167	13,959	9,345	10,251	8,154	5,325

재무 비율
〈단위 : % 〉

연도	영업이익률	순이익률	부채비율	차입금비율	ROA	ROE	유보율	자기자본비율	EBITDA마진율
2016	0.4	0.4	76.7	56.3	0.3	0.4	1,030.6	56.6	10.5
2015	4.9	0.3	68.5	47.3	0.3	0.4	1,026.0	59.4	12.9
2014	1.1	8.3	66.3	36.9	6.8	11.5	1,073.8	60.2	11.9
2013	5.6	4.2	68.8	37.7	4.9	8.7	976.2	59.3	13.1

삼성전자 (A005930)
Samsung Electronics

업 종 : 휴대폰 및 관련부품	시 장 : 거래소
신용등급 : (Bond) — (CP) —	기업규모 : 시가총액 대형주
홈페이지 : www.samsung.com/sec	연 락 처 : 031)200-1114
주 소 : 경기도 수원시 영통구 삼성로 129 (매탄동)	

설 립 일 1969.01.13	종 업 원 수 98,541명	대 표 이 사 권오현,윤부근,신종균	
상 장 일 1975.06.11	감 사 의 견 적정 (삼일)	계 열	
결 산 기 12월	보 통 주 12,977만주	종 속 회 사 수 276개사	
액 면 가 5,000원	우 선 주 1,842만주	구 상 호	

주주구성 (지분율,%)		출자관계 (지분율,%)		주요경쟁사 (외형,%)	
국민연금공단	9.8	삼성전자판매	100.0	삼성전자	
삼성생명보험	8.6	에스프린팅솔루션	100.0	LG전자	
(외국인)	53.3			SK하이닉스	

매출구성		비용구성		수출비중	
HHP, 네트워크시스템, 컴퓨터 등	49.7	매출원가율	59.6	수출	89.0
DRAM, NAND Flash, 모바일AP 등	25.3	판관비율	25.9	내수	11.0
TV, 모니터, 냉장고, 세탁기, 에어컨, 의료기기	23.3				

회사 개요
동사는 본사를 거점으로 한국 및 해외 9개 총괄 생산/판매하는 169개의 종속회사로 구성된 글로벌 IT업체임. 디지털TV를 비롯한 모니터, 에어컨 등을 생산/판매하는 CE사업, 네트워크 1등을 담당하는 IM사업의 DMC부문과 반도체 및 LCD를 생산/판매하는 DS부문으로 구성되어 있음. 동사는 수원사업장을 비롯하여 구미, 기흥, 화성, 천안 및 탕정, 광주 등으로 구성되어 있으며 해외는 미주, 아시아, 아프리카 등지에 자회사로 운영되고 있음.

실적 분석
동사의 2017년 상반기 매출은 전년대비 10.8% 증가, 영업이익은 61.7% 증가함. 반도체 가격 상승과 OLED 중심의 디스플레이 부문의 수익성 호조로 전체 영업이익은 전년 대비 큰 폭으로 증가. 또한 갤럭시노트7 사태 이후에 갤럭시S8의 판매 호조로 IM 부문의 매출, 이익 증가도 긍정적으로 작용. 2017년 하반기 반도체 가격 강세 지속, 갤럭시노트8 출시로 수익성 견조는 지속될 전망. 글로벌 전략거래선 신모델 출시로 OLED 매출 증가

현금 흐름
〈단위 : 억원〉

항목	2016	2017.2Q
영업활동	473,856	230,234
투자활동	-296,587	-161,027
재무활동	-86,695	-91,714
순현금흐름	94,747	-31,044
기말현금	321,114	290,071

시장 대비 수익률

결산 실적
〈단위 : 억원〉

항목	2012	2013	2014	2015	2016	2017
매출액	2,011,036	2,286,927	2,062,060	2,006,535	2,018,667	—
영업이익	290,493	367,850	250,251	264,134	292,407	—
당기순이익	238,453	304,748	233,944	190,601	227,261	—

분기 실적
〈단위 : 억원〉

항목	2016.1Q	2016.2Q	2016.3Q	2016.4Q	2017.1Q	2017.2Q
매출액	497,823	509,371	478,156	533,317	505,475	610,005
영업이익	66,758	81,440	52,001	92,208	98,984	140,665
당기순이익	52,528	58,474	45,379	70,880	76,844	110,539

재무 상태
〈단위 : 억원〉

항목	2012	2013	2014	2015	2016	2017.2Q
총자산	1,810,716	2,140,750	2,304,230	2,421,795	2,621,743	2,775,894
유형자산	684,847	754,964	808,730	864,771	914,730	1,036,952
무형자산	37,297	36,094	47,855	53,963	53,440	152,213
유가증권	64,880	77,269	159,543	129,600	104,427	112,646
총부채	595,914	640,590	623,348	631,197	692,113	768,837
총차입금	148,952	111,605	112,655	128,740	152,824	167,118
자본금	8,975	8,975	8,975	8,975	8,975	8,975
총자본	1,214,802	1,500,160	1,680,882	1,790,598	1,929,630	2,007,057
지배주주지분	1,170,941	1,444,426	1,621,817	1,728,768	1,864,243	1,936,545

기업가치 지표

항목	2012	2013	2014	2015	2016	2017.2Q
주가(최고/저)(천원)	1,431/948	1,478/1,142	1,393/1,027	1,446/1,027	1,791/1,101	—/—
PER(최고/저)(배)	11.3/7.5	9.0/6.9	10.8/8.0	13.7/9.7	13.3/8.2	1.8/1.3
PBR(최고/저)(배)	2.1/1.4	1.8/1.4	1.5/1.1	1.4/1.0	1.5/0.9	—/—
EV/EBITDA(배)	5.1	3.5	4.1	3.3	4.3	—/—
EPS(원)	136,278	175,282	135,673	109,883	136,760	116,403
BPS(원)	731,458	892,045	1,002,811	1,095,140	1,217,019	1,341,425
CFPS(원)	228,101	271,944	241,787	232,909	263,133	182,519
DPS(원)	8,000	14,300	20,000	21,000	28,500	
EBITDAPS(원)	262,568	312,876	253,205	278,279	304,773	218,648

재무 비율
〈단위 : % 〉

연도	영업이익률	순이익률	부채비율	차입금비율	ROA	ROE	유보율	자기자본비율	EBITDA마진율
2016	14.5	11.3	35.9	7.9	9.0	12.5	21,757.6	73.6	24.8
2015	13.2	9.5	35.3	7.2	8.1	11.2	20,659.5	73.9	23.6
2014	12.1	11.4	37.1	6.7	10.5	15.1	18,909.3	73.0	20.9
2013	16.1	13.3	42.7	7.4	15.4	22.8	16,809.6	70.1	23.3

삼성제약 (A001360)
SAMSUNG PHARM

업 종 : 제약		시 장 : 거래소	
신용등급 : (Bond) — (CP) —		기업규모 : 시가총액 소형주	
홈페이지 : www.sspharm.co.kr		연 락 처 : 031)353-6681	
본 사 : 경기도 화성시 향남읍 제약공단2길 35			

설 립 일	1929.08.15	종업원수	230명	대표이사	김상재,김기호각자대표
상 장 일	1975.07.04	감사의견	적정 (신한)	계 열	
결 산 기	12월	보 통 주	3,971만주	종속회사수	2개사
액 면 가	500원	우 선 주		구 상 호	

주주구성 (지분율,%)
젬백스앤카엘	8.6
젬백스테크놀러지	5.9
(외국인)	1.9

출자관계 (지분율,%)
삼성메디코스	100.0
삼성제약헬스케어	100.0
젬백스앤카엘	0.9

주요경쟁사 (외형,%)
삼성제약	100
테라젠이텍스	210
대한약품	289

매출구성
의약품및의약외품판매업-상품	34.2
기 타	22.7
항생제 외	19.1

비용구성
매출원가율	84.2
판관비율	35.7

수출비중
수출	7.0
내수	93.0

회사 개요
동사는 까스명수, 쓸기담, 우황청심현탁액 등을 중심으로 비교적 안정적인 매출기반을 구축한 가운데 신제품 개발과 신규 전문의약품 출시도 꾸준히 추진하고 있음. 2015년도 이후 연결자회사를 통하여 화장품(삼성메디코스)과 건강식품(삼성제약헬스케어) 제조 판매업으로 사업 다각화를 추진함. 2016년도에 화장품사업과 건강식품사업은 각각 대규모 국내 자체 생산시설 확보와 해외 공급계약을 체결함.

실적 분석
동사의 2017년 2분기 누적 연결기준 매출액은 전년대비 8.8% 성장한 249.3억원을 기록함. 외형 성장에도 원가율은 악화되어 영업손실 25.9억원, 당기순손실 42.9억원을 보이며 적자규모를 지속함. 상반기 사업부별 매출비중은 의약품사업 84.10%, 화장품사업 12.31%, 건강식품사업 3.59% 등으로 구성됨. 동사는 당분기중 15억원 규모의 전환사채를 발행함.

현금 흐름 〈단위 : 억원〉
항목	2016	2017.2Q
영업활동	-101	-8
투자활동	-282	-84
재무활동	241	74
순현금흐름	-142	-17
기말현금	54	36

결산 실적 〈단위 : 억원〉
항목	2012	2013	2014	2015	2016	2017
매출액	473	469	303	422	482	
영업이익	5	-114	-198	-19	-96	
당기순이익	-31	-185	-237	-10	-216	

분기 실적 〈단위 : 억원〉
항목	2016.1Q	2016.2Q	2016.3Q	2016.4Q	2017.1Q	2017.2Q
매출액	124	106	128	125	126	123
영업이익	-4	-21	-29	-42	-15	-11
당기순이익	-23	-35	-45	-113	-24	-19

재무 상태 〈단위 : 억원〉
항목	2012	2013	2014	2015	2016	2017.2Q
총자산	1,030	802	574	1,302	1,383	1,427
유형자산	322	328	305	424	724	760
무형자산	1	4	3	91	42	46
유가증권	13	13	4	199	70	79
총부채	683	614	341	840	559	643
총차입금	478	384	260	747	442	517
자본금	50	58	114	138	199	199
총자본	347	187	233	462	824	784
지배주주지분	347	187	233	462	824	784

기업가치 지표
항목	2012	2013	2014	2015	2016	2017.2Q
주가(최고/저)(천원)	4.6/1.7	2.8/1.6	4.2/1.7	19.2/2.2	8.9/3.5	—/—
PER(최고/저)(배)	—/—	—/—	—/—	—/—	—/—	—/—
PBR(최고/저)(배)	1.4/0.5	1.8/1.0	4.2/1.7	12.0/1.3	4.3/1.7	2.3/1.8
EV/EBITDA(배)	39.9			458.2		
EPS(원)	-352	-1,571	-1,244	-37	-622	-108
BPS(원)	3,512	1,623	1,034	1,682	2,078	1,978
CFPS(원)	-238	-1,525	-1,224	58	-500	-52
DPS(원)						
EBITDAPS(원)	194	-895	-1,008	24	-153	-10

재무 비율 〈단위 : % 〉
연도	영업이익률	순이익률	부채비율	차입금비율	ROA	ROE	유보율	자기자본비율	EBITDA마진율
2016	-19.9	-44.8	67.9	53.6	-16.1	-33.6	315.6	59.6	-11.0
2015	-4.4	-2.4	181.6	161.5	-1.1	-2.9	236.4	35.5	1.4
2014	-65.4	-78.4	146.5	111.8	-34.5	-113.0	105.1	40.6	-60.6
2013	-24.3	-39.4	327.8	204.8	-20.2	-69.2	224.7	23.4	-21.4

삼성중공업 (A010140)
Samsung Heavy Industries

업 종 : 조선		시 장 : 거래소	
신용등급 : (Bond) BBB+ (CP) A3+		기업규모 : 시가총액 대형주	
홈페이지 : www.samsungshi.com		연 락 처 : 031)5171-6106	
본 사 : 경기도 성남시 분당구 판교로227번길 23 삼성중공업 판교R&D센터			

설 립 일	1974.08.05	종업원수	11,511명	대표이사	박대영
상 장 일	1993.12.31	감사의견	적정 (삼일)	계 열	
결 산 기	12월	보 통 주	39,000만주	종속회사수	11개사
액 면 가	5,000원	우 선 주	11만주	구 상 호	

주주구성 (지분율,%)
삼성전자	16.9
삼성생명보험	3.3
(외국인)	18.4

출자관계 (지분율,%)
SVIC13호신기술투자조합	99.0
대정해상풍력발전	50.1
삼성벤처투자	17.0

주요경쟁사 (외형,%)
삼성중공업	100
현대중공업	378
현대미포조선	41

매출구성
LNG선, 드릴쉽, 초대형컨테이너선 등	99.3
토목, 건축 등	0.7

비용구성
매출원가율	95.4
판관비율	6.0

수출비중
수출	—
내수	—

회사 개요
동사는 삼성그룹 계열회사로 1974년 설립되었으며 조선해양부문과 E&I부문 사업을 영위하고 있음. 사업부문은 선박, 해양플랫폼 등의 판매업을 영위하는 조선해양 부문과 건축 및 토목공사를 영위하는 E&I 사업부문으로 구분됨. 조선부문은 세계경제 및 세계 경기에 직접적인 영향을 받음. E&I 부문은 건설업체 급증으로 업체당 평균수주액이 격감하고 있고, 공공부문의 턴키시장에 중견업체 참여가 많아져 업체간 수주경쟁이 더욱 치열해지고 있음.

실적 분석
동사의 2017년 2분기 연결기준 누적 매출액은 4조3,766.9억원을 기록하며 전년 동기(5조2,508.8억원) 대비 9.8% 감소한 모습을 보임. 다만 구조조정을 통한 판관비 절감에 성공하며 영업이익은 282.8억원을 시현, 2776.4억원 영업손실을 기록했던 전년 대비 흑자 전환에 성공함. 당기순이익 또한 전년 동기 적자(-1964.7억원)에서 흑자로 돌아서며 813.9억원을 거둬들임.

현금 흐름 〈단위 : 억원〉
항목	2016	2017.2Q
영업활동	-15,505	4,433
투자활동	1,288	1,158
재무활동	13,881	-7,337
순현금흐름	6	-2,166
기말현금	9,841	7,675

결산 실적 〈단위 : 억원〉
항목	2012	2013	2014	2015	2016	2017
매출액	144,895	148,345	128,791	97,144	104,142	
영업이익	12,057	9,142	1,830	-15,019	-1,472	
당기순이익	7,964	6,322	1,473	-12,121	-1,388	

분기 실적 〈단위 : 억원〉
항목	2016.1Q	2016.2Q	2016.3Q	2016.4Q	2017.1Q	2017.2Q
매출액	25,301	27,208	27,778	23,855	24,370	22,9
영업이익	61	-2,838	841	464	274	2
당기순이익	159	-2,124	1,286	-709	587	2,

재무 상태 〈단위 : 억원〉
항목	2012	2013	2014	2015	2016	2017.2Q
총자산	166,350	174,271	171,222	173,016	172,175	149,47
유형자산	52,780	52,538	52,730	55,828	64,424	63,1
무형자산	380	1,368	1,285	1,017	961	9
유가증권	1,494	1,453	978	611	853	1,04
총부채	113,520	115,814	115,491	130,358	109,422	86,38
총차입금	46,512	46,621	49,199	63,465	64,711	48,8
자본금	11,550	11,550	11,550	11,550	19,506	19,5
총자본	52,829	58,458	55,732	42,657	62,753	63,0
지배주주지분	52,826	58,458	55,375	42,374	62,643	63,0

기업가치 지표
항목	2012	2013	2014	2015	2016	2017.2Q
주가(최고/저)(천원)	35.0/23.5	38.5/25.5	32.7/17.3	17.9/8.7	11.2/7.2	—/
PER(최고/저)(배)	11.6/7.8	15.9/10.5	56.4/29.4	—/—	—/—	—
PBR(최고/저)(배)	1.6/1.0	1.5/1.0	1.3/0.7	0.9/0.4	0.6/0.4	0.7/0
EV/EBITDA(배)	7.1	9.2	16.9		44.6	
EPS(원)	3,139	2,492	588	-4,751	-448	2
BPS(원)	25,714	28,146	28,173	22,545	18,545	18,6
CFPS(원)	4,753	3,958	1,876	-3,904	722	6
DPS(원)	500	500	250			
EBITDAPS(원)	6,525	5,179	2,023	-5,187	626	5

재무 비율 〈단위 : % 〉
연도	영업이익률	순이익률	부채비율	차입금비율	ROA	ROE	유보율	자기자본비율	EBITDA마진율
2016	-1.4	-1.3	174.4	103.1	-0.8	-2.3	270.9	36.5	1
2015	-15.5	-12.5	305.6	148.8	-7.0	-24.7	350.9	24.7	-12
2014	1.4	1.1	207.2	88.3	0.9	2.6	463.5	32.6	3
2013	6.2	4.3	198.1	79.8	3.7	11.4	462.9	33.5	5

삼성증권 (A016360)
Samsung Securities

종 목 : 증권	시 장 : 거래소
신용등급 : (Bond) AA+ (CP) A1	기업규모 : 시가총액 대형주
홈 페 이 지 : www.samsungpop.com	연 락 처 : 02)2020-8000
본 사 : 서울시 서초구 서초대로 74길 11 (삼성전자빌딩)	

설 립 일 1982.10.19	종 업 원 수 2,174명	대 표 이 사 윤용암
상 장 일 1988.03.28	감 사 의 견 적정 (안진)	계 열
결 산 기 12월	보 통 주 8,930만주	종 속 회 사 수 12개사
액 면 가 5,000원	우 선 주	구 상 호

주주구성 (지분율,%)		출자관계 (지분율,%)		주요경쟁사 (외형,%)	
삼성생명보험	29.4	삼성선물	100.0	삼성증권	100
국민연금공단	8.4	마스턴제칠호리츠	24.4	미래에셋대우	100
(외국인)	23.4	싸이로드	16.8	유안타증권	38

수익구성		비용구성		수출비중	
금융상품 관련이익	68.5	이자비용	4.8	수출	—
이자수익	13.6	파생상품손실	0.0	내수	—
수수료수익	11.4	판관비	13.8		

회사 개요
동사는 업계 최대 고객기반과 차별화된 자산관리 역량 및 인프라를 바탕으로 자산관리 시장의 패러다임을 선도하는 리딩 증권사임. 포트폴리오 영업 및 Fee 기반의 금융상품 판매 확대와 더불어, 트레이딩 및 IB 부문에서도 상품공급을 통해 안정적이고 다각화된 수익구조를 확보함. 위탁매매, 자기매매, 기업금융, 자산운용, 선물중개업 그리고 해외영업의 7개 영업부문으로 구성되어 있음.

실적 분석
동사의 2017년 2분기 당기순이익(지배)은 669억원으로 전분기 대비 19.8%, 전년 동기 대비 27.6% 증가하였음. 이는 시장컨센서스를 소폭 상회하는 실적. ING생명 공모 주선 및 SK해운 M&A 관련 수수료 발생으로 IB수익이 큰 폭으로 증가. 하반기에도 티켓몬스터 등 IB 딜 약 20건 진행 중인 것으로 파악됨. 신탁 관련 수수료 감소했으나 이는 전분기 증여 신탁 관련 절판효과 발생한 것이 원인임. 고액자산가 수 및 예탁자산 증가세.

현금 흐름 〈단위 : 억원〉

항목	2016	2017.2Q
영업활동	14,669	670
투자활동	-25,339	-3,537
재무활동	15,222	4,005
순현금흐름	4,578	1,135
기말현금	10,345	11,479

시장 대비 수익률

결산 실적 〈단위 : 억원〉

항목	2012	2013	2014	2015	2016	2017
순영업손익	9,678	4,545	7,685	9,959	7,942	—
영업이익	2,375	-4	1,670	3,767	2,117	—
당기순이익	1,807	240	2,366	2,750	1,742	—

분기 실적 〈단위 : 억원〉

항목	2016.1Q	2016.2Q	2016.3Q	2016.4Q	2017.1Q	2017.2Q
순영업손익	2,059	2,200	2,055	1,628	2,178	2,369
영업이익	622	680	654	161	747	881
당기순이익	464	524	500	255	558	667

재무 상태 〈단위 : 억원〉

항목	2012	2013	2014	2015	2016	2017.2Q
총자산	194,809	205,356	257,747	309,944	332,299	354,135
유형자산	817	668	582	576	512	521
무형자산	1,277	1,303	1,147	1,006	1,010	957
유가증권	121,139	137,847	173,230	202,527	220,379	220,167
총부채	159,984	170,984	223,479	274,706	294,030	311,597
총차입금	56,257	73,490	94,983	120,675	134,542	135,672
자본금	3,942	3,942	3,942	3,942	3,942	4,585
총자본	34,825	34,372	34,268	35,238	38,270	42,538
지배주주지분	33,427	32,958	34,268	35,238	38,269	42,539

기업가치 지표

항목	2012	2013	2014	2015	2016	2017.2Q
주가(최고/저)(천원)	53.1/41.2	49.4/40.0	47.7/32.4	61.7/37.7	40.0/30.0	—/—
PER(최고/저)(배)	27.6/21.4	376.1/304.4	17.5/11.9	18.6/11.4	18.6/13.9	0.9/0.6
PBR(최고/저)(배)	1.3/1.0	1.2/1.0	1.1/0.8	1.3/0.8	0.8/0.6	0.9/0.6
PSR(최고/저)(배)	0/0	0/0	0/0	0/0	4/3	—/—
EPS(원)	2,066	139	2,896	3,471	2,199	
BPS(원)	45,120	44,555	47,220	50,123	50,068	47,636
CFPS(원)	2,778	632	3,589	4,143	2,816	1,673
DPS(원)	650	100	650	1,000	650	1,911
EBITDAPS(원)	3,108	-5	2,185	4,928	2,769	

재무 비율 〈단위 : % 〉

연도	계속사업이익률	순이익률	부채비율	차입금비율	ROA	ROE	유보율	자기자본비율	총자산증가율
2016	28.9	21.9	768.3	351.6	0.5	4.7	870.9	11.5	7.2
2015	36.6	27.6	779.6	342.5	1.0	7.9	872.0	11.4	20.3
2014	21.2	30.8	652.1	277.2	1.0	6.8	815.7	13.3	32.3
2013	-0.6	5.3	497.5	213.8	0.1	0.3	763.1	16.7	5.4

삼성출판사 (A068290)
Samsung Publishing

업 종 : 레저용품	시 장 : 거래소
신용등급 : (Bond) — (CP) —	기업규모 : 시가총액 소형주
홈 페 이 지 : www.samsungbooks.com	연 락 처 : 02)3470-6800
본 사 : 서울시 서초구 명달로 94(서초동)	

설 립 일 2002.07.03	종 업 원 수 189명	대 표 이 사 김진용
상 장 일 2002.08.05	감 사 의 견 적정 (대성)	계 열
결 산 기 12월	보 통 주 1,000만주	종 속 회 사 수 2개사
액 면 가 500원	우 선 주	구 상 호

주주구성 (지분율,%)		출자관계 (지분율,%)		주요경쟁사 (외형,%)	
김진용	47.4	스마트앤미디어	95.3	삼성출판사	100
김민석	6.5	아트박스	46.5	손오공	79
(외국인)	0.4	와이즈캠프닷컴	30.3	오로라	88

매출구성		비용구성		수출비중	
문구 및 패션디자인제품 제조 및 유통	71.3	매출원가율	51.5	수출	—
유아동 도서,성인교양물 등	15.3	판관비율	41.0	내수	—
국밥,호도과자,커피 등	6.6				

회사 개요
출판업을 주업으로 하고 고속도로휴게소업, 임대업을 영위하고 있으며 종속회사는 초등 온라인 교육 서비스사업 등을 운영하고 있음. 주로 서점과 할인점 서적코너를 통해 판매되며, 유/아동 단행본 시장에서 독보적인 위치를 점하고 있음. 이외에 홈쇼핑 및 인터넷서점 등을 통한 다양한 매출채널 확보에 활발한 투자가 이루어지고 있음. 출판 및 문구 사업이 전체 매출의 80%가량이며, 온라인교육, 휴게소, 임대사업 순으로 매출비중이 차지하고 있음.

실적 분석
동사의 2017년 2분기 기준 누적 매출액은 845.7억원으로 전년 동기 대비 5.8% 증가했음. 외형 성장으로 인해 매출원가와 판관비가 전년 동기 대비 각각 0.4%, 16.1% 늘어남. 이에 따라 영업이익이 전년 대비 15.7% 감소한 44.9억원을 기록. 당기순이익은 영업이익 부진과 법인세비용 증가로 전년 대비 72.3% 줄어든 12억원을 시현함. 문구 및 팬시 전문 자회사 아트박스 성장세는 지속 중.

현금 흐름 〈단위 : 억원〉

항목	2016	2017.2Q
영업활동	114	-10
투자활동	-214	-60
재무활동	64	61
순현금흐름	-36	-9
기말현금	87	78

시장 대비 수익률

결산 실적 〈단위 : 억원〉

항목	2012	2013	2014	2015	2016	2017
매출액	1,331	1,390	1,388	1,455	1,633	—
영업이익	67	68	95	80	122	—
당기순이익	55	56	69	67	99	—

분기 실적 〈단위 : 억원〉

항목	2016.1Q	2016.2Q	2016.3Q	2016.4Q	2017.1Q	2017.2Q
매출액	421	378	395	439	461	385
영업이익	37	16	25	44	41	4
당기순이익	27	16	26	30	27	-15

재무 상태 〈단위 : 억원〉

항목	2012	2013	2014	2015	2016	2017.2Q
총자산	1,236	1,305	1,557	1,551	1,765	1,799
유형자산	191	187	314	351	385	423
무형자산	81	75	66	34	32	27
유가증권	53	49	47	19	19	20
총부채	359	378	577	537	667	700
총차입금	179	196	338	340	420	492
자본금	50	50	50	50	50	50
총자본	878	927	980	1,014	1,098	1,099
지배주주지분	714	742	774	801	844	842

기업가치 지표

항목	2012	2013	2014	2015	2016	2017.2Q
주가(최고/저)(천원)	7.7/3.4	5.9/3.3	9.6/4.0	15.2/6.6	14.8/10.4	—/—
PER(최고/저)(배)	22.7/10.1	20.7/11.7	21.8/9.1	41.9/18.1	26.6/18.8	—/—
PBR(최고/저)(배)	1.2/0.5	0.9/0.5	1.3/0.5	1.9/0.8	1.8/1.2	1.5/1.2
EV/EBITDA(배)	5.6	5.6	7.1	12.8	8.5	—/—
EPS(원)	370	304	453	370	560	84
BPS(원)	7,162	7,421	7,735	8,009	8,443	8,416
CFPS(원)	872	878	1,023	1,050	1,320	505
DPS(원)	100	100	100	130	110	—
EBITDAPS(원)	1,175	1,255	1,519	1,477	1,983	870

재무 비율 〈단위 : % 〉

연도	영업이익률	순이익률	부채비율	차입금비율	ROA	ROE	유보율	자기자본비율	EBITDA마진율
2016	7.5	6.1	60.7	38.2	6.0	6.8	1,588.6	62.2	12.1
2015	5.5	4.6	53.0	33.6	4.3	4.7	1,501.9	65.4	10.2
2014	6.8	5.0	58.9	34.4	4.9	6.0	1,447.1	63.0	10.9
2013	4.9	4.0	40.8	21.1	4.4	4.2	1,384.3	71.0	9.0

삼성카드 (A029780)
Samsung Card

업 종 : 소비자 금융		시 장 : 거래소	
신용등급 : (Bond) AA+ (CP) A1		기업규모 : 시가총액 대형주	
홈페이지 : www.samsungcard.com		연 락 처 : 1588-8700	
본 사 : 서울시 중구 세종대로 67			

설 립 일 1983.03.24	종업원수 2,078명	대표이사 원기찬
상 장 일 2007.06.27	감사의견 적정 (안진)	계 열
결 산 기 12월	보 통 주 11,586만주	종속회사수 9개사
액 면 가 5,000원	우 선 주	구 상 호

주주구성 (지분율,%)		출자관계 (지분율,%)		주요경쟁사 (외형,%)	
삼성생명보험	71.9	삼성카드고객서비스	100.0	삼성카드	100
한국투자신탁운용	4.9	르노삼성자동차	19.9		8
(외국인)	12.2	에스지아이신용정보	15.0	아주캐피탈	8

수익구성		비용구성		수출비중	
기타 금융자산 관련이익	85.8	이자비용	0.0	수출	—
리스 및 렌탈관련수익	8.1	파생상품손실	0.2	내수	—
수수료수익	3.6	판관비	78.2		

회사 개요
동사는 1983년 설립돼 여신전문금융업(신용카드업 · 시설대여업 · 할부금융업 등)을 영위하는 여신전문금융회사임. 동사는 최대주주가 삼성전자에서 2016년에 삼성생명으로 바뀜. 2017년 2분기 기준 동사는 1,027만의 개인 및 법인 회원, 228만개의 가맹점을 보유함. 신용카드 시장은 꾸준히 성장세에 있으며 2017년 상반기 승인실적이 376조원에 달하며 동사는 이 중 25.5조원을 차지하며 업계 3위임.

실적 분석
동사는 2017년 상반기 영업수익이 1조 9280.9억원으로 전년 동기 1조 6730.9억원보다 15.2% 증가했고, 영업이익은 2840.5억원으로 전년 동기 2432.2억원에서 408.3억원 증가했음. 2015년 리스 부문을 제외하곤 신용판매, 금융수익, 할부금융수익 등이 증가하며 실적이 호조세를 보임. 영업이익에서 영업외손익과 법인세비용을 반영한 당기순이익은 2135.4억원을 기록함. 한국표준협회 주관 한국서비스품질지수 4년 연속 1위로 선정됨.

현금 흐름		〈단위 : 억원〉
항목	2016	2017.2Q
영업활동	-11,038	-11,980
투자활동	-720	-1,046
재무활동	14,341	11,532
순현금흐름	2,583	-1,494
기말현금	8,092	6,598

시장 대비 수익률

결산 실적					〈단위 : 억원〉
항목	2012	2013	2014	2015	2016	2017
순영업손익	30,103	21,867	28,075	26,390	28,088	—
영업이익	9,889	3,610	8,654	3,842	4,309	—
당기순이익	7,499	2,732	6,560	3,337	3,494	—

분기 실적					〈단위 : 억원〉
항목	2016.1Q	2016.2Q	2016.3Q	2016.4Q	2017.1Q	2017.2Q
순영업손익	6,854	6,922	7,110	7,202	7,569	7,581
영업이익	1,336	1,096	1,204	673	1,528	1,313
당기순이익	1,021	837	980	657	1,130	1,006

재무 상태					〈단위 : 억원〉
항목	2012	2013	2014	2015	2016	2017.2Q
총자산	162,878	165,609	177,366	190,710	219,045	219,102
유형자산	587	506	813	901	729	662
무형자산	1,138	1,482	2,112	2,541	2,351	2,263
유가증권	8,571	8,906	3,397	4,540	5,001	5,199
총부채	103,573	103,583	113,463	123,827	152,888	152,220
총차입금	83,275	80,298	90,957	98,254	118,061	130,033
자본금	6,148	6,148	6,148	6,148	6,148	6,148
총자본	59,306	62,027	63,903	66,883	66,157	66,872
지배주주지분	59,306	62,027	63,903	66,883	66,157	66,872

기업가치 지표					
항목	2012	2013	2014	2015	2016	2017.2Q
주가(최고/저)(천원)	38.6/26.1	37.4/31.2	47.3/29.3	40.3/28.2	52.4/27.7	—/—
PER(최고/저)(배)	7.3/4.9	18.0/15.0	9.3/5.7	15.2/10.6	18.0/9.5	—/—
PBR(최고/저)(배)	0.9/0.6	0.8/0.7	1.0/0.6	0.8/0.5	0.9/0.5	0.7/0.6
PSR(최고/저)(배)	0/0	0/0	0/0	0/0	2/1	—/—
EPS(원)	6,127	2,358	5,662	2,880	3,016	
BPS(원)	51,241	53,590	55,210	57,782	59,681	60,298
CFPS(원)	6,867	3,178	6,656	4,412	4,863	2,810
DPS(원)	700	700	1,000	1,500	1,500	
EBITDAPS(원)	8,079	3,116	7,469	3,316	3,719	2,452

재무 비율							〈단위 : % 〉
연도	계속사업이익률	순이익률	부채비율	차입금비율	ROA	ROE	유보율	자기자본비율	총자산증가율
2016	16.2	12.4	231.1	178.5	1.7	5.3	1,024.7	30.2	14.9
2015	16.1	12.7	185.1	146.9	1.8	5.1	988.9	35.1	7.5
2014	30.8	23.4	177.6	142.3	3.8	10.4	940.4	36.0	7.1
2013	16.5	12.5	167.0	129.5	1.7	4.5	909.9	37.5	1.7

삼성화재해상보험 (A000810)
Samsung Fire & Marine Insurance

업 종 : 보험		시 장 : 거래소	
신용등급 : (Bond) — (CP) —		기업규모 : 시가총액 대형주	
홈페이지 : www.samsungfire.com		연 락 처 : 1588-5114	
본 사 : 서울시 서초구 서초대로74길 14			

설 립 일 1952.01.26	종업원수 5,819명	대표이사 안민수
상 장 일 1975.06.30	감사의견 적정 (삼정)	계 열
결 산 기 12월	보 통 주 4,737만주	종속회사수 15개사
액 면 가 500원	우 선 주 319만주	구 상 호

주주구성 (지분율,%)		출자관계 (지분율,%)		주요경쟁사 (외형,%)	
삼성생명보험	15.0	삼성화재금융서비스노칼럼대리점	100.0	삼성화재	100
국민연금공단	9.1	삼성화재애니카손해사정	100.0	삼성생명	90
(외국인)	48.8	삼성화재서비스손해사정	100.0	한화생명	70

수익구성		비용구성		수출비중	
장기	54.6	책임준비금전입	17.6	수출	—
자동차	25.0	보험금비용	30.3	내수	—
개인연금	10.9	사업비	11.3		

회사 개요
1952년 한국안보화재해상보험주식회사로 설립된 동사는 국내에서 가장 규모가 큰 손해보험사임. 시장점유율은 2016년도 1분기 기준 23.5%로 2위 업체에 비해 7.2%포인트 가까이 높음. 동사는 손해보험업과 관계법령에 의거해 개인연금, 퇴직연금 등 다양한 금융상품을 판매하고 있으며 자본시장과 금융투자업에 관한 법률에서 허용하는 사업도 영위하고 있음. 2015년 7월 손해보험사로는 최초로 신탁업 인가를 취득함.

실적 분석
삼성화재의 2분기 순이익은 2768억원으로 전년 동기 대비 19.7% 증가하였음. 투자부문에서 장기채(20년물) 위주의 순증 지속과 이에 따른 위험자산 투자 비중 감소로 동분기 투자이익률은 2.6%로 전년 동기 대비 60bp 하락하였으나, 언더라이팅 효율성 개선이 지속됐음. 자동차보험 및 장기위험손해율은 각각 76.2%, 76.9%로 전년 동기 대비 소폭 하락하였음. 일반손해율도 67.4%로 전기 6.3%포인트 개선됨.

현금 흐름		〈단위 : 억원〉
항목	2016	2017.2Q
영업활동	16,462	12,281
투자활동	-11,416	-9,099
재무활동	-4,177	-2,601
순현금흐름	846	543
기말현금	7,725	8,268

시장 대비 수익률

결산 실적					〈단위 : 억원〉
항목	2012	2013	2014	2015	2016	2017
보험료수익	169,163	132,445	179,063	183,464	186,652	—
영업이익	10,324	6,812	11,166	10,851	10,712	—
당기순이익	7,906	5,151	8,382	8,138	8,606	—

분기 실적					〈단위 : 억원〉
항목	2016.1Q	2016.2Q	2016.3Q	2016.4Q	2017.1Q	2017.2Q
보험료수익	45,356	47,686	47,425	46,185	46,391	47,52
영업이익	3,637	2,622	3,038	1,415	4,285	3,94
당기순이익	2,814	2,407	2,432	952	5,005	2,90

재무 상태					〈단위 : 억원〉
항목	2012	2013	2014	2015	2016	2017.2Q
총자산	461,486	494,420	581,836	632,336	682,175	718,05
유형자산	8,773	9,202	9,238	9,303	7,539	6,71
무형자산	1,684	1,704	1,724	1,635	1,407	1,59
유가증권	269,224	282,676	327,767	355,755	376,155	398,42
총부채	371,796	415,535	486,448	531,483	572,093	595,93
총차입금	40		600			
자본금	265	265	265	265	265	26
총자본	89,690	78,885	95,388	100,853	110,082	122,11
지배주주지분	89,458	78,675	95,254	100,701	109,908	121,94

기업가치 지표					
항목	2012	2013	2014	2015	2016	2017.2Q
주가(최고/저)(천원)	225/184	247/195	296/212	316/235	312/249	—/—
PER(최고/저)(배)	15.5/12.7	25.8/20.4	18.9/13.6	20.5/15.2	18.8/15.0	—/—
PBR(최고/저)(배)	1.3/1.1	1.5/1.2	1.5/1.1	1.5/1.1	1.5/1.1	1.1/0
PSR(최고/저)(배)	0/0	0/0	0/0	0/0	1/1	—/—
EPS(원)	15,553	10,124	16,530	16,043	16,967	
BPS(원)	185,093	170,920	207,503	225,804	246,689	270,50
CFPS(원)	17,434	11,693	18,835	18,686	19,476	16,74
DPS(원)	3,750	2,750	4,500	5,150	6,100	
EBITDAPS(원)	20,416	13,471	22,082	21,459	21,183	16,27

재무 비율							〈단위 : % 〉
연도	계속사업이익률	순이익률	부채비율	차입금비율	ROA	ROE	유보율	자기자본비율	총자산증가율
2016	6.0	4.6	519.7	0.0	1.3	8.2	47,020.0	16.1	7.
2015	5.8	4.4	527.0	0.6	1.3	8.3	43,030.8	16.0	8.
2014	6.2	4.7	510.0	0.0	1.3	9.6	39,535.1	16.4	26
2013	5.1	3.9	526.8	0.0	1.1	6.1	32,547.4	16.0	7.

삼아알미늄 (A006110)
Sam-A Aluminium

종 : 금속 및 광물		시 장 : 거래소	
용 등급 : (Bond) — (CP) —		기업규모 : 시가총액 소형주	
페이지 : www.sama-al.com		연 락 처 : 031/467-6800	
사 : 경기도 평택시 포승읍 평택항로 92 삼아알미늄 주식회사			

립 일	1969.06.25	종 업 원 수	267명	대 표 이 사	한남희,하상용
장 일	1980.12.05	감 사 의 견	적정 (안진)	계 열	
결 산 기	12월	보 통 주	1,100만주	종 속 회 사 수	
액 면 가	500원	우 선 주		구 상 호	

주주구성 (지분율,%)		출자관계 (지분율,%)		주요경쟁사 (외형,%)	
○YO ALUMINIUM K. K.	33.4	퀀텀인더스트리	33.0	삼아알미늄	100
한남희	9.9	JTBC	0.2	나라케이아이씨	42
(외국인)	32.7			대호에이엘	91

매출구성		비용구성		수출비중	
AL-FOIL 외	57.5	매출원가율	91.4	수출	51.0
접착박지 외	42.5	판관비율	5.8	내수	49.0

회사 개요

동사는 1969년 설립되어 일반포장재용, 전지용, 콘덴서용, 음극박재용 및 산업용인 자동차용, 에어컨용, 전선용박의 알미늄 압연제품과 알미늄 박을 포함한 필름, 종이, 기타 소재로 만들어진 포장재를 생산, 판매하고 있음. 국내 박업계는 선발 3사(삼아알미늄, 롯데알미늄, 동원시스템즈)로 유지되어 오다가 1990년대부터 동일알루미늄과 한국알루미가 참여했고, 최근엔 중국 업체들의 참여로 공급과잉이 심화되고 있음.

실적 분석

동사는 2017년 상반기 매출액은 655.4억원으로 전년 동기에 비해 0.5% 증가했고, 영업이익은 15.7억원으로 전년에 비해 6.5% 감소했음. 주요 원재료인 알루미늄 스트립의 kg당 가격이 2016년 2736.3원에서 2017년 상반기 3014.5원으로 상승했는데도 이 원재료로 생산한 알루미늄 FOIL의 가격은 내수 기준으로 kg당 2016년 4,667원에서 4,603원으로 하락해 수익성이 악화됨.

금 흐름 *IFRS 별도 기준 〈단위 : 억원〉

항목	2016	2017.2Q
영업활동	67	-21
투자활동	-41	-14
재무활동	-24	6
순현금흐름	3	-28
기말현금	44	16

시장 대비 수익률

산 실적 〈단위 : 억원〉

항목	2012	2013	2014	2015	2016	2017
매출액	1,501	1,289	1,250	1,243	1,293	—
영업이익	50	12	2	-18	36	—
당기순이익	28	4	9	-33	10	—

기 실적 *IFRS 별도 기준 〈단위 : 억원〉

항목	2016.1Q	2016.2Q	2016.3Q	2016.4Q	2017.1Q	2017.2Q
매출액	344	309	318	323	322	334
영업이익	14	3	5	15	12	4
당기순이익	5	-3	-7	15	-1	-0

무 상태 *IFRS 별도 기준 〈단위 : 억원〉

항목	2012	2013	2014	2015	2016	2017.2Q
총자산	1,735	1,907	1,941	1,886	1,876	1,876
유형자산	823	1,055	1,191	1,197	1,182	1,158
무형자산	1	1	1	1	1	1
유가증권	5	8	5	4	1	1
총부채	640	814	854	839	826	837
총차입금	362	543	589	625	609	623
자본금	55	55	55	55	55	55
총자본	1,095	1,093	1,087	1,047	1,050	1,040
지배주주지분	1,095	1,093	1,087	1,047	1,050	1,040

업가치 지표 *IFRS 별도 기준

항목	2012	2013	2014	2015	2016	2017.2Q
가(최고/저)(천원)	3.0/2.2	2.9/2.4	3.2/2.5	4.0/2.7	4.6/2.9	—/—
R(최고/저)(배)	13.5/9.8	92.1/76.1	42.1/32.6	—/—	51.4/32.3	—/—
R(최고/저)(배)	0.3/0.3	0.3/0.3	0.3/0.3	0.4/0.3	0.5/0.3	0.5/0.4
V/EBITDA(배)	5.9	11.4	17.4	21.7	9.8	—/—
EPS(원)	251	34	80	-303	92	-15
BPS(원)	9,953	9,940	9,886	9,522	9,543	9,454
CFPS(원)	766	575	516	257	702	295
DPS(원)	75	75	75	55	75	
EBITDAPS(원)	972	646	454	397	936	453

무 비율 〈단위 : % 〉

년도	영업이익률	순이익률	부채비율	차입금비율	ROA	ROE	유보율	자기자본비율	EBITDA마진율
○016	2.8	0.8	78.7	58.0	0.5	1.0	1,808.7	56.0	8.0
○015	-1.4	-2.7	80.1	59.7	-1.7	-3.1	1,804.3	55.5	3.5
○014	0.2	0.7	78.5	54.1	0.5	0.8	1,877.2	56.0	4.0
○013	0.9	0.3	74.4	49.7	0.2	0.3	1,888.0	57.3	5.5

삼아제약 (A009300)
Sam-A Pharm

업 종 : 제약		시 장 : KOSDAQ	
신용등급 : (Bond) — (CP) —		기업규모 : 우량	
홈페이지 : www.samapharm.co.kr		연 락 처 : 033/769-8400	
본 사 : 강원도 원주시 문막읍 동화공단로 49(동화리 1676)			

설 립 일	1973.10.04	종 업 원 수	308명	대 표 이 사	허준,허미애(각자대표이사)
상 장 일	2000.07.07	감 사 의 견	적정 (삼일)	계 열	
결 산 기	12월	보 통 주	637만주	종 속 회 사 수	
액 면 가	1,000원	우 선 주		구 상 호	

주주구성 (지분율,%)		출자관계 (지분율,%)		주요경쟁사 (외형,%)	
허준	44.4			삼아제약	100
허미애	13.1			선바이오	2
(외국인)	2.5			대봉엘에스	108

매출구성		비용구성		수출비중	
호흡기계	53.2	매출원가율	38.5	수출	0.0
해열진통소염	15.4	판관비율	46.9	내수	100.0
항생제	11.9				

회사 개요

동사는 의약품의 제조를 목적으로 1945년 10월 보건제약소로 창립되어 1973년 10월 삼아약품공업주식회사로 법인화됨. 2000년 7월 코스닥시장에 상장되었으며 2007년 3월 삼아제약주식회사로 상호변경됨. 주력 품목으로 노마에프트, 노마큐정 등과 같은 어린이 영양제품이 있음. 전문의약품에서는 호흡기 계통의 진해거담제인 아토크정과 코네날정이 있음. 2017년 상반기 매출 비중은 호흡기계 56.8%, 해열진통소염계 14.4%, 피부기계 9.9%.

실적 분석

동사의 2017년 2분기 누적 매출액은 전년 동기 대비 6.6% 감소한 313.4억원을 기록함. 매출원가는 7.1% 감소하여 매출총이익은 6.3% 감소함. 판매비와 관리비는 전년 동기 대비 0.7% 증가한 149.3억원임. 그 결과 영업이익은 44.5억원으로 전년 동기 대비 24.0% 감소함. 비영업손익 8.4억원을 기록하여 최종적으로 당기순이익은 30.5% 감소한 40.6억원을 시현함.

현금 흐름 *IFRS 별도 기준 〈단위 : 억원〉

항목	2016	2017.2Q
영업활동	105	45
투자활동	-50	-109
재무활동	-13	-15
순현금흐름	42	-79
기말현금	217	138

시장 대비 수익률

결산 실적 〈단위 : 억원〉

항목	2012	2013	2014	2015	2016	2017
매출액	566	546	568	597	659	—
영업이익	93	61	58	61	96	—
당기순이익	120	72	81	72	99	—

분기 실적 *IFRS 별도 기준 〈단위 : 억원〉

항목	2016.1Q	2016.2Q	2016.3Q	2016.4Q	2017.1Q	2017.2Q
매출액	167	168	142	181	157	157
영업이익	29	30	13	24	21	24
당기순이익	30	29	15	25	18	22

재무 상태 *IFRS 별도 기준 〈단위 : 억원〉

항목	2012	2013	2014	2015	2016	2017.2Q
총자산	1,448	1,470	1,459	1,529	1,623	1,641
유형자산	420	426	424	438	420	418
무형자산	48	71	76	78	73	73
유가증권	480	393	342	399	368	475
총부채	235	197	117	128	134	110
총차입금	125	89	3	1	—	24
자본금	64	64	64	64	64	64
총자본	1,213	1,273	1,342	1,401	1,489	1,531
지배주주지분	1,213	1,273	1,342	1,401	1,489	1,531

기업가치 지표 *IFRS 별도 기준

항목	2012	2013	2014	2015	2016	2017.2Q
주가(최고/저)(천원)	10.6/5.3	14.2/9.3	13.6/10.1	22.3/10.9	29.7/13.7	—/—
PER(최고/저)(배)	6.1/3.1	13.4/8.7	11.2/8.3	20.4/9.9	19.4/9.0	—/—
PBR(최고/저)(배)	0.6/0.3	0.8/0.5	0.7/0.5	1.0/0.5	1.3/0.6	0.9/0.8
EV/EBITDA(배)	3.4	6.3	4.5	6.3	8.2	—/—
EPS(원)	1,876	1,128	1,267	1,124	1,549	637
BPS(원)	19,284	20,225	21,297	22,228	23,615	24,280
CFPS(원)	2,187	1,459	1,594	1,467	1,927	831
DPS(원)	200	200	200	200	250	
EBITDAPS(원)	1,766	1,281	1,240	1,293	1,881	893

재무 비율 〈단위 : % 〉

연도	영업이익률	순이익률	부채비율	차입금비율	ROA	ROE	유보율	자기자본비율	EBITDA마진율
2016	14.5	15.0	9.0	0.0	6.3	6.8	2,261.5	91.8	18.2
2015	10.1	12.0	9.2	0.1	4.8	5.2	2,122.8	91.6	13.8
2014	10.2	14.2	8.7	0.2	5.5	6.2	2,029.7	92.0	13.9
2013	11.1	13.2	15.5	7.0	4.9	5.8	1,922.5	86.6	14.9

삼양사 (A145990)
Samyang

업 종 : 식료품		시 장 : 거래소	
신용등급 : (Bond) AA- (CP) —		기업규모 : 시가총액 중형주	
홈 페 이 지 : www.samyangcorp.com		연 락 처 : 02)740-7114	
본 사 : 서울시 종로구 종로33길 31			

설 립 일 2011.11.03	종업원수 1,240명	대표이사 김정,문성환	
상 장 일 2011.12.05	감사의견 적정 (한영)	계 열	
결 산 기 12월	보 통 주 1,029만주	종속회사수 5개사	
액 면 가 5,000원	우 선 주 37만주	구 상 호	

주주구성 (지분율,%)		출자관계 (지분율,%)		주요경쟁사 (외형,%)	
삼양홀딩스	62.0	크리켐	100.0	삼양사	100
신영자산운용	6.7	삼양패키징	51.0	CJ	1,197
(외국인)	4.1	삼양화인테크놀로지	50.0	오리온홀딩스	119

매출구성		비용구성		수출비중	
설탕,밀가루,유지,전분당,홈메이드 제품 등	55.3	매출원가율	79.9	수출	25.0
엔지니어링 플라스틱,산업자재용섬유 등	46.7	판관비율	12.8	내수	75.0
기타(임대수익 등)	0.1				

회사 개요
동사의 사업부문은 크게 식품 및 화학부문이 있음. 식품부문의 주요 제품으로 설탕, 밀가루, 유지, 전분당 등이 있으며, 원료 대부분 해외에서 수입, 가공하여 판매하기 때문에 국제 곡물가격의 영향을 많이 받음. 화학부문의 엔지니어링 플라스틱은 투명성, 내열성 및 기계적 특성이 우수하여 전기전자, 자동차, 기계부품 소재로 사용되고 있으며, 역시 국제원유가격의 영향을 많이 받음. 연결대상 종속회사는 삼양공정소료(상해) 등 5개사가 있음.

실적 분석
동사의 2017년 상반기 연결기준 누적 매출액은 1조19.3억원으로 전년 동기 대비 0.5% 감소함. 매출이 소폭 감소했지만 매출원가는 다소 증가했고 판관비 또한 늘어나면서 영업이익은 전년 동기 대비 56.4% 감소한 415.5억원을 시현함. 비영업손익 부문에서 적자가 지속되고 영업이익도 크게 줄면서 당기순이익은 전년 동기 대비 57.5% 감소한 284.2억원을 기록함.

현금 흐름 〈단위 : 억원〉

항목	2016	2017.2Q
영업활동	1,719	-265
투자활동	-93	-1,236
재무활동	-364	366
순현금흐름	1,289	-1,140
기말현금	2,002	863

시장 대비 수익률

결산 실적 〈단위 : 억원〉

항목	2012	2013	2014	2015	2016	2017
매출액	13,667	13,453	13,551	14,389	20,009	—
영업이익	162	209	372	758	1,473	—
당기순이익	261	190	305	510	1,012	—

분기 실적 〈단위 : 억원〉

항목	2016.1Q	2016.2Q	2016.3Q	2016.4Q	2017.1Q	2017.2Q
매출액	4,910	5,161	5,164	4,774	4,791	5,228
영업이익	363	590	537	-16	141	274
당기순이익	259	409	373	-30	94	190

재무 상태 〈단위 : 억원〉

항목	2012	2013	2014	2015	2016	2017.2Q
총자산	8,269	7,809	10,814	14,378	20,638	20,894
유형자산	3,718	3,835	4,871	6,872	8,484	8,493
무형자산	48	53	79	1,927	2,043	2,019
유가증권	1,020	567	747	588	2,851	3,706
총부채	4,168	3,502	5,060	7,345	8,977	9,085
총차입금	1,887	1,279	2,625	4,638	5,314	5,842
자본금	221	236	315	315	533	533
총자본	4,101	4,307	5,754	7,034	11,660	11,809
지배주주지분	4,101	4,307	5,754	6,078	10,592	10,667

기업가치 지표

항목	2012	2013	2014	2015	2016	2017.2Q
주가(최고/저)(천원)	55.2/38.5	51.8/36.7	78.3/40.6	132/56.6	126/91.2	—/—
PER(최고/저)(배)	10.2/7.1	13.4/9.5	14.4/7.5	18.0/7.7	15.1/10.9	—/—
PBR(최고/저)(배)	0.6/0.4	0.6/0.4	0.9/0.5	1.4/0.6	1.3/0.9	1.1/0.9
EV/EBITDA(배)	9.1	6.2	8.8	10.0	6.4	—
EPS(원)	5,903	4,152	5,727	7,544	8,456	1,970
BPS(원)	95,140	93,455	91,553	96,693	99,371	100,072
CFPS(원)	9,415	7,800	9,420	13,317	14,362	4,723
DPS(원)	500	1,000	1,500	1,500	1,500	—
EBITDAPS(원)	7,177	8,212	10,691	17,802	19,774	6,651

재무 비율 〈단위 : % 〉

연도	영업이익률	순이익률	부채비율	차입금비율	ROA	ROE	유보율	자기자본비율	EBITDA마진율
2016	7.4	5.1	77.0	45.6	5.8	10.8	1,887.4	56.5	10.5
2015	5.3	3.6	104.4	65.9	4.1	8.0	1,833.9	48.9	14.8
2014	2.8	2.3	87.9	45.6	3.3	6.1	1,731.1	53.2	7.2
2013	1.6	1.4	81.3	29.7	2.4	4.5	1,769.1	55.2	2.8

삼양식품 (A003230)
Samyang Foods

업 종 : 식료품		시 장 : 거래소	
신용등급 : (Bond) — (CP) —		기업규모 : 시가총액 중형주	
홈 페 이 지 : www.samyangfood.co.kr		연 락 처 : 02)940-3000	
본 사 : 서울시 성북구 오패산로3길 104(하월곡동)			

설 립 일 1961.09.15	종업원수 1,358명	대표이사 전인장	
상 장 일 1975.06.30	감사의견 적정 (삼일)	계 열	
결 산 기 12월	보 통 주 753만주	종속회사수 4개사	
액 면 가 5,000원	우 선 주	구 상 호	

주주구성 (지분율,%)		출자관계 (지분율,%)		주요경쟁사 (외형,%)	
삼양농수산	33.3	삼양티에이치에스	100.0	삼양식품	100
현대산업개발	17.0	프루웰	79.9	오뚜기	560
(외국인)	2.0	원주운수	72.3	농심	617

매출구성		비용구성		수출비중	
면(제품)	86.2	매출원가율	74.4	수출	41.0
유제품(제품)	4.3	판관비율	18.6	내수	59.0
스낵(제품)	3.6				

회사 개요
동사는 1961년 유지공업과 식품도매업을 영위하기 위하여 설립됨. 1963년 국내최초로 '삼양라면'이란 브랜드를 선보임. 원주, 문막, 익산 등의 공장에서 면류, 스낵류, 유제품, 조미소재류를 제조, 판매이며, 계열회사는 에 코그린캠퍼스, 프루웰, 호면당, 제주우유 등을 포함 총 8개사임. 2015년에는 무슬림 시장 공략을 위해 할랄 인증을 획득하고, 동남아권 수출을 확대해가며 해외 시장 진출에 집중하고 있음.

실적 분석
동사의 2017년 2분기 누적 연결기준 매출액은 전년대비 37.8% 성장한 2,183.9억원을 기록함. 면 수출 급증이 전사 매출액 성장을 견인함. 매출액 성장으로 원가율도 개선되어 영업이익과 당기순이익은 각각 전년대비 147.9%, 173.3% 증가한 204.1억원과 167.7억원을 기록함. 당반기 제품별 매출비중은 면이 89.2%로 대부분을 차지하고 있으며 향후 불닭볶음면 등의 브랜드 관리 및 확대를 계획 중임.

현금 흐름 〈단위 : 억원〉

항목	2016	2017.2Q
영업활동	381	113
투자활동	-173	-194
재무활동	-41	-18
순현금흐름	172	-97
기말현금	405	308

시장 대비 수익률

결산 실적 〈단위 : 억원〉

항목	2012	2013	2014	2015	2016	2017
매출액	3,258	3,027	3,146	2,909	3,593	—
영업이익	76	102	97	71	253	—
당기순이익	53	34	41	-34	188	—

분기 실적 〈단위 : 억원〉

항목	2016.1Q	2016.2Q	2016.3Q	2016.4Q	2017.1Q	2017.2Q
매출액	770	814	962	1,047	1,168	1,0
영업이익	38	45	73	98	131	
당기순이익	41	20	37	90	100	

재무 상태 〈단위 : 억원〉

항목	2012	2013	2014	2015	2016	2017.2Q
총자산	2,905	2,986	2,996	2,965	3,267	3,4
유형자산	1,667	1,650	1,650	1,664	1,799	1,9
무형자산	23	44	54	50	41	
유가증권	82	86	84	108	76	1.
총부채	1,293	1,347	1,335	1,340	1,492	1,5
총차입금	538	534	535	534	522	7
자본금	377	377	377	377	377	3
총자본	1,612	1,639	1,661	1,625	1,775	1,9
지배주주지분	1,588	1,619	1,641	1,607	1,753	1,8

기업가치 지표

항목	2012	2013	2014	2015	2016	2017.2Q
주가(최고/저)(천원)	41.8/19.5	28.6/19.8	31.6/20.8	30.1/20.4	53.3/22.7	—/—
PER(최고/저)(배)	58.1/27.2	59.7/41.3	59.2/39.1	—	22.0/9.4	—
PBR(최고/저)(배)	2.0/0.9	1.4/0.9	1.5/1.0	1.4/1.0	2.3/1.0	2.6/1
EV/EBITDA(배)	15.7	12.8	12.0	17.5	10.0	—
EPS(원)	729	486	539	-418	2,431	2,1
BPS(원)	21,083	21,486	21,780	21,338	23,269	25,0
CFPS(원)	1,453	1,255	1,344	403	3,206	2,1
DPS(원)	—	100	100	50	150	
EBITDAPS(원)	1,732	2,122	2,094	1,770	4,130	1,

재무 비율 〈단위 : % 〉

연도	영업이익률	순이익률	부채비율	차입금비율	ROA	ROE	유보율	자기자본비율	EBITDA마진율
2016	7.0	5.2	84.0	29.4	6.0	10.9	365.4	54.3	
2015	2.5	-1.2	82.5	32.9	-1.1	-1.9	326.8	54.8	
2014	3.1	1.3	80.4	32.2	1.4	2.5	335.6	55.4	
2013	3.4	1.1	82.2	32.6	1.2	2.1	329.7	54.9	

삼양옵틱스 (A225190)
SAMYANG OPTICS CO

업　종 : 내구소비재		시　장 : KOSDAQ	
용 등 급 : (Bond) —　(CP) —		기업규모 : 중견	
페 이 지 : www.syopt.co.kr		연 락 처 : 055)250-5600	
본　사 : 경남 창원시 마산회원구 자유무역6길 123			

설 립 일	2013.08.02	종 업 원 수	138명	대 표 이 사	황충현
상 장 일	2017.06.02	감 사 의 견	적정 (삼정)	계　열	
결 산 기	12월	보 통 주	1,000만주	종속회사수	2개사
액 면 가	500원	우 선 주		구 상 호	

주주구성 (지분율,%)		출자관계 (지분율,%)		주요경쟁사 (외형,%)	
에스와이오투자목적회사	60.0	옵트라움	100.0	삼양옵틱스	100
미래에셋대우	8.8	남경광학	100.0	아남전자	267
(외국인)	0.5			에스텍	463

매출구성		비용구성		수출비중	
Photo	59.2	매출원가율	48.7	수출	—
Cine	29.6	판관비율	20.1	내수	—
XEEN	10.4				

회사 개요
동사는 2013년 설립된 기업으로 카메라 교환렌즈 전문회사로 디지털카메라에 장착하는 렌즈를 생산하는 회사임. 2017년 6월 초 KOSDAQ에 상장예정임. 2016년 12월 기준 자산총액은 426억원, 부채총액은 87억원, 자본총액은 339억원의 규모로 부채비율은 25.62%임. 매출 중 95%가 수출이 차지하여, 독일의 'iF 디자인 어워드 2017'을 수상한 바 있음.

실적 분석
동사는 2017년 2분기 매출액은 227.7억원으로 전년 동기대비 5.5% 증가함. 매출원가는 전년 동기대비 5.8% 상승하였으나, 영업이익 또한 전년 동기대비 2.7% 증가한 77.7억원을 기록함. 비영업손익은 전년 동기대비 흑자전환을 하였으며, 금융손익의 개선이 주요 원인임. 법인세 비용의 증가에 기인하여, 당기순이익은 77.3억원으로 전년 대비 29.6% 증가함.

현금 흐름 〈단위 : 억원〉

	2016	2017.2Q
영업활동	205	52
투자활동	-53	-20
재무활동	-100	-120
순현금흐름	52	-87
기말현금	119	32

시장 대비 수익률

결산 실적 〈단위 : 억원〉

항목	2012	2013	2014	2015	2016	2017
매출액		224	516	572	628	
영업이익		50	148	176	196	
당기순이익		38	125	131	160	

분기 실적 〈단위 : 억원〉

항목	2016.1Q	2016.2Q	2016.3Q	2016.4Q	2017.1Q	2017.2Q
매출액		145				156
영업이익		43				47
당기순이익		32				54

재무 상태 〈단위 : 억원〉

항목	2012	2013	2014	2015	2016	2017.2Q
총자산		267	298	340	426	382
유형자산		74	75	111	141	151
무형자산		1	15	12	13	12
유가증권		1				
총부채		32	89	63	87	84
총차입금			11		8	
자본금		5	4	50	50	50
총자본		235	209	277	339	298
지배주주지분		235	209	277	339	298

기업가치 지표

항목	2012	2013	2014	2015	2016	2017.2Q
주가(최고/저)(천원)	#VALUE!	—/—	—/—	—/—	—/—	—/—
PER(최고/저)(배)	0.0/0.0	0.0/0.0	0.0/0.0	0.0/0.0	0.0/0.0	—/—
PBR(최고/저)(배)	0.0/0.0	0.0/0.0	0.0/0.0	0.0/0.0	0.0/0.0	5.8/5.0
EV/EBITDA(배)	0.0					
EPS(원)	—	316	1,094	1,310	1,597	773
BPS(원)	—	23,492	24,871	2,771	3,395	2,980
CFPS(원)		4,309	14,425	1,464	1,786	888
DPS(원)						
EBITDAPS(원)		5,564	16,850	1,915	2,145	893

재무 비율 〈단위 : %〉

연도	영업이익률	순이익률	부채비율	차입금비율	ROA	ROE	유보율	자기자본비율	EBITDA마진율
2016	31.2	25.4	25.6	2.3	41.7	51.8	579.0	79.6	34.2
2015	30.8	22.9	22.7	0.0	41.1	53.9	454.1	81.5	33.5
2014	28.7	24.2	42.5	5.1	0.0	0.0	4,874.3	70.2	31.4
2013	22.4	16.8	13.5	0.0	0.0	0.0	4,598.4	88.1	24.8

삼양통상 (A002170)
SAMYANG TONGSANG

업　종 : 섬유 및 의복		시　장 : 거래소	
신용등급 : (Bond) —　(CP) —		기업규모 : 시가총액 소형주	
홈 페 이 지 : www.samyangts.com		연 락 처 : 02)3453-3961	
본　사 : 서울시 강남구 테헤란로 301(역삼동) 삼정개발빌딩 6층			

설 립 일	1957.10.12	종 업 원 수	280명	대 표 이 사	허남각
상 장 일	1989.11.10	감 사 의 견	적정 (삼덕)	계　열	
결 산 기	12월	보 통 주	300만주	종속회사수	1개사
액 면 가	5,000원	우 선 주		구 상 호	

주주구성 (지분율,%)		출자관계 (지분율,%)		주요경쟁사 (외형,%)	
허준홍	20.0	경원건설	14.9	삼양통상	100
조광피혁	5.1	청도삼양피혁유한공사	100.0	데코앤이	28
(외국인)	6.3			동일방직	420

매출구성		비용구성		수출비중	
우피혁등 (가죽부문 제품)	97.5	매출원가율	81.0	수출	31.0
기타 (잡매출 등)	2.5	판관비율	3.1	내수	69.0

회사 개요
가죽 원단 제품을 주력으로 생산하는 동사는 가죽사업과 야구글러브 등 운동용구 사업으로 대별됨. 가죽부문 매출이 약 98.4% 가량이며, 최근 자동차 시트, 가구용 가죽 등 고부가가치 제품 생산에 집중하고 있음. 시장점유율은 조광피혁에 이어 유니켐과 함께 시장 2위권을 형성하고 있음. 허만정 LG그룹 공동창업주의 장남인 허정구 삼양통상 전 회장이 설립한 피혁원단 제조업체임.

실적 분석
동사의 2017년 상반기 연결기준 매출액은 882.4억원으로 전년동기 대비 11.3% 감소함. 영업이익은 166.1억원을 기록하며 37.6% 증가. 당기순이익은 51.4% 증가한 136.6억원을 시현함. 피혁 부문에서 중국 및 동남아 국가를 상대로 시장개척을 추진 중임. 카시트용 가죽 부문은 중국 청도 현지법인을 통해 고객 네트워크 기반을 넓혀 나가고 있음.

현금 흐름 〈단위 : 억원〉

	2016	2017.2Q
영업활동	435	130
투자활동	83	-97
재무활동	-451	-16
순현금흐름	67	17
기말현금	78	95

시장 대비 수익률

결산 실적 〈단위 : 억원〉

항목	2012	2013	2014	2015	2016	2017
매출액	1,625	1,664	1,991	2,150	1,958	
영업이익	54	18	96	120	311	
당기순이익	60	34	102	105	229	

분기 실적 〈단위 : 억원〉

항목	2016.1Q	2016.2Q	2016.3Q	2016.4Q	2017.1Q	2017.2Q
매출액	501	494	489	473	429	453
영업이익	56	65	87	103	83	83
당기순이익	39	52	69	69	71	66

재무 상태 〈단위 : 억원〉

항목	2012	2013	2014	2015	2016	2017.2Q
총자산	2,586	2,735	2,990	3,137	2,892	3,011
유형자산	412	430	454	481	470	461
무형자산	10	10	10	10	10	10
유가증권	39	42	12	12	12	25
총부채	456	591	765	831	393	400
총차입금	246	377	489	583	156	164
자본금	150	150	150	150	150	150
총자본	2,129	2,144	2,225	2,306	2,499	2,611
지배주주지분	2,129	2,144	2,225	2,306	2,499	2,611

기업가치 지표

항목	2012	2013	2014	2015	2016	2017.2Q
주가(최고/저)(천원)	26.8/17.7	26.0/19.4	84.8/24.3	121/38.4	57.9/42.3	—/—
PER(최고/저)(배)	14.9/9.8	24.6/18.4	25.9/7.4	35.5/11.3	7.7/5.6	—/—
PBR(최고/저)(배)	0.4/0.3	0.4/0.3	1.2/0.3	1.6/0.5	0.7/0.5	0.6/0.6
EV/EBITDA(배)	0.3	8.3	17.3	7.8	2.8	—
EPS(원)	1,998	1,130	3,405	3,509	7,618	4,553
BPS(원)	70,979	71,450	74,181	76,858	83,299	87,043
CFPS(원)	2,884	2,057	4,491	4,689	8,865	5,146
DPS(원)	750	750	750	825	750	
EBITDAPS(원)	2,672	1,528	4,273	5,192	11,617	6,129

재무 비율 〈단위 : %〉

연도	영업이익률	순이익률	부채비율	차입금비율	ROA	ROE	유보율	자기자본비율	EBITDA마진율
2016	15.9	11.7	15.7	6.2	7.6	9.5	1,566.0	86.4	17.8
2015	5.6	4.9	36.1	25.3	3.4	4.7	1,437.2	73.5	7.2
2014	4.8	5.1	34.4	22.0	3.6	4.7	1,383.6	74.4	6.4
2013	1.1	2.0	27.6	17.6	1.3	1.6	1,329.0	78.4	2.8

삼양홀딩스 (A000070)
Samyang Holdings

업 종 : 식료품		시 장 : 거래소	
신용등급 : (Bond) AA- (CP) —		기업규모 : 시가총액 중형주	
홈페이지 : www.samyang.com		연 락 처 : 02)740-7111	
본 사 : 서울시 종로구 종로33길 31(연지동)			

설립일 1924.10.01	종업원수 138명	대표이사 김윤,김원,김량
상장일 1968.12.27	감사의견 적정(한영)	계 열
결산기 12월	보통주 856만주	종속회사수 11개사
액면가 5,000원	우선주 30만주	구 상 호

주주구성 (지분율,%)		출자관계 (지분율,%)		주요경쟁사 (외형,%)	
국민연금공단	13.4	삼양바이오팜	100.0	삼양홀딩스	100
김원	5.4	삼양데이타시스템	100.0	CJ	1,036
(외국인)	7.3	삼양에프앤비	100.0	오리온홀딩스	103

매출구성		비용구성		수출비중	
설탕, 밀가루, 식용유 등	53.0	매출원가율	80.5	수출	—
엔지니어링 플라스틱, PET Bottle, 이온교환수지	48.2	판관비율	13.4	내수	—
봉합사, 항암주사제, 패취, 제지기계 등	7.0				

회사 개요
동사는 삼양그룹의 지주회사로서 지주사업과 무역 및 임대사업을 영위하고 있음. 지주회사의 일반적인 수입 원천인 배당금수익, 상표권 사용수익, 임대수익뿐만 아니라 상품무역 사업 영위를 통해 안정적인 수익 원천을 확보하고 있음. 동사에 소속된 자회사는 식품부문, 화학부문, 의약부문 이외 기타부문으로 구성되어 있으며, 대표적인 자회사로는 삼양사, 삼양제넥스, 삼남석유화학 등이 있음. 현재 8개의 자회사를 두고 있음.

실적 분석
동사의 2017년 상반기 연결기준 누적 매출액은 1조1757.7억원으로 전년 동기 대비 2.2% 증가함. 매출은 소폭 증가했지만 매출원가 등이 늘면서 영업이익은 전년 동기 대비 49.1% 감소한 485.9억원을 시현함. 비영업손익 부문에서는 외환차가 증가하면서 흑자전환에 성공했으며 법인세비용도 56.4% 감소함. 그럼에도 영업이익이 큰 폭으로 줄면서 당기순이익은 372억원으로 전년 동기 대비 40.2% 감소함.

현금 흐름 〈단위 : 억원〉
항목	2016	2017.2Q
영업활동	2,113	-121
투자활동	-680	-1,374
재무활동	-567	305
순현금흐름	901	-1,196
기말현금	2,380	1,184

시장 대비 수익률

결산 실적 〈단위 : 억원〉
항목	2012	2013	2014	2015	2016	2017
매출액	18,641	23,291	22,134	21,696	23,115	
영업이익	199	25	638	1,067	1,410	
당기순이익	1,297	-262	210	780	651	

분기 실적 〈단위 : 억원〉
항목	2016.1Q	2016.2Q	2016.3Q	2016.4Q	2017.1Q	2017.2Q
매출액	5,477	6,026	5,986	5,626	5,666	6,092
영업이익	384	570	514	-59	180	306
당기순이익	236	386	323	-294	145	227

재무 상태 〈단위 : 억원〉
항목	2012	2013	2014	2015	2016	2017.2Q
총자산	27,484	25,951	27,959	30,714	31,694	32,021
유형자산	9,376	9,562	9,646	11,731	11,558	11,541
무형자산	537	505	489	2,310	2,327	2,294
유가증권	1,510	1,811	6,431	2,256	2,326	2,403
총부채	10,854	9,369	11,416	12,751	13,188	13,277
총차입금	6,463	5,138	6,930	8,102	7,835	8,363
자본금	396	424	443	443	443	443
총자본	16,630	16,582	16,544	17,964	18,506	18,744
지배주주지분	12,163	12,936	13,151	13,421	13,526	13,653

기업가치 지표
항목	2012	2013	2014	2015	2016	2017.2Q
주가(최고/저)(천원)	83.7/44.9	88.3/61.7	88.5/63.2	292/80.5	188/116	—/—
PER(최고/저)(배)	5.4/2.9	—/—	311.8/222.6	57.2/15.8	74.9/46.1	—/—
PBR(최고/저)(배)	0.6/0.3	0.6/0.4	0.6/0.4	2.0/0.5	1.2/0.8	0.9/0.7
EV/EBITDA(배)	17.1	16.5	10.2	12.1	7.7	—/—
EPS(원)	16,766	-3,896	296	5,242	2,550	2,387
BPS(원)	154,663	153,828	149,417	152,461	153,653	155,077
CFPS(원)	22,929	3,018	6,667	13,136	11,873	6,677
DPS(원)	1,500	1,250	1,500	1,500	2,000	
EBITDAPS(원)	9,046	7,209	13,870	19,928	25,224	9,769

재무 비율 〈단위 : % 〉
연도	영업이익률	순이익률	부채비율	차입금비율	ROA	ROE	유보율	자기자본비율	EBITDA마진율
2016	6.1	2.8	71.3	42.3	2.1	1.7	2,973.1	58.4	9.7
2015	4.9	3.6	71.0	45.1	2.7	3.5	2,949.2	58.5	8.2
2014	2.9	1.0	69.0	41.9	0.8	0.2	2,888.3	59.2	5.3
2013	0.1	-1.1	56.5	31.0	-1.0	-2.6	2,976.6	63.9	2.6

삼영무역 (A002810)
Samyung Trading

업 종 : 화학		시 장 : 거래소	
신용등급 : (Bond) — (CP) —		기업규모 : 시가총액 소형주	
홈페이지 : www.samyung.co.kr		연 락 처 : 02)320-4114	
본 사 : 서울시 마포구 양화로 111			

설립일 1959.10.16	종업원수 69명	대표이사 이승용
상장일 1988.03.28	감사의견 적정(신한)	계 열
결산기 12월	보통주 1,647만주	종속회사수 5개사
액면가 500원	우선주 —	구 상 호

주주구성 (지분율,%)		출자관계 (지분율,%)		주요경쟁사 (외형,%)	
이승용	20.9	삼명정밀	100.0	삼영무역	100
국민연금공단	7.5	삼한산업	100.0	휴켐스	267
(외국인)	15.6	에스와이티에탄올	100.0	송원산업	310

매출구성		비용구성		수출비중	
MEK 외	80.0	매출원가율	91.2	수출	20.0
안경렌즈	15.9	판관비율	6.5	내수	80.0
전자부품외	4.1				

회사 개요
동사는 기초석유화학의 유도체인 MEK 등 화공약품을 국내외 제조업체에 공급하는 화공약품 판매사업과 관계사인 (주)케미글라스에서 생산한 플라스틱렌즈를 일본, 중국, 동남아, 유럽 등 해외시장에 수출하는 안경렌즈 판매사업이 주력으로 함. 매출 비중은 화공부문 69%, 렌즈부문 7%, 기타 24%임. 관계사에서 대량생산하는 고굴절렌즈 제품은 각 지역별 판매가 늘고 있어 해외 시장에서의 안정적인 성장이 기대됨.

실적 분석
동사의 2017년 연결기준 상반기 매출액은 1,285.3억원으로 전년동기 대비 18.3% 증가함. 이는 주요 품목단가 상승으로 인한 영향임. 매출 증가에 힘입어 영업이익은 46억원으로 큰 폭으로 증가함. 안경렌즈 부문은 엔화의 약세 등으로 인하여 판매량은 약 13%감소하고, 매출액도 약 5%정도 증가함. 특히 신흥국 시장의 매출이 많은 렌즈관련 계열사들이 양호한 실적을 나타내고 있음.

현금 흐름 〈단위 : 억원〉
항목	2016	2017.2Q
영업활동	40	-125
투자활동	137	168
재무활동	5	-45
순현금흐름	180	-4
기말현금	573	569

시장 대비 수익률

결산 실적 〈단위 : 억원〉
항목	2012	2013	2014	2015	2016	2017
매출액	2,745	2,664	2,646	2,250	2,240	
영업이익	52	43	50	29	52	
당기순이익	220	201	215	190	245	

분기 실적 〈단위 : 억원〉
항목	2016.1Q	2016.2Q	2016.3Q	2016.4Q	2017.1Q	2017.2Q
매출액	530	556	548	605	643	6
영업이익	8	16	9	19	25	
당기순이익	60	68	50	67	79	

재무 상태 〈단위 : 억원〉
항목	2012	2013	2014	2015	2016	2017.2Q
총자산	2,502	2,744	2,963	3,029	3,351	3,4
유형자산	291	285	279	281	278	2
무형자산	11	21	21	20	20	2
유가증권	304	337	387	507	400	4
총부채	432	488	511	413	484	5
총차입금	10	—	—	—	—	
자본금	82	82	82	82	82	
총자본	2,070	2,256	2,452	2,616	2,867	2,9
지배주주지분	2,065	2,250	2,446	2,610	2,861	2,9

기업가치 지표
항목	2012	2013	2014	2015	2016	2017.2Q
주가(최고/저)(천원)	11.1/5.3	20.5/8.8	23.9/14.9	23.8/17.4	24.0/16.5	—/—
PER(최고/저)(배)	8.8/4.2	17.5/7.6	19.0/11.8	21.2/15.5	16.4/11.3	—/—
PBR(최고/저)(배)	0.9/0.5	1.6/0.7	1.7/1.0	1.5/1.1	1.4/1.0	1.1/0
EV/EBITDA(배)	19.9	40.5	55.2	82.3	31.7	—/—
EPS(원)	1,337	1,221	1,306	1,152	1,487	9
BPS(원)	12,605	13,731	14,919	15,913	17,387	17,9
CFPS(원)	1,390	1,275	1,358	1,200	1,535	9
DPS(원)	125	125	200	275	275	
EBITDAPS(원)	368	313	355	227	365	3

재무 비율 〈단위 : % 〉
연도	영업이익률	순이익률	부채비율	차입금비율	ROA	ROE	유보율	자기자본비율	EBITDA마진율
2016	2.3	11.0	16.9	0.0	7.7	9.0	3,377.4	85.6	2
2015	1.3	8.5	15.8	0.0	6.4	7.5	3,082.7	86.4	1
2014	1.9	8.1	20.8	0.0	7.5	9.2	2,883.9	82.8	2
2013	1.6	7.6	21.6	0.0	7.5	9.3	2,646.1	82.2	1

삼영엠텍 (A054540)
Samyoung M-Tek

종 목: 기계		시 장: KOSDAQ	
용 등 급: (Bond) — (CP) —		기 업 규 모: 중견	
페 이 지: www.symtek.co.kr		연 락 처: 055)589-7700	
사: 경남 함안군 칠서면 삼칠로 631-35			

설 립 일	1997.01.29	종 업 원 수	124명	대 표 이 사	강문식
상 장 일	2001.11.01	감 사 의 견	적정 (대주)	계	
결 산 기	12월	보 통 주	1,300만주	종 속 회 사 수	2개사
액 면 가	500원	우 선 주		구 상 호	

주주구성 (지분율,%)		출자관계 (지분율,%)		주요경쟁사 (외형,%)	
강문식	7.2	삼영영농	89.7	삼영엠텍	100
한국증권금융	5.2	대련삼영두산금속제품유한공사	89.2	우진플라임	318
(외국인)	6.1				253

매출구성		비용구성		수출비중	
선박엔진 구조재	36.1	매출원가율	82.5	수출	69.0
플랜트 기자재	36.0	판관비율	13.0	내수	31.0
구조물 구조재	19.8				

회사 개요
동사는 플랜트 기자재 및 선박엔진 구조재 등 산업에 필요한 철강소재와 구조물 구조재 등 교량건설에 필요한 교좌장치를 생산 판매하고 있으며, 국내외 주요 선박용 엔진제조사와 발전 및 철강 PLANT 제조사 그리고 건설회사 등에 제품을 공급하고 있음. 금속제조와 가공업을 영위하는 대련삼영두산금속제품유한공사와 농업을 영위하는 삼영영농 등 비상장 계열사 두 개를 보유하고 있음.

실적 분석
2017년 상반기 연결기준 동사의 매출액은 273.7억원을 시현하며 전년 동기 대비 11.1% 축소됨. 전년도 같은 기간 14.5억원을 기록하였던 영업이익은 6.3억원의 손실을 기록하며 적자로 돌아섰음. 비영업부문 수익이 늘었으나 당기순이익 역시 적자전환됨. 전년동 때 11.4억원을 기록했으나 2017년 상반기엔 0.3억원의 손실을 기록함. 국내외 시장 성장세 둔화로 인한 현상으로 파악됨.

현금 흐름 〈단위 : 억원〉
항목	2016	2017.2Q
영업활동	172	10
투자활동	-84	-42
재무활동	-116	-107
순현금흐름	-30	-143
기말현금	227	84

시장 대비 수익률

결산 실적 〈단위 : 억원〉
항목	2012	2013	2014	2015	2016	2017
매출액	1,158	1,032	1,070	972	718	—
영업이익	71	60	29	51	32	—
당기순이익	48	20	4	71	26	—

분기 실적 〈단위 : 억원〉
항목	2016.1Q	2016.2Q	2016.3Q	2016.4Q	2017.1Q	2017.2Q
매출액	138	170	213	197	124	150
영업이익	-1	16	20	-2	-12	5
당기순이익	3	9	17	-2	-9	9

재무 상태 〈단위 : 억원〉
항목	2012	2013	2014	2015	2016	2017.2Q
총자산	1,490	1,581	1,561	1,431	1,267	1,101
유형자산	566	583	561	490	451	444
무형자산	31	31	27	14	14	13
유가증권	17	20	104	81	167	202
총부채	760	803	799	678	511	338
총차입금	565	615	617	496	394	263
자본금	68	68	68	68	68	68
총자본	730	778	762	753	756	763
지배주주지분	700	749	731	723	730	738

기업가치 지표
항목	2012	2013	2014	2015	2016	2017.2Q
주가(최고/저)(천원)	4.5/3.1	7.2/4.2	6.4/2.7	4.1/2.9	7.2/2.8	—/—
PER(최고/저)(배)	12.4/8.5	50.0/29.1	296.1/123.7	57.7/41.0	34.4/13.5	—/—
PBR(최고/저)(배)	0.9/0.6	1.4/0.8	1.2/0.5	0.8/0.5	1.2/0.5	1.3/0.8
EV/EBITDA(배)	8.3	12.7	11.6	6.5	13.8	—/—
EPS(원)	395	151	23	73	208	-5
BPS(원)	5,459	5,583	5,517	5,585	5,748	5,674
CFPS(원)	677	462	326	369	482	104
DPS(원)	120	80	—	80	90	—
EBITDAPS(원)	803	755	516	670	516	57

재무 비율 〈단위 : %〉
연도	영업이익률	순이익률	부채비율	차입금비율	ROA	ROE	유보율	자기자본비율	EBITDA마진율
2016	4.5	3.6	67.6	52.2	1.9	3.8	1,003.4	59.7	9.6
2015	5.2	0.7	90.1	66.0	0.5	1.4	1,017.0	52.6	9.3
2014	2.7	0.4	104.8	81.0	0.3	0.4	1,003.3	48.8	6.5
2013	5.8	1.9	103.2	79.0	1.3	2.8	1,016.7	49.2	9.9

삼영이엔씨 (A065570)
SAMYUNG ENC

업 종: 조선		시 장: KOSDAQ	
신용등급: (Bond) — (CP) —		기 업 규 모: 중견	
홈 페 이 지: www.samyungenc.com		연 락 처: 051)601-6666	
본 사: 부산시 영도구 상리로 69			

설 립 일	1995.02.06	종 업 원 수	270명	대 표 이 사	황원
상 장 일	2003.01.16	감 사 의 견	적정 (동원)	계	열
결 산 기	12월	보 통 주	880만주	종 속 회 사 수	1개사
액 면 가	500원	우 선 주		구 상 호	

주주구성 (지분율,%)		출자관계 (지분율,%)		주요경쟁사 (외형,%)	
황원	31.0			삼영이엔씨	100
신영자산운용	8.9			STX중공업	1,162
(외국인)	3.6			디엠씨	358

매출구성		비용구성		수출비중	
GMDSS 외	51.9	매출원가율	53.8	수출	45.0
GPS플로터	13.1	판관비율	26.5	내수	55.0
GPS 플로터 + 어군탐지기	13.0				

회사 개요
동사는 국내 해양전자 통신장비 1위 업체로 상선, 어선, 특수선, 레저보트 등과 관련된 선박의 조난, 통신, 항해 및 어로에 사용되는 통신 및 항해장비를 생산하고 있음. 매출구성은 선박통신장비 36.8%, 항해장비 29.5%, 기타장비외 25.8%, 방산장비 7.9%로 구성됨. 전반적으로 수익성이 높고 안정적인 제품 포트폴리오를 구성함. 국내뿐만 아니라 해외 시장에서 제품다각화, 시장다변화 및 판매서비스망 확충을 통해 사업기반을 확대함.

실적 분석
동사의 2017년 반기 매출액은 176.7억원으로 전년동기대비 5.1% 감소. 영업이익은 32.1억원을 기록하며 전년동기대비 20.8% 감소함. 대부분의 방산 매출이 하반기에 집중되어 있어 올해 수주된 방산 매출 약 60억원 중 80% 이상이 하반기에 매출로 인식될 예정. 국내 소형어선 안전강화에 따른 규제 수요 효과, 신제품 출시 효과 (주요 신제품 6월부터 판매 시작) 등으로 점진적 실적 개선이 가능할 것으로 전망.

현금 흐름 〈단위 : 억원〉
항목	2016	2017.2Q
영업활동	60	-34
투자활동	-44	-26
재무활동	-27	-21
순현금흐름	-11	-81
기말현금	111	30

시장 대비 수익률

결산 실적 〈단위 : 억원〉
항목	2012	2013	2014	2015	2016	2017
매출액	434	449	428	347	358	—
영업이익	105	94	73	60	71	—
당기순이익	82	77	68	61	68	—

분기 실적 〈단위 : 억원〉
항목	2016.1Q	2016.2Q	2016.3Q	2016.4Q	2017.1Q	2017.2Q
매출액	—	109	—	—	—	95
영업이익	—	20	—	—	—	17
당기순이익	—	19	—	—	—	17

재무 상태 〈단위 : 억원〉
항목	2012	2013	2014	2015	2016	2017.2Q
총자산	722	790	884	900	936	930
유형자산	92	132	182	176	169	177
무형자산	83	87	92	101	115	124
유가증권	3	3	3	3	3	4
총부채	112	81	126	99	90	85
총차입금	49	33	54	46	36	42
자본금	44	44	44	44	44	44
총자본	610	709	759	801	846	845
지배주주지분	610	709	759	801	846	845

기업가치 지표
항목	2012	2013	2014	2015	2016	2017.2Q
주가(최고/저)(천원)	6.6/5.0	9.0/6.0	10.5/7.5	9.6/7.3	12.2/7.1	—/—
PER(최고/저)(배)	8.1/6.2	11.5/7.6	14.7/10.5	14.7/11.2	16.2/9.4	—/—
PBR(최고/저)(배)	1.0/0.8	1.2/0.8	1.3/0.9	1.1/0.9	1.3/0.8	1.1/0.9
EV/EBITDA(배)	5.0	6.4	8.4	7.8	7.5	—/—
EPS(원)	929	873	772	690	777	246
BPS(원)	7,228	8,060	8,622	9,102	9,614	9,605
CFPS(원)	1,175	1,129	1,038	957	1,048	385
DPS(원)	210	210	210	231	255	—
EBITDAPS(원)	1,445	1,320	1,095	945	1,075	504

재무 비율 〈단위 : %〉
연도	영업이익률	순이익률	부채비율	차입금비율	ROA	ROE	유보율	자기자본비율	EBITDA마진율
2016	19.7	19.1	10.6	4.2	7.5	8.3	1,822.8	90.4	26.4
2015	17.2	17.5	12.4	5.8	6.8	7.8	1,720.5	89.0	24.0
2014	17.1	15.9	16.6	7.2	8.1	9.3	1,624.4	85.8	22.5
2013	20.9	17.1	11.4	4.7	10.2	11.7	1,512.0	89.8	25.9

삼영전자공업 (A005680)
SAMYOUNG ELECTRONICS

업 종 : 전기장비		시 장 : 거래소	
신용등급 : (Bond) — (CP) —		기업규모 : 시가총액 소형주	
홈페이지 : www.samyoung.co.kr		연 락 처 : 031)743-6701	
본 사 : 경기도 성남시 중원구 사기막골로 47 (상대원동)			

설 립 일 1968.08.20	종업원수 663명	대표이사 변동준,김대호(각자대표이사)	
상 장 일 1976.12.28	감사의견 적정 (삼화)	계 열	
결 산 기 12월	보통주 2,000만주	종속회사수 3개사	
액 면 가 500원	우 선 주	구 상 호	

주주구성 (지분율,%)		출자관계 (지분율,%)		주요경쟁사 (외형,%)	
일본케미콘	33.4	성남전기공업	40.9	삼영전자	100
변동준	14.7	엠에스아이	5.9	일진전기	315
(외국인)	47.3	알펫	3.9	삼화콘덴서	80

매출구성		비용구성		수출비중	
콘덴서	105.3	매출원가율	85.1	수출	—
콘덴서자재	22.0	판관비율	10.4	내수	—
기타	0.1				

회사 개요
동사는 본사 및 청도삼영전자유한공사에서 콘덴서 및 콘덴서자재 등을 생산하여 판매하고 있음. 신규사업으로 녹색기술산업의 기초부품인 태양광 에너지용 초고압 콘덴서와 LED 조명용 장수명 콘덴서에 주력 중임. 원자재 수급불균형에 따른 원자재가격 변동, 환율 변동, 전반적인 경기침체 등 국내외의 불안요인에도 불구하고 재료사업의 기술개발 및 매출증대, 원가 절감 등의 노력을 통해 수익성 개선에 노력하고 있음.

실적 분석
동사의 2017년 상반기 연결기준 매출액은 1,108.9억원으로 전년동기대비 3.8% 증가함. 비용 측면에서 매출원가와 판관비가 각각 5%, 4.5% 상승하면서 영업이익은 전년동기보다 12% 줄어든 61.5억원을 기록함. 녹색기술산업의 기초부품인 태양광 에너지용 초고압 콘덴서와 LED 조명용 장수명 전해콘덴서, LED 조명용 고체콘덴서 등을 개발하는 한편 디지털 가전의 슬림화에 맞춰 슬림콘덴서 양산설비를 갖춰 매출 확대에 힘쓰고 있음.

현금 흐름 〈단위 : 억원〉

항목	2016	2017.2Q
영업활동	217	70
투자활동	-114	-25
재무활동	-41	-40
순현금흐름	56	-1
기말현금	304	303

시장 대비 수익률

결산 실적 〈단위 : 억원〉

항목	2012	2013	2014	2015	2016	2017
매출액	2,871	2,714	2,510	2,213	2,149	—
영업이익	115	108	142	117	97	—
당기순이익	86	129	185	138	132	—

분기 실적 〈단위 : 억원〉

항목	2016.1Q	2016.2Q	2016.3Q	2016.4Q	2017.1Q	2017.2Q
매출액	515	553	555	526	535	574
영업이익	23	47	23	3	21	41
당기순이익	28	52	28	24	18	48

재무 상태 〈단위 : 억원〉

항목	2012	2013	2014	2015	2016	2017.2Q
총자산	4,562	4,670	4,815	4,868	4,926	4,946
유형자산	1,898	1,751	1,637	1,567	1,542	1,509
무형자산	9	9	9	8	8	7
유가증권	38	59	64	55	55	57
총부채	299	298	286	235	239	262
총차입금	—	6	1	3	1	1
자본금	100	100	100	100	100	100
총자본	4,263	4,372	4,529	4,633	4,686	4,684
지배주주지분	4,263	4,372	4,529	4,633	4,686	4,684

기업가치 지표

항목	2012	2013	2014	2015	2016	2017.2Q
주가(최고/저)(천원)	10.0/7.2	8.9/7.7	13.1/8.8	16.3/11.1	12.5/10.3	—/—
PER(최고/저)(배)	25.5/18.3	14.9/12.8	14.9/9.9	24.3/16.6	19.2/15.9	—/—
PBR(최고/저)(배)	0.5/0.4	0.4/0.4	0.6/0.4	0.7/0.5	0.5/0.5	0.6/0.6
EV/EBITDA(배)	1.3	0.9	1.6	1.8	1.1	—
EPS(원)	431	644	925	691	660	327
BPS(원)	21,315	21,858	22,646	23,164	23,431	23,422
CFPS(원)	1,449	1,536	1,668	1,272	961	483
DPS(원)	200	200	200	200	200	—
EBITDAPS(원)	1,594	1,434	1,455	1,164	783	463

재무 비율 〈단위 : % 〉

연도	영업이익률	순이익률	부채비율	차입금비율	ROA	ROE	유보율	자기자본비율	EBITDA마진율
2016	4.5	6.2	5.1	0.0	2.7	2.8	4,586.3	95.1	7.3
2015	5.3	6.3	5.1	0.1	2.9	3.0	4,532.7	95.2	10.5
2014	5.7	7.4	6.3	0.0	3.9	4.2	4,429.2	94.1	11.6
2013	4.0	4.8	6.8	0.1	2.8	3.0	4,271.7	93.6	10.6

삼영화학공업 (A003720)
SAMYOUNG CHEMICAL

업 종 : 용기 및 포장		시 장 : 거래소	
신용등급 : (Bond) — (CP) —		기업규모 : 시가총액 소형주	
홈페이지 : www.sycc.co.kr		연 락 처 : 02)771-7670	
본 사 : 서울시 종로구 청계천로 35 관정빌딩 13층			

설 립 일 1959.04.10	종업원수 228명	대표이사 이석준	
상 장 일 1976.06.30	감사의견 적정 (바른)	계 열	
결 산 기 12월	보통주 3,400만주	종속회사수 2개사	
액 면 가 500원	우 선 주	구 상 호	

주주구성 (지분율,%)		출자관계 (지분율,%)		주요경쟁사 (외형,%)	
이석준	20.0	삼영중공업	37.5	삼영화학	100
신영자산운용	5.8	대련삼영화학	100.0	수출포장	20
(외국인)	3.2			한국팩키지	52

매출구성		비용구성		수출비중	
PLANT(중공업) 외	28.1	매출원가율	94.8	수출	24.0
캐파시타필름(PPC)	22.6	판관비율	10.8	내수	76.0
이축연신필름(BOPP)	20.2				

회사 개요
동사는 필름형 박막 콘덴서(전류안정화장치, 축전기) 소재인 캐파시타 필름을 국내에서 유일하게 생산하는 업체임. 주력제품인 캐파시타 필름의 국내시장을 90%가량 점유하고 있고, BOPP와 PVC는 국내 시장에서 20% 내외의 점유율을 차지함. 이 외에도 WRAP, PE WRAP, 합성지 등을 생산하고 있음. 동사는 삼영중공업과 대련삼영화학(유)를 계열회사로 두고 있음

실적 분석
포장재 필름 업계 현황은 공급 과잉 상태이며, 중국 수입 물품과 더불어 경쟁사들 시설 증설에 따른 시장의 공급 과잉의 상황은 매출을 더 악화시키고 있음. 이에 따라 동사 2017년 2분기기준 누적 매출액은 전년동기대비 -9.2% 하락한 553.3억원을 기록하였음. 비용면에서 인건비를 크게 절감하였으나 매출액 하락 및 광고비 증가등에 의해 전년동기대비 영업이익은 -47.4억원으로 적자지속하였음. 해외시장 개척으로 점진적 호전을 기대함.

현금 흐름 〈단위 : 억원〉

항목	2016	2017.2Q
영업활동	85	-20
투자활동	-20	-25
재무활동	-51	26
순현금흐름	14	-19
기말현금	27	8

시장 대비 수익률

결산 실적 〈단위 : 억원〉

항목	2012	2013	2014	2015	2016	2017
매출액	2,157	1,838	1,594	1,261	1,136	—
영업이익	69	-76	-109	-125	-64	—
당기순이익	51	-85	-172	-128	-107	—

분기 실적 〈단위 : 억원〉

항목	2016.1Q	2016.2Q	2016.3Q	2016.4Q	2017.1Q	2017.2Q
매출액	307	303	276	251	279	274
영업이익	-9	4	-16	-43	-20	-27
당기순이익	-12	-9	-15	-71	-28	-31

재무 상태 〈단위 : 억원〉

항목	2012	2013	2014	2015	2016	2017.2Q
총자산	2,079	1,987	1,865	1,702	1,566	1,482
유형자산	1,170	1,257	1,231	1,133	1,035	977
무형자산	22	18	18	19	18	—
유가증권	0	0	1	1	1	1
총부채	715	619	663	626	603	581
총차입금	378	258	369	364	313	331
자본금	170	170	170	170	170	170
총자본	1,364	1,368	1,202	1,077	963	890
지배주주지분	1,258	1,152	997	884	808	742

기업가치 지표

항목	2012	2013	2014	2015	2016	2017.2Q
주가(최고/저)(천원)	6.2/3.0	3.5/2.0	2.5/1.5	2.2/1.4	2.1/1.4	—/—
PER(최고/저)(배)	35.1/17.2	—/—	—/—	—/—	—/—	—/—
PBR(최고/저)(배)	1.7/0.8	1.0/0.6	0.8/0.5	0.8/0.6	0.9/0.6	0.8/0.6
EV/EBITDA(배)	11.6	36.2	201.1	48.2	17.5	—
EPS(원)	180	-202	-473	-340	-206	-168
BPS(원)	3,701	3,388	2,933	2,601	2,377	2,191
CFPS(원)	332	107	-136	97	145	2
DPS(원)	50	—	—	—	—	—
EBITDAPS(원)	354	87	16	70	164	4

재무 비율 〈단위 : % 〉

연도	영업이익률	순이익률	부채비율	차입금비율	ROA	ROE	유보율	자기자본비율	EBITDA마진율
2016	-5.6	-9.5	62.7	32.5	-6.6	-8.3	375.4	61.5	4.7
2015	-9.9	-10.2	58.1	33.8	-7.2	-12.3	420.2	63.2	1.5
2014	-6.9	-10.8	55.1	30.7	-8.9	-15.0	486.6	64.5	0.5
2013	-4.1	-4.6	45.2	18.8	-4.2	-5.7	577.5	68.9	3.8

삼우엠스 (A082660)
SamwooEms

종　　　목 : 휴대폰 및 관련부품		시　　　장 : KOSDAQ	
용 등 급 : (Bond) ― 　(CP) ―		기 업 규 모 : 중견	
페 이 지 : www.samwooems.com		연 락 처 : 053)605-8500	
사 : 대구시 달서구 성서공단북로 77-20			

설 립 일 2001.06.20	종 업 원 수 80명	대 표 이 사 안건준,임승혁
상 장 일 2005.10.05	감 사 의 견 적정 (세영)	계　　　열
결 산 기 12월	보 통 주 4,034만주	종 속 회 사 수 3개사
액 면 가 500원	우 선 주	구 상 호 크루셜엠스

주주구성 (지분율,%)		출자관계 (지분율,%)		주요경쟁사 (외형,%)	
크루셜텍	21.8	천진삼우엠스	100.0	삼우엠스	100
이디어브릿지자산운용	2.3	SamwooemsVinaCo.,Ltd	100.0	알에프세미	31
(외국인)	1.4			인포마크	31

매출구성		비용구성		수출비중	
생체인식 모듈	45.2	매출원가율	93.1	수출	87.0
모바일 케이스(ASS'Y)	37.9	판관비율	5.7	내수	13.0
제품 기타	16.5				

회사 개요
동사는 모바일 케이스 제조, 판매를 주요 사업으로 하고 있는 기업으로 최근 생체인식 모듈 패키징과 베젤 제조 등 신규 사업에도 진출하여 매출이 발생되고 있음. 제품매출 중 휴대폰 케이스 부문은 주로 삼성전자 갤럭시 시리즈를 대상으로 하고 있으며 전체 매출의 42.8%를 차지함. 모바일용 지문인식 트랙패드는 매출의 38.7%를 차지함. 동사는 삼성전자 중국공장에 원활한 납품을 위해 중국 천진에 천진크루셜엠스유한공사를 설립해 계열로 두고 있음.

실적 분석
2017년 상반기 연결기준 매출액은 688.1억원으로 전년동기 대비 21.2% 감소, 영업이익은 -39.3억원으로 적자전환함. 주력사업인 모바일 사출 시장 위축과 환율 하락의 영향으로 전체 실적이 감소함. 생체인식모듈 부문 매출이 신규로 발생하며 별도기준 매출액은 전년대비 증가하였으나, 연결회사 실적 부진으로 외형 축소함. 원가절감 및 생산성 향상을 위해 BTP 전공정 라인의 베트남 이전도 진행 중에 있음.

현금 흐름		〈단위 : 억원〉
항목	2016	2017.2Q
영업활동	75	18
투자활동	-50	19
재무활동	27	-137
순현금흐름	52	-100
기말현금	131	31

시장 대비 수익률

결산 실적					〈단위 : 억원〉
항목	2012	2013	2014	2015	2016	2017
매출액	1,446	3,296	3,402	2,636	2,073	―
영업이익	39	87	112	53	24	―
당기순이익	7	67	59	9	-65	―

분기 실적					〈단위 : 억원〉
항목	2016.1Q	2016.2Q	2016.3Q	2016.4Q	2017.1Q	2017.2Q
매출액	546	553	504	470	445	421
영업이익	13	17	11	-17	-22	-18
당기순이익	-6	5	8	-67	-71	-21

재무 상태					〈단위 : 억원〉
항목	2012	2013	2014	2015	2016	2017.2Q
총자산	1,139	1,832	1,797	1,935	1,972	1,995
유형자산	621	788	903	964	908	857
무형자산	6	9	7	19	118	125
유가증권	1	―	5	―	―	―
총부채	831	1,412	1,266	1,336	1,280	1,395
총차입금	529	773	702	782	698	600
자본금	45	54	55	58	100	100
총자본	308	420	531	599	693	600
지배주주지분	308	420	531	592	693	600

기업가치 지표					
항목	2012	2013	2014	2015	2016	2017.2Q
주가(최고/저)(천원)	7.1/2.0	7.1/3.6	4.2/2.5	3.8/2.2	3.4/1.9	―/―
PER(최고/저)(배)	72.3/20.1	10.5/5.3	7.3/4.3	327.5/194.8	―	―/―
PBR(최고/저)(배)	1.9/0.5	1.7/0.9	0.8/0.5	0.7/0.4	0.8/0.5	0.7/0.4
EV/EBITDA(배)	14.9	9.4	5.5	8.4	9.0	―
EPS(원)	81	561	475	10	-451	-436
BPS(원)	3,451	3,880	4,898	5,236	3,524	3,061
CFPS(원)	566	1,101	1,101	689	114	-267
DPS(원)	―	―	―	―	―	―
EBITDAPS(원)	960	1,297	1,599	1,133	762	―

재무 비율								〈단위 : %〉
연도	영업이익률	순이익률	부채비율	차입금비율	ROA	ROE	유보율	자기자본비율	EBITDA마진율
2016	1.1	-3.1	184.7	100.8	-3.3	-10.1	604.9	35.1	5.0
2015	2.0	0.4	223.2	130.6	0.5	0.2	947.2	30.9	5.0
2014	3.3	1.7	238.6	132.2	3.2	12.3	879.6	29.5	5.1
2013	2.7	2.0	336.4	184.1	4.5	18.4	676.1	22.9	4.1

삼원강재 (A023000)
SAMWONSTEEL

업　　　종 : 자동차부품		시　　　장 : 거래소	
신용등급 : (Bond) ― 　(CP) ―		기 업 규 모 : 시가총액 소형주	
홈페이지 : www.samwon-steel.co.kr		연 락 처 : 054)289-1983	
본　　　사 : 경북 포항시 남구 대송면 철강산단로66번길 40			

설 립 일 1992.07.21	종 업 원 수 276명	대 표 이 사 허재철,장범석(각자대표)
상 장 일 2011.07.22	감 사 의 견 적정 (원진)	계　　　열
결 산 기 12월	보 통 주 4,000만주	종 속 회 사 수
액 면 가 500원	우 선 주	구 상 호

주주구성 (지분율,%)		출자관계 (지분율,%)		주요경쟁사 (외형,%)	
대원강업	50.0	대원제강	13.3	삼원강재	100
포스코	14.3	대원강업	0.1	코프라	48
(외국인)	0.9	DAEWONAMERICAINC.	18.0	쌍용머티리얼	40

매출구성		비용구성		수출비중	
소재가공 제품	57.8	매출원가율	89.9	수출	36.0
스프링 제품	40.5	판관비율	4.1	내수	64.0
기타	1.7				

회사 개요
동사는 1992년 평강 및 자동차용 판스프링 제조, 판매를 목적으로 설립됨. 완제품인 판스프링과 스프링 제품의 중간재인 소재를 생산하는 회사로서 목표시장은 스프링부문과 소재가공부문임. 국내 스프링 소재시장에서 열간압연제품을 독점 유지하고 있음. 소재가공부문과 판스프링 부문은 동사와 더불어 대원강업, 삼목강업 3개사의 과점체제로 유지됨. 해외에서도 일본 기업과 경쟁하고 있으나 생산 측면에서 3배 수준의 우위를 점함.

실적 분석
동사의 2017년 2분기기준 누적 매출액은 전년동기대비 2.8% 소폭 변동한 1,396.7억원을 기록하였음. 비용면에서 전년동기대비 매출원가는 증가 했으며 인건비는 감소 하였고 광고선전비는 크게 증가 기타판매비와 관리비는 감소함. 그에 따라 매출액 하락 등에 의해 전년동기대비 영업이익은 62.6억원으로 -27.7% 크게 하락하였음. 최종적으로 전년동기대비 당기순이익은 크게 하락하여 57.5억원을 기록함.

현금 흐름	*IFRS 별도 기준	〈단위 : 억원〉
항목	2016	2017.2Q
영업활동	126	179
투자활동	-146	-20
재무활동	-3	-51
순현금흐름	-23	107
기말현금	273	381

시장 대비 수익률

결산 실적					〈단위 : 억원〉
항목	2012	2013	2014	2015	2016	2017
매출액	3,494	3,134	2,829	2,723	2,684	―
영업이익	246	187	159	187	159	―
당기순이익	186	140	145	158	142	―

분기 실적	*IFRS 별도 기준				〈단위 : 억원〉
항목	2016.1Q	2016.2Q	2016.3Q	2016.4Q	2017.1Q	2017.2Q
매출액	680	678	620	705	687	709
영업이익	44	43	33	40	29	33
당기순이익	36	40	27	38	26	32

재무 상태	*IFRS 별도 기준				〈단위 : 억원〉
항목	2012	2013	2014	2015	2016	2017.2Q
총자산	2,058	2,039	2,112	2,235	2,343	2,438
유형자산	774	884	990	1,013	1,079	1,068
무형자산	7	7	6	6	6	6
유가증권	1	1	3	3	20	20
총부채	557	432	417	443	451	541
총차입금	15	15	15	12	59	58
자본금	200	200	200	200	200	200
총자본	1,501	1,607	1,695	1,791	1,892	1,897
지배주주지분	1,501	1,607	1,695	1,791	1,892	1,897

기업가치 지표	*IFRS 별도 기준				
항목	2012	2013	2014	2015	2016	2017.2Q
주가(최고/저)(천원)	5.5/3.3	4.1/3.1	4.9/3.2	4.0/3.0	3.7/3.1	―/―
PER(최고/저)(배)	13.7/8.2	12.4/9.3	14.8/9.7	10.9/8.2	10.8/9.2	―/―
PBR(최고/저)(배)	1.7/1.0	1.2/0.9	1.3/0.8	0.9/0.7	0.8/0.7	0.8/0.7
EV/EBITDA(배)	6.0	5.4	7.1	4.9	5.4	―
EPS(원)	466	375	363	396	355	144
BPS(원)	3,753	4,019	4,238	4,478	4,730	4,742
CFPS(원)	570	493	485	524	511	221
DPS(원)	110	120	120	125	125	―
EBITDAPS(원)	720	585	521	596	554	234

재무 비율								〈단위 : %〉
연도	영업이익률	순이익률	부채비율	차입금비율	ROA	ROE	유보율	자기자본비율	EBITDA마진율
2016	5.9	5.3	23.8	3.1	6.2	7.7	846.0	80.8	8.3
2015	6.9	5.8	24.8	0.7	7.3	9.1	795.7	80.2	8.8
2014	5.6	5.1	24.6	0.9	7.0	8.8	747.6	80.3	7.4
2013	6.0	4.8	26.9	0.9	6.9	9.6	703.7	78.8	7.5

삼원테크 (A073640)
SAM WON TECHCo

업 종 : 기계	시 장 : KOSDAQ
신용등급 : (Bond) — (CP) —	기업규모 :
홈페이지 : www.samwon-tech.com	연 락 처 : (055)213-7000
본 사 : 경남 창원시 성산구 창원대로 1144번길 78(성주동)	

설 립 일 1993.10.19	총 업 원 수 26명	대 표 이 사 이택우
상 장 일 2004.01.06	감 사 의 견 적정 (안진)	계 열
결 산 기 12월	보 통 주 2,985만주	종속회사수 1개사
액 면 가 100원	우 선 주	구 상 호

주주구성 (지분율,%)		출자관계 (지분율,%)		주요경쟁사 (외형,%)	
이택우	17.3	삼원테크	100		
새마을금고연합회	4.3	맥스로텍	177		
(외국인)	10.2	카스	581		

매출구성		비용구성		수출비중	
[유압용 관이음쇠]37º	29.0	매출원가율	96.1	수출	73.0
[유압용 관이음쇠]ORFS	26.3	판관비율	22.8	내수	27.0
[유압용 관이음쇠]30º	25.5				

회사 개요
동사는 1993년 '삼원금속 주식회사'라는 상호로 설립되어 2000년 '삼원테크 주식회사'로 상호를 변경하였으며, 2004년 1월 한국거래소가 개설한 KRX 코스닥시장에 주식을 상장함. 유압용 관이음쇠등 산업용 기계부품의 제조·판매등을 영업 목적으로 하고 있음. 당반기말과 전기말 현재 부채비율은 각각 550.45% 및 555.38%를 기록하고 있음. 동사는 불확실성에 대처하기 위해 당반기 중 수차례에 걸쳐 전환사채를발행 및 유상증자를 실시함.

실적 분석
2017년 상반기 연결기준 동사 매출은 104.7억원을 기록함. 이는 전년 동기 매출액인 133.8억원에 비해 21.8% 감소한 금액임. 매출이 줄었으나 매출원가가 32.1% 감소하고 인건비 하락으로 판매비와 관리비가 17.9% 감소함. 이로 인해 영업이익은 0.1억원을 기록하며 흑자로 돌아섰음. 그러나 비영업부문 손실이 지속되며 당기순이익 역시 적자를 벗어나지 못함.

현금 흐름 〈단위 : 억원〉

항목	2016	2017.2Q
영업활동	-26	4
투자활동	36	-19
재무활동	-7	18
순현금흐름	3	3
기말현금	10	12

시장 대비 수익률

결산 실적 〈단위 : 억원〉

항목	2012	2013	2014	2015	2016	2017
매출액	469	324	341	289	227	—
영업이익	40	-44	-61	-95	-43	—
당기순이익	29	-54	-117	-291	-83	—

분기 실적 〈단위 : 억원〉

항목	2016.1Q	2016.2Q	2016.3Q	2016.4Q	2017.1Q	2017.2Q
매출액	68	70	70	18	—	51
영업이익	-6	-10	-3	-23	—	1
당기순이익	-7	-34	-11	-32	—	-3

재무 상태 〈단위 : 억원〉

항목	2012	2013	2014	2015	2016	2017.2Q
총자산	1,404	1,449	1,401	590	460	480
유형자산	727	822	811	260	144	166
무형자산	1	1	1	1	1	1
유가증권	11	1	1	1	1	1
총부채	812	904	971	452	389	406
총차입금	682	757	754	363	315	329
자본금	90	90	135	135	142	30
총자본	592	545	430	138	70	74
지배주주지분	592	545	430	138	70	74

기업가치 지표

항목	2012	2013	2014	2015	2016	2017.2Q
주가(최고/저)(천원)	2.4/1.5	2.0/1.0	1.8/0.7	1.3/0.7	1.7/0.9	—/—
PER(최고/저)(배)	21.2/13.5	—/—	—/—	—/—	—/—	—/—
PBR(최고/저)(배)	1.0/0.6	0.9/0.5	1.0/0.4	2.0/1.1	6.6/3.6	4.4/2.2
EV/EBITDA(배)	20.2					
EPS(원)	108	-201	-436	-1,080	-297	-30
BPS(원)	3,425	3,162	1,689	604	248	247
CFPS(원)	251	-208	-376	-1,034	-281	-26
DPS(원)						
EBITDAPS(원)	312	-149	-167	-307	-137	5

재무 비율 〈단위 : % 〉

연도	영업이익률	순이익률	부채비율	차입금비율	ROA	ROE	유보율	자기자본비율	EBITDA마진율
2016	-18.9	-36.6	일부잠식	일부잠식	-15.8	-79.7	-50.5	15.3	-16.9
2015	-32.9	-100.4	326.9	262.8	-29.2	-102.3	20.9	23.4	-28.6
2014	-18.0	-34.4	225.8	175.3	-8.2	-24.1	237.8	30.7	-13.2
2013	-13.5	-16.7	166.0	139.0	-3.5	-9.5	532.4	37.6	-8.3

삼익악기 (A002450)
Samick Musical Instruments

업 종 : 레저용품	시 장 : 거래소
신용등급 : (Bond) — (CP) —	기업규모 : 시가총액 소형주
홈페이지 : www.samick.co.kr	연 락 처 : (043)1688-3151
본 사 : 충북 음성군 소이면 소이로 313	

설 립 일 1958.09.01	총 업 원 수 110명	대 표 이 사 김종섭,이형국
상 장 일 1988.09.30	감 사 의 견 적정 (삼일)	계 열
결 산 기 12월	보 통 주 9,053만주	종속회사수 17개사
액 면 가 500원	우 선 주	구 상 호

주주구성 (지분율,%)		출자관계 (지분율,%)		주요경쟁사 (외형,%)	
김종섭	18.5	SAMICMUSICCORP	100.0	삼익악기	100
스페코	13.0	삼익생활건강	100.0	TJ미디어	3?
(외국인)	1.8	삼익뮤직스쿨	100.0	볼빅	1?

매출구성		비용구성		수출비중	
업라이트피아노(상품)	57.7	매출원가율	64.5	수출	—
일반기타(상품)	33.2	판관비율	29.1	내수	—
그랜드피아노(상품)	8.5				

회사 개요
동사는 1958년 설립된 국내 최대의 종합악기 회사로 1998년 한국거래소에 상장됨. 국내 피아노 시장에서 독과점적인 지위, 세계 피아노 시장에서도 정상급의 위상을 보유하고 있음. 회사의 주요 사업부별 매출 품목군은 피아노, 기타, 현악기, 일반악기 등으로 구성. 생산 거점기지인 인도네시아 현지법인에서 생산한 제품을 본사에 매입해 제3국으로 수출하는 중계무역 매출비중이 높음. 미국, 중국, 독일 등의 판매영업망을 통하여 안정적 판로 확보함.

실적 분석
동사의 2017년 상반기 누적 매출액은 전년 대비 29.4% 증가한 1,386.3억원을 기록함. 영업이익은 68.6억원을 달성하였으며 전년 동기(53.3억원)보다 28.7% 증가. 올 상반기 냉난방 공급업체 수완에너지를 인수하며 실적 개선에 성공함. 단 면세점 사업 손실액이 54억원으로 전년(32억원)보다 늘었고 금융손실, 법인세 비용도 증가하면서 당기 순이익은 적자로 돌아섰음. 순손실 규모는 7.2억원.

현금 흐름 〈단위 : 억원〉

항목	2016	2017.2Q
영업활동	-118	-46
투자활동	-159	-131
재무활동	83	50
순현금흐름	-186	-127
기말현금	554	427

시장 대비 수익률

결산 실적 〈단위 : 억원〉

항목	2012	2013	2014	2015	2016	2017
매출액	1,556	1,584	1,551	1,607	2,086	—
영업이익	122	175	189	148	134	—
당기순이익	76	461	106	81	62	—

분기 실적 〈단위 : 억원〉

항목	2016.1Q	2016.2Q	2016.3Q	2016.4Q	2017.1Q	2017.2Q
매출액	541	531	554	461	773	61?
영업이익	29	25	33	47	61	
당기순이익	16	26	-3	23	-13	

재무 상태 〈단위 : 억원〉

항목	2012	2013	2014	2015	2016	2017.2Q
총자산	3,230	3,448	3,788	4,085	4,140	5,79?
유형자산	579	515	552	629	689	2,29?
무형자산	25	22	32	36	35	24?
유가증권	121	35	127	257	269	26?
총부채	1,790	1,631	1,663	1,904	1,896	3,57?
총차입금	1,410	1,118	1,061	1,305	1,502	2,89?
자본금	353	353	419	419	419	45?
총자본	1,440	1,817	2,125	2,181	2,244	2,21?
지배주주지분	1,438	1,815	2,117	2,175	2,239	2,25?

기업가치 지표

항목	2012	2013	2014	2015	2016	2017.2Q
주가(최고/저)(천원)	2.0/1.1	2.4/1.1	4.4/1.9	5.3/3.1	3.5/2.1	—/—
PER(최고/저)(배)	19.5/11.1	4.0/1.7	35.2/15.0	55.5/32.0	47.3/27.8	—/—
PBR(최고/저)(배)	1.0/0.6	1.0/0.4	1.8/0.8	2.0/1.2	1.3/0.8	1.1/0?
EV/EBITDA(배)	12.3	5.9	12.8	17.9	16.3	—?
EPS(원)	109	654	132	99	75	
BPS(원)	2,039	2,715	2,644	2,712	2,789	2,60?
CFPS(원)	172	715	181	147	132	
DPS(원)		50	50	50	50	
EBITDAPS(원)	236	309	282	225	216	

재무 비율 〈단위 : % 〉

연도	영업이익률	순이익률	부채비율	차입금비율	ROA	ROE	유보율	자기자본비율	EBITDA마진율
2016	6.4	3.0	84.5	66.9	1.5	2.9	457.8	54.2	8.?
2015	9.2	5.1	87.3	59.8	2.1	3.9	442.4	53.4	11.?
2014	12.2	6.8	78.3	49.9	2.9	5.4	428.7	56.1	14?
2013	11.1	29.1	89.7	61.6	13.8	28.4	442.9	52.7	11?

삼익티에이치케이 (A004380)
Samick THK

종 목 : 기계		시 장 : 거래소	
신용등급 : (Bond) — (CP) —		기업규모 : 시가총액 소형주	
홈 페 이 지 : www.samickthk.co.kr		연 락 처 : 053)665-7000	
본 사 : 대구시 달서구 성서동로 163 (월암동)			

설 립 일 1960.05.10	종 업 원 수 572명	대 표 이 사 진영환
상 장 일 1989.09.26	감 사 의 견 적정 (삼정)	계 열
결 산 기 12월	보 통 주 2,100만주	종속회사수
액 면 가 500원	우 선 주	구 상 호

주주구성 (지분율,%)		출자관계 (지분율,%)		주요경쟁사 (외형,%)	
T.H.K	33.3	삼익키리우	37.4	삼익THK	100
진영환	8.1	삼익SDT	18.0	와이지-원	133
(외국인)	36.1	기업구조조정조합1호	3.7	태광	97

매출구성		비용구성		수출비중	
LM시스템	54.8	매출원가율	80.1	수출	1.0
메카트로시스템	29.4	판관비율	11.3	내수	99.0
기 타	13.8				

회사 개요

동사는 수공용 줄을 생산, 판매할 목적으로 1965년 설립돼 1989년 유가증권시장에 상장됨. 산업설비 자동화, 반도체 제조장비 및 시험장비, 정밀 의료기기, 공작기계 등에 필수요소부품인 LM시스템과 LM가이드, 볼스크류, 서브모터, 감속기 등을 조합한 메카트로시스템 사업을 영위함. 최근 매출 성장은 주로 IT대기업의 반도체 및 OLED 생산설비 확충에 기인함.

실적 분석

동사의 2017년 2분기 누적 매출액은 전년대비 102.0% 성장한 2,021.1억원을 기록함. 매출비중이 높은 LM시스템과 메카트로시스템 매출 호조가 외형 성장을 견인함. 매출액 성장과 원가율 개선으로 영업이익은 전년대비 179.1% 증가한 223.6억원, 당기순이익은 267.6% 증가한 175.5억원을 시현함. 당 반기 매출비중은 LM시스템 43.8%, 메카트로시스템 40.7% 및 기타 등으로 구성됨.

현금 흐름 *IFRS 별도 기준 〈단위 : 억원〉

항목	2016	2017.2Q
영업활동	-68	268
투자활동	-78	-185
재무활동	104	84
순현금흐름	-41	167
기말현금	165	332

결산 실적 〈단위 : 억원〉

항목	2012	2013	2014	2015	2016	2017
매출액	1,868	1,967	1,885	2,300	2,511	—
영업이익	46	184	169	246	217	—
당기순이익	95	173	176	178	165	—

분기 실적 *IFRS 별도 기준 〈단위 : 억원〉

항목	2016.1Q	2016.2Q	2016.3Q	2016.4Q	2017.1Q	2017.2Q
매출액	421	580	655	855	929	1,092
영업이익	32	48	33	103	103	120
당기순이익	21	27	32	86	86	90

재무 상태 *IFRS 별도 기준 〈단위 : 억원〉

항목	2012	2013	2014	2015	2016	2017.2Q
총자산	2,011	2,057	2,162	2,193	2,625	3,102
유형자산	1,060	1,001	990	1,004	990	1,124
무형자산	12	12	12	13	13	13
유가증권	—	23	18	11	10	12
총부채	832	753	771	688	1,028	1,398
총차입금	579	337	308	199	365	591
자본금	105	105	105	105	105	105
총자본	1,180	1,304	1,391	1,505	1,598	1,704
지배주주지분	1,180	1,304	1,391	1,505	1,598	1,704

기업가치 지표 *IFRS 별도 기준 〈단위 : 원,배〉

항목	2012	2013	2014	2015	2016	2017.2Q
주가(최고/저)(천원)	7.6/4.3	7.1/4.8	8.9/6.9	8.7/7.3	12.6/8.0	—/—
PER(최고/저)(배)	20.0/11.3	9.9/6.7	11.7/9.0	10.9/9.2	16.4/10.4	2.2/1.2
PBR(최고/저)(배)	1.6/0.9	1.3/0.9	1.5/1.1	1.3/1.1	1.7/1.1	—/—
EV/EBITDA(배)	11.4	6.6	7.1	5.5	8.0	—/—
EPS(원)	452	824	840	848	787	836
BPS(원)	5,662	6,255	6,669	7,211	7,653	8,161
CFPS(원)	893	1,267	1,263	1,232	1,214	1,061
DPS(원)	250	300	300	300	330	1,290
EBITDAPS(원)	661	1,320	1,229	1,554	1,458	

재무 비율 〈단위 : % 〉

연도	영업이익률	순이익률	부채비율	차입금비율	ROA	ROE	유보율	자기자본비율	EBITDA마진율
2016	8.6	6.6	64.3	22.8	6.9	10.7	1,430.6	60.9	12.2
2015	10.7	7.7	45.7	13.2	8.2	12.3	1,342.2	68.6	14.2
2014	9.0	9.4	55.5	22.1	8.4	13.1	1,233.7	64.3	13.7
2013	9.3	8.8	57.7	25.8	8.5	13.9	1,151.0	63.4	14.1

삼일 (A032280)
SAMIL

업 종 : 육상운수		시 장 : KOSDAQ	
신용등급 : (Bond) — (CP) —		기업규모 : 중견	
홈 페 이 지 : www.samil31.co.kr		연 락 처 : 054)289-1062	
본 사 : 경북 포항시 남구 대송면 송덕로 125-15(옥명리)			

설 립 일 1965.12.08	종 업 원 수 112명	대 표 이 사 이정식,안인수(각자대표)
상 장 일 1997.03.15	감 사 의 견 적정 (성문)	계 열
결 산 기 12월	보 통 주 1,621만주	종속회사수
액 면 가 1,000원	우 선 주	구 상 호

주주구성 (지분율,%)		출자관계 (지분율,%)		주요경쟁사 (외형,%)	
티디홀딩스	9.3	제7부두운영	27.0	삼일	100
(학)벽산학원	7.3	에스엘와이	19.0	KCTC	378
(외국인)	1.2	포항스틸러스	16.7	동양고속	168

매출구성		비용구성		수출비중	
사업수익(용역)	62.0	매출원가율	88.3	수출	—
하역수익(용역)	32.6	판관비율	8.7	내수	—
유류수익(상품)	5.4				

회사 개요

동사는 1965년 설립된 육상 화물 운송 전문 기업임. 포스코 설립시부터 내수 제품의 최대 물류 협력 업체로 거래 중심. 포항지역 최대 화물터미널과 포항항 7, 8번 부두의 운영, 건설, 하역 등의 부대사업도 영위함. 자동화 창고 등 화물보관시설도 갖추고 있음. 포스코와 당진 제철소 등에서 생산되는 철강제품을 전국 각지 수요처로 운송하는 것이 주력 사업임. 매출 구성은 운송, 터미널 사업 62%, 하역 33%, 유류 5%로 구성됨.

실적 분석

동사의 2017년 2분기기준 누적 매출액은 전년동기대비 6.2% 하락한 444.8억원을 기록하였음. 비용면에서 인건비도 감소, 광고선전비도 크게 감소, 기타판매비와관리비는 크게 감소함. 그에 따라 매출액 증가에 의해 전년동기대비 영업이익은 16.6억원으로 -4.9% 하락하였음. 최종적으로 전년동기대비 당기순이익은 크게 하락하여 11.5억원을 기록함.

현금 흐름 *IFRS 별도 기준 〈단위 : 억원〉

항목	2016	2017.2Q
영업활동	-102	24
투자활동	78	-1
재무활동	8	-9
순현금흐름	-15	13
기말현금	8	21

결산 실적 〈단위 : 억원〉

항목	2012	2013	2014	2015	2016	2017
매출액	857	929	999	951	925	—
영업이익	33	45	29	25	25	—
당기순이익	2	48	29	205	25	—

분기 실적 *IFRS 별도 기준 〈단위 : 억원〉

항목	2016.1Q	2016.2Q	2016.3Q	2016.4Q	2017.1Q	2017.2Q
매출액	234	240	223	229	222	223
영업이익	12	5	7	3	9	8
당기순이익	9	9	5	2	6	6

재무 상태 *IFRS 별도 기준 〈단위 : 억원〉

항목	2012	2013	2014	2015	2016	2017.2Q
총자산	1,060	1,105	1,083	955	869	862
유형자산	821	820	643	653	662	660
무형자산	5	5	5	5	5	5
유가증권	4	4	5	5	4	4
총부채	784	781	735	372	272	261
총차입금	592	479	498	115	137	137
자본금	147	147	147	162	162	162
총자본	275	324	349	583	597	601
지배주주지분	275	324	349	583	597	601

기업가치 지표 *IFRS 별도 기준 〈단위 : 원,배〉

항목	2012	2013	2014	2015	2016	2017.2Q
주가(최고/저)(천원)	2.9/1.3	1.8/1.4	3.0/1.6	4.0/2.3	3.7/2.3	—/—
PER(최고/저)(배)	212.3/99.0	5.8/4.4	16.1/8.6	3.2/1.9	23.7/14.9	—/—
PBR(최고/저)(배)	1.6/0.7	0.9/0.6	1.3/0.7	1.1/0.7	1.0/0.6	0.8/0.6
EV/EBITDA(배)	19.4	12.1	19.4	30.1	12.7	—/—
EPS(원)	14	329	190	1,267	157	71
BPS(원)	1,921	2,251	2,419	3,639	3,726	3,749
CFPS(원)	80	424	295	1,363	256	123
DPS(원)				70	50	
EBITDAPS(원)	288	399	301	127	270	155

재무 비율 〈단위 : % 〉

연도	영업이익률	순이익률	부채비율	차입금비율	ROA	ROE	유보율	자기자본비율	EBITDA마진율
2016	3.0	2.8	45.5	22.9	2.8	4.3	272.6	68.7	4.7
2015	0.5	21.6	63.8	19.7	20.2	44.1	263.9	61.1	2.2
2014	2.9	2.8	210.7	142.8	2.6	8.3	141.9	32.2	4.4
2013	4.8	5.2	241.1	147.9	4.5	16.1	125.1	29.3	6.3

삼일기업공사 (A002290)
SAMIL ENTERPRISE

업 종 : 건설		시 장 : KOSDAQ	
신용등급 : (Bond) — (CP) —		기업규모 : 중견	
홈페이지 : www.samilenter.com		연 락 처 : 02)564-3131	
본 사 : 서울시 강남구 언주로 329			

설 립 일 1958.02.05	종 업 원 수 46명	대 표 이 사 박종웅
상 장 일 1992.11.30	감사의견 적정 (대주)	계 열
결 산 기 12월	보 통 주 1,240만주	종속회사수
액 면 가 500원	우 선 주	구 상 호

주주구성 (지분율,%)
박종웅	41.0
동양종합금융증권	5.7
(외국인)	3.0

출자관계 (지분율,%)
삼일기업공사	100
신원종합개발	410
동신건설	230

주요경쟁사 (외형,%)

매출구성
건축(공사)	95.1
토목(공사)	3.3
임대수입(기타)	1.5

비용구성
매출원가율	88.9
판관비율	10.9

수출비중
수출	0.0
내수	100.0

회사 개요
1958년 설립 이후 꾸준히 미육군 극동공병단(F.E.D) 발주공사를 수주해 오고 있는 종합건설업체로 2013년 기준 도급순위 148위임. 국내 건축공사 비중이 전체 매출의 약 95.06%, 토목공사가 3.34%, 임대수입 등이 0.15%를 차지하고 있음. 건축공사의 경우 민간부문이 대부분이며, 토목공사는 관급공사의 비중이 민간공사에 비해 훨씬 큼. 2016년 말 부채비율은 18.39%, 유동비율 622%로 재무건전성은 매우 안정적인 수준임.

실적 분석
동사의 2017년 연결기준 2분기 매출액은 전년동기대비 45.8%증가한 231.1억원을 기록하였음. 전년 동기대비 기타판매비와관리비의 감소에 따라 판매비와 관리비 또한 18.6% 감소한 14.1억원을 기록하였음. 영업이익은 282.1% 증가한 5.7억원을 기록하며 흑자전환하였음. 당기순이익은 전년동기대비 67% 증가한 8.0억원으로 1분기까지의 적자에서 흑자전환하였음.

현금 흐름
*IFRS 별도 기준 〈단위 : 억원〉
항목	2016	2017.2Q
영업활동	20	6
투자활동	-7	186
재무활동	-3	-11
순현금흐름	10	181
기말현금	273	454

시장 대비 수익률

결산 실적
〈단위 : 억원〉
항목	2012	2013	2014	2015	2016	2017
매출액	529	314	650	733	282	—
영업이익	26	6	10	32	1	—
당기순이익	30	14	16	32	1	—

분기 실적
*IFRS 별도 기준 〈단위 : 억원〉
항목	2016.1Q	2016.2Q	2016.3Q	2016.4Q	2017.1Q	2017.2Q
매출액	98	61	38	86	103	128
영업이익	3	-2	-3	2	1	5
당기순이익	5	0	-1	3	1	5

재무 상태
*IFRS 별도 기준 〈단위 : 억원〉
항목	2012	2013	2014	2015	2016	2017.2Q
총자산	550	531	617	625	625	624
유형자산	40	40	40	40	43	42
무형자산	1	1	1	1	1	1
유가증권	18	17	19	19	22	22
총부채	80	50	122		101	100
총차입금	14	14	—		—	—
자본금	62	62	62	62	62	62
총자본	470	481	495	524	528	525
지배주주지분	470	481	495	524	528	525

기업가치 지표
*IFRS 별도 기준
항목	2012	2013	2014	2015	2016	2017.2Q
주가(최고/저)(천원)	1.7/1.2	1.7/1.2	2.0/1.2	3.0/1.6	5.1/2.2	—/—
PER(최고/저)(배)	7.3/5.2	15.3/11.0	16.5/10.1	12.1/6.5	93.1/40.5	—/—
PBR(최고/저)(배)	0.5/0.3	0.5/0.3	0.5/0.3	0.7/0.4	1.2/0.5	1.1/0.7
EV/EBITDA(배)					41.4	—
EPS(원)	245	114	129	257	56	65
BPS(원)	37,988	38,791	3,993	4,225	4,256	4,230
CFPS(원)	2,541	1,228	138	266	67	70
DPS(원)	250	150	25	25	90	—
EBITDAPS(원)	2,147	574	87	271	16	51

재무 비율
〈단위 : %〉
연도	영업이익률	순이익률	부채비율	차입금비율	ROA	ROE	유보율	자기자본비율	EBITDA마진율
2016	0.2	2.5	18.4	0.0	1.1	1.3	751.2	84.5	0.7
2015	4.4	4.4	19.2	0.0	5.1	6.3	745.0	83.9	4.6
2014	1.5	2.5	24.7	0.0	2.8	3.3	698.6	80.2	1.7
2013	1.9	4.5	10.4	2.9	2.6	3.0	675.8	90.6	2.3

삼일제약 (A000520)
Samil Pharmaceutical

업 종 : 제약		시 장 : 거래소	
신용등급 : (Bond) — (CP) —		기업규모 : 시가총액 소형주	
홈페이지 : www.samil-pharm.com		연 락 처 : 02)520-0300	
본 사 : 서울시 서초구 효령로 155(방배동,삼일제약 사옥)			

설 립 일 1947.10.07	종 업 원 수 399명	대 표 이 사 허강,허승범(각자대표)
상 장 일 1985.05.29	감사의견 적정 (한영)	계 열
결 산 기 12월	보 통 주 550만주	종속회사수 1개사
액 면 가 1,000원	우 선 주	구 상 호

주주구성 (지분율,%)
허강	11.8
허승범	11.2
(외국인)	1.5

출자관계 (지분율,%)
삼일메디칼	100.0
MonSamil	49.9

주요경쟁사 (외형,%)
삼일제약	100
한국비엔씨	13
이-글 벳	30

매출구성
기타(상품) 외	34.2
기타(제품)	32.0
글립타이드	12.6

비용구성
매출원가율	57.2
판관비율	38.9

수출비중
수출	2.0
내수	98.0

회사 개요
동사는 의약품 제조 및 판매를 주요사업으로 영위할 목적으로 1947년 10월 설립되어 1985년 5월 유가증권시장에 상장됨. 계열회사로는 의료기기 도소매업을 영위하는 삼일메디칼이 있음. 동사는 전문의약품 제조회사로서 병의원용 치료제 품목 및 일반의약품을 주로 생산 판매함. 어린이부루펜시럽, 티어실 원스 제품이 일반의약품의 대표적인 품목이며, 처방의약품은 포리부틴, 글립타이드, 리박트, 모빅 등이 있음.

실적 분석
동사의 2017년 2분기 누적 연결기준 매출액은 445.3억원으로 상품매출 감소로 전체매출은 감소하였으나, 매출원가가 전년동기 대비 19.1% 감소하며 원가율이 개선되었음. 또한 위수탁 제품의 매출 증대를 위한 지속적인 노력으로 전년동기 대비 33.7% 증가한 영업이익 19.8억원을 시현함. 당기순이익은 3.2억원으로 전년동기 대비 3.8% 증가하여 수익성이 개선됨. 동사는 베트남 안과 시장 개척 등 해외 사업 확대에 노력중임.

현금 흐름
〈단위 : 억원〉
항목	2016	2017.2Q
영업활동	56	40
투자활동	-29	-372
재무활동	-1	306
순현금흐름	28	-26
기말현금	62	35

시장 대비 수익률

결산 실적
〈단위 : 억원〉
항목	2012	2013	2014	2015	2016	2017
매출액	914	892	855	881	968	—
영업이익	-16	-20	-86	16	39	—
당기순이익	-29	79	-112	6	9	—

분기 실적
〈단위 : 억원〉
항목	2016.1Q	2016.2Q	2016.3Q	2016.4Q	2017.1Q	2017.2Q
매출액	241	251	233	243	220	22
영업이익	9	6	6	17	14	
당기순이익	5	-2	3	2	6	

재무 상태
〈단위 : 억원〉
항목	2012	2013	2014	2015	2016	2017.2Q
총자산	1,110	1,157	1,083	993	1,010	1,30
유형자산	361	353	394	384	392	71
무형자산	64	51	20	20	21	1
유가증권	0	0	0	11	11	
총부채	481	457	529	449	481	77
총차입금	300	260	362	282	302	59
자본금	55	55	55	55	55	5
총자본	629	700	554	544	529	52
지배주주지분	629	700	554	544	529	52

기업가치 지표
항목	2012	2013	2014	2015	2016	2017.2Q
주가(최고/저)(천원)	4.8/3.5	5.3/4.0	6.0/5.0	11.6/5.1	11.0/6.9	—/—
PER(최고/저)(배)	—/—	4.1/3.1	—/—	113.1/50.3	69.2/43.4	—/—
PBR(최고/저)(배)	0.5/0.3	0.5/0.3	0.6/0.5	1.2/0.5	1.1/0.7	0.9/0.
EV/EBITDA(배)	19.9	21.3		13.5	9.8	
EPS(원)	-527	1,442	-2,034	107	161	5
BPS(원)	11,773	13,074	10,542	10,359	10,079	9,99
CFPS(원)	135	2,083	-1,414	660	733	37
DPS(원)	150	150	200	200	150	—
EBITDAPS(원)	376	282	-946	844	1,273	67

재무 비율
〈단위 : %〉
연도	영업이익률	순이익률	부채비율	차입금비율	ROA	ROE	유보율	자기자본비율	EBITDA마진율
2016	4.0	0.9	91.0	57.1	0.9	1.7	907.9	52.4	5.
2015	1.8	0.7	82.5	51.8	0.6	1.1	935.9	54.8	5.
2014	-10.1	-13.1	95.4	65.3	-10.0	-17.8	954.2	51.2	-6.
2013	-2.2	8.9	65.2	37.1	7.0	11.9	1,207.4	60.5	1.

삼정펄프 (A009770)
Sam Jung Pulp

종 목 : 가정생활용품		시 장 : 거래소	
신용등급 : (Bond) — (CP) —		기업규모 : 시가총액 소형주	
홈 페 이 지 : www.sjpulp.com		연 락 처 : 031)664-5377	
본 사 : 경기도 평택시 고덕면 고덕로 85			

설 립 일 1974.04.09	종 업 원 수 301명	대 표 이 사 전성오
상 장 일 2006.10.17	감 사 의 견 적정 (삼덕)	계 열
결 산 기 12월	보 통 주 250만주	종속회사수 1개사
액 면 가 5,000원	우 선 주	구 상 호

주주구성 (지분율,%)		출자관계 (지분율,%)		주요경쟁사 (외형,%)	
전성오	24.5	SamjungPulpVietnam 100.0		삼정펄프	100
전성주	13.1			LG생활건강	4,008
(외국인)	3.4			모나리자	80

매출구성		비용구성		수출비중	
원지	70.5	매출원가율	86.3	수출	0.0
완제품	20.7	판관비율	5.9	내수	100.0
키친타올,물티슈 등	8.8				

회사 개요
동사는 1974년 설립된 제지업체로서, 2006년에 상장됨. 화장지 원지 및 두루마리, 티슈 등의 제조, 판매를 주로 영위함. 제지산업은 원료제 투입에서 초지공정, 가공공정까지 일관 자동화가 요구되어 노동력의 수요는 적은 대신 고도의 기술과 대규모 설비투자가 필요한 자본집약적 장치산업임. 또한, 원재료 대부분을 수입에 의존함에 따라 국제 펄프가격 및 환율 변동에 민감하게 반응함.

실적 분석
동사의 2017년 연결기준 2분기 매출액은 전년동기 762.9억원 대비 4.5%감소한 728.5억원을 기록함. 매출원가는 전년 대비 4.8% 줄면서 매출총이익은 2.9% 감소한 104.2억원을 기록함. 이에 따라 영업이익은 전년동기와 동일한 62.6억원을 기록하였음. 그러나 비영업이익 37.6억원이 발생함에 따라 당기순이익은 전년동기 52억원 대비 50.3% 증가한 78.2억원을 기록하였음.

현금 흐름 〈단위 : 억원〉
항목	2016	2017.2Q
영업활동	252	35
투자활동	-221	1
재무활동	-30	-89
순현금흐름	0	-53
기말현금	145	91

시장 대비 수익률

결산 실적 〈단위 : 억원〉
항목	2012	2013	2014	2015	2016	2017
매출액	1,612	1,450	1,454	1,520	1,521	—
영업이익	171	133	69	76	119	—
당기순이익	169	132	66	79	193	—

분기 실적 〈단위 : 억원〉
항목	2016.1Q	2016.2Q	2016.3Q	2016.4Q	2017.1Q	2017.2Q
매출액	381	382	366	392	368	361
영업이익	22	41	31	26	32	31
당기순이익	20	32	148	-7	37	41

재무 상태 〈단위 : 억원〉
항목	2012	2013	2014	2015	2016	2017.2Q
총자산	1,677	1,813	1,807	1,904	2,116	2,060
유형자산	601	757	716	636	533	498
무형자산	0	7	5	4	3	6
유가증권	256	271	287	294	559	643
총부채	256	289	243	285	338	243
총차입금	33	71	44	75	77	29
자본금	100	125	125	125	125	125
총자본	1,420	1,525	1,564	1,619	1,778	1,817
지배주주지분	1,420	1,525	1,564	1,619	1,778	1,817

기업가치 지표
항목	2012	2013	2014	2015	2016	2017.2Q
주가(최고/저)(천원)	31.3/18.9	43.9/30.7	42.8/35.4	38.4/31.9	44.9/32.8	—/—
PER(최고/저)(배)	5.3/3.2	9.3/6.5	17.9/14.8	13.0/10.8	5.9/4.4	0.7/0.6
PBR(최고/저)(배)	0.6/0.4	0.8/0.6	0.8/0.6	0.6/0.5	0.6/0.5	0.7/0.6
EV/EBITDA(배)	1.3	2.9	3.0	0.7	0.7	—/—
EPS(원)	6,746	5,293	2,626	3,172	7,729	3,127
BPS(원)	71,019	60,996	62,556	64,750	71,120	72,669
CFPS(원)	11,088	7,985	6,243	6,557	11,060	4,755
DPS(원)	800	1,000	1,000	1,250	1,650	—
EBITDAPS(원)	11,191	8,012	6,377	6,417	8,078	4,134

재무 비율 〈단위 : % 〉
연도	영업이익률	순이익률	부채비율	차입금비율	ROA	ROE	유보율	자기자본비율	EBITDA마진율
2016	7.8	12.7	19.0	4.3	9.6	11.4	1,322.4	84.0	13.3
2015	5.0	5.2	17.6	4.6	4.3	5.0	1,195.0	85.0	10.6
2014	4.8	4.5	15.6	2.8	3.6	4.3	1,151.1	86.5	11.0
2013	9.2	9.1	18.9	4.7	7.6	9.0	1,119.9	84.1	13.8

삼지전자 (A037460)
Samji Electronics

업 종 : 통신장비		시 장 : KOSDAQ	
신용등급 : (Bond) — (CP) —		기업규모 : 벤처	
홈 페 이 지 : www.samji.com		연 락 처 : 02)850-8000	
본 사 : 서울시 금천구 가산디지털2로 169-21			

설 립 일 1981.07.24	종 업 원 수 132명	대 표 이 사 박두진,주동익
상 장 일 1999.12.10	감 사 의 견 적정 (새시대)	계 열
결 산 기 12월	보 통 주 1,632만주	종속회사수 1개사
액 면 가 500원	우 선 주	구 상 호

주주구성 (지분율,%)		출자관계 (지분율,%)		주요경쟁사 (외형,%)	
이기남	22.1	뉴파워프라즈마	4.5	삼지전자	100
이용준	9.2	큐렉스	3.3	AP위성	2
(외국인)	3.0	정보통신공제조합	0.1	쏠리드	26

매출구성		비용구성		수출비중	
통신,네트워크장비/복권단말기/전자부품유통 등	95.7	매출원가율	94.1	수출	35.0
통신 장비 등	3.2	판관비율	3.0	내수	65.0
통신부문 설치공사 및 유지보수	1.0				

회사 개요
무선통신용 중계장치와 네트워크 장비, 운영정보표시장치를 제조하는 통신사업과 중계기 설치 및 정보통신공사, 전기공사, 2차전지용 충방전시스템, ESS, 부동산 임대업을 하는 기타사업으로 구성됨. 멀티밴드 CPRI 중계기를 개발하여 상용화 진행중이며, 차세대 4G 이동 통신에 대응하기 위한 중계 기능을 지원하는 GTTH 장비를 개발 중임. 매출구성은 전자부품 유통부문이 96.2%, 통신부문이 2.6%, 공사 및 용역 1.1%, 임대 0.1%임.

실적 분석
동사의 2017년 2분기 연결기준 누적 매출액은 6,039.9억원으로 전년동기 대비 10.3% 증가, 영업이익은 203.8억원으로 전년동기 대비 24.2% 증가. 비영업부문에서도 48.9억원의 이익을 시현함에 따라 당기순이익은 전년동기 대비 4.4% 증가했음. 국내 거래소향 주력 제품, 네트워크 관련 매출이 증가하면서 고정비 감소 효과를 보임. 양호한 재무구조를 바탕으로 R&D 투자 지속으로 네트워크 장비 부문에서 기술 리더쉽 확보 중임.

현금 흐름 〈단위 : 억원〉
항목	2016	2017.2Q
영업활동	182	-163
투자활동	-178	19
재무활동	-36	253
순현금흐름	-33	108
기말현금	27	135

시장 대비 수익률

결산 실적 〈단위 : 억원〉
항목	2012	2013	2014	2015	2016	2017
매출액	715	592	343	8,318	11,016	—
영업이익	24	40	-38	253	313	—
당기순이익	39	-34	-25	269	395	—

분기 실적 〈단위 : 억원〉
항목	2016.1Q	2016.2Q	2016.3Q	2016.4Q	2017.1Q	2017.2Q
매출액	2,773	2,703	2,937	2,604	2,851	3,188
영업이익	100	64	95	54	102	101
당기순이익	83	67	54	214	51	105

재무 상태 〈단위 : 억원〉
항목	2012	2013	2014	2015	2016	2017.2Q
총자산	879	836	944	3,319	3,767	4,137
유형자산	57	54	44	282	277	274
무형자산	19	25	19	172	182	184
유가증권	471	473	515	316	323	374
총부채	220	179	243	1,775	1,634	1,802
총차입금	75	94	165	1,082	789	1,065
자본금	63	65	66	71	73	76
총자본	658	657	701	1,544	2,133	2,335
지배주주지분	658	657	701	1,017	1,281	1,458

기업가치 지표
항목	2012	2013	2014	2015	2016	2017.2Q
주가(최고/저)(천원)	3.7/2.9	5.3/3.0	4.4/2.3	5.9/2.7	13.0/4.5	—/—
PER(최고/저)(배)	12.3/9.6	—	—	5.7/2.6	9.1/3.2	—/—
PBR(최고/저)(배)	0.7/0.5	0.9/0.6	0.8/0.4	0.8/0.4	1.4/0.5	1.2/0.7
EV/EBITDA(배)	3.3	1.7	—	8.2	—	—/—
EPS(원)	312	-269	-196	1,033	1,422	623
BPS(원)	5,786	5,658	5,661	7,514	9,128	10,001
CFPS(원)	381	-174	-88	1,148	1,532	671
DPS(원)	100	50				—
EBITDAPS(원)	265	414	-189	1,961	2,327	1,468

재무 비율 〈단위 : % 〉
연도	영업이익률	순이익률	부채비율	차입금비율	ROA	ROE	유보율	자기자본비율	EBITDA마진율
2016	2.8	3.6	76.6	37.0	11.1	17.5	1,688.2	56.6	3.0
2015	3.0	3.2	115.0	70.1	12.6	16.5	1,371.1	46.5	3.2
2014	-11.1	-7.3	34.7	23.6	-2.8	-3.7	1,006.3	74.2	-7.1
2013	6.7	-5.7	27.3	14.4	-3.9	-5.1	1,005.4	78.6	8.7

삼진 (A032750)
Sam Jin

업 종 : 내구소비재		시 장 : KOSDAQ	
신용등급 : (Bond) — (CP) —		기업규모 : 중견	
홈 페 이 지 : www.samjin.com		연 락 처 : 031)467-5848	
본 사 : 경기도 안양시 만안구 안양천서로 81(안양동)			

설 립 일	1976.07.15	종 업 원 수	85명	대 표 이 사	김승철
상 장 일	1997.07.14	감 사 의 견	적정 (서일)	계 열	
결 산 기	12월	보 통 주	600만주	종속회사수	2개사
액 면 가	500원	우 선 주		구 상 호	

주주구성 (지분율,%)		출자관계 (지분율,%)		주요경쟁사 (외형,%)	
김승철	34.0	QingdaoSamjinElectronicsCo.,LTD	100.0	삼진	100
박병서	4.9	PT.SAMJIN	99.0	LG전자	56,397
(외국인)	3.9	SSDPlasticINC	33.3	위닉스	217

매출구성		비용구성		수출비중	
REMOCON	60.2	매출원가율	84.4	수출	97.0
기타	17.8	판관비율	11.3	내수	3.0
OCM	12.2				

회사 개요
동사는 1976년에 설립되어 TV에 사용되는 REMOCON, OCM 및 스마트홈에 사용되는 Hub, Sensor등을 ODM 또는 OEM방식으로 생산하여 삼성전자 등에 납품하고 있음. 종속 회사로 인도네시아와 중국에 해외 제조사를 하나씩 두고 있음. 삼성전자의 스마트-TV용, 쿼티리모컨, 음성인식기능 리모컨을 생산하여 공급하고 있으며, 휴대폰 키패드 형태의 리모컨, 고광택 사출적용 리모컨, 빽라이팅 기능 리모컨 등을 개발함.

실적 분석
동사는 2017년 2분기 누적 매출액이 574.3억원으로 전년 동기 대비 31.9% 증가했고, 영업이익은 35.9억원으로 전년 동기 0.3억원의 136.1배에 달함. 동사는 리모컨 수출이 크게 늘었고, 신규사업인 스마트홈 허브와 센서 부문에서 실적이 반영되기 시작해 실적이 성장세를 보임. 인건비 등 비용을 통제해 판매관리비가 전년 동기보다 9.8% 증가하는데 그쳐 수익성 개선에 도움이 됨. 비영업부문에선 외환손실이 커지는 등 적자전환함.

현금 흐름 〈단위 : 억원〉

항목	2016	2017.2Q
영업활동	100	-35
투자활동	1	-6
재무활동	-16	-1
순현금흐름	91	-44
기말현금	168	124

시장 대비 수익률

결산 실적 〈단위 : 억원〉

항목	2012	2013	2014	2015	2016	2017
매출액	1,373	1,463	1,374	1,157	982	—
영업이익	73	58	59	42	42	—
당기순이익	35	36	67	51	58	—

분기 실적 〈단위 : 억원〉

항목	2016.1Q	2016.2Q	2016.3Q	2016.4Q	2017.1Q	2017.2Q
매출액	197	239	321	225	282	292
영업이익	-5	5	32	10	14	22
당기순이익	1	10	17	30	0	25

재무 상태 〈단위 : 억원〉

항목	2012	2013	2014	2015	2016	2017.2Q
총자산	765	727	833	784	838	854
유형자산	423	396	418	400	362	353
무형자산	20	18	18	30	24	21
유가증권	19	16	12	16	19	22
총부채	339	256	299	202	210	215
총차입금	185	95	24	39	33	40
자본금	30	30	30	30	30	30
총자본	426	471	534	582	629	639
지배주주지분	427	471	534	582	628	639

기업가치 지표

항목	2012	2013	2014	2015	2016	2017.2Q
주가(최고/저)(천원)	5.7/2.5	9.1/4.2	7.9/5.0	13.4/4.8	13.1/6.5	—/—
PER(최고/저)(배)	10.5/4.6	16.0/7.4	7.4/4.7	16.0/5.8	13.8/6.8	—/—
PBR(최고/저)(배)	0.9/0.4	1.2/0.6	0.9/0.6	1.4/0.5	1.3/0.6	1.0/0.7
EV/EBITDA(배)	4.0	4.8	4.8	10.0	4.3	
EPS(원)	583	601	1,110	854	965	413
BPS(원)	7,110	7,851	8,904	9,695	10,471	10,647
CFPS(원)	1,168	1,186	1,574	1,448	1,571	646
DPS(원)	100	100	100	120	120	—
EBITDAPS(원)	1,798	1,554	1,446	1,303	1,312	830

재무 비율 〈단위 : % 〉

연도	영업이익률	순이익률	부채비율	차입금비율	ROA	ROE	유보율	자기자본비율	EBITDA마진율
2016	4.3	5.9	33.3	5.3	7.2	9.6	1,994.1	75.0	8.0
2015	3.7	4.4	34.7	6.8	6.4	9.2	1,838.9	74.3	6.8
2014	4.3	4.9	55.9	17.7	8.6	13.3	1,680.9	64.1	6.3
2013	4.0	2.5	54.2	20.2	4.8	8.0	1,470.3	64.8	6.4

삼진엘앤디 (A054090)
Samjin LND

업 종 : 디스플레이 및 관련부품		시 장 : KOSDAQ	
신용등급 : (Bond) — (CP) —		기업규모 : 벤처	
홈 페 이 지 : www.samjin.co.kr		연 락 처 : 031)379-2000	
본 사 : 경기도 화성시 동탄면 동탄기흥로 64-17			

설 립 일	1987.01.06	종 업 원 수	248명	대 표 이 사	이경재,이명종
상 장 일	2004.02.06	감 사 의 견	적정 (한영)	계 열	
결 산 기	12월	보 통 주	2,496만주	종속회사수	5개사
액 면 가	500원	우 선 주		구 상 호	

주주구성 (지분율,%)		출자관계 (지분율,%)		주요경쟁사 (외형,%)	
이경재	10.8	삼진광전	100.0	삼진엘앤디	100
이명종	5.9	SAMJINLNDVINACO.,LTD	100.0	탑엔지니어링	63
(외국인)	1.7	TRIMEKINC.	96.0	동부라이텍	29

매출구성		비용구성		수출비중	
Mold Frame, Gasket, Ppcase	67.6	매출원가율	87.1	수출	—
FINISHER	20.2	판관비율	12.7	내수	—
LED조명	8.4				

회사 개요
동사는 1987년 1월에 설립되어 2004년 2월에 코스닥시장에 상장한 전기, 전자기기 부품 및 정밀사출부품을 제조, 판매하는 업체임. 주력제품은 LCD 백라이트에 적용되는 몰드 프레임이며 주요 거래선은 삼성전자로 거래선내 점유율은 2016년 기준 65~70%를 보이고 있음. 성장성 확보를 위해 LED 조명사업도 전개하고 있으며 중국 현지법인 등 총 5개의 연결자회사를 두고 있음.

실적 분석
동사의 2017년 2분기 누적 연결기준 매출액은 전년대비 11.3% 감소한 1,067.8억원을 기록함. 판관비 통제에도 불구하고 원가율은 100%를 상회하여 영업손실 14.3억원을 시현함. 또한 외환손실 등 비영업손실 반영으로 당기순손실 37.2억원을 보이며 적자를 시현함. 동사는 신규(개발)사업으로 도광판(LGP) 라인업 보강과 모바일 및 인터넷 관련 소프트웨어 개발 등을 추진하고 있음

현금 흐름 〈단위 : 억원〉

항목	2016	2017.2Q
영업활동	48	42
투자활동	-132	-29
재무활동	18	-17
순현금흐름	-67	-1
기말현금	157	156

시장 대비 수익률

결산 실적 〈단위 : 억원〉

항목	2012	2013	2014	2015	2016	2017
매출액	2,691	2,479	2,300	2,815	2,566	—
영업이익	58	67	-19	127	5	—
당기순이익	76	20	-80	96	-22	—

분기 실적 〈단위 : 억원〉

항목	2016.1Q	2016.2Q	2016.3Q	2016.4Q	2017.1Q	2017.2Q
매출액	580	623	692	670	630	43
영업이익	-21	-16	26	17	2	-1
당기순이익	-33	-13	-18	42	-34	

재무 상태 〈단위 : 억원〉

항목	2012	2013	2014	2015	2016	2017.2Q
총자산	1,840	1,840	1,729	2,013	1,980	1,77
유형자산	744	698	685	697	665	64
무형자산	65	64	53	55	77	7
유가증권	4	0	0	0	0	
총부채	1,017	913	844	992	992	82
총차입금	565	502	443	468	499	46
자본금	80	94	108	114	114	11
총자본	823	927	885	1,020	988	94
지배주주지분	818	920	878	1,013	981	94

기업가치 지표

항목	2012	2013	2014	2015	2016	2017.2Q
주가(최고/저)(천원)	3.7/1.5	5.5/2.3	5.1/2.0	3.8/2.1	4.2/2.5	—/—
PER(최고/저)(배)	8.3/3.4	56.7/23.5	—/—	8.8/4.9	—/—	—/—
PBR(최고/저)(배)	0.8/0.3	1.2/0.5	1.3/0.5	0.9/0.5	1.0/0.6	0.7/0.
EV/EBITDA(배)	4.2	6.0	7.3	4.3	8.0	—/
EPS(원)	463	99	-404	440	-93	-16
BPS(원)	5,232	4,930	4,109	4,501	4,347	4,17
CFPS(원)	1,278	686	191	938	409	4
DPS(원)	70	50		50		
EBITDAPS(원)	1,165	944	501	1,083	524	13

재무 비율 〈단위 : % 〉

연도	영업이익률	순이익률	부채비율	차입금비율	ROA	ROE	유보율	자기자본비율	EBITDA마진율
2016	0.2	-0.9	100.4	50.5	-1.1	-2.1	769.4	49.9	4.
2015	4.5	3.4	97.2	45.9	5.1	10.1	800.2	50.7	4.
2014	-0.8	-3.5	95.4	50.0	-4.5	-8.9	721.8	51.2	4.
2013	2.7	0.8	98.6	54.2	1.1	2.2	886.0	50.4	4.

삼진제약 (A005500)
Samjin Pharamaceutical

종 목 : 제약	시 장 : 거래소
신용등급 : (Bond) — (CP) —	기업규모 : 시가총액 중형주
홈페이지 : www.samjinpharm.co.kr	연 락 처 : 02)3140-0700
본 사 : 서울시 마포구 와우산로 121	

설 립 일	1968.04.18	종 업 원 수	639명	대 표 이 사	최승주,조의환,이성우
상 장 일	1988.06.18	감 사 의 견	적정(대주)	계 열	
결 산 기	12월	보 통 주	1,390만주	종 속 회 사 수	
액 면 가	1,000원	우 선 주		구 상 호	

주주구성 (지분율,%)		출자관계 (지분율,%)		주요경쟁사 (외형,%)	
조의환	12.2	한국제약협동조합	4.2	삼진제약	100
최승주	8.8	제이티비씨	0.6	종근당홀딩스	140
(외국인)	26.6			이연제약	51

매출구성		비용구성		수출비중	
정제(플라리스,게보린 등)	67.9	매출원가율	46.0	수출	1.0
캅셀제(오스테민,타이록신 등)	14.6	판관비율	36.5	내수	99.0
주사제(제티암,세포라탐 등)	11.7				

회사 개요
동사는 의약품 제조 및 판매의 단일사업부문으로 전문의약품과 일반의약품의 매출이 주를 이루고 있음. 해열진통제 '게보린'과 식욕촉진제 '트레스탄' 등은 꾸준한 매출세를 이어가고 있음. 정부 정책에 영향은 받겠지만 향후 매출 증대가 예상되며 수출 및 오송 첨단 의약품원료(API) 합성공장 완공으로 원료의약품 매출 확대를 추진하고 있음.

실적 분석
동사의 2017년도 반기 연결재무제표 기준 영업현황을 보면 매출액 1,228.2억원으로 전년동기대비 3.9% 증가하였고, 순이익은 전년동기대비 11.8% 증가한 183.1억원을 나타내었음. 기존 제품의 고른 성장으로 매출이 확대되었고, 이중 가장 매출 비중이 높은 품목은 사노피 항혈전제 플라빅스의 제네릭임. 영업이익율이 20%로 활발한 영업활동을 진행하고 있음.

현금 흐름 *IFRS 별도 기준 〈단위 : 억원〉

항목	2016	2017.2Q
영업활동	487	186
투자활동	-106	-104
재무활동	-270	-144
순현금흐름	110	-63
기말현금	119	57

시장 대비 수익률

결산 실적 〈단위 : 억원〉

항목	2012	2013	2014	2015	2016	2017
매출액	1,857	1,920	2,013	2,165	2,393	—
영업이익	173	301	316	360	421	—
당기순이익	106	79	207	270	302	—

분기 실적 *IFRS 별도 기준 〈단위 : 억원〉

항목	2016.1Q	2016.2Q	2016.3Q	2016.4Q	2017.1Q	2017.2Q
매출액	582	600	611	600	601	627
영업이익	107	108	119	86	112	125
당기순이익	81	83	91	47	86	97

재무 상태 *IFRS 별도 기준 〈단위 : 억원〉

항목	2012	2013	2014	2015	2016	2017.2Q
총자산	2,042	2,039	2,093	2,207	2,276	2,280
유형자산	614	629	700	711	724	759
무형자산	22	21	29	39	39	40
유가증권	27	37	37	32	7	7
총부채	914	910	833	727	579	488
총차입금	430	475	330	290	90	40
자본금	139	139	139	139	139	139
총자본	1,127	1,130	1,260	1,481	1,697	1,792
지배주주지분	1,127	1,130	1,260	1,481	1,697	1,792

기업가치 지표 *IFRS 별도 기준

항목	2012	2013	2014	2015	2016	2017.2Q
주가(최고/저)(천원)	11.5/6.8	14.9/9.2	26.4/13.1	30.1/19.9	35.5/22.1	—/—
PER(최고/저)(배)	17.0/10.0	28.9/17.8	19.0/9.4	16.2/10.7	16.7/10.4	2.5/2.2
PBR(최고/저)(배)	1.4/0.8	1.7/1.0	2.7/1.3	2.6/1.7	2.6/1.6	2.7/2.2
EV/EBITDA(배)	8.5		6.8	8.6	8.2	9.7	—/—
EPS(원)	765	567	1,490	1,946	2,171	1,318
BPS(원)	9,488	9,712	10,642	12,218	13,772	14,495
CFPS(원)	1,059	952	1,930	2,416	2,669	1,562
DPS(원)	300	400	500	600	700	1,947
EBITDAPS(원)	1,539	2,551	2,711	3,058	3,524	

재무 비율 〈단위 : % 〉

연도	영업이익률	순이익률	부채비율	차입금비율	ROA	ROE	유보율	자기자본비율	EBITDA마진율
2016	17.6	12.6	34.1	5.3	13.5	19.0	1,277.2	74.6	20.5
2015	16.6	12.5	49.1	19.6	12.6	19.7	1,121.8	67.1	19.6
2014	15.7	10.3	66.1	26.2	10.0	17.3	964.2	60.2	18.7
2013	15.7	4.1	80.5	42.0	3.9	7.0	871.2	55.4	18.5

삼천당제약 (A000250)
SAM CHUN DANG PHARM

업 종 : 제약	시 장 : KOSDAQ
신용등급 : (Bond) — (CP) —	기업규모 : 우량
홈페이지 : www.scd.co.kr	연 락 처 : 031)350-7300
본 사 : 경기도 화성시 향남읍 제약공단2길 71	

설 립 일	1943.12.29	종 업 원 수	390명	대 표 이 사	윤대인,박천교(각자대표이사)
상 장 일	2000.09.20	감 사 의 견	적정(신한)	계 열	
결 산 기	12월	보 통 주	2,211만주	종 속 회 사 수	1개사
액 면 가	500원	우 선 주		구 상 호	

주주구성 (지분율,%)		출자관계 (지분율,%)		주요경쟁사 (외형,%)	
소화	31.0	디에이치피코리아	38.4	삼천당제약	100
윤대인	7.2	조선방송	0.5	대한뉴팜	74
(외국인)	2.6	향남제약공단		메지온	6

매출구성		비용구성		수출비중	
순환기질환치료제 기타 외	41.3	매출원가율	46.3	수출	3.0
안과용제 기타	25.9	판관비율	37.1	내수	97.0
하메론	13.9				

회사 개요
동사는 의약용 약제품 제조 판매를 영위할 목적으로 1943년 12월 29일에 설립됨. 또한 2000년 10월 04일에 한국거래소가 개설한 코스닥시장에 상장되어 매매가 개시됨. 2013년 국내 일회용 점안제 생산 1위 업체 디에이치피코리아를 인수하여 안과용 치료제 전문 업체로의 입지를 구축함. 2016년 12월 미국 Breckenridge Pharmaceutical Inc.(BPI)사와 안과용 제네릭 7품목 수출을 위한 계약을 체결함.

실적 분석
동사의 2017년 연결 기준 2분기 누적 매출액은 전년동기대비 11.0% 증가한 789.8억원을 시현함. 매출원가는 12.2% 증가하여 매출총이익은 9.9% 늘어난 424.0억원임. 영업이익은 135.4억원으로 전년동기대비 13.6% 증가하였음. 판관비는 8.3% 증가하며 그쳐 수익성이 개선됨. 당기순이익 또한 전년동기대비 12.4% 증가한 116.3억원을 기록함.

현금 흐름 〈단위 : 억원〉

항목	2016	2017.2Q
영업활동	178	149
투자활동	-72	-68
재무활동	32	-4
순현금흐름	138	75
기말현금	486	561

시장 대비 수익률

결산 실적 〈단위 : 억원〉

항목	2012	2013	2014	2015	2016	2017
매출액	767	1,045	1,189	1,321	1,474	—
영업이익	60	159	189	208	244	—
당기순이익	13	76	173	179	156	—

분기 실적 〈단위 : 억원〉

항목	2016.1Q	2016.2Q	2016.3Q	2016.4Q	2017.1Q	2017.2Q
매출액	342	369	369	393	391	399
영업이익	57	62	63	61	71	65
당기순이익	47	56	53	-1	59	58

재무 상태 〈단위 : 억원〉

항목	2012	2013	2014	2015	2016	2017.2Q
총자산	1,221	1,554	1,725	1,843	2,051	2,155
유형자산	497	496	546	593	579	565
무형자산	54	52	69	86	131	161
유가증권	118	150	208	229	212	231
총부채	354	361	328	299	341	353
총차입금	179	172	51	46	70	82
자본금	100	100	105	106	110	111
총자본	866	1,192	1,397	1,543	1,710	1,803
지배주주지분	821	931	1,054	1,143	1,252	1,311

기업가치 지표

항목	2012	2013	2014	2015	2016	2017.2Q
주가(최고/저)(천원)	3.1/1.8	5.2/2.5	12.7/4.3	13.1/8.1	12.1/7.5	—/—
PER(최고/저)(배)	47.8/28.3	12.3/5.8	22.6/7.6	24.1/14.8	29.8/18.5	—/—
PBR(최고/저)(배)	0.8/0.5	1.1/0.5	2.5/0.9	2.4/1.5	2.1/1.3	2.7/1.9
EV/EBITDA(배)	8.0	4.8	8.8	7.7	8.5	—/—
EPS(원)	67	436	574	551	408	330
BPS(원)	4,207	4,756	5,103	5,476	5,780	6,020
CFPS(원)	183	642	771	751	658	469
DPS(원)	50	50	75	50	50	
EBITDAPS(원)	414	999	1,115	1,183	1,391	751

재무 비율 〈단위 : % 〉

연도	영업이익률	순이익률	부채비율	차입금비율	ROA	ROE	유보율	자기자본비율	EBITDA마진율
2016	16.5	10.6	20.0	4.1	8.0	7.3	1,055.9	83.4	20.2
2015	15.7	13.5	19.4	3.0	10.0	10.6	995.3	83.8	18.9
2014	15.9	14.5	23.5	3.7	10.5	11.9	920.6	81.0	19.4
2013	15.2	7.3	30.3	14.4	5.5	10.0	851.1	76.7	19.1

삼천리 (A004690)
Samchully

업 종 : 가스 시 장 : 거래소
신용등급 : (Bond) AA+ (CP) A1 기업규모 : 시가총액 중형주
홈 페 이 지 : www.samchully.co.kr 연 락 처 : 02)368-3300
본 사 : 서울시 영등포구 국제금융로6길 42 (여의도동, 삼천리빌딩)

설 립 일	1966.07.07	종 업 원 수	757명	대 표 이 사	이찬의,유재권
상 장 일	1976.12.23	감 사 의 견	적정 (안진)	계 열	
결 산 기	12월	보 통 주	406만주	종속회사수	14개사
액 면 가	5,000원	우 선 주		구 상 사	

주주구성 (지분율,%)		출자관계 (지분율,%)		주요경쟁사 (외형,%)	
유상덕	12.3	삼천리이에스	100.0	삼천리	100
신영자산운용	9.8	삼천리이엔지	100.0	한국가스공사	689
(외국인)	24.8	삼천리자산운용	100.0	서울가스	42

매출구성		비용구성		수출비중	
삼천리,삼천리이엔지(상품)	77.0	매출원가율	90.3	수출	0.0
에스파워(제품)	14.9	판관비율	7.7	내수	100.0
삼천리,삼천리이엔지,삼천리이에스(기타)	5.2				

회사 개요
동사는 도시가스공급업을 주요 사업으로 영위하고 있으며, 이 외에 지배회사와 종속회사를 통하여 집단에너지사업, 자원개발사업, 플랜트사업, 신재생에너지사업, 자산운용업 및 물 사업 등 다양한 사업을 영위하고 있음. 동사는 경기도 서남부지역과 인천광역시 일부 지역에 도시가스를 공급하고 있으며, 택지개발 및 산업단지 조성이 활발한 수도권 공급권역을 기반으로 단일 도시가스 회사로서 최대의 공급량을 확보하고 있음.

실적 분석
2017년 반기 매출액은 전년동기 대비 6.6% 증가한 1조 8,192억원을 기록함. 영업이익은 원가율 개선 영향으로 전년동기 대비 8.7% 증가한 650억원 시현함. 당기순이익 또한 전년동기 대비 18.1% 증가한 407.8억원을 기록함. 동사의 주요 사업인 도시가스업의 안정적인 수익성과 더불어 지분법이익 발생함에 따라 전년동기 대비 수익성이 증가함. 새로운 성장동력을 찾기 위해 사업다각화 노력 지속 추진중.

현금 흐름 〈단위 : 억원〉
항목	2016	2017.2Q
영업활동	3,288	701
투자활동	-1,944	-118
재무활동	-639	-392
순현금흐름	735	189
기말현금	1,429	1,618

시장 대비 수익률

결산 실적 〈단위 : 억원〉
항목	2012	2013	2014	2015	2016	2017
매출액	34,554	36,581	37,363	36,679	30,633	—
영업이익	430	525	273	891	606	—
당기순이익	357	403	116	372	201	—

분기 실적 〈단위 : 억원〉
항목	2016.1Q	2016.2Q	2016.3Q	2016.4Q	2017.1Q	2017.2Q
매출액	11,678	5,388	4,578	8,989	11,748	6,444
영업이익	599	-1	-129	136	616	34
당기순이익	403	-58	-173	28	462	-54

재무 상태 〈단위 : 억원〉
항목	2012	2013	2014	2015	2016	2017.2Q
총자산	27,753	27,477	36,598	35,435	36,902	34,464
유형자산	13,333	13,572	22,204	22,550	22,195	22,057
무형자산	721	626	578	257	276	353
유가증권	1,991	1,497	3,093	4,477	5,679	5,215
총부채	16,115	15,524	23,416	21,945	23,272	20,505
총차입금	3,190	5,649	11,837	12,349	11,979	11,711
자본금	203	203	203	203	203	203
총자본	11,638	11,952	13,182	13,491	13,630	13,959
지배주주지분	11,466	11,822	11,788	12,104	12,388	12,757

기업가치 지표
항목	2012	2013	2014	2015	2016	2017.2Q
주가(최고/저)(천원)	125/78.6	129/95.5	164/110	141/94.2	110/84.1	—/—
PER(최고/저)(배)	14.3/9.0	12.8/9.5	42.9/28.9	16.2/10.8	13.2/10.1	—/—
PBR(최고/저)(배)	0.5/0.3	0.5/0.3	0.6/0.4	0.5/0.3	0.4/0.3	0.4/0.3
EV/EBITDA(배)	3.6	5.6	14.1	6.4	6.0	—
EPS(원)	9,790	10,949	4,069	9,150	8,519	11,040
BPS(원)	295,152	303,922	303,094	310,873	317,890	326,980
CFPS(원)	26,154	29,910	23,424	37,026	36,424	25,152
DPS(원)	3,000	3,000	2,000	2,500	2,500	
EBITDAPS(원)	26,961	31,912	26,094	49,853	42,845	30,144

재무 비율 〈단위 : % 〉
연도	영업이익률	순이익률	부채비율	차입금비율	ROA	ROE	유보율	자기자본비율	EBITDA마진율
2016	2.0	0.7	170.7	87.9	0.6	2.8	6,257.8	36.9	5.7
2015	2.4	1.0	162.7	91.5	1.0	3.1	6,117.5	38.1	5.5
2014	0.7	0.3	177.6	89.8	0.4	1.4	5,961.9	36.0	2.8
2013	1.4	1.1	129.9	47.3	1.5	3.8	5,978.4	43.5	3.5

삼천리자전거 (A024950)
Samchuly Bicycle

업 종 : 레저용품 시 장 : KOSDAQ
신용등급 : (Bond) — (CP) — 기업규모 : 우량
홈 페 이 지 : www.samchuly.co.kr 연 락 처 : 02)2194-3020
본 사 : 서울시 서초구 서초대로 274 (서초동, 3000타워)

설 립 일	1979.03.23	종 업 원 수	155명	대 표 이 사	김석환
상 장 일	1995.01.04	감 사 의 견	적정 (중앙)	계 열	
결 산 기	12월	보 통 주	1,327만주	종속회사수	3개사
액 면 가	500원	우 선 주		구 상 사	

주주구성 (지분율,%)		출자관계 (지분율,%)		주요경쟁사 (외형,%)	
김석환	27.1	에이치케이코퍼레이션	100.0	삼천리자전거	100
박영옥	9.0	스마트	100.0	엔에스엔	13
(외국인)	13.6	에스앤씨애셋	100.0	참좋은여행	51

매출구성		비용구성		수출비중	
자전거, 유모차(상품)	99.7	매출원가율	68.0	수출	0.0
자전거(용역)	0.3	판관비율	28.0	내수	100.0

회사 개요
동사는 일반 자전거를 제조하여 국내 대리점 및 유통점에 공급하는 업체임. 국내 완성자전거 시장은 삼천리자전거와 참좋은레져, 알톤스포츠 3개 사가 과점구조를 이루고 있음. 동사는 약 1,400개의 대리점과 유통점을 보유하고 있음. 디자인과 기술개발 능력, Brand 인지도 등을 보유한 업체를 중심으로 공급 시장이 재편되고 있는 완성자전거 업계에서 동사는 선두적인 위치를 차지하고 있음.

실적 분석
동사의 2017년 연결기준 2분기 누적 매출액은 742.6억원으로 전년 동기(964.9억원) 대비 23% 감소함. 이는 지난 몇 년간 이어진 국내 자전거 산업 및 레져 수요의 폭발적 증가가 안정기로 접어들었기 때문으로 보여짐. 매출 감소에 따라 영업이익과 당기순이익은 각각 53.5억원, 56억원을 기록함. 상승기였던 전년 동기대비 각각 45.1% 하락, 40% 감소한 수치임.

현금 흐름 〈단위 : 억원〉
항목	2016	2017.2Q
영업활동	-53	-71
투자활동	-3	-46
재무활동	89	180
순현금흐름	32	63
기말현금	37	100

시장 대비 수익률

결산 실적 〈단위 : 억원〉
항목	2012	2013	2014	2015	2016	2017
매출액	1,090	1,108	1,219	1,267	1,428	—
영업이익	80	86	140	150	58	—
당기순이익	77	88	101	125	65	—

분기 실적 〈단위 : 억원〉
항목	2016.1Q	2016.2Q	2016.3Q	2016.4Q	2017.1Q	2017.2Q
매출액	417	548	314	148	307	43
영업이익	24	73	10	-49	7	4
당기순이익	29	65	20	-49	15	4

재무 상태 〈단위 : 억원〉
항목	2012	2013	2014	2015	2016	2017.2Q
총자산	946	1,000	1,188	1,294	1,608	1,89
유형자산	304	345	422	400	420	44
무형자산	17	12	23	18	90	5
유가증권	9	3	6	6	9	
총부채	178	168	278	306	573	83
총차입금	82	56	150	166	423	62
자본금	66	66	66	66	66	6
총자본	768	832	910	987	1,035	1,06
지배주주지분	768	832	910	987	1,018	1,04

기업가치 지표
항목	2012	2013	2014	2015	2016	2017.2Q
주가(최고/저)(천원)	10.8/6.3	20.3/9.3	23.4/14.9	27.5/15.4	22.6/11.0	—/
PER(최고/저)(배)	19.9/11.7	32.1/14.6	31.9/20.3	30.0/16.8	40.0/19.5	—/
PBR(최고/저)(배)	1.9/1.1	3.3/1.5	3.4/2.2	3.6/2.0	2.8/1.4	1.8/1
EV/EBITDA(배)	15.1	27.4	16.9	14.9	30.1	
EPS(원)	577	661	761	943	573	4
BPS(원)	5,993	6,477	7,064	7,766	8,186	8,41
CFPS(원)	632	720	829	1,019	660	48
DPS(원)	150	150	200	200	200	
EBITDAPS(원)	660	704	1,121	1,203	524	45

재무 비율 〈단위 : % 〉
연도	영업이익률	순이익률	부채비율	차입금비율	ROA	ROE	유보율	자기자본비율	EBITDA마진율
2016	4.1	4.5	55.4	40.8	4.5	7.6	1,537.1	64.4	4
2015	11.8	9.9	31.0	16.8	10.1	13.2	1,453.3	76.3	12
2014	11.5	8.3	30.5	16.5	9.2	11.6	1,312.9	76.6	12
2013	7.7	7.9	20.1	6.7	9.0	11.0	1,195.4	83.2	8

삼표시멘트 (A038500)
SAMPYO Cement

종 목: 건축소재		시 장: KOSDAQ	
용 등 급: (Bond) — (CP) —		기업규모: 우량	
페 이 지: www.tycement.co.kr		연 락 처: (033)571-7000	
사: 강원도 삼척시 동양길 20 (사직동 114)			

설 립 일 1990.12.22	총 업 원 수 831명	대 표 이 사 최병길	
상 장 일 2001.01.20	감 사 의 견 적정 (삼덕)	계 열	
결 산 기 12월	보 통 주 10,736만주	종 속 회 사 수 8개사	
액 면 가 500원	우 선 주 —	구 상 호 동양시멘트	

주주구성 (지분율,%)		출자관계 (지분율,%)		주요경쟁사 (외형,%)	
삼표시멘트	45.1	삼표자원개발	100.0	삼표시멘트	100
케이머스원	10.0	삼척에너지	100.0	쌍용양회	334
(외국인)	1.1	삼표해운	100.0	동양	71

매출구성		비용구성		수출비중	
멘트, 석회석, 플랜트 (시멘트 사업)	108.0	매출원가율	78.3	수출	3.0
연결조정금액	-8.0	판관비율	10.6	내수	97.0

회사 개요
동사는 2010년 7월 동양시멘트를 흡수 합병 후 사명을 골든오일에서 동양시멘트로 변경함. 주요 사업은 시멘트 제품의 제조, 연구 및 개발이며, 에너지 사업 부문에서는 석유자원 개발을 주로 영위함. 비상장사인 동양레미콘, 한성레미콘 등과 함께 상장사인 동양의 계열회사임. 수년간 매년 수백억원 규모의 순손실을 시현. 포스코에너지에 동양파워 매각을 8월 29일부로 완료.

실적 분석
동사의 연결기준 2017년 2분기 누적매출액은 전년동기 대비 20.2% 증가한 3,433.9억원을 시현하였음. 이에 따라 매출원가와 판관비가 전년동기 대비 각각 18.6%, 9.8%씩 증가하였음에도 같은 기간 416.8억원의 영업이익을 시현, 전년동기 대비 44.1% 증가한 실적을 내었음. 또한 비영업손실 폭이 확대되었음에도 전년동기 대비 115.2% 늘어난 당기순이익 185.4억원을 시현하였음.

금 흐름
〈단위 : 억원〉

항목	2016	2017.2Q
영업활동	1,030	397
투자활동	-1,671	-438
재무활동	712	139
순현금흐름	72	98
기말현금	670	768

시장 대비 수익률

산 실적
〈단위 : 억원〉

항목	2012	2013	2014	2015	2016	2017
매출액	6,354	6,097	5,536	5,638	6,159	—
영업이익	303	-47	643	469	685	—
당기순이익	-669	-2,555	3,270	-108	503	—

기 실적
〈단위 : 억원〉

항목	2016.1Q	2016.2Q	2016.3Q	2016.4Q	2017.1Q	2017.2Q
매출액	1,211	1,646	1,490	1,812	1,598	1,836
영업이익	75	214	196	200	63	354
당기순이익	43	43	90	326	18	167

무 상태
〈단위 : 억원〉

항목	2012	2013	2014	2015	2016	2017.2Q
총자산	14,758	13,800	13,122	11,077	12,634	13,151
유형자산	9,057	8,466	7,630	6,924	7,642	7,776
무형자산	2,546	2,130	2,117	2,102	2,229	2,254
유가증권	21	15	17	46	29	29
총부채	10,138	11,226	7,422	5,585	6,666	7,002
총차입금	8,337	8,064	5,658	4,091	4,957	5,151
자본금	639	671	537	537	537	537
총자본	4,620	2,574	5,701	5,492	5,967	6,149
지배주주지분	4,610	2,481	5,701	5,492	5,967	6,149

업가치 지표

항목	2012	2013	2014	2015	2016	2017.2Q
가(최고/저)(천원)	7.1/2.6	7.5/2.0	3.7/2.2	7.6/3.1	5.0/3.1	—/—
PER(최고/저)(배)	—/—	—/—	1.2/0.7	—/—	10.6/6.5	—/—
BR(최고/저)(배)	1.6/0.6	3.2/0.9	0.7/0.4	1.5/0.6	0.9/0.6	0.7/0.5
EV/EBITDA(배)	9.9	13.9	5.2	6.6	5.6	—
EPS(원)	-653	-2,279	3,045	-101	468	173
BPS(원)	3,607	1,849	5,310	5,116	5,558	5,728
CFPS(원)	94	-1,256	3,730	585	1,057	427
DPS(원)	—	—	—	—	—	—
EBITDAPS(원)	853	532	1,284	1,123	1,227	642

무 비율
〈단위 : % 〉

연도	영업이익률	순이익률	부채비율	차입금비율	ROA	ROE	유보율	자기자본비율	EBITDA마진율
'016	11.1	8.2	111.7	83.1	4.2	8.8	1,011.7	47.2	21.4
'015	8.3	-1.9	101.7	74.5	-0.9	-1.9	923.1	49.6	21.4
'014	11.6	59.1	130.2	99.3	24.3	79.9	962.1	43.4	24.9
'013	-0.8	-41.9	436.1	313.3	-17.9	-68.4	269.8	18.7	11.6

삼현철강 (A017480)
Samhyun Steel

업 종: 금속 및 광물		시 장: KOSDAQ	
신용등급: (Bond) — (CP) —		기업규모: 우량	
홈페이지: www.samsteel.co.kr		연 락 처: (055)252-6060	
본 사: 경남 창원시 의창구 평산로 70번길 36			

설 립 일 1984.01.24	총 업 원 수 99명	대 표 이 사 조윤선	
상 장 일 2000.12.23	감 사 의 견 적정 (대신)	계 열	
결 산 기 12월	보 통 주 1,570만주	종 속 회 사 수	
액 면 가 500원	우 선 주 —	구 상 호	

주주구성 (지분율,%)		출자관계 (지분율,%)		주요경쟁사 (외형,%)	
조수익	16.9	세정이십일	0.7	삼현철강	100
조윤선	15.9	창원컨트리클럽	0.1	NI스틸	81
(외국인)	1.2	부경철강조합		EG	104

매출구성		비용구성		수출비중	
제품(철구조물제작, 강교구조물 등)	53.3	매출원가율	89.7	수출	0.0
상품(일반 철 구조물 제작용)	45.6	판관비율	4.8	내수	100.0
임가공	1.1				

회사 개요
동사는 코일 전·절단 가공업 및 판매업, 철판류 가공업 및 판매업, 형강류 가공업 및 판매업, 부동산 임대업 등을 영위하고 있음. 포스코에서 생산하는 열연제품과 후판 등을 매입하여 가공 및 판매하고, 현대제철에서 생산되는 형강제품을 매입하여 판매함. 2013년에 광양2공장을 설치하였고, 향후 건설중장비, 강교, 조선 등의 가공공품을 생산할 예정으로 가공분야의 경쟁력 강화를 모색하고 있음.

실적 분석
동사의 2017년 2분기기준 누적 매출액은 전년동기대비 25.2% 상승한 819.6억원을 기록하였음. 비용면에서 전년동기대비 매출원가는 증가 했으며 인건비도 증가, 광고선전비도 크게 증가, 기타판매비와관리비도 마찬가지로 증가함. 이와 같이 상승한 매출액 대비 비용증가가 높아 그에 따라 전년동기대비 영업이익은 26.2억원으로 -38.9% 크게 하락하였음. 최종적으로 전년동기대비 당기순이익도 크게 하락하여 20.2억원을 기록함.

현금 흐름 *IFRS 별도 기준
〈단위 : 억원〉

항목	2016	2017.2Q
영업활동	52	23
투자활동	148	4
재무활동	-23	-23
순현금흐름	177	3
기말현금	540	543

시장 대비 수익률

결산 실적
〈단위 : 억원〉

항목	2012	2013	2014	2015	2016	2017
매출액	2,473	2,451	2,231	1,709	1,406	—
영업이익	106	95	92	73	78	—
당기순이익	85	75	127	-9	97	—

분기 실적 *IFRS 별도 기준
〈단위 : 억원〉

항목	2016.1Q	2016.2Q	2016.3Q	2016.4Q	2017.1Q	2017.2Q
매출액	333	322	328	424	387	432
영업이익	27	16	9	27	17	9
당기순이익	25	22	17	32	13	7

재무 상태 *IFRS 별도 기준
〈단위 : 억원〉

항목	2012	2013	2014	2015	2016	2017.2Q
총자산	1,687	1,727	1,644	1,417	1,532	1,557
유형자산	523	454	462	457	472	456
무형자산	18	12	11	9	8	8
유가증권	205	235	173	102	12	8
총부채	522	513	346	126	168	199
총차입금	170	170	70			
자본금	86	86	86	86	86	86
총자본	1,164	1,215	1,297	1,291	1,364	1,358
지배주주지분	1,164	1,215	1,297	1,291	1,364	1,358

기업가치 지표 *IFRS 별도 기준

항목	2012	2013	2014	2015	2016	2017.2Q
주가(최고/저)(천원)	4.1/2.8	3.6/3.0	3.9/3.3	4.4/3.5	4.4/3.2	—/—
PER(최고/저)(배)	9.0/6.3	8.7/7.3	5.4/4.5	—/—	7.3/5.4	—/—
PBR(최고/저)(배)	0.7/0.5	0.5/0.5	0.5/0.4	0.6/0.5	0.5/0.4	0.7/0.5
EV/EBITDA(배)	4.5	4.2	3.8	2.4	1.3	—
EPS(원)	540	475	809	-55	617	129
BPS(원)	7,470	7,791	8,316	8,276	8,743	8,703
CFPS(원)	636	639	982	124	819	216
DPS(원)	125	150	150	150	150	—
EBITDAPS(원)	773	771	756	644	701	254

재무 비율
〈단위 : % 〉

연도	영업이익률	순이익률	부채비율	차입금비율	ROA	ROE	유보율	자기자본비율	EBITDA마진율
2016	5.6	6.9	12.3	0.0	6.6	7.3	1,505.5	89.1	7.8
2015	4.3	-0.5	9.8	0.0	-0.6	-0.7	1,419.7	91.1	5.9
2014	4.1	5.7	26.7	5.4	7.5	10.1	1,427.1	78.9	5.3
2013	3.9	3.1	42.2	14.0	4.4	6.3	1,330.6	70.3	4.9

삼호 (A001880)
Samho International

업 종 : 건설　　　　　　　　　　　시 장 : 거래소
신용등급 : (Bond) —　　(CP) —　　기업규모 : 시가총액 소형주
홈페이지 : www.samho.co.kr　　　연 락 처 : 032)518-3535
본 사 : 인천시 남동구 미래로 14 (구월동)

설 립 일	1974.04.09	종업원수	398명	대표이사	추문석
상 장 일	1977.12.22	감사의견	적정 (안진)	계 열	
결 산 기	12월	발행주식	1,518만주	종속회사수	
액 면 가	5,000원	우 선 주		구 상 호	

주주구성 (지분율,%)		출자관계 (지분율,%)		주요경쟁사 (외형,%)	
대림산업	72.9	김해동서터널	39.0	삼호	100
KB자산운용	11.6	결포2산단	20.0	이테크건설	131
(외국인)	1.3	수도권외곽순환고속도로	14.1	아이콘트롤스	21

매출구성		비용구성		수출비중	
건축공사,건설용역 [민간]	74.5	매출원가율	86.5	수출	0.0
토목공사,건설용역 [관급]	15.3	판관비율	3.4	내수	100.0
토목공사,건설용역 [민간]	3.5				

회사 개요
동사는 1956년 천광사라는 명칭으로 설립된 후 건설업 진출을 위해 1974년 삼호주택으로 상호를 변경함. 1981년 종합건설업체로 발돋움하면서 삼호로 바뀜. 무리한 회사 성장으로 우발채무가 늘면서 채권단과 경영정상화계획 이행을 위한 약정을 체결함. 비주택부문 역량 강화에 나서는 중임. 최근 한국토지주택공사로부터 477억 규모의 주택 건설 수주 및 한국토지신탁과 1205억대 E편한세상 시티 신축공사 수주 계약을 체결하였음.

실적 분석
동사의 2017년 2분기 누적 매출액은 4,199.5억원으로 전년대비 1.4% 증가함. 영업이익은 479억원으로 전년대비 9.7% 증가함. LH, 공공임대주택 계약 등으로 매출이 소폭 성장하였으며, 지속적으로 호텔 및 재건축 사업과 같은 대형 계약을 수주중임. 구조조정과 비용 절감에 따른 건축 부문 원가율 개선에 따라 이익률이 상향되고 있음. 비영업부문의 흑자도 증가하며 당기순이익은 370.1억원으로 18.4% 증가함.

현금 흐름
*IFRS 별도 기준　〈단위 : 억원〉

항목	2016	2017.2Q
영업활동	401	60
투자활동	-225	-97
재무활동	-297	105
순현금흐름	-121	68
기말현금	1,714	1,783

시장 대비 수익률

결산 실적
〈단위 : 억원〉

항목	2012	2013	2014	2015	2016	2017
매출액	5,062	6,469	8,609	8,929	9,113	—
영업이익	132	317	675	897	921	—
당기순이익	-352	84	288	401	749	—

분기 실적
*IFRS 별도 기준　〈단위 : 억원〉

항목	2016.1Q	2016.2Q	2016.3Q	2016.4Q	2017.1Q	2017.2Q
매출액	1,746	2,396	2,309	2,662	2,009	2,190
영업이익	169	268	213	271	218	261
당기순이익	117	196	141	296	175	195

재무 상태
*IFRS 별도 기준　〈단위 : 억원〉

항목	2012	2013	2014	2015	2016	2017.2Q
총자산	5,984	6,800	6,542	7,068	7,394	8,030
유형자산	15	16	16	15	19	19
무형자산	22	22	17	12	21	20
유가증권	339	325	360	348	367	385
총부채	5,575	5,656	5,118	5,237	4,811	5,076
총차입금	3,022	2,789	2,675	2,437	2,029	2,135
자본금	720	759	759	759	759	759
총자본	408	1,144	1,424	1,832	2,584	2,954
지배주주지분	408	1,144	1,424	1,832	2,584	2,954

기업가치 지표
*IFRS 별도 기준

항목	2012	2013	2014	2015	2016	2017.2Q
주가(최고/저)(천원)	5.7/3.1	7.0/3.4	18.3/6.0	30.2/12.5	18.5/14.7	—/—
PER(최고/저)(배)	—/—	4.5/2.2	9.6/3.2	11.4/4.7	3.8/3.0	—/—
PBR(최고/저)(배)	0.7/0.4	0.9/0.5	2.0/0.6	2.5/1.0	1.1/0.9	1.2/0.8
EV/EBITDA(배)	15.6	3.5	3.6	1.1	1.0	—
EPS(원)	-6,795	1,564	1,898	2,639	4,935	2,438
BPS(원)	2,836	7,536	9,380	12,066	17,020	19,460
CFPS(원)	-2,427	1,614	1,919	2,665	4,964	2,460
DPS(원)	—	—	—	—	—	—
EBITDAPS(원)	932	5,961	4,468	5,937	6,098	3,177

재무 비율
〈단위 : % 〉

연도	영업이익률	순이익률	부채비율	차입금비율	ROA	ROE	유보율	자기자본비율	EBITDA마진율
2016	10.1	8.2	186.2	78.5	10.4	33.9	240.4	34.9	10.2
2015	10.1	4.5	285.9	133.1	5.9	24.6	141.3	25.9	10.1
2014	7.8	3.4	359.5	187.9	4.3	22.4	87.6	21.8	7.9
2013	4.9	1.3	494.4	243.8	1.3	10.8	50.7	16.8	5.0

삼호개발 (A010960)
Samho Development

업 종 : 건설　　　　　　　　　　　시 장 : 거래소
신용등급 : (Bond) —　　(CP) —　　기업규모 : 시가총액 소형주
홈페이지 : www.samhodev.co.kr　　연 락 처 : 041)356-4588
본 사 : 충남 당진시 면천면 면천로 183

설 립 일	1976.01.15	종업원수	1,853명	대표이사	김락종
상 장 일	2002.07.16	감사의견	적정 (대주)	계 열	
결 산 기	12월	발행주식	2,500만주	종속회사수	3개사
액 면 가	500원	우 선 주		구 상 호	

주주구성 (지분율,%)		출자관계 (지분율,%)		주요경쟁사 (외형,%)	
이종호	27.7	삼호그린인베스트먼트	100.0	삼호개발	100
Korea Value Opportunity Fund, LP	3.9	SGI신성장메짜닌펀드	80.0	KT서브마린	31
(외국인)	20.3	삼호코넨	54.5	남광토건	67

매출구성		비용구성		수출비중	
토공사 및 터널 공사 등(공사)	95.6	매출원가율	88.7	수출	0.0
골재매출, 부동산임대수익 등(기타)	3.2	판관비율	3.2	내수	100.0
조합관리보수 등(공사)	0.6				

회사 개요
동사는 1976년 설립되고 2002년 코스닥에 상장된 전문건설 업체로서 삼호씨앤앰, 삼호코넨 등 8개의 계열회사를 보유중임. 전문건설업 이외에 일반건설업 면허를 취득하여 건축 및 토목공사업으로 사업분야를 넓혀가고 있으며, 사업의 확장 및 다각화를 위해 강구조물공사업 면허를 새로운 사업목적으로 추가하는 중임. 연결대상 종속법인으로는 창업투자회사인 삼호그린인베스트먼트, 건설업을 영위하는 삼호코넨, 창업투자조합인 SGI 신성장메짜닌펀드가 있음.

실적 분석
동사의 연결기준 2017년 2분기 누적매출액은 전년동기 대비 2% 감소한 1,277.8억원을 기록함. 판관비가 다소 증가했으나 원가절감 노력에 따라 143.6억원의 영업이익을 기록, 전년동기 50.8억원보다 실적이 크게 개선됨. 매출액의 96.2%는 토공사 및 터널 공사 등에서 발생함. 동사는 최종적으로 112.5억원의 당기순이익을 기록, 전년동기보다 2배 이상 늘어난 순이익을 기록함.

현금 흐름
*IFRS 별도 기준　〈단위 : 억원〉

항목	2016	2017.2Q
영업활동	168	440
투자활동	-348	-59
재무활동	72	-33
순현금흐름	-109	349
기말현금	195	544

시장 대비 수익률

결산 실적
〈단위 : 억원〉

항목	2012	2013	2014	2015	2016	2017
매출액	2,131	2,370	2,108	2,669	2,745	—
영업이익	104	63	56	123	222	—
당기순이익	84	52	36	82	160	—

분기 실적
*IFRS 별도 기준　〈단위 : 억원〉

항목	2016.1Q	2016.2Q	2016.3Q	2016.4Q	2017.1Q	2017.2Q
매출액	614	690	654	786	640	63
영업이익	21	30	69	102	122	2
당기순이익	19	36	52	53	92	2

재무 상태
*IFRS 별도 기준　〈단위 : 억원〉

항목	2012	2013	2014	2015	2016	2017.2Q
총자산	2,073	2,030	1,984	2,347	2,454	2,69
유형자산	369	336	269	254	245	24
무형자산	19	19	18	10	11	1
유가증권	220	276	290	429	791	76
총부채	878	809	765	1,101	976	1,13
총차입금	156	176	95	76	75	7
자본금	125	125	125	125	125	12
총자본	1,195	1,221	1,218	1,246	1,478	1,56
지배주주지분	1,191	1,217	1,215	1,244	1,475	1,56

기업가치 지표

항목	2012	2013	2014	2015	2016	2017.2Q
주가(최고/저)(천원)	2.6/1.6	2.5/1.8	3.3/2.2	3.9/2.7	3.8/2.9	—/—
PER(최고/저)(배)	8.9/5.4	13.3/9.4	24.6/16.8	12.5/8.5	6.1/4.7	—/—
PBR(최고/저)(배)	0.6/0.4	0.6/0.4	0.7/0.5	0.8/0.5	0.7/0.5	0.9/0.
EV/EBITDA(배)	1.3	5.0	5.9	1.8	0.6	—
EPS(원)	343	213	146	334	642	45
BPS(원)	4,863	4,952	5,023	5,242	5,898	6,25
CFPS(원)	451	328	249	409	715	47
DPS(원)	90	90	100	100	130	
EBITDAPS(원)	525	365	325	567	959	59

재무 비율
〈단위 : % 〉

연도	영업이익률	순이익률	부채비율	차입금비율	ROA	ROE	유보율	자기자본비율	EBITDA마진율
2016	8.1	5.8	66.0	5.1	6.7	11.8	1,079.7	60.2	
2015	4.6	3.1	88.4	6.1	3.8	6.8	948.4	53.1	5
2014	2.6	1.7	62.8	7.8	1.8	3.0	904.6	61.4	3
2013	2.6	2.2	66.4	14.4	2.6	4.4	890.3	60.2	3

삼화네트웍스 (A046390)
SAMHWA NETWORKS

종 목 : 미디어		시 장 : KOSDAQ	
용 등 급 : (Bond) — (CP) —		기 업 규 모 : 중견	
페 이 지 : www.shnetworks.co.kr		연 락 처 : 02)3454-1500	
사 : 서울시 강남구 선릉로91길 8, 신아트스페이스빌딩 5층			

설 립 일	1991.10.12	종 업 원 수	36명	대 표 이 사	안제현,신상윤
상 장 일	2000.12.28	감 사 의 견	적정 (삼덕)	계 열	
결 산 기	12월	보 통 주	4,286만주	종 속 회 사 수	1개사
액 면 가	200원	우 선 주		구 상 호	

주주구성 (지분율,%)		출자관계 (지분율,%)		주요경쟁사 (외형,%)	
신상윤	18.0	더블유에스엔터테인먼트	80.2	삼화네트웍스	100
남숙자	12.9	한류웍스	18.8	한국경제TV	165
(외국인)	2.3	삼화픽처스	7.2	투원글로벌	39

매출구성		비용구성		수출비중	
프로그램매출(드라마)	68.0	매출원가율	73.8	수출	—
판권매출(드라마)	29.3	판관비율	10.9	내수	—
연기자매출(방송출연 외)	2.4				

회사 개요

동사는 연기자매출수익을 제외한 프로그램매출과 판권 및 음반매출 수익은 감소하는 등 외형 규모 전년대비 34.8% 감소함. 프로그램매출원가와 연기지원이 상승하는 등 원가구조 악화로 판관비 절감에도 영업손실의 폭이 확대되는 등 적자가 지속됨. 비영업이익의 감소로 순이익 적자폭도 커짐. 종합편성채널 등 방송시장 경쟁체제 심화로 컨텐츠 조달 경쟁 자체 및 외주제작 수요 증가, 이에 수주 확대로 성장을 도모할 전망임.

실적 분석

동사의 연결기준 2017년 2분기 누적매출액은 114.8억원으로 전년동기 대비 30.6% 감소함. 매출원가가 상승하였음에도 판관비율 절감 노력에 따라 영업이익은 2배가량 증가한 5.6억원을 기록하였음, 16.2억원의 당기순이익이 발생하였지만 드라마 프로그램매출과 판권매출이 전체 매출액의 90% 이상을 차지하는 상황에서 프로그램매출원가 및 연기자원가 상승 등 높은 비용부담이 존재함.

금 흐름		〈단위 : 억원〉
항목	2016	2017.2Q
영업활동	143	47
투자활동	-138	-20
재무활동	-5	0
순현금흐름	1	25
기말현금	40	65

시장 대비 수익률

산 실적					〈단위 : 억원〉
항목	2012	2013	2014	2015	2016	2017
매출액	168	438	328	198	457	—
영업이익	-8	29	-25	-26	70	—
당기순이익	-43	34	-17	-21	77	—

기 실적					〈단위 : 억원〉
항목	2016.1Q	2016.2Q	2016.3Q	2016.4Q	2017.1Q	2017.2Q
매출액	50	115	196	96	84	31
영업이익	-6	9	58	10	10	-5
당기순이익	-6	10	58	15	9	7

무 상태					〈단위 : 억원〉
항목	2012	2013	2014	2015	2016	2017.2Q
총자산	317	404	407	359	449	452
유형자산	5	4	2	1	9	10
무형자산	39	31	39	42	11	8
유가증권	51	46	62	65	62	41
총부채	42	72	65	37	57	48
총차입금	—	—	—	—	—	—
자본금	75	84	86	86	86	86
총자본	275	331	342	322	393	404
지배주주지분	275	332	343	323	395	406

업가치 지표					
항목	2012	2013	2014	2015	2016	2017.2Q
가(최고/저)(천원)	1.2/0.7	1.6/0.8	3.3/1.1	2.0/1.0	3.5/1.2	—/—
ER(최고/저)(배)	—/—	17.7/9.6	—/—	—/—	19.4/6.8	—/—
BR(최고/저)(배)	1.6/1.0	1.8/1.0	4.0/1.3	2.5/1.3	3.6/1.3	1.9/1.4
EV/EBITDA(배)	18.1	2.9	27.4		3.9	—
EPS(원)	-108	87	-41	-48	181	39
BPS(원)	757	854	840	795	971	998
CFPS(원)	-46	267	65	-23	303	66
DPS(원)	—	—	—	—	—	—
EBITDAPS(원)	39	252	48	-35	286	40

무 비율									〈단위 : % 〉
연도	영업이익률	순이익률	부채비율	차입금비율	ROA	ROE	유보율	자기자본비율	EBITDA마진율
'016	15.4	16.8	14.4	0.0	19.0	21.6	385.3	87.4	26.8
'015	-12.9	-10.8	11.6	0.0	-5.6	-6.1	297.3	89.6	-7.7
'014	-7.6	-5.2	19.0	0.0	-4.2	-5.2	320.0	84.0	6.2
'013	6.6	7.7	21.8	0.0	9.3	11.5	327.0	82.1	23.0

삼화왕관 (A004450)
Samhwa Crown & Closure

업 종 : 용기 및 포장		시 장 : 거래소	
신용등급 : (Bond) — (CP) —		기 업 규 모 : 시가총액 소형주	
홈 페 이 지 : www.samhwacrown.com		연 락 처 : 031)490-8400	
본 사 : 경기도 안산시 단원구 강촌로 140			

설 립 일	1965.05.02	종 업 원 수	187명	대 표 이 사	고병헌,고기영(각자대표)
상 장 일	1976.05.28	감 사 의 견	적정 (한영)	계 열	
결 산 기	12월	보 통 주	215만주	종 속 회 사 수	
액 면 가	5,000원	우 선 주		구 상 호	

주주구성 (지분율,%)		출자관계 (지분율,%)		주요경쟁사 (외형,%)	
금비	50.4	QUINTESSENCE WORLDWIDE, INC	46.0	삼화왕관	100
TCC동양	10.0	우전개발	35.0	락앤락	418
(외국인)	7.2	진로발효	5.9	연우	231

매출구성		비용구성		수출비중	
Cap(제품)-주류, 음료, 식품드링크 외	92.5	매출원가율	77.0	수출	7.0
금속인쇄·인쇄판	5.4	판관비율	9.7	내수	93.0
Cap(상품)	1.8				

회사 개요

1965년 삼화왕관 공업사로 출범하여, 1976년 거래소에 상장되었으며 병마개 제조 및 판매업과 금속인쇄판 및 제관업, 합성수지제품 제조 및 판매를 주요 사업으로 영위하는 기업임. 병마개 업체는 중 유일하게 비금속 Cap과 금속 Cap을 공급하는 종합 병마개 업체로 납세용 병마개는 국세청에서 지정된 제조자만이 생산 가능함. 매출구성은 CAP 92.9, 인쇄 4.8%, 부품 외 2.3% 등으로 구성되어 있음.

실적 분석

동사의 2017년 연결기준 상반기 매출액은 520.5억원으로 전년동기 대비 4.9% 증가하였으며, 영업이익은 56.9억원으로 전년동기 대비 21.5%로 감소함. 4종류의 병마개를 생산하는 국내 업체는 동사를 포함하여 두 곳으로 높은 시장 내 지위를 통한 수주 증가로 안정적인 매출 성장세를 보이고 있음. 또한 납세병마개 제조, 공급업체로 재지정 되어 2018년 2월 28일까지 납세병마개를 제조로 향후 실적 개선 추세는 지속될 전망임.

현금 흐름	*IFRS 별도 기준	〈단위 : 억원〉
항목	2016	2017.2Q
영업활동	144	30
투자활동	-66	-51
재무활동	-6	-7
순현금흐름	72	-28
기말현금	273	245

시장 대비 수익률

결산 실적					〈단위 : 억원〉
항목	2012	2013	2014	2015	2016	2017
매출액	931	936	963	970	1,016	—
영업이익	96	100	97	125	135	—
당기순이익	76	74	79	97	99	—

분기 실적	*IFRS 별도 기준				〈단위 : 억원〉
항목	2016.1Q	2016.2Q	2016.3Q	2016.4Q	2017.1Q	2017.2Q
매출액	237	260	266	254	245	275
영업이익	34	39	34	29	28	29
당기순이익	29	31	25	15	26	20

재무 상태	*IFRS 별도 기준				〈단위 : 억원〉
항목	2012	2013	2014	2015	2016	2017.2Q
총자산	1,260	1,350	1,421	1,516	1,622	1,648
유형자산	777	784	753	740	733	743
무형자산	56	56	57	49	50	50
유가증권	42	46	79	135	141	167
총부채	238	275	271	287	333	327
총차입금	39	73	64	69	86	95
자본금	108	108	108	108	108	108
총자본	1,022	1,075	1,150	1,229	1,289	1,321
지배주주지분	1,022	1,075	1,150	1,229	1,289	1,321

기업가치 지표	*IFRS 별도 기준				
항목	2012	2013	2014	2015	2016	2017.2Q
주가(최고/저)(천원)	18.2/15.2	24.9/16.8	35.0/21.9	50.5/29.2	53.2/37.0	—/—
PER(최고/저)(배)	6.2/5.3	8.3/5.7	10.5/6.7	12.0/6.9	11.9/8.4	—/—
PBR(최고/저)(배)	0.4/0.4	0.5/0.4	0.7/0.4	0.9/0.5	0.9/0.6	0.8/0.7
EV/EBITDA(배)	2.8	3.4	4.1	4.6	4.1	—
EPS(원)	3,530	3,421	3,665	4,510	4,603	2,141
BPS(원)	50,502	52,968	56,469	60,118	62,887	64,408
CFPS(원)	4,975	5,479	6,089	6,680	6,787	3,217
DPS(원)	1,150	1,200	1,250	1,300	1,350	—
EBITDAPS(원)	5,899	6,696	6,905	7,961	8,458	3,715

재무 비율									〈단위 : % 〉
연도	영업이익률	순이익률	부채비율	차입금비율	ROA	ROE	유보율	자기자본비율	EBITDA마진율
2016	13.3	9.8	25.9	6.7	6.3	7.9	1,157.8	79.5	17.9
2015	12.9	10.0	23.3	5.6	6.6	8.2	1,102.4	81.1	17.7
2014	10.0	8.2	23.5	5.5	5.7	7.1	1,029.4	81.0	15.5
2013	10.7	7.9	25.6	6.8	5.7	6.8	959.4	79.6	15.4

삼화전기 (A009470)
Samwha Electric

업　　종 : 전기장비　　　　　　　　　　시　　장 : 거래소
신용등급 : (Bond) —　　　(CP) —　　기업규모 : 시가총액 소형주
홈 페 이 지 : www.samwha.co.kr/electric　　연 락 처 : 043)261-0200
본　　사 : 충북 청주시 흥덕구 봉명로 3 (복대동)

설 립 일	1973.12.10	종 업 원 수	428명	대 표 이 사	오영주,박종온
상 장 일	1986.11.24	감 사 의 견	적정 (삼정)	계 열	
결 산 기	12월	보 통 주	661만주	종속회사수	3개사
액 면 가	1,000원	우 선 주		구 상 호	

주주구성 (지분율,%)		출자관계 (지분율,%)		주요경쟁사 (외형,%)	
니찌콘	22.8	삼화텍콤	22.6	삼화전기	100
오영주	20.5	한국JCC	11.5	선도전기	47
(외국인)	25.2	삼화콘덴서공업	2.2	서전기전	25

매출구성		비용구성		수출비중	
전해콘덴서	64.6	매출원가율	87.3	수출	62.0
콘덴서및 자재외	23.9	판관비율	10.8	내수	38.0
전해콘덴서(칩형)	5.9				

회사 개요
동사는 콘덴서 제조 판매 전문의 삼화콘덴서 그룹의 계열사임. 가전 및 정보통신 분야를 주요 거래처로 전체 생산량의 약 60%를 수출함. 콘덴서는 전기를 저장(충전)하고 사용(방전)하는 부품으로, 배터리보다 규모가 훨씬 작은 규모의 전기 저장장치임. TV, 디지털카메라, 자동차, PC 등 대부분의 전기 제품에 사용됨. 동사의 매출은 전해콘덴서(65.3%), 전해콘덴서(칩형)(6.8%), Hi-Cap(0.02%), Green-Cap(2.9%)임.

실적 분석
동사의 2017년 상반기 누적매출액은 1,061.5억원으로 전년동기대비 6.8% 증가함. 비용면에서 판관비가 22% 상승했음에도 불구하고 매출 확대에 힘입어 영업이익은 전년동기보다 68.1% 늘어난 55억원을 기록함. 비영업손익이 2.8억원으로 흑자전환하면서 당기순이익도 60.8억원으로 전년동기대비 97.9% 늘어남. 최근 친환경 자동차와 하이브리드카의 수요가 증가하면서 자동차분야 매출이 확대되고 있음.

현금 흐름 〈단위 : 억원〉

항목	2016	2017.2Q
영업활동	75	51
투자활동	5	-3
재무활동	-79	-37
순현금흐름	-1	9
기말현금	62	71

시장 대비 수익률

결산 실적 〈단위 : 억원〉

항목	2012	2013	2014	2015	2016	2017
매출액	1,815	1,863	1,686	1,713	1,996	—
영업이익	21	28	20	-37	38	—
당기순이익	20	-9	0	-48	21	—

분기 실적 〈단위 : 억원〉

항목	2016.1Q	2016.2Q	2016.3Q	2016.4Q	2017.1Q	2017.2Q
매출액	468	525	561	441	516	546
영업이익	21	12	8	-4	25	30
당기순이익	21	10	10	-19	33	28

재무 상태 〈단위 : 억원〉

항목	2012	2013	2014	2015	2016	2017.2Q
총자산	1,379	1,294	1,197	1,282	1,295	1,295
유형자산	526	490	468	430	407	392
무형자산	16	16	17	10	8	8
유가증권	45	44	42	61	62	83
총부채	992	927	830	932	938	875
총차입금	556	484	432	403	337	305
자본금	66	66	66	66	66	66
총자본	388	367	367	350	357	420
지배주주지분	267	245	242	210	209	267

기업가치 지표

항목	2012	2013	2014	2015	2016	2017.2Q
주가(최고/저)(천원)	4.4/2.7	10.5/2.9	8.6/3.9	6.1/3.5	6.2/3.7	—/—
PER(최고/저)(배)	19.9/12.3	—/—	—/—	—/—	56.3/33.2	—/—
PBR(최고/저)(배)	1.1/0.7	2.9/0.8	2.4/1.1	1.9/1.1	2.0/1.2	2.0/1.3
EV/EBITDA(배)	9.1	10.0	12.2	32.8	10.7	
EPS(원)	233	-147	-14	-659	111	764
BPS(원)	4,044	3,702	3,652	3,173	3,164	4,043
CFPS(원)	1,274	768	696	268	642	993
DPS(원)	50	50	50	30	50	
EBITDAPS(원)	1,355	1,334	1,009	370	1,098	1,061

재무 비율 〈단위 : % 〉

연도	영업이익률	순이익률	부채비율	차입금비율	ROA	ROE	유보율	자기자본비율	EBITDA마진율
2016	1.9	1.1	262.8	94.4	1.7	3.5	216.4	27.6	3.6
2015	-2.2	-2.8	266.1	115.0	-3.8	-19.3	217.3	27.3	1.4
2014	1.2	0.0	226.1	117.8	0.0	-0.4	265.2	30.7	4.0
2013	1.5	-0.5	252.5	131.9	-0.7	-3.8	270.2	28.4	4.7

삼화전자공업 (A011230)
Samwha Electronics

업　　종 : 전기장비　　　　　　　　　　시　　장 : 거래소
신용등급 : (Bond) —　　　(CP) —　　기업규모 : 시가총액 소형주
홈 페 이 지 : www.samwha.co.kr/electronics
본　　사 : 경기도 용인시 처인구 남사면 경기동로 215
연 락 처 : 031)374-5501

설 립 일	1976.04.01	종 업 원 수	125명	대 표 이 사	오영주,송정준(각자대표)
상 장 일	1987.05.25	감 사 의 견	적정 (삼화)	계 열	
결 산 기	12월	보 통 주	1,427만주	종속회사수	1개사
액 면 가	1,000원	우 선 주		구 상 호	

주주구성 (지분율,%)		출자관계 (지분율,%)		주요경쟁사 (외형,%)	
오영주	22.1	삼화기업	45.1	삼화전자	100
한국JCC	11.4	동양텔레콤	0.8	선도전기	242
(외국인)	4.0	삼화콘덴서공업	0.3	서전기전	129

매출구성		비용구성		수출비중	
TV,모니터, 기타	86.8	매출원가율	85.5	수출	—
자재,부속품	13.2	판관비율	14.7	내수	—

회사 개요
동사는 1976년 설립된 페라이트 코어 전문 제조업체로, 전자기기의 핵심 소재 부품인 페라이트 및 Magnetic Powder 코어는 LCD/LED, 통신기기뿐만 아니라, 반도체 장비, 태양광 모듈 등 모든 산업용 기기의 주요 부품이 됨. 최근 자동차 스마트키용 페라이트 코어 수요가 확대되는 추세이며, 아이폰 등 무접점 충전기기에 사용되는 부품이 시제품으로 개발 완료되어 향후 수요가 늘 것으로 기대됨. MPC 수요도 증가할 전망.

실적 분석
동사의 2017년 상반기 연결기준 누적매출액은 219.8억원으로 전년동기대비 14.7% 증가함. 비용 면에서 판관비 절감 노력에도 불구하고 매출원가가 18% 상승하면서 영업손실 4.2억원을 기록하며 적자지속함. 최근 세계 각국의 에너지 효율 증대 및 친환경 정책 시행으로 SMD/Chip부품, EMI Sheet 등 금속자성분말의 응용시장이 확대되고 있어 이와 관련한 원천기술과 선진기술 도입에 역량을 집중하고 있음.

현금 흐름 〈단위 : 억원〉

항목	2016	2017.2Q
영업활동	20	11
투자활동	-21	-13
재무활동	-6	4
순현금흐름	-7	2
기말현금	2	2

시장 대비 수익률

결산 실적 〈단위 : 억원〉

항목	2012	2013	2014	2015	2016	2017
매출액	483	442	439	361	388	—
영업이익	-56	-6	-22	-74	-1	—
당기순이익	-124	-25	-38	-80	-4	—

분기 실적 〈단위 : 억원〉

항목	2016.1Q	2016.2Q	2016.3Q	2016.4Q	2017.1Q	2017.2Q
매출액	96	95	104	92	103	117
영업이익	-3	-2	-6	11	-2	-2
당기순이익	-8	-8	-15	27	-8	-3

재무 상태 〈단위 : 억원〉

항목	2012	2013	2014	2015	2016	2017.2Q
총자산	691	680	771	693	682	670
유형자산	433	416	481	449	420	405
무형자산	1	1	1	21	20	19
유가증권	12	13	10	8	7	9
총부채	607	617	676	609	605	604
총차입금	445	441	461	401	394	396
자본금	116	116	116	143	143	143
총자본	84	63	94	83	77	67
지배주주지분	84	63	94	83	77	67

기업가치 지표

항목	2012	2013	2014	2015	2016	2017.2Q
주가(최고/저)(천원)	1.9/1.2	3.2/1.3	2.0/1.1	2.0/1.2	2.3/1.4	—/—
PER(최고/저)(배)	—/—	—/—	—/—	—/—	—/—	—/—
PBR(최고/저)(배)	2.6/1.6	6.0/2.4	2.5/1.3	3.4/2.0	4.4/2.6	6.3/4.0
EV/EBITDA(배)		14.9	24.0		15.3	
EPS(원)	-1,066	-218	-323	-659	-25	-78
BPS(원)	727	539	812	585	539	466
CFPS(원)	-598	193	86	-267	290	74
DPS(원)						
EBITDAPS(원)	-10	218	-216	311	122	

재무 비율 〈단위 : % 〉

연도	영업이익률	순이익률	부채비율	차입금비율	ROA	ROE	유보율	자기자본비율	EBITDA마진율
2016	-0.2	-0.9	일부잠식	일부잠식	-0.5	-4.5	-46.1	11.3	11.5
2015	-20.6	-22.3	일부잠식	일부잠식	-11.0	-90.6	-41.5	12.1	-7.3
2014	-5.1	-8.6	일부잠식	일부잠식	-5.2	-47.9	-18.8	12.2	5.8
2013	-1.4	-5.7	일부잠식	일부잠식	-3.7	-34.4	-46.1	9.2	9.5

삼화콘덴서공업 (A001820)
Samwha Capacitor

종 목 : 전기장비	시 장 : 거래소
신용등급 : (Bond) — (CP) —	기업규모 : 시가총액 소형주
홈페이지 : www.samwha.co.kr/capacitor	연 락 처 : 031)332-6441
본 사 : 경기도 용인시 처인구 남사면 경기동로 227	

설 립 일 1956.08.14	종 업 원 수 371명	대 표 이 사 황호진
상 장 일 1976.06.26	감 사 의 견 적정(지평)	계 열
결 산 기 12월	보 통 주 1,040만주	종속회사수 3개사
액 면 가 1,000원	우 선 주	구 상 호

주주구성 (지분율,%)		출자관계 (지분율,%)		주요경쟁사 (외형,%)	
오영주	16.2	삼화전자	12.4	삼화콘덴서	100
국민연금공단	7.5	한국JCC	9.9	삼영전자	125
(외국인)	5.3	삼화전기	2.5	일진전기	393

매출구성		비용구성		수출비중	
MLCC	41.8	매출원가율	83.8	수출	58.0
기 타	20.0	판관비율	10.7	내수	42.0
F C	14.6				

회사 개요
동사는 1956년 설립된 국내 유일의 콘덴서 종합 메이커로서 관계사인 삼화전기가 생산 중인 전해 콘덴서를 제외한 거의 모든 콘덴서를 생산 중임. 전력용 콘덴서, 세라믹 콘덴서, 적층 콘덴서 등이 주력 제품임. 국내 시장은 삼화와 삼성전기, 동일전자 등이 경쟁 중임. 콘덴서는 핵심적이고 필수적인 전자부품의 일종으로서 가전시장 및 컴퓨터, 인터넷, 휴대폰 등의 정보통신산업을 전방산업으로 함. 수출이 전체 매출의 58.3%를 차지함.

실적 분석
동사의 2017년 연결기준 2분기 누계매출액은 전년동기 대비 17.6% 증가한 942.2억원을 기록함. 외형 확대에 힘입어 수익성이 개선되며 영업이익이 88.9억원으로 전년동기 대비 136.3% 증가함. MLCC의 매출이 전년동기 대비 15.6% 증가하며 전체 매출신장을 견인함. 동사는 하이브리드 부품 개발, 이차리튬전지 소재산업 진출 등 신규사업 진출을 도모하고 있어 장래 매출성장에 긍정적일 것으로 보임.

현금 흐름 〈단위 : 억원〉
항목	2016	2017.2Q
영업활동	127	55
투자활동	-53	-49
재무활동	-53	-13
순현금흐름	21	-7
기말현금	65	58

시장 대비 수익률

결산 실적 〈단위 : 억원〉
항목	2012	2013	2014	2015	2016	2017
매출액	1,696	1,758	1,621	1,588	1,725	—
영업이익	60	42	-38	54	95	—
당기순이익	28	4	-60	29	57	—

분기 실적 〈단위 : 억원〉
항목	2016.1Q	2016.2Q	2016.3Q	2016.4Q	2017.1Q	2017.2Q
매출액	421	380	463	460	468	474
영업이익	27	11	33	24	43	46
당기순이익	15	6	25	11	34	31

재무 상태 〈단위 : 억원〉
항목	2012	2013	2014	2015	2016	2017.2Q
총자산	1,302	1,238	1,088	1,129	1,217	1,242
유형자산	631	573	486	428	391	410
무형자산	2	2	2	2	3	5
유가증권	53	59	56	84	87	96
총부채	756	700	629	657	683	641
총차입금	381	349	322	293	311	258
자본금	104	104	104	104	104	104
총자본	546	538	460	473	534	601
지배주주지분	533	526	447	465	526	593

기업가치 지표
항목	2012	2013	2014	2015	2016	2017.2Q
주가(최고/저)(천원)	7.4/5.1	7.9/5.1	6.2/3.7	11.7/3.7	15.5/8.1	—/—
PER(최고/저)(배)	31.3/21.8	328.0/211.0	—/—	45.8/14.4	28.9/15.0	3.5/1.6
PBR(최고/저)(배)	1.5/1.0	1.6/1.0	1.4/0.8	2.6/0.8	3.0/1.6	—/—
EV/EBITDA(배)	5.6	5.6	8.7	10.2	8.0	—/—
EPS(원)	245	25	-598	257	539	628
BPS(원)	5,265	5,197	4,433	4,603	5,190	5,837
CFPS(원)	1,365	1,185	510	1,134	1,244	867
DPS(원)	50	50	50	50	50	
EBITDAPS(원)	1,701	1,567	738	1,397	1,617	1,095

재무 비율 〈단위 : % 〉
연도	영업이익률	순이익률	부채비율	차입금비율	ROA	ROE	유보율	자기자본비율	EBITDA마진율
2016	5.5	3.3	128.0	58.2	4.8	11.3	419.0	43.9	9.7
2015	3.4	1.8	139.0	62.0	2.6	5.9	360.3	41.8	9.1
2014	-2.4	-3.7	136.7	70.0	-5.2	-12.8	343.3	42.3	4.7
2013	2.4	0.2	130.2	64.9	0.3	0.5	419.7	43.5	9.3

삼화페인트공업 (A000390)
SamHwa Paints Industrial

업 종 : 건축자재	시 장 : 거래소
신용등급 : (Bond) A- (CP) —	기업규모 : 시가총액 소형주
홈페이지 : www.spi.co.kr	연 락 처 : 031)499-0394
본 사 : 경기도 안산시 단원구 별망로 178(성곡동)	

설 립 일 1946.04.09	종 업 원 수 922명	대 표 이 사 김장연,오진수(각자대표)
상 장 일 1993.08.11	감 사 의 견 적정(안진)	계 열
결 산 기 12월	보 통 주 2,620만주	종속회사수 11개사
액 면 가 500원	우 선 주	구 상 호

주주구성 (지분율,%)		출자관계 (지분율,%)		주요경쟁사 (외형,%)	
김장연	31.4	에스엠투네트웍스	100.0	삼화페인트	100
Chugoku Marine Paints, Ltd	8.6	홈앤톤즈	100.0	노루홀딩스	143
(외국인)	10.9	삼화로지텍	100.0	강남제비스코	69

매출구성		비용구성		수출비중	
페인트(제품)	73.9	매출원가율	79.1	수출	0.0
페인트(상품)	25.3	판관비율	17.0	내수	100.0
IT용역	0.4				

회사 개요
동사는 건축용 도료, 공업용 도료, 기타 도료 등 종합도료 제조사로서 국내 900여개 대리점 유통망과 B2B 영업을 통해 고품질의 제품을 공급한다. 특히 건축용 내화도료인 플레임체크 시리즈는 연간 100억원 이상의 매출을 기록, 유기질 내화도료 판매 1위 업체임. 증가하고 있는 프리미엄 및 DIY 시장에 우수한 기술력과 경험을 바탕으로 제품을 판매하고 있음.

실적 분석
동사의 2017년 2분기 연결기준 누적 매출액은 2,452.5억원으로 전년동기 대비 소폭 증가함. 반면 고정비 증가와 비영업손익의 적자 지속으로 순이익은 전년동기 대비 95.3% 감소한 4.8억원임. 해외 시장 확대를 위해 베트남과 인도 등 신규 투자의 영향을 받음. 향후 글로벌 시장에서의 매출 증가가 기대됨. B2C 유통채널 전문화를 위해 설립된 홈앤톤즈의 성장 또한 기대됨.

현금 흐름 〈단위 : 억원〉
항목	2016	2017.2Q
영업활동	108	84
투자활동	-263	-80
재무활동	12	-63
순현금흐름	-143	-58
기말현금	269	211

시장 대비 수익률

결산 실적 〈단위 : 억원〉
항목	2012	2013	2014	2015	2016	2017
매출액	4,349	4,991	5,267	5,072	4,822	—
영업이익	226	435	458	317	189	—
당기순이익	160	292	355	248	137	—

분기 실적 〈단위 : 억원〉
항목	2016.1Q	2016.2Q	2016.3Q	2016.4Q	2017.1Q	2017.2Q
매출액	1,036	1,390	1,185	1,211	1,055	1,398
영업이익	40	93	29	27	-32	47
당기순이익	25	77	24	14	-36	41

재무 상태 〈단위 : 억원〉
항목	2012	2013	2014	2015	2016	2017.2Q
총자산	4,247	4,756	5,051	5,119	5,263	5,390
유형자산	1,677	1,875	2,048	2,238	2,335	2,358
무형자산	70	62	88	73	82	85
유가증권	20	8	8	6	7	7
총부채	2,030	2,247	2,254	2,241	2,306	2,499
총차입금	1,034	1,078	1,067	1,153	1,234	1,231
자본금	112	112	112	113	127	128
총자본	2,217	2,509	2,797	2,878	2,957	2,891
지배주주지분	2,217	2,507	2,795	2,875	2,950	2,884

기업가치 지표
항목	2012	2013	2014	2015	2016	2017.2Q
주가(최고/저)(천원)	3.8/2.8	10.6/3.8	15.4/9.2	22.4/10.6	13.3/9.3	—/—
PER(최고/저)(배)	6.4/4.7	9.2/3.3	10.7/6.4	21.7/10.3	23.3/16.3	—/—
PBR(최고/저)(배)	0.5/0.3	1.1/0.4	1.3/0.8	1.8/0.9	1.1/0.8	0.8/0.7
EV/EBITDA(배)	5.7	5.8	6.9	9.4	10.8	—/—
EPS(원)	713	1,300	1,586	1,108	587	19
BPS(원)	10,080	11,298	12,582	13,246	12,442	12,037
CFPS(원)	998	1,642	2,034	1,583	1,137	299
DPS(원)	250	300	400	500	300	340
EBITDAPS(원)	1,293	2,283	2,493	1,889	1,357	

재무 비율 〈단위 : % 〉
연도	영업이익률	순이익률	부채비율	차입금비율	ROA	ROE	유보율	자기자본비율	EBITDA마진율
2016	3.9	2.8	78.0	41.7	2.6	4.7	2,388.4	56.2	6.6
2015	6.3	4.9	77.9	40.1	4.9	8.8	2,549.2	56.2	8.4
2014	8.7	6.8	80.6	38.1	7.3	13.4	2,416.5	55.4	10.6
2013	8.7	5.8	89.6	43.0	6.5	12.3	2,159.7	52.8	10.3

상보 (A027580)
SANG BO

업 종 : 디스플레이 및 관련부품		시 장 : KOSDAQ	
신용 등급 : (Bond) B (CP) —		기업규모 : 중견	
홈 페 이 지 : www.sangbogroup.com		연 락 처 : 031)987-9900	
본 사 : 경기도 김포시 통진읍 대서명로 50			

설 립 일 1989.04.01	종 업 원 수 231명	대 표 이 사 김상근
상 장 일 2007.10.01	감 사 의 견 적정 (삼덕)	계 열
결 산 기 12월	보 통 주 2,715만주	종속회사수 2개사
액 면 가 500원	우 선 주	구 상 호

주주구성 (지분율,%)		출자관계 (지분율,%)		주요경쟁사 (외형,%)	
김상근	20.8	상보신재료(소주)유한공사	100.0	상보	100
김현철	0.5	SANGBOUSAINC.	100.0	베셀	29
(외국인)	0.6			휘닉스소재	28

매출구성		비용구성		수출비중	
광학필름/소재	81.6	매출원가율	93.8	수출	61.0
윈도우 필름	14.7	판관비율	12.9	내수	39.0
산업재 필름, 기타상품	2.9				

회사 개요

동사는 1977년 7월에 설립되어 디스플레이 소재 필름인 광학필름, 차량 및 건축용 윈도우 필름, 미디어 필름, PP Sheet 필름, 산업재 특수 필름 사업 등을 영위하고 있음. 동사가 자체적으로 개발한 광학필름은 동사 매출의 대부분을 차지하며, 국내 및 대만, 중국, 일본의 LED/LCD TV, 모니터, 노트북 제조사에 공급하고 있으며 최근 경쟁 심화로 매출이 소폭 감소.

실적 분석

동사의 2017년 연결기준 2분기 누적 매출액은 630.6억원으로 전년동기 대비 19.6% 감소함. 매출원가와 판관비 등은 감소했지만 매출이 큰 폭 줄면서 영업손실을 기록했음. 다만, 전년동기 대비 적자 폭이 다소 축소됨. 디스플레이가 점차 대형화되고 고화질, 고선명을 요구하는 시대적 추세와 더불어 스마트폰, 태블릿PC와 같은 고성능 모바일기기의 등장으로 광학필름에 대한 수요는 지속적으로 증가하고 있음.

현금 흐름 〈단위 : 억원〉

항목	2016	2017.2Q
영업활동	19	-103
투자활동	-57	-7
재무활동	85	-26
순현금흐름	62	-147
기말현금	308	161

시장 대비 수익률

결산 실적 〈단위 : 억원〉

항목	2012	2013	2014	2015	2016	2017
매출액	2,533	2,208	2,269	1,786	1,517	—
영업이익	222	93	10	-12	-101	—
당기순이익	80	88	-48	-34	-190	—

분기 실적 〈단위 : 억원〉

항목	2016.1Q	2016.2Q	2016.3Q	2016.4Q	2017.1Q	2017.2Q
매출액	420	364	410	323	295	335
영업이익	-20	-32	-23	-26	-18	-5
당기순이익	-41	-28	-48	-73	-39	-16

재무 상태 〈단위 : 억원〉

항목	2012	2013	2014	2015	2016	2017.2Q
총자산	1,763	1,815	1,804	1,787	1,712	1,603
유형자산	610	759	699	699	652	616
무형자산	94	117	114	131	59	64
유가증권	12	1	0	0	0	0
총부채	1,117	1,094	1,142	1,168	1,088	1,041
총차입금	717	697	815	918	803	777
자본금	71	72	72	108	136	136
총자본	646	721	662	620	624	562
지배주주지분	646	721	662	620	624	562

기업가치 지표

항목	2012	2013	2014	2015	2016	2017.2Q
주가(최고/저)(천원)	9.2/6.3	11.1/7.1	8.2/3.9	6.4/3.5	5.6/3.0	—/—
PER(최고/저)(배)	23.1/15.6	27.9/17.8	—/—	—/—	—/—	—/—
PBR(최고/저)(배)	3.2/2.1	3.4/2.2	2.7/1.3	2.2/1.2	2.4/1.2	1.8/1.2
EV/EBITDA(배)	6.6	12.7	19.3	24.4		
EPS(원)	405	399	-215	-151	-776	-205
BPS(원)	4,579	5,102	4,762	2,977	2,391	2,160
CFPS(원)	1,237	1,129	162	186	-454	-73
DPS(원)	150					
EBITDAPS(원)	2,342	1,167	564	287	-92	50

재무 비율 〈단위 : % 〉

연도	영업이익률	순이익률	부채비율	차입금비율	ROA	ROE	유보율	자기자본비율	EBITDA마진율
2016	-6.7	-12.5	174.3	128.7	-10.9	-30.5	378.2	36.5	-1.5
2015	-0.7	-1.9	188.4	148.2	-1.9	-5.3	495.4	34.7	3.5
2014	0.4	-2.1	172.4	123.0	-2.7	-6.9	852.3	36.7	3.6
2013	4.2	4.0	151.8	96.7	4.9	12.9	920.4	39.7	7.5

상신브레이크 (A041650)
Sangsin Brake

업 종 : 자동차부품		시 장 : 거래소	
신용 등급 : (Bond) — (CP) —		기업규모 : 시가총액 소형주	
홈 페 이 지 : www.sangsin.com		연 락 처 : 053)616-9555	
본 사 : 대구시 달성군 논공읍 논공중앙로 33길 10			

설 립 일 1975.08.13	종 업 원 수 650명	대 표 이 사 김효일
상 장 일 2001.11.02	감 사 의 견 적정 (삼정)	계 열
결 산 기 12월	보 통 주 2,147만주	종속회사수 9개사
액 면 가 500원	우 선 주	구 상 호

주주구성 (지분율,%)		출자관계 (지분율,%)		주요경쟁사 (외형,%)	
신영자산운용	16.8	에이비테크	86.3	상신브레이크	100
정성한	12.3	산도브레이크	85.0	우리산업홀딩스	85
(외국인)	3.2	산도테크	78.2	디아이씨	147

매출구성		비용구성		수출비중	
PAD	51.2	매출원가율	75.7	수출	51.0
LINING 외	20.5	판관비율	16.2	내수	49.0
기타(부산물 및 세탁기외)	11.0				

회사 개요

동사는 승용 및 상용차량용 브레이크 PAD, LINING, SHOE 및 BRAKE ASSEMLY 등을 주력제품으로 하는 브레이크 마찰재업체로서, 새론오토모티브, KB오토시스와 경쟁하고 있으며, 국내 시장점유율 44%의 1위 업체임. 매출구성은 OEM(신차 장착용), OES(A/S 순정부품용), 시중판매(대리점을 통한 직거래), 수출시장으로 구성되며, 주요 매출처는 현대자동차, 타타대우자동차, 다이모스, 현대모비스, 한국델파이, 만도 등이 있음.

실적 분석

동사의 2017년 2분기 누적 매출액은 1906억원으로 전년동기 대비 5% 증가하였음. 원가율 개선과 판매비와 관리비 감소로 인해 영업이익은 전년동기 대비 43.5% 증가한 180.5억원을 시현했음. 그러나 비영업부문에서 28.9억원의 손실을 시현했지만 최종적으로 당기순이익은 전년동기 대비 55.7% 증가한 120.9억원을 기록했음. 향후 해외시장 성장이 예견되면서 수익개선이 기대되고 있음.

현금 흐름 〈단위 : 억원〉

항목	2016	2017.2Q
영업활동	324	48
투자활동	-151	-138
재무활동	-131	87
순현금흐름	43	-6
기말현금	137	132

시장 대비 수익률

결산 실적 〈단위 : 억원〉

항목	2012	2013	2014	2015	2016	2017
매출액	2,863	3,053	3,365	3,630	3,796	—
영업이익	188	261	266	360	309	—
당기순이익	106	178	189	274	202	—

분기 실적 〈단위 : 억원〉

항목	2016.1Q	2016.2Q	2016.3Q	2016.4Q	2017.1Q	2017.2Q
매출액	886	929	907	1,073	946	96
영업이익	72	54	64	119	98	
당기순이익	50	27	25	99	46	

재무 상태 〈단위 : 억원〉

항목	2012	2013	2014	2015	2016	2017.2Q
총자산	2,339	2,677	3,013	3,344	3,531	3,5
유형자산	1,072	1,184	1,410	1,573	1,571	1,6
무형자산	47	44	52	68	58	5
유가증권	8	7	7	9	10	
총부채	1,496	1,676	1,877	1,950	1,973	1,9
총차입금	1,016	1,038	1,202	1,279	1,185	1,2
자본금	107	107	107	107	107	1
총자본	843	1,001	1,136	1,393	1,558	1,6
지배주주지분	810	961	1,106	1,354	1,514	1,5

기업가치 지표

항목	2012	2013	2014	2015	2016	2017.2Q
주가(최고/저)(천원)	4.6/2.7	6.0/3.1	9.0/5.1	8.4/5.5	8.3/6.1	—/
PER(최고/저)(배)	12.0/7.1	8.4/4.3	10.5/5.9	7.2/4.7	9.4/6.9	
PBR(최고/저)(배)	1.2/0.7	1.3/0.7	1.7/1.0	1.3/0.9	1.1/0.8	0.9/0
EV/EBITDA(배)	5.4	5.3	6.0	5.2		
EPS(원)	437	789	926	1,220	906	5
BPS(원)	4,237	4,940	5,618	6,771	7,519	7,8
CFPS(원)	1,047	1,464	1,647	2,041	1,739	9
DPS(원)	130	140	160	170	160	
EBITDAPS(원)	1,486	1,890	1,961	2,495	2,272	1,2

재무 비율 〈단위 : % 〉

연도	영업이익률	순이익률	부채비율	차입금비율	ROA	ROE	유보율	자기자본비율	EBITDA마진율
2016	8.1	5.3	126.6	76.1	5.9	13.6	1,403.8	44.1	12
2015	9.9	7.5	140.0	91.8	8.6	21.3	1,254.1	41.7	14
2014	7.9	5.6	165.3	105.8	6.7	19.2	1,023.7	37.7	12
2013	8.5	5.8	167.5	103.7	7.1	19.1	888.1	37.4	13

상신이디피 (A091580)
SANGSIN ENERGY DISPLAY PRECISION

업 종 : 전자 장비 및 기기		시 장 : KOSDAQ	
신용등급 : (Bond) — (CP) —		기업규모 : 벤처	
홈페이지 : www.ssedp.co.kr		연 락 처 : 031)205-9242	
본 사 : 경기도 수원시 영통구 덕영대로1483번길 36(망포동)			

설 립 일 1992.01.28	종 업 원 수 162명	대 표 이 사 김일부
상 장 일 2007.05.23	감 사 의 견 적정 (이촌)	계 열
결 산 기 12월	보 통 주 1,130만주	종속회사수 4개사
액 면 가 500원	우 선 주	구 상 호

주주구성 (지분율,%)		출자관계 (지분율,%)		주요경쟁사 (외형,%)	
김일부	16.2	상신이디피	100		
장태선	8.1	대주전자재료	88		
(외국인)	3.4	이엠티	12		

매출구성		비용구성		수출비중	
CAN(각+원형)	49.9	매출원가율	88.6	수출	—
상품	23.7	판관비율	12.0	내수	—
기타	20.0				

회사 개요
리튬이온 방식의 2차전지 중 휴대폰 배터리용 부품으로 사용되는 각형 CAN,원형 CAN, CAP ASS'Y 및 관련부품과 노트북 PC의 2차전지에 사용되는 부품 등을 주력 제품으로 생산하며 자동차부품사업에도 진출했음. 2차전지 생산과 판매업을 영위하는 천진대신전자유한공사, 상신에너텍, 상신하이텍, 자동차 부품 생산, 판매를 영위하는 태화프라텍을 연결대상 종속회사로 보유하고 있음.

실적 분석
2017년 상반기 연결기준 동사 매출은 436.7억원으로 전년 동기 대비 7.8% 증가함. 전년 8.9억원이었던 영업 이익은 비슷한 수준인 8.8억원을 기록함. 당기순이익은 60.9% 감소한 3억원을 기록함. 주요 거래선인 삼성SDI의 전기차 사업의 부진으로 하반기 성장에 대한 우려가 높으나, 전기차 시장 성장에 따른 CAN 수요 증가는 긍정적임.

현금 흐름 〈단위 : 억원〉
항목	2016	2017.2Q
영업활동	52	56
투자활동	-138	-13
재무활동	55	-38
순현금흐름	-35	7
기말현금	105	112

시장 대비 수익률

결산 실적 〈단위 : 억원〉
항목	2012	2013	2014	2015	2016	2017
매출액	1,145	1,161	991	778	768	—
영업이익	33	37	42	-11	-4	—
당기순이익	5	5	25	-24	-10	—

분기 실적 〈단위 : 억원〉
항목	2016.1Q	2016.2Q	2016.3Q	2016.4Q	2017.1Q	2017.2Q
매출액	197	208	193	170	195	241
영업이익	4	4	-8	-5	-3	11
당기순이익	5	3	-16	-2	-11	15

재무 상태 〈단위 : 억원〉
항목	2012	2013	2014	2015	2016	2017.2Q
총자산	889	955	944	994	1,009	1,001
유형자산	545	549	531	593	644	618
무형자산	9	8	7	24	21	20
유가증권	5	3	2	1	—	—
총부채	478	545	517	607	642	638
총차입금	325	406	392	501	560	528
자본금	56	56	56	56	56	56
총자본	411	410	427	387	367	363
지배주주지분	411	410	427	387	367	363

기업가치 지표
항목	2012	2013	2014	2015	2016	2017.2Q
주가(최고/저)(천원)	4.7/3.3	7.8/3.3	6.6/3.8	5.0/2.4	4.6/3.0	—/—
PER(최고/저)(배)	108.0/75.6	183.8/76.5	31.3/18.2	—/—	1.5/0.7	1.4/1.2
PBR(최고/저)(배)	1.4/1.0	2.3/0.9	1.8/1.0	1.4/0.7	1.4/0.9	1.4/1.2
EV/EBITDA(배)	7.7		7.7	5.7	14.7	13.3
EPS(원)	46	45	217	-211	-91	27
BPS(원)	3,640	3,626	3,780	3,428	3,254	3,215
CFPS(원)	535	620	837	404	539	364
DPS(원)	50	50	50	50	50	
EBITDAPS(원)	779	906	990	520	594	415

재무 비율 〈단위 : %〉
연도	영업이익률	순이익률	부채비율	차입금비율	ROA	ROE	유보율	자기자본비율	EBITDA마진율
2016	-0.5	-1.3	174.6	152.5	-1.0	-2.7	550.7	36.4	8.7
2015	-1.4	-3.1	156.7	129.4	-2.5	-5.9	585.6	39.0	7.5
2014	4.2	2.5	121.0	91.8	2.6	5.9	656.1	45.3	11.3
2013	3.2	0.4	133.1	99.2	0.6	1.2	625.1	42.9	8.8

상아프론테크 (A089980)
SANG-A FLONTEC

업 종 : 디스플레이 및 관련부품		시 장 : KOSDAQ	
신용등급 : (Bond) — (CP) —		기업규모 : 우량	
홈페이지 : www.sftc.co.kr		연 락 처 : 032)451-7781	
본 사 : 인천시 남동구 남동대로369번길 18, 남동공단 7블럭 4로트			

설 립 일 1986.03.21	종 업 원 수 542명	대 표 이 사 이상원
상 장 일 2011.07.21	감 사 의 견 적정 (삼일)	계 열
결 산 기 12월	보 통 주 1,426만주	종속회사수 5개사
액 면 가 500원	우 선 주	구 상 호

주주구성 (지분율,%)		출자관계 (지분율,%)		주요경쟁사 (외형,%)	
이상원	21.5	상아기연		상아프론테크	100
이상열	8.1	SUZHOUSANGAFRONTECCO.,LTD		루멘스	258
(외국인)	2.8	SANGAFRONTEC(M)SDN.BHD		넥스트아이	25

매출구성		비용구성		수출비중	
FPD CASSETTE, PTFE SHEET	27.1	매출원가율	78.6	수출	47.0
PISTON RING, PTFE TUBE 외	25.3	판관비율	15.5	내수	53.0
CAP ASS'Y, GASKET	19.2				

회사 개요
동사는 LCD 공정 중 패널의 적재 및 이송용 장비인 LCD카세트, 컬러레이저 프린터/복합기의 중요부품인 전사벨트와 정착벨트, 2차전지용 부품, 반도체 웨이퍼의 공정간 이송장비, PCB 기판 Drilling용 부자재인 Entry sheet, 자동차 부품 등 엔지니어링 플라스틱 소재를 영위하고 있음. 종속회사는 OA기기용 소형 성형제품의 생산 및 코팅과 전사벨트의 후공정을 담당하고 있음.

실적 분석
동사의 2017년 상반기 연결기준 누적 매출액은 803억원으로 전년 동기 대비 5.3% 감소함. 매출이 감소하면서 매출원가는 크게 줄었고 판관비 또한 큰 폭으로 감소하는 등 동사의 원가절감 노력으로 인해 영업이익은 전년 동기 대비 56.5% 증가한 69.8억원을 시현함. 비영업손익 부문에서 적자폭이 확대됐지만 영업이익 대폭 늘어나면서 당기순이익은 전년 동기 대비 223% 증가한 49.9억원을 기록함.

현금 흐름 〈단위 : 억원〉
항목	2016	2017.2Q
영업활동	5	165
투자활동	-182	-2
재무활동	139	-143
순현금흐름	-39	19
기말현금	78	97

시장 대비 수익률

결산 실적 〈단위 : 억원〉
항목	2012	2013	2014	2015	2016	2017
매출액	940	1,078	1,284	1,437	1,563	—
영업이익	53	78	58	101	91	—
당기순이익	44	70	40	79	55	—

분기 실적 〈단위 : 억원〉
항목	2016.1Q	2016.2Q	2016.3Q	2016.4Q	2017.1Q	2017.2Q
매출액	380	468	365	350	373	430
영업이익	18	27	31	15	27	43
당기순이익	-0	15	14	32	9	41

재무 상태 〈단위 : 억원〉
항목	2012	2013	2014	2015	2016	2017.2Q
총자산	1,200	1,436	1,548	1,808	2,020	1,921
유형자산	696	787	862	1,018	1,024	1,021
무형자산	6	7	10	16	15	15
유가증권	0	0	0	2	0	142
총부채	455	631	705	882	1,036	908
총차입금	302	402	488	634	778	716
자본금	61	61	63	65	67	67
총자본	744	805	843	926	984	1,013
지배주주지분	744	805	843	926	984	1,013

기업가치 지표
항목	2012	2013	2014	2015	2016	2017.2Q
주가(최고/저)(천원)	5.5/3.4	8.7/3.8	8.1/5.3	13.0/5.6	13.9/7.3	—/—
PER(최고/저)(배)	16.7/10.3	16.4/7.0	25.7/16.8	21.4/9.2	34.1/18.0	—/—
PBR(최고/저)(배)	1.0/0.6	1.4/0.6	1.2/0.8	1.9/0.8	1.9/1.0	2.0/1.1
EV/EBITDA(배)	6.6		7.7	8.2	11.8	10.7
EPS(원)	354	568	327	623	415	375
BPS(원)	6,139	6,637	6,805	7,225	7,437	7,647
CFPS(원)	817	1,087	903	1,220	1,010	375
DPS(원)	75	115	107	140	140	
EBITDAPS(원)	894	1,150	1,042	1,395	1,285	524

재무 비율 〈단위 : %〉
연도	영업이익률	순이익률	부채비율	차입금비율	ROA	ROE	유보율	자기자본비율	EBITDA마진율
2016	5.8	3.5	105.3	79.0	2.9	5.7	1,387.5	48.7	10.8
2015	7.0	5.5	95.3	68.5	4.7	8.9	1,345.0	51.2	12.2
2014	4.5	3.1	83.6	57.8	2.7	4.9	1,261.0	54.5	10.0
2013	7.2	6.5	78.3	50.0	5.3	9.0	1,227.4	56.1	13.1

새로닉스 (A042600)
Seronics

업　　종 : 디스플레이 및 관련부품　　　　시　　장 : KOSDAQ
신용등급 : (Bond) ―　　(CP) ―　　　기업규모 : 중견
홈 페 이 지 : www.seronics.co.kr　　　연 락 처 : 054)463-7945
본　　사 : 경북 구미시 수출대로 9길 36

설 립 일	1968.12.21	종 업 원 수	101명	대 표 이 사	허제홍
상 장 일	2002.09.14	감 사 의 견	적정 (세영)	계 열	
결 산 기	12월	보 통 주	1,242만주	종속회사수	2개사
액 면 가	500원	우 선 주		구 상 호	

주주구성 (지분율,%)		출자관계 (지분율,%)		주요경쟁사 (외형,%)	
허제홍	21.0	산코코리아	53.8	새로닉스	100
광성전자	19.6	제이에이치화학공업	33.1	한국컴퓨터	200
(외국인)	0.7	엘앤에프	16.3	케이맥	76

매출구성		비용구성		수출비중	
[(주)새로닉스]Plastic Injection Molding 등	62.6	매출원가율	84.6	수출	―
[(주)산코코리아]Photovoltaic Ribbon	12.9	판관비율	11.6	내수	―
[(주)새로닉스]디바이스	11.2				

회사 개요
동사의 사업은 전자부품부문과 태양전지부품 부문으로 구분됨. LCD 백라이트 유닛(BLU) 에 사용되는 광학시트 및 TV용 디바이스를 주로 생산·판매하고 있음. 최근 LCD업계는 CCFL 방식의 광원을 쓰는 방식에서 LED광원을 쓰는 방식으로 빠르게 전환이 되고 있으며, 다기능 모니터와 노트북, TV제품 등 대형화가 빠르게 진행되고 있음. 매출 대부분이 LCD 패널과 LCD TV 업체와 관련 있으므로 고객과 지속적 관계구축이 중요함.

실적 분석
동사의 2017년 상반기 연결기준 누적 매출액은 538.2억원으로 전년 동기 대비 1.9% 감소함. 매출은 감소했지만 매출원가는 오히려 늘었고 판관비 또한 증가하면서 영업손실은 13.1억원으로 전년 동기 대비 적자전환함. 비영업손익 부문에서도 1회성 이익이 사라지면서 흑자 폭이 대폭 줄어 당기순손실은 8.6억원으로 전년 동기 대비 적자전환함. 매출 감소에 따른 수익성 악화가 지속되고 있음.

현금 흐름 〈단위 : 억원〉
항목	2016	2017.2Q
영업활동	62	-45
투자활동	-99	-43
재무활동	-54	49
순현금흐름	-86	-47
기말현금	203	156

시장 대비 수익률

결산 실적 〈단위 : 억원〉
항목	2012	2013	2014	2015	2016	2017
매출액	1,231	1,172	1,348	1,306	1,179	―
영업이익	34	42	106	93	45	―
당기순이익	-6	-9	91	63	117	―

분기 실적 〈단위 : 억원〉
항목	2016.1Q	2016.2Q	2016.3Q	2016.4Q	2017.1Q	2017.2Q
매출액	286	263	328	302	269	270
영업이익	6	5	19	15	-2	-11
당기순이익	77	1	15	23	-5	-4

재무 상태 〈단위 : 억원〉
항목	2012	2013	2014	2015	2016	2017.2Q
총자산	847	839	899	994	1,120	1,113
유형자산	406	385	360	327	300	306
무형자산	7	6	6	6	7	4
유가증권	12	8	8	7	13	1
총부채	376	360	324	344	351	362
총차입금	234	204	160	191	142	195
자본금	62	62	62	62	62	62
총자본	471	479	575	650	769	751
지배주주지분	445	440	529	589	699	691

기업가치 지표
항목	2012	2013	2014	2015	2016	2017.2Q
주가(최고/저)(천원)	4.2/1.8	2.4/1.6	3.3/1.6	5.5/2.4	5.9/3.0	―/―
PER(최고/저)(배)	―/―	―/―	5.2/2.6	12.6/5.4	6.7/3.4	―/―
PBR(최고/저)(배)	1.2/0.5	0.7/0.5	0.8/0.4	1.2/0.5	1.0/0.5	0.9/0.7
EV/EBITDA(배)	4.6	3.4	2.7	3.0	6.0	―/―
EPS(원)	-38	-102	661	445	882	-12
BPS(원)	3,705	3,569	4,283	4,770	5,659	5,591
CFPS(원)	326	267	1,006	834	1,265	159
DPS(원)			40	40	40	
EBITDAPS(원)	637	706	1,199	1,135	744	65

재무 비율 〈단위 : % 〉
연도	영업이익률	순이익률	부채비율	차입금비율	ROA	ROE	유보율	자기자본비율	EBITDA마진율
2016	3.8	9.9	45.7	18.5	11.1	17.0	1,031.7	68.6	7.8
2015	7.1	4.8	52.9	29.4	6.6	9.9	854.0	65.4	10.8
2014	7.9	6.7	56.4	27.9	10.5	17.0	756.6	63.9	11.1
2013	3.6	-0.7	75.3	42.6	-1.0	-2.9	613.8	57.1	7.5

새론오토모티브 (A075180)
Saeron Automotive

업　　종 : 자동차부품　　　　　　　　시　　장 : 거래소
신용등급 : (Bond) ―　　(CP) ―　　　기업규모 : 시가총액 소형주
홈 페 이 지 : www.saeronauto.co.kr　　연 락 처 : 041)560-4114
본　　사 : 충남 천안시 동남구 병천면 가전5길 133

설 립 일	1999.03.31	종 업 원 수	381명	대 표 이 사	서인석,니시하라코지(공동대표이사)
상 장 일	2005.10.21	감 사 의 견	적정 (삼일)	계 열	
결 산 기	12월	보 통 주	1,920만주	종속회사수	1개사
액 면 가	500원	우 선 주		구 상 호	

주주구성 (지분율,%)		출자관계 (지분율,%)		주요경쟁사 (외형,%)	
Nisshinbo Industries, INC.	65.0	현대모비스	100	새론오토모티브	100
새론오토모티브우리사주조합	6.0	만도		우리산업홀딩스	162
(외국인)	70.0	한라홀딩스		디아이씨	282

매출구성		비용구성		수출비중	
Brake Pad	91.5	매출원가율	78.8	수출	1.0
Brake Lining	4.9	판관비율	7.0	내수	99.0
Rotor Facing	2.7				

회사 개요
동사는 자동차용 브레이크 패드, 라이닝을 주력으로 생산하는 국내 OE시장 1위의 마찰재 업체로서 만도, 현대모비스 등 브레이크시스템 업체를 통해 현대, 기아 등의 국내외 완성차 업체에 납품하고 있으며, 상대적으로 수익성이 우수한 OE시장에 주력하고 있음. 주요 경쟁사로는 KB오토시스, 상신브레이크가 있고, 특히 중국법인은 중국내의 1, 2, 3위 완성차업체에 마찰재를 납품하고 있음.

실적 분석
중국내 매출이 부진함에 따라 동사의 2017년 2분기기준 누적 매출액은 전년동기대비 -8.7% 하락한 899.4억원을 기록하였음. 원가상승의 영향도 있어 그에 따라 전년동기대비 영업이익은 81억원으로 전년동기대비 -44.8% 크게 하락하였음. 최종적으로 전년동기대비 당기순이익은 크게 하락하여 70.4억원을 기록함. 그러나 중국에 공장 증설로 인한 매출 확대의 큰 가능성이 있으므로 향후 수익 개선이 기대됨.

현금 흐름 〈단위 : 억원〉
항목	2016	2017.2Q
영업활동	387	52
투자활동	-223	-19
재무활동	-38	-36
순현금흐름	120	-11
기말현금	358	347

시장 대비 수익률

결산 실적 〈단위 : 억원〉
항목	2012	2013	2014	2015	2016	2017
매출액	1,763	1,928	1,991	2,027	1,975	―
영업이익	188	312	324	297	280	―
당기순이익	112	212	238	248	226	―

분기 실적 〈단위 : 억원〉
항목	2016.1Q	2016.2Q	2016.3Q	2016.4Q	2017.1Q	2017.2Q
매출액	491	494	455	536	459	6
영업이익	74	73	58	76	39	6
당기순이익	59	58	41	68	28	6

재무 상태 〈단위 : 억원〉
항목	2012	2013	2014	2015	2016	2017.2Q
총자산	1,807	2,028	2,194	2,460	2,637	2,6
유형자산	645	642	686	714	690	6
무형자산	32	41	32	31	27	
유가증권	33	10	48	48	49	
총부채	444	465	428	482	496	4
총차입금	69	36	1			
자본금	96	96	96	96	96	
총자본	1,363	1,563	1,766	1,978	2,141	2,1
지배주주지분	1,363	1,563	1,766	1,978	2,141	2,1

기업가치 지표
항목	2012	2013	2014	2015	2016	2017.2
주가(최고/저)(천원)	5.2/3.6	8.7/4.8	11.2/8.4	10.6/7.7	8.3/7.5	―/―
PER(최고/저)(배)	10.1/7.0	8.6/4.7	9.6/7.2	8.6/6.2	7.2/6.6	―
PBR(최고/저)(배)	0.8/0.6	1.2/0.6	1.3/1.0	1.1/0.8	0.8/0.7	0.7/0.
EV/EBITDA(배)	3.1	3.2	3.6	2.2	1.7	―
EPS(원)	586	1,105	1,241	1,291	1,175	3
BPS(원)	7,184	8,138	9,198	10,301	11,153	11,2
CFPS(원)	1,066	1,619	1,781	1,841	1,734	6
DPS(원)	180	200	200	200	190	
EBITDAPS(원)	1,458	2,140	2,230	2,100	2,019	7

재무 비율 〈단위 : 〉
연도	영업이익률	순이익률	부채비율	차입금비율	ROA	ROE	유보율	자기자본비율	EBITDA마진
2016	14.2	11.4	23.2	0.1	8.9	11.0	2,130.6	81.2	1
2015	14.7	12.2	24.4	0.1	10.7	13.2	1,960.2	80.4	1
2014	16.3	12.0	24.2	0.1	11.3	14.3	1,739.7	80.5	2
2013	16.2	11.0	29.8	2.3	11.1	14.5	1,527.6	77.1	2

샘코 (A263540)
SACHEON AEROSPACE MANUFACTURING IND CO

종 목 : 기계		시 장 : KOSDAQ	
신용등급 : (Bond) — (CP) —		기업규모 : 신성장	
페이지 : www.samcokorea.com		연 락 처 : 055)850-7700	
본 사 : 경남 사천시 사남면 해안산업로 381			

설 립 일 2002.01.08	종 업 원 수 명	대 표 이 사 이창우	
상 장 일 2017.09.15	감 사 의 견 적정 (삼일)	계 열	
결 산 기 12월	보 통 주 794만주	종속회사수	
액 면 가 500원	우 선 주	구 상 호	

주주구성 (지분율,%)		출자관계 (지분율,%)		주요경쟁사 (외형,%)	
이창우	31.4			샘코	100
안병혁	18.8			아스트	305
(외국인)	0.9			와이지-원	1,162

매출구성		비용구성		수출비중	
도어시스템 외	88.7	매출원가율	80.0	수출	89.0
항공기부품 외	10.6	판촉비율	11.5	내수	11.0
기타	0.6				

회사 개요

동사는 고도의 기술력과 안정성이 요구되는 항공기 도어시스템, 구동구조물 등 항공기부품 개발/생산 전문 기업임. 특히 동사의 주력 제품인 도어시스템은 전세계 5개사(국내 유일)만 제작가능한 높은 기술력이 필요한 분야로 알려져 있으며, 도어시스템의 핵심장치인 비상동력장치(EPAS)를 세계 두 번째로 양산에 성공한 기술력을 보유하여 기술성평가 특례로 코스닥시장에 상장함.

실적 분석

동사가 속한 항공산업은 지속적인 항공수요 증가 및 기종 노후화에 따른 교체수요 발생으로 항공기부품에 대한 안정적인 수요가 예상되며, 향후 항공 도어 자체 개발, 구동형부품, 무인항공기 개발 등 글로벌 항공기 체계 충견기업으로 경쟁력이 확대가 예상됨. 동사의 2분기 매출액은 전년동기 107.8억원 대비 32.4% 증가한 142.7억원을 시현하였으며 영업이익은 14.5억원으로 145.3% 증가함. 당기순이익도 39.3% 증가하며 강세를 보임.

현금 흐름　*IFRS 별도 기준　〈단위 : 억원〉

항목	2016	2017.2Q
영업활동	-7	9
투자활동	-23	-16
재무활동	15	33
순현금흐름	-15	26
기말현금	4	30

시장 대비 수익률

결산 실적　〈단위 : 억원〉

항목	2012	2013	2014	2015	2016	2017
매출액	144	217	313	275	288	—
영업이익	14	17	17	17	24	—
당기순이익	10	7	10	14	16	—

분기 실적　*IFRS 별도 기준　〈단위 : 억원〉

항목	2016.1Q	2016.2Q	2016.3Q	2016.4Q	2017.1Q	2017.2Q
매출액	—	66	—	—	—	71
영업이익	—	1	—	—	—	4
당기순이익	—	2	—	—	—	5

재무 상태　*IFRS 별도 기준　〈단위 : 억원〉

항목	2012	2013	2014	2015	2016	2017.2Q
총자산	187	282	269	314	364	429
유형자산	79	125	133	172	175	205
무형자산	3	2	2	3	4	4
유가증권	0	0	1	4	5	5
총부채	153	235	204	165	163	191
총차입금	111	185	162	134	117	105
자본금	11	15	16	26	28	31
총자본	34	47	64	149	201	238
지배주주지분	34	47	64	149	201	238

기업가치 지표　*IFRS 별도 기준

항목	2012	2013	2014	2015	2016	2017.2Q
주가 (최고/저)(천원)	#VALUE!	—/—	—/—	—/—	—/—	—/—
PER(최고/저)(배)	0.0/0.0	0.0/0.0	0.0/0.0	0.0/0.0	0.0/0.0	—/—
PBR(최고/저)(배)	0.0/0.0	0.0/0.0	0.0/0.0	0.0/0.0	0.0/0.0	0.0/0.0
EV/EBITDA(배)	5.0	6.6	5.3	3.4	2.5	—/—
EPS(원)	419	210	257	326	354	115
BPS(원)	15,433	15,644	20,527	27,424	3,466	3,731
CFPS(원)	9,668	6,676	7,652	6,902	671	267
DPS(원)						
EBITDAPS(원)	11,918	10,242	10,073	7,585	740	384

재무 비율　〈단위 : % 〉

연도	영업이익률	순이익률	부채비율	차입금비율	ROA	ROE	유보율	자기자본비율	EBITDA마진율
2016	8.5	7.1	80.9	58.3	6.0	11.7	613.3	55.3	14.8
2015	6.3	5.2	110.3	89.7	—	—	465.5	47.6	12.2
2014	5.6	3.3	318.7	252.9	3.7	18.4	310.5	23.9	9.7
2013	7.7	3.4	500.7	395.0	3.1	18.1	212.9	16.7	12.4

샘표 (A007540)
SEMPIO

업 종 : 식료품		시 장 : 거래소	
신용등급 : (Bond) — (CP) —		기업규모 : 시가총액 소형주	
홈페이지 : www.sempio.com		연 락 처 : 02)3393-5500	
본 사 : 서울시 중구 충무로2 (필동1가 51-9)			

설 립 일 1971.12.09	종 업 원 수 2명	대 표 이 사 박진선	
상 장 일 1976.06.29	감 사 의 견 적정 (삼경)	계 열	
결 산 기 12월	보 통 주 288만주	종속회사수 2개사	
액 면 가 1,000원	우 선 주	구 상 호 샘표식품	

주주구성 (지분율,%)		출자관계 (지분율,%)		주요경쟁사 (외형,%)	
박진선	33.7	샘표아이에스피	100.0	샘표	100
박용학	4.8	조치원식품	75.0	동서	2,530
(외국인)	3.6	양포식품	64.3	롯데푸드	8,677

매출구성		비용구성		수출비중	
장류, 장류외	86.0	매출원가율	36.7	수출	—
판촉용품	6.4	판촉비율	56.4	내수	—
통조림	5.9				

회사 개요

2016년 7월 식품사업 부문을 분할 신설하고, 동사에는 투자사업 부문만 남아 지주회사로 전환함. 계열사로는 샘표식품, 조치원식품, 양포식품, 샘표ISP 등 10개사가 있음. 샘표식품은 1946년에 설립된 식품회사로 간장을 비롯 된장과 고추장 같은 전통 장류제품부터 소금, 식초, 물엿 등의 조미식품과 국수, 차, 통조림(꽁치) 등 가공식품, 프리미엄 서구식 식품 폰타나, 웰빙스낵 질러, 건강발효흑초 백년동안 등 다양한 제품을 생산했음.

실적 분석

식품사업 부문과 지주회사 부문으로 분할한 다음 사업부문은 샘표식품으로 재상장하고, 투자부문은 샘표로 변경 상장함. 창업주인 박승복 회장의 별세에 따라 샘표와 샘표식품 모두 2세인 박진선 사장이 대표를 맡음. 인적분할과 지주사 전환 과정에서 연결대상 종속회사의 변동이 생기면서 전년동기와의 실적 비교가 힘들어졌으나, 대체로 외형과 수익성 모두 좋아진 것으로 판단됨. 전년동기에 중단영업이익이 포함된 순이익의 경우 10배 급증하였음.

현금 흐름　〈단위 : 억원〉

항목	2016	2017.2Q
영업활동	51	166
투자활동	-120	-41
재무활동	-71	-33
순현금흐름	-140	170
기말현금	49	219

시장 대비 수익률

결산 실적　〈단위 : 억원〉

항목	2012	2013	2014	2015	2016	2017
매출액	2,394	2,498	2,502	4	203	—
영업이익	113	81	92	-7	14	—
당기순이익	84	73	70	180	16	—

분기 실적　〈단위 : 억원〉

항목	2016.1Q	2016.2Q	2016.3Q	2016.4Q	2017.1Q	2017.2Q
매출액	28	31	78	66	674	669
영업이익	-1	-9	8	6	58	24
당기순이익	20	-9	-29	34	48	64

재무 상태　〈단위 : 억원〉

항목	2012	2013	2014	2015	2016	2017.2Q
총자산	2,341	2,438	2,352	2,573	1,186	3,204
유형자산	1,030	1,096	1,086	1,074	141	1,255
무형자산	4	6	5	11	2	419
유가증권	206	239	176	234	195	294
총부채	970	1,008	873	992	102	1,047
총차입금	489	542	351	580	18	510
자본금	44	44	44	44	22	29
총자본	1,371	1,430	1,479	1,581	1,084	2,156
지배주주지분	1,371	1,430	1,479	1,581	1,070	1,421

기업가치 지표

항목	2012	2013	2014	2015	2016	2017.2Q
주가 (최고/저)(천원)	17.0/9.9	19.5/11.7	25.4/13.7	46.2/19.0	83.7/24.9	—/—
PER(최고/저)(배)	9.4/5.5	12.2/7.3	16.5/8.9	14.9/6.1	217.5/64.7	—/—
PBR(최고/저)(배)	0.5/0.3	0.5/0.3	0.6/0.3	1.1/0.5	1.5/0.4	0.8/0.7
EV/EBITDA(배)	8.1	7.2	8.6	22.8	9.6	—/—
EPS(원)	1,900	1,648	1,577	3,143	387	3,130
BPS(원)	38,357	39,691	40,803	43,089	57,091	55,086
CFPS(원)	3,691	3,743	3,648	5,274	1,707	5,485
DPS(원)	300	300	300	300	200	
EBITDAPS(원)	4,339	3,920	4,134	1,977	1,743	5,268

재무 비율　〈단위 : % 〉

연도	영업이익률	순이익률	부채비율	차입금비율	ROA	ROE	유보율	자기자본비율	EBITDA마진율
2016	6.9	8.0	9.4	1.7	0.9	1.0	5,609.2	91.4	28.4
2015	-191.6	3,923.3	62.8	36.7	5.7	9.1	4,208.9	61.4	2,467.8
2014	3.7	2.8	59.0	23.7	2.9	4.8	3,980.3	62.9	7.3
2013	3.3	2.9	70.5	37.9	3.1	5.2	3,869.1	58.7	7.0

샘표식품 (A248170)
SEMPIO FOODS

업 종 : 식료품		시 장 : 거래소	
신용등급 : (Bond) — (CP) —		기업규모 : 시가총액 소형주	
홈 페 이 지 : www.sempio.com		연 락 처 : 02)3393-5500	
본 사 : 서울시 중구 충무로 2			

설 립 일 2016.07.04	종업원수 733명	대표이사 박진선
상 장 일 2016.08.09	감사의견 적정 (삼경)	계 열
결 산 기 12월	보 통 주 457만주	종속회사수 2개사
액 면 가 500원	우 선 주	구 상 회

주주구성 (지분율,%)		출자관계 (지분율,%)		주요경쟁사 (외형,%)	
샘표	49.4	SFS	100.0	샘표식품	100
이정윤	9.8	선부(상해)상무	100.0	동서	380
(외국인)	0.7			롯데푸드	1,305

매출구성		비용구성		수출비중	
장류	57.7	매출원가율	55.5	수출	10.0
장류 외	42.3	판관비율	40.0	내수	90.0

회사 개요
1946년에 설립된 식품회사로 간장을 비롯 된 장과 고추장 같은 전통 장류제품부터 가공식품, 프리미엄 서구식 식품 폰타나, 웰빙스낵 질러, 건강발효흑초 백년동안 등 다양한 제품을 생산했음. 2016년 8월 식품사업 부분을 분할 신설하고, 식품사업 부문과 지주회사 부문으로 분할한 다음 사업부문은 샘표식품으로 재상장하고, 투자부문은 샘표로 변경 상장함. 샘표는 창업주 박승복 회장, 샘표식품은 2세인 박진선 사장이 대표를 맡음.

실적 분석
동사는 샘표그룹에서 분할해 식품사업부문의 사업을 맡고 있으며 간장, 연두, 식초음료, 통조림, 스낵·안주류, 국수, 서양소스 사업 등을 영위하고 있음. 소득수준 향상에 따라 건강지향, 웰빙 경향에 맞춰 식품시장에서도 원재료, 성분 등 제품의 안전성 관심 증가 추세임. 동사의 2017년 2분기 매출액은 1,341.7억원, 영업이익은 94.4억원, 당기순이익은 58.1억원을 기록하였음.

현금 흐름 〈단위 : 억원〉

항목	2016	2017.2Q
영업활동	126	163
투자활동	-102	-75
재무활동	-66	15
순현금흐름	-47	109
기말현금	73	181

결산 실적 〈단위 : 억원〉

항목	2012	2013	2014	2015	2016	2017
매출액	—	—	—	—	1,351	—
영업이익	—	—	—	—	60	—
당기순이익	—	—	—	—	58	—

분기 실적 〈단위 : 억원〉

항목	2016.1Q	2016.2Q	2016.3Q	2016.4Q	2017.1Q	2017.2Q
매출액	—	—	701	650	673	669
영업이익	—	—	46	14	60	34
당기순이익	—	—	21	36	30	28

재무 상태 〈단위 : 억원〉

항목	2012	2013	2014	2015	2016	2017.2Q
총자산	—	—	—	—	1,915	2,003
유형자산	—	—	—	—	1,037	1,045
무형자산	—	—	—	—	13	13
유가증권	—	—	—	—	—	—
총부채	—	—	—	—	878	915
총차입금	—	—	—	—	513	537
자본금	—	—	—	—	23	23
총자본	—	—	—	—	1,037	1,088
지배주주지분	—	—	—	—	1,037	1,088

기업가치 지표

항목	2012	2013	2014	2015	2016	2017.2Q
주가(최고/저)(천원)	#VALUE!	—/—	—/—	—/—	—/—	—/—
PER(최고/저)(배)	0.0/0.0	0.0/0.0	0.0/0.0	0.0/0.0	50.2/23.3	—/—
PBR(최고/저)(배)	0.0/0.0	0.0/0.0	0.0/0.0	0.0/0.0	2.8/1.3	1.8/1.3
EV/EBITDA(배)	0.0				16.6	
EPS(원)	—	—	—	—	1,259	1,271
BPS(원)	—	—	—	—	22,718	23,843
CFPS(원)	—	—	—	—	2,355	2,427
DPS(원)	—	—	—	—	200	—
EBITDAPS(원)	—	—	—	—	2,419	3,221

재무 비율 〈단위 : %〉

연도	영업이익률	순이익률	부채비율	차입금비율	ROA	ROE	유보율	자기자본비율	EBITDA마진율
2016	4.5	4.3	84.7	49.5	0.0	0.0	4,443.6	54.1	8.2
2015	0.0	0.0	0.0	0.0	0.0	0.0			
2014	0.0	0.0	0.0	0.0	0.0	0.0			
2013	0.0	0.0	0.0	0.0	0.0	0.0			

서린바이오사이언스 (A038070)
Seoulin Bioscience

업 종 : 바이오		시 장 : KOSDAQ	
신용등급 : (Bond) — (CP) —		기업규모 : 중견	
홈 페 이 지 : www.seoulin.co.kr		연 락 처 : 031)628-3000	
본 사 : 경기도 성남시 분당구 대왕판교로 700(삼평동), 코리아바이오파크 A동 4층			

설 립 일 1993.12.29	종업원수 90명	대표이사 황을문
상 장 일 2005.10.25	감사의견 적정 (대명)	계 열
결 산 기 12월	보 통 주 645만주	종속회사수 2개사
액 면 가 500원	우 선 주	구 상 회

주주구성 (지분율,%)		출자관계 (지분율,%)		주요경쟁사 (외형,%)	
황을문	27.2	제노자임	55.1	서린바이오	100
비전투자자문	3.8	서린메디케어	51.2	유바이오로직스	11
(외국인)	1.8	유비케이션	30.0	팬젠	3

매출구성		비용구성		수출비중	
시약	62.8	매출원가율	71.7	수출	6.0
기기	14.6	판관비율	23.5	내수	94.0
소모품	14.2				

회사 개요
1984년에 설립된 바이오 인프라 기업으로, 바이오시밀러·줄기세포 등 바이오 관련 연구개발 및 생산 관련 기자재와 시약을 제공함. 독일 Sarstedt사 등 해외 50여개 기업과 판매 제휴를 통해 바이오 연구개발용품을 수입, 판매하고 있음. 자회사로는 피부미용기기 제조 전문업체인 서린메디케어와 2015년에 인수한 발효화장품을 생산하는 제노자임 등이 있음. 메디컬 에스메틱과 코스메틱 사업의 제조시설 확장을 위해 동탄 첨단산업단지에 글로벌센터를 개소함.

실적 분석
바이오인프라 시장에 대한 지배력 확장 및 헬스케어 사업의 성장세를 통해 2017년 상반기 매출액은 전년동기 대비 소폭 증가함. 원가율 개선과 고정비용 부담 완화로 영업이익은 비교적 큰 폭으로 늘어남. 동사는 바이오 인프라 유통에서 바이오기초분석장비의 제조기업으로 변신하고 있으며, 자회사를 통한 메디컬 에스테틱과 코스메틱 분야로 사업영역을 확대하고 있는 점도 긍정적임. 치매 조기진단 기술 개발을 위한 보건복지부 국책사업 지원기업으로 선정됨.

현금 흐름 〈단위 : 억원〉

항목	2016	2017.2Q
영업활동	28	14
투자활동	38	-64
재무활동	-54	35
순현금흐름	11	-14
기말현금	48	34

결산 실적 〈단위 : 억원〉

항목	2012	2013	2014	2015	2016	2017
매출액	534	422	377	416	449	—
영업이익	55	43	27	18	22	—
당기순이익	48	42	27	18	42	—

분기 실적 〈단위 : 억원〉

항목	2016.1Q	2016.2Q	2016.3Q	2016.4Q	2017.1Q	2017.2Q
매출액	97	92	105	123	115	10
영업이익	2	6	1	13	8	
당기순이익	3	24	3	12	9	

재무 상태 〈단위 : 억원〉

항목	2012	2013	2014	2015	2016	2017.2Q
총자산	566	604	607	661	665	73
유형자산	112	133	132	160	200	27
무형자산	8	13	16	22	37	4
유가증권	158	206	197	4	4	10
총부채	193	188	176	198	168	21
총차입금	65	95	78	83	42	
자본금	23	25	26	28	30	3
총자본	373	416	431	463	497	52
지배주주지분	373	411	427	453	486	50

기업가치 지표

항목	2012	2013	2014	2015	2016	2017.2Q
주가(최고/저)(천원)	8.8/4.2	13.1/7.7	10.1/6.6	21.9/7.3	19.8/11.9	—/—
PER(최고/저)(배)	11.7/5.7	20.0/11.8	23.8/15.6	75.4/25.3	30.8/18.5	—/—
PBR(최고/저)(배)	1.5/0.7	2.0/1.2	1.5/1.0	3.1/1.0	2.6/1.6	1.9/1
EV/EBITDA(배)	6.5	8.1	9.1	30.5	28.5	—
EPS(원)	791	684	439	295	649	24
BPS(원)	8,109	8,222	8,208	7,991	8,150	7,90
CFPS(원)	1,200	961	668	473	812	30
DPS(원)	173	150	159	156	155	—
EBITDAPS(원)	1,361	984	674	461	495	28

재무 비율 〈단위 : %〉

연도	영업이익률	순이익률	부채비율	차입금비율	ROA	ROE	유보율	자기자본비율	EBITDA마진율
2016	4.9	9.3	33.8	8.5	6.3	8.7	1,530.0	74.8	6
2015	4.2	4.2	42.7	17.9	2.8	4.2	1,498.2	70.1	6
2014	7.2	7.1	40.7	18.2	4.4	6.4	1,541.6	71.1	9
2013	10.1	9.9	45.3	22.9	7.1	10.6	1,544.5	68.8	11

서부티엔디 (A006730)
Seobu T&D

업 종 : 운송인프라		시 장 : KOSDAQ	
신용등급 : (Bond) — (CP) —		기업규모 : 중견	
홈 페 이 지 : www.seobutnd.com		연 락 처 : 02)2689-0035	
본 사 : 서울시 양천구 신정로 167(신정동)			

설 립 일	1979.07.12	종 업 원 수	170명	대 표 이 사	승만호
상 장 일	1995.10.06	감 사 의 견	적정(참)	계 열	
결 산 기	12월	보 통 주	3,433만주	종속회사수	
액 면 가	500원	우 선 주		구 상 호	

주주구성 (지분율,%)		출자관계 (지분율,%)		주요경쟁사 (외형,%)	
엠와이에이치	19.8	오진교역	48.0	서부T&D	100
승만호	13.4	오진상사	2.8	현대로템	5,340
(외국인)	15.4			선광	229

매출구성		비용구성		수출비중	
판매수수료수입(기타)	73.8	매출원가율	20.4	수출	0.0
유류판매수입(상품)	14.5	판관비율	56.1	내수	100.0
임대관리수입외(기타)	11.1				

회사 개요
1979년 설립된 동사는 쇼핑몰 운영업, 물류시설 운영업, 석유류 판매업, 임대사업을 주요사업으로 영위하고 있음. 최근 호텔이 신축완료되 10월 영업 개시 예정임. 오진교역, 오진상사, 오진개발 등 비상장 계열사 7개를 보유하고 있음. 매출은 쇼핑몰 운영 71.44%, 물류시설 운영 11.96%, 석유류 판매 15.97%, 임대 및 기타 사업 0.63%로 구성됨.

실적 분석
2017년 상반기 연결기준 동사는 매출 274.2억원을 시현함. 전년도 같은 기간 매출액인 266.3억원에 비해 3% 증가한 금액임. 매출은 소폭 성장했으나 매출원가 상승분, 판매비와 관리비 상승분이 이를 상회해 영업이익은 64.5억원에서 35.1억원으로 45.7% 축소됨. 전년도 상반기엔 당기순이익 13.8억원을 시현했으나 2017년 상반기엔 적자전환해 손실 7.6억원 기록.

현금 흐름 *IFRS 별도 기준 〈단위 : 억원〉

항목	2016	2017.2Q
영업활동	156	70
투자활동	-1,554	-1,020
재무활동	1,378	1,004
순현금흐름	-21	54
기말현금	37	91

시장 대비 수익률

결산 실적 〈단위 : 억원〉

항목	2012	2013	2014	2015	2016	2017
매출액	283	508	546	550	559	—
영업이익	32	96	105	121	131	—
당기순이익	3	-205	2	-132	28	—

분기 실적 *IFRS 별도 기준

항목	2016.1Q	2016.2Q	2016.3Q	2016.4Q	2017.1Q	2017.2Q
매출액	133	133	146	146	139	135
영업이익	30	34	33	33	38	-3
당기순이익	7	6	10	5	15	-23

재무 상태 *IFRS 별도 기준 〈단위 : 억원〉

항목	2012	2013	2014	2015	2016	2017.2Q
총자산	8,438	8,164	8,580	8,786	11,099	12,494
유형자산	157	221	430	992	5,795	7,218
무형자산	3	6	5	4	3	3
유가증권	49	24	49	4	17	24
총부채	4,112	4,040	4,454	4,770	6,445	7,629
총차입금	2,130	2,240	2,434	3,300	4,878	5,952
자본금	131	143	157	172	172	172
총자본	4,326	4,125	4,127	4,016	4,654	4,865
지배주주지분	4,326	4,125	4,127	4,016	4,654	4,865

기업가치 지표 *IFRS 별도 기준

항목	2012	2013	2014	2015	2016	2017.2Q
주가(최고/저)(천원)	22.8/15.7	19.8/14.8	21.9/15.4	29.6/16.4	23.6/17.1	—/—
PER(최고/저)(배)	2,622.9/1,805.4	—/—	3,146.3/2,206.4	—/—	289.3/209.9	1.4/1.0
PBR(최고/저)(배)	1.7/1.2	1.6/1.2	1.7/1.2	2.4/1.3	1.7/1.2	—
EV/EBITDA(배)	132.6	43.9	48.4	55.6	53.8	—
EPS(원)	9	-596	7	-385	82	-22
BPS(원)	17,402	15,179	13,865	12,334	14,271	14,242
CFPS(원)	130	-465	211	-193	277	76
DPS(원)	50	50	50		100	200
EBITDAPS(원)	240	585	540	545	577	

재무 비율 〈단위 : %〉

연도	영업이익률	순이익률	부채비율	차입금비율	ROA	ROE	유보율	자기자본비율	EBITDA마진율
2016	23.5	5.0	138.5	104.8	0.3	0.7	2,754.1	41.9	35.5
2015	22.1	-24.0	118.8	82.2	-1.5	-3.2	2,366.8	45.7	34.0
2014	19.3	0.5	107.9	59.0	0.1	0.1	2,674.1	48.1	31.0
2013	18.8	-40.3	97.9	54.3	-2.5	-4.8	2,937.0	50.5	32.9

서산 (A079650)
SEOSAN

업 종 : 건축소재		시 장 : KOSDAQ	
신용등급 : (Bond) — (CP) —		기업규모 : 중견	
홈 페 이 지 : www.seo-san.co.kr		연 락 처 : 062)950-5000	
본 사 : 광주시 광산구 하남산단4번로 143 (장덕동)			

설 립 일	1974.02.16	종 업 원 수	122명	대 표 이 사	염홍섭
상 장 일	2005.01.21	감 사 의 견	적정(성지)	계 열	
결 산 기	12월	보 통 주	2,000만주	종속회사수	1개사
액 면 가	100원	우 선 주		구 상 호	

주주구성 (지분율,%)		출자관계 (지분율,%)		주요경쟁사 (외형,%)	
염종학	60.0	성암	45.0	서산	100
김수아	5.0	광주방송	6.4	유니온	82
(외국인)	2.0	풍림산업		동원	16

매출구성		비용구성		수출비중	
레미콘, 흄관, 파일, 전주 등	100.0	매출원가율	67.1	수출	0.0
		판관비율	13.4	내수	100.0

회사 개요
동사는 시멘트를 주요 원재료로 사용하여 콘크리트 제품 생산(제조)을 하는 회사임. 사업부문은 콘크리트제품 제조 단일사업부문으로 구성되어 있고 주요품목으로는 레미콘, 2차제품(흄관, 고강도파일, 한전주, 통신주)등이 있음. 100% 내수 위주의 매출 구조이며, 2016년 기준 레미콘과 고강도파일의 시장점유율은 각각 5.6%, 7.1%임. 레미콘 시장은 다수의 공급자가 별다른 진입장벽 없이 지역별로 치열한 경쟁을 벌이고 있음.

실적 분석
2017년 상반기 매출액과 영업이익은 전년동기 대비 각각 15.6%, 47.9% 감소한 556.3억원, 79.8억원을 기록함. 매출의 90% 이상을 차지하는 레미콘/파일/전주/흄관 매출액이 줄면서 외형 축소됨. 고무링 외 상품 부문의 매출 또한 감소. 품질제고와 원가 절감을 위해 노력하고 있음. 고강도파일 및 흄관 시장의 경우 파일 매출은 좋을 것으로 예상되지만, 원거리로 인한 물류비용의 상승으로 이익감소가 우려됨.

현금 흐름 〈단위 : 억원〉

항목	2016	2017.2Q
영업활동	182	81
투자활동	-93	-394
재무활동	-7	-9
순현금흐름	82	-320
기말현금	451	131

시장 대비 수익률

결산 실적 〈단위 : 억원〉

항목	2012	2013	2014	2015	2016	2017
매출액	839	900	996	1,130	1,126	—
영업이익	141	130	156	213	220	—
당기순이익	118	102	135	179	169	—

분기 실적

항목	2016.1Q	2016.2Q	2016.3Q	2016.4Q	2017.1Q	2017.2Q
매출액	316	343	225	242	260	297
영업이익	66	87	24	42	39	41
당기순이익	49	70	24	24	33	37

재무 상태 〈단위 : 억원〉

항목	2012	2013	2014	2015	2016	2017.2Q
총자산	649	730	885	1,104	1,230	1,348
유형자산	222	227	249	273	372	360
무형자산	8	11	11	10	7	7
유가증권	80	103	0	9	23	406
총부채	102	85	106	150	114	170
총차입금						
자본금	20	20	20	20	20	20
총자본	547	646	779	954	1,116	1,179
지배주주지분	407	459	529	617	700	739

기업가치 지표

항목	2012	2013	2014	2015	2016	2017.2Q
주가(최고/저)(천원)	0.8/0.5	1.8/0.7	1.8/1.1	3.0/1.5	4.8/2.3	—/—
PER(최고/저)(배)	2.2/1.4	6.8/2.7	5.2/3.1	6.7/3.4	11.0/5.2	2.4/1.1
PBR(최고/저)(배)	0.4/0.3	0.8/0.3	0.7/0.4	1.0/0.5	1.4/0.7	
EV/EBITDA(배)	1.1	2.4	1.7	1.7	3.4	
EPS(원)	376	275	357	450	439	216
BPS(원)	101,851	114,816	132,144	154,128	175,057	3,693
CFPS(원)	21,681	19,151	24,166	28,921	29,762	311
DPS(원)	750	500	500	1,000	25	
EBITDAPS(원)	38,001	37,929	45,367	59,611	62,744	493

재무 비율 〈단위 : %〉

연도	영업이익률	순이익률	부채비율	차입금비율	ROA	ROE	유보율	자기자본비율	EBITDA마진율
2016	19.5	15.0	10.2	0.0	14.5	13.3	3,401.2	90.8	22.3
2015	18.8	15.7	15.7	0.0	18.0	15.7	2,982.6	86.4	21.1
2014	15.7	13.6	13.7	0.0	16.7	14.4	2,542.9	88.0	18.2
2013	14.5	11.4	13.1	0.0	14.9	12.7	2,196.3	88.4	16.9

서암기계공업 (A100660)
SEOAM MACHINERY INDUSTRY

업 종 : 기계	시 장 : KOSDAQ
신용등급 : (Bond) — (CP) —	기업규모 : 중견
홈 페 이 지 : www.smiltd.co.kr	연 락 처 : (062)960-5000
본 사 : 광주시 광산구 하남산단 8번로 127-15(안청동)	

설 립 일 1978.02.15	종 업 원 수 133명	대 표 이 사 권영호,권영열
상 장 일 2011.12.19	감 사 의 견 적정 (승일)	계 열
결 산 기 12월	보 통 주 1,260만주	종속회사수
액 면 가 500원	우 선 주	구 상 호

주주구성 (지분율,%)		출자관계 (지분율,%)		주요경쟁사 (외형,%)	
화천기공	32.2	화천기계	0.7	서암기계공업	100
권영열	14.2			디케이락	164
(외국인)	1.9			에이치케이	194

매출구성		비용구성		수출비중	
기어	46.0	매출원가율	87.1	수출	20.0
척&실린더	40.9	판관비율	12.7	내수	80.0
커빅 커플링	10.9				

회사 개요
동사는 1978년 설립된 공작기계 전문 회사로서 기어, 척, 실린더, 커빅커플링 등 공작기계에 사용되는 부품을 주로 생산함. 화천기계, 화천기공 등과 함께 화천기계그룹에 속함. 2004년이후 선박용엔진 기어, 풍력발전용 기어, 터보컴프레셔 기어 등으로 비공작기계 부품군을 확대중이며, 터보컴프레셔 분야는 독점적 지위 유지. 화천기공, 화천기계 뿐만 아니라 두산인프라코아, 현대위아, 삼성테크윈 등 국내 주요 공작기계 업체를 모두 고객사로 확보함.

실적 분석
동사의 2017년 반기 매출액은 전년동기 대비 19.2% 증가한 194.7원을 기록하며 양호한 모습을 보임. 외형 확대와 함께 판관비 비중 감소 영향으로 영업이익은 전년동기 대비 189% 증가한 13억원 시현. 주문생산에 의존하는 수주형 산업으로 경기 의존적이나 제품의 기계적 기능적 향상에 따라 수입에 의존하던 품목의 국산화 지속 시도중임. 전량 수입품에 의존하던 철도차량 동력 전달장치용 기어 국산화 완료되어 향후 매출증대 기대됨.

현금 흐름
IFRS 별도 기준 〈단위 : 억원〉

항목	2016	2017.2Q
영업활동	36	14
투자활동	-11	-13
재무활동	-6	-6
순현금흐름	18	-5
기말현금	52	47

시장 대비 수익률

결산 실적
〈단위 : 억원〉

항목	2012	2013	2014	2015	2016	2017
매출액	409	319	326	344	318	
영업이익	64	21	10	7	0	
당기순이익	55	25	17	14	9	

분기 실적
IFRS 별도 기준 〈단위 : 억원〉

항목	2016.1Q	2016.2Q	2016.3Q	2016.4Q	2017.1Q	2017.2Q
매출액	77	86	75	80	93	102
영업이익	2	3	-0	-4	4	9
당기순이익	4	5	1	0	5	10

재무 상태
IFRS 별도 기준 〈단위 : 억원〉

항목	2012	2013	2014	2015	2016	2017.2Q
총자산	609	613	636	630	642	664
유형자산	185	169	163	167	159	162
무형자산	3	3	3	3	3	3
유가증권	3	3	4	4	3	4
총부채	84	72	87	77	86	100
총차입금	10					
자본금	63	63	63	63	63	63
총자본	525	541	549	553	555	564
지배주주지분	525	541	549	553	555	564

기업가치 지표
IFRS 별도 기준

항목	2012	2013	2014	2015	2016	2017.2Q
주가(최고/저)(천원)	3.7/2.8	3.5/2.9	3.6/2.9	3.6/3.0	6.0/3.0	—/—
PER(최고/저)(배)	9.5/7.1	19.1/15.4	28.5/23.2	33.4/27.6	81.3/41.6	—/—
PBR(최고/저)(배)	1.0/0.7	0.9/0.7	0.9/0.7	0.8/0.7	1.4/0.7	1.2/0.8
EV/EBITDA(배)	1.7		1.5	1.3		11.3
EPS(원)	434	200	131	111	74	117
BPS(원)	4,169	4,296	4,356	4,388	4,408	4,478
CFPS(원)	594	371	306	288	243	201
DPS(원)	75	75	75	50	50	—
EBITDAPS(원)	666	336	252	231	172	186

재무 비율
〈단위 : %〉

연도	영업이익률	순이익률	부채비율	차입금비율	ROA	ROE	유보율	자기자본비율	EBITDA마진율
2016	0.1	2.9	15.5	0.0	1.5	1.7	781.6	86.6	6.8
2015	2.0	4.1	14.0	0.0	2.2	2.5	777.6	87.7	8.5
2014	3.0	5.1	15.9	0.0	2.6	3.0	771.2	86.3	9.8
2013	6.5	7.9	13.3	0.0	4.1	4.7	759.2	88.3	13.3

서연 (A007860)
SEOYON

업 종 : 자동차부품	시 장 : 거래소
신용등급 : (Bond) — (CP) —	기업규모 : 시가총액 소형주
홈 페 이 지 : www.seo-yon.com	연 락 처 : (031)420-3000
본 사 : 경기도 안양시 동안구 부림로170번길 41-22	

설 립 일 1972.04.21	종 업 원 수 20명	대 표 이 사 유양석
상 장 일 1989.09.09	감 사 의 견 적정 (삼정)	계 열
결 산 기 12월	보 통 주 2,348만주	종속회사수 40개사
액 면 가 500원	우 선 주	구 상 호 한일이화

주주구성 (지분율,%)		출자관계 (지분율,%)		주요경쟁사 (외형,%)	
유양석	44.4	울산방송	1.0	서연	100
신영자산운용	9.1	조선방송	0.7	평화정공	38
(외국인)	6.8			DRB동일	19

매출구성		비용구성		수출비중	
한 국(자동차부품)	37.1	매출원가율	89.2	수출	56.0
중 국(자동차부품)	30.1	판관비율	6.8	내수	44.0
북 미(자동차부품)	13.6				

회사 개요
2014년 7월 1일 ㈜ 한일이화 인적분할 후의 존속법인이며, 지주사업과 경영컨설팅업을 영위하고 있음. 2015년 말 현재 자회사는 ㈜서연이화(구, 한일이화㈜), ㈜서연전자(구, ㈜대동), ㈜서연탑메탈(구, ㈜탑금속), ㈜서연인테크(구, 한일내장(주)), ㈜서연씨엔에프(구, ㈜한일씨엔에프) 5개사가 있음. 주력계열사인 서연이화는 자동차부품 전문업체로 승용차 내장제품, 상용차 시트를 전문으로 생산하는 회사임.

실적 분석
동사의 2017년 상반기 매출액은 1조5,154억원으로 전년동기 대비 4.5% 감소. 영업이익은 372억원으로 전년동기 대비 59.4 감소. 최근 세계 자동차 업계는 미래차 개발경쟁을 벌이며 친환경 및 지능형 자동차의 비중이 커짐. 이에 하이브리드차에 이어 전기차 및 수소 연료전지차 등으로 점차 시장이 확대되고 있기 때문에 배터리나 모터 같은 친환경차 관련 부품의 수요가 더욱 증가할 것으로 예상됨.

현금 흐름
〈단위 : 억원〉

항목	2016	2017.2Q
영업활동	1,266	441
투자활동	-2,327	-606
재무활동	1,188	596
순현금흐름	76	341
기말현금	2,917	3,300

시장 대비 수익률

결산 실적
〈단위 : 억원〉

항목	2012	2013	2014	2015	2016	2017
매출액	21,677	27,151	19,702	30,658	31,883	
영업이익	951	2,048	1,337	1,372	1,268	
당기순이익	579	1,003	2,563	942	1,324	

분기 실적
〈단위 : 억원〉

항목	2016.1Q	2016.2Q	2016.3Q	2016.4Q	2017.1Q	2017.2Q
매출액	7,724	8,141	7,110	8,908	7,999	7,15
영업이익	271	646	115	236	355	
당기순이익	311	489	-88	612	144	-17

재무 상태
〈단위 : 억원〉

항목	2012	2013	2014	2015	2016	2017.2Q
총자산	14,431	19,096	22,666	25,955	29,335	28,94
유형자산	5,197	6,991	8,242	10,407	11,375	11,49
무형자산	405	646	969	967	1,322	1,31
유가증권	638	41	46	373	476	44
총부채	9,112	12,363	13,807	16,147	18,615	18,53
총차입금	3,744	4,633	5,382	7,868	9,969	10,44
자본금	197	197	112	112	117	11
총자본	5,319	6,733	8,859	9,808	10,720	10,41
지배주주지분	4,141	5,416	4,296	4,724	5,445	5,32

기업가치 지표

항목	2012	2013	2014	2015	2016	2017.2Q
주가(최고/저)(천원)	5.3/3.0	11.1/3.3	21.2/7.2	17.9/10.4	13.1/9.6	—/—
PER(최고/저)(배)	4.8/2.7	6.2/1.8	2.7/0.9	10.2/5.9	3.9/2.9	—/—
PBR(최고/저)(배)	0.5/0.3	0.8/0.2	1.1/0.4	0.9/0.5	0.6/0.4	0.5/0—
EV/EBITDA(배)	3.7	3.1	4.1	4.8	5.3	—
EPS(원)	1,190	1,897	8,153	1,805	3,394	-7
BPS(원)	10,812	14,048	19,278	21,183	23,370	22,83
CFPS(원)	3,008	4,436	10,633	6,985	9,455	2,84
DPS(원)	150	150	150	150	150	—
EBITDAPS(원)	4,230	7,733	7,578	11,284	11,689	4,50

재무 비율
〈단위 : %〉

연도	영업이익률	순이익률	부채비율	차입금비율	ROA	ROE	유보율	자기자본비율	EBITDA마진율
2016	4.0	4.2	173.6	93.0	4.8	15.0	4,574.0	36.5	8
2015	4.5	3.1	164.6	80.2	3.9	9.0	4,136.6	37.8	8
2014	6.8	13.0	155.8	60.8	12.3	44.0	3,755.6	39.1	10
2013	7.5	3.7	183.6	68.8	6.0	15.7	2,709.7	35.3	11

서연이화 (A200880)
SEOYON E-HWA COLTD

업 종 : 자동차부품		시 장 : 거래소	
신용등급 : (Bond) — (CP) —		기업규모 : 시가총액 중형주	
홈페이지 : www.seoyoneh.com		연 락 처 : 02)3484-4100	
본 사 : 서울시 강남구 테헤란로 208, 11층(역삼동, 안제타워)			

설 립 일	2014.07.01	종 업 원 수	1,014명	대 표 이 사	김근식
상 장 일	2014.08.08	감 사 의 견	적정 (안진)	계 열	
결 산 기	12월	보 통 주	2,703만주	종 속 회 사 수	19개사
액 면 가	500원	우 선 주		구 상 호	한일이화

주주구성 (지분율,%)		출자관계 (지분율,%)		주요경쟁사 (외형,%)	
서연	48.7	서연오토비젼	100.0	서연이화	100
유양석	5.5	태광공업	100.0	한라홀딩스	42
(외국인)	21.8	태광정밀	100.0	세방전지	40

매출구성		비용구성		수출비중	
중국(자동차부품)	32.0	매출원가율	89.9	수출	63.0
한국(자동차부품)	30.0	판관비율	5.6	내수	37.0
북미(자동차부품)	15.3				

회사 개요
한일이화는 인적분할 방식을 통해 지주회사 격인 존속법인 서연(대동, 한일C&F, 탑금속 등)과 신설법인인 사업회사 한일이화(도어, 시트사업부)로 분할 상장되었음. 자동차용 내장제품 및 상용차 시트 전문생산. 현대/기아차의 부품 협력업체로 생산라인의 대부분을 현대/기아차에 공급하고 있음. 주요 생산품은 자동차용 도어트림, 소형상용차 SEAT가 있음. 현재 생산품 대부분은 현대 및 기아차에 납품 중임.

실적 분석
노후 경유차 교체 세제지원에도 불구하고 경제성장률이 둔화되며 민간소비가 위축됨에 따라 동사의 2017년 2분기기준 누적 매출액은 전년동기대비 -12.7% 하락한 10,445.2억원을 기록하였음. 비용면에서 매출원가 하락 등에 의해 전년동기대비 영업이익은 351.4억원으로 -53% 크게 하락하였음. 시장은 점진적으로 개선될 것으로 보이나 경쟁이 심화되고 있으므로 경쟁력 제고를 위한 기술 확보가 요구됨.

현금 흐름 〈단위 : 억원〉

항목	2016	2017.2Q
영업활동	1,165	493
투자활동	-1,459	-512
재무활동	261	599
순현금흐름	-81	522
기말현금	2,317	2,839

시장 대비 수익률

결산 실적 〈단위 : 억원〉

항목	2012	2013	2014	2015	2016	2017
매출액	—	—	11,250	22,894	24,029	—
영업이익	—	—	603	1,185	1,078	—
당기순이익	—	—	535	813	939	—

분기 실적 〈단위 : 억원〉

항목	2016.1Q	2016.2Q	2016.3Q	2016.4Q	2017.1Q	2017.2Q
매출액	5,883	6,083	5,330	6,733	5,600	4,845
영업이익	255	493	152	178	307	44
당기순이익	258	424	9	248	144	-181

재무 상태 〈단위 : 억원〉

항목	2012	2013	2014	2015	2016	2017.2Q
총자산	—	—	14,654	17,040	18,018	17,912
유형자산	—	—	4,858	6,175	6,390	6,575
무형자산	—	—	357	371	299	289
유가증권	—	—	12	348	452	422
총부채	—	—	9,427	10,924	11,222	11,378
총차입금	—	—	3,470	4,956	5,259	6,056
자본금	—	—	135	135	135	135
총자본	—	—	5,227	6,115	6,796	6,534
지배주주지분	—	—	5,094	6,010	6,684	6,452

기업가치 지표

항목	2012	2013	2014	2015	2016	2017.2Q
주가(최고/저)(천원)	—/—	—/—	25.9/12.1	17.4/11.0	16.4/12.1	—/—
PER(최고/저)(배)	0.0/0.0	0.0/0.0	14.0/6.5	6.0/3.8	4.9/3.6	0.7/0.6
PBR(최고/저)(배)	0.0/0.0	0.0/0.0	1.4/0.7	0.8/0.5	0.7/0.5	0.7/0.6
EV/EBITDA(배)	0.0	0.0	4.9	3.3	3.3	—
EPS(원)	—	—	1,915	2,945	3,382	-83
BPS(원)	—	—	18,853	22,242	24,734	23,877
CFPS(원)	—	—	3,140	5,342	6,331	1,312
DPS(원)	—	—	150	150	150	—
EBITDAPS(원)	—	—	3,455	6,780	6,938	2,695

재무 비율 〈단위 : % 〉

연도	영업이익률	순이익률	부채비율	차입금비율	ROA	ROE	유보율	자기자본비율	EBITDA마진율
2016	4.5	3.9	165.1	77.4	5.4	14.4	4,846.9	37.7	7.8
2015	5.2	3.6	178.6	81.0	5.1	14.3	4,348.5	35.9	8.0
2014	5.4	4.8	180.4	66.4	0.0	0.0	3,670.6	35.7	8.3
2013	0.0	0.0	0.0	0.0	0.0	0.0	0.0	0.0	0.0

서연전자 (A012860)
SEOYON ELECTRONICS CO

업 종 : 자동차부품		시 장 : KOSDAQ	
신용등급 : (Bond) — (CP) —		기업규모 : 우량	
홈페이지 : www.seoyonelec.com		연 락 처 : 031)5174-3000	
본 사 : 경기도 수원시 권선구 산업로 156번길 100(고색동)			

설 립 일	1978.01.07	종 업 원 수	1,326명	대 표 이 사	김상기
상 장 일	1994.10.26	감 사 의 견	적정 (삼일)	계 열	열
결 산 기	12월	보 통 주	2,700만주	종 속 회 사 수	5개사
액 면 가	500원	우 선 주		구 상 호	대동

주주구성 (지분율,%)		출자관계 (지분율,%)		주요경쟁사 (외형,%)	
한일이화	50.1	우창정기	100.0	서연전자	100
한국증권금융(주)(신탁(의결권)기계좌)	4.2	신창코넥타	50.0	동원금속	67
(외국인)	0.9	SeoyonElectronicsPoland	100.0	유라테크	29

매출구성		비용구성		수출비중	
자동차부품 등(제품)	100.0	매출원가율	90.5	수출	36.0
		판관비율	7.2	내수	64.0

회사 개요
동사는 자동차용 스마트 키 시스템, 키 세트, 파워 윈도우 스위치, 다기능 스위치, SRC, 안테나 등 각종 자동차용 전자 부품 및 전장 부품을 생산 공급함. 또한 휴대폰 케이스, 기타 자동차제품 케이스 및 자동차용 마그네슘 부품도 생산함. 스위치 매출 비중이 59.7%로 가장 많고 키 세트도 33.1%로 2위를 차지함. 대부분 매출은 주문자 상표부착(OEM) 등에 의해 이뤄짐. 주요 고객은 현대와 기아차임.

실적 분석
동사의 2017년 2분기 기준 누적 매출액은 전년동기대비 4.1% 감소한 3,478.4억원을 기록하였음. 비용면에서 전년동기대비 매출원가는 증가 하였으며 인건비는 감소. 기타판매비와관리비도 마찬가지로 감소함. 이와 같이 상승하는 매출액 대비 비용증가가 높아 그에 따라 전년동기대비 영업손실은 44.1억원으로 적자전환하였음. 최종적으로 전년동기대비 당기순손실은 적자전환하여 47.3억원을 기록함.

현금 흐름 〈단위 : 억원〉

항목	2016	2017.2Q
영업활동	112	122
투자활동	-803	-70
재무활동	727	-5
순현금흐름	34	50
기말현금	89	139

시장 대비 수익률

결산 실적 〈단위 : 억원〉

항목	2012	2013	2014	2015	2016	2017
매출액	5,745	6,756	7,050	7,180	7,312	—
영업이익	119	322	381	254	162	—
당기순이익	41	213	325	213	174	—

분기 실적 〈단위 : 억원〉

항목	2016.1Q	2016.2Q	2016.3Q	2016.4Q	2017.1Q	2017.2Q
매출액	1,746	1,881	1,618	2,067	1,784	1,694
영업이익	25	74	34	29	-23	-21
당기순이익	50	37	-0	87	-39	-8

재무 상태 〈단위 : 억원〉

항목	2012	2013	2014	2015	2016	2017.2Q
총자산	4,222	4,510	4,961	5,831	6,459	6,271
유형자산	1,455	1,656	1,798	2,323	2,410	2,412
무형자산	313	328	392	443	482	511
유가증권	10	2	2	2	0	3
총부채	3,036	3,168	3,340	4,057	4,576	4,481
총차입금	1,633	1,533	1,588	2,154	2,907	2,959
자본금	135	135	135	135	135	135
총자본	1,186	1,342	1,621	1,774	1,883	1,790
지배주주지분	1,047	1,175	1,413	1,569	1,713	1,662

기업가치 지표

항목	2012	2013	2014	2015	2016	2017.2Q
주가(최고/저)(천원)	4.2/1.7	5.9/1.7	7.3/4.0	6.0/2.8	4.1/2.8	—/—
PER(최고/저)(배)	—/—	12.6/3.6	8.5/4.7	10.5/4.9	7.0/4.9	0.5/0.5
PBR(최고/저)(배)	1.1/0.5	1.4/0.4	1.4/0.8	1.1/0.5	0.7/0.5	0.5/0.5
EV/EBITDA(배)	5.9	5.1	4.1	5.5	7.2	—
EPS(원)	-100	491	894	586	592	-102
BPS(원)	3,896	4,368	5,252	5,830	6,363	6,174
CFPS(원)	773	1,483	1,995	1,823	1,937	-102
DPS(원)	30	30	50	50	50	—
EBITDAPS(원)	1,312	2,184	2,510	2,177	1,946	-163

재무 비율 〈단위 : % 〉

연도	영업이익률	순이익률	부채비율	차입금비율	ROA	ROE	유보율	자기자본비율	EBITDA마진율
2016	2.2	2.4	243.0	154.4	2.8	9.7	1,172.6	29.2	7.2
2015	3.5	3.0	228.6	121.4	4.0	10.6	1,066.1	30.4	8.2
2014	5.4	4.6	206.1	98.0	6.9	18.7	950.3	32.7	9.6
2013	4.8	3.2	236.0	114.2	4.9	11.9	773.6	29.8	8.7

서연탑메탈 (A019770)
SEOYON TOPMETAL CO

업　종 : 자동차부품　　　　시　장 : KOSDAQ
신용등급 : (Bond) —　(CP) —　　기업규모 : 우량
홈페이지 : www.seoyontop.com　　연락처 : (032)820-3200
본　사 : 인천시 남동구 청능대로410번길 40

설 립 일	1987.02.05	종 업 원 수	254명	대 표 이 사	최원재,유경내(각자대표이사)
상 장 일	2011.06.24	감 사 의 견	적정 (선진)	계 열	
결 산 기	12월	보 통 주	1,165만주	종속회사수	3개사
액 면 가	500원	우 선 주		구 상 호	탑금속

주주구성 (지분율,%)		출자관계 (지분율,%)		주요경쟁사 (외형,%)	
서연	37.5	SanheSeoyonTopMetalCo.,Ltd	100.0	서연탑메탈	100
유경내	9.8	SeoyonToplMetalMexicoS.A.deC.V.	99.9	팬스타엔터프라이즈	14
(외국인)	0.1	HuanghuaSeoyonTopMetalWorksCo.,Ltd	70.0	두올산업	19

매출구성		비용구성		수출비중	
MAIN PNL ASSY	44.4	매출원가율	93.2	수출	50.0
사출금형	20.1	판관비율	4.0	내수	50.0
CABIN류	17.8				

회사 개요
동사는 자동차용 금형 사업과 건설용 중장비 부품 사업을 영위하고 있음. 프레스금형은 자동차 차체의 대량생산을 위한 장비이며, 사출금형은 내장재의 대량생산을 위한 설비로 현대/기아차의 협력업체인 한일이화로 대부분 납품 중임. 건설용 중장비 부품은 Cabin 등을 두산인프라코어, 볼보코리아 등에 납품하고 있음. 삼하탑금속 기차부건 유한공사를 연결대상 종속회사로 두고 있음.

실적 분석
동사의 2017년 2분기 기준 누적 매출액은 전년동기대비 7.1% 상승한 1,087억원을 기록하였음. 비용면에서 전년동기대비 매출원가는 증가 하였으며 인건비는 크게 감소 하였고 기타판매비와관리비는 크게 감소함. 이처럼 매출액 상승과 더불어 비용절감에도 힘을 기울였음. 그에 따라 전년동기대비 영업이익은 27.8억원으로 23.3% 감소하였음. 최종적으로 전년동기대비 당기순이익은 흑자전환하여 69.7억원을 기록함.

현금 흐름　　〈단위 : 억원〉
항목	2016	2017.2Q
영업활동	-93	-56
투자활동	-227	-50
재무활동	205	89
순현금흐름	-120	22
기말현금	112	133

시장 대비 수익률

결산 실적　　〈단위 : 억원〉
항목	2012	2013	2014	2015	2016	2017
매출액	1,315	1,673	1,782	1,633	2,058	
영업이익	116	91	136	37	58	
당기순이익	82	76	104	2	-10	

분기 실적　　〈단위 : 억원〉
항목	2016.1Q	2016.2Q	2016.3Q	2016.4Q	2017.1Q	2017.2Q
매출액	461	554	470	573	554	533
영업이익	1	36	-2	24	33	-5
당기순이익	-12	-5	-11	18	60	9

재무 상태　　〈단위 : 억원〉
항목	2012	2013	2014	2015	2016	2017.2Q
총자산	952	1,127	1,311	1,784	2,049	2,108
유형자산	303	357	504	803	935	965
무형자산	18	17	14	27	24	25
유가증권	1	1	1	1	2	2
총부채	311	415	501	951	1,270	1,266
총차입금	103	104	180	637	865	937
자본금	58	58	58	58	58	58
총자본	641	713	810	833	778	842
지배주주지분	641	713	810	794	753	819

기업가치 지표
항목	2012	2013	2014	2015	2016	2017.2Q
주가(최고/저)(천원)	5.7/3.7	6.1/3.6	5.8/4.5	6.7/3.6	10.2/3.1	—/—
PER(최고/저)(배)	8.6/5.6	9.8/5.8	6.7/5.1	118.2/63.4	—/—	—/—
PBR(최고/저)(배)	1.1/0.7	1.0/0.6	0.9/0.7	1.0/0.5	1.6/0.5	1.4/0.6
EV/EBITDA(배)	4.0	5.2	4.2	11.4	16.2	
EPS(원)	703	656	893	57	-66	609
BPS(원)	5,502	6,118	6,949	6,815	6,465	7,031
CFPS(원)	884	931	1,214	435	397	911
DPS(원)	75	75	80	40	40	—
EBITDAPS(원)	1,179	1,053	1,487	692	962	541

재무 비율　　〈단위 : % 〉
연도	영업이익률	순이익률	부채비율	차입금비율	ROA	ROE	유보율	자기자본비율	EBITDA마진율
2016	2.8	-0.5	163.2	111.2	-0.5	-1.0	1,193.0	38.0	5.4
2015	2.2	0.1	114.2	76.4	0.1	0.8	1,263.1	46.7	4.9
2014	7.6	5.8	62.0	22.3	8.5	13.7	1,289.7	61.8	9.7
2013	5.4	4.6	58.2	14.6	7.4	11.3	1,123.6	63.2	7.3

서울도시가스 (A017390)
Seoul City Gas

업　종 : 가스　　　　시　장 : 거래소
신용등급 : (Bond) —　(CP) —　　기업규모 : 시가총액 중형주
홈페이지 : www.seoulgas.co.kr　　연락처 : 1588-5788
본　사 : 서울시 강서구 공항대로 607(염창동)

설 립 일	1983.11.28	종 업 원 수	532명	대 표 이 사	박근원,김진철
상 장 일	1995.08.18	감 사 의 견	적정 (안진)	계 열	
결 산 기	12월	보 통 주	500만주	종속회사수	19개사
액 면 가	5,000원	우 선 주		구 상 호	

주주구성 (지분율,%)		출자관계 (지분율,%)		주요경쟁사 (외형,%)	
서울도시개발	26.3	지알엠	100.0	서울가스	100
대구도시가스	22.6	DERINC	100.0	한국가스공사	1,659
(외국인)	6.3	SCGRESOURCESINC	100.0	삼천리	241

매출구성		비용구성		수출비중	
도시가스(상품)	98.7	매출원가율	88.1	수출	0.0
기타매출(기타)	1.1	판관비율	12.4	내수	100.0
해외유전(기타)	0.2				

회사 개요
동사는 대성그룹 계열사로 1983년에 설립되었으며, 한국가스공사에서 LNG를 공급받아 일반 수요자들에게 배관을 통해 도시가스를 공급하는 사업을 영위하고 있음. 또한 해외유전 콘소시움에 참여해 지분율에 의거 배당받는 형태의 사업도 전개 중임. 도시가스 시장은 영업용과 산업용을 제외한 경기변동과 연관은 낮은 편이며 난방용의 경우 계절적 편차가 심함. 서울 강서, 동작, 은평 등 11개구 및 경기 고양시 등 3개시에 도시가스를 공급하고 있음.

실적 분석
동사의 2017년 상반기 연결기준 누적매출액은 7,547.7억원으로 전년동기대비 1.8% 감소함. 매출 감소와 판관비 확대로 영업이익은 전년동기보다 35.4% 줄어든 100.7억원을 기록함. 지역난방이 보급되어 기존 도시가스 공급지역과 서로 경쟁관계가 형성된 가운데, 매출의 대부분을 차지하는 도기가스공급 사업부문은 신규 택지개발 예정지역에 배관부설을 추진하며 수요개발 확대를 추진 중이며, 업무용으로는 다양한 판매경로를 개발 중임.

현금 흐름　　〈단위 : 억원〉
항목	2016	2017.2Q
영업활동	768	-113
투자활동	-986	-255
재무활동	-59	-73
순현금흐름	-265	-445
기말현금	1,036	591

시장 대비 수익률

결산 실적　　〈단위 : 억원〉
항목	2012	2013	2014	2015	2016	2017
매출액	19,283	21,397	20,329	15,403	12,720	
영업이익	151	148	74	-25	-67	
당기순이익	648	693	622	448	235	

분기 실적　　〈단위 : 억원〉
항목	2016.1Q	2016.2Q	2016.3Q	2016.4Q	2017.1Q	2017.2Q
매출액	5,836	1,849	1,248	3,789	5,531	2,017
영업이익	196	-40	-150	-73	174	-74
당기순이익	208	71	-37	-7	220	33

재무 상태　　〈단위 : 억원〉
항목	2012	2013	2014	2015	2016	2017.2Q
총자산	15,195	15,329	16,267	14,366	14,666	12,894
유형자산	5,618	5,945	6,270	6,430	6,537	6,525
무형자산	538	413	249	136	126	132
유가증권	103	87	1,744	1,602	2,488	2,679
총부채	7,917	7,337	7,669	5,625	5,761	3,815
총차입금	573	444	377	126	138	137
자본금	350	350	350	350	350	350
총자본	7,278	7,992	8,598	8,741	8,905	9,079
지배주주지분	7,187	7,791	8,366	8,694	8,863	9,038

기업가치 지표
항목	2012	2013	2014	2015	2016	2017.2Q
주가(최고/저)(천원)	75.8/39.8	122/74.8	152/105	143/96.1	110/73.5	—/—
PER(최고/저)(배)	6.2/3.3	9.7/5.9	13.1/9.0	16.7/11.2	24.1/16.2	—/—
PBR(최고/저)(배)	0.5/0.3	0.8/0.5	0.9/0.6	0.8/0.5	0.6/0.4	0.5/0.4
EV/EBITDA(배)	3.8	6.2	9.4	8.0		
EPS(원)	13,021	13,423	12,145	8,900	4,640	5,042
BPS(원)	152,789	164,867	176,372	182,924	186,315	189,809
CFPS(원)	20,080	21,323	19,728	14,952	10,802	8,157
DPS(원)	1,250	1,250	1,500	1,750	1,750	—
EBITDAPS(원)	10,074	10,866	9,068	5,557	4,822	5,124

재무 비율　　〈단위 : % 〉
연도	영업이익률	순이익률	부채비율	차입금비율	ROA	ROE	유보율	자기자본비율	EBITDA마진율
2016	-0.5	1.9	64.7	1.6	1.6	2.6	2,561.6	60.7	1.1
2015	-0.2	2.9	64.4	1.4	2.9	5.2	2,513.2	60.8	1.1
2014	0.4	3.1	89.2	4.4	3.9	7.5	2,419.6	52.9	2.
2013	0.7	3.2	91.8	5.6	5.4	9.0	2,255.2	52.1	2.

서울리거 (A043710)
SEOULEAGUER

업 종 : 게임 소프트웨어		시 장 : KOSDAQ	
신용등급 : (Bond) ─ (CP) ─		기업규모 : 중견	
홈 페 이 지 : www.seouleaguer.net		연 락 처 : (02)2138-5281	
본 사 : 서울시 강남구 논현로 163길 10, 4층(신사동, 베드로빌딩)			

설 립 일	1991.03.02	종 업 원 수	38명	대 표 이 사	하은환
상 장 일	2002.06.28	감 사 의 견	적정 (대현)	계 열	
결 산 기	12월	보 통 주	2,112만주	종속회사수	2개사
액 면 가	500원	우 선 주		구 상 호	로켓모바일

주주구성 (지분율,%)		출자관계 (지분율,%)		주요경쟁사 (외형,%)	
미산파트너스	6.2	씨에프코스메틱스	49.0	서울리거	100
에이치에스비컴퍼니	4.1	브랜드	15.0	액토즈소프트	392
(외국인)	0.2	대한특수금속	0.4	액션스퀘어	21

매출구성		비용구성		수출비중	
블루투스, 보호필름등	37.0	매출원가율	95.3	수출	0.0
전산장비	26.6	판관비율	6.1	내수	100.0
용역 등	20.8				

회사 개요

동사는 1991년에 설립되어 2002년 코스닥 시장에 상장된 모바일 액세서리 제조기업으로, 휴대폰 외장 보호용 케이스 및 거치대 등에 PLEOMAX, MOB;C, FEELOOK 등의 상표를 부착하여 대형유통업체를 통해 최종소비자에게 판매하고 있음. 2015년 회사명을 플레이텍에서 로켓모바일로 변경하고, 2016년 6월에 다시 서울리거로 변경함. 2016.12월 이후 최대주주는 에이치에스비컴퍼니외 2인임.

실적 분석

2017년 반기 기준 연결대상 종속법인으로 인테리어 회사인 메디자인과 SEOULEAGUER HONGKONG LIMITED 등 2개사를 보유함. 모바일 액세서리 매출이 크게 증가하고 ICT 사업 및 MSO 사업이 추가되어 매출액은 전년동기 22.2억원에서 크게 증가한 83.1억원을 시현함. 그러나 합병, 사업중단으로 인한 부담으로 영업손실 11.4억원, 당기순손실 8억원을 시현하며 전기에 이어 적자가 지속됨.

현금 흐름
〈단위 : 억원〉

항목	2016	2017.2Q
영업활동	-83	-3
투자활동	18	-50
재무활동	233	
순현금흐름	54	-53
기말현금	123	70

시장 대비 수익률

결산 실적
〈단위 : 억원〉

항목	2012	2013	2014	2015	2016	2017
매출액	414	370	78	7	185	─
영업이익	11	-65	-70	-31	-3	─
당기순이익	12	-116	-74	-60	-25	─

분기 실적
〈단위 : 억원〉

항목	2016.1Q	2016.2Q	2016.3Q	2016.4Q	2017.1Q	2017.2Q
매출액	3	19	61	102	46	37
영업이익	-2	-1	-1	2	-10	-0
당기순이익	-4	2	-20	-2	-22	14

재무 상태
〈단위 : 억원〉

항목	2012	2013	2014	2015	2016	2017.2Q
총자산	180	88	207	174	433	393
유형자산	23	7	4	2	29	24
무형자산	1	2	1	7	90	88
유가증권	20	2	6	4	46	1
총부채	70	78	37	32	37	20
총차입금	26	23	26	19	0	─
자본금	84	93	82	90	106	106
총자본	111	10	170	142	395	374
지배주주지분	111	10	170	142	395	374

기업가치 지표

항목	2012	2013	2014	2015	2016	2017.2Q
주가(최고/저)(천원)	13.2/6.0	20.6/6.2	11.2/1.5	8.8/2.7	12.8/3.0	─/─
PER(최고/저)(배)	35.8/16.4	─/─	─/─	─/─	─/─	─/─
PBR(최고/저)(배)	3.6/1.6	33.5/10.0	10.8/1.4	11.2/3.4	6.8/1.6	3.7/2.3
EV/EBITDA(배)	6.9				417.2	
EPS(원)	368	-3,449	-1,069	-334	-124	-38
BPS(원)	736	123	1,036	787	1,872	1,771
CFPS(원)	160	-572	-1,029	-321	-98	-25
DPS(원)						
EBITDAPS(원)	153	-269	-977	-160	14	-41

재무 비율
〈단위 : % 〉

연도	영업이익률	순이익률	부채비율	차입금비율	ROA	ROE	유보율	자기자본비율	EBITDA마진율
2016	-1.4	-13.4	9.5	0.1	-8.2	-9.2	274.3	91.4	1.5
2015	-432.4	-836.6	22.6	13.6	-31.4	-38.4	57.4	81.6	-399.4
2014	-90.4	-95.0	15.2	14.2	-50.0	-82.1	107.2	82.0	-86.8
2013	-17.6	-31.5	일부잠식	일부잠식	-86.8	-192.7	-75.4	11.3	-12.3

서울반도체 (A046890)
Seoul Semiconductor

업 종 : 디스플레이 및 관련부품		시 장 : KOSDAQ	
신용등급 : (Bond) ─ (CP) ─		기업규모 : 우량	
홈 페 이 지 : www.seoulsemicon.com		연 락 처 : 1566-2771	
본 사 : 경기도 안산시 단원구 산단로 163번길 97-11			

설 립 일	1987.03.05	종 업 원 수	1,028명	대 표 이 사	이정훈
상 장 일	2002.01.05	감 사 의 견	적정 (삼정)	계 열	
결 산 기	12월	보 통 주	5,831만주	종속회사수	8개사
액 면 가	500원	우 선 주		구 상 호	

주주구성 (지분율,%)		출자관계 (지분율,%)		주요경쟁사 (외형,%)	
이정훈	16.7	서울바이오시스	42.3	서울반도체	100
이민규	8.7	광명반도체유한공사	100.0	LG디스플레이	2,779
(외국인)	13.4	SeoulSemiconductorVINACo.,Ltd	100.0	에스에프에이	138

매출구성		비용구성		수출비중	
LED(제품)	88.7	매출원가율	75.5	수출	─
LED(상품)	10.1	판관비율	18.5	내수	─
기타수익(기타)	0.9				

회사 개요

동사는 광범위한 분야에 적용되는 LED 제품을 생산 및 판매하는 종합 LED 기업. LED inside 발표 자료에 따르면 글로벌 시장 점유율 기준 글로벌 5위 업체임. 각국 에너지 효율 정책과 환경정책이 맞물려 가시화됨에 따라 LED 조명에 대한 수요가 꾸준히 증가하고 있음. 빠른 교체수요와 이를 통한 주거용 LED조명 수요 촉진되고 있지만 중국 발 공급 과잉도 우려되는 상황임.

실적 분석

동사의 2017년 2분기 연결기준 매출액은 5,231.8억원으로 전년동기 대비 12.1% 증가함. 개발비, 기타판관비 등 비용의 감소로 영업이익은 전년동기 대비 177.8% 늘어난 474.6억원을 기록함. 영업실적의 개선은 차별화 제품 비중 증가에 따른 이익개선, 지속적인 수율개선과 원가절감 노력 등에 기인함. 영업수지 개선으로 당기순이익 역시 전년대비 193.7% 증가한 296.5억원을 시현

현금 흐름
〈단위 : 억원〉

항목	2016	2017.2Q
영업활동	947	729
투자활동	-332	-569
재무활동	-700	-87
순현금흐름	-88	69
기말현금	324	393

시장 대비 수익률

결산 실적
〈단위 : 억원〉

항목	2012	2013	2014	2015	2016	2017
매출액	8,587	10,321	9,393	10,112	9,538	─
영업이익	333	965	26	456	575	─
당기순이익	69	426	7	268	375	─

분기 실적
〈단위 : 억원〉

항목	2016.1Q	2016.2Q	2016.3Q	2016.4Q	2017.1Q	2017.2Q
매출액	2,346	2,323	2,455	2,415	2,562	2,670
영업이익	72	98	199	205	234	241
당기순이익	44	57	81	193	58	238

재무 상태
〈단위 : 억원〉

항목	2012	2013	2014	2015	2016	2017.2Q
총자산	11,434	11,087	11,803	11,360	10,906	11,571
유형자산	4,760	4,642	5,600	5,479	4,801	5,063
무형자산	447	406	484	442	489	582
유가증권	475	493	487	401	315	337
총부채	5,649	4,895	5,706	5,110	4,387	4,865
총차입금	4,471	3,204	4,231	2,580	2,031	1,976
자본금	292	292	292	292	292	292
총자본	5,785	6,192	6,097	6,250	6,519	6,705
지배주주지분	5,704	5,721	5,580	5,744	6,031	6,175

기업가치 지표

항목	2012	2013	2014	2015	2016	2017.2Q
주가(최고/저)(천원)	28.2/20.0	44.0/24.0	49.5/15.1	22.0/12.6	17.8/12.9	─/─
PER(최고/저)(배)	300.9/213.8	72.0/39.2	─/─	76.4/43.7	28.8/20.9	2.0/1.4
PBR(최고/저)(배)	2.9/2.1	4.6/2.5	5.2/1.6	2.2/1.3	1.7/1.2	2.0/1.4
EV/EBITDA(배)	13.7	13.6	14.3	7.0	6.4	
EPS(원)	95	619	-118	291	621	483
BPS(원)	9,782	9,811	9,571	10,023	10,515	10,769
CFPS(원)	1,625	2,208	1,686	2,265	2,562	1,440
DPS(원)	31	146	─	75	81	
EBITDAPS(원)	2,101	3,243	1,848	2,756	2,928	1,771

재무 비율
〈단위 : % 〉

연도	영업이익률	순이익률	부채비율	차입금비율	ROA	ROE	유보율	자기자본비율	EBITDA마진율
2016	6.0	3.9	67.3	31.2	3.4	6.2	2,003.0	59.8	17.9
2015	4.5	2.7	81.8	41.3	2.3	3.0	1,904.6	55.0	15.9
2014	0.3	0.1	93.6	69.4	0.1	-1.2	1,814.1	51.7	11.5
2013	9.4	4.1	79.1	51.7	3.8	6.3	1,862.3	55.9	18.3

서울식품공업 (A004410)
Seoul Food Industrial

업 종 : 식료품		시 장 : 거래소	
신용등급 : (Bond) — (CP) —		기업규모 : 시가총액 소형주	
홈 페 이 지 : www.seoul-food.co.kr		연 락 처 : 043)720-7000	
본 사 : 충북 충주시 충원대로 862			

설 립 일 1965.12.11	종 업 원 수 213명	대 표 이 사 서성훈	
상 장 일 1973.12.28	감 사 의 견 적정 (신아)	계 열	
결 산 기 12월	보 통 주 1,350만주	종속회사수	
액 면 가 2,500원	우 선 주 9만주	구 상 호	

주주구성 (지분율,%)
서성훈	11.5
크리에이티브테크놀로지	6.1
(외국인)	0.8

출자관계 (지분율,%)
띵크커피코리아	19.3

주요경쟁사 (외형,%)
서울식품	100
SPC삼립	4,261
조흥	295

매출구성
(제품)냉동생지	46.5
(상품)빵,스낵,빵가루	41.0
건조기외 (위탁운영)	12.5

비용구성
매출원가율	79.0
판관비율	19.6

수출비중
수출	2.0
내수	98.0

회사 개요
서울식품은 냉동생지, 대형 할인업체 PB 스낵류, 음식물 쓰레기 플랜트 시공 및 운영 사업을 하는데 적자사업부인 양산빵 사업을 2011년 하반기 중단하고 냉동생지(얼린 반죽) 매출에 집중. 냉동생지는 국내 대형 호텔 및 체인점, 대형 할인마트인 코스트코에 독점 공급 중임. 환경사업은 음식물쓰레기를 처리하는 건조기 제작 및 동 시설의 위탁관리 업무를 영위하며 지자체를 대상으로 계약이 이루어 지고 있음.

실적 분석
동사의 2017년 2/4분기 누적 매출액은 258.6억원으로 전년동기 대비 16.9% 증가. 전년동기 대비 매출원가 및 판관비가 각각 17.0%, 14.1% 증가했음에도 외형성장의 영향으로 5.8억원의 영업이익을 시현하며 전년동기 대비 큰폭으로 증가함. 2/4분기 현재 매출구성은 제빵사업 89.2%, 환경사업 10.8%임. 2017년 6월말 현재 연결대상종속법인은 없음.

현금 흐름 *IFRS 별도 기준 〈단위 : 억원〉
항목	2016	2017.2Q
영업활동	11	2
투자활동	-70	-45
재무활동	54	-45
순현금흐름	-6	21
기말현금	1	21

시장 대비 수익률

결산 실적 〈단위 : 억원〉
항목	2012	2013	2014	2015	2016	2017
매출액	394	430	435	499	439	—
영업이익	17	16	12	17	7	—
당기순이익	8	7	11	11	9	—

분기 실적 *IFRS 별도 기준 〈단위 : 억원〉
항목	2016.1Q	2016.2Q	2016.3Q	2016.4Q	2017.1Q	2017.2Q
매출액	114	107	106	112	124	134
영업이익	2	2	-1	4	5	1
당기순이익	2	1	-2	4	5	-1

재무 상태 *IFRS 별도 기준 〈단위 : 억원〉
항목	2012	2013	2014	2015	2016	2017.2Q
총자산	500	491	505	584	626	696
유형자산	308	322	334	406	423	458
무형자산	3	3	3		3	3
유가증권	3	3	3	6	3	10
총부채	257	239	258	325	358	427
총차입금	180	176	189	232	266	310
자본금	333	333	333	333	340	340
총자본	243	252	247	259	269	270
지배주주지분	243	252	247	259	269	270

기업가치 지표 *IFRS 별도 기준
항목	2012	2013	2014	2015	2016	2017.2Q
주가(최고/저)(천원)	2.8/1.8	3.3/2.2	2.9/2.0	7.7/2.1	4.7/3.4	—/—
PER(최고/저)(배)	28.5/18.1	40.6/26.4	93.1/65.7	89.9/24.0	215.9/155.1	—/—
PBR(최고/저)(배)	1.5/1.0	1.8/1.2	1.6/1.1	4.0/1.1	2.4/1.7	2.4/1.7
EV/EBITDA(배)	13.2	15.0	14.6	18.7	28.2	
EPS(원)	98	82	31	86	22	22
BPS(원)	1,823	1,892	1,854	1,946	1,977	1,984
CFPS(원)	200	186	143	241	241	113
DPS(원)	—	—	—	—	184	—
EBITDAPS(원)	265	246	233	307	211	134

재무 비율 〈단위 : % 〉
연도	영업이익률	순이익률	부채비율	차입금비율	ROA	ROE	유보율	자기자본비율	EBITDA마진율
2016	1.5	0.7	일부잠식	일부잠식	0.5	1.1	-20.9	42.9	6.4
2015	3.5	2.3	일부잠식	일부잠식	2.1	5.5	-22.3	44.3	7.6
2014	2.7	0.6	일부잠식	일부잠식	0.5	1.7	-25.8	47.9	6.8
2013	3.6	1.7	일부잠식	일부잠식	1.5	3.5	-26.3	49.9	7.3

서울옥션 (A063170)
Seoul Auction

업 종 : 도소매		시 장 : KOSDAQ	
신용등급 : (Bond) — (CP) —		기업규모 : 벤처	
홈 페 이 지 : www.seoulauction.com		연 락 처 : 02)395-0330	
본 사 : 서울시 종로구 평창30길 24 (평창동)			

설 립 일 1998.12.30	종 업 원 수 119명	대 표 이 사 이옥경	
상 장 일 2008.07.01	감 사 의 견 적정 (천지)	계 열	
결 산 기 12월	보 통 주 1,692만주	종속회사수 2개사	
액 면 가 500원	우 선 주	구 상 호	

주주구성 (지분율,%)
이호재	13.6
이정용	7.3
(외국인)	5.2

출자관계 (지분율,%)
프린트베이커리	66.7
서울옥션블루	50.0
조선방송	0.1

주요경쟁사 (외형,%)
서울옥션	100
BGF리테일	9,936
이마트	29,060

매출구성
미술품 판매	66.3
기타	12.1
미술품 경매	11.1

비용구성
매출원가율	63.0
판관비율	18.0

수출비중
수출	8.0
내수	92.0

회사 개요
동사는 소장자로부터 위탁받은 회화, 조각, 도자기 등 미술품을 경매나 중개를 통해 판매하거나, 직접 취득한 미술품을 개별 판매하는 사업을 영위하고 있음. 연회비, 미술품 전시 대행과 같은 기획 사업 및 소장자의 미술품을 보관해 주는 대가로 수수료를 수취하는 보관고 사업도 영위함. '가나아트갤러리', '아트인아트' 등 9개의 계열회사를 보유하고 있음. 국내 미술품 경매시장은 시장점유율 1위인 동사와 2위인 K옥션 위주의 과점체제를 유지하고 있음.

실적 분석
홍콩 등 해외법인의 경매와 미술품 판매는 호조세를 보이고 있으나, 불안정한 정치환경과 위작이슈 등으로 인한 거래 위축으로 국내법인의 매출이 크게 감소하면서 2017년 상반기 연결기준 매출액은 전년동기 대비 13.3% 감소함. 인건비와 미술품 구입비 등 원가가 크게 증가하여 영업이익과 당기순이익도 큰 폭으로 줄어듬. 국내 경매 정상화 및 온라인 사업과 프린트베이커리 등 신사업 매출 확대로 성장 모멘텀 회복이 기대됨.

현금 흐름 〈단위 : 억원〉
항목	2016	2017.2Q
영업활동	19	99
투자활동	-32	-261
재무활동	28	135
순현금흐름	17	-27
기말현금	71	45

시장 대비 수익률

결산 실적 〈단위 : 억원〉
항목	2012	2013	2014	2015	2016	2017
매출액	194	149	238	548	509	—
영업이익	21	30	51	151	96	—
당기순이익	21	21	36	129	66	—

분기 실적 〈단위 : 억원〉
항목	2016.1Q	2016.2Q	2016.3Q	2016.4Q	2017.1Q	2017.2Q
매출액	103	158	94	154	104	122
영업이익	24	49	13	11	20	20
당기순이익	15	38	8	5	5	14

재무 상태 〈단위 : 억원〉
항목	2012	2013	2014	2015	2016	2017.2Q
총자산	685	702	816	1,256	1,316	1,487
유형자산	82	79	82	136	139	358
무형자산	14	14	10	12	18	15
유가증권	3	3		3	3	8
총부채	165	168	258	584	590	780
총차입금	112	85	90	252	301	465
자본금	85	85	85	85	85	85
총자본	520	534	558	673	726	707
지배주주지분	520	534	558	673	715	691

기업가치 지표
항목	2012	2013	2014	2015	2016	2017.2Q
주가(최고/저)(천원)	3.5/2.5	3.4/2.5	5.5/2.7	23.9/5.0	24.7/9.7	—/—
PER(최고/저)(배)	29.9/21.5	28.3/20.3	27.0/13.3	31.7/6.7	68.7/26.6	—/—
PBR(최고/저)(배)	1.2/0.8	1.1/0.8	1.7/0.8	5.9/1.2	5.6/2.2	2.5/1.8
EV/EBITDA(배)	19.7	15.0	14.3	24.8	18.4	
EPS(원)	125	127	212	764	363	85
BPS(원)	3,243	3,321	3,467	4,145	4,454	4,416
CFPS(원)	156	150	228	784	392	108
DPS(원)	50	60	80	100	100	—
EBITDAPS(원)	154	204	318	911	599	170

재무 비율 〈단위 : % 〉
연도	영업이익률	순이익률	부채비율	차입금비율	ROA	ROE	유보율	자기자본비율	EBITDA마진율
2016	19.0	13.0	81.2	41.4	5.2	8.9	790.7	55.2	19.9
2015	27.6	23.6	86.7	37.4	12.5	21.0	728.9	53.6	28.2
2014	21.5	15.1	46.2	16.1	4.7	6.6	593.5	68.4	22.6
2013	20.5	14.4	31.6	15.9	3.1	4.1	564.2	76.0	23.2

서울전자통신 (A027040)
SEOUL ELECTRONICS & TELECOM

업 종 : 전기장비			시 장 : KOSDAQ	
신용등급 : (Bond) — (CP) —			기업규모 : 중견	
홈 페 이 지 : www.seoulset.co.kr			연 락 처 : 032)723-4111	
본 사 : 인천시 부평구 새별로 4사무동 4층 (청천동)				

설 립 일	1983.06.17	종 업 원 수	120명	대 표 이 사	김상열
상 장 일	1999.11.24	감 사 의 견	적정 (안진)	계 열	
결 산 기	12월	보 통 주	6,476만주	종 속 회 사 수	3개사
액 면 가	500원	우 선 주		구 상 호	

주주구성 (지분율,%)
김광수	37.8
나이스에프앤아이	6.5
(외국인)	0.3

출자관계 (지분율,%)
지니틱스	14.2
아이티엠반도체	14.1
엘엠에스	2.9

주요경쟁사 (외형,%)
서울전자통신	100
비츠로테크	116
뉴인텍	54

매출구성
Transformer 외	74.8
Transformer 자재	19.2
설계, 경영자문 용역	6.0

비용구성
매출원가율	89.8
판관비율	7.1

수출비중
수출	34.0
내수	66.0

회사 개요
동사는 1983년 설립된 전자변성기(Transformer) 제조업체임. 전자변성기는 TV, 냉장고, 세탁기, 휴대전화, 의료기기 등 전압변경이 필요한 모든 전자기기에 사용되는 부품이며, 동사 매출의 90% 이상을 차지하고 있음. 동사는 나이스그룹의 기업집단에 소속되어 있으며, 전자부품 제조, 이미지센서 제조, 터치스크린 제조 사업부문의 자회사가 있음. 지속적인 A/S 문제 등으로 인해 진입장벽이 상대적으로 높은 편임.

실적 분석
동사의 2017년 상반기 누적매출액은 486.3억원으로 전년동기대비 8.7% 증가함. 비용면에서 판관비는 23.8% 절감했으나 매출원가가 12.3% 상승하면서 영업이익은 전년동기보다 15.7% 줄어든 15.2억원을 기록함. 전원용 Power supply는 전압변경을 요하는 모든 전원기기에 사용되는데, 가전제품이 생활필수품으로 자리잡아 꾸준한 수요가 확보됨. 건조기, 스타일러 등 새로운 기능의 가전제품도 지속적으로 개발되고 있어 전망은 밝은 편임.

현금 흐름 〈단위 : 억원〉
항목	2016	2017.2Q
영업활동	-49	-28
투자활동	-30	-20
재무활동	42	32
순현금흐름	-34	-18
기말현금	65	47

시장 대비 수익률

결산 실적 〈단위 : 억원〉
항목	2012	2013	2014	2015	2016	2017
매출액	1,145	520	450	468	891	—
영업이익	-20	-7	-7	-11	27	—
당기순이익	-84	13	-337	-54	73	—

분기 실적 〈단위 : 억원〉
항목	2016.1Q	2016.2Q	2016.3Q	2016.4Q	2017.1Q	2017.2Q
매출액	183	265	246	198	191	296
영업이익	7	11	11	-2	6	9
당기순이익	40	34	21	-23	-4	5

재무 상태 〈단위 : 억원〉
항목	2012	2013	2014	2015	2016	2017.2Q
총자산	1,230	1,447	638	618	770	793
유형자산	346	442	116	90	91	99
무형자산	24	40	1	1	2	2
유가증권	41	52	191	198	264	249
총부채	691	905	334	347	407	391
총차입금	403	663	207	217	234	223
자본금	303	303	303	303	303	324
총자본	539	542	304	271	363	402
지배주주지분	497	358	309	279	363	402

기업가치 지표
항목	2012	2013	2014	2015	2016	2017.2Q
주가(최고/저)(천원)	0.7/0.5	1.2/0.5	1.1/0.4	1.6/0.5	1.7/1.0	—/—
PER(최고/저)(배)	—/—	98.5/42.1	—/—	—/—	14.0/8.2	4.0/1.9
PBR(최고/저)(배)	0.8/0.6	2.0/0.9	2.2/0.9	3.5/1.0	2.8/1.6	4.0/1.9
EV/EBITDA(배)	16.2	22.8	6.3	92.5	19.8	
EPS(원)	-96	12	-342	-84	120	2
BPS(원)	821	592	510	461	599	621
CFPS(원)	-6	105	-243	-54	151	16
DPS(원)						
EBITDAPS(원)	56	81	87	12	76	37

재무 비율 〈단위 : % 〉
연도	영업이익률	순이익률	부채비율	차입금비율	ROA	ROE	유보율	자기자본비율	EBITDA마진율
2016	3.1	8.2	112.4	64.5	10.5	22.7	19.8	47.1	5.2
2015	-2.3	-11.5	일부잠식	일부잠식	-8.6	-17.3	-7.9	43.9	1.6
2014	-1.6	-75.0	109.7	68.1	-32.4	-62.1	2.1	47.7	11.8
2013	-1.4	2.5	167.0	122.4	1.0	1.7	18.3	37.5	9.4

서울제약 (A018680)
SEOUL PHARMA

업 종 : 제약			시 장 : KOSDAQ	
신용등급 : (Bond) BB- (CP) —			기업규모 : 벤처	
홈 페 이 지 : www.seoulpharma.com			연 락 처 : 043)715-5800	
본 사 : 충북 청주시 흥덕구 오송읍 오송생명6로 124-31				

설 립 일	1985.12.23	종 업 원 수	209명	대 표 이 사	김정호
상 장 일	2000.08.05	감 사 의 견	적정 (삼)	계 열	
결 산 기	12월	보 통 주	836만주	종 속 회 사 수	
액 면 가	500원	우 선 주		구 상 호	

주주구성 (지분율,%)
황우성	20.8
전윤주	7.8
(외국인)	2.3

출자관계 (지분율,%)
시화제약사업협동조합	

주요경쟁사 (외형,%)
서울제약	100
하이테팜	119
우리들제약	156

매출구성
기타	78.4
아토젱	6.8
크레스틴젱	6.7

비용구성
매출원가율	46.3
판관비율	47.2

수출비중
수출	—
내수	—

회사 개요
동사는 1985년 12월 의약품 제조 및 판매를 목적으로 설립되어 2000년 7월에 한국거래소 코스닥시장에 상장되었음. 우수의약품 제조관리기준(KGMP) 적격업체로서 제약업체로서의 전문성 제고와 우수 의약품 개발에 주력하고 있음. 구강붕해필름(Orally Disintegrating Film: ODF)을 생산하기 위한 신규 Platform technology (SmartFilm® Technology)를 확보하여 2012년부터 상업화하고 있음.

실적 분석
2017년 반기 매출액은 200.6억원으로 전년동기대비 9.6% 감소함. 경제, 경질캅셀을 포함한 의약품제조 제품부문 매출이 감소한 영향. 외형축소에도 매출원가가 대폭 감소, 영업이익은 대폭 증가한 18.6억원을 기록. 구강붕해필름(ODF) 생산 기술을 확보하여 기존 ODT 시장 대체를 위해 노력하고 있음. 오송에 새로운 cGMP/EU-GMP 대응 가능한 공장을 건설, 20여개 SmartFilm® 제품을 2017년까지 세계시장에 출시 예정

현금 흐름 *IFRS 별도 기준 〈단위 : 억원〉
항목	2016	2017.2Q
영업활동	-19	43
투자활동	-66	-12
재무활동	89	-50
순현금흐름	4	-19
기말현금	97	79

시장 대비 수익률

결산 실적 〈단위 : 억원〉
항목	2012	2013	2014	2015	2016	2017
매출액	464	420	438	447	459	—
영업이익	61	6	7	7	30	—
당기순이익	51	6	-7	-8	8	—

분기 실적 *IFRS 별도 기준 〈단위 : 억원〉
항목	2016.1Q	2016.2Q	2016.3Q	2016.4Q	2017.1Q	2017.2Q
매출액	103	119	98	139	95	105
영업이익	1	4	6	19	10	9
당기순이익	-2	-7	4	5	5	-9

재무 상태 *IFRS 별도 기준 〈단위 : 억원〉
항목	2012	2013	2014	2015	2016	2017.2Q
총자산	607	714	790	827	925	922
유형자산	367	456	479	475	514	429
무형자산	43	45	45	29	16	20
유가증권	3	3	3	3	3	
총부채	353	392	479	491	505	405
총차입금	270	293	356	378	402	265
자본금	32	34	34	36	37	42
총자본	254	323	311	335	421	517
지배주주지분	254	323	311	335	421	517

기업가치 지표 *IFRS 별도 기준
항목	2012	2013	2014	2015	2016	2017.2Q
주가(최고/저)(천원)	13.4/3.6	17.4/9.6	13.8/7.7	26.3/8.3	18.1/7.9	—/—
PER(최고/저)(배)	16.8/4.5	189.6/104.7	—/—	—/—	164.0/71.3	—/—
PBR(최고/저)(배)	3.4/0.9	3.8/2.1	3.1/1.7	5.6/1.8	3.2/1.4	2.7/1.4
EV/EBITDA(배)	10.7	28.8	28.1	30.6	16.7	
EPS(원)	812	93	-101	-111	110	-49
BPS(원)	4,029	4,703	4,535	4,710	5,685	6,192
CFPS(원)	1,124	467	260	427	513	109
DPS(원)	60	50	35	25	15	
EBITDAPS(원)	1,283	575	460	805	634	381

재무 비율 〈단위 : % 〉
연도	영업이익률	순이익률	부채비율	차입금비율	ROA	ROE	유보율	자기자본비율	EBITDA마진율
2016	6.5	1.8	120.0	95.5	0.9	2.2	1,036.9	45.5	13.0
2015	1.5	-1.8	146.6	112.7	-1.0	-2.4	842.1	40.6	10.0
2014	1.6	-1.6	154.0	114.6	-0.9	-2.2	807.0	39.4	7.2
2013	3.2	1.5	121.5	90.8	0.9	2.1	840.6	45.2	9.1

서원 (A021050)
Seowon

업　종 : 금속 및 광물　　　　　　　　시　　　장 : 거래소
신용등급 : (Bond) —　　(CP) —　　　기업규모 : 시가총액 소형주
홈 페 이 지 : www.swbrass.co.kr　　　연　락　처 : 031)365-8700
본　　사 : 경기도 안산시 단원구 산단로67번길 94(목내동)

설 립 일	1988.09.07	종 업 원 수	134명	대 표 이 사	조시영,조경호
상 장 일	1995.12.30	감사의견	적정 (삼경)	계 열	
결 산 기	12월	보 통 주	4,747만주	종속회사수	1개사
액 면 가	500원	우 선 주		구 상 호	

주주구성 (지분율,%)		출자관계 (지분율,%)		주요경쟁사 (외형,%)	
조시영	30.8	대창	27.9	서원	100
조경호	6.6	태우	13.1	일진다이아	44
(외국인)	1.4	개평대창동재유한공사	56.3	CS홀딩스	50

매출구성		비용구성		수출비중	
동합금(잉고트,빌레트)	90.7	매출원가율	90.4	수출	55.0
가공료 및 기타	6.0	판관비율	4.5	내수	45.0
동스크랩,아연	3.4				

회사 개요
동사는 1988년에 설립된 기업으로 전 산업분야에 필수적 기초 소재인 황동빌레트, 잉고트 및 동합금 제품을 생산·공급하고 있음. 국내 유일의 KS마크 제품인 황동 잉고트를 필두로 내수시장에서 안정된 판매력을 확보하고 있음. 2016년 연결누적 매출액 기준으로 동사는 동가공업체중에서 시장점유율로 업계 3위의 업체임. 2017년 6월말 기준 총 1개의 종속회사와 4개의 계열회사를 보유하고 있음.

실적 분석
동사의 2017년 2/4분기 연결기준 누적 매출액은 전년동기 대비 6.9% 증가한 1,220.7억원임. 매출증가의 영향으로 매출원가 및 판관비가 전년동기 대비 각각 5.8%, 29.5% 증가했음에도 영업이익은 전년동기 52.2억원에서 58.1억원으로 상승했음. 그러나 비영업부문에서 63.9억원의 손실을 시현함에 따라 이익폭이 축소되어 7.3억원의 당기순손실을 기록하며 적자전환되었음.

현금 흐름
〈단위 : 억원〉

항목	2016	2017.2Q
영업활동	66	30
투자활동	83	39
재무활동	-196	-70
순현금흐름	-47	-2
기말현금	43	42

시장 대비 수익률

결산 실적
〈단위 : 억원〉

항목	2012	2013	2014	2015	2016	2017
매출액	7,892	9,161	3,286	2,562	2,478	—
영업이익	74	-48	68	-110	126	—
당기순이익	89	-231	-114	-567	55	—

분기 실적
〈단위 : 억원〉

항목	2016.1Q	2016.2Q	2016.3Q	2016.4Q	2017.1Q	2017.2Q
매출액	557	584	575	761	635	585
영업이익	27	25	21	53	47	11
당기순이익	30	24	1	1	34	-41

재무 상태
〈단위 : 억원〉

항목	2012	2013	2014	2015	2016	2017.2Q
총자산	4,566	2,982	2,875	2,450	2,236	2,172
유형자산	1,255	692	770	552	533	532
무형자산	15	15	15	15	15	14
유가증권	62	50	24	1		39
총부채	3,104	1,872	1,886	1,783	1,310	1,256
총차입금	2,718	1,703	1,734	1,644	1,233	1,162
자본금	140	140	140	140	237	237
총자본	1,462	1,110	989	667	926	916
지배주주지분	1,175	1,033	909	620	877	866

기업가치 지표

항목	2012	2013	2014	2015	2016	2017.2Q
주가(최고/저)(천원)	3.8/2.1	2.9/1.2	1.8/1.0	2.2/0.8	2.9/1.2	—/—
PER(최고/저)(배)	12.9/7.4	—/—	—/—	—/—	22.7/9.8	—/—
PBR(최고/저)(배)	1.0/0.6	0.9/0.4	0.6/0.3	1.1/0.4	1.5/0.7	1.1/0.7
EV/EBITDA(배)	28.8	109.5	21.7		14.5	
EPS(원)	297	-404	-359	-1,644	127	-19
BPS(원)	4,285	3,800	3,357	2,322	1,909	1,888
CFPS(원)	548	-222	-311	-1,784	187	5
DPS(원)	50	—	—	—	10	
EBITDAPS(원)	470	73	346	-275	370	147

재무 비율
〈단위 : %〉

연도	영업이익률	순이익률	부채비율	차입금비율	ROA	ROE	유보율	자기자본비율	EBITDA마진율
2016	5.1	2.2	141.6	133.3	2.4	6.9	281.9	41.4	6.1
2015	-4.3	-22.1	267.3	246.5	-21.3	-69.6	364.4	27.2	-3.0
2014	2.1	-3.5	190.7	175.4	-3.9	-12.0	571.3	34.4	3.0
2013	-0.5	-2.5	168.7	153.5	-6.1	-11.8	660.1	37.2	0.2

서원인텍 (A093920)
SEOWONINTECH

업　종 : 휴대폰 및 관련부품　　　　　　시　　　장 : KOSDAQ
신용등급 : (Bond) —　　(CP) —　　　기업규모 : 우량
홈 페 이 지 : www.seowonintech.co.kr　　연　락　처 : 031)428-9500
본　　사 : 경기도 군포시 엘에스로115번길 69 (금정동)

설 립 일	1983.08.15	종 업 원 수	496명	대 표 이 사	김재윤
상 장 일	2007.12.20	감사의견	적정 (한지)	계 열	
결 산 기	12월	보 통 주	1,860만주	종속회사수	3개사
액 면 가	500원	우 선 주		구 상 호	

주주구성 (지분율,%)		출자관계 (지분율,%)		주요경쟁사 (외형,%)	
김재윤	30.9	서원(남경)전자	100.0	서원인텍	100
김영환	13.0	서원(천진)전자유한공사	100.0	블루콤	67
(외국인)	6.8	하노이서원인텍	99.0	KH바텍	106

매출구성		비용구성		수출비중	
RUBBER SPONGE등	58.7	매출원가율	90.2	수출	46.0
KEY-PAD	27.2	판관비율	5.5	내수	54.0
SCM	10.8				

회사 개요
동사는 1985년에 설립되어 전자 IT부품을 생산, 공급하고 있음. 삼성전자에 휴대폰 부품 및 액세서리 부품을 공급하고, LG화학에 SCM, PCM 등 보호회로를 공급하고 있으며, 신규사업으로 와이브로 단말 관련 사업을 영위중임. 최근 풀터치폰이 강세를 보임에 따라 키패드 매출 의존도를 낮추고 와이브로 단말과 2차전지 보호회로 등으로 수익구조를 다변화함. 연결기준 종속회사로는 중국과 베트남, 남경에 있는 3개의 현지법인이 있음.

실적 분석
동사의 2017년 2분기기준 누적 매출액은 전년동기대비 9% 하락한 1,779.9억원을 기록함. 비용면에서 전년동기대비 매출원가는 감소하였으며 인건비도 감소, 광고선전비도 크게 감소, 기타판매비관리비도 마찬가지로 감소함. 그에 따라 매출액 하락 등에 의해 전년동기대비 영업이익은 98.4억원으로 -4.8% 하락하였음. 최종적으로 전년동기대비 당기순이익은 크게 하락하여 75.6억원을 기록함.

현금 흐름
〈단위 : 억원〉

항목	2016	2017.2Q
영업활동	128	53
투자활동	-31	-4
재무활동	-150	-142
순현금흐름	-41	-110
기말현금	464	354

시장 대비 수익률

결산 실적
〈단위 : 억원〉

항목	2012	2013	2014	2015	2016	2017
매출액	2,392	3,580	3,939	3,696	3,576	—
영업이익	146	334	257	209	152	—
당기순이익	105	268	309	248	193	—

분기 실적
〈단위 : 억원〉

항목	2016.1Q	2016.2Q	2016.3Q	2016.4Q	2017.1Q	2017.2Q
매출액	965	991	936	683	843	937
영업이익	52	51	21	27	26	73
당기순이익	51	63	38	40	19	56

재무 상태
〈단위 : 억원〉

항목	2012	2013	2014	2015	2016	2017.2Q
총자산	1,341	1,764	2,009	2,222	2,272	2,083
유형자산	305	558	489	536	597	564
무형자산	22	22	9	10	9	9
유가증권	14	—	—			269
총부채	388	578	591	646	623	489
총차입금	89	165	113	252	183	156
자본금	93	93	93	93	93	93
총자본	952	1,187	1,418	1,576	1,649	1,594
지배주주지분	952	1,186	1,418	1,575	1,648	1,593

기업가치 지표

항목	2012	2013	2014	2015	2016	2017.2Q
주가(최고/저)(천원)	7.9/2.8	13.7/7.6	14.8/7.7	14.8/9.6	11.7/9.2	—/—
PER(최고/저)(배)	16.8/6.0	11.4/6.3	10.4/5.4	12.4/8.1	12.1/9.5	—/—
PBR(최고/저)(배)	1.9/0.7	2.6/1.4	2.3/1.2	1.9/1.3	1.4/1.1	1.5/1.2
EV/EBITDA(배)	6.8	5.9	4.0	5.1	6.1	—/—
EPS(원)	564	1,439	1,659	1,327	1,028	403
BPS(원)	5,117	6,376	7,623	8,467	8,861	8,563
CFPS(원)	982	1,882	2,388	1,882	1,528	608
DPS(원)	200	400	500	600	660	—
EBITDAPS(원)	1,203	2,239	2,113	1,678	1,315	734

재무 비율
〈단위 : % 〉

연도	영업이익률	순이익률	부채비율	차입금비율	ROA	ROE	유보율	자기자본비율	EBITDA마진율
2016	4.2	5.4	37.8	11.1	8.6	11.9	1,672.3	72.6	6.8
2015	5.7	6.7	41.0	16.0	11.7	16.5	1,593.4	70.9	8.5
2014	6.5	7.8	41.7	8.0	16.4	23.7	1,424.7	70.6	10.0
2013	9.3	7.5	48.7	13.9	17.3	25.1	1,175.2	67.3	11.6

서전기전 (A189860)
SEOJEON ELECTRIC MACHINERY COLTD

업 종 : 전기장비		시 장 : KOSDAQ	
신용등급 : (Bond) — (CP) —		기업규모 : 벤처	
홈 페 이 지 : www.sjem.co.kr		연 락 처 : 031)426-5506	
본 사 : 경기도 이천시 대월면 대월로 667번길 38-19 (이천대월 일반산업단지 내)			

설 립 일	2011.11.18	종 업 원 수	98명	대 표 이 사	김한수
상 장 일	2014.12.24	감 사 의 견	적정 (우리)	계	
결 산 기	12월	보 통 주	485만주	종속회사수	
액 면 가	500원	우 선 주		구 상 호	

주주구성 (지분율,%)		출자관계 (지분율,%)		주요경쟁사 (외형,%)	
홍춘근	45.3			서전기전	100
김명실	12.6			선도전기	187
(외국인)	2.2			삼화전기	398

매출구성		비용구성		수출비중	
고압 배전반(Maxi HV)	43.1	매출원가율	72.7	수출	0.0
저압 배전반(Maxi LV)	25.8	판관비율	23.3	내수	100.0
MCC(전동기제어반), 분전반 외	22.4				

회사 개요
동사는 1988년 9월 15일 유진전기로 설립된 이후, 1991년 11월 18일 주식회사 서전기전으로 법인 전환되었으며, 주요 목적사업은 고/저압 수배전반 및 자동제어반 제조 및 판매임. 동사는 중소기업의 핵심전략인 중소기업성 성능인증, 조달청 우수제품지정, 기술표준원의 신제품인증을 획득하였고, 초고압개폐장치, DC배전반, 정류기 등 진입보호 개폐기/차단기분야로 기술력입증과 해외사업 진출 다각화 노력

실적 분석
동사의 2017년 연결기준 상반기 매출액은 206.2억원으로 전년동기 대비 2.4% 증가했음. 그러나 매출원가 증대로 영업이익은 1.6억원을 기록하며 65.6% 감소함. 당기순이익은 법인세비용 감소로 8.0억원을 기록. 한국전력의 부진에 타격을 받으며 매출 감소를 기록했으나 동사는 2월에 개찰된 경상북도의 동명~부계 간 도로 전기공사 12차(배전반) 입찰에서 1순위를 기록하며 매출 증대 노력 중.

현금 흐름 〈단위 : 억원〉
항목	2016	2017.2Q
영업활동	34	
투자활동	-36	
재무활동	-4	
순현금흐름	-6	
기말현금	51	

시장 대비 수익률

결산 실적 〈단위 : 억원〉
항목	2012	2013	2014	2015	2016	2017
매출액	462	548	563	420	502	
영업이익	82	69	83	-4	20	
당기순이익	66	57	98	32	14	

분기 실적 〈단위 : 억원〉
항목	2016.1Q	2016.2Q	2016.3Q	2016.4Q	2017.1Q	2017.2Q
매출액	87	115	100	200		
영업이익	-6	7	-1	20		
당기순이익	-5	8	-1	13		

재무 상태 〈단위 : 억원〉
항목	2012	2013	2014	2015	2016	2017.2Q
총자산	218	271	403	365	407	
유형자산	120	111	119	174	190	
무형자산	2	3	3	2	2	
유가증권	1	1	1	1	1	
총부채	91	123	79	62	93	
총차입금	1					
자본금	18	18	24	24	24	
총자본	127	148	324	304	314	
지배주주지분	127	148	324	304	314	

기업가치 지표
항목	2012	2013	2014	2015	2016	2017.2Q
주가(최고/저)(천원)	—/—	—/—	8.5/8.0	17.4/6.8	12.8/6.0	—/—
PER(최고/저)(배)	0.0/0.0	0.0/0.0	3.4/3.1	552.1/214.0	45.3/21.0	0.0/0.0
PBR(최고/저)(배)	0.0/0.0	0.0/0.0	1.4/1.3	2.8/1.1	0.9/0.4	
EV/EBITDA(배)	0.0	0.1	3.5	129.0	15.8	—/—
EPS(원)	1,824	1,584	2,691	32	286	
BPS(원)	35,259	41,095	6,685	6,262	6,473	
CFPS(원)	19,395	16,959	2,794	156	436	
DPS(원)			455	75	110	
EBITDAPS(원)	23,795	20,377	2,368	48	562	

재무 비율 〈단위 : %〉
연도	영업이익률	순이익률	부채비율	차입금비율	ROA	ROE	유보율	자기자본비율	EBITDA마진율
2016	4.0	2.8	29.8	0.0	3.6	4.5	1,194.7	77.1	5.4
2015	-0.9	0.4	20.3	0.0	0.4	0.5	1,152.5	83.1	0.6
2014	14.7	17.4	24.4	0.0	29.1	41.6	1,237.0	80.4	15.3
2013	12.6	10.4	83.3	4.5	23.3	41.5	721.9	54.6	13.4

서진시스템 (A178320)
SEOJIN SYSTEM COLTD

업 종 : 통신장비		시 장 : KOSDAQ	
신용등급 : (Bond) — (CP) —		기업규모 : 벤처	
홈 페 이 지 : www.sojinsystem.net		연 락 처 : 032)506-2760	
본 사 : 경기도 부천시 오정구 산업로 20-22			

설 립 일	2007.10.30	종 업 원 수	151명	대 표 이 사	전동규
상 장 일	2017.03.27	감 사 의 견	적정 (예교)	계	열
결 산 기	12월	보 통 주	625만주	종속회사수	10개사
액 면 가	500원	우 선 주		구 상 호	

주주구성 (지분율,%)		출자관계 (지분율,%)		주요경쟁사 (외형,%)	
전동규	42.2	텍슨	99.8	서진시스템	100
프레스토제3호사모투자전문회사	5.0	SEOJINVINACO.,LTD	100.0	삼지전자	664
(외국인)	1.0	SEOJINSYSTEMVINACO.,LTD	100.0	AP위성	15

매출구성		비용구성		수출비중	
통신장비 부품	0.6	매출원가율	74.3	수출	36.0
핸드폰 부품	0.2	판관비율	11.0	내수	64.0
반도체장비 ? 부품	0.1				

회사 개요
동사는 금속가공 기술 및 시스템 설계 역량을 바탕으로 각종 통신장비, 핸드폰, 반도체장비 등의 함체, 구조물, 전기구동장치 등을 제조, 판매하고 있으며 2007년 10월 30일 주식회사 서진시스템으로 설립되었음. 동사는 현재 영위하고 있는 통신장비 함체 제조와 더불어 2015년 텍슨 인수와 함께 통신장비, 반도체, ESS 제품에도 진출하였으며, 2016년 상반기 삼성전자 스마트폰 SUB ASSEMBLE등의 추가적인 사업을 영위중임.

실적 분석
동사의 2017년 2분기기준 누적 매출액은 전년동기대비 122% 이상 크게 상승한 1,270.4억원을 기록하였음. 비용면에서 전년동기대비 매출원가는 크게 증가 하였으며 인건비도 증가, 기타판매비와관리비도 마찬가지로 증가함. 이와 같이 상승한 매출액 만큼 비용증가도 컸었으나 매출액의 더 큰 상승에 힘입어 그에 따라 전년동기대비 영업이익은 87.3억으로 54.1% 상승하였음. 최종적으로 전년동기대비 당기순이익은 상승하여 54.3억원을 기록함.

현금 흐름 〈단위 : 억원〉
항목	2016	2017.2Q
영업활동	384	-71
투자활동	-406	-219
재무활동	119	332
순현금흐름	98	41
기말현금	133	174

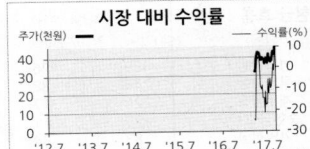

시장 대비 수익률

결산 실적 〈단위 : 억원〉
항목	2012	2013	2014	2015	2016	2017
매출액	329	348	492	777	1,659	
영업이익	34	4	47	224	244	
당기순이익	23	-3	10	182	196	

분기 실적 〈단위 : 억원〉
항목	2016.1Q	2016.2Q	2016.3Q	2016.4Q	2017.1Q	2017.2Q
매출액	330	242			632	638
영업이익	43	14			68	19
당기순이익	29	8			24	30

재무 상태 〈단위 : 억원〉
항목	2012	2013	2014	2015	2016	2017.2Q
총자산	321	384	686	1,461	2,273	2,379
유형자산	133	166	384	917	1,198	1,187
무형자산	0	0	45	61	178	
유가증권	23	23	0	0	0	0
총부채	226	283	637	1,124	1,548	1,251
총차입금	154	235	434	863	843	776
자본금	17	17	15	15	22	31
총자본	96	102	49	337	725	1,128
지배주주지분	96	102	49	337	725	1,128

기업가치 지표
항목	2012	2013	2014	2015	2016	2017.2Q
주가(최고/저)(천원)	—/—	—/—	—/—	—/—	—/—	—/—
PER(최고/저)(배)	0.0/0.0	0.0/0.0	0.0/0.0	0.0/0.0	0.0/0.0	—/—
PBR(최고/저)(배)	0.0/0.0	0.0/0.0	0.0/0.0	0.0/0.0	0.0/0.0	2.4/1.8
EV/EBITDA(배)	2.9	9.0	4.9	2.9	2.1	—/—
EPS(원)	1,204	-300	1,000	6,016	4,573	959
BPS(원)	28,657	30,559	14,751	101,216	15,641	18,059
CFPS(원)	19,184	5,104	11,951	73,887	6,962	2,029
DPS(원)						
EBITDAPS(원)	24,845	7,143	23,261	86,492	8,072	2,613

재무 비율 〈단위 : %〉
연도	영업이익률	순이익률	부채비율	차입금비율	ROA	ROE	유보율	자기자본비율	EBITDA마진율
2016	14.7	11.8	213.5	116.3	10.5	37.0	3,270.6	31.9	20.9
2015	28.9	23.5	333.0	255.9	17.0	94.4	2,149.2	23.1	37.1
2014	9.7	2.0	1,296.1	883.4	—	—	227.8	7.2	15.8
2013	1.1	-0.9	277.4	230.6	-0.9	-3.1	511.2	26.5	6.8

367

서진오토모티브 (A122690)
Seojin Automotive

업   종 : 자동차부품
신용등급 : (Bond) —   (CP) —
홈 페 이 지 : www.secoautomotive.com
본   사 : 경기도 시흥시 공단1대로 313

시   장 : KOSDAQ
기업규모 : 우량
연 락 처 : 031)496-1500

설 립 일	2010.01.19	종 업 원 수	290명	대 표 이 사	서영종,이회석(각자대표)
상 장 일	2010.05.25	감 사 의 견	적정 (안진)	계 열	
결 산 기	12월	보 통 주	1,603만주	종속회사수	10개사
액 면 가	500원	우 선 주	300만주	구 상 호	

주주구성 (지분율,%)		출자관계 (지분율,%)		주요경쟁사 (외형,%)	
배석두	31.2	세코글로벌	100.0	서진오토모티브	100
서진캠	26.7	서진에프씨씨	50.0	영화금속	12
(외국인)	0.3	에코플라스틱	33.0	엠에스오토텍	58

매출구성		비용구성		수출비중	
CLUTCH(제품)	51.9	매출원가율	94.6	수출	71.0
A/T PARTS(제품)	20.7	판관비율	4.4	내수	29.0
기 타(상품)	10.6				

회사 개요
동사는 1990년 설립되었으며 2012년에 신한스팩1호와 합병하여 코스닥시장에 상장함. 주요사업은 자동차부품사업으로 차량용 구동부품(Clutch, Flywheel, Drive plate, Auto Parts)등을 생산판매하고 있음. 주 거래처는 현대/기아자동차를 비롯하여 국내 완성차업체와 현대모비스, 국내시판, 해외사 등 국내외 다양한 거래선과 거래하고 있음. 경쟁사는 국내 평화발레오, 해외는 LUK, SACHS, VALEO 등임.

실적 분석
동사의 2017년 상반기 매출액은 전년대비 소폭 감소한 6,536억원을 기록함. 매출총이익도 16.2%감소하며 영업이익은 전년대비 적자전환한 2.3억원을 시현함. 비영업부문에서도 손실이 발생하며 당기순손실은 전년 동기 대비 적자지속된 42.9억원을 시현하였음. 동사는 지속적인 연구개발과 설비투자로 글로벌 경쟁력을 확보함과 동시에 해외시장의 확대를 통한 시장장악력을 높이기 위해 해외 영업활동을 강화하고 있음.

현금 흐름 〈단위 : 억원〉

항목	2016	2017.2Q
영업활동	489	-26
투자활동	-746	-288
재무활동	226	317
순현금흐름	-29	1
기말현금	83	84

시장 대비 수익률

결산 실적 〈단위 : 억원〉

항목	2012	2013	2014	2015	2016	2017
매출액	10,239	11,618	12,751	13,372	12,925	—
영업이익	118	162	200	158	124	—
당기순이익	50	66	105	60	41	—

분기 실적 〈단위 : 억원〉

항목	2016.1Q	2016.2Q	2016.3Q	2016.4Q	2017.1Q	2017.2Q
매출액	3,236	3,354	2,674	3,661	3,206	3,330
영업이익	9	37	-94	172	6	-8
당기순이익	-14	24	-107	138	-30	-11

재무 상태 〈단위 : 억원〉

항목	2012	2013	2014	2015	2016	2017.2Q
총자산	6,119	6,555	7,291	8,134	8,206	8,304
유형자산	3,710	4,027	4,459	4,850	5,067	4,999
무형자산	66	84	84	104	145	145
유가증권	7	7	7	3	14	14
총부채	4,230	4,565	5,263	6,064	6,081	6,239
총차입금	1,491	1,780	2,146	2,798	3,015	3,331
자본금	89	95	95	95	95	95
총자본	1,890	1,990	2,027	2,071	2,125	2,065
지배주주지분	1,150	1,234	1,208	1,215	1,228	1,196

기업가치 지표

항목	2012	2013	2014	2015	2016	2017.2Q
주가(최고/저)(천원)	4.7/2.4	3.3/2.1	5.7/2.5	9.5/3.0	7.6/4.7	—/—
PER(최고/저)(배)	35.8/18.3	11.0/7.2	13.9/6.0	45.0/14.1	64.8/40.4	—/—
PBR(최고/저)(배)	0.8/0.4	0.5/0.4	0.9/0.4	1.5/0.5	1.1/0.7	0.8/0.7
EV/EBITDA(배)	5.7	5.0	5.2	6.2	6.4	
EPS(원)	140	315	428	215	117	-85
BPS(원)	6,541	6,549	6,641	6,682	6,748	6,578
CFPS(원)	1,283	2,569	2,817	2,954	3,106	1,472
DPS(원)	60	60	60	60	30	
EBITDAPS(원)	1,540	3,145	3,441	3,569	3,638	1,545

재무 비율 〈단위 : % 〉

연도	영업이익률	순이익률	부채비율	차입금비율	ROA	ROE	유보율	자기자본비율	EBITDA마진율
2016	1.0	0.3	286.1	141.8	0.5	1.8	1,249.6	25.9	5.4
2015	1.2	0.5	292.9	135.2	0.8	3.4	1,236.5	25.5	5.1
2014	1.6	0.8	259.6	105.9	1.5	6.7	1,228.1	27.8	5.1
2013	1.4	0.6	229.4	89.4	1.1	4.8	1,209.9	30.4	4.9

서플러스글로벌 (A140070)
SurplusGLOBAL

업   종 : 반도체 및 관련장비
신용등급 : (Bond) —   (CP) —
홈 페 이 지 : www.surplusglobal.co.kr
본   사 : 경기도 오산시 경기대로 78-26

시   장 : KOSDAQ
기업규모 : 중견
연 락 처 : 031)615-6800

설 립 일	2000.03.27	종 업 원 수	48명	대 표 이 사	김정웅
상 장 일	2017.01.25	감 사 의 견	적정 (삼일)	계 열	
결 산 기	12월	보 통 주	1,849만주	종속회사수	3개사
액 면 가	100원	우 선 주		구 상 호	

주주구성 (지분율,%)		출자관계 (지분율,%)		주요경쟁사 (외형,%)	
김정웅	34.5	SurplusGLOBALTaiwan,Inc.	100.0	서플러스글로벌	100
박병도	13.6	SurplusGLOBALChina,Inc.	100.0	에스에이엠티	1,062
(외국인)		SurplusGLOBALUSA,Inc.	100.0	아이에이	76

매출구성		비용구성		수출비중	
전공정	67.9	매출원가율	70.2	수출	63.0
후공정	15.3	판관비율	10.2	내수	37.0
제품	8.3				

회사 개요
동사는 2011년에 설립한 반도체 전공정, 후공정 중고장비의 매입매각 전문업체로서, 전세계적인 네트워크를 기반으로 연간 수 천대의 중고 장비를 거래하는 플랫폼 비즈니스를 수행하고 있음. 단순히 중고장비의 매입과 매각의 범위를 넘어서, 매각 대행서비스, 글로벌 소싱 서비스, 물류서비스를 제공할 뿐 아니라 장비 가동 테스트, 보상판매, Reconfiguration, Refurbishment 등 제조 및 A/S서비스도 제공함.

실적 분석
동사의 2017년 2분기기준 누적 매출액은 전년동기대비 0.2% 소폭 변동한 452.2억원을 기록하였음. 비용면에서 전년동기대비 매출원가는 감소 하였으나 인건비는 증가 하였고 광고선전비도 증가, 기타판매비와관리비는 감소함. 이처럼 매출액 상승과 더불어 비용절감에도 힘을 기울였음. 그에 따라 전년동기대비 영업이익은 83억원으로 19.8% 상승하였음. 최종적으로 전년동기대비 당기순이익도 상승하여 61.2억원을 기록함.

현금 흐름 〈단위 : 억원〉

항목	2016	2017.2Q
영업활동	109	-62
투자활동	-29	-271
재무활동	-11	272
순현금흐름	69	-61
기말현금	80	19

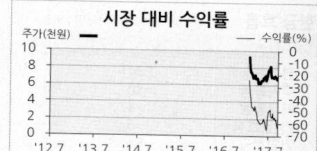
시장 대비 수익률

결산 실적 〈단위 : 억원〉

항목	2012	2013	2014	2015	2016	2017
매출액	539	701	574	954	1,001	—
영업이익	91	59	78	142	196	—
당기순이익	59	35	44	97	142	—

분기 실적 〈단위 : 억원〉

항목	2016.1Q	2016.2Q	2016.3Q	2016.4Q	2017.1Q	2017.2Q
매출액	216	236	282	268	241	211
영업이익	39	30	69	58	51	32
당기순이익	25	22	50	45	36	25

재무 상태 〈단위 : 억원〉

항목	2012	2013	2014	2015	2016	2017.2Q
총자산	536	629	762	834	932	1,241
유형자산	130	129	141	124	121	210
무형자산	0	0	5	4	12	11
유가증권	2	2	5	12	17	214
총부채	292	349	445	421	378	293
총차입금	253	297	352	291	280	220
자본금	2	2	2	2	14	18
총자본	245	280	317	413	555	948
지배주주지분	245	280	317	413	555	948

기업가치 지표

항목	2012	2013	2014	2015	2016	2017.2Q
주가(최고/저)(천원)	—/—	—/—	—/—	—/—	—/—	—/—
PER(최고/저)(배)	0.0/0.0	0.0/0.0	0.0/0.0	0.0/0.0	0.0/0.0	—/—
PBR(최고/저)(배)	0.0/0.0	0.0/0.0	0.0/0.0	0.0/0.0	0.0/0.0	—/—
EV/EBITDA(배)	2.6	4.7	4.1	1.8	1.0	1.9/1.2
EPS(원)	417	246	308	684	1,004	339
BPS(원)	607,154	693,229	786,499	1,023,956	3,928	5,124
CFPS(원)	156,255	94,049	121,293	255,101	1,043	357
DPS(원)					70	
EBITDAPS(원)	235,433	154,092	206,294	368,357	1,428	478

재무 비율 〈단위 : % 〉

연도	영업이익률	순이익률	부채비율	차입금비율	ROA	ROE	유보율	자기자본비율	EBITDA마진율
2016	19.6	14.2	68.1	50.5	16.1	29.3	3,827.7	59.5	20.1
2015	14.9	10.1	101.9	70.4	12.1	26.4	20,379.1	49.5	15.6
2014	13.6	7.6	140.3	111.1			15,630.0	41.6	14.5
2013	8.4	5.0	124.8	106.4	6.0	13.2	13,764.6	44.5	8.9

서한 (A011370)
SEOHAN Const & Eng

업 종 : 건설	시 장 : KOSDAQ
신용등급 : (Bond) BBB- (CP) —	기업규모 : 우량
홈 페 이 지 : www.seo-han.co.kr	연 락 처 : 053)741-9980
본 사 : 대구시 수성구 명덕로 415 서한빌딩	

설 립 일 1976.05.12	종 업 원 수 254명	대 표 이 사 조종수	
상 장 일 1994.05.24	감 사 의 견 적정 (서일)	계 열	
결 산 기 12월	보 통 주 10,089만주	종속회사수	
액 면 가 500원	우 선 주	구 상 호	

주주구성 (지분율,%)		출자관계 (지분율,%)		주요경쟁사 (외형,%)	
서한장학문화재단	10.0	제네콘	50.0	서한	100
정병양	9.5	대경문화관광개발	39.0	서희건설	215
(외국인)	18.6	서한장학...스타디움)중앙대공원(관광자단)에하회한동		고려개발	125

매출구성		비용구성		수출비중	
분양공사	59.4	매출원가율	78.6	수출	0.0
건축공사	29.6	판관비율	3.5	내수	100.0
토목공사	10.8				

회사 개요
동사는 대구광역시 수성구에 본사를 두고 있는 종합건설업체로서 1971년 대구주택공사로 설립되어 주택건설, 토목, 건축 공사업, 부동임대업을 주요사업으로 영위하고 있음. 1994년에 코스닥시장에 상장되었으며, 정부 및 정부 투자기관이 발주하는 사회간접자본시설공사(SOC)등의 관급공사를 주력사업으로 하고 있음. LH로부터 부산명지지구, 청라국제도시, 세종행복도시 등 총 460억원 규모의 대형개발사업을 하고 있음.

실적 분석
동사의 2017년 반기 매출액과 영업이익은 각각 전년동기대비 4.1% 감소, 9.2% 증가한 2,272.5억원, 394.9억원을 기록. 당기순이익 또한 308.6억원을 기록함(+17.5%). 건축, 분양 사업부문의 매출이 감소하였으나 2014년 이후 분양된 자체사업장 준공되며 이익 개선을 견인함. 2017년에도 역외사업과 재건축 부분의 분양을 이어나갈 예정. 대형개발, 토목 부분의 이익 개선과 용지확보 이점을 기반으로 성장동력이 확보되어 있는 상태임.

현금 흐름   *IFRS 별도 기준   〈단위 : 억원〉

항목	2016	2017.2Q
영업활동	868	-33
투자활동	95	-248
재무활동	-502	-154
순현금흐름	462	-435
기말현금	1,094	659

시장 대비 수익률

결산 실적   〈단위 : 억원〉

항목	2012	2013	2014	2015	2016	2017
매출액	1,481	2,959	4,735	4,481	4,996	—
영업이익	56	146	351	396	895	—
당기순이익	40	148	301	323	647	—

분기 실적   *IFRS 별도 기준   〈단위 : 억원〉

항목	2016.1Q	2016.2Q	2016.3Q	2016.4Q	2017.1Q	2017.2Q
매출액	1,059	1,312	1,304	1,321	1,027	1,245
영업이익	139	222	238	295	188	207
당기순이익	106	156	181	203	151	177

재무 상태   *IFRS 별도 기준   〈단위 : 억원〉

항목	2012	2013	2014	2015	2016	2017.2Q
총자산	1,523	2,049	3,260	4,000	4,127	3,786
유형자산	36	31	90	88	76	86
무형자산	17	17	10	10	10	9
유가증권	228	245	263	269	274	289
총부채	744	1,132	2,061	2,499	2,003	1,379
총차입금	259	341	783	919	445	334
자본금	504	504	504	504	504	504
총자본	778	917	1,199	1,501	2,124	2,407
지배주주지분	778	917	1,199	1,501	2,124	2,407

기업가치 지표   *IFRS 별도 기준

항목	2012	2013	2014	2015	2016	2017.2Q
주가(최고/저)(천원)	1.7/0.9	1.6/0.9	2.3/1.5	3.2/1.6	2.3/1.5	—/—
PER(최고/저)(배)	45.7/23.6	11.5/6.5	8.1/5.3	10.3/5.2	3.6/2.4	1.2/0.9
PBR(최고/저)(배)	2.4/1.2	1.9/1.1	2.0/1.3	2.2/1.1	1.1/0.7	1.2/0.9
EV/EBITDA(배)	19.3	10.2	7.4	4.3	1.7	—/—
EPS(원)	40	146	299	320	641	306
BPS(원)	772	909	1,188	1,488	2,105	2,385
CFPS(원)	42	148	300	322	643	307
DPS(원)	5	15	20	25	30	—
EBITDAPS(원)	57	146	349	394	889	392

재무 비율   〈단위 : % 〉

연도	영업이익률	순이익률	부채비율	차입금비율	ROA	ROE	유보율	자기자본비율	EBITDA마진율
2016	17.9	13.0	94.3	21.0	15.9	35.7	321.1	51.5	18.0
2015	8.8	7.2	166.5	61.2	8.9	23.9	197.6	37.5	8.9
2014	7.4	6.4	171.9	65.3	11.4	28.5	137.7	36.8	7.5
2013	4.9	5.0	123.4	37.1	8.3	17.4	81.9	44.8	5.0

서호전기 (A065710)
Seoho Electric

업 종 : 운송인프라	시 장 : KOSDAQ
신용등급 : (Bond) — (CP) —	기업규모 : 벤처
홈 페 이 지 : www.seoho.com	연 락 처 : 031)468-6611
본 사 : 경기도 안양시 동안구 귀인로 9 (호계동)	

설 립 일 1988.09.23	종 업 원 수 114명	대 표 이 사 김승남	
상 장 일 2002.07.06	감 사 의 견 적정 (서일)	계 열	
결 산 기 12월	보 통 주 515만주	종속회사수 1개사	
액 면 가 500원	우 선 주	구 상 호	

주주구성 (지분율,%)		출자관계 (지분율,%)		주요경쟁사 (외형,%)	
이상호	55.3	청도서호전기유한공사	73.8	서호전기	100
Credit Suisse First Boston (Hong Kong) Ltd.	1.8	싱가폴서호	70.0	아이지시스템	63
(외국인)	2.5			동방	969

매출구성		비용구성		수출비중	
항만크레인제어시스템,인버터, 컨버터	100.0	매출원가율	70.2	수출	70.0
		판관비율	16.5	내수	30.0

회사 개요
동사는 항만 크레인 및 조선소의 크레인을 구동 제어 하는 전기제어시스템을 제조 판매하고 있으며, AC 모터 및 DC 모터를 구동제어하는 AC인버터, DC컨버터를 단품으로 제조해 판매함. AC인버터의 중국시장을 진출을 목적으로 2003년 12월 11일 중국청도에 현 지출자하여 연결대상 종속회사 청도서호전기유한공사를 설립함. 현재 지분 73.8%를 보유하고 있음.

실적 분석
2017년 상반기 연결기준 동사는 매출 186.3억원을 기록함. 전년도 같은 기간 매출인 312.9억원에 비해 40.5% 감소한 금액임. 매출은 줄었으나 매출원가가 65.7%감소해 영업이익은 전년도 같은 기간 34.4억원에서 84.4% 증가한 63.4억원을 기록함. 비영업 부문 손실폭이 커졌음에도 당기순이익은 26.5억원에서 20.5% 상승한 32억원을 기록함.

현금 흐름   〈단위 : 억원〉

항목	2016	2017.2Q
영업활동	133	73
투자활동	-147	23
재무활동	-20	-11
순현금흐름	-28	79
기말현금	106	185

시장 대비 수익률

결산 실적   〈단위 : 억원〉

항목	2012	2013	2014	2015	2016	2017
매출액	265	273	346	528	594	—
영업이익	4	12	24	33	79	—
당기순이익	9	16	24	29	88	—

분기 실적   〈단위 : 억원〉

항목	2016.1Q	2016.2Q	2016.3Q	2016.4Q	2017.1Q	2017.2Q
매출액	112	201	140	141	87	99
영업이익	18	16	36	8	39	25
당기순이익	11	16	13	48	9	29

재무 상태   〈단위 : 억원〉

항목	2012	2013	2014	2015	2016	2017.2Q
총자산	511	517	588	643	786	813
유형자산	148	149	148	149	147	146
무형자산	2	2	1	2	2	2
유가증권	3	3	2	2	2	25
총부채	42	37	90	134	211	229
총차입금	—	—	—	2	2	10
자본금	26	26	26	26	26	26
총자본	470	480	499	509	575	584
지배주주지분	466	477	496	507	574	583

기업가치 지표

항목	2012	2013	2014	2015	2016	2017.2Q
주가(최고/저)(천원)	10.2/4.5	6.6/4.5	7.6/4.5	15.3/6.6	13.5/8.3	—/—
PER(최고/저)(배)	72.2/32.0	26.2/17.7	17.8/11.0	30.6/13.1	8.5/5.2	—/—
PBR(최고/저)(배)	1.3/0.6	0.8/0.6	0.9/0.5	1.7/0.7	1.3/0.8	1.3/0.9
EV/EBITDA(배)	25.5	4.3	5.1	5.3	1.7	—/—
EPS(원)	170	301	478	565	1,715	625
BPS(원)	9,454	9,654	10,000	10,204	11,213	11,332
CFPS(원)	206	341	523	611	1,761	648
DPS(원)	100	100	300	500	700	—
EBITDAPS(원)	112	274	515	696	1,573	1,253

재무 비율   〈단위 : % 〉

연도	영업이익률	순이익률	부채비율	차입금비율	ROA	ROE	유보율	자기자본비율	EBITDA마진율
2016	13.3	14.8	36.6	0.6	12.3	16.4	2,142.6	73.2	13.7
2015	6.3	5.4	26.4	0.3	4.6	5.9	1,940.8	79.1	6.8
2014	7.0	6.9	18.0	—	4.3	5.1	1,900.0	84.7	7.7
2013	4.4	5.7	7.8	—	3.0	3.3	1,830.8	92.8	5.2

서화정보통신 (A033790)
Seohwa

업　종 : 통신장비　　　　　　　　시　장 : KOSDAQ
신용등급 : (Bond) —　　(CP) —　　기업규모 : 중견
홈페이지 : www.seohwa.co.kr　　연락처 : (031)345-5100
본　사 : 경기도 안양시 동안구 부림로 170번길 41-3(관양동,서화빌딩)

설 립 일	1990.02.09	종 업 원 수	33명	대 표 이 사	장푸(ZhangPu)
상 장 일	2001.06.15	감 사 의 견	적정 (도원)	계　　열	
결 산 기	12월	보 통 주	1,712만주	종속회사수	
액 면 가	500원	우 선 주		구 상 호	

주주구성 (지분율,%)		출자관계 (지분율,%)		주요경쟁사 (외형,%)	
Earn Wide International Limited	27.2	파워텔티알에스	2.2	서화정보통신	100
Skywinds Technology Co., Ltd	18.5	케이티파워텔	0.2	라이트론	317
(외국인)	54.3	정보통신공제조합		빛샘전자	447

매출구성		비용구성		수출비중	
[제품]중계기류	50.2	매출원가율	96.3	수출	0.0
[상품]중계기류	24.4	판관비율	20.8	내수	100.0
[상품]기타	10.0				

회사 개요
동사는 무선통신시스템용 중계기를 통신사업자에게 공급하고 있으며 주요 고객으로는 이동전화사업자인 SK텔레콤, 주파수공용통신사업자인 케이티파워텔, 디지털지상파방송사업자인 KBS를 비롯한 각 방송사 등이 있다. 매출은 중계기류가 약 57.3%, 기타 42.7%로 구성되어 있음. 시장 축소 및 경쟁 심화로 매출액은 감소세에 있음. 신제품 개발을 통한 성장 모색이 필요한 시점으로 판단됨.

실적 분석
동사의 2017년 상반기 매출액은 59.5억원으로 전년동기 대비 큰폭으로 증가함. 반면 고정비도 큰 폭으로 증가하며 영업손실과 당기순손실은 각각 15.1억원, 10.4억원으로 적자지속함. 해외 이동통신 중계기 시장은 WCMDA와 LTE 등의 신규 이동통신 서비스의 확대가 가속화 되며, 해외 통신사업자들에게 DAS, ICS 등 중계기 시스템에 대한 수요가 증가하여 미국, 일본, 유럽 등으로 수출이 증가할 것으로 예상됨.

현금 흐름　*IFRS 별도 기준　〈단위 : 억원〉

항목	2016	2017.2Q
영업활동	-12	-45
투자활동	1	67
재무활동		396
순현금흐름	-11	418
기말현금	17	434

시장 대비 수익률

결산 실적　〈단위 : 억원〉

항목	2012	2013	2014	2015	2016	2017
매출액	140	95	209	230	131	—
영업이익	-30	-18	9	-3	-22	—
당기순이익	-23	-12	12	1	-11	—

분기 실적　*IFRS 별도 기준　〈단위 : 억원〉

항목	2016.1Q	2016.2Q	2016.3Q	2016.4Q	2017.1Q	2017.2Q
매출액	8	24	17	81	30	30
영업이익	-7	-7	-6	-2	-5	-10
당기순이익	-3	-5	-5	-8	-2	-8

재무 상태　*IFRS 별도 기준　〈단위 : 억원〉

항목	2012	2013	2014	2015	2016	2017.2Q
총자산	269	258	292	302	285	674
유형자산	26	47	115	133	130	129
무형자산	4	1	1	1	1	1
유가증권	115	76	69	93	103	44
총부채	29	27	50	59	61	243
총차입금			30	30	30	210
자본금	57	57	57	57	57	86
총자본	240	231	242	243	223	430
지배주주지분	240	231	242	243	223	430

기업가치 지표　*IFRS 별도 기준

항목	2012	2013	2014	2015	2016	2017.2Q
주가(최고/저)(천원)	2.8/1.7	2.6/1.7	2.2/1.6	2.8/1.5	6.9/1.9	—/—
PER(최고/저)(배)	—/—	—/—	20.4/14.6	378.8/210.0	—/—	—/—
PBR(최고/저)(배)	1.3/0.8	1.2/0.8	1.0/0.7	1.3/0.7	3.5/1.0	2.5/1.4
EV/EBITDA(배)			9.4	147.1		
EPS(원)	-201	-103	108	7	-182	-88
BPS(원)	2,129	2,051	2,146	2,159	1,986	2,531
CFPS(원)	-169	-82	126	47	-142	-68
DPS(원)						
EBITDAPS(원)	-232	-132	94	10	-156	-108

재무 비율　〈단위 : % 〉

연도	영업이익률	순이익률	부채비율	차입금비율	ROA	ROE	유보율	자기자본비율	EBITDA마진율
2016	-17.1	-15.9	27.5	13.4	-7.1	-8.9	297.2	78.4	-13.6
2015	-1.5	0.4	24.4	12.3	0.3	0.3	331.9	80.4	0.5
2014	4.2	5.9	20.7	12.4	4.5	5.2	329.2	82.8	5.2
2013	-18.5	-12.5	11.5	0.0	-4.5	-5.0	310.3	89.7	-16.0

서흥 (A008490)
SUHEUNG

업　종 : 제약　　　　　　　　　시　장 : 거래소
신용등급 : (Bond) —　　(CP) —　　기업규모 : 시가총액 중형주
홈페이지 : www.suheung.com　　연락처 : (043)249-4100
본　사 : 충북 청주시 흥덕구 오송읍 오송생명로 61

설 립 일	1973.01.30	종 업 원 수	763명	대 표 이 사	양주환
상 장 일	1990.03.27	감 사 의 견	적정 (삼덕)	계　　열	
결 산 기	12월	보 통 주	1,157만주	종속회사수	7개사
액 면 가	500원	우 선 주		구 상 호	서흥캅셀

주주구성 (지분율,%)		출자관계 (지분율,%)		주요경쟁사 (외형,%)	
양주환	32.8	에프엠에스	100.0	서흥	100
국민연금공단	13.3	엔도더마	13.4	JW홀딩스	201
(외국인)	5.6	내츄럴엔도텍	5.2	아미코젠	20

매출구성		비용구성		수출비중	
하드캡슐	36.4	매출원가율	78.7	수출	40.0
건강기능식품	32.5	판관비율	9.5	내수	60.0
의약품	18.8				

회사 개요
동사는 1973년 1월 의약품 및 건강기능식품 등의 제조·판매를 영위할 목적으로 설립되어 1990년 3월 상장됨. 주요 사업은 캡슐부문과 젤라틴부문임. 캡슐부문에서는 하드공캡슐 제조와 함께 의약품 위수탁 수행 및 건강기능식품, 페인트볼 등을 생산함. 젤라틴부문에서는 캡슐의 주원료인 젤라틴과 콜라겐 제품을 생산, 해외로 제캡슐, 젤라틴 및 페인트볼 등을 수출함. 최근 베트남 공장 증설함으로써 매출액 향상을 꾀함.

실적 분석
동사의 2017년 연결기준 2분기 누적 매출액은 전년 동기 대비 7.5% 증가한 1,816.0억원을 기록함. 매출가는 9.0% 증가하여 매출총이익은 2.3% 증가에 그침. 경상개발비와 광고선전비의 증가로 판관비는 전년 동기 대비 8.1% 증가함. 그 결과 영업이익은 207.1억원으로 전년 동기 대비 2.0% 감소함. 영업이익의 감소로 당기순이익도 전년 동기 대비 1.7% 감소한 161.2억원을 기록함.

현금 흐름　〈단위 : 억원〉

항목	2016	2017.2Q
영업활동	530	224
투자활동	-431	-227
재무활동	-68	-32
순현금흐름	33	-39
기말현금	173	134

시장 대비 수익률

결산 실적　〈단위 : 억원〉

항목	2012	2013	2014	2015	2016	2017
매출액	2,070	2,700	2,911	3,041	3,404	—
영업이익	144	252	291	338	401	—
당기순이익	-24	138	222	252	307	—

분기 실적　*IFRS 별도 기준　〈단위 : 억원〉

항목	2016.1Q	2016.2Q	2016.3Q	2016.4Q	2017.1Q	2017.2Q
매출액	807	883	901	813	900	91
영업이익	91	120	108	82	100	10
당기순이익	63	101	72	71	61	10

재무 상태　*IFRS 별도 기준　〈단위 : 억원〉

항목	2012	2013	2014	2015	2016	2017.2Q
총자산	4,665	4,665	4,912	5,568	5,859	5,8
유형자산	2,781	2,839	2,981	3,173	3,295	3,4
무형자산	66	64	70	69	80	8
유가증권	4	3	0	176	199	1
총부채	2,665	2,483	2,539	2,937	2,975	2,9
총차입금	2,293	2,143	2,214	2,532	2,515	2,4
자본금	61	61	61	61	61	
총자본	2,000	2,182	2,373	2,630	2,884	2,9
지배주주지분	1,772	1,941	2,130	2,365	2,589	2,6

기업가치 지표

항목	2012	2013	2014	2015	2016	2017.2
주가(최고/저)(천원)	19.4/11.2	41.0/17.9	60.2/33.3	57.1/38.2	49.6/35.5	—/
PER(최고/저)(배)	—/—	39.7/17.4	33.3/18.4	29.3/19.7	21.2/15.2	—/
PBR(최고/저)(배)	1.3/0.8	2.5/1.1	3.3/1.9	2.8/1.9	2.2/1.6	1.8/
EV/EBITDA(배)	15.7	15.3	16.9	13.8	10.8	
EPS(원)	-375	1,058	1,846	1,974	2,360	1,2
BPS(원)	15,435	16,781	18,410	20,444	22,378	22,5
CFPS(원)	907	2,659	3,475	3,766	4,403	2,3
DPS(원)	150	200	250	250	330	
EBITDAPS(원)	2,529	3,775	4,147	4,717	5,510	2,8

재무 비율　〈단위 : % 〉

연도	영업이익률	순이익률	부채비율	차입금비율	ROA	ROE	유보율	자기자본비율	EBITDA마진
2016	11.8	9.0	103.1	87.2	5.4	11.0	4,154.9	49.2	1
2015	11.1	8.3	111.7	96.2	4.8	10.2	3,787.1	47.3	1
2014	10.0	7.6	107.0	93.3	4.6	10.5	3,400.5	48.3	16
2013	9.3	5.1	113.8	98.2	3.0	6.6	3,090.7	46.8	16

서희건설 (A035890)
Seohee Construction

업 종 : 건설		시 장 : KOSDAQ	
신용등급 : (Bond) BB+ (CP) —		기업규모 : 우량	
홈 페 이 지 : www.seohee.co.kr		연 락 처 : 031)781-4242	
본 사 : 경기도 성남시 분당구 수내로46번길 4, 경동빌딩 8층			

설 립 일	1982.10.22	종 업 원 수	1,087명	대 표 이 사	곽선기,김팔수
상 장 일	1999.12.16	감사의견	적정 (대주)	계 열	
결 산 기	12월	보 통 주	17,347만주	종속회사수	6개사
액 면 가	500원	우 선 주	178만주	구 상 호	

주주구성 (지분율,%)
유성티엔에스	19.2
이봉관	5.9
(외국인)	15.0

출자관계 (지분율,%)
칼라스퀘어	100.0
경기라이프	90.0
비금풍력발전	80.0

주요경쟁사 (외형,%)
서희건설	100
고려개발	58
서한	47

매출구성
민간(건축)	56.5
관급(건축)	25.2
기타	12.2

비용구성
매출원가율	86.1
판관비율	6.3

수출비중
수출	0.0
내수	100.0

회사 개요
동사는 1982년 설립되어 운송업을 영위하다 1994년 건설업으로 전환하였다. 동사는 수주 안정성에 초점을 맞추고 있어 조달청, 한국토지주택공사 등이 발주하는 관급공사와 학교, 병원, 교회, 민간공사 수주에 주력하고 있고, SOC 민간투자사업 발주 시장에서도 꾸준한 수주 활동을 벌이고 있음. 국내 음식물, 폐기물 처리사업의 수행경험과 수주 경쟁력을 기반으로 중국 등 개발도상국을 대상으로 해외사업으로 진출을 모색중.

실적 분석
동사의 2017년 반기 연결기준 매출액은 전년 동기대비 7.8% 감소한 5,022.9억원을 기록함. 플랜트 매출이 폭발적으로 증가하였으나 주 사업인 국내 건축 매출이 감소하였고 기전 3개의 종속회사가 지배하는 영향. 매출원가 절감과 판관비 감소로 영업이익은 전년 동기와 비슷한 341.7억원을 달성(-0.1% 감소). 2017년 광주광역시에서 1,650억원 규모의 지역주택조합사업 관련 신축 공사 수주함.

현금 흐름 〈단위 : 억원〉
항목	2016	2017.2Q
영업활동	1,077	755
투자활동	-732	-1,516
재무활동	224	139
순현금흐름	569	-625
기말현금	1,433	808

시장 대비 수익률

결산 실적 〈단위 : 억원〉
항목	2012	2013	2014	2015	2016	2017
매출액	9,151	8,326	9,418	10,539	10,737	—
영업이익	55	189	406	346	823	—
당기순이익	-168	-659	62	151	285	—

분기 실적 〈단위 : 억원〉
항목	2016.1Q	2016.2Q	2016.3Q	2016.4Q	2017.1Q	2017.2Q
매출액	2,551	2,898	2,577	2,712	2,430	2,593
영업이익	96	246	238	244	128	214
당기순이익	54	98	65	69	71	77

재무 상태 〈단위 : 억원〉
항목	2012	2013	2014	2015	2016	2017.2Q
총자산	7,899	7,479	7,344	7,219	7,668	8,281
유형자산	482	76	73	67	29	20
무형자산	509	1,426	1,335	1,350	1,196	1,150
유가증권	546	397	539	610	561	770
총부채	5,446	5,679	5,487	5,207	5,374	5,773
총차입금	2,233	2,288	2,022	1,699	1,797	1,872
자본금	800	800	800	800	800	867
총자본	2,453	1,799	1,858	2,013	2,294	2,508
지배주주지분	2,414	1,759	1,826	1,925	2,189	2,411

기업가치 지표
항목	2012	2013	2014	2015	2016	2017.2Q
주가(최고/저)(천원)	2.3/0.7	1.0/0.6	0.8/0.6	1.8/0.7	1.7/0.9	—/—
PER(최고/저)(배)			18.9/13.2	24.6/9.2	10.5/5.6	1.1/0.8
PBR(최고/저)(배)	1.5/0.5	0.9/0.5	0.7/0.5	1.5/0.6	1.3/0.7	
EV/EBITDA(배)	29.3	7.8	4.4	5.0	2.1	—/—
EPS(원)	-114	-410	44	74	167	91
BPS(원)	1,509	1,104	1,145	1,219	1,382	1,406
CFPS(원)	-87	-339			236	122
DPS(원)					10	
EBITDAPS(원)	65	187	318	288	578	227

재무 비율 〈단위 : % 〉
연도	영업이익률	순이익률	부채비율	차입금비율	ROA	ROE	유보율	자기자본비율	EBITDA마진율
2016	7.7	2.7	234.3	78.3	3.8	13.1	179.5	29.9	8.7
2015	3.3	1.4	258.7	84.4	2.1	146.4	129.4	27.9	4.4
2014	4.3	0.7	295.4	108.8	0.8	4.0	131.6	25.3	5.5
2013	2.3	-7.9	315.6	127.2	-8.6	-31.8	123.2	24.1	3.6

선광 (A003100)
SUN KWANG

업 종 : 운송인프라		시 장 : KOSDAQ	
신용등급 : (Bond) — (CP) —		기업규모 : 중견	
홈 페 이 지 : www.sun-kwang.co.kr		연 락 처 : 032)880-6500	
본 사 : 인천시 중구 항동 7가 34-2			

설 립 일	1961.01.25	종 업 원 수	258명	대 표 이 사	심충식(단독대표)
상 장 일	1999.12.21	감사의견	적정 (삼일)	계 열	
결 산 기	12월	보 통 주	660만주	종속회사수	3개사
액 면 가	1,000원	우 선 주		구 상 호	

주주구성 (지분율,%)
심충식	13.4
심장식	8.8
(외국인)	2.1

출자관계 (지분율,%)
선광신컨테이너터미널	100.0
선광종합물류	100.0
인천북항다목적부두	75.4

주요경쟁사 (외형,%)
선광	100
현대로템	2,331
서부T&D	44

매출구성
컨테이너 하역	33.3
싸이로 하역	31.7
일반 하역	29.7

비용구성
매출원가율	79.9
판관비율	9.7

수출비중
수출	0.0
내수	100.0

회사 개요
1948년 설립된 동사는 인천과 군산항에서 컨테이너 전용터미널, 75만톤 규모의 곡물싸이로 시설을 갖추고 항만하역, 운송, 보관업을 주요사업으로 하고 있으며 동종업종을 영위하는 3개의 종속회사를 지배하는 종합물류기업임. 계열사는 20개가 있음. 매출 비중은 일반 하역 27.9%, 싸이로 하역 33.3%, 컨테이너 하역 36.7%, 기타 사업부문 2.1%로 구성됨.

실적 분석
2017년 상반기 연결기준 동사의 매출은 676.9억원을 시현함. 이는 전년도 같은 기간 매출액인 633.2억원에서 6.9% 증가한 금액임. 매출원가가 소폭 상승했으나 판매비와 관리비가 소폭 감소하고 매출이 더 큰 폭으로 증가해 영업이익은 전년도 대비 38.9% 증가한 74.7억원을 시현함. 그러나 비영업부문이 적자전환된 결과 당기순이익이 69.1% 축소된 39.3억원에 그침.

현금 흐름 〈단위 : 억원〉
항목	2016	2017.2Q
영업활동	230	80
투자활동	-774	-359
재무활동	192	264
순현금흐름	-352	-15
기말현금	63	48

시장 대비 수익률

결산 실적 〈단위 : 억원〉
항목	2012	2013	2014	2015	2016	2017
매출액	1,310	1,126	841	1,018	1,280	—
영업이익	200	189	97	83	133	—
당기순이익	131	106	-467	55	208	—

분기 실적 〈단위 : 억원〉
항목	2016.1Q	2016.2Q	2016.3Q	2016.4Q	2017.1Q	2017.2Q
매출액	323	311	313	334	327	350
영업이익	42	11	26	54	34	41
당기순이익	28	99	9	73	10	29

재무 상태 〈단위 : 억원〉
항목	2012	2013	2014	2015	2016	2017.2Q
총자산	4,317	4,567	5,139	5,893	5,203	5,396
유형자산	1,625	2,042	2,906	3,285	3,830	4,072
무형자산	14	14	14	14	36	35
유가증권	108	112	435	430	309	364
총부채	1,100	1,298	2,296	3,025	2,198	2,379
총차입금	480	708	1,592	1,558	1,771	2,061
자본금	66	66	66	66	66	66
총자본	3,217	3,269	2,843	2,868	3,005	3,017
지배주주지분	3,181	3,250	2,832	2,856	2,990	3,001

기업가치 지표
항목	2012	2013	2014	2015	2016	2017.2Q
주가(최고/저)(천원)	20.9/14.2	22.2/15.4	21.0/16.2	26.9/17.6	19.0/16.7	—/—
PER(최고/저)(배)	11.7/8.0	15.2/10.5	—/—	34.1/22.3	6.3/5.5	—/—
PBR(최고/저)(배)	0.5/0.3	0.5/0.3	0.5/0.4	0.7/0.4	0.4/0.4	0.4/0.4
EV/EBITDA(배)	4.7	5.3	11.6	8.3	7.4	—/—
EPS(원)	1,985	1,597	-7,101	822	3,114	568
BPS(원)	48,332	49,372	43,041	43,401	45,438	45,592
CFPS(원)	3,692	3,367	-5,239	3,528	6,387	2,472
DPS(원)	400	400	500	350	400	
EBITDAPS(원)	4,731	4,631	3,338	3,962	5,294	3,036

재무 비율 〈단위 : % 〉
연도	영업이익률	순이익률	부채비율	차입금비율	ROA	ROE	유보율	자기자본비율	EBITDA마진율
2016	10.4	16.3	73.2	58.9	3.8	7.0	4,443.8	57.8	27.3
2015	8.1	5.4	105.5	54.3	1.0	1.9	4,240.1	48.7	25.7
2014	11.6	-55.6	80.8	56.0	-9.6	-15.4	4,204.1	55.3	26.2
2013	16.8	9.5	39.7	21.7	2.4	3.3	4,837.2	71.6	27.2

선데이토즈 (A123420)
SundayToz

업 종 : 게임 소프트웨어	시 장 : KOSDAQ
신용등급 : (Bond) — (CP) —	기업규모 : 우량
홈페이지 : corp.sundaytoz.com	연락처 : 070)8260-8000
본 사 : 경기도 성남시 분당구 황새울로 360번길 42	

설 립 일 2010.02.25	종 업 원 수 186명	대 표 이 사 이정웅
상 장 일 2010.11.10	감 사 의 견 적정 (삼덕)	계 열
결 산 기 12월	보 통 주 957만주	종속회사수 1개사
액 면 가 500원	우 선 주	구 상 호 하나그린스팩

주주구성 (지분율,%)		출자관계 (지분율,%)		주요경쟁사 (외형,%)	
스마일게이트홀딩스	20.9	애니팡플러스	66.7	선데이토즈	100
이정웅	20.4	애니팡미래콘텐츠투자조합	30.0	넥슨지티	79
(외국인)	3.7			위메이드	140

매출구성		비용구성		수출비중	
모바일게임	98.3	매출원가율	0.0	수출	2.0
기타	1.7	판관비율	77.5	내수	98.0

회사 개요
2009년 1월 설립된 소셜게임 전문개발회사. 2013년 10월 하나그린기업인수목적회사와의 합병을 통해 상장. 2014년 3월 최대주주의 지분 20.7%를 스마일게이트홀딩스에 매각하여 계열사로 편입됨. 2012년 애니팡, 2013년 애니팡 사천성, 2014년 애니팡2를 출시하며 라인업 확충. 대한민국 애플 iOS 및 구글 플레이 게임 매출 합산 상위 기업 순위에서 6위, 동사의 애니팡2는 국내 게임 매출 합산 7위를 기록함.

실적 분석
동사의 2017년 2분기 누적 매출액은 전년동기 대비 19.1% 증가한 384.5억원을 기록함. 2017년 6월 30일 앱랭커 기준 국내 모바일게임 DAU(Daily Active User, 일 이용자수) 순위에서 '애니팡3 for Kakao'가 4위, '애니팡2 for Kakao'가 8위, '애니팡 사천성 for Kakao'가 10위, '애니팡 for Kakao'가 14위를 기록하며 선데이토즈의 주요 게임들이 상위권에 자리잡고 있음.

현금 흐름
<단위 : 억원>

항목	2016	2017.2Q
영업활동	166	63
투자활동	-152	93
재무활동	-2	-1
순현금흐름	12	156
기말현금	52	208

시장 대비 수익률

결산 실적
<단위 : 억원>

항목	2012	2013	2014	2015	2016	2017
매출액	238	476	1,441	797	773	
영업이익	87	173	610	255	174	
당기순이익	76	140	483	206	156	

분기 실적
<단위 : 억원>

항목	2016.1Q	2016.2Q	2016.3Q	2016.4Q	2017.1Q	2017.2Q
매출액	168	155	212	238	207	177
영업이익	44	33	54	43	50	38
당기순이익	39	33	49	35	53	40

재무 상태
<단위 : 억원>

항목	2012	2013	2014	2015	2016	2017.2Q
총자산	155	494	1,096	1,153	1,340	1,392
유형자산	1	2	4	9	11	20
무형자산	0	1	1	2	3	4
유가증권	—	50	487	603	1,072	928
총부채	78	73	243	104	139	97
총차입금	33					
자본금	7	32	32	32	48	48
총자본	76	421	853	1,050	1,201	1,295
지배주주지분	76	421	853	1,047	1,192	1,283

기업가치 지표

항목	2012	2013	2014	2015	2016	2017.2Q
주가(최고/저)(천원)	18.8/17.0	20.0/12.0	78.4/14.7	64.7/36.1	44.0/18.7	—/—
PER(최고/저)(배)	17.6/15.8	11.1/6.7	15.5/2.9	30.4/16.9	28.0/11.9	—/—
PBR(최고/저)(배)	17.4/15.7	4.6/2.8	8.4/1.6	5.7/3.2	3.4/1.5	1.7/1.4
EV/EBITDA(배)	1.5	5.3	7.5	11.6	4.9	
EPS(원)	1,085	1,822	5,054	2,131	1,570	935
BPS(원)	71,103	1,306	2,757	3,359	12,856	13,805
CFPS(원)	70,659	573	1,506	640	1,609	959
DPS(원)	—	50				
EBITDAPS(원)	81,372	711	1,898	799	1,860	933

재무 비율
<단위 : % >

연도	영업이익률	순이익률	부채비율	차입금비율	ROA	ROE	유보율	자기자본비율	EBITDA마진율
2016	22.5	20.2	11.6	0.0	12.5	13.4	2,471.2	89.6	23.0
2015	32.0	25.9	9.9	0.0	18.3	21.5	3,259.4	91.0	32.4
2014	42.3	33.5	28.5	0.0	60.8	75.9	2,656.7	77.8	42.5
2013	36.4	29.3	17.3	0.0	56.1		1,205.9	85.3	36.5

선도전기 (A007610)
Seondo Electric

업 종 : 전기장비	시 장 : 거래소
신용등급 : (Bond) — (CP) —	기업규모 : 시가총액 소형주
홈페이지 : www.seondo.co.kr	연락처 : 031)491-2284
본 사 : 경기도 안산시 단원구 원시로 86	

설 립 일 1972.01.22	종 업 원 수 196명	대 표 이 사 전동준
상 장 일 1989.11.30	감 사 의 견 적정 (선진)	계 열
결 산 기 12월	보 통 주 1,800만주	종속회사수 1개사
액 면 가 500원	우 선 주	구 상 호

주주구성 (지분율,%)		출자관계 (지분율,%)		주요경쟁사 (외형,%)	
전동준	23.1	트리니티팜		선도전기	100
마진산업	7.4	한국터치스크린		서전기전	53
(외국인)	2.3	전기공업협동조합		삼화전기	212

매출구성		비용구성		수출비중	
수배전반	64.6	매출원가율	89.2	수출	5.0
RelayPanel 외	13.7	판관비율	8.4	내수	95.0
태양광	9.2				

회사 개요
동사는 중전기기 전문업체로 발전, 송변전, 배전설비 등 제반 산업용 플랜트의 전력설비에 공급되는 각종 전력변환기기류를 생산·판매하는 사업부문과 종속회사인 SD벤처캐피탈(주)는 창업자 및 벤처기업에 금융투자하는 사업부문으로 구성된 중견기업임. 중전기기산업은 설비산업 투자 축소 및 지연, 건설경기 부진에 따른 물량감소 등 민수 부문의 침체와 한전 신규투자 및 대규모 민자 사업 지연 등 정부 부문 위축의 영향을 받고 있음.

실적 분석
동사의 2017년 상반기 누적매출액은 551억원으로 전년동기대비 33% 증가함. 비용면에서 매출원가율과 판관비가 각각 33.4%, 45.9% 늘면서 영업이익은 전년동기보다 12.8% 줄어든 11.5억원을 기록함. 동사는 클러스터이온발생기, 전기집진기 환경친화적인 제품에 집중하는 한편 ISO9001, ISO14001에 의한 품질보증체계와 환경경영체계를 바탕으로 동남아는 물론 중동 및 미주지역까지 해외시장 개척에 박차를 가하고 있음.

현금 흐름
<단위 : 억원>

항목	2016	2017.2Q
영업활동	-70	33
투자활동	-45	-57
재무활동	69	21
순현금흐름	-46	-4
기말현금	8	4

시장 대비 수익률

결산 실적
<단위 : 억원>

항목	2012	2013	2014	2015	2016	2017
매출액	572	1,101	910	940	939	
영업이익	10	20	18	57	23	
당기순이익	12	14	16	43	22	

분기 실적
<단위 : 억원>

항목	2016.1Q	2016.2Q	2016.3Q	2016.4Q	2017.1Q	2017.2Q
매출액	142	272	246	279	260	
영업이익	3	10	2	7	0	
당기순이익	2	13	-0	7	2	

재무 상태
<단위 : 억원>

항목	2012	2013	2014	2015	2016	2017.2Q
총자산	990	1,286	1,328	1,359	1,466	1,5
유형자산	197	222	359	354	352	3
무형자산	30	37	48	54	53	5
유가증권	451	484	446	435	483	5
총부채	251	512	559	573	651	6
총차입금	29	136	252	238	310	3
자본금	90	90	90	90	90	
총자본	739	774	769	786	815	8
지배주주지분	737	773	768	785	813	8

기업가치 지표

항목	2012	2013	2014	2015	2016	2017.2Q
주가(최고/저)(천원)	3.9/2.1	3.4/2.3	2.9/2.2	2.7/2.1	5.6/2.2	
PER(최고/저)(배)	58.8/32.0	43.6/30.1	33.5/25.6	11.5/9.0	46.8/18.6	
PBR(최고/저)(배)	1.0/0.5	0.8/0.6	0.7/0.5	0.6/0.5	1.2/0.5	0.9/0
EV/EBITDA(배)	19.0	15.1	17.3	7.2	22.5	
EPS(원)	68	79	87	235	120	
BPS(원)	4,127	4,324	4,294	4,390	4,549	4,9
CFPS(원)	127	144	168	356	244	1
DPS(원)	10	10	10	20	20	
EBITDAPS(원)	116	176	180	435	249	1

재무 비율
<단위 : % >

연도	영업이익률	순이익률	부채비율	차입금비율	ROA	ROE	유보율	자기자본비율	EBITDA마진
2016	2.4	2.3	79.9	38.1	1.5	2.7	809.8	55.6	4
2015	6.0	4.5	72.9	30.2	3.2	5.5	778.0	57.8	4
2014	2.0	1.7	72.8	32.8	1.2	2.0	758.8	57.9	3
2013	1.8	1.3	66.1	17.6	1.3	1.9	764.8	60.2	3

선바이오 (A067370)
SunBio

업　　종 : 제약　　　　　　　　　　　시　　장 : KONEX
용등급 (Bond) —　　(CP) —　　　　기업규모 :
홈페이지 : www.sunbio.com　　　　　연 락 처 : 031)423-5467
　　사 : 경기도 군포시 산본로 95

설 립 일	1997.06.10	종 업 원 수	20명	대 표 이 사	노광
상 장 일	2016.01.22	감 사 의 견	적정 (삼정)	계 열	
결 산 기	12월	보 통 주		종 속 회 사 수	
액 면 가	—	우 선 주		구 상 호	

주주구성 (지분율,%)		출자관계 (지분율,%)	주요경쟁사 (외형,%)	
노광	39.7		선바이오	100
이수화학	6.5		대봉엘에스	6,242
			동성제약	7,005

매출구성		비용구성		수출비중	
P1PAL-20	46.7	매출원가율	52.0	수출	96.0
P1PA-5	27.0	판관비율	197.5	내수	4.0
기타	11.5				

회사 개요
동사는 1997년 7월 설립되었으며 PEGylation 기술 및 PEG 유도체를 이용한 의약품 연구 개발 과 PEG 유도체를 생산 판매하는 업체임. 2016년 1월 코넥스 시장에 상장됨.사업 영역은 두 가지로 연구 개발을 통한 PEG 유도체 및 PEGylation 기술의 라이센싱 아웃에 의한 로열티 및 기술 이전 사업과 PEG 유도체 합성 및 생산기술을 통한 PEG 유도체 사업임. 2016년 연구개발비용은 8.1억원임.

실적 분석
동사의 2016년 매출액은 전년 대비 32.2% 감소한 11.4억원에 그침. 매출 감소로 매출총이익은 5.5억원으로 전년 대비 42.6% 감소함. 인건비와경상개발비 등의 증가로 판매비와관리비는 전년 대비 21.3% 증가한 22.5억원을 기록함. 그 결과 영업이익은 17.0억원의 적자를 기록하며 실적 부진이 이어지고 있음. 당기순이익도 16.1억원의 적자를 기록함.

현금 흐름　　*IFRS 별도 기준　〈단위 : 억원〉

항목	2016	2017.2Q
영업활동	-7	—
투자활동	15	—
재무활동	-3	—
순현금흐름	5	—
기말현금	7	—

시장 대비 수익률

결산 실적　　〈단위 : 억원〉

항목	2012	2013	2014	2015	2016	2017
매출액	21	21	22	17	11	—
영업이익	3	6	3	-9	-17	—
당기순이익	5	6	14	-11	-16	—

분기 실적　　*IFRS 별도 기준　〈단위 : 억원〉

항목	2016.1Q	2016.2Q	2016.3Q	2016.4Q	2017.1Q	2017.2Q
매출액	—	—	—	—	—	—
영업이익						
당기순이익						

재무 상태　　*IFRS 별도 기준　〈단위 : 억원〉

항목	2012	2013	2014	2015	2016	2017.2Q
총자산	42	45	49	79	70	—
유형자산	19	18	2	3	30	—
무형자산	0	0	0	0	0	—
유가증권			10			
총부채	13	11	4	3	7	—
총차입금	13	10				
자본금	19	19	19	38	38	
총자본	28	33	45	77	63	
지배주주지분	28	33	45	77	63	

기업가치 지표　　*IFRS 별도 기준

항목	2012	2013	2014	2015	2016	2017.2Q
주가(최고/저)(천원)	—/—	—/—	—/—	—/—	37.0/5.2	—/—
PER(최고/저)(배)	0.0/0.0	0.0/0.0	0.0/0.0	0.0/0.0	—/—	—/—
PBR(최고/저)(배)	0.0/0.0	0.0/0.0	0.0/0.0	0.0/0.0	43.4/6.1	0.0/0.0
EV/EBITDA(배)						
EPS(원)	63	87	187	-144	-211	
BPS(원)	759	895	1,219	1,002	851	
CFPS(원)	150	198	389	-136	-198	
DPS(원)						
EBITDAPS(원)	117	187	108	-112	-209	

재무 비율　　〈단위 : % 〉

연도	영업이익률	순이익률	부채비율	차입금비율	ROA	ROE	유보율	자기자본비율	EBITDA마진율
2016	-149.5	-141.6	10.8	0.0	-21.6	-23.1	70.3	90.2	-140.7
2015	-53.6	-64.7	3.5	0.4	-16.9	-17.8	100.3	96.6	-50.0
2014	16.1	64.2	8.4	0.0	29.6	35.4	143.9	92.2	18.6
2013	28.6	30.5	34.4	30.0			79.0	74.4	32.9

선익시스템 (A171090)
Sunic System

업　　종 : 디스플레이 및 관련부품　　　시　　장 : KOSDAQ
신용등급 (Bond) —　　(CP) —　　　　기업규모 : 벤처
홈페이지 : www.sunic.co.kr　　　　　연 락 처 : 02)8012-1600
본　　사 : 경기도 수원시 권선구 산업로155번길 293

설 립 일	1990.05.24	종 업 원 수	명	대 표 이 사	박재규,이영종
상 장 일	2017.09.20	감 사 의 견	적정 (안진)	계 열	
결 산 기	12월	보 통 주	600만주	종 속 회 사 수	
액 면 가	500원	우 선 주		구 상 호	

주주구성 (지분율,%)		출자관계 (지분율,%)	주요경쟁사 (외형,%)	
동아엘텍	70.1		선익시스템	100
(외국인)	0.7		인베니아	105
			신화인터텍	150

매출구성		비용구성		수출비중	
증착장비	95.8	매출원가율	73.6	수출	72.0
상품/서비스	4.2	판관비율	10.1	내수	28.0

회사 개요
동사는 OLED 디스플레이 생산을 위한 증착장비(Cluster/Inline Type) 개발/생산 전문 기업으로 LCD/OLED 검사장비 등 디스플레이 후공정 검사장비 제조/판매 기업 동아엘텍의 계열회사임. 주요 제품군은 OLED 유기물 증착 공정에 사용되는 증착 장비인데, 소형, 중형, 대형 포함 Cluster 및 Inline Type까지 다양한 제품 구성 보유. 국내를 비롯해 중국 및 아시아, 북미/유럽 등 전세계에 총 141개 장비를 납품중

실적 분석
동사는 2013년에 6GH 증착기를 시생산하여 주요고객인 LG디스플레이에 공급하였으며, 2016년 1월에 양산용 제품을 E5라인에 공급하여 생산 중임. 경쟁사인 일본 T사와 올해 말에 증착기의 양산성 비교평가를 통해 공급업체를 결정할 예정임. 동사의 2분기 매출액은 전년동기 606.8억원 대비 18.4% 증가한 718.2억원, 영업이익은 30.1% 증가한 104.6억원을 기록했으나 당기순이익은 36.7% 감소한 69.6억원을 기록함.

현금 흐름　　*IFRS 별도 기준　〈단위 : 억원〉

항목	2016	2017.2Q
영업활동	26	230
투자활동	-14	-3
재무활동	—	—
순현금흐름	13	231
기말현금	83	315

시장 대비 수익률

결산 실적　　〈단위 : 억원〉

항목	2012	2013	2014	2015	2016	2017
매출액	407	385	461	289	1,437	—
영업이익	50	46	17	-49	234	—
당기순이익	52	31	4	-47	236	—

분기 실적　　*IFRS 별도 기준　〈단위 : 억원〉

항목	2016.1Q	2016.2Q	2016.3Q	2016.4Q	2017.1Q	2017.2Q
매출액		446				355
영업이익		66				49
당기순이익		91				33

재무 상태　　*IFRS 별도 기준　〈단위 : 억원〉

항목	2012	2013	2014	2015	2016	2017.2Q
총자산	369	429	517	400	842	829
유형자산	50	124	160	164	161	160
무형자산	73	59	33	22	13	14
유가증권		4		4		
총부채	149	178	264	191	399	315
총차입금	39	97	124	127	127	127
자본금	25	25	25	25	25	25
총자본	219	251	253	208	443	515
지배주주지분	219	251	253	208	443	515

기업가치 지표　　*IFRS 별도 기준

항목	2012	2013	2014	2015	2016	2017.2Q
주가(최고/저)(천원)	—/—	—/—	—/—	—/—	—/—	—/—
PER(최고/저)(배)	0.0/0.0	0.0/0.0	0.0/0.0	0.0/0.0	0.0/0.0	—/—
PBR(최고/저)(배)	0.0/0.0	0.0/0.0	0.0/0.0	0.0/0.0	0.0/0.0	0.0/0.0
EV/EBITDA(배)		0.5	1.5		0.2	
EPS(원)	1,035	620	83	-943	4,722	1,393
BPS(원)	4,388	5,018	5,052	4,169	8,863	10,290
CFPS(원)	1,330	868	469	-651	5,039	1,517
DPS(원)						
EBITDAPS(원)	1,290	1,161	730	-698	4,994	2,217

재무 비율　　〈단위 : % 〉

연도	영업이익률	순이익률	부채비율	차입금비율	ROA	ROE	유보율	자기자본비율	EBITDA마진율
2016	16.3	16.4	90.1	28.7	38.0	72.5	1,672.7	52.6	17.4
2015	-17.1	-16.3	91.7	60.9	-10.3	-20.5	733.8	52.2	-12.1
2014	3.7	0.9	104.6	49.1	0.9	1.7	910.3	48.9	7.9
2013	11.9	8.1	70.9	38.6	7.8	13.2	903.6	58.5	15.1

선진 (A136490)
Sunjin

업 종 : 식료품		시 장 : 거래소	
신 용 등 급 : (Bond) — (CP) —		기 업 규 모 : 시가총액 소형주	
홈 페 이 지 : www.sj.co.kr		연 락 처 : 031)637-1180	
본 사 : 경기도 이천시 대월면 사동로 76			

설 립 일	2011.01.04	총 업 원 수	318명	대 표 이 사	이범권
상 장 일	2011.02.16	감 사 의 견	적정 (삼정)	계 열	
결 산 기	12월	보 통 주	1,628만주	종속회사수	9개사
액 면 가	500원	우 선 주		구 상 호	

주주구성 (지분율,%)		출자관계 (지분율,%)		주요경쟁사 (외형,%)	
제일홀딩스	50.0	대성축산영농조합	42.7	선진	100
한국투자밸류자산운용	16.7	맥키코리아	20.0	CJ프레시웨이	361
(외국인)	13.1	여수문화방송	8.8	신세계푸드	166

매출구성		비용구성		수출비중	
식육사업	39.9	매출원가율	81.2	수출	0.0
사료사업	39.8	판관비율	12.3	내수	100.0
양돈사업	20.3				

회사 개요
동사는 배합사료 및 축산물 제조, 판매를 주사업으로 하고 있으며 2011년 1월 인적분할되었음. 배합사료 사업부문이 총 매출액의 58.8%를 차지하고 있음. 총 매출의 약 60%를 점유하고 있는 배합사료부문은 전국 5개소에 물류센터를 운용하여 효과적인 판매체계 구축에 힘쓰고 있으며, 1992년 식육사업에 진출하여 선진포크라는 브랜드를 탄생시켜 현재 돈육브랜드육의 시장점유율 약 3~4% 내외로 추정됨.

실적 분석
동사의 2017년도 연결기준 상반기 매출액은 3,771.1억원으로 전년동기 대비 18.9% 증가함. 영업이익과 당기순이익은 각각 338.6억원, 356.2억원을 시현하며, 전년동기 대비 각각 103.3%, 107% 증가함. 이는 수익성 개선 및 양돈사업부문의 연결비용 포함에 따른 영향으로 볼 수 있음. 현재 중국과 필리핀, 베트남, 미얀마 등에서 배합사료 사업을 펼치고 있음. 동사는 시설자금등의 조달을 위해 1,128억 규모의 유상증자를 결정.

현금 흐름 〈단위 : 억원〉

항목	2016	2017.2Q
영업활동	505	493
투자활동	-1,077	-500
재무활동	68	369
순현금흐름	-444	361
기말현금	197	558

시장 대비 수익률

결산 실적 〈단위 : 억원〉

항목	2012	2013	2014	2015	2016	2017
매출액	4,355	5,221	5,954	6,034	6,453	—
영업이익	259	282	267	279	423	—
당기순이익	302	293	234	191	327	—

분기 실적 〈단위 : 억원〉

항목	2016.1Q	2016.2Q	2016.3Q	2016.4Q	2017.1Q	2017.2Q
매출액	1,593	1,579	1,538	1,744	1,710	2,061
영업이익	50	117	130	126	98	241
당기순이익	60	112	149	5	171	186

재무 상태 〈단위 : 억원〉

항목	2012	2013	2014	2015	2016	2017.2Q
총자산	2,697	2,835	3,831	4,373	5,437	6,534
유형자산	405	591	841	894	1,969	2,268
무형자산	26	26	32	35	61	74
유가증권	139	153	163	300	282	282
총부채	1,535	1,381	2,156	2,476	3,488	4,247
총차입금	1,109	806	1,644	1,975	2,805	3,333
자본금	41	41	41	41	41	81
총자본	1,162	1,454	1,674	1,897	1,948	2,287
지배주주지분	1,162	1,452	1,671	1,894	1,862	2,174

기업가치 지표

항목	2012	2013	2014	2015	2016	2017.2Q
주가(최고/저)(천원)	14.1/6.7	26.0/13.0	41.2/24.6	34.9/25.1	30.9/25.7	—/—
PER(최고/저)(배)	3.9/1.8	7.3/3.7	14.4/8.6	14.9/10.7	8.0/6.7	—/—
PBR(최고/저)(배)	1.0/0.5	1.5/0.7	2.0/1.2	1.5/1.1	1.4/1.1	1.6/1.0
EV/EBITDA(배)	5.7	7.7	10.3	9.7	8.8	—
EPS(원)	1,855	1,801	1,444	1,180	1,937	2,072
BPS(원)	14,277	17,835	20,525	23,267	22,877	13,357
CFPS(원)	3,831	3,782	3,179	2,850	5,147	2,497
DPS(원)	100	100	100	100	100	—
EBITDAPS(원)	3,308	3,645	3,568	3,913	6,469	2,505

재무 비율 〈단위 : %〉

연도	영업이익률	순이익률	부채비율	차입금비율	ROA	ROE	유보율	자기자본비율	EBITDA마진율
2016	6.6	5.1	179.1	144.0	6.7	16.8	4,475.4	35.8	8.2
2015	4.6	3.2	130.5	104.1	4.7	10.8	4,553.3	43.4	5.3
2014	4.5	3.9	128.8	98.2	7.0	15.1	4,005.1	43.7	4.9
2013	5.4	5.6	95.0	55.4	10.6	22.4	3,466.9	51.3	5.7

선창산업 (A002820)
Sunchang

업 종 : 종이 및 목재		시 장 : 거래소	
신 용 등 급 : (Bond) — (CP) —		기 업 규 모 : 시가총액 소형주	
홈 페 이 지 : www.sunwood.co.kr		연 락 처 : 032)770-3000	
본 사 : 인천시 중구 월미로 96 (북성동 1가)			

설 립 일	1959.10.17	총 업 원 수	579명	대 표 이 사	김영환
상 장 일	1976.05.22	감 사 의 견	적정 (삼일)	계 열	
결 산 기	12월	보 통 주	1,261만주	종속회사수	14개사
액 면 가	1,000원	우 선 주		구 상 호	

주주구성 (지분율,%)		출자관계 (지분율,%)		주요경쟁사 (외형,%)	
정연준	23.2	다린	100.0	선창산업	100
신한비엔피파리바자산운용	7.2	선창ITS	100.0	깨끗한나라	128
(외국인)	2.3	SCFNZ	100.0	한국제지	118

매출구성		비용구성		수출비중	
목창호 외	39.5	매출원가율	88.3	수출	7.0
MDF	20.3	판관비율	9.2	내수	93.0
합판	17.5				

회사 개요
동사는 합판, MDF, 제재목, PB, 빌트인 가구, 주방가구 등을 제조, 생산, 유통, 판매하는 종합목재 기업임. 합판의 경우 국내 업체들 가운데 1위를 유지하고 있음. 주력제품으로 건설용재, 건축용재, 인테리어용재, 창호목재 등으로 쓰이는 다양한 두께의 합판과 건축과 가구자재, 마루판재, 벽판넬재 등으로 쓰이는 MDF를 생산함. 현재 선창ITS, 동부흥산 등을 계열사로 두고 있음.

실적 분석
동사의 2017년 상반기 매출액은 3,050.0억원으로 전년동기 대비 16.6% 증가. 하지만 원가율율 상승으로 매출총이익 9.1% 하락, 영업이익은 39.1억원에 그침. 금융비용은 13.6억원 발생함. 당기순이익은 28.9억원을 기록하며 전년동기 47.9억원에서 급감함. 가구부문은 매출 신장과 함께 영업이익도 증가하였으나 목재부문은 원목가격 상승으로 2.9억원의 영업적자를 기록함.

현금 흐름 〈단위 : 억원〉

항목	2016	2017.2Q
영업활동	316	34
투자활동	-218	-217
재무활동	-34	189
순현금흐름	63	8
기말현금	590	599

결산 실적 〈단위 : 억원〉

항목	2012	2013	2014	2015	2016	2017
매출액	3,336	4,035	4,804	5,514	5,512	—
영업이익	-44	45	25	116	139	—
당기순이익	-36	25	-17	50	80	—

분기 실적 〈단위 : 억원〉

항목	2016.1Q	2016.2Q	2016.3Q	2016.4Q	2017.1Q	2017.2Q
매출액	1,275	1,340	1,418	1,479	1,479	1,57
영업이익	32	43	54	11	6	3
당기순이익	19	29	34	-2	6	2

재무 상태 〈단위 : 억원〉

항목	2012	2013	2014	2015	2016	2017.2Q
총자산	4,541	5,192	5,240	5,636	5,779	6,03
유형자산	2,312	2,330	2,263	2,429	2,457	2,52
무형자산	18	35	40	174	181	17
유가증권	42	51	44	49	58	6
총부채	1,884	2,547	2,557	2,906	2,954	3,28
총차입금	1,138	1,604	1,511	1,769	1,797	2,21
자본금	104	105	123	124	126	12
총자본	2,657	2,646	2,683	2,729	2,825	2,75
지배주주지분	2,657	2,653	2,686	2,682	2,776	2,75

기업가치 지표

항목	2012	2013	2014	2015	2016	2017.2Q
주가(최고/저)(천원)	7.8/5.3	6.6/5.4	12.2/5.9	22.0/6.2	13.7/9.7	—/—
PER(최고/저)(배)	—/—	32.1/26.2	—/—	67.5/18.9	20.4/14.5	—/—
PBR(최고/저)(배)	0.4/0.2	0.3/0.2	0.6/0.3	1.1/0.3	0.6/0.5	0.5/0
EV/EBITDA(배)	14.9	10.0	11.0	10.6	8.5	—
EPS(원)	-330	219	-191	336	683	2
BPS(원)	25,891	25,506	22,140	21,791	22,232	22,07
CFPS(원)	1,014	1,496	1,046	1,524	1,974	88
DPS(원)	110	115	165	182	205	—
EBITDAPS(원)	942	1,694	1,457	2,114	2,394	97

재무 비율 〈단위 : %〉

연도	영업이익률	순이익률	부채비율	차입금비율	ROA	ROE	유보율	자기자본비율	EBITDA마진율
2016	2.5	1.5	104.5	63.6	1.4	3.2	2,123.2	48.9	5
2015	2.1	0.9	106.5	64.8	0.9	1.6	2,079.2	48.4	4
2014	0.5	-0.4	95.3	56.3	-0.3	-0.9	2,114.0	51.2	3
2013	1.1	0.6	96.3	60.6	0.5	0.9	2,450.6	51.0	4

성광벤드 (A014620)
SUNG KWANG BEND

업　　종 : 기계		시　　장 : KOSDAQ	
신용등급 : (Bond) —	(CP) —	기업규모 : 우량	
홈페이지 : www.skbend.com		연 락 처 : 051)3300-200	
본　　사 : 부산시 강서구 녹산산단 262로 26			

설 립 일 1980.02.23	종 업 원 수 352명	대 표 이 사 안재일
상 장 일 2000.12.29	감 사 의 견 적정 (한영)	계 열
결 산 기 12월	보 통 주 2,860만주	종속회사수 1개사
액 면 가 500원	우 선 주	구 상 호

주주구성 (지분율,%)		출자관계 (지분율,%)		주요경쟁사 (외형,%)	
안재일	26.6	화진피에프	100.0	성광벤드	100
안갑원	10.5	세정이십일	0.9	두산중공업	6,842
(외국인)	14.0	신평관리공단		현대엘리베이	866

매출구성		비용구성		수출비중	
LBOW, TEE, REDUCER, 기타(제품)	81.1	매출원가율	84.3	수출	60.0
LBOW, TEE, REDUCER, 기타(상품)	14.5	판관비율	14.3	내수	40.0
LBOW, TEE, REDUCER, 기타(기타매출)	4.4				

회사 개요
동사는 금속관 이음쇠 전문 기업임. 주력제품은 석유화학, 발전설비, 조선 등의 전방산업에 다양하게 사용되고 있음. 중동을 비롯한 주요 플랜트 발주 국가로의 수출이 전체매출의 절반 이상을 차지함. 글로벌 선두 주자로서 앞도적인 시장 지배력을 확대할 전망임. 국내 시장은 동사와 태광의 독과점적 상태가 계속 유지될 전망이며, 해외시장에서는 가장 큰 경쟁자인 이탈리아 업체들의 경영 악화로 인한 수혜가 예상됨.

실적 분석
동사의 2017년 연결기준 반기 매출액은 754.2억원으로 전년동기 대비 30.1% 감소함. 매출 감소 및 고정비 부담 확대로 영업이익은 전년동기 대비 적자 전환하며 31.6억원을 영업손실 시현하는데 그침. 비영업손실 또한 악화되며 당기순이익 역시 적자 전환하며 42.1억원의 순손실 시현하는 등 수익성 악화됨. 그동안 탄탄한 영업이익률을 바탕으로 성장해 왔으나, 전방산업의 침체로 외형 및 수익성의 급격한 회복은 쉽지 않을 전망.

현금 흐름 〈단위 : 억원〉

항목	2016	2017.2Q
영업활동	388	43
투자활동	-49	-64
재무활동	-129	-50
순현금흐름	204	-83
기말현금	591	508

시장 대비 수익률

결산 실적 〈단위 : 억원〉

항목	2012	2013	2014	2015	2016	2017
매출액	3,759	4,035	2,920	2,499	2,031	—
영업이익	763	903	537	228	29	—
당기순이익	555	687	441	195	46	—

분기 실적 〈단위 : 억원〉

항목	2016.1Q	2016.2Q	2016.3Q	2016.4Q	2017.1Q	2017.2Q
매출액	548	532	480	471	350	404
영업이익	28	17	0	-16	-11	-20
당기순이익	16	18	-19	31	-39	-3

재무 상태 〈단위 : 억원〉

항목	2012	2013	2014	2015	2016	2017.2Q
총자산	5,107	5,329	5,534	5,458	5,322	5,156
유형자산	1,821	2,338	2,436	2,678	2,523	2,509
무형자산	13	14	10	7	8	8
유가증권	0	6	12	11	10	25
총부채	1,389	982	1,014	802	632	550
총차입금	594	286	433	274	192	188
자본금	143	143	143	143	143	143
총자본	3,719	4,347	4,521	4,655	4,691	4,606
지배주주지분	3,609	4,234	4,521	4,655	4,691	4,606

기업가치 지표

항목	2012	2013	2014	2015	2016	2017.2Q
주가(최고/저)(천원)	26.0/16.2	29.9/20.6	25.6/12.5	15.3/7.2	12.9/7.5	—/—
PER(최고/저)(배)	14.5/9.0	13.2/9.1	17.5/8.6	23.2/11.0	82.5/48.0	—/—
PBR(최고/저)(배)	2.2/1.4	2.1/1.5	1.7/0.8	1.0/0.5	0.8/0.5	0.7/0.5
EV/EBITDA(배)	9.0	8.2	6.5	8.7	28.8	—
EPS(원)	1,901	2,386	1,533	680	160	-147
BPS(원)	12,618	14,804	16,062	16,625	16,749	16,452
CFPS(원)	2,005	2,498	1,656	807	289	-84
DPS(원)	150	150	150	150	150	
EBITDAPS(원)	2,770	3,270	2,001	922	231	-47

재무 비율 〈단위 : % 〉

연도	영업이익률	순이익률	부채비율	차입금비율	ROA	ROE	유보율	자기자본비율	EBITDA마진율
2016	1.4	2.3	13.5	4.1	0.9	1.0	3,249.8	88.1	3.3
2015	9.1	7.8	17.2	5.9	3.5	4.2	3,225.0	85.3	10.6
2014	18.4	15.1	22.4	9.6	8.1	10.0	3,112.4	81.7	19.6
2013	22.4	17.0	16.8	13.2	17.4	17.4	2,860.8	81.6	23.2

성도이엔지 (A037350)
SUNGDO ENGINEERING & CONSTRUCTION CO

업　　종 : 건설		시　　장 : KOSDAQ	
신용등급 : (Bond) —	(CP) —	기업규모 : 우량	
홈페이지 : www.sungdokorea.com		연 락 처 : 02)6244-5200	
본　　사 : 서울시 강남구 영동대로 106길 42			

설 립 일 1988.05.13	종 업 원 수 280명	대 표 이 사 서인수,강창열(각자대표이사)
상 장 일 2000.01.11	감 사 의 견 적정 (대주)	계 열
결 산 기 12월	보 통 주 1,547만주	종속회사수 8개사
액 면 가 500원	우 선 주	구 상 호

주주구성 (지분율,%)		출자관계 (지분율,%)		주요경쟁사 (외형,%)	
서인수	34.0	성도엘앤디	80.0	성도이엔지	100
Evolution Master Fund Ltd. SPC, Class "M" Shares	4.4	에스티아이	20.0	희림	33
(외국인)	8.3	대한설비건설조합	0.1	세보엠이씨	91

매출구성		비용구성		수출비중	
하이테크산업설비	55.0	매출원가율	89.7	수출	24.0
플랜트	28.0	판관비율	4.1	내수	76.0
종합건설시공	12.0				

회사 개요
동사는 하이테크산업설비 사업분야에서 엔지니어링, 구매, 시공, 시운전, 유지보수 및 사후관리까지 Total Turn-Key Service를 제공하고 있으며, 국내외 발전, 화공 플랜트 분야의 전문 시공사업을 주요사업으로 하고 있음. 수익을 창출하는 주된 사업내용에 따라 하이테크산업 설비부문과 플랜트사업부문, 종합건설시공부문, 부동산개발부문 그리고 중개무역 등을 포함하는 기타사업부문으로 연결실체를 세분화 할 수 있음.

실적 분석
동사의 2017년 2분기기준 누적 매출액은 전년동기대비 13.7% 상승한 2,057억원을 기록하였음. 비용면에서 전년동기대비 매출원가는 증가 하였으며 인건비는 거의 동일 하였고 광고선전비는 크게 감소 하였고 기타판매비외관리비는 크게 감소함. 이처럼 매출액 상승과 더불어 비용절감에도 힘을 기울였음. 그에 따라 전년동기대비 영업이익은 118.2억원으로 63.9% 상승하였음. 최종적으로 전년동기대비 당기순이익은 상승하여 123.4억원을 기록함.

현금 흐름 〈단위 : 억원〉

항목	2016	2017.2Q
영업활동	310	-25
투자활동	-326	334
재무활동	-140	0
순현금흐름	-196	261
기말현금	235	496

시장 대비 수익률

결산 실적 〈단위 : 억원〉

항목	2012	2013	2014	2015	2016	2017
매출액	4,130	4,581	3,573	3,292	4,256	—
영업이익	627	361	146	77	263	—
당기순이익	408	221	108	82	234	—

분기 실적 〈단위 : 억원〉

항목	2016.1Q	2016.2Q	2016.3Q	2016.4Q	2017.1Q	2017.2Q*
매출액	747	1,063	1,053	1,393	978	1,079
영업이익	15	57	54	137	32	86
당기순이익	36	40	43	115	32	92

재무 상태 〈단위 : 억원〉

항목	2012	2013	2014	2015	2016	2017.2Q
총자산	3,697	3,680	2,896	3,053	3,497	3,371
유형자산	183	294	221	221	229	211
무형자산	43	51	49	50	59	57
유가증권	12	13	14	9	12	130
총부채	2,436	2,189	1,277	1,348	1,623	1,424
총차입금	573	464	329	270	185	354
자본금	75	75	77	77	77	77
총자본	1,261	1,491	1,620	1,705	1,874	1,948
지배주주지분	1,117	1,331	1,454	1,537	1,711	1,794

기업가치 지표

항목	2012	2013	2014	2015	2016	2017.2Q
주가(최고/저)(천원)	4.2/2.7	8.8/3.9	8.9/4.4	5.6/3.4	5.5/3.9	—/—
PER(최고/저)(배)	2.0/1.3	6.7/3.0	12.8/6.2	11.0/6.8	3.8/2.7	—/—
PBR(최고/저)(배)	0.6/0.4	1.0/0.5	1.0/0.5	0.6/0.4	0.5/0.4	0.6/0.5
EV/EBITDA(배)	1.4	2.7	4.8	5.3	1.6	—
EPS(원)	2,297	1,379	728	525	1,502	811
BPS(원)	7,456	8,884	9,586	10,175	11,316	11,759
CFPS(원)	2,376	1,492	845	628	1,629	811
DPS(원)	50	70	50	50	100	—
EBITDAPS(원)	4,258	2,523	1,085	605	1,834	764

재무 비율 〈단위 : % 〉

연도	영업이익률	순이익률	부채비율	차입금비율	ROA	ROE	유보율	자기자본비율	EBITDA마진율
2016	6.2	5.5	86.6	9.9	7.2	14.3	2,163.2	53.6	6.6
2015	2.4	2.5	79.1	15.8	2.8	5.4	1,935.1	55.8	2.8
2014	4.1	3.0	78.8	20.3	3.3	7.9	1,817.2	55.9	4.6
2013	7.9	4.8	146.8	31.1	6.0	16.9	1,676.7	40.5	8.3

성문전자 (A014910)
SUNGMOON ELECTRONICS

업　　종 : 전기장비		시　　장 : 거래소	
신용등급 : (Bond) — 　(CP) —		기업규모 : 시가총액 소형주	
홈페이지 : www.smec-korea.co.kr		연 락 처 : 031)650-2872	
본　　사 : 경기도 평택시 세교산단로 61			

설 립 일	1980.07.11	종업원수	129명	대표이사	신동열
상 장 일	1990.03.24	감사의견	적정 (한울)	계	
결 산 월	12월	보 통 주	1,655만주	종속회사수	2개사
액 면 가	500원	우 선 주	60만주	구 상 호	열

주주구성 (지분율,%)		출자관계 (지분율,%)		주요경쟁사 (외형,%)	
신동열	17.9	성문디엠주식회사	99.0	성문전자	100
한국증권금융	3.3	SMA	39.9	가온전선	1,650
(외국인)	0.4	그린스타	4.0	광명전기	213

매출구성		비용구성		수출비중	
ZN증착 FILM	56.1	매출원가율	87.5	수출	—
AI증착FILM	22.0	판관비율	14.0	내수	—
기타	21.9				

회사 개요
동사는 1980년에 설립되어 '90년에 상장한 콘덴서용 금속증착필름 생산 전문 업체임. 콘덴서는 전자회로의 기본적인 필수부품 중 하나로 동사의 필름은 국내외 콘덴서 제조업체에 납품되며 연간 필름 생산량은 4,000여톤으로서 증가 추세에 있음. 세계시장 20%, 국내시장은 70% 가량의 시장 점유율을 확보함. 전체 매출의 90% 이상을 대만, 중국, 미국 등지에 직수출(Local 포함)하는 해외수요가 대부분임.

실적 분석
동사의 2017년 상반기 연결기준 매출액은 237.1억원으로 전년동기대비 0.2% 증가함. 비용면에서 판관비는 1.4% 줄어든 반면 매출원가는 0.9% 상승함. 영업이익은 전년동기보다 25.6% 줄어든 2.6억원을 기록함. 동사의 매출액과 영업이익의 대부분은 콘덴서용금속증착필름사업부에서 나오고 있음. 성장동력 확보를 위해 하이브리드카에 적용되는 필름을 개발하여 양산 판매하고 있음.

현금 흐름 〈단위 : 억원〉

항목	2016	2017.2Q
영업활동	25	12
투자활동	4	-11
재무활동	-19	-10
순현금흐름	10	-8
기말현금	41	33

시장 대비 수익률

결산 실적 〈단위 : 억원〉

항목	2012	2013	2014	2015	2016	2017
매출액	544	548	539	482	454	
영업이익	-18	-35	-21	-13	-7	
당기순이익	-23	-45	-20	-17	-11	

분기 실적 〈단위 : 억원〉

항목	2016.1Q	2016.2Q	2016.3Q	2016.4Q	2017.1Q	2017.2Q
매출액	125	112	104	114	118	119
영업이익	5	-1	-8	-2	1	1
당기순이익	2	-1	-12	0	-4	3

재무 상태 〈단위 : 억원〉

항목	2012	2013	2014	2015	2016	2017.2Q
총자산	432	498	516	453	441	433
유형자산	117	104	108	121	110	105
무형자산	11	10	10	7	7	6
유가증권	7	2	1	2	2	2
총부채	97	197	244	167	161	157
총차입금	48	126	168	97	69	58
자본금	71	71	71	82	86	86
총자본	335	301	272	286	280	277
지배주주지분	332	299	270	283	278	275

기업가치 지표

항목	2012	2013	2014	2015	2016	2017.2Q
주가(최고/저)(천원)	2.8/1.6	2.2/1.6	1.7/1.1	3.1/1.2	14.1/1.9	—/—
PER(최고/저)(배)	—/—	—/—	—/—	—/—	—/—	—/—
PBR(최고/저)(배)	1.2/0.7	1.0/0.7	0.9/0.6	1.7/0.7	8.3/1.1	6.5/1.4
EV/EBITDA(배)	50.9		197.1	178.6	165.1	—/—
EPS(원)	-162	-309	-138	-108	-62	-9
BPS(원)	2,413	2,176	1,972	1,785	1,687	1,666
CFPS(원)	-0	-141	17	-2	47	43
DPS(원)	5	5	—	—	—	—
EBITDAPS(원)	34	-79	9	19	67	67

재무 비율 〈단위 : %〉

연도	영업이익률	순이익률	부채비율	차입금비율	ROA	ROE	유보율	자기자본비율	EBITDA마진율
2016	-1.6	-2.4	57.4	24.7	-2.4	-3.7	237.4	63.5	2.5
2015	-2.8	-3.5	58.5	33.8	-3.5	-6.1	257.0	63.1	0.6
2014	-3.8	-3.7	89.7	62.0	-3.9	-6.9	294.4	52.7	0.2
2013	-6.4	-8.1	65.3	41.8	-9.6	-14.0	335.2	60.5	-2.1

성보화학 (A003080)
Sung Bo Chemicals

업　　종 : 화학		시　　장 : 거래소	
신용등급 : (Bond) — 　(CP) —		기업규모 : 시가총액 소형주	
홈페이지 : www.sbcc.kr		연 락 처 : 031)493-1041	
본　　사 : 경기도 안산시 단원구 산단로19번길 168(목내동)			

설 립 일	1961.01.06	종업원수	139명	대표이사	윤정선
상 장 일	1976.12.23	감사의견	적정 (대주)	계	
결 산 월	12월	보 통 주	2,002만주	종속회사수	
액 면 가	500원	우 선 주		구 상 호	열

주주구성 (지분율,%)		출자관계 (지분율,%)		주요경쟁사 (외형,%)	
윤정선	29.9			성보화학	100
윤태현	10.6			동성화인텍	577
(외국인)	1.2			동성화학	305

매출구성		비용구성		수출비중	
살충제(강타자외)	30.9	매출원가율	74.4	수출	0.0
살균제(카스텔란외)	30.7	판관비율	23.4	내수	100.0
제초제(반벨외)	29.6				

회사 개요
동사는 1961년 설립돼 작물보호제 제조 및 판매를 영위하는 회사임. 1976년 유가증권시장에 상장함. 동사는 작물보호제 제조에만 전념해오다 2006년 제2공장에 임대공장을 준공해 임대 사업을 병행하고 있음. 주요 매출대상은 농민을 상대로 하는 도소매상임. 봄과 여름철 매출이 집중되는 계절적 특수성을 가짐. 2017년 3월 윤창섭 명예회장의 장손녀인 윤정선 부사장이 사장에 취임함.

실적 분석
2017년 반기 현재 동사는 연결대상 종속법인을 보유하고 있지 않음. 동사의 2017년 반기 매출액은 486억원으로 전년동기 대비 5.9% 증가함. 그러나 원가부담이 늘면서 영업이익은 전년동기 대비 29.3% 감소한 46.1억원을 시현함. 금융수익과 유형자산처분이익 등이 발생하여 비영업손익면에서 55.8억원의 이익이 발생하면서 당기순이익은 82.9억원으로 전년동기 51억원 대비 62.6% 증가한 실적을 시현함.

현금 흐름 *IFRS 별도 기준 〈단위 : 억원〉

항목	2016	2017.2Q
영업활동	-78	-22
투자활동	711	-417
재무활동	-39	-133
순현금흐름	593	-573
기말현금	612	39

시장 대비 수익률

결산 실적 〈단위 : 억원〉

항목	2012	2013	2014	2015	2016	2017
매출액	453	497	545	560	580	
영업이익	28	38	53	55	13	
당기순이익	30	35	46	33	750	

분기 실적 *IFRS 별도 기준 〈단위 : 억원〉

항목	2016.1Q	2016.2Q	2016.3Q	2016.4Q	2017.1Q	2017.2Q
매출액	349	110	107	14	404	8
영업이익	59	5	-5	-46	67	-2
당기순이익	45	6	778	-78	71	1

재무 상태 *IFRS 별도 기준 〈단위 : 억원〉

항목	2012	2013	2014	2015	2016	2017.2Q
총자산	1,016	1,020	1,064	1,076	1,945	1,73
유형자산	389	387	383	381	242	35
무형자산	0	1	2	2	2	
유가증권	18	18	23	23	233	23
총부채	141	130	155	179	340	17
총차입금						
자본금	100	100	100	100	100	
총자본	875	889	909	897	1,605	1,55
지배주주지분	875	889	909	897	1,605	1,55

기업가치 지표 *IFRS 별도 기준

항목	2012	2013	2014	2015	2016	2017.2Q
주가(최고/저)(천원)	2.1/1.7	2.6/2.0	3.9/2.4	6.2/3.8	7.0/5.0	—/—
PER(최고/저)(배)	18.5/14.5	18.4/14.3	19.1/12.1	42.2/26.1	2.0/1.4	—/—
PBR(최고/저)(배)	0.6/0.5	0.7/0.6	1.0/0.6	1.5/1.0	0.9/0.7	0.9/0
EV/EBITDA(배)	9.5	9.0	12.3	17.6	14.6	—/—
EPS(원)	149	174	231	163	3,748	41
BPS(원)	43,725	44,428	45,407	44,795	8,019	8,01
CFPS(원)	2,112	2,386	2,897	2,203	3,796	45
DPS(원)	1,000	1,500	2,000	2,200	440	
EBITDAPS(원)	2,018	2,535	3,237	3,295	112	27

재무 비율 〈단위 : %〉

연도	영업이익률	순이익률	부채비율	차입금비율	ROA	ROE	유보율	자기자본비율	EBITDA마진율
2016	2.2	129.4	21.2	0.0	49.7	60.0	1,503.9	82.5	3
2015	9.7	5.8	19.9	0.0	3.1	3.6	795.9	83.4	11
2014	9.7	8.5	17.0	0.0	4.4	5.1	808.1	85.4	11
2013	7.6	14.6	14.7	0.0	3.4	4.0	788.6	87.2	10

성신양회 (A004980)
Sungshin Cement

업 종 : 건축소재	시 장 : 거래소
신용등급 : (Bond) — (CP) —	기업규모 : 시가총액 소형주
홈 페 이 지 : www.sungshincement.co.kr	연 락 처 : 02)3782-7000
본 사 : 서울시 종로구 인사동5길 29	

설 립 일	1967.03.16	종 업 원 수	708명	대 표 이 사	김영준,김영찬,김상규
상 장 일	1976.06.30	감사의견	적정 (신우)	계 열	
결 산 기	12월	보 통 주	2,401만주	종속회사수	5개사
액 면 가	5,000원	우 선 주	124만주	구 상 호	

주주구성 (지분율,%)		출자관계 (지분율,%)		주요경쟁사 (외형,%)	
김태현	12.6	금호산업	0.5	성신양회	100
김영준	11.6	SungShinVINA	100.0	아세아시멘트	66
(외국인)	9.6	JinSungInternational	100.0	현대시멘트	55

매출구성		비용구성		수출비중	
[시멘트]제품	75.6	매출원가율	79.1	수출	0.0
[레미콘]제품	24.0	판관비율	15.5	내수	100.0
[기타]제품, 상품(유류 외)	0.4				

회사 개요
동사는 1967년 설립되어 현재 단양과 부강에 크링커, 시멘트 생산공장을 보유하고 있으며, 전국 6개(수색, 의왕, 논산, 춘천, 안동, 김해) 시멘트 출하공장, 4개(구리, 파주, 대전, 용인) 레미콘 생산공장을 운영하고 있음. 칼슘 용석회석 판매업 및 부산물 재활용업 등을 시멘트사업부문으로 재편성함. 동사는 하노이 지역을 중심으로 베트남 사업을 추진하고 있으며 영업역량 강화, 사회공헌 활동 등을 통해 베트남 시장에서의 경쟁력 확보 중에 있음

실적 분석
동사의 2017년 2분기 누적 연결기준 매출액은 전년대비 2.9% 감소한 3,262.9억원을 기록함. 영형 축소에도 원가율은 소폭 개선되어 영업이익은 전년대비 1.9% 증가한 238.7억원을 시현함. 금융손실 축소에도 전년 동기의 일회성 요인이던 잡이익 인식효과가 사라지며 당기순이익은 전년대비 55.8% 감소한 136.5억원에 그침. 동사는 당분기 중 과징금 납부의 변경을 공시함.

현금 흐름 〈단위 : 억원〉
항목	2016	2017.2Q
영업활동	1,121	414
투자활동	-181	-270
재무활동	-1,075	-149
순현금흐름	-135	-4
기말현금	26	22

시장 대비 수익률

결산 실적 〈단위 : 억원〉
항목	2012	2013	2014	2015	2016	2017
매출액	5,465	6,017	6,137	6,787	6,866	—
영업이익	160	449	444	353	368	—
당기순이익	31	34	82	-340	124	—

분기 실적 〈단위 : 억원〉
항목	2016.1Q	2016.2Q	2016.3Q	2016.4Q	2017.1Q	2017.2Q
매출액	1,386	1,973	1,535	1,971	1,450	1,813
영업이익	-34	269	106	28	22	216
당기순이익	-77	386	-23	-162	20	116

재무 상태 〈단위 : 억원〉
항목	2012	2013	2014	2015	2016	2017.2Q
총자산	11,225	11,443	11,157	10,728	10,163	10,022
유형자산	6,839	6,966	6,787	6,514	6,250	6,115
무형자산	335	273	253	238	225	213
유가증권	34	108	125	38	32	37
총부채	7,937	7,961	7,690	7,675	6,985	6,714
총차입금	5,716	5,788	5,405	4,660	3,572	3,426
자본금	1,042	1,261	1,261	1,261	1,285	1,285
총자본	3,288	3,482	3,466	3,053	3,177	3,308
지배주주지분	3,288	3,486	3,464	3,052	3,178	3,309

기업가치 지표
항목	2012	2013	2014	2015	2016	2017.2Q
주가(최고/저)(천원)	5.0/2.3	7.2/4.6	14.1/6.5	20.7/9.0	14.0/6.9	—/—
PER(최고/저)(배)	29.8/13.7	43.0/27.2	41.1/19.0	—/—	27.9/13.7	0.6/0.5
PBR(최고/저)(배)	0.3/0.1	0.5/0.3	1.0/0.5	1.7/0.7	1.1/0.5	0.6/0.5
EV/EBITDA(배)	9.5	7.2		8.2	7.6	5.9
EPS(원)	168	168	343	-1,366	502	543
BPS(원)	16,161	14,098	14,010	12,347	12,611	13,131
CFPS(원)	2,782	2,587	2,423	735	2,611	2,611
DPS(원)						
EBITDAPS(원)	3,399	4,502	3,873	3,524	3,573	2,011

재무 비율 〈단위 : % 〉
연도	영업이익률	순이익률	부채비율	차입금비율	ROA	ROE	유보율	자기자본비율	EBITDA마진율
2016	5.4	1.8	219.8	112.4	1.2	4.1	147.8	31.3	13.1
2015	5.2	-5.0	251.4	152.6	-3.1	-10.4	142.5	28.5	12.9
2014	7.2	1.3	221.9	155.9	0.7	2.5	175.2	31.1	15.6
2013	7.5	0.6	228.6	166.2	0.3	1.1	176.9	30.4	16.2

성안 (A011300)
Seong An

업 종 : 섬유 및 의복	시 장 : 거래소
신용등급 : (Bond) — (CP) —	기업규모 : 시가총액 소형주
홈 페 이 지 : www.startex.co.kr	연 락 처 : 053)382-4772
본 사 : 대구시 북구 검단로 35	

설 립 일	1976.04.20	종 업 원 수	111명	대 표 이 사	박상태
상 장 일	1995.10.11	감사의견	적정 (안경)	계 열	
결 산 기	12월	보 통 주	5,686만주	종속회사수	2개사
액 면 가	500원	우 선 주		구 상 호	

주주구성 (지분율,%)		출자관계 (지분율,%)		주요경쟁사 (외형,%)	
박상태	10.6	성안합섬	62.9	성안	100
박상원	7.6	성안이집트	68.0	우노앤컴퍼니	20
(외국인)	0.7			좋은사람들	65

매출구성		비용구성		수출비중	
가공단	86.2	매출원가율	94.7	수출	98.0
원단 염료	10.4	판관비율	8.7	내수	2.0
임대료 및 관리비	3.4				

회사 개요
동사는 1976년에 설립되어 섬유제품 제조가공 및 판매업, 수출입업, 부동산 임대업을 주요 사업으로 하고 있음. 전통적 산업에 속하는 섬유 사업을 영위하며 수출 중심의 매출 구조를 가지고 있음. 주요 수출시장은 중동, 유럽, 아시아, 중남미, 북미, 기타지역 등 세계 각 지역이며, 바르샤바에 해외 사무소를 두어 영업 및 정보를 수집하고, 'STARTEX'와 'SOFSIL'이라는 자체상표와 OEM을 약 7대 3의 비율로 수출 중임.

실적 분석
동사의 2017년 연결기준 2분기 매출액은 1,056.2억원으로 전년동기 대비 소폭 증가함. 영업손실은 9.0억원으로 적자가 지속됨. 당기순손실도 27.6억원으로 적자를 지속함. 경기 회복 둔화와 중국, 인도네시아 등 신흥 경쟁국의 약진, 섬유 쿼터제도 폐지로 수출 경쟁이 치열해지면서 영업 환경이 악화된다고 적자의 배경임. 원자재 가격 상승도 불리한 시장 여건을 형성하고 있음.

현금 흐름 〈단위 : 억원〉
항목	2016	2017.2Q
영업활동	-6	-16
투자활동	-3	-53
재무활동	-6	13
순현금흐름	-13	-58
기말현금	184	126

시장 대비 수익률

결산 실적 〈단위 : 억원〉
항목	2012	2013	2014	2015	2016	2017
매출액	2,718	2,629	2,265	1,969	1,957	—
영업이익	83	32	-0	-3	-67	—
당기순이익	56	43	-38	-55	-35	—

분기 실적 〈단위 : 억원〉
항목	2016.1Q	2016.2Q	2016.3Q	2016.4Q	2017.1Q	2017.2Q
매출액	542	486	416	514	514	542
영업이익	-21	-4	-21	-21	-15	5
당기순이익	56	-16	-38	-37	-27	-0

재무 상태 〈단위 : 억원〉
항목	2012	2013	2014	2015	2016	2017.2Q
총자산	2,982	2,883	2,629	2,599	2,567	2,548
유형자산	1,253	1,142	1,068	1,059	1,012	1,031
무형자산	4	5	4	3	3	3
유가증권	15	17	23	15	15	16
총부채	1,935	1,800	1,593	1,625	1,690	1,688
총차입금	1,440	1,332	1,150	1,083	1,131	1,171
자본금	284	284	284	284	284	284
총자본	1,047	1,083	1,036	975	876	859
지배주주지분	813	843	801	755	688	666

기업가치 지표
항목	2012	2013	2014	2015	2016	2017.2Q
주가(최고/저)(천원)	1.8/0.7	1.0/0.7	0.9/0.6	1.2/0.6	1.2/0.9	—/—
PER(최고/저)(배)	25.8/10.3	14.3/9.6	—/—	—/—	—/—	—/—
PBR(최고/저)(배)	1.3/0.5	0.6/0.4	0.6/0.4	0.9/0.5	1.0/0.7	0.8/0.6
EV/EBITDA(배)	7.3	7.8	14.1	13.4	27.0	
EPS(원)	71	69	-68	-68	-11	-57
BPS(원)	1,455	1,526	1,452	1,371	1,252	1,214
CFPS(원)	352	355	113	142	206	50
DPS(원)				10		
EBITDAPS(원)	428	344	180	205	98	91

재무 비율 〈단위 : % 〉
연도	영업이익률	순이익률	부채비율	차입금비율	ROA	ROE	유보율	자기자본비율	EBITDA마진율
2016	-3.4	-1.8	192.9	129.1	-1.4	-0.9	150.4	34.1	2.9
2015	-0.1	-2.8	166.7	111.1	-2.1	-4.9	174.2	37.5	5.9
2014	0.0	-1.7	153.8	111.1	-1.4	-4.7	190.4	39.4	4.5
2013	1.2	1.6	166.2	123.0	1.5	4.7	205.2	37.6	7.4

성우전자 (A081580)
SUNGWOO ELECTRONICS

업 종 : 휴대폰 및 관련부품 시 장 : KOSDAQ
신용등급 : (Bond) — (CP) — 기업규모 : 우량
홈페이지 : www.swei.co.kr 연 락 처 : 031)362-3127
본 사 : 경기도 안산시 단원구 번영로 68 (성곡동 715-8 시화공단 4마 606)

설 립 일 1987.08.26	종업원수 150명	대 표 이 사 조성면·	
상 장 일 2007.10.12	감사의견 적정 (도원)	계 열	
결 산 기 12월	보 통 주 1,551만주	종속회사수 3개사	
액 면 가 500원	우 선 주	구 상 호	

주주구성 (지분율,%)
조성면	31.8
조일현	7.0
(외국인)	1.7

출자관계 (지분율,%)
이에스텍주식회사	67.9
위해고신성유한공사	100.0
성우비나유한책임회사	100.0

주요경쟁사 (외형,%)
성우전자	100
제주반도체	33
한일진공	12

매출구성
이동통신단말기 부문	76.3
광학기기 부문	20.2
기타 부문	3.6

비용구성
매출원가율	86.7
판관비율	8.5

수출비중
수출	—
내수	—

회사 개요
동사는 현재 이동통신단말기 부문, 광학기기 부문, 기타 부문으로 총 3개 사업부문으로 구성되어 있음. 동사는 현재 쉴드캔 점유율 1위 업체로 이동통신 단말기 사용시 전자파를 차폐하는 기능의 부품으로 사용되고 있음. 각 사업부문별로 휴대폰용 SHIELD CAN 류, 프레스 물, Heat Sink, Shutter 등의 주요 부품을 제조하고 있으며 주요 거래처로는 삼성전자 및 LG이노텍등이 있음.

실적 분석
동사의 2017년 상반기 매출은 939억원으로 전년대비 0.3% 감소, 영업이익은 42.2억원으로 전년대비 13.4% 감소, 당기순이익은 52.5억원으로 전년대비 31% 감소함. 전체 외형의 정체 가운데 원가율 상승으로 이익 규모는 전년대비 감소. 카메라모듈 시장의 경쟁심화에 단가하락은 부담. 그러나 2017년 하반기, 삼성전자 중심으로 듀얼 카메라 시장 개화 속에 매출, 이익 측면에서 개선 예상, 평균가격 상승과 물량 증가 기대

현금 흐름 〈단위 : 억원〉
항목	2016	2017.2Q
영업활동	159	109
투자활동	-242	-115
재무활동	61	-9
순현금흐름	-21	-12
기말현금	99	87

시장 대비 수익률

결산 실적 〈단위 : 억원〉
항목	2012	2013	2014	2015	2016	2017
매출액	1,033	1,480	1,555	1,663	1,727	—
영업이익	38	100	103	85	83	—
당기순이익	44	71	101	109	125	—

분기 실적 〈단위 : 억원〉
항목	2016.1Q	2016.2Q	2016.3Q	2016.4Q	2017.1Q	2017.2Q
매출액	519	423	391	394	468	471
영업이익	27	22	15	19	18	24
당기순이익	45	31	27	23	26	27

재무 상태 〈단위 : 억원〉
항목	2012	2013	2014	2015	2016	2017.2Q
총자산	904	1,017	1,053	1,264	1,422	1,462
유형자산	288	329	327	493	600	570
무형자산	120	81	53	59	59	57
유가증권	15	11	6	5	1	1
총부채	312	374	323	376	419	440
총차입금	151	123	101	146	225	223
자본금	73	73	73	78	78	78
총자본	591	644	729	888	1,002	1,023
지배주주지분	589	643	732	892	1,007	1,028

기업가치 지표
항목	2012	2013	2014	2015	2016	2017.2Q
주가(최고/저)(천원)	4.8/1.7	6.1/3.5	5.6/3.2	6.5/3.4	8.8/4.4	—/—
PER(최고/저)(배)	17.6/6.2	13.1/7.5	8.4/4.8	9.0/4.8	10.8/5.4	—/—
PBR(최고/저)(배)	1.3/0.5	1.5/0.8	1.2/0.7	1.2/0.6	1.4/0.7	0.8/0.7
EV/EBITDA(배)	9.2	4.5	1.6	5.7	3.2	—/—
EPS(원)	298	503	712	742	830	342
BPS(원)	4,033	4,474	5,150	5,755	6,491	6,626
CFPS(원)	462	758	1,010	1,068	1,417	665
DPS(원)	50	70	100	120	100	—
EBITDAPS(원)	424	940	1,004	897	1,122	595

재무 비율 〈단위 : %〉
연도	영업이익률	순이익률	부채비율	차입금비율	ROA	ROE	유보율	자기자본비율	EBITDA마진율
2016	4.8	7.3	41.8	22.4	9.3	13.6	1,198.1	70.5	10.1
2015	5.1	6.5	42.4	16.5	9.4	13.5	1,051.0	70.2	8.0
2014	6.6	6.5	44.3	13.9	9.7	15.1	930.1	69.3	9.4
2013	6.8	4.8	58.1	19.0	7.4	11.9	794.8	63.3	9.3

성우테크론 (A045300)
Sungwoo Techron

업 종 : 반도체 및 관련장비 시 장 : KOSDAQ
신용등급 : (Bond) — (CP) — 기업규모 : 중견
홈페이지 : www.swmv.co.kr 연 락 처 : 055)279-8400
본 사 : 경남 창원시 성산구 창원대로 1144번길 55

설 립 일 1997.04.01	종업원수 246명	대 표 이 사 박찬홍	
상 장 일 2001.12.18	감사의견 적정 (태명)	계 열	
결 산 기 12월	보 통 주 880만주	종속회사수 1개사	
액 면 가 500원	우 선 주	구 상 호	

주주구성 (지분율,%)
박찬홍	19.7
하명주	6.7
(외국인)	0.4

출자관계 (지분율,%)
성우세미텍	86.8
성우미크론	35.0

주요경쟁사 (외형,%)
성우테크론	100
네패스신소재	63
피에스엠씨	36

매출구성
LOC임가공	43.0
PCB최종검사	30.8
반도체관련장비	23.1

비용구성
매출원가율	82.5
판관비율	8.2

수출비중
수출	6.0
내수	94.0

회사 개요
동사의 주요사업 내용은 LOC사업부문, PCB사업부문, 장비사업부문으로 구성되어 있음. LOC사업부문은 반도체 구성 재료인 리드프레임 후공정가공 및 최종검사하는 사업부문으로 LOC, IC, FFC 등의 제품을 제조하고 있음. 리드프레임은 Chip과 외부회로와의 접속, 발열, 외부로부터의 보호역할을 하는 구조재료로 반도체 패키지의 내부와 외부회로를 연결해 주는 전기도선으로의 역할과 반도체를 지지해 주는 버팀대의 역할을 함.

실적 분석
동사의 2017년 연결 기준 2분기 매출과 영업이익은 각각 177.4억원, 140.3억원으로 전년동기 대비 각각 26.4%, 47.5% 증가함. 당기순이익은 26.6억원을 기록하며 전년 동기 8.2억원 대비 224.4% 성장함. 이는 동사의 부품사업부 매출액은 전년동기 대비 대폭 증가하였고, 이는 전세계 반도체 경기 호황 여파로 리드프레임 수요가 증가한 덕분으로 분석 됨.

현금 흐름 〈단위 : 억원〉
항목	2016	2017.2Q
영업활동	57	28
투자활동	-7	-30
재무활동	-5	-0
순현금흐름	45	-2
기말현금	70	68

시장 대비 수익률

결산 실적 〈단위 : 억원〉
항목	2012	2013	2014	2015	2016	2017
매출액	220	246	232	278	292	—
영업이익	-1	6	6	13	27	—
당기순이익	1	-11	0	34	—	—

분기 실적 〈단위 : 억원〉
항목	2016.1Q	2016.2Q	2016.3Q	2016.4Q	2017.1Q	2017.2Q
매출액	67	74	77	74	81	97
영업이익	6	9	8	4	9	13
당기순이익	3	5	23	3	15	12

재무 상태 〈단위 : 억원〉
항목	2012	2013	2014	2015	2016	2017.2Q
총자산	519	603	581	563	623	674
유형자산	294	396	394	378	365	366
무형자산	1	1	1	1	1	1
유가증권	115	128	111	108	127	150
총부채	271	256	249	237	261	285
총차입금	218	174	169	160	159	159
자본금	35	36	38	40	42	44
총자본	249	346	332	326	363	390
지배주주지분	245	343	329	323	360	387

기업가치 지표
항목	2012	2013	2014	2015	2016	2017.2Q
주가(최고/저)(천원)	2.4/1.2	3.4/1.5	2.4/1.6	3.1/1.6	3.9/2.5	—/—
PER(최고/저)(배)	167.3/81.2	44.8/19.4	—/—	1,597.7/829.0	10.0/6.4	—/—
PBR(최고/저)(배)	0.9/0.4	0.9/0.4	0.6/0.4	0.8/0.4	0.9/0.6	0.9/0.8
EV/EBITDA(배)	9.6	8.1	6.3	7.8	6.6	—/—
EPS(원)	14	76	-131	2	391	301
BPS(원)	3,611	4,794	4,391	4,115	4,368	4,454
CFPS(원)	372	415	155	305	663	407
DPS(원)	45	50	25	25	28	—
EBITDAPS(원)	332	406	388	470	577	355

재무 비율 〈단위 : %〉
연도	영업이익률	순이익률	부채비율	차입금비율	ROA	ROE	유보율	자기자본비율	EBITDA마진율
2016	9.4	11.8	71.9	43.9	5.8	10.1	773.6	58.2	16.5
2015	4.8	0.1	72.7	49.0	0.1	0.1	723.0	57.9	13.5
2014	2.7	-5.0	74.9	51.0	-1.9	-3.4	778.3	57.2	12.7
2013	2.5	2.7	74.0	50.3	0.2	2.3	858.8	57.5	12.0

성우하이텍 (A015750)
SUNGWOO HITECH CO

업 종 : 자동차부품		시 장 : KOSDAQ	
신용등급 : (Bond) A (CP) —		기업규모 : 우량	
홈 페 이 지 : www.swhitech.co.kr		연 락 처 : 070)7477-5450	
본 사 : 부산시 기장군 정관면 농공길 2-9번지			

설 립 일	1977.08.15	종 업 원 수	1,588명	대 표 이 사	이명근,이문용(각자대표)
상 장 일	1995.11.04	감 사 의 견	적정 (안경)	계 열	
결 산 기	12월	보 통 주	6,000만주	종속회사수	20개사
액 면 가	500원	우 선 주		구 상 호	

주주구성 (지분율,%)		출자관계 (지분율,%)		주요경쟁사 (외형,%)	
성우하이텍선장	30.0	삼영핫스탬핑	100.0	성우하이텍	100
이명근	5.7	성우스마트랩	100.0	한라홀딩스	26
(외국인)	16.2	아산성우하이텍	54.8	세방전지	25

매출구성		비용구성		수출비중	
제품매출(제품)	113.1	매출원가율	90.1	수출	
상품매출(상품)	9.4	판관비율	6.2	내수	
기타매출(기타)	2.7				

회사 개요
동사는 1977년 설립되어 자동차부품 생산을 중점사업으로 하고 있으며, 현대자동차, 기아자동차, 한국지엠 등에 납품하고 있음. 특히 Bumper Rail의 경우 현대차에 독점 납품하고 있으며, 그외 주력제품인 Dash law와 Side member를 포함한 매출은 자동차 차체부품 시장에서 20% 이상의 점유율을 보이고 있음. 다양한 자동차부품개발로 출시예정인 신차부품의 시장점유율을 확대해 나가고 있음.

실적 분석
동사의 2017년 2분기 연결 기준 매출액은 전년 대비 5.3% 감소한 1조 6,694억원을 기록함. 기아차 멕시코 공장 가동 기저효과와 BMW로의 제품공급에도 불구, 중국법인의 가동을 부진과 해외공장 초기가동 손실 등으로 영업이익은 전년동기대비 66.1% 감소함. 2017년에는 수년간 진행해 온 해외공장 투자 회수와 연계된 사업 안정화가 확인되야만 할 것임. 동사는 무엇보다 전방산업인 완성차업황 회복이 선행될 필요가 있어 보임.

현금 흐름 〈단위 : 억원〉
항목	2016	2017.2Q
영업활동	2,953	1,577
투자활동	-5,004	-1,803
재무활동	2,256	396
순현금흐름	176	30
기말현금	2,164	2,193

시장 대비 수익률

결산 실적 〈단위 : 억원〉
항목	2012	2013	2014	2015	2016	2017
매출액	30,106	31,059	32,727	35,215	38,343	
영업이익	2,001	2,135	1,930	1,453	1,401	
당기순이익	1,609	1,534	1,305	309	274	

분기 실적 〈단위 : 억원〉
항목	2016.1Q	2016.2Q	2016.3Q	2016.4Q	2017.1Q	2017.2Q
매출액	8,391	9,230	9,757	10,964	8,946	7,748
영업이익	281	454	187	479	28	28
당기순이익	249	66	-193	152	241	129

재무 상태 〈단위 : 억원〉
항목	2012	2013	2014	2015	2016	2017.2Q
총자산	22,596	22,634	26,121	32,291	34,452	34,404
유형자산	9,421	9,001	10,912	15,261	17,711	18,677
무형자산	148	76	288	285	285	296
유가증권	997	884	857	682	749	727
총부채	13,079	12,531	15,107	20,979	22,931	22,597
총차입금	8,493	7,797	9,526	13,054	15,571	15,782
자본금	250	250	300	300	300	300
총자본	9,517	10,102	11,014	11,312	11,520	11,807
지배주주지분	7,598	8,252	9,184	9,214	9,327	9,589

기업가치 지표
항목	2012	2013	2014	2015	2016	2017.2Q
주가(최고/저)(천원)	11.3/7.3	14.0/8.0	16.8/10.8	12.6/7.0	9.7/7.1	—/—
PER(최고/저)(배)	5.6/3.6	7.0/4.0	9.8/6.3	27.2/15.1	18.1/13.2	—/—
PBR(최고/저)(배)	1.0/0.6	1.1/0.6	1.2/0.8	0.9/0.5	0.6/0.5	0.5/0.5
EV/EBITDA(배)	4.0	4.1	4.4	5.5	5.6	—/—
EPS(원)	2,231	2,178	1,833	485	553	609
BPS(원)	15,196	16,504	15,309	15,359	15,547	15,983
CFPS(원)	5,325	5,307	4,362	3,444	4,027	2,531
DPS(원)	200	200	200	200	200	
EBITDAPS(원)	6,649	6,964	5,746	5,381	5,809	2,338

재무 비율 〈단위 : % 〉
연도	영업이익률	순이익률	부채비율	차입금비율	ROA	ROE	유보율	자기자본비율	EBITDA마진율
2016	3.7	0.7	199.1	135.2	0.8	3.6	3,009.4	33.4	9.1
2015	4.1	0.9	185.5	115.4	1.1	3.2	2,971.8	35.0	9.2
2014	5.9	4.0	137.2	86.5	5.4	12.6	2,961.9	42.2	10.5
2013	6.9	4.9	124.0	77.2	6.5	16.5	3,200.9	44.6	11.2

성지건설 (A005980)
Sungjee Construction

업 종 : 건설		시 장 : 거래소	
신용등급 : (Bond) — (CP) —		기업규모 : 시가총액 소형주	
홈 페 이 지 : www.sungjee.com		연 락 처 : 031)272-0972	
본 사 : 경기도 용인시 수지구 수지로296번길 51-9			

설 립 일	1969.02.01	종 업 원 수	163명	대 표 이 사	이용승
상 장 일	1995.02.18	감 사 의 견	적정 (한영)	계 열	
결 산 기	12월	보 통 주	9,748만주	종속회사수	1개사
액 면 가	500원	우 선 주		구 상 호	

주주구성 (지분율,%)		출자관계 (지분율,%)		주요경쟁사 (외형,%)	
엠지비파터너스	20.0			성지건설	100
더블라스트컴퍼니	15.2			국보디자인	186
(외국인)	0.6			한라	1,688

매출구성		비용구성		수출비중	
건축(공사)	55.6	매출원가율	98.7	수출	0.0
토목(공사)	38.1	판관비율	7.8	내수	100.0
상품매출(기타)	6.3				

회사 개요
동사는 건축, 토목공사, 아파트 분양 등의 분야에서 건설업을 영위하고 있음. 2016년 국토해양부 공시기준으로 시공능력 부문 국내 117위. 시공능력 평가액은 약 1,891억원 수준이며 매출구성은 국내도급공사(건축부문) 61%, 국내급공사(토목부문) 39%로 구성되어 있음. 동사는 회생절차 개시 후 약 21개월만인 2012년 1월19일 법원의 회생절차 종결 결정. 아이팜 홀딩스의 인수 합병으로 지배구조 변화됨.

실적 분석
동사의 연결기준 2017년 2분기 누적 매출액은 전년동기 대비 29.3% 증가한 610.3억원을 기록하였음. 매출원가율이 개선되며 매출총이익이 흑자전환에 성공하였음. 또한 판관비 절감 노력에 따라 영업적자 폭이 축소되었음. 동사는 이처럼 매출액 상승과 더불어 비용 절감에도 힘을 기울였음. 동사는 최종적으로 9.5억원의 당기순손실을 기록하였으나 적자폭이 전년 52.4억원에서 대폭 축소되었음.

현금 흐름 〈단위 : 억원〉
항목	2016	2017.2Q
영업활동	-42	-11
투자활동	12	-35
재무활동	-6	27
순현금흐름	-36	-19
기말현금	25	6

시장 대비 수익률

결산 실적 〈단위 : 억원〉
항목	2012	2013	2014	2015	2016	2017
매출액	798	1,247	1,675	1,360	1,085	
영업이익	16	57	24	-106	-71	
당기순이익	97	32	4	-64	-115	

분기 실적 〈단위 : 억원〉
항목	2016.1Q	2016.2Q	2016.3Q	2016.4Q	2017.1Q	2017.2Q
매출액	224	248	—	—	260	350
영업이익	-23	-36	—	—	4	-15
당기순이익	-15	-37	—	—	2	-11

재무 상태 〈단위 : 억원〉
항목	2012	2013	2014	2015	2016	2017.2Q
총자산	1,210	1,346	1,293	979	936	1,010
유형자산	3	3	4	4	2	2
무형자산	1	1	1	2	1	1
유가증권	72	73	70	85	86	132
총부채	598	687	635	444	511	595
총차입금	252	258	217	77	81	237
자본금	487	487	487	487	487	487
총자본	612	659	658	536	425	414
지배주주지분	612	659	658	536	425	409

기업가치 지표
항목	2012	2013	2014	2015	2016	2017.2Q
주가(최고/저)(천원)	3.1/0.5	1.4/0.6	0.8/0.5	0.7/0.4	2.9/0.4	—/—
PER(최고/저)(배)	30.7/4.7	42.9/16.7	227.9/131.2	—/—	—/—	—/—
PBR(최고/저)(배)	4.9/0.8	2.1/0.8	1.3/0.7	1.3/0.8	6.6/0.9	5.7/2.4
EV/EBITDA(배)	21.5	12.4	22.3			—/—
EPS(원)	100	33	4	-66	-118	-9
BPS(원)	6,284	6,767	6,750	5,494	436	420
CFPS(원)	1,053	335	46	-651	-117	-8
DPS(원)						
EBITDAPS(원)	214	592	253	-1,078	-72	-11

재무 비율 〈단위 : % 〉
연도	영업이익률	순이익률	부채비율	차입금비율	ROA	ROE	유보율	자기자본비율	EBITDA마진율
2016	-6.5	-10.6	일부잠식	일부잠식	-12.1	-24.0	-12.7	45.4	-6.4
2015	-7.8	-4.7	82.8	14.5	-5.6	-10.7	9.9	54.7	-7.7
2014	1.4	0.2	96.6	33.0	0.3	0.6	35.0	50.9	1.5
2013	4.6	2.6	104.2	39.2	2.5	5.0	35.3	49.0	4.6

성창기업지주 (A000180)
Sungchang Enterprise Holdings

업 종 : 종이 및 목재		시 장 : 거래소	
신용등급 : (Bond) — (CP) —		기업규모 : 시가총액 소형주	
홈 페 이 지 : www.sce.co.kr		연 락 처 : 051)260-3333	
본 사 : 부산시 사하구 다대로 627(다대동)			

설 립 일	1916.11.20	종 업 원 수	64명	대 표 이 사	우인석
상 장 일	1976.06.02	감 사 의 견	적정 (삼일)	계 열	
결 산 기	12월	보 통 주	6,975만주	종속회사수	5개사
액 면 가	500원	우 선 주		구 상 호	

주주구성 (지분율,%)
정해린	7.5
정연오	6.0
(외국인)	3.6

출자관계 (지분율,%)
성창기업	100.0
성창보드	100.0
지씨테크	100.0

주요경쟁사 (외형,%)
성창기업지주	100
동화기업	381
한솔제지	844

매출구성
파티클보드	30.2
일반합판	29.9
기타	21.0

비용구성
매출원가율	84.2
판관비율	15.3

수출비중
수출	—
내수	—

회사 개요
1916년 정미업을 시작하면서 설립된 동사는 1931년 춘양목재주식회사를 인수하며 83년간 목재업 외길을 걸어왔고, 2008년 12월 회사 분할을 통해 지주회사로 전환함. 따라서 경영성과는 자회사인 성창기업, 성창보드, 지씨테크, 성창 디벨로퍼스 등 자회사의 영업실적에 따라 직접적인 영향을 받음. 자회사의 사업부문은 합판사업, 마루사업, PB(파티클보드)사업, 폐목재 재활용(우드칩) 사업으로 구분됨.

실적 분석
동사의 2017년 2분기기준 누적 매출액은 전년동기대비 0.8% 소폭 변동한 920.5억원을 기록하였음. 비용면에서 전년동기대비 매출원가는 감소 하였고 인건비는 거의 유지함. 광고선전비의 큰 감소, 기타판매비와관리비도 감소함. 이처럼 매출액 상승과 더불어 비용절감에도 힘을 기울여 전년동기대비 영업이익은 26.9억원으로 272.5% 크게 상승하였음. 최종적으로 전년동기대비 당기순이익은 크게 상승하여 91.2억원을 기록함.

현금 흐름 〈단위 : 억원〉
항목	2016	2017.2Q
영업활동	126	17
투자활동	-192	-20
재무활동	-168	-53
순현금흐름	-232	-57
기말현금	130	74

시장 대비 수익률

결산 실적 〈단위 : 억원〉
항목	2012	2013	2014	2015	2016	2017
매출액	1,612	1,508	1,635	1,773	1,814	
영업이익	3	-21	-1	31	10	
당기순이익	1,307	-43	-35	22	211	

분기 실적 〈단위 : 억원〉
항목	2016.1Q	2016.2Q	2016.3Q	2016.4Q	2017.1Q	2017.2Q
매출액	454	459	429	472	492	429
영업이익	3	4	3	-1	9	18
당기순이익	3	3	6	200	11	80

재무 상태 〈단위 : 억원〉
항목	2012	2013	2014	2015	2016	2017.2Q
총자산	3,285	3,240	3,346	3,625	6,364	6,317
유형자산	2,192	2,284	2,329	2,326	5,126	5,135
무형자산	16	14	12	9	78	77
유가증권	1	84	84	171	208	215
총부채	711	706	849	836	1,327	1,214
총차입금	435	438	417	364	359	395
자본금	300	300	300	360	360	360
총자본	2,574	2,534	2,497	2,789	5,038	5,102
지배주주지분	2,574	2,534	2,497	2,789	5,030	5,100

기업가치 지표
항목	2012	2013	2014	2015	2016	2017.2Q
주가(최고/저)(천원)	2.4/1.4	2.6/1.5	2.6/1.6	4.5/1.8	5.1/2.9	—/—
PER(최고/저)(배)	1.2/0.7	—/—	—/—	125.8/50.4	17.0/9.7	—/—
PBR(최고/저)(배)	0.6/0.3	0.6/0.4	0.6/0.4	1.1/0.5	0.7/0.4	0.4/0.4
EV/EBITDA(배)	33.8	76.0	31.1	25.5	29.5	
EPS(원)	2,056	-69	-58	36	303	131
BPS(원)	43,895	43,882	43,243	40,129	7,251	7,377
CFPS(원)	22,262	-87	170	1,199	401	131
DPS(원)	—	—	—	300	10	
EBITDAPS(원)	532	279	765	1,336	112	39

재무 비율 〈단위 : %〉
연도	영업이익률	순이익률	부채비율	차입금비율	ROA	ROE	유보율	자기자본비율	EBITDA마진율
2016	0.5	11.6	26.3	7.1	4.2	5.4	1,304.9	79.2	4.3
2015	1.7	1.3	13.1	13.1	0.6	0.8	677.5	77.0	4.6
2014	-0.1	-2.2	34.0	16.7	-1.1	-1.4	732.4	74.6	2.7
2013	-1.4	-2.8	27.9	17.3	-1.3	-1.7	744.7	78.2	1.1

성창오토텍 (A080470)
SUNGCHANG AUTOTECH

업 종 : 자동차부품		시 장 : KOSDAQ	
신용등급 : (Bond) — (CP) —		기업규모 : 중견	
홈 페 이 지 : www.sc-autotech.com		연 락 처 : 031)650-5400	
본 사 : 경기도 안성시 원곡면 청원로 1785-14			

설 립 일	1996.10.18	종 업 원 수	317명	대 표 이 사	조봉관
상 장 일	2006.11.03	감 사 의 견	적정 (삼정)	계 열	
결 산 기	12월	보 통 주	730만주	종속회사수	3개사
액 면 가	500원	우 선 주		구 상 호	성창에어텍

주주구성 (지분율,%)
고우종	33.7
고산	12.5
(외국인)	5.1

출자관계 (지분율,%)
삼성SDI	
중경고산기차공조	100.0
염성고산기차배건	92.9

주요경쟁사 (외형,%)
성창오토텍	100
구영테크	97
티에이치엔	192

매출구성
사출(제품)	56.5
인버터(제품)	12.9
이오나이저(제품) 외	12.7

비용구성
매출원가율	87.0
판관비율	11.3

수출비중
수출	—
내수	—

회사 개요
OEM납품을 주로하는 자동차부품 제조업체임. 연결대상 종속기업인 SCA Inc와 염성고산기차배건, 창리기차배건(중경) 모두 자동차부품 공급을 주요 사업으로 영위하고 있음. 에어필터, 클러스터이오나이저, 인버터, 사출류 등을 생산하여 한온시스템, 현대모비스, 한국델파이 등 자동차 종합부품업체를 통하여 현대차, 기아차 등 국내외 완성차 업체로 납품하고 있음. OEM매출의 증가는 둔화되지만, Filter의 교체수요 증가로 AS매출은 늘어나는 추세임.

실적 분석
국내 완성차 업계의 판매 부진으로 본사와 미국법인(SCA)의 자동차부품 OEM 매출이 시장의 기대에 미달하였으나, 중국법인(염성고산기차, 창리기차)의 실적호조로 2017년 상반기 연결기준 매출액은 758.3억원으로 전년동기 수준을 유지. 완성차업계의 제품단가 인하 압박이 있었으나, 원가율을 개선하여 영업이익도 18억원을 시현. 외환손실로 비영업수지가 악화되며 당기순이익은 57.7% 감소한 4.8억원에 그침.

현금 흐름 〈단위 : 억원〉
항목	2016	2017.2Q
영업활동	89	37
투자활동	21	-45
재무활동	-52	-17
순현금흐름	58	-28
기말현금	128	100

시장 대비 수익률

결산 실적 〈단위 : 억원〉
항목	2012	2013	2014	2015	2016	2017
매출액	1,186	1,488	1,382	1,408	1,527	
영업이익	87	53	10	16	26	
당기순이익	72	40	22	12	15	

분기 실적 〈단위 : 억원〉
항목	2016.1Q	2016.2Q	2016.3Q	2016.4Q	2017.1Q	2017.2Q
매출액	387	383	358	399	387	37
영업이익	6	12	4	4	12	
당기순이익	2	10	-7	11	-5	1

재무 상태 〈단위 : 억원〉
항목	2012	2013	2014	2015	2016	2017.2Q
총자산	931	1,067	1,126	1,155	1,177	1,12
유형자산	408	472	494	432	414	39
무형자산	17	16	24	3	3	
유가증권	15	7	1	3	3	
총부채	518	621	664	686	691	64
총차입금	234	266	269	278	242	21
자본금	37	37	37	37	37	3
총자본	413	446	462	468	485	48
지배주주지분	376	410	418	421	434	43

기업가치 지표
항목	2012	2013	2014	2015	2016	2017.2Q
주가(최고/저)(천원)	5.2/3.0	11.8/3.7	8.9/2.8	6.2/3.1	6.0/3.7	—/—
PER(최고/저)(배)	6.2/3.6	21.5/6.7	43.1/13.6	41.8/21.0	33.2/20.4	—/—
PBR(최고/저)(배)	1.1/0.6	2.2/0.7	1.6/0.5	1.1/0.6	1.0/0.6	1.0/0.
EV/EBITDA(배)	4.5	9.2	8.7	9.9	5.8	
EPS(원)	880	566	211	151	180	5
BPS(원)	5,145	5,610	5,721	5,763	5,944	5,95
CFPS(원)	1,239	1,077	836	874	958	42
DPS(원)	80	80	50	50		
EBITDAPS(원)	1,548	1,243	769	942	1,132	62

재무 비율 〈단위 : %〉
연도	영업이익률	순이익률	부채비율	차입금비율	ROA	ROE	유보율	자기자본비율	EBITDA마진율
2016	1.7	1.0	142.5	49.9	1.3	3.1	1,088.9	41.3	5.
2015	1.1	0.9	146.5	59.4	1.1	2.6	1,052.6	40.6	4
2014	0.8	1.6	143.8	58.3	2.0	3.7	1,044.3	41.0	4.
2013	3.6	2.7	139.3	59.7	4.5	10.5	1,022.1	41.8	5

성호전자 (A043260)
SUNGHO ELECTRONICS CORP

업 종 : 전자 장비 및 기기		시 장 : KOSDAQ	
신용등급 : (Bond) — (CP) —		기업규모 : 벤처	
홈 페 이 지 : www.sungho.net		연 락 처 : 02)2104-7530	
본 사 : 서울시 금천구 가산디지털 1로 205-17			

설 립 일 1973.05.15	종 업 원 수 79명	대 표 이 사 박현남,박영준(각자대표이사)
상 장 일 2001.11.21	감 사 의 견 적정 (이촌)	계 열
결 산 기 12월	보 통 주 2,951만주	종속회사수 2개사-
액 면 가 500원	우 선 주	구 상 호

주주구성 (지분율,%)
박현남	12.8
허윤영	7.5
(외국인)	2.5

출자관계 (지분율,%)
에스엠에이치	50.0
꽃피는아침마을	2.0

주요경쟁사 (외형,%)
성호전자	100
로보쓰리	0
S&K폴리텍	72

매출구성
PSU	58.9
필름콘덴서	29.1
증착필름	12.0

비용구성
매출원가율	83.8
판관비율	14.1

수출비중
수출	72.0
내수	28.0

회사 개요
동사는 1973년에 설립되어 2011년 코스닥 시장에 상장하였으며 현재 전자기기의 충전기와 전원공급장치 역할을 하는 스위칭 모듈인 SMPS 제조와 디스플레이용 필름 콘덴서 제조를 주요 사업으로 영위하고 있음. 동사는 SMPS 분야에서 프린터기 시장, 공기청정기 및 계습기 시장에서 높은 시장점유율을 유지해나가고 있음. 연결대상 종속회사로 중국 소재의 주해성호전자유한공사, 위해한성성호전자유한공사 등 2개사를 보유함.

실적 분석
동사의 2017년 반기 연결기준 매출액은 해외 매출 확대에 힘입어 전년동기 대비 13.6% 확대된 470.7억원의 실적을 시현함. 매출원가와 판관비 부담으로 영업이익은 전년동기 7.6억원로 당반기 3.8억으로 49.9% 줄어 듦. 금융관련 손실이 발생하여 비영업손익 면에서는 3.1억원의 적자가 발생하여 당반기 순이익은 전년동기 2.6억원 대비 줄어든 0.5억원을 시현하는데 그침.

현금 흐름 〈단위 : 억원〉
항목	2016	2017.2Q
영업활동	74	32
투자활동	-36	-9
재무활동	-57	-15
순현금흐름	-19	7
기말현금	15	22

시장 대비 수익률

결산 실적 〈단위 : 억원〉
항목	2012	2013	2014	2015	2016	2017
매출액	1,069	868	832	804	877	
영업이익	-35	-27	-9	2	19	
당기순이익	-52	-35	-40	-33		

분기 실적 〈단위 : 억원〉
항목	2016.1Q	2016.2Q	2016.3Q	2016.4Q	2017.1Q	2017.2Q
매출액	207	207	232	231	233	237
영업이익	2	5	2	10	2	2
당기순이익	0	2	7	-3	4	-3

재무 상태 〈단위 : 억원〉
항목	2012	2013	2014	2015	2016	2017.2Q
총자산	1,077	1,069	1,032	985	960	939
유형자산	432	456	474	462	435	414
무형자산	44	50	52	48	45	42
유가증권	21	22	9	5	6	8
총부채	595	587	580	560	546	539
총차입금	411	433	425	425	383	372
자본금	148	148	148	148	148	148
총자본	482	482	452	425	414	400
지배주주지분	482	482	452	425	414	400

기업가치 지표
항목	2012	2013	2014	2015	2016	2017.2Q
주가(최고/저)(천원)	1.6/1.0	1.4/1.0	1.4/1.0	1.1/0.7	1.5/0.7	—/—
PER(최고/저)(배)					64.3/29.9	
PBR(최고/저)(배)	1.0/0.6	0.9/0.6	0.9/0.6	0.8/0.5	1.1/0.5	1.0/0.8
EV/EBITDA(배)	23.9	73.8	17.3	13.2	10.3	
EPS(원)	-179	-120	-135	-112	24	2
BPS(원)	1,664	1,664	1,563	1,471	1,432	1,384
CFPS(원)	25	2	13	60	197	84
DPS(원)						
EBITDAPS(원)	85	32	118	177	237	95

재무 비율 〈단위 : % 〉
연도	영업이익률	순이익률	부채비율	차입금비율	ROA	ROE	유보율	자기자본비율	EBITDA마진율
2016	2.2	0.8	131.8	92.6	0.7	1.7	186.3	43.1	8.0
2015	0.2	-4.1	131.7	101.6	-3.3	-7.5	194.3	43.2	6.5
2014	-1.1	-4.8	128.4	93.9	-3.8	-8.5	212.6	43.8	4.2
2013	-3.1	-4.1	121.9	89.8	-3.3	-7.4	232.9	45.1	1.1

세기리텍 (A199870)
SEGI RECYCLING TECHNOLOGY

업 종 : 금속 및 광물		시 장 : KONEX	
신용등급 : (Bond) — (CP) —		기업규모 :	
홈 페 이 지 : www.sgretech.com		연 락 처 : 054)334-8383	
본 사 : 경북 영천시 금호읍 오계공단길 1-67			

설 립 일 2010.11.17	종 업 원 수 60명	대 표 이 사 정찬두
상 장 일 2015.12.24	감 사 의 견 적정 (신한)	계 열
결 산 기 12월	보 통 주	종속회사수
액 면 가	우 선 주	구 상 호

주주구성 (지분율,%)
정찬두	40.9
2014 성장사다리-IMM 벤처펀드	12.2

출자관계 (지분율,%)
페녹스코리아	20.0
ATLASCO.,LTD	33.3

주요경쟁사 (외형,%)
세기리텍	100
그린플러스	58
대주이엔티	180

매출구성
순연(제품)	71.1
합금연(칼슘(Ca),(안티모니(Sb),(제품)	26.4
PP(부산물) 외(기타)	2.5

비용구성
매출원가율	100.2
판관비율	3.1

수출비중
수출	—
내수	—

회사 개요
동사는 2010년 11월 17일에 설립되어 재생연괴 제품과 관련되는 사업을 영위하고 있음. 이는 납의 스크랩(주로 폐배터리)를 수거 또는 매입하여 파쇄, 전처리, 제련, 정련, 주조의 공정을 거쳐 괴(Ingot)형태로 순연(99.97% 이상), 안티모니 합금연, 칼슘 합금연을 생산하여 국내외 배터리 제조업체에 공급하는 사업임. 리튬전지 리사이클링 사업을 신규사업으로 계획 중임.

실적 분석
동사의 2016년 연결 기준 매출과 영업손실, 당기순손실은 658억원, 22억원, 33억원을 기록함. 동사는 2013년 이후 지속적인 성장세를 유지하였으나 2015년부터 이어진 LME 국제 납가격의 하락으로 인하여 실적이 감소함. 이는 글로벌 경제불안에 따른 원자재 수요의 감소 및 이에 따른 가격하락에 의한 것으로 판단됨. 단 2016년 4분기부터 LME 국제 납 가격의 반등으로 향후 매출과 손익은 개선될 것으로 기대됨.

현금 흐름 *IFRS 별도 기준 〈단위 : 억원〉
항목	2016	2017.2Q
영업활동	31	
투자활동	-3	
재무활동	-26	
순현금흐름	1	
기말현금	13	

시장 대비 수익률

결산 실적 〈단위 : 억원〉
항목	2012	2013	2014	2015	2016	2017
매출액	620	791	916	859	658	
영업이익	-11	38	34	29	-22	
당기순이익	-20	18	16	29	-33	

분기 실적 *IFRS 별도 기준 〈단위 : 억원〉
항목	2016.1Q	2016.2Q	2016.3Q	2016.4Q	2017.1Q	2017.2Q
매출액						
영업이익						
당기순이익						

재무 상태 *IFRS 별도 기준 〈단위 : 억원〉
항목	2012	2013	2014	2015	2016	2017.2Q
총자산	273	282	392	454	400	
유형자산	160	158	179	189	190	
무형자산			0	2	1	
유가증권			7	1	1	
총부채	251	238	312	356	326	
총차입금	236	200	274	295	269	
자본금	45	45	50	52	52	
총자본	21	44	81	98	74	
지배주주지분	21	44	81	98	74	

기업가치 지표 *IFRS 별도 기준
항목	2012	2013	2014	2015	2016	2017.2Q
주가(최고/저)(천원)	—/—	—/—	—/—	3.4/3.3	6.3/1.2	—/—
PER(최고/저)(배)	0.0/0.0	0.0/0.0	0.0/0.0	49.9/47.7	—/—	—/—
PBR(최고/저)(배)	0.0/0.0	0.0/0.0	0.0/0.0	3.6/3.5	8.7/1.7	0.0/0.0
EV/EBITDA(배)			3.8	5.9	14.3	
EPS(원)	-219	197	178	69	-324	
BPS(원)	2,388	4,913	807	949	718	
CFPS(원)	-1,018	3,174	297	197	-190	
DPS(원)						
EBITDAPS(원)	-1	5,386	486	420	-76	

재무 비율 〈단위 : % 〉
연도	영업이익률	순이익률	부채비율	차입금비율	ROA	ROE	유보율	자기자본비율	EBITDA마진율
2016	-3.3	-5.1	439.8	362.8	-7.8	-38.8	43.7	18.5	-1.2
2015	3.4	3.4	364.1	301.4	1.6	7.8	89.8	21.6	4.9
2014	3.7	1.8	386.3	339.6	4.9	26.4	61.4	20.6	4.9
2013	4.8	2.2	일부잠식	일부잠식	6.4	54.1	-1.7	15.7	6.1

세기상사 (A002420)
The Century

업 종 : 미디어		시 장 : 거래소	
신용등급 : (Bond) — (CP) —		기업규모 : 시가총액 소형주	
홈페이지 : www.daehancinema.com		연 락 처 : 02)3393-3500	
본 사 : 서울시 중구 퇴계로 212			

설 립 일 1958.08.21	종업원수 42명	대표이사 김정희	
상 장 일 1968.12.27	감사의견 적정 (대주)	계 열	
결 산 기 12월	보 통 주 41만주	종속회사수	
액 면 가 5,000원	우 선 주	구 상 호	

주주구성 (지분율,%)		출자관계 (지분율,%)		주요경쟁사 (외형,%)	
국순기	28.1	세기상사	100		
김정희	22.1	래몽래인	260		
(외국인)	1.0	제이웨이	137		

매출구성		비용구성		수출비중	
영화상영	75.1	매출원가율	96.4	수출	0.0
매점판매	13.9	판관비율	16.9	내수	100.0
기타판매	11.0				

회사 개요
1958년 설립돼 1959년부터 충무로에 대한 극장을 직영하였으며, 2001년 동 극장을 철거하고 11개의 소극장이 집합된 멀티플렉스 영화관을 신축하여 운영하고 있음. 최근 대기업 중심의 대형 멀티플렉스 극장의 증가로 경쟁 구도가 심화됨에 따라 동사의 대한극장은 매출이 지속적으로 감소세를 보이고 있음. 이와 함께 스마트미디어 보급 및 온라인 다운로드, IPTV 서비스 확대 등으로 비우호적인 시장상황이 계속되고 있어 실적 전망이 매우 어두움.

실적 분석
동사의 연결기준 누적 매출액은 전년동기 대비 소폭(2.2%) 증가한 25.7억원을 기록하였음. 매출원가와 판관비 절감 노력으로 매출총이익은 전년동기 0.9억원에서 1.8억원으로 증가함. 다만 2.2억원의 영업손실을 기록해 적자가 지속되었음. 그럼에도 관련기업투자(7.9억원) 등 관련이익이 늘어난 덕분에 당기순이익은 3.9억원을 기록, 흑자전환에 성공함. 비우호적인 시장 상황을 타개할 계획이 필요함.

현금 흐름
〈단위 : 억원〉

항목	2016	2017.2Q
영업활동	-7	
투자활동	11	
재무활동	—	
순현금흐름	5	
기말현금	10	

시장 대비 수익률

결산 실적
〈단위 : 억원〉

항목	2012	2013	2014	2015	2016	2017
매출액	61	52	55	55	55	—
영업이익	-3	-11	-10	-9	-7	—
당기순이익	-6	-21	-14	-13	-11	—

분기 실적
〈단위 : 억원〉

항목	2016.1Q	2016.2Q	2016.3Q	2016.4Q	2017.1Q	2017.2Q
매출액	14	12	16	14		
영업이익	-2	-2	-2	-1		
당기순이익	-3	-3	-3	-1		

재무 상태
〈단위 : 억원〉

항목	2012	2013	2014	2015	2016	2017.2Q
총자산	516	478	465	451	439	
유형자산	426	423	419	415	411	
무형자산	—	—	—	—	—	
유가증권	—	—	—	—	—	
총부채	212	195	197	196	198	
총차입금	123	—	123	122	123	
자본금	20	20	20	20	20	
총자본	304	283	268	255	241	
지배주주지분	304	283	268	255	241	

기업가치 지표

항목	2012	2013	2014	2015	2016	2017.2Q
주가(최고/저)(천원)	35.3/28.0	31.3/26.0	59.8/25.2	73.8/29.3	107/43.6	—/—
PER(최고/저)(배)	—/—	—/—	—/—	—/—	—/—	—/—
PBR(최고/저)(배)	0.5/0.4	0.5/0.4	0.9/0.4	1.2/0.5	1.8/0.7	0.0/0.0
EV/EBITDA(배)	60.2					
EPS(원)	-1,432	-5,156	-3,502	-3,105	-2,802	
BPS(원)	74,535	69,490	65,848	62,655	59,155	
CFPS(원)	10	-3,680	-1,954	-1,553	-1,277	
DPS(원)						
EBITDAPS(원)	664	-1,184	-880	-634	-267	

재무 비율
〈단위 : % 〉

연도	영업이익률	순이익률	부채비율	차입금비율	ROA	ROE	유보율	자기자본비율	EBITDA마진율
2016	-13.4	-20.9	82.1	50.8	-2.6	-4.6	1,083.1	54.9	-2.0
2015	-16.3	-23.1	76.7	47.9	-2.8	-4.8	1,153.1	56.6	-4.7
2014	-17.9	-25.8	73.3	45.6	-3.0	-5.2	1,217.0	57.7	-6.5
2013	-20.9	-40.5	68.9	43.3	-4.2	-7.2	1,289.8	59.2	-9.3

세동 (A053060)
SAEDONG

업 종 : 자동차부품		시 장 : KOSDAQ	
신용등급 : (Bond) — (CP) —		기업규모 : 중견	
홈페이지 : www.saedong.co.kr		연 락 처 : 051)791-0601	
본 사 : 부산시 기장군 장안읍 장안산단 8로 8			

설 립 일 1986.02.04	종업원수 342명	대표이사 윤정상	
상 장 일 2001.07.22	감사의견 적정 (삼정)	계 열	
결 산 기 12월	보 통 주 1,967만주	종속회사수 2개사	
액 면 가 500원	우 선 주	구 상 호	

주주구성 (지분율,%)		출자관계 (지분율,%)		주요경쟁사 (외형,%)	
윤정상	22.7	북경세진기차영영부건유한공사	100.0	세동	100
박영애	13.4	SAEDONGAUTOMOBILEPARTS(CHANGSU AUTOPARTS) CO.,LTD	100.0	이원컴포텍	30
(외국인)	50.0	북경세동룡운과기유한공사	50.0	영신금속	93

매출구성		비용구성		수출비중	
도어벨트	33.9	매출원가율	94.5	수출	9.0
일반사출물	22.8	판관비율	8.9	내수	91.0
압출물 외	20.8				

회사 개요
동사는 현대자동차, 한국GM 등에 도어벨트 등의 자동차 부품을 제조, 납품하는 사업을 영위함. 자동차용 조립식 계측기 및 프라스틱 부품 생산 및 연구개발 사업을 영위하는 '북경세진기차영부건유한공사' 등을 연결대상 종속회사로 보유하고 있음. 국내최초로 PVC 금속 삽입 압출 방식의 제품을 개발하여 국내 자동차 메이커에 공급하고 있으며, 도어벨트류 경량화 재질개발, 사출제품에는 고광택 소재 및 금형기술에 대한 신기술 프로젝트를 추진하고 있음.

실적 분석
동사의 2017년 2분기기준 누적 매출액은 전년동기대비 2.2% 소폭 변동한 632.1억원을 기록하였음. 비용면에서 전년동기대비 매출원가는 증가 하였으며 인건비도 증가, 기타판매비와관리비는 감소함. 동사 역시 매출액 대비 비용증가가 높아 그에 따라 전년동기대비 영업이익은 -17.7억원으로 적자지속하였음. 최종적으로 전년동기대비 당기순이익은 적자지속하여 -22.7억원을 기록함.

현금 흐름
〈단위 : 억원〉

항목	2016	2017.2Q
영업활동	50	-5
투자활동	-22	-41
재무활동	-15	45
순현금흐름	—	-1
기말현금	21	20

시장 대비 수익률

결산 실적
〈단위 : 억원〉

항목	2012	2013	2014	2015	2016	2017
매출액	1,039	1,188	1,210	1,316	1,255	—
영업이익	16	17	-19	-34	-43	—
당기순이익	6	14	-18	-42	-26	—

분기 실적
〈단위 : 억원〉

항목	2016.1Q	2016.2Q	2016.3Q	2016.4Q	2017.1Q	2017.2Q
매출액	292	326	281	356	329	303
영업이익	-13	-3	-25	-2	-7	-11
당기순이익	-11	5	-26	5	-10	-12

재무 상태
〈단위 : 억원〉

항목	2012	2013	2014	2015	2016	2017.2Q
총자산	932	1,014	1,256	1,261	1,274	1,233
유형자산	521	583	737	722	711	705
무형자산	4	4	4	4	4	4
유가증권	9	5	4	6	6	7
총부채	710	779	983	1,037	1,081	987
총차입금	416	460	597	606	590	551
자본금	31	31	67	67	67	98
총자본	222	236	273	224	193	246
지배주주지분	222	236	273	224	193	246

기업가치 지표

항목	2012	2013	2014	2015	2016	2017.2Q
주가(최고/저)(천원)	2.2/0.8	2.0/1.2	2.3/1.0	1.8/1.1	3.4/1.4	—/—
PER(최고/저)(배)	42.8/16.2	15.9/9.8	—/—	—/—	—/—	—/—
PBR(최고/저)(배)	1.1/0.4	1.0/0.6	1.0/0.4	1.0/0.6	2.0/0.8	1.8/1.0
EV/EBITDA(배)	10.6	9.3	15.8	16.2	25.5	
EPS(원)	44	106	-137	-312	-191	-133
BPS(원)	3,622	3,850	2,028	1,662	1,431	1,248
CFPS(원)	772	1,074	346	299	374	80
DPS(원)						
EBITDAPS(원)	937	1,123	343	360	250	108

재무 비율
〈단위 : % 〉

연도	영업이익률	순이익률	부채비율	차입금비율	ROA	ROE	유보율	자기자본비율	EBITDA마진율
2016	-3.4	-2.1	560.9	306.1	-2.0	-12.4	186.2	15.1	2.7
2015	-2.6	-3.2	463.5	270.7	-3.3	-16.9	232.4	17.8	3.7
2014	-1.6	-1.5	360.0	218.6	-1.6	-7.2	305.6	21.7	3.8
2013	1.5	1.2	330.4	195.3	1.5	6.3	670.0	23.2	5.8

세명전기공업 (A017510)
SEMYUNG ELECTRIC MACHINERY

업 종 : 전기장비		시 장 : KOSDAQ	
신용등급 : (Bond) — (CP) —		기업규모 : 중견	
홈페이지 : www.semyung-elec.com		연 락 처 : (051)316-6887	
본 사 : 부산시 사상구 대동로 188(학장동)			

설 립 일 1984.02.03	종 업 원 수 85명	대 표 이 사 권재기,권철현	
상 장 일 1991.12.26	감 사 의 견 적정(안정)	계 열	
결 산 기 12월	보 통 주 1,525만주	종속회사수	
액 면 가 500원	우 선 주	구 상 호	

주주구성 (지분율,%)
권철현	15.7
권태균	8.5
(외국인)	0.9

출자관계 (지분율,%)
세명전기	100
서울전자통신	536
비츠로테크	621

주요경쟁사 (외형,%)
| | |

매출구성
금구류(송.배전선로가설용 및 전차선로용)	80.4
섹셔날빔(섬유직기용)	19.6

비용구성
매출원가율	71.3
판관비율	8.3

수출비중
수출	27.0
내수	73.0

회사 개요
동사는 금속제품 제조, 판매사업을 영위함. 송·배·변전선로 가설용 금구류를 제조하여 한국전력공사 등에 공급하고 있으며, 전철용 금구류를 한국철도공사 및 지하철공사 등에 납품하고 있음. 전력난 해소를 위한 한국전력공사의 765kV, 345kV 송전선로 신설로 동사의 초고압송전선로용 금구류의 수주확대와 배전용 금구류의 연간 단가계약 물량확보로 관련 매출 증대가 예상됨. 또한 개발도상국 고압송전선로용 금구류 수주 증가로 수출 확대가 기대됨.

실적 분석
동사의 2017년 2분기기준 누적 매출액은 전년동기대비 13.1% 상승한 120.1억원을 기록하였음. 비용면에서 전년동기대비 매출원가는 증가 했으나 인건비도 증가, 광고선전비도 증가, 기타판매비와관리비도 마찬가지로 증가함. 이와 같이 상승한 매출액 대비 비용증가가 높아 그에 따라 전년동기대비 영업이익은 33.9억원으로 -18.4% 하락하였음. 최종적으로 전년동기대비 당기순이익은 크게 하락하여 29.7억원을 기록함.

현금 흐름 *IFRS 별도 기준
〈단위 : 억원〉
항목	2016	2017.2Q
영업활동	33	13
투자활동	-38	-61
재무활동	-12	-3
순현금흐름	-17	-51
기말현금	161	111

시장 대비 수익률

결산 실적
〈단위 : 억원〉
항목	2012	2013	2014	2015	2016	2017
매출액	187	229	197	201	166	
영업이익	21	56	40	52	34	
당기순이익	39	51	32	40	32	

분기 실적 *IFRS 별도 기준
〈단위 : 억원〉
항목	2016.1Q	2016.2Q	2016.3Q	2016.4Q	2017.1Q	2017.2Q
매출액	43	63	29	31	44	76
영업이익	14	28	3	-10	12	21
당기순이익	15	25	3	-12	9	21

재무 상태 *IFRS 별도 기준
〈단위 : 억원〉
항목	2012	2013	2014	2015	2016	2017.2Q
총자산	652	675	673	714	731	765
유형자산	421	441	422	421	442	444
무형자산	4	4	4	4	4	4
유가증권	40	43	63	23	25	61
총부채	126	108	96	100	98	114
총차입금	26	4	3	0	1	11
자본금	76	76	76	76	76	76
총자본	526	567	577	614	634	651
지배주주지분	526	567	577	614	634	651

기업가치 지표 *IFRS 별도 기준
항목	2012	2013	2014	2015	2016	2017.2Q
주가(최고/저)(천원)	6.2/3.4	5.0/3.5	4.2/3.4	4.1/3.0	7.5/2.6	—/—
PER(최고/저)(배)	26.4/14.5	15.8/11.3	21.5/16.9	16.0/11.9	36.9/12.7	1.7/1.0
PBR(최고/저)(배)	2.0/1.1	1.4/1.0	1.2/0.9	1.1/0.8	1.8/0.6	1.1/1.0
EV/EBITDA(배)	24.5	8.4	10.2	6.3	18.3	—/—
EPS(원)	257	338	210	265	207	195
BPS(원)	3,451	3,717	3,783	4,030	4,157	4,273
CFPS(원)	298	376	244	293	237	209
DPS(원)	70	80	80	80	80	237
EBITDAPS(원)	176	408	300	372	252	

재무 비율
〈단위 : % 〉
연도	영업이익률	순이익률	부채비율	차입금비율	ROA	ROE	유보율	자기자본비율	EBITDA마진율
2016	20.4	19.0	15.4	0.3	4.4	5.1	731.3	86.7	23.1
2015	26.0	20.1	16.2	0.2	5.8	6.8	706.0	86.1	28.2
2014	20.5	16.2	16.7	0.5	4.7	5.6	656.6	85.7	23.2
2013	24.6	22.5	19.1	0.8	7.8	9.4	643.3	84.0	27.2

세미콘라이트 (A214310)
Semicon Light

업 종 : 반도체 및 관련장비		시 장 : KOSDAQ	
신용등급 : (Bond) — (CP) —		기업규모 :	
홈페이지 : www.semiconlight.com		연 락 처 : (031)282-6425	
본 사 : 경기도 용인시 기흥구 원고매로 2번길 49			

설 립 일 2007.07.04	종 업 원 수 274명	대 표 이 사 김영진	
상 장 일 2015.06.25	감 사 의 견 거절(삼일)	계 열	
결 산 기 12월	보 통 주 4,563만주	종속회사수 5개사	
액 면 가 100원	우 선 주	구 상 호	

주주구성 (지분율,%)
한국증권금융	4.0
에스엘코리아	1.7
(외국인)	6.3

출자관계 (지분율,%)
에스엘에쿼티	100.0
갤럭시인베스트먼트대부	100.0
지케이티팜	100.0

주요경쟁사 (외형,%)
세미콘라이트	100
에이디테크놀로지	38
제너셈	30

매출구성
플립칩(SKYⅡ 3737,SKYⅡ 8537)	99.2
기타(기타용역매출)	0.7
수평형칩(SB2436,SB4020)	0.1

비용구성
매출원가율	77.1
판관비율	17.6

수출비중
수출	4.0
내수	96.0

회사 개요
동사는 2007년에 설립하여 2015년 6월 25일에 상장한 LED 플립칩 및 EPI wafer 전문 제조업체임. 현재 동사의 대주주인 루멘스를 통해 국내 대형 제조업체의 TV에 공급 중. 옥사이드 기반 플립칩을 최초로 개발하여 플립칩 시장 경쟁우위를 확보하고 있음. 2016년 1분기 기준 제품별 매출 비중은 플립칩 95.1%, 수평형칩 0.07%, 기타 4.9%를 차지함.

실적 분석
동사의 2017년 연결기준 상반기 매출액은 318.2억원으로 전년동기 대비 9.7% 증가함. 판관비의 증가로 영업이익은 25.1억원으로 전년동기 대비 13.1% 감소함. 비영업손실의 적자폭이 큰 폭으로 확대되어, 당기순손실 또한 42.7억원으로 적자전환됨. 동사는 반기보고서에서 연결 및 개별 재무제표에 대한 외부감사인의 반기 검토 결과 '의견거절'을 받음. 기초 재무제표에 대한 검토범위 제한과 주요 검토절차에 대한 제약 때문임.

현금 흐름 *단위 : 억원
항목	2016	2017.2Q
영업활동	66	48
투자활동	-309	-66
재무활동	291	-19
순현금흐름	48	-38
기말현금	81	43

시장 대비 수익률

결산 실적
〈단위 : 억원〉
항목	2012	2013	2014	2015	2016	2017
매출액	123	219	481	572	593	—
영업이익	1	1	86	67	31	—
당기순이익	1	4	62	51	-106	—

분기 실적
〈단위 : 억원〉
항목	2016.1Q	2016.2Q	2016.3Q	2016.4Q	2017.1Q	2017.2Q
매출액	178	112	168	135	166	152
영업이익	20	9	19	-16	16	10
당기순이익	12	8	20	-146	1	-44

재무 상태
〈단위 : 억원〉
항목	2012	2013	2014	2015	2016	2017.2Q
총자산	114	208	385	487	708	657
유형자산	48	84	194	203	184	179
무형자산	6	13	15	11	18	18
유가증권			0	16	56	116
총부채	49	139	194	149	387	374
총차입금	10	40	70	77	270	277
자본금	18	17	21	26	46	46
총자본	65	69	190	338	321	283
지배주주지분	65	69	185	333	315	277

기업가치 지표
항목	2012	2013	2014	2015	2016	2017.2Q
주가(최고/저)(천원)	—/—	—/—	—/—	12.1/5.1	14.0/4.9	—/—
PER(최고/저)(배)	0.0/0.0	0.0/0.0	0.0/0.0	16.5/6.9	—/—	—/—
PBR(최고/저)(배)	0.0/0.0	0.0/0.0	0.9	2.7/1.1	3.8/1.3	3.0/1.8
EV/EBITDA(배)			0.9	3.7	10.7	—/—
EPS(원)	3	16	231	147	-259	-94
BPS(원)	1,796	1,913	4,496	6,772	3,677	652
CFPS(원)	369	569	2,539	2,243	-589	-25
DPS(원)						
EBITDAPS(원)	373	489	3,181	2,574	1,089	124

재무 비율
〈단위 : % 〉
연도	영업이익률	순이익률	부채비율	차입금비율	ROA	ROE	유보율	자기자본비율	EBITDA마진율
2016	5.3	-17.9	120.5	84.1	-17.8	-32.7	635.4	45.4	15.0
2015	11.7	9.0	44.0	22.7	11.8	19.8	1,254.5	69.5	21.2
2014	17.9	13.0	102.1	36.8	21.0	49.0	799.2	49.5	24.4
2013	0.5	1.8	200.4	57.7			299.3	33.3	8.1

세방 (A004360)
Sebang

업 종 : 육상운수	시 장 : 거래소
신용등급 : (Bond) — (CP) —	기업규모 : 시가총액 소형주
홈페이지 : www.sebang.com	연 락 처 : 051)630-5300
본 사 : 부산시 남구 북항로 141(감만동)	

설 립 일 1965.09.13	종 업 원 수 768명	대 표 이 사 정호철
상 장 일 1977.05.19	감 사 의 견 적정 (이현)	계 열
결 산 기 12월	보 통 주 1,931만주	종속회사수 8개사
액 면 가 500원	우 선 주 369만주	구 상 수

주주구성 (지분율,%)
이앤에스글로벌	18.5
한국투자밸류자산운용	11.1
(외국인)	9.1

출자관계 (지분율,%)
세방익스프레스	100.0
한국해운	100.0
세방부산신항컨테이너데포	100.0

주요경쟁사 (외형,%)
세방	100
현대글로비스	2,364
CJ대한통운	937

매출구성
CON'T 및 BULK 화물의 국내운송	49.9
수출입화물의 선적·양하	39.2
컨테이너CY 및 CFS의 조작·보관	9.4

비용구성
매출원가율	89.9
판관비율	7.1

수출비중
수출	0.0
내수	100.0

회사 개요
동사는 항만하역, 화물운송, 화물보관, 건설기계 대여업 등을 영위하는 기업으로서 항만하역 부문에서 업계의 선두주자임. 1960년대부터 쌓아온 기술과 노하우로 벌크 하역과 컨테이너 하역에 강점을 지니고 있음. 세방전지를 비롯한 23개의 계열사를 두고 있음. 사업부문별 매출 비율은 화물운송 49.9%, 항만하역 39.2%, 보관(CY/CFS외) 9.4%, 기타 1.5%임.

실적 분석
동사의 2017년 2분기 매출액은 3,338.7억원으로 전년도 대비 3.9% 증가함. 판매비와 관리비및 매출 원가가 소폭 증가하며, 영업이익은 전년도에 비해 33.8% 감소한 90.5억원을 기록. 금융손실 적자폭이 확대되고 관련기업 투자 등으로부터 거둔 이득이 줄어 당기순이익은 전년 대비 34.4% 감소한 149.3억원을 기록. 세계경제 침체에 따른 교역량과 항만 물동량 감소세가 실적 하락 주요 원인으로 파악됨

현금 흐름 〈단위 : 억원〉
항목	2016	2017.2Q
영업활동	250	137
투자활동	-144	10
재무활동	-222	-74
순현금흐름	-114	72
기말현금	326	398

시장 대비 수익률

결산 실적 〈단위 : 억원〉
항목	2012	2013	2014	2015	2016	2017
매출액	7,180	6,465	6,652	6,659	6,490	—
영업이익	344	139	286	259	197	—
당기순이익	541	294	389	434	423	—

분기 실적 〈단위 : 억원〉
항목	2016.1Q	2016.2Q	2016.3Q	2016.4Q	2017.1Q	2017.2Q
매출액	1,621	1,592	1,638	1,639	1,663	1,676
영업이익	73	64	28	32	53	38
당기순이익	107	121	115	81	72	78

재무 상태 〈단위 : 억원〉
항목	2012	2013	2014	2015	2016	2017.2Q
총자산	9,032	9,007	8,908	9,184	9,398	9,427
유형자산	2,166	2,459	2,431	2,360	2,485	2,477
무형자산	174	172	156	134	158	157
유가증권	45	45	84	75	123	230
총부채	2,914	2,541	2,139	2,010	1,893	1,834
총차입금	1,081	817	407	385	272	268
자본금	115	115	115	115	115	115
총자본	6,118	6,466	6,768	7,174	7,505	7,592
지배주주지분	6,100	6,419	6,720	7,122	7,485	7,572

기업가치 지표
항목	2012	2013	2014	2015	2016	2017.2Q
주가(최고/저)(천원)	17.2/13.3	19.7/15.6	21.4/16.6	22.3/14.5	17.9/14.4	—/—
PER(최고/저)(배)	6.4/5.0	11.5/9.1	11.0/8.6	10.3/6.7	8.3/6.7	—/—
PBR(최고/저)(배)	0.7/0.5	0.7/0.6	0.8/0.6	0.7/0.5	0.6/0.5	0.5/0.4
EV/EBITDA(배)	7.8	15.6	10.4	8.8	8.4	—
EPS(원)	2,808	1,779	1,993	2,225	2,177	646
BPS(원)	26,523	27,913	29,220	30,968	32,548	33,056
CFPS(원)	3,457	2,446	2,520	2,767	2,705	890
DPS(원)	175	150	150	175	175	—
EBITDAPS(원)	2,433	1,387	2,008	1,885	1,547	637

재무 비율 〈단위 : %〉
연도	영업이익률	순이익률	부채비율	차입금비율	ROA	ROE	유보율	자기자본비율	EBITDA마진율
2016	3.0	6.5	25.2	3.6	4.6	5.8	6,409.6	79.9	4.6
2015	3.9	6.5	28.0	5.4	4.8	6.2	6,093.6	78.1	5.5
2014	4.3	5.9	31.6	6.0	4.4	5.9	5,744.0	76.0	5.8
2013	2.2	4.5	39.3	12.6	3.3	5.5	5,482.7	71.8	4.1

세방전지 (A004490)
SEABANG GLOBAL BATTERY

업 종 : 자동차부품	시 장 : 거래소
신용등급 : (Bond) — (CP) —	기업규모 : 시가총액 중형주
홈페이지 : www.gbattery.com	연 락 처 : 02)3451-6201
본 사 : 서울시 강남구 선릉로 433 (역삼동)	

설 립 일 1966.02.10	종 업 원 수 926명	대 표 이 사 대표이사이용준
상 장 일 1987.11.28	감 사 의 견 적정 (한영)	계 열
결 산 기 12월	보 통 주 1,400만주	종속회사수 3개사
액 면 가 500원	우 선 주	구 상 수

주주구성 (지분율,%)
세방	38.0
지에스유아사인터내셔널	16.0
(외국인)	36.9

출자관계 (지분율,%)
에스엘비	100.0
동양메탈	92.9
블루카이트	18.7

주요경쟁사 (외형,%)
세방전지	100
한라홀딩스	104
에스엘	169

매출구성
차량용(제품)	83.9
산업용(제품)	14.5
산업용(상품)	1.3

비용구성
매출원가율	82.9
판관비율	9.4

수출비중
수출	72.0
내수	28.0

회사 개요
동사는 1952년 자동차용 및 산업용 축전지의 제조, 판매를 목적으로 설립됨. 1987년 유가증권시장에 상장됨. 동사를 포함한 계열회사는 총 25개사임. 동사는 축전지 제조업의 매출액이 총매출액의 90%를 초과, 당해부문의 영업손익의 절대값이 총 영업이익의 90%를 초과, 당해부문의 자산금액이 총자산의 90%를 초과하므로 축전지의 제조 및 판매가 지배적 단일사업부문으로 분류됨.

실적 분석
동사의 2017년도 2분기 연결 매출액은 5,297.8억원으로 전년동기 대비 16.8% 증가하여 외형 확대. 영업이익과 당기순이익은 각 297.2억원과 274.2억원을 기록하여 전년동기 대비 16.5%, 4.3% 감소하였음. 동사는 2016년 세계 130여국에 US $56,077만불의 수출을 시현. 21세기 세계 3대 축전지 업체로 발돋움하기 위하여 전사적으로 경영혁신운동 전개 중. 2017년 반기 생산량은 전년동기 대비 10.6% 증대함.

현금 흐름 〈단위 : 억원〉
항목	2016	2017.2Q
영업활동	794	209
투자활동	-1,691	101
재무활동	136	-67
순현금흐름	-763	238
기말현금	689	927

시장 대비 수익률

결산 실적 〈단위 : 억원〉
항목	2012	2013	2014	2015	2016	2017
매출액	8,463	9,188	9,556	9,563	9,598	—
영업이익	1,231	852	810	953	743	—
당기순이익	979	700	614	786	628	—

분기 실적 〈단위 : 억원〉
항목	2016.1Q	2016.2Q	2016.3Q	2016.4Q	2017.1Q	2017.2Q
매출액	2,249	2,288	2,289	2,772	2,713	2,58
영업이익	189	167	153	235	149	14
당기순이익	146	140	132	209	130	14

재무 상태 〈단위 : 억원〉
항목	2012	2013	2014	2015	2016	2017.2Q
총자산	7,726	8,702	9,277	10,014	10,865	11,10
유형자산	1,981	2,001	2,130	2,568	3,014	3,05
무형자산	28	27	35	69	64	6
유가증권	100	196	187	579	1,018	1,42
총부채	1,870	2,221	2,287	2,333	2,600	2,58
총차입금	754	902	1,014	1,132	1,370	1,36
자본금	70	70	70	70	70	7
총자본	5,855	6,480	6,990	7,681	8,265	8,51
지배주주지분	5,855	6,480	6,990	7,661	8,261	8,51

기업가치 지표
항목	2012	2013	2014	2015	2016	2017.2Q
주가(최고/저)(천원)	48.6/41.3	58.2/41.8	53.4/35.6	55.6/36.6	43.4/35.6	—/—
PER(최고/저)(배)	7.2/6.1	12.0/8.6	12.5/8.3	10.1/6.6	9.8/8.0	—/—
PBR(최고/저)(배)	1.2/1.0	1.3/0.9	1.1/0.7	1.0/0.7	0.7/0.6	0.7/0.
EV/EBITDA(배)	3.2	5.0	2.9	2.7	2.8	—
EPS(원)	6,991	5,003	4,386	5,628	4,484	1,96
BPS(원)	41,823	46,495	50,272	55,502	59,791	61,60
CFPS(원)	8,364	6,648	6,187	7,743	7,012	1,96
DPS(원)	350	300	300	350	350	—
EBITDAPS(원)	10,170	7,731	7,588	8,924	7,839	2,12

재무 비율 〈단위 : %〉
연도	영업이익률	순이익률	부채비율	차입금비율	ROA	ROE	유보율	자기자본비율	EBITDA마진율
2016	7.8	6.5	31.5	16.6	6.0	7.9	11,858.2	76.1	11.
2015	10.0	8.2	30.4	14.7	8.2	10.8	11,000.5	76.7	13
2014	8.5	6.4	32.7	14.5	6.8	9.1	9,954.4	75.4	11
2013	9.3	7.6	34.3	13.9	8.5	11.4	9,199.0	74.5	11

세보엠이씨 (A011560)
SEBO MANUFACTURING ENGINEERING & CONSTRUCTION CORP

업 종 : 건설		시 장 : KOSDAQ	
신용등급 : (Bond) — (CP) —		기업규모 : 우량	
홈 페 이 지 : www.sebo21.co.kr		연 락 처 : 02)2046-7922	
본 사 : 서울시 서초구 효령로 341 (서초동 1605-9 인산빌딩)			

설 립 일 1978.07.26	종 업 원 수 391명	대 표 이 사 김우영,김진호(각자대표이사)	
상 장 일 1996.12.23	감 사 의 견 적정 (삼정)	계 열	
결 산 기 12월	보 통 주 1,053만주	종속회사수 3개사	
액 면 가 500원	우 선 주	구 상 호	

주주구성 (지분율,%)		출자관계 (지분율,%)		주요경쟁사 (외형,%)	
김우영	27.3	에스비테크	8.3	세보엠이씨	100
김종서	9.5	원캔네트웍스	5.0	성도이엔지	110
(외국인)	5.5	SEBOMECVIETNAM		희림	36

매출구성		비용구성		수출비중	
설비(공사)	87.1	매출원가율	91.4	수출	—
플랜트(공사)	12.4	판관비율	3.5	내수	—
기타	0.4				

회사 개요
1978년 설립 후 아파트, 오피스, 플랜트 설비, 반도체 클린룸 등의 공사에 필요한 배관 및 덕트 제품을 제작하고 각종 설비공사를 진행해 온 국내 설비업계 업체임. 기술축적과 경험을 토대로 현재 일반설비, 하이테크, 석유화학 및 발전플랜트 등의 시공분야에 상당한 위치를 차지하고 있으며, 주요 거래처로는 삼성, SK, 한양, 현대, 코오롱, 대림, 두산 등이 있음.

실적 분석
동사의 연결기준 2017년 2분기 누적매출액은 전년동기 대비 90.4% 증가한 2,724.4억원으로 큰폭의 외형성장을 보임. 이에 따라 영업이익은 122.8억원, 전년동기 대비 2배가량 증가함. 당기순이익 역시 전년동기 대비 70.4% 증가한 100.8억원을 기록함. 이는 동사의 대한전문건설협회, 대한설비건설협회 등 계약건수 및 매출이 증대된 것이 긍정적 영향을 미친것으로 보임.

현금 흐름 〈단위 : 억원〉
항목	2016	2017.2Q
영업활동	-58	-153
투자활동	-66	-35
재무활동	6	-8
순현금흐름	-117	-201
기말현금	328	128

시장 대비 수익률

결산 실적 〈단위 : 억원〉
항목	2012	2013	2014	2015	2016	2017
매출액	2,099	2,128	3,713	3,058	3,878	—
영업이익	86	85	99	170	197	—
당기순이익	71	56	80	137	141	—

분기 실적 〈단위 : 억원〉
항목	2016.1Q	2016.2Q	2016.3Q	2016.4Q	2017.1Q	2017.2Q
매출액	582	849	1,100	1,347	1,671	1,054
영업이익	20	41	55	81	76	46
당기순이익	21	38	39	43	63	38

재무 상태 〈단위 : 억원〉
항목	2012	2013	2014	2015	2016	2017.2Q
총자산	1,175	1,300	1,697	1,615	2,081	2,163
유형자산	269	266	278	288	290	285
무형자산	19	18	19	17	39	39
유가증권	29	63	53	53	59	63
총부채	363	448	775	568	908	909
총차입금	12	11	74	3	26	38
자본금	53	53	53	53	53	53
총자본	812	852	922	1,047	1,173	1,254
지배주주지분	812	850	919	1,040	1,168	1,252

기업가치 지표
항목	2012	2013	2014	2015	2016	2017.2Q
주가(최고/저)(천원)	3.3/2.3	4.5/3.0	5.8/4.0	8.5/4.9	10.0/5.4	—/—
PER(최고/저)(배)	5.6/3.8	9.4/6.4	8.4/5.7	7.0/4.1	7.6/4.1	—/—
PBR(최고/저)(배)	0.5/0.3	0.6/0.4	0.7/0.5	0.9/0.5	0.9/0.5	1.1/0.6
EV/EBITDA(배)	1.5	3.0	5.0	1.7	2.6	—/—
EPS(원)	681	521	744	1,264	1,347	981
BPS(원)	7,844	8,253	8,909	10,059	11,272	12,069
CFPS(원)	836	682	895	1,426	1,528	1,082
DPS(원)	125	100	125	175	200	
EBITDAPS(원)	975	965	1,095	1,774	2,055	1,267

재무 비율 〈단위 : % 〉
연도	영업이익률	순이익률	부채비율	차입금비율	ROA	ROE	유보율	자기자본비율	EBITDA마진율
2016	5.1	3.6	77.4	2.2	7.6	12.9	2,154.5	56.4	5.6
2015	5.6	4.5	54.3	0.2	8.3	13.6	1,911.8	64.8	6.1
2014	2.7	2.2	84.0	8.0	5.4	8.9	1,681.9	54.4	3.1
2013	4.0	2.6	52.6	1.3	4.5	6.6	1,550.7	65.5	4.8

세신버팔로 (A110660)
SESHIN BUFFALO CO

업 종 : 금속 및 광물		시 장 : KONEX	
신용등급 : (Bond) — (CP) —		기업규모 : —	
홈 페 이 지 : www.seshinbuffalo.com		연 락 처 : 055)580-0600	
본 사 : 경남 함안군 군북면 함안산단2길 9			

설 립 일 2005.11.02	종 업 원 수 81명	대 표 이 사 문병철	
상 장 일 2014.12.08	감 사 의 견 적정 (정일)	계 열	
결 산 기 12월	보 통 주	종속회사수	
액 면 가	우 선 주	구 상 호	

주주구성 (지분율,%)		출자관계 (지분율,%)		주요경쟁사 (외형,%)	
문병철	57.9			세신버팔로	100
이갑섭	0.9			신화실업	286
				한국특수형강	1,006

매출구성		비용구성		수출비중	
		매출원가율	78.8	수출	—
		판관비율	21.2	내수	—

회사 개요
동사는 수공구 제조 전문회사로서 수공구 제조기술을 기반으로 2005년에 설립되었으며 플라이어류, 몽키렌치류, 스패너류, 기타공구류 등 약 600여개의 생산품목 및 OEM 상품을 판매하고 있음. 동사의 전방산업인 공구산업은 다품종 소량생산의 전형적인 중소기업형 업종(중소기업 비중 95%)으로 인건비 비중이 타 업종에 비해 높은 노동집약적 산업임.

실적 분석
동사의 2016년 연결 기준 매출과 영업손실, 당기순이익은 246억원, 2,000만원, 26억원을 기록함. 매출은 전년 대비 1.3% 증가했으나 적자를 지속함. 단 영업손실은 전년 10억원에서 적자폭이 크게 축소됨. 자산총계는 379억원, 부채총계는 312억원, 자본총계는 68억원임. 동사는 주가안정을 위한 주식가치 제고를 위해 2017년 5월부터 8월까지 2,384만원 규모의 12만주의 자사주를 취득함.

현금 흐름 *IFRS 별도 기준 〈단위 : 억원〉
항목	2016	2017.2Q
영업활동	-13	—
투자활동	50	—
재무활동	-35	—
순현금흐름	2	—
기말현금	5	—

시장 대비 수익률

결산 실적 〈단위 : 억원〉
항목	2012	2013	2014	2015	2016	2017
매출액	251	187	251	242	246	—
영업이익	12	17	1	-10	-0	—
당기순이익	4	2	-22	-24	26	—

분기 실적 *IFRS 별도 기준 〈단위 : 억원〉
항목	2016.1Q	2016.2Q	2016.3Q	2016.4Q	2017.1Q	2017.2Q
매출액	—	—	—	—	—	—
영업이익	—	—	—	—	—	—
당기순이익	—	—	—	—	—	—

재무 상태 *IFRS 별도 기준 〈단위 : 억원〉
항목	2012	2013	2014	2015	2016	2017.2Q
총자산	316	360	387	387	379	—
유형자산	141	137	164	159	155	—
무형자산	1	1	1	1	1	—
유가증권	3	3	1	1	1	—
총부채	253	295	317	343	312	—
총차입금	190	243	233	248	216	—
자본금	30	30	30	30	30	—
총자본	63	65	70	44	68	—
지배주주지분	63	65	70	44	68	—

기업가치 지표 *IFRS 별도 기준
항목	2012	2013	2014	2015	2016	2017.2Q
주가(최고/저)(천원)	—/—	—/—	2.3/2.0	2.2/0.4	0.7/0.3	—/—
PER(최고/저)(배)	0.0/0.0	0.0/0.0	—/—	—/—	1.5/0.6	—/—
PBR(최고/저)(배)	0.0/0.0	0.0/0.0	2.2/1.8	3.2/0.6	0.6/0.2	0.0/0.0
EV/EBITDA(배)	8.7	9.3	45.5		37.7	—/—
EPS(원)	62	35	-368	-399	430	
BPS(원)	1,052	1,087	1,161	729	1,125	
CFPS(원)	187	174	-245	-286	532	
DPS(원)			33	33		
EBITDAPS(원)	331	429	132	-61	99	

재무 비율 〈단위 : % 〉
연도	영업이익률	순이익률	부채비율	차입금비율	ROA	ROE	유보율	자기자본비율	EBITDA마진율
2016	-0.1	10.5	461.4	320.1	6.7	46.4	125.1	17.8	2.4
2015	-4.3	-9.9	785.3	567.8	-6.2	-42.2	45.7	11.3	-1.5
2014	0.2	-8.8	455.1	334.4	-5.9	-32.7	132.1	18.0	3.2
2013	9.3	1.1	451.8	372.6	0.6	3.3	117.4	18.1	13.8

세아베스틸 (A001430)
SeAH Besteel

업 종 : 금속 및 광물	시 장 : 거래소
신용등급 : (Bond) A+　(CP) A2+	기업규모 : 시가총액 중형주
홈페이지 : www.seahbesteel.co.kr	연 락 처 : 02)6970-2028
본 사 : 서울시 마포구 양화로 45 세아타워 28,29층	

설 립 일 1955.02.04	종 업 원 수 1,500명	대 표 이 사 윤기수,이태성
상 장 일 1991.03.12	감사의견 적정(안진)	계 열
결 산 기 12월	보 통 주 3,586만주	종속회사수 2개사
액 면 가 5,000원	우 선 주	구 상 호

주주구성 (지분율,%)		출자관계 (지분율,%)		주요경쟁사 (외형,%)	
세아홀딩스	58.9	SeAHGlobalInc	100.0	세아베스틸	100
국민연금공단	7.5	세아창원특수강	74.8	POSCO	2,097
(외국인)	12.0	진양특수강	35.0	현대제철	659

매출구성		비용구성		수출비중	
[특수강봉강]	92.5	매출원가율	89.8	수출	15.0
[대형단조품]	4.9	판관비율	4.6	내수	85.0
[자동차부품]	1.6				

회사 개요
동사는 1955년에 설립돼 2003년에 세아그룹에 편입됨. 동사의 주력 상품은 탄소합금 특수강이고, 종속회사 (주)세아창원특수강은 스테인리스 특수강으로 주사업을 영위하고 있음. 동사는 탄소 합금강 시장의 47.8%(한국철강협회 자료)를 차지하며 국내 1위의 점유율을 유지하고 있음. 동사는 2015년 3월 포스코로부터 세아창원특수강(구 포스코특수강)의 지분 54.8%를 인수했고, 2016년 9월 포스코로부터 잔여지분 19.9% 전량 인수함.

실적 분석
동사는 2017년 상반기 기준 매출액이 1조 5,214.2억원, 영업이익이 1,047.2억원으로 전년 동기대비 각각 20.1%, 23.3% 증가함. 자동차부품, 선박용품, 산업기계 등에 사용되는 특수강봉강 판매가 호조세를 보이면서 매출과 영업이익이 증가했음. 특수강봉강의 경우 공장의 평균가동률이 2017년 92.1%에 달함. 동사는 전년 동기와 비교해 감가상각비가 줄어드는 등 판매관리비의 증가율이 매출증가율에 못 미쳐 수익성이 개선됨.

현금 흐름　<단위 : 억원>
항목	2016	2017.2Q
영업활동	2,552	1,275
투자활동	-1,714	-793
재무활동	-1,791	-294
순현금흐름	-956	176
기말현금	222	398

시장 대비 수익률

결산 실적　<단위 : 억원>
항목	2012	2013	2014	2015	2016	2017
매출액	21,941	21,126	22,024	25,267	25,311	
영업이익	1,718	1,439	1,753	2,223	1,435	
당기순이익	1,192	1,040	1,237	1,650	1,047	

분기 실적　<단위 : 억원>
항목	2016.1Q	2016.2Q	2016.3Q	2016.4Q	2017.1Q	2017.2Q
매출액	6,051	6,617	6,176	6,467	7,313	7,902
영업이익	355	494	259	326	449	598
당기순이익	288	359	196	204	308	498

재무 상태　<단위 : 억원>
항목	2012	2013	2014	2015	2016	2017.2Q
총자산	21,591	22,091	24,293	35,939	35,371	36,198
유형자산	12,691	12,616	12,026	23,170	23,282	23,017
무형자산	42	42	44	104	91	90
유가증권	298	303	407	291	334	344
총부채	8,094	7,860	9,254	16,773	15,428	15,770
총차입금	5,738	5,479	6,919	10,405	10,343	10,264
자본금	2,193	2,193	2,193	2,193	2,193	2,193
총자본	13,497	14,231	15,039	19,166	19,942	20,428
지배주주지분	13,497	14,231	15,039	14,732	17,378	17,803

기업가치 지표
항목	2012	2013	2014	2015	2016	2017.2Q
주가(최고/저)(천원)	46.6/19.9	30.5/21.6	35.2/19.5	43.0/25.3	29.8/22.5	—/—
PER(최고/저)(배)	16.5/7.1	12.0/8.5	11.3/6.2	10.9/6.4	12.4/9.4	—/—
PBR(최고/저)(배)	1.5/0.6	0.9/0.6	0.9/0.5	1.1/0.7	0.6/0.5	0.6/0.5
EV/EBITDA(배)	6.0	6.3	5.3	6.6	7.4	—/—
EPS(원)	3,323	2,900	3,449	4,208	2,473	2,078
BPS(원)	37,913	39,959	42,212	41,355	48,733	49,919
CFPS(원)	5,887	5,384	6,012	7,925	6,688	4,199
DPS(원)	900	900	1,000	1,000	800	
EBITDAPS(원)	7,354	6,495	7,449	9,916	8,215	5,041

재무 비율　<단위 : % >
연도	영업이익률	순이익률	부채비율	차입금비율	ROA	ROE	유보율	자기자본비율	EBITDA마진율
2016	5.7	4.1	77.4	51.9	2.9	5.5	696.9	56.4	11.6
2015	8.8	6.5	87.5	54.3	5.5	10.1	576.2	53.3	14.1
2014	8.0	5.6	61.5	46.0	5.3	8.5	590.3	61.9	12.1
2013	6.8	4.9	55.2	38.5	4.8	7.5	553.4	64.4	-11.0

세아제강 (A003030)
SeAH Steel

업 종 : 금속 및 광물	시 장 : 거래소
신용등급 : (Bond) A+　(CP) A2+	기업규모 : 시가총액 중형주
홈페이지 : www.seahsteel.co.kr	연 락 처 : 02)6970-1000
본 사 : 서울시 마포구 양화로 45	

설 립 일 1960.10.19	종 업 원 수 855명	대 표 이 사 이순형,이휘령,권병기
상 장 일 1969.05.13	감사의견 적정(안진)	계 열
결 산 기 12월	보 통 주 600만주	종속회사수 12개사
액 면 가 5,000원	우 선 주	구 상 호

주주구성 (지분율,%)		출자관계 (지분율,%)		주요경쟁사 (외형,%)	
이태성	11.4	KB증권스스타사모부동산투자신탁제2호	31.3	세아제강	100
이순형	11.3	스틸코트나노	29.2	세아홀딩스	224
(외국인)	16.3	티에스테크	10.0	제닉스	0

매출구성		비용구성		수출비중	
강관	93.1	매출원가율	86.9	수출	—
판재	18.2	판관비율	8.8	내수	—
도매	11.4				

회사 개요
동사는 1960년에 설립돼 강관과 판재 제조 및 판매 등의 사업을 영위하고 있음. 동사는 세아그룹 계열사 가운데 하나로 동사를 포함해 세아홀딩스, 세아베스틸, 세아특수강은 유가증권 시장에 상장됐고, 나머지는 비상장 회사임. 국내 강관업계 내수 판매량은 건설산업의 경기부진 등의 영향으로 2010년대 내내 300만톤 수준에서 유지되고 있음. 국내 강관업체 수출 판매량은 2015년과 2016년 각 163만톤을 기록함.

실적 분석
동사의 2017년 2분기 연결 기준 누적 매출과 영업이익은 1조 382.0억원, 447.3억원으로 전년동기대비 각각 20.3%, 10.6% 증가함. 그러나 당기순이익은 282.7억원으로 전년 동기대비 8.0% 감소함. 유가회복 및 북미지역 수요증가의 영향으로 매출액 및 영업이익은 전년동기대비 증가했으나, 외환손익이 적자 전환되고, 법인세비용이 전년 동기대비 증가하며 당기순이익은 감소됨.

현금 흐름　<단위 : 억원>
항목	2016	2017.2Q
영업활동	1,070	-1,055
투자활동	-943	-550
재무활동	-123	1,466
순현금흐름	38	-166
기말현금	875	708

시장 대비 수익률

결산 실적　<단위 : 억원>
항목	2012	2013	2014	2015	2016	2017
매출액	24,704	22,192	24,531	21,917	17,975	
영업이익	1,734	1,546	1,642	777	772	
당기순이익	996	1,166	765	458	653	

분기 실적　<단위 : 억원>
항목	2016.1Q	2016.2Q	2016.3Q	2016.4Q	2017.1Q	2017.2Q
매출액	4,276	4,358	4,313	5,028	4,928	5,454
영업이익	197	207	134	234	229	219
당기순이익	187	120	75	271	169	113

재무 상태　<단위 : 억원>
항목	2012	2013	2014	2015	2016	2017.2Q
총자산	20,304	19,956	22,850	20,739	21,697	23,307
유형자산	8,001	8,585	8,650	8,545	9,288	9,276
무형자산	101	93	615	591	544	550
유가증권	1,083	1,150	1,045	1,535	1,283	1,627
총부채	10,264	8,961	11,103	8,467	8,776	10,330
총차입금	6,166	5,578	7,178	4,945	4,906	6,420
자본금	300	300	300	300	300	300
총자본	10,039	10,994	11,747	12,271	12,921	12,977
지배주주지분	9,840	10,760	11,452	11,958	12,596	12,654

기업가치 지표
항목	2012	2013	2014	2015	2016	2017.2Q
주가(최고/저)(천원)	109/60.5	114/70.7	126/73.0	82.3/49.3	96.2/47.1	—/—
PER(최고/저)(배)	7.5/4.2	6.6/4.1	11.3/6.5	11.4/6.8	9.0/4.4	—/—
PBR(최고/저)(배)	0.7/0.4	0.7/0.4	0.7/0.4	0.4/0.3	0.5/0.2	0.6/0.4
EV/EBITDA(배)	4.7	5.0	5.1	5.6	7.5	—/—
EPS(원)	16,084	18,907	11,952	7,618	10,854	4,424
BPS(원)	164,386	179,719	191,258	199,688	210,321	211,294
CFPS(원)	21,180	25,170	19,745	15,871	19,292	8,907
DPS(원)	1,500	1,500	1,500	1,750	1,750	
EBITDAPS(원)	34,004	32,032	35,155	21,203	21,313	11,938

재무 비율　<단위 : % >
연도	영업이익률	순이익률	부채비율	차입금비율	ROA	ROE	유보율	자기자본비율	EBITDA마진율
2016	4.3	3.6	67.9	38.0	3.1	5.3	4,106.4	59.6	7.1
2015	3.6	2.1	69.0	40.3	2.1	3.9	3,893.8	59.2	5.8
2014	6.7	3.1	94.5	61.1	3.6	6.5	3,725.2	51.4	8.6
2013	7.0	5.3	81.5	50.7	5.8	11.0	3,494.4	55.1	8.7

세아특수강 (A019440)
SeAH SPECIAL STEEL

업 종 : 금속 및 광물		시 장 : 거래소
신용등급 : (Bond) — (CP) —		기업규모 : 시가총액 소형주
홈 페 이 지 : www.seahsp.co.kr		연 락 처 : 054)285-4771
본 사 : 경북 포항시 남구 괴동로 40		

설 립 일 1986.11.01	종업원수 306명	대표이사 유올봉	
상 장 일 2011.06.01	감사의견 적정 (한영)	계 열	
결 산 기 12월	보 통 주 857만주	종속회사수 3개사	
액 면 가 5,000원	우 선 주	구 상 호	

주주구성 (지분율,%)	출자관계 (지분율,%)	주요경쟁사 (외형,%)
세아홀딩스 68.7	마이벤처파트너스 5.0	세아특수강 100
국민연금공단 6.0	POSSeAHSteelWire(Tianjin)Co.,Ltd 100.0	유성티엔에스 66
(외국인) 2.5	POSSeAHSteelWire(Nantong)Co.,Ltd 75.0	현대비앤지스틸 99

매출구성	비용구성	수출비중
선재 69.4	매출원가율 90.0	수출 —
내부거래 32.0	판관비율 3.9	내수 —
봉강 -1.4		

회사 개요
동사는 1986년 냉간압조용 선재(CHQ WIRE) 및 마봉강(CD BAR)을 생산, 판매할 목적으로 설립됨. 자동차, 전자, 기계부품, 건설자재, 공구 등의 소재로 사용되는 냉간압조용 선재와 봉강을 생산하며 매출에서 내수 비중이 85% 이상을 차지함. 국내시장 점유율은 2016년 기준 CHQ WIRE 37.2%로 8개 생산업체 가운데 1위이고, CD BAR 43.4%를 차지함. 동사는 세아그룹의 계열사 중의 하나임.

실적 분석
동사의 2017년 2분기기준 누적 매출액은 전년동기대비 9.3% 상승한 3,619.9억원을 기록하였음. 그러나 상승한 매출액 대비 비용증가가 높아 그에 따라 전년동기대비 영업이익은 199.2억원으로 -1.2% 하락하였음. 최종적으로 전년동기대비 당기순이익은 상승하여 139.2억원을 기록함. 손실폭에도 당기순이익이 성장한 것은 지배주주지분에 따른 것으로 보임.

현금 흐름 〈단위 : 억원〉

항목	2016	2017.2Q
영업활동	630	-65
투자활동	-227	-53
재무활동	-239	7
순현금흐름	163	-112
기말현금	300	188

시장 대비 수익률

결산 실적 〈단위 : 억원〉

항목	2012	2013	2014	2015	2016	2017
매출액	7,121	7,643	7,506	6,813	6,688	—
영업이익	339	510	480	349	404	—
당기순이익	214	330	322	192	237	—

분기 실적 〈단위 : 억원〉

항목	2016.1Q	2016.2Q	2016.3Q	2016.4Q	2017.1Q	2017.2Q
매출액	1,638	1,675	1,570	1,806	1,860	1,760
영업이익	99	103	97	106	108	91
당기순이익	67	61	61	48	75	64

재무 상태 〈단위 : 억원〉

항목	2012	2013	2014	2015	2016	2017.2Q
총자산	4,850	4,862	5,301	5,003	5,168	5,235
유형자산	1,672	1,644	1,896	1,899	1,944	1,873
무형자산	37	37	53	56	47	47
유가증권	4	9	4	4	4	4
총부채	2,686	2,422	2,553	2,129	2,110	2,113
총차입금	2,014	1,602	1,761	1,412	1,211	1,261
자본금	429	429	429	429	429	429
총자본	2,164	2,441	2,748	2,874	3,059	3,123
지배주주지분	2,111	2,380	2,679	2,792	2,957	3,023

기업가치 지표

항목	2012	2013	2014	2015	2016	2017.2Q
주가(최고/저)(천원)	26.3/15.8	26.2/16.2	29.4/20.6	23.8/15.3	22.7/16.8	—/—
PER(최고/저)(배)	12.5/7.6	7.9/4.9	8.9/6.2	11.3/7.2	8.5/6.3	0.6/0.6
PBR(최고/저)(배)	1.2/0.7	1.1/0.7	1.0/0.7	0.8/0.5	0.7/0.5	0.6/0.6
EV/EBITDA(배)	7.3	5.8	5.7	5.3	4.8	—/—
EPS(원)	2,458	3,760	3,676	2,260	2,755	1,616
BPS(원)	25,110	28,324	31,424	32,914	34,856	35,624
CFPS(원)	4,323	5,823	5,874	4,702	5,191	2,885
DPS(원)	600	750	800	700	750	
EBITDAPS(원)	5,817	8,012	7,803	6,512	7,149	3,593

재무 비율 〈단위 : %〉

연도	영업이익률	순이익률	부채비율	차입금비율	ROA	ROE	유보율	자기자본비율	EBITDA마진율
2016	6.0	3.5	69.0	39.6	4.7	8.2	597.1	59.2	9.2
2015	5.1	2.8	74.1	49.1	3.7	7.1	558.3	57.4	8.2
2014	6.4	4.3	92.9	64.1	6.3	12.5	528.5	51.8	8.9
2013	6.7	4.3	99.2	65.6	6.8	14.4	466.5	50.2	9.0

세아홀딩스 (A058650)
SeAH Holdings

업 종 : 금속 및 광물		시 장 : 거래소
신용등급 : (Bond) A (CP) A2		기업규모 : 시가총액 중형주
홈 페 이 지 : www.seahholdings.co.kr		연 락 처 : 02)6970-0110
본 사 : 서울시 마포구 양화로 45		

설 립 일 2001.07.01	종업원수 48명	대표이사 이순형,서영범	
상 장 일 2001.07.30	감사의견 적정 (안진)	계 열	
결 산 기 12월	보 통 주 400만주	종속회사수 29개사	
액 면 가 5,000원	우 선 주	구 상 호	

주주구성 (지분율,%)	출자관계 (지분율,%)	주요경쟁사 (외형,%)
이태성 35.1	세아알앤아이 100.0	세아홀딩스 100
이주성 18.0	세아네트웍스 100.0	제닉스 0
(외국인) 1.3	세아엔지니어링 100.0	고려아연 145

매출구성	비용구성	수출비중
배당금수익(기타) 79.3	매출원가율 90.8	수출 —
용역수익(용역) 13.3	판관비율 3.4	내수 —
임대수익(기타) 7.5		

회사 개요
동사는 2001년 7월에 세아제강의 투자사업부문과 임대사업부문이 인적분할 방식으로 신설되어, 한국거래소 유가증권시장에 재상장됨. 세아베스틸, 드림라인, 세아특수강 등의 자회사 지분을 통해 수익을 얻는 지주회사로 2017년 6월말 기준, 총 20개의 국내계열회사를 가지고 있음. 자산 비중이 가장 큰 세아베스틸의 실적이 연결실체의 실적에 큰 영향을 미치는 매출구조를 지니며 세아베스틸은 현재 특수강, 대형단조, 자동차부품사업을 영위하고 있음.

실적 분석
동사의 2017년 상반기 연결기준 누적 매출액과 영업이익은 2조 3,514.6억원, 1,526.4억원으로 전년 동기 대비 각각 17.7%, 13.9% 증가함. 2017년 상반기는 특수강 사업의 전방산업인 발전, 플랜트, 조선해양 등의 부진이 지속됐음에도 불구, 중국 철강산업의 구조조정 및 가격상승 기조로 전반적인 판매시황 호조세가 유지되었음. 특수강 계열회사의 적극적인 시장 공략을 통한 신제품 판매 확대로 점진적인 매출 증대가 기대됨.

현금 흐름 〈단위 : 억원〉

항목	2016	2017.2Q
영업활동	3,825	1,180
투자활동	-2,236	-906
재무활동	-2,216	-397
순현금흐름	-634	-135
기말현금	1,296	1,161

시장 대비 수익률

결산 실적 〈단위 : 억원〉

항목	2012	2013	2014	2015	2016	2017
매출액	36,988	36,622	38,961	40,482	40,343	—
영업이익	2,285	1,970	2,556	2,876	2,348	—
당기순이익	1,266	232	1,645	2,071	1,619	—

분기 실적 〈단위 : 억원〉

항목	2016.1Q	2016.2Q	2016.3Q	2016.4Q	2017.1Q	2017.2Q
매출액	9,585	10,395	9,859	10,504	11,414	12,101
영업이익	592	749	441	566	697	830
당기순이익	507	559	265	288	521	630

재무 상태 〈단위 : 억원〉

항목	2012	2013	2014	2015	2016	2017.2Q
총자산	40,088	39,147	41,411	51,915	51,779	52,660
유형자산	19,539	17,913	17,422	28,399	28,369	27,945
무형자산	657	406	419	477	519	519
유가증권	1,207	1,323	1,000	1,053	1,117	1,189
총부채	18,231	17,322	18,243	24,038	22,537	22,568
총차입금	13,236	12,226	13,112	15,515	14,973	14,719
자본금	200	200	200	200	200	200
총자본	21,857	21,825	23,167	27,877	29,241	30,092
지배주주지분	13,913	13,950	14,865	15,260	17,185	17,732

기업가치 지표

항목	2012	2013	2014	2015	2016	2017.2Q
주가(최고/저)(천원)	129/73.7	111/76.9	177/86.3	209/119	146/115	—/—
PER(최고/저)(배)	7.6/4.3	—/—	7.6/3.7	7.4/4.2	6.6/5.2	—/—
PBR(최고/저)(배)	0.4/0.2	0.3/0.2	0.5/0.2	0.6/0.3	0.3/0.3	0.4/0.3
EV/EBITDA(배)	5.7	6.4	6.1	6.3	7.0	—/—
EPS(원)	18,407	-120	24,345	28,983	22,514	16,146
BPS(원)	347,850	348,766	371,647	381,513	429,638	443,309
CFPS(원)	61,083	36,895	59,319	74,849	72,721	41,284
DPS(원)	1,750	1,750	1,800	1,750	1,750	
EBITDAPS(원)	99,796	86,275	98,886	117,754	108,904	63,298

재무 비율 〈단위 : %〉

연도	영업이익률	순이익률	부채비율	차입금비율	ROA	ROE	유보율	자기자본비율	EBITDA마진율
2016	5.8	4.0	77.1	51.2	3.1	5.6	8,492.8	56.5	10.8
2015	7.1	5.1	86.2	55.7	4.4	7.7	7,530.3	53.7	11.6
2014	6.6	4.2	78.8	56.6	4.1	6.8	7,333.0	56.0	10.2
2013	5.4	0.6	79.4	56.0	0.6	0.0	6,875.3	55.8	9.4

세우글로벌 (A013000)
Sewoo Global

업 종 : 화학		시 장 : 거래소	
신용 등급 : (Bond) — (CP) —		기업 규모 : 시가총액 소형주	
홈 페 이 지 : www.sewoo21.co.kr		연 락 처 : 032)868-1100	
본 사 : 인천시 남구 염전로261번길 26-48(도화동)			

설 립 일	1978.03.10	종 업 원 수	25명	대 표 이 사	안백순
상 장 일	1989.09.05	감 사 의 견	적정 (대주)	계 열	
결 산 기	12월	보 통 주	2,369만주	종속회사수	1개사
액 면 가	500원	우 선 주		구 상 호	

주주구성 (지분율,%)		출자관계 (지분율,%)		주요경쟁사 (외형,%)	
안백순	17.3			세우글로벌	100
한국증권금융	5.1			KPX그린케미칼	575
(외국인)	3.3			대화화금	144

매출구성		비용구성		수출비중	
엔지니어링 플라스틱 등 (상품)	94.4	매출원가율	91.7	수출	—
SELAC 등 (제품)	5.6	판관비율	6.4	내수	—
보관료(기타)	0.0				

회사 개요
동사는 1978년에 설립된 엔지니어링 플라스틱, 고기능수지, 범용 플라스틱 등의 플라스틱 전문 판매업체로 사빅 이노베이티브 플라스틱(Sabic Innovative Plastic) 국내대리점이며 바스프, 미쯔비시, 쉐브론 등에 플라스틱 재료를 공급함. 베트남에 지분율 100%의 자회사 SEWOO GLOBAL VIETNAM을 운영 중임. 엔지니어링 프라스틱 부문은 소량 다품종으로 적기의 공급과 안정적인 원료 확보가 관건임.

실적 분석
동사의 2017년 상반기 누적매출액은 201.6억원으로 전년동기 대비 3% 증가함. 영업이익은 4.4억원 늘어난 8.1억원을 기록했고 당기순이익도 3.7억원으로 전년동기 3.5억원에서 소폭 증가함. PCB산업은 일본, 미국의 첨단 제품과 대만, 중국 및 동남아시아 범용제품으로 양분되는 시장에서 일본의 선진 기술과 중국 및 동남아시아의 저가공세를 받고 있음. 동사는 지속적인 기술 개발과 설비투자로 경쟁력 강화에 나설 계획임.

현금 흐름 〈단위 : 억원〉

항목	2016	2017.2Q
영업활동	-3	13
투자활동	7	13
재무활동	0	0
순현금흐름	4	27
기말현금	73	101

시장 대비 수익률

결산 실적 〈단위 : 억원〉

항목	2012	2013	2014	2015	2016	2017
매출액	347	408	445	396	424	
영업이익	13	19	25	16	8	
당기순이익	14	11	3	11	8	

분기 실적 〈단위 : 억원〉

항목	2016.1Q	2016.2Q	2016.3Q	2016.4Q	2017.1Q	2017.2Q
매출액	98	97	116	112	112	90
영업이익	0	3	3	1	5	3
당기순이익	1	2	2	-1	3	1

재무 상태 〈단위 : 억원〉

항목	2012	2013	2014	2015	2016	2017.2Q
총자산	325	335	362	370	392	371
유형자산	57	50	45	46	38	38
무형자산	—	5	5	5	7	7
유가증권	35	10	31	32	15	13
총부채	32	32	59	53	73	52
총차입금	—	—	4	—	—	0
자본금	118	118	118	118	118	118
총자본	293	302	304	317	319	319
지배주주지분	293	302	304	317	319	319

기업가치 지표

항목	2012	2013	2014	2015	2016	2017.2Q
주가(최고/저)(천원)	2.5/0.7	1.9/1.0	1.4/1.0	2.6/1.0	5.2/1.5	—/—
PER(최고/저)(배)	42.8/11.7	38.9/21.1	124.6/95.1	98.6/39.4	286.1/83.4	—/—
PBR(최고/저)(배)	2.0/0.5	1.5/0.8	1.1/0.8	1.9/0.8	3.9/1.1	3.1/1.3
EV/EBITDA(배)	7.1	3.7	3.4	16.2	23.5	—/—
EPS(원)	57	48	11	26	18	16
BPS(원)	1,235	1,277	1,282	1,337	1,346	1,347
CFPS(원)	83	83	45	64	56	20
DPS(원)	—	—	—	—	—	—
EBITDAPS(원)	80	114	138	104	71	38

재무 비율 〈단위 : % 〉

연도	영업이익률	순이익률	부채비율	차입금비율	ROA	ROE	유보율	자기자본비율	EBITDA마진율
2016	1.9	1.0	23.0	0.0	1.1	1.4	169.2	81.3	4.0
2015	4.0	1.6	16.7	0.0	1.7	2.0	167.5	85.7	6.3
2014	5.6	0.6	19.3	1.4	0.7	0.9	156.4	83.8	7.4
2013	4.6	2.8	10.6	1.2	3.4	3.8	155.4	90.4	6.6

세운메디칼 (A100700)
SEWOONMEDICAL

업 종 : 의료 장비 및 서비스		시 장 : KOSDAQ	
신용 등급 : (Bond) — (CP) —		기업 규모 : 우량	
홈 페 이 지 : www.sewoonmedical.co.kr		연 락 처 : 041)584-2903	
본 사 : 충남 천안시 서북구 입장면 도림길 60			

설 립 일	1982.08.06	종 업 원 수	225명	대 표 이 사	이길환
상 장 일	2008.09.30	감 사 의 견	적정 (한미)	계 열	
결 산 기	12월	보 통 주	4,380만주	종속회사수	4개사
액 면 가	100원	우 선 주		구 상 호	

주주구성 (지분율,%)		출자관계 (지분율,%)		주요경쟁사 (외형,%)	
이길환	41.8	세운이노비젼메디칼	85.0	세운메디칼	100
이재희	8.2	스텐다드싸이텍	63.8	제이브이엠	173
(외국인)	1.6	세운메디컬유한책임회사	100.0	엘앤케이바이오	61

매출구성		비용구성		수출비중	
기타제품	33.4	매출원가율	61.3	수출	17.0
수액세트 외	32.6	판관비율	17.9	내수	83.0
의료용저압지속흡인기류	12.9				

회사 개요
1969년 8월 세운의료기를 창업하여 1982년 8월 세운메디칼 상사로 법인 전환 후 2005년 1월 세운메디칼로 상호 변경. 의료기구 및 위생용품 등을 제조, 판매하는 회사로 2008년 9월 코스닥시장에 상장됨. 의료용 소모품 전문 생산 기업으로 주요 제품은 병원에서 치료 목적으로 사용되는 전기시술장치(의료용 흡인기: 의료용저압지속흡인기), 의약품 주입기(의료용 취관 및 체액유도관: 비뇨기관용 튜브 카테터, 위장용 튜브카테터등) 등이 있음.

실적 분석
동사의 2017년 상반기 연결기준 누적매출액은 303억원으로 전년동기대비 5% 증가함. 비용측면에서 매출원가와 판관비가 각각 6.7%, 9.4% 상승하면서 영업이익은 전년동기보다 2.4% 줄어든 65.4억원을 기록함. 2015년부터 공장 가동을 시작한 베트남을 비롯해 수출시장 확대에 나서면서 글로벌 수출기업으로 도약을 모색하고 있음. 품질시스템을 적용한 양산체제를 갖춰 제조원가를 낮춤으로써 가격경쟁력을 확보할 계획임.

현금 흐름 〈단위 : 억원〉

항목	2016	2017.2Q
영업활동	69	28
투자활동	-78	-20
재무활동	29	-57
순현금흐름	21	-50
기말현금	106	56

시장 대비 수익률

결산 실적 〈단위 : 억원〉

항목	2012	2013	2014	2015	2016	2017
매출액	491	514	529	559	566	
영업이익	71	111	104	95	117	
당기순이익	54	87	61	31	85	

분기 실적 〈단위 : 억원〉

항목	2016.1Q	2016.2Q	2016.3Q	2016.4Q	2017.1Q	2017.2Q
매출액	141	147	146	131	153	150
영업이익	29	38	33	18	32	33
당기순이익	20	30	25	10	24	19

재무 상태 〈단위 : 억원〉

항목	2012	2013	2014	2015	2016	2017.2Q
총자산	563	646	730	786	853	820
유형자산	205	205	257	273	327	325
무형자산	24	30	29	26	18	16
유가증권	1	1	0	1	1	1
총부채	50	59	86	120	110	68
총차입금	4	4	1	2	41	—
자본금	44	44	44	44	44	44
총자본	513	587	643	666	743	753
지배주주지분	503	578	633	656	731	743

기업가치 지표

항목	2012	2013	2014	2015	2016	2017.2Q
주가(최고/저)(천원)	5.5/2.7	3.6/2.6	8.7/3.6	7.6/4.7	5.6/3.7	—/—
PER(최고/저)(배)	46.9/23.3	19.2/13.7	65.0/27.1	109.9/68.7	29.7/19.8	—/—
PBR(최고/저)(배)	4.8/2.4	2.8/2.0	6.1/2.5	5.1/3.2	3.3/2.2	2.6/2.1
EV/EBITDA(배)	14.6	4.0	11.4	20.8	12.9	—/—
EPS(원)	120	194	137	70	191	95
BPS(원)	1,171	1,344	1,470	1,522	1,693	1,719
CFPS(원)	172	248	190	127	249	129
DPS(원)	16	20	25	25	35	—
EBITDAPS(원)	215	306	289	273	326	183

재무 비율 〈단위 : % 〉

연도	영업이익률	순이익률	부채비율	차입금비율	ROA	ROE	유보율	자기자본비율	EBITDA마진율
2016	20.7	15.0	14.9	5.5	10.4	12.0	1,592.7	87.1	25.2
2015	16.9	5.5	18.0	0.2	4.1	4.8	1,421.9	84.8	21.4
2014	19.6	11.6	13.4	0.3	8.9	9.9	1,369.9	88.2	24.0
2013	21.5	16.9	10.1	0.6	14.4	15.8	1,244.2	90.8	26.1

세원 (A234100)
Sewon

업 종 : 자동차부품		시 장 : KONEX	
신용등급 : (Bond) — (CP) —		기업규모 : —	
홈 페 이 지 : www.sewonmfg.co.kr		연 락 처 : 031)615-6710	
본 사 : 경기도 평택시 산단로64번길 56			

설 립 일	1992.01.01	종 업 원 수	245명	대 표 이 사	유기철
상 장 일	2015.12.29	감 사 의 견	적정 (삼덕)	계 속	열
결 산 기	12월	보 통 주		종 속 회 사 수	
액 면 가		우 선 주		구 상 호	

주주구성 (지분율,%)		출자관계 (지분율,%)		주요경쟁사 (외형,%)	
유기철	38.8			세원	100
큐캐피탈홀딩스	30.0			이원컴포텍	88
				세동	296

매출구성		비용구성		수출비중	
헤드콘덴서	48.4	매출원가율	78.9	수출	4.0
파이프 외	17.0	판관비율	13.8	내수	96.0
브라켓류	12.7				

회사 개요
동사는 1991년 자동차 엔진용 부품 제조업을 주요 사업으로 영위하기 위해 설립됨. 동사는 자동차 부품 중 차량 공조시스템에 적용되는 라디에이터캡, 에어컨 헤드콘덴서, 각종 브라켓 등을 생산, 판매함. 헤드콘덴서는 2015년 수주 기준 70% 이상의 시장점유율을 나타내고 있는 동사의 주력 제품임. 전방 산업인 자동차 산업의 영향을 크게 받음. 동사는 총 매출의 약 70% 가량이 1차 협력업체인 한온시스템에 대한 매출로 발생함.

실적 분석
동사는 2017년도 2분기 기준 220.1억원의 매출을 올림. 영업이익은 10.3억원을 기록함. 당기순이익은 -2.9억원으로 적자전환함. 멕시코 현지 공장을 2016년 하반기에 설립함. 2015년부터 실제 수주로 시작한 연 매출규 기준 100억원을 수주 목표로 사업을 추진 중임. 멕시코 현지 공장에서 생산된 제품은 2016년 하반기부터 본격적인 매출이 발생한 것으로 추정됨. 다만 미국의 자국우선주의로 무역환경이 악화된 것은 악재로 판단됨.

현금 흐름 *IFRS 별도 기준 〈단위 : 억원〉

항목	2016	2017.2Q
영업활동	57	-17
투자활동	-19	5
재무활동	15	-9
순현금흐름	55	-23
기말현금	60	37

시장 대비 수익률

결산 실적 〈단위 : 억원〉

항목	2012	2013	2014	2015	2016	2017
매출액	258	300	351	399	424	—
영업이익	3	8	14	18	31	—
당기순이익	8	9	16	21	27	—

분기 실적 *IFRS 별도 기준 〈단위 : 억원〉

항목	2016.1Q	2016.2Q	2016.3Q	2016.4Q	2017.1Q	2017.2Q
매출액	—	—	—	—	—	109
영업이익	—	—	—	—	—	4
당기순이익	—	—	—	—	—	2

재무 상태 *IFRS 별도 기준 〈단위 : 억원〉

항목	2012	2013	2014	2015	2016	2017.2Q
총자산	177	197	226	307	372	339
유형자산	38	45	63	119	141	135
무형자산	0	0	1	1	1	2
유가증권						
총부채	89	99	112	158	158	158
총차입금	28	15	29	65	80	71
자본금	4	4	4	15	15	15
총자본	89	98	114	149	184	181
지배주주지분	89	98	114	149	184	181

기업가치 지표 *IFRS 별도 기준

항목	2012	2013	2014	2015	2016	2017.2Q
주가(최고/저)(천원)	#VALUE!	—/—	—/—	—/—	—/—	—/—
PER(최고/저)(배)	0.0/0.0	0.0/0.0	0.0/0.0	11.9/11.9	15.2/2.4	1.4/0.5
PBR(최고/저)(배)	0.0/0.0	0.0/0.0	0.0/0.0	2.0/2.0	2.2/0.3	0.4/0.5
EV/EBITDA(배)	—	—	—	7.7	1.5	—
EPS(원)	323	362	655	838	902	-100
BPS(원)	126,812	139,482	162,416	5,055	6,265	6,165
CFPS(원)	27,682	31,001	42,985	1,542	1,608	306
DPS(원)	—	—	—	—	—	—
EBITDAPS(원)	20,129	30,129	40,587	1,406	1,756	757

재무 비율 〈단위 : % 〉

연도	영업이익률	순이익률	부채비율	차입금비율	ROA	ROE	유보율	자기자본비율	EBITDA마진율
2016	7.3	6.3	102.1	43.7	7.8	15.9	1,153.0	49.5	12.2
2015	4.4	5.3	106.6	44.0	7.9	16.0	911.0	48.4	8.8
2014	4.1	4.6	98.5	25.5	7.6	15.2	3,148.3	50.4	8.1
2013	2.8	3.0	101.6	15.4	4.7	9.5	2,689.6	49.6	7.0

세원물산 (A024830)
SEWON

업 종 : 자동차부품		시 장 : KOSDAQ	
신용등급 : (Bond) — (CP) —		기업규모 : 우량	
홈 페 이 지 : www.se-won.co.kr		연 락 처 : 054)335-0551	
본 사 : 경북 영천시 도남공단길 53(도남동)			

설 립 일	1985.02.01	종 업 원 수	413명	대 표 이 사	김문기,김도현
상 장 일	1994.12.29	감 사 의 견	적정 (안경)	계 속	열
결 산 기	12월	보 통 주	835만주	종 속 회 사 수	
액 면 가	500원	우 선 주		구 상 호	

주주구성 (지분율,%)		출자관계 (지분율,%)		주요경쟁사 (외형,%)	
에스엠티	37.3	세원E&I	20.0	세원물산	100
세원정공	22.8	세원테크	13.5	삼성공조	111
(외국인)	2.1	삼하세원기차라기유한공사	19.0	현대공업	280

매출구성		비용구성		수출비중	
제품등(FENDER APRON MBR 등)	159.4	매출원가율	86.7	수출	57.0
기 타	26.6	판관비율	9.6	내수	43.0
부산물	3.3				

회사 개요
동사는 차체 보강 판넬류 등 자동차 부품 제조 판매를 목적으로 1985년 설립됨. 1994년 코스닥 시장에 상장됨. 대부분의 제품을 현대차에 납품하고 있음. 쏘나타, 액센트, 그랜저,포터 등 승용, 상용 부분에 지속적으로 차체 부품을 납품해 옴. 현대차 신차의 기술 개발에도 참여함. 내수 및 수출 제품은 32.7대 67.6로 수출제품에 더 많은 부품이 들어가며, 주로 자동차 차체 보강 판넬류를 생산함. 최근 대우증권과 유동성 공급계약 체결.

실적 분석
동사의 2017년 2분기 누적 매출액은 318.9억원으로 전년 동기 대비 37.8% 감소하였음. 매출원가는 277억원으로 전년 동기 대비 33% 감소하여 매출총이익은 57.6% 감소한 42억원을 시현하였음. 이익폭 축소 및 비용증가에 따라 영업이익이 전년 동기 대비 큰 폭 감소한 2.2억원을 시현함. 비영업부문의 흑자에도 불구하고 당기순이익 역시 14억원으로 큰 폭 감소하였음. 계열사인 세원 아메리카에 대규모 채무보증 존재함.

현금 흐름 *IFRS 별도 기준 〈단위 : 억원〉

항목	2016	2017.2Q
영업활동	-27	56
투자활동	-209	-111
재무활동	-7	-3
순현금흐름	-242	-57
기말현금	69	12

시장 대비 수익률

결산 실적 〈단위 : 억원〉

항목	2012	2013	2014	2015	2016	2017
매출액	1,016	892	826	966	761	—
영업이익	-13	-46	-53	45	28	—
당기순이익	128	25	-2	87	38	—

분기 실적 *IFRS 별도 기준 〈단위 : 억원〉

항목	2016.1Q	2016.2Q	2016.3Q	2016.4Q	2017.1Q	2017.2Q
매출액	231	281	105	145	138	181
영업이익	12	50	-16	-17	-7	9
당기순이익	14	45	-11	-10	-1	14

재무 상태 *IFRS 별도 기준 〈단위 : 억원〉

항목	2012	2013	2014	2015	2016	2017.2Q
총자산	2,611	2,059	2,229	2,539	2,464	2,467
유형자산	666	574	539	602	927	1,073
무형자산	2	6	7	9	10	9
유가증권	478	513	599	599	626	562
총부채	1,011	408	508	744	612	658
총차입금	587	2	2	2	3	10
자본금	42	42	42	42	42	42
총자본	1,600	1,652	1,721	1,795	1,853	1,810
지배주주지분	1,600	1,652	1,721	1,795	1,853	1,810

기업가치 지표 *IFRS 별도 기준

항목	2012	2013	2014	2015	2016	2017.2Q
주가(최고/저)(천원)	6.9/5.0	7.6/5.5	13.3/5.8	11.7/7.3	10.6/8.0	—/—
PER(최고/저)(배)	4.8/3.4	25.8/18.7	—	11.4/7.1	23.6/17.8	0.4/0.4
PBR(최고/저)(배)	0.4/0.3	0.4/0.3	0.7/0.3	0.6/0.4	0.5/0.4	0.4/0.4
EV/EBITDA(배)	0.5		0.6		2.0	—
EPS(원)	1,538	305	-23	1,047	451	167
BPS(원)	19,161	19,779	20,610	21,494	22,187	21,671
CFPS(원)	2,921	1,698	1,246	2,227	1,590	776
DPS(원)	75	75	75	75	75	636
EBITDAPS(원)	1,232	846	633	1,721	1,472	—

재무 비율 〈단위 : % 〉

연도	영업이익률	순이익률	부채비율	차입금비율	ROA	ROE	유보율	자기자본비율	EBITDA마진율
2016	3.7	5.0	33.0	0.1	1.5	2.1	4,337.4	75.2	16.1
2015	4.7	9.1	41.4	0.1	3.7	5.0	4,198.9	70.7	14.9
2014	-6.4	-0.2	29.5	0.2	-0.1	-0.1	4,022.0	77.2	6.4
2013	-5.1	2.8	24.7	0.1	1.1	1.6	3,855.7	80.2	7.9

세원셀론텍 (A091090)
Sewon Cellontech

업 종 : 에너지 시설 및 서비스	시 장 : 거래소
신용등급 : (Bond) — (CP) —	기업규모 : 시가총액 소형주
홈 페 이 지 : www.sewoncellontech.com	연 락 처 : 02)2167-9000
본 사 : 서울시 영등포구 의사당대로 83, HP빌딩 4~6층 (여의도동)	

설 립 일 2006.07.03	종 업 원 수 402명	대 표 이 사	장정호
상 장 일 2006.07.31	감사의견 적정 (이현)	계 열	
결 산 기 12월	보 통 주 6,059만주	총속회사수	2개사
액 면 가 500원	우 선 주	구 상 호	

주주구성 (지분율,%)		출자관계 (지분율,%)		주요경쟁사 (외형,%)	
SC엔지니어링	28.9	조드세윤	50.0	세원셀론텍	100
성신양회	2.5	상해세원앱악	100.0	OCI	1,233
(외국인)	2.3	RMSINNOVATIONS	100.0	동국S&C	173

매출구성		비용구성		수출비중	
REACTOR, H/E, PRESSURE VESSEL등	87.4	매출원가율	92.4	수출	51.0
세포치료제,가족제대혈은행,의약품,RM- Platform	7.4	판관비율	7.6	내수	49.0
PUMP, VALVE, UNIT, CYLINDER 등-세원KONAN	4.9				

회사 개요
동사는 구 세원셀론텍이 2006년 7월 분할하여 설립된 회사로 가스, 정유, 석유화학 및 발전 플랜트의 설비를 제작하는 PE사업, 압력을 이용하여 기계를 작동 및 제어하는 유공압기기를 제작 판매하는 ME사업 그리고 줄기세포공학, 바이오 공학, 건강식품, 콜라겐 화장품 등 제조판매하는 RMS사업을 영위하고 있다. 동사는 5개의 계열사를 보유하고 있으며 연결회사는 상해세원앱악유유공사 등 2개 사임.

실적 분석
동사의 연결기준 2017년 2분기 누적매출액은 전년동기 대비 37.0% 감소한 832.7억원을 기록함. 외형축소에 따라 영업이익은 47% 감소한 17.1억원을 기록하는데 그침. 비영업부문에서 손실이 지속되었으며 이중 외환관련 손실 폭이 확대되었음. 동사는 25.9억원의 당기순손실을 기록, 적자가 지속됨. 사업부문별 매출액은 PE 684.4억원, PL 59.6억원, RMS 88.2억원 등으로 구성됨.

현금 흐름 〈단위 : 억원〉
항목	2016	2017.2Q
영업활동	257	-37
투자활동	-192	-24
재무활동	-50	36
순현금흐름	14	-24
기말현금	40	16

시장 대비 수익률

결산 실적 〈단위 : 억원〉
항목	2012	2013	2014	2015	2016	2017
매출액	2,858	1,854	2,020	2,753	2,222	—
영업이익	93	-125	-135	9	-1	—
당기순이익	5	-223	-207	49	-89	—

분기 실적 〈단위 : 억원〉
항목	2016.1Q	2016.2Q	2016.3Q	2016.4Q	2017.1Q	2017.2Q
매출액	701	621	446	454	420	413
영업이익	21	12	-4	-29	9	8
당기순이익	-39	-3	-80	33	-70	44

재무 상태 〈단위 : 억원〉
항목	2012	2013	2014	2015	2016	2017.2Q
총자산	3,676	2,986	3,066	3,477	3,749	3,696
유형자산	1,816	1,602	1,538	1,516	2,420	2,396
무형자산	46	39	43	44	54	51
유가증권	31	30	37	32	29	28
총부채	2,582	1,968	2,252	2,107	1,785	1,759
총차입금	1,843	1,434	1,516	1,215	1,094	1,130
자본금	181	202	202	289	303	303
총자본	1,094	1,018	814	1,370	1,964	1,938
지배주주지분	1,094	1,018	814	1,370	1,964	1,938

기업가치 지표
항목	2012	2013	2014	2015	2016	2017.2Q
주가(최고/저)(천원)	4.2/2.7	4.0/1.9	3.3/2.1	6.5/2.4	3.9/2.6	—/—
PER(최고/저)(배)	296.5/190.5	—/—	—/—	63.4/23.3	—/—	—/—
PBR(최고/저)(배)	1.5/0.9	1.7/0.8	1.7/1.1	2.8/1.0	1.2/0.8	1.0/0.7
EV/EBITDA(배)	17.9			37.8	43.7	—/—
EPS(원)	14	-547	-487	103	-149	-43
BPS(원)	3,020	2,525	2,021	2,369	3,242	3,198
CFPS(원)	246	-352	-315	261	-39	8
DPS(원)						
EBITDAPS(원)	488	-101	-137	177	109	79

재무 비율 〈단위 : %〉
연도	영업이익률	순이익률	부채비율	차입금비율	ROA	ROE	유보율	자기자본비율	EBITDA마진율
2016	-0.1	-4.0	90.9	55.7	-2.5	-5.4	548.3	52.4	2.9
2015	0.3	1.8	153.8	88.7	1.5	4.5	373.9	39.4	3.0
2014	-6.7	-10.2	276.5	186.2	-6.8	-22.6	304.1	26.6	-2.7
2013	-6.8	-12.0	193.4	140.9	-6.7	-21.1	405.0	34.1	-2.1

세원정공 (A021820)
Sewon Precision Industry

업 종 : 자동차부품	시 장 : 거래소
신용등급 : (Bond) — (CP) —	기업규모 : 시가총액 소형주
홈 페 이 지 : www.se-won.co.kr	연 락 처 : 053)582-5161
본 사 : 대구시 달서구 달서대로 554	

설 립 일 1989.07.20	종 업 원 수 294명	대 표 이 사	김문기,김상현
상 장 일 1996.07.03	감사의견 적정 (세영)	계 열	
결 산 기 06월	보 통 주 1,000만주	총속회사수	
액 면 가 500원	우 선 주	구 상 호	

주주구성 (지분율,%)		출자관계 (지분율,%)		주요경쟁사 (외형,%)	
에스엔아이	21.0	세원E&I	26.7	세원정공	100
김문기	9.6	세원테크	24.4	평화정공	525
(외국인)	16.7	세원물산	22.8	서연	1,368

매출구성		비용구성		수출비중	
FRONT PILLAR DASH PNL ASS'Y COWL CROSS 등	101.8	매출원가율	79.2	수출	—
금형	2.7	판관비율	5.2	내수	—
차감매출(매출처원재료매입분)	-4.4				

회사 개요
동사는 대구에서 설립된 차체제품 제조 전문 기업으로서 현대자동차 및 현대계열회사 등 완성차업체에 납품하고 있음. 주요 생산품목은 COWL CROSS MEMBER, DASH PANEL, HEAT PROTECTOR PANEL등이며, 차체의 형상을 구성하면서 방진, 방음기능 및 충격 완화 등의 목적으로 사용됨. 연결대상 총 속회사로는 동사가 지분을 62%를 보유한 중국 소재의 자동차부품 제조회사인 삼하세원기차와기유한공사가 있음.

실적 분석
동사는 6월 결산 법인임. 3분기 연결기준 매출액은 2,023.5억원으로 전년동기 대비 18.1% 감소한 실적을 시현함. 국내외 매출이 모두 감소했기 때문. 연결실체 수익의 10% 이상을 차지하는 북경현대자동차로부터의 매출이 줄어들었음. 매출 감소 영향으로 영업이익은 전년동기 대비 큰 폭 감소하며 적자전환해 손실 26.6억원을 기록하였고, 당기순이익도 6.6억원으로 큰 폭 감소하였음.

현금 흐름 〈단위 : 억원〉
항목	2016	2017.3Q
영업활동	854	323
투자활동	-189	-974
재무활동	-2	-8
순현금흐름	662	-661
기말현금	779	118

시장 대비 수익률

결산 실적 〈단위 : 억원〉
항목	2012	2013	2014	2015	2016	2017
매출액	3,076	3,954	3,652	3,666	3,486	2,330
영업이익	626	711	650	601	543	-95
당기순이익	707	799	680	641	568	-22

분기 실적 〈단위 : 억원〉
항목	2016.2Q	2016.3Q	2016.4Q	2017.1Q	2017.2Q	2017.3Q
매출액	988	822	1,016	625	890	508
영업이익	129	128	202	-57	121	-91
당기순이익	121	138	215	-53	133	-86

재무 상태 〈단위 : 억원〉
항목	2012	2013	2014	2015	2016	2017.3Q
총자산	4,294	4,949	5,407	6,040	6,630	6,425
유형자산	1,441	1,641	1,511	1,428	1,779	1,883
무형자산	23	23	25	34	33	30
유가증권	—	—	—	0	0	30
총부채	1,150	921	1,048	776	934	971
총차입금	401	88	102	13	0	16
자본금	50	50	50	50	50	50
총자본	3,143	4,029	4,360	5,264	5,696	5,455
지배주주지분	2,526	3,182	3,448	4,070	4,375	4,255

기업가치 지표
항목	2012	2013	2014	2015	2016	2017.3Q
주가(최고/저)(천원)	12.1/8.5	24.4/10.5	33.3/22.3	35.1/24.2	25.7/17.8	20.1/15.8
PER(최고/저)(배)	2.5/1.8	4.4/1.9	7.3/4.9	8.4/5.8	6.6/4.6	—/—
PBR(최고/저)(배)	0.5/0.4	0.8/0.3	1.0/0.7	0.9/0.6	0.6/0.4	—/—
EV/EBITDA(배)	1.0	2.0	2.2	1.5	0.7	0.5/0.4
EPS(원)	5,007	5,620	4,634	4,266	3,952	294
BPS(원)	25,259	31,820	34,482	40,698	43,745	42,547
CFPS(원)	6,744	7,620	6,994	6,695	6,557	2,357
DPS(원)	100	100	100	100	100	
EBITDAPS(원)	7,994	9,109	8,861	8,442	8,034	1,798

재무 비율 〈단위 : %〉
연도	영업이익률	순이익률	부채비율	차입금비율	ROA	ROE	유보율	자기자본비율	EBITDA마진율
2016	15.6	16.3	16.4	0.1	9.0	9.4	8,649.1	85.9	23.1
2015	16.4	17.5	14.7	0.2	11.2	11.4	8,039.6	87.2	23.0
2014	17.8	18.6	24.0	2.3	13.1	14.0	6,795.5	80.6	24.3
2013	18.0	20.2	22.9	2.2	17.3	19.7	6,264.1	81.4	23.0

세이브존아이앤씨 (A067830)
SAVEZONE I&C

업 종 : 백화점		시 장 : 거래소	
신용등급 : (Bond) — (CP) —		기업규모 : 시가총액 소형주	
홈페이지 : www.savezone.co.kr		연 락 처 : 02)985-9000	
본 사 : 서울시 노원구 한글비석로 57 (하계동)			

설 립 일	2002.05.07	종 업 원 수	208명	대 표 이 사	유영길
상 장 일	2002.06.22	감 사 의 견	적정 (신한)	계	열
결 산 기	12월	보 통 주	4,104만주	종속회사수	1개사
액 면 가	1,000원	우 선 주		구 상 호	

주주구성 (지분율,%)		출자관계 (지분율,%)		주요경쟁사 (외형,%)	
세이브존	47.0	투어캐빈	100.0	세이브존I&C	100
신영자산운용	14.5	디앤디퍼시픽	50.0	롯데쇼핑	16,139
(외국인)	3.3	아이세이브존	19.3	현대백화점	1,001

매출구성		비용구성		수출비중	
식품	57.2	매출원가율	40.6	수출	0.0
의류,잡화	34.6	판관비율	39.3	내수	100.0
기타	7.0				

회사 개요
2002년 한신공영의 유통사업부문을 인적분할해 설립된 동사는 백화점형 할인점 등을 운영하여 의류 브랜드의 이월상품 및 기획상품 등을 상시 할인된 가격으로 판매하고 있으며, 의류뿐만아니라 식품과 생활용품등의 상품구성과 문화센터, 스포츠센터 등 편의시설을 갖춤으로써 소비자들에게 원스톱 쇼핑을 제공하는 백화점형 할인점임. 여행사업을 영위하는 투어캐빈을 연결대상 종속회사로 보유하고 있음.

실적 분석
2017년 반기 연결기준 매출액은 전년동기대비 1.7% 감소한 907.9억원을 기록. 영업이익은 전년동기대비 0.7% 감소한 203.4억원을 기록. 고정 임대수익, 문화센터 발생 매출이 전년대비 감소하며 외형 소폭 축소. 점포 매장 유지보수 관련 투자를 지속적으로 진행, 리뉴얼을 통한 매출증대에 힘쓰고 있음. 지점 확대를 위한 사업타당성을 내부적으로 진행하고 있음. 내수시장과 유통시장 경기에 크게 영향 받는 사업 구조임.

현금 흐름 〈단위 : 억원〉
항목	2016	2017.2Q
영업활동	493	-48
투자활동	-77	-89
재무활동	-198	-124
순현금흐름	217	-260
기말현금	759	499

시장 대비 수익률

결산 실적 〈단위 : 억원〉
항목	2012	2013	2014	2015	2016	2017
매출액	1,734	1,795	1,821	1,870	1,830	—
영업이익	299	323	359	355	369	—
당기순이익	180	216	252	257	271	—

분기 실적 〈단위 : 억원〉
항목	2016.1Q	2016.2Q	2016.3Q	2016.4Q	2017.1Q	2017.2Q
매출액	463	461	434	472	456	452
영업이익	93	112	66	98	94	109
당기순이익	71	86	46	68	74	87

재무 상태 〈단위 : 억원〉
항목	2012	2013	2014	2015	2016	2017.2Q
총자산	5,029	5,109	5,126	5,279	5,534	5,299
유형자산	3,696	3,712	3,685	3,651	3,633	3,613
무형자산	24	24	23	47	47	46
유가증권	52	50	47	47	47	48
총부채	2,370	2,236	2,016	1,915	1,909	1,525
총차입금	1,355	1,190	975	918	731	619
자본금	410	410	410	410	410	410
총자본	2,659	2,874	3,110	3,364	3,625	3,774
지배주주지분	2,659	2,874	3,110	3,364	3,625	3,774

기업가치 지표
항목	2012	2013	2014	2015	2016	2017.2Q
주가(최고/저)(천원)	3.1/2.2	4.8/2.7	7.8/4.7	7.1/5.5	6.0/5.0	—/—
PER(최고/저)(배)	7.3/5.2	9.4/5.2	12.9/7.8	11.4/8.8	9.2/7.7	—/—
PBR(최고/저)(배)	0.5/0.4	0.7/0.4	1.0/0.6	0.9/0.7	0.7/0.6	0.6/0.5
EV/EBITDA(배)	6.0	7.1	6.9	6.3	4.6	—/—
EPS(원)	440	525	614	627	660	392
BPS(원)	6,633	7,155	7,732	8,350	8,986	9,348
CFPS(원)	604	689	775	784	812	462
DPS(원)	30	30	30	30	30	—
EBITDAPS(원)	894	951	1,036	1,021	1,050	566

재무 비율 〈단위 : % 〉
연도	영업이익률	순이익률	부채비율	차입금비율	ROA	ROE	유보율	자기자본비율	EBITDA마진율
2016	20.2	14.8	52.7	20.2	5.0	7.8	798.6	65.5	23.6
2015	19.0	13.8	56.9	27.3	5.0	8.0	735.0	63.7	22.4
2014	19.7	13.8	64.8	31.4	4.9	8.4	673.2	60.7	23.3
2013	18.0	12.0	77.8	41.4	4.3	7.9	615.5	56.2	21.8

세종공업 (A033530)
Sejong Industrial

업 종 : 자동차부품		시 장 : 거래소	
신용등급 : (Bond) — (CP) —		기업규모 : 시가총액 소형주	
홈페이지 : www.sjku.co.kr		연 락 처 : 052)219-1699	
본 사 : 울산시 북구 효자로 82 (효문동)			

설 립 일	1976.06.10	종 업 원 수	818명	대 표 이 사	최순철,박정길(각자대표이사)
상 장 일	2002.09.23	감 사 의 견	적정 (삼정)	계	열
결 산 기	12월	보 통 주	2,005만주	종속회사수	14개사
액 면 가	500원	우 선 주		구 상 호	

주주구성 (지분율,%)		출자관계 (지분율,%)		주요경쟁사 (외형,%)	
에스제이원	45.0	아센텍	100.0	세종공업	100
박정규	7.4	세웅	100.0	우리산업홀딩스	28
(외국인)	10	세종바이오테크놀로지	100.0	디아이씨	48

매출구성		비용구성		수출비중	
MUFFLER(소음기)&C/CONVERTER (배기가스정화기)	92.6	매출원가율	86.9	수출	83.0
전장부품 등	7.4	판관비율	11.1	내수	17.0
S/MBR등(차체부품)	0.0				

회사 개요
동사는 자동차의 환경유해배기가스를 정화시켜주는 배기가스정화기(C/CONVERTER)와 소음진동을 줄여주는 자동차용소음기(MUFFLER)를 생산하는 배기계 부품업체로, 현대, 기아차에 전량을 납품하고 있으며, 국내 시장점유율은 29%임. 특히 주요 원재료인 철강 및 컨버터 촉매류를 현대차그룹으로부터 사급받아 생산하고 있어 원재료 가격변동에 따른 부담이 적은 것이 특징임.

실적 분석
동사 2017년 2분기기준 누적 매출액은 전년동기대비 -12.9% 하락한 5,291억원을 기록하였음. 이는 내수 부진 및 수출 감소추세 등으로 자동차 생산이 감소했기 때문이며 노후 차량 폐차지원 정책에도 신차대기수요 등으로 인해 내수판매가 감소했기 때문임. 최종적으로 전년동기대비 영업이익 -150억원으로 적자전환하였음. 향후 경기회복으로 점진적 수익 회복을 기대함.

현금 흐름 〈단위 : 억원〉
항목	2016	2017.2Q
영업활동	811	-61
투자활동	-696	-302
재무활동	63	70
순현금흐름	172	-327
기말현금	1,031	704

시장 대비 수익률

결산 실적 〈단위 : 억원〉
항목	2012	2013	2014	2015	2016	2017
매출액	10,177	10,937	11,167	11,991	11,544	—
영업이익	523	575	421	216	234	—
당기순이익	452	465	226	198	138	—

분기 실적 〈단위 : 억원〉
항목	2016.1Q	2016.2Q	2016.3Q	2016.4Q	2017.1Q	2017.2Q
매출액	2,909	3,168	2,772	2,695	2,740	2,551
영업이익	2	119	67	45	-75	-75
당기순이익	13	46	10	69	-149	-36

재무 상태 〈단위 : 억원〉
항목	2012	2013	2014	2015	2016	2017.2Q
총자산	6,696	6,976	8,588	9,144	9,525	8,524
유형자산	1,991	2,136	2,548	2,835	2,972	2,955
무형자산	104	106	320	286	238	224
유가증권	180	170	431	237	276	355
총부채	3,607	3,413	4,801	5,212	5,531	4,744
총차입금	1,060	819	1,440	1,747	1,834	1,977
자본금	100	100	100	100	100	100
총자본	3,089	3,562	3,787	3,932	3,994	3,780
지배주주지분	3,089	3,521	3,767	3,912	3,971	3,758

기업가치 지표
항목	2012	2013	2014	2015	2016	2017.2Q
주가(최고/저)(천원)	13.8/9.5	16.7/10.3	18.3/12.2	13.2/8.2	12.5/8.6	—/—
PER(최고/저)(배)	6.6/4.5	7.8/4.8	14.7/9.7	12.3/7.6	17.8/12.2	—/—
PBR(최고/저)(배)	1.0/0.7	1.0/0.6	1.0/0.7	0.7/0.4	0.6/0.4	0.6/0.5
EV/EBITDA(배)	3.1	3.0	3.5	4.0	3.6	—/—
EPS(원)	2,255	2,317	1,318	1,125	720	-926
BPS(원)	15,505	17,655	18,884	19,698	20,099	19,036
CFPS(원)	3,435	3,681	3,203	3,378	3,014	228
DPS(원)	130	200	150	250	200	—
EBITDAPS(원)	3,787	4,230	3,986	3,330	3,459	405

재무 비율 〈단위 : % 〉
연도	영업이익률	순이익률	부채비율	차입금비율	ROA	ROE	유보율	자기자본비율	EBITDA마진율
2016	2.0	1.2	138.5	45.9	1.5	3.7	3,919.9	41.9	6.0
2015	1.8	1.7	132.5	44.4	2.2	5.9	3,839.6	43.0	5.6
2014	3.8	2.0	126.8	38.0	2.9	6.8	3,676.9	44.1	7.2
2013	5.3	4.3	95.8	23.0	6.8	14.1	3,431.0	51.1	7.8

세종머티리얼즈 (A135270)
Sejong Materials

업　종 : 금속 및 광물		시　장 : KONEX	
신용등급 : (Bond) — (CP) —		기업규모 : —	
홈페이지 : www.sejongmaterials.co.kr		연락처 : 031)491-1850	
본　사 : 경기도 안산시 단원구 성곡로 112(성곡동,604BL-29LT)			

설립일 2000.04.29	종업원수 83명	대표이사 성재복	
상장일 2014.12.17	감사의견 적정 (삼덕)	계열	
결산기 12월	보통주	종속회사수	
액면가 —	우선주	구상호	

주주구성 (지분율,%)
성재복	43.8
정인준	43.3

출자관계 (지분율,%)

주요경쟁사 (외형,%)
세종머티리얼즈	100
신화실업	130
파버나인	142

매출구성
2차전지용 AL	28.9
METAL PCB	26.9
기타	21.1

비용구성
매출원가율	89.2
판관비율	6.7

수출비중
수출	45.0
내수	55.0

회사 개요
동사는 알루미늄 소재 및 LED PCB사업을 영위하는 회사로 2000년 4월 29일 설립됨. 주력사업은 진입장벽이 낮아 신규기업의 진입 및 퇴출이 자유롭고, 기술력 평준화에 따라 다수의 기업이 치열하게 경쟁하는 시장임. 소재사업부의 주력매출 제품인 PCM제품은 전방산업인 TV시장 경기에 크게 영향을 받음. TV산업은 2011년 이후 시장포화상태에 도달하여 성장성이 둔화된 상태로 신성장동력을 찾을 필요가 있음

실적 분석
동사는 2017년 8월 29일 최대주주였던 브로스홀딩스가 보통주 158만주를 정인준에게 양도하는 계약을 체결(총 양수도 금액 10.5억원)해 최대주주가 정인준(지분율 23.72%)으로 바뀌었다가 9월 1일 성재복 대표가 경영참여 목적으로 전환상환우선주 160만주 매수계약을 체결해 다시 최대주주가 성재복 외1인으로 바뀜. 2016년 매출과 영업이익이 540.3억원, 22.1억원을 기록함. 매출은 전년대비 0.7% 감소했고, 영업실적은 흑자전환함

현금 흐름 *IFRS 별도 기준 〈단위 : 억원〉
항목	2016	2017.2Q
영업활동	14	—
투자활동	1	—
재무활동	-25	—
순현금흐름	-9	—
기말현금	8	—

시장 대비 수익률

결산 실적 〈단위 : 억원〉
항목	2012	2013	2014	2015	2016	2017
매출액	643	762	641	544	540	—
영업이익	50	4	18	-11	22	—
당기순이익	25	-12	-1	-29	6	—

분기 실적 *IFRS 별도 기준 〈단위 : 억원〉
항목	2016.1Q	2016.2Q	2016.3Q	2016.4Q	2017.1Q	2017.2Q
매출액						
영업이익						
당기순이익						

재무 상태 *IFRS 별도 기준 〈단위 : 억원〉
항목	2012	2013	2014	2015	2016	2017.2Q
총자산	440	522	507	449	442	—
유형자산	208	220	223	208	204	—
무형자산	8	10	7	3	0	—
유가증권	1	2	2	2	—	—
총부채	318	399	393	366	346	—
총차입금	184	266	269	266	242	—
자본금	33	33	33	33	33	—
총자본	122	123	114	83	96	—
지배주주지분	122	123	114	83	96	—

기업가치 지표 *IFRS 별도 기준
항목	2012	2013	2014	2015	2016	2017.2Q
주가(최고/저)(천원)	—/—	—/—	2.0/1.3	3.9/1.4	5.9/0.3	—/—
PER(최고/저)(배)	0.0/0.0	0.0/0.0	—/—	—/—	71.1/4.1	—/—
PBR(최고/저)(배)	0.0/0.0	0.0/0.0	1.2/0.7	3.1/1.1	4.1/0.2	0.0/0.0
EV/EBITDA(배)	2.4	8.5	5.8	21.4	7.8	—
EPS(원)	371	-181	-17	-442	84	—
BPS(원)	1,826	1,842	1,717	1,247	1,438	—
CFPS(원)	635	157	379	-63	408	—
DPS(원)	—	—	—	—	—	—
EBITDAPS(원)	1,019	403	663	207	656	—

재무 비율 〈단위 : % 〉
연도	영업이익률	순이익률	부채비율	차입금비율	ROA	ROE	유보율	자기자본비율	EBITDA마진율
2016	4.1	1.0	361.2	252.3	1.3	6.2	187.6	21.7	8.1
2015	-2.1	-5.4	440.6	320.3	-6.2	-29.8	149.4	18.5	2.5
2014	2.8	-0.2	343.3	235.0	-0.2	-0.9	243.4	22.6	6.9
2013	0.6	-1.6	325.4	217.1	-2.5	-9.9	268.3	23.5	3.5

세종텔레콤 (A036630)
Sejong Telecom

업　종 : 유선통신		시　장 : KOSDAQ	
신용등급 : (Bond) BB+ (CP) —		기업규모 : 중견	
홈페이지 : www.sejongtelecom.net		연락처 : 02)3415-4935	
본　사 : 서울시 강동구 상일로10길 36 세종텔레콤 9층			

설립일 1992.06.09	종업원수 286명	대표이사 김형진,서홍렬(각자대표)	
상장일 1999.12.23	감사의견 적정 (우리)	계열	
결산기 12월	보통주 60,033만주	종속회사수 1개사	
액면가 500원	우선주	구상호 온세텔레콤	

주주구성 (지분율,%)
세종투자	31.8
피보텍	0.4
(외국인)	2.8

출자관계 (지분율,%)
디엠씨씨매니지먼트	34.8
디엠씨씨프로젝트금융투자	15.0
인피니소프트	14.2

주요경쟁사 (외형,%)
세종텔레콤	100

매출구성
기타	30.5
시외전용회선(용역)	24.0
시내전화부가통신(용역)	22.2

비용구성
매출원가율	0.0
판관비율	99.6

수출비중
수출	—
내수	—

회사 개요
동사는 1992년 설립돼 통신, SI, 통신판매 상업을 영위 중임. 통신부문은 국제전화, IDC(인터넷데이터센터), VoIP(인터넷전화) 서비스 및 MVNO(이동통신재판매 또는 알뜰폰) 서비스를 제공하고 있음. SI부문은 국내외 통신네트워크 구축공사사업 등을 영위함. 상품부문은 KT의 이동전화 가입자를 유치하고 단말기를 판매하는 무선총판 사업을 하고 있음.

실적 분석
동사의 2017년 상반기 연결기준 매출액은 795억원으로 전년 대비 17.2% 감소함. 판매비와 관리비가 19% 감소하여 영업이익은 매출 감소에도 전년 1.5억원에서 19.1억원으로 증가함. 비영업이익 또한 13.2억원으로 흑자전환하여 당기순이익은 32.2억원으로 흑자 전환함. 동사는 국제전화, 시외전화 등 기존 음성통신서비스 부문의 점유율을 유지하고 알뜰폰, 안심번호 서비스 등 신규사업에 진출하며 새로운 수익원을 창출하는 데 힘쓰고 있음.

현금 흐름 〈단위 : 억원〉
항목	2016	2017.2Q
영업활동	210	85
투자활동	-638	115
재무활동	598	0
순현금흐름	170	200
기말현금	180	380

시장 대비 수익률

결산 실적 〈단위 : 억원〉
항목	2012	2013	2014	2015	2016	2017
매출액	2,330	1,318	1,128	1,578	1,841	—
영업이익	-29	-86	13	5	1	—
당기순이익	-54	-301	14	-49	-18	—

분기 실적 〈단위 : 억원〉
항목	2016.1Q	2016.2Q	2016.3Q	2016.4Q	2017.1Q	2017.2Q
매출액	494	465	444	438	387	408
영업이익	5	-4	-13	19	6	13
당기순이익	5	-7	-18	2	4	28

재무 상태 〈단위 : 억원〉
항목	2012	2013	2014	2015	2016	2017.2Q
총자산	1,772	1,225	1,079	1,601	2,300	2,260
유형자산	657	533	276	836	1,080	1,074
무형자산	158	28	25	27	23	23
유가증권	209	99	203	139	385	212
총부채	664	426	281	848	798	725
총차입금	274	50		329	174	183
자본금	1,002	1,002	1,002	1,002	1,502	1,502
총자본	1,107	799	798	753	1,502	1,534
지배주주지분	1,107	799	798	753	1,502	1,534

기업가치 지표
항목	2012	2013	2014	2015	2016	2017.2Q
주가(최고/저)(천원)	0.7/0.3	0.6/0.3	0.4/0.3	2.5/0.3	2.8/0.7	—/—
PER(최고/저)(배)	—/—	—/—	51.3/36.4	—/—	—/—	—/—
PBR(최고/저)(배)	1.2/0.6	1.4/0.6	0.9/0.6	6.3/0.7	4.8/1.2	2.0/1.4
EV/EBITDA(배)	13.6	45.6	6.2	22.2	15.1	—
EPS(원)	-25	-132	6	-21	-6	11
BPS(원)	553	399	404	381	500	511
CFPS(원)	26	-100	42	54	48	32
DPS(원)	—	—	—	—	—	—
EBITDAPS(원)	39	2	41	81	57	27

재무 비율 〈단위 : % 〉
연도	영업이익률	순이익률	부채비율	차입금비율	ROA	ROE	유보율	자기자본비율	EBITDA마진율
2016	0.4	-1.0	53.1	11.6	-0.9	-1.6	0.0	65.3	8.7
2015	0.3	-3.1	일부잠식	일부잠식	-3.7	-6.3	-23.8	47.0	10.2
2014	1.1	1.3	일부잠식	일부잠식	1.2	1.8	-19.3	74.0	7.4
2013	-6.5	-22.8	일부잠식	일부잠식	-20.1	-31.6	-20.3	65.2	1.1

세중 (A039310)
SEJOONG

업 종: 호텔 및 레저			시 장: KOSDAQ	
신용등급: (Bond) — (CP) —			기업규모: 우량	
홈 페 이 지: www.sejoong.com			연 락 처: 02)2126-7777	
본 사: 서울시 강남구 강남대로 556 논현빌딩 17층				

설 립 일 1995.12.07	종 업 원 수 283명	대 표 이 사 천세전
상 장 일 2000.06.09	감 사 의 견 적정 (대주)	계 열
결 산 기 12월	보 통 주 1,812만주	종 속 회 사 수 4개사
액 면 가 500원	우 선 주	구 상 호

주주구성 (지분율,%)		출자관계 (지분율,%)		주요경쟁사 (외형,%)	
천신일	13.7	세중	100		
기획재정부	10.3	하나투어	233		
(외국인)	4.3	롯데관광개발	20		

매출구성		비용구성		수출비중	
항공권매출액	37.5	매출원가율	81.3	수출	—
강재매출액	35.4	판관비율	13.8	내수	—
육상운송수입	22.2				

회사 개요
동사는 1995년 설립 후 2006년에 세중여행과 합병하여 현재 여행부문 및 운송과 강재부문 사업을 영위하고 있음. 여행사업의 경우 항공, 호텔, 운송, 관광지에 대한 전략적 제휴를 통한 경쟁력을 강화하고 있으며, 물류부문은 삼성전자 등 대기업의 출하제품 운송 및 보관과 선박 제작용 강재 운송 및 납품사업을 진행 중에 있음. 동사의 연결대상 종속회사는 세중정보기술(소프트웨어판매), 세중에스앤씨(BPO사업 및 IT솔루션) 등 4개사임.

실적 분석
동사의 2017년 2분기 연결 기준 누적 매출액은 959.8억원으로 전년 대비 20.3% 감소함. 육상운송 수입이 소폭 증가했지만 강재 매출 감소가 컸던 탓. 2017년 6월 8일 동사는 강재사업부문의 물적분할을 결정, 창원강재를 설립한 바 있음. 동사 영업이익은 전년 동기대비 49.8% 감소한 37.2억원을 기록. 당기순이익 역시 34.6% 감소하며 38.4억원에 그침.

현금 흐름		〈단위 : 억원〉
항목	2016	2017.2Q
영업활동	307	-28
투자활동	-113	-123
재무활동	-9	-23
순현금흐름	189	-174
기말현금	508	335

결산 실적
〈단위 : 억원〉

항목	2012	2013	2014	2015	2016	2017
매출액	2,069	2,086	2,413	2,326	2,551	—
영업이익	178	148	117	116	126	—
당기순이익	129	104	77	71	91	—

분기 실적
〈단위 : 억원〉

항목	2016.1Q	2016.2Q	2016.3Q	2016.4Q	2017.1Q	2017.2Q
매출액	694	510	853	494	597	363
영업이익	43	31	44	8	39	-2
당기순이익	33	26	30	3	28	10

재무 상태
〈단위 : 억원〉

항목	2012	2013	2014	2015	2016	2017.2Q
총자산	1,402	1,360	1,480	1,327	1,478	1,414
유형자산	450	399	360	288	237	197
무형자산	59	67	61	61	70	67
유가증권	18	13	14	15	37	32
총부채	685	597	706	520	613	534
총차입금	275	159	164	152	161	160
자본금	91	91	91	91	91	91
총자본	717	763	774	808	865	881
지배주주지분	647	703	730	766	817	833

기업가치 지표

항목	2012	2013	2014	2015	2016	2017.2Q
주가(최고/저)(천원)	3.8/1.9	6.7/3.1	5.0/3.3	4.4/2.6	5.1/3.2	—/—
PER(최고/저)(배)	6.8/3.4	14.1/6.5	14.0/9.1	12.8/7.5	11.3/7.0	1.1/0.8
PBR(최고/저)(배)	1.2/0.6	1.9/0.9	1.3/0.9	1.1/0.6	1.2/0.7	1.1/0.7
EV/EBITDA(배)	2.8	3.5	3.4	2.7	1.6	
EPS(원)	632	524	384	360	466	196
BPS(원)	3,606	3,917	4,063	4,260	4,541	4,630
CFPS(원)	1,012	943	823	801	901	393
DPS(원)	100	100	100	100	100	
EBITDAPS(원)	1,366	1,239	1,088	1,081	1,129	402

재무 비율
〈단위 : %〉

연도	영업이익률	순이익률	부채비율	차입금비율	ROA	ROE	유보율	자기자본비율	EBITDA마진율
2016	4.9	3.6	70.9	18.6	6.5	10.7	808.2	58.5	8.0
2015	5.0	3.1	64.4	18.8	5.1	8.7	752.0	60.9	8.4
2014	4.9	3.2	91.2	21.2	5.5	9.7	712.5	52.3	8.3
2013	7.1	5.0	78.2	20.8	7.6	14.1	683.4	56.1	10.8

세진중공업 (A075580)
SEJIN HEAVY INDUSTRIES COLTD

업 종: 조선			시 장: 거래소	
신용등급: (Bond) — (CP) —			기업규모: 시가총액 소형주	
홈 페 이 지: www.sejinheavy.com			연 락 처: 052)231-8000	
본 사: 울산시 울주군 온산읍 당월로 216-18				

설 립 일 1999.09.08	종 업 원 수 323명	대 표 이 사 가백현
상 장 일 2015.11.30	감 사 의 견 적정 (대주)	계 열
결 산 기 12월	보 통 주 3,837만주	종 속 회 사 수 1개사
액 면 가 500원	우 선 주	구 상 호

주주구성 (지분율,%)		출자관계 (지분율,%)		주요경쟁사 (외형,%)	
윤종국	33.6	SejinVietnam	100.0	세진중공업	100
윤지원	30.3			두산엔진	188
(외국인)	1.7			엔케이	39

매출구성		비용구성		수출비중	
Deck House	44.7	매출원가율	90.7	수출	4.0
LPG Tank	36.7	판관비율	4.7	내수	96.0
Upper Deck Unit	17.2				

회사 개요
동사는 선박부품(조선기자재) 제조업을 주요사업으로 영위하며 주요제품으로는 조선부문의 Deck House, LPG Tank와 해양부문의 Living Quarter 등이 있음. 조선부문에서 동사는 블록제작 동종업체 중 가장 넓은 20만평의 부지를 보유하고 있고 주요 거래처인 현대중공업, 현대미포조선의 접안시설까지 해상 9Km 거리에 있어 신속함과 낮은 운송비를 바탕으로 경쟁력을 갖추고 있음.

실적 분석
동사의 2017년 연결기준 2분기 누적매출액은 전년동기대비 33.8% 감소한 1,579.3억원으로 외형 크게 축소. 영업이익은 66.2억원을 기록, 전년동기 대비 57.1% 감소함. 현대중공업 그룹의 턴어라운드와 함께 매출은 2017년을 저점으로 2019년부터 2015년 수준을 회복할 것. 마린社와 탈황장치 제작 MOU 체결로 탈황장치 시공 사업 진출 본격화. 2019년 기존 사업 회복과 신사업 본격화로 매출 고성장 전망.

현금 흐름		〈단위 : 억원〉
항목	2016	2017.2Q
영업활동	181	171
투자활동	91	2
재무활동	-270	-137
순현금흐름	-150	36
기말현금	27	63

결산 실적
〈단위 : 억원〉

항목	2012	2013	2014	2015	2016	2017
매출액	3,517	4,605	5,679	4,533	4,274	—
영업이익	124	218	333	354	197	—
당기순이익	-81	129	179	238	197	—

분기 실적
〈단위 : 억원〉

항목	2016.1Q	2016.2Q	2016.3Q	2016.4Q	2017.1Q	2017.2Q
매출액	1,250	1,134	967	922	867	712
영업이익	89	66	52	-9	43	23
당기순이익	88	78	35	-4	23	9

재무 상태
〈단위 : 억원〉

항목	2012	2013	2014	2015	2016	2017.2Q
총자산	4,097	4,820	5,218	5,203	3,659	3,462
유형자산	2,374	2,999	3,039	3,143	2,527	2,490
무형자산	—	128	131	131	34	34
유가증권	—	0	0	0	0	—
총부채	3,085	3,623	3,841	3,500	2,075	1,885
총차입금	2,609	2,964	2,993	2,607	1,751	1,650
자본금	200	200	205	219	220	220
총자본	1,012	1,197	1,377	1,702	1,584	1,577
지배주주지분	1,012	1,014	1,171	1,459	1,584	1,577

기업가치 지표

항목	2012	2013	2014	2015	2016	2017.2Q
주가(최고/저)(천원)	—/—	—/—	—/—	3.2/2.9	4.1/2.5	—/—
PER(최고/저)(배)	0.0/0.0	0.0/0.0	0.0/0.0	6.2/5.5	11.4/7.0	—/—
PBR(최고/저)(배)	0.0/0.0	0.0/0.0	0.0/0.0	0.9/0.8	1.0/0.6	1.1/0.7
EV/EBITDA(배)	10.0	10.0		7.3	9.7	
EPS(원)	-234	255	443	554	369	4,109
BPS(원)	2,942	2,948	3,304	3,810	4,133	4,109
CFPS(원)	149	504	696	834	636	193
DPS(원)				100	100	
EBITDAPS(원)	745	882	1,215	1,270	782	282

재무 비율
〈단위 : %〉

연도	영업이익률	순이익률	부채비율	차입금비율	ROA	ROE	유보율	자기자본비율	EBITDA마진율
2016	4.6	4.6	131.0	110.6	4.4	9.3	621.2	43.3	7.0
2015	7.8	5.3	205.6	153.1	4.9	15.1	564.8	32.7	10.0
2014	5.9	3.2	278.9	217.3	3.6	14.0	470.7	26.4	7.4
2013	4.7	2.8	302.7	247.7			407.1	24.8	6.6

세진티에스 (A067770)
SEJIN TS

업　종 : 디스플레이 및 관련부품		시　장 : KOSDAQ	
신용등급 : (Bond) — 　(CP) —		기업규모 : 중견	
홈페이지 : www.sejints.co.kr		연락처 : 031)650-3700	
본　사 : 경기도 안성시 원곡면 지문로 51-43			

설 립 일	1996.06.07	종 업 원 수	52명	대 표 이 사	김인식
상 장 일	2004.01.09	감 사 의 견	적정 (다산)	계 열	
결 산 기	12월	보 통 주	840만주	종속회사수	2개사
액 면 가	500원	우 선 주	—	구 상 호	

주주구성 (지분율,%)
김인식	49.1
Atlantis Korean Smaller Companies Fund(AKSCF)	4.8
(외국인)	0.5

출자관계 (지분율,%)
에폰	7.8
세개진광전소주유한공사	100.0
세진옵티컬주식회사	100.0

주요경쟁사 (외형,%)
세진티에스	100
디이엔티	139
이엘피	95

매출구성
LCD부품(상품매출)	73.6
LCD부품(제품매출)	26.4

비용구성
매출원가율	92.3
판관비율	9.9

수출비중
수출	67.0
내수	33.0

회사 개요
동사는 1996년 설립되어 2004년에 코스닥시장에 상장된 TFT LCD용 광기능성 시트 제조 및 판매 기업으로, LCD 생산 세계 1,2위인 삼성전자와 LG디스플레이 등에 부품을 공급하면서 30%의 국내시장 점유율을 안정적으로 유지하고 있음. TFT LCD 완성품 업체의 생산량에 따라 수요 변동이 있으며, 연결대상 종속회사로 중국 소재의 세개진광전소주유한공사와 베트남 소재의 세진옵티컬주식회사를 보유함.

실적 분석
동사의 2017년 반기 연결기준 매출액은 전년동기 대비 9.6% 감소한 117.7억원임. 매출액 감소에도 불구 원가부담 완화, 판관비의 감소에 따라 영업손실은 전년동기 21.4억원에서 당반기 11.2억원으로 축소되었음. 당기순익 면에서는 1.2억원의 이익이 발생하였고 당기순손실은 9.7억원으로 전년동기 18.8억원 대비 적자 축소됨. 2017년 3월에 태양광, 전기사업을 사업목적에 추가함.

현금 흐름 〈단위 : 억원〉
항목	2016	2017.2Q
영업활동	15	4
투자활동	-22	-0
재무활동	0	-0
순현금흐름	-8	4
기말현금	30	33

시장 대비 수익률

결산 실적 〈단위 : 억원〉
항목	2012	2013	2014	2015	2016	2017
매출액	625	361	379	290	326	—
영업이익	-12	-49	4	-36	-7	—
당기순이익	-14	-51	8	-56	-7	—

분기 실적 〈단위 : 억원〉
항목	2016.1Q	2016.2Q	2016.3Q	2016.4Q	2017.1Q	2017.2Q
매출액	63	67	120	76	60	58
영업이익	-12	-10	13	1	-7	-4
당기순이익	-11	-8	11	3	-4	-5

재무 상태 〈단위 : 억원〉
항목	2012	2013	2014	2015	2016	2017.2Q
총자산	657	534	543	486	479	457
유형자산	229	210	193	134	145	154
무형자산	0	7	7	7	0	6
유가증권	9	0	0	—	0	0
총부채	74	37	37	34	34	24
총차입금	—	—	—	—	0	—
자본금	42	42	42	42	42	42
총자본	583	497	507	452	445	433
지배주주지분	537	497	507	452	445	433

기업가치 지표
항목	2012	2013	2014	2015	2016	2017.2Q
주가(최고/저)(천원)	3.1/2.0	3.2/2.0	2.7/1.9	4.6/2.1	4.3/2.8	—/—
PER(최고/저)(배)	—/—	—/—	27.7/20.1	—/—	—/—	—/—
PBR(최고/저)(배)	0.5/0.3	0.5/0.3	0.4/0.3	0.9/0.4	0.8/0.5	0.7/0.7
EV/EBITDA(배)					6.9	
EPS(원)	-247	-514	96	-663	-53	-109
BPS(원)	6,435	5,958	6,077	5,418	5,337	5,197
CFPS(원)	158	-131	464	-303	131	-8
DPS(원)	—	—	—	—	—	—
EBITDAPS(원)	260	-199	413	-67	98	-32

재무 비율 〈단위 : % 〉
연도	영업이익률	순이익률	부채비율	차입금비율	ROA	ROE	유보율	자기자본비율	EBITDA마진율
2016	-2.2	-1.4	7.7	0.0	-0.9	-1.0	967.3	92.8	2.5
2015	-12.3	-19.2	7.6	0.0	-10.8	-11.6	983.6	92.9	-1.9
2014	1.0	2.1	7.2	0.0	1.5	1.6	1,115.4	93.3	9.2
2013	-13.6	-14.1	7.4	0.0	-8.5	-8.4	1,091.7	93.1	-4.6

세코닉스 (A053450)
SEKONIX

업　종 : 휴대폰 및 관련부품		시　장 : KOSDAQ	
신용등급 : (Bond) — 　(CP) —		기업규모 : 우량	
홈페이지 : www.sekonix.co.kr		연락처 : 031)860-1000	
본　사 : 경기도 동두천시 평화로2862번길 28			

설 립 일	1988.12.24	종 업 원 수	1,010명	대 표 이 사	박은경,권혁대(각자대표)
상 장 일	2001.07.27	감 사 의 견	적정 (다산)	계 열	
결 산 기	12월	보 통 주	1,093만주	종속회사수	4개사
액 면 가	500원	우 선 주	—	구 상 호	

주주구성 (지분율,%)
신영자산운용	22.6
박원회	16.7
(외국인)	4.2

출자관계 (지분율,%)
중앙정공	0.5
제이티비씨	0.1
엘컴텍	

주요경쟁사 (외형,%)
세코닉스	100
엠씨넥스	132
나무가	94

매출구성
MU1271 외	84.0
MV1419 외	16.0

비용구성
매출원가율	81.5
판관비율	14.1

수출비중
수출	22.0
내수	78.0

회사 개요
동사는 각종 광 메모리용 마이크로렌즈류, 정보통신 단말기 및 광케이블용 광학부품류 및 LED관련 광학 부품 및 제품류 등을 제조 및 도소매업을 영위할 목적으로 1988년 12월 24일 세키노스코리아라는 사명으로 설립되었으며, 2002년 3월 29일 세키노스코리아에서 세코닉스로 사명을 변경하였음. 세고광유한전자, 세코닉스 비나, SAL을 종속회사로 거느리고 있음.

실적 분석
동사의 2017년 상반기 매출은 1,682억원으로 전년대비 6.8% 증가, 영업이익은 54.8억원으로 전년대비 52.4% 감소, 당기순이익은 33억원으로 전년대비 67.9% 감소. 전체 외형 정제 가운데 원가율 상승, 판관비 부담으로 수익성은 전년대비 약화. 베트남에서의 제2공장 증설을 통해 충분한 Capa를 확보하여 안정화된 생산능력과 고객사 직납을 통한 대고객 서비스질을 향상시킴. 또한 듀얼 카메라 시장 확대로 광학부품 매출 증가 기대

현금 흐름 〈단위 : 억원〉
항목	2016	2017.2Q
영업활동	326	-20
투자활동	-504	-311
재무활동	192	319
순현금흐름	11	-14
기말현금	83	69

시장 대비 수익률

결산 실적 〈단위 : 억원〉
항목	2012	2013	2014	2015	2016	2017
매출액	1,473	2,152	2,171	2,449	3,125	—
영업이익	154	257	180	128	140	—
당기순이익	150	204	142	90	140	—

분기 실적 〈단위 : 억원〉
항목	2016.1Q	2016.2Q	2016.3Q	2016.4Q	2017.1Q	2017.2Q
매출액	784	792	764	786	824	858
영업이익	58	57	20	4	26	28
당기순이익	45	58	-10	-3	9	24

재무 상태 〈단위 : 억원〉
항목	2012	2013	2014	2015	2016	2017.2Q
총자산	1,594	2,033	2,162	2,416	2,968	3,246
유형자산	854	1,196	1,150	1,289	1,575	1,770
무형자산	44	32	42	34	53	51
유가증권	5	5	5	5	1	1
총부채	714	952	933	1,116	1,601	1,885
총차입금	489	581	602	697	887	1,209
자본금	36	37	39	53	55	55
총자본	880	1,081	1,229	1,300	1,367	1,361
지배주주지분	880	1,081	1,229	1,300	1,366	1,360

기업가치 지표
항목	2012	2013	2014	2015	2016	2017.2Q
주가(최고/저)(천원)	16.5/5.7	24.1/13.1	20.7/10.7	16.2/11.7	19.5/12.5	—/—
PER(최고/저)(배)	10.8/3.7	11.8/6.4	14.6/7.5	18.9/13.6	23.6/15.0	—/—
PBR(최고/저)(배)	1.9/0.6	2.3/1.2	1.8/0.9	1.3/1.0	1.6/1.0	1.5/1.1
EV/EBITDA(배)	7.4	5.7	5.0	7.5	7.2	
EPS(원)	1,607	2,130	1,463	879	841	302
BPS(원)	12,366	14,482	15,777	12,659	12,781	12,726
CFPS(원)	3,698	4,698	4,174	2,669	2,709	1,286
DPS(원)	115	300	100	200	200	
EBITDAPS(원)	3,754	5,417	4,690	3,038	3,169	1,485

재무 비율 〈단위 : % 〉
연도	영업이익률	순이익률	부채비율	차입금비율	ROA	ROE	유보율	자기자본비율	EBITDA마진율
2016	4.5	2.9	117.1	64.9	3.4	6.8	2,456.3	46.1	10.9
2015	5.2	3.7	85.9	53.6	3.9	7.1	2,431.7	53.8	12.7
2014	8.3	6.5	75.9	49.0	6.8	12.3	3,055.5	56.9	16.2
2013	11.9	9.5	88.1	53.8	11.2	20.8	2,796.5	53.2	18.6

세하 (A027970)
Seha

업 종 : 종이 및 목재	시 장 : 거래소
신용등급 : (Bond) — (CP) —	기업규모 : 시가총액 소형주
홈페이지 : www.seha.co.kr	연 락 처 : 053)603-0600
본 사 : 대구시 달성군 유가면 비슬로 96길 97	

설 립 일	1984.07.16	종업원수	219명	대표이사	권육상
상 장 일	1996.06.05	감사의견	적정 (안진)	계	열
결 산 월	12월	보 통 주	2,350만주	종속회사수	
액 면 가	1,000원	우 선 주		구 상 호	

주주구성 (지분율,%)
유암코제4에쓰제일차유한회사제무관관리자유토자자컨	64.3
이준석	2.6
(외국인)	0.1

출자관계 (지분율,%)
AcretLtd	50.0

주요경쟁사 (외형,%)
세하	100
한솔PNS	147
신풍제지	81

매출구성
백판지(산업용 포장지,기타 주부원료)	93.7
상품,원료	4.2
기타	2.1

비용구성
매출원가율	83.7
판관비율	9.5

수출비중
수출	—
내수	—

회사 개요
동사는 1984년 설립되어 1996년 상장된 업체임. 제과, 제약, 화장품 등의 포장재로 사용되는 SC마니라지, IVORY지 등의 범용 백판지를 주력으로 생산하고 있으며 백판지류 생산량 기준 업계 3위의 시장 지위를 유지하고 있음. 미래성장동력 발굴을 위하여 카자흐스탄 유전광구에 투자함. 동사의 매출 중 백판지 비중이 93.7%를 차지하고 있으며, 시장점유율은 2016년 말 기준 약 15.3% 수준을 유지하고 있음.

실적 분석
동사는 2017년 3월 자본잠식율 46%로서 관리 종목 지정 상태에서 해제됨. 동사의 2017년 2분기 누적 매출액은 831.1억원으로 전년동기 784.3억원 대비 6% 늘어남. 다만 원자재 가격 상승으로 인해 매출원가가 대폭 증가하며 영업이익은 전년 대비 49.8% 하락하며 22.9억원을 기록함. 당기순이익 역시 4.7억원을 달성하며 전년 25.4억원에 미치지 못했음.

현금 흐름 *IFRS 별도 기준
<단위 : 억원>

항목	2016	2017.2Q
영업활동	59	12
투자활동	-44	-5
재무활동	-19	9
순현금흐름	-4	16
기말현금	54	71

시장 대비 수익률

결산 실적
<단위 : 억원>

항목	2012	2013	2014	2015	2016	2017
매출액	1,710	1,738	1,511	1,480	1,594	
영업이익	-87	-58	-32	-85	109	
당기순이익	435	-628	-220	-346	55	

분기 실적 *IFRS 별도 기준
<단위 : 억원>

항목	2016.1Q	2016.2Q	2016.3Q	2016.4Q	2017.1Q	2017.2Q
매출액	393	391	395	415	417	414
영업이익	16	30	35	28	6	17
당기순이익	4	21	26	3	-2	6

재무 상태 *IFRS 별도 기준
<단위 : 억원>

항목	2012	2013	2014	2015	2016	2017.2Q
총자산	2,406	2,088	1,770	1,701	1,723	1,705
유형자산	1,067	1,047	1,024	1,155	1,150	1,158
무형자산	14	11	6	5	5	4
유가증권	12	1	1	0	0	0
총부채	1,561	1,861	1,672	1,668	1,596	1,573
총차입금	1,057	1,238	1,089	1,143	1,085	1,092
자본금	434	435	635	197	235	235
총자본	845	227	97	33	127	132
지배주주지분	845	227	97	33	127	132

기업가치 지표 *IFRS 별도 기준
<단위 : 억원>

항목	2012	2013	2014	2015	2016	2017.2Q
주가(최고/저)(천원)	10.2/4.4	8.7/1.9	4.0/1.6	2.7/1.3	2.3/1.3	—/—
PER(최고/저)(배)	1.9/0.8	—/—	—/—	—/—	9.8/5.5	—/—
PBR(최고/저)(배)	1.0/0.4	2.9/0.6	3.8/1.5	16.0/7.5	4.2/2.4	5.0/3.5
EV/EBITDA(배)	1,884.1	55.1		8.8	
EPS(원)	5,343	-7,406	-2,447	-1,909	233	20
BPS(원)	2,019	595	204	170	540	560
CFPS(원)	1,188	-1,309	-360	-1,622	464	134
DPS(원)						
EBITDAPS(원)	-61	2	49	-180	694	212

재무 비율
<단위 : % >

연도	영업이익률	순이익률	부채비율	차입금비율	ROA	ROE	유보율	자기자본비율	EBITDA마진율
2016	6.8	3.4	일부잠식	일부잠식	3.2	68.3	-46.0	7.4	10.2
2015	-5.7	-23.4	일부잠식	일부잠식	-20.0	-529.3	-83.0	2.0	-2.2
2014	-2.1	-14.6	일부잠식	일부잠식	-11.4	-135.8	-79.6	5.5	1.5
2013	-3.3	-36.2	일부잠식	일부잠식	-28.0	-117.2	-40.5	10.9	

세화아이엠씨 (A145210)
SAEHWA IMC

업 종 : 자동차부품	시 장 : 거래소
신용등급 : (Bond) — (CP) —	기업규모 : 시가총액 소형주
홈페이지 : www.saehwaimc.com	연 락 처 : 062)944-6161
본 사 : 광주시 북구 첨단연신로 29번길 12, 26	

설 립 일	1999.04.02	종업원수	153명	대표이사	유희열
상 장 일	2015.03.19	감사의견	적정 (삼정)	계	열
결 산 월	12월	보 통 주	1,188만주	종속회사수	20개사
액 면 가	500원	우 선 주		구 상 호	

주주구성 (지분율,%)
유동환	35.5
The Yokohama Rubber Co., Ltd.	5.5

출자관계 (지분율,%)
에스에이치아이	100.0
큐브테크	60.0
영암관광개발	22.0

주요경쟁사 (외형,%)
세화아이엠씨	100
아진산업	248
에이엔피	51

매출구성
타이어 금형	90.9
타이어 제조설비	7.3
철골제작 등	1.8

비용구성
매출원가율	87.8
판관비율	13.0

수출비중
수출	—
내수	—

회사 개요
1981년 설립되어 30년 이상 타이어 금형 제조를 전문으로 해온 기업임. 동 부문에서 확고부동한 국내 1위이자 글로벌 시장에서도 중국업체 2곳과 함께 톱3업체임. 매출구성은 타이어금형 약 90%, 타이어제조설비 5%, 기타 5%로 구성되어 있으며, 수출이 80% 가량을 차지함. 터키의 페트라스타이어와 합작투자를 통해 타이어금형 공장을 신규 설립함. 2016년초 CAD, CAM 개발 및 3D프린터를 제조하는 큐브테크의 지분 60%를 인수함.

실적 분석
동사의 2017년 2분기기준 누적 매출액은 전년동기대비 22% 하락한 941.6억원을 기록하였음. 비용면에서 전년동기대비 매출원가는 감소 하였으며 인건비도 감소, 기타판매비와관리비도 마찬가지로 감소됨. 그에 따라 매출액 하락 등에 의해 전년동기대비 영업이익은 18.4억원으로 -81% 크게 하락하였음. 최종적으로 전년동기대비 당기순이익은 흑자전환하여 2억원을 기록함.

현금 흐름
<단위 : 억원>

항목	2016	2017.2Q
영업활동	131	3
투자활동	-27	-65
재무활동	-67	-22
순현금흐름	48	-90
기말현금	152	62

시장 대비 수익률

결산 실적
<단위 : 억원>

항목	2012	2013	2014	2015	2016	2017
매출액	1,923	2,207	2,471	2,278	2,038	
영업이익	327	175	330	121	-16	
당기순이익	212	41	191	14	-119	

분기 실적
<단위 : 억원>

항목	2016.1Q	2016.2Q	2016.3Q	2016.4Q	2017.1Q	2017.2Q
매출액	601	606	440	391	496	446
영업이익	50	47	-4	-109	16	2
당기순이익	16	-36	-7	-93	4	-2

재무 상태
<단위 : 억원>

항목	2012	2013	2014	2015	2016	2017.2Q
총자산	2,850	2,917	3,518	3,357	3,096	3,050
유형자산	1,317	1,375	1,785	1,580	1,538	1,583
무형자산	202	191	187	176	154	152
유가증권	102	141	139	129	17	17
총부채	1,693	1,600	2,013	1,641	1,547	1,641
총차입금	1,255	1,232	1,621	1,279	1,225	1,300
자본금	51	53	53	59	59	59
총자본	1,156	1,317	1,505	1,716	1,549	1,409
지배주주지분	1,129	1,288	1,473	1,687	1,525	1,400

기업가치 지표
<단위 : 억원>

항목	2012	2013	2014	2015	2016	2017.2Q
주가(최고/저)(천원)	—/—	—/—	—/—	17.2/9.1	10.6/5.9	—/—
PER(최고/저)(배)	0.0/0.0	0.0/0.0	0.0/0.0	126.1/66.6	0.0/0.0	0.6/0.5
PBR(최고/저)(배)	0.0/0.0	0.0/0.0	0.0/0.0	1.2/0.7	0.8/0.5	
EV/EBITDA(배)	2.5	3.6	3.1	8.8	14.5	
EPS(원)	2,131	382	1,761	19	-972	15
BPS(원)	11,150	12,063	13,797	14,273	12,914	11,982
CFPS(원)	3,115	1,605	3,086	1,347	225	572
DPS(원)					100	
EBITDAPS(원)	4,209	2,858	4,414	2,238	1,066	712

재무 비율
<단위 : % >

연도	영업이익률	순이익률	부채비율	차입금비율	ROA	ROE	유보율	자기자본비율	EBITDA마진율
2016	-0.8	-5.9	99.9	79.1	-3.7	-7.2	2,482.8	50.0	6.2
2015	5.3	0.6	95.7	74.5	0.4	1.0	2,754.5	51.1	11.6
2014	13.3	7.7	133.8	107.7	5.9	13.6	2,659.4	42.8	19.1
2013	7.9	1.9	121.5	93.5	1.4	3.4	2,312.5	45.2	13.8

세화피앤씨 (A252500)
IBKSGMB Special Purpose Acquisition

업 종 : 개인생활용품	시 장 : KOSDAQ
신용등급 : (Bond) — (CP) —	기업규모 : 중견
홈 페 이 지 : 0	연 락 처 : 02)6915-5357
본 사 : 서울시 영등포구 국제금융로6길 11, 9층(여의도동, 삼덕빌딩)	

설 립 일 2016.08.18	종 업 원 수 2명	대 표 이 사 이훈구
상 장 일 2016.11.02	감 사 의 견 적정 (한미)	계 열
결 산 기 12월	보 통 주 1,904만주	종속회사수
액 면 가 100원	우 선 주	구 상 호 IBKS지엠비스팩

주주구성 (지분율,%)		출자관계 (지분율,%)		주요경쟁사 (외형,%)	
이훈구	26.8	세화피앤씨	100		
이철구	5.2	아모레퍼시픽	19,309		
(외국인)	4.7	아모레G	22,908		

매출구성	비용구성		수출비중	
	매출원가율	52.1	수출	—
	판관비율	39.9	내수	—

회사 개요
동사는 기업인수목적회사로 코넥스기업인 세화피앤씨를 흡수합병함. 흡수합병된 코넥스 법인 세화피앤씨는 1965년 서광제약으로 설립되어 1985년 모발용 염색약 전문업체로 업종을 변경함. 현재 염모제와 헤어케어, 헤어스타일링 등 두발용 화장품을 전문으로 생산함. 염모제가 전체 매출의 80% 이상을 차지함. 샴푸형 염색제인 리체나는 약 10%의 시장점유율을 기록 중임. 충북 진천공장은 헤어제품 단일공장으로는 아시아 최대규모임.

실적 분석
합병전 코넥스법인 세화피앤씨의 2016년 누적매출액은 292.4억원으로 전년 대비 32.8% 늘었음. 매출원가율이 개선되면서 매출총이익은 전년 대비 48.8% 늘어난 139.9억원을 기록함. 영업이익은 전년 대비 125.1% 늘어난 23.3억원을 기록했음. 비영업부문에서는 금융손실 등으로 -5.5억원 비영업손실을 기록했음. 당기순이익은 16.9억원을 기록해 전년 대비 241.1% 늘어났음.

현금 흐름 *IFRS 별도 기준 〈단위 : 억원〉

항목	2016	2017.2Q
영업활동	34	—
투자활동	-45	—
재무활동	17	—
순현금흐름	6	—
기말현금	20	—

시장 대비 수익률

결산 실적 〈단위 : 억원〉

항목	2012	2013	2014	2015	2016	2017
매출액	255	199	201	220	292	—
영업이익	7	11	5	10	23	—
당기순이익	7	5	5	5	17	—

분기 실적 *IFRS 별도 기준 〈단위 : 억원〉

항목	2016.1Q	2016.2Q	2016.3Q	2016.4Q	2017.1Q	2017.2Q
매출액	—	—	—	—	—	—
영업이익	—	—	—	—	—	—
당기순이익	—	—	—	—	—	—

재무 상태 *IFRS 별도 기준 〈단위 : 억원〉

항목	2012	2013	2014	2015	2016	2017.2Q
총자산	192	234	233	206	258	—
유형자산	74	102	98	90	119	—
무형자산	3	4	4	—	—	—
유가증권						
총부채	86	120	117	—	116	—
총차입금	53	82	91	63	76	—
자본금	19	19	19	19	—	—
총자본	106	114	116	121	143	—
지배주주지분	106	114	116	121	143	—

기업가치 지표 *IFRS 별도 기준

항목	2012	2013	2014	2015	2016	2017.2Q
주가(최고/저)(천원)	#VALUE!	—/—	—/—	—/—	—/—	—/—
PER(최고/저)(배)	0.0/0.0	37.6/15.9	25.9/10.2	37.0/11.4	1.4/1.4	—/—
PBR(최고/저)(배)	0.0/0.0	2.7/1.1	1.1/0.4	1.5/0.5	0.8/0.7	0.0/0.0
EV/EBITDA(배)	2.2	9.6	8.4	9.2	4.8	—/—
EPS(원)	186	219	136	134	1,406	
BPS(원)	2,854	3,073	3,143	3,270	2,683	
CFPS(원)	344	398	372	380	2,208	
DPS(원)		40	25	30	50	
EBITDAPS(원)	348	465	375	526	2,739	

재무 비율 〈단위 : % 〉

연도	영업이익률	순이익률	부채비율	차입금비율	ROA	ROE	유보율	자기자본비율	EBITDA마진율
2016	8.0	5.8	81.2	53.2	7.3	12.8	653.5	55.2	11.3
2015	4.7	2.3	70.1	51.9			553.9	58.8	8.9
2014	2.5	2.5	100.5	77.9	2.2	4.4	528.6	49.9	6.9
2013	5.3	4.1	105.3	71.7	3.8	7.4	514.7	48.7	8.6

셀루메드 (A049180)
CELLUMED

업 종 : 의료 장비 및 서비스	시 장 : KOSDAQ
신용등급 : (Bond) — (CP) —	기업규모 : 벤처
홈 페 이 지 : www.cellumed.co.kr	연 락 처 : 02)3281-0471
본 사 : 서울시 금천구 디지털로 130, 에이스테크노타워9차 402호	

설 립 일 1985.04.30	종 업 원 수 55명	대 표 이 사 심영복
상 장 일 2002.05.23	감 사 의 견 적정 (삼화)	계 열
결 산 기 12월	보 통 주 1,816만주	종속회사수 2개사
액 면 가 500원	우 선 주	구 상 호 코리아본뱅크

주주구성 (지분율,%)		출자관계 (지분율,%)		주요경쟁사 (외형,%)	
ePlanet Ventures II, L.P.	2.5	셀루메드헬스케어	100.0	셀루메드	100
심영복	2.4	일래스틱네트웍스	29.2	제이브이엠	1,000
(외국인)	1.8	엠젠플러스	7.6	엘앤케이바이오	351

매출구성		비용구성		수출비중	
[제품]수술용고정체,BIOLOGICS,인공관절등외	82.3	매출원가율	93.8	수출	2.0
[상품]수술용고정체,BIOLOGICS,인공관절등외	17.5	판관비율	135.7	내수	98.0
기타	0.2				

회사 개요
동사는 인간의 골격과 외장을 이루는 뼈, 인대, 피부 등의 인체조직의 대체 재료를 연구개발하는 업체임. 인체조직을 대체하는 재료는 환자 자신의 자가 조직, 기증시신으로부터 채취한 동종조직, 다른 동물로부터 채취한 이종조직, 무기물 등을 활용, 조합하여 얻어낸 합성재료로 구분됨. 동사는 동종조직을 가공, 처리하는 인체조직은행으로 현재 국내시장 점유율 1위를 유지하고 있고, 합성재료 등을 활용한 인체조직 대체재료 개발에도 노력 중임.

실적 분석
동사의 2017년 2분기기준 누적 매출액은 전년동기대비 99.1% 상승한 98.1억원을 기록함. 전년대비 매출원가가 증가 하였으며 인건비는 감소 하였고 광고선전비는 증가 하였고 기타판매비와관리비도 마찬가지로 증가함. 그에 따라 전년동기대비 영업이익은 -5억원으로 적자지속 이지만 적자 폭을 줄여가고 있음. 최종적으로 전년동기대비 당기순이익은 적자지속하여 -24.8억원을 기록함.

현금 흐름 〈단위 : 억원〉

항목	2016	2017.2Q
영업활동	-43	-25
투자활동	-38	-20
재무활동	77	37
순현금흐름	-3	-8
기말현금	48	40

시장 대비 수익률

결산 실적 〈단위 : 억원〉

항목	2012	2013	2014	2015	2016	2017
매출액	308	307	207	177	98	—
영업이익	19	9	-108	-72	-127	—
당기순이익	-2	-20	-154	-120	-350	—

분기 실적 〈단위 : 억원〉

항목	2016.1Q	2016.2Q	2016.3Q	2016.4Q	2017.1Q	2017.2Q
매출액	25	24	23	26	48	50
영업이익	-14	-22	-12	-79	1	-6
당기순이익	-22	-254	-12	-62	0	-25

재무 상태 〈단위 : 억원〉

항목	2012	2013	2014	2015	2016	2017.2Q
총자산	826	778	704	820	723	777
유형자산	106	90	82	87	79	71
무형자산	205	202	200	193	185	223
유가증권	2	2	5	5	3	4
총부채	338	286	264	407	252	323
총차입금	159	203	175	305	146	222
자본금	616	636	717	776	908	91
총자본	488	492	440	413	470	454
지배주주지분	490	496	449	426	490	474

기업가치 지표

항목	2012	2013	2014	2015	2016	2017.2Q
주가(최고/저)(천원)	1.3/0.5	1.3/0.6	0.9/0.4	1.4/0.5	3.7/0.7	—/—
PER(최고/저)(배)	1,119.9/460.6					—/—
PBR(최고/저)(배)	3.8/1.6	3.9/1.6	3.2/1.4	5.7/2.2	15.6/3.0	7.1/2.4
EV/EBITDA(배)	23.1	23.1				—/—
EPS(원)	14	-143	-1,108	-751	-1,900	-134
BPS(원)	398	1,952	1,565	1,374	270	2,614
CFPS(원)	23	55	-437	-256	-171	-45
DPS(원)						
EBITDAPS(원)	38	161	-283	-118	-51	62

재무 비율 〈단위 : % 〉

연도	영업이익률	순이익률	부채비율	차입금비율	ROA	ROE	유보율	자기자본비율	EBITDA마진율
2016	-129.5	-356.9	일부잠식	일부잠식	-45.4	-75.0	-46.0	65.1	-94.7
2015	-40.5	-67.6	일부잠식	일부잠식	-15.7	-25.9	-45.0	50.3	-20.1
2014	-52.0	-74.2	일부잠식	일부잠식	-20.8	-31.6	-37.4	62.5	-36.8
2013	2.8	-6.4	일부잠식	일부잠식	-2.5	-3.6	-21.9	63.3	13.2

셀바스에이아이 (A108860)
Selvas AI

업　　종 : 일반 소프트웨어　　　　　시　　　장 : KOSDAQ
신용등급 : (Bond) —　　(CP) —　　　기업규모 : 벤처
홈 페 이 지 : www.selvasai.com　　　연 락 처 : 02)6190-7500
본　　사 : 서울시 금천구 가산디지털1로 19, 20층 (가산동, 대륭테크노타운18차)

설 립 일 1999.03.31	종 업 원 수 142명	대 표 이 사 곽민철,김경남(각자대표)	
상 장 일 2009.12.10	감 사 의 견 적정 (삼정)	계　　열	
결 산 기 12월	보 통 주 2,206만주	종 속 회 사 수 4개사	
액 면 가 500원	우 선 주 —	구 상 호 디오텍	

주주구성 (지분율,%)		출자관계 (지분율,%)		주요경쟁사 (외형,%)	
곽민철	12.1	셀바스헬스케어	73.7	셀바스AI	100
인프라웨어	10.0	셀바스	46.7	알서포트	60
(외국인)	0.7	인프라웨어	11.8	SGA	308

매출구성		비용구성		수출비중	
[제품]기타	60.9	매출원가율	0.0	수출	40.0
로열티	27.3	판관비율	123.7	내수	60.0
용역	11.2				

회사 개요
1999년 설립된 필기인식 솔루션 등의 개발과 판매 회사. 스마트폰과 태블릿에 탑재되는 전자사전, OCR, 음성인식 솔루션 등을 개발. 2011년 최대주주가 인프라웨어(2015년 6월 기준 지분율 23.05%)로 변경. 2016년 9월 9일 AI사업 역량 강화를 위한 기업이미지 제고를 위해 사명을 기존 주식회사 디오텍 (DIOTEK Co.,Ltd)에서 주식회사 셀바스에이아이(Selvas AI Inc.)로 변경하였음.

실적 분석
동사의 2017년 2분기 누적 매출액은 전년동기대비 15.9% 증가한 213.1억원을 기록함. 매출 증가에도 불구하고 매출원가와 판관비 증가의 영향으로 영업손실 8.8억원을 기록, 적자 지속됨. 당기순손실 역시 11.8억원을 기록하며 적자 지속됨. 국내 스마트폰 제조사의 판매부진에 따라 동사 모바일솔루션매출이 감소했으나, 의료 분야를 넘어 자동차, 보험 영역으로 사업을 확대하고 있어 향후 긍정적인 실적 개선이 기대됨.

현금 흐름 〈단위 : 억원〉
항목	2016	2017.2Q
영업활동	-96	1
투자활동	-88	-4
재무활동	135	14
순현금흐름	-50	12
기말현금	67	78

시장 대비 수익률

결산 실적 〈단위 : 억원〉
항목	2012	2013	2014	2015	2016	2017
매출액	184	290	236	333	354	
영업이익	21	65	-1	-7	-84	
당기순이익	-48	64	-44	-7	-193	

분기 실적 〈단위 : 억원〉
항목	2016.1Q	2016.2Q	2016.3Q	2016.4Q	2017.1Q	2017.2Q
매출액	90	94	78	93	103	110
영업이익	-6	-13	-29	-37	-4	-5
당기순이익	-5	-54	-67	-67	-15	-3

재무 상태 〈단위 : 억원〉
항목	2012	2013	2014	2015	2016	2017.2Q
총자산	417	619	648	896	1,006	1,057
유형자산	42	39	110	148	340	275
무형자산	69	50	192	290	285	285
유가증권	26	33	43	31	32	34
총부채	61	74	70	326	438	489
총차입금	—	3	2	250	330	336
자본금	84	101	110	110	110	110
총자본	356	545	578	570	569	568
지배주주지분	356	545	551	543	476	472

기업가치 지표
항목	2012	2013	2014	2015	2016	2017.2Q
주가(최고/저)(천원)	7.8/2.9	7.8/3.4	5.3/2.9	5.8/3.7	5.9/3.1	—/—
PER(최고/저)(배)		23.1/9.9				
PBR(최고/저)(배)	3.9/1.5	2.9/1.3	2.1/1.2	2.3/1.5	2.7/1.4	2.6/1.8
EV/EBITDA(배)	11.5	6.3	49.9	57.4		
EPS(원)	-296	339	-214	-39	-744	-51
BPS(원)	2,119	2,686	2,499	2,460	2,156	2,141
CFPS(원)	-236	403	-154	61	-629	6
DPS(원)	—	—	—	—	—	—
EBITDAPS(원)	215	404	54		-267	17

재무 비율 〈단위 : % 〉
연도	영업이익률	순이익률	부채비율	차입금비율	ROA	ROE	유보율	자기자본비율	EBITDA마진율
2016	-23.8	-54.4	76.9	58.0	-20.3	-32.2	331.2	56.5	-16.6
2015	-2.0	-2.0	57.2	43.8	-0.9	-1.6	392.1	63.6	4.6
2014	-0.6	-18.7	12.1	0.4	-7.0	-8.2	399.7	89.2	4.8
2013	22.3	22.2	13.6	0.5	12.4	14.3	437.2	88.0	26.5

셀바스헬스케어 (A208370)
SELVAS Healthcare

업　　종 : 의료 장비 및 서비스　　　시　　　장 : KOSDAQ
신용등급 : (Bond) —　　(CP) —　　　기업규모 : 벤처
홈 페 이 지 : www.selvashealthcare.com　연 락 처 : 042)879-3000
본　　사 : 대전시 유성구 신성로 155 (신성동, 셀바스헬스케어)

설 립 일 2014.10.02	종 업 원 수 157명	대 표 이 사 유병탁	
상 장 일 2014.12.17	감 사 의 견 적정 (삼정)	계　　열	
결 산 기 12월	보 통 주 1,315만주	종 속 회 사 수 3개사	
액 면 가 500원	우 선 주 —	구 상 호 하나머스트2호스팩	

주주구성 (지분율,%)		출자관계 (지분율,%)		주요경쟁사 (외형,%)	
셀바스에이아이	73.7	힘스	100.0	셀바스헬스케어	100
구은미	0.6	BeijingSELVASHealthcareCO.,LTD	100.0	인바디	346
(외국인)	0.2	SELVASHealthcareJapan,Inc.	100.0	차바이오텍	1,946

매출구성		비용구성		수출비중	
점자정보단말기	34.8	매출원가율	60.3	수출	58.0
체성분분석기	26.8	판관비율	68.9	내수	42.0
전자독서확대기	17.5				

회사 개요
동사는 하나머스트2호기업인수목적회사와 합병으로 2015년 9월 13일 코스닥시장에 상장함. 체성분분석기, 자동혈압계 등 의료진단기기 전문 업체로써 최근 '자원메디칼'에서 셀바스헬스케어로 사명을 변경함. 동사는 보조공학기기 사업 및 의료진단기기 사업에서 5개 대표 제품군의 40여종 제품을 글로벌 40여개국에 판매 중이며 매출 비중은 점자정보단말기 37%, 전자독서확대기 13%, 음성독서기 6%, 체성분분석기 23%, 자동혈압계 14%임.

실적 분석
동사의 2017년 2분기기준 누적 매출액은 전년동기대비 9.8% 상승한 142.3억원을 기록하였음. 비용면에서 전년동기대비 매출원가는 증가 하였으며 인건비도 증가, 광고선전비는 감소 하였으며 기타판매비와관리비도 마찬가지로 감소함. 그에 따라 매출액 하락 등에 의해 전년동기대비 영업이익은 4.3억원으로 흑자전환하였음. 그러나 비영업손익의 적자 지속으로 전년동기대비 당기순이익은 -1.3억원을 기록함.

현금 흐름 〈단위 : 억원〉
항목	2016	2017.2Q
영업활동	-62	-24
투자활동	74	-23
재무활동	-56	44
순현금흐름	-45	-3
기말현금	47	44

시장 대비 수익률

결산 실적 〈단위 : 억원〉
항목	2012	2013	2014	2015	2016	2017
매출액	101	—	148	209	231	
영업이익	20	—	23	18	-67	
당기순이익	18	—	21	21	-149	

분기 실적 〈단위 : 억원〉
항목	2016.1Q	2016.2Q	2016.3Q	2016.4Q	2017.1Q	2017.2Q
매출액	63	67	50	51	66	76
영업이익	1	-2	-19	-47	3	1
당기순이익	1	-42	-58	-48	-3	2

재무 상태 〈단위 : 억원〉
항목	2012	2013	2014	2015	2016	2017.2Q
총자산	153		180	473	455	529
유형자산	57		72	111	136	187
무형자산	1		12	118	121	124
유가증권	31		26	1	1	1
총부채	10		11	282	186	250
총차입금	4			249	186	175
자본금	8		8	54	63	65
총자본	143		169	191	269	278
지배주주지분	143		169	191	269	278

기업가치 지표
항목	2012	2013	2014	2015	2016	2017.2Q
주가(최고/저)(천원)	—/—	—/—	2.3/2.3	2.8/2.3	2.7/1.2	—/—
PER(최고/저)(배)	0.0/0.0	0.0/0.0	62.7/62.2	78.3/62.0	—/—	—/—
PBR(최고/저)(배)	0.0/0.0		7.9/7.8	8.8/7.0	6.2/2.9	3.6/2.2
EV/EBITDA(배)			2.6	8.4		
EPS(원)	153		181	182	-1,226	-10
BPS(원)	8,931		10,575	11,083	428	2,155
CFPS(원)	1,389		1,807	2,133	-218	49
DPS(원)	400					
EBITDAPS(원)	1,504		1,887	1,918	-83	93

재무 비율 〈단위 : % 〉
연도	영업이익률	순이익률	부채비율	차입금비율	ROA	ROE	유보율	자기자본비율	EBITDA마진율
2016	-29.2	-64.4	69.0	51.5	-32.1	-64.6	328.4	59.2	-21.6
2015	8.6	10.3	147.5	130.3	6.6	11.9	255.5	40.4	14.8
2014	15.3	14.4	6.3	0.7	0.0	0.0	2,015.1	94.1	20.5
2013	0.0	0.0	0.0	0.0	0.0	0.0	0.0	0.0	0.0

셀트리온 (A068270)
Celltrion

업　　　종 : 바이오
신용등급 : (Bond) —　　(CP) —
홈 페 이 지 : www.celltrion.com
본　　　사 : 인천시 연수구 아카데미로 23
시　　　장 : KOSDAQ
기업규모 : 우량
연 락 처 : 032)850-5000

설 립 일	1991.02.27	종 업 원 수	1,261명	대 표 이 사	기우성,김형기 (공동대표)
상 장 일	2005.07.19	감 사 의 견	적정 (한영)	계　　　열	
결 산 기	12월	보 통 주	12,264만주	종속회사수	6개사
액 면 가	1,000원	우 선 주		구 상 호	

주주구성 (지분율,%)		출자관계 (지분율,%)		주요경쟁사 (외형,%)	
셀트리온홀딩스	19.8	셀트리온제약	55.3	셀트리온	100
Ion Investments B.V.	14.3	미래에셋벤피티신성장투자조합1호	50.0	바이로메드	1
(외국인)	26.0	2014성장사다리DMM벤처펀드	20.0	제넥신	2

매출구성		비용구성		수출비중	
바이오의약품 등	79.0	매출원가율	40.9	수출	—
케미컬의약품 등	12.5	판관비율	21.9	내수	—
제품관련 서비스 등	5.8				

회사 개요

생명공학기술 및 동물세포대량배양기술을 기반으로 항암치료 및 자가면역질환 등에 사용되는 항체의약품을 개발, 생산하는 것을 목적 사업으로 하고 있음. 바이오시밀러 제품개발 기술에 있어서 세계 최고 수준의 개발기술을 확보하고 있으며 이를 바탕으로 2009년부터 다수의 바이오시밀러 제품의 개발, 임상, 판매허가 등을 진행하고 있음. 세계 최초의 단일 클론 항체 바이오시밀러 램시마는 총 79개국에서 판매허가를 받아 글로벌 점유율을 늘려가고 있음.

실적 분석

동사의 2017년 상반기 연결기준 누적매출액은 4,427.3억원으로 전년동기대비 50.9% 증가함. 매출액 성장은 바이오의약품 부문의 호조에 기인함. 외형의 급격한 성장에 따른 고정비부담 완화가 원가율 하락으로 이어져 영업이익은 전년동기보다 118.8% 늘어난 2,277.2억원, 당기순이익은 155.4% 증가한 1,823.4억원을 기록함.대표제품인 램시마와 트룩시마 외에도 허쥬마가 유럽 판매 승인을 앞두고 있어 지속적인 매출 성장이 기대됨.

현금 흐름
〈단위 : 억원〉

항목	2016	2017.2Q
영업활동	2,509	2,698
투자활동	-1,625	-1,864
재무활동	287	-783
순현금흐름	1,185	56
기말현금	2,684	2,740

시장 대비 수익률

결산 실적
〈단위 : 억원〉

항목	2012	2013	2014	2015	2016	2017
매출액	3,502	2,262	4,710	6,034	6,706	—
영업이익	1,954	998	2,015	2,590	2,497	—
당기순이익	1,744	1,025	1,175	1,583	1,805	—

분기 실적
〈단위 : 억원〉

항목	2016.1Q	2016.2Q	2016.3Q	2016.4Q	2017.1Q	2017.2Q
매출액	1,085	1,850	1,683	2,088	1,966	2,461
영업이익	270	771	740	716	894	1,383
당기순이익	118	596	586	504	671	1,152

재무 상태
〈단위 : 억원〉

항목	2012	2013	2014	2015	2016	2017.2Q
총자산	17,329	19,785	23,224	27,482	30,219	31,627
유형자산	7,406	7,165	8,982	8,976	8,679	8,492
무형자산	3,762	5,025	6,016	6,978	8,483	8,998
유가증권	313	572	175	140	146	212
총부채	6,828	8,914	9,746	9,384	8,230	8,157
총차입금	5,990	7,827	8,834	8,114	6,789	6,525
자본금	873	1,005	1,036	1,124	1,166	1,226
총자본	10,501	10,871	13,478	18,098	21,990	23,470
지배주주지분	10,501	10,871	12,474	16,942	20,536	22,014

기업가치 지표

항목	2012	2013	2014	2015	2016	2017.2Q
주가(최고/저)(천원)	50.2/31.8	56.1/22.9	45.4/33.3	85.4/35.1	115/85.0	—/—
PER(최고/저)(배)	31.5/20.0	60.1/24.5	47.4/34.7	67.4/27.7	79.0/58.4	—/—
PBR(최고/저)(배)	4.9/3.1	5.4/2.2	4.0/2.9	5.8/2.4	6.8/5.1	6.3/4.8
EV/EBITDA(배)	24.7	31.4	18.3	30.9	40.5	—
EPS(원)	1,594	934	960	1,269	1,455	1,485
BPS(원)	6,392	12,169	12,829	15,806	17,633	18,370
CFPS(원)	1,210	1,598	1,825	2,103	2,288	1,915
DPS(원)	165	30	50	30	50	—
EBITDAPS(원)	1,330	1,570	2,683	3,036	2,903	2,289

재무 비율
〈단위 : % 〉

연도	영업이익률	순이익률	부채비율	차입금비율	ROA	ROE	유보율	자기자본비율	EBITDA마진율
2016	37.2	26.9	37.4	30.9	6.3	9.5	1,663.3	72.8	50.5
2015	42.9	26.2	51.9	44.8	6.2	10.5	1,480.6	65.9	56.5
2014	42.8	24.9	72.3	65.5	5.5	9.7	1,182.9	58.0	59.0
2013	44.1	45.3	82.0	72.0	5.5	9.6	1,116.9	55.0	65.2

셀트리온제약 (A068760)
Celltrion Pharm

업　　　종 : 제약
신용등급 : (Bond) —　　(CP) —
홈 페 이 지 : www.celltrionph.com
본　　　사 : 충북 청주시 청원구 오창읍 2산단로 82
시　　　장 : KOSDAQ
기업규모 : 우량
연 락 처 : 043)717-7000

설 립 일	2000.11.17	종 업 원 수	510명	대 표 이 사	서정수
상 장 일	2006.02.03	감 사 의 견	적정 (리안)	계　　　열	
결 산 기	12월	보 통 주	3,324만주	종속회사수	2개사
액 면 가	500원	우 선 주		구 상 호	

주주구성 (지분율,%)		출자관계 (지분율,%)		주요경쟁사 (외형,%)	
셀트리온	55.3	셀트리온화학연구소	100.0	셀트리온제약	100
페트라3호사모투자전문회사	3.8	CelltrionPharmaUSAInc	100.0	JW홀딩스	653
(외국인)	1.7			아미코젠	66

매출구성		비용구성		수출비중	
[제품]기타	41.4	매출원가율	50.2	수출	2.0
고덱스	36.1	판관비율	42.8	내수	98.0
램시마	13.0				

회사 개요

동사는 KGMP(Korea Good Manufacturing Practice: 우수의약품 제조 및 품질관리기준) 적격업체로 선정, 충북 진천과 오창에 생산시설 및 품질 관리시설을 갖춘 업체로서 정제, 경질캡슐제, 연질캡슐제, 주사제 등 40여 제품을 생산·판매하고 있음. 주력 제품은 개량신약인 고덱스캡슐로서 2007년 최초로 매출 100억원을 넘는 기록을 달성.

실적 분석

동사의 2017년 연결 기준 2분기 누적 매출액은 560.1억원으로 전년 동기 대비 27.7% 증가함. 영업이익률은 17.3%로 전년 동기 대비 57.5% 감소함. 영업이익의 감소와 비영업손익의 적자 지속으로 당기순이익은 적자 전환하며 수익성은 부진함.

현금 흐름
〈단위 : 억원〉

항목	2016	2017.2Q
영업활동	-152	-62
투자활동	-86	-6
재무활동	243	-29
순현금흐름	5	-97
기말현금	102	5

시장 대비 수익률

결산 실적
〈단위 : 억원〉

항목	2012	2013	2014	2015	2016	2017
매출액	470	527	667	747	1,048	—
영업이익	51	75	83	64	73	—
당기순이익	36	26	59	67	29	—

분기 실적
〈단위 : 억원〉

항목	2016.1Q	2016.2Q	2016.3Q	2016.4Q	2017.1Q	2017.2Q
매출액	180	259	221	388	222	338
영업이익	21	19	20	11	-10	27
당기순이익	14	2	12	1	-16	11

재무 상태
〈단위 : 억원〉

항목	2012	2013	2014	2015	2016	2017.2Q
총자산	3,310	3,614	4,112	4,668	5,100	5,077
유형자산	1,157	1,456	1,961	2,192	2,098	2,049
무형자산	420	462	567	827	955	929
유가증권	71	13	3	2	6	6
총부채	1,738	1,929	1,967	2,305	1,654	1,635
총차입금	877	1,849	1,687	2,159	1,387	1,359
자본금	71	72	94	104	158	166
총자본	1,572	1,684	2,144	2,362	3,446	3,442
지배주주지분	1,572	1,684	2,144	2,362	3,446	3,442

기업가치 지표

항목	2012	2013	2014	2015	2016	2017.2Q
주가(최고/저)(천원)	21.4/14.3	16.0/7.6	11.4/7.6	19.8/8.2	26.9/13.7	—/—
PER(최고/저)(배)	87.8/58.7	99.9/47.3	31.9/21.3	66.2/27.4	264.5/135.1	—/—
PBR(최고/저)(배)	2.2/1.5	1.6/0.7	1.1/0.8	1.9/0.8	2.6/1.3	2.3/1.9
EV/EBITDA(배)	49.7	37.1	31.6	73.6	46.9	—
EPS(원)	244	160	356	299	102	-15
BPS(원)	11,123	11,700	11,352	11,328	10,891	10,360
CFPS(원)	367	254	486	394	561	225
DPS(원)			25	15	25	—
EBITDAPS(원)	486	594	657	377	721	292

재무 비율
〈단위 : % 〉

연도	영업이익률	순이익률	부채비율	차입금비율	ROA	ROE	유보율	자기자본비율	EBITDA마진율
2016	6.9	2.8	48.0	40.3	0.6	1.0	2,078.1	67.6	18.8
2015	8.5	9.0	97.6	91.4	1.5	3.0	2,165.7	50.6	10.5
2014	12.5	8.8	91.8	78.7	1.5	3.1	2,170.4	52.2	14.3
2013	14.2	8.0	114.6	109.8	0.8	1.6	2,240.0	46.6	16.2

셀트리온헬스케어 (A091990)
Celltrion Healthcare

업 종 : 바이오		시 장 : KOSDAQ	
신용등급 : (Bond) — (CP) —		기업규모 : 중견	
홈 페 이 지 : www.celltrionhealthcare.com		연 락 처 : (032)850-6400	
본 사 : 인천시 연수구 아카데미로51번길 19, 4층			

설 립 일	1999.12.29	종 업 원 수	115명	대 표 이 사	김만훈
상 장 일	2017.07.28	감사의견	적정 (삼정)	계	열
결 산 기	12월	보 통 주	13,669만주	종속회사수	12개사
액 면 가	1,000원	우 선 주		구 상 호	

주주구성 (지분율,%)		출자관계 (지분율,%)		주요경쟁사 (외형,%)	
서정진	36.2	셀트리온헬스케어	100		
One Equity Partners IV, L.P.	18.2	삼성바이오로직스	39		
(외국인)	38.1	셀트리온	88		

매출구성		비용구성		수출비중	
램시마	93.5	매출원가율	71.0	수출	0.0
트룩시마	5.2	판관비율	5.5	내수	100.0
License 수익 외	1.3				

회사 개요
동사는 주요 계열사인 셀트리온과 공동 개발중인 바이오의약품(바이오시밀러, 바이오베터, 바이오 신약)들의 글로벌 마케팅 및 판매를 담당하는 회사로서, 현재는 바이오의약품 중 최근 들어 시장의 수요가 높은 바이오시밀러 제품 사업에 집중하고 있음. 동사의 주력 바이오시밀러 제품은 램시마, 트룩시마, 허쥬마 이며, 이외에도 현재 셀트리온과 공동 개발중인 파이프라인에 5개 바이오시밀러, 2개 바이오베터 및 4개 바이오 신약이 있음.

실적 분석
동사의 2017년 상반기 누적매출은 3,074.5억원으로 전년대비 109.3% 대폭 성장하였고 원가율의 개선으로 매출 총이익은 262.9% 증가한 903.8억원을 기록하였음. 263억원의 판관비에도 매출 증가에 따른 영업이익은 640.8억원을 시현하여 전년동기대비 715.8% 대폭 성장하였고, 비영업이익 409.7억원을 시현하여 당기순이익은 757.4억원으로 전년 동기대비 흑자전환함.

현금 흐름		〈단위 : 억원〉
항목	2016	2017.2Q
영업활동	304	-47
투자활동	-2	-9
재무활동	218	-603
순현금흐름	590	-661
기말현금	959	297

시장 대비 수익률

결산 실적					〈단위 : 억원〉
항목	2012	2013	2014	2015	2016	2017
매출액	338	1,453	1,647	4,024	7,577	—
영업이익	-223	393	373	1,119	1,786	—
당기순이익	-245	193	-3,700	206	1,229	—

분기 실적					〈단위 : 억원〉
항목	2016.1Q	2016.2Q	2016.3Q	2016.4Q	2017.1Q	2017.2Q
매출액	528	941			699	2,375
영업이익	6	73			106	534
당기순이익	-39	-26			-18	775

재무 상태					〈단위 : 억원〉
항목	2012	2013	2014	2015	2016	2017.2Q
총자산	8,452	10,724	13,837	15,755	19,874	19,096
유형자산	6	4	3	2	1	2
무형자산	0	0	9	10	10	15
유가증권	86			189	231	260
총부채	6,097	8,127	20,684	10,758	13,388	11,828
총차입금	300	1,794	14,183	2,681	3,552	1,357
자본금	24	24	17	28	1,121	1,121
총자본	2,355	2,597	-6,847	4,997	6,487	7,268
지배주주지분	2,355	2,597	-6,847	4,997	6,487	7,268

기업가치 지표						
항목	2012	2013	2014	2015	2016	2017.2Q
주가(최고/저)(천원)	—/—	—/—	—/—	—/—	—/—	—/—
PER(최고/저)(배)	0.0/0.0	0.0/0.0	0.0/0.0	0.0/0.0	0.0/0.0	—/—
PBR(최고/저)(배)	0.0/0.0	0.0/0.0	0.0/0.0	0.0/0.0	0.0/0.0	0.0/0.0
EV/EBITDA(배)			3.9	37.7	2.1	1.5
EPS(원)	-408	320	-5,711	278	1,100	676
BPS(원)	492,281	542,735	-1,431,040	901,145	5,787	6,484
CFPS(원)	-51,939	40,680	-772,874	40,334	1,102	676
DPS(원)						
EBITDAPS(원)	-47,219	82,551	78,445	217,497	1,600	572

재무 비율								〈단위 : %〉
연도	영업이익률	순이익률	부채비율	차입금비율	ROA	ROE	유보율	자기자본비율	EBITDA마진율
2016	23.6	16.2	206.4	54.8	6.9	21.4	478.7	32.6	23.6
2015	27.8	5.1	215.3	53.7	1.4	전기잠식	17,922.9	31.7	27.9
2014	22.7	-224.6	완전잠식	완전잠식			-41,404.2	-49.5	22.9
2013	27.1	13.3	313.0	69.1	2.0	7.8	10,754.7	24.2	27.2

소리바다 (A053110)
SORIBADA

업 종 : 인터넷 서비스		시 장 : KOSDAQ	
신용등급 : (Bond) — (CP) —		기업규모 : 중견	
홈 페 이 지 : www.soribada.com		연 락 처 : 02)562-7188	
본 사 : 서울시 강남구 언주로 617 논현동자동차전시장빌딩 4~5층			

설 립 일	1998.08.13	종 업 원 수	106명	대 표 이 사	손지현,김재학(공동대표이사)
상 장 일	2001.09.23	감사의견	적정 (신정)	계	열
결 산 기	12월	보 통 주	4,325만주	종속회사수	11개사
액 면 가	500원	우 선 주		구 상 호	

주주구성 (지분율,%)		출자관계 (지분율,%)		주요경쟁사 (외형,%)	
제이메이슨	9.7	케이시트	100.0	소리바다	100
ISPC LIMITED	4.6	티브이데일리	100.0	이지웰페어	133
(외국인)	1.3	씨씨엠스카이	100.0	SBI핀테크솔루션즈	218

매출구성		비용구성		수출비중	
컨텐츠매출 (음원)(기타)	68.5	매출원가율	0.0	수출	
용역매출(용역)	22.1	판관비율	101.8	내수	
제품매출(제품)	6.8				

회사 개요
음원 스트리밍 및 다운로드 서비스 및 각종 멀티미디어 컨텐츠를 제공하는 인터넷 기업으로, 소리바다 웹사이트 운영, 모바일 컨텐츠 서비스, 기타 유료컨텐츠 서비스 등을 영위하고 있음. 음원시장 점유율은 방문자수 기준 멜론과 엠넷, 벅스에 이어 업계 4위 수준임. 스마트폰 게임개발사인 소리바다게임즈, 자동차부품 제조회사인 케이시트 등 9개의 종속회사를 보유 중임. 2016년말 제3자배정 유상증자를 통해 최대주주가 ISPC에서 제이메이슨으로 변경됨.

실적 분석
전년 초 적용된 음원가격 인상, 삼성전자 밀크뮤직 유료유저 증가와 함께 주요종속회사 신규편입으로 2017년 상반기 매출액은 전년 동기 대비 47.9% 급증함. 급여와 외주비용 등 영업비용이 60.7% 늘어나 영업이익은 20.6억원의 적자로 전환됨. 이자비용과 대손상각비 등 영업외손실이 크게 늘어나 순이익도 다시 적자를 기록함. 룽투코리아, 더미앤엠과 업무제휴를 통한 각사 온라인 플랫폼의 콘텐츠 제휴 등 시너지 효과를 극대화할 예정임.

현금 흐름		〈단위 : 억원〉
항목	2016	2017.2Q
영업활동	-61	-45
투자활동	-186	-132
재무활동	287	106
순현금흐름	42	-65
기말현금	95	30

시장 대비 수익률

결산 실적					〈단위 : 억원〉
항목	2012	2013	2014	2015	2016	2017
매출액	257	254	290	286	393	—
영업이익	-19	-29	-53	-52	-7	—
당기순이익	-40	-47	-70	-52	-86	—

분기 실적					〈단위 : 억원〉
항목	2016.1Q	2016.2Q	2016.3Q	2016.4Q	2017.1Q	2017.2Q
매출액	96	91	86	119	131	146
영업이익	2	-0	-0	-9	-15	-6
당기순이익	7	-1	-5	-88	-25	-9

재무 상태					〈단위 : 억원〉
항목	2012	2013	2014	2015	2016	2017.2Q
총자산	333	320	230	198	468	572
유형자산	10	12	11	8	18	20
무형자산	17	8	3	2	126	251
유가증권	36	44	20	22	1	1
총부채	104	124	93	104	265	351
총차입금	63	64	14	11	122	197
자본금	149	154	157	157	200	216
총자본	229	197	136	94	203	221
지배주주지분	226	195	134	87	198	221

기업가치 지표						
항목	2012	2013	2014	2015	2016	2017.2Q
주가(최고/저)(천원)	6.7/1.3	4.2/1.5	6.3/2.6	6.1/3.7	5.9/1.4	—/—
PER(최고/저)(배)						
PBR(최고/저)(배)	8.4/1.6	6.3/1.2	13.8/5.7	19.8/12.1	11.3/2.6	3.5/2.0
EV/EBITDA(배)						
EPS(원)	-134	-156	-231	-161	-245	-70
BPS(원)	794	667	458	308	521	533
CFPS(원)	-100	-127	-207	-141	-234	-59
DPS(원)						
EBITDAPS(원)	-32	-69	-148	-146	-100	-36

재무 비율								〈단위 : %〉
연도	영업이익률	순이익률	부채비율	차입금비율	ROA	ROE	유보율	자기자본비율	EBITDA마진율
2016	-1.8	-22.0	131.0	60.4	-26.0	-58.8	4.2	43.3	-0.9
2015	-18.2	-18.1	일부잠식	일부잠식	-24.2	-45.8	-38.4	47.5	-16.0
2014	-18.4	-24.2	일부잠식	일부잠식	-25.5	-43.4	-8.4	59.3	-15.7
2013	-11.6	-18.5	62.9	32.7	-14.4	-22.1	33.4	61.4	-8.1

소프트센 (A032680)
SOFTCEN

업 종 : IT 서비스		시 장 : KOSDAQ	
신용등급 : (Bond) — (CP) —		기업규모 : 중견	
홈페이지 : www.softcen.co.kr		연 락 처 : 02)2027-3800	
본 사 : 서울시 서초구 반포대로 13 아이티센 빌딩 6층			

설 립 일	1988.04.11	종 업 원 수	184명	대 표 이 사	김종인
상 장 일	1997.07.18	감 사 의 견	적정 (삼덕)	계 열	
결 산 기	12월	보 통 주	3,078만주	종속회사수	
액 면 가	500원	우 선 주	16만주	구 상 호	비티씨정보

주주구성 (지분율,%)		출자관계 (지분율,%)		주요경쟁사 (외형,%)	
아이티센	26.7	소프트센	100		
김재홍	10.0	케이사인	28		
(외국인)	2.0	유엔젤	26		

매출구성		비용구성		수출비중	
소프트웨어 및 하드웨어 유통 및 인프라구축	100.0	매출원가율	87.4	수출	0.0
		판관비율	11.7	내수	100.0

회사 개요
동사는 IT 서비스 전문 기업으로서 1988년 Behavior Tech Computer와 함께 개인용 컴퓨터 및 주변기기 제조를 목적으로 합작 설립됨. IBM 등 대형 하드웨어 제조업체 또는 동사가 자체 개발한 서버, 스토리지 프로세서 등 제반 인프라 및 솔루션을 시장에 공급하는 사업을 주로 영위함. 클라우드 컴퓨팅, 빅데이터 등 신규 사업도 추진 중이며, 최대주주인 아이티센과의 협력을 통해 시너지를 극대화해 나가고 있음.

실적 분석
동사의 2017년 상반기 연결기준 누적 매출액은 651.2억원으로 전년 동기 대비 44.2% 증가함. 매출이 증가하면서 매출원가 또한 큰 폭으로 증가했지만 매출 증가에 따른 고정비용 감소효과로 인해 영업이익은 전년 동기 대비 253.9% 증가한 6.3억원을 시현함. 비영업손익 부문에서 금융손실로 인해 적자전환하면서 당기순손실은 0.2억원으로 전년 동기와 비교해 적자전환함.

현금 흐름 *IFRS 별도 기준 〈단위 : 억원〉

항목	2016	2017.2Q
영업활동	-115	-8
투자활동	-34	-53
재무활동	125	72
순현금흐름	-23	11
기말현금	44	55

시장 대비 수익률

결산 실적 〈단위 : 억원〉

항목	2012	2013	2014	2015	2016	2017
매출액	104	257	828	723	1,157	—
영업이익	4	5	21	-38	11	—
당기순이익	-7	9	30	-32	-9	—

분기 실적 *IFRS 별도 기준 〈단위 : 억원〉

항목	2016.1Q	2016.2Q	2016.3Q	2016.4Q	2017.1Q	2017.2Q
매출액	189	263	290	415	333	318
영업이익	2	-1	4	5	6	0
당기순이익	2	-0	2	-13	3	-3

재무 상태 *IFRS 별도 기준 〈단위 : 억원〉

항목	2012	2013	2014	2015	2016	2017.2Q
총자산	155	411	684	444	659	736
유형자산	18	26	5	5	5	5
무형자산	0	61	61	62	66	72
유가증권	—	1	4	4	4	3
총부채	66	260	363	139	341	385
총차입금		100	37		108	143
자본금	69	85	146	152	155	155
총자본	89	151	321	306	318	350
지배주주지분	89	151	321	306	318	350

기업가치 지표 *IFRS 별도 기준

항목	2012	2013	2014	2015	2016	2017.2Q
주가(최고/저)(천원)	2.0/0.8	1.7/1.2	2.2/1.3	2.8/1.3	3.0/1.5	—/—
PER(최고/저)(배)		30.2/22.0	16.2/9.3			—/—
PBR(최고/저)(배)	3.4/1.4	2.0/1.4	1.9/1.1	2.7/1.2	2.9/1.5	2.4/1.7
EV/EBITDA(배)	37.7	57.8	16.3		50.5	—
EPS(원)	-55	56	134	-106	-29	-1
BPS(원)	643	947	1,128	1,036	1,029	1,135
CFPS(원)	-47	70	141	-100	-21	3
DPS(원)						
EBITDAPS(원)	44	43	103	-120	42	24

재무 비율 〈단위 : % 〉

연도	영업이익률	순이익률	부채비율	차입금비율	ROA	ROE	유보율	자기자본비율	EBITDA마진율
2016	0.9	-0.8	107.5	34.1	-1.6	-2.8	105.8	48.2	1.1
2015	-5.3	-4.4	45.3	0.1	-5.6	-10.2	107.2	68.8	-5.0
2014	2.6	3.6	113.3	11.6	5.5	12.7	125.6	46.9	2.8
2013	1.9	3.4	172.0	65.8	7.2	7.2	89.4	36.8	2.4

소프트캠프 (A210610)
SOFTCAMP COLTD

업 종 : 일반 소프트웨어		시 장 : KONEX	
신용등급 : (Bond) — (CP) —		기업규모 : —	
홈페이지 : www.softcamp.co.kr		연 락 처 : 02)3453-9999	
본 사 : 서울시 강남구 테헤란로8길 37(역삼동)			

설 립 일	1999.07.15	종 업 원 수	175명	대 표 이 사	배환국
상 장 일	2014.12.18	감 사 의 견	적정 (우리)	계 열	
결 산 기	12월	보 통 주		종속회사수	
액 면 가	—	우 선 주		구 상 호	

주주구성 (지분율,%)		출자관계 (지분율,%)		주요경쟁사 (외형,%)	
배환국	35.7	Securityi(HongKong)Limited	30.0	소프트캠프	100
IBK금융그룹 IP Value-up 투자조합	12.3			엠로	197
				한솔넥스지	181

매출구성		비용구성		수출비중	
DS(제품)	28.9	매출원가율	48.3	수출	9.0
기타	25.1	판관비율	75.3	내수	91.0
DS(용역)	21.2				

회사 개요
동사는 출판, 영상, 방송통신 및 정보서비스업을 목적으로 1999년 7월 15일 설립된 회사로 주된 사업은 응용소프트웨어 개발 및 공급임. 회사설립 당시 IT 시장환경에서 보안에 대한 니즈가 매우 강했으며, 1998년부터 정부에서 경기활성화책으로 컴퓨터교육 붐이 불었던 시대적 트렌드에 따라 공용PC 관리 제품인 PC-Keeper를 출시하고 보안업체로서 자리매김 함.

실적 분석
동사의 2016년 매출액은 137.8억원, 영업손실은 32.5억원을 기록함. 동사는 사물인터넷(IoT), 인공지능(AI), 빅데이터(Big Data) 등 진화하는 업무 환경에 맞춰 업무 기본 단위인 전자문서를 통합 관리하고, 안전하게 공유하며 협업하는 환경을 조성하는 것을 목표로 함. 향후 일본 시장환경과 지자체의 니즈에 맞춰 기능을 개선하고 제품을 최적화해 마케팅 활동에 박차를 가할 계획임.

현금 흐름 *IFRS 별도 기준 〈단위 : 억원〉

항목	2016	2017.2Q
영업활동	3	—
투자활동	-19	—
재무활동	-4	—
순현금흐름	-20	—
기말현금	5	—

시장 대비 수익률

결산 실적 〈단위 : 억원〉

항목	2012	2013	2014	2015	2016	2017
매출액	127	144	158	157	138	—
영업이익	12	18	6	-13	-33	—
당기순이익	10	11	6	-8	-37	—

분기 실적 *IFRS 별도 기준 〈단위 : 억원〉

항목	2016.1Q	2016.2Q	2016.3Q	2016.4Q	2017.1Q	2017.2Q
매출액	—	—	—	—	—	—
영업이익	—	—	—	—	—	—
당기순이익	—	—	—	—	—	—

재무 상태 *IFRS 별도 기준 〈단위 : 억원〉

항목	2012	2013	2014	2015	2016	2017.2Q
총자산	138	137	190	168	128	—
유형자산	5	5	6	4	3	—
무형자산	20	26	29	32	33	—
유가증권	2	1	1	0	0	—
총부채	121	89	97	83	80	—
총차입금	80	52	55	39	33	—
자본금	8	9	12	12	12	—
총자본	16	48	93	85	47	—
지배주주지분	16	48	93	85	47	—

기업가치 지표 *IFRS 별도 기준

항목	2012	2013	2014	2015	2016	2017.2Q
주가(최고/저)(천원)	—/—	—/—	7.5/7.5	10.3/2.4	8.1/2.5	—/—
PER(최고/저)(배)	0.0/0.0	0.0/0.0	25.3/25.3			—/—
PBR(최고/저)(배)	0.0/0.0	0.0/0.0	1.9/1.9	2.9/0.7	4.0/1.2	0.0/0.0
EV/EBITDA(배)	3.3	1.6	7.7	47.1		—
EPS(원)	651	626	296	-342	-1,584	—
BPS(원)	1,010	2,618	3,953	3,611	2,032	—
CFPS(원)	1,383	1,246	982	270	-949	—
DPS(원)						
EBITDAPS(원)	1,472	1,577	996	66	-741	—

재무 비율 〈단위 : % 〉

연도	영업이익률	순이익률	부채비율	차입금비율	ROA	ROE	유보율	자기자본비율	EBITDA마진율
2016	-23.6	-27.2	170.8	70.9	-25.3	-56.5	306.3	36.9	-12.7
2015	-8.2	-5.2	97.4	45.6	-4.5	-9.0	622.2	50.7	1.0
2014	3.7	3.5	103.7	58.5	3.4	8.3	690.6	49.1	11.8
2013	12.1	7.9	185.7	108.1	8.3	35.6	423.6	35.0	20.0

손오공 (A066910)
SONOKONG

업　　종 : 레저용품		시　　장 : KOSDAQ	
신용등급 : (Bond) — 　(CP) —		기업규모 : 벤처	
홈페이지 : www.sonokong.co.kr		연 락 처 : 02)2610-8750	
본　　사 : 경기도 부천시 원미구 안곡로 266 (역곡동 24-32) 손오공			

설 립 일 1996.12.30	종 업 원 수 115명	대 표 이 사 김종완	
상 장 일 2005.01.07	감사의견 적정 (삼정)	계　　열	
결 산 기 12월	보 통 주 2,190만주	종속회사수 1개사	
액 면 가 500원	우 선 주	구 상 호 손오공	

주주구성 (지분율,%)		출자관계 (지분율,%)		주요경쟁사 (외형,%)	
Mattel Marketing Holdings, Pte. Ltd.	12.0	손오공아이비	100.0	손오공	100
최신규	4.9	DCTHOLDINGS	4.8	오로라	111
(외국인)	0.9			형성그룹	154

매출구성		비용구성		수출비중	
캐릭터완구 및 게임(캐릭터완구 및 게임)	95.2	매출원가율	80.4	수출	0.0
PC방 수수료(PC방 영업)	4.3	판관비율	16.7	내수	100.0
애니메이션(캐릭터완구 및 게임)	0.5				

회사 개요
1996년 설립된 동사는 완구류, 애니메이션 및 캐릭터의 제작 및 판매업과 게임소프트웨어의 제작 및 판매업을 주요 사업으로 영위하고 있음. 고부가가치 산업인 애니메이션과 캐릭터 산업을 연계해 캐릭터를 개발하고 개발 캐릭터를 제품화하는 전략을 추구함. 대표적 히트상품으로 '헬로카봇', '터닝메카드' 등이 있음. 연결대상 종속회사로 PC방 영업, 게임 유통을 주사업으로하는 손오공아이비가 있음.

실적 분석
동사의 2017년 2분기 연결기준 누적 매출액은 전년 대비 28% 감소한 466.3억원을 기록함. 터닝메카드 등 매출비중이 높은 캐릭터 완구 및 게임 실적 부진이 매출 감소 주 요인으로 작용. 외형 축소에 따른 고정비 부담으로 영업손실 57.8억원을 기록하며 적자전환함. 당기순이익 역시 -57.4억원을 시현하며 적자로 돌아섬. 당분기 사업부문별 매출비중은 캐릭터 완구 및 게임 등이 94.3%, PC방 영업 5.6%으로 구성됨.

현금 흐름 〈단위 : 억원〉

항목	2016	2017.2Q
영업활동	3	6
투자활동	3	7
재무활동	-25	-39
순현금흐름	-18	-26
기말현금	41	15

시장 대비 수익률

결산 실적 〈단위 : 억원〉

항목	2012	2013	2014	2015	2016	2017
매출액	804	582	531	1,251	1,293	—
영업이익	19	-88	-35	104	37	—
당기순이익	-1	-101	-50	93	18	—

분기 실적 〈단위 : 억원〉

항목	2016.1Q	2016.2Q	2016.3Q	2016.4Q	2017.1Q	2017.2Q
매출액	338	310	321	325	231	235
영업이익	27	12	6	-8	-14	-44
당기순이익	26	11	8	-27	-12	-46

재무 상태 〈단위 : 억원〉

항목	2012	2013	2014	2015	2016	2017.2Q
총자산	709	653	542	698	814	561
유형자산	183	173	164	163	157	153
무형자산	64	68	57	36	5	4
유가증권	3	7	2			
총부채	385	430	339	401	500	304
총차입금	276	283	230	154	130	91
자본금	104	104	109	109	109	109
총자본	323	223	203	296	314	256
지배주주지분	323	223	203	296	314	256

기업가치 지표

항목	2012	2013	2014	2015	2016	2017.2Q
주가(최고/저)(천원)	6.9/3.1	3.6/2.3	3.6/2.2	8.5/3.0	8.7/4.4	—/—
PER(최고/저)(배)	—/—	—/—	—/—	20.0/7.0	107.9/54.6	—/—
PBR(최고/저)(배)	4.4/2.0	3.3/2.1	3.8/2.3	6.2/2.2	6.0/3.1	5.9/3.8
EV/EBITDA(배)	15.6			10.2	27.1	
EPS(원)	-3	-482	-237	425	81	-262
BPS(원)	1,561	1,079	939	1,365	1,445	1,183
CFPS(원)	190	-299	-71	549	178	-242
DPS(원)						
EBITDAPS(원)	284	-236	-1	599	267	-244

재무 비율 〈단위 : % 〉

연도	영업이익률	순이익률	부채비율	차입금비율	ROA	ROE	유보율	자기자본비율	EBITDA마진율
2016	2.9	1.4	159.4	41.5	2.3	5.8	188.9	38.5	4.5
2015	8.3	7.4	135.5	52.0	15.0	37.3	172.9	42.5	10.5
2014	-6.6	-9.4	167.2	113.3	-8.3	-23.3	87.7	37.4	0.0
2013	-15.0	-17.3	193.0	127.0	-14.8	-36.8	115.8	34.1	-8.5

솔고바이오메디칼 (A043100)
Solco Biomedical

업　　종 : 의료 장비 및 서비스		시　　장 : KOSDAQ	
신용등급 : (Bond) B-　(CP) —		기업규모 : 중견	
홈페이지 : www.solco.co.kr		연 락 처 : 031)610-4000	
본　　사 : 경기도 평택시 서탄면 서탄로 154			

설 립 일 1995.07.12	종 업 원 수 154명	대 표 이 사 김서곤,김일(각자대표)	
상 장 일 2000.08.08	감사의견 적정 (삼덕)	계　　열	
결 산 기 12월	보 통 주 11,973만주	종속회사수 2개사	
액 면 가 500원	우 선 주	구 상 호	

주주구성 (지분율,%)		출자관계 (지분율,%)		주요경쟁사 (외형,%)	
김서곤	8.5			솔고바이오	100
김일	1.6			오스템임플란트	1,453
(외국인)	0.6			디오	371

매출구성		비용구성		수출비중	
온열매트(백금천수, 신천수, SOLCO.ON)	41.5	매출원가율	73.3	수출	18.0
임플란트 수술기구(SOLCO4CIS, VANE 등)	27.0	판관비율	59.6	내수	82.0
임플란트 수술기구 (상품)	15.9				

회사 개요
의료용구 제조, 판매를 목적으로 1995년 설립된 동사는 척추, 골절, 인공관절용 생체용 금속(임플란트), 외과용 수술기구, 온열전위 자극기 및 온열매트 등 헬스케어 제품을 제조, 판매하는 사업 등을 영위하고 있음. 동사의 계열회사는 솔고파이로질력, 두레마을전통식품 등 모두 비상장업체로 총 6개임. 동사는 생체용금속 시장에서 국산이 전무했던 1998년부터 한국인 체형에 맞는 제품을 개발해 판매하고 있음. 최근 양계농장 전용 수소수생성기를 출시함.

실적 분석
생체용 금속수술기구를 제조하는 메디칼 부문과 헬스케어 부문 모두 실적이 저조하며, 특히 메디컬 상품 판매가 큰 폭으로 감소함. 고 정비용 부담으로 원가율이 크게 악화됨에 따라 영업이익은 적자를 지속함. 대손상각비 9.6억원이 발생하여 영업외수지도 적자 규모가 늘어나 수익성이 악화되었음. 임플란트 제품의 판매승인 연장을 위한 브라질 위생감시국 실사를 마쳤음. 공장 신축을 위해 68억원 규모의 평택진위3일반산업단지 내 토지 및 건물을 양수하였음.

현금 흐름 〈단위 : 억원〉

항목	2016	2017.2Q
영업활동	-62	-51
투자활동	-7	-125
재무활동	42	255
순현금흐름	-27	79
기말현금	22	100

시장 대비 수익률

결산 실적 〈단위 : 억원〉

항목	2012	2013	2014	2015	2016	2017
매출액	393	355	301	224	237	—
영업이익	-63	-47	-9	-70	-78	—
당기순이익	-89	-58	-25	-70	-80	—

분기 실적 〈단위 : 억원〉

항목	2016.1Q	2016.2Q	2016.3Q	2016.4Q	2017.1Q	2017.2Q
매출액	63	62	54	58	48	65
영업이익	-8	-17	-19	-34	-15	-10
당기순이익	-10	-17	-17	-22	-31	-18

재무 상태 〈단위 : 억원〉

항목	2012	2013	2014	2015	2016	2017.2Q
총자산	676	646	564	535	492	716
유형자산	194	182	145	141	143	146
무형자산	13	12	8	1	1	1
유가증권	3	8	1	11	0	70
총부채	351	338	270	162	166	199
총차입금	255	238	194	113	121	150
자본금	272	312	314	413	434	599
총자본	325	308	294	374	326	517
지배주주지분	331	322	292	372	321	514

기업가치 지표

항목	2012	2013	2014	2015	2016	2017.2Q
주가(최고/저)(천원)	2.2/0.6	1.3/0.6	0.9/0.4	2.0/0.4	1.6/0.8	—/—
PER(최고/저)(배)	—/—	—/—	—/—	—/—	—/—	—/—
PBR(최고/저)(배)	4.5/1.1	2.9/1.4	2.2/1.0	4.8/1.0	4.9/2.3	2.5/1.9
EV/EBITDA(배)	25.5					
EPS(원)	-120	-70	-30	-89	-84	-31
BPS(원)	609	515	466	451	371	429
CFPS(원)	-89	-39	8	-67	-68	-23
DPS(원)						
EBITDAPS(원)	-58	-33	29	-67	-66	-12

재무 비율 〈단위 : % 〉

연도	영업이익률	순이익률	부채비율	차입금비율	ROA	ROE	유보율	자기자본비율	EBITDA마진율
2016	-32.9	-33.8	일부잠식	일부잠식	-15.6	-23.0	-25.9	66.2	-24.0
2015	-31.4	-31.2	일부잠식	일부잠식	-12.7	-21.1	-9.9	69.8	-21.5
2014	-2.9	-8.3	일부잠식	일부잠식	-4.1	-7.1	-6.9	52.2	6.0
2013	-13.1	-16.4	일부잠식	일부잠식	-8.8	-15.4	3.0	47.7	-5.8

솔루에타 (A154040)
Solueta

업 종 : 전자 장비 및 기기		시 장 : KOSDAQ	
신용등급 : (Bond) — (CP) —		기업규모 : 중견	
홈 페 이 지 : www.solueta.com		연 락 처 : 031)508-2655	
본 사 : 경기도 안산시 단원구 별망로519번길 27 (원시동)			

설 립 일	2003.06.27	종 업 원 수	154명	대 표 이 사	유춘열
상 장 일	2013.12.27	감 사 의 견	적정 (대주)	계 열	
결 산 기	12월	보 통 주	1,103만주	종 속 회 사 수	2개사
액 면 가	500원	우 선 주		구 상 호	

주주구성 (지분율,%)
다산네트웍스	27.2
엔에이치엔인베스트먼트	5.0
(외국인)	1.7

출자관계 (지분율,%)
디엠씨	100.0
바이오메트릭스	60.0
핸디소프트	9.3

주요경쟁사 (외형,%)
솔루에타	100
파크시스템스	17
엔에스	21

매출구성
전도성테이프	64.9
기타	21.4
전도성쿠션	11.9

비용구성
매출원가율	85.4
판관비율	14.6

수출비중
수출	50.0
내수	50.0

회사 개요
동사는 전자파 차폐소재 연구개발 전문 EMC 기업으로서, 전도성 테이프, 전도성 쿠션을 연구개발 및 제조, 판매를 주력 사업으로 진행하고 있음. 전도성테입이 주요매출로 76.2%이고 전도성 쿠션이 14.4%를 차지함. 향후 Digitizer, NFC 안테나, 무선충전기 등 EMI 관련 신규 사업으로 진출할 계획에 있음. 신규 아이템 모두 스마트폰과 밀접한 관련이 있어서 당장에는 시장 진입 효과를 기대하기는 어려울 것으로 판단함.

실적 분석
동사의 2017년 연결기준 상반기 매출액은 785.6원으로 전년동기 대비 44.6% 증가함. 고정비도 큰 폭으로 증가했으나, 매출 증가에 힘입어 영업이익은 17.2억원으로 흑자 전환됨. 반면 비영업손실의 적자폭이 확대되어, 당기순손실은 4.4억원으로 적자지속중임. 동사는 2017년을 기점으로 경영 효율화와 연구개발역량 강화 및 계열사 간의 시너지 창출을 통해 글로벌 사업 확대에 노력할 예정임.

현금 흐름 〈단위 : 억원〉
항목	2016	2017.2Q
영업활동	150	-48
투자활동	-546	-133
재무활동	310	107
순현금흐름	-66	-75
기말현금	145	71

시장 대비 수익률

결산 실적 〈단위 : 억원〉
항목	2012	2013	2014	2015	2016	2017
매출액	635	1,001	862	699	1,404	
영업이익	113	225	30	112	-1	
당기순이익	68	174	28	94	-34	

분기 실적 〈단위 : 억원〉
항목	2016.1Q	2016.2Q	2016.3Q	2016.4Q	2017.1Q	2017.2Q
매출액	135	408	402	458	394	391
영업이익	5	-4	-1	4	11	6
당기순이익	4	-11	-5	-22	3	-8

재무 상태 〈단위 : 억원〉
항목	2012	2013	2014	2015	2016	2017.2Q
총자산	447	858	780	900	1,655	1,623
유형자산	162	175	248	232	440	426
무형자산	1	1	10	10	144	143
유가증권	0	0	1	54	61	48
총부채	306	234	114	136	914	898
총차입금	177	90	50	23	551	649
자본금	20	26	55	55	55	55
총자본	141	623	667	764	741	725
지배주주지분	141	623	667	764	741	725

기업가치 지표
항목	2012	2013	2014	2015	2016	2017.2Q
주가(최고/저)(천원)	—/—	11.8/11.4	17.0/7.3	12.8/5.1	9.2/6.0	—/—
PER(최고/저)(배)	0.0/0.0	4.9/4.8	68.0/29.2	15.0/6.0	—/—	—/—
PBR(최고/저)(배)	0.0/0.0	2.0/1.9	2.8/1.2	1.8/0.7	1.4/0.9	1.5/0.9
EV/EBITDA(배)	1.3	4.1	11.1	4.0	13.4	
EPS(원)	1,404	2,394	250	851	-313	-40
BPS(원)	3,608	11,677	6,045	6,931	6,720	6,574
CFPS(원)	3,268	4,698	487	1,110	215	274
DPS(원)						
EBITDAPS(원)	5,018	5,898	508	1,272	519	470

재무 비율 〈단위 : % 〉
연도	영업이익률	순이익률	부채비율	차입금비율	ROA	ROE	유보율	자기자본비율	EBITDA마진율
2016	-0.1	-2.5	123.4	74.3	-2.7	-4.6	1,243.9	44.8	4.1
2015	16.0	13.4	17.7	3.0	11.2	13.1	1,286.2	84.9	20.1
2014	3.5	3.2	17.1	7.4	3.4	4.3	1,109.0	85.4	6.5
2013	22.5	17.4	37.6	14.4	26.8	45.7	2,330.2	72.7	24.7

솔본 (A035610)
Solborn

업 종 : 의료 장비 및 서비스		시 장 : KOSDAQ	
신용등급 : (Bond) — (CP) —		기업규모 : 중견	
홈 페 이 지 : www.solborn.co.kr		연 락 처 : 02)580-2800	
본 사 : 서울시 강남구 학동로95길 51 (청담동, 청담스포피아)			

설 립 일	1994.08.05	종 업 원 수	15명	대 표 이 사	홍기태
상 장 일	1999.08.01	감 사 의 견	적정 (우리)	계 열	
결 산 기	12월	보 통 주	2,735만주	종 속 회 사 수	16개사
액 면 가	500원	우 선 주		구 상 호	

주주구성 (지분율,%)
홍기태	20.2
이혜숙	13.7
(외국인)	0.9

출자관계 (지분율,%)
솔본인베스트먼트	100.0
포커스뉴스	66.6
포커스신문사	48.7

주요경쟁사 (외형,%)
솔본	100
루트로닉	107
인피니트헬스케어	91

매출구성
의료기기(기타)	90.5
광고 및 기타용역(용역)	9.5

비용구성
매출원가율	41.3
판관비율	57.1

수출비중
수출	—
내수	—

회사 개요
동사는 1994년에 설립되어, 주식소유를 통한 타법인의 경영참여 또는 부동산임대업 등을 주요 목적사업으로 하고 있음. 2016년 12월 31일 기준 (주)인피니트헬스케어, (주)포커스신문사, (주)솔본인베스트먼트등을 포함하여 17개 계열회사를 포함하고 있음. 현재 임대사업 외에 투자 분야, 뉴스통신사, 미디어 분야, 의료·IT 분야 등의 사업군을 아우르게 되었고, 전문업종 위주의 사업구조로 전환함.

실적 분석
동사는 계열사 수익구조 다변화에도 불구하고 2017년 2분기 연결기준 누적매출액은 전년 동기 대비 4.1% 감소한 381.5억원을 기록하여, 영업이익은 전년 동기 대비 68.7% 감소한 6.7억원을 기록함. 외환손익이 적자 전환하며 당기순손실을 기록함. 동사는 지주회사 구조의 순기능을 활용하여, 관련 계열사의 경영효율성 및 투명성 향상, 핵심역량 집중을 위한 지속적인 구조조정을 통해 계열사의 경쟁력 강화 및 성장 발전을 지속 추진중임.

현금 흐름 〈단위 : 억원〉
항목	2016	2017.2Q
영업활동	13	-20
투자활동	-4	-3
재무활동	4	19
순현금흐름	18	-18
기말현금	533	514

시장 대비 수익률

결산 실적 〈단위 : 억원〉
항목	2012	2013	2014	2015	2016	2017
매출액	1,173	938	716	705	790	
영업이익	-47	3	-19	30	13	
당기순이익	-65	73	49	34	36	

분기 실적 〈단위 : 억원〉
항목	2016.1Q	2016.2Q	2016.3Q	2016.4Q	2017.1Q	2017.2Q
매출액	186	212	188	204	201	181
영업이익	2	19	5	-13	17	-11
당기순이익	1	44	-7	-3	0	-19

재무 상태 〈단위 : 억원〉
항목	2012	2013	2014	2015	2016	2017.2Q
총자산	1,964	1,834	1,803	1,875	1,913	1,866
유형자산	249	195	154	150	141	147
무형자산	128	143	131	92	76	71
유가증권	293	227	214	334	351	358
총부채	517	313	249	234	237	208
총차입금	189	125	95	68	54	63
자본금	137	137	137	137	137	137
총자본	1,447	1,521	1,554	1,641	1,677	1,658
지배주주지분	1,162	1,201	1,235	1,288	1,289	1,266

기업가치 지표
항목	2012	2013	2014	2015	2016	2017.2Q
주가(최고/저)(천원)	6.5/2.7	6.4/2.8	4.9/3.5	10.1/4.3	7.5/4.8	—/—
PER(최고/저)(배)	—/—	53.6/23.7	25.5/18.3	185.7/78.3	529.0/336.9	—/—
PBR(최고/저)(배)	1.4/0.6	1.3/0.6	1.0/0.7	2.0/0.8	1.5/0.9	1.4/0.9
EV/EBITDA(배)	173.7	21.1	43.2	19.0	23.5	
EPS(원)	-93	120	193	54	14	-86
BPS(원)	4,696	4,837	4,964	5,155	5,158	5,075
CFPS(원)	98	258	359	213	168	-13
DPS(원)						
EBITDAPS(원)	17	147	95	270	202	98

재무 비율 〈단위 : % 〉
연도	영업이익률	순이익률	부채비율	차입금비율	ROA	ROE	유보율	자기자본비율	EBITDA마진율
2016	1.7	4.5	14.1	3.2	1.9	0.3	931.7	87.6	7.0
2015	4.3	4.8	14.3	4.2	1.9	1.2	931.0	87.5	10.5
2014	-2.7	6.8	16.0	6.1	2.7	4.3	892.8	86.2	3.6
2013	0.3	7.8	20.6	8.2	3.9	2.8	867.5	82.9	4.3

솔브레인 (A036830)
Soulbrain

업　　　종 : 반도체 및 관련장비		시　　　장 : KOSDAQ	
신용등급 : (Bond) —　　(CP) —		기업규모 : 우량	
홈 페 이 지 : www.soulbrain.co.kr		연 락 처 : 031)719-0700	
본　　　사 : 경기도 성남시 분당구 판교로 255번길 34			

설 립 일	1986.05.06	종 업 원 수	1,087명	대 표 이 사	정지완
상 장 일	2000.01.18	감 사 의 견	적정 (삼일)	계	열
결 산 기	12월	보 통 주	1,656만주	종속회사수	9개사
액 면 가	500원	우 선 주		구 상 호	

주주구성 (지분율,%)		출자관계 (지분율,%)		주요경쟁사 (외형,%)	
정지완	31.1	솔브레인에스엘디	100.0	솔브레인	100
	6.8	솔브레인엘티케이	100.0	SK하이닉스	2,380
(외국인)	29.4	솔브레인멤시스	100.0	이오테크닉스	43

매출구성		비용구성		수출비중	
HF, BOE, CMP Slurry, Precursor 등	49.6	매출원가율	76.1	수출	78.0
Etchant, Thin Glass, 유기재료 등	41.4	판관비율	9.4	내수	22.0
2차 전지 재료, ND자석 등	9.0				

회사 개요
동사는 반도체 및 전자 관련 화학재료 제조 및 판매 등을 영위할 목적으로 1986년 5월 테크노세미켐 주식회사로 설립되었으며 2011년 9월 현재의 솔브레인 주식회사로 상호를 변경함. 동사는 반도체, 디스플레이 공정용 화학재료와 2차전지 전해액 등을 주로 생산 중임. 디스플레이 장비 전문 업체인 솔브레인이엔지를 비롯하여 솔브레인저축은행 등 동사 포함 총 21개의 계열회사가 있음.

실적 분석
동사의 2017년 반기 매출액과 영업이익은 각각 3,681억원, 509.1억원으로 전년동기 대비 각각 5.4%, 13.9% 증가 및 감소함. 원가율 상승 여파로 영업이익 감소. 비영업손익의 급격한 악화로 당기순이익 또한 45.9% 감소한 상황. 연결된 자회사들의 매출 증가 및 전방산업인 반도체 시장의 성장, 그리고 고객사 OLED 패널 생산량 증가에 따른 Thin Glass & Scribing 관련 제품의 수요 증가 등으로 매출이 증가하는 모습.

현금 흐름
〈단위 : 억원〉

항목	2016	2017.2Q
영업활동	1,419	536
투자활동	-769	-208
재무활동	-154	-141
순현금흐름	519	181
기말현금	1,380	1,561

시장 대비 수익률

결산 실적
〈단위 : 억원〉

항목	2012	2013	2014	2015	2016	2017
매출액	6,636	6,351	5,386	6,279	7,225	—
영업이익	1,070	885	480	1,011	1,051	—
당기순이익	742	620	364	806	745	—

분기 실적
〈단위 : 억원〉

항목	2016.1Q	2016.2Q	2016.3Q	2016.4Q	2017.1Q	2017.2Q
매출액	1,724	1,770	1,860	1,871	1,837	1,844
영업이익	315	276	250	210	263	246
당기순이익	229	255	338	-77	117	145

재무 상태
〈단위 : 억원〉

항목	2012	2013	2014	2015	2016	2017.2Q
총자산	5,274	5,676	5,743	7,317	8,294	8,284
유형자산	2,527	3,098	3,003	3,210	3,278	3,121
무형자산	238	168	128	127	133	99
유가증권	96	109	87	76	133	167
총부채	1,940	1,794	1,523	2,390	2,684	2,516
총차입금	1,251	1,133	1,014	1,612	1,686	1,610
자본금	81	81	82	83	83	83
총자본	3,334	3,883	4,220	4,927	5,610	5,768
지배주주지분	3,330	3,885	4,240	4,947	5,584	5,737

기업가치 지표

항목	2012	2013	2014	2015	2016	2017.2Q
주가(최고/저)(천원)	47.8/24.8	52.2/37.0	44.1/22.4	50.2/30.4	66.8/34.9	—/—
PER(최고/저)(배)	10.9/5.7	14.2/10.1	19.6/9.9	10.5/6.4	15.0/7.8	2.2/1.3
PBR(최고/저)(배)	2.4/1.3	2.3/1.6	1.8/0.9	1.7/1.0	2.0/1.0	2.2/1.3
EV/EBITDA(배)	6.1	6.3		6.2	5.1	6.6
EPS(원)	4,614	3,844	2,336	4,878	4,514	1,549
BPS(원)	20,752	24,178	26,149	30,570	34,416	35,340
CFPS(원)	6,490	5,912	4,743	7,438	7,481	3,139
DPS(원)	375	450	450	500	610	
EBITDAPS(원)	8,566	7,527	5,352	8,667	9,315	4,664

재무 비율
〈단위 : % 〉

연도	영업 이익률	순 이익률	부채 비율	차입금 비율	ROA	ROE	유보율	자기자본 비율	EBITDA 마진율
2016	14.6	10.3	47.9	30.1	9.6	14.2	6,783.2	67.6	21.4
2015	16.1	12.8	48.5	32.7	12.3	17.6	6,013.9	67.3	22.8
2014	8.9	6.8	36.1	24.0	6.4	9.4	5,129.8	73.5	16.2
2013	13.9	9.8	46.2	29.2	11.3	16.7	4,735.6	68.4	19.2

솔트웍스 (A230980)
Soltworks

업　　　종 : 일반 소프트웨어		시　　　장 : KOSDAQ	
신용등급 : (Bond) —　　(CP) —		기업규모 : 벤처	
홈 페 이 지 : www.soltworks.com		연 락 처 : 02)852-1007	
본　　　사 : 서울시 구로구 디지털로33길 11 405호/1204호 (구로동, 에이스테크노타워8차)			

설 립 일	2015.10.22	종 업 원 수	97명	대 표 이 사	김기호
상 장 일	2016.03.02	감 사 의 견	적정 (우리)	계	열
결 산 기	12월	보 통 주	906만주	종속회사수	
액 면 가	100원	우 선 주		구 상 호	

주주구성 (지분율,%)		출자관계 (지분율,%)		주요경쟁사 (외형,%)	
케이씨인베스트먼트	23.8			솔트웍스	100
김기호	18.3			이트론	310
(외국인)	0.3			시큐브	257

매출구성		비용구성		수출비중	
CBT	39.1	매출원가율	79.2	수출	0.0
기술교범(IETM)	29.9	판관비율	14.1	내수	100.0
기타민수사업 외	12.8				

회사 개요
동사는 2008년 설립돼 독자적으로 개발한 IT 기술력을 바탕으로 국방과 의료 분야에서 IT 솔루션을 제공하는 기업임. 2015년 7월 코넥스에 상장한 후 1년여 만에 코스닥 이전에 성공함. 요 방위산업 업체들과 함께 육·해·공군의 훈련과 무기 체계에 맞춰 다양한 프로젝트를 수행 중임. 무기 체계의 효율적인 운용을 위한 종합 컨설팅을 시작으로 전자식 기술교범의 개발, 가상현실 기반의 훈련 또는 정비용 시스템 개발을 담당.

실적 분석
동사의 2017년 반기 연결기준 매출액은 43.4억원 기록, 전년 대비 8.0% 증가함. 원가율 상승으로 당기순손실은 0.4억원을 기록하며 적자전환함. 동사는 국방 IT 부문에서 이미 다양한 프로젝트를 경험하며 경쟁력을 갖췄고 앞으로는 의료를 포함한 여러 민수 사업에 더욱 집중할 계획임. 민간 사업으로 분류되는 의료에서 적극적인 기술 개발과 판로 개척을 통해 잠재력을 발휘할 것으로 전망되며 이에 따른 향후 실적 성장이 기대됨.

현금 흐름
*IFRS 별도 기준 〈단위 : 억원〉

항목	2016	2017.2Q
영업활동	-3	21
투자활동	30	-6
재무활동	-5	49
순현금흐름	25	64
기말현금	30	94

시장 대비 수익률

결산 실적
〈단위 : 억원〉

항목	2012	2013	2014	2015	2016	2017
매출액	51	45	68	97	83	—
영업이익	5	5	16	6		—
당기순이익	5	3	2	15	-22	—

분기 실적
*IFRS 별도 기준 〈단위 : 억원〉

항목	2016.1Q	2016.2Q	2016.3Q	2016.4Q	2017.1Q	2017.2Q
매출액	20	21	—	—	24	20
영업이익	3	4	—	—	1	-2
당기순이익	3	4	—	—	1	-1

재무 상태
*IFRS 별도 기준 〈단위 : 억원〉

항목	2012	2013	2014	2015	2016	2017.2Q
총자산	33	38	46	60	96	143
유형자산	3	3	4	3	5	10
무형자산	1	1	4	3	3	5
유가증권	3	3	4	4	4	4
총부채	13	12	18	18	11	53
총차입금	4	6	9	6		45
자본금	8	12	12	7	9	9
총자본	21	26	28	43	85	91
지배주주지분	21	26	28	43	85	91

기업가치 지표
*IFRS 별도 기준

항목	2012	2013	2014	2015	2016	2017.2Q
주가(최고/저)(천원)	—/—	—/—	—/—	—/—	—/—	—/—
PER(최고/저)(배)	0.0/0.0	0.0/0.0	0.0/0.0	81.5/46.0	—/—	—/—
PBR(최고/저)(배)	0.0/0.0	0.0/0.0	0.0/0.0	28.2/15.9	5.1/2.8	6.3/3.0
EV/EBITDA(배)	0.3		0.5	10.2	33.6	—/—
EPS(원)	92	3	21	174	-254	1,004
BPS(원)	1,372	1,036	1,127	1,726	975	5
CFPS(원)	369	83	124	656	-237	5
DPS(원)						
EBITDAPS(원)	358	89	165	699	83	2

재무 비율
〈단위 : % 〉

연도	영업 이익률	순 이익률	부채 비율	차입금 비율	ROA	ROE	유보율	자기자본 비율	EBITDA 마진율
2016	6.7	-26.1	13.0	3.5	-27.7	-33.8	875.5	88.5	8.5
2015	16.4	15.3	14.0	14.0	27.8	41.9	557.8	70.9	17.9
2014	4.1	2.7	65.9	31.0			125.5	60.3	6.0
2013	0.5	0.3	47.9	23.4	0.4	0.6	107.3	67.6	3.0

송원산업 (A004430)
SONGWON INDUSTRIAL

업 종 : 화학		시 장 : 거래소	
신용등급 : (Bond) A- (CP) —		기업규모 : 시가총액 중형주	
홈페이지 : www.songwon.com		연 락 처 : (052)273-9841	
본 사 : 울산시 남구 장생포로 83			

설 립 일 1965.12.15	종업원수 610명	대표이사 김홍식,마우리지오부티저라대표이사	
상 장 일 1977.06.25	감사의견 적정 (한영)	계 열	
결 산 기 12월	보 통 주 2,400만주	종속회사수 9개사	
액 면 가 500원	우 선 주 —	구 상 호	

주주구성 (지분율,%)		출자관계 (지분율,%)		주요경쟁사 (외형,%)	
송원물산	23.9	울산방송	3.0	송원산업	100
Red Tulip Investments	9.2			휴켐스	86
(외국인)	19.9	SongwonGroupHoldingAG	100.0	삼영무역	32

매출구성		비용구성		수출비중	
Polymer Stabilizers(AOX & Uvs)	68.9	매출원가율	74.4	수출	—
Tin Intermediates 유기주석화합물	11.5	판관비율	14.6	내수	—
Others 기타 외	6.9				

회사 개요
동사는 플라스틱업계에서 사용하는 산화방지제 및 OPS, 광안정제, 자외선흡수제 등을 생산하는 정밀화학 제조 및 판매기업임. 동사는 주력 제품인 산화방지제의 경우 연간 102,940톤 생산능력을 보유하고 있음. 세계시장 점유율은 약 22%로 BASF에 이어 글로벌 2위임. 국내시장은 4개 업체가 경쟁 중이며, 동사가 국내시장의 약 60% 이상을 점유하고 있음. 안정제는 PVC가공시 필수적인 첨가제로 종합안정제 생산업체는 동사가 유일함.

실적 분석
동사의 2017년 연결기준 2분기 누적매출액은 3,617.1억원으로 전년 동기 수준을 유지함. 하지만 매출원가가 증가함에 따라 영업이익은 314.9억원으로 전년 동기 대비 37.5% 감소하였고, 당기순이익 역시 26.0% 감소한 205.6억원을 기록함. 동사는 뛰어난 품질과 가격경쟁력 강화를 바탕으로 해마다 수출물량이 증가되고 있고, 국내시장에서도 확고한 점유율을 차지하고 있음. 글로벌 네트워크 구축으로 향후 해외 시장 전망이 긍정적임.

현금 흐름 〈단위 : 억원〉
항목	2016	2017.2Q
영업활동	1,008	184
투자활동	-358	-341
재무활동	-850	442
순현금흐름	-191	272
기말현금	493	765

시장 대비 수익률

결산 실적 〈단위 : 억원〉
항목	2012	2013	2014	2015	2016	2017
매출액	6,796	6,922	6,655	6,544	6,943	
영업이익	577	421	34	494	764	
당기순이익	205	229	-134	286	422	

분기 실적 〈단위 : 억원〉
항목	2016.1Q	2016.2Q	2016.3Q	2016.4Q	2017.1Q	2017.2Q
매출액	1,831	1,791	1,706	1,616	1,750	1,867
영업이익	266	238	160	99	130	185
당기순이익	122	156	104	41	83	123

재무 상태 〈단위 : 억원〉
항목	2012	2013	2014	2015	2016	2017.2Q
총자산	8,621	8,660	8,559	8,464	8,295	9,089
유형자산	4,210	4,263	4,346	4,325	4,315	4,387
무형자산	407	364	415	347	273	247
유가증권	68	19	15	15	15	320
총부채	5,754	5,596	5,672	5,300	4,753	5,392
총차입금	4,346	4,151	4,203	3,626	3,014	3,580
자본금	120	120	120	120	120	120
총자본	2,867	3,064	2,886	3,164	3,542	3,697
지배주주지분	2,856	3,062	2,855	3,145	3,564	3,720

기업가치 지표
항목	2012	2013	2014	2015	2016	2017.2Q
주가(최고/저)(천원)	12.2/7.2	14.8/9.1	11.0/5.7	14.5/7.9	23.1/13.5	—/—
PER(최고/저)(배)	14.8/8.7	15.3/9.4	—/—	11.8/6.4	12.9/7.6	—/—
PBR(최고/저)(배)	1.1/0.6	1.2/0.7	1.0/0.5	1.1/0.6	1.6/0.9	1.4/1.0
EV/EBITDA(배)	10.0	8.0	15.7	7.6	5.8	
EPS(원)	858	1,000	-528	1,241	1,802	865
BPS(원)	11,900	12,756	11,897	13,103	14,851	15,501
CFPS(원)	1,110	2,303	835	2,679	3,260	1,531
DPS(원)	80	70	60	70	140	
EBITDAPS(원)	2,654	3,056	1,504	3,496	4,640	1,977

재무 비율 〈단위 : % 〉
연도	영업이익률	순이익률	부채비율	차입금비율	ROA	ROE	유보율	자기자본비율	EBITDA마진율
2016	11.0	6.1	134.2	85.1	5.0	12.9	2,870.2	42.7	16.0
2015	7.6	4.4	167.5	114.6	3.4	9.9	2,520.6	37.4	12.8
2014	0.5	-2.0	196.5	145.6	-1.6	-4.3	2,279.3	33.7	5.4
2013	6.1	3.3	182.6	135.5	2.7	8.1	2,451.3	35.4	10.6

쇼박스 (A086980)
SHOWBOX

업 종 : 미디어		시 장 : KOSDAQ	
신용등급 : (Bond) — (CP) —		기업규모 : 우량	
홈페이지 : www.showbox.co.kr		연 락 처 : (02)3218-5500	
본 사 : 서울시 강남구 도산대로 310, 7,8,9층(논현동, 916빌딩)			

설 립 일 1999.06.10	종업원수 55명	대표이사 유정훈	
상 장 일 2006.07.07	감사의견 적정 (한영)	계 열	
결 산 기 12월	보 통 주 6,260만주	종속회사수 2개사	
액 면 가 500원	우 선 주 —	구 상 호 미디어플렉스	

주주구성 (지분율,%)		출자관계 (지분율,%)		주요경쟁사 (외형,%)	
오리온	57.5	제미니영상투자조합1호	33.0	쇼박스	100
금보개발	4.9	에스엠씨아이오트와국영화랜드	26.0	에스엠	278
(외국인)	1.0	ACT!문화컨텐츠전문투자조합	18.0	스카이라이프	528

매출구성		비용구성		수출비중	
영화매출(기타)	99.9	매출원가율	79.9	수출	3.0
임대매출액(기타)	0.1	판관비율	8.0	내수	97.0

회사 개요
영화제작, 투자, 배급업 등을 영위할 목적으로 1999년 6월 설립되어 2006년 7월 코스닥시장에 상장됐음. 2007년 7월 메가박스를 매각하면서 국내에서는 영화 콘텐츠 사업 역량을 집중하고, 중국 극장 사업 확대와 신규 사업 발굴을 통해 성장 동력을 확보하는 사업 영역 국제화를 추진. 국내 영화 콘텐츠사업부문에서 동사는 2013년에 메인 투자작품 8편을 비롯 총 10편의 영화를 개봉. 자회사 통해 중국 호북성 홈쇼핑사업에 진출함.

실적 분석
동사의 연결기준 2017년 2분기 매출액은 226.7억원으로 전년 대비 56.8% 감소하였음. 외형은 크게 축소했음에도 판관비는 오히려 증가하면서 영업이익은 15.5억원의 손실을 기록함에 적자전환함. 영업실적의 부진으로 당기순이익 역시 22.5억원의 손실을 시현하며 적자전환. 급성장하는 중국 영화시장 진출은 동사의 새로운 성장 모멘텀이 될 것으로 전망됨. 첫 중국 진출 영화의 부진에도 불구하고 차기작에 대한 기대가 높은 상황.

현금 흐름 〈단위 : 억원〉
항목	2016	2017.2Q
영업활동	-60	-340
투자활동	545	-134
재무활동	-31	-31
순현금흐름	454	-508
기말현금	1,024	516

시장 대비 수익률

결산 실적 〈단위 : 억원〉
항목	2012	2013	2014	2015	2016	2017
매출액	882	1,081	720	1,420	1,259	
영업이익	97	63	18	141	153	
당기순이익	-7	57	-8	115	134	

분기 실적 〈단위 : 억원〉
항목	2016.1Q	2016.2Q	2016.3Q	2016.4Q	2017.1Q	2017.2Q
매출액	436	89	341	393	85	14
영업이익	68	4	53	29	-10	-14
당기순이익	53	11	42	27	-9	-14

재무 상태 〈단위 : 억원〉
항목	2012	2013	2014	2015	2016	2017.2Q
총자산	1,813	1,674	1,424	2,158	1,972	1,61
유형자산	2	2	2	18	15	1
무형자산	12	35	6	1	8	1
유가증권	125	152	116	100	91	8
총부채	818	618	370	997	710	40
총차입금	82	6				
자본금	313	313	313	313	313	31
총자본	995	1,055	1,054	1,161	1,262	1,20
지배주주지분	997	1,052	1,051	1,161	1,262	1,20

기업가치 지표
항목	2012	2013	2014	2015	2016	2017.2Q
주가(최고/저)(천원)	2.1/0.9	5.4/1.7	4.9/2.3	9.6/5.0	8.8/4.5	—/—
PER(최고/저)(배)	—/—	65.3/20.2	—/—	53.4/27.5	41.4/21.1	—/—
PBR(최고/저)(배)	1.4/0.6	3.2/1.0	3.0/1.4	5.3/2.7	4.4/2.2	3.3/2.
EV/EBITDA(배)	0.8	2.4	5.2	3.9	3.8	—/
EPS(원)	-7	83	-12	183	214	-3
BPS(원)	1,597	1,686	1,684	1,860	2,021	1,93
CFPS(원)	732	980	768	1,386	1,023	23
DPS(원)				50	50	
EBITDAPS(원)	893	997	808	1,428	1,054	24

재무 비율 〈단위 : % 〉
연도	영업이익률	순이익률	부채비율	차입금비율	ROA	ROE	유보율	자기자본비율	EBITDA마진율
2016	12.2	10.6	56.2	0.0	6.5	11.0	304.3	64.0	52.
2015	9.9	8.1	85.9	0.0	6.4	10.4	271.9	53.8	62.
2014	2.5	-1.1	35.1	0.0	-0.5	-0.7	236.7	74.0	70.
2013	5.9	5.3	58.6	0.0	3.3	5.1	237.2	63.1	76.

수산아이앤티 (A050960)
SOOSAN INT CO

업 종 : 일반 소프트웨어		시 장 : KOSDAQ	
신용등급 : (Bond) — (CP) —		기업규모 : 벤처	
홈 페 이 지 : www.soosanint.co.kr		연 락 처 : 02)541-0073	
본 사 : 서울시 강남구 밤고개로1길 10 3층(수서동, 현대벤처빌)			

설 립 일 1998.03.04	종 업 원 수 100명	대 표 이 사 정석현	
상 장 일 2016.10.11	감 사 의 견 적정 (삼일)	계 열	
결 산 기 12월	보 통 주 675만주	종속회사수	
액 면 가 500원	우 선 주	구 상 호	

주주구성 (지분율,%)		출자관계 (지분율,%)		주요경쟁사 (외형,%)	
정보윤	9.9	수산중공업 2.9		수산아이앤티	100
정은주	9.6			지란지교시큐리티	122
(외국인)	1.0			라온시큐어	103

매출구성		비용구성		수출비중	
공유단말접속관리서비스	75.0	매출원가율	0.0	수출	—
보안솔루션	17.8	판관비율	65.5	내수	—
모바일 유해차단 서비스	7.2				

회사 개요
동사는 1998년에 설립, 2016년 10월 코스닥에 상장된 수산중공업 계열의 IT 보안 솔루션 중심 소프트웨어 개발회사임. 2016년 2월 플러스기술(주)에서 수산아이앤티로 상호를 변경함. 현재 "인터넷 트래픽 필터링 기술" 기반의 ISP(Internet Service Provider) 협력사업으로 공유단말접속관리서비스와 모바일 유해정보 차단서비스를 영위중이며 보안솔루션사업(eWalker Security 브랜드)를 펼치고 있음.

실적 분석
동사의 2017년 2분기 누적 매출은 전년동기 대비 7.9% 증가한 83.1억원을 기록함. 영업이익은 판매비와관리비 증가의 영향으로 전년동기대비 14.7% 감소한 25.2억원을 기록함. 당기순이익은 전년동기대비 12.1% 감소한 23.7억원을 기록함. 동사의 매출구성은 공유단말접속관리서비스 71%, 모바일 유해정보 차단서비스 5%, 보안솔루션 22%, 기타 2%임. 2017년 하반기부터는 SSL 복호화 장비의 해외시장 개척에 주력할 계획임.

현금 흐름   *IFRS 별도 기준   〈단위 : 억원〉

항목	2016	2017.2Q
영업활동	65	28
투자활동	-266	-21
재무활동	192	-8
순현금흐름	-9	-2
기말현금	18	17

시장 대비 수익률

결산 실적   〈단위 : 억원〉

항목	2012	2013	2014	2015	2016	2017
매출액	125	131	139	141	163	
영업이익	66	71	60	44	56	
당기순이익	61	66	57	43	52	

분기 실적   *IFRS 별도 기준

항목	2016.1Q	2016.2Q	2016.3Q	2016.4Q	2017.1Q	2017.2Q
매출액	35	42	—	—	40	43
영업이익	12	17	—	—	12	13
당기순이익	10	19	—	—	11	13

재무 상태   *IFRS 별도 기준

항목	2012	2013	2014	2015	2016	2017.2Q
총자산	296	356	411	457	695	702
유형자산	17	16	26	41	36	55
무형자산	3	7	8	11	15	16
유가증권	13	2	3	42	31	26
총부채	13	16	19	14	20	16
총차입금						
자본금	25	25	25	25	34	34
총자본	282	339	392	443	675	686
지배주주지분	282	339	392	443	675	686

기업가치 지표   *IFRS 별도 기준

항목	2012	2013	2014	2015	2016	2017.2Q
주가(최고/저)(천원)	—/—	—/—	—/—	—/—	14.8/8.1	—/—
PER(최고/저)(배)	0.0/0.0	0.0/0.0	0.0/0.0	0.0/0.0	15.7/8.7	1.1/0.9
PBR(최고/저)(배)	0.0/0.0	0.0/0.0	0.0/0.0	0.0/0.0	1.5/0.8	1.2/1.0
EV/EBITDA(배)	—	—	—	—	3.2	
EPS(원)	1,221	1,313	1,144	859	954	351
BPS(원)	5,650	6,787	7,834	8,863	9,994	10,163
CFPS(원)	1,301	1,393	1,245	1,073	1,188	441
DPS(원)					125	
EBITDAPS(원)	1,408	1,502	1,297	1,097	1,268	463

재무 비율   〈단위 : % 〉

연도	영업이익률	순이익률	부채비율	차입금비율	ROA	ROE	유보율	자기자본비율	EBITDA마진율
2016	34.5	31.8	3.0	0.0	9.0	9.3	1,898.9	97.1	42.3
2015	31.4	30.5	3.2	0.0	9.9	10.3	1,672.6	96.9	38.9
2014	43.1	41.2	4.9	0.0	14.9	15.6	1,466.9	95.4	46.8
2013	54.5	50.3	4.7	0.0	20.2	21.1	1,257.3	95.4	57.5

수산중공업 (A017550)
Soosan Heavy Industries

업 종 : 기계		시 장 : 거래소	
신용등급 : (Bond) — (CP) —		기업규모 : 시가총액 소형주	
홈 페 이 지 : www.soosan.co.kr		연 락 처 : 031)352-7733	
본 사 : 경기도 화성시 양감면 정문송산로 260			

설 립 일 1984.03.12	종 업 원 수 213명	대 표 이 사 정석현,김병헌(각자대표이사)	
상 장 일 1991.07.31	감 사 의 견 적정 (삼정)	계 열	
결 산 기 12월	보 통 주 5,399만주	종속회사수 3개사	
액 면 가 500원	우 선 주 만주	구 상 호	

주주구성 (지분율,%)		출자관계 (지분율,%)		주요경쟁사 (외형,%)	
정석현	23.2	수산기계설비하문유한공사	100.0	수산중공업	100
수산인더스트리	21.8	수산기계절도우유한공사	100.0	신진에스엠	56
(외국인)	1.4	SOOSANUSAInc.	100.0	동양물산	423

매출구성		비용구성		수출비중	
유압브레이커,유압드릴	57.2	매출원가율	70.9	수출	54.0
트럭크레인	41.7	판관비율	24.7	내수	46.0
부품외(유공압기계사업부문)	1.0				

회사 개요
동사는 1984년 설립된 기업으로 건설중장비와 특수차량 등을 제조해 국내외 시장에 판매함. 중국, 일본, 미국 등에 총 8개의 계열사를 보유하고 있으며 동사와 코스닥에 상장한 수산아이앤티를 제외하면 모두 비상장임. 유압브레이커와 직접식 트럭 크레인 국내시장 점유율 1위이며 세계시장에서도 상위 점유율을 보이고 있음. 매출은 유압공기계 사업 52.99%, 크레인사업 47.01%로 구성됨.

실적 분석
2017년 상반기 연결기준 동사는 매출액 530억원을 시현함. 전년도 같은 기간 대비 11.1% 성장함. 외형은 성장했지만 매출원가가 14.7% 증가하고 판매비와 관리비도 11.2% 늘어 영업이익은 감소함. 전년도 같은 기간엔 36억원을 기록했으나 2017년 상반기엔 28억원을 시현하는 데 그침. 비영업부문 이익도 줄어 당기순이익은 34.5억원에서 31.3억원으로 축소됨.

현금 흐름   〈단위 : 억원〉

항목	2016	2017.2Q
영업활동	148	55
투자활동	-58	-37
재무활동	-120	-28
순현금흐름	-33	-11
기말현금	76	65

시장 대비 수익률

결산 실적   〈단위 : 억원〉

항목	2012	2013	2014	2015	2016	2017
매출액	1,381	1,342	1,150	1,018	888	
영업이익	158	46	75	45	39	
당기순이익	117	40	60	13	29	

분기 실적   〈단위 : 억원〉

항목	2016.1Q	2016.2Q	2016.3Q	2016.4Q	2017.1Q	2017.2Q
매출액	224	253	217	194	249	281
영업이익	20	16	5	-10	10	18
당기순이익	23	12	5	-10	11	20

재무 상태   〈단위 : 억원〉

항목	2012	2013	2014	2015	2016	2017.2Q
총자산	1,314	1,360	1,334	1,192	1,086	1,129
유형자산	407	407	382	385	378	366
무형자산	30	38	58	51	42	49
유가증권	12	0	0	0	20	40
총부채	510	529	438	301	173	196
총차입금	312	304	291	162	45	19
자본금	252	252	252	252	270	270
총자본	804	831	896	892	913	933
지배주주지분	782	810	871	876	913	933

기업가치 지표   〈단위 : 억원〉

항목	2012	2013	2014	2015	2016	2017.2Q
주가(최고/저)(천원)	2.1/1.5	1.8/1.2	1.7/1.1	3.3/1.4	2.6/1.7	—/—
PER(최고/저)(배)	9.4/6.4	23.6/16.2	14.9/10.3	157.4/67.8	51.0/33.7	—/—
PBR(최고/저)(배)	1.4/1.0	1.1/0.8	1.0/0.7	1.9/0.8	1.6/1.0	1.2/1.0
EV/EBITDA(배)	5.9	11.9	9.7	19.2	15.2	
EPS(원)	236	77	113	21	51	58
BPS(원)	1,551	1,606	1,727	1,737	1,691	1,728
CFPS(원)	283	133	163	81	104	84
DPS(원)	25		15		10	
EBITDAPS(원)	360	147	199	149	128	78

재무 비율   〈단위 : % 〉

연도	영업이익률	순이익률	부채비율	차입금비율	ROA	ROE	유보율	자기자본비율	EBITDA마진율
2016	4.4	3.3	19.0	5.0	2.6	3.0	238.2	84.0	7.5
2015	4.5	1.3	33.7	18.2	1.1	1.2	247.5	74.8	7.4
2014	6.5	5.2	48.9	32.6	4.4	6.8	245.3	67.2	8.7
2013	3.4	3.0	63.6	36.6	3.0	4.9	221.1	61.1	5.5

수성 (A084180)
Soosung

업 종 : 기계	시 장 : KOSDAQ
신용등급 : (Bond) — (CP) —	기업규모 : 벤처
홈 페 이 지 : www.soosung.com	연 락 처 : 032)820-5110
본 사 : 인천시 서구 로봇랜드로249번길 46-39	

설 립 일 1982.02.23	종 업 원 수 69명	대 표 이 사 김태균	
상 장 일 2005.12.16	감 사 의 견 적정 (안진)	계 열	
결 산 기 12월	보 통 주 820만주	종속회사수	
액 면 가 500원	우 선 주	구 상 호	

주주구성 (지분율,%)
유니베스트	20.0
이디	5.2
(외국인)	0.5

출자관계 (지분율,%)
이디	11.8

주요경쟁사 (외형,%)
수성	100
흥국	223
	60

매출구성
전동지게차	51.6
기타	33.4
리프트	9.6

비용구성
매출원가율	77.6
판관비율	12.6

수출비중
수출	7.0
내수	93.0

회사 개요
동사는 전동지게차 생산 및 산업용 3D프린터 유통업 등의 사업을 영위하고 있음. 전자장비와 교육기자재 등을 납품하는 기업 '이디'의 지분 11.81%를 보유하고 있음. 전동물류기계(리프트, 바렛트, 스테커등) 시장의 경우는 완전경쟁형태로 동사와 한성웰텍,서진 클린엔프티등이 시장의 80%를 점유하고 있음. 소형전동지게차 시장은 동사와 동명모트롤이 시장의 60~70 이상차지했으나 동명모트롤의 사업축소로 동사의 시장 지배력이 강해지고 있음.

실적 분석
2017년 상반기 연결기준 동사 매출은 116.4억원을 기록함. 전년 동기 매출인 155억원에서 24.9% 축소된 금액임. 매출원가가 24% 감소했으나 인건비 상승으로 인해 판매비와 관리비가 16.7% 증가함. 이에 영업이익은 전년도 같은 기간 19.2억원에서 68.2% 감소한 6.1억원을 시현하는 데 그침. 또한 비영업부문이 적자로 전환돼 당기순이익은 75.1% 축소된 4억원을 기록함.

현금 흐름 *IFRS 별도 기준 〈단위 : 억원〉
항목	2016	2017.2Q
영업활동	49	-16
투자활동	8	-121
재무활동	-50	197
순현금흐름	8	59
기말현금	49	108

시장 대비 수익률

결산 실적 〈단위 : 억원〉
항목	2012	2013	2014	2015	2016	2017
매출액	273	342	327	342	281	
영업이익	20	28	31	34	27	
당기순이익	20	21	24	20	24	

분기 실적 *IFRS 별도 기준 〈단위 : 억원〉
항목	2016.1Q	2016.2Q	2016.3Q	2016.4Q	2017.1Q	2017.2Q
매출액	57	98	60	66	55	62
영업이익	7	12	4	4	5	1
당기순이익	6	10	3	5	5	-1

재무 상태 *IFRS 별도 기준 〈단위 : 억원〉
항목	2012	2013	2014	2015	2016	2017.2Q
총자산	458	468	466	419	402	666
유형자산	252	248	245	244	241	242
무형자산	1	0	0	0	1	1
유가증권	1	1	1	6	1	157
총부채	231	225	211	155	120	367
총차입금	175	143	163	106	61	307
자본금	41	41	41	41	41	41
총자본	227	243	255	264	282	298
지배주주지분	227	243	255	264	282	298

기업가치 지표 *IFRS 별도 기준
항목	2012	2013	2014	2015	2016	2017.2Q
주가(최고/저)(천원)	2.1/1.5	3.1/1.8	4.3/2.2	5.0/3.2	11.9/3.1	—/—
PER(최고/저)(배)	9.7/6.8	12.8/7.3	15.4/8.0	20.4/13.4	41.2/10.9	—/—
PBR(최고/저)(배)	0.8/0.6	1.1/0.6	1.4/0.7	1.5/1.0	3.3/0.9	5.5/2.5
EV/EBITDA(배)	13.3	9.7	12.5	9.3	32.1	—/—
EPS(원)	245	260	291	249	289	49
BPS(원)	2,825	3,024	3,247	3,360	3,583	3,640
CFPS(원)	295	324	343	294	330	68
DPS(원)	70	70	70	70	70	
EBITDAPS(원)	295	400	425	461	375	93

재무 비율 〈단위 : % 〉
연도	영업이익률	순이익률	부채비율	차입금비율	ROA	ROE	유보율	자기자본비율	EBITDA마진율
2016	9.7	8.4	42.3	21.6	5.8	8.7	616.6	70.3	10.9
2015	6.0	6.0	58.8	40.3	4.6	7.9	572.1	63.0	11.1
2014	9.3	7.3	82.9	63.9	5.1	9.6	549.5	54.7	10.7
2013	8.1	6.3	92.4	58.8	4.6	9.1	504.7	52.0	9.6

수젠텍 (A253840)
Sugentech

업 종 : 의료 장비 및 서비스	시 장 : KONEX
신용등급 : (Bond) — (CP) —	기업규모 :
홈 페 이 지 : www.sugentech.com	연 락 처 : 042)364-5001
본 사 : 대전시 유성구 테크노2로 187 216호 (용산동, 미건테크노월드2차)	

설 립 일 2011.12.09	종 업 원 수 34명	대 표 이 사 손미진	
상 장 일 2016.11.11	감 사 의 견 적정 (한울)	계 열	
결 산 기 12월	보 통 주	종속회사수	
액 면 가 —	우 선 주	구 상 호	

주주구성 (지분율,%)
손미진	30.4
에트리홀딩스	18.0

출자관계 (지분율,%)

주요경쟁사 (외형,%)
수젠텍	100
티씨엠생명과학	160
비트컴퓨터	3,260

매출구성
개인용 체외진단 검사시약	89.3
기타	10.4
전문가용 현장검사 제품	0.3

비용구성
매출원가율	76.6
판관비율	173.4

수출비중
수출	3.0
내수	97.0

회사 개요
동사는 체외진단용 의료기기 및 진단시약류 제조 및 판매를 주요 사업으로 영위하는 업체로, 2011년 설립되어 2016년 11월에 코넥스 시장에 상장됨. ETRI로부터 '유비쿼터스바이오칩 리더2' 기술이전과 ETRI 홀딩스의 지분 참여로 설립된 미래창조과학부의 연구개발특구 제28호 연구소기업으로, 면역화학기반의 개인 맞춤형 POCT 시스템과 관련된 기술 및 제품을 개발하고 있음.

실적 분석
동사의 2016년 누적매출액은 10.9억원이고, 매출원가는 8.4억원임. 최근 분자진단 시약 시장축소로 수익성이 악화됐는데, 영업적자 16.4억원, 당기순손실 15.6억원을 기록함. 최근 면역크로마토그래피 분석용 디바이스 제조에 관한 특허를 취득함. 동아제약에서 추진 중인 임신테스트기와 배란테스트기의 경우 6.1억원을 시현하는 데 그침. 향후 개인별 맞춤의료 시장의 성장에 발맞춰 TDM(치료약물모니터링) 사업을 추진할 계획임.

현금 흐름 *IFRS 별도 기준 〈단위 : 억원〉
항목	2016	2017.2Q
영업활동	-13	
투자활동	-29	
재무활동	42	
순현금흐름	-0	
기말현금		

시장 대비 수익률

결산 실적 〈단위 : 억원〉
항목	2012	2013	2014	2015	2016	2017
매출액	—	2	10	6	11	
영업이익	—	-3	-4	-15	-16	
당기순이익	—	-3	-4	-15	-16	

분기 실적 *IFRS 별도 기준 〈단위 : 억원〉
항목	2016.1Q	2016.2Q	2016.3Q	2016.4Q	2017.1Q	2017.2Q
매출액	—	—	—	—	—	—
영업이익	—	—	—	—	—	—
당기순이익	—	—	—	—	—	—

재무 상태 *IFRS 별도 기준 〈단위 : 억원〉
항목	2012	2013	2014	2015	2016	2017.2Q
총자산	—	24	84	69	100	
유형자산	—	2	12	19	18	
무형자산	—	1	0	6	6	
유가증권	—					
총부채	—	6	15	15	14	
총차입금	—	1	11	11	6	
자본금	—	2	1	10	20	
총자본	—	18	69	54	86	
지배주주지분	—	18	69	54	86	

기업가치 지표 *IFRS 별도 기준
항목	2012	2013	2014	2015	2016	2017.2Q
주가(최고/저)(천원)	—/—	—/—	—/—	—/—	—/—	—/—
PER(최고/저)(배)	—/—	—/—	—/—	—/—	—/—	—/—
PBR(최고/저)(배)	0.0/0.0	0.0/0.0	0.0/0.0	0.0/0.0	9.0/4.1	0.0/0.0
EV/EBITDA(배)	0.0					
EPS(원)	—	-114	-151	-429	-413	
BPS(원)	—	52,854	149,850	2,601	2,102	
CFPS(원)	—	-8,404	-9,180	-645	-357	
DPS(원)	—					
EBITDAPS(원)	—	-9,603	-7,996	-655	-377	

재무 비율 〈단위 : % 〉
연도	영업이익률	순이익률	부채비율	차입금비율	ROA	ROE	유보율	자기자본비율	EBITDA마진율
2016	-150.0	-142.9	16.0	7.0	-18.4	-22.3	320.3	86.2	-130.6
2015	-254.8	-251.5	28.7	20.4	-19.7	-24.6	420.3	77.7	-226.0
2014	-36.3	-40.4	21.6	15.9	-7.5	-9.3	2,897.0	82.2	-28.0
2013	-138.7	-122.0	31.5	5.5			957.1	76.1	-134.0

수프로 (A185190)
Suppro

업 종 : 종이 및 목재			시 장 : KONEX	
신용등급 : (Bond) —	(CP) —		기업규모 : —	
홈페이지 : www.suppro.com			연 락 처 : 02)6300-2444	
본 사 : 서울시 서초구 강남대로 27, 1301호 (양재동, 에이티센타)				

설 립 일 2000.07.26	종 업 원 수 29명	대 표 이 사 채일	
상 장 일 2013.10.29	감 사 의 견 적정 (태율)	계 열	
결 산 기 03월	보 통 주	종 속 회 사 수	
액 면 가	우 선 주	구 상 호	

주주구성 (지분율,%)		출자관계 (지분율,%)		주요경쟁사 (외형,%)	
채일	44.6	수프로	100		
임현택	13.7	한솔PNS	987		
		세하	672		

매출구성		비용구성		수출비중	
청단풍 등	76.0	매출원가율	79.5	수출	0.0
왕벚나무	6.7	판관비율	18.4	내수	100.0
느티나무	6.3				

회사 개요
동사는 도시녹화와 생태복원용 수목소재 연구개발 및 생산을 핵심역량으로 하는 환경녹화기업임. 세부사업영역은 조경수 생산 및 Agro Park 사업, 조경식재공사, 국내 생태복원, 글로벌 생태복원으로 구분됨. 동사의 사업매출은 조경공사에 필요한 수목매출이 93.5%를 차지하며, 조경수 식재공사가 4.6%, 연구용역이 2.4%를 차지하고 있음. 수목의 판매는 중간 대리점 같은 중개상 없이 직접 판매하며 전체 수주잔량은 약 60억원 정도임.

실적 분석
코넥스 상장 기업인 동사의 3월 결산 법인인 동사의 2016년 매출액은 237.2억원으로 전년 동기 189.9억원 대비 24.9% 증가함. 영업이익은 5.1억원으로 전년동기보다 소폭 증대. 그러나 비영업손실 발생으로 당기순손실 19.2억원 발생. 2014년 12월 한국국제협력단(KOICA)의 공적개발원조(ODA) 사업으로 튀니지 코르크참나무숲 복원 시범사업으로 따냄. Agro Park와 여주센터 기업양묘장 등 생산시설의 운영으로 수목 생산판매 증대.

현금 흐름 ▪IFRS 별도 기준 〈단위 : 억원〉

항목	2016	2017.1Q
영업활동	14	1
투자활동	1	—
재무활동	-9	—
순현금흐름	6	—
기말현금	11	—

시장 대비 수익률

결산 실적 〈단위 : 억원〉

항목	2012	2013	2014	2015	2016	2017
매출액	178	163	168	190	237	—
영업이익	6	5	5	4	5	—
당기순이익	3	2	1	2	-19	—

분기 실적 ▪IFRS 별도 기준 〈단위 : 억원〉

항목	2015.4Q	2016.1Q	2016.2Q	2016.3Q	2016.4Q	2017.1Q
매출액						
영업이익						
당기순이익						

재무 상태 ▪IFRS 별도 기준 〈단위 : 억원〉

항목	2012	2013	2014	2015	2016	2017.1Q
총자산	138	140	141	148	117	—
유형자산	55	52	49	47	37	—
무형자산	1	0	0	0	0	—
유가증권	2	2	2	2	2	—
총부채	95	95	95	101	82	—
총차입금	70	73	73	78	63	—
자본금	17	17	17	17	18	—
총자본	43	45	46	48	35	—
지배주주지분	43	45	46	48	35	—

기업가치 지표 ▪IFRS 별도 기준

항목	2012	2013	2014	2015	2016	2017.1Q
주가(최고/저)(천원)	—/—	4.0/2.0	2.7/1.8	9.0/0.8	7.3/0.9	—/—
PER(최고/저)(배)	0.0/0.0	62.8/31.8	67.2/45.2	198.3/18.0	7.5/0.9	0.0/0.0
PBR(최고/저)(배)	0.0/0.0	2.9/1.5	1.9/1.3	6.3/0.6	7.5/0.9	—
EV/EBITDA(배)	6.4	15.6	19.0	37.1	13.8	—
EPS(원)	81	63	40	45	-553	—
BPS(원)	12,819	1,345	1,393	1,438	972	—
CFPS(원)	1,602	179	146	148	-465	—
DPS(원)	—	—	—	—	—	—
EBITDAPS(원)	2,722	258	242	228	234	—

재무 비율 〈단위 : % 〉

연도	영업이익률	순이익률	부채비율	차입금비율	ROA	ROE	유보율	자기자본비율	EBITDA마진율
2016	2.2	-8.1	237.3	180.7	-14.5	-46.5	94.3	29.7	3.4
2015	2.2	0.8	210.6	162.3	1.0	3.2	187.6	32.2	4.0
2014	2.7	0.8	204.3	157.4	0.9	2.9	178.5	32.9	4.8
2013	2.9	1.3	213.5	162.3	1.5	4.8	169.0	31.9	5.3

슈프리마 (A236200)
Suprema

업 종 : 보안장비			시 장 : KOSDAQ	
신용등급 : (Bond) —	(CP) —		기업규모 : 중견	
홈페이지 : www.suprema.co.kr			연 락 처 : 031)783-4505	
본 사 : 경기도 성남시 분당구 정자일로 248, 16층				

설 립 일 2015.12.31	종 업 원 수 124명	대 표 이 사 송봉섭	
상 장 일 2016.02.05	감 사 의 견 적정 (안진)	계 열	
결 산 기 12월	보 통 주 708만주	종 속 회 사 수 1개사	
액 면 가 500원	우 선 주	구 상 호	

주주구성 (지분율,%)		출자관계 (지분율,%)		주요경쟁사 (외형,%)	
슈프리마에이치큐	24.1	SUPREMASYSTEMSUK	100.0	슈프리마	100
Wellington Management Hong Kong Limited	8.3				
(외국인)	13.4				

매출구성		비용구성		수출비중	
바이오인식시스템	70.7	매출원가율	50.8	수출	86.0
바이오인식솔루션	20.5	판관비율	23.6	내수	14.0
기타	8.8				

회사 개요
동사는 바이오인식 알고리즘, 모듈 등 각종 솔루션 제품과 바이오인식 단말기, 소프트웨어 등 다양한 응용 시스템 등의 제조 및 판매를 주요사업으로 영위하고 있음. 바이오인식 기술은 기존에 비밀번호, 카드, 인증서 및 신분증을 사용하던 거의 모든 분야에 적용되어 사용될 수 있는 기술이며 특히 널리 사용되고 있는 지문인식은 보안성(정확도), 사용 편리성, 적절한 가격 등 실생활 적용이 용이한 요소들을 고루 갖추었음.

실적 분석
동사의 연결기준 2017년 2분기 누적매출액은 207.6억원으로 전년동기 대비 소폭 증가하였음. 원가율이 개선되면서 매출총이익은 같은 기간 4.7% 증가한 110.4억원을 기록했으나 판관비가 20% 급증하면서 영업이익과 당기순이익은 각각 10.1%, 28.7% 감소한 48.2억원, 38.5억원을 시현. 국내외의 바이오인식 출입보안 및 근태관리 시장의 성장에 따라 지속적으로 매출이 성장할 것으로 전망되며 특히 신흥국 시장 성장이 기대됨.

현금 흐름 〈단위 : 억원〉

항목	2016	2017.2Q
영업활동	133	70
투자활동	48	-147
재무활동	—	—
순현금흐름	191	-85
기말현금	319	235

시장 대비 수익률

결산 실적 〈단위 : 억원〉

항목	2012	2013	2014	2015	2016	2017
매출액					422	—
영업이익					108	—
당기순이익					111	—

분기 실적 〈단위 : 억원〉

항목	2016.1Q	2016.2Q	2016.3Q	2016.4Q	2017.1Q	2017.2Q
매출액	94	108	97	122	95	112
영업이익	26	28	21	33	25	23
당기순이익	25	29	13	45	4	35

재무 상태 〈단위 : 억원〉

항목	2012	2013	2014	2015	2016	2017.2Q
총자산				811	947	996
유형자산				65	52	50
무형자산				82	89	93
유가증권				211	205	217
총부채				40	64	76
총차입금						
자본금				35	35	35
총자본				771	882	920
지배주주지분				771	882	920

기업가치 지표

항목	2012	2013	2014	2015	2016	2017.2Q
주가(최고/저)(천원)	—/—	—/—	—/—	—/—	—/—	—/—
PER(최고/저)(배)	0.0/0.0	0.0/0.0	0.0/0.0	0.0/0.0	19.5/12.4	—/—
PBR(최고/저)(배)	0.0/0.0	0.0/0.0	0.0/0.0	0.0/0.0	2.5/1.6	2.1/1.4
EV/EBITDA(배)	0.0	0.0	0.0	0.0	7.3	—
EPS(원)					1,571	543
BPS(원)				10,894	12,462	12,993
CFPS(원)					1,994	772
DPS(원)					—	—
EBITDAPS(원)					1,945	909

재무 비율 〈단위 : % 〉

연도	영업이익률	순이익률	부채비율	차입금비율	ROA	ROE	유보율	자기자본비율	EBITDA마진율
2016	25.6	26.4	7.3	0.0	12.7	13.5	2,392.3	93.2	32.7
2015	0.0	5.2	0.0	0.0	0.0	0.0	2,078.7	95.1	0.0
2014	0.0	0.0	0.0	0.0	0.0	0.0	0.0	0.0	0.0
2013	0.0	0.0	0.0	0.0	0.0	0.0	0.0	0.0	0.0

슈프리마에이치큐 (A094840)
Suprema HQ

업 종 : 보안장비   　　　　　시 장 : KOSDAQ
신용등급 : (Bond) ― (CP) ―   기업규모 : 벤처
홈페이지 : www.suprema.co.kr   연 락 처 : 031)783-4505
본 사 : 경기도 성남시 분당구 정자일로 248 (파크뷰타워 16층)

설 립 일	2000.05.04	종 업 원 수	59명	대 표 이 사	이재원
상 장 일	2008.07.11	감 사 의 견	적정 (안진)	계 열	
결 산 기	12월	보 통 주	1,047만주	종속회사수	4개사
액 면 가	500원	우 선 주		구 상 호	슈프리마

주주구성 (지분율,%)
이재원	31.6
신동목	8.1
(외국인)	5.3

출자관계 (지분율,%)
슈프리마씨에스	100.0
슈프리마아이디	100.0
나란테크	27.1

주요경쟁사 (외형,%)
슈프리마에이치큐	100
코콤	355
슈프리마	131

매출구성
융합보안	46.7
ID솔루션	44.9
기타	8.4

비용구성
매출원가율	62.4
판관비율	26.2

수출비중
수출	21.0
내수	79.0

회사 개요
동사는 2000년에 설립된 지문인식 소프트웨어 개발업체로 세계 최고수준의 기술력을 보유하고 있음. 동사는 국내시장을 선점해 지문인식 기반의 무인시스템 시장의 점유율 60%를 차지하고 있고, 해외시장에서 점유율을 확대하고 있음. 동사는 에스원에 도어록 지문인식, 외교부 등에 전자여권 판독기 등을 공급하고 있음. 2012년 2월 북미지역 최대 보안업체인 ADI사와 제품공급 계약을 체결했으며, 인도, 멕시코, 필리핀 등으로 수출 지역을 확대함.

실적 분석
동사의 2017년 2분기 기준 매출액이 전년 대비 21.2% 감소함. 매출 감소와 함께 판관비도 감소하였으나, 영업이익은 전년동기대비 13.4%감소한 17.9억원을 시현, 비영업부문 흑자 발생하였고, 당기순이익은 31.6억을 시현하며 전년 동기대비 108%증가. 인도, 아프리카, 충남미와 같은 신흥국에서는 전자주민증, 전자투표 등 대규모 공공프로젝트가 활발히 발주되고 있으며, 다양한 분야에서 신원확인을 위한 바이오인식 시장규모 확대 전망.

현금 흐름 〈단위 : 억원〉
항목	2016	2017.2Q
영업활동	52	20
투자활동	-24	-69
재무활동	-8	-1
순현금흐름	21	-48
기말현금	172	124

시장 대비 수익률

결산 실적 〈단위 : 억원〉
항목	2012	2013	2014	2015	2016	2017
매출액	547	539	392	275	321	―
영업이익	174	154	88	3	36	―
당기순이익	171	124	147	128	39	―

분기 실적 〈단위 : 억원〉
항목	2016.1Q	2016.2Q	2016.3Q	2016.4Q	2017.1Q	2017.2Q
매출액	74	98	69	80	59	77
영업이익	5	17	7	8	4	15
당기순이익	12	3	1	23	-8	40

재무 상태 〈단위 : 억원〉
항목	2012	2013	2014	2015	2016	2017.2Q
총자산	1,246	1,374	1,528	866	1,252	1,302
유형자산	94	140	155	83	44	62
무형자산	81	98	107	42	37	36
유가증권	323	322	280	208	106	134
총부채	85	89	92	62	69	87
총차입금	24	16	12			
자본금	74	74	74	38	52	52
총자본	1,161	1,285	1,436	803	1,183	1,215
지배주주지분	1,148	1,272	1,422	790	1,169	1,200

기업가치 지표
항목	2012	2013	2014	2015	2016	2017.2Q
주가(최고/저)(천원)	12.9/7.0	16.0/9.8	20.0/12.8	17.1/10.0	12.1/7.5	―/―
PER(최고/저)(배)	11.2/6.1	19.0/11.7	20.1/12.9	19.7/11.5	29.2/18.1	―/―
PBR(최고/저)(배)	1.6/0.9	1.8/1.1	2.0/1.3	1.5/0.9	1.0/0.6	0.7/0.6
EV/EBITDA(배)	9.9	13.8	24.1		9.3	―/―
EPS(원)	1,148	839	995	870	413	301
BPS(원)	8,152	8,987	10,004	11,226	11,820	12,122
CFPS(원)	1,306	1,034	1,243	1,163	574	361
DPS(원)						
EBITDAPS(원)	1,340	1,242	845	316	560	232

재무 비율 〈단위 : % 〉
연도	영업이익률	순이익률	부채비율	차입금비율	ROA	ROE	유보율	자기자본비율	EBITDA마진율
2016	11.3	12.0	5.8	0.0	3.6	3.8	2,264.1	94.5	15.9
2015	1.3	46.6	7.7	1.0	10.7	11.6	2,145.1	92.8	16.9
2014	22.4	37.6	6.4	0.8	10.2	10.9	1,900.7	94.0	31.7
2013	28.6	23.0	7.0	1.2	9.5	10.2	1,697.3	93.5	33.9

슈피겐코리아 (A192440)
Spigen Korea

업 종 : 휴대폰 및 관련부품   시 장 : KOSDAQ
신용등급 : (Bond) ― (CP) ―   기업규모 : 우량
홈페이지 : www.spigenkorea.co.kr   연 락 처 : 070)4018-0296
본 사 : 서울시 금천구 가산디지털1로 128, STX-V타워 1709호

설 립 일	2009.02.18	종 업 원 수	189명	대 표 이 사	김대영
상 장 일	2014.11.05	감 사 의 견	적정 (대주)	계 열	
결 산 기	12월	보 통 주	622만주	종속회사수	3개사
액 면 가	500원	우 선 주		구 상 호	

주주구성 (지분율,%)
김대영	59.2
국민연금공단	4.1
(외국인)	4.8

출자관계 (지분율,%)
마크앤드루우	25.6
엔크라스	7.5
아이오	6.2

주요경쟁사 (외형,%)
슈피겐코리아	100
이랜텍	336
모베이스	159

매출구성
[제품]케이스	80.7
[제품]기타	19.3

비용구성
매출원가율	31.6
판관비율	44.1

수출비중
수출	86.0
내수	14.0

회사 개요
동사는 2009년 2월 되어 2014년에 코스닥시장에 상장한 모바일기기 악세사리의 제조 및 판매기업임. 모바일 액세서리는 패션아이템에 속하기 때문에 트렌드에 민감하며 시장의 니즈를 적시에 파악하지 못하면 장기적인 시장 지배는 어려우나 BELKIN 등 선도업체와 여러 경쟁사가 각각의 포지셔닝을 갖고 경쟁 중임. 현재 관련 시장은 대형 유통업체들이 자체 브랜드로 참여하면서 저가시장의 경쟁이 치열해지고 있음.

실적 분석
동사의 2017년 2분기 누적 매출액은 888.2억원으로 전년 동기 대비 16.5% 증가함. 외형확대는 삼성전자 갤럭시 신제품 효과의 영향이 큼. 동사는 아마존(Amazon)을 통한 판매 네트워크를 확보하고 있음. 향후 스마트폰 케이스뿐만 아니라 다양한 제품 판매가 가능할 것으로 기대됨. 동사는 모바일 관련 사업과 비 모바일 관련 사업을 분리 운영할 계획임. 아마존 판매 네트워크를 확보했기 때문에 가능함.

현금 흐름 〈단위 : 억원〉
항목	2016	2017.2Q
영업활동	292	81
투자활동	-86	-215
재무활동	-7	-11
순현금흐름	206	-159
기말현금	499	340

시장 대비 수익률

결산 실적 〈단위 : 억원〉
항목	2012	2013	2014	2015	2016	2017
매출액	504	665	1,420	1,481	1,793	―
영업이익	108	160	481	442	435	―
당기순이익	55	120	406	373	386	―

분기 실적 〈단위 : 억원〉
항목	2016.1Q	2016.2Q	2016.3Q	2016.4Q	2017.1Q	2017.2Q
매출액	415	347	486	544	362	526
영업이익	114	80	85	157	69	111
당기순이익	77	67	57	184	36	92

재무 상태 〈단위 : 억원〉
항목	2012	2013	2014	2015	2016	2017.2Q
총자산	325	466	1,441	1,782	2,153	2,191
유형자산	53	84	74	59	71	165
무형자산	6	6	7	9	18	16
유가증권			30	35	160	249
총부채	69	72	152	195	217	199
총차입금	0	10	8			57
자본금	22	22	31	31	31	31
총자본	255	394	1,289	1,586	1,936	1,993
지배주주지분	255	394	1,289	1,586	1,936	1,993

기업가치 지표
항목	2012	2013	2014	2015	2016	2017.2Q
주가(최고/저)(천원)	―/―	―/―	82.9/41.5	166/53.7	72.9/43.0	―/―
PER(최고/저)(배)	0.0/0.0	0.0/0.0	9.8/4.9	28.2/9.1	11.9/7.0	―/―
PBR(최고/저)(배)	0.0/0.0	0.0/0.0	4.1/2.1	6.6/2.1	2.3/1.4	―/―
EV/EBITDA(배)			7.6	5.7	5.4	4.8/1.3
EPS(원)	1,676	2,771	8,734	5,999	6,202	2,061
BPS(원)	5,900	9,092	20,736	25,779	31,406	32,315
CFPS(원)	1,738	2,843	8,808	6,074	6,335	2,139
DPS(원)			660	600	500	
EBITDAPS(원)	3,309	3,756	10,425	7,187	7,137	2,988

재무 비율 〈단위 : % 〉
연도	영업이익률	순이익률	부채비율	차입금비율	ROA	ROE	유보율	자기자본비율	EBITDA마진율
2016	24.3	21.5	11.2	0.0	19.6	21.9	6,181.1	89.9	24.8
2015	29.9	25.2	12.3	0.0	23.1	25.9	5,055.8	89.0	30.2
2014	33.9	28.6	11.8	0.6	42.6	48.3	4,047.1	89.4	34.1
2013	24.0	18.1	18.4	2.5	30.4	37.0	1,718.4	84.5	24.5

스맥 (A099440)
SMEC

업 종 : 기계		시 장 : KOSDAQ	
신용등급 : (Bond) — (CP) —		기업규모 : 중견	
홈 페 이 지 : www.esmec.com		연 락 처 : 055)340-4800	
본 사 : 경남 김해시 주촌면 골든루트로 157-10			

설 립 일	1996.03.05	종 업 원 수	224명	대 표 이 사	최영섭
상 장 일	2009.05.26	감 사 의 견	적정 (대주)	계 열	
결 산 기	12월	보 통 주	2,530만주	종속회사수	2개사
액 면 가	500원	우 선 주		구 상 호	SMEC

주주구성 (지분율,%)
이다원	6.0
한국증권금융	3.5
(외국인)	1.5

출자관계 (지분율,%)
테크센	100.0
SMECVINACo.,Ltd	100.0

주요경쟁사 (외형,%)
스맥	100
로보스타	124
뉴로스	36

매출구성
[기계사업]CNC선반	49.1
[기계사업]MCT	34.2
[기계사업]A/S, 부품 외 기타	9.8

비용구성
매출원가율	79.8
판관비율	16.8

수출비중
수출	32.0
내수	68.0

회사 개요
1996년 설립돼 2009년 코스닥 시장에 상장한 동사 사업은 크게 기계사업부문과 통신사업부문으로 분류됨. 기계사업부문은 주로 공작기계(중소형 CNC선반, 머시닝센터 등) 및 관련 부품, LCD 생산관련 Robot의 제조·판매 등을 주요사업으로 영위함. 통신사업부는 이종망간의 연동장치를 개발하여 서로 다른 망이 유기적으로 연결되어 제 기능을 발휘하도록 하는 Gateway를 전문으로 개발하고 있음.

실적 분석
국내외 경기침체에 따라 전반적인 시장은 다소 위축됐지만 동사는 신기종개발 및 판로확대를 통해 꾸준한 매출성장을 이어가고 있음. 2017년 상반기 연결 기준 동사 매출은 전년 동기 대비 82.3% 증가한 745억원을 기록함. 매출원가 83.9% 증가하고 인건비 상승으로 인해 판매비와 관리비 또한 5.7% 증가했으나 매출성장이 이를 상회함. 영업이익은 흑자로 돌아서 10.2억원을 시현함. 당기순이익은 적자가 지속됐으나 손실폭은 감소함.

현금 흐름 〈단위 : 억원〉
항목	2016	2017.2Q
영업활동	127	42
투자활동	-99	-10
재무활동	109	-60
순현금흐름	137	-28
기말현금	185	157

결산 실적 〈단위 : 억원〉
항목	2012	2013	2014	2015	2016	2017
매출액	1,343	1,280	1,397	1,220	1,228	—
영업이익	68	61	60	43	42	—
당기순이익	15	49	26	34	20	—

분기 실적 〈단위 : 억원〉
항목	2016.1Q	2016.2Q	2016.3Q	2016.4Q	2017.1Q	2017.2Q
매출액	196	213	345	474	384	361
영업이익	-11	-24	17	60	9	1
당기순이익	-15	-20	-12	67	-31	9

재무 상태 〈단위 : 억원〉
항목	2012	2013	2014	2015	2016	2017.2Q
총자산	1,325	1,702	1,960	1,758	2,156	2,085
유형자산	311	465	509	509	607	598
무형자산	191	190	174	162	158	149
유가증권	1	0	0	4	3	4
총부채	847	1,092	1,143	918	1,251	1,159
총차입금	604	770	735	710	863	789
자본금	74	86	109	109	119	125
총자본	479	610	817	841	905	926
지배주주지분	479	610	817	841	905	926

기업가치 지표
항목	2012	2013	2014	2015	2016	2017.2Q
주가(최고/저)(천원)	4.1/2.5	9.3/3.0	6.9/3.5	5.6/3.3	4.5/3.2	—/—
PER(최고/저)(배)	44.6/26.9	31.7/10.2	57.3/29.0	37.3/22.0	51.6/36.6	1.1/0.9
PBR(최고/저)(배)	1.0/0.6	2.2/0.7	1.6/0.8	1.2/0.7	1.0/0.7	1.1/0.9
EV/EBITDA(배)	11.8	17.2	18.2	19.0	17.6	—/—
EPS(원)	97	304	125	154	89	-85
BPS(원)	4,433	4,581	4,545	4,654	4,567	4,415
CFPS(원)	231	485	267	342	305	16
DPS(원)	20	40	40	50	50	—
EBITDAPS(원)	590	558	426	385	405	141

재무 비율 〈단위 : % 〉
연도	영업이익률	순이익률	부채비율	차입금비율	ROA	ROE	유보율	자기자본비율	EBITDA마진율
2016	3.4	1.6	138.3	95.4	1.0	2.3	813.4	42.0	7.3
2015	3.5	2.8	109.1	84.4	1.8	4.1	830.7	47.8	6.9
2014	4.3	1.9	139.9	89.9	1.4	3.7	809.1	41.7	6.4
2013	4.8	3.9	179.2	126.3	3.3	9.1	816.3	35.8	6.7

스킨앤스킨 (A159910)
Skin n Skin

업 종 : 디스플레이 및 관련부품		시 장 : KOSDAQ	
신용등급 : (Bond) — (CP) —		기업규모 : 벤처	
홈 페 이 지 : www.skinnskin.co.kr		연 락 처 : 031)734-5400	
본 사 : 경기도 파주시 문산읍 돈유2로 14-1			

설 립 일	2006.06.19	종 업 원 수	79명	대 표 이 사	김정우,서세환(각자대표이사)
상 장 일	2012.12.27	감 사 의 견	적정 (삼화)	계 열	
결 산 기	12월	보 통 주	7,870만주	종속회사수	6개사
액 면 가	100원	우 선 주		구 상 호	MBK

주주구성 (지분율,%)
비아이티1호조합	7.7
김정우	4.5
(외국인)	1.2

출자관계 (지분율,%)
씨엠디엘	100.0
에이디앤티	100.0
라미화장품제조	70.0

주요경쟁사 (외형,%)
스킨앤스킨	100
베셀	115
휘닉스소재	112

매출구성
OLED소재(기타)	70.8
승화정제기(기타)	23.2
용역(용역)	5.7

비용구성
매출원가율	57.2
판관비율	41.0

수출비중
수출	17.0
내수	83.0

회사 개요
동사는 기초화합물 제조, 디스플레이(OLED)용 소재의 개발 및 생산, 임가공 생산을 하고 있으며, OLED소재의 고순도화에 필수장비인 승화정제기 제조사업을 영위하고 있음. 두산전자를 통해 삼성전자에 납품하고 있으며, 삼성전자 내에서 그린호스트는 독점, HTL은 덕산하이메탈에 이어 M/S 2위를 기록중임. AMOLED소재용 승화정제기는 국내 AMOLED 소재업체 대부분에 납품하고 있음.

실적 분석
동사의 2017년 연결기준 상반기 매출액은 150.3억원으로 전년동기 대비 12.3% 감소함. 매출원가 증가로 영업손실은 37.3억원으로 적자전환됨. 비영업손실의 적자폭이 확대되며 당기순손실 또한 적자지속중임. 동사는 미국 최대 드럭스토어인 CVS파마시의 뉴욕 콜럼버스서클 매장에 입점해 프로모션 행사를 가짐. 초도 물량 공급을 시작으로 시장 내 반응에 따라 추가적인 공급 확대가 있을 것으로 기대함.

현금 흐름 〈단위 : 억원〉
항목	2016	2017.2Q
영업활동	6	-19
투자활동	-33	-69
재무활동	52	45
순현금흐름	26	-43
기말현금	98	56

결산 실적 〈단위 : 억원〉
항목	2012	2013	2014	2015	2016	2017
매출액	209	106	91	197	384	—
영업이익	59	-34	-54	-38	7	—
당기순이익	61	-20	-64	-157	-120	—

분기 실적 〈단위 : 억원〉
항목	2016.1Q	2016.2Q	2016.3Q	2016.4Q	2017.1Q	2017.2Q
매출액	76	95	95	117	86	64
영업이익	-1	4	-7	11	-16	-21
당기순이익	-14	-37	-14	-55	-29	-58

재무 상태 〈단위 : 억원〉
항목	2012	2013	2014	2015	2016	2017.2Q
총자산	444	432	441	619	589	564
유형자산	215	317	322	309	281	280
무형자산	11	17	20	69	38	69
유가증권	—	0	6	26	26	46
총부채	118	118	190	383	224	286
총차입금	93	80	151	263	122	176
자본금	40	42	43	56	74	77
총자본	326	313	252	236	365	277
지배주주지분	326	313	252	236	388	315

기업가치 지표
항목	2012	2013	2014	2015	2016	2017.2Q
주가(최고/저)(천원)	2.4/2.3	3.3/1.3	1.5/1.0	3.1/1.0	2.2/0.8	—/—
PER(최고/저)(배)	13.4/13.0	—/—	—/—	—/—	—/—	—/—
PBR(최고/저)(배)	3.0/2.9	4.4/1.8	2.5/1.6	7.4/2.3	4.2/1.5	3.4/2.4
EV/EBITDA(배)	14.1	—/—	—/—	15.8	—/—	—/—
EPS(원)	180	-49	-151	-280	-143	-97
BPS(원)	4,035	3,727	2,949	422	525	409
CFPS(원)	983	-115	-571	-239	-85	-75
DPS(원)	—	—	—	—	—	—
EBITDAPS(원)	955	-280	-443	-29	68	-27

재무 비율 〈단위 : % 〉
연도	영업이익률	순이익률	부채비율	차입금비율	ROA	ROE	유보율	자기자본비율	EBITDA마진율
2016	1.8	-31.2	61.3	33.6	-19.8	-30.5	425.0	62.0	11.8
2015	-19.2	-79.6	161.9	111.2	-29.6	-61.8	322.3	38.2	-7.9
2014	-58.6	-70.6	75.3	60.1	-14.8	-22.8	489.7	57.0	-41.4
2013	-31.7	-18.9	37.8	25.6	-4.6	-6.3	645.4	72.6	-21.7

스타플렉스 (A115570)
StarFlex

업 종 : 미디어	시 장 : KOSDAQ
신용등급 : (Bond) — (CP) —	기업규모 : 중견
홈페이지 : www.star-flex.com	연 락 처 : 043)878-4071
본 사 : 충북 음성군 삼성면 대성로 417	

설 립 일 1996.07.11	종업원수 229명	대 표 이 사 김세권
상 장 일 2010.01.27	감사의견 적정 (신한)	계 열
결 산 기 12월	보 통 주 645만주	종속회사수 2개사
액 면 가 500원	우 선 주	구 상 호

주주구성 (지분율,%)		출자관계 (지분율,%)		주요경쟁사 (외형,%)	
김세권	56.7	스타케미칼	90.6	스타플렉스	100
김동훈	4.9	STARFLEXFLCORP	100.0	팬엔터테인먼트	41
(외국인)	0.1	STARFLEXSHANGHAICO.,LTD	100.0	에프엔씨애드컬쳐	13

매출구성		비용구성		수출비중	
FLEX원단	100.0	매출원가율	78.7	수출	79.0
		판관비율	9.5	내수	21.0

회사 개요
동사는 1985년 설립되어 광고용 사인소재 분야에서 디지털프린팅 기술에 가장 적합한 고품질의 FLEX 원단 및 Banner 원단을 공급하고 있음. 유럽과 상하이에 위치한 비상장회사 등 총 4개의 계열회사를 보유하고 있으며, 연결대상 종속회사로 합성피혁을 제조하는 '스타케미칼'을 보유하고 있음. 동사는 전세계를 매출처로 하여, 경쟁사가 많은 유럽 현지 제조국에 진출하는 동시에 중국의 저가제품에 대해서도 현격한 품질로 가격경쟁력을 확보하고 있음.

실적 분석
동사의 2017년도 2분기 연결기준 누적 매출액은 전년대비 7.6% 감소한 414.2억원임. 영업이익 또한 18.8억원을 기록하며 전년대비 72.7% 감소. 비영업손실이 9.8억원을 기록하며 적자가 지속되어 당기순이익은 전년동기 대비 91.3% 감소한 3.7억원을 기록함. 동사 영업부서의 추정에 의하면 국내 FLEX Sign시장에서 동사는 약 60% 이상을 점유하고 해외에서는 각 국가별로 5%에서 15%까지 주 공급처로 자리매김중임.

현금 흐름 〈단위 : 억원〉
항목	2016	2017.2Q
영업활동	-29	-4
투자활동	37	-130
재무활동	—	119
순현금흐름	-27	-18
기말현금	34	16

시장 대비 수익률

결산 실적 〈단위 : 억원〉
항목	2012	2013	2014	2015	2016	2017
매출액	2,595	1,001	878	792	853	—
영업이익	39	62	55	79	101	—
당기순이익	-155	-1	-13	-47	63	—

분기 실적 〈단위 : 억원〉
항목	2016.1Q	2016.2Q	2016.3Q	2016.4Q	2017.1Q	2017.2Q
매출액	219	230	209	196	199	215
영업이익	33	36	21	11	12	6
당기순이익	17	25	11	9	2	2

재무 상태 〈단위 : 억원〉
항목	2012	2013	2014	2015	2016	2017.2Q
총자산	1,990	1,418	1,348	1,316	1,307	1,433
유형자산	868	852	858	691	669	817
무형자산	1	1	1	1	1	1
유가증권	11	11	17	17	17	17
총부채	1,440	830	769	772	665	795
총차입금	1,052	685	658	553	484	611
자본금	27	27	28	29	32	32
총자본	550	588	580	545	642	639
지배주주지분	587	636	643	634	738	737

기업가치 지표
항목	2012	2013	2014	2015	2016	2017.2Q
주가(최고/저)(천원)	7.5/5.4	8.4/5.9	7.7/5.8	11.2/4.9	10.5/6.5	—/—
PER(최고/저)(배)	—/—	42.7/29.8	187.0/139.7	—/—	9.8/6.0	—/—
PBR(최고/저)(배)	0.7/0.5	0.7/0.5	0.7/0.5	1.0/0.5	0.9/0.6	0.7/0.6
EV/EBITDA(배)	13.0	11.0	11.3	8.2	7.0	—/—
EPS(원)	-1,948	204	42	-366	1,086	86
BPS(원)	11,467	11,969	11,548	11,051	11,595	11,569
CFPS(원)	-1,051	683	494	62	1,476	292
DPS(원)	200	200	—	—	80	—
EBITDAPS(원)	1,619	1,621	1,432	1,797	1,991	497

재무 비율 〈단위 : % 〉
연도	영업이익률	순이익률	부채비율	차입금비율	ROA	ROE	유보율	자기자본비율	EBITDA마진율
2016	11.9	7.3	103.5	75.4	4.8	10.0	2,219.0	49.2	14.8
2015	10.0	-6.0	141.7	101.5	-3.6	-3.3	2,110.2	41.4	13.2
2014	6.3	-1.5	132.7	113.6	-0.9	0.4	2,209.7	43.0	9.1
2013	6.2	-0.1	141.3	116.5	-0.1	1.8	2,293.9	41.5	8.7

스템랩 (A258540)
StemLab

업 종 : 의료 장비 및 서비스	시 장 : KONEX
신용등급 : (Bond) — (CP) —	기업규모 : 열
홈페이지 : www.stemlab.co.kr	연 락 처 : 02)7586-9619
본 사 : 서울시 성북구 안암로 145 창업보육센터 641비호	

설 립 일 2011.07.08	종업원수 23명	대 표 이 사 오동훈
상 장 일 2016.11.29	감사의견 적정 (대주)	계 열
결 산 기 12월	보 통 주	종속회사수
액 면 가	우 선 주	구 상 호

주주구성 (지분율,%)		출자관계 (지분율,%)		주요경쟁사 (외형,%)	
유승권	28.2			스템랩	100
윤종하	11.7			원익	4,326
				루트로닉	5,641

매출구성		비용구성		수출비중	
의료기기A/S등(용역)	49.3	매출원가율	49.1	수출	2.0
BMD(제품)	31.3	판관비율	184.2	내수	98.0
연구개발(기타)	17.3				

회사 개요
줄기세포, 세포치료제 개발 바이오 벤처기업인 동사는 2016년 11월 코넥스 시장에 상장됨. 줄기세포 치료제를 연구 개발하고 있으며 줄기세포 배양액으로 스킨케어/화장품 사업화를 진행 중임. 이와 함께 맞춤형 건강관리 서비스를 제공할 수 있도록 MRI와 골밀도 측정기 제조/판매를 주요 사업으로 영위하고 있음. 매출 비중은 전자의료기기 유지보수(용역) 49.3%, 골밀도측정기 31.2%, 바이오 연구 용역 17.2%로 구성됨.

실적 분석
동사의 2016년 누적매출액은 15억원, 매출원가는 7.4억원임. 같은 기간 20억원의 영업적자와 21.1억원의 당기순손실을 기록함. 동사는 성공적인 세포치료 사업화를 위해 대안치료가 없는 희귀난치질환 세포치료제에 대한 임상을 우선적으로 실시한 후 신경계통질환으로 적응증을 확대하는 전략을 추진하고 있음. 의료기기 제품은 해외 수요를 위해 해당 국가별 바이어 발굴을 위해 해외 전시회 참가를 적극적으로 추진할 계획임.

현금 흐름 *IFRS 별도 기준 〈단위 : 억원〉
항목	2016	2017.2Q
영업활동	-28	—
투자활동	1	—
재무활동	49	—
순현금흐름	23	—
기말현금	33	—

시장 대비 수익률
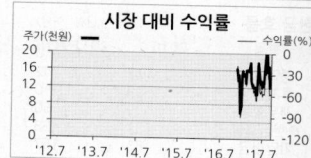

결산 실적 〈단위 : 억원〉
항목	2012	2013	2014	2015	2016	2017
매출액	—	—	17	18	15	—
영업이익	—	-2	-1	-18	-20	—
당기순이익	—	-1	-1	-20	-21	—

분기 실적 *IFRS 별도 기준 〈단위 : 억원〉
항목	2016.1Q	2016.2Q	2016.3Q	2016.4Q	2017.1Q	2017.2Q
매출액	—	—	—	—	—	—
영업이익	—	—	—	—	—	—
당기순이익	—	—	—	—	—	—

재무 상태 *IFRS 별도 기준 〈단위 : 억원〉
항목	2012	2013	2014	2015	2016	2017.2Q
총자산	—	6	31	31	58	—
유형자산	—	5	3	2	2	—
무형자산	—	0	14	6	4	—
유가증권	—	6	2	6	4	—
총부채	—	6	16	21	19	—
총차입금	—	5	3	15	14	—
자본금	—	9	9	9	11	—
총자본	—	-1	15	10	39	—
지배주주지분	—	-1	15	10	39	—

기업가치 지표 *IFRS 별도 기준
항목	2012	2013	2014	2015	2016	2017.2Q
주가(최고/저)(천원)	—/—	—/—	—/—	—/—	—/—	—/—
PER(최고/저)(배)	0.0/0.0	0.0/0.0	0.0/0.0	0.0/0.0	—/—	—/—
PBR(최고/저)(배)	0.0/0.0	0.0/0.0	0.0/0.0	0.0/0.0	11.0/3.3	0.0/0.0
EV/EBITDA(배)	0.0					
EPS(원)	—	-232	-131	-1,463	-1,114	—
BPS(원)	—	-561	11,540	575	1,854	—
CFPS(원)	—	-1,797	-301	-1,268	-994	—
DPS(원)	—	—	—	—	—	—
EBITDAPS(원)	—	-1,635	-157	-1,169	-936	—

재무 비율 〈단위 : % 〉
연도	영업이익률	순이익률	부채비율	차입금비율	ROA	ROE	유보율	자기자본비율	EBITDA마진율
2016	-133.3	-140.6	48.6	36.6	-47.1	-84.6	270.7	67.3	-118.2
2015	-103.1	-110.6	197.7	141.5	-63.6	-155.3	15.0	33.6	-88.3
2014	-7.0	-8.1	107.2	20.0	-7.5	전기잠식	2,207.9	48.3	-1.1
2013	완전잠식	완전잠식				-212.3	-10.9	0.0

스틸플라워 (A087220)
Steel Flower

업 종 : 금속 및 광물		시 장 : KOSDAQ	
신용등급 : (Bond) — (CP) —		기업규모 : —	
홈 페 이 지 : www.steelflower.co.kr		연 락 처 : (051)745-3016	
본 사 : 부산시 해운대구 센텀서로30, 25층(케이엔엔타워)			

설 립 일	2000.02.01	종 업 원 수	56명
상 장 일	2009.10.27	대 표 이 사	김종룡,박준석(각자대표)
결 산 기	12월	감 사 의 견	적정 (안진)
액 면 가	500원	보 통 주	7,217만주
		우 선 주	

주주구성 (지분율,%)
포스코	3.3
이동진	2.8
(외국인)	0.3

출자관계 (지분율,%)
테크플라워	99.0
스틸플라워피앤씨	95.0
스틸소프트	75.0

주요경쟁사 (외형,%)
스틸플라워	100
경남스틸	286
부국철강	151

매출구성
후육강관	89.5
기타	6.5
스테인리스 HR코일	4.0

비용구성
매출원가율	95.5
판관비율	28.4

수출비중
수출	—
내수	—

회사 개요
동사는 주로 해양플랜트, 열배관, 송유관, Tubing용으로 사용되는 후육강관을 제조하여 판매하며, 시장점유율이 높음. 동사의 매출액 중 후육강관이 높은 비중을 차지하고 있음. 후육강관의 특성상 우판이 제조원가의 70~80% 차지할 정도로 비중이 큼. 동사는 POSCO와의 계약을 통해 전체 소요량의 61% 이상을 직거래로 공급받고 있음. 후육강관산업의 주요 구매처로는 PETRONAS, SHELL, BP, EXXON 등 대형글로벌회사들이 있음

실적 분석
동사의 2017년 2분기 연결 기준 매출과 영업손실은 349.1억원, 239.3억원으로 전년 대비 각각 29.6% 감소, 적자 지속함. 당기순손실 또한 282.1억원을 기록하며 적자지속됨. 주요 매출액은 후육강관을 제조 판매하는 제품부문이 164.7억원, 스테인리스 및 HR코일을 POSCO로부터 매입하여 판매하는 상품부문이 0.2억원, 선박구성품/산업기계 제조 부문이 113.8억원을 기록함. 전후방 산업 침체로 수익성도 악화됨.

현금 흐름 〈단위 : 억원〉
항목	2016	2017.2Q
영업활동	-90	-2
투자활동	50	45
재무활동	35	-94
순현금흐름	-6	-51
기말현금	60	9

시장 대비 수익률

결산 실적 〈단위 : 억원〉
항목	2012	2013	2014	2015	2016	2017
매출액	2,948	1,623	2,004	1,377	929	
영업이익	149	-85	-226	-225	-222	
당기순이익	61	-118	-271	-353	-484	

분기 실적 〈단위 : 억원〉
항목	2016.1Q	2016.2Q	2016.3Q	2016.4Q	2017.1Q	2017.2Q
매출액	335	161	188	245	191	158
영업이익	0	-73	-52	-98	-101	-139
당기순이익	-15	-139	-49	-281	-116	-166

재무 상태 〈단위 : 억원〉
항목	2012	2013	2014	2015	2016	2017.2Q
총자산	3,423	3,298	3,127	2,639	2,279	1,877
유형자산	1,357	1,397	1,597	1,577	1,320	1,266
무형자산	85	81	98	85	82	80
유가증권	1	1	25	26	26	27
총부채	2,189	2,197	2,172	1,834	1,655	1,535
총차입금	1,787	1,902	1,799	1,576	1,327	1,241
자본금	73	73	73	161	361	361
총자본	1,234	1,101	955	805	624	341
지배주주지분	1,225	1,097	962	820	653	373

기업가치 지표
항목	2012	2013	2014	2015	2016	2017.2Q
주가(최고/저)(천원)	6.8/3.8	4.5/2.3	3.7/1.3	2.5/1.2	1.7/0.7	—/—
PER(최고/저)(배)	24.6/13.7	—/—	—/—	—/—	—/—	—/—
PBR(최고/저)(배)	1.4/0.8	1.0/0.5	0.9/0.3	1.1/0.5	1.8/0.7	1.5/0.7
EV/EBITDA(배)	9.0	179.0				
EPS(원)	277	-449	-1,030	-1,062	-994	-388
BPS(원)	8,491	7,678	6,788	2,640	945	557
CFPS(원)	1,070	-113	-1,117	-858	-799	-329
DPS(원)	50					
EBITDAPS(원)	1,619	69	-916	-444	-273	-273

재무 비율 〈단위 : % 〉
연도	영업이익률	순이익률	부채비율	차입금비율	ROA	ROE	유보율	자기자본비율	EBITDA마진율
2016	-23.9	-52.1	265.1	212.5	-19.7	-63.9	89.0	27.4	-13.9
2015	-16.4	-25.6	227.9	195.8	-12.2	-38.7	427.9	30.5	-9.3
2014	-11.3	-13.5	227.6	188.5	-8.4	-24.9	1,257.6	30.5	-6.7
2013	-5.2	-7.3	199.6	172.8	-3.5	-9.6	1,435.6	33.4	0.6

스페로글로벌 (A028040)
SPERO GLOBAL

업 종 : 건축소재		시 장 : KOSDAQ	
신용등급 : (Bond) — (CP) —		기업규모 : 중견	
홈 페 이 지 : www.spero-global.com		연 락 처 : (043)710-0112	
본 사 : 충북 청주시 흥덕구 옥산면 과학산업4로 141			

설 립 일	1984.10.10	종 업 원 수	14명
상 장 일	1996.07.27	대 표 이 사	박정수
결 산 기	12월	감 사 의 견	적정 (세림)
액 면 가	500원	보 통 주	1,872만주
		우 선 주	

주주구성 (지분율,%)
씨트러스컨설팅	11.1
글로벌성장1호조합	6.8
(외국인)	3.1

출자관계 (지분율,%)
미래글로벌리미티드	100.0
플러스페이퍼	100.0

주요경쟁사 (외형,%)
스페로 글로벌	100
아세아시멘트	2,760
현대시멘트	2,295

매출구성
규사 및 석재	99.7
유아용품등	0.2
기타	0.1

비용구성
매출원가율	73.0
판관비율	14.7

수출비중
수출	0.0
내수	100.0

회사 개요
동사는 1984년 대원기공의 상호로 설립되었고, 삼성전기로부터 영업양수한 OPC사업부문을 2005년 분할하여 파캔오피씨라는 이름으로 사업을 영위하다 2016년 6월 상호를 스페로 글로벌로 변경함. 복사기·프린터의 핵심부품인 OPC DRUM 관련 사업을 영위하였으나 2016년 9월 관련 사업을 중단하고, 바다모래를 세척하여 건설자재로 판매하는 건재사업을 주요사업으로 영위하고 있음. 동년 8월 유통사업을 추가하며 유아용품 사업도 영위함.

실적 분석
동사의 2017년 2분기기준 누적 매출액은 전년동기대비 -25.7% 하락한 80.4억원을 기록하였음. 비용면에서 전년동기대비 매출원가는 증가하였으며 인건비도 크게 증가, 기타판매비와관리비는 크게 증가함. 그에 따라 매출액 하락 등에 의해 전년동기대비 영업이익은 -21.9억원으로 적자전환하였음. 최종적으로 전년동기대비 당기순이익은 적자전환하여 -51.1억원을 기록함.

현금 흐름 〈단위 : 억원〉
항목	2016	2017.2Q
영업활동	-20	18
투자활동	-88	1
재무활동	109	35
순현금흐름	0	54
기말현금	0	54

시장 대비 수익률

결산 실적 〈단위 : 억원〉
항목	2012	2013	2014	2015	2016	2017
매출액	210	113	77	93	165	
영업이익	-68	-55	-47	27	20	
당기순이익	-158	-55	-109	-43	-73	

분기 실적 〈단위 : 억원〉
항목	2016.1Q	2016.2Q	2016.3Q	2016.4Q	2017.1Q	2017.2Q
매출액	79	29	—	—	41	39
영업이익	28	6	—	—	-8	-14
당기순이익	20	-16	—	—	-12	-40

재무 상태 〈단위 : 억원〉
항목	2012	2013	2014	2015	2016	2017.2Q
총자산	459	454	396	438	454	526
유형자산	376	372	322	275	26	30
무형자산	6	10	1	0	16	64
유가증권					15	15
총부채	389	305	284	319	290	382
총차입금	319	243	235	213	227	295
자본금	40	85	187	78	92	92
총자본	70	149	112	120	164	144
지배주주지분	70	149	112	120	164	144

기업가치 지표
항목	2012	2013	2014	2015	2016	2017.2Q
주가(최고/저)(천원)	6.3/2.7	8.1/1.6	3.0/0.8	2.9/0.7	8.2/1.5	—/—
PER(최고/저)(배)	2.3/1.0	3.6/0.7	3.4/0.9	3.8/1.0	9.2/1.7	5.1/2.7
PBR(최고/저)(배)				11.7	25.8	
EV/EBITDA(배)						
EPS(원)	-5,223	-1,607	-1,498	-324	-423	-277
BPS(원)	1,056	874	301	763	890	784
CFPS(원)	-1,744	-442	-448	-250	-376	-274
DPS(원)				274		
EBITDAPS(원)	-608	-448	-164	274	165	-116

재무 비율 〈단위 : % 〉
연도	영업이익률	순이익률	부채비율	차입금비율	ROA	ROE	유보율	자기자본비율	EBITDA마진율
2016	12.3	-44.2	177.2	138.3	-16.3	-51.4	78.0	36.1	17.3
2015	28.5	-46.2	266.3	178.1	-10.3	-37.0	52.6	27.3	39.1
2014	-61.3	-142.2	일부잠식	일부잠식	-25.6	-83.5	-39.9	28.4	-46.7
2013	-49.1	-48.6	205.5	163.4	-12.0	-50.1	74.8	32.7	-35.4

스페이스솔루션 (A245030)
SPACE SOLUTION

업 종 : 일반 소프트웨어		시 장 : KONEX	
신용등급 : (Bond) —	(CP) —	기업규모 : —	
홈페이지 : www.spacesolution.kr		연락처 : 02)2027-5932	
본 사 : 서울시 금천구 디지털로9길 33, 1903호,1904호 (가산동, 아이티미래타워)			

설 립 일	2003.01.17	종 업 원 수	56명	대 표 이 사	주은덕
상 장 일	2016.06.03	감사의견	적정 (정동)	계 열	
결 산 기	12월	보 통 주		종속회사수	
액 면 가	—	우 선 주		구 상 호	

주주구성 (지분율,%)		출자관계 (지분율,%)		주요경쟁사 (외형,%)	
주은덕	45.7	코아로봇	30.0	스페이스솔루션	100
손민선	5.7	광주스페이스소프트웨어과학기술	100.0		

매출구성		비용구성		수출비중	
CAD(상품)	33.9	매출원가율	78.2	수출	3.0
CAD(용역)	32.7	판관비율	24.4	내수	97.0
기타	18.4				

회사 개요
2003년 설립된 솔루션비즈니스 분야 특화 기업임. 엔지니어링 솔루션분야에서 국내 산업용 솔루션(SW)의 개발, 판매 및 서비스에 관한 사업ను, 어플리케이션 솔루션 분야에서는 자수기제어기의 개발, 제조 및 판매에 관한 사업을 영위함. 주요 사업부는 산업용 솔루션(SW) 관련 사업을 담당하는 엔지니어링 솔루션 사업부와 자수기 제어기 관련 사업을 담당하는 자수기 사업부로 나눌 수 있음. 코아로봇 등을 포함해 4개의 비상장 관계회사를 보유하고 있음.

실적 분석
동사의 2016년 연간 매출액은 249.2억원, 영업손실은 6.5억원으로 적자를 기록함. 2016년 7월 금형 제작에 활용할 수 있는 금형견적 프로그램 '티-이스트(T-EST)'를 개발, 특허를 취득함. 견적 가격 합의화와 비용 감소를 통한 기업 순이익 증가가 기대됨. 2016년 소프트웨어 라인업 확장을 위해 매출 규모 2억 달러의 미국 시뮬레이션 소프트웨어 기업 씨디어댑코를 인수함. 향후 소프트웨어 라인업 확대를 통한 매출 확대 기대됨.

현금 흐름 *IFRS 별도 기준 〈단위 : 억원〉
항목	2016	2017.2Q
영업활동	-31	
투자활동	0	
재무활동	10	
순현금흐름	-20	
기말현금	9	

시장 대비 수익률

결산 실적 〈단위 : 억원〉
항목	2012	2013	2014	2015	2016	2017
매출액	—	194	249	252	249	—
영업이익	—	1	2	2	-7	—
당기순이익	—	3	2	4	-9	—

분기 실적 *IFRS 별도 기준 〈단위 : 억원〉
항목	2016.1Q	2016.2Q	2016.3Q	2016.4Q	2017.1Q	2017.2Q
매출액						
영업이익						
당기순이익						

재무 상태 *IFRS 별도 기준 〈단위 : 억원〉
항목	2012	2013	2014	2015	2016	2017.2Q
총자산		130	133	138	139	
유형자산		13	13	12	12	
무형자산		11	8	6	4	
유가증권		4	2	1	1	
총부채		81	82	73	84	
총차입금		21	19	20	35	
자본금		6	6	6	6	
총자본		49	51	65	56	
지배주주지분		49	51	65	56	

기업가치 지표 *IFRS 별도 기준
항목	2012	2013	2014	2015	2016	2017.2Q
주가(최고/저)(천원)	#VALUE!	—/—	—/—	—/—	—/—	—/—
PER(최고/저)(배)	0.0/0.0	0.0/0.0	0.0/0.0	0.0/0.0	—/—	—/—
PBR(최고/저)(배)	0.0/0.0	0.0/0.0	0.0/0.0	0.0/0.0	2.3/0.8	0.0/0.0
EV/EBITDA(배)	0.0	4.7	2.2		—/—	—/—
EPS(원)	—	293	200	334	-797	
BPS(원)	—	44,129	45,882	59,803	5,137	
CFPS(원)	—	5,252	5,629	6,718	-468	
DPS(원)	—					
EBITDAPS(원)		3,547	5,246	5,250	-255	

재무 비율 〈단위 : %〉
연도	영업이익률	순이익률	부채비율	차입금비율	ROA	ROE	유보율	자기자본비율	EBITDA마진율
2016	-2.6	-3.6	151.0	63.6	-6.4	-14.8	927.3	39.9	-1.1
2015	0.8	1.5	112.1	30.6	2.8	6.4	1,096.1	47.2	2.3
2014	0.7	0.9	159.0	36.7	1.7	4.5	817.6	38.6	2.4
2013	0.7	1.7	163.6	42.2	0.0	0.0	782.6	37.9	2.1

스페코 (A013810)
SPECO

업 종 : 건축자재		시 장 : KOSDAQ	
신용등급 : (Bond) —	(CP) —	기업규모 : 중견	
홈페이지 : www.speco.co.kr		연락처 : 02)3498-3212	
본 사 : 서울시 강남구 학동로 171 삼익빌딩 7층			

설 립 일	1979.02.07	종 업 원 수	108명	대 표 이 사	유형민
상 장 일	1997.09.12	감사의견	적정 (삼경)	계 열	
결 산 기	12월	보 통 주	1,466만주	종속회사수	3개사
액 면 가	500원	우 선 주		구 상 호	

주주구성 (지분율,%)		출자관계 (지분율,%)		주요경쟁사 (외형,%)	
김종섭	39.4	스페코윈드파워	84.8	스페코	100
김민수	5.7	삼익악기	14.0	원하이텍	77
(외국인)	0.6	스페코플랜트	13.8	하츠	105

매출구성		비용구성		수출비중	
아스팔트믹싱플랜트(A/P)	40.4	매출원가율	78.5	수출	66.0
Wind tower	36.1	판관비율	15.1	내수	34.0
콘크리트배처플랜트(B/P)	13.7				

회사 개요
동사는 재생아스콘 플랜트부문 설비 생산업체로 1979년 설립, 1997년 코스닥시장에 상장되었고, 건설장비 분야와 방위산업 분야의 사업을 영위하고 있음. 2017년 6월말 현재 매출은 플랜트사업 분야 39.89%, 풍력부문 42.09%, 방산설비 17.26% 등으로 구성됨. DN원도타워 제작 및 판매업을 하는 멕시코 현지법인으로 풍력사업에 진출함. 코스피 상장사인 삼익악기 등 총23개의 계열사를 보유중임.

실적 분석
동사의 2017년 2/4분기 누적 매출액은 전년 동기 대비 11.5% 감소한 404.1억원을 기록함. 외형축소로 인해 매출원가와 판매비와 관리비가 전년동기 대비 각각 9.2%, 15.9% 감소했음에도 불구하고 영업이익은 전년동기 대비 26.6% 감소한 29.1억원 시현에 그쳤음. 한편 비영업부문에서 3.6억원의 손실을 기록함에 따라 이익폭이 축소되며 당기순이익은 전년동기 대비 41.4% 감소한 21.1억원 시현에 그쳤음.

현금 흐름 〈단위 : 억원〉
항목	2016	2017.2Q
영업활동	75	28
투자활동	-53	-4
재무활동	-136	-36
순현금흐름	-108	-14
기말현금	51	37

시장 대비 수익률

결산 실적 〈단위 : 억원〉
항목	2012	2013	2014	2015	2016	2017
매출액	791	666	961	1,013	843	—
영업이익	29	9	71	111	54	—
당기순이익	11	-22	24	76	48	—

분기 실적 〈단위 : 억원〉
항목	2016.1Q	2016.2Q	2016.3Q	2016.4Q	2017.1Q	2017.2Q
매출액	239	218	169	217	210	194
영업이익	19	20	8	8	14	15
당기순이익	16	20	-0	12	6	15

재무 상태 〈단위 : 억원〉
항목	2012	2013	2014	2015	2016	2017.2Q
총자산	849	1,011	1,290	1,353	1,060	1,068
유형자산	234	221	203	176	149	152
무형자산	13	13	13	10	10	10
유가증권	157	280	419	419	316	271
총부채	614	708	866	831	615	619
총차입금	408	497	527	510	378	338
자본금	65	65	65	69	69	69
총자본	235	303	425	522	445	448
지배주주지분	204	279	405	492	414	413

기업가치 지표
항목	2012	2013	2014	2015	2016	2017.2Q
주가(최고/저)(천원)	3.9/1.8	6.0/2.2	5.2/3.5	5.5/3.6	6.7/4.1	—/—
PER(최고/저)(배)	35.9/16.9	—/—	25.0/17.1	10.2/6.7	21.6/13.4	—/—
PBR(최고/저)(배)	2.5/1.2	2.8/1.0	1.7/1.2	1.6/1.0	2.2/1.4	2.3/1.6
EV/EBITDA(배)	12.3	25.7	10.3	7.1	13.1	—/—
EPS(원)	110	-116	209	548	308	138
BPS(원)	1,568	2,149	3,121	3,560	2,999	2,989
CFPS(원)	311	92	402	734	479	223
DPS(원)				50		
EBITDAPS(원)	425	278	738	1,004	559	295

재무 비율 〈단위 : %〉
연도	영업이익률	순이익률	부채비율	차입금비율	ROA	ROE	유보율	자기자본비율	EBITDA마진율
2016	6.4	5.7	138.1	85.0	4.0	9.4	499.8	42.0	9.2
2015	11.0	7.5	159.2	97.6	5.8	16.6	611.9	38.6	13.5
2014	7.4	2.5	203.9	124.2	2.1	7.9	524.3	32.9	10.0
2013	1.4	-3.4	233.8	164.2	-2.4	-6.2	329.7	30.0	5.4

스포츠서울 (A039670)
The Sports Seoul

업 종 : 미디어		시 장 : KOSDAQ	
신용등급 : (Bond) — (CP) —		기 업 규 모 : 중견	
홈 페 이 지 : www.sportsseoul.com/company/21		연 락 처 : 02)2001-0072	
본 사 : 서울시 영등포구 경인로 775 (에이스하이테크시티1동5층)			

설 립 일	1999.12.30	종 업 원 수	87명	대 표 이 사	유지환
상 장 일	2004.01.16	감 사 의 견	적정 (다산)	계	열
결 산 기	03월	보 통 주	2,101만주	종 속 회 사 수	5개사
액 면 가	500원	우 선 주		구 상 호	

주주구성 (지분율,%)		출자관계 (지분율,%)		주요경쟁사 (외형,%)	
소울인베스트먼트	15.7			스포츠서울	100
박경원	3.3			팬엔터테인먼트	219
(외국인)	1.0			에프엔씨애드컬처	71

매출구성		비용구성		수출비중	
미디어사업(신문)	86.1	매출원가율	67.2	수출	0.0
미디어사업(사업)	11.7	판관비율	30.9	내수	100.0
미디어사업(기타)	1.5				

회사 개요
동사는 1999년 대한매일신보사에서 물적분할하여 설립되어 미디어사업과 신규사업인 자원개발사업 등을 영위 중임. 미디어사업은 스포츠서울데일리를 2011년 4월 흡수합병하여 포함. 2012년 5월 신사업분야 홈앤온사업부를 신설하여 국내 6대 홈쇼핑사는 물론 관계 쇼핑몰에 각종 상품을 판매하고 있으며, 상품을 기획하고 브랜드화 할 수 있는 상품소싱에 주력, 언론매체로서 장점을 적극 활용해 다각적으로 사업을 추진.

실적 분석
신문은 과거 TV, 라디오, 잡지 등과 함께 4대 매체를 형성해 왔으나, 멀티미디어시대의 도래로 인터넷, 위성TV, 스마트폰, 테블릿 PC 등의 등장으로 그 역할이 계속해서 축소되고 있음. 2012년 5월 신사업분야 2분기기준 누적 매출액은 전년동기대비 1.8% 소폭 변동한 37.1억원을 기록하였음. 영업이익은 -15.6억원을 달성함. 향후 외부환경에 대한 적응 범위에 따라 수익성이 달라질 것이라 보고 있음.

현금 흐름 〈단위 : 억원〉

항목	2016	2017.1Q
영업활동	-37	-45
투자활동	-44	-20
재무활동	57	52
순현금흐름	-24	-14
기말현금	58	45

시장 대비 수익률

결산 실적 〈단위 : 억원〉

항목	2012	2013	2014	2015	2016	2017
매출액	342	246	161	155	161	—
영업이익	-47	-73	-53	-48	3	—
당기순이익	-77	-259	-106	-46	-5	—

분기 실적 〈단위 : 억원〉

항목	2015.4Q	2016.1Q	2016.2Q	2016.3Q	2016.4Q	2017.1Q
매출액	41	36	41	47	37	37
영업이익	-19	0	0	1	2	-16
당기순이익	-19	0	-0	8	-13	-16

재무 상태 〈단위 : 억원〉

항목	2012	2013	2014	2015	2016	2017.1Q
총자산	412	197	140	241	285	#N/A
유형자산	75	62	60	79	88	#N/A
무형자산	0	0	1	2	3	90
유가증권	10	3	0	3	2	28
총부채	229	176	110	126	109	6
총차입금	145	108	38	52	48	63
자본금	339	410	95	74	88	98
총자본	182	21	30	115	176	212
지배주주지분	182	21	30	115	175	211

기업가치 지표

항목	2012	2013	2014	2015	2016	2017.1Q
주가(최고/저)(천원)	51.4/15.2	36.4/4.5	4.8/2.3	5.2/1.8	5.3/2.4	—/—
PER(최고/저)(배)	—/—	—/—	—/—	—/—	—/—	—/—
PBR(최고/저)(배)	9.6/2.8	72.3/9.0	15.3/7.5	6.7/2.3	5.4/2.4	3.6/2.4
EV/EBITDA(배)					75.1	
EPS(원)	-2,690	-6,843	-1,619	-419	-27	-82
BPS(원)	269	25	156	778	991	1,074
CFPS(원)	-125	-338	-792	-399	-13	-78
DPS(원)						—/—
EBITDAPS(원)	-72		-91	-388	31	-76

재무 비율 〈단위 : % 〉

연도	영업이익률	순이익률	부채비율	차입금비율	ROA	ROE	유보율	자기자본비율	EBITDA마진율
2016	1.9	-3.2	62.1	27.3	-1.9	-3.3	98.1	61.7	3.4
2015	-30.8	-29.9	109.5	45.1	-24.3	-64.0	55.6	47.7	-29.4
2014	-32.9	-65.7	일부잠식	일부잠식	-67.4	-243.7	-68.8	21.2	-31.5
2013	-29.6	-105.6	일부잠식	일부잠식	-85.2	-255.4	-95.0	10.5	-28.2

승일 (A049830)
SEUNG IL

업 종 : 용기 및 포장		시 장 : KOSDAQ	
신용등급 : (Bond) — (CP) —		기 업 규 모 : 우량	
홈 페 이 지 : www.seungilcan.co.kr		연 락 처 : 041)411-1811	
본 사 : 충남 천안시 서북구 직산읍 4산단1길 10			

설 립 일	1978.12.26	종 업 원 수	357명	대 표 이 사	현창수
상 장 일	2001.01.10	감 사 의 견	적정 (세일)	계	열
결 산 기	12월	보 통 주	613만주	종 속 회 사 수	
액 면 가	500원	우 선 주		구 상 호	

주주구성 (지분율,%)		출자관계 (지분율,%)		주요경쟁사 (외형,%)	
현창수	29.7	세화제관	48.1	승일	100
현정은	7.6	제이티비씨	0.3	락앤락	307
(외국인)	0.8			연우	169

매출구성		비용구성		수출비중	
[에어졸 CAN 외]제품/ 상품매출	71.9	매출원가율	90.6	수출	—
[일반관 CAN 외]제품/ 상품매출	28.1	판관비율	5.3	내수	—

회사 개요
동사가 영위하고 있는 주요 사업은 제관업이며, 에어졸관과 일반관을 주요 사업부문으로 하는 업체임. 에어졸 부문은 관계사인 태양산업과 더불어 국내 시장점유율 60% 내외 수준으로국내 시장 1위의 위치를 고수하고 있음. 생산규모, 품질, 기술 등 모든 면에서 시장을 선도하고 있으며 내수는 물론 수출 실적도 성장세를 유지하고 있음. 일반관 부문은 우성제관을 합병하여 현재 식품용캔부터 공업용캔까지 일반관의 모든 제품군을 생산함.

실적 분석
동사는 국내 주요 화장품 업체가 사용하는 에어졸캔 수요량의 70% 정도를 생산하고 있어 향후 중국 화장품 시장 확대에 따른 수혜를 입을 것으로 전망됨. 동사의 연결 기준 2017년 2분기 누적 매출액은 전년 동기 751억원 대비 2.4% 감소한 733.4억원 기록. 매출원가 감소로 영업이익은 32.2억원을 기록, 전년 동기 48.5억원 대비 33.7% 감소한 수치를 기록함.

현금 흐름 *IFRS 별도 기준 〈단위 : 억원〉

항목	2016	2017.2Q
영업활동	76	-14
투자활동	-7	-7
재무활동	-33	-5
순현금흐름	41	-30
기말현금	155	125

시장 대비 수익률

결산 실적 〈단위 : 억원〉

항목	2012	2013	2014	2015	2016	2017
매출액	1,430	1,326	1,295	1,251	1,385	—
영업이익	59	77	84	75	57	—
당기순이익	65	78	82	69	32	—

분기 실적 *IFRS 별도 기준 〈단위 : 억원〉

항목	2015.1Q	2016.2Q	2016.3Q	2016.4Q	2017.1Q	2017.2Q
매출액	342	409	322	312	343	390
영업이익	15	33	9	0	12	20
당기순이익	14	24	4	-11	6	23

재무 상태 *IFRS 별도 기준 〈단위 : 억원〉

항목	2012	2013	2014	2015	2016	2017.2Q
총자산	1,369	1,414	1,546	1,671	1,714	1,743
유형자산	585	612	684	1,048	1,046	1,035
무형자산	7	5	5	4	4	4
유가증권	15	17	16	16	2	1
총부채	293	264	318	379	390	396
총차입금	18		35	133	100	100
자본금	31	31	31	31	31	31
총자본	1,077	1,150	1,227	1,292	1,324	1,347
지배주주지분	1,077	1,150	1,227	1,292	1,324	1,347

기업가치 지표 *IFRS 별도 기준

항목	2012	2013	2014	2015	2016	2017.2Q
주가(최고/저)(천원)	6.2/4.7	10.0/5.7	18.6/7.7	20.8/12.2	20.3/11.4	—/—
PER(최고/저)(배)	6.0/4.6	8.0/4.6	14.0/5.8	18.5/10.9	39.4/22.2	—/—
PBR(최고/저)(배)	0.4/0.3	0.5/0.3	0.9/0.4	1.0/0.6	0.9/0.5	0.7/0.5
EV/EBITDA(배)	1.3	1.7	4.2	8.1	8.6	
EPS(원)	1,067	1,280	1,344	1,133	518	465
BPS(원)	17,794	18,991	20,254	21,304	21,823	22,205
CFPS(원)	1,642	1,842	1,893	1,670	1,289	904
DPS(원)	85	85	85		85	
EBITDAPS(원)	1,536	1,825	1,917	1,757	1,705	964

재무 비율 〈단위 : % 〉

연도	영업이익률	순이익률	부채비율	차입금비율	ROA	ROE	유보율	자기자본비율	EBITDA마진율
2016	4.1	2.3	29.5	7.6	1.9	2.4	4,264.5	77.2	7.6
2015	6.0	5.6	29.4	10.3	4.5	5.5	4,160.8	77.3	8.6
2014	6.5	6.4	25.9	2.9	5.6	6.9	3,950.7	79.4	9.1
2013	5.8	5.9	23.0		5.6	7.1	3,698.3	81.3	8.4

시공테크 (A020710)
Sigongtech

<table>
<tr><td>업　　종</td><td>호텔 및 레저</td><td>시　　장</td><td>KOSDAQ</td></tr>
<tr><td>신용등급</td><td>(Bond) —　　(CP) —</td><td>기업규모</td><td>중견</td></tr>
<tr><td>홈 페 이 지</td><td>www.sigongtech.co.kr</td><td>연 락 처</td><td>02)3438-0077</td></tr>
<tr><td>본　　사</td><td colspan="3">경기도 성남시 분당구 판교역로 225-20</td></tr>
</table>

<table>
<tr><td>설 립 일</td><td>1988.02.19</td><td>종 업 원 수</td><td>189명</td><td>대 표 이 사</td><td>박기석</td></tr>
<tr><td>상 장 일</td><td>1999.07.31</td><td>감 사 의 견</td><td>적정 (안진)</td><td>계　　열</td><td></td></tr>
<tr><td>결 산 기</td><td>12월</td><td>보 통 주</td><td>2,005만주</td><td>종속회사수</td><td>2개사</td></tr>
<tr><td>액 면 가</td><td>500원</td><td>우 선 주</td><td></td><td>구 상 호</td><td></td></tr>
</table>

주주구성 (지분율,%)		출자관계 (지분율,%)		주요경쟁사 (외형,%)	
박기석	37.2	시공문화	100.0	시공테크	100
임기석	9.7	피디엠	33.5	골프존뉴딘	301
(외국인)	1.7	시공미디어	32.8	이월드	37

매출구성		비용구성		수출비중	
전시물/전시시설/인테리어진열장/수장고/훈증사	92.3	매출원가율	103.8	수출	56.0
전시 및 인테리어 설계	7.7	판관비율	6.7	내수	44.0

회사 개요
동사는 설립 이래 박물관, 과학관, 전시관, 테마파크 등 인간의 삶과 문화의 현장에서 창출된 지식과 정보를 보존하고 전시하는 전시문화산업을 영위하고 있는 업체임. 계열회사로는 시공미디어, 시공교육 등이 있음. 계열회사 중 IFRS 도입으로 인한 종속회사는 시공문화, 미얀마 시공테크 2개사임. 미얀마 시공테크는 동사의 미얀마 관련 프로젝트를 수행하기 위해 신설된 법인으로 2016년 7월 설립됨. 중국시장에서의 영업력도 강화해 나가는 중임.

실적 분석
동사의 2017년 2분기 누적 매출액은 947.6억원으로 전년 동기 297.2억원 대비 218.9% 대폭 증가함. 이에 따라 영업이익 또한 74.1억원을 시현하며 흑자전환함. 비영업부문 수익 개선으로 당기순이익은 88.1억원을 기록. 전년 30.4억원 손실에서 흑자전환에 성공. 2017년 들어 아스타나 엑스포 주제관 및 공동관 공사를 연이어 수주하는 등 차후 영업이익 및 당기순이익은 점차 증가될 것으로 기대됨.

현금 흐름 〈단위 : 억원〉
항목	2016	2017.2Q
영업활동	-17	8
투자활동	72	14
재무활동	6	6
순현금흐름	61	29
기말현금	173	201

시장 대비 수익률

결산 실적 〈단위 : 억원〉
항목	2012	2013	2014	2015	2016	2017
매출액	1,146	758	757	722	808	—
영업이익	52	0	41	-1	-86	—
당기순이익	24	-27	69	11	-67	—

분기 실적 〈단위 : 억원〉
항목	2016.1Q	2016.2Q	2016.3Q	2016.4Q	2017.1Q	2017.2Q
매출액	162	135	199	312	514	433
영업이익	-12	-25	-9	-39	53	21
당기순이익	-7	-24	5	-42	40	48

재무 상태 〈단위 : 억원〉
항목	2012	2013	2014	2015	2016	2017.2Q
총자산	1,033	998	1,097	1,087	1,103	1,430
유형자산	248	242	237	232	226	224
무형자산	14	14	13	13	12	9
유가증권	161	240	237	343	278	241
총부채	236	222	261	238	316	566
총차입금	—	—	1	1	8	9
자본금	100	100	100	100	100	100
총자본	798	776	837	848	787	864
지배주주지분	798	776	837	848	787	864

기업가치 지표
항목	2012	2013	2014	2015	2016	2017.2Q
주가(최고/저)(천원)	8.1/3.7	5.3/2.8	5.5/2.9	9.6/3.4	7.3/4.8	—/—
PER(최고/저)(배)	68.9/31.5	—/—	16.3/8.7	179.0/63.5	—/—	—/—
PBR(최고/저)(배)	2.0/0.9	1.4/0.7	1.3/0.7	2.3/0.8	1.8/1.2	1.8/1.4
EV/EBITDA(배)	12.3	26.1	6.5	124.8	—	—
EPS(원)	120	-136	343	54	-337	440
BPS(원)	4,075	3,905	4,209	4,267	3,977	4,361
CFPS(원)	166	-90	386	95	-298	455
DPS(원)	50	—	40	0	—	—
EBITDAPS(원)	308	48	247	36	-388	385

재무 비율 〈단위 : % 〉
연도	영업이익률	순이익률	부채비율	차입금비율	ROA	ROE	유보율	자기자본비율	EBITDA마진율
2016	-10.6	-8.4	40.2	1.0	-6.2	-8.3	695.4	71.3	-9.6
2015	-0.2	1.5	28.1	0.1	1.0	1.3	753.4	78.1	1.0
2014	5.4	9.1	31.2	0.1	6.6	8.5	741.7	76.2	6.5
2013	0.1	-3.6	28.7	0.0	-2.7	-3.5	681.1	77.7	1.3

시그네틱스 (A033170)
Signetics

<table>
<tr><td>업　　종</td><td>반도체 및 관련장비</td><td>시　　장</td><td>KOSDAQ</td></tr>
<tr><td>신용등급</td><td>(Bond) —　　(CP) —</td><td>기업규모</td><td>중견</td></tr>
<tr><td>홈 페 이 지</td><td>www.signetics.com</td><td>연 락 처</td><td>031)940-7400</td></tr>
<tr><td>본　　사</td><td colspan="3">경기도 파주시 탄현면 평화로 711</td></tr>
</table>

<table>
<tr><td>설 립 일</td><td>1966.09.12</td><td>종 업 원 수</td><td>151명</td><td>대 표 이 사</td><td>백동원</td></tr>
<tr><td>상 장 일</td><td>2010.11.26</td><td>감 사 의 견</td><td>적정 (한영)</td><td>계　　열</td><td></td></tr>
<tr><td>결 산 기</td><td>12월</td><td>보 통 주</td><td>8,573만주</td><td>종속회사수</td><td>1개사</td></tr>
<tr><td>액 면 가</td><td>500원</td><td>우 선 주</td><td></td><td>구 상 호</td><td></td></tr>
</table>

주주구성 (지분율,%)		출자관계 (지분율,%)		주요경쟁사 (외형,%)	
영풍	31.6	코리아써키트	8.2	시그네틱스	100
장형진	8.5	SIGNETICSHIGHTECHNOLOGYUSAINC	100.0	유니테스트	54
(외국인)	3.8			에스앤에스텍	25

매출구성		비용구성		수출비중	
비메모리	72.8	매출원가율	99.6	수출	90.0
메모리	27.2	판관비율	3.0	내수	10.0

회사 개요
동사가 영위하는 반도체패키징업(테스트포함)은 반도체 제조 과정 중 후공정에 속하는 산업으로, 칩에 전기적인 연결을 해주고, 외부의 충격에 견디도록 밀봉 포장하여 물리적인 기능과 형상을 갖게 해주는 공정을 말함. 반도체 제조 공정상 분류시 후공정업체에 해당하며 후공정중 패키징 사업을 주목적 사업으로 하고 있음. 주요 거래처는 삼성전자, 하이닉스반도체 등 반도체 제조기업임.

실적 분석
동사의 2017년 2분기기준 누적 매출액은 전년동기기대비 49.5% 상승한 1,43억원을 기록하였음. 비용면에서 전년동기대비 매출원가는 증가 하였으며 인건비도 증가, 기타판매비와관리비도 마찬가지로 증가함. 그에 따라 전년동기대비 영업이익은 -8.8억원으로 적자지속 이지만 그 폭을 줄여가고 있음. 그러나 비영업손익의 흑자전환으로 전년동기대비 당기순이익은 2.2억원을 기록함.

현금 흐름 〈단위 : 억원〉
항목	2016	2017.2Q
영업활동	42	162
투자활동	-98	-159
재무활동	90	-11
순현금흐름	34	-7
기말현금	38	31

시장 대비 수익률

결산 실적 〈단위 : 억원〉
항목	2012	2013	2014	2015	2016	2017
매출액	3,099	2,742	2,347	2,091	2,157	—
영업이익	185	112	-39	35	-55	—
당기순이익	159	90	-45	-37	-59	—

분기 실적 〈단위 : 억원〉
항목	2016.1Q	2016.2Q	2016.3Q	2016.4Q	2017.1Q	2017.2Q
매출액	337	495	644	681	586	657
영업이익	-66	-18	7	21	-32	23
당기순이익	-57	-23	7	13	-14	16

재무 상태 〈단위 : 억원〉
항목	2012	2013	2014	2015	2016	2017.2Q
총자산	2,862	2,504	2,359	2,233	2,446	2,515
유형자산	1,829	1,732	1,463	1,483	1,485	1,501
무형자산	3	3	1	1	1	1
유가증권	471	356	327	433	274	382
총부채	978	686	611	551	815	786
총차입금	488	322	276	273	371	370
자본금	429	429	429	429	429	429
총자본	1,883	1,819	1,749	1,682	1,631	1,729
지배주주지분	1,883	1,819	1,749	1,682	1,631	1,729

기업가치 지표
항목	2012	2013	2014	2015	2016	2017.2Q
주가(최고/저)(천원)	4.2/2.6	3.6/2.0	2.3/1.2	2.2/1.2	2.0/1.4	—/—
PER(최고/저)(배)	22.7/14.0	34.1/18.9	—/—	—/—	—/—	—/—
PBR(최고/저)(배)	1.9/1.2	1.7/0.9	1.1/0.6	1.1/0.6	1.0/0.7	0.8/0.7
EV/EBITDA(배)	6.0	4.5	4.9	4.7	6.9	—
EPS(원)	185	105	-53	-43	-69	3
BPS(원)	2,197	2,121	2,040	1,962	1,903	2,017
CFPS(원)	573	515	350	327	277	176
DPS(원)						
EBITDAPS(원)	604	540	357	412	281	164

재무 비율 〈단위 : % 〉
연도	영업이익률	순이익률	부채비율	차입금비율	ROA	ROE	유보율	자기자본비율	EBITDA마진율
2016	-2.6	-2.7	50.0	22.7	-2.5	-3.6	280.6	66.7	11.2
2015	1.7	-1.8	32.8	16.2	-1.6	-2.2	292.4	75.3	16.9
2014	-1.7	-1.9	34.9	15.8	-1.9	-2.6	308.0	74.1	13.1
2013	4.1	3.3	37.7	17.7	3.4	4.9	324.3	72.6	16.9

시그넷이브이 (A260870)
SIGNET EV

업 종 : 자동차부품		시 장 : KONEX	
신용등급 : (Bond) — (CP) —		기업규모 : —	
홈페이지 : www.signetev.com		연 락 처 : 070)4618-1339	
주 사 : 전남 영광군 대마면 전기차로 49			

설 립 일	2016.12.13	종 업 원 수	45명	대 표 이 사	황호철
상 장 일	2017.08.30	감 사 의 견	적정 (인덕)	계	열
결 산 기	12월	보 통 주		종 속 회 사 수	
액 면 가		우 선 주		구 상 호	

주주구성 (지분율,%)		출자관계 (지분율,%)		주요경쟁사 (외형,%)	
황호철	20.9			시그넷이브이	100
유안타세컨더리2호펀드	0.2			세원	827
				이원컴포텍	729

매출구성		비용구성		수출비중	
급속충전기	95.3	매출원가율	79.5	수출	—
완속충전기	3.6	판관비율	4.3	내수	—
기타	1.1				

회사 개요

동사는 2016년 12월 13일 시그넷시스템과 인적분할을 통한 분할신설회사로 설립되었으며 전기자동차 충전기 전문 연구 개발 제조 양산 업체임. 동사는 현재 세계 최초로 급속충전기(100kW) 1기로 차량 2대를 동시충전이 가능한 Power Sharing Charging 기술을 개발하여 일본 닛산 연구소에 기 납품(2016년 12월)하였으며, 특허등록진행 중에 있음. 또한 한국전력과 더불어 최초로 전신주형충전기를 개발함.

실적 분석

동사는 국내 최초로 일본의 차데모인증을 획득하였으며, 국내 최초 및 세계 3번째 미국 UL인증, 유럽의 CE인증을 획득하여 수출하는 업체임. 동사의 기술력은 세계유수의 전기차 충전기 제조사(ABB,이튼,에파섹 등)과 겨루어 충전기술력, 가격경쟁력, A/S 및 유지보수 면에서 우수한 경쟁력을 보유하여 2분기 기준 매출액은 172.9억원, 영업이익 11.8억원, 당기순이익은 6.8억원을 기록함.

현금 흐름 〈단위 : 억원〉

항목	2016	2017.2Q
영업활동	-5	
투자활동	-0	
재무활동	5	
순현금흐름	0	
기말현금	1	

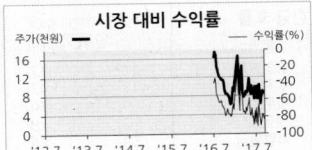

시장 대비 수익률

결산 실적 〈단위 : 억원〉

항목	2012	2013	2014	2015	2016	2017
매출액	—	—	—	—	51	—
영업이익	—	—	—	—	8	—
당기순이익	—	—	—	—	5	—

분기 실적 〈단위 : 억원〉

항목	2016.1Q	2016.2Q	2016.3Q	2016.4Q	2017.1Q	2017.2Q
매출액	—	—	—	51	—	—
영업이익	—	—	—	8	—	—
당기순이익	—	—	—	5	—	—

재무 상태 〈단위 : 억원〉

항목	2012	2013	2014	2015	2016	2017.2Q
총자산	—	—	—	—	105	
유형자산	—	—	—	—	1	
무형자산	—	—	—	—	35	
유가증권	—	—	—	—		
총부채	—	—	—	—	58	
총차입금	—	—	—	—	7	
자본금	—	—	—	—	23	
총자본	—	—	—	—	47	
지배주주지분	—	—	—	—	47	

기업가치 지표

항목	2012	2013	2014	2015	2016	2017.2Q
주가(최고/저)(천원)	#VALUE!	—/—	—/—	—/—	—/—	—/—
PER(최고/저)(배)	0.0/0.0	0.0/0.0	0.0/0.0	0.0/0.0	0.0/0.0	0.0/0.0
PBR(최고/저)(배)	0.0/0.0	0.0/0.0	0.0/0.0	0.0/0.0	0.0/0.0	0.0/0.0
EV/EBITDA(배)	0.0					0.2
EPS(원)	—				122	
BPS(원)	—				1,015	
CFPS(원)	—				131	
DPS(원)	—					
EBITDAPS(원)	—				193	

재무 비율 〈단위 :,%〉

연도	영업이익률	순이익률	부채비율	차입금비율	ROA	ROE	유보율	자기자본비율	EBITDA마진율
2016	16.1	10.7	122.8	15.2	0.0	0.0	103.0	44.9	17.0
2015	0.0	0.0	0.0	0.0	0.0	0.0	0.0	0.0	0.0
2014	0.0	0.0	0.0	0.0	0.0	0.0	0.0	0.0	0.0
2013	0.0	0.0	0.0	0.0	0.0	0.0	0.0	0.0	0.0

시냅스엠 (A246830)
SCENAPPSM inc

업 종 : 인터넷 서비스		시 장 : KONEX	
신용등급 : (Bond) — (CP) —		기업규모 : —	
홈페이지 : www.scenappsm.com		연 락 처 : 02)3420-1600	
주 사 : 서울시 강남구 학동로 318 10층(논현동, 유경빌딩)			

설 립 일	2006.02.01	종 업 원 수	34명	대 표 이 사	김덕조
상 장 일	2016.07.13	감 사 의 견	적정 (대주)	계	열
결 산 기	12월	보 통 주		종 속 회 사 수	
액 면 가		우 선 주		구 상 호	

주주구성 (지분율,%)		출자관계 (지분율,%)		주요경쟁사 (외형,%)	
김덕조	62.4			시냅스엠	100
디에스자산운용	35.0			소리바다	1,197
				이지웰페어	1,596

매출구성		비용구성		수출비중	
UGC서비스	53.0	매출원가율	0.0	수출	29.0
OVP서비스	33.7	판관비율	144.9	내수	71.0
OTT서비스	13.3				

회사 개요

2006년 1월 27일 '주식회사 유엠씨이'이라는 법인형태로 설립, '엠군닷컴'이라는 동영상 UCC 서비스로 사업을 시작함. 2007년 1월 24일 '주식회사 엠군미디어'로 사명을 변경, 2015년 3월 31일에 '주식회사 시냅스엠'으로 다시 사명을 변경함. 2016년 7월 13일 코넥스 시장에 상장함. 동영상 컨텐츠 유통 사업 등, 온라인 동영상 서비스와 관련된 다양한 사업 영위 중임. 주요 사업 부문은 엠군, 위캔디오, 뽀로로TV로 구성됨.

실적 분석

동사의 2016년 연간 매출액은 32.8억원, 영업손실은 14.7억원을 기록함. 매출비중은 UGC서비스(엠군) 53%, OVP서비스(위캔디오) 34%, OTT서비스(뽀로로TV) 13%로 구성됨. 2017년 DRM 서비스를 오픈하여 이러닝서비스 업체를 타겟으로 영업 영역을 확대해 나갈 계획임. 최근 뽀로로TV 양방향 서비스 앱이 올레TV 앱서비스 1위를 차지하는 등 긍정적인 시장 반응을 얻고 있으며 양방향 서비스 스크린을 지속 확장할 계획임.

현금 흐름 *IFRS 별도 기준 〈단위 : 억원〉

항목	2016	2017.2Q
영업활동	-11	
투자활동	-4	
재무활동	8	
순현금흐름	-6	
기말현금	1	

시장 대비 수익률

결산 실적 〈단위 : 억원〉

항목	2012	2013	2014	2015	2016	2017
매출액		16	25	26	33	
영업이익		-5	-0	-12	-15	
당기순이익		-6	-1	-14	-29	

분기 실적 *IFRS 별도 기준 〈단위 : 억원〉

항목	2016.1Q	2016.2Q	2016.3Q	2016.4Q	2017.1Q	2017.2Q
매출액						
영업이익						
당기순이익						

재무 상태 *IFRS 별도 기준 〈단위 : 억원〉

항목	2012	2013	2014	2015	2016	2017.2Q
총자산		7	9	35	16	
유형자산		1	1	5	5	
무형자산			0	1		
유가증권				1		
총부채		10	12	11	16	
총차입금		7	8	12	10	
자본금		-2	-3	24	0	
총자본		-2	-3	24		
지배주주지분				24		

기업가치 지표 *IFRS 별도 기준

항목	2012	2013	2014	2015	2016	2017.2Q
주가(최고/저)(천원)	—/—	—/—	—/—	—/—	—/—	—/—
PER(최고/저)(배)	0.0/0.0	0.0/0.0	0.0/0.0	0.0/0.0	0.0/0.0	0.0/0.0
PBR(최고/저)(배)	0.0/0.0	0.0/0.0	0.0/0.0	0.0/0.0	1,550.0/441.8	0.0/0.0
EV/EBITDA(배)	0.0					
EPS(원)	—	-438	-78	-788	-1,462	
BPS(원)	—	-1,724	-2,236	12,075	12	
CFPS(원)	—	-4,127	-480	-7,368	-1,383	
DPS(원)	—					
EBITDAPS(원)	—	-4,028	-77	-6,173	-656	

재무 비율 〈단위 : % 〉

연도	영업이익률	순이익률	부채비율	차입금비율	ROA	ROE	유보율	자기자본비율	EBITDA마진율
2016	-44.9	-89.3	일부잠식	일부잠식	-113.8	-245.0	-97.6	1.5	-40.1
2015	-43.9	-51.7	47.8	31.0	-61.8	141.5	67.7	67.7	-40.5
2014	-2.0	-4.2	완전잠식	완전잠식	-12.5	잠식지속	-144.7	-32.6	-0.4
2013	-34.1	-34.9	완전잠식	완전잠식	0.0	0.0	-134.5	-30.3	-32.0

시너지이노베이션 (A048870)
Synergy Innovation

업 종 : 자동차부품		시 장 : KOSDAQ	
신용 등급 : (Bond) — (CP) —		기업규모 : 중견	
홈 페 이 지 : www.corelogic.co.kr		연 락 처 : 02)2191-0716	
본 사 : 경기도 성남시 중원구 사기막골로 124 (상대원동, 에스케이엔테크노파크 메가센터동)			

설 립 일 1998.04.02	종 업 원 수 26명	대 표 이 사 구자형
상 장 일 2004.08.13	감 사 의 견 적정 (오성)	계 열
결 산 기 12월	보 통 주 4,493만주	종속회사수 10개사
액 면 가 500원	우 선 주	구 상 호 코아로직

주주구성 (지분율,%)	출자관계 (지분율,%)	주요경쟁사 (외형,%)
시너지아이비투자 18.7	코메드생명과학 100.0	시너지이노베이션 100
시너지넷 13.9	재원씨앤씨 100.0	모바일어플라이언스 356
(외국인) 24.9	엠큐브웍스 100.0	파인디지털 446

매출구성	비용구성	수출비중
HANAROSTENT, CHOOSTENT 등 29.9	매출원가율 63.9	수출 —
CLM55XX, CLM77XX, 29.1	판관비율 42.5	내수 —
아이로드 T8, T9, T10, V7, V9 등 외 23.3		

회사 개요

동사는 1998년 전자부품, 영상, 음향 및 통신 장비 제조를 주 사업목적으로 설립. 2004년 8월에 코스닥시장에 상장. Fabless 반도체 개발업체. 주력 제품은 AP/MAP, CIS, SPS 등. AP/MAP 매출 비중이 80.9%, 상품 매출이 19.1%. 국내 블랙박스 시장에 높은 점유율을 갖고 있으나 시장 성장이 둔화되고 있어서 신규 제품 개발을 돌파구가 필요한 시점. 동사는 최대 주주 변경으로 유상증자 유치에 성공하였음.

실적 분석

동사의 2017년 2분기 연결기준 누적 매출액은 302억원을 기록함. 당분기의 연결기준 실적을 전년동기와 비교하기는 어려운 상황임. 다만 매출원가율은 비교적 안정된 수준이나 판관비율이 높아 비용통제가 필요하거나 빠른 매출액 성장이 요구됨. 높은 원가율로 영업이익은 9.5억원을 기록하였으나 비영업손실이 반영되어 당기순손실 28.2억원으로 전년동기 대비 적자전환하였음.

현금 흐름
〈단위 : 억원〉

항목	2016	2017.2Q
영업활동	-12	-17
투자활동	-413	-47
재무활동	369	80
순현금흐름	-2	28
기말현금	58	86

시장 대비 수익률

결산 실적
〈단위 : 억원〉

항목	2012	2013	2014	2015	2016	2017
매출액	618	300	309	149	175	—
영업이익	-36	-137	-50	-140	-11	—
당기순이익	-42	-375	-120	-514	106	—

분기 실적
〈단위 : 억원〉

항목	2016.1Q	2016.2Q	2016.3Q	2016.4Q	2017.1Q	2017.2Q
매출액	13	22	42	98	138	164
영업이익	-4	5	1	-13	4	5
당기순이익	134	6	12	-47	-7	-21

재무 상태
〈단위 : 억원〉

항목	2012	2013	2014	2015	2016	2017.2Q
총자산	1,302	966	821	161	597	678
유형자산	56	50	41	8	97	99
무형자산	498	317	220	22	174	182
유가증권	308	393	338	47	27	51
총부채	546	543	520	357	458	537
총차입금	395	394	426	278	369	446
자본금	78	78	79	86	222	225
총자본	756	423	301	-196	139	141
지배주주지분	743	411	301	-196	135	137

기업가치 지표

항목	2012	2013	2014	2015	2016	2017.2Q
주가(최고/저)(천원)	8.9/4.4	5.9/1.8	3.6/1.9	6.5/0.6	19.1/2.4	—/—
PER(최고/저)(배)	—/—	—/—	—/—	—/—	48.5/6.0	—/—
PBR(최고/저)(배)	0.2/0.1	0.2/0.1	0.1/0.1	-1.3/-0.1	63.0/7.8	15.5/7.6
EV/EBITDA(배)	22.6		487.4		382.0	
EPS(원)	-3,652	-24,659	-7,924	-30,755	394	-59
BPS(원)	5,500	3,370	2,615	-483	303	306
CFPS(원)	157	-1,878	-451	-2,823	436	-28
DPS(원)						
EBITDAPS(원)	228	-354	6	-645	19	

재무 비율
〈단위 : % 〉

연도	영업 이익률	순 이익률	부채 비율	차입금 비율	ROA	ROE	유보율	자기자본 비율	EBITDA 마진율
2016	-6.4	60.5	일부잠식	일부잠식	27.9	전기잠식	-39.3	23.3	2.0
2015	-94.2	-345.4	완전잠식	완전잠식	-104.6	-196.6	-121.5	-74.3	
2014	-16.1	-39.0	172.7	141.5	-13.5	-34.3	423.1	36.7	0.3
2013	-45.5	-124.8	128.5	93.3	-33.1	-64.8	573.9	43.8	-18.4

시노펙스 (A025320)
Synopex

업 종 : 휴대폰 및 관련부품		시 장 : KOSDAQ	
신용 등급 : (Bond) — (CP) —		기업규모 : 중견	
홈 페 이 지 : www.synopex.com		연 락 처 : 054)289-4010	
본 사 : 경북 포항시 북구 청하면 동해대로 2315번길 54-4			

설 립 일 1985.04.18	종 업 원 수 85명	대 표 이 사 손경익
상 장 일 1995.04.20	감 사 의 견 적정 (신정)	계 열
결 산 기 12월	보 통 주 6,552만주	종속회사수 12개사
액 면 가 500원	우 선 주	구 상 호

주주구성 (지분율,%)	출자관계 (지분율,%)	주요경쟁사 (외형,%)
글로션 5.1	에스엘앤티 100.0	시노펙스 100
2.4	위엔텍 100.0	에스맥 90
(외국인) 7.1	이스트드림시노펙스 100.0	젬백스테크놀러지 52

매출구성	비용구성	수출비중
FPCB 모듈 외 90.4	매출원가율 76.7	수출 85.0
카트리지 필터 외 9.6	판관비율 16.4	내수 15.0

회사 개요

동사는 신소재사업과 IT전자부품소재사업을 영위하고 있으며 주요 제품은 멤브레인 소재, 필터 및 여과 시스템, 터치스크린 등 휴대폰부품과 영화투자,제작, 배급사업을 진행하고 있음. 2016년 전반기 현재 천진한완석균형보건복유한공사를 포함하여 총 9개의 연결회사를 보유하고 있으며 사업부문별 매출비중은 IT전자부품소재사업 90.21%, 신소재사업 9.79%로 구성됨

실적 분석

동사의 2017년 상반기 매출은 932억원으로 전년대비 45% 증가, 영업이익은 113억원으로 전년대비 404% 증가, 당기순이익은 65억원으로 전년대비 382% 증가함. 플렉스컴 인수 효과로 매출과 이익 개선이 높음. FPCB 시장 호황과 신규 매출 효과로 2017년 하반기 견조한 실적 예상. 동사는 우리사주조합을 대상으로 제3자 배정 유상증자를 진행함. 플렉스컴의 베트남 하노이 공장을 250억원으로 인수함

현금 흐름
〈단위 : 억원〉

항목	2016	2017.2Q
영업활동	113	108
투자활동	-99	-5
재무활동	18	-51
순현금흐름	34	45
기말현금	210	255

시장 대비 수익률

결산 실적
〈단위 : 억원〉

항목	2012	2013	2014	2015	2016	2017
매출액	5,420	4,205	4,021	1,971	1,550	—
영업이익	30	80	31	-226	107	—
당기순이익	-296	35	-43	-353	45	—

분기 실적
〈단위 : 억원〉

항목	2016.1Q	2016.2Q	2016.3Q	2016.4Q	2017.1Q	2017.2Q
매출액	365	278	497	410	459	473
영업이익	15	7	47	38	63	50
당기순이익	7	6	22	9	31	34

재무 상태
〈단위 : 억원〉

항목	2012	2013	2014	2015	2016	2017.2Q
총자산	2,448	2,364	2,130	1,365	1,483	1,455
유형자산	809	827	517	491	470	447
무형자산	59	58	50	59	57	45
유가증권	24	16	4	55	168	157
총부채	1,644	1,480	1,264	746	715	636
총차입금	772	714	507	491	412	351
자본금	284	287	295	326	326	326
총자본	804	884	865	619	768	819
지배주주지분	796	880	859	621	770	820

기업가치 지표

항목	2012	2013	2014	2015	2016	2017.2Q
주가(최고/저)(천원)	3.4/1.9	2.7/1.4	2.0/1.3	2.3/1.2	2.5/1.3	—/—
PER(최고/저)(배)	—/—	31.7/17.0	—/—	—/—	35.2/17.9	—/—
PBR(최고/저)(배)	1.8/1.0	1.4/0.8	1.1/0.7	1.9/1.0	2.0/1.0	—/—
EV/EBITDA(배)	14.4	9.0	9.6		7.3	1.6/1.2
EPS(원)	-595	85	-82	-542	71	100
BPS(원)	1,831	1,904	1,813	1,231	1,232	1,310
CFPS(원)	-421	253	80	-416	166	146
DPS(원)						
EBITDAPS(원)	233	311	215	-229	262	220

재무 비율
〈단위 : % 〉

연도	영업 이익률	순 이익률	부채 비율	차입금 비율	ROA	ROE	유보율	자기자본 비율	EBITDA 마진율
2016	6.9	2.9	93.0	53.7	3.2	6.6	143.1	51.8	10.9
2015	-11.5	-17.9	120.5	79.4	-20.2	-46.6	142.9	45.4	-7.4
2014	0.8	-1.1	146.1	58.6	-1.9	-5.4	257.2	40.6	3.1
2013	1.9	0.8	167.4	80.8	1.4	5.7	275.1	37.4	4.2

시큐브 (A131090)
SECUVE

업 종 : 일반 소프트웨어		시 장 : KOSDAQ	
신용등급 : (Bond) — (CP) —		기업규모 : 벤처	
홈 페 이 지 : www.secuve.com		연 락 처 : 02)6261-9300	
본 사 : 서울시 구로구 디지털로 26길 111 JnK디지털타워 801~803호			

설 립 일	2000.03.23	종 업 원 수	106명	대 표 이 사	홍기용
상 장 일	2011.12.21	감 사 의 견	적정(참)	계	열
결 산 기	12월	보 통 주	3,400만주	종속회사수	2개사
액 면 가	100원	우 선 주		구 상 호	

주주구성 (지분율,%)		출자관계 (지분율,%)		주요경쟁사 (외형,%)	
홍기용	22.2	디펜시큐	75.7	시큐브	100
변봉숙	3.2	SECUVESolutionsCo.,Ltd	100.0	포시에스	66
(외국인)	2.5			한컴시큐어	68

매출구성		비용구성		수출비중	
솔루션사업부문 제품	78.7	매출원가율	55.6	수출	4.0
서비스사업부문 서비스	21.3	판관비율	33.9	내수	96.0

회사 개요
동사는 독창적인 전자서명인증기반 Secure OS기술을 국내 최초 상용화하여 보안운영체제라고 하는 핵심 보안소프트웨어의 기술 및 시장을 선도하고 있으며, 국내 보안운영체제 시장 점유율 1위를 유지함. 최근 통합 보안목적을 달성할 수 있는 융합솔루션에 대한 수요가 증가함에 따라 신사업영역 확대에 적극 추진해가며 정보 보호 토탈솔루션 기업으로 성장하고 있음. 2016년 상반기 의결권의 과반수 소유로 디펜시큐가 자회사로 편입됨.

실적 분석
동사의 2017년 2분기기준 누적 매출액은 전년동기대비 11.4% 상승한 83.8억원을 기록하였음. 비용면에서 전년동기대비 매출원가는 증가 하였으며 인건비도 증가, 광고선전비도 증가, 기타판매비와관리비는 감소함. 그에 따라 매출액 하락 등에 의해 전년동기대비 영업이익은 1.6억원으로 흑자전환하였음. 최종적으로 전년동기대비 당기순이익은 흑자전환하여 6억원을 기록함.

현금 흐름 〈단위 : 억원〉

항목	2016	2017.2Q
영업활동	38	17
투자활동	-12	4
재무활동	-4	-4
순현금흐름	22	16
기말현금	83	99

시장 대비 수익률

결산 실적 〈단위 : 억원〉

항목	2012	2013	2014	2015	2016	2017
매출액	205	175	159	196	213	
영업이익	35	14	-4	11	22	
당기순이익	32	16	5	4	13	

분기 실적 〈단위 : 억원〉

항목	2016.1Q	2016.2Q	2016.3Q	2016.4Q	2017.1Q	2017.2Q
매출액	22	53	41	96	24	60
영업이익	-4	2	2	22	-2	3
당기순이익	-4	3	2	12	-2	8

재무 상태 〈단위 : 억원〉

항목	2012	2013	2014	2015	2016	2017.2Q
총자산	304	300	268	279	296	279
유형자산	34	33	32	30	29	28
무형자산	20	24	21	11	11	12
유가증권	—	—	—	—	—	0
총부채	102	90	63	71	76	57
총차입금	24	23	1			
자본금	31	31	31	31	34	34
총자본	202	210	204	209	220	222
지배주주지분	202	210	204	209	220	222

기업가치 지표

항목	2012	2013	2014	2015	2016	2017.2Q
주가(최고/저)(천원)	5.7/3.4	7.0/3.5	5.8/3.4	5.5/3.5	6.7/4.6	—/—
PER(최고/저)(배)	12.6/7.5	29.4/14.6	88.3/51.6	49.5/31.7	31.3/21.6	2.3/1.4
PBR(최고/저)(배)	1.9/1.1	2.2/1.1	1.8/1.0	1.6/1.0	1.9/1.3	
EV/EBITDA(배)	4.3	12.9	37.5	11.1	6.0	
EPS(원)	94	48	14	23	43	18
BPS(원)	3,422	3,629	3,703	3,827	3,649	737
CFPS(원)	583	353	201	245	324	25
DPS(원)	60			114	50	
EBITDAPS(원)	624	306	60	294	435	12

재무 비율 〈단위 : % 〉

연도	영업이익률	순이익률	부채비율	차입금비율	ROA	ROE	유보율	자기자본비율	EBITDA마진율
2016	10.5	6.2	34.4	0.0	4.6	6.9	629.9	74.4	13.9
2015	5.5	3.9	33.9	0.0	2.8	3.7	665.4	74.7	9.3
2014	-2.6	2.9	30.9	0.6	1.6	2.2	640.6	76.4	2.3
2013	7.8	9.4	43.0	10.7	5.4	8.0	625.8	69.9	10.9

시큐센 (A232830)
SECUCEN COLTD

업 종 : 일반 소프트웨어		시 장 : KONEX	
신용등급 : (Bond) — (CP) —		기업규모 : —	
홈 페 이 지 : www.secucen.com		연 락 처 : 02)3497-6980	
본 사 : 서울시 서초구 반포대로 13, 2층			

설 립 일	2011.11.25	종 업 원 수	27명	대 표 이 사	박원규
상 장 일	2016.11.29	감 사 의 견	적정(삼덕)	계	열
결 산 기	12월	보 통 주		종속회사수	
액 면 가	—	우 선 주		구 상 호	

주주구성 (지분율,%)		출자관계 (지분율,%)		주요경쟁사 (외형,%)	
아이티센	34.4	바른아이앤씨		시큐센	100
박원규	23.9			이글루시큐리티	1,155
				포시에스	279

매출구성		비용구성		수출비중	
Air TMS S-600 외 (상품)	40.8	매출원가율	70.1	수출	0.0
서비스/유지보수(용역)	35.0	판관비율	42.0	내수	100.0
보안솔루션(용역)	24.2				

회사 개요
동사는 핀테크 보안기술 전문업체로 2015년 아이티센 계열사로 편입되면서 모바일 보안 전문업체인 바른소프트기술과 합병함. 시스템통합(SI)사업자 아이티센의 자회사임. 2016년 코넥스시장에 상장하며 처음으로 증시에 입성함. 동사의 매출 대부분은 모바일 서비스 및 솔루션 부문에서 발생하고 있음. 통신사와 카드사를 대상으로 △로그인 도용방지 서비스 △전화번호 안심로그인 서비스 △인증서 유출방지 서비스 등을 제공함.

실적 분석
동사의 2016년 연간 매출액은 50.3억원 기록, 전년 대비 154.7% 증가함. 영업손실은 6.1억원을 기록하며 적자가 지속됨. 2017년 3월 주주총회를 통해 사업목적에 인공지능(AI), 딥러닝, 행위기반 빅데이터 수집, 분석, 개발, 판매를 추가함. 향후 아이티센과의 협력아래 핀테크 보안 분야에 AI플랫폼 솔루션을 구축 공급하는 사업을 진행할 예정임. 모바일 보안 서비스는 안정적으로 유지하고, 솔루션은 추가 개발하며 라인업 확대할 계획임.

현금 흐름 *IFRS 별도 기준 〈단위 : 억원〉

항목	2016	2017.2Q
영업활동	-2	
투자활동	-2	
재무활동	3	
순현금흐름	-2	
기말현금	9	

시장 대비 수익률

결산 실적 〈단위 : 억원〉

항목	2012	2013	2014	2015	2016	2017
매출액		0	1	20	50	
영업이익		-2	-2	-5	-6	
당기순이익		-2	-2	-4	-6	

분기 실적 *IFRS 별도 기준 〈단위 : 억원〉

항목	2016.1Q	2016.2Q	2016.3Q	2016.4Q	2017.1Q	2017.2Q
매출액						
영업이익						
당기순이익						

재무 상태 *IFRS 별도 기준 〈단위 : 억원〉

항목	2012	2013	2014	2015	2016	2017.2Q
총자산		2	5	63	70	
유형자산			1	0		
무형자산		2	30	30		
유가증권			0	0		
총부채		4	7	34	50	
총차입금		2	1	19	23	
자본금				28	20	
총자본		-3	-2	28	20	
지배주주지분		-3		28	20	

기업가치 지표 *IFRS 별도 기준

항목	2012	2013	2014	2015	2016	2017.2Q
주가(최고/저)(천원)	—/—	—/—	—/—	—/—	—/—	—/—
PER(최고/저)(배)	0.0/0.0	0.0/0.0	0.0/0.0	0.0/0.0	0.0/0.0	0.0/0.0
PBR(최고/저)(배)	0.0/0.0	0.0/0.0	0.0/0.0	0.0/0.0	13.0/6.2	0.0/0.0
EV/EBITDA(배)	0.0					
EPS(원)		-2,271	-1,149	-1,527	-603	
BPS(원)		-3,184	-831	2,141	1,538	
CFPS(원)		-2,271	-1,116	-1,440	-482	
DPS(원)						
EBITDAPS(원)		-2,245	-1,032	-709	-343	

재무 비율 〈단위 : % 〉

연도	영업이익률	순이익률	부채비율	차입금비율	ROA	ROE	유보율	자기자본비율	EBITDA마진율
2016	-12.1	-15.8	248.1	112.5	-11.9	-32.8	216.1	28.7	-9.0
2015	-24.6	-46.9	122.1	65.8	-27.5	전기잠식	339.9	45.0	-21.8
2014	-290.2	-313.2	완전잠식	완전잠식			-290.7	-46.8	-281.3
2013	-537.8	-543.9	완전잠식	완전잠식	0.0	0.0	-736.8	-139.1	-537.8

신대양제지 (A016590)
Shindaeyang Paper

업　　종 : 종이 및 목재　　　　　　　시　　장 : 거래소
신용등급 : (Bond) —　　(CP) —　　기업규모 : 시가총액 소형주
홈페이지 : www.dygroup.co.kr　　연락처 : 031)494-7911
본　　사 : 경기도 안산시 단원구 목내로 29(목내동)

설 립 일	1982.12.17	종업원수	172명
상 장 일	1995.11.23	감사의견	적정 (우리)
결 산 기	12월	보통주	387만주
액 면 가	5,000원	우선주	

대 표 이 사 권혁홍,권택환(각자대표)
계 열
종속회사수 3개사
구 상 호

주주구성 (지분율,%)		출자관계 (지분율,%)		주요경쟁사 (외형,%)	
권혁홍	18.3	광신판지	58.5	신대양제지	100
권택환	16.1	대양제지공업	46.4	무림페이퍼	448
(외국인)	4.3	이천개발	45.3	페이퍼코리아	167

매출구성		비용구성		수출비중	
골판지용 원지(제 품)	84.5	매출원가율	89.1	수출	0.0
골판지용 원지(상 품)	15.5	판관비율	7.7	내수	100.0

회사 개요
동사는 1982년 설립돼 골판지 상자의 원재료 인 골판지 원지를 제조 판매하고 있으며, 2016년 기준 시장점유율 10.9%를 차지하고 있음. 종속회사로 광신판지를 보유. 크라 프트 라이너지, 테스트 라이너지, 골판지용 골심지 등 골판지용 원지 전지종을 생산, 판매 하는 경쟁력있는 기업임. 일산 100톤 생산 개 시 이래 1996년 시화공장 3호기 완공 및 2007년 2월 증설로 일산 평균 생산능력은 2000톤 수준.

실적 분석
동사의 2017년 2분기 연결 기준 매출액은 2,177억원으로 전년 동기 대비 95.4% 급증 함. 주력 사업인 골판지 원지 부문 내수시장 매출이 전년 대비 700억원 가까이 증가. 영업 이익 또한 83.1억원으로 전년 37.3억원보다 크게 늘어남. 단 비영업손익 부문에서 전년보 다 크게 부진하며 당기순이익은 오히려 감소. 전년보다 11.5% 떨어진 65.3억원을 시현 함.

현금 흐름 〈단위 : 억원〉

항목	2016	2017.2Q
영업활동	-19	8
투자활동	-107	-439
재무활동	162	392
순현금흐름	37	-26
기말현금	49	23

시장 대비 수익률

결산 실적 〈단위 : 억원〉

항목	2012	2013	2014	2015	2016	2017
매출액	3,612	3,380	3,270	2,393	2,525	—
영업이익	429	163	251	83	82	—
당기순이익	292	130	164	-235	170	—

분기 실적 〈단위 : 억원〉

항목	2016.1Q	2016.2Q	2016.3Q	2016.4Q	2017.1Q	2017.2Q
매출액	546	569	584	827	842	1,335
영업이익	11	26	-2	47	32	51
당기순이익	26	47	77	19	18	47

재무 상태 〈단위 : 억원〉

항목	2012	2013	2014	2015	2016	2017.2Q
총자산	4,036	3,929	4,018	3,756	3,627	5,337
유형자산	2,697	2,722	2,631	2,450	2,192	3,440
무형자산	18	18	8	6	6	144
유가증권	11	13	12	9	1	1
총부채	1,471	1,327	1,277	1,216	978	2,365
총차입금	890	791	701	396	277	1,460
자본금	180	180	183	193	193	193
총자본	2,564	2,601	2,741	2,540	2,649	2,973
지배주주지분	2,316	2,410	2,553	2,373	2,519	2,596

기업가치 지표

항목	2012	2013	2014	2015	2016	2017.2Q
주가(최고/저)(천원)	23.8/14.9	31.7/19.8	40.0/23.2	46.6/23.6	25.9/19.2	—/—
PER(최고/저)(배)	3.4/2.1	9.5/5.9	8.8/5.1	—/—	6.4/4.8	—/—
PBR(최고/저)(배)	0.4/0.2	0.5/0.3	0.6/0.3	0.8/0.4	0.4/0.3	0.5/0.4
EV/EBITDA(배)	2.8	5.5	4.2	5.6	4.9	—
EPS(원)	7,458	3,429	4,588	-5,671	4,028	1,683
BPS(원)	64,598	67,115	69,649	61,323	65,091	67,092
CFPS(원)	11,529	7,617	8,955	-2,222	6,875	3,556
DPS(원)	500	375	375	—		
EBITDAPS(원)	16,014	8,722	11,319	5,646	4,978	4,021

재무 비율 〈단위 : % 〉

연도	영업이익률	순이익률	부채비율	차입금비율	ROA	ROE	유보율	자기자본비율	EBITDA마진율
2016	3.3	6.7	36.9	10.5	4.6	6.4	1,201.8	73.0	7.6
2015	3.5	-9.8	47.9	15.6	-6.0	-8.7	1,126.5	67.6	8.9
2014	7.7	5.0	46.6	25.6	4.1	6.7	1,293.0	68.2	12.5
2013	4.8	3.9	51.0	30.4	3.3	5.2	1,242.3	66.2	9.3

신도리코 (A029530)
SINDOH

업　　종 : 사무기기　　　　　　　　시　　장 : 거래소
신용등급 : (Bond) —　　(CP) —　　기업규모 : 시가총액 중형주
홈페이지 : www.sindoh.com　　연락처 : 02)460-1114
본　　사 : 서울시 성동구 성수이로24길 3

설 립 일	1960.07.07	종업원수	748명
상 장 일	1996.12.03	감사의견	적정 (삼일)
결 산 기	12월	보통주	1,008만주
액 면 가	5,000원	우선주	

대 표 이 사 우석형,최종하
계 열
종속회사수 8개사
구 상 호

주주구성 (지분율,%)		출자관계 (지분율,%)		주요경쟁사 (외형,%)	
신도SDR	22.6	신도에이스	100.0	신도리코	100
신영자산운용	13.5	신도중앙판매	100.0		
(외국인)	25.5	신도디에스판매	100.0		

매출구성		비용구성		수출비중	
[상품]복합기 外	72.9	매출원가율	81.0	수출	67.0
FAX	12.3	판관비율	15.8	내수	33.0
소모품	8.3				

회사 개요
동사는 1960년 신도교역으로 설립되어 국내 최초로 복사기, 팩시밀리 등을 생산·판매하는 업체임. 1969년 일본 사무기기 회사인 리코 와 5대 5로 지분을 출자해 사명을 신도리코로 변경함. 일본 리코사는 이후 지분을 정리해 최 대주주는 신도SDR과 신도SDR을 지배하는 우석형, 우승협(우석형의 아들) 등임. 동사의 종속회사는 신도에이스 등 국내외 7개사이 고, 계열회사는 동사 포함 15개사임.

실적 분석
동사는 2017년 상반기 누적 매출액이 2691.4억원으로 전년 동기 대비 2.9% 증가 했고, 영업이익은 190.2억원으로 전년 동기 에 비해 24.3% 증가했음. 동사는 문서복사 편의장치인 ADF와 SORTER와 복합기(MDF) 의 해외수출이 증가해 상대적으로 부진한 내 수를 상쇄해 매출이 늘었고, 판매관리비를 전 년 동기보다 4.9억원 줄여 수익성을 개선함. 동사는 자체 개발한 3D프린터 Rodin 시리즈 를 2015년부터 매년 출시하고 있음.

현금 흐름 〈단위 : 억원〉

항목	2016	2017.2Q
영업활동	755	186
투자활동	240	-334
재무활동	-297	-201
순현금흐름	703	-369
기말현금	1,373	1,004

시장 대비 수익률

결산 실적 〈단위 : 억원〉

항목	2012	2013	2014	2015	2016	2017
매출액	7,523	5,276	4,800	5,005	5,073	—
영업이익	478	284	46	65	163	—
당기순이익	520	253	171	94	318	—

분기 실적 〈단위 : 억원〉

항목	2016.1Q	2016.2Q	2016.3Q	2016.4Q	2017.1Q	2017.2Q
매출액	1,383	1,234	1,176	1,280	1,336	1,35
영업이익	91	62	-23	33	68	12
당기순이익	92	61	72	93	94	11

재무 상태 〈단위 : 억원〉

항목	2012	2013	2014	2015	2016	2017.2Q
총자산	9,700	9,198	9,156	9,293	9,322	9,21
유형자산	1,889	1,767	1,736	1,874	1,557	1,51
무형자산	62	56	57	55	54	5
유가증권	1,444	2,424	3,033	3,266	3,330	3,35
총부채	1,159	961	957	1,090	910	82
총차입금	251	289	173	326	138	10
자본금	504	504	504	504	504	50
총자본	8,540	8,237	8,199	8,202	8,412	8,38
지배주주지분	8,204	8,237	8,199	8,202	8,412	8,38

기업가치 지표

항목	2012	2013	2014	2015	2016	2017.2Q
주가(최고/저)(천원)	62.8/42.5	69.4/53.9	71.6/56.0	71.9/45.5	56.4/45.2	—/—
PER(최고/저)(배)	14.3/9.6	29.5/22.9	45.3/35.5	81.5/51.6	18.4/14.7	—/—
PBR(최고/저)(배)	0.9/0.6	0.9/0.7	0.9/0.7	0.9/0.6	0.7/0.6	0.7/0
EV/EBITDA(배)	2.2	3.5	8.5	0.4	0.1	—
EPS(원)	5,081	2,611	1,698	928	3,154	1,50
BPS(원)	82,471	82,798	82,430	82,459	84,537	84,29
CFPS(원)	6,965	4,510	3,471	2,898	5,324	1,50
DPS(원)	2,500	2,250	1,500	1,200	1,500	
EBITDAPS(원)	6,630	4,718	2,231	2,619	3,784	1,88

재무 비율 〈단위 : % 〉

연도	영업이익률	순이익률	부채비율	차입금비율	ROA	ROE	유보율	자기자본비율	EBITDA마진율
2016	3.2	6.3	10.8	1.6	3.4	3.8	1,590.7	90.2	7
2015	1.3	1.9	13.3	4.0	1.0	1.1	1,549.2	88.3	5
2014	1.0	3.6	11.7	2.1	1.9	2.1	1,548.6	89.6	4
2013	5.4	4.8	11.7	3.5	2.7	3.2	1,556.0	89.6	9

신라교역 (A004970)
Silla

업   종 : 식료품
신용등급 : (Bond) —   (CP) —
홈 페 이 지 : www.sla.co.kr
본   사 : 서울시 송파구 백제고분로 362 신리빌딩(석촌동)

시   장 : 거래소
기업규모 : 시가총액 소형주
연 락 처 : 02)3434-9900

설 립 일	1967.03.06	종 업 원 수	583명	대 표 이 사	박준형,배삼철,정필영
상 장 일	1976.06.30	감 사 의 견	적정 (한영)	계	열
결 산 기	12월	보 통 주	1,600만주	종 속 회 사 수	1개사
액 면 가	500원	우 선 주		구 상 호	

주주구성 (지분율,%)		출자관계 (지분율,%)		주요경쟁사 (외형,%)	
신라홀딩스	40.2	신라섬유	20.6	신라교역	100
박재흥	10.0	브레인자산운용	10.5	동원F&B	736
(외국인)	4.0	매일방송	0.3	동원산업	517

매출구성		비용구성		수출비중	
명태, 참치	40.8	매출원가율	83.5	수출	65.0
가공용 참치	35.6	판관비율	14.6	내수	35.0
스테인레스 외	10.0				

회사 개요
동사는 1967년 설립돼 1976년 유가증권시장에 상장. 원양어업 외에 수산물 유통, 철강사업, 기타 사업 등을 영위함. 특히 원양어업부문은 횟감용 참치를 어획하는 참치연승어업과 통조림용 참치를 어획하는 참치선망어업으로 구성돼 있음. 수산물유통부문은 러시아 합작법인이 어획한 명태와 가나 및 키리바시 합작법인에서 어획한 참치를 수입해 국내외로 판매하는 사업을 담당함. 사업 다각화 차원에서 철강사업을 수입해 판매하는 업무도 병행하고 있음.

실적 분석
동사의 2017년 상반기 연결기준 누적 매출액은 1,720.1억원으로 전년 동기 대비 19.6% 증가함. 매출이 늘면서 매출원가는 늘었지만 판관비는 오히려 감소. 영업이익은 전년 동기 대비 281.7% 늘어난 84.5억원을 시현함. 비영업손익 부문에서 외환손실 등으로 인해 손실이 대폭 늘어나면서 당기순이익은 전년 동기 대비 무려 86.8% 감소한 28.2억원을 시현함.

현금 흐름 〈단위 : 억원〉
항목	2016	2017.2Q
영업활동	89	48
투자활동	356	3
재무활동	-168	-59
순현금흐름	296	-5
기말현금	765	760

시장 대비 수익률

결산 실적 〈단위 : 억원〉
항목	2012	2013	2014	2015	2016	2017
매출액	4,383	3,315	2,595	2,917	3,047	—
영업이익	737	187	46	-64	59	—
당기순이익	695	263	159	167	277	—

분기 실적 〈단위 : 억원〉
항목	2016.1Q	2016.2Q	2016.3Q	2016.4Q	2017.1Q	2017.2Q
매출액	728	710	801	807	790	930
영업이익	-6	28	50	-13	4	81
당기순이익	84	129	-79	143	-103	131

재무 상태 〈단위 : 억원〉
항목	2012	2013	2014	2015	2016	2017.2Q
총자산	5,099	5,019	5,104	5,101	5,252	5,195
유형자산	967	923	880	790	753	738
무형자산	124	120	116	112	111	107
유가증권	497	418	451	406	354	377
총부채	1,125	901	856	728	667	621
총차입금	318	318	318	252	121	103
자본금	80	80	80	80	80	80
총자본	3,974	4,118	4,248	4,373	4,586	4,574
지배주주지분	3,974	4,118	4,248	4,373	4,586	4,574

기업가치 지표
항목	2012	2013	2014	2015	2016	2017.2Q
주가(최고/저)(천원)	25.1/11.7	33.4/20.2	28.8/17.9	23.3/14.8	17.3/13.2	—/—
PER(최고/저)(배)	6.2/2.9	21.4/13.0	30.3/18.8	22.9/14.5	10.1/7.7	0.6/0.5
PBR(최고/저)(배)	1.1/0.5	1.4/0.8	1.1/0.7	0.9/0.6	0.6/0.5	0.6/0.5
EV/EBITDA(배)	3.5		12.3	28.4	9.7	
EPS(원)	4,343	1,642	994	1,047	1,733	176
BPS(원)	24,837	25,740	26,551	27,331	28,660	28,590
CFPS(원)	4,652	1,972	1,309	1,357	2,009	315
DPS(원)	250	250	300	200	250	—
EBITDAPS(원)	4,915	1,501	604	-90	644	667

재무 비율 〈단위 : % 〉
연도	영업이익률	순이익률	부채비율	차입금비율	ROA	ROE	유보율	자기자본비율	EBITDA마진율
2016	1.9	9.1	14.5	2.6	5.4	6.2	5,631.9	87.3	3.4
2015	-2.2	5.7	16.7	5.8	3.3	3.9	5,366.2	85.7	-0.5
2014	1.8	6.1	20.1	7.5	3.1	3.8	5,210.3	83.2	3.7
2013	5.7	7.9	21.9	7.7	5.2	6.5	5,047.9	82.1	7.2

신라섬유 (A001000)
SILLA TEXTILE CO

업   종 : 부동산
신용등급 : (Bond) —   (CP) —
홈 페 이 지 : 0
본   사 : 대구시 동구 안심로65길 34

시   장 : KOSDAQ
기업규모 : 중견
연 락 처 : 053)960-1114~5

설 립 일	1976.03.08	종 업 원 수	10명	대 표 이 사	박재흥
상 장 일	1994.06.28	감 사 의 견	적정 (삼일)	계	열
결 산 기	12월	보 통 주	2,428만주	종 속 회 사 수	
액 면 가	100원	우 선 주		구 상 호	

주주구성 (지분율,%)		출자관계 (지분율,%)		주요경쟁사 (외형,%)	
신라교역	20.6			신라섬유	100
박재흥	20.6			한국토지신탁	4,655
(외국인)	3.5			SK디앤디	7,227

매출구성		비용구성		수출비중	
임대(임대)	53.0	매출원가율	61.4	수출	0.0
휴대폰판매(상품)	42.2	판관비율	18.5	내수	100.0
원단(제품)	4.8				

회사 개요
동사는 1976년에 설립된 업체로서 1994년 코스닥시장에 상장함. 100% 폴리에스테르 직물의 제조·가공 및 판매업, 휴대폰 판매업, 부동산 임대업을 주요 사업으로 영위하고 있음. 매출의 상반기 기준으로 통신부문이 약 46%, 부동산임대가 50%, 섬유가 4%를 차지함. 동사는 폴리에스테르류 직물 제품에 대해 원사를 입고해 연사, 경경 등을 거쳐 제직에 이르는 생산체계를 갖추고 있음.

실적 분석
동사의 연결기준 2017년 2분기 누적 매출액은 19.7억원으로 전년동기 대비 4.5% 증가하였음. 원가율과 판관비가 상승하면서 매출총이익은 전년동기 대비 5.3% 감소, 영업이익 또한 17.1% 감소하였음. 다만 적자였던 비영업부문이 흑자전환하였으며 최종적으로 당기순이익은 전년동기 대비 220.5% 증가한 3.5억원을 기록함. 현재 임대사업부문과 이동통신 판매를 활성화해 매출액과 영업이익을 향상시키고자 노력하고 있음.

현금 흐름 *IFRS 별도 기준 〈단위 : 억원〉
항목	2016	2017.2Q
영업활동	11	8
투자활동	8	4
재무활동	-21	-9
순현금흐름	-1	3
기말현금	1	4

시장 대비 수익률

결산 실적 〈단위 : 억원〉
항목	2012	2013	2014	2015	2016	2017
매출액	62	51	30	35	38	—
영업이익	9	7	6	-26	8	—
당기순이익	7	8	5	-27	3	—

분기 실적 *IFRS 별도 기준 〈단위 : 억원〉
항목	2016.1Q	2016.2Q	2016.3Q	2016.4Q	2017.1Q	2017.2Q
매출액	9	10	9	11	9	10
영업이익	2	1	3	1	1	1
당기순이익	2	-1	1	1	1	2

재무 상태 *IFRS 별도 기준 〈단위 : 억원〉
항목	2012	2013	2014	2015	2016	2017.2Q
총자산	374	383	371	337	325	326
유형자산	140	138	138	138	137	126
무형자산	1	1	1	1	1	1
유가증권	29	26	7	10	0	0
총부채	224	226	213	203	188	185
총차입금	162	163	171	185	169	162
자본금	24	24	24	24	24	24
총자본	151	157	158	134	137	140
지배주주지분	151	157	158	134	137	140

기업가치 지표 *IFRS 별도 기준
항목	2012	2013	2014	2015	2016	2017.2Q
주가(최고/저)(천원)	1.3/0.9	1.1/0.9	1.0/0.7	9.2/0.7	4.9/2.3	—/—
PER(최고/저)(배)	35.9/25.4	34.2/28.2	49.8/34.5	—/—	464.9/220.1	—/—
PBR(최고/저)(배)	2.1/1.5	1.7/1.4	1.5/1.0	16.8/1.3	8.7/4.1	4.7/3.4
EV/EBITDA(배)	50.4	43.0	49.1		83.0	
EPS(원)	35	32	20	-113	11	15
BPS(원)	3,100	3,233	3,260	2,755	563	578
CFPS(원)	200	190	127	-531	18	15
DPS(원)						
EBITDAPS(원)	159	179	144	-496	39	10

재무 비율 〈단위 : % 〉
연도	영업이익률	순이익률	부채비율	차입금비율	ROA	ROE	유보율	자기자본비율	EBITDA마진율
2016	20.1	6.7	137.8	123.7	0.8	1.9	463.3	42.1	24.6
2015	-74.2	-79.1	152.0	138.1	-7.7	-18.7	450.9	39.7	-69.8
2014	18.4	15.8	134.4	108.1	1.3	3.0	552.0	42.7	23.0
2013	14.3	15.4	143.9	104.0	2.1	5.1	546.7	41.0	17.1

419

신라에스지 (A025870)
SILLA SG

업　　종 : 식료품
신용등급 : (Bond) —　　(CP) —
홈페이지 : www.sillasg.co.kr
본　　사 : 서울시 송파구 백제고분로 362 (석촌동 286-7)

시　　장 : KOSDAQ
기업규모 : 중견
연락처 : 02)416-0771

설 립 일	1977.08.18	종 업 원 수	194명	대 표 이 사	박병언,권기서
상 장 일	1995.07.07	감 사 의 견	적정 (우덕)	계　　열	
결 산 기	12월	보 통 주	400만주	종속회사수	3개사
액 면 가	500원	우 선 주	—	구 상 호	

주주구성 (지분율,%)		출자관계 (지분율,%)		주요경쟁사 (외형,%)	
신라홀딩스	49.0	동표	100.0	신라에스지	100
박성진	8.4	신라에스앤디	100.0	하림	1,027
(외국인)	0.6	SILLASGCCO.,LTD.	100.0	동우팜투테이블	293

매출구성		비용구성		수출비중	
축육(상품)	46.4	매출원가율	93.2	수출	0.0
소시지(제품)	34.8	판관비율	5.2	내수	100.0
통조림 외(종속)	14.2				

회사 개요
동사는 1977년에 설립된 어육소시지, 젓갈 등의 가공식품 제조업 및 수산물 유통, 축육도매업을 영위하는 업체임. 신라에스지(주)의 주요사업은 식품제조업으로서 그 품목에는 어육소시지, 절임식품 등이 있음. 또한 유통사업으로 축육(우육, 돈육 등) 도소매를 영위함. 종속회사로는 SILLA SGC(농산물 유통업), 신라에스앤디(음식업), 동표(식품제조업)이 있음. 계열회사는 총 23개사로 국내 15개사, 해외 8개사임.

실적 분석
동사의 2017년 상반기 연결기준 누적 매출액은 417.1억원으로 전년 동기 대비 12.3% 증가함. 매출이 늘면서 매출원가와 판관비도 증가했지만 매출 증가에 따른 고정비용 감소효과로 인해 영업이익은 전년 동기 대비 9.9% 증가한 7.9억원을 시현함. 비영업손익 부문에서 금융 손실 등으로 인해 적자가 지속됐지만 적자 폭이 줄고 영업이익이 늘면서 당기순이익은 전년 동기 대비 228.3% 늘어난 5.1억원을 기록함.

현금 흐름　〈단위 : 억원〉

항목	2016	2017.2Q
영업활동	11	-0
투자활동	-47	-5
재무활동	26	7
순현금흐름	-10	1
기말현금	26	27

시장 대비 수익률

결산 실적　〈단위 : 억원〉

항목	2012	2013	2014	2015	2016	2017
매출액	706	621	765	586	805	
영업이익	5	13	13	-17	13	
당기순이익	7	4	4	-31	4	

분기 실적　〈단위 : 억원〉

항목	2016.1Q	2016.2Q	2016.3Q	2016.4Q	2017.1Q	2017.2Q
매출액	146	226	226	207	199	218
영업이익	4	2	2	2	2	6
당기순이익	1	0	2	-0	1	5

재무 상태　〈단위 : 억원〉

항목	2012	2013	2014	2015	2016	2017.2Q
총자산	475	489	532	404	488	515
유형자산	123	127	133	125	159	160
무형자산	10	10	15	10	44	44
유가증권	3	3	4	4	5	5
총부채	289	296	341	241	325	347
총차입금	199	197	238	153	219	226
자본금	20	20	20	20	20	20
총자본	186	193	191	163	163	168
지배주주지분	186	193	191	163	163	168

기업가치 지표

항목	2012	2013	2014	2015	2016	2017.2Q
주가(최고/저)(천원)	7.9/3.7	4.9/2.9	4.5/3.1	11.4/3.6	9.6/5.8	—/—
PER(최고/저)(배)	48.4/22.6	55.1/32.9	46.6/32.8	—/—	106.8/64.0	—/—
PBR(최고/저)(배)	1.7/0.8	1.0/0.6	0.9/0.7	2.8/0.9	2.4/1.4	2.1/1.6
EV/EBITDA(배)	31.5	15.0	16.5		20.2	
EPS(원)	163	89	96	-763	90	128
BPS(원)	4,659	4,820	4,780	4,080	4,070	4,197
CFPS(원)	313	278	322	-532	413	279
DPS(원)						
EBITDAPS(원)	265	517	557	-194	644	350

재무 비율　〈단위 : % 〉

연도	영업이익률	순이익률	부채비율	차입금비율	ROA	ROE	유보율	자기자본비율	EBITDA마진율
2016	1.6	0.5	199.8	134.3	0.8	2.2	714.0	33.4	3.2
2015	-2.9	-5.2	147.6	93.7	-6.5	-17.2	716.0	40.4	-1.3
2014	1.7	0.5	178.5	124.5	0.8	2.0	855.9	35.9	2.9
2013	2.1	0.6	153.5	102.1	0.7	1.9	864.0	39.5	3.3

신라젠 (A215600)
Sillajen

업　　종 : 바이오
신용등급 : (Bond) —　　(CP) —
홈페이지 : www.sillajen.com
본　　사 : 부산시 금정구 금정로 252, 6~7층(구서동)

시　　장 : KOSDAQ
기업규모 : 신성장
연락처 : 051)517-7550

설 립 일	2006.03.28	종 업 원 수	48명	대 표 이 사	문은상
상 장 일	2016.12.06	감 사 의 견	적정 (삼정)	계　　열	
결 산 기	12월	보 통 주	6,609만주	종속회사수	5개사
액 면 가	500원	우 선 주	—	구 상 호	

주주구성 (지분율,%)		출자관계 (지분율,%)		주요경쟁사 (외형,%)	
문은상	17.3	SillaJenBiotherapeutics,Inc.	100.0	신라젠	100
이용한	4.8	SillaJenUSA,Inc.	100.0	에이비온	72
(외국인)	2.3			팬젠	28

매출구성		비용구성		수출비중	
공동연구개발수익	86.0	매출원가율	0.0	수출	—
마일스톤수익	10.6	판관비율	984.8	내수	—
라이선스수익	2.1				

회사 개요
동사는 항암 바이러스 면역치료제(Oncolytic Virus Immunotherapy)를 연구 및 개발할 목적으로 2006년 3월에 설립된 바이오 벤처기업으로 암세포를 선택적으로 감염 및 사멸시키고, 면역기능 활성화를 통해 면역 반응이 암세포를 공격할 수 있도록 설계된 차세대 항암 바이러스(Oncolytic Virus)에 기반한 차세대 항암치료제의 연구 및 개발 등을 주요 사업으로 가지고 있음.

실적 분석
동사의 2017년 상반기 누적매출액은 35.8억원으로 전년동기대비 35.8% 증가함. 하지만 매출 확대에 따라 판관비도 43.8% 상승하면서 영업손실 272.3억원을 기록해 적자폭이 확대됨. 항암제 시장은 꾸준히 성장하고 있지만 신약 개발이 어려움. 현재 개발 중인 상태이므로 구체적인 상품판매 매출은 존재하지 않으나 글로벌 임상 3상시험을 성공적으로 종료하고 펙사벡의 시판이 개시될 경우 매출이 급증할 것으로 기대됨.

현금 흐름　〈단위 : 억원〉

항목	2016	2017.2Q
영업활동	-456	-244
투자활동	-1,727	187
재무활동	1,931	59
순현금흐름	-247	-4
기말현금	306	303

시장 대비 수익률

결산 실적　〈단위 : 억원〉

항목	2012	2013	2014	2015	2016	2017
매출액	13	8	21	18	53	
영업이익	-4	-35	-152	-238	-468	
당기순이익	-3	-32	-25	-559	-740	

분기 실적　〈단위 : 억원〉

항목	2016.1Q	2016.2Q	2016.3Q	2016.4Q	2017.1Q	2017.2Q
매출액	15	12	16	10	17	19
영업이익	-79	-108	-115	-165	-102	-170
당기순이익	-87	-112	-145	-397	-117	-189

재무 상태　〈단위 : 억원〉

항목	2012	2013	2014	2015	2016	2017.2Q
총자산	192	376	1,717	1,530	2,841	2,60
유형자산	7	7	13	18	19	1
무형자산		40	773	816	824	76.
유가증권	152	220			1,529	94
총부채	4	6	1,243	661	762	62
총차입금			985	248	499	35
자본금	72	103	115	245	311	32
총자본	188	370	474	869	2,080	1,97
지배주주지분	188	370	474	869	2,080	1,97

기업가치 지표

항목	2012	2013	2014	2015	2016	2017.2Q
주가(최고/저)(천원)					13.8/11.2	—/—
PER(최고/저)(배)	0.0/0.0	0.0/0.0	0.0/0.0	0.0/0.0	—/—	—/—
PBR(최고/저)(배)	0.0/0.0	0.0/0.0	0.0/0.0	4.1/3.4	9.0/3.
EV/EBITDA(배)	—	—	—	—	—	
EPS(원)	-24	-170	-110	-1,367	-1,409	-47
BPS(원)	1,312	1,815	1,789	1,775	3,339	3,01
CFPS(원)	-16	-164	-7	-1,284	-1,339	-44
DPS(원)						
EBITDAPS(원)	-19	-181	-573	-499	-821	-39

재무 비율　〈단위 : % 〉

연도	영업이익률	순이익률	부채비율	차입금비율	ROA	ROE	유보율	자기자본비율	EBITDA마진율
2016	-884.8	-1,399.0	36.6	24.0	-33.9	-50.2	567.8	73.2	-815.
2015	-1,313.6	-3,086.1	76.0	28.6	-34.4	-83.2	255.0	56.8	-1,127.
2014	-727.8	-118.8	262.5	208.0			313.6	27.6	-616.
2013	-412.9	-376.5	1.6		-11.2	-11.4	263.0	98.4	-376.

신성델타테크 (A065350)
SHINSUNG DELTA TECH COLTD

업 종 : 내구소비재		시 장 : KOSDAQ	
신용등급 : (Bond) — (CP) —		기업규모 : 우량	
홈 페 이 지 : www.ssdelta.co.kr		연 락 처 : 055)260-1000	
본 사 : 경남 창원시 성산구 공단로 271번길 39 (웅남동)			

설 립 일	1987.11.09	종 업 원 수	356명	대 표 이 사	구자천
상 장 일	2004.08.06	감 사 의 견	적정 (성도)	계	열
결 산 기	12월	보 통 주	2,188만주	종 속 회 사 수	15개사
액 면 가	500원	우 선 주		구 상 호	

주주구성 (지분율,%)		출자관계 (지분율,%)		주요경쟁사 (외형,%)	
구자천	15.9	신흥글로벌	100.0	신성델타테크	100
고묵델타화공	13.6	헤네스	100.0	LG전자	14,031
(외국인)	12.7	에스티	44.0	위닉스	54

매출구성		비용구성		수출비중	
세탁기부품, 에어컨부품	50.0	매출원가율	87.5	수출	—
물류 및 유아용전동차	29.3	판관비율	9.3	내수	—
휴대폰부품, LCD부품	14.9				

회사 개요
동사는 1987년에 신성델타공업으로 설립되어 2001년 신성델타테크로 상호를 변경하고, 2004년에 코스닥 시장에 상장된 가전/자동차/휴대폰/LCD/LED의 부품 제조기업임. 동사는 제품 및 사업부문 구분의 계속성을 고려하여 경영을 다각화하고 있으며, 가전사업부문, IT사업부문, 자동차 사업부문을 영위하고 있음. 매출비중은 세탁기 등 가전 부품이 60% 이상을 차지하며, 주요 매출처는 LG전자임.

실적 분석
동사의 2017년 2분기기준 누적 매출액은 전년동기대비 20.9% 상승한 2,339.7억원을 기록하였음. 비용면에서 전년동기대비 매출원가는 증가 하였으나 인건비도 증가, 광고선전비는 크게 감소 하였고 기타판매비와관리비는 증가함. 이처럼 매출액 상승과 더불어 비용절감에도 힘을 기울였음. 그에 따라 전년동기대비 영업이익은 90.4억원으로 45.2% 상승하였음. 최종적으로 전년동기대비 당기순이익은 크게 상승하여 86.9억원을 기록함.

현금 흐름 〈단위 : 억원〉
항목	2016	2017.2Q
영업활동	35	30
투자활동	13	-162
재무활동	28	61
순현금흐름	74	-65
기말현금	226	162

시장 대비 수익률

결산 실적 〈단위 : 억원〉
항목	2012	2013	2014	2015	2016	2017
매출액	3,231	3,155	2,964	3,793	3,946	—
영업이익	104	85	49	97	121	—
당기순이익	30	67	21	44	10	—

분기 실적 〈단위 : 억원〉
항목	2016.1Q	2016.2Q	2016.3Q	2016.4Q	2017.1Q	2017.2Q
매출액	970	965	1,027	984	1,147	1,193
영업이익	27	35	21	38	35	52
당기순이익	15	9	6	-20	43	44

재무 상태 〈단위 : 억원〉
항목	2012	2013	2014	2015	2016	2017.2Q
총자산	2,561	2,812	2,845	3,221	3,388	3,719
유형자산	1,345	1,425	1,483	1,650	1,673	1,735
무형자산	16	24	56	57	30	15
유가증권	138	144	168	179	89	156
총부채	1,610	1,808	1,858	2,197	2,382	2,645
총차입금	960	1,153	1,228	1,427	1,486	1,477
자본금	100	100	100	102	103	104
총자본	951	1,004	987	1,024	1,006	1,074
지배주주지분	954	1,006	1,013	1,058	997	1,061

기업가치 지표
항목	2012	2013	2014	2015	2016	2017.2Q
주가(최고/저)(천원)	3.0/2.0	3.7/2.0	2.9/2.1	4.7/2.2	4.1/2.8	—/—
PER(최고/저)(배)	14.8/9.7	12.4/6.7	31.5/22.4	16.7/7.8	62.1/42.9	0.7/0.6
PBR(최고/저)(배)	0.7/0.4	0.8/0.4	0.6/0.4	0.9/0.4	0.8/0.6	0.7/0.6
EV/EBITDA(배)	7.0	8.3	10.9	10.2	8.7	—/—
EPS(원)	222	324	97	292	66	418
BPS(원)	4,988	5,249	5,285	5,386	5,040	5,318
CFPS(원)	679	769	557	835	494	679
DPS(원)	50	50	50	60	50	—
EBITDAPS(원)	998	819	632	943	1,043	701

재무 비율 〈단위 : % 〉
연도	영업이익률	순이익률	부채비율	차입금비율	ROA	ROE	유보율	자기자본비율	EBITDA마진율
2016	3.1	0.3	236.8	147.8	0.3	1.3	908.1	29.7	5.4
2015	2.6	1.2	214.4	139.2	1.5	5.7	977.1	31.8	5.0
2014	1.7	0.7	188.2	124.4	0.8	1.9	956.9	34.7	4.3
2013	2.7	2.1	180.1	114.9	2.5	6.6	949.9	35.7	5.2

신성이엔지 (A011930)
SHINSUNG E&GLTD

업 종 : 에너지 시설 및 서비스		시 장 : 거래소	
신용등급 : (Bond) BB- (CP) —		기업규모 : 시가총액 중형주	
홈 페 이 지 : www.shinsung.co.kr		연 락 처 : 031)788-9500	
본 사 : 경기도 성남시 분당구 대왕판교로 395번길 8 (백현동 404-1) 신성솔라에너지			

설 립 일	1979.01.20	종 업 원 수	897명	대 표 이 사	이완근,김주헌,이지선(각자대표이사)
상 장 일	1996.07.31	감 사 의 견	적정 (안진)	계	열
결 산 기	12월	보 통 주	17,299만주	종 속 회 사 수	7개사
액 면 가	500원	우 선 주		구 상 호	신성솔라에너지

주주구성 (지분율,%)		출자관계 (지분율,%)		주요경쟁사 (외형,%)	
이완근	8.8	제주햇빛발전소	100.0	신성이엔지	100
에스에이치씨	1.2	지셀이엔씨	58.8	S&TC	117
(외국인)	0.9	목포솔라	28.8	한국테크놀러지	2

매출구성		비용구성		수출비중	
태양전지, 태양광 모듈, 시스템 및 상품	90.0	매출원가율	98.3	수출	48.0
FFU/EFU/설치공사	5.2	판관비율	6.1	내수	52.0
STOCKER 및 설치공사	4.2				

회사 개요
동사는 1977년 냉난방공조기 사업을 영위할 목적으로 설립되었으며, 현재 태양전지 모듈과 시스템 납품을 주요 사업으로 영위하고 있음. 2016년에는 계열사였던 (주)신성이엔지와 (주)신성에프이에이를 흡수합병하여 기존 태양광 사업부문 외에 클린룸 및 자동화 설비사업을 주요 사업으로 영위하게 되었음. 피합병회사의 종속회사가 동사의 종속회사로 추가됨에 따라 연결재무제표를 작성하는 회사로 변경됨.

실적 분석
동사의 연결기준 2017년 2분기 누적매출액은 전년대비 4배 이상 늘어난 4,605.2억원을 기록하였음. 합병에 따른 종속회사의 실적이 반영되며 매출액이 급신장함. 다만 매출원가율이 높아지고 판관비가 큰폭으로 증가하면서 영업손실 153.4억원을 기록, 적자전환하였음. 매출액과 영업이익의 대부분은 자동화설비(40.42%), 클린룸사업(40.67%)에서 나오며 태양광사업은 18.69%를 차지함. 최종적으로 289.4억원의 당기순선실이 발생함.

현금 흐름 〈단위 : 억원〉
항목	2016	2017.2Q
영업활동	620	-407
투자활동	-266	-156
재무활동	-320	45
순현금흐름	708	-518
기말현금	752	234

시장 대비 수익률

결산 실적 〈단위 : 억원〉
항목	2012	2013	2014	2015	2016	2017
매출액	1,556	1,485	1,896	1,706	2,172	—
영업이익	-416	-117	-30	76	-97	—
당기순이익	-647	-266	-114	21	32	—

분기 실적 〈단위 : 억원〉
항목	2016.1Q	2016.2Q	2016.3Q	2016.4Q	2017.1Q	2017.2Q
매출액	504	568			2,446	2,160
영업이익	29	31			-43	-110
당기순이익	2	25			-186	-104

재무 상태 〈단위 : 억원〉
항목	2012	2013	2014	2015	2016	2017.2Q
총자산	3,207	2,951	3,416	3,190	6,940	6,803
유형자산	1,752	1,616	1,514	1,504	2,370	2,403
무형자산	18	14	10	7	237	230
유가증권	82	24	51	49	75	104
총부채	2,535	2,510	2,914	2,570	5,717	5,862
총차입금	2,180	2,018	2,173	2,078	1,981	2,465
자본금	277	283	360	379	866	866
총자본	672	442	503	621	1,223	940
지배주주지분	672	442	503	621	1,223	941

기업가치 지표
항목	2012	2013	2014	2015	2016	2017.2Q
주가(최고/저)(천원)	4.1/1.1	1.5/0.8	1.5/0.8	2.2/0.9	3.0/1.5	—/—
PER(최고/저)(배)	—/—	—/—	—/—	83.2/36.6	88.2/43.8	—/—
PBR(최고/저)(배)	3.5/1.0	2.0/1.0	2.4/1.3	2.8/1.2	2.7/1.3	2.4/1.9
EV/EBITDA(배)	—/—	82.2	21.6	15.0	50.3	—/—
EPS(원)	-1,352	-435	-184	26	34	-167
BPS(원)	1,235	825	699	822	1,107	944
CFPS(원)	-1,122	-205	64	242	203	-167
DPS(원)	—	—	—	—	—	—
EBITDAPS(원)	-607	55	209	315	68	-89

재무 비율 〈단위 : % 〉
연도	영업이익률	순이익률	부채비율	차입금비율	ROA	ROE	유보율	자기자본비율	EBITDA마진율
2016	-4.5	1.5	467.6	162.0	0.6	3.5	121.2	17.6	3.0
2015	4.5	1.2	413.9	334.7	0.6	3.7	63.9	19.5	13.9
2014	-1.6	-6.0	579.4	432.2	-3.6	-24.1	41.4	14.7	6.4
2013	-7.9	-17.9	568.4	457.1	-8.6	-47.8	67.5	15.0	2.1

신성통상 (A005390)
Shinsung Tongsang

업 종 : 섬유 및 의복		시 장 : 거래소	
신용등급 : (Bond) BBB- (CP) —		기업규모 : 시가총액 소형주	
홈 페 이 지 : www.ssts.co.kr		연 락 처 : 02)3709-9000	
본 사 : 서울시 강동구 풍성로 63길 84 (둔촌동)			

설 립 일 1968.01.11	종 업 원 수 803명	대 표 이 사 염태순	
상 장 일 1975.12.22	감 사 의 견 적정 (광교)	계 열	
결 산 기 06월	보 통 주 14,371만주	종속회사수	
액 면 가 500원	우 선 주	구 상 호	

주주구성 (지분율,%)
가나안	28.6
염태순	21.6
(외국인)	2.4

출자관계 (지분율,%)
한국지엠강릉서비스센터	50.0
에이션패션	22.7
세화산업	4.44

주요경쟁사 (외형,%)
신성통상	100
제이에스코퍼레이션	20
SG세계물산	33

매출구성
봉제류(K/SHIRT'S외)	97.0
상품(종합소매업)	1.9
기타(원,부자재외)	1.1

비용구성
매출원가율	65.4
판관비율	31.7

수출비중
수출	45.0
내수	55.0

회사 개요
동사는 1968년 설립돼 1975년 유가증권시장에 상장됨. 니트의류 수출기업으로 주문자상표부착(OEM) 방식의 수출을 주로 해왔음. 현재 대형 바이어 위주로 영업을 전개 중이며 신규 바이어 확보를 통해 지속적인 성장도 도모하고 있음. 동사의 핵심 생산기지인 니카라과 중남미 현지법인과 베트남, 인도네시아에 소재한 현지법인에 대규모 신증설을 추진 중이며 신규 바이어와에 대한 직접 영업을 통해 수익성 개선을 도모할 계획임.

실적 분석
동사는 6월 결산법인으로 3월 누적 연결기준 매출액은 전년대비 2.5% 감소한 6,800.7억원을 기록함. 매출감소로 원가율은 악화되어 영업이익은 전년대비 88.8% 감소한 24.5억원에 그침. 대규모 종속기업투자처분이익이 포함된 당기순이익은 54.0억원을 기록함. 향후 SPA인 탑텐의 견조한 성장과 중국 시장 진출 효과 가시화 등으로 성장동력을 확보할 계획임.

현금 흐름 〈단위 : 억원〉
항목	2016	2017.3Q
영업활동	-244	430
투자활동	-302	-125
재무활동	332	-348
순현금흐름	-211	36
기말현금	191	226

시장 대비 수익률

결산 실적 〈단위 : 억원〉
항목	2012	2013	2014	2015	2016	2017
매출액	7,173	7,841	7,777	8,584	9,339	—
영업이익	334	120	261	384	268	—
당기순이익	58	1	22	68	14	—

분기 실적 〈단위 : 억원〉
항목	2016.2Q	2016.3Q	2016.4Q	2017.1Q	2017.2Q	2017.3Q
매출액	2,599	2,032	2,365	2,208	2,607	1,986
영업이익	123	-1	49	-10	28	6
당기순이익	72	-38	4	-44	123	-26

재무 상태 〈단위 : 억원〉
항목	2012	2013	2014	2015	2016	2017.3Q
총자산	5,519	6,287	6,280	6,714	6,927	6,335
유형자산	1,773	1,958	1,820	1,852	1,901	1,780
무형자산	23	22	23	19	16	13
유가증권	15	16	12	12	12	10
총부채	3,440	4,253	4,275	4,605	4,810	4,090
총차입금	2,177	2,765	2,890	3,138	3,471	3,050
자본금	719	719	719	719	719	719
총자본	2,079	2,033	2,005	2,109	2,116	2,246
지배주주지분	2,079	2,033	2,005	2,109	2,116	2,246

기업가치 지표
항목	2012	2013	2014	2015	2016	2017.3Q
주가(최고/저)(천원)	1.8/0.4	1.6/0.8	1.3/0.9	2.7/1.0	2.3/1.1	—/—
PER(최고/저)(배)	45.7/9.6	2,041.5/1,036.7	89.6/59.8	57.4/21.2	242.7/120.0	—/—
PBR(최고/저)(배)	1.3/0.3	1.1/0.6	1.0/0.6	1.9/0.7	1.6/0.8	1.0/0.7
EV/EBITDA(배)	6.6	14.5	8.3	8.5	10.1	—/—
EPS(원)	40	1	15	47	10	38
BPS(원)	1,447	1,415	1,395	1,468	1,473	1,563
CFPS(원)	144	124	161	197	186	164
DPS(원)	5					
EBITDAPS(원)	336	207	328	417	363	144

재무 비율 〈단위 : % 〉
연도	영업이익률	순이익률	부채비율	차입금비율	ROA	ROE	유보율	자기자본비율	EBITDA마진율
2016	2.9	0.2	227.3	164.0	0.2	0.7	194.6	30.6	5.6
2015	4.5	0.8	218.3	148.8	1.0	3.3	193.5	31.4	7.0
2014	3.4	0.3	213.3	144.2	0.3	1.1	179.0	31.9	6.1
2013	1.5	0.0	209.2	136.0	0.0	0.1	183.0	32.4	3.8

신세계 (A004170)
SHINSEGAE

업 종 : 백화점		시 장 : 거래소	
신용등급 : (Bond) AA (CP) A1		기업규모 : 시가총액 중형주	
홈 페 이 지 : www.shinsegae.com		연 락 처 : 02)727-1234	
본 사 : 서울시 중구 소공로 63, 신세계백화점건물 (충무로1가)			

설 립 일 1955.12.09	종 업 원 수 3,365명	대 표 이 사 장재영	
상 장 일 1985.08.19	감 사 의 견 적정 (안진)	계 열	
결 산 기 12월	보 통 주 985만주	종속회사수 11개사	
액 면 가 5,000원	우 선 주	구 상 호	

주주구성 (지분율,%)
이명희	18.2
국민연금공단	13.8
(외국인)	24.2

출자관계 (지분율,%)
신세계디에프	100.0
대전신세계	100.0
신세계동대구복합환승센터	61.0

주요경쟁사 (외형,%)
신세계	100
롯데쇼핑	1,002
현대백화점	62

매출구성
의류	53.1
의류 등(의류제조/판매 및 상품입업)	32.8
의류 등(면세점사업)	6.7

비용구성
매출원가율	35.9
판관비율	55.6

수출비중
수출	0.0
내수	100.0

회사 개요
동사는 1955년 동화백화점으로 설립, 1985년 유가증권시장에 상장함. 위탁경영 중인 신세계충청점을 포함해 백화점 11개점의 매장을 운영하고 있음. 백화점사업(신세계동대구복합환승센터), 의류 제조·판매·수출입사업(신세계인터내셔널), 부동산·여객터미널업(센트럴시티, 서울고속버스터미널), 관광호텔업(센트럴관광개발)으로 사업을 세분화함. 2016년 하반기 복합쇼핑몰 '스타필드 하남'을 공식 개장함.

실적 분석
동사의 연결기준 2017년 상반기 매출액은 1조7,931.3억원으로 전년동기 대비 37.9% 증가했음. 신세계몰의 성장이 외형성장의 추동력임. 다만 매출원가가 50.6% 늘어 매출총이익은 31.0% 증가에 그침. 인건비, 감가상각비 증가로 판매관리와 관리비가 33.5% 증가함. 영업이익은 13.7% 증가한 1,189.5억원을 시현함. 비영업손실 폭이 확대되어 당기순이익은 전년동기 대비 61.3% 줄어든 808.1억원을 기록함.

현금 흐름 〈단위 : 억원〉
항목	2016	2017.2Q
영업활동	3,387	231
투자활동	-8,956	-1,595
재무활동	5,909	1,253
순현금흐름	340	-110
기말현금	783	673

시장 대비 수익률

결산 실적 〈단위 : 억원〉
항목	2012	2013	2014	2015	2016	2017
매출액	22,958	24,416	24,923	25,640	29,475	—
영업이익	2,498	3,064	2,734	2,621	2,514	—
당기순이익	1,937	1,947	1,861	4,332	3,234	—

분기 실적 〈단위 : 억원〉
항목	2016.1Q	2016.2Q	2016.3Q	2016.4Q	2017.1Q	2017.2Q
매출액	6,433	6,567	7,715	8,761	9,166	8,766
영업이익	621	425	412	1,056	776	413
당기순이익	408	1,679	61	1,085	338	470

재무 상태 〈단위 : 억원〉
항목	2012	2013	2014	2015	2016	2017.2Q
총자산	69,685	75,000	79,314	79,182	99,545	99,068
유형자산	42,927	45,420	45,788	51,943	66,256	66,628
무형자산	2,415	2,465	2,762	2,739	3,043	2,980
유가증권	7,589	8,554	8,929	5,650	5,803	5,147
총부채	38,677	41,561	43,624	38,573	52,616	51,422
총차입금	21,265	23,915	24,380	19,215	26,564	27,655
자본금	492	492	492	492	492	492
총자본	31,007	33,439	35,691	40,609	46,929	47,646
지배주주지분	22,072	24,103	26,157	30,233	32,341	32,901

기업가치 지표
항목	2012	2013	2014	2015	2016	2017.2Q
주가(최고/저)(천원)	279/178	263/194	253/177	291/158	229/173	—/—
PER(최고/저)(배)	17.5/11.2	16.8/12.4	16.2/11.3	7.2/3.9	10.0/7.6	—/—
PBR(최고/저)(배)	1.3/0.8	1.1/0.8	1.1/0.8	1.0/0.5	0.7/0.5	0.8/0.5
EV/EBITDA(배)	12.6	12.0	11.5	11.8	12.5	—/—
EPS(원)	16,415	16,010	15,908	40,843	23,071	7,396
BPS(원)	224,549	245,179	266,050	307,447	328,862	334,551
CFPS(원)	31,507	33,647	32,990	58,662	44,270	20,852
DPS(원)	1,000	1,000	1,150	1,250	1,250	
EBITDAPS(원)	40,463	48,758	44,857	44,445	46,735	25,538

재무 비율 〈단위 : % 〉
연도	영업이익률	순이익률	부채비율	차입금비율	ROA	ROE	유보율	자기자본비율	EBITDA마진율
2016	8.5	11.0	112.1	56.6	3.6	7.3	6,477.2	47.1	15.6
2015	10.2	16.9	95.0	47.3	5.5	14.3	6,049.0	51.3	17.1
2014	11.0	7.5	122.2	68.3	2.4	6.2	5,221.0	45.0	17.7
2013	12.6	8.0	124.3	71.5	2.7	6.8	4,803.6	44.6	19.7

신세계건설 (A034300)
Shinsegae Engineering & Construction

업 종 : 건설
신용등급 : (Bond) A-   (CP) A2-
홈 페 이 지 : www.shinsegae-enc.com
본   사 : 서울시 중구 장충단로 180 신세계건설(장충동 1가 56-85)

시   장 : 거래소
기업규모 : 시가총액 소형주
연 락 처 : 02)3406-6620

설 립 일	1991.03.20	종 업 원 수	736명	대 표 이 사	윤명규
상 장 일	2002.06.17	감 사 의 견	적정 (한영)	계	열
결 산 기	12월	보 통 주	400만주	종속회사수	
액 면 가	5,000원	우 선 주		구 상 호	

주주구성 (지분율,%)		출자관계 (지분율,%)		주요경쟁사 (외형,%)	
이마트	32.4	신세계건설	100		
KB자산운용	20.9	서희건설	75		
(외국인)	4.0	고려개발	43		

매출구성		비용구성		수출비중	
상업시설 및 주거시설 등	86.8	매출원가율	92.1	수출	0.0
주거시설, 도로공사 등	11.4	판관비율	4.3	내수	100.0
골프장 / 아쿠아사업 내장객 수입 등	1.5				

회사 개요

동사는 1991년 신세계의 자회사로 설립된 후 2002년에 상장되었으며 2013년 연간 매출의 66.7%가 그룹 공사일 정도로 그룹 의존도가 높음. 신세계 그룹이 발주하는 백화점, 대형할인점, 역세권 개발사업 등 상업시설 공사를 기반으로 성장하여 건축실적 및 노하우를 축적함. 현재는 상업시설 이외에 오피스, 오피스텔, 주상복합 등의 건축과 골프장 운영업도 맡고 있음. 동사는 2016년 건설회사 시공능력평가순위 26위를 기록함.

실적 분석

동사의 연결기준 2017년 2분기 누적매출액은 건축 및 토목분야 동반 부진으로 전년동기 대비 18.2% 감소한 5,631.5억원을 기록함. 영업이익과 당기순이익은 각각 64.2%, 27.2% 감소한 109.9억원, 175.6억원을 기록하는 등 수익성 또한 크게 하락한 상황. 동사는 다양한 유통상업시설의 건축실적 및 노하우를 가지고 있어 이와 관련된 수주활동을 통해 향후 실적개선 가능할 것으로 기대하고 있음.

현금 흐름   *IFRS 별도 기준   〈단위 : 억원〉

항목	2016	2017.2Q
영업활동	210	134
투자활동	-74	-138
재무활동	73	-242
순현금흐름	209	-245
기말현금	319	74

시장 대비 수익률

결산 실적   〈단위 : 억원〉

항목	2012	2013	2014	2015	2016	2017
매출액	5,998	4,414	8,360	10,856	14,382	
영업이익	78	-202	247	419	519	
당기순이익	13	-1,311	31	160	378	

분기 실적   *IFRS 별도 기준   〈단위 : 억원〉

항목	2016.1Q	2016.2Q	2016.3Q	2016.4Q	2017.1Q	2017.2Q
매출액	3,151	3,737	3,931	3,563	2,931	2,700
영업이익	162	146	162	50	94	16
당기순이익	127	114	132	5	56	120

재무 상태   *IFRS 별도 기준   〈단위 : 억원〉

항목	2012	2013	2014	2015	2016	2017.2Q
총자산	5,812	5,515	6,727	6,786	7,345	6,739
유형자산	3,154	3,111	3,057	3,024	2,995	2,975
무형자산	32	35	31	31	38	32
유가증권	153	147	207	225	228	228
총부채	4,210	5,235	6,445	5,856	6,065	5,319
총차입금	2,793	2,484	1,593	5	2	6
자본금	200	200	200	200	200	200
총자본	1,601	280	282	930	1,280	1,420
지배주주지분	1,601	280	282	930	1,280	1,420

기업가치 지표   *IFRS 별도 기준

항목	2012	2013	2014	2015	2016	2017.2Q
주가(최고/저)(천원)	15.1/9.8	11.9/9.2	29.3/9.3	77.5/28.3	51.1/35.6	—/—
PER(최고/저)(배)	49.0/32.0	—/—	38.1/12.1	19.7/7.2	5.5/3.8	1.2/0.9
PBR(최고/저)(배)	0.4/0.3	1.7/1.3	4.2/1.4	3.4/1.2	1.6/1.1	0.8/0.7
EV/EBITDA(배)	28.4		8.5	3.2	2.4	—/—
EPS(원)	327	-32,783	784	3,993	9,450	4,391
BPS(원)	40,035	6,993	7,058	23,244	31,991	35,501
CFPS(원)	1,188	-30,901	2,736	6,005	11,531	5,394
DPS(원)	500			250	500	3,750
EBITDAPS(원)	2,818	-3,174	8,126	12,477	15,065	

재무 비율   〈단위 : % 〉

연도	영업이익률	순이익률	부채비율	차입금비율	ROA	ROE	유보율	자기자본비율	EBITDA마진율
2016	3.6	2.6	474.0	0.1	5.4	34.2	539.8	17.4	4.2
2015	3.9	1.5	629.9	0.5	2.4	26.4	364.9	13.7	4.6
2014	3.0	0.4	2,282.9	564.2	0.5	11.2	41.2	4.2	3.9
2013	-4.6	-29.7	1,871.5	888.0	-23.2	-139.4	39.9	5.1	-2.9

신세계아이앤씨 (A035510)
SHINSEGAE Information & Communication

업 종 : IT 서비스
신용등급 : (Bond) —   (CP) —
홈 페 이 지 : www.shinsegae-inc.com
본   사 : 서울시 중구 소공로 48 10층(회현로2가, 남산센트럴타워)

시   장 : 거래소
기업규모 : 시가총액 소형주
연 락 처 : 02)3397-1234

설 립 일	1997.04.29	종 업 원 수	608명	대 표 이 사	김장욱
상 장 일	2000.11.04	감 사 의 견	적정 (한영)	계	열
결 산 기	12월	보 통 주	172만주	종속회사수	
액 면 가	5,000원	우 선 주		구 상 호	

주주구성 (지분율,%)		출자관계 (지분율,%)		주요경쟁사 (외형,%)	
이마트	29.0	신세계티비쇼핑	22.2	신세계 I&C	100
국민연금공단	5.8	제로투세븐	0.8	오픈베이스	53
(외국인)	9.3	소프트웨어공제조합		미래아이앤지	3

매출구성		비용구성		수출비중	
[ITO1사업부]컨설팅, 유지보수 등(용역)	40.2	매출원가율	83.6	수출	0.0
[밸류서비스사업부]솔루션 및 IT기기 등	22.3	판관비율	13.4	내수	100.0
[ITO2사업부]컨설팅, 유지보수 등	14.1				

회사 개요

동사는 1997년 신세계로부터 분리설립된 IT 전문기업임. 신세계그룹의 정보시스템 구축 및 운영 노하우를 바탕으로 유통, 제조, 물류 등 다양한 분야에 걸쳐 IT 서비스를 제공 중임. 주요 거래선으로는 신세계백화점, 이마트 등이 있음. 최근 IT 소비시장의 위축, 정부의 SI 업체 사업 규제 심화로 인한 사업다각화의 필요성 대두되면서 에너지 사업(LED, ESCO, 그린IT 등)을 시작함.

실적 분석

동사의 2017년 2/4분기 연간 누적 매출액은 1,549.9억원으로 전년동기 대비 2.7% 증가함. 매출원가 또한 전년동기 대비 0.5% 증가했으나 매출원가 증가율 이상으로 매출이 증가함에 따라 영업이익이 전년동기 대비 큰 폭으로 상승함. 그러나 비영업부문에서 20.5억원의 손실을 인해 이익폭이 축소됨. 당기순이익은 전년동기 1.7억원에서 49.1억원으로 대폭 상승함

현금 흐름   *IFRS 별도 기준   〈단위 : 억원〉

항목	2016	2017.2Q
영업활동	255	104
투자활동	-98	-106
재무활동	-16	-69
순현금흐름	141	-71
기말현금	310	238

시장 대비 수익률

결산 실적   〈단위 : 억원〉

항목	2012	2013	2014	2015	2016	2017
매출액	2,971	2,398	2,281	2,611	2,963	—
영업이익	188	176	155	110	87	—
당기순이익	150	128	121	68	25	—

분기 실적   *IFRS 별도 기준   〈단위 : 억원〉

항목	2016.1Q	2016.2Q	2016.3Q	2016.4Q	2017.1Q	2017.2Q
매출액	713	795	694	761	775	775
영업이익	20	22	19	26	43	47
당기순이익	3	-1	1	23	19	30

재무 상태   *IFRS 별도 기준   〈단위 : 억원〉

항목	2012	2013	2014	2015	2016	2017.2Q
총자산	1,901	1,948	2,089	2,173	2,209	2,167
유형자산	329	322	335	461	500	566
무형자산	26	22	36	33	35	41
유가증권	108	20	70	68	70	66
총부채	483	418	474	511	553	536
총차입금						
자본금	86	86	86	86	86	86
총자본	1,418	1,531	1,615	1,662	1,656	1,631
지배주주지분	1,418	1,531	1,615	1,662	1,656	1,631

기업가치 지표   *IFRS 별도 기준

항목	2012	2013	2014	2015	2016	2017.2Q
주가(최고/저)(천원)	57.9/41.7	78.6/49.5	116/69.5	211/90.5	107/62.4	—/—
PER(최고/저)(배)	7.1/5.1	11.1/7.0	17.1/10.2	54.7/23.4	73.0/42.7	—/—
PBR(최고/저)(배)	0.8/0.5	0.9/0.6	1.3/0.8	2.2/1.0	1.1/0.7	0.8/0.7
EV/EBITDA(배)	0.3	1.6	4.5	4.9	2.0	—/—
EPS(원)	8,726	7,445	7,039	3,959	1,480	2,852
BPS(원)	82,457	88,989	93,869	96,607	96,728	98,318
CFPS(원)	11,640	10,997	10,012	7,899	8,194	6,523
DPS(원)	1,000	1,000	1,000	1,000	1,000	
EBITDAPS(원)	13,867	13,780	11,989	10,321	11,786	8,949

재무 비율   〈단위 : % 〉

연도	영업이익률	순이익률	부채비율	차입금비율	ROA	ROE	유보율	자기자본비율	EBITDA마진율
2016	2.9	0.9	33.4	0.0	1.2	1.5	1,834.6	75.0	6.8
2015	4.2	2.6	30.8	0.0	3.2	4.2	1,832.2	76.5	6.8
2014	6.8	5.3	29.4	0.0	6.0	7.7	1,777.4	77.3	9.0
2013	7.3	5.3	27.3	0.0	6.7	8.7	1,679.8	78.6	9.9

신세계인터내셔날 (A031430)
Shinsegae International

업 종 : 섬유 및 의복	시 장 : 거래소
신용 등급 : (Bond) — (CP) —	기업 규모 : 시가총액 중형주
홈 페 이 지 : www.sikorea.co.kr	연 락 처 : 02)6979-1234
본 사 : 서울시 강남구 도산대로 449 (청담동)	

설 립 일 1980.10.25		종 업 원 수 1,095명	대 표 이 사 차정호
상 장 일 2011.07.14		감 사 의 견 적정 (안진)	계 열
결 산 기 12월		보 통 주 714만주	종속회사수 2개사
액 면 가 5,000원		우 선 주	구 상 호

주주구성 (지분율,%)
신세계	45.8
정재은	21.7
(외국인)	3.7

출자관계 (지분율,%)
신세계톰보이	95.8
신세계인터코스코리아	50.0
몽클레르신세계	

주요경쟁사 (외형,%)
신세계인터내셔날	100
한세예스24홀딩스	219
LF	150

매출구성
의류 등	100.0

비용구성
매출원가율	49.3
판관비율	48.1

수출비중
수출	1.0
내수	99.0

회사 개요
동사는 신세계 그룹의 계열사로서 신세계 백화점 내의 해외사업부로 시작하였다가 1980년 한국유통산업연구소로 설립되어, 1998년 신세계인터내셔날로 사명을 변경, 2011년 7월에 유가증권 시장에 상장함. 해외 패션브랜드 유통 및 자체브랜드 기획등의 패션사업을 영위중임. 연결대상 종속회사로 의류 제조판매업을 영위하는 신세계톰보이, Shinsegae Poiret S.A.S.를 보유함. 비디비치코스메틱은 2016년에 흡수합병하여 종속기업에서 제외됨.

실적 분석
동사는 해외패션 부문에서 ARMANI, DOLCE&GABBANA, GAP, Chloe 등 30여개의 브랜드와 국내패션 부문에서 백화점 위주로 VOV, G-CUT 등의 브랜드를 전개중. 2017년 반기 매출액은 전년동기 대비 5.7% 확대된 5,115.9억원을 시현함. 판관비 증가로 영업이익은 전년동기 대비 20% 줄어든 88.3억원을 시현함. 비영업손익 10.2억원 흑자로 당기순이익 76.2억원을 시현하여 전년동기 대비 흑자전환함.

현금 흐름 〈단위 : 억원〉
항목	2016	2017.2Q
영업활동	535	248
투자활동	-326	-272
재무활동	-145	-124
순현금흐름	65	-146
기말현금	168	21

시장 대비 수익률

결산 실적 〈단위 : 억원〉
항목	2012	2013	2014	2015	2016	2017
매출액	7,902	8,031	9,119	10,052	10,211	—
영업이익	309	221	159	199	270	—
당기순이익	493	315	193	210	175	—

분기 실적 〈단위 : 억원〉
항목	2016.1Q	2016.2Q	2016.3Q	2016.4Q	2017.1Q	2017.2Q
매출액	2,482	2,360	2,448	2,922	2,721	2,394
영업이익	35	75	6	154	44	44
당기순이익	-22	21	34	143	65	11

재무 상태 〈단위 : 억원〉
항목	2012	2013	2014	2015	2016	2017.2Q
총자산	6,213	7,555	8,878	9,142	9,662	9,261
유형자산	1,764	2,374	3,382	3,693	3,514	3,513
무형자산	90	141	490	530	536	477
유가증권	181	276	6	6		
총부채	2,123	3,192	4,381	4,494	4,877	4,465
총차입금	1,218	2,162	3,193	3,475	3,555	3,465
자본금	357	357	357	357	357	357
총자본	4,090	4,362	4,497	4,648	4,785	4,796
지배주주지분	4,074	4,356	4,492	4,641	4,767	4,778

기업가치 지표
항목	2012	2013	2014	2015	2016	2017.2Q
주가(최고/저)(천원)	119/64.0	91.7/69.0	139/70.6	161/78.9	102/61.9	—/—
PER(최고/저)(배)	17.6/9.5	20.8/15.6	49.4/25.2	55.1/27.1	42.2/25.7	—/—
PBR(최고/저)(배)	2.2/1.2	1.5/1.2	2.3/1.1	2.5/1.2	1.5/0.9	1.2/0.9
EV/EBITDA(배)	16.3	21.5	26.8	20.9	13.3	—/—
EPS(원)	7,004	4,537	2,863	2,958	2,432	1,062
BPS(원)	57,062	61,007	62,912	64,998	66,769	66,919
CFPS(원)	9,184	7,035	6,509	7,346	7,170	3,655
DPS(원)	600	600	600	600	600	—
EBITDAPS(원)	6,503	5,594	5,870	7,181	8,526	3,829

재무 비율 〈단위 : % 〉
연도	영업이익률	순이익률	부채비율	차입금비율	ROA	ROE	유보율	자기자본비율	EBITDA마진율
2016	2.7	1.7	101.9	74.3	1.9	3.7	1,235.4	49.5	6.0
2015	2.0	2.1	96.7	74.8	2.3	4.6	1,200.0	50.8	5.1
2014	1.7	2.1	97.4	71.0	2.3	4.6	1,158.2	50.7	4.6
2013	2.8	3.9	73.2	49.6	4.6	7.7	1,120.2	57.7	5.0

신세계푸드 (A031440)
SHINSEGAE FOOD

업 종 : 식료품	시 장 : 거래소
신용 등급 : (Bond) — (CP) A1	기업 규모 : 시가총액 중형주
홈 페 이 지 : www.shinsegaefood.com	연 락 처 : 02)3397-6000
본 사 : 서울시 성동구 성수일로 56, 4층~7층(성수동2가, 백영성수빌딩)	

설 립 일 1979.10.11		종 업 원 수 4,600명	대 표 이 사 최성재
상 장 일 2001.07.21		감 사 의 견 적정 (삼일)	계 열
결 산 기 12월		보 통 주 387만주	종속회사수 3개사
액 면 가 5,000원		우 선 주	구 상 호

주주구성 (지분율,%)
이마트	46.1
국민연금공단	12.6
(외국인)	6.9

출자관계 (지분율,%)
스무디킹코리아	100.0
세린식품	100.0
제이원	100.0

주요경쟁사 (외형,%)
신세계푸드	100
CJ프레시웨이	218
하림홀딩스	93

매출구성
구내식당, 푸드홀, 베이커리 등	58.9
국내외 식품	39.8
물류 등	1.3

비용구성
매출원가율	86.8
판관비율	11.2

수출비중
수출	0.0
내수	100.0

회사 개요
동사는 1979년 한국신판주식회사로 설립돼 2011년 코스닥에 상장됨. 2010년 유가증권 시장으로 이전함. 동사는 단체급식, 식품유통, 외식사업을 주로 영위함. 단체급식사업은 포화상태에 직면했으며 연평균 성장률은 2% 전후임. 식품유통시장은 약 45조원 규모이지만 대기업이 차지하는 비중은 10% 미만에 불과함. 국내 외식사업 전체 규모는 133조원임. 음식료품 가공센터가 구축되면 핵심 기능 수직계열화를 완성하게 됨.

실적 분석
동사의 2017년 상반기 연결기준 누적 매출액은 5877.3억원으로 전년 동기 대비 16.1% 증가함. 매출이 늘면서 매출원가도 크게 늘었고 판관비도 증가했지만 매출 증가에 따른 고정비용 감소효과로 인해 영업이익은 전년 동기 대비 53.5% 증가한 133.6억원을 시현함. 비영업손익 부문에서 금융손실로 적자를 기록했지만 영업이익 증가 폭이 커 당기순이익은 전년 대비 41.1% 증가한 100.1억원을 기록함.

현금 흐름 〈단위 : 억원〉
항목	2016	2017.2Q
영업활동	223	255
투자활동	-433	-244
재무활동	166	159
순현금흐름	-44	170
기말현금	22	192

시장 대비 수익률

결산 실적 〈단위 : 억원〉
항목	2012	2013	2014	2015	2016	2017
매출액	7,211	7,214	6,521	9,064	10,690	—
영업이익	343	227	82	87	214	—
당기순이익	277	193	42	67	143	—

분기 실적 〈단위 : 억원〉
항목	2016.1Q	2016.2Q	2016.3Q	2016.4Q	2017.1Q	2017.2Q
매출액	2,456	2,608	2,824	2,803	2,848	3,030
영업이익	7	80	61	66	48	85
당기순이익	7	64	42	30	36	65

재무 상태 〈단위 : 억원〉
항목	2012	2013	2014	2015	2016	2017.2Q
총자산	2,642	2,867	3,825	5,033	5,562	5,799
유형자산	1,157	1,151	1,737	2,398	2,557	2,637
무형자산	14	83	522	681	714	685
유가증권						
총부채	612	676	970	2,161	2,590	2,752
총차입금				1,066	1,251	1,443
자본금	171	171	194	194	194	194
총자본	2,031	2,190	2,855	2,871	2,972	3,048
지배주주지분	2,031	2,190	2,855	2,871	2,972	3,048

기업가치 지표
항목	2012	2013	2014	2015	2016	2017.2Q
주가(최고/저)(천원)	114/70.4	107/79.1	122/63.6	242/108	176/120	—/—
PER(최고/저)(배)	14.6/9.0	19.4/14.4	102.3/53.2	141.3/62.8	47.8/32.5	—/—
PBR(최고/저)(배)	2.0/1.2	1.7/1.3	1.7/0.9	3.3/1.5	2.3/1.6	2.3/1.7
EV/EBITDA(배)	7.2	6.9	16.6	21.0	12.6	—/—
EPS(원)	8,077	5,630	1,212	1,727	3,690	2,584
BPS(원)	59,225	63,886	73,724	74,155	76,746	78,713
CFPS(원)	11,796	9,976	5,688	8,793	12,396	7,353
DPS(원)	750	750	750	750	600	—
EBITDAPS(원)	13,728	10,953	6,829	9,321	14,227	8,220

재무 비율 〈단위 : % 〉
연도	영업이익률	순이익률	부채비율	차입금비율	ROA	ROE	유보율	자기자본비율	EBITDA마진율
2016	2.0	1.3	87.1	42.1	2.7	4.9	1,434.9	53.4	5.2
2015	1.0	0.7	75.3	37.1	1.5	2.3	1,383.1	57.1	4.0
2014	1.3	0.6	34.0	0.0	1.3	1.7	1,374.5	74.6	3.6
2013	3.1	2.7	30.9	0.0	7.0	9.7	1,177.7	76.4	5.2

신송홀딩스 (A006880)
SINGSONG HOLDINGS CO

업 종 : 식료품	시 장 : 거래소
신용등급 : (Bond) — (CP) —	기업규모 : 시가총액 소형주
홈페이지 : www.singsongholdings.com	연 락 처 : 02)6265-7789
본 사 : 서울시 영등포구 여의나루로 53-1	

설 립 일	1970.11.05	종 업 원 수	16명	대 표 이 사	조갑주
상 장 일	2013.11.21	감 사 의 견	적정 (삼일)	계 열	
결 산 기	12월	보 통 주	1,183만주	종 속 회 사 수	6개사
액 면 가	500원	우 선 주		구 상 호	

주주구성 (지분율,%)		출자관계 (지분율,%)		주요경쟁사 (외형,%)	
조갑주	27.0	신송식품	100.0	신송홀딩스	100
조승현	20.0	신송산업	100.0	사조해표	326
(외국인)	0.6	논산식품	89.0	아시아종묘	10

매출구성		비용구성		수출비중	
용역제공	100.0	매출원가율	93.6	수출	—
		판관비율	10.3	내수	—

회사 개요
동사는 1970년 설립되어, 2009년 8월에 투자사업부문과 제조사업부문을 물적분할하여 투자사업을 영위하는 지주회사로 전환하였으며, 2010년 5월 상호명을 '신송산업홀딩스주식회사'에서 '신송홀딩스주식회사'로 변경하였음. 연결회사는 글루텐 및 전분 제품을 생산하는 소재사업, 장류 제조업과 해외 곡물(쌀 등)을 무역하는 곡물사업 및 임대사업 등을 영위하고 있음.

실적 분석
동사의 2017년 2분기 누적 연결기준 매출액은 전년대비 2.4% 감소한 1,049.7억원을 기록함. 곡물사업의 매출 증가가 원가율 상승으로 이어져 영업손실 25.0억원, 당기순손실 55.7억원을 보이며 손실 규모가 확대됨. 금융손실 증가로 비영업손실 규모도 확대됨. 당반기 사업별 매출비중은 곡물사업부 70.81%, 식품사업부 22.71%, 소재사업부 4.01% 및 임대사업부 5.95% 및 기타 등으로 구성됨.

현금 흐름 〈단위 : 억원〉

항목	2016	2017.2Q
영업활동	-41	55
투자활동	-228	0
재무활동	288	-126
순현금흐름	19	-71
기말현금	267	196

결산 실적 〈단위 : 억원〉

항목	2012	2013	2014	2015	2016	2017
매출액	1,660	2,725	2,347	2,286	2,069	
영업이익	122	111	67	36	-81	
당기순이익	94	94	35	21	-124	

분기 실적 〈단위 : 억원〉

항목	2016.1Q	2016.2Q	2016.3Q	2016.4Q	2017.1Q	2017.2Q
매출액	394	681	455	539	619	431
영업이익	-11	-14	-21	-34	-16	-9
당기순이익	-17	-7	-48	-52	-53	-3

재무 상태 〈단위 : 억원〉

항목	2012	2013	2014	2015	2016	2017.2Q
총자산	1,854	2,333	2,378	2,272	2,467	2,231
유형자산	367	400	486	523	499	545
무형자산	12	12	14	18	11	11
유가증권	39	9	47	61	37	105
총부채	603	761	785	672	1,002	830
총차입금	82	112	242	221	533	583
자본금	47	59	59	59	59	59
총자본	1,251	1,572	1,593	1,600	1,465	1,401
지배주주지분	1,251	1,572	1,593	1,600	1,465	1,401

기업가치 지표

항목	2012	2013	2014	2015	2016	2017.2Q
주가(최고/저)(천원)	—/—	9.8/7.1	11.0/7.8	12.6/7.8	10.2/6.0	—/—
PER(최고/저)(배)	0.0/0.0	10.5/7.6	38.4/27.2	74.2/46.0		0.6/0.5
PBR(최고/저)(배)	0.0/0.0	0.8/0.6	0.8/0.6	1.0/0.6	0.8/0.5	0.6/0.5
EV/EBITDA(배)	0.3	5.2	8.3	12.7		
EPS(원)	994	967	294	174	-1,048	-471
BPS(원)	14,894	13,286	13,469	13,525	12,382	11,847
CFPS(원)	1,428	1,388	673	548	-667	-321
DPS(원)			80	80	80	
EBITDAPS(원)	1,729	1,561	948	676	-301	-61

재무 비율 〈단위 : % 〉

연도	영업이익률	순이익률	부채비율	차입금비율	ROA	ROE	유보율	자기자본비율	EBITDA마진율
2016	-3.9	-6.0	68.4	36.4	-5.2	-8.1	2,376.3	59.4	-1.7
2015	1.6	0.9	42.0	13.8	0.9	1.3	2,605.1	70.4	3.5
2014	2.9	1.5	49.2	15.2	1.5	2.2	2,593.8	67.0	4.8
2013	4.1	3.5	48.4	7.1	4.5	6.7	2,557.2	67.4	5.6

신스타임즈 (A056000)
SINCETIMES

업 종 : 게임 소프트웨어	시 장 : KOSDAQ
신용등급 : (Bond) — (CP) —	기업규모 : 벤처
홈페이지 : www.sincetimes.co.kr	연 락 처 : 02)6900-0000
본 사 : 서울시 강남구 언주로 540, 코원타워	

설 립 일	1996.09.11	종 업 원 수	79명	대 표 이 사	박남규,왕빈(각자대표)
상 장 일	2003.07.11	감 사 의 견	적정 (한울)	계 열	
결 산 기	12월	보 통 주	1,402만주	종 속 회 사 수	
액 면 가	500원	우 선 주		구 상 호	코원

주주구성 (지분율,%)		출자관계 (지분율,%)		주요경쟁사 (외형,%)	
Sincetimes HK Science Company Limited	32.6			신스타임즈	100
박남규	12.8			조이맥스	105
(외국인)	0.2			엔터메이트	68

매출구성		비용구성		수출비중	
게임 다이아	53.3	매출원가율	65.2	수출	33.0
고음질플레이어,PMP,차량용블랙박스,기타	40.7	판관비율	54.5	내수	67.0
이어폰,스피커 및 기타	6.1				

회사 개요
동사는 1996년 설립되어 멀티미디어 디바이스(MP3 플레이어, PMP, 차량용 블랙박스)사업, 무선 인터넷 콘텐츠 사업과 스마트폰 애플리케이션 개발 사업을 영위하고 있음. 휴대성, 음질, 크기와 중량, 디자인 면에서 꾸준히 개선된 신규 모델을 개발, 출시를 통해서 다양한 제품 포트폴리오를 갖추고 내수뿐만 아니라 해외 시장 공략에 중점을 두고 있음. 2015년 3월 주식양수도 계약으로 코원이노텍(현, 엘티시에이엠)이 연결대상에서 제외됨.

실적 분석
2017년 반기 누적 매출액은 164.7억원으로 전년 대비 83.5% 증가함. 영업이익은 -10.5억원으로 적자전환. 모바일 게임 사업부문 매출이 신규로 추가되며 외형 성장함. 다양한 제품 포트폴리오를 갖추고 해외시장 적극적으로 공략하고 있음. 중국이 자체 개발한 모바일 게임을 통해 안정적인 매출과 글로벌 지역의 유저풀을 확보할 예정. 지역별로 특화된 모바일 게임의 판권을 확보, 글로벌 모바일 게임 퍼블리셔로 발전할 것으로 기대.

현금 흐름 〈단위 : 억원〉

항목	2016	2017.2Q
영업활동	-2	—
투자활동	-82	—
재무활동	97	—
순현금흐름	12	—
기말현금	43	—

결산 실적 〈단위 : 억원〉

항목	2012	2013	2014	2015	2016	2017
매출액	326	295	235	150	300	
영업이익	-147	-104	4	-63	-59	
당기순이익	-148	-108	-69	-103	-80	

분기 실적 〈단위 : 억원〉

항목	2016.1Q	2016.2Q	2016.3Q	2016.4Q	2017.1Q	2017.2Q
매출액	59	31	100	110	—	—
영업이익	7	-3	-32	-30	—	—
당기순이익	6	-8	-30	-48	—	—

재무 상태 〈단위 : 억원〉

항목	2012	2013	2014	2015	2016	2017.2Q
총자산	700	697	670	375	432	—
유형자산	198	281	263	136	5	—
무형자산	89	66	35	4	2	—
유가증권	0	0	0	0	0	—
총부채	380	389	428	200	238	—
총차입금	352	337	397	166	160	—
자본금	54	54	54	54	70	—
총자본	320	308	242	175	195	—
지배주주지분	318	293	266	175	195	—

기업가치 지표

항목	2012	2013	2014	2015	2016	2017.2Q
주가(최고/저)(천원)	4.1/1.7	2.0/1.4	2.2/1.1	5.6/1.2	6.7/3.7	—/—
PER(최고/저)(배)	—/—	—/—	—/—	—/—	—/—	—/—
PBR(최고/저)(배)	1.3/0.5	0.7/0.5	0.8/0.4	3.5/0.7	4.8/2.7	0.0/0.0
EV/EBITDA(배)			10.0			
EPS(원)	-1,215	-709	-267	-954	-635	
BPS(원)	3,181	2,951	2,683	1,624	1,388	
CFPS(원)	-874	-439	82	-846	-605	
DPS(원)						
EBITDAPS(원)	-1,020	-698	383	-475	-438	

재무 비율 〈단위 : % 〉

연도	영업이익률	순이익률	부채비율	차입금비율	ROA	ROE	유보율	자기자본비율	EBITDA마진율
2016	-19.7	-26.7	122.3	82.4	-19.8	-43.3	177.5	45.0	-18.4
2015	-42.0	-68.9	114.0	94.8	-19.8	-46.7	224.8	46.7	-34.2
2014	1.6	-29.1	176.9	164.1	-10.0	-10.3	436.5	36.1	17.5
2013	-35.4	-36.6	126.5	109.3	-15.5	-25.1	490.2	44.2	-25.5

신신제약 (A002800)
SINSIN PHARMACEUTICAL

업 종 : 제약		시 장 : KOSDAQ	
신용등급 : (Bond) — (CP) —		기업규모 : 중견	
홈페이지 : www.sinsin.com		연락처 : 031)776-1111	
본 사 : 경기도 안산시 단원구 범지기로141번길 90			

설 립 일 1959.09.09	종 업 원 수 275명	대 표 이 사 김한기,이영수	
상 장 일 2017.02.28	감 사 의 견 적정 (안진)	계 열	
결 산 기 12월	보 통 주 1,517만주	종속회사수 1개사	
액 면 가 500원	우 선 주	구 상 호	

주주구성 (지분율,%)		출자관계 (지분율,%)		주요경쟁사 (외형,%)	
이영수	25.6	TRINETINDUSTRIESINC 60.0		신신제약	100
김한기	12.8			신일제약	86
(외국인)	0.4			선바이오	

매출구성		비용구성		수출비중	
기타제품	32.1	매출원가율	63.8	수출	17.0
신신파프(외품) 외	19.6	판관비율	26.7	내수	83.0
내수상품	18.0				

회사 개요
동사는 1959년 9월 9일 의약품(파스)제조 및 판매업을 주된 영업 목적으로 설립되었으며 2017년 2월 한국거래소 코스닥 시장에 상장됨. 동사의 주요 매출처는 약국과 의약품 도매상임. 그 중에서 약국 매출 비중은 약 40%로 제일 높은데 이는 OTC의약품 전문회사로서 약국 직접영업을 꾸준히 지속하고 집중했기 때문임. 2016년도 수출 금액은 102.1억원으로 전체 매출의 17.6%를 차지하고 있음.

실적 분석
동사의 2017년 상반기 매출액은 324.6억원으로 전년동기 대비 7.6% 증가함. 매출원가는 10.6% 증가하여 매출총이익은 2.8% 증가한 116.1억원을 기록함. 인건비와 감가상각비 증가 등으로 판매비와관리비는 11.4% 증가하여 영업이익은 29.2억원으로 16.6% 감소함. 2018년말 완공을 목표로 세종시에 생산공장을 건설 중이며 서울 마곡단지에 R&D센터 건립을 계획 중. 마곡 단지 토지대금은 납부한 상태.

현금 흐름 〈단위 : 억원〉
항목	2016	2017.2Q
영업활동	29	2
투자활동	-56	-17
재무활동	29	171
순현금흐름	3	156
기말현금	6	163

시장 대비 수익률

결산 실적 〈단위 : 억원〉
항목	2012	2013	2014	2015	2016	2017
매출액	419	451	467	516	581	—
영업이익	17	19	17	54	55	—
당기순이익	6	10	11	39	44	—

분기 실적 〈단위 : 억원〉
항목	2016.1Q	2016.2Q	2016.3Q	2016.4Q	2017.1Q	2017.2Q
매출액	139	162	—	—	158	167
영업이익	12	23	—	—	13	16
당기순이익	9	18	—	—	9	13

재무 상태 〈단위 : 억원〉
항목	2012	2013	2014	2015	2016	2017.2Q
총자산	377	389	551	611	688	893
유형자산	110	112	180	222	258	275
무형자산	0	0	5	5	5	8
유가증권	1	1	1	1	1	3
총부채	211	214	307	329	344	381
총차입금	145	142	188	154	172	200
자본금	12	12	12	12	59	76
총자본	166	175	244	282	344	512
지배주주지분	166	175	244	282	344	510

기업가치 지표
항목	2012	2013	2014	2015	2016	2017.2Q
주가(최고/저)(천원)	—/—	—/—	—/—	—/—	—/—	—/—
PER(최고/저)(배)	0.0/0.0	0.0/0.0	0.0/0.0	0.0/0.0	0.0/0.0	—/—
PBR(최고/저)(배)	0.0/0.0	0.0/0.0	0.0/0.0	0.0/0.0	0.0/0.0	3.1/2.0
EV/EBITDA(배)	5.0		4.7	6.5	2.3	2.5
EPS(원)	56	93	100	345	388	162
BPS(원)	68,569	72,398	100,773	116,608	2,912	3,361
CFPS(원)	6,353	7,719	9,136	20,313	478	198
DPS(원)					34	
EBITDAPS(원)	10,716	11,419	11,477	26,548	574	241

재무 비율 〈단위 : %〉
연도	영업이익률	순이익률	부채비율	차입금비율	ROA	ROE	유보율	자기자본비율	EBITDA마진율
2016	9.5	7.7	99.9	50.0	6.8	14.2	482.4	50.0	11.3
2015	10.5	7.5	116.5	54.5	6.7	14.8	2,232.2	46.2	12.5
2014	3.6	2.4	126.0	77.0			1,915.5	44.3	6.0
2013	4.3	2.3	122.1	81.1	2.7	6.1	1,348.0	45.0	6.1

신영와코루 (A005800)
Shinyoungwacoal

업 종 : 섬유 및 의복		시 장 : 거래소	
신용등급 : (Bond) — (CP) —		기업규모 : 시가총액 소형주	
홈페이지 : www.shinyoungwacoal.co.kr		연락처 : 02)818-5114	
본 사 : 서울시 금천구 가산디지털1로 104 (가산동)			

설 립 일 1968.10.21	종 업 원 수 754명	대 표 이 사 이의평,이호성	
상 장 일 1976.12.28	감 사 의 견 적정 (정동)	계 열	
결 산 기 12월	보 통 주 90만주	종속회사수 1개사	
액 면 가 5,000원	우 선 주	구 상 호	

주주구성 (지분율,%)		출자관계 (지분율,%)		주요경쟁사 (외형,%)	
우성화학공업	29.7	고창골프클러스터 46.7		신영와코루	100
WACOAL HOLDINGS CORP 25.0		신영섬유	29.9	데코앤이	31
(외국인)	26.2	운수레스	27.9	동일방직	458

매출구성		비용구성		수출비중	
여성내의류(화운데이션, 란제리)	95.6	매출원가율	42.8	수출	2.0
임대	3.0	판관비율	55.4	내수	98.0
여성내의류(여성스타킹 외)	1.5				

회사 개요
동사는 여성 내의류 전문업체로서 봉제품 제조가공 및 판매업과 부동산 임대업, 수출입업, 전자상거래 및 인터넷 관련업을 영위함. 대표 브랜드인 비너스, 와코루, 솔브, 마더피아, 자스민, 아르보, 리망마, 트레노, 아네타 등을 보유하고 있음. 백화점, 할인점, 로드샵 등을 운영하여 고정적인 유통채널을 확보하고 있음. 여성내의류 시장에서 2017년 6월말 백화점 판매 기준으로 약 50%의 점유율을 차지함.

실적 분석
동사의 2017년 연결기준 상반기 매출액은 924.2억원으로 전년동기 대비 3.6% 증가함. 고정비 증가로 영업이익은 25.4억원으로 5% 감소함. 비영업이익 폭이 축소되며 당기순이익은 48.2억원으로 69.2% 감소함. 동사는 기존 백화점, 로드숍 등의 매장에서 유통채널을 더욱 강화하고 있으며, 최근 늘어나는 프리미엄아울렛에 적극 진출함으로써 시장점유율 확보에 주력하고 있음. 홈쇼핑 유통채널에도 진입했음.

현금 흐름 〈단위 : 억원〉
항목	2016	2017.2Q
영업활동	23	-65
투자활동	107	37
재무활동	-13	-20
순현금흐름	117	-48
기말현금	254	206

시장 대비 수익률

결산 실적 〈단위 : 억원〉
항목	2012	2013	2014	2015	2016	2017
매출액	2,059	1,987	1,867	1,791	1,795	—
영업이익	145	98	36	60	32	—
당기순이익	154	114	59	114	173	—

분기 실적 〈단위 : 억원〉
항목	2016.1Q	2016.2Q	2016.3Q	2016.4Q	2017.1Q	2017.2Q
매출액	439	453	526	377	456	468
영업이익	5	22	31	-26	7	19
당기순이익	5	151	30	-13	12	36

재무 상태 〈단위 : 억원〉
항목	2012	2013	2014	2015	2016	2017.2Q
총자산	2,957	3,033	3,036	3,177	3,345	3,327
유형자산	689	660	652	582	556	547
무형자산	28	28	44	44	50	53
유가증권	77	105	168	117	222	383
총부채	346	349	319	339	342	301
총차입금	14	13	2	1	3	6
자본금	45	45	45	45	45	45
총자본	2,611	2,684	2,717	2,838	3,003	3,026
지배주주지분	2,611	2,684	2,717	2,838	3,003	3,026

기업가치 지표
항목	2012	2013	2014	2015	2016	2017.2Q
주가(최고/저)(천원)	96.4/85.4	120/89.5	131/93.2	184/105	172/130	—/—
PER(최고/저)(배)	6.0/5.3	9.9/7.4	20.5/14.8	15.0/8.6	9.1/6.8	—/—
PBR(최고/저)(배)	0.4/0.3	0.4/0.3	0.5/0.3	0.6/0.3	0.5/0.4	0.6/0.5
EV/EBITDA(배)	1.6		2.1	9.7	6.0	10.4
EPS(원)	17,088	12,679	6,549	12,613	19,255	5,350
BPS(원)	290,102	298,262	301,942	315,367	333,631	336,224
CFPS(원)	19,851	15,748	9,357	16,113	22,215	6,704
DPS(원)	1,500	1,500	1,500	1,500	2,500	
EBITDAPS(원)	18,904	13,930	6,827	10,185	6,475	4,171

재무 비율 〈단위 : %〉
연도	영업이익률	순이익률	부채비율	차입금비율	ROA	ROE	유보율	자기자본비율	EBITDA마진율
2016	1.8	9.7	11.4	0.1	5.3	5.9	6,572.6	89.8	3.3
2015	3.4	6.3	11.9	0.1	3.7	4.1	6,207.3	89.3	5.1
2014	1.9	3.2	11.7	0.1	1.9	2.2	5,938.8	89.5	3.3
2013	4.9	5.7	13.0	0.5	3.8	4.3	5,865.2	88.5	6.3

신영증권 (A001720)
Shinyoung Securities

업 종 : 증권		시 장 : 거래소	
신용등급 : (Bond) AA- (CP) A1		기업규모 : 시가총액 중형주	
홈페이지 : www.shinyoung.com		연 락 처 : 02)2004-9000	
본 사 : 서울시 영등포구 국제금융로 8길 16 신영증권빌딩			

설 립 일 1956.02.25	종 업 원 수 606명	대 표 이 사 원종석,신요환	
상 장 일 1987.08.24	감 사 의 견 적정 (삼덕)	계 열	
결 산 월 03월	보 통 주 939만주	종속회사수 2개사	
액 면 가 5,000원	우 선 주 705만주	구 상 호	

주주구성 (지분율,%)
원국희	16.2
원종석	8.2
(외국인)	11.5

출자관계 (지분율,%)
신영자산운용	85.9
신영제1호사모투자전문회사	15.7

주요경쟁사 (외형,%)
신영증권	100
키움증권	234
유안타증권	151

수익구성
증권평가 및 처분이익	28.6
파생상품평가 및 거래이익	47.8
이자수익	9.7

비용구성
이자비용	2.7
파생상품평가 및 거래손실	42.3
판관비	6.3

수출비중
수출	—
내수	—

회사 개요
동사는 자본시장과금융투자업에관한법률 제6조에 의한 투자매매업(증권, 장내파생상품, 장외파생상품), 투자중개업(증권, 장내파생상품, 장외 파생상품), 신탁업, 투자자문업, 투자일임업 등을 주요 사업으로 하고 있음. 1956년에 설립된 동사는 1971년 현 경영진에 인수돼 현재까지 40년 이상 흑자 이익 달성을 지속하고 있음. 지점은 본점 영업부 외 13개이며 신영자산운용을 종속회사로 두고 있음. 최대주주는 원국희 회장으로 지분율은 16.2%임.

실적 분석
동사의 2017년 1분기 영업이익은 286억원, 당기순이익은 226억원으로 전년동기 대비 소폭으로 감소함. 동사는 전문가그룹에 의한 팀 단위 자산관리서비스로 차별화된 투자 솔루션 제공해줌으로서 시장패러다임 변화에 따른 자산배분 전략을 보임. 어려운 증권업 환경속에서도 양호한 외형을 보이며 해외상품 소싱 및 개발, 대체투자 발굴 등 수익기반 확대를 통해 중장기 성장동력 확보하고 있는 상태임.

현금 흐름 〈단위 : 억원〉
항목	2016	2017.1Q
영업활동	-4,298	216
투자활동	282	-251
재무활동	5,126	-302
순현금흐름	1,099	-330
기말현금	2,023	1,693

시장 대비 수익률

결산 실적 〈단위 : 억원〉
항목	2012	2013	2014	2015	2016	2017
순영업손익	1,903	1,818	2,160	1,922	2,026	
영업이익	677	616	933	741	835	
당기순이익	532	499	765	576	667	

분기 실적 〈단위 : 억원〉
항목	2015.4Q	2016.1Q	2016.2Q	2016.3Q	2016.4Q	2017.1Q
순영업손익	325	548	427	427	625	541
영업이익	-10	302	134	142	256	286
당기순이익	-16	237	113	118	200	226

재무 상태 〈단위 : 억원〉
항목	2012	2013	2014	2015	2016	2017.1Q
총자산	47,906	48,435	67,142	80,985	86,780	99,238
유형자산	543	538	514	495	526	552
무형자산	330	273	233	209	161	164
유가증권	34,033	31,959	40,879	57,773	67,070	70,200
총부채	38,496	38,804	56,909	70,310	75,629	87,966
총차입금	11,190	10,417	17,558	27,818	33,209	33,186
자본금	822	822	822	822	822	822
총자본	9,411	9,631	10,233	10,676	11,151	11,272
지배주주지분	9,042	9,266	9,849	10,284	10,787	10,915

기업가치 지표
항목	2012	2013	2014	2015	2016	2017.1Q
주가(최고/저)(천원)	29.3/22.0	35.7/27.8	58.8/35.3	59.7/44.1	55.8/45.6	—/—
PER(최고/저)(배)	11.2/8.6	14.7/11.5	15.1/9.1	20.1/14.8	15.5/12.7	—/—
PBR(최고/저)(배)	0.6/0.5	0.7/0.5	1.0/0.6	0.9/0.7	0.8/0.7	0.8/0.7
PSR(최고/저)(배)	0/0	0/0	0/0	0/0	5/4	
EPS(원)	3,198	2,847	4,376	3,228	3,764	1,256
BPS(원)	61,558	62,918	66,458	69,102	72,156	72,931
CFPS(원)	3,777	3,447	4,766	3,574	4,078	1,332
DPS(원)	2,000	2,000	2,000	2,200	2,450	
EBITDAPS(원)	4,120	3,746	5,678	4,509	5,078	1,737

재무 비율 〈단위 : % 〉
연도	계속사업 이익률	순 이익률	부채 비율	차입금 비율	ROA	ROE	유보율	자기자본 비율	총자산 증가율
2016	44.8	32.9	678.2	297.8	0.8	5.9	1,343.1	12.9	7.2
2015	42.6	30.0	658.6	260.6	0.8	5.3	1,282.0	13.2	20.6
2014	46.0	35.4	556.1	171.6	1.3	7.5	1,229.2	15.2	38.6
2013	37.0	27.4	402.9	108.2	1.0	5.1	1,158.4	19.9	1.1

신원 (A009270)
Shinwon

업 종 : 섬유 및 의복		시 장 : 거래소	
신용등급 : (Bond) BBB (CP) —		기업규모 : 시가총액 소형주	
홈페이지 : www.sw.co.kr		연 락 처 : 02)3274-5000	
본 사 : 서울시 마포구 독막로 328 신원빌딩			

설 립 일 1973.09.26	종 업 원 수 681명	대 표 이 사 박정주	
상 장 일 1988.08.24	감 사 의 견 적정 (삼정)	계 열	
결 산 월 12월	보 통 주 6,330만주	종속회사수 17개사	
액 면 가 500원	우 선 주 9만주	구 상 호	

주주구성 (지분율,%)
티앤드커뮤니케이션즈	28.4
Arisaig Korea Fund BHD (L)	5.0
(외국인)	2.9

출자관계 (지분율,%)
신원지엘에스	100.0
에스더블유성거나	100.0
신원에벤에셀	100.0

주요경쟁사 (외형,%)
신원	100
형지엘리트	24
LS네트웍스	76

매출구성
의류 (수출부문)	60.0
의류 (패션부문)	40.0

비용구성
매출원가율	68.1
판관비율	29.5

수출비중
수출	58.0
내수	42.0

회사 개요
동사는 1973년 섬유제품 제조 및 섬유의류 판매, 수출입업을 목적으로 설립됨. 1988년 유가증권시장에 상장됨. 동사는 니트, 스웨터, 핸드백 등을 OEM 생산해 수출하는 수출부문과 패션 브랜드 사업을 전개하는 패션 부문으로 구분됨. 수출 부문은 과테말라, 베트남, 인도네시아 등 6개 생산기지에서 약 30여 개 고정바이어를 확보해 수출하고 있음. 패션부문은 베스티 벨리, SI, 비키, SIEG 등 20~30대 젊은층을 공략하고 있음.

실적 분석
동사의 2017년 상반기 매출액은 전년 동기 대비 4.9% 감소한 3,029.3억원을 기록함. 비용면에서 전년동기대비 매출원가는 감소하였으며 인건비와 광고선전비는 증가했고, 기타판매비와 관리비는 거의 동일함. 영업이익은 -39.9억원으로 적자전환함. 전년동기대비 당기순손실은 82.9억원을 기록하며 적자 지속함.

현금 흐름 〈단위 : 억원〉
항목	2016	2017.2Q
영업활동	218	-31
투자활동	-121	-43
재무활동	-101	44
순현금흐름	-1	-29
기말현금	148	119

시장 대비 수익률

결산 실적 〈단위 : 억원〉
항목	2012	2013	2014	2015	2016	2017
매출액	5,784	5,897	6,075	6,394	6,401	
영업이익	6	83	154	187	150	
당기순이익	-101	-71	34	66	-58	

분기 실적 〈단위 : 억원〉
항목	2016.1Q	2016.2Q	2016.3Q	2016.4Q	2017.1Q	2017.2Q
매출액	1,607	1,578	1,623	1,593	1,531	1,498
영업이익	30	37	38	45	11	-51
당기순이익	-115	8	26	23	-28	-55

재무 상태 〈단위 : 억원〉
항목	2012	2013	2014	2015	2016	2017.2Q
총자산	4,302	4,290	4,281	4,314	4,323	4,224
유형자산	1,409	1,341	1,319	1,321	1,125	1,114
무형자산	85	82	34	35	36	42
유가증권	17	17	21	21	20	14
총부채	2,475	2,553	2,506	2,449	2,513	2,501
총차입금	1,712	1,755	1,643	1,530	1,495	1,597
자본금	317	317	317	317	317	317
총자본	1,827	1,737	1,775	1,865	1,810	1,722
지배주주지분	1,826	1,734	1,773	1,864	1,808	1,724

기업가치 지표
항목	2012	2013	2014	2015	2016	2017.2Q
주가(최고/저)(천원)	1.9/1.1	1.7/1.1	3.2/1.1	2.8/1.6	2.2/1.4	—/—
PER(최고/저)(배)	—/—	—/—	59.3/20.5	26.9/15.3	—/—	—/—
PBR(최고/저)(배)	0.6/0.4	0.6/0.4	1.1/0.4	0.9/0.5	0.8/0.5	0.9/0.6
EV/EBITDA(배)	23.2	12.8	11.7	8.9	10.1	
EPS(원)	-159	-114	55	105	-92	-125
BPS(원)	3,039	2,892	2,953	3,096	3,008	2,876
CFPS(원)	-5	45	199	256	38	-54
DPS(원)						
EBITDAPS(원)	164	290	388	446	367	8

재무 비율 〈단위 : % 〉
연도	영업 이익률	순 이익률	부채 비율	차입금 비율	ROA	ROE	유보율	자기자본 비율	EBITDA 마진율
2016	2.4	-0.9	138.9	82.6	-1.3	-3.2	501.7	41.9	3.6
2015	2.9	1.0	131.3	82.0	1.6	3.7	519.1	43.2	4.4
2014	2.5	0.6	141.3	92.6	0.8	2.0	490.6	41.5	4.1
2013	1.4	-1.2	147.0	101.0	-1.7	-4.1	478.4	40.5	3.1

신원종합개발 (A017000)
SHINWON Construction co

업 종 : 건설
신용등급 : (Bond) —   (CP) —
홈 페 이 지 : www.swc.co.kr
본   사 : 경기도 화성시 봉담읍 와우안길 109, 103-213

시   장 : KOSDAQ
기업규모 : 중견
연 락 처 : 031)230-9840

설 립 일	1983.05.30	종 업 원 수	123명	대 표 이 사	우진호
상 장 일	1994.12.07	감사의견	적정 (신한)	계	열
결 산 기	12월	보 통 주	1,007만주	종속회사수	
액 면 가	5,000원	우 선 주		구 상 호	

주주구성 (지분율,%)
우진호	12.4
한국외환은행	4.1
(외국인)	2.5

출자관계 (지분율,%)
신원에이엠씨	100.0
수도권양현대	30.1
반올림교육일호	13.3

주요경쟁사 (외형,%)
신원종합개발	100
삼일기업공사	24
동신건설	56

매출구성
건축(공사)	50.6
자체공사(공사)	27.6
기타	13.5

비용구성
매출원가율	87.1
판관비율	11.5

수출비중
수출	—
내수	—

회사 개요
동사는 1983년에 신원종합개발주식회사로 설립되었으며, 1994년 코스닥시장에 등록된 중소형 건설업체임. 장기적으로 안정적인 수익기반을 구축하기 위해 토목공사 및 가스설비공사 등 공공공사의 수주활동에 적극적으로 참여하고 있으며, 건축부문은 분양성과 수익성을 최우선 가치로 선별한 '신원아침도시'라는 브랜드의 아파트, 도시형생활주택, 오피스텔 및 학교, 군관사 BTL 등의 사업을 중점적으로 수행함.

실적 분석
동사는 연결기준 2017년 2분기 누적매출액은 899.2억원으로 전년동기 대비 118.4% 증가하였음. 매출원가율이 상승하였으나 영업이익은 42.1억원 가량 증가한 49.6억원을 시현하였음. 동사는 전체 건설시장의 열악한 환경하에서도 사업진행방향을 전환하여 안정적인 사업기반 확충을 위한 관토목공사 및 수익성 있는 민간사업의 수주에 적극적으로 참여한 결과 매출액이 증가하였으며 영업이익 및 당기순이익의 대폭 신장에 성공하였음.

현금 흐름
*IFRS 별도 기준 〈단위 : 억원〉
항목	2016	2017.2Q
영업활동	119	152
투자활동	72	17
재무활동	-166	-138
순현금흐름	25	31
기말현금	63	94

시장 대비 수익률

결산 실적
〈단위 : 억원〉
항목	2012	2013	2014	2015	2016	2017
매출액	579	615	854	521	1,158	—
영업이익	12	16	11	-19	16	—
당기순이익	14	51	-7	-19	23	—

분기 실적
*IFRS 별도 기준 〈단위 : 억원〉
항목	2016.1Q	2016.2Q	2016.3Q	2016.4Q	2017.1Q	2017.2Q
매출액	171	241	233	513	328	571
영업이익	1	6	4	4	16	34
당기순이익	0	15	-0	8	15	36

재무 상태
*IFRS 별도 기준 〈단위 : 억원〉
항목	2012	2013	2014	2015	2016	2017.2Q
총자산	855	1,059	974	980	947	945
유형자산	5	4	4	3	5	5
무형자산	1	1	1	1	1	—
유가증권	98	86	86	58	60	60
총부채	405	558	482	509	453	400
총차입금	241	386	290	389	227	90
자본금	530	530	530	530	530	530
총자본	450	501	491	472	493	545
지배주주지분	450	501	491	472	493	545

기업가치 지표
*IFRS 별도 기준
항목	2012	2013	2014	2015	2016	2017.2Q
주가(최고/저)(천원)	6.4/1.5	4.0/2.3	4.9/2.3	8.2/2.7	10.7/4.5	—/—
PER(최고/저)(배)	47.0/11.0	8.0/4.5			47.1/20.0	—/—
PBR(최고/저)(배)	1.4/0.3	0.8/0.5	1.0/0.5	1.8/0.6	2.2/0.9	2.0/1.1
EV/EBITDA(배)	22.7	22.1	26.3		40.8	
EPS(원)	136	507	-65	-185	226	503
BPS(원)	447	497	488	4,687	4,900	5,412
CFPS(원)	15	52	-5	-173	237	510
DPS(원)						
EBITDAPS(원)	13	17	14	12	166	500

재무 비율
〈단위 : % 〉
연도	영업이익률	순이익률	부채비율	차입금비율	ROA	ROE	유보율	자기자본비율	EBITDA마진율
2016	1.4	2.0	일부잠식	일부잠식	2.4	4.7	-6.9	52.1	1.5
2015	-3.7	-3.6	일부잠식	일부잠식	-1.9	-3.9	-11.0	48.1	-3.4
2014	1.3	-0.8	일부잠식	일부잠식	-0.6	-1.3	-7.3	50.5	1.4
2013	2.7	8.3	일부잠식	일부잠식	5.3	10.7	-5.5	47.3	2.8

신일산업 (A002700)
Shinil Industrial

업 종 : 내구소비재
신용등급 : (Bond) —   (CP) —
홈 페 이 지 : www.shinil.co.kr
본   사 : 충남 천안시 서북구 입장면 연곡길 308

시   장 : 거래소
기업규모 : 시가총액 소형주
연 락 처 : 02)6309-7807

설 립 일	1959.07.14	종 업 원 수	120명	대 표 이 사	김권
상 장 일	1975.09.30	감사의견	적정 (정동)	계	열
결 산 기	12월	보 통 주	7,105만주	종속회사수	
액 면 가	500원	우 선 주		구 상 호	

주주구성 (지분율,%)
김영	10.7
마일즈스톤인베스트먼트	4.2
(외국인)	2.2

출자관계 (지분율,%)

주요경쟁사 (외형,%)
신일산업	100
LG전자	44,488
위닉스	171

매출구성
선풍기	43.5
기타	28.8
난방제품	24.0

비용구성
매출원가율	77.7
판관비율	18.7

수출비중
수출	0.0
내수	100.0

회사 개요
동사는 1959년에 설립되어 각종 전기, 전자기구 및 연구기구의 제조 및 판매사업을 영위하고 있고 경기도 화성시에 본사를, 충청남도 천안시에 공장을 두고 있음. 연결대상 종속법인은 베트남과 중국의 현지 생산법인이며 주요 제품으로는 선풍기(冷房)의 비중으로 국내 시장 점유율 1위(33% 점유율)를 차지하고 있음. 또한 제습기, 난방기 등 계절상품의 비중이 연간 매출액의 63%이상을 차지하고 있으며 비교적 안정적인 수요기반을 확보함.

실적 분석
동사의 2017년 상반기 연결 기준 매출은 전년동기 대비 21.8% 증가한 690.8억원을 기록하였으며 원가율의 개선으로 총이익은 전년동기 대비 54.7% 증가한 189.4억원을 시현함. 고정비의 증가에도 영업이익은 55.7억원을 기록하며 전년동기 대비 75%증가함. 비영업손실 0.8억원이 발생하여 당기순이익은 52.2억원으로 전년동기 대비 156.3% 대폭 증가함.

현금 흐름
〈단위 : 억원〉
항목	2016	2017.2Q
영업활동	87	
투자활동	-7	
재무활동	-26	
순현금흐름	55	
기말현금	102	

시장 대비 수익률

결산 실적
〈단위 : 억원〉
항목	2012	2013	2014	2015	2016	2017
매출액	909	1,202	1,143	1,074	1,245	—
영업이익	28	69	-2	-52	44	—
당기순이익	11	69	-17	-83	38	—

분기 실적
*IFRS 별도 기준 〈단위 : 억원〉
항목	2016.1Q	2016.2Q	2016.3Q	2016.4Q	2017.1Q	2017.2Q
매출액	156	411	329	348	—	—
영업이익	-16	48	8	4	—	—
당기순이익	-17	37	15	2	—	—

재무 상태
〈단위 : 억원〉
항목	2012	2013	2014	2015	2016	2017.2Q
총자산	587	603	912	793	807	—
유형자산	25	160	231	230	218	—
무형자산	6	9	7	6	2	—
유가증권	—	—	—	—	—	—
총부채	315	262	388	334	311	—
총차입금	157	73	195	112	96	—
자본금	255	255	346	355	355	—
총자본	271	341	524	459	497	—
지배주주지분	269	339	522	457	496	—

기업가치 지표
항목	2012	2013	2014	2015	2016	2017.2Q
주가(최고/저)(천원)	2.0/0.4	1.7/0.7	2.6/1.1	2.0/1.0	2.4/1.1	—/—
PER(최고/저)(배)	91.4/19.0	13.2/5.1	—/—	—/—	44.2/19.3	—/—
PBR(최고/저)(배)	4.1/0.9	2.7/1.0	3.5/1.5	3.1/1.6	3.5/1.5	0.0/0.0
EV/EBITDA(배)	6.8	10.4	177.1		23.4	
EPS(원)	23	129	-31	-118	34	—
BPS(원)	528	665	754	644	699	—
CFPS(원)	49	148	-18	-103	70	—
DPS(원)					15	—
EBITDAPS(원)	82	147	10	-60	77	—

재무 비율
〈단위 : % 〉
연도	영업이익률	순이익률	부채비율	차입금비율	ROA	ROE	유보율	자기자본비율	EBITDA마진율
2016	3.6	3.0	62.6	19.3	4.7	8.2	39.8	61.5	4.4
2015	-4.8	-7.7	72.7	24.3	-9.7	-16.8	28.7	57.9	-3.9
2014	-0.2	-1.5	74.0	37.2	-2.3	-4.0	50.8	57.5	0.5
2013	5.7	5.8	76.8	21.5	11.6	22.8	33.1	56.6	6.2

신일제약 (A012790)
SINIL PHARMACEUTICAL CO

업 종 : 제약	시 장 : KOSDAQ
신용등급 : (Bond) — (CP) —	기업규모 : 중견
홈페이지 : www.sinilpharm.com	연 락 처 : 043)722-3300
본 사 : 충북 충주시 앙성면 복상골길 28	

설 립 일 1977.12.21	종업원수 348명	대표이사 정미근
상 장 일 1996.08.02	감사의견 적정 (상록)	계 열
결 산 기 12월	보통주 790만주	종속회사수 —
액 면 가 500원	우선주 —	구 상 호

주주구성 (지분율,%)		출자관계 (지분율,%)		주요경쟁사 (외형,%)	
홍성소	17.3	바이오러넥스	9.4	신일제약	100
홍재현	9.1			선바이오	2
(외국인)	1.8			대봉엘에스	141

매출구성		비용구성		수출비중	
기타(OEM+동물용의약품 포함)	77.0	매출원가율	52.5	수출	3.0
디펜 플라스타	12.7	판관비율	24.9	내수	97.0
트레스오릭스포르테캡슐 외	6.2				

회사 개요
동사는 의약품 제조 및 판매업, 부동산 임대업을 영위하는 기업으로 1971년에 설립되어 충주에 본점 및 제조시설을 보유함. 정부의 약가인하 정책과 새로운 공정경쟁 규약, 저가구매 인센티브 제도 등으로 인해 제약업계의 성장성은 다소 제한적인 상황. 동사는 이 외에도 화장품 사업, 동물 의약품 사업과 의약외품 사업(황사 마스크, 항균 마스크 등)을 영위하고 있음.

실적 분석
동사의 2017년 2분기 누적 매출액은 245.4억원으로 전년 동기 대비 3.3% 감소했음. 매출원가는 전년 동기 대비 2.2% 감소에 그쳐 매출총이익은 4.4% 감소한 114.2억원을 기록함. 광고선전비 등 마케팅 비용의 증가로 판매비는 외형 감소에도 불구하고 9.7% 증가했음. 이로 인해 영업이익은 전년 동기 대비 18.6% 감소한 48.5억원을 시현하는데 그쳤으며 당기순이익도 전년 동기 대비 18.9% 감소했음.

현금 흐름 *IFRS 별도 기준 〈단위 : 억원〉

항목	2016	2017.2Q
영업활동	42	104
투자활동	-47	-89
재무활동	-10	-9
순현금흐름	-15	6
기말현금	5	11

시장 대비 수익률

결산 실적 〈단위 : 억원〉

항목	2012	2013	2014	2015	2016	2017
매출액	399	443	482	447	502	—
영업이익	54	95	123	105	113	—
당기순이익	44	73	102	88	100	—

분기 실적 *IFRS 별도 기준 〈단위 : 억원〉

항목	2016.1Q	2016.2Q	2016.3Q	2016.4Q	2017.1Q	2017.2Q
매출액	131	122	118	131	121	125
영업이익	31	28	24	30	25	23
당기순이익	26	26	22	26	22	20

재무 상태 *IFRS 별도 기준 〈단위 : 억원〉

항목	2012	2013	2014	2015	2016	2017.2Q
총자산	626	706	799	873	981	1,010
유형자산	155	150	148	174	170	231
무형자산	43	38	41	43	43	42
유가증권	6	6	6	3	2	2
총부채	75	84	91	91	109	106
총차입금	9	9	7	5	4	4
자본금	40	40	40	40	40	40
총자본	551	622	709	782	872	904
지배주주지분	551	622	709	782	872	904

기업가치 지표 *IFRS 별도 기준

항목	2012	2013	2014	2015	2016	2017.2Q
주가(최고/저)(천원)	4.9/2.4	7.4/4.1	14.3/6.0	26.2/11.5	19.2/11.5	—/—
PER(최고/저)(배)	9.3/4.6	8.3/4.6	11.4/4.8	24.0/10.6	15.3/9.1	—/—
PBR(최고/저)(배)	0.7/0.4	1.0/0.5	1.6/0.7	2.7/1.2	1.7/1.0	1.4/1.1
EV/EBITDA(배)	3.3	3.4	4.4	7.5	6.5	—/—
EPS(원)	562	927	1,288	1,109	1,271	535
BPS(원)	7,097	7,997	9,096	10,023	11,164	11,566
CFPS(원)	784	1,190	1,553	1,421	1,653	728
DPS(원)	80	90	120	120	140	—
EBITDAPS(원)	908	1,466	1,817	1,642	1,819	808

재무 비율 〈단위 : % 〉

연도	영업이익률	순이익률	부채비율	차입금비율	ROA	ROE	유보율	자기자본비율	EBITDA마진율
2016	22.6	20.0	12.5	0.4	10.8	12.1	2,132.8	88.9	28.6
2015	23.5	19.6	11.6	0.7	10.5	11.8	1,904.5	89.6	29.0
2014	25.5	21.1	12.8	1.1	13.5	15.3	1,719.2	88.7	29.8
2013	21.5	16.5	13.6	1.4	11.0	12.5	1,499.4	88.1	26.1

신진에스엠 (A138070)
SINJIN SM COLTD

업 종 : 기계	시 장 : KOSDAQ
신용등급 : (Bond) — (CP) —	기업규모 : 벤처
홈페이지 : www.sinjin-sm.co.kr	연 락 처 : 063)352-5301
본 사 : 전북 장수군 장계면 장무로 352-73 (주)신진에스엠장수공장	

설 립 일 2001.07.18	종업원수 185명	대표이사 김홍기
상 장 일 2011.11.28	감사의견 적정 (서린)	계 열
결 산 기 12월	보통주 897만주	종속회사수 3개사
액 면 가 500원	우선주 —	구 상 호

주주구성 (지분율,%)		출자관계 (지분율,%)		주요경쟁사 (외형,%)	
김영현	29.6	신진에스코	75.0	신진에스엠	100
양순임	9.8	SHINJINSMJAPAN	100.0	동양물산	755
(외국인)	0.9	SHINJINSM(THAILAND)CO.,LTD	100.0	수산중공업	179

매출구성		비용구성		수출비중	
표준 플레이트 SS400	32.4	매출원가율	81.3	수출	1.0
STC-3500 외 (소재 가공 설비 외)	19.4	판관비율	14.4	내수	99.0
표준 플레이트 SM45C/SM50C	16.8				

회사 개요
동사는 2001년 소재, 부품용 표준 플레이트 사업을 개시함. 절단가공설비 개발 및 절단가공기술을 기반으로 표준 플레이트를 공급하고 있는 국내 최초 표준 플레이트 및 제작설비 생산기업임. 시장 개척과 오랜 업력으로 인하여 전국에 30개의 대리점을 보유하고 있음. FA용 표준부품 및 금형용 표준부품 등을 협력 관계에 있는 MISUMI(재팬)에 생산, 공급하고 있음.

실적 분석
동사의 2017년 연결기준 상반기 매출액은 299.5억원으로 전년동기 대비 21.7% 증가함. 고정비의 증가에도 불구하고 매출 증가가 영향으로 영업이익은 33.7억원으로 큰 폭으로 증가함. 이는 전방산업인 IT 경기회복과 원재료인 후판가격의 안정적인 수급 영향으로 볼 수 있으며, 당분간 실적 개선 추세가 이어질 것으로 예상됨. 주력상품 표준플레이트를 활용해 2차가공(형상가공) 및 규격 표준화하여 국내 및 해외시장 진출에 목표를 세움.

현금 흐름 〈단위 : 억원〉

항목	2016	2017.2Q
영업활동	57	20
투자활동	-34	-2
재무활동	-31	0
순현금흐름	-9	18
기말현금	120	138

시장 대비 수익률

결산 실적 〈단위 : 억원〉

항목	2012	2013	2014	2015	2016	2017
매출액	386	408	478	574	498	—
영업이익	75	50	58	61	21	—
당기순이익	75	46	55	40	4	—

분기 실적 〈단위 : 억원〉

항목	2016.1Q	2016.2Q	2016.3Q	2016.4Q	2017.1Q	2017.2Q
매출액	121	125	121	131	155	145
영업이익	-8	9	1	19	15	19
당기순이익	-7	5	-2	8	16	16

재무 상태 〈단위 : 억원〉

항목	2012	2013	2014	2015	2016	2017.2Q
총자산	662	686	954	1,003	946	1,000
유형자산	318	319	327	431	425	419
무형자산	2	3	9	9	8	7
유가증권						
총부채	129	131	306	332	285	307
총차입금	84	77	229	243	227	223
자본금	45	45	45	45	45	45
총자본	533	554	648	671	661	693
지배주주지분	533	554	599	629	625	659

기업가치 지표

항목	2012	2013	2014	2015	2016	2017.2Q
주가(최고/저)(천원)	13.8/7.0	21.5/8.0	22.5/14.4	31.4/15.6	18.0/6.5	—/—
PER(최고/저)(배)	17.1/8.7	42.7/15.8	37.3/23.8	60.8/30.1	155.6/56.0	—/—
PBR(최고/저)(배)	2.4/1.2	3.5/1.3	3.4/2.2	4.4/2.2	2.5/0.9	1.5/0.9
EV/EBITDA(배)	7.7	4.3	18.7	17.6	11.4	—/—
EPS(원)	839	513	611	520	115	376
BPS(원)	5,981	6,220	6,719	7,123	7,162	7,539
CFPS(원)	1,028	804	945	966	633	640
DPS(원)	190	140	110	110	100	—
EBITDAPS(원)	1,026	852	985	1,123	757	640

재무 비율 〈단위 : % 〉

연도	영업이익률	순이익률	부채비율	차입금비율	ROA	ROE	유보율	자기자본비율	EBITDA마진율
2016	4.3	0.9	43.1	34.3	0.4	1.7	1,332.4	69.9	13.7
2015	10.6	7.0	49.4	36.2	4.1	7.6	1,324.6	66.9	17.6
2014	12.2	11.4	47.2	35.4	6.7	9.5	1,243.8	67.9	18.5
2013	12.3	11.3	23.7	13.8	6.8	8.5	1,143.9	80.8	18.7

신풍제약 (A019170)
Shin Pooong Pharm

업　　　종 : 제약		시　　　장 : 거래소	
신용등급 : (Bond) — (CP) —		기업규모 : 시가총액 소형주	
홈 페 이 지 : www.shinpoong.co.kr		연 락 처 : 031)491-6191	
본　　　사 : 경기도 안산시 단원구 원시로 7(목내동)			

설 립 일	1962.06.05	종 업 원 수	798명	대 표 이 사	유제만
상 장 일	1990.01.20	감 사 의 견	적정 (삼덕)	계　　　열	
결 산 기	12월	보 통 주	5,298만주	종속회사수	1개사
액 면 가	500원	우 선 주	220만주	구 상 호	

주주구성 (지분율,%)		출자관계 (지분율,%)		주요경쟁사 (외형,%)	
송암사	42.8	SPInternational	100.0	신풍제약	100
한국투자신탁운용	3.5	미얀마신풍파마	100.0	광동제약	544
(외국인)	1.2	신풍대우베트남파마	96.6	에이프로젠제약	23

매출구성		비용구성		수출비중	
기 타	79.0	매출원가율	54.7	수출	19.0
고혈압치료제 외	10.4	판관비율	40.4	내수	81.0
관절기능개선제	5.3				

회사 개요
동사는 1962년 설립하여 50년 이상 업력을 보유한 전문의약품 및 일반의약품 제조 업체임. 주요 제품으로는 관절기능개선제 하이알주, 페니실린계 항생제 크라목신 등이 있음. 상위 5개 품목이 전체 매출의 20% 미만으로 다수의 품목을 보유하고 있음. 내수 부문이 90%로 내수 의존도도 높음. 2013년초부터 추진한 프랑스 LFB와의 제휴로 2014년도 3월 합작법인 에스피엘에프비 설립되었음.

실적 분석
동사의 2017년 2분기 연결 기준 누적 매출액은 963.6억원으로 전년 동기 대비 2.9% 감소했음. 매출원가는 2.5% 감소하여 매출총이익은 3.4% 감소함. 인건비와 경상개발비의 감소로 판매비와 관리비는 전년 동기 대비 14.0% 감소함. 그 결과 영업이익은 73.2억원으로 전년 동기 대비 123.3% 증가하였음. 영업이익의 증가에 힘입어 당기순이익도 전년 동기 대비 85.7% 증가한 47.5억원을 기록함.

현금 흐름 〈단위 : 억원〉
항목	2016	2017.2Q
영업활동	24	215
투자활동	-224	62
재무활동	233	-241
순현금흐름	34	37
기말현금	161	198

시장 대비 수익률

결산 실적 〈단위 : 억원〉
항목	2012	2013	2014	2015	2016	2017
매출액	2,212	2,160	2,203	1,960	1,941	—
영업이익	242	248	193	42	96	—
당기순이익	143	55	34	15	-186	—

분기 실적 〈단위 : 억원〉
항목	2016.1Q	2016.2Q	2016.3Q	2016.4Q	2017.1Q	2017.2Q
매출액	477	515	488	462	466	497
영업이익	23	10	21	42	32	41
당기순이익	2	24	-4	-208	13	35

재무 상태 〈단위 : 억원〉
항목	2012	2013	2014	2015	2016	2017.2Q
총자산	3,797	3,984	4,093	4,107	4,165	4,007
유형자산	1,616	1,617	1,599	1,522	1,443	1,407
무형자산	112	160	146	122	113	116
유가증권	1	1	4	38	7	6
총부채	1,910	2,076	2,178	2,159	1,996	1,800
총차입금	1,314	1,443	1,570	1,561	1,214	1,170
자본금	214	221	229	237	276	276
총자본	1,887	1,908	1,915	1,949	2,168	2,206
지배주주지분	1,885	1,905	1,912	1,946	2,165	2,204

기업가치 지표
항목	2012	2013	2014	2015	2016	2017.2Q
주가(최고/저)(천원)	7.1/3.0	5.9/3.9	4.7/3.7	6.6/3.9	11.6/4.3	—/—
PER(최고/저)(배)	24.0/10.3	52.2/34.4	67.7/53.5	210.4/126.6	—/—	—/—
PBR(최고/저)(배)	1.7/0.7	1.4/0.9	1.1/0.9	1.5/0.9	2.8/1.0	1.7/1.2
EV/EBITDA(배)	11.1	9.3	11.0	20.7	20.7	—
EPS(원)	303	115	71	31	-353	86
BPS(원)	4,684	4,570	4,430	4,349	4,136	4,205
CFPS(원)	521	385	343	294	-163	171
DPS(원)	80	60	70	—	—	—
EBITDAPS(원)	751	823	690	352	371	217

재무 비율 〈단위 : % 〉
연도	영업이익률	순이익률	부채비율	차입금비율	ROA	ROE	유보율	자기자본비율	EBITDA마진율
2016	4.9	-9.6	92.1	56.0	-4.5	-9.0	727.2	52.1	10.1
2015	2.2	0.8	110.8	80.1	0.4	0.8	769.9	47.4	8.5
2014	8.7	1.5	113.7	82.0	0.8	1.8	786.1	46.8	14.4
2013	11.5	2.5	108.8	75.7	1.4	2.9	814.1	47.9	16.9

신풍제지 (A002870)
Shin Poong Paper Mfg

업　　　종 : 종이 및 목재		시　　　장 : 거래소	
신용등급 : (Bond) — (CP) —		기업규모 : 시가총액 소형주	
홈 페 이 지 : www.shinpoongpaper.com		연 락 처 : 031)669-8271	
본　　　사 : 경기도 평택시 고덕면 고덕로 144-32			

설 립 일	1960.01.06	종 업 원 수	170명	대 표 이 사	정동원
상 장 일	1976.06.30	감 사 의 견	적정 (인덕)	계　　　열	
결 산 기	12월	보 통 주	3,496만주	종속회사수	3개사
액 면 가	500원	우 선 주		구 상 호	

주주구성 (지분율,%)		출자관계 (지분율,%)		주요경쟁사 (외형,%)	
정학헌	20.3	에스피모터스	100.0	신풍제지	100
최대승	4.9	꿈의실현1331	100.0	한솔PNS	182
(외국인)	0.4	에이트엠	50.0	세하	124

매출구성		비용구성		수출비중	
[제품]백판지	98.4	매출원가율	86.6	수출	41.0
[상품]상품 외	1.7	판관비율	11.8	내수	59.0

회사 개요
동사는 백판지의 제조 및 판매를 주사업으로 영위하고 있으며 백판지 중에서도 편면만을 표백펄프를 사용한 마닐라 판지를 주종으로 생산, 판매하고 있음. 생산되는 종이는 소비재 등의 포장을 위해 주로 사용됨. 현재 국내의 백판지 시장은 동사를 포함하여 5개 업체가 영업중이며 14.7%의 시장점유율 유지중. 동사는 에스피모터스, 꿈의실현1331, 에이트엠 등 3개 종속회사를 보유하고 있음.

실적 분석
동사의 2017년 2분기 누적 연결기준 매출액은 전년 동기 대비 19.6% 증가한 724억원을 기록함. 영업이익은 13.4억원을 달성하며 흑자전환에 성공함. 전년 동기 영업손실은 14.8억원임. 매출원가가 17.2% 증가했지만 매출총이익이 늘어났고 판관비 절감에 성공한 분임. 당기순이익도 37.5억원을 기록하며 흑자전환함. 동사는 지난 5월엔 공장 이전 부지 확보 차원에서 전북 군산시 비응도동 토지를 90억원에 취득함.

현금 흐름 〈단위 : 억원〉
항목	2016	2017.2Q
영업활동	71	-18
투자활동	-25	78
재무활동	-20	6
순현금흐름	26	66
기말현금	41	106

시장 대비 수익률

결산 실적 〈단위 : 억원〉
항목	2012	2013	2014	2015	2016	2017
매출액	1,215	1,450	1,082	1,115	1,286	—
영업이익	-133	-38	-198	-196	20	—
당기순이익	-141	-82	-186	-143	12	—

분기 실적 〈단위 : 억원〉
항목	2016.1Q	2016.2Q	2016.3Q	2016.4Q	2017.1Q	2017.2Q
매출액	283	322	332	349	355	369
영업이익	-26	11	19	16	-0	14
당기순이익	-20	6	20	7	2	36

재무 상태 〈단위 : 억원〉
항목	2012	2013	2014	2015	2016	2017.2Q
총자산	1,831	1,964	1,735	1,457	1,468	1,503
유형자산	782	750	749	593	525	499
무형자산		1				
유가증권	29	503	332	278	328	230
총부채	911	1,151	1,147	1,047	1,054	1,043
총차입금	434	117	110	89	70	77
자본금	175	175	175	175	175	175
총자본	920	813	588	410	413	460
지배주주지분	922	817	594	410	414	462

기업가치 지표
항목	2012	2013	2014	2015	2016	2017.2Q
주가(최고/저)(천원)	6.9/5.4	8.4/6.6	8.8/6.9	14.0/6.9	9.4/6.1	—/—
PER(최고/저)(배)	—/—	—/—	—/—	—/—	24.5/16.0	—/—
PBR(최고/저)(배)	0.3/0.2	0.4/0.3	0.5/0.4	1.0/0.5	0.7/0.4	1.0/0.6
EV/EBITDA(배)	—	—	—	—	2.1	—
EPS(원)	-395	-229	-527	-407	38	110
BPS(원)	28,029	25,034	19,342	14,064	14,180	1,555
CFPS(원)	-2,076	-353	-3,257	-2,004	2,429	213
DPS(원)	1,000		500	500		
EBITDAPS(원)	-1,936	852	-3,638	-3,537	2,630	141

재무 비율 〈단위 : % 〉
연도	영업이익률	순이익률	부채비율	차입금비율	ROA	ROE	유보율	자기자본비율	EBITDA마진율
2016	1.6	0.9	255.1	16.9	0.8	3.3	183.6	28.2	7.2
2015	-17.6	-12.8	255.3	21.6	-9.0	-28.4	181.3	28.1	-11.1
2014	-18.3	-17.2	195.2	18.7	-10.1	-26.1	286.8	33.9	-11.8
2013	-2.6	-5.7	141.6	14.4	-4.4	-8.4	400.7	41.4	2.1

신한 (A005450)
SHINHAN ENG & CONST

업 종 : 호텔 및 레저		시 장 : 거래소	
신용등급 : (Bond) — (CP) —		기업규모 : 시가총액 소형주	
홈페이지 : www.seco.co.kr		연 락 처 : 02)369-0001	
본 사 : 경기도 성남시 중원구 산성대로 208 (성남동)			

설 립 일	1968.02.28	종 업 원 수	26명	대 표 이 사	김춘환
상 장 일	1978.07.28	감 사 의 견	적정(인일)	대 표 이 사	
결 산 기	12월	보 통 주	702만주	종속회사수	6개사
액 면 가	5,000원	우 선 주		구 상 호	

주주구성 (지분율,%)		출자관계 (지분율,%)		주요경쟁사 (외형,%)	
에스엔드케이월드코리아	53.9	광주순환도로	4.8	신한	100
동양종합금융증권	5.9	건설공제조합		골프존뉴딘	4,168
(외국인)	2.9			이월드	508

매출구성		비용구성		수출비중	
부동산임대 및 주차사업 등(기타)	100.0	매출원가율	100.1	수출	—
		판관비율	156.5	내수	—

회사 개요

동사는 2015년 기준 시공능력 순위 국내 427위의 중소형 건설업체로서 건축사업, 토목사업, 플랜트 사업, 해외사업 및 임대, 주차사업을 영위하고 있음. 에스엔드케이월드코리아 계열의 기업집단에 속해있으며 종속회사로 동사를 포함하여 부동산 개발업체 미지엔랜드, 골프장 미지엔리조트, 민자역사인 천안역사 등을 보유하고 있음. 동사는 국내 건설시장의 경쟁 심화와 발주물량 감소를 극복하고자 2007년 이후 리비아 등에서 해외주택사업을 전개해 옴.

실적 분석

동사의 2017년 2분기 연결기준 누적 매출액은 전년 동기(19.9억원) 대비 198.8억원 증가한 218.7억원을 기록함. 영업이익은 흑자전환하며 45.1억원을 기록. 전년 영업손실 규모는 16.9억원이었음. 이에 힘입어 당기순이익은 30.0억원을 기록하며 흑자전환에 성공. 2016년 수주한 여의도 드림리버오피스텔 공사를 비롯해 2017년 2분기 기준 국내외 계약 수주잔고는 1조6,564억원임.

현금 흐름 〈단위 : 억원〉

항목	2016	2017.2Q
영업활동	-84	132
투자활동	-42	2
재무활동	192	-51
순현금흐름	66	83
기말현금	72	154

시장 대비 수익률

결산 실적 〈단위 : 억원〉

항목	2012	2013	2014	2015	2016	2017
매출액	266	201	333	76	58	
영업이익	-82	-49	69	-19	-91	
당기순이익	-330	-97	28	-13	-177	

분기 실적 〈단위 : 억원〉

항목	2016.1Q	2016.2Q	2016.3Q	2016.4Q	2017.1Q	2017.2Q
매출액	7	13	6	33	130	88
영업이익	-8	-9	-52	-23	31	14
당기순이익	-17	-13	-127	-21	-3	33

재무 상태 〈단위 : 억원〉

항목	2012	2013	2014	2015	2016	2017.2Q
총자산	2,110	1,703	1,786	1,622	1,642	1,664
유형자산	115	105	106	107	55	49
무형자산	145	131	119	108	96	90
유가증권	135	153	151	97	91	88
총부채	1,239	989	1,034	867	1,062	1,054
총차입금	591	564	464	404	597	548
자본금	351	351	351	351	351	351
총자본	871	714	752	755	580	610
지배주주지분	910	753	800	806	638	668

기업가치 지표

항목	2012	2013	2014	2015	2016	2017.2Q
주가(최고/저)(천원)	7.4/4.2	6.7/1.7	5.0/2.0	7.1/3.4	9.1/4.9	—/—
PER(최고/저)(배)	—/—	—/—	11.4/4.5	—/—	—/—	1.2/0.5
PBR(최고/저)(배)	0.6/0.3	0.6/0.2	0.4/0.2	0.6/0.3	1.0/0.5	1.2/0.5
EV/EBITDA(배)	19.6		7.6			
EPS(원)	-4,118	-1,384	442	-136	-2,420	439
BPS(원)	13,448	10,758	11,393	11,476	9,080	9,518
CFPS(원)	-2,347	-1,067	648	61	-2,240	522
DPS(원)						
EBITDAPS(원)	605	-387	1,188	-67	-1,121	726

재무 비율 〈단위 : % 〉

연도	영업이익률	순이익률	부채비율	차입금비율	ROA	ROE	유보율	자기자본비율	EBITDA마진율
2016	-156.6	-303.4	183.1	102.9	-10.9	-23.6	81.6	35.3	-134.8
2015	-24.5	-17.1	114.8	53.5	-0.8	-1.2	129.5	46.6	-6.2
2014	20.7	8.3	137.5	61.7	1.6	4.0	127.9	42.1	25.1
2013	-24.6	-48.4	138.6	79.0	-5.1	-11.7	115.2	41.9	-13.5

신한금융지주회사 (A055550)
Shinhan Financial Group

업 종 : 상업은행		시 장 : 거래소	
신용등급 : (Bond) AAA (CP) A1		기업규모 : 시가총액 대형주	
홈페이지 : www.shinhangroup.com		연 락 처 : 02)6360-3000	
본 사 : 서울시 중구 세종대로9길 20, 대경빌딩 16층			

설 립 일	2001.09.01	종 업 원 수	140명	대 표 이 사	조용병
상 장 일	2001.09.10	감 사 의 견	적정(삼정)	계 열	
결 산 기	12월	보 통 주	47,420만주	종속회사수	186개사
액 면 가	5,000원	우 선 주		구 상 호	

주주구성 (지분율,%)		출자관계 (지분율,%)		주요경쟁사 (외형,%)	
국민연금공단	9.6	신한은행	100.0	신한지주	100
Capital Research and Management Company(CRMC)	3.9	신한카드	100.0	KB금융	89
(외국인)	69.4	신한금융투자	100.0	하나금융지주	75

수익구성		비용구성		수출비중	
		이자비용	21.0	수출	—
		파생상품손실	2.4	내수	—
		판관비	23.5		

회사 개요

동사는 2001년 9월 신한은행, 신한증권, 신한캐피탈 및 신한비엔피파리바자산운용의 주주로부터 주식 이전의 방법으로 설립된 금융지주회사임. 각 자회사별 실적 기여도가 균형적이어서 실적 안정성도 높은 편임. 주력 계열사인 신한은행은 은행 산업 내 빅3에 포함되며, 신한카드는 카드산업 1위를 달리고 있고, 신한생명 또한 보험업계 5위권에서 안정적 실적을 내고 있음

실적 분석

동사의 2017년 2분기 연결기준 당기순이익은 1조9,902억원으로 전년 동기(1조4,881억원) 대비 33.7% 증가함. 반기 기준으로는 지주사 설립 이후 최대 실적임. 신한카드, 신한금융투자, 신한생명 등 비은행 부문이 역대 최고 실적을 올리면서 전체 실적 개선에 기여함. 주요 그룹사인 신한은행 2분기 순이자마진(NIM)은 1.56%를 기록, 전분기 대비 3bp 상승함.

현금 흐름 〈단위 : 억원〉

항목	2016	2017.2Q
영업활동	37,972	-12,355
투자활동	-75,939	-52,537
재무활동	48,446	67,446
순현금흐름	10,253	2,290
기말현금	56,325	58,615

시장 대비 수익률

결산 실적 〈단위 : 억원〉

항목	2012	2013	2014	2015	2016	2017
이자수익	139,981	125,913	120,605	111,297	112,363	—
영업이익	31,780	26,320	26,548	29,731	31,086	—
당기순이익	24,919	20,553	21,996	24,460	28,249	—

분기 실적 〈단위 : 억원〉

항목	2016.1Q	2016.2Q	2016.3Q	2016.4Q	2017.1Q	2017.2Q
이자수익	27,684	27,926	28,108	28,645	28,191	28,792
영업이익	6,554	8,902	9,369	6,261	12,983	11,555
당기순이익	7,877	7,004	7,224	6,144	10,073	9,019

재무 상태 〈단위 : 억원〉

항목	2012	2013	2014	2015	2016	2017.2Q
총자산	3,049,392	3,112,906	3,380,218	3,705,480	3,956,803	4,139,109
유형자산	31,085	32,143	31,473	30,554	31,456	30,057
무형자산	3,651	3,912	3,282	3,535	3,535	42,384
유가증권	667,023	659,456	716,664	758,915	873,320	970,101
총부채	2,760,261	2,814,354	3,075,069	3,387,349	3,639,353	3,812,219
총차입금	583,565	576,343	603,084	629,551	696,210	764,700
자본금	26,451	26,451	26,451	26,451	26,451	26,451
총자본	289,131	298,551	305,149	318,131	317,450	326,890
지배주주지분	263,719	275,382	291,841	308,397	311,097	318,513

기업가치 지표

항목	2012	2013	2014	2015	2016	2017.2Q
주가(최고/저)(천원)	42.0/29.8	44.3/32.7	49.2/38.7	43.9/36.7	46.2/35.0	—/—
PER(최고/저)(배)	9.9/7.0	12.4/9.2	12.5/9.8	9.6/8.0	8.2/6.2	0.8/0.7
PBR(최고/저)(배)	0.9/0.6	0.9/0.6	0.9/0.7	0.7/0.6	0.7/0.6	0.8/0.7
PSR(최고/저)(배)	0/0	0/0	0/0	0/0	2/2	
EPS(원)	4,756	3,912	4,288	4,878	5,810	67,168
BPS(원)	54,341	56,745	60,136	63,548	65,605	
CFPS(원)	5,369	4,571	4,933	5,452	6,355	4,251
DPS(원)	700	650	950	1,200	1,450	
EBITDAPS(원)	6,510	5,423	5,470	6,126	6,509	5,175

재무 비율 〈단위 : % 〉

연도	계속사업이익률	순이익률	부채비율	차입금비율	ROA	ROE	유보율	자기자본비율	총자산증가율
2016	28.2	25.1	1,146.4	219.3	0.7	9.0	1,076.2	8.0	6.8
2015	28.2	22.0	1,064.8	197.9	0.7	7.9	1,065.9	8.6	9.6
2014	23.8	18.2	1,007.7	197.6	0.7	7.3	1,003.4	9.0	8.6
2013	21.3	16.3	942.7	193.1	0.7	7.0	941.1	9.6	2.1

신화실업 (A001770)
Shin Hwa Sil Up

업 종 : 금속 및 광물		시 장 : 거래소	
신용등급 : (Bond) — (CP) —		기업규모 : 시가총액 소형주	
홈 페 이 지 : www.shinhwatp.co.kr		연 락 처 : 031)499-9922	
본 사 : 경기도 안산시 단원구 번영2로 31 (성곡동, 시화공단4다706)			

설 립 일	1956.06.01	종 업 원 수	84명	대 표 이 사	신정국
상 장 일	1988.11.23	감사의견	적정 (삼덕)	계	열
결 산 기	12월	보 통 주	121만주	종속회사수	
액 면 가	5,000원	우 선 주		구 상 호	

주주구성 (지분율,%)		출자관계 (지분율,%)		주요경쟁사 (외형,%)	
신정국	18.7	TCC동양		신화실업	100
신종호	8.0	동부제철		세종머티리얼즈	77
				파버나인	110

매출구성		비용구성		수출비중	
주석도금	99.2	매출원가율	92.4	수출	17.0
임가공등	0.5	판관비율	6.7	내수	83.0
B.P COIL	0.3				

회사 개요
동사는 1956년에 설립되어 초창기엔 아연도 금강판을 생산하다가 1970년대부터 주석도 금강판을 주로 생산해왔음. 주석도금강판은 음식이나 음료 등을 담는 캔의 주원료임. 국내에서 주석도금강판을 생산하는 업체는 동사를 비롯해 TCC동양과 동부제철 등 3사뿐임. 주석도금강판은 알루미늄, 유리, 플라스틱 등 다른 재료에 비해 열전도율이 낮고 냉장성, 보관성 등이 뛰어나 시장이 확대되고 있음.

실적 분석
동사는 2017년 상반기 매출액이 268.3억원으로 전년 동기 대비 23.3% 감소했으나 매출원가와 판매관리비를 큰 폭으로 줄여 영업이익은 11.4억으로 전년 동기 20.9억원 적자에서 흑자전환함. 동사의 국내 매출액은 223.8억원으로 전년 동기 197.1억원에 비해 증가했으나, 해외 매출액이 전년 동기 152.8억원에 훨씬 못 미친 44.5억원에 불과함. 수출 부진이 매출 감소에 영향을 미쳤음.

현금 흐름 ·IFRS 별도 기준 〈단위 : 억원〉

항목	2016	2017.2Q
영업활동	44	5
투자활동	3	-1
재무활동	-36	7
순현금흐름	11	10
기말현금	55	65

시장 대비 수익률

결산 실적 〈단위 : 억원〉

항목	2012	2013	2014	2015	2016	2017
매출액	931	771	620	572	702	—
영업이익	35	-8	15	26	6	—
당기순이익	6	-20	3	19	6	—

분기 실적 ·IFRS 별도 기준 〈단위 : 억원〉

항목	2016.1Q	2016.2Q	2016.3Q	2016.4Q	2017.1Q	2017.2Q
매출액	160	190	169	183	158	110
영업이익	-13	-8	7	20	4	7
당기순이익	-12	-4	1	21	-2	7

재무 상태 ·IFRS 별도 기준 〈단위 : 억원〉

항목	2012	2013	2014	2015	2016	2017.2Q
총자산	933	814	744	696	701	730
유형자산	181	171	162	155	150	149
무형자산	8	8	8	8	8	8
유가증권	7	4	0	1	1	1
총부채	533	437	365	302	308	334
총차입금	378	332	270	222	190	200
자본금	61	61	61	61	61	61
총자본	401	377	378	394	393	396
지배주주지분	401	377	378	394	393	396

기업가치 지표 ·IFRS 별도 기준

항목	2012	2013	2014	2015	2016	2017.2Q
주가(최고/저)(천원)	13.4/10.3	15.0/10.0	14.4/9.7	20.8/11.5	41.6/16.0	—/—
PER(최고/저)(배)	30.7/23.6	—/—	36.2/24.3	13.2/7.4	88.5/34.0	—/—
PBR(최고/저)(배)	0.4/0.3	0.5/0.3	0.5/0.3	0.7/0.4	1.3/0.5	0.9/0.7
EV/EBITDA(배)	9.2	207.0	15.5	12.2	38.9	—/—
EPS(원)	473	-1,645	416	1,590	474	474
BPS(원)	32,976	31,045	31,128	32,445	32,387	32,610
CFPS(원)	1,323	-809	1,219	2,303	928	705
DPS(원)	300	150	200	350	250	
EBITDAPS(원)	3,708	162	2,016	2,880	952	1,170

재무 비율 〈단위 : % 〉

연도	영업이익률	순이익률	부채비율	차입금비율	ROA	ROE	유보율	자기자본비율	EBITDA마진율
2016	0.9	0.8	78.3	48.3	0.8	1.5	547.7	56.1	1.7
2015	4.6	3.4	76.5	56.2	2.7	5.0	548.9	56.7	6.1
2014	2.4	0.8	96.6	71.4	0.7	1.3	522.6	50.9	4.0
2013	-1.1	-2.6	115.9	88.1	-2.3	-5.1	520.9	46.3	0.3

신화인터텍 (A056700)
SHINWHA INTERTEK CORP

업 종 : 디스플레이 및 관련부품		시 장 : KOSDAQ	
신용등급 : (Bond) — (CP) —		기업규모 : 중견	
홈 페 이 지 : www.shinwha.com		연 락 처 : 041)590-3300	
본 사 : 충남 천안시 동남구 병천면 매봉로 308			

설 립 일	1988.05.27	종 업 원 수	386명	대 표 이 사	윤송철
상 장 일	2001.11.28	감사의견	적정 (안진)	계	열
결 산 기	12월	보 통 주	2,914만주	종속회사수	4개사
액 면 가	500원	우 선 주		구 상 호	

주주구성 (지분율,%)		출자관계 (지분율,%)		주요경쟁사 (외형,%)	
효성	15.3	동산	10.0	신화인터텍	100
신화인터텍우리사주조합	3.1	캠브리오스	2.3	에스엔유	27
(외국인)	8.5	SHINWHAINTERTEK(SUZHOU)CO.,LTD	100.0	일진디스플	78

매출구성		비용구성		수출비중	
광학필름	91.8	매출원가율	85.3	수출	54.0
OLED Tape	8.2	판관비율	11.4	내수	46.0

회사 개요
동사는 TFT-LCD에 적용되는 광학필름(반사, 확산, 보호, 프리즘필름 등)을 제조 및 판매하고 있으며 주요사업부문은 광학필름사업부문이며 기타사업부문으로는 ENG사업부문이 있음. 2005년 2월 삼성전자 LCD 7세대 라인에 제품을 공급하기 시작, 급속한 시장 점유율 확대를 달성하였음. 국내에서는 삼성전자를 비롯하여 대만의 LCD 패널 생산기업인 AUO, CMI, Hannstar 등 국내외 다수의 LCD 패널 업체와 거래하고 있음.

실적 분석
동사의 2017년 반기 누적 매출액은 842.8억원으로 전년 대비 16.6% 감소함. 영업이익은 15.9억원으로 58.9% 감소함. 16년까지 주요 고객사의 출처가 스마트폰향으로만 블랙 차광 Tape를 공급했었으나, 17년부터는 플래그쉽 모델까지 적용 모델을 확대시키며 경쟁력을 강화시켜 나갈 것. 중국 패널업체들의 Capa 확대가 본격화되는 18년부터는 제품의 Capa 확대가 고객사 다변화가 함께 이루어질 것으로 판단.

현금 흐름 〈단위 : 억원〉

항목	2016	2017.2Q
영업활동	190	-46
투자활동	-88	-19
재무활동	-50	33
순현금흐름	53	-32
기말현금	141	109

시장 대비 수익률

결산 실적 〈단위 : 억원〉

항목	2012	2013	2014	2015	2016	2017
매출액	2,838	2,343	2,077	1,902	2,155	—
영업이익	135	102	38	53	71	—
당기순이익	-120	21	78	-40	39	—

분기 실적 ·IFRS 별도 기준 〈단위 : 억원〉

항목	2016.1Q	2016.2Q	2016.3Q	2016.4Q	2017.1Q	2017.2Q
매출액	466	544	620	525	427	416
영업이익	23	16	26	7	11	4
당기순이익	19	4	14	2	1	-12

재무 상태 〈단위 : 억원〉

항목	2012	2013	2014	2015	2016	2017.2Q
총자산	2,584	2,199	2,289	2,038	2,063	2,029
유형자산	1,183	1,180	1,352	1,224	1,209	1,183
무형자산	47	50	68	54	43	41
유가증권	4	5	4	4	4	4
총부채	1,865	1,438	1,445	1,100	1,086	1,082
총차입금	1,463	1,002	972	705	662	715
자본금	113	121	122	146	146	146
총자본	719	761	844	938	976	948
지배주주지분	719	761	844	938	976	948

기업가치 지표

항목	2012	2013	2014	2015	2016	2017.2Q
주가(최고/저)(천원)	7.0/3.3	5.8/2.3	3.8/2.4	4.1/1.7	5.2/1.9	—/—
PER(최고/저)(배)	—/—	69.1/27.7	11.9/7.6	—/—	39.2/14.0	—/—
PBR(최고/저)(배)	2.2/1.0	1.8/0.7	1.1/0.7	1.3/0.5	1.5/0.6	1.3/1.0
EV/EBITDA(배)	9.4	7.3	11.9	7.8	8.6	—/—
EPS(원)	-549	86	322	-146	134	-38
BPS(원)	3,275	3,238	3,555	3,288	3,420	3,321
CFPS(원)	-41	506	711	242	515	154
DPS(원)					50	
EBITDAPS(원)	1,121	843	547	579	627	246

재무 비율 〈단위 : % 〉

연도	영업이익률	순이익률	부채비율	차입금비율	ROA	ROE	유보율	자기자본비율	EBITDA마진율
2016	3.3	1.8	111.3	67.8	1.9	4.1	584.0	47.3	8.5
2015	2.8	-2.1	117.2	75.2	-1.9	-4.5	557.7	46.0	8.4
2014	1.9	3.8	171.3	115.3	3.5	9.7	610.9	36.9	6.4
2013	4.4	0.9	189.0	131.7	0.9	2.8	547.5	34.6	8.7

신화콘텍 (A187270)
Shin Hwa Contech

업 종 : 휴대폰 및 관련부품		시 장 : KOSDAQ	
신용등급 : (Bond) — (CP) —		기업규모 : 벤처	
홈 페 이 지 : www.sh-ct.co.kr		연 락 처 : 031)432-1527	
본 사 : 경기도 안양시 만안구 일직로94번길 3 (석수동)			

설 립 일	2002.10.23	종업원수	70명	대표이사	이정진
상 장 일	2014.08.08	감사의견	적정 (길인)	계 열	
결 산 기	12월	보통주	995만주	종속회사수	3개사
액 면 가	500원	우 선 주		구 상 호	

주주구성 (지분율,%)		출자관계 (지분율,%)		주요경쟁사 (외형,%)	
이정진	30.9	동우씨앤엠	100.0	신화콘텍	100
이미경	4.1	신화티앤시		피델릭스	160
(외국인)	0.5	신화콘텍비나	100.0	알에프세미	182

매출구성		비용구성		수출비중	
정보통신	74.4	매출원가율	77.4	수출	60.0
디스플레이&가전제품	23.7	판관비율	20.1	내수	40.0
HDD	2.0				

회사 개요
2002년 설립한 커넥터 제조업체로서 2006년에 신화콘텍으로 상호를 변경하였고 2014년에 베트남에 법인을 설립하였음. 제품별 매출은 2013년 기준으로 모바일용이 63%, 디스플레이 및 가전이 24%, HDD가 13% 정도를 차지하고 있음. 특히 모바일용 커넥터는 국내 우주일렉트로닉스, 제이엔티스, 해외 진출기업인 히로세코리아, 한국몰렉스가 경쟁중임. 주요 고객은 삼성전자와 LG전자, Seagate 등이 있음.

실적 분석
전통가전을 기반으로 한 차별화 제품인 UHD TV, OLED TV 등을 중심으로 출하가 증가되어 동사 2017년 2분기기준 누적 매출액은 305.8억원을 기록하였음. 원가 및 인건비 등에서 비용증가가 있었으나 매출액의 더 큰 상승에 힘입어 그에 따라 전년동기대비 영업이익은 76.3억원으로 흑자전환하였음. 중국 및 베트남 법인 활성화 및 매출처 다변화를 통한 수익성장이 기대됨.

현금 흐름		〈단위 : 억원〉	
항목	2016	2017.2Q	
영업활동	58	42	
투자활동	-140	-8	
재무활동	103	80	
순현금흐름	22	116	
기말현금	66	165	

시장 대비 수익률

결산 실적					〈단위 : 억원〉	
항목	2012	2013	2014	2015	2016	2017
매출액	319	538	535	341	352	—
영업이익	39	86	87	-10	9	—
당기순이익	23	65	69	-6	4	—

분기 실적					〈단위 : 억원〉	
항목	2016.1Q	2016.2Q	2016.3Q	2016.4Q	2017.1Q	2017.2Q
매출액	62	74	149	67	165	141
영업이익	-16	-4	34	-5	40	36
당기순이익	-15	-5	26	-2	28	29

재무 상태					〈단위 : 억원〉	
항목	2012	2013	2014	2015	2016	2017.2Q
총자산	217	357	534	597	712	868
유형자산	86	131	251	305	361	350
무형자산	2	1	3	9	14	14
유가증권				58	21	0
총부채	147	210	169	240	328	334
총차입금	77	107	100	192	279	265
자본금	12	27	37	37	40	40
총자본	70	146	365	358	384	534
지배주주지분	70	146	365	358	384	534

기업가치 지표						
항목	2012	2013	2014	2015	2016	2017.2Q
주가 (최고/저)(천원)	—/—	—/—	7.2/4.7	7.3/4.3	8.8/4.2	—/—
PER(최고/저)(배)	0.0/0.0	0.0/0.0	6.9/4.5	—/—	170.9/81.6	—/—
PBR(최고/저)(배)	0.0/0.0	0.0/0.0	1.5/1.0	1.5/0.9	1.7/0.8	1.7/1.3
EV/EBITDA(배)	1.3	0.5	3.2	12.4	13.5	
EPS(원)	439	1,223	979	-71	47	706
BPS(원)	26,639	2,299	4,537	4,443	4,766	5,368
CFPS(원)	13,803	1,626	1,467	505	703	1,062
DPS(원)			50			
EBITDAPS(원)	19,667	2,018	1,717	446	765	1,303

재무 비율								〈단위 : % 〉	
연도	영업이익률	순이익률	부채비율	차입금비율	ROA	ROE	유보율	자기자본비율	EBITDA마진율
2016	2.5	1.1	85.5	72.7	0.6	1.0	853.2	53.9	17.5
2015	-3.1	-1.7	67.0	53.7	-1.0	-1.6	857.4	59.9	10.5
2014	16.3	13.0	46.2	27.5	15.6	27.1	877.8	68.4	22.7
2013	16.1	12.2	143.9	73.3	22.8	60.5	450.4	41.0	20.1

신흥 (A004080)
Shinhung

업 종 : 의료 장비 및 서비스		시 장 : 거래소	
신용등급 : (Bond) — (CP) —		기업규모 : 시가총액 소형주	
홈 페 이 지 : www.shinhung.co.kr		연 락 처 : 02)6366-2000	
본 사 : 서울시 중구 청파로 450 (중림동) 신흥빌딩 8층			

설 립 일	1964.11.13	종업원수	323명	대표이사	이용익
상 장 일	1991.02.08	감사의견	적정 (삼일)	계 열	
결 산 기	12월	보통주	960만주	종속회사수	3개사
액 면 가	500원	우 선 주		구 상 호	

주주구성 (지분율,%)		출자관계 (지분율,%)		주요경쟁사 (외형,%)	
이용익	20.8	신흥캐피탈	100.0	신흥	100
이영규	13.1	신흥엠에스티	84.0	오스템임플란트	277
(외국인)	0.0	한국의료기기기술원		디오	71

매출구성		비용구성		수출비중	
상품	60.2	매출원가율	74.6	수출	8.0
치과 진료대	19.7	판관비율	22.0	내수	92.0
치과용 합금	13.1				

회사 개요
동사는 1964년 설립된 치과용 기자재 제조 및 도소매 업체임. 주요 제품으로는 치과용 합금, 치과용 진료대, X선 촬영기, 공기압축기 등이며 치과에서 사용하는 소모성 재료 등도 판매 중임. 동사장은 치과업계의 보수성과 시장규모 협소로 인해 진입장벽이 높은 편임. 동사의 제품별 매출비중은 치과용소모성 재료인 상품 59.3%, 치과진료대 19.1% 및 기타로 구성되며 가동률은 97.9% 수준임.

실적 분석
동사의 2017년 연결기준 상반기 매출액은 589.1억원으로 전년동기 대비 5.3% 감소함. 고정비의 감소에도 불구하고 영업이익은 21.5억원으로 전년동기 대비 2.9% 감소함. 반면 비영업이익이 흑자로 돌아서며, 당기순이익은 26.8억원으로 큰 폭으로 증가함. 최근 불경기가 장기화되면서 업체 간 가격경쟁이 심화된 상태임. 동사는 신개념 치과 유니트체어 출시와 치과 귀금속 시장 신규 진출을 통하여 사업 구조의 다각화를 꾀하고 있음.

현금 흐름		〈단위 : 억원〉	
항목	2016	2017.2Q	
영업활동	74	27	
투자활동	2	19	
재무활동	-75	-47	
순현금흐름	1	-1	
기말현금	2	1	

시장 대비 수익률

결산 실적					〈단위 : 억원〉	
항목	2012	2013	2014	2015	2016	2017
매출액	1,530	1,236	1,242	1,254	1,244	—
영업이익	14	27	61	65	42	—
당기순이익	10	13	67	29	11	—

분기 실적					〈단위 : 억원〉	
항목	2016.1Q	2016.2Q	2016.3Q	2016.4Q	2017.1Q	2017.2Q
매출액	312	310	294	328	289	300
영업이익	18	4	11	9	7	15
당기순이익	7	2	3	-1	5	22

재무 상태					〈단위 : 억원〉	
항목	2012	2013	2014	2015	2016	2017.2Q
총자산	1,410	1,293	1,234	1,370	1,315	1,298
유형자산	399	350	337	493	468	455
무형자산	29	24	25	22	14	13
유가증권	41	2	9	10	2	27
총부채	637	514	405	521	468	430
총차입금	334	281	171	307	238	286
자본금	67	67	67	67	67	67
총자본	773	779	829	848	847	867
지배주주지분	765	774	827	847	846	867

기업가치 지표						
항목	2012	2013	2014	2015	2016	2017.2Q
주가 (최고/저)(천원)	8.3/6.2	6.7/6.1	9.4/6.2	13.4/7.9	12.8/9.0	—/—
PER(최고/저)(배)	90.0/66.8	51.4/46.2	14.2/9.5	45.7/26.9	109.7/76.8	—/—
PBR(최고/저)(배)	1.2/0.9	0.9/0.8	1.2/0.8	1.6/0.9	1.5/1.0	1.3/1.1
EV/EBITDA(배)	18.7	14.6	10.7	13.0	17.2	
EPS(원)	104	145	702	308	120	277
BPS(원)	8,071	8,159	8,699	8,903	8,891	9,102
CFPS(원)	518	523	1,024	608	412	433
DPS(원)	200	200	200	200	200	—
EBITDAPS(원)	555	661	955	979	732	379

재무 비율								〈단위 : % 〉	
연도	영업이익률	순이익률	부채비율	차입금비율	ROA	ROE	유보율	자기자본비율	EBITDA마진율
2016	3.4	0.9	55.3	28.1	0.8	1.4	1,167.7	64.4	5.7
2015	5.2	2.3	61.5	36.2	2.2	3.5	1,169.4	61.9	7.5
2014	4.9	5.4	48.8	20.6	5.3	8.4	1,140.3	67.2	7.4
2013	2.2	1.1	66.0	36.1	1.0	1.8	1,063.4	60.3	5.1

실리콘웍스 (A108320)
Silicon Works

업 종 : 디스플레이 및 관련부품	시 장 : KOSDAQ
신용등급 : (Bond) — (CP) —	기업규모 : 우량
홈페이지 : www.siliconworks.co.kr	연 락 처 : 042)712-7700
본 사 : 대전시 유성구 테크노2로 222(탑립동)	

설 립 일 1999.11.11	종 업 원 수 813명	대 표 이 사 손보익	
상 장 일 2010.06.08	감사의견 적정 (삼정)	계 열	
결 산 기 12월	보 통 주 1,626만주	종속회사수 2개사	
액 면 가 500원	우 선 주	구 상 호	

주주구성 (지분율,%)		출자관계 (지분율,%)		주요경쟁사 (외형,%)	
엘지	33.1	대덕벤처드림타운	20.0	실리콘웍스	100
LSV Asset Management	5.1	대덕인베스트먼트	8.9	LG디스플레이	4,345
(외국인)	37.8	SiliconWorksChinaCo.,LTD	100.0	에스에프에이	216

매출구성		비용구성		수출비중	
System IC(제품)	100.0	매출원가율	78.6	수출	95.0
		판관비율	13.1	내수	5.0

회사 개요
동사는 다이오드, 트랜지스터 및 유사 반도체 소자 제조업에 속해 있으며, 구체적으로는 평판 디스플레이용 시스템 반도체 부품 제조업을 영위하고 있음. 2002년 D-IC를 개발하여 시장 진입에 성공, 2008년 디스플레이용핵심 반도체를 Total Solution으로 국내외 대형패널업체에 공급하고 있음. 동사의 주요 전방시장은 현재 주요 디스플레이로 자리잡고 있는 LCD 패널시장이며, 해당 시장은 한국 및 대만의 주요사업자들이 시장을 과점하고 있음.

실적 분석
동사의 2017년 2분기기준 누적 매출액은 전년동기대비 0.9% 소폭 변동한 3,125.3억원을 기록함. 비용면에서 전년동기대비 매출원가는 증가 했으나 인건비도 증가, 기타판매비와관리비도 마찬가지로 증가함, 이와 같이 상승한 매출액 대비 비용증가가 높아 그에 따라 전년동기대비 영업이익은 119.5억원으로 -54% 크게 하락하였음. 최종적으로 전년동기대비 당기순이익은 크게 하락하여 102.6억원을 기록함.

현금 흐름 〈단위 : 억원〉

항목	2016	2017.2Q
영업활동	490	255
투자활동	6	-18
재무활동	-163	-146
순현금흐름	334	91
기말현금	2,629	2,719

시장 대비 수익률

결산 실적 〈단위 : 억원〉

항목	2012	2013	2014	2015	2016	2017
매출액	4,726	4,098	3,907	5,358	6,100	—
영업이익	436	341	357	559	506	—
당기순이익	411	320	322	485	507	—

분기 실적 〈단위 : 억원〉

항목	2016.1Q	2016.2Q	2016.3Q	2016.4Q	2017.1Q	2017.2Q
매출액	1,590	1,509	1,431	1,571	1,583	1,542
영업이익	149	110	70	177	54	65
당기순이익	154	112	80	161	55	47

재무 상태 〈단위 : 억원〉

항목	2012	2013	2014	2015	2016	2017.2Q
총자산	3,362	3,449	3,764	4,630	4,860	4,895
유형자산	136	159	150	150	153	146
무형자산	75	59	73	231	171	170
유가증권	62	65	60	55	33	35
총부채	804	710	776	1,154	1,053	1,129
총차입금	—					
자본금	81	81	81	81	81	81
총자본	2,558	2,739	2,988	3,476	3,807	3,766
지배주주지분	2,558	2,739	2,988	3,476	3,807	3,766

기업가치 지표

항목	2012	2013	2014	2015	2016	2017.2Q
주가(최고/저)(천원)	31.8/18.4	23.0/17.5	25.2/19.0	39.1/23.5	36.3/24.2	—/—
PER(최고/저)(배)	14.4/8.3	13.0/9.9	13.8/10.4	13.9/8.4	12.0/8.0	—/—
PBR(최고/저)(배)	2.2/1.3	1.5/1.1	1.5/1.1	1.9/1.2	1.6/1.1	1.6/1.2
EV/EBITDA(배)	4.2	5.6	4.7	5.7	3.1	
EPS(원)	2,529	1,970	1,979	2,979	3,116	631
BPS(원)	16,253	17,444	18,773	21,371	23,406	23,155
CFPS(원)	2,697	2,228	2,299	3,861	3,704	809
DPS(원)	650	600	600	1,000	900	
EBITDAPS(원)	2,846	2,356	2,514	4,318	3,701	913

재무 비율 〈단위 : % 〉

연도	영업이익률	순이익률	부채비율	차입금비율	ROA	ROE	유보율	자기자본비율	EBITDA마진율
2016	8.3	8.3	27.7	0.0	10.7	13.9	4,581.2	78.3	9.9
2015	10.4	9.0	33.2	0.0	11.5	15.0	4,174.1	75.1	13.1
2014	9.1	8.2	26.0	0.0	8.9	11.2	3,654.6	79.4	10.5
2013	8.3	7.8	25.9	0.0	9.4	12.1	3,388.9	79.4	9.4

심텍 (A222800)
SIMMTECH

업 종 : 전자 장비 및 기기	시 장 : KOSDAQ
신용등급 : (Bond) — (CP) —	기업규모 : 우량
홈페이지 : www.simmtech.co.kr	연 락 처 : 043)269-9000
본 사 : 충북 청주시 흥덕구 산단로 73	

설 립 일 2015.07.01	종 업 원 수 2,228명	대 표 이 사 최시돈	
상 장 일 2015.08.07	감사의견 적정 (삼일)	계 열	
결 산 기 12월	보 통 주 2,275만주	종속회사수 2개사	
액 면 가 500원	우 선 주	구 상 호	

주주구성 (지분율,%)		출자관계 (지분율,%)		주요경쟁사 (외형,%)	
심텍홀딩스	41.5	SimmtechHongKongHoldingsLimited	99.0	심텍	100
이민주	1.8	STJHoldingsCo.,Ltd	8.4	엘앤에프	32
(외국인)	8.8			비츠로셀	11

매출구성		비용구성		수출비중	
Package Substrate	62.7	매출원가율	87.6	수출	92.0
Module PCB	35.9	판관비율	7.4	내수	8.0
Burn-in-Board	1.3				

회사 개요
동사는 2015년 7월 1일을 분할기일로 하여 심텍홀딩스로부터 PCB 제조사업을 인적분할하여 설립됨. 1987년 설립된 반도체 및 통신 기기용 PCB를 전문 생산산업체로 주요 제품은 크게 메모리 모듈용 PCB와 반도체 패키지에 필수적인 FBGA, FC-CSP, BOC 등과 같은 Package Substrate로 구분됨. 글로벌 Big5 메모리칩 메이커 및 Big5 패키징 전문 기업을 고객사로 확보하여 안정적인 성장을 지속중임.

실적 분석
동사의 2017년 2분기 연결기준 누적매출액은 전방산업의 활황으로 전년 동기 대비 1.5% 증가한 3,903.4억원을 기록함. 영업이익은 전년 동기 대비 7.7% 증가한 132.9억원을 기록했으며, 당기순이익은 비영업손실의 적자폭이 감소하며 50.0% 증가한 84.2억원을 기록함. 향후 성장성이 높은 Package Substrate분야로의 고객확보를 통해 매출 증대를 꾀하는 중임.

현금 흐름 〈단위 : 억원〉

항목	2016	2017.2Q
영업활동	395	712
투자활동	-415	-130
재무활동	4	-530
순현금흐름	-17	51
기말현금	15	66

시장 대비 수익률

결산 실적 〈단위 : 억원〉

항목	2012	2013	2014	2015	2016	2017
매출액				3,955	7,920	—
영업이익				195	402	—
당기순이익				104	293	—

분기 실적 〈단위 : 억원〉

항목	2016.1Q	2016.2Q	2016.3Q	2016.4Q	2017.1Q	2017.2Q
매출액	1,978	1,867	2,025	2,049	1,909	1,994
영업이익	63	60	115	164	53	79
당기순이익	46	10	145	92	25	59

재무 상태 〈단위 : 억원〉

항목	2012	2013	2014	2015	2016	2017.2Q
총자산	—	—	—	5,483	6,012	5,702
유형자산				3,535	3,437	3,318
무형자산				284	285	266
유가증권						
총부채				3,935	4,220	3,866
총차입금				1,781	1,837	1,302
자본금				110	112	114
총자본				1,549	1,792	1,836
지배주주지분				1,546	1,788	1,831

기업가치 지표

항목	2012	2013	2014	2015	2016	2017.2Q
주가(최고/저)(천원)	—/—	—/—	—/—	12.9/5.4	12.4/5.4	—/—
PER(최고/저)(배)	0.0/0.0	0.0/0.0	0.0/0.0	25.4/10.7	9.5/4.2	—/—
PBR(최고/저)(배)	0.0/0.0	0.0/0.0	0.0/0.0	1.9/0.8	1.6/0.7	1.7/1.2
EV/EBITDA(배)	0.0			7.8	5.4	
EPS(원)	—			538	1,326	368
BPS(원)	—			7,050	8,011	8,051
CFPS(원)	—			1,652	3,302	1,352
DPS(원)	—			260	200	
EBITDAPS(원)	—			2,120	3,806	1,571

재무 비율 〈단위 : % 〉

연도	영업이익률	순이익률	부채비율	차입금비율	ROA	ROE	유보율	자기자본비율	EBITDA마진율
2016	5.1	3.7	235.5	102.5	5.1	17.5	1,502.2	29.8	10.6
2015	4.9	2.6	254.0	115.0			1,310.1	28.3	10.4
2014	0.0	0.0	0.0	0.0			0.0	0.0	0.0
2013	0.0	0.0	0.0	0.0			0.0	0.0	0.0

심텍홀딩스 (A036710)
SIMMTECH HOLDINGS

업 종 : 전자 장비 및 기기		시 장 : KOSDAQ	
신용등급 : (Bond) — (CP) —		기업규모 : 우량	
홈페이지 : www.simmtechholdings.com		연 락 처 : 043)909-8000	
본 사 : 충북 청주시 흥덕구 산단로73			

설 립 일	1987.08.24	종 업 원 수	12명	대 표 이 사	박광준
상 장 일	1999.12.24	감사의견	적정 (삼일)	계	열
결 산 기	12월	보 통 주	3,490만주	종속회사수	7개사
액 면 가	500원	우 선 주		구 상 호	심텍

주주구성 (지분율,%)		출자관계 (지분율,%)		주요경쟁사 (외형,%)	
전세호	55.7	성진사	100.0	심텍홀딩스	100
신한비엔피파리바자산운용	2.5	시니어파트너즈	45.0	옵트론텍	17
(외국인)	4.7	심텍	41.5	에스씨디	17

매출구성		비용구성		수출비중	
PCB제조 판매 및 임가공	99.5	매출원가율	88.3	수출	—
배당	0.3	판관비율	7.7	내수	—
임대수익외	0.1				

회사 개요
2015년 7월 사업부문을 인적분할하고, 다른 회사의 주식을 소유함으로써 그 회사를 지배하는 것을 목적으로 하는 지주회사로 사명을 심텍홀딩스로 변경함. 현재 반도체 및 통신기용 PCB 전문 생산업체인 심텍(지분율 42.3%)을 포함하여 총 10개사를 계열사로 두고 있음. 영업수익은 자회사 등으로부터 배당수익, 상표권 사용수익, Shared Service수익, 임대수익 등으로 구성되어 있음

실적 분석
모듈 PCB(HDI부문)보다는 패키지기판(SPS 부문) 위주로, 그 중에서도 주력 제품인 서버, SSD, 모바일향 제품들이 성장하여 2017년 상반기 매출액은 전년동기 대비 소폭 성장하였으며, 영업이익은 30.7% 증가하는 등 양호한 실적을 나타냄. 빅데이터 수요에 기댄 SSD와 서버 모듈의 성장, SIP 애플리케이션 확대, 중국에 판매하는 FC-CSP가 심텍의 성장 동력으로 판단됨. 관계사에 대한 지분법평가도 2분기에는 이익으로 전환됨

현금 흐름 〈단위 : 억원〉

항목	2016	2017.2Q
영업활동	368	746
투자활동	-427	-130
재무활동	33	-543
순현금흐름	-25	72
기말현금	41	114

시장 대비 수익률

결산 실적 〈단위 : 억원〉

항목	2012	2013	2014	2015	2016	2017
매출액	6,314	5,263	167	1,561	7,900	
영업이익	467	-334	-28	23	313	
당기순이익	197	-276	17	1,249	208	

분기 실적 〈단위 : 억원〉

항목	2016.1Q	2016.2Q	2016.3Q	2016.4Q	2017.1Q	2017.2Q
매출액	1,973	1,866	2,021	2,040	1,912	1,990
영업이익	44	36	98	135	35	69
당기순이익	30	-11	136	53	6	54

재무 상태 〈단위 : 억원〉

항목	2012	2013	2014	2015	2016	2017.2Q
총자산	5,040	5,665	6,154	5,864	6,289	5,965
유형자산	2,483	3,630	3,836	3,523	3,342	3,220
무형자산	53	345	369	691	628	598
유가증권	8	8		2	2	2
총부채	2,952	3,946	4,324	3,960	4,218	3,846
총차입금	1,785	2,317	2,355	1,781	1,837	1,302
자본금	161	167	167	174	174	174
총자본	2,087	1,719	1,830	1,904	2,072	2,119
지배주주지분	2,083	1,711	1,820	1,074	1,128	1,164

기업가치 지표

항목	2012	2013	2014	2015	2016	2017.2Q
주가(최고/저)(천원)	7.2/4.4	5.1/2.9	5.0/2.6	5.6/2.1	3.4/2.2	—/—
PER(최고/저)(배)	11.5/7.1	—/—	104.0/54.5	1.2/0.5	17.9/11.3	1.2/0.9
PBR(최고/저)(배)	1.1/0.7	1.0/0.5	0.9/0.5	1.8/0.7	1.1/0.7	1.0/0.9
EV/EBITDA(배)	5.7	116.9	14.0	9.4	5.0	—
EPS(원)	634	-858	48	4,561	190	47
BPS(원)	6,510	5,348	5,442	3,081	3,235	3,338
CFPS(원)	1,708	296	1,412	5,819	1,532	761
DPS(원)	200					
EBITDAPS(원)	2,581	116	1,277	1,342	2,239	1,013

재무 비율 〈단위 : % 〉

연도	영업이익률	순이익률	부채비율	차입금비율	ROA	ROE	유보율	자기자본비율	EBITDA마진율
2016	4.0	2.6	203.6	88.7	3.4	6.0	547.1	32.9	9.9
2015	1.5	80.0	208.1	93.6	20.8	85.4	516.1	32.5	23.3
2014	-17.0	10.2	236.3	128.7	0.3	0.9	988.4	29.7	248.0
2013	-6.4	-5.2	229.6	134.8	-5.2	-14.6	969.6	30.3	0.7

심팩메탈 (A090730)
SIMPAC METAL

업 종 : 금속 및 광물		시 장 : KOSDAQ	
신용등급 : (Bond) — (CP) —		기업규모 : 중견	
홈페이지 : www.simpacmetal.com		연 락 처 : 054)271-8700	
본 사 : 경북 포항시 남구 괴동로 153			

설 립 일	1959.09.28	종 업 원 수	191명	대 표 이 사	최진식,송효석
상 장 일	2008.10.17	감사의견	적정 (안진)	계	열
결 산 기	12월	보 통 주	1,300만주	종속회사수	
액 면 가	500원	우 선 주		구 상 호	SIMPAC METALLOY

주주구성 (지분율,%)		출자관계 (지분율,%)		주요경쟁사 (외형,%)	
심팩홀딩스	55.4			SIMPAC Metal	100
최진식	5.0			대양금속	106
(외국인)	1.6			원일특강	150

매출구성		비용구성		수출비중	
망간합금철 등(제품)	53.9	매출원가율	90.9	수출	24.0
망간합금철 등(상품)	36.8	판관비율	4.9	내수	76.0
Roll(제품)	8.7				

회사 개요
동사는 1959년 설립된 합금철, 고분자 화학물질(흡) 제조 업체임. 주요 제품인 합금철은 망간계 합금철로 철강 제련과정에서 용탕의 탈산 혹은 탈류 등 불순물을 제거하거나 철 이외의 성분원소 첨가를 목적으로 사용됨. 롤은 제지, 제철 및 섬유, 인쇄산업에 공급되어 각 산업별로 우수한 제품을 생산하기 위한 공정과정에서 제품의 이송, 탈수, 세척, 코팅등의 역할을 담당하는 기계설비의 핵심부품임

실적 분석
동사는 2017년 상반기 누적 매출액과 영업이익이 1136.9억원, 91.1억원으로 전년 동기 대비 각각 63.5%, 295.7% 증가했음. 동사는 망간합금철의 수요가 급증하면서 실적이 향상됨. 동사는 원재료인 망간광석과 코크스의 가격이 큰 폭으로 인상됐음에도 제품가격에 이를 적절히 반영해 원가율이 하락함. 동사는 비영업부문에서 4.7억원의 손실을 내 적자 전환했고, 당기순이익은 65.7억원을 기록해 전년 동기 대비 140.1% 증가함

현금 흐름 〈단위 : 억원〉

항목	2016	2017.2Q
영업활동	133	
투자활동	-153	
재무활동	-97	
순현금흐름	-115	
기말현금	424	

시장 대비 수익률

결산 실적 〈단위 : 억원〉

항목	2012	2013	2014	2015	2016	2017
매출액	1,899	1,731	1,661	1,385	1,375	
영업이익	155	106	57	-5	59	
당기순이익	127	76	42	-27	68	

분기 실적 〈단위 : 억원〉

항목	2016.1Q	2016.2Q	2016.3Q	2016.4Q	2017.1Q	2017.2Q
매출액	354	341	322	358		
영업이익	2	21	-3	39		
당기순이익	9	18	-4	45		

재무 상태 〈단위 : 억원〉

항목	2012	2013	2014	2015	2016	2017.2Q
총자산	2,769	2,924	2,702	2,542	2,533	
유형자산	1,227	1,174	1,109	1,043	972	
무형자산	101	89	77	74	70	
유가증권	483	493	6	6	6	
총부채	1,057	1,145	909	798	736	
총차입금	898	894	782	680	598	
자본금	65	65	65	65	65	
총자본	1,712	1,779	1,793	1,745	1,798	
지배주주지분	1,712	1,779	1,793	1,745	1,798	

기업가치 지표

항목	2012	2013	2014	2015	2016	2017.2Q
주가(최고/저)(천원)	8.6/4.9	7.1/5.6	6.4/5.1	6.4/4.2	5.8/3.7	—/—
PER(최고/저)(배)	9.5/5.3	12.9/10.1	20.9/16.6		11.3/7.2	0.0/0.0
PBR(최고/저)(배)	0.7/0.4	0.5/0.4	0.5/0.4	0.5/0.3	0.4/0.3	
EV/EBITDA(배)	5.1	6.3	6.9	9.1	5.0	
EPS(원)	979	584	320	-210	521	
BPS(원)	13,386	13,873	13,986	13,698	14,171	
CFPS(원)	1,670	1,285	1,020	409	1,131	
DPS(원)	100	80	80	50	100	
EBITDAPS(원)	1,880	1,520	1,139	580	1,061	

재무 비율 〈단위 : % 〉

연도	영업이익률	순이익률	부채비율	차입금비율	ROA	ROE	유보율	자기자본비율	EBITDA마진율
2016	4.3	4.9	40.9	33.3	2.7	3.8	2,734.2	71.0	10.0
2015	-0.4	-2.0	45.7	39.0	-1.0	-1.6	2,639.6	68.6	5.5
2014	3.4	2.5	50.7	43.6	1.5	2.3	2,697.3	66.4	8.9
2013	6.2	4.4	64.4	50.3	2.7	4.4	2,674.7	60.8	11.4

싸이맥스 (A160980)
CYMECHS

업 종 : 반도체 및 관련장비		시 장 : KOSDAQ	
신용등급 : (Bond) — (CP) —		기업규모 : 중견	
홈페이지 : www.cymechs.com		연 락 처 : 031)371-8600	
본 사 : 경기도 화성시 동탄면 동탄산단2길 47			

설 립 일	2005.12.02	종업원수	142명	대표이사	정구용,배도인
상 장 일	2015.06.17	감사의견	적정 (신한)	계 열	
결 산 기	12월	보 통 주	543만주	종속회사수	1개사
액 면 가	500원	우 선 주		구 상 호	

주주구성 (지분율,%)
인지컨트롤스	15.2
정구용	14.5
(외국인)	2.4

출자관계 (지분율,%)
인지에이엠티	41.7
인지솔라	31.0
서안싸이맥스반도체설비유한공사	100.0

주요경쟁사 (외형,%)
싸이맥스	100
매커스	93
엑시콘	62

매출구성
반도체장비(제품)	73.6
서비스매출(용역)	24.4
상품매출(상품)	1.6

비용구성
매출원가율	82.1
판관비율	7.9

수출비중
수출	—
내수	—

회사 개요
동사는 2005년 12월 2일 설립되었으며, 반도체 웨이퍼 이송용 장비를 제조하고 있음. 동사의 목적 사업은 반도체 및 에프피디(FPD) 관련장비 제조 판매, 소프트웨어 개발 판매, 산업용 및 서비스로봇 제조 판매, 의료용 로봇 제조 판매업이며, 현재 인지컨트롤스 기업집단에 속해있음. 계열회사 수는 총 36개사로 국내법인 15개사와 해외현지법인 21개사로 구성되있음. 동사의 반도체 관련 매출액이 전체 매출액의 90% 이상을 차지하고 있음.

실적 분석
동사의 2017년 2분기 기준 매출액은 790.1억원으로 전년동기 대비 344.9%, 큰 폭으로 증가함. 매출원가의 동반 증가에도 불구하고 매출총이익은 전년동기 대비 462.5% 증가함. 영업이익은 전년동기 대비 1,686.4% 증가한 117억원을 기록함. 수주증가에 따른 매출의 증가 및 원가절감을 통한 수익성 증대가 주요 원인임. 이에 따라 당기순이익은 87.8억원으로 전년동기 대비 1,045.2% 증가함.

현금 흐름 〈단위 : 억원〉
항목	2016	2017.2Q
영업활동	-9	31
투자활동	1	-72
재무활동	14	78
순현금흐름	6	37
기말현금	34	71

시장 대비 수익률

결산 실적 〈단위 : 억원〉
항목	2012	2013	2014	2015	2016	2017
매출액	346	496	547	554	732	
영업이익	26	50	58	40	74	
당기순이익	24	51	60	16	63	

분기 실적 〈단위 : 억원〉
항목	2016.1Q	2016.2Q	2016.3Q	2016.4Q	2017.1Q	2017.2Q
매출액	91	86	185	369	374	416
영업이익	6	0	21	46	54	63
당기순이익	7	0	16	40	43	51

재무 상태 〈단위 : 억원〉
항목	2012	2013	2014	2015	2016	2017.2Q
총자산	217	364	393	712	906	1,074
유형자산	9	21	9	176	313	345
무형자산	21	21	17	12	8	6
유가증권	—	—	—	112	82	114
총부채	68	157	130	200	352	375
총차입금	30			128	160	180
자본금	19	19	19	27	27	27
총자본	150	207	263	512	554	700
지배주주지분	150	207	263	512	554	700

기업가치 지표
항목	2012	2013	2014	2015	2016	2017.2Q
주가(최고/저)(천원)	—/—	—/—	—/—	13.6/9.0	17.8/9.1	—/—
PER(최고/저)(배)	0.0/0.0	0.0/0.0	0.0/0.0	41.7/27.7	15.3/7.8	—/—
PBR(최고/저)(배)	0.0/0.0	0.0/0.0	0.0/0.0	1.4/0.9	1.6/0.8	1.7/1.2
EV/EBITDA(배)	—	—	—	8.2	11.3	
EPS(원)	648	1,366	1,613	337	1,174	1,616
BPS(원)	4,026	5,564	7,095	10,012	10,955	12,886
CFPS(원)	768	1,514	1,817	493	1,384	1,787
DPS(원)				200	250	
EBITDAPS(원)	818	1,502	1,775	1,010	1,571	2,326

재무 비율 〈단위 : %〉
연도	영업이익률	순이익률	부채비율	차입금비율	ROA	ROE	유보율	자기자본비율	EBITDA마진율
2016	10.1	8.7	63.5	28.9	7.9	11.9	2,091.0	61.2	11.6
2015	7.2	2.8	39.0	24.9	2.8	4.1	1,902.5	72.0	8.5
2014	10.7	11.0	49.4	0.0	15.9	25.5	1,318.9	67.0	12.1
2013	10.1	10.2	75.9	0.0	17.5	28.5	1,012.8	56.9	11.2

쌍방울 (A102280)
SBW

업 종 : 섬유 및 의복		시 장 : 거래소	
신용등급 : (Bond) BB (CP) —		기업규모 : 시가총액 소형주	
홈페이지 : www.sbw.co.kr		연 락 처 : 02)3485-6000	
본 사 : 서울시 강남구 도산대로 549 (청담동)			

설 립 일	2008.05.02	종업원수	308명	대표이사	양선길
상 장 일	2008.06.10	감사의견	적정 (성지)	계 열	
결 산 기	12월	보 통 주	12,912만주	종속회사수	7개사
액 면 가	500원	우 선 주		구 상 호	

주주구성 (지분율,%)
광림	18.0
김영모	0.2
(외국인)	1.4

출자관계 (지분율,%)
그릿에이	100.0
전북메리야스협동조합	
길림트라이	100.0

주요경쟁사 (외형,%)
쌍방울	100
한세예스24홀딩스	1,969
LF	1,344

매출구성
언더웨어 외(매출)	79.6
언더웨어 외(수출)	20.4

비용구성
매출원가율	73.2
판관비율	40.1

수출비중
수출	20.0
내수	80.0

회사 개요
동사는 1963년 설립된 쌍녕섬유공업주식회사를 모태로 함. 1977년 쌍방울로 상호를 변경하고 2006년 트라이 브랜즈로 사명을 바꿈. 2008년 티이씨앤코로부터 인적분할 방식으로 설립됨. 쌍방울은 내의 시장에서 7.5%대의 시장점유율을 기록함. 과거 내의 시장은 매출 상위 기업들이 대체로 지배했지만 최근에는 대형마트, 홈쇼핑, 인터넷몰 등 새로운 유통을 중심으로 소규모 기업들이 등장하면서 경쟁이 치열해지고 있으나, 유통망 증설을 계획 중임.

실적 분석
동사의 2017년 상반기 매출액은 612.6억원으로 전년 동기 대비 4.5% 감소함. 영업손실은 14억원으로 적자 지속함. 당기순손실도 26.7억원으로 적자 지속함. 동사는 중국 생산 기반과 국내 영업망을 하나로 묶어 핵심역량을 강화한다는 방침임. 중국 금성그룹과 공장 규모 제휴 및 투자 진행 중이며, 사후 면세 분야로 사업영역 확장 예정임. 최신식 유통 및 물류 시스템을 갖춘 트라이 오렌지 유통망 구축 사업을 진행 중임.

현금 흐름 〈단위 : 억원〉
항목	2016	2017.2Q
영업활동	-98	4
투자활동	-128	-135
재무활동	-20	120
순현금흐름	-247	-12
기말현금	348	336

시장 대비 수익률

결산 실적 〈단위 : 억원〉
항목	2012	2013	2014	2015	2016	2017
매출액	1,587	1,362	1,389	1,426	1,138	
영업이익	53	-2	3	10	-151	
당기순이익	34	-19	-12	-5	-163	

분기 실적 〈단위 : 억원〉
항목	2016.1Q	2016.2Q	2016.3Q	2016.4Q	2017.1Q	2017.2Q
매출액	294	347	294	203	297	31
영업이익	-25	-15	-5	-105	-4	-1
당기순이익	-17	-19	-20	-107	-19	

재무 상태 〈단위 : 억원〉
항목	2012	2013	2014	2015	2016	2017.2Q
총자산	1,209	1,338	1,387	2,174	2,233	2,25
유형자산	342	329	330	323	310	29
무형자산	26	32	31	30	31	2
유가증권	0	0	0	236	351	48
총부채	446	590	619	405	490	57
총차입금	284	443	466	297	270	38
자본금	416	416	438	646	646	64
총자본	764	747	767	1,769	1,743	1,67
지배주주지분	764	747	767	1,769	1,738	1,67

기업가치 지표
항목	2012	2013	2014	2015	2016	2017.2Q
주가(최고/저)(천원)	1.5/0.8	1.0/0.6	1.2/0.6	4.9/0.8	3.4/1.6	—/—
PER(최고/저)(배)	38.6/21.2	—/—	—/—	—/—	—/—	—/—
PBR(최고/저)(배)	1.7/1.0	1.2/0.8	1.4/0.7	3.6/0.6	2.5/1.2	1.7/1.
EV/EBITDA(배)	12.9	35.9	38.2	57.2		
EPS(원)	38	-21	-14	-5	-125	-2
BPS(원)	919	899	876	1,370	1,346	1,29
CFPS(원)	83	10	20	24	-103	
DPS(원)						
EBITDAPS(원)	105	30	38	39	-94	

재무 비율 〈단위 : %〉
연도	영업이익률	순이익률	부채비율	차입금비율	ROA	ROE	유보율	자기자본비율	EBITDA마진율
2016	-13.3	-14.3	28.1	15.5	-7.4	-9.2	169.3	78.1	-10
2015	0.7	-0.4	22.9	16.8	-0.3	-0.4	174.0	81.4	2
2014	0.2	-0.9	80.7	60.8	-0.9	-1.7	75.2	55.3	2
2013	-0.2	-1.4	79.0	59.3	-1.5	-2.6	79.9	55.9	4

쌍용머티리얼 (A047400)
Ssangyong Materials

업 종 : 자동차부품		시 장 : 거래소	
신용등급 : (Bond) — (CP) —		기업규모 : 시가총액 소형주	
홈 페 이 지 : www.ssym.com		연 락 처 : 053)580-4135	
본 사 : 대구시 달서구 성서공단남로 151 (월암동)			

설 립 일	2000.06.30	종 업 원 수	273명	대 표 이 사	김진영,이우선
상 장 일	2009.09.29	감사의견 적정 (삼정)		계 열	
결 산 기	12월	보 통 주	4,200만주	종속회사수	2개사
액 면 가	500원	우 선 주		구 상 호	

주주구성 (지분율,%)
유니온	52.2
대원지에스아이	7.9
(외국인)	1.7

출자관계 (지분율,%)
쌍용툴텍	85.7

주요경쟁사 (외형,%)
쌍용머티리얼	100
삼원강재	250
코프라	121

매출구성
모터용자석 외	67.1
절삭공구 외	29.5
스페셜 공구 외	3.5

비용구성
매출원가율	79.2
판관비율	13.3

수출비중
수출	69.0
내수	31.0

회사 개요
동사는 2000년 설립된 후, 자동차용 및 가전용 모터의 소재인 페라이트 마그네트 사업과 절삭공구, 전자레인지의 핵심부품인 마그네트론 스템, 수도밸브용 디스크를 생산하는 세라믹 사업 등을 영위하고 있는 대표적인 소재부품업체임. 전세계 페라이트 마그네트 시장의 약 10%, 국내시장의 약 30% 정도를 점유하고 있으며, 꾸준한 영업 및 연구개발 등으로 세계적으로 품질을 인정받으며 시장점유율을 확대해 나가고 있음.

실적 분석
동사의 연결기준 2017년 2분기 누적매출액은 537.9억원으로 전년동기 520.8억원 대비 3.3% 증가하였음. 또한 판매비와 관리비는 70.1억원으로 5.4% 감소하였음. 그리고 매출원가율은 92.2억원으로 13.7% 감소하였음. 이에 따라 영업이익은 22.1억원으로 32.3% 감소하였음. 최종적으로 당기순이익은 7.2억원으로 전년동기 대비 74.9% 감소하였음. 원가율 개선을 위한 노력이 필요함.

현금 흐름 〈단위 : 억원〉
항목	2016	2017.2Q
영업활동	94	68
투자활동	-24	-36
재무활동	-70	-32
순현금흐름	0	0
기말현금	2	1

시장 대비 수익률

결산 실적 〈단위 : 억원〉
항목	2012	2013	2014	2015	2016	2017
매출액	985	980	1,057	1,066	1,072	—
영업이익	70	64	57	62	80	—
당기순이익	42	54	36	51	67	—

분기 실적 〈단위 : 억원〉
항목	2016.1Q	2016.2Q	2016.3Q	2016.4Q	2017.1Q	2017.2Q
매출액	260	261	267	284	266	272
영업이익	10	23	26	22	1	21
당기순이익	9	20	6	32	-19	26

재무 상태 〈단위 : 억원〉
항목	2012	2013	2014	2015	2016	2017.2Q
총자산	1,432	1,444	1,467	1,457	1,448	1,441
유형자산	797	821	877	853	820	811
무형자산	13	12	12	11	9	10
유가증권	0	0	0	0	0	0
총부채	557	533	540	508	455	487
총차입금	271	233	207	188	138	153
자본금	210	210	210	210	210	210
총자본	875	911	927	949	993	954
지배주주지분	870	907	923	945	989	951

기업가치 지표
항목	2012	2013	2014	2015	2016	2017.2Q
주가(최고/저)(천원)	3.3/1.7	2.2/1.7	2.7/1.7	2.8/2.0	4.8/2.4	—/—
PER(최고/저)(배)	36.2/18.7	18.0/13.8	32.9/20.8	23.1/16.6	30.3/15.3	1.4/1.1
PBR(최고/저)(배)	1.7/0.9	1.1/0.8	1.3/0.8	1.3/0.9	2.1/1.0	1.0/0.8
EV/EBITDA(배)	9.0	8.4	10.1	11.1	9.8	—/—
EPS(원)	99	128	85	122	159	18
BPS(원)	2,072	2,158	2,197	2,250	2,355	2,335
CFPS(원)	222	251	216	268	304	92
DPS(원)	35	35	35	35	35	127
EBITDAPS(원)	290	275	266	294	336	

재무 비율 〈단위 : % 〉
연도	영업이익률	순이익률	부채비율	차입금비율	ROA	ROE	유보율	자기자본비율	EBITDA마진율
2016	7.5	6.2	45.8	13.9	4.6	6.9	371.0	68.6	13.2
2015	5.8	4.8	53.5	19.8	3.5	5.5	350.0	65.1	11.6
2014	5.4	3.4	58.2	22.4	2.4	3.9	339.4	63.2	10.6
2013	6.5	5.5	58.5	25.6	3.8	6.0	331.7	63.1	11.8

쌍용양회공업 (A003410)
Ssangyong Cement Industrial

업 종 : 건축소재		시 장 : 거래소	
신용등급 : (Bond) A- (CP) A2-		기업규모 : 시가총액 중형주	
홈 페 이 지 : www.ssangyongcement.co.kr		연 락 처 : 02)2270-5114	
본 사 : 서울시 중구 수표로 34 씨티센터타워 7~9층			

설 립 일	1962.05.14	종 업 원 수	1,267명	대 표 이 사	황동철(대표집행임원)
상 장 일	1975.05.03	감사의견 적정 (삼정)		계 열	
결 산 기	12월	보 통 주	10,077만주	종속회사수	5개사
액 면 가	5,000원	우 선 주	31만주	구 상 호	

주주구성 (지분율,%)
한앤코시멘트홀딩스	77.7
국민연금공단	4.6
(외국인)	3.5

출자관계 (지분율,%)
쌍용레미콘	100.0
한국기초소재	100.0
쌍용기초소재	100.0

주요경쟁사 (외형,%)
쌍용양회	100
동양	21
한일시멘트	70

매출구성
시멘트,슬래그시멘트,슬래그파우더	42.9
석유	20.2
레미콘	17.7

비용구성
매출원가율	79.4
판관비율	7.8

수출비중
수출	6.0
내수	94.0

회사 개요
국내 1위 시멘트 업체로 2014년말 기준 M/S는 약 22% 내외 수준이며, 이는 2013년과 비슷한 수준임. 지배주주는 일본의 태평양시멘트(32.4%)이며, 출자전환을 한 채권단이 46.2%의 지분을 보유하고 있음. 2009년 2월 중국시멘트를 수입해 슬래그시멘트를 제조하는 기초소재를 컨소시엄을 통해 인수하였고, 4월에는 레미콘, 골재사업부를 분사하여 신규 설립한 (주)쌍용레미콘에 관련사업 일체를 양도함.

실적 분석
동사의 2017년 반기 매출액은 주력사업인 시멘트부문의 매출 증가로 전년동기 대비 8.6% 증가한 7,349억원을 기록함. 원가율 상승에도 불구하고 외형확대 및 인건비 감소 등 판관비 증가 억제 노력 영향으로 수익성 상승하여 전년동기 대비 2.8% 증가한 1,259억원의 영업이익 시현함. 당기순이익 또한 전년동기 대비 55% 증가한 1,404억원 시현하는 등 양호한 수익성 과시.

현금 흐름 〈단위 : 억원〉
항목	2016	2017.2Q
영업활동	1,967	511
투자활동	-743	1,111
재무활동	511	-962
순현금흐름	1,734	659
기말현금	2,066	2,726

시장 대비 수익률

결산 실적 〈단위 : 억원〉
항목	2012	2013	2014	2015	2016	2017
매출액	19,910	20,607	20,207	19,864	20,597	—
영업이익	1,436	1,381	1,623	2,142	2,618	—
당기순이익	396	441	1,030	771	1,751	—

분기 실적 〈단위 : 억원〉
항목	2016.1Q	2016.2Q	2016.3Q	2016.4Q	2017.1Q	2017.2Q
매출액	4,086	3,672	5,114	7,725	4,452	3,951
영업이익	430	809	716	662	518	752
당기순이익	294	612	521	325	550	854

재무 상태 〈단위 : 억원〉
항목	2012	2013	2014	2015	2016	2017.2Q
총자산	31,635	30,743	30,033	29,345	32,162	30,139
유형자산	22,765	23,002	22,715	22,168	21,081	20,879
무형자산	934	904	863	869	825	784
유가증권	238	183	100	54	92	37
총부채	20,111	18,783	17,200	15,862	14,022	12,161
총차입금	13,705	13,104	11,646	9,473	7,210	6,494
자본금	4,015	4,015	4,015	4,015	4,656	5,054
총자본	11,524	11,960	12,834	13,483	18,140	17,978
지배주주지분	10,951	11,355	12,266	12,926	16,889	17,318

기업가치 지표
항목	2012	2013	2014	2015	2016	2017.2Q
주가(최고/저)(천원)	5.7/3.7	8.2/4.9	12.2/6.8	24.1/12.9	20.1/13.0	—/—
PER(최고/저)(배)	14.3/9.3	17.1/10.2	9.7/5.4	26.2/14.1	10.4/6.7	—/—
PBR(최고/저)(배)	0.4/0.3	0.6/0.4	0.8/0.5	1.6/0.8	1.2/0.7	1.0/0.8
EV/EBITDA(배)	8.3	8.6	8.2	7.1	5.3	—/—
EPS(원)	413	498	1,300	949	2,002	1,476
BPS(원)	13,637	14,140	15,276	16,097	18,137	17,133
CFPS(원)	1,488	1,590	2,423	2,144	3,157	1,992
DPS(원)					160	
EBITDAPS(원)	2,860	2,807	3,133	3,855	4,188	1,828

재무 비율 〈단위 : % 〉
연도	영업이익률	순이익률	부채비율	차입금비율	ROA	ROE	유보율	자기자본비율	EBITDA마진율
2016	12.7	8.5	77.3	39.7	5.7	11.6	262.7	56.4	17.6
2015	10.8	3.9	117.7	70.3	2.6	6.1	222.0	46.0	15.6
2014	8.0	5.1	134.0	90.8	3.4	8.9	205.5	42.7	12.5
2013	6.7	2.1	157.0	109.6	1.4	3.6	182.8	38.9	10.9

쌍용자동차 (A003620)
Ssangyong Motor

업 종 : 자동차		시 장 : 거래소	
신용등급 : (Bond) — (CP) —		기업규모 : 시가총액 중형주	
홈 페 이 지 : www.smotor.com		연 락 처 : 031)610-1114	
본 사 : 경기도 평택시 동삭로 455-12(칠괴동)			

설 립 일 1962.12.06	종업원수 4,892명	대표이사 최종식	
상 장 일 1975.05.29	감사의견 적정 (안진)	계 열	
결 산 기 12월	보 통 주 13,795만주	종속회사수 2개사	
액 면 가 5,000원	우 선 주	구 상 호	

주주구성 (지분율,%)
Mahindra & Mahindra Limited	72.5
Shanghai Automotive Co., Ltd.	1.3
(외국인)	77.4

출자관계 (지분율,%)
에스와이오토캐피탈	51.0
기협기술금융	1.7
쌍용기차유한공사	100.0

주요경쟁사 (외형,%)
쌍용차	100
현대차	2,581
기아차	1,453

매출구성
완성차	88.4
기타 부품 등	11.6

비용구성
매출원가율	83.7
판관비율	15.5

수출비중
수출	20.0
내수	80.0

회사 개요
동사는 1962년 설립됨. 1975년 유가증권시장에 상장됨. 경기도 평택공장에서 체어맨W, 렉스턴W, 뉴 코란도C, 코란도 스포츠, 티볼리 등을 생산함. 창원공장에서는 가솔린, 디젤 엔진을 생산함. 중소형 SUV 수요에 적극적으로 대응하기 위해 2015년형 제품을 선보였음. 티볼리의 꾸준한 매출로 인해 렉스턴W와 코란도C 또한 판매량이 늘어 쌍용차 점유율을 향상에 기여하였음.

실적 분석
동사의 2017년 상반기 누적 매출액은 전년동기대비 -4.8% 하락한 1조6,918억원을 기록하였음. 비용면에서 전년동기대비 매출원가는 거의 동일 하였으며 인건비는 감소하였고 광고선전비는 증가. 기타판매비와관리비는 증가함. 그에 따라 매출액 하락에 의해 전년동기대비 영업손실은 221.2억원으로 적자전환하였음. 최종적으로 전년동기대비 당기순손실은 적자전환하여 178.9억원을 기록함.

현금 흐름 〈단위 : 억원〉
항목	2016	2017.2Q
영업활동	2,444	883
투자활동	-2,107	-1,449
재무활동	70	22
순현금흐름	405	-543
기말현금	2,384	1,841

시장 대비 수익률

결산 실적 〈단위 : 억원〉
항목	2012	2013	2014	2015	2016	2017
매출액	28,741	34,849	33,266	33,901	36,285	—
영업이익	-981	-89	-769	-358	280	—
당기순이익	-1,059	-24	-509	-619	581	—

분기 실적 〈단위 : 억원〉
항목	2016.1Q	2016.2Q	2016.3Q	2016.4Q	2017.1Q	2017.2Q
매출액	8,132	9,640	8,508	10,006	7,887	9,031
영업이익	81	193	-73	80	-155	-66
당기순이익	23	180	183	194	-139	-40

재무 상태 〈단위 : 억원〉
항목	2012	2013	2014	2015	2016	2017.2Q
총자산	18,505	21,176	19,684	20,392	21,634	21,689
유형자산	10,514	10,842	11,737	11,878	11,990	12,152
무형자산	566	895	1,509	1,869	2,343	2,698
유가증권	6	6	6	6	6	6
총부채	10,498	12,334	11,910	13,221	13,507	13,660
총차입금	1,254	1,470	1,395	1,907	2,003	1,985
자본금	6,134	6,861	6,861	6,861	6,861	6,897
총자본	8,007	8,842	7,774	7,171	8,127	8,029
지배주주지분	8,007	8,842	7,774	7,171	8,127	8,029

기업가치 지표
항목	2012	2013	2014	2015	2016	2017.2Q
주가(최고/저)(천원)	9.0/5.0	9.4/5.2	11.8/6.5	10.8/7.4	8.4/6.2	—/—
PER(최고/저)(배)	—/—	—/—	—/—	—/—	19.8/14.7	—/—
PBR(최고/저)(배)	1.4/0.8	1.5/0.8	2.1/1.2	2.1/1.4	1.4/1.1	1.4/1.2
EV/EBITDA(배)	13.8	5.9	42.9	9.2	5.7	
EPS(원)	-866	-18	-371	-451	423	-130
BPS(원)	6,527	6,444	5,674	5,226	5,923	5,821
CFPS(원)	264	1,071	403	645	1,559	467
DPS(원)						
EBITDAPS(원)	327	1,022	213	835	1,340	437

재무 비율 〈단위 : % 〉
연도	영업이익률	순이익률	부채비율	차입금비율	ROA	ROE	유보율	자기자본비율	EBITDA마진율
2016	0.8	1.6	166.2	24.6	2.8	7.6	18.5	37.6	5.1
2015	-1.1	-1.8	184.4	26.6	-3.1	-8.3	4.5	35.2	3.4
2014	-2.3	-1.5	153.2	18.0	-2.5	-6.1	13.5	39.5	0.9
2013	-0.3	-0.1	139.5	16.6	-0.1	-0.3	28.9	41.8	3.9

쌍용정보통신 (A010280)
SsangYong Information & Communications

업 종 : IT 서비스		시 장 : KOSDAQ	
신용등급 : (Bond) — (CP) —		기업규모 : 중견	
홈 페 이 지 : www.sicc.co.kr		연 락 처 : 02)2262-8114	
본 사 : 서울시 중구 수표로 34(저동2가) 씨티센터타워 5층			

설 립 일 1981.12.08	종업원수 467명	대표이사 김승기	
상 장 일 1999.12.18	감사의견 적정 (삼일)	계 열	
결 산 기 12월	보 통 주 4,046만주	종속회사수 1개사	
액 면 가 1,000원	우 선 주	구 상 호	

주주구성 (지분율,%)
한앤코시멘트홀딩스	49.8
쌍용양회공업	0.4

출자관계 (지분율,%)
쌍용정보기술	100.0
유인시스	19.9
이너큐브	8.4

주요경쟁사 (외형,%)
쌍용정보통신	100
케이엘넷	16
바른테크놀로지	12

매출구성
IT 인프라(상품 및 용역 매출)	68.4
SI(용역매출)	31.6

비용구성
매출원가율	90.2
판관비율	10.5

수출비중
수출	1.0
내수	99.0

회사 개요
동사는 쌍용양회 계열의 IT 전문 업체로서, 종합정보시스템 구축 등의 시스템통합 프로젝트를 주로 영위함. 한일월드컵, 부산 아시안게임, 도하 아시안게임 등 대규모 국제 스포츠대회의 정보시스템을 구축하면서 스포츠 SI 업계에 노하우와 세계적인 경쟁력을 보유함. 올해 SI산업에 직접적인 영향을 미치는 설비투자 증가율은 소폭 저하될 것으로 전망. 국내외 경기여건의 불확실성 증대에 따라 SI산업 성장도 제한적인 수준으로 예상됨.

실적 분석
동사의 2017년 2분기기준 누적 매출액은 전년동기대비 -23.3% 하락한 657.8억원을 기록하였음. 비용면에서 전년동기대비 매출원가는 감소 하였으며 인건비 감소, 광고선전비도 크게 감소, 기타판매비와관리비도 마찬가지로 감소함. 그에 따라 매출액 하락 등에 의해 전년동기대비 영업이익은 -46.8억원으로 적자전환하였음. 최종적으로 전년동기대비 당기순이익은 적자전환하여 -32.6억원을 기록함.

현금 흐름 〈단위 : 억원〉
항목	2016	2017.2Q
영업활동	-89	51
투자활동	62	-9
재무활동	14	-131
순현금흐름	-13	-89
기말현금	306	217

시장 대비 수익률

결산 실적 〈단위 : 억원〉
항목	2012	2013	2014	2015	2016	2017
매출액	1,965	1,851	1,800	1,825	2,196	—
영업이익	47	6	-101	-72	-17	—
당기순이익	50	31	-110	-59	-18	—

분기 실적 〈단위 : 억원〉
항목	2016.1Q	2016.2Q	2016.3Q	2016.4Q	2017.1Q	2017.2Q
매출액	367	491	407	930	320	338
영업이익	-11	12	-11	-7	-22	-25
당기순이익	-5	11	-9	-15	-13	-20

재무 상태 〈단위 : 억원〉
항목	2012	2013	2014	2015	2016	2017.2Q
총자산	1,239	1,134	932	1,014	1,036	668
유형자산	12	12	11	17	21	21
무형자산	28	19	17	9	12	13
유가증권	16	16	14	14	56	57
총부채	802	662	587	725	750	416
총차입금	78	66	32	129	146	14
자본금	405	405	405	405	405	405
총자본	437	472	345	290	285	252
지배주주지분	437	472	345	290	285	252

기업가치 지표
항목	2012	2013	2014	2015	2016	2017.2Q
주가(최고/저)(천원)	1.9/1.2	1.7/1.2	1.7/1.0	1.5/1.0	2.8/1.2	—/—
PER(최고/저)(배)	15.3/9.5	22.7/15.9	—/—	—/—	—/—	—/—
PBR(최고/저)(배)	1.8/1.1	1.5/1.0	2.0/1.2	2.2/1.5	3.9/1.7	4.6/3.1
EV/EBITDA(배)	3.0	9.3				
EPS(원)	123	76	-272	-145	-45	-80
BPS(원)	1,081	1,167	853	716	705	624
CFPS(원)	153	106	-250	-126	-23	-71
DPS(원)						
EBITDAPS(원)	146	46	-226	-158	-21	-107

재무 비율 〈단위 : % 〉
연도	영업이익률	순이익률	부채비율	차입금비율	ROA	ROE	유보율	자기자본비율	EBITDA마진율
2016	-0.8	-0.8	일부잠식	일부잠식	-1.8	-6.3	-29.5	27.5	-0.4
2015	-3.9	-3.2	일부잠식	일부잠식	-6.0	-18.5	-28.4	28.6	-3.5
2014	-5.6	-6.1	일부잠식	일부잠식	-10.7	-27.0	-14.7	37.1	-5.1
2013	0.3	1.7	140.3	13.9	2.6	6.8	16.7	41.6	1.0

써니전자 (A004770)
SUNNY ELECTRONICS CORP

업 종 : 전자 장비 및 기기		시 장 : 거래소	
신용등급 : (Bond) — (CP) —		기업규모 : 시가총액 소형주	
홈 페 이 지 : www.sunny.co.kr		연 락 처 : (043)853-1760	
본 사 : 충북 충주시 목행산단2로 59(목행동)			

설 립 일	1966.09.15	종 업 원 수	78명	대 표 이 사	곽경훈
상 장 일	1987.04.22	감 사 의 견	적정 (대주)	계	열
결 산 기	12월	보 통 주	2,998만주	종속회사수	3개사
액 면 가	500원	우 선 주		구 상 호	

주주구성 (지분율,%)
곽경훈	5.6
곽동훈	4.6
(외국인)	2.2

출자관계 (지분율,%)
삼우통신공업	100.0
써니전자연태유한공사	100.0
SUNNYUSA	99.6

주요경쟁사 (외형,%)
써니전자	100
광전자	820
파워로직스	2,618

매출구성
수정진동자외	40.1
SMD TYPE	38.3
수정진동자	18.6

비용구성
매출원가율	69.6
판관비율	24.4

수출비중
수출	66.0
내수	34.0

회사 개요
주파수를 이용하는 모든 전자제품의 핵심 부품인 수정진동자와 기간망(백본망), 가입자망(액세스망) 등의 주요 품목인 광전송장치를 생산 판매하는 기업임. 수정진동자 산업은 전자산업의 발전과 더불어 지속적인 성장을 해왔으며, 가전, 컴퓨터, 통신산업과 밀접한 관계가 있어 이들 산업의 활성화 여부에 민감한 반응을 나타냄. 수정진동자사업부문의 매출비중이 90% 이상을 차지함.

실적 분석
동사의 2017년 2분기 누적 매출액은 95.7억원으로 전년동기 대비 14.2% 감소함. 비용절감 노력에도 불구하고 영업이익 및 당기순이익이 크게 감소함. 고객사의 생산법인 해외이전 가속화로 정보통신 부문의 수요가 감소하고 있으나, 관련 벤처기업 발굴에 총력을 기울여 판매확대를 모색하고 있음. 수정진동자는 이동통신 핵심부품중의 하나로써 아직까지 대체할 부품이 개발되지 않아 지속적인 수요 증대가 예상.

현금 흐름 〈단위 : 억원〉
항목	2016	2017.2Q
영업활동	32	5
투자활동	-15	-48
재무활동		
순현금흐름	10	-46
기말현금	227	181

시장 대비 수익률

결산 실적 〈단위 : 억원〉
항목	2012	2013	2014	2015	2016	2017
매출액	264	256	260	232	208	
영업이익	-56	-32	-1	4	13	
당기순이익	-64	-39	-7	21	11	

분기 실적 〈단위 : 억원〉
항목	2016.1Q	2016.2Q	2016.3Q	2016.4Q	2017.1Q	2017.2Q
매출액	61	51	49	48	48	47
영업이익	4	2	2	5	0	1
당기순이익	2	3	-0	6	-1	1

재무 상태 〈단위 : 억원〉
항목	2012	2013	2014	2015	2016	2017.2Q
총자산	337	285	304	411	411	413
유형자산	79	71	76	66	63	61
무형자산	5	4	3	2	2	2
유가증권	1	1	5	7	20	68
총부채	152	138	45	129	56	43
총차입금	110	110	20	95	35	20
자본금	107	107	142	142	156	159
총자본	185	147	259	281	355	370
지배주주지분	185	147	259	281	355	370

기업가치 지표
항목	2012	2013	2014	2015	2016	2017.2Q
주가(최고/저)(천원)	9.6/0.4	5.8/2.2	4.4/1.5	7.1/1.9	7.1/3.8	—/—
PER(최고/저)(배)	—/—	—/—	—/—	89.3/23.9	191.4/101.6	6.6/2.2
PBR(최고/저)(배)	10.6/0.4	8.1/3.1	4.5/1.5	6.7/1.8	5.9/3.1	—/—
EV/EBITDA(배)			47.5	127.8	53.7	—/—
EPS(원)	-316	-190	-31	79	37	0
BPS(원)	950	754	977	1,063	1,210	1,235
CFPS(원)	-235	-137	13	114	58	14
DPS(원)						18
EBITDAPS(원)	-192	-102	38	51	63	18

재무 비율 〈단위 : % 〉
연도	영업이익률	순이익률	부채비율	차입금비율	ROA	ROE	유보율	자기자본비율	EBITDA마진율
2016	6.0	5.2	15.9	10.0	2.7	3.4	127.3	86.3	8.9
2015	1.8	9.0	46.0	33.9	5.8	7.8	98.3	68.5	5.8
2014	-0.5	-2.8	17.5	7.7	-2.5	-3.6	82.4	85.1	3.4
2013	-12.4	-15.1	94.1	74.9	-12.6	-23.3	37.4	51.5	-7.7

썬코어 (A051170)
Suncore

업 종 : 기계		시 장 : KOSDAQ	
신용등급 : (Bond) — (CP) —		기업규모 :	
홈 페 이 지 : www.suncoreinc.com		연 락 처 : (031)937-5000	
본 사 : 경기도 파주시 월롱면 엘지로 360번길 148-103			

설 립 일	1978.11.22	종 업 원 수	58명	대 표 이 사	최규선
상 장 일	2001.10.11	감 사 의 견	거절 (신화)	계	열
결 산 기	12월	보 통 주	3,887만주	종속회사수	
액 면 가	500원	우 선 주		구 상 호	루보

주주구성 (지분율,%)
썬테크놀로지스	10.3
엘앤케이	4.3
(외국인)	2.5

출자관계 (지분율,%)
도담시스템즈	76.3
LuboAsia.Co.,LTD.	100.0
LuboChinaIndustries.INC	100.0

주요경쟁사 (외형,%)
썬코어	100
와이지-원	770
태광	563

매출구성
제품(제품)	62.8
상품(상품)	36.4
기타	0.8

비용구성
매출원가율	99.9
판관비율	50.5

수출비중
수출	—
내수	—

회사 개요
동사는 전 산업분야에서 기초가 되는 부품소재 산업을 영위하고 있으며, 특히 금형부품사업부분의 전문회사로 오일레스 베어링 사업부분에 주력하고 있음. 지속적인 개발과 해외시장 개척으로 국내 3개 자동차 회사 모두 동사의 제품을 표준부품으로 등록하였다. 이외에도 Tribology(마찰공학) 전문업체로서 국내 기계공업 발전에 기여하겠다는 경영이념으로 무급유베어링 전반에 관하여 직접 제조 또는 수입하는 방법으로 국내 유일의 종합공급업체로 성장하고 있음.

실적 분석
동사의 2017년 연결기준 반기 매출액은 82억원을 기록하며 전년동기 대비 65.1% 감소함. 외형축소와 더불어 최근 비철금속 국제가격급등에 따른 영향으로 크게 상승하였음에도 불구하고, 판관비중이 크게 축소된 영향으로 비록 적자 지속중이나 전년동기 대비 손실 폭은 축소된 모습. 당기순이익 또한 93.6억원의 순손실 시현하여 적자상태 지속. 수익성관리 시급한 상황.

현금 흐름 〈단위 : 억원〉
항목	2016	2017.2Q
영업활동	-39	-4
투자활동	60	-11
재무활동	-21	8
순현금흐름	-0	-10
기말현금	17	7

시장 대비 수익률

결산 실적 〈단위 : 억원〉
항목	2012	2013	2014	2015	2016	2017
매출액	446	417	396	468	435	
영업이익	3	-14	-25	-121	-219	
당기순이익	-5	-6	-33	-153	-371	

분기 실적 〈단위 : 억원〉
항목	2016.1Q	2016.2Q	2016.3Q	2016.4Q	2017.1Q	2017.2Q
매출액	112	123	76	124	62	20
영업이익	-57	-27	-106	-30	-46	-27
당기순이익	-60	-58	-112	-140	-47	-47

재무 상태 〈단위 : 억원〉
항목	2012	2013	2014	2015	2016	2017.2Q
총자산	710	739	647	1,174	775	379
유형자산	341	385	295	407	390	260
무형자산	11	10	8	217	78	4
유가증권	60			13	13	0
총부채	374	413	366	760	630	224
총차입금	278	338	299	503	386	100
자본금	105	106	106	162	175	194
총자본	336	326	281	414	145	155
지배주주지분	335	326	281	379	158	157

기업가치 지표
항목	2012	2013	2014	2015	2016	2017.2Q
주가(최고/저)(천원)	1.6/0.9	1.4/0.9	1.2/0.8	7.2/0.9	10.0/1.9	—/—
PER(최고/저)(배)	—/—	—/—	—/—	—/—	—/—	—/—
PBR(최고/저)(배)	1.0/0.6	0.9/0.6	0.9/0.6	6.2/0.7	22.1/4.3	8.8/3.3
EV/EBITDA(배)	21.8	154.8				
EPS(원)	-25	-25	-156	-412	-922	-240
BPS(원)	1,589	1,542	1,329	1,169	452	403
CFPS(원)	48	57	-65	-243	-775	-208
DPS(원)						
EBITDAPS(원)	89	14	-26	-251	-483	-165

재무 비율 〈단위 : % 〉
연도	영업이익률	순이익률	부채비율	차입금비율	ROA	ROE	유보율	자기자본비율	EBITDA마진율
2016	-50.4	-85.2	일부잠식	일부잠식	-38.1	-119.3	-9.6	18.7	-38.6
2015	-25.8	-32.7	183.5	121.5	-16.8	-35.9	133.9	35.3	-15.4
2014	-6.2	-8.2	130.0	106.4	-4.7	-10.8	165.9	43.5	-1.4
2013	-3.4	-1.5	126.8	103.8	-0.9	-1.6	208.4	44.1	0.7

썬테크 (A217320)
SUNTECHCOLTD

업 종 : 전기장비		시 장 : KONEX	
신용등급 : (Bond) —	(CP) —	기업규모 : —	
홈페이지 : www.sun-tech.co.kr		연 락 처 : (061)721-2222	
본 사 : 전남 순천시 해룡면 율촌산단4로 101			

설 립 일 1996.05.29	종 업 원 수 43명	대 표 이 사 이선휴	
상 장 일 2015.04.29	감 사 의 견 적정 (신청)	계 열	
결 산 기 12월	보 통 주	종속회사수	
액 면 가 —	우 선 주	구 상 호	

주주구성 (지분율,%)
이선휴	66.7
조규수	9.5

출자관계 (지분율,%)

주요경쟁사 (외형,%)
썬테크	100
선도전기	537
서전기전	287

매출구성
자기진단형 발전기(SGA)(제품)	46.6
상품(상품)	27.8
기타	17.0

비용구성
매출원가율	83.5
판관비율	11.9

수출비중
수출	3.0
내수	97.0

회사 개요
동사는 발전기 제조업을 영위하고 있으며, 디젤엔진 비상발전기 제조를 주사업으로 하고 있음. 상업용 빌딩과 아파트 등 일정 규모 이상의 건물과 시설물 이외에도, 발전소 예방정비 및 IDC 및 R&D 센터 건설 등에 따른 대량 비상전력설비를 목표 시장으로 하고 있음. 관공서 및 방산 납품에 집중되어 있는 매출 성향을 가지고 있어, 매년 2분기에서 4분기 사이에 발주가 집중되고 있음. 자가진단형 비중은 70%, 영구자석 발전기는 11%임.

실적 분석
동사의 2016년 매출액은 전년보다 31.1% 증가한 175.0억원을 기록하였음. 이는 당초 목표로 한 250억원을 뛰어넘으며 매출원가가 40.5% 증가함에 따라 매출총이익이 2.3% 감소하였음에도 판관비 절감노력으로 영업이익은 235.7% 증가한 7.9억원을 기록함. 당기순이익은 전년보다 115.5% 증가한 4.4억원임. 핵심제품인 자기진단형 정밀동기 발전기의 여자기 제어장치 제품화는 2017년을 목표로 하고 있음.

현금 흐름 *IFRS 별도 기준 〈단위 : 억원〉
항목	2016	2017.2Q
영업활동	2	—
투자활동	-20	—
재무활동	16	—
순현금흐름	-2	—
기말현금	5	—

시장 대비 수익률

결산 실적 〈단위 : 억원〉
항목	2012	2013	2014	2015	2016	2017
매출액	106	162	179	134	175	
영업이익	5	-4	7	2	8	
당기순이익	2	4	5	2	4	

분기 실적 *IFRS 별도 기준 〈단위 : 억원〉
항목	2016.1Q	2016.2Q	2016.3Q	2016.4Q	2017.1Q	2017.2Q
매출액	—	—	—	—	—	—
영업이익	—	—	—	—	—	—
당기순이익	—	—	—	—	—	—

재무 상태 *IFRS 별도 기준 〈단위 : 억원〉
항목	2012	2013	2014	2015	2016	2017.2Q
총자산	123	116	121	106	132	
유형자산	55	52	55	52	51	
무형자산	8	7	11	15	22	
유가증권	—	—	—	—	—	
총부채	77	78	78	60	81	
총차입금	55	47	46	46	48	
자본금	3	3	3	7	7	
총자본	46	38	43	46	50	
지배주주지분	46	38	43	46	50	

기업가치 지표 *IFRS 별도 기준
항목	2012	2013	2014	2015	2016	2017.2Q
주가(최고/저)(천원)	—/—	—/—	—/—	10.0/10.0	10.0/10.0	—/—
PER(최고/저)(배)	0.0/0.0	0.0/0.0	0.0/0.0	50.6/50.6	31.9/31.9	—/—
PBR(최고/저)(배)	0.0/0.0	0.0/0.0	0.0/0.0	3.1/3.1	2.8/2.8	0.0/0.0
EV/EBITDA(배)	2.0		3.6	24.1	12.1	
EPS(원)	451	402	468	198	314	—
BPS(원)	133,522	111,363	124,624	3,222	3,536	—
CFPS(원)	26,287	18,589	22,433	541	614	—
DPS(원)	—	—	—	—	—	—
EBITDAPS(원)	28,511	-3,507	27,748	571	863	—

재무 비율 〈단위 : %〉
연도	영업이익률	순이익률	부채비율	차입금비율	ROA	ROE	유보율	자기자본비율	EBITDA마진율
2016	4.6	2.6	162.0	96.0	3.8	9.3	607.2	38.2	7.0
2015	1.8	1.6	131.7	99.8	1.8	4.7	544.4	43.2	4.5
2014	3.7	2.6	183.4	108.1	4.0	11.7	1,146.2	35.3	5.3
2013	-2.2	2.5	204.0	123.5	3.4	9.7	1,013.6	32.9	-0.7

썬테크놀로지스 (A122800)
Sun Technologies

업 종 : 금속 및 광물		시 장 : KOSDAQ	
신용등급 : (Bond) —	(CP) —	기업규모 : —	
홈페이지 : www.suntechinc.net		연 락 처 : (02)2052-6699	
본 사 : 서울시 영등포구 여의대로 56 한화금융센터 12층			

설 립 일 2002.02.06	종 업 원 수 111명	대 표 이 사 최규선	
상 장 일 2010.11.26	감 사 의 견 적정 (바른)	계 열	
결 산 기 12월	보 통 주 2,965만주	종속회사수	
액 면 가 100원	우 선 주	구 상 호 케이티롤	

주주구성 (지분율,%)
더블유유투자금융자문투자조합제4호	25.6
제네시스 제1호 투자조합	3.5
(외국인)	0.3

출자관계 (지분율,%)

주요경쟁사 (외형,%)
썬텍	100
포스코켐텍	4,461
나노신소재	164

매출구성
SHGI	35.9
DCI	30.0
ICDP(CHILLED 포함)	16.9

비용구성
매출원가율	70.8
판관비율	24.5

수출비중
수출	20.0
내수	80.0

회사 개요
동사는 철강 압연용 롤의 제조를 목적으로 2002년 2월 6일 설립되었음. 열간압연기용 소모성 부품인 롤의 제조를 주요사업으로 영위함. 압연용 롤은 열연코일, 중/후판, 형강, 철근, 선재 등의 압연에 사용되므로 자동차, 조선, 건설 등 산업전반의 근간이 되는 철강회사가 주요 수요처임. 동사는 2016년 5월 임시주주총회 결의에 의거하여 상호를 케이티롤 주식회사에서 주식회사 썬테크놀로지스로 변경함.

실적 분석
동사는 주요종속회사(도담시스템스)의 반기 재무제표 검증지연으로 인한 반기 감사의견이 미확정되어 반기보고서 제출이 지연중임. 동사의 2017년 1분기 연결 기준 매출액은 42.5억원으로 전년대비 37.8% 감소함. 영업손실과 당기순손실도 7.5억원, 44.2억원을 기록하며 적자전환. 이는 수출 부문에 있어 원화 절상으로 EU, 중동, 동남아, 인도지역 상반기 판매가 부진했던 것이 원인으로 보임.

현금 흐름 〈단위 : 억원〉
항목	2016	2017.2Q
영업활동	15	-20
투자활동	-139	-41
재무활동	144	-35
순현금흐름	21	-96
기말현금	104	8

시장 대비 수익률

결산 실적 〈단위 : 억원〉
항목	2012	2013	2014	2015	2016	2017
매출액	233	220	201	248	251	
영업이익	4	-16	7	22	12	
당기순이익	3	-16	5	17	-78	

분기 실적 〈단위 : 억원〉
항목	2016.1Q	2016.2Q	2016.3Q	2016.4Q	2017.1Q	2017.2Q
매출액	68	50	72	61	43	4
영업이익	1	4	2	6	-8	—
당기순이익	1	-2	2	-79	-44	-10

재무 상태 〈단위 : 억원〉
항목	2012	2013	2014	2015	2016	2017.2Q
총자산	364	374	347	422	466	52
유형자산	192	208	183	196	180	31
무형자산	0	2	2	1	1	
유가증권	—	0	—	11	0	1
총부채	153	191	168	163	250	48
총차입금	94	137	146	119	202	31
자본금	21	21	21	21	22	2
총자본	211	183	179	258	217	3
지배주주지분	211	183	179	258	217	7

기업가치 지표
항목	2012	2013	2014	2015	2016	2017.2Q
주가(최고/저)(천원)	1.4/0.9	1.0/0.8	1.0/0.7	4.8/0.8	9.4/1.7	—/—
PER(최고/저)(배)	112.1/70.5	—/—	40.2/29.2	61.4/9.8	—/—	—/—
PBR(최고/저)(배)	1.3/0.8	1.0/0.8	1.0/0.7	3.9/0.6	8.8/1.6	8.5/3.1
EV/EBITDA(배)	11.9	40.3	8.9	17.8	18.3	—
EPS(원)	13	-76	25	80	-364	-67
BPS(원)	5,492	5,077	5,211	6,304	1,074	42.
CFPS(원)	476	134	626	857	-280	-63
DPS(원)	60			150		—
EBITDAPS(원)	496	144	661	988	139	—

재무 비율 〈단위 : %〉
연도	영업이익률	순이익률	부채비율	차입금비율	ROA	ROE	유보율	자기자본비율	EBITDA마진율
2016	4.7	-31.2	115.2	93.2	-17.6	-33.0	974.2	46.5	11.
2015	9.0	6.8	63.3	46.2	4.4	7.7	1,160.8	61.2	16.
2014	3.3	2.6	94.0	81.8	1.5	2.9	942.1	51.6	13.
2013	-7.1	-7.3	104.4	75.0	-4.3	-8.1	915.4	48.9	2.

썸에이지 (A208640)
Thumbage

업 종 : 게임 소프트웨어	시 장 : KOSDAQ
신용등급 : (Bond) — (CP) —	기업규모 : 벤처
홈 페 이 지 : www.thumbage.co.kr	연 락 처 : 031)8060-1387
본 사 : 경기도 성남시 분당구 판교로 242 판교디지털센터 에이동 302호(삼평동)	

설 립 일 2014.10.23	종 업 원 수 128명	대 표 이 사 백승훈	
상 장 일 2014.12.29	감 사 의 견 적정 (안진)	계 열	
결 산 기 12월	보 통 주 7,602만주	종속회사수 2개사	
액 면 가 100원	우 선 주	구 상 호 케이비제6호스팩	

주주구성 (지분율,%)		출자관계 (지분율,%)		주요경쟁사 (외형,%)	
네시삼십삼분	47.8	다스에이지	100.0	썸에이지	100
백승훈	9.3	넥스트에이지	80.0	액토즈소프트	1,196
(외국인)	0.2	4:33United캡스콘텐츠창업투자조합	29.0	액션스퀘어	65

매출구성		비용구성		수출비중	
영웅 for Kakao	100.0	매출원가율	0.0	수출	36.0
		판관비율	125.5	내수	64.0

회사 개요

동사는 2013년 4월에 설립되어 2016년 5월에 케이비호스팩과 합병으로 코스닥 시장에 상장한 모바일 게임개발 전문업체임. 합병전 썸에이지의 2015년 결산일 기준 최대주주는 네시삼십삼분이며 지분율은 64.88%였음. 주요 게임은 액션 RPG장르의 영웅 for Kakao가 있으며 퍼블리싱은 네시삼십삼분에서 수행함. 대만, 홍콩을 필두로 동남아, 일본, 중국 등 세계 모바일 게임 시장 진출을 진행하고 있음.

실적 분석

동사의 2017년 2분기 누적 연결기준 영업수익은 전년대비 23.2% 감소한 24.7억원을 보임. 인건비와 광고선전비 등의 비용을 크게 증가하여 영업비용이 영업수익 대비 250%를 상회함. 그결과 영업손실 38.2억원, 당기순손실 37.4억원을 보이여 적자를 시현함. 동사는 미국 DC 코믹스사의 글로벌 IP에 기반한 게임을 제작중이며 향후 게임 시장에서 인지도 및 IP를 지속적으로 확보해 나갈 계획임.

현금 흐름 〈단위 : 억원〉

항목	2016	2017.2Q
영업활동	-20	-35
투자활동	23	41
재무활동	-25	0
순현금흐름	-21	6
기말현금	46	51

결산 실적 〈단위 : 억원〉

항목	2012	2013	2014	2015	2016	2017
매출액	—	0	26	95	61	—
영업이익	—	-6	8	51	-15	—
당기순이익	—	-5	10	53	-72	—

분기 실적 〈단위 : 억원〉

항목	2016.1Q	2016.2Q	2016.3Q	2016.4Q	2017.1Q	2017.2Q
매출액	17	16	16	13	18	6
영업이익	2	-1	-7	-10	-15	-23
당기순이익	2	-45	-6	-23	-17	-21

재무 상태 〈단위 : 억원〉

항목	2012	2013	2014	2015	2016	2017.2Q
총자산	—	28	46	123	377	336
유형자산	—	0	4	4	22	4
무형자산	—	0	1	2	5	7
유가증권	—	—	—	30	225	191
총부채	—	1	9	33	32	16
총차입금	—	—	—	—	11	6
자본금	—	1	1	56	74	76
총자본	—	26	37	90	345	320
지배주주지분	—	26	37	90	342	319

기업가치 지표

항목	2012	2013	2014	2015	2016	2017.2Q
주가(최고/저)(천원)	—/—	—/—	2.1/2.1	2.6/1.8	2.1/1.3	—/—
PER(최고/저)(배)	0.0/0.0	0.0/0.0	132.5/132.2	35.2/24.7	—/—	—/—
PBR(최고/저)(배)	0.0/0.0	0.0/0.0	37.5/37.4	20.7/14.5	4.2/2.5	3.6/2.8
EV/EBITDA(배)	0.0		37.6	3.9		—
EPS(원)	—	-7	14	73	-94	-48
BPS(원)	—	107,026	149,241	813	506	464
CFPS(원)	—	-19,738	42,902	483	-92	-46
DPS(원)	—	—	—	—	—	—
EBITDAPS(원)	—	-27,245	34,891	471	-18	-48

재무 비율 〈단위 : % 〉

연도	영업이익률	순이익률	부채비율	차입금비율	ROA	ROE	유보율	자기자본비율	EBITDA마진율
2016	-25.5	-118.9	9.2	3.3	-28.8	-32.4	406.2	91.6	-22.2
2015	54.0	55.4	36.9	0.0	62.7	83.5	60.8	73.0	54.6
2014	32.8	40.5	24.1	3.2	28.4	33.0	2,884.8	80.6	33.4
2013	-3,187.8	-2,318.2	4.4	0.0			2,040.5	95.8	-3,155.7

쎄노텍 (A222420)
CENOTEC

업 종 : 화학	시 장 : KOSDAQ
신용등급 : (Bond) — (CP) —	기업규모 : 중견
홈 페 이 지 : www.cenotec.com	연 락 처 : 055)584-9181
본 사 : 경남 함안군 대산면 옥렬1길 112	

설 립 일 2015.05.27	종 업 원 수 80명	대 표 이 사 강종봉	
상 장 일 2015.08.06	감 사 의 견 적정 (삼일)	계 열	
결 산 기 12월	보 통 주 3,821만주	종속회사수	
액 면 가 100원	우 선 주	구 상 호	

주주구성 (지분율,%)		출자관계 (지분율,%)		주요경쟁사 (외형,%)	
이앤에프마블홀딩스	51.3			쎄노텍	100
KoFC-Jift Pioneer Champ 2011-12호 투자조합	14.0			한솔씨앤피	138
(외국인)	0.7			WISCOM	335

매출구성		비용구성		수출비중	
세라믹 비드	73.2	매출원가율	65.2	수출	77.0
지르콘 분체	12.9	판관비율	18.5	내수	23.0
세라믹 플럭스	7.5				

회사 개요

동사는 세라믹 비드 제조업체로, 스팩 합병을 통해 2016년 8월 코스닥 시장에 상장함. 세라믹 비드는 깨지지 않는 세라믹 소재 설계기술과 나노 분쇄 기술을 결합해 만든 제품으로 물질을 분쇄하는 데 쓰이는데, 광산업, 페인트산업, 제지업 등 다양한 분야에서 사용됨. 동사는 전세계 세라믹 비드 시장의 약 30%를 점유하고 있으며, 현재 쎄노텍 매출의 67%가 세라믹 비드에서 발생하고 있음.

실적 분석

동사의 2017년 2분기 매출액은 230.5억원, 영업이익 39.3억 원, 당기순이익 27.9억원을 기록함. 매출의 80% 이상이 해외에서 발생하는데, 고유한 기술력을 기반으로 전 세계 65개국, 200여개 이상의 회사에 납품하고 있음. 동사는 최근 산업소재 핵심기술 개발 국책과제 주관기관으로 선정돼 나노분말제조 및 공정용 50마이크론급 세라믹 비드 개발을 담당하게 됐음. 총 사업비 46억1500만원에 정부출연금 30억원 규모의 국책과제임.

현금 흐름 *IFRS 별도 기준 〈단위 : 억원〉

항목	2016	2017.2Q
영업활동	45	23
투자활동	-6	-11
재무활동	-25	10
순현금흐름	14	22
기말현금	28	50

결산 실적 〈단위 : 억원〉

항목	2012	2013	2014	2015	2016	2017
매출액	301	284	319	327	402	—
영업이익	25	21	50	63	65	—
당기순이익	13	12	31	56	30	—

분기 실적 *IFRS 별도 기준 〈단위 : 억원〉

항목	2016.1Q	2016.2Q	2016.3Q	2016.4Q	2017.1Q	2017.2Q
매출액	74	118	89	120	113	118
영업이익	12	29	18	7	21	19
당기순이익	10	23	14	-13	11	17

재무 상태 *IFRS 별도 기준 〈단위 : 억원〉

항목	2012	2013	2014	2015	2016	2017.2Q
총자산	345	323	359	399	511	554
유형자산	112	116	136	146	204	202
무형자산	—	—	4	—	8	8
유가증권	1	—	—	—	—	—
총부채	171	137	198	186	163	171
총차입금	139	102	159	137	106	116
자본금	10	10	8	34	38	38
총자본	174	186	161	213	348	383
지배주주지분	174	186	161	213	348	383

기업가치 지표 *IFRS 별도 기준

항목	2012	2013	2014	2015	2016	2017.2Q
주가(최고/저)(천원)	—/—	—/—	—/—	4.0/1.9	6.4/2.0	—/—
PER(최고/저)(배)	0.0/0.0	0.0/0.0	0.0/0.0	27.2/12.6	82.1/25.3	—/—
PBR(최고/저)(배)	0.0/0.0	0.0/0.0	0.0/0.0	7.1/3.3	7.0/2.2	4.4/3.0
EV/EBITDA(배)	3.9		2.4	2.3	2.6	18.1
EPS(원)	34	33	81	148	77	73
BPS(원)	88,635	94,860	82,201	133,079	911	1,002
CFPS(원)	10,818	12,314	20,455	36,069	111	94
DPS(원)	—	—	—	—	—	—
EBITDAPS(원)	16,958	17,015	30,366	40,088	205	123

재무 비율 〈단위 : % 〉

연도	영업이익률	순이익률	부채비율	차입금비율	ROA	ROE	유보율	자기자본비율	EBITDA마진율
2016	16.3	7.4	46.8	30.3	6.5	10.5	811.0	68.1	19.5
2015	19.3	17.0	87.4	64.3	14.7	29.8	521.5	53.4	22.6
2014	15.7	9.6	122.5	98.6	—	—	1,917.7	45.0	18.7
2013	7.6	4.3	73.5	54.8	3.7	6.8	1,797.2	57.7	11.8

쎄니트 (A037760)
Cenit

업   종 : 건축소재
신용등급 : (Bond) —   (CP) —
홈 페 이 지 : www.cenit.kr
본   사 : 경남 의령군 의령읍 구룡로4남길 53

시   장 : KOSDAQ
기업규모 : 벤처
연 락 처 : 055)573-8221

설 립 일	1995.05.02	종 업 원 수	241명
상 장 일	2000.04.07	감 사 의 견	적정 (삼일)
결 산 기	12월	보 통 주	3,383만주
액 면 가	500원	우 선 주	

대 표 이 사 : 최재관,박승배(각자대표)
계   열 :
종속회사수 : 5개사
구 상 호 :

주주구성 (지분율,%)
최재관	36.4
박승배	13.1
(외국인)	0.7

출자관계 (지분율,%)
이피네트웍스	92.3
영산콘크리트공업	86.0
현대에스엔티	66.1

주요경쟁사 (외형,%)
쎄니트	100
보광산업	41
일신석재	36

매출구성
콘크리트	42.1
스테인레스강판(기타) 외	33.4
스테인레스강판(제품)	24.1

비용구성
매출원가율	78.8
판관비율	12.2

수출비중
수출	—
내수	—

회사 개요
동사는 1995년 설립되어 2000년 코스닥시장에 상장함. 스테인레스 박판제조업과 극장 운영사업, 부동산임대업을 영위하고 있으며, 주요종속회사로 콘크리트사업을 영위하는 영산콘크리트공업이 있음. 연결기준으로 매출 구성은 동사가 영위하는 사업분야인 철강사업은 약 45%, 시네마사업은 13%, 자회사의 콘크리트사업은 39%임. 국내 스테인레스 압연업체는 회사나 각기 다른 두께와 폭의 제품을 생산하고 있어 유사제품과의 과점적 경쟁 형태임.

실적 분석
철강사업부문의 제품매출 확대와 콘크리트 사업의 매출증가, 시네마 사업의 극장 추가 인수 등 전 사업부문의 고른 성장으로 동사의 연결기준 2017년 2분기 누적매출액은 전년동기 대비 21.1% 증가한 597.0억원을 기록함. 다만 원가율이 소폭 오르고 판관비 역시 증가하면서 영업이익은 전년동기 대비 0.6% 소폭 감소한 42.9억원을 시현함. 최종적으로 동사의 당기순이익은 전년동기 대비 3.4% 감소한 31.8억원을 기록함.

현금 흐름 〈단위 : 억원〉
항목	2016	2017.2Q
영업활동	66	6
투자활동	-158	-36
재무활동	101	11
순현금흐름	9	-18
기말현금	46	28

시장 대비 수익률

결산 실적 〈단위 : 억원〉
항목	2012	2013	2014	2015	2016	2017
매출액	627	677	706	977	1,157	—
영업이익	24	41	65	94	104	—
당기순이익	0	23	48	84	71	—

분기 실적 〈단위 : 억원〉
항목	2016.1Q	2016.2Q	2016.3Q	2016.4Q	2017.1Q	2017.2Q
매출액	220	273	295	369	289	308
영업이익	13	30	34	28	24	19
당기순이익	15	18	27	12	14	17

재무 상태 〈단위 : 억원〉
항목	2012	2013	2014	2015	2016	2017.2Q
총자산	745	935	1,107	1,271	1,512	1,516
유형자산	403	499	618	651	755	750
무형자산	9	84	83	83	90	89
유가증권	26	2	3	4	4	1
총부채	464	550	674	704	843	810
총차입금	244	293	423	453	530	538
자본금	119	162	162	162	162	166
총자본	281	385	433	567	669	706
지배주주지분	239	341	384	514	602	635

기업가치 지표
항목	2012	2013	2014	2015	2016	2017.2Q
주가(최고/저)(천원)	0.8/0.3	0.8/0.6	1.4/0.6	2.0/1.0	3.0/1.6	—/—
PER(최고/저)(배)	—/—	10.8/7.5	11.1/5.1	8.2/4.2	14.8/7.6	—/—
PBR(최고/저)(배)	0.5/0.2	0.5/0.4	0.9/0.4	1.2/0.6	1.6/0.8	1.3/1.1
EV/EBITDA(배)	8.2	8.1	8.1	7.9	9.3	
EPS(원)	-2	81	134	245	206	84
BPS(원)	1,708	1,617	1,751	1,637	1,858	1,913
CFPS(원)	58	128	178	304	280	132
DPS(원)			20	30	30	
EBITDAPS(원)	159	200	244	349	397	177

재무 비율 〈단위 : % 〉
연도	영업이익률	순이익률	부채비율	차입금비율	ROA	ROE	유보율	자기자본비율	EBITDA마진율
2016	9.0	6.2	126.1	79.3	5.1	12.0	271.6	44.2	11.1
2015	9.6	8.6	124.0	79.8	7.1	17.7	227.5	44.6	11.6
2014	9.2	6.8	155.6	97.8	4.7	12.0	250.2	39.1	11.2
2013	6.0	3.5	142.9	76.0	2.8	7.5	223.4	41.2	7.9

쎄미시스코 (A136510)
Semisysco

업   종 : 디스플레이 및 관련부품
신용등급 : (Bond) —   (CP) —
홈 페 이 지 : www.semisysco.com
본   사 : 경기도 수원시 권선구 산업로 94(고색동)

시   장 : KOSDAQ
기업규모 : 벤처
연 락 처 : 031)237-3425

설 립 일	2000.10.13	종 업 원 수	73명
상 장 일	2011.11.18	감 사 의 견	적정 (삼화)
결 산 기	12월	보 통 주	540만주
액 면 가	500원	우 선 주	

대 표 이 사 : 이순종
계   열 :
종속회사수 : 1개사
구 상 호 :

주주구성 (지분율,%)
이순종	33.8
우봉주	9.2
(외국인)	0.4

출자관계 (지분율,%)
새안	31.7
뷰텔	22.6
ANHUISEMISYSCOCO.,LTD	100.0

주요경쟁사 (외형,%)
쎄미시스코	100
사파이어테크놀로지	112
에이치엔에스하이텍	268

매출구성
유리기판검사장비 EGIS-CRACK, EGIS-WAVI	55.2
플라즈마검사장비 Smart-EPD, Smart-HMS	30.4
상품매출	8.0

비용구성
매출원가율	62.3
판관비율	29.5

수출비중
수출	33.0
내수	67.0

회사 개요
동사는 2011년 11월 코스닥시장에 상장됨. 반도체 및 평판 디스플레이 공정장비 제조·연구개발, 소프트웨어 개발 제조업 및 도소매업, 전기·전자 통신기기 제조업 등의 사업을 영위함. 주력제품으로 EGIS-CRACK과 Smart-EPD가 있음. Smart-EPD의 경우, 동사의 국산화 성공으로 100% 국내 시장 점유율과 55.6%의 해외시장점유율을 기록하며 상위를 점하고 있음. 최근 마이크로 전기차를 공개한 기업인 새안의 최대주주로 등극함.

실적 분석
주력 제품인 플라즈마 검사장비의 전기 대비 매출액이 증가하였음. 동사의 2017년 상반기 매출액은 119.3억원을 기록하면서 전년동기 39.0억원 대비 205.6%증가하였음. 영업이익은 전년동기 -5.3억원에서 흑자전환하여 20.9억원을 시현하였고, 당기순이익 흑자전환하여 17.4억원을 시현하였음. 2016년부터 신규사업으로써 전기자동차 및 충전기 사업을 진행하고 있으며 관계사 지분 인수를 진행 중임.

현금 흐름 〈단위 : 억원〉
항목	2016	2017.2Q
영업활동	-12	-16
투자활동	-62	-96
재무활동	43	83
순현금흐름	-32	-30
기말현금	57	27

시장 대비 수익률

결산 실적 〈단위 : 억원〉
항목	2012	2013	2014	2015	2016	2017
매출액	45	127	87	92	125	—
영업이익	-18	16	-8	3	10	—
당기순이익	-13	13	-4	3	16	—

분기 실적 〈단위 : 억원〉
항목	2016.1Q	2016.2Q	2016.3Q	2016.4Q	2017.1Q	2017.2Q
매출액	9	30	18	68	54	66
영업이익	-11	5	-6	22	10	11
당기순이익	-15	8	-11	35	4	14

재무 상태 〈단위 : 억원〉
항목	2012	2013	2014	2015	2016	2017.2Q
총자산	266	287	263	253	355	437
유형자산	28	30	29	28	113	163
무형자산	15	24	25	26	29	30
유가증권	67	44	59	18	15	16
총부채	10	14	11	14	63	106
총차입금	0					63
자본금	18	27	27	27	27	27
총자본	256	273	252	240	292	331
지배주주지분	256	273	252	240	292	331

기업가치 지표
항목	2012	2013	2014	2015	2016	2017.2Q
주가(최고/저)(천원)	5.5/3.4	5.0/3.8	5.5/3.7	9.1/3.8	15:1/5.0	—/—
PER(최고/저)(배)	—/—	20.6/15.7	—/—	237.5/100.8	47.0/15.6	—/—
PBR(최고/저)(배)	1.2/0.7	1.0/0.8	1.1/0.8	1.8/0.8	2.7/0.9	1.9/1.6
EV/EBITDA(배)		6.0		21.8	30.9	
EPS(원)	-244	245	-119	38	321	322
BPS(원)	7,219	5,062	4,935	4,950	5,614	6,126
CFPS(원)	-297	312	-24	145	423	397
DPS(원)		20	20	20	30	
EBITDAPS(원)	-442	364	-51	167	292	463

재무 비율 〈단위 : % 〉
연도	영업이익률	순이익률	부채비율	차입금비율	ROA	ROE	유보율	자기자본비율	EBITDA마진율
2016	8.2	13.0	21.6	0.0	5.3	6.5	1,022.7	82.2	12.6
2015	3.6	2.3	5.7	0.0	0.8	0.8	890.1	94.6	9.8
2014	-9.1	-7.4	4.2	0.0	-2.3	-2.4	887.0	96.0	-3.2
2013	12.6	10.4	5.1	0.0	4.8	5.0	912.4	95.1	15.5

쎄트렉아이 (A099320)
Satrec Initiative

업 종 : 상업서비스		시 장 : KOSDAQ	
신용등급 : (Bond) — (CP) —		기업규모 : 벤처	
홈페이지 : www.satreci.com		연 락 처 : (042)365-7500	
본 사 : 대전시 유성구 유성대로 1628번길 21			

설 립 일	1999.12.29	종 업 원 수	215명	대 표 이 사	박성동,김병진(각자대표이사)
상 장 일	2008.06.13	감 사 의 견	적정 (안진)	계 열	
결 산 기	12월	보 통 주	366만주	종속회사수	1개사
액 면 가	500원	우 선 주		구 상 호	

주주구성 (지분율,%)		출자관계 (지분율,%)		주요경쟁사 (외형,%)	
박성동	17.3	에스아이아이에스	62.5	쎄트렉아이	100
김병진	2.0	에스아이디텍션	20.0	한국전자금융	622
(외국인)	1.4			나이스디앤비	98

매출구성		비용구성		수출비중	
소형위성시스템, 전자광학카메라, 지상체	89.6	매출원가율	78.3	수출	44.0
위성영상	10.4	판관비율	10.7	내수	56.0

회사 개요
동사는 국내에서 유일하게 위성시스템을 개발해 수출하는 업체임. 위성체 분야에서 소형위성시스템뿐만 아니라 중대형위성의 탑재체와 부품을 개발 · 제조하고 있으며 지상체 분야에서는 소형, 중형, 대형위성의 관제 또는 위성으로부터 취득된 정보를 수신 처리하기 위한 지상국 장비와 소프트웨어 제조를 핵심사업으로 영위함. 핵심사업은 매출의 약 77%를 차지하는 소형위성시스템, 전자광학카메라 제조임.

실적 분석
동사의 2017년 2분기 누적 매출액은 184.6억원으로 전년대비 38.2% 증가함. 영업이익 15.2억원, 당기순이익 17.4억원을 시현하여 전년동기 대비 각 305.3%, 106.5%의 큰 성장을 기록. 2017년 반기에 달성한 위성체 사업 매출액 73억(위성체관련 상품매출 포함) 중 해외 매출은 81%이며, 국내매출은 19%임. 지상체사업 매출액 87억 중 해외 매출은 14%이며, 국내매출은 86%를 차지하고 있음.

현금 흐름 〈단위 : 억원〉

항목	2016	2017.2Q
영업활동	93	51
투자활동	-98	-42
재무활동	-6	-3
순현금흐름	-9	6
기말현금	58	64

시장 대비 수익률

결산 실적 〈단위 : 억원〉

항목	2012	2013	2014	2015	2016	2017
매출액	361	316	261	305	346	
영업이익	47	33	22	46	38	
당기순이익	48	32	18	44	40	

분기 실적 〈단위 : 억원〉

항목	2016.1Q	2016.2Q	2016.3Q	2016.4Q	2017.1Q	2017.2Q
매출액	74	60	82	131	79	103
영업이익	10	-6	8	27	4	9
당기순이익	10	-2	8	23	4	12

재무 상태 〈단위 : 억원〉

항목	2012	2013	2014	2015	2016	2017.2Q
총자산	474	551	550	592	700	712
유형자산	115	192	174	167	174	176
무형자산	51	100	98	156	243	257
유가증권	—	—	—	4	4	4
총부채	64	119	105	110	188	199
총차입금	0				0	—
자본금	18	18	18	18	18	18
총자본	410	432	446	481	512	513
지배주주지분	410	432	447	480	512	515

기업가치 지표

항목	2012	2013	2014	2015	2016	2017.2Q
주가(최고/저)(천원)	29.4/17.1	24.9/16.0	25.2/16.4	26.9/17.7	59.9/20.8	—/—
PER(최고/저)(배)	23.4/13.6	29.9/19.1	53.6/34.9	24.1/15.8	54.1/18.8	3.4/2.2
PBR(최고/저)(배)	2.8/1.6	2.2/1.4	2.1/1.4	2.1/1.4	4.3/1.5	0.5/0.4
EV/EBITDA(배)	10.0		8.5	10.3	16.3	
EPS(원)	1,319	866	482	1,137	1,115	535
BPS(원)	11,189	11,795	12,239	13,226	14,122	14,195
CFPS(원)	1,827	1,596	1,316	2,005	2,184	1,140
DPS(원)	260	180	150	220	240	
EBITDAPS(원)	1,784	1,624	1,432	2,130	2,115	1,020

재무 비율 〈단위 : % 〉

연도	영업이익률	순이익률	부채비율	차입금비율	ROA	ROE	유보율	자기자본비율	EBITDA마진율
2016	11.1	11.5	36.7	0.6	6.2	8.2	2,724.4	73.2	22.3
2015	15.1	14.4	22.9	0.0	7.7	9.0	2,545.2	81.4	25.6
2014	8.4	6.9	23.5	0.0	3.3	4.0	2,347.9	81.0	20.1
2013	10.4	10.0	27.7	0.0	6.2	7.5	2,259.0	78.3	18.8

쎌바이오텍 (A049960)
CELLBIOTECH

업 종 : 바이오		시 장 : KOSDAQ	
신용등급 : (Bond) — (CP) —		기업규모 : 벤처	
홈페이지 : www.cellbiotech.com		연 락 처 : (031)987-6205	
본 사 : 경기도 김포시 월곶면 애기봉로 409번길 50			

설 립 일	1995.02.11	종 업 원 수	126명	대 표 이 사	정명준
상 장 일	2002.12.11	감 사 의 견	적정 (상정)	계 열	
결 산 기	12월	보 통 주	940만주	종속회사수	2개사
액 면 가	500원	우 선 주		구 상 호	

주주구성 (지분율,%)		출자관계 (지분율,%)		주요경쟁사 (외형,%)	
정명준	19.3	CBTI	100.0	쎌바이오텍	100
Wasatch Advisors, Inc.	4.8	CBTIS	100.0	파마리서치프로덕트	79
(외국인)				엔지켐생명과학	37

매출구성		비용구성		수출비중	
국내외 ODM, OEM제품 등 완제품	87.6	매출원가율	21.9	수출	—
LP, BG, LO, SAFELAC 등 원말	12.5	판관비율	41.1	내수	—

회사 개요
1995년 설립된 프로바이오틱스 유산균을 전문적으로 생산하는 바이오 기업으로 2002년 코스닥시장에 상장됨. 의약계에서는 프로바이오틱스를 포함한 박테리아를 이용한 의약품의 개발에 대한 관심이 고조되어 향후 프로바이오틱스 관련 의약품 시장은 기능성식품 시장 규모를 뛰어 넘을 것으로 예상. 국내 건강기능식품기업 및 개인/종합 병원, 약국, 한의원 등을 중심으로 마케팅 활동을 활발하게 진행중임.

실적 분석
동사의 2017년 2/4분기 연결기준 누적 매출액은 319.3억원으로 전년동기 대비 2.1% 증가함. 판관비가 전년동기 대비 7.7% 증가했음에도 외형성장 및 매출원가 감소의 영향으로 인해 영업이익은 전년동기 129.6억원에서 130.0억원으로 소폭 증가했음. 그러나 비영업부문에서 1.6억원의 손실을 시현함에 따라 이익폭이 축소되어 전년동기 대비 3.8% 감소한 103.8억원의 당기순이익을 기록하는데 그침.

현금 흐름 〈단위 : 억원〉

항목	2016	2017.2Q
영업활동	180	102
투자활동	-115	-8
재무활동	-31	-119
순현금흐름	33	-24
기말현금	106	82

시장 대비 수익률

결산 실적 〈단위 : 억원〉

항목	2012	2013	2014	2015	2016	2017
매출액	259	316	408	495	583	
영업이익	65	94	129	188	216	
당기순이익	61	78	104	175	185	

분기 실적 〈단위 : 억원〉

항목	2016.1Q	2016.2Q	2016.3Q	2016.4Q	2017.1Q	2017.2Q
매출액	157	155	119	151	146	173
영업이익	58	72	40	46	56	74
당기순이익	49	59	31	46	35	69

재무 상태 〈단위 : 억원〉

항목	2012	2013	2014	2015	2016	2017.2Q
총자산	403	467	576	750	905	900
유형자산	109	165	168	188	195	226
무형자산	8	8	7	3	9	12
유가증권	51		4	3	3	3
총부채	39	36	52	62	64	74
총차입금	8					
자본금	47	47	47	47	47	47
총자본	364	431	524	688	842	826
지배주주지분	364	431	524	688	842	826

기업가치 지표

항목	2012	2013	2014	2015	2016	2017.2Q
주가(최고/저)(천원)	17.1/5.6	19.5/13.3	60.4/18.5	70.7/47.2	68.2/38.6	—/—
PER(최고/저)(배)	26.9/8.9	24.2/16.5	55.8/17.0	38.7/25.8	35.1/19.8	—/—
PBR(최고/저)(배)	4.0/1.3	3.9/2.7	10.1/3.1	9.1/6.1	7.3/4.1	4.7/3.3
EV/EBITDA(배)	20.0	15.7	32.9	24.7	17.5	
EPS(원)	653	830	1,107	1,862	1,968	1,104
BPS(원)	4,434	5,139	6,130	7,874	9,512	10,166
CFPS(원)	735	916	1,224	1,995	2,118	1,187
DPS(원)	150	150	150	400	550	
EBITDAPS(원)	777	1,086	1,491	2,128	2,444	1,465

재무 비율 〈단위 : % 〉

연도	영업이익률	순이익률	부채비율	차입금비율	ROA	ROE	유보율	자기자본비율	EBITDA마진율
2016	37.0	31.7	7.6	0.0	22.4	24.2	1,802.4	93.0	39.4
2015	37.9	35.4	9.0	0.0	26.4	28.9	1,474.8	91.7	40.4
2014	31.7	25.5	10.0	0.0	20.0	21.8	1,126.0	90.9	34.4
2013	29.7	24.7	8.3	0.0	17.9	19.6	927.9	92.2	32.3

쏠리드 (A050890)
SOLiD

업　종 : 통신장비	시　장 : KOSDAQ
신용등급 : (Bond) ─　　(CP) ─	기업규모 : 벤처
홈 페 이 지 : www.solid.co.kr	연 락 처 : 031)627-6000
본　　사 : 경기도 성남시 분당구 판교역로 220 쏠리드스페이스	

설 립 일 1998.11.05	종 업 원 수 195명	대 표 이 사 정준,이승희(각자대표이사)
상 장 일 2005.07.08	감 사 의 견 적정 (삼일)	계　　　열
결 산 기 12월	보 통 주 3,148만주	종속회사수 13개사
액 면 가 500원	우 선 주	구 상 호

주주구성 (지분율,%)		출자관계 (지분율,%)		주요경쟁사 (외형,%)	
정준	15.5	쏠리드윈텍	100.0	쏠리드	100
에이티넘고성장기업투자조합	5.0	쏠리드에듀	100.0	AP위성	9
(외국인)	0.9	쏠리드네트웍스	100.0	삼지전자	378

매출구성		비용구성		수출비중	
WCDMA, LTE 등	79.6	매출원가율	71.6	수출	─
휴대폰 단말기 등	17.7	판관비율	46.1	내수	─
기타	2.7				

회사 개요

1998년 설립된 동사는 이동통신 및 유선통신 관련 네트워크 장비의 제조 개발 사업을 영위하고 있음. 유무선 장비를 모두 생산하고 있으며 무선장비는 주로 중계기를 생산하고, 매출에서 차지하는 비중이 75% 정도임. 유선장비는 주로 WDM솔루션을 생산하며 매출에서 20% 정도를 차지함. 동사는 쏠리드시스템스, 쏠리드링크, 케이알에프, 쏠리드윈텍 등 13개의 연결대상 종속회사를 두고 있음.

실적 분석

동사의 2017년 2분기 누적 매출액은 1,125.2억원으로 전년 동기 대비 2.8% 증가. 원가부담이 다소 완화되었지만 전체적인 수익구조의 악화를 극복하지 못하여 영업손실 및 당기순손실이 지속되고 있음. 국내외 이동통신사업자와 관련 통신장비를 공급하고 있으나 경쟁심화 및 원가율 상승으로 수익성은 다소 부진한 상태임. 4G로 전환이 진행 중인 인도네시아, 베트남을 비롯한 동남아시아 및 중동 시장에 집중하여 재기의 발판을 마련하고자 함.

현금 흐름
〈단위 : 억원〉

항목	2016	2017.2Q
영업활동	-406	-126
투자활동	-36	121
재무활동	564	-48
순현금흐름	125	-60
기말현금	285	225

시장 대비 수익률

결산 실적
〈단위 : 억원〉

항목	2012	2013	2014	2015	2016	2017
매출액	1,516	1,720	2,006	1,900	2,915	─
영업이익	125	191	167	53	-513	─
당기순이익	49	141	143	38	-714	─

분기 실적
〈단위 : 억원〉

항목	2016.1Q	2016.2Q	2016.3Q	2016.4Q	2017.1Q	2017.2Q
매출액	460	634	936	885	442	683
영업이익	-178	-150	-48	-137	-166	-89
당기순이익	-178	-161	-102	-273	-183	-149

재무 상태
〈단위 : 억원〉

항목	2012	2013	2014	2015	2016	2017.2Q
총자산	1,780	1,941	1,940	3,190	3,427	3,304
유형자산	197	194	187	332	393	358
무형자산	70	97	104	573	710	616
유가증권	75	71	67	61	75	66
총부채	1,215	1,204	996	2,058	2,654	2,873
총차입금	674	670	602	863	1,249	1,216
자본금	88	95	107	107	157	157
총자본	566	737	944	1,131	773	431
지배주주지분	567	740	929	1,105	769	441

기업가치 지표

항목	2012	2013	2014	2015	2016	2017.2Q
주가(최고/저)(천원)	4.1/2.1	6.4/2.9	7.7/4.9	7.4/3.9	5.7/2.2	─/─
PER(최고/저)(배)	18.8/9.6	10.2/4.5	13.8/8.8	51.3/26.7	─/─	─/─
PBR(최고/저)(배)	1.6/0.8	2.0/0.9	2.2/1.4	1.7/0.9	2.3/0.9	2.4/1.3
EV/EBITDA(배)	7.7	8.0	10.5	19.9	─	─
EPS(원)	230	653	574	146	-2,607	-1,006
BPS(원)	3,358	4,045	4,443	5,258	2,520	1,479
CFPS(원)	435	952	851	366	-1,647	-731
DPS(원)	70	100	110	50	─	─
EBITDAPS(원)	880	1,214	1,214	437	-984	-534

재무 비율
〈단위 : % 〉

연도	영업이익률	순이익률	부채비율	차입금비율	ROA	ROE	유보율	자기자본비율	EBITDA마진율
2016	-17.6	-24.5	343.2	161.5	-21.6	-73.5	404.1	22.6	-8.9
2015	2.8	2.0	181.9	76.3	1.5	3.8	951.7	35.5	4.9
2014	8.3	7.2	105.5	63.8	7.4	16.8	788.7	48.7	9.9
2013	11.1	8.2	163.3	90.8	7.6	22.0	708.9	38.0	12.8

쓰리에스코리아 (A060310)
3S Korea

업　종 : 기계	시　장 : KOSDAQ
신용등급 : (Bond) ─　　(CP) ─	기업규모 : 중견
홈 페 이 지 : www.3sref.com	연 락 처 : 02)896-9474
본　　사 : 서울시 금천구 시흥대로71길 30-1	

설 립 일 1991.01.28	종 업 원 수 66명	대 표 이 사 박종익
상 장 일 2002.04.11	감 사 의 견 적정 (신한)	계　　　열
결 산 기 03월	보 통 주 4,197만주	종속회사수 1개사
액 면 가 500원	우 선 주	구 상 호

주주구성 (지분율,%)		출자관계 (지분율,%)		주요경쟁사 (외형,%)	
박종익	7.6	LIG신성장동력제일차유한회사(디스모펀드전문회사)	7.5	3S	100
Capital Ventures International	4.5	삼에스머티리얼즈	6.7	유지인트	187
(외국인)	2.6	아이엠티	3.4	기신정기	407

매출구성		비용구성		수출비중	
칼로리메타 및 환경구현장치	63.0	매출원가율	92.0	수출	22.0
FOSB	33.1	판관비율	17.1	내수	78.0
기타제품	3.7				

회사 개요

동사는 반도체 웨이퍼캐리어 사업과 환경장치 사업을 주요 사업으로 영위하고 있음. 동사의 종속회사인 상해삼에스공조기술유한공사는 환경시험장치 사업을 수행함. 웨이퍼를 반도체 생산설비로 출하 수송하는 데 쓰이는 FOSB는 전세계에서 4개 사만이 생산기술을 보유하고 있음. 동사는 그중 하나임. 국내에서 유일하게 생산기술을 보유하고 있고 유일하게 생산, 납품을 함.

실적 분석

3월 결산법인인 동사의 2017년 1분기 매출액은 88.7억원을 기록. 전년 동기대비 21.6% 성장. 한, 외형확대에도 웨이퍼캐리어 가동률 하락 및 비용 증가로 수익성이 악화 되면서 영업이익은 3.9억원의 손실을 하며 적자 전환함. 비영업부문 역시 적자가 지속됨. 반도체 시장이 급성장하면서 반도체용 석영 공급확대에 따른 실적개선이 기대됨.

현금 흐름
〈단위 : 억원〉

항목	2016	2017.1Q
영업활동	-29	16
투자활동	-1	-4
재무활동	38	-9
순현금흐름	7	2
기말현금	19	21

시장 대비 수익률

결산 실적
〈단위 : 억원〉

항목	2012	2013	2014	2015	2016	2017
매출액	322	289	232	237	265	─
영업이익	19	-25	-42	12	-24	─
당기순이익	7	-48	-56	-34	-88	─

분기 실적
〈단위 : 억원〉

항목	2015.4Q	2016.1Q	2016.2Q	2016.3Q	2016.4Q	2017.1Q
매출액	68	73	65	74	53	89
영업이익	-0	-6	-12	-8	-5	-4
당기순이익	-9	-3	-18	-5	-62	-5

재무 상태
〈단위 : 억원〉

항목	2012	2013	2014	2015	2016	2017.1Q
총자산	677	713	674	577	537	#N/A
유형자산	406	447	412	371	305	#N/A
무형자산	25	25	22	19	17	302
유가증권	14	23	16	29	26	17
총부채	199	283	294	231	245	26
총차입금	161	224	256	185	197	188
자본금	204	204	204	204	210	210
총자본	478	430	379	346	292	287
지배주주지분	478	430	379	346	292	287

기업가치 지표

항목	2012	2013	2014	2015	2016	2017.1Q
주가(최고/저)(천원)	21.9/6.2	8.6/4.1	6.3/2.1	4.1/1.9	5.2/2.3	2.5/2.3
PER(최고/저)(배)	1,265.7/357.4	─/─	─/─	─/─	─/─	─/─
PBR(최고/저)(배)	18.7/5.3	8.2/3.9	6.7/2.3	4.9/2.2	7.4/3.3	3.7/3.3
EV/EBITDA(배)	97.6	─	27.6	657.0	─	─
EPS(원)	17	-116	-137	-83	-210	-13
BPS(원)	1,168	1,051	928	846	695	683
CFPS(원)	64	-57	-68	─	-148	─
DPS(원)						
EBITDAPS(원)	92	─	-33	101	4	4

재무 비율
〈단위 : % 〉

연도	영업이익률	순이익률	부채비율	차입금비율	ROA	ROE	유보율	자기자본비율	EBITDA마진율
2016	-9.1	-33.2	84.1	67.4	-15.8	-27.6	39.0	54.3	0.7
2015	5.0	-14.3	66.9	53.4	-5.4	-9.4	69.2	59.9	17.4
2014	-17.9	-24.1	77.5	67.4	-8.1	-13.8	85.6	56.3	-5.9
2013	-8.8	-16.5	65.9	52.1	-3.6	-10.5	110.3	60.3	-0.4

씨그널엔터테인먼트그룹 (A099830)
Signal Entertainment Group

업 종 : 미디어		시 장 : KOSDAQ	
신용등급 : (Bond) — (CP) —		기업규모 :	
홈페이지 : www.signal-ent.com		연 락 처 : 02)2038-8882	
본 사 : 서울시 서초구 반포대로20길 29 예당빌딩(서초동)			

설 립 일	1991.01.18	종 업 원 수	24명	대 표 이 사	김정상
상 장 일	2011.01.24	감 사 의 견	적정 (대명)	계 열	
결 산 기	12월	보 통 주	9,883만주	종속회사수	9개사
액 면 가	500원	우 선 주		구 상 호	씨그널정보통신

주주구성 (지분율,%)
에스지인베스트먼트코리아	4.6
엘153인베스트먼트	1.6
(외국인)	1.3

출자관계 (지분율,%)
엘앤홀딩스	100.0
씨그널엔터테인먼트리미티드	100.0
아시아문화개발	100.0

주요경쟁사 (외형,%)
씨그널엔터테인먼트그룹	100
YG PLUS	293
초록뱀	441

매출구성
엔터테인먼트사업	100.0

비용구성
매출원가율	81.9
판관비율	36.8

수출비중
수출	0.0
내수	100.0

회사 개요
1991년에 설립된 동사는 무선통신 솔루션과 통신망 구축에서 엔터테인먼트로 사업영역을 전환함. 연결대상 자회사로는 음반제작을 하는 청글엔터테인먼트와 방송프로그램 제작을 하는 미디어에이팅 등이 있음. 화장품 제조·판매업체인 스킨애니버서리 지분을 취득해 화장품사업에 진출했으며, 엔터테인먼트 사업을 영위하는 엘앤홀딩스 지분 100%를 인수함. 무선통신사업 부문은 물적분할 후 2017년 3월 매각함. 최근 경영진들이 설립한 투자법인이 최대주주가 됨.

실적 분석
다양한 예능프로그램을 중심으로 한 엔터테인먼트 부문의 호조로 2017년 상반기 매출액은 전년동기 2배 이상으로 급증함. 내부 인건비와 외주비, 용역비, 지급수수료 등도 큰 폭으로 증가하여 영업손실로 전환되는 등 별도 기준 최근 4개 사업연도에 영업손실이 발생해 관리종목 지정사유가 발생함. 미국의 대표적인 TV프로그램 제작사 '버닝-머레이 프로덕션'과 프로그램 공동제작 계약을 체결함. 재무구조 개선을 위해 10대1의 감자를 결정함.

현금 흐름 〈단위 : 억원〉
항목	2016	2017.2Q
영업활동	-12	-26
투자활동	37	8
재무활동	-51	17
순현금흐름	-27	-1
기말현금	19	18

시장 대비 수익률

결산 실적 〈단위 : 억원〉
항목	2012	2013	2014	2015	2016	2017
매출액	291	241	115	142	240	—
영업이익	8	-16	-46	-56	-45	—
당기순이익	7	-18	-55	-273	-338	—

분기 실적 〈단위 : 억원〉
항목	2016.1Q	2016.2Q	2016.3Q	2016.4Q	2017.1Q	2017.2Q
매출액	56	53	81	50	119	112
영업이익	6	-0	1	-51	-11	-5
당기순이익	1	-118	1	-3	-218	-8

재무 상태 〈단위 : 억원〉
항목	2012	2013	2014	2015	2016	2017.2Q
총자산	425	452	698	790	509	433
유형자산	82	79	214	83	9	8
무형자산	8	7	40	10	22	22
유가증권	18	5	102	102	232	186
총부채	146	144	317	495	199	159
총차입금	98	113	264	414	107	101
자본금	67	79	182	346	455	487
총자본	280	308	381	295	310	274
지배주주지분	280	308	381	295	310	274

기업가치 지표
항목	2012	2013	2014	2015	2016	2017.2Q
주가(최고/저)(천원)	2.9/1.2	2.0/0.9	1.1/0.5	4.6/0.9	2.6/0.9	—/—
PER(최고/저)(배)	63.0/26.2	—/—	—/—	—/—	—/—	—/—
PBR(최고/저)(배)	1.5/0.6	1.1/0.5	1.0/0.4	10.6/2.0	7.6/2.5	3.6/1.2
EV/EBITDA(배)	24.9					
EPS(원)	46	-108	-217	-398	-372	-27
BPS(원)	2,108	1,978	1,056	431	344	284
CFPS(원)	69	-96	-207	-386	-361	-24
DPS(원)						
EBITDAPS(원)	74	-78	-172	-69	-39	-14

재무 비율 〈단위 : % 〉
연도	영업이익률	순이익률	부채비율	차입금비율	ROA	ROE	유보율	자기자본비율	EBITDA마진율
2016	-18.8	-141.0	일부잠식	일부잠식	-52.1	-111.9	-31.3	60.9	-14.7
2015	-39.2	-191.8	일부잠식	일부잠식	-36.7	-80.8	-13.8	37.4	-33.5
2014	-40.3	-48.3	83.3	69.4	-9.6	-16.1	111.3	54.6	-38.1
2013	-6.4	-7.6	46.8	36.7	-4.2	-5.9	295.6	68.1	-4.9

씨씨에스충북방송 (A066790)
KOREA CABLE TV CHUNG-BUK SYSTEM

업 종 : 미디어		시 장 : KOSDAQ	
신용등급 : (Bond) B (CP) —		기업규모 : 중견	
홈페이지 : www.ccstv.co.kr		연 락 처 : 043)850-7000	
본 사 : 충북 충주시 예성로 114			

설 립 일	1997.07.15	종 업 원 수	39명	대 표 이 사	유희훈
상 장 일	2003.05.30	감 사 의 견	적정 (인덕)	계 열	
결 산 기	12월	보 통 주	7,914만주	종속회사수	1개사
액 면 가	500원	우 선 주		구 상 호	

주주구성 (지분율,%)
유인무	4.9
김응태	3.4
(외국인)	

출자관계 (지분율,%)

주요경쟁사 (외형,%)
씨씨에스	100
키이스트	446
덱스터	152

매출구성
방송매출	63.6
광고매출	25.0
인터넷매출	9.4

비용구성
매출원가율	81.4
판관비율	24.8

수출비중
수출	0.0
내수	100.0

회사 개요
충주시, 제천시, 음성군, 괴산군, 단양군, 진천군, 증평군 등 충청지역을 대상으로 한 케이블 TV 사업과 SK브로드밴드와 공동으로 초고속 인터넷사업을 영위. 케이블 SO들은 기존의 아날로그 케이블TV와 초고속인터넷에 추가하여 디지털 케이블TV 및 부가 디지털서비스를 제공함에 따라 추가적인 매출 증대 가능할 것으로 판단됨. 디지털방송 런칭에 따른 콘텐츠 확보를 위해 프로그램 공급업체인 월드이벤트티브이의 지분을 취득함.

실적 분석
동사의 2017년 2분기기준 누적 매출액은 전년동기대비 1.2% 소폭 변동한 105억원을 기록하였음. 비용면에서 전년동기대비 매출원가는 거의 동일 하였으며 인건비는 증가 하였고 광고선전비는 크게 감소 하였고 기타판매비와관리비는 증가함. 이처럼 매출액 상승과 더불어 비용절감에도 힘을 기울였음. 그에 따라 전년동기대비 영업이익은 -5.4억원으로 적자지속 이지만 그 폭을 줄여가고 있음. 최종적으로 전년동기대비 당기순이익은 적자지속함.

현금 흐름 〈단위 : 억원〉
항목	2016	2017.2Q
영업활동	41	35
투자활동	37	-24
재무활동	-90	-6
순현금흐름	-12	5
기말현금	2	7

시장 대비 수익률

결산 실적 〈단위 : 억원〉
항목	2012	2013	2014	2015	2016	2017
매출액	298	297	270	212	209	—
영업이익	3	-21	-31	0	-13	—
당기순이익	-3	-33	-43	-29	-21	—

분기 실적 〈단위 : 억원〉
항목	2016.1Q	2016.2Q	2016.3Q	2016.4Q	2017.1Q	2017.2Q
매출액	51	53	53	53	52	53
영업이익	-1	-6	-3	-4	-1	-5
당기순이익	-6	-3	-4	-16	-1	-3

재무 상태 〈단위 : 억원〉
항목	2012	2013	2014	2015	2016	2017.2Q
총자산	1,166	654	657	584	453	457
유형자산	531	246	229	297	296	302
무형자산	249	35	39	73	68	65
유가증권	31	28	28	—	—	—
총부채	763	299	300	231	116	125
총차입금	429	215	223	175	84	79
자본금	326	326	371	396	396	396
총자본	403	355	357	353	336	332
지배주주지분	357	332	339	350	336	332

기업가치 지표
항목	2012	2013	2014	2015	2016	2017.2Q
주가(최고/저)(천원)	3.3/0.5	0.7/0.4	0.6/0.3	2.2/0.5	2.9/1.4	—/—
PER(최고/저)(배)	4,876.6/784.7	—/—	—/—	—/—	—/—	—/—
PBR(최고/저)(배)	6.0/1.0	1.4/0.8	1.4/0.7	5.0/1.1	6.9/3.3	5.7/1.4
EV/EBITDA(배)	18.0	17.4	22.1	44.1	52.5	
EPS(원)	1	-41	-57	-17	-26	-5
BPS(원)	553	515	461	447	425	420
CFPS(원)	75	27	17	34	33	28
DPS(원)						
EBITDAPS(원)	80	35	3	52	33	26

재무 비율 〈단위 : % 〉
연도	영업이익률	순이익률	부채비율	차입금비율	ROA	ROE	유보율	자기자본비율	EBITDA마진율
2016	-6.2	-10.1	일부잠식	일부잠식	-4.1	-6.0	-15.0	74.3	16.2
2015	0.2	-13.5	일부잠식	일부잠식	-4.6	-3.9	-10.7	60.4	19.0
2014	-11.5	-16.0	일부잠식	일부잠식	-6.6	-11.4	-7.8	54.3	6.8
2013	-7.0	-11.2	84.2	60.6	-3.7	-7.7	3.0	54.3	7.6

씨아이에스 (A222080)
Creative & Innovative System

업 종 : 전자 장비 및 기기	시 장 : KOSDAQ
신용등급 : (Bond) — (CP) —	기업규모 : 중견
홈 페 이 지 : www.cisro.co.kr	연 락 처 : 053)593-1552
본 사 : 대구시 동구 팔공로47길 37(봉무동)	

설 립 일 2015.05.22	종 업 원 수 76명	대 표 이 사 김수하	
상 장 일 2015.09.02	감 사 의 견 적정 (보명)	계 열	
결 산 기 12월	보 통 주 5,173만주	종속회사수 1개사	
액 면 가 100원	우 선 주	구 상 호 한국3호스팩	

주주구성 (지분율,%)	출자관계 (지분율,%)	주요경쟁사 (외형,%)
김수하 23.2	심천시해역역능원장비유한회사 49.0	씨아이에스 100
엘비인베스트먼트 8.2		엔에스 206
(외국인)		파크시스템스 170

매출구성	비용구성	수출비중
매출원가율 76.7	수출 87.0	
판관비율 9.8	내수 13.0	

회사 개요
동사는 한국제3호기업인수목적 주식회사 가 2017년 1월 12일 합병등기완료되어 상호 변 경된 법인이며 합병비율에 의한 합병신주를 2017년 1월 20일 한국거래소 코스닥시장에 상장하였음. 씨아이에스는 리튬 이차전지 생 산을 위한 전극 제조관련 장비를 전문적으로 제작하는 업체이며 이에 해당되는 설비로서 는 Coater, Calender, Slitter, Tape Laminator 및 기타설비로 분류할 수 있음.

실적 분석
동사의 2017년 2분기 누적매출액은 전년 동 기 대비 81.1% 감소한 66.6억원을 기록함. 매출이 본격화되지 않은 가운데, 영업손실은 31.2억원을 기록함. 당기순손실 또한 55.5억 원을 기록하며 적자지속함. 최근 중국 당국이 내수시장 보호를 위한 정책을 펼치고 있는 가 운데 원가 절감을 위해 일반 가공원 등을 중국 현지에서 해결할 수 있는 기반확보와 중국 현 지화에 기반한 네트워크를 바탕으로 매출 확 대를 계획중임.

현금 흐름 〈단위 : 억원〉

항목	2016	2017.2Q
영업활동	-12	-22
투자활동	3	-23
재무활동	-0	138
순현금흐름	-9	94
기말현금	146	240

시장 대비 수익률

결산 실적 〈단위 : 억원〉

항목	2012	2013	2014	2015	2016	2017
매출액	429	218	116	144	761	—
영업이익	69	5	-12	13	103	—
당기순이익	58	7	-6	16	86	—

분기 실적 〈단위 : 억원〉

항목	2016.1Q	2016.2Q	2016.3Q	2016.4Q	2017.1Q	2017.2Q
매출액	12	341			5	61
영업이익	-10	76			-23	-8
당기순이익	-13	63			-54	-1

재무 상태 〈단위 : 억원〉

항목	2012	2013	2014	2015	2016	2017.2Q
총자산	329	300	317	669	870	1,039
유형자산	98	97	94	119	99	101
무형자산	5	5	4	8	6	6
유가증권	2	120	99	25	15	35
총부채	90	50	76	411	528	586
총차입금	20	20	20		36	34
자본금	17	17	17	17	17	50
총자본	240	249	241	258	342	453
지배주주지분	240	249	241	257	339	451

기업가치 지표

항목	2012	2013	2014	2015	2016	2017.2Q
주가(최고/저)(천원)	—/—	—/—	—/—	2.4/2.2	2.4/2.0	—/—
PER(최고/저)(배)	0.0/0.0	0.0/0.0	—/—	75.3/69.4	13.9/11.6	—/—
PBR(최고/저)(배)	0.0/0.0	0.0/0.0	42.7/21.6	4.6/4.3	3.4/2.9	2.3/1.7
EV/EBITDA(배)					0.2	
EPS(원)	118	14	-12	32	171	-109
BPS(원)	7,186	7,477	7,218	7,715	10,173	911
CFPS(원)	1,821	311	-88		2,667	-106
DPS(원)				564		
EBITDAPS(원)	2,142	257	-274	493	3,216	-59

재무 비율 〈단위 : % 〉

연도	영업이익률	순이익률	부채비율	차입금비율	ROA	ROE	유보율	자기자본비율	EBITDA마진율
2016	13.5	11.3	154.5	10.5	11.2	28.3	1,934.6	39.3	14.1
2015	9.3	10.9	159.2	11.2	3.2	6.3	1,443.0	38.6	11.4
2014	-10.6	-5.3	31.6	8.3			1,343.7	76.0	-7.9
2013	2.3	3.2	20.2	8.0	2.2	2.8	1,395.3	83.2	3.9

씨아이테크 (A004920)
CITECH COLTD

업 종 : IT 서비스	시 장 : 거래소
신용등급 : (Bond) (CP) —	기업규모 : 시가총액 소형주
홈 페 이 지 : www.citech.kr	연 락 처 : 02)410-9607
본 사 : 서울시 송파구 송파구 양재대로 932 가락몰 업무동 11층 동관	

설 립 일 1967.01.17	종 업 원 수 49명	대 표 이 사 김종서	
상 장 일 1989.11.30	감 사 의 견 적정 (신한)	계 열	
결 산 기 12월	보 통 주 4,479만주	종속회사수 4개사	
액 면 가 500원	우 선 주	구 상 호 삼영홀딩스	

주주구성 (지분율,%)	출자관계 (지분율,%)	주요경쟁사 (외형,%)
에스엔텍 15.4	나이콤 100.0	씨아이테크 100
김대영 1.7	로드와이즈 100.0	쌍용정보통신 1,186
(외국인) 1.1	이프랜드 37.0	케이엘넷 189

매출구성	비용구성	수출비중
시스템 외(상품) 99.3	매출원가율 64.9	수출 1.0
중간재 등(기타) 0.7	판관비율 39.7	내수 99.0

회사 개요
주력사업이었던 SI사업은 경기 침체에 따른 수주상황 악화와 실적부진에 따라 일시적 중 단 상태. IT 관련기기의 유통사업 및 의료환경 개선 및 병원선진화를 위한 개인형 Meditainment Service용 단말기의 제조, 판 매사업, SMS서비스사업, 도서관리자동화사 업, 무인자동증명발급기 등 키오스크 관련 사업을 전개 중. 이 외에 산업용 소재 유 통사업, 부동산사업 영위.

실적 분석
동사의 2017년 상반기 연결기준 누적 매출액 은 104.6억원으로 전년 동기대비 7.1% 증가 함. 매출은 늘었지만 판매비와 관리비가 대폭 증가하면서 영업손실은 16.9억으로 전년 동 기 대비 적자 폭이 확대됐음. 비영업손익 부 문에서도 금융손실이 큰 폭으로 발생해 당기 순손실은 29.6억으로 전년 동기 대비 큰 폭 으로 늘어남. 매출은 소폭 늘었지만 수익성 악 화가 지속되고 금융 부담이 늘어나고 있음.

현금 흐름 〈단위 : 억원〉

항목	2016	2017.2Q
영업활동	-8	-4
투자활동	-12	-42
재무활동	18	51
순현금흐름	-3	6
기말현금	26	32

시장 대비 수익률

결산 실적 〈단위 : 억원〉

항목	2012	2013	2014	2015	2016	2017
매출액	59	75	135	213	185	—
영업이익	-14	-11	-17	10	-9	—
당기순이익	-72	-8	-35	11	-15	—

분기 실적 〈단위 : 억원〉

항목	2016.1Q	2016.2Q	2016.3Q	2016.4Q	2017.1Q	2017.2Q
매출액	48	50	27	60	59	45
영업이익	-2	-4	-11	8	-0	-17
당기순이익	1	-4	-12	-1	-1	-28

재무 상태 〈단위 : 억원〉

항목	2012	2013	2014	2015	2016	2017.2Q
총자산	179	265	282	402	398	423
유형자산	107	140	124	121	119	136
무형자산	1	8	5	9	12	29
유가증권	14	2	24	44	26	19
총부채	6	70	97	109	55	110
총차입금		47	72	63	6	69
자본금	88	101	121	185	224	224
총자본	173	195	185	293	344	313
지배주주지분	173	195	181	285	332	302

기업가치 지표

항목	2012	2013	2014	2015	2016	2017.2Q
주가(최고/저)(천원)	3.6/0.9	1.8/0.8	1.0/0.6	1.5/0.6	1.4/0.8	—/—
PER(최고/저)(배)	—/—	—/—	—/—	48.1/19.6	—/—	—/—
PBR(최고/저)(배)	3.7/0.9	1.8/0.8	1.3/0.8	1.9/0.8	1.8/1.0	1.3/1.0
EV/EBITDA(배)				26.5		
EPS(원)	-448	-45	-170	32	-36	-65
BPS(원)	983	965	747	807	771	704
CFPS(원)	-447	-25	-140	44	-25	-56
DPS(원)						
EBITDAPS(원)	-86	-43	-55	41	-10	-28

재무 비율 〈단위 : % 〉

연도	영업이익률	순이익률	부채비율	차입금비율	ROA	ROE	유보율	자기자본비율	EBITDA마진율
2016	-4.6	-8.3	15.9	2.5	-3.8	-4.9	54.2	86.3	-2.2
2015	4.8	5.2	37.2	21.6	3.2	4.7	61.3	72.9	6.6
2014	-12.9	-25.9	52.5	38.7	-12.7	-18.5	49.5	65.6	-8.4
2013	-15.1	-10.7	36.0	24.2	-3.6	-4.3	93.0	73.5	-10.3

씨앗 (A103660)
CIAAT

업 종 : 화학			시 장 : KONEX	
신용등급 : (Bond) — (CP) —			기업규모 : —	
홈 페 이 지 : www.ciaat.net			연 락 처 : 062)940-7200	
본 사 : 광주시 광산구 평동산단로169번길 40				

설 립 일	2006.04.12	종 업 원 수	127명	대 표 이 사	김환기
상 장 일	2015.06.22	감 사 의 견	적정 (세영)	계 열	
결 산 기	12월	보 통 주		종속회사수	
액 면 가	—	우 선 주		구 상 호	

주주구성 (지분율,%)
김환기	51.1
김상기	4.4

출자관계 (지분율,%)

주요경쟁사 (외형,%)
씨앗	100
	148
진양폴리	79

매출구성
기타	74.3
CW0618(기타)	17.5
SK6146(기타)	4.2

비용구성
매출원가율	77.2
판관비율	15.2

수출비중
수출	90.0
내수	10.0

회사 개요
동사는 화학제품 제조업을 영위하는 회사로, 사진출력용 포토프린터에 소모되는 잉크리본 및 수상지와 신분증 발급에 필요한 카드프린터에 소모되는 컬러리본과 홀로그램을 생산하고 있음. 동사의 주요 매출처 상위 4~5개 업체가 전체 매출액의 50% 이상을 차지하고 있어 매출처와의 거래 지속 가능성에 따라 매출 실적이 크게 변동될 수 있음. 2015년 06월 22일 코넥스 시장에 상장됨.

실적 분석
동사의 2016년 매출액은 220.4억원으로 전년대비 15.3% 증가. 최근 몇 년간 외형이 꾸준히 성장하고 있음. 영업이익은 16.5억원으로 흑자 전환에 성공함. 동사의 사업부문에서는 일본의 DNP가 전체시장의 80%를 점유하고 있으며 동사는 1% 가량을 점유하고 있음. 프린터 시장은 모바일 시장의 확대로 인해 다양한 규격으로 다변화되고 있으며, 급변하는 시장상황에 뒤쳐지지 않기 위해 지속적인 연구개발을 진행 중임.

현금 흐름 *IFRS 별도 기준 〈단위 : 억원〉
항목	2016	2017.2Q
영업활동	27	—
투자활동	-26	—
재무활동	7	—
순현금흐름	8	—
기말현금	8	—

시장 대비 수익률

결산 실적 〈단위 : 억원〉
항목	2012	2013	2014	2015	2016	2017
매출액	121	131	178	191	220	—
영업이익	10	-30	11	-3	17	—
당기순이익	1	-83	2	-15	6	—

분기 실적 *IFRS 별도 기준 〈단위 : 억원〉
항목	2016.1Q	2016.2Q	2016.3Q	2016.4Q	2017.1Q	2017.2Q
매출액	—	—	—	—	—	—
영업이익	—	—	—	—	—	—
당기순이익	—	—	—	—	—	—

재무 상태 *IFRS 별도 기준 〈단위 : 억원〉
항목	2012	2013	2014	2015	2016	2017.2Q
총자산	283	215	261	259	276	—
유형자산	124	118	112	111	111	—
무형자산	56	20	19	22	34	—
유가증권	0	0	0	0	0	—
총부채	179	195	238	237	238	—
총차입금	158	169	194	178	174	—
자본금	21	21	21	22	23	—
총자본	103	20	22	22	38	—
지배주주지분	103	20	22	22	38	—

기업가치 지표 *IFRS 별도 기준
항목	2012	2013	2014	2015	2016	2017.2Q
주가(최고/저)(천원)	—/—	—/—	—/—	5.7/0.9	5.8/1.2	—/—
PER(최고/저)(배)	0.0/0.0	0.0/0.0	0.0/0.0	—/—	45.2/9.4	—
PBR(최고/저)(배)	0.0/0.0	0.0/0.0	0.0/0.0	11.2/1.7	7.0/1.5	0.0/0.0
EV/EBITDA(배)	5.4		9.9	35.9	9.8	
EPS(원)	36	-2,019	57	-365	128	—
BPS(원)	2,502	483	540	509	833	—
CFPS(원)	503	-1,571	242	-122	391	—
DPS(원)	—	—	—	—	—	—
EBITDAPS(원)	701	-270	458	166	638	—

재무 비율 〈단위 : % 〉
연도	영업이익률	순이익률	부채비율	차입금비율	ROA	ROE	유보율	자기자본비율	EBITDA마진율
2016	7.5	2.6	620.4	453.2	2.1	18.7	66.5	13.9	12.8
2015	-1.7	-8.0	1,058.0	795.9	-5.9	-68.6	1.8	8.6	3.7
2014	6.3	1.3	1,067.3	868.5	1.0	11.2	8.0	8.6	10.6
2013	-22.7	-63.8	일부잠식	일부잠식	-33.5	-135.3	-3.4	9.3	-8.5

씨앤에스링크 (A245450)
CNSLINK

업 종 : 자동차부품			시 장 : KONEX	
신용등급 : (Bond) — (CP) —			기업규모 : —	
홈 페 이 지 : www.cns-link.co.kr			연 락 처 : 070)8786-6458	
본 사 : 경기도 성남시 분당구 방아로 16번길 11 3층(이매동, 메카텍빌딩)				

설 립 일	2000.09.20	종 업 원 수	35명	대 표 이 사	안상태
상 장 일	2016.06.24	감 사 의 견	적정 (지성)	계 열	
결 산 기	12월	보 통 주		종속회사수	
액 면 가	—	우 선 주		구 상 호	

주주구성 (지분율,%)
안상태	33.1
김수석	9.6

출자관계 (지분율,%)

주요경쟁사 (외형,%)
씨앤에스링크	100
팅크웨어	937
미동앤씨네마	146

매출구성
Navi	69.1
LTE Router	15.9
블랙박스	13.7

비용구성
매출원가율	78.6
판관비율	21.0

수출비중
수출	11.0
내수	89.0

회사 개요
동사는 2006년 내비게이션 시장에 진출하여 자체 브랜드인 'MyDean'을 통해 주력사업으로 성장시켰으며 현재까지 영위하고 있음. 또 2012년 내비게이션 제조기술을 바탕으로 블랙박스를 출시하였으며, IoT시장의 성장에 따라 발전가능성이 높을 것으로 기대하는 LTE Router사업은 2013년도에 진출. 동사는 앞으로 각각의 산업의 특성을 고려한 사업전개를 지속해 나감과 동시에 무선통신 기술을 통해 사업 간 시너지 창출을 기대.

실적 분석
동사는 내비게이션과 블랙박스 등 차량 운행 보조 제품을 생산하는 업체로 지난해 매출액 197억원, 순손실 8.6억원을 기록하였음. 정보통신 기술의 발전에 따라 산업의 융복합이 활발하게 이루어지고 있으나, 동사가 영위하고 있는 내비게이션 및 블랙박스와 LTE Router 사업의 경우 최초 시장이 형성되는 과정이 상이하였으며, 미시적인 각 산업별 전망이나 미래의 사업계획은 세부적인 차이가 존재함.

현금 흐름 *IFRS 별도 기준 〈단위 : 억원〉
항목	2016	2017.2Q
영업활동	-16	—
투자활동	-4	—
재무활동	17	—
순현금흐름	-3	—
기말현금	1	—

시장 대비 수익률
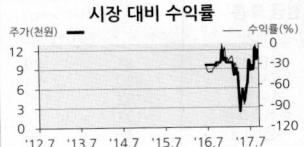

결산 실적 〈단위 : 억원〉
항목	2012	2013	2014	2015	2016	2017
매출액		198	209	217	197	—
영업이익		5	5	6	1	—
당기순이익		5	5	6	-9	—

분기 실적 *IFRS 별도 기준 〈단위 : 억원〉
항목	2016.1Q	2016.2Q	2016.3Q	2016.4Q	2017.1Q	2017.2Q
매출액	—	—	—	—	—	—
영업이익	—	—	—	—	—	—
당기순이익	—	—	—	—	—	—

재무 상태 *IFRS 별도 기준 〈단위 : 억원〉
항목	2012	2013	2014	2015	2016	2017.2Q
총자산		85	86	92	96	—
유형자산		6	6	6	6	—
무형자산		9	13	15	13	—
유가증권						—
총부채		53	50	51	59	—
총차입금		27	28	26	40	—
자본금		3	3	3	3	—
총자본		31	36	42	36	—
지배주주지분		31	36	42	36	—

기업가치 지표 *IFRS 별도 기준
항목	2012	2013	2014	2015	2016	2017.2Q
주가(최고/저)(천원)	—/—	—/—	—/—	—/—	—/—	—/—
PER(최고/저)(배)	0.0/0.0	0.0/0.0	0.0/0.0	0.0/0.0	3.8/2.8	0.0/0.0
PBR(최고/저)(배)	0.0/0.0	0.0/0.0	0.0/0.0	0.0/0.0	0.0/0.0	0.0/0.0
EV/EBITDA(배)	0.0	3.2	2.5	1.9	21.1	—
EPS(원)	—	770	777	922	-913	—
BPS(원)	—	52,413	60,179	69,599	3,496	—
CFPS(원)	—	11,747	13,755	16,733	-280	—
DPS(원)	—	—	—	—	—	—
EBITDAPS(원)	—	12,558	14,756	17,760	711	—

재무 비율 〈단위 : % 〉
연도	영업이익률	순이익률	부채비율	차입금비율	ROA	ROE	유보율	자기자본비율	EBITDA마진율
2016	0.4	-4.4	163.3	110.2	-9.1	-22.0	599.2	38.0	3.4
2015	2.8	2.5	121.5	61.7	6.2	14.2	1,292.0	45.2	4.9
2014	2.5	2.2	137.3	76.7	5.5	13.8	1,103.6	42.1	4.2
2013	2.6	2.3	169.7	87.4	5.5	17.0	948.3	37.1	3.8

*관리종목

씨앤에스자산관리 (A032040)
C&S

업 종 : 상업서비스		시 장 : KOSDAQ	
신용등급 : (Bond) — (CP) —		기업규모 : —	
홈 페 이 지 : www.cnsamc.com		연 락 처 : 02)732-9676	
본 사 : 서울시 종로구 사직로 130, 적선현대빌딩 907호			

설 립 일	1980.01.08	종 업 원 수	5,331명	대 표 이 사	박기준
상 장 일	1997.01.23	감사의견	적정 (삼일)	계	
결 산 기	12월	보 통 주	3,255만주	종속회사수	6개사
액 면 가	2,500원	우 선 주		구 상 호	

주주구성 (지분율,%)
신영자산운용	2.6
KB자산운용	2.4
(외국인)	1.3

출자관계 (지분율,%)
씨앤에스홀딩스	100.0
에이치비관광리조트	82.6
에이치비종합레포츠	82.6

주요경쟁사 (외형,%)
C&S자산관리	100
인선이엔티	62
코엔텍	25

매출구성
시설미화(용역)	48.9
경비(용역)	22.1
특수경비(용역)	13.0

비용구성
매출원가율	93.7
판관비율	8.4

수출비중
수출	0.0
내수	100.0

회사 개요
동사는 1980년 설립된 빌딩종합관리업체로 시설관리부문, 청소부문, 일반경비 및 특수경비부문, 주택사업부문과 BTL사업부문을 병행함. 외국계 기업 뿐 아니라 공공기관 건물, 의료기관, 일반 사무실, 백화점, 상가, 복합 공동주택까지 다양하게 실시됨. 사업시설관리 및 사업지원서비스업 산업으로 등록 상장된 17개 회사 중 자산총계 기준 7위, 매출액 기준 5위로 집계됨.

실적 분석
동사의 2017년 상반기 매출액은 1034.6억원으로 전년 대비 5.2% 감소함. 영업손실은 41.5억원으로 적자전환함. 당기순손실은 214.3억원으로 적자지속함. 빌딩종합관리 시장은 대형화, 전문화되는 경향임. 외국 기업의 국내 빌딩 인수로 인한 신규 시장이 확대될 전망임. 외국 기업에 대한 영업력 확대가 매출 극대화에 큰 비중을 차지할 전망임. 동사는 사업 다각화 준비를 모색 중이나 신규사업 진출의 성공 여부가 불투명해 신중을 기하는 중임.

현금 흐름 〈단위 : 억원〉
항목	2016	2017.2Q
영업활동	81	-29
투자활동	-380	-84
재무활동	192	130
순현금흐름	-107	17
기말현금	38	56

시장 대비 수익률

결산 실적 〈단위 : 억원〉
항목	2012	2013	2014	2015	2016	2017
매출액	1,113	1,501	1,686	2,121	2,173	—
영업이익	55	63	-9	2	-47	—
당기순이익	154	5	-95	-104	-257	—

분기 실적 〈단위 : 억원〉
항목	2016.1Q	2016.2Q	2016.3Q	2016.4Q	2017.1Q	2017.2Q
매출액	530	561	558	524	504	531
영업이익	31	-6	5	-76	1	-43
당기순이익	15	-31	-28	-213	-14	-200

재무 상태 〈단위 : 억원〉
항목	2012	2013	2014	2015	2016	2017.2Q
총자산	888	1,727	2,988	3,093	3,272	3,263
유형자산	60	1,064	2,183	2,215	2,307	2,323
무형자산	6	37	39	37	7	3
유가증권	419	219	109	96	97	90
총부채	307	1,211	2,586	2,522	2,884	2,989
총차입금	76	895	1,819	1,470	1,553	1,597
자본금	411	439	471	714	714	814
총자본	581	516	401	571	388	274
지배주주지분	578	517	414	617	380	281

기업가치 지표
항목	2012	2013	2014	2015	2016	2017.2Q
주가(최고/저)(천원)	4.5/2.0	4.6/2.7	4.2/2.2	9.1/1.8	5.4/2.6	—/—
PER(최고/저)(배)	5.9/2.8	60.9/34.8	—/—	—/—	—/—	—/—
PBR(최고/저)(배)	1.5/0.7	1.7/1.0	1.8/1.0	4.0/0.8	3.7/1.8	3.0/1.9
EV/EBITDA(배)	7.1	17.8	216.3	69.1		
EPS(원)	828	80	-386	-258	-810	-633
BPS(원)	3,689	3,030	2,365	2,285	1,460	978
CFPS(원)	1,000	137	-291	-121	-674	-570
DPS(원)	375	150	—	125	—	
EBITDAPS(원)	388	412	49	145	-26	-69

재무 비율 〈단위 : % 〉
연도	영업이익률	순이익률	부채비율	차입금비율	ROA	ROE	유보율	자기자본비율	EBITDA마진율
2016	-2.2	-11.8	일부잠식	일부잠식	-8.1	-46.6	-41.6	11.9	-0.3
2015	0.1	-4.9	일부잠식	일부잠식	-3.4	-13.7	-8.6	18.5	1.9
2014	-0.5	-5.6	일부잠식	일부잠식	-4.0	-15.7	-5.4	13.4	0.6
2013	4.2	0.3	234.6	173.5	0.4	2.7	21.2	29.9	4.8

씨앤에이치 (A023460)
CNH

업 종 : 소비자 금융		시 장 : KOSDAQ	
신용등급 : (Bond) — (CP) —		기업규모 : 중견	
홈 페 이 지 : www.cnhholdings.com		연 락 처 : 02)3287-0700	
본 사 : 경기도 부천시 원미구 상일로 120, 송내리더스텔 411호			

설 립 일	1989.08.23	종 업 원 수	8명	대 표 이 사	임영기,김양수(각자대표이사)
상 장 일	1994.10.07	감사의견	적정 (영앤진)	계	
결 산 기	12월	보 통 주	3,720만주	종속회사수	4개사
액 면 가	2,500원	우 선 주		구 상 호	열

주주구성 (지분율,%)
그래닛홀딩스	56.9
CNH우리사주조합	5.0
(외국인)	1.5

출자관계 (지분율,%)
씨앤에이치하스피탈러티	100.0
씨앤에이치프리미어렌탈	100.0
씨앤에이치파트너스	100.0

주요경쟁사 (외형,%)
CNH	100
삼성카드	13,555
	1,064

수익구성
이자수익	32.7
수수료수익	29.0
금융상품 관련이익	25.0

비용구성
이자비용	15.1
파생상품손실	0.0
판관비	21.6

수출비중
수출	—
내수	—

회사 개요
동사는 1989년에 여신전문금융업을 영위하기 위하여 설립되어 2009년 물적분할해 지주회사로 전환함. 계열회사로는 동사의 지분 56.9%를 보유한 지배회사 그래닛홀딩스를 비롯해 재무제표 연결 대상인 종속회사로 여신금융업체인 씨앤에이치캐피탈㈜, 여의도 메리어트 호텔을 운영하는 씨앤에이치하스피탈러티㈜, 자동차 렌탈업을 하는 씨앤에이치프리미어렌탈㈜, 경영컨설팅 업체 씨앤에이치파트너스 등 총 7개가 있음.

실적 분석
동사는 2017년 상반기 누적 영업수익이 327.9억원으로 운용리스료수입과 렌탈수입, 호텔매출 등이 부진하면서 전년 동기 대비 매출 415.5억원에서 26.7% 감소함. 반면 영업비용은 전년 동기 426.4억원에서 2017년 상반기 311.1억원으로 줄어 영업손익은 적자에서 흑자로 전환하며 16.8억원의 영업이익을 냈음. 당기순손익도 흑자 전환하며 순이익이 17.3억원이었음.

현금 흐름 〈단위 : 억원〉
항목	2016	2017.2Q
영업활동	104	7
투자활동	728	-151
재무활동	-929	-49
순현금흐름	-97	-193
기말현금	240	47

시장 대비 수익률

결산 실적 〈단위 : 억원〉
항목	2012	2013	2014	2015	2016	2017
순영업손익	152	405	265	230	207	—
영업이익	-102	111	2	46	48	—
당기순이익	-98	71	-26	24	32	—

분기 실적 〈단위 : 억원〉
항목	2016.1Q	2016.2Q	2016.3Q	2016.4Q	2017.1Q	2017.2Q
순영업손익	-34	106	79	56	40	45
영업이익	-80	69	43	15	12	5
당기순이익	-62	57	32	5	12	6

재무 상태 〈단위 : 억원〉
항목	2012	2013	2014	2015	2016	2017.2Q
총자산	4,489	4,455	4,462	4,685	3,373	3,293
유형자산	962	977	961	964	29	26
무형자산	13	7	7	8	6	6
유가증권	615	789	1,017	1,051	833	854
총부채	3,614	3,549	3,532	3,747	2,404	2,317
총차입금	2,434	2,259	2,695	2,626	1,218	1,252
자본금	930	930	930	930	930	930
총자본	875	906	930	938	969	976
지배주주지분	858	905	930	938	969	976

기업가치 지표
항목	2012	2013	2014	2015	2016	2017.2Q
주가(최고/저)(천원)	1.7/1.1	1.5/1.1	1.8/1.2	2.4/1.3	1.8/1.3	—/—
PER(최고/저)(배)	—/—	8.1/6.0	—/—	36.0/20.0	21.7/15.3	—/—
PBR(최고/저)(배)	0.7/0.5	0.6/0.4	0.8/0.5	0.9/0.5	0.7/0.5	0.6/0.5
PSR(최고/저)(배)	0/0	0/0	0/0	0/0	3/2	—/—
EPS(원)	-260	194	-65	67	85	
BPS(원)	2,572	2,697	2,606	2,625	2,709	2,728
CFPS(원)	715	1,186	789	752	421	141
DPS(원)	25	20	50	15	15	
EBITDAPS(원)	-274	299	6	125	128	45

재무 비율 〈단위 : % 〉
연도	계속사업이익률	순이익률	부채비율	차입금비율	ROA	ROE	유보율	자기자본비율	총자산증가율
2016	19.0	15.2	248.2	125.8	0.8	3.3	8.4	28.7	-28.0
2015	10.1	10.6	399.6	280.1	0.5	2.7	5.0	20.0	5.0
2014	-9.2	-9.7	379.6	289.7	-0.6	-2.6	4.2	20.9	0.2
2013	27.2	17.6	일부잠식	일부잠식	1.6	8.2	7.9	20.3	-0.8

씨에스 (A065770)
CS

업 종 : 통신장비		시 장 : KOSDAQ	
신용등급 : (Bond) — (CP) —		기업규모 : —	
홈 페 이 지 : www.cs-holdings.co.kr		연 락 처 : 031)622-3200	
본 사 : 경기도 성남시 분당구 판교로228번길 15 (판교세븐벤처밸리1 씨에스동)			

설 립 일	1999.02.03	종업원수	77명	대표이사	최규훈,최규백
상 장 일	2004.06.04	감사의견	적정 (삼정)	계 열	
결 산 기	12월	보통주	1,884만주	종속회사수	1개사
액 면 가	500원	우선주		구 상 호	

주주구성 (지분율,%)		출자관계 (지분율,%)		주요경쟁사 (외형,%)	
트러스트아이비1호조합	25.3	에이티엠모션와이드	37.5	CS	100
정흥식	6.4	판교벤처밸리	14.9	라이트론	86
(외국인)	0.4	티알에프	9.1	서화정보통신	27

매출구성		비용구성		수출비중	
광중계기	70.0	매출원가율	84.1	수출	39.0
소형 ICS중계기	17.6	판관비율	16.6	내수	61.0
개발 및 설치 용역	5.3				

회사 개요
1999년 설립된 동사는 RF중계기, 광중계기 등 통신장비의 제조 및 판매를 주요 사업을 영위하고 있음. 동사는 통신 음영지역에서 미세한 기지국 신호를 증폭하여 재 방사하는 이동통신중계기와 휴대인터넷(WiBro) 중계기, 디지털방송통신 시스템 등을 국.내외 이동통신 사업자 등에 공급하고 있음.동사는 2012년부터 LTE서비스와 주파수 재배치에 따른 Revision 중계기 등을 개발, 이동통신사업자에게 공급하고 있음

실적 분석
동사의 2017년 상반기 매출은 175.1억원으로 전년대비 41.1% 증가, 영업이익은 -9.5억원으로 적자지속, 당기순이익은 -13.8억원으로 적자지속. 전체 외형은 증가하였으나 원가율 상승, 제품 믹스 약화로 수익성 개선은 미진함.향후 5G 서비스 도입시 통신관련한 투자 부문 증가 예상. 광중계기 중심으로 수요 증가 기대. 가상현실, 인공지능 서비스를 위한 5G 투자에 대한 관심 높을 전망.

현금 흐름 〈단위 : 억원〉

항목	2016	2017.2Q
영업활동	-10	-12
투자활동	10	-1
재무활동	54	-35
순현금흐름	54	-48
기말현금	65	17

결산 실적 〈단위 : 억원〉

항목	2012	2013	2014	2015	2016	2017
매출액	822	523	855	510	485	—
영업이익	-6	-98	38	-83	-3	—
당기순이익	-23	-167	-186	-88	-78	—

분기 실적 〈단위 : 억원〉

항목	2016.1Q	2016.2Q	2016.3Q	2016.4Q	2017.1Q	2017.2Q
매출액	66	58	115	246	80	95
영업이익	-18	-14	-7	37	-6	-4
당기순이익	-27	-75	-10	34	-8	-4

재무 상태 〈단위 : 억원〉

항목	2012	2013	2014	2015	2016	2017.2Q
총자산	1,180	1,113	1,233	608	549	474
유형자산	447	542	342	336	354	354
무형자산	61	45	16	15	11	13
유가증권	149	118	92	65	17	14
총부채	655	736	843	511	352	290
총차입금	496	551	484	360	239	205
자본금	60	60	60	60	94	94
총자본	526	376	390	98	197	184
지배주주지분	321	174	223	98	197	184

기업가치 지표

항목	2012	2013	2014	2015	2016	2017.2Q
주가(최고/저)(천원)	10.2/4.4	5.1/2.4	2.8/1.7	4.1/1.9	2.9/1.5	—/—
PER(최고/저)(배)	—/—	—/—	1.1/0.7	2.9/1.3	2.8/1.4	2.3/1.6
PBR(최고/저)(배)	3.2/1.4	2.5/1.1	—/—	2.9/1.3	2.8/1.4	2.3/1.6
EV/EBITDA(배)	39.8		10.7		46.3	
EPS(원)	-440	-1,283	-1,203	-727	-548	-73
BPS(원)	3,212	2,062	2,473	1,426	1,047	977
CFPS(원)	-198	-994	-878	-614	-441	-39
DPS(원)						
EBITDAPS(원)	188	-530	641	-581	84	-16

재무 비율 〈단위 : % 〉

연도	영업이익률	순이익률	부채비율	차입금비율	ROA	ROE	유보율	자기자본비율	EBITDA마진율
2016	-0.7	-16.1	178.6	121.3	-13.5	-53.1	109.4	35.9	2.5
2015	-16.3	-17.2	523.0	368.8	-9.5	-54.3	185.3	16.1	-13.7
2014	4.4	-21.8	216.3	124.1	-15.9	-72.7	394.6	31.6	9.0
2013	-18.8	-32.0	195.8	146.5	-14.6	-62.3	312.4	33.8	-12.2

씨에스에이코스믹 (A083660)
CSA COSMIC

업 종 : 건축자재		시 장 : KOSDAQ	
신용등급 : (Bond) — (CP) —		기업규모 : 중견	
홈 페 이 지 : www.gentro.co.kr		연 락 처 : 02)6203-5370	
본 사 : 서울시 강남구 학동로30길 20			

설 립 일	1989.11.07	종업원수	162명	대표이사	조성아
상 장 일	2006.07.25	감사의견	적정 (리안)	계 열	
결 산 기	12월	보통주	1,975만주	종속회사수	
액 면 가	500원	우선주		구 상 호	CSA Cosmic

주주구성 (지분율,%)		출자관계 (지분율,%)		주요경쟁사 (외형,%)	
초초스팩토리	13.8	전문건설공제조합		CSA 코스믹	100
골든포우	3.7	GuangzhouZhongchengCSACosmeticCo.,LTD	40.0	스페코	244
(외국인)	0.0			원하이텍	187

매출구성		비용구성		수출비중	
물탱크	40.8	매출원가율	61.0	수출	—
기타 외	21.0	판관비율	51.8	내수	—
COD관	14.5				

회사 개요
동사는 합성수지건설 자재제품 제조 및 판매업과 설치공사업을 영위하고 있으며, 수질 및 환 경관련사업도 영위하고 있음. 2015년 12월 신규사업 확대를 위해 화장품 사업을 사업 목적으로 추가하고 동사는 10~20대 대상 색조 화장품 라인인 '16브랜드(16brand)'와 뷰티&라이프스타일 콜라보레이션을 추구하는 생활용품 전문브랜드 '원더바스(Wonderbath)'를 보유하고 있음.

실적 분석
동사의 2017년 상반기 연결기준 매출액은 152.6억원으로 전년동기 대비 64.1% 증가함. 매출 확대에도 불구하고 국제유가 상승에 따른 원재료비의 증가와 판관비 부담으로 47억원의 영업손실이 발생하며 적자 지속됨. 중국 왓슨스의 최대 밴더 회사인 중상그룹과 합자법인 설립계약을 체결하고 왓슨스 매장에 '16브랜드'와 '원더바스'를 입점시킬 계획이며, 일본 최대 홈쇼핑 샵채널에도 원더바스를 선보일 예정임.

현금 흐름 *IFRS 별도 기준 〈단위 : 억원〉

항목	2016	2017.2Q
영업활동	-63	-72
투자활동	-194	55
재무활동	-1	—
순현금흐름	-258	-17
기말현금	46	29

결산 실적 〈단위 : 억원〉

항목	2012	2013	2014	2015	2016	2017
매출액	320	252	186	200	345	—
영업이익	-15	6	-3	5	-44	—
당기순이익	-86	-12	-7	3	-51	—

분기 실적 *IFRS 별도 기준 〈단위 : 억원〉

항목	2016.1Q	2016.2Q	2016.3Q	2016.4Q	2017.1Q	2017.2Q
매출액	37	56	144	108	62	90
영업이익	-19	-18	5	-13	-29	-18
당기순이익	-21	-19	3	-14	-28	-18

재무 상태 *IFRS 별도 기준 〈단위 : 억원〉

항목	2012	2013	2014	2015	2016	2017.2Q
총자산	215	186	153	447	419	363
유형자산	55	49	36	48	61	62
무형자산	4	3	1	1	0	3
유가증권	1	1	1	3	3	3
총부채	130	98	72	212	104	79
총차입금	81	50	45	176	52	39
자본금	41	44	44	70	96	99
총자본	85	88	81	235	315	284
지배주주지분	85	88	81	235	315	284

기업가치 지표 *IFRS 별도 기준

항목	2012	2013	2014	2015	2016	2017.2Q
주가(최고/저)(천원)	3.8/1.6	2.5/1.3	2.1/1.2	12.4/1.5	7.5/3.7	—/—
PER(최고/저)(배)				362.3/44.1	—/—	—/—
PBR(최고/저)(배)	3.7/1.5	2.5/1.3	2.3/1.3	7.4/0.9	4.6/2.2	4.2/1.8
EV/EBITDA(배)	—	15.4		126.6		
EPS(원)	-1,070	-86	-83	34	-266	-236
BPS(원)	1,038	1,008	926	1,681	1,641	1,437
CFPS(원)	-1,015	-50	-55	52	-244	-217
DPS(원)						
EBITDAPS(원)	-136	109	-29	67	-208	-219

재무 비율 〈단위 : % 〉

연도	영업이익률	순이익률	부채비율	차입금비율	ROA	ROE	유보율	자기자본비율	EBITDA마진율
2016	-12.8	-14.8	32.9	16.6	-11.8	-18.6	228.2	75.2	-11.6
2015	2.5	1.7	90.3	74.9	1.1	2.2	236.3	52.6	3.4
2014	-2.6	-3.9	89.9	55.4	-4.2	-9.2	83.9	52.7	-1.4
2013	2.5	-4.6	113.6	57.0	-5.7	-8.5	101.6	46.8	3.7

씨에스윈드 (A112610)
CS Wind

업 종 : 에너지 시설 및 서비스		시 장 : 거래소	
신용등급 : (Bond) — (CP) —		기업규모 : 시가총액 소형주	
홈 페 이 지 : www.cswind.com		연 락 처 : 041)901-1800	
본 사 : 충남 천안시 서북구 동서대로 129-12 (성정동, 백석대학빌딩 4층)			

설 립 일 2006.08.17	종 업 원 수 63명	대 표 이 사 김성권,김성섭	
상 장 일 2014.11.27	감 사 의 견 적정 (삼일)	계 열	
결 산 기 12월	보 통 주 1,729만주	종속회사수 15개사	
액 면 가 500원	우 선 주	구 상 호	

주주구성 (지분율,%)
김성권	36.0
GSCP VI Tanker Holdings B.V.	10.8
(외국인)	16.3

출자관계 (지분율,%)
피앤씨글로벌	100.0
제주풍력주식회사	25.3
CSWINDVietnamCo.,Ltd	100.0

주요경쟁사 (외형,%)
씨에스윈드	100
한전기술	163
동국S&C	123

매출구성
[풍력타워제조]제품	99.7
[풍력타워제조]상품	0.2
[풍력타워제조]서비스 매출	0.1

비용구성
매출원가율	93.6
판관비율	14.0

수출비중
수출	—
내수	—

회사 개요
2006년 설립되었으며 2007년 씨에스윈드로 사명을 변경함. 풍력발전 설비 및 제조, 관련 기술 개발, 강구조물 제작 및 설치, 풍력발전 관련 컨설팅 및 지원서비스 사업을 영위하면서 동사와 자회사는 풍력발전 타워 및 풍력발전 타워용 알루미늄 플랫폼 등을 생산하고 있음. 매출구성은 풍력타워제조(제품) 99.60%, 풍력타워제조(상품) 0.26%, 서비스매출 0.14% 등으로 구성됨.

실적 분석
동사의 2017년 2분기 누적매출액은 1,489.2억원으로 전년동기 대비 -19.2% 감소함. 매출원가의 감소로 영업이익은 전년 동기대비 128.4% 증가하였으나, 당기순이익은 비영업손익 전년동기대비 감소한 영향으로 -3.6% 감소한 230억원을 기록.

현금 흐름
〈단위 : 억원〉
항목	2016	2017.2Q
영업활동	481	-134
투자활동	-353	52
재무활동	-95	-67
순현금흐름	31	-226
기말현금	561	335

시장 대비 수익률

결산 실적
〈단위 : 억원〉
항목	2012	2013	2014	2015	2016	2017
매출액	3,179	2,965	3,292	2,971	3,112	—
영업이익	174	354	688	364	-237	—
당기순이익	142	269	571	214	-172	—

분기 실적
〈단위 : 억원〉
항목	2016.1Q	2016.2Q	2016.3Q	2016.4Q	2017.1Q	2017.2Q
매출액	748	1,094	518	752	666	823
영업이익	59	18	-44	-270	51	125
당기순이익	123	116	-74	-337	118	112

재무 상태
〈단위 : 억원〉
항목	2012	2013	2014	2015	2016	2017.2Q
총자산	2,804	2,675	3,709	3,920	3,857	3,968
유형자산	1,207	1,147	1,106	1,177	1,188	1,485
무형자산	47	45	44	44	24	24
유가증권	2	2	—	—	—	272
총부채	1,651	1,313	734	663	871	943
총차입금	1,031	745	208	153	170	242
자본금	71	71	86	86	86	86
총자본	1,153	1,362	2,975	3,257	2,986	3,025
지배주주지분	1,153	1,362	2,975	3,255	2,984	3,023

기업가치 지표
항목	2012	2013	2014	2015	2016	2017.2Q
주가(최고/저)(천원)	—/—	—/—	31.7/22.9	40.0/18.8	27.1/15.2	—/—
PER(최고/저)(배)	0.0/0.0	0.0/0.0	8.5/6.2	33.1/15.6	—/—	—/—
PBR(최고/저)(배)	0.0/0.0	0.0/0.0	1.8/1.3	2.0/1.0	1.4/0.8	1.4/0.8
EV/EBITDA(배)	1.5	0.5	4.2	7.6	—/—	—/—
EPS(원)	995	1,880	3,917	1,236	-999	1,330
BPS(원)	8,070	9,533	18,753	20,398	19,302	19,665
CFPS(원)	1,798	2,790	4,777	2,008	-132	1,330
DPS(원)	—	—	700	300	200	1,330
EBITDAPS(원)	2,023	3,388	5,578	2,879	-502	1,017

재무 비율
〈단위 : % 〉
연도	영업이익률	순이익률	부채비율	차입금비율	ROA	ROE	유보율	자기자본비율	EBITDA마진율
2016	-7.6	-5.5	29.2	5.7	-4.4	-5.5	3,760.4	77.4	-2.8
2015	12.3	7.2	20.4	4.7	5.6	6.9	3,979.7	83.1	16.8
2014	20.9	17.4	24.7	7.0	17.9	26.4	3,650.7	80.2	24.7
2013	11.9	9.1	96.5	54.7	9.8	21.4	1,806.6	50.9	16.3

씨에스홀딩스 (A000590)
CS Holdings

업 종 : 금속 및 광물		시 장 : 거래소	
신용등급 : (Bond) — (CP) —		기업규모 : 시가총액 소형주	
홈 페 이 지 : www.chosunwelding.com		연 락 처 : 054)285-8221~3	
본 사 : 경북 포항시 남구 괴동로 43 (장흥동)			

설 립 일 1949.01.12	종 업 원 수 3명	대 표 이 사 장원영	
상 장 일 1975.12.22	감 사 의 견 적정 (가율)	계 열	
결 산 기 12월	보 통 주 115만주	종속회사수 5개사	
액 면 가 5,000원	우 선 주	구 상 호	

주주구성 (지분율,%)
장원영	53.7
장준영	22.3
(외국인)	1.4

출자관계 (지분율,%)
조선선재온산	100.0
동양금속	100.0
조선선재	45.3

주요경쟁사 (외형,%)
CS홀딩스	100
서원	201
일진다이아	88

매출구성
브랜드 로열티(기타)	67.4
기타	32.6

비용구성
매출원가율	72.8
판관비율	11.1

수출비중
수출	—
내수	—

회사 개요
동사는 용접재료 생산 및 판매를 영위할 목적으로 1949년 설립됨. 2010년 기업이 분할돼 투자사업부문을 영위하는 동사와 인적분할 신설법인인 조선선재(주)(제조사업부 중 피복용접재료부문)로 분할됨. 조선선재온산(주)(FCW용접재료)로 분할함. 동사의 주 수익원은 자회사의 배당, 브랜드 수익임. 조선선재는 용접재료로 매출을 올리고 있으며, 포스코에서 원재료를 가져옴. 부재료는 전량 수입에 의존함.

실적 분석
동사의 2017년 연결 기준 반기 영업수익은 전년동기 대비 소폭 감소한 628.2억원을 기록. 판관비 감소에도 불구하고 외형축소 및 원가율 상승 여파로 수익성 하락함에 따라 영업이익은 전년대비 27% 감소한 84.8억원에 그침. 전방산업의 부진속에서도 외형은 비교적 선방하고 있으나, 주요 원재료가의 상승폭이 다소 커진 상황임. 비영업부문에서도 개선세를 시현하지 못하여 당기순이익 또한 전년동기 대비 30.4% 감소한 모습.

현금 흐름
〈단위 : 억원〉
항목	2016	2017.2Q
영업활동	166	71
투자활동	-180	43
재무활동	-33	-40
순현금흐름	-46	73
기말현금	688	761

시장 대비 수익률

결산 실적
〈단위 : 억원〉
항목	2012	2013	2014	2015	2016	2017
매출액	1,471	1,441	1,416	1,390	1,231	—
영업이익	146	178	210	227	198	—
당기순이익	107	130	144	296	171	—

분기 실적
〈단위 : 억원〉
항목	2016.1Q	2016.2Q	2016.3Q	2016.4Q	2017.1Q	2017.2Q
매출액	324	328	286	294	326	302
영업이익	56	60	42	41	46	39
당기순이익	50	56	32	34	36	37

재무 상태
〈단위 : 억원〉
항목	2012	2013	2014	2015	2016	2017.2Q
총자산	2,182	2,339	2,604	2,849	2,939	2,953
유형자산	774	772	770	743	741	738
무형자산	301	300	257	256	256	255
유가증권	39	44	129	13	13	14
총부채	267	301	360	391	320	314
총차입금	13	13	57	88	72	80
자본금	58	58	58	58	58	58
총자본	1,915	2,038	2,244	2,459	2,619	2,639
지배주주지분	1,697	1,774	1,912	2,048	2,139	2,146

기업가치 지표
항목	2012	2013	2014	2015	2016	2017.2Q
주가(최고/저)(천원)	44.3/30.6	48.0/31.2	88.4/35.0	93.8/74.2	95.3/68.7	—/—
PER(최고/저)(배)	7.9/5.4	7.0/4.5	14.0/5.5	5.0/4.0	12.0/8.6	—/—
PBR(최고/저)(배)	0.3/0.2	0.3/0.2	0.5/0.2	0.5/0.4	0.5/0.4	0.5/0.4
EV/EBITDA(배)	0.8	0.2	2.2	0.7	0.6	—/—
EPS(원)	5,672	6,916	6,372	18,717	7,995	2,843
BPS(원)	147,157	153,885	165,835	177,576	185,481	186,050
CFPS(원)	7,856	9,015	8,433	20,534	9,866	3,770
DPS(원)					500	
EBITDAPS(원)	14,849	17,534	20,249	21,478	19,050	8,269

재무 비율
〈단위 : % 〉
연도	영업이익률	순이익률	부채비율	차입금비율	ROA	ROE	유보율	자기자본비율	EBITDA마진율
2016	16.1	13.9	12.2	2.8	5.9	4.4	3,609.6	89.1	17.9
2015	16.3	21.3	15.9	3.6	10.9	10.9	3,451.5	86.3	17.8
2014	14.8	10.2	16.0	2.5	5.8	4.0	3,216.7	86.2	16.5
2013	12.4	9.0	14.8	0.6	5.8	4.6	2,977.7	87.1	14.1

씨엔플러스 (A115530)
CNPLUS

업 종 : 디스플레이 및 관련부품		시 장 : KOSDAQ	
신용등급 : (Bond) — (CP) —		기업규모 :	
홈 페 이 지 : www.icnplus.com		연 락 처 : 031)434-0976	
본 사 : 경기도 시흥시 시화벤처로 325			

설 립 일	2003.11.10	종 업 원 수	74명	대 표 이 사	김영식,문원식(공동대표)
상 장 일	2011.11.02	감 사 의 견	적정 (한울)	계 열	
결 산 기	12월	보 통 주	559만주	종속회사수	2개사
액 면 가	500원	우 선 주		구 상 호	

주주구성 (지분율,%)		출자관계 (지분율,%)		주요경쟁사 (외형,%)	
엠케이투자조합	7.2	씨엔반도체	100.0	씨엔플러스	100
은민	4.0	한국마이센	100.0	우리이티아이	6,184
(외국인)	0.3	코리아엠씨엔	33.3	유테크	114

매출구성		비용구성		수출비중	
LCD/LED	64.3	매출원가율	93.2	수출	71.0
기타	18.6	판관비율	30.1	내수	29.0
ODD	17.1				

회사 개요
동사는 커넥터 제조 전문기업으로서 2003년 설립 이후 PDP, ODD, LCD시장에 성공적으로 진입하였고, 품질경쟁력을 바탕으로 일본 시장개척에 성공하여 높은 매출 성장률을 지속하고 있음. 2015년 주식양수도를 통해 최대주주가 미디어코보코리아로 변경됨. 디스플레이 부품 중심에서 모바일을 포함하는 제품 포트폴리오 다각화를 추진 중임. 아마르데와는 중국 화장품 판매, 청현과는 삼계탕 수출 계약을 체결하며 중국 유통시장에 진출함.

실적 분석
동사의 2017년 상반기 연결기준 매출액은 LCD, ODD 부문 회복으로 121.5억원을 기록하며 전년동기 대비 2.5% 증가함. 커넥터 또한 수출과 내수 모두 전년동기와 비슷한 매출 실적 기록. 영업손실은 6.3억원으로 적자를 지속하고 있으나 적자 폭은 다소 축소됨. 영업외수익 1.3억원을 반영한 당기순이익은 -4.2억원을 기록함. 동사는 4년 연속 영업적자로 관리종목에 편입된 상태임.

현금 흐름 〈단위 : 억원〉

항목	2016	2017.2Q
영업활동	-13	-13
투자활동	129	-13
재무활동	-107	10
순현금흐름	9	-18
기말현금	20	2

시장 대비 수익률

결산 실적 〈단위 : 억원〉

항목	2012	2013	2014	2015	2016	2017
매출액	544	427	342	279	248	
영업이익	35	-4	-71	-42	-58	
당기순이익	53	0	-131	-124	-127	

분기 실적 〈단위 : 억원〉

항목	2016.1Q	2016.2Q	2016.3Q	2016.4Q	2017.1Q	2017.2Q
매출액	66	53	68	61	57	64
영업이익	-10	-10	-11	-26	-4	-2
당기순이익	-11	-17	-12	-86	-9	5

재무 상태 〈단위 : 억원〉

항목	2012	2013	2014	2015	2016	2017.2Q
총자산	667	596	576	513	355	345
유형자산	365	343	352	299	197	217
무형자산	39	57	19	24	24	20
유가증권	—	3	3	30	12	5
총부채	278	208	314	338	229	230
총차입금	184	144	256	294	164	167
자본금	23	24	24	24	26	26
총자본	389	388	262	175	125	115
지배주주지분	371	388	260	175	125	115

기업가치 지표

항목	2012	2013	2014	2015	2016	2017.2Q
주가(최고/저)(천원)	12.7/7.6	11.4/7.3	7.9/3.1	24.0/3.1	18.7/3.2	—/—
PER(최고/저)(배)	11.2/6.7	360.2/230.4	—/—	—/—	—/—	—/—
PBR(최고/저)(배)	1.6/0.9	1.4/0.9	1.4/0.6	6.4/0.8	7.7/1.3	2.5/1.1
EV/EBITDA(배)	5.3	9.9				
EPS(원)	1,136	32	-2,693	-2,571	-2,538	-82
BPS(원)	8,225	8,210	5,564	3,724	2,439	2,240
CFPS(원)	2,098	1,062	-1,598	-1,730	-2,086	87
DPS(원)	50					
EBITDAPS(원)	1,721	937	-377	-52	-715	47

재무 비율 〈단위 : %〉

연도	영업이익률	순이익률	부채비율	차입금비율	ROA	ROE	유보율	자기자본비율	EBITDA마진율
2016	-23.3	-51.1	182.9	131.0	-29.2	-83.6	387.7	35.4	-14.3
2015	-15.2	-44.5	192.9	167.9	-22.7	-56.1	644.9	34.1	-0.9
2014	-20.8	-38.2	120.1	97.8	-22.3	-40.2	1,038.9	45.4	-5.3
2013	-1.1	0.1	53.7	37.3	0.1	0.4	1,580.6	65.1	10.4

씨엠에스에듀 (A225330)
CMS Edu

업 종 : 교육		시 장 : KOSDAQ	
신용등급 : (Bond) — (CP) —		기업규모 : 벤처	
홈 페 이 지 : www.cmsedu.co.kr		연 락 처 : 02)552-8500	
본 사 : 서울시 서초구 방배로 208 소암빌딩 2층, 7층			

설 립 일	2003.07.24	종 업 원 수	785명	대 표 이 사	이충국
상 장 일	2016.04.07	감 사 의 견	적정 (신한)	계 열	
결 산 기	12월	보 통 주	1,859만주	종속회사수	2개사
액 면 가	500원	우 선 주		구 상 호	

주주구성 (지분율,%)		출자관계 (지분율,%)		주요경쟁사 (외형,%)	
청담러닝	43.0	진에듀	100.0	씨엠에스에듀	100
이충국	10.2	상상과창조	100.0	메가스터디교육	298
(외국인)	1.8	아임삭	1%미만	정상제이엘에스	143

매출구성		비용구성		수출비중	
학원 수강료	86.2	매출원가율	0.0	수출	0.0
교재 수입	10.9	판관비율	81.2	내수	100.0
기타	1.4				

회사 개요
동사는 2003년 7월 24일에 설립되었으며, 주요 사업목적은 '직/가맹학원 운영 및 콘텐츠 개발임. 국내 교육서비스 산업은 최근 사교육 억제를 위한 맞춤형 교육/입시 정책을 내놓으며 시장규모가 위축된 상태이나 정부의 영재교육 확대정책에 따라 사고력 수학, 융합교육(STEAM) 및 스토리텔링형 교육에 대한 수요가 계속적으로 증가하고 있는 추세임. 동사는 2016년 4월 7일 코스닥 시장에 신규 상장함.

실적 분석
2017년 반기 연결기준 매출액과 영업이익은 각각 16.6%, 15.5% 증가한 336.6억원, 70.3억원을 기록함. 신규교점 개점 효과와 기존점 성장이 성장을 견고하게 받쳐준 결과임. 향후 5년간 20개 이상 신규 직영점 개원이 예정되어있음. 직영점 확대로 수강료, 교재 매출이 증가해 외형성장을 견인. 수학의 중요성이 커지고 코딩이 정규과목으로 채택되는 등 정부의 교육 정책 변화로 수혜가 커질 전망.

현금 흐름 〈단위 : 억원〉

항목	2016	2017.2Q
영업활동	98	61
투자활동	-440	-5
재무활동	262	-22
순현금흐름	-80	34
기말현금	10	43

시장 대비 수익률

결산 실적 〈단위 : 억원〉

항목	2012	2013	2014	2015	2016	2017
매출액	238	302	400	482	585	—
영업이익	44	59	76	88	110	—
당기순이익	35	52	61	70	72	—

분기 실적 〈단위 : 억원〉

항목	2016.1Q	2016.2Q	2016.3Q	2016.4Q	2017.1Q	2017.2Q
매출액	159	130	140	157	180	157
영업이익	44	17	12	37	49	22
당기순이익	35	14	9	13	39	18

재무 상태 〈단위 : 억원〉

항목	2012	2013	2014	2015	2016	2017.2Q
총자산	162	193	230	287	647	669
유형자산	18	22	29	30	322	187
무형자산	4	8	15	21	32	33
유가증권	34	2	42	151	126	
총부채	53	70	98	136	246	197
총차입금				28	125	65
자본금	7	7	7	17	21	23
총자본	109	123	132	151	401	473
지배주주지분	109	123	132	150	401	473

기업가치 지표

항목	2012	2013	2014	2015	2016	2017.2Q
주가(최고/저)(천원)	—/—	—/—	—/—	—/—	—/—	—/—
PER(최고/저)(배)	0.0/0.0	0.0/0.0	0.0/0.0	0.0/0.0	18.1/12.2	—/—
PBR(최고/저)(배)	0.0/0.0	0.0/0.0	0.0/0.0	0.0/0.0	3.4/2.3	2.9/2.3
EV/EBITDA(배)					8.5	
EPS(원)	267	391	456	530	449	331
BPS(원)	8,149	9,235	9,900	4,509	9,483	10,188
CFPS(원)	3,518	5,102	5,997	2,789	2,239	1,674
DPS(원)					1,200	
EBITDAPS(원)	4,190	5,600	7,104	3,325	3,197	1,988

재무 비율 〈단위 : %〉

연도	영업이익률	순이익률	부채비율	차입금비율	ROA	ROE	유보율	자기자본비율	EBITDA마진율
2016	18.8	12.3	61.4	31.2	15.4	26.0	1,796.7	62.0	21.8
2015	18.4	14.6	90.3	18.6	27.2	50.0	801.7	52.6	23.0
2014	18.9	15.2	74.2	0.0	28.8	47.7	1,880.0	57.4	23.7
2013	19.5	17.3	56.5	0.0	29.4	45.0	1,747.0	63.9	24.7

씨엠지제약 (A058820)
CMG Pharmaceutical

업 종 : 제약
신용등급 : (Bond) —   (CP) —
홈 페 이 지 : www.cmgpharma.co.kr
본   사 : 서울시 강남구 도산대로 66길 14(청담동)

시   장 : KOSDAQ
기업규모 : 벤처
연 락 처 : (02)3453-8816

설 립 일	2001.08.01	종 업 원 수	186명	대 표 이 사	이주형
상 장 일	2001.08.31	감 사 의 견	적정 (한길)	계 열	
결 산 기	12월	보 통 주	10,886만주	종속회사수	1개사
액 면 가	500원	우 선 주		구 상 호	스카이뉴팜

주주구성 (지분율,%)		출자관계 (지분율,%)		주요경쟁사 (외형,%)	
차바이오텍	21.3	SGN	100.0	CMG제약	100
새벽1호조합	4.1	CXK	20.0	신풍제약	589
(외국인)	2.6	천지산	6.7	광동제약	3,204

매출구성		비용구성		수출비중	
정제	69.4	매출원가율	59.6	수출	1.0
캡슐	11.7	판관비율	35.1	내수	99.0
상품	8.9				

회사 개요

동사는 2001년 에머슨퍼시픽에서 인적분할하여 설립된 후 피혁사업을 영위해왔으나, 수익성 악화로 인하여 2006년 제약사업에 진출하였고, 2008년에 셀라트팜코리아와의 합병을 거쳐 현재 의약품 제조 및 판매의 제약사업을 영위하고 있음. 2010년에 범일인더스트리(주)로부터 컬러 화강석 국내 독점 영업권을 양수하고, 2011년엔 태양광발전사업 진출을 위해 (주)콘센트릭스솔라코리아에 지분투자함. 2013년 3월에 스카이뉴팜에서 현재 사명으로 변경.

실적 분석

동사는 연결대상 종속회사로 SGN(유)를 보유하고 있으나, 실질적인 폐업상태임. 동사는 2017년 반기에 신제품 출시 등에 힘입어 연결기준 매출액 196.4억원을 시현하며 전기 대비 24% 외형이 성장하였음. 매출 성장에 힘입어 당분기 영업이익은 12.6억원으로 전년동기 4.4억원 대비 증가하였음. 당기순이익은 16.4억원으로 전년동기 5.4억원에서 큰 폭으로 증가함.

현금 흐름
〈단위 : 억원〉

항목	2016	2017.2Q
영업활동	33	2
투자활동	-561	72
재무활동	524	2
순현금흐름	-4	76
기말현금	21	98

시장 대비 수익률

결산 실적
〈단위 : 억원〉

항목	2012	2013	2014	2015	2016	2017
매출액	160	204	228	270	330	—
영업이익	-31	8	4	-26	17	—
당기순이익	-67	1	2	-37	17	—

분기 실적
〈단위 : 억원〉

항목	2016.1Q	2016.2Q	2016.3Q	2016.4Q	2017.1Q	2017.2Q
매출액	75	83	83	89	94	103
영업이익	2	3	6	7	3	10
당기순이익	2	3	7	6	4	12

재무 상태
〈단위 : 억원〉

항목	2012	2013	2014	2015	2016	2017.2Q
총자산	571	559	581	565	1,110	1,129
유형자산	93	108	188	178	169	166
무형자산	2	64	103	118	135	146
유가증권	1	2	2	2	253	215
총부채	255	69	91	97	99	100
총차입금	196	14	15	0		
자본금	330	433	433	441	544	544
총자본	316	490	490	468	1,011	1,029
지배주주지분	316	490	490	468	1,011	1,029

기업가치 지표

항목	2012	2013	2014	2015	2016	2017.2Q
주가(최고/저)(천원)	2.5/1.0	1.9/0.8	1.5/0.8	3.2/0.9	7.9/1.8	—/—
PER(최고/저)(배)	—/—	465.6/203.0	858.6/473.7	—/—	427.3/95.0	—/—
PBR(최고/저)(배)	5.3/2.1	3.4/1.5	2.8/1.5	6.2/1.7	8.5/1.9	4.1/3.1
EV/EBITDA(배)	—	31.5	37.5		74.8	
EPS(원)	-134	4	2	-41	19	15
BPS(원)	478	566	566	530	930	946
CFPS(원)	-109	20	19	-20	41	15
DPS(원)						
EBITDAPS(원)	-36	27	22	-8	41	12

재무 비율
〈단위 : % 〉

연도	영업이익률	순이익률	부채비율	차입금비율	ROA	ROE	유보율	자기자본비율	EBITDA마진율
2016	5.3	5.2	9.8	0.0	2.1	2.3	86.0	91.1	11.6
2015	-9.5	-13.5	20.8	0.0	-6.4	-7.6	6.0	82.8	-2.5
2014	1.9	0.7	18.5	3.2	0.3	0.3	13.1	84.4	8.4
2013	3.9	1.5	14.1	2.9	0.5	0.7	13.1	87.6	9.4

씨유메디칼시스템 (A115480)
CU MEDICAL SYSTEMS

업 종 : 의료 장비 및 서비스
신용등급 : (Bond) —   (CP) —
홈 페 이 지 : www.cu911.com
본   사 : 강원도 원주시 문막읍 동화공단로 130-1

시   장 : KOSDAQ
기업규모 : 벤처
연 락 처 : (033)747-7657

설 립 일	2001.12.13	종 업 원 수	106명	대 표 이 사	나학록
상 장 일	2011.12.15	감 사 의 견	적정 (세일)	계 열	
결 산 기	12월	보 통 주	1,557만주	종속회사수	3개사
액 면 가	500원	우 선 주		구 상 호	

주주구성 (지분율,%)		출자관계 (지분율,%)		주요경쟁사 (외형,%)	
나학록	16.0			씨유메디칼	100
파트너스제2호벤처투자조합	3.6			메디아나	98
(외국인)	0.2			유비케어	125

매출구성		비용구성		수출비중	
애플사업 상품	53.9	매출원가율	78.8	수출	32.0
CU-SP1	16.8	판관비율	20.2	내수	68.0
의료기기사업 기타 제품	16.8				

회사 개요

의료기기 개발, 제조 및 판매 등을 사업 목적으로 하여 2001년 설립되어, 2011년 12월 코스닥시장에 상장됨. 주요 매출 품목은 심장제세동기로, 전체 매출의 90% 이상을 차지함. 캐논코리아, 씨유네트웍스와 같은 총판 대리점을 통한 견고한 유통채널을 해 학교 및 기업체 등의 신규시장에서 영업 활동의 토대 구축중임. 신규사업으로 의복형 생명위기대응 시스템과 기능적 전기자극기를 공급할 계획임. 최근 애플과 VAR계약 체결로 매출이 증가함.

실적 분석

동사의 2017년 연결기준 상반기 매출액은 306.9억원으로 전년동기 대비 20.9% 성장함. 이는 해외법인 판매 호조가 연결 매출액 상승을 이끈 것으로 분석 됨. 이에 따라 영업이익은 10.6억원으로 큰 폭 증가하고 당기순이익 또한 5.7억원을 기록하며 흑자전환 함. 애플과의 의료 및 헬스케어 시장에서 씨유메디칼은 단순한 영업 협력을 넘어서 B2B 시장 공급 뿐만 아니라 IT 의료 융합서비스를 제공하기 위한 상호협력을 추구

현금 흐름
〈단위 : 억원〉

항목	2016	2017.2Q
영업활동	-2	57
투자활동	-38	-4
재무활동	4	-14
순현금흐름	-39	40
기말현금	48	88

시장 대비 수익률

결산 실적
〈단위 : 억원〉

항목	2012	2013	2014	2015	2016	2017
매출액	216	237	247	257	546	—
영업이익	26	1	-5	11	5	—
당기순이익	22	1	-39	12	-18	—

분기 실적
〈단위 : 억원〉

항목	2016.1Q	2016.2Q	2016.3Q	2016.4Q	2017.1Q	2017.2Q
매출액	101	153	140	152	169	138
영업이익	3	3	4	5	9	2
당기순이익	0	-11	-3	-4	4	2

재무 상태
〈단위 : 억원〉

항목	2012	2013	2014	2015	2016	2017.2Q
총자산	449	642	610	667	635	647
유형자산	75	94	92	81	75	74
무형자산	39	118	128	128	81	80
유가증권	5	4	10	17	44	44
총부채	95	239	249	266	220	198
총차입금	70	216	208	229	183	141
자본금	31	33	33	33	72	77
총자본	354	403	362	401	416	449
지배주주지분	354	377	339	379	416	449

기업가치 지표

항목	2012	2013	2014	2015	2016	2017.2Q
주가(최고/저)(천원)	11.4/5.2	7.5/2.9	5.4/2.8	6.4/2.7	4.7/2.8	—/—
PER(최고/저)(배)	63.5/28.8	2,439.0/934.8	—/—	50.5/20.9	—/—	—/—
PBR(최고/저)(배)	3.8/1.7	2.5/1.0	2.0/1.0	2.2/0.9	1.6/1.0	1.5/1.1
EV/EBITDA(배)	20.4	37.5	41.8	16.7	27.0	
EPS(원)	180	3	-269	128	-109	36
BPS(원)	6,024	5,920	5,343	5,907	2,987	2,995
CFPS(원)	534	223	-230	589	7	88
DPS(원)						
EBITDAPS(원)	602	226	234	502	153	120

재무 비율
〈단위 : % 〉

연도	영업이익률	순이익률	부채비율	차입금비율	ROA	ROE	유보율	자기자본비율	EBITDA마진율
2016	1.0	-3.2	52.9	44.1	-2.7	-3.9	497.4	65.4	4.1
2015	4.3	4.5	66.4	57.2	1.8	4.7	1,081.4	60.1	13.0
2014	-1.9	-15.7	68.9	57.4	-6.2	-9.9	968.6	59.2	6.3
2013	0.3	0.8	59.4	53.6	0.3	0.1	1,083.9	62.7	6.1

씨이랩 (A189330)
XIIlab

업 종 : IT 서비스		시 장 : KONEX	
신용등급 : (Bond) — (CP) —		기업규모 :	
홈 페 이 지 : www.xiilab.com		연 락 처 : 031)628-6810	
본 사 : 경기도 성남시 분당구 대왕판교로 670 유스페이스2 B동 1002호			

설 립 일	2010.07.27	종 업 원 수	32명
상 장 일	2013.12.24	감 사 의 견	적정 (신청)
결 산 기	12월	보 통 주	
액 면 가		우 선 주	
대 표 이 사	이우영		
계	열		
종속회사수			
구 상 호			

주주구성 (지분율,%)		출자관계 (지분율,%)		주요경쟁사 (외형,%)	
이우영	70.1	인스앤인스	20.0	씨이랩	100
정대수	13.9	XIIlabJapan	30.0	바른테크놀로지	1,158
				씨아이테크	811

매출구성		비용구성		수출비중	
빅데이터 솔루션	80.7	매출원가율	0.0	수출	0.0
교육	12.8	판관비율	93.2	내수	100.0
지역상권 활성화 솔루션	5.3				

회사 개요
동사는 스마트워크활성화사업, 지역소프트웨어 융합 지원 사업 등 다수의 공공사업 참여를 통해 내재화된 기술과 동사 기업부설연구소를 통해 축적한 기술력을 바탕으로 소셜 콘텐츠 플랫폼(Social contents platform)을 개발하였음. 이를 바탕으로 빅데이터 지역정보 서비스 (구피, IBK 기업은행 금융상품 연계 서비스, 상권 활성화 솔루션 서비스), 빅데이터 분석 서비스 등 ICT서비스 중심의 사업을 영위하고 있음.

실적 분석
동사는 코넥스 상장 기업으로 반기와 분기 기준 실적 공개 의무가 없음. 동사의 2016년 연결기준 연간 누적 매출액은 22.8억원으로 전년 동기(15.6억원) 대비 약 40% 증가함. 매출이 증가하면서 영업이익 또한 1.6억원으로 전년 동기(1.3억원) 대비 소폭 증가. 매출 대비 영업이익률은 약 5% 수준을 유지. 비영업손익 부문에서 소폭 손실이 발생했지만 당기순이익은 1.1억원으로 흑자 기조를 유지하고 있음.

현금 흐름 *IFRS 별도 기준 〈단위 : 억원〉

항목	2016	2017.2Q
영업활동	4	
투자활동	-1	
재무활동		
순현금흐름	3	
기말현금	4	

시장 대비 수익률

결산 실적 〈단위 : 억원〉

항목	2012	2013	2014	2015	2016	2017
매출액	12	9	11	16	23	
영업이익	0	-4	-1	1	1	
당기순이익	0	-4	-1	1	1	

분기 실적 *IFRS 별도 기준 〈단위 : 억원〉

항목	2016.1Q	2016.2Q	2016.3Q	2016.4Q	2017.1Q	2017.2Q
매출액	—	—	—	—	—	—
영업이익	—	—	—	—	—	—
당기순이익	—	—	—	—	—	—

재무 상태 *IFRS 별도 기준 〈단위 : 억원〉

항목	2012	2013	2014	2015	2016	2017.2Q
총자산	4	10	13	15	18	
유형자산	1	1	0	1	1	
무형자산	1	1	5	5	3	
유가증권	0	1	0	0	0	
총부채	2	3	2	8	6	
총차입금	1	2	1	6	1	
자본금	1	10	10	10	10	
총자본	2	7	6	7	9	
지배주주지분	2	7	6	7	9	

기업가치 지표 *IFRS 별도 기준

항목	2012	2013	2014	2015	2016	2017.2Q
주가(최고/저)(천원)	—/—	2.5/2.2	4.2/2.5	4.0/2.0	4.2/0.8	—/—
PER(최고/저)(배)	0.0/0.0	—/—	—/—	75.2/38.3	74.1/14.5	—/—
PBR(최고/저)(배)	0.0/0.0	7.3/6.4	13.8/8.2	11.0/5.6	9.7/1.9	0.0/0.0
EV/EBITDA(배)				25.8	22.4	
EPS(원)	21	-339	-40	53	57	
BPS(원)	1,997	344	304	362	432	
CFPS(원)	347	-311	-6	109	135	
DPS(원)						
EBITDAPS(원)	362	-319	-1	123	157	

재무 비율 〈단위 : % 〉

연도	영업이익률	순이익률	부채비율	차입금비율	ROA	ROE	유보율	자기자본비율	EBITDA마진율
2016	6.8	4.9	일부잠식	일부잠식	6.7	14.3	-13.5	46.4	13.6
2015	8.5	6.7	일부잠식	일부잠식	7.4	15.8	-27.6	47.6	15.6
2014	-6.6	-7.5	일부잠식	일부잠식	-6.9	-12.3	-39.2	46.1	-0.3
2013	-47.6	-46.5	일부잠식	일부잠식	-61.2	-92.8	-31.2	69.5	-43.8

씨제이 (A001040)
CJ

업 종 : 식료품		시 장 : 거래소	
신용등급 : (Bond) AA- (CP) —		기업규모 : 시가총액 대형주	
홈 페 이 지 : www.cj.net		연 락 처 : 02)726-8114	
본 사 : 서울시 중구 소월로 2길 12 CJ빌딩			

설 립 일	1953.08.01	종 업 원 수	31명
상 장 일	1973.06.29	감 사 의 견	적정 (삼일)
결 산 기	12월	보 통 주	2,918만주
액 면 가	5,000원	우 선 주	226만주
대 표 이 사	손경식,이재현,이채욱		
계	열		
종속회사수	330개사		
구 상 호			

주주구성 (지분율,%)		출자관계 (지분율,%)		주요경쟁사 (외형,%)	
이재현	42.1	케이엑스홀딩스	100.0	CJ	100
국민연금공단	8.5	CJ건설	99.9	오리온홀딩스	10
(외국인)	19.1	CJ푸드빌	96.0	CJ제일제당	61

매출구성		비용구성		수출비중	
기타	44.1	매출원가율	68.9	수출	—
[CJ제일제당㈜]식품사업	19.3	판관비율	25.9	내수	—
[CJ제일제당㈜]생명공학사업	18.1				

회사 개요
동사는 CJ 그룹의 지주회사로 생명공학, 식품 및 식품서비스, 엔터테인먼트 및 미디어, 신유통, 인프라 등의 사업을 영위함. 자회사로는 CJ제일제당, CJ오쇼핑 등 국내 경쟁력 있는 자회사들을 소유하고 있음. 자체 수익원으로서는 임대료수익, 상표권 사용수익 그리고 배당수익이 있음. 초기 투자비용이 높은 외식사업은 타 경쟁업체에 비해 우위를 점하고 있음.

실적 분석
동사의 2017년 상반기 기준 누적 매출액은 12조8,546.7억원으로 전년 동기 대비 11.1% 증가함. 매출은 늘었지만 매출원가 또한 큰 폭으로 늘고 판매비와 관리비 상승이 두드러지면서 영업이익은 전년 동기 대비 7.6% 감소한 6,293.6억원을 시현함. 비영업손익 부분에서 흑자로 전환하면서 당기순이익은 전년 동기 대비 67.5% 증가한 6,750.0억원을 시현함.

현금 흐름 〈단위 : 억원〉

항목	2016	2017.2Q
영업활동	19,896	9,030
투자활동	-32,456	-12,385
재무활동	12,336	2,050
순현금흐름	-258	-1,530
기말현금	11,693	10,163

시장 대비 수익률

결산 실적 〈단위 : 억원〉

항목	2012	2013	2014	2015	2016	2017
매출액	176,284	188,517	195,723	211,667	239,542	
영업이익	10,630	7,861	10,031	12,253	12,529	
당기순이익	5,703	3,226	5,086	5,511	5,698	

분기 실적 〈단위 : 억원〉

항목	2016.1Q	2016.2Q	2016.3Q	2016.4Q	2017.1Q	2017.2Q
매출액	56,875	58,788	61,073	62,806	63,497	65,050
영업이익	3,523	3,288	3,812	1,906	3,317	2,976
당기순이익	2,160	1,870	2,229	-560	1,728	5,022

재무 상태 〈단위 : 억원〉

항목	2012	2013	2014	2015	2016	2017.2Q
총자산	213,850	221,237	230,393	235,621	270,096	277,273
유형자산	81,701	88,332	91,089	94,756	103,728	105,983
무형자산	39,403	42,905	43,131	42,496	57,361	57,117
유가증권	10,062	6,714	6,339	6,135	6,150	10,666
총부채	130,010	135,228	139,694	136,987	157,551	160,567
총차입금	83,508	89,470	90,262	86,308	98,219	109,904
자본금	1,571	1,572	1,575	1,577	1,579	1,579
총자본	83,841	86,009	90,699	98,635	112,544	116,705
지배주주지분	31,786	32,277	34,054	36,012	37,358	39,070

기업가치 지표

항목	2012	2013	2014	2015	2016	2017.2Q
주가(최고/저)(천원)	116/70.1	150/95.8	184/112	320/154	292/162	—/—
PER(최고/저)(배)	15.8/9.5	29.9/19.1	26.0/15.8	45.8/22.0	38.4/21.3	1.7/1.2
PBR(최고/저)(배)	1.1/0.7	1.4/0.9	1.6/1.0	2.7/1.3	2.4/1.3	1.7/1.2
EV/EBITDA(배)	7.2	8.4	7.8	8.1	7.8	
EPS(원)	7,613	5,154	7,198	7,649	7,649	8,198
BPS(원)	107,589	109,071	114,587	120,645	124,760	130,207
CFPS(원)	43,665	44,446	49,837	52,896	57,790	31,609
DPS(원)	650	950	950	1,350	1,350	
EBITDAPS(원)	72,703	66,378	77,158	87,915	93,112	43,430

재무 비율 〈단위 : % 〉

연도	영업이익률	순이익률	부채비율	차입금비율	ROA	ROE	유보율	자기자본비율	EBITDA마진율
2016	5.2	2.4	140.0	87.3	2.3	6.1	2,383.7	41.7	11.3
2015	5.8	2.6	138.9	87.5	2.4	5.9	2,301.7	41.9	12.1
2014	5.1	2.6	154.0	99.5	2.3	6.0	2,181.1	39.4	11.5
2013	4.2	1.7	157.2	104.0	1.5	4.7	2,071.3	38.9	10.2

씨제이대한통운 (A000120)
CJ korea express

업 종 : 육상운수		시 장 : 거래소	
신용등급 : (Bond) AA- (CP) A1		기업규모 : 시가총액 대형주	
홈 페 이 지 : www.cjkoreaexpress.co.kr		연 락 처 : 02)3782-0114	
본 사 : 서울시 중구 세종대로9길 53 대한통운빌딩			

설 립 일 1930.11.15		대 표 이 사 박근태,손관수(각자대표)	
상 장 일 1956.07.02	감사의견 적정 (한영)	계 열	
결 산 기 12월	보 통 주 2,281만주	종속회사수 76개사	
액 면 가 5,000원	우 선 주	구 상 호	

주주구성 (지분율,%)
CJ제일제당	20.1
국민연금공단	6.0
(외국인)	16.4

출자관계 (지분율,%)
한국복합물류	100.0
씨제이대한통운인천컨테이너터미널	100.0
이앤씨인프라	100.0

주요경쟁사 (외형,%)
CJ대한통운	100
현대글로비스	252
한진	29

매출구성
CL사업부문 - 하역, 운송, 보관, 건설, 정비, 기	40.0
포워딩사업부문 - 하역, 운송, 보관	31.2
택배사업부문 - 집하, 배송	28.8

비용구성
매출원가율	89.0
판관비율	7.3

수출비중
수출	—
내수	—

회사 개요
1930년 11월 설립된 동사는 국내 대표 종합 물류기업으로서 대규모 물류단지와 해운, 택배, 포워딩 등 다양한 사업을 영위하고 있음. 2011년 CJ그룹에 편입되었으며 2013년 CJ GLS와 합병하며 CL(Contract Logistics, 계약물류) 사업부문, 포워딩 사업부문, 택배 사업부문으로 재편됨. 2017년 상반기 부문별 매출 비중은 CL 사업부문 37.3%, 택배 사업부문 28.6%, 글로벌 사업부문 34.1%로 구성됨.

실적 분석
2017년 연결기준 상반기 매출은 전년 동기 대비 11.6% 성장한 3조3,027.6억원을 기록함. 그러나 매출원가가 12% 늘고 판매비와 관리비가 13.7% 증가하며 영업이익은 0.1% 늘어난 1129.9억원을 기록하는 데 그침. 비영업손실 적자가 472.5억원에서 621.4억원으로 확대됨에 따라 당기순이익은 289.6억원을 기록함. 이는 전년도 같은 기간에 비해 47.1% 감소한 금액임.

현금 흐름 〈단위 : 억원〉
항목	2016	2017.2Q
영업활동	2,084	764
투자활동	-7,055	-2,799
재무활동	5,432	1,836
순현금흐름	386	-232
기말현금	1,387	1,155

시장 대비 수익률

결산 실적 〈단위 : 억원〉
항목	2012	2013	2014	2015	2016	2017
매출액	26,275	37,950	45,601	50,558	60,819	—
영업이익	1,430	642	1,671	1,866	2,284	—
당기순이익	696	-601	595	490	682	—

분기 실적 〈단위 : 억원〉
항목	2016.1Q	2016.2Q	2016.3Q	2016.4Q	2017.1Q	2017.2Q
매출액	14,452	15,136	14,903	16,329	15,949	17,078
영업이익	532	597	603	552	511	619
당기순이익	263	284	6	129	44	245

재무 상태 〈단위 : 억원〉
항목	2012	2013	2014	2015	2016	2017.2Q
총자산	36,695	46,087	45,429	45,005	55,212	56,884
유형자산	16,232	18,165	17,932	17,726	20,365	21,015
무형자산	6,156	9,541	9,370	9,177	13,681	13,662
유가증권	1,049	222	123	102	102	98
총부채	13,414	23,605	22,622	21,288	27,819	29,305
총차입금	8,614	16,785	15,317	14,069	17,983	19,700
자본금	1,141	1,141	1,141	1,141	1,141	1,141
총자본	23,281	22,482	22,807	23,717	27,393	27,579
지배주주지분	22,889	22,179	22,388	23,233	23,461	23,878

기업가치 지표
항목	2012	2013	2014	2015	2016	2017.2Q
주가(최고/저)(천원)	121/62.5	125/81.0	214/99.6	211/164	229/176	—/—
PER(최고/저)(배)	33.3/17.2	—/—	85.3/39.7	104.8/81.2	93.4/71.8	—/—
PBR(최고/저)(배)	1.0/0.5	1.0/0.7	1.8/0.8	1.7/1.3	1.8/1.4	1.6/1.2
EV/EBITDA(배)	13.2	26.9	20.3	18.2	16.4	
EPS(원)	3,630	-2,445	2,510	2,014	2,446	1,142
BPS(원)	121,359	120,396	121,311	124,143	125,144	126,972
CFPS(원)	7,438	1,038	7,924	7,500	8,801	4,509
DPS(원)	—	—	—	—	—	—
EBITDAPS(원)	10,078	6,296	12,739	13,667	16,369	8,319

재무 비율 〈단위 : % 〉
연도	영업이익률	순이익률	부채비율	차입금비율	ROA	ROE	유보율	자기자본비율	EBITDA마진율
2016	3.8	1.1	101.6	65.7	1.4	2.4	2,402.9	49.6	6.1
2015	3.7	1.0	89.8	59.3	1.1	2.0	2,382.9	52.7	6.2
2014	3.7	1.3	99.2	67.2	1.3	2.6	2,326.2	50.2	6.4
2013	1.7	-1.6	105.0	74.7	-1.5	-2.5	2,307.9	48.8	3.8

씨제이씨지브이 (A079160)
CJ CGV

업 종 : 미디어		시 장 : 거래소	
신용등급 : (Bond) A+ (CP) A2+		기업규모 : 시가총액 중형주	
홈 페 이 지 : www.cgv.co.kr		연 락 처 : 02)371-6660	
본 사 : 서울시 용산구 한강대로23길 55 아이파크몰 6층(한강로동)			

설 립 일 1999.03.31	종 업 원 수 1,589명	대 표 이 사 서정	
상 장 일 2004.12.24	감사의견 적정 (삼정)	계 열	
결 산 기 12월	보 통 주 2,116만주	종속회사수 69개사	
액 면 가 500원	우 선 주	구 상 호	

주주구성 (지분율,%)
씨제이	39.0
국민연금공단	7.2
(외국인)	19.9

출자관계 (지분율,%)
씨제이포디플렉스	90.5
보스포러스인베스트먼트	52.2
제팬씨지브이(CGV전문투자사모투자전문회사)	51.5

주요경쟁사 (외형,%)
CJ CGV	100
CJ E&M	107
로엔	31

매출구성
티켓판매	63.9
매점판매	15.9
광고판매	9.7

비용구성
매출원가율	49.1
판관비율	46.0

수출비중
수출	—
내수	—

회사 개요
동사는 국내 최대 멀티플렉스 사업자이며, 확장에 따른 시장점유율이 확대되는 추세에 있음. 시장 점유율은 부동의 1위를 유지 중이며 선점 효과가 매우 큰 영화 산업 특성상 향후에도 높은 시장점유율 유지가 기대됨. 또한 높은 단가의 3D 영화 비중이 꾸준히 확대될 전망이어서 이에 따른 수혜가 예상됨. 최근에는 중국, 베트남 지역으로 사업을 확대하고 있으며, 해외시장 확대에 투자를 집중할 것으로 예상됨.

실적 분석
동사의 연결기준 2017년 2분기 누적매출액은 7,881.4억원으로 전년동기 대비 25.3% 증가하였음. 다만 매출원가 상승과 판관비 부담으로 영업이익은 38.2% 감소한 114.6억원을 기록함. 또한 99.0억원의 당기순손실이 발생, 적자전환함. 2017년 상반기 관객수는 9729만명으로 전년동기 대비 2.8% 증가하였음. 영화 '공조'가 782만명, '더 킹'이 532만명 관객을 각각 동원하며 2017년 상반기 흥행영화 1, 2위를 차지.

현금 흐름 〈단위 : 억원〉
항목	2016	2017.2Q
영업활동	1,880	420
투자활동	-8,314	-1,795
재무활동	7,013	559
순현금흐름	602	-861
기말현금	1,995	1,134

시장 대비 수익률

결산 실적 〈단위 : 억원〉
항목	2012	2013	2014	2015	2016	2017
매출액	7,793	9,159	10,393	11,935	14,322	—
영업이익	552	515	521	669	703	—
당기순이익	550	121	160	522	56	—

분기 실적 〈단위 : 억원〉
항목	2016.1Q	2016.2Q	2016.3Q	2016.4Q	2017.1Q	2017.2Q
매출액	3,143	3,146	4,221	3,812	4,055	3,826
영업이익	177	8	340	178	146	-31
당기순이익	137	45	5	-131	19	-118

재무 상태 〈단위 : 억원〉
항목	2012	2013	2014	2015	2016	2017.2Q
총자산	10,080	10,992	12,549	14,176	25,418	24,590
유형자산	4,105	5,077	5,882	6,764	9,126	9,608
무형자산	1,011	1,072	1,007	1,145	8,927	8,350
유가증권	224	401	124	66	110	91
총부채	6,600	7,205	8,637	9,724	16,213	15,989
총차입금	3,453	3,977	4,737	5,794	10,710	11,123
자본금	103	106	106	106	106	106
총자본	3,480	3,786	3,912	4,452	9,205	8,600
지배주주지분	3,456	3,722	3,819	4,211	3,736	3,295

기업가치 지표
항목	2012	2013	2014	2015	2016	2017.2Q
주가(최고/저)(천원)	33.2/23.7	58.7/31.3	55.9/42.6	130/55.6	138/58.2	—/—
PER(최고/저)(배)	13.1/9.3	98.8/52.7	72.0/54.9	53.4/22.8	237.5/100.3	—/—
PBR(최고/저)(배)	2.1/1.5	3.4/1.8	3.1/2.4	6.6/2.8	7.9/3.3	—/—
EV/EBITDA(배)	7.3	10.3	11.2	17.7	14.2	5.7/4.4
EPS(원)	2,627	607	787	2,455	583	-734
BPS(원)	16,762	17,591	18,048	19,899	17,654	15,570
CFPS(원)	5,351	3,819	4,685	7,600	6,854	3,355
DPS(원)	350	350	350	350	350	
EBITDAPS(원)	5,400	5,678	6,359	8,307	9,595	4,630

재무 비율 〈단위 : % 〉
연도	영업이익률	순이익률	부채비율	차입금비율	ROA	ROE	유보율	자기자본비율	EBITDA마진율
2016	4.9	0.4	176.1	116.4	0.3	3.1	3,430.8	36.2	14.2
2015	5.6	4.4	218.4	130.2	3.9	12.9	3,879.7	31.4	14.7
2014	5.0	1.5	220.8	121.1	1.4	4.4	3,509.7	31.2	13.0
2013	5.6	1.3	190.3	105.0	1.2	3.5	3,418.2	34.5	13.0

씨제이씨푸드 (A011150)
CJ Seafood

업 종 : 식료품		시 장 : 거래소	
신용등급 : (Bond) — (CP) —		기업규모 : 시가총액 소형주	
홈 페 이 지 : www.cjseafood.net		연 락 처 : 031)730-9114	
본 사 : 경기도 성남시 중원구 둔촌대로388번길 32			

설 립 일	1976.03.15	종 업 원 수	385명	대 표 이 사	유병철,강신호(각자대표)
상 장 일	1988.11.26	감사의견	적정 (삼일)	계 열	
결 산 기	12월	보 통 주	3,593만주	종속회사수	
액 면 가	500원	우 선 주	20만주	구 상 호	

주주구성 (지분율,%)
CJ제일제당	46.5		
송전식품공업	1.7		
(외국인)	1.2		

출자관계 (지분율,%)
L.U.F	20.0

주요경쟁사 (외형,%)
CJ씨푸드	100
동원F&B	1,290
동원산업	907

매출구성
어묵(제품)	49.6
김(제품)	16.4
기타상품 외	12.5

비용구성
매출원가율	79.6
판관비율	17.0

수출비중
수출	1.0
내수	99.0

회사 개요
동사는 1976년 수산물 가공사업을 영위하기 위해 설립됨. 공장의 안정적 품질관리와 철저한 위생관리 시스템 정착, 신제품 개발, 소비자 지향적인 마케팅 전략을 갖고 있음. 국내 식품 판매 부문을 식품 사업, 해외 식품 판매 부문을 수출 사업으로 나뉘는데, 대부분의 매출액은 식품 사업에서 발생함. 국내 어묵 시장 점유율 1위로 CJ제일제당의 유통망을 활용해 매출을 확대하고 있음.

실적 분석
동사의 2017년 2분기기준 누적 매출액은 전년동기대비 -0.6% 소폭 변동한 827.7억원을 기록하였음. 비용면에서 전년동기대비 매출원가는 감소 하였으며 인건비는 증가 하였고 기타판매비와관리비는 감소함. 그에 따라 매출액 하락 등에 의해 전년동기대비 영업이익은 28.9억원으로 56% 상승하였음. 그러나 비영업손익의 적자전환으로 전년동기대비 당기순이익은 20.3억원을 기록함.

현금 흐름   *IFRS 별도 기준
〈단위 : 억원〉
항목	2016	2017.2Q
영업활동	-67	66
투자활동	-83	-49
재무활동	142	-20
순현금흐름	-8	-2
기말현금	5	3

결산 실적
〈단위 : 억원〉
항목	2012	2013	2014	2015	2016	2017
매출액	1,668	1,543	1,563	1,617	1,737	—
영업이익	64	72	65	56	59	—
당기순이익	57	64	33	26	54	—

분기 실적   *IFRS 별도 기준
〈단위 : 억원〉
항목	2016.1Q	2016.2Q	2016.3Q	2016.4Q	2017.1Q	2017.2Q
매출액	428	405	442	463	437	391
영업이익	12	6	13	27	19	10
당기순이익	11	13	14	16	14	6

재무 상태   *IFRS 별도 기준
〈단위 : 억원〉
항목	2012	2013	2014	2015	2016	2017.2Q
총자산	840	813	1,012	936	1,197	1,174
유형자산	403	401	432	645	672	703
무형자산	19	19	3	3	7	7
유가증권	0	0	0	0	—	—
총부채	450	367	539	436	645	600
총차입금	212	145	281	189	332	423
자본금	181	181	181	181	181	181
총자본	390	445	473	500	553	574
지배주주지분	390	445	473	500	553	574

기업가치 지표   *IFRS 별도 기준
항목	2012	2013	2014	2015	2016	2017.2Q
주가(최고/저)(천원)	3.6/2.2	3.4/2.3	2.9/2.4	5.4/2.5	3.9/3.1	—/—
PER(최고/저)(배)	22.9/14.0	19.0/13.2	32.5/26.6	76.4/35.4	26.0/20.8	2.3/2.0
PBR(최고/저)(배)	3.3/2.0	2.7/1.9	2.3/1.8	3.9/1.8	2.5/2.0	2.3/2.0
EV/EBITDA(배)	14.2	10.5	12.6	16.1	15.1	—
EPS(원)	158	177	91	71	149	56
BPS(원)	1,080	1,232	1,310	1,384	1,530	1,590
CFPS(원)	235	256	168	166	281	128
DPS(원)	—	—	—	—	—	—
EBITDAPS(원)	254	277	256	252	295	152

재무 비율
〈단위 : % 〉
연도	영업이익률	순이익률	부채비율	차입금비율	ROA	ROE	유보율	자기자본비율	EBITDA마진율
2016	3.4	3.1	116.6	60.1	5.0	10.2	206.0	46.2	6.1
2015	3.5	1.6	87.2	37.8	2.6	5.2	176.9	53.4	5.6
2014	4.1	2.1	113.8	59.4	3.6	7.1	168.2	46.8	5.9
2013	4.7	4.2	82.5	32.6	7.9	15.4	146.5	54.8	6.5

씨제이오쇼핑 (A035760)
CJ O SHOPPING CO

업 종 : 온라인쇼핑		시 장 : KOSDAQ	
신용등급 : (Bond) AA- (CP) —		기업규모 : 우량	
홈 페 이 지 : www.cjoshopping.com		연 락 처 : 02)2107-0114	
본 사 : 서울시 서초구 과천대로 870-13 (방배동)			

설 립 일	1994.12.16	종 업 원 수	983명	대 표 이 사	허민회
상 장 일	1999.11.13	감사의견	적정 (안진)	계 열	
결 산 기	12월	보 통 주	622만주	종속회사수	11개사
액 면 가	5,000원	우 선 주		구 상 호	

주주구성 (지분율,%)
씨제이	40.0
국민연금공단	13.1
(외국인)	30.2

출자관계 (지분율,%)
현대에이치씨엔	1.1
삼성생명보험	0.5
케이티스카이라이프	0.3

주요경쟁사 (외형,%)
CJ오쇼핑	100
현대홈쇼핑	44
GS홈쇼핑	50

매출구성
방송판매사업부	63.3
기타	28.4
인터넷판매사업부	6.6

비용구성
매출원가율	45.3
판관비율	46.6

수출비중
수출	2.0
내수	98.0

회사 개요
동사는 케이블 TV와 인터넷, 카탈로그 등을 통해 상품을 판매하는 홈쇼핑업체임. 홈쇼핑방송 사업과 더불어 동사는 약 250만 여종의 상품을 구비하고있는 온라인 종합쇼핑몰 'CJmall'도 운영하고 있음. 중국, 인도, 베트남, 일본, 태국, 터키, 필리핀 등 해외 시장에도 진출해있음. 씨제이헬로비전, 씨제이텔레닉스, 슈퍼레이스 등을 연결대상 종속회사로 보유하고 있음.

실적 분석
동사의 2017년 상반기 연결기준 매출액은 1조1,097.5억원을 기록함. 전년도 같은 기간에 비해 1% 상승한 금액임. 외형성장과 더불어 매출원가가 4,823.4억원에서 4753.4억원으로 소폭 감소한 덕에 영업이익은 4.2% 증가한 1,182.2억원을 시현함. 그러나 비영업부문 손실액이 90.4억원에서 160.1억원으로 크게 증가함. 이로 인해 당기순이익은 724.5억원에서 5.5% 감소한 684.6억원을 기록함.

현금 흐름
〈단위 : 억원〉
항목	2016	2017.2Q
영업활동	4,161	2,309
투자활동	-3,291	-1,142
재무활동	-2,980	-1,141
순현금흐름	-2,108	25
기말현금	1,032	1,057

결산 실적
〈단위 : 억원〉
항목	2012	2013	2014	2015	2016	2017
매출액	19,920	25,135	26,049	23,086	22,086	—
영업이익	2,606	2,582	2,344	2,097	1,789	—
당기순이익	1,875	1,665	1,058	1,120	326	—

분기 실적
〈단위 : 억원〉
항목	2016.1Q	2016.2Q	2016.3Q	2016.4Q	2017.1Q	2017.2Q
매출액	5,440	5,549	5,402	5,695	5,464	5,634
영업이익	591	544	485	170	535	647
당기순이익	414	311	339	-738	332	353

재무 상태
〈단위 : 억원〉
항목	2012	2013	2014	2015	2016	2017.2Q
총자산	23,932	30,309	31,537	29,882	27,536	27,004
유형자산	7,642	9,085	9,047	8,594	8,149	7,946
무형자산	7,164	10,064	11,073	10,482	9,339	9,288
유가증권	1,180	1,245	1,362	1,273	1,220	1,513
총부채	14,570	18,618	18,873	16,381	13,907	12,857
총차입금	7,788	11,686	11,963	10,184	7,266	6,507
자본금	310	310	310	311	311	311
총자본	9,362	11,692	12,664	13,501	13,629	14,148
지배주주지분	5,876	7,614	8,494	9,119	9,174	9,650

기업가치 지표
항목	2012	2013	2014	2015	2016	2017.2Q
주가(최고/저)(천원)	285/157	400/259	410/214	261/170	198/151	—/—
PER(최고/저)(배)	11.6/6.4	19.1/12.5	27.9/14.5	19.6/12.8	53.4/40.6	—/—
PBR(최고/저)(배)	3.1/1.7	3.3/2.2	3.1/1.6	1.8/1.2	1.4/1.0	1.4/1.0
EV/EBITDA(배)	6.0	7.8	5.4	4.3	—	
EPS(원)	25,778	21,724	15,262	13,650	3,769	9,894
BPS(원)	96,719	124,691	138,832	148,698	149,585	157,241
CFPS(원)	55,554	60,675	64,036	60,340	46,716	30,133
DPS(원)	2,000	2,000	2,500	2,500	2,500	—
EBITDAPS(원)	71,778	80,569	86,549	80,461	71,726	39,260

재무 비율
〈단위 : % 〉
연도	영업이익률	순이익률	부채비율	차입금비율	ROA	ROE	유보율	자기자본비율	EBITDA마진율
2016	8.1	1.5	102.0	53.3	1.1	2.6	2,891.7	49.5	20.2
2015	9.1	4.9	121.3	75.4	3.4	12.6	2,874.0	45.2	21.6
2014	9.0	4.1	149.0	94.5	3.4	11.8	2,676.6	40.2	20.6
2013	10.3	6.6	159.2	100.0	6.1	20.0	2,393.8	38.6	19.9

씨제이이앤엠 (A130960)
CJ E&M

업　종 : 미디어
신용등급 : (Bond) AA-　(CP) A1
홈페이지 : www.cjenm.com
본　사 : 서울시 마포구 상암산로 66 씨제이이앤엠센터
시　장 : KOSDAQ
기업규모 : 우량
연락처 : 02)371-5501

설 립 일 2010.09.02	종업원수 1,790명	대표이사 김성수	
상 장 일 2010.10.15	감사의견 적정(삼정)	계 열	
결 산 기 12월	보통주 3,873만주	종속회사수 39개사	
액 면 가 5,000원	우선주	구 상 호	

주주구성(지분율,%)		출자관계(지분율,%)		주요경쟁사(외형,%)	
씨제이	39.4	씨제이이디지털뮤직	100.0	CJ E&M	100
에셋플러스자산운용	4.0	랭크웨이브	100.0	CJ CGV	93
(외국인)	28.6	스튜디오테이크원	100.0	로엔	29

매출구성		비용구성		수출비중	
광고/수신료 등	73.4	매출원가율	77.3	수출	17.0
음악/DM/브랜드/온라인콘텐츠	13.0	판관비율	20.9	내수	83.0
극장수입/판권	12.3				

회사 개요
동사는 2011년 3월 온미디어, CJ인터넷, 엠넷미디어, CJ미디어, CJ엔터테인먼트 등 그룹내 미디어/엔터테인먼트 계열 5개사를 흡수합병하여 국내 최대의 미디어 및 엔터테인먼트 회사로 재탄생 하였으며, 시장환경 변화에 대응하여 2016년 5월 드라마 사업을 물적분할하여 스튜디오드래곤을 설립하고, 2016년 12월 음악사업(엠넷닷컴)을 물적분할하여 씨제이디지털뮤직을 설립하였음.

실적 분석
광고매출액은 하락하였지만 베트남 콘텐츠 등 기타 매출 증가로 동사의 2017년 2분기기준 누적 매출액은 전년동기대비 22.2% 상승한 8,195.8억원을 기록하였음. 비용증가도 있었으나 매출액의 더 큰 상승에 힘입어 전년동기대비 영업이익은 469.8억원으로 104% 크게 상승하였음. 향후 개봉될 영화 및 드라마 성공 여부에 따라 성장의 판도가 결정될 것으로 보임.

현금 흐름 〈단위 : 억원〉
항목	2016	2017.2Q
영업활동	2,588	957
투자활동	-5,337	-1,360
재무활동	3,060	1,219
순현금흐름	338	802
기말현금	813	1,615

시장 대비 수익률

결산 실적 〈단위 : 억원〉
항목	2012	2013	2014	2015	2016	2017
매출액	13,946	11,881	12,327	13,473	15,384	—
영업이익	389	-79	-126	527	280	—
당기순이익	233	2	2,334	529	609	—

분기 실적 〈단위 : 억원〉
항목	2016.1Q	2016.2Q	2016.3Q	2016.4Q	2017.1Q	2017.2Q
매출액	3,135	3,573	3,788	4,888	3,942	4,254
영업이익	89	141	31	19	234	236
당기순이익	125	428	24	31	334	4,047

재무 상태 〈단위 : 억원〉
항목	2012	2013	2014	2015	2016	2017.2Q
총자산	20,910	22,119	23,574	23,649	27,930	34,573
유형자산	1,177	1,350	885	773	2,755	2,922
무형자산	7,762	7,832	6,947	6,532	7,235	7,818
유가증권	983	1,070	764	855	1,568	1,563
총부채	8,144	9,372	8,517	8,048	11,774	13,890
총차입금	3,307	4,517	3,999	3,069	5,408	6,668
자본금	1,897	1,937	1,937	1,937	1,937	1,937
총자본	12,765	12,748	15,057	15,601	16,155	20,683
지배주주지분	11,934	12,336	15,094	15,515	15,463	19,949

기업가치 지표
항목	2012	2013	2014	2015	2016	2017.2Q
주가(최고/저)(천원)	34.0/22.2	42.3/27.4	51.7/30.0	94.5/37.8	93.2/53.6	—/—
PER(최고/저)(배)	35.0/22.9	319.1/206.5	9.0/5.2	67.7/27.1	58.3/33.5	—
PBR(최고/저)(배)	1.1/0.7	1.3/0.9	1.3/0.8	2.4/1.0	2.3/1.3	1.7/1.4
EV/EBITDA(배)	2.9	3.8	4.7	8.3	7.5	—
EPS(원)	975	133	5,796	1,403	1,605	11,309
BPS(원)	31,775	31,992	39,100	40,188	40,052	51,635
CFPS(원)	10,579	9,124	13,602	9,664	11,922	15,573
DPS(원)				200	200	
EBITDAPS(원)	10,632	8,783	7,479	9,621	11,040	5,478

재무 비율 〈단위 : % 〉
연도	영업이익률	순이익률	부채비율	차입금비율	ROA	ROE	유보율	자기자본비율	EBITDA마진율
2016	1.8	4.0	72.9	33.5	2.4	4.0	701.0	57.8	27.8
2015	3.9	3.9	51.6	19.7	2.2	3.6	703.8	66.0	27.7
2014	-1.0	18.9	56.6	26.6	10.2	16.4	682.0	63.9	23.5
2013	-0.7	0.1	73.5	35.4	0.0	0.4	539.8	57.6	28.1

씨제이제일제당 (A097950)
CJ CheilJedang

업　종 : 식품
신용등급 : (Bond) AA　(CP) A1
홈페이지 : www.cj.co.kr
본　사 : 서울시 중구 동호로 330 CJ제일제당센터
시　장 : 거래소
기업규모 : 시가총액 대형주
연락처 : 02)6740-1114

설 립 일 2007.09.01	종업원수 5,699명	대표이사 손경식,김철하(각자대표이사)	
상 장 일 2007.09.28	감사의견 적정(삼일)	계 열	
결 산 기 12월	보통주 1,317만주	종속회사수 157개사	
액 면 가 5,000원	우선주 133만주	구 상 호	

주주구성(지분율,%)		출자관계(지분율,%)		주요경쟁사(외형,%)	
씨제이	36.7	CJ헬스케어	100.0	CJ제일제당	100
국민연금공단	13.2	원지	100.0	CJ	164
(외국인)	25.6	영우냉동식품	100.0	오리온홀딩스	16

매출구성		비용구성		수출비중	
[물류사업부문]운송,하역	38.6	매출원가율	77.4	수출	—
[식품사업부문]설탕,밀가루식용유 등	31.7	판관비율	16.8	내수	—
[생명공학사업부문]의약품 등	29.7				

회사 개요
동사는 국내 최대 종합식품업체로 식품, 사료, 의약품 등 다양한 사업포트폴리오 영위. 원재료 수입액이 크고, 의약관련 부채가 많아 환율과 곡물가격의 변동에 실적이 좌우됨. 매출의 약 30%를 차지하고 있는 생명공학사업부문은 글로벌시장 진출 기반 확보를 위하여 지난해 미국산업단지에 cGMP 공장을 완공함. 주력제품으로는 고부가가치 전문 의약품인 순환조혈제제, 소화제제, 항생제제 등과 차별화된 일반의약품인 컨디션, 스칼프메드 등이 있음.

실적 분석
동사의 2017년 2분기기준 누적 매출액은 전년동기대비 8.8% 상승한 77,754.3억원을 기록하였음. 비용면에서 전년동기대비 매출원가는 증가 했으며 인건비도 증가, 광고선전비도 증가, 기타판매비와관리비도 마찬가지로 증가함. 이와 같이 상승한 매출액 대비 비용증가가 높아 그에 따라 전년동기대비 영업이익은 3,568.4억원으로 -19.5% 하락하였음. 최종적으로 전년동기대비 당기순이익은 크게 하락하여 1,341.7억원을 기록함.

현금 흐름 〈단위 : 억원〉
항목	2016	2017.2Q
영업활동	8,001	3,077
투자활동	-14,089	-6,494
재무활동	7,259	1,590
순현금흐름	1,146	-1,969
기말현금	6,444	4,475

시장 대비 수익률

결산 실적 〈단위 : 억원〉
항목	2012	2013	2014	2015	2016	2017
매출액	98,775	108,477	117,018	129,245	145,633	—
영업이익	6,155	3,455	5,799	7,514	8,436	—
당기순이익	3,107	711	1,379	2,537	3,535	—

분기 실적 〈단위 : 억원〉
항목	2016.1Q	2016.2Q	2016.3Q	2016.4Q	2017.1Q	2017.2Q
매출액	35,340	36,096	36,790	37,406	38,665	39,089
영업이익	2,328	2,106	2,433	1,569	1,925	1,644
당기순이익	1,494	719	1,167	55	910	431

재무 상태 〈단위 : 억원〉
항목	2012	2013	2014	2015	2016	2017.2Q
총자산	123,639	130,045	133,825	137,513	157,662	158,533
유형자산	55,752	62,545	63,839	66,902	72,805	74,325
무형자산	16,056	17,640	17,509	17,373	23,338	23,413
유가증권	7,031	3,667	3,840	3,606	3,806	2,252
총부채	71,428	81,919	84,327	83,660	97,058	98,360
총차입금	52,479	58,696	59,674	57,609	66,863	71,679
자본금	721	721	723	724	725	725
총자본	52,210	48,126	49,499	53,852	60,605	60,172
지배주주지분	29,745	28,839	29,849	31,431	34,094	33,975

기업가치 지표
항목	2012	2013	2014	2015	2016	2017.2Q
주가(최고/저)(천원)	363/265	376/239	408/249	452/299	420/336	—/—
PER(최고/저)(배)	21.2/15.5	47.8/30.3	65.4/39.8	35.1/23.2	22.2/17.8	—
PBR(최고/저)(배)	1.8/1.3	1.9/1.2	2.0/1.2	2.1/1.4	1.7/1.4	1.6/1.4
EV/EBITDA(배)	12.5	15.1	11.2	10.1	9.6	—
EPS(원)	17,692	8,089	6,369	13,073	19,044	7,117
BPS(원)	213,450	206,952	213,385	223,904	242,224	241,300
CFPS(원)	39,178	34,533	37,371	46,479	55,714	25,869
DPS(원)	1,800	1,800	2,000	2,500	2,500	
EBITDAPS(원)	64,212	50,398	71,169	85,310	94,899	43,378

재무 비율 〈단위 : % 〉
연도	영업이익률	순이익률	부채비율	차입금비율	ROA	ROE	유보율	자기자본비율	EBITDA마진율
2016	5.8	2.4	160.2	110.3	2.4	8.4	4,744.5	38.4	9.4
2015	5.8	2.0	155.4	107.0	1.9	6.2	4,378.1	39.2	9.6
2014	5.0	1.3	170.4	120.6	1.0	3.1	4,167.7	37.0	8.8
2013	3.2	0.7	170.2	122.0	0.4	4.0	4,039.0	37.0	6.7

씨제이프레시웨이 (A051500)
CJ Freshway

업 종 : 식료품		시 장 : KOSDAQ	
신용등급 : (Bond) A (CP) A2		기업규모 : 우량	
홈페이지 : www.cjfreshway.com		연 락 처 : 02)2149-6036	
본 사 : 경기도 용인시 기흥구 기곡로 32 (하갈동 156-2)			

설 립 일	1988.10.27	종업원수	3,283명	대표이사	문종석
상 장 일	2001.07.14	감사의견	적정 (삼일)	대표이사	
결 산 기	12월	보통주	1,187만주	종속회사수	19개사
액 면 가	1,000원	우선주		구 상 호	

주주구성 (지분율,%)		출자관계 (지분율,%)		주요경쟁사 (외형,%)	
씨제이	47.1	에프앤디인프라	100.0	CJ프레시웨이	100
국민연금공단	12.8	프레시원인천	100.0	신세계푸드	46
(외국인)	14.4	프레시원대구경북	96.0	하림홀딩스	43

매출구성		비용구성		수출비중	
가공상품	52.0	매출원가율	87.1	수출	0.0
농산물	13.8	판관비율	12.0	내수	100.0
제품	13.0				

회사 개요
동사는 식자재 유통 및 단체급식 등의 푸드 서비스업 부문의 대한민국 대표 기업임. 식자재 유통사업이 동사 매출의 90% 이상을 차지하고 있으며 국내 1위의 시장 점유율을 가지고 있음. CJ그룹내 CJ푸드빌, CJ제일제당 등 captive market뿐만 아니라 중소업체와의 거래도 활발함. 전국 거점유통망의 지속적인 확대 및 식자재 유통의 시스템화를 통한 식자재 유통부문의 성장동력을 구축함으로써 향후 외형성장이 지속될 것으로 전망됨.

실적 분석
2017년 반기 연결기준 매출액은 12,294.7억원으로 전년 대비 8.5% 증가함. 영업이익은 50.3% 성장한 184.9억원을 기록. 외식/급식 식자재 유통은 수익성을 고려한 수주 지속, 프레시원 분점/지점 확대 및 전북법인 연결효과와 고수익 직영으로 매출 확대, 푸드서비스 대형 거래처 신규 수주 지속하는 결과. 하반기에는 외식 경기 회복이 나타날 가능성이 크고, 지역 중심 영업력 강화로 견조한 매출 성장을 지속해나갈 수 있을 것으로 기대.

현금 흐름 〈단위 : 억원〉

항목	2016	2017.2Q
영업활동	-132	193
투자활동	-502	-101
재무활동	648	107
순현금흐름	15	194
기말현금	124	318

시장 대비 수익률

결산 실적 〈단위 : 억원〉

항목	2012	2013	2014	2015	2016	2017
매출액	18,727	18,769	17,953	20,724	23,279	
영업이익	267	85	273	315	210	
당기순이익	117	-140	93	67	-58	

분기 실적 〈단위 : 억원〉

항목	2016.1Q	2016.2Q	2016.3Q	2016.4Q	2017.1Q	2017.2Q
매출액	5,358	5,970	6,065	5,886	5,948	6,346
영업이익	32	91	83	5	45	140
당기순이익	4	28	13	-103	6	70

재무 상태 〈단위 : 억원〉

항목	2012	2013	2014	2015	2016	2017.2Q
총자산	6,505	5,970	6,731	7,588	8,505	8,946
유형자산	918	702	2,161	2,254	2,419	2,441
무형자산	100	113	768	798	1,050	1,005
유가증권	4	1	1	1	1	90
총부채	5,096	4,139	4,778	5,533	6,085	6,502
총차입금	1,776	1,411	1,405	2,082	2,316	2,846
자본금	108	108	109	119	119	119
총자본	1,410	1,831	1,953	2,055	2,420	2,443
지배주주지분	1,409	1,830	1,919	2,063	1,902	1,913

기업가치 지표 〈단위 : 배〉

항목	2012	2013	2014	2015	2016	2017.2Q
주가(최고/저)(천원)	43.9/19.2	43.5/27.2	47.5/24.2	89.7/45.1	80.1/33.4	—/—
PER(최고/저)(배)	41.4/18.1	—/—	49.4/25.1	98.8/49.7	—/—	2.8/1.9
PBR(최고/저)(배)	3.4/1.5	2.6/1.6	2.7/1.4	5.2/2.6	5.0/2.1	2.8/1.9
EV/EBITDA(배)	13.1		15.6	23.9	16.4	
EPS(원)	1,079	-1,290	975	915	-393	523
BPS(원)	13,009	16,871	17,665	17,380	16,021	16,112
CFPS(원)	2,540	-102	2,195	2,426	1,565	1,626
DPS(원)	200		200	200	200	
EBITDAPS(원)	3,929	1,972	3,731	4,162	3,730	2,660

재무 비율 〈단위 : % 〉

연도	영업이익률	순이익률	부채비율	차입금비율	ROA	ROE	유보율	자기자본비율	EBITDA마진율
2016	0.9	-0.3	251.4	95.7	-0.7	-2.4	1,502.1	28.5	1.9
2015	1.5	0.3	269.2	101.3	0.9	5.5	1,638.0	27.1	2.4
2014	1.5	0.5	244.6	71.9	1.5	5.6	1,666.5	29.0	2.3
2013	0.5	-0.8	226.1	77.1	-2.2	-8.6	1,587.1	30.7	1.1

씨제이헬로비전 (A037560)
CJ HellowVision

업 종 : 미디어		시 장 : 거래소	
신용등급 : (Bond) — (CP) —		기업규모 : 시가총액 중형주	
홈페이지 : www.cjhellovision.com		연 락 처 : 1855-1000	
본 사 : 서울시 마포구 월드컵북로56길 19, 6층(상암동, 드림타워)			

설 립 일	1995.03.31	종업원수	1,054명	대표이사	변동식
상 장 일	2012.11.09	감사의견	적정 (안진)	대표이사	
결 산 기	12월	보통주	7,745만주	종속회사수	
액 면 가	2,500원	우선주		구 상 호	헬로비전

주주구성 (지분율,%)		출자관계 (지분율,%)		주요경쟁사 (외형,%)	
CJ오쇼핑	53.9	ICT융합펀드	17.1	CJ헬로비전	100
에스케이텔레콤	8.6	한국케이블텔레콤	3.7	CJ E&M	140
(외국인)	7.0	에스케이텔레콤		CJ CGV	130

매출구성		비용구성		수출비중	
헬로tv	35.2	매출원가율	67.2	수출	—
헬로폰, tving모바일	25.6	판관비율	28.9	내수	—
헬로tv우리동네	22.9				

회사 개요
동사는 2008년 인터넷전화 서비스 '헬로폰'으로 시작하여, 현재는 케이블TV, 초고속인터넷, 인터넷전화(VoIP), 광고, N스크린 및 MVNO 이동통신 서비스 등을 제공하는 종합유선방송사업자임. 2010년 상반기에는 국내 최초로 웹TV 방송 서비스인 'tving'을 오픈하였고, 2012년에는 MVNO 서비스를 개시하면서 무선통신 시장까지 사업영역을 넓혔음. SO 23개사를 보유한 MSO로 케이블TV 가입자 기준 M/S 28.73% 점유함.

실적 분석
동사의 2017년 2분기기준 누계 매출액은 전년동기대비 -1.4% 소폭 변동한 5,509.3억원을 기록하였음. 비용면에서는 전년동기대비 매출원가 및 인건비가 증가하여 전년동기대비 영업이익은 367.1억원으로 -25.4% 크게 하락하였음. 최종적으로 전년동기대비 당기순이익은 크게 하락하여 156.7억원을 기록하였음. 가입자가 점진적으로 증가하고 있으므로 곧 수익개선이 이루어질 것이라 기대하고 있음.

현금 흐름 *IFRS 별도 기준 〈단위 : 억원〉

항목	2016	2017.2Q
영업활동	2,758	1,564
투자활동	-1,604	-1,107
재무활동	-1,716	-323
순현금흐름	-562	134
기말현금	595	729

시장 대비 수익률

결산 실적 〈단위 : 억원〉

항목	2012	2013	2014	2015	2016	2017
매출액	8,910	11,602	12,704	11,826	11,006	
영업이익	1,493	1,158	1,021	1,050	429	
당기순이익	1,044	770	257	597	215	

분기 실적 *IFRS 별도 기준 〈단위 : 억원〉

항목	2016.1Q	2016.2Q	2016.3Q	2016.4Q	2017.1Q	2017.2Q
매출액	2,786	2,803	2,803	2,615	2,752	2,757
영업이익	251	241	238	-300	176	191
당기순이익	191	150	166	-291	98	59

재무 상태 *IFRS 별도 기준 〈단위 : 억원〉

항목	2012	2013	2014	2015	2016	2017.2Q
총자산	15,190	19,868	21,705	20,003	18,402	18,115
유형자산	5,245	5,508	7,820	7,371	6,937	6,729
무형자산	3,866	4,454	8,487	7,962	7,578	7,467
유가증권	8	8	15	14	13	16
총부채	7,348	10,603	12,669	10,491	8,735	8,350
총차입금	5,110	8,686	10,058	8,631	7,087	6,339
자본금	1,732	1,936	1,936	1,936	1,936	1,936
총자본	7,842	9,266	9,036	9,512	9,667	9,765
지배주주지분	7,842	9,266	9,036	9,512	9,667	9,765

기업가치 지표 *IFRS 별도 기준 〈단위 : 배〉

항목	2012	2013	2014	2015	2016	2017.2Q
주가(최고/저)(천원)	18.6/14.9	23.1/15.8	24.2/11.6	17.6/10.5	13.8/7.9	—/—
PER(최고/저)(배)	19.3/15.5	31.5/21.5	74.6/35.9	23.1/13.8	50.0/28.7	0.8/0.7
PBR(최고/저)(배)	1.9/1.5	2.0/1.4	2.1/1.0	1.5/0.9	1.1/0.6	0.8/0.7
EV/EBITDA(배)	5.3	8.2	4.3	4.6	4.7	
EPS(원)	986	753	331	771	278	202
BPS(원)	10,125	11,964	11,667	12,282	12,482	12,609
CFPS(원)	2,935	3,194	4,015	4,271	3,496	1,721
DPS(원)	—	75	75	75	75	
EBITDAPS(원)	3,465	3,656	5,002	4,856	3,773	1,993

재무 비율 〈단위 : % 〉

연도	영업이익률	순이익률	부채비율	차입금비율	ROA	ROE	유보율	자기자본비율	EBITDA마진율
2016	3.9	2.0	90.4	73.3	1.1	2.2	399.3	52.5	26.6
2015	8.9	5.1	110.3	90.7	2.9	6.4	391.3	47.6	31.8
2014	8.0	2.0	140.2	111.3	1.2	2.9	366.1	41.6	30.5
2013	10.0	6.6	135.2	105.6	4.2	9.6	356.6	42.5	29.5

씨젠 (A096530)
Seegene

업 종 : 바이오		시 장 : KOSDAQ	
신용등급 : (Bond) — (CP) —		기업규모 : 우량	
홈페이지 : www.seegene.com		연 락 처 : 02)2240-4000	
본 사 : 서울시 송파구 오금로 91(태원빌딩), 7층			

설 립 일 2000.09.18	종업원수 283명	대표이사 천종윤	
상 장 일 2010.09.10	감사의견 적정 (우덕)	계 열	
결 산 기 12월	보 통 주 2,623만주	종속회사수 5개사	
액 면 가 500원	우 선 주	구 상 호	

주주구성 (지분율,%)		출자관계 (지분율,%)		주요경쟁사 (외형,%)	
천종윤	18.1	네오프로브	100.0	씨젠	100
한화자산운용	4.9	나노헬릭스	35.1	내츄럴엔도텍	9
(외국인)	17.9	SeegeneMiddleEast	100.0	프로스테믹스	19

매출구성		비용구성		수출비중	
Women's Health 검사제품	31.7	매출원가율	28.8	수출	—
호흡기성 병원체 검사제품	28.8	판관비율	57.5	내수	—
장비 등	28.5				

회사 개요
동사는 2000년 설립되어 유전자(DNA 및 RNA) 분석을 통하여 질병의 원인을 감별하는 분자진단 시약개발, 제조 및 공급 판매업을 주력사업으로 영위하고 있음. 핵심 사업인 분자진단에서 동사가 보유한 DPO, READ 기술은 기존 제품대비 우수한 진단능력을 보임. 세계 분자진단 시장 리포트에서 전세계 주요 분자진단 5대 기업으로 랭크되고 있으며, 핵심기술로 올리고 뉴클레오타이드 기술, DNA칩을 포함한 바이오칩/마이크로어레이 기술을 보유함.

실적 분석
동사의 2017년 상반기 매출액은 432.8억원으로 전년동기 대비 21.0% 증가함. 원가부담의 증가에도 불구하고 판관비가 큰 폭으로 개선되면서 영업이익은 전년동기 대비 43.3% 개선된 67.5억원을 기록함. 영업실적의 개선에도 외환손실의 발생으로 비영업손익 수지가 악화되면서 당기순이익은 11.3억원으로 전년동기 대비 65.6% 감소함. 향후 글로벌 분자진단회사와의 계약을 통하여 ODM 공급을 확대할 계획임.

현금 흐름 〈단위 : 억원〉

항목	2016	2017.2Q
영업활동	166	68
투자활동	-98	-65
재무활동	19	2
순현금흐름	89	2
기말현금 등	498	500

시장 대비 수익률

결산 실적 〈단위 : 억원〉

항목	2012	2013	2014	2015	2016	2017
매출액	517	590	644	651	737	
영업이익	122	141	111	86	101	
당기순이익	91	96	91	68	72	

분기 실적 〈단위 : 억원〉

항목	2016.1Q	2016.2Q	2016.3Q	2016.4Q	2017.1Q	2017.2Q
매출액	172	185	178	202	210	223
영업이익	19	28	29	25	33	34
당기순이익	12	20	-5	44	-3	15

재무 상태 〈단위 : 억원〉

항목	2012	2013	2014	2015	2016	2017.2Q
총자산	836	1,290	1,385	1,940	2,076	2,136
유형자산	45	46	100	112	165	173
무형자산	131	155	186	192	224	231
유가증권	—	10	25	97	99	79
총부채	417	446	436	587	654	712
총차입금	315	327	308	460	500	509
자본금	65	84	127	131	131	131
총자본	419	844	948	1,353	1,422	1,424
지배주주지분	419	844	948	1,351	1,420	1,421

기업가치 지표

항목	2012	2013	2014	2015	2016	2017.2Q
주가(최고/저)(천원)	45.9/22.6	48.2/29.1	42.6/30.0	70.7/31.0	43.0/30.0	—/—
PER(최고/저)(배)	123.2/60.6	126.9/76.5	117.7/82.8	273.8/119.9	158.4/110.3	—/—
PBR(최고/저)(배)	22.5/11.1	13.1/7.9	10.5/7.4	12.9/5.7	7.5/5.2	7.0/5.6
EV/EBITDA(배)	69.7	57.2	49.1	65.6	53.1	
EPS(원)	373	380	362	258	272	41
BPS(원)	3,809	5,496	4,069	5,463	5,725	5,730
CFPS(원)	878	760	586	488	521	193
DPS(원)						
EBITDAPS(원)	1,117	1,028	664	559	634	409

재무 비율 〈단위 : %〉

연도	영업이익률	순이익률	부채비율	차입금비율	ROA	ROE	유보율	자기자본비율	EBITDA마진율
2016	13.7	9.7	46.0	35.1	3.6	5.1	1,045.1	68.5	22.6
2015	13.3	10.4	43.4	34.0	4.1	5.9	992.6	69.7	22.5
2014	17.3	14.2	46.0	32.5	6.8	10.2	713.9	68.5	26.1
2013	23.9	16.2	52.8	38.8	9.0	15.2	999.2	65.4	29.4

씨케이에이치 (A900120)
CKH Food & Health

업 종 : 바이오		시 장 : KOSDAQ	
신용등급 : (Bond) — (CP) —		기업규모 :	
홈페이지 : www.ckhfnh.co.kr		연 락 처 : 86-591-8803-1033	
본 사 : P.O Box 31119 Grand Pavilion, Hibiscus Way, 802 West Bay Road, Grand Cayman, KYI-1205 Cyar			

설 립 일 2009.02.24	종업원수 21명	대표이사 린진성	
상 장 일 2010.03.31	감사의견 적정 (신한)	계 열	
결 산 기 06월	보 통 주 11,040만주	종속회사수	
액 면 가	우 선 주	구 상 호 차이나킹	

주주구성 (지분율,%)		출자관계 (지분율,%)		주요경쟁사 (외형,%)	
WANG YUEREN	27.8	복건금산대도건강과유한공사	100.0	씨케이에이치	100
Eternity Holdings Investments Limited	1.9	복건경생활성생물공정유한공사	100.0	씨젠	25
(외국인)	37.0	금산(중국)자원투자유한공사	100.0	내츄럴엔도텍	2

매출구성		비용구성		수출비중	
		매출원가율	52.1	수출	—
		판관비율	24.2	내수	—

회사 개요
동사는 2009년 2월 24일자로 회사의 목적에 제한이 없는 지주회사 형태로 설립되었으며 케이만군도에 소재하며 중국에 동총하초, 기타 식물을 원재료로 한 건강식품의 판매사업을 영위하고 있음. 동사의 연결대상 종속법인으로는 중국과 버진군도 소재의 복건금산대도생물과기유한공사, 금산(중국)자원투자유한공사, 복주금대생물공정기술개발유한공사 등 총 3개사를 보유중에 있음.

실적 분석
동사는 6월 결산. 2017년 1/4분기 연결기준 누계매출액은 1,238.3억원으로 전년동기 대비 46.5% 감소하였음. 외형축소로 인해 매출원가 및 판관비 부담이 감소했음에도 영업이익은 전년동기 대비 77.3% 감소한 134.5억원, 당기순이익은 77.2% 감소한 98.7억원을 기록함. 동사는 수출이 없으며 매출전액이 중국 내수분이며, 동사의 대표적인 건강식품인 동충하초를 비롯하여 중국 내수시장의 침체가 지속되며 수익성이 악화되고 있음

현금 흐름 〈단위 : 억원〉

항목	2016	2017.3Q
영업활동	592	451
투자활동	-350	9
재무활동	-15	3
순현금흐름	228	463
기말현금 등	3,872	4,060

시장 대비 수익률

결산 실적 〈단위 : 억원〉

항목	2012	2013	2014	2015	2016	2017
매출액	2,366	2,647	2,864	3,179	2,976	
영업이익	951	874	917	1,008	705	
당기순이익	679	605	636	735	524	

분기 실적 〈단위 : 억원〉

항목	2016.2Q	2016.3Q	2016.4Q	2017.1Q	2017.2Q	2017.3Q
매출액	773	731	656	516	379	34
영업이익	209	157	111	80	28	2
당기순이익	142	129	90	63	17	1

재무 상태 〈단위 : 억원〉

항목	2012	2013	2014	2015	2016	2017.3Q
총자산	4,078	4,840	4,857	6,259	6,362	6,00
유형자산	187	213	229	242	215	18
무형자산						
유가증권						
총부채	880	936	706	889	267	24
총차입금	513	542	344	401		
자본금	51	53	55	55	63	6
총자본	3,197	3,903	4,151	5,370	6,095	5,76
지배주주지분	3,197	3,903	4,151	5,370	6,095	5,76

기업가치 지표

항목	2012	2013	2014	2015	2016	2017.3Q
주가(최고/저)(천원)	—/—	—/—	—/—	—/—	—/—	—/—
PER(최고/저)(배)	3.9/2.1	5.0/2.5	7.2/2.8	6.9/3.8	9.1/4.9	—/—
PBR(최고/저)(배)	0.8/0.4	0.8/0.4	1.2/0.5	1.0/0.5	0.8/0.5	0.6/0
EV/EBITDA(배)	0.4		1.2	0.8	3.4	—
EPS(원)	808	720	738	797	505	
BPS(원)	3,997	4,879	4,729	6,118	5,797	5,22
CFPS(원)	865	774	795	860	552	
DPS(원)						
EBITDAPS(원)	1,205	1,111	1,137	1,172	735	13

재무 비율 〈단위 : %〉

연도	영업이익률	순이익률	부채비율	차입금비율	ROA	ROE	유보율	자기자본비율	EBITDA마진율
2016	23.7	17.6	4.4	0.0	8.3	9.1	9,573.5	95.8	24
2015	31.7	23.1	16.6	7.5	13.2	15.4	9,606.6	85.8	32
2014	32.0	22.2	17.0	8.3	13.1	15.8	8,226.4	85.5	32
2013	33.0	22.9	24.0	13.9	13.6	17.0	7,309.8	80.7	32

씨케이컴퍼니 (A235090)
CK

업 종 : 기계		시 장 : KONEX	
신용등급 : (Bond) — (CP) —		기업규모 : —	
홈 페 이 지 : www.ckcompany.net		연 락 처 : 070)4680-1466	
본 사 : 서울시 강남구 봉은사로 207			

설 립 일 2012.12.12	종 업 원 수 17명	대 표 이 사 원용태
상 장 일 2016.03.16	감 사 의 견 적정 (태영)	계 열
결 산 기 12월	보 통 주	종 속 회 사 수
액 면 가	우 선 주	구 상 호

주주구성 (지분율,%)		출자관계 (지분율,%)		주요경쟁사 (외형,%)	
원용태	29.0			씨케이컴퍼니	100
박지희	1.5			수성	340
				흥국	758

매출구성		비용구성		수출비중	
빙스빙스 소형	68.7	매출원가율	78.8	수출	31.0
빙스빙스 미니	19.8	판관비율	40.5	내수	69.0
빙스빙스 대형	11.5				

회사 개요

동사는 2012년 설립돼 2016년 코넥스시장에 주식을 상장해 매매를 시작함. 우유눈꽃빙수기 제작을 주된 사업으로 하고 있으며, 제품군으로는 소형,미니,미니-I로 구성되어있음. 최적의 IT서비스 환경을 구축 및 공급하는 인프라 및 솔루션 기반의 사업을 영위하는 IT사업부를 최근 추가함. 현재 국내엔 우유눈꽃빙수기를 제조하는 기업이 10여개 존재하며 동사를 포함한 4개 업체 정도가 -35도 급속냉각이 가능한 100% 우유눈꽃빙수기를 공급함.

실적 분석

코넥스 상장기업인 동사는 분기와 반기 실적 공개 의무가 없음. 2016년 매출액은 82.8억원으로 전년도 매출액인 54.2억원에 비해 52.8% 증가함. 전년도 11.1억원을 기록했던 영업이익은 16억원의 손실을 내며 적자전환됨. 전년도 7.3억원을 기록한 당기순이익은 23.2억원의 손실을 기록하며 역시 적자전환됨. 동사 우유눈꽃빙수기는 빙수 제조외에 팥빙얼음, 육수, 회얼음 등을 제조하는 데에도 활용될 수 있어 수요가 확대되고 있음.

현금 흐름 *IFRS 별도 기준 〈단위 : 억원〉

항목	2016	2017.2Q
영업활동	-13	
투자활동	-13	
재무활동	29	
순현금흐름	3	
기말현금	3	

결산 실적 〈단위 : 억원〉

항목	2012	2013	2014	2015	2016	2017
매출액	—	3	43	54	83	—
영업이익	—	-2	1	11	-16	—
당기순이익	—	-2	1	7	-23	—

분기 실적 *IFRS 별도 기준 〈단위 : 억원〉

항목	2016.1Q	2016.2Q	2016.3Q	2016.4Q	2017.1Q	2017.2Q
매출액	—	—	—	—	—	—
영업이익	—	—	—	—	—	—
당기순이익	—	—	—	—	—	—

재무 상태 *IFRS 별도 기준 〈단위 : 억원〉

항목	2012	2013	2014	2015	2016	2017.2Q
총자산	—	4	15	102	141	—
유형자산	—	1	1	62	60	—
무형자산	—	1	1	1	0	—
유가증권	—			0		—
총부채	—	6	7	63	124	—
총차입금	—		5	61	88	—
자본금	—		9	17	17	—
총자본	—	-2	7	38	18	—
지배주주지분	—	-2	7	38	18	—

기업가치 지표 *IFRS 별도 기준

항목	2012	2013	2014	2015	2016	2017.2Q
주가(최고/저)(천원)	#VALUE!	—/—	—/—	—/—	—/—	—/—
PER(최고/저)(배)	0.0/0.0	0.0/0.0	0.0/0.0	0.0/0.0	28.2/9.6	0.0/0.0
PBR(최고/저)(배)	0.0/0.0	0.0/0.0	0.0/0.0	0.0/0.0	28.2/9.6	0.0/0.0
EV/EBITDA(배)	0.0		1.7	4.7		
EPS(원)	—	-2,178	81	292	-737	
BPS(원)	—	-1,766	406	1,239	528	
CFPS(원)	—	-1,966	134	353	-649	
DPS(원)	—					
EBITDAPS(원)	—	-1,991	144	505	-421	

재무 비율 〈단위 : % 〉

연도	영업이익률	순이익률	부채비율	차입금비율	ROA	ROE	유보율	자기자본비율	EBITDA마진율
2016	-19.3	-28.0	701.6	496.0	-19.1	-83.2	5.7	12.5	-16.0
2015	20.5	13.4	166.1	158.8	12.5	31.9	128.5	37.6	23.3
2014	1.4	1.3	일부잠식	일부잠식	5.9	전기잠식	-18.7	50.9	2.2
2013	-86.7	-85.8	완전잠식	완전잠식	0.0	-453.3	-45.9	-94.7	-78.4

씨큐브 (A101240)
CQV

업 종 : 화학		시 장 : KOSDAQ	
신용등급 : (Bond) — (CP) —		기업규모 : 벤처	
홈 페 이 지 : www.cqv.co.kr		연 락 처 : 043)531-2500	
본 사 : 충북 진천군 진천읍 성중로 144			

설 립 일 2000.10.20	종 업 원 수 157명	대 표 이 사 장길완
상 장 일 2011.11.08	감 사 의 견 적정 (삼일)	계 열
결 산 기 12월	보 통 주 758만주	종 속 회 사 수
액 면 가 500원	우 선 주	구 상 호

주주구성 (지분율,%)		출자관계 (지분율,%)		주요경쟁사 (외형,%)	
장길완	19.8			씨큐브	100
임광수	8.9			코오롱머티리얼	895
(외국인)	2.0			원익큐브	548

매출구성		비용구성		수출비중	
진주광택 안료	88.3	매출원가율	58.6	수출	51.0
기타	11.7	판관비율	26.4	내수	49.0

회사 개요

동사는 충북 진천에 소재한 진주광택안료 생산전문의 부품소재전문기업으로 2000년 10월에 설립됨. 진주광택안료란 진주빛, 무지개빛, 금속빛을 자아내는 안료를 통칭한 것으로 진주광택안료의 입자는 보는 각도에 따라 색이 차이 나는 간섭색을 나타내게 되는 안료임. 진주광택안료는 다품종 소량 생산으로 이루어지며, 기술집약적이며 경기에 비탄력적인 특징을 지니고 있음.

실적 분석

동사의 2017년 2분기 매출액은 202.7억원으로 전년동기 대비 4.6% 증가했음. 영업이익은 24.1억원으로 19.8% 줄었고, 당기순이익 역시 30.6% 감소한 17.8억원을 기록했음. 동사는 CPFL 램프에 적용되는 세라믹 파우더의 재료 개발 및 공정개발은 완료하였고 관련 업체들과 사업 조율 중. 현대의 소비자 성향을 살펴보면 점차 다양화, 고급화, 패션화 되는 경향을 보이며 독특한 색상이나 디자인을 선호하는 추세여서 수요 증가가 기대

현금 흐름 *IFRS 별도 기준 〈단위 : 억원〉

항목	2016	2017.2Q
영업활동	44	23
투자활동	-35	-9
재무활동	-5	-8
순현금흐름	5	6
기말현금	47	54

결산 실적 〈단위 : 억원〉

항목	2012	2013	2014	2015	2016	2017
매출액	244	281	298	306	379	—
영업이익	29	34	44	30	57	—
당기순이익	20	25	34	30	49	—

분기 실적 *IFRS 별도 기준 〈단위 : 억원〉

항목	2016.1Q	2016.2Q	2016.3Q	2016.4Q	2017.1Q	2017.2Q
매출액	94	99	85	100	99	104
영업이익	16	14	10	17	13	11
당기순이익	15	11	5	17	6	11

재무 상태 *IFRS 별도 기준 〈단위 : 억원〉

항목	2012	2013	2014	2015	2016	2017.2Q
총자산	471	492	574	568	607	623
유형자산	218	216	234	248	242	234
무형자산	33	30	26	27	28	31
유가증권						
총부채	203	183	193	161	179	184
총차입금	181	158	154	115	141	152
자본금	28	29	34	38	38	38
총자본	268	309	381	407	428	439
지배주주지분	268	309	381	407	428	439

기업가치 지표 *IFRS 별도 기준

항목	2012	2013	2014	2015	2016	2017.2Q
주가(최고/저)(천원)	5.0/3.1	5.9/3.3	8.5/3.7	14.6/6.0	11.8/7.8	—/—
PER(최고/저)(배)	14.2/8.9	14.1/7.9	15.9/6.9	36.8/15.1	18.7/12.3	—/—
PBR(최고/저)(배)	1.0/0.6	1.1/0.6	1.5/0.7	2.5/1.0	1.8/1.2	1.4/1.2
EV/EBITDA(배)	6.0	5.8	6.7	13.7	8.5	
EPS(원)	366	437	558	405	641	235
BPS(원)	5,232	5,688	5,858	5,971	6,542	6,690
CFPS(원)	838	926	1,038	807	1,045	432
DPS(원)			100	100	120	
EBITDAPS(원)	991	1,094	1,216	810	1,154	515

재무 비율 〈단위 : % 〉

연도	영업이익률	순이익률	부채비율	차입금비율	ROA	ROE	유보율	자기자본비율	EBITDA마진율
2016	15.0	12.8	42.0	32.9	8.3	11.6	1,208.5	70.5	23.1
2015	9.9	9.8	39.4	28.3	5.3	7.6	1,094.1	71.7	19.6
2014	14.9	11.3	50.6	40.5	6.3	9.7	1,071.6	66.4	24.6
2013	12.2	8.8	59.3	51.2	5.1	8.6	1,037.7	62.8	22.0

씨트리 (A047920)
CHEM TECH RESEARCHORPORATION

업 종 : 제약
신용등급 : (Bond) — (CP) —
홈 페 이 지 : www.c-tri.co.kr
본 사 : 경기도 남양주시 경강로 27

시 장 : KOSDAQ
기업규모 : 신성장
연 락 처 : 031)557-0001

설 립 일	1998.04.23	종 업 원 수	159명	대 표 이 사	김완주
상 장 일	2015.12.21	감 사 의 견	적정 (새시대)	계	열
결 산 기	12월	보 통 주	1,202만주	종속회사수	
액 면 가	500원	우 선 주		구 상 호	

주주구성 (지분율,%)		출자관계 (지분율,%)		주요경쟁사 (외형,%)	
대화제약	12.2			씨트리	100
김완주	3.5			명문제약	699
(외국인)	0.1			유유제약	352

매출구성		비용구성		수출비중	
헤파타인액 등 외	25.5	매출원가율	73.0	수출	—
OTC수탁 기타	22.5	판관비율	24.1	내수	—
ETC 기타	20.1				

회사 개요
동사는 1998년 4월 설립되어 2015년 12월에 코스닥시장에 상장한 완제의약품과 원료의약품의 개발·제조 전문업체임. 현재 아미노산부터 펩타이드 의약품까지 완성의약품의 생산, 공급 및 펩타이드 의약품에 대한 연구, 개발 등을 진행중임. 동사의 주요 목표시장은 국내시장으로 대부분의 매출이 국내에서 발생하고 있으며 최적화된 영업활동을 위해 일반약국보다는 주요 제약사와 도매상을 대상으로 영업활동을 펼치고 있음.

실적 분석
동사의 2017년 2분기 누적 매출액은 전년 동기 대비 12.9% 증가한 93.9억원을 기록함. 원가율이 개선되어 매출총이익은 23.9억원으로 전년 동기 대비 31.1% 증가함. 인건비와 경상개발비의 증가로 판매비와관리비는 전년 동기 대비 47.3% 증가한 30.9억원임. 그 결과 영업이익은 7.0억원의 적자를 기록함. 적자 폭이 확대되어 당기순이익도 18.3억원의 적자를 시현함.

현금 흐름
*IFRS 별도 기준 〈단위 : 억원〉

항목	2016	2017.2Q
영업활동	-2	-7
투자활동	-154	-5
재무활동	139	3
순현금흐름	-17	-9
기말현금	38	29

시장 대비 수익률

결산 실적
〈단위 : 억원〉

항목	2012	2013	2014	2015	2016	2017
매출액	147	154	172	177	203	—
영업이익	12	3	4	-9	6	—
당기순이익	10	-4	3	-24	4	—

분기 실적
*IFRS 별도 기준 〈단위 : 억원〉

항목	2016.1Q	2016.2Q	2016.3Q	2016.4Q	2017.1Q	2017.2Q
매출액	41	42	56	65	36	58
영업이익	-1	-1	4	4	-11	4
당기순이익	-2	-1	2	7	-19	1

재무 상태
*IFRS 별도 기준 〈단위 : 억원〉

항목	2012	2013	2014	2015	2016	2017.2Q
총자산	140	167	214	248	412	408
유형자산	32	39	58	75	120	132
무형자산	12	8	8	5	6	8
유가증권	—	—	—	—	91	87
총부채	109	133	166	127	223	236
총차입금	49	68	100	67	151	163
자본금	25	28	29	36	59	59
총자본	32	34	48	122	189	172
지배주주지분	32	34	48	122	189	172

기업가치 지표
*IFRS 별도 기준

항목	2012	2013	2014	2015	2016	2017.2Q
주가(최고/저)(천원)	—/—	—/—	3.4/1.6	9.8/2.5	11.1/4.7	—/—
PER(최고/저)(배)	0.0/0.0	0.0/0.0	96.9/45.6	—/—	225.5/94.9	—/—
PBR(최고/저)(배)	0.0/0.0	0.0/0.0	6.1/2.9	8.7/2.2	6.9/2.9	5.1/3.4
EV/EBITDA(배)	2.7	6.5	35.4	—	46.7	—
EPS(원)	129	-46	35	-252	49	-155
BPS(원)	642	618	834	1,686	1,597	1,453
CFPS(원)	301	46	177	-248	117	-112
DPS(원)	—	—	—	—	—	—
EBITDAPS(원)	341	177	199	—	117	-17

재무 비율
〈단위 : % 〉

연도	영업이익률	순이익률	부채비율	차입금비율	ROA	ROE	유보율	자기자본비율	EBITDA마진율
2016	2.8	2.8	118.2	80.2	1.8	3.7	219.3	45.8	6.8
2015	-5.2	-13.4	104.1	55.0	-10.2	-27.8	237.2	49.0	-0.6
2014	2.5	1.8	345.2	207.9	1.6	7.4	66.7	22.5	6.7
2013	2.2	-2.5	386.5	197.1	-2.5	-11.4	23.6	20.6	6.3

씨티네트웍스 (A189540)
ctnetworks

업 종 : 통신장비
신용등급 : (Bond) — (CP) —
홈 페 이 지 : www.ctnetworks.co.kr
본 사 : 충남 논산시 연무읍 신화길 12

시 장 : KONEX
기업규모 : —
연 락 처 : 041)742-0609

설 립 일	2007.01.09	종 업 원 수	55명	대 표 이 사	이재성
상 장 일	2013.12.24	감 사 의 견	적정 (신정)	계	열
결 산 기	12월	보 통 주		종속회사수	
액 면 가	—	우 선 주		구 상 호	

주주구성 (지분율,%)		출자관계 (지분율,%)		주요경쟁사 (외형,%)	
이재성	28.5			씨티네트웍스	100
김순옥	20.8			옵티시스	162
				텔레필드	407

매출구성		비용구성		수출비중	
OSP[광접속함체,광단자함,광아웃렛등]	77.9	매출원가율	90.5	수출	47.0
Cable[TB/DS/SX/DX]	22.1	판관비율	12.9	내수	53.0

회사 개요
동사는 광통신 영역 중에 '광케이블(Indoor), 광소자(Connector, Splitter), 광접속/분배함체(Closure, FDF, FDH, Outlet)'과 같은 제품을 생산하고 하고 있으며, 최근에는 '광전복합케이블모듈, 지능형광접속함체' 등을 추가로 생산하고 있음. 아시아_싱가폴/말레이시아/태국/네팔/인도네시아, 중동_UAE/카타르/이집트/이란, 북미_미국 등에서 주요 프로젝트를 진행하고 있음.

실적 분석
동사의 2016년 연간 매출은 105.8억원, 영업이익은 -3.6억원, 당기순이익은 -8.4억원 시현. 동사가 주력으로 하는 시장은 광통신 산업. 국내 광통신 산업은 세계에서 가장 높은 가구별 FTTx 보유율을 기록하고 있음. 인터넷의 빠른 보급과 광통신 서비스의 개선 및 스마트폰의 보급 확대에 힘입어 한국은 세계 최고 수준의 광통신 설비를 구축하고 있음. 영업적, 기술적 경쟁우위 요소 이외에 제품에 대한 고객신뢰도가 높음.

현금 흐름
*IFRS 별도 기준 〈단위 : 억원〉

항목	2016	2017.2Q
영업활동	11	—
투자활동	1	—
재무활동	-12	—
순현금흐름	-0	—
기말현금	3	—

시장 대비 수익률

결산 실적
〈단위 : 억원〉

항목	2012	2013	2014	2015	2016	2017
매출액	62	139	111	151	106	—
영업이익	3	10	-19	4	-4	—
당기순이익	0	9	-26	-7	-8	—

분기 실적
*IFRS 별도 기준 〈단위 : 억원〉

항목	2016.1Q	2016.2Q	2016.3Q	2016.4Q	2017.1Q	2017.2Q
매출액	—	—	—	—	—	—
영업이익	—	—	—	—	—	—
당기순이익	—	—	—	—	—	—

재무 상태
*IFRS 별도 기준 〈단위 : 억원〉

항목	2012	2013	2014	2015	2016	2017.2Q
총자산	106	143	155	170	121	—
유형자산	35	45	66	72	60	—
무형자산	13	15	13	0	0	—
유가증권	4	—	—	—	—	—
총부채	68	92	125	149	108	—
총차입금	54	68	106	103	94	—
자본금	12	12	13	13	13	—
총자본	39	51	30	21	13	—
지배주주지분	39	51	30	21	13	—

기업가치 지표
*IFRS 별도 기준

항목	2012	2013	2014	2015	2016	2017.2Q
주가(최고/저)(천원)	—/—	4.1/4.1	5.6/2.0	4.6/1.3	6.6/0.6	—/—
PER(최고/저)(배)	0.0/0.0	10.2/10.2	—/—	—/—	—/—	—/—
PBR(최고/저)(배)	0.0/0.0	1.9/1.9	4.7/1.7	5.3/1.5	12.7/1.1	0.0/0.0
EV/EBITDA(배)	4.0	8.0	—	8.5	14.6	—
EPS(원)	15	404	-1,027	-271	-339	—
BPS(원)	16,576	2,191	1,200	859	520	—
CFPS(원)	3,258	718	-641	204	186	—
DPS(원)	—	—	—	—	—	—
EBITDAPS(원)	4,512	762	-361	638	380	—

재무 비율
〈단위 : % 〉

연도	영업이익률	순이익률	부채비율	차입금비율	ROA	ROE	유보율	자기자본비율	EBITDA마진율
2016	-3.4	-8.0	840.3	731.0	-5.8	-49.2	1.9	10.6	8.9
2015	2.7	-4.5	697.7	482.8	-4.2	-26.4	68.4	12.5	10.7
2014	-17.1	-23.5	410.3	347.5	-17.4	-63.6	140.1	19.6	-8.3
2013	7.5	6.8	179.4	133.1	7.6	21.0	338.3	35.8	12.8

씨티씨바이오 (A060590)
CTCBIO

업　　　종 : 제약		시　　　장 : KOSDAQ	
신용등급 : (Bond) — (CP) —		기업규모 : 중견	
홈페이지 : www.ctcbio.com		연 락 처 : 070)4033-0200	
본　　　사 : 서울시 송파구 중대로 296, 삼보빌딩 6층			

설 립 일	1995.12.28	종 업 원 수	265명	대 표 이 사	조호연,우성섭,성기홍
상 장 일	2002.02.08	감 사 의 견	적정 (삼정)	계　　　열	
결 산 기	12월	보 통 주	1,758만주	종속회사수	3개사
액 면 가	500원	우 선 주		구 상 호	

주주구성 (지분율,%)		출자관계 (지분율,%)		주요경쟁사 (외형,%)	
조호연	7.3	씨티씨그린	100.0	씨티씨바이오	100
현대인베스트먼트자산운용	5.3	애니인포넷	35.4	아미노로직스	13
(외국인)	2.1	인터펫코리아	14.0	에스텍파마	35

매출구성		비용구성		수출비중	
백신, 생균제 등	35.4	매출원가율	73.7	수출	16.0
항생제, 효소제 등	34.7	판관비율	28.4	내수	84.0
의약품, 의약품 원료 등	18.0				

회사 개요

동사는 1996년 1월에 설립되어 동물약품, 인체약품, 사료첨가제 및 단미보조사료, 건강기능성식품 등에 대한 제조 및 판매를 주요사업으로 영위하고 있음. 2002년 2월에 코스닥시장에 상장됨. 2004년도에 KGMP를 획득하여 공식적인 제약 생산시설을 인정받았으며, SK케미칼로부터 2014년 9월 1일부로 안산공장을 인수함. 동사는 현재 연결대상 종속회사로 2개의 해외 자회사를 보유하고 있음.

실적 분석

동사의 2017년 2분기 누적 연결기준 매출액은 전년대비 10.4% 성장한 637.8억원을 기록. 인체의약품 부문의 호조가 매출 성장을 견인함. 다만 외형 성장에도 원가율은 상승하여 영업손실 30.6억원, 당기순손실 24.9억원을 시현하며 적자전환함. 특히 판관비의 경우 인건비와 기타판매비와관리비가 크게 증가함. 동사는 당반기 결산일 목적으로 200억원 규모의 전환사채를 발행함.

현금 흐름　〈단위 : 억원〉

항목	2016	2017.2Q
영업활동	69	22
투자활동	-59	-27
재무활동	18	9
순현금흐름	28	3
기말현금	52	55

시장 대비 수익률

결산 실적　〈단위 : 억원〉

항목	2012	2013	2014	2015	2016	2017
매출액	1,298	1,234	1,219	1,190	1,231	—
영업이익	112	21	1	30	-26	—
당기순이익	82	9	-36	157	-27	—

분기 실적　〈단위 : 억원〉

항목	2016.1Q	2016.2Q	2016.3Q	2016.4Q	2017.1Q	2017.2Q
매출액	281	297	340	314	316	321
영업이익	5	-6	5	-31	-24	-6
당기순이익	2	-1	2	-31	-18	-11

재무 상태　〈단위 : 억원〉

항목	2012	2013	2014	2015	2016	2017.2Q
총자산	1,254	1,505	1,621	1,936	1,887	1,907
유형자산	297	335	663	868	920	913
무형자산	28	28	30	34	40	49
유가증권	62	117	108	264	144	169
총부채	630	582	766	944	978	991
총차입금	489	442	566	722	760	772
자본금	71	87	87	87	87	88
총자본	624	922	855	992	909	916
지배주주지분	623	922	854	991	909	915

기업가치 지표

항목	2012	2013	2014	2015	2016	2017.2Q
주가(최고/저)(천원)	25.5/8.9	36.4/16.3	22.0/12.2	27.4/13.9	18.0/9.0	—/—
PER(최고/저)(배)	48.6/17.0	720.5/323.1	—/—	174.2/88.1	—/—	—/—
PBR(최고/저)(배)	6.7/2.3	6.7/3.0	4.2/2.4	4.6/2.3	3.3/1.6	2.0/1.5
EV/EBITDA(배)	25.6	81.6	172.7	55.3	254.1	—/—
EPS(원)	524	50	-201	157	-157	-142
BPS(원)	4,378	5,470	5,184	5,970	5,481	5,487
CFPS(원)	768	162	-94	336	51	-8
DPS(원)						
EBITDAPS(원)	992	234	113	349	57	-40

재무 비율　〈단위 : % 〉

연도	영업이익률	순이익률	부채비율	차입금비율	ROA	ROE	유보율	자기자본비율	EBITDA마진율
2016	-2.1	-2.2	107.5	83.6	-1.4	-2.9	996.2	48.2	0.8
2015	2.5	2.3	95.2	72.9	1.5	3.0	1,094.0	51.2	5.1
2014	0.1	-2.9	89.6	66.2	-2.3	-3.9	936.8	52.7	1.6
2013	1.7	0.7	63.2	47.9	0.6	1.1	993.9	61.3	3.3

씨티엘 (A036170)
CTLInc

업　　　종 : 디스플레이 및 관련부품		시　　　장 : KOSDAQ	
신용등급 : (Bond) — (CP) —		기업규모 : 중견	
홈페이지 : www.ctlinc.co.kr		연 락 처 : 031)205-5300	
본　　　사 : 경기도 수원시 영통구 신원로 170 (신동)			

설 립 일	1993.12.02	종 업 원 수	66명	대 표 이 사	손순종
상 장 일	1999.12.12	감 사 의 견	적정 (이현)	계　　　열	
결 산 기	12월	보 통 주	2,625만주	종속회사수	2개사
액 면 가	1,000원	우 선 주		구 상 호	

주주구성 (지분율,%)		출자관계 (지분율,%)		주요경쟁사 (외형,%)	
김병진	9.1	더블럭게임즈	100.0	씨티엘	100
라이브플렉스	4.6	케이스톤인베스트먼트	100.0	베셀	249
(외국인)	1.8	에이앤씨인베스트먼트	100.0	휘닉스소재	244

매출구성		비용구성		수출비중	
CHIP LED	81.9	매출원가율	70.9	수출	22.0
HIGHPOWER LED	18.0	판관비율	22.9	내수	78.0
기타	0.2				

회사 개요

인쇄회로기판 및 LED를 생산하는 사업을 영위하고 있으며 협력사를 상대로 부동산 임대업을 영위하고 있음. 핵심사업 역량 집중을 위한 비핵심사업 정리의 일환으로 2015년 5월 인쇄회로기판(PCB)사업부문의 영업정지를 결정. 주요사업부문은 차량용 LED 패키지, 경관조명 LED 제작 등을 수행하는 LED 사업부, 투자자문, 경영컨설팅을 수행하는 투자자문 사업부로 나뉨.

실적 분석

인쇄회로기판(PCB)사업부문의 영업정지로 인한 매출 감소로 2017년 2분기 연결기준 누적 매출액은 전년동기 대비 9.9% 감소한 78.3억원을 기록. 외형 축소에도 원가율과 판관비가 크게 개선되면서 영업이익은 4.9억원을 기록하며 흑자전환. 금융수익이 발생하며 비영업수지가 개선되면서 당기순이익은 8.8억원의 흑자를 시현. 최근 적정 유통주식 수 유지를 위해 1주당 액면가 500원에서 1,000원으로 액면병합을 실시함.

현금 흐름　〈단위 : 억원〉

항목	2016	2017.2Q
영업활동	44	35
투자활동	-27	28
재무활동	-74	60
순현금흐름	-58	111
기말현금	257	368

시장 대비 수익률

결산 실적　〈단위 : 억원〉

항목	2012	2013	2014	2015	2016	2017
매출액	658	758	216	206	177	—
영업이익	13	26	8	14	11	—
당기순이익	67	-2	3	-164	6	—

분기 실적　〈단위 : 억원〉

항목	2016.1Q	2016.2Q	2016.3Q	2016.4Q	2017.1Q	2017.2Q
매출액	44	43	44	46	41	38
영업이익	0	-2	6	7	3	2
당기순이익	-7	-1	7	7	2	2

재무 상태　〈단위 : 억원〉

항목	2012	2013	2014	2015	2016	2017.2Q
총자산	978	933	965	758	692	760
유형자산	383	367	346	165	156	150
무형자산	9	7	9	9	53	54
유가증권	82	12	52	86	49	26
총부채	395	386	384	132	54	54
총차입금	242	241	240	100	30	30
자본금	182	144	150	241	241	263
총자본	582	547	581	627	638	706
지배주주지분	582	547	581	627	638	706

기업가치 지표

항목	2012	2013	2014	2015	2016	2017.2Q
주가(최고/저)(천원)	2.4/1.3	1.9/1.3	1.9/1.2	2.8/1.1	2.7/1.4	—/—
PER(최고/저)(배)	7.7/4.2	—/—	197.7/119.4	—/—	212.2/114.7	—/—
PBR(최고/저)(배)	1.3/0.7	0.9/0.6	0.9/0.6	2.0/0.8	1.9/1.0	1.3/0.9
EV/EBITDA(배)	18.8	10.8	10.8	14.3	17.7	—/—
EPS(원)	629	-14	19	-857	25	35
BPS(원)	1,927	2,069	2,059	1,379	1,403	2,835
CFPS(원)	410	84	104	-363	44	68
DPS(원)						
EBITDAPS(원)	156	170	122	102	54	53

재무 비율　〈단위 : % 〉

연도	영업이익률	순이익률	부채비율	차입금비율	ROA	ROE	유보율	자기자본비율	EBITDA마진율
2016	6.2	3.4	8.5	4.7	0.8	1.0	180.5	92.2	14.8
2015	6.9	-79.5	21.0	16.0	-19.0	-27.1	175.8	82.6	19.0
2014	3.8	1.3	66.1	41.4	0.3	0.5	311.7	60.2	16.8
2013	3.5	-0.3	70.6	44.1	-0.2	-0.4	313.8	58.6	7.4

아가방앤컴퍼니 (A013990)
AGABANG&COMPANY

업 종 : 섬유 및 의복	시 장 : KOSDAQ
신용등급 : (Bond) — (CP) —	기업규모 : 중견
홈 페 이 지 : www.agabangncompany.com	연 락 처 : 02)527-1300
본 사 : 서울시 강남구 테헤란로 207, 아가방빌딩	

설 립 일 1979.04.02	종업원수 206명	대표이사 신상국
상 장 일 2002.01.09	감사의견 적정 (새빛)	계 열
결 산 기 12월	보 통 주 3,289만주	종속회사수 6개사
액 면 가 500원	우 선 주	구 상 호

주주구성 (지분율,%)	출자관계 (지분율,%)	주요경쟁사 (외형,%)
랑시코리아 26.5	디자인스킨 100.0	아가방컴퍼니 100
Arisaig Korea Fund BHD (L) 4.2	아펙스 80.0	일신방직 318
(외국인) 3.3	쁘띠마르숑 70.0	에프티이앤이 30

매출구성		비용구성		수출비중	
유아의류 및 유아용품 등(국내)	79.2	매출원가율	55.6	수출	21.0
유아의류(해외)	20.8	판관비율	43.3	내수	79.0

회사 개요
동사는 1979년 국내 최초로 유아의류 및 용품 전문업체로 설립됨. 국내 대표 유아브랜드인 아가방, 디어베이비, 에뜨와 등으로 유아 시장 견인함. 2014년 중국 랑시그룹으로 대주주가 변경되면서 중국 시장 내 진출을 본격화하는 동시에 원가절감 시스템을 보다 확장적으로 구축함. 거래 지역별 매출 비중은 한국 81%, 미국 및 아랍에미레이트 등이 나머지 19%를 차지함.

실적 분석
동사의 2017년 2분기 누적 매출액은 725.3억원으로 전년동기 대비 7.5% 증가함. 외형 증가에도 원가부담이 늘면서 영업이익은 27.9억원의 손실을 기록하며 적자지속. 유아 스킨케어 '퓨토'와 임부복 브랜드 '데스티네이션 마터니티' 그리고 영유아용 매트와 소파, 놀이용품 등을 제조 판매하는 '디자인스킨', 유럽 프리미엄 수입 아동복 편집숍인 '쁘띠마르숑'을 인수하면서 새로운 성장 기반을 다지고 있음

현금 흐름 〈단위 : 억원〉

항목	2016	2017.2Q
영업활동	32	2
투자활동	-51	-24
재무활동	-7	-1
순현금흐름	-23	-23
기말현금	194	171

시장 대비 수익률

결산 실적 〈단위 : 억원〉

항목	2012	2013	2014	2015	2016	2017
매출액	2,030	1,946	1,601	1,573	1,503	
영업이익	49	39	-73	1	16	
당기순이익	26	25	-72	2	19	

분기 실적 〈단위 : 억원〉

항목	2016.1Q	2016.2Q	2016.3Q	2016.4Q	2017.1Q	2017.2Q
매출액	385	290	474	354	362	363
영업이익	7	-33	46	-4	-0	-28
당기순이익	8	-24	33	2	-7	-24

재무 상태 〈단위 : 억원〉

항목	2012	2013	2014	2015	2016	2017.2Q
총자산	2,079	2,092	2,338	2,223	2,261	2,145
유형자산	856	850	935	992	841	466
무형자산	16	17	15	51	51	49
유가증권	66	69	56	57	53	49
총부채	592	574	656	519	541	454
총차입금	24	52	120	47	38	29
자본금	140	140	164	164	164	164
총자본	1,487	1,518	1,682	1,704	1,720	1,691
지배주주지분	1,487	1,518	1,682	1,699	1,717	1,690

기업가치 지표

항목	2012	2013	2014	2015	2016	2017.2Q
주가(최고/저)(천원)	20.9/6.8	10.5/4.9	9.3/4.0	15.2/6.9	11.6/6.5	—/—
PER(최고/저)(배)	231.7/75.2	119.8/55.4	—/—	2,423.5/1,104.9	190.6/106.0	—/—
PBR(최고/저)(배)	4.0/1.3	2.0/0.9	1.8/0.8	2.9/1.3	2.2/1.2	1.6/1.2
EV/EBITDA(배)	29.0	18.6		93.1	44.6	
EPS(원)	92	88	-257	6	61	-86
BPS(원)	5,311	5,420	5,134	5,166	5,220	5,138
CFPS(원)	214	206	-135	111	171	-27
DPS(원)	40	40				
EBITDAPS(원)	298	258	-139	108	160	-26

재무 비율 〈단위 : % 〉

연도	영업이익률	순이익률	부채비율	차입금비율	ROA	ROE	유보율	자기자본비율	EBITDA마진율
2016	1.1	1.2	31.4	2.2	0.8	1.2	944.1	76.1	3.5
2015	0.1	0.1	30.5	2.8	0.1	0.1	933.2	76.6	2.3
2014	-4.6	-4.5	39.0	7.1	-3.3	-4.5	926.7	71.9	-2.4
2013	2.0	1.3	37.9	3.4	1.2	1.7	984.1	72.5	3.7

아나패스 (A123860)
Anapass

업 종 : 디스플레이 및 관련부품	시 장 : KOSDAQ
신용등급 : (Bond) — (CP) —	기업규모 : 벤처
홈 페 이 지 : www.anapass.com	연 락 처 : 02)6922-7400
본 사 : 서울시 구로구 디지털로31길 61, 신세계아이앤씨빌딩 6~7층	

설 립 일 2002.11.29	종업원수 112명	대표이사 이경호
상 장 일 2010.11.05	감사의견 적정 (한영)	계 열
결 산 기 12월	보 통 주 1,013만주	종속회사수
액 면 가 500원	우 선 주	구 상 호

주주구성 (지분율,%)	출자관계 (지분율,%)	주요경쟁사 (외형,%)
이경호 14.8	GCTSemiconductor,Inc. 32.4	아나패스 100
아샘자산운용 4.0		루멘스 406
(외국인) 9.0		넥스트아이 40

매출구성		비용구성		수출비중	
T-Con	93.8	매출원가율	64.0	수출	99.0
용역매출 등	4.1	판관비율	28.8	내수	1.0
기타제품	2.1				

회사 개요
동사는 반도체 개발 및 제조, 판매를 주요 사업으로 영위하고 있음. 주요 제품으로는 LCD 타이밍콘트롤러가 있음. 삼성전자의 High-end급 디스플레이에 제품부터 Mid & Low end 제품까지 광범위하게 동사의 칩이 사용되고 있고 직접 공급하는 칩 이외에 삼성전자 LSI, Sony, OKI, Renesas, THine과 같은 기업들에게 AiPi 기술이 라이센스 형식으로도 제공됨. 초고화질TV 시장의 성장예상으로 매출 확대를 위해 노력하고 있음.

실적 분석
동사의 2017년 2분기 연결기준 연간 누적 매출액은 440.2억원으로 전년동기 대비 6.3% 감소함. 매출은 전년동기 대비 줄었음에도 판관비는 오히려 늘어나면서 영업이익은 전년동기 대비 30.6% 감소한 16.9억원에 그침. 비영업손익 부문에서 전기 반영했던 1회성 손실이 해소되면서, 당기순이익은 28.6억원으로 흑자전환했으나, 매출의 축소로 영업실적은 부진한 모습

현금 흐름 *IFRS 별도 기준 〈단위 : 억원〉

항목	2016	2017.2Q
영업활동	153	79
투자활동	-214	-16
재무활동	-19	-19
순현금흐름	-77	43
기말현금	64	107

시장 대비 수익률

결산 실적 〈단위 : 억원〉

항목	2012	2013	2014	2015	2016	2017
매출액	982	911	1,340	994	993	
영업이익	180	124	232	104	72	
당기순이익	169	28	114	24	-254	

분기 실적 *IFRS 별도 기준 〈단위 : 억원〉

항목	2016.1Q	2016.2Q	2016.3Q	2016.4Q	2017.1Q	2017.2Q
매출액	217	253	267	256	194	24
영업이익	11	13	27	21	2	1
당기순이익	-23	-3	20	-248	8	2

재무 상태 *IFRS 별도 기준 〈단위 : 억원〉

항목	2012	2013	2014	2015	2016	2017.2Q
총자산	985	1,022	1,242	1,231	992	1,01
유형자산	14	50	26	54	56	6
무형자산	7	48	106	81	48	3
유가증권	4	23	28		22	3
총부채	97	147	253	201	226	24
총차입금	—	100	140	100	100	10
자본금	51	51	51	51	51	5
총자본	888	875	989	1,030	765	77
지배주주지분	888	875	989	1,030	765	77

기업가치 지표 *IFRS 별도 기준

항목	2012	2013	2014	2015	2016	2017.2Q
주가(최고/저)(천원)	12.8/8.2	15.2/10.0	12.4/9.5	16.0/8.6	19.0/11.3	—/—
PER(최고/저)(배)	8.4/5.4	59.8/39.1	11.6/8.9	69.6/37.5	—/—	—/—
PBR(최고/저)(배)	1.5/1.0	1.7/1.1	1.3/1.0	1.5/0.8	2.4/1.4	1.9/1.
EV/EBITDA(배)	2.4	5.4	2.1	6.0	7.1	—/—
EPS(원)	1,669	273	1,130	236	-2,509	28
BPS(원)	9,569	9,439	10,560	10,828	8,216	8,27
CFPS(원)	1,862	485	1,649	903	-1,757	56
DPS(원)	300	200	350	200	200	
EBITDAPS(원)	1,973	1,432	2,809	1,694	1,462	44

재무 비율 〈단위 : % 〉

연도	영업이익률	순이익률	부채비율	차입금비율	ROA	ROE	유보율	자기자본비율	EBITDA마진율
2016	7.2	-25.6	29.6	13.1	-22.9	-28.3	1,543.3	77.2	14
2015	10.5	2.4	19.5	9.7	1.9	2.4	2,065.6	83.7	17
2014	17.3	8.5	25.6	14.2	10.1	12.3	2,012.0	79.6	21
2013	13.6	3.0	16.8	11.4	2.8	3.1	1,787.8	85.6	15

아남전자 (A008700)
Anam Electronics

업 종 : 내구소비재		시 장 : 거래소	
신용등급 : (Bond) — (CP) —		기업규모 : 시가총액 소형주	
홈 페 이 지 : www.aname.co.kr		연 락 처 : 02)6424-4813	
본 사 : 서울시 구로구 디지털로27가길 27 아남빌딩			

설 립 일 1973.04.20	종 업 원 수 140명	대 표 이 사 김태수	
상 장 일 1984.08.11	감 사 의 견 적정 (대성)	계 열	
결 산 기 12월	보 통 주 7,712만주	종속회사수 2개사	
액 면 가 500원	우 선 주 3만주	구 상 호	

주주구성 (지분율,%)		출자관계 (지분율,%)		주요경쟁사 (외형,%)	
아남	20.2	아남전자홍공유한공사 100.0		아남전자	100
디조벤처	4.9			에스텍	173
(외국인)	0.5			삼본정밀전자	34

매출구성		비용구성		수출비중	
AUDIO	97.2	매출원가율	84.0	수출	99.0
기타	1.8	판관비율	13.1	내수	1.0
부품 등	1.1				

회사 개요
동사는 1973년 설립된 오디오 전문 생산업체임. 동사는 약 45년간 AV분야에서 쌓아온 설계및 제조 노하우를 바탕으로 디지털 앰프기기와 연계된 첨단 고부가가치 컨버전스 가전제품 등을 생산하고 있으며 주요 제품은 AV Surround Receiver, Stereo Receiver, BT Speaker, Wifi Speaker 등이 있음. 매출의 대부분이 해외에서 발생하며 생산은 해외현지법인 아남전자베트남유한회사가 담당함.

실적 분석
동사는 2017년 상반기 매출액이 714.2억원으로 전년 동기 대비 1.7% 감소하고, 영업이익은 10.9억원으로 전년 동기에 비해 53.8% 감소함. 오디오 판매가 줄면서 매출이 줄었으나, 매출원가는 오히려 증가해 수익성이 악화되됨. 동사는 2016년 4분기말 879.4억원이던 유동부채를 2017년 2분기말 544.4억원으로 줄이는 등 부채총계가 전년 동기에 비해 31.2%가 줄어들어 558.3억원이 되면서 재무구조가 개선됨.

현금 흐름 〈단위 : 억원〉
항목	2016	2017.2Q
영업활동	67	125
투자활동	72	161
재무활동	-117	-288
순현금흐름	21	-4
기말현금	66	62

결산 실적 〈단위 : 억원〉
항목	2012	2013	2014	2015	2016	2017
매출액	1,358	1,342	1,465	1,547	1,676	—
영업이익	-5	3	-12	-75	49	—
당기순이익	-38	41	-27	31	28	—

분기 실적 〈단위 : 억원〉
항목	2016.1Q	2016.2Q	2016.3Q	2016.4Q	2017.1Q	2017.2Q
매출액	353	374	517	432	363	351
영업이익	17	6	22	3	4	7
당기순이익	14	-1	0	15	-19	8

재무 상태 〈단위 : 억원〉
항목	2012	2013	2014	2015	2016	2017.2Q
총자산	1,204	1,255	1,569	1,672	1,601	1,259
유형자산	276	485	303	321	322	322
무형자산	35	40	16	17	15	15
유가증권	5	4	1	1	1	1
총부채	530	539	880	986	894	558
총차입금	220	258	553	745	667	356
자본금	386	386	386	386	386	386
총자본	674	716	688	686	706	701
지배주주지분	674	716	688	686	706	701

기업가치 지표
항목	2012	2013	2014	2015	2016	2017.2Q
주가(최고/저)(천원)	1.2/0.5	0.8/0.5	1.2/0.6	1.8/0.8	1.7/1.0	—/—
PER(최고/저)(배)	—/—	15.9/9.4	—/—	44.2/20.2	46.2/27.2	—/—
PBR(최고/저)(배)	1.4/0.5	0.9/0.5	1.4/0.6	2.0/0.9	1.9/1.1	6.1/1.2
EV/EBITDA(배)	36.0	29.0	135.0		15.0	
EPS(원)	-49	53	-35	40	37	-13
BPS(원)	874	928	892	889	916	909
CFPS(원)	-21	80	-8	77	79	9
DPS(원)						
EBITDAPS(원)	21	31	11	-52	105	36

재무 비율 〈단위 : % 〉
연도	영업이익률	순이익률	부채비율	차입금비율	ROA	ROE	유보율	자기자본비율	EBITDA마진율
2016	2.9	1.7	126.6	94.5	1.7	4.1	83.1	44.1	4.8
2015	-4.9	2.0	143.7	108.6	1.9	4.5	77.8	41.0	-2.6
2014	-0.8	-1.8	127.9	80.3	-1.9	-3.8	78.5	43.9	0.6
2013	0.2	3.0	75.2	36.0	3.3	5.9	85.7	57.1	1.8

아리온테크놀로지 (A058220)
ARION TECHNOLOGY

업 종 : 셋톱 박스		시 장 : KOSDAQ	
신용등급 : (Bond) — (CP) —		기업규모 : 중견	
홈 페 이 지 : www.arion.co.kr		연 락 처 : 031)361-3000	
본 사 : 경기도 안양시 동안구 시민대로327번길 24 (관양동)			

설 립 일 1999.10.28	종 업 원 수 88명	대 표 이 사 이창재	
상 장 일 2005.08.05	감 사 의 견 적정 (현대)	계 열	
결 산 기 12월	보 통 주 7,312만주	종속회사수 1개사	
액 면 가 200원	우 선 주	구 상 호	

주주구성 (지분율,%)		출자관계 (지분율,%)		주요경쟁사 (외형,%)	
시나르마스 조합	9.7	라인엔터테인먼트	90.0	아리온	100
씨그널엔터테인먼트그룹	6.6	드림티엔터테인먼트	31.0	휴맥스	2,934
(외국인)	0.4	어라운드어스이엔티	30.0	홈캐스트	265

매출구성		비용구성		수출비중	
디지털 방송수신기 외(제품)	98.7	매출원가율	86.8	수출	73.0
부동산임대(기타)	1.3	판관비율	32.5	내수	27.0

회사 개요
전세계 디지털방송의 확대에 발맞춰 위성 방송수신기를 시작으로 다양한 디지털 셋톱박스를 연구 개발하여 세계시장에 공급하고 있음. 또한 PVR/HD급의 고급형 셋톱박스 공급을 위한 제품 디지털가치화에 주력하고 있음. 매출의 대부분이 수출로 이루어지고 있으며, 유럽 및 중동에 이어 아시아, 북남미 및 대양주로 비즈니스 영역을 지속적으로 확장하고 있음. 100% 외주생산으로 생산설비는 보유하지 않음.

실적 분석
동사의 2017년 연결기준 2분기 누적 매출액은 258.8억원으로 전년 동기 대비 69.2% 증가함. 매출이 증가하고 고정비용 지출이 줄어들었으나 매출원가율 상승으로 수익성 악화로 인해 영업손실은 30억원으로 전년 동기 대비 적자 지속됨. 당기순손실은 34.9억원으로 적자가 지속되고 있음. 인도거래처 공급 중단에 따른 매출 감소와 재고자산 평가충당금 설정에 따른 영업손실이 발생.

현금 흐름 〈단위 : 억원〉
항목	2016	2017.2Q
영업활동	-147	59
투자활동	-55	-60
재무활동	150	13
순현금흐름	-52	11
기말현금	31	43

결산 실적 〈단위 : 억원〉
항목	2012	2013	2014	2015	2016	2017
매출액	1,005	601	885	887	460	—
영업이익	76	20	7	18	-89	—
당기순이익	55	17	2	25	-131	—

분기 실적 〈단위 : 억원〉
항목	2016.1Q	2016.2Q	2016.3Q	2016.4Q	2017.1Q	2017.2Q
매출액	82	71	—	—	103	155
영업이익	-18	-20	—	—	-12	-18
당기순이익	-19	-18	—	—	-13	-22

재무 상태 〈단위 : 억원〉
항목	2012	2013	2014	2015	2016	2017.2Q
총자산	911	470	565	544	754	721
유형자산	13	70	70	169	176	174
무형자산	21	19	19	18	157	155
유가증권	—	—	14	14	56	54
총부채	659	192	284	240	410	394
총차입금	437	81	104	126	276	271
자본금	33	50	50	51	139	143
총자본	252	278	281	305	343	327
지배주주지분	252	278	281	305	341	324

기업가치 지표
항목	2012	2013	2014	2015	2016	2017.2Q
주가(최고/저)(천원)	1.1/0.6	1.6/0.8	1.0/0.7	1.5/0.8	5.4/1.1	—/—
PER(최고/저)(배)	3.8/2.3	18.8/9.3	87.4/58.2	12.1/6.2		3.9/1.6
PBR(최고/저)(배)	0.8/0.5	1.2/0.6	0.7/0.5	1.0/0.5	4.4/0.9	
EV/EBITDA(배)	4.9	8.0	10.4	11.1		
EPS(원)	110	35	4	49	-229	-50
BPS(원)	3,886	2,780	2,811	2,992	1,221	452
CFPS(원)	998	250	107	313	-524	-40
DPS(원)	150					
EBITDAPS(원)	1,312	272	153	249	-338	-32

재무 비율 〈단위 : % 〉
연도	영업이익률	순이익률	부채비율	차입금비율	ROA	ROE	유보율	자기자본비율	EBITDA마진율
2016	-19.3	-28.5	119.6	80.4	-20.2	-40.9	144.3	45.6	-16.9
2015	2.1	2.8	78.8	41.5	4.4	8.4	498.3	55.9	2.8
2014	0.8	0.3	101.0	37.0	0.4	0.8	462.2	49.7	1.7
2013	3.3	2.9	69.0	29.2	2.5	6.6	456.1	59.2	4.5

아모레퍼시픽 (A090430)
AMOREPACIFIC

업   종 : 개인생활용품　　　　　시   장 : 거래소
신용등급 : (Bond) —　　(CP) A1　　기업규모 : 시가총액 대형주
홈페이지 : www.amorepacific.com　　연 락 처 : 02)709-5114
본   사 : 서울시 중구 청계천로 100

설 립 일	2006.06.01	종 업 원 수	6,324명	대 표 이 사	서경배,심상배
상 장 일	2006.06.29	감사의견	적정 (삼일)	계 열	
결 산 기	12월	보 통 주	5,846만주	종속회사수	21개사
액 면 가	500원	우 선 주	1,056만주	구 상 호	

주주구성 (지분율,%)		출자관계 (지분율,%)		주요경쟁사 (외형,%)	
아모레퍼시픽그룹	35.4	위드림	100.0	아모레퍼시픽	100
서경배	10.7	바이오제닉스	11.0	아모레G	119
(외국인)	37.0	웰스킨	8.3	한국콜마	12

매출구성		비용구성		수출비중	
[화장품사업]기초,메이컵, 기타	91.2	매출원가율	25.2	수출	31.0
[MC&S사업]개인용 생활용품, 녹차	8.8	판관비율	59.7	내수	69.0

회사 개요
동사는 화장품, 생활용품, 식품의 제조 및 판매를 영위하는 기업임. 사업부문으로 크게 화장품, MC&S 사업부문으로 구분되며, 매출비중은 9:1을 나타냄. 기초화장품 및 색조화장품 등의 화장품 시장점유율은 2015년 기준 32.9%를 차지하고 있음. 면세 판매 경로는 중국인 관광객 및 내국인의 구매 증가에 힘입어 고성장세를 유지하고 있음. 국내뿐만 아니라 면세 사업의 글로벌 진출을 가속화하여 지속적으로 성장하고 있음.

실적 분석
사드 리스크의 영향으로 동사의 2017년 상반기 매출액은 2조 7,740억원으로 전년동기 대비 5.3% 감소함. 외형축소에도 늘어난 원가 및 판관비 부담으로 영업이익은 전년동기 대비 27.7% 감소한 4,183.9억원을 기록. 영업실적 부진으로 당기순이익도 전년동기 대비 34% 감소. 중국 로컬 매출의 회복 기대감과 미국 세포라 내 라네즈 론칭이나 뉴욕 이니스프리 오픈, 파리 라파에트 백화점 설화수 입점 등에 따른 실적 개선을 기대함.

현금 흐름 〈단위 : 억원〉
항목	2016	2017.2Q
영업활동	6,770	3,238
투자활동	-6,096	-1,070
재무활동	-1,330	-1,234
순현금흐름	-635	839
기말현금	6,237	7,076

시장 대비 수익률

결산 실적 〈단위 : 억원〉
항목	2012	2013	2014	2015	2016	2017
매출액	28,495	31,004	38,740	47,666	56,454	—
영업이익	3,653	3,698	5,638	7,729	8,481	—
당기순이익	2,693	2,674	3,851	5,848	6,457	—

분기 실적 〈단위 : 억원〉
항목	2016.1Q	2016.2Q	2016.3Q	2016.4Q	2017.1Q	2017.2Q
매출액	14,851	14,434	14,009	13,160	15,690	12,050
영업이익	3,378	2,406	1,675	1,022	3,168	1,016
당기순이익	2,630	1,926	1,171	730	2,235	774

재무 상태 〈단위 : 억원〉
항목	2012	2013	2014	2015	2016	2017.2Q
총자산	30,262	34,018	38,546	44,431	51,816	52,157
유형자산	17,668	19,360	17,436	18,706	23,586	24,903
무형자산	1,212	1,326	1,742	2,116	2,281	2,321
유가증권	62	70	1,355	673	1,741	837
총부채	6,824	8,337	9,763	10,708	12,849	11,403
총차입금	783	1,598	1,799	1,694	1,477	1,244
자본금	345	345	345	345	345	345
총자본	23,438	25,681	28,783	33,723	38,966	40,754
지배주주지분	23,336	25,544	28,587	33,456	38,788	40,561

기업가치 지표
항목	2012	2013	2014	2015	2016	2017.2Q
주가(최고/저)(천원)	128/94.1	122/84.5	247/96.0	441/213	439/306	—/—
PER(최고/저)(배)	29.0/21.2	27.6/19.1	39.3/15.3	45.9/22.1	47.6/33.2	—/—
PBR(최고/저)(배)	3.4/2.5	2.9/2.0	5.2/2.0	9.2/4.4	7.8/5.5	6.1/4.3
EV/EBITDA(배)	15.6	12.2	19.6	28.2	19.5	—/—
EPS(원)	4,544	4,503	6,370	9,704	9,262	4,329
BPS(원)	338,323	370,316	414,410	48,495	56,062	58,790
CFPS(원)	53,911	56,733	74,643	12,172	11,888	4,329
DPS(원)	6,500	6,500	9,000	1,350	1,580	—
EBITDAPS(원)	67,662	71,492	101,397	15,455	14,914	6,062

재무 비율 〈단위 : %〉
연도	영업이익률	순이익률	부채비율	차입금비율	ROA	ROE	유보율	자기자본비율	EBITDA마진율
2016	15.0	11.4	33.0	3.8	13.4	17.7	11,144.3	75.2	18.2
2015	16.2	12.3	31.8	5.0	14.1	18.6	9,599.1	75.9	19.3
2014	14.6	9.9	33.9	6.3	10.6	14.0	8,188.2	74.7	18.1
2013	11.9	8.6	32.5	6.2	8.3	11.0	7,306.3	75.5	15.9

아모레퍼시픽그룹 (A002790)
AMOREPACIFIC Group

업   종 : 개인생활용품　　　　　시   장 : 거래소
신용등급 : (Bond) —　　(CP) —　　기업규모 : 시가총액 대형주
홈페이지 : www.apgroup.com　　연 락 처 : 02)709-5114
본   사 : 서울시 중구 청계천로 100

설 립 일	1945.09.05	종 업 원 수	151명	대 표 이 사	서경배,배동현
상 장 일	1973.04.30	감사의견	적정 (삼일)	계 열	
결 산 기	12월	보 통 주	8,246만주	종속회사수	32개사
액 면 가	500원	우 선 주	644만주	구 상 호	

주주구성 (지분율,%)		출자관계 (지분율,%)		주요경쟁사 (외형,%)	
서경배	53.9	에스트라	100.0	아모레G	100
국민연금공단	5.0	퍼시픽글라스	100.0	콜마비앤에이치	4
(외국인)	21.6	코스비전	100.0	한국콜마	10

매출구성		비용구성		수출비중	
기초,메이크업,기타	91.2	매출원가율	24.5	수출	—
개인용 생활용품, 녹차	8.8	판관비율	59.3	내수	—

회사 개요
동사는 1959년 화장품, 생활용품 등의 제조 및 판매를 목적으로 설립되어 2006년 기업분할을 통해 지주회사로 전환하였음. 주요 사업인 화장품, 생활용품, 식품 등의 제조 및 판매와 관련된 사업을 아모레퍼시픽으로 이전하였음. 종속회사로는 상장사인 동사와 아모레퍼시픽이 있고 비상장사로는 태평양제약을 비롯하여 총 8개사가 있음. 용산 신사옥 건설 예정으로 인해 본사를 용산에서 종로로 이전하였음.

실적 분석
동사의 2017년 반기 매출액은 3조 2,683억원으로 전년동기 대비 6.1% 감소함. 원가율 상승, 인건비 및 감가상각비 등의 급증으로 인한 판관비 증가 여파로 영업이익은 전년동기 대비 30.2% 감소한 5,089억원을 시현함. 경상수익 역시 비영업손익의 악화 영향으로 비교적 큰 폭으로 감소한 상황. 당기순이익은 전년동기 대비 36% 감소한 3,662억원을 시현하는데 그침. 불안요인이 계속 상존하고 있는 점이 다소 아쉬운 상황.

현금 흐름 〈단위 : 억원〉
항목	2016	2017.2Q
영업활동	8,767	3,655
투자활동	-8,141	-236
재무활동	-989	-1,068
순현금흐름	-341	2,255
기말현금	9,690	11,946

시장 대비 수익률

결산 실적 〈단위 : 억원〉
항목	2012	2013	2014	2015	2016	2017
매출액	34,317	38,954	47,119	56,612	66,976	—
영업이익	4,504	4,698	6,591	9,136	10,828	—
당기순이익	3,467	3,550	4,974	6,739	8,115	—

분기 실적 〈단위 : 억원〉
항목	2016.1Q	2016.2Q	2016.3Q	2016.4Q	2017.1Q	2017.2Q
매출액	17,593	17,197	16,543	15,643	18,554	14,130
영업이익	4,191	3,097	2,197	1,344	3,785	1,304
당기순이익	3,253	2,467	1,514	880	2,662	1,000

재무 상태 〈단위 : 억원〉
항목	2012	2013	2014	2015	2016	2017.2Q
총자산	45,160	49,219	54,997	61,480	70,884	71,584
유형자산	21,026	22,884	20,698	22,116	27,739	29,237
무형자산	6,368	6,508	6,938	7,309	7,491	7,534
유가증권	324	310	2,403	876	2,286	1,125
총부채	8,817	10,129	11,764	12,602	15,215	13,547
총차입금	895	1,615	1,936	1,909	2,087	2,104
자본금	445	445	445	445	445	445
총자본	36,342	39,089	43,234	48,878	55,669	58,037
지배주주지분	19,785	21,256	23,178	25,327	28,332	29,434

기업가치 지표
항목	2012	2013	2014	2015	2016	2017.2Q
주가(최고/저)(천원)	49.7/22.3	47.0/32.0	127/44.9	207/95.6	174/122	—/—
PER(최고/저)(배)	27.0/12.1	24.1/16.4	47.5/16.8	65.9/30.5	42.0/29.4	—/—
PBR(최고/저)(배)	2.1/1.0	1.9/1.3	4.6/1.6	6.9/3.2	5.2/3.7	4.5/3.2
EV/EBITDA(배)	8.6	8.0	11.1	12.1	9.6	—/—
EPS(원)	1,878	1,977	2,697	3,158	4,152	1,704
BPS(원)	237,541	254,803	276,426	30,060	33,440	34,804
CFPS(원)	34,158	38,799	48,019	5,449	6,833	1,704
DPS(원)	2,250	2,500	3,250	390	460	—
EBITDAPS(원)	70,005	75,998	100,983	13,371	15,812	5,724

재무 비율 〈단위 : %〉
연도	영업이익률	순이익률	부채비율	차입금비율	ROA	ROE	유보율	자기자본비율	EBITDA마진율
2016	16.2	12.1	27.3	3.8	12.3	12.8	6,588.1	78.5	19.5
2015	16.1	11.9	25.8	3.9	11.6	10.7	5,911.9	79.5	19.5
2014	14.0	10.6	27.2	4.5	9.6	10.0	5,428.5	78.6	17.7
2013	12.1	9.1	25.9	4.1	7.5	7.9	4,996.1	79.4	16.1

아모텍 (A052710)
Amotech

업 종 : 전자 장비 및 기기		시 장 : KOSDAQ	
신용등급 : (Bond) — (CP) —		기업규모 : 우량	
홈 페 이 지 : www.amotech.co.kr		연 락 처 : (032)821-0363	
본 사 : 인천시 남동구 남동서로 380, 남동공단 5블럭 1로트			

설 립 일 1994.10.19	종 업 원 수 908명	대 표 이 사	김병규,정준환(각자대표이사)
상 장 일 2003.08.01	감사의견 적정 (세림)	계 열	
결 산 기 12월	보 통 주 974만주	종속회사수 4개사	
액 면 가 500원	우 선 주	구 상 호	

주주구성 (지분율,%)		출자관계 (지분율,%)		주요경쟁사 (외형,%)	
김병규	16.5	아모센스	24.3	아모텍	100
Value Partners High-Dividend Stocks Fund	5.2	아모그린텍	22.1	에코프로	58
(외국인)	17.7	아모라이프사이언스	20.2	자화전자	101

매출구성		비용구성		수출비중	
칩바리스터, 안테나, 모터	92.1	매출원가율	78.0	수출	80.0
안테나 부품	7.5	판관비율	12.2	내수	20.0
기타	0.4				

회사 개요
동사는 전자기기에 적용되어 정전기(ESD) 및 전자파(EMI)를 방지하는 부품을 제조/판매하는 세라믹 칩 부품 사업, 그리고 Bluetooth, GPS, NFC 등 무선통신을 위한 안테나를 제조/판매하는 안테나 부품 사업과 고효율, 저소음, 장수명의 장점을 가지는 가전용, 자동차용 BLDC 모터를 제조/판매하는 BLDC 모터 사업을 영위함. 국내 판매는 물론 중국, 대만, 미국, 유럽 등지에 수출도 하고 있음.

실적 분석
2017년 상반기 연결기준 동사 매출은 1685.7억원을 길고함. 전년 대비 3.2% 감소한 금액임. 매출이 줄고 판매비와 관리비가 21.6% 늘어났지만 매출원가가 10.6% 감소해 영업이익은 전년 동기 대비 35.2% 증가한 214.3억원을 기록함. 비ㅇㅇㅇ업부문은 적자가 지속됐지만 손실폭은 -25.2억원에서 -13.1억원으로 줄어들었음. 이에 당기순이익은 93.5억원에서 74.9%증가한 163.6억원을 기록함.

현금 흐름 〈단위 : 억원〉

항목	2016	2017.2Q
영업활동	331	-25
투자활동	-261	-74
재무활동	-153	-21
순현금흐름	-83	-124
기말현금	354	231

시장 대비 수익률

결산 실적 〈단위 : 억원〉

항목	2012	2013	2014	2015	2016	2017
매출액	1,874	2,480	1,785	3,140	2,960	
영업이익	164	224	26	215	290	
당기순이익	92	112	-23	156	163	

분기 실적 〈단위 : 억원〉

항목	2016.1Q	2016.2Q	2016.3Q	2016.4Q	2017.1Q	2017.2Q
매출액	990	752	614	603	730	956
영업이익	95	63	72	59	90	125
당기순이익	48	46	43	27	61	102

재무 상태 〈단위 : 억원〉

항목	2012	2013	2014	2015	2016	2017.2Q
총자산	2,959	3,040	3,194	3,590	3,542	3,693
유형자산	1,398	1,555	1,542	1,593	1,433	1,410
무형자산	103	85	163	157	141	141
유가증권	124	188	215	124	113	101
총부채	1,825	1,721	1,916	2,084	1,893	1,889
총차입금	1,306	1,318	1,506	1,472	1,309	1,264
자본금	48	49	49	49	49	49
총자본	1,134	1,318	1,278	1,506	1,649	1,804
지배주주지분	1,134	1,318	1,278	1,506	1,649	1,804

기업가치 지표

항목	2012	2013	2014	2015	2016	2017.2Q
주가(최고/저)(천원)	12.7/3.7	24.5/9.7	15.3/7.2	24.0/12.2	22.0/14.6	—/—
PER(최고/저)(배)	13.4/3.9	21.3/8.5	—/—	15.0/7.6	13.1/8.7	—/—
PBR(최고/저)(배)	1.1/0.3	1.8/0.7	1.1/0.5	1.6/0.8	1.3/0.9	1.6/1.2
EV/EBITDA(배)	6.5		5.2	12.5	7.3	5.8
EPS(원)	950	1,148	-236	1,603	1,677	1,679
BPS(원)	12,125	13,756	13,342	15,458	16,926	18,512
CFPS(원)	2,763	3,102	1,617	3,414	3,483	1,679
DPS(원)						2,199
EBITDAPS(원)	3,509	4,256	2,115	4,019	4,780	

재무 비율 〈단위 : % 〉

연도	영업이익률	순이익률	부채비율	차입금비율	ROA	ROE	유보율	자기자본비율	EBITDA마진율
2016	9.8	5.5	114.8	79.4	4.6	10.4	3,285.2	46.6	15.7
2015	6.9	5.0	138.4	97.8	4.6	11.2	2,991.5	42.0	12.5
2014	1.4	-1.3	150.0	117.9	-0.7	-1.8	2,568.4	40.0	11.5
2013	9.0	4.5	130.6	92.1	3.7	9.1	2,651.2	43.4	16.7

아미노로직스 (A074430)
Aminologics

업 종 : 제약		시 장 : KOSDAQ	
신용등급 : (Bond) — (CP) —		기업규모 : 중견	
홈 페 이 지 : www.aminologics.co.kr		연 락 처 : (02)761-4570	
본 사 : 서울시 강남구 역삼로 151, 삼오빌딩 3층 301호			

설 립 일 1997.09.03	종 업 원 수 26명	대 표 이 사	오장석,오성석
상 장 일 2004.06.04	감사의견 적정 (삼정)	계 열	
결 산 기 12월	보 통 주 8,783만주	종속회사수 2개사	
액 면 가 100원	우 선 주	구 상 호	

주주구성 (지분율,%)		출자관계 (지분율,%)		주요경쟁사 (외형,%)	
삼오제약	13.9	매일방송	0.5	아미노로직스	100
아미노룩스	3.7	ReamParkCo.Ltd	100.0	에스텝파마	265
(외국인)	0.1	AminologicsCambodia	100.0	씨티씨바이오	752

매출구성		비용구성		수출비중	
원료의약품	84.6	매출원가율	73.1	수출	6.0
반도체 칩 등	13.2	판관비율	22.2	내수	94.0
비천연아미노산	2.2				

회사 개요
동사는 1997년에 설립되어 2004년 코스닥 시장에 상장함. 동사의 사업은 크게 원료의약품 유통사업부문, 아미노산 사업부문과 IT 사업부문으로 나눌 수 있으며, 주요사업은 수입 원료의약품 판매, 비천연 아미노산 등 원료의 약품 제조 및 판매와 IT기기의 반도체 칩 유통임. 설립 이후부터 영위하던 DVR용 영상처리 칩 사업은 사업을 철수하였으며, 반도체 칩 유통 부문도 단계적으로 철수할 예정임.

실적 분석
동사의 연결기준 2017년 2분기 누적매출액은 아미노산 제품 및 상품의 수출 실적이 크게 증가하며 전년 동기 대비 5.9% 증가한 86.6억원을 기록함. 매출가에 판관비는 감소하여 영업이익은 전년 동기 대비 66.7% 증가한 8.2억원을 시현함. 아미노산 관련 제품은 바이오산업 시장에서 새로운 성장 동력원으로 주목받는 가운데 지속적 매출 증대를 기대 중임.

현금 흐름 〈단위 : 억원〉

항목	2016	2017.2Q
영업활동	41	18
투자활동	-10	-100
재무활동	—	—
순현금흐름	32	-82
기말현금	147	64

시장 대비 수익률

결산 실적 〈단위 : 억원〉

항목	2012	2013	2014	2015	2016	2017
매출액	34	33	35	110	164	
영업이익	-57	-64	-50	10	8	
당기순이익	-300	-139	-81	-28	-37	

분기 실적 〈단위 : 억원〉

항목	2016.1Q	2016.2Q	2016.3Q	2016.4Q	2017.1Q	2017.2Q
매출액	39	43	43	39	41	46
영업이익	4	1	4	-1	7	1
당기순이익	5	1	1	-47	6	2

재무 상태 〈단위 : 억원〉

항목	2012	2013	2014	2015	2016	2017.2Q
총자산	527	482	386	550	490	503
유형자산	11	8	6	5	3	3
무형자산	66	144	93	259	201	200
유가증권	112	90	83	27	14	14
총부채	212	78	—	68	45	49
총차입금	159	43	41	10	10	10
자본금	51	73	73	88	88	88
총자본	315	404	318	483	445	454
지배주주지분	315	404	318	483	445	454

기업가치 지표

항목	2012	2013	2014	2015	2016	2017.2Q
주가(최고/저)(천원)	4.4/1.2	2.7/1.2	2.0/1.1	1.5/1.0	4.3/1.1	—/—
PER(최고/저)(배)	—/—	—/—	—/—	—/—	—/—	—/—
PBR(최고/저)(배)	7.1/2.0	4.9/2.2	4.6/2.6	2.8/1.8	8.5/2.2	6.7/3.8
EV/EBITDA(배)				40.7	136.8	
EPS(원)	-538	-229	-111	-37	-43	9
BPS(원)	614	552	435	550	507	517
CFPS(원)	-529	-206	-84	-20	-30	11
DPS(원)						
EBITDAPS(원)	-102	-82	-41	29	22	11

재무 비율 〈단위 : % 〉

연도	영업이익률	순이익률	부채비율	차입금비율	ROA	ROE	유보율	자기자본비율	EBITDA마진율
2016	4.8	-22.9	10.1	2.2	-7.2	-8.1	407.2	90.9	11.6
2015	8.8	-25.7	14.0	2.1	-6.0	-7.1	449.7	87.7	20.2
2014	-140.5	-228.8	21.3	13.0	-18.7	-22.4	334.8	82.4	-85.6
2013	-193.9	-423.5	19.3	10.7	-27.5	-38.3	451.9	83.9	-151.6

아미코젠 (A092040)
Amicogen

업 종 : 제약	시 장 : KOSDAQ
신용등급 : (Bond) — (CP) —	기업규모 : 신성장
홈페이지 : www.amicogen.com	연 락 처 : 055)759-6161
본 사 : 경남 진주시 진성면 동부로 1259번길 64	

설 립 일 2000.05.29	종업원수 142명	대 표 이 사 신용철	
상 장 일 2013.09.12	감사의견 적정 (삼덕)	계 열	
결 산 기 12월	보 통 주 960만주	종속회사수 6개사	
액 면 가 500원	우 선 주	구 상 호	

주주구성 (지분율,%)		출자관계 (지분율,%)		주요경쟁사 (외형,%)	
신용철	16.0	바이오코젠	100.0	아미코젠	100
미래에셋자산운용투자자문	7.7	아미코젠퍼시픽	71.2	JW홀딩스	993
(외국인)	4.3	아미코젠씨앤씨	69.5	동국제약	449

매출구성		비용구성		수출비중	
CX(특수효소)	44.9	매출원가율	65.6	수출	—
ODM/기타	26.8	판관비율	28.4	내수	—
PI/DCI(피니톨/D-카이노이노시톨)	13.1				

회사 개요

2000년 설립 이후 자체 생명공학 기술을 적용한 효소와 신소재를 개발, 생산 및 판매하고 있음. 식품 관련 첨가물과 건강기능식품의 생산 및 판매도 주요 영위 사업임. 2013년 9월 코스닥 시장에 상장되었으며 제약용 특수 효소인 CX 효소 제품은 유전자진화기술을 기반으로 개발된 최초의 제품임. 2015년 건강기능식품과 화장품을 판매하는 아미코젠퍼시픽(구 롱제비티코리아)를 인수한 데 이어 중국 루캉리커(현 아미코젠중국바이오팜)를 인수함.

실적 분석

동사와 종속회사 모두 내수 판매는 선방하였으나, 수출이 급감하면서 2017년 상반기 연결기준 매출액은 전년동기 대비 3.9% 감소한 339.4억원을 기록함. 외형축소에 따른 고정비용 부담으로 영업이익도 대폭 축소되었으며, 외환관련손실이 증가하여 영업외수지도 악화되는 모습임. 스웨덴 생명공학기업 바이오웍스 테크놀로지AB와 고순도 단백질 정제용 레진에 대한 국내 독점 판매계약을 체결함. 중국 화장품 기업 캉마이천과 콜라겐 현지 공장 설립을 추진함.

현금 흐름
〈단위 : 억원〉

항목	2016	2017.2Q
영업활동	113	19
투자활동	-158	-81
재무활동	-19	22
순현금흐름	-64	-41
기말현금	132	91

시장 대비 수익률

결산 실적
〈단위 : 억원〉

항목	2012	2013	2014	2015	2016	2017
매출액	163	232	273	325	690	—
영업이익	58	88	94	23	42	—
당기순이익	46	76	75	25	19	—

분기 실적
〈단위 : 억원〉

항목	2016.1Q	2016.2Q	2016.3Q	2016.4Q	2017.1Q	2017.2Q
매출액	193	160	108	229	165	174
영업이익	28	-0	-16	30	6	5
당기순이익	22	-4	-16	18	-3	7

재무 상태
〈단위 : 억원〉

항목	2012	2013	2014	2015	2016	2017.2Q
총자산	236	444	544	1,598	1,463	1,523
유형자산	114	139	172	539	632	666
무형자산	10	13	28	176	200	214
유가증권			49	41	20	31
총부채	76	30	43	496	392	460
총차입금	48		1	255	226	240
자본금	17	21	43	46	46	46
총자본	159	414	500	1,102	1,072	1,064
지배주주지분	159	414	497	821	815	808

기업가치 지표

항목	2012	2013	2014	2015	2016	2017.2Q
주가(최고/저)(천원)	—/—	32.5/25.7	51.5/28.9	123/42.2	78.9/39.2	—/—
PER(최고/저)(배)	0.0/0.0	31.2/24.7	57.6/32.3	517.6/177.4	447.8/222.5	—/—
PBR(최고/저)(배)	0.0/0.0	6.6/5.2	8.9/5.0	13.5/4.6	8.7/4.3	5.2/4.3
EV/EBITDA(배)	0.3	24.1	32.2	132.0	46.6	—/—
EPS(원)	708	1,034	889	236	174	40
BPS(원)	4,735	9,819	5,780	9,007	8,945	8,867
CFPS(원)	1,640	2,336	1,039	511	753	432
DPS(원)			120	100		
EBITDAPS(원)	2,020	2,668	1,259	542	1,037	513

재무 비율
〈단위 : % 〉

연도	영업이익률	순이익률	부채비율	차입금비율	ROA	ROE	유보율	자기자본비율	EBITDA마진율
2016	6.1	2.8	36.6	21.1	1.2	1.9	1,688.9	73.2	13.7
2015	7.2	7.8	45.0	23.2	2.4	3.1	1,701.4	69.0	14.7
2014	34.5	27.5	8.7	0.2	15.2	16.6	1,055.9	92.0	39.2
2013	37.9	32.7	7.2	0.0	22.3	26.4	1,863.7	93.3	42.2

아바코 (A083930)
Avaco

업 종 : 디스플레이 및 관련부품	시 장 : KOSDAQ
신용등급 : (Bond) — (CP) —	기업규모 : 우량
홈페이지 : www.avaco.co.kr	연 락 처 : 053)583-8150
본 사 : 대구시 달서구 성서4차 첨단로 160-7	

설 립 일 2000.01.31	종업원수 374명	대 표 이 사 김광현	
상 장 일 2005.10.11	감사의견 적정 (안경)	계 열	
결 산 기 12월	보 통 주 1,600만주	종속회사수 3개사	
액 면 가 500원	우 선 주	구 상 호	

주주구성 (지분율,%)		출자관계 (지분율,%)		주요경쟁사 (외형,%)	
위재곤	17.2	아스트라	59.0	아바코	100
머스트자산운용	6.4	DAS	40.0	탑엔지니어링	81
(외국인)	1.6	한송	6.1	동부라이텍	38

매출구성		비용구성		수출비중	
STOCK & 반송	29.5	매출원가율	86.1	수출	12.0
OLED	27.1	판관비율	7.8	내수	88.0
SPUTTER	19.1				

회사 개요

동사는 2000년 설립된 디스플레이 제조장비 업체로 LCD 장비인 FPD 제조용 진공장비, 전용장비, 자동화장비 등을 생산하며 OLED 장비와 태양전지 장비 등을 신사업으로 확장하고 있음. 5개의 계열사(아바텍, 대명ENG, 대명FA, DAS, AVACO.LLC)가 있음. CRT 제조용 설비관련 경험이 풍부한 인력을 바탕으로 외부 설계 전문 인력의 추가 확보를 통해 국내 최초로 PDP 양산 라인용 배기 카트 시스템을 개발함.

실적 분석

동사의 2017년 2분기기준 누적 매출액은 전년동기대비 12.6% 하락한 827.7억원을 기록하였음. 비용면에서 전년동기대비 매출원가는 감소 하였으며 인건비는 증가 하였고 광고선전비도 증가, 기타판매비와관리비는 크게 감소함. 그에 따라 매출액 하락 등에 의해 전년동기대비 영업이익은 -6.3억원으로 적자전환하였음. 최종적으로 전년동기대비 당기순이익은 적자전환하여 -13.3억원을 기록함.

현금 흐름
〈단위 : 억원〉

항목	2016	2017.2Q
영업활동	-70	-28
투자활동	-125	-8
재무활동	-21	-23
순현금흐름	-216	-59
기말현금	157	98

시장 대비 수익률

결산 실적
〈단위 : 억원〉

항목	2012	2013	2014	2015	2016	2017
매출액	947	1,669	1,494	1,377	1,997	—
영업이익	-9	95	89	96	122	—
당기순이익	-2	-150	72	99	137	—

분기 실적
〈단위 : 억원〉

항목	2016.1Q	2016.2Q	2016.3Q	2016.4Q	2017.1Q	2017.2Q
매출액	278	669	488	562	400	427
영업이익	11	44	22	44	-1	-6
당기순이익	8	37	18	74	-19	5

재무 상태
〈단위 : 억원〉

항목	2012	2013	2014	2015	2016	2017.2Q
총자산	1,246	1,376	1,241	1,444	1,738	1,589
유형자산	288	277	271	263	341	338
무형자산	61	55	41	27	18	13
유가증권	260	3	3	4	22	3
총부채	380	591	385	496	709	595
총차입금	112	2	4	1	30	35
자본금	80	80	80	80	80	80
총자본	865	785	855	948	1,029	994
지배주주지분	865	785	855	948	1,027	995

기업가치 지표

항목	2012	2013	2014	2015	2016	2017.2Q
주가(최고/저)(천원)	11.6/5.3	7.3/3.2	5.4/3.2	4.8/3.1	7.4/4.5	—/—
PER(최고/저)(배)			12.7/7.4	8.1/5.3	8.8/5.4	—/—
PBR(최고/저)(배)	2.2/1.0	1.5/0.7	1.0/0.6	0.8/0.5	1.1/0.7	1.3/0.9
EV/EBITDA(배)	200.6	3.3	2.9	3.5	5.9	—
EPS(원)	-15	-935	447	617	869	-65
BPS(원)	5,614	5,212	5,667	6,244	7,025	6,785
CFPS(원)	78	-783	601	753	1,010	23
DPS(원)			50	50	200	
EBITDAPS(원)	32	745	709	733	903	48

재무 비율
〈단위 : % 〉

연도	영업이익률	순이익률	부채비율	차입금비율	ROA	ROE	유보율	자기자본비율	EBITDA마진율
2016	6.1	6.9	68.9	2.9	8.6	14.1	1,305.0	59.2	7.5
2015	7.0	7.2	52.3	0.1	7.4	11.0	1,148.9	65.7	8.5
2014	6.0	4.8	45.1	0.4	5.5	8.7	1,033.3	68.9	7.6
2013	5.7	-9.0	75.2	0.3	-11.4	-18.1	942.4	57.1	7.2

아바텍 (A149950)
AVATEC COLTD

업 종 : 디스플레이 및 관련부품	시 장 : KOSDAQ
신용등급 : (Bond) — (CP) —	기업규모 : 우량
홈페이지 : www.avatec.co.kr	연 락 처 : (053)592-4060
본 사 : 대구시 달서구 달서대로 85길 100	

설 립 일 2000.09.01	종 업 원 수 481명	대 표 이 사 박명섭	
상 장 일 2012.11.06	감 사 의 견 적정 (한영)	계 열	
결 산 기 12월	보 통 주 1,561만주	종속회사수 1개사	
액 면 가 500원	우 선 주	구 상 호	

주주구성 (지분율,%)		출자관계 (지분율,%)		주요경쟁사 (외형,%)	
위재곤	18.5	아바텍(전자)연태 100.0		아바텍	100
LG디스플레이	17.0			오성엘에스티	57
(외국인)	4.5			제이스텍	191

매출구성		비용구성		수출비중	
Glass Slimming, ITO코팅 & Metal Coating	94.3	매출원가율	78.0	수출	2.0
기타(표면처리외)	4.5	판관비율	8.5	내수	98.0
강화 Glass	1.2				

회사 개요
동사는 2000년에 Display용 진공박막코팅 제품 생산과 판매를 목적으로 대구에서 설립 되었고, 2012년 11월에 코스닥 시장에 상장 하였음. 동사는 Glass Slimming & ITO코팅, 디스플레이필터, 강화 Glass 등 디스플레이 관련 제품과, 냉장고등 가전제품의 표면처리 제품을 생산하고 있음. 2016년 1월부터 Glass Slimming & ITO코팅 후공정인 Metal Coating 제품을 생산하기 시작함.

실적 분석
동사의 2017년 반기 기준 연결대상 종속법인 으로는 중국소재의 ITO코팅 제조기업인 아바 텍전가(연태)유한공사가 있음. 연결기준 매출 액은 당반기에 446.5억원을 시현하였는데 전 년동기 대비해서는 18.4% 늘어난 실적임. 매출 증가 영향으로 당반기 영업이익은 87억 원으로, 전년동기 52.2억원 대비 66.6% 증 가하였음. 비영업손익면에서는 5.1억원의 흑 자가 발생하며 순이익은 77.9억원을 시현 하며 전년동기 대비 실적 개선됨.

현금 흐름		〈단위 : 억원〉
항목	2016	2017.2Q
영업활동	221	148
투자활동	-59	-314
재무활동	-65	-30
순현금흐름	96	-197
기말현금	513	317

시장 대비 수익률

결산 실적						〈단위 : 억원〉
항목	2012	2013	2014	2015	2016	2017
매출액	863	1,062	1,209	760	789	—
영업이익	198	184	297	98	107	—
당기순이익	168	159	238	79	81	—

분기 실적						〈단위 : 억원〉
항목	2016.1Q	2016.2Q	2016.3Q	2016.4Q	2017.1Q	2017.2Q
매출액	228	149	195	216	217	230
영업이익	42	10	20	34	42	45
당기순이익	32	13	11	25	42	36

재무 상태						〈단위 : 억원〉
항목	2012	2013	2014	2015	2016	2017.2Q
총자산	981	1,132	1,321	1,295	1,304	1,352
유형자산	533	694	717	620	567	525
무형자산	6	10	10	11	11	8
유가증권						
총부채	123	153	195	100		101
총차입금		20	20			
자본금	82	82	82	82	82	82
총자본	858	979	1,126	1,196	1,202	1,250
지배주주지분	858	979	1,126	1,196	1,202	1,250

기업가치 지표						
항목	2012	2013	2014	2015	2016	2017.2Q
주가(최고/저)(천원)	12.7/8.3	13.3/7.7	15.0/7.9	13.4/5.9	9.2/5.9	—/—
PER(최고/저)(배)	11.2/7.3	14.6/8.5	11.0/5.8	29.0/12.7	18.4/11.9	—/—
PBR(최고/저)(배)	2.6/1.7	2.3/1.3	2.2/1.1	1.8/0.8	1.2/0.8	1.0/0.7
EV/EBITDA(배)	5.4	4.7	3.7	2.5	2.0	—
EPS(원)	1,238	975	1,458	485	516	499
BPS(원)	5,261	6,184	7,437	7,833	8,113	8,420
CFPS(원)	1,710	1,489	2,103	1,278	1,193	814
DPS(원)	110	100	200	100	200	—
EBITDAPS(원)	1,931	1,642	2,466	1,394	1,352	872

재무 비율									〈단위 : %〉
연도	영업이익률	순이익률	부채비율	차입금비율	ROA	ROE	유보율	자기자본비율	EBITDA마진율
2016	13.5	10.3	8.4	0.0	6.3	6.8	1,453.0	92.2	27.1
2015	12.9	10.4	8.3	0.0	6.0	6.8	1,466.6	92.3	29.9
2014	24.6	19.7	17.3	1.8	19.4	22.6	1,387.4	85.3	33.3
2013	17.3	15.0	15.6	2.0	15.1	17.3	1,136.7	86.5	25.2

아비스타 (A090370)
Avista

업 종 : 섬유 및 의복	시 장 : 거래소
신용등급 : (Bond) B (CP) —	기업규모 : 시가총액 소형주
홈페이지 : www.avista.co.kr	연 락 처 : 02)2189-7700
본 사 : 서울시 강남구 언주로 428 아비스타 R&D센터	

설 립 일 2000.11.03	종 업 원 수 158명	대 표 이 사 장철진	
상 장 일 2006.12.26	감 사 의 견 적정 (안진)	계 열	
결 산 기 12월	보 통 주 1,391만주	종속회사수 1개사	
액 면 가 500원	우 선 주	구 상 호	

주주구성 (지분율,%)		출자관계 (지분율,%)		주요경쟁사 (외형,%)	
더블유투자금융주식형투자조합제10호	9.0	AcrexChinaInc. 100.0		아비스타	100
더블유투자조합17-1호	8.9	DishangAvistaFashionCo.,Ltd. 19.0		진도	134
(외국인)	2.5			대한방직	267

매출구성		비용구성		수출비중	
여성복(BNX)	47.5	매출원가율	63.5	수출	—
여성복(eryn,B)	37.3	판관비율	71.8	내수	—
남성,여성복(Kai-aakmann)	13.5				

회사 개요
동사는 의류, 잡화, 장신구 등의 제조, 가공, 도소매업을 주사업으로, 2017년 6월말 기준 비엔엑스(BNX), 탱커스(TANKUS), 카이아크 만(Kai-aakmann)등 3개의 브랜드와 화장품 브랜드 비엔엑스 보떼를 운영중임. 또한, 2017년 3월 말 기준 국내 81개 매장의 유통 망(해외유통망 제외)을 확보중. 동사의 목표 시장인 여성영캐주얼 시장에서 동사는 2016 년 말 기준 약 920억의 매출액으로 3.13%의 점유율을 나타냄.

실적 분석
동사의 2017년 상반기 매출액은 253.9억원 으로 전년 대비 47.2% 감소함. 영업손실 111.8억원으로 적자지속함. 당기순손실도 169억원으로 적자지속함. 동사는 포트폴리 오 확장을 위해 2005년부터 해외시장에 성공 적으로 진출한 탱커스(TANKUS)를 중심으로 전 브랜드의 성공적인 해외시장 진출을 통해 궁극적으로 회사의 수익구조를 다변화시키고 효율성과 수익성을 극대화하는 것을 목표로 하고 있으며, 중국시장 진출 및 확장에 주력하 고 있음.

현금 흐름		〈단위 : 억원〉
항목	2016	2017.2Q
영업활동	-100	-66
투자활동	21	22
재무활동	174	-79
순현금흐름	94	-123
기말현금	154	31

시장 대비 수익률

결산 실적						〈단위 : 억원〉
항목	2012	2013	2014	2015	2016	2017
매출액	1,363	1,414	1,279	1,160	921	—
영업이익	27	32	22	-274	-325	—
당기순이익	-264	-111	-40	-367	-392	—

분기 실적						〈단위 : 억원〉
항목	2016.1Q	2016.2Q	2016.3Q	2016.4Q	2017.1Q	2017.2Q
매출액	288	193	189	251	150	104
영업이익	-30	-143	-45	-107	-46	-66
당기순이익	-54	-151	-51	-136	-63	-106

재무 상태						〈단위 : 억원〉
항목	2012	2013	2014	2015	2016	2017.2Q
총자산	1,554	1,413	1,448	1,140	767	457
유형자산	310	298	239	225	201	190
무형자산	15	10	10	6	4	4
유가증권	3		4			
총부채	983	885	899	944	533	346
총차입금	591	432	514	565	328	261
자본금	65	71	78	78	307	348
총자본	571	529	549	196	234	111
지배주주지분	571	529	549	196	234	111

기업가치 지표						
항목	2012	2013	2014	2015	2016	2017.2Q
주가(최고/저)(천원)	6.9/3.9	10.1/5.0	8.3/4.2	6.8/3.1	3.9/0.8	—/—
PER(최고/저)(배)	—/—	—/—	—/—	—/—	—/—	—/—
PBR(최고/저)(배)	0.4/0.2	0.6/0.3	0.5/0.3	1.2/0.6	2.1/0.4	1.3/0.7
EV/EBITDA(배)	14.3	16.1	18.5	—	—	—
EPS(원)	-11,715	-3,590	-1,244	-10,547	-4,860	-1,367
BPS(원)	4,463	3,709	3,527	1,255	381	160
CFPS(원)	-2,085	-481	-7	-2,110	-898	-261
DPS(원)	30					
EBITDAPS(원)	790	551	421	-1,515	-731	-168

재무 비율									〈단위 : %〉
연도	영업이익률	순이익률	부채비율	차입금비율	ROA	ROE	유보율	자기자본비율	EBITDA마진율
2016	-35.3	-42.6	일부잠식	일부잠식	-41.1	-182.4	-23.9	30.5	-32.0
2015	-23.6	-31.7	481.3	288.0	-28.4	-98.5	150.9	17.2	-20.4
2014	1.7	-3.2	163.7	93.6	-2.8	-7.5	605.4	37.9	4.8
2013	2.3	-7.8	167.3	81.7	-7.5	-20.2	641.8	37.4	5.4

아비코전자 (A036010)
ABCO ELECTRONICS

업　　종 : 전자 장비 및 기기　　　　　시　　장 : KOSDAQ
신용등급 : (Bond) ─　　(CP) ─　　　기업규모 : 우량
홈페이지 : www.abco.co.kr　　　　　연 락 처 : 031)730-5114
본　　사 : 경기도 성남시 중원구 둔촌대로388번길 31

설 립 일	1973.10.19	종업원수	167명	대표이사	김창수
상 장 일	2002.06.21	감사의견	적정 (성신)	계 열	
결 산 기	12월	보 통 주	1,329만주	종속회사수	2개사
액 면 가	500원	우 선 주		구 상 호	

주주구성 (지분율,%)		출자관계 (지분율,%)		주요경쟁사 (외형,%)	
행진개발	21.7	캡솔루션	9.9	아비코전자	100
김제영	12.8	영성아비코전자유한공사	100.0	파크시스템스	30
(외국인)	6.1	심양행진사전자유한공사	100.0	엔에스	37

매출구성		비용구성		수출비중	
CHIP INDUCTOR - Signal Inductor(제품)	34.5	매출원가율	76.9	수출	82.0
CHIP RESISTOR(상품)	25.2	판관비율	9.7	내수	18.0
CHIP INDUCTOR - SMD Power Inductor(제품)	17.9				

회사 개요
동사는 범용 전자 수동 부품으로 인덕터, 저항기 등을 제조하고 있으며, 해당 제품들은 휴대폰, 노트북, 태블릿PC 등 휴대형 정보통신기기와 LCD/PDP/LED TV, 캠코더 디지털카메라 등 디지털기기 및 멀티미디어 가전제품 등에 광범위하게 사용되고 있음. 주력 제품인 SMD 파워인덕터는 중국 위해, 심양 공장에서 생산중에 있으며 해외업체와의 투자합작을 통하여 LPP제품을 상호개발하여 사업영역을 확대 중임.

실적 분석
2017년 연결기준 반기 매출액은 410.5억원으로 전년동기 대비 3% 감소하였음. 매출액 감소 요인으로는 Signal Inductor 및 LPP 매출과 Chip Resistor 매출이 지난해 같은기간 대비 감소하였기 때문임. 판관비 크게 줄었음에도 불구하고 외형 축소 및 원가율 상승 영향으로 영업이익은 전년동기 대비 3.8% 감소한 46.6억원을 시현함. 반면 비영업손익 개선으로 당기순이익은 4.1% 증가한 46.3억원 기록.

현금 흐름　〈단위 : 억원〉

항목	2016	2017.2Q
영업활동	189	73
투자활동	-35	-85
재무활동	-55	64
순현금흐름	101	51
기말현금	399	450

시장 대비 수익률

결산 실적　〈단위 : 억원〉

항목	2012	2013	2014	2015	2016	2017
매출액	468	598	570	684	806	─
영업이익	-3	39	69	84	108	─
당기순이익	-46	34	56	88	100	─

분기 실적　〈단위 : 억원〉

항목	2016.1Q	2016.2Q	2016.3Q	2016.4Q	2017.1Q	2017.2Q
매출액	210	213	215	169	197	214
영업이익	23	25	31	28	20	26
당기순이익	20	25	25	31	16	30

재무 상태　〈단위 : 억원〉

항목	2012	2013	2014	2015	2016	2017.2Q
총자산	770	867	857	899	941	1,076
유동자산	318	349	306	245	227	207
무형자산	9	9	9	9	8	7
유가증권	33	51	43	82	84	172
총부채	277	304	244	151	106	225
총차입금	206	227	148	53	11	104
자본금	61	61	61	68	69	69
총자본	493	563	614	748	834	851
지배주주지분	493	563	614	748	834	851

기업가치 지표

항목	2012	2013	2014	2015	2016	2017.2Q
주가(최고/저)(천원)	5.7/3.4	6.2/3.8	5.7/3.5	6.9/4.1	7.7/4.8	─/─
PER(최고/저)(배)	.─/─	24.0/14.6	12.9/8.0	10.5/6.2	10.3/6.4	─/─
PBR(최고/저)(배)	1.4/0.9	1.4/0.9	1.2/0.7	1.3/0.8	1.3/0.8	1.4/1.1
EV/EBITDA(배)	12.2	5.5	3.5	3.2	3.1	─
EPS(원)	-397	289	483	701	764	349
BPS(원)	4,455	4,821	5,254	5,745	6,276	6,402
CFPS(원)	-17	701	951	1,105	1,156	506
DPS(원)	30	70	150	200	220	─
EBITDAPS(원)	356	747	1,061	1,072	1,216	508

재무 비율　〈단위 : % 〉

연도	영업이익률	순이익률	부채비율	차입금비율	ROA	ROE	유보율	자기자본비율	EBITDA마진율
2016	13.4	12.4	12.8	1.4	10.9	12.7	1,109.6	88.7	19.8
2015	12.3	12.9	20.2	7.1	10.0	12.9	1,006.6	83.2	19.7
2014	12.1	9.9	39.7	24.2	6.6	9.6	907.7	71.6	21.7
2013	6.5	5.6	53.9	40.3	4.1	6.4	824.6	65.0	14.6

아세아 (A002030)
ASIA HOLDINGS

업　　종 : 종이 및 목재　　　　　시　　장 : 거래소
신용등급 : (Bond) ─　　(CP) ─　　　기업규모 : 시가총액 소형주
홈페이지 : www.asiaholdings.co.kr　　　연 락 처 : 02)527-6700
본　　사 : 서울시 강남구 논현로 430 아세아타워빌딩 14층

설 립 일	1957.04.27	종업원수	12명	대표이사	고규환
상 장 일	1974.06.03	감사의견	적정 (안진)	계 열	
결 산 기	12월	보 통 주	219만주	종속회사수	11개사
액 면 가	5,000원	우 선 주		구 상 호	아세아시멘트

주주구성 (지분율,%)		출자관계 (지분율,%)		주요경쟁사 (외형,%)	
이병무	16.0	아세아시멘트	50.3	아세아	100
이훈범	11.5	아세아제지	47.2	동화기업	63
(외국인)	7.9	한무쇼핑	0.8	한솔제지	140

매출구성		비용구성		수출비중	
골판지원지	38.0	매출원가율	81.8	수출	─
시멘트	23.6	판관비율	10.3	내수	─
골판지상자	22.9				

회사 개요
동사는 지주회사 및 경영컨설팅 서비스업 등을 영위하고 있으며 13개의 계열회사가 있음. 종속회사들이 영위하는 사업에는 시멘트사업, 제지사업, 창업투자업 및 재생재료가공처리업, 비철금속제련업, 영농업이 있음. 동사의 가장 큰 매출비중을 차지하는 사업부문은 제지부문이며, 그 중에서도 골판지원지가 약 40%의 매출을 책임지고 있음. 시멘트는 약 30%를 차지함. 2016년 기준 시멘트 시장점유율은 7.3%이고 골판지원지의 시장점유율은 15% 수준임.

실적 분석
2017년 연결기준 상반기 누적 매출액은 5,666억원으로 전년 동기 대비 11.2% 증가. 영업이익은 228.1억원으로 전년보다 소폭(2.6%) 감소. 시멘트는 국내 건설경기 악화에도 불구하고 선진국에 비해 낮은 주택보급률, 정부의 지속적인 SOC투자확대, 수출증가 등 중장기 성장잠재력은 여전히 유효. 업계최초 스마트팩토리도 추진 중. 제지부문 역시 원료 수급 안정세를 바탕으로 수익성 개선.

현금 흐름　〈단위 : 억원〉

항목	2016	2017.2Q
영업활동	1,027	88
투자활동	-922	-436
재무활동	427	217
순현금흐름	532	-130
기말현금	1,487	1,356

시장 대비 수익률

결산 실적　〈단위 : 억원〉

항목	2012	2013	2014	2015	2016	2017
매출액	10,347	10,756	10,467	10,519	10,953	─
영업이익	860	822	837	605	861	─
당기순이익	709	552	623	82	676	─

분기 실적　〈단위 : 억원〉

항목	2016.1Q	2016.2Q	2016.3Q	2016.4Q	2017.1Q	2017.2Q
매출액	2,240	2,856	2,884	2,972	2,546	3,12
영업이익	-36	270	381	246	-18	24
당기순이익	-11	223	304	160	45	16

재무 상태　〈단위 : 억원〉

항목	2012	2013	2014	2015	2016	2017.2Q
총자산	15,818	16,407	16,341	15,926	17,065	17,54
유동자산	8,451	8,348	8,500	8,658	9,227	9,4
무형자산	414	490	553	558	565	60
유가증권	1,118	1,273	739	753	711	76
총부채	4,936	4,898	4,715	4,309	4,814	5,13
총차입금	2,086	1,839	1,647	1,072	1,567	1,9
자본금	237	72	110	110	110	1
총자본	10,882	11,509	11,625	11,617	12,251	12,4
지배주주지분	8,365	4,329	6,146	6,164	6,497	6,6

기업가치 지표

항목	2012	2013	2014	2015	2016	2017.2Q
주가(최고/저)(천원)	64.0/33.5	122/61.1	165/111	178/95.7	115/88.6	─/─
PER(최고/저)(배)	7.4/3.9	13.8/6.9	12.5/8.4	63.3/34.1	7.3/5.7	─/─
PBR(최고/저)(배)	0.4/0.2	0.4/0.2	0.6/0.4	0.6/0.4	0.4/0.3	0.4/─
EV/EBITDA(배)	4.4	6.9	6.3	6.5	5.3	─
EPS(원)	9,268	9,250	13,729	2,893	15,890	5,20
BPS(원)	180,481	303,858	283,057	283,874	299,073	303,9
CFPS(원)	21,593	22,873	47,058	24,883	38,757	17,6
DPS(원)	1,000	1,000	1,500	1,500	1,500	─
EBITDAPS(원)	30,477	34,615	87,701	49,620	62,171	22,8

재무 비율　〈단위 : % 〉

연도	영업이익률	순이익률	부채비율	차입금비율	ROA	ROE	유보율	자기자본비율	EBITDA마진율
2016	7.9	6.2	39.3	12.8	4.1	5.5	5,881.5	71.8	10
2015	5.8	0.8	37.1	9.2	0.5	1.0	5,577.5	72.9	10
2014	8.0	6.0	40.6	14.2	3.8	4.0	5,561.1	71.1	12
2013	7.7	5.1	42.6	16.0	3.4	5.4	5,977.2	70.2	12

아세아시멘트 (A183190)
ASIA CEMENT COLTD

업 종 : 건축소재	시 장 : 거래소
신용등급 : (Bond) — (CP) —	기업규모 : 시가총액 소형주
홈페이지 : www.asiacement.co.kr	연 락 처 : 02)527-6500
본 사 : 서울시 강남구 논현로 430 아세아타워빌딩 14층	

설 립 일	2013.10.02	종 업 원 수	488명	대 표 이 사	이훈범
상 장 일	2013.11.06	감 사 의 견	적정 (안진)	계 열	
결 산 기	12월	보 통 주	330만주	종속회사수	4개사
액 면 가	5,000원	우 선 주		구 상 호	

주주구성 (지분율,%)		출자관계 (지분율,%)		주요경쟁사 (외형,%)	
아세아	51.6	아세아산업개발	100.0	아세아시멘트	100
문경학원	5.1	아농	87.6	현대시멘트	83
(외국인)	9.6	우신벤처투자	83.3	성신양회	151

매출구성		비용구성		수출비중	
시멘트	64.9	매출원가율	75.3	수출	0.0
레미콘	26.8	판관비율	12.2	내수	100.0
2차제품	4.3				

회사 개요
동사는 2013년 10월 인적분할하여 시멘트 제조, 판매 등을 주 영업목적으로 설립되었으며, 아세아, 아세아산업개발, 우신벤처투자, ASIA ADVANCED MATERIALS SDN.BHD 등의 종속회사를 보유하고 있음. 동사는 시멘트 제조에 필수적인 석회석을 향후 145년 이상 채광할 수 있는 풍부한 매장량의 광산을 보유하고 있으며 초고층 건물에 적합한 고유동시멘트의 생산으로 경쟁우위에 있음.

실적 분석
동사의 2017년 2분기 누적 매출액은 전년동기 대비 5.1% 증가한 2,267.3억원을 기록함. 시멘트와레미콘을 매출 증가로 상반기는 양호한 실적을 기록함. 가격 인상 효과를 기대했던 2차제품(몰탈)의 경우 5월부터 점진적인 가격인상이 시현되었던 것으로 보여, 매출액은 감소함. 몰탈 가격 인상이 본격적으로 반영되는 3분기부터 추가적인 실적 개선을 기대할 수 있음.

현금 흐름 〈단위 : 억원〉

항목	2016	2017.2Q
영업활동	637	72
투자활동	-483	-75
재무활동	-72	39
순현금흐름	84	37
기말현금	798	835

시장 대비 수익률

결산 실적 〈단위 : 억원〉

항목	2012	2013	2014	2015	2016	2017
매출액	—	1,169	4,244	4,483	4,557	—
영업이익	—	167	548	580	570	—
당기순이익	—	110	386	443	426	—

분기 실적 〈단위 : 억원〉

항목	2016.1Q	2016.2Q	2016.3Q	2016.4Q	2017.1Q	2017.2Q
매출액	874	1,282	1,175	1,226	925	1,342
영업이익	-35	236	218	152	-10	241
당기순이익	-19	181	170	94	1	163

재무 상태 〈단위 : 억원〉

항목	2012	2013	2014	2015	2016	2017.2Q
총자산	—	7,831	7,947	8,093	8,505	8,750
유형자산	—	3,830	3,903	4,123	4,372	4,367
무형자산	—	384	441	474	480	519
유가증권	—	897	507	527	483	530
총부채	—	1,962	2,059	1,827	1,857	1,960
총차입금	—	244	249	97	73	164
자본금	—	165	165	165	165	165
총자본	—	5,868	5,888	6,266	6,648	6,789
지배주주지분	—	5,839	5,861	6,223	6,602	6,743

기업가치 지표

항목	2012	2013	2014	2015	2016	2017.2Q
주가(최고/저)(천원)	—/—	80.0/71.0	117/79.4	139/86.5	106/69.4	—/—
PER(최고/저)(배)	0.0/0.0	25.7/22.9	10.3/7.1	10.9/6.7	8.6/5.7	—/—
PBR(최고/저)(배)	0.0/0.0	0.5/0.4	0.7/0.5	0.8/0.5	0.5/0.4	0.4/0.3
EV/EBITDA(배)	0.0	12.0	4.7	3.0	1.5	—
EPS(원)	—	3,310	11,811	13,288	12,539	4,938
BPS(원)	—	177,193	177,864	188,862	200,353	204,614
CFPS(원)	—	4,478	17,200	18,477	18,173	7,925
DPS(원)	—	1,250	1,500	1,500	1,500	—
EBITDAPS(원)	—	6,236	22,029	22,789	22,921	9,979

재무 비율 〈단위 : % 〉

연도	영업이익률	순이익률	부채비율	차입금비율	ROA	ROE	유보율	자기자본비율	EBITDA마진율
2016	12.5	9.4	27.9	1.1	5.1	6.4	3,907.1	78.2	16.6
2015	12.9	9.9	29.2	1.5	5.5	7.3	3,677.3	77.4	16.8
2014	12.9	9.1	35.0	4.2	4.9	6.7	3,457.3	74.1	17.1
2013	14.3	9.4	33.4	4.2	0.0	0.0	3,443.9	74.9	17.6

아세아제지 (A002310)
ASIA PAPER MANUFACTURING

업 종 : 종이 및 목재	시 장 : 거래소
신용등급 : (Bond) — (CP) —	기업규모 : 시가총액 소형주
홈페이지 : www.asiapaper.co.kr	연 락 처 : 02)527-6882
본 사 : 서울시 강남구 논현로 430(역삼동)	

설 립 일	1958.03.12	종 업 원 수	248명	대 표 이 사	이인범
상 장 일	1988.12.15	감 사 의 견	적정 (안진)	계 열	
결 산 기	12월	보 통 주	896만주	종속회사수	5개사
액 면 가	5,000원	우 선 주		구 상 호	

주주구성 (지분율,%)		출자관계 (지분율,%)		주요경쟁사 (외형,%)	
아세아시멘트	47.2	경산제지	100.0	아세아제지	100
신영자산운용	16.1	에이팩	100.0	깨끗한나라	112
(외국인)	4.5	유진판지	100.0	한국제지	103

매출구성		비용구성		수출비중	
골판지원지	60.7	매출원가율	86.5	수출	6.0
골판지 및 골판지상자	36.6	판관비율	9.6	내수	94.0
기타	2.7				

회사 개요
동사는 1958년 삼양지업으로 창립돼 1987년 아세아제지로 사명을 변경했고, 골판지원지의 지류제조 및 판매업, 수출입업, 부동산임대업의 사업을 영위. 아세아제지, 경산제지, 제일산업, 에이팩, 유진판지, 삼성수출포장 등의 업체로 수직계열화해 골판지 원지에서부터 골판지와 상자 등의 생산을 전부 담당. 동사의 골판지원지 생산 시장점유율은 15% 수준. 동사는 아세아시멘트, 부국레미콘 등 15개 기업들과 함께 기업집단 아세아에 소속됨.

실적 분석
동사의 2017년 상반기 연결기준 매출액은 전년동기 대비 15.6% 증가한 3,358.7억원을 기록하였으나 원가율 상승으로 영업손실 23.9억원을 기록하며 적자전환함. 미국의 경기 회복과 중국의 물량확보 경쟁 등으로 수요가 급증하면서 주요 원재료인 수입고지 가격이 상승세를 보이고 있으며 약달러로 인해 펄프 가격도 상승한 탓임. 당기순이익은 외화관련 이익 증가로 24.2억원을 기록함.

현금 흐름 〈단위 : 억원〉

항목	2016	2017.2Q
영업활동	308	-30
투자활동	-433	-265
재무활동	504	206
순현금흐름	379	-88
기말현금	469	381

시장 대비 수익률

결산 실적 〈단위 : 억원〉

항목	2012	2013	2014	2015	2016	2017
매출액	4,940	6,450	6,154	5,977	6,330	—
영업이익	392	256	248	-7	245	—
당기순이익	313	192	186	-387	207	—

분기 실적 〈단위 : 억원〉

항목	2016.1Q	2016.2Q	2016.3Q	2016.4Q	2017.1Q	2017.2Q
매출액	1,349	1,557	1,694	1,730	1,601	1,758
영업이익	-13	32	149	77	-24	-0
당기순이익	-4	38	122	51	30	-5

재무 상태 〈단위 : 억원〉

항목	2012	2013	2014	2015	2016	2017.2Q
총자산	4,729	7,155	7,157	6,546	7,210	7,381
유형자산	2,704	4,506	4,592	4,445	4,737	4,931
무형자산	75	101	101	73	74	73
유가증권	92	25	25	24	25	24
총부채	2,216	2,463	2,333	2,141	2,598	2,791
총차입금	1,595	1,595	1,398	976	1,494	1,746
자본금	302	448	448	448	448	448
총자본	2,512	4,691	4,824	4,404	4,611	4,591
지배주주지분	2,511	4,690	4,823	4,403	4,610	4,589

기업가치 지표

항목	2012	2013	2014	2015	2016	2017.2Q
주가(최고/저)(천원)	14.4/7.5	22.6/13.9	30.6/18.1	36.1/15.5	25.6/14.5	—/—
PER(최고/저)(배)	3.1/1.6	11.2/6.9	15.4/9.1	—/—	11.4/6.4	—/—
PBR(최고/저)(배)	0.4/0.2	0.5/0.3	0.6/0.4	0.8/0.3	0.5/0.3	0.4/0.4
EV/EBITDA(배)	3.3	4.2	4.9	7.8	4.7	—
EPS(원)	5,186	2,149	2,075	-4,315	2,315	271
BPS(원)	41,975	52,403	53,887	49,202	51,515	51,282
CFPS(원)	9,462	6,118	5,696	-974	5,703	2,156
DPS(원)	600	400	450		500	—
EBITDAPS(원)	10,773	6,825	6,389	3,267	6,125	1,618

재무 비율 〈단위 : % 〉

연도	영업이익률	순이익률	부채비율	차입금비율	ROA	ROE	유보율	자기자본비율	EBITDA마진율
2016	3.9	3.3	56.3	32.4	3.0	4.6	930.3	64.0	8.7
2015	-0.1	-6.5	48.6	22.2	-5.6	-8.4	884.0	67.3	4.9
2014	4.0	3.0	48.4	29.0	2.6	3.9	977.8	67.4	9.3
2013	4.0	3.0	34.0	22.2	3.2	5.3	948.1	65.6	9.5

아세아텍 (A050860)
ASIA TECHNOLOGY

업 종 : 기계		시 장 : KOSDAQ	
신용등급 : (Bond) — (CP) —		기업규모 : 우량	
홈페이지 : www.asiakor.com		연 락 처 : 053)580-7777	
본 사 : 대구시 달성군 유가면 비슬로96길 11			

설 립 일 1978.09.09	종 업 원 수 252명	대 표 이 사 김신길	
상 장 일 2010.01.26	감사의견 적정 (예교)	계 열	
결 산 기 06월	보 통 주 1,750만주	종속회사수	
액 면 가 500원	우 선 주	구 상 호	

주주구성 (지분율,%)		출자관계 (지분율,%)		주요경쟁사 (외형,%)	
김신길	25.1	지케이	17.4	아세아텍	100
김인수	4.5	트리니티소프트	10.0	나라엠앤디	129
(외국인)	2.2	티아이엔시	1.2	동일금속	58

매출구성		비용구성		수출비중	
관리기	49.3	매출원가율	79.2	수출	8.0
스피드스프레이어	21.2	판관비율	16.1	내수	92.0
승용관리기 외 기타	16.3				

회사 개요
동사는 1978년 설립된 농기계 제조 및 판매를 전문으로 하는 농업기계 전문 메이커임. 중국 산동성에 위치한 농기계 제조판매를 영위하는 기업 아세아 농업기계를 연결대상 종속회사로 두고 있음. 동사의 주력기종인 다목적 관리기는 전 세계 생산, 판매 1위의 제품으로 인정받고 있음. 결속기는 국내 최초로 유럽 8개국에 수출하여 우수품질제품 인증마크(EM)을 획득한 바 있음. 동 시장은 동사와 대동공업 등이 주도하고 있음.

실적 분석
6월 결산법인인 동사의 2016년도 3분기 누적 매출액은 755.9원원을 기록함(-5.2%). 영업이익은 전년동기대비 23.3% 감소한 37.9억원을 기록. 전년 동기대비 제품 매출이 약 7% 감소한 영향. 농기계 수요층의 경우 상대적으로 소득수준이 낮은 농민으로 구성되기 때문에 구매력이 취약. 따라서 국내 농기계산업은 시장원리보다는 정부의 농기계 구입자금지원, 기계화 영농단지 조성 등 정부정책에 의하여 크게 영향을 받음.

현금 흐름 〈단위 : 억원〉

항목	2016	2017.3Q
영업활동	112	-103
투자활동	-87	65
재무활동	61	158
순현금흐름	85	118
기말현금	149	267

시장 대비 수익률

결산 실적 〈단위 : 억원〉

항목	2012	2013	2014	2015	2016	2017
매출액	1,058	1,159	1,076	994	1,030	1,017
영업이익	56	80	73	29	49	56
당기순이익	56	68	26	30	38	41

분기 실적 〈단위 : 억원〉

항목	2016.2Q	2016.3Q	2016.4Q	2017.1Q	2017.2Q	2017.3Q
매출액	292	422	233	85	253	418
영업이익	19	51	-1	-17	-4	59
당기순이익	12	38	-0	-17	-2	45

재무 상태 〈단위 : 억원〉

항목	2012	2013	2014	2015	2016	2017.3Q
총자산	958	940	923	864	948	1,352
유형자산	230	237	280	290	289	280
무형자산	1	1	1	1	1	1
유가증권	6	6	3	3	3	3
총부채	177	103	71	75	66	437
총차입금	92	—	—	—	—	150
자본금	88	88	88	88	88	88
총자본	781	837	852	788	882	915
지배주주지분	781	837	852	788	882	915

기업가치 지표

항목	2012	2013	2014	2015	2016	2017.3Q
주가(최고/저)(천원)	2.0/1.4	3.5/1.7	2.8/2.3	3.5/2.3	3.8/2.8	—/—
PER(최고/저)(배)	7.2/4.9	9.7/4.8	20.3/16.5	21.8/14.2	18.4/13.7	—/—
PBR(최고/저)(배)	0.5/0.4	0.8/0.4	0.6/0.5	0.8/0.5	0.8/0.6	0.9/0.6
EV/EBITDA(배)	3.4	3.7	4.8	10.4	5.8	—
EPS(원)	319	391	151	171	217	147
BPS(원)	4,460	4,784	4,867	4,966	5,143	5,229
CFPS(원)	380	468	241	270	319	221
DPS(원)	75	50	50	50	75	—
EBITDAPS(원)	380	537	506	265	380	291

재무 비율 〈단위 : % 〉

연도	영업이익률	순이익률	부채비율	차입금비율	ROA	ROE	유보율	자기자본비율	EBITDA마진율
2016	4.7	3.7	7.5	0.0	4.2	4.6	928.7	93.0	6.5
2015	2.9	3.0	9.6	0.0	3.4	3.7	893.2	91.3	4.7
2014	6.8	2.5	8.4	0.0	2.8	3.1	873.5	92.3	8.2
2013	6.9	5.9	12.3	0.0	7.2	8.5	856.7	89.1	8.1

아스타 (A246720)
ASTA

업 종 : 의료 장비 및 서비스		시 장 : KOSDAQ	
신용등급 : (Bond) — (CP) —		기업규모 : 신성장	
홈페이지 : www.astams.com		연 락 처 : 031)888-9596	
본 사 : 경기도 수원시 영통구 광교로 145, 11층(차세대융합기술연구원 에이동)			

설 립 일 2006.01.27	종 업 원 수 22명	대 표 이 사 조응준,조응수	
상 장 일 2017.03.20	감사의견 적정 (삼일)	계 열	
결 산 기 12월	보 통 주 940만주	종속회사수 2개사	
액 면 가 500원	우 선 주	구 상 호	

주주구성 (지분율,%)		출자관계 (지분율,%)		주요경쟁사 (외형,%)	
조응준	26.3			아스타	100
김양선	22.2			엑세스바이오	13,536
(외국인)	0.3			나노엔텍	9,253

매출구성		비용구성		수출비중	
시료 전처리 시스템	74.6	매출원가율	196.7	수출	68.0
Data Generation Unit 및 진단 시스템	17.5	판관비율	2056.5	내수	32.0
기타	7.9				

회사 개요
동사는 2006년 1월 설립되었으며, 전기식 진단 및 요법기기 제조, 판매업을 주사업으로 영위하고 있음. 주요 제품인 MALDI-TOF 질량분석기를 기반으로 차세대 진단 시스템을 개발하여 기존의 전통적인 진단방법 /시스템을 개선하고자 하는 바이오 벤처기업임. 동사는 표준 균주 이외에 다양한 국내 임상 균주 및 변이 균주에 대한 DB를 확보하고 있어 국내 병원 및 국내 연구 기관에 적합한 DB를 제공하고 있음.

실적 분석
동사의 2017년 2분기기준 누적 매출액은 전년동기대비 460.1% 이상 크게 상승한 5.5억원을 기록하였음. 비용면에서 전년동기대비 매출원가는 크게 증가 하였으며 인건비도 증가, 광고선전비도 크게 증가, 기타판매비와관리비도 마찬가지로 증가함. 이와 같이 상승한 매출액 대비 비용증가가 높아 그에 따라 전년동기대비 영업이익은 -31.9억원으로 적자로 지속하였음. 최종적으로 전년동기대비 당기순이익은 적자지속하여 -30.7억원을 기록함.

현금 흐름 〈단위 : 억원〉

항목	2016	2017.2Q
영업활동	-46	-34
투자활동	17	-63
재무활동	13	132
순현금흐름	-18	34
기말현금	36	69

시장 대비 수익률

결산 실적 〈단위 : 억원〉

항목	2012	2013	2014	2015	2016	2017
매출액	—	—	3	4	2	—
영업이익	—	—	-23	-23	-52	—
당기순이익	—	—	-33	-19	-52	—

분기 실적 〈단위 : 억원〉

항목	2016.1Q	2016.2Q	2016.3Q	2016.4Q	2017.1Q	2017.2Q
매출액	1	1	1	1	1	5
영업이익	-5	-11	-14	-21	-14	-18
당기순이익	-5	-11	-14	-21	-14	-17

재무 상태 〈단위 : 억원〉

항목	2012	2013	2014	2015	2016	2017.2Q
총자산	—	—	28	68	68	167
유형자산	—	—	3	1	6	10
무형자산	—	—	0	1	1	1
유가증권	—	—	4	—	—	—
총부채	—	—	74	15	27	18
총차입금	—	—	58	7	12	5
자본금	—	—	22	31	38	47
총자본	—	—	-46	53	41	149
지배주주지분	—	—	-46	53	41	149

기업가치 지표

항목	2012	2013	2014	2015	2016	2017.2Q
주가(최고/저)(천원)	—/—	—/—	—/—	—/—	—/—	—/—
PER(최고/저)(배)	0.0/0.0	0.0/0.0	0.0/0.0	0.0/0.0	0.0/0.0	—/—
PBR(최고/저)(배)	0.0/0.0	0.0/0.0	0.0/0.0	0.0/0.0	0.0/0.0	8.4/4.5
EV/EBITDA(배)	0.0	0.0	0.0	0.0	0.0	—
EPS(원)	—	—	-731	-415	-708	-354
BPS(원)	—	—	-8,543	8,561	535	1,583
CFPS(원)	—	—	-6,023	-3,174	-695	-341
DPS(원)	—	—	—	—	—	—
EBITDAPS(원)	—	—	-4,206	-3,815	-694	-355

재무 비율 〈단위 : % 〉

연도	영업이익률	순이익률	부채비율	차입금비율	ROA	ROE	유보율	자기자본비율	EBITDA마진율
2016	-2,153.3	-2,156.3	66.3	29.1	-76.2	-110.3	7.0	60.1	-2,116.2
2015	-625.6	-528.3	28.2	12.3	-40.1	전기잠식	71.2	78.0	-579.4
2014	-906.8	-1,270.8	완전잠식	완전잠식	0.0	0.0	-309.7	-164.6	-842.9
2013	0.0	0.0			0.0	0.0	0.0	0.0	0.0

아스트 (A067390)
AeroSpace Technology of Korea

업 종: 기계		시 장: KOSDAQ	
신용등급: (Bond) — (CP) —		기업규모: 신성장	
홈 페 이 지: www.astk.co.kr		연 락 처: 055)851-7000	
본 사: 경남 사천시 사남면 공단1로 23-65			

설 립 일	2001.04.18	종 업 원 수	217명	대 표 이 사	김희원
상 장 일	2014.12.24	감 사 의 견	적정 (삼덕)	계 열	
결 산 기	12월	보 통 주	1,474만주	종 속 회 사 수	1개사
액 면 가	500원	우 선 주		구 상 호	

주주구성 (지분율,%)		출자관계 (지분율,%)		주요경쟁사 (외형,%)	
김희원	19.8	에이에스티지	71.4	아스트	100
카이투자자문	10.1	오르비텍	21.7	와이지-원	381
(외국인)	1.0			태광	279

매출구성		비용구성		수출비중	
기타	50.3	매출원가율	83.8	수출	85.0
Sec48	20.0	판관비율	7.8	내수	15.0
Bulkhead	18.0				

회사 개요
동사는 항공기 부품제작, 항공기 부분품 조립과 관련 치공구류의 생산, 판매를 주요사업 목적으로 2001년 4월에 설립됨. 동사가 속한 항공기 제조 산업은 유사 제조 산업인 조선, 자동차에 비해 개발단계부터 양산,사용에 이르기까지의 소요기간이 평균 2~5배의 장기간이 소요되며 제품 생산을 위한 대규모 설비투자를 요하는 장치 산업으로 타 산업에 대한 파급효과가 큰 국가 전략산업중 하나임. 매출 80% 이상이 수출에서 나옴.

실적 분석
동사의 2017년 2분기 누적 연결기준 매출액은 전년대비 3.4% 성장한 435.5억원을 기록함. 원가율도 안정되어 영업이익 39.6억원을 보이며 이익 규모 및 수익성 측면 모두 전년대비 개선됨. 다만 금융손실 및 외환손실 등 비영업손실이 발생하여 당기순이익은 전년대비 대폭 감소한 10.4억원에 그침. 동사는 당반기 결산일 이후 해외 거래선과의 대규모 수주를 공시함.

현금 흐름
〈단위 : 억원〉

항목	2016	2017.2Q
영업활동	-137	-23
투자활동	-635	-248
재무활동	781	473
순현금흐름	8	203
기말현금	91	294

시장 대비 수익률

결산 실적
〈단위 : 억원〉

항목	2012	2013	2014	2015	2016	2017
매출액	443	609	666	808	879	—
영업이익	38	-41	-30	33	73	—
당기순이익	95	-65	-79	25	62	—

분기 실적
〈단위 : 억원〉

항목	2016.1Q	2016.2Q	2016.3Q	2016.4Q	2017.1Q	2017.2Q
매출액	210	212	229	228	215	220
영업이익	17	19	20	17	18	22
당기순이익	8	10	3	40	4	7

재무 상태
〈단위 : 억원〉

항목	2012	2013	2014	2015	2016	2017.2Q
총자산	850	977	1,169	1,348	2,241	2,764
유형자산	459	456	484	506	893	1,050
무형자산	47	51	43	40	47	43
유가증권	0	15	10	1	2	2
총부채	756	704	703	770	1,318	1,615
총차입금	655	566	511	570	1,109	1,381
자본금	18	37	63	69	72	74
총자본	95	273	466	578	923	1,149
지배주주지분	95	273	466	578	762	989

기업가치 지표

항목	2012	2013	2014	2015	2016	2017.2Q
주가(최고/저)(천원)	—/—	—/—	9.0/7.3	36.2/7.7	24.8/15.2	—/—
PER(최고/저)(배)	0.0/0.0	0.0/0.0	—/—	196.8/42.1	48.4/29.7	—/—
PBR(최고/저)(배)	0.0/0.0	0.0/0.0	2.4/2.0	8.6/1.9	4.7/2.9	2.8/2.3
EV/EBITDA(배)		9.2	249.5	81.7	44.2	28.5
EPS(원)	2,557	-1,557	-901	184	512	74
BPS(원)	28,018	3,716	3,720	4,190	5,284	6,708
CFPS(원)	43,973	-522	-355	559	879	282
DPS(원)						
EBITDAPS(원)	23,959	53	198	617	885	482

재무 비율
〈단위 : % 〉

연도	영업이익률	순이익률	부채비율	차입금비율	ROA	ROE	유보율	자기자본비율	EBITDA마진율
2016	8.4	7.0	142.8	120.2	3.5	10.8	956.8	41.2	14.3
2015	4.1	3.1	133.1	98.6	2.0	4.8	738.0	42.9	10.4
2014	-4.6	-11.8	151.1	109.8	-7.4	-21.4	643.9	39.8	2.6
2013	-6.8	-10.7	258.3	207.7	-7.1	-35.5	643.1	27.9	0.4

아시아경제 (A127710)
The Asia Business Daily

업 종: 미디어		시 장: KOSDAQ	
신용등급: (Bond) — (CP) —		기업규모: 중견	
홈 페 이 지: www.asiae.co.kr		연 락 처: 02)2200-2197	
본 사: 서울시 중구 충무로 29 아시아미디어타워 10~11층			

설 립 일	2005.06.20	종 업 원 수	254명	대 표 이 사	최영범
상 장 일	2015.07.31	감 사 의 견	적정 (신우)	계 열	
결 산 기	12월	보 통 주	2,524만주	종 속 회 사 수	5개사
액 면 가	500원	우 선 주		구 상 호	

주주구성 (지분율,%)		출자관계 (지분율,%)		주요경쟁사 (외형,%)	
케이엠에이치	45.7	아시아골프	100.0	아시아경제	100
		에이와이너리	100.0		
(외국인)	0.4	케이엠에이치인스코	70.0		

매출구성		비용구성		수출비중	
용역매출(용역)-광고등	90.2	매출원가율	48.0	수출	0.0
상품매출(상품)-상품판매	9.8	판관비율	35.8	내수	100.0

회사 개요
동사는 온오프라인 경제 전문 미디어로, 매체에 대한 대중의 접근성을 전제로 한 광고 사업과 콘텐츠 사업, 컨벤션 사업, HR사업 등으로 구성되어 있음. 광고 사업은 모바일, 스마트 플랫폼 등의 뉴미디어를 활용해 새로운 광고 수익을 창출하고 있음. 방대한 네트워크를 기반으로 플랫폼의 진화에 대응하고, 관련 인프라를 자체적으로 구축함으로써 인터넷과 뉴미디어를 통한 광고 사업을 성공적으로 이행하고 있음.

실적 분석
동사의 연결기준 2017년 2분기 누적매출액은 268.3억원을 기록하였으며 이는 전년동기 대비 3.7% 감소한 금액임. 반면 매출원가는 비슷한 수준을 유지하고 판관비가 증가하면서 고정비 부담이 커졌음. 이에 따라 동사는 전년동기 대비 43.2% 감소한 31.3억원의 영업이익을 기록함. 다만 비영업 부문에서 이익이 발생하였으며 71.9억원의 당기순이익을 기록, 전년동기보다 59.8% 증가함.

현금 흐름
〈단위 : 억원〉

항목	2016	2017.2Q
영업활동	116	29
투자활동	-99	-103
재무활동	67	-3
순현금흐름	84	-77
기말현금	295	218

시장 대비 수익률

결산 실적
〈단위 : 억원〉

항목	2012	2013	2014	2015	2016	2017
매출액	308	491	730	580	603	—
영업이익	33	28	90	102	98	—
당기순이익	-202	24	71	60	68	—

분기 실적
〈단위 : 억원〉

항목	2016.1Q	2016.2Q	2016.3Q	2016.4Q	2017.1Q	2017.2Q
매출액	123	156	150	175	114	155
영업이익	18	37	16	26	8	23
당기순이익	7	36	16	7	50	22

재무 상태
〈단위 : 억원〉

항목	2012	2013	2014	2015	2016	2017.2Q
총자산	203	494	586	838	992	1,060
유형자산	106	122	136	114	131	125
무형자산		35	34	52	46	44
유가증권				1	26	154
총부채	259	175	194	207	152	154
총차입금	—	65	93	81	32	29
자본금	38	300	100	126	126	126
총자본	-56	319	392	631	841	906
지배주주지분	-56	232	292	525	599	670

기업가치 지표

항목	2012	2013	2014	2015	2016	2017.2Q
주가(최고/저)(천원)	—/—	—/—	—/—	4.8/2.6	8.9/2.4	—/—
PER(최고/저)(배)	0.0/0.0	0.0/0.0	0.0/0.0	21.1/11.5	43.0/11.7	—/—
PBR(최고/저)(배)	0.0/0.0	0.0/0.0	0.0/0.0	2.3/1.3	3.8/1.0	1.9/1.2
EV/EBITDA(배)				4.4	6.9	
EPS(원)	-44,625	176	1,466	228	208	265
BPS(원)	-6,926	3,917	1,466	2,081	2,372	2,653
CFPS(원)	-133,271	938	391	297	265	289
DPS(원)						
EBITDAPS(원)	24,846		987	539	525	445	148

재무 비율
〈단위 : % 〉

연도	영업이익률	순이익률	부채비율	차입금비율	ROA	ROE	유보율	자기자본비율	EBITDA마진율
2016	16.2	11.3	18.0	3.9	7.5	9.3	374.4	84.7	18.6
2015	17.5	10.3	32.8	12.9	8.4	12.4	316.1	75.3	20.1
2014	12.3	9.7	49.6	23.7	13.1	22.9	193.3	66.9	14.7
2013	5.8	5.0	54.8	20.3			-21.7	64.6	9.0

아시아나항공 (A020560)
Asiana Airlines

업　　종 : 항공운수		시　　장 : 거래소	
신용등급 : (Bond) BBB-　(CP) A3		기업규모 : 시가총액 중형주	
홈 페 이 지 : www.flyasiana.com		연 락 처 : 02)2669-3114	
본　　사 : 서울시 강서구 오정로 443-83, 아시아나타운			

설 립 일	1988.02.17	종 업 원 수	8,886명	대 표 이 사	박삼구,김수천(각자대표이사)
상 장 일	1999.12.16	감 사 의 견	적정 (삼정)	계　　열	
결 산 기	12월	보 통 주	20,524만주	종속회사수	6개사
액 면 가	5,000원	우 선 주		구 상 호	

주주구성 (지분율,%)		출자관계 (지분율,%)		주요경쟁사 (외형,%)	
금호산업	33.5	아시아나개발	100.0	아시아나항공	100
Asia Securities Investment Corporation(ASIC)	4.0	아시아나에어포트	100.0	대한항공	204
(외국인)	12.3	에어서울	100.0	한진칼	17

매출구성		비용구성		수출비중	
노선사업-국제여객	60.6	매출원가율	85.2	수출	—
노선사업-화 물	21.8	판관비율	10.4	내수	—
노선부대사업-기타 부대사업	9.8				

회사 개요
동사는 항공운송사업을 주목적으로 하는 회사로 1988년 설립됨. 주요 종속회사는 아시아나IDT, 아시아나에어포트, 금호리조트 등이 있음. 아시아나항공의 시장점유율은 2017년 6월말 기준 국내여객 18.0%, 국제여객 17.4%, 국제화물 22.5%를 기록. 저비용항공사의 성장을 이겨내기 위해 장거리 노선 확장 및 중단거리 노선 증편 등을 통한 네트워크 강화 추진 중.

실적 분석
경기위축에 따른 수요 부진, 사드배치 결정에 따른 중국인 여행객 감소 등 수익성 둔화에 대한 시장 우려 상존하지만 안정적 증가세 유지 중. 2017년 2/4분기 연결기준 누적 매출액은 2조 9,489.9억원으로 전년동기 대비 7.5% 증가. 이에 따라 영업이익은 전년동기 646.1억원에서 691.3억원으로 7.0% 증가함. 비영업부문의 손실도 전년동기 498.2억원에서 393.2억원으로 감소함에 따라 당기순이익은 전년동기 대비 19.9%증가함.

현금 흐름 〈단위 : 억원〉

항목	2016	2017.2Q
영업활동	6,588	3,394
투자활동	-551	-2,731
재무활동	-5,116	-691
순현금흐름	880	-28
기말현금	2,709	2,680

시장 대비 수익률

결산 실적 〈단위 : 억원〉

항목	2012	2013	2014	2015	2016	2017
매출액	58,879	57,235	58,362	55,407	57,636	—
영업이익	1,794	-112	981	461	2,565	—
당기순이익	625	-1,147	633	-1,392	526	—

분기 실적 〈단위 : 억원〉

항목	2016.1Q	2016.2Q	2016.3Q	2016.4Q	2017.1Q	2017.2Q
매출액	13,687	13,745	15,554	14,649	14,571	14,919
영업이익	358	288	1,516	402	263	428
당기순이익	444	-267	1,526	-1,179	961	-748

재무 상태 〈단위 : 억원〉

항목	2012	2013	2014	2015	2016	2017.2Q
총자산	60,864	70,120	82,116	92,927	82,292	83,166
유형자산	35,543	37,574	49,066	55,456	51,555	52,121
무형자산	1,978	2,099	3,647	6,461	2,462	2,445
유가증권	2,543	2,782	3,385	3,669	2,859	3,141
총부채	50,815	61,087	70,925	84,412	71,874	73,251
총차입금	33,118	37,774	41,902	53,476	46,153	45,669
자본금	9,755	9,755	9,755	9,755	10,262	10,262
총자본	10,049	9,033	11,191	8,516	10,419	9,916
지배주주지분	10,005	8,999	10,059	8,296	8,920	9,559

기업가치 지표

항목	2012	2013	2014	2015	2016	2017.2Q
주가(최고/저)(천원)	8.3/5.8	6.5/4.5	7.1/3.9	9.3/4.3	5.9/4.1	—/—
PER(최고/저)(배)	26.2/18.3	—/—	22.4/12.1	—/—	23.5/16.3	—/—
PBR(최고/저)(배)	1.6/1.1	1.4/1.0	1.4/0.8	2.2/1.0	1.4/0.9	1.3/0.9
EV/EBITDA(배)	9.2	14.0	11.1	12.2	8.1	—
EPS(원)	317	-593	319	-708	251	123
BPS(원)	5,128	4,613	5,156	4,252	4,346	4,658
CFPS(원)	1,787	932	2,166	1,475	2,292	1,234
DPS(원)	—	—	—	—	—	—
EBITDAPS(원)	2,396	1,467	2,350	2,419	3,346	337

재무 비율 〈단위 : % 〉

연도	영업이익률	순이익률	부채비율	차입금비율	ROA	ROE	유보율	자기자본비율	EBITDA마진율
2016	4.5	0.9	689.9	443.0	0.6	5.7	-13.1	12.7	11.4
2015	0.8	-2.5	일부잠식	일부잠식	-1.6	-15.1	-15.0	9.2	8.5
2014	1.7	1.1	633.8	374.4	0.8	6.5	3.1	13.6	7.9
2013	-0.2	-2.0	일부잠식	일부잠식	-1.8	-12.2	-7.8	12.9	5.0

아시아종묘 (A154030)
ASIA SEED

업　　종 : 식료품		시　　장 : KONEX	
신용등급 : (Bond) —　(CP) —		기업규모 : —	
홈페이지 : www.asiaseed.co.kr		연 락 처 : 02)449-9161	
본　　사 : 서울시 송파구 중대로 150 백암빌딩 7층			

설 립 일	2004.06.24	종 업 원 수	180명	대 표 이 사	류경오
상 장 일	2014.07.08	감 사 의 견	적정 (삼정)	계　　열	
결 산 기	09월	보 통 주		종속회사수	
액 면 가		우 선 주		구 상 호	

주주구성 (지분율,%)		출자관계 (지분율,%)		주요경쟁사 (외형,%)	
류경오	37.2			아시아종묘	100
마이다스동아 드림하이투자조합2호	5.9			사조해표	3,140
				신송홀딩스	964

매출구성		비용구성		수출비중	
종자(무 외)	61.5	매출원가율	62.8	수출	32.0
종자(양배추)	19.3	판관비율	42.0	내수	68.0
종자(호박)	17.0				

회사 개요
동사는 종자기업으로 종자 개발에서 종자 생산, 가공, 유통, 판매까지 모든 사업을 아우르고 있음. 2013년 기준 내수 시장에서 4.96%의 시장점유율을 기록했고, 수출 시장에서는 11.97% 점유율을 기록함. 수박, 토마토, 풋고추 등의 시장 개발에도 주력하고 있음. 해외에서는 양배추, 브로콜리, 고추, 무 등의 종자를 수출하는 종묘업체로 알려져 있음. 동사의 전체 매출 중 수출이 차지하는 비중은 30% 수준임.

실적 분석
동사는 코넥스 상장 기업으로 분기와 반기 실적 공개 의무가 없음. 동사의 2016년(2015년 10월부터 2016년 9월) 연결기준 연간 매출액은 214.6억원으로 전년 동기(196.3억원) 대비 약 10% 가량 증가함. 매출은 증가했지만 매출원가와 제반 비용이 상승하면서 영업손실은 10.3억원으로 적자 전환함. 영업이익이 적자 전환하면서 당기순손실은 23.6억원으로 전년 동기 대비 순손실 폭이 늘어남.

현금 흐름 *IFRS 별도 기준 〈단위 : 억원〉

항목	2016	2017.3Q
영업활동	13	—
투자활동	-5	—
재무활동	-13	—
순현금흐름	-6	—
기말현금	14	—

시장 대비 수익률

결산 실적 〈단위 : 억원〉

항목	2012	2013	2014	2015	2016	2017
매출액	-	141	171	196	215	—
영업이익	-1	4	-	2	-10	—
당기순이익	-2	-5	-	-17	-24	—

분기 실적 *IFRS 별도 기준 〈단위 : 억원〉

항목	2016.2Q	2016.3Q	2016.4Q	2017.1Q	2017.2Q	2017.3Q
매출액	—	—	—	—	—	—
영업이익	—	—	—	—	—	—
당기순이익	—	—	—	—	—	—

재무 상태 *IFRS 별도 기준 〈단위 : 억원〉

항목	2012	2013	2014	2015	2016	2017.3Q
총자산	250	298		336	309	
유형자산	84	90		108	117	
무형자산	0	1		0	0	
유가증권	0			0	0	
총부채	160	214		264	165	
총차입금	120	164		229	123	
자본금	30	30		30	41	
총자본	89	85		71	144	
지배주주지분	89	85		71	144	

기업가치 지표 *IFRS 별도 기준

항목	2012	2013	2014	2015	2016	2017.3Q
주가(최고/저)(천원)	—/—	—/—	5.2/2.8	9.0/4.1	8.1/5.0	7.2/4.0
PER(최고/저)(배)	0.0/0.0	0.0/0.0	0.0/0.0	—/—	—/—	—/—
PBR(최고/저)(배)	0.0/0.0	0.0/0.0	0.0/0.0	8.4/3.9	4.6/2.8	0.0/0.0
EV/EBITDA(배)	22.0	12.6		51.3		
EPS(원)	-96	-79		-265	-298	
BPS(원)	1,470	1,393		1,070	1,763	
CFPS(원)	16	48		-119	-194	
DPS(원)	—	—		—	—	
EBITDAPS(원)	86	192		171	-38	

재무 비율 〈단위 : % 〉

연도	영업이익률	순이익률	부채비율	차입금비율	ROA	ROE	유보율	자기자본비율	EBITDA마진율
2016	-4.8	-11.0	112.7	84.9	-7.3	-21.9	253.9	47.0	-0.8
2015	1.0	-8.5	370.8	320.3	0.0	-15.1	135.2	21.2	5.8
2014	0.0	0.0	0.0	0.0	0.0	0.0	0.0	0.0	0.0
2013	2.2	-2.7	254.2	194.0	-1.7	-5.1	178.3	28.2	6.8

아우딘퓨처스 (A227610)
Outin Futures

업 종 : 개인생활용품			시 장 : KOSDAQ		
신용등급 : (Bond) — (CP) —			기업규모 : 중견		
홈 페 이 지 : www.outinfutures.com			연 락 처 : 02)571-2432		
본 사 : 서울시 강남구 삼성동 144-25 애플트리타워 14층					

설 립 일	2000.12.18	종 업 원 수	명	대 표 이 사	최영욱
상 장 일	2017.07.12	감 사 의 견	적정 (삼일)	계 열	
결 산 기	12월	보 통 주	593만주	종속회사수	
액 면 가	500원	우 선 주		구 상 호	

주주구성 (지분율,%)		출자관계 (지분율,%)		주요경쟁사 (외형,%)	
최영욱	48.5			아우딘퓨처스	100
APRIL&JUNE HOLDING LIMITED	5.9			코스온	146
				케어젠	82

매출구성		비용구성		수출비중	
제품	85.6	매출원가율	56.9	수출	5.0
상품	13.4	판관비율	26.2	내수	95.0
디자인용역	1.0				

회사 개요

동사는 2000년 12월에 설립되어 2017년 7월에 코스닥 시장에 상장한 화장품 전문기업임. 기존에 영위하던 화장품 OEM/ODM 사업을 통한 기술력과 노하우를 축적한 이후 2009년에는 자체 브랜드인 네오젠을 런칭함. 동사는 기술 개발과 설비투자로 국내 최고 수준의 생산시설과 디자인 연구소를 보유하고 있으며 다양한 국내외 유통채널을 확보하고 있음. 기존 제품외에도 메이크업과 헤어제품으로 화장품 공급범위를 확장할 계획임.

실적 분석

동사가 최근 실적 공시는 2017년 1분기 자료이며 이를 분석해보면 매출액은 151.1억원으로 전년대비 56% 이상 성장한 수치를 보임. 급격한 매출액 성장에 따라 매출총이익도 급증했으나 판관비의 증가로 영업이익은 전년동기와 유사한 19.9억원에 그침. 영업외손익은 전년과 유사한 수준을 보였으나 법인세 효과에 따라 당기순이익은 21.2억원을 보이며 전년대비 개선된 모습을 보임.

현금 흐름	*IFRS 별도 기준	〈단위 : 억원〉
항목	2016	2017.2Q
영업활동	35	
투자활동	-37	
재무활동	-14	
순현금흐름	-16	
기말현금	74	

시장 대비 수익률

결산 실적
〈단위 : 억원〉

항목	2012	2013	2014	2015	2016	2017
매출액	—	—	160	251	568	—
영업이익	—	—	18	21	96	—
당기순이익	—	—	12	17	91	—

분기 실적
*IFRS 별도 기준 〈단위 : 억원〉

항목	2016.1Q	2016.2Q	2016.3Q	2016.4Q	2017.1Q	2017.2Q
매출액	97	—	—	—	151	—
영업이익	20	—	—	—	20	—
당기순이익	18	—	—	—	21	—

재무 상태
*IFRS 별도 기준 〈단위 : 억원〉

항목	2012	2013	2014	2015	2016	2017.2Q
총자산			118	239	322	
유형자산			68	81	104	
무형자산			2	1	1	
유가증권						
총부채			75	98	90	
총차입금			51	60	46	
자본금			4	25	25	
총자본			43	141	232	
지배주주지분			43	141	232	

기업가치 지표
*IFRS 별도 기준

항목	2012	2013	2014	2015	2016	2017.2Q
주가(최고/저)(천원)	#VALUE!	—/—	—/—	—/—	—/—	—/—
PER(최고/저)(배)	0.0/0.0	0.0/0.0	0.0/0.0	0.0/0.0	0.0/0.0	0.0/0.0
PBR(최고/저)(배)	0.0/0.0	0.0/0.0	0.0/0.0	0.0/0.0	0.0/0.0	0.0/0.0
EV/EBITDA(배)			2.0			—
EPS(원)	—	—	277	384	1,862	
BPS(원)	—	—	53,348	2,868	4,736	
CFPS(원)	—	—	19,609	490	2,001	
DPS(원)	—	—				
EBITDAPS(원)	—	—	27,644	563	2,100	

재무 비율
〈단위 : % 〉

연도	영업이익률	순이익률	부채비율	차입금비율	ROA	ROE	유보율	자기자본비율	EBITDA마진율
2016	16.9	16.1	38.8	19.8	32.5	49.0	847.2	72.1	18.1
2015	8.2	6.9	70.0	42.7	9.7	18.9	473.6	58.8	10.1
2014	11.6	7.6	176.5	118.8	0.0	0.0	967.0	36.2	13.9
2013	0.0	0.0	0.0	0.0	0.0	0.0			

아이디스 (A143160)
Intelligent Digital Integrated Security

업 종 : 보안장비			시 장 : KOSDAQ		
신용등급 : (Bond) — (CP) —			기업규모 : 우량		
홈 페 이 지 : www.idis.co.kr			연 락 처 : 042)930-9600		
본 사 : 대전시 유성구 테크노3로 8-10. 305-509					

설 립 일	2011.07.01	종 업 원 수	385명	대 표 이 사	김영달
상 장 일	2011.09.26	감 사 의 견	적정 (한울)	계 열	
결 산 기	12월	보 통 주	1,072만주	종속회사수	2개사
액 면 가	500원	우 선 주		구 상 호	

주주구성 (지분율,%)		출자관계 (지분율,%)		주요경쟁사 (외형,%)	
아이디스홀딩스	44.2	메디치인베스트먼트	10.0	아이디스	100
FID Low Priced Stock Fund	8.4	다원투자자문	8.8	아이디스홀딩스	341
(외국인)	12.3	에치디프로		넥스트칩	49

매출구성		비용구성		수출비중	
[CCTV]NVR	30.0	매출원가율	68.9	수출	47.0
[CCTV]IP Camera	25.9	판관비율	32.0	내수	53.0
기타	23.7				

회사 개요

1997년 설립된 동사는 CCTV카메라가 촬영한 영상을 디지털로 변환해 저장하는 디지털 영상 저장장치인 DVR(Digital Video Recorder)을 전문적으로 개발, 생산, 판매하는 DVR 전문기업임. 동사는 지주회사 아이디스홀딩스의 계열사 임. 코텍, 아이디피, Matrix Network Inc, 에치디프로 등 총 10개의 계열사를 두고 있음. 동사는 2013년 5월 IFSEC에서 자가브랜드를 런칭함.

실적 분석

동사의 2017년도 상반기 연결기준 매출액은 515.1억원으로 전년동기 대비 7.6% 하락함. 매출원가가 하락하였음에도 매출총이익은 178.9억원으로 전년동기 대비 14.5% 감소함. 경상개발비, 광고선전비가 전년동기 대비 각각 14.1%, 7% 감소하며 판관비는 소폭 감소함. 영업이익은 5.9억원으로 전년동기 대비 83.5% 감소했으나, 비영업손익이 크게 증가하여 당기순이익은 111.1억원을 시현함.

현금 흐름		〈단위 : 억원〉
항목	2016	2017.2Q
영업활동	182	8
투자활동	-266	63
재무활동	-7	-21
순현금흐름	-92	49
기말현금	252	301

시장 대비 수익률

결산 실적
〈단위 : 억원〉

항목	2012	2013	2014	2015	2016	2017
매출액	1,524	1,176	1,174	1,466	1,295	—
영업이익	319	196	93	136	-12	—
당기순이익	254	201	105	129	-80	—

분기 실적
〈단위 : 억원〉

항목	2016.1Q	2016.2Q	2016.3Q	2016.4Q	2017.1Q	2017.2Q
매출액	268	290	299	438	248	267
영업이익	9	27	-16	-32	-1	7
당기순이익	13	16	-14	-94	-9	120

재무 상태
〈단위 : 억원〉

항목	2012	2013	2014	2015	2016	2017.2Q
총자산	1,239	1,460	1,560	2,013	1,851	1,701
유형자산	100	114	154	222	232	135
무형자산	92	90	78	170	103	104
유가증권	18	15	122	73	63	45
총부채	351	108	137	231	188	157
총차입금	180	—	—	16	46	—
자본금	16	54	54	54	54	54
총자본	888	1,352	1,422	1,781	1,663	1,544
지배주주지분	888	1,352	1,422	1,523	1,447	1,544

기업가치 지표

항목	2012	2013	2014	2015	2016	2017.2Q
주가(최고/저)(천원)	22.1/9.7	25.6/14.3	20.3/10.9	20.0/11.7	18.7/9.0	—/—
PER(최고/저)(배)	8.8/3.9	14.2/7.9	22.0/11.8	17.2/10.0	—/—	—/—
PBR(최고/저)(배)	2.5/1.1	2.2/1.2	1.6/0.9	1.5/0.9	1.4/0.7	0.7/0.6
EV/EBITDA(배)	5.8	4.6	4.5	7.1	5.4	—
EPS(원)	2,721	1,956	982	1,205	-373	1,075
BPS(원)	28,599	12,620	13,275	14,211	13,503	14,406
CFPS(원)	9,462	2,525	1,593	1,772	372	1,409
DPS(원)	450	350	300	300	200	
EBITDAPS(원)	11,553	2,478	1,476	1,832	633	389

재무 비율
〈단위 : % 〉

연도	영업이익률	순이익률	부채비율	차입금비율	ROA	ROE	유보율	자기자본비율	EBITDA마진율
2016	-0.9	-6.2	11.3	2.7	-4.2	-2.7	2,600.6	89.9	5.2
2015	9.3	8.8	13.0	0.9	7.2	8.8	2,742.2	88.5	13.4
2014	7.9	9.0	9.7	0.0	7.0	7.6	2,555.0	91.2	13.5
2013	16.7	17.1	8.0	0.0	14.9	18.0	2,424.0	92.6	21.7

아이디스홀딩스 (A054800)
IDIS Holdings

업 종 : 보안장비		시 장 : KOSDAQ	
신용등급 : (Bond) — (CP) —		기업규모 : 벤처	
홈 페 이 지 : www.idisholdings.co.kr		연 락 처 : 042)930-9660	
본 사 : 대전시 유성구 테크노3로 8-10 (관평동)			

설 립 일 1997.09.24	종 업 원 수 13명	대 표 이 사 김영달	
상 장 일 2001.09.27	감 사 의 견 적정 (한울)	계 열	
결 산 기 12월	보 통 주 1,035만주	종속회사수 6개사	
액 면 가 500원	우 선 주	구 상 호	

주주구성 (지분율,%)
김영달	31.2
엔씨씨	24.8
(외국인)	6.5

출자관계 (지분율,%)
아이디피	61.6
아이디스	41.1
코텍	33.0

주요경쟁사 (외형,%)
아이디스홀딩스	100
현대통신	20
넥스트칩	15

매출구성
TFT-LCD모니터	65.6
DVR 외	14.9
NVR	7.3

비용구성
매출원가율	72.9
판관비율	20.0

수출비중
수출	—
내수	—

회사 개요
동사는 1997년 9월 24일에 영상기기 개발, 제조 및 판매사업을 영위할 목적으로 설립된 아이디스에서 2011년 7월 1일을 분할일로 투자사업부문을 담당하는 분할존속회사이자 지주회사인 아이디스홀딩스로 상호변경함. 동사는 CCTV에 전반적인 주요제품들을 전문적으로 개발, 생산, 판매하는 영상보안 통합솔루션 회사임. 동사를 제외한 9개의 계열사를 가지고 있으며, 아이디스 등 총 3개의 연결대상 자회사가 있음.

실적 분석
동사의 2017년 2분기 연결기준 누적 매출액은 1,888.6억원으로 전년 동기(1,889.5억원)와 큰 차이 보이지 않았음. 단 매출원가 상승으로 영업이익은 전년 대비 21.7% 줄어든 133.5억원을 기록함. 외환손실이 43.3억원 났지만 관련기업투자 손에서 123억원 이익을 내며 당기순이익은 오히려 전년보다 확대. 전년 152.1억원에서 25.6% 증가한 191.1억원을 시현함.

현금 흐름
〈단위 : 억원〉
항목	2016	2017.2Q
영업활동	438	298
투자활동	-406	-99
재무활동	-115	-98
순현금흐름	-80	101
기말현금	918	1,018

시장 대비 수익률

결산 실적
〈단위 : 억원〉
항목	2012	2013	2014	2015	2016	2017
매출액	1,664	3,000	2,778	3,991	4,414	—
영업이익	253	412	144	404	313	—
당기순이익	223	305	-337	377	209	—

분기 실적
〈단위 : 억원〉
항목	2016.1Q	2016.2Q	2016.3Q	2016.4Q	2017.1Q	2017.2Q
매출액	823	1,066	1,149	1,375	861	1,028
영업이익	75	96	87	56	52	82
당기순이익	63	90	136	-79	-9	200

재무 상태
〈단위 : 억원〉
항목	2012	2013	2014	2015	2016	2017.2Q
총자산	5,004	5,132	4,543	5,440	5,542	5,489
유형자산	576	588	625	694	726	636
무형자산	1,506	1,386	738	778	548	532
유가증권	155	147	446	188	151	117
총부채	1,095	792	623	745	779	792
총차입금	476	259	171	163	187	123
자본금	52	52	52	52	52	52
총자본	3,910	4,340	3,920	4,695	4,763	4,697
지배주주지분	1,809	1,902	1,672	1,817	1,816	1,892

기업가치 지표
항목	2012	2013	2014	2015	2016	2017.2Q
주가(최고/저)(천원)	13.5/8.7	16.1/12.4	16.1/12.6	18.1/13.7	16.8/13.6	—/—
PER(최고/저)(배)	12.0/7.7	18.2/14.0	—/—	12.3/9.4	104.6/84.6	—/—
PBR(최고/저)(배)	0.7/0.5	0.8/0.6	0.9/0.7	1.0/0.7	0.9/0.7	0.8/0.7
EV/EBITDA(배)	8.7	5.1	8.9	5.7	6.1	—/—
EPS(원)	1,170	913	-2,066	1,493	162	829
BPS(원)	18,883	19,778	17,554	18,960	18,949	19,678
CFPS(원)	2,066	2,466	-387	2,878	1,627	1,483
DPS(원)	50	50	100	150	150	—
EBITDAPS(원)	3,660	5,537	3,074	5,286	4,488	1,945

재무 비율
〈단위 : % 〉
연도	영업이익률	순이익률	부채비율	차입금비율	ROA	ROE	유보율	자기자본비율	EBITDA마진율
2016	7.1	4.7	16.4	3.9	3.8	0.9	3,689.8	86.0	10.5
2015	10.1	9.4	15.9	3.5	7.6	8.9	3,692.0	86.3	13.7
2014	5.2	-12.1	15.9	4.4	-7.0	-12.0	3,410.8	86.3	11.5
2013	13.7	10.2	18.3	6.0	6.0	5.1	3,855.6	84.6	19.1

아이리버 (A060570)
Iriver

업 종 : 컴퓨터 및 주변기기		시 장 : KOSDAQ	
신용등급 : (Bond) — (CP) —		기업규모 : 중견	
홈 페 이 지 : www.iriver.co.kr		연 락 처 : 02)3019-1700	
본 사 : 서울시 서초구 방배로 18길 5 (아이리버하우스)			

설 립 일 1999.01.20	종 업 원 수 154명	대 표 이 사 이정호	
상 장 일 2003.12.19	감 사 의 견 적정 (삼정)	계 열	
결 산 기 12월	보 통 주 4,338만주	종속회사수 5개사	
액 면 가 500원	우 선 주	구 상 호	

주주구성 (지분율,%)
에스케이텔레콤	45.9
에스.엠.엔터테인먼트	17.3
(외국인)	2.3

출자관계 (지분율,%)
그루버스	44.2
iriverEnterpriseLtd	100.0
groovesJapanCo.,Ltd.	100.0

주요경쟁사 (외형,%)
아이리버	100
엠젠플러스	100
제이씨현시스템	363

매출구성
[제품]MP3/4 플레이어등	46.8
[상품]기타	25.0
기타 외	12.2

비용구성
매출원가율	72.6
판관비율	45.5

수출비중
수출	—
내수	—

회사 개요
동사는 1999년 설립되어 음악 파일을 플래시 메모리, 하드디스크 등의 저장매체에 저장하여 휴대하면서 음악을 들을 수 있는 오디오 기기인 MP3 플레이어를 동사의 주요제품으로 생산 및 판매하여 한때 세계 시장의 25%를 점유하였으나, 스마트폰 대중화로 인해 위기를 맞음. 2012년 휴대용 고음질 재생 플레이어 시장에 아스텔앤컨을 출시하면서 고급형 음향 시장에서 선전하고 있음.

실적 분석
동사의 2017년도 2분기 연결기준 누적 매출액은 243.9억원으로 전년동기 대비 11.2% 감소함. 국내 매출은 증가했으나 일본, 홍콩 등 해외매출이 감소한 것에 기인함. MP3/4 플레이어가 주요 수익원이며, 블랭크(Blank) 등 기타 액세서리 제품의 매출 비중이 높음. 2017년에는 신제품 아스텔앤컨을 출시하고, 신규사업 진출을 통한 성장이 기대됨.

현금 흐름
〈단위 : 억원〉
항목	2016	2017.2Q
영업활동	41	-18
투자활동	-40	-16
재무활동		
순현금흐름	-4	-32
기말현금	109	77

시장 대비 수익률

결산 실적
〈단위 : 억원〉
항목	2012	2013	2014	2015	2016	2017
매출액	969	694	532	556	523	—
영업이익	-105	-80	15	3	-94	—
당기순이익	-98	-84	23	6	-100	—

분기 실적
〈단위 : 억원〉
항목	2016.1Q	2016.2Q	2016.3Q	2016.4Q	2017.1Q	2017.2Q
매출액	129	146	134	115	118	126
영업이익	-6	-19	-20	-49	-12	-16
당기순이익	-9	-22	-33	-35	-46	-19

재무 상태
〈단위 : 억원〉
항목	2012	2013	2014	2015	2016	2017.2Q
총자산	574	314	619	604	501	455
유형자산	29	13	10	39	35	11
무형자산	13	20	28	51	46	48
유가증권	0	0	0	0		
총부채	316	130	144	124	119	135
총차입금	50	24	40	43	46	48
자본금	129	129	155	155	155	155
총자본	258	184	476	481	381	320
지배주주지분	258	184	476	481	381	320

기업가치 지표
항목	2012	2013	2014	2015	2016	2017.2Q
주가(최고/저)(천원)	3.0/1.7	3.3/1.5	8.7/1.5	9.6/4.9	5.4/3.2	—/—
PER(최고/저)(배)	—/—	—/—	95.6/16.0	471.2/239.3	—/—	—/—
PBR(최고/저)(배)	3.0/1.7	4.7/2.0	5.7/1.0	6.2/3.2	4.4/2.6	5.9/3.1
EV/EBITDA(배)	—/—	—/—	45.1	55.7		
EPS(원)	-379	-325	90	90	-321	-210
BPS(원)	998	711	1,532	1,545	1,226	1,030
CFPS(원)	-277	-258	156	104	-203	-155
DPS(원)						
EBITDAPS(원)	-304	-242	123	93	-186	-36

재무 비율
〈단위 : % 〉
연도	영업이익률	순이익률	부채비율	차입금비율	ROA	ROE	유보율	자기자본비율	EBITDA마진율
2016	-18.0	-19.1	31.3	12.2	-18.1	-23.2	145.3	76.2	-11.0
2015	0.5	1.1	25.8	9.0	1.0	1.3	209.1	79.5	5.2
2014	2.8	4.4	30.3	8.4	5.0	7.2	206.3	76.8	6.0
2013	-11.5	-12.1	71.0	12.9	-18.1	-38.1	42.3	58.5	-9.0

아이마켓코리아 (A122900)
iMarketKorea

업 종 : 상업서비스	시 장 : 거래소
신용등급 : (Bond) — (CP) —	기업규모 : 시가총액 중형주
홈 페 이 지 : www.imarketkorea.com	연 락 처 : 02)3708-5678
본 사 : 서울시 강남구 삼성로 512, 16층(삼성동, 삼성동빌딩)	

설 립 일 2000.12.08	종 업 원 수 492명	대 표 이 사 김규일	
상 장 일 2010.07.30	감 사 의 견 적정 (안진)	계 열	
결 산 기 12월	보 통 주 3,594만주	종 속 회 사 수 16개사	
액 면 가 500원	우 선 주	구 상 호	

주주구성 (지분율,%)		출자관계 (지분율,%)		주요경쟁사 (외형,%)	
인터파크	40.0	가디언	100.0	아이마켓코리아	100
베어링자산운용	7.2	인터파크큐브릿지	100.0	NICE평가정보	10
(외국인)	21.3	인터파크로지스틱스	100.0	나이스정보통신	9

매출구성		비용구성		수출비중	
[(주)아이마켓코리아]자동화기기, 설비기기 등(	78.9	매출원가율	94.4	수출	—
[(주)안연케어]의약품 물류서비스(기타)	9.3	판관비율	3.8	내수	—
[iMarketVietnam co.,Ltd.]산업자재 등(상품)	4.7				

회사 개요
동사는 산업재 B2B 전자상거래를 목적으로 2000년 12월 설립됨. 2000년대 초반부터 현재까지 소모성자재를 주요 품목으로 하고 있으나, 점차 IT, 건자재, 원자재, 부자재, 설비, 서비스 등으로 품목을 확대해 가고 있음. MRO 시장에서 동사의 시장점유율은 약 12% 정도임. 현재 4개의 해외법인을 설립 및 운영하고 있음. 전략 고객사에 대한 서비스를 강화해 전략 고객사 매출을 꾸준히 확대하고 있음. 연평균 13% 성장세를 보임.

실적 분석
동사의 2017년 2분기기준 누적 매출액은 전년동기대비 4.7% 상승한 15,831.6억원을 기록하였음. 비용면에서 전년동기대비 매출원가는 증가 했으며 인건비도 증가, 광고선전비도 증가, 기타판매비와관리비는 감소함. 이와 같이 상승한 매출액 대비 비용증가가 높아 그에 따라 전년동기대비 영업이익은 207.1억원으로 -17.8% 하락하였음. 최종적으로 전년동기대비 당기순이익은 하락하여 147.7억원을 기록하였음.

현금 흐름 〈단위 : 억원〉

항목	2016	2017.2Q
영업활동	1,223	1,538
투자활동	-672	-1,360
재무활동	-320	-247
순현금흐름	231	-73
기말현금	726	653

시장 대비 수익률

결산 실적 〈단위 : 억원〉

항목	2012	2013	2014	2015	2016	2017
매출액	20,455	24,968	27,338	31,439	34,000	
영업이익	473	495	568	637	605	
당기순이익	386	386	441	496	356	

분기 실적 〈단위 : 억원〉

항목	2016.1Q	2016.2Q	2016.3Q	2016.4Q	2017.1Q	2017.2Q
매출액	7,158	7,962	8,080	10,800	7,884	7,948
영업이익	101	151	116	237	119	89
당기순이익	60	107	91	98	86	61

재무 상태 〈단위 : 억원〉

항목	2012	2013	2014	2015	2016	2017.2Q
총자산	6,833	7,917	10,905	12,663	13,341	11,135
유형자산	123	112	112	114	100	101
무형자산	311	306	1,923	2,115	1,974	1,970
유가증권	7	33	88	91	130	148
총부채	3,673	4,469	6,574	8,173	8,766	6,742
총차입금	61	186	117	183	157	242
자본금	182	182	182	182	182	182
총자본	3,160	3,448	4,331	4,490	4,575	4,394
지배주주지분	3,178	3,468	3,700	3,831	3,920	3,809

기업가치 지표

항목	2012	2013	2014	2015	2016	2017.2Q
주가(최고/저)(천원)	26.0/14.1	25.3/18.9	37.1/22.5	30.6/22.9	24.4/9.6	—/—
PER(최고/저)(배)	26.6/14.5	25.6/19.1	35.7/21.6	28.1/21.0	35.0/13.8	1.3/0.9
PBR(최고/저)(배)	3.2/1.8	2.9/2.1	3.8/2.3	2.9/2.2	2.2/0.9	
EV/EBITDA(배)	19.8	15.9	13.1	11.6	4.1	
EPS(원)	1,073	1,080	1,125	1,157	728	284
BPS(원)	8,843	9,648	10,554	11,212	11,467	11,292
CFPS(원)	1,182	1,256	1,532	1,616	1,136	485
DPS(원)	250	250	500	500	450	
EBITDAPS(원)	1,426	1,553	1,988	2,231	2,092	778

재무 비율 〈단위 : % 〉

연도	영업이익률	순이익률	부채비율	차입금비율	ROA	ROE	유보율	자기자본비율	EBITDA마진율
2016	1.8	1.1	191.6	3.4	2.7	6.8	2,168.8	34.3	2.2
2015	2.0	1.6	182.0	4.1	4.2	11.1	2,118.4	35.5	2.6
2014	2.1	1.6	151.8	2.7	4.7	11.3	1,988.1	39.7	2.6
2013	2.0	1.5	129.6	5.4	5.4	11.7	1,808.9	43.6	2.2

아이센스 (A099190)
i-SENS

업 종 : 의료 장비 및 서비스	시 장 : KOSDAQ
신용등급 : (Bond) — (CP) —	기업규모 : 우량
홈 페 이 지 : www.i-sens.co.kr	연 락 처 : 02)916-6191
본 사 : 서울시 서초구 반포대로 28길 43	

설 립 일 2000.05.04	종 업 원 수 647명	대 표 이 사 차근식	
상 장 일 2013.01.30	감 사 의 견 적정 (삼일)	계 열	
결 산 기 12월	보 통 주 1,373만주	종 속 회 사 수 11개사	
액 면 가 500원	우 선 주	구 상 호	

주주구성 (지분율,%)		출자관계 (지분율,%)		주요경쟁사 (외형,%)	
차근식	16.4	아이센스비즈	91.4	아이센스	100
ARKRAY, INC.	10.4	프리시전바이오	45.8	차바이오텍	339
(외국인)	36.0	아람바이오시스템	15.0	인바디	60

매출구성		비용구성		수출비중	
혈당측정기 및 스트립	94.5	매출원가율	53.3	수출	80.0
전해질 분석기 및 카트리지	4.5	판관비율	27.3	내수	20.0
연구용 외	0.5				

회사 개요
동사는 2000년 5월 설립되어 전기화학기술과 바이오센서 기술을 바탕으로 의료, 환경, 산업용 센서 및 계측기를 개발, 제조하고 있음. 현재 주요 사업 부문으로는 당뇨병 환자 및 정상인 누구나 자신의 혈당 수치를 자기가 직접 측정할 수 있게 해주는 자가혈당측정기와 혈액 내 전해질 및 가스의 농도를 측정할 수 있는 병원 진단용 장비인 혈액 분석기 부문으로 구성되어 있음. 미국, 중국, 홍콩, 멕시코 등 해외 7개국에 현지법인이 있음.

실적 분석
동사의 2017년 상반기 연결기준 매출액은 733.0억원으로 전년 동기 대비 18.9% 증가함. 자가 혈당 측정기 및 스트립의 매출이 전체의 약 90%를 차지하고 있으며 국내를 포함한 미국, 아시아의 매출이 크게 증가함. 영업이익은 109.3억원으로 전년 동기 대비 10.3% 감소함. 우수한 품질과 가격경쟁력을 바탕으로 지속적인 성장이 기대됨. 동사는 국내에서는 동종업계 타기업 대비 가장 많은 특허를 보유하고 있음.

현금 흐름 〈단위 : 억원〉

항목	2016	2017.2Q
영업활동	122	58
투자활동	-145	-227
재무활동	40	102
순현금흐름	23	-75
기말현금	255	180

시장 대비 수익률

결산 실적 〈단위 : 억원〉

항목	2012	2013	2014	2015	2016	2017
매출액	665	829	956	1,019	1,325	—
영업이익	79	186	181	194	257	—
당기순이익	87	186	143	145	175	—

분기 실적 〈단위 : 억원〉

항목	2016.1Q	2016.2Q	2016.3Q	2016.4Q	2017.1Q	2017.2Q
매출액	287	329	335	373	360	373
영업이익	54	67	69	66	53	56
당기순이익	37	36	51	51	20	47

재무 상태 〈단위 : 억원〉

항목	2012	2013	2014	2015	2016	2017.2Q
총자산	920	1,414	1,635	1,798	2,176	2,310
유형자산	520	524	647	723	806	958
무형자산	20	37	35	17	238	224
유가증권	10	13	22	30	25	31
총부채	236	371	447	476	632	720
총차입금	141	228	297	284	368	468
자본금	40	45	45	69	69	69
총자본	684	1,043	1,188	1,322	1,544	1,590
지배주주지분	684	1,031	1,176	1,320	1,497	1,549

기업가치 지표

항목	2012	2013	2014	2015	2016	2017.2Q
주가(최고/저)(천원)	—/—	29.7/15.5	44.2/28.0	46.2/28.3	41.8/26.9	—/—
PER(최고/저)(배)	0.0/0.0	21.5/11.2	41.7/26.4	43.1/26.4	32.8/21.1	2.8/2.4
PBR(최고/저)(배)	0.0/0.0	3.9/2.0	5.1/3.3	4.8/3.0	3.8/2.5	
EV/EBITDA(배)	0.8	15.5	23.1	17.3	13.2	
EPS(원)	725	1,389	1,063	1,077	10,911	11,280
BPS(원)	8,481	11,391	12,925	9,629	10,911	11,280
CFPS(원)	1,741	2,786	2,358	1,632	1,705	848
DPS(원)					100	
EBITDAPS(원)	1,640	2,777	2,761	1,976	2,298	1,096

재무 비율 〈단위 : % 〉

연도	영업이익률	순이익률	부채비율	차입금비율	ROA	ROE	유보율	자기자본비율	EBITDA마진율
2016	19.4	13.2	40.9	23.9	8.8	12.5	2,082.1	71.0	23.8
2015	19.1	14.2	36.0	21.5	8.4	11.8	1,825.8	73.5	26.5
2014	19.0	15.0	37.6	25.0	9.4	13.1	2,485.0	72.7	26.2
2013	22.4	22.5	35.6	21.9	16.0	21.7	2,178.3	73.8	30.0

아이쓰리시스템 (A214430)
i3system

업　　　종 : 통신장비
신용등급 : (Bond) —　　(CP) —
홈 페 이 지 : www.i3system.com
본　　　사 : 대전시 유성구 테크노5로 69 (관평동)
시　　　장 : KOSDAQ
기업규모 : 벤처
연 락 처 : 070)7784-2506

설 립 일	1998.07.11	종업원수	341명	대 표 이 사	정한
상 장 일	2015.07.30	감사의견	적정 (한영)	계 열	
결 산 기	12월	보 통 주	686만주	종속회사수	1개사
액 면 가	500원	우 선 주		구 상 호	

주주구성 (지분율,%)
정한	38.1
김병혁	1.3
(외국인)	1.0

출자관계 (지분율,%)
아이투비이	100.0
캔티스	19.0
대덕밸리	6.6

주요경쟁사 (외형,%)
아이쓰리시스템	100
유비쿼스홀딩스	236
웨이브일렉트로	87

매출구성
적외선 영상센서	86.6
엑스레이 영상센서	7.6
기타	5.0

비용구성
매출원가율	77.1
판관비율	11.1

수출비중
수출	26.0
내수	74.0

회사 개요
동사는 1998년 7월 11일에 설립되어 2015년에 코스닥 시장에 주식을 상장하였음. 국내 유일의 적외선 영상분야 방산업체로서, 적외선, X-RAY 등 영상센서 및 이를 장착한 전자 제품의 개발, 제조, 판매를 주요사업으로 영위하고 있음. 대전시에 본점과 사업장, 기업부설연구소를 두고 있으며, 2003년 상호를 한꿈엔지니어링 주식회사에서 현재의 상호로 변경함. 센서개발 제조업을 영위하는 아이투비이(주)를 연결대상 종속법인으로 보유하고 있음.

실적 분석
동사는 주력제품인 적외선 영상센서의 등의 수주 호조에 힘입어 2017년 반기에 외형이 전년동기 대비 43.9% 확대되며 매출액 327.2억원을 시현함. 매출 확대의 영향으로 당반기 영업이익은 전년동기 대비 42.5% 증가한 42.5억원을 시현하였음. 외환관련 손실 등으로 비영업손익에서 0.4억원 적자가 발생하였고 순이익은 전년동기 대비 11% 증가한 38.7억원을 시현함.

현금 흐름 〈단위 : 억원〉
항목	2016	2017.2Q
영업활동	41	34
투자활동	-0	-22
재무활동	-36	-13
순현금흐름	5	-3
기말현금	104	101

시장 대비 수익률

결산 실적 〈단위 : 억원〉
항목	2012	2013	2014	2015	2016	2017
매출액	224	258	309	390	511	
영업이익	20	25	47	51	60	
당기순이익	17	28	53	65	74	

분기 실적 〈단위 : 억원〉
항목	2016.1Q	2016.2Q	2016.3Q	2016.4Q	2017.1Q	2017.2Q
매출액	103	125	127	157	132	195
영업이익	14	16	15	16	15	27
당기순이익	17	18	15	24	12	27

재무 상태 〈단위 : 억원〉
항목	2012	2013	2014	2015	2016	2017.2Q
총자산	282	415	462	715	765	801
유형자산	100	133	178	186	303	318
무형자산	39	37	27	17	7	6
유가증권	5	13	12	10	7	7
총부채	108	259	243	205	211	223
총차입금	70	146	163	98	87	89
자본금	6	14	14	17	17	17
총자본	174	155	218	509	555	578
지배주주지분	174	155	218	509	555	578

기업가치 지표
항목	2012	2013	2014	2015	2016	2017.2Q
주가(최고/저)(천원)	—/—	—/—	—/—	70.1/38.1	63.8/40.1	—/—
PER(최고/저)(배)	0.0/0.0	0.0/0.0	0.0/0.0	32.8/17.8	29.4/18.4	—/—
PBR(최고/저)(배)	0.0/0.0	0.0/0.0	0.0/0.0	4.7/2.5	3.8/2.4	2.8/2.2
EV/EBITDA(배)	1.1	1.2	1.4	21.7	14.7	
EPS(원)	354		1,088	1,096	1,106	577
BPS(원)	155,420	55,389	7,796	15,354	16,885	17,587
CFPS(원)	36,105	20,143	3,523	3,207	3,195	1,837
DPS(원)					400	450
EBITDAPS(원)	39,171	19,276	3,278	2,751	2,805	1,949

재무 비율 〈단위 : % 〉
연도	영업이익률	순이익률	부채비율	차입금비율	ROA	ROE	유보율	자기자본비율	EBITDA마진율
2016	11.8	14.4	38.0	15.8	9.9	13.8	3,223.3	72.5	18.3
2015	13.1	16.7	40.3	19.2	11.1	17.9	2,921.1	71.3	21.4
2014	15.1	17.0	111.3	74.8	12.0	28.2	1,429.4	47.3	26.0
2013	9.8	10.7	167.1	94.2			986.6	37.5	19.2

아이씨디 (A040910)
Innovation for Creative Devices

업　　　종 : 디스플레이 및 관련부품
신용등급 : (Bond) —　　(CP) —
홈 페 이 지 : www.icd.co.kr
본　　　사 : 경기도 안성시 대덕면 만세로 274
시　　　장 : KOSDAQ
기업규모 : 중견
연 락 처 : 031)678-3333

설 립 일	2000.02.26	종업원수	331명	대 표 이 사	이승호
상 장 일	2011.08.03	감사의견	적정 (성지)	계 열	
결 산 기	12월	보 통 주	1,650만주	종속회사수	1개사
액 면 가	500원	우 선 주		구 상 호	

주주구성 (지분율,%)
이승호	25.7
가치투자자문	5.3
(외국인)	5.1

출자관계 (지분율,%)
인투코어테크놀로지	
우한ICD광전유한공사	

주요경쟁사 (외형,%)
아이씨디	100
HB테크놀러지	117
동아엘텍	94

매출구성
HDP Etcher	65.5
CVD, 증착기, 증착전 Asher	31.7
Parts 매출	2.1

비용구성
매출원가율	86.9
판관비율	6.1

수출비중
수출	50.0
내수	50.0

회사 개요
동사는 LCD, 반도체 및 평판 디스플레이 (AM-OLED, TFT-LCD등) 장비 제조를 주 사업으로 영위하고 있음. 5.5세대 AMOLED 고밀도플라즈마식각장비(HDP Etcher)를 세계 최초로 개발하여 SMD(삼성모바일디스플레이)에 독점으로 공급하고 있음. AM-OLED 패널은 스마트폰, 태블릿 PC등 전자기기의 화면표시장치로 사용되는 고급 디스플레이임.

실적 분석
동사의 2017년 연결기준 2/4분기 누적 매출액은 2,015.6억원으로 전년동기 대비 무려 166.4%의 높은 증가세를 보임. 매출이 늘면서 매출원가가 큰 폭으로 늘었지만 워낙 매출 증가율이 높았던 만큼 고정 비용 감소로 인해 영업이익은 217.7억원을 시현하며 영업이익이 947.5% 증가했음. 그러나 비영업손익 부문에서는 31.9억원의 손실을 기록함에 따라 이익폭이 감소되어 당기순이익은 143.1억원을 기록했음.

현금 흐름 〈단위 : 억원〉
항목	2016	2017.2Q
영업활동	-91	-61
투자활동	-313	66
재무활동	512	-30
순현금흐름	106	-25
기말현금	181	156

시장 대비 수익률

결산 실적 〈단위 : 억원〉
항목	2012	2013	2014	2015	2016	2017
매출액	812	810	76	239	2,309	
영업이익	130	91	-146	-70	161	
당기순이익	96	72	-111	-47	104	

분기 실적 〈단위 : 억원〉
항목	2016.1Q	2016.2Q	2016.3Q	2016.4Q	2017.1Q	2017.2Q
매출액	87	557	846	819	1,174	841
영업이익	-27	23	94	72	133	84
당기순이익	-18	14	67	40	81	63

재무 상태 〈단위 : 억원〉
항목	2012	2013	2014	2015	2016	2017.2Q
총자산	1,177	1,243	1,119	1,083	2,412	2,440
유형자산	359	402	469	405	529	509
무형자산	70	138	125	201	298	307
유가증권	—	52		54	3	3
총부채	201	189	180	203	1,285	1,179
총차입금	55	44	31	53	452	441
자본금	78	80	82	82	83	83
총자본	976	1,054	939	880	1,127	1,261
지배주주지분	976	1,054	939	880	1,127	1,261

기업가치 지표
항목	2012	2013	2014	2015	2016	2017.2Q
주가(최고/저)(천원)	31.8/12.2	15.8/10.4	12.0/5.9	9.5/4.6	18.0/6.5	—/—
PER(최고/저)(배)	52.2/20.1	35.4/23.3	—/—	—/—	28.5/10.4	—/—
PBR(최고/저)(배)	5.0/1.9	2.4/1.6	2.1/1.0	1.7/0.8	2.5/0.9	2.2/1.7
EV/EBITDA(배)	12.7	14.0			15.0	
EPS(원)	621	454	-686	-289	629	868
BPS(원)	6,434	6,733	5,984	5,625	7,124	7,914
CFPS(원)	793	650	-462	-15	911	1,048
DPS(원)			100		100	
EBITDAPS(원)	1,013	766	-675	-152	1,263	1,500

재무 비율 〈단위 : % 〉
연도	영업이익률	순이익률	부채비율	차입금비율	ROA	ROE	유보율	자기자본비율	EBITDA마진율
2016	7.0	4.5	114.0	40.1	5.7	10.2	1,324.8	46.7	9.0
2015	-29.3	-19.9	23.0	6.0	-4.3	-5.2	1,025.0	81.3	-10.5
2014	-193.2	-147.4	19.2	3.3	-9.4	-11.2	1,096.8	83.9	-145.1
2013	11.2	8.9	17.9	4.2	6.0	7.1	1,246.5	84.8	15.0

아이씨케이 (A068940)
ICK

업 종 : 상업서비스		시 장 : KOSDAQ	
신용등급 : (Bond) — (CP) —		기업규모 : 중견	
홈 페 이 지 : www.cardnsoft.com		연 락 처 : (053)592-3433	
본 사 : 대구시 달서구 호산동로7길 17(호림동)			

설 립 일	1998.11.10	종업원수	88명	대표이사	김남주
상 장 일	2010.10.19	감사의견	적정(안경)	계	열
결 산 기	12월	보 통 주	1,247만주	종속회사수	2개사
액 면 가	500원	우 선 주		구 상 호	

주주구성 (지분율,%)		출자관계 (지분율,%)		주요경쟁사 (외형,%)	
김남주	23.4	시큐어플랫폼즈테크놀러지	12.9	아이씨케이	100
한국증권금융	4.7	한국스마트카드	0.1	SCI평가정보	143
		ICKInternationalINC.	100.0	한네트	117

매출구성		비용구성		수출비중	
Card(제품)	97.1	매출원가율	74.6	수출	1.0
Service(기타)	2.7	판관비율	24.7	내수	99.0
자재(상품)	0.2				

회사 개요
동사는 비자, 마스터카드, JCB, 유니온페이, AMEX, 금융결제원 등의 제조인증을 받아 전자화폐 신용카드를 제조해 금융사와 신용카드사 등으로 판매, 납품하는 업체임. 스마트카드의 핵심 영역인 칩 부문에서 세계 1위 제 말토와의 협력관계를 통해 COS 분야에 진출하는 등 스마트카드 수직계열화를 통하여 경쟁력을 강화하고 있음. 현재 동사의 시장 점유율은 상위권임. 17.08 주식분할이 결정됨.

실적 분석
동사의 2017년 2분기 매출액은 143.7억원으로 전년동기 대비 6.4% 증가함. 영업이익은 0.7억원으로 전년 대비 86.7% 감소함. 당기순이익은 4.8억원으로 적자전환함. 이는 모바일 결제 수단 등의 등장으로 신용카드 발급 감소로 인한 일시적 매출 감소. 직불형 카드 활성화 정책, 공공 부문 수요 확대 등에 따라 스마트카드 시장이 커질 전망. 동사는 카카오뱅크 외 인터넷뱅크의 출범으로 오프라인 사용을 위한 신상품 카드 발행을 준비중임.

현금 흐름 〈단위 : 억원〉
항목	2016	2017.2Q
영업활동	14	-13
투자활동	35	-12
재무활동	22	-6
순현금흐름	76	-31
기말현금	94	63

시장 대비 수익률

결산 실적 〈단위 : 억원〉
항목	2012	2013	2014	2015	2016	2017
매출액	466	337	253	299	247	
영업이익	65	4	-21	1	2	
당기순이익	53	5	-17	6	2	

분기 실적 〈단위 : 억원〉
항목	2016.1Q	2016.2Q	2016.3Q	2016.4Q	2017.1Q	2017.2Q
매출액	70	65	55	56	69	75
영업이익	4	1	-3	-1	0	1
당기순이익	3	1	-5	1	1	1

재무 상태 〈단위 : 억원〉
항목	2012	2043	2014	2015	2016	2017.2Q
총자산	403	406	388	394	415	405
유형자산	78	79	73	71	68	71
무형자산	11	10	23	20	19	17
유가증권	20	21	1	1	1	1
총부채	102	101	105	105	133	141
총차입금	51	60	61	67	101	111
자본금	62	62	62	62	62	62
총자본	300	304	283	290	282	264
지배주주지분	300	304	283	290	282	264

기업가치 지표
항목	2012	2013	2014	2015	2016	2017.2Q
주가(최고/저)(천원)	4.5/2.4	3.4/1.8	5.1/1.9	6.8/3.5	5.7/3.7	—/—
PER(최고/저)(배)	10.5/5.6	93.6/48.7	—/—	134.9/69.1	283.9/182.1	2.2/1.9
PBR(최고/저)(배)	1.9/1.0	1.4/0.7	2.3/0.8	2.9/1.5	2.4/1.6	2.1/1.9
EV/EBITDA(배)	4.1	8.9		35.8	33.2	—/—
EPS(원)	433	36	-133	51	20	-39
BPS(원)	2,409	2,439	2,266	2,324	2,342	2,271
CFPS(원)	527	131	-42	153	127	19
DPS(원)						
EBITDAPS(원)	617	123	-77	113	120	63

재무 비율 〈단위 : % 〉
연도	영업이익률	순이익률	부채비율	차입금비율	ROA	ROE	유보율	자기자본비율	EBITDA마진율
2016	0.7	1.0	47.3	35.9	0.6	0.9	368.4	67.9	6.1
2015	0.5	2.1	36.1	23.2	1.6	2.2	364.8	73.5	4.7
2014	-8.3	-6.5	37.2	21.7	-4.2	-5.6	353.2	72.9	-3.8
2013	1.1	1.4	33.3	19.6	1.1	1.5	387.8	75.0	4.6

아이앤씨테크놀로지 (A052860)
I&C Technology

업 종 : 휴대폰 및 관련부품		시 장 : KOSDAQ	
신용등급 : (Bond) — (CP) —		기업규모 : 벤처	
홈 페 이 지 : www.inctech.co.kr		연 락 처 : (031)696-3300	
본 사 : 경기도 성남시 분당구 판교로255번길 24 아이앤씨빌딩			

설 립 일	1996.11.15	종업원수	88명	대표이사	박창일
상 장 일	2009.10.06	감사의견	적정(삼일)	계	열
결 산 기	12월	보 통 주	1,475만주	종속회사수	1개사
액 면 가	500원	우 선 주		구 상 호	

주주구성 (지분율,%)		출자관계 (지분율,%)		주요경쟁사 (외형,%)	
박창일	27.2	글로베인	70.6	아이앤씨	100
한국산업은행	1.5	슈프리마인베스트먼트창업투자조합	15.0	피델릭스	186
(외국인)	0.9			알에프세미	212

매출구성		비용구성		수출비중	
AMI용 PLC모뎀,DCU, 조명제어,모뎀 등(제품)	59.0	매출원가율	75.9	수출	40.0
기타	22.7	판관비율	22.5	내수	60.0
연구용역 등(기타)	9.1				

회사 개요
동사는 모바일 TV용 SOC 전문 제조업체로 지상파 DMB시장 점유율 80% 이상의 업계 1위 업체임. 주요제품인 Mobile TV IC등 제품 매출이 전체 매출에서 절대적인 비중을 차지하고 있음. 생산설비가 없는 팹리스 반도체 업체로 전량 외주 생산함. 지난해 6월 지식경제부가 추진하는 'IT 융복합 기기를 위한 핵심 시스템 반도체 개발'의 참여기업으로 선정되어 3년간 연구개발을 진행함.

실적 분석
동사의 연결 재무제표 기준 2017년 반기 매출액은 전년 동기 67.6억원 대비 100.2% 큰 폭으로 증가한 135.3억원 기록. 외형의 큰 폭 확대에 따라 매출액 또한 상승했음에도 불구하고 영업이익은 6.6억원으로 흑자전환함. 매출호조에 힘입어 당기순이익도 흑자전환함. 동사는 최근 한국전력과 13억7000만원 규모의 저압 AMI용 PLC 모뎀 및 DCU, 브릿지 공급계약을 체결함.

현금 흐름 〈단위 : 억원〉
항목	2016	2017.2Q
영업활동	-61	45
투자활동	27	-32
재무활동	42	-20
순현금흐름	8	-7
기말현금	14	7

시장 대비 수익률

결산 실적 〈단위 : 억원〉
항목	2012	2013	2014	2015	2016	2017
매출액	167	73	53	96	303	
영업이익	-29	-92	-117	-74	5	
당기순이익	-89	-123	-155	-292	15	

분기 실적 〈단위 : 억원〉
항목	2016.1Q	2016.2Q	2016.3Q	2016.4Q	2017.1Q	2017.2Q
매출액	25	43	49	186	47	88
영업이익	-10	-5	1	20	-9	15
당기순이익	-9	3	18	2	-8	16

재무 상태 〈단위 : 억원〉
항목	2012	2013	2014	2015	2016	2017.2Q
총자산	853	852	720	548	594	531
유형자산	170	177	166	165	146	145
무형자산	148	190	245	107	86	102
유가증권	58	38	36	14	13	13
총부채	49	141	159	251	281	208
총차입금		72	95	140	183	162
자본금	69	69	69	73	73	73
총자본	804	711	560	297	314	323
지배주주지분	780	695	552	314	314	321

기업가치 지표
항목	2012	2013	2014	2015	2016	2017.2Q
주가(최고/저)(천원)	6.2/3.7	5.9/2.9	5.6/2.2	6.6/2.5	3.4/1.8	—/—
PER(최고/저)(배)	—/—	—/—	—/—	—/—	28.5/15.3	—/—
PBR(최고/저)(배)	1.0/0.6	1.1/0.5	1.3/0.5	2.8/1.1	1.4/0.7	1.5/1.0
EV/EBITDA(배)					19.5	
EPS(원)	-603	-857	-1,073	-2,010	120	42
BPS(원)	6,025	5,390	4,351	2,359	2,495	2,547
CFPS(원)	-446	-664	-868	-1,917	270	125
DPS(원)						
EBITDAPS(원)	-50	-471	-639	-432	182	128

재무 비율 〈단위 : % 〉
연도	영업이익률	순이익률	부채비율	차입금비율	ROA	ROE	유보율	자기자본비율	EBITDA마진율
2016	1.6	4.9	89.5	58.4	5.8	5.0	399.0	52.8	8.7
2015	-77.4	-303.3	84.6	47.0	-46.1	-67.5	371.8	54.2	-63.8
2014	-218.9	-291.0	28.4	16.9	-19.7	-23.8	770.1	77.9	-165.7
2013	-126.3	-170.0	19.9	10.1	-14.5	-16.0	978.0	83.4	-89.5

아이에스동서 (A010780)
I S DongSeo

업 종 : 건설
신 용 등 급 : (Bond) BBB (CP) A3
홈 페 이 지 : www.isdongseo.co.kr
본 사 : 서울시 강남구 영동대로 741 은성빌딩
시 장 : 거래소
기 업 규 모 : 시가총액 중형주
연 락 처 : 02)3218-6701

설 립 일	1975.09.01	종 업 원 수	1,231명	대 표 이 사	권민석,권혁운(각자대표이사)
상 장 일	1986.01.27	감 사 의 견	적정 (한영)	계 열	
결 산 기	12월	보 통 주	3,082만주	종속회사수	26개사
액 면 가	500원	우 선 주		구 상 호	

주주구성 (지분율,%)		출자관계 (지분율,%)		주요경쟁사 (외형,%)	
아이에스지주	44.6	영풍파일	100.0	아이에스동서	100
권혁운	8.0	아이에스해운	100.0	태영건설	119
(외국인)	4.8	중앙레미콘	100.0	동원개발	31

매출구성		비용구성		수출비중	
건축 / 토목	69.6	매출원가율	72.9	수출	—
PHC PILE, Ext PILE 등	14.9	판관비율	9.4	내수	—
타일, 위생도기, 비데 등	10.4				

회사 개요

동사는 요업과 콘크리트 전문 업체로서, 1975년 현대건설 토목사업부로부터 분리되어 벽제콘크리트로 설립되었으며 이후 2012년 아이에스지주로 최대주주가 변경됨. 요업, 콘크리트제품 및 비데 제조 및 판매업, 건축 및 주택건설사업, 토목건축공사를 영위중임. 주요 사업인 요업부문은 다양한 기능성제품 개발과 트렌드에 부합하는 신제품을 통해 경쟁에 대응하고 있음. 2015년 12월 서울시 '민관협력 우수기관'으로 선정된 바 있음.

실적 분석

동사의 연결기준 2017년 2분기 누적매출액은 9,380.3억원을 기록, 전년동기 대비 19.7% 증가하였음. 이중 건설부문의 매출액이 전체의 70.3%로, 작년 울산·남양주에서의 토목공사 및 아파트 신축공사 수주 등에 이어 1분기 중에도 서울시 토목공사 수주 실적이 매출 확대에 긍정적으로 작용함. 동사는 전년동기 대비 17.8% 증가한 1,700.0억원의 영업이익과 2.5% 증가한 1,060.1억원의 당기순이익을 기록함.

현금 흐름 〈단위 : 억원〉

항목	2016	2017.2Q
영업활동	1,059	756
투자활동	-1,483	-750
재무활동	653	1,318
순현금흐름	233	1,323
기말현금	2,160	3,483

결산 실적 〈단위 : 억원〉

항목	2012	2013	2014	2015	2016	2017
매출액	6,466	6,848	8,016	9,458	17,241	—
영업이익	368	558	803	1,145	3,048	—
당기순이익	60	226	504	1,013	2,140	—

분기 실적 〈단위 : 억원〉

항목	2016.1Q	2016.2Q	2016.3Q	2016.4Q	2017.1Q	2017.2Q
매출액	3,311	4,523	4,111	5,295	4,285	5,095
영업이익	582	861	740	864	769	931
당기순이익	408	626	452	654	372	688

재무 상태 〈단위 : 억원〉

항목	2012	2013	2014	2015	2016	2017.2Q
총자산	11,032	10,224	12,285	18,448	20,744	22,826
유형자산	4,413	4,526	4,887	5,343	5,830	5,801
무형자산	60	77	82	88	85	76
유가증권	99	74	455	197	155	286
총부채	7,077	6,056	7,628	12,479	11,348	12,688
총차입금	5,053	4,544	4,644	7,978	7,467	9,117
자본금	128	128	128	136	154	154
총자본	3,955	4,167	4,657	5,968	9,396	10,138
지배주주지분	3,603	3,798	4,269	5,587	8,999	9,734

기업가치 지표

항목	2012	2013	2014	2015	2016	2017.2Q
주가(최고/저)(천원)	16.0/8.2	16.3/9.1	49.1/15.0	85.1/36.6	59.6/35.8	—/—
PER(최고/저)(배)	94.9/48.5	20.3/11.4	26.8/8.2	23.6/10.1	8.8/5.3	—/—
PBR(최고/저)(배)	1.2/0.6	1.1/0.6	3.1/0.9	4.3/1.8	2.1/1.3	1.6/1.3
EV/EBITDA(배)	8.2	7.8	12.0	10.3	5.2	—/—
EPS(원)	175	835	1,914	3,733	6,912	3,421
BPS(원)	14,110	14,876	16,721	20,488	29,294	31,672
CFPS(원)	2,190	2,894	4,269	6,106	8,952	4,492
DPS(원)			400	500	1,000	
EBITDAPS(원)	3,456	4,245	5,499	6,572	11,962	6,603

재무 비율 〈단위 : %〉

연도	영업이익률	순이익률	부채비율	차입금비율	ROA	ROE	유보율	자기자본비율	EBITDA마진율
2016	17.7	12.4	120.8	79.5	10.9	29.1	5,758.7	45.3	21.3
2015	12.1	10.7	209.1	133.7	6.6	21.7	3,997.6	32.4	19.0
2014	10.0	6.3	163.8	99.7	4.5	12.1	3,244.2	37.9	17.5
2013	8.2	3.3	145.3	109.0	2.1	5.8	2,875.1	40.8	15.8

아이에스시 (A095340)
ISC

업 종 : 반도체 및 관련장비
신 용 등 급 : (Bond) — (CP) —
홈 페 이 지 : www.isc21.kr
본 사 : 경기도 성남시 중원구 갈마치로 215, 금강펜테리움IT타워 6층
시 장 : KOSDAQ'
기 업 규 모 : 우량
연 락 처 : 031)777-7675

설 립 일	2001.02.22	종 업 원 수	601명	대 표 이 사	정영배,박석순,이상동
상 장 일	2007.10.01	감 사 의 견	적정 (이촌)	계 열	
결 산 기	12월	보 통 주	1,360만주	종속회사수	5개사
액 면 가	500원	우 선 주		구 상 호	

주주구성 (지분율,%)		출자관계 (지분율,%)		주요경쟁사 (외형,%)	
정영배	36.4	아이솔루션	86.0	ISC	100
미래에셋자산운용투자자문	5.1	지멘스	49.0	윌익머트리얼즈	187
(외국인)	11.4	JMT	100.0	유진테크	151

매출구성		비용구성		수출비중	
Test Socket(제품)	97.7	매출원가율	68.1	수출	55.0
Pusher외 (상품)	2.3	판관비율	20.4	내수	45.0

회사 개요

동사는 2001년 반도체 및 전자부품 검사장비의 핵심소모부품인 후(後)공정의 테스트 소켓 제품 생산 등을 주 영업목적으로 설립됨. 실리콘러버 기반 반도체 테스트 소켓을 국내 최초로 개발함 현재 이 분야에서 세계시장점유율 1위를 기록하고 있는 기업임. 삼성전자, SK하이닉스 외에 전세계 주요 반도체 팹리스업체들에게 제품을 공급하고 있음. 동사는 세계 2위 기업인 일본 JMT를 2014년에 인수함으로써 시장을 장악할 수 있을 것으로 기대됨.

실적 분석

동사는 2017년 상반기 누적 매출액과 영업이익이 587.5억원, 161.9억원으로 전년 동기 대비 각각 25.3%, 146.8% 증가함. 동사는 반도체 호황으로 인해 테스트 소켓의 생산량이 2016년 한 해 동안 144.5만개에서 2017년 상반기에만 103.5만개를 생산함. 상당한 매출신장을 기록했음에도 매출원가와 판매관리비의 증가율은 전년 동기 대비 각각 6.2%, 3.2%에 지나지 않아 수익성이 대폭 개선됨. 당기순이익은 119.1억원임.

현금 흐름 〈단위 : 억원〉

항목	2016	2017.2Q
영업활동	166	43
투자활동	-244	-74
재무활동	-83	-24
순현금흐름	-156	-33
기말현금	245	212

결산 실적 〈단위 : 억원〉

항목	2012	2013	2014	2015	2016	2017
매출액	531	568	740	959	936	—
영업이익	184	203	172	158	108	—
당기순이익	103	105	81	45	88	—

분기 실적 〈단위 : 억원〉

항목	2016.1Q	2016.2Q	2016.3Q	2016.4Q	2017.1Q	2017.2Q
매출액	233	236	249	219	256	331
영업이익	47	19	24	18	63	99
당기순이익	36	19	11	22	36	83

재무 상태 〈단위 : 억원〉

항목	2012	2013	2014	2015	2016	2017.2Q
총자산	891	1,054	1,772	1,953	1,965	2,041
유형자산	207	212	950	911	955	940
무형자산	29	27	77	87	83	79
유가증권	—	—	54	0	0	0
총부채	142	198	479	383	337	349
총차입금	52	88	310	183	141	142
자본금	38	38	56	64	65	68
총자본	749	856	1,293	1,569	1,628	1,692
지배주주지분	749	855	1,100	1,438	1,504	1,573

기업가치 지표

항목	2012	2013	2014	2015	2016	2017.2Q
주가(최고/저)(천원)	8.1/4.5	12.3/6.6	28.4/10.0	42.2/20.9	27.3/12.2	—/—
PER(최고/저)(배)	9.6/5.3	14.0/7.5	31.8/11.2	52.4/26.0	38.2/17.0	—/—
PBR(최고/저)(배)	1.2/0.7	1.6/0.9	3.2/1.1	4.1/2.0	2.5/1.1	2.2/1.2
EV/EBITDA(배)	3.0	4.8	13.0	12.7	11.0	—/—
EPS(원)	926	937	929	820	723	914
BPS(원)	10,377	11,761	9,751	11,153	11,662	11,845
CFPS(원)	1,683	1,665	1,662	1,870	1,437	1,240
DPS(원)	400	305	500	253	195	
EBITDAPS(원)	2,736	2,942	2,298	2,293	1,509	1,516

재무 비율 〈단위 : %〉

연도	영업이익률	순이익률	부채비율	차입금비율	ROA	ROE	유보율	자기자본비율	EBITDA마진율
2016	11.5	9.4	20.7	8.7	4.5	6.7	2,232.5	82.8	20.9
2015	16.5	4.7	24.4	11.6	2.4	8.4	2,130.6	80.4	29.4
2014	23.3	11.0	37.1	24.0	5.8	10.7	1,850.2	73.0	32.8
2013	35.7	18.5	23.2	10.3	5.4	13.0	2,252.2	81.2	39.8

아이에스이커머스 (A069920)
ISE Commerce

업 종 : 온라인쇼핑		시 장 : KOSDAQ	
신용등급 : (Bond) — (CP) —		기업규모 : 중견	
홈페이지 : www.wizwid.com, www.isecommerc		연 락 처 : 070)7435-5828	
본 사 : 서울시 강남구 영동대로 648, 5층(삼안빌딩)			

설 립 일 2001.03.14	종업원수 88명	대표이사 김응상	
상 장 일 2007.12.05	감사의견 적정(삼덕)	계 열	
결 산 기 12월	보 통 주 2,551만주	종속회사수 3개사	
액 면 가 500원	우 선 주	구 상 호	

주주구성 (지분율,%)		출자관계 (지분율,%)		주요경쟁사 (외형,%)	
아이에스이네트워크	29.7	아이에스이커머스	100	인터파크	593
Zhejiang Semir Garment Co., Ltd	20.0			엔에스쇼핑	561
(외국인)	20.1				

매출구성		비용구성		수출비중	
상품판매(상품)	39.6	매출원가율	41.7	수출	20.0
제품판매(제품)	27.0	판관비율	58.8	내수	80.0
상품판매수수료 등(용역)	22.2				

회사 개요
생활문화 아이템을 바탕으로 전자상거래에 기반을 두고 있으며, 해외에서 판매되는 제품들의 수입대행과 국내 업체들의 입점을 통한 유통업을 주된 사업으로 영위함. 스마트폰 보급 확대에 따른 모바일 기반 유통 확대와 온라인 명품 아웃렛 진출 등 온/오프라인을 아우르는 종합유통기업체를 목표로 하고 있음. 지난 2013년 4월 Jinny Kim 사업부를 분할 하였고, 5월에는 지에스비홀딩스 주식인수와 지니킴 지분 양도가 이루어짐.

실적 분석
동사의 2017년 2분기 기준 누적 매출액은 474.2억원으로 전년동기 대비 29.5% 증가 했음. 매출 증가에도 불구하고 매출원가, 광고선전비 등의 증가로 인해 5.8억원의 영업손실을 기록했음. 비영업부문의 손실이 일부 발생하여 당기순손실은 218억원을 시현하였으며, 이는 전년 동기 대비 적자전환한 수치임. 최근 커머스 플랫폼을 운영하는 자회사인 더블유컨셉코리아의 유상증자에 참여하였으며, 김응상 단독 대표이사 체제로 변경됨.

현금 흐름 〈단위 : 억원〉
항목	2016	2017.2Q
영업활동	-16	-10
투자활동	-9	-25
재무활동	76	-3
순현금흐름	55	-40
기말현금	189	149

시장 대비 수익률

결산 실적 〈단위 : 억원〉
항목	2012	2013	2014	2015	2016	2017
매출액	486	674	442	561	786	
영업이익	-28	-36	-0	-30	-4	
당기순이익	-34	-57	-22	-4		

분기 실적 〈단위 : 억원〉
항목	2016.1Q	2016.2Q	2016.3Q	2016.4Q	2017.1Q	2017.2Q
매출액	158	208	184	236	235	239
영업이익	-16	5	-4	12	-3	-3
당기순이익	-18	27	-5	-3	-6	-12

재무 상태 〈단위 : 억원〉
항목	2012	2013	2014	2015	2016	2017.2Q
총자산	468	468	458	816	888	848
유형자산	50	64	29	48	46	27
무형자산	23	63	56	76	66	67
유가증권	1	5	7	21	29	34
총부채	323	380	298	368	423	402
총차입금	226	245	177	158	206	215
자본금	63	63	71	128	128	128
총자본	145	89	160	448	464	446
지배주주지분	133	66	77	317	350	336

기업가치 지표
항목	2012	2013	2014	2015	2016	2017.2Q
주가(최고/저)(천원)	1.8/1.0	1.6/1.1	4.4/1.1	11.3/1.8	7.3/3.0	—/—
PER(최고/저)(배)	—/—	—/—	—/—	104.2/43.5	—/—	—/—
PBR(최고/저)(배)	1.7/1.0	3.0/2.2	8.1/2.1	9.1/1.5	5.3/2.2	3.8/2.8
EV/EBITDA(배)			38.7		77.2	
EPS(원)	-268	-448	-73	-25	70	-38
BPS(원)	1,062	526	543	1,241	1,372	1,316
CFPS(원)	-165	-326	-1	38	143	-4
DPS(원)						
EBITDAPS(원)	-125	-163	72	-64	56	12

재무 비율 〈단위 : %〉
연도	영업이익률	순이익률	부채비율	차입금비율	ROA	ROE	유보율	자기자본비율	EBITDA마진율
2016	-0.5	0.0	91.2	44.3	0.0	5.4	174.5	52.3	1.8
2015	-5.3	-1.6	82.1	35.2	-1.4	-3.0	148.3	54.9	-2.7
2014	-0.1	-4.9	185.9	110.5	-4.7	-14.5	8.6	35.0	2.3
2013	-5.3	-8.5	428.0	276.2	-12.2	-56.5	5.2	18.9	-3.0

아이에이 (A038880)
iA

업 종 : 반도체 및 관련장비		시 장 : KOSDAQ	
신용등급 : (Bond) — (CP) —		기업규모 : 벤처	
홈페이지 : www.ia-inc.kr		연 락 처 : 02)3015-1300	
본 사 : 서울시 송파구 송파대로 22길 5-23			

설 립 일 1993.08.05	종업원수 81명	대표이사 김동진	
상 장 일 2000.04.27	감사의견 적정(대주)	계 열	
결 산 기 12월	보 통 주 4,038만주	종속회사수 3개사	
액 면 가 500원	우 선 주	구 상 호 씨앤씨	

주주구성 (지분율,%)		출자관계 (지분율,%)		주요경쟁사 (외형,%)	
김동진	11.9	하이브론	83.1	아이에이	100
강병훈	1.7	오토소프트	65.0	에스에이엠티	1,402
(외국인)	0.7	트리노테크놀로지	51.0	네패스	335

매출구성		비용구성		수출비중	
자동차 전장용 반도체 등	37.3	매출원가율	76.9	수출	14.0
자동차 전장용 모듈 등	33.5	판관비율	20.2	내수	86.0
상품 등	15.6				

회사 개요
동사는 1993년 설립되어 2000년 코스닥 시장에 상장한 반도체 개발, 설계 및 판매 전문 업체임. 현재 자동차 전장 분야를 중심으로 반도체 및 모듈사업을 전개하고 있으며 연결종속회사를 통해 전력반도체 및 모듈, 자동차 전장용 소프트웨어 개발과 관련된 사업을 영위하고 있음. 2009년 현대 · 기아자동차 및 현대모비스와 자동차용 비메모리 반도체 국산화 개발 계약을 체결하고 고성능 응용칩과 이를 적용한 모듈 국산화를 진행중임.

실적 분석
동사의 2017년 2분기 누적 연결기준 매출액은 전년대비 7.1% 감소한 311.9억원을 기록함. 매출액 감소에도 판관비 증가 등 원가율 상승으로 영업손실 7.1억원, 당기순손실 18.1억원을 보이며 적자전환함. 당분기에는 영업이익을 시현하였으나 계절적 비수기인 1분기의 영향으로 적자가 지속됨. 상반기 제품별 매출비중은 반도체 39.5%, 모듈 39.6%, 용역 15.8% 및 기타 등으로 구성됨.

현금 흐름 〈단위 : 억원〉
항목	2016	2017.2Q
영업활동	-22	10
투자활동	-265	-39
재무활동	238	33
순현금흐름	-50	5
기말현금	44	48

시장 대비 수익률

결산 실적 〈단위 : 억원〉
항목	2012	2013	2014	2015	2016	2017
매출액	310	467	612	711	759	
영업이익	-89	-11	28	63	22	
당기순이익	-150	-57	-36	5	7	

분기 실적 〈단위 : 억원〉
항목	2016.1Q	2016.2Q	2016.3Q	2016.4Q	2017.1Q	2017.2Q
매출액	164	171	179	244	153	159
영업이익	5	6	-3	15	-10	3
당기순이익	1	3	-13	15	-18	0

재무 상태 〈단위 : 억원〉
항목	2012	2013	2014	2015	2016	2017.2Q
총자산	601	672	518	568	881	889
유형자산	369	222	222	226	401	417
무형자산	120	112	96	72	205	214
유가증권	8	3	0	0	0	0
총부채	516	543	407	286	451	475
총차입금	390	407	299	163	317	351
자본금	132	149	151	173	202	202
총자본	85	129	111	282	430	413
지배주주지분	85	129	111	274	400	388

기업가치 지표
항목	2012	2013	2014	2015	2016	2017.2Q
주가(최고/저)(천원)	8.0/4.6	4.8/4.8	6.2/3.0	4.9/2.9	5.7/3.6	—/—
PER(최고/저)(배)	—/—	—/—	—/—	339.5/198.3	289.7/183.7	—/—
PBR(최고/저)(배)	25.5/14.6	11.4/11.4	17.2/8.4	6.3/3.7	5.7/3.6	4.5/3.8
EV/EBITDA(배)			116.3	23.9	17.6	44.7
EPS(원)	-558	-205	-117	14	20	-33
BPS(원)	320	434	368	791	991	961
CFPS(원)	-485	-125	-50	58	79	-2
DPS(원)						
EBITDAPS(원)	-254	43	162	226	119	13

재무 비율 〈단위 : %〉
연도	영업이익률	순이익률	부채비율	차입금비율	ROA	ROE	유보율	자기자본비율	EBITDA마진율
2016	3.0	0.9	104.8	73.7	0.9	2.2	98.1	48.8	5.9
2015	8.9	0.7	101.3	57.7	1.0	2.7	58.3	49.7	11.0
2014	4.6	-5.9	일부잠식	일부잠식	-6.1	-30.0	-26.4	21.5	8.0
2013	-2.4	-12.1	일부잠식	일부잠식	-8.9	-53.0	-13.2	19.2	2.5

아이에이치큐 (A003560)
IHQ

업 종 : 미디어 시 장 : 거래소
신용등급 : (Bond) — (CP) — 기업규모 : 시가총액 소형주
홈 페 이 지 : www.ihq.co.kr 연 락 처 : 02)6005-6212
본 사 : 서울시 강남구 선릉로 629(SidusHQ타워 A동)

설 립 일 1962.08.24	종 업 원 수 205명	대 표 이 사 전용주	
상 장 일 1973.12.18	감 사 의 견 적정 (삼일)	계 열	
결 산 기 12월	보 통 주 14,409만주	종속회사수 5개사	
액 면 가 500원	우 선 주	구 상 호	

주주구성 (지분율,%)
딜라이브	34.2
씨앤앰강남케이블티브이	11.0
(외국인)	1.9

출자관계 (지분율,%)
뉴에이블	100.0
아이에이치큐프로덕션	51.2
가지컨텐츠	51.2

주요경쟁사 (외형,%)
IHQ	100
SBS미디어홀딩스	461
현대에이치씨엔	267

매출구성
광고수익(기타)	45.6
매니지먼트수익(기타)	22.8
수신료수익(기타)	14.5

비용구성
매출원가율	0.0
판관비율	89.7

수출비중
수출	—
내수	—

회사 개요
동사는 연예 매니지먼트, 영화, 드라마, 음반 사업을 영위하고 있음. 다수의 유명 연예인을 보유한 연예 매니지먼트 사업을 핵심으로 관련 사업과의 시너지 효과를 강화해 가고 있음. 동사는 현재 계열사인 아이에이치큐프로덕션을 통하여 종합편성채널을 겨냥한 다양한 방송용 프로그램을 기획하고 있으며, 편성 및 선점을 위하여 체계적인 노력을 기울이고 있는 중임. 사이더스 재팬, 뉴에이블 등 6개의 연결대상 종속회사를 보유함.

실적 분석
동사의 연결기준 2017년도 2분기 누적 매출액은 542억원으로 전년동기 수준을 달성함. 9월부터 지상파 신작 드라마 '당신이 잠든 사이에'의 방영이 예정되어 있음. 수지와 이종석이 주연을 맡고, '피노키오'와 '너의 목소리가 들려'의 박혜련 작가와 '별에서 온 그대'의 오충환PD가 각각 극본과 연출을 맡음. 100% 사전제작 형태로 PPL과 해외 판권 선판매 등으로 이미 손익분기점에 근접해 있는 것으로 파악.

현금 흐름 〈단위 : 억원〉
항목	2016	2017.2Q
영업활동	424	247
투자활동	-380	-412
재무활동	-33	-40
순현금흐름	11	-206
기말현금	362	157

시장 대비 수익률

결산 실적 〈단위 : 억원〉
항목	2012	2013	2014	2015	2016	2017
매출액	449	619	757	1,062	1,094	—
영업이익	23	-4	108	74	112	—
당기순이익	44	1	51	38	42	—

분기 실적 〈단위 : 억원〉
항목	2016.1Q	2016.2Q	2016.3Q	2016.4Q	2017.1Q	2017.2Q
매출액	242	289	286	277	239	303
영업이익	10	27	37	38	19	23
당기순이익	6	4	25	8	14	22

재무 상태 〈단위 : 억원〉
항목	2012	2013	2014	2015	2016	2017.2Q
총자산	458	813	1,035	2,557	2,566	2,573
유형자산	15	40	19	38	29	30
무형자산	43	248	174	1,152	1,133	1,176
유가증권	91	116	10	67	69	21
총부채	108	377	308	406	351	316
총차입금	12	237	55	75	40	20
자본금	205	205	494	717	718	718
총자본	350	436	727	2,150	2,216	2,257
지배주주지분	345	361	709	2,134	2,200	2,240

기업가치 지표
항목	2012	2013	2014	2015	2016	2017.2Q
주가(최고/저)(천원)	4.3/1.9	2.8/1.9	3.6/2.1	3.3/2.0	3.1/1.8	—/—
PER(최고/저)(배)	40.3/17.6	950.1/644.1	23.6/13.3	79.5/47.9	101.4/58.3	—/—
PBR(최고/저)(배)	4.8/2.1	3.0/2.0	2.2/1.3	2.2/1.3	1.9/1.1	1.3/1.1
EV/EBITDA(배)	17.4	27.9	2.1	5.5	4.3	—/—
EPS(원)	107	3	154	42	30	24
BPS(원)	902	942	1,625	1,543	1,585	1,613
CFPS(원)	141	97	977	360	298	204
DPS(원)						
EBITDAPS(원)	89	84	1,074	378	346	208

재무 비율 〈단위 : %〉
연도	영업이익률	순이익률	부채비율	차입금비율	ROA	ROE	유보율	자기자본비율	EBITDA마진율
2016	10.3	3.9	15.8	1.8	1.7	2.0	217.0	86.3	45.4
2015	6.9	3.6	18.9	3.5	2.1	3.6	208.7	84.1	43.8
2014	14.3	6.7	42.3	7.6	5.5	12.4	43.7	70.3	61.1
2013	-0.7	0.1	86.5	54.3	0.1	0.3	88.3	53.6	5.6

아이엔지생명보험 (A079440)
ING Life Insurance

업 종 : 보험 시 장 : 거래소
신용등급 : (Bond) — (CP) — 기업규모 : —
홈 페 이 지 : www.inglife.co.kr 연 락 처 : 02)2200-9114
본 사 : 서울시 중구 세종대로7길 37

설 립 일 1991.10.26	종 업 원 수 730명	대 표 이 사 정문국	
상 장 일 2017.05.11	감 사 의 견 적정 (한영)	계 열	
결 산 기 12월	보 통 주 8,200만주	종속회사수	
액 면 가 1,000원	우 선 주	구 상 호	

주주구성 (지분율,%)
라이프투자 유한회사	59.2
(외국인)	35.7

출자관계 (지분율,%)
크로캠파인애뉴이티위탁관리부동산전문회사	14.6
케이에이치큐레셀삼오모투자전문회사	8.9
크롬피저맥헤리스그룹도벨201801호사모투자전문회사	5.5

주요경쟁사 (외형,%)
아이엔지생명	100
한화생명	416
삼성생명	534

수익구성
책임준비금전입	36.0
보험금비용	43.7
사업비	9.0

비용구성
(위 수익구성과 동일 표에 표기)

수출비중
수출	—
내수	—

회사 개요
동사는 1987년 조지아생명보험 한국지사로 설립되어 1999년 ING생명으로 사명을 변경. 생명보험상품을 판매하는 생명보험업을 영위하고 있으며 핵심 채널인 FC채널을 통해 고객 니즈에 기반한 재정솔루션을 제공하고 있음. 보험 부채가 가진 장기적 특성을 고려하여 ALM 전략을 통해 만기가 긴 채권 위주의 안정적인 자산 포트폴리오를 구축하고 있으며 탁월한 재무구조를 갖추고 있음. 2017년 5월 거래소에 상장됨.

실적 분석
동사의 2017년 2분기 당기순이익은 984억원으로 전년동기대비 16.6% 증가. 견고한 실적은 손해율 안정화와 사업비 집행 감소에 따른 비차이익 증가에 주로 기인. Repricing 및 준비금 관련 손익증가 등에 따라 비차이익이 증가. 압도적인 자본력을 바탕으로 다양한 주주가치 제고방안들을 시행 중. RBC 규제강화 내용을 조기 반영하여 RBC 비율이 500%를 상회.

현금 흐름 *IFRS 별도 기준 〈단위 : 억원〉
항목	2016	2017.2Q
영업활동	14,921	6,147
투자활동	-13,405	-4,425
재무활동	-1,825	-1,670
순현금흐름	-303	45
기말현금	1,808	1,853

시장 대비 수익률

결산 실적 〈단위 : 억원〉
항목	2012	2013	2014	2015	2016	2017
보험료수익	28,189	19,799	27,707	35,802	31,425	—
영업이익	2,723	2,537	3,003	4,079	3,219	—
당기순이익	1,987	1,878	2,235	3,048	2,407	—

분기 실적 *IFRS 별도 기준 〈단위 : 억원〉
항목	2016.1Q	2016.2Q	2016.3Q	2016.4Q	2017.1Q	2017.2Q
보험료수익	—	7,742	—	—	—	7,849
영업이익	—	330	—	—	—	1,295
당기순이익	—	383	—	—	—	984

재무 상태 *IFRS 별도 기준 〈단위 : 억원〉
항목	2012	2013	2014	2015	2016	2017.2Q
총자산	233,392	238,929	255,648	295,556	306,687	312,199
유형자산	91	88	158	142	126	104
무형자산	372	552	481	416	325	304
유가증권	134,804	139,283	159,438	201,233	213,292	215,344
총부채	208,090	217,054	227,386	252,948	265,213	272,701
총차입금						
자본금	820	820	820	820	820	820
총자본	25,302	21,875	28,262	42,608	41,474	39,499
지배주주지분	25,302	21,875	28,262	42,608	41,474	39,499

기업가치 지표 *IFRS 별도 기준
항목	2012	2013	2014	2015	2016	2017.2Q
주가(최고/저)(천원)	—/—	—/—	—/—	—/—	—/—	—/—
PER(최고/저)(배)	0.0/0.0	0.0/0.0	0.0/0.0	0.0/0.0	0.0/0.0	—/—
PBR(최고/저)(배)	0.0/0.0	0.0/0.0	0.0/0.0	0.0/0.0	0.0/0.0	—/—
PSR(최고/저)(배)	0/0	0/0	0/0	0/0	0/0	0.7/0.6
EPS(원)	2,424	2,290	2,725	3,717	2,936	2,212
BPS(원)	308,556	266,763	344,655	519,614	505,782	48,169
CFPS(원)	25,763	24,498	29,489	39,702	31,874	2,337
DPS(원)						
EBITDAPS(원)	33,205	30,939	36,622	49,747	39,254	2,872

재무 비율 〈단위 : %〉
연도	계속사업이익률	순이익률	부채비율	차입금비율	ROA	ROE	유보율	자기자본비율	총자산증가율
2016	10.0	7.7	639.5	0.0	0.8	5.7	4,957.8	13.5	3.8
2015	11.1	8.5	593.7	0.0	1.1	8.6	5,096.1	14.4	15.6
2014	10.5	8.1	804.6	0.0	0.9	8.9	3,346.6	11.1	9.5
2013	12.7	9.5	992.3	0.0	0.8	8.1	2,567.6	9.2	2.4

아이엠 (A101390)
IM

업   종 : 전자 장비 및 기기
신용등급 : (Bond) —   (CP) —
홈 페 이 지 : www.im2006.com
본   사 : 경기도 화성시 삼성1로3길 19 (석우동)
시   장 : KOSDAQ
기업규모 : 중견
연 락 처 : (031)231-3114

설 립 일	2006.01.11	종 업 원 수	132명	대 표 이 사	손을재
상 장 일	2008.07.23	감 사 의 견	적정 (삼덕)	계 열	
결 산 기	12월	보 통 주	2,257만주	종속회사수	5개사
액 면 가	500원	우 선 주		구 상 호	

주주구성 (지분율,%)		출자관계 (지분율,%)		주요경쟁사 (외형,%)	
손을재	9.9	에스앤에이	20.0	아이엠	100
한국증권금융	6.2	유메디칼	10.0	비에이치	193
(외국인)	3.3	아이엠헬스케어	8.9	액트	32

매출구성		비용구성		수출비중	
제품매출(제품)	99.3	매출원가율	94.4	수출	—
기타상품매출등(상품)	0.7	판관비율	11.2	내수	—

회사 개요
동사는 2006년에 영업양수도를 통해 삼성전기에서 분사하여 독립한 회사임. 당초에는 Optical Solution사업, LED조명사업, EMS 사업, 헬스케어사업을 영위하였으며, 광픽업 분야에서 산요를 앞선 세계시장점유율 1위 기업이었음. 최근 주력 사업은 DVD 및 블루레이 플레이어 핵심부품인 광픽업에서 스마트폰 부품으로 전환하여 스마트폰 카메라모듈 부품인 OIS(광학손떨림보정장치) 양산에 들어감. 카메라모듈 제조 사업으로 영역을 확대할 계획임.

실적 분석
동사의 2017년 상반기 매출액은 전년동기 대비 22.6% 증가한 1,216.8억원임. IT시장 변화와 광픽업 모듈의 수요 회복에 따라 매출 및 이익률 개선. 영업이익은 전년동기 대비 흑자전환함. 비영업부문에서 16억원 규모의 손실이 발생했음에도 불구하고, 당기순이익은 4.9억원을 시현하며 전년 동기 대비 흑자전환함. 세계 시장점유율 1위 광픽업 모듈 및 관련 기술을 바탕으로 Mobile 및 기타시장에도 진출을 시도 중임.

현금 흐름 〈단위 : 억원〉
항목	2016	2017.2Q
영업활동	106	134
투자활동	-250	-118
재무활동	134	-45
순현금흐름	-3	-31
기말현금	99	68

시장 대비 수익률

결산 실적 〈단위 : 억원〉
항목	2012	2013	2014	2015	2016	2017
매출액	3,341	3,452	2,502	2,410	1,924	—
영업이익	-0	46	-53	52	-109	—
당기순이익	6	-68	-112	22	-158	—

분기 실적 〈단위 : 억원〉
항목	2016.1Q	2016.2Q	2016.3Q	2016.4Q	2017.1Q	2017.2Q
매출액	516	476	486	446	675	542
영업이익	-27	-46	-16	-21	23	1
당기순이익	-39	-58	-18	-42	11	-6

재무 상태 〈단위 : 억원〉
항목	2012	2013	2014	2015	2016	2017.2Q
총자산	1,849	1,790	1,433	1,593	1,477	1,474
유형자산	523	583	588	604	724	748
무형자산	30	9	8	10	10	17
유가증권	4	2	3	3	3	6
총부채	1,154	1,149	903	1,033	961	958
총차입금	442	553	376	507	537	492
자본금	92	92	92	92	113	113
총자본	695	642	530	559	515	516
지배주주지분	704	641	528	558	513	514

기업가치 지표
항목	2012	2013	2014	2015	2016	2017.2Q
주가(최고/저)(천원)	8.2/4.4	7.6/3.7	4.6/2.5	4.7/2.7	7.2/3.0	—/—
PER(최고/저)(배)	102.8/55.1	—/—	—/—	41.0/23.2	—/—	—/—
PBR(최고/저)(배)	2.2/1.2	2.2/1.1	1.6/0.9	1.5/0.9	3.0/1.3	2.0/1.5
EV/EBITDA(배)	12.6	5.2	8.5	5.8	44.4	—
EPS(원)	81	-346	-589	116	-800	21
BPS(원)	4,004	3,664	3,046	3,207	2,406	2,410
CFPS(원)	721	371	199	858	-106	21
DPS(원)	50					
EBITDAPS(원)	635	981	522	1,024	140	106

재무 비율 〈단위 : % 〉
연도	영업이익률	순이익률	부채비율	차입금비율	ROA	ROE	유보율	자기자본비율	EBITDA마진율
2016	-5.7	-8.2	186.7	104.2	-10.3	-29.4	381.2	34.9	1.4
2015	2.2	0.9	184.7	90.5	1.5	4.1	541.4	35.1	7.8
2014	-2.1	-4.5	170.4	71.0	-7.0	-19.2	509.2	37.0	3.8
2013	1.3	-2.0	179.0	86.2	-3.8	-9.8	632.8	35.9	5.2

아이엠비씨 (A052220)
iMBC

업   종 : 미디어
신용등급 : (Bond) —   (CP) —
홈 페 이 지 : www.imbc.com
본   사 : 서울시 마포구 성암로 255, 10층(상암동, 문화방송미디어센터)
시   장 : KOSDAQ
기업규모 : 중견
연 락 처 : (02)2105-1100

설 립 일	2000.03.11	종 업 원 수	128명	대 표 이 사	정용준
상 장 일	2005.01.21	감 사 의 견	적정 (삼일)	계 열	
결 산 기	12월	보 통 주	2,300만주	종속회사수	1개사
액 면 가	500원	우 선 주		구 상 호	

주주구성 (지분율,%)		출자관계 (지분율,%)		주요경쟁사 (외형,%)	
문화방송	58.1	아이포터	37.4	iMBC	100
		더블유에스엔터테인먼트	19.8	한국경제TV	112
(외국인)	0.9	이스타즈	19.0	투원글로벌	27

매출구성		비용구성		수출비중	
B2C, B2B 콘텐츠 유통 등(제품)	67.2	매출원가율	0.0	수출	7.0
웹에이전시, 국제배송대행 등(용역)	16.7	판관비율	97.2	내수	93.0
행사, 프로모션 등(용역)	7.6				

회사 개요
동사는 MBC그룹의 인터넷 자회사로서 인터넷방송 및 디지털콘텐츠 사업, 웹이이전시 사업을 영위하고 있음. 주력부문은 MBC그룹의 대표 사이트인 www.imbc.com을 기반으로 한 방송콘텐츠와 자체 제작 콘텐츠에 대한 다시보기 등 디지털콘텐츠의 유료서비스 및 유통사업임. 또한 약 1,104만명의 회원을 바탕으로 드라마, 영화, 음악, 게임 등의 콘텐츠와 연계된 온라인 광고사업, 프로모션 사업 및 엔터테인먼트 사업 등을 운영함.

실적 분석
동사의 연결기준 2017년 2분기 누적매출액은 282.4억원으로 전년동기 대비 6.2% 감소하였음. 같은 기간 영업이익은 2.1억원을 시현하는데 그쳐 전년동기 3.2억원보다 감소하였음. 영업실적 부진과 비영업수지의 정체로 당기순이익 역시 전년동기 대비 반감한 1.3억원을 기록하는데 그침. 중국 플랫폼과 공동서비스를 구축해 직접 중국 사업 영향력을 높이고, 라이브 방송의 콘텐츠 시장을 개척하기 위한 노력을 지속 중.

현금 흐름 〈단위 : 억원〉
항목	2016	2017.2Q
영업활동	29	-35
투자활동	-16	40
재무활동	-2	-10
순현금흐름	11	-6
기말현금	43	37

시장 대비 수익률

결산 실적 〈단위 : 억원〉
항목	2012	2013	2014	2015	2016	2017
매출액	490	518	547	645	672	—
영업이익	26	36	11	5	19	—
당기순이익	33	33	21	9	18	—

분기 실적 〈단위 : 억원〉
항목	2016.1Q	2016.2Q	2016.3Q	2016.4Q	2017.1Q	2017.2Q
매출액	138	163	172	199	143	140
영업이익	7	-4	5	7	1	0
당기순이익	12	-9	21	-6	5	1

재무 상태 〈단위 : 억원〉
항목	2012	2013	2014	2015	2016	2017.2Q
총자산	592	676	744	684	708	634
유형자산	5	8	16	15	15	12
무형자산	7	7	47	41	53	80
유가증권	378	394	359	348	307	260
총부채	121	185	223	160	174	109
총차입금				5	5	20
자본금	115	115	115	115	115	115
총자본	471	491	520	524	535	525
지배주주지분	471	491	498	510	524	514

기업가치 지표
항목	2012	2013	2014	2015	2016	2017.2Q
주가(최고/저)(천원)	8.5/3.7	6.3/3.8	5.9/3.9	6.3/4.0	4.8/3.5	—/—
PER(최고/저)(배)	62.9/27.3	44.9/27.1	66.2/43.6	101.6/64.6	46.7/34.7	—/—
PBR(최고/저)(배)	4.3/1.9	3.1/1.8	2.8/1.9	2.9/1.8	2.1/1.6	1.8/1.7
EV/EBITDA(배)	26.5	13.3	27.7	37.3	18.0	—/—
EPS(원)	142	145	92	63	103	5
BPS(원)	2,049	2,134	2,167	2,220	2,277	2,234
CFPS(원)	164	164	138	133	183	81
DPS(원)	45	45	30	30	45	
EBITDAPS(원)	136	173	96	93	162	85

재무 비율 〈단위 : % 〉
연도	영업이익률	순이익률	부채비율	차입금비율	ROA	ROE	유보율	자기자본비율	EBITDA마진율
2016	2.8	2.6	32.5	0.9	2.6	4.6	355.4	75.5	5.6
2015	0.8	1.4	30.6	1.0	1.3	2.9	343.9	76.6	3.3
2014	2.1	3.9	43.0		3.0	4.3	333.4	69.9	4.0
2013	6.9	6.4	37.7		5.3	6.9	326.8	72.6	7.7

아이엠텍 (A226350)
IM Tech

업 종 : 휴대폰 및 관련부품	시 장 : KOSDAQ
신용등급 : (Bond) — (CP) —	기업규모 : 벤처
홈페이지 : www.im-tech.com	연 락 처 : 031)8071-2581
본 사 : 경기도 파주시 월롱면 엘지로 274-43	

설 립 일	2000.12.13	종 업 원 수	201명	대 표 이 사	김승구
상 장 일	2016.02.03	감 사 의 견	적정 (대주)	계 열	
결 산 기	12월	보 통 주	1,716만주	종속회사수	
액 면 가	500원	우 선 주		구 상 호	

주주구성 (지분율,%)
KGP	5.3
Maven Investment Partners Limited	3.4
(외국인)	1.2

출자관계 (지분율,%)
이노바	100.0
블루그린인베스트먼트	40.0
엠디펄스	17.3

주요경쟁사 (외형,%)
아이엠텍	100
세코닉스	385
엠씨넥스	509

매출구성
카메라모듈	59.4
안테나	32.1
세라믹	7.5

비용구성
매출원가율	87.6
판관비율	12.0

수출비중
수출	86.0
내수	14.0

회사 개요
동사는 RF모듈을 비롯하여 휴대폰에 필수적으로 사용되는 부품인 이동통신 안테나, NFC, 무선 충전 복합 안테나 등을 제조/판매하고 있으며, 2015년 말부터 스마트기기 외장재를 공급하고 있음. 세라믹사업은 반도체 제조공정 중 반도체 소자의 전기적 기능을 검사하여 제품의 양,불판정을 하는 테스트 장비의 핵심부품인 프로브카드에 사용되는 MLC 제작 및 납품하고 있음. MLC의 주요 공급사는 교세라, NTK 등 해외업체와 삼성전기와 동사가 있음.

실적 분석
동사의 연결기준 2017년 2분기 누적매출액은 336.4억원으로 전년 대비 40.2% 감소, 영업이익은 28.3억원 손실로 전년 동기 대비 적자전환함. 당기순이익은 적자전환으로 31.0억원 손실을 기록함. 동사의 매출 감소는 부품업계의 경쟁심화에 기인한 것으로 분석되며, 원가율 및 판관비의 증가한 비용부담은 수익성을 악화시켰음. 향후 신규사업인 MD 부문의 매출 증가가 기대되고 있음.

현금 흐름 *IFRS 별도 기준 〈단위 : 억원〉
항목	2016	2017.2Q
영업활동	-50	-69
투자활동	-257	17
재무활동	310	-37
순현금흐름	3	-89
기말현금	100	11

시장 대비 수익률

결산 실적 〈단위 : 억원〉
항목	2012	2013	2014	2015	2016	2017
매출액	66	279	466	1,048	811	—
영업이익	1	13	57	177	3	—
당기순이익	0	13	52	145	-169	—

분기 실적 *IFRS 별도 기준 〈단위 : 억원〉
항목	2016.1Q	2016.2Q	2016.3Q	2016.4Q	2017.1Q	2017.2Q
매출액	272	290	206	42	151	186
영업이익	21	15	-0	-32	-14	-14
당기순이익	17	16	-1	-201	-12	-19

재무 상태 *IFRS 별도 기준 〈단위 : 억원〉
항목	2012	2013	2014	2015	2016	2017.2Q
총자산	157	223	305	518	614	558
유형자산	69	62	127	164	251	228
무형자산	14	9	9	10	23	23
유가증권	—	—	—	8	37	37
총부채	48	91	98	167	222	199
총차입금	30	45	14	17	136	100
자본금	52	70	70	70	85	85
총자본	109	132	207	351	392	359
지배주주지분	109	132	207	351	392	359

기업가치 지표 *IFRS 별도 기준
항목	2012	2013	2014	2015	2016	2017.2Q
주가(최고/저)(천원)	#VALUE!	—/—	—/—	—/—	—/—	—/—
PER(최고/저)(배)	0.0/0.0	0.0/0.0	0.0/0.0	0.0/0.0	—/—	—/—
PBR(최고/저)(배)	0.0/0.0	0.0/0.0	0.0/0.0	0.0/0.0	6.1/1.8	4.0/1.5
EV/EBITDA(배)	0.6	0.1			21.8	—/—
EPS(원)	4	136	372	1,040	-1,019	-183
BPS(원)	10,472	9,517	1,485	2,511	2,312	2,113
CFPS(원)	1,735	2,994	516	1,239	-797	-50
DPS(원)						
EBITDAPS(원)	1,810	2,986	556	1,472	239	-34

재무 비율 〈단위 : % 〉
연도	영업이익률	순이익률	부채비율	차입금비율	ROA	ROE	유보율	자기자본비율	EBITDA마진율
2016	0.3	-20.9	56.7	34.7	-29.9	-45.6	362.4	63.8	4.9
2015	16.9	13.8	47.8	4.8	35.2	52.0	402.3	67.7	19.6
2014	12.3	11.1	47.4	6.9	23.1	33.5	197.0	67.8	16.6
2013	4.8	4.8	68.7	34.0	7.1	11.2	90.3	59.3	11.3

아이오케이컴퍼니 (A078860)
IOKCOMPANY

업 종 : 미디어	시 장 : KOSDAQ
신용등급 : (Bond) — (CP) —	기업규모 : 중견
홈페이지 : www.iok.co.kr	연 락 처 : 02)2204-3000
본 사 : 서울시 강남구 언주로148길 19, 청호빌딩 5층	

설 립 일	2000.04.26	종 업 원 수	62명	대 표 이 사	장철진
상 장 일	2006.06.23	감 사 의 견	적정 (세림)	계 열	
결 산 기	12월	보 통 주	13,287만주	종속회사수	
액 면 가	100원	우 선 주		구 상 호	포인트아이

주주구성 (지분율,%)
W홀딩컴퍼니	23.9
Englewood Lab,LLC	10.0
(외국인)	10.5

출자관계 (지분율,%)

주요경쟁사 (외형,%)
아이오케이	100
티비씨	288
오리콤	1,201

매출구성
AlertPoint, VMS, CRBT 등	95.7
영화 및 광고 등 출연 atti.k., 코이 등	4.3

비용구성
매출원가율	83.0
판관비율	33.3

수출비중
수출	—
내수	—

회사 개요
동사는 2000년에 설립되어 무선인터넷 기반의 솔루션을 개발하고, 통신서비스 사업자에게 관련된 솔루션을 공급하는 ICT 사업을 주로 영위해 왔음. 2015년 12월 매니지먼트를 기반으로 셀럽(celeb)을 활용한 브랜드사업과 마케팅이 주 사업모델인 회사인 아이오케이컴퍼니와 합병하고 사명을 포인트아이에서 아이오케이컴퍼니로 변경, 사업을 다각화함. 아이오케이컴퍼니는 배우 고현정, 조인성이 주주 겸 아티스트로 소속되어 있음.

실적 분석
2017년 2분기 연결기준 누적 매출액은 73.5억원으로 전년 동기 대비 17.1% 증가함. 반면 영업손실은 3.7억원으로 적자지속, 당기순이익은 3.2억원을 기록하며 흑자전환함. 동사는 2017년 7월 (주)빌리프엔터테인먼트 지분 100%를 인수하였고, 이사회를 통해 소규모 합병 결정을 함으로써 다양한 분야의 아티스트들에 대한 매니지먼트 사업을 확장중임. 또한 티엔네이션엔터테인먼트의 지분 60%도 인수하였음.

현금 흐름 *IFRS 별도 기준 〈단위 : 억원〉
항목	2016	2017.2Q
영업활동	4	-17
투자활동	-85	12
재무활동	81	8
순현금흐름	-0	3
기말현금	61	58

시장 대비 수익률

결산 실적 〈단위 : 억원〉
항목	2012	2013	2014	2015	2016	2017
매출액	166	119	61	109	135	—
영업이익	10	-6	-34	16	-22	—
당기순이익	-14	-14	-55	16	-48	—

분기 실적 *IFRS 별도 기준 〈단위 : 억원〉
항목	2016.1Q	2016.2Q	2016.3Q	2016.4Q	2017.1Q	2017.2Q
매출액	26	37	33	39	37	37
영업이익	-14	-5	-5	4	-2	-1
당기순이익	-17	12	-8	-35	-2	4

재무 상태 *IFRS 별도 기준 〈단위 : 억원〉
항목	2012	2013	2014	2015	2016	2017.2Q
총자산	166	127	123	688	868	717
유형자산	4	4	5	6	5	6
무형자산	4	4	2	109	72	71
유가증권	2	18	20	142	611	460
총부채	101	63	44	199	74	53
총차입금	71	29	23	153	9	9
자본금	34	36	50	83	118	118
총자본	65	64	80	488	794	664
지배주주지분	65	64	80	488	794	664

기업가치 지표 *IFRS 별도 기준
항목	2012	2013	2014	2015	2016	2017.2Q
주가(최고/저)(천원)	1.0/0.2	1.2/0.6	0.8/0.5	1.7/0.7	1.4/0.7	—/—
PER(최고/저)(배)	79.3/15.5	—/—	—/—	66.2/28.7	—/—	—/—
PBR(최고/저)(배)	5.3/1.0	6.5/3.1	5.1/2.9	2.8/1.2	2.0/1.1	1.5/1.0
EV/EBITDA(배)	13.6			43.9		
EPS(원)	13	-38	-136	25	-44	2
BPS(원)	981	933	822	2,966	677	567
CFPS(원)	161	-138	-652	144	8	
DPS(원)						
EBITDAPS(원)	245	-25	-322	139	-17	-2

재무 비율 〈단위 : % 〉
연도	영업이익률	순이익률	부채비율	차입금비율	ROA	ROE	유보율	자기자본비율	EBITDA마진율
2016	-16.3	-35.4	9.3	1.1	-6.1	-7.5	577.3	91.5	-13.7
2015	14.5	15.0	40.8	31.3	4.0	5.8	493.2	71.0	16.4
2014	-56.1	-89.5	54.7	29.1	-44.7	-78.9	64.5	64.6	-52.4
2013	-5.3	-12.0	105.4	44.9	-9.9	-23.0	72.3	48.7	-2.4

아이원스 (A114810)
IONES

업 종 : 디스플레이 및 관련부품		시 장 : KOSDAQ	
신용등급 : (Bond) — (CP) —		기업규모 : 우량	
홈페이지 : www.iones.co.kr		연 락 처 : 031)238-7785	
본 사 : 경기도 안성시 고삼면 안성대로 2061 (가유리 777-1)			

설 립 일	2005.07.01	종 업 원 수	449명	대 표 이 사	김병기
상 장 일	2013.02.07	감 사 의 견	적정 (안진)	계	열
결 산 기	12월	보 통 주	1,050만주	종속회사수	
액 면 가	500원	우 선 주		구 상 호	

주주구성 (지분율,%)		출자관계 (지분율,%)		주요경쟁사 (외형,%)	
이문기	28.9	아이원스	100		
김병기	8.9	APS홀딩스	653		
(외국인)	1.8	덕산네오룩스	50		

매출구성		비용구성		수출비중	
Track support류 외 기타	28.9	매출원가율	70.6	수출	36.0
Depo shield 류	24.7	판관비율	22.2	내수	64.0
CARRIER외 다수	23.9				

회사 개요
1993년 동아엔지니어링으로 설립되었고, 2005년 7월에 현물출자 방식으로 법인 전환되어 아이원스로 재설립됨. 설립 시 반도체 장비 부문의 정밀 가공을 시작, 이후 반도체 장비 부품 초정밀 세정, 국산화 연구진행, 디스플레이 장비 부품의 가공 등을 수행 중임. 디스플레이 장비 제조, CAF(Chemical Air Filter), 항공/국방 부품 제조, 환경사업, LED사업, 해외 및 특수 사업부(펌프, 항공, 국방) 등으로 영역을 확장 중임.

실적 분석
전방산업인 반도체 시장의 활황으로 동사의 전 사업 부문, 실적 호조. 2017년 상반기 연결기준 매출액은 743.3억원으로 전년동기 대비 410.2억원 증가함. 매출증가 및 판관비율 하락에도 불구하고 원가율 상승으로 영업이익은 전년동기 대비 8.5억원 상승에 그침. 동사는 장비부품업체의 특성상 전방 산업과 주요 고객사의 투자동향에 따라 실적이 좌우됨. 2017년은 고객사 증설과 가동률 상승으로 매출이 늘어날 전망.

현금 흐름 *IFRS 별도 기준 〈단위 : 억원〉

항목	2016	2017.2Q
영업활동	173	-6
투자활동	-474	-84
재무활동	322	92
순현금흐름	21	2
기말현금	21	23

시장 대비 수익률

결산 실적 〈단위 : 억원〉

항목	2012	2013	2014	2015	2016	2017
매출액	477	603	691	694	850	—
영업이익	73	93	57	71	61	—
당기순이익	50	68	57	129	29	—

분기 실적 *IFRS 별도 기준 〈단위 : 억원〉

항목	2016.1Q	2016.2Q	2016.3Q	2016.4Q	2017.1Q	2017.2Q
매출액	151	182	228	289	359	385
영업이익	25	3	16	17	37	38
당기순이익	19	-1	-1	12	16	23

재무 상태 *IFRS 별도 기준 〈단위 : 억원〉

항목	2012	2013	2014	2015	2016	2017.2Q
총자산	690	1,037	1,037	1,687	2,143	2,272
유형자산	504	695	763	1,322	1,654	1,674
무형자산	8	8	12	17	19	20
유가증권	0	1	3	10	1	1
총부채	441	590	540	866	1,252	1,342
총차입금	369	389	405	665	959	1,071
자본금	32	48	48	52	52	52
총자본	250	447	497	822	891	930
지배주주지분	250	447	497	822	*891	930

기업가치 지표 *IFRS 별도 기준

항목	2012	2013	2014	2015	2016	2017.2Q
주가(최고/저)(천원)	—/—	8.1/4.7	15.1/6.0	32.1/13.5	26.9/13.5	—/—
PER(최고/저)(배)	0.0/0.0	11.2/6.5	25.5/10.1	25.3/10.6	96.0/48.2	2.4/1.6
PBR(최고/저)(배)	0.0/0.0	1.8/1.0	2.9/1.2	4.1/1.7	3.2/1.6	1.6
EV/EBITDA(배)	2.9	6.7	14.6	26.6	18.9	—/—
EPS(원)	795	726	596	1,270	280	374
BPS(원)	3,959	4,674	5,194	7,829	8,492	8,863
CFPS(원)	1,463	1,283	1,210	1,882	1,216	913
DPS(원)			50	50		
EBITDAPS(원)	1,830	1,545	1,206	1,309	1,520	1,255

재무 비율 〈단위 : %〉

연도	영업이익률	순이익률	부채비율	차입금비율	ROA	ROE	유보율	자기자본비율	EBITDA마진율
2016	7.2	3.5	140.5	107.6	1.5	3.4	1,598.4	41.6	18.8
2015	10.2	18.6	105.3	81.0	9.5	19.6	1,465.9	48.7	19.2
2014	8.2	8.3	108.6	81.5	5.5	12.1	938.9	47.9	16.7
2013	15.4	11.3	132.0	87.0	7.9	19.6	834.7	43.1	24.0

아이이 (A023430)
IE

업 종 : 석유 및 가스		시 장 : KOSDAQ	
신용등급 : (Bond) — (CP) —		기업규모 :	
홈페이지 : www.integrated-e.com		연 락 처 : 02)556-7115	
본 사 : 서울시 강남구 봉은사로86길 6 레베쌍트 빌딩 7층			

설 립 일	1984.04.01	종 업 원 수	11명	대 표 이 사	우인근,SoChiOn(각자대표이사)
상 장 일	1994.10.07	감 사 의 견	적정 (인덕)	계	열
결 산 기	12월	보 통 주	29,071만주	종속회사수	8개사
액 면 가	500원	우 선 주		구 상 호	인테그레이티드에너지

주주구성 (지분율,%)		출자관계 (지분율,%)		주요경쟁사 (외형,%)	
Above Joy Limited	21.7	스마트포스팅	100.0	아이이	100
SUNKA LIMITED	20.1	비누스엔터테인먼트	100.0	흥구석유	1,187
(외국인)	50.9	IntegratedEnergyHKLimited	100.0	중앙에너비스	756

매출구성		비용구성		수출비중	
LPG,휘발유,경유, 등유 등	100.0	매출원가율	81.4	수출	0.0
		판관비율	48.4	내수	100.0

회사 개요
동사는 주유소사업은 급유시설을 갖추고 차량용 액체연료인 휘발유, 경유, 등유 등의 석유제품을 판매하는 차량용 주유소를 운영하는 사업으로 국내 5대 정유사를 중심으로 직영대리점과 일반대리점을 통해 직영, 자영주유소가 국내시장 수요자만을 대상으로 판매, LPG사업을 영위함. 2014년 1월 20일 NASA, HP, 중국 BJEV 등에 배터리를 공급하는 미국 Boston-Power사와 총판대리점 계약을 시작으로 EV배터리 사업에 진출함.

실적 분석
동사는 2017년 2분기 말 기준 주권매매거래 정지상태임. 지난 8월 23일 상장유지는 결정됐지만 상장적격성 실질심사 대상 여부를 판단하기 위해 매매 거래정지는 유지. 동사의 2017년 2분기 누적 매출액은 83.7억원으로 전년 동기(48.2억원) 대비 73.8% 증가함. 판관비가 전년 대비 104.9% 늘어나며 영업손실 27.6억원을 기록해 적자지속. 다만 25.8억원 규모의 금융이익을 거두며 당기순이익은 5.4억원으로 흑자전환.

현금 흐름 〈단위 : 억원〉

항목	2016	2017.2Q
영업활동	59	-23
투자활동	-1,052	-22
재무활동	1,033	39
순현금흐름	9	-7
기말현금	39	33

시장 대비 수익률

결산 실적 〈단위 : 억원〉

항목	2012	2013	2014	2015	2016	2017
매출액	69	114	402	125	121	—
영업이익	-30	-20	-12	-21	-36	—
당기순이익	-218	12	-35	-124	-370	—

분기 실적 〈단위 : 억원〉

항목	2016.1Q	2016.2Q	2016.3Q	2016.4Q	2017.1Q	2017.2Q
매출액	22	26	28	45	41	42
영업이익	-6	-11	-12	-7	-13	-15
당기순이익	-7	-13	-144	-206	-4	10

재무 상태 〈단위 : 억원〉

항목	2012	2013	2014	2015	2016	2017.2Q
총자산	742	1,187	785	640	1,387	355
유형자산	9	4	32	32	32	34
무형자산	322	319	373	282	1,272	244
유가증권	1	42	43	254	—	1
총부채	495	736	369	80	295	233
총차입금	196	13	35	19	161	144
자본금	354	537	537	696	1,402	1,454
총자본	247	450	416	560	1,092	122
지배주주지분	241	422	418	563	1,092	122

기업가치 지표

항목	2012	2013	2014	2015	2016	2017.2Q
주가(최고/저)(천원)	0.8/0.5	0.7/0.5	0.7/0.3	0.6/0.3	1.2/0.3	—/—
PER(최고/저)(배)	—/—	—/—	—/—	—/—	—/—	—/—
PBR(최고/저)(배)	2.5/1.5	1.9/1.4	1.8/0.8	1.5/0.8	3.0/0.9	16.5/7.9
EV/EBITDA(배)	—/—	—/—	—/—	—/—	—/—	—/—
EPS(원)	-585	-10	-12	-96	-198	2
BPS(원)	341	394	389	404	389	42
CFPS(원)	-571	-8	-10	-95	-196	4
DPS(원)						
EBITDAPS(원)	-66	-8	-10	-16	-18	-8

재무 비율 〈단위 : %〉

연도	영업이익률	순이익률	부채비율	차입금비율	ROA	ROE	유보율	자기자본비율	EBITDA마진율
2016	-29.8	-305.2	일부잠식	일부잠식	-36.5	-43.8	-22.1	78.7	-27.3
2015	-16.8	-98.9	일부잠식	일부잠식	-17.4	-25.1	-19.1	87.5	-16.3
2014	-3.0	-8.7	일부잠식	일부잠식	-3.6	-3.0	-22.1	53.0	-2.6
2013	-17.9	10.5	일부잠식	일부잠식	1.2	-3.3	-21.3	38.0	-16.4

아이즈비전 (A031310)
EYESVISION

업 종 : 통신장비		시 장 : KOSDAQ	
신용등급 : (Bond) — (CP) —		기업규모 : 중견	
홈 페 이 지 : www.eyesvision.com		연 락 처 : 02)6330-5038	
본 사 : 서울시 영등포구 여의공원로 101(여의도동) CCMM빌딩 701,702호			

설 립 일 1992.09.09		종 업 원 수 52명	대 표 이 사 이통형
상 장 일 1997.07.19		감 사 의 견 적정 (지평)	계 열
결 산 기 12월		보 통 주 1,577만주	종속회사수 2개사
액 면 가 500원		우 선 주	구 상 호

주주구성 (지분율,%)		출자관계 (지분율,%)		주요경쟁사 (외형,%)	
이통형	14.5	머큐리	100.0	아이즈비전	100
임채병	11.1	로트리	95.0	콤텍시스템	104
(외국인)	1.4	에이팩	13.0	오이솔루션	50

매출구성		비용구성		수출비중	
통신제조(기타)	75.8	매출원가율	82.3	수출	5.0
통신(기타)	14.0	판관비율	14.8	내수	95.0
국제전화(기타)	8.8				

회사 개요
1992년에 설립된 동사는 무선호출사업, 이동 통신 연구 및 부가서비스기술 개발업을 영위하고 있음. 별정통신 사업자로서 국제전화 선불카드 판매, 기간통신사의 통신망을 빌려 휴대통신서비스를 제공하고 있으며, 자회사를 통해 정보통신기기의 제조와 유통사업을 영위하고 있음. 동사는 1,500억원 규모의 국제전화 선불카드 시장의 50% 이상을 차지한 1위 업체임. 동사는 국제전화 선불카드와 통신기기 제조, 통신업 등이 전체 매출의 90% 이상을 차지함.

실적 분석
동사의 2017년 상반기 매출은 687.9억원으로 전년대비 14.5% 감소, 영업이익은 24.7억원으로 전년대비 20.8% 증가, 당기순이익은 -2.8억원으로 적자전환. 인터넷 전화 보급으로 인해 동사의 주 매출인 국제전화 선불카드 시장 축소가 부담으로 작용. 외형 감소에도 불구하고 영업이익 증가는 긍정적으로 평가. 향후에 신규 사업 확대 내부적 원가 개선 노력으로 수익성 방어에 주력할 전망

현금 흐름
<단위 : 억원>

항목	2016	2017.2Q
영업활동	16	-62
투자활동	31	-23
재무활동	18	-3
순현금흐름	65	-89
기말현금	300	211

시장 대비 수익률

결산 실적
<단위 : 억원>

항목	2012	2013	2014	2015	2016	2017
매출액	1,441	1,661	1,272	1,369	1,598	—
영업이익	-25	47	33	10	45	—
당기순이익	12	45	30	16	40	—

분기 실적
<단위 : 억원>

항목	2016.1Q	2016.2Q	2016.3Q	2016.4Q	2017.1Q	2017.2Q
매출액	329	476	359	434	299	389
영업이익	-3	24	12	13	9	15
당기순이익	-5	23	11	10	10	-13

재무 상태
<단위 : 억원>

항목	2012	2013	2014	2015	2016	2017.2Q
총자산	943	1,009	1,018	1,099	1,149	1,164
유형자산	229	227	225	223	222	226
무형자산	11	9	10	10	15	15
유가증권	3			119	58	33
총부채	352	366	349	425	441	472
총차입금	91	120	102	149	167	187
자본금	79	79	79	79	79	79
총자본	591	643	669	674	707	692
지배주주지분	591	643	669	674	705	691

기업가치 지표

항목	2012	2013	2014	2015	2016	2017.2Q
주가(최고/저)(천원)	1.7/0.8	1.5/0.9	3.4/1.5	4.8/2.2	4.7/2.9	—/—
PER(최고/저)(배)	24.2/11.4	5.9/3.4	19.3/8.2	49.7/22.3	18.6/11.6	—/—
PBR(최고/저)(배)	0.5/0.2	0.4/0.2	0.8/0.3	1.1/0.5	1.0/0.6	1.1/0.8
EV/EBITDA(배)		2.5	6.8	14.6	8.0	—/—
EPS(원)	77	283	188	100	255	-17
BPS(원)	4,008	4,342	4,441	4,478	4,676	4,583
CFPS(원)	172	373	280	194	355	35
DPS(원)	—	50	50	55	65	—
EBITDAPS(원)	-65	385	300	159	388	209

재무 비율
<단위 : %>

연도	영업이익률	순이익률	부채비율	차입금비율	ROA	ROE	유보율	자기자본비율	EBITDA마진율
2016	2.8	2.5	62.4	23.6	3.5	5.8	835.2	61.6	3.8
2015	0.8	1.2	63.1	22.1	1.5	2.4	795.5	61.3	1.8
2014	2.6	2.3	52.2	15.3	2.9	4.5	788.3	65.7	3.7
2013	2.8	2.7	56.8	18.6	4.6	7.2	768.4	63.8	3.7

아이지스시스템 (A139050)
IGis System

업 종 : 운송인프라		시 장 : KOSDAQ	
신용등급 : (Bond) — (CP) —		기업규모 : 벤처	
홈 페 이 지 : www.igissystem.co.kr		연 락 처 : 031)470-4800	
본 사 : 경기도 안양시 만안구 예술공원로 153-32,3층			

설 립 일 2006.02.20		종 업 원 수 96명	대 표 이 사 윤석원
상 장 일 2011.07.29		감 사 의 견 적정 (삼일)	계 열
결 산 기 12월		보 통 주 2,416만주	종속회사수 3개사
액 면 가 500원		우 선 주	구 상 호 경봉

주주구성 (지분율,%)		출자관계 (지분율,%)		주요경쟁사 (외형,%)	
엘에이에치	22.0	경봉시스템즈	100.0	아이지스시스템	100
한국증권금융	3.5	아이지스	74.1	서호전기	158
(외국인)	2.6	알에스기전	71.8	동방	1,533

매출구성		비용구성		수출비중	
기타	43.1	매출원가율	90.5	수출	7.0
ATMS 외	18.9	판관비율	12.0	내수	93.0
U-CITY	14.2				

회사 개요
2006년 설립된 동사는 지능형교통시스템 (ITS, Intelligent Transportation System)을 구축하는 용역사업을 주력으로 영위하고 있으며 큰 범주의 ITS 내에서 첨단교통신호제어시스템, 자동단속시스템, 도로교통관리시스템, 운전자정보시스템, 최적경로안내시스템, 여행서비스정보시스템, 대중교통정보제공과 대중교통관리시스템 분야를 주요 사업으로 삼고 있음.

실적 분석
동사의 2017년도 2분기 연결기준 매출액은 전년동기 대비 58.2% 증가한 243.2억원을 시현함. 그러나 영업손실 2.8억원을 기록하여 적자지속중. 다만 당기순이익은 1.3억원을 기록하여 흑자전환함. 이는 인력구조 개편을 통한 수익성 개선을 위한 노력과 2016년 11월에는 국내 복층유리가공 설비업계 1위 업체인 (주)아이지스를 인수하여 사업영역 확장과 수익성 확대를 위한 발판을 마련한 것이 좋은 영향을 미친것으로 판단됨.

현금 흐름
<단위 : 억원>

항목	2016	2017.2Q
영업활동	-4	-19
투자활동	-76	-29
재무활동	4	42
순현금흐름	-76	-7
기말현금	32	25

시장 대비 수익률

결산 실적
<단위 : 억원>

항목	2012	2013	2014	2015	2016	2017
매출액	428	477	661	445	375	—
영업이익	30	2	18	-10	-9	—
당기순이익	9	6	24	-11	-27	—

분기 실적
<단위 : 억원>

항목	2016.1Q	2016.2Q	2016.3Q	2016.4Q	2017.1Q	2017.2Q
매출액	87	67	94	128	126	117
영업이익	-3	-5	-3	2	2	-4
당기순이익	-2	-11	4	-17	4	-3

재무 상태
<단위 : 억원>

항목	2012	2013	2014	2015	2016	2017.2Q
총자산	300	321	353	427	450	496
유형자산	87	85	85	7	23	80
무형자산	7	8	7	7	87	85
유가증권	16	22	27	24		134
총부채	67	89	102	184	174	165
총차입금				101	72	76
자본금	53	79	79	79	90	101
총자본	233	232	251	243	277	331
지배주주지분	233	232	251	243	277	331

기업가치 지표

항목	2012	2013	2014	2015	2016	2017.2Q
주가(최고/저)(천원)	6.6/1.6	4.1/2.1	3.2/2.1	3.3/1.9	4.1/2.0	—/—
PER(최고/저)(배)	113.0/27.8	143.5/74.9	29.8/19.4	—/—	—/—	—/—
PBR(최고/저)(배)	4.3/1.1	2.7/1.4	1.9/1.2	2.1/1.2	2.6/1.3	2.2/1.2
EV/EBITDA(배)	13.6	46.8	10.0			—/—
EPS(원)	59	29	106	-46	-148	6
BPS(원)	2,306	1,541	1,659	1,610	1,544	1,644
CFPS(원)	125	51	130	-23	-133	26
DPS(원)	50					—
EBITDAPS(원)	318	33	139	-40	-37	6

재무 비율
<단위 : %>

연도	영업이익률	순이익률	부채비율	차입금비율	ROA	ROE	유보율	자기자본비율	EBITDA마진율
2016	-2.5	-7.1	62.7	26.1	-6.1	-10.2	208.8	61.5	-1.8
2015	-2.2	-1.6	75.5	41.6	-1.9	-2.9	222.0	57.0	-1.4
2014	2.8	3.6	40.8	0.0	5.0	6.9	231.8	71.0	3.3
2013	0.3	0.9	38.2	0.0	1.5	1.9	208.2	72.4	1.1

아이진 (A185490)
EyeGeneInc

업　　종 : 바이오		시　　장 : KOSDAQ	
신용등급 : (Bond) ― (CP) ―		기업규모 : 신성장	
홈 페 이 지 : www.eyegene.co.kr		연 락 처 : 02)322-1687	
본　　사 : 서울시 강서구 양천로 401 강서한강자이타워 B동 910호			

설 립 일 2000.06.23	종 업 원 수 51명	대 표 이 사 유원일
상 장 일 2013.11.28	감 사 의 견 적정 (안세)	계　　열
결 산 기 12월	보 통 주 1,005만주	종 속 회 사 수
액 면 가 500원	우 선 주	구 상 호

주주구성 (지분율,%)		출자관계 (지분율,%)		주요경쟁사 (외형,%)	
유원일	9.7	아스펜스	49.0	아이진	100
튜브메가트랜드투자조합	6.0			씨젠	27,601
(외국인)	1.2			내츄럴엔도텍	2,455

매출구성		비용구성		수출비중	
자궁 경부암 백신(기타)	94.9	매출원가율	0.0	수출	100.0
욕창 치료제(기타)	3.7	판관비율	3314.7	내수	0.0
연구용역(용역)	1.4				

회사 개요
동사는 2000년 6월 설립됐으며 업종은 의학 및 약학 연구 개발업임. 주요제품은 당뇨망막증 치료제, 욕창 치료제, 자궁경부암 예방백신 등으로, 2013년 11월 코넥스 시장에 상장됨. 동사가 속한 바이오의약품 개발 산업은 제품에 대한 특허를 보유하고 있는 시장에서 독점적인 판매가 가능하며, 이를 통해 높은 고부가가치를 창출할 수 있는 강점이 있음. 임상 단계에 진입한 물질을 대상으로 다국적 제약사에 기술이전하는 것이 주 매출 형태임.

실적 분석
동사의 2017년 상반기 누적매출액은 0.1억원으로 전년동기대비 98.1% 감소함. 매출 부진의 영향으로 영업손실은 44.8억원을 기록해 적자폭이 확대됨. 동사는 2016년까지 뇌심혈관질환 동물모델을 확립하고, 예비효능 검증 비임상시험 및 용량/용법 비임상시험을 실시한 후 일반약리 비임상시험과 독성 비임상시험을 완료함. 현재 임상시료를 생산 중이며 임상 1상 시험 IND를 신청하고 2017년 내에 임상 1상 시험에 진입할 예정임.

현금 흐름　*IFRS 별도 기준　〈단위 : 억원〉

항목	2016	2017.2Q
영업활동	-62	-31
투자활동	6	38
재무활동	6	2
순현금흐름	-51	9
기말현금	8	17

시장 대비 수익률

결산 실적　〈단위 : 억원〉

항목	2012	2013	2014	2015	2016	2017
매출액	5	2	2	1	3	
영업이익	-18	-37	-31	-52	-86	
당기순이익	-25	-39	-29	-49	-83	

분기 실적　*IFRS 별도 기준　〈단위 : 억원〉

항목	2016.1Q	2016.2Q	2016.3Q	2016.4Q	2017.1Q	2017.2Q
매출액	0	0	0	0	0	0
영업이익	-11	-23	-24	-28	-23	-22
당기순이익	-11	-22	-23	-27	-22	-23

재무 상태　*IFRS 별도 기준　〈단위 : 억원〉

항목	2012	2013	2014	2015	2016	2017.2Q
총자산	46	63	55	243	186	151
유형자산	0	0	3	3	16	15
무형자산	3	3	3	3	4	5
유가증권	1	0	0	13	3	3
총부채	86	12	17	16	24	26
총차입금	67					6
자본금	24	38	39	50	50	50
총자본	-40	51	39	228	162	125
지배주주지분	-40	51	39	228	162	125

기업가치 지표　*IFRS 별도 기준

항목	2012	2013	2014	2015	2016	2017.2Q
주가(최고/저)(천원)	―/―	10.4/4.4	13.0/4.5	18.4/5.6	27.8/8.5	―/―
PER(최고/저)(배)	0.0/0.0	―/―	―/―	―/―	―/―	―/―
PBR(최고/저)(배)	0.0/0.0	11.0/4.7	18.8/6.5	8.1/2.5	17.2/5.3	10.6/6.6
EV/EBITDA(배)						
EPS(원)	-418	-563	-380	-569	-825	-452
BPS(원)	-5,986	667	488	2,276	1,613	1,244
CFPS(원)	-4,137	-557	-370	-556	-808	-452
DPS(원)						
EBITDAPS(원)	-2,993	-539	-389	-588	-840	-446

재무 비율　〈단위 : % 〉

연도	영업이익률	순이익률	부채비율	차입금비율	ROA	ROE	유보율	자기자본비율	EBITDA마진율
2016	-3,214.7	-3,094.6	14.7	0.0	-38.6	-42.5	222.5	87.2	-3,150.6
2015	-4,804.2	-4,552.8	6.9	0.0	-32.8	-36.8	355.3	93.6	-4,703.8
2014	-1,997.3	-1,902.4	일부잠식	0.0	-49.4	-65.6	-2.4	69.5	-1,947.6
2013	-2,003.9	-2,070.4	24.5	0.0	-70.8	전기잠식	33.5	80.3	-1,983.5

아이컴포넌트 (A059100)
i-Components

업　　종 : 디스플레이 및 관련부품		시　　장 : KOSDAQ	
신용등급 : (Bond) ― (CP) ―		기업규모 : 벤처	
홈 페 이 지 : www.i-components.co.kr		연 락 처 : 031)653-5990	
본　　사 : 경기도 평택시 팽성읍 추팔산단1길 23			

설 립 일 2000.05.12	종 업 원 수 111명	대 표 이 사 김양국
상 장 일 2008.12.16	감 사 의 견 적정 (안진)	계　　열
결 산 기 12월	보 통 주 707만주	종 속 회 사 수
액 면 가 500원	우 선 주	구 상 호

주주구성 (지분율,%)		출자관계 (지분율,%)		주요경쟁사 (외형,%)	
김양국	23.1			아이컴포넌트	100
한국증권금융	4.9			오성엘에스티	84
(외국인)	6.7			제이스텍	281

매출구성		비용구성		수출비중	
COATED (COP,PET)	61.2	매출원가율	80.7	수출	7.0
PC	33.0	판관비율	9.1	내수	93.0
COATED (PC,PMMA)	3.0				

회사 개요
광학용 필름 전문 제조기업으로서 동사의 제품은 터치폰, 휴대폰 키패드, 휴대폰 윈도우, LCD TV BLU, 전자제품의 데코용품, 전기전자 제품의 Name Plate 등에 사용되고 있음. 낮은 투과율의 하이 배리어 필름을 세계 최초로 양산했고 멀티 코팅 기술력, 광폭 필름 양산 능력 등을 보유함. 주요 매출은 COATED(COP, PET) 약 56%, PC(CLEAR, COLOR, FR) 35%, COATED(PC, PMMA) 3% 등으로 구성됨.

실적 분석
동사의 2017년 상반기 연결기준 누적 매출액은 141.1억원으로 전년 동기 대비 46.7% 감소함. 매출이 감소하면서 매출원가는 줄었지만 판관비는 오히려 증가했고 매출 감소에 따른 고정비용 상승효과로 인해 영업손실은 10.1억원으로 전년 동기 대비 적자전환함. 비영업손익 부문에서도 금융과 외환 손실 등으로 적자 폭이 확대되면서 당기순손실은 25.9억원으로 전년 동기 대비 적자전환함.

현금 흐름　*IFRS 별도 기준　〈단위 : 억원〉

항목	2016	2017.2Q
영업활동	142	4
투자활동	-76	-43
재무활동	30	-12
순현금흐름	102	-51
기말현금	183	132

시장 대비 수익률

결산 실적　〈단위 : 억원〉

항목	2012	2013	2014	2015	2016	2017
매출액	323	278	283	573	536	
영업이익	-23	-14	-8	73	55	
당기순이익	-46	-30	-23	59	57	

분기 실적　*IFRS 별도 기준　〈단위 : 억원〉

항목	2016.1Q	2016.2Q	2016.3Q	2016.4Q	2017.1Q	2017.2Q
매출액	129	135	168	103	80	61
영업이익	17	19	21	-3	-1	-9
당기순이익	15	18	12	12	-17	-9

재무 상태　*IFRS 별도 기준　〈단위 : 억원〉

항목	2012	2013	2014	2015	2016	2017.2Q
총자산	611	546	536	604	694	658
유형자산	335	328	308	325	314	299
무형자산	54	53	50	43	42	42
유가증권						
총부채	354	317	270	275	282	271
총차입금	316	282	229	223	233	228
자본금	30	30	33	34	35	35
총자본	257	229	266	329	412	387
지배주주지분	257	229	266	329	412	387

기업가치 지표　*IFRS 별도 기준

항목	2012	2013	2014	2015	2016	2017.2Q
주가(최고/저)(천원)	15.8/7.7	13.0/9.3	16.2/8.2	24.5/11.3	21.7/11.1	―/―
PER(최고/저)(배)				28.3/13.0	27.1/13.8	―/―
PBR(최고/저)(배)	3.8/1.8	3.5/2.5	4.1/2.1	5.0/2.3	3.7/1.9	2.5/1.6
EV/EBITDA(배)	95.0	32.0	34.2	8.2	9.7	
EPS(원)	-767	-501	-369	879	804	-366
BPS(원)	4,247	3,770	3,986	4,968	5,914	5,566
CFPS(원)	-217	155	353	1,708	1,475	-39
DPS(원)				100	100	
EBITDAPS(원)	166	430	587	1,910	1,448	184

재무 비율　〈단위 : % 〉

연도	영업이익률	순이익률	부채비율	차입금비율	ROA	ROE	유보율	자기자본비율	EBITDA마진율
2016	10.2	10.6	68.5	56.7	8.7	15.3	1,082.9	59.3	19.0
2015	12.7	10.3	83.6	67.8	10.4	19.9	893.6	54.5	22.5
2014	-3.0	-8.3	101.7	86.3	-4.3	-9.5	697.2	49.6	13.2
2013	-4.9	-10.9	138.7	123.2	-5.3	-12.5	654.0	41.9	9.4

아이케이세미콘 (A149010)
IK Semicon

업 종 : 반도체 및 관련장비	시 장 : KONEX
신용등급 : (Bond) — (CP) —	기업규모 :
홈 페 이 지 : www.iksemi.com	연 락 처 : 02)3153-7090

본 사 : 서울시 마포구 성암로 330, 503호(상암동, DMC첨단산업센터)

설 립 일	2000.07.04	종 업 원 수	22명	대 표 이 사	윤경덕
상 장 일	2014.11.14	감 사 의 견	적정 (태성)	계 열	
결 산 기	12월	보 통 주		종속회사수	
액 면 가		우 선 주		구 상 호	

주주구성 (지분율,%)		출자관계 (지분율,%)		주요경쟁사 (외형,%)	
윤경덕	64.5	에이테스트	100.0	아이케이세미콘	100
오현영	5.4	아이케이에이	40.0	제이티	137
				성우테크론	179

매출구성		비용구성		수출비중	
TR ARRAY(디스플레이)	42.3	매출원가율	76.0	수출	22.0
기타	29.1	판관비율	18.1	내수	78.0
Automotive용	11.1				

회사 개요
동사는 2000년 7월 4일 설립되어 반도체 제품별로는 시스템 반도체에 속하는 Analog IC과 Logic IC 전문업체이며 반도체 Value Chain별 분류로는 반도체 설계를 해서, 위탁생산전문업체(Foundary)와 패키징 및 테스트 전문업체(SATS)에 생산을 위탁하는, 반도체 설계전문업체(Fabless)임. 현재 반도체 테스트를 주 업종으로 하는 비상장업체 에이테스트를 계열회사로 두고 있음

실적 분석
동사의 2016년 연결 기준 매출과 영업이익은 163.3억원, 9.7억원으로 전년 대비 매출은 7.4% 증가하고 흑자전환함. 매출총이익은 39.2억원으로 전년 대비 2억원 가량 늘었으며 판관비는 29.5억원으로 7.5억원 감소함. 부채총계는 59.6억원으로 1.3억원 증가했고 자본총계는 53.1억원으로 전년 대비 12.9억원 증가함. 동사는 2017년 6월 15일 장외매도로 1.7억원에 자기주식 5만 9000주를 처분함.

현금 흐름
*IFRS 별도 기준 〈단위 : 억원〉

항목	2016	2017.2Q
영업활동	8	
투자활동	-2	
재무활동	-3	
순현금흐름	3	
기말현금	5	

시장 대비 수익률

결산 실적
〈단위 : 억원〉

항목	2012	2013	2014	2015	2016	2017
매출액	169	161	155	152	163	
영업이익	10	8	11	-7	10	
당기순이익	4	6	7	-20	13	

분기 실적
*IFRS 별도 기준 〈단위 : 억원〉

항목	2016.1Q	2016.2Q	2016.3Q	2016.4Q	2017.1Q	2017.2Q
매출액						
영업이익						
당기순이익						

재무 상태
*IFRS 별도 기준 〈단위 : 억원〉

항목	2012	2013	2014	2015	2016	2017.2Q
총자산	116	118	109	98	112	
유형자산	11	11	11	11	10	
무형자산	19	22	26	19	19	
유가증권	—	3				
총부채	65	61	47	56	58	
총차입금	44	44	34	37	34	
자본금	19	19	19	19	19	
총자본	51	56	62	42	54	
지배주주지분	51	56	62	42	54	

기업가치 지표
*IFRS 별도 기준

항목	2012	2013	2014	2015	2016	2017.2Q
주가(최고/저)(천원)	—/—	—/—	3.9/3.9	4.0/1.4	8.0/1.3	—/—
PER(최고/저)(배)	0.0/0.0	0.0/0.0	18.0/18.0	—/—	20.0/3.2	—/—
PBR(최고/저)(배)	0.0/0.0	0.0/0.0	2.0/2.0	3.0/1.0	4.6/0.7	0.0/0.0
EV/EBITDA(배)	2.3		2.7	10.9		7.1
EPS(원)	139	180	223	-619	406	
BPS(원)	1,653	1,833	2,013	1,360	1,761	
CFPS(원)	197	257	294	-471	545	
DPS(원)			30		40	
EBITDAPS(원)	386	334	439	-78	440	

재무 비율
〈단위 : % 〉

연도	영업이익률	순이익률	부채비율	차입금비율	ROA	ROE	유보율	자기자본비율	EBITDA마진율
2016	5.9	7.9	112.2	66.1	12.3	27.8	191.4	47.1	9.1
2015	-4.7	-12.9	144.8	95.4	-18.8	-38.8	121.8	40.9	-1.2
2014	7.3	4.3	81.8	58.4	—	—	233.2	55.0	9.2
2013	5.0	3.5	109.6	78.5	4.8	10.4	208.7	47.7	6.5

아이콘트롤스 (A039570)
I CONTROLS

업 종 : 건설	시 장 : 거래소
신용등급 : (Bond) — (CP) —	기업규모 : 시가총액 소형주
홈 페 이 지 : www.icontrols.co.kr	연 락 처 : 031)785-1700

본 사 : 경기도 성남시 분당구 정자일로 213번길 5

설 립 일	1999.09.17	종 업 원 수	211명	대 표 이 사	정현
상 장 일	2015.09.24	감 사 의 견	적정 (삼일)	계 열	
결 산 기	12월	보 통 주	823만주	종속회사수	1개사
액 면 가	500원	우 선 주		구 상 호	

주주구성 (지분율,%)		출자관계 (지분율,%)		주요경쟁사 (외형,%)	
정몽규	29.9	아이시에스	19.0	아이콘트롤스	100
현대EP	14.8	다담마이크로	17.9	이테크건설	631
(외국인)	5.8	영창뮤직	6.4	코오롱글로벌	1,686

매출구성		비용구성		수출비중	
M&E	35.4	매출원가율	86.8	수출	0.0
스마트홈	28.8	판관비율	6.2	내수	100.0
IBS	20.2				

회사 개요
동사는 현대산업 그룹 계열의 건설 IT 솔루션 제공업체임. 동사의 사업부별 매출비중은 M&E(Mechanical & Electrical), 스마트홈, IBS(Intelligent Building System), SOC 순으로 구성되어있음. 계열사인 현대산업개발에 매출 의존도는 높음. 국내 건설경기와 밀접한 관계를 가지고 비즈니스 모델이나, 향후 IoT 등을 통해 관계사 의존도 낮출 계획임.

실적 분석
동사는 건설 시장 회복에 따라 연결기준 2017년 2분기 누적매출액이 전년동기 대비 40.3% 성장한 1,193.1억원을 기록했음. 다만 원가율이 상승함에 따라 같은 기간 영업이익은 17.7% 증가한 81.5억원을 기록했으며 비영업부문에서 이익이 발생함에따라 최종적으로 124.3억의 당기순이익을 기록, 전년동기 대비 17.2% 증가한 실적을 냄. 관련 기업인 현대산업개발은 신정뉴타운 등에 분양물량을 내놓으면서 실적 개선 기대.

현금 흐름
〈단위 : 억원〉

항목	2016	2017.2Q
영업활동	72	47
투자활동	-13	95
재무활동	-51	-25
순현금흐름	8	117
기말현금	114	231

시장 대비 수익률

결산 실적
〈단위 : 억원〉

항목	2012	2013	2014	2015	2016	2017
매출액	1,068	1,242	1,318	1,746	1,889	
영업이익	77	72	74	122	132	
당기순이익	106	-11	62	141	189	

분기 실적
〈단위 : 억원〉

항목	2016.1Q	2016.2Q	2016.3Q	2016.4Q	2017.1Q	2017.2Q
매출액	433	418	455	583	508	685
영업이익	32	37	49	13	34	47
당기순이익	41	65	63	20	55	70

재무 상태
〈단위 : 억원〉

항목	2012	2013	2014	2015	2016	2017.2Q
총자산	1,328	1,288	1,325	2,183	2,400	2,544
유형자산	56	53	51	49	46	45
무형자산	12	11	8	5	4	3
유가증권	37	47	32	672	647	547
총부채	727	688	690	588	642	694
총차입금	205	197	196	33	1	
자본금	28	28	28	41	41	41
총자본	602	601	635	1,595	1,758	1,851
지배주주지분	602	601	635	1,595	1,758	1,851

기업가치 지표

항목	2012	2013	2014	2015	2016	2017.2Q
주가(최고/저)(천원)	—/—	—/—	—/—	41.2/32.4	37.4/27.5	—/—
PER(최고/저)(배)	0.0/0.0	0.0/0.0	0.0/0.0	18.9/14.8	16.5/12.1	—/—
PBR(최고/저)(배)	0.0/0.0	0.0/0.0	0.0/0.0	2.2/1.7	1.8/1.3	1.5/1.1
EV/EBITDA(배)	2.4	2.4	2.0	18.0	12.7	
EPS(원)	1,901	-191	1,114	2,223	2,292	1,510
BPS(원)	107,819	107,640	113,765	19,381	21,364	22,489
CFPS(원)	20,159	-462	12,535	2,341	2,363	1,531
DPS(원)				250	300	
EBITDAPS(원)	14,918	14,339	14,636	2,039	1,672	1,011

재무 비율
〈단위 : % 〉

연도	영업이익률	순이익률	부채비율	차입금비율	ROA	ROE	유보율	자기자본비율	EBITDA마진율
2016	7.0	10.0	36.5	0.1	8.2	11.3	4,172.8	73.3	7.3
2015	7.0	8.1	36.9	2.1	8.0	12.7	3,776.2	73.1	7.4
2014	5.6	4.7	108.8	30.9	4.8	10.1	2,175.3	47.9	6.2
2013	5.8	-0.9	114.5	32.8	-0.8	-1.8	2,052.8	46.6	6.4

아이크래프트 (A052460)
iCRAFT

업 종 : IT 서비스
신용등급 : (Bond) — (CP) —
홈페이지 : www.icraft21.com
본 사 : 서울시 강남구 언주로 726, 12층(논현동, 두산건설빌딩)

시 장 : KOSDAQ
기업규모 : 벤처
연 락 처 : 02)541-0474

설 립 일	2000.01.21	종 업 원 수	128명	대 표 이 사	박우진
상 장 일	2005.01.03	감 사 의 견	적정 (한영)	계	열
결 산 월	12월	보 통 주	805만주	종 속 회 사 수	1개사
액 면 가	500원	우 선 주		구 상 호	

주주구성 (지분율,%)		출자관계 (지분율,%)		주요경쟁사 (외형,%)	
박우진	17.6	씨엔스	100.0	아이크래프트	100
국민연금02·1동양벤처조합	4.9	엠씨페이	6.5	케이사인	40
(외국인)	0.4	소프트웨어공제조합		유엔젤	38

매출구성		비용구성		수출비중	
인터넷핵심망, 어플리케이션,유지보수	48.5	매출원가율	80.5	수출	2.0
네트워 및 솔루션 장비판매	45.5	판관비율	13.9	내수	98.0
기타매출	6.1				

회사 개요
인터넷 네트워크 구축 및 시스템 구축을 주요 사업으로 영위 중. 네트워크 솔루션 사업 중 주력분야인 인터넷 핵심망/접속망 구축사업은 기간통신사업자의 인터넷 인프라 구축과 인프라를 기반으로 사용자 접속을 위한 기본 ACCESS망 구축에 관한 계반 솔루션 사업임. 동사의 일반기업, 금융 및 공공기관 등에 제공하는 주요 서비스에는 대용량 DATA 관리 솔루션, 인터넷 통합 보안 서비스, 음성/데이터 통합 서비스가 있음.

실적 분석
동사의 2017년 상반기 연결기준 누적 매출액은 352.3억원으로 전년 동기 대비 6.2% 감소함. 매출이 줄었지만 매출원가는 오히려 늘었고 판매비와 관리비 또한 증가하면서 영업손실은 0.8억원으로 전년 동기(29.3억원) 대비 적자 전환함. 비영업손익 부문에서 흑자전환에 성공했지만 영업이익이 대폭 줄어들면서 당기순이익은 전년 동기 대비 99.3% 감소한 0.2억원을 기록함.

현금 흐름 〈단위 : 억원〉

항목	2016	2017.2Q
영업활동	58	61
투자활동	-13	-8
재무활동	-43	-43
순현금흐름	2	10
기말현금	132	142

결산 실적 〈단위 : 억원〉

항목	2012	2013	2014	2015	2016	2017
매출액	600	522	534	684	799	
영업이익	50	12	16	35	45	
당기순이익	39	15	13	27	22	

분기 실적 〈단위 : 억원〉

항목	2016.1Q	2016.2Q	2016.3Q	2016.4Q	2017.1Q	2017.2Q
매출액	131	245	127	296	204	148
영업이익	-1	30	-10	26	8	-8
당기순이익	-3	23	-9	10	7	-7

재무 상태 〈단위 : 억원〉

항목	2012	2013	2014	2015	2016	2017.2Q
총자산	406	424	421	539	548	506
유형자산	4	3	5	7	10	17
무형자산	35	34	35	35	28	29
유가증권	5	5	3	14	17	19
총부채	101	110	98	192	188	164
총차입금	29		16	95	59	58
자본금	40	40	40	40	40	40
총자본	305	314	323	347	360	342
지배주주지분	305	314	323	347	360	342

기업가치 지표

항목	2012	2013	2014	2015	2016	2017.2Q
주가(최고/저)(천원)	2.8/1.1	3.3/1.8	3.5/2.0	17.6/2.7	10.0/5.8	—/—
PER(최고/저)(배)	6.4/2.6	19.4/10.9	23.1/13.3	53.0/8.2	37.6/22.0	1.5/1.2
PBR(최고/저)(배)	0.8/0.3	0.9/0.5	0.9/0.5	4.0/0.6	2.2/1.3	1.2
EV/EBITDA(배)			4.3	18.8	8.1	
EPS(원)	485	180	160	341	270	2
BPS(원)	4,006	4,117	4,231	4,523	4,694	4,630
CFPS(원)	513	205	188	370	318	38
DPS(원)	80	50	70	100	100	
EBITDAPS(원)	646	180	222	466	609	26

재무 비율 〈단위 : % 〉

연도	영업이익률	순이익률	부채비율	차입금비율	ROA	ROE	유보율	자기자본비율	EBITDA마진율
2016	5.7	2.7	52.2	16.3	4.0	6.2	838.8	65.7	6.1
2015	5.1	4.0	55.4	27.3	5.7	8.2	804.6	64.4	5.5
2014	2.9	2.4	30.2	5.0	3.1	4.1	746.3	76.8	3.4
2013	2.4	2.8	35.0		3.5	4.7	723.3	74.1	2.8

아이텍반도체 (A119830)
ITEK Semiconductor

업 종 : 반도체 및 관련장비
신용등급 : (Bond) — (CP) —
홈페이지 : www.iteksemi.com
본 사 : 경기도 화성시 동탄면 동탄산단4길 9-15

시 장 : KOSDAQ
기업규모 : 중견
연 락 처 : 031)8077-1500

설 립 일	2005.02.01	종 업 원 수	201명	대 표 이 사	유남영
상 장 일	2010.10.26	감 사 의 견	적정 (삼정)	계	열
결 산 월	12월	보 통 주	527만주	종 속 회 사 수	
액 면 가	500원	우 선 주		구 상 호	

주주구성 (지분율,%)		출자관계 (지분율,%)		주요경쟁사 (외형,%)	
유남영	37.9			아이텍반도체	100
허업	5.8			에이디테크놀로지	88
(외국인)	0.0			제너셈	69

매출구성		비용구성		수출비중	
패키지 테스트	55.2	매출원가율	82.7	수출	—
웨이퍼 테스트	27.3	판관비율	9.0	내수	—
기타	17.5				

회사 개요
동사는 2005년에 설립되고 2010년에 코스닥시장에 상장한 시스템 반도체 테스트회사로서 시스템 반도체 생산의 마지막 공정인 테스트를 담당하고 있음. 시스템 반도체 테스트 분야의 주요 고객은 반도체 설계를 담당하는 팹리스 업체와 IDM 테스트 부문을 아웃소싱 하는 회사임. 주요 전방산업은 TV, PC, 모바일기기 등이며 동사를 포함하는 에이티세미콘, 테스나, 지엠테스트 등 4개의 주요 업체와 군소업체가 경쟁하고 있음

실적 분석
2017년 상반기 누적 매출액은 120.6억원으로 전년 동기에 비해 8.5% 감소했고, 영업이익은 6.7억원으로 전년 동기 대비 42.1% 감소함. 동사는 패키지 테스트와 웨이퍼 테스트 등 양 부문에서 모두 매출이 감소했고, 원가율이 높아진데다 판매관리비가 증가해 수익성이 악화됨. 동사는 비영업부문에서도 3.5억원의 손실이 발생해 당기순이익은 1.0억원에 그침.

현금 흐름 *IFRS 별도 기준 〈단위 : 억원〉

항목	2016	2017.2Q
영업활동	92	20
투자활동	-49	-27
재무활동	-47	2
순현금흐름	-4	-5
기말현금	16	11

결산 실적 〈단위 : 억원〉

항목	2012	2013	2014	2015	2016	2017
매출액	214	222	244	230	258	
영업이익	-9	9	8	-15	21	
당기순이익	-19	1	9	-6	14	

분기 실적 *IFRS 별도 기준 〈단위 : 억원〉

항목	2016.1Q	2016.2Q	2016.3Q	2016.4Q	2017.1Q	2017.2Q
매출액	65	67	66	60	60	61
영업이익	6	6	8	2	3	3
당기순이익	6	4	5	-0	1	1

재무 상태 *IFRS 별도 기준 〈단위 : 억원〉

항목	2012	2013	2014	2015	2016	2017.2Q
총자산	542	481	605	488	465	467
유형자산	397	332	433	350	336	339
무형자산	1		1	1		7
유가증권						
총부채	311	250	368	257	220	218
총차입금	271	209	294	199	152	152
자본금	26	26	26	26	26	26
총자본	230	232	237	231	245	248
지배주주지분	230	232	237	231	245	248

기업가치 지표 *IFRS 별도 기준

항목	2012	2013	2014	2015	2016	2017.2Q
주가(최고/저)(천원)	4.3/2.3	3.5/2.4	3.1/2.4	8.7/2.5	14.0/4.6	—/—
PER(최고/저)(배)	—/—	246.3/168.8	18.2/14.1	—/—	50.9/16.8	—/—
PBR(최고/저)(배)	1.0/0.5	0.8/0.5	0.7/0.5	2.0/0.6	3.0/1.0	1.6/1.2
EV/EBITDA(배)	4.9	3.4	4.3	8.7	5.6	
EPS(원)	-359	14	167	-112	275	19
BPS(원)	4,420	4,451	4,555	4,438	4,710	4,711
CFPS(원)	1,217	1,586	1,768	1,432	1,497	489
DPS(원)						
EBITDAPS(원)	1,398	1,752	1,747	1,254	1,632	597

재무 비율 〈단위 : % 〉

연도	영업이익률	순이익률	부채비율	차입금비율	ROA	ROE	유보율	자기자본비율	EBITDA마진율
2016	8.3	5.6	89.6	61.8	3.0	6.0	842.1	52.7	33.0
2015	-6.6	-2.6	111.2	85.9	-1.1	-2.5	787.5	47.4	28.5
2014	3.1	3.6	155.1	123.9	1.6	3.7	811.1	39.2	37.3
2013	4.2	0.3	107.7	90.1	0.1	0.3	790.1	48.2	41.1

아이티센 (A124500)
ITCEN

업 종: IT 서비스		시 장: KOSDAQ	
신용등급: (Bond) — (CP) —		기업규모: 중견	
홈 페 이 지: www.itcen.co.kr		연 락 처: 02)3497-8300	
본 사: 서울시 서초구 반포대로 13 아이티센빌딩			

설 립 일 2005.05.10	종 업 원 수 574명	대 표 이 사 이충환	
상 장 일 2013.07.01	감 사 의 견 적정 (삼덕)	계 열	
결 산 기 12월	보 통 주 1,528만주	종속회사수 4개사	
액 면 가 500원	우 선 주 —	구 상 호 아이티센시스템즈	

주주구성 (지분율,%)		출자관계 (지분율,%)		주요경쟁사 (외형,%)	
강진모	16.0	에스엔티씨	100.0	아이티센	100
아이티센우리사주조합	10.4	굿센	41.6	동부	75
(외국인)	0.4	시큐센	33.5	엑심	10

매출구성		비용구성		수출비중	
SI(컨설팅/시스템통합)	49.7	매출원가율	86.8	수출	—
아웃소싱(유지보수)	46.8	판관비율	14.6	내수	—
솔루션공급	3.2				

회사 개요
동사는 국내 IT서비스 시장에서 솔루션공급사업, 컨설팅/시스템통합(SI)사업, 아웃소싱(유지·보수)사업을 영위하고 있으며 세 가지 사업 모두 통상적으로 수요처(고객)의 사업 발주에 대응하는 고객맞춤 수주형 사업형태로 사업을 영위함. 사업영위 조직으로는 안전행정부 등 공공부문의 프로젝트 수행을 담당하는 공공1사업본부, 교육부 및 지방이전 수행을 담당하는 공공2사업본부, 금융 및 제조업 등 기타 산업을 담당하는 인더스트리 융합사업본부가 있음.

실적 분석
동사의 2017년 2분기 매출액은 전년동기 대비 30.4% 증가한 1,404.6억원을 기록함. 비용부담으로 영업손실을 기록하였지만 적자폭이 감소함. 비영업손실이 확대되어 당기순손실이 지속되고 있음. 정부의 IT투자 계획이나 공공기관의 대형 프로젝트 발주 여부에 영향을 받으며 공공기관의 예산 집행 및 투자가 주로 하반기에 집중되는 경향이 있기에 하반기에 매출이 집중됨.

현금 흐름 〈단위 : 억원〉
항목	2016	2017.2Q
영업활동	-270	-144
투자활동	-8	-112
재무활동	168	185
순현금흐름	-98	-72
기말현금	231	159

시장 대비 수익률

결산 실적 〈단위 : 억원〉
항목	2012	2013	2014	2015	2016	2017
매출액	1,318	1,376	2,393	1,618	2,737	—
영업이익	84	57	60	-95	-38	—
당기순이익	52	24	28	-87	-74	—

분기 실적 〈단위 : 억원〉
항목	2016.1Q	2016.2Q	2016.3Q	2016.4Q	2017.1Q	2017.2Q
매출액	416	662	634	1,025	666	739
영업이익	-32	13	-33	15	1	-4
당기순이익	-29	10	-35	-20	-9	-9

재무 상태 〈단위 : 억원〉
항목	2012	2013	2014	2015	2016	2017.2Q
총자산	703	995	1,294	1,330	1,583	1,769
유형자산	128	284	271	293	274	303
무형자산	58	108	120	175	204	205
유가증권	14	19	16	50	17	65
총부채	501	695	758	761	1,017	1,042
총차입금	320	440	323	371	499	505
자본금	12	16	22	22	74	76
총자본	203	300	536	569	566	727
지배주주지분	139	185	298	231	189	337

기업가치 지표
항목	2012	2013	2014	2015	2016	2017.2Q
주가(최고/저)(천원)	—/—	7.2/3.8	12.4/3.7	14.3/5.6	9.6/4.6	—/—
PER(최고/저)(배)	0.0/0.0	25.3/13.3	29.0/8.7	—/—	—/—	—/—
PBR(최고/저)(배)	0.0/0.0	2.2/1.1	3.1/1.0	4.7/1.8	4.1/2.0	2.2/1.5
EV/EBITDA(배)	3.0	12.3	18.9			
EPS(원)	718	246	368	-785	-732	-57
BPS(원)	44,231	5,756	6,807	5,292	2,023	2,209
CFPS(원)	15,918	736	992	-1,339	-560	7
DPS(원)	190	17	47			
EBITDAPS(원)	28,300	2,061	1,888	-1,912	-235	34

재무 비율 〈단위 : % 〉
연도	영업이익률	순이익률	부채비율	차입금비율	ROA	ROE	유보율	자기자본비율	EBITDA마진율
2016	-1.4	-2.7	179.5	88.1	-5.1	-32.1	304.5	35.8	-0.8
2015	-5.9	-5.4	133.7	65.2	-6.6	-26.2	958.5	42.8	-5.2
2014	2.5	1.2	141.4	60.3	2.4	11.2	1,261.5	41.4	2.9
2013	4.1	1.8	232.2	146.8	2.9	9.4	1,051.1	30.1	4.7

아이티엑스엠투엠 (A099520)
ITX-M2M

업 종: 보안장비		시 장: KOSDAQ	
신용등급: (Bond) — (CP) —		기업규모: 벤처	
홈 페 이 지: www.itxm2m.com		연 락 처: 02)2082-8500	
본 사: 서울시 금천구 가산디지털1로 212, 코오롱디지털타워애스턴 906호			

설 립 일 1998.02.27	종 업 원 수 113명	대 표 이 사 박상열	
상 장 일 2009.12.22	감 사 의 견 적정 (이촌)	계 열	
결 산 기 12월	보 통 주 1,411만주	종속회사수	
액 면 가 500원	우 선 주 —	구 상 호 ITX시큐리티	

주주구성 (지분율,%)		출자관계 (지분율,%)		주요경쟁사 (외형,%)	
박상열	17.6	에이치앤에듀	80.0	ITX엠투엠	100
에이티닝팬아시아조합	7.0	브이엠소프트	80.0	아이디스	528
(외국인)	2.3			인콘	147

매출구성		비용구성		수출비중	
DVR, NVR, IP카메라 등	76.0	매출원가율	76.9	수출	53.0
CCTV카메라 등	11.9	판관비율	40.8	내수	47.0
DVR 보드 등	11.0				

회사 개요
동사는 CCTV 영상보안장비 솔루션 전문 업체로, 영상기기 및 감시카메라 장치의 개발, 판매를 주로 영위 중임. 스탠드얼론 DVR, NVR, IP-Camera, 차세대 관제 시스템 등이 있음. CCTV 보안카메라의 영상을 처리하는 Recoder(DVR, NVR)군과 보안카메라(IP카메라) 등이 주력 제품으로 전체 매출의 90% 가량을 차지함. ODM/OEM 방식으로 국내외 보안업체에 판매됨.

실적 분석
동사의 2017년 상반기 매출액은 130.9억원으로 전년동기 대비 6.8% 감소함. 이는 국내외 주요 거래처에 대한 매출 감소의 영향임. 원가율 하락 및 판관비 감소에도 영업손실은 11.6억원으로 적자지속 중임. 비영업손실의 적자폭이 축소됐음에도 불구하고, 이익 감소로 당기순손실 역시 12.5억원으로 적자지속 중임. 고부가가치 신제품 판매 확대 등으로 수익성이 개선될 것으로 예상됨.

현금 흐름 *IFRS 별도 기준 〈단위 : 억원〉
항목	2016	2017.2Q
영업활동	16	-23
투자활동	53	31
재무활동	-76	-1
순현금흐름	-6	7
기말현금	17	12

시장 대비 수익률

결산 실적 〈단위 : 억원〉
항목	2012	2013	2014	2015	2016	2017
매출액	452	826	675	355	245	—
영업이익	12	34	-16	-124	-43	—
당기순이익	1	24	-21	-153	-69	—

분기 실적 *IFRS 별도 기준 〈단위 : 억원〉
항목	2016.1Q	2016.2Q	2016.3Q	2016.4Q	2017.1Q	2017.2Q
매출액	69	72	48	57	55	76
영업이익	-3	-8	-17	-16	-9	-2
당기순이익	-3	-8	-19	-39	-11	-2

재무 상태 *IFRS 별도 기준 〈단위 : 억원〉
항목	2012	2013	2014	2015	2016	2017.2Q
총자산	506	565	495	416	256	265
유형자산	121	120	133	115	88	84
무형자산	83	77	79	69	26	25
유가증권	1	24	34	63	47	4
총부채	260	201	154	205	112	134
총차입금	167	107	109	159	82	80
자본금	39	63	66	71	71	71
총자본	246	363	342	211	143	131
지배주주지분	246	363	342	211	143	131

기업가치 지표 *IFRS 별도 기준
항목	2012	2013	2014	2015	2016	2017.2Q
주가(최고/저)(천원)	2.4/1.2	8.0/2.3	7.8/2.0	3.3/1.4	2.7/1.5	—/—
PER(최고/저)(배)	193.8/100.4	37.2/10.8	—/—	—/—	—/—	—/—
PBR(최고/저)(배)	1.0/0.5	2.8/0.8	2.9/0.8	2.1/0.9	2.5/1.4	2.7/1.6
EV/EBITDA(배)	9.3	14.5	24.8			
EPS(원)	12	215	-158	-1,156	-492	-89
BPS(원)	3,189	2,879	2,650	1,558	1,076	988
CFPS(원)	423	511	85	-903	-294	-25
DPS(원)						
EBITDAPS(원)	579	606	120	-684	-109	-18

재무 비율 〈단위 : % 〉
연도	영업이익률	순이익률	부채비율	차입금비율	ROA	ROE	유보율	자기자본비율	EBITDA마진율
2016	-17.7	-28.3	78.3	57.1	-20.7	-39.1	115.2	56.1	-6.3
2015	-35.0	-43.2	96.8	75.0	-33.6	-55.4	211.6	50.8	-25.6
2014	-2.4	-3.1	45.0	32.0	-3.9	-5.9	430.1	69.0	2.4
2013	4.1	2.9	55.4	29.5	4.4	7.7	475.9	64.4	8.0

아주캐피탈 (A033660)
Aju Capital

업 종 : 소비자 금융	시 장 : 거래소
신용등급 : (Bond) ─ (CP) ─	기업규모 : 시가총액 중형주
홈 페 이 지 : www.ajucapital.co.kr	연 락 처 : 1544-8600
본 사 : 대전시 서구 대덕대로 239 (둔산동)	

설 립 일	1994.02.21	종 업 원 수	451명	대 표 이 사	박춘원
상 장 일	2009.06.25	감 사 의 견	적정 (삼정)	계 열	
결 산 기	12월	보 통 주	5,755만주	종 속 회 사 수	26개사
액 면 가	5,000원	우 선 주		구 상 호	

주주구성 (지분율,%)
웰투시제3호 투자유적회사	74.0
아주산업	12.9
(외국인)	1.1

출자관계 (지분율,%)
아주저축은행	100.0
아주IB투자	57.9
코스톤PEF5호	49.6

주요경쟁사 (외형,%)
아주캐피탈	100
삼성카드	1,323
	104

수익구성
이자수익	55.2
리스 및 렌탈관련수익	41.3
대출채권 등 평가 및 처분이익	1.4

비용구성
이자비용	28.2
파생상품손실	0.0
판관비	20.6

수출비중
수출	─
내수	─

회사 개요
동사는 1994년에 설립되어 여신전문금융업법에 근거해 자동차금융, 개인금융, 기업금융 등 다양한 여신업무를 영위하고 있음. 주요 종속회사인 아주아이비투자와 아주저축은행은 각각 신기술금융업 중심의여신업무와 일반대출 중심의 저축은행업무를 취급하고 있음. 동사가 소속된 아주그룹 계열사는 총 36개임. 동사는 여신금융 중에서도 자동차 관련 금융 서비스가 차지하는 비중이 크고, 여신금융 시장에서 관리자산 기준으로 동사의 점유율은 3.6%임.

실적 분석
동사는 2017년 2분기 누적 영업수익이 3,386억원으로 전년 동기 3,944.1억원에 비해 14.2% 감소했으나, 일반관리비 등 영업비용을 크게 줄여 영업이익은 617.6억원으로 전년 동기 604.9억원보다 12.7억원 증가했음. 동사는 2017년 반기 신규 취급액이 1조 5,489억원으로 전년 동기 3조 4,720억원의 44.6%에 그쳤음. 할부금융 신규취급액이 급감했으며, 리스금융과 오토론 등 일반대출도 전년도보다 줄었음.

현금 흐름 〈단위 : 억원〉
항목	2016	2017.2Q
영업활동	9,585	5,245
투자활동	243	-6
재무활동	-9,820	-5,687
순현금흐름	8	-761
기말현금	2,888	2,127

시장 대비 수익률

결산 실적 〈단위 : 억원〉
항목	2012	2013	2014	2015	2016	2017
순영업손익	1,422	1,602	1,911	2,096	2,123	―
영업이익	126	280	523	670	696	―
당기순이익	36	191	366	510	542	―

분기 실적 〈단위 : 억원〉
항목	2016.1Q	2016.2Q	2016.3Q	2016.4Q	2017.1Q	2017.2Q
순영업손익	509	656	586	372	476	615
영업이익	227	377	287	-196	245	372
당기순이익	176	289	211	-134	189	-30

재무 상태 〈단위 : 억원〉
항목	2012	2013	2014	2015	2016	2017.2Q
총자산	58,761	62,419	64,030	70,439	61,304	54,663
유형자산	116	108	81	34	38	35
무형자산	365	321	253	188	124	87
유가증권	2,147	2,513	3,387	3,904	5,617	3,371
총부채	51,832	55,430	56,794	62,896	53,429	46,784
총차입금	45,134	46,731	47,511	51,684	42,349	35,103
자본금	2,877	2,877	2,877	2,877	2,877	2,877
총자본	6,929	6,989	7,236	7,543	7,875	7,879
지배주주지분	6,526	6,558	6,772	7,076	7,367	7,365

기업가치 지표
항목	2012	2013	2014	2015	2016	2017.2Q
주가(최고/저)(천원)	4.3/3.1	4.7/3.2	6.9/3.9	6.6/4.9	7.1/5.6	―/―
PER(최고/저)(배)	52.9/38.0	20.4/13.9	14.1/7.9	9.1/6.9	8.8/6.9	―/―
PBR(최고/저)(배)	0.5/0.4	0.5/0.4	0.7/0.4	0.6/0.5	0.6/0.5	0.6/0.5
PSR(최고/저)(배)	0/0	0/0	0/0	0/0	2/2	―/―
EPS(원)	106	284	571	801	850	
BPS(원)	11,374	11,430	11,803	12,331	12,837	12,833
CFPS(원)	188	461	728	953	1,003	323
DPS(원)	300	250	300	400	350	1,073
EBITDAPS(원)	220	486	909	1,163	1,209	

재무 비율 〈단위 : % 〉
연도	계속사업이익률	순이익률	부채비율	차입금비율	ROA	ROE	유보율	자기자본비율	총자산증가율
2016	31.9	25.5	678.4	537.8	0.8	6.8	156.7	12.9	-13.0
2015	30.5	24.3	833.8	685.2	0.8	6.7	146.6	10.7	10.0
2014	26.5	19.1	784.9	656.6	0.6	4.9	136.1	11.3	2.6
2013	15.8	11.9	793.1	668.7	0.3	2.5	128.6	11.2	6.2

아즈텍더블유비이 (A032080)
AztechWB

업 종 : 섬유 및 의복	시 장 : KOSDAQ
신용등급 : (Bond) ─ (CP) ─	기업규모 : 우량
홈 페 이 지 : www.aztechwb.co.kr	연 락 처 : (051)202-3101
본 사 : 부산시 사하구 하신번영로 99	

설 립 일	1970.10.20	종 업 원 수	128명	대 표 이 사	허재명
상 장 일	2000.10.14	감 사 의 견	적정 (현대)	계 열	
결 산 기	12월	보 통 주	1,996만주	종 속 회 사 수	
액 면 가	500원	우 선 주		구 상 호	

주주구성 (지분율,%)
허재명	18.7
효림세움	11.0
(외국인)	2.6

출자관계 (지분율,%)

주요경쟁사 (외형,%)
아즈텍WB	100
우노앤컴퍼니	74
좋은사람들	241

매출구성
직물 신사	32.5
직물 숙녀	25.5
유니폼	23.5

비용구성
매출원가율	81.1
판관비율	12.3

수출비중
수출	─
내수	─

회사 개요
동사는 모직물 제조 및 판매를 주요 사업으로 영위할 목적으로 1969년 설립돼 2000년 10월 코스닥 시장에 상장됐음. 신사복, 숙녀복, 단체복용 원단을 자체 생산 및 판매하는 것이 주요사업 내용임. 국내 시장에서는 고급 제품은 이태리산 제품이 주력을 이루며, 중저가 제품은 중국산 제품이 들어와 가격경쟁이 심화되고 있음. 다만 내수경기 침체와 시장 불황 속에서도 모직물 사업 부문에서는 업계 1위 자리를 유지하고 있음.

실적 분석
동사의 2017년 상반기 매출액은 150.5억원으로 전년 대비 21.7% 감소함. 영업손실은 19.8억원 기록하며 적자 전환함. 당기순손실은 7.4억원을 시현하며 적자 전환함. 직물 부문이 전체 매출액의 90% 넘게 차지함. 어려운 시장환경 속에서 외형이 축소되고 경기 침체와 유통구조의 변화 속에서 수익성도 감소하는 모습을 보임. 차별화된 제품, 품질, 납기 등 비가격적인 경쟁력을 유지한다는 전략임.

현금 흐름 *IFRS 별도 기준 〈단위 : 억원〉
항목	2016	2017.2Q
영업활동	13	64
투자활동	-117	-17
재무활동	48	19
순현금흐름	-56	66
기말현금	19	86

시장 대비 수익률

결산 실적 〈단위 : 억원〉
항목	2012	2013	2014	2015	2016	2017
매출액	505	490	476	522	526	―
영업이익	30	-19	14	36	35	―
당기순이익	45	-25	20	38	43	―

분기 실적 *IFRS 별도 기준 〈단위 : 억원〉
항목	2016.1Q	2016.2Q	2016.3Q	2016.4Q	2017.1Q	2017.2Q
매출액	69	124	210	124	42	108
영업이익	-2	15	21	1	-1	-19
당기순이익	0	12	20	11	3	-10

재무 상태 *IFRS 별도 기준 〈단위 : 억원〉
항목	2012	2013	2014	2015	2016	2017.2Q
총자산	1,032	830	873	878	930	997
유형자산	165	163	167	165	173	174
무형자산	7	6	4	6	5	4
유가증권	117	111	147	149	176	265
총부채	288	115	131	107	57	140
총차입금	246	75	79	44	30	61
자본금	78	78	80	82	100	100
총자본	744	716	742	771	873	857
지배주주지분	744	716	742	771	873	857

기업가치 지표 *IFRS 별도 기준
항목	2012	2013	2014	2015	2016	2017.2Q
주가(최고/저)(천원)	5.9/1.9	2.5/1.7	2.5/1.4	3.3/1.9	4.6/2.4	―/―
PER(최고/저)(배)	21.1/6.6	―/―	20.8/11.5	14.3/8.4	20.7/10.6	―/―
PBR(최고/저)(배)	1.3/0.4	0.6/0.4	0.6/0.3	0.7/0.4	1.1/0.6	1.0/0.7
EV/EBITDA(배)	7.8		5.4	6.7	14.6	
EPS(원)	304	-161	125	235	228	-37
BPS(원)	4,782	4,596	4,615	4,685	4,373	4,295
CFPS(원)	346	-122	163	265	262	-21
DPS(원)	50		50	50	50	
EBITDAPS(원)	245	-83	129	256	217	-83

재무 비율 〈단위 : % 〉
연도	영업이익률	순이익률	부채비율	차입금비율	ROA	ROE	유보율	자기자본비율	EBITDA마진율
2016	6.6	8.2	6.6	3.4	4.8	5.3	774.6	93.8	7.8
2015	7.0	7.3	13.9	5.7	4.3	5.0	837.0	87.8	7.9
2014	3.0	4.1	17.6	10.7	2.3	2.7	823.0	85.0	4.2
2013	-3.9	-5.1	16.0	10.4	-2.7	-3.4	819.1	86.2	-2.6

아진산업 (A013310)
A-JIN INDUSTRY COLTD

업 종 : 자동차부품		시 장 : KOSDAQ	
신용등급 : (Bond) — (CP) —		기업규모 : 우량	
홈 페 이 지 : www.wamc.co.kr		연 락 처 : 053)856-9100	
본 사 : 경북 경산시 진량읍 공단8로26길 40 (신제리)			

설 립 일 1978.05.31	종 업 원 수 740명	대 표 이 사 서중호	
상 장 일 2015.12.22	감 사 의 견 적정 (안경)	계 열	
결 산 기 12월	보 통 주 1,322만주	종속회사수 4개사	
액 면 가 500원	우 선 주	구 상 호	

주주구성 (지분율,%)		출자관계 (지분율,%)		주요경쟁사 (외형,%)	
우신산업	28.8	JOON,INC	100.0	아진산업	100
서중호	8.5	아진금형텍	80.0	에이엔피	20
(외국인)	2.3	대우전자부품	9.7	코다코	57

매출구성		비용구성		수출비중	
FENDER APRON외	95.0	매출원가율	82.6	수출	85.0
차체부품 생산설비등	5.0	판관비율	9.7	내수	15.0

회사 개요
동사는 자동차용 차체부품의 생산 등의 목적으로 1978년 5월에 설립. 이후 자동차용 차체부품 산업에서 기술력 및 품질 등을 인정받아 우리나라 최고의 자동차 완성업체인 현대, 기아자동차와 오랜 거래관계를 유지해 오고 있음. 또한 차체부품 뿐만 아니라 자동차 전장부품에 개발에도 박차를 가하며 차량용 블랙박스, 어라운드뷰(AVM) 등 자동차 IT부품 기술력을 자체 보유. 결합 모듈부품을 공급함으로써 공정개선을 추진 중임.

실적 분석
동사의 2017년 상반기 연결기준 매출액은 2,243억원으로 전년동기 대비 13% 감소. 영업이익은 107.9억원으로 51% 감소하고 비영업손실 또한 84억으로 적자지속해 당기순이익은 96.4% 감소한 4.2억원을 기록. 동사의 전체 매출의 90% 이상이 현대자동차가 차지하고 있어 매출처 다변화가 필요. 독일 자동차 부품 업체인 브로제와 기술협력을 통해 중국 현지 법인에서 도어모듈을 자체 생산. 또한 국내에서는 르노삼성에 납품 성공함.

현금 흐름 〈단위 : 억원〉
항목	2016	2017.2Q
영업활동	836	183
투자활동	-663	-475
재무활동	-199	292
순현금흐름	-23	-8
기말현금	162	155

시장 대비 수익률

결산 실적 〈단위 : 억원〉
항목	2012	2013	2014	2015	2016	2017
매출액	2,965	2,745	2,958	3,377	5,060	—
영업이익	284	216	265	337	388	—
당기순이익	66	85	147	177	167	—

분기 실적 〈단위 : 억원〉
항목	2016.1Q	2016.2Q	2016.3Q	2016.4Q	2017.1Q	2017.2Q
매출액	1,245	1,332	1,222	1,261	1,248	995
영업이익	100	120	81	86	77	31
당기순이익	40	76	5	46	13	-9

재무 상태 〈단위 : 억원〉
항목	2012	2013	2014	2015	2016	2017.2Q
총자산	3,442	3,576	3,781	4,596	5,213	5,204
유형자산	2,100	2,232	2,647	3,468	3,878	3,926
무형자산	2	2	2	19	20	19
유가증권	13	13	43	62	74	155
총부채	2,851	2,900	3,149	3,451	3,855	3,787
총차입금	2,090	2,248	2,369	2,384	2,504	3,311
자본금	40	40	40	63	65	66
총자본	591	676	633	1,145	1,358	1,418
지배주주지분	509	578	633	1,145	1,358	1,412

기업가치 지표
항목	2012	2013	2014	2015	2016	2017.2Q
주가(최고/저)(천원)	—/—	—/—	—/—	6.8/6.3	12.1/6.4	—/—
PER(최고/저)(배)	0.0/0.0	0.0/0.0	0.0/0.0	3.2/3.0	9.2/4.9	—/—
PBR(최고/저)(배)	0.0/0.0	0.0/0.0	0.0/0.0	0.8/0.7	1.2/0.6	1.0/0.7
EV/EBITDA(배)	3.7		4.5	4.3	4.9	4.7
EPS(원)	488	753	1,744	2,136	1,319	33
BPS(원)	4,886	7,136	7,814	9,089	10,487	10,751
CFPS(원)	2,323	3,154	4,718	5,660	4,183	1,502
DPS(원)	—	—	—	—	—	—
EBITDAPS(원)	4,565	4,824	6,248	7,593	5,922	2,294

재무 비율 〈단위 : % 〉
연도	영업이익률	순이익률	부채비율	차입금비율	ROA	ROE	유보율	자기자본비율	EBITDA마진율
2016	7.7	3.3	283.8	184.3	3.4	13.4	1,997.3	26.1	14.8
2015	10.0	5.2	301.4	208.2	4.2	19.9	1,717.7	24.9	18.6
2014	9.0	5.0	497.6	374.4	4.0	23.1	1,498.9	16.7	17.1
2013	7.9	3.1	429.3	332.7	2.4	12.4	1,360.2	18.9	15.7

아진엑스텍 (A059120)
AJINEXTEK

업 종 : 반도체 및 관련장비		시 장 : KOSDAQ	
신용등급 : (Bond) — (CP) —		기업규모 : 벤처	
홈 페 이 지 : www.ajinextek.com		연 락 처 : 053)593-3700	
본 사 : 대구시 달서구 성서공단로 11길 27 (호림동)			

설 립 일 1997.12.29	종 업 원 수 82명	대 표 이 사 김창호	
상 장 일 2013.07.01	감 사 의 견 적정 (안진)	계 열	
결 산 기 12월	보 통 주 563만주	종속회사수	
액 면 가 500원	우 선 주	구 상 호	

주주구성 (지분율,%)		출자관계 (지분율,%)		주요경쟁사 (외형,%)	
김창호	21.4			아진엑스텍	100
김원호	7.6			하이셈	90
(외국인)	1.5			로체시스템즈	563

매출구성		비용구성		수출비중	
GMC(모션제어모듈)	51.9	매출원가율	51.8	수출	0.0
GMC(모션제어시스템)	46.3	판관비율	42.3	내수	100.0
유지보수용역 등	1.0				

회사 개요
동사는 비메모리 반도체 설계기술을 이용하여 산업용 모터 원천기술을 개발하고 이를 ASIC, SoC형태로 모션제어 칩(Chip)화하고, 이들 칩을 사용하여 산업자동화 현장의 고객이 원하는 다양한 모션제어 모듈, 모션제어 시스템, 로봇제어기 제품을 자체 기술로 개발, 제조, 판매, 서비스하는 범용 모션제어 부품 전문 기업임. 동사의 대상시장은 GMC 사업의 반도체 장비 시장과 스마트폰장비 시장 그리고 RMC사업의 제조용 로봇시장임.

실적 분석
동사의 2017년 연결 기준 2분기 매출과 영업이익은 각각 160.4억원, 34.6억원을 기록하면서 전년동기 대비 각각 147.8%, 34.6% 증가하였음. 판관비가 전년 동기대비 21.2% 증가하였음에도 불구하고, 매출의 증대에 따라 당기순이익은 28.7억원으로 전년동기 대비 흑자전환을 시현하였음. 이는 동사의 주력상품인 GMC 관련의 모션제어모듈의 매출증가에 기인한 것으로 보여짐.

현금 흐름 *IFRS 별도 기준 〈단위 : 억원〉
항목	2016	2017.2Q
영업활동	9	-24
투자활동	-17	-14
재무활동	105	-0
순현금흐름	97	-38
기말현금	154	116

시장 대비 수익률

결산 실적 〈단위 : 억원〉
항목	2012	2013	2014	2015	2016	2017
매출액	175	189	201	180	176	—
영업이익	33	36	28	13	10	—
당기순이익	29	33	29	14	11	—

분기 실적 *IFRS 별도 기준 〈단위 : 억원〉
항목	2016.1Q	2016.2Q	2016.3Q	2016.4Q	2017.1Q	2017.2Q
매출액	31	34	48	67	93
영업이익	0	-1	4	7	13	22
당기순이익	0	-1	4	8	13	19

재무 상태 *IFRS 별도 기준 〈단위 : 억원〉
항목	2012	2013	2014	2015	2016	2017.2Q
총자산	222	258	293	280	411	439
유형자산	44	43	45	61	67	79
무형자산	33	35	32	29	24	22
유가증권		0	1	0	0	0
총부채	97	100	42	32	139	149
총차입금	57	57		5	103	105
자본금	23	23	28	28	28	28
총자본	125	157	252	248	272	290
지배주주지분	125	157	252	248	272	290

기업가치 지표 *IFRS 별도 기준
항목	2012	2013	2014	2015	2016	2017.2Q
주가(최고/저)(천원)	—/—	8.0/3.4	7.7/3.9	7.6/4.0	13.5/5.9	—/—
PER(최고/저)(배)	0.0/0.0	11.5/4.9	13.8/7.0	31.0/16.2	68.1/29.6	—/—
PBR(최고/저)(배)	0.0/0.0	2.4/1.0	1.7/0.9	1.7/0.9	2.8/1.2	2.5/1.3
EV/EBITDA(배)	0.5	8.2	4.1	14.0	19.6	
EPS(원)	629	713	574	252	204	510
BPS(원)	2,719	3,421	4,470	4,682	5,002	5,318
CFPS(원)	770	857		758	399	585
DPS(원)	—	—			200	
EBITDAPS(원)	852	919	731	371	338	691

재무 비율 〈단위 : % 〉
연도	영업이익률	순이익률	부채비율	차입금비율	ROA	ROE	유보율	자기자본비율	EBITDA마진율
2016	5.9	6.5	51.0	37.7	3.3	4.4	900.4	66.2	10.8
2015	7.0	7.9	12.9	2.0	5.0	5.7	836.3	88.6	11.6
2014	13.8	14.5	16.5	0.0	10.6	14.2	793.9	85.8	18.4
2013	18.8	17.3	63.7	36.2	13.7	23.2	584.2	61.1	22.4

아트라스비엑스 (A023890)
Atlasbx

업 종 : 전자 장비 및 기기		시 장 : KOSDAQ	
신용등급 : (Bond) — (CP) —		기업규모 : 우량	
홈 페 이 지 : www.atlasbx.co.kr		연 락 처 : 042)620-4262	
본 사 : 대전시 대덕구 대전로 1331번길 185			

설 립 일	1944.02.18	종 업 원 수	658명	대 표 이 사	원석준
상 장 일	1994.11.23	감사의견	적정 (삼정)	계	열
결 산 기	12월	보 통 주	915만주	종속회사수	2개사
액 면 가	1,000원	우 선 주		구 상 호	

주주구성 (지분율,%)		출자관계 (지분율,%)		주요경쟁사 (외형,%)	
한국타이어	31.1	아트라스비엑스모터스포츠	100.0	아트라스BX	100
한국투자밸류자산운용	5.0	한국전지조합	14.3	녹십자셀	5
(외국인)	2.1	AtlasbxAmericaCorporation	100.0	대덕전자	88

매출구성		비용구성		수출비중	
배터리(차량용)	99.0	매출원가율	81.0	수출	87.0
배터리(산업용,기타)	1.0	판관비율	7.4	내수	13.0

회사 개요
한국타이어 계열사인 동사는 축전지 제조, 판매를 주요 사업으로 하고 있음. 레이싱팀운영 및 광고대행업을 주요사업으로 하는 (주)아트라스비엑스모터스포츠와 축전지 판매를 주요 사업으로 하는 Atlasbx America Corporation을 연결대상 종속회사로 보유함. 국내 축전지 생산 시장은 동사를 포함한 4개사가 2016년 말 기준 시장의 90% 이상을 점유하는 과점체제임. 동사 저위율은 약 22.2%임.

실적 분석
2017년 상반기 연결기준 동사는 매출 2,912.9억원을 시현함. 전년도 같은 기간 매출인 2,621.1억원에 비해 11.1% 성장함. 매출이 상승했지만 매출원가가 19.6% 증가하고 판매비와 관리비가 2.7% 늘어남. 이에 영업이익은 전년 동기 362.2억원에서 32.1% 축소된 245.8억원을 기록함. 비영업부문은 적자로 돌아섬. 이에 당기순이익은 36.3% 축소된 177.3억원을 기록하는 데 그침.

현금 흐름 〈단위 : 억원〉

항목	2016	2017.2Q
영업활동	589	456
투자활동	1,733	-86
재무활동	-2,787	-37
순현금흐름	-462	333
기말현금	518	851

시장 대비 수익률

결산 실적 〈단위 : 억원〉

항목	2012	2013	2014	2015	2016	2017
매출액	4,752	4,873	4,652	5,424	5,548	—
영업이익	722	624	553	656	642	—
당기순이익	541	540	516	546	507	—

분기 실적 〈단위 : 억원〉

항목	2016.1Q	2016.2Q	2016.3Q	2016.4Q	2017.1Q	2017.2Q
매출액	1,333	1,289	1,299	1,628	1,434	1,478
영업이익	196	166	101	179	91	155
당기순이익	154	125	64	164	49	129

재무 상태 〈단위 : 억원〉

항목	2012	2013	2014	2015	2016	2017.2Q
총자산	3,861	4,506	4,822	5,429	3,341	3,504
유형자산	681	746	1,095	1,009	984	1,002
무형자산	23	20	52	49	45	42
유가증권	221	116	703	115	2	3
총부채	841	978	866	1,004	1,139	1,138
총차입금	205	325	208	338	295	274
자본금	92	92	92	92	92	92
총자본	3,020	3,528	3,956	4,424	2,202	2,366
지배주주지분	3,020	3,528	3,956	4,424	2,202	2,366

기업가치 지표

항목	2012	2013	2014	2015	2016	2017.2Q
주가(최고/저)(천원)	34.5/19.9	41.9/27.0	44.6/34.9	44.5/32.5	64.1/37.6	—/—
PER(최고/저)(배)	6.3/3.7	7.5/4.9	8.2/6.4	7.6/5.6	11.6/6.8	1.0/0.9
PBR(최고/저)(배)	1.1/0.7	1.2/0.7	1.1/0.8	0.9/0.7	1.2/0.7	1.0/0.9
EV/EBITDA(배)	1.7		2.4	2.5	1.6	5.9
EPS(원)	5,912	5,902	5,642	5,973	5,542	1,938
BPS(원)	33,004	38,552	43,235	48,354	53,277	55,070
CFPS(원)	6,828	6,846	6,750	7,484	7,087	2,744
DPS(원)	700	700	700	700	300	
EBITDAPS(원)	8,805	7,768	7,148	8,678	8,566	3,493

재무 비율 〈단위 : % 〉

연도	영업이익률	순이익률	부채비율	차입금비율	ROA	ROE	유보율	자기자본비율	EBITDA마진율
2016	11.6	9.1	51.7	13.4	11.6	15.3	5,227.7	65.9	14.1
2015	12.1	10.1	22.7	7.6	10.7	13.0	4,735.4	81.5	14.6
2014	11.9	11.1	21.9	5.3	11.1	13.8	4,223.5	82.1	14.1
2013	12.8	11.1	27.7	9.2	12.9	16.5	3,755.2	78.3	14.6

아티스 (A101140)
ARTIS

업 종 : 에너지 시설 및 서비스		시 장 : 거래소	
신용등급 : (Bond) — (CP) —		기업규모 : 시가총액 소형주	
홈 페 이 지 : www.arthis.co.kr		연 락 처 : 031)420-4900	
본 사 : 경기도 평택시 통미로 23 (합정동, 1층)			

설 립 일	2008.03.12	종 업 원 수	19명	대 표 이 사	최무형
상 장 일	2008.04.02	감사의견	적정 (성지)	계	열
결 산 기	12월	보 통 주	2,364만주	종속회사수	
액 면 가	500원	우 선 주	만주	구 상 호	

주주구성 (지분율,%)		출자관계 (지분율,%)		주요경쟁사 (외형,%)	
대덕기연	15.6	한국디지틀애드컴	100.0	아티스	100
김무균	15.0			에스아이리소스	218
(외국인)	0.6			파루	915

매출구성		비용구성		수출비중	
WOOD PELLET 및 톱밥	65.2	매출원가율	85.9	수출	0.0
아동화 및 성인화	34.7	판관비율	32.6	내수	100.0
기타	0.1				

회사 개요
동사는 신발 제조 및 판매 기업으로 설립되었고, 국내 시장에서 포켓몬스터, 드래곤 볼, 유회왕, 유캔도, 파워레인져, 로보카폴리 등 다수의 아동 캐릭터 히트상품을 출시하여 캐릭터신발시장에서 높은 인지도를 보유함. 하지만 수년간 계속되던 국내경기 침체로 신발 판매가 부진해 신발 재고가 누적돼 왔음. 신발 재고는 수익성을 해치는 주요 요인임. 2017년부터 적정 재고 관리를 한다는 계획임.

실적 분석
동사의 2017년 2분기 매출액은 42.9억원으로 전년 대비 44.3% 감소함. 영업손실은 8.6억원으로 적자지속됨. 당기순손실은 5억원으로 적자지속됨. 동사는 신규 사업 일환으로 2013년부터 목재펠릿을 수입해 한국전력 등에 판매하는 사업을 시작함. 2016년에 정보통신 사업과 이란 시장에 포스 단말기를 공급하는 것을 골자로 해외 사업에 나섰지만 사업 진행을 포기함. 기존 사업 부문을 안정화시키는 데 주력한다는 계획임.

현금 흐름 *IFRS 별도 기준 〈단위 : 억원〉

항목	2016	2017.2Q
영업활동	3	-10
투자활동	0	-0
재무활동	-1	58
순현금흐름	2	48
기말현금	4	52

시장 대비 수익률

결산 실적 〈단위 : 억원〉

항목	2012	2013	2014	2015	2016	2017
매출액	102	80	118	89	115	—
영업이익	-12	-13	-13	-49	-21	—
당기순이익	-14	-14	-16	-57	-23	—

분기 실적 *IFRS 별도 기준 〈단위 : 억원〉

항목	2016.1Q	2016.2Q	2016.3Q	2016.4Q	2017.1Q	2017.2Q
매출액	48	29	16	22	30	13
영업이익	-3	-3	-5	-10	-1	-8
당기순이익	-3	-5	-5	-9	-1	-4

재무 상태 *IFRS 별도 기준 〈단위 : 억원〉

항목	2012	2013	2014	2015	2016	2017.2Q
총자산	85	100	71	146	124	153
유형자산	0	1	1	2	1	1
무형자산	0	0	0	0	0	0
유가증권						
총부채	39	63	30	68	66	32
총차입금	15	37	12	28	26	15
자본금	56	56	67	100	100	118
총자본	45	37	41	78	58	120
지배주주지분	45	37	41	78	58	120

기업가치 지표 *IFRS 별도 기준

항목	2012	2013	2014	2015	2016	2017.2Q
주가(최고/저)(천원)	2.2/1.0	1.6/0.9	1.6/0.8	2.8/1.1	3.6/1.5	—/—
PER(최고/저)(배)						
PBR(최고/저)(배)	5.3/2.4	4.9/2.6	5.0/2.6	7.0/2.9	12.4/5.0	5.7/3.4
EV/EBITDA(배)						
EPS(원)	-122	-123	-141	-307	-113	-24
BPS(원)	411	334	312	394	291	513
CFPS(원)	-117	-119	-138	-304	-110	-23
DPS(원)						
EBITDAPS(원)	-103	-110	-108	-264	-104	-40

재무 비율 〈단위 : % 〉

연도	영업이익률	순이익률	부채비율	차입금비율	ROA	ROE	유보율	자기자본비율	EBITDA마진율
2016	-18.5	-19.5	일부잠식	일부잠식	-16.8	-33.3	-41.7	46.5	-18.0
2015	-55.8	-64.1	일부잠식	일부잠식	-52.5	-95.4	-21.3	53.6	-55.2
2014	-10.9	-13.7	일부잠식	일부잠식	-18.8	-41.4	-37.6	58.0	-10.5
2013	-16.1	-17.3	일부잠식	일부잠식	-15.0	-33.7	-33.1	36.7	-15.6

아프리카티비 (A067160)
AfreecaTV

업 종 : 인터넷 서비스		시 장 : KOSDAQ	
신용등급 : (Bond) — (CP) —		기업규모 : 우량	
홈페이지 : corp.afreecatv.com		연 락 처 : 031)622-8001	
본 사 : 경기도 성남시 분당구 판교로228번길 15 (삼평동, 판교세븐벤처밸리 1단지 2동 201, 801, 901호)			

설 립 일	1996.04.22	종 업 원 수	478명	대 표 이 사	서수길
상 장 일	2003.12.19	감 사 의 견	적정 (신우)	계	열
결 산 기	12월	보 통 주	1,091만주	종속회사수	7개사
액 면 가	500원	우 선 주	—	구 상 호	나우콤

주주구성 (지분율,%)		출자관계 (지분율,%)		주요경쟁사 (외형,%)	
쎄인트인터내셔널	23.1	프리캡	100.0	아프리카TV	100
T. Rowe Price International Discovery Fund	7.6	프릭	100.0	NAVER	5,039
(외국인)	31.8	블루윈드	40.0	카카오	1,834

매출구성		비용구성		수출비중	
뉴미디어 플랫폼	99.3	매출원가율	0.0	수출	—
기타	0.7	판관비율	79.9	내수	—

회사 개요
동사는 국내에서 독보적인 입지를 확보한 SNS 플랫폼 'AfreecaTV'를 중심으로 온라인 게임과 모바일 게임 등의 인터넷 기반 서비스를 제공하고 있음. 또한 일본시장 진출을 위해 일본 현지법인인 AFREECATV CO., LTD.를 설립하고 국내 유명 개발사인 (주)블루윈드의 지분을 인수하여 모바일 게임 라인업을 계속 확대해 나가고 있음. 매출비중은 플랫폼 서비스 99%, 인터넷게임 1%로 구성. 최근 프로게임단 '아프리카프릭스'를 창단함.

실적 분석
동사의 2017년 2분기 누적 매출액은 생방송 증가와 기부경제 성장의 영향으로 전년동기 대비 15.4% 증가한 440.3억원을 기록함. 영업이익은 유료이용자(PU) 수와 소비 규모 증가, 광고 실적 개선으로 전년대비 21.2% 증가한 90억원을 기록함. 라이브 영상 플랫폼 시장이 국내뿐 아니라 글로벌로 확대되고 있고, 계속해서 새로운 커뮤니티와 파트너들이 늘어나고 있어 향후 성장 전망도 긍정적임.

현금 흐름 〈단위 : 억원〉

항목	2016	2017.2Q
영업활동	215	102
투자활동	-188	-45
재무활동	-33	-50
순현금흐름	-6	8
기말현금	166	173

시장 대비 수익률

결산 실적 〈단위 : 억원〉

항목	2012	2013	2014	2015	2016	2017
매출액	491	367	505	629	798	—
영업이익	10	43	56	76	160	—
당기순이익	20	21	28	41	100	—

분기 실적 〈단위 : 억원〉

항목	2016.1Q	2016.2Q	2016.3Q	2016.4Q	2017.1Q	2017.2Q
매출액	183	198	203	214	215	225
영업이익	36	38	35	51	47	43
당기순이익	31	32	25	13	36	33

재무 상태 〈단위 : 억원〉

항목	2012	2013	2014	2015	2016	2017.2Q
총자산	566	577	622	680	834	886
유형자산	117	115	116	119	121	140
무형자산	67	84	66	49	28	26
유가증권	23	24	95	90	61	60
총부채	246	207	193	200	261	286
총차입금	161	108	75	21	—	—
자본금	46	49	52	52	54	54
총자본	320	370	429	481	573	600
지배주주지분	320	361	425	475	572	600

기업가치 지표

항목	2012	2013	2014	2015	2016	2017.2Q
주가(최고/저)(천원)	14.0/6.5	12.7/6.2	31.9/9.2	39.9/20.1	33.7/19.4	—/—
PER(최고/저)(배)	64.8/30.0	397.2/192.3	105.0/30.1	85.0/42.8	35.4/20.4	—/—
PBR(최고/저)(배)	4.0/1.8	3.4/1.6	7.5/2.2	8.4/4.2	5.9/3.4	4.0/3.3
EV/EBITDA(배)	18.7	14.6	29.9	26.0	12.9	
EPS(원)	228	33	312	478	962	641
BPS(원)	3,715	3,896	4,355	4,840	5,817	6,256
CFPS(원)	576	285	653	762	1,217	768
DPS(원)	110	115	150	200	290	
EBITDAPS(원)	462	705	886	1,023	1,760	955

재무 비율 〈단위 : % 〉

연도	영업이익률	순이익률	부채비율	차입금비율	ROA	ROE	유보율	자기자본비율	EBITDA마진율
2016	20.1	12.6	45.6	0.0	13.3	19.6	1,063.3	68.7	23.5
2015	12.1	6.6	41.5	4.4	6.4	11.0	868.0	70.7	16.8
2014	11.0	5.5	45.0	17.4	4.6	8.1	771.0	68.9	17.9
2013	11.8	0.5	56.0	29.2	0.3	0.9	679.2	64.1	18.3

안국약품 (A001540)
AHN-GOOK PHARMACEUTICAL

업 종 : 제약		시 장 : KOSDAQ	
신용등급 : (Bond) — (CP) —		기업규모 : 우량	
홈페이지 : www.ahn-gook.com		연 락 처 : 02)3289-4222	
본 사 : 서울시 영등포구 시흥대로 613			

설 립 일	1959.02.12	종 업 원 수	502명	대 표 이 사	어준선,어진
상 장 일	2000.06.04	감 사 의 견	적정 (삼정)	계	열
결 산 기	12월	보 통 주	1,304만주	종속회사수	—
액 면 가	500원	우 선 주	—	구 상 호	—

주주구성 (지분율,%)		출자관계 (지분율,%)		주요경쟁사 (외형,%)	
어진	22.7	안국뉴팜	100.0	안국약품	100
어준선	20.4	안국바이오진단	58.9	아미노로직스	9
(외국인)	1.8	안국건강	31.5	에스텍파마	25

매출구성		비용구성		수출비중	
기타	47.4	매출원가율	59.5	수출	3.0
클리오시럽 등	20.2	판관비율	38.1	내수	97.0
애니텐션 등	17.3				

회사 개요
동사는 1959년 2월 법인 전환 후 2000년 6월 코스닥 시장에 상장됨. 전문의약품, 화공약품, 의료기구 및 위생재료의 생산 및 판매를 사업으로 영위하고 있음. 진해거담제시장, 소화기계시장, 소염진통제시장, 눈 영양제시장 등에서 높은 점유율을 차지하고 있음. 주력 품목으로는 진해거담제 '푸로스판시럽', 눈치료 영양제 '토비콤에스', 종합소화효소제 '파파제' 등이 있음.

실적 분석
동사의 2017년 2분기기준 누적 매출액은 전년동기대비 5.9% 상승한 901.6억원을 기록하였음. 비용면에서 전년동기대비 매출원가는 감소 하였으며 인건비는 거의 동일 하였고 광고선전비는 크게 증가 하였고 기타판매비와관리비도 마찬가지로 증가함. 이와 같이 상승한 매출액 만큼 비용증가도 있었으나 매출액의 더 큰 상승에 힘입어 그에 따라 전년동기대비 영업이익은 53.8억원으로 387.2% 크게 상승하였음.

현금 흐름 〈단위 : 억원〉

항목	2016	2017.2Q
영업활동	154	84
투자활동	-114	-9
재무활동	-19	-24
순현금흐름	21	49
기말현금	214	263

시장 대비 수익률

결산 실적 〈단위 : 억원〉

항목	2012	2013	2014	2015	2016	2017
매출액	1,408	1,540	1,679	1,977	1,740	—
영업이익	55	104	98	129	42	—
당기순이익	36	69	-15	89	13	—

분기 실적 〈단위 : 억원〉

항목	2016.1Q	2016.2Q	2016.3Q	2016.4Q	2017.1Q	2017.2Q
매출액	432	419	414	475	454	448
영업이익	10	1	4	27	27	26
당기순이익	7	-6	1	12	18	25

재무 상태 〈단위 : 억원〉

항목	2012	2013	2014	2015	2016	2017.2Q
총자산	1,678	1,632	1,791	1,979	1,963	1,950
유형자산	408	453	497	493	505	494
무형자산	45	39	30	31	26	27
유가증권	297	205	210	277	270	293
총부채	535	368	566	660	649	616
총차입금	207	120	141	248	246	244
자본금	58	64	65	65	65	65
총자본	1,144	1,264	1,225	1,319	1,313	1,333
지배주주지분	1,136	1,259	1,217	1,311	1,309	1,329

기업가치 지표

항목	2012	2013	2014	2015	2016	2017.2Q
주가(최고/저)(천원)	8.3/5.9	10.2/6.7	16.4/8.3	31.0/11.6	23.7/10.6	—/—
PER(최고/저)(배)	31.4/22.3	20.5/13.4	—/—	44.4/16.6	183.3/81.8	—/—
PBR(최고/저)(배)	0.9/0.7	1.1/0.7	1.8/0.9	3.1/1.2	2.3/1.0	1.2/1.0
EV/EBITDA(배)	8.9	7.7	11.6	14.7	20.4	
EPS(원)	289	532	-105	718	132	335
BPS(원)	10,077	10,217	9,722	10,353	10,340	10,493
CFPS(원)	489	721	111	938	374	458
DPS(원)	135	205	205	220	220	
EBITDAPS(원)	657	1,040	975	1,212	562	537

재무 비율 〈단위 : % 〉

연도	영업이익률	순이익률	부채비율	차입금비율	ROA	ROE	유보율	자기자본비율	EBITDA마진율
2016	2.4	0.8	49.4	18.7	0.7	1.3	1,968.1	66.9	4.2
2015	6.5	4.5	50.0	18.8	4.7	7.4	1,970.7	66.7	8.0
2014	5.8	-0.9	46.2	11.5	-0.9	-1.1	1,844.4	68.4	7.5
2013	6.7	4.5	29.1	9.5	4.2	5.5	1,943.4	77.4	8.1

안랩 (A053800)
AHNlab

업 종 : 일반 소프트웨어		시 장 : KOSDAQ	
신용등급 : (Bond) — (CP) —		기업규모 : 우량	
홈페이지 : www.ahnlab.com		연 락 처 : 031)722-8000	
본 사 : 경기도 성남시 분당구 판교역로 220			

설 립 일 1995.03.18	종 업 원 수 1,067명	대 표 이 사 권치중	
상 장 일 2001.09.05	감사의견 적정 (삼일)	계 열	
결 산 기 12월	보 통 주 1,001만주	종속회사수 2개사	
액 면 가 500원	우 선 주	구 상 호	

주주구성 (지분율,%)		출자관계 (지분율,%)		주요경쟁사 (외형,%)	
안철수	18.6	Ahnlab,Inc(Japan) 100.0		안랩	100
동그라미재단	10.0	Ahnlab,Inc(China) 100.0		더존비즈온	124
(외국인)	7.9			한컴MDS	105

매출구성		비용구성		수출비중	
V3,TrusGuard,IPS등	64.5	매출원가율	26.1	수출	4.0
관제서비스	14.7	판관비율	63.3	내수	96.0
프로그램 복구, 메모리 외	10.2				

회사 개요
동사는 1995년 설립된 국내 대표 통합보안 업체로 국내 최강수 소프트웨어 브랜드인 V3 제품군을 비롯해 네트워크보안서비스인 트러스가드, 보안컨설팅, 보안관제 등의 서비스를 제공하는 업체임. 바이러스 백신 분야에서 시장점유율 1위를 기록하고 있음. 서비스 분야는 보안 컨설팅과 네트워크 침해 사고 여부를 24시간 모니터링 및 대응하는 보안 관제 등이 있음. 공공기관과 금융기관에 대규모 해킹사태가 연달아 발생한 이후 관련 수요가 늘고 있음.

실적 분석
동사의 2017년 2분기 누적 매출액은 전년동기대비 12.6% 증가한 686.7억원을 기록함. 비용 증가보다 더 큰 폭의 매출 성장으로 2분기 누적 영업이익은 전년동기대비 46% 성장한 55.1억원, 당기순이익은 30.5% 성장한 56.5억원을 시현함. 보안솔루션과 네트워크 등 각 사업부 별로 고른 성장세를 보였으며 특히 클라우드 원격 보안 서비스 사업이 시장에 안착하며 전체 매출이 상승함. 향후 클라우드 보안 시장 성장에 따른 수혜가 기대됨.

현금 흐름		〈단위 : 억원〉
항목	2016	2017.2Q
영업활동	243	135
투자활동	-299	-126
재무활동	-43	-61
순현금흐름	-98	-51
기말현금	290	239

시장 대비 수익률

결산 실적						〈단위 : 억원〉
항목	2012	2013	2014	2015	2016	2017
매출액	1,317	1,373	1,354	1,345	1,429	—
영업이익	128	39	90	120	152	—
당기순이익	140	64	90	119	146	—

분기 실적						〈단위 : 억원〉
항목	2016.1Q	2016.2Q	2016.3Q	2016.4Q	2017.1Q	2017.2Q
매출액	275	335	377	443	329	358
영업이익	13	25	43	71	18	37
당기순이익	16	27	36	67	20	37

재무 상태						〈단위 : 억원〉
항목	2012	2013	2014	2015	2016	2017.2Q
총자산	1,849	1,840	1,881	1,946	2,146	2,124
유형자산	740	718	691	661	663	637
무형자산	29	26	24	26	26	24
유가증권	300	403	259	221	355	389
총부채	442	401	364	333	426	404
총차입금	—	—	—	—	—	—
자본금	52	52	52	52	52	52
총자본	1,407	1,439	1,518	1,613	1,720	1,720
지배주주지분	1,407	1,439	1,518	1,613	1,720	1,720

기업가치 지표						
항목	2012	2013	2014	2015	2016	2017.2Q
주가(최고/저)(천원)	154/33.9	83.7/41.8	63.4/32.4	80.2/35.2	85.2/47.0	—/—
PER(최고/저)(배)	114.0/25.1	134.2/67.0	72.1/36.9	68.2/30.2	59.1/32.6	—/—
PBR(최고/저)(배)	9.8/2.2	5.2/2.6	3.8/1.9	4.5/2.0	4.5/2.5	7.6/2.6
EV/EBITDA(배)	18.8	45.1	17.1	36.0	20.5	—
EPS(원)	1,402	643	903	1,190	1,460	565
BPS(원)	16,242	16,518	17,271	18,225	19,290	19,287
CFPS(원)	2,137	1,457	1,707	1,987	2,234	951
DPS(원)	400	200	300	500	700	—
EBITDAPS(원)	2,015	1,208	1,705	1,991	2,297	937

재무 비율								〈단위 : % 〉
연도	영업이익률	순이익률	부채비율	차입금비율	ROA	ROE	유보율	자기자본비율	EBITDA마진율
2016	10.7	10.2	24.8	0.0	7.1	8.8	3,627.3	80.2	16.1
2015	8.9	8.9	20.6	0.0	6.2	7.6	3,421.4	82.9	14.8
2014	6.7	6.7	24.0	0.0	4.9	6.1	3,237.0	80.7	12.6
2013	2.9	4.7	27.9	0.0	3.5	4.5	3,091.7	78.2	8.8

안지오랩 (A251280)
AngioLab

업 종 : 제약		시 장 : KONEX	
신용등급 : (Bond) — (CP) —		기업규모 : —	
홈페이지 : www.angiolab.co.kr		연 락 처 : 042)867-5786	
본 사 : 대전시 유성구 테크노3로 65, 122호, 159호(관평동, 한신에스메카)			

설 립 일 1999.06.03	종 업 원 수 10명	대 표 이 사 김민영	
상 장 일 2016.10.25	감사의견 적정 (한울)	계 열	
결 산 기 12월	보 통 주	종속회사수	
액 면 가	우 선 주	구 상 호	

주주구성 (지분율,%)		출자관계 (지분율,%)		주요경쟁사 (외형,%)	
김민영	45.5			안지오랩	100
네오플럭스기술가치평가투자조합	6.2			삼일제약	19,352
				한국비엔씨	2,489

매출구성		비용구성		수출비중	
의약품 및 건강기능식품원료	57.5	매출원가율	44.4	수출	33.0
건강기능식품	32.9	판관비율	251.7	내수	67.0
기타	9.6				

회사 개요
동사는 1999년 6월 주식회사 안지오랩이라는 법인형태로 설립되었으며, 2016년 10월 25일 코넥스 시장에 상장함. 주요사업은 비만치료제, 안과질환치료제, 치주질환치료제 및 주름억제제 등의 개발 및 제조 판매임. 동사는 혈관신생분야에 특화된 기술을 가지고 있으며, 혈관신생억제제를 이용한 의약품, 건강기능식품, 화장품을 개발하고 있으며, 이와 관련하여 60여건의 특허를 보유하고 있음.

실적 분석
동사의 2016년 매출액은 5.0억원, 매출원가는 2.2억원을 기록하여 매출총이익 2.8억원을 시현함. 인건비 4.8억원, 경상개발비 3.1억원 등 판매비와관리비는 12.6억원을 나타냄. 그 결과 영업이익은 9.8억원의 적자를 기록함. 영업이익 적자로 당기순이익도 9.4억원의 적자를 나타냄. 현재 보유하고 있는 파이프라인의 기술이전 계약을 계획하고 있으며, 해당 기술 이전 계약이 성공적으로 이루어질 경우 매출액 증가도 가능함.

현금 흐름	*IFRS 별도 기준	〈단위 : 억원〉
항목	2016	2017.2Q
영업활동	-7	—
투자활동	-73	—
재무활동	85	—
순현금흐름	6	—
기말현금	13	—

시장 대비 수익률

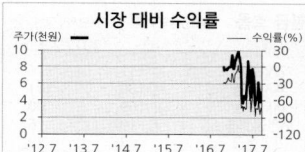

결산 실적						〈단위 : 억원〉
항목	2012	2013	2014	2015	2016	2017
매출액	—	10	9	7	5	—
영업이익	—	-2	-4	-7	-10	—
당기순이익	—	-3	-4	-4	-9	—

분기 실적	*IFRS 별도 기준					〈단위 : 억원〉
항목	2016.1Q	2016.2Q	2016.3Q	2016.4Q	2017.1Q	2017.2Q
매출액	—	—	—	—	—	—
영업이익	—	—	—	—	—	—
당기순이익	—	—	—	—	—	—

재무 상태	*IFRS 별도 기준					〈단위 : 억원〉
항목	2012	2013	2014	2015	2016	2017.2Q
총자산	—	33	61	44	116	—
유형자산	—	0	0	0	1	—
무형자산	—	20	19	11	12	—
유가증권	—	3	3	3	14	—
총부채	—	12	13	8	10	—
총차입금	—	5	6	0	0	—
자본금	—	10	12	12	17	—
총자본	—	21	47	36	106	—
지배주주지분	—	21	47	36	106	—

기업가치 지표	*IFRS 별도 기준					
항목	2012	2013	2014	2015	2016	2017.2Q
주가(최고/저)(천원)	—/—	—/—	—/—	—/—	—/—	—/—
PER(최고/저)(배)	0.0/0.0	0.0/0.0	0.0/0.0	0.0/0.0	0.0/0.0	0.0/0.0
PBR(최고/저)(배)	0.0/0.0	0.0/0.0	0.0/0.0	0.0/0.0	2.9/2.0	0.0/0.0
EV/EBITDA(배)	0.0					
EPS(원)	—	-128	-119	-444	-321	—
BPS(원)	—	2,131	3,898	2,924	3,195	—
CFPS(원)	—	-133	-194	-963	-233	—
DPS(원)	—	—	—	—	—	—
EBITDAPS(원)	—	-12	-219	-488	-247	—

재무 비율								〈단위 : % 〉
연도	영업이익률	순이익률	부채비율	차입금비율	ROA	ROE	유보율	자기자본비율	EBITDA마진율
2016	-196.1	-187.8	9.2	0.0	-11.7	-13.3	539.0	91.6	-144.6
2015	-101.9	-168.9	23.6	0.0	-22.7	-28.6	192.4	80.9	-68.8
2014	-42.8	-39.9	27.9	12.7	-7.5	-10.2	289.9	78.2	-25.5
2013	-20.9	-32.4	57.3	23.8	-10.0	-13.1	113.1	63.6	-1.2

안트로젠 (A065660)
ANTEROGEN CO

업 종 : 제약		시 장 : KOSDAQ	
신용등급 : (Bond) — (CP) —		기업규모 : 신성장	
홈 페 이 지 : www.anterogen.com		연 락 처 : 02)2104-0391	
본 사 : 서울시 금천구 디지털로 130, 405호(가산동, 남성플라자)			

설 립 일 2000.03.16	종 업 원 수 34명	대 표 이 사 이성구	
상 장 일 2016.02.15	감 사 의 견 적정 (대주)	계 열	
결 산 기 12월	보 통 주 795만주	종속회사수	
액 면 가 500원	우 선 주	구 상 호	

주주구성 (지분율,%)
부광약품	20.1
이성구	12.7
(외국인)	3.5

출자관계 (지분율,%)

주요경쟁사 (외형,%)
안트로젠	100
아미노로직스	334
에스텍파마	886

매출구성
기타	38.3
레모둘린	37.7
큐피스템 SCM, SCM2,	24.0

비용구성
매출원가율	28.5
판관비율	69.1

수출비중
수출	—
내수	—

회사 개요
동사는 2000년 3월 설립된 줄기세포 치료제 개발 및 판매, 줄기세포관련 기술 수출을 영위하는 업체로 2016년 2월 코스닥시장에 상장됨. 2010년 3월에는 자가 지방조직유래 최소조작 지방세포 치료제인 퀸셀이 품목 허가를 받음. 2012년 1월에는 줄기세포 치료제인 큐피스템이 시판 허가를 획득함. 큐피스템은 난치성 희귀질환인 크론병으로 인한 누공의 치료에 사용하는 희귀의약품임.

실적 분석
동사의 2017년 2분기 누적 매출액은 전년 동기 대비 6.0% 증가한 30.1억원을 기록함. 매출원가는 43.4% 증가한 9.3억원으로 매출총이익은 20.7억원에 그쳐 5.2% 감소함. 인건비의 20.9% 증가와 경상개발비의 29.4% 증가 등으로 전체 판관비는 19.9% 증가한 18.5억원을 기록함. 그 결과 영업이익은 2.2억원으로 전년 동기 대비 65.8% 감소함. 영업이익 감소로 당기순이익도 전년 동기 대비 60.4% 감소함.

현금 흐름 *IFRS 별도 기준 〈단위 : 억원〉
항목	2016	2017.2Q
영업활동	-1	6
투자활동	-150	-101
재무활동	169	100
순현금흐름	19	6
기말현금	67	73

시장 대비 수익률

결산 실적 〈단위 : 억원〉
항목	2012	2013	2014	2015	2016	2017
매출액	22	9	18	35	49	—
영업이익	6	-19	-16	-1	1	—
당기순이익	7	-18	-14	-1	4	—

분기 실적 *IFRS 별도 기준 〈단위 : 억원〉
항목	2016.1Q	2016.2Q	2016.3Q	2016.4Q	2017.1Q	2017.2Q
매출액	21	14	5	9	19	11
영업이익	11	-4	1	-6	6	-4
당기순이익	12	-4	1	-5	6	-3

재무 상태 *IFRS 별도 기준 〈단위 : 억원〉
항목	2012	2013	2014	2015	2016	2017.2Q
총자산	87	148	145	185	354	470
유형자산	14	21	21	22	70	71
무형자산	16	16	21	23	30	32
유가증권	—	0	0	0	1	87
총부채	6	7	15	18	14	16
총차입금						
자본금	28	32	32	34	37	40
총자본	81	141	130	166	340	454
지배주주지분	81	141	130	166	340	454

기업가치 지표 *IFRS 별도 기준
항목	2012	2013	2014	2015	2016	2017.2Q
주가(최고/저)(천원)	—/—	—/—	—/—	—/—	41.0/17.6	—/—
PER(최고/저)(배)	0.0/0.0	0.0/0.0	0.0/0.0	0.0/0.0	815.7/350.2	—/—
PBR(최고/저)(배)	0.0/0.0	0.0/0.0	0.0/0.0	0.0/0.0	9.0/3.9	4.1/3.2
EV/EBITDA(배)	—	—	—	—	356.3	—
EPS(원)	125	-290	-219	-9	50	41
BPS(원)	1,429	2,179	2,001	2,468	4,559	5,706
CFPS(원)	186	-250	-178	35	92	66
DPS(원)						
EBITDAPS(원)	162	-265	-204	26	58	53

재무 비율 〈단위 : % 〉
연도	영업이익률	순이익률	부채비율	차입금비율	ROA	ROE	유보율	자기자본비율	EBITDA마진율
2016	2.5	7.6	4.1	0.0	1.4	1.5	811.8	96.0	8.8
2015	-3.4	-1.7	11.1	0.0	-0.4	-0.4	393.6	90.0	4.9
2014	-86.5	-77.2	11.6	0.0	-9.7	-10.5	300.1	89.6	-72.1
2013	-208.2	-197.6	4.9	0.0	-15.4	-16.3	335.9	95.3	-180.5

알로이스 (A271400)
ALOYS

업 종 : 셋톱 박스		시 장 : KONEX	
신용등급 : (Bond) — (CP) —		기업규모 :	
홈 페 이 지 : www.aloys.co.kr		연 락 처 : 070)8680-5501	
본 사 : 경기도 성남시 중원구 양현로405번길 4-5 3층			

설 립 일 2015.09.21	종 업 원 수 22명	대 표 이 사 권충식	
상 장 일 2017.07.07	감 사 의 견 검토 (한미)	계 열	
결 산 기 12월	보 통 주	종속회사수	
액 면 가	우 선 주	구 상 호	

주주구성 (지분율,%)
권충식	29.3
신정관	20.2

출자관계 (지분율,%)

주요경쟁사 (외형,%)
알로이스	100
디엠티	1,375
.휴맥스	24,013

매출구성
위성용 등	49.3
IPTV	35.6
용역매출	14.9

비용구성
매출원가율	37.7
판관비율	47.7

수출비중
수출	82.0
내수	18.0

회사 개요
동사는 2015년 9월 설립했으며 위성 및 IPTV 셋톱박스 제조업을 영위함. 셋톱박스는 위성, 케이블, 지상파, 인터넷망 매체 등을 이용하여 송출되는 디지털 방송신호를 수신하고, TV나 기타 디스플레이 장치로 영상, 음성 및 문자 등 기타 방송 구현에 필요한 데이터를 처리해 출력함으로써 방송 시청, 혹은 인터넷 접속 등 다양한 부가기능을 제공하는 기기. 디지털 셋톱박스 산업은 기간 산업적인 성격을 갖고 있으며 방송산업과 연관됨.

실적 분석
동사의 2017년 상반기 연결기준 누적 매출액은 34.6억원을 기록함. 매출원가와 판관비를 제외한 영업손실은 0.4억으로 적자를 기록함. 비영업손익 부문에서도 외환손실 등으로 인해 당기순손실은 0.7억원을 시현하며 전년 동기 대비 순손실 적자 전환함. 매출 규모가 작고 고정 비용이 발생하면서 영업손실이 발생하며 추가 매출 상승이 이뤄져야 흑자 전환이 가능할 것으로 예상됨.

현금 흐름 *IFRS 별도 기준 〈단위 : 억원〉
항목	2016	2017.2Q
영업활동	3	-7
투자활동	-3	0
재무활동	-0	8
순현금흐름	1	1
기말현금	5	6

시장 대비 수익률

결산 실적 〈단위 : 억원〉
항목	2012	2013	2014	2015	2016	2017
매출액	—	—	—	6	56	—
영업이익	—	—	—	2	8	—
당기순이익	—	—	—	2	8	—

분기 실적 *IFRS 별도 기준 〈단위 : 억원〉
항목	2016.1Q	2016.2Q	2016.3Q	2016.4Q	2017.1Q	2017.2Q
매출액	—	—	—	—	16	1
영업이익	—	—	—	—	0	1
당기순이익	—	—	—	—	-0	1

재무 상태 *IFRS 별도 기준 〈단위 : 억원〉
항목	2012	2013	2014	2015	2016	2017.2Q
총자산	—	—	—	7	34	3
유형자산	—	—	—	1	1	
무형자산	—	—	—	1	1	
유가증권	—	—	—			
총부채	—	—	—	1	20	
총차입금						
자본금	—	—	—	5	5	
총자본	—	—	—	6	14	1
지배주주지분	—	—	—	6	14	1

기업가치 지표 *IFRS 별도 기준
항목	2012	2013	2014	2015	2016	2017.2Q
주가(최고/저)(천원)	—/—	—/—	—/—	—/—	—/—	—/—
PER(최고/저)(배)	0.0/0.0	0.0/0.0	0.0/0.0	0.0/0.0	0.0/0.0	—/—
PBR(최고/저)(배)	0.0/0.0	0.0/0.0	0.0/0.0	0.0/0.0	0.0/0.0	—/—
EV/EBITDA(배)	0.0	0.0	0.0	0.0	0.0	—
EPS(원)	—	—	—	493	885	-7
BPS(원)	—	—	—	6,691	15,544	1,61
CFPS(원)	—	—	—	5,377	10,043	
DPS(원)						
EBITDAPS(원)	—	—	—	6,106	10,373	

재무 비율 〈단위 : % 〉
연도	영업이익률	순이익률	부채비율	차입금비율	ROA	ROE	유보율	자기자본비율	EBITDA마진율
2016	14.7	14.2	144.9	0.0	38.6	79.6	210.9	40.8	16.
2015	30.1	26.3	16.8	0.0	33.8	33.8	85.6	85.6	32.
2014	0.0	0.0	0.0	0.0	0.0	0.0	0.0	0.0	0.0
2013	0.0	0.0	0.0	0.0	0.0	0.0	0.0	0.0	0.0

알루코 (A001780)
ALUKO

업 종 : 금속 및 광물		시 장 : 거래소	
신용등급 : (Bond) — (CP) —		기업규모 : 시가총액 중형주	
홈페이지 : www.alusash.co.kr		연 락 처 : 042)605-8300	
본 사 : 대전시 대덕구 대화로119번길 31			

설 립 일	1956.06.04	종 업 원 수	256명	대 표 이 사	김택동,박석봉(각자대표이사)
상 장 일	2007.06.07	감 사 의 견	적정 (삼덕)	계 열	
결 산 기	12월	보 통 주	7,452만주	종속회사수	6개사
액 면 가	500원	우 선 주	4만주	구 상 호	동양강철

주주구성 (지분율,%)		출자관계 (지분율,%)		주요경쟁사 (외형,%)	
케이피티유	19.6	현대알루미늄	100.0	알루코	100
알루텍	15.9	고강알루미늄	100.0	세아홀딩스	941
(외국인)	2.7	ALKVINA	100.0	제닉스	1

매출구성		비용구성		수출비중	
알루코-제품	64.6	매출원가율	87.5	수출	38.0
고강알루미늄-제품	12.6	판관비율	6.8	내수	62.0
현대알루미늄-공사수익	12.3				

회사 개요
동사는 1956년 설립된 국내 유일의 알루미늄 압출 전문업체임. 주요 수요처가 LED TV의 엣지바 및 외장재, 고속철도, 차량경량화 소재, LNG선박, 자전거, 태양광, 그린홈 등으로 다변화되고, 제품의 친환경성이 부각되면서 녹색성장산업의 핵심소재 공급업체로 변신함. 삼성전자에 LCD TV 샷시와 LED TV 엣지바를 독점 공급하며, 현대차그룹의 1차 벤더로 차량 경량화를 꾀하고 있어 안정적인 성장 추세를 이어갈 것으로 보임.

실적 분석
동사의 2017년 2분기기준 누적 매출액은 전년동기대비 12.9% 상승한 2,263.6억원을 기록하였음. 비용면에서 전년동기대비 매출원가는 증가 하였으며 인건비는 크게 감소 하였음. 이처럼 매출액 상승과 더불어 비용절감에도 힘을 기울였음. 그에 따라 전년동기대비 영업이익은 142.2억원으로 0.9% 상승하였음. 최종적으로 전년동기대비 당기순이익은 상승하여 137.3억원을 기록함.

현금 흐름 〈단위 : 억원〉

항목	2016	2017.2Q
영업활동	644	287
투자활동	-526	-669
재무활동	-150	371
순현금흐름	-32	-11
기말현금	99	88

결산 실적 〈단위 : 억원〉

항목	2012	2013	2014	2015	2016	2017
매출액	3,495	3,762	3,772	4,339	4,286	—
영업이익	72	195	156	240	245	—
당기순이익	-93	4	66	198	223	—

분기 실적 〈단위 : 억원〉

항목	2016.1Q	2016.2Q	2016.3Q	2016.4Q	2017.1Q	2017.2Q
매출액	985	1,021	1,121	1,159	1,200	1,064
영업이익	63	78	75	29	72	70
당기순이익	66	67	41	48	70	68

재무 상태 〈단위 : 억원〉

항목	2012	2013	2014	2015	2016	2017.2Q
총자산	4,480	4,415	4,244	4,291	4,394	4,935
유형자산	1,752	1,728	1,751	1,765	1,789	2,029
무형자산	61	63	54	38	37	36
유가증권	65	61	61	62	62	63
총부채	3,133	3,043	2,953	2,649	2,382	2,848
총차입금	2,591	2,530	2,490	2,036	1,737	2,204
자본금	279	284	287	328	373	373
총자본	1,348	1,372	1,291	1,642	2,013	2,088
지배주주지분	1,346	1,371	1,291	1,642	2,007	2,082

기업가치 지표

항목	2012	2013	2014	2015	2016	2017.2Q
주가(최고/저)(천원)	3.3/1.9	3.2/1.8	3.3/1.8	9.0/2.9	9.0/3.9	—/—
PER(최고/저)(배)	—/—	475.6/268.6	29.5/16.0	29.2/9.5	28.3/12.4	2.1/1.6
PBR(최고/저)(배)	1.4/0.8	1.3/0.8	1.5/0.8	3.7/1.2	3.4/1.5	—/—
EV/EBITDA(배)	10.9	7.4	8.4	13.7	10.9	—/—
EPS(원)	-164	7	115	313	320	184
BPS(원)	2,414	2,411	2,248	2,504	2,691	2,793
CFPS(원)	292	486	648	656	686	359
DPS(원)				50	50	
EBITDAPS(원)	584	825	806	723	718	366

재무 비율 〈단위 : % 〉

연도	영업이익률	순이익률	부채비율	차입금비율	ROA	ROE	유보율	자기자본비율	EBITDA마진율
2016	5.7	5.2	118.3	86.3	5.1	12.2	438.2	45.8	11.7
2015	5.5	4.6	161.3	124.0	4.6	13.5	400.7	38.3	10.5
2014	4.1	1.7	228.7	192.9	1.5	4.9	349.7	30.4	12.2
2013	5.2	0.1	221.8	184.4	0.1	0.3	382.1	31.1	12.4

알보젠코리아 (A002250)
ALVOGEN KOREA COLTD

업 종 : 제약		시 장 : 거래소	
신용등급 : (Bond) — (CP) —		기업규모 : 시가총액 소형주	
홈페이지 : www.alvogenkorea.com		연 락 처 : 02)2047-7700	
본 사 : 서울시 영등포구 여의도동 국제금융로 10 TWO IFC 13층			

설 립 일	1958.01.07	종 업 원 수	613명	대 표 이 사	장영희
상 장 일	1973.11.10	감 사 의 견	적정 (안진)	계 열	
결 산 기	12월	보 통 주	1,186만주	종속회사수	
액 면 가	5,000원	우 선 주		구 상 호	근화제약

주주구성 (지분율,%)		출자관계 (지분율,%)		주요경쟁사 (외형,%)	
알보젠코리아	82.5			알보젠코리아	100
WorldCare Asia	1.4			유나이티드제약	98
				큐리언트	

매출구성		비용구성		수출비중	
[제품]기 타	49.5	매출원가율	43.2	수출	—
[상품]기 타	21.4	판관비율	39.8	내수	—
비만치료제(푸리민 정) 외	17.5				

회사 개요
동사는 1958년 1월 근화항생약품 주식회사로 설립된 후 1971년 4월 근화제약 주식회사로 상호를 변경함. 1973년 11월 한국거래소 시장에 상장됨. 2015년 6월 1일자로 종속회사였던 드림파마 주식회사를 합병하여 현재의 알보젠코리아주식회사란 명칭으로 상호를 변경함. 국내 비만치료제 시장에서 주도적인 위치를 차지하고 있음. 2015년 10월부터 다국적 제약회사인 아스트라제네카의 쎄로켈을 판매하고 있음.

실적 분석
동사의 2017년 2분기기준 누적 매출액은 전년동기대비 -1.8% 소폭 변동한 941.1억원을 기록하였음. 비용면에서 전년동기대비 매출원가는 증가 하였으며 인건비도 증가, 광고선전비는 크게 감소 하였고 기타판매비와관리비는 크게 감소함. 그에 따라 매출액 하락을 등에 의해 전년동기대비 영업이익은 126.2억원으로 -34.6% 크게 하락하였음. 최종적으로 전년동기대비 당기순이익은 크게 하락하여 47.7억원을 기록함.

현금 흐름 *IFRS 별도 기준 〈단위 : 억원〉

항목	2016	2017.2Q
영업활동	486	76
투자활동	-166	-20
재무활동	-61	-129
순현금흐름	259	-73
기말현금	661	588

결산 실적 〈단위 : 억원〉

항목	2012	2013	2014	2015	2016	2017
매출액	655	708	653	1,658	1,812	—
영업이익	-22	48	-112	206	307	—
당기순이익	-13	20	-107	122	87	—

분기 실적 *IFRS 별도 기준 〈단위 : 억원〉

항목	2016.1Q	2016.2Q	2016.3Q	2016.4Q	2017.1Q	2017.2Q
매출액	456	503	428	425	449	492
영업이익	70	123	63	51	46	80
당기순이익	57	78	27	-74	-2	49

재무 상태 *IFRS 별도 기준 〈단위 : 억원〉

항목	2012	2013	2014	2015	2016	2017.2Q
총자산	1,167	1,205	3,178	3,159	3,324	3,231
유형자산	207	177	370	373	354	343
무형자산	27	35	1,575	1,597	1,604	1,598
유가증권	66	0	1	1	1	1
총부채	235	255	1,365	1,247	1,341	1,359
총차입금	71	71	874	782	727	761
자본금	244	244	593	593	593	593
총자본	932	950	1,812	1,912	1,983	1,872
지배주주지분	932	950	1,812	1,912	1,983	1,872

기업가치 지표 *IFRS 별도 기준

항목	2012	2013	2014	2015	2016	2017.2Q
주가(최고/저)(천원)	46.7/9.7	28.2/16.4	28.0/13.2	35.7/12.4	39.3/18.1	—/—
PER(최고/저)(배)		71.6/41.6		34.6/12.0	53.7/24.7	—/—
PBR(최고/저)(배)	2.6/0.5	1.5/0.9	1.8/0.9	2.2/0.8	2.4/1.1	1.7/1.3
EV/EBITDA(배)		11.3		10.0	7.8	—/—
EPS(원)	-375	393	-1,968	1,032	732	402
BPS(원)	19,059	19,429	15,284	16,128	16,723	17,178
CFPS(원)	191	876	-1,410	1,468	1,249	685
DPS(원)						
EBITDAPS(원)	-68	1,450	-1,500	2,176	3,109	1,348

재무 비율 〈단위 : % 〉

연도	영업이익률	순이익률	부채비율	차입금비율	ROA	ROE	유보율	자기자본비율	EBITDA마진율
2016	17.0	4.8	67.6	36.6	2.7	4.5	234.5	59.7	20.4
2015	12.4	7.4	65.2	40.9	3.9	6.6	222.6	60.5	15.6
2014	-17.1	-16.4	73.5	48.2	-4.9	-7.7	205.7	57.6	-12.5
2013	6.8	2.9	26.9	7.5	1.7	2.2	288.6	78.8	10.0

알비케이이이엠디 (A106080)
RBK EMD

업　　　종 : 휴대폰 및 관련부품　　　시　　　장 : KOSDAQ
신 용 등 급 : (Bond) —　　(CP) —　　기 업 규 모 : 중견
홈 페 이 지 : www.hysonic.com　　연 락 처 : 031)8040-0500
본　　　사 : 경기도 안산시 상록구 해안로 705 경기테크노파크 RIT센터 5층

설 립 일	2001.03.29	종 업 원 수	42명	대 표 이 사	류재욱
상 장 일	2010.02.09	감 사 의 견	적정 (삼덕)	계　　　열	
결 산 기	12월	보 통 주	6,871만주	종속회사수	3개사
액 면 가	200원	우 선 주		구 상 호	하이소닉

주주구성 (지분율,%)		출자관계 (지분율,%)		주요경쟁사 (외형,%)	
다인몬트파트너스	18.4	알비케이메디케어	100.0	알비케이이이엠디	100
김성호	4.2	웅원메디칼	100.0	텔루스	123
(외국인)	0.2	HYSONICPHILIPPINESINC	100.0	해성옵틱스	1,137

매출구성		비용구성		수출비중	
액츄에이터류	100.0	매출원가율	99.8	수출	91.0
		판관비율	16.4	내수	9.0

회사 개요
동사는 2001년에 설립된 휴대폰 카메라용 자동초점 구동장치인 AF액츄에이터 및 OIS 액츄에이터를 제조 판매하는 업체임. 액츄에이터 시장은 현재 10~15개 업체만 존재하는 과점체제이며, 연 평균 성장률은 20%이상으로 예상됨. 매출의 상당부분이 삼성 등 국내업체에 집중되고 있으며, 이러한 매출 구조를 다변화 하기 위하여 중국, 대만, 일본 등 해외 기업에 대해 전문 해외 판매망을 통한 영업을 진행중임.

실적 분석
동사의 2017년 2분기 누적 매출액은 196.6억원을 기록, 전년동기대비 25.8% 증가함. 영업손실 역시 전년동기 대비 적자지속하며 21억의 손실을 기록함. 당기순이익은 적자지속된 27.2억원의 순 손실 기록. 신규사업으로 3D 모션스위치, 스마트앱세서리 등을 개발중에 있음. 기존 엑츄에이터AF에서 발전된 햅틱에이터를 신규 성장동력으로 삼고 있으며, 베트남 등지에 신규 공장 증설함.

현금 흐름　　〈단위 : 억원〉

항목	2016	2017.2Q
영업활동	-7	6
투자활동	-170	11
재무활동	174	42
순현금흐름	-9	32
기말현금	23	56

시장 대비 수익률

결산 실적　　〈단위 : 억원〉

항목	2012	2013	2014	2015	2016	2017
매출액	483	437	352	536	323	—
영업이익	76	-47	-54	13	-52	—
당기순이익	38	-57	-78	12	-73	—

분기 실적　　〈단위 : 억원〉

항목	2016.1Q	2016.2Q	2016.3Q	2016.4Q	2017.1Q	2017.2Q
매출액	84	72	88	79	111	86
영업이익	-5	-11	-12	-24	-1	-20
당기순이익	-5	-15	-13	-40	-5	-22

재무 상태　　〈단위 : 억원〉

항목	2012	2013	2014	2015	2016	2017.2Q
총자산	475	447	485	437	511	548
유형자산	189	221	234	204	186	183
무형자산	27	27	28	25	19	34
유가증권			3		140	97
총부채	130	174	287	200	247	297
총차입금	58	82	157	116	166	199
자본금	36	53	53	57	69	137
총자본	345	273	198	237	263	251
지배주주지분	345	273	198	237	265	252

기업가치 지표

항목	2012	2013	2014	2015	2016	2017.2Q
주가(최고/저)(천원)	6.9/2.4	9.2/3.8	5.2/2.7	6.3/2.9	6.0/2.9	—/—
PER(최고/저)(배)	18.1/6.3	—/—	—/—	109.3/50.4	—/—	—/—
PBR(최고/저)(배)	2.1/0.7	3.5/1.5	2.7/1.4	3.0/1.4	3.0/1.4	2.5/1.7
EV/EBITDA(배)	6.6			9.1		
EPS(원)	76	-107	-147	12	-109	-40
BPS(원)	4,942	2,628	1,919	2,129	2,036	375
CFPS(원)	945	-103	-256	546	-159	-5
DPS(원)						
EBITDAPS(원)	1,492	-15	-27	613	-8	4

재무 비율　　〈단위 : % 〉

연도	영업이익률	순이익률	부채비율	차입금비율	ROA	ROE	유보율	자기자본비율	EBITDA마진율
2016	-16.2	-22.6	94.0	63.1	-15.4	-28.8	307.1	51.5	-0.3
2015	2.5	1.2	84.4	49.1	1.4	325.7	54.2	12.4	
2014	-15.2	-22.2	145.0	79.5	-16.7	-33.1	283.8	40.8	-0.8
2013	-10.9	-13.0	63.6	30.0	-12.3	-18.4	425.6	61.1	-0.4

알서포트 (A131370)
Rsupport

업　　　종 : 일반 소프트웨어　　　시　　　장 : KOSDAQ
신 용 등 급 : (Bond) —　　(CP) —　　기 업 규 모 : 벤처
홈 페 이 지 : www.rsupport.com　　연 락 처 : 070)7011-3900
본　　　사 : 서울시 송파구 위례성대로 10, 9~12층(방이동, 에스타워)

설 립 일	2010.07.22	종 업 원 수	207명	대 표 이 사	서형수
상 장 일	2011.01.05	감 사 의 견	적정 (삼정)	계　　　열	
결 산 기	12월	보 통 주	5,327만주	종속회사수	3개사
액 면 가	100원	우 선 주		구 상 호	케이비게임앤앱스팩

주주구성 (지분율,%)		출자관계 (지분율,%)		주요경쟁사 (외형,%)	
서형수	29.7	게임덕	92.1	알서포트	100
NTT DoCoMo, Inc.	15.4	보이저엑셀러A모부자전문회사	57.1	SGA	510
(외국인)	24.2	위너스투자자	32.9	윈스	343

매출구성		비용구성		수출비중	
RemoteCall 제품군	78.1	매출원가율	0.0	수출	49.0
RemoteView	19.3	판관비율	101.1	내수	51.0
기 타	1.6				

회사 개요
동사는 2001년 11월에 설립되어 인터넷을 통한 원격지원이 가능한 소프트웨어(Remote Call 등)를 개발하여 공급하고 있으며, 서울에 본사를 두고 한국, 일본, 중국 및 미국에 현지 법인을 두고 있음. 코스닥시장 상장을 위하여 케이비글로벌스타게임앤앱스기업인수목적주식회사에 2013년에 피합병됨. 원격지원 시장 점유율 국내 1위, 일본 시장 1위, 아시아 시장 1위를 차지하고 세계 시장 5위(IDC Report, 2015)를 기록중임.

실적 분석
당기중 RSUPPORT Inc는 법인 청산으로 동사 연결대상 종속법인에서 제외됨. 동사의 당반기 전체 매출은 전년동기 대비 0.2% 증가한 98.1억원을 기록하였음. 판관비가 100.4억원에 달하여 영업손실 2.3억원을 시현하며 전기에 이어 적자가 지속되고 있으나 매출 증가로 적자폭은 축소됨. 비영업손익면에서 0.8억원 이익이 발생하였으나 당기순손실 2.5억원을 시현하며, 전년동기에 이어 적자를 지속함.

현금 흐름　　〈단위 : 억원〉

항목	2016	2017.2Q
영업활동	5	14
투자활동	-2	-31
재무활동	9	
순현금흐름	12	-17
기말현금	116	99

시장 대비 수익률

결산 실적　　〈단위 : 억원〉

항목	2012	2013	2014	2015	2016	2017
매출액	175	215	-207	185	214	—
영업이익	45	64	5	-26	-2	—
당기순이익	37	19	-5	-24	-2	—

분기 실적　　〈단위 : 억원〉

항목	2016.1Q	2016.2Q	2016.3Q	2016.4Q	2017.1Q	2017.2Q
매출액	42	56	54	63	47	51
영업이익	-14	3	6	4	-4	2
당기순이익	-11	6	1	8	-6	4

재무 상태　　〈단위 : 억원〉

항목	2012	2013	2014	2015	2016	2017.2Q
총자산	366	602	592	556	559	565
유형자산	10	11	15	12	9	8
무형자산	3	3	6	6	5	5
유가증권	1	2	32	57	86	125
총부채	70	71	54	42	51	59
총차입금	28	32	8	8	11	11
자본금	7	52	53	53	53	53
총자본	296	532	538	515	508	506
지배주주지분	296	532	538	514	509	508

기업가치 지표

항목	2012	2013	2014	2015	2016	2017.2Q
주가(최고/저)(천원)	2.6/2.4	3.4/2.6	5.7/2.1	3.6/1.9	3.0/1.9	—/—
PER(최고/저)(배)	29.9/27.6	95.3/72.9	—/—	—/—	467.7/300.5	—/—
PBR(최고/저)(배)	4.6/4.2	3.2/2.5	5.5/2.1	3.7/1.9	3.0/1.9	3.2/2.0
EV/EBITDA(배)		138.0			254.3	
EPS(원)	88	36	-9	-44	-5	-4
BPS(원)	22,542	1,044	1,029	987	999	996
CFPS(원)	3,905	45				1
DPS(원)		6			17	1
EBITDAPS(원)	4,599	133			6	1

재무 비율　　〈단위 : % 〉

연도	영업이익률	순이익률	부채비율	차입금비율	ROA	ROE	유보율	자기자본비율	EBITDA마진율
2016	-1.1	0.8	10.1	2.2	0.3	0.7	899.2	90.8	1.5
2015	-14.1	-12.8	8.2	1.5	-4.1	-4.5	886.6	92.5	-10.7
2014	2.6	-2.2	10.0	1.5	-0.8	-0.9	928.7	91.0	5.4
2013	29.7	8.6	13.3	6.0	4.5	4.5	944.2	88.3	32.1

알에스오토메이션 (A140670)
RS AUTOMATION COLTD

업　　　종 : 기계		시　　　장 : KOSDAQ	
신용등급 : (Bond) — 　(CP) —		기업규모 : 벤처	
홈 페 이 지 : www.rsautomation.co.kr		연 락 처 : 031)685-9300	
본　　　사 : 경기도 평택시 진위면 진위산단로 38			

설 립 일	2009.12.10	종 업 원 수	명	대 표 이 사	강덕현
상 장 일	2017.08.11	감 사 의 견	적정 (삼정)	계	열
결 산 기	12월	보 통 주	910만주	종 속 회 사 수	
액 면 가	500원	우 선 주		구 상 호	

주주구성 (지분율,%)		출자관계 (지분율,%)		주요경쟁사 (외형,%)	
강덕현	29.4			알에스오토메이션	100
유성진	11.0			TPC	131
(외국인)	0.2			대경기계	271

매출구성		비용구성		수출비중	
드라이브	41.5	매출원가율	84.3	수출	17.0
상품	40.3	판관비율	11.3	내수	83.0
모션제어기	9.9				

회사 개요
동사는 로봇모션 제어 및 에너지 제어장치 등 국내 유일의 오토메이션 전문 기업임. 1995년 삼성전자 메카트로닉스 사업부/제어기부문으로 시작되어 2002년 로크웰 삼성 오토메이션을 거쳐 2010년 알에스오토메이션 설립후 20여 년의 사업 경험과 기술력을 보유함. 주력제품군 '로봇모션 제어기술' 사업의 우수성을 인정받아 2017년 '월드클래스 300 기업'에 선정되었으며 2017년 8월 11일 코스닥시장에 신규상장됨.

실적 분석
동사의 사업 부문은 로봇제어에 필요한 컨트롤러, 엔코더 등을 생산하는 로봇모션 제어 부문과 에너지 제어 부문으로 나뉨. 동사는 2016년 전세계에서 세 번째로 22bit(모터의 360도 회전을 '4백만 분의 1'로 쪼개서 인식 및 제어) 엔코더 개발에 성공했음. 2016년 기준 연간 실적은 매출액 707억원, 영업이익 30억원임. 정부의 탈원전, 탈석탄 정책이 본격적으로 추진되면서 신재생에너지 시장의 성장성이 재부각 중.

현금 흐름 〈단위 : 억원〉

항목	2016	2017.2Q
영업활동	44	—
투자활동	-42	—
재무활동	27	—
순현금흐름	28	—
기말현금	44	—

시장 대비 수익률

결산 실적 〈단위 : 억원〉

항목	2012	2013	2014	2015	2016	2017
매출액	528	580	497	640	707	
영업이익	17	17	6	21	31	
당기순이익	10	13	-5	16	30	

분기 실적 〈단위 : 억원〉

항목	2016.1Q	2016.2Q	2016.3Q	2016.4Q	2017.1Q	2017.2Q
매출액	157	—	—	—	191	—
영업이익	6	—	—	—	18	—
당기순이익	3	—	—	—	16	—

재무 상태 〈단위 : 억원〉

항목	2012	2013	2014	2015	2016	2017.2Q
총자산	428	466	445	534	647	—
유형자산	129	126	126	120	156	—
무형자산	23	29	30	30	33	—
유가증권	2	33	41			—
총부채	303	309	293	365	446	—
총차입금	206	205	202	191	221	—
자본금	21	28	28	28	28	—
총자본	125	157	152	169	200	—
지배주주지분	125	157	152	169	200	—

기업가치 지표

항목	2012	2013	2014	2015	2016	2017.2Q
주가(최고/저)(천원)	—/—	—/—	—/—	—/—	—/—	—/—
PER(최고/저)(배)	0.0/0.0	0.0/0.0	0.0/0.0	0.0/0.0	0.0/0.0	0.0/0.0
PBR(최고/저)(배)	0.0/0.0	0.0/0.0	0.0/0.0	0.0/0.0	0.0/0.0	0.0/0.0
EV/EBITDA(배)	5.9	4.6	7.7	3.7	3.0	
EPS(원)	152	200	-76	242	456	
BPS(원)	1,896	2,376	2,304	2,565	3,041	
CFPS(원)	283	375	103	468	683	
DPS(원)						
EBITDAPS(원)	391	436	275	548	693	

재무 비율 〈단위 : % 〉

연도	영업이익률	순이익률	부채비율	차입금비율	ROA	ROE	유보율	자기자본비율	EBITDA마진율
2016	4.3	4.3	222.8	110.2	5.1	16.3	604.3	31.0	6.5
2015	3.3	2.5	216.2	113.3	3.3	10.0	494.1	31.6	5.6
2014	1.3	-1.0	193.1	133.2	-1.1	-3.2	433.6	34.1	3.6
2013	3.0	2.3	197.3	131.0	3.0	9.4	450.4	33.6	5.0

알에프세미 (A096610)
RFsemi Technologies

업　　　종 : 휴대폰 및 관련부품		시　　　장 : KOSDAQ	
신용등급 : (Bond) — 　(CP) —		기업규모 : 중견	
홈 페 이 지 : www.rfsemi.co.kr		연 락 처 : 042)823-9682	
본　　　사 : 대전시 서구 둔산로 52, 미라클빌딩 11층 1101호			

설 립 일	1999.10.22	종 업 원 수	447명	대 표 이 사	이진효
상 장 일	2007.11.20	감 사 의 견	적정 (한영)	계	열
결 산 기	12월	보 통 주	812만주	종 속 회 사 수	4개사
액 면 가	500원	우 선 주		구 상 호	

주주구성 (지분율,%)		출자관계 (지분율,%)		주요경쟁사 (외형,%)	
이진효	28.4	컴퍼니케이챌린지펀드조합	10.0	알에프세미	100
카이투자자문	11.9	위해애애해반도체과기유한공사	100.0	피델릭스	88
(외국인)		RFsemiUSAInc.	100.0	인포마크	99

매출구성		비용구성		수출비중	
TVS Diode	52.3	매출원가율	83.5	수출	29.0
ECM Chip/Module	38.4	판관비율	12.4	내수	71.0
LED 조명 및 기타	9.3				

회사 개요
동사는 반도체 소자 제조 및 판매를 주 사업부문으로 영위하고 있으며 소자급 반도체 칩 개발에서 생산, 장비기술까지 Total Solution을 제공하는 반도체 전문기업임. 주요 제품인 마이크로폰용 ECM Chip은 휴대폰 등 소형 음향기기의 마이크로폰에 내장되어 사용되며 전방산업인 휴대폰시장의 성장으로 매년 10% 이상의 성장세를 지속해 왔음. 조명용 LED DRIVE IC, MEMS 마이크로폰 모듈, ECM 모듈 등의 사업을 신규 추진 중임.

실적 분석
동사의 2017년 2분기 누적 매출액은 304.3억원으로 전년 동기 대비 4.6% 감소함. 동사의 주력 제품인 ECM Chip 분야에서 제품 및 기술경쟁력으로 시장을 선도하고 있으나, 중국기업과의 가격경쟁 심화, ECM에서 MEMS Microphone으로의 수요변화 등으로 수익성이 감소하고 있음. 중국시장 공략을 위해 심천 현지 법인 설립 및 해외 판매 네트워크 강화를 위해 미국과 말레이시아에 지사를 설립하여 운영함.

현금 흐름 〈단위 : 억원〉

항목	2016	2017.2Q
영업활동	77	-21
투자활동	-42	-48
재무활동	-24	32
순현금흐름	11	-40
기말현금	98	58

시장 대비 수익률

결산 실적 〈단위 : 억원〉

항목	2012	2013	2014	2015	2016	2017
매출액	425	525	554	572	642	
영업이익	63	77	48	30	26	
당기순이익	47	55	32	22	10	

분기 실적 〈단위 : 억원〉

항목	2016.1Q	2016.2Q	2016.3Q	2016.4Q	2017.1Q	2017.2Q
매출액	144	175	156	167	159	146
영업이익	7	17	1	2	12	1
당기순이익	3	10	-3	0	1	0

재무 상태 〈단위 : 억원〉

항목	2012	2013	2014	2015	2016	2017.2Q
총자산	688	789	876	894	901	914
유형자산	328	389	403	403	390	387
무형자산	35	34	42	52	52	57
유가증권			5	15	15	31
총부채	247	298	358	356	361	377
총차입금	160	189	275	252	238	265
자본금	41	41	41	41	41	41
총자본	442	491	518	538	540	538
지배주주지분	442	491	518	538	540	538

기업가치 지표

항목	2012	2013	2014	2015	2016	2017.2Q
주가(최고/저)(천원)	13.0/8.6	15.6/9.3	9.7/6.5	9.1/6.1	12.4/6.9	—/—
PER(최고/저)(배)	23.0/15.3	23.5/13.9	25.0/16.8	33.7/22.5	96.4/53.9	—/—
PBR(최고/저)(배)	2.4/1.6	2.6/1.6	1.5/1.0	1.4/0.9	1.9/1.0	1.5/1.1
EV/EBITDA(배)	11.9	8.4	8.5	9.7	11.4	
EPS(원)	576	677	394	273	129	20
BPS(원)	5,437	6,046	6,381	6,623	6,654	6,620
CFPS(원)	940	1,142	994	887	739	378
DPS(원)	39	55	25	41	35	
EBITDAPS(원)	1,144	1,410	1,186	983	933	519

재무 비율 〈단위 : % 〉

연도	영업이익률	순이익률	부채비율	차입금비율	ROA	ROE	유보율	자기자본비율	EBITDA마진율
2016	4.1	1.6	66.8	44.1	1.2	1.9	1,230.8	59.9	11.8
2015	5.2	3.9	66.3	46.9	2.5	4.2	1,224.7	60.1	13.9
2014	8.6	5.8	69.1	53.1	3.8	6.3	1,176.3	59.1	17.4
2013	14.6	10.5	60.7	38.4	7.4	11.8	1,109.2	62.2	21.8

알에프에이치아이씨 (A218410)
NH SPECIAL PURPOSE ACQUISITION 8 CO

업 종 : 통신장비		시 장 : KOSDAQ	
신용등급 : (Bond) — (CP) —		기업규모 : 벤처	
홈페이지 : 0		연 락 처 : (02)750-5641	
본 사 : 서울시 영등포구 여의대로 60, 8층 (여의도동)			

설 립 일 2015.04.14	종 업 원 수 명	대 표 이 사 조덕수	
상 장 일 2015.06.30	감사의견 적정 (안진)	계 열	
결 산 기 12월	보 통 주 10,941만주	종속회사수	
액 면 가 100원	우 선 주	구 상 호 엔에이치스팩8호	

주주구성 (지분율,%)
조덕수	18.1
조삼열	17.1
(외국인)	15.9

출자관계 (지분율,%)
RFHIC	100
에이스테크	526
텔콘	49

주요경쟁사 (외형,%)

수익구성

비용구성
이자비용	0.0
투자금융비	0.0
판관비	0.0

수출비중
수출	—
내수	—

회사 개요
동사는 무선 통신 및 방위 산업에서 활용되는 GaN(질화갈륨)트랜지스터와 GaN 전력증폭기를 생산/판매하는 기업임. 그 동안 전량 수입에만 의존했던 GaN 전력증폭기의 국산화에 성공하였고, 현재는 국내 유일의 GaN 트랜지스터 생산 기업으로 성장함. 동사의 주요 거래처는 통신장비 및 방산분야 세계 선두권 업체인 화웨이, 노키아, 록히드마틴, 보잉 등이며 NH스팩8호와 합병을 통해 2017년 9월 1일 코스닥 시장에 상장함.

실적 분석
동사의 지난해 기준 매출의 90% 이상이 GaN 관련 제품으로부터 발생함. 해외 대다수의 경쟁 업체들이 실리콘 기반의 LDMOS 소재에 집중할때 비교적 가격대가 높은 군사/인공위성용 GaN 소재에 집중하였으며 통신부문에서도 GaN 트랜지스터 수요 증가 시점에 직면함에 따라 시장 선점에 대한 기대가 높아지고 있음. 5G는 3~28GHz 사이의 고주파수 대역을 사용할 것으로 예상되며, 2020년까지 GaN 소재 부품 수요 급증이 예상됨.

현금 흐름   *IFRS 별도 기준   〈단위 : 억원〉
항목	2016	2017.2Q
영업활동	152	—
투자활동	-21	—
재무활동	68	—
순현금흐름	63	—
기말현금	288	—

시장 대비 수익률

결산 실적   *IFRS 별도 기준   〈단위 : 억원〉
항목	2012	2013	2014	2015	2016	2017
영업수익	—	—	—	—	—	—
영업이익	67	231	161	39	57	—
당기순이익	64	198	132	45	51	—

분기 실적   *IFRS 별도 기준   〈단위 : 억원〉
항목	2016.1Q	2016.2Q	2016.3Q	2016.4Q	2017.1Q	2017.2Q
영업수익	—	—	—	—	—	—
영업이익	—	—	—	—	—	—
당기순이익	—	—	—	—	—	—

재무 상태   *IFRS 별도 기준   〈단위 : 억원〉
항목	2012	2013	2014	2015	2016	2017.2Q
총자산	491	903	1,247	1,246	1,315	—
유형자산	60	171	241	271	278	—
무형자산	5	3	12	9	16	—
유가증권	23	0	3	4	8	—
총부채	173	338	317	265	275	—
총차입금	27	206	199	216	153	—
자본금	17	18	58	59	59	—
총자본	318	565	930	981	1,039	—
지배주주지분	318	565	930	981	1,039	—

기업가치 지표   *IFRS 별도 기준
항목	2012	2013	2014	2015	2016	2017.2Q
주가(최고/저)(천원)	—/—	—/—	—/—	2.5/1.9	2.0/1.9	—/—
PER(최고/저)(배)	0.0/0.0	0.0/0.0	0.0/0.0	59.1/46.3	39.6/37.6	—/—
PBR(최고/저)(배)	0.0/0.0	0.0/0.0	0.0/0.0	2.7/2.1	2.1/2.0	0.0/0.0
PSR(최고/저)(배)	0/0	0/0	0/0	5/4	4/3	—/—
EPS(원)	72	204	133	41	51	
BPS(원)	9,179	15,983	7,992	8,366	8,857	
CFPS(원)	2,380	6,102	1,401	547	679	
DPS(원)						
EBITDAPS(원)	2,466	7,044	1,671	497	693	

재무 비율   〈단위 : % 〉
연도	계속사업이익률	순이익률	부채비율	차입금비율	ROA	ROE	유보율	자기자본비율	총자산증가율
2016	9.7	9.3	26.5	14.7	0.0	0.0	0.0		
2015	9.5	9.2	27.0	22.1	0.0	0.0	0.0		
2014	25.4	21.1	34.1	21.4	0.0	0.0	0.0		
2013	31.1	25.8	59.9	36.5	0.0	0.0	0.0		

알에프텍 (A061040)
RFTech

업 종 : 휴대폰 및 관련부품		시 장 : KOSDAQ	
신용등급 : (Bond) — (CP) —		기업규모 : 우량	
홈페이지 : www.rftech.co.kr		연 락 처 : 031)322-1114	
본 사 : 경기도 용인시 처인구 원삼면 죽양대로1763번길 60			

설 립 일 1995.02.22	종 업 원 수 247명	대 표 이 사 차정운	
상 장 일 2002.05.08	감사의견 적정 (다산)	계 열	
결 산 기 12월	보 통 주 1,905만주	종속회사수 8개사	
액 면 가 500원	우 선 주	구 상 호	

주주구성 (지분율,%)
차정운	10.4
한국증권금융	5.1
(외국인)	4.2

출자관계 (지분율,%)
지오티스	28.0
루미마이크로	14.7
금호에이엠티	3.2

주요경쟁사 (외형,%)
알에프텍	100
제주반도체	18
성우전자	54

매출구성
휴대전화를 위한 충전기 등	50.1
휴대전화 이동 방송 수신을 위한 안테나 제품	18.2
PC와의 데이타 연결 케이블 DLC제품 등	14.7

비용구성
매출원가율	89.0
판관비율	8.2

수출비중
수출	—
내수	—

회사 개요
동사는 휴대전화의 부가장치 관련 사업 등을 영위할 목적으로 1995년에 설립됐고, 2002년에 코스닥 시장에 상장됨. 동사가 생산하는 제품은 모바일용 충전기, 안테나, 액세서리 등이며, IT사업부와 LED조명, 가로등 및 전원공급장치 등을 개발 생산하는 조명사업부로 나뉘어 운영됨. 모바일 부가기기 부문 매출이 전체 매출의 대부분을 차지함. 올해부터 주요 고객사의 플래그십 스마트폰 모델의 메인안테나(IMA)를 공급하기 시작함.

실적 분석
동사의 2017년 2분기 연결기준 매출은 1,445.2억원으로 전년동기대비 3.9% 감소, 영업이익은 55.6억원으로 전년동기대비 72.5% 증가함. 순이익은 57.2억원으로 전년동기대비 112.6% 증가함. 매출이 감소함에도 부가가치 중심으로 사업 재편, 판관비 상대비중 감소로 영업이익은 증가함. 무선 충전의 이종산업 확대가 새로운 성장동력으로 평가. 또한 중국법인의 구조조정으로 16년 이후에 수익성도 개선, 호전 추세 유지.

현금 흐름   〈단위 : 억원〉
항목	2016	2017.2Q
영업활동	188	-57
투자활동	8	-87
재무활동	-42	254
순현금흐름	163	66
기말현금	571	637

시장 대비 수익률

결산 실적   〈단위 : 억원〉
항목	2012	2013	2014	2015	2016	2017
매출액	4,994	5,002	4,066	3,971	3,220	—
영업이익	305	73	-56	89	90	—
당기순이익	235	36	-70	57	98	—

분기 실적   〈단위 : 억원〉
항목	2016.1Q	2016.2Q	2016.3Q	2016.4Q	2017.1Q	2017.2Q
매출액	748	755	920	796	670	775
영업이익	16	17	33	24	29	26
당기순이익	8	19	-6	76	19	38

재무 상태   〈단위 : 억원〉
항목	2012	2013	2014	2015	2016	2017.2Q
총자산	2,112	2,162	2,006	1,768	1,753	1,964
유형자산	366	415	451	448	378	355
무형자산	72	76	73	65	63	83
유가증권	69	51	32	111	72	80
총부채	1,212	1,232	1,147	698	592	761
총차입금	221	346	430	192	140	359
자본금	52	53	53	64	95	95
총자본	900	930	859	1,070	1,161	1,203
지배주주지분	900	938	875	1,070	1,161	1,203

기업가치 지표
항목	2012	2013	2014	2015	2016	2017.2Q
주가(최고/저)(천원)	8.7/2.2	12.2/6.0	8.3/3.0	6.6/3.6	5.2/3.2	—/—
PER(최고/저)(배)	6.1/1.6	46.0/22.5	—/—	20.8/11.4	10.0/6.2	—/—
PBR(최고/저)(배)	1.6/0.4	2.2/1.1	1.6/0.6	1.2/0.7	0.9/0.5	1.2/0.8
EV/EBITDA(배)	3.6	8.3	31.4	4.5	3.0	—/—
EPS(원)	1,483	270	-380	321	519	300
BPS(원)	8,644	8,882	8,282	8,425	6,095	6,315
CFPS(원)	2,721	1,050	182	1,200	910	467
DPS(원)	100	100	50	50		
EBITDAPS(원)	3,396	1,330	236	1,449	863	458

재무 비율   〈단위 : % 〉
연도	영업이익률	순이익률	부채비율	차입금비율	ROA	ROE	유보율	자기자본비율	EBITDA마진율
2016	2.8	3.0	51.0	12.0	5.5	8.9	1,119.0	66.2	5.1
2015	2.2	1.4	65.3	18.0	3.0	6.0	1,585.0	60.5	4.4
2014	-1.4	-1.7	133.5	50.1	-3.4	-6.8	1,556.4	42.8	0.6
2013	1.5	0.7	132.5	37.2	1.7	4.8	1,676.3	43.0	2.8

알엔투테크놀로지 (A148250)
RN2 Technologies

업 종 : 전자 장비 및 기기		시 장 : KOSDAQ	
신용 등급 : (Bond) — (CP) —		기업규모 : 신성장	
홈 페 이 지 : www.rn2.co.kr		연 락 처 : 031)376-5400	
본 사 : 경기도 화성시 동탄면 동탄산단 9길 11			

설 립 일 2002.03.26	종 업 원 수 110명	대 표 이 사 이효종	
상 장 일 2013.12.24	감 사 의 견 적정 (삼일)	계 열	
결 산 기 12월	보 통 주 633만주	종속회사수	
액 면 가 500원	우 선 주	구 상 호	

주주구성 (지분율,%) / 출자관계 (지분율,%) / 주요경쟁사 (외형,%)

주주구성 (지분율,%)		출자관계 (지분율,%)		주요경쟁사 (외형,%)	
이효종	22.8	알엔투테크놀로지	100		
박찬후	7.0	대주전자재료	564		
(외국인)	1.4	이엠티	75		

매출구성 / 비용구성 / 수출비중

매출구성		비용구성		수출비중	
MLD	74.7	매출원가율	55.4	수출	38.0
LTCC소재	15.5	판관비율	35.7	내수	62.0
MCP	9.7				

회사 개요

동사는 MLD(Multilayer Devices)사업부문, 의료기기용 기판 등의 MCP(Multilayer Ceramic PCB)사업부문과 하이브리드재료 (Hybrid Material)사업부문으로 구분하여 사업을 영위하고 있음. 이어 매출처 다각화를 위해 신규사업으로 은 전극(Ag Paste)사업, 나노 페라이트(Nano-Ferrite) 소재사업 등을 진행하는 중임.

실적 분석

2017년 상반기 연결기준 동사 매출은 79.4억원으로 전년 동기 매출인 54.5억원에 비해 45.7% 증가함. 매출원가가 64.4% 늘고 인건비 증가 등으로 인해 판매비와 관리비 또한 29% 증가했으나 매출성장이 이를 상회함. 이에 영업이익은 전년 동기 7.8억원에서 12.9억원으로 64.9% 성장함. 비영업부문이 적자전환됐으나 당기순이익은 53.5% 성장한 10.1억원을 기록함.

현금 흐름 *IFRS 별도 기준 〈단위 : 억원〉

항목	2016	2017.2Q
영업활동	29	13
투자활동	-56	-17
재무활동	34	7
순현금흐름	6	3
기말현금	2	26

결산 실적 〈단위 : 억원〉

항목	2012	2013	2014	2015	2016	2017
매출액	60	91	101	103	120	—
영업이익	6	17	24	25	11	—
당기순이익	8	19	16	17	12	—

분기 실적 *IFRS 별도 기준 〈단위 : 억원〉

항목	2016.1Q	2016.2Q	2016.3Q	2016.4Q	2017.1Q	2017.2Q
매출액	32	23	22	44	45	35
영업이익	7	0	1	3	10	3
당기순이익	6	0	1	5	8	1

재무 상태 *IFRS 별도 기준 〈단위 : 억원〉

항목	2012	2013	2014	2015	2016	2017.2Q
총자산	120	174	189	219	271	286
유형자산	16	34	84	94	106	124
무형자산	44	40	36	31	27	28
유가증권	0	0	—	—	5	5
총부채	48	58	78	57	61	69
총차입금	31	43	62	46	43	53
자본금	12	14	12	12	32	32
총자본	72	116	112	162	210	217
지배주주지분	72	116	112	162	210	217

기업가치 지표 *IFRS 별도 기준

항목	2012	2013	2014	2015	2016	2017.2Q
주가(최고/저)(천원)	—/—	4.0/4.0	4.6/2.0	14.5/3.1	13.1/4.5	—/—
PER(최고/저)(배)	0.0/0.0	10.7/10.7	14.8/6.5	44.2/9.5	64.4/22.3	—/—
PBR(최고/저)(배)	0.0/0.0	1.8/1.8	2.1/0.9	5.1/1.1	4.0/1.4	3.3/1.6
EV/EBITDA(배)	1.0	4.3	5.3	9.9	10.0	
EPS(원)	160	377	314	331	205	159
BPS(원)	3,009	4,271	4,106	2,876	3,319	3,428
CFPS(원)	732	1,142	1,033	648	519	302
DPS(원)					50	
EBITDAPS(원)	656	1,073	1,334	803	493	347

재무 비율 〈단위 : % 〉

연도	영업이익률	순이익률	부채비율	차입금비율	ROA	ROE	유보율	자기자본비율	EBITDA마진율
2016	8.9	10.2	29.2	20.5	5.0	6.6	563.9	77.4	24.6
2015	24.3	16.5	35.3	28.3	8.3	12.4	475.2	73.9	40.1
2014	24.1	15.9	69.5	55.2			835.2	59.0	36.1
2013	19.2	21.3	50.0	36.8	13.1	20.5	754.1	66.7	32.2

알테오젠 (A196170)
ALTEOGEN

업 종 : 바이오		시 장 : KOSDAQ	
신용 등급 : (Bond) — (CP) —		기업규모 : 신성장	
홈 페 이 지 : www.alteogen.com		연 락 처 : 042)384-8780	
본 사 : 대전시 유성구 유성대로1628번길 62, 대전바이오벤처타운 305호			

설 립 일 2008.05.13	종 업 원 수 51명	대 표 이 사 박순재	
상 장 일 2014.12.12	감 사 의 견 적정 (이촌)	계 열	
결 산 기 12월	보 통 주 629만주	종속회사수 2개사	
액 면 가 500원	우 선 주	구 상 호	

주주구성 (지분율,%) / 출자관계 (지분율,%) / 주요경쟁사 (외형,%)

주주구성 (지분율,%)		출자관계 (지분율,%)		주요경쟁사 (외형,%)	
박순재	22.5	엘에스메디텍	100.0	알테오젠	100
KISSEI PHARMACEUTICAL CO.,LTD.	5.4	알토스바이오사이언스	100.0		
(외국인)	5.7				

매출구성 / 비용구성 / 수출비중

매출구성		비용구성		수출비중	
기술자문	69.8	매출원가율	90.8	수출	37.0
허셉틴/엔브렐/휴미라바이오시밀러	27.2	판관비율	88.3	내수	63.0
기술개발 용역	1.7				

회사 개요

동사는 의약품의 연구개발을 주요 사업으로 영위하는 기업으로 2008년 5월 13일에 설립됐음. 동사가 영위하는 의약품의 연구개발은 바이오베터(biobetter)사업부문과 바이오시밀러(biosimilar)사업부문으로 나뉘며, 자회사로는 비상장 회사인 알토스바이오사이언스가 있음. 동사는 지속형 바이오베터의 기반기술인 NexP 융합기술과 항체 바이오베터의 기반기술인 NexMab ADC 기술, 바이오시밀러 개발 기술을 보유하고 있음.

실적 분석

동사의 2017년 상반기 연결기준 누적매출액은 65.2억원으로 전년동기대비 262.2% 증가함. 비용측면에서 매출원가가 224.1% 상승했으나, 매출호조로 영업손실은 11.5억원을 기록하며 적자폭이 축소됨. 당기순손실도 5억원으로 전년동기 12.1억원보다 줄어듦. 동사는 총 5개의 바이오시밀러와 1개의 바이오베터 파이프라인을 보유하고 있으며, 지속형 성장호르몬에 대한 임상실험을 진행 중임.

현금 흐름 〈단위 : 억원〉

항목	2016	2017.2Q
영업활동	-33	-7
투자활동	-50	-11
재무활동	95	-11
순현금흐름	13	-14
기말현금	84	70

결산 실적 〈단위 : 억원〉

항목	2012	2013	2014	2015	2016	2017
매출액	40	55	70	47	68	—
영업이익	17	15	7	1	-54	—
당기순이익	14	16	9	13	-36	—

분기 실적 〈단위 : 억원〉

항목	2016.1Q	2016.2Q	2016.3Q	2016.4Q	2017.1Q	2017.2Q
매출액	7	11	26	25	48	21
영업이익	-10	-14	-14	-16	13	-21
당기순이익	-6	-6	-11	-13	14	-15

재무 상태 〈단위 : 억원〉

항목	2012	2013	2014	2015	2016	2017.2Q
총자산	57	83	380	394	479	458
유형자산	2	6	5	41	47	46
무형자산	0	1	0	2	21	27
유가증권						
총부채	19	23	21	8	27	18
총차입금	11	14	8			4
자본금	4	13	28	30	31	31
총자본	38	60	358	386	452	440
지배주주지분	38	60	358	386	452	440

기업가치 지표

항목	2012	2013	2014	2015	2016	2017.2Q
주가(최고/저)(천원)	—/—	—/—	26.3/21.0	59.8/25.1	49.5/26.8	—/—
PER(최고/저)(배)	0.0/0.0	0.0/0.0	134.7/107.5	291.7/122.4	—/—	—/—
PBR(최고/저)(배)	0.0/0.0	0.0/0.0	4.3/3.4	9.2/3.8	6.7/3.6	4.5/3.7
EV/EBITDA(배)			132.3	617.0		
EPS(원)	360	393	195	205	-596	-79
BPS(원)	3,802	1,987	6,113	6,529	7,367	7,310
CFPS(원)	1,585	627	230	241	-537	-48
DPS(원)						
EBITDAPS(원)	1,830	593	187	57	-840	-152

재무 비율 〈단위 : % 〉

연도	영업이익률	순이익률	부채비율	차입금비율	ROA	ROE	유보율	자기자본비율	EBITDA마진율
2016	-79.1	-52.4	6.0	0.0	-8.2	-8.6	1,373.4	94.3	-73.9
2015	2.6	25.6	2.2	0.0	3.3	3.3	1,205.7	97.9	7.2
2014	10.3	13.2	6.0	2.2	4.0	4.5	1,184.2	94.4	12.6
2013	27.3	29.1	37.7	22.5	22.9	32.6	349.8	72.6	29.6

알톤스포츠 (A123750)
Alton Sports coltd

업 종 : 레저용품		시 장 : KOSDAQ	
신용등급 : (Bond) — (CP) —		기업규모 : 중견	
홈 페 이 지 : www.altonsports.co.kr		연 락 처 : 031)727-9190	
본 사 : 경기도 성남시 분당구 판교역로 221 12층(삼평동 투썬월드빌딩)			

설 립 일 2010.03.25	종 업 원 수 131명	대 표 이 사 김신성	
상 장 일 2010.07.02	감 사 의 견 적정 (삼일)	계 열	
결 산 기 12월	보 통 주 1,275만주	종속회사수 1개사	
액 면 가 500원	우 선 주	구 상 호	

주주구성 (지분율,%)		출자관계 (지분율,%)		주요경쟁사 (외형,%)	
이녹스	37.3	하이코어	13.0	알톤스포츠	100
박찬우	10.4	케이토토		삼천리자전거	272
(외국인)	1.0	알톤천진유한공사	100.0	엔에스엔	36

매출구성		비용구성		수출비중	
알루미늄	61.6	매출원가율	68.0	수출	9.0
스틸	21.3	판관비율	43.1	내수	91.0
카본	6.6				

회사 개요
동사는 2011년 8월 기업인수목적회사인 신영스팩과 합병하여 코스닥에 상장한 후 같은 해 12월말 코렉스자전거를 소규모 흡수 합병함. 동사는 자전거 제조 및 판매하는 전문기업으로 연 100만대 생산능력의 자체공장을 보유한 업체임. 2014년에 자전거 제조기업인 알프스를 흡수합병함. 현재 연결대상 종속회사로는 중국소재의 ALTON (TIANJIN) BICYCLE이 있음. 국내 자전거 시장은 동사와 삼천리자전거, 참좋은레져가 과점 형태를 띰.

실적 분석
동사의 2017년 반기 연결기준 매출액은 266.2억원으로 전년동기 대비 19.1% 축소. 미세먼지 등 영향으로 제품 매출실적이 저조했음. 매출액 감소에 따른 고정비 부담으로 영업손실이 확대됨. 당반기에 30.6억원의 영업손실을 시현하며 전년동기 12.2억원에 이어 적자가 지속됨. 비영업손익 면에서는 1.9억원의 적자가 발생하고 법인세비용 5.2억원이 발생해 당기순손실은 37.7억원을 시현하며 전년동기 대비 적자가 확대됨.

현금 흐름 〈단위 : 억원〉
항목	2016	2017.2Q
영업활동	-261	-42
투자활동	28	5
재무활동	119	100
순현금흐름	-114	62
기말현금	32	94

시장 대비 수익률

결산 실적 〈단위 : 억원〉
항목	2012	2013	2014	2015	2016	2017
매출액	660	615	684	623	526	—
영업이익	40	34	85	-24	-59	—
당기순이익	37	26	63	-36	-45	—

분기 실적 〈단위 : 억원〉
항목	2016.1Q	2016.2Q	2016.3Q	2016.4Q	2017.1Q	2017.2Q
매출액	140	189	120	77	106	160
영업이익	-14	2	-16	-31	-16	-14
당기순이익	-4	2	-3	-38	-8	-29

재무 상태 〈단위 : 억원〉
항목	2012	2013	2014	2015	2016	2017.2Q
총자산	641	674	763	707	819	842
유형자산	211	208	191	207	172	159
무형자산	68		66	66	80	78
유가증권		66	18	75	20	5
총부채	216	210	209	191	297	360
총차입금	153	108	116	145	221	314
자본금	40	55	58	58	64	64
총자본	425	464	554	517	522	482
지배주주지분	419	460	552	516	516	481

기업가치 지표
항목	2012	2013	2014	2015	2016	2017.2Q
주가(최고/저)(천원)	4.7/3.6	5.9/3.9	16.6/4.6	14.3/5.4	9.0/4.4	—/—
PER(최고/저)(배)	14.8/11.3	25.4/16.6	30.9/8.5			—/—
PBR(최고/저)(배)	1.3/1.0	1.5/1.0	3.4/1.0	3.2/1.2	2.2/1.1	1.5/1.1
EV/EBITDA(배)	9.5	10.9	10.9			—/—
EPS(원)	331	238	544	-304	-388	-296
BPS(원)	5,073	4,108	4,905	4,531	4,154	3,835
CFPS(원)	537	338	619	-221	-283	-160
DPS(원)	100	70	100			
EBITDAPS(원)	560	405	813	-126	-399	-105

재무 비율 〈단위 : % 〉
연도	영업이익률	순이익률	부채비율	차입금비율	ROA	ROE	유보율	자기자본비율	EBITDA마진율
2016	-11.1	-8.6	56.8	42.2	-5.9	-8.7	730.8	63.8	-8.8
2015	-3.9	-5.8	36.9	28.1	-4.9	-6.6	806.3	73.0	-2.4
2014	12.5	9.2	37.8	21.0	8.8	12.4	881.0	72.6	13.7
2013	5.5	4.2	45.2	23.2	3.9	6.0	761.9	68.9	7.3

알티캐스트 (A085810)
Alticast

업 종 : 일반 소프트웨어		시 장 : KOSDAQ	
신용등급 : (Bond) — (CP) —		기업규모 : 우량	
홈 페 이 지 : www.alticast.co.kr		연 락 처 : 02)2007-7700	
본 사 : 서울시 서초구 반포대로 27 파크빌딩 6층			

설 립 일 1999.02.01	종 업 원 수 328명	대 표 이 사 한만수	
상 장 일 2013.12.06	감 사 의 견 적정 (안진)	계 열	
결 산 기 12월	보 통 주 2,122만주	종속회사수 11개사	
액 면 가 500원	우 선 주	구 상 호	

주주구성 (지분율,%)		출자관계 (지분율,%)		주요경쟁사 (외형,%)	
휴맥스홀딩스	27.1	신한발브공업	100.0	알티캐스트	100
PineBridge Asia Partners II.L.P.	5.6	바이클립	100.0	알서포트	33
(외국인)	9.0	시프트	100.0	SGA	167

매출구성		비용구성		수출비중	
[디지털방송용 소프트웨어]AltiPlatform	46.2	매출원가율	0.0	수출	30.0
[디지털방송용 소프트웨어]AltiView	18.2	판관비율	97.6	내수	70.0
[디지털방송용 소프트웨어]AltiPlex	16.9				

회사 개요
동사는 1999년에 디지털 방송용 소프트웨어 솔루션 개발 및 공급업을 목적으로 설립되었음. 동사의 주요 제품은 크게 방송 송출시스템, 셋톱박스용 미들웨어 플랫폼, 어플리케이션 및 UI/UX의 방송용 소프트웨어 솔루션과 CAS/DRM의 보안솔루션으로 구분될 수 있으며, 디지털 방송의 시작부터 끝까지를 모두 지원할 수 있는 End-to-End 솔루션을 지방하고 있음. 미국, 독일, 네덜란드, 베트남 등지에 5개의 연결 종속회사를 보유하고 있음.

실적 분석
동사의 2017년 상반기 연결기준 매출액은 327.9억원으로 전년대비 0.5% 감소함. 영업이익은 전년동기 대비 78% 상승한 15.3억원을 시현하였으나 당기순손실은 1.4억원으로 적자전환함. 이는 국내의 HD 전환이 성숙기에 진입해 성장세가 둔화된 것이 한 원인으로 보임. 다만 2018년 평창 동계올림픽, 러시아 월드컵 등이 예정됨에 따라 UHD 방송이 보다 활성화된다면 UHD 셋톱박스에 대한 교체 수요가 증가할 가능성이 있음.

현금 흐름 〈단위 : 억원〉
항목	2016	2017.2Q
영업활동	101	23
투자활동	-117	-51
재무활동	-60	64
순현금흐름	-76	36
기말현금	86	122

시장 대비 수익률

결산 실적 〈단위 : 억원〉
항목	2012	2013	2014	2015	2016	2017
매출액	653	737	771	627	654	—
영업이익	138	186	162	25	16	—
당기순이익	45	160	130	4	9	—

분기 실적 〈단위 : 억원〉
항목	2016.1Q	2016.2Q	2016.3Q	2016.4Q	2017.1Q	2017.2Q
매출액	170	159	150	175	159	169
영업이익	4	5	6	1	5	13
당기순이익	4	-2	2	5	-2	1

재무 상태 〈단위 : 억원〉
항목	2012	2013	2014	2015	2016	2017.2Q
총자산	948	1,081	1,100	1,137	1,709	1,701
유형자산	15	12	10	35	41	41
무형자산	83	81	82	136	164	173
유가증권	2	22	20	10	0	0
총부채	577	215	132	174	716	696
총차입금	412	88	5	55	13	61
자본금	80	103	106	106	106	106
총자본	371	866	969	963	993	1,005
지배주주지분	371	866	969	954	955	954

기업가치 지표
항목	2012	2013	2014	2015	2016	2017.2Q
주가(최고/저)(천원)	—/—	9.3/7.8	12.5/8.0	11.1/4.9	5.9/3.9	—/—
PER(최고/저)(배)	0.0/0.0	10.3/8.7	20.4/13.0	534.0/237.1	102.5/67.5	—/—
PBR(최고/저)(배)	0.0/0.0	2.2/1.9	2.6/1.7	2.3/1.0	1.2/0.8	0.9/0.8
EV/EBITDA(배)	0.8	7.2	8.9	15.1	15.6	—/—
EPS(원)	257	917	622	21	57	3
BPS(원)	2,166	4,208	4,849	4,737	4,828	4,820
CFPS(원)	434	1,094	760	161	211	88
DPS(원)			150			
EBITDAPS(원)	963	1,243	915	257	228	158

재무 비율 〈단위 : % 〉
연도	영업이익률	순이익률	부채비율	차입금비율	ROA	ROE	유보율	자기자본비율	EBITDA마진율
2016	2.4	1.4	72.1	1.3	0.6	1.3	865.7	58.1	7.4
2015	4.0	0.7	18.1	5.7	0.4	0.5	847.4	84.7	8.7
2014	21.1	16.9	13.6	0.5	11.9	14.2	869.8	88.0	24.8
2013	25.2	21.7	24.9	10.1	15.8	25.9	741.5	80.1	29.4

알파홀딩스 (A117670)
Alpha Holdings

업 종 : 반도체 및 관련장비		시 장 : KOSDAQ	
신용등급 : (Bond) — (CP) —		기업규모 : —	
홈 페 이 지 : www.alphachips.com		연 락 처 : 070)4600-0000	
본 사 : 경기도 성남시 분당구 판교로 344, 8층(엠텍아이티타워)			

설 립 일	2002.11.01	종업원수	117명	대표이사	김동기,구희도각자대표
상 장 일	2010.09.17	감사의견	—(삼영)	계 열	
결 산 기	12월	보 통 주	1,207만주	종속회사수	
액 면 가	500원	우 선 주		구 상 호	

주주구성 (지분율,%)
프리미어바이오	17.3
케이비증권	5.9
(외국인)	3.8

출자관계 (지분율,%)
알파바이오랩스	100.0
알파솔루션즈	100.0

주요경쟁사 (외형,%)
알파홀딩스	100
SKC 솔믹스	167
프로텍	167

매출구성
Mobile Multimedia IC(제품)	68.2
Security IC(제품)	17.7
제품개발용역(용역)	13.7

비용구성
매출원가율	92.9
판관비율	8.2

수출비중
수출	—
내수	—

회사 개요
동사는 시스템반도체 개발 전문기업으로써 다양한 분야에서 시스템반도체 제품을 설계하는 팹리스 회사에게 IP 및 개발에 필요한 모든 솔루션을 제공하고 있음. 계열회사로 반도체 설계를 주 사업으로 영위하고 있는 가온칩스가 있으며 Mobile Multimedia Application과 Mobile Internet, Security 및 Display 분야에 걸쳐 각 분야의 선두 업체를 주요 고객으로 폭 넓게 확보하고 있음.

실적 분석
동사의 2017년 연결기준 1분기 매출액은 160.9억원으로 전년동기 대비 32.8% 증가함. 반면 분할된 (주)알파솔루션즈 매출부진 및 신사업 조기 정상화를 위해 비용투입 등의 영향으로 영업손실은 29.1억원으로 적자지속됨. 또한 지분법손실의 증가로 당기순손실 또한 33억원으로 적자지속됨. 상장폐지에 대한 이의신청에 관련하여 오는 7월 31일까지 개선기간을 부여받음.

현금 흐름 〈단위 : 억원〉
항목	2016	2017.2Q
영업활동	2	
투자활동	-153	
재무활동	70	
순현금흐름	-80	
기말현금	123	

시장 대비 수익률

결산 실적 〈단위 : 억원〉
항목	2012	2013	2014	2015	2016	2017
매출액	322	317	394	514	566	
영업이익	29	34	36	22	-6	
당기순이익	30	37	28	26	-369	

분기 실적 〈단위 : 억원〉
항목	2016.1Q	2016.2Q	2016.3Q	2016.4Q	2017.1Q	2017.2Q
매출액	121		116		161	
영업이익	-7		-22		-29	
당기순이익	-9		-22		-33	

재무 상태 〈단위 : 억원〉
항목	2012	2013	2014	2015	2017.2Q
총자산	412	384	667	667	801
유형자산	106	101	98	91	203
무형자산	9	14	136	131	38
유가증권	—	10	76	98	72
총부채	132	75	339	330	289
총차입금	36	1	179	188	127
자본금	40	40	40	40	60
총자본	280	309	328	337	512
지배주주지분	280	309	328	337	512

기업가치 지표
항목	2012	2013	2014	2015	2016	2017.2Q
주가(최고/저)(천원)	7.1/3.5	6.1/4.2	7.0/4.4	7.3/3.6	15.4/5.8	—/—
PER(최고/저)(배)	19.9/9.9	13.8/9.5	20.4/12.9	22.8/11.4	3.3/1.2	0.0/0.0
PBR(최고/저)(배)	2.1/1.1	1.7/1.1	1.7/1.1	1.7/0.9	1.7/0.6	—/—
EV/EBITDA(배)	5.6	5.1	8.1	12.2	110.5	—/—
EPS(원)	374	460	348	321	-3,137	
BPS(원)	3,482	3,848	4,080	4,245	4,722	
CFPS(원)	453	550	539	505	-2,995	
DPS(원)	60	70	70	40	40	
EBITDAPS(원)	445	515	641	453	87	

재무 비율 〈단위 : % 〉
연도	영업이익률	순이익률	부채비율	차입금비율	ROA	ROE	유보율	자기자본비율	EBITDA마진율
2016	-1.1	-65.2	56.3	24.8	-50.3	-87.0	844.5	64.0	1.8
2015	4.2	5.0	97.7	55.7	3.9	7.8	749.0	50.6	7.1
2014	9.2	7.1	103.6	54.6	5.3	8.7	716.1	49.1	13.1
2013	10.8	11.6	24.2	0.3	9.3	12.6	669.6	80.6	13.0

암니스 (A007630)
AMNIS

업 종 : 통신장비		시 장 : 거래소	
신용등급 : (Bond) — (CP) —		기업규모 : 시가총액 소형주	
홈 페 이 지 : www.gsinstrument.com		연 락 처 : 032)865-5600	
본 사 : 인천시 남구 길파로71번길 70			

설 립 일	1972.02.02	종업원수	28명	대표이사	고개묵,정운창(각자대표이사)
상 장 일	1988.10.24	감사의견	적정(성도)	계 열	
결 산 기	12월	보 통 주	1,848만주	종속회사수	2개사
액 면 가	500원	우 선 주		구 상 호	아이카이스트랩

주주구성 (지분율,%)
아카글로벌	8.3
씨엔아이	6.4
(외국인)	0.4

출자관계 (지분율,%)

주요경쟁사 (외형,%)
암니스	100
라이트론	130
서화정보통신	41

매출구성
중계기	97.3
용역매출 등	2.7

비용구성
매출원가율	94.5
판관비율	22.9

수출비중
수출	0.0
내수	100.0

회사 개요
동사는 국내 최초의 계측기 제조업체로서 1972년 설립된 이래 계측기 뿐만 아니라, AMP, 필터, 중계기 등의 통신장비를 개발하여 국내통신시장을 선도하고 있음. 이동통신 장비인 중계기는 서비스를 위한 망 구축에 필수적인 고부가가치 아이템으로서 현재 국내 대형통신사업자에 납품하고 있으며, 북미와 아시아 등 해외시장 진출에도 성공함. 2016년 중 두 차례의 사명변경을 거침.

실적 분석
동사의 2017년 2분기 누적 연결기준 매출액은 전년과 유사한 87.5억원을 기록함. 성장 정체에도 매출원가율은 축소되어 영업손실 22.3억원을 보이며 적자규모가 전년대비 축소됨. 비영업손실이 반영된 당기순손실은 24.9억원을 보였으며 중단사업손실을 제거할 경우 전년과 유사한 규모임. 동사는 신규사업으로 미국 태양광발전시설 개발프로젝트에 대한 유무형자산의 투자를 진행 중임.

현금 흐름 〈단위 : 억원〉
항목	2016	2017.2Q
영업활동	-36	-116
투자활동	-9	-16
재무활동	188	-3
순현금흐름	143	-136
기말현금	144	8

시장 대비 수익률

결산 실적 〈단위 : 억원〉
항목	2012	2013	2014	2015	2016	2017
매출액	537	547	587	301	319	
영업이익	24	-64	33	-28	-56	
당기순이익	6	-135	11	-87	-174	

분기 실적 〈단위 : 억원〉
항목	2016.1Q	2016.2Q	2016.3Q	2016.4Q	2017.1Q	2017.2Q
매출액	48	40			20	68
영업이익	-12	-17			-9	-13
당기순이익	-14	-71			-11	-14

재무 상태 〈단위 : 억원〉
항목	2012	2013	2014	2015	2016	2017.2Q
총자산	693	518	521	522	596	466
유형자산	153	146	144	140	151	150
무형자산	80	63	64	47	5	5
유가증권	2	2	1	1	1	1
총부채	445	405	397	432	481	356
총차입금	287	258	233	253	212	188
자본금	295	59	59	59	85	92
총자본	248	113	124	90	115	110
지배주주지분	248	113	124	90	114	110

기업가치 지표
항목	2012	2013	2014	2015	2016	2017.2Q
주가(최고/저)(천원)	2.9/1.2	3.0/1.0	4.9/0.9	3.7/1.5	17.3/1.1	—/—
PER(최고/저)(배)	58.8/23.5	—/—	50.1/9.2	—/—	—/—	—/—
PBR(최고/저)(배)	1.4/0.6	3.1/1.0	4.6/0.8	4.8/1.9	25.5/1.6	7.4/4.1
EV/EBITDA(배)	9.1		9.9			
EPS(원)	50	-1,143	97	-736	-1,259	-135
BPS(원)	843	963	1,059	771	679	597
CFPS(원)	93	-933	236	-586	-1,191	-124
DPS(원)						
EBITDAPS(원)	155	-331	419	-86	-334	-110

재무 비율 〈단위 : % 〉
연도	영업이익률	순이익률	부채비율	차입금비율	ROA	ROE	유보율	자기자본비율	EBITDA마진율
2016	-17.5	-54.7	418.8	184.9	-31.2	-170.7	35.8	19.3	-14.5
2015	-9.3	-28.8	480.1	280.5	-16.6	-81.1	54.2	17.2	-3.4
2014	5.6	2.0	320.0	187.5	2.2	9.7	111.8	23.8	8.4
2013	-11.7	-24.6	359.6	228.9	-22.3	-74.8	92.6	21.8	-7.1

앳츠 (A267810)
AntzCo

업 종 : 휴대폰 및 관련부품		시 장 : KONEX	
신용등급 : (Bond) — (CP) —		기업규모 :	
홈페이지 : www.iantz.co.kr		연락처 : 02)2677-9915	
본 사 : 서울시 영등포구 양산로 53 (양평동3가, 월드메르디앙비즈센터) 911호			

설 립 일 2015.05.22	종 업 원 수 명	대 표 이 사 박창진	
상 장 일 2017.04.28	감 사 의 견 적정 (이촌)	계 열	
결 산 기 12월	보 통 주	종속회사수	
액 면 가	우 선 주	구 상 호	

주주구성 (지분율,%)
박창진	54.6
박정애	6.5

출자관계 (지분율,%)
앳츠	100
일야	328
이엠텍	1,013

주요경쟁사 (외형,%)

매출구성
기술서비스	88.2
무상AS	7.4
모바일	2.3

비용구성
매출원가율	70.2
판관비율	27.0

수출비중
수출	—
내수	—

회사 개요
동사는 세계 1위의 초우량 기업인 Apple로부터 공인 서비스 제공업체(AASP: Apple Authorized Service Provider) 자격을 2015년 9월에 획득하여 적격성보고서 제출일 현재 전국에 Apple 공인 서비스센터 21개소를 운영하고 있으며, 지속적으로 확장해 나가고 있음. 휴대폰 도소매 및 Mobility / IT와 관련된 Solution을 제공하는 Mobile&Solution 사업을 전개하고 있음.

실적 분석
동사의 2016년 기준 매출액은 225.4억원이며 영업이익은 6.3억원 당기순이익은 6.5억원을 기록함. 매출구조 안정화 및 다변화를 추진해 나갈 예정. 서비스사업은 2017년 4월 1개소 오픈 했고 상반기 중 9개 센터를 추가로 오픈하여 지속적이고 안정적인 Cash-Cow 역할을 수행 추진.2021년 1천억 매출 달성의 실현을 위해 2018년 이후 Apple 서비스 산업 Cycle 내에 있는 진단 사업, 상품화 사업, 콜센터 사업에 진출계획

현금 흐름   *IFRS 별도 기준
〈단위 : 억원〉
항목	2016	2017.2Q
영업활동	4	
투자활동	-20	
재무활동	18	
순현금흐름	2	
기말현금	6	

시장 대비 수익률

결산 실적
〈단위 : 억원〉
항목	2012	2013	2014	2015	2016	2017
매출액	—	—	—	5	225	—
영업이익	—	—	—	-4	6	—
당기순이익	—	—	—	-3	7	—

분기 실적   *IFRS 별도 기준
〈단위 : 억원〉
항목	2016.1Q	2016.2Q	2016.3Q	2016.4Q	2017.1Q	2017.2Q
매출액	—	—	—	—	—	—
영업이익	—	—	—	—	—	—
당기순이익	—	—	—	—	—	—

재무 상태   *IFRS 별도 기준
〈단위 : 억원〉
항목	2012	2013	2014	2015	2016	2017.2Q
총자산				13	44	
유형자산				2	10	
무형자산				0	1	
유가증권						
총부채				8	33	
총차입금				6	23	
자본금				8	8	
총자본				4	11	
지배주주지분				4	11	

기업가치 지표   *IFRS 별도 기준
항목	2012	2013	2014	2015	2016	2017.2Q
주가 (최고/저) (천원)	#VALUE!	—/—	—/—	—/—	—/—	—/—
PER (최고/저) (배)	0.0/0.0	0.0/0.0	0.0/0.0	0.0/0.0	0.0/0.0	—/—
PBR (최고/저) (배)	0.0/0.0	0.0/0.0	0.0/0.0	0.0/0.0	0.0/0.0	0.0/0.0
EV/EBITDA (배)					2.0	—
EPS (원)				-9,590	4,212	
BPS (원)				2,891	7,103	
CFPS (원)				-9,481	5,037	
DPS (원)						
EBITDAPS (원)				-11,028	4,896	

재무 비율
〈단위 : % 〉
연도	영업이익률	순이익률	부채비율	차입금비율	ROA	ROE	유보율	자기자본비율	EBITDA마진율
2016	2.8	2.9	303.7	213.0	22.9	84.3	42.1	24.8	3.4
2015	-69.8	-60.1	일부잠식	일부잠식	0.0	0.0	-42.2	35.6	-69.1
2014	0.0	0.0	0.0	0.0	0.0	0.0	0.0	0.0	0.0
2013	0.0	0.0	0.0	0.0	0.0	0.0	0.0	0.0	0.0

애경유화 (A161000)
AEKYUNG PETROCHEMICAL

업 종 : 화학		시 장 : 거래소	
신용등급 : (Bond) — (CP) —		기업규모 : 시가총액 중형주	
홈페이지 : www.akp.co.kr		연락처 : 02)850-2000	
본 사 : 서울시 구로구 공원로 7 (구로동)			

설 립 일 2012.09.03	종 업 원 수 253명	대 표 이 사 이종기	
상 장 일 2012.09.17	감 사 의 견 적정 (한영)	계 열	
결 산 기 12월	보 통 주 3,204만주	종속회사수 2개사	
액 면 가 500원	우 선 주	구 상 호	

주주구성 (지분율,%)
AK홀딩스	44.5
국민연금공단	8.4
(외국인)	

출자관계 (지분율,%)
에이케이엠엠엔바이오팜	40.0
코리아PTG	33.5
애경(영파)화공유한공사	100.0

주요경쟁사 (외형,%)
애경유화	100
한국카본	30
NPC	44

매출구성
무수프탈산 및 그 유도품	94.1
알코올 등	5.0
태양광 등	0.9

비용구성
매출원가율	85.3
판관비율	6.0

수출비중
수출	52.0
내수	48.0

회사 개요
동사는 원유와 천연가스, 나프타 등을 원료로 하여 에틸렌, 프로필렌, 벤젠 등 기초유분을 제조하고, 이 기초유분을 원료로 하여 합성수지, 합성섬유원료, 합성고무 등 각종 석유화학제품을 제조하는 석유화학 기업으로, 2012년 9월 구 애경유화(주)에서 인적분할하여 유가증권시장 재상장함. 석유화학산업은 대규모 설비투자가 소요되는 기술집약형, 자본집약형 장치산업이며, 생활용품에서부터 건설, 전기 등 다양한 산업에 광범위하게 사용되는 기초 소재산업임.

실적 분석
2017년 반기 기준 동사가 보유한 연결대상 종속회사는 중국 소재의 애경(영파)화공유한공사, 애경해양(강서)화공유한공사 등 2개사임. 2017년 반기 매출액은 전년동기 대비 13.1% 증가한 4,647억원을 시현함. 매출 증가에 힘입어 원가부담을 줄어들어 영업이익은 전년동기 대비 2.8% 증가한 381.3억원을 시현하였고, 순이익은 전년동기 대비 6.7% 증가한 290.6억원을 시현함.

현금 흐름
〈단위 : 억원〉
항목	2016	2017.2Q
영업활동	673	183
투자활동	-235	-1
재무활동	-37	146
순현금흐름	401	328
기말현금	701	1,029

시장 대비 수익률

결산 실적
〈단위 : 억원〉
항목	2012	2013	2014	2015	2016	2017
매출액	4,139	11,761	11,611	9,121	8,677	—
영업이익	89	313	412	323	750	—
당기순이익	68	266	262	280	534	—

분기 실적
〈단위 : 억원〉
항목	2016.1Q	2016.2Q	2016.3Q	2016.4Q	2017.1Q	2017.2Q
매출액	1,955	2,156	2,105	2,462	2,355	2,293
영업이익	127	244	178	201	187	194
당기순이익	87	185	124	138	143	148

재무 상태
〈단위 : 억원〉
항목	2012	2013	2014	2015	2016	2017.2Q
총자산	4,638	4,107	3,976	3,327	4,084	4,282
유형자산	1,220	1,216	1,188	1,144	1,102	1,057
무형자산	50	60	57	34	31	30
유가증권			0	55	17	17
총부채	3,282	2,495	2,162	1,271	1,553	1,617
총차입금	1,964	1,258	1,103	495	528	820
자본금	160	160	160	160	160	160
총자본	1,356	1,612	1,814	2,056	2,531	2,665
지배주주지분	1,373	1,634	1,841	2,087	2,565	2,699

기업가치 지표
항목	2012	2013	2014	2015	2016	2017.2Q
주가 (최고/저) (천원)	5.6/4.7	5.9/3.8	7.4/5.0	7.7/5.1	13.1/4.7	—/—
PER (최고/저) (배)	28.1/23.4	7.8/5.1	9.7/6.5	9.2/6.1	8.0/2.9	—/—
PBR (최고/저) (배)	1.5/1.2	1.3/0.8	1.4/0.9	1.3/0.8	1.7/0.6	1.9/1.2
EV/EBITDA (배)	28.7	7.0	5.5	4.6	4.4	—
EPS (원)	226	848	830	884	1,678	913
BPS (원)	42,892	51,040	57,474	65,158	8,007	8,600
CFPS (원)	3,079	11,163	11,225	11,408	1,925	1,034
DPS (원)	500	1,500	1,900	1,900	300	
EBITDAPS (원)	3,605	12,465	15,777	12,646	2,588	1,311

재무 비율
〈단위 : % 〉
연도	영업이익률	순이익률	부채비율	차입금비율	ROA	ROE	유보율	자기자본비율	EBITDA마진율
2016	8.6	6.2	61.4	20.9	14.4	23.1	1,501.4	62.0	9.6
2015	3.5	3.1	61.9	24.1	7.7	14.4	1,203.2	61.8	4.4
2014	3.6	2.3	119.2	60.8	6.5	15.3	1,049.5	45.6	4.4
2013	2.7	2.3	154.8	78.1	6.5	18.1	920.8	39.3	3.4

애니젠 (A196300)
ANYGEN COLTD

<table>
<tr><td>업 종 : 바이오</td><td>시 장 : KOSDAQ</td></tr>
<tr><td>신용등급 : (Bond) — (CP) —</td><td>기업규모 : 신성장</td></tr>
<tr><td>홈 페 이 지 : www.anygen.com</td><td>연 락 처 : 062)714-1166</td></tr>
<tr><td colspan="2">본 사 : 광주시 북구 첨단과기로 333 광주테크노파크 시험생산동 206호</td></tr>
</table>

<table>
<tr><td>설 립 일</td><td>2000.05.03</td><td>종 업 원 수</td><td>53명</td><td>대 표 이 사</td><td>김재일</td></tr>
<tr><td>상 장 일</td><td>2016.12.07</td><td>감사의견</td><td>적정 (삼정)</td><td>계 열</td><td></td></tr>
<tr><td>결 산 기</td><td>12월</td><td>보 통 주</td><td>495만주</td><td>종속회사수</td><td></td></tr>
<tr><td>액 면 가</td><td>500원</td><td>우 선 주</td><td></td><td>구 상 호</td><td></td></tr>
</table>

주주구성 (지분율,%)
김재일	19.0
한국투자미래성장벤처펀드제22호	3.9
(외국인)	0.9

출자관계 (지분율,%)
애니젠	100
펩트론	75
테고사이언스	200

주요경쟁사 (외형,%)

매출구성
Custom Peptide	51.0
CMO peptide	21.8
Leuprorelin Acetate	12.1

비용구성
매출원가율	63.9
판관비율	61.3

수출비중
수출	44.0
내수	56.0

회사 개요
동사는 의약품, 원료의약품, 의약부외품의 제조·판매업 및 생명공학 관련 연구, 기술개발업 및 개발 용역업 등을 주사업으로 펩타이드 바이오소재 (산업용·의약용) 및 아미노산·펩타이드 기반 항암, 항당뇨 및 진통 등의 글로벌 혁신 신약을 개발하는 바이오소재 전문회사 로서 2000년 5월 2일 광주과학기술원 내 실험실 벤처로 창업하여 현재 산업용·의약용 펩타이드 바이오소재 개발과 고부가가치 신약개발에 주력하고 있음.

실적 분석
동사의 2017년 상반기 연결기준 누적매출액은 24.3억원으로 전년동기대비 15.4% 증가함. 비용측면에서 매출원가가 31.4% 하락하면서 영업이익은 3.9억원으로 흑자전환에 성공함. 국내 의약품시장이 정부의 강력한 가격통제정책에도 불구하고 빠른 고령화 사회로 진전되면서 약품 수요가 증가하고 있음. 또한 시장의 영향을 크게 받지 않으므로 향후 펩타이트 소재 전문회사로 자리매김할 시 수익 개선이 기대됨.

현금 흐름 *IFRS 별도 기준 〈단위 : 억원〉
항목	2016	2017.2Q
영업활동	-0	13
투자활동	-150	-24
재무활동	154	3
순현금흐름	4	-9
기말현금	11	2

시장 대비 수익률

결산 실적 〈단위 : 억원〉
항목	2012	2013	2014	2015	2016	2017
매출액	32	40	37	37	42	
영업이익	-1	4	-6	-12	-11	
당기순이익	-3	2	-22	-26	-16	

분기 실적 *IFRS 별도 기준 〈단위 : 억원〉
항목	2016.1Q	2016.2Q	2016.3Q	2016.4Q	2017.1Q	2017.2Q
매출액	9	12			11	13
영업이익	-1	0			0	4
당기순이익	-3	-2			1	1

재무 상태 *IFRS 별도 기준 〈단위 : 억원〉
항목	2012	2013	2014	2015	2016	2017.2Q
총자산	92	112	101	105	243	255
유형자산	29	29	27	23	20	66
무형자산	19	25	18	24	28	35
유가증권	0	0				
총부채	73	84	89	74	13	19
총차입금	58	66	70	59	—	—
자본금	12	12	14	18	25	25
총자본	19	28	12	31	230	236
지배주주지분	19	28	12	31	230	236

기업가치 지표 *IFRS 별도 기준
항목	2012	2013	2014	2015	2016	2017.2Q
주가(최고/저)(천원)	—/—	—/—	—/—	—/—	16.9/12.6	—/—
PER(최고/저)(배)	0.0/0.0	0.0/0.0	0.0/0.0	0.0/0.0	3.6/2.7	3.2/2.4
PBR(최고/저)(배)	0.0/0.0	0.0/0.0	0.0/0.0	0.0/0.0		
EV/EBITDA(배)	6.0	3.3	32.9			
EPS(원)	-98	43	-566	-650	-390	102
BPS(원)	549	765	310	764	4,660	4,771
CFPS(원)	127	269	-371	-441	-179	204
DPS(원)					-38	182
EBITDAPS(원)	200	343	37	-90		

재무 비율 〈단위 : % 〉
연도	영업이익률	순이익률	부채비율	차입금비율	ROA	ROE	유보율	자기자본비율	EBITDA마진율
2016	-25.2	-39.4	5.5	0.0	-9.5	-12.6	831.9	94.8	-3.9
2015	-31.8	-69.1	239.1	189.6	-25.0	-119.9	74.5	29.5	-9.6
2014	-16.5	-58.6	일부잠식	일부잠식	-20.3	-107.3	-17.0	11.9	3.8
2013	10.3	3.8	296.7	235.5	1.5	6.5	133.0	25.2	30.3

액션스퀘어 (A205500)
Action Square

<table>
<tr><td>업 종 : 게임 소프트웨어</td><td>시 장 : KOSDAQ</td></tr>
<tr><td>신용등급 : (Bond) — (CP) —</td><td>기업규모 : 중견</td></tr>
<tr><td>홈 페 이 지 : www.action2quare.com</td><td>연 락 처 : 031)781-7161</td></tr>
<tr><td colspan="2">본 사 : 경기도 성남시 분당구 판교역로 221 3층(삼평동, 투썬월드빌딩)</td></tr>
</table>

<table>
<tr><td>설 립 일</td><td>2014.08.27</td><td>종 업 원 수</td><td>199명</td><td>대 표 이 사</td><td>이승한</td></tr>
<tr><td>상 장 일</td><td>2014.11.12</td><td>감사의견</td><td>적정 (삼정)</td><td>계 열</td><td></td></tr>
<tr><td>결 산 기</td><td>12월</td><td>보 통 주</td><td>2,494만주</td><td>종속회사수</td><td>1개사</td></tr>
<tr><td>액 면 가</td><td>500원</td><td>우 선 주</td><td></td><td>구 상 호</td><td>케이비제4호스팩</td></tr>
</table>

주주구성 (지분율,%)
프라즈나글로벌홀딩스	27.7
키글로벌홀딩스	16.5
(외국인)	0.3

출자관계 (지분율,%)
보스톤성장장치원3호투자조합	98.5

주요경쟁사 (외형,%)
액션스퀘어	100
액토즈소프트	1,829
서울리거	467

매출구성
블레이드 for Kakao	100.0

비용구성
매출원가율	0.0
판관비율	388.6

수출비중
수출	0.0
내수	100.0

회사 개요
2012년 8월 설립된 게임 개발업체인 동사는 케이비제4호스팩(205500)과의 합병을 통해 2015년 10월 코스닥 시장에 신규 상장됨. 2014년 출시한 액션 역할수행게임(RPG) '블레이드'가 크게 히트하며 단일 게임으로 출시 1년만에 매출 1,300억원을 돌파하는 커다란 반향을 일으킴. 합병및 코스닥 시장 상장을 통해 확보된 자금을 바탕으로 향후 중국 시장을 비롯한 해외 시장 진출이 기대됨.

실적 분석
동사는 신작 게임의 흥행으로 2017년 반기 연결기준 매출이 225.1% 증가한 60.0억원 나타냄. 신작 게임의 개발 비용이 증가하면서 영업손실이 40.6억원 발생하였으나 적자폭은 축소되었음. 순손실 역시 49.9억원으로 적자지속 상태임. 동사는 2017년 1월 신작 게임인 삼국블레이드를 시장에 런칭하였고 출시 이후 매출 순위 역시 상위권을 유지하고 있음.

현금 흐름 〈단위 : 억원〉
항목	2016	2017.2Q
영업활동	-78	-23
투자활동	23	24
재무활동	-0	0
순현금흐름	-56	1
기말현금	6	7

시장 대비 수익률

결산 실적 〈단위 : 억원〉
항목	2012	2013	2014	2015	2016	2017
매출액	—	—	162	67	40	—
영업이익	—	—	116	-25	-114	—
당기순이익	—	—	102	-82	-87	—

분기 실적 〈단위 : 억원〉
항목	2016.1Q	2016.2Q	2016.3Q	2016.4Q	2017.1Q	2017.2Q
매출액		9				19
영업이익		-29				-29
당기순이익		-26				-40

재무 상태 〈단위 : 억원〉
항목	2012	2013	2014	2015	2016	2017.2Q
총자산			124	359	285	318
유형자산			3	6	10	41
무형자산			1	10	15	14
유가증권						19
총부채			26	72	48	122
총차입금			7	21	—	0
자본금			5	122	125	125
총자본			98	286	237	196
지배주주지분			98	286	237	196

기업가치 지표
항목	2012	2013	2014	2015	2016	2017.2Q
주가(최고/저)(천원)	—/—	—/—	13.2/12.8	17.8/8.4	12.2/6.1	—/—
PER(최고/저)(배)	0.0/0.0	0.0/0.0	26.1/25.4			
PBR(최고/저)(배)	0.0/0.0	0.0/0.0	27.6/26.8	15.2/7.2	12.8/6.4	10.7/6.4
EV/EBITDA(배)	0.0		1.0			
EPS(원)			506	-341	-351	-200
BPS(원)			8,001	234	950	786
CFPS(원)			8,354	-66	-325	-187
DPS(원)						
EBITDAPS(원)			9,482	-18	-432	-150

재무 비율 〈단위 : % 〉
연도	영업이익률	순이익률	부채비율	차입금비율	ROA	ROE	유보율	자기자본비율	EBITDA마진율
2016	-288.6	-220.9	20.4	0.0	-27.2	-33.4	90.1	83.1	-272.3
2015	-37.2	-122.9	25.3	7.4	-33.9	-42.6	134.2	79.8	-32.8
2014	71.9	63.3	26.4	7.2	0.0	0.0	1,826.4	79.1	72.1
2013	0.0	0.0	0.0	0.0	0.0	0.0	0.0	0.0	0.0

액토즈소프트 (A052790)
Actoz Soft

업 종 : 게임 소프트웨어		시 장 : KOSDAQ	
신용등급 : (Bond) — (CP) —		기업규모 : 중견	
홈페이지 : www.actoz.com		연 락 처 : 02)3671-0000	
본 사 : 서울시 서초구 서초대로 301 동익성봉빌딩 6층,7층,8층			

설 립 일 1996.10.29	종 업 원 수 93명	대 표 이 사 구오하이빈	
상 장 일 2001.08.01	감 사 의 견 적정 (삼일)	계 열	
결 산 기 12월	보 통 주 1,133만주	종속회사수 5개사	
액 면 가 500원	우 선 주 —	구 상 호	

주주구성 (지분율,%)
Shanda Games Korean Investment Limited	51.1
Prism Offshore Fund, Ltd.	2.3
(외국인)	49.3

출자관계 (지분율,%)
온라인웍스	100.0
아이덴티티엔터테인먼트	100.0
AKGI청년창업육성투자조합1호	33.3

주요경쟁사 (외형,%)
액토즈소프트	100
액션스퀘어	5
서울리거	26

매출구성
온라인 - 미르의전설2,3(기타)	53.6
열혈전기, 괴리성밀리언아서 외(기타)	45.9
기타	0.5

비용구성
매출원가율	51.0
판관비율	34.0

수출비중
수출	—
내수	—

회사 개요
1996년에 설립된 온라인 및 모바일게임 개발업체. 2001년 코스닥 시장에 상장. 동사의 최대주주는 중국 샨다게임즈가 100%를 보유하고 있으며 이는 샨다게임즈 코리아 인베스트먼트로 51.1%의 지분 소유. 과거 매출의 대부분은 중국 샨다를 통해 서비스되는 '미르의 전설 2'에서 발생. 2012년 12월 출시된 모바일게임 '밀리언아서'의 흥행으로 모바일게임 개발사로 변모. 국내 기업 3개, 중국 기업 2개 포함 총 5개의 계열사를 보유하고 있음.

실적 분석
동사의 2017년 2분기 연결 누적 매출액은 모바일 게임 사업 부진의 영향으로 전년동기대비 30.2% 감소한 279.7억원을 기록함. 광고선전비의 축소와 판매관리비 개선에도 불구하고 2분기 누적 영업이익은 전년동기대비 31.2% 감소한 46.6억원을 시현함. 당기순이익은 전년동기대비 34.8% 감소한 14.9억원을 기록함. 2017년 8월 중국 법원의 '미르의 전설2' 서비스 연장 계약 중단 판결에 대한 재심의 절차가 진행 중임.

현금 흐름
〈단위 : 억원〉
항목	2016	2017.2Q
영업활동	129	89
투자활동	221	45
재무활동	—	—
순현금흐름	359	126
기말현금	535	661

시장 대비 수익률

결산 실적
〈단위 : 억원〉
항목	2012	2013	2014	2015	2016	2017
매출액	830	1,394	1,028	1,008	724	—
영업이익	148	232	-134	51	109	—
당기순이익	96	151	-690	-70	-23	—

분기 실적
〈단위 : 억원〉
항목	2016.1Q	2016.2Q	2016.3Q	2016.4Q	2017.1Q	2017.2Q
매출액	219	182	187	136	144	136
영업이익	38	30	30	12	25	22
당기순이익	15	8	-8	-37	-4	19

재무 상태
〈단위 : 억원〉
항목	2012	2013	2014	2015	2016	2017.2Q
총자산	2,258	2,320	1,613	1,493	1,477	1,520
유형자산	5	18	26	59	39	29
무형자산	39	29	44	49	15	4
유가증권	15	16	16	1	—	—
총부채	1,272	416	377	321	323	344
총차입금	428	35	—	—	—	—
자본금	47	56	57	57	57	57
총자본	987	1,905	1,235	1,173	1,155	1,176
지배주주지분	987	1,905	1,234	1,171	1,155	1,176

기업가치 지표
항목	2012	2013	2014	2015	2016	2017.2Q
주가(최고/저)(천원)	45.0/14.2	69.2/28.2	45.1/23.0	64.4/29.0	30.8/11.4	—/—
PER(최고/저)(배)	44.8/14.1	48.3/19.7	—/—	—/—	—/—	—/—
PBR(최고/저)(배)	4.3/1.4	4.1/1.7	4.1/2.1	6.2/2.8	3.0/1.1	2.3/1.3
EV/EBITDA(배)	20.5	10.6		30.7	6.2	
EPS(원)	1,005	1,431	-6,104	-626	-185	131
BPS(원)	10,696	16,999	11,025	10,454	10,312	10,502
CFPS(원)	1,121	1,591	-5,856	-166	175	262
DPS(원)	—	—	—	—	—	—
EBITDAPS(원)	1,673	2,361	-935	910	1,321	542

재무 비율
〈단위 : % 〉
연도	영업이익률	순이익률	부채비율	차입금비율	ROA	ROE	유보율	자기자본비율	EBITDA마진율
2016	15.0	-3.1	27.9	0.0	-1.5	-1.8	1,962.5	78.2	20.7
2015	5.0	-7.0	27.4	0.0	-4.5	-5.9	1,990.8	78.5	10.2
2014	-13.0	-67.1	30.6	0.0	-35.1	-44.0	2,105.0	76.6	-10.3
2013	16.7	10.8	21.8	1.8	6.6	10.4	3,299.9	82.1	17.9

액트 (A131400)
ACT

업 종 : 전자 장비 및 기기		시 장 : KOSDAQ	
신용등급 : (Bond) — (CP) —		기업규모 : 중견	
홈페이지 : www.actfpc.com		연 락 처 : 053)602-4253	
본 사 : 대구시 달서구 성서로35길 26 (월암동 1-202번지)			

설 립 일 2004.03.01	종 업 원 수 181명	대 표 이 사 김성범,최낙훈(각자대표이사)	
상 장 일 2010.12.27	감 사 의 견 적정 (서일)	계 열	
결 산 기 12월	보 통 주 1,691만주	종속회사수 2개사	
액 면 가 500원	우 선 주 —	구 상 호	

주주구성 (지분율,%)
더플라잉홀딩스	8.5
한국증권금융	3.5
(외국인)	0.5

출자관계 (지분율,%)
쿼츠	100.0
연태아특전자	100.0

주요경쟁사 (외형,%)
액트	100
비에이치	611
남성	138

매출구성
양면	83.1
Multi	9.2
기타	4.6

비용구성
매출원가율	93.8
판관비율	13.2

수출비중
수출	69.0
내수	31.0

회사 개요
동사는 휴대폰 및 개인 휴대용 소형 전자부품에 많이 사용되는 핵심부품인 인쇄회로기판의 제조, 판매 및 수출입을 주요 사업으로 영위하고 있음. FPCB제조와 판매업을 영위하는 연태아특전자유한공사와 컨설팅업을 영위하는 쿼츠를 연결대상 종속회사로 보유하고 있음. LG계열사를 고객사로 보유하고 있음. 최근 몇 년 간 정보통신시장 활황에 따라 FPCB제품은 수요가 증가하고 있음.

실적 분석
2017년 상반기 연결기준 동사 매출은 291.4억원을 기록함. 이는 전년 동기 매출인 297.6억원에 비해 2.1% 감소한 금액임. 여기에 인건비 증가로 인해 판매비와 관리비 역시 증가하나 매출원가가 15.6% 감소해 전년 동기 -7.5억원을 기록한 영업이익이 13.7억원을 기록하며 흑자전환에 성공함. 다만 비영업부문은 손실폭이 커짐. 당기순이익은 적자가 지속되었으나 손실폭이 축소됨.

현금 흐름
〈단위 : 억원〉
항목	2016	2017.2Q
영업활동	-36	33
투자활동	-71	7
재무활동	133	-29
순현금흐름	25	10
기말현금	49	24

시장 대비 수익률

결산 실적
〈단위 : 억원〉
항목	2012	2013	2014	2015	2016	2017
매출액	753	841	630	503	609	—
영업이익	19	26	-41	-89	-43	—
당기순이익	14	15	-56	-96	-55	—

분기 실적
〈단위 : 억원〉
항목	2016.1Q	2016.2Q	2016.3Q	2016.4Q	2017.1Q	2017.2Q
매출액	137	161	161	150	174	117
영업이익	-8	1	-6	-30	2	11
당기순이익	-8	-5	-12	-30	-2	14

재무 상태
〈단위 : 억원〉
항목	2012	2013	2014	2015	2016	2017.2Q
총자산	656	718	626	558	701	676
유형자산	289	366	359	383	419	409
무형자산	4	4	4	4	4	4
유가증권	4	4	4	2	2	0
총부채	304	301	272	297	385	369
총차입금	190	188	148	221	287	254
자본금	75	75	75	74	85	85
총자본	352	416	353	261	317	307
지배주주지분	352	416	353	261	317	307

기업가치 지표
항목	2012	2013	2014	2015	2016	2017.2Q
주가(최고/저)(천원)	4.6/2.8	4.5/2.3	2.7/1.4	2.0/1.3	5.7/1.4	—/—
PER(최고/저)(배)	49.2/30.0	44.2/22.7	—/—	—/—	—/—	—/—
PBR(최고/저)(배)	1.9/1.2	1.5/0.8	1.1/0.6	1.0/0.7	2.8/0.7	1.7/1.2
EV/EBITDA(배)	14.4	8.5				
EPS(원)	97	103	-371	-637	-346	-52
BPS(원)	2,525	2,965	2,565	1,952	2,062	2,006
CFPS(원)	258	279	-202	-442	-149	46
DPS(원)	50	50	—	—	—	—
EBITDAPS(원)	289	350	-106	-396	-71	179

재무 비율
〈단위 : % 〉
연도	영업이익률	순이익률	부채비율	차입금비율	ROA	ROE	유보율	자기자본비율	EBITDA마진율
2016	-7.1	-9.1	121.5	90.8	-8.8	-19.2	312.5	45.2	-1.9
2015	-17.6	-19.0	113.9	84.6	-16.2	-31.1	290.4	46.8	-11.8
2014	-6.6	-8.8	77.1	42.0	-8.3	-14.5	413.1	56.5	-2.5
2013	3.1	1.8	72.5	45.1	2.2	4.0	493.0	58.0	6.2

앤디포스 (A238090)
NDFOS CO

업 종 : 휴대폰 및 관련부품	시 장 : KOSDAQ
신용등급 : (Bond) — (CP) —	기업규모 : 벤처
홈 페 이 지 : www.ndfos.com	연 락 처 : 070)7662-2121
본 사 : 충북 음성군 대소면 한삼로 224-7	

설 립 일	2010.06.23	종 업 원 수	83명	대 표 이 사	윤호탁,김인섭
상 장 일	2016.10.12	감 사 의 견	적정 (우리)	계	열
결 산 기	12월	보 통 주	1,507만주	종 속 회 사 수	
액 면 가	500원	우 선 주		구 상 호	

주주구성 (지분율,%)		출자관계 (지분율,%)		주요경쟁사 (외형,%)	
앤텍컴	44.3	앤디포스	100		
윤호탁	12.6	시노펙스	220		
(외국인)	0.6	에스맥	198		

매출구성		비용구성		수출비중	
휴대폰 등 모바일기기용 양면테이프	85.1	매출원가율	63.5	수출	35.0
윈도우 필름	14.9	판관비율	12.7	내수	65.0
기타	0.0				

회사 개요
동사는 2010년 6월 23일 설립되어, TSP용 양면 테이프 및 윈도우 필름 개발/제조를 주 사업으로 영위함. TSP용 양면 테이프 산업은 영상부품소재산업이고, 전방산업인 모바일을 연결시켜주는 중간재산업인 동시에 고기능 정밀산업임. 동사만의 고유한 기술인 특수구조 조응을 적용한 물성으로 동업종 영위 타사대비 기술적우위를 확보하고 있음. 2015년 매출비율은 TPS용 양면 테이프가 78.5%, 윈도우 필름이 21.4% 를 차지함.

실적 분석
동사의 2017년 2분기 누적 매출액은 194.3억원으로 전년 동기 355억원 대비 45.3% 축소됨. 외형축소에 따라 매출원가가 전년동기 201.1억원에서 136.5억원으로 32.1% 감소함. 이에 매출총이익은 전년 동기 대비 62.4% 감소한 57.8억원을 기록함. 그에 따라 판관비의 감소에도 28.7억원의 영업이익을 시현하는데 그침. 동사는 추가생산시설 확보를 위한 제2공장 설비투자를 진행 중.

현금 흐름 *IFRS 별도 기준 〈단위 : 억원〉

항목	2016	2017.2Q
영업활동	128	17
투자활동	-456	35
재무활동	396	-63
순현금흐름	68	-12
기말현금	226	214

시장 대비 수익률

결산 실적 〈단위 : 억원〉

항목	2012	2013	2014	2015	2016	2017
매출액	230	249	464	575	706	—
영업이익	11	6	54	163	168	—
당기순이익	9	3	41	138	149	—

분기 실적 *IFRS 별도 기준 〈단위 : 억원〉

항목	2016.1Q	2016.2Q	2016.3Q	2016.4Q	2017.1Q	2017.2Q
매출액	216	139	—	—	107	87
영업이익	85	37	—	—	22	7
당기순이익	65	35	—	—	20	3

재무 상태 *IFRS 별도 기준 〈단위 : 억원〉

항목	2012	2013	2014	2015	2016	2017.2Q
총자산	181	237	252	349	888	837
유형자산	90	100	97	92	87	143
무형자산	0	0	0	3	3	4
유가증권			1			
총부채	112	165	137	105	83	64
총차입금	70	125	91	30	13	10
자본금	60	60	60	60	75	75
총자본	69	72	114	245	805	773
지배주주지분	69	72	114	245	805	773

기업가치 지표 *IFRS 별도 기준

항목	2012	2013	2014	2015	2016	2017.2Q
주가(최고/저)(천원)	#VALUE!	—/—	—/—	—/—	13.0/9.5	—/—
PER(최고/저)(배)	0.0/0.0	0.0/0.0	0.0/0.0	0.0/0.0	13.0/9.5	3.0/2.0
PBR(최고/저)(배)	0.0/0.0	0.0/0.0	0.0/0.0	0.0/0.0	2.9/2.1	
EV/EBITDA(배)	4.3	8.6	1.1		7.7	
EPS(원)	79	28	339	1,147	1,174	188
BPS(원)	1,146	1,202	1,904	4,076	5,342	5,127
CFPS(원)	249	184	832	2,463	1,252	221
DPS(원)					400	
EBITDAPS(원)	296	232	1,058	2,894	1,400	224

재무 비율 〈단위 : % 〉

연도	영업이익률	순이익률	부채비율	차입금비율	ROA	ROE	유보율	자기자본비율	EBITDA마진율
2016	23.8	21.2	10.3	1.6	24.1	28.5	968.5	90.7	25.2
2015	28.5	24.0	42.8	12.4	45.8	76.7	307.6	70.0	30.2
2014	11.7	8.8	120.3	79.6		90.4	45.4	13.7	
2013	2.5	1.3	228.7	173.7	1.6	4.8	20.2	30.4	5.6

앱클론 (A174900)
AbClon

업 종 : 제약	시 장 : KOSDAQ
신용등급 : (Bond) — (CP) —	기업규모 : 신성장
홈 페 이 지 : www.abclon.com	연 락 처 : 02)2109-1294
본 사 : 서울시 구로구 디지털로 285 에이스트윈타워1차 1401호	

설 립 일	2010.06.25	종 업 원 수	명	대 표 이 사	이종서
상 장 일	2017.09.18	감 사 의 견	적정 (삼정)	계	열
결 산 기	12월	보 통 주	680만주	종 속 회 사 수	
액 면 가	500원	우 선 주		구 상 호	

주주구성 (지분율,%)		출자관계 (지분율,%)		주요경쟁사 (외형,%)	
이종서	12.6	앱클론	100		
이승렬	6.9	진양제약	1,158		
(외국인)	0.1	녹원씨아이	124		

매출구성		비용구성		수출비중	
항체의약품	47.2	매출원가율	43.1	수출	54.0
용역서비스	36.6	판관비율	108.4	내수	46.0
상품	16.2				

회사 개요
동사는 2010년 대한민국과 스웨덴의 항체전문가그룹(Alligator Bioscience, Affibody)이 합작법인으로 설립한 항체의약품 신약개발 전문기업임. 신규 에피톱 항체 개발(NEST), 이중항체신약 개발(AffiMab), 면역항암 치료제(CAR-T) 등 자체 신약개발 플랫폼 기반 혁신적인 항체 신약 개발 중이며 다양한 파이프라인 확장 능력이 강점임. 실적 성장성과 신약개발에 대한 기술성을 인정받은 기술성평가 특례 상장 기업임.

실적 분석
동사가 보유하고 있는 NEST 플랫폼과 AffiMab 플랫폼의 가장 큰 경쟁력은 지속적으로 파이프라인 확장이 가능하다는 점임. 2016년 10월 상하이 헨리우스 바이오텍과 AC101 중국판권 기술이전(2017년 100만 달러 매출 계상)을 비롯해 2건의 기술이전 계약 체결과 유한양행과의공동개발 3건 등에 따른 기술이전 수익이 시작됨. 동사의 2분기 매출액은 전년동기 20.5억원 대비 18.4% 증가한 24.2억을 시현했음.

현금 흐름 *IFRS 별도 기준 〈단위 : 억원〉

항목	2016	2017.2Q
영업활동	-2	-4
투자활동	3	4
재무활동	—	—
순현금흐름	-0	1
기말현금	21	22

시장 대비 수익률

결산 실적 〈단위 : 억원〉

항목	2012	2013	2014	2015	2016	2017
매출액	9	16	18	19	31	—
영업이익	-12	-14	-21	-31	-16	—
당기순이익	-13	-4	-32	-98	-16	—

분기 실적 *IFRS 별도 기준 〈단위 : 억원〉

항목	2016.1Q	2016.2Q	2016.3Q	2016.4Q	2017.1Q	2017.2Q
매출액	5	16	6	5	16	8
영업이익	-6	4	-5	-8	2	-4
당기순이익	-6	4	-4	-8	1	-3

재무 상태 *IFRS 별도 기준 〈단위 : 억원〉

항목	2012	2013	2014	2015	2016	2017.2Q
총자산	52	61	44	162	160	152
유형자산	3	4	3	35	32	31
무형자산	1	0	0	2	2	2
유가증권						
총부채	53	67	64	29	40	34
총차입금	49	61	61	20	20	20
자본금	17	18	19	30	30	30
총자본	-1	-6	-19	133	120	119
지배주주지분	-1	-6	-25	133	120	119

기업가치 지표 *IFRS 별도 기준

항목	2012	2013	2014	2015	2016	2017.2Q
주가(최고/저)(천원)	—/—	—/—	—/—	—/—	—/—	—/—
PER(최고/저)(배)	0.0/0.0	0.0/0.0	0.0/0.0	0.0/0.0	0.0/0.0	0.0/0.0
PBR(최고/저)(배)	0.0/0.0	0.0/0.0	0.0/0.0	0.0/0.0	0.0/0.0	0.0/0.0
EV/EBITDA(배)	—	—	—	—	—	—
EPS(원)	-326	-130	-636	-1,706	-262	-36
BPS(원)	-16	-118	-490	2,182	1,964	1,949
CFPS(원)	-299	-101	-600	-1,661	-212	-12
DPS(원)						
EBITDAPS(원)	-290	-262	-372	-490	-213	-12

재무 비율 〈단위 : % 〉

연도	영업이익률	순이익률	부채비율	차입금비율	ROA	ROE	유보율	자기자본비율	EBITDA마진율
2016	-51.5	-51.2	33.7	16.7	-9.9	-12.6	292.8	74.8	-41.7
2015	-158.5	-505.2	21.5	15.0	-95.9	전기잠식	336.4	82.3	-145.2
2014	-115.7	-180.3	완전잠식	완전잠식	-61.5	잠식지속	-228.5	-56.9	-105.4
2013	-89.0	-39.7	완전잠식	완전잠식	-11.4	잠식지속	-133.8	-9.8	-80.1

양지사 (A030960)
Yangjisa

업　　종 : 상업서비스　　　　　　　　　　시　　장 : KOSDAQ
신용등급 : (Bond) —　　(CP) —　　　　기업규모 : 중견
홈 페 이 지 : www.yangjisa.com　　　　　연 락 처 : 031)996-0041
본　　사 : 경기도 김포시 양촌읍 황금1로 131

설 립 일	1980.01.16	종 업 원 수	324명	대 표 이 사	이현
상 장 일	1996.10.24	감 사 의 견	적정 (삼정)	계	열
결 산 기	06월	보 통 주	1,598만주	종속회사수	
액 면 가	500원	우 선 주		구 상 호	

주주구성 (지분율,%)		출자관계 (지분율,%)		주요경쟁사 (외형,%)	
이배구	40.5	양지사	100		
이진	21.1	KTcs	1,875		
(외국인)	0.2	한국코퍼레이션	296		

매출구성		비용구성		수출비중	
인쇄및제본(수출)	37.8	매출원가율	80.8	수출	32.0
인쇄및제본(내수)	31.4	판관비율	14.1	내수	68.0
문구류	25.9				

회사 개요
동사는 1976년 양지사라는 개인사업체로 출발해 1979년 법인으로 전환함. 1996년 코스닥 시장에 상장함. 6월 결산 법인으로 수첩, 다이어리, 노트류 등 단일 품목을 전문생산함. 주문생산과 계획생산 방식은 7대 3의 비율이며, 수출이 약 50%를 차지함. 수출은 전년 동기 대비 25.9% 증가했지만 내수에서는 전년 동기 대비 2.0% 감소한 것으로 나타남.

실적 분석
6월 결산인 동사의 2017년 3분기 누적매출액은 407.4억원으로 전년동기대비 5.5% 증가함. 영업이익은 50.4억원으로 94.4% 증가함. 당기순이익은 40.9억원으로 전년동기 대비 30.6% 증가함. 국내 인쇄업계는 이미 포화상태로 해외 수출이 대안으로 뜨고 있음. 다만 수출 단가 하락, 환율 급등락 등 인쇄물 수출 환경의 급변으로 경쟁력이 약화될 가능성이 높다는 점이 위협 요인으로 지목됨.

현금 흐름 *IFRS 별도 기준
〈단위 : 억원〉

항목	2016	2017.3Q
영업활동	64	82
투자활동	28	-9
재무활동	-58	-71
순현금흐름	34	3
기말현금	42	44

시장 대비 수익률

결산 실적
〈단위 : 억원〉

항목	2012	2013	2014	2015	2016	2017
매출액	519	473	467	477	496	509
영업이익	29	27	12	-10	25	38
당기순이익	29	14	9	-14	28	36

분기 실적 *IFRS 별도 기준
〈단위 : 억원〉

항목	2016.2Q	2016.3Q	2016.4Q	2017.1Q	2017.2Q	2017.3Q
매출액	251	63	110	87	252	69
영업이익	32	-9	-1	-33	89	-6
당기순이익	38	-9	-3	-32	80	-7

재무 상태 *IFRS 별도 기준
〈단위 : 억원〉

항목	2012	2013	2014	2015	2016	2017.3Q
총자산	891	886	878	830	814	801
유형자산	552	510	489	472	472	485
무형자산	25	25	29	28	5	5
유가증권	0	0	0	0	0	0
총부채	268	261	252	229	194	147
총차입금	99	107	106	107	62	8
자본금	80	80	80	80	80	80
총자본	623	625	626	601	620	654
지배주주지분	623	625	626	601	620	654

기업가치 지표 *IFRS 별도 기준

항목	2012	2013	2014	2015	2016	2017.3Q
주가(최고/저)(천원)	3.7/2.1	2.8/1.8	2.0/1.6	15.1/1.8	14.3/6.3	—/—
PER(최고/저)(배)	22.4/12.6	33.7/22.2	39.1/31.8	—/—	81.6/36.0	—/—
PBR(최고/저)(배)	1.0/0.6	0.7/0.5	0.5/0.4	3.9/0.5	3.6/1.6	1.8/1.2
EV/EBITDA(배)	9.1	7.2	10.1	126.5	21.6	—/—
EPS(원)	178	89	53	-88	178	256
BPS(원)	4,038	4,054	4,056	3,901	4,023	4,235
CFPS(원)	384	290	237	84	340	369
DPS(원)	1,050	50	50	50	50	
EBITDAPS(원)	389	368	257	109	320	428

재무 비율
〈단위 : %〉

연도	영업이익률	순이익률	부채비율	차입금비율	ROA	ROE	유보율	자기자본비율	EBITDA마진율
2016	5.1	5.7	31.3	10.0	3.5	4.7	704.5	76.2	10.3
2015	-2.1	-2.9	38.1	17.8	-1.6	-2.3	680.2	72.4	3.7
2014	2.5	1.8	40.4	17.0	1.0	1.4	711.2	71.3	8.8
2013	5.6	3.0	41.7	17.2	1.6	2.3	710.9	70.6	12.4

어보브반도체 (A102120)
ABOV Semiconductor

업　　종 : 반도체 및 관련장비　　　　　시　　장 : KOSDAQ
신용등급 : (Bond) —　　(CP) —　　　　기업규모 : 우량
홈 페 이 지 : www.abov.co.kr　　　　　연 락 처 : 043)219-5200
본　　사 : 충북 청주시 청원구 오창읍 각리1길 93

설 립 일	2006.01.11	종 업 원 수	175명	대 표 이 사	최원
상 장 일	2009.06.05	감 사 의 견	적정 (정연)	계	열
결 산 기	12월	보 통 주	1,746만주	종속회사수	1개사
액 면 가	500원	우 선 주		구 상 호	

주주구성 (지분율,%)		출자관계 (지분율,%)		주요경쟁사 (외형,%)	
최원	18.8	로직뱅크	45.0	어보브반도체	100
김석진	6.9	다빈칩스	43.5	피에스케이	158
(외국인)	1.4	화인칩스	30.0	덕산하이메탈	41

매출구성		비용구성		수출비중	
[GP MCU(범용제품)]Full Flash	42.5	매출원가율	76.4	수출	45.0
[GP MCU(범용제품)]MIMO (센서)	17.1	판관비율	14.6	내수	55.0
[MCU] OTHER 외 기타	16.2				

회사 개요
동사는 비메모리 반도체의 MCU 설계전문기업으로 전세계 시장규모는 약 14조원, 연평균 성장률 5%를 보이고 있음. 동사의 MCU는 백색가전 및 멀티미디어 제품의 핵심부품으로 국내 삼성, LG, 쿠쿠등과 해외 ST MICRO, Ruikewei등의 업체에 공급하고 있음. 동사의 시장점유율은 국내 리모콘 분야 M/S 50%, 배터리 충전기 분야M/S 75%, 국내 가전 MCU는 약 18%, 모바일용 MCU는 약 10%임.

실적 분석
동사의 2017년 연결 기준 상반기 매출과 영업이익은 각각 574.6억원으로 11.5%증가 했으나 영업이익은 41.7억원으로 전년 대비 23.7% 하락을 보임. 당기순이익은 28.2억원을 기록하여 전년 동기 대비 27.2% 하락. 동사는 비메모리 반도체의 마이크로컨트롤러(MCU) 설계 전문기업으로 4차 산업혁명 시장의 사물인터넷에 부착되는 핵심칩을 생산하면서 매출 증대 이룸.

현금 흐름
〈단위 : 억원〉

항목	2016	2017.2Q
영업활동	152	57
투자활동	-50	-80
재무활동	-7	-48
순현금흐름	96	-71
기말현금	224	154

시장 대비 수익률

결산 실적
〈단위 : 억원〉

항목	2012	2013	2014	2015	2016	2017
매출액	737	883	920	969	1,032	—
영업이익	74	93	72	65	93	—
당기순이익	60	89	68	65	70	—

분기 실적
〈단위 : 억원〉

항목	2016.1Q	2016.2Q	2016.3Q	2016.4Q	2017.1Q	2017.2Q
매출액	249	266	255	261	281	293
영업이익	22	33	26	12	23	19
당기순이익	10	29	22	8	11	18

재무 상태
〈단위 : 억원〉

항목	2012	2013	2014	2015	2016	2017.2Q
총자산	701	799	867	903	990	1,008
유형자산	9	10	33	30	31	28
무형자산	237	236	248	265	263	259
유가증권	10	10	10	—	—	120
총부채	145	163	175	163	188	184
총차입금	56	41	42	43	44	—
자본금	87	87	87	87	87	87
총자본	556	636	693	740	802	824
지배주주지분	556	636	693	740	802	824

기업가치 지표

항목	2012	2013	2014	2015	2016	2017.2Q
주가(최고/저)(천원)	3.7/2.5	6.3/2.7	9.7/4.7	7.4/4.4	11.5/5.1	—/—
PER(최고/저)(배)	11.0/7.6	12.8/5.5	25.4/12.3	20.1/12.0	29.1/12.9	—/—
PBR(최고/저)(배)	1.2/0.8	1.8/0.8	2.4/1.2	1.7/1.0	2.4/1.1	2.1/1.7
EV/EBITDA(배)	4.7	7.6	11.1	9.7	10.7	—/—
EPS(원)	345	508	387	373	398	162
BPS(원)	3,250	3,709	4,033	4,403	4,768	4,888
CFPS(원)	488	653	577	529	593	263
DPS(원)	35	50	40	40	50	—
EBITDAPS(원)	566	646	601	529	725	340

재무 비율
〈단위 : %〉

연도	영업이익률	순이익률	부채비율	차입금비율	ROA	ROE	유보율	자기자본비율	EBITDA마진율
2016	9.0	6.7	23.4	5.5	7.3	9.0	853.6	81.1	12.3
2015	6.7	6.7	22.1	5.9	7.4	9.1	780.5	81.9	9.5
2014	7.8	7.3	25.6	6.1	8.1	10.2	706.6	79.9	11.4
2013	10.6	10.1	25.6	6.5	11.8	14.9	641.7	79.6	13.4

엄지하우스 (A224810)
EOMJIHOUSE CO

업 종 : 건설		시 장 : KONEX	
신용등급 : (Bond) — (CP) —		기업규모 : —	
홈 페 이 지 : www.eomjihouse.co.kr		연 락 처 : 02)550-7800	
본 사 : 서울시 강남구 테헤란로 28길 25			

설 립 일	1986.05.15	종 업 원 수	135명	대 표 이 사	정재호,손기근
상 장 일	2015.10.21	감 사 의 견	적정 (삼일)	계 열	
결 산 기	12월	보 통 주		종속회사수	
액 면 가		우 선 주		구 상 호	

주주구성 (지분율,%)		출자관계 (지분율,%)		주요경쟁사 (외형,%)	
정재호	29.1	엄지하우스	100		
DGB자산운용	16.0	청광종건	158		
		포워드컴퍼니스	8		

매출구성		비용구성		수출비중	
실내건축공사(용역)	98.5	매출원가율	92.1	수출	0.0
설계 및 디자인(용역)	1.3	판관비율	8.3	내수	100.0
분양매출(용역)	0.2				

회사 개요
동사는 1986년 설립된 일반건설업, 실내건축 공사사업 및 주택사업, 해외건설업 전문기업임. 2015년 10월 21일 코넥스 시장에 상장함. 주력 사업분야는 크게 세 가지로 나눌 수 있으며, 이 중 매출비중이 가장 큰 부분은 2014년 말 기준 오피스 실내건축공사 부문으로 전체 매출의 61.04%를 차지함. 그 외에 상업시설 실내건축공사 부문이 12.89%, 레저부문이 10%를 차지함. 2015년 기준 시공능력평가 건축부문 369위에 위치하고 있음.

실적 분석
코넥스 상장 기업인 동사의 2016년 매출액은 775.7억원으로 전년 66.1억원보다 늘어남. 원가부담상승, 판관비 부담 증가 등으로 영업 이익은 적자로 전환하였음. 1.8억원의 당기 순손실도 발생함. 동사는 CJ제일제당, 삼성물산, 롯데건설, 신세계건설, 이제이플러스, 삼환기업, 대명건설 등 대형거래처와 꾸준한 업무 관계로 수익성 개선이 지속될 것으로 전망되나, 전방시장 침체는 위험요소임.

현금 흐름 *IFRS 별도 기준 〈단위 : 억원〉

항목	2016	2017.2Q
영업활동	-71	
투자활동	33	
재무활동	32	
순현금흐름	-6	
기말현금	6	

결산 실적 〈단위 : 억원〉

항목	2012	2013	2014	2015	2016	2017
매출액	644	579	781	657	776	
영업이익	10	16	32	25	-3	
당기순이익	10	12	25	25	-2	

분기 실적 *IFRS 별도 기준 〈단위 : 억원〉

항목	2016.1Q	2016.2Q	2016.3Q	2016.4Q	2017.1Q	2017.2Q
매출액	—	—	—	—	—	—
영업이익	—	—	—	—	—	—
당기순이익	—	—	—	—	—	—

재무 상태 *IFRS 별도 기준 〈단위 : 억원〉

항목	2012	2013	2014	2015	2016	2017.2Q
총자산	157	258	203	282	323	
유형자산	5	5	6	1	16	
무형자산						
유가증권	9	14	16	6	6	
총부채	34	128	56	119	133	
총차입금						
자본금	12	12	12	12	15	
총자본	123	130	147	163	190	
지배주주지분	123	130	147	163	190	

기업가치 지표 *IFRS 별도 기준

항목	2012	2013	2014	2015	2016	2017.2Q
주가(최고/저)(천원)	#VALUE!	—/—	—/—	—/—	—/—	—/—
PER(최고/저)(배)	0.0/0.0	0.0/0.0	0.0/0.0	8.7/6.9	—/—	0.0/0.0
PBR(최고/저)(배)	0.0/0.0	0.0/0.0	1.1/0.9	2.3/0.9	—/—	—/—
EV/EBITDA(배)				6.4		
EPS(원)	324	355	747	620	-46	
BPS(원)	102,514	111,467	125,046	6,807	6,330	
CFPS(원)	10,244	10,869	21,853	905	-8	
DPS(원)				250		
EBITDAPS(원)	9,696	14,454	27,213	1,077	-51	

재무 비율 〈단위 : % 〉

연도	영업이익률	순이익률	부채비율	차입금비율	ROA	ROE	유보율	자기자본비율	EBITDA마진율
2016	-0.4	-0.2	70.2	0.0	-0.6	-1.0	1,166.1	58.8	-0.2
2015	3.8	3.2	72.9	0.0	8.6	13.4	1,261.4	57.8	3.9
2014	4.0	3.2	38.5	0.0	10.9	18.1	1,150.5	72.2	4.2
2013	2.8	2.1	98.1	25.7	5.8	9.4	1,014.7	50.5	3.0

에너토크 (A019990)
ENERTORK

업 종 : 기계		시 장 : KOSDAQ	
신용등급 : (Bond) — (CP) —		기업규모 : 중견	
홈 페 이 지 : www.enertork.com		연 락 처 : 031)880-2800	
본 사 : 경기도 여주시 능서면 능여로 344			

설 립 일	1987.05.16	종 업 원 수	95명	대 표 이 사	김민찬,장기원
상 장 일	2006.02.01	감 사 의 견	적정 (제원)	계 열	
결 산 기	12월	보 통 주	976만주	종속회사수	1개사
액 면 가	500원	우 선 주		구 상 호	

주주구성 (지분율,%)		출자관계 (지분율,%)		주요경쟁사 (외형,%)	
西部電機 株式會社 (서부전기)	11.9	현대비나밸브	100.0	에너토크	100
장원영	10.0	삼호개발	2.4	맥스로텍	154
(외국인)	12.5			카스	506

매출구성		비용구성		수출비중	
전동 엑추에이터 및 감속기	99.7	매출원가율	70.6	수출	10.0
설치공사 및 수출용 감속기 금형제작 용역 등	0.3	판관비율	21.4	내수	90.0

회사 개요
동사는 발전플랜트, 상하수도 시설, 정수장, 가스회사(정유사), 조선소 및 제철소 등에서 액체 및 기체, 유체의 흐름을 제어하는 밸브를 구동시키는 장비(엑추에이터)와 동일목적으로 사용되는 감속기의 제조 및 판매사업을 영위하고 있으며, 수요처에 직접 납품하거나 밸브회사를 통하여 밸브에 부착되어 납품되고 있음. 국가 기간산업과 산업플랜트가 목표산업이며 현재 국내 6개사, 수입 4개사 등이 경쟁을 하고 있음.

실적 분석
동사의 2017년 연결기준 반기 매출액은 123.8억원으로 전년동기 대비 4.5% 증가하였으나, 원가율 상승으로 매출총이익은 지난해 같은 기간 대비 15.6% 감소함. 판관비 또한 비교적 큰 폭으로 증가한 영향으로 수익성 하락하여 전년동기 대비 적자 전환하며 0.8억원의 영업손실 시현함. 경상수지부문에서도 개선세를 시현하지 못하여 전년동기 대비 96.8% 감소한 0.3억원의 당기순이익 시현하는데 그침.

현금 흐름 〈단위 : 억원〉

항목	2016	2017.2Q
영업활동	6	17
투자활동	-94	-29
재무활동	54	-7
순현금흐름	-34	-19
기말현금	53	34

결산 실적 〈단위 : 억원〉

항목	2012	2013	2014	2015	2016	2017
매출액	318	275	320	287	260	
영업이익	47	35	36	28	21	
당기순이익	39	27	28	20	20	

분기 실적 〈단위 : 억원〉

항목	2016.1Q	2016.2Q	2016.3Q	2016.4Q	2017.1Q	2017.2Q
매출액	50	68			52	72
영업이익	3	6			-0	-1
당기순이익	4	6				0

재무 상태 〈단위 : 억원〉

항목	2012	2013	2014	2015	2016	2017.2Q
총자산	316	334	368	377	429	428
유형자산	133	125	121	118	109	111
무형자산	3	3	9	3	8	8
유가증권	3	6	8	3	23	31
총부채	37	39	53	45	22	21
총차입금	13	13	14			
자본금	39	39	39	39	49	49
총자본	279	295	315	333	407	407
지배주주지분	279	295	315	333	407	407

기업가치 지표

항목	2012	2013	2014	2015	2016	2017.2Q
주가(최고/저)(천원)	4.8/3.4	4.7/3.4	3.9/3.4	5.4/3.6	4.8/3.5	—/—
PER(최고/저)(배)	11.1/7.7	15.5/11.1	12.0/10.6	22.7/15.0	22.0/16.0	—/—
PBR(최고/저)(배)	1.5/1.1	1.4/1.0	1.1/0.9	1.4/0.9	1.2/0.8	1.9/1.0
EV/EBITDA(배)	6.6	5.4	5.3	7.2	9.2	
EPS(원)	474	325	340	246	220	3
BPS(원)	3,578	3,813	4,067	4,286	4,173	4,171
CFPS(원)	668	524	529	431	371	68
DPS(원)	100	70	100	70	70	
EBITDAPS(원)	770	627	638	537	384	57

재무 비율 〈단위 : % 〉

연도	영업이익률	순이익률	부채비율	차입금비율	ROA	ROE	유보율	자기자본비율	EBITDA마진율
2016	8.0	7.6	5.3	0.0	4.9	5.3	734.7	95.0	13.3
2015	9.9	7.0	13.4	0.0	5.4	6.2	757.3	88.2	14.6
2014	11.3	8.7	16.7	4.4	7.9	9.1	713.4	85.7	15.6
2013	12.6	9.7	13.2	4.5	8.2	9.3	662.6	88.3	17.8

에넥스 (A011090)
Enex

업 종 : 내구소비재		시 장 : 거래소	
신용등급 : (Bond) — (CP) —		기업규모 : 시가총액 소형주	
홈 페 이 지 : www.enex.co.kr		연 락 처 : 02)2185-2000	
본 사 : 서울시 서초구 서초대로73길 40(강남오피스텔)			

설 립 일 1976.03.04	종 업 원 수 432명	대 표 이 사 박유재,박진규	
상 장 일 1995.06.09	감 사 의 견 적정 (신한)	계 열	
결 산 기 12월	보 통 주 5,999만주	종속회사수 4개사	
액 면 가 500원	우 선 주	구 상 호	

주주구성 (지분율,%)
박진규	21.1
박유재	7.8
(외국인)	1.1

출자관계 (지분율,%)
헤텍스	100.0
엔텍	15.5
ENEXVINACo.,LTD	100.0

주요경쟁사 (외형,%)
에넥스	100
한샘	491
현대리바트	187

매출구성
가구매출(상품)	68.1
기타매출(제품)	16.1
가구매출(제품)	13.8

비용구성
매출원가율	82.3
판관비율	17.1

수출비중
수출	2.0
내수	98.0

회사 개요
동사는 주방가구의 제조, 판매를 주된 사업으로 영위하고 있으며 부엌가구, 붙박이장, 인테리어가구, 정수기렌탈 등의 사업을 영위하고 있음. 중국과 베트남에 제조시설을 갖춘 현지법인을 운영하고 있으며 카자흐스탄에 판매법인을 운영중임. 주방가구 업종은 간접적으로 주택건설 경기와 연관이 있어 경기 후행적 성격을 나타내며, 이사수요와 관련하여 리모델링 및 인테리어 산업과 밀접한 관계를 가지고 있고, 계절적으로 봄과 가을이 최대 성수기를 이루고 있음.

실적 분석
동사의 2017년 연결기준 상반기 매출액은 2,035.8억원으로 전년동기 대비 9.1% 증가함. 매출증가에 힘입어 영업이익은 27억원으로 전년동기 대비 34% 증가함. 사업부 개편에 따른 기업 경쟁력 강화와 '뉴스마트'를 통한 리모델링 시장 공략, 통합사이트 개편 및 인테리어제품 다각화, 주택시장 호조 등으로 인해 매출이 증가함. 동사는 글로벌 경영을 위하여 중국, 베트남 등의 해외 법인을 설립함.

현금 흐름 〈단위 : 억원〉
항목	2016	2017.2Q
영업활동	-191	-105
투자활동	-58	-4
재무활동	176	78
순현금흐름	-75	-31
기말현금	91	60

시장 대비 수익률

결산 실적 〈단위 : 억원〉
항목	2012	2013	2014	2015	2016	2017
매출액	1,968	2,336	2,619	3,083	3,941	
영업이익	-109	30	54	81	24	
당기순이익	-101	31	50	85	19	

분기 실적 〈단위 : 억원〉
항목	2016.1Q	2016.2Q	2016.3Q	2016.4Q	2017.1Q	2017.2Q
매출액	947	919	1,183	893	1,104	932
영업이익	16	4	22	-18	17	10
당기순이익	12	4	17	-14	14	2

재무 상태 〈단위 : 억원〉
항목	2012	2013	2014	2015	2016	2017.2Q
총자산	932	1,078	1,256	1,263	1,527	1,600
유형자산	163	113	114	140	157	169
무형자산	22	18	19	22	20	19
유가증권	3	9	8	8	8	8
총부채	592	641	715	658	938	1,007
총차입금	203	174	149	105	135	214
자본금	227	300	300	300	300	300
총자본	340	437	541	605	590	593
지배주주지분	329	426	533	597	583	587

기업가치 지표
항목	2012	2013	2014	2015	2016	2017.2Q
주가(최고/저)(천원)	1.1/0.4	0.9/0.4	2.2/0.8	8.4/1.3	4.4/2.1	—/—
PER(최고/저)(배)	—/—	17.4/8.2	25.6/8.8	60.5/9.2	142.7/67.1	—/—
PBR(최고/저)(배)	1.2/0.4	1.1/0.5	2.4/0.8	8.0/1.2	4.2/2.0	3.0/2.0
EV/EBITDA(배)		10.3	12.9	19.2	27.5	—/—
EPS(원)	-218	53	89	142	31	29
BPS(원)	923	862	971	1,078	1,054	1,061
CFPS(원)	-140	96	123	184	77	55
DPS(원)			20	30	20	
EBITDAPS(원)	-162	94	121	177	86	71

재무 비율 〈단위 : % 〉
연도	영업이익률	순이익률	부채비율	차입금비율	ROA	ROE	유보율	자기자본비율	EBITDA마진율
2016	0.6	0.5	159.0	22.9	1.3	3.2	110.8	38.6	1.3
2015	2.6	2.7	108.9	17.4	6.7	15.0	115.6	47.9	3.4
2014	2.1	1.9	132.3	27.6	4.3	11.2	94.1	43.1	2.9
2013	1.3	1.3	146.8	39.9	3.0	8.3	72.4	40.5	2.4

에듀케이션파트너 (A208890)
Educationpartner co ltd

업 종 : 교육		시 장 : KONEX	
신용등급 : (Bond) — (CP) —		기업규모 : —	
홈 페 이 지 : www.thepartner.co.kr		연 락 처 : 02)6337-5500	
본 사 : 서울시 마포구 양화로 125, 8층(서교동, 경남관광빌딩)			

설 립 일 2009.04.06	종 업 원 수 41명	대 표 이 사 최용섭	
상 장 일 2014.12.18	감 사 의 견 적정 (대현)	계 열	
결 산 기 12월	보 통 주	종속회사수	
액 면 가 —	우 선 주	구 상 호	

주주구성 (지분율,%)
최용섭	65.3
박재영	1.3

출자관계 (지분율,%)
해람북스	100.0
에듀파트너	100.0
에듀파트너	100.0

주요경쟁사 (외형,%)
에듀케이션파트너	100
유비온	107
	45

매출구성
수강료	91.8
[기타]교재 외	8.2

비용구성
매출원가율	59.0
판관비율	37.4

수출비중
수출	—
내수	—

회사 개요
동사는 코넥스 상장 법인으로 2009년 설립됨. 방과후 교육서비스를 주 사업으로 주지교과영역(국어, 역사 등)과 정보기술영역(컴퓨터, 로봇, 과학 등) 시장에서 사업을 영위하고 있음. 영어 방과후 사업을 정착하였고, 유치원 영역 콘텐츠 사업을 개시하고 있음. 동사의 사업은 업종의 특성상 정부 교육정책의 변화에 따라 영업활동에 상당한 영향을 받을 수 있음. 주요 자회사로 점프영어와 해람북스 등을 보유하고 있음.

실적 분석
동사의 2016년 매출액은 188.9억원으로 전년도 대비 12.9% 성장함. 매출 중 비율이 가장 큰 요소는 수강료 수입으로 총 매출의 85.3%를 차지함. 수강료 매출은 5.4%, 수강교재 매출은 4.2%, 기타상품 매출은 5%를 차지함. 교재매출은 하락했으나 수강료수입, 수강교재매출, 기타상품 매출은 각각 7.2%, 331.8%, 3359.4%씩 성장함. 이에 따른 당기순이익은 전년 대비 110.6% 늘어난 3.2억원을 시현함.

현금 흐름 *IFRS 별도 기준 〈단위 : 억원〉
항목	2016	2017.2Q
영업활동	23	
투자활동	-24	
재무활동	4	
순현금흐름	3	
기말현금	8	

시장 대비 수익률

결산 실적 〈단위 : 억원〉
항목	2012	2013	2014	2015	2016	2017
매출액	140	114	146	167	189	
영업이익	13	-4	7	3	7	
당기순이익	11	-3	5	3	7	

분기 실적 *IFRS 별도 기준 〈단위 : 억원〉
항목	2016.1Q	2016.2Q	2016.3Q	2016.4Q	2017.1Q	2017.2Q
매출액	—	—	—	—	—	—
영업이익	—	—	—	—	—	—
당기순이익	—	—	—	—	—	—

재무 상태 *IFRS 별도 기준 〈단위 : 억원〉
항목	2012	2013	2014	2015	2016	2017.2Q
총자산	78	82	86	87	92	
유형자산	4	3	6	7	6	
무형자산	41	52	47	48	45	
유가증권	2					
총부채	52	19	19	17	21	
총차입금	40	10	9	4	12	
자본금	1	1	20	20	20	
총자본	25	62	68	70	71	
지배주주지분	25	62	68	70	71	

기업가치 지표 *IFRS 별도 기준
항목	2012	2013	2014	2015	2016	2017.2Q
주가(최고/저)(천원)	—/—	—/—	6.0/3.5	4.4/1.0	5.0/0.8	—/—
PER(최고/저)(배)	0.0/0.0	0.0/0.0	22.8/13.4	37.9/8.6	68.9/10.4	—/—
PBR(최고/저)(배)	0.0/0.0	0.0/0.0	1.8/1.0	1.3/0.3	1.4/0.2	—/—
EV/EBITDA(배)		0.3	1.8	0.9	2.1	0.0/0.0
EPS(원)	818	-221	263	116	73	
BPS(원)	253,961	403,923	3,398	3,514	3,587	
CFPS(원)	516,516	232,854	1,720	1,542	1,283	
DPS(원)						
EBITDAPS(원)	541,052	229,828	1,806	1,604	1,458	

재무 비율 〈단위 : % 〉
연도	영업이익률	순이익률	부채비율	차입금비율	ROA	ROE	유보율	자기자본비율	EBITDA마진율
2016	3.6	1.7	36.6	20.7	3.4	4.9	258.7	73.2	18.0
2015	1.8	0.9	32.0	14.9	1.7	2.4	242.3	75.7	20.0
2014	4.6	3.5	33.4	16.1			231.2	75.0	25.2
2013	-3.3	-3.0	32.0	16.2	-4.3	-7.8	7,978.5	75.5	23.9

에머슨퍼시픽 (A025980)
Emerson Pacific

업　　종 : 호텔 및 레저		시　　장 : KOSDAQ	
신용등급 : (Bond) — (CP) —		기업규모 : 우량	
홈페이지 : www.emersonpacific.co.kr		연 락 처 : (043)533-6848	
본　　사 : 충북 진천군 백곡면 배티로 818-105			

설 립 일 1987.01.16	종 업 원 수 264명	대 표 이 사 이만규	
상 장 일 1996.01.06	감사의견 적정(대주)	계　열	
결 산 기 12월	보 통 주 1,646만주	종속회사수 4개사	
액 면 가 500원	우 선 주	구 상 호	

주주구성 (지분율,%)		출자관계 (지분율,%)		주요경쟁사 (외형,%)	
Initial Focal Limited	33.2	에머슨부산	100.0	에머슨퍼시픽	100
중앙디엔엘	12.7	에머슨자산운용	100.0	강원랜드	1,257
(외국인)	35.2	에머슨브랜디	100.0	호텔신라	2,754

매출구성		비용구성		수출비중	
리조트분양	82.0	매출원가율	50.9	수출	0.0
골프 및 콘도매출	17.9	판관비율	22.6	내수	100.0
명의개서료	0.1				

회사 개요
동사는 골프장 레저시설 개발 및 건설, 운영 등의 사업을 영위. 남해 골프&스파 리조트를 운영 중. 골프장 레저시설 개발·건설 경험을 바탕으로 종합 부동산개발 사업으로 사업영역을 확장 중. 2금강산 관광 중단에 따라 금강산 아난티 골프&온천 리조트의 사업활동은 잠정 중단됐지만 2015년 12월 경기 가평에 아난티 펜트하우스 서울 리조트를 완공, 2016년 3월부터 영업을 시작. 부산에 아난티 코브를 4월말 준공과 6월말 오픈을 앞두고 있음.

실적 분석
2017년 2분기 매출액은 전년동기 575.6억원 대비 35.7% 증가한 781.0억원. 전분기 및 동기 동안, 서울 신규 사업 추진과 아난티 코브 준공에 따라 판매비와 관리비가 전년동기 대비 115.6% 증가한 273.4억원을 기록하였음. 반면, 영업이익은 21.6% 감소한 128.9억원을 기록함. 이에 따라, 당기순이익은 85.1억원으로 전년동기 대비 39.1% 감소함.

현금 흐름
〈단위 : 억원〉

항목	2016	2017.2Q
영업활동	-285	-73
투자활동	-1,602	-1,071
재무활동	835	970
순현금흐름	-1,052	-174
기말현금	439	265

시장 대비 수익률

결산 실적
〈단위 : 억원〉

항목	2012	2013	2014	2015	2016	2017
매출액	275	208	472	1,252	1,349	—
영업이익	-7	-13	101	501	357	—
당기순이익	-26	-41	30	371	274	—

분기 실적
〈단위 : 억원〉

항목	2016.1Q	2016.2Q	2016.3Q	2016.4Q	2017.1Q	2017.2Q
매출액	245	330	529	244	421	360
영업이익	54	111	172	20	107	22
당기순이익	53	87	135	-1	69	17

재무 상태
〈단위 : 억원〉

항목	2012	2013	2014	2015	2016	2017.2Q
총자산	2,289	2,401	3,201	5,510	6,732	7,813
유형자산	1,697	1,713	2,410	3,427	5,041	6,284
무형자산	6	4	6	5	16	17
유가증권	8	3	5	3	3	3
총부채	1,980	2,131	2,731	2,693	3,613	4,446
총차입금	356	451	608	682	1,617	2,586
자본금	55	55	55	82	82	82
총자본	309	269	470	2,817	3,118	3,367
지배주주지분	309	269	470	2,817	3,118	3,367

기업가치 지표

항목	2012	2013	2014	2015	2016	2017.2Q
주가(최고/저)(천원)	4.6/1.5	11.0/2.9	14.3/5.2	47.8/11.4	42.3/26.7	—/—
PER(최고/저)(배)	—/—	—/—	53.2/19.3	14.5/3.4	25.5/16.0	—/—
PBR(최고/저)(배)	1.6/0.6	4.5/1.2	3.3/1.2	2.8/0.7	2.2/1.4	1.8/1.3
EV/EBITDA(배)	25.0	101.5	14.2	12.1	16.3	—/—
EPS(원)	-235	-369	269	3,302	1,662	517
BPS(원)	2,818	2,457	4,284	17,114	19,553	21,063
CFPS(원)	8	-171	449	3,498	2,002	758
DPS(원)	—	—	—	—	—	—
EBITDAPS(원)	183	77	1,101	4,655	2,510	1,029

재무 비율
〈단위 : % 〉

연도	영업이익률	순이익률	부채비율	차입금비율	ROA	ROE	유보율	자기자본비율	EBITDA마진율
2016	26.5	20.3	115.9	51.9	4.5	9.2	3,810.7	46.3	30.6
2015	40.0	29.6	95.6	24.2	8.5	22.6	3,322.7	51.1	41.7
2014	21.5	6.3	581.2	129.4	1.1	8.0	756.7	14.7	25.7
2013	-6.4	-19.5	791.9	167.5	-1.7	-14.0	391.4	11.2	4.1

에버다임 (A041440)
EVERDIGM

업　　종 : 기계		시　　장 : KOSDAQ	
신용등급 : (Bond) — (CP) —		기업규모 : 우량	
홈페이지 : www.everdigm.com		연 락 처 : (043)530-3300	
본　　사 : 충북 진천군 진천읍 부영길 49			

설 립 일 1994.07.01	종 업 원 수 415명	대 표 이 사 전병찬	
상 장 일 2003.11.14	감사의견 적정(한영)	계　열	
결 산 기 12월	보 통 주 1,792만주	종속회사수 9개사	
액 면 가 500원	우 선 주	구 상 호	

주주구성 (지분율,%)		출자관계 (지분율,%)		주요경쟁사 (외형,%)	
현대그린푸드	45.2	한국타워크레인	100.0	에버다임	100
전병찬	6.4	에버다임락툴	100.0	유지인트	15
(외국인)	3.8	타이포스	100.0	기신정기	32

매출구성		비용구성		수출비중	
콘크리트,펌프트럭,소방차,믹서트럭	54.5	매출원가율	81.1	수출	—
유압브레이커,유압크러셔,락-클램프,타워크레인	29.3	판관비율	11.3	내수	—
중장비	10.6				

회사 개요
동사는 건설기계와 소방, 특장차를 만드는 전문화사임. 어태치먼트, 콘크리트 펌프트럭, 타워크레인 제조사업과, 소방, 특장차 사업을 하고 있으며, 급지/급유등 유지관리가 필요요는 소재부품인 무급지형 부싱사업에도 진출하였음. 2011년 12월 신성산업을 에버다임락툴로 법인전환 후 51%에 인수함. 에버다임락툴의 주력 생산품은 굴착장비로 건설기초공사현장, 터널공사 뿐만 아니라 최근 신재생에너지 사업으로 활용되어 시너지창출이 기대됨.

실적 분석
동사의 2017년 2분기기준 누적 매출액은 전년동기대비 12% 상승한 1,962.2억원을 기록하였음. 비용면에서 전년동기대비 매출원가는 증가 하였으며 인건비도 증가, 광고선전비는 크게 감소 하였고 기타판매비와관리비는 증가함. 이처럼 매출액 상승과 더불어 비용절감에도 힘을 기울였음. 그에 따라 전년동기대비 영업이익은 185.4억원으로 38.8% 상승하였음. 최종적으로 전년동기대비 당기순이익은 상승하여 168.5억원을 기록함.

현금 흐름
〈단위 : 억원〉

항목	2016	2017.2Q
영업활동	468	23
투자활동	-8	-14
재무활동	-503	-30
순현금흐름	-42	-23
기말현금	72	50

시장 대비 수익률

결산 실적
〈단위 : 억원〉

항목	2012	2013	2014	2015	2016	2017
매출액	2,293	2,977	3,161	3,278	3,374	—
영업이익	187	203	206	177	256	—
당기순이익	129	171	133	121	175	—

분기 실적
〈단위 : 억원〉

항목	2016.1Q	2016.2Q	2016.3Q	2016.4Q	2017.1Q	2017.2Q
매출액	817	935	854	768	896	1,066
영업이익	45	89	75	48	65	121
당기순이익	34	71	29	41	55	113

재무 상태
〈단위 : 억원〉

항목	2012	2013	2014	2015	2016	2017.2Q
총자산	2,279	2,696	3,113	2,854	2,624	2,859
유형자산	618	666	682	703	679	641
무형자산	47	59	59	66	57	52
유가증권	6	9	6	4	4	2
총부채	1,101	1,349	1,714	1,345	951	1,038
총차입금	612	817	1,081	798	324	304
자본금	90	90	90	90	90	90
총자본	1,177	1,346	1,399	1,509	1,673	1,821
지배주주지분	1,177	1,346	1,399	1,509	1,673	1,821

기업가치 지표

항목	2012	2013	2014	2015	2016	2017.2Q
주가(최고/저)(천원)	6.3/3.3	8.2/5.0	8.0/5.9	13.5/6.3	10.5/7.8	—/—
PER(최고/저)(배)	9.6/4.9	9.2/5.7	11.2/8.3	20.3/9.5	10.9/8.1	—/—
PBR(최고/저)(배)	1.0/0.5	1.2/0.7	1.1/0.8	1.6/0.8	1.1/0.8	1.3/0.9
EV/EBITDA(배)	6.6	7.9	8.0	9.4	6.2	—/—
EPS(원)	722	952	741	678	976	940
BPS(원)	6,809	7,631	7,883	8,461	9,365	10,191
CFPS(원)	997	1,283	1,123	1,086	1,385	1,111
DPS(원)	170	190	150	100	110	—
EBITDAPS(원)	1,320	1,462	1,533	1,398	1,840	1,206

재무 비율
〈단위 : % 〉

연도	영업이익률	순이익률	부채비율	차입금비율	ROA	ROE	유보율	자기자본비율	EBITDA마진율
2016	7.6	5.2	56.8	19.4	6.4	11.0	1,773.1	63.8	9.8
2015	5.4	3.7	89.1	52.9	4.1	8.4	1,592.2	52.9	7.6
2014	6.5	4.2	122.6	77.3	4.6	9.7	1,476.5	44.9	8.7
2013	6.8	5.7	100.3	60.7	6.9	13.5	1,426.3	49.9	8.8

에브리봇 (A270660)
EVERYBOT

업   종 : 내구소비재   시   장 : KONEX
신용등급 : (Bond) — (CP) —   기업규모 :
홈페이지 : www.everybot.co.kr   연 락 처 : (070)4913-8805
본   사 : 경기도 성남시 분당구 판교로 242, C동 403호

설 립 일	2015.01.06	종업원수	명	대표이사	정우철
상 장 일	2017.07.24	감사의견	적정 (대주)	계	열
결 산 기	12월	보 통 주		종속회사수	
액 면 가	—	우 선 주		구 상 사	

주주구성 (지분율,%)		출자관계 (지분율,%)		주요경쟁사 (외형,%)	
정우철	54.2			에브리봇	100
기술보증기금	11.1			PN풍년	1,973
				파세코	2,641

매출구성		비용구성		수출비중	
RS500 등	100.0	매출원가율	62.6	수출	11.0
		판관비율	39.4	내수	89.0

회사 개요
동사는 ㈜모뉴엘의 로봇 연구개발을 담당하던 정우철 대표이사가 2015년 1월 설립해 2017년 7월 코넥스 시장에 상장한 업체로 설립 후 ㈜모뉴엘의 제품 제조 개발 특허와 로봇 관련 연구 개발 특허를 취득하였으며 로봇에 특화된 우수 인력을 흡수하여 로봇청소기 사업을 영위하고 있음. 동사는 회사의 규모를 고려하여 수익모델을 물걸레 청소기 제조 판매에 집중하고 있음. 동사는 정우철 대표이사가 최대주주로 54.2%의 지분을 보유하고 있음.

실적 분석
동사는 2016년 38.6억원의 매출을 기록해 전년 0.5억원에서 38.1억원이 증가했고, 영업손실은 0.8억원을 기록해 전년 7.7억원에서 적자폭을 줄였음. 동사는 물걸레 로봇청소기(제품명 RS500)를 2016부터 판매하기 시작해 홈쇼핑을 통해 38.6억원의 매출을 기록했으나, 매출원가 24.2억원에 경상연구개발비 5.9억원 등 판매관리비가 15.2억원에 달해 영업적자를 면치 못함. 당기순손실은 0.9억원을 기록함.

현금 흐름 •IFRS 별도 기준 〈단위 : 억원〉
항목	2016	2017.2Q
영업활동	-2	
투자활동	-3	
재무활동	9	
순현금흐름	4	
기말현금	4	

시장 대비 수익률

결산 실적 〈단위 : 억원〉
항목	2012	2013	2014	2015	2016	2017
매출액	—	—	—	0	39	—
영업이익	—	—	—	-8	-1	—
당기순이익	—	—	—	-8	-1	—

분기 실적 •IFRS 별도 기준 〈단위 : 억원〉
항목	2016.1Q	2016.2Q	2016.3Q	2016.4Q	2017.1Q	2017.2Q
매출액				31		
영업이익				1		
당기순이익				1		

재무 상태 •IFRS 별도 기준 〈단위 : 억원〉
항목	2012	2013	2014	2015	2016	2017.2Q
총자산	—	—	—	3	17	—
유형자산	—	—	—	1	2	—
무형자산	—	—	—	0	0	—
유가증권	—	—	—			—
총부채	—	—	—	6	17	—
총차입금	—	—	—	4	9	—
자본금	—	—	—	1	1	—
총자본	—	—	—	-3	0	—
지배주주지분	—	—	—	-3	0	—

기업가치 지표 •IFRS 별도 기준
항목	2012	2013	2014	2015	2016	2017.2Q
주가(최고/저)(천원)	#VALUE!	—/—	—/—	—/—	—/—	—/—
PER(최고/저)(배)	0.0/0.0	0.0/0.0	0.0/0.0	0.0/0.0	0.0/0.0	—/—
PBR(최고/저)(배)	0.0/0.0	0.0/0.0	0.0/0.0	0.0/0.0	0.0/0.0	0.0/0.0
EV/EBITDA(배)	0.0	0.0	0.0			
EPS(원)	—	—	—	-813	-82	
BPS(원)	—	—	—	-28,611	3,807	
CFPS(원)	—	—	—	-72,361	-1,723	
DPS(원)	—	—	—			
EBITDAPS(원)	—	—	—	-71,744	-766	

재무 비율 〈단위 : % 〉
연도	영업이익률	순이익률	부채비율	차입금비율	ROA	ROE	유보율	자기자본비율	EBITDA마진율
2016	-2.0	-2.3	일부잠식	일부잠식	-8.8	전기잠식	-23.9	2.7	-0.2
2015	-15,793.3	-15,927.6	완전잠식	완전잠식	0.0	0.0	-672.2	-116.9	-15,608.4
2014	0.0	0.0	0.0	0.0	0.0	0.0	0.0	0.0	0.0
2013	0.0	0.0	0.0	0.0	0.0	0.0	0.0	0.0	0.0

에스넷시스템 (A038680)
Snet systems

업   종 : 통신장비   시   장 : KOSDAQ
신용등급 : (Bond) — (CP) —   기업규모 : 중견
홈페이지 : www.snetsystems.co.kr   연 락 처 : (02)3469-2444
본   사 : 서울시 강남구 선릉로 514, 성원빌딩 10층

설 립 일	1999.02.08	종업원수	211명	대표이사	윤상화,조태영
상 장 일	2000.04.27	감사의견	적정 (대주)	계	열
결 산 기	12월	보 통 주	1,608만주	종속회사수	4개사
액 면 가	500원	우 선 주		구 상 사	

주주구성 (지분율,%)		출자관계 (지분율,%)		주요경쟁사 (외형,%)	
블루로터스	12.0	인프라닉스	19.6	에스넷	100
허인숙	7.8	나모인터랙티브	18.9	텔콘	14
(외국인)	1.6	하이비	4.5	디티앤씨	19

매출구성		비용구성		수출비중	
에스넷시스템㈜ - 제품(제품)	79.1	매출원가율	89.4	수출	2.0
에스넷시스템㈜ - 용역(용역)	20.9	판관비율	11.5	내수	98.0

회사 개요
동사는 컴퓨터 및 정보통신시스템 사업을 영위할 목적으로 1999년 설립됨. 동사는 네트워크통합(NI)을 근간으로 하는 소프트네트워크 솔루션 전문업체로 지속발전하기 위해 Cloud Service 및 관련 솔루션과 융합 컨설팅 서비스를 제공하고 있음. 동사는 종속회사로 소프트웨어 업체인 에스앤에프네트웍스, 컴퓨터 네트워크 설비업체인 굿어스, 인도네시아와 베트남, 중국 해외법인을 하나씩 두고 있음.

실적 분석
동사의 2017년 상반기 매출은 767억원으로 전년대비 1% 감소, 영업이익은 -29.4억원으로 적자지속, 당기순이익은 -36억원으로 적자지속. 향후 사물인터넷 서비스 컨설팅, 센서 개발 등 사물인터넷 관련 사업 등을 추진 중이며 이를 통한 매출액 성장을 기대함. 또한 스마트홈 등 네트워크 관련의 투자 증가도 기대됨. 또한 SKT가 추진하는 NEW ICT 전략에 따라 사물인터넷 컨소시엄에 기술을 공유하면서 새로운 사업 확보에 주력.

현금 흐름 〈단위 : 억원〉
항목	2016	2017.2Q
영업활동	85	-190
투자활동	-74	122
재무활동	-45	37
순현금흐름	-33	-33
기말현금	137	104

시장 대비 수익률

결산 실적 〈단위 : 억원〉
항목	2012	2013	2014	2015	2016	2017
매출액	1,418	1,888	2,177	1,970	2,094	—
영업이익	16	56	51	-5	-19	—
당기순이익	71	41	55	36	-22	—

분기 실적 〈단위 : 억원〉
항목	2016.1Q	2016.2Q	2016.3Q	2016.4Q	2017.1Q	2017.2Q
매출액	283	494	383	933	298	468
영업이익	-26	9	-33	31	-4	-2
당기순이익	-20	19	-24	3	-17	-18

재무 상태 〈단위 : 억원〉
항목	2012	2013	2014	2015	2016	2017.2Q
총자산	1,091	1,271	1,378	1,413	1,383	1,24
유형자산	153	149	153	155	25	2
무형자산	31	23	18	20	20	2
유가증권	123	139	104	323	525	11
총부채	427	575	646	681	676	58
총차입금	3	13	9	51	10	2
자본금	80	80	80	80	80	8
총자본	664	696	731	732	707	66
지배주주지분	630	658	684	682	656	61

기업가치 지표
항목	2012	2013	2014	2015	2016	2017.2Q
주가(최고/저)(천원)	3.7/1.6	2.8/1.9	8.8/2.2	10.0/5.3	7.6/5.1	—/—
PER(최고/저)(배)	9.4/4.1	12.7/8.5	30.7/7.5	51.2/27.1	—/—	—/—
PBR(최고/저)(배)	1.0/0.4	0.7/0.5	2.0/0.5	2.3/1.2	1.8/1.2	1.7/1.
EV/EBITDA(배)	1.5		18.8	202.1		
EPS(원)	427	232	290	196	-146	-22
BPS(원)	4,128	4,301	4,442	4,426	4,265	4,03
CFPS(원)	500	309	352	258	-93	
DPS(원)	50	100	50	25		
EBITDAPS(원)	172	423	382	28	-66	-15

재무 비율 〈단위 : % 〉
연도	영업이익률	순이익률	부채비율	차입금비율	ROA	ROE	유보율	자기자본비율	EBITDA마진율
2016	-0.9	-1.0	95.7	1.5	-1.6	-3.5	753.0	51.1	-0.
2015	-0.3	1.8	93.1	7.0	2.6	4.6	785.2	51.8	0.
2014	2.4	2.5	88.4	1.3	4.1	6.9	788.4	53.1	2.
2013	3.0	2.2	82.7	1.9	3.5	5.8	760.1	54.7	3.

에스디생명공학 (A217480)
SD BIOTECHNOLOGIES CO

업 종 : 개인생활용품		시 장 : KOSDAQ	
신용등급 : (Bond) — (CP) —		기업규모 : 벤처	
홈페이지 : www.sdbiotech.co.kr		연 락 처 : 02)583-1846	
본 사 : 서울시 강서구 공항대로61길 29 씨-301호			

설 립 일 2008.09.19	종 업 원 수 87명	대 표 이 사 박설웅	
상 장 일 2017.03.02	감 사 의 견 적정 (현대)	계 속 회 사 열	
결 산 기 12월	보 통 주 2,206만주	종 속 회 사 수 9개사	
액 면 가 500원	우 선 주	구 상 호	

주주구성 (지분율,%)		출자관계 (지분율,%)		주요경쟁사 (외형,%)	
박설웅	56.5	셀레뷰	100.0	에스디생명공학	100
이한영	0.5	쏠렉	100.0	한국화장품	154
		에스디생활과학	100.0	코리아나	118

매출구성		비용구성		수출비중	
마스크/팩	89.0	매출원가율	37.5	수출	—
기초스킨케어	8.3	판관비율	35.6	내수	—
기타	2.7				

회사 개요
동사는 트러블케어 제품 포함 기초스킨케어 제품 및 마스크팩을 주요 제품으로 하는 화장품 제조·판매 기업. 또한 동사는 OEM 방식으로 생산을 진행해 다양한 제품을 신속, 유연하게 출시할 수 있는 장점을 활용하며 빠르게 변화하는 시장의 트렌드에 신속하게 대응하고 있음. 현재 동사를 제외하고 총 7개의 계열회사를 보유하고 있으며, 동사를 제외하고 거래소 및 코스닥시장에 상장되어 있는 회사는 없음.

실적 분석
동사의 2017년 2분기기준 누적 매출액은 전년동기대비 3.4% 상승한 518.8억원을 기록하였음. 비용면에서 전년동기대비 매출원가는 증가 했으며 인건비도 증가, 광고선전비도 증가, 기타판매비와관리비는 감소함. 이와 같은 상승한 매출액 대비 비용증가가 높아 그에 따라 전년동기대비 영업이익은 66.6억원으로 -44.9% 크게 하락하였음. 최종적으로 전년동기대비 당기순이익도 크게 하락하여 46.4억원을 기록함.

현금 흐름 〈단위 : 억원〉
항목	2016	2017.2Q
영업활동	131	-47
투자활동	-107	-272
재무활동	20	362
순현금흐름	43	42
기말현금	145	186

시장 대비 수익률

결산 실적 〈단위 : 억원〉
항목	2012	2013	2014	2015	2016	2017
매출액	—	—	97	746	1,047	
영업이익	—	—	31	265	281	
당기순이익	—	—	26	183	225	

분기 실적 〈단위 : 억원〉
항목	2016.1Q	2016.2Q	2016.3Q	2016.4Q	2017.1Q	2017.2Q
매출액	254	248	293	252	244	275
영업이익	64	57	92	68	45	22
당기순이익	49	45	71	59	32	15

재무 상태 〈단위 : 억원〉
항목	2012	2013	2014	2015	2016	2017.2Q
총자산			50	422	686	1,137
유형자산			2	124	177	402
무형자산			0	2	5	55
유가증권				3		9
총부채			26	118	141	165
총차입금			4	22	15	58
자본금			4	24	94	110
총자본			24	304	545	972
지배주주지분			24	304	534	952

기업가치 지표
항목	2012	2013	2014	2015	2016	2017.2Q
주가(최고/저)(천원)	—/—	—/—	—/—	—/—	—/—	—/—
PER(최고/저)(배)	0.0/0.0	0.0/0.0	0.0/0.0	0.0/0.0	0.0/0.0	3.6/2.3
PBR(최고/저)(배)	0.0/0.0	0.0/0.0	0.0/0.0	0.0/0.0	0.0/0.0	3.6/2.3
EV/EBITDA(배)	0.0		0.0			
EPS(원)			162	1,032	1,191	222
BPS(원)			29,641	6,448	2,830	4,314
CFPS(원)			32,570	4,018	1,221	245
DPS(원)						
EBITDAPS(원)			38,553	5,804	1,519	338

재무 비율 〈단위 : % 〉
연도	영업이익률	순이익률	부채비율	차입금비율	ROA	ROE	유보율	자기자본비율	EBITDA마진율
2016	26.8	21.5	25.9	2.7	40.5	53.6	466.1	79.4	27.4
2015	35.5	24.5	38.6	7.2	77.6	111.6	1,189.6	72.1	35.8
2014	31.6	26.7	109.4	16.9	0.0	0.0	492.8	47.8	31.8
2013									

에스디시스템 (A121890)
SD system

업 종 : 운송인프라		시 장 : KOSDAQ	
신용등급 : (Bond) — (CP) —		기업규모 : 벤처	
홈페이지 : www.sdsystem.co.kr		연 락 처 : 070)8299-5940	
본 사 : 경기도 성남시 중원구 갈마치로 244번길 31, 현대아이밸리 613호			

설 립 일 2001.04.28	종 업 원 수 169명	대 표 이 사 박봉용	
상 장 일 2010.07.16	감 사 의 견 적정 (한울)	계 속 회 사 열	
결 산 기 12월	보 통 주 380만주	종 속 회 사 수	
액 면 가 500원	우 선 주	구 상 호	

주주구성 (지분율,%)		출자관계 (지분율,%)		주요경쟁사 (외형,%)	
박봉용	39.1			에스디시스템	100
황태명	0.4			서호전기	93
(외국인)	0.6			아이지스시스템	59

매출구성		비용구성		수출비중	
요금징수시스템	30.0	매출원가율	91.7	수출	0.0
도로교통관리시스템	29.8	판관비율	19.8	내수	100.0
기타	17.0				

회사 개요
동사는 2001년 설립되고 2010년 코스닥 시장에 주식을 상장한 기업으로, 유무인 요금징수시스템 및 하이패스단말기, 지능형교통시스템 등의 개발 및 제조, 판매, 유지관리 사업을 영위하고 있음. 고속도로 요금징수시스템 분야에서 하드웨어 및 소프트웨어, SI, 설치, 유지보수 능력을 기반으로 지능형교통시스템 및 스마트파킹시스템 등 독자적 사업을 수행함. 축적된 기술력을 바탕으로 차량용 블랙박스 사업에도 진출함. 연결대상 종속법인은 없음.

실적 분석
동사의 2017년 반기 매출은 274.4억원으로 전년동기 대비 4.2% 매출이 확대됨. 판관비는 늘었지만 원가가 줄어들어 영업손실은 전년동기 51.1억원 대비 적자폭이 축소된 28.5억원을 시현함. 적자 폭은 줄었지만 원가 부담이 높은 편으로 영업 적자가 지속되고 있는 상황. 비영업손익면에서는 2.1억원의 흑자가 발생하여 당기순손실 27.9억원을 시현함. 매출은 꾸준하게 발생하고 있으나 연구개발비 등 비용 부담이 커서 수익성 개선은 더딤.

현금 흐름 *IFRS 별도 기준 〈단위 : 억원〉
항목	2016	2017.2Q
영업활동	38	-102
투자활동	-6	-13
재무활동	-6	39
순현금흐름	25	-76
기말현금	95	19

시장 대비 수익률

결산 실적 〈단위 : 억원〉
항목	2012	2013	2014	2015	2016	2017
매출액	698	622	526	679	636	
영업이익	5	-45	22	28	-73	
당기순이익	1	-55	33	29	-69	

분기 실적 *IFRS 별도 기준 〈단위 : 억원〉
항목	2016.1Q	2016.2Q	2016.3Q	2016.4Q	2017.1Q	2017.2Q
매출액	123	140	138	234	123	151
영업이익	-26	-25	-12	-10	-16	-13
당기순이익	-28	-20	-12	-9	-16	-14

재무 상태 *IFRS 별도 기준 〈단위 : 억원〉
항목	2012	2013	2014	2015	2016	2017.2Q
총자산	411	343	430	422	422	371
유형자산	14	13	30	37	41	49
무형자산	11	7	7	6	6	6
유가증권	0	7	7	9	12	12
총부채	106	92	147	119	191	168
총차입금	—	—	5	14	11	50
자본금	19	19	19	19	19	19
총자본	306	250	283	303	231	203
지배주주지분	306	250	283	303	231	203

기업가치 지표 *IFRS 별도 기준
항목	2012	2013	2014	2015	2016	2017.2Q
주가(최고/저)(천원)	7.0/4.5	5.9/3.6	4.3/3.2	8.3/3.9	13.3/6.7	—/—
PER(최고/저)(배)	530.1/336.3		5.2/3.9	11.1/5.3		
PBR(최고/저)(배)	0.8/0.5	0.8/0.5	0.5/0.4	0.9/0.4	1.9/0.9	1.6/1.1
EV/EBITDA(배)	6.9		1.4	6.0		
EPS(원)	14	-1,444	858	756	-1,811	-735
BPS(원)	9,086	7,633	8,493	9,018	7,124	6,389
CFPS(원)	107	-1,304	911	835	-1,693	-639
DPS(원)			100	100		
EBITDAPS(원)	233	-1,032	639	820	-1,809	-654

재무 비율 〈단위 : % 〉
연도	영업이익률	순이익률	부채비율	차입금비율	ROA	ROE	유보율	자기자본비율	EBITDA마진율
2016	-11.5	-10.8	82.8	4.9	-16.3	-25.8	1,324.8	54.7	-10.8
2015	4.2	4.2	39.2	4.5	6.7	9.8	1,703.7	71.8	4.6
2014	4.2	6.2	52.0	1.8	8.4	12.2	1,598.7	65.8	4.6
2013	-7.2	-8.8	36.9	0.0	-14.6	-19.8	1,426.7	73.1	-6.3

에스디엔 (A099220)
SDN

업 종 : 조선		시 장 : KOSDAQ	
신용등급 : (Bond) — (CP) —		기업규모 : 중견	
홈 페 이 지 : www.sdn-i.com		연 락 처 : 02)446-6691	
본 사 : 경기도 성남시 분당구 대왕판교로644번길 21(메디포스트 3층)			

설 립 일 1994.03.18	종 업 원 수 83명	대 표 이 사 최기혁	
상 장 일 2009.05.19	감 사 의 견 적정 (삼덕)	계 열	
결 산 기 12월	보 통 주 3,517만주	종속회사수 3개사	
액 면 가 500원	우 선 주	구 상 호	

주주구성 (지분율,%)		출자관계 (지분율,%)		주요경쟁사 (외형,%)	
최기혁	7.8	에스디엔엔지니어링	100.0	SDN	100
설종수	2.4	에스너지농장	99.5	STX중공업	1,150
(외국인)	0.2	SolarGroupSystemEAD		삼영이엔씨	99

매출구성		비용구성		수출비중	
4행정 선외기및 부품	65.2	매출원가율	68.3	수출	—
태양광 발전소(Turn-key 및 시스템공급)	17.5	판관비율	27.8	내수	—
전력매출 및 용역매출	9.6				

회사 개요
동사는 1994년 선외기 제조업체로 시작하여 현재 국내 선외기시장 점유율 우위를 차지하고 있으며, 2004년부터 한국신재생에너지 연구소를 설립, 태양광시장을 개척하여 동시장 시스템엔지니어링의 선두권 업체로 성장하였음. 2010년 에스디엔으로 상호를 변경함. 태양광부문이 전체매출의 30%, 선외기부문이 70% 가량을 차지함. 불가리아에 동유럽 최대 규모의 태양광발전소를 건설하고 있는 등 성장성 높은 친환경 에너지 시장에서 안정적 성장이 기대됨.

실적 분석
동사의 연결기준 2017년 2분기 누적매출액은 208.5억원으로 전년동기 대비 16.4% 증가하였음. 다만 외형성장에 비해 매출원가가 27.9% 급등하였으며 이에 따라 매출총이익은 0.2% 소폭 감소함. 같은 기간 인건비 등 판관비가 18.4% 늘었으며 이에 따라 영업이익은 전년동기 20.0억원 대비 1.7억원 감소한 18.3억원을 기록함. 비영업부문의 적자폭이 확대됐으며 당기순이익은 전년동기 대비 33.4% 감소한 11.6억원을 시현함.

현금 흐름
〈단위 : 억원〉

항목	2016	2017.2Q
영업활동	10	-27
투자활동	4	-2
재무활동	-16	30
순현금흐름	-2	4
기말현금	8	12

시장 대비 수익률

결산 실적
〈단위 : 억원〉

항목	2012	2013	2014	2015	2016	2017
매출액	297	398	423	482	362	—
영업이익	-141	20	11	55	14	—
당기순이익	-207	-18	-84	3	-10	—

분기 실적
〈단위 : 억원〉

항목	2016.1Q	2016.2Q	2016.3Q	2016.4Q	2017.1Q	2017.2Q
매출액	66	113	102	81	69	139
영업이익	5	15	6	-12	3	15
당기순이익	6	11	-2	-25	-11	22

재무 상태
〈단위 : 억원〉

항목	2012	2013	2014	2015	2016	2017.2Q
총자산	1,254	1,140	1,000	1,003	976	1,000
유형자산	377	332	250	318	316	307
무형자산	5	5	4	-13	13	9
유가증권	68	40	33	139	119	122
총부채	828	620	541	521	485	487
총차입금	781	561	462	445	410	433
자본금	100	126	150	167	176	176
총자본	425	520	459	482	491	514
지배주주지분	425	520	459	482	491	514

기업가치 지표

항목	2012	2013	2014	2015	2016	2017.2Q
주가(최고/저)(천원)	8.8/1.3	2.1/1.2	1.6/0.9	1.9/0.9	2.3/1.4	—/—
PER(최고/저)(배)	—/—	—/—	—/—	74.6/34.3	—/—	—/—
PBR(최고/저)(배)	3.7/0.5	1.0/0.6	1.1/0.6	1.3/0.6	1.6/1.0	1.2/0.9
EV/EBITDA(배)		21.0	26.1	13.8	26.6	—/—
EPS(원)	-1,033	-74	-281	26	-28	33
BPS(원)	2,366	2,055	1,534	1,445	1,396	1,461
CFPS(원)	-910	18	-220	84	29	63
DPS(원)						
EBITDAPS(원)	-580	175	97	235	98	82

재무 비율
〈단위 : % 〉

연도	영업이익률	순이익률	부채비율	차입금비율	ROA	ROE	유보율	자기자본비율	EBITDA마진율
2016	4.0	-2.7	98.9	83.5	-1.0	-2.0	179.2	50.3	9.5
2015	11.5	1.7	107.9	92.3	0.8	1.7	189.1	48.1	15.2
2014	2.6	-19.8	117.8	100.6	-7.8	-17.0	206.9	45.9	6.8
2013	5.0	-4.4	119.2	107.8	-1.5	-3.7	311.0	45.6	10.5

에스마크 (A030270)
SMARK CO

업 종 : 섬유 및 의복		시 장 : KOSDAQ	
신용등급 : (Bond) — (CP) —		기업규모 : 중견	
홈 페 이 지 : www.s-mark.co.kr		연 락 처 : 043)851-9005	
본 사 : 충북 충주시 가주농공2길 21			

설 립 일 1986.05.28	종 업 원 수 62명	대 표 이 사 송정화,이동이	
상 장 일 1997.01.17	감 사 의 견 적정 (서린)	계 열	
결 산 기 12월	보 통 주 9,158만주	종속회사수 6개사	
액 면 가 500원	우 선 주	구 상 호 가희	

주주구성 (지분율,%)		출자관계 (지분율,%)		주요경쟁사 (외형,%)	
하나금융투자	2.8	디지워크	100.0	에스마크	100
슈퍼원	1.1	뷰코퍼레이션	100.0	방림	530
(외국인)	0.2	곤에프앤비	100.0	형지I&C	453

매출구성		비용구성		수출비중	
면사	55.8	매출원가율	124.8	수출	10.0
코마사	24.6	판관비율	32.4	내수	90.0
레이온사	7.8				

회사 개요
동사는 1986년 설립된 업체로 원사를 전문으로 제조하고 있음. 니트, 직물, 산업용 등에 사용되는 면사, 혼방사, 코마사 등 원사만을 고집함. 2016년 9월말 정방기 보유 설비는 약 101만 9,608추로 전년 대비 약 8% 감소함. 품종별 생산비중은 면사 60%, 혼방사 20%, 화섬사 20%임. 상대적으로 부가가치가 높은 화섬사 및 혼방사의 비중이 낮음.

실적 분석
동사의 2017년 2분기기준 누적 매출액은 전년동기대비 45.8% 하락한 91.5억원을 기록하였음. 비용면에서 전년동기대비 매출원가는 크게 감소 하였으며 인건비는 증가 하였고 광고선전비는 크게 감소 하였고 기타판매비와관리비도 마찬가지로 감소함. 그에 따라 매출액 하락 등에 의해 전년동기대비 영업이익은 -82.7억원으로 적자지속하였음. 최종적으로 전년동기대비 당기순이익은 적자지속하여 -362.9억원을 기록함.

현금 흐름
〈단위 : 억원〉

항목	2016	2017.2Q
영업활동	-101	-135
투자활동	-540	-322
재무활동	624	457
순현금흐름	-17	-0
기말현금	8	8

시장 대비 수익률

결산 실적
〈단위 : 억원〉

항목	2012	2013	2014	2015	2016	2017
매출액	656	608	508	467	284	—
영업이익	-24	19	-19	-139	-163	—
당기순이익	-11	5	-37	-164	-209	—

분기 실적
〈단위 : 억원〉

항목	2016.1Q	2016.2Q	2016.3Q	2016.4Q	2017.1Q	2017.2Q
매출액	105	64	75	40	52	39
영업이익	-32	-39	-62	-30	-38	-45
당기순이익	-32	-41	-63	-73	-55	-307

재무 상태
〈단위 : 억원〉

항목	2012	2013	2014	2015	2016	2017.2Q
총자산	714	701	737	613	1,046	1,213
유형자산	480	460	482	438	406	270
무형자산	10	6	13	—	331	183
유가증권	1	1	1	—	12	178
총부채	497	478	514	364	572	474
총차입금	440	418	449	301	506	377
자본금	60	60	60	124	203	447
총자본	217	223	222	249	474	739
지배주주지분	217	223	222	249	474	738

기업가치 지표

항목	2012	2013	2014	2015	2016	2017.2Q
주가(최고/저)(천원)	1.1/0.6	0.9/0.6	0.8/0.6	3.4/0.6	8.1/1.4	—/—
PER(최고/저)(배)	—/—	28.0/19.9	—/—	—/—	—/—	—/—
PBR(최고/저)(배)	0.8/0.4	0.6/0.4	0.6/0.4	3.9/0.7	8.2/1.5	3.8/1.3
EV/EBITDA(배)	42.2	9.1	32.3	—/—		
EPS(원)	-64	29	-215	-924	-550	-462
BPS(원)	18,271	18,715	18,679	1,010	1,170	827
CFPS(원)	2,096	3,444	-101	-825	-543	-430
DPS(원)						
EBITDAPS(원)	1,031	4,615	1,375	-640	-386	-74

재무 비율
〈단위 : % 〉

연도	영업이익률	순이익률	부채비율	차입금비율	ROA	ROE	유보율	자기자본비율	EBITDA마진율
2016	-57.2	-73.6	120.5	106.7	-25.2	-57.9	134.0	45.4	-40.5
2015	-29.7	-35.2	146.4	120.9	-24.3	-69.7	102.0	40.6	-19.1
2014	-3.8	-7.3	231.3	202.0	-5.2	-16.7	273.6	30.2	3.3
2013	3.1	0.8	214.5	187.6	0.7	2.3	274.3	31.8	9.1

에스맥 (A097780)
S-MAC

업 종 : 휴대폰 및 관련부품		시 장 : KOSDAQ	
신용등급 : (Bond) — (CP) —		기업규모 : 중견	
홈 페 이 지 : www.s-mac.co.kr		연 락 처 : 031)895-2222	
본 사 : 경기도 평택시 산단로 241			

설 립 일	2004.11.18	종 업 원 수	94명	대 표 이 사	조경숙
상 장 일	2008.01.23	감 사 의 견	적정(삼덕)	계 열	—
결 산 기	12월	보 통 주	12,998만주	종속회사수	5개사
액 면 가	200원	우 선 주	—	구 상 호	—

주주구성 (지분율,%)		출자관계 (지분율,%)		주요경쟁사 (외형,%)	
러더포드1호조합	12.2	엔에스테크	51.0	에스맥	100
국민연금공단	2.9	오성엘에스티	29.4	젬백스테크놀러지	58
(외국인)	0.8	비에스티	29.4	이라이콤	219

매출구성		비용구성		수출비중	
Touch Screen Module	99.7	매출원가율	95.6	수출	97.0
Sub Module 외	0.3	판관비율	6.8	내수	3.0

회사 개요
동사는 2004년 설립된 후 휴대폰을 비롯한 각종 IT기기에 적용되는 입력모듈, 터치스크린 패널의 주요 원자재인 ITO 센서 등의 생산 및 판매업을 주요 사업으로 영위하고 있으며, 삼성전자 스마트폰의 터치패널 최대 공급업체임. 연결대상 종속회사로 모듈 임가공업을 영위하는 자회사와, 터치스크린 모듈 제조업을 영위하는 자회사를 보유함. 최근 오성엘에스티의 지분 2000만주(16.13%)를 취득하였음.

실적 분석
동사의 2분기 누적 매출액은 845.7억원으로 전년대비 19% 증가, 영업이익은 27.1억원으로 전년대비 흑자전환, 당기순이익은 36억원으로 흑자전환함. 전방산업인 스마트폰 성장 둔화, 중국 업체의 경쟁심화로 터치패널 매출 부진이 소폭 해소되며 이익률 증가기대. 지분을 보유한 에이프로젠의 재상장이 실적 증가로 가시화될 것으로 기대. 에이프로젠 최대주주가 에스맥의 3차배정 유상증자에 참여

현금 흐름 〈단위 : 억원〉

항목	2016	2017.2Q
영업활동	184	-9
투자활동	-348	-277
재무활동	517	33
순현금흐름	352	-233
기말현금	520	287

시장 대비 수익률

결산 실적 〈단위 : 억원〉

항목	2012	2013	2014	2015	2016	2017
매출액	4,854	5,565	2,349	1,969	1,395	—
영업이익	360	477	-44	-139	-34	—
당기순이익	268	276	-139	-428	-40	—

분기 실적 〈단위 : 억원〉

항목	2016.1Q	2016.2Q	2016.3Q	2016.4Q	2017.1Q	2017.2Q
매출액	304	377	341	373	354	492
영업이익	-28	-25	-7	26	-6	33
당기순이익	-7	-41	-34	42	-25	61

재무 상태 〈단위 : 억원〉

항목	2012	2013	2014	2015	2016	2017.2Q
총자산	1,932	2,267	1,786	1,367	1,832	2,035
유형자산	636	926	972	659	530	560
무형자산	7	7	31	31	26	43
유가증권				5	151	294
총부채	862	934	594	603	824	982
총차입금	153	352	400	401	623	668
자본금	82	86	91	91	122	243
총자본	1,070	1,333	1,192	764	1,008	1,053
지배주주지분	1,070	1,333	1,192	764	1,008	1,053

기업가치 지표

항목	2012	2013	2014	2015	2016	2017.2Q
주가(최고/저)(천원)	16.0/8.7	16.9/9.9	11.5/3.7	7.8/2.3	9.2/2.6	—/—
PER(최고/저)(배)	10.8/5.9	11.1/6.5	—/—	—/—	—/—	1.6/1.1
PBR(최고/저)(배)	2.7/1.5	2.3/1.4	1.7/0.6	1.8/0.5	2.2/0.6	1.7/1.0
EV/EBITDA(배)	6.5	3.5	9.0	19.6	16.5	
EPS(원)	298	307	-155	-476	-39	30
BPS(원)	6,553	7,756	6,671	4,305	4,213	878
CFPS(원)	1,929	2,194	62	-1,387	400	83
DPS(원)	75	75				
EBITDAPS(원)	2,491	3,359	587	209	430	76

재무 비율 〈단위 : % 〉

연도	영업이익률	순이익률	부채비율	차입금비율	ROA	ROE	유보율	자기자본비율	EBITDA마진율
2016	-2.4	-2.9	81.8	61.8	-2.5	-4.5	742.5	55.0	6.3
2015	-7.1	-21.9	79.0	52.5	-27.2	-43.8	761.1	55.9	1.9
2014	-1.9	-5.9	49.8	33.5	-6.9	-11.0	1,234.3	66.8	4.5
2013	8.6	5.0	70.1	26.4	13.1	23.0	1,451.3	58.8	10.4

에스비아이인베스트먼트 (A019550)
SBI Investment Korea

업 종 : 창업투자 및 종금		시 장 : KOSDAQ	
신용등급 : (Bond) — (CP) —		기업규모 : 중견	
홈 페 이 지 : www.sbik.co.kr		연 락 처 : 02)2139-9252	
본 사 : 서울시 강남구 테헤란로 509 NC타워 14층			

설 립 일	1986.11.24	종 업 원 수	27명	대 표 이 사	다까하시요시미
상 장 일	1989.09.06	감 사 의 견	적정(안진)	계 열	—
결 산 기	12월	보 통 주	16,207만주	종속회사수	1개사
액 면 가	500원	우 선 주	—	구 상 호	—

주주구성 (지분율,%)		출자관계 (지분율,%)		주요경쟁사 (외형,%)	
에스비아이코리아홀딩스	43.6			SBI인베스트먼트	100
서갑수	5.0			우리종금	1,064
(외국인)	5.1			글로본	—

수익구성		비용구성		수출비중	
창업투자 및 기업구조조정 수익	47.3	이자비용	0.3	수출	—
금융상품 관련이익	29.6	투자및금융비	0.0	내수	—
배당금수익	18.0	판관비	0.0		

회사 개요
동사는 1986년 설립돼 중소 창업기업에 대한 투자지원과 창업투자조합의 결성·운영 및 M&A를 주된 사업으로 투자자산의 대부분을 벤처기업에 지속적으로 투자하고 있음. 주요 사업 분야는 창업자·벤처기업에 대한 투자, 창업투자조합의 결성 및 업무의 집행, PEF 설립 및 운용, M&A 등임. 현재까지 800개 이상의 벤처기업에 투자, 150개 이상의 기업들을 국내외 증권시장에 상장시켰음.

실적 분석
동사의 2017년 연결기준 2분기 누적 영업수익은 89.4억원이며 당기순이익은 6.8억원을 기록. 펀드 결성으로 인한 수수료수익의 증가가 주된 원인으로 나타남. 전년 동기 수수료수익이 33.1억원이었던 데 반해 올 상반기는 48.5억원으로 46.5% 상승함. 이자수익 역시 전년 1.4억원에서 올해 2.6억원으로 소폭 늘어남. 최근에는 해외 진출을 돕는 벤처펀드를 결성하는 등 펀드 운용 규모를 계속 확대해 나가는 중.

현금 흐름 〈단위 : 억원〉

항목	2016	2017.2Q
영업활동	-92	-0
투자활동	-8	2
재무활동	-11	-13
순현금흐름	-112	-11
기말현금	13	2

시장 대비 수익률

결산 실적 〈단위 : 억원〉

항목	2012	2013	2014	2015	2016	2017
영업수익	138	150	145	149	168	—
영업이익	-225	33	17	5	31	—
당기순이익	-282	39	17	12	29	—

분기 실적 〈단위 : 억원〉

항목	2016.1Q	2016.2Q	2016.3Q	2016.4Q	2017.1Q	2017.2Q
영업수익	39	34	23	72	35	54
영업이익	15	-6	3	19	10	7
당기순이익	15	-6	3	17	10	7

재무 상태 〈단위 : 억원〉

항목	2012	2013	2014	2015	2016	2017.2Q
총자산	800	790	793	860	881	885
유형자산	2	3	1	5	4	3
무형자산	13	13	17	19	27	27
유가증권						
총부채	48	6	11	39	37	29
총차입금						
자본금	835	835	835	835	835	835
총자본	752	784	780	821	844	856
지배주주지분	746	779	777	818	842	855

기업가치 지표

항목	2012	2013	2014	2015	2016	2017.2Q
주가(최고/저)(천원)	0.8/0.4	0.6/0.3	0.6/0.3	1.0/0.4	0.7/0.5	—/—
PER(최고/저)(배)		27.0/14.5	49.7/29.4	135.7/48.6	39.6/25.1	—/—
PBR(최고/저)(배)	1.7/0.9	1.3/0.7	1.2/0.7	2.0/0.7	1.4/0.9	1.7/1.0
PSR(최고/저)(배)	9/5	7/4	6/4	11/4	7/5	—/—
EPS(원)	-173	24	11	8	19	
BPS(원)	467	487	486	511	526	534
CFPS(원)	-173	25	13	8	20	10
DPS(원)				3	3	
EBITDAPS(원)	-139		11	9	19	10

재무 비율 〈단위 : % 〉

연도	계속사업이익률	순이익률	부채비율	차입금비율	ROA	ROE	유보율	자기자본비율	총자산증가율
2016	18.2	17.2	4.4	0.0	3.3	3.7	2.1	95.8	2.4
2015	8.2	8.1	일부잠식	0.0	1.5	1.5	-0.8	95.4	8.4
2014	11.6	11.6	일부잠식	0.0	2.1	2.3	-5.7	98.3	0.4
2013	26.0	26.0	일부잠식	0.0	4.9	5.1	-5.4	99.2	-1.3

에스비아이핀테크솔루션즈 (A950110)
SBI AXES

업 종 : 인터넷 서비스		시 장 : KOSDAQ	
신용등급 : (Bond) — (CP) —		기업규모 :	
홈페이지 : www.axes-group.com		연 락 처 : +81-3-3498-5011	
본 사 : 일본 도쿄도 시부야구 시부야 2-1-1 아오야마퍼스트빌딩 9층			

설 립 일 2011.04.04	종 업 원 수 121명		대 표 이 사 산몬지마사타카	
상 장 일 2012.12.17	감사의견 적정 (안진)		계 열	
결 산 기 03월	보 통 주 2,466만주		종속회사수 11개사	
액 면 가 —	우 선 주		구 상 호 SBI액시즈	

주주구성 (지분율,%)		출자관계 (지분율,%)		주요경쟁사 (외형,%)	
에스비아이홀딩스	59.1	SBIRemit	100.0	SBI핀테크솔루션즈	100
		SBISocialLending	100.0	이지웰페어	61
(외국인)	15.7	SBIBusinessSolutions	100.0	소리바다	46

매출구성		비용구성		수출비중	
수수료매출	95.2	매출원가율	73.5	수출	—
EC사업자지원사업매출	4.1	판관비율	19.8	내수	—
서비스매출	0.7				

회사 개요

동사는 2012년 4월 일본의 SBI그룹의 계열사로 편입되었으며 전자지급결제서비스사업을 주요 사업으로 영위하며 중소형 가맹점 중심으로 신용카드 결제를 대행하고 있음. 현재 동사의 일본PG 시장 M/S는 4%로 업계 7~8위권 수준. 매출구성은 PG가 90% 이상을 차지하고 있으며 편의점결제와 전자머니등이 나머지를 차지. 최근 핀테크 사업을 영위하는 SBI소셜렌딩, SBI레밋, SBI비즈니스솔루션즈 주식을 취득해 완전 자회사로 편입.

실적 분석

동사의 2017년 연결기준 6월 1분기 매출액은 308.9억원으로 전년동기대비 53.7% 성장. 영업이익 역시 35.9억원으로 대폭 증가. 당기순이익은 5배 이상 증가한 26.9억원을 기록. 주력 사업인 결제서비스 사업이 일본 시장의 성장과 함께 확대됐고 EC사업자지원사업도 신규고객 확보가 순조롭게 진행돼 실적이 성장. 2020년 올림픽 개최 등을 대비해 일본 정부의 결제시장 인프라 투자가 예상돼 전방 시장의 환경은 우호적일 거라 예상.

현금 흐름

〈단위 : 억원〉

항목	2016	2017.1Q
영업활동	169	74
투자활동	-10	-177
재무활동	-26	343
순현금흐름	132	241
기말현금	955	1,214

시장 대비 수익률

결산 실적

〈단위 : 억원〉

항목	2012	2013	2014	2015	2016	2017
매출액	638	531	583	690	857	—
영업이익	122	24	30	46	58	—
당기순이익	80	15	24	43	39	—

분기 실적

〈단위 : 억원〉

항목	2015.4Q	2016.1Q	2016.2Q	2016.3Q	2016.4Q	2017.1Q
매출액	197	201	215	224	217	309
영업이익	10	12	20	16	10	36
당기순이익	5	6	12	12	10	27

재무 상태

〈단위 : 억원〉

항목	2012	2013	2014	2015	2016	2017.1Q
총자산	1,264	869	937	1,093	1,220	#N/A
유형자산	23	17	13	10	7	#N/A
무형자산	16	18	25	38	35	11
유가증권			24	16	18	73
총부채	871	545	642	793	911	6
총차입금	35	31	28	85	77	375
자본금	95	83	74	82	80	148
총자본	393	323	295	300	309	206
지배주주지분	393	323	295	300	309	206

기업가치 지표

항목	2012	2013	2014	2015	2016	2017.1Q
주가(최고/저)(천원)	#VALUE!	—/—	—/—	—/—	—/—	—/—
PER(최고/저)(배)	9.9/7.8	101.0/37.8	31.8/16.8	20.6/15.1	37.1/19.3	—/—
PBR(최고/저)(배)	2.4/1.9	4.7/1.8	2.6/1.4	2.5/1.8	4.0/2.1	5.4/3.9
EV/EBITDA(배)			1.9			—/—
EPS(원)	450	70	114	201	182	114
BPS(원)	1,840	1,514	1,388	1,655	1,690	1,051
CFPS(원)	500	110	161	258	241	142
DPS(원)						
EBITDAPS(원)	710	162	186	277	328	180

재무 비율

〈단위 : % 〉

연도	영업이익률	순이익률	부채비율	차입금비율	ROA	ROE	유보율	자기자본비율	EBITDA마진율
2016	6.8	4.5	294.7	24.8	3.4	12.8	350.4	25.3	8.2
2015	6.7	6.2	264.3	28.5	4.2	14.4	329.4	27.5	8.6
2014	5.2	4.2	217.5	9.4	2.7	7.9	301.6	31.5	6.8
2013	4.4	2.8	168.6	9.6	1.4	4.2	287.8	37.2	6.5

에스비에스 (A034120)
Seoul Broadcasting System

업 종 : 미디어		시 장 : 거래소	
신용등급 : (Bond) AA (CP) A1		기업규모 : 시가총액 중형주	
홈페이지 : www.sbs.co.kr		연 락 처 : 02)2061-0006	
본 사 : 서울시 양천구 목동서로 161			

설 립 일 1990.11.14	종 업 원 수 1,179명		대 표 이 사 박정훈	
상 장 일 1999.05.08	감사의견 적정 (한영)		계 열	
결 산 기 12월	보 통 주 1,825만주		종속회사수 2개사	
액 면 가 5,000원	우 선 주		구 상 호	

주주구성 (지분율,%)		출자관계 (지분율,%)		주요경쟁사 (외형,%)	
SBS미디어홀딩스	36.9	더스토리웍스	100.0	SBS	100
국민연금공단	13.5	SBS에이앤티	99.6	에스엠	42
		코나드	50.0	스카이라이프	80

매출구성		비용구성		수출비중	
지상파 TV 광고	50.0	매출원가율	84.3	수출	0.0
프로그램 판매 등 기타	44.4	판관비율	16.6	내수	100.0
FM-RADIO 광고	4.0				

회사 개요

동사는 방송법에 의거 1990년 설립되어 지상파TV 및 라디오방송, 광고사업 등을 영위중임. 최대주주인 SBS미디어홀딩스와 함께 태영그룹에 속함. 또한 동사에서 방송된 우수한 지상파콘텐츠를 해외 및 국내 케이블 PP, 위성방송, 인터넷, IPTV 등에 판매하며, 전시, 공연 등 문화사업도 수행하고 있음. 그러나 주수입원은 광고수입임. 종합편성채널 허용 및 모바일 시청환경으로의 이동 등 채널 다양화로 경쟁도 심화되는 추세임.

실적 분석

동사의 연결기준 2017년 2분기 누적매출액은 3,651.9억원으로 전년동기 대비 소폭(2.4%) 감소하였음. 비용면에선 전년동기 대비 매출원가가 11% 감소하였으며 이에 따라 전년동기 249.0억원이던 영업손실은 당반기 23.8억원 흑자로 전환함. 비영업부문 영업이익 60.6% 감소한 25.0억원에 그치기는 했으나 당반기 29.1억원의 당기순이익을 기록, 전년동기 136.8억원 손실에서 흑자전환하는 데 성공함.

현금 흐름

〈단위 : 억원〉

항목	2016	2017.2Q
영업활동	-9	885
투자활동	-247	-657
재무활동	42	-236
순현금흐름	-214	-9
기말현금	70	61

시장 대비 수익률

결산 실적

〈단위 : 억원〉

항목	2012	2013	2014	2015	2016	2017
매출액	7,803	7,271	8,226	7,929	8,291	—
영업이익	388	221	-187	422	-77	—
당기순이익	267	218	-74	349	-5	—

분기 실적

〈단위 : 억원〉

항목	2016.1Q	2016.2Q	2016.3Q	2016.4Q	2017.1Q	2017.2Q
매출액	1,629	2,112	2,234	2,315	1,628	2,024
영업이익	-210	-40	-134	307	-61	85
당기순이익	-105	-32	-86	217	-52	81

재무 상태

〈단위 : 억원〉

항목	2012	2013	2014	2015	2016	2017.2Q
총자산	8,274	8,043	7,986	9,344	8,942	9,166
유형자산	3,338	3,377	3,246	3,233	3,204	3,110
무형자산	70	86	85	84	84	84
유가증권	129	139	222	676	892	1,169
총부채	2,659	2,343	2,583	3,661	3,534	3,735
총차입금	1,036	726	1,042	1,616	1,895	1,653
자본금	913	913	913	913	913	913
총자본	5,615	5,700	5,403	5,682	5,408	5,431
지배주주지분	5,451	5,567	5,402	5,681	5,407	5,430

기업가치 지표

항목	2012	2013	2014	2015	2016	2017.2Q
주가(최고/저)(천원)	43.7/29.8	49.9/34.0	41.2/25.3	44.1/27.6	34.7/23.2	—/—
PER(최고/저)(배)	30.5/20.8	38.6/26.3	—/—	23.6/14.8	—/—	—/—
PBR(최고/저)(배)	1.5/1.1	1.7/1.2	1.4/0.9	1.4/0.9	1.1/0.8	0.9/0.8
EV/EBITDA(배)	10.7	14.1	38.1	7.8	20.0	—/—
EPS(원)	1,508	1,338	-371	1,910	-29	159
BPS(원)	29,862	30,500	29,850	31,396	30,457	30,585
CFPS(원)	2,995	2,979	1,329	3,643	1,685	1,058
DPS(원)	600	600		750		
EBITDAPS(원)	3,612	2,851	674	4,042	1,295	1,030

재무 비율

〈단위 : % 〉

연도	영업이익률	순이익률	부채비율	차입금비율	ROA	ROE	유보율	자기자본비율	EBITDA마진율
2016	-0.9	-0.1	65.4	35.0	-0.1	-0.1	509.1	60.5	2.9
2015	5.3	4.4	64.4	28.4	4.0	6.3	527.9	60.8	9.3
2014	-2.3	-0.9	47.8	19.3	-0.9	-1.2	497.0	67.7	1.5
2013	3.0	3.0	44.1	12.7	2.7	4.4	510.0	70.9	7.2

에스비에스미디어홀딩스 (A101060)
SBS Media Holdings

업 종 : 미디어		시 장 : 거래소	
신용등급 : (Bond) — (CP) —		기업규모 : 시가총액 중형주	
홈페이지 : www.sbsmedia.co.kr		연 락 처 : 02)2113-5599	
본 사 : 서울시 양천구 목동서로 161			

설 립 일	2008.03.04	종업원수	3명	대표이사	이웅모
상 장 일	2008.03.24	감사의견	적정 (한영)	계 열	
결 산 기	12월	보 통 주	13,990만주	종속회사수	6개사
액 면 가	500원	우 선 주		구 상 호	

주주구성 (지분율,%)		출자관계 (지분율,%)		주요경쟁사 (외형,%)	
태영건설	61.2	SBS플러스	100.0	SBS미디어홀딩스	100
귀뚜라미	5.7	SBS콘텐츠허브	65.0	현대에이치씨엔	58
(외국인)	3.6	SBS골프	52.6	나스미디어	14

매출구성		비용구성		수출비중	
지상파 TV 광고	50.0	매출원가율	86.2	수출	—
프로그램 판매 등 기타	44.4	판관비율	9.5	내수	—
FM-RADIO 광고	4.0				

회사 개요

동사는 2008년 SBS를 인적분할하여 신설된 순수지주회사로서 (주)SBS, (주)SBS콘텐츠허브, (주)SBS플러스, (주)SBS골프, SBS바이아컴(유), SBS international, 스마트미디어렙(주)을 자회사로 가지고 있으며, 이 자회사의 지분 소유를 통해 배당수익, 사업수익 등이 발생함. 연결대상 종속회사는 국내 4개, 해외 2개를 포함 총 6개임.

실적 분석

동사의 연결기준 2017년 2분기 매출액은 1,979.9억원을 기록하여 전년대비 19% 감소. 영업손실과 당기순손실도 각 60.4억원, 54.5억원을 기록하며 적자. 동사는 향후 단순 광고판매 대행을 넘어 새로운 기술과 새로운 니즈에 맞춰 차세대 미디어 콘텐츠와 연계, 토탈비즈니스 플랫폼으로 실적을 개선할 계획임. 또한 방송 관련 규제의 완화를 위해 적극 노력하는 한편, 다양한 신규사업을 통해 미디어산업에서의 경쟁력을 강화해 나갈 계획.

현금 흐름
〈단위 : 억원〉

항목	2016	2017.2Q
영업활동	460	90
투자활동	-304	-50
재무활동	14	-91
순현금흐름	171	-54
기말현금	1,159	1,105

시장 대비 수익률

결산 실적
〈단위 : 억원〉

항목	2012	2013	2014	2015	2016	2017
매출액	4,521	4,449	4,496	4,735	5,045	
영업이익	340	402	292	233	214	
당기순이익	379	417	202	252	133	

분기 실적
〈단위 : 억원〉

항목	2016.1Q	2016.2Q	2016.3Q	2016.4Q	2017.1Q	2017.2Q
매출액	1,169	1,274	1,100	1,502	949	1,031
영업이익	14	59	22	120	-57	-4
당기순이익	-31	29	-27	162	-89	34

재무 상태
〈단위 : 억원〉

항목	2012	2013	2014	2015	2016	2017.2Q
총자산	8,164	8,573	8,586	8,816	9,058	8,779
유형자산	1,853	1,606	1,488	1,382	1,232	1,206
무형자산	128	114	87	130	123	131
유가증권	60	23	63	250	297	342
총부채	1,337	1,365	1,182	1,224	1,389	1,215
총차입금	392	198		3	97	46
자본금	699	699	699	699	699	699
총자본	6,827	7,208	7,404	7,592	7,669	7,564
지배주주지분	6,080	6,445	6,620	6,795	6,878	6,803

기업가치 지표

항목	2012	2013	2014	2015	2016	2017.2Q
주가(최고/저)(천원)	8.4/2.8	8.2/3.9	5.2/3.1	5.7/3.2	3.8/2.5	—/—
PER(최고/저)(배)	39.5/13.3	37.5/18.0	44.8/27.0	36.0/20.0	42.5/28.1	—/—
PBR(최고/저)(배)	2.0/0.7	1.8/0.9	1.1/0.7	1.2/0.7	0.8/0.5	0.7/0.5
EV/EBITDA(배)	23.9	11.0	9.1	10.3	5.6	
EPS(원)	218	224	118	161	90	-22
BPS(원)	4,346	4,607	4,732	4,857	4,917	4,863
CFPS(원)	321	354	236	272	195	32
DPS(원)	25	25	25	25	25	
EBITDAPS(원)	347	417	327	278	258	11

재무 비율
〈단위 : % 〉

연도	영업이익률	순이익률	부채비율	차입금비율	ROA	ROE	유보율	자기자본비율	EBITDA마진율
2016	4.2	2.6	18.1	1.3	1.5	1.9	883.3	84.7	7.2
2015	4.9	5.3	16.1	0.0	2.9	3.4	871.5	86.1	8.2
2014	6.5	4.5	16.0	0.0	2.4	2.5	846.4	86.2	10.2
2013	9.0	9.4	18.9	0.0	4.9	6.3	821.4	84.1	13.1

에스비에스콘텐츠허브 (A046140)
SBS Contents Hub

업 종 : 미디어		시 장 : KOSDAQ	
신용등급 : (Bond) — (CP) —		기업규모 : 우량	
홈페이지 : www.sbscontentshub.co.kr		연 락 처 : 02)2001-6641	
본 사 : 서울시 마포구 상암산로 82 SBS프리즘타워 15층/ 16층			

설 립 일	1999.08.21	종업원수	177명	대표이사	유종연
상 장 일	2003.01.30	감사의견	적정 (한영)	계 열	
결 산 기	12월	보 통 주	2,146만주	종속회사수	1개사
액 면 가	500원	우 선 주		구 상 호	

주주구성 (지분율,%)		출자관계 (지분율,%)		주요경쟁사 (외형,%)	
SBS미디어홀딩스	65.0	블렌딩	50.0	SBS콘텐츠허브	100
국민연금공단	10.0	바여넥스트CT2호투자조합	29.5	키이스트	36
(외국인)	1.6	유이케이		덱스터	12

매출구성		비용구성		수출비중	
콘텐츠사업	48.7	매출원가율	91.7	수출	30.0
미디어사업	39.5	판관비율	2.8	내수	70.0
광고/MD사업	11.7				

회사 개요

동사는 콘텐츠 전문 기업으로서, 최대주주인 SBS미디어홀딩스와 함께 태영그룹에 속함. SBS의 방송콘텐츠를 유통하는 콘텐츠사업과 SBS 홈페이지를 운영하고 뉴미디어에 콘텐츠를 제공하는 미디어사업, 문화행사 및 이벤트 프로모션 사업, 로또 등 방송프로그램 제작사업, 영화, 음악, 게임 등으로 구성된 광고사업 등을 영위함. 일본, 대만, 중국 등 해외에서도 매출 시현 중임. 국내 매출이 70% 가량을 차지하나, 매 분기 변동폭이 큼.

실적 분석

동사의 2017년 반기 매출액과 영업이익은 전년동기대비 각각 26.9%, 38.5% 감소한 952.6억원, 45.9억원을 기록함. 미디어, 광고/MD부분 외형확대에도 콘텐츠 사업부문 매출이 전년동기대비 약 60% 감소한 영향. 중국 사드 관련 보복조치 영향으로 중국향 콘텐츠 매출 감소한 영향. 중국 매출은 3배 이상 감소하였으며 동남아 지역 매출 또한 감소. 중국향 콘텐츠 매출은 한중관계 개선 시 최소 2016년 수준으론 회복 가능 기대.

현금 흐름
〈단위 : 억원〉

항목	2016	2017.2Q
영업활동	248	-4
투자활동	-186	-9
재무활동	-32	-21
순현금흐름	29	-35
기말현금	594	559

시장 대비 수익률

결산 실적
〈단위 : 억원〉

항목	2012	2013	2014	2015	2016	2017
매출액	1,935	1,972	1,986	2,154	2,577	
영업이익	278	282	132	113	143	
당기순이익	231	247	88	61	31	

분기 실적
〈단위 : 억원〉

항목	2016.1Q	2016.2Q	2016.3Q	2016.4Q	2017.1Q	2017.2Q
매출액	686	617	522	752	510	443
영업이익	40	34	14	54	26	19
당기순이익	23	10	-6	4	5	12

재무 상태
〈단위 : 억원〉

항목	2012	2013	2014	2015	2016	2017.2Q
총자산	1,723	2,031	2,206	2,239	2,396	2,196
유형자산	306	300	296	289	276	268
무형자산	34	31	26	20	15	14
유가증권	22	11	11	39	268	323
총부채	435	519	652	675	838	637
총차입금						216
자본금	107	107	107	107	107	107
총자본	1,288	1,512	1,555	1,564	1,559	1,559
지배주주지분	1,288	1,512	1,555	1,564	1,559	1,559

기업가치 지표

항목	2012	2013	2014	2015	2016	2017.2Q
주가(최고/저)(천원)	17.1/8.4	15.1/10.9	19.3/13.5	18.8/11.2	14.6/7.5	—/—
PER(최고/저)(배)	17.0/8.3	13.8/10.1	49.1/34.3	67.9/40.6	101.8/52.0	—/—
PBR(최고/저)(배)	3.1/1.5	2.3/1.6	2.8/1.9	2.6/1.6	2.0/1.0	1.3/1.1
EV/EBITDA(배)	6.5	7.6	11.5	15.0	2.4	
EPS(원)	1,076	1,149	409	283	145	76
BPS(원)	6,002	7,045	7,244	7,285	7,263	7,263
CFPS(원)	1,203	1,286	534	407	261	130
DPS(원)	150	250	250	150	100	
EBITDAPS(원)	1,424	1,451	741	649	783	268

재무 비율
〈단위 : % 〉

연도	영업이익률	순이익률	부채비율	차입금비율	ROA	ROE	유보율	자기자본비율	EBITDA마진율
2016	5.6	1.2	53.7	0.0	1.4	2.0	1,352.6	65.1	6.5
2015	5.2	2.8	43.2	0.0	2.7	3.9	1,356.9	69.8	6.5
2014	6.6	4.4	41.9	0.0	4.1	5.7	1,348.7	70.5	8.0
2013	14.3	12.5	34.3	0.0	13.1	17.6	1,309.1	74.5	15.8

에스씨디 (A042110)
SCD

업 종 : 전자 장비 및 기기 시 장 : KOSDAQ
신용등급 : (Bond) — (CP) — 기업규모 : 우량
홈페이지 : www.sscd.co.kr 연 락 처 : 031)333-3371~3
본 사 : 경기도 용인시 처인구 남사면 형제로17번길 21

설 립 일	1987.04.15	종 업 원 수	397명	대 표 이 사	오길호
상 장 일	2000.07.13	감사의견	적정 (한영)	계	열
결 산 기	12월	보 통 주	4,833만주	종속회사수	3개사
액 면 가	500원	우 선 주		구 상 호	

주주구성 (지분율,%)		출자관계 (지분율,%)		주요경쟁사 (외형,%)	
Nidec Sankyo Corporation	51.4	SCD(HK)	100.0	에스씨디	100
손명완	13.6	HSBC펀드	2.9	옵트론텍	103
(외국인)	52.5	SCD(VietNam)		코아시아홀딩스	294

매출구성		비용구성		수출비중	
UT(제품)	35.9	매출원가율	85.1	수출	—
BLDC(제품)	32.3	판관비율	7.6	내수	—
상품	23.5				

회사 개요

1987년 설립된 동사는 가전제품용 부품 제조업으로 영위하고 있음. SCD (Hong Kong) Co.,Ltd., SCD (Guangzhou) Co.,Ltd., SCD (Viet Nam) Co.,Ltd를 연결대상 종속회사로 보유함. 주요제품의 세계 시장 점유율은 ICE MAKER 26%, STEP VALUE 30%, DAMPER 17%, TMDE 7%, BLDC MOTOR 6%임.

실적 분석

2017년 상반기 연결기준 동사 매출은 721.2억원으로 전년 동기 대비 10.4% 성장함. 그러나 매출원가가 11.9% 증가하고 인건비 상승 등으로 인해 판매비와 관리비 또한 11.4% 늘어남. 이에 영업이익은 전년 동기 49.6억원에서 7.1% 감소한 46.1억원을 기록하는 데 그침. 비영업부문 수익이 37.1% 증가했으나 당기순이익은 4.8% 감소한 41.5억원을 기록하는 데 그침.

현금 흐름 〈단위 : 억원〉

항목	2016	2017.2Q
영업활동	113	-65
투자활동	-109	24
재무활동	—	-0
순현금흐름	6	-42
기말현금	69	27

시장 대비 수익률

결산 실적 〈단위 : 억원〉

항목	2012	2013	2014	2015	2016	2017
매출액	755	946	1,148	1,226	1,345	—
영업이익	12	62	96	113	98	—
당기순이익	-0	74	93	116	116	—

분기 실적 〈단위 : 억원〉

항목	2016.1Q	2016.2Q	2016.3Q	2016.4Q	2017.1Q	2017.2Q
매출액	325	328	381	311	351	370
영업이익	23	26	23	25	27	19
당기순이익	17	27	16	11	21	20

재무 상태 〈단위 : 억원〉

항목	2012	2013	2014	2015	2016	2017.2Q
총자산	713	808	919	1,109	1,184	1,268
유형자산	277	164	173	224	325	317
무형자산				8	7	9
유가증권	1	1	1	1	1	434
총부채	116	136	155	229	241	292
총차입금	20				9	8
자본금	242	242	242	242	242	242
총자본	597	673	764	879	943	976
지배주주지분	597	673	764	879	943	976

기업가치 지표

항목	2012	2013	2014	2015	2016	2017.2Q
주가(최고/저)(천원)	2.3/1.1	1.7/1.2	2.7/1.4	2.9/1.9	2.5/2.0	—/—
PER(최고/저)(배)	—/—	10.0/7.0	13.2/6.8	11.0/7.3	16.0/12.4	—/—
PBR(최고/저)(배)	1.7/0.8	1.1/0.8	1.6/0.8	1.5/1.0	1.2/0.9	1.1/1.0
EV/EBITDA(배)	9.7	4.9	4.2	4.1	3.4	—/—
EPS(원)	-0	154	193	240	145	86
BPS(원)	1,235	1,392	1,581	1,819	1,952	2,020
CFPS(원)	46	202	247	308	214	86
DPS(원)						
EBITDAPS(원)	70	176	253	301	271	96

재무 비율 〈단위 : % 〉

연도	영업이익률	순이익률	부채비율	차입금비율	ROA	ROE	유보율	자기자본비율	EBITDA마진율
2016	7.3	5.2	25.5	0.9	6.1	7.7	290.4	79.7	9.7
2015	9.2	9.5	26.1	1.0	11.4	14.1	263.9	79.3	11.9
2014	8.4	8.1	20.3	0.0	10.8	13.0	216.1	83.2	10.7
2013	6.5	7.9	20.2	0.0	9.8	11.7	178.4	83.2	9.0

에스씨아이평가정보 (A036120)
SCI Information Service

업 종 : 상업서비스 시 장 : KOSDAQ
신용등급 : (Bond) — (CP) — 기업규모 : 중견
홈페이지 : www.sci.co.kr 연 락 처 : 1577-1006
본 사 : 서울시 마포구 토정로 144 건양사빌딩

설 립 일	1992.04.23	종 업 원 수	293명	대 표 이 사	조강직
상 장 일	1999.12.01	감사의견	적정 (삼일)	계	열
결 산 기	12월	보 통 주	3,550만주	종속회사수	1개사
액 면 가	500원	우 선 주		구 상 호	서울신용평가

주주구성 (지분율,%)		출자관계 (지분율,%)		주요경쟁사 (외형,%)	
진원이앤씨	50.7	서울신용평가	100.0	SCI평가정보	100
박중양	5.2	KTBS8사모투자전문회사	13.3	아이씨케이	70
(외국인)	1.3	이노랜드랩	5.0	한네트	82

매출구성		비용구성		수출비중	
신용조회	43.9	매출원가율	0.0	수출	0.0
채권추심	41.6	판관비율	99.4	내수	100.0
신용조사	10.1				

회사 개요

1992년 설립된 동사는 신용조사사업으로 출발해 민간업계 최초로 채권추심업을 허가받았으며, 이후 신용평가업, 신용조회업 등으로 사업을 넓힘. 동사는 2016년 1월 1일을 분할기일로 해 신용평가 부문을 단순 물적분할했으며, 분할된 종속회사인 서울신용평가는 신용평가업을 영위함. 조달청, 지방자치단체, 국방부, 공사 등의 공공기관 제출용 신용평가와 대기업 및 중견기업 협력업체 선정을 위한 민간기업 제출용 신용평가, 당좌거래용 신용평가 등도 제공함.

실적 분석

동사의 2017년 상반기 매출액은 212.3억원으로 전년 동기 대비 17.1% 증가함. 6.2억원의 영업이익과 4.4억원의 당기순이익을 기록함. 신용조회업 등은 경기침체기보다 성장기에 중요성이 부각되는 사업으로 경기 침체기에는 주요 신용 거래기관인 은행 등이 보수적인 영업 전략을 펼쳐 수요가 줄어듦. 다만 인터넷전문은행이 본격 출범하면 신용조회부문의 성장이 기대됨.

현금 흐름 〈단위 : 억원〉

항목	2016	2017.2Q
영업활동	12	14
투자활동	-62	-6
재무활동	—	—
순현금흐름	-49	8
기말현금	30	38

시장 대비 수익률

결산 실적 〈단위 : 억원〉

항목	2012	2013	2014	2015	2016	2017
매출액	368	370	369	359	353	—
영업이익	-0	8	1	10	2	—
당기순이익	3	6	1	7	-4	—

분기 실적 〈단위 : 억원〉

항목	2016.1Q	2016.2Q	2016.3Q	2016.4Q	2017.1Q	2017.2Q
매출액	78	103	84	87	87	125
영업이익	-6	11	-3	0	-9	15
당기순이익	-6	8	-3	-2	-6	11

재무 상태 〈단위 : 억원〉

항목	2012	2013	2014	2015	2016	2017.2Q
총자산	167	175	174	180	177	191
유형자산	15	12	11	9	14	14
무형자산	21	23	26	26	24	31
유가증권	—	—	—	1	2	2
총부채	40	43		39	40	50
총차입금						
자본금	178	178	178	178	178	178
총자본	126	132	134	141	137	141
지배주주지분	126	132	134	141	137	141

기업가치 지표

항목	2012	2013	2014	2015	2016	2017.2Q
주가(최고/저)(천원)	0.7/0.4	0.7/0.5	0.9/0.5	2.1/0.6	1.9/1.0	—/—
PER(최고/저)(배)	76.6/47.5	43.4/31.2	198.7/115.6	101.7/29.6	—/—	—/—
PBR(최고/저)(배)	1.8/1.1	1.7/1.3	2.3/1.3	5.0/1.5	4.7/2.5	4.2/2.5
EV/EBITDA(배)	9.3	5.6	11.5	23.9	24.5	—/—
EPS(원)	9	16	5	20	-10	13
BPS(원)	373	388	393	413	402	415
CFPS(원)	42	47	37	54	24	32
DPS(원)						
EBITDAPS(원)	32	37	37	61	40	37

재무 비율 〈단위 : % 〉

연도	영업이익률	순이익률	부채비율	차입금비율	ROA	ROE	유보율	자기자본비율	EBITDA마진율
2016	0.6	-1.0	일부잠식		-2.1	-2.7	-19.5	77.3	4.0
2015	2.7	2.0	일부잠식		4.1	5.2	-17.5	78.4	6.0
2014	0.4	0.4	일부잠식		0.9	1.2	-21.5	76.9	3.5
2013	2.2	1.5	일부잠식		3.2	4.3	-22.4	75.6	5.2

에스아이리소스 (A065420)
SI Resources

업 종 : 에너지 시설 및 서비스		시 장 : KOSDAQ	
신용등급 : (Bond) — (CP) —		기업규모 : 중견	
홈페이지 : www.siresource.co.kr		연 락 처 : 02)780-2388	
본 사 : 서울시 영등포구 여의공원로 111 1005호			

설 립 일 1987.08.21	종 업 원 수 6명	대 표 이 사 박희연	
상 장 일 2002.07.25	감 사 의 견 적정 (이현)	계 열	
결 산 기 12월	보 통 주 5,283만주	종속회사수 3개사	
액 면 가 100원	우 선 주	구 상 호	

주주구성 (지분율,%)
최경덕 (CHEY GEN DEK)	7.9
Sakhalin Industry Development Co., Ltd	4.7
(외국인)	10.5

출자관계 (지분율,%)
에스아이코퍼레이션	49.2
에스엘코리아	24.7
플레이콤	24.3

주요경쟁사 (외형,%)
에스아이리소스	100
파루	419
KG ETS	378

매출구성
유연탄	96.1
기타 (수수료 매출 등)	3.9

비용구성
매출원가율	76.0
판관비율	39.4

수출비중
수출	—
내수	—

회사 개요
동사는 유연탄을 생산, 판매하는 자원개발 전문기업임. 유연탄 사업이 주요 매출원이며, 기존 섬유사업의 성장한계를 절감하고 2014년 12월 섬유사업을 중단함. 러시아 사할린주의 석탄자원 매장량 5억톤 이상의 매장지인 우글레고르스크 노천탄광지역에 약 3,500만톤의 매장량을 가진 3개의 광구를 개발하는 자원개발사업을 영위 중. 석탄회사인 우글레고르스크우골 지분 중 50%를 투자하여 현지 운영에도 참여 중임.

실적 분석
화력발전용 유연탄의 가격이 급등하여 2017년 2분기 누적 매출액은 전년동기 대비 51.6% 증가함. 제품 가격이 급등하는 과정에서 원가율이 개선되었으며 매출총이익이 전년동기 대비 179.6% 늘고 영업이익은 흑자전환에 성공하였음. 다만 비영업부문에서 손실이 발생해 적자전환하였으며 4.1억원의 당기순손실이 발생, 적자전환하였음. 유연탄의 가격은 국제 시세와 더불어 각 유연탄의 탄질의 성분에 따라 가격 변동폭이 심한 편임.

현금 흐름 〈단위 : 억원〉
항목	2016	2017.2Q
영업활동	-18	-3
투자활동	-78	-2
재무활동	4	35
순현금흐름	-88	30
기말현금	27	58

결산 실적 〈단위 : 억원〉
항목	2012	2013	2014	2015	2016	2017
매출액	424	381	372	280	252	—
영업이익	3	24	13	16	-39	—
당기순이익	-7	2	-161	-11	-5	—

분기 실적 〈단위 : 억원〉
항목	2016.1Q	2016.2Q	2016.3Q	2016.4Q	2017.1Q	2017.2Q
매출액	42	78	149	-17	62	102
영업이익	-12	-8	5	-23	0	12
당기순이익	0	7	-3	-9	-6	2

재무 상태 〈단위 : 억원〉
항목	2012	2013	2014	2015	2016	2017.2Q
총자산	511	494	351	282	322	367
유형자산	175	177	76	61	75	64
무형자산	167	151	71	0	3	0
유가증권	3	9	8	8	8	8
총부채	213	199	197	107	177	205
총차입금	131	132	135	61	64	77
자본금	300	300	300	50	50	53
총자본	298	294	154	174	145	163
지배주주지분	287	285	167	214	188	203

기업가치 지표
항목	2012	2013	2014	2015	2016	2017.2Q
주가(최고/저) (천원)	2.4/1.5	1.5/0.5	0.9/0.4	1.6/0.6	2.5/1.0	—/—
PER(최고/저)(배)	—/—	485.7/151.7	—/—	34.9/12.8	—/—	—/—
PBR(최고/저)(배)	4.8/2.9	3.1/1.0	3.1/1.4	3.8/1.4	6.5/2.6	5.4/2.0
EV/EBITDA(배)	55.4	10.5	21.4	14.9	—	—
EPS(원)	-28	4	-267	47	-20	-9
BPS(원)	481	478	281	431	380	389
CFPS(원)	2	26	-197	72	4	8
DPS(원)	—	—	—	—	—	—
EBITDAPS(원)	30	63	47	57	-51	27

재무 비율 〈단위 : % 〉
연도	영업이익률	순이익률	부채비율	차입금비율	ROA	ROE	유보율	자기자본비율	EBITDA마진율
2016	-15.4	-1.9	122.2	44.0	-1.6	-5.0	279.8	45.0	-10.1
2015	5.7	-3.9	61.5	34.8	-3.5	12.3	331.0	61.9	10.1
2014	3.4	-43.4	일부잠식	일부잠식	-38.2	-59.0	-43.8	43.9	7.5
2013	6.2	0.6	일부잠식	일부잠식	0.4	0.6	-4.4	59.6	9.9

에스아이엠피에이씨 (A009160)
SIMPAC

업 종 : 기계		시 장 : 거래소	
신용등급 : (Bond) — (CP) —		기업규모 : 시가총액 소형주	
홈페이지 : www.simpac.co.kr		연 락 처 : 032)510-0044	
본 사 : 인천시 부평구 부평북로 141			

설 립 일 1973.08.09	종 업 원 수 291명	대 표 이 사 최진식	
상 장 일 1989.07.29	감 사 의 견 적정 (삼정)	계 열	
결 산 기 12월	보 통 주 2,908만주	종속회사수 8개사	
액 면 가 500원	우 선 주	구 상 호	

주주구성 (지분율,%)
심팩이엔지	32.4
FID SRS INTRINSIC OPP FND	8.0
(외국인)	14.2

출자관계 (지분율,%)
심팩인더스트리	100.0
심팩산기	100.0
심팩로지스틱스	100.0

주요경쟁사 (외형,%)
SIMPAC	100
영풍정밀	23
우진	41

매출구성
프레스	81.7
주물 및 산업기계	18.3
환경서비스	0.0

비용구성
매출원가율	81.5
판관비율	9.7

수출비중
수출	36.0
내수	64.0

회사 개요
동사는 1973년 동성개발공업으로 설립됨. 1989년 유가증권시장에 상장하면서 상호를 쌍용정공으로 변경함. 2001년 쌍용그룹에서 계열분리되며 상호를 SIMPAC으로 변경. 심팩인더스트리 등 7개 연결대상 종속회사를 보유하고 있음. 지배사인 동사는 프레스사업부문을 영위하고 있음. 연결대상 종속회사에 포함되는 회사들은 프레스, 주물 및 산업기계, 임대, 생산관리서비스 사업을 영위하고 있음.

실적 분석
멕시코로부터 PRESS, TIRE CURING PRESS, 주물 등에 대한 수주가 일단락되고 신규수주가 정체됨에 따라 2017년 상반기 매출액은 전년동기 대비 17.5% 감소함. 외형축소에 따른 고정비용 부담 가중으로 영업이익도 전년동기의 절반 수준으로 줄어듦. 법인세비용이 36.3% 늘어남에 따라 순이익도 크게 줄어듦. 자동차용 프레스 설비 수주가 다소 정체를 보일 것으로 예상되고, 대차 중국 4, 5공장 증설이 늦춰진 상황임.

현금 흐름 〈단위 : 억원〉
항목	2016	2017.2Q
영업활동	352	13
투자활동	-45	14
재무활동	-45	-203
순현금흐름	269	-175
기말현금	519	344

결산 실적 〈단위 : 억원〉
항목	2012	2013	2014	2015	2016	2017
매출액	2,254	2,058	2,632	2,695	2,671	—
영업이익	252	236	173	212	236	—
당기순이익	193	200	143	164	162	—

분기 실적 〈단위 : 억원〉
항목	2016.1Q	2016.2Q	2016.3Q	2016.4Q	2017.1Q	2017.2Q
매출액	844	719	384	724	581	708
영업이익	88	81	-13	80	49	35
당기순이익	62	61	-25	64	15	8

재무 상태 〈단위 : 억원〉
항목	2012	2013	2014	2015	2016	2017.2Q
총자산	3,187	3,620	3,819	4,228	4,179	3,977
유형자산	740	737	1,694	1,810	1,787	1,753
무형자산	12	12	10	38	11	10
유가증권	726	619	127	113	92	51
총부채	1,308	1,532	1,628	1,908	1,774	1,666
총차입금	403	663	421	535	551	455
자본금	145	145	145	145	145	145
총자본	1,879	2,088	2,191	2,320	2,404	2,311
지배주주지분	1,879	2,088	2,187	2,320	2,404	2,311

기업가치 지표
항목	2012	2013	2014	2015	2016	2017.2Q
주가(최고/저) (천원)	7.4/4.3	7.0/5.0	7.2/4.8	7.6/4.5	5.6/4.2	—/—
PER(최고/저)(배)	12.1/7.1	10.8/7.8	15.4/10.4	14.0/8.3	10.4/7.8	—/—
PBR(최고/저)(배)	1.2/0.7	1.0/0.7	1.0/0.7	1.0/0.6	0.7/0.5	0.6/0.5
EV/EBITDA(배)	7.1	9.5	7.2	7.1	4.7	—/—
EPS(원)	663	646	492	565	556	79
BPS(원)	6,526	7,247	7,586	8,043	8,429	8,384
CFPS(원)	772	811	676	758	758	196
DPS(원)	100	80	80	120	100	—
EBITDAPS(원)	975	933	780	923	1,012	409

재무 비율 〈단위 : % 〉
연도	영업이익률	순이익률	부채비율	차입금비율	ROA	ROE	유보율	자기자본비율	EBITDA마진율
2016	8.8	6.1	73.8	22.9	3.9	6.9	1,585.8	57.5	11.0
2015	7.9	6.1	82.3	23.0	4.1	7.3	1,508.5	54.9	10.0
2014	6.6	5.4	74.3	19.2	3.9	6.7	1,417.2	57.4	8.6
2013	11.5	9.7	73.3	31.8	5.9	10.1	1,349.5	57.7	13.2

에스아이티글로벌 (A050320)
Smart Information Technology Global

업 종 : IT 서비스	시 장 : KOSDAQ
신용등급 : (Bond) — (CP) —	기업규모 :
홈페이지 : www.sitglobal.co.kr	연 락 처 : 02)3443-5811
본 사 : 서울시 금천구 가산디지털1로 151 이노플렉스 1차 706호	

설 립 일 1995.08.09	종업원수 39명	대표이사 박홍석	
상 장 일 2001.12.29	감사의견 —(호연)	계 열	
결 산 기 12월	보통주 1,120만주	종속회사수 2개사	
액 면 가 100원	우선주	구 상 호 아남정보기술	

주주구성 (지분율,%)
현대디씨엠투자조합	9.8
디지파이코리아	5.4
(외국인)	1.5

출자관계 (지분율,%)
주요경쟁사 (외형,%)
에스아이티글로벌	100
삼성에스디에스	64,305
포스코 ICT	6,815

매출구성
통합유지보수(용역)	52.8
전산기기 및 S/W(기타)	42.1
S/W개발 공급(용역)	4.3

비용구성
매출원가율	89.6
판관비율	80.7

수출비중
수출	0.0
내수	100.0

회사 개요
동사의 주요사업으로는 전산기기 및 S/W 납품 제공하는 컴퓨터 및 패키지 소프트웨어 유통사업, 컨설팅, 통합유지보수, 시스템구축 등을 제공하는 시스템통합(SI) 사업과 전자칠판 제조, 전자도서관, DB구축, CMS개발 등을 제공하는 교육정보화 사업이 있음. 최근 동사의 강점이라 할 수 있는 중소기업용 정보시스템 시장의 업계의 수요처로 관심이 높아짐. 그러나 대형 SI기업 관계사 시장 진입이 어려워 부진 지속.

실적 분석
동사의 2017년 상반기 연결기준 누적 매출액은 70.4억원으로 전년 동기 대비 6.1% 증가함. 매출은 늘었지만 매출원가 또한 증가하면서 영업손실은 6.1억원으로 전년 동기(15.2억원 손실) 대비 적자가 지속됨. 비영업손익 부문에서 금융 손실 등으로 적자가 지속됐지만 적자 규모는 감소. 당기순손실은 18.5억원으로 전년 동기(35.2억원 손실) 대비 적자 폭은 감소했지만 여전히 적자 지속.

현금 흐름 〈단위 : 억원〉
항목	2016	2017.2Q
영업활동	-97	-24
투자활동	-99	1
재무활동	161	19
순현금흐름	-35	1
기말현금	1	2

시장 대비 수익률

결산 실적 〈단위 : 억원〉
항목	2012	2013	2014	2015	2016	2017
매출액	195	185	155	157	127	—
영업이익	-2	-24	-8	-34	-89	—
당기순이익	5	-26	-8	-15	-206	—

분기 실적 〈단위 : 억원〉
항목	2016.1Q	2016.2Q	2016.3Q	2016.4Q	2017.1Q	2017.2Q
매출액	41	25	25	36	19	52
영업이익	-2	-13	-43	-31	-7	1
당기순이익	-3	-33	-56	-115	-4	-15

재무 상태 〈단위 : 억원〉
항목	2012	2013	2014	2015	2016	2017.2Q
총자산	178	180	161	119	60	44
유형자산	27	25	23	42	9	1
무형자산	9	7	4	1	1	1
유가증권	29	31	38	1	6	1
총부채	85	110	106	75	33	16
총차입금	33	59	48	30	1	—
자본금	37	37	37	37	50	11
총자본	93	70	55	43	27	28
지배주주지분	93	70	55	43	27	28

기업가치 지표
항목	2012	2013	2014	2015	2016	2017.2Q
주가(최고/저)(천원)	0.7/0.2	0.4/0.2	0.4/0.2	1.4/0.2	8.5/0.7	—/—
PER(최고/저)(배)	47.4/15.6	—/—	—/—	—/—	—/—	—/—
PBR(최고/저)(배)	2.8/0.9	2.3/1.3	2.4/1.5	12.4/1.9	160.2/13.4	21.3/11.5
EV/EBITDA(배)	22.5	—	—	—	—	—
EPS(원)	74	-357	-113	-196	-2,209	-179
BPS(원)	1,258	940	745	581	53	261
CFPS(원)	156	-282	-81	-181	-440	-178
DPS(원)						
EBITDAPS(원)	60	-242	-70	-442	-190	—

재무 비율 〈단위 : %〉
연도	영업이익률	순이익률	부채비율	차입금비율	ROA	ROE	유보율	자기자본비율	EBITDA마진율
2016	-70.3	-161.9	일부잠식	일부잠식	-230.5	-588.2	-46.8	44.7	-69.5
2015	-21.7	-9.3	174.7	69.5	-10.4	-29.6	16.2	36.4	-21.0
2014	-4.9	-5.4	191.5	87.2	-4.9	-13.4	49.1	34.3	-3.4
2013	-12.7	-14.2	158.5	84.1	-14.7	-32.5	88.0	38.7	-9.7

에스알바이오텍 (A270210)
SR biotek

업 종 : 개인생활용품	시 장 : KONEX
신용등급 : (Bond) — (CP) —	기업규모 :
홈페이지 : www.srbiotek.com/	연 락 처 : 031)726-3134
본 사 : 경기도 성남시 중원구 둔촌대로 484 시콕스타워 B101호	

설 립 일 2007.05.14	종업원수 명	대표이사 송병호	
상 장 일 2017.06.15	감사의견 적정 (한길)	계 열	
결 산 기 12월	보통주	종속회사수	
액 면 가	우선주	구 상 호	

주주구성 (지분율,%)
윤홍건	43.2
씨스퀘어자산운용	26.8

출자관계 (지분율,%)
주요경쟁사 (외형,%)
에스알바이오텍	100
유쎌	105
엠앤씨생명과학	3,766

매출구성
자사브랜드	71.2
OEM/ODM	28.8

비용구성
매출원가율	52.9
판관비율	44.0

수출비중
수출	12.0
내수	88.0

회사 개요
동사는 2007년 5월 14일에 설립된 기초화장품 제조업을 주요 사업으로 영위하는 기업임. 동사가 속한 화장품 산업은 낮은 장벽으로 인해 완전 경쟁 시장으로 볼 수 있으나, 축적된 R&D 기술력과 대량생산을 통한 가격 경쟁력을 가진 상위업체의 지속적인 시장 지위 강화가 예상되어 실질적으로는 진입 장벽이 높다고 할 수 있음. 동사는 2015년 자체 Brand를 개발하여 현재 해외 6개국에 꾸준한 수출을 하고 있음.

실적 분석
동사는 미세침을 이용한 기능성 화장품 전문 기업으로 2016년 전체 매출의 85.4%를 국내시장에서 달성하였지만 2017년부터는 해외 매출처의 추가 확보 및 자사 브랜드의 판매 비중을 늘려 향후 자사 브랜드 비중을 40% 이상까지 확대한다는 계획을 가지고 있음. 동사의 주요 제품라인은 ODM제품(미라클톡스, 닥터스랩 등)과 자사 브랜드 제품(이데일라인)으로 구분할 수 있으며 ODM과 자사제품 비중을 6:4 정도로 유지해 나간다는 계획임.

현금 흐름 *IFRS 별도 기준 〈단위 : 억원〉
항목	2016	2017.2Q
영업활동	2	—
투자활동	-2	—
재무활동	-1	—
순현금흐름	-2	—
기말현금	3	—

시장 대비 수익률
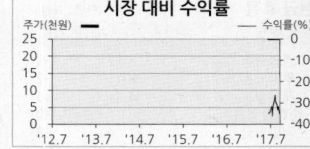

결산 실적 〈단위 : 억원〉
항목	2012	2013	2014	2015	2016	2017
매출액			14	19	16	—
영업이익			1	5	1	—
당기순이익			1	5	-1	—

분기 실적 *IFRS 별도 기준 〈단위 : 억원〉
항목	2016.1Q	2016.2Q	2016.3Q	2016.4Q	2017.1Q	2017.2Q
매출액						
영업이익						
당기순이익						

재무 상태 *IFRS 별도 기준 〈단위 : 억원〉
항목	2012	2013	2014	2015	2016	2017.2Q
총자산			10	28	25	
유형자산			5	20	19	
무형자산			0	0	0	
유가증권						
총부채			8	22	20	
총차입금			3	18	17	
자본금			2	2	2	
총자본			2	6	5	
지배주주지분			2	6	5	

기업가치 지표 *IFRS 별도 기준
항목	2012	2013	2014	2015	2016	2017.2Q
주가(최고/저)(천원)	—/—	—/—	—/—	—/—	—/—	—/—
PER(최고/저)(배)	0.0/0.0	0.0/0.0	0.0/0.0	0.0/0.0	0.0/0.0	0.0/0.0
PBR(최고/저)(배)	0.0/0.0	0.0/0.0	0.0/0.0	0.0/0.0	0.0/0.0	0.0/0.0
EV/EBITDA(배)	0.0			2.1	4.5	
EPS(원)			273	1,153	-192	
BPS(원)			3,999	15,526	13,602	
CFPS(원)			3,273	16,273	4,309	
DPS(원)						
EBITDAPS(원)			1,900	16,234	7,522	

재무 비율 〈단위 : %〉
연도	영업이익률	순이익률	부채비율	차입금비율	ROA	ROE	유보율	자기자본비율	EBITDA마진율
2016	3.2	-4.8	368.1	314.8	-2.9	-13.2	172.0	21.4	18.6
2015	24.5	24.6	351.5	295.2	24.3	118.1	210.5	22.2	34.6
2014	4.0	8.0	일부잠식	일부잠식			-20.0	16.1	5.6
2013									

에스앤더블류 (A103230)
S&W

업　　　종 : 조선	시　　　장 : KOSDAQ
신용등급 : (Bond) — (CP) —	기업규모 : 중견
홈 페 이 지 : www.snwcorp.com	연 락 처 : (051)205-7411
본　　　사 : 부산시 사하구 다대로 170번길 29(신평동)	

설 립 일	2009.07.02	종 업 원 수	153명
상 장 일	2009.08.05	감 사 의 견	적정 (삼일)
결 산 기	12월	보 통 주	720만주
액 면 가	500원	우 선 주	

대 표 이 사	정화섭
계	열
종 속 회 사 수	
구 상 호	

주주구성 (지분율,%)
정화섭	67.1
양정호	0.4
(외국인)	0.3

출자관계 (지분율,%)
원전산단개발	50.0
한국전력	
롯데케미칼	

주요경쟁사 (외형,%)
에스앤더블류	100
인화정공	227
케이씨	289

매출구성
산업부품	47.6
엔진볼트	28.1
캠/캠축	9.3

비용구성
매출원가율	92.2
판관비율	12.7

수출비중
수출	19.0
내수	81.0

회사 개요
동사는 엔진볼트, 밸브, 시트링 등을 제조·판매하는 선박엔진부품 사업부문과 해양사업부문, 대형건설 및 플랜트에 사용되는 볼트류를 제조·판매하는 산업사업부문, 그리고 단조사업부문을 주력사업으로 영위하고 있음. 동사는 세계적인 엔진업체인 Man Diesel사와의 부품공급 승인업체 등록에 이어서 Wartsila사와도 볼트류 및 캠 공급 및 공급승인업체로 등록됨으로써 경쟁업체 대비 우월한 입지를 확보하였음.

실적 분석
동사의 연결기준 2017년 2분기 누적 매출액은 178.4억원으로 전년동기 대비 18.9% 감소하였음. 매출감소와 원가율 증가로 매출총이익이 적자전환, 17.6억원의 손실을 냈으며 38.4억원의 영업손실을 기록해 적자가 지속되었음. 비영업부문에서도 손실이 발생해 최종적으로 39.5억원의 당기순손실이 발생했음. 향후 조선산업의 전망에 따라 매출증감 및 실적 개선 여부가 결정될 것으로 예상됨.

현금 흐름 *IFRS 별도 기준 〈단위 : 억원〉
항목	2016	2017.2Q
영업활동	1	-8
투자활동	-50	-16
재무활동	-1	-2
순현금흐름	-50	-25
기말현금	43	18

시장 대비 수익률

결산 실적 〈단위 : 억원〉
항목	2012	2013	2014	2015	2016	2017
매출액	705	498	508	488	422	
영업이익	5	-8	1	1	-21	
당기순이익	26	6	2	1	-11	

분기 실적 *IFRS 별도 기준 〈단위 : 억원〉
항목	2016.1Q	2016.2Q	2016.3Q	2016.4Q	2017.1Q	2017.2Q
매출액	103	117	94	108	81	97
영업이익	0	-3	-7	-11	-11	-28
당기순이익	3	-0	-6	-7	-12	-28

재무 상태 *IFRS 별도 기준 〈단위 : 억원〉
항목	2012	2013	2014	2015	2016	2017.2Q
총자산	859	777	770	723	702	644
유형자산	499	491	490	412	383	373
무형자산	5	4	3	3	1	1
유가증권	11	1	1	1	12	12
총부채	308	223	218	150	140	121
총차입금	222	119	78	14	13	11
자본금	36	36	36	36	36	36
총자본	551	554	551	573	563	523
지배주주지분	551	554	551	573	563	523

기업가치 지표 *IFRS 별도 기준
항목	2012	2013	2014	2015	2016	2017.2Q
주가(최고/저)(천원)	4.1/2.0	2.7/2.1	2.6/1.9	6.7/2.0	8.3/3.5	—/—
PER(최고/저)(배)	11.5/5.7	34.9/26.9	92.4/69.9	18.5/5.5	1.1/0.4	0.8/0.6
PBR(최고/저)(배)	0.5/0.3	0.4/0.3	0.3/0.3	0.8/0.3		
EV/EBITDA(배)	9.6	11.1	6.8	8.4		
EPS(원)	356	79	28	363	-149	-549
BPS(원)	7,648	7,689	7,660	7,964	7,813	7,264
CFPS(원)	807	512	432	726	107	-549
DPS(원)					-31	-533
EBITDAPS(원)	522	327	414	377		

재무 비율 〈단위 : %〉
연도	영업이익률	순이익률	부채비율	차입금비율	ROA	ROE	유보율	자기자본비율	EBITDA마진율
2016	-4.9	-2.5	24.8	2.2	-1.5	-1.9	1,462.6	80.1	-0.5
2015	0.2	5.4	26.2	2.4	3.5	4.7	1,492.9	79.3	5.6
2014	0.1	0.4	39.6	14.1	0.3	0.4	1,431.9	71.6	5.9
2013	-1.5	1.1	40.3	21.4	0.7	1.0	1,437.8	71.3	4.7

에스앤디 (A260970)
S&D COLTD

업　　　종 : 식료품	시　　　장 : KONEX
신용등급 : (Bond) — (CP) —	기업규모 : —
홈 페 이 지 : www.isnd.co.kr	연 락 처 : (043)710-8000
본　　　사 : 충북 청주시 흥덕구 오송읍 오송생명4로 163 (만수리)	

설 립 일	1998.12.15	종 업 원 수	47명
상 장 일	2016.12.29	감 사 의 견	적정 (효림)
결 산 기	12월	보 통 주	
액 면 가		우 선 주	

대 표 이 사	여경목
계	열
종 속 회 사 수	
구 상 호	

주주구성 (지분율,%)
여경목	31.2
한국산업은행	16.5

출자관계 (지분율,%)

주요경쟁사 (외형,%)
에스앤디	100
넥스트BT	341
뉴트리바이오텍	556

매출구성
조미식품 소재	89.9
기타	7.3
건강기능성 소재	2.7

비용구성
매출원가율	77.1
판관비율	17.4

수출비중
수출	—
내수	—

회사 개요
1998년 설립한 동사는 2016년 12월 코넥스 시장에 상장, 창업 이래 식품에 기능을 부여하는 Bio식품 소재류를 생산, 판매. 2001년 기업부설연구소 설립해 신제품 연구개발 및 품질관리에 주력. 2013년 오송생명과학단지에 신규공장 신설 및 과감한 설비투자로 생산시설의 현대화와 함께 식품GMP, ISO, HACCP 등 고도의 관리체계를 통하여 식품위생 및 안정성 확보.

실적 분석
동사는 코넥스 상장기업으로 분기와 반기 기준 실적 공개 의무가 없음. 동사의 2016년 연결기준 결산 매출액은 217.1억원으로 전년(154억원) 대비 약 40% 증가함. 매출이 큰 폭으로 증가하면서 고정비용 감소 효과로 인해 영업이익은 12.1억원으로 전년 (2.6억원) 대비 4배 이상 증가함. 영업이익 증가로 인해 당기순이익도 12.9억원으로 전년 (2.6억원) 대비 약 5배 증가함.

현금 흐름 *IFRS 별도 기준 〈단위 : 억원〉
항목	2016	2017.2Q
영업활동	26	
투자활동	-4	
재무활동	5	
순현금흐름	27	
기말현금	57	

시장 대비 수익률

결산 실적 〈단위 : 억원〉
항목	2012	2013	2014	2015	2016	2017
매출액	187	122	127	154	217	
영업이익	19	-14	-7	3	12	
당기순이익	26	32	-5	3	13	

분기 실적 *IFRS 별도 기준 〈단위 : 억원〉
항목	2016.1Q	2016.2Q	2016.3Q	2016.4Q	2017.1Q	2017.2Q
매출액						
영업이익						
당기순이익						

재무 상태 *IFRS 별도 기준 〈단위 : 억원〉
항목	2012	2013	2014	2015	2016	2017.2Q
총자산	214	203	202	201	244	
유형자산	40	102	93	83	79	
무형자산	14	12	13	10	10	
유가증권	2	1	2	1	2	
총부채	106	64	68	65	96	
총차입금	18	34	37	29	45	
자본금	15	15	15	15	15	
총자본	107	139	134	136	148	
지배주주지분	107	139	134	136	148	

기업가치 지표 *IFRS 별도 기준
항목	2012	2013	2014	2015	2016	2017.2Q
주가(최고/저)(천원)	—/—	—/—	—/—	—/—	—/—	—/—
PER(최고/저)(배)	0.0/0.0	0.0/0.0	0.0/0.0	0.0/0.0	10.6/10.6	—/—
PBR(최고/저)(배)	0.0/0.0	0.0/0.0	0.0/0.0	0.0/0.0	0.9/0.9	0.0/0.0
EV/EBITDA(배)			3.0	1.1	5.2	
EPS(원)	8,478	10,609	-1,524	883	4,249	
BPS(원)	35,339	45,720	44,056	44,815	48,789	
CFPS(원)	10,874	16,463	4,417	4,950	7,621	
DPS(원)					250	
EBITDAPS(원)	8,763	1,299	3,560	4,947	7,360	

재무 비율 〈단위 : %〉
연도	영업이익률	순이익률	부채비율	차입금비율	ROA	ROE	유보율	자기자본비율	EBITDA마진율
2016	5.6	5.9	64.6	23.8	5.8	9.1	875.8	60.8	10.3
2015	1.7	1.7	47.6	21.6	1.3	2.0	796.3	67.8	9.8
2014	-5.7	-3.7	50.7	27.9	-2.3	-3.4	781.5	66.4	8.5
2013	-11.4	26.5	46.1	24.5	15.5	26.2	814.4	68.5	3.2

에스앤씨엔진그룹 (A900080)
S&C Engine Group

업 종 : 자동차부품	시 장 : KOSDAQ
신용등급 : (Bond) — (CP) —	기업규모 : —
홈 페 이 지 : www.scengine.co.kr	연 락 처 : +852-2940-7730
본 사 : ROOM 01, 21/F, PROSPER COMMERCIAL BUILDING, 9 YIN CHONG STREET, KOWLOON, H.K	

설 립 일 2008.11.14	종 업 원 수 1,148명	대 표 이 사 천진산	
상 장 일 2009.12.04	감 사 의 견 적정 (다산)	계 열	
결 산 기 12월	보 통 주 11,368만주	종속회사수 6개사	
액 면 가 —	우 선 주 —	구 상 호	

주주구성 (지분율,%)
Chan Kwok Wai	35.0
CHEN JIN SHAN	5.2
(외국인)	40.0

출자관계 (지분율,%)
바오신엔진	100.0
홍콩의인	100.0
청다기어	100.0

주요경쟁사 (외형,%)
에스앤씨엔진그룹	100
평화정공	729
서연	1,902

매출구성

비용구성
매출원가율	72.1
판관비율	8.5

수출비중
수출	—
내수	—

회사 개요
동사는 홍콩의인국제유한공사 및 진강시바오신엔진유한공사를 통하여 산리엔진 및 청다기어를 최종적으로 지배하고 있는 지주회사임. 모터사이클 및 기어 제품이 동사의 주 매출원이며, 중국내 로컬 자동차업체의 요구로 대규모 자동차기어 생산능력을 확보하였음. 또한 대형 좌석식 제초기를 개발하여 북미시장 진출을 추진하고 있음. 최근 '에스앤씨엔진그룹 리미티드'로 상호를 변경하였음. 산리엔진이 중국 푸젠성 내 모토싸이클 시장의 52% 가량을 점유하고 있음.

실적 분석
전방 시장 성장 둔화로 인해 동사의 2017년 연결기준 상반기 매출액은 821.8억원으로 전년동기 대비 16.7% 감소함. 고정비 증가와 매출 감소의 영향으로 영업이익은 151.4억원으로 전년동기 대비 편중 28% 감소함. 향후 기어 부문을 중심으로 실적 성장을 추진할 계획이며, 전기차 모델의 정식 출시일정에 따라 전기차용 기어 부품도 양산에 들어가 강력한 모멘텀으로 작용할 것이라고 예상함.

현금 흐름 〈단위 : 억원〉
항목	2016	2017.2Q
영업활동	193	101
투자활동	140	-118
재무활동	62	86
순현금흐름	395	69
기말현금	1,951	1,958

시장 대비 수익률

결산 실적 〈단위 : 억원〉
항목	2012	2013	2014	2015	2016	2017
매출액	1,979	1,987	1,747	1,974	1,676	—
영업이익	495	432	386	450	342	—
당기순이익	364	277	149	295	279	—

분기 실적 〈단위 : 억원〉
항목	2016.1Q	2016.2Q	2016.3Q	2016.4Q	2017.1Q	2017.2Q
매출액	516	479	353	329	398	407
영업이익	114	105	67	56	72	66
당기순이익	85	100	38	57	58	46

재무 상태 〈단위 : 억원〉
항목	2012	2013	2014	2015	2016	2017.2Q
총자산	3,088	3,463	3,554	4,167	4,177	4,340
유형자산	1,058	1,030	999	1,045	1,273	1,313
무형자산	—	—	—	—	—	—
유가증권	—	—	324	330	—	—
총부채	403	468	294	427	196	273
총차입금	201	240	18	109	32	17
자본금	62	63	744	872	930	1,000
총자본	2,685	2,995	3,260	3,740	3,981	4,066
지배주주지분	2,685	2,995	3,260	3,740	3,981	4,066

기업가치 지표
항목	2012	2013	2014	2015	2016	2017.2Q
주가(최고/저)(천원)	#VALUE!	—/—	—/—	—/—	—/—	—/—
PER(최고/저)(배)	5.0/2.5	5.0/3.3	9.8/5.4	7.2/3.4	6.5/4.3	—/—
PBR(최고/저)(배)	0.7/0.3	0.5/0.3	0.5/0.3	0.6/0.3	0.5/0.3	0.4/0.3
EV/EBITDA(배)	0.3			0.2		
EPS(원)	442	335	179	334	298	98
BPS(원)	6,501	7,251	7,626	4,099	4,130	3,577
CFPS(원)	1,100	906	599	465	423	162
DPS(원)	—	—	—	—	—	—
EBITDAPS(원)	1,345	1,426	1,172	625	471	205

재무 비율 〈단위 : %〉
연도	영업이익률	순이익률	부채비율	차입금비율	ROA	ROE	유보율	자기자본비율	EBITDA마진율
2016	20.4	16.7	4.9	0.8	6.7	7.2	328.1	95.3	26.4
2015	22.8	14.9	11.4	2.9	7.6	8.4	329.0	89.8	28.0
2014	22.1	8.5	9.0	0.6	4.3	4.8	338.1	91.7	28.0
2013	21.7	13.9	15.6	8.0	8.4	9.7	4,632.7	86.5	29.6

에스앤에스텍 (A101490)
S&S TECH

업 종 : 반도체 및 관련장비	시 장 : KOSDAQ
신용등급 : (Bond) — (CP) —	기업규모 : 벤처
홈 페 이 지 : www.snstech.co.kr	연 락 처 : (053)589-1692
본 사 : 대구시 달서구 호산동로 42	

설 립 일 2001.02.22	종 업 원 수 161명	대 표 이 사 남기수	
상 장 일 2009.04.14	감 사 의 견 적정 (안진)	계 열	
결 산 기 12월	보 통 주 1,974만주	종속회사수	
액 면 가 500원	우 선 주 —	구 상 호	

주주구성 (지분율,%)
정수홍	21.9
한국투자밸류자산운용	5.1
(외국인)	0.8

출자관계 (지분율,%)
메디치1호투자조합	57.1
에이피씨티	18.5

주요경쟁사 (외형,%)
에스앤에스텍	100
유니테스트	216
디엔에프	108

매출구성
블랭크마스크	100.0

비용구성
매출원가율	70.5
판관비율	15.9

수출비중
수출	23.0
내수	77.0

회사 개요
동사는 반도체 및 TFT-LCD 제조에 사용되는 포토마스크의 핵심재료인 블랭크마스크 사업과 투자활동 관련 사업으로 구성되어 있음. 터치스크린 패널 모듈 제조업을 영위하는 '에스에드씨'와 반도체, LCD용 Chemical 재료 제조업을 영위하는 '에스앤에스켐', 중소기업 창업투자 회사의 제반업무를 영위하는 '메디치1호투자조합'등을 연결대상 종속회사로 보유하고 있음.

실적 분석
동사의 2017년 반기 매출액과 영업이익은 전년동기대비 각각 7.4%, 77% 감소한 261.9억원, 11.2억원을 기록함. OLED향 블랭크마스크 매출이 전년동기대비 감소한 결과임. 매출과 수출 모두 축소됨. 외형축소에도 원가 상승으로 영업이익 급감. 당기순이익 또한 전년 대비 76.3% 감소한 부진한 실적기록. 중국 포토마스크 공급, 미국 반도체 업체 추가 공급 가능성에 향후 실적 개선 기대.

현금 흐름 *IFRS 별도 기준 〈단위 : 억원〉
항목	2016	2017.2Q
영업활동	127	55
투자활동	-370	-64
재무활동	119	37
순현금흐름	-124	27
기말현금	70	97

시장 대비 수익률

결산 실적 〈단위 : 억원〉
항목	2012	2013	2014	2015	2016	2017
매출액	518	470	457	512	540	—
영업이익	-6	71	67	103	73	—
당기순이익	-43	-106	-47	74	90	—

분기 실적 *IFRS 별도 기준 〈단위 : 억원〉
항목	2016.1Q	2016.2Q	2016.3Q	2016.4Q	2017.1Q	2017.2Q
매출액	141	142	127	130	122	14
영업이익	26	23	14	11	4	
당기순이익	21	21	25	22	2	

재무 상태 *IFRS 별도 기준 〈단위 : 억원〉
항목	2012	2013	2014	2015	2016	2017.2Q
총자산	1,131	1,010	844	963	1,210	1,16
유형자산	496	528	485	474	777	75
무형자산	49	41	37	37	45	5
유가증권	50	4	2	0	0	
총부채	461	428	371	307	458	39
총차입금	391	364	319	221	282	31
자본금	78	78	80	95	99	9
총자본	670	582	473	656	751	76
지배주주지분	670	582	473	656	751	76

기업가치 지표 *IFRS 별도 기준
항목	2012	2013	2014	2015	2016	2017.2Q
주가(최고/저)(천원)	4.0/2.5	4.1/2.7	4.0/1.9	11.8/3.1	10.4/6.4	—/—
PER(최고/저)(배)	13.5/8.5	—/—	—/—	27.6/7.3	22.8/14.0	—/—
PBR(최고/저)(배)	1.0/0.6	1.1/0.7	1.4/0.7	1.7/0.4	2.7/1.7	2.1/1.
EV/EBITDA(배)	6.3	4.8	5.7	10.4	13.0	
EPS(원)	302	-515	-331	427	455	5
BPS(원)	4,286	3,723	2,966	3,436	3,808	3,87
CFPS(원)	711	-102	150	745	765	22
DPS(원)	50	—	—	—	—	
EBITDAPS(원)	809	866	831	915	681	22

재무 비율 〈단위 : %〉
연도	영업이익률	순이익률	부채비율	차입금비율	ROA	ROE	유보율	자기자본비율	EBITDA마진율
2016	13.5	16.6	61.0	37.6	8.3	12.7	661.5	62.1	24.8
2015	20.1	14.4	46.9	33.6	8.1	13.1	587.2	68.1	30.
2014	14.6	-10.2	75.5	64.9	-4.3	-9.8	493.1	57.0	31.
2013	15.1	-22.5	140.9	117.9	-8.0	-13.0	545.3	41.5	32.

에스앤티모티브 (A064960)
S&T Motiv

업　　종 : 자동차부품		시　　장 : 거래소	
신용등급 : (Bond) — (CP) —		기업규모 : 시가총액 중형주	
홈페이지 : www.sntmotiv.com		연 락 처 : 051)509-2590	
본　　사 : 부산시 기장군 철마면 여락송정로 363			

설 립 일	2002.02.06	종업원수	829명	대표이사	유기준
상 장 일	2002.03.11	감사의견	적정 (삼일)	계	열
결 산 기	12월	보 통 주	1,462만주	종속회사수	8개사
액 면 가	5,000원	우 선 주		구 상 호	

주주구성 (지분율,%)		출자관계 (지분율,%)		주요경쟁사 (외형,%)	
S&T홀딩스	37.2	S&TC	59.9	S&T모티브	100
국민연금공단	13.5	S&T대우기차부건(곤산)	100.0	현대모비스	3,316
(외국인)	13.7	광주S&T중공유한공사	100.0	한온시스템	494

매출구성		비용구성		수출비중	
기타사업 외	26.5	매출원가율	84.8	수출	80.0
모터	24.2	판관비율	9.0	내수	20.0
열교환기 등	20.9				

회사 개요
동사는 한국GM의 최대 부품공급업체 중 하나로 차량용 사시, 에어백, 모터, 네비게이션 등의 차량용 부품과 개인용 복합화기 등의 방산제품을 생산하는 업체임. 차량용 부품의 경우 기술력 및 품질의 우수성을 인정받아 한국GM의 핵심부품 공급뿐만 아니라 GM, PSA, 다임러, 포드 등 글로벌 완성차 업체에 부품을 납품하고 있음. 방산 역시 안정적 매출을 시현 중임. 최근 S&T모터스가 매각되고 S&TC가 자회사로 편입되는 관계회사 이동이 있었음.

실적 분석
동사의 연결재무제표 기준 2017년 2분기 누적 매출액은 5,814.7억원으로 전년동기 대비 3.6% 증가함. 영업이익은 497억원을 기록, 7.7% 증가했음. 당기순이익은 전년동기 대비 1.7% 증가한 355.4억원을 시현함. 방산/변속기 오일펌프/DCT모터 등 수익성 높은 상품 매출 증가, 달러대비 원화 약세가 수익성 개선에 기여하였음.

현금 흐름 　〈단위 : 억원〉

항목	2016	2017.2Q
영업활동	1,061	-462
투자활동	-354	-124
재무활동	-171	-149
순현금흐름	541	-736
기말현금	1,956	1,220

시장 대비 수익률

결산 실적 　〈단위 : 억원〉

항목	2012	2013	2014	2015	2016	2017
매출액	9,051	8,749	10,993	12,105	11,538	—
영업이익	344	554	690	1,231	716	—
당기순이익	157	299	635	974	343	—

분기 실적 　〈단위 : 억원〉

항목	2016.1Q	2016.2Q	2016.3Q	2016.4Q	2017.1Q	2017.2Q
매출액	2,852	2,759	2,764	3,164	2,887	2,927
영업이익	265	196	245	10	275	221
당기순이익	201	149	54	-60	23	332

재무 상태 　〈단위 : 억원〉

항목	2012	2013	2014	2015	2016	2017.2Q
총자산	8,951	12,060	11,150	11,728	12,482	11,909
유형자산	4,279	5,453	4,991	4,992	4,954	4,915
무형자산	64	113	118	128	161	184
유가증권	16	14	15	17	20	22
총부채	4,050	5,458	4,549	4,039	4,594	3,824
총차입금	526	725	300	—	3	—
자본금	731	731	731	731	731	731
총자본	4,901	6,602	6,602	7,689	7,888	8,085
지배주주지분	4,499	5,236	5,770	6,599	6,806	6,987

기업가치 지표

항목	2012	2013	2014	2015	2016	2017.2Q
주가(최고/저)(천원)	29.0/16.2	29.5/20.6	41.3/24.1	85.2/38.8	84.8/38.1	—/—
PER(최고/저)(배)	21.5/12.0	13.8/9.6	10.4/6.1	14.9/6.8	37.7/16.9	1.1/0.9
PBR(최고/저)(배)	1.0/0.6	0.9/0.6	1.1/0.6	1.9/0.9	1.9/0.8	—/—
EV/EBITDA(배)	6.3	8.5	6.8	8.1	6.4	—
EPS(원)	1,479	2,305	4,198	5,853	2,295	2,308
BPS(원)	31,420	36,191	39,841	45,194	46,542	47,778
CFPS(원)	3,071	2,305	5,783	7,622	4,051	3,310
DPS(원)	500	600	800	1,000	1,000	4,400
EBITDAPS(원)	3,944	3,792	6,304	10,190	6,655	

재무 비율 　〈단위 : % 〉

연도	영업이익률	순이익률	부채비율	차입금비율	ROA	ROE	유보율	자기자본비율	EBITDA마진율
2016	6.2	3.0	58.2	0.0	2.8	5.0	830.8	63.2	8.4
2015	10.2	8.0	52.5	0.1	8.5	13.8	803.9	65.6	12.3
2014	6.3	5.8	68.9	4.5	5.5	11.2	696.8	59.2	8.4
2013	6.3	3.4	82.7	11.0	2.9	6.9	623.8	54.7	6.3

에스앤티씨 (A100840)
S&T

업　　종 : 에너지 시설 및 서비스		시　　장 : 거래소	
신용등급 : (Bond) — (CP) —		기업규모 : 시가총액 소형주	
홈페이지 : www.hisnt.com		연 락 처 : 055)212-6500	
본　　사 : 경남 창원시 성산구 완암로 12			

설 립 일	2008.02.05	종업원수	199명	대표이사	정원휘
상 장 일	2008.02.22	감사의견	적정 (대주)	계	열
결 산 기	12월	보 통 주	708만주	종속회사수	
액 면 가	500원	우 선 주		구 상 호	

주주구성 (지분율,%)		출자관계 (지분율,%)		주요경쟁사 (외형,%)	
S&T모티브	53.0	S&TPLANTSERVICEPTYLTD	100.0	S&TC	100
국민연금공단	13.4	S&TGulfCo.,Ltd	50.0	신성이엔지	85
(외국인)	1.4			한국테크놀로지	2

매출구성		비용구성		수출비중	
열교환기	91.7	매출원가율	80.7	수출	92.0
기타	8.3	판관비율	18.9	내수	8.0

회사 개요
동사는 2008년 (구)S&TC가 인적분할되어 S&T홀딩스(지주회사)와 분할된 사업회사임. 주요 제품으로 공랭식열교환기, 배열회수보일러, 복수기, 탈질설비가 있음. 이중 열교환기 제품이 주력 사업 품목임. 동사는 해외시장 영업다각화를 위해 공랭식열교환기는 PETROFAC, KBR, CHIYODA, 등과 영업활동을 강화하고 있고 배열회수보일러는 CMI, VPI, HDI, FOST 등과 협력관계를 유지하며 영업활동 중임.

실적 분석
동사의 2017년 상반기 매출액은 1065억원으로 전년동기 대비 19.4% 감소하며 외형 축소. 영업이익과 당기순이익 또한 각각 100억원과 38억원을 기록하며 전년동기 대비큰 폭 감소함. 동사는 중동시장의 경우 사우디 생산기지를 거점으로 플랜트 기자재 부분 현지화 전략을 진행하고 있으며 동남아시아 등 타 지역에서는 현지 파트너 업체를 물색하며 영업라인을 구축하려는 계획임.

현금 흐름 　*IFRS 별도 기준 　〈단위 : 억원〉

항목	2016	2017.2Q
영업활동	350	-357
투자활동	-63	2
재무활동	-36	—
순현금흐름	271	-353
기말현금	588	235

시장 대비 수익률

결산 실적 　〈단위 : 억원〉

항목	2012	2013	2014	2015	2016	2017
매출액	2,307	2,008	2,427	2,601	2,541	—
영업이익	151	168	138	339	12	—
당기순이익	91	162	113	270	17	—

분기 실적 　*IFRS 별도 기준 　〈단위 : 억원〉

항목	2016.1Q	2016.2Q	2016.3Q	2016.4Q	2017.1Q	2017.2Q
매출액	667	654	613	606	510	555
영업이익	86	52	55	-180	50	50
당기순이익	66	43	-23	-69	-35	73

재무 상태 　*IFRS 별도 기준 　〈단위 : 억원〉

항목	2012	2013	2014	2015	2016	2017.2Q
총자산	2,928	3,117	3,045	3,162	3,480	3,206
유형자산	1,223	1,204	1,201	1,187	1,181	1,176
무형자산	40	43	40	36	31	27
유가증권	3	3	3	3	3	3
총부채	1,095	1,135	968	848	1,182	872
총차입금	49	52	81	—	—	—
자본금	35	35	35	35	35	35
총자본	1,833	1,982	2,077	2,314	2,298	2,334
지배주주지분	1,833	1,982	2,077	2,314	2,298	2,334

기업가치 지표 　*IFRS 별도 기준

항목	2012	2013	2014	2015	2016	2017.2Q
주가(최고/저)(천원)	22.3/13.2	19.1/14.2	17.4/14.3	32.1/14.9	29.5/16.9	—/—
PER(최고/저)(배)	18.8/11.2	9.0/6.7	11.5/9.4	8.5/4.0	125.7/71.9	0.6/0.5
PBR(최고/저)(배)	0.9/0.6	0.7/0.5	0.6/0.5	1.0/0.5	0.9/0.5	—/—
EV/EBITDA(배)	4.0		2.6	4.6	22.1	—
EPS(원)	1,283	2,285	1,590	3,815	234	539
BPS(원)	25,874	27,971	29,319	32,662	32,436	32,940
CFPS(원)	1,605	2,579	1,905	4,134	560	703
DPS(원)	200	300	500	500	—	—
EBITDAPS(원)	2,458	2,666	2,259	5,106	494	1,576

재무 비율 　〈단위 : % 〉

연도	영업이익률	순이익률	부채비율	차입금비율	ROA	ROE	유보율	자기자본비율	EBITDA마진율
2016	0.5	0.7	51.5	0.0	0.5	0.7	6,387.3	66.0	1.4
2015	13.0	10.4	36.6	0.0	8.7	12.3	6,432.5	73.2	13.9
2014	5.7	4.6	46.6	3.9	3.7	5.6	5,763.8	68.2	6.6
2013	8.4	8.1	57.3	2.6	5.4	8.5	5,494.2	63.6	9.4

에스앤티중공업 (A003570)
S&T Dynamics

업 종 : 자동차부품	시 장 : 거래소
신용등급 (Bond) — (CP) —	기업규모 : 시가총액 소형주
홈페이지 : www.hisntd.com	연 락 처 : 055)280-5000
본 사 : 경남 창원시 성산구 남면로 599 (외동)	

설 립 일	1959.04.01	종 업 원 수	818명	대 표 이 사	김도환
상 장 일	1976.07.08	감사의견	적정 (삼정)	계 열	
결 산 기	12월	보 통 주	3,247만주	종속회사수	4개사
액 면 가	2,500원	우 선 주		구 상 호	

주주구성 (지분율,%)
S&T홀딩스	35.6
국민연금공단	13.4
(외국인)	16.9

출자관계 (지분율,%)
S&TAMT	100.0
제이티비씨	1.8
자본재공제조합	1.1

주요경쟁사 (외형,%)
에스앤티중공업	100

매출구성
차축, 변속기, 방산품, 기타부품(운수장비)	90.6
CNC선반, 머시닝센터, 전용기, 주조품 등(기계)	9.4

비용구성
매출원가율	95.0
판관비율	5.3

수출비중
수출	24.0
내수	76.0

회사 개요
동사는 1959년 예화산탄공기총제작소로 설립됨. 1976년 유가증권시장에 상장됨. 1984년 동양기계공업과 합병 후 상호를 통일로 변경했다가 2005년 현재의 사명으로 바뀜. 운수장비사업, 기계사업 등의 제조 및 판매가 주된 사업. 운수장비 사업은 방산용 변속기, 총화포 등 방위산업제품과 변속기, 차축 등 차량부품 등으로 나뉨. 기계사업은 공작기계, 주물소재(조관 포함)로 구분됨

실적 분석
동사의 연결기준 2017년 2분기 누적매출액은 2,234.1억원으로 전년동기 대비 2.2% 감소함. 다만 매출원가율 개선으로 매출총이익이 83% 증가하였음. 판관비 부담이 33.7% 늘었으나 전반적인 원가율 개선으로 30.3억원의 영업이익을 기록하며 흑자전환에 성공함. 동사는 해외시장 개척, 신제품 개발에 따른 양산 설비 및 공장시설을 유지하기 위한 수선, 성능 개선 등에 약 50억원을 투자할 계획임.

현금 흐름 〈단위 : 억원〉
항목	2016	2017.2Q
영업활동	445	278
투자활동	-98	48
재무활동	-75	-3
순현금흐름	272	324
기말현금	2,033	2,357

시장 대비 수익률

결산 실적 〈단위 : 억원〉
항목	2012	2013	2014	2015	2016	2017
매출액	6,121	5,840	5,585	5,044	4,680	—
영업이익	351	195	-37	385	-14	—
당기순이익	437	226	26	326	-244	—

분기 실적 〈단위 : 억원〉
항목	2016.1Q	2016.2Q	2016.3Q	2016.4Q	2017.1Q	2017.2Q
매출액	1,079	1,205	936	1,459	1,165	1,069
영업이익	-11	-8	-4	8	37	-6
당기순이익	-36	-13	-43	-152	-4	27

재무 상태 〈단위 : 억원〉
항목	2012	2013	2014	2015	2016	2017.2Q
총자산	11,566	9,357	9,144	9,217	8,905	8,848
유형자산	5,507	4,342	4,259	4,192	4,044	3,937
무형자산	251	237	270	211	129	114
유가증권	206	186	177	84	32	30
총부채	3,621	2,630	2,601	2,441	2,370	2,297
총차입금	158	81	78	71	68	67
자본금	837	837	837	837	837	837
총자본	7,945	6,727	6,543	6,776	6,535	6,551
지배주주지분	7,041	6,727	6,543	6,776	6,535	6,551

기업가치 지표
항목	2012	2013	2014	2015	2016	2017.2Q
주가(최고/저)(천원)	18.1/9.9	14.3/10.6	12.0/7.6	15.0/8.4	15.4/8.8	—/—
PER(최고/저)(배)	16.0/8.7	31.3/23.3	154.6/97.2	15.2/8.5	—/—	—/—
PBR(최고/저)(배)	0.9/0.5	0.7/0.5	0.6/0.4	0.7/0.4	0.7/0.4	0.5/0.4
EV/EBITDA(배)	6.9	8.0	9.2	4.8	5.2	—
EPS(원)	1,203	474	80	1,005	-752	68
BPS(원)	22,015	21,031	20,899	21,617	20,876	20,924
CFPS(원)	1,742	964	687	1,600	-86	356
DPS(원)	300	150	100	200	—	—
EBITDAPS(원)	1,621	1,090	493	1,780	622	381

재무 비율 〈단위 : %〉
연도	영업이익률	순이익률	부채비율	차입금비율	ROA	ROE	유보율	자기자본비율	EBITDA마진율
2016	-0.3	-5.2	36.3	1.1	-2.7	-3.7	710.1	73.4	4.3
2015	7.6	6.5	36.0	1.1	3.6	4.9	738.8	73.5	11.5
2014	-0.7	0.5	39.8	1.2	0.3	0.4	711.0	71.6	2.9
2013	3.3	3.9	39.1	1.2	2.2	3.0	716.1	71.9	6.1

에스앤티홀딩스 (A036530)
S&T Holdings

업 종 : 자동차부품	시 장 : 거래소
신용등급 (Bond) — (CP) —	기업규모 : 시가총액 소형주
홈페이지 : www.hisntholdings.com	연 락 처 : 02)3279-5010
본 사 : 서울시 금천구 가산디지털1로 134	

설 립 일	1982.09.27	종 업 원 수	8명	대 표 이 사	김도환
상 장 일	2000.03.07	감사의견	적정 (삼정)	계 열	
결 산 기	12월	보 통 주	1,583만주	종속회사수	16개사
액 면 가	500원	우 선 주		구 상 호	

주주구성 (지분율,%)
최평규	50.8
국민연금공단	6.2
(외국인)	9.5

출자관계 (지분율,%)
S&T솔루션	55.0
S&T모티브	37.2
S&T중공업	35.6

주요경쟁사 (외형,%)
S&T홀딩스	100
성우하이텍	249
현대EP	56

매출구성
차량부품(차축, 변속기, 방산품 등)	81.9
산업설비(공장식열교환기, 배열회수보일러 등)	16.7
기타(CNC선반, 머시닝센터 등)	12.8

비용구성
매출원가율	86.9
판관비율	8.4

수출비중
수출	
내수	

회사 개요
동사는 2008년 2월 1일 투자부문을 존속법인으로 하고 제조부문을 신설법인으로 하는 인적분할을 통하여 지주회사로 전환함. 연결대상 종속회사는 차량부품, 산업설비와 기타사업(공작기계, 방산품, 소재부품, SCMC 등)의 제조 및 판매)을 영위하고 있음. S&T중공업(주)과 S&T모티브(주)를 주요 자회사로 두고 있음. 사업부문은 차량부품, 산업설비 및 기타 사업부로 세분화됨.

실적 분석
2017년 반기 영업수익과 영업이익은 전년동기 대비 각각 2.0%, 21% 증가한 7,659억원, 548.6억원을 기록함. 차량부품부문의 실적 개선으로 외형상 증가한 모습. S&T중공업 적자사업인 공작기계부문에 대한 축소, 고마진 방산부문에서의 매출이 지난해부터 본격적으로 확대되고 있어 실적 추가 개선 가능 기대. 또한 K9 자주포 수출, K2파워팩 국산화 양산분 매출, 기어박스 매출 등에 힘입어 향후 매출성장이 기대됨.

현금 흐름 〈단위 : 억원〉
항목	2016	2017.2Q
영업활동	1,439	-189
투자활동	-508	-236
재무활동	-206	-153
순현금흐름	730	-578
기말현금	4,320	3,742

시장 대비 수익률

결산 실적 〈단위 : 억원〉
항목	2012	2013	2014	2015	2016	2017
매출액	16,687	15,236	15,524	16,127	15,377	—
영업이익	857	878	655	1,615	723	—
당기순이익	633	538	670	1,164	101	—

분기 실적 〈단위 : 억원〉
항목	2016.1Q	2016.2Q	2016.3Q	2016.4Q	2017.1Q	2017.2Q
매출액	3,723	3,785	3,515	4,353	3,830	3,828
영업이익	266	187	234	35	314	234
당기순이익	160	130	1	-189	16	353

재무 상태 〈단위 : 억원〉
항목	2012	2013	2014	2015	2016	2017.2Q
총자산	20,749	21,492	20,394	21,693	22,102	21,485
유형자산	9,842	9,862	9,333	9,283	9,088	8,938
무형자산	316	349	389	339	290	287
유가증권	223	201	216	158	101	102
총부채	7,569	7,748	6,833	6,401	6,793	5,971
총차입금	684	808	380	77	73	69
자본금	77	77	77	79	81	81
총자본	13,180	13,744	13,560	15,292	15,309	15,515
지배주주지분	5,037	5,281	5,525	5,885	5,910	5,974

기업가치 지표
항목	2012	2013	2014	2015	2016	2017.2Q
주가(최고/저)(천원)	11.9/7.7	17.7/8.5	19.5/13.3	30.1/18.3	29.7/14.1	—/—
PER(최고/저)(배)	7.7/5.0	13.2/6.3	10.8/7.4	14.9/9.1	174.6/82.8	—/—
PBR(최고/저)(배)	0.4/0.3	0.6/0.3	0.6/0.4	0.6/0.4	0.8/0.4	0.5/0.4
EV/EBITDA(배)	6.1	6.7	7.9	4.8	5.8	—/—
EPS(원)	1,719	1,438	1,882	2,074	174	785
BPS(원)	34,090	35,390	37,061	38,324	37,373	37,779
CFPS(원)	4,698	4,112	4,864	5,078	5,078	2,322
DPS(원)	400	400	215	265	350	
EBITDAPS(원)	8,617	8,470	7,257	13,452	7,570	5,002

재무 비율 〈단위 : %〉
연도	영업이익률	순이익률	부채비율	차입금비율	ROA	ROE	유보율	자기자본비율	EBITDA마진율
2016	4.7	0.7	44.4	0.5	0.5	0.5	7,190.4	69.3	7.8
2015	10.0	7.2	41.9	0.5	5.5	5.8	7,370.4	70.5	12.8
2014	4.2	4.3	50.4	2.8	3.2	5.5	7,118.7	66.5	7.0
2013	5.8	3.5	56.4	5.9	2.6	4.4	6,793.1	64.0	8.3

에스에너지 (A095910)
S-Energy

업 종 : 에너지 시설 및 서비스		시 장 : KOSDAQ	
신용등급 : (Bond) — (CP) —		기업규모 : 중견	
홈페이지 : www.s-energy.co.kr		연 락 처 : (070)4339-7100	
본 사 : 경기도 성남시 분당구 판교역로 241번길 20 미래에셋타워 3층			

설 립 일	2001.01.12	종 업 원 수	174명	대 표 이 사	홍성민
상 장 일	2007.10.16	감 사 의 견	적정 (안진)	계 열	
결 산 기	12월	보 통 주	1,321만주	종속회사수	27개사
액 면 가	500원	우 선 주		구 상 호	

주주구성 (지분율,%)		출자관계 (지분율,%)		주요경쟁사 (외형,%)	
홍성민	16.3	에스파워	100.0	에스에너지	100
디에스자산운용	7.3	호포차량기지태양광	100.0	파루	35
(외국인)	1.4	에스플래닛사호	100.0	KG ETS	31

매출구성		비용구성		수출비중	
태양광모듈/발전시스템	96.3	매출원가율	89.6	수출	49.0
기타용역 등	3.7	판관비율	8.5	내수	51.0

회사 개요

2001년 설립되어 태양전지 모듈 및 태양광 시스템 설치 및 발전 사업을 영위 중임. 기존 태양광 모듈 판매뿐 아니라 태양광발전소 건설사업과 유지보수 사업으로까지 영역을 확대하는 등 사업 포트폴리오를 다변화하고 있음. 기존 유럽 중심에서 동남아시아, 미국, 일본 등으로 매출처의 다변화에 성공하여 안정적인 실적을 유지 중임. 수출이 전체 매출의 80% 이상을 차지함. 에프파워 등 국내외에 25개의 태양광 사업 관련 연결대상 종속회사를 보유함.

실적 분석

신규수주 부진으로 2016년 하반기 이후 태양전지 모듈, 시스템사업의 실적 반영이 줄어들면서 동사의 2017년 2분기 누적 매출액은 전년동기 대비 44.8% 감소, 793.6억원을 기록함. 원재료인 Cell 가격 하락으로 원가율이 개선되었으나 고정비용 부담으로 영업이익도 27.7% 감소함. 당기순이익은 7.4억원을 기록함. 일본과 함께 칠레 지역의 태양광 프로젝트도 진행하고 있어 해외 매출의 회복될 수 있을 것으로 기대됨.

현금 흐름 〈단위 : 억원〉

항목	2016	2017.2Q
영업활동	-15	-234
투자활동	-130	-176
재무활동	-17	392
순현금흐름	-166	-17
기말현금	298	281

시장 대비 수익률

결산 실적 〈단위 : 억원〉

항목	2012	2013	2014	2015	2016	2017
매출액	2,254	2,687	2,734	3,130	3,046	
영업이익	187	123	60	56	61	
당기순이익	101	87	29	37	30	

분기 실적 〈단위 : 억원〉

항목	2016.1Q	2016.2Q	2016.3Q	2016.4Q	2017.1Q	2017.2Q
매출액	567	869	544	1,066	365	429
영업이익	4	11	9	36	3	8
당기순이익	1	8	4	17	12	-4

재무 상태 〈단위 : 억원〉

항목	2012	2013	2014	2015	2016	2017.2Q
총자산	1,678	1,865	2,240	2,795	3,455	3,807
유형자산	352	602	554	765	755	732
무형자산	13	12	11	9	140	152
유가증권	3	17	18	33	35	46
총부채	933	1,052	1,407	1,910	2,518	2,770
총차입금	461	786	776	1,083	1,124	1,405
자본금	52	53	55	56	58	64
총자본	745	814	832	885	937	1,037
지배주주지분	745	814	831	883	933	1,030

기업가치 지표

항목	2012	2013	2014	2015	2016	2017.2Q
주가(최고/저)(천원)	10.5/5.8	12.6/8.4	12.3/6.6	9.3/6.0	10.3/6.6	—/—
PER(최고/저)(배)	11.6/6.3	15.9/10.6	47.9/25.6	34.1/22.0	43.4/27.7	1.1/0.9
PBR(최고/저)(배)	1.5/0.9	1.7/1.1	1.6/0.8	1.1/0.7	1.2/0.8	1.1/0.9
EV/EBITDA(배)	5.1	8.7	8.6	11.5	11.3	
EPS(원)	964	832	267	281	241	44
BPS(원)	7,228	7,982	8,120	8,499	8,690	8,585
CFPS(원)	1,392	1,348	846	948	998	333
DPS(원)	100	100	100	100	110	—
EBITDAPS(원)	2,210	1,689	1,130	1,170	1,280	376

재무 비율 〈단위 : % 〉

연도	영업이익률	순이익률	부채비율	차입금비율	ROA	ROE	유보율	자기자본비율	EBITDA마진율
2016	2.0	1.0	268.7	120.0	1.0	3.1	1,638.0	27.1	4.9
2015	1.8	1.0	215.9	122.4	1.3	3.6	1,599.8	31.7	4.1
2014	2.2	1.1	169.1	93.2	1.4	3.5	1,523.9	37.2	4.5
2013	4.6	3.3	129.3	96.7	4.9	11.2	1,496.5	43.6	6.6

에스에이엠티 (A031330)
SAMT

업 종 : 반도체 및 관련장비		시 장 : KOSDAQ	
신용등급 : (Bond) — (CP) —		기업규모 : 우량	
홈페이지 : www.isamt.com		연 락 처 : (02)3458-9000	
본 사 : 서울시 강남구 영동대로 315, 대경빌딩			

설 립 일	1990.06.27	종 업 원 수	90명	대 표 이 사	성재생
상 장 일	2000.05.10	감 사 의 견	적정 (삼일)	계 열	
결 산 기	12월	보 통 주	10,000만주	종속회사수	1개사
액 면 가	500원	우 선 주		구 상 호	

주주구성 (지분율,%)		출자관계 (지분율,%)		주요경쟁사 (외형,%)	
삼지전자	49.8	위즈네트	5.5	에스에이엠티	100
우리은행	3.4	금강방송	2.0	아이에이	7
(외국인)	1.6			네패스	24

매출구성		비용구성		수출비중	
전자부품 유통업	99.9	매출원가율	94.9	수출	36.0
기타	0.1	판관비율	2.4	내수	64.0

회사 개요

동사는 1990년에 설립되어 스마트폰, Tablet PC와 같은 IT 제품에 필요한 반도체 및 LCD패널, Digital Module 제품 등 전자부품 유통업체로 삼성전자 및 삼성디스플레이, 삼성전기, 삼성SDI 등의 국내 대리점 계약을 바탕으로 안정적인 공급을 받아 국내외로 판매하고 있음. 매출에서 수출 비중은 2017년 기준 29.0%임. 동사는 49.6%의 지분을 보유한 지배회사이자 최대주주인 삼지전자를 비롯해 계열회사가 9개임.

실적 분석

동사는 2017년 상반기 누적 매출액이 5857.9억원으로 전년 동기 대비 10.6% 증가했고, 영업이익은 180.8억원으로 전년 동기에 비해 23.2% 증가했음. 동사는 납품받은 제품 가격이 인상돼 매출원가가 매출 증가율을 상회하는 11.3% 증가했으나, 판매관리비를 전년 동기에 비해 30.9% 줄여 수익성을 개선했음. 동사는 삼성전자 반도체 대리점 중 선두업체로 반도체 업황의 영향으로 매출 증가함. 당기순이익은 전년보다 줄어든 128.1억원임.

현금 흐름 〈단위 : 억원〉

항목	2016	2017.2Q
영업활동	122	-185
투자활동	-28	28
재무활동	-89	177
순현금흐름	6	20
기말현금	14	34

시장 대비 수익률

결산 실적 〈단위 : 억원〉

항목	2012	2013	2014	2015	2016	2017
매출액	10,242	10,228	9,832	10,593	10,635	
영업이익	254	262	-39	368	285	
당기순이익	103	142	-27	338	386	

분기 실적 〈단위 : 억원〉

항목	2016.1Q	2016.2Q	2016.3Q	2016.4Q	2017.1Q	2017.2Q
매출액	2,694	2,602	2,865	2,473	2,775	3,083
영업이익	95	52	87	51	96	84
당기순이익	79	57	25	225	48	80

재무 상태 〈단위 : 억원〉

항목	2012	2013	2014	2015	2016	2017.2Q
총자산	2,244	2,437	2,480	2,434	2,823	3,008
유형자산	75	73	73	97	95	94
무형자산	28	32	32	23	38	38
유가증권	3	5	6	6	6	6
총부채	1,704	1,749	1,757	1,379	1,125	1,258
총차입금	1,022	988	964	742	409	696
자본금	400	400	400	400	500	500
총자본	540	688	723	1,054	1,698	1,750
지배주주지분	540	688	723	1,054	1,698	1,750

기업가치 지표

항목	2012	2013	2014	2015	2016	2017.2Q
주가(최고/저)(천원)	2.1/0.9	2.8/1.3	2.4/1.4	2.2/1.0	2.0/1.5	—/—
PER(최고/저)(배)	18.3/7.8	17.5/8.3	—	5.9/2.7	4.9/3.6	—/—
PBR(최고/저)(배)	3.2/1.4	3.4/1.6	2.7/1.6	1.8/0.8	1.2/0.9	1.4/1.0
EV/EBITDA(배)	9.9	9.7	—	6.5	7.5	
EPS(원)	123	169	-32	401	427	128
BPS(원)	741	926	970	1,384	1,751	1,803
CFPS(원)	137	184	-30	426	429	129
DPS(원)	—	—	—	—	100	—
EBITDAPS(원)	325	334	-45	465	318	182

재무 비율 〈단위 : % 〉

연도	영업이익률	순이익률	부채비율	차입금비율	ROA	ROE	유보율	자기자본비율	EBITDA마진율
2016	2.7	3.6	66.3	24.1	14.7	28.1	250.1	60.1	2.7
2015	3.5	3.2	130.8	70.4	13.8	38.0	176.8	43.3	3.5
2014	-0.4	-0.3	242.9	133.2	-1.1	-3.9	94.1	29.2	-0.4
2013	2.6	1.4	254.3	143.6	6.1	23.1	85.2	-28.2	2.6

에스에이치에너지화학 (A002360)
SH ENERGY & CHEMICAL

업 종 : 화학		시 장 : 거래소	
신용등급 : (Bond) — (CP) —		기업규모 : 시가총액 소형주	
홈페이지 : www.sh-enerchem.com		연 락 처 : 063)469-1500	
본 사 : 전북 군산시 외항7길 20 (소룡동)			

설 립 일	1958.05.09	종 업 원 수	148명	대 표 이 사	이규봉,노상섭
상 장 일	1985.12.23	감사의견	적정 (삼일)	계 열	
결 산 기	12월	보 통 주	11,113만주	종속회사수	2개사
액 면 가	500원	우 선 주	1만주	구 상 호	

주주구성 (지분율,%)		출자관계 (지분율,%)		주요경쟁사 (외형,%)	
REALTY ADVISORS, INC.	31.1	SH에너지화학	100		
Morgan Stanley & co. International Limited	4.1	경인양행	126		
(외국인)	34.4	한국알콜	86		

매출구성		비용구성		수출비중	
[제품]EPS레진 등	98.0	매출원가율	82.3	수출	19.0
[상품]EPS레진 등	3.8	판관비율	6.7	내수	81.0
금융투자	1.2				

회사 개요
동사는 EPS시장 1위업체로서 합성수지 제조사업을 주력사업부문으로 영위하고 있으며 대표적인 생산품인 EPS는 스티로폴의 원료로 건축단열재 및 고급 포장완충재로 쓰이며, 농수산물 상자와 토목공사용으로 연약지반 대책공법에도 활용되는 등 용도가 확대되고 있음. 경쟁업체로는 제일모직, LG화학 등 6개 업체가 있으며, 합성수지 부문에서 2017년 1분기 동사의 시장점유율은 약 22.6%로 추정됨.

실적 분석
동사의 2017년도 연결기준 상반기 매출액은 1,037.4억원으로 전년동기와 비슷한 실적을 기록함. 원가증가로 영업이익은 89.6억원으로 전년동기 대비 23% 감소됨. 비영업손실의 적자폭이 확대되며 당기순이익 또한 63.9억원으로 전년동기 대비 29.9% 감소함. 합성수지제조 사업부문은 꾸준히 증가하고 있으며, 자원개발 사업부문은 신규에너지 비즈니스 발굴과 신규거래처 확대를 통한 매출 증대로 수익성을 향상시키기 위해 노력함.

현금 흐름 〈단위 : 억원〉

항목	2016	2017.2Q
영업활동	145	12
투자활동	28	-9
재무활동	-104	-61
순현금흐름	68	-59
기말현금	264	206

시장 대비 수익률

결산 실적 〈단위 : 억원〉

항목	2012	2013	2014	2015	2016	2017
매출액	1,940	2,319	2,309	2,164	2,184	—
영업이익	22	64	213	230	241	—
당기순이익	2	46	167	126	180	—

분기 실적 〈단위 : 억원〉

항목	2016.1Q	2016.2Q	2016.3Q	2016.4Q	2017.1Q	2017.2Q
매출액	502	518	506	658	499	539
영업이익	55	62	60	64	36	54
당기순이익	42	49	39	50	19	45

재무 상태 〈단위 : 억원〉

항목	2012	2013	2014	2015	2016	2017.2Q
총자산	1,037	1,105	1,107	1,155	1,245	1,223
유형자산	328	321	311	327	318	322
무형자산	99	102	107	53	43	41
유가증권	8	10	16	7	37	32
총부채	388	409	265	239	204	178
총차입금	286	280	96	69	36	54
자본금	557	557	557	557	557	557
총자본	649	696	842	916	1,041	1,045
지배주주지분	632	681	823	897	1,023	1,027

기업가치 지표

항목	2012	2013	2014	2015	2016	2017.2Q
주가(최고/저)(천원)	1.4/0.3	1.1/0.6	1.8/0.6	2.3/1.2	1.9/1.1	—/—
PER(최고/저)(배)	439.8/90.6	29.3/16.2	13.5/4.8	21.3/10.9	12.2/7.4	—/—
PBR(최고/저)(배)	2.7/0.6	2.1/1.1	2.7/1.0	3.0/1.5	2.1/1.3	1.9/1.5
EV/EBITDA(배)	30.5	11.8	8.1	5.8	5.7	—/—
EPS(원)	3	43	147	113	161	58
BPS(원)	575	620	748	814	927	931
CFPS(원)	24	63	167	134	182	58
DPS(원)		15	45	44	55	—
EBITDAPS(원)	40	78	212	227	237	81

재무 비율 〈단위 : % 〉

연도	영업이익률	순이익률	부채비율	차입금비율	ROA	ROE	유보율	자기자본비율	EBITDA마진율
2016	11.0	8.3	19.6	3.4	15.0	18.7	84.9	83.6	12.1
2015	10.6	5.8	26.1	7.5	11.1	14.6	62.3	79.3	11.7
2014	9.2	7.3	31.5	11.4	15.1	21.7	49.1	76.1	10.2
2013	2.8	2.0	58.8	40.2	4.3	7.4	23.5	63.0	3.7

에스에이티 (A060540)
System and Application Technologies

업 종 : 휴대폰 및 관련부품		시 장 : KOSDAQ	
신용등급 : (Bond) — (CP) —		기업규모 : 벤처	
홈페이지 : www.satech.co.kr		연 락 처 : 031)450-1400	
본 사 : 경기도 군포시 엘에스로 175 (에스에이타워7층)			

설 립 일	1998.12.21	종 업 원 수	88명	대 표 이 사	정성원
상 장 일	2006.11.28	감사의견	적정 (신아)	계 열	
결 산 기	12월	보 통 주	2,500만주	종속회사수	6개사
액 면 가	500원	우 선 주		구 상 호	

주주구성 (지분율,%)		출자관계 (지분율,%)		주요경쟁사 (외형,%)	
에프넷	35.5	한국도로전산	100.0	에스에이티	100
한국증권금융	4.0	나노테크	100.0	알에프텍	380
(외국인)	1.7	에코산업개발	100.0	제주반도체	67

매출구성		비용구성		수출비중	
(제품) 모바일 관련 제품	71.2	매출원가율	84.3	수출	59.0
(용역) 폐기물처리	12.4	판관비율	9.5	내수	41.0
(제품) 축기 외	8.7				

회사 개요
동사의 사업부문은 교통 관련 장비 제조, 모바일 관련 부품 납품, 이동통신 중계기용 모듈 개발 등임. 주요 생산품으로는 축중기, 계중기, 모바일 관련 다이컷팅 제품 및 인쇄물, 중계기용 제어기기 등임. 한국도로전산, 와이티케크놀로지 등을 종속회사로 보유하고 있음. 종속회사의 사업부문은 건설폐기물 중간처리업, 모바일 관련 부자재와 인쇄물 제조업, 부동산 임대, 건물관리부문으로 구성됨.

실적 분석
동사의 2017년 상반기 매출은 362억원으로 전년대비 12.4% 감소, 영업이익은 25.2억원으로 전년대비 19.6% 증가, 당기순이익은 21.1억원으로 전년대비 2.1% 증가. 2017년 7월 53억원 규모의 의정부고산S-5 블록 공공임대아파트 정보통신공사를 수주함. 자회사인 나노테크 인수 후 시장진입 초기 단계로써 점차 자회사와 관련된 원자재와 품목을 늘려갈 계획이며, 안정적인 사업기반을 구축할 수 있을 전망.

현금 흐름 〈단위 : 억원〉

항목	2016	2017.2Q
영업활동	52	3
투자활동	-53	-2
재무활동	24	-31
순현금흐름	22	-29
기말현금	232	203

시장 대비 수익률

결산 실적 〈단위 : 억원〉

항목	2012	2013	2014	2015	2016	2017
매출액	41	76	168	389	847	—
영업이익	-1	-20	18	42	52	—
당기순이익	54	-31	19	57	41	—

분기 실적 〈단위 : 억원〉

항목	2016.1Q	2016.2Q	2016.3Q	2016.4Q	2017.1Q	2017.2Q
매출액	206	207	196	238	143	219
영업이익	8	13	4	27	-1	26
당기순이익	6	14	-0	20	-5	26

재무 상태 〈단위 : 억원〉

항목	2012	2013	2014	2015	2016	2017.2Q
총자산	524	496	636	857	934	939
유형자산	48	29	65	153	182	182
무형자산	42	16	38	39	38	38
유가증권	72	49	30	17	12	34
총부채	153	140	176	311	269	262
총차입금	89	105	111	136	91	65
자본금	46	62	89	98	125	125
총자본	371	356	460	545	665	678
지배주주지분	371	356	443	525	643	643

기업가치 지표

항목	2012	2013	2014	2015	2016	2017.2Q
주가(최고/저)(천원)	1.9/1.2	2.6/1.2	2.1/1.3	2.1/1.4	2.6/1.6	—/—
PER(최고/저)(배)	3.5/2.2	—/—	14.8/9.2	7.8/5.3	16.3/9.7	—/—
PBR(최고/저)(배)	0.5/0.3	0.9/0.4	0.9/0.5	0.8/0.5	1.0/0.6	0.9/0.7
EV/EBITDA(배)	44.8		9.5	5.5	5.5	—/—
EPS(원)	534	-281	142	272	162	79
BPS(원)	3,997	2,889	2,482	2,685	2,574	2,648
CFPS(원)	638	-240	178	322	228	112
DPS(원)	50					—
EBITDAPS(원)	37	-141	169	262	281	134

재무 비율 〈단위 : % 〉

연도	영업이익률	순이익률	부채비율	차입금비율	ROA	ROE	유보율	자기자본비율	EBITDA마진율
2016	6.2	4.8	40.5	13.7	4.5	6.7	414.8	71.2	8.0
2015	10.7	14.6	57.1	25.0	7.6	11.0	437.1	63.7	13.2
2014	10.4	11.2	38.3	24.2	3.3	4.7	396.4	72.3	13.3
2013	-26.5	-41.1	39.2	29.6	-6.2	-8.6	477.8	71.8	-20.6

에스에이티 (A158300)
Solution Advanced Technology

업 종 : 디스플레이 및 관련부품		시 장 : KONEX	
신용등급 : (Bond) — (CP) —		기업규모 : —	
홈 페 이 지 : www.sateng.co.kr		연 락 처 : (031)433-4711	
본 사 : 경기도 시흥시 엠티브이 26로 58번길 25			

설 립 일	2003.05.01	종 업 원 수	49명	대 표 이 사	소진석
상 장 일	2013.07.01	감 사 의 견	적정 (삼영)	계 열	
결 산 기	12월	보 통 주		종속회사수	
액 면 가		우 선 주		구 상 호	

주주구성 (지분율,%)		출자관계 (지분율,%)		주요경쟁사 (외형,%)	
소진석	42.5	SATUSA.LLC	100.0	에스에이티이엔지	100
백범석	12.9	AFMSAT1,LLC	86.0	디이엔티	187
		SATAFMJV,LLC	60.0	이엘피	127

매출구성		비용구성		수출비중	
Bonding System	77.6	매출원가율	80.6	수출	94.0
장비 부품외	21.7	판관비율	14.5	내수	6.0
Inspection System	0.7				

회사 개요
2004년 7월 설립된 동사는 디스플레이 산업 중 평판디스플레이(FPD) 제조용 장비를 생산하는 장비제조 업체임. 필수 모듈 제조공정 중 핵심공정인 구동부 접합공정을 주요 사업으로 영위하고 있음. 단계적인 사업의 저변 확대를 통하여 장비 및 부착키, 검사기 등으로 매출군을 확대하였음. 국내외 해외의 주요 디스플레이 패널업체를 중심으로 매출처를 형성하고 있으며 특정 업체 의존도는 낮은 편. 차세대 디스플레이 제품에 대응하기 위한 기술개발 중임.

실적 분석
동사는 코넥스 상장 기업은 반기와 분기 실적 공개 의무가 없음. 동사의 2016년 연결기준 연간 누적 매출액은 243.1억원으로 전년 동기 대비 95.5% 증가함. 매출이 늘면서 매출원가도 늘었지만 판매비와 관리비는 오히려 감소. 고정비용 감소효과로 인해 영업이익은 11.9억원으로 전년 동기 대비 흑자 전환에 성공함. 비영업손익 부문에서도 흑자 전환하면서 당기순이익은 27.4억원으로 전년 동기 대비 흑자 전환.

현금 흐름 *IFRS 별도 기준   〈단위 : 억원〉

항목	2016	2017.2Q
영업활동	26	—
투자활동	-23	—
재무활동	0	—
순현금흐름	4	—
기말현금	11	—

시장 대비 수익률

결산 실적   〈단위 : 억원〉

항목	2012	2013	2014	2015	2016	2017
매출액	244	330	240	124	243	
영업이익	10	4	8	-37	12	
당기순이익	3	-6	14	-37	27	

분기 실적   *IFRS 별도 기준

항목	2016.1Q	2016.2Q	2016.3Q	2016.4Q	2017.1Q	2017.2Q
매출액	—	—	—	—	—	—
영업이익	—	—	—	—	—	—
당기순이익	—	—	—	—	—	—

재무 상태   *IFRS 별도 기준   〈단위 : 억원〉

항목	2012	2013	2014	2015	2016	2017.2Q
총자산	257	263	281	269	338	
유형자산	66	64	72	85	107	
무형자산	0	5	5	3	7	
유가증권						
총부채	144	155	158	186	224	
총차입금	36	14	54	54	88	
자본금	16	16	16	16	16	
총자본	114	108	123	83	113	
지배주주지분	114	108	123	83	113	

기업가치 지표   *IFRS 별도 기준

항목	2012	2013	2014	2015	2016	2017.2Q
주가(최고/저)(천원)	—/—	11.1/6.5	6.9/3.2	8.8/2.2	11.5/1.2	—/—
PER(최고/저)(배)	0.0/0.0	—/—	15.9/7.3	—/—	12.6/1.4	—/—
PBR(최고/저)(배)	0.0/0.0	3.3/1.9	1.8/0.8	3.4/0.8	3.3/0.4	0.0/0.0
EV/EBITDA(배)	2.3	23.9	11.0		14.1	
EPS(원)	95	-191	439	-1,131	920	
BPS(원)	3,544	3,373	3,838	2,596	3,534	
CFPS(원)	125	-84	535	-1,026	1,033	
DPS(원)					50	
EBITDAPS(원)	329	231	331	-1,028	548	

재무 비율   〈단위 : % 〉

연도	영업이익률	순이익률	부채비율	차입금비율	ROA	ROE	유보율	자기자본비율	EBITDA마진율
2016	4.9	11.3	198.4	77.3	9.0	29.0	599.3	33.5	6.6
2015	-29.5	-29.4	217.4	102.7	-13.3	-35.4	417.6	31.5	-26.6
2014	3.1	5.9	128.4	44.1	5.2	12.2	667.5	43.8	4.4
2013	1.2	-1.9	143.3	12.8	-2.4	-5.5	574.6	41.1	2.2

에스에프씨 (A112240)
SFC

업 종 : 에너지 시설 및 서비스		시 장 : KOSDAQ	
신용등급 : (Bond) — (CP) —		기업규모 : 중견	
홈 페 이 지 : www.sfcltd.co.kr		연 락 처 : (041)640-0001	
본 사 : 충남 홍성군 구항면 내포로 682			

설 립 일	1991.12.23	종 업 원 수	35명	대 표 이 사	정지수
상 장 일	2011.11.30	감 사 의 견	적정 (이촌)	계 열	
결 산 기	12월	보 통 주	3,425만주	종속회사수	1개사
액 면 가	500원	우 선 주		구 상 호	

주주구성 (지분율,%)		출자관계 (지분율,%)		주요경쟁사 (외형,%)	
데이비드앤제이케이	9.2	제이에스스산업주식회사	100.0	에스에프씨	100
태가	8.4	코리아스탠다드핀테크	26.8	신성이엔지	458
(외국인)		디오비엔터테인먼트	16.7	웰크론강원	89

매출구성		비용구성		수출비중	
제품(제품)	85.3	매출원가율	87.8	수출	—
상품(상품)	13.7	판관비율	11.6	내수	—
기타	1.0				

회사 개요
동사가 제조, 판매하고 있는 제품의 사업부문은 태양광 모듈의 부품소재인 백시트와 기타 필름(인쇄물 보호용 라미, 실사 출력소재)로 구분할 수 있으며, 동사의 사업은 백시트 사업부문이 대부분을 차지하고 있음. 최근 사업 다각화를 위해 태양광 발전소 설치 사업을 추가하였음. 태양광 모듈 가격 하락으로 태양광 시장의 장점이 부각되고 있는 상황에서 매출 확대를 꾀하고 있음.

실적 분석
동사의 연결기준 2017년 2분기 누적 매출액은 192.1억원으로 전년동기 대비 24.3% 감소함. 원가율이 개선되며 매출총이익 감소폭이 비교적 적었으나 판관비가 크게 증가하면서 13.8억원의 영업손실을 기록, 적자전환하였음. 비영업 부문에서도 손실이 발생해 적자전환하였으며 최종적으로 동사는 29.0억원의 당기순손실을 기록, 적자전환함. 최근 태양광 에너지 산업이 각광받고 있으나 최근 유가하락으로 성장성이 둔화됨.

현금 흐름   〈단위 : 억원〉

항목	2016	2017.2Q
영업활동	75	-52
투자활동	-218	-320
재무활동	262	192
순현금흐름	125	-180
기말현금	192	13

시장 대비 수익률

결산 실적   〈단위 : 억원〉

항목	2012	2013	2014	2015	2016	2017
매출액	618	724	554	510	474	
영업이익	55	62	19	-5	3	
당기순이익	48	54	23	19	19	

분기 실적   〈단위 : 억원〉

항목	2016.1Q	2016.2Q	2016.3Q	2016.4Q	2017.1Q	2017.2Q
매출액	106	148	100	120	104	88
영업이익	8	3	-2	-6	2	-16
당기순이익	3	6	-20	30	-20	-12

재무 상태   〈단위 : 억원〉

항목	2012	2013	2014	2015	2016	2017.2Q
총자산	809	805	753	692	979	1,133
유형자산	162	157	169	162	200	230
무형자산	17	15	11	6	4	3
유가증권					170	208
총부채	250	195	143	72	225	423
총차입금	174	100	106	20	162	371
자본금	82	82	82	82	145	145
총자본	559	610	610	620	754	710
지배주주지분	559	610	610	620	754	710

기업가치 지표

항목	2012	2013	2014	2015	2016	2017.2Q
주가(최고/저)(천원)	4.1/2.0	3.3/2.2	3.0/1.4	2.4/1.5	6.3/1.9	—/—
PER(최고/저)(배)	20.9/10.2	15.1/9.9	32.3/14.8	44.9/28.3	85.4/25.3	—/—
PBR(최고/저)(배)	1.8/0.9	1.3/0.9	1.2/0.5	0.9/0.6	2.2/0.7	1.8/1.1
EV/EBITDA(배)	8.3	9.6	12.5	50.4	70.0	
EPS(원)	200	221	96	53	74	-100
BPS(원)	3,393	3,706	3,822	3,886	2,832	2,755
CFPS(원)	357	391	216	159	125	-79
DPS(원)	25	25	15	25		
EBITDAPS(원)	395	441	188	50	62	-27

재무 비율   〈단위 : % 〉

연도	영업이익률	순이익률	부채비율	차입금비율	ROA	ROE	유보율	자기자본비율	EBITDA마진율
2016	0.6	3.9	29.8	21.5	2.2	2.7	466.4	77.0	3.3
2015	-1.0	2.5	11.5	3.2	1.8	2.1	677.1	89.7	1.6
2014	3.3	4.2	23.4	17.3	3.0	3.8	664.4	81.0	5.6
2013	8.5	7.4	31.9	16.4	6.6	9.2	641.2	75.8	10.0

에스에프에이 (A056190)
SFA Engineering

업 종 : 디스플레이 및 관련부품		시 장 : KOSDAQ	
신용등급 : (Bond) — (CP) —		기업규모 : 우량	
홈 페 이 지 : www.sfa.co.kr		연 락 처 : 031)379-1761	
본 사 : 경기도 화성시 동탄면 영천로 38 (영천동)			

설 립 일	1998.12.18	종 업 원 수	684명	대 표 이 사	김영민
상 장 일	2001.12.18	감사의견	적정 (삼일)	계	열
결 산 기	12월	보 통 주	3,591만주	종속회사수	10개사
액 면 가	500원	우 선 주		구 상 호	

주주구성 (지분율,%)
디와이홀딩스	33.3
삼성디스플레이	10.2
(외국인)	28.6

출자관계 (지분율,%)
둔포기계	100.0
에이디엠	100.0
에스에프에이서비스	100.0

주요경쟁사 (외형,%)
에스에프에이	100
LG디스플레이	2,008
서울반도체	72

매출구성
물류시스템사업	78.2
공정장비사업	21.8

비용구성
매출원가율	85.3
판관비율	5.5

수출비중
수출	34.0
내수	66.0

회사 개요
동사는 디스플레이 제조장비사업, 물류시스템사업, 공정자동화 시스템사업을 영위하고 있음. 디스플레이 산업은 성장 무게중심이 LCD에서 OLED로 전환 중이며, 동사 또한 사업 포트폴리오를 LCD 제조장비 중심에서 OLED로 전환하기 위한 연구개발에 집중하고 있음. 해외 장비 업체들과 경쟁속에 OLED 시장에 성공적으로 진입했다는 평가임. 대규모 신규라인 투자와 국내업체 점유율 증가에 따라 선별적인 수혜 종목으로 부각될 전망임.

실적 분석
동사의 2017년 연결기준 누적 매출액은 1조 362.4억원으로 전년 동기 대비 무려 113.8% 증가함. 매출이 증가하면서 매출원가와 판관비 또한 늘었지만 매출 증가에 따른 고정비용 감소효과가 커 영업이익은 전년 동기 대비 402.8% 증가한 1,225.1억원을 시현함. 비영업손익 부문도 크게 개선되면서 당기순이익은 1,031.4억원으로 전년 동기 대비 251.4% 증가함.

현금 흐름 〈단위 : 억원〉
항목	2016	2017.2Q
영업활동	1,645	1,459
투자활동	-770	-162
재무활동	-582	58
순현금흐름	294	1,328
기말현금	2,764	4,092

시장 대비 수익률

결산 실적 〈단위 : 억원〉
항목	2012	2013	2014	2015	2016	2017
매출액	5,075	4,785	4,151	5,261	13,197	
영업이익	700	646	457	580	1,208	
당기순이익	713	631	413	308	796	

분기 실적 〈단위 : 억원〉
항목	2016.1Q	2016.2Q	2016.3Q	2016.4Q	2017.1Q	2017.2Q
매출액	2,053	2,794	3,202	5,149	4,615	5,748
영업이익	48	196	296	669	444	781
당기순이익	128	165	254	249	471	560

재무 상태 〈단위 : 억원〉
항목	2012	2013	2014	2015	2016	2017.2Q
총자산	5,785	5,887	6,132	11,894	15,053	17,391
유형자산	1,142	1,109	1,035	4,948	4,976	5,103
무형자산	140	194	223	1,138	1,244	1,185
유가증권	2,301	2,666	269	522	537	675
총부채	2,055	1,271	1,357	5,616	7,296	8,504
총차입금	0	5	116	3,849	3,223	3,021
자본금	90	90	90	90	90	90
총자본	3,730	4,617	4,775	6,278	7,756	8,886
지배주주지분	3,730	4,617	4,775	4,964	5,687	6,857

기업가치 지표
항목	2012	2013	2014	2015	2016	2017.2Q
주가(최고/저)(천원)	58.1/36.7	63.5/36.3	48.4/35.6	55.3/39.2	64.5/46.4	—/—
PER(최고/저)(배)	15.9/10.1	19.3/11.0	21.9/16.1	33.1/23.4	14.9/10.8	—/—
PBR(최고/저)(배)	2.7/1.7	2.6/1.5	1.8/1.3	2.0/1.4	2.0/1.4	2.5/1.7
EV/EBITDA(배)	7.4	6.8	9.6	16.0	7.0	—/—
EPS(원)	1,986	1,757	1,150	859	2,179	2,850
BPS(원)	23,468	26,473	27,847	28,897	32,928	19,097
CFPS(원)	4,456	3,991	2,847	2,331	8,457	3,888
DPS(원)	1,000	1,015	652	402	1,120	
EBITDAPS(원)	4,385	4,074	3,095	3,845	10,828	4,449

재무 비율 〈단위 : %〉
연도	영업이익률	순이익률	부채비율	차입금비율	ROA	ROE	유보율	자기자본비율	EBITDA마진율
2016	9.2	6.0	94.1	41.6	5.9	14.7	6,485.6	51.5	14.7
2015	11.0	5.9	89.5	61.3	3.4	6.3	5,679.5	52.8	13.1
2014	11.0	10.0	28.4	2.4	6.9	8.8	5,469.3	77.9	13.4
2013	13.5	13.2	27.5	0.1	10.8	15.1	5,194.6	78.4	15.3

에스에프에이반도체 (A036540)
SFA Semicon

업 종 : 반도체 및 관련장비		시 장 : KOSDAQ	
신용등급 : (Bond) C (CP) —		기업규모 : 중견	
홈 페 이 지 : www.sfasemicon.com		연 락 처 : 041)520-7453	
본 사 : 충남 천안시 서북구 백석공단7로 16 STS반도체통신(주)			

설 립 일	1998.06.30	종 업 원 수	650명	대 표 이 사	김영민
상 장 일	2001.04.20	감사의견	적정 (삼일)	계	열
결 산 기	12월	보 통 주	14,099만주	종속회사수	2개사
액 면 가	500원	우 선 주		구 상 호	STS반도체

주주구성 (지분율,%)
에스에프에이	47.6
한국문화진흥	5.5
(외국인)	5.8

출자관계 (지분율,%)
SFASemicon(Suzhou)Corp	93.1
SFASemiconPhilippinesCorp	85.0

주요경쟁사 (외형,%)
SFA반도체	100
원익머트리얼즈	41
유진테크	33

매출구성
메모리	84.3
비메모리	15.0
기타상품	0.4

비용구성
매출원가율	93.1
판관비율	3.5

수출비중
수출	90.0
내수	10.0

회사 개요
동사는 1998년 설립되어 반도체 제조공정에서 가공된 웨이퍼를 패키징 및 테스트를 하는 반도체 후공정을 주요 사업으로 하는 업체로 삼성전자, Micron, 하이닉스 등 세계 유수의 반도체 업체들에게 반도체 패키징 솔루션을 제공하고 있음. 반도체 세계시장은 ASE, Amkor 등의 외국계 기업들이 시장을 주도하고 있고, 국내 시장에서는 실적 기준으로 동사, 하나마이크론, 시그네틱스 등이 경쟁하고 있음.

실적 분석
동사는 2017년 상반기 누적 매출액이 2,248.4억원으로 전년 동기 대비 20.4% 증가했고, 영업이익은 125.5억원으로 전년 동기 12.8억원 적자에서 흑자전환함. 동사는 반도체 호황의 영향으로 판매가 늘어난데다 매출원가를 적절히 통제하고, 판매관리비를 줄이며 수익성을 개선한 결과 흑자전환함. 비영업부문에서도 금융손실이 발생하며 전년 동기 48.9억원 흑자에서 63.9억원의 적자로 전환했고, 당기순이익은 51.5억원을 기록함.

현금 흐름 〈단위 : 억원〉
항목	2016	2017.2Q
영업활동	537	309
투자활동	-152	-328
재무활동	-561	-128
순현금흐름	-175	-170
기말현금	1,024	854

시장 대비 수익률

결산 실적 〈단위 : 억원〉
항목	2012	2013	2014	2015	2016	2017
매출액	5,984	5,408	5,191	5,165	4,292	
영업이익	218	-132	520	78	148	
당기순이익	-11	-769	-291	-1,542	76	

분기 실적 〈단위 : 억원〉
항목	2016.1Q	2016.2Q	2016.3Q	2016.4Q	2017.1Q	2017.2Q
매출액	881	988	1,142	1,281	1,158	1,090
영업이익	-47	26	61	108	75	26
당기순이익	23	29	14	10	25	26

재무 상태 〈단위 : 억원〉
항목	2012	2013	2014	2015	2016	2017.2Q
총자산	8,186	7,578	8,133	7,267	6,762	6,504
유형자산	3,957	3,840	4,530	4,235	3,893	4,024
무형자산	812	780	752	291	236	22
유가증권	203	190	193	16	14	31
총부채	5,750	5,888	6,094	4,708	4,046	3,813
총차입금	4,776	5,024	5,109	4,096	3,358	3,042
자본금	219	219	316	646	699	699
총자본	2,436	1,690	2,038	2,559	2,716	2,689
지배주주지분	1,918	1,406	1,698	2,363	2,502	2,487

기업가치 지표
항목	2012	2013	2014	2015	2016	2017.2Q
주가(최고/저)(천원)	9.1/4.6	6.1/2.9	3.7/2.1	5.6/2.3	2.8/2.0	—/—
PER(최고/저)(배)	203.6/102.3	—/—	—/—	—/—	59.6/40.9	—/—
PBR(최고/저)(배)	2.2/1.1	2.0/1.0	1.3/0.8	3.0/1.2	1.6/1.1	1.6/1.
EV/EBITDA(배)	8.8	10.9	6.1	6.9	8.2	—/—
EPS(원)	45	-1,049	-321	-1,713	48	3
BPS(원)	4,499	3,318	2,757	1,860	1,818	1,80
CFPS(원)	1,356	410	662	-802	464	23
DPS(원)						
EBITDAPS(원)	1,810	1,252	1,906	1,013	523	29

재무 비율 〈단위 : %〉
연도	영업이익률	순이익률	부채비율	차입금비율	ROA	ROE	유보율	자기자본비율	EBITDA마진율
2016	3.5	1.8	149.0	123.6	1.1	2.7	262.2	40.2	17.
2015	1.5	-29.9	184.0	160.1	-20.0	-65.1	270.5	35.2	15.
2014	10.0	-5.6	299.0	250.6	-3.7	-11.7	447.0	25.1	20.
2013	-2.4	-14.2	348.4	297.2	-9.8	-29.9	555.7	22.3	15.

526

에스엔유프리시전 (A080000)
SNU Precision

업 종 : 디스플레이 및 관련부품		시 장 : KOSDAQ	
신용등급 : (Bond) — (CP) —		기업규모 : 중견	
홈 페 이 지 : www.snuprecision.com		연 락 처 : (041)536-1500	
본 사 : 충남 아산시 둔포면 아산밸리남로 124			

설 립 일	1998.02.20	종 업 원 수	225명	대 표 이 사	박제순
상 장 일	2005.01.25	감 사 의 견	적정 (삼경)	계 열	
결 산 월	12월	보 통 주	3,125만주	종속회사수	
액 면 가	500원	우 선 주		구 상 호	

주주구성 (지분율,%)
에스에프에이	31.0
삼성디스플레이	3.4
(외국인)	1.0

출자관계 (지분율,%)
에스엔유	100
신화인터텍	372
일진디스플	292

주요경쟁사 (외형,%)

매출구성
[제품] LCD 제조장비	84.3
[제품] OLED/ 태양전지 제조장비 등	15.7

비용구성
매출원가율	98.1
판관비율	29.3

수출비중
수출	81.0
내수	19.0

회사 개요
동사는 1998년 2월 반도체, LCD 및 디스플레이 제조용 장비의 연구, 설계, 제조 및 판매를 주 목적으로 설립되었으며, 2005년 1월 코스닥 시장에 상장됐다. 주요제품매출은 LCD와 OLED장비로 이루어짐. LCD와 OLLCD 산업용 제조장비 중심에서 태양전지, OLED, 반도체 제조장비로 사업영역을 확대하고 있음. OLED 5세대급 양산용 증착장비를 수주함.

실적 분석
동사의 2017년 반기 매출액은 517.8억원으로 전년동기 대비 44.8% 증가함. 매출원가 부담 확대에도 불구하고 견조한 외형 확대와 판관비 감소 영향으로 전년동기 대비 64.7% 증가한 30.4억원의 영업이익 시현함. 반면 비영업손익부문 크게 악화되어 2.8억원의 당기순순실 시현하며 적자전환. 중국 현지 2단계 OLED 설비 투자 확대가 예상되고 있어 목표대로 수주시 실적 개선 가능할 것으로 기대하나 수익성 관리 필요한 상황.

현금 흐름 *IFRS 별도 기준 〈단위 : 억원〉
항목	2016	2017.2Q
영업활동	-51	-42
투자활동	-84	18
재무활동	216	—
순현금흐름	81	-27
기말현금	137	110

시장 대비 수익률

결산 실적 〈단위 : 억원〉
항목	2012	2013	2014	2015	2016	2017
매출액	442	1,014	834	700	579	
영업이익	-152	123	-105	26	-159	
당기순이익	-262	81	-130	18	-181	

분기 실적 *IFRS 별도 기준 〈단위 : 억원〉
항목	2016.1Q	2016.2Q	2016.3Q	2016.4Q	2017.1Q	2017.2Q
매출액	173	185	149	72	279	239
영업이익	7	12	-31	-146	5	25
당기순이익	2	12	-93	-102	-33	31

재무 상태 *IFRS 별도 기준 〈단위 : 억원〉
항목	2012	2013	2014	2015	2016	2017.2Q
총자산	1,249	1,322	1,273	1,267	1,341	1,402
유형자산	357	350	337	313	298	247
무형자산	200	187	192	174	188	175
유가증권	—	—	—	—	—	—
총부채	520	511	591	569	445	511
총차입금	420	390	468	402	237	241
자본금	102	102	102	102	156	156
총자본	729	811	682	697	896	891
지배주주지분	729	811	682	697	896	891

기업가치 지표 *IFRS 별도 기준
항목	2012	2013	2014	2015	2016	2017.2Q
주가(최고/저)(천원)	11.4/3.6	11.1/4.8	9.9/3.8	5.2/3.1	6.6/3.7	—/—
PER(최고/저)(배)	—/—	29.6/12.9	—/—	62.4/37.2	—/—	—/—
PBR(최고/저)(배)	3.3/1.1	2.9/1.3	3.0/1.2	1.6/0.9	2.3/1.3	2.1/1.5
EV/EBITDA(배)		14.0		14.9		—/—
EPS(원)	-1,217	375	-601	84	-728	-9
BPS(원)	3,669	4,068	3,437	3,511	2,933	2,916
CFPS(원)	-1,083	664	-313	406	-524	73
DPS(원)	—	—	—	—	—	—
EBITDAPS(원)	-545	868	-193	446	-433	179

재무 비율 〈단위 : % 〉
연도	영업이익률	순이익률	부채비율	차입금비율	ROA	ROE	유보율	자기자본비율	EBITDA마진율
2016	-27.4	-31.4	49.7	26.4	-13.9	-22.8	486.6	66.8	-18.6
2015	3.7	2.6	81.7	57.6	1.4	2.6	602.2	55.1	13.0
2014	-12.6	-15.5	86.6	68.5	-10.0	-17.4	587.4	53.6	-4.7
2013	12.1	8.0	63.0	48.0	6.3	10.5	713.6	61.4	17.5

에스엔케이폴리텍 (A091340)
S&K Polytec

업 종 : 전자 장비 및 기기		시 장 : KOSDAQ	
신용등급 : (Bond) — (CP) —		기업규모 : 중견	
홈 페 이 지 : www.snkpolytec.com		연 락 처 : (031)432-8061	
본 사 : 경기도 안산시 단원구 별망로 66, 시화공단4바 302호			

설 립 일	1999.11.08	종 업 원 수	81명	대 표 이 사	강원형
상 장 일	2007.07.30	감 사 의 견	적정 (세림)	계 열	
결 산 월	12월	보 통 주	1,018만주	종속회사수	10개사
액 면 가	500원	우 선 주		구 상 호	

주주구성 (지분율,%)
강원형	31.1
김찬욱	5.3
(외국인)	1.4

출자관계 (지분율,%)
위딩	33.3
티알인더스트리	33.3

주요경쟁사 (외형,%)
S&K폴리텍	100
로보쓰리	0
뉴프렉스	229

매출구성
PSR, ESR, SAU외	100.0

비용구성
매출원가율	80.5
판관비율	13.8

수출비중
수출	78.0
내수	22.0

회사 개요
동사는 고밀도 폴리우레탄 폼시트를 국내최초 자체 기술로 개발하여 생산 중임. 동사 제품은 휴대폰, LCD 등에 충격흡수용 부품 소재로 사용됨. 동 시장은 동사를 비롯하여 미국 ROGERS와 합작회사인 일본 RIC, SK유티스 등이 과점 시장을 형성하고 있음. 동사는 전자기기 부품 뿐만 아니라 자동차부품, 스포츠용품, 의료용품 등 넓은 분야에 응용 가능한 기술적 입지를 확보 중임. 수출이 전체 매출의 60% 가량을 차지함.

실적 분석
동사의 2017년 연결기준 상반기 매출액은 전년동기 대비 385.7% 증가한 823.2억원을 기록함. 매출액 증가는 2016년 1월에 준공된 신규 공장 확보가 주요 원인으로 추정됨. 영업이익은 전년동기 대비 184.6% 증가한 63.7억원임. 매출액 증가에 따라 고정비 비중 감소로 수익성이 크게 개선된 것으로 추정함. 당기순이익은 36.7억원으로 전년동기 대비 162.1% 성장을 기록하였음.

현금 흐름 〈단위 : 억원〉
항목	2016	2017.2Q
영업활동	4	55
투자활동	43	-69
재무활동	7	-3
순현금흐름	60	-21
기말현금	341	320

시장 대비 수익률

결산 실적 〈단위 : 억원〉
항목	2012	2013	2014	2015	2016	2017
매출액	141	159	225	256	634	
영업이익	-9	-16	27	32	36	
당기순이익	0	41	14	18	28	

분기 실적 〈단위 : 억원〉
항목	2016.1Q	2016.2Q	2016.3Q	2016.4Q	2017.1Q	2017.2Q
매출액	84	86	81	384	447	376
영업이익	11	12	10	3	36	28
당기순이익	6	8	2	12	9	27

재무 상태 〈단위 : 억원〉
항목	2012	2013	2014	2015	2016	2017.2Q
총자산	448	622	647	837	1,383	1,368
유형자산	201	246	238	257	508	561
무형자산	6	5	0	5	150	149
유가증권				0	0	0
총부채	33	171	187	348	801	741
총차입금		135	124	292	546	525
자본금	40	40	40	42	44	47
총자본	415	451	460	489	582	626
지배주주지분	415	451	460		538	581

기업가치 지표
항목	2012	2013	2014	2015	2016	2017.2Q
주가(최고/저)(천원)	2.9/2.2	3.3/2.4	3.0/2.4	4.9/2.3	5.9/2.8	—/—
PER(최고/저)(배)	1,133.3/867.5	6.3/4.6	16.7/13.8	21.8/10.5	18.0/8.5	—/—
PBR(최고/저)(배)	0.6/0.5	0.6/0.4	0.5/0.4	0.8/0.4	1.0/0.5	0.9/0.7
EV/EBITDA(배)	105.8		1.7	8.3	12.9	—/—
EPS(원)	3	521	177	222	328	375
BPS(원)	5,255	5,708	5,825	5,857	6,153	6,162
CFPS(원)	124	640	283	290	489	509
DPS(원)	150	—	—	—	—	—
EBITDAPS(원)	9	-85	451	460	589	848

재무 비율 〈단위 : % 〉
연도	영업이익률	순이익률	부채비율	차입금비율	ROA	ROE	유보율	자기자본비율	EBITDA마진율
2016	5.7	4.4	137.7	93.9	2.5	5.4	1,130.6	42.1	7.8
2015	12.7	7.2	71.0	59.6	2.5	3.9	1,071.5	58.5	14.9
2014	12.1	6.2	40.5	26.9	2.2	3.1	1,065.0	71.2	15.8
2013	-10.1	25.9	38.0	29.9	7.7	9.5	1,041.6	72.5	-4.2

에스엔텍 (A160600)
SNTEK CO

업 종 : 반도체 및 관련장비		시 장 : KOSDAQ	
신용등급 : (Bond) — (CP) —		기업규모 : 벤처	
홈페이지 : www.sntek.com		연 락 처 : 031)299-3888	
본 사 : 경기도 수원시 권선구 서부로 1433-100(고색동)			

설 립 일	2004.06.30	종업원수	126명	대 표 이 사	안경준
상 장 일	2015.06.26	감사의견	적정 (세진)	계	열
결 산 기	12월	보 통 주	1,158만주	종속회사수	2개사
액 면 가	500원	우 선 주	49만주	구 상 호	

주주구성 (지분율,%)		출자관계 (지분율,%)		주요경쟁사 (외형,%)	
안경준	37.7	이노페이스	100.0	에스엔텍	100
김찬호	4.7	ShenzhenSntechCo.,Ltd	100.0	엘비세미콘	203
				기가레인	113

매출구성		비용구성		수출비중	
TRANSFER(제품)	29.3	매출원가율	85.2	수출	5.0
[LG전자]기타(제품)	27.2	판관비율	14.4	내수	95.0
[JCET SCK]반도체 후공정(제품)	26.6				

회사 개요
동사는 2004년 설립됐으며 진공·플라즈마 기술과 특수 이송시스템 기술을 적용한 반도체, 디스플레이 및 에너지 산업 분야의 공정 장비 개발을 통해 고객에게 솔루션을 제공하는 기업임. 동사는 설립 초기부터 진행해 온 공정장비 개발을 기반으로 국내외 유수의 연구기관과 기업체에 장비를 납품함으로써 SPUTTER, TRANSFER 등의 진공플라즈마 공정기술과 양산장비 제조기술을 핵심 경쟁력으로 보유하고 있음. 수익성 및 핵심 기술이 성장세에 있음.

실적 분석
수주 공백기가 있었고 공장을 증설하고 있으므로 이에 따른 영향을 받아 동사 2017년 2분기기준 누적 매출액은 전년동기대비 -41.8% 하락한 231.4억원을 기록하였음. 손실 축소를 위해 비용절감을 하였으나 전년동기대비 영업이익은 -9.6억원으로 적자전환하였음. 최종적으로 전년동기대비 당기순이익은 적자전환하여 -5.3억원을 기록함. 공장 증설이 완료되고 수주가 안정화되면 수익이 개선될 것이라 기대함.

현금 흐름 〈단위 : 억원〉

항목	2016	2017.2Q
영업활동	16	10
투자활동	-159	-32
재무활동	125	43
순현금흐름	-18	21
기말현금	50	71

시장 대비 수익률

결산 실적 〈단위 : 억원〉

항목	2012	2013	2014	2015	2016	2017
매출액	191	187	325	559	667	
영업이익	28	8	39	73	2	
당기순이익	10	3	35	63	6	

분기 실적 〈단위 : 억원〉

항목	2016.1Q	2016.2Q	2016.3Q	2016.4Q	2017.1Q	2017.2Q
매출액	233	165	149	120	32	199
영업이익	35	17	-17	-33	-44	34
당기순이익	31	11	-19	-17	-47	42

재무 상태 〈단위 : 억원〉

항목	2012	2013	2014	2015	2016	2017.2Q
총자산	301	317	309	535	653	688
유형자산	68	97	105	102	236	250
무형자산	44	53	57	63	64	67
유가증권	—	0	—	—	—	—
총부채	206	219	176	215	328	335
총차입금	140	184	137	85	214	224
자본금	27	27	27	36	57	58
총자본	95	98	133	319	325	353
지배주주지분	95	98	133	319	325	353

기업가치 지표

항목	2012	2013	2014	2015	2016	2017.2Q
주가(최고/저)(천원)	—/—	—/—	—/—	10.9/4.9	13.1/6.9	—/—
PER(최고/저)(배)	0.0/0.0	0.0/0.0	0.0/0.0	16.0/7.2	263.6/138.8	—/—
PBR(최고/저)(배)	0.0/0.0	0.0/0.0	0.0/0.0	3.7/1.7	4.6/2.4	3.7/2.1
EV/EBITDA(배)	2.5	9.4	1.6	13.6	62.3	
EPS(원)	140	33	449	680	50	-44
BPS(원)	1,761	1,811	2,455	4,426	2,870	3,089
CFPS(원)	306	180	862	1,240	212	48
DPS(원)						
EBITDAPS(원)	654	275	937	1,395	182	12

재무 비율 〈단위 : %〉

연도	영업이익률	순이익률	부채비율	차입금비율	ROA	ROE	유보율	자기자본비율	EBITDA마진율
2016	0.3	0.8	100.7	65.8	1.0	1.7	474.0	49.8	3.1
2015	13.0	11.3	67.4	26.7	15.0	27.9	785.2	59.7	15.7
2014	12.0	10.7	132.7	103.5	11.1	30.2	391.0	43.0	15.6
2013	4.1	1.4	224.1	188.5	0.9	2.6	262.2	30.9	7.9

에스엔피제네틱스 (A086460)
SNP Genetics

업 종 : 바이오		시 장 : KONEX	
신용등급 : (Bond) — (CP) —		기업규모 : —	
홈페이지 : www.snp-genetics.com		연 락 처 : 02)3273-1671	
본 사 : 서울시 마포구 백범로 35 서강대학교 떼이야르관 1007호			

설 립 일	2000.05.26	종업원수	4명	대 표 이 사	신형두
상 장 일	2013.07.01	감사의견	적정 (한ول)	계	열
결 산 기	12월	보 통 주		종속회사수	
액 면 가		우 선 주		구 상 호	에스엔피

주주구성 (지분율,%)		출자관계 (지분율,%)		주요경쟁사 (외형,%)	
신형두	34.1			에스엔피제네틱스	100
김명철	9.9			진매트릭스	518
				메디젠휴먼케어	166

매출구성		비용구성		수출비중	
유전체분석	82.9	매출원가율	83.6	수출	0.0
기타	17.1	판관비율	57.8	내수	100.0

회사 개요
2000년 5월에 설립된 동사는 단일염기다형성을 이용한 질병관련 SNP 콘텐츠를 연구하는 유전체 분석전문 벤처기업임. 다수의 질환군별 유전체센터를 설립해 서울대, 한양대, 순천향대, 한강성심병원 등 국내 전문병원들과 공동연구를 수행해 임상적 인프라를 확보함. 국내 유전체 분석 시장은 동사와 코스닥에 상장된 디엔에이링크, 마크로젠 등이 시장을 과점하는 형태를 보임. 2016년 10월 개인 유전자분석을 통한 체질검사 서비스인 '스엔피케어'를 출시함.

실적 분석
동사의 2016년 누적매출액은 9.8억원으로 전년 대비 소폭 증가함. 판관비가 늘면서 영업손실은 전년 2.9억원에서 4.1억원으로 적자폭이 확대됨. 유전체 분석 분야 정부예산은 꾸준히 증가하고 있어 전망은 긍정적임. 국책과제 및 외부기관과의 연구협력을 통해 회사의 인지도를 높이고 적극적으로 홍보에 나서고 있음. 캐피탈웍스인베스트먼트가 보유한 엔지젬생명과학의 지분 2.15%를 13.9억원으로 인수함.

현금 흐름 *IFRS 별도 기준 〈단위 : 억원〉

항목	2016	2017.2Q
영업활동	-2	—
투자활동	0	—
재무활동	2	—
순현금흐름	0	—
기말현금	1	—

시장 대비 수익률

결산 실적 〈단위 : 억원〉

항목	2012	2013	2014	2015	2016	2017
매출액	24	11	9	11	10	
영업이익	3	-2	-1	-3	-4	
당기순이익	3	-2	14	26	-12	

분기 실적 *IFRS 별도 기준 〈단위 : 억원〉

항목	2016.1Q	2016.2Q	2016.3Q	2016.4Q	2017.1Q	2017.2Q
매출액	—	—	—	—	—	—
영업이익	—	—	—	—	—	—
당기순이익	—	—	—	—	—	—

재무 상태 *IFRS 별도 기준 〈단위 : 억원〉

항목	2012	2013	2014	2015	2016	2017.2Q
총자산	77	71	89	127	111	
유형자산	25	23	22	23	21	
무형자산	0	0	0	0	0	
유가증권	—	—	32	77	68	
총부채	5	6	10	17	14	
총차입금	—	—	—	—	—	
자본금	9	9	9	9	9	
총자본	71	66	79	110	98	
지배주주지분	71	66	79	110	98	

기업가치 지표 *IFRS 별도 기준

항목	2012	2013	2014	2015	2016	2017.2Q
주가(최고/저)(천원)	—/—	5.1/2.2	3.9/2.3	13.7/2.6	13.5/6.8	—/—
PER(최고/저)(배)	0.0/0.0	5.0/3.0	9.7/1.9	—/—	—/—	—/—
PBR(최고/저)(배)	0.0/0.0	1.4/0.6	0.9/0.5	2.3/0.4	2.1/1.3	—/0.
EV/EBITDA(배)						
EPS(원)	191	-130	779	1,408	-667	
BPS(원)	3,913	3,782	4,562	6,035	5,368	
CFPS(원)	262	-22	849	1,488	-583	
DPS(원)						
EBITDAPS(원)	215	-26	39	-76	-138	

재무 비율 〈단위 : %〉

연도	영업이익률	순이익률	부채비율	차입금비율	ROA	ROE	유보율	자기자본비율	EBITDA마진율
2016	-41.4	-124.3	13.8	0.0	-10.2	-11.7	973.6	87.9	-25.
2015	-25.6	230.8	15.3	0.0	23.8	27.2	1,107.1	86.8	-12.
2014	-6.1	152.9	12.2	0.0	17.8	19.7	812.3	89.1	-7.
2013	-22.4	-21.7	8.6	0.0	-3.2	-3.5	656.5	92.1	-4.

에스엘 (A005850)
SL

업 종 : 자동차부품	시 장 : 거래소
신용등급 : (Bond) ― (CP) ―	기업규모 : 시가총액 중형주
홈 페 이 지 : www.slworld.com	연 락 처 : (053)856-8511
본 사 : 대구시 북구 노원로 85	

설 립 일 1968.11.07	종 업 원 수 2,229명	대 표 이 사	이충곤,이성엽,김정현
상 장 일 1988.11.08	감 사 의 견 적정 (한영)	계 열	
결 산 기 12월	보 통 주 3,387만주	종 속 회 사 수	7개사
액 면 가 500원	우 선 주	구 상 호	

주주구성 (지분율,%)		출자관계 (지분율,%)		주요경쟁사 (외형,%)	
이성엽	24.0	에스엘아이아태평양지주회사	100.0	에스엘	100
이충곤	14.5	HSL일렉트로닉스	50.0	한라홀딩스	62
(외국인)	24.0	에스에이치비	50.0	세방전지	59

매출구성		비용구성		수출비중	
LAMP PARTS 및 기타	61.7	매출원가율	87.3	수출	―
CHASSIS PARTS 외 및 기타	26.4	판관비율	6.6	내수	―
금형 및 기타	11.9				

회사 개요
동사는 1954년 설립됨. 자동차 부품 중 전조등, 샤시 부품 등을 주로 생산함. 현대, 기아, 한국GM 등에 중점 납품하고 있음. 1986년 미국 GM과 합작으로 성산을 설립, 본격적인 해외 진출에 나섬. 국내 최초로 신소재를 이용한 헤드램프를 개발하여 수출용 자동차에 적용하고 함. 헤드램프 시장에서 동사의 점유율은 66.0%에 달함. 이는 관계사 실적을 합산한 것임.

실적 분석
동사의 2017년 반기 연결재무제표 기준으로 매출액은 7,534.5억원을 달성하였고, 영업이익은 383.6억원, 순이익은 658.5억원을 시현함. 전년과 비교하여 매출액과 영업이익은 소폭 감소하였으나, 비영업수익이 크게 증가하여 당기순이익은 41.9% 증가하였음. 외형축소는 매출 비중이 큰 북미 SL America(2016년 기준 45% 비중)의 주력 고객사인 현대·기아-GM 모두가 시장수요 감소와 재고조정으로 출하를 줄인 영향 때문임.

현금 흐름 〈단위 : 억원〉
항목	2016	2017.2Q
영업활동	990	982
투자활동	-913	-636
재무활동	-206	-374
순현금흐름	-129	-45
기말현금	1,204	1,159

시장 대비 수익률

결산 실적 〈단위 : 억원〉
항목	2012	2013	2014	2015	2016	2017
매출액	11,625	12,417	13,594	13,951	16,192	
영업이익	371	353	597	633	993	
당기순이익	601	737	948	689	1,100	

분기 실적 〈단위 : 억원〉
항목	2016.1Q	2016.2Q	2016.3Q	2016.4Q	2017.1Q	2017.2Q
매출액	3,630	3,953	4,150	4,459	3,814	3,721
영업이익	178	216	382	218	219	164
당기순이익	214	250	308	328	299	360

재무 상태 〈단위 : 억원〉
항목	2012	2013	2014	2015	2016	2017.2Q
총자산	11,254	12,182	13,794	15,483	16,323	16,155
유형자산	2,974	2,968	3,161	3,991	4,181	4,004
무형자산	230	194	196	210	299	284
유가증권	174	175	103	204	250	249
총부채	5,290	5,521	6,313	7,366	7,218	6,603
총차입금	2,127	2,090	2,053	2,745	2,724	2,296
자본금	169	169	169	169	169	169
총자본	5,964	6,661	7,482	8,117	9,105	9,551
지배주주지분	5,876	6,577	7,391	8,003	8,981	9,422

기업가치 지표
항목	2012	2013	2014	2015	2016	2017.2Q
주가(최고/저)(천원)	21.8/10.1	17.0/11.0	22.5/14.7	20.0/13.8	22.0/13.7	―/―
PER(최고/저)(배)	13.4/6.2	8.3/5.4	8.4/5.5	10.4/7.2	6.9/4.3	―/―
PBR(최고/저)(배)	1.3/0.6	0.9/0.6	1.1/0.7	0.9/0.6	0.8/0.5	0.9/0.6
EV/EBITDA(배)	6.8	7.0	5.2	4.9	4.5	
EPS(원)	1,715	2,158	2,782	1,967	3,217	1,929
BPS(원)	17,351	19,422	21,825	23,633	26,519	27,823
CFPS(원)	3,072	3,560	4,378	3,681	5,162	2,915
DPS(원)	150	150	200	260	260	
EBITDAPS(원)	2,454	2,445	3,359	3,582	4,879	2,119

재무 비율 〈단위 : % 〉
연도	영업이익률	순이익률	부채비율	차입금비율	ROA	ROE	유보율	자기자본비율	EBITDA마진율
2016	6.1	6.8	79.3	29.9	6.9	12.8	5,203.7	55.8	10.2
2015	4.5	4.9	90.8	33.8	4.7	8.7	4,626.7	52.4	8.7
2014	4.4	7.0	84.4	27.4	7.3	13.5	4,265.1	54.2	8.4
2013	2.8	5.9	82.9	31.4	6.3	11.7	3,784.5	54.7	6.7

에스엘에스 (A246250)
SLS

업 종 : 바이오	시 장 : KONEX
신용등급 : (Bond) ― (CP) ―	기업규모 : ―
홈 페 이 지 : www.slabs.co.kr	연 락 처 : (031)275-5522
본 사 : 경기도 수원시 영통구 광교로 107 경기중소기업종합지원센터 실험연구동1층	

설 립 일 2007.01.17	종 업 원 수 81명	대 표 이 사	이영태
상 장 일 2016.06.29	감 사 의 견 적정 (현대)	계 열	
결 산 기 12월	보 통 주	종 속 회 사 수	
액 면 가	우 선 주	구 상 호	

주주구성 (지분율,%)		출자관계 (지분율,%)		주요경쟁사 (외형,%)	
문해란	27.2			에스엘에스바이오	100
이영태	19.1			씨젠	912
				내츄럴엔도텍	81

매출구성		비용구성		수출비중	
의약품품질관리	57.9	매출원가율	70.2	수출	1.0
SQL지원사업	29.0	판관비율	15.0	내수	99.0
생동성시험	11.7				

회사 개요
동사는 2007년 1월에 설립된 유전체분석 및 체외진단, 의약품 품질관리, CRO 사업을 영위하는 기업임. 다수의 의학, 의과학, 생화학 등의 전문 연구원들이 국내 및 해외 유전체 분석 및 체외진단 분야의 진단키트들을 개발하고 있으며, 관련 특허를 다수 보유함. 중소 기술기업으로 벤처기업과 이노비즈 기업으로 인증을 받았으며, 2016년 6월에 코넥스 시장에 상장됨.

실적 분석
동사의 2016년 누적 매출액은 80.8억원으로 전년 대비 30.1% 증가함. 매출원가와 판관비 상승에도 불구하고 영업이익은 전년보다 129.5% 늘어난 12억원을 기록함. 향후 급성장이 예상되는 생물학제제 및 흡입제 판매 제약사를 신규로 확보하고, 경쟁사의 계약 만료로 제약사에 대한 공격적인 영업활동을 펼칠 계획임. 생동성시험에서는 수익성 위주의 수주를 위해 마약성 진통제, CNS 약물 등 특화된 품목 위주로 수주를 늘려나갈 계획임.

현금 흐름 *IFRS 별도 기준 〈단위 : 억원〉
항목	2016	2017.2Q
영업활동	8	―
투자활동	-2	―
재무활동	-1	―
순현금흐름	5	―
기말현금	9	―

시장 대비 수익률

결산 실적 〈단위 : 억원〉
항목	2012	2013	2014	2015	2016	2017
매출액			58	62	81	
영업이익			8	5	12	
당기순이익			3	1	6	

분기 실적 *IFRS 별도 기준 〈단위 : 억원〉
항목	2016.1Q	2016.2Q	2016.3Q	2016.4Q	2017.1Q	2017.2Q
매출액						
영업이익						
당기순이익						

재무 상태 *IFRS 별도 기준 〈단위 : 억원〉
항목	2012	2013	2014	2015	2016	2017.2Q
총자산			79	110	115	
유형자산			12	14	12	
무형자산			35	38	36	
유가증권			1	1	1	
총부채			67	60	60	
총차입금			52	41	42	
자본금			22	29	29	
총자본			12	50	55	
지배주주지분			12	50	55	

기업가치 지표 *IFRS 별도 기준
항목	2012	2013	2014	2015	2016	2017.2Q
주가(최고/저)(천원)	―/―	―/―	―/―	―/―	71.7/44.4	―/―
PER(최고/저)(배)	0.0/0.0	0.0/0.0	0.0/0.0	0.0/0.0	7.4/4.6	0.0/0.0
PBR(최고/저)(배)	0.0/0.0	0.0/0.0	0.0/0.0	0.0/0.0	0.0/0.0	
EV/EBITDA(배)	0.0		3.6	1.9	13.8	
EPS(원)			74	41	97	
BPS(원)			274	862	939	
CFPS(원)			227	165	246	
DPS(원)						
EBITDAPS(원)			327	229	356	

재무 비율 〈단위 : % 〉
연도	영업이익률	순이익률	부채비율	차입금비율	ROA	ROE	유보율	자기자본비율	EBITDA마진율
2016	14.8	7.0	110.0	77.7	5.0	10.8	87.9	47.6	25.6
2015	8.4	3.3	121.0	82.5	2.2	6.6	72.4	45.3	18.3
2014	13.0	5.5	일부잠식	일부잠식	0.0	0.0	-45.1	15.0	24.3
2013	0.0	0.0	0.0	0.0	0.0	0.0	0.0	0.0	0.0

에스엠로보틱스 (A252940)
SMROBOTICS

업 종 : 레저용품		시 장 : KONEX	
신용등급 : (Bond) — (CP) —		기업규모 : —	
홈 페 이 지 : www.tophorse.co.kr		연 락 처 : (031)422-1519	
본 사 : 경기도 의왕시 이미로 40, 에이동 413호, 414호, 415호(포일동, 인덕원 아이티밸리)			

설 립 일	2011.06.03	종 업 원 수	7명	대 표 이 사	전주식
상 장 일	2016.09.30	감사의견 적정 (세림)		계	열
결 산 기	12월	보 통 주		종속회사수	
액 면 가	—	우 선 주		구 상 호	

주주구성 (지분율,%)
전주식	38.6
전성식	28.9

출자관계 (지분율,%)
에스엠로보틱스	100
라이브플렉스	2,737
손오공	10,320

주요경쟁사 (외형,%)

매출구성
스크린 승마 시뮬레이터	64.9
인테리어 용역	22.7
기타 상품 외	12.4

비용구성
매출원가율	78.2
판관비율	173.1

수출비중
수출	—
내수	—

회사 개요
2011년 6월 소프트웨어 개발 및 공급업 사업을 목적으로 설립, 실내 승마기와 승마시뮬레이션 시스템을 결합한 가상 실내 승마시뮬레이터인 VROS(Virtual Riding-simulator on real Online System) 개발, 제조, 판매 사업을 진행하고 있음. 특허 4종과 상표·서비스등록증 1종을 취득하여 국내 타 업체와의 경쟁력에서 우위를 점하고 있음. 2016년 9월 30일 코넥스 시장 상장.

실적 분석
코넥스 상장 기업인 동사의 2016년 연간 누적 매출액은 7.6억원. 전년 매출 48.6억원에서 85.3% 급감한 수치임. 영업손실 19억원, 당기순손실은 21.1억원을 기록하며 적자 전환. 동사의 총부채는 총자산을 9.2억원 초과하는 완전자본잠식 상태임. 유동부채 역시 유동자산을 17억원 초과. 상황을 타개하기 위해 동사는 부동산 매각, 영업활동 다각화 등 재무구조 및 영업활동 개선 계획을 수립하고 있음.

현금 흐름 *IFRS 별도 기준 〈단위 : 억원〉
항목	2016	2017.2Q
영업활동	-13	—
투자활동	4	—
재무활동	8	—
순현금흐름	-0	—
기말현금	0	—

시장 대비 수익률

결산 실적 〈단위 : 억원〉
항목	2012	2013	2014	2015	2016	2017
매출액	—	14	12	49	13	—
영업이익	—	-1	-2	7	-19	—
당기순이익	—	-2	-3	6	-21	—

분기 실적 *IFRS 별도 기준 〈단위 : 억원〉
항목	2016.1Q	2016.2Q	2016.3Q	2016.4Q	2017.1Q	2017.2Q
매출액						
영업이익						
당기순이익						

재무 상태 *IFRS 별도 기준 〈단위 : 억원〉
항목	2012	2013	2014	2015	2016	2017.2Q
총자산	—	10	27	36	24	—
유형자산	—	0	10	18	16	—
무형자산	—	3	6	7	4	—
유가증권	—					—
총부채	—	8	29	32	33	—
총차입금	—	2	14	20	21	—
자본금	—	10	10	4	11	—
총자본	—	1	-2	4	-9	—
지배주주지분	—	1	-2	4	-9	—

기업가치 지표 *IFRS 별도 기준
항목	2012	2013	2014	2015	2016	2017.2Q
주가(최고/저)(천원)	#VALUE!	—/—	—/—	—/—	—/—	—/—
PER(최고/저)(배)	0.0/0.0	0.0/0.0	0.0/0.0	0.0/0.0	0.0/0.0	0.0/0.0
PBR(최고/저)(배)	0.0/0.0	0.0/0.0	0.0/0.0	0.0/0.0	-23.5/-5.7	0.0/0.0
EV/EBITDA(배)	0.0				1.6	
EPS(원)	—	-136	-150	287	-1,002	
BPS(원)	—	59	-91	196	-423	
CFPS(원)	—	-110	-122	385	-780	
DPS(원)	—					
EBITDAPS(원)	—	-93	460	-679		

재무 비율 〈단위 : %〉
연도	영업이익률	순이익률	부채비율	차입금비율	ROA	ROE	유보율	자기자본비율	EBITDA마진율
2016	-151.3	-168.4	완전잠식	완전잠식	-70.3	당기잠식	-184.5	-37.9	-114.1
2015	14.9	11.8	일부잠식	일부잠식	18.3	전기잠식	-60.9	11.0	18.9
2014	-19.5	-24.1	완전잠식	완전잠식	-16.4	당기잠식	-118.3	-6.8	-15.0
2013	-10.0	-16.0	일부잠식	일부잠식			-88.3	12.3	-6.9

에스엠엔터테인먼트 (A041510)
SM Entertainment

업 종 : 미디어		시 장 : KOSDAQ	
신용등급 : (Bond) — (CP) —		기업규모 : 우량	
홈 페 이 지 : www.smtown.com		연 락 처 : (02)6240-9800	
본 사 : 서울시 강남구 압구정로 423 캠브리지연립주택			

설 립 일	1995.02.14	종 업 원 수	379명	대 표 이 사	한세민,남소영(공동대표이사)
상 장 일	2000.04.27	감사의견 적정 (삼정)		계	열
결 산 기	12월	보 통 주	2,176만주	종속회사수	21개사
액 면 가	500원	우 선 주		구 상 호	

주주구성 (지분율,%)
이수만	20.2
미래에셋자산운용투자자문	4.3
(외국인)	17.6

출자관계 (지분율,%)
에스엠에프앤비디벨롬먼트	100.0
아렐	100.0
비스츠앤네이티브스	50.0

주요경쟁사 (외형,%)
에스엠	100
스카이라이프	190
와이지엔터테인먼트	92

매출구성
[매니지먼트사업]출연료	41.0
[매니지먼트사업]매니지먼트 매출	27.7
[음반산업]음반	19.5

비용구성
매출원가율	70.8
판관비율	23.3

수출비중
수출	43.0
내수	57.0

회사 개요
동사는 1995년 설립되어 초기에는 TV 프로그램 제작물을 공중파 방송 및 케이블 방송에 납품하는 외주 프로그램 제작업을 영위하면서 신인 발굴 및 음반기획을 병행함. 이후 H.O.T. 음반의 성공과 함께 S.E.S., 신화, Fly to the Sky, BoA, 동방신기, 슈퍼주니어, 소녀시대, 샤이니, f(x), EXO 등이 연속적으로 성공함. 대중문화콘텐츠와 신인 엔터테이너를 지속적으로 발굴, 성장시켜 높은 실적 성장세를 시현함.

실적 분석
동사의 2017년 2분기 누적 연결기준 매출액은 전년대비 18.9% 감소한 1,357.9억원을 기록함. 음반/음원 사업은 호조를 보였으나 매니지먼트사업인 소속 아티스트의 방송광고 출연료와 로열티가 감소하여 실적 부진의 원인이 된 것으로 보임. 매출액 감소에도 판관비는 증가하여 영업이익은 전년대비 60.9% 감소한 25.8억원에 그쳤고 비영업손실이 반영된 결과 당기순손실 42.0억원을 보이며 적자가 확대됨.

현금 흐름 〈단위 : 억원〉
항목	2016	2017.2Q
영업활동	212	78
투자활동	-384	-122
재무활동	505	-29
순현금흐름	361	-95
기말현금	1,696	1,601

시장 대비 수익률

결산 실적 〈단위 : 억원〉
항목	2012	2013	2014	2015	2016	2017
매출액	2,413	2,687	2,870	3,222	3,499	—
영업이익	605	405	343	384	207	—
당기순이익	368	180	18	184	42	—

분기 실적 〈단위 : 억원〉
항목	2016.1Q	2016.2Q	2016.3Q	2016.4Q	2017.1Q	2017.2Q
매출액	905	769	1,041	784	681	677
영업이익	90	-24	135	6	12	14
당기순이익	61	-65	86	-40	-80	38

재무 상태 〈단위 : 억원〉
항목	2012	2013	2014	2015	2016	2017.2Q
총자산	3,228	3,923	3,827	4,597	5,251	4,995
유형자산	394	540	810	1,075	1,037	958
무형자산	429	495	511	511	371	333
유가증권	101	139	194	172	125	144
총부채	893	1,259	1,011	1,362	1,495	1,309
총차입금	104	135	155	458	569	590
자본금	102	103	103	104	109	109
총자본	2,336	2,664	2,816	3,235	3,755	3,686
지배주주지분	2,096	2,299	2,413	2,846	3,295	3,234

기업가치 지표
항목	2012	2013	2014	2015	2016	2017.2Q
주가(최고/저)(천원)	69.2/37.3	50.6/29.4	53.2/24.5	49.0/30.5	47.1/24.2	—/—
PER(최고/저)(배)	34.9/18.8	55.4/32.2	183.2/84.2	46.8/29.1	278.3/142.7	—/—
PBR(최고/저)(배)	6.7/3.6	4.5/2.6	4.5/2.1	3.6/2.2	3.1/1.6	2.0/1.5
EV/EBITDA(배)	11.7	16.4	14.0	14.1	11.0	—
EPS(원)	1,984	913	290	1,048	169	-120
BPS(원)	10,262	11,376	11,837	13,669	15,144	15,117
CFPS(원)	2,461	1,371	922	2,066	1,258	358
DPS(원)						
EBITDAPS(원)	3,502	2,427	2,295	2,875	2,049	597

재무 비율 〈단위 : %〉
연도	영업이익률	순이익률	부채비율	차입금비율	ROA	ROE	유보율	자기자본비율	EBITDA마진율
2016	5.9	1.2	39.8	15.1	0.9	1.2	2,928.9	71.5	12.6
2015	11.9	5.7	42.1	14.2	4.4	8.3	2,633.7	70.4	18.5
2014	12.0	0.6	35.9	5.5	0.5	2.6	2,267.3	73.6	16.5
2013	15.1	6.7	47.3	5.1	5.0	8.6	2,175.3	67.9	18.6

에스엠컬처앤콘텐츠 (A048550)
SM Culture & Contents

업 종 : 미디어		시 장 : KOSDAQ	
신용등급 : (Bond) — (CP) —		기업규모 : 중견	
홈페이지 : www.smcultureandcontents.com		연락처 : 02)3788-9400	
본 사 : 서울시 강남구 삼성로 648(삼성동, 한섬빌딩)			

설 립 일 1980.05.13	종 업 원 수 217명	대 표 이 사 이훈희,김동준	
상 장 일 2001.01.06	감사의견 적정 (삼정)	계 열	
결 산 기 12월	보 통 주 6,953만주	종속회사수 3개사	
액 면 가 500원	우 선 주	구 상 호	

주주구성 (지분율,%)		출자관계 (지분율,%)		주요경쟁사 (외형,%)	
에스.엠.엔터테인먼트	38.2	콘텐츠뱅크	100.0	SM C&C	100
DREAM MAKER ENTERTAINMENT LIMITED	1.8	드래곤타히거문화투자목적	100.0	키이스트	98
(외국인)	3.7	호텔트리스	80.4	덱스터	33

매출구성		비용구성		수출비중	
방송프로그램, 음악 콘텐츠(기타)	50.5	매출원가율	82.5	수출	4.0
방송 (기타)	39.7	판관비율	13.9	내수	96.0
항공권, 여행상품, 기타수입수수료(기타)	9.8				

회사 개요
동사는 1987년 비티앤아이여행사로 설립되어 기업체 출장 전문 서비스와 국제회의 용역 서비스, 국내외 일반여행 알선을 주요사업으로 영위함. 사업다각화 및 대주주 변경에 따라 사명을 비티앤아이 여행그룹에서 에스엠컬처앤콘텐츠로 변경함. 2012년 5월 에스엠엔터테인먼트가 동사의 지분을 취득하면서 드라마 제작 및 영상, 음반, 공연 사업이 추가되었으며, 지배기업 최대주주는 에스엠엔터테인먼트로 변경됨.

실적 분석
동사의 연결기준 2017년 2분기 매출액은 영상콘텐츠 제작, 매니지먼트, 여행사업 등 사업부문의전반적인 매출감소하며 전년동기 대비 43.2% 감소한 262.9억원을 기록함. 각 사업부문들이 하락세를 기록 중이며 매출액 여드가 가장 높은 콘텐츠 부문의 감소 폭이 가장 컴. 영업이익 및 당기순이익은 적자전환함. 인기 아티스트 보유를 기반으로 해외진출이 기존 중국 및 아시아 시장을 넘어 유럽, 미주 등 다양성을 확대하고자 함.

현금 흐름
<단위 : 억원>

항목	2016	2017.2Q
영업활동	-2	-38
투자활동	54	44
재무활동	-30	-32
순현금흐름	21	-26
기말현금	200	174

시장 대비 수익률

결산 실적
<단위 : 억원>

항목	2012	2013	2014	2015	2016	2017
매출액	196	576	610	755	954	—
영업이익	-26	-2	-59	-39	35	—
당기순이익	-128	-10	-84	-47	-5	—

분기 실적
<단위 : 억원>

항목	2016.1Q	2016.2Q	2016.3Q	2016.4Q	2017.1Q	2017.2Q
매출액	205	258	285	206	149	114
영업이익	5	-3	24	10	-6	-21
당기순이익	17	-35	15	-1	-19	-13

재무 상태
<단위 : 억원>

항목	2012	2013	2014	2015	2016	2017.2Q
총자산	502	842	846	860	812	668
유형자산	9	14	78	71	62	7
무형자산	156	230	228	199	101	83
유가증권	1	1	13	20	23	4
총부채	129	325	291	320	264	137
총차입금	19	76	66	62	32	—
자본금	303	336	347	348	348	348
총자본	373	517	555	540	548	530
지배주주지분	371	516	554	541	549	531

기업가치 지표

항목	2012	2013	2014	2015	2016	2017.2Q
주가(최고/저)(천원)	7.6/0.7	4.0/2.4	5.0/2.4	3.8/2.4	2.8/1.8	—/—
PER(최고/저)(배)	—/—	—/—	—/—	—/—	—/—	—/—
PBR(최고/저)(배)	10.8/1.0	4.7/2.9	5.9/2.9	4.6/2.9	3.4/2.2	3.2/2.5
EV/EBITDA(배)		58.4	1,413.6	60.9	13.7	
EPS(원)	-266	-14	-121	-66	-7	-46
BPS(원)	701	839	844	824	835	792
CFPS(원)	-231	36	-34	-4	73	-16
DPS(원)						
EBITDAPS(원)	-19	48	2	45	130	-8

재무 비율
<단위 : % >

연도	영업이익률	순이익률	부채비율	차입금비율	ROA	ROE	유보율	자기자본비율	EBITDA마진율
2016	3.7	-0.5	48.1	5.8	-0.6	-0.9	67.0	67.5	9.5
2015	-5.2	-6.3	59.3	11.5	-5.6	-8.4	64.7	62.8	4.2
2014	-9.6	-13.9	52.5	11.9	-10.0	-15.7	68.8	65.6	0.3
2013	-0.3	-1.7	62.8	14.8	-1.4	-2.0	67.8	61.4	5.3

에스엠코어 (A007820)
SMCoreInc

업 종 : 기계		시 장 : KOSDAQ	
신용등급 : (Bond) — (CP) —		기업규모 : 중견	
홈페이지 : www.smck.com		연락처 : 02)2090-9200	
본 사 : 서울시 마포구 마포대로 20 (마포동, 다보빌딩 14층)			

설 립 일 1972.04.13	종 업 원 수 186명	대 표 이 사 권순욱	
상 장 일 2011.11.08	감사의견 적정 (삼일)	계 열	
결 산 기 12월	보 통 주 2,000만주	종속회사수 2개사	
액 면 가 500원	우 선 주	구 상 호 신흥기계	

주주구성 (지분율,%)		출자관계 (지분율,%)		주요경쟁사 (외형,%)	
SK	26.7	포인트코드	68.9	에스엠코어	100
권순욱	16.9	SMCUS,INC	100.0	신진에스엠	99
(외국인)	3.1			동양물산	745

매출구성		비용구성		수출비중	
자동화설비(제품)	94.4	매출원가율	116.9	수출	39.0
AS매출액(제품)	5.6	판관비율	11.0	내수	61.0

회사 개요
1972년 신흥우드워크란 이름으로 설립됨. 1987년 상호를 신흥기계로 변경, 2016년엔 상호를 에스엠코어로 변경. 동사와 종속회사는 자동화물류시스템에 필요한 자동화 설비를 제작·설치하고 설비 가동에 필요한 제어시스템과 운영정보시스템을 제작·설치하는 사업을 영위하고 있음. 향후 반도체 업황의 글로벌경기 전망이 밝고 낸드플래시 및 D램의 수요증가세가 지속됨에 따라 반도체와 평판디스플레이 관련장비 제조판·매업을 시행할 예정임.

실적 분석
동사의 2017년 2분기기준 누적 매출액은 전년동기대비 8.1% 상승한 304.3억원을 기록하였음. 비용면에서 전년동기대비 매출원가는 감소 하였으며 인건비도 감소, 광고선전비도 크게 감소, 기타판매비와관리비는 크게 감소함. 이처럼 매출액 상승과 더불어 비용절감에도 힘을 기울였음. 그에 따라 전년동기대비 영업이익은 -11억원으로 적자지속 이지만 그 폭을 줄여가는 모습임. 최종적으로 전년동기대비 당기순이익은 적자지속하여 -14억원을 기록함.

현금 흐름
<단위 : 억원>

항목	2016	2017.2Q
영업활동	-183	-50
투자활동	-0	5
재무활동	-39	370
순현금흐름	-222	325
기말현금	72	397

시장 대비 수익률

결산 실적
<단위 : 억원>

항목	2012	2013	2014	2015	2016	2017
매출액	783	760	920	733	504	—
영업이익	75	56	75	24	-141	—
당기순이익	56	50	64	30	-129	—

분기 실적
<단위 : 억원>

항목	2016.1Q	2016.2Q	2016.3Q	2016.4Q	2017.1Q	2017.2Q
매출액	162	120	160	62	131	173
영업이익	-18	-63	-17	-44	-11	0
당기순이익	-19	-58	-30	-22	-20	6

재무 상태
<단위 : 억원>

항목	2012	2013	2014	2015	2016	2017.2Q
총자산	685	770	791	857	597	907
유형자산	145	168	162	159	74	166
무형자산	39	42	47	46	50	52
유가증권	0	0	0	29	16	0
총부채	260	301	283	282	187	139
총차입금	34	35	46	—	5	—
자본금	33	35	37	77	100	100
총자본	426	469	508	575	410	768
지배주주지분	423	464	504	569	405	762

기업가치 지표

항목	2012	2013	2014	2015	2016	2017.2Q
주가(최고/저)(천원)	7.7/3.8	6.2/4.3	6.7/4.4	9.5/5.8	12.5/5.0	—/—
PER(최고/저)(배)	21.9/10.9	20.1/14.0	16.5/11.0	51.8/31.6	—/—	—/—
PBR(최고/저)(배)	2.8/1.4	2.0/1.4	1.9/1.3	2.6/1.6	4.4/1.8	4.8/3.0
EV/EBITDA(배)	6.7	9.9	10.0	20.7		—/—
EPS(원)	364	316	414	187	-833	-76
BPS(원)	6,653	7,011	7,441	3,711	2,835	3,811
CFPS(원)	985	860	1,044	277	-736	-33
DPS(원)	50	60	70	100	50	
EBITDAPS(원)	1,273	964	1,208	243	-822	-13

재무 비율
<단위 : % >

연도	영업이익률	순이익률	부채비율	차입금비율	ROA	ROE	유보율	자기자본비율	EBITDA마진율
2016	-28.0	-25.7	45.7	1.2	-17.8	-26.2	466.9	68.7	-25.0
2015	3.2	4.1	49.0	0.0	3.7	5.4	642.3	67.1	5.1
2014	8.2	6.9	55.6	9.0	8.2	13.1	1,388.2	64.3	9.6
2013	7.3	6.6	64.3	7.4	6.9	10.9	1,302.2	60.9	8.8

에스와이제이 (A251540)
SYJ

업 종 : 섬유 및 의복		시 장 : KONEX	
신용등급 : (Bond) —		기업규모 : —	
홈페이지 : syj.biz		(CP) —	
본 사 : 서울시 금천구 디지털로9길 33 1105호 (가산동, IT 미래타워)		연 락 처 : 070)8766-3228	

설 립 일 2014.04.04	종업원수 명	대표이사 김소영	
상 장 일 2017.05.02	감사의견 적정 (안세)	계 열	
결 산 기 12월	보 통 주	종속회사수	
액 면 가	우 선 주	구 상 호	

주주구성 (지분율,%)		출자관계 (지분율,%)		주요경쟁사 (외형,%)	
김소영	50.0			에스와이제이	100
에스와이제이우리사주조합	7.2			패션플랫폼	427
				국동	1,520

매출구성		비용구성		수출비중	
티셔츠	65.7	매출원가율	69.7	수출	0.0
아우터	28.9	판관비율	13.8	내수	100.0
상품	5.4				

회사 개요
동사는 미디어콘텐츠와 봉제의류 생산과의 효율적인 결합방식으로 자사의 브랜드제품을 판매하는 여성 온라인 쇼핑몰 전문 업체임. "아이엠쏘리"와 "데일리바운스", "뽀람" 으로 대표되는 자사 보유 SPA 브랜드를 바탕으로, 판매채널 다각화 및 O2O 서비스의 지속적인 확장 계획. 주요 사업 영역은 브랜드 여성 의류이며, 특히 주 사업 매출의 60% 이상이 온라인 쇼핑몰에서 발생함. 2016년 기준 약 0.35%의 시장점유율을 유지함.

실적 분석
동사의 2016년 매출액은 129.8억원으로 꾸준히 외형이 성장하고 있음. 2014년만 해도 매출액은 36.23억원에 그침. 영업이익은 21.4억원으로 전년 대비 100% 넘게 증가함. 당기순이익은 18.9억원을 기록함. 동사의 전방 시장인 여성복 시장은 2012년 이후 캐주얼패션 트렌드로 2017년 7.1%의 높은 성장세가 예상됨. 동사가 주력하는 온라인 의류 쇼핑몰 시장은 최근 3년간 연평균 성장률이 약 11%에 달함.

현금 흐름   *IFRS 별도 기준 〈단위 : 억원〉

항목	2016	2017.2Q
영업활동	-28	—
투자활동	-1	—
재무활동	67	—
순현금흐름	38	—
기말현금	39	—

시장 대비 수익률

결산 실적 〈단위 : 억원〉

항목	2012	2013	2014	2015	2016	2017
매출액	—	—	36	45	130	—
영업이익	—	—	2	10	21	—
당기순이익	—	—	2	9	19	—

분기 실적   *IFRS 별도 기준 〈단위 : 억원〉

항목	2016.1Q	2016.2Q	2016.3Q	2016.4Q	2017.1Q	2017.2Q
매출액						
영업이익						
당기순이익						

재무 상태   *IFRS 별도 기준 〈단위 : 억원〉

항목	2012	2013	2014	2015	2016	2017.2Q
총자산	—	—	5	27	121	—
유형자산	—	—	0	1	1	—
무형자산	—	—	1	7	6	—
유가증권	—	—	0	0	—	—
총부채	—	—	2	8	53	—
총차입금	—	—	1	6	47	—
자본금	—	—	1	3	15	—
총자본	—	—	3	19	67	—
지배주주지분	—	—	3	19	67	—

기업가치 지표   *IFRS 별도 기준

항목	2012	2013	2014	2015	2016	2017.2Q
주가(최고/저)(천원)	#VALUE!	—/—	—/—	—/—	—/—	—/—
PER(최고/저)(배)	0.0/0.0	0.0/0.0	0.0/0.0	0.0/0.0	0.0/0.0	—/—
PBR(최고/저)(배)	0.0/0.0	0.0/0.0	0.0/0.0	0.0/0.0	0.0/0.0	0.0/0.0
EV/EBITDA(배)	0.0	0.0	0.3	0.5	0.2	0.0
EPS(원)	—	—	919	3,548	923	—
BPS(원)	—	—	14,190	11,949	2,217	—
CFPS(원)	—	—	9,246	37,621	959	—
DPS(원)	—	—	—	—	—	—
EBITDAPS(원)	—	—	9,312	43,264	1,080	—

재무 비율 〈단위 : % 〉

연도	영업이익률	순이익률	부채비율	차입금비율	ROA	ROE	유보율	자기자본비율	EBITDA마진율
2016	16.5	14.6	79.7	70.2	25.7	44.2	343.4	55.7	17.1
2015	23.0	19.9	45.5	31.6	55.4	83.6	139.0	68.7	24.2
2014	5.1	5.1	87.4	22.7	0.0	0.0	183.8	53.4	5.1
2013	0.0	0.0	0.0	0.0	0.0	0.0	0.0	0.0	0.0

에스와이패널 (A109610)
SYPANEL COLTD

업 종 : 건축자재		시 장 : KOSDAQ	
신용등급 : (Bond) —		기업규모 : 우량	
홈페이지 : www.sypanel.com		(CP) —	
본 사 : 경기도 수원시 권선구 경수대로 261(세류동) 리치타워 7층		연 락 처 : 031)222-4028	

설 립 일 2000.09.29	종업원수 218명	대표이사 홍영돈	
상 장 일 2015.12.29	감사의견 적정 (대주)	계 열	
결 산 기 12월	보 통 주 2,410만주	종속회사수 9개사	
액 면 가 500원	우 선 주	구 상 호	

주주구성 (지분율,%)		출자관계 (지분율,%)		주요경쟁사 (외형,%)	
홍영돈	18.3	에스와이테크	100.0	에스와이패널	100
이화춘	15.2	에스와이산업	100.0	대림B&Co	68
(외국인)	0.1	에스와이화학	100.0	뉴보텍	12

매출구성		비용구성		수출비중	
우레탄 보드 외	31.9	매출원가율	88.3	수출	4.0
난연 EPS 패널	28.3	판관비율	8.7	내수	96.0
G/W 패널	17.2				

회사 개요
동사는 2000년 9월 29일 조립식 샌드위치패널 제조 및 판매 목적으로 쌍용실업으로 설립되었으며, 2003년 9월 29일 에스와이패널로 사명을 변경함. 동사의 연결대상 종속회사는 8개사이며, 그 중 주요 종속회사는 에스와이테크, 에스와이산업 2개사이며, 2개사 모두 조립식 샌드위치패널 제조 및 판매 사업을 영위하고 있음. 동사의 전방산업인 건설경기가 살아나며 건축자재시장도 점점 확대중임.

실적 분석
동사의 2017년 2분기 기준 매출액은 1,741억원으로 전년 대비 31.6% 증가하였음. 판관비가 49.1% 증가하는 등 부담이 있으며, 매출원가의 상승폭도 증가함에따라 영업이익은 전년 동기 대비 적자전환한 5.8억원 손실을 시현, 최종적으로 전년 동기 대비 적자전환한 31.9억원의 당기순손실을 시현하였음. 동사는 샌드위치패널 시장 점유율 1위업체로서 전국에 퍼져있는 공장설비를 통해 저렴한 물류비로 제품을 전달 가능함.

현금 흐름 〈단위 : 억원〉

항목	2016	2017.2Q
영업활동	-114	-378
투자활동	-353	-261
재무활동	401	724
순현금흐름	-59	83
기말현금	123	207

시장 대비 수익률

결산 실적 〈단위 : 억원〉

항목	2012	2013	2014	2015	2016	2017
매출액	1,438	1,911	2,383	2,617	3,061	—
영업이익	59	74	89	150	92	—
당기순이익	21	46	47	77	16	—

분기 실적   *IFRS 별도 기준 〈단위 : 억원〉

항목	2016.1Q	2016.2Q	2016.3Q	2016.4Q	2017.1Q	2017.2Q
매출액	555	769	770	968	771	971
영업이익	16	44	21	12	-13	7
당기순이익	2	10	4	0	-26	-6

재무 상태 〈단위 : 억원〉

항목	2012	2013	2014	2015	2016	2017.2Q
총자산	924	1,346	1,758	2,173	2,745	3,418
유형자산	428	621	818	1,079	1,307	1,375
무형자산	10	18	15	17	29	30
유가증권	9	34	12	9	9	9
총부채	698	1,074	1,453	1,667	2,179	2,283
총차입금	507	708	974	1,073	1,426	1,558
자본금	20	20	20	31	61	121
총자본	226	272	305	506	565	1,135
지배주주지분	191	231	291	493	487	1,062

기업가치 지표

항목	2012	2013	2014	2015	2016	2017.2Q
주가(최고/저)(천원)	—/—	—/—	—/—	3.1/2.8	46.5/3.9	—/—
PER(최고/저)(배)	0.0/0.0	0.0/0.0	0.0/0.0	3.4/3.1	326.3/27.4	—/—
PBR(최고/저)(배)	0.0/0.0	0.0/0.0	0.0/0.0	0.8/0.7	10.8/0.9	5.5/1.6
EV/EBITDA(배)	4.9	6.0	6.0	6.2	36.9	
EPS(원)	135	338	367	624	96	-137
BPS(원)	47,873	57,766	72,824	7,955	4,313	4,561
CFPS(원)	13,167	17,831	23,892	3,291	781	54
DPS(원)	—	—	—	—	150	—
EBITDAPS(원)	23,876	26,550	35,518	5,150	1,398	165

재무 비율 〈단위 : % 〉

연도	영업이익률	순이익률	부채비율	차입금비율	ROA	ROE	유보율	자기자본비율	EBITDA마진율
2016	3.0	0.5	385.4	252.2	0.7	3.5	762.6	20.6	5.6
2015	5.7	2.9	329.2	212.0	3.9	18.9	1,491.1	23.3	8.0
2014	3.8	2.0	477.2	319.7	—	—	1,356.5	17.3	6.0
2013	3.9	2.4	395.2	260.8	4.1	18.7	1,055.3	20.2	5.6

에스원 (A012750)
S-1

검 종 : 상업서비스 시 장 : 거래소
신용등급 : (Bond) — (CP) A1 기업규모 : 시가총액 대형주
홈페이지 : www.s1.co.kr 연 락 처 : 1588-3112
사 : 서울시 중구 세종대로7길 25 (순화동)

설 립 일	1977.11.28	종 업 원 수	6,097명	대 표 이 사	육현표,키다코이치
상 장 일	1995.12.29	감 사 의 견	적정 (한영)	계	열
결 산 기	12월	보 통 주	3,800만주	종 속 회 사 수	5개사
액 면 가	500원	우 선 주		구 상 호	

주주구성 (지분율,%)		출자관계 (지분율,%)		주요경쟁사 (외형,%)	
일본SECOM	25.7	휴먼티에스에스	100.0	에스원	100
삼성에스디아이	11.0	에스원씨알엠	100.0	한국항공우주	161
(외국인)	50.5	이글루시큐리티	11.0	한화테크윈	192

매출구성		비용구성		수출비중	
시스템보안서비스 및 설치	51.2	매출원가율	70.0	수출	—
부동산 서비스	24.3	판관비율	18.8	내수	—
보안관련 상품판매	15.3				

회사 개요

동사는 일본 세콤이 25.65%를 보유하고 있으며, 보안시스템 서비스, 건물관리 서비스, 콜센터 서비스 및 텔레마케팅 등의 사업을 영위함. 보안시스템 부문에서는 세콤과 경영 및 기술도입 계약을 체결함. 경영자문, 기술도입, 상표도입 등의 목적으로 해마다 2회 분할로 지급함. 지급 기준은 시스템 부문 순매출액의 0.65%임. 정보보안솔루션 개발 및 공급 부문은 2015년 9월 시큐아이 매각으로 제외됨.

실적 분석

동사의 2017년 상반기 매출액은 9,595.1억원으로 전년 동기 대비 7.9% 증가함. 영업이익은 1083.3억원으로 1.6% 증가함. 당기순이익은 758.1억원으로 1.8% 감소함. 대규모 시설에 대한 효율적인 관리가 가능하도록 1000대 이상의 카메라 연결이 가능한 지능형 모니터링 시스템을 출시함. 해외에서도 현지 법인을 기반으로 글로벌 보안 SI시장을 공략하고 있음. 앞으로 사물인터넷, 빅데이터 등 첨단 기술을 접목한다는 계획임.

현금 흐름 〈단위 : 억원〉

항목	2016	2017.2Q
영업활동	2,732	1,493
투자활동	-2,135	-1,015
재무활동	-410	-423
순현금흐름	185	55
기말현금	1,441	1,496

시장 대비 수익률

결산 실적 〈단위 : 억원〉

항목	2012	2013	2014	2015	2016	2017
매출액	10,965	12,741	16,347	17,996	18,302	
영업이익	1,346	1,309	1,527	1,726	2,057	
당기순이익	1,092	873	1,163	1,554	1,405	

분기 실적 〈단위 : 억원〉

항목	2016.1Q	2016.2Q	2016.3Q	2016.4Q	2017.1Q	2017.2Q
매출액	4,355	4,539	4,482	4,926	4,696	4,899
영업이익	535	531	491	500	582	502
당기순이익	392	381	337	296	401	357

재무 상태 〈단위 : 억원〉

항목	2012	2013	2014	2015	2016	2017.2Q
총자산	10,846	11,541	14,601	13,944	14,604	14,977
유형자산	3,939	4,407	4,654	4,699	4,749	4,727
무형자산	318	646	5,211	4,979	4,786	4,680
유가증권	63	104	714	246	1,043	1,449
총부채	2,912	3,106	5,443	4,141	3,604	3,630
총차입금				1,900		
자본금	190	190	190	190	190	190
총자본	7,935	8,435	9,157	9,804	10,999	11,346
지배주주지분	7,618	8,065	8,734	9,801	10,999	11,346

기업가치 지표

항목	2012	2013	2014	2015	2016	2017.2Q
주가(최고/저)(천원)	67.7/48.3	71.7/55.7	85.3/66.2	103/65.8	113/86.0	—/—
PER(최고/저)(배)	27.0/19.6	35.3/27.8	30.9/23.9	26.1/16.7	31.1/23.6	3.1/2.4
PBR(최고/저)(배)	3.0/2.2	3.0/2.3	3.3/2.6	3.5/2.3	3.5/2.6	2.4
EV/EBITDA(배)	10.5		10.8	9.6	11.4	8.8
EPS(원)	2,656	2,119	2,882	4,043	3,698	1,995
BPS(원)	24,161	25,332	27,085	29,891	33,045	33,958
CFPS(원)	4,841	4,865	6,602	7,922	7,512	3,934
DPS(원)	1,250	1,100	1,150	1,200	1,250	
EBITDAPS(원)	5,728	6,190	7,739	8,420	9,227	4,790

재무 비율 〈단위 : % 〉

연도	영업이익률	순이익률	부채비율	차입금비율	ROA	ROE	유보율	자기자본비율	EBITDA마진율
2016	11.2	7.7	32.8	0.0	9.9	13.5	6,509.1	75.3	19.2
2015	9.6	8.6	42.2	0.0	10.9	16.6	5,878.3	70.3	17.8
2014	9.3	7.1	59.4	20.8	8.9	13.0	5,316.9	62.7	18.0
2013	10.3	6.9	36.8		7.8	10.3	4,966.4	73.1	18.5

에스제이엠 (A123700)
SJM

업 종 : 자동차부품 시 장 : 거래소
신용등급 : (Bond) — (CP) — 기업규모 : 시가총액 소형주
홈 페 이 지 : www.sjmflex.co.kr 연 락 처 : 031/490-4151
사 : 경기도 안산시 단원구 별망로 459번길 20 (목내동)

설 립 일	2010.05.04	종 업 원 수	353명	대 표 이 사	김휘중
상 장 일	2010.05.31	감 사 의 견	적정 (삼정)	계	열
결 산 기	12월	보 통 주	1,560만주	종 속 회 사 수	8개사
액 면 가	500원	우 선 주		구 상 호	

주주구성 (지분율,%)		출자관계 (지분율,%)		주요경쟁사 (외형,%)	
에스제이엠홀딩스	40.6	SJMFLEXSA(Pty)LTD	100.0	SJM	100
FID Low Priced Stock Fund	8.2	연대세결기차배건위한공사	100.0	아진산업	286
(외국인)	14.0	SJMNORTHAMERICAINC	100.0	에이엔피	59

매출구성		비용구성		수출비중	
Flexible Coupling(자동차부품)	89.3	매출원가율	73.6	수출	—
Expansion Joint(플랜트용 신축이음쇠)	5.7	판관비율	18.3	내수	—
Expansion Joint(건축배관용 신축이음쇠)	3.7				

회사 개요

동사는 자동차용 및 산업용 벨로우즈 전문생산업체로, 자동차의 배기계의 앞쪽에 장착되어 엔진으로부터의 소음과 진동을 줄여주는 Flexible Coupling과 건축산업용 배관 및 고압가스관 등의 열팽창에 의한 신축을 흡수하는 Expansion Joint 등을 생산하고 있음. 자동차사업부문(자동차용 Bellows) 매출 92%, 플랜트사업부문(산업용 Bellows) 매출 8%로 구성됨.

실적 분석

동사의 2017년 2분기 매출액은 전년대비 5.5% 감소한 833.0억원을 기록함. 원가 부담 및 판관비 비중 증가로 영업이익은 전년동기대비 57.4% 감소한 39억원을 시현하였으며, 이에 따라 당기순이익은 전년대비 큰폭으로 감소한 37.1억원을 기록함. 글로벌 경기회복세에도 전방산업인 자동차산업의 낮은 성장세로 BELLOW 수요 역시 둔화되며 매출성장은 제한적일 전망임.

현금 흐름 〈단위 : 억원〉

항목	2016	2017.2Q
영업활동	137	76
투자활동	-135	-12
재무활동	-41	-31
순현금흐름	-41	24
기말현금	312	336

시장 대비 수익률

결산 실적 〈단위 : 억원〉

항목	2012	2013	2014	2015	2016	2017
매출액	1,873	1,831	1,571	1,803	1,768	
영업이익	213	201	202	234	143	
당기순이익	174	166	160	240	150	

분기 실적 〈단위 : 억원〉

항목	2016.1Q	2016.2Q	2016.3Q	2016.4Q	2017.1Q	2017.2Q
매출액	445	440	435	449	438	395
영업이익	54	40	34	15	14	25
당기순이익	38	52	19	41	-6	43

재무 상태 〈단위 : 억원〉

항목	2012	2013	2014	2015	2016	2017.2Q
총자산	1,586	1,623	1,730	1,858	2,059	2,016
유형자산	500	512	513	529	538	589
무형자산	11	7	7	7	6	16
유가증권		45	69	30	116	30
총부채	354	328	351	323	373	345
총차입금	81	34	33			0
자본금	78	78	78	78	78	78
총자본	1,232	1,295	1,379	1,535	1,687	1,670
지배주주지분	1,170	1,232	1,307	1,421	1,588	1,572

기업가치 지표

항목	2012	2013	2014	2015	2016	2017.2Q
주가(최고/저)(천원)	7.4/4.3	11.3/6.9	9.8/6.1	7.5/5.9	7.7/5.7	—/—
PER(최고/저)(배)	7.9/4.6	12.8/7.8	11.6/7.2	5.7/4.5	8.3/6.1	0.7/0.6
PBR(최고/저)(배)	1.1/0.7	1.6/1.0	1.3/0.8	0.9/0.7	0.8/0.6	0.7/0.6
EV/EBITDA(배)	4.8	6.2	3.6	2.7	3.1	
EPS(원)	1,062	981	926	1,401	961	230
BPS(원)	7,501	7,897	8,379	9,108	10,177	10,075
CFPS(원)	1,311	1,308	1,208	1,688	1,284	367
DPS(원)	100	200	200	200	200	
EBITDAPS(원)	1,614	1,613	1,576	1,786	1,240	386

재무 비율 〈단위 : % 〉

연도	영업이익률	순이익률	부채비율	차입금비율	ROA	ROE	유보율	자기자본비율	EBITDA마진율
2016	8.1	8.5	22.1	0.0	7.7	10.0	1,935.4	81.9	11.0
2015	13.0	13.3	21.0	0.0	13.4	16.0	1,721.6	82.6	15.5
2014	12.9	10.2	25.5	2.4	9.5	11.4	1,575.7	79.7	15.7
2013	11.0	9.1	25.3	2.7	10.3	12.8	1,479.3	79.8	13.8

에스제이엠홀딩스 (A025530)
SJM Holdings

업 종 : 자동차부품		시 장 : 거래소	
신용등급 : (Bond) — (CP) —		기업규모 : 시가총액 소형주	
홈 페 이 지 : www.sjmholdings.co.kr		연 락 처 : 031)490-3859	
본 사 : 경기도 안산시 단원구 별망로459번길 20 (목내동)			

설 립 일	1975.03.31	종 업 원 수	6명	대 표 이 사	김용호,김휘중(각자대표이사)
상 장 일	1997.02.12	감 사 의 견	적정 (도원)	계 열	
결 산 기	12월	보 통 주	1,493만주	총속회사수	13개사
액 면 가	500원	우 선 주		구 상 호	

주주구성 (지분율,%)		출자관계 (지분율,%)		주요경쟁사 (외형,%)	
김휘중	51.1	에이커스	1.0	SJM홀딩스	100
FID Low Priced Stock Fund	8.9	티엔엔	1.0	삼보모터스	471
(외국인)	10.5	CHANGSHASJMCo.,Ltd.	1.0	트루윈	18

매출구성		비용구성		수출비중	
Flexible Coupling	87.1	매출원가율	72.5	수출	—
Expansion Joint(플랜트용 신축이음쇠)	5.5	판관비율	20.0	내수	—
Expansion Joint(건축배관용 신축이음쇠)	3.6				

회사 개요
동사는 1975년 자동차 부품회사로 설립됐으며 2010년 인적분할로 사업부문을 이관하고 2011년 지주회사로 전환함. 2016년 1분기말 현재 15개의 계열회사를 보유하고 있음. SJM의 사업 부문은 크게 세가지로 구성되어 있음. 자동차사업부, 플랜트사업부, 통신상반도체 관련 기타사부문으로 이뤄짐. 한미 FTA 발효 등으로 가격경쟁력 향상 등으로 인해 자동차 생산은 증가할 것으로 보임. 이에 따라 자동차 부품분야의 수요 증가가 기대됨.

실적 분석
동사의 2017년 연결기준 2분기 누적 매출액은 868.5억원으로 전년동기 대비 소폭 감소한 수준을 유지함. COIL 가격이 상승하면 매출원가가 부담이 가중되었음. 이에 영업이익 41.2% 감소함. 외환손실이 7.1억을 기록했지만 비영업손익 증가로 165.9억원의 당기순이익이 발생함. 국내외 경기의 점진적인 회복으로 자동차 사업부의 매출 확대 및 통신상 반도체 부문 성장으로 외형 신장세 이어지길 기대하고 있음.

현금 흐름
〈단위 : 억원〉

항목	2016	2017.2Q
영업활동	155	80
투자활동	-174	51
재무활동	-48	-46
순현금흐름	-67	77
기말현금	344	421

시장 대비 수익률

결산 실적
〈단위 : 억원〉

항목	2012	2013	2014	2015	2016	2017
매출액	1,900	1,860	1,619	1,851	1,814	—
영업이익	214	198	207	235	136	—
당기순이익	185	166	169	248	152	—

분기 실적
〈단위 : 억원〉

항목	2016.1Q	2016.2Q	2016.3Q	2016.4Q	2017.1Q	2017.2Q
매출액	453	447	447	466	455	413
영업이익	54	37	33	12	21	33
당기순이익	42	54	20	35	-3	169

재무 상태
〈단위 : 억원〉

항목	2012	2013	2014	2015	2016	2017.2Q
총자산	2,260	2,301	2,396	2,603	2,788	2,916
유형자산	507	518	517	534	543	595
무형자산	17	10	10	9	8	18
유가증권	106	256	501	382	456	522
총부채	358	339	349	441	482	513
총차입금	91	49	33	120	123	123
자본금	75	75	75	75	75	75
총자본	1,902	1,963	2,047	2,162	2,307	2,403
지배주주지분	1,161	1,187	1,228	1,281	1,327	1,430

기업가치 지표

항목	2012	2013	2014	2015	2016	2017.2Q
주가(최고/저)(천원)	3.3/2.5	5.7/3.2	4.8/4.0	5.8/3.8	6.0/4.8	—/—
PER(최고/저)(배)	7.6/5.8	15.0/8.3	10.3/8.6	8.4/5.5	16.3/13.0	—/—
PBR(최고/저)(배)	0.5/0.4	0.8/0.4	0.6/0.5	0.7/0.5	0.7/0.5	0.6/0.5
EV/EBITDA(배)	3.0	3.4	3.6	4.3	5.9	—/—
EPS(원)	510	439	523	747	380	948
BPS(원)	8,186	8,360	8,637	8,993	9,297	9,989
CFPS(원)	782	796	836	1,061	737	*1,101
DPS(원)	100	150	200	200	200	—
EBITDAPS(원)	1,702	1,684	1,701	1,890	1,269	514

재무 비율
〈단위 : % 〉

연도	영업이익률	순이익률	부채비율	차입금비율	ROA	ROE	유보율	자기자본비율	EBITDA마진율
2016	7.5	8.4	20.9	5.3	5.6	4.4	1,759.4	82.7	10.5
2015	12.7	13.4	20.4	5.6	9.9	8.9	1,698.6	83.1	15.3
2014	12.8	10.5	17.1	1.6	7.2	6.5	1,627.4	85.4	15.7
2013	10.7	8.9	17.3	2.5	7.3	5.6	1,572.1	85.3	13.5

에스제이케이 (A080440)
SJK COLTD

업 종 : 자동차부품		시 장 : KOSDAQ	
신용등급 : (Bond) — (CP) —		기업규모 :	
홈 페 이 지 : www.sejin.com		연 락 처 : 02)866-3333	
본 사 : 서울시 금천구 벚꽃로 278, SJ테크노빌딩 4층			

설 립 일	1995.02.25	종 업 원 수	49명	대 표 이 사	이승열
상 장 일	2005.05.13	감 사 의 견	—(삼일)	계 열	
결 산 기	12월	보 통 주	3,273만주	총속회사수	3개사
액 면 가	500원	우 선 주		구 상 호	세진전자

주주구성 (지분율,%)		출자관계 (지분율,%)		주요경쟁사 (외형,%)	
이승열	7.4	바이오씨디엠	69.0	에스제이케이	100
SEJIN AMERICA, INC.	6.4	에스제이헬스케어	40.0	디젠스	929
(외국인)	0.1	프리굿	5.0	광진원텍	820

매출구성		비용구성		수출비중	
후방감지센서, 램프,스위치 외	41.4	매출원가율	91.5	수출	45.0
키보드, 리모콘 외 WiFi Phone, AP,M2M	39.4	판관비율	55.4	내수	55.0
무선원격검침기 외	10.0				

회사 개요
동사는 1972년 설립돼 자동차부품, 전자부품, 키보드, 리모콘 등을 제조 판매하고 있음. 자동차부품 중에서는 후방감지센서, 램프, 스위치 등을 생산함. 전기, 가스, 수도 등의 사용량을 무선검침하는 무선원격검침기도 생산 중임. 이중 자동차 부품 매출이 가장 큼. 동사는 르노삼성의 1차 부품 공급업체이자 현대기아차 2차 협력회사임. 세진키보드란 브랜드로 키보드도 생산 중임.

실적 분석
동사의 2017년도 2분기 연결기준 누적 매출액은 45.4억원으로 전년동기 대비 47.5% 감소함. 자동차부품, 전력사업, 임대사업 등을 주 사업으로 영위하고 있으나 전체적으로 관련 시장이 성장하는 단계가 아님. 주 거래처인 SM자동차가 회복세를 띠어야 동사 제품 수요가 늘어나면서 실적도 개선될 것으로 전망됨. 최근 에스제이헬스케어의 유상증자에 참여하여 지분을 획득함.

현금 흐름
〈단위 : 억원〉

항목	2016	2017.2Q
영업활동	-58	-18
투자활동	70	-7
재무활동	-11	31
순현금흐름	1	6
기말현금	11	16

시장 대비 수익률

결산 실적
〈단위 : 억원〉

항목	2012	2013	2014	2015	2016	2017
매출액	764	799	553	262	129	—
영업이익	-81	-89	-75	-18	-60	—
당기순이익	-153	-216	-152	-39	-85	—

분기 실적
〈단위 : 억원〉

항목	2016.1Q	2016.2Q	2016.3Q	2016.4Q	2017.1Q	2017.2Q
매출액	82	17	34	-4	27	19
영업이익	-1	-21	-21	-18	-7	-21
당기순이익	-12	-5	-19	-49	-9	-29

재무 상태
〈단위 : 억원〉

항목	2012	2013	2014	2015	2016	2017.2Q
총자산	1,186	957	810	653	481	470
유형자산	366	276	254	222	204	202
무형자산	118	94	14	12	1	1
유가증권	28	6	7	4	1	20
총부채	663	628	667	519	332	333
총차입금	475	413	386	346	231	259
자본금	81	81	85	108	147	156
총자본	523	330	142	134	149	137
지배주주지분	509	323	152	160	150	137

기업가치 지표

항목	2012	2013	2014	2015	2016	2017.2Q
주가(최고/저)(천원)	3.3/1.4	2.3/0.7	1.0/0.4	1.2/0.5	1.2/0.8	—/—
PER(최고/저)(배)	—/—	—/—	—/—	—/—	—/—	—/—
PBR(최고/저)(배)	1.1/0.5	1.6/0.5	1.4/0.7	2.1/0.9	3.2/2.1	4.4/2.4
EV/EBITDA(배)						
EPS(원)	-989	-1,284	-815	-127	-263	-122
BPS(원)	4,137	1,991	897	744	508	441
CFPS(원)	-750	-1,041	-680	-33	-216	-113
DPS(원)						
EBITDAPS(원)	-311	-303	-313	-3	-169	-83

재무 비율
〈단위 : % 〉

연도	영업이익률	순이익률	부채비율	차입금비율	ROA	ROE	유보율	자기자본비율	EBITDA마진율
2016	-46.8	-65.7	222.2	155.1	-15.0	-47.4	1.6	31.0	-36.6
2015	-6.7	-15.0	387.2	258.3	-5.4	-14.7	48.8	20.5	-0.2
2014	-13.6	-27.5	469.5	271.2	-17.2	-57.3	79.5	17.6	-9.5
2013	-11.1	-27.0	190.5	125.3	-20.1	-50.1	298.1	34.4	-6.2

에스지세계물산 (A004060)
SG

업 종 : 섬유 및 의복		시 장 : 거래소	
신용등급 : (Bond) — (CP) —		기업규모 : 시가총액 소형주	
홈 페 이 지 : www.sgsegye.com		연 락 처 : 02)850-5176	
본 사 : 서울시 금천구 디지털로10길 35			

설 립 일 1964.11.20	종 업 원 수 252명	대 표 이 사 이의범
상 장 일 1976.04.19	감 사 의 견 적정 (한미)	
결 산 기 12월	보 통 주 20,242만주	종속회사수 5개사
액 면 가 500원	우 선 주	구 상 호

주주구성 (지분율,%)
SG고려	52.6
아주캐피탈	4.2
(외국인)	1.1

출자관계 (지분율,%)
에스지덕평컨트리클럽	37.9
삼보	9.1
SG충방	4.1

주요경쟁사 (외형,%)
SG세계물산	100
제이에스코퍼레이션	61
한세엠케이	103

매출구성
자가브랜드	36.6
JACKET	27.5
PANTS	24.3

비용구성
매출원가율	71.1
판관비율	28.4

수출비중
수출	53.0
내수	47.0

회사 개요
동사의 주요 사업부문은 의류수출 부문과 패션부문, 부동산 임대 사업으로 구성돼 있음. 의류수출은 갭, 타겟, 메이시즈 등 주로 미국 대형 바이어에 주문자상표부착방식(OEM)으로 제품을 공급하고 있으며 매출 비중은 62%임. 패션부문은 남성정장(바쏘, 바쏘 남성), 여성복(ab.f.z, ab.plus)을 백화점, 대리점 등에 판매함. 매출 비중은 37%임. 사옥, 물류센터, 안성, 인천 등에서 건물 임대사업으로 병행함.

실적 분석
전 세계적으로 이런 사업을 수행하는 벤더들이 산재해 있어, 진입장벽이 높지 않아 경쟁이 치열함. 이에 따라 동사 2017년 2분기기준 누적 매출액은 전년동기대비 -11% 하락한 1,312.2억원을 기록함. 인건비는 증가하였으므로 매출 하락 및 비용 증가 등에 의해 전년동기대비 영업이익은 -40.9억원으로 적자지속하였음. 최종적으로 전년동기대비 당기순이익은 적자지속하여 -32.4억원을 기록함. 소비심리 위축이 해소되면 수익성개선을 기대함.

현금 흐름 〈단위 : 억원〉
항목	2016	2017.2Q
영업활동	-51	84
투자활동	-59	-20
재무활동	105	-82
순현금흐름	-5	-17
기말현금	97	80

시장 대비 수익률

결산 실적 〈단위 : 억원〉
항목	2012	2013	2014	2015	2016	2017
매출액	3,218	3,138	3,404	3,177	3,086	—
영업이익	2	-31	-38	32	13	—
당기순이익	8	-39	-67	15	-38	—

분기 실적 〈단위 : 억원〉
항목	2016.1Q	2016.2Q	2016.3Q	2016.4Q	2017.1Q	2017.2Q
매출액	756	719	915	696	732	580
영업이익	28	-42	41	-13	10	-51
당기순이익	18	-37	29	-48	6	-39

재무 상태 〈단위 : 억원〉
항목	2012	2013	2014	2015	2016	2017.2Q
총자산	2,918	2,856	2,900	2,917	3,020	2,858
유형자산	531	518	493	497	488	487
무형자산	26	26	2	18	11	10
유가증권	179	104	143	45	58	78
총부채	818	790	907	893	1,022	883
총차입금	284	261	383	386	499	416
자본금	1,012	1,012	1,012	1,012	1,012	1,012
총자본	2,100	2,066	1,993	2,024	1,998	1,975
지배주주지분	2,100	2,066	1,993	2,024	1,998	1,975

기업가치 지표
항목	2012	2013	2014	2015	2016	2017.2Q
주가(최고/저)(천원)	0.9/0.3	1.5/0.6	0.7/0.6	1.9/0.6	1.5/1.0	—/—
PER(최고/저)(배)	247.5/76.7	—/—	—/—	255.7/84.8	—/—	—/—
PBR(최고/저)(배)	0.9/0.3	1.4/0.6	0.7/0.6	1.9/0.6	1.5/1.0	1.6/1.2
EV/EBITDA(배)	52.0	437.8		49.6	71.2	
EPS(원)	4	-19	-33	7	-19	-16
BPS(원)	1,037	1,021	984	1,000	987	976
CFPS(원)	21	-2	-17	19	-6	-10
DPS(원)						
EBITDAPS(원)	18		-3	27	19	-15

재무 비율 〈단위 : %〉
연도	영업이익률	순이익률	부채비율	차입금비율	ROA	ROE	유보율	자기자본비율	EBITDA마진율
2016	0.4	-1.2	51.1	25.0	-1.3	-1.9	97.5	66.2	1.2
2015	1.0	0.5	44.1	19.1	0.5	0.7	100.0	69.4	1.7
2014	-1.1	-2.0	45.5	19.2	-2.3	-3.3	96.9	68.7	-0.2
2013	-1.0	-1.3	38.2	12.6	-1.4	-1.9	104.1	72.3	0.1

에스지에이 (A049470)
SGA

업 종 : 일반 소프트웨어		시 장 : KOSDAQ	
신용등급 : (Bond) — (CP) —		기업규모 : 벤처	
홈 페 이 지 : www.sgacorp.kr		연 락 처 : 070)7308-1004	
본 사 : 서울시 송파구 법원로11길 25 에이동 801호(문정동, 에이치비지니스파크)			

설 립 일 1997.11.21	종 업 원 수 170명	대 표 이 사 은유진
상 장 일 2001.09.08	감 사 의 견 적정 (대주)	계 열
결 산 기 12월	보 통 주 8,554만주	종속회사수 5개사
액 면 가 500원	우 선 주	구 상 호

주주구성 (지분율,%)
은유진	13.8
티엔엘라이언스	3.6
(외국인)	2.3

출자관계 (지분율,%)
에스지에이시스템즈	74.5
강원시스템	63.4
알엔에이솔루션	58.5

주요경쟁사 (외형,%)
SGA	100
알서포트	20
윈스	67

매출구성
상품	67.6
용역서비스	27.8
보안솔루션	4.6

비용구성
매출원가율	78.9
판관비율	17.5

수출비중
수출	0.0
내수	100.0

회사 개요
동사는 1997년 산업용 컴퓨터 전문업체로 출발, 소프트웨어를 아우르는 통합 IT회사로 자리매김하였음. 정보보안을 결합한 새로운 형태의 통합 보안 전문 업체로 거듭나기 위해 기존 산업용 컴퓨터 사업 부문을 분할하였고, 센트리솔루션, 비씨큐어, 레드게이트 등을 차례로 인수한 국내 최초로 개별보안 기술을 토대로 한 통합보안기업. 종속회사였던 레드비씨를 키움제2호기업인수목적 주식회사가 흡수합병했고, 추후 상장할 계획임.

실적 분석
동사의 2017년 연결기준 2분기 누적 매출액은 전년동기대비 15.1% 감소한 383.9억원을 기록함. 매출원가는 감소하였으나 2분기 누적 판매비와 관리비는 인건비와 감가상각비 증가의 영향으로 전년동기대비 26.6% 증가함. 영업손실은 18.4억원을 기록하며 적자가 지속됨. 영업적자 지속과 비영업손익의 적자전환에 따라 2분기 누적 당기순손실은 31.9억원을 기록하며 전년동기대비 적자전환함.

현금 흐름 〈단위 : 억원〉
항목	2016	2017.2Q
영업활동	2	-63
투자활동	-180	-17
재무활동	184	63
순현금흐름	2	-17
기말현금	192	175

시장 대비 수익률

결산 실적 〈단위 : 억원〉
항목	2012	2013	2014	2015	2016	2017
매출액	340	511	582	721	1,093	—
영업이익	-11	23	46	54	39	—
당기순이익	-18	13	49	4	23	—

분기 실적 〈단위 : 억원〉
항목	2016.1Q	2016.2Q	2016.3Q	2016.4Q	2017.1Q	2017.2Q
매출액	173	279	203	438	159	225
영업이익	-3	-6	16	31	-21	3
당기순이익	0	2	14	8	-25	-7

재무 상태 〈단위 : 억원〉
항목	2012	2013	2014	2015	2016	2017.2Q
총자산	541	709	827	1,254	1,639	1,547
유형자산	5	3	3	18	20	177
무형자산	105	99	148	240	292	310
유가증권	31	23	26	201	150	181
총부채	245	353	406	498	782	632
총차입금	115	197	216	307	449	454
자본금	245	273	277	391	428	428
총자본	295	356	421	755	857	916
지배주주지분	283	326	371	509	623	610

기업가치 지표
항목	2012	2013	2014	2015	2016	2017.2Q
주가(최고/저)(천원)	1.2/0.5	1.0/0.6	0.9/0.6	1.7/0.8	1.6/1.0	—/—
PER(최고/저)(배)	—/—	104.4/56.3	16.7/10.8	—/—	—/—	—/—
PBR(최고/저)(배)	2.1/0.8	1.7/0.9	1.3/0.9	2.6/1.2	2.2/1.4	1.8/1.4
EV/EBITDA(배)	46.0	9.4	9.6	17.6	23.6	
EPS(원)	-40	10	54	-20	-0	-34
BPS(원)	600	616	688	663	752	735
CFPS(원)	5	46	75	8	23	-19
DPS(원)						
EBITDAPS(원)	22		105	105	70	-7

재무 비율 〈단위 : %〉
연도	영업이익률	순이익률	부채비율	차입금비율	ROA	ROE	유보율	자기자본비율	EBITDA마진율
2016	3.5	2.1	91.2	52.3	1.6	-0.1	50.4	52.3	5.4
2015	7.5	0.6	66.0	40.7	0.4	-3.1	32.6	60.2	10.2
2014	7.9	8.4	96.3	51.2	6.4	8.5	37.6	50.9	9.8
2013	4.5	2.6	99.1	55.3	2.1	1.7	23.1	50.2	8.3

에스지에이솔루션즈 (A184230)
SGA Solutions

업 종 : 일반 소프트웨어		시 장 : KOSDAQ	
신용등급 : (Bond) — (CP) —		기업규모 : 벤처	
홈 페 이 지 : sgasol.kr		연 락 처 : 02)574-6856	
본 사 : 서울시 송파구 법원로11길 25, H비지니스파크 A동 901호(문정동, 에이치비지니스파크)			

설 립 일 2013.09.05	종 업 원 수 148명	대 표 이 사 최영철	
상 장 일 2013.12.20	감사의견 적정 (대주)	계 열	
결 산 기 12월	보 통 주 3,106만주	종속회사수 2개사	
액 면 가 100원	우 선 주	구 상 호 레드비씨	

주주구성 (지분율,%)
에스지에이	27.7
2011 KIF-이노폴리스(전문투자조합	3.5
(외국인)	1.1

출자관계 (지분율,%)
액시스인베스트먼트	100.0
티엔얼라이언스	66.7

주요경쟁사 (외형,%)
SGA솔루션즈	100
인프라웨어	27
피노텍	22

매출구성
상품, 무선솔루션 등	53.6
보안솔루션	31.4
서비스	11.5

비용구성
매출원가율	71.7
판관비율	18.0

수출비중
수출	0.0
내수	100.0

회사 개요
동사는 코스닥 상장사인 보안업체 SGA의 자회사로, 지난 2009년 SGA에 인수된 서버보안 업체 레드게이트와 문서 위·변조 방지, 암호화등의 서비스를 제공하는 응용보안업체인 비씨큐어가 합병하면서 2012년 탄생. 동사는 서버보안 제품을 기반으로 하는 시스템보안 사업과 암호/인증 및 신뢰전자문서 제품을 기반으로 하는 응용보안 사업 모두를 영위하는 국내 유일의 기업임. 특히 이 양대 사업의 융합을 통해 시너지를 창출하고 이를 매출로 연결시킴.

실적 분석
서버보안, 응용보안, 통합보안SI 등의 보안솔루션과 관련 유지보수/개발용역이 주력사업인 동사의 2017년 2/4분기 누적매출액은 232.9억원으로 전년동기 대비 79.1% 증가함. 외형성장으로 인해 높은 매출원가율과 판관비에도 불구하고 영업이익은 전년동기 대비 32.8% 증가한 6.9억원을 시현하였음. 그러나 비영업부부문에서 6.6억원의 손실을 기록함에 따라 0.5억원의 당기순손실을 기록하며 적자전환되었음.

현금 흐름 〈단위 : 억원〉
항목	2016	2017.2Q
영업활동	14	-42
투자활동	-91	6
재무활동	80	-7
순현금흐름	29	-43
기말현금	134	90

시장 대비 수익률

결산 실적 〈단위 : 억원〉
항목	2012	2013	2014	2015	2016	2017
매출액	—	—	143	200	495	—
영업이익	—	—	24	42	51	—
당기순이익	—	—	23	35	32	—

분기 실적 〈단위 : 억원〉
항목	2016.1Q	2016.2Q	2016.3Q	2016.4Q	2017.1Q	2017.2Q
매출액	43	88	123	243	106	127
영업이익	2	3	19	27	2	5
당기순이익	3	0	15	16	0	-1

재무 상태 〈단위 : 억원〉
항목	2012	2013	2014	2015	2016	2017.2Q
총자산	—	—	153	336	939	814
유형자산	—	—	1	4	11	10
무형자산	—	—	39	42	187	194
유가증권	—	—	7	—	141	168
총부채	—	—	89	50	527	383
총차입금	—	—	69	27	308	263
자본금	—	—	19	22	26	28
총자본	—	—	64	286	412	431
지배주주지분	—	—	64	286	386	413

기업가치 지표
항목	2012	2013	2014	2015	2016	2017.2Q
주가(최고/저)(천원)	—/—	—/—	2.6/2.3	2.9/2.2	3.5/2.2	—/—
PER(최고/저)(배)	0.0/0.0	0.0/0.0	21.5/18.5	18.2/14.0	31.6/20.1	—/—
PBR(최고/저)(배)	0.0/0.0	0.0/0.0	7.6/6.6	2.3/1.7	2.3/1.4	2.3/1.6
EV/EBITDA(배)	0.0	0.0	6.2	5.1	11.7	—/—
EPS(원)			123	157	109	-1
BPS(원)			1,700	1,272	1,529	1,481
CFPS(원)			852	195	147	23
DPS(원)						
EBITDAPS(원)			891	223	245	48

재무 비율 〈단위 : %〉
연도	영업이익률	순이익률	부채비율	차입금비율	ROA	ROE	유보율	자기자본비율	EBITDA마진율
2016	10.4	6.4	128.1	74.8	4.4	7.8	1,428.9	43.8	12.3
2015	20.8	17.7	17.6	9.6	14.5	20.2	1,172.1	85.0	25.0
2014	16.9	15.9	138.9	108.0	0.0	0.0	239.9	41.9	23.5
2013	0.0	0.0	0.0	0.0	0.0	0.0	0.0	0.0	0.0

에스지에이시스템즈 (A232290)
SGA SYSTEMS

업 종 : 일반 소프트웨어		시 장 : KONEX	
신용등급 : (Bond) — (CP) —		기업규모 :	
홈 페 이 지 : www.sgasys.kr		연 락 처 : 070)7410-9300	
본 사 : 대구시 동구 첨단로8길 20, 403호			

설 립 일 2005.12.22	종 업 원 수 71명	대 표 이 사 김병천	
상 장 일 2016.03.30	감사의견 적정 (삼정)	계 열	
결 산 기 12월	보 통 주	종속회사수	
액 면 가 —	우 선 주	구 상 호	

주주구성 (지분율,%)
에스지에이	74.5
미래창조티에스M&A7호투자조합	5.3

출자관계 (지분율,%)

주요경쟁사 (외형,%)
SGA시스템즈	100
네이블	74
한컴지엠디	51

매출구성
IBM(H/W, SW),RadWare,델소프트,인프라 SI 등	65.6
개발 SI 외	21.6
유지보수	12.8

비용구성
매출원가율	83.4
판관비율	8.4

수출비중
수출	0.0
내수	100.0

회사 개요
동사는 교육 및 공공기관 시스템구축 및 유지보수 사업을 영위하고 있는 시스템통합(System Integration) 전문 기업으로 2005년 12월 22일에 설립됨. 교육SI사업은 교육부의 산하기관인 한국교육학술정보원에서 주관하는 교육행정정보시스템의 응용소프트웨어 개발 및 시스템 유지보수 등의 사업을 위주로 영위하며 공공SI사업은 영남지역의 공공기관을 대상으로 SI사업을 영위하고 있음. 2개의 상장 자회사와 7개의 비상장 자회사를 보유하고 있음.

실적 분석
동사의 2016년 결산기준 누적매출액은 전년동기대비 179% 이상 크게 상승하여 292.8억원을 기록하였고 이에 따라 영업이익도 크게 성장해 24.1억원을 달성하였음. 이는 전년동기대비 336.6% 성장한 수치임. 소프트웨어산업진흥법에 따른 대외환경, SGA계열사간 견고해진 협력체계와 교육 및 공공 분야 핵심 사업 역량 강화를 통해 실적 성장세가 지속될 것으로 기대됨. 축적된 사업 노하우와 네트워크를 기반으로 코스닥 이전 상장 추진 중임.

현금 흐름 *IFRS 별도 기준 〈단위 : 억원〉
항목	2016	2017.2Q
영업활동	1	—
투자활동	8	—
재무활동	-4	—
순현금흐름	5	—
기말현금	6	—

시장 대비 수익률

결산 실적 〈단위 : 억원〉
항목	2012	2013	2014	2015	2016	2017
매출액	—	43	32	105	293	—
영업이익	—	-9	4	6	24	—
당기순이익	—	-9	3	17	—	

분기 실적 *IFRS 별도 기준 〈단위 : 억원〉
항목	2016.1Q	2016.2Q	2016.3Q	2016.4Q	2017.1Q	2017.2Q
매출액						
영업이익						
당기순이익						

재무 상태 *IFRS 별도 기준 〈단위 : 억원〉
항목	2012	2013	2014	2015	2016	2017.2Q
총자산	—	22	46	99	155	—
유형자산	—	0	6	6	—	
무형자산	—	0	19	31	38	—
유가증권	—			16	—	
총부채	—	45	34	75	91	—
총차입금	—	12	2	41	19	—
자본금	—	2	27	28	32	—
총자본	—	-23	12	24	64	—
지배주주지분	—	-23	12	24	64	—

기업가치 지표 *IFRS 별도 기준
항목	2012	2013	2014	2015	2016	2017.2Q
주가(최고/저)(천원)	—/—	—/—	—/—	—/—	—/—	—/—
PER(최고/저)(배)	0.0/0.0	0.0/0.0	0.0/0.0	0.0/0.0	—/—	—/—
PBR(최고/저)(배)	0.0/0.0	0.0/0.0	0.0/0.0	0.0/0.0	23.7/10.6	—/—
EV/EBITDA(배)	0.0	0.0	0.0	5.5	6.2/2.8	0.0/0.0
					9.0	
EPS(원)	—	-2,246	124	133	265	
BPS(원)	—	-5,848	228	430	1,009	
CFPS(원)	—	-2,246	133	158	295	
DPS(원)	—					
EBITDAPS(원)	—	-2,155	185	127	410	

재무 비율 〈단위 : %〉
연도	영업이익률	순이익률	부채비율	차입금비율	ROA	ROE	유보율	자기자본비율	EBITDA마진율
2016	8.2	5.8	142.5	30.1	13.3	38.4	101.7	41.2	8.9
2015	5.3	6.9	일부잠식	일부잠식	9.9	40.0	-14.0	24.0	6.6
2014	13.1	9.3	일부잠식	일부잠식	0.0	-54.4	26.6	13.8	
2013	-20.0	-20.9	완전잠식	완전잠식	0.0	-1,269.7	-106.6	-20.0	

에스지에이임베디드 (A224880)
SGA Embedded

업 종 : 일반 소프트웨어	시 장 : KONEX
신용등급 : (Bond) — (CP) —	기업규모 : —
홈페이지 : www.sagemb.kr	연락처 : (070)7410-9319
본 사 : 서울시 서초구 마방로2길 44 3층(양재동, 오상빌딩)	

설 립 일 2010.11.26	종 업 원 수 명	대 표 이 사 구천열
상 장 일 2017.05.23	감 사 의 견 적정(삼영)	계 열
결 산 기 12월	보 통 주	종속회사수
액 면 가	우 선 주	구 상 호 에스지에이임베디드

주주구성 (지분율,%)
SGA솔루션즈	57.0
나우그로쓰캐피탈사모투자합자회사	6.5

출자관계 (지분율,%)
강원시스템	51.0

주요경쟁사 (외형,%)
SGA임베디드	100
SGA솔루션즈	148
인프라웨어	39

매출구성
임베디드 S/W(M/S OS)	59.6
IoT 유통(샤오미, POS기자재)	26.5
임베디드 H/W(IPC, 제품)	6.8

비용구성
매출원가율	87.6
판관비율	8.0

수출비중
수출	0.0
내수	100.0

회사 개요
동사는 2010년에 설립되어, 임베디드 시스템을 개발할 때 필요한 임베디드 소프트웨어와 임베디드 하드웨어를 공급하고, IoT 서비스가 필요한 고객에게 다양한 IoT 서비스를 제공하고 있음. 주요 사업부문으로는 임베디드 소프트웨어, 임베디드 하드웨어, IoT 서비스 부문이 있음. 매출 상당부분을 차지하는 임베디드 소프트웨어 부문은 2001년부터 마이크로소프트 윈도우 임베디드 총판을 체결하여 IPC 분야, POS분야를 기반으로 매출 성장을 하였음.

실적 분석
동사의 2016년 연결기준 누적매출액은 전년동기 대비 198.3% 증가한 335.3억원을 기록함. 외형성장에 힘입어 영업이익과 당기순이익은 각각 전년동기 대비 671.7%, 393.1% 증가한 14.7억원, 6.3억원을 시현함. 2016년 기준 매출비중은 임베디드 소프트웨어 59.6%, 임베디드 하드웨어 13.8%, IoT서비스 26.6%로 구성됨. MS 임베디드 OS 판매 실적의 비중이 전체 매출의 절반 이상으로 가파른 매출 성장 시현 중임.

현금 흐름 *IFRS 별도 기준 〈단위 : 억원〉
항목	2016	2017.2Q
영업활동	9	
투자활동	-59	
재무활동	52	
순현금흐름	2	
기말현금	21	

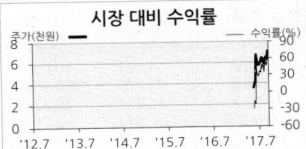
시장 대비 수익률

결산 실적 〈단위 : 억원〉
항목	2012	2013	2014	2015	2016	2017
매출액	—	—	1	112	335	—
영업이익	—	—	-4	2	15	—
당기순이익	—	—	-6	1	6	—

분기 실적 *IFRS 별도 기준 〈단위 : 억원〉
항목	2016.1Q	2016.2Q	2016.3Q	2016.4Q	2017.1Q	2017.2Q
매출액	—	—	—	—	—	—
영업이익	—	—	—	—	—	—
당기순이익	—	—	—	—	—	—

재무 상태 *IFRS 별도 기준 〈단위 : 억원〉
항목	2012	2013	2014	2015	2016	2017.2Q
총자산	—	—	13	133	262	—
유형자산	—	—	0	0	4	—
무형자산	—	—	—	19	54	—
유가증권	—	—	—	—	—	—
총부채	—	—	22	120	241	—
총차입금	—	—	—	—	56	111
자본금	—	—	1	19	19	—
총자본	—	—	-9	13	21	—
지배주주지분	—	—	-9	13	21	—

기업가치 지표 *IFRS 별도 기준
항목	2012	2013	2014	2015	2016	2017.2Q
주가(최고/저)(천원)	#VALUE!	—/—	—/—	—/—	—/—	—/—
PER(최고/저)(배)	0.0/0.0	0.0/0.0	0.0/0.0	0.0/0.0	0.0/0.0	0.0/0.0
PBR(최고/저)(배)	0.0/0.0	0.0/0.0	0.0/0.0	0.0/0.0	0.0/0.0	0.0/0.0
EV/EBITDA(배)	0.0	0.0		18.4	4.6	—/—
EPS(원)	—	—	-4,723	96	159	—
BPS(원)	—	—	-7,255	338	532	—
CFPS(원)	—	—	-4,830	106	202	—
DPS(원)	—	—	—	—	—	—
EBITDAPS(원)	—	—	-3,066	154	420	—

재무 비율 〈단위 : % 〉
연도	영업이익률	순이익률	부채비율	차입금비율	ROA	ROE	유보율	자기자본비율	EBITDA마진율
2016	4.4	1.9	1,173.7	538.3	3.2	37.6	6.5	7.9	4.8
2015	1.7	1.1	일부잠식	일부잠식	—	-32.5	9.8	1.8	1.7
2014	-421.5	-661.6	완전잠식	0.0	0.0	-1,551.0	-69.3	-417.1	
2013	0.0	0.0	0.0	0.0	0.0	0.0	0.0		

에스지엔지 (A040610)
SG&G

업 종 : 자동차부품	시 장 : KOSDAQ
신용등급 : (Bond) — (CP) —	기업규모 : 우량
홈페이지 : www.sgng.com	연락처 : (02)2105-6321
본 사 : 서울시 금천구 가산디지털2로 45(가산동)	

설 립 일 1993.11.08	종 업 원 수 78명	대 표 이 사 이의범
상 장 일 2000.04.27	감 사 의 견 적정(한미)	계 열
결 산 기 12월	보 통 주 3,409만주	종속회사수 24개사
액 면 가 500원	우 선 주	구 상 호

주주구성 (지분율,%)
이의범	15.6
프라임아이앤티홀딩스	15.5
(외국인)	4.2

출자관계 (지분율,%)
강서가로수	100.0
가로수정보	73.7
지엔에스	47.6

주요경쟁사 (외형,%)
SG&G	100
대유에이텍	85
대원산업	69

매출구성
승용차용 SEAT(한국지엠 차종)(상품및제품)	42.8
의류수출: OEM 식(GAP 외)/패션:ab.f.z/BASSO 등	24.7
미소지움'아파트 등 민관급 공사(공사)	21.6

비용구성
매출원가율	85.2
판관비율	10.9

수출비중
수출	45.0
내수	55.0

회사 개요
동사는 1993년 11월 8일 설립되었으며 승용차 SEAT를 양산하는 자동차용 부품 전문업체로서 완성차업체인 한국지엠의 협력업체임. 물류사업, 자동차부품 제조, 의류수출 패션사업, 자동차 시트 등 여러 가지 사업을 영위하고 있음. 매출 비중에서 자동차시트 부분이 56.32%로 가장 높은 비중을 차지하고 있고, 그 다음으로는 의류수출 패션사업부문이 33.48%를 차지하고 있음.

실적 분석
2017년 2분기 연결기준 누적 매출액은 전년동기 대비 6.6% 증가한 6125억원을 기록함. 의류수출 패션사업을 제외한 모든 사업 부분의 매출이 증가한 영향. 중소 매출 사업부 외형 확대에 기반, 영업이익 또한 6.6% 증가한 204억원을 기록함. 비영업손익 적자전환에 따른 영향으로 당기순이익은 적자전환한 -10.6억원을 기록. OEM보다 단가가 높은 ODM(제조자 개발생산)을 늘려 차별화된 경쟁력으로 강화하려는 노력 지속 중.

현금 흐름 〈단위 : 억원〉
항목	2016	2017.2Q
영업활동	476	534
투자활동	-282	-333
재무활동	-56	-201
순현금흐름	147	-1
기말현금	445	444

시장 대비 수익률

결산 실적 〈단위 : 억원〉
항목	2012	2013	2014	2015	2016	2017
매출액	9,556	10,055	9,616	9,132	12,000	—
영업이익	325	453	391	212	464	—
당기순이익	167	357	267	113	257	—

분기 실적 〈단위 : 억원〉
항목	2016.1Q	2016.2Q	2016.3Q	2016.4Q	2017.1Q	2017.2Q
매출액	2,702	3,034	2,927	3,337	3,136	3,060
영업이익	90	95	149	131	138	100
당기순이익	94	75	81	7	75	-51

재무 상태 〈단위 : 억원〉
항목	2012	2013	2014	2015	2016	2017.2Q
총자산	9,435	9,934	10,128	10,861	12,799	12,697
유형자산	1,841	1,919	1,993	2,918	2,864	2,859
무형자산	59	60	169	190	157	207
유가증권	94	84	138	55	127	140
총부채	4,557	4,708	4,633	5,107	6,821	6,666
총차입금	2,416	2,626	2,567	2,750	3,354	3,114
자본금	170	170	170	170	170	170
총자본	4,878	5,226	5,495	5,755	5,978	6,031
지배주주지분	1,789	2,024	2,222	2,377	2,515	2,533

기업가치 지표
항목	2012	2013	2014	2015	2016	2017.2Q
주가(최고/저)(천원)	2.5/1.6	6.2/2.2	4.8/3.1	4.7/2.8	4.3/2.8	—/—
PER(최고/저)(배)	6.6/4.3	8.8/3.1	8.2/5.4	22.7/13.4	9.6/6.3	—/—
PBR(최고/저)(배)	0.4/0.3	1.0/0.4	0.7/0.5	0.6/0.4	0.5/0.4	0.8/0.5
EV/EBITDA(배)	12.7	10.3	12.1	18.1	11.8	—/—
EPS(원)	373	710	583	208	442	-24
BPS(원)	5,734	6,423	7,006	7,438	7,844	7,840
CFPS(원)	722	1,108	984	655	927	202
DPS(원)	—	—	—	—	—	—
EBITDAPS(원)	1,302	1,727	1,549	1,068	1,847	824

재무 비율 〈단위 : % 〉
연도	영업이익률	순이익률	부채비율	차입금비율	ROA	ROE	유보율	자기자본비율	EBITDA마진율
2016	3.9	2.1	114.1	56.1	2.2	6.2	1,468.8	46.7	5.3
2015	2.3	1.2	88.7	47.8	1.1	3.4	1,387.5	53.0	4.0
2014	4.1	2.8	84.3	46.7	2.7	9.4	1,301.2	54.3	5.5
2013	4.5	3.6	90.1	50.3	3.7	12.7	1,184.6	52.6	5.9

에스지충방 (A001380)
SG CHOONGBANG

업 종 : 자동차	시 장 : 거래소
신용 등급 : (Bond) — (CP) —	기업규모 : 시가총액 소형주
홈 페 이 지 : www.sgchoongbang.com	연 락 처 : 070)5038-6334
본 사 : 충남 논산시 연무읍 양지길 45-18	

설 립 일 1954.12.22		종 업 원 수 117명	대 표 이 사 이의범
상 장 일 1976.06.29		감 사 의 견 적정 (한울)	계 열
결 산 기 12월		보 통 주 4,496만주	종속회사수 2개사
액 면 가 500원		우 선 주 만주	구 상 호 SG충남방적

주주구성 (지분율,%)		출자관계 (지분율,%)		주요경쟁사 (외형,%)	
SG고려	70.1	에이비에스시스템	100.0	SG충방	100
케이엔앤아이	12.5	대한이연	22.4	코라오홀딩스	277
(외국인)	0.2	에스지엔지	3.6	현대차	66,204

매출구성		비용구성		수출비중	
[자동차사업]제품	32.2	매출원가율	90.7	수출	6.0
[방적사업]제품	24.8	판관비율	6.7	내수	94.0
분양수입 등	21.0				

회사 개요
동사는 자동차 사업, 방적 사업, 부동산 분양 및 임대업을 주력으로 함. 자동차 사업은 자동차 시트 커버 전문 생산임. 전체 매출의 약 50%가 자동차 사업 부문에서 발생함. 방적 사업은 총 매출의 약 25%를 차지함. 지난해 방적사업부는 생산 효율성 증대를 위해 논산 공장 생산설비를 베트남 현지 법인으로 이전함. 분양 등을 통해 수입을 얻는 부동산 사업 부문 또한 전체 매출의 약 25% 수준임.

실적 분석
2017년 반기 매출액은 732.3억원으로 전년 동기 대비 2.4% 증가하였으나, 영업이익은 지난해 대비 크게 감소한 9.9억원을 시현함. 반면 당기순이익은 대규모 금융이익 발생으로 전년동기 대비 12.2% 감소하는데 그침. 자동차사업부문의 안정적 성장과 함께 방적 부문 또한 동사의 양호한 매출을 견인하고 있으나, 원가율 상승으로 영업수익성 악화된 모습. 고부가가치 제품인 특수사의 수요 증가와 자동차 시장의 호조로 수익성은 개선될 전망임.

현금 흐름 〈단위 : 억원〉
항목	2016	2017.2Q
영업활동	-49	-2
투자활동	5	-10
재무활동	45	25
순현금흐름	0	3
기말현금	49	52

시장 대비 수익률

결산 실적 〈단위 : 억원〉
항목	2012	2013	2014	2015	2016	2017
매출액	1,145	1,367	1,210	1,124	1,415	—
영업이익	-64	61	8	-47	36	—
당기순이익	-106	23	-15	-68	-13	—

분기 실적 〈단위 : 억원〉
항목	2016.1Q	2016.2Q	2016.3Q	2016.4Q	2017.1Q	2017.2Q
매출액	342	373	343	356	354	378
영업이익	18	17	10	-8	2	8
당기순이익	18	9	-2	-38	22	2

재무 상태 〈단위 : 억원〉
항목	2012	2013	2014	2015	2016	2017.2Q
총자산	1,860	1,965	2,012	2,031	2,101	2,110
유형자산	432	408	425	299	251	233
무형자산	2	2	2	2	2	31
유가증권	51	71	80	62	64	47
총부채	664	729	766	850	924	926
총차입금	333	401	489	536	586	603
자본금	209	209	209	209	209	209
총자본	1,196	1,236	1,246	1,181	1,177	1,184
지배주주지분	1,196	1,236	1,246	1,181	1,177	1,184

기업가치 지표
항목	2012	2013	2014	2015	2016	2017.2Q
주가(최고/저)(천원)	2.1/0.9	1.8/1.1	1.8/1.3	5.5/1.2	4.4/2.1	—/—
PER(최고/저)(배)	—/—	33.1/20.7	—/—	—/—	—/—	—/—
PBR(최고/저)(배)	0.7/0.3	0.6/0.4	0.6/0.4	1.9/0.4	1.6/0.7	3.2/1.2
EV/EBITDA(배)		11.0	29.2		26.9	—
EPS(원)	-255	55	-36	-164	-32	56
BPS(원)	2,867	2,962	2,985	2,830	2,821	2,837
CFPS(원)	-189	123	30	-94	56	94
DPS(원)	—	—	—	—	—	—
EBITDAPS(원)	-88	214	83	-42	175	61

재무 비율 〈단위 : %〉
연도	영업이익률	순이익률	부채비율	차입금비율	ROA	ROE	유보율	자기자본비율	EBITDA마진율
2016	2.6	-0.9	78.5	49.8	-0.6	-1.1	464.3	56.0	5.2
2015	-4.2	-6.1	72.0	45.4	-3.4	-5.6	466.1	58.1	-1.6
2014	0.6	-1.2	61.5	39.2	-0.8	-1.2	497.0	61.9	2.9
2013	4.5	1.7	59.0	32.5	1.2	1.9	492.4	62.9	6.5

에스케이 (A034730)
SK Holdings

업 종 : 석유 및 가스	시 장 : 거래소
신용 등급 : (Bond) — (CP) —	기업규모 : 시가총액 대형주
홈 페 이 지 : www.sk.co.kr	연 락 처 : 02)2121-5114
본 사 : 서울시 종로구 종로 26, SK빌딩	

설 립 일 1991.04.13		종 업 원 수 4,451명	대 표 이 사 최태원,장동현
상 장 일 2009.11.11		감 사 의 견 적정 (한영)	계 열
결 산 기 12월		보 통 주 7,036만주	종속회사수 220개사
액 면 가 200원		우 선 주 57만주	구 상 호 SK C&C

주주구성 (지분율,%)		출자관계 (지분율,%)		주요경쟁사 (외형,%)	
최태원	23.4	SKE&S	100.0	SK	100
국민연금공단	8.4	SK바이오팜	100.0	SK이노베이션	47
(외국인)	23.7	SK바이오텍	100.0	S-Oil	20

매출구성		비용구성		수출비중	
시스템통합관리 및 구축	64.5	매출원가율	88.2	수출	—
중고차 매매 등 기타사업	35.5	판관비율	5.4	내수	—

회사 개요
동사는 정보 및 통신사업에 대한 조사용역업, 정보통신연역무 및 시스템통합 서비스의 제공, 정보 및 통신사업에 관한 기술의 연구개발업 등을 사업목적으로 하여 1991년 설립. 2015년 8월 SK주식회사를 흡수합병하고, 사명을 SK주식회사로 변경함. 주요 사업은 자회사의 제반 사업내용을 지배, 경영지도, 정리, 육성하는 지주부문과 종합 IT서비스 및 기타사업을 목적으로 하는 사업부문으로 나뉨.

실적 분석
동사의 2017년 2분기 연결기준 누적 매출액은 45조303.1억원으로 전년 동기(41조4791.5억원) 대비 8.6% 증가함. 매출 증가율보다 원가율 상승폭이 더 컸고 판관비도 증가하며 영업이익은 전년비 12.7% 줄어든 2조8,089.8억원을 기록. 단 비영업부문에서 금융, 외환손익이 크게 개선됐으며 투자부문에서 대규모 이익을 거둬들이며 당기순이익은 전년 동기(1조9,989억원)보다 36.9% 늘어난 2조7,373.6억원을 시현함.

현금 흐름 〈단위 : 억원〉
항목	2016	2017.2Q
영업활동	91,107	30,084
투자활동	-73,805	-10,952
재무활동	-16,224	-20,824
순현금흐름	917	-2,269
기말현금	70,870	68,601

시장 대비 수익률

결산 실적 〈단위 : 억원〉
항목	2012	2013	2014	2015	2016	2017
매출액	22,418	23,018	24,260	392,995	836,175	—
영업이익	2,007	2,252	2,715	14,068	52,982	—
당기순이익	3,562	2,023	1,299	55,493	28,225	—

분기 실적 〈단위 : 억원〉
항목	2016.1Q	2016.2Q	2016.3Q	2016.4Q	2017.1Q	2017.2Q
매출액	204,981	209,811	200,648	220,735	230,625	219,678
영업이익	15,256	16,912	9,177	11,638	17,070	11,019
당기순이익	10,627	9,363	6,571	1,665	16,154	11,220

재무 상태 〈단위 : 억원〉
항목	2012	2013	2014	2015	2016	2017.2Q
총자산	51,220	52,929	53,070	966,338	1,030,473	1,009,397
유형자산	4,000	4,680	5,742	394,453	410,325	400,541
무형자산	1,192	1,126	1,017	97,494	117,724	117,038
유가증권	3,518	3,204	3,677	20,610	17,075	16,691
총부채	28,851	27,921	27,047	565,566	607,206	573,836
총차입금	16,610	16,373	15,902	319,739	316,977	311,045
자본금	100	100	100	154	154	154
총자본	22,369	25,008	26,024	400,773	423,267	435,561
지배주주지분	22,366	25,004	25,854	125,665	131,124	136,667

기업가치 지표
항목	2012	2013	2014	2015	2016	2017.2Q
주가(최고/저)(천원)	127/76.7	132/84.0	255/116	311/196	246/197	—/—
PER(최고/저)(배)	19.0/11.5	34.2/21.8	104.3/47.5	3.4/2.2	23.1/18.5	—/—
PBR(최고/저)(배)	2.5/1.5	2.3/1.5	4.1/1.9	1.7/1.1	1.3/1.0	1.4/1.0
EV/EBITDA(배)	24.9	28.7	36.4	18.3	6.2	—
EPS(원)	7,122	4,045	2,546	93,171	10,794	14,109
BPS(원)	53,544	60,725	64,429	189,929	197,625	205,441
CFPS(원)	8,094	5,119	3,689	131,518	84,296	52,509
DPS(원)	1,250	1,500	2,000	3,400	3,700	—
EBITDAPS(원)	4,986	5,577	6,574	62,864	148,201	78,004

재무 비율 〈단위 : %〉
연도	영업이익률	순이익률	부채비율	차입금비율	ROA	ROE	유보율	자기자본비율	EBITDA마진율
2016	6.3	3.4	143.5	74.9	2.8	6.0	91,007.2	41.1	12.6
2015	3.6	14.1	141.1	79.8	10.9	70.6	87,459.4	41.5	9.2
2014	11.2	5.4	103.9	61.1	2.5	5.0	32,114.4	49.0	13.6
2013	9.8	8.8	111.7	65.5	3.9	8.5	30,262.7	47.3	12.1

에스케이가스 (A018670)
SK Gas

업 종 : 석유 및 가스		시 장 : 거래소	
신용등급 : (Bond) AA- (CP) —		기업규모 : 시가총액 중형주	
홈페이지 : www.skgas.co.kr		연 락 처 : 02)6200-8114	
본 사 : 경기도 성남시 분당구 판교로332 ECO Hub			

설 립 일	1985.12.20	종업원수	385명	대표이사	최창원,이재훈
상 장 일	1997.08.08	감사의견	적정 (한영)	계 열	
결 산 기	12월	보통주	897만주	종속회사수	9개사
액 면 가	5,000원	우 선 주		구 상 호	

주주구성 (지분율,%)		출자관계 (지분율,%)		주요경쟁사 (외형,%)	
에스케이케미칼	45.6	지허브	100.0	SK가스	100
에스케이신텍	10.0	당진에코파워	51.0	SK	1,591
(외국인)	10.9	대한엘피지협회	50.0	SK이노베이션	752

매출구성		비용구성		수출비중	
LPG(기타)	93.9	매출원가율	91.1	수출	53.0
기타	6.1	판관비율	5.5	내수	47.0

회사 개요
동사는 1985년 액화석유가스(LPG) 수입산업의 합리화를 위해 설립됐으며, 1997년 유가증권시장에 상장됨. LPG 트레이딩 역량을 축적하여 수출이 매출에서 차지하는 비중은 약 절반 수준임. 동사는 1위 사업자로 2위 사업자인 E1보다 월등히 높은 시장 점유율을 보이고 있음. 2013년 석유화학 분야의 사업 다각화와 기존 사업 경쟁력 강화를 위해, LPG를 원료로 프로필렌을 생산하는 PDH 사업에 진출, 2016년 4월 상업생산 시작함.

실적 분석
동사의 2017년도 2분기 연결기준 누적 매출액은 3조3,589억원으로 전년 동기 대비 36%증가함. LPG판매량 증가, 특히 석유화학용 프로판 물량의 증가로 호실적을 거둠. 또한 LPG 내수판매량 전년 동기 대비 7.6%의 성장을 이룸. 단 매출원가 부담이 41.8% 늘어나면서 영업이익은 전년 대비 34.9% 감소한 741억원을 기록. 대규모 환차익을 거두며 순이익은 전년동기 대비 42.2% 증가한 1,238.7억원을 시현함.

현금 흐름 〈단위 : 억원〉
항목	2016	2017.2Q
영업활동	-1,077	914
투자활동	-1,168	1,227
재무활동	2,001	565
순현금흐름	-193	2,638
기말현금	2,061	4,699

시장 대비 수익률

결산 실적 〈단위 : 억원〉
항목	2012	2013	2014	2015	2016	2017
매출액	75,837	66,722	59,435	40,790	52,547	—
영업이익	1,409	1,235	1,203	992	1,808	—
당기순이익	958	1,025	991	732	1,882	—

분기 실적 〈단위 : 억원〉
항목	2016.1Q	2016.2Q	2016.3Q	2016.4Q	2017.1Q	2017.2Q
매출액	11,650	13,044	12,905	14,948	17,064	16,525
영업이익	631	507	438	232	326	415
당기순이익	322	549	402	609	334	904

재무 상태 〈단위 : 억원〉
항목	2012	2013	2014	2015	2016	2017.2Q
총자산	28,923	26,283	33,378	40,800	40,709	40,441
유형자산	7,786	8,070	14,655	19,411	11,200	11,313
무형자산	193	165	3,033	3,088	3,107	3,120
유가증권	1,109	1,740	1,108	1,411	1,495	1,933
총부채	19,156	15,096	19,318	24,524	23,596	22,196
총차입금	11,049	9,431	14,740	20,780	17,017	17,963
자본금	431	436	440	440	444	448
총자본	9,767	11,188	14,060	16,275	17,113	18,246
지배주주지분	9,763	11,188	11,815	12,093	13,884	14,601

기업가치 지표
항목	2012	2013	2014	2015	2016	2017.2Q
주가(최고/저)(천원)	80.0/50.7	77.6/59.9	138/64.1	106/65.1	130/60.2	—/—
PER(최고/저)(배)	8.4/5.3	7.4/5.7	13.6/6.3	14.4/8.9	6.8/3.2	—/—
PBR(최고/저)(배)	0.8/0.5	0.7/0.5	1.1/0.5	0.8/0.5	0.8/0.4	0.8/0.6
EV/EBITDA(배)	6.4	6.8	13.4	19.3	11.8	—
EPS(원)	10,683	11,422	10,865	7,716	18,997	8,732
BPS(원)	114,013	130,530	136,494	138,358	157,217	163,724
CFPS(원)	15,059	16,134	15,588	12,898	25,262	11,361
DPS(원)	1,700	1,750	2,050	2,050	2,650	—
EBITDAPS(원)	20,281	18,576	18,215	16,365	26,437	10,893

재무 비율 〈단위 : % 〉
연도	영업이익률	순이익률	부채비율	차입금비율	ROA	ROE	유보율	자기자본비율	EBITDA마진율
2016	3.4	3.6	137.9	99.4	4.6	13.1	3,044.3	42.0	4.5
2015	2.4	1.8	150.7	127.7	2.0	5.8	2,667.2	39.9	3.5
2014	2.0	1.7	137.4	104.8	3.3	8.5	2,629.9	42.1	2.7
2013	1.9	1.5	134.9	84.3	3.7	9.8	2,510.6	42.6	2.4

에스케이네트웍스 (A001740)
SK Networks

업 종 : 복합 산업		시 장 : 거래소	
신용등급 : (Bond) AA- (CP) A2-		기업규모 : 시가총액 중형주	
홈페이지 : www.sknetworks.co.kr		연 락 처 : 070)7800-2114	
본 사 : 경기도 수원시 장안구 경수대로 795			

설 립 일	1956.03.24	종업원수	2,418명	대표이사	최신원,박상규(각자대표이사)
상 장 일	1977.06.30	감사의견	적정 (한영)	계 열	열
결 산 기	12월	보통주	24,819만주	종속회사수	22개사
액 면 가	2,500원	우 선 주	11만주	구 상 호	

주주구성 (지분율,%)		출자관계 (지분율,%)		주요경쟁사 (외형,%)	
SK	39.1	SK매직	100.0	에스케이네트웍스	100
국민연금공단	7.2	에스케이핀크스	100.0		
(외국인)	15.4	에스케이핀크스	100.0		

매출구성		비용구성		수출비중	
상사일반석유제품(휘발유, 등유, 경유, 중질유)	40.9	매출원가율	94.5	수출	—
휴대폰 및 ICT Device 유통	24.5	판관비율	4.6	내수	—
화학 제품/상품의 국내외 무역(Trading) 등	18.3				

회사 개요
동사는 1953년 창립해 직물 분야로 출발한 후, 석유제품을 중심으로 한 에너지 유통사업, 휴대폰 중심의 정보통신 유통사업, Trading 및 자원개발사업, 렌터카 및 자동차정비의 Car-Life 사업을 영위하고 있음. SK계열 기업집단에 소속되어 있으며, 연결대상 종속회사는 SK핀크스, SK네트웍스서비스 등 23개사이고 그 중 주요종속회사는 6개사임.

실적 분석
동사의 2017년 상반기 연결기준 누적 매출액은 10조 1092억원으로 전년 동기 대비 13.6% 증가함. 매출은 늘었지만 매출원가 또한 큰 폭으로 늘었으며 판매비와 관리비는 전년 동기 대비 26.9% 증가함. 이에 따른 영업이익은 491.7억원으로 전년 동기 대비 29.7% 감소함. 비영업손익 부문에서는 금융손실이 확대되어 당기순손실은 26.9억원으로 적자 전환함.

현금 흐름 〈단위 : 억원〉
항목	2016	2017.2Q
영업활동	146	-1,152
투자활동	-5,633	5,732
재무활동	1,177	-6,187
순현금흐름	-4,326	-1,630
기말현금	6,964	5,334

시장 대비 수익률

결산 실적 〈단위 : 억원〉
항목	2012	2013	2014	2015	2016	2017
매출액	279,355	259,754	224,081	195,234	184,574	—
영업이익	2,516	2,408	2,013	1,911	1,673	—
당기순이익	119	-5,918	316	730	-816	—

분기 실적 〈단위 : 억원〉
항목	2016.1Q	2016.2Q	2016.3Q	2016.4Q	2017.1Q	2017.2Q
매출액	43,820	45,162	44,489	51,103	50,578	50,514
영업이익	310	389	390	584	297	195
당기순이익	5	101	-13	-909	109	-136

재무 상태 〈단위 : 억원〉
항목	2012	2013	2014	2015	2016	2017.2Q
총자산	106,271	88,794	85,047	82,032	86,203	77,938
유형자산	35,788	33,337	35,153	35,189	39,851	37,393
무형자산	1,616	1,210	990	948	5,597	5,611
유가증권	2,092	1,446	1,153	551	417	422
총부채	75,607	63,143	59,865	56,838	62,148	54,313
총차입금	34,738	28,300	31,257	28,653	31,739	25,860
자본금	6,487	6,487	6,487	6,487	6,487	6,487
총자본	30,664	25,651	25,182	25,194	24,055	23,625
지배주주지분	30,639	25,691	25,256	25,278	24,280	23,851

기업가치 지표
항목	2012	2013	2014	2015	2016	2017.2Q
주가(최고/저)(천원)	10.9/7.5	8.4/5.7	10.9/7.0	9.2/5.1	7.4/4.8	—/—
PER(최고/저)(배)	59.6/41.0	—/—	87.9/56.3	31.9/17.9	—/—	—/—
PBR(최고/저)(배)	0.9/0.6	0.9/0.6	1.1/0.7	0.9/0.5	0.8/0.5	0.9/0.6
EV/EBITDA(배)	11.5	9.7	12.3	8.9	12.0	—
EPS(원)	194	-2,287	129	296	-329	-12
BPS(원)	12,339	10,347	10,172	10,180	9,778	9,606
CFPS(원)	669	-1,861	624	900	380	474
DPS(원)	150	—	100	100	100	—
EBITDAPS(원)	1,488	1,396	1,305	1,374	1,383	684

재무 비율 〈단위 : % 〉
연도	영업이익률	순이익률	부채비율	차입금비율	ROA	ROE	유보율	자기자본비율	EBITDA마진율
2016	0.9	-0.4	258.4	131.9	-1.0	-3.3	274.3	27.9	1.9
2015	1.0	0.4	225.6	113.7	0.9	2.9	289.7	30.7	1.8
2014	0.9	0.1	237.7	124.1	0.4	1.3	289.4	29.6	1.5
2013	0.9	-2.3	246.2	110.3	-6.1	-20.2	296.1	28.9	1.3

에스케이디앤디 (A210980)
SK D&D

업 종 : 부동산		시 장 : 거래소	
신용등급 : (Bond) — (CP) —		기업규모 : 시가총액 중형주	
홈 페 이 지 : www.skdnd.com		연 락 처 : 02)398-4700	
본 사 : 경기도 성남시 분당구 판교로 332 (삼평동) ECO Hub			

설 립 일 2004.04.27	종 업 원 수 116명	대 표 이 사 함스테판윤성	
상 장 일 2015.06.23	감사의견 적정 (안진)	계 열	
결 산 기 12월	보 통 주 1,616만주	종속회사수 2개사	
액 면 가 1,000원	우 선 주	구 상 호 에스케이디앤디	

주주구성 (지분율,%)
에스케이가스	31.0
최창원	24.0
(외국인)	1.2

출자관계 (지분율,%)
현대사모부동산투자신탁20호	100.0
비앤엠개발	76.2
킨텍스몰	40.0

주요경쟁사 (외형,%)
SK디앤디	100
한국토지신탁	64
해성산업	4

매출구성
개발(기타)	82.5
(기타)	6.5
발전(기타)	4.9

비용구성
매출원가율	71.0
판관비율	14.4

수출비중
수출	—
내수	—

회사 개요
동사는 2004년 설립된 상업용 부동산 및 신재생에너지 전문 개발회사(디벨로퍼)로서 국내 부동산개발회사 중에는 처음으로 상장하는 케이스임. 동사는 적극적인 리스크관리로 비교회사들 내에서 매년 당기순이익 흑자를 시현하고 자본총계가 성장하는 유일한 회사임. 이러한 실적을 내는 큰 요인은 시황 변동성이 큰 주택시장으로의 진출을 배제하며 철저히 리스크관리를 하고 있기 때문으로 풀이됨.

실적 분석
동사의 연결기준 2017년 2분기 누적매출액은 전년동기 대비 45.4% 증가한 1,618.9억원을 시현하였음. 원가율이 소폭 개선되었으며 매출총이익은 53.5% 증가한 432.0억원을 기록함. 판관비가 증가하였으나 외형 확대에 따라 부담이 줄었으며 이에 따라 영업이익은 145.1% 증가한 192.8억원을 기록하였음. 동사의 당기순이익은 전년동기 대비 10배가량 증가한 618.4억원을 기록하였음.

현금 흐름 〈단위 : 억원〉
항목	2016	2017.2Q
영업활동	-1,433	-809
투자활동	-870	2,067
재무활동	1,941	-361
순현금흐름	-609	1,139
기말현금	415	1,553

시장 대비 수익률

결산 실적 〈단위 : 억원〉
항목	2012	2013	2014	2015	2016	2017
매출액	1,596	1,301	1,749	2,313	2,764	—
영업이익	95	98	252	269	404	—
당기순이익	47	81	191	202	263	—

분기 실적 〈단위 : 억원〉
항목	2016.1Q	2016.2Q	2016.3Q	2016.4Q	2017.1Q	2017.2Q
매출액	530	583	571	1,079	774	845
영업이익	30	49	58	267	122	71
당기순이익	35	26	42	161	84	534

재무 상태 〈단위 : 억원〉
항목	2012	2013	2014	2015	2016	2017.2Q
총자산	2,853	2,410	3,868	7,552	10,214	8,947
유형자산	287	85	879	893	840	813
무형자산	10	38	34	41	53	54
유가증권	65	67	86	169	576	676
총부채	1,950	1,707	2,666	5,010	7,359	5,531
총차입금	1,191	1,144	2,126	4,447	4,763	4,495
자본금	74	67	77	108	108	162
총자본	903	703	1,202	2,542	2,855	3,416
지배주주지분	903	703	1,202	1,786	2,108	2,561

기업가치 지표
항목	2012	2013	2014	2015	2016	2017.2Q
주가(최고/저)(천원)	—/—	—/—	—/—	91.2/49.8	65.4/39.5	—/—
PER(최고/저)(배)	0.0/0.0	0.0/0.0	0.0/0.0	41.4/22.6	26.2/15.8	—/—
PBR(최고/저)(배)	0.0/0.0	0.0/0.0	0.0/0.0	5.6/3.1	3.4/2.0	2.3/1.6
EV/EBITDA(배)	7.9		7.2	6.6	34.2	20.7
EPS(원)	467	794	1,881	1,499	1,686	3,163
BPS(원)	60,837	47,393	78,329	16,582	19,573	15,855
CFPS(원)	3,896	6,334	14,126	2,924	3,052	3,335
DPS(원)				400	530	
EBITDAPS(원)	7,136	7,525	18,200	3,663	4,273	1,366

재무 비율 〈단위 : % 〉
연도	영업이익률	순이익률	부채비율	차입금비율	ROA	ROE	유보율	자기자본비율	EBITDA마진율
2016	14.6	9.5	257.7	166.8	3.0	14.0	1,857.3	28.0	16.7
2015	11.6	8.7	197.1	174.9	3.5	13.6	1,558.2	33.7	14.1
2014	14.4	10.9	221.9	177.0	6.1	20.1	1,466.6	31.1	15.0
2013	7.6	6.2	242.7	162.7	—	—	954.4	29.2	8.6

에스케이머티리얼즈 (A036490)
SK Materials

업 종 : 반도체 및 관련장비		시 장 : KOSDAQ	
신용등급 : (Bond) A+ (CP) —		기업규모 : 우량	
홈 페 이 지 : www.sk-materials.com		연 락 처 : 054)630-8114	
본 사 : 경북 영주시 가흥공단로 59-33			

설 립 일 1982.11.10	종 업 원 수 633명	대 표 이 사 임민규	
상 장 일 1999.12.02	감사의견 적정 (안진)	계 열	
결 산 기 12월	보 통 주 1,055만주	종속회사수 6개사	
액 면 가 500원	우 선 주	구 상 호 SK 머티리얼즈	

주주구성 (지분율,%)
SK	49.1
미래에셋자산운용투자자문	4.6
(외국인)	10.1

출자관계 (지분율,%)
SK에어가스	80.0
SK트리켐	65.0
SK쇼와덴코	51.0

주요경쟁사 (외형,%)
SK머티리얼즈	100
SK하이닉스	3,727
이오테크닉스	67

매출구성
특수가스 NF3(삼불화질소) 등	89.5
산업가스 O2(산소) 등	10.5

비용구성
매출원가율	58.2
판관비율	8.4

수출비중
수출	38.0
내수	62.0

회사 개요
동사는 수입에 의존하고 있던 전자산업 소재의 국산화를 목표로 1982년 대백물산으로 설립되어 1998년 사명을 대백신소재로 변경했고, 2004년 소디프신소재, 2010년 OCI머티리얼즈, 2016년 (주)SK가 (주)OCI로부터 49.1%의 지분을 4703.3억원에 인수하면서 SK머티리얼즈로 상호를 변경함. 동사는 반도체, LCD, 태양광 전지 제조 공정에 사용하는 특수가스(NF3, SiH4, WF6, DCS)의 제조를 영위하고 있음.

실적 분석
동사는 2017년 2분기 매출액이 2,406.0억원으로 전년동기 대비 12.5% 증가하였고, 영업이익은 709.4억원으로 3.2% 감소. 동사가 제조하는 특수가스는 SK하이닉스, SK에너지 등에 공급되고 있으며 4조 3교대로 24시간 365일 가동하며 타사 대비 높은 가동률을 보이고 있음. 매출 성장세에도 불구하고 매출원가와 판매관리비의 증가로 수익성은 감소하였음. 종속회사 sk에어가스는 2017년 8월 1,860억원 규모 기계증설에 투자를 공시

현금 흐름 〈단위 : 억원〉
항목	2016	2017.2Q
영업활동	2,079	510
투자활동	-2,087	-677
재무활동	191	-12
순현금흐름	188	-185
기말현금	603	418

시장 대비 수익률

결산 실적 〈단위 : 억원〉
항목	2012	2013	2014	2015	2016	2017
매출액	2,544	1,911	2,117	3,380	4,614	—
영업이익	503	72	264	1,128	1,541	—
당기순이익	290	4	136	662	1,105	—

분기 실적 〈단위 : 억원〉
항목	2016.1Q	2016.2Q	2016.3Q	2016.4Q	2017.1Q	2017.2Q
매출액	973	1,165	1,237	1,239	1,164	1,242
영업이익	344	388	406	402	331	378
당기순이익	245	267	270	322	218	264

재무 상태 〈단위 : 억원〉
항목	2012	2013	2014	2015	2016	2017.2Q
총자산	6,907	5,974	5,898	6,651	9,031	9,800
유형자산	5,457	4,753	4,498	4,802	6,615	7,285
무형자산	53	70	32	34	69	70
유가증권	4	1	1	1	1	61
총부채	3,446	2,806	2,669	2,888	4,660	6,246
총차입금	2,921	2,430	2,200	2,003	3,178	5,866
자본금	53	53	53	53	53	53
총자본	3,460	3,168	3,229	3,764	4,371	3,554
지배주주지분	3,459	3,167	3,228	3,762	4,213	3,342

기업가치 지표
항목	2012	2013	2014	2015	2016	2017.2Q
주가(최고/저)(천원)	79.4/27.0	37.5/26.4	53.4/27.5	137/51.3	183/95.1	—/—
PER(최고/저)(배)	33.5/11.4	1,212.5/855.8	44.0/22.6	22.8/8.5	18.2/9.4	—/—
PBR(최고/저)(배)	2.8/1.0	1.4/1.0	1.9/1.0	4.0/1.5	4.7/2.4	5.0/3.9
EV/EBITDA(배)	5.4		8.6	9.6	8.2	9.8
EPS(원)	2,756	33	1,289	6,270	10,299	4,483
BPS(원)	32,792	30,028	30,604	35,670	40,078	40,805
CFPS(원)	9,719	5,278	6,024	11,549	16,695	8,026
DPS(원)	2,850	500	1,000	2,560	3,550	
EBITDAPS(원)	11,730	5,930	7,236	15,976	21,003	10,268

재무 비율 〈단위 : % 〉
연도	영업이익률	순이익률	부채비율	차입금비율	ROA	ROE	유보율	자기자본비율	EBITDA마진율
2016	33.4	23.9	106.6	72.7	14.1	27.2	7,915.6	48.4	48.0
2015	33.4	19.6	76.7	53.2	10.5	18.9	7,034.0	56.6	49.9
2014	12.5	6.4	82.7	68.1	2.3	4.3	6,020.9	54.8	36.1
2013	3.8	0.2	88.6	76.7	0.1	0.1	5,905.6	53.0	32.7

에스케이바이오랜드 (A052260)
SKbioland

업 종: 바이오		시 장: KOSDAQ	
신용등급: (Bond) — (CP) —		기업규모: 우량	
홈페이지: www.skbioland.com		연락처: 041)550-7700	
본 사: 충남 천안시 동남구 병천면 송정리 2길 59			

설 립 일 1995.09.01	종업원수 328명	대표이사 정찬복	
상 장 일 2001.05.04	감사의견 적정 (대주)	계 열	
결 산 기 12월	보통주 1,500만주	종속회사수 2개사	
액 면 가 500원	우선주	구상호 바이오랜드	

주주구성 (지분율,%)
에스케이씨	27.9
파라투스제일호투자목적회사	10.5
(외국인)	5.6

출자관계 (지분율,%)
SBI헬스케어펀드제1호	12.7
레피젠	11.1
엘컴사이언스	6.8

주요경쟁사 (외형,%)
SK바이오랜드	100
테고사이언스	9
파미셀	28

매출구성
마치현추출물ARBUTIN히아루론산	56.3
홍삼농축액분말마린키토올리고당글로코사민문말	27.5
상처드레싱콜라겐간염검사外	15.7

비용구성
매출원가율	60.7
판관비율	22.8

수출비중
수출	—
내수	—

회사 개요
동사는 의약품, 화장품원료산업, 인공장기산업, 생물소재 및 진단의약산업을 영위하고 있으며 천연물, 미생물을 이용하여 제품을 생산함. 전체 화장품원료 시장의 9.8%가량을 점유하고 있으며, 생물산업 화장품원료 시장의 49%가량을 차지함. 신규시설인 오송공장의 화장품원료 및 의약품원료 생산시설 준공이 완료되었고, 주력제품인 히아루론산, 알부틴, 마치현추출물, SC Glucan 등의 고른 수출 확대에 힘입어 수출 실적이 상승하고 있음.

실적 분석
2017년 반기 연결기준 누적 매출액은 전년과 비슷한 503.9억원을 기록(-0.4%). 영업이익은 27.6% 감소한 63.8억원을 기록. 의약품원료 부문 매출이 약 3배 증가함. 의약품원료는 잇몸 치료제의 주원료 후박추출물의 신규 런칭 효과로 매출 확대. 화장품부문에서 항노화, 미백과 같은 천연 소재에 대한 수요증가로 특화된 신규 소재확보에 대한 연구개발을 지속 중.

현금 흐름 〈단위 : 억원〉
항목	2016	2017.2Q
영업활동	128	26
투자활동	-91	1
재무활동	2	-42
순현금흐름	40	-17
기말현금	148	131

시장 대비 수익률

결산 실적 〈단위 : 억원〉
항목	2012	2013	2014	2015	2016	2017
매출액	730	710	770	809	978	
영업이익	154	132	161	142	161	
당기순이익	101	97	106	108	124	

분기 실적 〈단위 : 억원〉
항목	2016.1Q	2016.2Q	2016.3Q	2016.4Q	2017.1Q	2017.2Q
매출액	245	261	209	263	281	223
영업이익	38	50	30	42	42	22
당기순이익	30	32	21	41	30	23

재무 상태 〈단위 : 억원〉
항목	2012	2013	2014	2015	2016	2017.2Q
총자산	1,471	1,425	1,432	1,534	1,677	1,644
유형자산	760	747	745	801	931	945
무형자산	21	25	21	21	23	29
유가증권	44	28	17	13	13	10
총부채	464	351	287	315	371	327
총차입금	330	242	160	172	215	212
자본금	75	75	75	75	75	75
총자본	1,007	1,074	1,145	1,218	1,305	1,317
지배주주지분	1,007	1,074	1,145	1,218	1,305	1,317

기업가치 지표
항목	2012	2013	2014	2015	2016	2017.2Q
주가(최고/저)(천원)	18.7/9.3	17.9/9.2	28.3/10.3	40.9/19.3	29.0/16.0	—/—
PER(최고/저)(배)	29.5/14.7	29.1/15.0	41.7/15.2	58.1/27.4	35.4/19.6	—/—
PBR(최고/저)(배)	3.0/1.5	2.6/1.4	3.9/1.4	5.2/2.4	3.4/1.9	2.2/1.8
EV/EBITDA(배)	10.8	8.4	14.0	22.6	13.0	
EPS(원)	676	649	704	719	828	356
BPS(원)	6,710	7,160	7,632	8,121	8,702	8,781
CFPS(원)	1,145	1,080	1,074	975	1,115	542
DPS(원)	200	200	250	250	250	
EBITDAPS(원)	1,495	1,309	1,440	1,203	1,358	611

재무 비율 〈단위 : %〉
연도	영업이익률	순이익률	부채비율	차입금비율	ROA	ROE	유보율	자기자본비율	EBITDA마진율
2016	16.4	12.7	28.5	16.4	7.7	9.9	1,640.4	77.9	20.8
2015	17.6	13.3	25.9	14.1	7.3	9.1	1,524.2	79.4	22.3
2014	20.9	13.7	25.1	14.0	7.4	9.5	1,426.4	80.0	28.1
2013	18.5	13.7	32.7	22.5	6.7	9.4	1,332.0	75.4	27.6

에스케이씨 (A011790)
SKC

업 종: 화학		시 장: 거래소	
신용등급: (Bond) A (CP) A2		기업규모: 시가총액 중형주	
홈페이지: www.skc.kr		연락처: 031)250-7114	
본 사: 경기도 수원시 장안구 장안로 309번길 84 (정자동)			

설 립 일 1973.07.16	종업원수 1,259명	대표이사 이완재	
상 장 일 1997.07.03	감사의견 적정 (삼정)	계 열	
결 산 기 12월	보통주 3,753만주	종속회사수 20개사	
액 면 가 5,000원	우선주	구상호	

주주구성 (지분율,%)
SK	41.0
국민연금공단	11.8
(외국인)	12.7

출자관계 (지분율,%)
에스케이더블유	100.0
SK텔레시스	79.4
SKC솔믹스	57.7

주요경쟁사 (외형,%)
SKC	100
LG화학	876
한화케미칼	392

매출구성
PET FILM 등(광학용, 포장용, 산업용 등)	38.9
POD 등(윤활제, 자동차, 화장품,가전제품, 단열	28.2
통신장비 등	20.6

비용구성
매출원가율	82.6
판관비율	11.0

수출비중
수출	37.0
내수	63.0

회사 개요
동사는 1973년 설립되어 폴리에스터 필름, 기초화학원료 (PO, PG, Polyol) 등을 제조, 판매하는 SK그룹 계열사임. 폴리우레탄의 원재료로 사용되는 프로필렌옥사이드 제품을 생산하는 화학사업과 LCD, 일반 산업재 부품이나 태양전지용으로 사용되는 폴리에스터르 필름 등을 생산하는 필름사업을 영위하고 있음. 매출은 화학 32.5%, 필름 37.2%, 전자재료 10.3%, 기타 20%로 구성됨.

실적 분석
동사의 2017년 연결기준 상반기 매출액은 1조2,021.7억원으로 전년동기 대비 6.3% 증가함. 반면 판관비는 감소하였지만, 매출원가 증가 영향으로 영업이익은 820.2억원으로 전년동기 대비 8.9% 감소함. 수익성 개선을 위해 필름, 화학 등 핵심제품 중심의 포트폴리오 고도화와 비용구조 혁신으로 경쟁력을 강화하고, 화학 관련 사업 가속화를 통해 신사업 분야로 진출할 계획임.

현금 흐름 〈단위 : 억원〉
항목	2016	2017.2Q
영업활동	2,491	313
투자활동	-39	-1,159
재무활동	-1,818	682
순현금흐름	665	-176
기말현금	1,050	874

시장 대비 수익률

결산 실적 〈단위 : 억원〉
항목	2012	2013	2014	2015	2016	2017
매출액	26,292	26,414	28,022	24,657	23,594	
영업이익	1,447	1,240	1,524	2,179	1,493	
당기순이익	318	257	433	2,456	293	

분기 실적 〈단위 : 억원〉
항목	2016.1Q	2016.2Q	2016.3Q	2016.4Q	2017.1Q	2017.2Q
매출액	5,567	5,741	5,865	6,421	5,870	6,152
영업이익	454	446	183	410	378	442
당기순이익	266	477	-374	-77	254	569

재무 상태 〈단위 : 억원〉
항목	2012	2013	2014	2015	2016	2017.2Q
총자산	34,913	35,858	36,868	36,882	35,288	36,752
유형자산	20,860	21,969	22,131	20,791	18,661	19,558
무형자산	1,126	1,194	1,747	1,458	1,462	1,931
유가증권	376	262	142	101	101	104
총부채	22,997	23,803	23,857	21,319	20,049	21,353
총차입금	16,326	17,126	17,125	15,430	13,487	15,087
자본금	1,811	1,811	1,817	1,840	1,877	1,877
총자본	11,916	12,055	13,010	15,563	15,239	15,400
지배주주지분	11,516	11,830	12,173	14,439	14,059	14,175

기업가치 지표
항목	2012	2013	2014	2015	2016	2017.2Q
주가(최고/저)(천원)	48.6/34.2	39.6/25.0	35.3/23.0	41.0/25.1	33.1/25.7	—/—
PER(최고/저)(배)	29.2/20.6	27.4/17.3	19.7/12.8	5.8/3.5	29.3/22.9	0.9/0.7
PBR(최고/저)(배)	1.7/1.2	1.3/0.8	1.1/0.7	1.1/0.7	0.9/0.7	—/—
EV/EBITDA(배)	12.6	11.4	9.3	7.9	9.4	
EPS(원)	1,823	1,568	1,916	7,426	1,150	1,982
BPS(원)	31,847	32,714	33,540	39,288	38,610	39,405
CFPS(원)	4,705	4,913	5,687	11,321	4,500	3,516
DPS(원)	500	500	550	750	750	
EBITDAPS(원)	6,878	6,769	7,972	9,840	7,356	3,719

재무 비율 〈단위 : %〉
연도	영업이익률	순이익률	부채비율	차입금비율	ROA	ROE	유보율	자기자본비율	EBITDA마진율
2016	6.3	1.2	131.6	88.5	0.8	3.0	672.2	43.2	11.6
2015	8.8	10.0	137.0	99.1	6.7	20.5	685.8	42.2	14.6
2014	5.4	1.6	183.4	131.6	1.2	5.8	570.8	35.3	10.3
2013	4.7	1.0	197.5	142.1	0.7	4.9	554.3	33.6	9.3

에스케이씨솔믹스 (A057500)
SKC Solmics

업 종 : 반도체 및 관련장비		시 장 : KOSDAQ	
신용등급 : (Bond) A (CP) A3-		기업규모 : 중견	
홈 페 이 지 : www.skcsolmics.com		연 락 처 : 031)660-8400	
본 사 : 경기도 평택시 경기대로 1043 (장당동)			

설 립 일	1995.07.19	종 업 원 수	398명	대 표 이 사	오준록
상 장 일	2001.12.26	감 사 의 견	적정 (삼정)	계	열
결 산 기	12월	보 통 주	6,149만주	종속회사수	2개사
액 면 가	500원	우 선 주		구 상 호	

주주구성 (지분율,%)		출자관계 (지분율,%)		주요경쟁사 (외형,%)	
에스케이씨	57.7	SOLMICSSHANGHAIINTERNATIONALTRADING	100.0	SKC 솔믹스	100
NH농협증권	1.6	SOLMICSTAIWAN	100.0	프로텍	100
(외국인)	2.8	SNTUSA	30.0	유니트론텍	157

매출구성		비용구성		수출비중	
Si	41.0	매출원가율	74.5	수출	25.0
Al2O3	22.1	판관비율	7.1	내수	75.0
기타	20.1				

회사 개요
동사는 1995년 설립되어 2008년 SK그룹에 편입됨. 동사는 파인세라믹 및 실리콘을 기반으로 하는 기능성 반도체 및 LCD 부품 소재를 생산함. 알루미나, 실리콘, 쿼츠 등을 재료로 각종 파인세라믹스 관련 부품을 생산하여 SK하이닉스와 삼성전자 등에 공급하고 있음. 2016년 8월 태양전지용 잉곳 및 웨이퍼를 생산하던 태양광 사업 부문의 자산을 웅진에너지에 30억원을 받고 양도함.

실적 분석
동사는 2017년 상반기 누적 매출액이 612.0억원으로 전년 동기 대비 40.1% 증가했고, 영업이익은 100.6억원으로 전년 동기에 비해 22.2% 증가함. 동사는 반도체 호황으로 실적이 대폭 개선됐고, 특히 알루미나와 실리콘 카바이드 제품의 판매가 호조세를 보임. 매출 비중은 알루미나(26.1%), 실리콘(34.5%), 실리콘카바이드(19.4%) 등임. 동사의 당기순이익은 94.4억원을 기록해 전년 동기 4.7억원의 20배 가량임.

현금 흐름
<단위 : 억원>

항목	2016	2017.2Q
영업활동	274	125
투자활동	24	-16
재무활동	-290	-98
순현금흐름	7	10
기말현금	9	20

시장 대비 수익률

결산 실적
<단위 : 억원>

항목	2012	2013	2014	2015	2016	2017
매출액	1,075	1,125	1,152	868	945	—
영업이익	-270	-192	33	160	173	—
당기순이익	-387	-322	-126	-411	-356	—

분기 실적
<단위 : 억원>

항목	2016.1Q	2016.2Q	2016.3Q	2016.4Q	2017.1Q	2017.2Q
매출액	219	218	244	263	276	336
영업이익	41	41	48	43	42	58
당기순이익	1	4	-379	18	28	67

재무 상태
<단위 : 억원>

항목	2012	2013	2014	2015	2016	2017.2Q
총자산	3,233	2,932	2,766	2,094	1,543	1,566
유형자산	2,073	1,897	1,773	1,289	934	911
무형자산	97	61	25	11	6	6
유가증권						
총부채	2,469	2,262	2,217	1,896	1,216	1,144
총차입금	2,204	1,980	1,872	1,669	986	934
자본금	97	193	195	217	307	307
총자본	764	670	550	198	327	422
지배주주지분	760	666	550	198	327	422

기업가치 지표

항목	2012	2013	2014	2015	2016	2017.2Q
주가(최고/저)(천원)	7.3/2.7	3.7/1.2	3.3/1.4	2.9/1.8	4.8/1.7	—/—
PER(최고/저)(배)	—/—	—/—	—/—	—/—	—/—	—/—
PBR(최고/저)(배)	1.9/0.7	2.1/0.7	2.3/1.0	6.3/3.8	8.9/3.1	8.4/5.3
EV/EBITDA(배)		1,667.3	11.4	7.1	13.0	
EPS(원)	-2,561	-1,516	-326	-974	-762	153
BPS(원)	3,913	1,735	1,417	462	535	689
CFPS(원)	-1,382	-607	168	-531	-488	225
DPS(원)						
EBITDAPS(원)	-605		580	820	645	236

재무 비율
<단위 : % >

연도	영업이익률	순이익률	부채비율	차입금비율	ROA	ROE	유보율	자기자본비율	EBITDA마진율
2016	18.4	-37.7	371.6	301.2	-19.6	-135.6	7.0	21.2	31.9
2015	18.4	-47.4	일부잠식	일부잠식	-16.9	-109.9	-7.6	9.5	39.9
2014	2.9	-11.0	403.2	340.5	-4.4	-20.7	183.4	19.9	19.5
2013	-17.1	-28.6	337.5	295.3	-10.4	-45.2	247.0	22.9	0.1

에스케이씨에스 (A224020)
SKCS COLTD

업 종 : 용기 및 포장		시 장 : KONEX	
신용등급 : (Bond) — (CP) —		기업규모 : —	
홈 페 이 지 : www.kcsltd.co.kr		연 락 처 : 031)761-7703	
본 사 : 경기도 광주시 초월읍 산수로554번길 47			

설 립 일	2004.08.06	종 업 원 수	51명	대 표 이 사	강상구
상 장 일	2016.07.25	감 사 의 견	적정 (리안)	계	열
결 산 기	12월	보 통 주		종속회사수	
액 면 가		우 선 주		구 상 호	

주주구성 (지분율,%)		출자관계 (지분율,%)		주요경쟁사 (외형,%)	
강상구	34.1			에스케이씨에스	100
KoFC-IMM Pioneer Champ 2011-9호 투자조합	23.7			한진피앤씨	429
				율촌화학	2,087

매출구성		비용구성		수출비중	
인쇄용 필름(제품)	50.8	매출원가율	86.3	수출	46.0
(상품)	28.9	판관비율	11.2	내수	54.0
사진보호 필름(제품)	15.0				

회사 개요
동사는 플라스틱 필름의 표면에 점착 및 코팅 가공 후, 필름고유물성 이외의 특성을 부여하여 고기능성, 고부가가치성 필름을 생산함. 국내 유일한 최대 9층까지 동시 코팅이 가능한 다층코팅설비 및 기술을 보유하고 있음. 주생산 제품으로는 대형 디지털 인쇄용 필름(광고용 잉크젯 미디어)이 있음. 국내에서는 한국 3M, 한국후지필름의 제품을 ODM으로 생산, 공급하고 있음.

실적 분석
동사의 2016년 연결기준 매출액은 212.5억원이며, 주 매출원은 인쇄용 필름으로 전체 매출의 55%를 차지하고 있음. 영업이익은 5.3억원이며, 당기순이익은 4.9억을 기록하고 있음. 현재 솔벤트 잉크젯 미디어 국내 시장점유율 1위인 LG 하우시스 제품의 ODM 생산을 협의하고 있으며, 자체 브랜드 판매 런칭을 진행하고 있음. 이에 따른 매출 확대가 기대됨.

현금 흐름
*IFRS 별도 기준
<단위 : 억원>

항목	2016	2017.2Q
영업활동	-5	—
투자활동	-10	—
재무활동	-6	—
순현금흐름	-22	—
기말현금	5	—

시장 대비 수익률

결산 실적
<단위 : 억원>

항목	2012	2013	2014	2015	2016	2017
매출액	—	—	—	190	212	—
영업이익	4	5	8	9	5	—
당기순이익	2	1	3	9	5	—

분기 실적
*IFRS 별도 기준
<단위 : 억원>

항목	2016.1Q	2016.2Q	2016.3Q	2016.4Q	2017.1Q	2017.2Q
매출액	—	—	—	—	—	—
영업이익	—	—	—	—	—	—
당기순이익	—	—	—	—	—	—

재무 상태
*IFRS 별도 기준
<단위 : 억원>

항목	2012	2013	2014	2015	2016	2017.2Q
총자산	157	191	214	270	246	—
유형자산	123	131	136	132	127	—
무형자산	15	25	35	42	46	—
유가증권				0	0	—
총부채	117	149	169	207	159	—
총차입금	95	99	108	135	110	—
자본금	10	10	10	12	15	—
총자본	40	42	45	63	87	—
지배주주지분	40	42	45	63	87	—

기업가치 지표
*IFRS 별도 기준

항목	2012	2013	2014	2015	2016	2017.2Q
주가(최고/저)(천원)	—/—	—/—	—/—	—/—	6.5/4.0	—/—
PER(최고/저)(배)	0.0/0.0	0.0/0.0	0.0/0.0	0.0/0.0	40.2/24.9	—/—
PBR(최고/저)(배)	0.0/0.0	0.0/0.0	0.0/0.0	0.0/0.0	2.3/1.4	0.0/0.0
EV/EBITDA(배)	16.8		10.1	7.4	12.9	
EPS(원)	115	58	155	186	160	—
BPS(원)	21,300	21,884	23,501	2,584	2,829	—
CFPS(원)	2,225	2,928	4,433	579	532	—
DPS(원)						
EBITDAPS(원)	2,935	5,135	7,206	766	544	—

재무 비율
<단위 : % >

연도	영업이익률	순이익률	부채비율	차입금비율	ROA	ROE	유보율	자기자본비율	EBITDA마진율
2016	2.5	2.3	183.1	126.5	1.9	6.6	465.9	35.3	7.9
2015	4.8	2.4	329.3	213.8	1.9	8.4	416.7	23.3	9.8
2014	5.3	1.9	379.5	242.7	1.5	6.8	370.0	20.9	8.8
2013	5.2	1.1	359.2	239.0	0.6	2.7	337.7	21.8	9.6

에스케이씨코오롱피아이 (A178920)
SKC KOLON PI

업 종 : 화학		시 장 : KOSDAQ	
신용등급 : (Bond) — (CP) —		기업규모 : 우량	
홈 페 이 지 : www.skckolonpi.com		연 락 처 : 043)539-4545	
본 사 : 충북 진천군 이월면 고등1길 27			

설 립 일 2008.06.02	종 업 원 수 223명	대 표 이 사 김태림
상 장 일 2014.12.08	감사의견 적정(안진)	계 열
결 산 기 12월	보 통 주 2,937만주	종속회사수
액 면 가 500원	우 선 주	구 상 호

주주구성 (지분율,%)
에스케이씨	27.0
송금수	0.1
(외국인)	11.3

출자관계 (지분율,%)
(없음)

주요경쟁사 (외형,%)
SKC코오롱PI	100
휴켐스	391
송원산업	454

매출구성
폴리이미드필름	99.9
임대매출	0.1

비용구성
매출원가율	69.6
판관비율	9.2

수출비중
수출	60.0
내수	40.0

회사 개요
동사는 2008년 6월 폴리이미드 필름 및 관련 가공제품의 연구개발, 생산 및 판매를 주 목적으로 하여 설립됨. 절연용으로 사용되는 PI 필름은 중공업, 조선, 건설 분야뿐만 아니라 전기동차, 배터리, 고속철도 등 관련 산업의 성장에 따라 수요와 적용 범위가 함께 증가할 것으로 예상됨. 최근에는 스마트폰 기기의 발열문제를 해결하는 방열시트의 매출이 늘고 있음.

실적 분석
동사의 2017년도 2분기 누적 매출액은 924.9억원으로 전년동기 대비 26.2% 증가함. 매출은 수출 60%, 내수 40% 수준임. 주요 수익원인 PI필름의 매출이 증가했으며, 신제품이 일반 제품 대비 고가인 특징을 보임. 다양한 제품 포트폴리오와 공급 유연성을 통해 시장 저변을 확보. 기존 FCCL 내 제품 포트폴리오 다각화와 신규 적용시장 등에 대한 PI필름 연구개발을 통한 매출 확대가 기대됨.

현금 흐름 *IFRS 별도 기준 〈단위 : 억원〉
항목	2016	2017.2Q
영업활동	339	265
투자활동	-273	-48
재무활동	134	-126
순현금흐름	200	91
기말현금	436	527

시장 대비 수익률

결산 실적 〈단위 : 억원〉
항목	2012	2013	2014	2015	2016	2017
매출액	1,160	1,337	1,371	1,363	1,531	
영업이익	273	395	374	289	323	
당기순이익	164	257	216	170	210	

분기 실적 *IFRS 별도 기준
항목	2016.1Q	2016.2Q	2016.3Q	2016.4Q	2017.1Q	2017.2Q
매출액	368	365	415	383	481	444
영업이익	75	74	87	87	126	120
당기순이익	47	51	54	58	84	78

재무 상태 *IFRS 별도 기준 〈단위 : 억원〉
항목	2012	2013	2014	2015	2016	2017.2Q
총자산	2,640	2,639	2,415	2,698	3,075	3,181
유형자산	1,802	1,707	1,646	1,882	2,048	1,988
무형자산	21	9	18	19	22	58
유가증권	—	—	—	—	—	—
총부채	553	518	478	592	790	866
총차입금	372	270	213	287	455	460
자본금	184	184	147	147	147	147
총자본	2,087	2,121	1,937	2,106	2,286	2,315
지배주주지분	2,087	2,121	1,937	2,106	2,286	2,315

기업가치 지표 *IFRS 별도 기준
항목	2012	2013	2014	2015	2016	2017.2Q
주가(최고/저)(천원)	—/—	—/—	7.4/6.6	14.1/7.6	14.0/9.0	—/—
PER(최고/저)(배)	0.0/0.0	0.0/0.0	11.7/10.5	25.4/13.6	20.3/13.0	—/—
PBR(최고/저)(배)	0.0/0.0	0.0/0.0	1.2/1.1	2.1/1.1	1.9/1.2	2.8/1.7
EV/EBITDA(배)	0.0	—	4.6	7.7	9.1	—
EPS(원)	447	699	660	578	714	551
BPS(원)	56,816	57,739	6,595	7,171	7,783	7,883
CFPS(원)	8,054	10,380	1,011	973	1,154	809
DPS(원)					110	450
EBITDAPS(원)	11,020	14,129	1,493	1,380	1,540	1,096

재무 비율 〈단위 : % 〉
연도	영업이익률	순이익률	부채비율	차입금비율	ROA	ROE	유보율	자기자본비율	EBITDA마진율
2016	21.1	13.7	34.6	19.9	7.3	9.6	1,456.6	74.3	29.6
2015	21.2	12.5	28.1	13.6	6.6	8.4	1,334.2	78.1	29.7
2014	27.3	15.8	24.7	11.0	8.6	10.7	1,219.0	80.2	35.7
2013	29.5	19.2	24.4	12.7	9.7	12.2	1,054.8	80.4	38.8

에스케이이노베이션 (A096770)
SK Innovation

업 종 : 석유 및 가스		시 장 : 거래소	
신용등급 : (Bond) AA+ (CP) A1		기업규모 : 시가총액 대형주	
홈 페 이 지 : www.skinnovations.co.kr		연 락 처 : 02)2121-5114	
본 사 : 서울시 종로구 종로26 (서린동 SK빌딩)			

설 립 일 2007.07.03	종 업 원 수 1,525명	대 표 이 사 김준
상 장 일 2007.07.25	감사의견 적정(안진)	계 열
결 산 기 12월	보 통 주 9,247만주	종속회사수 49개사
액 면 가 5,000원	우 선 주 125만주	구 상 호

주주구성 (지분율,%)
SK	33.4
국민연금공단	10.1
(외국인)	40.9

출자관계 (지분율,%)
SK에너지	100.0
SK종합화학	100.0
SK인천석유화학	100.0

주요경쟁사 (외형,%)
SK이노베이션	100
SK	212
S-Oil	41

매출구성
납사	28.0
기유 외	26.2
경유	24.1

비용구성
매출원가율	87.5
판관비율	4.4

수출비중
수출	—
내수	—

회사 개요
동사는 SK그룹이 정유화학 부문의 사업을 조정하며 2007년 설립돼 SK에너지(정유), SK종합화학(석유화학), SK루브리컨츠(윤활유) 지분을 100% 보유한 지주회사임. 2011년 1월 SK에너지, SK종합화학과 물적분할을 완료한 동사는 자원개발(E&P)과 리튬이온전지 사업을 영위함. SK에너지는 국내최대 정제능력을 보유하고 있음. SK종합화학은 에틸렌, PP, HDPE, LLDPE 등을 생산하며 화섬원료인 PX 역시 생산함.

실적 분석
동사의 2017년 2분기 누적 연결기준 매출액은 전년대비 11.2% 성장한 21조 9,481.3억원을 기록함. 매출원가율이 다소 상승하며 전반적인 수익성 하락의 원인으로 작용함. 당반기 누적 영업이익은 1조 4,254.5억원, 당기순이익은 1조 1,520.6억원을 보이며 전년대비 감소함. 향후 저유가에 따른 석유 수요 확대 및 역내 신증설 감소에 따른 정유 부문의 외형 성장, 신규 사업 매출 등으로 성장성을 확보할 계획임.

현금 흐름 〈단위 : 억원〉
항목	2016	2017.2Q
영업활동	36,778	9,032
투자활동	-20,561	1,369
재무활동	-20,186	-12,401
순현금흐름	-3,755	-2,080
기말현금	26,442	24,363

시장 대비 수익률

결산 실적 〈단위 : 억원〉
항목	2012	2013	2014	2015	2016	2017
매출액	733,300	660,393	658,607	483,563	395,205	
영업이익	16,994	14,064	-1,828	19,796	32,283	
당기순이익	11,824	7,787	-5,372	8,677	17,214	

분기 실적 〈단위 : 억원〉
항목	2016.1Q	2016.2Q	2016.3Q	2016.4Q	2017.1Q	2017.2Q
매출액	94,582	102,802	97,030	100,791	113,871	105,611
영업이익	8,448	11,195	4,149	8,491	10,043	4,212
당기순이익	5,663	6,258	3,718	1,575	8,599	2,921

재무 상태 〈단위 : 억원〉
항목	2012	2013	2014	2015	2016	2017.2Q
총자산	338,311	352,889	351,013	313,598	325,813	319,698
유형자산	123,240	143,349	151,262	139,142	136,035	135,105
무형자산	13,639	13,817	19,438	16,631	12,723	12,541
유가증권	2,720	2,683	2,184	2,191	2,426	2,501
총부채	174,831	183,736	190,403	143,135	142,763	132,251
총차입금	79,556	89,727	113,686	82,593	66,799	59,521
자본금	4,686	4,686	4,686	4,686	4,686	4,686
총자본	163,480	169,153	160,611	170,463	183,050	187,447
지배주주지분	153,713	158,395	150,003	158,897	171,032	175,292

기업가치 지표
항목	2012	2013	2014	2015	2016	2017.2Q
주가(최고/저)(천원)	171/110	163/115	128/68.7	126/72.8	169/117	—/—
PER(최고/저)(배)	15.3/9.9	23.4/16.5	—/—	15.6/9.1	10.0/6.9	—/—
PBR(최고/저)(배)	1.2/0.8	1.1/0.8	0.9/0.5	0.8/0.5	1.0/0.7	0.9/0.8
EV/EBITDA(배)	9.2	9.7	28.3	5.7	3.8	—
EPS(원)	12,649	7,789	-6,283	8,696	17,834	12,010
BPS(원)	165,476	170,471	161,517	171,008	183,956	188,502
CFPS(원)	19,305	14,931	2,093	18,849	27,591	16,632
DPS(원)	3,200	3,200		4,800	6,400	
EBITDAPS(원)	24,789	22,149	6,425	31,277	44,206	19,833

재무 비율 〈단위 : % 〉
연도	영업이익률	순이익률	부채비율	차입금비율	ROA	ROE	유보율	자기자본비율	EBITDA마진율
2016	8.2	4.4	78.0	36.5	5.4	10.1	3,579.1	56.2	10.5
2015	4.1	1.8	84.0	48.5	2.6	5.3	3,320.2	54.4	6.1
2014	-0.3	-0.8	118.6	70.8	-1.5	-3.4	3,130.4	45.8	0.9
2013	2.1	1.2	108.6	53.0	2.3	4.7	3,309.4	47.9	3.1

에스케이증권 (A001510)
SK Securities

업 종 : 증권		시 장 : 거래소	
신 용 등 급 : (Bond) A+ (CP) A2+		기 업 규 모 : 시가총액 중형주	
홈 페 이 지 : www.sks.co.kr		연 락 처 : 02)3773-8245	
본 사 : 서울시 영등포구 국제금융로8길 31 여의도동 SK증권빌딩			

설 립 일 1955.07.30	종 업 원 수 767명	대 표 이 사 김신	
상 장 일 1986.09.20	감 사 의 견 적정 (삼일)	계 열	
결 산 기 12월	보 통 주 32,012만주	종 속 회 사 수 16개사	
액 면 가 500원	우 선 주 391만주	구 상 호	

주주구성 (지분율,%)		출자관계 (지분율,%)		주요경쟁사 (외형,%)	
이니티움2017	10.0	문화산업전문회사	99.0	SK증권	100
		제이앤더블유인베스트먼트초기기업벤처투자조합	90.1	현대차투자증권	107
(외국인)	6.6	부흥솔라	25.0	한화투자증권	-4

수익구성		비용구성		수출비중	
수수료수익	28.6	이자비용	9.1	수출	—
금융상품 관련이익	25.9	파생상품손실	23.0	내수	—
파생상품거래이익	24.4	판관비	35.4		

회사 개요

SK그룹 계열의 금융투자회사로 자본시장과 금융투자업에 관한 법률에 근거하여 투자매매, 투자중개, 투자일임, 투자자문 등의 금융투자업을 영위하고 있다. 전신은 1955년 설립된 신우증권으로 1992년 선경그룹(현 SK그룹)에 편입되면서 선경증권으로 변경되었다가 1998년부터 SK증권을 상호로 사용. 최근 홍콩에 진출해 부동산, 재무 관련 자문 사업을 추진중임. 2016년 동사의 주식수탁수수료 기준 시장점유율은 2.54%임.

실적 분석

동사의 2017년도 2분기 연결 기준 영업수익은 2,492억원으로 전년동기 대비 소폭 상승하였음. 영업이익 또한 전년 동기 166억원에 비해 대폭 상승한 276억원을 기록함. 동사는 주식시장에 높은 변동성이 예상되는 상황과 초대형 증권사의 등장에 동사는 거점지역을 중심으로 자산관리를 정착시키고, 경쟁력 있는 본사 영업을 육성함과 동시에 범중화권 진출까지 모색 중. 최근 케이프투자증권으로 매각 작업이 진행 중.

현금 흐름 〈단위 : 억원〉

항목	2016	2017.2Q
영업활동	-1,007	787
투자활동	-13	-203
재무활동	1,559	-430
순현금흐름	540	147
기말현금	1,366	1,513

시장 대비 수익률

결산 실적 〈단위 : 억원〉

항목	2012	2013	2014	2015	2016	2017
순영업손익	1,785	914	1,717	2,012	1,703	—
영업이익	-116	-580	95	202	79	—
당기순이익	-100	-461	34	230	114	—

분기 실적 〈단위 : 억원〉

항목	2016.1Q	2016.2Q	2016.3Q	2016.4Q	2017.1Q	2017.2Q
순영업손익	440	569	411	282	574	598
영업이익	46	120	27	-115	129	147
당기순이익	59	135	0	-80	95	119

재무 상태 〈단위 : 억원〉

항목	2012	2013	2014	2015	2016	2017.2Q
총자산	41,134	42,254	36,757	35,081	39,215	40,557
유형자산	74	63	51	49	47	160
무형자산	235	178	111	100	124	124
유가증권	27,752	28,717	23,181	23,051	24,068	21,831
총부채	36,836	38,488	32,909	30,966	35,064	36,210
총차입금	19,542	20,777	18,183	17,842	19,444	19,014
자본금	1,620	1,620	1,620	1,620	1,620	1,620
총자본	4,298	3,766	3,847	4,115	4,151	4,347
지배주주지분	4,298	3,766	3,847	4,115	4,151	4,347

기업가치 지표

항목	2012	2013	2014	2015	2016	2017.2Q
주가(최고/저)(천원)	1.4/1.0	1.0/0.7	1.1/0.7	1.9/0.8	1.3/1.0	—/—
PER(최고/저)(배)	—/—	—/—	103.9/65.2	26.7/11.9	36.2/27.2	—/—
PBR(최고/저)(배)	1.1/0.8	0.9/0.6	0.9/0.6	1.5/0.7	1.0/0.7	1.4/0.8
PSR(최고/저)(배)	0/0	0/0	0/0	0/0	2/2	—/—
EPS(원)	-31	-142	11	71	35	
BPS(원)	1,326	1,162	1,187	1,270	1,292	1,353
CFPS(원)	6	-118	39	86	45	72
DPS(원)						
EBITDAPS(원)	-36	-179	29	62	24	85

재무 비율 〈단위 : %〉

연도	계속사업이익률	순이익률	부채비율	차입금비율	ROA	ROE	유보율	자기자본비율	총자산증가율
2016	9.9	6.7	844.8	468.4	0.3	2.8	158.5	10.6	11.8
2015	13.2	11.4	752.6	433.6	0.6	5.8	154.0	11.7	-4.6
2014	3.9	2.0	855.4	472.6	0.1	0.9	137.5	10.5	-10.6
2013	-65.4	-50.5	1,022.0	551.7	-1.1	-11.4	132.5	8.9	2.7

에스케이케미칼 (A006120)
SK Chemicals

업 종 : 석유 및 가스		시 장 : 거래소	
신 용 등 급 : (Bond) A (CP) A2		기 업 규 모 : 시가총액 중형주	
홈 페 이 지 : www.skchemicals.com		연 락 처 : 02)2008-2008	
본 사 : 경기도 성남시 분당구 판교로 310 (삼평동)			

설 립 일 1969.07.01	종 업 원 수 1,698명	대 표 이 사 최창원,김철,박만훈	
상 장 일 1976.06.29	감 사 의 견 적정 (한영)	계 열	
결 산 기 12월	보 통 주 2,236만주	종 속 회 사 수 11개사	
액 면 가 5,000원	우 선 주 282만주	구 상 호	

주주구성 (지분율,%)		출자관계 (지분율,%)		주요경쟁사 (외형,%)	
최창원	18.5	SK신텍	100.0	SK케미칼	100
국민연금공단	13.2	SK유화	100.0	SK	1,281
(외국인)	7.8	사단법인인클연4공구금융참수관리조합	81.8	SK이노베이션	606

매출구성		비용구성		수출비중	
LPG 등 (상품)	75.9	매출원가율	88.4	수출	50.0
PET수지, PETG수지, Bio Diesel 등 (제품)	11.0	판관비율	8.0	내수	50.0
기타	4.9				

회사 개요

동사는 지배회사로서 Green Chemicals와 Life Science부문 등 양대 분야로 사업구조를 집중해 기존 사업 수익성 향상과 신규사업의 성공적 시장 진입에 역량을 집중하고 있음. Green Chemicals Biz.는 고기능 코폴리에스터, 바이오디젤 등 바이오 에너지사업에, Life Science Biz.는 질병진단, 예방, 치료 등 헬스케어 통합 솔루션과 신약개발에 힘쓰고 있음.

실적 분석

동사의 2017년 2분기기준 누적 매출액은 전년동기대비 30.8% 상승한 40,049.3억원을 기록하였음. 그러나 상승한 매출에 대비 비용 증가가 높아 전년동기대비 영업이익은 1,022.3억원으로 -22.2% 크게 하락하였음. 그러나 비영업손익의 흑자전환으로 전년동기 대비 당기순이익은 1,182.1억원을 기록함. 투자와 사업을 분리하는 인적분할로 사업구조가 효율화되어 향후 성장이 기대됨.

현금 흐름 〈단위 : 억원〉

항목	2016	2017.2Q
영업활동	-325	740
투자활동	-3,259	823
재무활동	1,725	1,636
순현금흐름	-1,814	6,918
기말현금	3,792	6,918

시장 대비 수익률

결산 실적 〈단위 : 억원〉

항목	2012	2013	2014	2015	2016	2017
매출액	91,601	82,566	72,836	52,692	65,261	—
영업이익	1,906	1,940	1,496	1,199	2,304	—
당기순이익	1,566	78	140	944	1,759	—

분기 실적 〈단위 : 억원〉

항목	2016.1Q	2016.2Q	2016.3Q	2016.4Q	2017.1Q	2017.2Q
매출액	14,345	16,283	16,278	18,354	20,142	19,90
영업이익	716	598	712	278	441	58
당기순이익	414	588	568	188	413	76

재무 상태 〈단위 : 억원〉

항목	2012	2013	2014	2015	2016	2017.2Q
총자산	49,939	48,603	55,548	65,950	65,459	66,39
유형자산	14,842	16,116	24,089	29,977	23,274	23,36
무형자산	872	792	3,540	3,522	3,668	3,68
유가증권	1,706	2,521	2,742	2,693	2,469	2,31
총부채	32,557	30,767	35,487	40,092	38,835	37,82
총차입금	21,017	21,418	28,070	33,267	28,639	29,41
자본금	1,183	1,183	1,183	1,356	1,356	1,35
총자본	17,382	17,835	20,061	25,858	26,624	28,56
지배주주지분	12,903	12,710	12,278	14,975	15,893	17,16

기업가치 지표

항목	2012	2013	2014	2015	2016	2017.2Q
주가(최고/저)(천원)	69.2/47.7	61.9/36.1	66.2/50.8	87.1/55.3	85.1/55.1	—/—
PER(최고/저)(배)	21.5/14.8	—/—	—/—	38.4/24.4	28.1/18.2	—/—
PBR(최고/저)(배)	1.2/0.9	1.1/0.7	1.2/0.9	1.5/1.0	1.4/0.9	1.2/0.
EV/EBITDA(배)	11.4	12.0	19.2	25.0	14.8	—
EPS(원)	3,310	-1,282	-1,041	2,289	3,046	1,44
BPS(원)	58,680	57,864	56,037	58,834	62,216	68,16
CFPS(원)	6,439	2,054	2,539	6,535	7,136	3,85
DPS(원)	400	400	300	300	350	
EBITDAPS(원)	11,123	11,561	9,921	9,187	12,584	6,19

재무 비율 〈단위 : %〉

연도	영업이익률	순이익률	부채비율	차입금비율	ROA	ROE	유보율	자기자본비율	EBITDA마진율
2016	3.5	2.7	145.9	107.6	2.7	5.4	1,144.3	40.7	5
2015	2.3	1.8	155.1	128.7	1.6	4.1	1,076.7	39.2	4
2014	2.1	0.2	176.9	139.9	0.3	-2.0	1,020.7	36.1	3
2013	2.4	0.1	172.5	120.1	0.2	-2.4	1,057.3	36.7	3

에스케이텔레콤 (A017670)
SK Telecom

업　　종 : 무선통신		시　　장 : 거래소	
신용등급 : (Bond) AAA　(CP) A1		기업규모 : 시가총액 대형주	
홈 페 이 지 : www.sktelecom.com		연 락 처 : 02)6100-2114	
본　　사 : 서울시 중구 을지로 65 (을지로2가)			

설 립 일	1984.04.20	종 업 원 수	4,538명	대 표 이 사	박정호
상 장 일	1989.11.07	감 사 의 견	적정 (삼정)	계　　열	
결 산 기	12월	보 통 주	8,075만주	종속회사수	39개사
액 면 가	500원	우 선 주		구 상 호	

주주구성 (지분율,%)		출자관계 (지분율,%)		주요경쟁사 (외형,%)	
SK	25.2	SK브로드밴드	100.0	SK텔레콤	100
Citibank(DR)	11.3	SK테크엑스	100.0	KT	133
(외국인)	42.2	SK커뮤니케이션즈	100.0	LG유플러스	67

매출구성		비용구성		수출비중	
이동전화, 무선데이터, 정보통신사업 등	76.1	매출원가율	0.0	수출	1.0
전화, 초고속인터넷	15.5	판관비율	91.0	내수	99.0
정보통신, 전자금융, 인터넷 포탈서비스 등	8.4				

회사 개요
SK계열의 정보통신 업종 기업으로 무선통신 사업, 유선통신사업, 커머스 분야 플랫폼 사업, 시스템 소프트웨어 개발·공급·투자업 등을 영위하고 있음. SK텔링크, SK브로드밴드, SK플래닛 등을 연결대상 종속회사로 보유함. 매출 비중은 무선통신사업 76%, 유선통신사업 16%, 기타부문 8%로 구성됨. 2017년 2분기 말 기준 이동전화 시장 점유율은 48.67%, 초고속인터넷 시장점유율은 25.5%, 시내전화 16.8%, IPTV 30.8%임.

실적 분석
동사의 2017년 연결기준 상반기 매출은 8조 5,799.6억원으로 전년 동기 대비 소폭 상승함. 영업이익 또한 소폭 증가한 8,337.7억원을 시현함. 당기순이익은 1조 2,039.9억원을 기록함. 전년동기 대비 39.5% 증가한 수치임. 정부가 추진 중인 약정할인율 상향 조정, 보편요금제 도입은 부정적 요인이나 주요 자회사 실적개선은 긍정적 요인임.

현금 흐름 〈단위 : 억원〉

항목	2016	2017.2Q
영업활동	42,432	18,127
투자활동	-24,622	-11,944
재무활동	-10,448	-8,827
순현금흐름	7,363	-2,676
기말현금	15,052	12,376

시장 대비 수익률

결산 실적 〈단위 : 억원〉

항목	2012	2013	2014	2015	2016	2017
매출액	161,414	166,021	171,638	171,367	170,918	—
영업이익	17,300	20,111	18,251	17,080	15,357	—
당기순이익	11,157	16,095	17,993	15,159	16,601	—

분기 실적 〈단위 : 억원〉

항목	2016.1Q	2016.2Q	2016.3Q	2016.4Q	2017.1Q	2017.2Q
매출액	42,285	42,673	42,438	43,523	42,344	43,456
영업이익	4,021	4,074	4,243	3,020	4,105	4,233
당기순이익	5,723	2,910	3,221	4,747	5,835	6,205

재무 상태 〈단위 : 억원〉

항목	2012	2013	2014	2015	2016	2017.2Q
총자산	255,956	265,765	279,412	285,814	312,977	307,778
유형자산	97,127	101,966	105,677	103,713	103,742	95,737
무형자산	44,341	44,840	44,016	42,134	57,088	56,828
유가증권	10,138	10,746	12,364	12,995	9,359	8,829
총부채	127,408	124,100	126,930	132,073	151,812	141,026
총차입금	69,272	66,670	70,803	77,333	77,587	77,499
자본금	446	446	446	446	446	446
총자본	128,548	141,666	152,483	153,741	161,164	166,752
지배주주지분	118,548	134,524	145,067	152,511	159,714	165,735

기업가치 지표

항목	2012	2013	2014	2015	2016	2017.2Q
주가(최고/저)(천원)	129/95.7	202/127	264/173	274/205	224/184	—/—
PER(최고/저)(배)	11.3/8.5	11.8/7.4	13.4/8.8	16.0/11.4	11.3/9.3	1.1/0.9
PBR(최고/저)(배)	0.9/0.7	1.2/0.8	1.5/1.0	1.4/1.0	1.0/0.9	1.1/0.9
EV/EBITDA(배)	4.3	5.0	5.9	5.0	5.2	—/—
EPS(원)	14,263	20,298	22,307	18,807	20,756	15,035
BPS(원)	176,569	193,101	206,159	216,875	225,796	233,252
CFPS(원)	46,624	55,343	58,121	55,880	58,759	34,835
DPS(원)	9,400	9,400	9,400	10,000	10,000	
EBITDAPS(원)	53,787	59,952	58,418	58,226	57,022	30,126

재무 비율 〈단위 : %〉

연도	영업이익률	순이익률	부채비율	차입금비율	ROA	ROE	유보율	자기자본비율	EBITDA마진율
2016	9.0	9.7	94.2	48.1	5.5	10.7	40,743.3	51.5	26.9
2015	10.0	8.9	85.9	50.3	5.4	10.2	39,125.6	53.8	27.4
2014	10.6	10.5	83.2	46.4	6.6	12.9	37,191.2	54.6	27.5
2013	12.1	9.7	87.6	47.1	6.2	13.0	34,829.2	53.3	29.2

에스케이하이닉스 (A000660)
SK hynix

업　　종 : 반도체 및 관련장비		시　　장 : 거래소	
신용등급 : (Bond) AA-　(CP) A1		기업규모 : 시가총액 대형주	
홈 페 이 지 : www.skhynix.com		연 락 처 : 031)630-4114	
본　　사 : 경기도 이천시 부발읍 경충대로 2091			

설 립 일	1949.10.15	종 업 원 수	22,575명	대 표 이 사	박성욱
상 장 일	1996.12.03	감 사 의 견	적정 (삼정)	계　　열	
결 산 기	12월	보 통 주	72,800만주	종속회사수	25개사
액 면 가	5,000원	우 선 주		구 상 호	

주주구성 (지분율,%)		출자관계 (지분율,%)		주요경쟁사 (외형,%)	
에스케이텔레콤	20.7	에스케이하이닉스시스템아이씨	100.0	SK하이닉스	100
국민연금공단	10.0	실리콘화일	100.0	삼성전자	1,174
(외국인)	48.8	에스케이하이이엔지	100.0	SK머티리얼즈	3

매출구성		비용구성		수출비중	
DRAM, NAND Flash, MCP 등	100.0	매출원가율	62.7	수출	—
		판관비율	18.2	내수	—

회사 개요
동사는 1949년 국도건설로 설립되어 1983년 현대전자로 상호 변경했고, 이후 2001년 하이닉스반도체를 거쳐 2012년 최대주주가 에스케이텔레콤으로 바뀌면서 에스케이하이닉스로 상호를 변경함. 동사의 주력 생산제품은 디램, 낸드플래시 등 메모리반도체임. 동사가 세계 반도체 시장에서 차지하는 시장점유율은 매출액 기준으로 디램이 27.7%, 낸드플래시가 13.1%임. 이는 전년 각각 26.0%, 11.8%에서 소폭 상승한 수치임.

실적 분석
동사는 2017년 상반기 매출 12조9818.0억원, 영업이익 5조 5183.0억원을 기록해 전년 동기 대비 각각 70.9%, 443.9% 증가함. 메모리 반도체는 스마트폰으로 확대된 수요 이외에 빅데이터, AI, IoT 등으로 시장 전체가 성장 추세임. 동사는 2017년 연간 시설투자액을 당초 계획한 7조원에서 9.6조원으로 변경한다고 7월 26일에 공시함. 동사는 컨소시엄을 구성해 도시바 반도체의 인수를 위한 협상을 진행 중임.

현금 흐름 〈단위 : 억원〉

항목	2016	2017.2Q
영업활동	55,489	61,041
투자활동	-62,305	-53,810
재무활동	1,169	-227
순현금흐름	-5,619	7,122
기말현금	6,138	13,260

시장 대비 수익률

결산 실적 〈단위 : 억원〉

항목	2012	2013	2014	2015	2016	2017
매출액	101,622	141,651	171,256	187,980	171,980	—
영업이익	-2,273	33,798	51,095	53,361	32,767	—
당기순이익	-1,588	28,729	41,952	43,236	29,605	—

분기 실적 〈단위 : 억원〉

항목	2016.1Q	2016.2Q	2016.3Q	2016.4Q	2017.1Q	2017.2Q
매출액	36,557	39,409	42,436	53,577	62,895	66,923
영업이익	5,618	4,529	7,260	15,361	24,676	30,507
당기순이익	4,480	2,861	5,978	16,286	18,987	24,685

재무 상태 〈단위 : 억원〉

항목	2012	2013	2014	2015	2016	2017.2Q
총자산	186,487	207,973	268,833	296,779	322,160	375,016
유형자산	115,862	121,298	140,903	169,663	187,774	213,953
무형자산	9,836	11,104	13,367	17,049	19,156	21,627
유가증권	443	4,046	1,273	1,314	1,478	1,561
총부채	89,093	77,304	88,470	82,902	81,925	97,378
총차입금	64,906	46,595	41,755	38,193	43,363	46,222
자본금	34,884	35,686	36,577	36,577	36,577	36,577
총자본	97,394	130,669	180,363	213,877	240,235	277,638
지배주주지분	97,402	130,672	180,365	213,869	240,170	277,571

기업가치 지표

항목	2012	2013	2014	2015	2016	2017.2Q
주가(최고/저)(천원)	29.5/19.5	35.9/22.9	50.1/34.0	49.7/28.2	45.8/25.4	—/—
PER(최고/저)(배)		9.2/5.9	9.0/6.1	8.6/4.9	11.4/6.4	—/—
PBR(최고/저)(배)	2.2/1.4	2.0/1.3	2.1/1.4	1.7/1.0	1.4/0.8	1.8/1.2
EV/EBITDA(배)	7.6	4.3	4.1	2.3	4.2	—/—
EPS(원)	-233	4,045	5,766	5,937	4,057	5,998
BPS(원)	14,032	18,399	24,775	30,438	34,051	39,188
CFPS(원)	4,467	8,379	10,500	11,368	10,179	9,266
DPS(원)			300	500	600	
EBITDAPS(원)	4,367	9,094	11,756	12,760	10,622	10,848

재무 비율 〈단위 : %〉

연도	영업이익률	순이익률	부채비율	차입금비율	ROA	ROE	유보율	자기자본비율	EBITDA마진율
2016	19.1	17.2	34.1	18.1	9.6	13.0	577.7	74.6	45.0
2015	28.4	23.0	38.8	17.9	15.3	21.9	505.8	72.1	49.4
2014	29.8	24.5	49.1	23.2	17.6	27.0	393.1	67.1	50.0
2013	23.9	20.3	59.2	35.7	14.6	25.2	266.2	62.8	45.6

에스코넥 (A096630)
S Connect

업 종 : 휴대폰 및 관련부품	시 장 : KOSDAQ
신용등급 : (Bond) —　　(CP) —	기업규모 : 우량
홈 페 이 지 : www.S-connect.co.kr	연 락 처 : 031)799-0700
본 사 : 경기도 광주시 오포읍 마루들길172번길 30	

설 립 일 2000.01.11	종 업 원 수 146명	대 표 이 사 박순관	
상 장 일 2007.12.26	감 사 의 견 적정 (이촌)	계 열	
결 산 기 12월	보 통 주 6,527만주	종속회사수 5개사	
액 면 가 200원	우 선 주	구 상 호	

주주구성 (지분율,%)
박순관	15.8
한국증권금융	4.0
(외국인)	5.0

출자관계 (지분율,%)
커리어넷	76.9
토핀스	37.6
에스코넥BGVINA	100.0

주요경쟁사 (외형,%)
에스코넥	100
블루콤	71
KH바텍	113

매출구성
[제품]금속 휴대폰 부품 프레스물	94.3
[제품]금형 프레스물	3.8
기타	1.1

비용구성
매출원가율	85.0
판관비율	9.7

수출비중
수출	66.0
내수	34.0

회사 개요
동사는 휴대폰 내외장 금속부품 전문 제조업체로 삼성전자 매출비중이 90% 이상임. 고객사의 글로벌 제조 전략에 적극 대응하고자 중국 및 베트남에 청도삼영전자와 동관삼영전자, 커리어넷을 종속회사(연결)로 가지고 있음. 16년 결산 매출 중 금속 휴대폰 부품이 약 94%를 차지하고 있으며, 금형이 4% 정도 수준을 차지하고 있음. 또한 인터넷채용서비스를 제공하는 '커리어넷'을 관계 종속회사로 편입하고 있음.

실적 분석
동사의 2017년 상반기 매출은 1,982억원으로 전년대비 20.8% 증가, 영업이익은 116억원으로 전년대비 46.3% 증가, 당기순이익은 88억원으로 전년대비 106% 증가 시현. 국내 전략거래선의 점유율 증가, 매출 다각화에 힘입어 전년대비 높은 매출 증가세를 시현. 고정비 절감으로 수익성도 호전.2016년 중국 VR(가상현실)사업에 한·중 파트너쉽을 형성하자 동사의 매출은 양호한 흐름을 보임.

현금 흐름 〈단위 : 억원〉
항목	2016	2017.2Q
영업활동	316	131
투자활동	-38	-183
재무활동	-111	-44
순현금흐름	168	-98
기말현금	479	381

시장 대비 수익률

결산 실적 〈단위 : 억원〉
항목	2012	2013	2014	2015	2016	2017
매출액	2,162	3,159	2,802	3,076	3,346	—
영업이익	95	149	126	102	176	—
당기순이익	34	106	64	52	110	—

분기 실적 〈단위 : 억원〉
항목	2016.1Q	2016.2Q	2016.3Q	2016.4Q	2017.1Q	2017.2Q
매출액	931	709	815	890	931	1,050
영업이익	36	43	37	60	44	72
당기순이익	9	34	6	62	26	62

재무 상태 〈단위 : 억원〉
항목	2012	2013	2014	2015	2016	2017.2Q
총자산	1,225	1,573	1,664	1,589	1,783	1,737
유형자산	319	455	511	604	553	631
무형자산	44	46	49	50	47	46
유가증권	1	3	3	57	27	27
총부채	722	943	1,031	918	1,002	901
총차입금	307	572	605	548	453	427
자본금	128	128	129	131	131	131
총자본	504	630	634	671	781	835
지배주주지분	502	628	630	666	771	825

기업가치 지표
항목	2012	2013	2014	2015	2016	2017.2Q
주가(최고/저)(천원)	2.9/0.5	1.8/1.0	1.5/0.9	1.5/1.0	3.3/1.3	—/—
PER(최고/저)(배)	49.9/9.2	10.7/6.1	16.2/9.9	19.0/12.6	20.5/7.7	—/—
PBR(최고/저)(배)	3.6/0.7	1.8/1.0	1.5/0.9	1.3/0.9	2.6/1.0	2.9/1.8
EV/EBITDA(배)	6.5	5.3	4.9	5.9	5.5	—
EPS(원)	57	165	95	78	162	134
BPS(원)	788	982	1,068	1,147	1,307	1,389
CFPS(원)	124	229	168	190	324	198
DPS(원)						
EBITDAPS(원)	230	298	268	269	432	242

재무 비율 〈단위 : % 〉
연도	영업이익률	순이익률	부채비율	차입금비율	ROA	ROE	유보율	자기자본비율	EBITDA마진율
2016	5.3	3.3	128.3	58.0	6.6	14.7	553.5	43.8	8.4
2015	3.3	1.7	136.8	81.6	3.2	7.9	473.7	42.2	5.7
2014	4.5	2.3	162.6	95.4	3.9	9.8	433.9	38.1	6.1
2013	4.7	3.4	149.6	90.8	7.6	18.6	390.9	40.1	6.0

에스텍 (A069510)
ESTec

업 종 : 내구소비재	시 장 : KOSDAQ
신용등급 : (Bond) —　　(CP) —	기업규모 : 우량
홈 페 이 지 : www.estec.co.kr	연 락 처 : 055)370-2200
본 사 : 경남 양산시 유산공단9길 22	

설 립 일 1999.09.16	종 업 원 수 337명	대 표 이 사 오인용	
상 장 일 2003.11.14	감 사 의 견 적정 (삼일)	계 열	
결 산 기 12월	보 통 주 1,091만주	종속회사수 7개사	
액 면 가 500원	우 선 주	구 상 호	

주주구성 (지분율,%)
Foster Electric Co. Ltd.	49.4
김양옥	3.1
(외국인)	55.9

출자관계 (지분율,%)
한국전자공업협동조합	
ESTecVINACo.,Ltd	100.0
ESTecPhuThoCo.,Ltd	100.0

주요경쟁사 (외형,%)
에스텍	100
아남전자	58
삼본정밀전자	20

매출구성
차량용스피커	44.9
LCD/PDP용	26.8
HP	24.4

비용구성
매출원가율	84.4
판관비율	9.6

수출비중
수출	89.0
내수	11.0

회사 개요
동사는 각종 SPEAKER 및 SPEAKER관련부품을 포함한 음향기기의 제조 및 판매를 목적으로 1999년에 설립됨. 현 최대주주는 일본에서 1949년부터 스피커 사업을 해온 포스터전자로 지분율은 49.4%임. 동사의 제품은 전자 제품 및 자동차 제품에 사용되고 있음. 전방산업인 전자산업, 총 6개국에 7개의 연결대상 종속회사를 갖고 있음.

실적 분석
동사는 2017년 상반기 누적 매출액과 영업이익이 1,390.3억원과 62.1억원으로 전년동기보다 각각 2.6%, 18.0% 감소했음. 동사는 자동차용, 티브이용, 헤드폰용 스피커의 판매가 부진하면서 매출이 감소했고, 자동차용 스피커의 단가가 하락하면서 수익성도 나빠짐. 매출 감소에도 불구하고 인건비 등 판매관리비는 연간 131.9억원으로 전년 동기 128.1억원보다 늘었음. 동사의 서울 본사 비롯 베트남, 중국 법인의 가동률이 95% 이상임

현금 흐름 〈단위 : 억원〉
항목	2016	2017.2Q
영업활동	238	76
투자활동	-135	-12
재무활동	-63	-79
순현금흐름	46	-22
기말현금	385	363

시장 대비 수익률

결산 실적 〈단위 : 억원〉
항목	2012	2013	2014	2015	2016	2017
매출액	2,105	2,223	2,749	2,702	2,905	—
영업이익	97	129	179	159	172	—
당기순이익	88	101	130	142	147	—

분기 실적 〈단위 : 억원〉
항목	2016.1Q	2016.2Q	2016.3Q	2016.4Q	2017.1Q	2017.2Q
매출액	657	760	709	780	683	69
영업이익	38	38	52	44	28	3
당기순이익	34	31	42	41	16	3

재무 상태 〈단위 : 억원〉
항목	2012	2013	2014	2015	2016	2017.2Q
총자산	1,330	1,495	1,727	1,772	1,913	1,74
유형자산	237	273	293	318	341	34
무형자산	12	14	17	17	20	2
유가증권	0	0	50	189	225	18
총부채	494	593	720	653	672	52
총차입금	136	214	266	197	172	18
자본금	55	55	55	55	55	5
총자본	837	902	1,007	1,119	1,241	1,21
지배주주지분	837	902	1,007	1,119	1,241	1,21

기업가치 지표
항목	2012	2013	2014	2015	2016	2017.2Q
주가(최고/저)(천원)	5.4/4.1	5.7/4.5	10.6/5.5	10.9/8.4	12.0/8.9	—/—
PER(최고/저)(배)	8.1/6.1	7.2/5.6	9.9/5.2	9.0/6.9	9.3/6.8	—/—
PBR(최고/저)(배)	0.7/0.6	0.7/0.6	1.1/0.6	1.0/0.8	1.0/0.7	1.2/0.9
EV/EBITDA(배)	2.8	2.4	3.2	3.4	3.4	—
EPS(원)	810	925	1,193	1,300	1,352	48
BPS(원)	8,894	9,495	10,452	11,484	12,603	12,37
CFPS(원)	1,330	1,505	1,824	1,983	2,041	48
DPS(원)	250	280	380	310	500	
EBITDAPS(원)	1,404	1,764	2,273	2,140	2,269	56

재무 비율 〈단위 : % 〉
연도	영업이익률	순이익률	부채비율	차입금비율	ROA	ROE	유보율	자기자본비율	EBITDA마진율
2016	5.9	5.1	54.1	13.9	8.0	12.5	2,420.6	64.9	8
2015	5.9	5.3	58.3	17.6	8.1	13.3	2,196.7	63.2	8
2014	6.5	4.7	71.6	26.4	8.1	13.6	1,990.4	58.3	9
2013	5.8	4.5	65.7	23.7	7.1	11.6	1,799.0	60.4	9

에스텍파마 (A041910)
EstechPharma

업 종 : 제약		시 장 : KOSDAQ	
신용등급 : (Bond) — (CP) —		기업규모 : 중견	
홈 페 이 지 : www.estechpharma.com		연 락 처 : 031)831-4800	
본 사 : 경기도 화성시 향남읍 발안공단로 25			

설 립 일	1998.12.17	종 업 원 수	168명	대 표 이 사	김재철
상 장 일	2004.02.06	감 사 의 견	적정 (한영)	계	열
결 산 기	12월	보 통 주	1,178만주	종 속 회 사 수	1개사
액 면 가	500원	우 선 주		구 상 호	

주주구성 (지분율,%)		출자관계 (지분율,%)		주요경쟁사 (외형,%)	
김재철	15.4	에스텍과기(북경) 100.0		에스텍파마	100
배선희	8.8			아미노로직스	38
(외국인)	3.0			씨티씨바이오	284

매출구성		비용구성		수출비중	
제품기타(제품)	68.3	매출원가율	73.1	수출	—
소화성 위궤양 용제(제품)	10.4	판관비율	20.5	내수	—
당뇨병용제(제품)	8.4				

회사 개요

제네릭 의약품의 원료 및 의약품 중간체 생산 업체임. 전체 매출의 약 60%가 수출인데, 지역별로는 일본 80%, 유럽 10% 등임. 진통제 시장 공략을 위해 2014년 12월에 바이오벤처기업 비보존(동사 지분 22.37%)과 '비마약성 진통제 공동연구개발'에 대한 업무 협약을 체결함. 또한 최근에는 신약개발 전문 벤처기업인 T&K바이오이노베이션과 신약개발 관련 지분투자를 포함한 업무 협력 등에 관한 계약을 체결함.

실적 분석

경기부진으로 원료의약품의 국내 판매가 크게 감소하고, 2분기 들어 당뇨병용제 등의 수출도 감소하여 2017년 상반기 매출액은 전년동기 대비 15.6% 감소함. 그러나 환율상승 및 제품믹스 변화에 따른 원가율 하락으로 영업이익은 전년동기의 1.5배 수준으로 증가함. 외환관련손실이 확대되는 등 영업외 수지는 악화됨. 비보존이 2017년 비마약성 비소염 진통제에 대한 임상2상을 계획하고 있어 새로운 성장동력으로 기대됨.

현금 흐름 〈단위 : 억원〉

항목	2016	2017.2Q
영업활동	82	45
투자활동	1	-4
재무활동	12	10
순현금흐름	101	48
기말현금	205	253

시장 대비 수익률

결산 실적 〈단위 : 억원〉

항목	2012	2013	2014	2015	2016	2017
매출액	586	422	442	451	434	—
영업이익	134	66	-0	6	28	—
당기순이익	100	37	30	-9	41	—

분기 실적 〈단위 : 억원〉

항목	2016.1Q	2016.2Q	2016.3Q	2016.4Q	2017.1Q	2017.2Q
매출액	101	123	92	119	102	86
영업이익	5	6	7	10	10	8
당기순이익	3	2	-0	36	-3	10

재무 상태 〈단위 : 억원〉

항목	2012	2013	2014	2015	2016	2017.2Q
총자산	1,039	1,044	1,090	914	975	976
유형자산	485	464	440	430	383	367
무형자산	26	32	42	60	58	57
유가증권	40	46	20	10	70	70
총부채	432	364	386	192	200	183
총차입금	299	280	258	130	130	130
자본금	51	54	54	56	57	59
총자본	607	680	705	721	774	793
지배주주지분	607	680	705	721	774	793

기업가치 지표

항목	2012	2013	2014	2015	2016	2017.2Q
주가(최고/저)(천원)	21.4/7.4	22.4/8.0	10.8/4.9	39.2/6.1	30.3/8.5	—/—
PER(최고/저)(배)	21.7/7.5	64.0/22.8	39.5/18.0	—/—	83.4/23.5	1.9/1.3
PBR(최고/저)(배)	3.6/1.3	3.6/1.3	1.7/0.8	6.1/1.0	4.4/1.3	—/—
EV/EBITDA(배)	12.2	10.7	21.0	56.2	16.1	—/—
EPS(원)	1,010	356	278	-79	365	61
BPS(원)	6,028	6,361	6,573	6,525	6,876	6,890
CFPS(원)	1,337	735	626	293	745	246
DPS(원)	75	50	50	50	50	—
EBITDAPS(원)	1,678	1,017	343	427	625	329

재무 비율 〈단위 : %〉

연도	영업이익률	순이익률	부채비율	차입금비율	ROA	ROE	유보율	자기자본비율	EBITDA마진율
2016	6.4	9.6	25.9	16.8	4.4	5.6	1,275.1	79.4	16.4
2015	1.4	-1.9	26.7	18.0	-0.9	-1.2	1,205.0	78.9	10.5
2014	-0.1	6.9	54.7	36.6	2.8	4.4	1,214.6	64.6	8.5
2013	15.7	8.8	53.6	41.2	3.6	5.8	1,172.3	65.1	25.0

에스티아이 (A039440)
STI

업 종 : 반도체 및 관련장비		시 장 : KOSDAQ	
신용등급 : (Bond) — (CP) —		기업규모 : 우량	
홈 페 이 지 : www.stinc.co.kr		연 락 처 : 031)653-4380	
본 사 : 경기도 안성시 공도읍 봉기길 1			

설 립 일	1997.07.10	종 업 원 수	285명	대 표 이 사	서인수,김경영(각자대표이사)
상 장 일	2002.02.16	감 사 의 견	적정 (대주)	계	열
결 산 기	12월	보 통 주	1,273만주	종 속 회 사 수	6개사
액 면 가	500원	우 선 주		구 상 호	

주주구성 (지분율,%)		출자관계 (지분율,%)		주요경쟁사 (외형,%)	
성도이엔지	19.9	에스티아이티 100.0		에스티아이	100
서인수	6.6	피엘씨테크 90.0		유니테스트	65
(외국인)	10.9	이엠에스 70.0		에스앤에스텍	30

매출구성		비용구성		수출비중	
C.C.S.S.(중앙약품공급시스템)	78.4	매출원가율	80.7	수출	31.0
WET SYSTEM (세정/식각/현상System)	16.9	판관비율	7.0	내수	69.0
기 타	4.7				

회사 개요

동사는 1997년 7월 설립되어 반도체 및 Display용 CCSS(Central Chemical Supply System), Wet System 등을 제조하는 업체임. CCSS는 반도체 및 FPD 장비로 고순도 약액 공급장치임. 동사는 2016년 기준 시장 점유율이 CCSS 부문에서 40%, LCD용 Cassette 세정기에서 70%, LCD용 Wet System에서 20%임. 동사의 종속회사는 피엘씨테크 등 6개사임.

실적 분석

동사는 2017년 상반기 누적 매출액이 1,288.0억원으로 전년 동기보다 123.2% 증가했고, 영업이익은 174.2억원으로 전년 동기에 비해 241.9% 증가함. 동사는 전방 산업의 반도체 및 디스플레이 호황으로 인해 수주가 늘었고, 원가율은 비슷한 수준으로 유지됐으나 판매관리비의 인상 폭을 통제해 수익성을 개선함. 수요 급증으로 안성공장의 가동률은 123.7%임. 안성공장의 증설을 위해 67.1억원을 투자한다고 2016년 12월에 공시함.

현금 흐름 〈단위 : 억원〉

항목	2016	2017.2Q
영업활동	76	-102
투자활동	-79	-44
재무활동	-30	-20
순현금흐름	-31	-165
기말현금	319	154

시장 대비 수익률

결산 실적 〈단위 : 억원〉

항목	2012	2013	2014	2015	2016	2017
매출액	720	997	1,212	1,255	1,804	—
영업이익	49	54	87	120	221	—
당기순이익	40	46	54	102	171	—

분기 실적 〈단위 : 억원〉

항목	2016.1Q	2016.2Q	2016.3Q	2016.4Q	2017.1Q	2017.2Q
매출액	262	315	567	659	617	671
영업이익	23	28	83	87	79	95
당기순이익	17	26	66	62	48	86

재무 상태 〈단위 : 억원〉

항목	2012	2013	2014	2015	2016	2017.2Q
총자산	492	591	763	1,017	1,444	1,413
유형자산	152	155	151	151	215	263
무형자산	29	76	78	66	62	59
유가증권	3	3	3	3	1	1
총부채	217	269	367	516	785	648
총차입금	47	60	41	79	58	53
자본금	60	60	60	63	63	64
총자본	274	322	395	501	659	765
지배주주지분	268	318	386	490	648	754

기업가치 지표

항목	2012	2013	2014	2015	2016	2017.2Q
주가(최고/저)(천원)	2.8/1.8	6.3/2.2	10.6/4.6	9.0/5.4	12.1/6.6	—/—
PER(최고/저)(배)	8.9/5.7	17.5/6.2	25.4/11.1	11.4/6.8	9.4/5.1	—/—
PBR(최고/저)(배)	1.3/0.8	2.5/0.9	3.3/1.5	2.3/1.4	2.4/1.3	2.8/1.7
EV/EBITDA(배)	3.9	10.5	5.2	4.6	5.1	—/—
EPS(원)	332	374	434	814	1,311	1,041
BPS(원)	2,225	2,643	3,294	3,982	5,117	5,999
CFPS(원)	440	489	579	988	1,480	1,141
DPS(원)			70	100	150	—
EBITDAPS(원)	514	564	867	1,151	1,920	1,473

재무 비율 〈단위 : %〉

연도	영업이익률	순이익률	부채비율	차입금비율	ROA	ROE	유보율	자기자본비율	EBITDA마진율
2016	12.3	9.5	119.1	8.9	13.9	29.3	923.5	45.7	13.5
2015	9.6	8.1	102.9	15.7	11.4	22.9	696.3	49.3	11.3
2014	7.2	4.5	92.8	10.5	8.0	14.8	558.8	51.9	8.6
2013	5.4	4.6	83.4	18.7	8.5	15.4	428.6	54.5	6.8

에스티엑스 (A011810)
STX

업　　종 : 무역		시　　장 : 거래소	
신용등급 : (Bond) CC　(CP) —		기업규모 : 시가총액 소형주	
홈페이지 : www.stx.co.kr		연 락 처 : 02)316-9600	
본　　사 : 경남 창원시 성산구 중앙대로 105			

설 립 일 1976.12.24	종 업 원 수 120명	대 표 이 사 김동휘
상 장 일 1990.09.12	감 사 의 견 적정 (삼정)	계　　열
결 산 기 12월	보 통 주 17,862만주	종속회사수 12개사
액 면 가 2,500원	우 선 주 1,271만주	구 상 호

주주구성 (지분율,%)		출자관계 (지분율,%)		주요경쟁사 (외형,%)	
한국산업은행	49.8	STX마린서비스	100.0	STX	100
우리은행	14.0	STX리조트	100.0	포스코대우	959
		포스텍	13.7	LG상사	696

매출구성		비용구성		수출비중	
에너지원료, 철강, 금속 등 무역거래	100.0	매출원가율	95.1	수출	62.0
		판관비율	6.9	내수	38.0

회사 개요
동사는 에너지 사업, 원자재 수출입 사업, 기계·엔진 사업, 해운·물류 사업의 4대 사업을 중심으로 한 전문 무역상사임. 동사의 연결대상 종속회사가 포함된 회사들이 영위하는 사업은 해운·무역 사업 등이 있음. 자회사의 지분소유를 통해 자회사의 사업내용을 지배하는 투자사업을 영위하였으나, 2014년 1월 채권금융기관 공동관리(자율협약)절차가 개시되는 등 STX기업집단의 구조조정에 따라, 지주회사로서의 역할은 크게 축소되었음.

실적 분석
동사의 2017년 2분기 연결기준 누적매출액은 전년 대비 1.8% 증가한 8,483.4억원을 기록하며 영업이익은 242.0억원을 기록, 흑자전환함. 1분기에 출자전환 등으로 인한 비영업손익이 3,251.9억원을 기록하며 당기순이익은 3,493.2억원을 기록함. 2016년 12월말 자본금 전액잠식 발생, 기업심사위원회 심의 결과 2018년 6월 13일까지 개선기간이 부여되어 동사의 주권에 대한 매매거래가 정지중임.

현금 흐름 〈단위 : 억원〉
항목	2016	2017.2Q
영업활동	578	934
투자활동	532	476
재무활동	-1,409	-1,365
순현금흐름	-293	34
기말현금	477	511

시장 대비 수익률

결산 실적 〈단위 : 억원〉
항목	2012	2013	2014	2015	2016	2017
매출액	48,768	24,212	16,346	16,308	17,202	—
영업이익	-5,009	-8,774	357	-342	-342	—
당기순이익	-4,909	-15,956	3,806	-490	-4,574	—

분기 실적 〈단위 : 억원〉
항목	2016.1Q	2016.2Q	2016.3Q	2016.4Q	2017.1Q	2017.2Q
매출액	4,262	4,073	4,195	4,672	4,461	4,023
영업이익	-30	-295	126	-143	176	66
당기순이익	-211	-3,437	-141	-787	3,229	265

재무 상태 〈단위 : 억원〉
항목	2012	2013	2014	2015	2016	2017.2Q
총자산	50,670	13,425	12,550	12,672	7,077	5,843
유형자산	10,445	2,155	1,081	1,017	737	722
무형자산	5,701	107	42	40	34	32
유가증권	3,109	942	464	290	150	317
총부채	35,604	18,522	11,613	11,949	10,383	5,211
총차입금	28,223	14,308	8,920	9,087	8,640	4,090
자본금	1,511	1,538	748	748	1,185	4,785
총자본	15,066	-5,097	937	723	-3,306	632
지배주주지분	11,180	-5,098	937	723	-3,306	632

기업가치 지표
항목	2012	2013	2014	2015	2016	2017.2Q
주가(최고/저)(천원)	119/56.4	61.3/8.5	21.1/4.1	6.5/3.3	4.1/1.2	—/—
PER(최고/저)(배)	—/—	—/—	1.4/0.3	—/—	—/—	—/—
PBR(최고/저)(배)	0.1/0.1	-0.2/0.0	6.7/1.3	2.7/1.4	-0.6/-0.2	10.5/5.1
EV/EBITDA(배)			13.4			—/—
EPS(원)	-385,837	-1,198,999	15,614	-1,641	-14,588	2,753
BPS(원)	18,902	-7,909	3,138	2,424	-6,983	331
CFPS(원)	-7,274	-25,626	15,990	-1,366	-14,368	2,765
DPS(원)	125	—	—	—	—	—
EBITDAPS(원)	-7,236	-13,989	1,841	-870	-869	203

재무 비율 〈단위 : % 〉
연도	영업이익률	순이익률	부채비율	차입금비율	ROA	ROE	유보율	자기자본비율	EBITDA마진율
2016	-2.0	-26.6	완전잠식	완전잠식	-46.3	당기잠식	-379.0	-46.7	-1.6
2015	-2.1	-3.0	일부잠식	일부잠식	-3.9	-59.0	-3.2	5.7	-1.6
2014	2.2	23.3	1,239.9	952.3	29.3	전기잠식	25.3	7.5	2.7
2013	-36.2	-65.9	완전잠식	완전잠식	-49.8	당기잠식	-416.1	-38.0	-35.1

에스티엑스엔진 (A077970)
STX Engine

업　　종 : 조선		시　　장 : 거래소	
신용등급 : (Bond) —　(CP) —		기업규모 : 시가총액 소형주	
홈페이지 : www.stxengine.co.kr		연 락 처 : 055)280-0114	
본　　사 : 경남 창원시 성산구 공단로474번길 36			

설 립 일 2004.04.01	종 업 원 수 850명	대 표 이 사 고성환
상 장 일 2004.05.10	감 사 의 견 적정 (삼일)	계　　열
결 산 기 12월	보 통 주 2,301만주	종속회사수 4개사
액 면 가 2,500원	우 선 주 465만주	구 상 호

주주구성 (지분율,%)		출자관계 (지분율,%)		주요경쟁사 (외형,%)	
한국산업은행	41.9	선우씨에스	27.3	STX엔진	100
우리은행	14.9	청주원에너지	25.0	두산엔진	152
		STX중공업	0.4	엔케이	31

매출구성		비용구성		수출비중	
디젤엔진 등(선박용 엔진, 산업용 발전기 엔진)	50.4	매출원가율	90.8	수출	42.0
특수엔진(전차,자주포,구축함,경비정,고속정 엔	42.0	판관비율	8.4	내수	58.0
예인용탐기 외(전파탐지장비,근위성통신 전투체	7.6				

회사 개요
선박용 엔진 제조업체인 동사는 선박엔진, 발전엔진, 방산엔진, 전자통신 등 크게 4개의 사업부문을 영위하고 있음. 조선소와 발전소 등에 선박용 및 발전기용 디젤엔진, 육군과 해군 등에 육상용 및 해상용 방위산업용 엔진과 국방부 및 조선소 등에 전자통신장비 등을 공급하고 있음. 2013년 9월 채권금융기관협의회와 경영정상화 계획 이행약정을 체결하고 진행 중임. 매각 숏리스트가 중견기업을 포함 8곳으로 압축됐으며, 9월말 본입찰을 실시할 예정임.

실적 분석
최근 매각주관사 EY한영과 KDB산업은행 M&A실은 LOI를 제출한 9곳 중 8곳을 숏리스트 선정함. 숏리스트에 오른 원매자들을 대상으로 9월 중순까지 예비실사를 진행하고, 9월말에 본입찰을 실시할 계획임. 이번 매각은 산은(34.7%)과 채권단들이 보유한 지분 전량 87.04%가 대상임. 전방산업인 조선 업황의 부진으로 민수, 특수, 전자통신 등 모든 부분의 수주가 감소하여 2017년 상반기 매출액은 전년동기 대비 23.2% 줄어듦.

현금 흐름 〈단위 : 억원〉
항목	2016	2017.2Q
영업활동	320	820
투자활동	-178	-171
재무활동	-383	-362
순현금흐름	-241	289
기말현금	1,051	1,341

시장 대비 수익률

결산 실적 〈단위 : 억원〉
항목	2012	2013	2014	2015	2016	2017
매출액	10,318	7,050	7,110	6,333	5,298	—
영업이익	469	-562	73	50	41	—
당기순이익	-591	-9,321	-744	364	-280	—

분기 실적 〈단위 : 억원〉
항목	2016.1Q	2016.2Q	2016.3Q	2016.4Q	2017.1Q	2017.2Q
매출액	958	1,492	—	—	908	973
영업이익	54	12	—	—	47	61
당기순이익	28	-148	—	—	63	-35

재무 상태 〈단위 : 억원〉
항목	2012	2013	2014	2015	2016	2017.2Q
총자산	32,139	12,325	9,940	9,336	8,302	8,626
유형자산	8,910	3,153	2,743	2,655	2,838	2,808
무형자산	545	143	115	97	90	84
유가증권	45	480	142	160	160	159
총부채	22,933	12,986	10,365	8,105	7,230	7,534
총차입금	10,735	8,203	5,115	4,771	4,406	4,174
자본금	717	1,230	1,230	691	691	691
총자본	9,205	-660	-424	1,231	1,073	1,092
지배주주지분	6,167	-660	-424	1,231	1,073	1,092

기업가치 지표
항목	2012	2013	2014	2015	2016	2017.2Q
주가(최고/저)(천원)	72.1/26.4	32.1/9.3	16.2/11.5	16.5/6.8	8.3/3.9	—/—
PER(최고/저)(배)	—/—	—/—	—/—	10.7/4.4	—/—	—/—
PBR(최고/저)(배)	0.4/0.2	-3.0/-0.9	-2.4/-1.7	3.7/1.5	2.2/1.0	5.0/1.6
EV/EBITDA(배)	12.6		27.3	23.8	25.4	—/—
EPS(원)	-14,900	-197,254	-12,098	1,545	-1,011	103
BPS(원)	21,503	-1,342	-862	4,456	3,883	3,954
CFPS(원)	644	-23,310	-1,222	2,191	-496	334
DPS(원)	—	—	—	—	—	—
EBITDAPS(원)	4,141	-318	439	860	663	619

재무 비율 〈단위 : % 〉
연도	영업이익률	순이익률	부채비율	차입금비율	ROA	ROE	유보율	자기자본비율	EBITDA마진율
2016	0.8	-5.3	674.0	410.7	-3.2	-24.3	55.3	12.9	3.5
2015	0.8	5.8	658.4	387.6	3.8	전기잠식	78.2	13.2	3.2
2014	1.0	-10.5	완전잠식	완전잠식	-6.7	잠식지속	-134.5	-4.3	3.0
2013	-8.0	-132.2	완전잠식	완전잠식	-41.9	당기잠식	-153.7	-5.4	-1.5

에스티엑스중공업 (A071970)
STX Heavy Industries

업　　종 : 조선		시　　장 : 거래소	
신용등급 : (Bond) — 　(CP) —		기업규모 : 시가총액 소형주	
홈페이지 : www.stxhi.co.kr		연락처 : 055)280-0700	
본　　사 : 경남 창원시 성산구 남면로 381 (내동)			

설 립 일	2001.06.15	종 업 원 수	609명	대 표 이 사	정태화
상 장 일	2009.05.15	감 사 의 견	적정 (삼일)	계　　열	
결 산 기	12월	보 통 주	2,467만주	종속회사수	3개사
액 면 가	2,500원	우 선 주		구 상 호	STX메탈

주주구성 (지분율,%)		출자관계 (지분율,%)		주요경쟁사 (외형,%)	
한국산업은행	34.7	일승	100.0	STX중공업	100
신한은행	4.5	예그리나	13.0	삼영이엔씨	9
		STX건설	9.0	디엠씨	31

매출구성		비용구성		수출비중	
엔진등(기타)	82.3	매출원가율	126.9	수출	23.0
플랜트(기타)	17.7	판관비율	41.1	내수	77.0

회사 개요

동사는 2001년 6월 STX의 소재사업부문이 분사하여 엠파코로 설립되었으며 2013년 엔진산업설비 및 플랜트사업을 영위하던 구 STX중공업을 흡수합병하였음. MAN Diesel사와 기술제휴를 통해 선박용 및 Power Plant용 대형 디젤엔진을 생산하여 공급중임. 매출비중은 2017년 반기 기준 엔진기자재부문 72.6%, 플랜트부문 27.4% 임. 동사는 설계, 구매, 시공에서 운영과 관리까지 제공하는 플랜트 EPC업체로 발돋움하고 있음.

실적 분석

국제유가의 하락 및 경기침체에 따른 동사 신규수주 부진과, 기 수주분의 연기와 회생절차 신청등에 따른 플랜트 계약 타절 등으로 2017년 2분기 누적 매출액은 전년 동기 대비 38.3% 감소한 1,702.9억원을 기록. 다만 구조조정 노력에 따른 인건비와 기타 판관비 감소로 영업이익 큰 폭으로 개선. 전년 영업이익 -692.7억원에서 올해 244.7억원까지 끌어올림. 당기순이익은 7,229.8억원으로 대규모 흑자전환에 성공함.

현금 흐름　〈단위 : 억원〉

항목	2016	2017.2Q
영업활동	-69	-15
투자활동	250	-367
재무활동	-263	22
순현금흐름	-84	-360
기말현금	712	352

결산 실적　〈단위 : 억원〉

항목	2012	2013	2014	2015	2016	2017
매출액	14,091	10,994	10,128	10,572	4,165	—
영업이익	509	-1,874	-446	78	-2,832	—
당기순이익	-1,229	-4,687	-1,258	-49	-7,183	—

분기 실적　〈단위 : 억원〉

항목	2016.1Q	2016.2Q	2016.3Q	2016.4Q	2017.1Q	2017.2Q
매출액	1,342	1,419	426	978	942	761
영업이익	-157	-536	-368	-1,772	43	202
당기순이익	-416	-661	-2,491	-3,615	6,724	506

재무 상태　〈단위 : 억원〉

항목	2012	2013	2014	2015	2016	2017.2Q
총자산	17,335	18,218	14,864	14,198	8,499	7,870
유형자산	5,909	7,573	6,682	6,795	4,275	4,244
무형자산	434	301	231	202	79	73
유가증권	677	7				55
총부채	15,172	16,983	14,887	13,131	14,613	6,216
총차입금	4,044	10,858	9,049	8,469	7,911	16
자본금	528	2,858	2,858	649	649	617
총자본	2,164	1,235	-22	1,067	-6,114	1,654
지배주주지분	2,164	1,235		1,067	-6,114	1,654

기업가치 지표

항목	2012	2013	2014	2015	2016	2017.2Q
주가(최고/저)(천원)	57.5/27.9	55.2/12.5	29.2/9.9	14.3/5.6	6.2/1.2	—/—
PER(최고/저)(배)	—/—	—/—	—/—	—/—	—/—	11.8/1.2
PBR(최고/저)(배)	0.8/0.4	6.3/1.4	-265.7/-89.7	12.7/5.0	-0.7/-0.1	—/—
EV/EBITDA(배)	3.3			25.1		
EPS(원)	-882,903	-1,534,365	-176,330	-1,049	-166,565	32,930
BPS(원)	9,702	1,086	-14	4,112	-23,543	6,707
CFPS(원)	-4,226	-8,700	-801	929	-26,670	33,144
DPS(원)	125					1,328
EBITDAPS(원)	3,566	-2,953	-90	1,446	-9,915	

재무 비율　〈단위 : %〉

연도	영업이익률	순이익률	부채비율	차입금비율	ROA	ROE	유보율	자기자본비율	EBITDA마진율
2016	-68.0	-172.5	완전잠식	완전잠식	-63.3	당기잠식	-1,041.7	-71.9	-61.8
2015	0.7	-0.5	1,230.2	793.4	-0.3	전기잠식	64.5	7.5	3.4
2014	-4.4	-12.4	완전잠식	완전잠식	-7.6	당기잠식	-100.6	-0.2	-1.0
2013	-17.0	-42.6	일부잠식	일부잠식	-26.4	-275.8	-56.6	6.8	-13.1

에스티오 (A098660)
STO

업　　종 : 섬유 및 의복		시　　장 : KOSDAQ	
신용등급 : (Bond) — 　(CP) —		기업규모 : 중견	
홈페이지 : www.thesto.kr		연락처 : 02)2093-2500	
본　　사 : 서울시 강서구 염창동 240-21 우림블루나인 비즈니스센터 B동 15층			

설 립 일	2003.02.22	종 업 원 수	116명	대 표 이 사	김흥수
상 장 일	2009.04.17	감 사 의 견	적정 (삼일)	계　　열	
결 산 기	12월	보 통 주	846만주	종속회사수	2개사
액 면 가	500원	우 선 주		구 상 호	

주주구성 (지분율,%)		출자관계 (지분율,%)		주요경쟁사 (외형,%)	
김흥수	66.8	에스엘피	100.0	에스티	100
		복장무역유한회사	100.0	패션플랫폼	55
(외국인)	0.0			덕성	103

매출구성		비용구성		수출비중	
[STCO외] 셔츠 외	85.2	매출원가율	41.6	수출	0.0
[STCO] 셔츠	14.8	판관비율	53.3	내수	100.0

회사 개요

동사는 2003년 의류,악세사리 도소매업, 수출입업 등을 영위할 목적으로 설립됨. 2009년 코스닥 시장에 상장됨. 셔츠 & 타이(STCO), 남성 캐릭터 정장(VINO), 캐주얼(DIEMS) 등 다양한 패션 아이템을 판매하고 있음. 동사는 시장내 최저가, 노 세일 정책을 도입해 운영해 왔음. 기존 유통망을 활용한 샵인샵 전략으로 DIEMS 브랜드를 확장하며 DIEMS LADY라는 여성복 브랜드를 새롭게 선보임.

실적 분석

동사의 2017년 2분기 누적 매출액은 470.3억원으로 전년동기 대비 10.3% 감소함. 외형 축소로 영업이익은 전년동기 대비 42.9% 감소했으며, 당기순이익도 46.2% 감소. 남성 캐릭터 정장, 남성 캐주얼에 이어 여성 캐주얼 시장까지 확대하였던 것으로 소비심리 회복 시 실적 개선 가능할 것으로 기대됨. 동사는 상품 기획력 및 브랜드력 향상, 온라인 브랜드의 마케팅 강화, 영업망 확대 등에 나선다는 계획임.

현금 흐름　〈단위 : 억원〉

항목	2016	2017.2Q
영업활동	52	-24
투자활동	-7	-4
재무활동	-44	29
순현금흐름	2	1
기말현금	12	12

결산 실적　〈단위 : 억원〉

항목	2012	2013	2014	2015	2016	2017
매출액	955	861	937	1,012	1,005	—
영업이익	52	-35	17	55	51	—
당기순이익	17	-52	-12	45	32	—

분기 실적　〈단위 : 억원〉

항목	2016.1Q	2016.2Q	2016.3Q	2016.4Q	2017.1Q	2017.2Q
매출액	227	297	188	293	212	258
영업이익	3	26	-7	29	-0	17
당기순이익	0	20	-8	20	-2	13

재무 상태　〈단위 : 억원〉

항목	2012	2013	2014	2015	2016	2017.2Q
총자산	795	763	783	760	755	706
유형자산	203	178	186	176	169	161
무형자산	15	9	7	4	3	2
유가증권	63	12	38	22	4	33
총부채	459	480	514	449	416	358
총차입금	267	234	259	247	210	266
자본금	29	29	42	42	42	42
총자본	336	283	269	311	339	347
지배주주지분	336	283	269	311	339	347

기업가치 지표

항목	2012	2013	2014	2015	2016	2017.2Q
주가(최고/저)(천원)	4.5/2.0	3.4/1.9	2.8/1.8	6.4/1.8	5.6/3.6	—/—
PER(최고/저)(배)	24.1/10.8	—/—	—/—	12.3/3.5	14.7/9.5	1.0/0.8
PBR(최고/저)(배)	1.1/0.5	1.0/0.6	0.9/0.5	1.7/0.5	1.3/0.9	—/—
EV/EBITDA(배)	4.6	178.3	7.7	7.1	6.9	—
EPS(원)	196	-613	-143	527	380	128
BPS(원)	6,155	5,225	3,390	3,898	4,223	4,288
CFPS(원)	1,070	-257	233	864	701	283
DPS(원)	60	30	20	50	25	—
EBITDAPS(원)	1,698	35	576	986	922	347

재무 비율　〈단위 : %〉

연도	영업이익률	순이익률	부채비율	차입금비율	ROA	ROE	유보율	자기자본비율	EBITDA마진율
2016	5.0	3.2	122.9	62.1	4.2	9.9	744.7	44.9	7.7
2015	5.4	4.4	144.2	79.3	5.8	15.4	679.6	41.0	8.2
2014	1.8	-1.3	191.1	96.5	-1.6	-4.4	578.0	34.4	5.2
2013	-4.1	-6.0	169.8	82.6	-6.7	-16.8	944.9	37.1	0.2

에스티큐브 (A052020)
STCUBE

업　　종 : 전자 장비 및 기기	시　　장 : KOSDAQ
신용등급 : (Bond) — (CP) —	기업규모 : 중견
홈 페 이 지 : www.stcube.com	연 락 처 : 02)551-3370
본　　사 : 서울시 강남구 영동대로 511, 무역센터트레이드타워 2201호	

설 립 일	1989.08.16	종 업 원 수	14명
상 장 일	2001.06.27	감사의견 적정 (세림)	대 표 이 사 정현진
결 산 기	12월	보 통 주 2,628만주	계　　열
액 면 가	500원	우 선 주	종속회사수 1개사
			구 상 호

주주구성 (지분율,%)
에스티사이언스	13.0
바이오메디칼홀딩스	5.9
(외국인)	2.4

출자관계 (지분율,%)
에스티큐브	100
엘앤에프	1,636
비츠로셀	596

주요경쟁사 (외형,%)

매출구성
항암신약후보물질 연구개발	66.2
로봇제어모듈,에어컨용 비전모듈, LED소재	33.8

비용구성
매출원가율	39.0
판관비율	59.2

수출비중
수출	0.0
내수	100.0

회사 개요
동사는 1989년 설립돼 2001년 주식이 상장돼 코스닥시장에서 매매가 개시됨. 설립 당시 합성수지류의 제조, 임가공 및 판매사업을 영위하였으나 2009년 중단함. 현재는 로봇청소기용 제어모듈을 중심으로 로보틱 응용 솔루션을 개발, 판매하는 IT사업부문 및 종속회사인 미국현지법인 STCube Pharmaceuticals, Inc.를 활용하여 바이오제약부문 항암치료제 개발 및 기술이전사업을 영위하고 있음.

실적 분석
2017년 상반기 연결기준 동사 매출은 25.4억원을 기록함. 전년 동기 매출인 26.5억원에 비해 4.5% 축소됨. 매출원가가 소폭 감소했으나 매출액이 줄고 판매비와 관리비가 25.4% 증가해 영업이익은 -49.1억원을 기록하며 적자를 지속함. 비영업부문 역시 손실폭이 늘어남. 이에 전년 동기 -47억원을 기록한 당기순이익은 -53.2억원을 기록하며 손실폭이 증가함.

현금 흐름 〈단위 : 억원〉
항목	2016	2017.2Q
영업활동	61	-37
투자활동	-67	-81
재무활동	149	-0
순현금흐름	141	-121
기말현금	210	89

시장 대비 수익률

결산 실적 〈단위 : 억원〉
항목	2012	2013	2014	2015	2016	2017
매출액	112	89	55	47	153	—
영업이익	-2	-62	-50	-37	3	—
당기순이익	-15	-106	-98	-55	-63	—

분기 실적 〈단위 : 억원〉
항목	2016.1Q	2016.2Q	2016.3Q	2016.4Q	2017.1Q	2017.2Q
매출액	13	13	12	114	15	11
영업이익	-16	-23	-25	67	-24	-29
당기순이익	-18	-29	-27	12	-26	-31

재무 상태 〈단위 : 억원〉
항목	2012	2013	2014	2015	2016	2017.2Q
총자산	137	276	312	234	408	355
유형자산	17	5	3	12	23	22
무형자산	26	11	18	41	85	98
유가증권	30	156	87	20	20	20
총부채	49	166	97	25	115	77
총차입금	16	147	81	11	79	58
자본금	48	60	108	115	128	131
총자본	88	109	215	209	292	278
지배주주지분	88	109	215	209	292	278

기업가치 지표
항목	2012	2013	2014	2015	2016	2017.2Q
주가(최고/저)(천원)	4.0/1.9	5.8/2.4	5.4/1.9	5.1/1.9	11.9/4.3	—/—
PER(최고/저)(배)	—/—	—/—	—/—	—/—	—/—	—/—
PBR(최고/저)(배)	4.7/2.2	6.8/2.7	5.4/1.9	5.5/2.1	10.4/3.8	7.3/4.4
EV/EBITDA(배)	52.0				214.4	
EPS(원)	-146	-882	-670	-249	-246	-202
BPS(원)	943	928	1,001	914	1,145	1,064
CFPS(원)	-84	-890	-635	-238	-236	-199
DPS(원)						
EBITDAPS(원)	54	-493	-307	-157	21	-184

재무 비율 〈단위 : % 〉
연도	영업이익률	순이익률	부채비율	차입금비율	ROA	ROE	유보율	자기자본비율	EBITDA마진율
2016	1.9	-41.1	39.5	27.2	-19.5	-25.0	129.0	71.7	3.5
2015	-79.1	-117.1	11.7	5.1	-20.2	-26.0	82.8	89.5	-74.0
2014	-91.8	-179.8	45.2	37.7	-33.5	-60.8	100.1	68.9	-82.5
2013	-70.2	-120.0	152.3	134.5	-51.5	-107.8	85.5	39.6	-61.9

에스티팜 (A237690)
ST PHARM CO

업　　종 : 제약	시　　장 : KOSDAQ
신용등급 : (Bond) — (CP) —	기업규모 : 우량
홈 페 이 지 : www.stpharm.co.kr	연 락 처 : 031)499-3002
본　　사 : 경기도 시흥시 협력로 231(시화공단 1나 802호)	

설 립 일	2008.08.18	종 업 원 수	473명
상 장 일	2016.06.23	감사의견 적정 (삼정)	대 표 이 사 임근조,김경진(각자대표이사)
결 산 기	12월	보 통 주 1,866만주	계　　열
액 면 가	500원	우 선 주	종속회사수 1개사
			구 상 호

주주구성 (지분율,%)
동아쏘시오홀딩스	32.7
강정석	15.3
(외국인)	4.7

출자관계 (지분율,%)
STPAmericaResearch,Corp	100.0
CocrystalPharma,Inc	0.3

주요경쟁사 (외형,%)
에스티팜	100
삼진제약	119
종근당홀딩스	168

매출구성
신약API	76.3
제네릭API	19.1
상품	2.8

비용구성
매출원가율	53.6
판관비율	7.7

수출비중
수출	86.0
내수	14.0

회사 개요
동사는 크게 제약부문과 비제약부문으로 구분할 수 있음. 제약부문은 CMO 사업, 제네릭사업, 자체신약사업으로 나눌 수 있음. 비제약부문은 전자재료 및 고분자촉매 등을 제조하는 정밀화학 사업임. 2008년 8월 18일 유켐 주식회사로 설립되어, 2010년 9월 30일 주식회사 삼천리제약을 흡수합병하면서 상호를 에스티팜 주식회사로 변경하였음. 2016년 6월 23일 코스닥시장에 상장하였음.

실적 분석
동사의 2017년 2분기기준 누적 매출액은 전년동기대비 소폭 3.9% 상승하여 1,045.5억원을 기록하였음. 이나 비용면에서 전년동기대비 매출원가 및 인건비가 증가하여 전년동기대비 영업이익은 371.6억원으로 -6.8% 하락하였음. 최종적으로 전년동기대비 당기순이익은 하락하여 293.6억원을 기록함. 주요 제품의 수출 하락세가 지속되고 있으나 지속적인 연구개발로 향후 성장성이 기대되고 있음.

현금 흐름 〈단위 : 억원〉
항목	2016	2017.2Q
영업활동	508	385
투자활동	-932	-91
재무활동	852	-95
순현금흐름	434	196
기말현금	552	748

시장 대비 수익률

결산 실적 〈단위 : 억원〉
항목	2012	2013	2014	2015	2016	2017
매출액	830	843	965	1,381	2,004	—
영업이익	102	109	97	345	776	—
당기순이익	50	75	55	252	614	—

분기 실적 〈단위 : 억원〉
항목	2016.1Q	2016.2Q	2016.3Q	2016.4Q	2017.1Q	2017.2Q
매출액	309	698	540	457	478	567
영업이익	87	312	209	168	178	193
당기순이익	97	237	163	117	134	159

재무 상태 〈단위 : 억원〉
항목	2012	2013	2014	2015	2016	2017.2Q
총자산	1,096	1,158	1,424	2,324	3,678	3,738
유형자산	466	450	638	1,341	1,384	1,410
무형자산	10	9	8	11	11	11
유가증권	112	120	104		10	11
총부채	630	621	852	1,215	545	396
총차입금	523	483	713	591	15	2
자본금	6	6	42	59	92	93
총자본	466	537	572	1,109	3,132	3,342
지배주주지분	466	537	572	1,109	3,132	3,342

기업가치 지표
항목	2012	2013	2014	2015	2016	2017.2Q
주가(최고/저)(천원)	—/—	—/—	—/—	—/—	—/—	—/—
PER(최고/저)(배)	0.0/0.0	0.0/0.0	0.0/0.0	0.0/0.0	15.6/9.7	—/—
PBR(최고/저)(배)	0.0/0.0	0.0/0.0	0.0/0.0	0.0/0.0	3.5/2.2	2.8/2.2
EV/EBITDA(배)	3.6	2.9	4.9	1.2	8.1	
EPS(원)	591	881	646	1,800	3,731	1,574
BPS(원)	219,988	253,334	4,087	7,924	16,791	17,915
CFPS(원)	41,627	54,920	1,154	2,241	4,386	1,913
DPS(원)					500	
EBITDAPS(원)	66,114	70,942	1,657	2,904	5,367	2,331

재무 비율 〈단위 : % 〉
연도	영업이익률	순이익률	부채비율	차입금비율	ROA	ROE	유보율	자기자본비율	EBITDA마진율
2016	38.7	30.7	17.4	0.5	20.5	29.0	3,289.3	85.2	44.1
2015	25.0	18.3	109.6	53.3	13.4	30.0	1,782.2	47.7	29.4
2014	10.1	5.7	149.0	124.8	4.2	9.9	1,264.4	40.2	14.5
2013	12.9	8.9	115.6	90.0	6.7	14.9	8,357.8	46.4	17.9

에스폴리텍 (A050760)
SPOLYTECH

업 종 : 건축자재		시 장 : KOSDAQ	
신용등급 : (Bond) — (CP) —		기업규모 : 중견	
홈 페 이 지 : www.spolytech.com		연 락 처 : (043)536-9191	
본 사 : 충북 진천군 덕산면 한삼로 275			

설 립 일 1999.06.18	종 업 원 수 162명	대 표 이 사 이혁렬	
상 장 일 2002.05.09	감사의견 적정(삼일)	계 열	
결 산 기 12월	보 통 주 1,633만주	종속회사수 2개사	
액 면 가 500원	우 선 주	구 상 호	

주주구성 (지분율,%)
이혁렬	28.4
손명완	6.7
(외국인)	1.7

출자관계 (지분율,%)
에스씨엠	80.0
세화보력특광전과기(북경)유한공사	100.0

주요경쟁사 (외형,%)
에스폴리텍	100
이건홀딩스	138
덕신하우징	103

매출구성
PC/PMMA	65.1
도광판 확산시트 / 필름	34.9

비용구성
매출원가율	86.7
판관비율	10.9

수출비중
수출	—
내수	—

회사 개요
동사는 1999년 6월 반도체 제조회사인 한일반도체로 설립하여 2000년 5월에 유펄스로 상호를 변경하였으며 2006년 4월에 에스폴리텍으로 상호를 변경함. TFT-LCD 도광판, PC 및 PMMA 시트, 태양광 모듈용 EVA시트 제조 및 판매 등을 주력사업으로 하는 업체임. 연결대상 종속회사인 세화보력특광전과기 유한공사는 중국 북경에 에스씨엠은 충북 진천군에 위치함.

실적 분석
동사의 2017년 2분기기준 누적 매출액은 전년동기대비 13.4% 상승한 604.4억원을 기록하였음. 비용면에서 전년동기대비 매출원가는 증가 했으나 인건비도 증가, 기타판매비와관리비도 마찬가지로 증가함. 이와 같이 상승한 매출액 대비 비용증가가 높아 그에 따라 전년동기대비 영업이익은 11.1억원을 기록함. 최종적으로 전년동기대비 당기순이익은 적자전환하여 -1.5억원을 기록함.

현금 흐름 〈단위 : 억원〉
항목	2016	2017.2Q
영업활동	90	-51
투자활동	-14	9
재무활동	-39	2
순현금흐름	35	-76
기말현금	120	44

결산 실적 〈단위 : 억원〉
항목	2012	2013	2014	2015	2016	2017
매출액	1,305	1,183	1,126	1,003	1,177	
영업이익	56	36	-26	-10	28	
당기순이익	16	15	-43	-17	39	

분기 실적 〈단위 : 억원〉
항목	2016.1Q	2016.2Q	2016.3Q	2016.4Q	2017.1Q	2017.2Q
매출액	245	288	317	326	303	301
영업이익	4	13	6	5	8	3
당기순이익	0	10	11	19	-4	2

재무 상태 〈단위 : 억원〉
항목	2012	2013	2014	2015	2016	2017.2Q
총자산	1,097	1,045	999	989	1,057	1,003
유형자산	505	535	531	546	479	472
무형자산	15	15	14	14	3	4
유가증권	1	1				
총부채	588	532	527	529	567	522
총차입금	374	343	389	383	344	349
자본금	80	82	82	82	82	82
총자본	508	513	472	459	490	481
지배주주지분	506	510	469	456	486	478

기업가치 지표
항목	2012	2013	2014	2015	2016	2017.2Q
주가(최고/저)(천원)	3.1/2.0	3.1/2.0	2.2/1.7	2.2/1.1	3.4/1.3	—/—
PER(최고/저)(배)	31.5/20.0	36.3/23.0	—/—	—/—	14.3/5.5	1.1/0.9
PBR(최고/저)(배)	1.0/0.6	1.0/0.6	0.8/0.6	0.8/0.4	1.1/0.4	
EV/EBITDA(배)	7.7	9.7	96.1	25.3	11.2	—/—
EPS(원)	99	87	-266	-105	241	-9
BPS(원)	3,171	3,244	2,990	2,911	3,085	3,031
CFPS(원)	253	256	-71	97	453	98
DPS(원)					25	
EBITDAPS(원)	507	387	36	138	384	175

재무 비율 〈단위 : % 〉
연도	영업이익률	순이익률	부채비율	차입금비율	ROA	ROE	유보율	자기자본비율	EBITDA마진율
2016	2.4	3.4	115.9	70.2	3.9	8.4	516.9	46.3	5.3
2015	-1.0	-1.7	115.2	83.3	-1.7	-3.7	482.2	46.5	2.3
2014	-2.3	-3.8	111.7	82.5	-4.2	-8.9	498.0	47.2	0.5
2013	3.0	1.2	103.7	66.8	1.4	2.9	548.8	49.1	5.3

에스피씨삼립 (A005610)
SPC SAMLIP CO

업 종 : 식료품		시 장 : 거래소	
신용등급 : (Bond) — (CP) —		기업규모 : 시가총액 중형주	
홈 페 이 지 : www.spcsamlip.co.kr		연 락 처 : (031)496-2114	
본 사 : 경기도 시흥시 공단1대로 101			

설 립 일 1968.06.28	종 업 원 수 1,269명	대 표 이 사 최석원,이영구(각자대표)	
상 장 일 1975.05.02	감사의견 적정(안진)	계 열	
결 산 기 12월	보 통 주 863만주	종속회사수 7개사	
액 면 가 5,000원	우 선 주	구 상 호 삼립식품	

주주구성 (지분율,%)
파리크라상	40.7
허진수	11.5
(외국인)	5.2

출자관계 (지분율,%)
SPCGFS	100.0
그릭슈바인	100.0
밀다원	100.0

주요경쟁사 (외형,%)
SPC삼립	100
조흥	7
서울식품	2

매출구성
식재료 및 관련 식자재	34.4
빵, 빵가루, 샌드위치 등	23:3
밀가루, 계란, 육가공 등 식품소재	22.2

비용구성
매출원가율	80.9
판관비율	15.6

수출비중
수출	—
내수	—

회사 개요
동사의 1968년 설립되어 현재 제빵, 식품소재, 식품유통, 프렌차이즈, 기타 부문의 사업을 영위하고 있음. 제빵시장은 크게 양산빵 시장과 베이커리 시장으로 구분되며 양산빵(점유율72%)가 시장을 주도하고 있고, 베이커리는 관계사인 파리크라상의 파리바게뜨가 시장을 선도하는 가운데 뚜레쥬르 및 기타 개인베이커리가 시장에서 경쟁하는 구도임. 식품소재사업으로 종합식품회사로의 변화를 꾀하고, 전통 식품의 프렌차이즈화로 차별화를 주도하고 있음.

실적 분석
동사의 2017년 상반기 연결기준 누적 매출액은 전년 동기 대비 19.9% 증가한 1조292.6억원을 시현함. 매출은 늘었지만 매출원가도 큰 폭 증가하고 판관비마저 늘면서 영업이익은 294.6억원으로 전년 동기 대비 2.7% 감소함. 비영업손익 부문에서 적자 폭이 다소 줄었지만 영업이익이 대폭 감소하면서 당기순이익은 전년 동기 대비 2.9% 감소한 222.6억원을 기록함.

현금 흐름 〈단위 ; 억원〉
항목	2016	2017.2Q
영업활동	796	231
투자활동	-550	-683
재무활동	-302	483
순현금흐름	-57	32
기말현금	52	84

결산 실적 〈단위 : 억원〉
항목	2012	2013	2014	2015	2016	2017
매출액	8,334	10,662	11,076	13,738	18,703	—
영업이익	114	359	469	569	655	—
당기순이익	106	221	334	376	495	—

분기 실적 〈단위 : 억원〉
항목	2016.1Q	2016.2Q	2016.3Q	2016.4Q	2017.1Q	2017.2Q
매출액	3,828	4,755	4,820	5,300	5,052	5,241
영업이익	123	180	130	223	136	159
당기순이익	93	136	92	174	102	121

재무 상태 〈단위 : 억원〉
항목	2012	2013	2014	2015	2016	2017.2Q
총자산	5,458	5,545	5,717	6,129	6,746	6,844
유형자산	2,870	3,011	2,926	3,026	3,079	3,209
무형자산	524	161	141	139	142	137
유가증권	11	11	11	12	12	12
총부채	3,683	3,584	3,482	3,591	3,823	4,175
총차입금	2,015	1,994	1,833	1,880	1,627	2,164
자본금	431	431	431	431	431	431
총자본	1,775	1,961	2,236	2,538	2,923	2,670
지배주주지분	1,778	1,964	2,238	2,540	2,925	2,671

기업가치 지표
항목	2012	2013	2014	2015	2016	2017.2Q
주가(최고/저)(천원)	26.6/10.7	63.0/18.7	176/54.8	408/154	335/151	—/—
PER(최고/저)(배)	22.6/9.1	25.3/7.5	46.2/14.4	94.5/35.6	58.7/26.5	—/—
PBR(최고/저)(배)	1.3/0.5	2.8/0.8	6.8/2.1	13.9/5.2	9.8/4.4	6.1/4.2
EV/EBITDA(배)	14.4	11.4	19.5	29.2	16.2	
EPS(원)	1,226	2,555	3,861	4,354	5,737	2,579
BPS(원)	20,762	22,911	26,089	29,583	34,561	36,506
CFPS(원)	3,188	5,632	7,136	7,946	9,689	4,616
DPS(원)	375	663	762	869	869	
EBITDAPS(원)	3,282	7,238	8,711	10,189	11,543	5,451

재무 비율 〈단위 : % 〉
연도	영업이익률	순이익률	부채비율	차입금비율	ROA	ROE	유보율	자기자본비율	EBITDA마진율
2016	3.5	2.7	130.8	55.7	7.7	18.1	591.2	43.3	5.3
2015	4.1	2.7	141.5	74.1	6.4	15.7	491.7	41.4	6.4
2014	4.2	3.0	155.7	82.0	5.9	15.9	421.8	39.1	6.8
2013	3.4	2.1	182.8	101.7	4.0	11.8	358.2	35.4	5.9

에스피지 (A058610)
SPG

업 종 : 전기장비		시 장 : KOSDAQ	
신용등급 : (Bond) — (CP) —		기업규모 : 우량	
홈페이지 : www.spg.co.kr		연락처 : 032)820-8200	
본 사 : 인천시 남동구 청능대로 289번길 45 (고잔동, 남동공단 67B 12L)			

설 립 일 1991.03.21	종업원수 475명	대표이사 이준호,여영길(각자대표이사)	
상 장 일 2002.07.23	감사의견 적정 (서일)	계 열	
결 산 기 12월	보통주 2,088만주	종속회사수 5개사	
액 면 가 500원	우선주	구 상 호	

주주구성 (지분율,%)		출자관계 (지분율,%)		주요경쟁사 (외형,%)	
이준호	19.7	스마트카라	55.6	에스피지	100
이상현	8.9	세모콘	44.1	성문전자	30
(외국인)	2.2	QingdaoSungshinmotorCo.,Ltd	100.0	가온전선	492

매출구성		비용구성		수출비중	
AC Motor 외	50.2	매출원가율	80.7	수출	55.0
BLDC 모터류	21.8	판관비율	15.2	내수	45.0
연장선 등	10.8				

회사 개요

동사는 정밀제어용 모터 및 감속기 부품 개발, 생산 및 판매를 주요업으로 함. 고마진 제품에 따라 지역별 수출 비중을 차별화 할 계획으로 저마진 제품을 주로 판매하는 미주지역의 매출은 유지하는 한편, 고마진 제품을 주로 수출하는 일본과 유럽 쪽의 수출은 전략적으로 확대하면서 수익성 개선에 주력할 계획임. 동사는 삼성전자, LG전자의 최첨단 PDP, LCD 라인 뿐만 아니라, 미국의 GE, Whirlpool에도 공급함.

실적 분석

동사의 반기 매출액은 108.7% 증가한 1,454억원 기록. 판관비 비중 상승에도 불구하고 외형 확대에 힘입어 영업이익은 53% 증가한 71.6억원 시현. 반면 경상수지는 비영업부문이 크게 악화된 모습을 시현하면서 전년동기 대비 큰 폭으로 감소한 33.1억원의 당기순이익 시현하는데 그치며 수익성 하락한 모습. 견조한 외형 성장과 함께 저수익 제품군의 해외이전 등을 통해 원가율이 하락하여 영업수익성은 개선된 모습.

현금 흐름 〈단위 : 억원〉

항목	2016	2017.2Q
영업활동	187	-109
투자활동	-65	-92
재무활동	8	125
순현금흐름	131	-76
기말현금	300	223

시장 대비 수익률

결산 실적 〈단위 : 억원〉

항목	2012	2013	2014	2015	2016	2017
매출액	1,046	1,156	1,351	1,388	1,523	—
영업이익	44	89	86	80	61	—
당기순이익	16	41	45	49	155	—

분기 실적 〈단위 : 억원〉

항목	2016.1Q	2016.2Q	2016.3Q	2016.4Q	2017.1Q	2017.2Q
매출액	346	351	357	469	671	783
영업이익	21	26	28	-13	37	35
당기순이익	43	24	4	84	0	33

재무 상태 〈단위 : 억원〉

항목	2012	2013	2014	2015	2016	2017.2Q
총자산	1,226	1,302	1,478	1,572	2,461	2,653
유형자산	396	408	426	429	637	678
무형자산	43	41	39	33	40	40
유가증권	32	32	32	32	0	0
총부채	626	684	749	817	1,452	1,606
총차입금	399	391	487	532	855	946
자본금	67	67	81	81	104	104
총자본	600	618	729	755	1,009	1,047
지배주주지분	600	618	729	755	1,027	1,063

기업가치 지표

항목	2012	2013	2014	2015	2016	2017.2Q
주가(최고/저)(천원)	3.5/2.7	5.1/3.0	7.1/4.1	6.6/4.4	6.3/4.6	—/—
PER(최고/저)(배)	35.0/27.0	18.4/10.8	24.3/14.2	22.1/14.8	6.8/5.0	—/—
PBR(최고/저)(배)	0.9/0.7	1.2/0.7	1.7/1.0	1.4/1.0	1.2/0.9	1.3/1.0
EV/EBITDA(배)	10.4	9.9	10.4	10.9	17.1	—/—
EPS(원)	118	305	310	305	939	171
BPS(원)	4,486	4,623	4,503	4,668	5,532	5,519
CFPS(원)	336	524	544	529	1,154	297
DPS(원)	200	200	200	50	100	—
EBITDAPS(원)	545	658	821	715	585	469

재무 비율 〈단위 : % 〉

연도	영업이익률	순이익률	부채비율	차입금비율	ROA	ROE	유보율	자기자본비율	EBITDA마진율
2016	4.0	10.2	143.9	84.7	7.7	17.5	1,006.4	41.0	6.4
2015	5.7	3.6	108.2	70.4	3.2	6.7	833.7	48.0	8.3
2014	6.4	3.4	102.8	66.9	3.3	6.8	800.7	49.3	8.9
2013	5.1	3.5	110.6	63.2	3.2	6.7	824.6	47.5	7.6

에쎈테크 (A043340)
ESSEN TECH

업 종 : 기계		시 장 : KOSDAQ	
신용등급 : (Bond) — (CP) —		기업규모 : 중견	
홈페이지 : www.essentech.co.kr		연락처 : 063)440-6500	
본 사 : 전북 군산시 오식도동 511-1 군산자유무역지역 표준공장 7동			

설 립 일 1993.08.06	종업원수 261명	대표이사 조시영,김홍근	
상 장 일 2000.08.29	감사의견 적정 (삼경)	계 열	
결 산 기 12월	보통주 7,200만주	종속회사수	
액 면 가 500원	우선주	구 상 호	

주주구성 (지분율,%)		출자관계 (지분율,%)		주요경쟁사 (외형,%)	
대창	34.0			에쎈테크	100
조시영	29.2			로보스타	208
(외국인)	0.1			스맥	168

매출구성		비용구성		수출비중	
용기밸브4종,자동차부품,볼밸브,폴리에틸렌 등	62.7	매출원가율	89.1	수출	22.0
매니홀드	25.3	판관비율	7.0	내수	78.0
피팅	12.1				

회사 개요

동사는 1985년 설립돼 황동단조품, 가공품, 황동볼밸브, 냉동볼밸브, 황동분배기 등의 황동소재 부품사업을 영위하고 있음. 주력 제품인 가스용기 밸브는 내수수요와 생산제조업체의 공급수요가 적정, 제품 가격 안정, X-L 및 복합관은 내수에 비해 공급이 부족한 실정이며 현금 거래가 80% 이상을 차지함. 냉공조용 냉동볼밸브와 서비스 밸브는 국산화 개발성공으로 최근 1년전부터 국내 삼성전자, LG전자, 센추리, 귀뚜라미 등에 공급하고 있음.

실적 분석

동사의 2017년 2분기기준 누적 매출액은 전년동기대비 3.2% 하락한 348.8억원을 기록함. 비용면에서 전년동기대비 매출원가는 감소 하였으며 인건비는 증가 했고 기타판매비와관리비도 마찬가지로 증가함. 그에 따라 매출액 하락 등에 의해 전년동기대비 영업이익은 7.3억원으로 -48.2% 크게 하락하였음. 최종적으로 전년동기대비 당기순이익은 크게 하락하여 10.3억원을 기록함.

현금 흐름 *IFRS 별도 기준 〈단위 : 억원〉

항목	2016	2017.2Q
영업활동	21	36
투자활동	-17	86
재무활동	-2	-123
순현금흐름	3	-2
기말현금	3	1

시장 대비 수익률

결산 실적 〈단위 : 억원〉

항목	2012	2013	2014	2015	2016	2017
매출액	766	855	835	720	729	—
영업이익	10	25	28	20	28	—
당기순이익	-56	12	11	19	19	—

분기 실적 *IFRS 별도 기준 〈단위 : 억원〉

항목	2016.1Q	2016.2Q	2016.3Q	2016.4Q	2017.1Q	2017.2Q
매출액	172	188	185	184	175	174
영업이익	7	7	6	8	5	3
당기순이익	5	11	4	-1	5	5

재무 상태 *IFRS 별도 기준 〈단위 : 억원〉

항목	2012	2013	2014	2015	2016	2017.2Q
총자산	647	650	625	670	696	573
유형자산	239	236	246	288	161	153
무형자산	3	3	4	4	4	4
유가증권	0	0	0	4	4	30
총부채	453	443	404	408	416	283
총차입금	288	265	279	294	298	174
자본금	360	360	360	360	360	360
총자본	194	207	221	262	280	290
지배주주지분	194	207	221	262	280	290

기업가치 지표 *IFRS 별도 기준

항목	2012	2013	2014	2015	2016	2017.2Q
주가(최고/저)(천원)	0.8/0.4	0.5/0.4	0.5/0.4	1.2/0.4	1.9/0.6	—/—
PER(최고/저)(배)	—/—	32.2/22.0	33.7/25.5	45.4/15.9	76.6/23.7	—/—
PBR(최고/저)(배)	2.8/1.4	1.7/1.2	1.3/1.2	3.3/1.2	4.9/1.5	5.2/2.4
EV/EBITDA(배)	14.4	11.6	12.4	20.9	22.3	—/—
EPS(원)	-147	16	15	26	25	14
BPS(원)	570	604	307	364	389	403
CFPS(원)	-172	89	41	53	52	28
DPS(원)	—	—	—	—	—	—
EBITDAPS(원)	174	125	66	54	66	24

재무 비율 〈단위 : % 〉

연도	영업이익률	순이익률	부채비율	차입금비율	ROA	ROE	유보율	자기자본비율	EBITDA마진율
2016	3.9	2.5	일부잠식	일부잠식	2.6	6.7	-22.2	40.2	6.5
2015	2.7	2.6	일부잠식	일부잠식	2.9	7.9	-27.2	39.1	5.4
2014	3.4	1.3	일부잠식	일부잠식	1.7	4.9	-38.7	35.3	5.7
2013	2.9	1.4	일부잠식	일부잠식	1.8	5.8	-39.6	31.8	5.2

에쓰씨엔지니어링 (A023960)
SC Engineering

업　　종 : 건설		시　　장 : 거래소	
신용등급 : (Bond) — 　(CP) —		기업규모 : 시가총액 소형주	
홈 페 이 지 : www.sc-eng.com		연 락 처 : 02)2167-9090	
본　　사 : 서울시 영등포구 의사당대로 83, 한국HP빌딩			

설 립 일 1971.01.14	종 업 원 수 152명	대 표 이 사 장정호	
상 장 일 1997.06.10	감 사 의 견 적정 (대현)	계　　열	
결 산 기 12월	보 통 주 1,088만주	종 속 회 사 수 3개사	
액 면 가 500원	우 선 주	구 상 호	

주주구성 (지분율,%)		출자관계 (지분율,%)		주요경쟁사 (외형,%)	
에쓰씨기획	38.3	조드세원	50.0	에쓰씨엔지니어링	100
에쓰씨센서스	14.2	OLYMPUSRMS	37.8	삼일기업공사	9
(외국인)	1.2	세원셀론텍	28.9	신원종합개발	37

매출구성		비용구성		수출비중	
PRESSURE VESSEL , REACTOR,COLUMN 등	62.0	매출원가율	92.7	수출	53.0
산업설비 플랜트 E.P.C	28.7	판관비율	10.7	내수	47.0
세포치료제, 가족제대혈은행, 의약품,등	5.7				

회사 개요

동사는 1971년에 설립되어 중화학공업 플랜트의 핵심기기를 제조하는 전문 화공기기 제작 사업을 영위해왔음. 2005년에 셀론텍과 합병하여 세원셀론텍으로 사명을 변경함. 이후 E&C사업본부를 분리하여 세원셀론텍으로 분할 상장하였고, 동사는 현재 사명으로 변경 후 존속함. 엔지니어링 사업을 기반으로 정밀화학, 바이오 케미칼, 산업플랜트 분야에 대한 설계와 시공, 대형플랜트설비의 Turn-Key Base Project 등의 사업을 영위함.

실적 분석

동사의 연결기준 2017년 2분기 누적매출액은 전년동기 대비 23.4% 감소한 1,338.8억원을 기록, 외형이 크게 감소함. 매출원가율과 판관비가 감소하면서 35.7억원의 영업이익을 기록, 흑자전환하였음. 비영업 부문 적자폭이 감소하면서 17.8억원의 당기순손실을 기록, 이 역시 적자폭이 감소함. 2017년 9월 SUMITOMO SEIKA POLYMERS KOREA와 공사계약을 체결하였으며 계약 규모는 2016년 매출액의 19%에 해당함.

현금 흐름 〈단위 : 억원〉

항목	2016	2017.2Q
영업활동	16	-62
투자활동	-199	-0
재무활동	85	41
순현금흐름	-98	-21
기말현금	61	40

시장 대비 수익률

결산 실적 〈단위 : 억원〉

항목	2012	2013	2014	2015	2016	2017
매출액	3,188	2,543	2,504	4,107	3,103	—
영업이익	52	-145	-252	30	-107	—
당기순이익	-18	-245	-307	47	-222	—

분기 실적 〈단위 : 억원〉

항목	2016.1Q	2016.2Q	2016.3Q	2016.4Q	2017.1Q	2017.2Q
매출액	980	768	652	704	658	681
영업이익	5	-28	-36	-49	19	16
당기순이익	-50	-39	-109	-24	-61	43

재무 상태 〈단위 : 억원〉

항목	2012	2013	2014	2015	2016	2017.2Q
총자산	3,855	3,169	3,281	4,037	4,058	3,964
유형자산	1,770	1,558	1,491	1,469	2,375	2,353
무형자산	72	67	71	75	85	81
유가증권	41	45	45	48	45	46
총부채	2,653	2,221	2,655	2,869	2,428	2,352
총차입금	1,834	1,528	1,661	1,379	1,423	1,467
자본금	51	51	51	51	51	51
총자본	1,202	948	626	1,168	1,629	1,612
지배주주지분	431	314	118	204	235	233

기업가치 지표

항목	2012	2013	2014	2015	2016	2017.2Q
주가(최고/저)(천원)	3.5/1.9	2.8/1.5	2.0/1.4	10.5/1.5	7.1/3.1	—/—
PER(최고/저)(배)	—/—	—/—	—/—	46.9/6.9	—/—	—/—
PBR(최고/저)(배)	0.9/0.5	0.9/0.5	1.7/1.2	5.2/0.8	3.1/1.3	2.1/1.1
EV/EBITDA(배)	21.0			26.2		
EPS(원)	-387	-921	-1,780	223	-1,474	-22
BPS(원)	4,237	3,082	1,206	2,015	2,315	2,298
CFPS(원)	424	-80	-1,008	945	-832	275
DPS(원)	50	50				
EBITDAPS(원)	1,326	-588	-1,700	1,012	-411	647

재무 비율 〈단위 : % 〉

연도	영업이익률	순이익률	부채비율	차입금비율	ROA	ROE	유보율	자기자본비율	EBITDA마진율
2016	-3.5	-7.2	149.0	87.3	-5.5	-68.3	363.0	40.2	-1.4
2015	0.7	1.2	245.6	118.0	1.3	14.1	303.1	28.9	2.5
2014	-10.1	-12.3	424.0	265.3	-9.5	-84.0	141.2	19.1	-6.9
2013	-5.7	-9.6	234.1	161.1	-9.2	-25.2	516.4	29.9	-2.4

에쓰-오일 (A010950)
S-Oil

업　　종 : 석유 및 가스		시　　장 : 거래소	
신용등급 : (Bond) AA+　(CP) —		기업규모 : 시가총액 대형주	
홈 페 이 지 : www.s-oil.com		연 락 처 : 02)3772-5151	
본　　사 : 서울시 마포구 백범로 192 (공덕동 471번지)			

설 립 일 1976.01.06	종 업 원 수 3,186명	대 표 이 사 OthmanAl-Ghamdi	
상 장 일 1987.05.27	감 사 의 견 적정 (삼일)	계　　열	
결 산 기 12월	보 통 주 11,258만주	종 속 회 사 수 1개사	
액 면 가 2,500원	우 선 주 402만주	구 상 호	

주주구성 (지분율,%)		출자관계 (지분율,%)		주요경쟁사 (외형,%)	
Aramco Overseas Company,B.V(A.O.C.B.V)	63.4	SInternational	100.0	S-Oil	100
국민연금공단	6.1	에쓰오일토탈윤활유	50.0	SK	512
(외국인)	78.1	코리아오일터미널	18.0	SK이노베이션	242

매출구성		비용구성		수출비중	
나프타 외	32.8	매출원가율	85.9	수출	58.0
경유	27.7	판관비율	4.2	내수	42.0
석유화학제품	15.6				

회사 개요

동사는 1976년 설립되어 1987년 유가증권시장에 상장함. 석유제품, 윤활기유, 석유화학제품을 제조, 판매함. 동사의 대주주인 AOC의 모회사가 사우디아라비아 국영석유회사이므로 안정적인 장기 원유 공급이 가능. 또한 세계적 수준의 중질유분해탈황 시설을 바탕으로 국내외 시장을 연계하는 생산, 마케팅 전략을 추구해 효율성을 극대화 함. 동사의 제품은 전세계적으로 수출 중이며 단일 공장으로 세계 2위의 기유 생산시설을 보유 중임.

실적 분석

2017년 2분기 연결기준 누적 매출액은 9조 8,651.6억원으로 전년대비 29.4%의 외형증가를 보임. 이는 지속적인 차량 증가 등으로 내수시장 경질유 수요가 증가한 영향을 미친것으로 보임. 매출원가가 전년대비 46.9%, 판관비가 7.1% 증가하며 영업이익과 당기순이익은 각 전년대비 60.2%, 47.5% 감소한 4,507.2억원, 4,608.3억원을 기록함. 미국 및 유럽 재고 증가세 지속으로 인한 정제마진 하락이 영향을 미침.

현금 흐름 〈단위 : 억원〉

항목	2016	2017.2Q
영업활동	17,220	-345
투자활동	-19,669	-2,438
재무활동	8,111	-2,840
순현금흐름	5,662	-5,624
기말현금	7,674	2,050

시장 대비 수익률

결산 실적 〈단위 : 억원〉

항목	2012	2013	2014	2015	2016	2017
매출액	347,233	311,585	285,576	178,903	163,218	—
영업이익	7,818	3,660	-2,897	8,176	16,169	—
당기순이익	5,852	2,896	-2,878	6,313	12,054	—

분기 실적 〈단위 : 억원〉

항목	2016.1Q	2016.2Q	2016.3Q	2016.4Q	2017.1Q	2017.2Q
매출액	34,284	41,984	41,379	45,571	52,002	46,650
영업이익	4,918	6,409	1,162	3,680	3,335	1,173
당기순이익	4,333	4,436	1,718	1,567	3,939	669

재무 상태 〈단위 : 억원〉

항목	2012	2013	2014	2015	2016	2017.2Q
총자산	124,974	119,207	102,557	107,955	139,590	138,153
유형자산	36,703	37,604	43,217	47,308	57,108	64,044
무형자산	429	465	500	472	545	512
유가증권	429	490	604	539	494	29,631
총부채	71,213	65,667	53,467	54,056	75,674	76,265
총차입금	35,080	32,110	36,380	36,063	47,603	50,889
자본금	2,915	2,915	2,915	2,915	2,915	2,915
총자본	53,760	53,540	49,090	53,899	63,916	61,888
지배주주지분	53,760	53,540	49,090	53,899	63,916	61,888

기업가치 지표

항목	2012	2013	2014	2015	2016	2017.2Q
주가(최고/저)(천원)	123/73.9	91.8/60.9	64.3/34.3	73.9/40.1	90.1/64.2	—/—
PER(최고/저)(배)	28.8/17.4	42.5/28.2	—/—	15.1/8.3	9.5/6.7	—/—
PBR(최고/저)(배)	3.1/1.9	2.3/1.5	1.7/0.9	1.8/1.0	1.8/1.3	2.0/1.5
EV/EBITDA(배)	12.2	14.7	161.1	9.2	5.4	—/—
EPS(원)	5,018	2,484	-2,468	5,414	10,337	3,952
BPS(원)	46,121	45,932	42,116	46,240	54,830	53,091
CFPS(원)	8,373	5,638	445	7,757	12,796	5,218
DPS(원)	2,650	1,330	150	2,400	6,200	
EBITDAPS(원)	10,059	6,294	429	9,355	16,326	5,131

재무 비율 〈단위 : % 〉

연도	영업이익률	순이익률	부채비율	차입금비율	ROA	ROE	유보율	자기자본비율	EBITDA마진율
2016	9.9	7.4	118.4	74.5	9.7	20.5	2,093.2	45.8	11.7
2015	4.6	3.5	100.3	66.9	6.0	12.3	1,749.6	49.9	6.1
2014	-1.0	-1.0	108.9	74.1	-2.6	-5.6	1,584.6	47.9	0.2
2013	1.2	0.9	122.7	60.0	2.4	5.4	1,737.3	44.9	2.4

에이디칩스 (A054630)
Advanced Digital Chips

업　　종 : 반도체 및 관련장비		시　　장 : KOSDAQ	
신용등급 : (Bond) —　　(CP) —		기업규모 : 벤처	
홈 페 이 지 : www.adc.co.kr		연 락 처 : 031)463-7512	
본　　사 : 경기도 안양시 동안구 학의로 282, A동 22층(관양동, 금강펜테리움 IT타워)			

설 립 일	1996.04.16	종 업 원 수	113명	대 표 이 사	김미선
상 장 일	2001.10.27	감 사 의 견	적정 (정연)	계 열	
결 산 기	12월	보 통 주	1,269만주	종속회사수	
액 면 가	500원	우 선 주		구 상 호	

주주구성 (지분율,%)
골든에이전인베스트	9.9
장도종	3.3
(외국인)	0.6

출자관계 (지분율,%)

주요경쟁사 (외형,%)
에이디칩스	100
네패스신소재	72
피에스엠씨	42

매출구성
냉동/냉장고	44.8
반도체 유통사업 IC유통	38.5
ASSP판매(특정용도 표준형 반도체)	12.6

비용구성
매출원가율	77.9
판관비율	14.7

수출비중
수출	11.0
내수	89.0

회사 개요
동사는 1996년 설립되어 반도체 설계 및 비메모리 반도체 판매, 냉동냉장고 제조판매, 반도체유통을 주업으로 하고 있는 벤처기업임. 최대주주는 2015년 12월 권기홍에서 골든에이전인베스트로 변경됐고, 지분은 9.9%임. 동사는 종속회사나 계열회사가 없음. 동사는 SDRAM내장 마이크로컨트롤러, 2D 그래픽 프로세서, AMAZONES Module 등을 신규사업으로 하고 있음.

실적 분석
동사는 2017년 상반기 매출액은 120.7억원으로 전년 동기 대비 12.7% 감소했으나, 영업이익은 10.8억원으로 6.4% 증가했음. 동사는 반도체 유통사업, 설계, 지적재산권(IP)라이센싱 부문이 부진해 냉동냉장고 판매의 증가에도 불구하고 매출이 감소함. 반면 동사는 매출원가와 판매관리비를 매출보다 높은 비율로 줄여 수익성을 개선해 영업이익을 늘어났음. 동사는 2017년 8월 25일 195.2억원 규모의 유상증자를 공시함.

현금 흐름 〈단위 : 억원〉
항목	2016	2017.2Q
영업활동	-11	—
투자활동	-40	—
재무활동	61	—
순현금흐름	10	—
기말현금	18	—

시장 대비 수익률

결산 실적 〈단위 : 억원〉
항목	2012	2013	2014	2015	2016	2017
매출액	456	430	155	132	253	—
영업이익	-13	-20	-34	-11	19	—
당기순이익	-22	-45	-41	-24	19	—

분기 실적 〈단위 : 억원〉
항목	2016.1Q	2016.2Q	2016.3Q	2016.4Q	2017.1Q	2017.2Q
매출액	60	79	61	54	—	—
영업이익	4	7	6	2	—	—
당기순이익	2	4	10	3	—	—

재무 상태 〈단위 : 억원〉
항목	2012	2013	2014	2015	2016	2017.2Q
총자산	212	172	130	94	180	
유형자산	41	41	39	38	54	
무형자산	3	3	2	1	20	
유가증권					9	
총부채	74	77	70	36	83	
총차입금	31	38	51	27	66	
자본금	42	42	42	49	55	
총자본	138	95	60	59	98	
지배주주지분	105	72	38	59	98	

기업가치 지표
항목	2012	2013	2014	2015	2016	2017.2Q
주가(최고/저)(천원)	3.6/2.0	4.0/1.6	2.4/1.7	5.0/1.7	3.3/1.4	—/—
PER(최고/저)(배)	—/—	—/—	—/—	—/—	18.4/7.9	—/—
PBR(최고/저)(배)	2.9/1.6	4.7/1.9	5.2/3.8	8.4/2.8	3.7/1.6	0.0/0.0
EV/EBITDA(배)					16.6	—/—
EPS(원)	-277	-415	-459	-240	178	
BPS(원)	1,240	845	451	593	889	
CFPS(원)	-252	-393	-437	-221	214	
DPS(원)						
EBITDAPS(원)	-131	-210	-376	-109	250	

재무 비율 〈단위 : %〉
연도	영업이익률	순이익률	부채비율	차입금비율	ROA	ROE	유보율	자기자본비율	EBITDA마진율
2016	7.4	7.5	84.6	67.9	13.9	24.4	77.7	54.2	8.9
2015	-8.6	-18.1	61.3	46.7	-21.2	-43.7	18.5	62.0	-7.3
2014	-21.8	-26.1	117.8	84.9	-26.9	-70.9	-9.9	45.9	-20.6
2013	-4.6	-10.3	81.2	40.5	-23.2	-39.8	69.1	55.2	-4.1

에이디테크놀로지 (A200710)
ADTechnologyCo

업　　종 : 반도체 및 관련장비		시　　장 : KOSDAQ	
신용등급 : (Bond) —　　(CP) —		기업규모 : 벤처	
홈 페 이 지 : www.adtek.co.kr		연 락 처 : 031)776-7575	
본　　사 : 경기도 성남시 분당구 대왕판교로644번길 49, 801호(삼평동, 디티씨타워)			

설 립 일	2002.08.20	종 업 원 수	73명	대 표 이 사	김준석
상 장 일	2014.12.16	감 사 의 견	적정 (정일)	계 열	
결 산 기	12월	보 통 주	815만주	종속회사수	
액 면 가	500원	우 선 주		구 상 호	

주주구성 (지분율,%)
김준석	23.0
홍미경	3.2
(외국인)	0.8

출자관계 (지분율,%)

주요경쟁사 (외형,%)
에이디테크놀로지	100
제너셈	79
다믈멀티미디어	113

매출구성
SoC설계용역	72.6
모바일	11.2
디스플레이	9.3

비용구성
매출원가율	96.5
판관비율	18.9

수출비중
수출	0.0
내수	100.0

회사 개요
동사는 2002년 8월 20일에 설립되어, 반도체소자의 설계 및 제조(ASIC)를 주요사업으로 영위하고 있음. 동사는 글로벌 No.1 파운드리(반도체 전문위탁생산) 회사인 TSMC의 VCA(Value Chain Aggregator; 가치사슬협력자)관계로 이는 국내에서 유일한 협력관계임. 종속회사로 반도체설계업체인 케이케이디씨가 있고, 종속회사였던 네오바인은 2014년 5월 청산을 완료하면서 종속회사에서 탈퇴함.

실적 분석
동사의 2017년 연결 기준 2분기 매출액은 155.9억원으로 전년동기대비 51.1% 증가하여 매출총이익은 흑자전환한 15.1억원을 기록함. 판관비의 감소에도 영업손실은 5.2억원으로 전년 동기 대비 적자폭이 줄어듦. 비영업부문 또한 1.7억원의 흑자를 기록함으로 그에 따라 당기순손실은 2.8억원으로 전년동기대비 적자지속됨. 동사는 최근 스마트폰 전방산업이 예상보다 부진함에 따라 단기적으로 실적이 악화된 것으로 분석됨.

현금 흐름 〈단위 : 억원〉
항목	2016	2017.2Q
영업활동	-19	—
투자활동	1	—
재무활동	50	—
순현금흐름	33	—
기말현금	67	—

시장 대비 수익률

결산 실적 〈단위 : 억원〉
항목	2012	2013	2014	2015	2016	2017
매출액	248	437	685	358	227	—
영업이익	18	42	106	20	-35	—
당기순이익	7	31	106	27	-41	—

분기 실적 〈단위 : 억원〉
항목	2016.1Q	2016.2Q	2016.3Q	2016.4Q	2017.1Q	2017.2Q
매출액	64	39	57	67	78	—
영업이익	-10	-13	-12	1	-5	—
당기순이익	-13	-11	-11	-5	-3	—

재무 상태 〈단위 : 억원〉
항목	2012	2013	2014	2015	2016	2017.2Q
총자산	217	223	474	457	481	
유형자산	20	11	11	12	7	
무형자산	21	14	24	34	37	
유가증권	1			5	42	
총부채	145	110	103	78	136	
총차입금	97	62	33	20	65	
자본금	12	14	20	21	41	
총자본	72	112	371	379	345	
지배주주지분	72	112	371	379	345	

기업가치 지표
항목	2012	2013	2014	2015	2016	2017.2Q
주가(최고/저)(천원)	—/—	—/—	11.0/7.0	21.8/5.5	8.0/4.7	—/—
PER(최고/저)(배)	0.0/0.0	0.0/0.0	6.3/4.0	67.3/17.0	—/—	—/—
PBR(최고/저)(배)	0.0/0.0	0.0/0.0	2.4/1.5	4.5/1.1	1.8/1.0	0.0/0.0
EV/EBITDA(배)			5.2	9.8		—/—
EPS(원)	121	557	1,777	330	-499	
BPS(원)	2,213	3,665	9,212	9,729	4,481	
CFPS(원)	325	1,133	3,711	852	-409	
DPS(원)				250		
EBITDAPS(원)	655	1,494	3,734	684	-338	

재무 비율 〈단위 : %〉
연도	영업이익률	순이익률	부채비율	차입금비율	ROA	ROE	유보율	자기자본비율	EBITDA마진율
2016	-15.4	-17.9	39.4	19.0	-8.7	-11.2	796.2	71.8	-12.1
2015	5.5	7.4	20.5	5.3	5.7	7.1	1,845.8	83.0	7.8
2014	15.5	15.4	27.9	8.9	30.4	43.8	1,742.5	78.3	16.6
2013	9.6	7.0	98.2	55.0	13.9	33.3	689.3	50.5	10.6

에이블씨엔씨 (A078520)
ABLE C&C

업 종	개인생활용품	시 장	거래소
신용등급	(Bond) — (CP) —	기업규모	시가총액 소형주
홈페이지	www.able-cnc.com	연락처	02)6292-6789
본 사	서울시 금천구 가산디지털1로 119, SK트윈테크타워 A동 3층		

설 립 일	2000.01.07	종업원수	354명	대표이사	정일부,이세훈
상 장 일	2005.02.04	감사의견	적정(성지)	계 열	
결 산 월	12월	보통주	1,689만주	종속회사수	2개사
액 면 가	500원	우선주		구 상 호	

주주구성 (지분율,%)		출자관계 (지분율,%)		주요경쟁사 (외형,%)	
리프앤바인	53.5	리프앤바인		에이블씨엔씨	100
Morgan Stanley & co. International Limited	4.2	북경애박신화장품상무유한공사	100.0	케어젠	11
(외국인)	17.8	MISSHAJAPANINC	50.0	콜마비앤에이치	59

매출구성		비용구성		수출비중	
베이스메이크업	31.3	매출원가율	38.2	수출	—
상품	19.8	판관비율	56.2	내수	—
포인트메이크업	17.3				

회사 개요
동사는 화장품과 생활용품 제조 판매업 및 화장품 유통판매업, 인터넷정보통신 및 관련 소프트웨어개발, 인터넷상거래업을 주요 사업부문으로 영위하고 있으며 '미샤'를 고유 브랜드로 보유하고 있음. 종속기업으로 해외현지판매법인인 MISSHA JAPAN INC, 북경애박신화장품상무유한공사, MISSHA USA CORP등이 있음. 동사의 시장점유율은 약 4.3%로 추산됨.

실적 분석
동사의 2017년 2분기 누적 연결기준 매출액은 전년대비 6.5% 감소한 1,964.4억원을 기록함. 외형 축소로 원가율은 다소 악화되나 영업이익과 당기순이익은 각각 전년대비 34.2%와 38.4% 감소한 73.7억원, 58.9억원을 시현함. 동사는 당반기 결산일 이후 1,500억원 규모의 주주배정 유상증자결정을 공시함. 자금조달의 목적은 시설자금 661.3억원, 운영자금 511.0억원, 기타 327.7억원 등으로 구성됨.

현금 흐름 〈단위 : 억원〉
항목	2016	2017.2Q
영업활동	300	-167
투자활동	-72	-59
재무활동	-43	-43
순현금흐름	190	-273
기말현금	461	188

결산 실적 〈단위 : 억원〉
항목	2012	2013	2014	2015	2016	2017
매출액	4,523	4,424	4,383	4,079	4,346	—
영업이익	536	132	67	177	243	—
당기순이익	420	126	152	156	180	—

분기 실적 〈단위 : 억원〉
항목	2016.1Q	2016.2Q	2016.3Q	2016.4Q	2017.1Q	2017.2Q
매출액	1,017	1,084	937	1,308	959	1,006
영업이익	51	61	3	128	49	24
당기순이익	45	51	-25	110	29	30

재무 상태 〈단위 : 억원〉
항목	2012	2013	2014	2015	2016	2017.2Q
총자산	2,352	2,388	2,283	2,486	2,779	2,540
유형자산	199	237	223	209	191	196
무형자산	32	33	31	30	29	27
유가증권	630	800	727	911	900	925
총부채	829	704	587	632	797	565
총차입금	—	—	—	—	—	—
자본금	52	58	64	70	77	84
총자본	1,524	1,684	1,696	1,854	1,981	1,976
지배주주지분	1,524	1,684	1,696	1,854	1,981	1,970

기업가치 지표
항목	2012	2013	2014	2015	2016	2017.2Q
주가(최고/저)(천원)	58.8/17.0	57.5/17.9	26.0/13.9	28.7/15.5	34.0/16.9	—/—
PER(최고/저)(배)	24.2/7.0	80.0/24.9	176.6/94.2	32.1/17.3	32.5/16.2	—/—
PBR(최고/저)(배)	6.7/1.9	6.0/1.9	2.7/1.4	2.7/1.5	2.9/1.5	2.5/1.6
EV/EBITDA(배)	13.0	15.2	19.9	10.7	7.3	—
EPS(원)	2,544	750	152	923	1,067	349
BPS(원)	14,809	14,584	13,380	13,327	12,969	11,750
CFPS(원)	4,829	1,515	636	1,464	1,504	490
DPS(원)	550	350	60	350	450	—
EBITDAPS(원)	5,956	1,566	964	1,614	1,913	577

재무 비율 〈단위 : % 〉
연도	영업이익률	순이익률	부채비율	차입금비율	ROA	ROE	유보율	자기자본비율	EBITDA마진율
2016	5.6	4.2	40.3	0.0	6.8	9.4	2,493.9	71.3	6.8
2015	4.3	3.8	34.1	0.0	6.5	8.8	2,565.5	74.6	5.5
2014	1.5	0.6	34.6	0.0	1.1	1.5	2,576.0	74.3	2.8
2013	3.0	2.9	41.8	0.0	5.3	4.9	2,816.8	70.5	4.1

에이비온 (A203400)
ABION

업 종	바이오	시 장	KONEX
신용등급	(Bond) — (CP) —	기업규모	—
홈페이지	www.abionbio.com	연락처	02)6006-7610
본 사	서울시 강남구 개포로 34길 5, 202호 (개포동, 창원빌딩)		

설 립 일	2007.04.16	종업원수	61명	대표이사	신영기
상 장 일	2014.07.21	감사의견	적정(안진)	계 열	
결 산 월	12월	보통주		종속회사수	
액 면 가	—	우선주		구 상 호	

주주구성 (지분율,%)		출자관계 (지분율,%)		주요경쟁사 (외형,%)	
케이피엠테크	35.1			에이비온	100
신영기	20.7			팬젠	38
				랩지노믹스	631

매출구성		비용구성		수출비중	
연구용시약외(상품)	45.7	매출원가율	94.8	수출	0.0
분자유전외(기타)	36.1	판관비율	193.2	내수	100.0
용역개발수입(용역)	18.1				

회사 개요
동사는 신약 연구 개발을 전문적으로 수행하는 벤처기업으로 2007년 설립돼 바이오의약품의 연구 및 개발, 제조, 판매와 관련된 서비스를 제공함. 2014년 7월 코넥스 시장에 상장됨. 주요 제품으로는 다발성경화증용 단백질치료제, 자궁경부암용 핵산치료제, 난소암용 항체치료제 등이 있으며 조직병리분석, 분자유전분석, 세포면역분석 등의 CRO 서비스도 제공함. CRO 서비스가 매출 가운데 가장 큰 비중을 차지함.

실적 분석
동사의 2016년 누적매출액은 38.1억원으로 전년 대비 17.7% 감소함. 매출액의 두 배에 육박하는 판관비 지출로 인해 71.6억원의 영업손실을 기록해 적자폭이 확대됨. 당기순손실도 76.8억원으로 전년 50.9억원보다 늘어남. 동사가 개발 중인 다발성경화증 단백질치료제 카비페론이 범부처전주기신약개발사업 과제로 선정돼 비임상 단계 연구개발에 박차를 가할 예정임.

현금 흐름 *IFRS 별도 기준 〈단위 : 억원〉
항목	2016	2017.2Q
영업활동	-61	—
투자활동	-3	—
재무활동	76	—
순현금흐름	12	—
기말현금	55	—

결산 실적 〈단위 : 억원〉
항목	2012	2013	2014	2015	2016	2017
매출액	11	20	25	46	38	—
영업이익	-22	-33	-47	-46	-72	—
당기순이익	-24	-35	-53	-51	-77	—

분기 실적 *IFRS 별도 기준 〈단위 : 억원〉
항목	2016.1Q	2016.2Q	2016.3Q	2016.4Q	2017.1Q	2017.2Q
매출액	—	—	—	—	—	—
영업이익	—	—	—	—	—	—
당기순이익	—	—	—	—	—	—

재무 상태 *IFRS 별도 기준 〈단위 : 억원〉
항목	2012	2013	2014	2015	2016	2017.2Q
총자산	31	140	166	116	130	—
유형자산	20	80	81	45	50	—
무형자산	8	8	11	7	6	—
유가증권						—
총부채	32	99	119	52	76	—
총차입금	11	84	95	31	55	—
자본금	24	34	39	43	47	—
총자본	-1	41	47	63	54	—
지배주주지분	-1	41	47	63	54	—

기업가치 지표 *IFRS 별도 기준
항목	2012	2013	2014	2015	2016	2017.2Q
주가(최고/저)(천원)	—/—	—/—	9.0/6.8	15.1/7.4	11.0/7.9	—/—
PER(최고/저)(배)	0.0/0.0	0.0/0.0	—/—	—/—	—/—	0.0/0.0
PBR(최고/저)(배)	0.0/0.0	0.0/0.0	10.3/7.8	14.5/7.0	13.6/9.8	0.0/0.0
EV/EBITDA(배)	—	—	—	—	—	—
EPS(원)	-656	-604	-786	-627	-871	—
BPS(원)	-19	611	614	733	567	—
CFPS(원)	-407	-396	-587	-538	-754	—
DPS(원)	—	—	—	—	—	—
EBITDAPS(원)	-391	-361	-499	-481	-695	—

재무 비율 〈단위 : % 〉
연도	영업이익률	순이익률	부채비율	차입금비율	ROA	ROE	유보율	자기자본비율	EBITDA마진율
2016	-188.0	-201.6	141.5	103.1	-62.5	-132.0	13.4	41.4	-161.0
2015	-100.1	-110.1	85.6	49.3	-36.1	-92.5	46.6	53.9	-84.4
2014	-190.3	-214.5	250.6	200.4	-34.8	-120.4	22.9	28.5	-136.1
2013	-166.1	-176.1	240.0	204.5	-41.0	전기잠식	22.3	29.4	-105.4

에이스침대 (A003800)
Ace Bed

업 종 : 내구소비재		시 장 : KOSDAQ	
신용등급 : (Bond) — (CP) —		기업규모 : 우량	
홈페이지 : www.acebed.com		연 락 처 : (043)877-1881	
본 사 : 충북 음성군 삼성면 상곡리 310-1			

설 립 일 1977.07.01	종 업 원 수 587명	대 표 이 사 안성호
상 장 일 1996.05.03	감 사 의 견 적정 (신한)	계 열
결 산 기 12월	보 통 주 222만주	종속회사수 1개사
액 면 가 5,000원	우 선 주	구 상 호

주주구성 (지분율,%)		출자관계 (지분율,%)		주요경쟁사 (외형,%)	
안성호	74.6	에이스침대중공공장	95.7	에이스침대	100
안유수	5.0	한국디엠비	7.0	한샘	950
(외국인)	2.9	제이티비씨	0.9	현대리바트	361

매출구성		비용구성		수출비중	
침대(제품)	91.0	매출원가율	44.2	수출	0.0
가구(상품)	7.2	판관비율	38.2	내수	100.0
가구(제품)	1.8				

회사 개요
국내 침대시장은 썰타침대(회장 안유수), 에이스침대(사장 안성호), 시몬스침대(사장 안정호)로 독과점 영위중. 업계 최초로 침대공학연구소를 설치하는 등 최고의 제품과 서비스를 제공하기 위한 노력 지속중이며, 높은 브랜드 이미지와 차별화된 마케팅기법 등으로 가장 높은 점유율을 기록하고 있음. 수출비중이 지속적으로 감소세를 보이고 있으나, 향후 중국 시장의 활성화를 기대해 볼만함.

실적 분석
동사의 2017년 반기 매출액은 1,000억원으로 전년동기 대비 소폭 증가하는데 그침. 2분기 들어 소비시장의 흐름이 전반적으로 하락세를 나타낸 영향으로 판단됨. 전체 매출액의 90%를 초과하는 침대부문이 비교적 선방하고 있는 모습. 반면, 광고선전비의 급증으로 인한 판관비 증가 여파로 전년동기 대비 28% 감소한 130.3억원의 영업이익 시현하는데 그침. 높은 브랜드 이미지로 시장 선도기업의 위치에서 안정적 성장 가능할 것으로 기대.

현금 흐름 〈단위 : 억원〉
항목	2016	2017.2Q
영업활동	305	98
투자활동	-208	-160
재무활동	-59	-55
순현금흐름	43	-119
기말현금	286	167

시장 대비 수익률

결산 실적 〈단위 : 억원〉
항목	2012	2013	2014	2015	2016	2017
매출액	1,784	1,648	1,693	1,927	2,037	—
영업이익	372	292	272	344	358	—
당기순이익	330	289	238	305	303	—

분기 실적 〈단위 : 억원〉
항목	2016.1Q	2016.2Q	2016.3Q	2016.4Q	2017.1Q	2017.2Q
매출액	500	494	484	559	520	480
영업이익	85	96	59	118	73	57
당기순이익	70	80	56	97	64	37

재무 상태 〈단위 : 억원〉
항목	2012	2013	2014	2015	2016	2017.2Q
총자산	3,117	3,329	3,517	3,823	4,047	4,078
유형자산	1,379	1,461	1,796	2,072	2,387	2,552
무형자산	14	13	13	12	13	12
유가증권	773	454	731	911	716	794
총부채	313	273	268	324	337	315
총차입금	—	—		9	24	4
자본금	111	111	111	111	111	111
총자본	2,804	3,056	3,249	3,499	3,710	3,763
지배주주지분	2,801	3,053	3,246	3,496	3,708	3,761

기업가치 지표
항목	2012	2013	2014	2015	2016	2017.2Q
주가(최고/저)(천원)	72.4/66.2	108/69.6	123/90.2	178/110	168/135	—/—
PER(최고/저)(배)	5.4/5.0	9.0/5.8	12.1/9.0	13.5/8.4	12.5/10.1	—/—
PBR(최고/저)(배)	0.6/0.6	0.8/0.5	0.9/0.6	1.1/0.7	1.0/0.8	1.1/0.9
EV/EBITDA(배)	2.9	3.8	6.9	7.0	7.5	—/—
EPS(원)	14,867	13,059	10,724	13,741	13,661	4,531
BPS(원)	130,610	141,983	150,678	161,964	171,490	173,884
CFPS(원)	17,038	15,114	12,802	16,079	16,174	5,792
DPS(원)	2,000	2,000	2,500	3,300	3,300	—
EBITDAPS(원)	18,936	15,212	14,355	17,833	18,651	7,136

재무 비율 〈단위 : %〉
연도	영업이익률	순이익률	부채비율	차입금비율	ROA	ROE	유보율	자기자본비율	EBITDA마진율
2016	17.6	14.9	9.1	0.6	7.7	8.4	3,329.8	91.7	20.3
2015	17.8	15.8	9.3	0.3	8.3	9.0	3,139.3	91.5	20.5
2014	16.1	14.0	8.2	0.0	6.9	7.6	2,913.6	92.4	18.5
2013	17.7	17.6	8.9	0.0	9.0	9.9	2,739.7	91.8	20.5

에이스테크놀로지 (A088800)
Ace Technologies

업 종 : 통신장비		시 장 : KOSDAQ	
신용등급 : (Bond) BB- (CP) —		기업규모 : 중견	
홈페이지 : www.aceteq.co.kr		연 락 처 : (032)818-5500	
본 사 : 인천시 남동구 남동서로 237 (논현동,남동공단 24B 5L)			

설 립 일 2006.03.02	종 업 원 수 372명	대 표 이 사 구관영
상 장 일 2006.03.27	감 사 의 견 적정 (삼일)	계 열
결 산 기 12월	보 통 주 2,833만주	종속회사수 13개사
액 면 가 500원	우 선 주	구 상 호

주주구성 (지분율,%)		출자관계 (지분율,%)		주요경쟁사 (외형,%)	
구관영	10.8	콤라스	50.0	에이스테크	100
엠피디	6.2	신아텍	48.8	텔콘	9
(외국인)	2.7	아미텔	18.9	디티앤씨	13

매출구성		비용구성		수출비중	
RF부품(기타)	44.4	매출원가율	83.8	수출	93.0
기지국안테나外 (중계기/방산)(기타)	36.5	판관비율	20.4	내수	7.0
모바일안테나(기타)	8.7				

회사 개요
동사는 2006년 (구)에이스테크놀로지서 인적분할해 에이스안테나로 설립되어 2010년 다시 에이스테크놀로지와 분할합병을 통해 사명을 현재의 명칭으로 바꿈. 동사는 안테나 등 통신기기 제조판매 주력 사업으로 하고 있으며 Wireless Communication 부품, RRH(Remote radio head), 기지국안테나, 모바일안테나, 중계기 등의 무선통신 사업과 무선통신기술에 기반한 방산 및 차량용 사업을 영위중이며, 최근 차량용 레이더 개발

실적 분석
동사의 2017년 2분기기준 누적 매출액은 전년동기대비 39.8% 상승한 2,171.9억원을 기록하였음. 비용면에서 전년동기대비 매출원가는 증가 하였으며 기타판매비와관리비는 증가됨. 이와 같이 상승한 매출 대비 비용증가도 있었으나 매출액의 더 큰 상승에 힘입어 그에 따라 전년동기대비 영업이익은 114.9억원으로 흑자전환하였음. 최종적으로 전년동기대비 당기순이익은 흑자전환하여 49억원을 기록함.

현금 흐름 〈단위 : 억원〉
항목	2016	2017.2Q
영업활동	382	-120
투자활동	-222	-201
재무활동	41	214
순현금흐름	190	-102
기말현금	364	261

시장 대비 수익률

결산 실적 〈단위 : 억원〉
항목	2012	2013	2014	2015	2016	2017
매출액	2,853	3,156	4,275	4,219	3,221	—
영업이익	-98	200	251	151	-138	—
당기순이익	-214	104	122	108	-322	—

분기 실적 〈단위 : 억원〉
항목	2016.1Q	2016.2Q	2016.3Q	2016.4Q	2017.1Q	2017.2Q
매출액	991	563	524	1,143	1,099	1,073
영업이익	18	-107	-106	57	103	12
당기순이익	-22	-119	-157	-23	36	13

재무 상태 〈단위 : 억원〉
항목	2012	2013	2014	2015	2016	2017.2Q
총자산	3,455	3,645	4,283	4,924	4,337	4,843
유형자산	1,068	1,007	1,027	1,052	1,172	1,156
무형자산	365	447	481	537	457	404
유가증권	28	29	38	36	23	78
총부채	2,450	2,566	3,039	3,489	3,110	3,592
총차입금	1,539	1,474	1,660	2,002	1,959	2,352
자본금	98	104	114	129	142	142
총자본	1,005	1,079	1,244	1,435	1,227	1,251
지배주주지분	943	1,016	1,179	1,372	1,165	1,195

기업가치 지표
항목	2012	2013	2014	2015	2016	2017.2Q
주가(최고/저)(천원)	4.3/2.8	5.3/3.2	4.9/3.1	5.5/3.5	5.4/2.6	—/—
PER(최고/저)(배)	—/—	11.1/6.7	9.8/6.2	13.2/8.3	—/—	—/—
PBR(최고/저)(배)	0.9/0.6	1.1/0.7	1.0/0.6	1.0/0.6	1.3/0.6	1.2/0.7
EV/EBITDA(배)	29.5	5.9	6.0	9.3	33.3	—/—
EPS(원)	-1,129	493	512	418	-1,169	169
BPS(원)	4,805	4,883	5,248	5,405	4,174	4,283
CFPS(원)	-293	1,262	1,243	1,141	-400	552
DPS(원)	—	50	50	25	—	—
EBITDAPS(원)	336	1,749	1,838	1,353	269	788

재무 비율 〈단위 : %〉
연도	영업이익률	순이익률	부채비율	차입금비율	ROA	ROE	유보율	자기자본비율	EBITDA마진율
2016	-4.3	-10.0	253.5	159.6	-7.0	-25.5	734.7	28.3	2.3
2015	3.6	2.6	243.2	139.6	2.3	7.9	981.1	29.1	7.7
2014	5.9	2.9	244.3	133.5	3.1	10.6	949.6	29.0	9.8
2013	6.4	3.3	237.8	136.6	2.9	10.3	876.5	29.6	11.3

에이씨티 (A138360)
ACT

업 종 : 바이오		시 장 : KOSDAQ	
신용등급 : (Bond) — (CP) —		기업규모 : 벤처	
홈 페 이 지 : www.actcos.com		연 락 처 : (043)883-9348	
본 사 : 충북 음성군 삼성면 상곡리 767 (하이텍산단로 62)			

설 립 일	2004.06.30	종 업 원 수	88명	대 표 이 사	이보섭
상 장 일	2013.11.08	감사의견 적정 (삼일)	계	열
결 산 기	12월	보 통 주 612만주	종속회사수	4개사
액 면 가	500원	우 선 주	구 상 호	

주주구성 (지분율,%)
이보섭	35.7
Kylin Offshore Master Fund Limited	4.5
(외국인)	0.1

출자관계 (지분율,%)
에이씨티	100
듀켐바이오	105
디엔에이링크	46

주요경쟁사 (외형,%)
(없음)

매출구성
캡슐화제품	30.7
생물전환 기술제품	30.2
합성제품	19.2

비용구성
매출원가율	83.5
판관비율	27.0

수출비중
수출	4.0
내수	96.0

회사 개요
동사는 2001년 3월 설립 이후 2004년 6월 30일에 법인으로 전환하여 화장품 원료의 제조 및 판매를 주요 사업으로 영위하고 있음. 자생하는 식물과 한방약재와 같은 새로운 활성 phytochemicals을 찾아 생물전환(Bio-Conversion)기술을 활용하여 사업화에 활용함. 생물전환기술제품, 캡슐화제품, 천연추출물, 합성제품 등 차별화된 기술로 글로벌 기능성 화장품 소재를 개발 중임.

실적 분석
동사의 2017년 상반기 누적매출액은 141.4억원으로 전년동기 대비 2.3% 증가함. 비용측면에서 매출원가와 판관비가 각각 11.5%, 29.4% 상승하면서 영업손실은 23.3억원을 기록해 적자폭이 확대됨. 비영업손익이 18.9억원 발생해 당기순손실은 2.2억원에 그침. 동사가 공급하고 있는 제품은 기능성 화장품 영역에서 주요 재료로 사용되고 있으며, 지속적인 R&D 활동으로 기능성 소재와 바이오뷰티케어 산업에서 다양한 제품을 개발 중임.

현금 흐름 〈단위 : 억원〉
항목	2016	2017.2Q
영업활동	7	-27
투자활동	5	-25
재무활동	1	78
순현금흐름	13	26
기말현금	30	56

시장 대비 수익률

결산 실적 〈단위 : 억원〉
항목	2012	2013	2014	2015	2016	2017
매출액	178	150	185	200	251	
영업이익	53	41	40	15	-26	
당기순이익	51	41	43	4	-18	

분기 실적 〈단위 : 억원〉
항목	2016.1Q	2016.2Q	2016.3Q	2016.4Q	2017.1Q	2017.2Q
매출액	61	77	47	65	83	58
영업이익	-3	-1	-11	-11	-0	-23
당기순이익	-1	-1	-11	-5	15	-17

재무 상태 〈단위 : 억원〉
항목	2012	2013	2014	2015	2016	2017.2Q
총자산	301	386	449	446	462	520
유형자산	76	80	120	148	149	210
무형자산			4	4	6	3
유가증권	1	1				
총부채	63	26	57	42	81	133
총차입금		3	0	3	8	85
자본금	25	30	31	31	31	31
총자본	238	360	392	404	382	388
지배주주지분	238	360	392	399	379	377

기업가치 지표
항목	2012	2013	2014	2015	2016	2017.2Q
주가(최고/저)(천원)	—/—	9.8/6.7	16.6/6.7	35.9/12.6	19.1/8.8	—/—
PER(최고/저)(배)	0.0/0.0	12.8/8.9	23.3/9.3	119.9/42.3	—/—	3.0/1.4
PBR(최고/저)(배)	0.0/0.0	1.7/1.2	2.6/1.0	5.4/1.9	3.0/1.4	1.9/1.4
EV/EBITDA(배)		5.8	14.5	55.1		
EPS(원)	1,026	795	727	300	-279	-26
BPS(원)	4,814	6,000	6,498	6,625	6,286	6,261
CFPS(원)	1,137	891	809	388	-88	-26
DPS(원)		175	175	60		
EBITDAPS(원)	1,171	895	754	326	-238	-381

재무 비율 〈단위 : % 〉
연도	영업이익률	순이익률	부채비율	차입금비율	ROA	ROE	유보율	자기자본비율	EBITDA마진율
2016	-10.5	-7.3	21.1	2.0	-4.0	-4.4	1,157.1	82.6	-5.8
2015	7.3	9.1	10.5	0.8	4.1	4.6	1,225.0	90.5	10.0
2014	21.8	23.4	14.5	0.1	10.4	11.6	1,199.6	87.4	24.4
2013	27.2	27.1	7.1	0.9	11.8	13.6	1,100.0	93.4	30.5

에이엔피 (A015260)
Automobile & PCB

업 종 : 자동차부품		시 장 : 거래소	
신용등급 : (Bond) — (CP) —		기업규모 : 시가총액 소형주	
홈 페 이 지 : www.anpcb.co.kr		연 락 처 : (032)676-9700	
본 사 : 경기도 부천시 원미구 도약로 300			

설 립 일	1981.01.21	종 업 원 수	383명	대 표 이 사	전문관
상 장 일	1988.01.18	감사의견 적정 (정연)	계	열
결 산 기	12월	보 통 주 4,868만주	종속회사수	1개사
액 면 가	500원	우 선 주	구 상 호	

주주구성 (지분율,%)
전문관	18.6
한국증권금융	3.0

출자관계 (지분율,%)
스코아	83.0
용산	49.0
케이피유폼텍인도	40.0

주요경쟁사 (외형,%)
에이엔피	100
아진산업	489
코다코	277

매출구성
인쇄회로기판(PCB)	90.7
헤드레스트	6.7
전자부품(ASSy)	2.6

비용구성
매출원가율	93.7
판관비율	5.2

수출비중
수출	14.0
내수	86.0

회사 개요
1981년에 설립된 인쇄회로기판 제조업체로서 총 9개의 계열사를 보유하고 있음. 현재 국내 인쇄회로기판의 시장규모를 약 9조원 가량으로 군소업체 100여개사가 경쟁 중이며, 동사의 시장점유율은 약 1~2%인 것으로 추정됨. 한편 계열사인 용산은 자동차 구성품 부문의 사업확장을 위해 아산 및 광주시에 공장을 운영하고 있으며, 중국, 인도 등 해외 현지법인도 설립하였음. 자동차 부품사 스코아주식 90만주(지분 83%)를 45억원에 취득함.

실적 분석
동사의 2017년 2분기 누적 연결기준 매출액은 전년대비 1.9% 감소한 500.3억원을 기록함. 외형축소에 따른 고정비 부담으로 매출원가율이 100%에 육박하여 영업손실 20.6억원, 당기순손실 59.4억원을 시현하며 적자전환함. 대규모 관련기업투자손실이 반영된 비영업손실 등으로 당기순손실 규모가 확대됨. 상반기 제품별 매출비중은 PCB 91.5%, SMT외 2.2%, 자동차구성품 6.3%로 구성됨.

현금 흐름 〈단위 : 억원〉
항목	2016	2017.2Q
영업활동	37	-22
투자활동	-24	-8
재무활동	3	18
순현금흐름	16	-12
기말현금	63	51

시장 대비 수익률

결산 실적 〈단위 : 억원〉
항목	2012	2013	2014	2015	2016	2017
매출액	4,505	5,078	5,289	5,796	1,036	
영업이익	175	126	147	107	12	
당기순이익	25	-18	22	-40	54	

분기 실적 〈단위 : 억원〉
항목	2016.1Q	2016.2Q	2016.3Q	2016.4Q	2017.1Q	2017.2Q
매출액	248	261	247	279	241	259
영업이익	4	4	-5	9	-12	-8
당기순이익	18	18	-26	43	-31	-28

재무 상태 〈단위 : 억원〉
항목	2012	2013	2014	2015	2016	2017.2Q
총자산	2,730	2,701	3,327	1,242	1,306	1,231
유형자산	892	944	1,029	534	492	483
무형자산	37	57	64	6	11	11
유가증권						
총부채	1,993	1,947	2,597	654	615	595
총차입금	1,017	1,112	1,388	485	434	449
자본금	193	207	207	216	242	243
총자본	737	754	729	588	691	636
지배주주지분	586	606	598	578	681	627

기업가치 지표
항목	2012	2013	2014	2015	2016	2017.2Q
주가(최고/저)(천원)	1.9/0.8	1.7/0.9	1.1/0.8	1.9/0.9	3.5/1.3	—/—
PER(최고/저)(배)	36.4/15.4	—/—	28.6/19.2	—/—	30.4/11.6	—/—
PBR(최고/저)(배)	1.3/0.5	1.1/0.6	0.8/0.5	1.4/0.6	2.5/0.9	2.3/1.0
EV/EBITDA(배)	4.9	5.8	6.2	7.1	24.3	
EPS(원)	52	-26	40	-95	114	-120
BPS(원)	1,525	1,466	1,447	1,337	1,407	1,287
CFPS(원)	347	272	345	38	239	-67
DPS(원)						
EBITDAPS(원)	786	617	658	389	150	11

재무 비율 〈단위 : % 〉
연도	영업이익률	순이익률	부채비율	차입금비율	ROA	ROE	유보율	자기자본비율	EBITDA마진율
2016	1.2	5.2	88.9	62.8	4.2	8.4	181.4	52.9	6.7
2015	1.9	-0.7	111.3	82.5	-1.7	-6.8	167.4	47.3	2.8
2014	2.8	0.4	356.1	190.2	0.7	2.8	189.4	21.9	5.2
2013	2.5	-0.4	258.0	147.4	-0.7	-1.7	193.2	27.9	4.8

에이원알폼 (A234070)
A ONE ALFORM CO

업 종 : 건축자재		시 장 : KONEX	
신용등급 : (Bond) — (CP) —		기업규모 : —	
홈 페 이 지 : www.aonealform.co.kr		연 락 처 : 031)8017-5305	
본 사 : 충북 괴산군 괴산읍 대제산단3길 46			

설 립 일 2005.04.26	종 업 원 수 55명	대 표 이 사 안호중	
상 장 일 2015.12.21	감 사 의 견 적정 (신한)	계 열	
결 산 기 12월	보 통 주	종속회사수	
액 면 가	우 선 주	구 상 호	

주주구성 (지분율,%)
안증호	35.6
백은아	34.6

출자관계 (지분율,%)
알폼스	100.0

주요경쟁사 (외형,%)
에이원알폼	100
스페코	202
원하이텍	155

매출구성
알루미늄폼	88.0
상품(알폼판매 및 갱폼 외)	11.5
수출기술료	0.6

비용구성
매출원가율	61.5
판관비율	9.5

수출비중
수출	1.0
내수	99.0

회사 개요
동사는 2005년 4월 26일에 설립되어 건축용 가설재인 거푸집류인 알루미늄폼, 갱폼, 유로폼류 등을 제조, 판매, 임대하는 사업을 영위하고 있음. 알폼 임대매출(외형)을 기준으로 동사는 삼목에스폼, 금강공업, 현대알루미늄에 이어 4위를 기록 중이며 2015년부터 넥스플러스가 본격적으로 시장에 진입하면서 임대가격은 하락추세로 반전한 상태임. 동사의 본격적인 매출액 성장은 2013년부터 시작되어 지금도 지속중임.

실적 분석
코넥스 상장 기업인 동사는 2012년 이후 공격적인 Capa확대를 통하여 생산 물량을 증대했으며 혁신도시 및 세종행정도시 등 국가 주도의 건설경기 활성화로 수주물량이 증가, 지속적인 매출 증대를 달성 중임. 2016년 매출액은 전년보다 49.2% 증가한 416.7억원을 기록함. 영업이익은 전년 66.1억원에서 83% 증가한 120.9억원을 기록함. 비영업부문 적자가 축소되었으며 최종적으로 당기순이익은 전년 16.8억원보다 56.9억원 증가.

현금 흐름 *IFRS 별도 기준
〈단위 : 억원〉
항목	2016	2017.2Q
영업활동	296	—
투자활동	-453	—
재무활동	146	—
순현금흐름	-11	—
기말현금	4	—

시장 대비 수익률

결산 실적
〈단위 : 억원〉
항목	2012	2013	2014	2015	2016	2017
매출액	143	153	223	279	417	—
영업이익	22	9	65	66	121	—
당기순이익	22	10	26	17	74	—

분기 실적 *IFRS 별도 기준
〈단위 : 억원〉
항목	2016.1Q	2016.2Q	2016.3Q	2016.4Q	2017.1Q	2017.2Q
매출액						
영업이익						
당기순이익						

재무 상태 *IFRS 별도 기준
〈단위 : 억원〉
항목	2012	2013	2014	2015	2016	2017.2Q
총자산	192	199	383	570	918	—
유형자산	15	17	254	409	724	—
무형자산	0	0	1	1	1	—
유가증권			1	1	1	—
총부채	148	147	290	442	701	—
총차입금	128	100	155	168	325	—
자본금	20	20	15	17	18	—
총자본	44	52	93	128	216	—
지배주주지분	44	52	93	128	216	—

기업가치 지표 *IFRS 별도 기준
항목	2012	2013	2014	2015	2016	2017.2Q
주가(최고/저)(천원)	#VALUE!	—/—	—/—	—/—	—/—	—/—
PER(최고/저)(배)	0.0/0.0	0.0/0.0	0.0/0.0	35.4/18.8	10.0/4.7	—/—
PBR(최고/저)(배)	0.0/0.0	0.0/0.0	0.0/0.0	5.4/2.9	3.4/1.6	0.0/0.0
EV/EBITDA(배)	1.3		1.2		1.3	5.7	3.6
EPS(원)	722	324	842	506	1,828	—
BPS(원)	11,274	13,955	28,908	3,310	5,366	—
CFPS(원)	20,647	22,146	23,739	2,730	4,474	—
DPS(원)						
EBITDAPS(원)	20,504	21,993	33,643	4,074	5,529	—

재무 비율
〈단위 : %〉
연도	영업이익률	순이익률	부채비율	차입금비율	ROA	ROE	유보율	자기자본비율	EBITDA마진율
2016	29.0	17.7	304.0	200.9	10.3	42.8	1,125.0	24.8	53.5
2015	23.6	6.0	340.6	180.5	3.5	14.9	660.3	22.7	48.1
2014	29.3	11.7	332.1	189.6		516.7	23.2	53.7
2013	6.1	6.5	285.5	193.9	5.1	20.9	164.8	25.9	54.4

에이원앤 (A035290)
A1N

업 종 : 교육		시 장 : KOSDAQ	
신용등급 : (Bond) B (CP) —		기업규모 : 중견	
홈 페 이 지 : www.a1n.co.kr		연 락 처 : 02)565-4874	
본 사 : 서울시 금천구 가산디지털1로 131 BYC하이시티빌딩 B동 15층			

설 립 일 1994.11.14	종 업 원 수 52명	대 표 이 사 우국환	
상 장 일 1999.11.24	감 사 의 견 적정 (한경)	계 열	
결 산 기 12월	보 통 주 2,120만주	종속회사수 3개사	
액 면 가 500원	우 선 주	구 상 호 에듀박스	

주주구성 (지분율,%)
우국환	14.1
신성석유	8.2
(외국인)	0.2

출자관계 (지분율,%)
엠푸드에스엔시	100.0
하이컴퍼니	48.0
상징그룹코리아	40.0

주요경쟁사 (외형,%)
에이원앤	100
메가엠디	414
와이비엠넷	430

매출구성
수강료 등, 교재 판매 등	89.8
유통 등 (쌀눈제품 등)	6.4
유통 등 (의약품 유통 등)	3.8

비용구성
매출원가율	58.8
판관비율	38.7

수출비중
수출	4.0
내수	96.0

회사 개요
동사는 1994년 설립되어 초등학교 방과후 컴퓨터 및 영어교육, 교육용 소프트웨어 제작 및 판매, 도서제작, 온라인교육 그리고 영어학원 프랜차이즈사업과 식품(쌀눈)유통을 주요 사업으로 영위하고 있음. 미국과 필리핀에 현지 법인을 두고 있음. 2017년 6월 프랜차이즈 외식 가맹사업을 영위하는 엠푸드에스엔시 지분을 100% 취득함. 매출의 83.3%는 교육사업에서, 16.7%는 비교육사업에서 거둬들임.

실적 분석
2017년 상반기 연결기준 동사는 매출 70.7억원을 시현함. 전년도 같은 기간 매출액인 86.9억원에 비해 18.6% 축소됨. 매출원가는 55.2억원에서 41.8억원으로 줄었으나 판매비와 관리비가 10.3억원 늘고 매출이 축소되어 1.8억원이었던 영업이익이 4.1억의 손실을 기록하며 적자로 돌아섬. 전년도 상반기 당기순이익으로 5.1억원을 시현했으나 2017년 상반기엔 순손실 5.4억원을 기록함.

현금 흐름
〈단위 : 억원〉
항목	2016	2017.2Q
영업활동	17	7
투자활동	1	-75
재무활동	-18	66
순현금흐름	-0	-2
기말현금	4	2

시장 대비 수익률

결산 실적
〈단위 : 억원〉
항목	2012	2013	2014	2015	2016	2017
매출액	439	393	294	222	159	—
영업이익	-23	-47	-23	11	4	—
당기순이익	-65	-168	-93	-95	4	—

분기 실적
〈단위 : 억원〉
항목	2016.1Q	2016.2Q	2016.3Q	2016.4Q	2017.1Q	2017.2Q
매출액	48	39	37	35	40	31
영업이익	1	1	1	2	1	-5
당기순이익	1	4	1	-2	1	-6

재무 상태
〈단위 : 억원〉
항목	2012	2013	2014	2015	2016	2017.2Q
총자산	520	514	465	241	187	275
유형자산	10	236	228	3	2	2
무형자산	194	107	53	32	24	94
유가증권	1	4		81	10	18
총부채	264	383	344	89	44	99
총차입금	162	257	233	47	19	45
자본금	358	358	61	99	100	106
총자본	255	131	121	152	143	176
지배주주지분	256	101	89	152	143	176

기업가치 지표
항목	2012	2013	2014	2015	2016	2017.2Q
주가(최고/저)(천원)	8.3/3.1	3.7/1.3	3.6/0.8	6.4/1.8	6.1/3.1	—/—
PER(최고/저)(배)	—/—	—/—	—/—	—/—	—/—	—/—
PBR(최고/저)(배)	3.1/1.2	3.2/1.1	4.9/1.0	8.4/2.4	307.5/155.3	—/—
EV/EBITDA(배)	8.4	13.8	17.9	25.4	8.6/4.3 31.3	5.8/4.2
EPS(원)	-802	-1,510	-810	-523	20	-27
BPS(원)	384	168	733	769	712	832
CFPS(원)	15	-112	-267	-328	122	14
DPS(원)						
EBITDAPS(원)	88	39	328	260	123	21

재무 비율
〈단위 : %〉
연도	영업이익률	순이익률	부채비율	차입금비율	ROA	ROE	유보율	자기자본비율	EBITDA마진율
2016	2.5	2.5	30.9	13.2	1.8	2.7	42.4	76.4	15.2
2015	5.2	-42.8	59.0	30.8	-26.9	-76.1	53.8	62.9	20.5
2014	-7.8	-31.7	285.1	193.0	-19.0	-90.3	46.6	26.0	11.8
2013	-11.9	-42.9	일부잠식	일부잠식	-32.6	-86.5	-66.4	25.5	7.1

에이제이네트웍스 (A095570)
AJ Networks

업 종: 호텔 및 레저		시 장: 거래소	
신용등급: (Bond) — (CP) —		기업규모: 시가총액 소형주	
홈 페 이 지: www.ajnetworks.co.kr		연 락 처: 02)6363-9999	
본 사: 서울시 송파구 정의로 8길 9 (AJ빌딩)			

설 립 일 2000.02.10	종 업 원 수 475명	대 표 이 사 반채운	
상 장 일 2015.08.21	감 사 의 견 적정 (삼정)	계 열	
결 산 기 12월	보 통 주 4,682만주	종속회사수 26개사	
액 면 가 1,000원	우 선 주	구 상 호	

주주구성 (지분율,%)
문덕영	38.1
	11.3
(외국인)	7.1

출자관계 (지분율,%)
AJ토탈	100.0
AJ파크	100.0
류가형골프아카데미	100.0

주요경쟁사 (외형,%)
AJ네트웍스	100
하나투어	47
롯데관광개발	4

매출구성
렌탈매출	63.1
상품	34.3
기타매출	2.6

비용구성
매출원가율	0.0
판관비율	95.1

수출비중
수출	1.0
내수	99.0

회사 개요
동사는 파렛트, OA기기, 건설장비 장단기 대여, 판매업을 사업목적으로 2000년 2월 10일 설립함. 또한, 2013년 12월 30일 경영자문 및 컨설팅업 등을 주요사업으로 하고있음. 아주엘앤에프홀딩스 주식회사와 2015년 2월 AJ에코라인, AJ솔루션, 아주좋은발전소를 각각 흡수합병함으로써 목적사업을 추가함. 매출구성은 렌탈부문 60.69%, 상품부문 36.3%임, 기타매출 3.02%으로 구성됨.

실적 분석
2017년 반상기 매출액과 영업이익은 전년동기대비 각각 14.9%, 27.9% 증가한 6,892.9억원, 417.9억원을 기록함. B2B 장비 렌탈 호조 및 AJ렌터카 등 자회사들의 회복으로 외형 성장. IT렌탈 부문은 안정적인 업계 1위를 기반으로 캐쉬카우 역할을 지속할 것. 고소장비와 지게차 부문은 국내 건설시장이 선진화되면서 수요 증가. 파렛트 렌탈 부문은 업계 2위의 양강체제를 바탕으로 성장할 것으로 예상됨.

현금 흐름
〈단위 : 억원〉
항목	2016	2017.2Q
영업활동	-1,675	-976
투자활동	-1,045	-437
재무활동	3,203	798
순현금흐름	437	-616
기말현금	1,285	669

시장 대비 수익률

결산 실적
〈단위 : 억원〉
항목	2012	2013	2014	2015	2016	2017
매출액	1,834	7,571	10,112	10,556	12,539	—
영업이익	249	705	770	743	619	—
당기순이익	53	181	281	290	171	—

분기 실적
〈단위 : 억원〉
항목	2016.1Q	2016.2Q	2016.3Q	2016.4Q	2017.1Q	2017.2Q
매출액	2,804	3,193	3,196	3,345	3,515	3,378
영업이익	150	177	168	124	218	200
당기순이익	60	66	49	-5	69	51

재무 상태
〈단위 : 억원〉
항목	2012	2013	2014	2015	2016	2017.2Q
총자산	4,465	12,503	14,379	17,252	20,813	21,933
유형자산	950	10,382	11,750	13,572	15,581	17,029
무형자산	194	486	525	353	556	557
유가증권	60	61	103	334	524	639
총부채	3,582	10,359	11,546	13,272	16,538	17,576
총차입금	3,253	9,074	10,164	11,612	14,544	15,908
자본금	124	270	341	468	468	468
총자본	883	2,143	2,833	3,980	4,275	4,357
지배주주지분	832	1,014	1,616	2,628	2,800	2,829

기업가치 지표
항목	2012	2013	2014	2015	2016	2017.2Q
주가(최고/저)(천원)	—/—	—/—	—/—	9.9/6.2	9.5/5.4	—/—
PER(최고/저)(배)	0.0/0.0	0.0/0.0	0.0/0.0	20.9/13.0	33.3/18.9	—/—
PBR(최고/저)(배)	0.0/0.0	0.0/0.0	0.0/0.0	1.8/1.1	1.6/0.9	1.3/0.8
EV/EBITDA(배)	4.1	3.3	3.2	4.5	4.6	—
EPS(원)	382	501	547	479	288	187
BPS(원)	33,510	18,763	23,715	28,067	5,980	6,042
CFPS(원)	22,343	96,764	45,823	38,641	7,053	187
DPS(원)					300	
SPS(원)	30,461	122,361	55,797	45,686	8,086	893

재무 비율
〈단위 : % 〉
	순이익률	부채비율	차입금비율	ROA	ROE	유보율	자기자본비율	EBITDA마진율
	1	386.9	340.2	0.9	5.0	498.0	20.5	30.2
		333.5	291.8	1.8	8.9	461.3	23.1	34.1
		7.6	358.8	2.1	12.6	374.3	19.7	33.4
		4	423.4			275.3	17.1	40.6

에이제이렌터카 (A068400)
AJ RENT A CAR

업 종: 호텔 및 레저		시 장: 거래소	
신용등급: (Bond) — (CP) —		기업규모: 시가총액 소형주	
홈 페 이 지: www.ajrentacar.co.kr		연 락 처: 1544-1600	
본 사: 서울시 구로구 서부샛길 822 (구로동)			

설 립 일 1988.06.03	종 업 원 수 382명	대 표 이 사 윤규선	
상 장 일 2012.07.27	감 사 의 견 적정 (삼일)	계 열	
결 산 기 12월	보 통 주 2,215만주	종속회사수 6개사	
액 면 가 500원	우 선 주	구 상 호	

주주구성 (지분율,%)
에이제이네트웍스	39.8
국민연금공단	9.4
(외국인)	4.4

출자관계 (지분율,%)
에이제이카리안서비스	100.0
에이제이카리안디투디	100.0
에이제이셀카	78.0

주요경쟁사 (외형,%)
AJ렌터카	100
골프존뉴딘	38
이월드	5

매출구성
차량렌탈(상품및제품)	63.1
상품(중고차 매매)	34.3
기타매출	2.6

비용구성
매출원가율	30.6
판관비율	64.4

수출비중
수출	1.0
내수	99.0

회사 개요
동사는 업계 최초로 2012년 7월 유가증권시장에 상장된 렌터카 전문 업체임. 국내 렌터카 등록대수는 과거 5년간 연평균 17.2%의 증가세를 나타내고 있음. 2016년말 기준 동사의 시장점유율은 11.55%로 2위를 차지하고 있으나, 경쟁심화로 인해 점유율 하락하고 있음. 매출은 차량을 대여한 대가인 렌탈수익과 일정 기간 영업한 차량의 매각을 통한 중고차판매수익 및 기타상품매출로 구성 되어 있으며, 렌탈수익이 전체의 63%를 차지함.

실적 분석
동사의 연결 기준 2017년 반기 매출액은 3,119억원으로 전년동기 대비 9.2% 감소한 실적을 기록함. 반면 외형 축소에도 불구하고 원가율이 비교적 큰 폭으로 하락한 영향으로 영업이익은 전년동기 대비 14.7% 증가한 204.9억원을 시현함. 당기순이익 또한 19.2% 증가한 64.2억원을 시현하는 등 수익성 강화된 모습으로 안정적 흑자기조 유지중. 향후 중고차 판매는 꾸준히 늘어 실적이 개선될 것으로 전망됨.

현금 흐름
〈단위 : 억원〉
항목	2016	2017.2Q
영업활동	-720	-462
투자활동	-138	-120
재무활동	1,085	412
순현금흐름	228	-170
기말현금	511	341

시장 대비 수익률

결산 실적
〈단위 : 억원〉
항목	2012	2013	2014	2015	2016	2017
매출액	4,014	4,757	5,700	6,321	6,476	—
영업이익	470	445	437	403	327	—
당기순이익	173	180	190	171	68	—

분기 실적
〈단위 : 억원〉
항목	2016.1Q	2016.2Q	2016.3Q	2016.4Q	2017.1Q	2017.2Q
매출액	1,664	1,771	1,593	1,450	1,591	1,528
영업이익	73	105	95	53	100	105
당기순이익	15	39	30	-16	33	32

재무 상태
〈단위 : 억원〉
항목	2012	2013	2014	2015	2016	2017.2Q
총자산	6,822	7,857	8,872	10,338	11,576	12,206
유형자산	6,082	7,051	7,728	8,904	9,736	10,479
무형자산	19	23	21	52	91	96
유가증권	19	21	21	52	48	50
총부채	5,129	5,955	6,785	8,063	9,233	9,801
총차입금	4,444	4,972	5,800	6,900	8,003	8,410
자본금	111	111	111	111	111	111
총자본	1,693	1,902	2,087	2,274	2,344	2,405
지배주주지분	1,693	1,902	2,087	2,253	2,334	2,398

기업가치 지표
항목	2012	2013	2014	2015	2016	2017.2Q
주가(최고/저)(천원)	10.2/6.0	14.0/8.6	18.2/12.6	18.1/10.0	12.3/8.2	—/—
PER(최고/저)(배)	9.8/5.8	17.2/10.6	21.2/14.7	22.8/12.7	34.2/22.8	—/—
PBR(최고/저)(배)	1.3/0.8	1.6/1.0	1.9/1.3	1.8/1.0	1.2/0.8	1.2/0.7
EV/EBITDA(배)	3.1	3.4	3.9	3.7	3.6	—
EPS(원)	1,039	813	860	790	360	301
BPS(원)	7,647	8,589	9,426	10,219	10,584	10,874
CFPS(원)	10,670	8,936	9,755	10,201	10,752	301
DPS(원)						
EBITDAPS(원)	12,451	10,134	10,870	11,228	11,869	925

재무 비율
〈단위 : % 〉
연도	영업이익률	순이익률	부채비율	차입금비율	ROA	ROE	유보율	자기자본비율	EBITDA마진율
2016	5.1	1.1	394.0	341.5	0.6	3.5	2,016.8	20.2	40.6
2015	6.4	2.7	354.6	303.4	1.8	8.1	1,943.7	22.0	39.3
2014	7.7	3.3	325.0	277.8	2.3	9.5	1,785.1	23.5	42.2
2013	9.4	3.8	313.1	261.4	2.5	10.0	1,617.7	24.2	47.2

에이치비테크놀러지 (A078150)
HB Technology

업 종 : 디스플레이 및 관련부품		시 장 : KOSDAQ	
신용등급 : (Bond) — (CP) —		기업규모 : 우량	
홈 페 이 지 : www.hbtechnology.co.kr		연 락 처 : (041)532-8730	
본 사 : 충남 아산시 음봉면 산동로 87 (산동리 597-9)			

설 립 일	1997.09.02	종 업 원 수	520명	대 표 이 사	문성준
상 장 일	2004.12.08	감 사 의 견	적정 (태성)	계 열	
결 산 기	12월	보 통 주	7,899만주	종 속 회 사 수	
액 면 가	500원	우 선 주	12만주	구 상 호	

주주구성 (지분율,%)		출자관계 (지분율,%)		주요경쟁사 (외형,%)	
에이치비코프	15.9	ATA	48.8	HB테크놀러지	100
문성준	7.9	엔비스타네트웍스	16.7	동아엘텍	80
(외국인)	10.3	케이맥	7.6	DMS	92

매출구성		비용구성		수출비중	
LCD, AMOLED 검사장비등	56.5	매출원가율	78.1	수출	29.0
BLU부품소재(도광판,확산판)	42.3	판관비율	7.9	내수	71.0
기타	0.9				

회사 개요
동사는 LCD 및 AMOLED 검사장비 제품을 생산·판매하는 업체임. 주요 거래처로는 국내에 삼성디스플레이, 삼성코닝정밀소재가 있으며 해외 거래처로는 중국의 BOE, 대만의 INNOLUX 등이 있음. 차세대 사업으로 AMOLED 업체인 삼성디스플레이와의 협력 개발을 통해 AMOLED 검사장비 개발에도 성공. 매출 구성은 장비사업부문의 LCD, AMOLED 검사장비등이 45.7%, 부품소재사업부문의 BLU부품소재가 54.3%를 차지함.

실적 분석
2017년 반기 매출액과 영업이익은 전년동기 대비 각각 58.5%, 165.6% 증가한 1,648.6억원, 343.8억원을 기록함. 장비사업부문의 LCD, AMOLED 검사장비 매출이 전년동기대비 2.5배이상 증가하며 외형 성장. OLED분야가 성장함에 따라 AMOLED AOI 검사장비 등을 생산하는 동사가 지속적인 수혜를 받을 것으로 예상됨. 신규 장비사업군의 개발로 매출 품목을 다양화하여 안정적인 성장세를 시현할 계획.

현금 흐름 *IFRS 별도 기준
<단위 : 억원>

항목	2016	2017.2Q
영업활동	509	374
투자활동	-486	-292
재무활동	-41	-1
순현금흐름	-18	82
기말현금	73	155

시장 대비 수익률

결산 실적
<단위 : 억원>

항목	2012	2013	2014	2015	2016	2017
매출액	333	1,443	1,333	1,457	2,705	
영업이익	26	165	26	101	381	
당기순이익	-102	214	13	68	294	

분기 실적 *IFRS 별도 기준
<단위 : 억원>

항목	2016.1Q	2016.2Q	2016.3Q	2016.4Q	2017.1Q	2017.2Q
매출액	350	690	823	841	782	866
영업이익	11	119	130	121	141	203
당기순이익	17	95	141	41	125	162

재무 상태 *IFRS 별도 기준
<단위 : 억원>

항목	2012	2013	2014	2015	2016	2017.2Q
총자산	615	1,290	1,198	1,132	2,007	2,194
유형자산	296	495	453	411	405	406
무형자산	102	211	203	180	148	136
유가증권	2	11	0	0	155	528
총부채	487	518	407	268	792	707
총차입금	236	276	269	159	130	92
자본금	201	378	385	385	386	394
총자본	128	772	792	864	1,215	1,487
지배주주지분	128	772	792	864	1,215	1,487

기업가치 지표 *IFRS 별도 기준

항목	2012	2013	2014	2015	2016	2017.2Q
주가(최고/저)(천원)	1.5/0.9	1.9/1.1	2.3/1.0	2.1/1.0	5.3/1.9	—/—
PER(최고/저)(배)	—/—	5.2/3.0	134.9/58.4	23.5/11.7	13.9/5.0	—/—
PBR(최고/저)(배)	3.7/2.4	1.8/1.0	2.2/1.0	1.8/0.9	3.3/1.2	3.1/2.1
EV/EBITDA(배)	16.9	6.3	9.6	8.6	8.0	—/—
EPS(원)	-277	374	17	89	381	368
BPS(원)	394	1,065	1,073	1,166	1,617	1,927
CFPS(원)	-254	464	130	201	505	427
DPS(원)	—	—	—	—	30	—
EBITDAPS(원)	94	378	145	243	617	500

재무 비율
<단위 : % >

연도	영업이익률	순이익률	부채비율	차입금비율	ROA	ROE	유보율	자기자본비율	EBITDA마진율
2016	14.1	10.9	65.2	10.7	18.7	28.3	224.0	60.5	17.6
2015	6.9	4.7	31.0	18.4	5.9	8.3	133.5	76.4	12.9
2014	1.9	1.0	51.4	34.0	1.1	1.7	115.0	66.1	8.3
2013	11.4	14.8	67.1	35.7	22.4	47.5	113.4	59.9	15.0

에이치시티 (A072990)
HCT COLTD

업 종 : 전자 장비 및 기기		시 장 : KOSDAQ	
신용등급 : (Bond) — (CP) —		기업규모 : 중견	
홈 페 이 지 : www.hct.co.kr		연 락 처 : (031)645-6300	
본 사 : 경기도 이천시 마장면 서이천로578번길 74			

설 립 일	2000.05.12	종 업 원 수	232명	대 표 이 사	이수찬
상 장 일	2016.10.17	감 사 의 견	적정 (삼정)	계 열	
결 산 기	12월	보 통 주	458만주	종 속 회 사 수	1개사
액 면 가	500원	우 선 주		구 상 호	

주주구성 (지분율,%)		출자관계 (지분율,%)		주요경쟁사 (외형,%)	
이수찬	14.0	HYUNDAICTECH,AMERICAINC.	100.0	에이치시티	100
허봉재	11.0	HCTAMERICALLC	51.0	동일기연	100
(외국인)	0.2			파크시스템스	87

매출구성		비용구성		수출비중	
정보통신기기	53.8	매출원가율	54.2	수출	7.0
교정분야	32.3	판관비율	28.4	내수	93.0
차량용기기	5.0				

회사 개요
동사는 2000년 5월 12일 주식회사 현대전자 산업의 품질보증부문이 분리되어 설립된 법인으로서 경기도 이천시에 본사를 두고 전자 기기등의 시험·인증서비스용역업과 측정기기의 교정용역 및 수리용역업 등을 영위하고 있음. 동사는 주력 사업분야인 정보통신분야 외 자동차, 신뢰성(배터리), 초고주파 무선 시험 인증, 비강제인증 분야로 사업 확장을 추진하고 있음. 2017년 4분기 중에 본격적인 신규 사업을 시작할 계획.

실적 분석
2017년 상반기 동사 매출은 141억원을 기록함 전년 동기 매출인 144.7억원 대비 소폭 감소한 금액임. 매출이 감소한 데다 매출원가는 18.9% 증가하고 판매비와 관리비는 24.3% 증가함. 이에 전년 동기 36.3억원을 기록하는 데 그침. 비영업부문 수익 또한 감소함. 이에 당기순이익은 전년 동기 30.5억원에서 69% 감소한 9.5억원을 기록함.

현금 흐름
<단위 : 억원>

항목	2016	2017.2Q
영업활동	15	25
투자활동	-132	-94
재무활동	209	18
순현금흐름	92	-51
기말현금	157	106

시장 대비 수익률

결산 실적
<단위 : 억원>

항목	2012	2013	2014	2015	2016	2017
매출액	209	271	230	244	282	
영업이익	30	41	64	54	49	
당기순이익	22	34	28	49	42	

분기 실적
<단위 : 억원>

항목	2016.1Q	2016.2Q	2016.3Q	2016.4Q	2017.1Q	2017.2Q
매출액	70	75	—	—	64	77
영업이익	17	19	—	—	1	9
당기순이익	16	15	—	—	2	7

재무 상태
<단위 : 억원>

항목	2012	2013	2014	2015	2016	2017.2Q
총자산	227	272	364	353	572	598
유형자산	123	132	159	198	247	310
무형자산	4	4	6	3	7	8
유가증권	3	4	—	0	0	0
총부채	132	145	202	165	142	165
총차입금	81	73	89	94	101	119
자본금	7	7	8	9	23	23
총자본	95	128	162	188	430	434
지배주주지분	95	128	162	188	430	434

기업가치 지표

항목	2012	2013	2014	2015	2016	2017.2Q
주가(최고/저)(천원)	—/—	—/—	—/—	—/—	21.1/10.6	—/—
PER(최고/저)(배)	0.0/0.0	0.0/0.0	0.0/0.0	0.0/0.0	15.8/7.9	—/—
PBR(최고/저)(배)	0.0/0.0	0.0/0.0	0.0/0.0	0.0/0.0	2.3/1.1	1.5/1.2
EV/EBITDA(배)	1.1	0.6			0.3	6.1
EPS(원)	1,131	1,815				
BPS(원)	67,957	91,458				
CFPS(원)	23,693	36,293				
DPS(원)						
EBITDAPS(원)	28,886	41,513				

재무 비율

연도	영업이익률	순이익률	부채비율	차입금비율		
2016	17.4	14.8	33.0	23		
2015	22.1	20.1	88.2	49		
2014	27.9	12.4	124.9	54		
2013	15.1	12.4	113.3	57		

	2016	2015	2014	2013	연도
영업이익률	4.9	7.6	9.3		
	2.8	2.8	2.4	48.3	

에이치알에스 (A036640)
HRS

업　　　종 : 화학			시　　　장 : KOSDAQ	
신용등급 : (Bond) — 　(CP) —			기업규모 : 우량	
홈페이지 : www.hrssilicone.com			연 락 처 : 031)655-8822	
본　　　사 : 경기도 평택시 팽성읍 추팔산단2길 7				

설　립　일	1981.06.30	종 업 원 수	149명	대 표 이 사	김진성
상　장　일	2000.05.30	감 사 의 견	적정 (삼정)	계　　　열	
결　산　기	12월	보　통　주	1,635만주	종속회사수	1개사
액　면　가	500원	우　선　주		구　상　호	

주주구성 (지분율,%)		출자관계 (지분율,%)		주요경쟁사 (외형,%)	
강성자	23.0	SUZHOUHAERYONGSILICONECO.,Ltd	100.0	HRS	100
김진성	11.0			동남합성	185
(외국인)	1.8			엔피케이	119

매출구성		비용구성		수출비중	
실리콘 고무 컴파운드제품	76.1	매출원가율	79.2	수출	31.0
실리콘 고무 가공제품	16.1	판관비율	13.0	내수	69.0
실리콘관련 상품	5.2				

회사 개요
동사는 실리콘고무제품 제조를 영위할 목적으로 1981년 6월 30일에 설립되었으며, 2000년 5월 30일 코스닥시장에 상장됨. 실리콘고무시장은 세계적으로 연평균 약 3~5% 성장을 하고 있음. 동사는 업계 1위 수준의 점유율을 나타내고 있어, 전자, 전기, 자동차, 통신, 의료 등 각 분야에서 사용되는 특수 실리콘 소재를 용도, 특성에 따라 제조, 판매하고 있음. 동사의 경쟁력은 고부가가치의 특수 Grade 제품을 적시에 공급하는데 있음.

실적 분석
동사는 수출 및 내수 호전, 주력인 실리콘고무제품의 실적 개선으로 전년동기 대비 22.4% 증가한 338.3억원의 매출액을 기록함. 더불어 원가 부담 축소되어 영업이익은 전년동기 대비 123.2% 증가한 45.7억원 시현. 당기순이익 또한 106.7% 증가한 39.4억원을 시현하며 수익성 강화된 모습. 제품 믹스 다각화 매출 본격화 및 IT제품 필드 테스트 성공에 따른 매출 발생이 기대되는 바 향후 실적 개선 가능할 것으로 기대.

현금 흐름 〈단위 : 억원〉
항목	2016	2017.2Q
영업활동	27	35
투자활동	-22	-2
재무활동	46	-5
순현금흐름	51	28
기말현금	155	183

시장 대비 수익률

결산 실적 〈단위 : 억원〉
항목	2012	2013	2014	2015	2016	2017
매출액	611	565	574	597	565	—
영업이익	42	28	51	51	44	—
당기순이익	35	24	47	42	40	—

분기 실적 〈단위 : 억원〉
항목	2016.1Q	2016.2Q	2016.3Q	2016.4Q	2017.1Q	2017.2Q
매출액	135	141	134	154	167	171
영업이익	9	11	7	17	23	23
당기순이익	9	10	5	15	19	20

재무 상태 〈단위 : 억원〉
항목	2012	2013	2014	2015	2016	2017.2Q
총자산	734	815	853	886	973	1,020
유형자산	300	360	377	368	262	256
무형자산	10	10	9	4	1	1
유가증권	5	5	5	11	12	13
총부채	102	168	170	164	225	238
총차입금	5	80	79	78	137	137
자본금	82	82	82	82	82	82
총자본	631	647	683	722	748	782
지배주주지분	631	647	683	722	748	782

기업가치 지표
항목	2012	2013	2014	2015	2016	2017.2Q
주가(최고/저)(천원)	3.5/2.3	3.9/2.6	4.2/2.6	5.4/3.1	4.8/3.3	—/—
PER(최고/저)(배)	17.4/11.4	28.9/19.4	15.4/9.6	21.7/12.3	19.9/13.8	—/—
PBR(최고/저)(배)	1.0/0.6	1.0/0.7	1.1/0.7	1.3/0.7	1.1/0.7	0.9/0.8
EV/EBITDA(배)	6.7	9.3	7.1	8.5	10.3	
EPS(원)	216	144	289	255	243	241
BPS(원)	3,897	4,011	4,230	4,414	4,571	4,780
CFPS(원)	351	282	410	370	347	292
DPS(원)	20	70	80	30	80	
EBITDAPS(원)	389	310	433	425	375	330

재무 비율 〈단위 : % 〉
연도	영업이익률	순이익률	부채비율	차입금비율	ROA	ROE	유보율	자기자본비율	EBITDA마진율
2016	7.9	7.0	30.2	18.4	4.3	5.4	814.2	76.8	10.9
2015	8.5	7.0	22.8	10.8	4.8	5.9	782.8	81.5	11.6
2014	8.9	8.2	25.0	11.6	5.7	7.1	746.0	80.0	12.3
2013	5.0	4.2	25.9	12.4	3.0	3.7	702.3	79.4	9.0

에이치엔에스하이텍 (A044990)
H&SHighTech

업　　　종 : 디스플레이 및 관련부품			시　　　장 : KONEX	
신용등급 : (Bond) — 　(CP) —			기업규모 :	
홈페이지 : www.hnshightech.com			연 락 처 : 042)866-1300	
본　　　사 : 대전시 유성구 테크노1로 62-7(관평동)				

설　립　일	1995.12.06	종 업 원 수	138명	대 표 이 사	김정희
상　장　일	2015.12.10	감 사 의 견	적정 (삼덕)	계　　　열	
결　산　기	12월	보　통　주		종속회사수	
액　면　가	—	우　선　주		구　상　호	

주주구성 (지분율,%)		출자관계 (지분율,%)		주요경쟁사 (외형,%)	
김정희	19.4	오즈인터미디어	25.7	에이치엔에스하이텍	100
한국투자파트너스	11.1			사파이어테크놀로지	42
				쎄미시스코	37

매출구성		비용구성		수출비중	
Ceramic (COS) 외	31.5	매출원가율	68.8	수출	68.0
기타 수정진동자	22.2	판관비율	34.7	내수	32.0
TOUCH	22.0				

회사 개요
1995년 12월 6일에 설립된 동사는 대전 유성구에 연구소와 공장을 보유. 디스플레이 소재 제조업체로 ACF 및 수정진동자 개발 및 제조 사업을 영위하고 있음. 동사는 특허에 기반한 ACF 제조기술을 보유하고 있는 원천기술 기반 벤처기업임. 동사의 주요 사업 제품으로는 ACF(Anisotropic Conductive Film: 이방성 전도형 필름)을 제조하고 있음.

실적 분석
동사는 코넥스 상장기업으로 반기 기준 실적 발표를 할 의무가 없음. 2016년 연결기준 연간 누적 매출액은 335.4억원으로 전년 동기 대비 2.5% 증가함. 매출이 늘었지만 매출원가는 매출 증가율 이상으로 늘어나면서 영업손실은 11.8억원으로 전년 동기 대비 적자 규모가 확대됨. 비영업손익 부문에서 흑자 전환에 성공했지만 당기순손실은 1.9억원으로 여전히 적자 지속. 다만 전년 동기와 비교해 순손실 규모가 줄어들고 있다는 점은 긍정적.

현금 흐름 *IFRS 별도 기준 〈단위 : 억원〉
항목	2016	2017.2Q
영업활동	9	—
투자활동	-11	—
재무활동	10	—
순현금흐름	10	—
기말현금	52	—

시장 대비 수익률
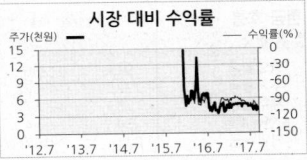

결산 실적 〈단위 : 억원〉
항목	2012	2013	2014	2015	2016	2017
매출액	282	527	455	327	335	—
영업이익	81	135	62	-16	-12	—
당기순이익	66	108	36	-9	-2	—

분기 실적 *IFRS 별도 기준 〈단위 : 억원〉
항목	2016.1Q	2016.2Q	2016.3Q	2016.4Q	2017.1Q	2017.2Q
매출액						
영업이익						
당기순이익						

재무 상태 *IFRS 별도 기준 〈단위 : 억원〉
항목	2012	2013	2014	2015	2016	2017.2Q
총자산	382	453	464	436	457	
유형자산	74	98	84	64	54	
무형자산	51	93	75	63	52	
유가증권	1	1	1	1	1	
총부채	153	130	85	77	84	
총차입금	111	75	32	32	32	
자본금	33	33	36	36	38	
총자본	228	324	380	359	374	
지배주주지분	228	324	380	359	374	

기업가치 지표 *IFRS 별도 기준
항목	2012	2013	2014	2015	2016	2017.2Q
주가(최고/저)(천원)	—/—	—/—	—/—	17.3/4.7	15.6/3.3	—/—
PER(최고/저)(배)	0.0/0.0	0.0/0.0	0.0/0.0	—/—	4,031.5/862.1	—/—
PBR(최고/저)(배)	0.0/0.0	0.0/0.0	0.0/0.0	3.5/1.0	3.2/0.7	0.0/0.0
EV/EBITDA(배)	0.5	0.2		15.3	19.1	
EPS(원)	1,154	1,587	654	-138	4	
BPS(원)	3,443	4,841	5,261	4,980	4,982	
CFPS(원)	1,353	1,797	1,076	288	343	
DPS(원)					100	
EBITDAPS(원)	1,597	2,201	1,332	206	206	

재무 비율 〈단위 : % 〉
연도	영업이익률	순이익률	부채비율	차입금비율	ROA	ROE	유보율	자기자본비율	EBITDA마진율
2016	-3.5	-0.6	30.7	8.8	-0.4	-0.5	861.1	76.5	4.6
2015	-4.9	-2.7	22.2	9.0	-2.0	-2.4	875.3	81.9	5.5
2014	13.7	7.9	22.4	8.6	7.8	10.3	930.7	81.0	20.9
2013	25.6	20.4	41.2	23.1	25.3	39.0	870.5	70.8	28.9

에이치엔티일렉트로닉스 (A176440)
HNT Electronics

업 종 : 휴대폰 및 관련부품	시 장 : KOSDAQ
신용등급 : (Bond) — (CP) -	기업규모 : 중견
홈 페 이 지 : www.hntelec.com	연 락 처 : 031)739-7897
본 사 : 경기도 성남시 분당구 판교로 323(삼평동, 벤처포럼빌딩7층)	

설 립 일 2008.10.07	종 업 원 수 76명	대 표 이 사 정철민	
상 장 일 2016.11.28	감사의견 적정 (삼일)	계 열	
결 산 기 12월	보 통 주 1,340만주	종속회사수 2개사	
액 면 가 500원	우 선 주 46만주	구 상 호	

주주구성 (지분율,%)		출자관계 (지분율,%)		주요경쟁사 (외형,%)	
코아시아홀딩스	33.1	HNTVinaCompanyLimited	100.0	에이치엔티	100
Eastbridge Asian Mid-market Opportunity Fund, L.P.	11.0	HNT(Dongguan)Co.,Ltd	100.0	나무가	145
(외국인)	10.0			세코닉스	155

매출구성		비용구성		수출비중	
CCM	99.8	매출원가율	89.0	수출	100.0
샘플 외	0.2	판관비율	6.3	내수	0.0

회사 개요
동사는 연결대상인 2개의 주요 종속회사를 보유하고 있는 카메라 모듈 제조기업임. 2개의 주요종속회사는 중국(동관), 베트남(호아빈)에 위치하고 있으며, 이들 종속회사에 대하여 각각 100%의 지분을 보유.주요 생산제품인 카메라 모듈 제품은 삼성전자의 스마트폰, 태블릿, 피처폰 등에 채용되고 있으며, 카메라 모듈 시장은 보안, 자동차 등 확대될 것으로 전망. 점차 저화소 카메라모듈에서 고화소 비중으로 매출이 이동하고 있음.

실적 분석
동사의 2017년 상반기 매출은 910.8억원으로 전년대비 15.1% 감소, 영업이익은 33.4억원으로 전년대비 51.8% 감소, 당기순이익은 16.3억원으로 68.8% 감소.국내 전략945 시장 확대, 가상현실(VR), 사물인터넷, 문자인식, 자동차, 360도 카메라 등으로 사업 다각화를 추진중임

현금 흐름
<단위 : 억원>

항목	2016	2017.2Q
영업활동	91	-56
투자활동	-132	-67
재무활동	73	67
순현금흐름	34	-54
기말현금	221	167

시장 대비 수익률

결산 실적
<단위 : 억원>

항목	2012	2013	2014	2015	2016	2017
매출액	1,042	1,920	1,227	1,422	2,014	—
영업이익	84	225	43	26	95	—
당기순이익	57	175	14	15	71	—

분기 실적
<단위 : 억원>

항목	2016.1Q	2016.2Q	2016.3Q	2016.4Q	2017.1Q	2017.2Q
매출액	557	515	—	—	479	432
영업이익	29	39	—	—	22	11
당기순이익	23	28	—	—	12	5

재무 상태
<단위 : 억원>

항목	2012	2013	2014	2015	2016	2017.2Q
총자산	497	718	686	908	973	1,040
유형자산	99	95	266	295	288	321
무형자산	90	91	69	76	74	79
유가증권	6	6	6	—	—	—
총부채	393	436	390	601	420	477
총차입금	106	30	171	272	183	248
자본금	25	27	27	27	35	35
총자본	104	281	296	308	552	563
지배주주지분	104	281	296	308	552	563

기업가치 지표

항목	2012	2013	2014	2015	2016	2017.2Q
주가(최고/저)(천원)	—/—	—/—	—/—	—/—	10.6/7.8	—/—
PER(최고/저)(배)	0.0/0.0	0.0/0.0	0.0/0.0	0.0/0.0	8.3/6.1	—/—
PBR(최고/저)(배)	0.0/0.0	0.0/0.0	0.0/0.0	0.0/0.0	1.3/1.0	1.5/1.0
EV/EBITDA(배)	0.8		1.2	1.3	3.1	
EPS(원)	568	1,686	131	145	636	119
BPS(원)	20,707	53,000	53,474	5,557	7,971	8,121
CFPS(원)	13,931	37,090	7,022	1,012	1,989	527
DPS(원)						
EBITDAPS(원)	19,275	46,819	12,228	1,210	2,407	775

재무 비율
<단위 : % >

연도	영업이익률	순이익률	부채비율	차입금비율	ROA	ROE	유보율	자기자본비율	EBITDA마진율
2016	4.7	3.5	76.1	33.1	7.5	16.5	1,494.2	56.8	6.8
2015	1.8	1.1	195.1	88.5	1.9	5.1	1,059.3	33.9	4.5
2014	3.5	1.1	131.6	57.6	2.0	4.8	1,015.6	43.2	5.5
2013	11.7	9.1	155.1	10.7	28.8	90.7	960.0	39.2	12.6

에이치엘비 (A028300)
HLB

업 종 : 조선	시 장 : KOSDAQ
신용등급 : (Bond) — (CP) —	기업규모 : 중견
홈 페 이 지 : www.hlbkorea.com	연 락 처 : 052)240-3500
본 사 : 울산시 울주군 온산읍 당월로 216-53	

설 립 일 1985.10.31	종 업 원 수 104명	대 표 이 사 진양곤	
상 장 일 1996.07.10	감사의견 적정 (삼정)	계 열	
결 산 기 12월	보 통 주 3,594만주	종속회사수 2개사	
액 면 가 500원	우 선 주 만주	구 상 호	

주주구성 (지분율,%)		출자관계 (지분율,%)		주요경쟁사 (외형,%)	
진양곤	11.0	LSKBioPartners,Inc	56.2	에이치엘비	100
Alex Sukwon Kim	2.6	현대요트	39.4	현대중공업	130,453
(외국인)	6.4	라이프리버	39.0	삼성중공업	34,554

매출구성		비용구성		수출비중	
구명정, GRP/GRE Pipe, DAVIT	95.8	매출원가율	85.8	수출	68.0
기타 서비스	4.2	판관비율	83.9	내수	32.0

회사 개요
동사는 1985년에 설립되어 구명정 제조 및 GRE,GRP제조 사업을 영위하는 업체임. 종속회사로는 바이오연구를 주사업으로 하는 라이프리버가 있음. 40년간 구명정을 생산해 왔으며 2000년 6월 현대정공으로부터 분리된 국내유일의 구명정 제조 업체로서 자체개발한 소형 엔진과 다수의 구명정 모델을 개발하여 년간 700대의 구명정 생산 능력을 갖춤. 매출 비중은 구명정, DAVIT, 파이프 제조 등이 95% 이상 차지함.

실적 분석
동사의 2017년 연결기준 2분기 매출액은 130.5억원으로 전년 동기 173.7억원 대비 24.9% 감소함. 여기에 판관비가 전년 대비 41.8% 증가하며 수익성을 악화시킴. 영업손실 92.1억원을 기록하며 전년 46.4억원보다 적자 폭이 확대됨. 당기순이익도 -86억원을 기록하며 적자지속 중. 동사의 미국 자회사 LSKB의 항암신약 아파티닙은 내년 글로벌 임상 종료가 가시화되는 등 기대를 모으고 있음.

현금 흐름
<단위 : 억원>

항목	2016	2017.2Q
영업활동	-127	-84
투자활동	-32	35
재무활동	209	6
순현금흐름	50	-43
기말현금	94	51

시장 대비 수익률

결산 실적
<단위 : 억원>

항목	2012	2013	2014	2015	2016	2017
매출액	516	208	372	385	301	—
영업이익	-29	-53	4	-60	-210	—
당기순이익	-86	-108	-32	104	-233	—

분기 실적
<단위 : 억원>

항목	2016.1Q	2016.2Q	2016.3Q	2016.4Q	2017.1Q	2017.2Q
매출액	92	82	65	62	60	71
영업이익	-15	-31	-58	-105	-42	-50
당기순이익	-14	-33	-42	-144	-37	-49

재무 상태
<단위 : 억원>

항목	2012	2013	2014	2015	2016	2017.2Q
총자산	500	361	543	1,852	1,867	1,800
유형자산	196	136	135	111	108	113
무형자산	54	5	9	1,307	1,310	1,313
유가증권	8	9	1	11	47	45
총부채	284	206	312	708	626	641
총차입금	178	231	231	227	134	143
자본금	112	124	140	172	179	180
총자본	216	155	230	1,144	1,241	1,159
지배주주지분	198	161	240	847	887	837

기업가치 지표

항목	2012	2013	2014	2015	2016	2017.2Q
주가(최고/저)(천원)	3.3/1.8	3.5/2.2	9.1/2.4	42.2/7.6	23.4/12.0	—/—
PER(최고/저)(배)	—/—	—/—	—/—	112.0/20.3	—/—	—/—
PBR(최고/저)(배)	3.6/2.0	5.2/3.3	10.4/2.7	17.0/3.1	9.4/4.8	7.2/5.5
EV/EBITDA(배)			101.7			
EPS(원)	-370	-351	-111	377	-370	-144
BPS(원)	910	678	877	2,483	2,491	2,347
CFPS(원)	-227	-258	-42	429	-325	-122
DPS(원)						
EBITDAPS(원)	-4	-127	83	-125	-543	-234

재무 비율
<단위 : % >

연도	영업이익률	순이익률	부채비율	차입금비율	ROA	ROE	유보율	자기자본비율	EBITDA마진율
2016	-69.7	-77.2	50.5	10.8	-12.5	-15.2	398.2	66.5	-64.4
2015	-15.5	27.2	61.9	19.8	8.7	23.3	396.5	61.8	-10.9
2014	1.0	-8.7	135.7	100.2	-7.2	-14.6	75.4	42.4	5.9
2013	-25.7	-51.8	132.9	87.0	-25.0	-47.5	35.5	42.9	-14.9

에이치엘비생명과학 (A067630)
HLB Life Science

업 종 : 도소매		시 장 : KOSDAQ	
신용등급 : (Bond) — (CP) —		기업규모 : 중견	
홈페이지 : www.hlb-ls.com		연 락 처 : 02)2627-6700	
본 사 : 경기도 성남시 분당구 판교로 228번길 15, 3동 502호(삼평동, 판교세븐벤처밸리 1단지)			

설 립 일 1998.07.24	종 업 원 수 30명	대 표 이 사	김하용
상 장 일 2008.11.25	감 사 의 견 적정 (태성)	계 속 회 사	열
결 산 기 12월	보 통 주 2,367만주	종 속 회 사 수	3개사
액 면 가 500원	우 선 주 —	구 상 호	에이치엘비엘에스

주주구성 (지분율,%)		출자관계 (지분율,%)		주요경쟁사 (외형,%)	
에이치엘비	8.8	에이치엘비생명과학	100		
강수진	2.6	대명코퍼레이션	515		
(외국인)	0.2	부방	609		

매출구성		비용구성		수출비중	
[에이치엘비 생명과학]ESCO	99.5	매출원가율	92.2	수출	—
[에이치엘비 생명과학]기타	0.6	판관비율	11.1	내수	—

회사 개요
에너지절약 관련 엔지니어링 서비스업을 위한 진단, 설계, 시공 등을 주사업으로 하여 에너지 사용자의 기존 에너지 사용시설을 동사 부담으로 교체 또는 보완하여 주고 이에 따른 에너지절감 액으로부터 투자비와 이윤을 회수하는 ESCO(Energy Service Company) 사업 등을 영위함. 최근 3년간 에너지이용 합리화 자금 ESCO부분 인출실적 기준으로 약 7%의 시장을 점유함. 정부의 강력한 에너지 절약 시책으로 시장규모 성장세가 지속될 전망.

실적 분석
동사의 2017년 2분기 연결기준 매출액은 520.9억원으로 전년동기 대비 438.2% 증가했으나, 높은 매출원가와 판관비로 인해 영업이익은 전년동기 -8.2억원에서 흑자전환함. 비영업부문에서 손실 3억원을 기록하며 적자전환하여 당기순손실은 9.9억원으로 전년동기대비 적자 폭이 줄어들었음. 외형이 증가하는 가운데 높은 매출원가의 비중, 고정비 부담에 따라 수익성이 크게 악화됨.

현금 흐름 〈단위 : 억원〉

항목	2016	2017.2Q
영업활동	-23	-15
투자활동	-250	-18
재무활동	158	1
순현금흐름	-114	-32
기말현금	42	10

시장 대비 수익률

결산 실적 〈단위 : 억원〉

항목	2012	2013	2014	2015	2016	2017
매출액	90	200	366	273	422	
영업이익	-47	-32	15	-97	-14	
당기순이익	-84	-41	14	-170	-13	

분기 실적 〈단위 : 억원〉

항목	2016.1Q	2016.2Q	2016.3Q	2016.4Q	2017.1Q	2017.2Q
매출액	66	35	30	291	237	286
영업이익	-13	-5	-14	18	-9	2
당기순이익	-12	-11	-18	28	-8	-2

재무 상태 〈단위 : 억원〉

항목	2012	2013	2014	2015	2016	2017.2Q
총자산	459	482	334	427	827	830
유형자산	101	31	35	34	36	32
무형자산	0	1	53	10	42	32
유가증권	22	22	19	90	217	265
총부채	388	372	200	168	550	562
총차입금	290	210	116	57	232	212
자본금	32	67	72	123	123	123
총자본	70	110	134	259	277	268
지배주주지분	70	110	134	259	277	268

기업가치 지표

항목	2012	2013	2014	2015	2016	2017.2Q
주가(최고/저)(천원)	2.2/1.0	4.0/1.1	2.1/1.2	6.4/1.2	12.1/3.9	—/—
PER(최고/저)(배)	—/—	—/—	20.4/11.5	—/—	—/—	—/—
PBR(최고/저)(배)	2.1/0.9	4.6/1.2	2.1/1.2	5.9/1.1	10.4/3.4	7.9/4.7
EV/EBITDA(배)			12.2			
EPS(원)	-1,169	-445	103	-955	-52	-41
BPS(원)	1,309	865	990	1,084	1,159	1,121
CFPS(원)	-1,395	-384	143	-915	-38	-28
DPS(원)						
EBITDAPS(원)	-757	-289	147	-503	-44	13

재무 비율 〈단위 : % 〉

연도	영업이익률	순이익률	부채비율	차입금비율	ROA	ROE	유보율	자기자본비율	EBITDA마진율
2016	-3.3	-3.0	198.6	83.9	-2.0	-4.7	124.9	33.5	-2.5
2015	-35.5	-62.4	64.9	21.9	-44.8	-86.6	110.4	60.7	-32.9
2014	4.0	3.8	148.5	86.0	3.4	11.5	87.9	40.3	5.4
2013	-16.0	-20.4	337.0	190.4	-8.7	-45.1	63.6	22.9	-13.3

에이치엘비파워 (A043220)
HLB POWER

업 종 : 석유 및 가스		시 장 : KOSDAQ	
신용등급 : (Bond) — (CP) —		기업규모 : 중견	
홈페이지 : www.hlbpower.com		연 락 처 : 02)544-3301	
본 사 : 서울시 강남구 도산대로 333 9, 10층(신사동, 케이플러스타워)			

설 립 일 1995.07.31	종 업 원 수 120명	대 표 이 사	임장윤,김종원(각자대표이사)
상 장 일 2001.06.22	감 사 의 견 적정 (한경)	계	열
결 산 기 12월	보 통 주 4,264만주	종 속 회 사 수	5개사
액 면 가 500원	우 선 주 —	구 상 호	유아이엠엔터

주주구성 (지분율,%)		출자관계 (지분율,%)		주요경쟁사 (외형,%)	
진양곤	8.1	에이치엘비네트웍스	100.0	에이치엘비파워	100
에이치엘비	3.1	와이앤에이치메디	100.0	E1	12,164
		에이치엘비파워솔라1	100.0	리드코프	1,335

매출구성		비용구성		수출비중	
유류유통(기타)	90.6	매출원가율	92.1	수출	—
의료기기(기타)	6.8	판관비율	32.1	내수	—
미용(기타)	2.4				

회사 개요
동사는 전자부품, 영상, 음향 및 통신장비제조 등을 주영업목적으로 1995년 설립됨. 유류, 코스메틱 부문의 사업을 영위 중. 2016년 10월 기준 유아이엠엔터에서 에이치엘비파워로 사명을 변경함. 2013년 5월 석유수출입업 등록증을 허가 받은 후 석유류 판매업을 같이 영위하고 있음. 2016년 삼광피에스와의 합병을 통해 발전설비 및 전력설비 등 에너지 관련 사업도 추진 중.

실적 분석
동사의 2017년 연결기준 2분기 누적 매출액은 전년 동기 대비 62.6% 증가한 226.7억원을 기록함. 전년 매출이 없던 신규사업인 미용, 의료기기 사업에서 매출이 발생한 영향. 단 매출원가와 판관비가 각각 47.5%, 148.2% 대폭 증가하며 영업이익(-16.1억원)은 적자지속. 전년 60억원에 달했던 비영업이익이 올해는 1억원에 그치며 당기순이익 적자전환이 불가피했음. 순손실 규모는 19.2억원임.

현금 흐름 〈단위 : 억원〉

항목	2016	2017.2Q
영업활동	-61	-90
투자활동	-88	-55
재무활동	335	-5
순현금흐름	185	-151
기말현금	192	42

시장 대비 수익률

결산 실적 〈단위 : 억원〉

항목	2012	2013	2014	2015	2016	2017
매출액	35	153	177	185	329	
영업이익	-40	-5	-1	-99	-80	
당기순이익	-72	-16	-59	-241	-101	

분기 실적 〈단위 : 억원〉

항목	2016.1Q	2016.2Q	2016.3Q	2016.4Q	2017.1Q	2017.2Q
매출액	82	57	61	129	149	78
영업이익	2	-9	-9	-63	10	-26
당기순이익	2	54	-13	-145	24	-2

재무 상태 〈단위 : 억원〉

항목	2012	2013	2014	2015	2016	2017.2Q
총자산	82	192	304	232	837	717
유형자산	1	2	7	5	176	226
무형자산	0	0	8		47	74
유가증권					34	23
총부채	53	140	176	157	623	516
총차입금	37	131	144	110	421	420
자본금	16	29	72	139	189	189
총자본	29	51	127	75	213	201
지배주주지분	29	51	125	75	213	200

기업가치 지표

항목	2012	2013	2014	2015	2016	2017.2Q
주가(최고/저)(천원)	10.1/1.3	3.0/1.4	4.3/1.0	4.9/1.1	3.5/1.7	—/—
PER(최고/저)(배)	—/—	—/—	—/—	—/—	—/—	—/—
PBR(최고/저)(배)	10.2/1.3	3.1/1.4	4.6/1.1	16.5/3.7	5.7/2.8	3.9/2.9
EV/EBITDA(배)			8,046.7			
EPS(원)	-2,378	-388	-632	-1,152	-314	-47
BPS(원)	906	887	863	271	564	529
CFPS(원)	-1,715	-348	-616	-1,142	-290	-18
DPS(원)						
EBITDAPS(원)	-665	-79	1	-462	-224	-14

재무 비율 〈단위 : % 〉

연도	영업이익률	순이익률	부채비율	차입금비율	ROA	ROE	유보율	자기자본비율	EBITDA마진율
2016	-24.2	-30.7	292.4	197.7	-18.9	-70.0	12.9	25.5	-21.9
2015	-53.6	-130.7	일부잠식	일부잠식	-90.2	-241.4	-45.9	32.3	-52.4
2014	-0.8	-33.1	138.7	113.1	-23.7	-66.4	72.6	41.9	0.0
2013	-2.9	-10.5	273.4	256.1	-11.7	-39.9	77.5	26.8	-2.2

에이치엘사이언스 (A239610)
HLSCIENCE CO

업 종 : 제약		시 장 : KOSDAQ	
신용등급 : (Bond) — (CP) —		기업규모 : 중견	
홈 페 이 지 : www.hlscience.com		연 락 처 : 031)421-9903	
본 사 : 경기도 화성시 봉담읍 동산재길 36			

설 립 일	2000.09.28	종 업 원 수	54명	대 표 이 사	이해연
상 장 일	2016.10.28	감사의견	적정 (신한)	계	열
결 산 기	12월	보 통 주	514만주	종속회사수	
액 면 가	500원	우 선 주		구 상 호	

주주구성 (지분율,%)
이해연	37.5
이동현	31.6
(외국인)	0.1

출자관계 (지분율,%)
한국건강기능식품공공사업단	28.8

주요경쟁사 (외형,%)
에이치엘사이언스	100
노브메타파마	8
선바이오	3

매출구성
건강기능식품	77.4
건강지향식품	19.5
기타	3.2

비용구성
매출원가율	34.2
판관비율	46.0

수출비중
수출	0.0
내수	100.0

회사 개요
동사는 건강기능식품 산업을 영위하면서 인구 노령화뿐만 아니라 웰빙 열풍의 지속과 건강 및 미용을 중시하는 시장 수요를 예측, 사업 확장에 나서고 있음. 다품종 소량생산 방식의 건강기능식품을 제조하며 식품의약품안전처장으로부터 개별적으로 인정을 받아 생산하는 개별인정형 제품을 생산. 기능성석류농축액(갱년기 증상 개선), 기능성석류농축액(피부보습, 탄력, 주름 개선), 레드클로버복합물(갱년기 증상 개선)등 연구 개발.

실적 분석
동사의 2017년 연결기준 상반기 매출액은 176.6억원으로 전년동기 대비 5.7% 증가. 그러나 매출원가 및 판관비의 증가로 영업이익은 27.7억원으로 15.3%감소하고 당기순이익 또한 25.2억원을 기록함으로써 13.8% 감소함. 갱년기 완화, 피부 보습 등 2가지 신제품과 "닥터슈퍼칸" 음료제품을 출시할 예정이며 하반기부터 신규 홈쇼핑으로 판매를 확대하고, 자체 온라인 쇼핑몰, 면세점, 약국, 편의점 등으로도 유통망을 확대할 예정

현금 흐름 *IFRS 별도 기준
〈단위 : 억원〉
항목	2016	2017.2Q
영업활동	55	18
투자활동	-306	-34
재무활동	296	-7
순현금흐름	45	-23
기말현금	78	55

시장 대비 수익률

결산 실적
〈단위 : 억원〉
항목	2012	2013	2014	2015	2016	2017
매출액	—	150	172	237	344	—
영업이익	—	18	25	30	68	—
당기순이익	—	17	31	35	61	—

분기 실적 *IFRS 별도 기준
〈단위 : 억원〉
항목	2016.1Q	2016.2Q	2016.3Q	2016.4Q	2017.1Q	2017.2Q
매출액	78	89	—	—	97	80
영업이익	17	16	—	—	16	12
당기순이익	16	14	—	—	14	11

재무 상태 *IFRS 별도 기준
〈단위 : 억원〉
항목	2012	2013	2014	2015	2016	2017.2Q
총자산	—	136	139	174	546	548
유형자산	—	76	67	68	106	97
무형자산	—	1	3	4	6	6
유가증권	—					30
총부채	—	37	36	29	44	28
총차입금	—	26	17			
자본금	—	7	7	15	26	26
총자본	—	99	103	145	502	519
지배주주지분	—	99	103	145	502	519

기업가치 지표 *IFRS 별도 기준
항목	2012	2013	2014	2015	2016	2017.2Q
주가(최고/저)(천원)	#VALUE!	—/—	—/—	—/—	—/—	—/—
PER(최고/저)(배)	0.0/0.0	0.0/0.0	0.0/0.0	0.0/0.0	26.6/14.1	—/—
PBR(최고/저)(배)	0.0/0.0	0.0/0.0	0.0/0.0	0.0/0.0	3.9/2.1	3.0/2.1
EV/EBITDA(배)	0.0				15.7	
EPS(원)		838	1,082	1,628	1,434	491
BPS(원)		68,735	71,221	49,623	9,760	10,251
CFPS(원)		12,749	16,282	23,660	1,494	529
DPS(원)						
EBITDAPS(원)		14,046	18,779	20,148	1,674	578

재무 비율
〈단위 : % 〉
연도	영업이익률	순이익률	부채비율	차입금비율	ROA	ROE	유보율	자기자본비율	EBITDA마진율
2016	19.9	17.6	8.8	0.0	16.9	18.8	1,852.1	92.0	20.6
2015	12.6	14.9	19.7	0.0	22.6	28.5	892.5	83.5	13.5
2014	14.5	12.4	35.4	16.6	—	—	1,324.4	73.9	15.7
2013	12.2	11.0	37.5	26.3	0.0	0.0	1,274.7	72.7	13.5

에이치케이 (A044780)
HK

업 종 : 기계		시 장 : KOSDAQ	
신용등급 : (Bond) — (CP) —		기업규모 : 벤처	
홈 페 이 지 : www.hk-global.com		연 락 처 : 031)350-2800	
본 사 : 경기도 화성시 양감면 사릅재길 117			

설 립 일	1990.05.30	종 업 원 수	121명	대 표 이 사	계명재
상 장 일	2000.09.07	감사의견	적정 (안진)	계	열
결 산 기	12월	보 통 주	1,843만주	종속회사수	2개사
액 면 가	500원	우 선 주		구 상 호	한광

주주구성 (지분율,%)
계명재	19.0
권미경	3.3
(외국인)	4.0

출자관계 (지분율,%)

주요경쟁사 (외형,%)
에이치케이	100
디케이락	84
서암기계공업	51

매출구성
가공품 PL, PS Serise	57.9
레이저 FL, FS Serise	22.5
렌즈 외	9.1

비용구성
매출원가율	80.7
판관비율	15.9

수출비중
수출	28.0
내수	72.0

회사 개요
동사는 레이저 가공기 시장점유율 1위 업체임. 1990년 설립돼 2000년 코스닥 시장에 상장됨. 중국 상해에 위치한 한광정밀기술유한공사와 미국 시카고에 위치한 HK AMERICA INC.를 연결대상 종속회사로 보유함. 세계 레이저 가공기 시장은 연간 10% 수준의 성장률을 시현하고 있음. 선진국의 예에 비춰볼 때 국내 레이저 가공기 수요는 향후 3~4년간 성장률 10~20%를 시현할 전망임.

실적 분석
2017년 상반기 연결 기준 동사 매출은 234.3억원임. 전년도 같은 기간 매출액인 267.1억원에 비해 12.3% 축소됨. 매출원가가 12.6% 감소하고 인건비 감소로 인해 판매비와 관리비 역시 7.7% 줄었으나 매출 하락을 상쇄하진 못함. 이에 영업이익은 전년 동기 10.6억원에서 28.8% 감소한 7.6억원을 기록하는 데 그침. 비영업부문 손실도 커져 당기순이익이 적자전환됨.

현금 흐름
〈단위 : 억원〉
항목	2016	2017.2Q
영업활동	63	66
투자활동	-3	-4
재무활동	-61	-15
순현금흐름	-2	54
기말현금	27	81

시장 대비 수익률

결산 실적
〈단위 : 억원〉
항목	2012	2013	2014	2015	2016	2017
매출액	629	521	550	573	618	—
영업이익	80	47	21	7	21	—
당기순이익	66	42	29	4	15	—

분기 실적
〈단위 : 억원〉
항목	2016.1Q	2016.2Q	2016.3Q	2016.4Q	2017.1Q	2017.2Q
매출액	152	115	97	254	99	135
영업이익	5	5	-1	12	-3	11
당기순이익	1	2	-1	-13	-10	8

재무 상태
〈단위 : 억원〉
항목	2012	2013	2014	2015	2016	2017.2Q
총자산	597	655	790	837	808	808
유형자산	163	188	292	303	295	291
무형자산	7	5	4	6	6	5
유가증권	7	3	4	1	2	2
총부채	226	245	349	395	352	352
총차입금	113	155	286	304	268	253
자본금	91	91	92	92	92	92
총자본	371	410	442	442	456	456
지배주주지분	371	410	442	442	456	456

기업가치 지표
항목	2012	2013	2014	2015	2016	2017.2Q
주가(최고/저)(천원)	1.9/1.0	3.2/1.6	2.3/1.4	2.0/1.4	2.4/1.7	—/—
PER(최고/저)(배)	5.5/2.9	13.8/6.9	14.4/8.6	304.2/220.4	28.7/19.6	—/—
PBR(최고/저)(배)	1.0/0.5	1.4/0.7	0.9/0.6	0.8/0.6	1.0/0.7	0.9/0.7
EV/EBITDA(배)	4.6	10.2	21.5	34.3	18.3	
EPS(원)	360	231	157	7	84	-10
BPS(원)	2,046	2,254	2,400	2,399	2,477	2,474
CFPS(원)	380	251	179	62	140	17
DPS(원)	20					
EBITDAPS(원)	460	279	136	92	170	69

재무 비율
〈단위 : % 〉
연도	영업이익률	순이익률	부채비율	차입금비율	ROA	ROE	유보율	자기자본비율	EBITDA마진율
2016	3.4	2.5	77.2	58.9	1.9	3.5	395.4	56.4	5.1
2015	1.2	0.2	89.6	69.0	0.2	0.3	379.8	52.8	3.0
2014	3.8	5.2	78.9	64.7	4.0	6.8	379.9	55.9	4.5
2013	9.1	8.1	59.6	37.7	6.7	10.8	350.8	62.7	9.8

에이케이홀딩스 (A006840)
AK Holdings

업　　　종 : 화학		시　　　장 : 거래소	
신용등급 : (Bond) — (CP) —		기업규모 : 시가총액 중형주	
홈페이지 : www.aekyunggroup.co.kr		연 락 처 : 02)6923-2921	
본　　　사 : 서울시 구로구 구로중앙로 152(구로동)			

설 립 일 1970.10.13	종 업 원 수 16명	대 표 이 사 안재석,채형석	
상 장 일 1999.08.11	감 사 의 견 적정 (한영)	계　　　열	
결 산 기 12월	보 통 주 1,325만주	종속회사수 14개사	
액 면 가 5,000원	우 선 주	구 상 호 애경유화	

주주구성 (지분율,%)		출자관계 (지분율,%)		주요경쟁사 (외형,%)	
채형석	16.1	에이케이켐텍	80.1	AK홀딩스	100
애경유지공업	9.7	에이케이에스앤디	77.2	롯데케미칼	453
(외국인)	11.0	에이엠플러스자산개발	57.1	대한유화	55

매출구성		비용구성		수출비중	
[석유화학사업부문]무수프탈산 및 그 유도품	38.5	매출원가율	68.5	수출	—
[노선사업]여객수입	34.2	판관비율	24.2	내수	—
[생활용품부문]리큐, 스파크 외	15.7				

회사 개요
동사는 다른 회사의 주식을 소유하여 그 회사를 지배하는 것을 목적으로 하는 지주회사로, 2012년 9월 1일 인적분할을 통하여 지주회사로 전환됨. 동사는 2016년 6월 기준준 애경유화, 에이케이켐텍, 애경화학, 애경산업, 제주항공, 에이케이에스앤디, 에이엠플러스자산개발 등 7개사를 공정거래법상 자회사로 두고 있음. 동사의 영업수익은 배당금 수익, 상표권 사용료, 경영자문수수료 등으로 구성됨

실적 분석
연결기준 동사의 2017년 반기 매출은 전년대비 17.3% 증가한 1조6,162.4억원, 영업이익은 전년대비 25.5% 증가한 1,208.7억원, 당기순이익은 전년대비 13.2% 증가하여 822.8억원을 기록함. 동사의 영업이익과 당기순이익의 증가는 연결종속회사들의 실적개선에서 기인함. 총 자산은 전년대비 10.0% 증가한 2조 7,701.5억으로, 자산이 증가한 주요 원인은 당기 연결종속회사들의 현금성자산이 영업활동을 통해 증가했기 때문

현금 흐름 〈단위 : 억원〉

항목	2016	2017.2Q
영업활동	3,183	980
투자활동	-1,286	-1,626
재무활동	-743	-207
순현금흐름	1,143	-888
기말현금	3,884	2,996

시장 대비 수익률

결산 실적 〈단위 : 억원〉

항목	2012	2013	2014	2015	2016	2017
매출액	4,281	22,410	28,739	28,071	29,218	
영업이익	271	1,089	1,475	1,063	2,137	
당기순이익	1,934	1,083	943	-374	1,333	

분기 실적 〈단위 : 억원〉

항목	2016.1Q	2016.2Q	2016.3Q	2016.4Q	2017.1Q	2017.2Q
매출액	6,745	7,037	7,561	7,876	8,207	7,955
영업이익	544	419	725	449	667	541
당기순이익	392	334	459	148	434	389

재무 상태 〈단위 : 억원〉

항목	2012	2013	2014	2015	2016	2017.2Q
총자산	10,620	23,750	27,732	24,955	27,419	27,701
유형자산	2,278	11,692	13,496	9,409	9,585	10,273
무형자산	291	2,240	2,554	1,684	1,637	1,610
유가증권	10	97	38	1,352	996	808
총부채	5,512	17,400	19,461	15,939	17,305	17,107
총차입금	3,561	9,849	10,554	7,775	7,190	7,887
자본금	545	582	662	662	662	662
총자본	5,108	6,350	8,270	9,016	10,114	10,595
지배주주지분	3,631	4,264	5,593	5,609	6,204	6,519

기업가치 지표

항목	2012	2013	2014	2015	2016	2017.2Q
주가(최고/저)(천원)	26.5/14.7	43.0/17.5	79.9/36.0	101/53.4	72.1/42.9	—/—
PER(최고/저)(배)	1.3/0.7	6.4/2.6	15.4/6.9	—	13.4/8.0	1.5/1.0
PBR(최고/저)(배)	0.8/0.5	1.2/0.5	1.8/0.8	2.4/1.3	1.5/0.9	—/—
EV/EBITDA(배)	15.7	10.1	10.4	8.5	4.4	—/—
EPS(원)	21,925	6,947	5,309	-3,246	5,436	3,376
BPS(원)	33,863	37,479	42,984	43,105	47,597	49,974
CFPS(원)	23,827	10,767	10,512	2,287	10,683	6,381
DPS(원)	150	200	350	500	550	
EBITDAPS(원)	4,646	13,312	17,093	13,558	21,376	12,128

재무 비율 〈단위 : % 〉

연도	영업이익률	순이익률	부채비율	차입금비율	ROA	ROE	유보율	자기자본비율	EBITDA마진율
2016	7.3	4.6	171.1	71.1	5.1	12.2	851.9	36.9	9.7
2015	3.8	-1.3	176.8	86.2	-1.4	-7.7	762.1	36.1	6.4
2014	5.1	3.3	235.3	127.6	3.7	13.4	759.7	29.8	7.4
2013	4.9	4.8	274.0	155.1	6.3	20.3	649.6	26.7	6.7

에이테크솔루션 (A071670)
A-Tech Solution

업　　　종 : 기계		시　　　장 : KOSDAQ	
신용등급 : (Bond) — (CP) —		기업규모 : 중견	
홈페이지 : www.atechsolution.co.kr		연 락 처 : 031)350-8167	
본　　　사 : 경기도 화성시 정남면 가장로 277			

설 립 일 2001.08.20	종 업 원 수 397명	대 표 이 사 유영목	
상 장 일 2009.04.17	감 사 의 견 적정 (대주)	계　　　열	
결 산 기 12월	보 통 주 1,000만주	종속회사수 1개사	
액 면 가 500원	우 선 주	구 상 호	

주주구성 (지분율,%)		출자관계 (지분율,%)		주요경쟁사 (외형,%)	
유영목	32.0	구미에이테크솔루션	13.5	에이테크솔루션	100
삼성전자	15.9			디에스티로봇	20
(외국인)	0.1			부스타	38

매출구성		비용구성		수출비중	
정밀부품	43.9	매출원가율	90.0	수출	58.0
MOLD	36.2	판관비율	9.1	내수	42.0
PRESS	20.0				

회사 개요
동사는 2001년 삼성전자 정밀기기팀의 기계설비를 취득해 가전, 디스플레이, 자동차 및 정보통신용 금형제조 및 판매를 목적으로 설립됐음. 동사는 카메라렌즈와 컴팩트디스크 금형개발, SM5용 자동차 금형개발등의 경험이 있으며 이중사출 금형개발 등 풍부한 기술력을 확보하고 있음. 또한 설립이후 ISO9001인증, QS9000인증 등을 취득해 대내외적인 신뢰를 얻고 있음. 태국의 해외법인을 주요 종속회사로 두고 있음.

실적 분석
동사의 2017년 연결기준 상반기 매출액은 1,078.9억원으로 전년동기 대비 4.8% 감소함. 고정비 감소에도 불구하고 영업손실과 당기순손실은 각각 5.3억원, 2.7억원으로 기록하며 적자전환됨. 동사는 소비자 중심의 판매전략을 통해 기존의 진출시장을 활용한 시장점유율 확대 및 신시장인 터키, 인도, 러시아, 슬로바키아 등에 대한 진출로써 해외영업을 다양화하여 매출처 다변화를 추진하고 있음.

현금 흐름 〈단위 : 억원〉

항목	2016	2017.2Q
영업활동	166	89
투자활동	-56	-71
재무활동	-100	-28
순현금흐름	8	-6
기말현금	20	14

시장 대비 수익률

결산 실적 〈단위 : 억원〉

항목	2012	2013	2014	2015	2016	2017
매출액	2,001	2,038	2,173	1,799	2,291	
영업이익	-48	-5	30	-24	22	
당기순이익	-41	-13	5	-30	13	

분기 실적 〈단위 : 억원〉

항목	2016.1Q	2016.2Q	2016.3Q	2016.4Q	2017.1Q	2017.2Q
매출액	578	555	617	540	549	530
영업이익	4	6	12	-1	1	-7
당기순이익	2	4	8	-1	1	-4

재무 상태 〈단위 : 억원〉

항목	2012	2013	2014	2015	2016	2017.2Q
총자산	1,892	1,811	1,842	1,721	1,598	1,607
유형자산	927	937	909	875	816	819
무형자산	25	24	2	19	19	18
유가증권	1	1	1	2	2	2
총부채	1,186	1,120	1,154	1,062	924	936
총차입금	559	553	576	504	421	389
자본금	50	50	50	50	50	50
총자본	706	692	688	659	674	671
지배주주지분	693	685	683	655	670	666

기업가치 지표

항목	2012	2013	2014	2015	2016	2017.2Q
주가(최고/저)(천원)	13.3/6.8	9.1/5.8	6.9/4.7	7.6/4.5	11.9/4.0	—/—
PER(최고/저)(배)	—/—	—/—	114.4/77.1	—	92.7/31.3	1.6/1.2
PBR(최고/저)(배)	1.9/1.0	1.3/0.9	1.0/0.7	1.2/0.7	1.8/0.6	1.1/0.7
EV/EBITDA(배)	49.1	11.8	9.3	11.3	10.2	—/—
EPS(원)	-415	-100	61	-289	128	-31
BPS(원)	6,931	6,851	6,829	6,548	6,744	6,711
CFPS(원)	325	924	1,138	862	1,336	559
DPS(원)						
EBITDAPS(원)	264	976	1,378	907	1,423	538

재무 비율 〈단위 : % 〉

연도	영업이익률	순이익률	부채비율	차입금비율	ROA	ROE	유보율	자기자본비율	EBITDA마진율
2016	0.9	0.6	137.2	62.5	0.8	1.9	1,248.8	42.2	6.2
2015	-1.4	-1.7	161.2	76.5	-1.7	-4.3	1,209.7	38.3	5.0
2014	1.4	0.2	167.5	83.6	0.3	0.7	1,265.8	37.4	6.3
2013	-0.2	-0.7	161.9	79.9	-0.7	-1.5	1,270.1	38.2	4.8

에이텍 (A045660)
Atec

업　　종 : 컴퓨터 및 주변기기　　　　시　　장 : KOSDAQ
신용등급 : (Bond) —　　(CP) —　　기업규모 : 벤처
홈페이지 : www.atec.kr　　　　연 락 처 : 031)698-8874
본　　사 : 경기도 성남시 분당구 판교로 289(삼평동, 에이텍빌딩)

설 립 일	1993.06.30	종업원수	140명	대 표 이 사	한가진
상 장 일	2001.05.13	감사의견	적정 (이촌)	계　　열	
결 산 기	12월	보 통 주	826만주	종속회사수	
액 면 가	500원	우 선 주		구 상 호	

주주구성 (지분율,%)		출자관계 (지분율,%)		주요경쟁사 (외형,%)	
신승영	29.1	에이텍	100		
한국증권금융	3.7	딜리	32		
(외국인)	3.5	청호컴넷	71		

매출구성		비용구성		수출비중	
[디스플레이제품]PC, LCD Monitor 외	71.3	매출원가율	78.9	수출	0.0
[기타상품]PC, LCD Monitor 외	19.9	판관비율	16.3	내수	100.0
[디스플레이상품]PC, LCD Monitor 외	4.6				

회사 개요
동사는 LCD 디스플레이 응용제품을 제조, 생산 판매할 목적으로 1993년 7월에 설립되었고 2001년 5월에 상장되어 코스닥시장에서 매매가 개시되었음. 교통카드솔루션, 디스플레이 및 시스템 사업 등 IT 솔루션 전문기업으로서의 사업을 영위하고 있으며 교통카드솔루션의 경우 서울시 지하철 역사에 일회용 발매/교통카드 충전기 및 교통카드 정산/충전기 교체 사업을 성공적으로 수행하였음.

실적 분석
동사의 2017년 2/4분기 연결기준 누적 매출액은 전년동기 대비 43.4% 증가한 592.5억원을 시현함. 매출원가와 판관비가 증가하였으나 외형확대의 영향으로 영업이익은 전년동기 대비 57.4% 증가한 31.9억원을 기록함. 한편 비영업부문에서 32.5억원의 이익을 시현함에 따라 이익폭이 확대되어 당기순이익은 85.7% 증가한 54.3억원을 기록함. 2015년 7월 교통카드 솔루션 사업부문을 인적분할해 에이텍티앤을 설립 후 코스닥에 재상장함.

현금 흐름　*IFRS 별도 기준　〈단위 : 억원〉

항목	2016	2017.2Q
영업활동	32	26
투자활동	-9	-93
재무활동	18	-7
순현금흐름	41	-75
기말현금	147	72

시장 대비 수익률

결산 실적　〈단위 : 억원〉

항목	2012	2013	2014	2015	2016	2017
매출액	1,180	1,433	1,495	990	1,200	—
영업이익	63	58	38	44	58	—
당기순이익	75	68	70	84	74	—

분기 실적　*IFRS 별도 기준　〈단위 : 억원〉

항목	2016.1Q	2016.2Q	2016.3Q	2016.4Q	2017.1Q	2017.2Q
매출액	240	210	238	513	352	296
영업이익	12	12	11	23	23	12
당기순이익	13	16	11	33	29	25

재무 상태　*IFRS 별도 기준　〈단위 : 억원〉

항목	2012	2013	2014	2015	2016	2017.2Q
총자산	764	878	996	625	730	761
유형자산	185	186	186	144	144	135
무형자산	10	11	11	3	4	4
유가증권	119	119	214	54	35	39
총부채	216	275	342	160	195	179
총차입금	5	4	11	5	12	13
자본금	68	68	68	41	41	41
총자본	548	602	654	465	534	582
지배주주지분	548	602	654	465	534	582

기업가치 지표　*IFRS 별도 기준

항목	2012	2013	2014	2015	2016	2017.2Q
주가(최고/저)(천원)	3.6/1.6	4.2/2.2	3.6/2.4	5.3/3.3	14.7/3.5	—/—
PER(최고/저)(배)	7.2/3.3	9.0/4.8	7.4/4.9	7.2/4.5	16.6/3.9	—/—
PBR(최고/저)(배)	1.0/0.5	1.0/0.5	0.8/0.5	0.7/0.4	1.7/0.4	1.6/0.9
EV/EBITDA(배)	6.0	5.1	10.4	3.9	11.4	—/—
EPS(원)	551	503	512	755	893	657
BPS(원)	4,092	4,489	4,872	8,197	8,974	7,089
CFPS(원)	611	596	598	855	1,028	717
DPS(원)	100	100	100	100	100	—
EBITDAPS(원)	525	519	363	493	832	446

재무 비율　〈단위 : % 〉

연도	영업이익률	순이익률	부채비율	차입금비율	ROA	ROE	유보율	자기자본비율	EBITDA마진율
2016	4.8	6.1	36.5	2.2	10.9	14.8	1,694.8	73.2	5.7
2015	4.4	8.5	34.4	1.0	15.0	15.0	1,539.3	74.4	5.6
2014	2.5	4.7	52.2	1.6	7.4	11.1	874.4	65.7	3.3
2013	4.0	4.8	45.7	0.6	8.3	11.9	797.8	68.6	4.9

에이텍티앤 (A224110)
ATEC T& CO

업　　종 : 전자 장비 및 기기　　　　시　　장 : KOSDAQ
신용등급 : (Bond) —　　(CP) —　　기업규모 : 벤처
홈페이지 : www.atectn.co.kr　　　　연 락 처 : 031)698-8700
본　　사 : 경기도 성남시 분당구 판교로 289 (삼평동, 에이텍빌딩)

설 립 일	2015.07.17	종업원수	83명	대 표 이 사	신승영
상 장 일	2015.08.25	감사의견	적정 (오성)	계　　열	
결 산 기	12월	보 통 주	534만주	종속회사수	
액 면 가	500원	우 선 주		구 상 호	

주주구성 (지분율,%)		출자관계 (지분율,%)		주요경쟁사 (외형,%)	
신승영	32.9	에이텍	100	에이텍티앤	100
한국증권금융	4.4			대주전자재료	188
(외국인)	0.3			이엠티	25

매출구성		비용구성		수출비중	
[교통카드솔루션]제품	46.8	매출원가율	88.3	수출	0.0
[교통카드솔루션]용역	33.2	판관비율	9.7	내수	100.0
[교통카드솔루션]상품	20.0				

회사 개요
동사는 인적분할로 설립된 신설회사로 2015년 8월 재상장하였으며, 분할 전 회사인 에이텍의 교통카드 솔루션 사업부문을 영위. RFID 기반의 스마트카드 교통요금 결제단말기를 제조 및 공급하고 유지·보수 용역을 제공하며, 주요제품은 버스단말기, 지하철단말기, RFID단말기 등. 2014년 8월 서울시 제2기 교통카드시스템 구축사업으로 서울 시내/공항버스 승하차단말기를 생산 및 공급하는 계약을 수주.

실적 분석
동사의 2017년 상반기 매출액은 전년동기 대비 5.9% 증가하며 158.3억원을 기록함. 영업이익은 7.2억원 당기순이익은 10.1억원을 시현. 차세대 택시단말기 생산, 납품과 시외버스사업 진출 등 국내 시장 판매가 매출액 증가를 견인하였음. 판관비율 하락으로 영업이익 흑자를 시현함. 정부의 강력한 철도 정책으로 KTX 고속철도망 및 GTX 구축, 경전철 개통, 기존 전철노선의 연장 등에 따른 수혜가 예상됨.

현금 흐름　*IFRS 별도 기준　〈단위 : 억원〉

항목	2016	2017.2Q
영업활동	-14	29
투자활동	-6	-17
재무활동	-4	
순현금흐름	-24	11
기말현금	83	94

시장 대비 수익률

결산 실적　〈단위 : 억원〉

항목	2012	2013	2014	2015	2016	2017
매출액	—	—	—	133	360	—
영업이익	—	—	—	10	7	—
당기순이익	—	—	—	7	7	—

분기 실적　*IFRS 별도 기준　〈단위 : 억원〉

항목	2016.1Q	2016.2Q	2016.3Q	2016.4Q	2017.1Q	2017.2Q
매출액	45	104	58	153	75	84
영업이익	-7	2	2	10	2	6
당기순이익	-7	4	2	8	4	6

재무 상태　*IFRS 별도 기준　〈단위 : 억원〉

항목	2012	2013	2014	2015	2016	2017.2Q
총자산	—	—	—	328	340	348
유형자산	—	—	—	9	8	7
무형자산	—	—	—	8	9	1
유가증권	—	—	—	99	99	105
총부채	—	—	—	38	47	44
총차입금	—	—	—			
자본금	—	—	—	27	27	27
총자본	—	—	—	290	293	303
지배주주지분	—	—	—	290	293	303

기업가치 지표　*IFRS 별도 기준

항목	2012	2013	2014	2015	2016	2017.2Q
주가(최고/저)(천원)	—	—	—	14.0/6.6	17.2/6.6	—/—
PER(최고/저)(배)	0.0/0.0	0.0/0.0	0.0/0.0	83.9/39.7	124.8/48.2	—/—
PBR(최고/저)(배)	0.0/0.0	0.0/0.0	0.0/0.0	2.6/1.2	3.1/1.2	2.1/1.1
EV/EBITDA(배)	0.0	0.0	0.0	32.1	55.6	—/—
EPS(원)	—	—	—	167	138	188
BPS(원)	—	—	—	5,433	5,572	5,760
CFPS(원)	—	—	—	189	183	208
DPS(원)	—	—	—			
EBITDAPS(원)	—	—	—	204	180	154

재무 비율　〈단위 : % 〉

연도	영업이익률	순이익률	부채비율	차입금비율	ROA	ROE	유보율	자기자본비율	EBITDA마진율
2016	2.0	2.0	16.0	0.0	2.2	2.5	1,014.3	86.2	2.7
2015	7.3	6.7	13.2	0.0	0.0	0.0	986.6	88.3	8.2
2014	0.0	0.0	0.0	0.0	0.0	0.0	0.0	0.0	0.0
2013	0.0	0.0	0.0	0.0	0.0	0.0	0.0	0.0	0.0

에이티넘인베스트먼트 (A021080)
Atinum Investment

검 종 : 창업투자 및 종금			시 장 : KOSDAQ	
신용등급 : (Bond) — (CP) —			기업규모 : 벤처	
홈 페 이 지 : www.atinuminvest.co.kr			연 락 처 : 02)555-0781	
본 사 : 서울시 강남구 테헤란로103길 9, 제일빌딩 2층				

설 립 일 1988.10.10	종 업 원 수 21명	대 표 이 사	신기천
상 장 일 1991.07.12	감 사 의 견 적정 (삼덕)	계 열	
결 산 기 12월	보 통 주 4,800만주	종 속 회 사 수	
액 면 가 500원	우 선 주	구 상 호	

주주구성 (지분율,%)		출자관계 (지분율,%)		주요경쟁사 (외형,%)	
에이티넘파트너스	32.4	에이티넘인베스트	100		
박영옥	4.8	우리종금	1,348		
(외국인)	0.9	글로본			

수익구성		비용구성		수출비중	
조합지분법이익	60.6	이자비용	0.0	수출	—
조합관리보수	36.7	투자및금융비	3.9	내수	—
조합출자금처분이익	2.6	판관비	96.1		

회사 개요
동사는 벤처캐피탈을 영위하는 창업투자회사로서 2010년 한미창업투자에서 현상화로 변경함. 벤처캐피탈은 기술성과 장래성이 있으나 자본이 취약한 기업에 대하여 자금을 지원함으로써 높은 이익을 추구하는 사업 형태임. 동사는 규모 면에서는 한국벤처캐피탈협회 벤처투자정보센터에 따르면 4위권에 해당함(2016.12 기준). 7회 연속 국민연금공단의 벤처투자조합운용사로 선정되어 벤처투자조합을 결성한바 있음.

실적 분석
동사의 2017년 2분기 영업수익은 40억원으로 전년 동기(86.1억원) 대비 53.5% 감소함. 전년 54억원이었던 영업이익 역시 올해 2억원에 그치며 대폭 축소. 영업수익의 감소는 주요 수익원이었던 조합지분법이익이 감소한 것에 기인함. 국민연금공단, 공무원연금공단 등의 출자를 받아 2016년 상반기 1, 2차 클로징을 거쳐 총 1,000억원 규모의 신규펀드를 결성 완료하여, 안정적인 투자재원을 확보해나가고 있음.

현금 흐름 *IFRS 별도 기준 〈단위 : 억원〉

항목	2016	2017.2Q
영업활동	-82	-33
투자활동	-9	-1
재무활동	-39	-17
순현금흐름	-130	-50
기말현금	114	64

결산 실적 〈단위 : 억원〉

항목	2012	2013	2014	2015	2016	2017
영업수익	57	100	97	250	132	
영업이익	-8	39	47	136	67	
당기순이익	-10	34	29	103	54	

분기 실적 *IFRS 별도 기준

항목	2016.1Q	2016.2Q	2016.3Q	2016.4Q	2017.1Q	2017.2Q
영업수익	40	46	27	20	18	22
영업이익	23	30	11	2	0	2
당기순이익	22	26	10	-3	-1	2

재무 상태 *IFRS 별도 기준

항목	2012	2013	2014	2015	2016	2017.2Q
총자산	401	444	545	683	679	642
유형자산	2	1	1	1	0	0
무형자산	21	21	13	0	19	19
유가증권						
총부채	4	5	0	73	33	25
총차입금						
자본금	210	210	240	240	240	240
총자본	397	439	507	609	646	618
지배주주지분	397	439	507	609	646	618

기업가치 지표 *IFRS 별도 기준

항목	2012	2013	2014	2015	2016	2017.2Q
주가(최고/저)(천원)	2.5/0.5	1.5/0.8	1.7/1.0	2.9/1.2	2.6/1.6	—/—
PER(최고/저)(배)	—/—	21.0/11.6	21.4/12.9	14.2/6.1	23.7/14.1	1.9/1.5
PBR(최고/저)(배)	3.0/0.6	1.6/0.9	1.7/1.0	2.4/1.0	2.0/1.2	—/—
PSR(최고/저)(배)	21/4	7/4	9/5	6/3	10/6	—/—
EPS(원)	-23	78	85	215	113	3
BPS(원)	946	1,045	1,056	1,270	1,345	1,288
CFPS(원)	-20	83	86	216	114	3
DPS(원)		25	25	70	35	
EBITDAPS(원)	-20	93	104	284	139	4

재무 비율 〈단위 : % 〉

연도	계속사업이익률	순이익률	부채비율	차입금비율	ROA	ROE	유보율	자기자본비율	총자산증가율
2016	46.8	41.1	5.2	0.0	8.0	8.7	169.1	95.1	-0.6
2015	51.1	41.4	12.1	0.0	16.8	18.5	154.0	89.2	25.3
2014	45.7	39.8	7.6	0.0	7.8	8.2	111.2	92.9	22.7
2013	38.7	34.3	1.1	0.0	8.2	8.4	109.0	98.8	10.7

에이티세미콘 (A089530)
AT semicon

업 종 : 반도체 및 관련장비		시 장 : KOSDAQ	
신용등급 : (Bond) — (CP) —		기업규모 :	
홈 페 이 지 : www.atsemi.com		연 락 처 : 031)645-7553	
본 사 : 경기도 이천시 마장면 서이천로 138			

설 립 일 2001.07.27	종 업 원 수 440명	대 표 이 사	김진주,김형준
상 장 일 2011.11.11	감 사 의 견 적정 (삼일)	계 열	
결 산 기 12월	보 통 주 6,224만주	종 속 회 사 수	아이테스트
액 면 가 500원	우 선 주	구 상 호	

주주구성 (지분율,%)		출자관계 (지분율,%)		주요경쟁사 (외형,%)	
에이티테크놀러지	6.5	아토솔루션	43.2	에이티세미콘	100
국민연금공단	3.7	연합뉴스티브이	1.7	코디엠	50
(외국인)	1.1			에이티테크놀러지	5

매출구성		비용구성		수출비중	
[반도체 조립/검사]제품매출	70.9	매출원가율	95.8	수출	83.0
[반도체 조립/검사]임가공매출	25.6	판관비율	13.2	내수	17.0
[반도체 조립/검사]기타매출	3.5				

회사 개요
동사는 DRAM 반도체 및 시스템 반도체 테스트를 주요사업으로 영위하여왔으나 2014년 2월 17일 세미텍을 합병하여 동종업으로 분류되는 사업인 반도체 패키징 사업에 진출하여 현재 종합 반도체 후공정사업을 영위하고 있음. 동사는 다양한 장비군과 기술적인 노하우 및 인프라를 갖추고 있어 현재 국내 메모리 및 시스템반도체 테스트 시장에서 독보적인 위치를 차지하고 있으며 2011년 11월 코스닥 시장에 상장되었음.

실적 분석
동사의 2017년 연결기준 2분기 매출액은 512.2억원을 기록하며 전년동기 대비 45.5% 증가하였으며 64.5억원의 매출총이익과 46.1억원의 판관비로 인해 영업이익은 18.4억원을 기록하며 전년동기 대비 흑자전환함. 당기순이익 22.4억원을 기록하며 전년동기 대비 흑자전환함. 전방사업인 반도체 후공정 시장이 호전되기 때문에 동사의 매출 및 실적이 개선되고 있는 것으로 분석됨.

현금 흐름 *IFRS 별도 기준 〈단위 : 억원〉

항목	2016	2017.2Q
영업활동	120	62
투자활동	94	1
재무활동	-225	-55
순현금흐름	-11	7
기말현금	7	14

결산 실적 〈단위 : 억원〉

항목	2012	2013	2014	2015	2016	2017
매출액	966	789	1,505	1,262	893	
영업이익	58	-16	83	-34	-80	
당기순이익	4	-134	-206	-390	-128	

분기 실적 *IFRS 별도 기준 〈단위 : 억원〉

항목	2016.1Q	2016.2Q	2016.3Q	2016.4Q	2017.1Q	2017.2Q
매출액	188	164	263	277	248	265
영업이익	-39	-58	30	-13	2	16
당기순이익	-46	-80	19	-21	-11	34

재무 상태 *IFRS 별도 기준

항목	2012	2013	2014	2015	2016	2017.2Q
총자산	1,749	2,399	1,996	1,407	1,070	1,048
유형자산	1,469	1,837	1,382	1,123	840	815
무형자산	14	151	131	16	11	9
유가증권			11	8	7	7
총부채	876	1,600	1,460	1,080	841	775
총차입금	856	1,413	1,256	883	637	558
자본금	232	232	253	290	298	311
총자본	873	799	537	327	228	273
지배주주지분	873	799	537	327	228	273

기업가치 지표 *IFRS 별도 기준

항목	2012	2013	2014	2015	2016	2017.2Q
주가(최고/저)(천원)	3.6/1.8	2.6/1.5	1.8/0.8	2.5/0.8	1.4/0.6	—/—
PER(최고/저)(배)	389.0/190.7	—/—	—/—	—/—	—/—	—/—
PBR(최고/저)(배)	1.9/0.9	1.4/0.8	1.5/0.7	4.3/1.4	3.5/1.6	3.0/1.4
EV/EBITDA(배)	3.8	7.1	5.1	6.3	11.9	—/—
EPS(원)	9	-289	-412	-673	-221	37
BPS(원)	1,937	1,896	1,134	564	382	439
CFPS(원)	887	382	220	-196	109	169
DPS(원)						
EBITDAPS(원)	1,002	635	798	418	192	162

재무 비율 〈단위 : % 〉

연도	영업이익률	순이익률	부채비율	차입금비율	ROA	ROE	유보율	자기자본비율	EBITDA마진율
2016	-9.0	-14.4	일부잠식	일부잠식	-10.4	-46.2	-23.5	21.3	12.4
2015	-2.7	-30.9	330.5	270.3	-22.9	-90.3	12.8	23.1	19.2
2014	5.5	-13.7	272.0	234.0	-9.4	-34.0	126.8	26.9	26.6
2013	-2.1	-17.0	200.3	194.1	-6.5	-17.3	227.1	33.3	37.3

에이티젠 (A182400)
ATGen

업 종 : 바이오		시 장 : KOSDAQ	
신용등급 : (Bond) — (CP) —		기업규모 : 신성장	
홈 페 이 지 : www.nkvue.com, www.atgenglobal.com		연 락 처 : 031)8017-8114	
본 사 : 경기도 성남시 분당구 돌마로 172, 1층 & 6층 (정자동, 분당서울대학교병원 헬스케어혁신파크)			

설 립 일 2002.01.14	종업원수 107명	대표이사 박상우	
상 장 일 2015.10.23	감사의견 적정 (태성)	계 열	
결 산 기 12월	보통주 1,147만주	종속회사수 3개사	
액 면 가 500원	우선주	구 상 호	

주주구성 (지분율,%)
한국투자밸류자산운용	15.3
박상우	13.5
(외국인)	3.7

출자관계 (지분율,%)

주요경쟁사 (외형,%)
에이티젠	100
셀바이오텍	848
파마리서치프로덕트	668

매출구성
NK Vue® KIT 기타	35.9
연구용 시약	33.2
NK Vue® KIT 제품	24.1

비용구성
매출원가율	21.2
판관비율	193.8

수출비중
수출	52.0
내수	48.0

회사 개요
동사는 생물학적제제 제조와 공급을 목적으로 실험용시약 생산 및 판매업을 주사업으로 영위하고 있음. 세계 최초로 전혈에서의 NK 세포 활성도 측정법을 이용한 면역력 측정이 가능한 키트(체외진단분석용 기기)를 개발함. 주요 제품인 연구용 시약이 매출의 33.2%를 차지하고, NK Vue키트는 24.1%를 차지함. 회사 설립 초기부터 SIGMA와 Merck 등 해외 영업에 집중해 매출의 90%가 수출에서 나옴.

실적 분석
동사의 2017년 상반기 연결기준 누적매출액은 22.6억원으로 전년동기 대비 10.6% 감소함. 매출 부진과 판관비 상승으로 영업손실은 68.6억원을 기록해 적자폭이 확대됨. NK Vue KIT 독점 판매권이 종료되어 아시아 지역 매출이 감소했으나, 중동지역 매출이 신규 발생함. 신규 진출 사업분야로 세포치료제, 반려동물진단키트, 건강기능식품 등이 있음. 2016년부터 국내 대리점을 통한 다양한 마케팅을 추진하고 있어 향후 매출 증가가 기대됨.

현금 흐름 〈단위 : 억원〉
항목	2016	2017.2Q
영업활동	-102	-94
투자활동	-198	34
재무활동	398	10
순현금흐름	98	-51
기말현금	334	283

시장 대비 수익률

결산 실적 〈단위 : 억원〉
항목	2012	2013	2014	2015	2016	2017
매출액	20	15	17	25	69	—
영업이익	4	-21	-51	-64	-79	—
당기순이익	3	-32	-58	-54	-48	—

분기 실적 〈단위 : 억원〉
항목	2016.1Q	2016.2Q	2016.3Q	2016.4Q	2017.1Q	2017.2Q
매출액	12	8	12	37	12	11
영업이익	-16	-34	-25	-3	-20	-49
당기순이익	-17	-36	-24	11	-18	-45

재무 상태 〈단위 : 억원〉
항목	2012	2013	2014	2015	2016	2017.2Q
총자산	33	38	77	324	675	639
유형자산	6	12	13	14	24	24
무형자산	12	0	0	1	1	1
유가증권	—	—	—	1	117	117
총부채	28	57	100	36	268	287
총차입금	22	47	89	20	242	269
자본금	33	34	38	54	57	57
총자본	4	-19	-24	288	407	352
지배주주지분	4	-19	-24	288	407	352

기업가치 지표
항목	2012	2013	2014	2015	2016	2017.2Q
주가(최고/저)(천원)	—/—	—/—	—/—	34.2/17.8	53.1/29.1	—/—
PER(최고/저)(배)	0.0/0.0	0.0/0.0	0.0/0.0			—/—
PBR(최고/저)(배)	0.0/0.0	0.0/0.0	0.0/0.0	12.9/6.7	14.9/8.1	11.8/9.7
EV/EBITDA(배)	3.1					—/—
EPS(원)	47	-476	-863	-560	-433	-558
BPS(원)	66	-275	-319	2,647	3,571	3,069
CFPS(원)	65	-415	-820	-521	-380	-529
DPS(원)						
EBITDAPS(원)	86	-260	-706	-626	-655	-571

재무 비율 〈단위 : % 〉
연도	영업이익률	순이익률	부채비율	차입금비율	ROA	ROE	유보율	자기자본비율	EBITDA마진율
2016	-115.1	-70.4	66.0	59.6	-9.7	-13.9	614.2	60.3	-106.5
2015	-253.8	-213.8	12.6	7.0	-26.9	전기잠식	429.3	88.8	-238.9
2014	-301.9	-348.0	완전잠식	완전잠식	-101.8	잠식지속	-163.9	-31.3	-284.7
2013	-143.0	-211.7	완전잠식	완전잠식			-155.0	-48.4	-115.7

에이티테크놀러지 (A073570)
AT technology

업 종 : 반도체 및 관련장비		시 장 : KOSDAQ	
신용등급 : (Bond) — (CP) —		기업규모 :	
홈 페 이 지 : www.attechnology.co.kr		연 락 처 : 041)582-5700	
본 사 : 충남 천안시 서북구 직산읍 4산단7로 17-15			

설 립 일 1998.05.23	종업원수 95명	대표이사 변익성	
상 장 일 2004.01.06	감사의견 —(삼화)	계 열	
결 산 기 12월	보통주 2,390만주	종속회사수 1개사	
액 면 가 500원	우선주	구 상 호 프롬써어티	

주주구성 (지분율,%)
머큐리아이피테크	8.9
코럴핑크	7.8
(외국인)	0.2

출자관계 (지분율,%)
HQ인베스트먼트	9.5
에이티세미콘	7.9
비오엠	4.2

주요경쟁사 (외형,%)
에이티테크놀러지	100
에이티세미콘	1,874
코디엠	929

매출구성
장비부품, 용역제공	72.9
Interface	26.0
임대 등	1.1

비용구성
매출원가율	114.6
판관비율	89.4

수출비중
수출	0.0
내수	100.0

회사 개요
동사는 1998년 설립된 반도체 검사장비의 개발 및 제조업체로 동사의 주력 제품은 낸드플래시, 솔리드스테이트드라이브(SSD), 반도체 웨이퍼 등의 검사장비이며 삼성전자에 주로 납품하고 있음. 동사는 2014년 반도체 장비업체인 테스토피아의 지분 100%를 인수했고, 테스토피아는 일본 반도체 장비업체인 아드반테스트를 주요 고객사로 두고 있음. 동사는 모바일 할인티켓 및 광고를 주사업으로 하는 (주)타바를 종속회사로 두고 있음.

실적 분석
동사는 2017년 상반기 누적 매출액이 75.6억원으로 전년 동기 대비 180.2% 증가했고, 영업손실은 34.8억원으로 전년 동기 27.7억원 적자에서 적자폭이 확대되었음. 동사는 반도체 인터페이스 부문에서 큰 폭의 매출 신장세를 이뤘으나, 인건비 등 판매관리비가 늘어 적자를 면치 못했음. 동사는 2016년 말 114.1억원의 결손금을 2017년 2분기말 56.2억원으로 줄이며 재무구조를 개선했으나, 부채비율이 355.1%로 높은 편임.

현금 흐름 〈단위 : 억원〉
항목	2016	2017.2Q
영업활동	-55	-33
투자활동	-118	32
재무활동	181	-0
순현금흐름	8	-1
기말현금	10	10

시장 대비 수익률

결산 실적 〈단위 : 억원〉
항목	2012	2013	2014	2015	2016	2017
매출액	1,177	954	1,184	152	48	—
영업이익	-48	-116	-27	2	-50	—
당기순이익	-125	-259	-259	-4	-113	—

분기 실적 〈단위 : 억원〉
항목	2016.1Q	2016.2Q	2016.3Q	2016.4Q	2017.1Q	2017.2Q
매출액	16	11			31	45
영업이익	-12	-16			-12	-23
당기순이익	-13	-36			-15	-45

재무 상태 〈단위 : 억원〉
항목	2012	2013	2014	2015	2016	2017.2Q
총자산	2,304	2,660	348	225	405	355
유형자산	1,484	1,848	53	49	69	79
무형자산	19	155	53	45	85	83
유가증권	162	107	53	97	134	57
총부채	1,298	1,852	311	72	271	277
총차입금	1,135	1,646	233	52	219	191
자본금	65	65	70	71	95	112
총자본	1,007	808	37	153	134	78
지배주주지분	383	205	37	153	121	78

기업가치 지표
항목	2012	2013	2014	2015	2016	2017.2Q
주가(최고/저)(천원)	5.1/2.2	3.6/2.4	2.6/1.3	2.8/1.3	3.4/1.0	—/—
PER(최고/저)(배)						—/—
PBR(최고/저)(배)	0.8/0.4	1.0/0.7	2.9/1.4	2.6/1.2	5.3/1.6	5.0/3.2
EV/EBITDA(배)	4.2	10.4	1.9	38.6		—/—
EPS(원)	-1,882	-2,383	-3,633	-81	-742	-250
BPS(원)	3,322	1,982	485	1,083	639	306
CFPS(원)	2,221	1,310	-63	-712	-219
DPS(원)						
EBITDAPS(원)	2,846	1,678	1,669	78	-295	-124

재무 비율 〈단위 : % 〉
연도	영업이익률	순이익률	부채비율	차입금비율	ROA	ROE	유보율	자기자본비율	EBITDA마진율
2016	-104.0	-237.1	202.6	163.2	-35.8	-82.5	27.8	33.1	-94.3
2015	1.6	-4.9	47.2	34.3	-2.6	-7.8	116.6	67.9	4.7
2014	-2.3	-21.8	일부잠식	일부잠식	-17.2	-213.7	-3.0	10.7	18.9
2013	-12.2	-27.1	229.1	203.7	-10.4	-55.7	296.4	30.4	22.7

에이프로젠제약 (A003060)
Aprogen pharmaceuticalsInc

업　　종 : 제약		시　　장 : 거래소	
신용등급 : (Bond) B- 　(CP) ―		기업규모 : 시가총액 소형주	
홈페이지 : www.aprogen-pharm.com		연 락 처 : 02)561-4011	
주　　소 : 서울시 송파구 오금로19길 6, 301(방이동,강호빌딩)			

설 립 일	1960.12.03	종 업 원 수	100명	대 표 이 사	김정출
상 장 일	1984.10.19	감 사 의 견	적정 (대성)	계　　열	
결 산 기	12월	보 통 주	8,150만주	종속회사수	1개사
액 면 가	500원	우 선 주		구 상 호	슈넬생명과학

주주구성 (지분율,%)		출자관계 (지분율,%)		주요경쟁사 (외형,%)	
에이프로젠	7.6	에이프로젠파마	100.0	에이프로젠제약	100
케이앤텍코리아	4.3	에이프로젠바이오로직스	32.4	신풍제약	440
(외국인)	1.7	에이프로젠헬스케어앤게임즈	9.0	광동제약	2,394

매출구성		비용구성		수출비중	
기타	84.8	매출원가율	57.8	수출	5.0
네오히알주 외	5.3	판관비율	42.8	내수	95.0
락타목스	4.2				

회사 개요
동사 주요 영업부문은 의약품등의 제조, 판매를 주요 사업으로 하고 있음. 2013년 신규 설립된 이앤엠레볼루션㈜을 통한 폐기물 종합처리 및 무기단열재 연구를시작함. 2016년 상반기 연구개발비용은 2.9억원으로 매출액의 1.3%를 차지함. 2009년 8월 에이프로젠과 레미케이드 바이오시밀러 항체치료제의 국내 임상 개발 및 사업화 권리 취득을 위한 기술 도입 계약을 체결함.

실적 분석
동사의 2017년 연결기준 반기 매출액은 전년 동기 대비 4.3% 증가한 226.5억원을 기록함. 매출원가는 소폭 증가하는데 그쳤으나, 판관비 증가 여파로 전년동기 대비 영업손실 확대된 상황. 당기순이익 또한 비영업손익의 악화로 57.6억원의 순손실 시현하며 적자 크게 확대된 모습. 향후 수출비중을 높이고 전문의약품 외에 일반의약품 등으로 다변화된 제품 포트폴리오를 구축하는 등 환경 변화에 따른 다양한 대처 시도중.

현금 흐름 〈단위 : 억원〉

항목	2016	2017.2Q
영업활동	-22	-15
투자활동	-329	-78
재무활동	434	-1
순현금흐름	83	-95
기말현금	262	168

시장 대비 수익률

결산 실적 〈단위 : 억원〉

항목	2012	2013	2014	2015	2016	2017
매출액	338	295	331	403	441	―
영업이익	-164	-136	-54	-9	-2	―
당기순이익	-249	-209	-44	16	-48	―

분기 실적 〈단위 : 억원〉

항목	2016.1Q	2016.2Q	2016.3Q	2016.4Q	2017.1Q	2017.2Q
매출액	106	111	104	120	116	111
영업이익	-2	-0	-4	4	-0	-8
당기순이익	-2	-4	-10	-32	-23	-34

재무 상태 〈단위 : 억원〉

항목	2012	2013	2014	2015	2016	2017.2Q
총자산	931	783	848	852	1,287	1,252
유형자산	125	212	226	251	259	176
무형자산	47	20	22	41	49	41
유가증권	21	0	114	67	395	280
총부채	246	217	227	175	506	512
총차입금	138	107	141	87	404	420
자본금	594	674	774	403	404	404
총자본	685	565	621	677	781	740
지배주주지분	685	563	623	692	804	740

기업가치 지표

항목	2012	2013	2014	2015	2016	2017.2Q
주가(최고/저)(천원)	4.3/2.0	2.4/1.2	1.9/1.1	12.3/1.2	7.5/3.1	―/―
PER(최고/저)(배)				357.1/35.2		―/―
PBR(최고/저)(배)	3.8/1.7	2.9/1.4	2.4/1.4	14.3/1.4	7.5/3.1	4.8/3.6
EV/EBITDA(배)				324.6	251.1	―/―
EPS(원)	-462	-339	-55	34	-48	-65
BPS(원)	577	417	403	860	995	915
CFPS(원)	-222	-163	-18	54	-31	-53
DPS(원)						
EBITDAPS(원)	-143	-104	-28	9	15	2

재무 비율 〈단위 : %〉

연도	영업이익률	순이익률	부채비율	차입금비율	ROA	ROE	유보율	자기자본비율	EBITDA마진율
2016	-0.6	-10.8	64.7	51.7	-4.5	-5.2	98.9	60.7	2.7
2015	-2.2	3.9	25.8	12.8	1.8	4.2	71.9	79.5	1.8
2014	-16.2	-13.3	일부잠식	일부잠식	-5.4	-6.6	-19.5	73.2	-12.0
2013	-45.9	-70.6	일부잠식	일부잠식	-24.3	-33.4	-16.6	72.3	-43.2

에이프로젠헬스케어앤게임즈 (A109960)
Aprogen Healthcare & Games

업　　종 : 게임 소프트웨어		시　　장 : KOSDAQ	
신용등급 : (Bond) ― 　(CP) ―		기업규모 : 중견	
홈페이지 : www.aprogen-hng.com, www.enus.		연 락 처 : 02)6010-3119	
주　　소 : 서울시 강남구 테헤란로32길 26 청송빌딩			

설 립 일	1998.02.12	종 업 원 수	60명	대 표 이 사	김재섭
상 장 일	2009.11.13	감 사 의 견	적정 (태성)	계　　열	
결 산 기	12월	보 통 주	5,037만주	종속회사수	3개사
액 면 가	500원	우 선 주		구 상 호	로코조이

주주구성 (지분율,%)		출자관계 (지분율,%)		주요경쟁사 (외형,%)	
에이비에이바이오로직스	22.6	제3글로브	100.0	에이프로젠 H&G	100
슈넬생명과학	9.0	이너스텍	100.0	엠게임	198
(외국인)	2.9	비전브로스	65.3	파티게임즈	204

매출구성		비용구성		수출비중	
드래곤라자M	39.8	매출원가율	82.7	수출	―
양방향 가로등/보안등 제어시스템	28.0	판관비율	82.3	내수	―
블루투스핸즈프리(Dummy 포함)	19.9				

회사 개요
매출구조는 무선솔루션 약 45%, 조명제어 55%임. 네트워크 기기 전문회사로 FM RF, CDMA, Bluetooth, Zigbee등 다양한 무선 통신기술을 보유하고 있으며, 이를 바탕으로 블루투스 핸즈프리와 유/무선 인터넷 전화, 블루투스 동글 등을 개발/판매하고 있는 무선솔루션사업부와 주요 도시의 가로등, 보안등에 적용되어 운용중인 조명감시제어시스템을 개발/판매하는 조명제어사업부로 이루어짐. 씨그널엔터와 제휴 후 모바일 게임사업에 진출함.

실적 분석
주력제품인 핸즈프리 및 조명시장 등의 시장성 악화로 인해 동사의 2017년 2분기기준 누적 매출액은 전년동기대비 -27% 하락한 78.1억원을 기록하였음. 수익 하락 폭을 줄이기 위해 비용 절감등의 노력이 있었으나 매출액 하락 폭이 커 전년동기대비 영업이익은 -10.9억으로 적자지속하였음. 향후 정부정책 방향 및 시장회복에 따른 수익성 개선을 기대하고 있음.

현금 흐름 〈단위 : 억원〉

항목	2016	2017.2Q
영업활동	-96	12
투자활동	-119	-1,134
재무활동	81	1,285
순현금흐름	-134	163
기말현금	58	221

시장 대비 수익률

결산 실적 〈단위 : 억원〉

항목	2012	2013	2014	2015	2016	2017
매출액	217	207	135	111	154	―
영업이익	-6	-23	5	-23	-100	―
당기순이익	-8	-37	-2	-26	-228	―

분기 실적 〈단위 : 억원〉

항목	2016.1Q	2016.2Q	2016.3Q	2016.4Q	2017.1Q	2017.2Q
매출액	51	56	20	27	22	56
영업이익	-38	-20	-21	-22	-7	-4
당기순이익	-45	-18	-28	-138	-9	3

재무 상태 〈단위 : 억원〉

항목	2012	2013	2014	2015	2016	2017.2Q
총자산	152	121	96	271	156	1,467
유형자산	7	7	6	4	4	4
무형자산	15	3	6	6	30	28
유가증권	1	1	1	1	1	1
총부채	72	77	53	120	64	286
총차입금	46	49	36	103	34	218
자본금	19	19	19	85	108	252
총자본	80	44	42	151	92	1,182
지배주주지분	80	44	42	151	92	1,177

기업가치 지표

항목	2012	2013	2014	2015	2016	2017.2Q
주가(최고/저)(천원)	1.4/0.8	1.5/0.9	1.0/0.7	12.1/0.7	8.1/3.4	―/―
PER(최고/저)(배)						―/―
PBR(최고/저)(배)	1.9/1.0	3.6/2.1	2.5/1.6	13.2/0.8	19.4/8.2	2.8/1.5
EV/EBITDA(배)			13.2			―/―
EPS(원)	-70	-328	-18	-179	-1,084	-9
BPS(원)	2,222	1,270	1,227	916	418	2,345
CFPS(원)	-54	-817	34	-153	-1,038	-3
DPS(원)						
EBITDAPS(원)	-17	-457	206	-133	-431	-16

재무 비율 〈단위 : %〉

연도	영업이익률	순이익률	부채비율	차입금비율	ROA	ROE	유보율	자기자본비율	EBITDA마진율
2016	-65.0	-148.1	일부잠식	일부잠식	-106.9	-191.8	-16.4	58.9	-58.7
2015	-20.5	-23.0	79.8	68.2	-13.9	-26.5	83.1	55.6	-17.1
2014	3.4	-1.5	125.4	85.2	-1.9	-4.6	145.5	44.4	5.8
2013	-11.1	-17.7	175.1	110.4	-26.9	-59.2	154.1	36.4	-8.4

에이피시스템 (A265520)
Advanced Process Systems

업 종 : 디스플레이 및 관련부품		시 장 : KOSDAQ	
신용등급 : (Bond) — (CP) —		기업규모 : 중견	
홈페이지 : www.apsystems.co.kr		연락처 : 031)379-2700	
본 사 : 경기도 화성시 동탄면 동탄산단8길 15-5			

설 립 일	2017.03.02	총 업 원 수	547명	대 표 이 사	김영주
상 장 일	2017.04.07	감 사 의 견	적정 (삼일)	계 열	
결 산 기	12월	보 통 주	1,368만주	종속회사수	
액 면 가	500원	우 선 주		구 상 호	

주주구성 (지분율,%)		출자관계 (지분율,%)		주요경쟁사 (외형,%)	
APS홀딩스	9.9			AP시스템	
정기로	8.9			APS홀딩스	
(외국인)	27.6			덕산네오룩스	

매출구성		비용구성		수출비중	
		매출원가율	0.0	수출	56.0
		판관비율	0.0	내수	44.0

회사 개요
동사는 4월7일 인적분할을 통해 존속법인인 APS홀딩스와 사업회사인 AP시스템으로 분할된 신설법인임. 분할 비율은 0.47(존속회사) : 0.53(신설회사)로 분할. 분할의 주 목적은 1) 사업부문별 역량 집중, 2) 지배구조 강화를 통한 기업가치 및 주주가치 제고. 신규 상장된 동사가 유지할 디스플레이/반도체 부문의 사업가치에는 변화가 없으며 이에따른 동사의 적정 가치는 매우 큰 편이라고 할 수 있음.

실적 분석
동사는 독보적인 ELA 양산 경험과 시장 지배력을 바탕으로 flexible OLED 투자 cycle의 대표적인 수혜 업체라고 판단됨. 분할기일이 2월27일인 관계로 1,2월 매출은 존속법인인 APS홀딩스에 반영됨. 기준 시가총액의 경우, 순자산 기준으로 분할됨에 따라 존속회사인 APS홀딩스에 편중 현상이 두드러짐. 2017년 반기 연결기준 매출액은 5,106.3억원, 순이익은 323.6억원을 시현함.

현금 흐름 *IFRS 별도 기준   〈단위 : 억원〉

항목	2016	2017.2Q
영업활동		378
투자활동		-49
재무활동		311
순현금흐름		642
기말현금		740

시장 대비 수익률

결산 실적 *IFRS 별도 기준   〈단위 : 억원〉

항목	2012	2013	2014	2015	2016	2017
매출액	—	—	—	—	—	—
영업이익	—	—	—	—	—	—
당기순이익	—	—	—	—	—	—

분기 실적 *IFRS 별도 기준   〈단위 : 억원〉

항목	2016.1Q	2016.2Q	2016.3Q	2016.4Q	2017.1Q	2017.2Q
매출액	—	—	—	—	1,264	3,843
영업이익	—	—	—	—	126	297
당기순이익	—	—	—	—	92	232

재무 상태 *IFRS 별도 기준   〈단위 : 억원〉

항목	2012	2013	2014	2015	2017.2Q
총자산					5,261
유형자산					1,117
무형자산					215
유가증권					
총부채					4,240
총차입금					1,405
자본금					76
총자본					1,020
지배주주지분					1,020

기업가치 지표 *IFRS 별도 기준

항목	2012	2013	2014	2015	2016	2017.2Q
주가(최고/저)(천원)	#VALUE!	—/—	—/—	—/—	—/—	—/—
PER(최고/저)(배)	0.0/0.0	0.0/0.0	0.0/0.0	0.0/0.0	0.0/0.0	—/—
PBR(최고/저)(배)	0.0/0.0	0.0/0.0	0.0/0.0	0.0/0.0	0.0/0.0	7.6/5.6
EV/EBITDA(배)	0.0	0.0	0.0	0.0	0.0	—/—
EPS(원)	—	—	—	—	—	2,366
BPS(원)	—	—	—	—	—	7,460
CFPS(원)	—	—	—	—	—	2,587
DPS(원)	—	—	—	—	—	—
EBITDAPS(원)	—	—	—	—	—	3,317

재무 비율   〈단위 : %〉

연도	영업이익률	순이익률	부채비율	차입금비율	ROA	ROE	유보율	자기자본비율	EBITDA마진율
2016	0.0	0.0	0.0	0.0	0.0	0.0	0.0	0.0	0.0
2015	0.0	0.0	0.0	0.0	0.0	0.0	0.0	0.0	0.0
2014	0.0	0.0	0.0	0.0	0.0	0.0	0.0	0.0	0.0
2013	0.0	0.0	0.0	0.0	0.0	0.0	0.0	0.0	0.0

에이피에스홀딩스 (A054620)
APS Holdings

업 종 : 디스플레이 및 관련부품		시 장 : KOSDAQ	
신용등급 : (Bond) — (CP) —		기업규모 : 우량	
홈페이지 : www.apsholdings.co.kr		연락처 : 031)776-1800	
본 사 : 경기도 화성시 동탄면 동탄산단9길 23-12			

설 립 일	1996.08.29	총 업 원 수	17명	대 표 이 사	정기로
상 장 일	2001.11.24	감 사 의 견	적정 (삼일)	계 열	
결 산 기	12월	보 통 주	1,193만주	종속회사수	6개사
액 면 가	500원	우 선 주	300만주	구 상 호	AP시스템

주주구성 (지분율,%)		출자관계 (지분율,%)		주요경쟁사 (외형,%)	
정기로	8.9	APS에이엠디	100.0	APS홀딩스	100
한국증권금융	5.0	코닉오토메이션	60.0	덕산네오룩스	8
(외국인)	12.0	넥스틴	58.6	비아트론	14

매출구성		비용구성		수출비중	
AMOLED제조장비	93.8	매출원가율	86.2	수출	—
반도체제조장비	3.7	판관비율	8.0	내수	—
기타	2.4				

회사 개요
동사는 AMOLED용 봉지(Encap) 장비를 2009년 하반기부터 삼성모바일디스플레이(현 삼성디스플레이)에 공급하고 있음. 반도체 제조장비 및 TFT-LCD제조장비 서비스사업을 영위함. 플렉서블 디스플레이(Flexible Display) 패널제조의 핵심공정장비인 LLO(Laser Lift Off)장비 또한 2011년 하반기부터 삼성디스플레이에 공급 중이며 향후 플렉서블 디스플레이의 채택률이 높아질것으로 예상되면서 매출 성장 기대.

실적 분석
동사의 2017년 2분기 누적 매출액은 767.5억원으로 전년 동기 대비 280.2% 증가함. 매출의 급격한 개선으로 영업이익과 당기순이익 모두 전년대비 큰 폭으로 증가하며 흑자전환. 중국 올레드 수주금액이 전년대비 2배 이상 증가했고, 삼성디스플레이와 애플 등이 대규모 플렉시블 올레드 투자를 시작해 전공정 핵심 장비인 레이저결정화(ELA) 공급이 부족한 상황임을 고려할 때, 향후 큰 폭의 수주 확대가 기대됨

현금 흐름   〈단위 : 억원〉

항목	2016	2017.2Q
영업활동	846	161
투자활동	-712	-682
재무활동	841	-25
순현금흐름	980	-541
기말현금	1,055	514

시장 대비 수익률

결산 실적   〈단위 : 억원〉

항목	2012	2013	2014	2015	2016	2017
매출액	2,175	2,541	1,754	2,932	5,550	
영업이익	131	160	37	121	323	
당기순이익	114	152	10	78	275	

분기 실적   〈단위 : 억원〉

항목	2016.1Q	2016.2Q	2016.3Q	2016.4Q	2017.1Q	2017.2Q
매출액	97	105	1,292	4,056	260	50
영업이익	-10	-2	112	222	11	4
당기순이익	-22	-3	38	262	6,825	4

재무 상태   〈단위 : 억원〉

항목	2012	2013	2014	2015	2016	2017.2Q
총자산	2,055	1,822	2,156	2,990	5,662	2,82
유형자산	521	671	649	989	1,597	1,59
무형자산	60	104	149	245	263	29
유가증권	8	37	46	46	56	75
총부채	1,180	805	1,158	1,893	3,593	82
총차입금	404	485	637	1,304	1,382	31
자본금	108	116	117	117	143	6
총자본	875	1,017	998	1,096	2,070	1,99
지배주주지분	856	997	980	1,065	2,027	1,94

기업가치 지표

항목	2012	2013	2014	2015	2016	2017.2Q
주가(최고/저)(천원)	14.9/6.4	13.6/7.6	9.9/5.3	13.0/6.0	29.9/12.2	—/
PER(최고/저)(배)	20.3/8.7	15.0/8.4	134.0/72.4	26.3/12.1	21.7/8.9	—/
PBR(최고/저)(배)	2.6/1.1	2.0/1.1	1.4/0.8	1.8/0.8	2.8/1.2	1.6/0.
EV/EBITDA(배)	8.8	11.7	18.6	22.8	18.9	—/
EPS(원)	545	674	55	368	1,026	35,22
BPS(원)	4,329	5,067	5,112	5,512	7,874	13,71
CFPS(원)	758	881	330	652	1,404	35,39
DPS(원)	—	—	—	—	—	—
EBITDAPS(원)	817	922	432	802	1,602	38

재무 비율   〈단위 : %〉

연도	영업이익률	순이익률	부채비율	차입금비율	ROA	ROE	유보율	자기자본비율	EBITDA마진율
2016	5.8	5.0	173.6	66.8	6.4	17.5	1,474.8	36.6	7
2015	4.1	2.7	172.7	119.0	3.0	8.4	1,002.4	36.7	6
2014	2.1	0.6	116.0	63.8	0.5	1.3	922.5	46.3	6
2013	6.3	6.0	79.1	47.7	7.9	16.3	913.5	55.8	8

에이피위성 (A211270)
Asia Pacific Satellite

업 종 : 통신장비		시 장 : KOSDAQ	
신용등급 : (Bond) — (CP) —		기업규모 : 중견	
홈페이지 : www.apsi.co.kr		연 락 처 : 02)2026-7800	
본 사 : 서울시 금천구 가산디지털2로 98, IT캐슬 2동 9층			

설 립 일 2011.02.01	종 업 원 수 129명	대 표 이 사 류장수
상 장 일 2016.03.04	감 사 의 견 적정 (태성)	계 열
결 산 기 12월	보 통 주 1,501만주	종속회사수
액 면 가 500원	우 선 주	구 상 호 AP위성통신

주주구성 (지분율,%)		출자관계 (지분율,%)		주요경쟁사 (외형,%)	
류장수	21.5	AP위성	100		
홈스	21.3	쏠리드	1,171		
(외국인)	2.0	삼지전자	4,426		

매출구성		비용구성		수출비중	
위성휴대폰 등	62.4	매출원가율	65.1	수출	17.0
위성제조부문	15.3	판관비율	28.4	내수	83.0
M2M 제품	12.0				

회사 개요

동사는 위성산업 중 지상장비 산업군에 속해 있으며, 인공위성을 이용해 위성통신 서비스를 제공하는 위성통신 사업자에게 위성통신 단말기를 공급하는 사업을 영위하고 있음. 주요 제품으로는 위성통신 단말기이며, 주요 고객은 UAE 두바이 소재의 이동위성통신 사업자인 THURAYA 통신회사임. 2014년 멕시코 MEXSAT 사업에서 Hughes, Honeywell, Elektrobit 등과 함께 GMR-1 3G 규격의 단말기 공급업체로 선정됨.

실적 분석

2017년 상반기 매출은 79.5억원으로 전년동기 대비 28.8% 감소. 판관비를 축소했으나 매출원가율이 높아 영업적자를 면치 못함. 영업적자 19.7억원, 당기순손실 24.8억원을 기록함. 2016년부터 시작한 위성사물인터넷 시장(M2M)에 신규 제품을 출시 하는 등 자구의 노력을 진행함. 2016년 5월 주가안정을 위해 30억원 자사주 취득을 결정, 이후 2017년 4월 6억원 규모의 자사주를 처분함.

현금 흐름
*IFRS 별도 기준 〈단위 : 억원〉

항목	2016	2017.2Q
영업활동	-14	70
투자활동	32	-10
재무활동	247	11
순현금흐름	300	70
기말현금	477	547

시장 대비 수익률

결산 실적
〈단위 : 억원〉

항목	2012	2013	2014	2015	2016	2017
매출액	131	393	346	365	249	—
영업이익	-26	124	86	90	16	—
당기순이익	-23	105	70	88	60	—

분기 실적
*IFRS 별도 기준 〈단위 : 억원〉

항목	2016.1Q	2016.2Q	2016.3Q	2016.4Q	2017.1Q	2017.2Q
매출액	22	89	21	116	36	43
영업이익	-12	20	-8	16	-13	-7
당기순이익	-14	22	-21	72	-35	10

재무 상태
*IFRS 별도 기준 〈단위 : 억원〉

항목	2012	2013	2014	2015	2016	2017.2Q
총자산	195	319	364	421	860	966
유형자산	67	67	68	65	69	66
무형자산	0	1	3	2	124	123
유가증권						
총부채	77	96	76	45	53	174
총차입금	1		0	0	0	0
자본금	47	47	49	49	75	75
총자본	119	223	289	376	807	792
지배주주지분	119	223	289	376	807	792

기업가치 지표
*IFRS 별도 기준

항목	2012	2013	2014	2015	2016	2017.2Q
주가(최고/저)(천원)	—/—	—/—	—/—	—/—	11.1/6.8	—/—
PER(최고/저)(배)	0.0/0.0	0.0/0.0	0.0/0.0	0.0/0.0	23.9/14.7	—/—
PBR(최고/저)(배)	0.0/0.0	0.0/0.0	0.0/0.0	0.0/0.0	1.8/1.1	1.6/1.4
EV/EBITDA(배)					35.4	
EPS(원)	-253	1,116	750	904	462	-165
BPS(원)	1,263	2,376	2,963	3,857	6,093	5,864
CFPS(원)	52	1,164	813	977	519	-138
DPS(원)						
EBITDAPS(원)	14	1,370	976	996	183	-104

재무 비율
〈단위 : % 〉

연도	영업이익률	순이익률	부채비율	차입금비율	ROA	ROE	유보율	자기자본비율	EBITDA마진율
2016	6.5	23.9	6.6	0.0	9.3	10.1	1,118.6	93.8	9.5
2015	24.7	24.2	12.1	0.0	22.4	26.5	671.5	89.2	26.6
2014	24.8	20.4	26.3	0.1	20.6	27.5	492.6	79.2	26.5
2013	31.6	26.7	43.0	0.0	40.7	61.4	375.2	69.9	32.7

에임하이글로벌 (A043580)
Aimhigh Global

업 종 : 휴대폰 및 관련부품		시 장 : KOSDAQ	
신용등급 : (Bond) — (CP) —		기업규모 : 중견	
홈페이지 : www.ahg.co.kr		연 락 처 : 02)316-2200	
본 사 : 서울시 강남구 영동대로 731 신영빌딩 10층			

설 립 일 1979.03.21	종 업 원 수 26명	대 표 이 사 왕설
상 장 일 2001.08.02	감 사 의 견 적정 (제원)	계 열
결 산 기 12월	보 통 주 6,526만주	종속회사수 7개사
액 면 가 500원	우 선 주	구 상 호

주주구성 (지분율,%)		출자관계 (지분율,%)		주요경쟁사 (외형,%)	
홍콩 페어 챔피언 프레이딩 Co. (Limited)	7.2	에임하이스타디움	100.0	에임하이	100
핫게임인터내셔널	5.0	리프인베스트먼트	100.0	제주반도체	1,275
(외국인)	59.6	한국뉴스타일광장상성경투자1호펀드(유한)	66.3	성우전자	3,891

매출구성		비용구성		수출비중	
진공증착	74.8	매출원가율	125.7	수출	0.0
노트북 등	19.3	판관비율	106.8	내수	100.0
기타 등	5.8				

회사 개요

동사는 1979년 3월에 설립되었으며, 2001년 8월 2일자로 상장되어 코스닥시장에서 매매가 개시되었음. 사업부문은 진공증착사업 및 디스플레이사업으로 구별됨. 휴대폰부품의 진공증착사업은 휴대폰 케이스 및 외장부품 등을 진공증착 처리 후 휴대폰부품 제조사에 공급하는 사업이며, 노트북 PC 등 전산장비 사업은 ASUS 노트북 및 테블릿PC 유통, PC 등 전산장비 유통 사업임.

실적 분석

동사의 2017년 상반기 매출은 21억원으로 전년대비 24.8% 감소, 영업이익은 -50.8억원으로 전년대비 적자지속, 당기순이익은 -135.1억원으로 전년대비 적자지속. 국내 휴대폰 시장 위축과 경쟁 업체간의 경쟁 심화로 매출 감소, 수익성은 적자 지속 기록. 2017년 8월 삼성전자 생산용 지그 제작 납품 계약(21.6억원)을 체결. 타법인 증권 취득자금 및 운영자금 조달을 위한 2건의 제3자배정유상증자를 결정을 공시함.

현금 흐름
〈단위 : 억원〉

항목	2016	2017.2Q
영업활동	-34	-42
투자활동	-159	-32
재무활동	211	14
순현금흐름	18	-62
기말현금	69	7

시장 대비 수익률
〈수익률(%)〉

결산 실적
〈단위 : 억원〉

항목	2012	2013	2014	2015	2016	2017
매출액	227	347	185	136	44	—
영업이익	5	4	-9	-5	-59	—
당기순이익	9	1	-10	-13	-120	—

분기 실적
〈단위 : 억원〉

항목	2016.1Q	2016.2Q	2016.3Q	2016.4Q	2017.1Q	2017.2Q
매출액	20	8	8	8	17	4
영업이익	-9	-11	-11	-29	-23	-28
당기순이익	-4	-10	-4	-101	-31	-104

재무 상태
〈단위 : 억원〉

항목	2012	2013	2014	2015	2016	2017.2Q
총자산	194	236	207	209	342	230
유형자산	19	16	20	12	26	31
무형자산	2	5	9	9	49	45
유가증권	20	21	30	0	74	62
총부채	13	48	29	17	92	28
총차입금	2	27	1	0	84	10
자본금	72	73	73	87	121	127
총자본	182	188	178	192	250	202
지배주주지분	182	188	178	192	246	194

기업가치 지표

항목	2012	2013	2014	2015	2016	2017.2Q
주가(최고/저)(천원)	1.3/0.8	1.4/0.9	1.1/0.8	10.8/0.8	10.1/2.9	—/—
PER(최고/저)(배)	20.0/13.2	277.8/172.8	—/—	—/—	—/—	—/—
PBR(최고/저)(배)	1.0/0.7	1.1/0.7	0.9/0.7	9.8/0.8	9.9/2.9	8.6/3.1
EV/EBITDA(배)	9.9	7.0		301.8		
EPS(원)	63	5	-66	-88	-502	-530
BPS(원)	1,268	1,296	1,231	1,102	1,019	763
CFPS(원)	104	50	-19	-29	-457	-488
DPS(원)						
EBITDAPS(원)	77	71	-15	23	-201	-158

재무 비율
〈단위 : % 〉

연도	영업이익률	순이익률	부채비율	차입금비율	ROA	ROE	유보율	자기자본비율	EBITDA마진율
2016	-132.5	-270.2	37.0	33.5	-43.6	-54.8	103.7	73.0	-108.2
2015	-3.8	-9.5	8.8	3.3	-6.2	-6.9	120.5	92.0	2.5
2014	-4.9	-5.2	16.2	0.1	-4.3	-5.3	146.1	86.1	-1.2
2013	1.1	0.3	25.6	14.3	0.3	0.4	159.3	79.6	3.0

에치디프로 (A214870)
HD PRO CO

업　　종 : 보안장비　　　　　　　　　　　시　　장 : KOSDAQ
신용등급 : (Bond) —　　(CP) —　　　　기업규모 : 중견
홈페이지 : www.hdproccv.com　　　　　연락처 : 032)683-7903
본　　사 : 경기도 부천시 오정구 신흥로362번길 23 (내동)

설 립 일	2004.02.24	종 업 원 수	160명	대 표 이 사	최정환
상 장 일	2015.10.13	감사의견	적정 (한울)	계 열	
결 산 기	12월	보 통 주	609만주	종속회사수	
액 면 가	500원	우 선 주		구 상 호	

주주구성 (지분율,%)		출자관계 (지분율,%)		주요경쟁사 (외형,%)	
코디	14.1	에치디프로	100		
한국증권금융	7.8	아이디스	394		
(외국인)	0.4	인콘	110		

매출구성		비용구성		수출비중	
고화질의 아날로그카메라, IP카메라, SDI카메라	57.5	매출원가율	93.0	수출	55.0
일반 아날로그 카메라	25.8	판관비율	15.2	내수	45.0
NVR, DVR 등	15.0				

회사 개요
동사의 주요 제품은 CCTV 카메라로 아날로그 전송 방식에 따라 일반 아날로그/HD급 아날로그 카메라 제품으로 나뉘고, 디지털 전송방식에 따라 HD-SDI/IP 카메라 등으로 분류됨. 동사는 제품의 종류가 다양한 CCTV 카메라 분야에서 요구되는 정밀한 기술들을 개발하고 있음. 피사체움직임 추적, 흔들림 감지, 화면가림 방지, 미세노이즈 정밀 제거 기술, Zoom Auto Focusing, 화면 끌림 현상 최소화 기술들을 상용화함.

실적 분석
동사의 2017년 2분기 연결기준 누적매출액은 181.7억원을 시현하였고 과년의 매출원가는 165.5억원으로 16.2억원의 매출총이익을 달성함. 28.2억원의 판관비로 인해 12억원의 영업손실을 기록했고, 비영업부문의 2.3억원의 손실에 따라 당기순손실은 21.7억원을 기록함. 2016년도 실적과 비교하여 매출이 약 26% 증가하고, 당기순손실도 적자 폭이 늘어난 것으로 보아 수익률이 악화된 것으로 보임.

현금 흐름　*IFRS 별도 기준　〈단위 : 억원〉

항목	2016	2017.2Q
영업활동	22	-0
투자활동	-106	-13
재무활동	26	0
순현금흐름	-59	-13
기말현금	55	42

시장 대비 수익률

결산 실적　〈단위 : 억원〉

항목	2012	2013	2014	2015	2016	2017
매출액	782	713	661	735	329	
영업이익	82	70	37	41	-27	
당기순이익	42	57	27	34	-11	

분기 실적　*IFRS 별도 기준　〈단위 : 억원〉

항목	2016.1Q	2016.2Q	2016.3Q	2016.4Q	2017.1Q	2017.2Q
매출액	68	77	78	106	94	88
영업이익	-3	-5	-9	-10	-4	-8
당기순이익	-2	-3	-5	-1	-5	-17

재무 상태　*IFRS 별도 기준　〈단위 : 억원〉

항목	2012	2013	2014	2015	2016	2017.2Q
총자산	343	280	321	418	445	396
유형자산	100	82	78	79	98	97
무형자산	4	7	6	5	10	11
유가증권					20	20
총부채	242	123	137	66	107	62
총차입금	135	54	42	16	46	29
자본금	11	11	11	30	30	30
총자본	101	158	184	352	338	334
지배주주지분	101	158	184	352	338	334

기업가치 지표　*IFRS 별도 기준

항목	2012	2013	2014	2015	2016	2017.2Q
주가(최고/저)(천원)	—/—	—/—	—/—	8.6/7.0	8.3/4.3	—/—
PER(최고/저)(배)	0.0/0.0	0.0/0.0	0.0/0.0	11.6/9.4	—/—	—/—
PBR(최고/저)(배)	0.0/0.0	0.0/0.0	0.0/0.0	1.5/1.2	1.5/0.8	2.7/1.1
EV/EBITDA(배)	1.1	0.4	—	5.7	—	—
EPS(원)	1,315	1,797	835	747	-181	-357
BPS(원)	46,032	71,719	83,829	5,838	5,609	5,483
CFPS(원)	22,270	30,024	17,066	998	0	-263
DPS(원)				50		
EBITDAPS(원)	40,613	35,684	21,947	1,154	-266	-104

재무 비율　〈단위 : %〉

연도	영업이익률	순이익률	부채비율	차입금비율	ROA	ROE	유보율	자기자본비율	EBITDA마진율
2016	-8.2	-3.3	31.7	13.5	-2.5	-3.2	1,040.7	75.9	-4.9
2015	5.5	4.6	18.7	4.5	9.1	12.6	1,087.4	84.2	7.1
2014	5.7	4.0	74.0	22.9	8.9	15.6	1,576.6	57.5	7.3
2013	9.8	8.0	77.7	34.3	18.4	44.3	1,334.4	56.3	11.0

에코마케팅 (A230360)
ECHOMARKETING

업　　종 : 미디어　　　　　　　　　　　시　　장 : KOSDAQ
신용등급 : (Bond) —　　(CP) —　　　　기업규모 : 중견
홈페이지 : www.echomarketing.co.kr　　연락처 : 02)2182-1100
본　　사 : 서울시 강남구 학동로 343, 14층(논현동, 포바강남타워)

설 립 일	2003.03.24	종 업 원 수	125명	대 표 이 사	김철웅
상 장 일	2016.08.08	감사의견	적정 (한미)	계 열	
결 산 기	12월	보 통 주	813만주	종속회사수	2개사
액 면 가	100원	우 선 주		구 상 호	

주주구성 (지분율,%)		출자관계 (지분율,%)		주요경쟁사 (외형,%)	
김철웅	52.5	그로스해커스그룹	100.0	에코마케팅	100
에이티넘고성장기업투자조합	7.4	ECHOMARKETINGSGPTE.LTD.	100.0	나스미디어	420
(외국인)	0.2			SBS미디어홀딩스	3,032

매출구성		비용구성		수출비중	
광고대행서비스	100.0	매출원가율	0.0	수출	0.0
		판관비율	59.0	내수	100.0

회사 개요
2003년에 설립된 동사는 온라인광고대행업 중 광고제작과 광고매체대행을 모두 수행하는 [온라인종합광고대행업]에 해당함. 동사는 '광고주의 매출 극대화'라는 목표 달성을 위해 온라인광고를 활용한 퍼포먼스 마케팅 (Performance Marketing)에 주력하고 있는 온라인종합광고대행사임. 불경기에 큰 타격을 입는 일반 광고대행업과 달리 온라인과 모바일 광고 시장은 가파르게 몸집을 불려가는 중이라 안정적인 성장이 기대됨.

실적 분석
동사의 2017년 2분기 누적 매출액은 96.3억원으로 전년동기 대비 16.4% 증가함. 영업이익 또한 35.6억원으로 전년동기 대비 1.1% 증가하였으며, 당기순이익도 35억원을 시현하여 전년동기 대비 2% 증가함. 이는 해외직구, 역직구 등 크로스보더(Cross Border) 비즈니스가 활성화되면서 이를 촉진시킬 수 있는 해외/글로벌 디지털광고 및 글로벌 퍼포먼스 마케팅 캠페인 수요가 증가하는 것이 영향을 미친 것으로 보임.

현금 흐름　〈단위 : 억원〉

항목	2016	2017.2Q
영업활동	58	51
투자활동	-513	171
재무활동	368	-42
순현금흐름	-87	182
기말현금	68	249

시장 대비 수익률

결산 실적　〈단위 : 억원〉

항목	2012	2013	2014	2015	2016	2017
매출액	—	125	163	197	166	—
영업이익	—	47	73	102	68	—
당기순이익	—	36	68	93	67	—

분기 실적　〈단위 : 억원〉

항목	2016.1Q	2016.2Q	2016.3Q	2016.4Q	2017.1Q	2017.2Q
매출액	43	40	40	44	47	50
영업이익	20	15	14	19	17	18
당기순이익	19	15	15	19	18	17

재무 상태　〈단위 : 억원〉

항목	2012	2013	2014	2015	2016	2017.2Q
총자산	—	170	263	385	799	793
유형자산	—	2	5	3	12	12
무형자산	—	1	1	1	2	1
유가증권	—	0	20	10	40	40
총부채	—	78	101	129	104	99
총차입금	—					
자본금	—	7	7	7	8	8
총자본	—	92	162	255	695	695
지배주주지분	—	92	162	255	695	695

기업가치 지표

항목	2012	2013	2014	2015	2016	2017.2Q
주가(최고/저)(천원)	—/—	—/—	—/—	—/—	—/—	—/—
PER(최고/저)(배)	0.0/0.0	0.0/0.0	0.0/0.0	0.0/0.0	52.7/19.8	—/—
PBR(최고/저)(배)	0.0/0.0	0.0/0.0	0.0/0.0	0.0/0.0	5.4/2.0	2.8/1.8
EV/EBITDA(배)	0.0				16.6	—/—
EPS(원)	—	510	972	1,329	903	430
BPS(원)	—	65,775	115,434	3,649	8,770	9,066
CFPS(원)	—	26,233	49,320	1,345	918	439
DPS(원)					210	
EBITDAPS(원)	—	34,152	52,825	1,475	929	447

재무 비율　〈단위 : %〉

연도	영업이익률	순이익률	부채비율	차입금비율	ROA	ROE	유보율	자기자본비율	EBITDA마진율
2016	41.0	40.5	14.9	0.0	11.4	14.2	8,670.2	87.0	41.7
2015	52.0	47.3	50.5	0.0	28.8	44.6	3,549.3	66.4	52.5
2014	44.7	41.7	62.5	0.0	—	—	2,208.7	61.6	45.4
2013	37.6	28.7	85.0	0.0	—	0.0	1,215.5	54.1	38.4

에코바이오홀딩스 (A038870)
EcoBio Holdings

업 종 : 에너지 시설 및 서비스		시 장 : KOSDAQ	
신용등급 : (Bond) — (CP) —		기업규모 : 벤처	
홈 페 이 지 : www.ecobio.co.kr		연 락 처 : 02)3483-2900	
본 사 : 서울시 서초구 서운로26길 5 토탈에코빌딩			

설 립 일 1997.08.04	종 업 원 수 95명	대 표 이 사 송효순	
상 장 일 2001.05.29	감사의견 적정 (안진)	계 열	
결 산 기 12월	보 통 주 1,072만주	종속회사수 4개사	
액 면 가 500원	우 선 주	구 상 호 에코에너지	

주주구성 (지분율,%)
송효순	20.0
토탈노즐	18.9
(외국인)	0.6

출자관계 (지분율,%)
에코에너지	100.0
바이오황	99.9
바이오메탄서울	85.0

주요경쟁사 (외형,%)
에코바이오	100
한전기술	2,538
동국S&C	1,925

매출구성
신재생에너지 기반시설 건설 및 유지관리	65.9
전 력(LFG)	28.7
보일러 연료(바이오 가스)	5.4

비용구성
매출원가율	73.1
판관비율	17.8

수출비중
수출	0.0
내수	100.0

회사 개요
바이오가스 관련 신재생 에너지 사업을 영위하는 기업인 에코에너지, 바이오메탄서울, 바이오메탄코리아, 에코퓨얼 등 4개의 비상장 계열사를 보유한 지주회사임. 에코에너지는 매립된 쓰레기에서 발생되는 매립가스 발전사업을, 바이오메탄서울은 서남물재생센터의 바이오가스 사업 시설관리업을, 바이오메탄코리아는 바이오가스 플랜트 건설업을 각각 영위함. 2015년 국내 최대 규모의 유기성폐기물 자원화 사업을 영위하는 그린에너지개발의 지분 16.1%를 인수함.

실적 분석
동사의 연결기준 2017년 2분기 누적매출액은 전년동기 대비 54.7% 증가한 179.2억원을 기록함. 판관비 증가에도 불구하고 원가율이 개선됨에 따라 영업이익은 전년동기 대비 226.3% 증가한 55.0억원을 기록하였음. 지난 19기 주주총회에서 신 사업으로 바이오황 사업의 진출을 선언함. 그 후 2차 전처리 설비의 완공을 통해 바이오황의 연간 생산 능력을 두 배 수준으로 끌어 올림으로써 연간 약 8천톤 이상의 바이오황을 확보.

현금 흐름 〈단위 : 억원〉
항목	2016	2017.2Q
영업활동	-69	3
투자활동	2	-64
재무활동	35	103
순현금흐름	-31	42
기말현금	6	48

시장 대비 수익률

결산 실적 〈단위 : 억원〉
항목	2012	2013	2014	2015	2016	2017
매출액	565	429	291	402	199	—
영업이익	103	100	172	200	18	—
당기순이익	37	27	122	109	-89	—

분기 실적 〈단위 : 억원〉
항목	2016.1Q	2016.2Q	2016.3Q	2016.4Q	2017.1Q	2017.2Q
매출액	79	37	48	36	68	111
영업이익	15	2	26	-25	15	40
당기순이익	10	0	21	-120	3	-2

재무 상태 〈단위 : 억원〉
항목	2012	2013	2014	2015	2016	2017.2Q
총자산	1,482	1,518	1,490	1,318	1,174	1,342
유형자산	17	26	55	72	31	30
무형자산	324	298	253	196	131	116
유가증권	25	20	17	17	17	17
총부채	1,173	1,177	1,028	749	442	609
총차입금	617	638	527	425	211	361
자본금	22	22	45	45	54	54
총자본	308	341	462	569	731	732
지배주주지분	311	339	461	571	742	744

기업가치 지표
항목	2012	2013	2014	2015	2016	2017.2Q
주가(최고/저)(천원)	6.8/4.3	8.1/4.7	11.4/7.7	26.7/8.8	26.3/9.9	—/—
PER(최고/저)(배)	16.5/10.5	27.0/15.7	8.6/5.7	22.0/7.2	—/—	1.9/1.2
PBR(최고/저)(배)	2.0/1.3	2.2/1.3	3.1/1.5	4.3/1.4	3.8/1.4	1.9/1.2
EV/EBITDA(배)	7.7	8.9	5.9	10.1	51.2	
EPS(원)	413	299	1,338	1,216	-806	9
BPS(원)	1,396	1,519	5,177	6,408	6,928	6,942
CFPS(원)	211	180	1,524	1,383	-697	50
DPS(원)	—	—	—	—	—	—
EBITDAPS(원)	503	504	2,068	2,365	292	553

재무 비율 〈단위 : %〉
연도	영업이익률	순이익률	부채비율	차입금비율	ROA	ROE	유보율	자기자본비율	EBITDA마진율
2016	9.1	-44.4	60.5	28.9	-7.1	-12.1	1,285.5	62.3	14.5
2015	49.6	27.2	131.6	74.7	7.8	21.7	1,181.5	43.2	52.4
2014	59.0	41.8	222.5	114.0	8.1	30.8	935.4	31.0	63.3
2013	23.3	6.2	345.5	187.3	1.8	8.5	1,419.5	22.5	26.2

에코프로 (A086520)
ECOPRO

업 종 : 전자 장비 및 기기		시 장 : KOSDAQ	
신용등급 : (Bond) — (CP) —		기업규모 : 벤처	
홈 페 이 지 : www.ecopro.co.kr		연 락 처 : 043)240-7700	
본 사 : 충북 청주시 청원구 오창읍 과학산업2로 587-40			

설 립 일 1998.10.22	종 업 원 수 149명	대 표 이 사 이동채	
상 장 일 2007.07.20	감사의견 적정 (한영)	계 열	
결 산 기 12월	보 통 주 2,209만주	종속회사수 3개사	
액 면 가 500원	우 선 주	구 상 호 에코프로	

주주구성 (지분율,%)
이동채	12.7
이룸티앤씨	3.7
(외국인)	2.3

출자관계 (지분율,%)
에코프로비엠	72.0
에코프로GEM	69.0
에코프로이노베이션	64.0

주요경쟁사 (외형,%)
에코프로	100
자화전자	175
코리아써키트	320

매출구성
[에코프로비엠]양극활물질 및 전구체	57.7
양극활물질 및 전구체	23.9
유해가스제거	11.3

비용구성
매출원가율	83.1
판관비율	11.0

수출비중
수출	82.0
내수	18.0

회사 개요
동사는 환경 오염 방지 관련 소재 및 설비 산업, 정밀화학소재 제조 및 판매업, 에너지 절약 소재 및 설비 산업, 이차 전지 소재 제조 및 판매업, 부동산 및 설비 임대업 등을 주요 사업으로 영위하고 있음. 이차전지 핵심소재 사업을 영위하는 에코프로비엠과 에코프로 GEM, 환경소재와 온실가스 저감장치, 전지소재 제조 및 판매를 주요 사업으로 영위하는 에코프로이노베이션을 연결대상 종속회사로 보유함.

실적 분석
2017년 상반기 연결기준 동사 매출은 전년동기 대비 83% 증가한 1,442.7억원을 기록. 영업이익은 전년도 같은 기간보다 220.1% 증가한 147.9억원을 기록함. 당기순이익 역시 153.7% 증가한 82.4억원을 시현함. 주요 수익원인 에코프로의 2차전지 소재산업은 국내 유일의 High Nickel계 양극소재 기술확보로 지속적인 매출성장이 기대됨.

현금 흐름 〈단위 : 억원〉
항목	2016	2017.2Q
영업활동	37	150
투자활동	-985	-518
재무활동	1,118	408
순현금흐름	171	40
기말현금	216	255

시장 대비 수익률

결산 실적 〈단위 : 억원〉
항목	2012	2013	2014	2015	2016	2017
매출액	798	596	832	1,073	1,705	—
영업이익	56	13	72	58	101	—
당기순이익	6	-80	15	2	-72	—

분기 실적 〈단위 : 억원〉
항목	2016.1Q	2016.2Q	2016.3Q	2016.4Q	2017.1Q	2017.2Q
매출액	397	392	446	471	716	726
영업이익	31	15	27	28	79	69
당기순이익	18	15	0	-105	30	52

재무 상태 〈단위 : 억원〉
항목	2012	2013	2014	2015	2016	2017.2Q
총자산	1,714	1,754	1,855	2,205	3,464	4,076
유형자산	945	1,034	1,035	1,186	1,636	2,029
무형자산	129	165	208	209	203	201
유가증권	3	3	5	5	12	5
총부채	971	1,007	1,089	1,187	1,727	2,129
총차입금	864	888	966	996	1,366	1,683
자본금	65	70	70	85	107	110
총자본	743	747	766	1,018	1,737	1,946
지배주주지분	743	747	766	1,018	1,444	1,572

기업가치 지표
항목	2012	2013	2014	2015	2016	2017.2Q
주가(최고/저)(천원)	13.6/4.9	10.9/5.8	9.5/6.1	13.2/6.2	15.5/8.7	—/—
PER(최고/저)(배)	314.0/113.8		96.5/61.5	1,115.6/518.7	—/—	
PBR(최고/저)(배)	2.7/1.0	2.2/1.2	1.9/1.2	2.3/1.1	2.3/1.3	2.9/1.4
EV/EBITDA(배)	10.1	12.9	9.2	14.2	12.8	
EPS(원)	43	-536	99	12	-456	217
BPS(원)	5,141	5,055	5,187	6,003	6,757	7,160
CFPS(원)	726	321	1,061	1,015	508	689
DPS(원)	—	—	—	—	—	—
EBITDAPS(원)	1,068	959	1,449	1,376	1,487	1,145

재무 비율 〈단위 : %〉
연도	영업이익률	순이익률	부채비율	차입금비율	ROA	ROE	유보율	자기자본비율	EBITDA마진율
2016	5.9	-4.2	99.4	78.6	-2.6	-7.2	1,251.4	50.2	16.9
2015	5.4	0.2	116.6	97.8	0.1	0.2	1,100.6	46.2	20.0
2014	8.7	1.8	142.1	126.1	0.8	2.0	992.7	41.3	25.7
2013	2.2	-13.4	134.9	119.0	-4.6	-10.7	964.9	42.6	23.5

에코플라스틱 (A038110)
Ecoplastic

업　　종 : 자동차부품　　　　　　　　　　　시　　장 : KOSDAQ
신용등급 : (Bond) —　　(CP) —　　　　　　　기업규모 : 우량
홈페이지 : www.eco-plastic.com　　　　　　연 락 처 : (054)770-3255
본　　사 : 경북 경주시 공단로 69번길 30 에코플라스틱(주)

설 립 일	1984.06.01	종업원수	639명	대표이사	서영종,김영석
상 장 일	2000.03.23	감사의견	적정 (삼정)	계	열
결 산 기	12월	보 통 주	2,270만주	종속회사수	6개사
액 면 가	500원	우 선 주		구 상 호	

주주구성 (지분율,%)		출자관계 (지분율,%)		주요경쟁사 (외형,%)	
서진오토모티브	33.0	아이아	100.0	에코플라스틱	100
Grantham, Mayo, Van Otterloo & Co. LLC (GMO)	4.1	코모스	69.5	삼성공조	8
(외국인)	0.7	ECOPLASTIC Automotive America		현대공업	20

매출구성		비용구성		수출비중	
BUMPER(제품)	39.8	매출원가율	95.5	수출	55.0
CONSOLE(제품)	32.1	판관비율	3.7	내수	45.0
(제품)기타(소물TRIM류)	16.7				

회사 개요
동사는 자동차 내,외장용 플라스틱 부품 및 금형을 제조, 판매하는 업체로 현대자동차의 기아자동차의 Bumper류를 주로 생산함. 주요 제품은 범퍼와 콘솔, 메인코어 등이며, 이중 동사의 현대차용 Bumper류 점유율은 약 61% 수준임. 동종 제품을 현대차에 납품하는 경쟁업체는 LG하우시스와 BMI 등이 있으며, 동사의 종속회사인 아이아는 범퍼와 함께 고무류인 마운트와 웨더스트립을 현대차와 기아차에 납품하고 있음.

실적 분석
동사의 2017년도 2분기 연결기준 누적 매출액은 5629억원으로 전년동기 대비 0.5% 증가함. 2017년 수출은 전년도 부진으로 인한 기저효과와 함께 고급 브랜드 해외런칭 확대에 따른 수출단가 상승, 신흥시장의 경기회복세 기대결된 FTA 관세인하에 따른 경영환경 개선 등으로 증가를 기대함. 또한, 2016년 차량경량화를 위해 설립한 에코플라스틱의 4공장의 생산성 향상과 기술 개발을 기대함.

현금 흐름 〈단위 : 억원〉
항목	2016	2017.2Q
영업활동	308	-72
투자활동	-686	-119
재무활동	346	202
순현금흐름	-29	10
기말현금	40	50

시장 대비 수익률

결산 실적 〈단위 : 억원〉
항목	2012	2013	2014	2015	2016	2017
매출액	8,321	9,682	10,759	11,403	10,931	—
영업이익	52	80	109	107	84	—
당기순이익	29	22	57	48	51	—

분기 실적 〈단위 : 억원〉
항목	2016.1Q	2016.2Q	2016.3Q	2016.4Q	2017.1Q	2017.2Q
매출액	2,773	2,831	2,280	3,047	2,709	2,920
영업이익	7	18	-68	127	2	3
당기순이익	-6	22	-61	96	-14	-5

재무 상태 〈단위 : 억원〉
항목	2012	2013	2014	2015	2016	2017.2Q
총자산	4,302	4,725	5,202	5,795	5,924	6,098
유형자산	2,643	2,922	3,199	3,541	3,725	3,592
무형자산	49	69	68	68	104	100
유가증권	3	3	3	3	12	12
총부채	3,172	3,557	3,958	4,495	4,559	4,758
총차입금	991	1,203	1,364	1,730	2,064	2,269
자본금	95	95	108	111	113	113
총자본	1,129	1,168	1,244	1,300	1,365	1,341
지배주주지분	1,054	1,103	1,177	1,229	1,288	1,254

기업가치 지표
항목	2012	2013	2014	2015	2016	2017.2Q
주가(최고/저)(천원)	2.6/1.8	2.2/1.8	3.8/1.9	4.1/2.1	3.9/2.3	—/—
PER(최고/저)(배)	16.4/11.5	14.5/12.0	15.0/7.4	20.5/10.3	20.4/12.4	—/—
PBR(최고/저)(배)	0.5/0.4	0.4/0.3	0.7/0.4	0.8/0.4	0.7/0.4	0.5/0.4
EV/EBITDA(배)	4.8	4.1	4.1	4.2	4.8	—/—
EPS(원)	175	160	267	207	191	-121
BPS(원)	5,593	5,851	5,485	5,576	5,673	5,527
CFPS(원)	1,483	1,780	2,018	2,079	2,131	884
DPS(원)	50	50	50	50	20	
EBITDAPS(원)	1,581	2,043	2,296	2,363	2,309	1,024

재무 비율 〈단위 : % 〉
연도	영업이익률	순이익률	부채비율	차입금비율	ROA	ROE	유보율	자기자본비율	EBITDA마진율
2016	0.8	0.5	334.0	151.2	0.9	3.4	1,034.6	23.0	4.8
2015	0.9	0.4	345.7	133.0	0.9	3.7	1,015.1	22.4	4.5
2014	1.0	0.5	318.3	109.7	1.2	4.7	997.0	23.9	4.3
2013	0.8	0.2	304.5	103.0	0.5	2.8	1,070.2	24.7	4.0

에프알텍 (A073540)
FRTEK

업　　종 : 통신장비　　　　　　　　　　　시　　장 : KOSDAQ
신용등급 : (Bond) —　　(CP) —　　　　　　　기업규모 : 벤처
홈페이지 : www.frtek.co.kr　　　　　　　　연 락 처 : (031)470-1515
본　　사 : 경기도 안양시 동안구 시민대로327번길 11-25(관양동, 에프알텍타워)

설 립 일	2000.10.13	종업원수	90명	대표이사	남재국
상 장 일	2007.05.18	감사의견	적정 (대주)	계	열
결 산 기	12월	보 통 주	1,140만주	종속회사수	2개사
액 면 가	500원	우 선 주		구 상 호	

주주구성 (지분율,%)		출자관계 (지분율,%)		주요경쟁사 (외형,%)	
남재국	36.1	피플앤아이티	13.3	에프알텍	100
한국증권금융	3.9	하우앳	10.0	기산텔레콤	270
(외국인)	0.9	엠오에스부산	6.6	백금T&A	275

매출구성		비용구성		수출비중	
통신장비 (인빌딩중계기, LTE중계기 등)	63.5	매출원가율	83.5	수출	1.0
LED 조명 등	35.0	판관비율	39.6	내수	99.0
임대매출	1.5				

회사 개요
동사는 이동전화중계기와 휴대인터넷중계기, 광전송장비 및 조명장치 관련제품의 제조, 판매 등을 주 영업목적으로2000년 10월 13일에 설립되어 2007년 5월 18일에 코스닥에 상장함. 현재 이동통신시장은 스마트폰 활성화 및 LTE가입자의 가파른 증가에 따라 무선 데이타 트래픽이 급증하고 있으며 이동통신 사업자는 추가주파수 확보가 필요한 상황으로 동사의 영업환경에 긍정적인 영향을 줄 것으로 기대함.

실적 분석
2017년 반기 매출액과 영업이익은 전년동기 대비 각각 106.7% 증가, 적자지속된 141.1억원, -26.4억원을 기록함. 이동통신 중계기 부문 매출이 3배 가까이 증가하며 외형성장 하였으나 판관비 또한 큰 폭으로 증가, 영업적자 기록. 일본과 미국 현지법인 설립을 글로벌 기업으로 한 단계 도약하기 위해 역량을 집중하고 있음. 중장기발전을 위해 공장신설에 100억 규모 투자 공시함.

현금 흐름 〈단위 : 억원〉
항목	2016	2017.2Q
영업활동	-47	-41
투자활동	-22	-87
재무활동	28	131
순현금흐름	-41	3
기말현금	20	23

시장 대비 수익률

결산 실적 〈단위 : 억원〉
항목	2012	2013	2014	2015	2016	2017
매출액	792	556	323	428	219	—
영업이익	103	93	23	-5	-51	—
당기순이익	91	81	26	2	-41	—

분기 실적 〈단위 : 억원〉
항목	2016.1Q	2016.2Q	2016.3Q	2016.4Q	2017.1Q	2017.2Q
매출액	47	22	50	101	66	75
영업이익	-11	-19	-15	-6	-10	-16
당기순이익	-11	-15	-11	-4	-4	-15

재무 상태 〈단위 : 억원〉
항목	2012	2013	2014	2015	2016	2017.2Q
총자산	465	586	519	622	529	630
유형자산	79	151	180	278	228	316
무형자산	11	12	9	8	5	4
유가증권	6	8	8	9	3	3
총부채	161	200	107	208	156	277
총차입금		24	24	51	73	205
자본금	29	57	57	57	57	57
총자본	304	386	412	414	373	352
지배주주지분	304	386	411	414	373	352

기업가치 지표
항목	2012	2013	2014	2015	2016	2017.2Q
주가(최고/저)(천원)	2.6/0.9	5.6/2.0	4.6/2.2	5.2/2.0	4.0/2.5	—/—
PER(최고/저)(배)	3.4/1.2	8.0/2.9	19.7/9.5	251.1/99.1	—/—	—/—
PBR(최고/저)(배)	1.0/0.4	1.7/0.6	1.3/0.6	1.4/0.6	1.2/0.8	1.3/1.0
EV/EBITDA(배)	0.3	0.9	4.2			
EPS(원)	801	714	233	21	-362	-171
BPS(원)	5,418	6,776	3,610	3,631	3,270	3,090
CFPS(원)	1,684	1,492	265	53	-323	-131
DPS(원)	125	100				
EBITDAPS(원)	1,895	1,693	232	-8	-407	-192

재무 비율 〈단위 : % 〉
연도	영업이익률	순이익률	부채비율	차입금비율	ROA	ROE	유보율	자기자본비율	EBITDA마진율
2016	-23.2	-18.8	41.8	19.5	-7.2	-10.5	554.0	70.5	-21.1
2015	-1.1	0.5	50.3	12.4	0.4	0.6	626.2	66.6	-0.2
2014	7.1	8.1	26.1	5.9	4.8	6.7	621.9	79.3	8.2
2013	16.7	14.7	51.8	6.3	15.5	23.6	1,255.2	65.9	17.4

에프앤가이드 (A064850)
FnGuide

업 종 : IT 서비스		시 장 : KONEX	
신용등급 : (Bond) — (CP) —		기업규모 :	
홈 페 이 지 : www.fnguide.com		연 락 처 : 02)769-7700	
주 소 : 서울시 영등포구 의사당대로 143 금융투자센터빌딩 4층			

설 립 일 2000.07.05	종 업 원 수 65명	대 표 이 사 김군호
상 장 일 2013.07.01	감 사 의 견 적정 (성지)	계 열
결 산 기 12월	보 통 주	종 속 회 사 수
액 면 가	우 선 주	구 상 호

주주구성 (지분율,%)
김군호	16.2
화천기계	7.9

출자관계 (지분율,%)
에프앤자산평가	45.0
펀드온라인코리아	2.6

주요경쟁사 (외형,%)
에프앤가이드	100
바른테크놀로지	272
씨아이테크	190

매출구성
데이터제공(제품)	95.2
솔루션구축(용역)	4.8

비용구성
매출원가율	43.1
판관비율	50.8

수출비중
수출	2.0
내수	98.0

회사 개요
동사는 금융 데이터 제공업체로서, 국내 수위의 시장점유율을 보유하고 있음. 국내외 금융 투자업계, 연기금, 일반기업, 대학, 연구소 등 광범위한 고객층을 확보하고 있으며 사업 초기 기업분석용 재무 데이터 유통에서 지수, 산업분석, 리스크 관리 등 고부가가치 데이터 가공으로 영역 확대 중임. 동사장은 국내 금융시장의 양적 확대와 고도화, 해외 데이터 등 새로운 수요의 지속적인 발생에 따라 꾸준한 성장 추세를 시현할 것으로 기대됨.

실적 분석
동사의 2017년 상반기 연결기준 누적 매출액은 51.4억원으로 전년 동기 대비 6% 증가함. 매출이 증가하면서 판매비와 관리비도 늘었지만 매출 증가에 따른 고정비용 감소효과로 인해 영업이익은 전년 동기 대비 22.2% 증가한 7억원을 시현함. 비영업손익 부문에서도 흑자 폭이 확대되면서 당기순이익은 전년 동기 대비 무려 72.4% 증가한 14.7억원을 기록함.

현금 흐름 *IFRS 별도 기준 〈단위 : 억원〉
항목	2016	2017.2Q
영업활동	11	14
투자활동	-29	-25
재무활동	-3	24
순현금흐름	-20	13
기말현금	18	31

결산 실적 〈단위 : 억원〉
항목	2012	2013	2014	2015	2016	2017
매출액	103	96	90	96	97	—
영업이익	21	15	10	11	6	—
당기순이익	17	10	7	13	9	—

분기 실적 *IFRS 별도 기준 〈단위 : 억원〉
항목	2016.1Q	2016.2Q	2016.3Q	2016.4Q	2017.1Q	2017.2Q
매출액	23	25	24	25	25	27
영업이익	1	4	1	-0	1	7
당기순이익	4	4	3	-1	4	11

재무 상태 *IFRS 별도 기준 〈단위 : 억원〉
항목	2012	2013	2014	2015	2016	2017.2Q
총자산	121	123	125	135	146	193
유형자산	4	4	4	4	4	38
무형자산	4	4	4	2	3	6
유가증권	32	56	56	53	81	79
총부채	23	19	16	16	20	56
총차입금	—	—	—	—	—	27
자본금	35	35	35	35	35	35
총자본	98	104	109	119	126	137
지배주주지분	98	104	109	119	126	137

기업가치 지표 *IFRS 별도 기준
항목	2012	2013	2014	2015	2016	2017.2Q
주가(최고/저)(천원)	—/—	2.5/1.3	2.3/1.1	3.6/1.2	3.7/2.7	—/—
PER(최고/저)(배)	0.0/0.0	18.0/9.1	22.1/10.2	19.7/6.4	26.6/19.9	—/—
PBR(최고/저)(배)	0.0/0.0	1.8/0.9	1.5/0.7	2.2/0.7	2.1/1.5	1.7/0.0
EV/EBITDA(배)	—	3.3	4.1	10.5	13.4	—
EPS(원)	247	147	108	188	139	211
BPS(원)	1,401	1,493	1,563	1,711	1,810	1,966
CFPS(원)	290	189	153	231	187	233
DPS(원)	50	40	40	40	40	—
EBITDAPS(원)	350	260	185	201	133	122

재무 비율 〈단위 : %〉
연도	영업이익률	순이익률	부채비율	차입금비율	ROA	ROE	유보율	자기자본비율	EBITDA마진율
2016	6.1	10.0	15.6	0.0	6.9	7.9	262.0	86.5	9.5
2015	11.5	13.7	13.6	0.0	10.1	11.5	242.2	88.0	14.7
2014	10.9	8.4	14.7	0.0	6.1	7.0	212.5	87.2	14.4
2013	15.9	10.7	18.3	0.0	9.0	10.2	198.5	84.6	19.0

에프앤리퍼블릭 (A064090)
FN REPUBLIC COLTD

업 종 : 개인생활용품		시 장 : KOSDAQ	
신용등급 : (Bond) — (CP) —		기업규모 : 중견	
홈 페 이 지 : www.hyhitao.co.kr		연 락 처 : 032)326-8052	
주 소 : 경기도 부천시 오정구 석천로 345, 301동 901호			

설 립 일 1991.09.30	종 업 원 수 48명	대 표 이 사 오창근
상 장 일 2002.12.17	감 사 의 견 적정 (우리)	계 열
결 산 기 12월	보 통 주 4,987만주	종 속 회 사 수 1개사
액 면 가 500원	우 선 주	구 상 호 휴바이론

주주구성 (지분율,%)
에프앤코스메딕스	17.1
제이준글로벌	14.3
(외국인)	0.7

출자관계 (지분율,%)
에프앤엔터테인먼트	100.0
비잉코리아	18.2
애덜린	7.4

주요경쟁사 (외형,%)
에프앤리퍼블릭	100
한국화장품제조	119
코리아나	227

매출구성
화장품 등	76.4
CCTV Camera	11.6
출연료 외	6.0

비용구성
매출원가율	103.3
판관비율	19.7

수출비중
수출	19.0
내수	81.0

회사 개요
동사는 1991년에 설립된 CCTV 제조 및 판매 기업으로, CCTV 카메라 및 DVR등 CCTV 시스템을 전문으로 제조, 판매하고 있음. 2015년 8월에 경영양수도를 통해 화장품 제조 판매기업인 오킴스하이타오가 최대주주가 되며 사명을 휴바이론으로 변경하고 중국 알리바바그룹 계열의 전자상거래 사이트인 하이타오글로벌에 화장품 등의 한국 상품을 독점공급하는 유통사업을 추가함.

실적 분석
동사의 2017년 상반기 연결기준 누적매출액은 194.2억원으로 전년동기대비 39.3% 감소함. 매출 감소에도 불구하고 원가율 개선과 판관비 절감으로 영업이익은 16억원을 기록하며 흑자전환함. 중국의 세제개편을 시작으로 중국과 중국간의 정치적, 경제적 상황으로 인해 사업진행의 어려움이 있었으나 유통사업이 본격적으로 시작되면서 연결대상회사가 증가했으며, 이로 인해 매출이 확대됨. 화장품 유통 사업이 수익 개선에 크게 기여함.

현금 흐름 〈단위 : 억원〉
항목	2016	2017.2Q
영업활동	-37	14
투자활동	-4	27
재무활동	25	334
순현금흐름	-16	375
기말현금	35	410

결산 실적 〈단위 : 억원〉
항목	2012	2013	2014	2015	2016	2017
매출액	266	268	230	191	547	—
영업이익	-9	-3	5	-48	-126	—
당기순이익	-20	-26	40	-61	-158	—

분기 실적 〈단위 : 억원〉
항목	2016.1Q	2016.2Q	2016.3Q	2016.4Q	2017.1Q	2017.2Q
매출액	115	205	123	104	128	67
영업이익	-21	-13	-25	-67	15	1
당기순이익	-24	-26	-4	-104	26	6

재무 상태 〈단위 : 억원〉
항목	2012	2013	2014	2015	2016	2017.2Q
총자산	201	182	182	286	204	666
유형자산	42	38	35	33	21	19
무형자산	1	0	0	1	9	4
유가증권	3	0	0	3	17	20
총부채	112	114	47	152	104	304
총차입금	73	65	12	137	80	146
자본금	88	88	111	121	146	239
총자본	89	68	135	134	100	363
지배주주지분	89	68	135	130	96	363

기업가치 지표
항목	2012	2013	2014	2015	2016	2017.2Q
주가(최고/저)(천원)	1.5/0.6	1.1/0.6	1.1/0.5	17.5/0.5	9.1/1.3	—/—
PER(최고/저)(배)	—/—	—/—	4.9/2.3	—/—	—/—	—/—
PBR(최고/저)(배)	2.6/1.1	2.5/1.3	1.6/0.8	29.8/0.9	24.5/3.6	4.1/1.4
EV/EBITDA(배)	—	—	46.4	10.7	—	—
EPS(원)	-120	-150	218	-268	-558	93
BPS(원)	576	459	662	588	371	760
CFPS(원)	-83	-114	248	-243	-534	100
DPS(원)	—	—	—	—	—	—
EBITDAPS(원)	-17	19	58	-186	-419	53

재무 비율 〈단위 : %〉
연도	영업이익률	순이익률	부채비율	차입금비율	ROA	ROE	유보율	자기자본비율	EBITDA마진율
2016	-23.0	-28.8	일부잠식	일부잠식	-64.4	-140.4	-25.8	49.1	-21.7
2015	-25.1	-32.1	113.5	102.0	-26.2	-46.2	17.6	46.8	-22.1
2014	2.2	17.4	35.2	8.9	21.9	39.2	32.3	74.0	4.6
2013	-1.1	-9.8	일부잠식	일부잠식	-13.7	-33.4	-8.1	37.5	1.3

에프앤에프 (A007700)
F&F

업　　종 : 섬유 및 의복　　　　　　　시　　장 : 거래소
신용등급 : (Bond) —　　(CP) —　　기업규모 : 시가총액 소형주
홈페이지 : www.fnf.co.kr　　　　　연 락 처 : 02)520-0001
본　　사 : 서울시 강남구 언주로 541(역삼동,외 에프앤에프빌딩)

설 립 일	1972.02.24	종 업 원 수	329명	대 표 이 사	김창수
상 장 일	1984.10.04	감 사 의 견	적정 (대성)	계 열	
결 산 기	12월	보 통 주	1,540만주	종속회사수	2개사
액 면 가	500원	우 선 주	—	구 상 호	

주주구성 (지분율,%)		출자관계 (지분율,%)		주요경쟁사 (외형,%)	
김창수	45.0	에프앤에프로지스틱스	100.0	F&F	100
Morgan Stanley & co. International Limited	5.0	한국패션유통물류	3.9	TBH글로벌	165
(외국인)	17.1	에프앤에프상하이	100.0	태평양물산	197

매출구성		비용구성		수출비중	
DISCOVERY	48.3	매출원가율	41.8	수출	0.0
MLB	29.5	판관비율	47.8	내수	100.0
MLB KIDS	14.0				

회사 개요
동사는 1972년 설립되며 도서출판 및 인쇄업을 주요 사업으로 영위함 의류, 출판, 고속도로 휴게소 사업에도 진출했으나 2002년 출판과 휴게소 사업을 인적분할하였음. 동사는 레노마 스포츠와 MLB 라이센스 브랜드를 통해 크게 성장하였으며, 2010년 키즈 라인인 MLB 키즈 브랜드도 도입함. 패션 아울렛 콜렉티드 죽전점을 오픈해 종합 패션 유통기업으로 기반을 다져나가고 있음. '쟈르뎅 페르뒤'라는 그린 바를 오픈해 외식사업에도 진출했음.

실적 분석
동사의 2017년 상반기 연결 매출액은 전년 동기 대비 21.9% 상승한 2,151.8억원을 기록함. 비용 면에서 전년동기대비 매출원가는 증가하였으며 인건비도 증가, 광고선전비도 증가, 기타판매비와 관리비도 마찬가지로 증가. 이와 같이 상승한 매출액 만큼 비용 증가도 있었으나 매출액의 더 큰 상승에 힘입어 그에 따라 전년동기대비 영업이익은 292.5억원으로 193.3% 상승함. 당기순이익은 230.4억원으로 523.6% 증가함.

현금 흐름 〈단위 : 억원〉

항목	2016	2017.2Q
영업활동	558	406
투자활동	167	-383
재무활동	-626	-54
순현금흐름	99	-31
기말현금	100	69

시장 대비 수익률

결산 실적 〈단위 : 억원〉

항목	2012	2013	2014	2015	2016	2017
매출액	2,008	2,224	3,014	3,700	4,390	
영업이익	70	72	121	188	456	
당기순이익	81	84	140	124	302	

분기 실적 〈단위 : 억원〉

항목	2016.1Q	2016.2Q	2016.3Q	2016.4Q	2017.1Q	2017.2Q
매출액	917	848	919	1,706	1,125	1,027
영업이익	46	53	61	296	147	145
당기순이익	5	32	44	222	120	111

재무 상태 〈단위 : 억원〉

항목	2012	2013	2014	2015	2016	2017.2Q
총자산	2,123	2,778	3,227	3,334	3,056	2,943
유형자산	729	843	951	812	773	808
무형자산	12	15	13	9	10	30
유가증권	17	7	7	7	7	—
총부채	416	1,003	1,331	1,338	789	500
총차입금	58	477	684	596	—	—
자본금	77	77	77	77	77	77
총자본	1,707	1,775	1,895	1,996	2,267	2,443
지배주주지분	1,707	1,775	1,895	1,996	2,267	2,443

기업가치 지표

항목	2012	2013	2014	2015	2016	2017.2Q
주가(최고/저)(천원)	7.5/5.3	7.6/5.6	15.3/6.8	25.4/12.7	17.5/11.8	—/—
PER(최고/저)(배)	15.4/10.8	14.7/10.9	17.6/7.8	32.4/16.2	9.1/6.1	—/—
PBR(최고/저)(배)	0.7/0.5	0.7/0.5	1.3/0.6	2.0/1.0	1.2/0.8	2.1/1.0
EV/EBITDA(배)	8.2	13.2	16.1	12.7	4.9	
EPS(원)	526	544	908	808	1,963	1,496
BPS(원)	11,083	11,526	12,307	12,964	14,721	15,864
CFPS(원)	841	844	1,333	1,293	2,421	1,735
DPS(원)	100	100	150	200	350	
EBITDAPS(원)	770	767	1,209	1,703	3,421	2,139

재무 비율 〈단위 : %〉

연도	영업이익률	순이익률	부채비율	차입금비율	ROA	ROE	유보율	자기자본비율	EBITDA마진율
2016	10.4	6.9	34.8	0.0	9.5	14.2	2,844.2	74.2	12.0
2015	5.1	3.4	67.0	29.8	3.8	6.4	2,492.7	59.9	7.1
2014	4.0	4.6	70.3	36.1	4.7	7.6	2,361.4	58.7	6.2
2013	3.2	3.8	56.5	26.9	3.4	4.8	2,205.3	63.9	5.3

에프에스티 (A036810)
FINE SEMITECH

업　　종 : 반도체 및 관련장비　　　　시　　장 : KOSDAQ
신용등급 : (Bond) —　　(CP) —　　기업규모 : 벤처
홈페이지 : www.fstc.co.kr　　　　　연 락 처 : 031)370-0900
본　　사 : 경기도 화성시 동탄면 동탄산단6길 15-23

설 립 일	1987.09.29	종 업 원 수	442명	대 표 이 사	장명식,유장동(각자대표이사)
상 장 일	2000.01.18	감 사 의 견	적정 (한울)	계 열	
결 산 기	12월	보 통 주	1,934만주	종속회사수	1개사
액 면 가	500원	우 선 주	—	구 상 호	

주주구성 (지분율,%)		출자관계 (지분율,%)		주요경쟁사 (외형,%)	
장명식	17.7	얼라이드센서텍	100.0	에프에스티	100
시엠테크놀로지	9.5	시옷플랫폼	90.0	KEC	203
(외국인)	1.2	클라넷	50.0	KMH하이텍	42

매출구성		비용구성		수출비중	
Chiller, 반도체공정장비, Laser drill	38.9	매출원가율	68.3	수출	8.0
반도체	28.0	판관비율	23.1	내수	92.0
반도체칩	18.7				

회사 개요
동사는 1987년에 설립된 반도체 재료 및 장비 전문업체임. 주요 생산 제품은 포토마스크용 보호막인 펠리클(Pellicle)과 반도체공정중 주로 Etching 식각공정에서 Process Chamber 내의 온도조건을 안정적으로 제어하는 온도조절장비인 칠러(Chiller) 등임. 펠리클은 국내에서 동사가 유일한 제조업체로 내수시장 점유율을 80% 이상 차지하고 있음. 신규사업으로 반도체 레이저 어닐링, EUV System 등을 추진 중임.

실적 분석
동사는 2017년 상반기 누적 매출액이 972.6억원으로 전년 동기 대비 121.7% 증가했고, 영업이익은 68.0억원으로 전년 동기 25.1억원에서 170.9% 증가하는 등 큰 폭의 성장세를 보임. 동사는 반도체 업황 호황에도 내수시장의 높은 점유율을 바탕으로 큰 폭의 매출 상승을 달성함. 매출과 영업이익 모두 2배 이상 늘었는데도 판매관리비의 증가율은 17.9%에 그쳐 수익성이 향상됨.

현금 흐름 〈단위 : 억원〉

항목	2016	2017.2Q
영업활동	147	-145
투자활동	-79	-15
재무활동	29	20
순현금흐름	99	-140
기말현금	193	53

시장 대비 수익률

결산 실적 〈단위 : 억원〉

항목	2012	2013	2014	2015	2016	2017
매출액	652	664	668	846	1,123	
영업이익	26	49	52	87	97	
당기순이익	12	24	28	65	50	

분기 실적 〈단위 : 억원〉

항목	2016.1Q	2016.2Q	2016.3Q	2016.4Q	2017.1Q	2017.2Q
매출액	204	234	371	314	436	53
영업이익	14	11	35	37	29	3
당기순이익	12	-2	25	15	17	2

재무 상태 〈단위 : 억원〉

항목	2012	2013	2014	2015	2016	2017.2Q
총자산	935	955	933	1,094	1,282	1,33
유형자산	437	466	488	617	626	61
무형자산	39	39	38	49	47	5
유가증권	19	2	13	12	26	2
총부채	534	529	469	552	688	70
총차입금	451	428	376	428	462	50
자본금	70	70	72	82	82	8
총자본	401	426	464	542	594	62
지배주주지분	401	426	464	542	594	62

기업가치 지표

항목	2012	2013	2014	2015	2016	2017.2Q
주가(최고/저)(천원)	5.0/1.9	4.9/2.4	3.3/2.1	7.4/2.5	4.7/3.5	—/—
PER(최고/저)(배)	64.2/24.5	29.9/14.9	17.8/11.3	18.6/6.2	15.8/11.6	—/—
PBR(최고/저)(배)	1.7/0.7	1.6/0.8	1.0/0.6	2.2/0.7	1.2/0.9	1.3/1
EV/EBITDA(배)	17.4	9.2	7.3	8.5	6.6	
EPS(원)	83	174	197	415	306	27
BPS(원)	3,127	3,307	3,472	3,585	3,904	4,11
CFPS(원)	291	412	448	628	589	62
DPS(원)			80	80	80	
EBITDAPS(원)	392	592	618	773	874	56

재무 비율 〈단위 : %〉

연도	영업이익률	순이익률	부채비율	차입금비율	ROA	ROE	유보율	자기자본비율	EBITDA마진율
2016	8.6	4.5	115.8	77.7	4.2	8.8	680.8	46.3	14
2015	10.3	7.7	101.9	79.0	6.4	12.9	616.9	49.5	14
2014	7.7	4.1	101.1	81.1	2.9	6.2	594.4	49.7	13
2013	7.4	3.7	124.3	100.6	2.6	5.9	561.4	44.6	12

에프엔씨애드컬쳐 (A063440)
FNC ADD CULTURE

업 종 : 미디어		시 장 : KOSDAQ	
신용등급 : (Bond) — (CP) —		기업규모 : 중견	
홈페이지 : www.fncadc.com		연 락 처 : 031)955-7171	
본 사 : 경기도 파주시 직지길 376			

설 립 일	1998.12.29	종 업 원 수	95명	대 표 이 사	안석준
상 장 일	2002.05.22	감 사 의 견	적정(성운)	계 열	
결 산 기	12월	보 통 주	3,831만주	종속회사수	2개사
액 면 가	500원	우 선 주		구 상 호	케이디미디어

주주구성 (지분율,%)		출자관계 (지분율,%)		주요경쟁사 (외형,%)	
에프엔씨엔터	30.3	에프엔씨프로덕션	100.0	에프엔씨애드컬쳐	100
한성호	8.3	필름부티크	80.0	팬엔터테인먼트	311
(외국인)	2.0	일렉트론바이오	9.1	빅텐츠	329

매출구성		비용구성		수출비중	
연금복권	42.0	매출원가율	69.4	수출	12.0
영상유통	40.6	판관비율	51.8	내수	88.0
유가증권	13.7				

회사 개요
동사는 특수인쇄 제조 및 영화수입 및 배급사업을 영위하고 있으며, 영화편집 및 기획, 제작 사업을 영위하는 '케이프로덕션'을 계열회사로 보유함. 해외영업망 확장을 통한 수출 증대를 추진중이며, 패키지 미디어에서 디지털 미디어로의 전환을 위해 영상사업본부 '엠채널' 영화, 게임 다운로드 서비스를 2011년 12월부터 시작함. 온라인 다운로드 사업을 기반으로 영화, Digital Book 등 종합적인 엔터테인먼트 다운로드 서비스를 제공할 예정임.

실적 분석
동사의 연결기준 2017년 2분기 누적매출액은 150.5억원으로 전년동기 대비 162.2% 증가함. 다만 원가 부담이 증가하면서 매출총이익은 66.5% 증가했으나 판관비를 반영한 영업이익은 4.3억원, 6.7억원의 당기순이익을 기록하였으며 흑자전환에 성공함. 동사는 드라마·예능프로그램이 2분기부터 본격적으로 방송을 시작해 실적에 반영됐으며 특수인쇄 사업도 안정적으로 추진돼 매출과 영업이익이 2분기 연속 성장하는 성과를 거뒀음.

현금 흐름 〈단위 : 억원〉

항목	2016	2017.2Q
영업활동	-77	6
투자활동	-192	12
재무활동	258	-6
순현금흐름	-6	13
기말현금	21	34

시장 대비 수익률

결산 실적 〈단위 : 억원〉

항목	2012	2013	2014	2015	2016	2017
매출액	173	155	230	111	114	—
영업이익	-27	-49	-52	-17	-24	—
당기순이익	-48	-80	-64	-75	-36	—

분기 실적 〈단위 : 억원〉

항목	2016.1Q	2016.2Q	2016.3Q	2016.4Q	2017.1Q	2017.2Q
매출액	33	30	20	30	—	100
영업이익	-13	-1	-4	-6	—	3
당기순이익	-13	12	-4	-31	—	5

재무 상태 〈단위 : 억원〉

항목	2012	2013	2014	2015	2016	2017.2Q
총자산	307	368	267	232	436	459
유형자산	158	158	141	134	127	125
무형자산	6	18	13	8	18	10
유가증권	0	6	9	11	5	95
총부채	75	198	115	99	33	46
총차입금	35	162	59	48	—	—
자본금	54	59	77	96	195	195
총자본	232	171	152	133	403	414
지배주주지분	232	170	152	133	403	411

기업가치 지표

항목	2012	2013	2014	2015	2016	2017.2Q
주가(최고/저)(천원)	4.5/2.7	2.9/1.2	2.4/1.1	2.8/1.2	4.1/1.2	—/—
PER(최고/저)(배)	—/—	—/—	—/—	—/—	—/—	—/—
PBR(최고/저)(배)	1.9/1.1	1.8/0.7	2.2/1.0	3.7/1.7	3.8/1.2	1.8/1.2
EV/EBITDA(배)						—/—
EPS(원)	-478	-782	-491	-456	-119	17
BPS(원)	2,394	1,610	1,090	757	1,072	1,093
CFPS(원)	-403	-681	-398	-393	-82	68
DPS(원)						
EBITDAPS(원)	-197	-376	-311	-43	-43	62

재무 비율 〈단위 : %〉

연도	영업이익률	순이익률	부채비율	차입금비율	ROA	ROE	유보율	자기자본비율	EBITDA마진율
2016	-21.1	-31.4	8.1	0.0	-10.7	-13.3	110.4	92.5	-11.4
2015	-15.6	-67.2	74.6	35.7	-30.0	-52.7	45.7	57.3	-6.4
2014	-22.8	-27.8	76.0	38.7	-20.1	-39.5	107.8	56.8	-17.5
2013	-31.5	-51.7	115.9	95.0	-23.1	-39.9	202.3	46.3	-24.9

에프엔씨엔터테인먼트 (A173940)
FNC ENTERTAINMENT

업 종 : 미디어		시 장 : KOSDAQ	
신용등급 : (Bond) — (CP) —		기업규모 : 벤처	
홈페이지 : www.fncent.com		연 락 처 : 070)8680-9770	
본 사 : 서울시 강남구 도산대로 85길 46(청담동)			

설 립 일	2006.12.14	종 업 원 수	159명	대 표 이 사	한성호
상 장 일	2014.12.04	감 사 의 견	적정(한영)	계 열	
결 산 기	12월	보 통 주	1,436만주	종속회사수	5개사
액 면 가	500원	우 선 주		구 상 호	에프엔씨

주주구성 (지분율,%)		출자관계 (지분율,%)		주요경쟁사 (외형,%)	
한성호	22.0	에프엔씨아카데미	100.0	에프엔씨엔터	100
Suning Universal Media Co., Ltd.	22.0	에프엔씨애드컬쳐	48.3	키이스트	102
(외국인)	0.4	에프엔씨애드컬쳐	30.3	덱스터	35

매출구성		비용구성		수출비중	
용역사업	48.6	매출원가율	83.5	수출	41.0
공연기획	30.9	판관비율	19.2	내수	59.0
MD사업	7.5				

회사 개요
동사는 매니지먼트를 주요사업으로 영위하는 종합엔터테인먼트사로서 전속계약을 맺은 아티스트를 OSMU(One Source Multi Use)방식으로 음반 및 음원 사업, 콘서트 사업, 매니지먼트 사업 등의 다양한 사업을 펼치며 수익을 취하고 있음. 동사의 주요 아티스트로는 FT아일랜드, CNBLUE, AOA, 주니엘, 유재석, 정형돈, 이동건, 이다희 등이 있음.

실적 분석
동사의 연결기준 2017년 2분기 누적매출액은 513.9억원으로 전년동기 대비 21.8% 증가함. 이는 소속연예인의 활동 증대로 인한 매니지먼트 매출증가 및 FNC애드컬쳐 지분 인수에 따른 신규 연결포함으로 매출이 증가한 영향임. 반면 매니지먼트와 미디어콘텐츠 사업 포트폴리오 확장으로 비용이 증가, 1.3억원의 영업손실과 15.4억원의 당기순손실이 발생함. 동사는 신인 아티스트를 론칭, 라인업을 다각화하고 해외시장으로의 다변화를 추진하고자 함.

현금 흐름 〈단위 : 억원〉

항목	2016	2017.2Q
영업활동	-2	26
투자활동	-299	-53
재무활동	-49	-15
순현금흐름	-347	-42
기말현금	212	170

시장 대비 수익률

결산 실적 〈단위 : 억원〉

항목	2012	2013	2014	2015	2016	2017
매출액	320	496	601	727	914	—
영업이익	68	55	116	59	-25	—
당기순이익	49	28	79	22	-63	—

분기 실적 〈단위 : 억원〉

항목	2016.1Q	2016.2Q	2016.3Q	2016.4Q	2017.1Q	2017.2Q
매출액	170	252	212	281	194	320
영업이익	26	-29	19	-42	-10	9
당기순이익	22	-35	14	-65	-19	3

재무 상태 〈단위 : 억원〉

항목	2012	2013	2014	2015	2016	2017.2Q
총자산	258	298	764	1,101	1,341	1,373
유형자산	52	62	48	49	180	172
무형자산	5	19	36	116	202	180
유가증권	34		40	10	225	302
총부채	205	200	205	235	279	341
총차입금		3	3			
자본금	3	24	32	72	72	72
총자본	53	99	559	866	1,061	1,033
지배주주지분	53	95	559	866	779	742

기업가치 지표

항목	2012	2013	2014	2015	2016	2017.2Q
주가(최고/저)(천원)	—/—	—/—	13.3/9.7	28.1/11.1	23.3/7.2	—/—
PER(최고/저)(배)	0.0/0.0	0.0/0.0	17.6/12.8	159.8/63.8	—/—	—/—
PBR(최고/저)(배)	0.0/0.0	0.0/0.0	3.1/2.3	4.7/1.9	4.2/1.3	1.7/1.2
EV/EBITDA(배)			6.4	24.0	35.4	—/—
EPS(원)	4,118	349	785	178	-274	-138
BPS(원)	87,924	1,936	8,843	6,029	5,595	5,446
CFPS(원)	85,616	1,003	1,876	416	75	156
DPS(원)			400	400		
EBITDAPS(원)	116,093	1,680	2,617	705	173	284

재무 비율 〈단위 : %〉

연도	영업이익률	순이익률	부채비율	차입금비율	ROA	ROE	유보율	자기자본비율	EBITDA마진율
2016	-2.8	-6.9	26.3	0.0	-5.2	-4.8	1,018.9	79.2	2.7
2015	8.1	3.1	27.1	0.0	2.4	3.2	1,105.9	78.7	12.3
2014	19.3	13.1	36.7	0.6	14.8	24.1	1,672.6	73.1	21.9
2013	11.1	5.7	201.8	3.5	10.1	38.1	288.4	33.1	13.6

에프엔에스테크 (A083500)
FNS TECH

<table>
<tr><td>업　　종 : 디스플레이 및 관련부품</td><td>시　　장 : KOSDAQ</td></tr>
<tr><td>신용등급 : (Bond) ―　　(CP) ―</td><td>기업규모 : 벤처</td></tr>
<tr><td>홈 페 이 지 : www.fnstech.com</td><td>연 락 처 : 041)584-4460</td></tr>
<tr><td colspan="2">본　　사 : 충남 천안시 서북구 직산읍 4산단2길 19</td></tr>
</table>

설 립 일	2002.03.18	종 업 원 수	160명	대 표 이 사 한경희,김팔곤
상 장 일	2017.02.27	감 사 의 견	적정 (이촌)	계　　　열
결 산 기	12월	보 통 주	663만주	종 속 회 사 수
액 면 가	500원	우 선 주		구 상 수

주주구성 (지분율,%)
한경희	27.2
한국산업은행	2.7

출자관계 (지분율,%)

주요경쟁사 (외형,%)
에프엔에스테크	100
DMS	385
HB테크놀러지	419

매출구성
FPD장비의 제조 및 판매	90.0
FPD 및 반도체 부품소재	10.0

비용구성
매출원가율	80.1
판관비율	6.0

수출비중
수출	13.0
내수	87.0

회사 개요
동사는 2002년 3월 18일 스피닉스라는 이름으로 설립했으며 2006년 3월 에프엔에스테크로 상호 변경. 디스플레이 제조용 장비 및 반도체 제조용 부품소재를 주요 사업으로 영위. 설립 이후 다양한 TFT-LCD 및 AMOLED 장비를 개발해 왔으며, 국내 패널 기업들에 장비 및 부품을 공급. 디스플레이 장비분야 이외에도 2008년 반도체 및 디스플레이 패널업체들이 전량 수입에 의존하던 TOC UV LAMP의 국산화 개발에 성공.

실적 분석
2017년 반기 누적 매출액은 286.7억원으로 전년동기대비 27.7% 증가, 영업이익은 -7.9억으로 적자전환함. 전방 업체의 투자 본격화에 따른 장비 판매 확대 흐름 예상. 하반기에 주요고객의 장비 공급이 이루어지면서 본격적인 실적 성장이 예상됨. 신규사업으로 OLED 세정사업 진출 등 사업포트폴리오 다각화 긍정적. 2017년 중화권 신규 매출 본격화에 따른 수혜 기대됨. 부품/소재 사업부문도 점증적으로 실적이 성장할 것으로 예상.

현금 흐름 *IFRS 별도 기준 〈단위 : 억원〉
항목	2016	2017.2Q
영업활동	157	1
투자활동	-75	-118
재무활동	-32	173
순현금흐름	50	55
기말현금	106	161

시장 대비 수익률 주가(천원) / 수익률(%)

결산 실적 〈단위 : 억원〉
항목	2012	2013	2014	2015	2016	2017
매출액	303	542	249	446	646	
영업이익	12	8	-48	31	90	
당기순이익	10	2	-63	28	83	

분기 실적 *IFRS 별도 기준 〈단위 : 억원〉
항목	2016.1Q	2016.2Q	2016.3Q	2016.4Q	2017.1Q	2017.2Q
매출액	113	112	219	203	162	125
영업이익	-4	26	40	28	4	-16
당기순이익	-1	23	38	22	4	-11

재무 상태 *IFRS 별도 기준 〈단위 : 억원〉
항목	2012	2013	2014	2015	2016	2017.2Q
총자산	339	389	282	359	523	735
유형자산	142	157	146	147	210	298
무형자산	10	27	18	15	13	14
유가증권	―	0	0	0	―	―
총부채	177	199	158	208	290	326
총차입금	125	141	118	123	96	105
자본금	23	24	24	24	24	33
총자본	162	190	124	151	233	410
지배주주지분	162	190	124	151	233	410

기업가치 지표 *IFRS 별도 기준
항목	2012	2013	2014	2015	2016	2017.2Q
주가(최고/저)(천원)	―/―	―/―	―/―	―/―	―/―	―/―
PER(최고/저)(배)	0.0/0.0	0.0/0.0	0.0/0.0	0.0/0.0	0.0/0.0	―/―
PBR(최고/저)(배)	0.0/0.0	0.0/0.0	0.0/0.0	0.0/0.0	0.0/0.0	2.8/2.0
EV/EBITDA(배)	1.4		1.4		1.6	
EPS(원)	202	100	-1,229	548	1,624	-105
BPS(원)	3,391	3,737	2,432	2,963	4,577	6,185
CFPS(원)	336	310	-959	766	1,799	-20
DPS(원)						
EBITDAPS(원)	373	415	-674	820	1,939	-40

재무 비율 〈단위 : % 〉
연도	영업이익률	순이익률	부채비율	차입금비율	ROA	ROE	유보율	자기자본비율	EBITDA마진율
2016	13.9	12.8	124.3	41.0	18.8	43.1	867.5	44.6	15.3
2015	6.9	6.3	138.1	81.3	8.7	20.3	526.4	42.0	9.4
2014	-19.3	-25.1	127.8	95.0	-18.7	-40.5	414.0	43.9	-13.8
2013	1.4	0.4	109.1	76.3	0.6	1.2	668.4	47.8	3.3

에프티이앤이 (A065160)
Finetex EnE

<table>
<tr><td>업　　종 : 섬유 및 의복</td><td>시　　장 : KOSDAQ</td></tr>
<tr><td>신용등급 : (Bond) B-　　(CP) ―</td><td>기업규모 : 중견</td></tr>
<tr><td>홈 페 이 지 : www.ftene.com</td><td>연 락 처 : 02)3489-3300</td></tr>
<tr><td colspan="2">본　　사 : 서울시 서초구 효령로 23-1, 에프티빌딩 2,3층</td></tr>
</table>

설 립 일	1997.06.10	종 업 원 수	87명	대 표 이 사 박종철
상 장 일	2002.07.19	감 사 의 견	적정 (위드)	계　　　열
결 산 기	12월	보 통 주	5,420만주	종 속 회 사 수 3개사
액 면 가	500원	우 선 주		구 상 수

주주구성 (지분율,%)
박종철	22.2
한국산업은행	3.9
(외국인)	16.3

출자관계 (지분율,%)
에프티벽지	100.0
광석태양광발전소	50.0
키위플	

주요경쟁사 (외형,%)
에프티이앤이	100
일신방직	1,065
BYC	472

매출구성
나노섬유 외 (나노 상품)	56.2
축열.지열 (에너지 제품)	35.2
벽지 외 (나노 제품)	6.8

비용구성
매출원가율	76.9
판관비율	21.8

수출비중
수출	―
내수	―

회사 개요
동사는 나노 섬유를 사용한 각종 섬유와 필터 제품을 개발 및 생산하며, 에너지관련기술사업, 환경관련기술 사업을 영위하고 있음. 동사의 주요 사업은 나노 사업과 에너지 사업으로 구분됨. 절전형 에너지 기술 사업은 축냉시스템 시장의 약 52%, 민간 태양광 발전소 부분은 약 6.5%의 시장 점유율을 차지함. 2015년 테크노웹마스크란 이름으로 황사 방지용 마스크 허가도 받음.

실적 분석
동사의 2017년 상반기 매출액은 276.9억원으로 전년 동기 대비 16.6% 증가함. 영업손실은 2억으로 적자가 지속됨. 당기순손실은 35.6억으로 적자 지속됨. 2017년 나이키향 매출이 소규모로 시작되고, 기능성 나노 멤브레인 소재의 독점 계약으로 인한 성장 가능성이 높음. 나노 멤브레인 소재는 신발, 의류 등 다양한 제품의 소재로 사용될 수 있기 때문에 향후 동사의 매출 성장에 크게 기여할 것임.

현금 흐름 〈단위 : 억원〉
항목	2016	2017.2Q
영업활동	-70	1
투자활동	-103	-48
재무활동	209	57
순현금흐름	38	10
기말현금	48	59

시장 대비 수익률 주가(천원) / 수익률(%)

결산 실적 〈단위 : 억원〉
항목	2012	2013	2014	2015	2016	2017
매출액	546	565	501	482	449	
영업이익	-25	3	-36	-182	6	
당기순이익	-47	-7	-163	-223	6	

분기 실적 〈단위 : 억원〉
항목	2016.1Q	2016.2Q	2016.3Q	2016.4Q	2017.1Q	2017.2Q
매출액	130	107	111	101	120	
영업이익	9	-10	20	-13	-2	
당기순이익	4	-12	-9	7	-34	

재무 상태 〈단위 : 억원〉
항목	2012	2013	2014	2015	2016	2017.2Q
총자산	1,126	1,175	997	802	1,032	1,05
유형자산	269	307	326	318	334	36
무형자산	90	90	59	64	61	5
유가증권	16	19	14	11	10	1
총부채	605	602	615	456	529	59
총차입금	481	505	471	325	406	47
자본금	203	215	215	253	271	27
총자본	520	573	382	346	504	45
지배주주지분	520	573	382	346	504	45

기업가치 지표
항목	2012	2013	2014	2015	2016	2017.2Q
주가(최고/저)(천원)	3.4/1.6	4.6/2.4	3.0/1.6	6.3/1.7	9.1/5.4	―/―
PER(최고/저)(배)	―/―	―/―	―/―	―/―	―/―	―/―
PBR(최고/저)(배)	2.6/1.3	3.4/1.7	3.2/1.8	8.8/2.3	9.8/5.8	8.5/5
EV/EBITDA(배)	116.9	31.7	80.4		88.4	
EPS(원)	-115	-16	-380	-477	-18	-6
BPS(원)	1,305	1,375	929	721	929	84
CFPS(원)	-22	76	-266	-402	50	5
DPS(원)						
EBITDAPS(원)	32	98	30	-315	79	

재무 비율 〈단위 : % 〉
연도	영업이익률	순이익률	부채비율	차입금비율	ROA	ROE	유보율	자기자본비율	EBITDA마진율
2016	1.3	-2.2	105.0	80.7	-1.1	-2.3	85.8	48.8	5
2015	-37.8	-46.3	131.7	93.8	-24.8	-61.2	44.2	43.2	-30
2014	-7.3	-32.6	161.1	123.3	-15.0	-34.2	85.8	38.3	2
2013	0.5	-1.2	105.0	88.2	-0.6	-1.3	175.0	48.8	7

엑사이엔씨 (A054940)
EXA E&C

업　종 : 내구소비재		시　　장 : KOSDAQ	
신용등급 : (Bond) — (CP) —		기업규모 : 벤처	
홈 페 이 지 : www.exaenc.com		연 락 처 : 02)3289-5100	
본　사 : 서울시 구로구 디지털로 288, 대륭포스트타워1차 15층 (구로동)			

설 립 일 1991.05.03	종 업 원 수 281명	대 표 이 사 구자극	
상 장 일 2001.12.13	감사의견 적정 (삼일)	계　　열	
결 산 기 12월	보 통 주 3,317만주	종속회사수 5개사	
액 면 가 500원	우 선 주	구 상 호	

주주구성 (지분율,%)		출자관계 (지분율,%)		주요경쟁사 (외형,%)	
구자극	13.7	엑사이엔씨	100		
구본우	4.0	에스텍	176		
(외국인)	1.6	아남전자	102		

매출구성		비용구성		수출비중	
Clean Panel /S.G.P, PATIS08,SCREEN 등	60.3	매출원가율	86.4	수출	24.0
[엠소닉]Speaker	22.7	판관비율	11.4	내수	76.0
[엠소닉(인이)]Speaker	8.2				

회사 개요

동사는 1991년에 설립되어 전문건설부문의 클린룸, 파티션, 인테리어사업과 첨단부품부문의 Crystal Device(단말부품)사업을 주요 사업으로 영위하고 있으며 종속회사를 통해 전자부품제조업, 사물인터넷 사업을 하고 있음. 동사의 연결대상 종속회사는 (주)엠소닉을 비롯해 총 5개임. 전체 매출액의 절반 가량을 차지하는 클린룸산업은 삼성전자, LG디스플레이 등 반도체 및 LCD, PDP 관련업계의 신규 생산라인 증설 투자계획에 따라 영향을 받음.

실적 분석

동사는 2017년 상반기 누적 매출액이 1,169.4억원으로 전년 동기에 비해 58.1% 증가했으나, 영업손실이 16.7억원 발생해 전년 동기 31.3억원 흑자에서 적자전환함. 동사는 반도체 부문의 설비투자가 확대되는 클린룸 사업부문에서 큰 폭의 매출신장을 기록했으나, 매출원가가 큰 폭으로 증가하면서 원가율이 높아져 수익성이 악화됨. 동사는 LG디스플레이 파주 9세대 라인 및 OLED 라인 등에 참여하는 등 안정적인 수요가 유지되고 있음.

현금 흐름		〈단위 : 억원〉	시장 대비 수익률
항목	2016	2017.2Q	
영업활동	9	-132	
투자활동	-120	-39	
재무활동	72	129	
순현금흐름	-35	-42	
기말현금	173	131	

결산 실적
〈단위 : 억원〉

항목	2012	2013	2014	2015	2016	2017
매출액	1,428	1,395	1,666	1,530	1,648	—
영업이익	8	32	128	79	37	—
당기순이익	-27	-24	96	52	34	—

분기 실적
〈단위 : 억원〉

항목	2016.1Q	2016.2Q	2016.3Q	2016.4Q	2017.1Q	2017.2Q
매출액	376	366	431	475	534	636
영업이익	22	9	11	-5	-1	-16
당기순이익	26	8	-5	4	-17	-62

재무 상태
〈단위 : 억원〉

항목	2012	2013	2014	2015	2016	2017.2Q
총자산	1,011	951	1,101	1,131	1,294	1,361
유형자산	378	369	383	381	370	370
무형자산	44	39	38	30	62	26
유가증권	19	19	19	19	19	25
총부채	519	474	465	443	574	725
총차입금	264	217	132	124	197	327
자본금	128	128	166	166	166	166
총자본	492	477	636	688	720	636
지배주주지분	434	410	548	589	614	536

기업가치 지표

항목	2012	2013	2014	2015	2016	2017.2Q
주가(최고/저)(천원)	1.9/0.8	1.2/0.6	1.6/0.7	3.5/1.5	2.6/1.8	—/—
PER(최고/저)(배)	—/—	—/—	5.7/2.5	28.3/11.8	33.2/22.1	—/—
PBR(최고/저)(배)	1.1/0.5	0.8/0.4	0.9/0.4	2.0/0.8	1.4/1.0	1.2/1.1
EV/EBITDA(배)	12.7	6.0	3.7	5.3	9.6	—/—
EPS(원)	-136	-96	273	124	79	-226
BPS(원)	1,696	1,602	1,652	1,776	1,850	1,615
CFPS(원)	-42	9	371	203	181	-176
DPS(원)						-0
EBITDAPS(원)	126	231	557	317	214	

재무 비율
〈단위 : % 〉

연도	영업이익률	순이익률	부채비율	차입금비율	ROA	ROE	유보율	자기자본비율	EBITDA마진율
2016	2.3	2.0	79.8	27.3	2.8	4.4	270.1	55.6	4.3
2015	5.2	3.4	64.4	18.0	4.6	7.2	255.3	60.8	6.9
2014	7.7	5.8	73.1	20.8	9.4	15.8	230.4	57.8	9.3
2013	2.3	-1.2	99.5	45.6	-1.8	-5.8	220.4	50.1	4.2

엑세스바이오 (A950130)
Access Bio

업　종 : 의료 장비 및 서비스		시　　장 : KOSDAQ	
신용등급 : (Bond) — (CP) —		기업규모 :	
홈 페 이 지 : www.accessbio.net		연 락 처 : 1-732-873-4040	
본　사 : 65 Clyde Road Suite A Somerset NJ 08873, USA			

설 립 일 2002.09.27	종 업 원 수 63명	대 표 이 사 최영호	
상 장 일 2013.05.30	감사의견 적정 (삼정)	계　　열	
결 산 기 12월	보 통 주 2,706만주	종속회사수 3개사	
액 면 가	우 선 주	구 상 호 엑세스바이오(Reg.S)	

주주구성 (지분율,%)		출자관계 (지분율,%)		주요경쟁사 (외형,%)	
알리안츠글로벌인베스터스자산운용	4.5	엑세스바이오코리아	100.0	엑세스바이오	100
KB자산운용	4.4	웰스바이오	54.1	나노엔텍	68
(외국인)	6.1	AccessBio,Inc.(EthiopianBranch)	100.0	파나진	21

매출구성		비용구성		수출비중	
말라리아	89.6	매출원가율	56.7	수출	—
기타	10.4	판관비율	45.4	내수	—

회사 개요

동사는 체외진단 기술을 토대로 말라리아 진단 시약과 HIV 진단용스트립 등의 진단 제품을 개발, 제조, 판매하는 사업을 영위하고 있음. 작게는 현장진단검사 시장에 속해있고, 크게는 체외진단 시장에 속해있음. 생산하고 있는 진단시약은 기타의약품으로 분류되어 의약품 제조기준에 규제를 받고 있음. 주요 제품은 말라리아 진단시약으로, 총 11가지 종류의 말라리아 진단 제품을 보유하고 있음.

실적 분석

동사의 2017년도 2분기 연결기준 누적 매출액은 113.6억원으로 전년동기 대비 39.0% 감소함. 자회사 웰스바이오의 인력 증가에 따른 운영비와 본격 가동에 따른 영업 관련 비용이 증가하여 순이익은 전년대비 적자전환. 주요 목표 시장은 아프리카, 동아시아, 동남아 시아 지역임. 말라리아 퇴치 관련 펀드 규모는 증가하는 추세이며, 퇴치 관련 재원은 지속적으로 확대될 것으로 예상됨.

현금 흐름		〈단위 : 억원〉	시장 대비 수익률
항목	2016	2017.2Q	
영업활동	26	-60	
투자활동	-118	-82	
재무활동	280	40	
순현금흐름	180	-96	
기말현금	252	142	

결산 실적
〈단위 : 억원〉

항목	2012	2013	2014	2015	2016	2017
매출액	370	458	323	356	325	—
영업이익	85	114	24	0	-7	—
당기순이익	75	78	19	5	-12	—

분기 실적
〈단위 : 억원〉

항목	2016.1Q	2016.2Q	2016.3Q	2016.4Q	2017.1Q	2017.2Q
매출액	87	101	79	58	60	54
영업이익	8	8	-3	-20	-23	-14
당기순이익	7	2	-6	-14	-19	-16

재무 상태
〈단위 : 억원〉

항목	2012	2013	2014	2015	2016	2017.2Q
총자산	291	592	789	811	1,102	1,044
유형자산	89	106	161	207	306	298
무형자산	28	—	64	82	97	97
유가증권	—	—	11	87	—	29
총부채	74	90	103	42	406	405
총차입금	3	2	22	3	292	326
자본금	11	14	15	16	17	16
총자본	217	502	686	769	697	638
지배주주지분	217	502	604	638	575	530

기업가치 지표

항목	2012	2013	2014	2015	2016	2017.2Q
주가(최고/저)(천원)	—/—	—/—	—/—	—/—	—/—	—/—
PER(최고/저)(배)	0.0/0.0	37.1/23.3	169.9/90.3	293.7/148.0	769.7/480.5	—/—
PBR(최고/저)(배)	0.0/0.0	6.3/4.0	6.7/3.6	5.7/2.9	3.7/2.3	2.9/2.2
EV/EBITDA(배)		16.0	86.1	107.3	112.7	—/—
EPS(원)		328	90	47	11	-87
BPS(원)		1,931	2,291	2,425	2,312	2,138
CFPS(원)		357	129	113	94	-40
DPS(원)						
EBITDAPS(원)		505	126	66	57	-89

재무 비율
〈단위 : % 〉

연도	영업이익률	순이익률	부채비율	차입금비율	ROA	ROE	유보율	자기자본비율	EBITDA마진율
2016	-2.2	-3.5	58.3	42.0	-1.2	0.5	3,689.8	63.2	4.8
2015	0.0	1.3	5.5	0.4	0.6	0.4	3,999.0	94.8	5.0
2014	7.3	5.8	15.1	3.2	2.7	4.4	4,069.4	86.9	10.6
2013	24.8	17.1	17.9	0.5	17.8	21.8	3,559.0	84.8	26.3

엑셈 (A205100)
EXEM

업　　종 : IT 서비스　　　　시　　장 : KOSDAQ
신용등급 : (Bond) —　　(CP) —　　기업규모 : 벤처
홈 페 이 지 : www.ex-em.com　　연 락 처 : (02)6203-6300
본　　사 : 서울시 강서구 양천로 583 에이동 1208호(염창동, 우림비즈니스센터)

설 립 일	2014.08.21	종 업 원 수	187명	대 표 이 사	조종암
상 장 일	2014.11.07	감 사 의 견	적정 (한울)	계	열
결 산 기	12월	보 통 주	3,300만주	종속회사수	4개사
액 면 가	100원	우 선 주	—	구 상 호	교보위드스팩

주주구성 (지분율,%)		출자관계 (지분율,%)		주요경쟁사 (외형,%)	
조종암	39.3			엑셈	100
박락빈	4.0			동부	743
(외국인)	0.9			링네트	468

매출구성		비용구성		수출비중	
MaxGauge	32.6	매출원가율	49.3	수출	8.0
유지보수, 컨설팅	28.6	판관비율	45.7	내수	92.0
기타	20.6				

회사 개요
동사는 지난 2001년 설립 이래 3년간 개발 기간을 거쳐 외산 제품의 홍수 속에 DB 성능 관리 솔루션 '맥스게이지(MaxGauge)'을 국내 최초로 독자 개발, 2006년부터 점유율 1위를 차지하고 있는 기업임. 또 WAS솔루션에서 진일보한 End-to-End 솔루션 '인터맥스(InterMax)'를 개발해 제품 다변화를 진행하는 한편, 이 두 제품으로 중국, 일본, 미국 등 해외 시장도 본격 공략하고 있음.

실적 분석
동사의 2017년 상반기 연결기준 누적 매출액은 140.9억원으로 전년 동기 대비 70.4% 증가함. 매출이 크게 증가하면서 매출원가와 판관비가 증가했지만 매출 증가에 따른 고정비용 감소효과로 인해 영업손실은 4.9억원으로 전년 동기 대비 적자는 지속됐지만 적자 규모는 감소함. 비영업손익 부문에서 금융손실 등으로 인해 큰 폭의 적자가 발생하면서 당기순손실은 32.4억원으로 전년 동기 대비 적자전환함.

현금 흐름　〈단위 : 억원〉
항목	2016	2017.2Q
영업활동	28	19
투자활동	-85	-52
재무활동	138	-
순현금흐름	75	-33
기말현금	199	166

시장 대비 수익률

결산 실적　〈단위 : 억원〉
항목	2012	2013	2014	2015	2016	2017
매출액	124	174	161	207	275	—
영업이익	24	40	48	46	14	—
당기순이익	21	31	43	-83	26	—

분기 실적　〈단위 : 억원〉
항목	2016.1Q	2016.2Q	2016.3Q	2016.4Q	2017.1Q	2017.2Q
매출액	42	41	47	145	55	85
영업이익	-9	-14	-7	44	-14	9
당기순이익	-8	11	-26	48	-23	-9

재무 상태　〈단위 : 억원〉
항목	2012	2013	2014	2015	2016	2017.2Q
총자산	146	197	226	373	551	504
유동자산	22	28	30	64	87	84
무형자산	6	9	13	55	58	57
유가증권	5	1	1	2	3	76
총부채	48	63	66	76	223	201
총차입금	7	4	11	11	125	149
자본금	18	18	16	29	30	30
총자본	98	133	160	297	328	304
지배주주지분	98	133	159	255	282	261

기업가치 지표
항목	2012	2013	2014	2015	2016	2017.2Q
주가(최고/저)(천원)	—/—	—/—	5.6/4.8	7.3/2.7	4.7/3.2	—/—
PER(최고/저)(배)	0.0/0.0	0.0/0.0	37.0/31.8	—/—	58.7/40.2	—/—
PBR(최고/저)(배)	0.0/0.0	0.0/0.0	9.8/8.4	7.6/2.9	4.5/3.1	5.7/3.4
EV/EBITDA(배)	—	—	0.5	20.0	40.4	—
EPS(원)	76	112	152	-312	80	-97
BPS(원)	2,720	3,700	4,963	962	1,042	965
CFPS(원)	686	961	1,391	-287	116	-77
DPS(원)	—	—	—	—	—	—
EBITDAPS(원)	752	1,221	1,577	187	83	4

재무 비율　〈단위 : % 〉
연도	영업이익률	순이익률	부채비율	차입금비율	ROA	ROE	유보율	자기자본비율	EBITDA마진율
2016	5.0	9.3	68.2	38.2	5.6	8.8	942.2	59.4	8.9
2015	22.4	-40.1	25.5	3.5	-27.6	-43.1	862.2	79.5	25.8
2014	29.8	26.4	41.2	13.4	20.1	28.8	892.6	70.8	31.3
2013	23.1	17.7	47.4	3.4	—	—	640.1	67.9	25.2

엑시콘 (A092870)
Exicon

업　　종 : 반도체 및 관련장비　　시　　장 : KOSDAQ
신용등급 : (Bond) —　　(CP) —　　기업규모 : 벤처
홈 페 이 지 : www.exicon.co.kr　　연 락 처 : 031)696-3100
본　　사 : 경기도 성남시 분당구 판교로255번길 28 , 7층(삼평동, 디에이치케이솔루션빌딩)

설 립 일	2001.03.08	종 업 원 수	133명	대 표 이 사	박상준
상 장 일	2014.12.24	감 사 의 견	적정 (안진)	계	열
결 산 기	12월	보 통 주	888만주	종속회사수	2개사
액 면 가	500원	우 선 주	—	구 상 호	—

주주구성 (지분율,%)		출자관계 (지분율,%)		주요경쟁사 (외형,%)	
최명배	19.0	샘씨엔에스	35.0	엑시콘	100
와이아이케이	7.4	Exicon Japan Corporation	100.0	매커스	150
(외국인)	3.5	MEMORFI LIMITED	82.0	테스나	67

매출구성		비용구성		수출비중	
[제품]Memory Tester	65.2	매출원가율	67.4	수출	29.0
[제품]Storage Tester	34.5	판관비율	25.8	내수	71.0
[용역]TEST SERVICE	0.3				

회사 개요
동사는 2001년 설립되어 반도체 공정상의 후공정의 fianal test 공정에 필요한 장비인 반도체 검사장비를 생산하는 업체임. 동사의 주력 제품은 반도체 메모리 Component, Module 제품 및 광소자 테스트를 위한 시스템임. 종속회사로는 엑시콘재팬과 MEMORFI LIMITED(미국법인) 등 두 개의 해외법인이 있음. 동사는 2017년 7월 자기주식 17만 8500주(지분율 2.01%)를 취득함.

실적 분석
동사는 2017년 상반기 누적 매출액이 329.3억원으로 전년 동기 대비 368.4% 증가했고, 영업이익은 45.8억원을 기록해 전년 동기 41.5억원 적자에서 흑자 전환함. 동사는 전방산업인 반도체 호황에 힘입어 반도체 부문의 공장 가동률이 93.4%에 달하는 등 수요가 급증하며 실적이 크게 향상됨. 비영업부문에서 7.5억원의 이익이 발생했고, 당기순이익은 57.2억원으로 흑자전환함.

현금 흐름　〈단위 : 억원〉
항목	2016	2017.2Q
영업활동	81	30
투자활동	-114	-25
재무활동	-49	-24
순현금흐름	-81	-18
기말현금	82	63

시장 대비 수익률

결산 실적　〈단위 : 억원〉
항목	2012	2013	2014	2015	2016	2017
매출액	405	251	380	530	451	—
영업이익	120	32	55	54	31	—
당기순이익	60	30	60	63	51	—

분기 실적　〈단위 : 억원〉
항목	2016.1Q	2016.2Q	2016.3Q	2016.4Q	2017.1Q	2017.2Q
매출액	45	25	96	285	113	216
영업이익	-20	-19	3	69	8	38
당기순이익	-17	-19	15	72	12	45

재무 상태　〈단위 : 억원〉
항목	2012	2013	2014	2015	2016	2017.2Q
총자산	524	628	671	901	946	956
유동자산	228	294	292	258	260	250
무형자산	26	39	47	57	66	67
유가증권	—	—	5	14	20
총부채	218	291	275	246	244	207
총차입금	185	246	241	132	132	117
자본금	34	34	34	44	44	44
총자본	306	337	396	656	701	749
지배주주지분	306	337	396	656	700	748

기업가치 지표
항목	2012	2013	2014	2015	2016	2017.2Q
주가(최고/저)(천원)	—/—	—/—	6.0/4.6	17.8/4.6	12.4/6.0	—/—
PER(최고/저)(배)	0.0/0.0	0.0/0.0	7.0/5.3	20.8/5.4	21.6/10.4	—/—
PBR(최고/저)(배)	0.0/0.0	0.0/0.0	1.1/0.8	2.5/0.6	1.6/0.8	1.4/1.1
EV/EBITDA(배)	0.5	1.9	5.2	5.1	13.3	—
EPS(원)	876	433	884	871	581	646
BPS(원)	4,486	4,937	5,796	7,380	7,881	8,421
CFPS(원)	1,301	962	1,563	1,445	950	798
DPS(원)	—	—	—	75	100	—
EBITDAPS(원)	2,183	995	1,484	1,315	717	667

재무 비율　〈단위 : % 〉
연도	영업이익률	순이익률	부채비율	차입금비율	ROA	ROE	유보율	자기자본비율	EBITDA마진율
2016	6.9	11.3	34.8	18.8	5.5	7.6	1,476.2	74.2	14.1
2015	10.2	11.9	37.5	26.8	8.0	12.0	1,376.0	72.7	18.0
2014	14.4	15.9	69.6	54.1	9.3	16.5	1,059.3	59.0	26.6
2013	12.7	11.8	86.3	73.1	5.1	9.2	887.4	53.7	27.0

엔브이에이치코리아 (A067570)
NVH KOREA

업 종 : 자동차부품		시 장 : KOSDAQ	
신용등급 : (Bond) — (CP) —		기업규모 : 우량	
홈 페 이 지 : www.nvh-korea.co.kr		연 락 처 : 054)779-1822	
본 사 : 울산시 북구 모듈화산업로 207-14			

설 립 일 1984.01.17	종 업 원 수 439명	대 표 이 사 곽정용,구자권(각자대표이사)	
상 장 일 2013.12.03	감 사 의 견 적정 (삼일)	계 열	
결 산 기 12월	보 통 주 2,872만주	종속회사수 11개사	
액 면 가 500원	우 선 주	구 상 호	

주주구성 (지분율,%) / 출자관계 (지분율,%) / 주요경쟁사 (외형,%)

주주구성 (지분율,%)		출자관계 (지분율,%)		주요경쟁사 (외형,%)	
구자겸	33.4	엔브이에이치오토파트	100.0	엔브이에이치코리아	100
브이아이피투자자문	7.4	GH신소재	28.8	동원금속	87
(외국인)	2.1	동남테크	25.9	유라테크	37

매출구성 / 비용구성 / 수출비중

매출구성		비용구성		수출비중	
[한국]H/L, NVH 외	53.4	매출원가율	89.4	수출	36.0
[중국]H/L, NVH 외	24.6	판관비율	6.8	내수	64.0
[인도]H/L, NVH 외	11.0				

회사 개요

동사는 1984년 1월 17일 일양산업주식회사로 설립하여 2001년 6월 8일 엔브이에이치코리아주식회사로 상호를 변경하였으며, 자동차부품의 제조 및 판매를 주요 사업목적으로 영위함. 동사는 BRICs를 중심으로 한 해외진출 강화, 친환경 열관리(Heat Management) 부품사업 개척을 추진중임. 동사는 현재 생산품의 대부분을 현대차 및 기아차에 공급하고 있음.

실적 분석

신차효과 및 글로벌 매출이 증가한 영향으로 동사의 2017년 2분기 누적 매출액은 2,808.7원을 기록, 전년대비 1.7% 증가함. 영업이익은 130.4억원으로 6.3% 증가하였으며, 비영업이익은 적자전환한 -25.5억원을 기록. 비영업손실로 인해 당기순이익은 64.5억원으로 전년동기대비 58% 감소하였음.

현금 흐름 〈단위 : 억원〉

항목	2016	2017.2Q
영업활동	498	314
투자활동	-429	-236
재무활동	-162	382
순현금흐름	-89	457
기말현금	.611	1,068

시장 대비 수익률

결산 실적 〈단위 : 억원〉

항목	2012	2013	2014	2015	2016	2017
매출액	4,927	4,864	5,063	5,325	5,697	—
영업이익	211	247	158	153	215	—
당기순이익	191	171	-95	-67	311	—

분기 실적 〈단위 : 억원〉

항목	2016.1Q	2016.2Q	2016.3Q	2016.4Q	2017.1Q	2017.2Q
매출액	1,335	1,426	1,295	1,641	1,405	1,404
영업이익	62	60	38	55	76	55
당기순이익	81	72	32	125	65	55

재무 상태 〈단위 : 억원〉

항목	2012	2013	2014	2015	2016	2017.2Q
총자산	2,862	3,387	3,135	3,722	4,430	4,884
유형자산	1,009	1,039	1,064	1,247	1,771	2,001
무형자산	33	45	54	63	73	86
유가증권	10	11	44	44	44	44
총부채	1,963	1,955	1,771	2,413	2,879	2,984
총차입금	400	571	609	946	1,052	1,476
자본금	100	144	144	144	144	144
총자본	898	1,432	1,364	1,309	1,551	1,900
지배주주지분	898	1,430	1,365	1,310	1,550	1,564

기업가치 지표

항목	2012	2013	2014	2015	2016	2017.2Q
주가(최고/저)(천원)	—/—	4.2/3.6	5.8/3.4	4.9/2.5	4.3/2.7	—/—
PER(최고/저)(배)	0.0/0.0	5.8/4.9	—/—	—/—	4.2/2.6	
PBR(최고/저)(배)	0.0/0.0	1.0/0.8	1.3/0.8	1.1/0.6	0.8/0.5	0.8/0.6
EV/EBITDA(배)	0.1	2.1	3.8	3.8	3.7	—
EPS(원)	957	829	-322	-234	1,081	208
BPS(원)	4,492	4,980	4,857	4,699	5,401	5,448
CFPS(원)	1,572	1,520	178	265	1,627	532
DPS(원)	—	100	100	120	140	778
EBITDAPS(원)	1,668	1,880	1,050	1,032	1,296	

재무 비율 〈단위 : % 〉

연도	영업이익률	순이익률	부채비율	차입금비율	ROA	ROE	유보율	자기자본비율	EBITDA마진율
2016	3.8	5.5	185.6	67.9	7.6	21.7	980.2	35.0	6.5
2015	2.9	-1.3	184.3	72.2	-2.0	-5.0	839.8	35.2	5.6
2014	3.1	-1.9	129.9	44.7	-2.9	-6.6	871.3	43.5	6.0
2013	5.1	3.5	136.5	39.9	5.5	14.8	896.1	42.3	8.0

엔씨소프트 (A036570)
NCsoft

업 종 : 게임 소프트웨어		시 장 : 거래소	
신용등급 : (Bond) AA- (CP) —		기업규모 : 시가총액 대형주	
홈 페 이 지 : www.ncsoft.com		연 락 처 : 02)2186-3300	
본 사 : 서울시 강남구 테헤란로 509(삼성동)			

설 립 일 1997.03.11	종 업 원 수 3,050명	대 표 이 사 김택진	
상 장 일 2000.06.24	감 사 의 견 적정 (안진)	계 열	
결 산 기 12월	보 통 주 2,194만주	종속회사수 14개사	
액 면 가 500원	우 선 주	구 상 호	

주주구성 (지분율,%) / 출자관계 (지분율,%) / 주요경쟁사 (외형,%)

주주구성 (지분율,%)		출자관계 (지분율,%)		주요경쟁사 (외형,%)	
김택진	12.0	엔씨다이노스	100.0	엔씨소프트	100
국민연금공단	11.7	엔씨소프트서비스	100.0	컴투스	52
(외국인)	42.9	엔씨아이티에스	100.0	NHN엔터테인먼트	87

매출구성 / 비용구성 / 수출비중

매출구성		비용구성		수출비중	
리니지	43.6	매출원가율	19.1	수출	—
블레이드앤소울	21.2	판관비율	47.5	내수	—
기타 외	17.4				

회사 개요

동사는 1997년 설립된 온라인게임 업체로 리니지, 아이온, 길드워, 블레이드앤소울 등의 게임을 서비스하는 국내 최대 업체임. 국내를 거점으로 북미, 유럽 등 현지에서 게임을 서비스하는 업체들과 오라이언소프트 등의 게임개발업체와 엔씨다이노스프로야구단 등 총 15개의 계열회사를 두고 있음. 2017년 상반기 리니지M, 파이널블레이드 등 모바일게임 연이어 출시하며 모바일 게임사로 체질 변화 중.

실적 분석

동사의 2017년 2분기 기준 누적 매출액은 전년동기대비 3.5% 성장한 4,981.3억원을 기록함. 판매비와 관리비는 인건비와 연구개발비, 광고선전비, 모바일게임 수수료 등의 증가로 인해 전년 동기 대비 50.2% 증가한 3,342.9억원을 기록함. 2분기 누적 영업이익은 매출 증가에도 불구하고 비용의 더 큰 폭 증가로 인해 전년동기대비 58% 감소한 680억원을 시현, 당기순이익은 전년동기대비 69.2% 감소한 482.2억원을 시현함.

현금 흐름 〈단위 : 억원〉

항목	2016	2017.2Q
영업활동	1,120	429
투자활동	-1,387	568
재무활동	-738	-802
순현금흐름	-1,033	153
기말현금	1,448	1,601

시장 대비 수익률

결산 실적 〈단위 : 억원〉

항목	2012	2013	2014	2015	2016	2017
매출액	7,535	7,567	8,387	8,383	9,836	—
영업이익	1,513	2,052	2,782	2,375	3,288	—
당기순이익	1,537	1,587	2,275	1,664	2,714	—

분기 실적 〈단위 : 억원〉

항목	2016.1Q	2016.2Q	2016.3Q	2016.4Q	2017.1Q	2017.2Q
매출액	2,408	2,405	2,176	2,846	2,395	2,586
영업이익	758	861	651	1,017	304	376
당기순이익	662	904	479	668	174	308

재무 상태 〈단위 : 억원〉

항목	2012	2013	2014	2015	2016	2017.2Q
총자산	13,168	14,795	16,988	22,192	23,608	27,411
유형자산	4,258	2,483	2,408	2,338	2,247	2,309
무형자산	1,333	1,121	946	642	533	538
유가증권	1,464	1,955	2,131	9,057	12,243	16,836
총부채	2,963	3,208	3,232	4,303	4,653	5,428
총차입금	238	86	10	11	1,497	1,498
자본금	109	110	110	110	110	110
총자본	10,206	11,588	13,756	17,889	18,955	21,983
지배주주지분	10,006	11,412	13,606	17,695	18,856	21,887

기업가치 지표

항목	2012	2013	2014	2015	2016	2017.2Q
주가(최고/저)(천원)	306/136	237/122	233/118	237/164	300/201	—/—
PER(최고/저)(배)	45.3/20.2	34.3/17.7	23.3/11.8	32.4/22.4	24.6/16.4	—/—
PBR(최고/저)(배)	6.4/2.9	4.4/2.3	3.7/1.9	3.0/2.1	3.3/2.2	3.9/2.3
EV/EBITDA(배)	14.6	19.9		13.7	12.7	—
EPS(원)	7,121	7,245	10,487	7,542	12,416	2,199
BPS(원)	50,384	56,765	66,702	81,257	93,096	106,870
CFPS(원)	8,873	8,861	12,162	9,137	13,894	2,889
DPS(원)	600	600	3,430	2,747	3,820	—
EBITDAPS(원)	8,665	10,983	14,362	12,424	16,470	3,791

재무 비율 〈단위 : % 〉

연도	영업이익률	순이익률	부채비율	차입금비율	ROA	ROE	유보율	자기자본비율	EBITDA마진율
2016	33.4	27.6	24.6	7.9	11.9	14.9	18,519.2	80.3	36.7
2015	28.3	19.8	24.1	0.1	8.5	10.6	16,151.3	80.6	32.5
2014	33.2	27.1	23.5	0.1	14.3	18.4	13,240.4	81.0	37.6
2013	27.1	21.0	27.7	0.8	11.4	14.8	11,253.1	78.3	31.8

엔아이스틸 (A008260)
NI Steel

업 종 : 금속 및 광물		시 장 : 거래소	
신용 등급 : (Bond) — (CP) —		기 업 규 모 : 시가총액 소형주	
홈 페 이 지 : www.hcr4u.com		연 락 처 : 02)758-6789	
본 사 : 서울시 중구 세종대로 23 창화빌딩 남대문로5가			

설 립 일 1972.12.14	종 업 원 수 182명	대 표 이 사 배종민	
상 장 일 1975.06.28	감 사 의 견 적정 (신한)	계 열	
결 산 기 12월	보 통 주 2,843만주	종 속 회 사 수	
액 면 가 500원	우 선 주	구 상 호	

주주구성 (지분율,%)
문배철강	38.2
배종민	10.1
(외국인)	1.8

출자관계 (지분율,%)
포항SRDC	49.0
GE에너지	48.6

주요경쟁사 (외형,%)
NI스틸	100
EG	128
대호피앤씨	162

매출구성
[제품]건축,구조물,매립용 토목,교량등	41.3
[상품]토목, 건축 등	30.6
토목, 건축물, 물막이, 흙막이 공사 등	26.6

비용구성
매출원가율	81.3
판관비율	6.4

수출비중
수출	—
내수	—

회사 개요
동사는 1972년 동성철강공업으로 설립되어 1차금속 부문의 강건재 철강성형제품 제조, 판매업 및 Sheet Pile 리스, 조립식H/Beam (N.I-Strut) 리스, H/Beam 리스 등 강재리스업, Coil절단가공업 등의 사업을 영위하고 있음. 동사의 계열회사는 최대주주인 문배철강을 비롯해 창화철강 등이고, 지분법적용 관계기업은 (주)GE에너지와 (주)포알에쌀디씨 등임. 수요 증가에 따라 2017년 당산 강건재 공장을 확대함.

실적 분석
동사는 2017년 상반기 매출액이 634.1억원으로 전년 동기에 비해 25.9% 증가했고, 영업이익은 77.5억원으로 전년 동기 대비 38.4% 증가함. 동사의 주요 제품인 합성보와 합성기둥은 고층건물의 층간을 줄이는 등 경제적인 공법의 적용이 가능해 수요가 늘고 있음. 동사는 주 원재료인 열연코일의 가격 인상으로 매출원가가 증가했으나, 판매관리비를 줄여 수익성을 개선함. 2017년 5월 시설자금 용도의 200억원 규모의 전환사채 발행을 결정함

현금 흐름 *IFRS 별도 기준 〈단위 : 억원〉
항목	2016	2017.2Q
영업활동	254	44
투자활동	-412	-295
재무활동	163	248
순현금흐름	5	-2
기말현금	6	4

시장 대비 수익률

결산 실적 〈단위 : 억원〉
항목	2012	2013	2014	2015	2016	2017
매출액	1,053	1,213	1,266	1,186	1,143	—
영업이익	115	121	104	95	141	—
당기순이익	71	74	53	71	102	—

분기 실적 *IFRS 별도 기준 〈단위 : 억원〉
항목	2016.1Q	2016.2Q	2016.3Q	2016.4Q	2017.1Q	2017.2Q
매출액	243	261	251	389	333	301
영업이익	32	24	30	55	44	34
당기순이익	23	15	22	42	31	21

재무 상태 *IFRS 별도 기준 〈단위 : 억원〉
항목	2012	2013	2014	2015	2016	2017.2Q
총자산	1,422	1,540	1,692	1,766	2,073	2,362
유형자산	760	902	1,055	1,296	1,606	1,842
무형자산	7	6	6	10	12	11
유가증권	4	2	1	1	1	1
총부채	793	851	966	982	1,204	1,441
총차입금	661	678	758	780	981	1,238
자본금	142	142	142	142	142	142
총자본	629	688	725	784	869	921
지배주주지분	629	688	725	784	869	921

기업가치 지표 *IFRS 별도 기준
항목	2012	2013	2014	2015	2016	2017.2Q
주가(최고/저)(천원)	1.9/1.2	1.9/1.5	3.2/1.7	2.9/2.1	3.2/2.3	—/—
PER(최고/저)(배)	8.6/5.5	7.7/6.1	18.4/9.6	11.9/8.7	9.2/6.5	—/—
PBR(최고/저)(배)	1.0/0.6	0.8/0.7	1.3/0.7	1.1/0.8	1.1/0.8	1.4/1.0
EV/EBITDA(배)	6.2	6.4	8.3	9.0	7.6	
EPS(원)	248	262	186	250	360	180
BPS(원)	2,213	2,422	2,552	2,757	3,055	3,239
CFPS(원)	490	504	419	510	721	397
DPS(원)	50	50	50	50	50	
EBITDAPS(원)	647	667	600	594	859	490

재무 비율 〈단위 : % 〉
연도	영업이익률	순이익률	부채비율	차입금비율	ROA	ROE	유보율	자기자본비율	EBITDA마진율
2016	12.4	8.9	138.6	112.9	5.3	12.4	511.1	41.9	21.4
2015	8.0	6.0	125.4	99.5	4.1	9.4	451.5	44.4	14.3
2014	8.3	4.2	133.2	104.4	3.3	7.5	410.4	42.9	13.5
2013	10.0	6.1	123.7	98.4	5.0	11.3	384.4	44.7	15.6

엔알케이 (A054340)
NRKCOLTD

업 종 : 휴대폰 및 관련부품		시 장 : KOSDAQ	
신용 등급 : (Bond) — (CP) —		기 업 규 모 : 중견	
홈 페 이 지 : www.nrk.co.kr		연 락 처 : (054)979-3300	
본 사 : 서울시 영등포구 선유로 27, 1111호 (문래동5가, 대륭빌딩)			

설 립 일 1997.06.28	종 업 원 수 70명	대 표 이 사 김철	
상 장 일 2001.12.21	감 사 의 견 적정 (제왕)	계 열	
결 산 기 12월	보 통 주 2,458만주	종 속 회 사 수 3개사	
액 면 가 500원	우 선 주	구 상 호 피앤텔	

주주구성 (지분율,%)
김철	31.6
정영미	13.0
(외국인)	0.2

출자관계 (지분율,%)
SVIC11호신기술사업투자조합	10.0
고흥군농수축산물유통	0.1

주요경쟁사 (외형,%)
엔알케이	100
슈피겐코리아	618
이랜텍	2,077

매출구성
블루투스 헤드셋 부품	64.6
휴대폰 부품	33.2
부산물 및 기타	2.2

비용구성
매출원가율	92.1
판관비율	30.4

수출비중
수출	—
내수	—

회사 개요
동사는 휴대폰 단말기부품 중 무선헤드셋과 휴대폰케이스를 제조하는 기업임. 2017년 2분기말 매출비중은 무선헤드셋 부문이 70.6%, 휴대폰케이스 부문이 17.4%, 기타 11.9%를 차지함. 삼성전자에 휴대폰 케이스를 납품하는 업체는 현재 동사를 비롯하여 인탑스, 신양, 참테크, 모베이스, 삼광, 세신 등 7개사로 과점적 형태의 경쟁시장으로 삼성전자 휴대폰 케이스 전량을 생산, 납품하고 있음.

실적 분석
동사의 2017년 2/4분기 연결기준 누적 매출액은 106.6억원으로 전년동기 대비 21.5% 감소함. 영업손실은 47.5억원으로 적자지속, 당기순손실도 106.7억원으로 적자지속. 글로벌 경기 부진과 전방산업인 스마트폰 수요 부진, 경쟁 심화 등으로 매출 증가가 소폭에 그침. 판관비 증가 및 판가하락 영향으로 영업이익은 적자지속 시현. 스마트폰 부품 중심에서 벗어나 신규 사업의 필요성 부각. 케이스 부문의 경쟁 심화도 부담으로 작용.

현금 흐름 〈단위 : 억원〉
항목	2016	2017.2Q
영업활동	-81	-8
투자활동	9	-0
재무활동	78	25
순현금흐름	8	15
기말현금	48	63

시장 대비 수익률

결산 실적 〈단위 : 억원〉
항목	2012	2013	2014	2015	2016	2017
매출액	1,020	1,440	636	230	290	—
영업이익	-328	-237	-241	-114	-65	—
당기순이익	-369	-447	-320	-107	-90	—

분기 실적 〈단위 : 억원〉
항목	2016.1Q	2016.2Q	2016.3Q	2016.4Q	2017.1Q	2017.2Q
매출액	58	78	84	71	57	
영업이익	-38	5	-10	-22	-19	
당기순이익	-45	-17	-22	-5	-64	

재무 상태 〈단위 : 억원〉
항목	2012	2013	2014	2015	2016	2017.2Q
총자산	1,632	1,233	641	494	429	35
유형자산	636	586	316	276	278	22
무형자산	24	31	9	7	14	
유가증권	92	60	0	0	0	
총부채	441	474	166	131	47	6
총차입금	138	120		33	—	
자본금	84	84	84	84	123	12
총자본	1,191	759	475	363	382	28
지배주주지분	1,230	799	488	365	384	28

기업가치 지표
항목	2012	2013	2014	2015	2016	2017.2Q
주가(최고/저)(천원)	4.3/1.7	6.0/1.9	2.7/1.2	1.6/1.0	2.4/1.0	—/—
PER(최고/저)(배)	—/—	—/—	—/—	—/—	—/—	—/—
PBR(최고/저)(배)	0.6/0.2	1.2/0.4	0.9/0.4	0.7/0.4	1.4/0.6	1.8/1
EV/EBITDA(배)						
EPS(원)	-2,168	-2,653	-1,872	-632	-496	-43
BPS(원)	7,516	4,954	3,101	2,368	1,693	1,30
CFPS(원)	-1,546	-1,977	-1,160	-370	-275	-35
DPS(원)						
EBITDAPS(원)	-1,329	-735	-725	-415	-138	-11

재무 비율 〈단위 : % 〉
연도	영업이익률	순이익률	부채비율	차입금비율	ROA	ROE	유보율	자기자본비율	EBITDA마진율
2016	-22.4	-31.0	12.3	0.0	-19.4	-24.0	238.7	89.0	-8
2015	-49.3	-46.3	36.0	9.2	-18.8	-24.9	373.5	73.6	-30
2014	-38.0	-50.4	34.9	0.0	-34.2	-48.9	520.3	74.1	-19
2013	-16.5	-31.0	62.4	15.8	-31.2	-43.9	890.8	61.6	-5

엔에스 (A217820)
NS

업　　　종 : 전자 장비 및 기기　　　　시　　　장 : KOSDAQ
신용등급 : (Bond) —　　(CP) —　　기업규모 : 벤처
홈 페 이 지 : www.cns2.com　　　　연 락 처 : (043)218-7056
본　　　사 : 충북 청주시 청원구 오창읍 각리1길 27

설 립 일	1999.11.10	종 업 원 수 96명	대 표 이 사 이세용
상 장 일	2015.12.07	감 사 의 견 적정 (신한)	계 　 열
결 산 기	12월	보 통 주 490만주	종 속 회 사 수 1개사
액 면 가	500원	우 선 주	구 상 호

주주구성 (지분율,%)		출자관계 (지분율,%)		주요경쟁사 (외형,%)	
이세용	38.8	에스텍유한공사 100.0		엔에스	100
박승기	4.6			파크시스템스	83
(외국인)	2.3			아비코전자	272

매출구성		비용구성		수출비중	
2차전지장비	75.0	매출원가율	81.8	수출	75.0
레이저장비.	25.0	판관비율	10.6	내수	25.0

회사 개요
동사는 1999년 11월에 설립된 리튬폴리머 2차전지 생산, 광학필름 레이저 형상 제조 제공업체임. 2014년 기준으로 사업부문 별 매출 비중은 2차전지 시스템사업 72.2%, 레이저 시스템 사업 27.6%, 기타 0.1% 이며 수출비중은 약 67.4%를 차지함. 동사의 주요 고객은 LG화학, SK이노베이션, Wanxiang 등으로 안정적인 매출처를 가지고 있음.

실적 분석
동사의 2017년 2분기기준 누적 매출액은 전년동기대비 17% 상승한 165.6억원을 기록하였음. 비용면에서 전년동기대비 매출원가는 증가 하였으나 인건비도 증가, 기타판매비와관리비도 마찬가지로 증가하였음. 그에 따라 매출액 하락 등에 의해 전년동기대비 영업이익은 12.7억원으로 20.4% 상승하였음. 그러나 비영업손익의 적자전환으로 전년동기대비 당기순이익은 4.9억원을 기록함.

현금 흐름　〈단위 : 억원〉

항목	2016	2017.2Q
영업활동	-58	59
투자활동	-38	-13
재무활동	11	5
순현금흐름	-68	52
기말현금	26	78

시장 대비 수익률

결산 실적　〈단위 : 억원〉

항목	2012	2013	2014	2015	2016	2017
매출액		128	208	304	296	
영업이익		13	23	33	22	
당기순이익		13	21	34	21	

분기 실적　〈단위 : 억원〉

항목	2016.1Q	2016.2Q	2016.3Q	2016.4Q	2017.1Q	2017.2Q
매출액		92			73	92
영업이익		7			5	10
당기순이익		5			-5	10

재무 상태　〈단위 : 억원〉

항목	2012	2013	2014	2015	2016	2017.2Q
총자산		139	227	357	337	550
유형자산		40	87	104	120	122
무형자산		1	2	2	4	4
유가증권						
총부채		81	131	137	102	316
총차입금		31	35	48	64	74
자본금		7	8	25	25	25
총자본		58	96	219	234	234
지배주주지분		58	96	219	234	234

기업가치 지표

항목	2012	2013	2014	2015	2016	2017.2Q
주가(최고/저)(천원)	—/—	—/—	—/—	22.9/13.7	21.4/8.1	—
PER(최고/저)(배)	0.0/0.0	0.0/0.0	0.0/0.0	26.7/16.0	51.0/19.3	—
PBR(최고/저)(배)	0.0/0.0	0.0/0.0	0.0/0.0	5.2/3.1	4.5/1.7	3.5/2.1
EV/EBITDA(배)	0.0	1.4	0.3	25.6	17.2	—
EPS(원)	—	352	683	868	423	100
BPS(원)	—	44,543	59,709	4,473	4,784	4,776
CFPS(원)	—	9,228	17,727	991	605	201
DPS(원)	—			100	100	359
EBITDAPS(원)	—	9,686	19,728	971	639	—

재무 비율　〈단위 : % 〉

연도	영업이익률	순이익률	부채비율	차입금비율	ROA	ROE	유보율	자기자본비율	EBITDA마진율
2016	7.6	7.0	43.6	27.2	6.0	9.2	856.8	69.6	10.6
2015	10.8	11.0	62.7	21.8	11.5	21.3	794.6	61.5	12.4
2014	11.2	10.0	137.2	37.1	11.3	27.0	1,094.2	42.2	12.5
2013	10.4	9.8	140.1	54.1		0.0	790.9	41.7	11.7

엔에스쇼핑 (A138250)
NS Home Shopping

업　　　종 : 온라인쇼핑　　　　시　　　장 : 거래소
신용등급 : (Bond) —　　(CP) —　　기업규모 : 시가총액 중형주
홈 페 이 지 : pr.nsmall.com　　　　연 락 처 : 02)6336-1234
본　　　사 : 경기도 성남시 분당구 판교로 228번길 15

설 립 일	2001.05.07	종 업 원 수 422명	대 표 이 사 도상철
상 장 일	2015.03.27	감 사 의 견 적정 (삼정)	계 　 열
결 산 기	12월	보 통 주 3,370만주	종 속 회 사 수 7개사
액 면 가	500원	우 선 주	구 상 호

주주구성 (지분율,%)		출자관계 (지분율,%)		주요경쟁사 (외형,%)	
하림홀딩스	40.7	하림산업 100.0		엔에스쇼핑	100
한국투자밸류자산운용	16.7	하림식품 100.0		현대홈쇼핑	220
(외국인)	7.2	엔바이콘 100.0		GS홈쇼핑	249

매출구성		비용구성		수출비중	
TV쇼핑	74.6	매출원가율	8.6	수출	—
모바일	11.1	판관비율	73.5	내수	—
카탈로그	9.5				

회사 개요
동사는 TV홈쇼핑, 카탈로그 쇼핑 및 인터넷 쇼핑을 통해 구축한 유통채널, 시장 인지도 및 식품 관련 상품의 품질 관리 능력 등을 활용한 식품관련 상품의 확대를 진행중. 자회사인 하림식품을 통해 HMR, 레토르트 제품 등의 식품가공 사업을 진행할 예정임. 매출구성은 홈쇼핑 76%, 카탈로그 11%, 인터넷 5%, 모바일 9%임.

실적 분석
2017년 반기 연결기준 매출액과 영업이익은 전년동기대비 9.4% 증가, 18.5% 감소한 2,343.2억원, 363.9억원을 기록함. 인터넷와 모바일 부문 성장. TV 성장률의 정체는 건강기능식품의 부진에 기인. 연간 SO 송출수수료 인상률 10% 이상으로 예상되나, T-Commerce를 통해 기존 한계였던 저마진 식품위주 상품구성을 고마진의 패션, 이미용으로 개선시킬 여지가 커 수익성 방어에 유리할 것으로 예상.

현금 흐름　〈단위 : 억원〉

항목	2016	2017.2Q
영업활동	653	385
투자활동	-4,858	-44
재무활동	3,087	-352
순현금흐름	-1,101	-11
기말현금	847	836

시장 대비 수익률

결산 실적　〈단위 : 억원〉

항목	2012	2013	2014	2015	2016	2017
매출액	3,088	3,520	3,925	4,064	4,411	
영업이익	535	692	916	899	790	
당기순이익	397	544	710	677	503	

분기 실적　〈단위 : 억원〉

항목	2016.1Q	2016.2Q	2016.3Q	2016.4Q	2017.1Q	2017.2Q
매출액	1,079	1,062	1,076	1,194	1,168	1,176
영업이익	231	216	195	149	255	109
당기순이익	175	152	110	66	172	34

재무 상태　〈단위 : 억원〉

항목	2012	2013	2014	2015	2016	2017.2Q
총자산	2,886	3,365	4,153	4,498	8,087	8,024
유형자산	1,081	1,135	1,306	1,474	6,293	6,344
무형자산	98	240	258	325	324	297
유가증권	105	119	81	89	60	56
총부채	962	1,100	1,457	1,161	4,301	4,197
총차입금	51	3	12		3,103	2,916
자본금	168	168	168	168	168	168
총자본	1,923	2,265	2,696	3,338	3,786	3,827
지배주주지분	1,923	2,265	2,696	3,338	3,786	3,827

기업가치 지표

항목	2012	2013	2014	2015	2016	2017.2Q
주가(최고/저)(천원)	—/—	—/—	—/—	262/182	193/142	—/—
PER(최고/저)(배)	0.0/0.0	0.0/0.0	0.0/0.0	13.2/9.2	13.1/9.7	—/—
PBR(최고/저)(배)	0.0/0.0	0.0/0.0	0.0/0.0	2.7/1.9	1.7/1.3	1.6/1.3
EV/EBITDA(배)				4.0	7.9	—
EPS(원)	1,178	1,614	2,106	2,008	1,493	610
BPS(원)	57,077	67,234	80,036	99,070	112,372	11,652
CFPS(원)	14,874	19,043	23,714	23,011	18,687	801
DPS(원)				1,000	2,000	—
EBITDAPS(원)	18,967	23,437	29,843	29,595	27,200	1,271

재무 비율　〈단위 : % 〉

연도	영업이익률	순이익률	부채비율	차입금비율	ROA	ROE	유보율	자기자본비율	EBITDA마진율
2016	17.9	11.4	113.6	82.0	8.0	14.1	2,147.4	46.8	20.8
2015	22.1	16.7	34.8	0.0	15.7	22.4	1,881.4	74.2	24.5
2014	23.3	18.1	54.0	0.5	18.9	28.6	1,500.7	64.9	25.6
2013	19.7	15.5	48.6	0.1	17.4	26.0	1,244.7	67.3	22.4

엔에스엔 (A031860)
NSN

업 종 : 레저용품	시 장 : KOSDAQ
신용등급 : (Bond) — (CP) —	기업규모 : 중견
홈페이지 : www.nsnetwork.co.kr	연 락 처 : 02)2106-5417
본 사 : 서울시 강남구 봉은사로 310(역삼동) 대일빌딩 7층	

설 립 일 1979.09.12	종 업 원 수 51명	대 표 이 사 박충민,한동윤공동대표이사	
상 장 일 1997.01.07	감 사 의 견 적정 (삼정)	계 열	
결 산 기 12월	보 통 주 2,059만주	종 속 회 사 수 8개사	
액 면 가 500원	우 선 주 —	구 상 호 에이모션	

주주구성 (지분율,%)
대주인터내셔널	10.0
이은주	3.0
(외국인)	2.1

출자관계 (지분율,%)
엔에스엔	100
삼천리자전거	761
참좋은여행	392

주요경쟁사 (외형,%)

매출구성
자전거판매	46.3
화장품, 건강기능식품 외	38.0
공장자동화장비 외	15.5

비용구성
매출원가율	78.1
판관비율	80.8

수출비중
수출	0.0
내수	100.0

회사 개요
동사는 통신판매업, 인터넷사업 등을 영위할 목적으로 1979년 설립됨. 이후 자전거사업 등 시장 성장에 부합하기 위해 목적사업을 변경하여 성장함. 2017년 1월 회사명칭을 에이모션에서 엔에스엔으로 변경함. 현재 자전거 제조, 판매를 주요사업으로 하고 신규사업으로 바이오메디컬 사업을 추진 중에 있음. 종속회사 로얄메이슨을 통해 자전거 온라인 판매사업도 영위 중. 공장자동화사업인 M&E사업은 회사 물적분할을 통해 신설된 이에스텍에서 영위함.

실적 분석
동사의 2017년 연결기준 2분기 누적 매출액은 전년 동기 82.9억원보다 37.3% 하락한 52억원임. 화장품, 건강기능식품 유통 등 신규 면세점 부문 매출이 새롭게 추가됐지만 기존 주력사업인 자전거사업과 M&E사업부문이 부진하며 매출이 감소함. 영업손실과 당기순손실은 각각 59.2억원, 36.2억원을 기록해 적자지속. 판관비가 전년 대비 53% 늘어난 점도 적자규모 확대에 영향을 끼침.

현금 흐름 〈단위 : 억원〉
항목	2016	2017.2Q
영업활동	-89	-61
투자활동	-132	94
재무활동	168	9
순현금흐름	-53	43
기말현금	14	57

시장 대비 수익률

결산 실적 〈단위 : 억원〉
항목	2012	2013	2014	2015	2016	2017
매출액	53	56	134	186	188	—
영업이익	-34	-25	5	-27	-111	—
당기순이익	-59	-19	17	-88	-133	—

분기 실적 〈단위 : 억원〉
항목	2016.1Q	2016.2Q	2016.3Q	2016.4Q	2017.1Q	2017.2Q
매출액	39	63	57	28	31	25
영업이익	-11	-12	-37	-51	-28	-28
당기순이익	-11	-15	-38	-68	-32	-1

재무 상태 〈단위 : 억원〉
항목	2012	2013	2014	2015	2016	2017.2Q
총자산	354	386	381	392	455	420
유형자산	1	25	26	103	120	122
무형자산	0	1	1	1	8	9
유가증권	3	34	47	106	182	95
총부채	98	110	86	153	219	116
총차입금	82	89	46	125	173	73
자본금	310	334	334	68	84	103
총자본	255	276	295	239	236	305
지배주주지분	255	276	295	225	224	296

기업가치 지표
항목	2012	2013	2014	2015	2016	2017.2Q
주가(최고/저)(천원)	2.3/1.6	2.0/1.1	1.8/1.1	4.0/1.4	14.7/3.2	—/—
PER(최고/저)(배)	—/—	—/—	14.6/8.7	—/—	—/—	—/—
PBR(최고/저)(배)	1.1/0.8	1.0/0.5	0.8/0.5	2.4/0.9	11.0/2.4	6.6/2.3
EV/EBITDA(배)			34.3			
EPS(원)	-474	-145	127	-662	-833	-158
BPS(원)	2,061	2,064	2,207	1,646	1,328	1,440
CFPS(원)	-469	-142	136	-650	-801	-139
DPS(원)						
EBITDAPS(원)	-269	-187	43	-192	-672	-268

재무 비율 〈단위 : %〉
연도	영업이익률	순이익률	부채비율	차입금비율	ROA	ROE	유보율	자기자본비율	EBITDA마진율
2016	-58.9	-70.7	92.9	73.4	-31.4	-58.2	165.5	51.9	-56.2
2015	-14.6	-47.5	64.3	52.3	-22.9	-34.1	229.2	60.9	-13.8
2014	3.4	12.7	일부잠식	일부잠식	4.4	5.9	-11.7	77.5	4.3
2013	-45.3	-33.8	일부잠식	일부잠식	-5.1	-7.1	-17.5	71.5	-43.8

엔에스컴퍼니 (A224760)
NSCompany

업 종 : 건설	시 장 : KONEX
신용등급 : (Bond) — (CP) —	기업규모 : —
홈페이지 : www.nscompany.co.kr	연 락 처 : 052)289-2888
본 사 : 경북 경주시 외동읍 구어2산단로 127	

설 립 일 1994.10.20	종 업 원 수 203명	대 표 이 사 김동진,남세우(각자대표이사)	
상 장 일 2015.07.31	감 사 의 견 적정 (나우)	계 열	
결 산 기 12월	보 통 주 —	종 속 회 사 수	
액 면 가 —	우 선 주 —	구 상 호	

주주구성 (지분율,%)
금화피에스시	41.1
김동진	39.1

출자관계 (지분율,%)
안성전기	7.0
금화피에스시	4.2

주요경쟁사 (외형,%)
엔에스컴퍼니	100
엄지하우스	238
청광종건	376

매출구성
경상정비공사(공사)	31.8
발전시설공사(공사)	28.1
계획예방공사(공사)	23.9

비용구성
매출원가율	83.3
판관비율	7.5

수출비중
수출	0.0
내수	100.0

회사 개요
1994년 10월 설립한 동사는 산업플랜트 건설 및 경상정비, 자동차부품제조 부문을 영위하고 음. 국내 산업플랜트 건설부문, 산업플랜트 유지보수 하는 경상정비부문, 자동차 부품 제조판매 하는 주력 사업 분류, 국가전력 사업 시공을 주로 했으며, 화력발전소 건설 등에 참여했음. 울산지역에서 상위에 속하는 시공설비 능력을 바탕으로 시장점유율 증가 추세에 있음. 2015년 7월에 코넥스 시장에 상장함.

실적 분석
코넥스 상장 기업인 동사의 2016년 공사수익은 증가하였으나, 완성차 업체의 장기 파업, 경주공장으로의 설비이전으로 인한 일시적 생산량 감소, 소재비의 순매법 인식 등으로 인하여 제품매출은 감소함. 경주공장으로의 설비 이전설치비용, 초기 구축비용 등으로 제조원가가 증가하였으며, 본사이전 및 조직개편으로 인한 관리직 인원의 증가로 인하여 판관비도 늘어남. 울산공장의 매각효과로 영업외수익이 크게 증가하였음.

현금 흐름 • IFRS 별도 기준 〈단위 : 억원〉
항목	2016	2017.2Q
영업활동	24	—
투자활동	-3	—
재무활동	-29	—
순현금흐름	-8	—
기말현금	40	—

시장 대비 수익률

결산 실적 〈단위 : 억원〉
항목	2012	2013	2014	2015	2016	2017
매출액	227	227	280	318	325	—
영업이익	30	8	20	30	30	—
당기순이익	26	11	19	25	44	—

분기 실적 • IFRS 별도 기준 〈단위 : 억원〉
항목	2016.1Q	2016.2Q	2016.3Q	2016.4Q	2017.1Q	2017.2Q
매출액						
영업이익						
당기순이익						

재무 상태 • IFRS 별도 기준 〈단위 : 억원〉
항목	2012	2013	2014	2015	2016	2017.2Q
총자산	193	266	305	376	367	—
유형자산	38	55	55	120	115	—
무형자산						—
유가증권	65	99	139	107	107	—
총부채	57	93	85	156	103	—
총차입금		20	13	52	23	—
자본금	20	20	20	20	20	—
총자본	136	172	220	220	264	—
지배주주지분	136	172	220	220	264	—

기업가치 지표 • IFRS 별도 기준
항목	2012	2013	2014	2015	2016	2017.2Q
주가(최고/저)(천원)	—/—	—/—	—/—	—/—	—/—	—/—
PER(최고/저)(배)	0.0/0.0	0.0/0.0	0.0/0.0	8.7/8.7	5.0/5.0	—/—
PBR(최고/저)(배)	0.0/0.0	0.0/0.0	0.0/0.0	1.0/1.0	0.8/0.8	—/0.0
EV/EBITDA(배)				4.9	3.9	
EPS(원)	662	289	471	641	1,115	—
BPS(원)	34,541	43,731	55,888	5,589	6,711	—
CFPS(원)	8,589	4,995	7,974	985	1,569	—
DPS(원)					50	—
EBITDAPS(원)	9,701	4,189	8,398	1,097	1,208	—

재무 비율 〈단위 : %〉
연도	영업이익률	순이익률	부채비율	차입금비율	ROA	ROE	유보율	자기자본비율	EBITDA마진율
2016	9.1	13.5	38.9	8.8	11.8	18.1	1,242.2	72.0	14.
2015	9.3	8.0	70.7	23.6	7.4	11.5	1,017.8	58.6	13.
2014	7.2	6.6	38.7	6.1	6.5	9.5	1,017.8	72.1	11.
2013	3.6	5.0	54.2	11.4	4.7	7.4	774.6	64.8	7.

엔에이치엔벅스 (A104200)
NHN BUGS

업 종 : 미디어		시 장 : KOSDAQ	
신용등급 : (Bond) — (CP) —		기업규모 : 우량	
홈 페 이 지 : www.bugscorp.co.kr		연 락 처 : 031)8038-4186	
본 사 : 경기도 성남시 분당구 대왕판교로 645번길 16 플레이뮤지엄			

설 립 일 2002.06.03	종 업 원 수 154명	대 표 이 사 양주일	
상 장 일 2009.10.06	감사의견 적정(삼정)	계 열	
결 산 기 12월	보 통 주 1,483만주	종속회사수 2개사	
액 면 가 500원	우 선 주 202만주	구 상 호 벅스	

주주구성 (지분율,%)		출자관계 (지분율,%)		주요경쟁사 (외형,%)	
엔에이치엔엔터테인먼트	40.7	하우엔터테인먼트	70.0	NHN벅스	100
네오위즈홀딩스	7.2	그루버스	53.9	YG PLUS	96
(외국인)	1.2	미디어라인엔터테인먼트	30.0	초록뱀	145

매출구성		비용구성		수출비중	
디지털 음원서비스/SNS 운영 외(기타)	74.1	매출원가율	0.0	수출	3.0
음원유통(기타)	26.0	판관비율	105.7	내수	97.0

회사 개요
동사는 2002년 설립되어 온라인 음악서비스, 디지털 음원유통 및 SNS 유통사업을 영위함. 2010년 네오위즈벅스와 네오위즈인터넷의 합병으로 사명을 네오위즈인터넷으로 변경하였다가 2015년에 엔에이치엔벅스인터넷로 최대주주가 변경되며 벅스로 사명을 변경한 후 2017년에 다시 엔에이치엔터테인먼트로 변경함. 벅스, 카카오뮤직, 그루버스를 통해 디지털 음원서비스 및 유통서비스를 제공하고 있으며 세이캐스트 SNS를 운영중임.

실적 분석
니나노클럽 멤버십 서비스와 B2B 사업확대 등으로 당반기에도 전년동기 대비 41.8% 성장한 451.2억원의 매출을 달성하였으나, 광고 및 마케팅 등 비용 증가로 인해 약 39.9억원의 영업손실과 48억원의 당기순손실을 시현함. 순이익이 전기 7억원 대비 큰폭으로 적자전환한 상황이나 벅스의 트래픽이 크게 증가하는 등 향후 성장성 면에서 긍정적으로 평가할 수 있는 면도 있음.

현금 흐름 〈단위 : 억원〉

항목	2016	2017.2Q
영업활동	-49	-100
투자활동	161	39
재무활동	-50	—
순현금흐름	9	-62
기말현금	108	45

시장 대비 수익률

결산 실적 〈단위 : 억원〉

항목	2012	2013	2014	2015	2016	2017
매출액	504	578	549	609	730	—
영업이익	-37	39	92	71	-42	—
당기순이익	-36	85	81	49	-38	—

분기 실적 〈단위 : 억원〉

항목	2016.1Q	2016.2Q	2016.3Q	2016.4Q	2017.1Q	2017.2Q
매출액	152	167	186	226	232	219
영업이익	12	-9	-31	-14	-11	-29
당기순이익	12	-5	-29	-17	-17	-31

재무 상태 〈단위 : 억원〉

항목	2012	2013	2014	2015	2016	2017.2Q
총자산	538	612	704	943	957	904
유형자산	11	8	4	5	3	2
무형자산	65	52	50	48	186	193
유가증권	33	15	11	36	27	77
총부채	178	163	174	180	259	252
총차입금	0	0	0	0	0	0
자본금	68	68	68	74	74	74
총자본	361	448	530	763	698	651
지배주주지분	361	448	530	763	675	631

기업가치 지표

항목	2012	2013	2014	2015	2016	2017.2Q
주가(최고/저)(천원)	17.2/10.3	13.3/6.3	18.1/8.7	17.3/10.0	13.1/9.0	—/—
PER(최고/저)(배)	—/—	24.3/11.6	34.7/16.7	56.7/32.8	—/—	—/—
PBR(최고/저)(배)	6.3/3.8	4.1/1.9	4.8/2.3	3.6/2.1	2.8/1.9	3.0/2.3
EV/EBITDA(배)		19.7	9.5	16.1		
EPS(원)	-234	546	522	305	-208	-270
BPS(원)	2,706	3,269	3,775	4,869	4,642	4,382
CFPS(원)	-54	608	569	335	-177	-228
DPS(원)						
EBITDAPS(원)	-57	310	640	471	-215	-194

재무 비율 〈단위 : %〉

연도	영업이익률	순이익률	부채비율	차입금비율	ROA	ROE	유보율	자기자본비율	EBITDA마진율
2016	-5.7	-5.3	37.1	0.0	-4.0	-4.9	954.9	72.9	-5.0
2015	11.8	8.1	23.6	0.0	6.0	7.7	1,006.3	80.9	12.5
2014	16.8	14.8	32.9	0.1	12.3	16.6	767.7	75.2	18.1
2013	6.7	14.7	36.5	0.1	14.8	21.0	651.3	73.3	8.3

엔에이치엔엔터테인먼트 (A181710)
NHN Entertainment

업 종 : 게임 소프트웨어		시 장 : 거래소	
신용등급 : (Bond) — (CP) —		기업규모 : 시가총액 중형주	
홈 페 이 지 : www.nhnent.com		연 락 처 : 1544-6859	
본 사 : 경기도 성남시 분당구 대왕판교로 645번길 16 (삼평동)플레이뮤지엄			

설 립 일 2013.08.01	종 업 원 수 669명	대 표 이 사 정우진	
상 장 일 2013.08.29	감사의견 적정(삼정)	계 열	
결 산 기 12월	보 통 주 1,957만주	종속회사수 72개사	
액 면 가 500원	우 선 주	구 상 호	

주주구성 (지분율,%)		출자관계 (지분율,%)		주요경쟁사 (외형,%)	
이준호	17.4	엔에이치엔페이코	100.0	NHN엔터테인먼트	100
제이엘씨	14.1	엔에이치엔엔터테인먼트스포츠파트너스	100.0	엔씨소프트	115
(외국인)	14.3	엔에이치엔위투	100.0	컴투스	60

매출구성		비용구성		수출비중	
게임(기타)	55.2	매출원가율	0.0	수출	41.0
기타	44.8	판관비율	96.9	내수	59.0

회사 개요
동사는 2013년 8월 1일 엔에이치엔주식회사(현재사명 네이버주식회사)에서 한게임 사업부문을 인적분할하여 설립된 회사로 8월 29일에 유가증권 시장에 신규 상장됨. 이준호 의장이 최대주주로 17.27%의 지분을 보유하고 있음. 총 89개의 계열사를 보유하고 있으며 ㈜엔에이치엔벅스, 엔에이치엔한국사이버결제㈜, ㈜파이오링크 등 3개의 상장 계열회사를 보유하고 있음. 지역별 매출비중은 국내 59%, 일본 34%, 기타 7%로 구성됨.

실적 분석
동사의 2017년 2분기 연결 기준 매출액은 전년동기대비 9% 증가한 4,516.3억원을 기록함. 게임매출 증가로 인한 수수료 확대와 자회사 NHN벅스 마케팅 증가 등의 영향으로 판매관리비는 전년동기대비 상승하였음. 이에 따라 2분기 누적 영업이익은 매출 증가에도 불구하고 전년동기대비 2% 감소한 191.4억원을 기록함. 당기순이익은 전년대비 67.1% 감소한 178.7억원을 시현함. 하반기 '킹스맨', '크리티컬 옵스' 등 신작 출시 계획임.

현금 흐름 〈단위 : 억원〉

항목	2016	2017.2Q
영업활동	129	-363
투자활동	1,072	-287
재무활동	-792	148
순현금흐름	411	-504
기말현금	3,015	2,510

시장 대비 수익률

결산 실적 〈단위 : 억원〉

항목	2012	2013	2014	2015	2016	2017
매출액		2,653	5,569	6,446	8,564	—
영업이익		521	119	-543	264	—
당기순이익		160	503	1,652	71	—

분기 실적 〈단위 : 억원〉

항목	2016.1Q	2016.2Q	2016.3Q	2016.4Q	2017.1Q	2017.2Q
매출액	2,036	2,106	2,075	2,347	2,267	2,249
영업이익	92	103	23	46	92	99
당기순이익	245	298	15	-486	120	58

재무 상태 〈단위 : 억원〉

항목	2012	2013	2014	2015	2016	2017.2Q
총자산	—	11,783	12,729	18,333	18,382	18,220
유형자산		288	632	1,056	1,143	1,559
무형자산		557	1,610	3,076	3,230	3,231
유가증권		1,928	3,129	5,605	3,643	4,169
총부채		1,653	2,300	3,308	3,277	2,823
총차입금		142	566	625	330	310
자본금		76	76	98	98	98
총자본		10,130	10,429	15,025	15,104	15,397
지배주주지분		10,034	10,270	14,270	14,628	14,840

기업가치 지표

항목	2012	2013	2014	2015	2016	2017.2Q
주가(최고/저)(천원)	—/—	123/84.7	100/61.1	91.3/50.0	69.2/44.8	—/—
PER(최고/저)(배)	0.0/0.0	103.5/71.1	30.6/18.7	10.4/5.7	108.2/70.1	—/—
PBR(최고/저)(배)	0.0/0.0	1.9/1.3	1.5/0.9	1.2/0.7	0.9/0.6	1.1/0.6
EV/EBITDA(배)		9.3		26.3	9.3	
EPS(원)		1,192	3,273	8,813	639	1,128
BPS(원)		66,345	69,426	74,255	76,086	77,170
CFPS(원)		1,822	5,212	10,866	2,529	1,992
DPS(원)						
EBITDAPS(원)		4,037	2,646	-867	3,238	1,842

재무 비율 〈단위 : %〉

연도	영업이익률	순이익률	부채비율	차입금비율	ROA	ROE	유보율	자기자본비율	EBITDA마진율
2016	3.1	0.8	21.7	2.2	0.4	0.9	15,117.2	82.2	7.4
2015	-8.4	25.6	22.0	4.2	10.6	13.4	14,750.9	82.0	-2.5
2014	2.1	9.0	22.1	5.4	4.1	5.0	13,785.2	81.9	7.2
2013	19.6	6.0	16.3	1.4	14.8	21.0	13,169.1	86.0	23.1

엔에이치엔한국사이버결제 (A060250)
NHN KCP

업 종 : 인터넷 서비스		시 장 : KOSDAQ	
신용등급 : (Bond) — (CP) —		기업규모 : 우량	
홈 페 이 지 : www.kcp.co.kr		연 락 처 : 02)2108-1000	
본 사 : 서울시 구로구 디지털로33길 28, 우림이비즈센터 1차 5층 508호			

설 립 일 1994.12.28	종 업 원 수 233명	대 표 이 사 박준석	
상 장 일 2001.12.23	감 사 의 견 적정 (진성)	계 열	
결 산 기 12월	보 통 주 1,959만주	종속회사수 6개사	
액 면 가 500원	우 선 주	구 상 호 한국사이버결제	

주주구성 (지분율,%)
엔에이치엔페이코	37.0
케이지이니시스	4.6
(외국인)	5.6

출자관계 (지분율,%)
케이씨피이노베이션	100.0
케이씨피휄니스	100.0
타바패스	100.0

주요경쟁사 (외형,%)
NHN한국사이버결제	100
KG이니시스	258
KG모빌리언스	50

매출구성
PG사업부	82.8
VAN-Off사업부	13.9
VAN-On사업부	3.4

비용구성
매출원가율	87.8
판관비율	8.0

수출비중
수출	0.0
내수	100.0

회사 개요
동사는 1994년 설립된 후 전자결제대행(PG) 서비스와 온오프라인 부가통신망(VAN)사업을 영위하고 있음. PG사업의 경우, 동사와 이니시스, LG유플러스가 전체 시장의 80%가량을 점유하고 있으며, 전자금융거래법의 영향 및 높은 진입장벽으로 신규업체의 시장참여는 어려움. 다만 인터넷 전문은행의 출현으로 VAN과 PG의 역할이 사라질 가능성이 대두되고 있으며 전자결제 프로세스의 판도가 달라질 리스크는 상존.

실적 분석
동사의 2017년 2분기 누적 연결기준 매출액은 전년대비 34.9% 증가한 1,676.8억원을 기록함. 전사업부문에서 고른 매출 성장이 있었음. 원가율도 소폭 개선되어 영업이익 86.7억원, 당기순이익 67.3억원을 보이며 이익 규모 증가 및 수익성 개선에 성공함. 당반기 사업부문별 매출비중은 PG사업부가 82.46%를 차지함. 동사는 당반기 결산일 이후 사옥 확보를 위한 토지, 건물 양수도 계약을 체결함.

현금 흐름 〈단위 : 억원〉
항목	2016	2017.2Q
영업활동	229	68
투자활동	-154	-15
재무활동	-62	-13
순현금흐름	13	39
기말현금	651	690

시장 대비 수익률

결산 실적 〈단위 : 억원〉
항목	2012	2013	2014	2015	2016	2017
매출액	1,328	1,371	1,540	1,955	2,721	—
영업이익	57	84	88	109	115	—
당기순이익	46	71	84	93	102	—

분기 실적 〈단위 : 억원〉
항목	2016.1Q	2016.2Q	2016.3Q	2016.4Q	2017.1Q	2017.2Q
매출액	597	646	722	757	840	836
영업이익	31	22	38	25	35	52
당기순이익	29	18	30	25	33	35

재무 상태 〈단위 : 억원〉
항목	2012	2013	2014	2015	2016	2017.2Q
총자산	701	822	1,498	1,616	1,856	1,902
유형자산	145	220	240	241	275	254
무형자산	41	48	57	50	118	111
유가증권	3	2	100	103	88	199
총부채	403	440	660	694	905	893
총차입금	—	10	2		15	3
자본금	60	63	85	90	92	98
총자본	298	383	837	922	951	1,009
지배주주지분	295	366	821	909	948	1,008

기업가치 지표
항목	2012	2013	2014	2015	2016	2017.2Q
주가(최고/저)(천원)	12.1/5.3	13.6/7.9	25.6/7.3	40.0/22.3	24.5/10.6	—/—
PER(최고/저)(배)	39.1/17.0	28.5/16.7	46.0/13.1	80.9/45.2	46.5/20.0	—/—
PBR(최고/저)(배)	5.9/2.6	5.4/3.2	5.8/1.7	8.3/4.6	4.7/2.0	2.6/2.2
EV/EBITDA(배)	10.8	6.7	21.1	17.6	6.6	—
EPS(원)	313	480	559	497	527	349
BPS(원)	2,617	3,046	5,038	5,197	5,614	5,562
CFPS(원)	754	1,125	1,357	1,155	1,191	646
DPS(원)	75	75	35	120	35	—
EBITDAPS(원)	841	1,221	1,377	1,230	1,265	739

재무 비율 〈단위 : %〉
연도	영업이익률	순이익률	부채비율	차입금비율	ROA	ROE	유보율	자기자본비율	EBITDA마진율
2016	4.2	3.7	95.2	1.6	5.9	11.0	1,022.8	51.2	8.4
2015	5.6	4.8	75.3	0.0	6.0	11.1	939.4	57.0	11.4
2014	5.8	5.5	78.9	0.2	7.3	14.5	907.6	55.9	12.0
2013	6.1	5.2	114.8	2.6	9.3	21.7	509.2	46.6	11.1

엔에이치투자증권 (A005940)
NH Investment & Securities

업 종 : 증권		시 장 : 거래소	
신용등급 : (Bond) AA+ (CP) A1		기업규모 : 시가총액 대형주	
홈 페 이 지 : www.nhqv.com		연 락 처 : 02)768-7000	
본 사 : 서울시 영등포구 여의대로 60, 우리투자증권빌딩 (여의도동)			

설 립 일 1969.01.14	종 업 원 수 2,801명	대 표 이 사 김원규	
상 장 일 1975.09.30	감 사 의 견 적정 (한영)	계 열	
결 산 기 12월	보 통 주 28,141만주	종속회사수 57개사	
액 면 가 5,000원	우 선 주 1,887만주	구 상 호 우리투자증권	

주주구성 (지분율,%)
농협금융지주	49.1
국민연금공단	8.8
(외국인)	15.3

출자관계 (지분율,%)
NH선물	100.0
NH농협캐피탈(구.우리파이낸셜전문투자전문사모자회사)	69.0
오라클1호합자조합	30.2

주요경쟁사 (외형,%)
NH투자증권	100
미래에셋대우	85
삼성증권	85

수익구성
금융상품 관련이익	79.1
이자수익	9.5
수수료수익	7.4

비용구성
이자비용	3.3
파생상품손실	0.2
판관비	7.4

수출비중
수출	—
내수	—

회사 개요
동사는 Brokerage, 자산관리, IB, Trading 등을 주요사업으로 영위하는 종합금융투자회사임. 2014년 6월 30일자로 최대주주가 우리금융지주에서 NH농협금융지주로 변경되었음. 통합법인인 'NH투자증권'은 2014년 12월 31일 출범하였음. 2015년 6월 30일 현재, 동사의 소속 기업집단인 농협은 상장사 3개를 비롯해 총 40개사로 구성되어 있고, 주권상장법인은 NH투자증권, 남해화학, 농우바이오임.

실적 분석
동사의 2분기 연결기준 지배주주 순이익은 1,070억원으로 시장 컨센서스를 상회하는 양호한 실적을 기록하였음. 기업금융(IB) 부문에서의 실적 호조가 이어진 가운데 거래대금 증가로 위탁매매 순수수료손익이 전분기대비 19.4% 증가한 721억원을 기록한 점이 실적호조의 주된 원인인 것으로 판단. 또, 지난해 말 희망퇴직 영향으로 실적 개선에도 불구하고 2분기 판매관리비가 전분기 대비 4.3% 감소한 점도 양호한 실적을 견인한 요인으로 판단됨.

현금 흐름 〈단위 : 억원〉
항목	2016	2017.2Q
영업활동	22,531	3,048
투자활동	-22,957	-3,405
재무활동	-5,166	-667
순현금흐름	-5,598	-1,583
기말현금	7,246	5,664

시장 대비 수익률

결산 실적 〈단위 : 억원〉
항목	2012	2013	2014	2015	2016	2017
순영업손익	6,707	4,193	7,091	10,768	9,348	—
영업이익	1,092	224	1,255	3,141	3,019	—
당기순이익	875	160	813	2,142	2,362	—

분기 실적 〈단위 : 억원〉
항목	2016.1Q	2016.2Q	2016.3Q	2016.4Q	2017.1Q	2017.2Q
순영업손익	2,515	2,224	2,338	2,271	3,134	3,322
영업이익	857	879	898	386	1,200	1,471
당기순이익	640	672	678	373	886	1,069

재무 상태 〈단위 : 억원〉
항목	2012	2013	2014	2015	2016	2017.2Q
총자산	272,565	299,859	410,592	417,063	429,706	456,444
유형자산	3,046	2,985	2,871	2,938	3,075	3,018
무형자산	380	280	395	272	258	214
유가증권	174,226	202,710	263,326	273,550	285,925	298,332
총부채	237,726	265,384	366,811	371,558	383,218	409,161
총차입금	115,374	130,571	174,233	175,665	171,724	172,098
자본금	11,205	11,205	15,313	15,313	15,313	15,313
총자본	34,839	34,475	43,781	45,505	46,488	47,278
지배주주지분	34,744	34,397	43,689	45,423	46,388	47,185

기업가치 지표
항목	2012	2013	2014	2015	2016	2017.2Q
주가(최고/저)(천원)	11.8/9.1	11.6/8.7	11.5/7.6	15.6/8.2	10.3/8.1	—/—
PER(최고/저)(배)	32.7/25.2	173.5/130.5	34.1/22.5	23.6/12.3	13.6/10.8	—/—
PBR(최고/저)(배)	0.8/0.6	0.8/0.6	0.9/0.6	1.1/0.6	0.7/0.6	1.0/0.6
PSR(최고/저)(배)	0/0	0/0	0/0	0/0	3/3	—/—
EPS(원)	399	74	371	716	786	—
BPS(원)	16,025	15,866	14,618	15,194	15,516	15,781
CFPS(원)	580	190	476	798	862	690
DPS(원)	100	50	160	400	400	—
EBITDAPS(원)	501	103	575	1,046	1,006	889

재무 비율 〈단위 : %〉
연도	계속사업이익률	순이익률	부채비율	차입금비율	ROA	ROE	유보율	자기자본비율	총자산증가율
2016	32.3	25.3	824.3	369.4	0.6	5.1	204.3	10.8	3.0
2015	26.2	19.9	816.5	386.0	0.5	4.8	198.0	10.9	1.6
2014	16.9	11.5	837.8	398.0	0.2	2.1	186.7	10.7	50.6
2013	5.5	3.8	769.6	378.8	0.1	0.5	208.9	11.5	10.0

엔지스테크널러지 (A208860)
EnGIS Technolgies

업 종 : 일반 소프트웨어		시 장 : KOSDAQ	
신용등급 : (Bond) — (CP) —		기업규모 : 벤처	
홈페이지 : www.engistech.com		연락처 : 02)1522-9060	
본 사 : 서울시 성동구 아차산로 49 서울숲코오롱디지털타워 3차 10층			

설 립 일 1998.09.01	종 업 원 수 37명	대 표 이 사 박웅선	
상 장 일 2016.07.28	감 사 의 견 적정 (대주)	계 열	
결 산 월 12월	보 통 주 313만주	종속회사수	
액 면 가 500원	우 선 주	구 상 호	

주주구성 (지분율,%)		출자관계 (지분율,%)		주요경쟁사 (외형,%)	
박웅선	28.3	엔지스테크널러지	100		
엔지스시스템즈	12.8	포비스티앤씨	3,043		
		한컴MDS	4,080		

매출구성		비용구성		수출비중	
커넥티드 솔루션Nav-Link	43.3	매출원가율	0.0	수출	42.0
어플리케이션BringGoKorea 등	43.2	판관비율	91.3	내수	58.0
기타BringGo	13.5				

회사 개요
1998년 설립된 Nav-Link솔루션 및 네비게이션앱을 주력으로 하는 소프트웨어 개발 및 공급업체임. 2016년 상반기 신규상장함. 커넥티드카 솔루션 기술인 'Nav-Link' 솔루션 및 커넥티드카의 중요한 컨텐츠인 내비게이션을 제공하는 어플리케이션 'BringGo'를 스마트폰을 통해 서비스중임. 주요 매출원은 Nav-Link 솔루션 매출, BringGo 어플리케이션 매출, BringGo 소프트웨어 및 기타 매출로 구성되어 있음.

실적 분석
동사의 2017년 2분기 누적 매출액은 9.9억원으로 전년 동기 대비 55% 감소하였고, 영업손실은 6.7억원을 기록하며 적자전환함. 비영업이익 0.2억원 발생하며 전년대비 흑자전환하였으나 당기순손실 6.5억원을 시현함. 동사의 사업은 개발된 솔루션에 대한 사용 권한을 글로벌 자동차 업체에 제공하고 로열티를 받으면서 별도 비용이 발생하지 않는 고수익 구조로, 거래지역 확대와 OTA 시장 진입 등을 통한 실적 성장이 기대됨.

현금 흐름 *IFRS 별도 기준   〈단위 : 억원〉

항목	2016	2017.2Q
영업활동	-1	-4
투자활동	-52	2
재무활동	54	-10
순현금흐름	1	-12
기말현금	25	13

시장 대비 수익률

결산 실적   〈단위 : 억원〉

항목	2012	2013	2014	2015	2016	2017
매출액	—	—	52	63	37	—
영업이익	—	—	28	22	3	—
당기순이익	—	—	26	18	3	—

분기 실적 *IFRS 별도 기준   〈단위 : 억원〉

항목	2016.1Q	2016.2Q	2016.3Q	2016.4Q	2017.1Q	2017.2Q
매출액	12	10	7	8	5	5
영업이익	3	2	-2	0	-3	-4
당기순이익	2	1	-2	1	-4	-3

재무 상태 *IFRS 별도 기준   〈단위 : 억원〉

항목	2012	2013	2014	2015	2016	2017.2Q
총자산	—	—	51	73	123	105
유형자산	—	—	8	15	29	28
무형자산	—	—	5	11	15	17
유가증권	—	—				10
총부채	—	—	22	27	29	18
총차입금	—	—	4	11	20	10
자본금	—	—	13	13	16	16
총자본	—	—	29	46	94	87
지배주주지분	—	—	29	46	94	87

기업가치 지표 *IFRS 별도 기준

항목	2012	2013	2014	2015	2016	2017.2Q
주가(최고/저)(천원)	—/—	—/—	—/—	—/—	33.5/15.4	—/—
PER(최고/저)(배)	0.0/0.0	0.0/0.0	0.0/0.0	0.0/0.0	336.2/154.3	—/—
PBR(최고/저)(배)	0.0/0.0	0.0/0.0	0.0/0.0	0.0/0.0	11.2/5.1	8.8/6.0
EV/EBITDA(배)	0.0	0.0	0.0	0.0	138.6	
EPS(원)	—	—	978	663	100	-209
BPS(원)	—	—	1,080	1,743	2,991	2,782
CFPS(원)	—	—	1,009	710	160	-173
DPS(원)	—	—	—	—	—	—
EBITDAPS(원)	—	—	1,074	864	172	-180

재무 비율   〈단위 : % 〉

연도	영업이익률	순이익률	부채비율	차입금비율	ROA	ROE	유보율	자기자본비율	EBITDA마진율
2016	8.7	7.7	31.4	21.4	2.9	4.1	498.2	76.1	13.3
2015	34.2	27.7	58.8	23.8	28.3	46.9	248.6	63.0	36.1
2014	52.8	49.5	77.0	12.8	0.0	0.0	116.1	56.5	54.3
2013	0.0	0.0	0.0	0.0	0.0	0.0	0.0	0.0	0.0

엔지켐생명과학 (A183490)
ENZYCHEM LIFESCIENCES

업 종 : 바이오		시 장 : KONEX	
신용등급 : (Bond) — (CP) —		기업규모 : —	
홈페이지 : www.enzychem.com		연락처 : 042)864-2845	
본 사 : 대전시 유성구 문지로 193 103-6 KAIST ICC F741호			

설 립 일 1999.07.20	종 업 원 수 70명	대 표 이 사 손기영	
상 장 일 2013.09.25	감 사 의 견 적정 (삼화)	계 열	
결 산 월 12월	보 통 주	종속회사수	
액 면 가 —	우 선 주	구 상 호 엔지켐	

주주구성 (지분율,%)		출자관계 (지분율,%)		주요경쟁사 (외형,%)	
브리짓라이프사이언스	14.1			엔지켐생명과학	100
손기영	8.5			쎌바이오텍	267
				파마리서치프로덕트	210

매출구성		비용구성		수출비중	
항응고제Sa 등	41.2	매출원가율	83.5	수출	19.0
항결핵제Cy	18.8	판관비율	45.0	내수	81.0
조영제Io 외	18.5				

회사 개요
동사는 1999년 설립돼 의약화학(Medicinal Chemistry)을 기반으로 합성신약을 연구, 개발하고 기술이전 등을 통해 사업화를 진행하는 바이오기업임. 카이스트 내에 중앙연구소, 제천에 GMP 생산 공장을 운영하면서 원료의 약품(API) 개발, 생산 및 글로벌 신약 개발을 영위하고 있음. 국내 최초로 녹용의 유효성분을 합성한 건강기능식품 원료를 식약처로부터 허가를 받고, 그 원료를 사용한 건강기능식품을 제조, 판매하고 있음.

실적 분석
동사의 2016년 누적 매출액은 218.4억원으로 전년 대비 39.7% 증가함. 매출 확대에도 불구하고 원가율 상승과 판관비 증가로 영업손실 62.3억원이 발생해 적자지속함. 동사는 항암제가 유발하는 호중구 감소증 치료제로 한국식약처로부터 인체임상시험승인을 받았으며 범부처 글로벌신약개발 지원과제로 선정되어 보건복지부, 미래창조부, 산업통상자원부로부터 지원받고 있음. 미식약청(FDA)로부터 신약개발허가를 받는 대로 미국 임상을 진행할 계획임.

현금 흐름 *IFRS 별도 기준   〈단위 : 억원〉

항목	2016	2017.2Q
영업활동	-91	—
투자활동	42	—
재무활동	112	—
순현금흐름	63	—
기말현금	83	—

시장 대비 수익률

결산 실적   〈단위 : 억원〉

항목	2012	2013	2014	2015	2016	2017
매출액	201	202	154	156	218	—
영업이익	14	-2	-23	-69	-62	—
당기순이익	12	-17	-201	-118	-63	—

분기 실적 *IFRS 별도 기준   〈단위 : 억원〉

항목	2016.1Q	2016.2Q	2016.3Q	2016.4Q	2017.1Q	2017.2Q
매출액	—	—	—	—	—	—
영업이익	—	—	—	—	—	—
당기순이익	—	—	—	—	—	—

재무 상태 *IFRS 별도 기준   〈단위 : 억원〉

항목	2012	2013	2014	2015	2016	2017.2Q
총자산	327	323	239	304	367	—
유형자산	85	86	85	77	95	—
무형자산	38	41	26	16	11	—
유가증권	4					—
총부채	140	153	195	80	97	—
총차입금	120	137	177	51	56	—
자본금	30	30	28	32	34	—
총자본	187	170	44	224	270	—
지배주주지분	187	170	44	224	270	—

기업가치 지표 *IFRS 별도 기준

항목	2012	2013	2014	2015	2016	2017.2Q
주가(최고/저)(천원)	—/—	7.5/3.5	29.9/4.6	77.1/26.0	76.7/39.8	—/—
PER(최고/저)(배)	0.0/0.0	0.0/0.0	0.0/0.0	0.0/0.0	0.0/0.0	—/—
PBR(최고/저)(배)	0.0/0.0	2.6/1.2	41.2/6.3	22.3/7.5	19.2/10.0	0.0/0.0
EV/EBITDA(배)	0.3	25.8				
EPS(원)	227	-287	-3,368	-1,885	-969	—
BPS(원)	3,157	2,870	725	3,452	3,995	—
CFPS(원)	343	-103	-3,117	-1,629	-764	—
DPS(원)	—	—	—	—	—	—
EBITDAPS(원)	390	144	-138	-846	-748	—

재무 비율   〈단위 : % 〉

연도	영업이익률	순이익률	부채비율	차입금비율	ROA	ROE	유보율	자기자본비율	EBITDA마진율
2016	-28.5	-29.0	36.0	20.8	-18.9	-25.7	699.0	73.5	-22.4
2015	-44.0	-75.4	35.6	22.7	-43.4	-87.8	590.5	73.8	-33.8
2014	-15.1	-130.9	443.0	401.5	0.0	0.0	54.8	18.4	-5.4
2013	-1.2	-8.4	90.2	80.5	-5.2	-9.5	474.0	52.6	4.2

엔케이 (A085310)
NK

업   종 : 조선
신용등급 : (Bond) —   (CP) —
홈 페 이 지 : www.nkcf.com
본   사 : 부산시 강서구 녹산산단17로 113 (송정동)
시   장 : 거래소
기업규모 : 시가총액 소형주
연 락 처 : 051)204-2211

설 립 일	1984.09.07	종 업 원 수	115명	대 표 이 사	김경훈,천남주
상 장 일	2008.01.24	감 사 의 견	적정 (안경)	계 열	
결 산 기	12월	보 통 주	7,998만주	종속회사수	6개사
액 면 가	500원	우 선 주		구 상 호	

주주구성 (지분율,%)		출자관계 (지분율,%)		주요경쟁사 (외형,%)	
엔케이아이텍	9.5	엔케이비엠에스	100.0	엔케이	100
박윤소	8.0	한우즈벡실린더투자	26.4	두산엔진	488
(외국인)	0.6	NKUSAINC	100.0	세진중공업	260

매출구성		비용구성		수출비중	
NK O3 BWT SYSTEM	34.7	매출원가율	102.9	수출	68.0
CO2 SYSTEM	24.9	판관비율	14.9	내수	32.0
기타	16.8				

회사 개요
동사는 1980년 남양금속공업사로 설립돼 고압가스 용기, 선박용 소화장치, 밸러스트 수처리장치를 제조, 판매함. 고압가스 용기 부문은 천연가스 운송 차량 용기, 공기압력 용기, 반도체 세정용 가스인 고순도 가스 저장용기 등을 취급함. 선박용 소화장치 부문은 조선소에 납품할 목적으로 화재진압 장치를 생산함.매출구성은 선박용소화장치 57.2%, 밸러스트 수처리 35.1%, 고압가스용기 5.2%, 기타 2.4%, 해양플랜트 기자재 0.1%로 구성됨.

실적 분석
동사의 2017년 상반기 매출액은 619.7억원으로 전년동기 대비 26.6% 감소함. 매출감소와 판관비 부담 증가로 42.0억원의 영업손실을 기록하면서 전년에 이어 적자가 지속됐음. 비영업수지는 흑자전환했으나, 영업실적의 부진으로 당기순이익 역시 19.3억원의 손실을 기록하며 적자지속함. 전방산업인 조선업황 부진에 따른 매출 부진과 실적 악화가 이어짐. 향후 조선산업의 전망에 따라 실적 개선 여부가 결정될 것으로 예상됨.

현금 흐름 〈단위 : 억원〉
항목	2016	2017.2Q
영업활동	126	47
투자활동	-180	-1
재무활동	-262	-62
순현금흐름	-315	-19
기말현금	119	100

시장 대비 수익률

결산 실적 〈단위 : 억원〉
항목	2012	2013	2014	2015	2016	2017
매출액	2,459	2,236	2,419	2,503	1,646	—
영업이익	19	-299	131	-48	-292	—
당기순이익	-121	-389	79	-56	-332	—

분기 실적 〈단위 : 억원〉
항목	2016.1Q	2016.2Q	2016.3Q	2016.4Q	2017.1Q	2017.2Q
매출액	457	387	457	344	291	329
영업이익	-44	-70	-37	-141	-12	-30
당기순이익	-56	-82	-61	-133	-16	-4

재무 상태 〈단위 : 억원〉
항목	2012	2013	2014	2015	2016	2017.2Q
총자산	4,147	2,880	3,246	3,109	2,524	2,415
유형자산	1,732	1,211	1,112	1,095	1,156	1,076
무형자산	142	185	177	172	235	252
유가증권	56	38	31	30	84	95
총부채	2,638	1,650	1,610	1,442	1,191	1,107
총차입금	2,276	1,420	1,274	1,075	818	756
자본금	161	161	230	245	245	245
총자본	1,509	1,230	1,636	1,668	1,333	1,308
지배주주지분	1,466	1,190	1,577	1,620	1,295	1,268

기업가치 지표
항목	2012	2013	2014	2015	2016	2017.2Q
주가(최고/저)(천원)	5.0/2.6	3.9/2.6	5.4/2.7	8.2/3.7	7.9/2.6	—/—
PER(최고/저)(배)	—/—	—/—	30.5/15.5	—/—	—/—	—/—
PBR(최고/저)(배)	1.0/0.5	1.0/0.6	1.3/0.7	2.1/0.9	2.4/0.8	1.0/0.5
EV/EBITDA(배)	23.5		16.3	351.0		—/—
EPS(원)	-212	-736	154	-88	-661	-43
BPS(원)	4,767	3,909	3,575	3,442	2,777	2,723
CFPS(원)	115	-499	311	37	-529	-43
DPS(원)	50		50			
EBITDAPS(원)	412	-610	492	27	-464	-86

재무 비율 〈단위 : % 〉
연도	영업이익률	순이익률	부채비율	차입금비율	ROA	ROE	유보율	자기자본비율	EBITDA마진율
2016	-17.8	-20.2	89.3	61.3	-11.8	-22.2	455.5	52.8	-13.8
2015	-1.9	-2.2	86.5	64.4	-1.8	-2.7	588.5	53.6	0.5
2014	5.4	3.3	98.4	77.9	2.6	4.4	615.0	50.4	8.0
2013	-13.4	-17.4	134.2	115.5	-11.1	-19.9	681.7	42.7	-8.8

엔케이이물산 (A009810)
NK Mulsan CO

업   종 : 금속 및 광물
신용등급 : (Bond) —   (CP) —
홈 페 이 지 : www.nk-ms.com
본   사 : 서울시 강남구 영동대로 513 100-1 (삼성동, 코엑스 상사전시장 C-100)
시   장 : 거래소
기업규모 : 시가총액 소형주
연 락 처 : 02)6000-7824

설 립 일	1974.04.17	종 업 원 수	17명	대 표 이 사	김성곤
상 장 일	1988.08.31	감 사 의 견	적정 (삼덕)	계 열	
결 산 기	12월	보 통 주	6,773만주	종속회사수	2개사
액 면 가	500원	우 선 주	만주	구 상 호	고려포리머

주주구성 (지분율,%)		출자관계 (지분율,%)		주요경쟁사 (외형,%)	
하나모두	8.5			엔케이이물산	100
포비스티앤씨	7.9			포스링크	46
(외국인)	0.8			피제이메탈	543

매출구성		비용구성		수출비중	
유연탄	67.1	매출원가율	97.4	수출	99.0
FIBC	31.9	판관비율	14.6	내수	1.0
여행알선 외	1.0				

회사 개요
동사는 1974년 제일폴리머 주식회사로 설립되어 고려폴리머를 거쳐 2017년 사명을 엔케이이물산으로 변경함. 동사는 합성수지를 원료로 방사,제직,봉제의 과정을 거쳐 제조된 유연성 산업용 포장재(FIBC)의 판매 사업, 자원개발사업, 여행알선업 등을 주요 사업으로 영위하여 해외계열 연결 대상인 종속회사인 PT.KOPOLCO INDONESIA와 (주)에어뱅크는 FIBC 제조와 에너지 자원개발 및 판매 등의 사업을 영위 중임.

실적 분석
동사는 2017년 상반기 매출액이 273.5억원으로 전년 동기에 비해 315.3% 증가했고, 영업손실은 2.2억원으로 전년 동기 8.3억원에서 적자폭이 줄었으나 적자가 지속되고 있음. 동사는 높은 원가율로 매출총이익이 10.2억원이고, 판매관리비가 12.5억원으로 영업적자를 기록함. 비영업부문에선 금융부문 수익 등으로 총 9.8억원의 수익을 내 당기순이익이 4.4억원으로 전년 동기 1.1억원 적자에서 흑자로 전환함.

현금 흐름 〈단위 : 억원〉
항목	2016	2017.2Q
영업활동	-127	6
투자활동	-148	-13
재무활동	342	10
순현금흐름	68	3
기말현금	153	156

시장 대비 수익률

결산 실적 〈단위 : 억원〉
항목	2012	2013	2014	2015	2016	2017
매출액	135	125	80	270	183	—
영업이익	-10	-29	-19	-6	-22	—
당기순이익	-71	-106	22	-6	-14	—

분기 실적 〈단위 : 억원〉
항목	2016.1Q	2016.2Q	2016.3Q	2016.4Q	2017.1Q	2017.2Q
매출액	50	16	41	76	169	105
영업이익	-3	-5	-4	-9	-2	-1
당기순이익	3	-4	-9	-4	-1	6

재무 상태 〈단위 : 억원〉
항목	2012	2013	2014	2015	2016	2017.2Q
총자산	361	323	313	458	744	717
유형자산	17	11	10	8	8	7
무형자산	4	7	7	4	4	4
유가증권	52	30	145	208	214	51
총부채	10	15	62	63	165	153
총차입금				20	98	101
자본금	132	141	148	169	331	339
총자본	351	307	251	395	578	563
지배주주지분	358	307	250	395	578	563

기업가치 지표
항목	2012	2013	2014	2015	2016	2017.2Q
주가(최고/저)(천원)	0.7/0.4	0.6/0.4	1.1/0.4	2.3/0.7	1.7/0.8	—/—
PER(최고/저)(배)	—/—	—/—	—/—	41.1/13.4	—/—	—/—
PBR(최고/저)(배)	0.6/0.3	0.7/0.4	1.5/0.5	2.3/0.7	1.9/1.0	1.3/0.8
EV/EBITDA(배)						
EPS(원)	-229	-0	-318	55	-29	7
BPS(원)	1,359	1,088	843	1,172	873	832
CFPS(원)	-252	10		68		
DPS(원)						
EBITDAPS(원)	-23	-93	-63	-14	-44	-3

재무 비율 〈단위 : % 〉
연도	영업이익률	순이익률	부채비율	차입금비율	ROA	ROE	유보율	자기자본비율	EBITDA마진율
2016	-12.0	-7.7	28.6	16.9	-2.4	-2.9	74.6	77.8	-11.5
2015	-2.1	8.0	15.9	5.1	5.6	6.8	134.3	86.3	-1.7
2014	-24.3	-132.0	24.8	0.0	-33.2	-37.9	68.6	80.1	-22.4
2013	-23.3	0.0	5.0		ROA	ROE	117.6	95.2	-21.0

엔터메이트 (A206400)
Entermate

업 종 : 게임 소프트웨어		시 장 : KOSDAQ	
신용등급 : (Bond) — (CP) —		기업규모 : 중견	
홈 페 이 지 : www.entermate.com		연 락 처 : 02)3461-2150	
본 사 : 서울시 서초구 남부순환로 2634-27 성원빌딩 나동 1,2층			

설 립 일 2014.09.19	종 업 원 수 58명	대 표 이 사 이태현	
상 장 일 2014.12.10	감 사 의 견 적정 (태성)	계 열	
결 산 월 12월	보 통 주 2,720만주	종속회사수 5개사	
액 면 가 100원	우 선 주	구 상 호 한국2호스팩	

주주구성 (지분율,%)
박문해	20.3
이태현	18.5
(외국인)	1.2

출자관계 (지분율,%)
엔터메이트	100
파티게임즈	155
한빛소프트	152

주요경쟁사 (외형,%)

매출구성
천하를탐하다	38.0
아케인	29.0
칼이쓰마 외	17.0

비용구성
매출원가율	0.0
판관비율	120.0

수출비중
수출	2.0
내수	98.0

회사 개요
동사는 2001년 설립돼 인터넷 서비스 개발업체로 게임 개발 및 전문 퍼블리셔로 변신하며 다양한 게임을 출시하며 성장해왔음. 특히 강력한 중화권 네트워크를 바탕으로 중국과 대만 시장에서 다수 성공시키며 입지를 다져왔음. '킥스 온라인', '신의 하루' 등의 게임을 자체 개발했으며 웹 게임 '신선도 온라인'과 모바일 게임 '아이러브 삼국지' 등을 퍼블리싱하였음. 2017년 2분기 기준 (주)폭스게임즈 등 5개의 연결자회사를 보유함.

실적 분석
동사의 2017년 2분기 누적 매출액은 전년동기대비 22.4% 증가한 100.5억원을 기록함. 인건비와 광고선전비의 증가로 인해 판관비가 증가한 결과 영업손실 41.8억원을 기록하며 적자가 지속됨. 당기순손실 역시 42.6억원을 기록하며 적자 폭이 확대됨. 2017년 5월 출시된 모바일게임 '루디엘'이 양호한 성과를 기록하며 향후 '루디엘'의 안정적인 성과와 하반기 신작 게임의 성과를 바탕으로 실적 개선이 기대됨.

현금 흐름 〈단위 : 억원〉
항목	2016	2017.2Q
영업활동	-58	-77
투자활동	36	44
재무활동	4	20
순현금흐름	-18	-13
기말현금	68	55

시장 대비 수익률

결산 실적 〈단위 : 억원〉
항목	2012	2013	2014	2015	2016	2017
매출액		185	269	203	203	
영업이익		34	35	-6	-41	
당기순이익		26	23	-86	-67	

분기 실적 〈단위 : 억원〉
항목	2016.1Q	2016.2Q	2016.3Q	2016.4Q	2017.1Q	2017.2Q
매출액	44	38	68	53	34	66
영업이익	-3	-22	-1	-14	-17	-25
당기순이익	-2	-20	-2	-43	-15	-28

재무 상태 〈단위 : 억원〉
항목	2012	2013	2014	2015	2016	2017.2Q
총자산		126	165	255	202	179
유형자산		1	1	1	1	1
무형자산		6	7	7	10	23
유가증권						
총부채		74	89	30	32	50
총차입금		50	54	9	1	2
자본금		1	17	26	27	27
총자본		52	76	225	170	129
지배주주지분		52	75	222	167	126

기업가치 지표
항목	2012	2013	2014	2015	2016	2017.2Q
주가(최고/저)(천원)	—/—	—/—	1.9/1.9	2.6/1.9	5.8/2.4	—/—
PER(최고/저)(배)	0.0/0.0	0.0/0.0	17.4/17.2		9.3/3.8	9.1/6.2
PBR(최고/저)(배)	0.0/0.0	0.0/0.0	5.7/5.7	3.1/2.3		
EV/EBITDA(배)	0.0		1.4			
EPS(원)	—	121	112	-375	-244	-155
BPS(원)	—	87,181	4,054	849	618	467
CFPS(원)	—	52,616	1,833	-358	-225	-142
DPS(원)	—			-12	-129	—
EBITDAPS(원)	—	64,320	2,515			-141

재무 비율 〈단위 : % 〉
연도	영업이익률	순이익률	부채비율	차입금비율	ROA	ROE	유보율	자기자본비율	EBITDA마진율
2016	-20.0	-33.2	19.1	0.3	-29.4	-34.1	518.4	84.0	-17.4
2015	-3.1	-42.4	13.2	4.1	-40.9	-56.2	748.7	88.3	-1.3
2014	13.1	8.7	117.9	71.5	16.0	38.3	337.3	45.9	14.6
2013	18.2	14.4	141.7	95.6	0.0	0.0	10,361.7	41.4	20.9

엔텔스 (A069410)
nTels

업 종 : IT 서비스		시 장 : KOSDAQ	
신용등급 : (Bond) — (CP) —		기업규모 : 벤처	
홈 페 이 지 : www.ntels.com		연 락 처 : 02)3218-1200	
본 사 : 서울시 강남구 학동로 401, 15층(금하빌딩)			

설 립 일 2000.07.19	종 업 원 수 232명	대 표 이 사 심재희	
상 장 일 2007.06.20	감 사 의 견 적정,(한영)	계 열	
결 산 월 12월	보 통 주 690만주	종속회사수 1개사	
액 면 가 500원	우 선 주	구 상 호	

주주구성 (지분율,%)
심재희	19.4
정태화	7.6
(외국인)	0.7

출자관계 (지분율,%)
엔컴즈	100.0
네이버커뮤니케이션즈	24.2
임플릿	15.0

주요경쟁사 (외형,%)
엔텔스	100
동양네트웍스	167
오상자이엘	108

매출구성
시스템통합	32.4
서비스제공플랫폼	27.5
운영지원시스템	24.6

비용구성
매출원가율	78.2
판관비율	21.4

수출비중
수출	11.0
내수	89.0

회사 개요
동사는 2000년 7월 19일에 설립되어 유/무선 통신 서비스 사업자를 위한 운영지원시스템 개발 및 공급을 주요사업으로 영위함. SKT, KT, LGU+ 등 이동통신 사업자 외에 KT, 온세텔레콤, LG U+ 등 유선사업자를 대상으로 과금시스템, 빌링시스템의 컨설팅 및 시스템구축 등 도 진행하며 성과를 거두고 있음. 통합운영지원솔루션 영역은 관련 분야에서 70% 이상의 점유율로 시장점유 1위를 유지함.

실적 분석
2017년 반기 연결기준 매출액은 전년동기대비 13.9% 감소한 173.8억원을 기록함. 영업이익은 적자지속한 -27.9억원을 기록. 새로운 데이터 사용 디바이스의 등장과 함께 데이터 트래픽의 증가가 예상. 따라서 데이터 트래픽의 혼잡을 제어하고 부하를 분산시키는 솔루션 및 데이터 사용 결과 분석 플랫폼의 사용 증가도 필연적임. 5G 상용화 시점인 2020년까지 가파른 실적 성장 사이클을 맞이할 것으로 전망.

현금 흐름 〈단위 : 억원〉
항목	2016	2017.2Q
영업활동	9	-35
투자활동	29	6
재무활동	—	—
순현금흐름	39	-28
기말현금	103	75

시장 대비 수익률

결산 실적 〈단위 : 억원〉
항목	2012	2013	2014	2015	2016	2017
매출액	540	610	644	453	565	
영업이익	71	76	40	-35	3	
당기순이익	67	71	50	-27	3	

분기 실적 〈단위 : 억원〉
항목	2016.1Q	2016.2Q	2016.3Q	2016.4Q	2017.1Q	2017.2Q
매출액	80	122	158	205	79	95
영업이익	-23	1	3	21	-14	-14
당기순이익	-21	-2	1	20	-19	-16

재무 상태 〈단위 : 억원〉
항목	2012	2013	2014	2015	2016	2017.2Q
총자산	505	626	590	511	533	484
유형자산	6	9	9	28	24	23
무형자산	16	12	23	23	21	21
유가증권	9		14	15	19	16
총부채	156	217	137	91	110	96
총차입금						
자본금	34	34	34	34	34	34
총자본	349	410	453	420	422	388
지배주주지분	349	410	453	420	422	388

기업가치 지표
항목	2012	2013	2014	2015	2016	2017.2Q
주가(최고/저)(천원)	7.4/4.6	15.5/5.7	22.0/9.0	25.5/10.7	18.9/11.9	—/—
PER(최고/저)(배)	7.6/4.7	15.4/5.7	30.6/12.5	—/—	454.0/284.6	—/—
PBR(최고/저)(배)	1.5/0.9	2.6/1.0	3.3/1.4	4.1/1.7	3.0/1.9	2.7/2.3
EV/EBITDA(배)	2.1	6.1	22.8		79.0	
EPS(원)	1,021	1,025	725	-389	42	-502
BPS(원)	5,181	6,060	6,691	6,185	6,214	5,711
CFPS(원)	1,092	1,106	822	-268	153	-466
DPS(원)	150	150	100			
EBITDAPS(원)	1,148	1,183	674	-386	148	-368

재무 비율 〈단위 : % 〉
연도	영업이익률	순이익률	부채비율	차입금비율	ROA	ROE	유보율	자기자본비율	EBITDA마진율
2016	0.5	0.5	26.1	0.0	0.6	0.7	1,142.9	79.3	1.8
2015	-7.7	-5.9	21.6	0.0	-4.9	-6.2	1,137.1	82.2	-5.9
2014	6.2	7.8	30.3	0.0	8.2	11.6	1,238.3	76.8	7.2
2013	12.5	11.6	52.9	0.0	12.5	18.6	1,112.0	65.4	13.4

엔피씨 (A004250)
National Plastic

업 종 : 화학		시 장 : 거래소	
신용등급 : (Bond) — (CP) —		기업규모 : 시가총액 소형주	
홈 페 이 지 : www.npc.co.kr		연 락 처 : 031)362-2851	
본 사 : 경기도 안산시 단원구 해안로 289 (원시동)			

설 립 일	1965.05.29	종 업 원 수	333명	대 표 이 사	성세영,김진관
상 장 일	1969.09.08	감 사 의 견	적정(서일)	계 열	
결 산 기	12월	보 통 주	3,672만주	종속회사수	7개사
액 면 가	500원	우 선 주	528만주	구 상 호	

주주구성 (지분율,%)
임익성	20.8
한국투자밸류자산운용	17.3
(외국인)	2.6

출자관계 (지분율,%)
엔피씨케미칼	100.0
엔피씨몰텍	100.0
NPCSANSENGPTE.LTD	100.0

주요경쟁사 (외형,%)
NPC	100
한국가본	68
애경유화	230

매출구성
물류기자재/의자,환경	89.8
물류기자재 임대	10.2

비용구성
매출원가율	85.6
판관비율	10.3

수출비중
수출	12.0
내수	88.0

회사 개요
동사는 2011년 상호를 내쇼날푸라스틱에서 엔피씨로 변경했음. 플라스틱 사출제조판매가 대부분을 차지하는 지배적 단일 사업을 영위하고 있으며 물류비용이 많이 들어 수출보다는 내수 위주로 판매하고 있음. 제품구성은 물류기자재 의자 등 사출제품이 대부분을 차지하고 있음. 한편 플라스틱 산업은 소규모 업체가 난립하고 있지만 지속적 제품개발과 목재 철강 등의 대체품 개발로 산업의 성장성은 높다고 볼 수 있음.

실적 분석
동사의 2017년 2/4분기 연결기준 누적매출액은 1,927.9억원으로 전년동기 대비 10.6% 증가함. 외형성장으로 인해 매출원가가 전년동기 대비 10.8% 증가했음에도 영업이익은 전년동기 대비 54.7% 증가한 115.3억원을 기록함. 그러나 비영업부문에서 71.3억원의 이익을 시현하는데 그침에 따라 당기순이익은 전년동기 보다 52.3% 감소 146.5억원을 시현함.

현금 흐름 〈단위 : 억원〉
항목	2016	2017.2Q
영업활동	392	57
투자활동	46	-178
재무활동	-17	-44
순현금흐름	421	-164
기말현금	474	309

시장 대비 수익률

결산 실적 〈단위 : 억원〉
항목	2012	2013	2014	2015	2016	2017
매출액	2,802	3,237	3,378	3,765	3,779	
영업이익	176	186	174	222	156	
당기순이익	197	260	264	248	405	

분기 실적 〈단위 : 억원〉
항목	2016.1Q	2016.2Q	2016.3Q	2016.4Q	2017.1Q	2017.2Q
매출액	839	904	996	1,040	966	962
영업이익	53	21	71	11	64	51
당기순이익	61	246	76	22	83	64

재무 상태 〈단위 : 억원〉
항목	2012	2013	2014	2015	2016	2017.2Q
총자산	2,581	3,052	3,057	3,440	3,993	3,928
유형자산	908	1,122	1,007	1,117	1,439	1,536
무형자산	24	61	14	8	26	26
유가증권	10	7	7	7	7	34
총부채	1,200	1,447	1,207	1,352	1,530	1,362
총차입금	765	946	750	819	827	817
자본금	210	210	210	210	210	210
총자본	1,380	1,605	1,850	2,088	2,463	2,567
지배주주지분	1,379	1,605	1,850	2,083	2,455	2,559

기업가치 지표
항목	2012	2013	2014	2015	2016	2017.2Q
주가(최고/저)(천원)	2.8/2.0	5.2/2.3	6.8/4.7	7.6/5.2	8.0/5.7	—/—
PER(최고/저)(배)	6.5/4.6	8.9/3.9	11.3/7.8	13.2/9.0	8.4/6.0	—/—
PBR(최고/저)(배)	0.9/0.7	1.4/0.6	1.6/1.1	1.6/1.1	1.4/1.0	1.1/1.0
EV/EBITDA(배)	5.3	7.6	7.3	8.1	6.3	—
EPS(원)	469	621	629	590	965	349
BPS(원)	3,293	3,832	4,410	4,960	5,845	6,092
CFPS(원)	778	1,053	1,136	1,171	1,673	720
DPS(원)	65	70	70	75	80	—
EBITDAPS(원)	727	875	921	1,110	1,081	645

재무 비율 〈단위 : % 〉
연도	영업이익률	순이익률	부채비율	차입금비율	ROA	ROE	유보율	자기자본비율	EBITDA마진율
2016	4.1	10.7	62.1	33.6	10.9	17.9	1,069.0	61.7	12.0
2015	5.9	6.6	64.7	39.2	7.6	12.6	892.0	60.7	12.4
2014	5.1	7.8	65.3	40.6	8.6	15.3	782.0	60.5	11.5
2013	5.8	8.0	90.1	58.9	9.2	17.5	666.4	52.6	11.4

엔피케이 (A048830)
NPK

업 종 : 화학		시 장 : KOSDAQ	
신용등급 : (Bond) — (CP) —		기업규모 : 중견	
홈 페 이 지 : www.npk.co.kr		연 락 처 : 031)730-0650	
본 사 : 경기도 성남시 중원구 갈마치로 215 금강펜테리움IT타워 A-708			

설 립 일	1987.03.04	종 업 원 수	255명	대 표 이 사	최상건
상 장 일	2000.09.28	감 사 의 견	적정(신정)	계 열	
결 산 기	12월	보 통 주	1,292만주	종속회사수	2개사
액 면 가	500원	우 선 주		구 상 호	

주주구성 (지분율,%)
NIPPON PIGMENT	46.2
엔피아이	9.3
(외국인)	49.4

출자관계 (지분율,%)
제원테크	90.0
코스텍	62.5

주요경쟁사 (외형,%)
엔피케이	100
동남합성	155
HRS	84

매출구성
컴파운드	74.6
마스타배치	18.6
SKID PLATE	6.8

비용구성
매출원가율	91.3
판관비율	8.2

수출비중
수출	3.0
내수	97.0

회사 개요
동사는 플라스틱 착색제 제조업체로, 주력 사업은 PP, PE 등의 컴파운드 가공과 각종 기능성 칼라 마스터배치 제조 및 판매임. 종속회사인 유창테크에서는 자동차용 플라스틱성형제품을 제조하는 사업을 영위함. 안료분산 및 엔지니어링 플라스틱의 복합가공기술력을 바탕으로 범용플라스틱에서 엔지니어링 플라스틱에 이르는 각종 컴파운드 제품과 항균, UV차단, 대전방지 등의 다양한 마스터배치 제품을 생산함.수출과 내수비중은 각각 1.5%, 98.5% 수준임.

실적 분석
동사의 2017년 상반기 연결기준 누적매출액은 363.2억원으로 전년동기 대비 6.9% 증가함. 매출 확대에 힘입어 영업이익은 전년동기 보다 242.5% 늘어난 12.1억원을 기록함. 당기순이익도 13억원으로 114.3% 증가함. LG화학 OEM 생산 협력업체로 우수한 품질과 관리능력을 인정받아 돈독한 협력체제를 구축하고 있으며, 이로부터 지속적인 매출 실적을 올리고 있음.

현금 흐름 〈단위 : 억원〉
항목	2016	2017.2Q
영업활동	84	18
투자활동	-33	-47
재무활동	3	2
순현금흐름	54	-27
기말현금	73	47

시장 대비 수익률

결산 실적 〈단위 : 억원〉
항목	2012	2013	2014	2015	2016	2017
매출액	646	674	626	591	674	
영업이익	8	14	3	-22	3	
당기순이익	11	21	1	-8	19	

분기 실적 〈단위 : 억원〉
항목	2016.1Q	2016.2Q	2016.3Q	2016.4Q	2017.1Q	2017.2Q
매출액	158	182	170	165	189	17
영업이익	-2	5	-4	4	6	
당기순이익	-1	7	-3	16	6	

재무 상태 〈단위 : 억원〉
항목	2012	2013	2014	2015	2016	2017.2Q
총자산	392	430	546	566	643	62
유형자산	200	204	263	376	384	38
무형자산	8	8	8	8	9	1
유가증권	8	8	8	11	13	
총부채	176	200	239	269	327	30
총차입금	56	47	40	110	115	12
자본금	48	48	65	65	65	6
총자본	216	230	307	297	316	32
지배주주지분	210	224	301	291	310	31

기업가치 지표
항목	2012	2013	2014	2015	2016	2017.2Q
주가(최고/저)(천원)	5.8/1.4	4.4/1.7	3.1/2.1	5.3/2.0	5.4/3.0	—/—
PER(최고/저)(배)	46.1/11.4	19.7/7.6	404.4/274.4	—/—	34.9/19.4	—/—
PBR(최고/저)(배)	2.5/0.6	1.8/0.7	1.3/0.9	2.2/0.8	2.1/1.2	1.9/1.
EV/EBITDA(배)	5.9	6.7	7.7	153.6	10.5	—
EPS(원)	122	217	7	-62	144	9
BPS(원)	2,212	2,356	2,329	2,257	2,401	2,46
CFPS(원)	399	455	214	145	433	25
DPS(원)	30	50	30	30	30	—
EBITDAPS(원)	357	388	232	37	316	25

재무 비율 〈단위 : % 〉
연도	영업이익률	순이익률	부채비율	차입금비율	ROA	ROE	유보율	자기자본비율	EBITDA마진율
2016	0.5	2.8	103.4	36.4	3.1	6.2	380.2	49.2	6.
2015	-3.7	-1.4	90.4	36.8	-1.5	-2.7	351.3	52.5	0
2014	0.5	0.2	77.8	13.1	0.3	0.3	365.8	56.2	4
2013	2.1	3.1	87.1	20.3	5.1	9.5	371.2	53.5	5.

엘디티 (A096870)
LDT

업　　　종 : 디스플레이 및 관련부품		시　　　장 : KOSDAQ	
신용등급 : (Bond) ―　　(CP) ―		기업규모 : 벤처	
홈 페 이 지 : www.ldt.co.kr		연 락 처 : 041)520-7300	
본　　　사 : 충남 천안시 서북구 한들1로 126-33 (백석동 1100번지)			

설　립　일	1997.11.13	종 업 원 수	52명	대 표 이 사	정재천
상　장　일	2008.05.02	감 사 의 견	적정 (삼일)	계　　　열	
결　산　기	12월	보　통　주	668만주	종속회사수	
액　면　가	500원	우　선　주		구　상　호	

주주구성 (지분율,%)		출자관계 (지분율,%)		주요경쟁사 (외형,%)	
티에스이	36.1	엘디티	100		
한국증권금융	3.8	디이엔티	596		
(외국인)	0.6	이엘피	405		

매출구성		비용구성		수출비중	
LED 구동 IC	39.9	매출원가율	87.2	수출	50.0
OLED 구동 IC	38.4	판관비율	31.8	내수	50.0
[구동 IC]기타	7.6				

회사 개요
디스플레이용 구동IC를 생산하는 팹리스 (Fabless) 반도체회사로 OLED 구동 IC가 전체 매출의 95% 정도를 차지하고 있음. OLED 구동 IC 분야 중 주력인 PMOLED는 안정적인 시장 지배력을 유지하고 있으며, AMOLED는 스마트폰에 장착이 되면서 시장이 급격히 커지고 있음. 최근엔 스마트폰 외 TV, 차량용 등 신규 애플리케이션에 적용이 될 수 있도록 신규개발을 추진 중임. SI사업부문은 SSN이 대표적인 사업임.

실적 분석
LED 구동IC의 국내 판매가 크게 증가함에 따라 2017년 상반기 매출액은 전년동기 대비 29.8% 늘어난 44.4억원을 기록함. 주요 원재료인 웨이퍼 가격 상승을 반영한 제품가격 인상으로 원가율이 개선되고, 인건비, 연구개발비 등 비용을 축소하여 영업이익은 소폭의 흑자로 전환됨. 외환관련손실로 인해 영업외수지는 다소 악화되는 모습임. 최근 안정기 호환형 LED 램프용 회로 특허권을 취득함.

현금 흐름　*IFRS 별도 기준　〈단위 : 억원〉

항목	2016	2017.2Q
영업활동	-12	-1
투자활동	15	18
재무활동	0	0
순현금흐름	3	17
기말현금	8	1

시장 대비 수익률

결산 실적　〈단위 : 억원〉

항목	2012	2013	2014	2015	2016	2017
매출액	308	92	70	95	76	―
영업이익	8	-31	-34	2	-14	―
당기순이익	16	-47	-29	4	-24	―

분기 실적　*IFRS 별도 기준　〈단위 : 억원〉

항목	2016.1Q	2016.2Q	2016.3Q	2016.4Q	2017.1Q	2017.2Q
매출액	21	13	23	19	24	20
영업이익	0	-6	-3	-6	0	0
당기순이익	0	-4	-5	-15	-1	2

재무 상태　*IFRS 별도 기준　〈단위 : 억원〉

항목	2012	2013	2014	2015	2016	2017.2Q
총자산	281	223	206	203	172	168
유형자산	49	28	27	25	24	29
무형자산	62	36	26	26	24	24
유가증권	0					
총부채	46	34	40	33	26	21
총차입금	―					
자본금	32	32	33	33	33	33
총자본	235	189	166	170	146	146
지배주주지분	235	189	166	170	146	146

기업가치 지표　*IFRS 별도 기준

항목	2012	2013	2014	2015	2016	2017.2Q
주가(최고/저)(천원)	8.8/3.0	4.4/2.5	3.5/1.7	3.4/1.8	5.0/2.4	―/―
PER(최고/저)(배)	34.6/11.7	―/―	―/―	62.1/33.3	―/―	2.8/1.5
PBR(최고/저)(배)	2.4/0.8	1.5/0.9	1.4/0.7	1.3/0.7	2.3/1.1	1.0/1.0
EV/EBITDA(배)	4.4			10.3		
EPS(원)	254	-721	-434	55	-359	3
BPS(원)	3,632	2,919	2,486	2,548	2,189	2,192
CFPS(원)	614	-322	-93	233	-160	108
DPS(원)						
EBITDAPS(원)	484	-80	-174	214	-18	115

재무 비율　〈단위 : % 〉

연도	영업이익률	순이익률	부채비율	차입금비율	ROA	ROE	유보율	자기자본비율	EBITDA마진율
2016	-19.0	-31.4	17.8	0.0	-12.8	-15.2	337.7	84.9	-1.6
2015	2.6	3.9	19.5	0.0	1.8	2.2	409.6	83.7	15.1
2014	-48.4	-40.8	23.9	0.0	-13.4	-16.2	397.2	80.7	-16.4
2013	-33.8	-50.8	18.2	0.0	-18.5	-22.0	483.8	84.6	-5.6

엘비세미콘 (A061970)
LB SEMICON

업　　　종 : 반도체 및 관련장비		시　　　장 : KOSDAQ	
신용등급 : (Bond) ―　　(CP) ―		기업규모 : 중견	
홈 페 이 지 : www.lbsemicon.com		연 락 처 : 031)680-1600	
본　　　사 : 경기도 평택시 청북면 청북산단로 138			

설　립　일	2000.02.10	종 업 원 수	452명	대 표 이 사	박노만
상　장　일	2011.01.31	감 사 의 견	적정 (한영)	계　　　열	열
결　산　기	12월	보　통　주	4,378만주	종속회사수	
액　면　가	500원	우　선　주		구　상　호	

주주구성 (지분율,%)		출자관계 (지분율,%)		주요경쟁사 (외형,%)	
엘비	11.8	글로닉스	34.8	엘비세미콘	100
구본천	10.6			에스엔텍	49
(외국인)	2.9			기가레인	56

매출구성		비용구성		수출비중	
[반도체]Driver IC Bumping등	100.0	매출원가율	82.5	수출	40.0
		판관비율	6.0	내수	60.0

회사 개요
동사는 광의의 범위에서 반도체산업 및 디스플레이 부품산업을 영위하고 있으며, 고객사(팹리스업체)의 요청에 따른 사양과 개발일정에 맞춰 팹리스에서 설계된 주문형 반도체에 대한 범핑 및 관련 테스트 사업을 전문으로 하는 반도체 후공정 회사임. 동사 매출의 최종 납품처가 주로 LG디스플레이에 편중되어 있기 때문에, 매출구조상 LG디스플레이의 실적 변동에 민감하게 영향을 받는 구조임.

실적 분석
동사의 2017년 연결 기준 2분기 매출액과 영업이익은 620.9억원, 34.0억원으로 전년 대비 각각 6.8%, 63.4% 감소함. 매출액 감소폭 대비 매출원가의 하락폭이 적어 마진율이 하락하였는데, 이는 영업이익 감소의 주요 원인임. 당기순이익은 34.5억원으로 전년 대비 큰 폭으로 감소함. 주 제품인 반도체(Bumping)의 단가 하락이 실적에 악영향을 끼침.

현금 흐름　*IFRS 별도 기준　〈단위 : 억원〉

항목	2016	2017.2Q
영업활동	493	152
투자활동	-154	-77
재무활동	-263	-4
순현금흐름	76	70
기말현금	151	221

시장 대비 수익률

결산 실적　〈단위 : 억원〉

항목	2012	2013	2014	2015	2016	2017
매출액	1,339	1,124	1,003	1,069	1,357	―
영업이익	213	26	-20	101	157	―
당기순이익	120	4	-35	-82	135	―

분기 실적　*IFRS 별도 기준　〈단위 : 억원〉

항목	2016.1Q	2016.2Q	2016.3Q	2016.4Q	2017.1Q	2017.2Q
매출액	346	320	361	330	305	316
영업이익	61	32	36	28	19	15
당기순이익	46	16	51	22	17	18

재무 상태　*IFRS 별도 기준　〈단위 : 억원〉

항목	2012	2013	2014	2015	2016	2017.2Q
총자산	2,118	2,654	2,287	2,253	2,123	2,190
유형자산	1,369	1,648	1,546	1,479	1,421	1,375
무형자산	11	20	28	27	25	39
유가증권	0	1	1	1	1	1
총부채	1,193	1,724	1,394	1,435	1,181	1,218
총차입금	1,038	1,388	1,276	1,172	957	1,002
자본금	219	219	219	219	219	219
총자본	925	930	893	817	942	972
지배주주지분	925	930	893	817	942	972

기업가치 지표　*IFRS 별도 기준

항목	2012	2013	2014	2015	2016	2017.2Q
주가(최고/저)(천원)	4.8/2.2	3.9/1.8	2.4/1.4	1.8/1.0	4.3/1.3	―/―
PER(최고/저)(배)	17.3/8.1	1,120.6/517.4	―/―	―/―	14.1/4.2	―/―
PBR(최고/저)(배)	2.3/1.1	1.8/0.9	1.2/0.7	1.0/0.5	2.0/0.6	1.7/1.2
EV/EBITDA(배)	7.6	7.3	7.3	4.6	5.3	
EPS(원)	277	4	-80	-187	309	79
BPS(원)	2,115	2,126	2,040	1,867	2,153	2,221
CFPS(원)	577	584	531	398	913	404
DPS(원)						
EBITDAPS(원)	792	641	566	816	963	403

재무 비율　〈단위 : % 〉

연도	영업이익률	순이익률	부채비율	차입금비율	ROA	ROE	유보율	자기자본비율	EBITDA마진율
2016	11.6	10.0	125.3	101.5	6.2	15.4	330.5	44.4	31.1
2015	9.5	-7.6	175.6	143.4	-3.6	-9.6	273.4	36.3	33.4
2014	-2.0	-3.5	156.1	142.9	-1.4	-3.8	307.9	39.0	24.7
2013	2.4	0.1	185.4	149.3	0.1	0.2	325.1	35.0	24.9

엘아이에스 (A138690)
Leading International Service

업 종 : 복합 산업		시 장 : KOSDAQ	
신용 등급 : (Bond) — (CP) —		기업규모 : 중견	
홈 페 이 지 : www.liser.co.kr		연 락 처 : 031)427-8492	
본 사 : 경기도 의왕시 경수대로391번길 14(오전동)			

설 립 일	2006.12.26	종 업 원 수	179명	대 표 이 사	임태원
상 장 일	2011.06.02	감 사 의 견	적정 (대성)	계 열	
결 산 기	12월	보 통 주	1,371만주	종속회사수	8개사
액 면 가	500원	우 선 주		구 상 호	엘티에스

주주구성 (지분율,%)		출자관계 (지분율,%)		주요경쟁사 (외형,%)	
수인코스메틱	14.7	진선미택스리펀드	100.0	엘아이에스	100
비앤비인베스트먼트	6.6	인삼예찬	100.0	웅진	236
(외국인)	0.7	88바이오스	100.0	SK네트웍스	17,922

매출구성		비용구성		수출비중	
Marker, Welding, Tie Bar Cutting,(기타)	43.2	매출원가율	38.3	수출	65.0
TSP Film Cutting, POL Film Cutting,(기타)	23.6	판관비율	74.6	내수	35.0
PI(Flexible) Cutting, Cell Sealing,(기타)	21.8				

회사 개요
동사는 전자응용 가공공작기계 제조전문 기업으로 레이저 응용기기 전문회사임. 주력 장비는 AMOLED 디스플레이 제조공정 중 Frit을 이용한 레이저 봉지장비와 LED TV의 핵심부품인 도광판을 레이저로 패터닝 할 수 있는 장비. 주요 고객사는 SDC, LG디스플레이, BOE, Everdisplay, 교세라 등. 최근 사후면세점 등 외국인 전용 판매업 및 호텔숙박연계사업 등 관광 후방위 사업을 시작함.

실적 분석
동사의 2017년 상반기 연결기준 누적 매출액은 741.6억원으로 전년 동기 대비 32.7% 증가함. 매출이 증가하면서 매출원가도 크게 늘었지만 판관비는 오히려 감소하면서 영업이익은 21억원으로 전년 동기 대비 흑자전환에 성공함. 비영업손익 부문에서 손실이 늘어나 당기순손실은 50.2억원으로 전년 동기와 비교해 적자 폭이 확대됨. 매출은 크게 늘었지만 수익성 개선이 필요한 상황.

현금 흐름 〈단위 : 억원〉
항목	2016	2017.2Q
영업활동	-231	-39
투자활동	-64	-34
재무활동	120	-9
순현금흐름	-175	-18
기말현금	64	47

시장 대비 수익률

결산 실적 〈단위 : 억원〉
항목	2012	2013	2014	2015	2016	2017
매출액	204	421	369	1,219	1,030	—
영업이익	-156	-31	-151	213	-132	—
당기순이익	-143	-39	-248	237	-187	—

분기 실적 〈단위 : 억원〉
항목	2016.1Q	2016.2Q	2016.3Q	2016.4Q	2017.1Q	2017.2Q
매출액	252	306	273	198	397	345
영업이익	2	-23	-66	-44	-4	25
당기순이익	-8	-27	-127	-24	-43	-7

재무 상태 〈단위 : 억원〉
항목	2012	2013	2014	2015	2016	2017.2Q
총자산	449	464	448	1,043	1,321	1,057
유형자산	132	140	134	280	335	320
무형자산	55	59	12	122	92	83
유가증권	12	24	—	—	—	—
총부채	208	245	320	534	814	592
총차입금	145	176	230	350	349	399
자본금	36	37	49	61	68	68
총자본	241	219	129	508	506	465
지배주주지분	241	219	129	513	506	466

기업가치 지표
항목	2012	2013	2014	2015	2016	2017.2Q
주가(최고/저)(천원)	20.7/6.3	12.8/6.7	9.2/4.7	34.8/7.2	27.3/8.6	—/—
PER(최고/저)(배)				16.8/3.5	—/—	—/—
PBR(최고/저)(배)	6.0/1.8	4.1/2.1	7.0/3.5	8.2/1.7	7.3/2.3	3.7/2.7
EV/EBITDA(배)				10.8	—/—	—/—
EPS(원)	-1,984	-535	-3,322	2,064	-1,425	-369
BPS(원)	3,461	3,107	1,319	4,223	3,738	3,409
CFPS(원)	-1,768	-164	-2,774	2,322	-1,158	-269
DPS(원)						
EBITDAPS(원)	-1,950	-62	-1,475	2,072	-780	262

재무 비율 〈단위 : % 〉
연도	영업이익률	순이익률	부채비율	차입금비율	ROA	ROE	유보율	자기자본비율	EBITDA마진율
2016	-12.8	-18.2	160.9	68.9	-15.9	-35.5	647.6	38.3	-9.6
2015	17.5	19.5	105.2	68.9	31.8	75.5	744.6	48.7	20.0
2014	-40.9	-67.1	248.7	178.6	-54.3	-142.5	163.8	28.7	-29.8
2013	-7.4	-9.2	111.8	80.3	-8.5	-16.8	521.5	47.2	-1.1

엘아이지넥스원 (A079550)
LIG Nex1

업 종 : 상업서비스		시 장 : 거래소	
신용 등급 : (Bond) — (CP) —		기업규모 : 시가총액 중형주	
홈 페 이 지 : www.lignex1.com		연 락 처 : 1644-2005	
본 사 : 경기도 용인시 기흥구 마북로 207			

설 립 일	1998.02.25	종 업 원 수	3,224명	대 표 이 사	권회원
상 장 일	2015.10.02	감 사 의 견	적정 (삼정)	계 열	
결 산 기	12월	보 통 주	2,200만주	종속회사수	1개사
액 면 가	5,000원	우 선 주		구 상 호	

주주구성 (지분율,%)		출자관계 (지분율,%)		주요경쟁사 (외형,%)	
엘아이지	46.4	LIG풍산프로테크	60.0	LIG넥스원	100
The Government of Singapore	6.1	엘엔지옵트로닉스	50.0	한국항공우주	158
(외국인)	19.8	한국방위산업진흥협회	13.9	에스원	98

매출구성		비용구성		수출비중	
PGM	68.3	매출원가율	89.5	수출	13.0
AEW	12.1	판관비율	5.8	내수	87.0
ISR	11.6				

회사 개요
동사의 모태는 1976년 설립된 금성정밀공업임. 1995년 LG정밀로 상호를 변경함. LG그룹에서 계열분리되는 과정에서 2004년 7월 LG이노텍의 시스템(방산)사업부가 분사해 넥스원퓨처로 출범함. 2007년4월 LIG넥스원으로 사명을 변경함. 유도무기를 중심으로 정밀타격, 감시정찰, 지휘통제/통신, 항공전자/전자전 등 방위산업 핵심분야에 주도적으로 참여하고 있음. 동사의 방산 시장 점유율은 2016년 기준 약 13.5%임.

실적 분석
동사의 2017년 상반기 매출액은 8324.2억원으로 전년동기 대비 1.7% 감소함. 외형 축소와 더불어 판관비 부담이 크게 증가하면서 영업이익은 376.6억원에 그치며 전년 대비 23.2% 감소함. 당기순이익은 491억원으로 전년 대비 30.4% 증가. 국내 방산 시장의 지속적인 성장세를 보이고 있음을 고려할 때, 향후 현궁 등 유도무기 양산이 추가되면 큰 폭의 실적 개선이 기대됨.

현금 흐름 〈단위 : 억원〉
항목	2016	2017.2Q
영업활동	-1,077	452
투자활동	-996	-588
재무활동	1,844	173
순현금흐름	-226	37
기말현금	123	159

시장 대비 수익률

결산 실적 〈단위 : 억원〉
항목	2012	2013	2014	2015	2016	2017
매출액	9,521	12,082	14,002	19,037	18,608	—
영업이익	334	514	720	1,122	876	—
당기순이익	232	538	506	830	771	—

분기 실적 〈단위 : 억원〉
항목	2016.1Q	2016.2Q	2016.3Q	2016.4Q	2017.1Q	2017.2Q
매출액	4,014	4,450	4,187	5,957	3,585	4,739
영업이익	271	220	223	162	60	316
당기순이익	220	157	175	219	49	442

재무 상태 〈단위 : 억원〉
항목	2012	2013	2014	2015	2016	2017.2Q
총자산	11,101	14,535	16,259	17,543	17,915	17,802
유형자산	5,095	5,338	5,586	5,448	5,961	6,367
무형자산	530	730	741	822	817	798
유가증권	116	121	169	269	264	265
총부채	8,307	11,182	12,678	11,772	11,598	11,209
총차입금	1,925	1,218	1,070	555	2,606	2,986
자본금	1,000	1,000	1,000	1,100	1,100	1,100
총자본	2,794	3,353	3,581	5,771	6,316	6,593
지배주주지분	2,794	3,353	3,581	5,771	6,316	6,593

기업가치 지표
항목	2012	2013	2014	2015	2016	2017.2Q
주가(최고/저)(천원)	—/—	—/—	—/—	118/71.3	126/64.8	—/—
PER(최고/저)(배)	0.0/0.0	0.0/0.0	0.0/0.0	29.8/18.0	36.4/18.7	—/—
PBR(최고/저)(배)	0.0/0.0	0.0/0.0	0.0/0.0	4.6/2.8	4.4/2.3	2.9/2.2
EV/EBITDA(배)	2.4		0.9	14.4	14.9	—/—
EPS(원)	1,160	2,689	2,528	4,044	3,502	2,232
BPS(원)	13,970	16,767	17,906	26,231	28,711	29,970
CFPS(원)	2,964	4,654		6,350	5,666	3,387
DPS(원)				940	940	
EBITDAPS(원)	3,476	4,535	5,727	7,770	6,146	2,867

재무 비율 〈단위 : % 〉
연도	영업이익률	순이익률	부채비율	차입금비율	ROA	ROE	유보율	자기자본비율	EBITDA마진율
2016	4.7	4.1	183.6	41.3	4.4	12.8	474.2	35.3	7.3
2015	5.9	4.4	204.0	9.6	4.9	17.8	424.6	32.9	8.4
2014	5.1	3.6	354.0	29.9	3.3	14.6	258.1	22.0	8.2
2013	4.3	4.5	333.4	36.3	4.2	17.5	235.4	23.1	7.5

엘앤에프 (A066970)
L&F

종 목 : 전자 장비 및 기기	시 장 : KOSDAQ
용 등 급 : (Bond) — (CP) —	기 업 규 모 : 중견
페 이 지 : www.landf.co.kr	연 락 처 : 053)592-7300
사 : 대구시 달서구 달서대로91길 120	

설 립 일 2000.07.27	종 업 원 수 423명	대 표 이 사 이봉원,최수안	
상 장 일 2002.12.27	감 사 의 견 적정 (안경)	계 열	
결 산 기 12월	보 통 주 2,458만주	종 속 회 사 수 2개사	
액 면 가 500원	우 선 주	구 상 호	

주주구성 (지분율,%)		출자관계 (지분율,%)		주요경쟁사 (외형,%)	
새로닉스	16.4	제이에이치화학공업	64.6	엘앤에프	100
Hwang Sung Electronics, Inc.	4.4	광미래신재료	62.2	비츠로셀	36
(외국인)	9.3			에스티큐브	6

매출구성		비용구성		수출비중	
양극활물질 외 (제품 외)	100.0	매출원가율	88.9	수출	89.0
		판관비율	5.5	내수	11.0

회사 개요
동사는 2차전지 양극활물질 생산을 주로 하고 있음. 매출 구조는 자회사인 엘앤에프신소재로 판매하고 이후 엘앤에프신소재가 2차전지업체로 매출이 이루어 지고 있음. 초기 시장은 양극활물질에 대한 국산화의 의지 및 수요가 증가함으로써 매출 성장이 컸지만 최근 경쟁 심화 및 전방산업 부진에 따라 성장이 정체되고 있음. 소형전지 중심에서 중대형 전지 비중 확대를 위해 노력 중임. 아직 소형전지 비중이 92.3%임.

실적 분석
2017년 반기 연결기준 매출액은 전년동기대비 57.5% 증가한 1,685.2억원을 기록함. 영업이익은 439.2% 증가한 118.2억원을 달성하며 분기 기준 사상 최대 실적을 기록. 전동공구·전기차용 NCM 소재 배터리 수요 증가로 인한 전기차용 NCM 배터리 판매 단가 상승, 국내 (LG화학, 삼성SDI), 중국 로컬향 매출 급증, '16년 적자였던 관계회사 ㈜제이에이치화학공업, 무석광미래신재료유한공사 실적 개선 지속에 기인함.

현금 흐름

시장 대비 수익률

항목	2016	2017.2Q
영업활동	-97	-247
투자활동	-170	-153
재무활동	276	394
순현금흐름	8	-6
기말현금	71	66

결산 실적 〈단위 : 억원〉

항목	2012	2013	2014	2015	2016	2017
매출액	2,242	2,260	2,457	2,351	2,497	
영업이익	27	-32	10	-20	139	
당기순이익	7	-90	-21	-50	52	

분기 실적 〈단위 : 억원〉

항목	2016.1Q	2016.2Q	2016.3Q	2016.4Q	2017.1Q	2017.2Q
매출액	489	582	703	724	682	1,003
영업이익	-13	35	51	66	43	75
당기순이익	-18	20	14	36	40	45

재무 상태 〈단위 : 억원〉

항목	2012	2013	2014	2015	2016	2017.2Q
총자산	1,428	1,579	1,627	1,684	2,027	2,610
유형자산	655	793	750	833	848	942
무형자산	120	110	125	132	95	98
유가증권	10	9	9	10	9	33
총부채	942	1,061	1,018	1,093	1,153	1,539
총차입금	761	875	812	889	903	1,240
자본금	52	52	71	71	116	123
총자본	486	518	609	591	874	1,070
지배주주지분	415	457	550	503	877	1,067

기업가치 지표

항목	2012	2013	2014	2015	2016	2017.2Q
주가(최고/저)(천원)	11.4/6.6	10.3/6.1	7.8/5.1	11.1/5.4	18.8/7.2	—/—
PER(최고/저)(배)	547.1/319.9	—/—	—/—	—/—	72.1/27.7	—/—
PBR(최고/저)(배)	3.2/1.9	2.7/1.6	2.0/1.3	3.0/1.5	4.5/1.7	4.8/2.9
EV/EBITDA(배)	16.8	27.4	15.8	30.9	18.2	
EPS(원)	21	-604	-104	-249	262	320
BPS(원)	4,221	4,622	4,046	3,715	4,209	4,742
CFPS(원)	761	177	574	403	706	516
DPS(원)	20	20	20	20	50	
EBITDAPS(원)	997	575	753	515	1,083	678

재무 비율 〈단위 : % 〉

연도	영업이익률	순이익률	부채비율	차입금비율	ROA	ROE	유보율	자기자본비율	EBITDA마진율
2016	5.6	2.1	132.0	103.4	2.8	8.2	741.7	43.1	9.4
2015	-0.8	-2.1	185.0	150.5	-3.0	-6.7	643.1	35.1	3.1
2014	0.4	-0.9	167.1	133.3	-1.3	-2.8	709.2	37.4	4.1
2013	-1.4	-4.0	204.6	168.8	-6.0	-16.8	824.5	32.8	2.6

엘앤케이바이오메드 (A156100)
L&K BIOMED

업 종 : 의료 장비 및 서비스	시 장 : KOSDAQ
신용 등 급 : (Bond) — (CP) —	기 업 규 모 : 벤처
홈 페 이 지 : www.lnkbiomed.com	연 락 처 : 02)6717-1911
사 : 경기도 용인시 기흥구 동백중앙로 16번길 16-25,201호(중동, 대우프론티어밸리 I)	

설 립 일 2008.12.22	종 업 원 수 108명	대 표 이 사 강국진,이승주(각자대표)	
상 장 일 2013.07.01	감 사 의 견 적정 (이정)	계 열	
결 산 기 12월	보 통 주 993만주	종 속 회 사 수 4개사	
액 면 가 500원	우 선 주 33만주	구 상 호	

주주구성 (지분율,%)		출자관계 (지분율,%)		주요경쟁사 (외형,%)	
강국진	20.4	엘앤케이팜	100.0	엘앤케이바이오	100
이춘성	7.6	L&KBIOMEDMALAYSIASDN.BHD	100.0	제이브이엠	285
(외국인)	4.5	L&KBIOMEDCANADA.INC	100.0	셀루메드	28

매출구성		비용구성		수출비중	
기타	35.9	매출원가율	39.9	수출	49.0
LUMBARIMPLANT(제품)	34.8	판관비율	53.1	내수	51.0
KNEE(상품)	11.4				

회사 개요
동사는 정형외과용 의료기기 중 척추 임플란트를 개발, 제조 및 판매하는 회사로 2008년 12월에 설립되고 2013년 7월 코넥스시장에 상장됨. 척추 임플란트는 퇴행성 척추 질환, 척추골절, 척추측만증, 목디스크 등의 표준 수술방법인 척추유합술에 사용되는 의료기기임. 계열회사는 동사가 지분 100%를 보유한 미국 소재의 Aegis Spine, Inc.가 있음.

실적 분석
동사의 2017년 2분기 연결기준 매출액은 166.8억원으로 전년동기 대비 21.5% 감소함. 매출은 줄었으나 원가율 악화와 판관비 증가로 영업이익은 5.4억원의 손실을 기록하며 적자전환함. 당기순이익 역시 26.6억원의 손실을 기록하며 적자전환함. 동사는 최대 의료기기 시장인 미국 시장에 진출, 스탠퍼드대학 병원 등과 같은 미국 유수의 대학병원에 제품을 공급하고 있어 향후 해외 수요 증가가 기대됨.

현금 흐름

시장 대비 수익률

항목	2016	2017.2Q
영업활동	-84	-32
투자활동	-17	-16
재무활동	171	68
순현금흐름	71	20
기말현금	84	103

결산 실적 〈단위 : 억원〉

항목	2012	2013	2014	2015	2016	2017
매출액	147	174	202	320	344	
영업이익	40	53	33	56	24	
당기순이익	32	32	-47	43	18	

분기 실적 〈단위 : 억원〉

항목	2016.1Q	2016.2Q	2016.3Q	2016.4Q	2017:1Q	2017.2Q
매출액	93	120	—	—	87	79
영업이익	14	32	—	—	4	-9
당기순이익	8	17	—	—	-18	-9

재무 상태 〈단위 : 억원〉

항목	2012	2013	2014	2015	2016	2017.2Q
총자산	203	321	420	674	898	939
유형자산	21	48	63	101	81	89
무형자산	4	4	19	75	96	103
유가증권	0				1	1
총부채	97	179	393	261	323	399
총차입금	78	152	370	193	219	300
자본금	23	23	33	46	51	51
총자본	106	142	26	413	575	540
지배주주지분	106	142	26	384	542	508

기업가치 지표

항목	2012	2013	2014	2015	2016	2017.2Q
주가(최고/저)(천원)	—/—	6.2/4.8	12.4/5.0	27.7/9.8	25.2/9.9	—/—
PER(최고/저)(배)	0.0/0.0	12.7/9.8	—/—	38.9/13.7	162.0/63.5	—/—
PBR(최고/저)(배)	0.0/0.0	2.9/2.3	34.5/14.0	6.6/2.3	4.8/1.9	2.1/1.3
EV/EBITDA(배)	1.2	9.4	27.0	27.0	21.9	
EPS(원)	643	488	-676	711	155	-262
BPS(원)	2,344	3,046	360	4,176	5,285	5,085
CFPS(원)	1,047	839	-545	889	433	-146
DPS(원)						
EBITDAPS(원)	1,274	1,287	611	815	537	64

재무 비율 〈단위 : % 〉

연도	영업이익률	순이익률	부채비율	차입금비율	ROA	ROE	유보율	자기자본비율	EBITDA마진율
2016	7.0	5.2	56.2	38.1	2.3	3.1	956.9	64.0	14.5
2015	17.6	19.0	63.1	46.8	11.2	30.7	735.3	61.3	22.5
2014	16.6	-23.3	일부잠식	일부잠식		-19.3	6.3	21.1	
2013	30.4	18.6	125.8	106.9	12.4	26.1	509.3	44.3	34.0

엘에스 (A006260)
LS

업　　종 : 전기장비		시　　장 : 거래소	
신용등급 : (Bond) A+　　(CP) A2+		기업규모 : 시가총액 대형주	
홈페이지 : www.lsholdings.com		연 락 처 : 02)2189-9754	
본　　사 : 서울시 강남구 영동대로 517 아셈타워 21층			

설 립 일	1969.10.25	종업원수	73명	대표이사	이광우
상 장 일	1977.06.30	감사의견	적정 (안진)	계　　열	
결 산 기	12월	보 통 주	3,220만주	종속회사수	48개사
액 면 가	5,000원	우 선 주		구 상 호	

주주구성 (지분율,%)		출자관계 (지분율,%)		주요경쟁사 (외형,%)	
국민연금공단	10.0	LS	100		
Capital Research and Management Company(GMC)	4.9	대한전선	14		
(외국인)	22.6	LS산전	23		

매출구성		비용구성		수출비중	
커넥터, 동박, 자동차 부품 등 외	36.1	매출원가율	86.5	수출	—
통신, 권선	18.3	판관비율	9.8	내수	—
전력, 알루미늄,해저케이블 등	15.5				

회사 개요

동사는 2005년 LG그룹에서 그룹 분리해 전선사업(전선, 전력, 통신), 산전사업(전력,자동화,금속), 엠트론사업(기계, 부품)을 축으로 기업그룹을 형성한 LS그룹의 지주회사임. 동사는 국내외 92개의 계열사를 보유하고 있음. 동사는 자회사의 주식을 소유해 보유회사들의 사업내용을 지배하며 수익은 배당금, 소유건물의 임대료, 브랜드 수수료임. LS상표권의 소유주로서 브랜드의 가치제고 및 육성, 보호 활동을 종합적으로 수행하고 있음.

실적 분석

동사의 2017년 상반기 연결기준 누적매출액은 5조2,919.1억원으로 전년동기대비 9.8% 증가함. 매출 확대, 판관비 절감에 힘입어 영업이익은 전년동기보다 21.1% 늘어난 2,449.1억원을 기록함. 최근 중동, 중국, 인도 및 아세안 지역 등 이머징 마켓을 중심으로 한 인프라 투자급증에 따른 수요가 증가하고 있음. 향후 고부가제품인 초고압케이블 및 해저케이블 매출이 증대될 것으로 기대됨.

현금 흐름 〈단위 : 억원〉

항목	2016	2017.2Q
영업활동	8,087	2,325
투자활동	-2,359	-1,688
재무활동	-6,127	1,912
순현금흐름	-378	2,532
기말현금	6,535	9,067

결산 실적 〈단위 : 억원〉

항목	2012	2013	2014	2015	2016	2017
매출액	119,951	115,324	108,833	99,997	96,213	
영업이익	4,476	4,653	3,772	2,720	4,592	
당기순이익	2,137	1,652	867	-735	2,151	

분기 실적 〈단위 : 억원〉

항목	2016.1Q	2016.2Q	2016.3Q	2016.4Q	2017.1Q	2017.2Q
매출액	24,106	24,081	22,750	25,276	26,395	26,524
영업이익	1,331	1,079	885	1,296	1,596	1,321
당기순이익	791	571	365	425	1,108	711

재무 상태 〈단위 : 억원〉

항목	2012	2013	2014	2015	2016	2017.2Q
총자산	100,882	100,068	103,357	98,815	97,130	100,418
유형자산	27,547	27,658	26,698	25,834	24,870	23,895
무형자산	8,081	7,594	7,617	7,909	7,807	7,356
유가증권	452	422	580	676	783	870
총부채	71,979	69,997	73,026	69,279	64,578	66,647
총차입금	49,867	47,899	48,433	48,144	41,796	43,324
자본금	1,610	1,610	1,610	1,610	1,610	1,610
총자본	28,903	30,071	30,331	29,536	32,552	33,770
지배주주지분	23,256	24,155	24,051	23,026	24,515	25,365

기업가치 지표

항목	2012	2013	2014	2015	2016	2017.2Q
주가(최고/저)(천원)	89.5/65.5	87.8/60.7	79.3/50.4	53.8/26.4	63.1/33.0	—/—
PER(최고/저)(배)	18.7/13.7	25.1/17.4	61.0/38.8	—/—	12.3/6.4	
PBR(최고/저)(배)	1.3/1.0	1.2/0.9	1.1/0.7	0.8/0.4	0.8/0.4	0.9/0.7
EV/EBITDA(배)	10.2	9.3	9.7		8.5	—/—
EPS(원)	5,284	3,820	1,397	-3,064	5,223	4,614
BPS(원)	74,649	77,443	77,118	73,936	78,559	81,199
CFPS(원)	15,133	13,908	12,074	7,641	16,059	9,913
DPS(원)	1,250	1,250	1,250	1,250	1,250	
EBITDAPS(원)	23,750	24,157	20,609	20,466	22,016	12,905

재무 비율 〈단위 : % 〉

연도	영업이익률	순이익률	부채비율	차입금비율	ROA	ROE	유보율	자기자본비율	EBITDA마진율
2016	4.8	2.2	198.4	128.4	2.2	7.1	1,471.2	33.5	7.4
2015	2.7	-0.7	234.6	163.0	-0.7	-4.2	1,378.7	29.9	6.6
2014	3.5	0.8	240.8	159.7	0.9	1.9	1,442.4	29.4	6.1
2013	4.0	1.4	232.8	159.3	1.6	5.2	1,448.9	30.1	6.7

엘에스네트웍스 (A000680)
LS Networks

업　　종 : 섬유 및 의복		시　　장 : 거래소	
신용등급 : (Bond) BBB+　　(CP) A3+		기업규모 : 시가총액 소형주	
홈페이지 : www.lsnetworks.co.kr		연 락 처 : 02)799-7114	
본　　사 : 경남 김해시 호계로 428 1층 (부원동, 세화빌딩)			

설 립 일	1949.12.21	종업원수	192명	대표이사	구자용,윤선노,문성준(각자대표이사)
상 장 일	1973.11.15	감사의견	적정 (안진)	계　　열	
결 산 기	12월	보 통 주	7,880만주	종속회사수	7개사
액 면 가	5,000원	우 선 주	2만주	구 상 호	

주주구성 (지분율,%)		출자관계 (지분율,%)		주요경쟁사 (외형,%)	
E1	81.8	엠비케이코퍼레이션	100.0	LS네트웍스	100
		베스트토요타	100.0	일신방직	98
(외국인)	0.1	바이클로	100.0	에프티이앤이	9

매출구성		비용구성		수출비중	
상품매출(상품)	89.1	매출원가율	70.5	수출	—
기타	10.9	판관비율	41.5	내수	—

회사 개요

동사는 의류사업, 임대사업, 유통사업 등을 영위하고 있으며, 의류 브랜드로는 '프로스펙스' '스케쳐스' '몽벨', '잭 울프스킨' 등을 보유하고 있음. LS용산타워의 임대업과 더불어 유통사업으로 토요타 자동차 수입 판매 및 서비스를 영위하고 있음. 2017년 반기 연결 재무제표 기준 사업별 매출비중으로는 브랜드(신발, 의류, 용품 등)사업이 73.9%, 유통사업이 9.3%, 기타 사업이 나머지 비중을 차지하고 있음.

실적 분석

동사의 2017년 상반기 매출액은 2,110.9억원으로 전년 동기 대비 18.7% 감소함. 영업이익은 21.5억원으로 흑자전환함. 당기순이익은 108.7억원으로 흑자전환함. 프로스펙스 및 프로스펙스w 등 영업 강화와 유통사업 부문의 글로벌 상사 사업을 적극 전개하고 있지만 내수 및 수출 동반 부진으로 매출이 감소하고 있음. 역성장 브랜드 정리 등 사업구조 개선을 추진 중임.

현금 흐름 〈단위 : 억원〉

항목	2016	2017.2Q
영업활동	-242	-21
투자활동	1,528	59
재무활동	-1,176	127
순현금흐름	111	166
기말현금	240	406

결산 실적 〈단위 : 억원〉

항목	2012	2013	2014	2015	2016	2017
매출액	6,548	7,710	9,481	7,310	4,870	
영업이익	119	-50	27	-728	-582	
당기순이익	197	-192	7	-758	-871	

분기 실적 〈단위 : 억원〉

항목	2016.1Q	2016.2Q	2016.3Q	2016.4Q	2017.1Q	2017.2Q
매출액	1,286	1,309	1,130	1,146	1,062	1,049
영업이익	18	-108	-115	-377	24	-3
당기순이익	32	-45	-106	-752	21	88

재무 상태 〈단위 : 억원〉

항목	2012	2013	2014	2015	2016	2017.2Q
총자산	14,040	14,508	15,904	15,211	12,613	12,777
유형자산	2,337	2,756	2,633	2,170	1,830	1,166
무형자산	94	91	86	80	50	51
유가증권	80	0	0	0	0	0
총부채	6,028	6,766	8,211	8,312	6,584	6,635
총차입금	3,921	4,680	5,630	5,958	5,037	5,129
자본금	3,941	3,941	3,941	3,941	3,941	3,941
총자본	8,012	7,742	7,694	6,899	6,029	6,143
지배주주지분	8,012	7,742	7,694	6,899	6,029	6,143

기업가치 지표

항목	2012	2013	2014	2015	2016	2017.2Q
주가(최고/저)(천원)	5.4/4.0	5.2/4.1	5.3/4.0	4.9/3.6	3.6/3.0	—/—
PER(최고/저)(배)	21.4/15.9	—/—	578.5/439.9	—/—	—/—	
PBR(최고/저)(배)	0.5/0.4	0.5/0.4	0.5/0.4	0.5/0.4	0.5/0.4	0.4/0.4
EV/EBITDA(배)	25.1	61.8	42.5			—/—
EPS(원)	257	-248	9	-976	-1,106	138
BPS(원)	10,262	10,052	10,029	9,077	7,974	8,118
CFPS(원)	475	-92	234	-779	-940	212
DPS(원)	50	10	10			
EBITDAPS(원)	372	174	259	-741	-573	101

재무 비율 〈단위 : % 〉

연도	영업이익률	순이익률	부채비율	차입금비율	ROA	ROE	유보율	자기자본비율	EBITDA마진율
2016	-12.0	-17.9	109.2	83.5	-6.3	-13.5	59.5	47.8	-9.3
2015	-10.0	-10.4	120.5	86.4	-4.9	-10.4	81.5	45.4	-7.9
2014	0.3	0.1	106.7	73.2	0.1	0.1	100.6	48.4	2.1
2013	-0.7	-2.5	87.4	60.5	-1.4	-2.4	101.0	53.4	1.8

엘에스산전 (A010120)
LS Industrial Systems

업 종 : 전기장비			시 장 : 거래소		
신용등급 : (Bond) AA- (CP) A1			기업규모 : 시가총액 중형주		
홈 페 이 지 : www.lsis.co.kr			연 락 처 : 02)1544-2080		
본 사 : 경기도 안양시 동안구 엘에스로 127 LS타워					

설 립 일	1974.07.24	종 업 원 수	3,365명	대 표 이 사	구자균,박용상
상 장 일	1994.06.09	감 사 의 견	적정(안진)	계 열	
결 산 기	12월	보 통 주	3,000만주	종속회사수	11개사
액 면 가	5,000원	우 선 주		구 상 호	

주주구성 (지분율,%)		출자관계 (지분율,%)		주요경쟁사 (외형,%)	
LS	46.0	LS메탈	100.0	LS산전	100
국민연금공단	12.5	엘에스사우타	90.0	대한전선	62
(외국인)	16.4	엘에스메카피온	81.5	LS	435

매출구성		비용구성		수출비중	
저압기기, 고압기기, 계량기기, 계전기, 초고압 등	77.3	매출원가율	81.3	수출	40.0
PLC, INVERTER, 자동화시스템, 철도시스템 등	19.1	판관비율	13.0	내수	60.0
동관, STS, 후육관	12.3				

회사 개요
동사는 1974년 설립되어 전기, 전자, 계측, 정보 및 자동화기기의 제조, 판매 및 유지보수를 주요 목적사업으로 함. 전력사업으로는 전력기기와 시스템의 제조 및 공급, 자동화기기와 시스템의 제조 및 공급, 그리고 녹색성장과 관련된 그린에너지사업을 영위하고 있음. 사업부문은 전력, 자동화, 금속으로 나뉘며 각 부문의 매출은 약 60%, 25%, 15%임. 태양광 산업은 동남아 지역으로 마케팅 지역을 확대하면서 수출이 회복될 것으로 예상됨.

실적 분석
동사는 일본에서 460억원 규모의 태양광발전소 사업을 수주, 현지에서 경쟁력을 인정받음. 최근 일본 혼슈 이시카와현에 구축되는 18MW(메가와트)급 '하나미즈키 태양광발전소'의 건설 및 운영 사업자로 선정됨. 글로벌 시장에 특화된 솔루션과 EPC 역량을 앞세워 솔루션 공급은 물론 발전소 건설, 운영 등으로 사업 확대를 본격화 할 것으로 기대됨. 2017년 상반기 연결기준 매출액은 전년동기 대비 11.8% 증가, 순이익은 40.3% 증가함.

현금 흐름 〈단위 : 억원〉

항목	2016	2017.2Q
영업활동	2,422	1,006
투자활동	-1,020	-499
재무활동	-873	153
순현금흐름	541	648
기말현금	3,401	4,050

시장 대비 수익률

결산 실적 〈단위 : 억원〉

항목	2012	2013	2014	2015	2016	2017
매출액	22,324	23,519	22,910	22,017	22,136	
영업이익	1,542	1,749	1,621	1,544	1,244	
당기순이익	973	1,140	1,051	706	807	

분기 실적 〈단위 : 억원〉

항목	2016.1Q	2016.2Q	2016.3Q	2016.4Q	2017.1Q	2017.2Q
매출액	5,008	5,255	5,239	6,634	5,594	5,883
영업이익	349	319	301	276	359	437
당기순이익	172	202	217	217	193	331

재무 상태 〈단위 : 억원〉

항목	2012	2013	2014	2015	2016	2017.2Q
총자산	20,203	21,013	22,944	22,517	22,618	23,029
유형자산	6,683	6,638	6,781	6,437	6,105	5,925
무형자산	1,504	1,449	1,380	1,379	1,302	1,230
유가증권	108	97	116	172	199	200
총부채	11,828	11,743	13,009	12,370	11,957	12,111
총차입금	6,587	6,905	7,745	7,607	7,051	7,350
자본금	1,500	1,500	1,500	1,500	1,500	1,500
총자본	8,375	9,270	9,935	10,147	10,661	10,918
지배주주지분	8,343	9,262	9,929	10,133	10,646	10,898

기업가치 지표

항목	2012	2013	2014	2015	2016	2017.2Q
주가(최고/저)(천원)	67.1/45.8	65.1/49.7	65.3/54.3	61.3/39.5	51.3/36.4	—/—
PER(최고/저)(배)	22.0/15.0	18.1/13.8	19.5/16.2	27.2/17.6	19.4/13.8	1.5/1.0
PBR(최고/저)(배)	2.6/1.8	2.2/1.7	2.1/1.7	1.8/1.2	1.4/1.0	—
EV/EBITDA(배)	10.6	9.5	8.9	7.6	7.0	—
EPS(원)	3,344	3,884	3,561	2,343	2,690	1,731
BPS(원)	28,662	31,725	33,949	34,627	36,337	37,179
CFPS(원)	5,975	6,600	6,460	5,337	5,666	3,183
DPS(원)	1,000	1,100	1,300	1,000	800	
EBITDAPS(원)	7,771	8,547	8,302	8,141	7,123	4,106

재무 비율 〈단위 : % 〉

연도	영업이익률	순이익률	부채비율	차입금비율	ROA	ROE	유보율	자기자본비율	EBITDA마진율
2016	5.6	3.7	112.2	66.1	3.6	7.8	626.8	47.1	9.7
2015	7.0	3.2	121.9	75.0	3.1	7.0	592.5	45.1	11.1
2014	7.1	4.6	131.0	78.0	4.8	11.1	579.0	43.3	10.9
2013	7.4	4.9	126.7	74.5	5.5	13.2	534.5	44.1	10.9

엘에스전선아시아 (A229640)
LS Cable&System Asia

업 종 : 전기장비			시 장 : 거래소		
신용등급 : (Bond) — (CP) —			기업규모 : 시가총액 소형주		
홈 페 이 지 : www.lscnsasia.co.kr			연 락 처 : 031)428-0288		
본 사 : 경기도 안양시 동안구 엘에스로 127 (호계동, LS타워) 3층					

설 립 일	2015.05.15	종 업 원 수	5명	대 표 이 사	신용현
상 장 일	2016.09.22	감 사 의 견	적정(안진)	계 열	
결 산 기	12월	보 통 주	3,062만주	종속회사수	3개사
액 면 가	500원	우 선 주		구 상 호	

주주구성 (지분율,%)		출자관계 (지분율,%)		주요경쟁사 (외형,%)	
LS전선	57.0	LSCable&SystemVietnamCo.,Ltd.	100.0	LS전선아시아	100
케이에이치국제제2호사모투자전문회사	9.7	LSVINACable&SystemJointStockCo	80.7	LS	2,788
(외국인)		LSGaonCableMyanmarCo.,Ltd	50.0	대한전선	398

매출구성		비용구성		수출비중	
전력케이블(고압, 중압, 저압), 소재 등	68.0	매출원가율	89.6	수출	—
통신케이블(UTP, 광케이블) 등	32.0	판관비율	4.7	내수	—

회사 개요
동사는 대한민국 상법에 따라 설립/존속중인 주식회사로 주식의 소유를 통하여 외국기업의 사업 활동을 지배하는 것을 주된 사업으로 하는 국내법인이며, 유가증권시장 상장규정 시행세칙으로 정하는 요건을 모두 충족한 외국기업 지배주주 회사임. 종속회사인 LS-VINA Cable & System Joint Stock Co.와 LS Cable & System Vietnam Co., Ltd.는 베트남 내 설립되어 절연선 및 케이블제조업을 영위하고 있음.

실적 분석
동사의 2017년 2분기기준 누적 매출액은 전년동기대비 3.1% 상승한 1,891억원을 기록하였음. 전년동기대비 영업이익은 106.5억원으로 0.5% 상승하였음. 그러나 비영업손익의 적자지속으로 전년동기대비 당기순이익은 80.1억원을 기록함. 구리가격이 상승세에 접어들어가면서 영업이익 개선을 기대할 수 있는 상황임. 또한 Capex 투자도 예정되어 있어 이에 따른 수익 개선을 기대함.

현금 흐름 〈단위 : 억원〉

항목	2016	2017.2Q
영업활동	257	-2
투자활동	-12	-96
재무활동	-29	26
순현금흐름	219	-72
기말현금	285	213

시장 대비 수익률

결산 실적 〈단위 : 억원〉

항목	2012	2013	2014	2015	2016	2017
매출액	—	—	—	2,001	3,451	
영업이익	—	—	—	111	195	
당기순이익	—	—	—	61	147	

분기 실적 〈단위 : 억원〉

항목	2016.1Q	2016.2Q	2016.3Q	2016.4Q	2017.1Q	2017.2Q
매출액	932	902	754	864	823	1,068
영업이익	52	54	39	50	49	57
당기순이익	43	43	32	30	38	42

재무 상태 〈단위 : 억원〉

항목	2012	2013	2014	2015	2016	2017.2Q
총자산				2,442	2,758	3,284
유형자산				262	232	215
무형자산				339	346	324
유가증권						
총부채				1,304	1,458	1,945
총차입금				417	490	543
자본금				151	153	153
총자본				1,139	1,300	1,339
지배주주지분				1,071	1,228	1,190

기업가치 지표

항목	2012	2013	2014	2015	2016	2017.2Q
주가(최고/저)(천원)	—/—	—/—	—/—	—/—	—/—	—/—
PER(최고/저)(배)	0.0/0.0	0.0/0.0	0.0/0.0	0.0/0.0	16.0/11.7	—/—
PBR(최고/저)(배)	0.0/0.0	0.0/0.0	0.0/0.0	0.0/0.0	1.7/1.3	1.9/1.4
EV/EBITDA(배)	0.0	0.0	0.0	1.7	7.2	—
EPS(원)	—	—	—	358	436	233
BPS(원)	—	—	—	7,107	4,009	3,886
CFPS(원)	—	—	—	1,038	604	314
DPS(원)	—	—	—		150	0
EBITDAPS(원)	—	—	—	1,777	813	429

재무 비율 〈단위 : % 〉

연도	영업이익률	순이익률	부채비율	차입금비율	ROA	ROE	유보율	자기자본비율	EBITDA마진율
2016	5.7	4.3	112.2	37.7	5.7	11.5	701.8	47.1	7.1
2015	5.6	3.1	114.5	36.6	0.0	0.0	610.7	46.6	6.8
2014	0.0	0.0	0.0	0.0	0.0	0.0	0.0	0.0	0.0
2013	0.0	0.0	0.0	0.0	0.0	0.0	0.0	0.0	0.0

엘에프 (A093050)
LF

업 종 : 섬유 및 의복		시 장 : 거래소	
신용 등급 : (Bond) AA- (CP) —		기업규모 : 시가총액 중형주	
홈 페 이 지 : www.lfcorp.com		연 락 처 : 02)3441-8114	
본 사 : 서울시 강남구 언주로 870 (신사동)			

설 립 일 2006.11.03	종 업 원 수 974명	대 표 이 사 구본걸,오규식	
상 장 일 2006.12.01	감 사 의 견 적정 (안진)	계 열	
결 산 기 12월	보 통 주 2,924만주	종속회사수 27개사	
액 면 가 5,000원	우 선 주	구 상 호 LG패션	

주주구성 (지분율,%)		출자관계 (지분율,%)		주요경쟁사 (외형,%)	
구본걸	18.8	엘에프푸드	100.0	LF	100
국민연금공단	9.9	트라이씨클	100.0	한세예스24홀딩스	146
(외국인)	38.6	막스코	100.0	신세계인터내셔날	67

매출구성		비용구성		수출비중	
상제품매출액(상품/제품)	99.1	매출원가율	40.9	수출	—
수수료수익(기타)	2.7	판관비율	53.9	내수	—
기타매출액(기타)	0.9				

회사 개요
동사는 기성복 의류제품 생산, 판매 등을 영위하기 위해 지주회사 LG상사로부터 인적분할됨. 2016년 12월 말 기준 유동비율은 268%이며, 부채비율은 50%임. 기존 닥스, 마에스트로, 헤지스, 라푸마, 질스튜어트 등 브랜드를 성공적으로 안착시킨 것을 기반으로 향후 의류 소비시장의 변화에 적극 대응하겠다는 계획임. 동사는 100% 외주 가공 생산 체제를 갖추고 있으며, 중국, 이태리 등에 해외 사업장이 있음.

실적 분석
동사의 2017년 2분기기준 누적 매출액은 전년동기대비 1.5% 소폭 변동한 7,785.3억원을 기록하였음. 비용면에서 전년동기대비 매출원가는 증가 하였으며 인건비도 증가, 광고 선전비는 감소 하였고 기타광고판매와관리비도 마찬가지로 감소함. 이처럼 매출액 상승과 더불어 비용절감에도 힘을 기울였음. 그에 따라 전년동기대비 영업이익은 548.8억원으로 36.6% 상승하였음. 최종적으로 전년동기대비 당기순이익은 상승하여 434.2억원을 기록함.

현금 흐름 〈단위 : 억원〉
항목	2016	2017.2Q
영업활동	1,413	864
투자활동	-2,337	156
재무활동	528	-983
순현금흐름	-402	10
기말현금	1,287	1,296

시장 대비 수익률

결산 실적 〈단위 : 억원〉
항목	2012	2013	2014	2015	2016	2017
매출액	14,665	14,861	14,602	15,710	15,293	—
영업이익	779	848	957	741	790	—
당기순이익	567	649	811	506	512	—

분기 실적 〈단위 : 억원〉
항목	2016.1Q	2016.2Q	2016.3Q	2016.4Q	2017.1Q	2017.2Q
매출액	3,808	3,860	3,110	4,515	3,813	3,972
영업이익	118	284	48	340	241	308
당기순이익	75	183	9	340	200	234

재무 상태 〈단위 : 억원〉
항목	2012	2013	2014	2015	2016	2017.2Q
총자산	12,081	12,916	14,030	14,749	15,811	15,261
유형자산	3,508	3,484	3,404	3,301	3,120	3,132
무형자산	672	758	779	1,246	1,294	1,606
유가증권				1	1	904
총부채	3,334	3,766	4,200	4,573	5,290	4,434
총차입금	1,265	1,824	1,978	2,307	2,968	2,135
자본금	1,462	1,462	1,462	1,462	1,462	1,462
총자본	8,747	9,149	9,830	10,176	10,522	10,828
지배주주지분	8,684	9,144	9,824	10,173	10,528	10,798

기업가치 지표
항목	2012	2013	2014	2015	2016	2017.2Q
주가(최고/저)(천원)	42.8/23.8	32.0/24.1	33.6/24.4	35.4/25.3	25.8/20.3	—/—
PER(최고/저)(배)	22.4/12.5	14.7/11.1	12.8/9.3	21.2/15.1	14.9/11.7	—/—
PBR(최고/저)(배)	1.6/0.9	1.1/0.8	1.1/0.8	1.1/0.8	0.7/0.6	0.9/0.5
EV/EBITDA(배)	6.8	6.3	4.9	5.4	3.1	—/—
EPS(원)	2,076	2,332	2,782	1,742	1,767	1,521
BPS(원)	29,701	31,274	33,599	34,790	36,006	36,929
CFPS(원)	3,844	4,071	4,241	3,145	3,172	2,220
DPS(원)	400	400	500	500	500	—
EBITDAPS(원)	4,432	4,638	4,731	3,937	4,107	2,576

재무 비율 〈단위 : % 〉
연도	영업이익률	순이익률	부채비율	차입금비율	ROA	ROE	유보율	자기자본비율	EBITDA마진율
2016	5.2	3.4	50.3	28.2	3.4	5.0	620.1	66.6	7.9
2015	4.7	3.2	44.9	22.7	3.5	5.1	595.8	69.0	7.3
2014	6.6	5.6	42.7	20.1	6.0	8.6	572.0	70.1	9.5
2013	5.7	4.4	41.2	19.9	5.2	7.7	525.5	70.8	9.1

엘엠에스 (A073110)
LMS

업 종 : 디스플레이 및 관련부품		시 장 : KOSDAQ	
신용 등급 : (Bond) — (CP) —		기업규모 : 우량	
홈 페 이 지 : www.lmsglobal.com		연 락 처 : 031)421-2345	
본 사 : 경기도 평택시 진위면 진위산단로 53-73			

설 립 일 1999.02.13	종 업 원 수 334명	대 표 이 사 조성민	
상 장 일 2007.10.12	감 사 의 견 적정 (신정)	계 열	
결 산 기 12월	보 통 주 890만주	종속회사수 3개사	
액 면 가 500원	우 선 주	구 상 호	

주주구성 (지분율,%)		출자관계 (지분율,%)		주요경쟁사 (외형,%)	
나우주	22.7	대광반도체	0.5	엘엠에스	100
JAFCO Asia Technology Fund II	4.7			우리이앤엘	130
(외국인)	4.3	낙정성광전유한공사	100.0	우리조명	1,378

매출구성		비용구성		수출비중	
프리즘시트	97.1	매출원가율	71.5	수출	96.0
회절격자 렌즈	2.9	판관비율	20.5	내수	4.0

회사 개요
동사는 2003년 전세계 2번째로 TFT-LCD에 사용되는 BLU(Back Light Unit)용 프리즘시트 개발에 성공하여, 현재 중소형 프리즘시트 선도기업이며 3M과 시장을 양분하고 있음. 디스플레이와 광학부품소재개발 사업에 주력 중임. 중국 시장의 원활한 진출 및 추가 해외 시장 개척을 위해 중국 2개와 홍콩 1개의 현지법인을 자회사로 두고 있음. 자회사는 디스플레이사업과 무역업 영위하는 기업으로 나뉨.

실적 분석
동사의 2017년도 2분기 연결기준 누적 매출액은 793.3억원으로 전년동기 대비 68.0% 증가하였음. 당반기 중국과 베트남, 태국 지역의 매출이 크게 증가하였고, 대만 지역의 신규 매출이 발생함. 해외 시장 매출은 디스플레이 사업부의 성장에 따른 것임. 외환손실이 증가하였으나 순이익은 7.0억원으로 흑자전환함. 신규 사업으로 AMOLED 관련 아이템을 개발 중에 있으며, 향후 성장동력이 될 것으로 전망.

현금 흐름 〈단위 : 억원〉
항목	2016	2017.2Q
영업활동	-121	218
투자활동	-80	-4
재무활동	-65	34
순현금흐름	-271	240
기말현금	246	487

시장 대비 수익률

결산 실적 〈단위 : 억원〉
항목	2012	2013	2014	2015	2016	2017
매출액	851	1,117	1,389	1,234	1,135	—
영업이익	113	169	188	73	91	—
당기순이익	91	155	227	69	-117	—

분기 실적 〈단위 : 억원〉
항목	2016.1Q	2016.2Q	2016.3Q	2016.4Q	2017.1Q	2017.2Q
매출액	234	238	286	377	422	371
영업이익	10	3	31	46	55	52
당기순이익	-8	-194	-30	115	-64	71

재무 상태 〈단위 : 억원〉
항목	2012	2013	2014	2015	2016	2017.2Q
총자산	1,516	1,674	2,370	2,247	2,051	2,110
유형자산	748	774	878	926	856	808
무형자산	19	19	18	20	24	26
유가증권	25	54	56	53	14	2
총부채	723	749	1,204	1,016	943	1,007
총차입금	606	610	1,051	882	812	858
자본금	44	45	45	45	45	45
총자본	793	926	1,165	1,231	1,107	1,103
지배주주지분	793	926	1,165	1,231	1,107	1,103

기업가치 지표
항목	2012	2013	2014	2015	2016	2017.2Q
주가(최고/저)(천원)	21.2/11.0	20.0/10.7	22.8/15.8	21.1/8.8	10.5/6.2	—/—
PER(최고/저)(배)	20.8/10.8	11.6/6.3	9.2/6.4	28.0/11.6	—/—	—/—
PBR(최고/저)(배)	2.3/1.2	1.3/1.0	1.8/1.0	1.7/1.2	0.8/0.5	0.9/0.6
EV/EBITDA(배)	7.3	4.8	8.9	8.9	7.4	6.1
EPS(원)	1,057	1,776	2,553	776	-1,311	79
BPS(원)	9,790	11,499	14,049	14,794	13,397	13,353
CFPS(원)	1,825	2,617	3,534	1,919	-160	662
DPS(원)	50	50	50	105	150	—
EBITDAPS(원)	2,065	2,768	3,095	1,960	2,176	1,785

재무 비율 〈단위 : % 〉
연도	영업이익률	순이익률	부채비율	차입금비율	ROA	ROE	유보율	자기자본비율	EBITDA마진율
2016	8.0	-10.3	85.2	73.3	-5.4	-10.0	2,535.0	54.0	17.1
2015	5.9	5.6	82.5	71.7	3.0	5.8	2,809.8	54.8	14.1
2014	13.5	16.3	103.4	90.2	11.2	21.7	2,663.2	49.2	19.8
2013	15.1	13.9	80.9	65.9	9.8	18.1	2,161.1	55.3	21.7

엘오티베큠 (A083310)
LOT VACUUM

업 종 : 반도체 및 관련장비	시 장 : KOSDAQ
신용등급 : (Bond) — (CP) —	기업규모 : 우량
홈 페 이 지 : www.lotvacuum.com	연 락 처 : 031)696-3820
본 사 : 경기도 안성시 공단1로 68 (신건지동)	

설 립 일	2002.03.23	종 업 원 수	365명	대 표 이 사	오흥식
상 장 일	2005.10.05	감 사 의 견	적정 (삼정)	계 열	
결 산 기	12월	보 통 주	1,260만주	종 속 회 사 수	4개사
액 면 가	500원	우 선 주		구 상 호	

주주구성 (지분율,%)
오흥식	28.0
신한비엔피파리바자산운용	6.7
(외국인)	3.2

출자관계 (지분율,%)
지엠티	100.0
클린팩터스	44.0
LOTVacuumAmerica.,Inc	100.0

주요경쟁사 (외형,%)
엘오티베큠	100
아이에이	61
에스에이엠티	857

매출구성
Fore Vacuum용 (SEMI, OLED, SOLAR 외) 건식진공	68.5
수선보수 외	22.9
PLASMA 장비 외	8.6

비용구성
매출원가율	69.2
판관비율	23.9

수출비중
수출	22.0
내수	78.0

회사 개요
동사는 국내 유일 반도체용 진공펌프 생산기업으로 반도체 및 LCD 시장용 국산 진공펌프를 개발, 제조, 판매하고 있음. 반도체산업은 크게 소자산업, 장비산업, 원료산업으로 구분 할 수 있으며 동사가 속해있는 세부산업은 장비산업으로 장비산업은 전공정장비, 후공정장비와 검사장비로 분류할 수 있음. 이 중 전공정장비는 대부분 진공장비로서 진공펌프를 장착하고 있음.

실적 분석
반도체산업 호황 및 다양한 고객 확대에 힘입어 동사 2017년 2분기기준 누적 매출액은 전년동기대비 121.6% 이상 크게 상승한 1,089.2억원을 기록하였음. 비용증가도 있었으나 매출액의 더 큰 상승에 힘입어 전년동기대비 영업이익은 165.4억원으로 670.3% 크게 상승하였음. 최종적으로 전년동기대비 당기순이익은 크게 상승하여 130.9억원을 기록함. 전방산업 호황에 따른 수익 성장이 계속 기대되고 있음.

현금 흐름 〈단위 : 억원〉
항목	2016	2017.2Q
영업활동	16	134
투자활동	-87	-27
재무활동	99	78
순현금흐름	29	185
기말현금	80	265

시장 대비 수익률

결산 실적 〈단위 : 억원〉
항목	2012	2013	2014	2015	2016	2017
매출액	726	838	885	1,239	1,241	
영업이익	49	36	57	103	86	
당기순이익	49	32	55	86	85	

분기 실적 〈단위 : 억원〉
항목	2016.1Q	2016.2Q	2016.3Q	2016.4Q	2017.1Q	2017.2Q
매출액	305	186	291	458	416	673
영업이익	36	-15	3	62	51	114
당기순이익	38	-14	0	61	38	93

재무 상태 〈단위 : 억원〉
항목	2012	2013	2014	2015	2016	2017.2Q
총자산	648	776	855	925	1,165	1,450
유형자산	267	277	283	367	429	441
무형자산	60	68	81	122	136	138
유가증권	6	49	11	51	18	18
총부채	100	171	205	187	341	492
총차입금	0				79	174
자본금	53	55	56	57	60	63
총자본	548	605	650	738	824	959
지배주주지분	548	603	642	726	809	943

기업가치 지표
항목	2012	2013	2014	2015	2016	2017.2Q
주가(최고/저)(천원)	5.4/3.5	6.4/3.3	5.7/3.7	16.7/3.9	17.5/7.9	—/—
PER(최고/저)(배)	13.8/8.9	25.8/13.2	14.5/9.4	25.8/6.0	26.8/12.1	2.1/1.6
PBR(최고/저)(배)	1.2/0.8	1.3/0.7	1.1/0.7	2.9/0.7	2.7/1.2	—
EV/EBITDA(배)	6.2		9.9	4.3	7.7	15.1
EPS(원)	391	250	390	650	652	1,036
BPS(원)	5,309	5,533	5,867	6,428	6,814	7,567
CFPS(원)	680	515	697	968	1,045	1,263
DPS(원)	10	10	15	25	25	—
EBITDAPS(원)	681	561	767	1,150	1,074	1,539

재무 비율 〈단위 : % 〉
연도	영업이익률	순이익률	부채비율	차입금비율	ROA	ROE	유보율	자기자본비율	EBITDA마진율
2016	6.9	6.8	41.4	9.5	8.1	10.7	1,262.9	70.7	10.4
2015	8.3	7.0	25.3	0.0	9.7	12.0	1,185.7	79.8	10.6
2014	6.4	6.3	31.5	0.0	6.8	7.9	1,073.4	76.0	9.7
2013	4.4	3.8	28.3	0.0	4.5	5.5	1,006.6	77.9	7.3

엘지 (A003550)
LG

업 종 : 복합 산업	시 장 : 거래소
신용등급 : (Bond) — (CP) —	기업규모 : 시가총액 대형주
홈 페 이 지 : www.lg.co.kr	연 락 처 : 02)3773-1114
본 사 : 서울시 영등포구 여의대로 128 LG트윈타워	

설 립 일	1947.01.05	종 업 원 수	117명	대 표 이 사	구본무,하현회
상 장 일	1970.02.13	감 사 의 견	적정 (안진)	계 열	
결 산 기	12월	보 통 주	17,256만주	종 속 회 사 수	40개사
액 면 가	5,000원	우 선 주	331만주	구 상 호	

주주구성 (지분율,%)
구본무	11.3
국민연금공단	8.1
(외국인)	29.6

출자관계 (지분율,%)
서브원	100.0
엘지스포츠	100.0
엘지경영개발원	100.0

주요경쟁사 (외형,%)
LG	100
삼성물산	262
효성	111

매출구성
IT서비스-엘지씨엔에스㈜ 외	35.6
MRO	26.1
IT서비스-㈜엘지씨엔에스	20.3

비용구성
매출원가율	83.2
판관비율	4.3

수출비중
수출	—
내수	—

회사 개요
LG그룹의 순수지주회사로 1947년에 설립되었으며, LGCI 및 LGEI와의 합병을 통해 2003년 3월 1일에 국내 최초의 지주회사로 출범함. 계열회사는 LG전자, LG디스플레이, LG이노텍을 중심으로 하는 전자부문과 LG화학, 실트론을 중심으로 하는 화학부문, LG유플러스, LG CNS, 서브원 등의 통신 및 기타 서비스 부문으로 되어 있음. 자체 수익으로는 임대료수익, 상표권 사용수익 그리고 배당수익이 있음.

실적 분석
동사의 2017년 상반기 연결기준 누적 매출액은 5조 5,387억원으로 전년 동기 대비 19.8% 증가함. 매출이 큰 폭으로 늘면서 매출원가 또한 늘었지만 판매비와 관리비는 인건비가 줄면서 오히려 감소함. 영업이익은 전년 동기 대비 무려 60.4% 늘어난 1조 1,847.4억원을 시현함. 비영업손익 부문에서 관련기업 투자 손익이 발생해 흑자전환하면서 당기순이익은 전년 동기 대비 100.2% 늘어난 1조 2,956.5억원을 기록함.

현금 흐름 〈단위 : 억원〉
항목	2016	2017.2Q
영업활동	8,782	5,240
투자활동	-3,438	-2,915
재무활동	-2,755	-4,359
순현금흐름	2,586	-2,078
기말현금	11,290	9,212

시장 대비 수익률

결산 실적 〈단위 : 억원〉
항목	2012	2013	2014	2015	2016	2017
매출액	96,952	97,992	98,654	99,654	107,254	
영업이익	12,315	11,539	10,441	11,386	13,447	
당기순이익	9,617	8,309	8,343	9,438	10,913	

분기 실적 〈단위 : 억원〉
항목	2016.1Q	2016.2Q	2016.3Q	2016.4Q	2017.1Q	2017.2Q
매출액	21,488	24,733	26,732	34,301	26,428	28,986
영업이익	3,182	4,103	3,276	2,886	6,063	5,679
당기순이익	2,922	3,548	2,702	1,740	7,535	5,422

재무 상태 〈단위 : 억원〉
항목	2012	2013	2014	2015	2016	2017.2Q
총자산	158,481	165,502	173,327	181,234	194,894	203,653
유형자산	23,833	23,624	24,777	24,713	24,814	19,097
무형자산	1,449	1,564	1,345	1,166	1,140	978
유가증권	1,078	1,099	1,038	931	910	1,022
총부채	43,027	44,449	47,469	48,152	52,694	50,476
총차입금	15,960	17,543	18,828	19,199	18,820	10,765
자본금	8,794	8,794	8,794	8,794	8,794	8,794
총자본	115,454	121,053	125,858	133,082	142,201	153,177
지배주주지분	111,290	117,564	122,519	129,755	138,744	149,653

기업가치 지표
항목	2012	2013	2014	2015	2016	2017.2Q
주가(최고/저)(천원)	70.0/48.4	65.8/56.3	72.7/50.3	73.2/51.0	73.7/55.2	—/—
PER(최고/저)(배)	14.3/9.9	13.9/11.9	16.0/11.1	14.2/9.9	12.3/9.2	—/—
PBR(최고/저)(배)	1.2/0.8	1.1/0.9	1.1/0.8	1.0/0.7	1.0/0.7	1.0/0.7
EV/EBITDA(배)	8.0		8.3	9.0	9.2	6.9
EPS(원)	5,334	5,095	4,802	5,369	6,111	7,260
BPS(원)	63,293	66,860	69,678	73,792	78,903	85,106
CFPS(원)	7,301	6,937	6,524	7,126	7,799	8,095
DPS(원)	1,000	1,000	1,000	1,300	1,300	—
EBITDAPS(원)	8,970	8,403	7,659	8,231	1,074	7,571

재무 비율 〈단위 : % 〉
연도	영업이익률	순이익률	부채비율	차입금비율	ROA	ROE	유보율	자기자본비율	EBITDA마진율
2016	12.5	10.2	37.1	13.2	5.8	8.0	1,478.1	73.0	15.3
2015	11.4	9.5	36.2	14.4	5.3	7.5	1,375.8	73.4	14.5
2014	10.6	8.5	37.7	15.0	4.9	7.0	1,293.6	72.6	13.7
2013	11.8	8.5	36.7	14.5	5.1	7.8	1,237.2	73.1	15.1

엘지디스플레이 (A034220)
LG Display

업　　종 : 디스플레이 및 관련부품		시　　장 : 거래소	
신용등급 : (Bond) AA　(CP) A1		기업규모 : 시가총액 대형주	
홈 페 이 지 : www.lgdisplay.com		연 락 처 : 02)3777-1010	
본　　사 : 서울시 영등포구 여의대로 128 LG트윈타워 동관 12층			

설 립 일	1985.02.27	종 업 원 수	32,655명	대 표 이 사	한상범
상 장 일	2004.07.23	감 사 의 견	적정 (삼정)	계　　열	
결 산 기	12월	보 통 주	35,782만주	종속회사수	20개사
액 면 가	5,000원	우 선 주		구 상 호	

주주구성 (지분율,%)		출자관계 (지분율,%)		주요경쟁사 (외형,%)	
엘지전자	37.9	특정금전신탁	100.0	LG디스플레이	100
국민연금공단	9.2	나눔누리	100.0	에스에프에이	5
(외국인)	28.5	파주전기초자	40.0	서울반도체	

매출구성		비용구성		수출비중	
Display 패널(해외)	93.2	매출원가율	85.9	수출	93.0
Display 패널(국내)	6.9	판관비율	9.2	내수	7.0

회사 개요
동사는 금성소프트웨어로 1985년 설립됐으며, 1998년 LG전자와 LG반도체로부터 LCD 사업 이관받아, TFT-LCD, LTPS-LCD 및 OLED 기술을 활용한 디스플레이 및 관련제품 연구, 개발, 제조, 판매를 하고 있음. 새로운 성장동력으로 부상하고 있는 OLED 사업, 플렉서블 디스플레이 기술 개발, LED 백라이트 LCD 시장 주도 등 미래 디스플레이기술을 선도해 성장동력으로 확보하고 있음.

실적 분석
동사의 2017년 상반기 연결기준 누적 매출액은 13조6,910.5억원으로 전년 동기 대비 15.6% 증가함. 매출이 늘었지만 동사의 원가절감 노력으로 매출원가는 오히려 감소했으며 판관비만 소폭 늘었음. 영업이익은 전년 동기 대비 무려 2082.2% 증가한 1조8,311.5억원을 시현함. 비영업손익 부문에서 외환 손실 등으로 적자가 지속됐지만 워낙 영업이익 증가폭이 커서 당기순이익은 1조4161.7억원으로 전년 동기 대비 흑자 전환에 성공함.

현금 흐름 〈단위 : 억원〉
항목	2016	2017.2Q
영업활동	36,409	31,944
투자활동	-31,892	-33,292
재무활동	3,079	1,579
순현금흐름	8,070	-192
기말현금	15,587	15,395

시장 대비 수익률

결산 실적 〈단위 : 억원〉
항목	2012	2013	2014	2015	2016	2017
매출액	294,297	270,330	264,555	283,839	265,041	—
영업이익	9,124	11,633	13,573	16,256	13,114	—
당기순이익	2,363	4,190	9,174	10,235	9,315	—

분기 실적 〈단위 : 억원〉
항목	2016.1Q	2016.2Q	2016.3Q	2016.4Q	2017.1Q	2017.2Q
매출액	59,892	58,551	67,238	79,360	70,622	66,289
영업이익	395	444	3,232	9,043	10,269	8,043
당기순이익	12	-839	1,896	8,247	6,795	7,367

재무 상태 〈단위 : 억원〉
항목	2012	2013	2014	2015	2016	2017.2Q
총자산	244,555	217,153	229,670	225,772	248,843	265,013
유형자산	131,075	118,083	114,029	105,460	120,314	141,659
무형자산	4,976	4,682	5,767	8,387	8,949	8,460
유가증권	161	169	94	114	94	81
총부채	142,153	109,179	111,836	98,722	114,219	119,118
총차입금	44,559	39,028	42,474	42,243	47,792	50,228
자본금	17,891	17,891	17,891	17,891	17,891	17,891
총자본	102,402	107,974	117,834	127,050	134,624	145,895
지배주주지분	102,098	106,112	114,314	121,930	129,560	140,015

기업가치 지표
항목	2012	2013	2014	2015	2016	2017.2Q
주가(최고/저)(천원)	34.4/19.1	31.4/21.2	34.1/22.0	35.6/19.9	31.8/20.6	—/—
PER(최고/저)(배)	55.5/30.8	27.8/18.7	14.2/9.1	13.7/7.6	12.7/8.3	—/—
PBR(최고/저)(배)	1.3/0.7	1.1/0.8	1.1/0.7	1.1/0.6	0.9/0.6	1.0/0.7
EV/EBITDA(배)	2.4	2.2	2.9	2.2	3.2	—/—
EPS(원)	652	1,191	2,527	2,701	2,534	3,700
BPS(원)	28,534	29,655	31,948	34,076	36,209	39,130
CFPS(원)	13,143	11,907	12,287	12,136	10,979	7,878
DPS(원)			500	500	500	
EBITDAPS(원)	15,041	13,968	13,553	13,978	12,110	9,296

재무 비율 〈단위 : % 〉
연도	영업이익률	순이익률	부채비율	차입금비율	ROA	ROE	유보율	자기자본비율	EBITDA마진율
2016	5.0	3.5	84.8	35.5	3.9	7.2	624.2	54.1	16.4
2015	5.7	3.6	77.7	33.3	4.5	8.2	581.5	57.6	17.6
2014	5.1	3.5	94.9	36.1	4.1	8.2	539.0	51.3	18.3
2013	4.3	1.6	101.1	36.2	1.8	4.1	493.1	49.7	18.5

엘지상사 (A001120)
LG International

업　　종 : 무역		시　　장 : 거래소	
신용등급 : (Bond) AA-　(CP) —		기업규모 : 시가총액 중형주	
홈 페 이 지 : www.lgicorp.com		연 락 처 : 02)3777-1114	
본　　사 : 서울시 영등포구 여의대로 128, LG트윈타워 동관			

설 립 일	1953.11.26	종 업 원 수	404명	대 표 이 사	송치호
상 장 일	1976.01.30	감 사 의 견	적정 (한영)	계　　열	
결 산 기	12월	보 통 주	3,876만주	종속회사수	85개사
액 면 가	5,000원	우 선 주		구 상 호	

주주구성 (지분율,%)		출자관계 (지분율,%)		주요경쟁사 (외형,%)	
국민연금공단	13.3	당진탱크터미널	100.0	LG상사	100
미래에셋자산운용투자자문	4.7	판토스	51.0	포스코대우	138
(외국인)	15.5	중국하이클래스사모투자신탁1호	50.0	현대상사	30

매출구성		비용구성		수출비중	
원유/가스, 석탄, 비철, Green 등(기타)	84.1	매출원가율	93.8	수출	—
원유/가스, 석탄, 비철, Green 등(상품)	13.5	판관비율	4.8	내수	—
원유/가스, 석탄, 비철, Green 등(제품)	2.4				

회사 개요
1953년 설립된 동사는 LG계열 기업집단에 소속된 종합상사로서, 자원/원자재 부문 및 산업재 부문의 산업을 영위하고 있음. 매출은 자원/원자재 부문, 산업재 부문과 기타부문으로 구성됨. 자원개발사업은 오만의 석유 광구, 인도네시아의 MPP 석탄 광산을 비롯하여 생산 11개, 개발 2개, 탐사 6개로 총 19개의 사업을 영위하고 있음. 매출구성은 산업재부문 67.5%, 자원/원자재부문 26.7%, 물류 5.8%를 기록.

실적 분석
동사의 2017년 상반기 매출액은 6조 731.3억원을 기록하며 전년동기 대비 소폭 증가하는 모습을. 반면 원가율 개선 및 판관비 축소 영향으로 수익성은 크게 증가하여 영업이익은 전년동기 대비 19.5% 늘어난 1,206.8억원을 기록함. 인프라 사업부문의 안정적 성장과 함께 물류부문에서 한진해운 여파를 극복하며 빠르게 실적 개선이 이루어지고 있고, 인도네시아 광 광구 생산으로 인해 비용이 감소되고 있어 지속적인 실적 개선이 기대됨.

현금 흐름 〈단위 : 억원〉
항목	2016	2017.2Q
영업활동	2,303	296
투자활동	-2,180	-180
재무활동	-2,377	-15
순현금흐름	-2,178	-19
기말현금	3,112	3,092

시장 대비 수익률

결산 실적 〈단위 : 억원〉
항목	2012	2013	2014	2015	2016	2017
매출액	127,938	120,727	113,722	132,245	119,667	—
영업이익	2,055	983	1,720	817	1,741	—
당기순이익	2,293	441	-138	-2,171	848	—

분기 실적 〈단위 : 억원〉
항목	2016.1Q	2016.2Q	2016.3Q	2016.4Q	2017.1Q	2017.2Q
매출액	30,153	28,456	29,419	31,639	30,578	30,153
영업이익	446	564	216	515	814	392
당기순이익	336	306	96	109	537	145

재무 상태 〈단위 : 억원〉
항목	2012	2013	2014	2015	2016	2017.2Q
총자산	49,575	48,770	48,968	53,835	51,773	53,181
유형자산	1,330	889	963	3,876	5,517	5,547
무형자산	9,283	8,686	8,050	9,901	9,453	9,420
유가증권	908	908	1,492	1,690	1,504	1,529
총부채	33,419	32,635	33,316	38,402	35,319	36,858
총차입금	15,648	17,429	15,778	15,774	15,360	15,035
자본금	1,938	1,938	1,938	1,938	1,938	1,938
총자본	16,156	16,135	15,652	15,433	16,454	16,323
지배주주지분	14,688	14,758	14,267	11,993	12,489	12,419

기업가치 지표
항목	2012	2013	2014	2015	2016	2017.2Q
주가(최고/저)(천원)	57.5/32.2	47.9/25.9	30.2/19.5	42.7/23.9	39.3/26.8	—/—
PER(최고/저)(배)	10.5/5.9	39.9/21.6	—/—	—/—	26.4/18.0	—/—
PBR(최고/저)(배)	1.6/0.9	1.3/0.7	0.8/0.5	1.4/0.8	1.2/0.8	1.1/0.9
EV/EBITDA(배)	10.9	10.9	9.4	20.6	11.7	—/—
EPS(원)	5,720	1,242	-340	-6,074	1,500	1,348
BPS(원)	37,919	38,101	36,834	30,967	32,246	32,065
CFPS(원)	7,064	4,290	1,353	-4,660	2,895	2,161
DPS(원)	500	300	300	200	250	
EBITDAPS(원)	6,646	5,583	6,130	3,522	5,886	3,927

재무 비율 〈단위 : % 〉
연도	영업이익률	순이익률	부채비율	차입금비율	ROA	ROE	유보율	자기자본비율	EBITDA마진율
2016	1.5	0.7	214.7	93.4	1.6	4.8	544.9	31.8	1.9
2015	0.6	-1.6	248.8	115.4	-4.2	-17.9	519.3	28.7	1.0
2014	1.5	-0.1	212.9	100.8	-0.3	-0.9	636.7	32.0	2.1
2013	0.8	0.4	202.3	108.0	0.9	3.3	662.0	33.1	1.8

엘지생활건강 (A051900)
LG Household & Healthcare

업 종 : 가정생활용품			시 장 : 거래소		
신용등급 : (Bond) AA+ (CP) A1			기업규모 : 시가총액 대형주		
홈 페 이 지 : www.lgcare.com			연 락 처 : 02)3773-1114		
본 사 : 서울시 종로구 새문안로 58					

설 립 일	2001.04.03	종 업 원 수	4,463명	대 표 이 사	차석용
상 장 일	2001.04.25	감사의견 적정 (한영)		계 열	
결 산 기	12월	보 통 주	1,562만주	종속회사수	30개사
액 면 가	5,000원	우 선 주	210만주	구 상 호	

주주구성 (지분율,%)		출자관계 (지분율,%)		주요경쟁사 (외형,%)	
엘지	34.0	더페이스샵	100.0	LG생활건강	100
국민연금공단	6.2	해태에이치티비	100.0	모나리자	2
(외국인)	46.3	씨앤피코스메틱스	100.0	KCI	1

매출구성		비용구성		수출비중	
오휘, 후, 숨, 이자녹스, 수려한 등[Beautiful]	51.8	매출원가율	39.9	수출	—
엘라스틴, 리엔, 페리오, 죽염 등[Healthy]	26.2	판관비율	45.6	내수	—
코카콜라, 써니텐,스프라이트 등[Refreshing]	22.1				

회사 개요
동사는 생활용품 및 화장품 등을 제조, 판매하는 사업을 영위함. 주요종속회사인 코카콜라음료와 해태에이치티비는 비알콜성음료를 제조, 판매하는 사업을 하고 있고, 더페이스샵, Ginza Stefany Inc., Everlife Co., Ltd., 락금생활건강무역유한공사는 화장품 및 건강기능식품 등을 판매하는 사업을 영위함. 국내 생활용품 시장에서는 1위, 화장품 시장에서 2위, 음료 시장에서 2위임.

실적 분석
2017년 상반기 연결기준 동사 매출은 3조 1,308.2억원임. 전년도 대비 1.9% 성장함. 매출원가가 소폭 증가했으나 판매비와 관리비가 전년도 동기와 비슷한 수준을 유지하고 매출이 성장한 덕에 영업이익은 전년도 4,589.1억원에서 7.3% 증가한 4,924.5억원을 기록함. 비영업부문은 적자가 지속됐으나 손실폭은 줄어들었음. 이로 인해 당기순이익은 9% 증가한 3,489.2억원을 기록함.

현금 흐름
〈단위 : 억원〉

항목	2016	2017.2Q
영업활동	7,134	2,933
투자활동	-4,055	-1,331
재무활동	-3,671	-3,022
순현금흐름	-581	-1,436
기말현금	3,389	1,953

시장 대비 수익률

결산 실적
〈단위 : 억원〉

항목	2012	2013	2014	2015	2016	2017
매출액	38,962	43,263	46,770	53,285	60,941	—
영업이익	4,455	4,964	5,110	6,841	8,809	—
당기순이익	3,120	3,657	3,546	4,704	5,792	—

분기 실적
〈단위 : 억원〉

항목	2016.1Q	2016.2Q	2016.3Q	2016.4Q	2017.1Q	2017.2Q
매출액	15,194	15,539	15,635	14,573	16,007	15,301
영업이익	2,335	2,254	2,442	1,779	2,600	2,325
당기순이익	1,606	1,594	1,921	671	1,806	1,683

재무 상태
〈단위 : 억원〉

항목	2012	2013	2014	2015	2016	2017.2Q
총자산	27,641	34,351	38,283	42,146	45,022	44,971
유형자산	10,071	10,221	11,024	12,901	14,638	15,301
무형자산	8,406	12,859	13,461	13,803	14,199	14,146
유가증권	14	16	14	52	58	74
총부채	14,925	19,597	21,198	20,993	18,813	16,773
총차입금	7,275	11,317	12,086	10,612	7,943	6,493
자본금	886	886	886	886	886	886
총자본	12,716	14,754	17,085	21,153	26,208	28,198
지배주주지분	12,016	14,089	16,374	20,373	25,324	27,375

기업가치 지표

항목	2012	2013	2014	2015	2016	2017.2Q
주가(최고/저)(천원)	644/447	667/473	630/415	1,048/590	1,171/735	—/—
PER(최고/저)(배)	38.8/26.9	34.0/24.1	32.6/21.5	40.7/23.0	36.8/23.1	—/—
PBR(최고/저)(배)	9.3/6.4	8.2/5.8	6.7/4.4	8.9/5.0	8.0/5.0	6.4/4.9
EV/EBITDA(배)	20.5	16.6	17.8	22.5	14.9	
EPS(원)	17,154	20,166	19,722	25,982	32,070	19,285
BPS(원)	71,816	83,516	96,417	118,986	146,927	158,507
CFPS(원)	23,282	26,282	26,388	26,558	39,616	23,284
DPS(원)	3,750	3,750	4,000	5,500	7,500	
EBITDAPS(원)	31,274	34,239	35,679	45,782	57,266	31,792

재무 비율
〈단위 : % 〉

연도	영업이익률	순이익률	부채비율	차입금비율	ROA	ROE	유보율	자기자본비율	EBITDA마진율
2016	14.5	9.5	71.8	30.3	13.3	24.9	2,838.5	58.2	16.7
2015	12.8	8.8	99.2	50.2	11.7	25.1	2,279.7	50.2	15.2
2014	10.9	7.6	124.1	70.7	9.8	22.9	1,828.3	44.6	13.5
2013	11.5	8.5	132.8	76.7	11.8	27.4	1,570.3	43.0	14.0

엘지유플러스 (A032640)
LG Uplus

업 종 : 무선통신			시 장 : 거래소		
신용등급 : (Bond) AA (CP) A1			기업규모 : 시가총액 대형주		
홈 페 이 지 : www.uplus.co.kr			연 락 처 : 02)3773-1114		
본 사 : 서울시 용산구 한강대로 32 LG유플러스 용산사옥					

설 립 일	1997.07.11	종 업 원 수	8,770명	대 표 이 사	권영수
상 장 일	2008.04.21	감사의견 적정 (안진)		계 열	
결 산 기	12월	보 통 주	43,661만주	종속회사수	6개사
액 면 가	5,000원	우 선 주		구 상 호	

주주구성 (지분율,%)		출자관계 (지분율,%)		주요경쟁사 (외형,%)	
엘지	36.1	씨에스원파트너	100.0	LG유플러스	100
국민연금공단	7.5	아인텔러서비스	100.0	SK텔레콤	149
(외국인)	45.9	위드유	100.0	KT	199

매출구성		비용구성		수출비중	
통신 및 관련 서비스	78.8	매출원가율	0.0	수출	—
단말기 판매	21.2	판관비율	93.5	내수	—

회사 개요
2010년 1월 LG데이콤과 LG파워콤과의 합병을 완료하며, 이동통신서비스와 함께 TPS서비스, 전화서비스 및 데이터서비스를 영위하고 있는 LG그룹 계열사. 스마트폰 시장의 확대에 따른 데이터중심 시장으로의 전환에 맞춰 2012년 1분기 LTE 전국망 커버리지 완성을 통한 네트워크 선점 효과를 누리며, 2017년 6월말 기준으로 이동통신부문에서 시장점유율 약 20.5%를 기록하고 있음.

실적 분석
동사의 2017년 연결기준 상반기 매출액은 5조8916.4억원으로 전년 동기 대비 5.4% 증가함. 매출이 늘어나면서 판매비와 관리비 또한 증가했지만 매출 성장률이 이를 상회해 영업이익은 17.1% 성장한 4108.3억원을 기록함. 비영업손실이 지속됐지만 금융 부문에서 적자폭이 줄어들며 당기순이익은 전년 동기 대비 11.6% 증가한 2687.9억원을 기록함.

현금 흐름
〈단위 : 억원〉

항목	2016	2017.2Q
영업활동	22,248	12,543
투자활동	-14,923	-7,345
재무활동	-7,073	-2,835
순현금흐름	251	2,363
기말현금	3,173	5,536

시장 대비 수익률

결산 실적
〈단위 : 억원〉

항목	2012	2013	2014	2015	2016	2017
매출액	109,046	114,503	109,998	107,952	114,510	—
영업이익	1,268	5,421	5,763	6,323	7,465	—
당기순이익	-596	2,795	2,277	3,512	4,927	—

분기 실적
〈단위 : 억원〉

항목	2016.1Q	2016.2Q	2016.3Q	2016.4Q	2017.1Q	2017.2Q
매출액	27,128	28,791	27,370	31,221	28,820	30,097
영업이익	1,706	1,801	2,114	1,844	2,028	2,080
당기순이익	1,101	1,308	1,339	1,180	1,325	1,362

재무 상태
〈단위 : 억원〉

항목	2012	2013	2014	2015	2016	2017.2Q
총자산	110,887	117,750	120,127	119,510	119,891	118,836
유형자산	60,788	63,927	72,544	72,238	69,496	66,301
무형자산	8,908	12,586	11,165	9,666	11,922	10,755
유가증권	846	814	741	365	327	360
총부채	73,402	77,524	78,348	75,026	71,628	69,424
총차입금	42,975	45,400	53,734	45,752	39,792	38,495
자본금	25,740	25,740	25,740	25,740	25,740	25,740
총자본	37,485	40,226	41,778	44,484	48,263	49,412
지배주주지분	37,468	40,209	41,771	44,480	48,261	49,410

기업가치 지표

항목	2012	2013	2014	2015	2016	2017.2Q
주가(최고/저)(천원)	7.3/4.7	12.7/7.0	12.0/8.3	12.2/8.6	12.2/8.7	—/—
PER(최고/저)(배)	—/—	21.5/11.8	24.6/17.0	16.0/11.3	11.1/7.9	—/—
PBR(최고/저)(배)	0.9/0.6	1.5/0.8	1.3/0.9	1.3/0.9	1.1/0.8	1.5/1.0
EV/EBITDA(배)	4.8	4.7	4.8	3.9	3.6	
EPS(원)	-122	640	523	805	1,129	616
BPS(원)	8,582	9,209	9,567	10,187	11,054	11,317
CFPS(원)	2,729	3,651	3,971	4,490	4,916	2,553
DPS(원)	—	150	150	250	350	
EBITDAPS(원)	3,111	4,253	4,768	5,133	5,497	2,878

재무 비율
〈단위 : % 〉

연도	영업이익률	순이익률	부채비율	차입금비율	ROA	ROE	유보율	자기자본비율	EBITDA마진율
2016	6.5	4.3	148.4	82.5	4.1	10.6	87.5	40.3	21.0
2015	5.9	3.3	168.7	102.9	2.9	8.2	72.8	37.2	20.8
2014	5.2	2.1	187.5	128.6	1.9	5.6	62.3	34.8	18.9
2013	4.7	2.4	192.7	112.9	2.4	7.2	56.2	34.2	16.2

엘지이노텍 (A011070)
LG Innotek

업　　　종 : 전자 장비 및 기기
신용 등 급 : (Bond) AA-　　(CP) A1
홈 페 이 지 : www.lginnotek.com
본　　　사 : 서울시 중구 후암로 98

시　　　장 : 거래소
기업규모 : 시가총액 대형주
연 락 처 : 02)3777-1114

설 립 일	1976.02.24	종 업 원 수	8,689명	대 표 이 사	박종석
상 장 일	2008.07.24	감사의견	적정 (삼일)	계	열
결 산 기	12월	보 통 주	2,367만주	종속회사수	11개사
액 면 가	5,000원	우 선 주		구 상 호	

주주구성 (지분율,%)		출자관계 (지분율,%)		주요경쟁사 (외형,%)	
엘지전자	40.8	이노위드	100.0	LG이노텍	100
국민연금공단	10.1	LG이노텍얼라이즈펀드	99.0	삼성SDI	90
(외국인)	29.2	ExploitationofNextGenerationCo.,Ltd	14.9	삼성전기	105

매출구성		비용구성		수출비중	
Camera Module, Actuator 등	49.5	매출원가율	88.7	수출	86.0
모터/센서, 차량통신, 차량용카메라 등	19.7	판관비율	9.5	내수	14.0
Photomask, Tape Substrate, HDITouch Window 등	18.9				

회사 개요
동사는 디스플레이 제품군(LED BLU, Power 모듈 등), 모바일 제품군(카메라 모듈, PCB, Package), Automotive 제품군(모터 및 센서, LED 조명)을 생산 판매하고 LG전자, LG 디스플레이, 애플 등이 주요 거래선임. 애플 비중이 상승함에 따라 애플 신규 스마트폰의 실적과 동사의 실적 상관관계가 높음. LED는 비용구조 효율화로 향후 수익성은 개선될 전망임. 카메라 모듈은 신규 고객 확보 노력 중임.

실적 분석
동사의 2017년 2분기 매출액은 2조 9,843 억원으로 전년 동기 대비 28.9% 증가함. 광학솔루션 부문의 가격 상승과 매출 호조로 매출총이익은 전년 동기 대비 60%증가한 3,763억원을 시현함. 영업이익은 전년 동기 대비 흑자전환한 993.6억원을 시현함. 2017 년부터 스마트폰 듀얼 카메라 채택률 확대, 차 량 부품 고성장이 이루어질 것으로 예상되어 충분한 실적 개선이 기대되며, 중화권으로의 지속적인 수요 확대 또한 기대됨.

현금 흐름 〈단위 : 억원〉

항목	2016	2017.2Q
영업활동	3,318	3,613
투자활동	-3,559	-4,045
재무활동	65	1,618
순현금흐름	-190	1,151
기말현금	3,413	4,564

시장 대비 수익률

결산 실적 〈단위 : 억원〉

항목	2012	2013	2014	2015	2016	2017
매출액	53,160	62,115	64,661	61,381	57,546	—
영업이익	773	1,362	3,140	2,237	1,048	—
당기순이익	-249	155	1,127	951	50	—

분기 실적 〈단위 : 억원〉

항목	2016.1Q	2016.2Q	2016.3Q	2016.4Q	2017.1Q	2017.2Q
매출액	11,950	11,205	13,845	20,546	16,447	13,396
영업이익	4	-340	206	1,178	668	325
당기순이익	-121	-319	-380	870	366	170

재무 상태 〈단위 : 억원〉

항목	2012	2013	2014	2015	2016	2017.2Q
총자산	48,863	45,813	44,288	39,143	43,237	42,457
유형자산	23,747	21,049	18,976	16,473	17,294	18,558
무형자산	1,449	1,678	1,810	2,070	2,271	2,611
유가증권	63	39	38	45	24	24
총부채	36,180	32,644	27,323	21,493	25,452	24,301
총차입금	21,677	21,603	14,603	10,643	10,813	12,509
자본금	1,009	1,009	1,183	1,183	1,183	1,183
총자본	12,683	13,169	16,965	17,651	17,785	18,156
지배주주지분	12,683	13,169	16,965	17,651	17,785	18,156

기업가치 지표

항목	2012	2013	2014	2015	2016	2017.2Q
주가(최고/저)(천원)	106/67.4	105/69.4	149/81.5	116/78.5	97.2/70.8	—/—
PER(최고/저)(배)	—/—	136.9/90.9	31.5/17.3	29.1/19.7	465.9/339.3	—/—
PBR(최고/저)(배)	1.7/1.1	1.6/1.1	2.1/1.2	1.6/1.1	1.3/0.9	2.3/1.1
EV/EBITDA(배)	6.3	5.2	4.4	4.3	6.2	—/—
EPS(원)	-1,237	770	4,761	4,018	209	2,265
BPS(원)	62,892	65,303	71,695	74,592	75,159	76,726
CFPS(원)	22,140	27,012	27,348	24,398	15,032	8,949
DPS(원)			250	350	250	
EBITDAPS(원)	27,210	32,991	35,853	29,831	19,252	10,882

재무 비율 〈단위 : % 〉

연도	영업이익률	순이익률	부채비율	차입금비율	ROA	ROE	유보율	자기자본비율	EBITDA마진율
2016	1.8	0.1	143.1	60.8	0.1	0.3	1,403.2	41.1	7.9
2015	3.6	1.6	121.8	60.3	2.3	5.5	1,391.8	45.1	11.5
2014	4.9	1.7	161.1	86.1	2.5	7.5	1,333.9	38.3	13.1
2013	2.2	0.3	247.9	164.0	0.3	1.2	1,206.1	28.8	10.7

엘지전자 (A066570)
LG Electronics

업　　　종 : 내구소비재
신용 등 급 : (Bond) AA　　(CP) —
홈 페 이 지 : www.lge.co.kr
본　　　사 : 서울시 영등포구 여의대로 128 LG트윈타워

시　　　장 : 거래소
기업규모 : 시가총액 대형주
연 락 처 : 02)3777-1114

설 립 일	2002.04.01	종 업 원 수	37,554명	대 표 이 사	조성진,정도현
상 장 일	2002.04.22	감사의견	적정 (삼일)	계	열
결 산 기	12월	보 통 주	16,365만주	종속회사수	122개사
액 면 가	5,000원	우 선 주	1,719만주	구 상 호	

주주구성 (지분율,%)		출자관계 (지분율,%)		주요경쟁사 (외형,%)	
엘지	33.7	하이프라자	100.0	LG전자	100
국민연금공단	7.5	하이엔텍	100.0	삼성전자	365
(외국인)	30.1	하이엠솔루텍	100.0	LG디스플레이	48

매출구성		비용구성		수출비중	
LCD TV, OLED TV,LCD 모니터 등	31.5	매출원가율	75.2	수출	69.0
냉장고, 세탁기,에어컨 등	31.1	판관비율	22.4	내수	31.0
이동단말 등	21.2				

회사 개요
2002년 LG전자의 전자와 정보통신부문을 인 적분할하여 설립됨. 주요 사업부문은 TV와 PC 등을 생산하는 홈엔터테인먼트, 이동단말 등을 생산하는 모바일 커뮤니케이션즈, 세탁 기, 냉장고, 에어컨 등 주요 생활가전제품을 생산하는 홈 어플라이언스&에어 솔루션, 자 동차부품 등을 생산하는 비히클 컴포넌츠, 기 판소재, LED, Display 등을 생산하는 엘지이 노텍 등 5개로 구성되어 있음. 종속기업은 122개이며, 관계기업 및 공동기업은 12개임.

실적 분석
VC사업부의 지속적인 성장과 H&A사업부의 선방으로 2017년 상반기 매출액은 전년동기 대비 6.7% 증가함. MC사업부의 손실 축소 와 생활가전 부문의 시장선도 제품 개발, TV 부문의 프리미엄 제품 판매를 통해 영업이익 도 45.5% 늘어남. 대규모 지분법평가이익이 발생하여 당기순이익도 큰 폭으로 증가함. 미 국 미시간주에 전기차 부품공장을 설립할 계 획이며, 세계 최대 자동차용 조명 부품 업체인 ZKW 인수를 추진하고 있음.

현금 흐름 〈단위 : 억원〉

항목	2016	2017.2Q
영업활동	31,580	17,313
투자활동	-23,907	-13,483
재무활동	-2,788	2,373
순현금흐름	3,050	5,892
기말현금	30,151	36,044

시장 대비 수익률

결산 실적 〈단위 : 억원〉

항목	2012	2013	2014	2015	2016	2017
매출액	551,226	567,723	590,408	565,090	553,670	—
영업이익	12,167	12,490	18,286	11,923	13,378	—
당기순이익	1,028	2,227	5,014	2,491	1,263	—

분기 실적 〈단위 : 억원〉

항목	2016.1Q	2016.2Q	2016.3Q	2016.4Q	2017.1Q	2017.2Q
매출액	133,621	140,029	132,242	147,778	146,572	145,514
영업이익	5,052	5,846	2,832	-352	9,215	6,641
당기순이익	1,981	2,685	-815	-2,587	8,357	5,149

재무 상태 〈단위 : 억원〉

항목	2012	2013	2014	2015	2016	2017.2Q
총자산	347,661	355,281	370,684	363,139	378,553	393,424
유형자산	98,892	103,420	105,969	104,603	112,224	111,741
무형자산	12,223	13,637	13,943	14,733	15,711	17,036
유가증권	1,131	557	515	570	501	491
총부채	220,603	228,387	240,773	233,304	244,985	249,343
총차입금	86,553	92,326	90,715	89,110	87,534	90,240
자본금	9,042	9,042	9,042	9,042	9,042	9,042
총자본	127,057	126,894	129,911	129,835	133,567	144,081
지배주주지분	117,991	117,392	117,194	116,266	119,871	130,177

기업가치 지표

항목	2012	2013	2014	2015	2016	2017.2Q
주가(최고/저)(천원)	90.8/54.6	88.2/63.1	77.5/57.1	63.3/39.2	64.4/44.6	—/—
PER(최고/저)(배)	182.6/109.8	92.5/66.2	35.9/26.4	93.5/57.9	152.7/105.6	—/—
PBR(최고/저)(배)	1.4/0.9	1.4/1.0	1.2/0.9	1.0/0.6	1.0/0.7	1.2/0.7
EV/EBITDA(배)	6.6	6.0	4.8	5.3	5.1	—/—
EPS(원)	511	978	2,208	688	425	7,149
BPS(원)	65,497	65,165	65,056	64,542	66,536	72,235
CFPS(원)	10,366	11,640	12,943	11,376	10,064	11,899
DPS(원)	200	200	400	400	400	
EBITDAPS(원)	16,584	17,570	20,846	17,281	17,036	13,518

재무 비율 〈단위 : % 〉

연도	영업이익률	순이익률	부채비율	차입금비율	ROA	ROE	유보율	자기자본비율	EBITDA마진율
2016	2.4	0.2	183.4	65.5	0.3	0.7	1,230.7	35.3	5.6
2015	2.1	0.4	179.7	68.6	0.7	1.1	1,190.9	35.8	5.5
2014	3.1	0.9	185.3	69.8	1.4	3.4	1,201.1	35.1	6.4
2013	2.2	0.4	180.0	72.8	0.6	1.5	1,203.3	35.7	5.6

엘지하우시스 (A108670)
LG Hausys

업 종 : 건축자재		시 장 : 거래소	
신용등급 : (Bond) AA- (CP) A1		기업규모 : 시가총액 중형주	
홈페이지 : www.lghausys.co.kr		연 락 처 : 02)3777-1114	
본 사 : 서울시 영등포구 국제금융로 10 국제금융센터(One IFC)			

설 립 일	2009.04.02	종 업 원 수	3,012명	대 표 이 사	오장수
상 장 일	2009.04.20	감사의견	적정 (삼일)	계 열	
결 산 기	12월	보 통 주	897만주	종속회사수	10개사
액 면 가	5,000원	우 선 주	103만주	구 상 호	

주주구성 (지분율,%)		출자관계 (지분율,%)		주요경쟁사 (외형,%)	
엘지	33.5	하우시스이엔지	100.0	LG하우시스	100
국민연금공단	14.6	엘지토스템비엠	50.0	KCC	119
(외국인)	16.4	모젤디앤에스	13.0	벽산	15

매출구성		비용구성		수출비중	
플라스틱/알루미늄 창,인조대리석 등	64.0	매출원가율	72.8	수출	32.0
고광택시트, 데코시트,자동차 부품 및 원단 등	31.5	판관비율	21.8	내수	68.0
공통부문	4.5				

회사 개요
동사는 주요제품은 창호, 바닥재, 인조대리석 등의 건축자재와 자동차부품/원단, 인테리어 및 IT 가전용 필름 등의 고기능소재/부품 등이 있음. 플라스틱 등의 원료를 압출, 사출, Calendaring, Casting 등을 통해 소재로 가공하고, 이후 인쇄, 코팅, 엠보, 발포 등 2차 가공을 거쳐 제품을 제조/판매하는 사업으로 소비자의 소득수준과 건설, 자동차 등 전방산업의 경기 상황에 영향을 많이 받는 특징이 있음.

실적 분석
동사의 연결 기준 2017년 2분기 누적 매출액은 1조 5,731.3억원으로 전년동기 대비 11.9% 상승함. 고기능소재/부품 부문 매출이 감소했음에도 불구하고 건축자재 부문 매출이 총매출 성장을 이끌었음. 건축자재 부문의 가장 큰 우려 요인이었던 원재료 가격 상승에 따른 마진 훼손도 일단락됐음. 영업이익은 자동차 및 가전필름 사업부 부진 등으로 전년동기 대비 감소함.

현금 흐름 〈단위 : 억원〉
항목	2016	2017.2Q
영업활동	1,522	919
투자활동	-891	-2,437
재무활동	-1,405	2,036
순현금흐름	-762	511
기말현금	1,043	1,554

시장 대비 수익률

결산 실적 〈단위 : 억원〉
항목	2012	2013	2014	2015	2016	2017
매출액	24,511	26,770	27,921	26,870	29,283	
영업이익	566	1,146	1,485	1,553	1,570	
당기순이익	285	723	636	712	747	

분기 실적 〈단위 : 억원〉
항목	2016.1Q	2016.2Q	2016.3Q	2016.4Q	2017.1Q	2017.2Q
매출액	6,612	7,448	7,198	8,026	7,477	8,254
영업이익	424	522	362	262	341	457
당기순이익	219	315	91	123	128	325

재무 상태 〈단위 : 억원〉
항목	2012	2013	2014	2015	2016	2017.2Q
총자산	17,780	19,521	20,571	22,518	22,859	25,827
유형자산	7,746	8,698	9,925	11,105	11,134	11,353
무형자산	325	337	385	408	423	431
유가증권	34	46	29	31	43	46
총부채	10,515	11,691	12,270	13,742	13,485	16,205
총차입금	6,095	6,372	7,212	9,465	8,347	10,422
자본금	500	500	500	500	500	500
총자본	7,265	7,829	8,301	8,776	9,374	9,622
지배주주지분	7,210	7,784	8,264	8,745	9,374	9,622

기업가치 지표
항목	2012	2013	2014	2015	2016	2017.2Q
주가(최고/저)(천원)	83.0/54.0	136/66.0	212/136	189/127	147/86.3	—/—
PER(최고/저)(배)	30.6/20.0	19.7/9.5	34.4/22.0	27.1/18.2	20.0/11.7	1.2/1.0
PBR(최고/저)(배)	1.2/0.8	1.9/0.9	2.7/1.7	2.2/1.5	1.6/0.9	
EV/EBITDA(배)	8.2	8.8	8.6	8.2	5.9	—/—
EPS(원)	2,898	7,324	6,448	7,178	7,514	4,529
BPS(원)	72,300	78,036	82,837	87,652	93,936	96,424
CFPS(원)	11,241	16,415	16,241	18,099	19,409	10,585
DPS(원)	1,000	1,800	1,800	1,800	1,800	
EBITDAPS(원)	14,007	20,550	24,647	26,455	27,594	14,038

재무 비율 〈단위 : % 〉
연도	영업이익률	순이익률	부채비율	차입금비율	ROA	ROE	유보율	자기자본비율	EBITDA마진율
2016	5.4	2.6	143.9	89.1	3.3	8.3	1,778.7	41.0	9.4
2015	5.8	2.7	156.6	107.9	3.3	8.4	1,653.0	39.0	9.9
2014	5.3	2.3	147.8	86.9	3.2	8.0	1,556.8	40.4	8.8
2013	4.3	2.7	149.3	81.4	3.9	9.8	1,460.7	40.1	7.7

엘지화학 (A051910)
LG Chem

업 종 : 화학		시 장 : 거래소	
신용등급 : (Bond) AA+ (CP) —		기업규모 : 시가총액 대형주	
홈페이지 : www.lgchem.com		연 락 처 : 02)3777-1114	
본 사 : 서울시 영등포구 여의대로 128, LG트윈타워빌딩			

설 립 일	2001.04.01	종 업 원 수	16,750명	대 표 이 사	박진수
상 장 일	2001.04.25	감사의견	적정 (삼일)	계 열	
결 산 기	12월	보 통 주	7,059만주	종속회사수	39개사
액 면 가	5,000원	우 선 주	769만주	구 상 호	

주주구성 (지분율,%)		출자관계 (지분율,%)		주요경쟁사 (외형,%)	
엘지	33.3	팜한농	100.0	LG화학	100
국민연금공단	8.2	행복누리	100.0	한화케미칼	45
(외국인)	37.4	사랑누리	100.0	금호석유	19

매출구성		비용구성		수출비중	
ABS, PC, EP, PE 등 (상품및제품)	69.1	매출원가율	80.3	수출	57.0
Mobile전지, 자동차전지, 전력저장전지 등	17.2	판관비율	10.0	내수	43.0
편광판 등 (상품및제품)	12.1				

회사 개요
동사는 석유화학, 정보전자소재, 전지부문의 사업을 영위하고 있음. 석유화학에선 에틸렌, 프로필렌, 부타디엔, 벤젠 등의 제품을 생산하고 이를 원료로 합성수지, 합성고무, 합성원료 등을 생산, 정보전자소재로는 편광판, 3D FPR, 감광재, 회로소재, OLED물질 등의 디스플레이 소재를 생산함. 전지부문에선 휴대폰, 노트북, 전기차 등에 쓰이는 이차전지를 만들어 현대기아차, GM, 르노, 포드, 볼보 등에 공급함.

실적 분석
동사의 2017년 상반기 매출액은 12조 8,687.3억원으로 전년 대비 27.5% 증가함. 영업이익은 1조 5,237.8억원으로 42.4% 늘었고, 당기순이익도 전년보다 59.5% 증가한 1조 1,384.2억원을 기록함. 기초소재는 PE 중심의 화학 제품 스프레드 반등, 긍정적 환율 효과, 유가 반등의 영향으로 실적 개선세를 보임. 정보전자소재부문은 편광판 단가 하락됨에도 불구하고 소폭 흑자를 시현했으며, 전지사업부문은 소폭 적자를 유지함.

현금 흐름 〈단위 : 억원〉
항목	2016	2017.2Q
영업활동	25,167	11,789
투자활동	-17,368	-3,811
재무활동	-10,073	-5,326
순현금흐름	-2,306	2,556
기말현금	14,744	17,299

시장 대비 수익률

결산 실적 〈단위 : 억원〉
항목	2012	2013	2014	2015	2016	2017
매출액	232,630	231,436	225,778	202,066	206,593	—
영업이익	19,103	17,430	13,108	18,236	19,919	—
당기순이익	15,063	12,706	8,540	11,485	12,810	—

분기 실적 〈단위 : 억원〉
항목	2016.1Q	2016.2Q	2016.3Q	2016.4Q	2017.1Q	2017.2Q
매출액	48,741	52,192	50,543	55,117	64,867	63,821
영업이익	4,577	6,125	4,600	4,617	7,969	7,269
당기순이익	3,381	3,755	2,974	2,700	5,481	5,903

재무 상태 〈단위 : 억원〉
항목	2012	2013	2014	2015	2016	2017.2Q
총자산	165,812	174,465	181,276	185,787	204,871	226,711
유형자산	83,482	85,596	86,995	88,672	96,801	101,571
무형자산	2,339	2,631	5,250	5,019	8,321	17,973
유가증권	218	60	62	153	234	261
총부채	58,158	57,208	58,618	54,752	64,361	71,365
총차입금	29,471	30,105	29,336	26,587	28,906	33,233
자본금	3,695	3,695	3,695	3,695	3,695	3,914
총자본	107,654	117,257	122,659	131,035	140,510	155,346
지배주주지분	106,293	115,969	121,399	129,915	139,374	154,131

기업가치 지표
항목	2012	2013	2014	2015	2016	2017.2Q
주가(최고/저)(천원)	401/245	320/218	281/165	329/159	335/215	—/—
PER(최고/저)(배)	21.5/13.1	20.0/13.6	25.3/14.8	21.8/10.5	19.7/12.7	1.5/1.3
PBR(최고/저)(배)	3.0/1.8	2.2/1.5	1.8/1.1	1.9/0.9	1.8/1.2	
EV/EBITDA(배)	8.8	8.0	7.2	6.0	5.7	—/—
EPS(원)	20,223	17,131	11,745	15,602	17,336	14,166
BPS(원)	144,043	157,137	164,485	176,007	188,807	201,428
CFPS(원)	32,044	31,275	27,309	32,599	35,424	23,149
DPS(원)	4,000	4,000	4,000	4,500	5,000	
EBITDAPS(원)	37,671	37,730	33,302	41,673	45,042	28,455

재무 비율 〈단위 : % 〉
연도	영업이익률	순이익률	부채비율	차입금비율	ROA	ROE	유보율	자기자본비율	EBITDA마진율
2016	9.6	6.2	45.8	20.6	6.6	9.5	3,676.1	68.6	16.1
2015	9.0	5.7	41.8	20.3	6.3	9.2	3,420.2	70.5	15.2
2014	5.8	3.8	47.8	23.9	4.8	7.3	3,189.7	67.7	10.9
2013	7.5	5.5	48.8	25.7	7.5	11.4	3,042.7	67.2	12.1

엘컴텍 (A037950)
Elcomtec

업 종 : 휴대폰 및 관련부품		시 장 : KOSDAQ	
신용등급 : (Bond) ㅡ (CP) ㅡ		기업규모 : 우량	
홈 페 이 지 : www.elcomtec.co.kr		연 락 처 : 031)372-6740	
본 사 : 경기도 평택시 진위면 동부대로 231			

설 립 일 1991.09.13	종 업 원 수 72명	대 표 이 사 김영민	
상 장 일 2000.08.12	감 사 의 견 적정 (삼덕)	계 열	
결 산 기 12월	보 통 주 8,445만주	종속회사수 4개사	
액 면 가 500원	우 선 주	구 상 호 한성엘컴텍	

주주구성 (지분율,%)		출자관계 (지분율,%)		주요경쟁사 (외형,%)	
파트론	57.6	천진한성엘컴텍광전자유한공사	100.0	엘컴텍	100
파트론정밀	6.1	한성엘컴텍 (천진)	100.0	블루콤	364
(외국인)	0.5	TIANJINMICROPTICSCO.,LTD	100.0	나무가	446

매출구성		비용구성		수출비중	
휴대폰부품	84.8	매출원가율	76.2	수출	91.0
기타	15.2	판관비율	13.3	내수	9.0

회사 개요

동사는 현재 핸드폰 키패드와 카메라 모듈을 주 제품으로 생산하는 핸드폰부품 사업자와 LED조명을 제품으로 하는 LED조명사업 그리고 몽골 현지에 설립한 종속회사에서 3개의 광구로부터 금, 구리, 아연 등을 채취하는 임가공사업을 영위중임. 주요 사업분야의 매출 비중은 2016년 1분기 기준 휴대폰부품 분야가 약 80.0%, 기타 사업부문이 20.0%를 구성하고 있음. 2013년 9월 휴대폰 부품 업체로 파트론에 피인수됨.

실적 분석

동사의 2017년 2분기 누적 연결기준 매출액은 전년대비 36.2% 급감한 247.3억원을 시현함. 매출액 감소는 주로 휴대폰용 카메라모듈 사업의 부진에 기인함. 매출액 감소에 따른 고정비 부담이 원가율 상승으로 이어져 영업이익과 당기순이익은 각각 19.3억원, 32.4억원을 시현하며 전년대비 대폭 감소함. 동사는 종속회사인 AGM MINING을 통하여 몽골에서 3개의 탐사권을 갖고 자원개발사업을 진행하고 있음.

현금 흐름 〈단위 : 억원〉

항목	2016	2017.2Q
영업활동	152	14
투자활동	-70	11
재무활동	-83	-56
순현금흐름	-1	-34
기말현금	75	42

시장 대비 수익률

결산 실적 〈단위 : 억원〉

항목	2012	2013	2014	2015	2016	2017
매출액	1,150	189	325	623	656	ㅡ
영업이익	-275	-101	19	62	69	ㅡ
당기순이익	-813	-18	10	93	59	ㅡ

분기 실적 〈단위 : 억원〉

항목	2016.1Q	2016.2Q	2016.3Q	2016.4Q	2017.1Q	2017.2Q
매출액	199	189	150	118	120	127
영업이익	29	27	7	6	8	11
당기순이익	29	19	5	6	5	28

재무 상태 〈단위 : 억원〉

항목	2012	2013	2014	2015	2016	2017.2Q
총자산	1,087	828	853	938	901	853
유형자산	657	578	384	386	362	325
무형자산	48	44	4	67	90	96
유가증권	1	0	1	5	39	63
총부채	1,404	372	356	237	125	89
총차입금	1,009	253	222	160	42	58
자본금	130	322	388	413	422	422
총자본	-317	456	496	701	776	764
지배주주지분	-317	460	499	675	750	741

기업가치 지표

항목	2012	2013	2014	2015	2016	2017.2Q
주가(최고/저)(천원)	74.7/6.9	19.4/4.8	6.2/0.7	2.5/1.3	3.9/1.6	ㅡ/ㅡ
PER(최고/저)(배)	ㅡ/ㅡ	ㅡ/ㅡ	382.5/42.1	21.7/11.4	49.3/20.0	ㅡ/ㅡ
PBR(최고/저)(배)	-1.4/-0.1	27.8/6.9	9.9/1.1	3.1/1.6	4.4/1.8	3.2/2.7
EV/EBITDA(배)		33.3	16.4	19.0		
EPS(원)	-148,773	-88	17	116	80	41
BPS(원)	-1,218	714	643	817	890	879
CFPS(원)	-2,957	145	47	148	117	41
DPS(원)	ㅡ	ㅡ	ㅡ	ㅡ	50	ㅡ
EBITDAPS(원)	-810	-287	58	107	120	23

재무 비율 〈단위 : %〉

연도	영업이익률	순이익률	부채비율	차입금비율	ROA	ROE	유보율	자기자본비율	EBITDA마진율
2016	10.5	9.0	16.2	5.5	6.4	9.4	78.0	86.1	15.2
2015	9.9	15.0	33.8	22.8	10.4	16.2	63.4	74.8	14.1
2014	5.8	3.0	71.7	44.7	1.2	2.4	28.7	58.2	12.2
2013	-53.3	-9.6	81.4	55.6	-1.9	전기잠식	42.8	55.1	-29.4

엘티씨 (A170920)
LTC

업 종 : 반도체 및 관련장비		시 장 : KOSDAQ	
신용등급 : (Bond) ㅡ (CP) ㅡ		기업규모 : 우량	
홈 페 이 지 : www.l-tech.co.kr		연 락 처 : 031)383-6525	
본 사 : 경기도 안양시 동안구 평촌대로 212번길 55, 대고빌딩 6층			

설 립 일 2007.11.23	종 업 원 수 129명	대 표 이 사 최호성	
상 장 일 2013.10.08	감 사 의 견 적정 (대주)	계 열	
결 산 기 12월	보 통 주 752만주	종속회사수 4개사	
액 면 가 500원	우 선 주	구 상 호	

주주구성 (지분율,%)		출자관계 (지분율,%)		주요경쟁사 (외형,%)	
최호성	35.6	엠머티리얼즈	76.0	엘티씨	100
SK종합화학	9.2	엘티씨에이엠	67.1	오디텍	78
(외국인)	0.4	비엠씨	10.0	원팩	49

매출구성		비용구성		수출비중	
박리액(LCD용,반도체용)	88.2	매출원가율	79.1	수출	93.0
제품 기타	8.2	판관비율	23.1	내수	7.0
상품	3.2				

회사 개요

동사는 2007년 화학제품의 수입, 제조, 가공 및 판매업을 주요사업 목적으로 설립되었으며, 현재 디스플레이나 반도체 제조 공정에 사용되는 공정소재(Process Chemical) 중 하나인 박리액 개발 및 제조를 주력사업으로 진행하고 있음. 중국의 8세대 설비투자에 따라 전 세계적으로 박리액 수요가 확대될 것으로 기대되며 내 패널사의 중국 공장 증설도 진행 중으로 향후 박리액 수요 확대가 예상됨.

실적 분석

동사의 2017년 2분기 연결기준 누적 매출액은 314.9억원으로 13.6% 감소하였지만 매출원가과 판관비가 크게 감소하면서 영업이익 및 당기순이익은 흑자전환에 성공함. 최근 스마트폰 개발 및 스마트TV를 비롯한 IT기기에 반도체 채택이 증가하고 있음. 또한, 국내 뿐만 아니라 중국 정부 및 업계에서도 반도체 및 디스플레이 산업에 대한 투자 확대를 준비 함에 따라 해당 산업도 크게 성장할 것으로 예상됨.

현금 흐름 〈단위 : 억원〉

항목	2016	2017.2Q
영업활동	-11	45
투자활동	-234	-167
재무활동	254	8
순현금흐름	11	-114
기말현금	234	120

시장 대비 수익률

결산 실적 〈단위 : 억원〉

항목	2012	2013	2014	2015	2016	2017
매출액	929	988	831	764	710	ㅡ
영업이익	115	195	104	80	-15	ㅡ
당기순이익	90	172	96	65	-19	ㅡ

분기 실적 〈단위 : 억원〉

항목	2016.1Q	2016.2Q	2016.3Q	2016.4Q	2017.1Q	2017.2Q
매출액	207	158	173	171	158	157
영업이익	-12	-23	13	7	3	3
당기순이익	-12	-25	5	13	1	3

재무 상태 〈단위 : 억원〉

항목	2012	2013	2014	2015	2016	2017.2Q
총자산	441	811	893	1,235	1,446	1,455
유형자산	187	187	258	545	700	702
무형자산	11	32	32	165	173	182
유가증권	ㅡ	ㅡ	4	26	22	24
총부채	199	86	95	389	553	572
총차입금	106	5	28	283	469	486
자본금	23	33	34	34	38	38
총자본	242	725	798	846	893	884
지배주주지분	242	725	798	839	884	878

기업가치 지표

항목	2012	2013	2014	2015	2016	2017.2Q
주가(최고/저)(천원)	ㅡ/ㅡ	20.8/17.2	23.2/12.4	17.3/11.5	17.2/9.9	ㅡ/ㅡ
PER(최고/저)(배)	0.0/0.0	7.0/5.8	16.5/8.9	15.8/10.5	ㅡ/ㅡ	ㅡ/ㅡ
PBR(최고/저)(배)	0.0/0.0	2.0/1.6	2.0/1.1	1.4/0.9	1.4/0.8	1.3/0.8
EV/EBITDA(배)		3.7	4.5	7.1	36.8	
EPS(원)	1,807	3,076	1,449	1,116	-108	101
BPS(원)	4,609	11,065	11,980	12,695	12,153	12,076
CFPS(원)	2,181	3,560	1,882	1,783	599	537
DPS(원)		150	150	150	150	ㅡ
EBITDAPS(원)	2,560	3,983	2,004	1,846	487	548

재무 비율 〈단위 : %〉

연도	영업이익률	순이익률	부채비율	차입금비율	ROA	ROE	유보율	자기자본비율	EBITDA마진율
2016	-2.2	-2.6	61.9	52.6	-1.4	-0.9	2,330.7	61.8	4.7
2015	10.5	8.5	45.9	33.4	6.1	9.3	2,439.0	68.5	16.5
2014	12.5	11.5	11.9	3.5	11.2	12.6	2,296.1	89.4	15.9
2013	19.7	17.4	11.9	0.7	27.4	35.5	2,112.9	89.4	22.5

엘피케이 (A183350)
LPK

업 종 : 기계		시 장 : KONEX	
신용등급 : (Bond) — (CP) —		기업규모 : —	
홈페이지 : www.lpkrobo.com		연 락 처 : 032)341-1645	
본 사 : 인천시 계양구 아나지로 402(작전동)			

설 립 일	2004.06.26	종업원수	46명	대표이사	이광
상 장 일	2013.10.11	감사의견	적정 (한영)	계 열	
결 산 기	12월	보 통 주		종속회사수	
액 면 가		우 선 주		구 상 호	

엠게임 (A058630)
MGAME

업 종 : 게임 소프트웨어		시 장 : KOSDAQ	
신용등급 : (Bond) — (CP) —		기업규모 : 벤처	
홈페이지 : www.mgamecorp.com		연 락 처 : 02)523-5854	
본 사 : 서울시 금천구 가산디지털1로 145, 에이스하이엔드타워3차 6층			

설 립 일	1999.12.28	종업원수	118명	대표이사	권이형
상 장 일	2008.12.19	감사의견	적정 (서일)	계 열	
결 산 기	12월	보 통 주	1,954만주	종속회사수	
액 면 가	500원	우 선 주		구 상 호	

주주구성 (지분율,%)

이광	56.8
김영렬	14.6

출자관계 (지분율,%)

코아시스템즈	28.8
프로비전코리아	

주요경쟁사 (외형,%)

엘피케이	100
에이테크솔루션	945
디에스티로봇	186

주주구성 (지분율,%)

손승철	14.1
권이형	1.7
(외국인)	1.9

출자관계 (지분율,%)

브이알테마파크문화산업	100.0
플레이북스	48.0
엠게임스튜디오	29.0

주요경쟁사 (외형,%)

엠게임	100
파티게임즈	103
한빛소프트	101

매출구성

직교좌표로봇(Cartesian Robot)	54.4
리니어로봇(Linear Robot)	22.9
NC가공기	15.5

비용구성

매출원가율	76.7
판관비율	14.5

수출비중

수출	4.0
내수	96.0

매출구성

MMORPG(게임유료아이템)	80.4
웹보드 및 기타(카드/보드 및 기타)	19.6
배너광고	0.0

비용구성

매출원가율	0.0
판관비율	86.2

수출비중

수출	58.0
내수	42.0

회사 개요

동사는 코넥스 상장기업으로 산업용로봇과 NC장비를 제조해 국내 및 해외 시장에 공급하고 있음. LCD, LED, 자동차, 반도체장비, IT(모바일 장비), 기타 전기전자산업 분야 등의 다양한 각 산업의 제조현장에서 부품소재의 입고부터 제조의 전 공정과 출하까지의 공정 내 자동화 작업을 수행하기 위한 로봇을 생산하는 산업임. 로봇산업은 타 분야에 대한 기술적 파급효과가 크며, 특히 최근 자동화의 주요 핵심요소로 대두되고 있어 성장 잠재력이 큼.

실적 분석

2016년 연결기준 동사의 매출액은 242.3억원으로 전년 대비 20.8% 증가했음. 동사는 당기 로봇사업부에서 매출 202.7억원을 기록함. 전체 매출의 83.6%에 해당하는 금액으로 전년도 대비 38.6% 증가함. NCA사업부는 전체 매출의 16%에 해당하는 38.8억원을 시현함. 전년 동기 대비 25.9% 축소됨. 공장 건물 임대 및 시설장치 임대 등으로 발생한 기타 매출은 0.3%임.

회사 개요

1994년 설립, 게임소프트웨어 개발 및 공급을 하고 있으며 전체 매출의 99%가 온라인 게임부문에서 발생하고 있으며 자체게임 포털 '엠게임'을 운영함. 대부분의 매출이 열혈강호, 나이트 등 MMORPG에서 발생. 다수의 수요층이 10~20대의 젊은 층으로 이들의 여가시간 사용에 따른 영향을 받기 때문에 계절적 영향이 존재함. 주요 자회사로 MMORPG 개발사인 케이알지소프트가 있음.

실적 분석

동사의 2017년 2분기 누적 매출액은 웹게임 '열혈강호전'이 중국에서 흥행했던 전년 동기 대비 14.7% 감소한 143.8억원을 기록함. 2분기 누적 영업이익은 전년 동기 대비 37.7% 감소한 21.9억원을 기록함. 당기순이익은 전년 동기 대비 47.7% 감소한 17.1억원을 기록함. 향후 실적 향상을 위해 '열혈강호 온라인'과 '귀혼' 등 자사의 대표 온라인게임 지식재산권(IP)의 활용을 더욱 다각화할 계획임.

현금 흐름 *IFRS 별도 기준 〈단위 : 억원〉

항목	2016	2017.2Q
영업활동	7	—
투자활동	-54	—
재무활동	69	—
순현금흐름	22	—
기말현금	29	—

현금 흐름 *IFRS 별도 기준 〈단위 : 억원〉

항목	2016	2017.2Q
영업활동	14	30
투자활동	-14	-27
재무활동	19	-21
순현금흐름	20	-18
기말현금	70	52

결산 실적 〈단위 : 억원〉

항목	2012	2013	2014	2015	2016	2017
매출액	91	134	153	201	242	
영업이익	11	14	14	17	21	
당기순이익	10	12	10	12	21	

결산 실적 〈단위 : 억원〉

항목	2012	2013	2014	2015	2016	2017
매출액	450	319	307	278	305	
영업이익	4	-146	25	77	42	
당기순이익	-23	-682	-81	14	37	

분기 실적 *IFRS 별도 기준 〈단위 : 억원〉

항목	2016.1Q	2016.2Q	2016.3Q	2016.4Q	2017.1Q	2017.2Q
매출액	—	—	—	—	—	—
영업이익	—	—	—	—	—	—
당기순이익	—	—	—	—	—	—

분기 실적 *IFRS 별도 기준 〈단위 : 억원〉

항목	2016.1Q	2016.2Q	2016.3Q	2016.4Q	2017.1Q	2017.2Q
매출액	78	91	67	70	66	78
영업이익	22	14	1	6	10	12
당기순이익	19	14	11	-6	9	8

재무 상태 *IFRS 별도 기준 〈단위 : 억원〉

항목	2012	2013	2014	2015	2016	2017.2Q
총자산	79	148	171	205	336	
유형자산	2	68	69	88	115	
무형자산	4	8	10	16	22	
유가증권	—	3			—	
총부채	40	82	97	118	231	
총차입금	13	56	56	67	140	
자본금	5	5	9	19	19	
총자본	39	67	74	87	105	
지배주주지분	39	67	74	87	105	

재무 상태 *IFRS 별도 기준 〈단위 : 억원〉

항목	2012	2013	2014	2015	2016	2017.2Q
총자산	1,194	631	405	367	391	404
유형자산	129	116	86	82	105	109
무형자산	230	132	105	111	70	65
유가증권	14	11	2	2	20	26
총부채	465	463	229	143	119	112
총차입금	357	356	145	67	77	57
자본금	58	72	89	96	96	96
총자본	728	168	176	224	271	293
지배주주지분	728	168	176	224	271	293

기업가치 지표 *IFRS 별도 기준

항목	2012	2013	2014	2015	2016	2017.2Q
주가(최고/저)(천원)	—/—	6.2/4.9	6.4/5.6	13.3/6.2	16.5/7.5	—/—
PER(최고/저)(배)	0.0/0.0	12.0/9.7	23.3/20.3	42.0/19.6	29.9/13.5	0.0/0.0
PBR(최고/저)(배)	0.0/0.0	3.5/2.8	3.3/2.9	5.7/2.7	5.9/2.7	0.0/0.0
EV/EBITDA(배)		15.2	15.5	23.9	20.6	
EPS(원)	642	521	279	319	555	
BPS(원)	43,554	3,594	1,979	2,338	2,829	
CFPS(원)	14,611	1,223	380	448	703	
DPS(원)		70	50	50	50	
EBITDAPS(원)	15,602	1,389	472	587	723	

기업가치 지표 *IFRS 별도 기준

항목	2012	2013	2014	2015	2016	2017.2Q
주가(최고/저)(천원)	6.8/4.2	5.8/2.3	6.8/2.4	8.4/4.6	6.9/4.5	—/—
PER(최고/저)(배)				109.8/60.1	35.0/22.9	—/—
PBR(최고/저)(배)	1.1/0.7	4.4/1.8	6.1/2.2	6.5/3.6	4.8/3.2	3.7/3.1
EV/EBITDA(배)	9.7		15.4	10.5	15.4	
EPS(원)	-19	-4,698	-537	76	196	90
BPS(원)	6,458	1,321	1,104	1,286	1,421	1,533
CFPS(원)	456	-4,216	-285	171	323	127
DPS(원)						
EBITDAPS(원)	769	-526	416	498	347	152

재무 비율 〈단위 : % 〉

연도	영업이익률	순이익률	부채비율	차입금비율	ROA	ROE	유보율	자기자본비율	EBITDA마진율
2016	8.8	8.5	219.3	133.2	7.6	21.5	465.9	31.3	11.1
2015	8.5	5.9	135.9	77.1	6.3	14.8	367.6	42.4	10.9
2014	9.0	6.8	132.1	75.5			295.9	43.1	11.5
2013	10.5	9.0	121.9	68.0	10.7	22.8	618.8	45.1	12.0

재무 비율 〈단위 : % 〉

연도	영업이익률	순이익률	부채비율	차입금비율	ROA	ROE	유보율	자기자본비율	EBITDA마진율
2016	13.8	12.3	43.9	28.4	9.9	15.1	184.1	69.5	21.7
2015	27.6	5.2	63.6	29.7	3.8	7.2	157.1	61.1	34.1
2014	8.1	-26.5	130.5	83.5	-16.4	-59.9	124.0	43.4	20.5
2013	-45.8	-213.6	571.3	450.2	-77.2	-181.5	60.3	14.9	-14.3

엠디에스테크놀로지 (A086960)
MDS Technology

업 종 : 일반 소프트웨어		시 장 : KOSDAQ	
신용등급 : (Bond) — (CP) —		기업규모 : 우량	
홈 페 이 지 : www.mdstec.com		연 락 처 : 031)627-3000	
본 사 : 경기도 성남시 분당구 대왕판교로 644번길 49 한컴타워 3층			

설 립 일 1998.12.29	종업원수 289명	대 표 이 사	장명섭
상 장 일 2006.09.26	감사의견 적정 (한영)	계 열	
결 산 기 12월	보 통 주 883만주	종속회사수	7개사
액 면 가 500원	우 선 주	구 상 호	MDS테크

주주구성 (지분율,%)		출자관계 (지분율,%)		주요경쟁사 (외형,%)	
한글과컴퓨터	18.5	텔라딘	70.4	한컴MDS	100
린드먼글로벌벤쳐펀드92장사모투자전문회사	9.9	유니맥스정보시스템	66.7	이니텍	154
(외국인)	14.4	한컴인터프리	7.9	포비스티앤씨	75

매출구성		비용구성		수출비중	
교육/SoC/보드 등	44.4	매출원가율	70.6	수출	—
OS 번들 및 서비스	30.1	판관비율	20.3	내수	—
임베디드 개발툴	23.1				

회사 개요
동사는 1998년 설립된 임베디드 소프트웨어 업체로 2006년 코스닥시장에 상장했음. 자동차산업은 임베디드 소프트웨어 도입 및 적용이 가장 활발하게 진행되고 있음. 현대차그룹의 전장 투자 확대 및 새로운 구조를 가진 칩의 출시에 따라 현대모비스 등 신규 고객과 수주가 확대되고 있음. 최근 자동차 전장 소프트웨어와 IoT 기반의 시장이 늘어나는 추세이며, 이에 따른 산업자동화 분야의 모듈 사업권 확보. 전방산업에서의 매출확대가 가시적으로 발생중.

실적 분석
동사의 2017년 2분기 누적 매출액은 752.5억원으로 전년동기대비 24.5% 증가함. 영업이익은 전년동기대비 14.9% 증가한 62.4억원, 당기순이익은 전년동기대비 8.6% 증가한 53.6억원을 시현함. 다양한 전방시장의 안정적 실적 성장 지속, 4차산업혁명 확대로 인한 다양한 전방산업으로의 관련 솔루션 및 소프트웨어 확대 예상됨. 전방업체 매출 증가세 지속되고 있으며 LG, 삼성 계열 고객사도 확보해 실적 성장 기대.

현금 흐름
〈단위 : 억원〉

항목	2016	2017.2Q
영업활동	-53	96
투자활동	150	9
재무활동	-9	-104
순현금흐름	88	0
기말현금	223	223

시장 대비 수익률

결산 실적
〈단위 : 억원〉

항목	2012	2013	2014	2015	2016	2017
매출액	727	837	1,052	1,178	1,503	—
영업이익	88	91	108	123	136	—
당기순이익	101	89	103	110	110	—

분기 실적
〈단위 : 억원〉

항목	2016.1Q	2016.2Q	2016.3Q	2016.4Q	2017.1Q	2017.2Q
매출액	251	354	362	536	305	447
영업이익	24	30	25	57	24	38
당기순이익	22	28	42	18	20	34

재무 상태
〈단위 : 억원〉

항목	2012	2013	2014	2015	2016	2017.2Q
총자산	894	1,028	1,192	1,286	1,467	1,337
유형자산	89	115	113	133	133	127
무형자산	78	98	124	120	161	159
유가증권	400	448	46	45	34	321
총부채	176	237	307	312	478	333
총차입금	4	25	28	20	76	155
자본금	48	48	48	48	48	48
총자본	718	791	885	974	989	1,003
지배주주지분	718	783	876	960	950	957

기업가치 지표
항목	2012	2013	2014	2015	2016	2017.2Q
주가(최고/저)(천원)	15.8/7.6	15.3/12.0	23.5/14.3	28.2/19.7	25.9/16.4	—/—
PER(최고/저)(배)	14.5/7.1	15.6/12.3	21.2/12.9	24.1/16.8	23.2/14.7	—/—
PBR(최고/저)(배)	2.1/1.0	1.8/1.4	2.5/1.5	2.7/1.9	2.2/1.4	2.0/1.6
EV/EBITDA(배)	6.9		7.5	10.1	12.0	8.8
EPS(원)	1,164	1,031	1,152	1,197	1,133	555
BPS(원)	8,255	8,991	9,960	10,894	11,791	12,125
CFPS(원)	1,283	1,159	1,308	1,435	1,399	692
DPS(원)	270	260	270	280	280	
EBITDAPS(원)	1,132	1,175	1,390	1,634	1,802	844

재무 비율
〈단위 : %〉

연도	영업이익률	순이익률	부채비율	차입금비율	ROA	ROE	유보율	자기자본비율	EBITDA마진율
2016	9.0	7.3	48.4	7.7	8.0	10.5	2,048.7	67.4	10.6
2015	10.4	9.4	32.0	2.0	8.9	11.5	1,885.1	75.8	12.2
2014	10.3	9.8	34.7	3.1	9.3	12.2	1,714.3	74.3	11.6
2013	10.9	10.6	30.0	3.1	9.2	11.9	1,536.6	76.9	12.2

엠로 (A058970)
EMRO

업 종 : 일반 소프트웨어		시 장 : KONEX	
신용등급 : (Bond) — (CP) —		기업규모 :	
홈 페 이 지 : www.emro.co.kr		연 락 처 : 02)785-9848	
본 사 : 서울시 영등포구 당산로41길 11, 이동 5층			

설 립 일 2000.03.15	종업원수 160명	대 표 이 사	송재민
상 장 일 2016.04.28	감사의견 적정 (우리)	계 열	
결 산 기 12월	보 통 주	종속회사수	
액 면 가 —	우 선 주	구 상 호	

주주구성 (지분율,%)		출자관계 (지분율,%)		주요경쟁사 (외형,%)	
송재민	39.0	코드랩	5.6	엠로	100
고동휘	4.8	이지메디컴		네이블	79
				한컴지엠디	55

매출구성		비용구성		수출비중	
구매혁신컨설팅	77.2	매출원가율	61.5	수출	1.0
SMARTsuite	15.8	판관비율	36.0	내수	99.0
기술서비스	7.0				

회사 개요
동사는 2000년 3월 설립되어 2016년 4월에 코넥스 시장에 상장한 소프트웨어 라이선스 제공, 용역 등을 주요 사업으로 영위하고 있는 업체임. 동사는 기업 고객을 대상으로 기업의 주요 관리 영역 중에서 SCM, SRM 및 PSM 등의 영역과 관련하여 자체 개발한 솔루션 기반의 시스템 구축 및 전문 컨설팅을 제공하고 있으며 동종 기업은 더존비즈온, 핸드소프트 등이 있음.

실적 분석
동사의 2016년 매출액은 전년 대비 17.6% 증가한 271.7억원을 기록함. 원가율 상승과 연구개발비의 증가 등으로 영업이익은 전년 대비 6.7% 감소한 7.0억원을 기록함. 당기순이익은 전년대비 8.9% 감소한 10.1억원을 기록함. 매출비중은 구매혁신 컨설팅 77.15%, SCM솔루션 라이선스 15.81%, SCM솔루션 서비스 7.04%임. 2016년 12월 간접구매 클라우드 서비스 시작했으며 2017년 1월 20억원 규모 투자 유치함.

현금 흐름
*IFRS 별도 기준   〈단위 : 억원〉

항목	2016	2017.2Q
영업활동	6	
투자활동	-23	
재무활동	-12	
순현금흐름	-29	
기말현금		

시장 대비 수익률

결산 실적
〈단위 : 억원〉

항목	2012	2013	2014	2015	2016	2017
매출액	218	173	210	231	272	—
영업이익	9	4	13	10	7	—
당기순이익	7	6	11	11	10	—

분기 실적
*IFRS 별도 기준   〈단위 : 억원〉

항목	2016.1Q	2016.2Q	2016.3Q	2016.4Q	2017.1Q	2017.2Q
매출액						
영업이익						
당기순이익						

재무 상태
*IFRS 별도 기준   〈단위 : 억원〉

항목	2012	2013	2014	2015	2016	2017.2Q
총자산	127	136	157	251	248	—
유형자산	4	3	2	67	67	—
무형자산	16	14	17	22	34	—
유가증권	10	13	13	1	1	—
총부채	87	89	99	146	133	—
총차입금	32	31	47	88	73	—
자본금	23	24	24	29	29	—
총자본	40	47	58	105	115	—
지배주주지분	40	47	58	105	115	—

기업가치 지표
*IFRS 별도 기준

항목	2012	2013	2014	2015	2016	2017.2Q
주가(최고/저)(천원)	—/—	—/—	—/—	—/—	5.8/2.7	—/—
PER(최고/저)(배)	0.0/0.0	0.0/0.0	0.0/0.0	0.0/0.0	32.9/15.3	—/—
PBR(최고/저)(배)	0.0/0.0	0.0/0.0	0.0/0.0	0.0/0.0	2.9/1.3	—/—
EV/EBITDA(배)	0.9	1.9	2.0	1.7	10.2	0.0/0.0
EPS(원)	150	119	230	230	176	
BPS(원)	861	971	1,201	1,860	2,036	
CFPS(원)	542	348	408	412	416	
DPS(원)						
EBITDAPS(원)	580	311	447	394	362	

재무 비율
〈단위 : %〉

연도	영업이익률	순이익률	부채비율	차입금비율	ROA	ROE	유보율	자기자본비율	EBITDA마진율
2016	2.6	3.7	115.5	63.1	4.0	9.1	307.2	46.4	7.6
2015	4.5	4.9	138.6	83.6	5.5	13.8	272.0	41.9	8.4
2014	6.2	5.3	171.7	81.1	7.6	21.2	140.2	36.8	10.2
2013	2.3	3.3	190.4	66.9	4.4	13.1	94.1	34.4	8.6

엠벤처투자 (A019590)
M-Venture Investment

업 종 : 창업투자 및 종금		시 장 : KOSDAQ	
신용등급 : (Bond) CCC+ (CP) —		기업규모 : —	
홈페이지 : www.m-vc.co.kr		연 락 처 : 02)6000-5533	
본 사 : 서울시 강남구 테헤란로87길 36 도심공항타워 2503호			

설 립 일 1986.12.02	종 업 원 수 14명	대 표 이 사 홍성혁	
상 장 일 1989.03.14	감 사 의 견 적정 (신한)	계 열	
결 산 기 12월	보 통 주 11,041만주	종속회사수 5개사	
액 면 가 500원	우 선 주	구 상 호	

주주구성 (지분율,%)		출자관계 (지분율,%)		주요경쟁사 (외형,%)	
홍성혁	18.5			엠벤처투자	100
에이오엔에너지én 유한회사	5.2			대성창투	145
(외국인)	5.4			에이티넘인베스트	186

수익구성		비용구성		수출비중	
창업투자 및 기업구조조정 수익	39.3	이자비용	16.2	수출	—
금융상품 관련이익	36.8	투자및금융비	18.4	내수	—
이자수익	19.8	판관비	33.2		

회사 개요
동사는 1986년 5월 중소기업창업지원법이 제정된 이후 같은 해 설립돼 중소기업의 창업지원 및 자금 관리, 투자 근대화, 해외기술의 알선과 보급을 위한 해외투자 등을 영위하고 있음. 주력 사업인 벤처캐피탈은 기술력과 장래성이 있으나 자본과 경영능력이 취약한 중소, 벤처기업에 기업설립 초기단계부터 자본투자와 종합적인 지원을 제공해 육성한 후, 투자금을 회수하는 금융방식임.

실적 분석
동사의 2017년 2분기 연결기준 영업수익은 55억원으로 전년 동기 19.2억원 대비 86% 급증. 영업비용은 오히려 감소하며 수익성이 크게 개선됨. 영업이익은 16.8억원을 시현하며 전년 기록했던 영업손실 30.6억원에서 흑자전환. 한이스라엘협력펀드, 아세안바이오메디컬투자조합 등 다양한 펀드를 운용 중이며, 국내외 환경변화의 부침이 심한 상황을 감안하여 산업의 성장성 및 시장수요가 큰 친환경 에너지 및 바이오 등에 투자를 확대할 예정.

현금 흐름 〈단위 : 억원〉
항목	2016	2017.2Q
영업활동	1	-12
투자활동	54	76
재무활동	-74	-54
순현금흐름	-18	11
기말현금	7	18

시장 대비 수익률

결산 실적 〈단위 : 억원〉
항목	2012	2013	2014	2015	2016	2017
영업수익	43	32	34	41	71	—
영업이익	-36	-61	-48	-35	-106	—
당기순이익	-38	2	-46	-34	-108	—

분기 실적 〈단위 : 억원〉
항목	2016.1Q	2016.2Q	2016.3Q	2016.4Q	2017.1Q	2017.2Q
영업수익	10	9	20	31	43	16
영업이익	-16	-12	2	-81	24	0
당기순이익	-19	-10	7	-87	19	-2

재무 상태 〈단위 : 억원〉
항목	2012	2013	2014	2015	2016	2017.2Q
총자산	449	680	632	815	564	523
유형자산	1	1	0	0	2	2
무형자산	14	14	11	11	1	1
유가증권	—	—	—	—	—	—
총부채	186	261	232	300	342	222
총차입금						
자본금	345	345	345	492	526	552
총자본	263	419	400	515	286	301
지배주주지분	242	246	240	406	267	301

기업가치 지표
항목	2012	2013	2014	2015	2016	2017.2Q
주가(최고/저)(천원)	0.5/0.3	0.5/0.2	0.6/0.3	0.9/0.4	0.6/0.4	—/—
PER(최고/저)(배)	—/—	201.5/100.6	—/—	—/—	—/—	—/—
PBR(최고/저)(배)	1.1/0.6	0.9/0.5	1.6/0.8	2.2/0.9	2.5/1.5	2.0/1.2
PSR(최고/저)(배)	9/4	10/5	11/5	18/7	9/6	—/—
EPS(원)	-55	2	-64	-41	-86	
BPS(원)	504	510	355	412	254	273
CFPS(원)	-53	4	-62	-41	-86	10
DPS(원)	—	—	—	—	—	—
EBITDAPS(원)	-52	-88	-70	-41	-100	15

재무 비율 〈단위 : % 〉
연도	계속사업이익률	순이익률	부채비율	차입금비율	ROA	ROE	유보율	자기자본비율	총자산증가율
2016	-151.2	-152.0	일부잠식	0.0	-15.7	-27.0	-49.3	50.8	-30.8
2015	-93.0	-82.9	58.3	0.0	-4.7	-10.7	-17.6	63.2	28.9
2014	-147.3	-132.8	58.0	0.0	-6.9	-18.2	-28.9	63.2	-7.0
2013	24.5	5.0	62.3	0.0	0.3	0.7	2.1	61.6	51.5

엠씨넥스 (A097520)
MCNEX COLTD

업 종 : 휴대폰 및 관련부품		시 장 : KOSDAQ	
신용등급 : (Bond) — (CP) —		기업규모 : 중견	
홈페이지 : www.mcnex.com		연 락 처 : 02)2025-3600	
본 사 : 서울시 금천구 디지털로 9길 47 (가산동, 한신IT타워 2차 11층)			

설 립 일 2004.12.22	종 업 원 수 503명	대 표 이 사 민동욱	
상 장 일 2012.07.25	감 사 의 견 적정 (한영)	계 열	
결 산 기 12월	보 통 주 900만주	종속회사수 4개사	
액 면 가 500원	우 선 주	구 상 호	

주주구성 (지분율,%)		출자관계 (지분율,%)		주요경쟁사 (외형,%)	
민동욱	31.1	베라시스	13.4	엠씨넥스	100
머스트투자자문	4.6	아이리텍	0.5	세코닉스	76
(외국인)	4.5			나무가	71

매출구성		비용구성		수출비중	
휴대폰용	70.9	매출원가율	95.8	수출	83.0
자동차용	26.6	판관비율	10.0	내수	17.0
상품매출	1.0				

회사 개요
2004년 설립된 카메라 모듈 전문 회사임. 휴대전화 및 자동차용 카메라 모듈을 주로 생산하며, 자동차용 카메라 모듈에서는 업계 1위임. 중국 상해에 1,2,3 공장이 있으며 일본과 대만에 영업지사가 있음. 홍채인식 알고리즘을 이용 스마트폰 외에 ATM, 차량용, 도어폰 등 제품 영역을 확대할 계획임. 어린이집 CCTV 설치 의무화 등 사회적 관심 고조되는 보안제품 또한 신제품을 출시하여 사업을 본격화할 것으로 보임.

실적 분석
카메라모듈의 수요 증가에 의해 동사의 2017년 2분기기준 누적 매출액은 전년동기대비 65.5% 상승한 3,148.5억원을 기록하였음. 상승한 매출액 만큼 비용증가도 있었으나 매출액의 더 큰 상승에 힘입어 전년동기대비영업이익은 48.1억원으로 흑자전환하였음. 향후 스마트폰 성장 및 자동차 견, 후방 카메라 수요 증가로 수익 성장은 계속 유효할 것으로 기대됨.

현금 흐름 〈단위 : 억원〉
항목	2016	2017.2Q
영업활동	-130	194
투자활동	-283	-358
재무활동	451	185
순현금흐름	39	8
기말현금	418	426

시장 대비 수익률

결산 실적 〈단위 : 억원〉
항목	2012	2013	2014	2015	2016	2017
매출액	1,704	2,972	4,104	5,029	4,125	—
영업이익	62	121	226	263	-239	—
당기순이익	24	80	136	162	-247	—

분기 실적 〈단위 : 억원〉
항목	2016.1Q	2016.2Q	2016.3Q	2016.4Q	2017.1Q	2017.2Q
매출액	872	1,030	1,068	1,155	1,485	1,663
영업이익	-89	-49	-24	-76	38	10
당기순이익	-100	-46	-55	-46	-53	26

재무 상태 〈단위 : 억원〉
항목	2012	2013	2014	2015	2016	2017.2Q
총자산	1,493	2,130	2,891	2,725	2,947	3,558
유형자산	350	788	1,035	1,168	1,279	1,503
무형자산	54	—	56	56	48	43
유가증권	—	—	—	8	2	2
총부채	944	1,499	2,121	1,815	2,311	2,907
총차입금	566	859	1,264	994	1,536	1,677
자본금	30	30	30	45	45	45
총자본	549	631	770	910	636	651
지배주주지분	549	631	770	910	636	651

기업가치 지표
항목	2012	2013	2014	2015	2016	2017.2Q
주가(최고/저)(천원)	8.6/4.5	10.6/5.1	9.6/7.1	40.6/8.8	33.5/12.7	—/—
PER(최고/저)(배)	30.6/16.1	12.3/6.0	6.6/4.8	22.9/5.0	—/—	—/—
PBR(최고/저)(배)	1.4/0.8	1.6/0.8	1.2/0.8	3.9/0.8	4.4/1.7	3.6/2.5
EV/EBITDA(배)	8.6	7.6	5.2	7.8		
EPS(원)	294	899	1,516	1,796	-2,745	-298
BPS(원)	9,451	10,652	12,955	10,612	7,567	7,237
CFPS(원)	1,302	2,398	4,439	3,687	-743	947
DPS(원)	30	100	300	330	—	—
EBITDAPS(원)	2,010	3,092	5,927	4,813	-651	1,780

재무 비율 〈단위 : % 〉
연도	영업이익률	순이익률	부채비율	차입금비율	ROA	ROE	유보율	자기자본비율	EBITDA 마진율
2016	-5.8	-6.0	363.3	241.6	-8.7	-32.0	1,413.4	21.6	-1.4
2015	5.2	3.2	199.5	109.2	5.8	19.2	2,022.4	33.4	8.6
2014	5.5	3.3	275.5	164.2	5.4	19.5	2,491.0	26.6	8.7
2013	4.1	2.7	237.4	136.1	4.4	13.6	2,030.4	29.6	6.2

엠앤씨생명과학 (A225860)
M&C Life Science

업 종 : 개인생활용품	시 장 : KONEX
신용등급 : (Bond) (CP) —	기업규모 : —
홈페이지 : www.mievls.co.kr	연락처 : 031)731-1401
본 사 : 경기도 성남시 중원구 사기막골로105번길 27, 313~314호	

설립일 2012.01.03	종업원수 58명	대표이사 조선도
상장일 2017.04.25	감사의견 적정 (대주)	계 열
결산기 12월	보통주	종속회사수
액면가 —	우선주	구 상 호

주주구성 (지분율,%)
조선도	17.9
김기수	7.7

출자관계 (지분율,%)
미애부	57.9
미애부생명과학(심양)	—
요녕미애부화장품유한공사	49.2

주요경쟁사 (외형,%)
엠앤씨생명과학	100
미애부	98
한국화장품	264

매출구성
무합성화장품	70.5
건강기능식품	18.0
상품	8.6

비용구성
매출원가율	15.5
판관비율	78.7

수출비중
수출	0.0
내수	100.0

회사 개요
동사는 2012년 1월 1일에 설립되었으며, 2017년 3월 13일에 주식회사 미애부생명과학에서 엠앤씨생명과학으로 상호를 변경하였으며, 2017년 4월에 코넥스시장에 상장됨. 사업분야로는 바이오 연구 및 기술개발, 화장품(생장품) 및 건강기능식품 제조를 영위하고 있음. 동사의 종속회사 현황으로는 (주)미애부, 요녕미애부화장품유한공사, 미애부화장품(심양)유한공사가 있음.

실적 분석
동사의 2016년 연간 매출액은 610억원으로 전년 대비 큰 폭으로 증가함. 이는 자회사의 매출 증가에 영향으로 볼 수 있음. 매출 증가에 힘입어 영업이익은 또한 36억원으로 큰 폭으로 증가함. 동사의 중국 사업은 2017년 상반기에는 온라인 사업(인터넷 및 위쳇)을 본격 추진 중이며, 온라인 전략제품의 준비중에 있음. 하반기에는 온오프라인의 병행체제구축 및 확산이 예상됨.

현금 흐름 *IFRS 별도 기준 〈단위 : 억원〉
항목	2016	2017.2Q
영업활동	-11	-28
투자활동	-5	-4
재무활동	-10	24
순현금흐름	-26	-7
기말현금	9	1

시장 대비 수익률

결산 실적 〈단위 : 억원〉
항목	2012	2013	2014	2015	2016	2017
매출액	—	—	161	156	610	—
영업이익	—	—	6	6	36	—
당기순이익	—	—	5	-8	12	—

분기 실적 *IFRS 별도 기준 〈단위 : 억원〉
항목	2016.1Q	2016.2Q	2016.3Q	2016.4Q	2017.1Q	2017.2Q
매출액						46
영업이익						-2
당기순이익						-7

재무 상태 *IFRS 별도 기준 〈단위 : 억원〉
항목	2012	2013	2014	2015	2016	2017.2Q
총자산	—	—	72	103	103	117
유형자산	—	—	6	4	3	5
무형자산	—	—	0	0	0	0
유가증권	—	—	0	6	0	—
총부채	—	—	52	67	61	69
총차입금	—	—	29	42	37	54
자본금	—	—	3	8	8	10
총자본	—	—	21	36	42	48
지배주주지분	—	—	21	36	42	48

기업가치 지표 *IFRS 별도 기준
항목	2012	2013	2014	2015	2016	2017.2Q
주가(최고/저)(천원)	#VALUE!	—/—	—/—	—/—	—/—	—/—
PER(최고/저)(배)	0.0/0.0	0.0/0.0	0.0/0.0	0.0/0.0	0.0/0.0	—/—
PBR(최고/저)(배)	0.0/0.0	0.0/0.0	0.0/0.0	0.0/0.0	0.0/0.0	11.0/2.9
EV/EBITDA(배)	0.0		2.2	0.8	3.5	—/—
EPS(원)	—	—	183	-112	36	-19
BPS(원)	—	—	37,094	2,308	531	461
CFPS(원)	—	—	17,687	-340	63	-5
DPS(원)	—	—	—	—	—	—
EBITDAPS(원)	—	—	19,669	622	101	59

재무 비율 〈단위 : % 〉
연도	영업이익률	순이익률	부채비율	차입금비율	ROA	ROE	유보율	자기자본비율	EBITDA 마진율
2016	5.9	1.9	509.9	106.9	4.6	7.3	431.2	16.4	7.9
2015	3.6	-5.1	187.4	117.2	-9.0	-27.9	361.7	34.8	5.6
2014	3.9	3.2	247.7	137.3	0.0	0.0	641.9	28.8	6.8
2013	0.0	0.0	0.0	0.0	0.0	0.0	0.0	0.0	0.0

엠에스씨 (A009780)
MSC

업 종 : 식료품	시 장 : KOSDAQ
신용등급 : (Bond) (CP) —	기업규모 : 우량
홈페이지 : www.msckorea.com	연락처 : 055)389-1001
본 사 : 경남 양산시 소주공업로 45-73	

설립일 1974.04.12	종업원수 594명	대표이사 김길제,김호석
상장일 1993.10.12	감사의견 적정 (성산)	계 열
결산기 12월	보통주 880만주	종속회사수 1개사
액면가 500원	우선주	구 상 호

주주구성 (지분율,%)
김길제	35.2
명신비료	12.0
(외국인)	0.2

출자관계 (지분율,%)
명신비료	40.0
밀양한천	34.0
미얀마미얀마엠에스씨	100.0

주요경쟁사 (외형,%)
엠에스씨	100
동원F&B	1,653
동원산업	1,162

매출구성
조미식품가공 등	45.0
가라기난 등	29.2
PET 제품류	14.4

비용구성
매출원가율	76.9
판관비율	13.6

수출비중
수출	24.0
내수	76.0

회사 개요
동사는 1974년 설립된 식품 및 식품첨가물 신소재 전문회사임. 식품가공품미제, 엑기스, 식용색소, 겔화제 등이 주력제품. 계열사로는 엠에스씨에서 발생하는 부산물을 원료로 연 3만톤의 비료를 생산하는 명신비료, 소스류, 색소류, 천연향료 등 식품 및 식품첨가물을 생산하고 있는 젠푸드 외 밀양한천이 있음. 종속회사로는 2007년에 설립된 미얀마엠에스씨를 보유하고 있음.

실적 분석
동사의 2017년 2분기기준 누적 매출액은 전년동기대비 3.4% 상승한 669.6억원을 기록하였음. 이는 증가 하였으며 인건비도 증가, 기타판매비와관리비도 마찬가지로 증가함. 이와 같이 상승한 매출액 만큼 비용증가도 있었으나 매출액의 더 큰 상승에 힘입어 그에 따라 전년동기대비 영업이익은 50.1억원으로 19.3% 상승 하였음. 최종적으로 전년동기대비 당기순이익은 상승하여 40억원을 기록함.

현금 흐름 〈단위 : 억원〉
항목	2016	2017.2Q
영업활동	230	17
투자활동	-151	-66
재무활동	-26	16
순현금흐름	54	-33
기말현금	63	31

시장 대비 수익률

결산 실적 〈단위 : 억원〉
항목	2012	2013	2014	2015	2016	2017
매출액	1,149	1,272	1,292	1,348	1,356	—
영업이익	41	57	69	80	129	—
당기순이익	29	33	47	52	99	—

분기 실적 〈단위 : 억원〉
항목	2016.1Q	2016.2Q	2016.3Q	2016.4Q	2017.1Q	2017.2Q
매출액	295	353	375	333	323	347
영업이익	17	25	38	49	24	26
당기순이익	14	18	26	41	18	22

재무 상태 〈단위 : 억원〉
항목	2012	2013	2014	2015	2016	2017.2Q
총자산	1,124	1,139	1,255	1,291	1,403	1,422
유형자산	539	557	584	585	598	579
무형자산	14	14	21	21	21	21
유가증권	18	13	12	13	15	15
총부채	757	737	815	793	806	792
총차입금	487	426	493	467	443	466
자본금	44	44	44	44	44	44
총자본	367	402	441	498	597	630
지배주주지분	367	402	441	498	597	630

기업가치 지표
항목	2012	2013	2014	2015	2016	2017.2Q
주가(최고/저)(천원)	4.4/1.9	3.8/2.2	4.8/2.6	9.7/4.2	17.8/6.7	—/—
PER(최고/저)(배)	14.1/6.1	10.7/6.1	9.1/5.0	16.9/7.2	15.9/6.0	—/—
PBR(최고/저)(배)	1.1/0.5	0.9/0.5	1.0/0.5	1.7/0.7	2.6/1.0	2.2/1.6
EV/EBITDA(배)	6.7	5.5	6.6	7.7	7.4	—/—
EPS(원)	334	372	539	585	1,127	455
BPS(원)	41,660	45,703	50,078	56,534	6,790	7,159
CFPS(원)	9,653	9,990	11,734	12,233	1,817	814
DPS(원)	450	450	450	450	60	—
EBITDAPS(원)	11,010	12,795	14,235	15,425	2,155	929

재무 비율 〈단위 : % 〉
연도	영업이익률	순이익률	부채비율	차입금비율	ROA	ROE	유보율	자기자본비율	EBITDA 마진율
2016	9.5	7.3	134.9	74.2	7.4	18.1	1,257.9	42.6	14.0
2015	5.9	3.8	159.4	93.8	4.1	11.0	1,030.7	38.6	10.1
2014	5.4	3.7	184.9	111.8	4.0	11.3	901.6	35.1	9.7
2013	4.5	2.6	183.3	106.0	2.9	8.5	814.1	35.3	8.9

엠에스오토텍 (A123040)
MS AUTOTECH

업 종: 자동차부품		시 장: KOSDAQ	
신용등급: (Bond) — (CP) —		기업규모: 중견	
홈페이지: www.ms-global.com		연 락 처: 054)770-1810	
본 사: 경북 경주시 내남면 포석로 16-9			

설 립 일	1990.09.06	종업원수	340명	대표이사	이태규,박종태
상 장 일	2010.08.06	감사의견	적정(대영)	계 열	
결 산 기	12월	보 통 주	1,472만주	종속회사수	8개사
액 면 가	500원	우 선 주		구 상 호	

주주구성 (지분율,%)		출자관계 (지분율,%)		주요경쟁사 (외형,%)	
이태규	25.6	명신산업	55.7	엠에스오토텍	100
심원	25.2	명신	33.6	영화금속	21
(외국인)	0.7	MSB	99.9	일지테크	46

매출구성		비용구성		수출비중	
자동차차체부품(기타)	106.9	매출원가율	88.7	수출	32.0
금형및설비(기타)	3.4	판관비율	5.8	내수	68.0
연결조정	-10.2				

회사 개요
동사는 자동차 제작에 소요되는 차체 부품의 제조, 판매를 목적으로 1990년 설립됨. 주요 거래처는 현대기아차임. 동사는 완성차가 해외 현지 생산을 확대하면서 동반 진출함. 2007년 인도 첸나이에 현지 공장을 세웠고, 브라질에도 동반 진출해 2012년 양산을 시작함. 매출 다변화를 위해 2015년부터 쌍용차에 신규 납품을 시작함. 경쟁사로는 성우하이텍, 세원정공, 일지테크 등 44개 업체가 있음.

실적 분석
동사의 2017년 2분기기준 누적 매출액은 전년동기대비 7.4% 하락한 3,504.9억원을 기록하였음. 비용면에서 전년동기대비 매출원가는 감소 하였으며 인건비는 증가 했고 광고선전비는 크게 감소 하였고 기타판매비와관리비도 마찬가지로 감소함. 그에 따라 매출액 하락 등에 의해 전년동기대비 영업이익은 97.3억원으로 -26.5% 크게 감소함. 최종적으로 전년동기대비 당기순이익은 적자전환하여 -42.4억원을 기록함.

현금 흐름 〈단위 : 억원〉

항목	2016	2017.2Q
영업활동	938	268
투자활동	-28	-391
재무활동	-782	36
순현금흐름	128	-87
기말현금	186	99

시장 대비 수익률

결산 실적 〈단위 : 억원〉

항목	2012	2013	2014	2015	2016	2017
매출액	3,297	6,767	8,038	8,640	7,479	
영업이익	41	430	217	471	411	
당기순이익	-301	-173	-90	15	246	

분기 실적 〈단위 : 억원〉

항목	2016.1Q	2016.2Q	2016.3Q	2016.4Q	2017.1Q	2017.2Q
매출액	1,866	1,919	1,682	2,012	1,679	1,826
영업이익	69	63	66	213	32	65
당기순이익	50	54	5	138	-47	5

재무 상태 〈단위 : 억원〉

항목	2012	2013	2014	2015	2016	2017.2Q
총자산	5,909	5,947	6,630	6,470	6,306	6,478
유형자산	3,257	3,550	4,148	4,219	3,879	4,031
무형자산	6	6	4	4	2	2
유가증권	15	15	14	16	14	15
총부채	5,496	5,361	5,840	5,538	5,053	5,277
총차입금	4,094	4,052	4,292	4,115	3,742	3,834
자본금	41	41	70	70	73	73
총자본	413	586	790	932	1,253	1,201
지배주주지분	344	233	360	417	722	674

기업가치 지표

항목	2012	2013	2014	2015	2016	2017.2Q
주가(최고/저)(천원)	9.3/4.9	7.9/3.6	7.5/3.7	6.2/3.7	8.5/4.1	—/—
PER(최고/저)(배)	—/—	—/—	—/—	—/—	5.5/2.6	1.4/1.0
PBR(최고/저)(배)	2.6/1.4	3.3/1.5	3.0/1.5	2.2/1.3	1.7/0.8	1.4/1.0
EV/EBITDA(배)	11.4	5.4	7.7	5.1	5.0	
EPS(원)	-3,274	-2,143	-1,497	-322	1,570	-267
BPS(원)	4,252	2,890	2,587	2,991	4,988	4,661
CFPS(원)	824	2,926	2,813	3,539	5,144	1,541
DPS(원)	75	75	75	75	75	
EBITDAPS(원)	4,998	10,581	6,258	7,207	6,439	2,477

재무 비율 〈단위 : % 〉

연도	영업이익률	순이익률	부채비율	차입금비율	ROA	ROE	유보율	자기자본비율	EBITDA마진율
2016	5.5	3.3	403.4	298.7	3.9	39.6	897.6	19.9	12.4
2015	5.5	0.2	594.5	441.7	0.2	-11.7	498.3	14.4	11.7
2014	2.7	-1.1	739.2	543.2	-1.4	-56.2	417.4	11.9	8.7
2013	6.4	-2.6	914.7	691.4	-2.9	-68.4	478.0	9.9	12.8

엠에이치에탄올 (A023150)
MHETHANOL

업 종: 음료		시 장: 거래소	
신용등급: (Bond) — (CP) —		기업규모: 시가총액 소형주	
홈페이지: www.mhethanol.com		연 락 처: 055)231-0701	
본 사: 경남 창원시 마산회원구 내서읍 광려천남로 25			

설 립 일	1978.07.04	종업원수	46명	대표이사	윤현의
상 장 일	1996.12.24	감사의견	적정(안경)	계 열	
결 산 기	12월	보 통 주	738만주	종속회사수	1개사
액 면 가	500원	우 선 주		구 상 호	

주주구성 (지분율,%)		출자관계 (지분율,%)		주요경쟁사 (외형,%)	
최동호	47.9			MH에탄올	100
동양자산운용	4.7			진로발효	178
(외국인)	1.7			국순당	143

매출구성		비용구성		수출비중	
주정 외	100.0	매출원가율	69.5	수출	0.0
		판관비율	6.3	내수	100.0

회사 개요
동사는 소주의 주원료인 주정의 제조 판매를 주요사업으로 영위하는 업체임. 현재 국내 주정시장에는 10개사의 주정제조 회사가 참여하고 있으나 정부통제하에 원료의 배정 및 생산량이 결정되는 관계로 시장점유율경쟁은 치열하지 않음. 동사는 주류산업 규제개혁에 따른 단계적인 시장개방과 자유화에 대비하여 품질향상, 제조수율 향상 및 부산물 생산 판매 증대와 생산비용 및 폐수처리비용 절감 등 원가 절감에 노력을 경주하고 있음.

실적 분석
동사의 2017년 상반기 연결기준 누적 매출액은 238.7억원으로 전년 동기 대비 4.6% 소폭 감소함. 매출은 줄었지만 매출원가는 오히려 증가해 영업이익은 54.5억원을 시현함. 비영업손익 부문에서도 적자가 지속되면서 당기순이익은 39억원으로 전년 동기 대비 25.2% 감소함. 매출이 줄면서 외형은 축소되고 수익성이 나빠지고 있음.

현금 흐름 〈단위 : 억원〉

항목	2016	2017.2Q
영업활동	123	63
투자활동	15	-17
재무활동	-156	-23
순현금흐름	-18	22
기말현금	14	36

시장 대비 수익률

결산 실적 〈단위 : 억원〉

항목	2012	2013	2014	2015	2016	2017
매출액	598	463	490	504	489	
영업이익	55	96	87	111	119	
당기순이익	3	70	-2	78	81	

분기 실적 〈단위 : 억원〉

항목	2016.1Q	2016.2Q	2016.3Q	2016.4Q	2017.1Q	2017.2Q
매출액	122	128	116	122	115	124
영업이익	27	40	24	28	24	30
당기순이익	21	31	10	19	19	20

재무 상태 〈단위 : 억원〉

항목	2012	2013	2014	2015	2016	2017.2Q
총자산	1,344	1,297	855	790	723	778
유형자산	718	704	361	368	374	388
무형자산	42	42	46	46	45	45
유가증권	35	33	106	101	87	89
총부채	947	838	327	211	88	125
총차입금	765	749	297	188	56	56
자본금	44	44	46	46	46	46
총자본	397	459	528	579	636	653
지배주주지분	391	458	528	579	636	653

기업가치 지표

항목	2012	2013	2014	2015	2016	2017.2Q
주가(최고/저)(천원)	4.8/2.4	3.6/2.5	9.8/2.6	14.7/6.7	8.4/6.6	—/—
PER(최고/저)(배)	90.1/44.8	3.8/2.7	—/—	14.9/6.8	7.9/6.2	0.9/0.8
PBR(최고/저)(배)	1.0/0.5	0.6/0.4	1.5/0.4	2.0/0.9	1.0/0.8	0.9/0.8
EV/EBITDA(배)	9.8	8.2	7.7	6.2	4.6	
EPS(원)	59	1,022	-26	1,054	1,104	529
BPS(원)	5,589	6,542	7,154	7,966	8,812	9,048
CFPS(원)	563	1,144	89	1,208	1,262	608
DPS(원)	—	—	200	250	300	
EBITDAPS(원)	1,283	1,499	1,326	1,657	1,768	819

재무 비율 〈단위 : % 〉

연도	영업이익률	순이익률	부채비율	차입금비율	ROA	ROE	유보율	자기자본비율	EBITDA마진율
2016	24.3	16.7	13.8	8.8	10.8	13.4	1,314.5	87.9	26.7
2015	22.0	15.4	36.5	32.5	9.5	14.1	1,178.7	73.3	24.3
2014	17.9	-0.4	62.0	56.2	-0.2	-0.4	1,048.4	61.7	19.5
2013	20.8	15.2	182.7	163.3	5.3	16.9	939.0	35.4	22.7

엠에프엠코리아 (A251960)
MFM KOREACOLTD

업 종 : 섬유 및 의복
신용등급 : (Bond) —　　(CP) —
홈 페 이 지 : www.mfmkorea.com
본　　사 : 서울시 강남구 도곡로 204 4층 (도곡동, 동신빌딩)

시　장 : KONEX
기업규모 : —
연 락 처 : 02)531-5780

설 립 일	2002.11.01	종업원수	51명	대 표 이 사	조장호
상 장 일	2016.09.08	감사의견	적정 (신성)	계　　열	
결 산 기	12월	보 통 주		종속회사수	
액 면 가		우 선 주		구 상 호	

주주구성 (지분율,%)		출자관계 (지분율,%)		주요경쟁사 (외형,%)	
MFM HOLDINGS., LLC	84.5	MFMVIETNAMCo.,Ltd.	100.0	엠에프엠코리아	100
				신성통상	1,101
				제이에스코퍼레이션	222

매출구성		비용구성		수출비중	
성인여성용 의류	62.4	매출원가율	92.3	수출	—
성인남성용 의류	32.3	판관비율	4.1	내수	—
유소녀용 의류	3.3				

회사 개요
동사는 동남아 및 중남미에 확보된 생산네트워크를 통해 의류 제조 및 수출하는 전문 의류 제조기업임. 동사의 주력 제품은 니트임. 원단을 외주 생산하거나 직접 구매해 베트남, 캄보디아, 과테말라 등에 소재하는 협력업체에 임가공소싱으로 의류를 생산함. 이를 미국 현지 업체를 통해 판매하는 방식임. 베트남 생산비중이 57%로 가장 높음. 이어 과테말라 (25.4%), 캄보디아(17.6%) 순임.

실적 분석
동사의 2016년 매출액은 848.4억원을 기록함. 영업이익은 31억원임. 당기순이익은 27.7억원을 기록함. 전년 대비 매출 규모는 줄었지만 수익성은 크게 개선됐음. 당기순이익도 두 배 이상 늘어졌음. 미국 실업률 감소와 소비 증가로 견조한 경제상황 유지하는 것도 대미 수출 주력인 동사의 실적에 긍정적임. 마이어스 패션 등 현지 회사로부터 유명 브랜드의 주문을 계절별로 수주하는 방식으로 추가 주문이 이어지고 있어 수익성은 더 개선될 전망임.

현금 흐름 *IFRS 별도 기준　　〈단위 : 억원〉

항목	2016	2017.2Q
영업활동	7	—
투자활동	0	—
재무활동	-6	—
순현금흐름	1	—
기말현금	1	—

시장 대비 수익률

결산 실적　　〈단위 : 억원〉

항목	2012	2013	2014	2015	2016	2017
매출액	746	926	930	1,079	848	
영업이익	16	13	13	17	31	
당기순이익	3	5	5	13	28	

분기 실적 *IFRS 별도 기준　　〈단위 : 억원〉

항목	2016.1Q	2016.2Q	2016.3Q	2016.4Q	2017.1Q	2017.2Q
매출액	—	—	—	—	—	—
영업이익	—	—	—	—	—	—
당기순이익	—	—	—	—	—	—

재무 상태 *IFRS 별도 기준　　〈단위 : 억원〉

항목	2012	2013	2014	2015	2016	2017.2Q
총자산	181	226	237	303	327	
유형자산	1	1	1	1	1	
무형자산	1	1	1	1	1	
유가증권	3	1	1	1	1	
총부채	157	174	178	231	227	
총차입금	56	70	76	55	49	
자본금	9	30	30	30	30	
총자본	24	53	58	72	100	
지배주주지분	24	53	58	72	100	

기업가치 지표 *IFRS 별도 기준

항목	2012	2013	2014	2015	2016	2017.2Q
주가(최고/저)(천원)	#VALUE!	—/—	—/—	—/—	—/—	—/—
PER(최고/저)(배)	0.0/0.0	0.0/0.0	0.0/0.0	0.0/0.0	5.2/2.6	—/—
PBR(최고/저)(배)	0.0/0.0	0.0/0.0	0.0/0.0	0.0/0.0	1.4/0.7	0.0/0.0
EV/EBITDA(배)	3.2		4.8	5.3	3.0	5.9
EPS(원)	2,838	1,929	881	2,216	4,612	
BPS(원)	13,519	8,811	9,692	12,066	16,682	
CFPS(원)	3,380	2,209	1,025	2,369	4,765	
DPS(원)						
EBITDAPS(원)	9,184	3,582	2,322	3,060	5,321	

재무 비율　　〈단위 : % 〉

연도	영업이익률	순이익률	부채비율	차입금비율	ROA	ROE	유보율	자기자본비율	EBITDA마진율
2016	3.7	3.3	227.0	48.9	8.8	32.1	233.7	30.6	3.8
2015	1.6	1.2	318.6	76.5	4.9	20.4	141.3	23.9	1.7
2014	1.4	0.6	306.7	130.9	2.3	9.5	93.9	24.6	1.5
2013	1.4	0.8	328.3	132.2	3.8	19.9	76.2	23.4	1.5

엠젠플러스 (A032790)
MGENPLUS

업 종 : 컴퓨터 및 주변기기
신용등급 : (Bond) —　　(CP) —
홈 페 이 지 : www.mgenplus.com
본　　사 : 서울시 서초구 효령로 83 엠젠플러스빌딩 (방배동)

시　장 : KOSDAQ
기업규모 : 벤처
연 락 처 : 02)3412-8777

설 립 일	1973.09.21	종업원수	33명	대 표 이 사	심영복
상 장 일	1997.06.26	감사의견	적정 (인덕)	계　　열	
결 산 기	12월	보 통 주	1,427만주	종속회사수	1개사
액 면 가	500원	우 선 주		구 상 호	엠젠

주주구성 (지분율,%)		출자관계 (지분율,%)		주요경쟁사 (외형,%)	
셀루메드	6.6	아이윅스	12.9	엠젠플러스	100
김덕진	3.8	이담	10.3	아이리버	100
(외국인)	0.3	퓨처하이테크	7.0	제이씨현시스템	362

매출구성		비용구성		수출비중	
프린터 카트리지 부품	91.8	매출원가율	91.8	수출	91.0
스마트홈 장비 (인터폰 등)	6.4	판관비율	10.6	내수	9.0
서비스 운영	1.7				

회사 개요
동사는 프린터 현상기 및 스마트홈 네트워크 장비 제조 판매 사업자. 2014년 9월 철도사업을 중단하고 2015년 1분기 전체 사업부문을 ICT사업부문, 커머스사업부문, 바이오사업부문 3개 사업부문으로 재편함. 현상기는 주로 삼성전자에 납품하며 커머스부문은 쇼핑관련 웹 서비스개발, 시스템운영, 상품영상을 제작함. 바이오부문은 이종장기 및 치료용 세포조직, 질병 연구용 목적성 돼지를 연구 개발함.

실적 분석
동사의 2017년 2분기기준 누적 매출액은 전년동기대비 11.8% 상승한 300.9억원을 기록하였음. 비용면에서 전년동기대비 매출원가는 증가 하였으며 인건비는 크게 감소 하였고 기타판매비와관리비는 크게 감소함. 이처럼 매출액 상승과 더불어 비용절감에도 힘을 기울였음. 그에 따라 전년동기대비 영업이익은 8.3억원으로 흑자전환하였음. 그러나 비영업손익의 적자지속으로 전년동기대비 당기순이익은 -1.7억원을 기록함.

현금 흐름　　〈단위 : 억원〉

항목	2016	2017.2Q
영업활동	-17	-58
투자활동	-91	-26
재무활동	72	70
순현금흐름	-36	-14
기말현금	71	57

시장 대비 수익률

결산 실적　　〈단위 : 억원〉

항목	2012	2013	2014	2015	2016	2017
매출액	639	872	750	598	524	
영업이익	-57	-11	4	-27	-13	
당기순이익	-114	-62	-61	-110	-59	

분기 실적　　〈단위 : 억원〉

항목	2016.1Q	2016.2Q	2016.3Q	2016.4Q	2017.1Q	2017.2Q
매출액	145	124	133	121	155	146
영업이익	-1	-7	-7	2	6	3
당기순이익	-8	-17	-8	-26	1	-2

재무 상태　　〈단위 : 억원〉

항목	2012	2013	2014	2015	2016	2017.2Q
총자산	498	411	321	273	294	369
유형자산	100	44	40	36	131	119
무형자산	78	66	36	9	8	11
유가증권	36	32	21	18	17	2
총부채	310	270	220	187	180	126
총차입금	131	116	96	96	68	36
자본금	165	185	40	53	60	71
총자본	188	141	101	86	115	243
지배주주지분	170	138	105	86	115	243

기업가치 지표

항목	2012	2013	2014	2015	2016	2017.2Q
주가(최고/저)(천원)	8.0/3.1	7.2/3.6	6.8/3.4	7.3/3.0	30.8/4.4	—/—
PER(최고/저)(배)	—/—	—/—	—/—	—/—	—/—	—/—
PBR(최고/저)(배)	3.2/1.2	4.2/2.1	6.2/3.1	10.7/4.4	40.1/5.7	6.9/4.4
EV/EBITDA(배)		25.1	13.2		709.2	—/—
EPS(원)	-1,790	-938	-691	-1,165	-495	-13
BPS(원)	624	425	1,364	855	960	1,714
CFPS(원)	-309	-119	-481	-1,019	-378	32
DPS(원)						
EBITDAPS(원)	-129	39	261	-158	10	106

재무 비율　　〈단위 : % 〉

연도	영업이익률	순이익률	부채비율	차입금비율	ROA	ROE	유보율	자기자본비율	EBITDA마진율
2016	-2.4	-11.3	156.5	59.0	-20.9	-58.9	92.1	39.0	0.2
2015	-4.5	-18.5	217.4	111.7	-37.2	-107.9	71.1	31.5	-2.3
2014	0.6	-8.1	217.0	94.7	-16.7	-45.2	172.8	31.6	2.8
2013	-1.2	-7.1	일부잠식	일부잠식	-13.7	-43.4	-15.1	34.4	1.6

엠지메드 (A180400)
MG MED

업 종 : 바이오	시 장 : KOSDAQ
신용등급 : (Bond) — (CP) —	기업규모 : 신성장
홈 페 이 지 : www.mgmed.co.kr	연 락 처 : 02)890-8700
본 사 : 서울시 금천구 디지털로 173, 1003호 (가산동, 엘리시아)	

설 립 일	2001.06.16	종 업 원 수	58명	대 표 이 사	이병화
상 장 일	2014.12.15	감 사 의 견	적정 (안진)	계 열
결 산 기	12월	보 통 주	604만주	종속회사수
액 면 가	500원	우 선 주		구 상 호

주주구성 (지분율,%)
마크로젠	25.8
플랫폼파트너스자산운용	9.7
(외국인)	0.0

출자관계 (지분율,%)
OxfordCancerBiomarkersLimited 17.1

주요경쟁사 (외형,%)
엠지메드	100
에이씨티	492
듀켐바이오	516

매출구성
DNA Chip 진단(G-scanning, MG Test, PGS)	85.6
바이오시약(효소 및 시약)	9.4
PCR 진단 Kit	5.0

비용구성
매출원가율	60.3
판관비율	53.1

수출비중
수출	3.0
내수	97.0

회사 개요
동사는 분자 진단 전문 기업으로 염색체 이상을 진단하는 DNA 칩 제품과 각종 질병을 진단하는 PCR 제품을 주요 생산품으로 하고 있으며, 분자진단 및 바이오 연구에 필요한 각종 효소 및 시약을 생산하는 시약 사업도 동시에 진행하고 있음. 염색체 이상 진단용 마이크로어레이 제조 국내 기업으로 동사가 유일함. 체외진단 시장은 글로벌 8개 회사가 전 세계 시장의 80%를 차지하는 과점시장으로, 동사는 해외기업들과 경쟁 중임.

실적 분석
동사의 2017년 상반기 연결기준 누적매출액은 24.4억원으로 전년동기대비 5.2% 감소. 비용측면에서 매출원가가 16.9% 상승하면서 영업손실은 6.4억원으로 적자폭이 확대됨. 전 세계적으로 고령화 시대로 접어들면서 질병의 조기 진단 및 예방과 관련한 수요가 급증하는 추세임. 국내외 유수기업들이 원천기술 확보를 위해 분자진단 관련 투자를 확대하고 있어 시장 성장 잠재력이 있음.

현금 흐름 *IFRS 별도 기준
〈단위 : 억원〉
항목	2016	2017.2Q
영업활동	-15	-4
투자활동	-3	-36
재무활동	80	3
순현금흐름	63	-38
기말현금	101	63

시장 대비 수익률

결산 실적
〈단위 : 억원〉
항목	2012	2013	2014	2015	2016	2017
매출액	34	39	47	54	51	
영업이익	3	-0	4	6	-7	
당기순이익	3	-3	2		-5	

분기 실적 *IFRS 별도 기준
〈단위 : 억원〉
항목	2016.1Q	2016.2Q	2016.3Q	2016.4Q	2017.1Q	2017.2Q
매출액	13	13	13	13	12	12
영업이익	-2	-1	-1	-3	-3	-4
당기순이익	-1	-0	-1	-2	-1	-3

재무 상태 *IFRS 별도 기준
〈단위 : 억원〉
항목	2012	2013	2014	2015	2016	2017.2Q
총자산	69	71	77	222	297	297
유형자산	4	33	34	34	36	39
무형자산	3	4	4	3	3	3
유가증권	—	—	—	—	—	34
총부채	54	57	5	6	6	9
총차입금	50	53				
자본금	6	6	12	12	12	30
총자본	15	14	72	216	291	288
지배주주지분	15	14	72	216	291	288

기업가치 지표 *IFRS 별도 기준
항목	2012	2013	2014	2015	2016	2017.2Q
주가(최고/저)(천원)	—/—	—/—	21.1/16.5	63.2/9.7	53.6/24.7	—/—
PER(최고/저)(배)	0.0/0.0	0.0/0.0	87.1/68.1	180.9/27.9	4.3/2.0	4.3/2.8
PBR(최고/저)(배)	0.0/0.0	0.0/0.0	3.3/2.5	6.1/0.9		—/—
EV/EBITDA(배)			13.7	40.3	56.9	
EPS(원)	67	-84	63	140	-91	-86
BPS(원)	8,576	7,899	4,189	10,391	12,471	4,825
CFPS(원)	2,700	-24	358	530	-67	-53
DPS(원)						
EBITDAPS(원)	3,638	1,352	472	500	-163	-75

재무 비율
〈단위 : % 〉
연도	영업이익률	순이익률	부채비율	차입금비율	ROA	ROE	유보율	자기자본비율	EBITDA마진율
2016	-13.4	-9.4	2.2	0.0	-1.9	-1.9	2,394.1	97.8	-6.8
2015	10.4	11.4	2.9	0.0	4.1	4.3	1,978.1	97.2	16.3
2014	7.7	4.4	7.3	0.0	2.8	4.9	737.9	93.2	13.6
2013	-0.5	-6.6	421.2	388.8	-3.7	-18.1	127.9	19.2	6.0

엠케이전자 (A033160)
MK Electron

업 종 : 반도체 및 관련장비	시 장 : KOSDAQ
신용등급 : (Bond) — (CP) —	기업규모 : 우량
홈 페 이 지 : www.mke.co.kr	연 락 처 : 031)330-1900
본 사 : 경기도 용인시 처인구 포곡읍 금어로 405	

설 립 일	1982.12.16	종 업 원 수	280명	대 표 이 사	이진
상 장 일	1997.11.10	감 사 의 견	적정 (안진)	계 열
결 산 기	12월	보 통 주	2,181만주	종속회사수	29개사
액 면 가	500원	우 선 주		구 상 호

주주구성 (지분율,%)
오션비홀딩스	24.1
차정훈	5.1
(외국인)	3.3

출자관계 (지분율,%)
엠케이인베스트먼트	100.0
유구광업	94.1
MKELECTRON(H.K.)	77.2

주요경쟁사 (외형,%)
엠케이전자	100
피에스케이	26
덕산하이메탈	7

매출구성
Bonding wire	93.4
Solder ball	3.3
Gold evaporate material	2.1

비용구성
매출원가율	69.7
판관비율	10.0

수출비중
수출	66.0
내수	34.0

회사 개요
동사는 1982년 설립되어, 반도체 Package의 핵심부품인 본딩와이어(Bonding Wire) 및 솔더볼(Solder Ball) 등 전자부품의 제조 및 판매를 기업임. 국내 반도체 제조업체인 삼성전자, 하이닉스, 스태츠칩팩코리아, 암코 등에 본딩와이어를 자체 개발하여 공급하고 있음. 동사의 주력 제품인 본딩와이어는 반도체 리드프레임과 실리콘 칩을 연결하여 전기적 신호를 전달하는 부품으로서 반도체 생산에 없어서는 안 되는 핵심 재료임.

실적 분석
동사의 2017년 상반기 누적 매출액이 3,353.3억원으로 전년 동기 대비 17.7% 증가함. 영업이익은 872.4억원으로 전년 동기에 비해 51.9% 증가함. 동사는 반도체 호황의 영향으로 매출의 90% 이상을 차지하는 본딩와이어 매출이 증가하였음. 비영업부문에서도 금융손실을 줄이면 흑자전환해 당기순이익을 전년 동기의 3배가 넘는 955.6억원을 시현함. 금값 상승으로 2016년부터 구리와 은 와이어를 양산화함.

현금 흐름
〈단위 : 억원〉
항목	2016	2017.2Q
영업활동	-1,498	307
투자활동	699	-91
재무활동	781	573
순현금흐름	-22	791
기말현금	467	1,258

시장 대비 수익률

결산 실적
〈단위 : 억원〉
항목	2012	2013	2014	2015	2016	2017
매출액	7,062	5,681	4,696	4,531	6,196	
영업이익	172	108	93	248	1,255	
당기순이익	68	210	-338	1,522	745	

분기 실적
〈단위 : 억원〉
항목	2016.1Q	2016.2Q	2016.3Q	2016.4Q	2017.1Q	2017.2Q
매출액	1,432	1,418	1,628	1,718	1,571	1,782
영업이익	301	273	332	349	386	487
당기순이익	161	146	243	195	234	712

재무 상태
〈단위 : 억원〉
항목	2012	2013	2014	2015	2016	2017.2Q
총자산	2,624	3,687	4,205	10,009	13,017	14,638
유형자산	416	440	443	497	487	467
무형자산	75	76	68	1,394	1,492	1,484
유가증권	5	5	23	477	228	293
총부채	1,581	2,458	3,323	4,778	7,079	7,826
총차입금	1,062	2,135	2,979	3,653	5,522	6,030
자본금	108	108	109	109	109	109
총자본	1,043	1,229	883	5,231	5,939	6,812
지배주주지분	1,024	1,209	864	2,229	2,431	2,780

기업가치 지표
항목	2012	2013	2014	2015	2016	2017.2Q
주가(최고/저)(천원)	4.6/2.8	5.2/3.5	5.8/3.8	9.7/5.0	12.4/6.0	—/—
PER(최고/저)(배)	14.6/8.9	5.8/4.0	—/—	1.5/0.8	12.3/6.0	—/—
PBR(최고/저)(배)	1.1/0.7	1.0/0.7	1.5/1.0	0.9/0.5	1.1/0.5	0.8/0.6
EV/EBITDA(배)	7.4	14.9	22.4	6.2	2.2	—/—
EPS(원)	359	972	-1,540	6,691	1,020	1,548
BPS(원)	4,914	5,770	4,143	10,627	11,556	13,123
CFPS(원)	707	1,316	-1,179	7,051	1,377	1,723
DPS(원)	150	160	150	120	80	
EBITDAPS(원)	1,183	844	789	1,497	6,114	4,175

재무 비율
〈단위 : % 〉
연도	영업이익률	순이익률	부채비율	차입금비율	ROA	ROE	유보율	자기자본비율	EBITDA마진율
2016	20.3	12.0	119.2	93.0	6.5	9.5	2,211.3	45.6	21.5
2015	5.5	33.6	91.4	69.8	21.4	94.4	2,025.3	52.3	7.2
2014	2.0	-7.2	376.5	337.6	-8.6	-32.4	728.7	21.0	3.7
2013	1.9	3.7	200.0	173.7	6.7	18.8	1,054.0	33.3	3.2

엠케이트렌드 (A069640)
MKTREND

업 종 : 섬유 및 의복	시 장 : 거래소
신용등급 : (Bond) — (CP) —	기업규모 : 시가총액 소형주
홈 페 이 지 : www.mktrend.co.kr	연 락 처 : 02)2142-5000
본 사 : 서울시 강남구 논현로 633 MK빌딩	

설 립 일 1995.03.31	종 업 원 수 221명	대 표 이 사 김동녕,김문환(각자대표이사)
상 장 일 2011.06.21	감사의견 적정 (삼정)	계 열
결 산 기 12월	보 통 주 1,291만주	종속회사수 3개사
액 면 가 500원	우 선 주	구 상 호 엠케이트렌드

주주구성 (지분율,%)		출자관계 (지분율,%)		주요경쟁사 (외형,%)	
한세실업	50.0	상해상무유한공사	100.0	한세엠케이	100
김상택	7.3	BUCKAROOINC	100.0	제이에스코퍼레이션	59
(외국인)	2.6	MKTREND(HK)LIMITED	100.0	SG세계물산	97

매출구성		비용구성		수출비중	
[NBA]점퍼 외	58.1	매출원가율	39.7	수출	—
[자회사]상해	14.6	판관비율	57.1	내수	—
[BUCKAROO]기타	10.3				

회사 개요
동사는 캐주얼 패션 전문기업으로 현재 티비제이(TBJ), 버커루(BUCKAROO), 앤듀(ANDEW)와 신규 스포츠 캐주얼 브랜드인 NBA를 포함한 4개의 브랜드를 주력 사업으로 영위하고 있음. 10대 ~ 20대 연령층을 주요 고객층으로 영업을 진행하고 있으며, NBA는 2011년 8월 런칭하여 스포츠 캐주얼 시장에 진출함. 특히 2010년 이후 BUCKAROO 브랜드의 매출이 눈에 띄게 확대되면서 과거 주력 브랜드였던 TBJ 매출을 상회함.

실적 분석
동사의 2017년 2분기기준 누적 매출액은 전년동기대비 3.5% 상승한 1,566.4억원을 기록하였음. 비용면에서 전년동기대비 매출원가는 거의 동일 하였으며 인건비는 크게 감소하였고 광고선전비는 증가 하였고 기타판매비와관리비도 마찬가지로 증가함. 이처럼 매출액 상승과 더불어 비용절감에도 힘을 기울였음. 그에 따라 전년동기대비 영업이익은 87.3억원으로 77.4% 상승하였음. 최종적으로 전년동기대비 당기순이익은 상승하여 75.1억원을 기록함.

현금 흐름 〈단위 : 억원〉

항목	2016	2017.2Q
영업활동	138	74
투자활동	25	-8
재무활동	-54	-35
순현금흐름	110	30
기말현금	248	278

시장 대비 수익률

결산 실적 〈단위 : 억원〉

항목	2012	2013	2014	2015	2016	2017
매출액	2,594	2,593	2,610	2,897	3,185	
영업이익	118	106	61	55	103	
당기순이익	94	90	18	36	50	

분기 실적 〈단위 : 억원〉

항목	2016.1Q	2016.2Q	2016.3Q	2016.4Q	2017.1Q	2017.2Q
매출액	782	731	654	1,018	801	766
영업이익	30	19	5	48	39	48
당기순이익	30	19	12	-11	37	39

재무 상태 〈단위 : 억원〉

항목	2012	2013	2014	2015	2016	2017.2Q
총자산	1,731	1,911	1,901	2,089	2,297	2,187
유형자산	442	437	445	430	357	344
무형자산	14	14	14	13	12	11
유가증권						
총부채	361	475	422	571	740	581
총차입금	110	162	150	471	504	204
자본금	40	60	61	63	65	65
총자본	1,370	1,436	1,479	1,518	1,557	1,606
지배주주지분	1,370	1,436	1,479	1,518	1,557	1,606

기업가치 지표

항목	2012	2013	2014	2015	2016	2017.2Q
주가(최고/저)(천원)	8.5/4.1	8.0/5.1	18.2/7.6	19.1/11.4	19.8/11.7	—/—
PER(최고/저)(배)	11.8/5.7	11.4/7.3	128.5/53.8	68.3/40.6	51.7/30.7	—/—
PBR(최고/저)(배)	0.8/0.4	0.7/0.5	1.6/0.7	1.6/1.0	1.7/1.0	1.1/0.9
EV/EBITDA(배)	5.8	8.5	21.3	25.0	13.9	
EPS(원)	783	748	148	288	388	582
BPS(원)	17,126	12,133	12,064	12,009	12,076	12,455
CFPS(원)	1,333	876	293	519	693	737
DPS(원)	200	150	150	200	200	
EBITDAPS(원)	1,637	1,014	641	662	1,100	831

재무 비율 〈단위 : %〉

연도	영업이익률	순이익률	부채비율	차입금비율	ROA	ROE	유보율	자기자본비율	EBITDA마진율
2016	3.2	1.6	47.6	32.4	2.3	3.3	2,315.3	67.8	4.5
2015	1.9	1.3	37.6	31.0	1.8	2.4	2,301.8	72.7	2.9
2014	2.3	0.7	28.5	10.1	1.0	1.2	2,312.9	77.8	3.0
2013	4.1	3.5	33.1	11.3	4.9	6.4	2,326.5	75.1	4.7

엠플러스 (A259630)
mPLUS corp

업 종 : 전자 장비 및 기기	시 장 : KOSDAQ
신용등급 : (Bond) — (CP) —	기업규모 : 벤처
홈 페 이 지 : www.mplusi.com	연 락 처 : 043)272-7079
본 사 : 충북 청주시 흥덕구 옥산면 오산가좌로 320	

설 립 일 2003.04.09	종 업 원 수 명	대 표 이 사 김종성
상 장 일 2017.09.20	감사의견 적정 (삼일)	계 열
결 산 기 12월	보 통 주 511만주	종속회사수
액 면 가 500원	우 선 주	구 상 호

주주구성 (지분율,%)		출자관계 (지분율,%)		주요경쟁사 (외형,%)	
김종성	29.2			엠플러스	100
박준용	1.8			엔에스	106
(외국인)	0.1			파크시스템스	87

매출구성		비용구성		수출비중	
Assembly Line	90.0	매출원가율	75.4	수출	86.0
기타 제품 외	7.5	판관비율	9.5	내수	14.0
기타 제품	2.5				

회사 개요
동사는 이차전지 자동화 조립설비 개발/제조 전문 기업으로 특히 파우치형 이차전지 조립 공정에 특화된 세계 유일 Turn-Key 방식의 수직계열화 라인 공급에 따른 기술적 우위의 강점을 확보하고 있음. SK이노베이션과 삼성SDI, 미국 A123 System, 중국 Wanxiang A123 Sysetm Asia와 Tianneng Energy 등 국내외 유수의 2차전지 업체들이 주요 고객사임.

실적 분석
동사는 파우치형 2차전지 조립 공정을 Turn-Key로 공급할 수 있는 전세계 유일한 기업으로 시장 성장의 수혜가 지속될 것으로 예상됨. 중국 정부의 전기차 의무생산제도 시행이 연내 발표될 전망이며 더불어 중국 기업들의 파우치형 전기차배터리로 채택이 확대되는 상황.동사는 중국 로컬 고객사들의 주문량 증가에 힘입어 중국향 매출액이 빠르게 증가중임. 2분기 누적 매출액은 전년동기 대비 290% 이상 증가한 289.1억원을 시현함.

현금 흐름 *IFRS 별도 기준 〈단위 : 억원〉

항목	2016	2017.2Q
영업활동	30	-61
투자활동	-46	18
재무활동	51	4
순현금흐름	38	-39
기말현금	41	3

시장 대비 수익률

결산 실적 〈단위 : 억원〉

항목	2012	2013	2014	2015	2016	2017
매출액	101	53	—	133	280	
영업이익	-26	-14	—	3	42	
당기순이익	-30	-18	—	-3	35	

분기 실적 *IFRS 별도 기준 〈단위 : 억원〉

항목	2016.1Q	2016.2Q	2016.3Q	2016.4Q	2017.1Q	2017.2Q
매출액	—	—	—	—	—	—
영업이익	—	—	—	—	—	—
당기순이익	—	—	—	—	—	—

재무 상태 *IFRS 별도 기준 〈단위 : 억원〉

항목	2012	2013	2014	2015	2016	2017.2Q
총자산	94	68	—	121	384	440
유형자산	43	42	—	40	43	46
무형자산	2	2	—	6	5	4
유가증권						
총부채	94	85	—	151	276	312
총차입금	73	76	—	99	51	52
자본금	8	8	—	9	20	20
총자본	1	-17	—	-30	108	133
지배주주지분	1	-17	—	-30	108	133

기업가치 지표 *IFRS 별도 기준

항목	2012	2013	2014	2015	2016	2017.2Q
주가(최고/저)(천원)	—/—	—/—	—/—	—/—	—/—	—/—
PER(최고/저)(배)	0.0/0.0	0.0/0.0	0.0/0.0	0.0/0.0	0.0/0.0	—/—
PBR(최고/저)(배)	0.0/0.0	0.0/0.0	0.0/0.0	0.0/0.0	0.0/0.0	0.0/0.
EV/EBITDA(배)			0.0		13.3	
EPS(원)	-2,029	-1,219	—	-185	1,670	61.
BPS(원)	445	-10,514	—	-11,723	26,523	3,26
CFPS(원)	-16,618	-9,647	—	194	12,220	66
DPS(원)						
EBITDAPS(원)	-14,119	-6,998	—	2,795	14,362	913

재무 비율 〈단위 : %〉

연도	영업이익률	순이익률	부채비율	차입금비율	ROA	ROE	유보율	자기자본비율	EBITDA마진율
2016	15.1	12.6	255.5	47.3	14.0	전기잠식	430.5	28.1	16.
2015	2.5	-2.5	완전잠식	완전잠식	0.0	-451.2	-24.8	5.	
2014	—	—	—	—	0.0	0.0	0.0	—	—
2013	-25.5	-33.7	완전잠식	완전잠식	-22.1	당기잠식	-310.3	-25.4	-21.

엠피그룹 (A065150)
MP Group

업 종 : 호텔 및 레저	시 장 : KOSDAQ
신용등급 : (Bond) — (CP) —	기업규모 : 중견
홈 페 이 지 : www.mrpizza.co.kr	연 락 처 : 02)596-3300
본 사 : 서울시 서초구 효령로 132	

설 립 일	1995.09.07	종 업 원 수	370명	대 표 이 사	최병민
상 장 일	2007.07.18	감 사 의 견	적정(삼경)	계 열	
결 산 기	12월	보 통 주	8,081만주	종속회사수	4개사
액 면 가	100원	우 선 주		구 상 호	MPK

주주구성 (지분율,%)		출자관계 (지분,%)		주요경쟁사 (외형,%)	
정순민	16.8			MP그룹	100
정영신	6.7			현대그린푸드	1,667
(외국인)	0.5			해마로푸드서비스	133

매출구성		비용구성		수출비중	
식자재/수수료/직영점(기타)	83.7	매출원가율	50.5	수출	—
마노핀직영점(기타)	13.8	판관비율	49.2	내수	—
식탁 외 직영점 외(기타)	2.6				

회사 개요
동사는 1990년 '미스터피자' 이대점1호점을 시작으로 25년간 지속적인 성장을 거듭해 2016년 12월말 370개의 매장수를 가진 국내 대표 피자 브랜드를 가진 회사임. 해외엔 2000년에 중국을 시작으로 2016년 기준 136개의 매장을 운영 중이며, 동남아 및 미국 시장에도 진출하여 미국 4개, 필리핀 2개, 태국에 1개 매장을 운영중. 2008년에는 커피 및 수제머핀 전문점인 '마노핀'을 오픈하여 2016년 50개 매장 운영.

실적 분석
동사의 2017년 연결기준 2분기 누적 매출액은 750.3억원으로 전년 동기 대비 2.6% 감소함. 외식경기 둔화로 피자부문과 마노핀 매출 실적이 부진했음에도 불구, 종속기업인 한강인터트레이드의 매출 신규편입으로 인해 외형적으로 큰 변동은 없음. 당기순손실은 22.2억원으로 손실 폭이 확대되었음. 한강인터트레이드의 성장 지속세가 이어질 경우 향후 흑자전환도 기대해 볼만함.

현금 흐름 〈단위 : 억원〉
항목	2016	2017.2Q
영업활동	-31	-33
투자활동	-101	24
재무활동	157	52
순현금흐름	24	43
기말현금	83	126

시장 대비 수익률

결산 실적 〈단위 : 억원〉
항목	2012	2013	2014	2015	2016	2017
매출액	1,776	1,746	1,440	1,224	1,513	
영업이익	90	32	14	-48	5	
당기순이익	28	29	4	-33	-21	

분기 실적 〈단위 : 억원〉
항목	2016.1Q	2016.2Q	2016.3Q	2016.4Q	2017.1Q	2017.2Q
매출액	388	382	367	375	385	365
영업이익	1	6	7	-9	-1	2
당기순이익	-7	4	10	-28	-21	1

재무 상태 〈단위 : 억원〉
항목	2012	2013	2014	2015	2016	2017.2Q
총자산	727	673	805	1,057	1,148	1,250
유형자산	318	300	286	308	297	287
무형자산	45	44	44	225	211	209
유가증권	7		29	25	9	29
총부채	502	436	377	621	722	744
총차입금	1	1	1	252	375	445
자본금	65	65	79	81	81	81
총자본	225	237	428	436	426	506
지배주주지분	225	237	428	410	384	407

기업가치 지표
항목	2012	2013	2014	2015	2016	2017.2Q
주가(최고/저)(천원)	1.9/1.1	2.7/1.4	5.2/1.5	4.7/3.0	3.3/1.6	—/—
PER(최고/저)(배)	43.6/25.2	53.5/26.8	830.4/240.0	—/—	4.5/2.2	2.9/1.9
PBR(최고/저)(배)	2.8/1.6	4.0/2.0	6.5/1.9	6.1/4.0	34.5	
EV/EBITDA(배)	7.3	13.0	48.4			
EPS(원)	43	52	6	-47	-45	-36
BPS(원)	668	686	804	767	735	763
CFPS(원)	111	119	65	6	10	-12
DPS(원)	20	10	5	-8	62	25
EBITDAPS(원)	206	116	79			

재무 비율 〈단위 : %〉
연도	영업이익률	순이익률	부채비율	차입금비율	ROA	ROE	유보율	자기자본비율	EBITDA마진율
2016	0.3	-1.4	169.5	88.1	-1.9	-9.3	634.6	37.1	3.3
2015	-4.0	-2.7	142.6	57.8	-3.6	-9.0	666.7	41.2	-0.5
2014	1.0	0.3	88.2	0.2	0.6	1.4	704.3	53.1	3.9
2013	1.8	1.7	184.2	0.2	4.2	14.6	586.4	35.2	4.3

엠피한강 (A219550)
MP Hankang

업 종 : 개인생활용품	시 장 : KOSDAQ
신용등급 : (Bond) — (CP) —	기업규모 : 중견
홈 페 이 지 : www.hkcorea.co.kr	연 락 처 : 02)3773-8373
본 사 : 서울시 구로구 디지털로 273, 1206호(구로동, 에이스트윈타워2차)	

설 립 일	2015.04.22	종 업 원 수	86명	대 표 이 사	정동진
상 장 일	2015.07.22	감 사 의 견	적정(이촌)	계 열	
결 산 기	12월	보 통 주	5,484만주	종속회사수	
액 면 가	100원	우 선 주		구 상 호	SK2호스팩

주주구성 (지분율,%)		출자관계 (지분,%)		주요경쟁사 (외형,%)	
엠피케이그룹	70.1			MP한강	100
정동진	17.5			한국화장품제조	218
(외국인)	0.1			코리아나	416

매출구성		비용구성		수출비중	
		매출원가율	48.8	수출	0.0
		판관비율	31.1	내수	100.0

회사 개요
동사는 한국거래소의 코스닥시장에 상장한 후 다른 회사와 합병하는 것을 유일한 사업목적으로 함. 동사는 2016년 08월 29일 이사회를 통해 (주)한강인터트레이드와의 합병을 결의했으며 2016년 12월 22일 합병을 위한 임시주주총회에서 승인 받았음. 2017년 1월 25일을 합병기일 2017년 1월 31일 합병 등기됐음. 이후 (주)한강인터트레이드에서 영위하던 화장품 제조 및 도소매 사업 등을 영위함.

실적 분석
동사는 2015년 04월 22일에 설립된 이후 코스닥시장 상장을 위한 공모를 통해 총 125억원의 자금을 조달하였으며 공모금액의 100%를 한국증권금융에 예치시킨 상태임. 2017년 상반기 영업이익은 52.2억원이며, 당기순이익은 전년동기대비 44.4% 감소한 약 24.2억원임. 이러한 실적부진의 주 원인은 신영회계법인 등과 피합병법인에 대한 평가관련 전문용역계약체결 등에서 생긴 지급수수료의 증가임.

현금 흐름 *IFRS 별도 기준 〈단위 : 억원〉
항목	2016	2017.2Q
영업활동	71	41
투자활동	-27	-3
재무활동	—	—
순현금흐름	29	39
기말현금	76	115

시장 대비 수익률

결산 실적 〈단위 : 억원〉
항목	2012	2013	2014	2015	2016	2017
매출액			206	298	500	
영업이익			31	77	100	
당기순이익			24	60	79	

분기 실적 *IFRS 별도 기준 〈단위 : 억원〉
항목	2016.1Q	2016.2Q	2016.3Q	2016.4Q	2017.1Q	2017.2Q
매출액	107	133	124	137	151	154
영업이익	28	28	23	22	29	23
당기순이익	22	22	21	14	5	21

재무 상태 *IFRS 별도 기준 〈단위 : 억원〉
항목	2012	2013	2014	2015	2016	2017.2Q
총자산			88	155	243	387
유형자산			1	0	1	1
무형자산			0	27	27	27
유가증권			9			20
총부채			16	28	35	51
총차입금					3	24
자본금			3	3	3	54
총자본			72	127	208	336
지배주주지분			72	127	208	336

기업가치 지표 *IFRS 별도 기준
항목	2012	2013	2014	2015	2016	2017.2Q
주가(최고/저)(천원)	—/—	—/—	—/—	3.0/2.6	2.6/1.9	—/—
PER(최고/저)(배)	0.0/0.0	0.0/0.0	0.0/0.0	27.3/23.6	18.3/13.3	—/—
PBR(최고/저)(배)	0.0/0.0	0.0/0.0	0.0/0.0	12.8/11.1	6.9/5.0	5.0/2.8
EV/EBITDA(배)	0.0	0.0	0.0			
EPS(원)			45	110	145	45
BPS(원)			120,507	211,720	346,520	682
CFPS(원)			40,814	99,750	131,484	45
DPS(원)						
EBITDAPS(원)			51,230	128,413	167,649	96

재무 비율 〈단위 : %〉
연도	영업이익률	순이익률	부채비율	차입금비율	ROA	ROE	유보율	자기자본비율	EBITDA마진율
2016	20.1	15.7	16.8	1.2	39.5	47.0	6,830.4	85.6	20.1
2015	25.7	20.0	22.1	0.0	49.0	59.8	4,134.4	81.9	25.8
2014	14.9	11.8	22.1	0.0			2,310.1	81.9	15.0
2013	0.0	0.0	0.0						

연우 (A115960)
YONWOO CO

업　　종 : 용기 및 포장	시　　장 : KOSDAQ
신용등급 : (Bond) —　　(CP) —	기업규모 : 우량
홈페이지 : www.yonwookorea.com	연락처 : 032)575-8811
본　　사 : 인천시 서구 가좌로84번길 13	

설립일 1994.09.30		대표이사 기중현	
상장일 2015.11.02		감사의견 적정 (안진)	
결산기 12월		계　열	
액면가 500원	보통주 1,240만주	종속회사수 2개사	
	우선주 —	구상호	

주주구성 (지분율,%)		출자관계 (지분율,%)		주요경쟁사 (외형,%)	
기중현	60.3	연우	100		
PKG Group, LLC	6.8	락앤락	181		
(외국인)	6.7	삼광글라스	127		

매출구성		비용구성		수출비중	
펌프류	75.5	매출원가율	80.6	수출	41.0
튜브류	12.4	판관비율	8.8	내수	59.0
견본품	11.5				

회사 개요
1994년 11월 설립된 동사는 목적사업으로 화장품용기 및 디스펜스 제조와 판매업, 의약품용기 제조와 판매업, 생활용품용기 제조와 판매업 등을 영위. 주요제품으로 펌프형 용기, 튜브형 용기, 견본용 용기가 있음. 화장품 시장의 특성을 고려하여 다품종 소량생산이 가능한 셀라인과 대량생산이 가능한 자동화 라인을 보유하고 있음. 아모레퍼시픽, LG생활건강, PKG Group(미주), Quadpack Group(유럽) 등이 주요 고객임.

실적 분석
동사의 2017년 상반기 연결기준 매출액은 1,119억원으로 전년동기 대비 5.2% 감소. 매출 감소에도 원가부담이 크게 늘면서 영업이익은 전년동기 대비 66.5% 감소한 53.7억원을 기록함. 외환손실발생과 영업실적 부진으로 당기순이익 전년동기 대비 58.9% 감소한 54.1억원에 그침. 전방산업이 여전히 사드의 부정적 영향에서 회복되지 못한 상태에서 5월 대선 연휴 등으로 장기간 생산활동을 중단한 것이 외형 축소의 원인임.

현금 흐름 〈단위 : 억원〉
항목	2016	2017.2Q
영업활동	248	40
투자활동	-313	-155
재무활동	-6	95
순현금흐름	-70	-26
기말현금	308	282

시장 대비 수익률

결산 실적 〈단위 : 억원〉
항목	2012	2013	2014	2015	2016	2017
매출액	1,520	1,574	1,688	1,991	2,346	—
영업이익	173	98	121	189	249	—
당기순이익	128	56	87	153	209	—

분기 실적 〈단위 : 억원〉
항목	2016.1Q	2016.2Q	2016.3Q	2016.4Q	2017.1Q	2017.2Q
매출액	549	632	596	569	566	553
영업이익	59	102	55	33	23	30
당기순이익	50	82	30	48	-3	57

재무 상태 〈단위 : 억원〉
항목	2012	2013	2014	2015	2016	2017.2Q
총자산	1,507	1,620	1,623	2,121	2,361	2,467
유형자산	736	870	917	1,038	1,272	1,377
무형자산	16	18	24	24	18	42
유가증권	11	13	8	9	10	0
총부채	782	840	756	527	570	624
총차입금	559	605	513	244	241	333
자본금	50	50	50	62	62	62
총자본	724	780	867	1,594	1,792	1,843
지배주주지분	724	780	867	1,594	1,792	1,843

기업가치 지표
항목	2012	2013	2014	2015	2016	2017.2Q
주가(최고/저)(천원)	—/—	—/—	—/—	40.7/27.4	49.4/31.7	—/—
PER(최고/저)(배)	0.0/0.0	0.0/0.0	0.0/0.0	27.8/18.7	29.3/18.8	—/—
PBR(최고/저)(배)	0.0/0.0	0.0/0.0	0.0/0.0	3.2/2.1	3.4/2.2	2.5/1.9
EV/EBITDA(배)	1.9		2.7	2.0	16.5	12.7
EPS(원)	1,308	559	868	1,467	1,687	436
BPS(원)	7,247	7,803	8,675	12,859	14,451	14,862
CFPS(원)	1,940	1,319	1,782	2,486	2,647	967
DPS(원)	—	—	—	—	—	—
EBITDAPS(원)	2,402	1,737	2,131	2,829	2,968	965

재무 비율 〈단위 : % 〉
연도	영업이익률	순이익률	부채비율	차입금비율	ROA	ROE	유보율	자기자본비율	EBITDA마진율
2016	10.6	8.9	31.8	13.4	9.3	12.4	2,790.2	75.9	15.7
2015	9.5	7.7	33.1	15.3	8.2	12.4	2,471.7	75.2	14.8
2014	7.2	5.1	87.3	59.2	5.4	10.5	1,635.1	53.4	12.6
2013	6.2	3.6	107.8	77.6	3.6	7.4	1,460.7	48.1	11.0

연이정보통신 (A090740)
YOUNYI Information & Communication

업　　종 : 디스플레이 및 관련부품	시　　장 : KOSDAQ
신용등급 : (Bond) —　　(CP) —	기업규모 : 중견
홈페이지 : www.younyi.co.kr	연락처 : 041)620-1500
본　　사 : 충남 천안시 서북구 직산읍 4산단6길 77	

설립일 2003.04.01		대표이사 이종전	
상장일 2007.09.19		감사의견 적정 (삼정)	
결산기 12월		계　열	
액면가 500원	보통주 1,600만주	종속회사수 7개사	
	우선주 —	구상호	

주주구성 (지분율,%)		출자관계 (지분율,%)		주요경쟁사 (외형,%)	
이용호	36.7	디에스파워텍	89.6	연이정보통신	100
이종전	5.2	동부엘이디	64.7	한국컴퓨터	59
(외국인)	0.9	연이전자(천진)	100.0	케이맥	22

매출구성		비용구성		수출비중	
전자부품제조(중국)	65.0	매출원가율	95.4	수출	68.0
전자부품제조(한국)	34.9	판관비율	2.7	내수	32.0
전자부품제조(베트남)	0.1				

회사 개요
LCD모니터와 노트북용 Source PBA, LCD TV용 콘트롤과 Source PBA를 생산하여 삼성디스플레이, 구로다 등에 납품함. 연결대상 종속회사는 연이소주와 연이천진, 연이청도, 연이하이퐁비나 등이 있음. 2015년말 46억원을 출자해 베트남 현지법인을 설립하였으며, 2017년 3월에 동부엘이디의주식 64.7%를 80.2억원에 인수하여 종속회사로 신규 편입함. 판매가격 하락과 가격 경쟁력으로 LCD 및 LED 수요가 증가하고 있음.

실적 분석
베트남에서의 제품(LED 및 OLED PBA 및 F-PCA) 공급은 증가하였으나, 주력인 중국과 국내 판매가 크게 감소함. 이에 따라 2017년 상반기 연결기준 매출액은 전년동기 대비 25.6% 급감한 1,482.1억원을 기록함. 외형 축소에 따른 고정비용 부담으로 영업이익은 -37.9억원으로 적자 전환. 무형자산손상차손과 관계기업처분손실에도 불구하고 33.6억원의 채무면제이익이 발생하여 영업외수지는 흑자를 기록함.

현금 흐름 〈단위 : 억원〉
항목	2016	2017.2Q
영업활동	125	89
투자활동	-20	-80
재무활동	-92	59
순현금흐름	12	68
기말현금	64	132

시장 대비 수익률

결산 실적 〈단위 : 억원〉
항목	2012	2013	2014	2015	2016	2017
매출액	3,728	4,398	4,473	4,561	3,980	—
영업이익	51	80	48	45	75	—
당기순이익	38	59	28	39	-8	—

분기 실적 〈단위 : 억원〉
항목	2016.1Q	2016.2Q	2016.3Q	2016.4Q	2017.1Q	2017.2Q
매출액	1,006	985	1,035	954	743	739
영업이익	6	9	34	26	0	-38
당기순이익	-16	3	19	-14	5	-23

재무 상태 〈단위 : 억원〉
항목	2012	2013	2014	2015	2016	2017.2Q
총자산	1,598	1,476	2,046	1,803	1,493	1,546
유형자산	616	669	647	604	516	534
무형자산	19		21	22	21	47
유가증권				5	34	4
총부채	869	740	1,294	1,032	755	835
총차입금	262	202	236	364	274	368
자본금	80	80	80	80	80	80
총자본	729	736	753	771	738	711
지배주주지분	729	736	753	771	738	691

기업가치 지표
항목	2012	2013	2014	2015	2016	2017.2Q
주가(최고/저)(천원)	3.0/1.6	3.4/2.0	3.2/1.9	3.5/2.0	3.9/2.3	—/—
PER(최고/저)(배)	13.2/7.0	9.9/5.7	19.6/11.9	15.3/8.8	—/—	—/—
PBR(최고/저)(배)	0.7/0.4	0.7/0.4	0.7/0.4	0.7/0.4	0.8/0.5	0.8/0.6
EV/EBITDA(배)	2.0	3.0	2.3	4.2	4.1	—/—
EPS(원)	239	369	173	244	-52	-152
BPS(원)	4,556	4,936	5,114	5,396	5,190	4,892
CFPS(원)	810	1,065	986	1,078	606	219
DPS(원)	—	—	—	70	143	—
EBITDAPS(원)	892	1,197	1,111	1,114	1,129	135

재무 비율 〈단위 : % 〉
연도	영업이익률	순이익률	부채비율	차입금비율	ROA	ROE	유보율	자기자본비율	EBITDA마진율
2016	1.9	-0.2	102.2	37.2	-0.5	-1.1	938.1	49.5	4.5
2015	1.0	0.9	133.8	47.2	2.0	5.1	979.2	42.8	3.9
2014	1.1	0.6	171.8	31.3	1.6	3.7	922.7	36.8	4.0
2013	1.8	1.3	100.5	27.4	3.8	8.1	887.1	49.9	4.4

영보화학 (A014440)
Youngbo Chemical

업 종 : 화학		시 장 : 거래소	
신용등급 : (Bond) — (CP) —		기업규모 : 시가총액 소형주	
홈 페 이 지 : www.youngbo.com		연 락 처 : 043)249-2020	
본 사 : 충북 청주시 흥덕구 강내면 서부로 230-23			

설 립 일 1979.12.11	종 업 원 수 315명	대 표 이 사 이영식	
상 장 일 1997.08.27	감 사 의 견 적정 (한영)	계 열	
결 산 기 12월	보 통 주 2,000만주	종속회사수 3개사	
액 면 가 500원	우 선 주 —	구 상 회	

주주구성 (지분율,%)		출자관계 (지분율,%)		주요경쟁사 (외형,%)	
세끼스이화학공업	51.0	무한	65.0	영보화학	100
이봉주	9.9	YOUNGBOHIPPI(Langfang)CO.,LTD.	100.0	KPX그린케미칼	154
(외국인)	52.5			세우글로벌	27

매출구성		비용구성		수출비중	
[중국(랑방)/무가공]양면Tape 외	39.4	매출원가율	75.0	수출	—
[한국/무가공]건물의 내·외벽체 단열용, 지붕재	24.0	판관비율	14.7	내수	—
[한국/무가공]CAR A/C INSULATION외	17.3				

회사 개요

동사는 1979년 설립되어 합성수지 제조 및 판매를 주요 사업으로 영위하고 있는 국내 최고의 가교발포 폴리올레핀 전문 제조회사임. 주력 제품으로는 자동차내장재, 건축용 보온재, 건축용 층간소음 완충재, IT용 LCD 간지, 산업용 에어컨 배관재 등의 제품을 제조하고 있음. 2014년 건축부문을 영보하우징으로 분할하여 건축 시장에 대응함. 품목별 매출 비중은 건축자재 약 40%, 자동차 부문 27%, 일반소재 33%로 구성되어 있음.

실적 분석

2017년 상반기 연결기준 매출액은 818.1억원으로 전년동기 대비 8.1% 증가함. 전 사업부문 모두 매출액이 증가하였으며 특히, 자동차 부문은 전년동기 대비 18.8% 신장함. 그러나 원가율이 6.5%p 증가하여 수익성이 저하되어 영업이익은 33.3% 감소한 53.0억원을 기록함. 자동차소재부문은 공격적인 영업활동을 통한 해외 수출물량 증대가 예상됨. 일반소재부문은 고부가가치 신규개발품 출시로 수익성 개선을 통한 매출 증대가 기대됨.

현금 흐름		〈단위 : 억원〉
항목	2016	2017.2Q
영업활동	203	75
투자활동	-41	277
재무활동	-84	-261
순현금흐름	78	92
기말현금	250	342

시장 대비 수익률

결산 실적					〈단위 : 억원〉	
항목	2012	2013	2014	2015	2016	2017
매출액	1,378	1,638	1,574	1,574	1,578	—
영업이익	84	122	82	138	163	—
당기순이익	50	85	34	89	112	—

분기 실적					〈단위 : 억원〉	
항목	2016.1Q	2016.2Q	2016.3Q	2016.4Q	2017.1Q	2017.2Q
매출액	357	400	378	443	402	416
영업이익	38	41	40	44	21	32
당기순이익	21	33	22	37	13	232

재무 상태					〈단위 : 억원〉	
항목	2012	2013	2014	2015	2016	2017.2Q
총자산	1,507	1,680	1,722	1,727	1,822	1,787
유형자산	848	923	881	884	855	814
무형자산	21	20	21	21	44	46
유가증권	13	6	7	7	2	2
총부채	609	709	739	670	676	420
총차입금	388	394	437	352	288	48
자본금	100	100	100	100	100	100
총자본	897	971	983	1,058	1,146	1,367
지배주주지분	880	954	969	1,046	1,131	1,349

기업가치 지표						
항목	2012	2013	2014	2015	2016	2017.2Q
주가(최고/저)(천원)	5.2/2.6	3.6/2.5	5.4/3.2	6.7/3.4	6.6/3.7	—/—
PER(최고/저)(배)	23.1/11.4	9.5/6.6	31.1/18.5	15.2/7.8	12.3/6.9	—/—
PBR(최고/저)(배)	1.3/0.6	0.8/0.6	1.2/0.7	1.3/0.7	1.2/0.7	1.0/0.7
EV/EBITDA(배)	7.1	5.9	7.5	5.6	5.8	—/—
EPS(원)	251	422	184	456	545	1,208
BPS(원)	4,448	4,816	4,892	5,277	5,704	6,794
CFPS(원)	490	698	503	795	902	1,381
DPS(원)	50	100	100	100	100	—
EBITDAPS(원)	660	885	727	1,028	1,172	438

재무 비율								〈단위 : % 〉
연도	영업 이익률	순 이익률	부채 비율	차입금 비율	ROA	ROE	유보율	자기자본 비율	EBITDA 마진율
2016	10.3	7.1	59.0	25.1	6.3	10.0	1,040.8	62.9	14.9
2015	8.8	5.7	63.3	33.3	5.2	9.1	955.4	61.2	13.1
2014	5.2	2.1	75.2	44.5	2.0	3.8	878.3	57.1	9.2
2013	7.4	5.2	73.0	40.5	5.3	9.2	863.1	57.8	10.8

영신금속공업 (A007530)
Youngsin Metal Industrial

업 종 : 자동차부품		시 장 : KOSDAQ	
신용등급 : (Bond) — (CP) —		기업규모 : 중견	
홈 페 이 지 : www.ysmic.com		연 락 처 : 031)680-8600	
본 사 : 경기도 평택시 포승읍 포승공단로 118번길 118			

설 립 일 1971.12.01	종 업 원 수 443명	대 표 이 사 이정우	
상 장 일 1994.08.05	감 사 의 견 적정 (이정)	계 열	
결 산 기 12월	보 통 주 629만주	종속회사수 1개사	
액 면 가 500원	우 선 주 —	구 상 회	

주주구성 (지분율,%)		출자관계 (지분율,%)		주요경쟁사 (외형,%)	
이정우	12.6	에버그린	23.8	영신금속	100
이정준	6.3	우주일렉트로	0.1	이원컴포텍	32
(외국인)	0.6			세동	107

매출구성		비용구성		수출비중	
볼트, 스크류(자동차부품)	96.2	매출원가율	80.3	수출	65.0
스크류(건축내장부품)	2.1	판관비율	19.4	내수	35.0
스크류(전자제품)	1.7				

회사 개요

동사는 볼트, 스크류, 리벳등의 단조부품만을 전문적으로 생산하는 Fastener 전문업체로 국내외 자동차, 전자기기, 건축물 등에 약 10,000여종의 전문 특화된 제품을 공급하고 있음. 주요 수요처가 자동차 및 기계류, 가전제품 제조업체로서 국내 시장환경과 선진국의 환경규제 및 FTA등의 해외수출 환경에 따른 판매 가격에 영향을 받고 있음. 동사는 태국 현지법인 1개사를 종속회사로 보유하고 있으며 지분율은 100%임.

실적 분석

완성차 시장과 부품시장은 심화된 경쟁상황을 보이고 있어 동사 2017년 2분기기준 누적 매출액은 전년동기대비 4.5% 소폭 상승한 620.6억원을 기록하였음. Steel Wire 등 원자재 가격이 전년동기 대비 상승하여 매출원가는 증가 하였으며 인건비 및 광고선전비도 증가하였음. 매출액 대비 비용증가가 높아 전년동기대비 영업이익은 -18.8억원으로 적자전환하였음. 최종적으로 전년동기대비 당기순이익도 적자전환하여 -35.1억원을 기록함.

현금 흐름		〈단위 : 억원〉
항목	2016	2017.2Q
영업활동	-7	-19
투자활동	-131	-50
재무활동	119	118
순현금흐름	-30	50
기말현금	24	73

시장 대비 수익률

결산 실적					〈단위 : 억원〉	
항목	2012	2013	2014	2015	2016	2017
매출액	1,110	1,109	1,099	1,115	1,173	—
영업이익	21	43	34	34	3	—
당기순이익	5	24	21	20	11	—

분기 실적					〈단위 : 억원〉	
항목	2016.1Q	2016.2Q	2016.3Q	2016.4Q	2017.1Q	2017.2Q
매출액	286	308	274	304	299	322
영업이익	7	2	5	-11	-4	-17
당기순이익	6	6	-0	-2	-2	-33

재무 상태					〈단위 : 억원〉	
항목	2012	2013	2014	2015	2016	2017.2Q
총자산	969	998	1,055	1,211	1,353	1,460
유형자산	616	653	689	805	912	930
무형자산	7	7	4	4	4	3
유가증권	11	10	2	4	3	10
총부채	684	682	726	860	1,000	1,145
총차입금	410	434	486	588	704	814
자본금	31	31	31	31	31	31
총자본	286	317	329	350	353	315
지배주주지분	286	317	329	350	353	315

기업가치 지표						
항목	2012	2013	2014	2015	2016	2017.2Q
주가(최고/저)(천원)	3.2/1.4	2.3/1.7	2.9/1.7	4.3/1.9	7.4/2.6	—/—
PER(최고/저)(배)	44.0/19.3	6.5/4.6	9.1/5.3	13.9/6.0	42.9/15.3	—/—
PBR(최고/저)(배)	0.7/0.3	0.5/0.3	0.6/0.3	0.8/0.3	1.3/0.5	1.1/0.7
EV/EBITDA(배)	11.8	7.5	8.9	11.5	22.9	—/—
EPS(원)	78	379	326	319	174	-558
BPS(원)	4,624	5,115	5,305	5,652	5,697	5,085
CFPS(원)	433	796	785	804	832	-132
DPS(원)	10	30	25	40	40	—
EBITDAPS(원)	685	1,099	993	1,022	712	128

재무 비율								〈단위 : % 〉
연도	영업 이익률	순 이익률	부채 비율	차입금 비율	ROA	ROE	유보율	자기자본 비율	EBITDA 마진율
2016	0.3	0.9	283.1	199.2	0.9	3.1	1,039.3	26.1	3.8
2015	3.0	1.8	245.4	167.8	1.8	5.9	1,030.4	29.0	5.8
2014	3.1	1.9	221.0	147.9	2.0	6.4	960.9	31.2	5.7
2013	3.9	2.2	215.3	137.0	2.4	7.9	923.0	31.7	6.2

영우디에스피 (A143540)
YoungWoo DSP

업 종 : 디스플레이 및 관련부품		시 장 : KOSDAQ	
신용 등 급 : (Bond) — (CP) —		기업규모 : 우량	
홈 페 이 지 : www.ywdsp.com		연 락 처 : (041)418-4871	
본 사 : 충남 천안시 서북구 성거읍 새터길 164			

설 립 일	2004.02.16	종 업 원 수	321명	대 표 이 사	박금성
상 장 일	2014.10.29	감 사 의 견	적정 (세림)	계 열	
결 산 기	12월	보 통 주	1,218만주	종속회사수	1개사
액 면 가	500원	우 선 주		구 상 호	

주주구성 (지분율,%)		출자관계 (지분율,%)		주요경쟁사 (외형,%)	
박금성	20.5	알프스	42.9	영우디에스피	100
한국증권금융	4.1	레아	30.0	우리이앤엘	101
(외국인)	1.9	에스알엠씨	4.0	우리조명	1,070

매출구성		비용구성		수출비중	
디스플레이검사장비(진행율)	98.2	매출원가율	89.9	수출	48.0
디스플레이검사장비(인도기준)	1.8	판관비율	3.4	내수	52.0

회사 개요
동사는 2004년 설립됐으며, 주요 사업은 평판디스플레이 제조용 기계 등의 제조이며, 반도체, LCD, LED, OLED, 태양광 장비제조 및 판매업, 정밀부품 가공제조업 등으로 구성돼 있음. 디스플레이 장비는 주문제작에 의해 생산이 이루어지므로 대량 양산체제가 적합하지 않아 대기업보다는 중소기업에 적합하며, 기술변화가 빠른 만큼 지속적인 연구개발이 필요함. 매출구성은 검사장비 100%로 구성.

실적 분석
동사의 2017년 상반기 연결기준 누적 매출액은 1,315.2억원으로 전년 동기 대비 307.1% 증가함. 매출이 늘면서 매출원가와 판관비가 대폭 증가하면서 영업손실은 23.1억원으로 오히려 전년 동기와 비교해 적자 폭이 확대됨. 금융 수익이 증가하면서 비영업손익 부문에서 흑자전환하면서 당기순이익은 4.8억원으로 전년 동기 대비 흑자전환에 성공함. 외형은 확대된 만큼 수익성 개선이 필요한 상황.

현금 흐름 〈단위 : 억원〉

항목	2016	2017.2Q
영업활동	-15	-16
투자활동	-32	-114
재무활동	159	280
순현금흐름	112	153
기말현금	130	283

시장 대비 수익률

결산 실적 〈단위 : 억원〉

항목	2012	2013	2014	2015	2016	2017
매출액	282	896	625	578	1,462	
영업이익	-18	89	26	3	98	
당기순이익	-33	102	26	6	119	

분기 실적 〈단위 : 억원〉

항목	2016.1Q	2016.2Q	2016.3Q	2016.4Q	2017.1Q	2017.2Q
매출액	115	208	—	—	783	532
영업이익	-12	-8	—	—	41	-64
당기순이익	-15	-8	—	—	13	-9

재무 상태 〈단위 : 억원〉

항목	2012	2013	2014	2015	2016	2017.2Q
총자산	234	302	486	516	1,372	1,351
유형자산	79	94	99	96	77	161
무형자산	26	34	40	85	78	69
유가증권	—	—	—	—	5	—
총부채	301	149	233	247	975	955
총차입금	254	84	101	128	267	497
자본금	14	21	28	30	61	61
총자본	-67	153	253	269	397	397
지배주주지분	-67	153	253	269	397	397

기업가치 지표

항목	2012	2013	2014	2015	2016	2017.2Q
주가(최고/저)(천원)	—/—	—/—	3.7/2.9	5.7/2.6	12.7/3.7	—/—
PER(최고/저)(배)	0.0/0.0	0.0/0.0	11.0/8.6	63.8/29.5	12.9/3.7	—/—
PBR(최고/저)(배)	0.0/0.0	0.0/0.0	1.6/1.2	2.5/1.2	3.9/1.1	3.8/2.6
EV/EBITDA(배)		0.4	10.8	40.3	12.2	—
EPS(원)	-483	1,453	333	89	986	40
BPS(원)	-1,575	3,608	4,525	4,519	3,256	3,255
CFPS(원)	-707	2,625	803	383	1,188	141
DPS(원)	—	—	—	—	—	—
EBITDAPS(원)	-341	2,300	800	264	1,012	-88

재무 비율 〈단위 : %〉

연도	영업이익률	순이익률	부채비율	차입금비율	ROA	ROE	유보율	자기자본비율	EBITDA마진율
2016	6.7	8.1	245.8	67.4	12.6	35.7	551.2	28.9	8.4
2015	0.5	1.7	91.7	47.7	1.9	3.7	803.9	52.2	2.6
2014	4.2	4.2	92.1	39.9	6.7	13.0	805.0	52.1	5.8
2013	9.9	11.4	97.2	54.9	38.2	전기잠식	645.3	50.7	10.9

영원무역 (A111770)
Youngone

업 종 : 섬유 및 의복		시 장 : 거래소	
신용 등 급 : (Bond) AA- (CP) —		기업규모 : 시가총액 중형주	
홈 페 이 지 : www.youngone.co.kr		연 락 처 : (02)390-6114	
본 사 : 서울시 중구 만리재로 159 (만리동2가)			

설 립 일	2009.07.02	종 업 원 수	458명	대 표 이 사	성기학
상 장 일	2009.07.30	감 사 의 견	적정 (삼일)	계 열	
결 산 기	12월	보 통 주	4,431만주	종속회사수	62개사
액 면 가	500원	우 선 주		구 상 호	

주주구성 (지분율,%)		출자관계 (지분율,%)		주요경쟁사 (외형,%)	
영원무역홀딩스	50.5	한국패션유통물류	3.7	영원무역	100
국민연금공단	11.3	YHT	100.0	코데즈컴바인	1
(외국인)	23.6	TSL	100.0	한세실업	77

매출구성		비용구성		수출비중	
제품(제품)	118.7	매출원가율	73.7	수출	—
상품제품기타(상품및제품)	38.8	판관비율	17.4	내수	—
연결조정	-57.5				

회사 개요
동사는 2009년 영원무역홀딩스로부터 회사분할을 통해 설립됨. 동사는 해외 소재 약 40여개의 유명 아웃도어 및 스포츠 브랜드 바이어로부터 주문을 받아 방글라데시, 베트남, 중국 및 중남미 지역에 소재한 해외 현지법인 공장에서 의류, 신발, 가방 등의 제품을 OEM 방식으로 생산 및 수출을 하고 있음. 동사는 OEM 제품 생산에 필요한 화섬니트 및 메리노울 원단생산, 특수기능 원단 및 충진재를 자체 생산했음. 최근 자전거 사업에도 진출함.

실적 분석
동사의 2017년 상반기 매출액은 1조 54억원으로 전년동기 대비 2.3% 증가함. 영업이익은 1,074.6억원으로 0.1% 증가. OEM은 출고량 감소에도 불구하고 비용 부담이 두드러지지 않았음. OEM 부문은 매출은 감소했으나 영업이익이 증가함. 스캇 영업이익이 급감으로 브랜드유통/기타 부문 영업이익률 또한 하락함. 작년 3~4분기 미국 재고 조정이 피크여서 OEM업체들의 오더 베이스가 낮아 하반기는 전년동기 대비 양호한 실적을 기록할 것.

현금 흐름 〈단위 : 억원〉

항목	2016	2017.2Q
영업활동	1,019	-2,033
투자활동	-1,022	-341
재무활동	88	1,194
순현금흐름	77	-1,283
기말현금	4,610	3,327

시장 대비 수익률

결산 실적 〈단위 : 억원〉

항목	2012	2013	2014	2015	2016	2017
매출액	10,591	11,082	12,463	15,849	20,016	
영업이익	1,863	1,608	1,855	1,968	1,794	
당기순이익	1,317	1,219	1,433	1,445	1,090	

분기 실적 〈단위 : 억원〉

항목	2016.1Q	2016.2Q	2016.3Q	2016.4Q	2017.1Q	2017.2Q
매출액	4,316	5,513	5,476	4,710	4,406	5,64
영업이익	380	694	529	192	395	67
당기순이익	302	495	387	-94	326	52

재무 상태 〈단위 : 억원〉

항목	2012	2013	2014	2015	2016	2017.2Q
총자산	9,985	12,123	13,941	22,210	23,897	25,47
유형자산	3,520	4,074	5,139	5,618	5,657	5,19
무형자산	39	34	181	1,983	2,159	2,14
유가증권	570	428	518	1,013	901	1,13.
총부채	3,180	3,103	3,818	8,586	10,122	11,41.
총차입금	1,159	959	1,106	3,825	5,037	6,33.
자본금	204	222	222	222	222	22
총자본	6,806	9,020	10,123	13,624	13,775	14,06
지배주주지분	6,417	8,514	9,722	11,767	12,450	12,67

기업가치 지표

항목	2012	2013	2014	2015	2016	2017.2Q
주가(최고/저)(천원)	36.7/20.5	45.2/29.5	69.7/34.7	69.8/41.1	54.5/25.9	—/—
PER(최고/저)(배)	12.9/7.2	18.4/12.0	24.5/12.2	24.1/14.2	22.2/10.5	—/—
PBR(최고/저)(배)	2.4/1.3	2.4/1.6	3.2/1.6	2.7/1.6	1.9/0.9	1.3/0.
EV/EBITDA(배)	6.0	9.4	10.2	7.7	6.2	—
EPS(원)	2,919	2,514	2,891	2,931	2,482	1,83
BPS(원)	15,724	19,215	21,940	26,554	28,390	28,95
CFPS(원)	3,672	3,188	3,666	4,103	3,785	2,47
DPS(원)	200	200	200	200	250	
EBITDAPS(원)	5,319	4,332	4,961	5,614	5,353	3,06

재무 비율 〈단위 : %〉

연도	영업이익률	순이익률	부채비율	차입금비율	ROA	ROE	유보율	자기자본비율	EBITDA마진율
2016	9.0	5.4	73.5	36.6	4.7	9.1	5,578.1	57.6	11.
2015	12.4	9.1	63.0	28.1	8.0	12.1	5,210.9	61.3	15.
2014	14.9	11.5	37.7	10.9	11.0	14.1	4,287.9	72.6	17.
2013	14.5	11.0	34.4	10.6	11.0	14.8	3,743.0	74.4	17.

영원무역홀딩스 (A009970)
Youngone Holdings co

업 종 : 섬유 및 의복		시 장 : 거래소	
신용등급 : (Bond) — (CP) —		기업규모 : 시가총액 중형주	
홈페이지 : www.youngone.co.kr		연 락 처 : 02)390-6114	
본 사 : 서울시 중구 만리재로 159 (만리동2가)			

설 립 일 1974.06.05	종업원수 10명	대표이사 성래은	
상 장 일 1988.11.07	감사의견 적정 (삼일)	계 열	
결 산 기 12월	보 통 주 1,364만주	종속회사수 69개사	
액 면 가 500원	우 선 주	구 상 호	

주주구성 (지분율,%)
와이엠에스에이	29.1
성기학	16.8
(외국인)	24.1

출자관계 (지분율,%)
PBI	100.0
KEPZ	100.0
스캇노스아시아	60.0

주요경쟁사 (외형,%)
영원무역홀딩스	100
코데즈컴바인	1
LF	65

매출구성
제조 OEM(기타)	101.7
브랜드 유통 / 기타(기타)	51.3
연결조정(기타)	-52.9

비용구성
매출원가율	67.2
판관비율	24.2

수출비중
수출	—
내수	—

회사 개요
사업회사로 분할하고 상호를 영원무역홀딩스로 변경하며 순수 지주회사로 전환. 아웃도어 의류, 신발, 백팩 등의 OEM 생산 사업은 자회사인 영원무역이 수행하고 있음. 노스페이스, 에이글 등 브랜드 사업은 영원아웃도어가 수행. 동사의 유통 브랜드인 노스페이스는 국내 아웃도어 의류시장 점유율 1위의 지위를 유지하고 있음. 동사는 영원무역, 영원아웃도어 등 실적을 연결로 인식함.

실적 분석
동사의 2017년 상반기 매출액은 1조 1,470.3억원으로 전년 동기 대비 2.1% 증가함. 영업이익은 1,135.5억원으로 전년 대비 0.6% 감소함. 당기순이익은 5.5% 증가한 912.7억원을 시현함. 주력 사업회사인 영원무역의 매출액은 1조 53.9억원, 영업이익 1,074.6억원이며, The North Face 외 기타 아웃도어 브랜드 유통사업을 전개하는 영원아웃도어의 매출액은 1,605.3억원, 영업이익은 35.2억원임.

현금 흐름 〈단위 : 억원〉
항목	2016	2017.2Q
영업활동	1,292	-1,758
투자활동	-1,027	-518
재무활동	14	1,172
순현금흐름	271	-1,224
기말현금	5,830	4,606

시장 대비 수익률

결산 실적 〈단위 : 억원〉
항목	2012	2013	2014	2015	2016	2017
매출액	14,492	15,301	16,443	18,805	23,380	
영업이익	2,382	2,200	2,350	2,309	2,010	
당기순이익	1,709	1,614	1,817	1,726	1,290	

분기 실적 〈단위 : 억원〉
항목	2016.1Q	2016.3Q	2016.4Q	2017.1Q	2017.2Q
매출액	4,983	6,249	5,889	6,258	5,152	6,318
영업이익	440	702	536	332	444	691
당기순이익	346	519	383	42	356	557

재무 상태 〈단위 : 억원〉
항목	2012	2013	2014	2015	2016	2017.2Q
총자산	13,962	16,166	17,748	26,482	28,381	29,824
유형자산	5,000	5,850	6,681	7,196	7,253	7,272
무형자산	67	61	204	2,006	2,175	2,162
유가증권	757	566	684	1,356	1,208	1,527
총부채	4,373	4,136	4,344	9,219	10,827	11,934
총차입금	1,451	1,145	1,141	3,896	5,081	6,376
자본금	68	68	68	68	68	68
총자본	9,589	12,030	13,404	17,263	17,555	17,950
지배주주지분	5,053	5,987	6,790	8,141	8,578	8,804

기업가치 지표
항목	2012	2013	2014	2015	2016	2017.2Q
주가(최고/저)(천원)	66.0/44.1	78.5/57.6	115/63.8	104/56.9	72.6/54.0	—/—
PER(최고/저)(배)	10.6/7.1	14.1/10.4	18.6/10.3	17.1/9.3	14.4/10.7	0.9/0.8
PBR(최고/저)(배)	1.8/1.2	1.8/1.3	2.3/1.3	1.8/1.0	1.2/0.9	
EV/EBITDA(배)	4.3	5.8		5.6	6.0	
EPS(원)	6,467	5,707	6,303	6,210	5,075	3,365
BPS(원)	37,426	44,273	50,163	60,074	63,278	64,935
CFPS(원)	9,140	8,312	9,515	10,510	9,840	5,751
DPS(원)	500	500	500	500	500	
EBITDAPS(원)	20,720	18,739	20,445	21,232	19,506	10,714

재무 비율 〈단위 : % 〉
연도	영업이익률	순이익률	부채비율	차입금비율	ROA	ROE	유보율	자기자본비율	EBITDA마진율
2016	8.6	5.5	61.7	28.9	4.7	8.3	12,555.6	61.9	11.4
2015	12.3	9.2	53.4	22.6	7.8	11.3	11,914.9	65.2	15.4
2014	14.3	11.1	32.4	8.5	10.7	13.5	9,932.6	75.5	17.0
2013	14.4	10.6	34.4	9.5	10.7	14.1	8,754.6	74.4	16.7

영인프런티어 (A036180)
Young In Frontier

업 종 : 교육		시 장 : KOSDAQ	
신용등급 : (Bond) — (CP) —		기업규모 : 벤처	
홈페이지 : www.younginfrontier.com		연 락 처 : 02)2140-3300	
본 사 : 서울시 금천구 벚꽃로 244, 1101호(가산동, 벽산디지털밸리5차)			

설 립 일 1994.03.29	종업원수 102명	대표이사 안여환	
상 장 일 1999.12.14	감사의견 적정 (지성)	계 열	
결 산 기 12월	보 통 주 1,760만주	종속회사수	
액 면 가 500원	우 선 주	구 상 호	

주주구성 (지분율,%)
이지민	12.6
이혁근	9.1
(외국인)	0.6

출자관계 (지분율,%)
영인과학	18.4
수파드엘릭사	3.2
영린기기	

주요경쟁사 (외형,%)
영인프런티어	100
메가스터디교육	606
정상제이엘에스	289

매출구성
과학기자재 및 관련소모품	78.7
항체(상품,기타)	12.9
항체(제품)	8.5

비용구성
매출원가율	75.0
판관비율	21.3

수출비중
수출	3.0
내수	97.0

회사 개요
동사는 1994년 도원텔레콤으로 설립됨. 항체 제조/판매, 항체 신약개발 등을 주력으로 하는 바이오 사업부문과 생명공학 관련 과학기기 및 소모품을 공급하는 과학기기 사업부문을 영위함. 매출은 바이오부문 17%, 과학기기 부문 83%로 구성됨. 2017년 4월, 대웅제약과 Thermo Scientific LIMS 공급 구축 계약을 체결함. 국내외에 지적재산권도 11건 보유하고 있음.

실적 분석
2017년 상반기 연결기준 동사 매출은 164.2억원을 기록함. 전년도 같은 기간 매출액 127.7억원에 비해 28.6% 성장함. 매출원가가 29.6% 증가하고 인건비 등이 늘어 판매비와 관리비도 늘었으나 매출 성장이 이를 상회함. 따라서 영업이익은 2억원에서 3.3억원으로 증가함. 비영업부문 이익은 0.7억원에서 2.2억원으로 증가함. 당기순이익은 2.7억원에서 4.1억원으로 성장함.

현금 흐름 *IFRS 별도 기준 〈단위 : 억원〉
항목	2016	2017.2Q
영업활동	8	-5
투자활동	-33	-4
재무활동	29	—
순현금흐름	4	-2
기말현금	13	11

시장 대비 수익률

결산 실적 〈단위 : 억원〉
항목	2012	2013	2014	2015	2016	2017
매출액	154	177	185	246	288	
영업이익	-19	2	2	7	11	
당기순이익	-23	7	15	14	14	

분기 실적 *IFRS 별도 기준 〈단위 : 억원〉
항목	2016.1Q	2016.2Q	2016.3Q	2016.4Q	2017.1Q	2017.2Q
매출액	60	67	71	89	74	90
영업이익	0	2	3	6	1	3
당기순이익	1	3	7	4	1	2

재무 상태 *IFRS 별도 기준 〈단위 : 억원〉
항목	2012	2013	2014	2015	2016	2017.2Q
총자산	167	198	203	220	267	276
유형자산	39	39	37	38	36	35
무형자산	5	4	2	1	0	0
유가증권	50	56	56	56	55	57
총부채	40	44	47	49	52	56
총차입금				4	—	
자본금	82	88	88	88	88	88
총자본	127	154	156	171	216	220
지배주주지분	127	154	156	171	216	220

기업가치 지표 *IFRS 별도 기준
항목	2012	2013	2014	2015	2016	2017.2Q
주가(최고/저)(천원)	3.3/1.7	2.9/1.9	2.8/1.8	9.0/1.9	8.9/4.3	—/—
PER(최고/저)(배)	—/—	74.3/47.5	199.8/133.8	105.6/21.9	112.2/54.5	—/—
PBR(최고/저)(배)	3.7/1.9	3.0/1.9	2.7/1.8	8.2/1.7	7.3/3.5	4.4/3.5
EV/EBITDA(배)		65.8		58.3	107.9	63.0
EPS(원)	-139	39	14	85	79	23
BPS(원)	899	993	1,006	1,091	1,226	1,249
CFPS(원)	-113	55	30	100	94	30
DPS(원)						
EBITDAPS(원)	-91	28	28	52	76	26

재무 비율 〈단위 : % 〉
연도	영업이익률	순이익률	부채비율	차입금비율	ROA	ROE	유보율	자기자본비율	EBITDA마진율
2016	3.8	4.8	23.9	0.0	5.7	7.2	145.1	80.7	4.7
2015	2.7	6.1	28.5	2.3	7.1	9.1	118.2	77.9	3.7
2014	1.2	1.3	30.1	0.0	1.6	1.9	101.3	76.9	2.7
2013	1.2	3.8	28.6	0.0	3.6	4.7	98.5	77.8	2.7

영진약품 (A003520)
YUNGJIN Pharm

업 종 : 제약		시 장 : 거래소	
신용등급 : (Bond) — (CP) —		기업규모 : 시가총액 중형주	
홈 페 이 지 : www.yungjin.co.kr		연 락 처 : 02)2041-8200	
본 사 : 서울시 송파구 올림픽로35다길 13 (신천동) 국민연금 잠실사옥 2~3층			

설 립 일 1962.07.16	종 업 원 수 615명	대 표 이 사 박수준	
상 장 일 1973.06.25	감 사 의 견 적정 (삼정)	계 열	
결 산 기 12월	보 통 주 18,289만주	종속회사수	
액 면 가 500원	우 선 주	구 상 호	

주주구성 (지분율,%)
케이티앤지	52.5
서울보증보험	1.8
(외국인)	2.0

출자관계 (지분율,%)
영진약품	100
한미사이언스	344
한미약품	457

주요경쟁사 (외형,%)

매출구성
완제 및 원료	35.4
가공품 외	24.7
기타	19.1

비용구성
매출원가율	63.1
판관비율	34.1

수출비중
수출	36.0
내수	64.0

회사 개요
동사는 1962년 설립돼 전의약품의 제조, 판매를 영위하고 있음. 2004년 KT&G가 경영권을 인수하면서 KT&G 계열사로 편입됨. 주요 제품으로는 영양제인 데노간, 푸라콩과 고혈압 및 뇌기능개선인 코디핀, 프라스탄 등이 있음. CMO 사업 외에 CDMO 사업으로 사업 영역을 확대하고 있음. 2017년 상반기 매출액 대비 간접수출을 포함한 수출비중은 약 40% 수준임. 2017년 1월 KT&G생명과학과 소규모 흡수 합병을 함.

실적 분석
동사의 2017년 2분기 누적 매출액은 전년동기대비 3.8% 증가한 945.2억원을 기록하였음. 매출원가는 2.4% 증가에 그쳐 매출총이익은 6.2% 증가한 355.3억원을 시현함. 인건비는 16.4% 감소하였으나 광고선전비와 기타판매비와관리비가 증가하여 판관비는 6.4% 증가함. 영업이익은 39.2억원으로 5.1% 증가하였음. 다만 비영업손익의 악화로 당기순이익은 전년동기대비 11.5% 감소함.

현금 흐름   *IFRS 별도 기준   〈단위 : 억원〉
항목	2016	2017.2Q
영업활동	31	109
투자활동	-8	-31
재무활동	-52	-19
순현금흐름	-29	60
기말현금	17	76

시장 대비 수익률

결산 실적   〈단위 : 억원〉
항목	2012	2013	2014	2015	2016	2017
매출액	1,377	1,566	1,676	1,702	1,931	
영업이익	33	69	70	50	55	
당기순이익	18	117	9	34	42	

분기 실적   *IFRS 별도 기준   〈단위 : 억원〉
항목	2016.1Q	2016.2Q	2016.3Q	2016.4Q	2017.1Q	2017.2Q
매출액	462	449	505	516	485	460
영업이익	15	22	24	-6	27	12
당기순이익	10	19	17	-3	16	9

재무 상태   *IFRS 별도 기준   〈단위 : 억원〉
항목	2012	2013	2014	2015	2016	2017.2Q
총자산	1,620	1,693	1,790	1,937	1,994	2,107
유형자산	593	551	677	702	680	697
무형자산	40	19	18	24	23	80
유가증권	3	2	1	1	0	0
총부채	709	669	782	933	932	918
총차입금	249	203	189	269	226	210
자본금	888	888	888	888	888	914
총자본	911	1,024	1,008	1,004	1,062	1,189
지배주주지분	911	1,024	1,008	1,004	1,062	1,189

기업가치 지표   *IFRS 별도 기준   〈단위 : 억원〉
항목	2012	2013	2014	2015	2016	2017.2Q
주가(최고/저)(천원)	2.7/1.3	2.1/1.6	1.9/1.3	2.6/1.3	17.5/2.1	—/—
PER(최고/저)(배)	263.3/128.7	31.5/23.8	375.1/249.1	134.3/67.1	739.7/87.9	—/—
PBR(최고/저)(배)	5.2/2.5	3.6/2.7	3.4/2.3	4.5/2.3	29.3/3.5	20.5/10.7
EV/EBITDA(배)	39.2	26.2	20.8	36.7	140.7	—
EPS(원)	10	66	5	19	24	14
BPS(원)	513	577	567	565	598	650
CFPS(원)	36	94	33	52	56	32
DPS(원)						
EBITDAPS(원)	44	67	67	61	64	39

재무 비율   〈단위 : %〉
연도	영업이익률	순이익률	부채비율	차입금비율	ROA	ROE	유보율	자기자본비율	EBITDA마진율
2016	2.8	2.2	87.8	21.3	2.1	4.1	19.6	53.3	5.8
2015	3.0	2.0	92.9	26.8	1.8	3.4	13.1	51.9	6.4
2014	4.2	0.5	77.6	18.7	0.5	0.9	13.5	56.3	7.1
2013	4.4	7.5	65.3	19.9	7.1	12.1	15.4	60.5	7.5

영풍 (A000670)
Young Poong

업 종 : 휴대폰 및 관련부품		시 장 : 거래소	
신용등급 : (Bond) — (CP) —		기업규모 : 시가총액 대형주	
홈 페 이 지 : www.ypzinc.co.kr		연 락 처 : 02)519-3314	
본 사 : 서울시 강남구 강남대로 542			

설 립 일 1949.11.25	종 업 원 수 682명	대 표 이 사 이강인,박영민	
상 장 일 1976.06.12	감 사 의 견 적정 (한영)	계 열	
결 산 기 12월	보 통 주 184만주	종속회사수 2개사	
액 면 가 5,000원	우 선 주	구 상 호	

주주구성 (지분율,%)
장세준	16.9
영풍개발	14.2
(외국인)	2.1

출자관계 (지분율,%)
영풍전자	100.0
코리아써키트	37.1
엑스메텍	34.0

주요경쟁사 (외형,%)
영풍	100
삼성전자	7,606
파트론	30

매출구성
용융도금 외	80.7
비료, 농약 외	14.9
임대, 관리 외	2.9

비용구성
매출원가율	96.0
판관비율	4.1

수출비중
수출	—
내수	—

회사 개요
동사는 비철금속 제련, 부동산 임대 등을 영위하고 있으며 주로 아연괴, 황산 등을 제련하여 판매하고 있음. 종속회사로는 전자부품 부문의 코리아써키트, 테라닉스, 인터플렉스, 영풍전자 등과 반도체부문의 시그네틱스를 보유함. 계열사인 고려아연과 함께 아연의 국내 시장 점유율은 2017년 1분기 기준 88%로 전년 동기와 비슷한 수준으로 높은 시장점유율을 유지하고 있음.

실적 분석
2017년 상반기 매출은 1조 4,888억원으로 전년대비 22.3% 증가, 영업이익은 73.1억원으로 전년대비 26% 증가, 당기순이익은 763억원으로 전년대비 24.9% 증가. 정보기술(IT) 부문에서 턴어라운드로 하반기 실적 개선 지속 전망. 특히 PCB 관련 계열회사의 큰폭 매출 증가가 예상. PCB 관련 회사인 인터플렉스, 영풍전자, 코리아써키트의 하반기 매출, 당기순이익 증가 기대

현금 흐름   *IFRS 별도 기준   〈단위 : 억원〉
항목	2016	2017.2Q
영업활동	794	534
투자활동	126	-1,603
재무활동	-534	1,479
순현금흐름	388	410
기말현금	2,067	2,477

시장 대비 수익률

결산 실적   〈단위 : 억원〉
항목	2012	2013	2014	2015	2016	2017
매출액	30,628	32,738	27,965	26,154	26,541	
영업이익	2,633	1,575	-292	-55	-42	
당기순이익	3,351	2,344	1,006	899	1,274	

분기 실적   *IFRS 별도 기준   〈단위 : 억원〉
항목	2016.1Q	2016.2Q	2016.3Q	2016.4Q	2017.1Q	2017.2Q
매출액	5,992	6,178	7,233	7,138	7,062	7,826
영업이익	-17	75	85	-185	53	20
당기순이익	269	342	415	247	376	387

재무 상태   *IFRS 별도 기준   〈단위 : 억원〉
항목	2012	2013	2014	2015	2016	2017.2Q
총자산	40,555	39,394	38,954	39,879	41,349	43,615
유형자산	12,292	12,686	11,663	10,222	9,408	10,183
무형자산	79	110	102	107	109	108
유가증권	342	295	184	117	107	107
총부채	15,286	11,229	9,831	9,844	9,926	11,475
총차입금	5,824	3,072	2,947	2,614	1,829	3,737
자본금	92	92	92	92	92	92
총자본	25,269	28,165	29,122	30,034	31,423	32,140
지배주주지분	21,369	23,265	24,487	25,805	27,231	27,992

기업가치 지표   *IFRS 별도 기준   〈단위 : 억원〉
항목	2012	2013	2014	2015	2016	2017.2Q
주가(최고/저)(천원)	1,326/764	1,630/933	1,426/1,023	1,560/1,049	1,173/883	—/—
PER(최고/저)(배)	8.6/5.0	14.4/8.2	21.0/15.1	22.7/15.3	13.4/10.1	—/—
PBR(최고/저)(배)	1.2/0.7	1.3/0.8	1.1/0.8	1.1/0.8	0.8/0.6	0.8/0.6
EV/EBITDA(배)	6.3	7.4	13.1	10.6	13.7	—
EPS(원)	160,228	116,826	69,540	69,989	88,137	51,862
BPS(원)	1,183,432	1,286,358	1,352,695	1,424,207	1,501,665	1,542,972
CFPS(원)	257,644	246,699	202,004	194,058	180,503	90,335
DPS(원)	7,500	7,500	7,500	9,750	10,000	
EBITDAPS(원)	240,358	215,389	116,592	121,071	90,112	42,439

재무 비율   〈단위 : %〉
연도	영업이익률	순이익률	부채비율	차입금비율	ROA	ROE	유보율	자기자본비율	EBITDA마진율
2016	-0.2	4.8	31.6	5.8	3.1	6.1	29,933.3	76.0	6.3
2015	-0.2	3.4	32.8	8.7	2.3	5.1	28,384.1	75.3	8.5
2014	-1.1	3.6	33.8	10.1	2.6	5.4	26,953.9	74.8	7.2
2013	4.8	7.2	39.9	10.9	5.9	9.6	25,627.2	71.5	12.1

영풍정밀 (A036560)
Young Poong Precision

업 종 : 기계		시 장 : KOSDAQ	
신용등급 : (Bond) — (CP) —		기업규모 : 우량	
홈 페 이 지 : www.yppc.co.kr		연 락 처 : 02)519-3491	
본 사 : 서울시 강남구 강남대로 542 (논현동)			

설 립 일 1983.01.20	종 업 원 수 199명	대 표 이 사 최창규,조성학
상 장 일 1999.12.17	감 사 의 견 적정 (안진)	계 열
결 산 기 12월	보 통 주 1,575만주	종 속 회 사 수
액 면 가 500원	우 선 주	구 상 호

주주구성 (지분율,%)		출자관계 (지분율,%)		주요경쟁사 (외형,%)	
신영자산운용	8.0	영풍	4.4	영풍정밀	100
유중근	6.3	고려아연	1.6	SIMPAC	441
(외국인)	6.1			우진	179

매출구성		비용구성		수출비중	
펌프 밸브 주물	100.0	매출원가율	76.3	수출	14.0
		판관비율	16.4	내수	86.0

회사 개요
펌프, 밸브 등의 제조 및 판매 등을 주요 사업으로 영위하고 있음. 미국의 FLOWSERVE사와의 기술제휴로 부식과 마모가 심한 석유화학공장 등에 프로세스용으로 사용되는 산업용펌프의 제조 판매를 주력으로 하고 있음. 열경화성 수지를 적층하여 내부식·내마모를 요하는 곳에 사용되는 GRP제품 및 LINING을 포함하는 COMPOSITE사업부는 핵심사업 역량 집중을 위하여 2015년 10월 30일부로 영업을 종료함.

실적 분석
펌프, 밸브, 주물 등 유체기계사업부의 수출이 부진하였으나, 내수 판매가 크게 늘어남에 따라 2017년 상반기 매출액은 전년동기 대비 29.4% 증가함. 자체 생산 제품의 비중확대로 원가율이 개선되고, 인건비 등 고정비용 부담도 완화되어 영업이익도 전년동기의 2.3배 수준으로 확대됨. 유형자산처분이익 24.9억원을 인식하여 영업외수지도 큰 폭으로 개선됨. 석유 경제수요 증가로 정제플랜트에 사용되는 펌프와 밸브의 수주가 늘어날 것으로 기대됨.

현금 흐름	*IFRS 별도 기준	〈단위 : 억원〉
항목	2016	2017.2Q
영업활동	103	104
투자활동	-10	-7
재무활동	-28	-28
순현금흐름	67	67
기말현금	146	213

시장 대비 수익률

결산 실적
〈단위 : 억원〉

항목	2012	2013	2014	2015	2016	2017
매출액	1,199	989	854	727	606	
영업이익	133	94	100	65	44	
당기순이익	131	92	100	91	70	

분기 실적
*IFRS 별도 기준

항목	2016.1Q	2016.2Q	2016.3Q	2016.4Q	2017.1Q	2017.2Q
매출액	109	135	179	182	108	208
영업이익	6	13	20	6	7	35
당기순이익	4	37	16	12	17	57

재무 상태
*IFRS 별도 기준

항목	2012	2013	2014	2015	2016	2017.2Q
총자산	3,312	3,176	3,478	3,591	3,614	3,764
유형자산	313	448	565	575	660	645
무형자산	5	7	6	15	22	20
유가증권	2,178	2,065	2,192	2,382	2,355	2,433
총부채	708	595	636	617	607	689
총차입금	2	2	2	—	—	—
자본금	79	79	79	79	79	79
총자본	2,604	2,581	2,842	2,974	3,007	3,075
지배주주지분	2,604	2,581	2,842	2,974	3,007	3,075

기업가치 지표
*IFRS 별도 기준

항목	2012	2013	2014	2015	2016	2017.2Q
주가(최고/저)(천원)	12.2/8.9	11.2/8.5	11.4/8.4	10.8/8.0	9.3/7.6	—/—
PER(최고/저)(배)	15.7/11.4	20.4/15.5	19.0/14.0	19.6/14.4	21.3/17.3	—/—
PBR(최고/저)(배)	0.8/0.6	0.7/0.6	0.7/0.5	0.6/0.5	0.4/0.3	0.5/0.4
EV/EBITDA(배)	10.6	12.3	11.3	12.5	16.2	—/—
EPS(원)	829	584	635	578	447	470
BPS(원)	16,536	16,386	18,046	18,880	19,092	19,521
CFPS(원)	907	675	747	711	592	558
DPS(원)	80	80	100	180	180	—
EBITDAPS(원)	923	688	746	548	426	356

재무 비율
〈단위 : % 〉

연도	영업이익률	순이익률	부채비율	차입금비율	ROA	ROE	유보율	자기자본비율	EBITDA마진율
2016	7.3	11.6	20.2	0.0	2.0	2.4	3,718.4	83.2	11.1
2015	9.0	12.5	20.8	0.0	2.6	3.1	3,676.0	82.8	11.9
2014	11.7	11.7	22.4	0.1	3.0	3.7	3,509.2	81.7	13.8
2013	9.5	9.3	23.1	0.1	3.0	3.6	3,177.2	81.3	11.0

영풍제지 (A006740)
YOUNGPOONG PAPER MFG COLTD

업 종 : 종이 및 목재		시 장 : 거래소	
신용등급 : (Bond) — (CP) —		기업규모 : 시가총액 소형주	
홈 페 이 지 : www.yp21.co.kr		연 락 처 : 031)660-8200	
본 사 : 경기도 평택시 진위면 서탄로 9			

설 립 일 1970.07.18	종 업 원 수 101명	대 표 이 사 김동준
상 장 일 1996.07.03	감 사 의 견 적정 (정동)	계 열
결 산 기 12월	보 통 주 2,220만주	종 속 회 사 수
액 면 가 500원	우 선 주	구 상 호

주주구성 (지분율,%)		출자관계 (지분율,%)		주요경쟁사 (외형,%)	
그로쓰제일호투자목적	50.6			영풍제지	100
노미정	3.9			한창제지	222
(외국인)	0.1			국일제지	46

매출구성		비용구성		수출비중	
지관원지	50.1	매출원가율	89.5	수출	—
라이나원지	49.9	판관비율	9.6	내수	—

회사 개요
1970년 설립된 동사는 화섬, 면방업계 섬유봉, 지관용원지와 골판지상자용 라이나원지 생산 등을 주요 사업으로 영위하고 있음. 매출구성은 지관용 원지와 라이나원지 생산이 비슷한 수준. 라이나 원지의 주요 매출처는 동주, 영화수출포장 등이 있으며, 지관원지의 주요 매출처로는 대봉지고, 서한물산 등이 있음. 택배산업 성장에 따른 포장재 수요가 지속적으로 증가하며 수익성 개선이 기대됨.

실적 분석
인터넷산업 활성화에 따른 택배산업의 급성장과 환경보호에 대한 강화등으로 인한 포장재로의 수요가 지속되어 동사 2017년 2분기 기준 누적 매출액은 전년동기대비 24.1% 상승한 497.5억원을 기록하였음. 펄프,고지등의 가격상승으로 원재료등의 부족현상이 발생함으로써 원재료비가 상승하여 전년동기대비 매출원가는 증가 하였음. 전년동기대비 영업이익은 4.8억원으로 흑자전환하였음.

현금 흐름	*IFRS 별도 기준	〈단위 : 억원〉
항목	2016	2017.2Q
영업활동	35	-16
투자활동	-5	-16
재무활동	-8	-4
순현금흐름	22	-37
기말현금	94	57

시장 대비 수익률

결산 실적
〈단위 : 억원〉

항목	2012	2013	2014	2015	2016	2017
매출액	1,134	944	831	768	875	
영업이익	165	36	9	-22	8	
당기순이익	82	37	15	-52	55	

분기 실적
*IFRS 별도 기준

항목	2016.1Q	2016.2Q	2016.3Q	2016.4Q	2017.1Q	2017.2Q
매출액	188	213	247	227	244	254
영업이익	-12	2	19	-1	-3	7
당기순이익	-5	19	41	1	2	-0

재무 상태
*IFRS 별도 기준

항목	2012	2013	2014	2015	2016	2017.2Q
총자산	1,212	1,181	1,164	1,148	1,214	1,193
유형자산	339	343	357	351	356	363
무형자산	11	13	11	5	5	6
유가증권	57	92	66	200	55	51
총부채	196	160	170	258	270	255
총차입금	50	47	55	139	140	144
자본금	111	111	111	111	111	111
총자본	1,016	1,021	994	891	944	938
지배주주지분	1,016	1,021	994	891	944	938

기업가치 지표
*IFRS 별도 기준

항목	2012	2013	2014	2015	2016	2017.2Q
주가(최고/저)(천원)	1.3/0.9	2.0/1.3	2.3/1.5	4.4/2.0	3.4/2.1	—/—
PER(최고/저)(배)	4.8/3.4	15.2/10.1	36.6/24.9	—/—	13.7/8.7	0.7/0.6
PBR(최고/저)(배)	0.4/0.3	0.5/0.4	0.5/0.4	1.1/0.5	0.8/0.5	
EV/EBITDA(배)	0.1	2.8	6.3	51.6	13.0	—/—
EPS(원)	370	166	69	-232	248	6
BPS(원)	47,414	47,625	46,431	4,234	4,473	4,448
CFPS(원)	5,114	3,130	2,276	-69	409	84
DPS(원)	2,000	2,000	2,000	40	45	100
EBITDAPS(원)	8,845	3,075	1,975	65	197	

재무 비율
〈단위 : % 〉

연도	영업이익률	순이익률	부채비율	차입금비율	ROA	ROE	유보율	자기자본비율	EBITDA마진율
2016	0.9	6.3	28.6	14.8	4.7	6.0	794.6	77.8	5.0
2015	-2.8	-6.7	28.9	15.6	-4.5	-5.5	746.8	77.6	1.9
2014	1.0	1.9	17.1	5.5	1.3	1.5	828.6	85.4	5.3
2013	3.8	3.9	15.7	4.6	3.1	3.6	852.5	86.4	7.2

영현무역 (A242850)
YOUNG HYUN TRADING

업 종 : 도소매	시 장 : KONEX
신용등급 : (Bond) — (CP) —	기업규모 :
홈 페 이 지 : www.younghyun.co.kr	연 락 처 : 02)851-1827
본 사 : 서울시 구로구 디지털로 242, 412호(구로동, 한화비즈메트로1차)	

설 립 일 2000.02.01	종업원수 13명	대표이사 이관묵	
상 장 일 2016.05.20	감사의견 적정 (한길)	계 열	
결 산 기 12월	보 통 주	종속회사수	
액 면 가	우 선 주	구 상 호	

주주구성 (지분율,%)
이관묵	61.7
이선경	12.4

출자관계 (지분율,%)
YOUNGHYUNINTERNATIONALINC.	100.0
YOUNGHYUNVINACOMPANYLIMITED.	100.0

주요경쟁사 (외형,%)
영현무역	100

매출구성
POLY군(상품)	57.7
여성_하의(제품)	16.6
기타합성섬유(상품)	10.0

비용구성
매출원가율	78.9
판관비율	17.1

수출비중
수출	74.0
내수	26.0

회사 개요
2000년에 설립된 동사는 소재사업과 의류 OEM, 브랜드D.J사업을 영위하고 있음. 소재 사업부문에서는 의류제조업체가 원하는 특성을 가진 원단을 제조사로부터 매입, 의류제조업체에 판매하고 있으며 의류OEM사업 부문에서는 의류브랜드로부터 주문받아 의류를 제조하여 납품하고 있음. 브랜드D.J사업 부문에서는 동사가 제품을 만들어 홈쇼핑 등 채널 통해 판매. 2016년 4월 8.4억원 규모의 유상증자를 단행했고, 6월엔 미국 지사를 설립함.

실적 분석
동사의 2016년 매출액은 137.1억원으로 전년 대비 31.9% 늘어난 수치를 기록함. 영업이익과 당기순이익은 각각 전년 대비 5.63%, 68.52% 줄어든 5.4억원, 1.5억원을 기록했음. 동사는 폴리에스터류 제품의 판매 증가로 매출이 신장됐으나, 원가관리를 통해 매출원가율은 전년 동기 79.5%에서 78.9%로 낮아진데다 판매관리비가 15.6억원에서 23.5억원으로 늘었어 수익성이 악화됨.

현금 흐름 *IFRS 별도 기준 〈단위 : 억원〉
항목	2016	2017.2Q
영업활동	-5	—
투자활동	-2	—
재무활동	10	—
순현금흐름	3	—
기말현금	7	—

결산 실적 〈단위 : 억원〉
항목	2012	2013	2014	2015	2016	2017
매출액	—	124	167	104	137	—
영업이익	—	8	3	6	5	—
당기순이익	—	4	-1	5	1	—

분기 실적 *IFRS 별도 기준 〈단위 : 억원〉
항목	2016.1Q	2016.2Q	2016.3Q	2016.4Q	2017.1Q	2017.2Q
매출액	31					
영업이익	3					
당기순이익	2					

재무 상태 *IFRS 별도 기준 〈단위 : 억원〉
항목	2012	2013	2014	2015	2016	2017.2Q
총자산		57	57	79	95	—
유형자산		11	11	10	10	—
무형자산						—
유가증권		0	1	0	1	—
총부채		46	47	65	71	—
총차입금		40	43	55	56	—
자본금		3	3	8		—
총자본		11	9	14	24	—
지배주주지분		11	9	14	24	—

기업가치 지표 *IFRS 별도 기준
항목	2012	2013	2014	2015	2016	2017.2Q
주가(최고/저)(천원)	#VALUE!	—/—	—/—	—/—	—/—	—/—
PER(최고/저)(배)	0.0/0.0	0.0/0.0	0.0/0.0	0.0/0.0	49.2/12.9	—/—
PBR(최고/저)(배)	0.0/0.0	0.0/0.0	0.0/0.0	0.0/0.0	3.3/0.9	0.0/0.0
EV/EBITDA(배)		4.4	14.0	8.1	14.0	—/—
EPS(원)	—	332	-91	384	98	
BPS(원)		17,555	15,744	23,426	1,474	
CFPS(원)		7,326	-1,284	8,224	117	
DPS(원)						
EBITDAPS(원)		13,788	4,795	10,103	384	

재무 비율 〈단위 : % 〉
연도	영업이익률	순이익률	부채비율	차입금비율	ROA	ROE	유보율	자기자본비율	EBITDA마진율
2016	4.0	1.1	296.7	234.0	1.7	7.7	194.8	25.2	4.2
2015	5.5	4.4	462.1	389.4	6.8	39.2	368.5	17.8	5.8
2014	1.5	-0.7	501.9	458.7	-1.9	-10.9	214.9	16.6	1.7
2013	6.3	3.2	440.4	376.9	0.0	0.0	251.1	18.5	6.7

영화금속 (A012280)
Yeong Hwa Metal

업 종 : 자동차부품	시 장 : 거래소
신용등급 : (Bond) — (CP) —	기업규모 : 시가총액 소형주
홈 페 이 지 : www.yeonghwa.co.kr	연 락 처 : 055)551-7505
본 사 : 경남 창원시 진해구 남의로 57	

설 립 일 1977.06.07	종업원수 372명	대표이사 최동윤 (단독대표이사)	
상 장 일 1990.01.25	감사의견 적정 (신우)	계 열	
결 산 기 12월	보 통 주 4,545만주	종속회사수	
액 면 가 500원	우 선 주	구 상 호	

주주구성 (지분율,%)
삼신정밀	14.1
최동윤	10.6

출자관계 (지분율,%)

주요경쟁사 (외형,%)
영화금속	100
엠에스오토텍	478
일지테크	219

매출구성
자동차부품	97.3
상품	2.7

비용구성
매출원가율	85.4
판관비율	7.7

수출비중
수출	30.0
내수	70.0

회사 개요
1977년 설립돼 주물을 제조하여 자동차부품을 생산하고 있으며, 자동차부품의 상품을 구입해 판매함. 자동차 부품은 전체 매출의 99%를 차지함. 2014년 1월 자회사인 엔브이에프트를 흡수합병해 자동차사업을 중심으로 경쟁력을 강화하고 있음. 동사는 완성차 업체의 지속적인 신차종 출시와 차량 보유대수의 증가에 따른 AS용 부품 수요의 확대, 해외시장 확대에 따른 수출 증가로 수주 물량이 안정적으로 유지됨.

실적 분석
2017년 연결 기준 2분기 누적 매출액과 영업이익은 전년동기대비 각각 14.2% 증가, 41.9% 감소한 872억원, 41억원을 기록함. 매출의 대부분을 차지하는 자동차부품 매출이 전년동기대비 감소하며 외형 축소됨. 상품 부문의 매출은 2배 가까이 증가하였으나, 자사부문 매출 축소를 커버하지 못하여 영업이익 감소. 자동차산업 저성장 기조와 불확실성이 높아진 상황으로 올해 실적전망이 밝지 않음.

현금 흐름 *IFRS 별도 기준 〈단위 : 억원〉
항목	2016	2017.2Q
영업활동	70	54
투자활동	-266	-289
재무활동	214	208
순현금흐름	19	-27
기말현금	61	34

결산 실적 〈단위 : 억원〉
항목	2012	2013	2014	2015	2016	2017
매출액	1,721	1,655	1,603	1,667	1,564	—
영업이익	104	71	92	156	108	—
당기순이익	53	72	123	94	92	—

분기 실적 *IFRS 별도 기준 〈단위 : 억원〉
항목	2016.1Q	2016.2Q	2016.3Q	2016.4Q	2017.1Q	2017.2Q
매출액	379	384	372	429	422	450
영업이익	30	40	13	24	26	15
당기순이익	26	32	7	27	13	12

재무 상태 *IFRS 별도 기준 〈단위 : 억원〉
항목	2012	2013	2014	2015	2016	2017.2Q
총자산	854	984	1,044	1,125	1,378	1,643
유형자산	332	517	587	620	798	1,068
무형자산	10	13	8	8	10	10
유가증권	3	3	2	2	2	2
총부채	422	495	519	545	701	955
총차입금	293	302	289	304	452	675
자본금	236	236	236	236	236	236
총자본	431	489	526	580	676	688
지배주주지분	431	489	526	580	676	688

기업가치 지표 *IFRS 별도 기준
항목	2012	2013	2014	2015	2016	2017.2Q
주가(최고/저)(천원)	2.1/0.5	1.2/0.8	1.2/0.8	1.7/1.2	3.1/1.5	—/—
PER(최고/저)(배)	28.3/7.1	11.8/8.1	8.4/5.7	6.7/4.4	15.6/7.3	—/—
PBR(최고/저)(배)	2.5/0.6	1.2/0.8	1.1/0.8	1.3/0.9	2.1/1.0	1.3/1.1
EV/EBITDA(배)	7.7	6.1	6.8	5.4	8.8	—/—
EPS(원)	82	108	153	268	203	54
BPS(원)	914	1,035	1,156	1,342	1,554	1,579
CFPS(원)	138	201	232	340	277	103
DPS(원)	20	20	25	50	30	—
EBITDAPS(원)	230	244	275	413	312	139

재무 비율 〈단위 : % 〉
연도	영업이익률	순이익률	부채비율	차입금비율	ROA	ROE	유보율	자기자본비율	EBITDA마진율
2016	6.9	5.9	103.7	66.8	7.4	14.7	199.3	49.1	9.1
2015	9.4	7.4	94.0	52.3	11.3	22.2	158.5	51.5	11.4
2014	5.8	4.5	98.7	55.0	7.1	14.3	131.2	50.3	8.1
2013	4.3	3.1	101.3	61.8	6.5	10.9	107.1	49.7	7.0

영흥철강 (A012160)
YOUNG HEUNG IRON & STEEL

업 종 : 금속 및 광물		시 장 : 거래소	
신용등급 : (Bond) — (CP) —		기업규모 : 시가총액 소형주	
홈페이지 : www.youngwire.com		연 락 처 : 041)939-3900	
본 사 : 충남 보령시 주교면 관창공단길 50			

설 립 일 1977.04.20	종업원수 424명	대표이사 한재열,박기훈(각자대표이사)	
상 장 일 2010.01.25	감사의견 적정 (삼일)	계 열	
결 산 기 12월	보 통 주 8,583만주	종속회사수 5개사	
액 면 가 500원	우 선 주	구 상 호	

주주구성 (지분율,%)		출자관계 (지분율,%)		주요경쟁사 (외형,%)	
장세일	17.1	마산화5부두	50.0	영흥철강	100
대유코아	12.5	오.씨.에스	45.0	풍산홀딩스	160
(외국인)	0.7	영흥태창강사승(유)	100.0	한국주철관	208

매출구성		비용구성		수출비중	
겹판 및 코일스프링	29.9	매출원가율	88.4	수출	—
[한국내 철강사업]와이어로프,와이어	19.5	판관비율	11.3	내수	—
PC강연선외	19.4				

회사 개요
동사는 1977년 설립되어 와이어, 와이어로프, PC강연선 등의 제조 및 판매를 주력으로 하는 철강제품의 가공 및 임가공업을 영위하고 있다. 2016년 2월에 종속회사인 삼목강업과 합병한 동사는 대유코아 등 동사를 제외한 9개의 계열회사를 보유하고 있다. 동사는 와이어로프 사업 외에도 코일스프링 등 자동차부품, 하역 및 운송알선 등 물류사업, 친환경 방청포장재 등 포장사업을 영위하고 있다.

실적 분석
동사는 2017년 상반기 누적 매출액이 919.0억원으로 전년 동기 대비 1.4% 감소했고, 영업이익은 10.4억원으로 전년 2.6억원보다 297.5% 증가했음. 동사는 중국산 저가 제품의 대량 수입으로 경쟁이 격화되면서 포장부문과 자동차 부품부문의 판매가 부진하면서 매출이 소폭 줄었으나, 판매관리비를 전년 동기 대비 10.2% 감소한 98.5억원에 그쳐 영업이익은 크게 증가함.

현금 흐름 〈단위 : 억원〉
항목	2016	2017.2Q
영업활동	94	-2
투자활동	-69	-37
재무활동	18	1
순현금흐름	43	-39
기말현금	91	52

결산 실적 〈단위 : 억원〉
항목	2012	2013	2014	2015	2016	2017
매출액	2,627	2,371	2,122	2,084	1,859	
영업이익	81	99	31	29	5	
당기순이익	64	75	25	42	5	

분기 실적 〈단위 : 억원〉
항목	2016.1Q	2016.2Q	2016.3Q	2016.4Q	2017.1Q	2017.2Q
매출액	464	468	382	544	451	468
영업이익	-1	3	-12	14	8	3
당기순이익	-2	14	-9	0	-5	5

재무 상태 〈단위 : 억원〉
항목	2012	2013	2014	2015	2016	2017.2Q
총자산	2,942	3,100	3,425	3,028	3,008	3,003
유형자산	1,806	1,684	1,945	1,945	1,960	1,942
무형자산	13	17	65	60	44	41
유가증권	15	29	18	21	23	—
총부채	1,287	1,399	1,701	1,286	1,280	1,290
총차입금	606	582	789	749	798	814
자본금	3	392	392	392	429	429
총자본	1,655	1,701	1,725	1,742	1,728	1,712
지배주주지분	817	1,538	1,558	1,572	1,727	1,711

기업가치 지표
항목	2012	2013	2014	2015	2016	2017.2Q
주가(최고/저)(천원)	2.7/1.0	2.4/1.5	2.7/1.5	2.5/1.6	2.6/1.5	—/—
PER(최고/저)(배)	40.1/15.8	21.8/13.6	108.0/61.0	56.0/36.0	864.2/483.5	0.5/0.5
PBR(최고/저)(배)	2.1/0.8	0.8/0.5	0.9/0.5	0.8/0.5	0.8/0.5	0.5/0.5
EV/EBITDA(배)	19.2	13.3	21.3	22.5	22.4	
EPS(원)	74	119	26	47	3	1
BPS(원)	1,452	3,269	3,272	3,289	3,229	3,211
CFPS(원)	149	222	125	162	102	50
DPS(원)	40	50	50	50	30	
EBITDAPS(원)	218	272	138	152	105	61

재무 비율 〈단위 : % 〉
연도	영업이익률	순이익률	부채비율	차입금비율	ROA	ROE	유보율	자기자본비율	EBITDA마진율
2016	0.3	0.2	74.1	46.2	0.1	0.2	545.7	57.4	5.0
2015	1.4	2.0	73.9	43.0	1.3	2.4	557.9	57.5	5.7
2014	1.4	1.2	98.6	45.7	0.8	1.3	554.4	50.4	5.4
2013	4.2	3.2	82.3	34.2	2.5	5.0	553.8	54.9	6.7

예림당 (A036000)
YeaRimDang Publishing

업 종 : 항공운수		시 장 : KOSDAQ	
신용등급 : (Bond) — (CP) —		기업규모 : 중견	
홈페이지 : www.yearim.co.kr		연 락 처 : 02)566-1004	
본 사 : 서울시 성동구 아차산로 153 (성수동2가, 예림출판문화센터)			

설 립 일 1989.02.22	종업원수 1,430명	대표이사 나성훈	
상 장 일 1999.11.18	감사의견 적정 (두레)	계 열	
결 산 기 12월	보 통 주 2,303만주	종속회사수 6개사	
액 면 가 500원	우 선 주	구 상 호	

주주구성 (지분율,%)		출자관계 (지분율,%)		주요경쟁사 (외형,%)	
나춘호	31.5	디네트웍스	17.4	예림당	100
나성훈	9.6	동성코퍼레이션	0.3	한국공항	.104
(외국인)	19.3			티웨이홀딩스	91

매출구성		비용구성		수출비중	
노선사업	80.7	매출원가율	83.3	수출	—
기타부대사업 외	6.0	판관비율	12.5	내수	—
반도체	5.1				

회사 개요
아동 도서 출판을 전문적으로 영위하고 있는 업체로 'Why?' 시리즈가 동사의 핵심 콘텐츠임. 100% 자회사인 예림아이를 통해 글로벌 업체인 Disney, Mattel, DreamWorks의 캐릭터를 활용한 출판물을 출간 중. 이 외에 종속회사를 통해 저작권 매니지먼트, 해외콘텐츠 국내판권 매니지먼트, PHC파일 제작, 반도체 Packaging 사업을 수행. 지난 2013년 저비용항공사 티웨이항공의 지분을 인수함.

실적 분석
여행수요증가에 따른 수혜 및 취항노선 확대에 따라 동사 2017년 2분기기준 누적 매출액은 전년동기대비 43.2% 상승한 2,911.2억원을 기록했음. 이런 큰 상승에 힘입어 전년동기대비 영업이익은 212억원으로 270.4% 크게 상승하였음. 최종적으로 전년동기대비 당기순이익은 크게 상승하여 189.4억원을 기록. 보유 항공기 증가가 계획있으므로 수익은 더욱 개선되리라 기대하고 있음.

현금 흐름 〈단위 : 억원〉
항목	2016	2017.2Q
영업활동	457	561
투자활동	-332	-519
재무활동	-165	-1
순현금흐름	-37	40
기말현금	284	323

결산 실적 〈단위 : 억원〉
항목	2012	2013	2014	2015	2016	2017
매출액	514	1,381	2,925	3,193	4,528	
영업이익	108	103	190	57	192	
당기순이익	81	74	114	34	66	

분기 실적 〈단위 : 억원〉
항목	2016.1Q	2016.2Q	2016.3Q	2016.4Q	2017.1Q	2017.2Q
매출액	1,031	1,003	1,337	1,157	1,529	1,382
영업이익	87	-30	184	-49	167	45
당기순이익	77	-44	163	-130	150	39

재무 상태 〈단위 : 억원〉
항목	2012	2013	2014	2015	2016	2017.2Q
총자산	932	1,593	1,910	2,231	2,455	3,092
유형자산	141	391	466	581	544	581
무형자산	82	557	528	560	559	559
유가증권	59	7	0	25	61	50
총부채	243	728	853	1,175	1,314	1,705
총차입금	119	271	233	277	194	127
자본금	116	116	116	116	116	116
총자본	690	865	1,057	1,056	1,141	1,387
지배주주지분	690	727	879	867	909	1,049

기업가치 지표
항목	2012	2013	2014	2015	2016	2017.2Q
주가(최고/저)(천원)	8.7/4.7	6.5/4.2	7.8/4.8	8.0/4.6	5.8/3.7	—/—
PER(최고/저)(배)	25.6/13.9	22.1/14.2	21.6/13.4	79.8/45.3	24.7/15.8	—/—
PBR(최고/저)(배)	2.9/1.6	2.0/1.3	2.1/1.3	2.1/1.2	1.5/0.9	2.8/1.0
EV/EBITDA(배)	9.6	12.0	6.0	7.9	3.4	
EPS(원)	365	306	369	101	234	481
BPS(원)	3,238	3,399	3,814	3,764	3,946	4,554
CFPS(원)	438	470	713	517	740	756
DPS(원)	150	150	150			
EBITDAPS(원)	558	610	1,170	662	1,341	1,195

재무 비율 〈단위 : % 〉
연도	영업이익률	순이익률	부채비율	차입금비율	ROA	ROE	유보율	자기자본비율	EBITDA마진율
2016	4.3	1.5	115.1	17.0	2.8	6.1	682.4	46.5	6.8
2015	1.8	1.1	111.3	26.3	1.7	2.7	646.3	47.3	4.8
2014	6.5	3.9	80.7	22.0	6.5	10.6	656.2	55.3	9.2
2013	7.4	5.4	84.1	31.3	5.9	9.9	573.9	54.3	10.2

예스이십사 (A053280)
YES24

업 종 : 온라인쇼핑		시 장 : KOSDAQ	
신용등급 : (Bond) — (CP) —		기업규모 : 우량	
홈페이지 : www.yes24.com		연 락 처 : 02)782-9926	
본 사 : 서울시 영등포구 은행로 11 5,6층 (여의도동, 일신빌딩)			

설 립 일 1999.04.01	종 업 원 수 425명	대 표 이 사 김기호,김석환	
상 장 일 2008.05.07	감 사 의 견 적정 (삼일)	계 열	
결 산 기 12월	보 통 주 1,720만주	종속회사수 6개사	
액 면 가 500원	우 선 주	구 상 호	

주주구성 (지분율,%)		출자관계 (지분율,%)		주요경쟁사 (외형,%)	
한세예스24홀딩스	50.0	예스이십사라이브플	100.0	예스24	100
신영자산운용	4.9	와이앤케이미디어	100.0	인터파크	111
(외국인)	2.0	한국이퍼브	51.0	엔에스쇼핑	105

매출구성		비용구성		수출비중	
상품판매	94.7	매출원가율	74.5	수출	0.0
상품판매수수료등	2.1	판관비율	25.2	내수	100.0
배너,검색광고등	1.8				

회사 개요
동사는 1998년 국내 최초의 온라인서점 WebFox서비스를 시작해 1999년 3월 주식회사 웹폭스로 법인전환하고, 6월 예스24로 회사명변경함. 동사는 창사 이래 14년째 인터넷서점 분야에서 부동의 1위를 지켜오고 있음. 동사의 모회사는 한세실업예스24홀딩스로 국내외에 계열회사를 두고 있음. 전체 출판시장은 정체/감소 하고 있지만, 전체 시장에서 인터넷서점이 차지하는 비중은 매년 증가추세에 있음. 동사의 시장점유율은 40%를 상회 하는 수준임.

실적 분석
동사의 2017년 2분기 기준 매출액은 2,215.7억원으로 전년 동기 대비 8.6% 증가함. 매출총이익 역시 전년 동기 대비 16.7% 신장한 593.1억원을 시현하였으며, 영업이익은 전년 동기 대비 163.5% 증가한 15.5억원을 시현함. 비영업손익 부문에서도 이익이 감소하면서 당기순이익은 소폭 줄어든 9.3억원을 시현. 전년 동기 대비 61.1% 감소하였음. 웹서비스 기반의 컨텐츠 유통, 스마트 교육 컨텐츠 제휴 및 개발에 적극 투자중.

현금 흐름 〈단위 : 억원〉

항목	2016	2017.2Q
영업활동	114	-49
투자활동	22	-348
재무활동	79	36
순현금흐름	216	-362
기말현금	393	31

시장 대비 수익률

결산 실적 〈단위 : 억원〉

항목	2012	2013	2014	2015	2016	2017
매출액	3,401	3,304	3,559	3,631	4,210	—
영업이익	72	32	34	128	12	—
당기순이익	73	37	143	18	7	—

분기 실적 〈단위 : 억원〉

항목	2016.1Q	2016.2Q	2016.3Q	2016.4Q	2017.1Q	2017.2Q
매출액	1,142	917	1,083	1,068	1,254	962
영업이익	16	-10	17	-11	23	-7
당기순이익	18	-12	9	-8	18	-9

재무 상태 〈단위 : 억원〉

항목	2012	2013	2014	2015	2016	2017.2Q
총자산	1,391	1,404	2,838	1,713	1,872	1,860
유형자산	352	402	956	402	419	433
무형자산	30	24	317	78	82	81
유가증권	207	202	286	286	209	554
총부채	788	772	2,068	932	1,122	1,102
총차입금	61	38	888	51	144	197
자본금	86	86	86	86	86	86
총자본	603	632	770	780	751	758
지배주주지분	603	632	770	769	738	746

기업가치 지표

항목	2012	2013	2014	2015	2016	2017.2Q
주가(최고/저)(천원)	5.4/3.1	8.1/3.9	7.3/3.9	16.1/6.8	9.5/4.9	—/—
PER(최고/저)(배)	13.9/8.1	40.2/19.2	9.2/4.9	161.2/67.9	255.9/133.8	—/—
PBR(최고/저)(배)	1.7/1.0	2.4/1.1	1.7/0.9	3.7/1.6	2.3/1.2	1.7/1.3
EV/EBITDA(배)	3.6	8.2	28.8	7.5	12.5	—/—
EPS(원)	426	217	833	103	38	58
BPS(원)	3,506	3,673	4,476	4,470	4,289	4,336
CFPS(원)	543	352	995	301	289	181
DPS(원)	100	100	100	120	120	—
EBITDAPS(원)	536	323	357	942	320	213

재무 비율 〈단위 : %〉

연도	영업이익률	순이익률	부채비율	차입금비율	ROA	ROE	유보율	자기자본비율	EBITDA마진율
2016	0.3	0.2	149.4	19.2	0.4	0.9	757.9	40.1	1.3
2015	3.5	0.5	119.4	6.5	0.8	2.3	794.0	45.6	4.5
2014	0.9	4.0	268.7	115.3	6.7	20.4	795.1	27.1	1.7
2013	1.0	1.1	122.2	6.0	2.7	6.1	634.5	45.0	1.7

예스코 (A015360)
YESCO

업 종 : 가스		시 장 : 거래소	
신용등급 : (Bond) AA (CP) —		기업규모 : 시가총액 소형주	
홈페이지 : www.lsyesco.co.kr		연 락 처 : 02)1644-3030	
본 사 : 서울시 성동구 자동차시장길 23 (용답동)			

설 립 일 1981.03.05	종 업 원 수 313명	대 표 이 사 천성복,정창시(각자대표)	
상 장 일 1996.12.24	감 사 의 견 적정 (삼일)	계 열	
결 산 기 12월	보 통 주 600만주	종속회사수 10개사	
액 면 가 5,000원	우 선 주	구 상 호	

주주구성 (지분율,%)		출자관계 (지분율,%)		주요경쟁사 (외형,%)	
구자은	13.2	예스코서비스	100.0	예스코	100
구자홍	6.5	대한가스기기	69.8	한국가스공사	2,008
(외국인)	14.4	한성	65.0	서울가스	121

매출구성		비용구성		수출비중	
도시가스 부문	81.9	매출원가율	87.8	수출	—
건설 및 PC제조 부문	10.0	판관비율	10.2	내수	—
기타 부문	5.6				

회사 개요
동사의 연결 기준 사업영역은 서울의 중심부·동북부 지역 및 경기도 동부지역을 기반으로 도시가스, 가스기기 등을 판매하는 도시가스 부문, PC공법을 이용한 주택자재제조, 주택분양 및 임대, 토목건축공사 등을 주요 사업으로 하는 건설 및 PC제조부문, 전선포장용품(목드럼, 목포장 등)을 생산하는 FLANGE부문, 주로 대형 디지털TV케이스를 만들어 LG전자에 납품하는 TV사출물부문, 자동차 내장 Trin 소재 등을 판매하는 기타부문으로 구성됨.

실적 분석
동사의 2017년 상반기 누적매출액은 6,421.8억원으로 전년동기 대비 5.1% 증가함. 가스 판매 단가 하락으로 매출에도 불구하고 건설 부문의 약에 힘입어 영업이익은 전년동기보다 22.8% 늘어난 214.6억원을 기록함. 도시가스산업은 보급률 둔화와 산업 성숙기 진입으로 성장전망은 밝지 못하나, 유연탄, 석유제품 등 타 에너지원에 대한 대체제로 중장기적인 수요증가가 예상됨.

현금 흐름 〈단위 : 억원〉

항목	2016	2017.2Q
영업활동	355	159
투자활동	-941	-737
재무활동	-100	434
순현금흐름	-687	-143
기말현금	571	427

시장 대비 수익률

결산 실적 〈단위 : 억원〉

항목	2012	2013	2014	2015	2016	2017
매출액	14,379	14,721	13,913	12,007	10,513	—
영업이익	165	155	44	174	211	—
당기순이익	304	140	133	194	492	—

분기 실적 〈단위 : 억원〉

항목	2016.1Q	2016.2Q	2016.3Q	2016.4Q	2017.1Q	2017.2Q
매출액	4,465	1,643	1,222	3,184	4,490	1,93
영업이익	145	29	-80	117	183	3
당기순이익	379	44	-79	147	205	7

재무 상태 〈단위 : 억원〉

항목	2012	2013	2014	2015	2016	2017.2Q
총자산	13,766	13,490	13,466	12,646	12,861	12,30
유형자산	6,104	6,064	5,654	5,948	5,962	5,85
무형자산	301	297	245	244	239	26
유가증권	896	703	956	1,241	2,221	87
총부채	7,508	7,147	7,128	6,173	6,114	5,39
총차입금	2,191	2,114	2,039	1,995	2,056	2,60
자본금	300	300	300	300	300	30
총자본	6,257	6,343	6,338	6,473	6,747	6,90
지배주주지분	5,724	5,815	5,809	5,909	6,153	6,34

기업가치 지표

항목	2012	2013	2014	2015	2016	2017.2Q
주가(최고/저)(천원)	25.6/20.2	35.6/25.1	37.3/31.9	45.3/30.5	40.3/33.2	—/—
PER(최고/저)(배)	6.7/5.3	16.9/11.9	23.9/20.4	18.5/12.5	7.2/5.9	—/—
PBR(최고/저)(배)	0.3/0.3	0.4/0.3	0.4/0.4	0.5/0.3	0.4/0.3	0.4/0.
EV/EBITDA(배)	4.4	5.0	6.0	5.5	4.9	—/—
EPS(원)	4,570	2,434	1,737	2,633	5,842	4,26
BPS(원)	97,516	99,029	98,930	100,588	104,658	107,81
CFPS(원)	10,077	8,082	6,941	7,951	11,472	7,18
DPS(원)	1,350	1,250	1,250	1,250	1,500	—
EBITDAPS(원)	8,261	8,232	5,933	8,214	9,151	6,49

재무 비율 〈단위 : %〉

연도	영업이익률	순이익률	부채비율	차입금비율	ROA	ROE	유보율	자기자본비율	EBITDA마진율
2016	2.0	4.7	90.6	30.5	3.9	5.8	1,993.2	52.5	5.
2015	1.5	1.6	95.4	30.8	1.5	2.7	1,911.8	51.2	5.
2014	0.3	1.0	112.5	32.2	1.0	1.8	1,878.6	47.1	4.
2013	1.1	1.0	112.7	33.3	1.0	2.5	1,880.6	47.0	5.

예스티 (A122640)

YEST

업 종 : 반도체 및 관련장비	시 장 : KOSDAQ
신용등급 : (Bond) — (CP) —	기업규모 : 우량
홈 페 이 지 : www.yest.co.kr	연 락 처 : 031)612-3337
본 사 : 경기도 평택시 진위면 삼남로 654	

설 립 일	2000.03.06	종 업 원 수	196명	대 표 이 사	장동복
상 장 일	2014.12.29	감 사 의 견	적정 (삼덕)	계	열
결 산 기	12월	보 통 주	433만주	종속회사수	1개사
액 면 가	500원	우 선 주		구 상 호	

주주구성 (지분율,%)
장동복	25.8
박윤배	5.6
(외국인)	8.2

출자관계 (지분율,%)
헬릭스	18.3
시나텍	16.7
피케이아이	11.1

주요경쟁사 (외형,%)
예스티	100
SKC 솔믹스	179
프로텍	180

매출구성
디스플레이장비	34.3
반도체장비	27.5
부품소재	19.4

비용구성
매출원가율	79.2
판관비율	15.0

수출비중
수출	70.0
내수	30.0

회사 개요
동사는 2000년 3월 반도체 제조공정 장비 전문 업체로 설립되어 현재 반도체 장비 제조의 H/W 및 S/W의 기술 경험을 바탕으로 FPD제조 공정 장비 부문까지 사업 영역을 확대하였음. SCU(Super Cool Unit) 냉각/열원 제어/진공배기 제어/정밀 온도 제어/온도 균일성 제어 등의 핵심기술을 바탕으로 반도체, FPD 제조 공정 중 열제어 및 열처리 기능을 수행하는 Bake Oven, Furnace, Chamber 등을 제조함.

실적 분석
2017년 상반기 매출액은 959.7억원으로 전년동기 대비 468.7% 증가함. 반도체장비, 디스플레이장비를 비롯한 전 부문 매출액 증가. 내외 유기발광다이오드(OLED) 디스플레이 시장의 투자 확대와 중국 디스플레이 시장에 본격적으로 진입하면서 핵심장비 수요가 크게 증가함. 영업이익은 흑자전환하여 138.3억원을 시현함. 2017년 5월 운영자금과 시설자금을 마련하기 위해 총 300억원 규모의 무보증 사모 전환사채를 발행함.

현금 흐름 〈단위 : 억원〉
항목	2016	2017.2Q
영업활동	-49	6
투자활동	-62	-49
재무활동	4	282
순현금흐름	-105	240
기말현금	86	326

시장 대비 수익률

결산 실적 〈단위 : 억원〉
항목	2012	2013	2014	2015	2016	2017
매출액	233	221	404	706	527	
영업이익	4	4	27	81	30	
당기순이익	2	2	7	74	25	

분기 실적 〈단위 : 억원〉
항목	2016.1Q	2016.2Q	2016.3Q	2016.4Q	2017.1Q	2017.2Q
매출액	96	73	—	—	446	514
영업이익	-16	2	—	—	71	67
당기순이익	-16	3	—	—	51	68

재무 상태 〈단위 : 억원〉
항목	2012	2013	2014	2015	2016	2017.2Q
총자산	363	387	470	624	823	1,246
유형자산	160	114	151	184	181	186
무형자산	30	47	33	29	45	53
유가증권	5	6	6	16	49	66
총부채	155	264	336	220	396	728
총차입금	125	214	245	171	179	464
자본금	17	12	12	22	22	22
총자본	208	123	133	404	426	518
지배주주지분	208	123	133	404	426	518

기업가치 지표
항목	2012	2013	2014	2015	2016	2017.2Q
주가(최고/저)(천원)	—/—	—/—	6.5/6.5	18.4/4.3	35.5/13.0	—/—
PER(최고/저)(배)	0.0/0.0	0.0/0.0	33.3/33.3	9.2/2.2	60.5/22.1	3.5/1.8
PBR(최고/저)(배)	0.0/0.0	0.0/0.0	1.7/1.7	2.0/0.5	3.6/1.3	—
EV/EBITDA(배)	4.1	16.3	9.4	8.0	28.6	—
EPS(원)	60	45	202	2,000	587	2,733
BPS(원)	6,276	3,712	4,019	9,337	9,925	12,655
CFPS(원)	257	244	578	2,410	985	2,968
DPS(원)						
EBITDAPS(원)	322	321	1,185	2,597	1,101	3,431

재무 비율 〈단위 : % 〉
연도	영업이익률	순이익률	부채비율	차입금비율	ROA	ROE	유보율	자기자본비율	EBITDA마진율
2016	5.8	4.8	92.9	42.0	3.5	6.1	1,885.0	51.8	9.0
2015	11.4	10.5	54.4	42.4	13.5	27.4	1,767.4	64.8	13.6
2014	6.7	1.7	252.0	183.5	1.6	5.2	982.9	28.4	9.7
2013	1.8	0.7	213.9	173.4			900.0	31.9	4.8

옐로페이 (A179720)

Yelopay

업 종 : 인터넷 서비스	시 장 : KONEX
신용등급 : (Bond) — (CP) —	기업규모 : —
홈 페 이 지 : www.yelopay.com	연 락 처 : 02)6354-9106
본 사 : 서울시 강남구 삼성로 415, 5층 대치동 성진빌딩	

설 립 일	2012.02.21	종 업 원 수	16명	대 표 이 사	이성우
상 장 일	2013.07.01	감 사 의 견	적정 (태영)	계	열
결 산 기	12월	보 통 주		종속회사수	
액 면 가		우 선 주		구 상 호	

주주구성 (지분율,%)
이상규	57.0
인터파크	17.8

출자관계 (지분율,%)

주요경쟁사 (외형,%)
옐로페이	100
이지웰페어	8,480
소리바다	6,362

매출구성
수수료수익(Yelopay)	100.0

비용구성
매출원가율	0.0
판관비율	291.2

수출비중
수출	—
내수	—

회사 개요
동사는 2012년 2월에 인터파크 모바일 체크 사업부의 사업을 양수하며 설립되었고, 설립 1년여만인 2013년 7월에 코넥스시장에 상장함. 동사는 선불 및 직불 결제 서비스를 사업 분야로 영위하고 있음. 직불결제 서비스는 결제 시 계좌번호 대신 휴대폰 번호와 비밀번호로 간편하게 결제할 수 있는 시스템이고, 선불결제 서비스는 직불과 동일하나 옐로잔고를 미리 충전한 후 사용하는 시스템임. 편의성과 보안성이 높아 가맹점이 빠르게 확대되고 있는 추세임.

실적 분석
동사의 2016년 연간 매출액은 6.2억원, 영업손실은 11.8억원으로 적자를 기록함. 동사는 2016년 상반기 간편결제 서비스 '옐로페이'의 기능을 대폭 축소함. 동사는 3월 전자지급결제 서비스인 '옐로페이' 운영을 중단하였으며 온라인 셀러(Seller) 전문 금융업체로 사업 방향을 전환함. 현재 온라인 셀러 대상 대출 서비스를 제공하고 있으며 중간에서 셀러들의 대출 신청을 받고, 신용도를 평가하는 역할. 향후 P2P 대출 서비스 출시 계획임.

현금 흐름 *IFRS 별도 기준 〈단위 : 억원〉
항목	2016	2017.2Q
영업활동	-12	
투자활동	7	
재무활동		
순현금흐름	-4	
기말현금	1	

시장 대비 수익률

결산 실적 〈단위 : 억원〉
항목	2012	2013	2014	2015	2016	2017
매출액	1	2	3	4	6	
영업이익	-16	-24	-30	-38	-12	
당기순이익	-16	-24	-29	-38	-12	

분기 실적 *IFRS 별도 기준 〈단위 : 억원〉
항목	2016.1Q	2016.2Q	2016.3Q	2016.4Q	2017.1Q	2017.2Q
매출액						
영업이익						
당기순이익						

재무 상태 *IFRS 별도 기준 〈단위 : 억원〉
항목	2012	2013	2014	2015	2016	2017.2Q
총자산	33	30	52	16	4	
유형자산	3	3	3	1	1	
무형자산	3	3	1	1		
유가증권						
총부채	9	20	19	21	21	
총차입금		8	4			
자본금	40	50	64	64	64	
총자본	24	10	33	-5	-17	
지배주주지분	24	10	33	-5	-17	

기업가치 지표 *IFRS 별도 기준
항목	2012	2013	2014	2015	2016	2017.2Q
주가(최고/저)(천원)	—/—	3.1/1.2	2.3/0.4	3.0/0.6	0.9/0.2	—/—
PER(최고/저)(배)	0.0/0.0					
PBR(최고/저)(배)	0.0/0.0	32.6/13.1	8.9/1.7	-82.1/-16.5	-7.2/-1.9	0.0/0.0
EV/EBITDA(배)						
EPS(원)	-290	-247	-226	-295	-93	
BPS(원)	295	95	259	-37	-130	
CFPS(원)	-269	-230	-210	-277	-82	
DPS(원)						
EBITDAPS(원)	-275	-229	-217	-278	-81	

재무 비율 〈단위 : % 〉
연도	영업이익률	순이익률	부채비율	차입금비율	ROA	ROE	유보율	자기자본비율	EBITDA마진율
2016	-191.2	-193.1	완전잠식	완전잠식	-117.2	잠식지속	-126.0	-418.2	-166.9
2015	-1,077.4	-1,074.2	완전잠식	완전잠식	-110.1	당기잠식	-107.3	-28.5	-1,011.1
2014	-915.5	-888.9	일부잠식	일부잠식	-70.2	-134.9	-48.3	63.4	-854.5
2013	-980.9	-984.0	일부잠식	일부잠식	-77.1	-144.8	-81.0	32.1	-912.6

오가닉티코스메틱스 (A900300)
ORGANIC TEA COSMETICS HOLDINGS

업 종 : 개인생활용품		시 장 : KOSDAQ	
신용등급 : (Bond) — (CP) —		기업규모 : —	
홈페이지 : www.organictea-cosmetics.com/		연 락 처 : 86-599-8508611	
본 사 : 20th Floor, Alexandra House 18 Chater Road, Central Hong Kong			

설 립 일 2012.11.27	종 업 원 수 295명	대 표 이 사 채정망	
상 장 일 2016.11.04	감 사 의 견 적정 (신한)	계 열	
결 산 기 12월	보 통 주 5,693만주	종속회사 3개사	
액 면 가 —	우 선 주 —	구 상 호	

주주구성 (지분율,%)
Cai Zheng Wang	44.4
황훙영	7.4
(외국인)	69.1

출자관계 (지분율,%)
통호무역	100.0
해천약업	100.0
조동실업	100.0

주요경쟁사 (외형,%)
오가닉티코스메틱	100
코리아나	77
네오팜	26

매출구성

비용구성
매출원가율	51.8
판관비율	21.2

수출비중
수출	—
내수	—

회사 개요
동사는 2012년 11월 홍콩에 설립, 중국 내 유아를 대상으로 샴푸, 바디워시, 바디로션 등의 피부케어, 클린징 제품 등과 모기퇴치약, 파우더 등과 같은 여름용 화장품을 생산 판매하고 있는 유아용 화장품 전문 업체. 지주회사로 실질적인 사업을 영위하지 않음. 연결 대상 종속회사인 통호무역, 해천약업, 조동실업 이 3개사가 수입, 제조, 판매를 담당하고 있음.

실적 분석
동사의 연결기준 2017년 상반기 매출액은 896.4억원으로 전년동기대비 17.7% 증가하였음. 중국 화장품 시장은 성장초기 단계이며 자녀 건강에 대한 관심이 증대되고 있음. 샴푸, 피부케어, 기능성, 모기퇴치 4개 부문 모두 매출액과 매출총이익이 증가됨. 영업이익과 당기순이익 또한 각각 272.4억원, 197.3억원을 기록하며 각각 전년동기대비 22.1%, 6.6% 증가함.

현금 흐름 〈단위 : 억원〉
항목	2016	2017.2Q
영업활동	232	91
투자활동	-46	-58
재무활동	-600	-56
순현금흐름	788	-24
기말현금	1,029	973

시장 대비 수익률

결산 실적 〈단위 : 억원〉
항목	2012	2013	2014	2015	2016	2017
매출액	—	—	1,047	1,358	1,606	—
영업이익	—	—	276	382	434	—
당기순이익	—	—	187	346	334	—

분기 실적 〈단위 : 억원〉
항목	2016.1Q	2016.2Q	2016.3Q	2016.4Q	2017.1Q	2017.2Q
매출액	341	426	474	364	380	520
영업이익	84	140	151	59	93	180
당기순이익	79	108	111	36	64	134

재무 상태 〈단위 : 억원〉
항목	2012	2013	2014	2015	2016	2017.2Q
총자산	—	—	962	1,198	2,066	2,208
유형자산	—	—	356	423	446	488
무형자산	—	—	0	0	0	0
유가증권	—	—				
총부채	—	—	393	272	275	306
총차입금	—	—	195	96	86	59
자본금	—	—	30	30	600	581
총자본	—	—	569	926	1,791	1,902
지배주주지분	—	—	569	926	1,791	1,902

기업가치 지표
항목	2012	2013	2014	2015	2016	2017.2Q
주가(최고/저)(천원)	#VALUE!	—/—	—/—	—/—	—/—	—/—
PER(최고/저)(배)	0.0/0.0	0.0/0.0	0.0/0.0	0.0/0.0	8.5/5.5	—/—
PBR(최고/저)(배)	0.0/0.0	0.0/0.0	0.0/0.0	0.0/0.0	2.0/1.3	1.6/1.1
EV/EBITDA(배)	—	—	—	—	4.1	—
EPS(원)	—	—	—	—	750	347
BPS(원)	—	—	—	—	3,146	3,340
CFPS(원)	—	—	—	—	791	363
DPS(원)	—	—	—	—	—	—
EBITDAPS(원)	—	—	—	—	1,017	495

재무 비율 〈단위 : % 〉
연도	영업이익률	순이익률	부채비율	차입금비율	ROA	ROE	유보율	자기자본비율	EBITDA마진율
2016	27.0	20.8	15.4	4.8	20.4	24.6	198.5	86.7	28.2
2015	28.1	25.5	29.3	10.3	32.0	46.3	2,967.9	77.3	29.5
2014	26.3	17.9	69.1	34.3	0.0	0.0	1,819.5	59.1	28.1
2013	0.0	0.0	0.0	0.0	0.0	0.0	0.0	0.0	0.0

오공 (A045060)
Okong

업 종 : 화학		시 장 : KOSDAQ	
신용등급 : (Bond) — (CP) —		기업규모 : 중견	
홈페이지 : www.okong.com		연 락 처 : 032)822-5050	
본 사 : 인천시 남동구 함박뫼로 341			

설 립 일 1974.09.12	종 업 원 수 139명	대 표 이 사 김윤정,조한창	
상 장 일 2000.08.10	감 사 의 견 적정 (대성)	계 열	
결 산 기 12월	보 통 주 1,152만주	종속회사 2개사	
액 면 가 500원	우 선 주 —	구 상 호	

주주구성 (지분율,%)
김윤정	22.1
삼성물산	4.7
(외국인)	3.3

출자관계 (지분율,%)
삼성테이프	100.0
오공티에스	80.7

주요경쟁사 (외형,%)
오공	100
동남합성	73
엔피케이	47

매출구성
기타 접착제 및 관련품목 상품	49.3
초산비닐 수지에멀젼 접착제	19.9
점착테이프	13.2

비용구성
매출원가율	80.9
판관비율	13.4

수출비중
수출	1.0
내수	99.0

회사 개요
동사는 1962년 설립되어 접착제 및 광택제 제조, 판매업을 주된 사업분야로 영위함. 시장 점유율은 15% 수준으로 군소 경쟁업체들에 비해 20~30% 높은 판매가격을 통해 매출과 순이익을 창출하고 있음. 이마트, 홈플러스, 롯데마트 과 같은 대형 할인점에 제품을 공급하고 있으며 접착제 시장에서의 DIY 시장규모가 선진국처럼 성장할 것으로 예상해 판매활동을 강화하고 있음. 종속회사로는 오공티에스 및 삼성테이프가 있음.

실적 분석
동사의 2017년 상반기 누적매출액은 739.7억원으로 전년동기대비 7.1% 증가함. 비용면에서 매출원가와 판관비는 각각 7.7%, 1.3% 증가함. 매출 확대로 영업이익은 전년동기비보다 14% 늘어난 38.1억원을 기록함. 건축, 목가공, 포장 등 기존 산업위주의 수요처를 전자, 기계, 신소재 등 첨단 산업 분야로 확대하기 위해 연구소를 중심으로 지속적인 연구개발에 주력하고 있음.

현금 흐름 〈단위 : 억원〉
항목	2016	2017.2Q
영업활동	112	22
투자활동	-20	-7
재무활동	-43	-14
순현금흐름	49	1
기말현금	174	176

시장 대비 수익률

결산 실적 〈단위 : 억원〉
항목	2012	2013	2014	2015	2016	2017
매출액	1,045	1,127	1,246	1,366	1,431	
영업이익	43	47	47	51	81	
당기순이익	26	29	30	26	56	

분기 실적 〈단위 : 억원〉
항목	2016.1Q	2016.2Q	2016.3Q	2016.4Q	2017.1Q	2017.2Q
매출액	335	355	368	373	376	1
영업이익	12	21	26	22	21	1
당기순이익	8	15	19	14	16	1

재무 상태 〈단위 : 억원〉
항목	2012	2013	2014	2015	2016	2017.2Q
총자산	876	961	1,077	1,179	1,205	1,19
유형자산	398	391	512	567	561	55
무형자산	0	0	23	16	17	1
유가증권	0	0	0	0	0	
총부채	415	475	566	650	646	62
총차입금	218	242	327	383	365	36
자본금	58	58	58	58	58	5
총자본	460	486	511	529	560	57
지배주주지분	435	455	474	488	532	54

기업가치 지표
항목	2012	2013	2014	2015	2016	2017.2Q
주가(최고/저)(천원)	1.9/1.3	2.4/1.5	5.0/2.1	7.6/3.4	6.5/4.0	—/
PER(최고/저)(배)	10.8/7.2	11.0/7.2	23.4/9.7	40.2/18.1	14.4/9.0	—/
PBR(최고/저)(배)	0.6/0.4	0.6/0.4	1.3/0.5	1.8/0.8	1.4/0.9	1.3/1
EV/EBITDA(배)	5.9	6.7	11.5	11.0	7.7	—/
EPS(원)	192	226	220	193	453	22
BPS(원)	3,788	3,957	4,117	4,248	4,571	4,70
CFPS(원)	323	357	374	386	682	63
DPS(원)	50	50	50	50	60	
EBITDAPS(원)	501	539	560	638	929	40

재무 비율 〈단위 : % 〉
연도	영업이익률	순이익률	부채비율	차입금비율	ROA	ROE	유보율	자기자본비율	EBITDA마진율
2016	5.6	4.0	115.4	65.3	4.7	10.3	814.2	46.4	7
2015	3.8	1.9	122.8	72.5	2.3	4.6	749.5	44.9	5
2014	3.7	2.4	110.8	64.0	2.9	5.5	723.5	47.4	5
2013	4.2	2.6	97.7	49.7	3.2	5.9	691.5	50.6	5

오디텍 (A080520)
ODTech

<table>
<tr><td>업 종 : 반도체 및 관련장비</td><td>시 장 : KOSDAQ</td></tr>
<tr><td>신용등급 : (Bond) — (CP) —</td><td>기업규모 : 우량</td></tr>
<tr><td>홈페이지 : www.od-tech.com</td><td>연 락 처 : 063)263-7626</td></tr>
<tr><td colspan="2">주 소 : 전북 완주군 봉동읍 완주산단 5로 87</td></tr>
</table>

설 립 일 1999.12.06	종업원수 222명	대표이사	박병근
상 장 일 2007.10.08	감사의견 적정(승일)	계 열	
결 산 기 12월	보 통 주 1,175만주	종속회사수	1개사
액 면 가 500원	우 선 주	구 상 호	

주주구성 (지분율,%)		출자관계 (지분율,%)		주요경쟁사 (외형,%)	
박병근	12.7	오디텍신소재	49.9	오디텍	100
Hermes Emerging Asia Equity Fund SP	6.1	엔비엠	37.5	윈팩	62
(외국인)	9.9	티에스20158호남충정투자조합	30.0	엘티씨	127

매출구성		비용구성		수출비중	
반도체 제품(Zener Diode 外)	59.0	매출원가율	77.1	수출	46.0
센서제품(COB 外)	39.5	판관비율	5.5	내수	54.0
상품	1.4				

회사 개요
동사는 반도체제조공정을 바탕으로 비메모리 반도체칩과 센서 및 센서모듈, 시스템의 수직 계열화된 제품을 생산하고 있으며, 종속회사인 오디텍 반도체(남경)유한공사는 매출유형 중 반도체부분에 속하는 비메모리반도체칩을 생산하고 있음. 주요 생산라인은 센서부문에서 광소자, 광센서, 센서페키지 등이 있으며 삼성전기 외 170여개 업체로 납품되고 있고 반도체부문에서 비메모리반도체칩이 삼성전자 외 70여개 업체로 납품되고 있음.

실적 분석
LED업황 부진에 따른 제너다이오드 실적 부진과 중국 가전판매 부진에 따른 파워반도체의 매출 급감으로 동사의 2017년 2분기 연결기준 누적 매출액은 전년동기 대비 12% 감소한 259억원을 기록. 매출 부진과 원가부담으로 영업이익은 전년동기 대비 41.4% 감소한 30.6억원을 시현함. 안정적인 재무구조를 기반으로 센서사업의 본격 성장, 국방용 센서의 납품 등을 통한 실적 개선을 기대.

현금 흐름 〈단위 : 억원〉
항목	2016	2017.2Q
영업활동	135	31
투자활동	-124	8
재무활동	-11	-32
순현금흐름	6	4
기말현금	494	498

시장 대비 수익률

결산 실적 〈단위 : 억원〉
항목	2012	2013	2014	2015	2016	2017
매출액	852	736	606	588	557	—
영업이익	111	127	89	87	96	—
당기순이익	89	109	78	92	101	—

분기 실적 〈단위 : 억원〉
항목	2016.1Q	2016.2Q	2016.3Q	2016.4Q	2017.1Q	2017.2Q
매출액	143	151	132	130	130	129
영업이익	25	28	26	19	13	18
당기순이익	22	23	16	40	16	24

재무 상태 〈단위 : 억원〉
항목	2012	2013	2014	2015	2016	2017.2Q
총자산	937	1,026	1,070	1,140	1,261	1,254
유형자산	279	238	199	173	164	156
무형자산	4	3	5	5	4	4
유가증권	6	9	27	54	146	127
총부채	115	104	84	88	104	104
총차입금	38	28	17	19	19	18
자본금	45	45	59	59	59	59
총자본	821	922	986	1,052	1,157	1,151
지배주주지분	821	922	986	1,052	1,157	1,151

기업가치 지표
항목	2012	2013	2014	2015	2016	2017.2Q
주가(최고/저)(천원)	10.8/4.9	12.8/8.8	11.6/7.2	11.4/6.8	9.4/6.8	—/—
PER(최고/저)(배)	15.1/6.9	14.3/9.9	18.1/11.3	15.0/9.0	11.1/8.1	—/—
PBR(최고/저)(배)	1.6/0.7	1.7/1.2	1.4/0.9	1.3/0.8	0.9/0.7	0.9/0.8
EV/EBITDA(배)	5.4	4.5	3.1	2.2	2.6	—
EPS(원)	755	932	668	780	859	344
BPS(원)	9,152	10,264	8,507	9,228	10,123	10,210
CFPS(원)	1,599	1,807	1,118	1,174	1,129	467
DPS(원)	100	100	100	100	130	—
EBITDAPS(원)	1,849	1,999	1,211	1,131	1,091	383

재무 비율 〈단위 : % 〉
연도	영업이익률	순이익률	부채비율	차입금비율	ROA	ROE	유보율	자기자본비율	EBITDA마진율
2016	17.3	18.1	9.0	1.6	8.4	9.1	1,924.6	91.8	23.0
2015	14.7	15.6	8.4	1.8	8.3	9.0	1,745.6	92.3	22.6
2014	14.8	13.0	8.5	1.8	7.5	8.2	1,601.3	92.2	23.5
2013	17.2	14.9	11.3	3.0	11.2	12.6	1,952.7	89.9	24.6

오뚜기 (A007310)
Ottogi

<table>
<tr><td>업 종 : 식료품</td><td>시 장 : 거래소</td></tr>
<tr><td>신용등급 : (Bond) AA (CP) —</td><td>기업규모 : 시가총액 대형주</td></tr>
<tr><td>홈페이지 : www.ottogi.co.kr</td><td>연 락 처 : 031)421-2122</td></tr>
<tr><td colspan="2">주 소 : 경기도 안양시 동안구 흥안대로 405</td></tr>
</table>

설 립 일 1971.06.03	종업원수 3,030명	대표이사	함영준,이강훈
상 장 일 1994.07.12	감사의견 적정(이현)	계 열	
결 산 기 12월	보 통 주 344만주	종속회사수	10개사
액 면 가 5,000원	우 선 주	구 상 호	

주주구성 (지분율,%)		출자관계 (지분율,%)		주요경쟁사 (외형,%)	
함영준	28.6	오뚜기냉동식품	100.0	오뚜기	100
오뚜기재단	8.0	강소태동식품	86.6	농심	110
(외국인)	18.1	알디에스	80.0	농심홀딩스	25

매출구성		비용구성		수출비중	
면제품류	31.9	매출원가율	75.8	수출	9.0
유지류 외	22.4	판관비율	17.1	내수	91.0
양념소스류	19.7				

회사 개요
동사는 1969년 설립돼 건조식품류, 양념소스류, 유지류, 면제품류, 농수산가공품류 등을 영위하고 있음. 카레, 3분요리, 참기름 등에서 시장점유율 1위이며, 라면 시장에선 점유율 20%를 돌파하면서 1위 농심을 바짝 추격 중. 동사가 주력으로 하는 식품 사업은 국민소득 증가, 산업화 등에 따라 급속히 성장하고 있으며, 조미식품 부문의 수요가 크게 증가함. 강력한 영업망으로 조미식품 수요에 대응한다는 전략임.

실적 분석
동사의 2017년 상반기 연결기준 누적 매출액은 1조452.7억원으로 전년 동기 대비 4.1% 증가함. 매출이 늘면서 매출원가 또한 큰 폭으로 확대되면서 영업이익은 오히려 전년 동기 대비 5.9% 감소한 715.1억원을 시현함. 비영업손익 부문에서 관련기업 투자 손익이 줄어들면서 당기순이익은 685.3억원으로 전년 동기 대비 8.6% 감소함. 매출은 꾸준히 늘고 있지만 수익성은 소폭 악화되고 있음.

현금 흐름 〈단위 : 억원〉
항목	2016	2017.2Q
영업활동	1,489	949
투자활동	-1,334	-946
재무활동	-402	-73
순현금흐름	-248	-66
기말현금	1,452	1,386

시장 대비 수익률

결산 실적 〈단위 : 억원〉
항목	2012	2013	2014	2015	2016	2017
매출액	16,866	17,282	17,817	18,831	20,107	—
영업이익	1,087	1,051	1,159	1,334	1,425	—
당기순이익	758	922	941	1,049	1,380	—

분기 실적 〈단위 : 억원〉
항목	2016.1Q	2016.2Q	2016.3Q	2016.4Q	2017.1Q	2017.2Q
매출액	5,156	4,880	5,164	4,905	5,318	5,134
영업이익	356	405	453	212	300	415
당기순이익	491	258	358	272	328	357

재무 상태 〈단위 : 억원〉
항목	2012	2013	2014	2015	2016	2017.2Q
총자산	10,999	12,062	13,516	14,843	15,927	16,645
유형자산	4,811	5,081	5,702	6,150	6,533	6,871
무형자산	176	171	180	169	220	309
유가증권	51	50	20	111	214	214
총부채	4,417	4,649	5,282	5,352	5,575	5,815
총차입금	1,263	1,126	1,635	1,433	1,359	1,562
자본금	172	172	172	172	172	172
총자본	6,582	7,413	8,233	9,491	10,352	10,831
지배주주지분	6,494	7,366	8,181	9,434	10,292	10,661

기업가치 지표
항목	2012	2013	2014	2015	2016	2017.2Q
주가(최고/저)(천원)	251/143	460/209	635/360	1,267/465	1,411/609	—/—
PER(최고/저)(배)	12.1/6.9	17.9/8.1	23.8/13.5	42.4/15.5	35.7/15.4	—/—
PBR(최고/저)(배)	1.4/0.8	2.2/1.0	2.7/1.5	4.7/1.7	4.7/2.0	2.8/2.0
EV/EBITDA(배)	4.9	9.3	10.5	24.0	11.3	—
EPS(원)	21,725	26,557	27,258	30,365	39,977	19,796
BPS(원)	191,175	216,534	240,233	276,645	303,907	317,699
CFPS(원)	29,009	34,568	36,194	40,761	52,280	26,525
DPS(원)	3,000	3,500	4,000	5,200	6,800	—
EBITDAPS(원)	38,879	38,556	42,620	49,178	53,727	27,518

재무 비율 〈단위 : % 〉
연도	영업이익률	순이익률	부채비율	차입금비율	ROA	ROE	유보율	자기자본비율	EBITDA마진율
2016	7.1	6.9	53.9	13.1	9.0	13.9	5,978.1	65.0	9.2
2015	7.1	5.6	56.4	15.1	7.4	11.9	5,432.9	63.9	9.0
2014	6.5	5.3	64.2	19.9	7.4	12.1	4,704.7	60.9	8.2
2013	6.1	5.3	62.7	15.2	8.0	13.2	4,230.7	61.5	7.7

오로라월드 (A039830)
Aurora World

업 종 : 레저용품		시 장 : KOSDAQ	
신용등급 : (Bond) — (CP) —		기업규모 : 우량	
홈페이지 : www.auroraworld.co.kr		연 락 처 : 02)3420-4114	
본 사 : 서울시 강남구 테헤란로 624 오로라월드 H.Q빌딩			

설 립 일 1985.09.25	종 업 원 수 133명	대 표 이 사 노희열,홍기선			
상 장 일 2000.12.22	감 사 의 견 적정 (삼일)	계 열			
결 산 기 12월	보 통 주 1,076만주	종속회사수 9개사			
액 면 가 500원	우 선 주	구 상 호			

주주구성 (지분율,%)		출자관계 (지분율,%)		주요경쟁사 (외형,%)	
노희열	43.3	오로라크리에이션	87.5	오로라	100
신영자산운용	5.1	엠티나인	25.0	손오공	90
(외국인)	2.4	AURORAWORLD,Inc	100.0	형성그룹	139

매출구성		비용구성		수출비중	
재화의 판매(기타)	98.8	매출원가율	53.0	수출	77.0
용역제공(용역)	0.8	판관비율	36.7	내수	23.0
기타수익(기타)	0.4				

회사 개요
동사는 1981년 설립된 오로라무역상사를 모태로 1985년 법인 전환함. 캐릭터디자인 전문기업으로서 캐릭터디자인을 개발하여 캐릭터완구를 상품화하여 국내외 시장에 브랜드 마케팅을 하는 글로벌 다국적 회사임. 인도네시아와 중국의 생산법인에서 제품을 생산·공급하며 미국, 영국, 홍콩의 판매법인과 주요 시장의 전문 디스트리뷰터를 통하여 해외시장에 판매하고 있음. 주요 수익원은 캐릭터완구 매출이며 수출비중이 매우 큼.

실적 분석
동사의 2017년 연결기준 2분기 누적 매출액은 전년 동기에서 0.1% 늘어난 665.4억원을 기록함. 전체 매출 중 58.4%를 차지하는 미국 사업본부 매출은 소폭 감소한 반면 영국 등에서 선전한 결과. 매출원가 감소로 영업이익은 전년 보다 소폭 상승하여 65.3억원을 달성. 법인세 비용이 늘었지만 환차익으로 인한 대규모 비영업이익이 발생하며 당기순이익은 전년 동기보다 28.7% 증가한 44.6억원을 기록함.

현금 흐름 〈단위 : 억원〉

항목	2016	2017.2Q
영업활동	78	73
투자활동	-95	-100
재무활동	-10	-25
순현금흐름	-22	-58
기말현금	151	94

시장 대비 수익률

결산 실적 〈단위 : 억원〉

항목	2012	2013	2014	2015	2016	2017
매출액	1,010	1,198	1,230	1,223	1,434	—
영업이익	62	108	146	135	148	—
당기순이익	49	61	86	62	63	—

분기 실적 〈단위 : 억원〉

항목	2016.1Q	2016.2Q	2016.3Q	2016.4Q	2017.1Q	2017.2Q
매출액	350	314	351	418	357	309
영업이익	41	22	27	58	43	23
당기순이익	31	3	17	12	33	12

재무 상태 〈단위 : 억원〉

항목	2012	2013	2014	2015	2016	2017.2Q
총자산	1,663	1,809	1,893	2,011	2,077	2,044
유형자산	551	521	516	516	510	580
무형자산	60	66	61	60	52	48
유가증권	5	5	0	0	0	0
총부채	973	1,088	1,092	1,150	1,184	1,133
총차입금	744	777	804	856	887	844
자본금	54	54	54	54	54	54
총자본	690	722	800	861	893	912
지배주주지분	687	720	799	860	897	913

기업가치 지표

항목	2012	2013	2014	2015	2016	2017.2Q
주가(최고/저)(천원)	7.0/3.0	13.1/4.9	14.0/8.7	16.1/11.9	13.7/9.6	—/—
PER(최고/저)(배)	16.0/6.9	23.1/8.6	17.7/10.9	28.3/21.0	22.1/15.6	—/—
PBR(최고/저)(배)	1.2/0.5	2.0/0.7	1.9/1.2	2.0/1.5	1.6/1.1	1.2/1.0
EV/EBITDA(배)	13.7	13.4	11.7	12.8	9.9	—/—
EPS(원)	460	584	811	577	626	398
BPS(원)	6,433	6,821	7,552	8,117	8,671	8,823
CFPS(원)	704	885	1,116	877	947	558
DPS(원)	100	100	100	100	100	—
EBITDAPS(원)	819	1,308	1,661	1,557	1,696	767

재무 비율 〈단위 : % 〉

연도	영업이익률	순이익률	부채비율	차입금비율	ROA	ROE	유보율	자기자본비율	EBITDA마진율
2016	10.3	4.4	132.5	99.3	3.1	7.7	1,634.3	43.0	12.7
2015	11.1	5.0	133.6	99.4	3.2	7.5	1,523.4	42.8	13.7
2014	11.9	7.0	136.4	100.4	4.7	11.5	1,410.4	42.3	14.5
2013	9.1	5.1	150.7	107.7	3.5	8.9	1,264.2	39.9	11.8

오르비텍 (A046120)
Orbitech

업 종 : 에너지 시설 및 서비스		시 장 : KOSDAQ	
신용등급 : (Bond) — (CP) —		기업규모 : 벤처	
홈페이지 : www.orbitech.co.kr		연 락 처 : 02)852-2223~4	
본 사 : 서울시 금천구 범안로 1130, 8층(가산동, 가산디지털엠파이어)			

설 립 일 1991.03.05	종 업 원 수 370명	대 표 이 사 강상원,권동혁(각자대표)			
상 장 일 2010.06.15	감 사 의 견 적정 (신화)	계 열			
결 산 기 12월	보 통 주 2,181만주	종속회사수			
액 면 가 500원	우 선 주	구 상 호 케이엔디티			

주주구성 (지분율,%)		출자관계 (지분율,%)		주요경쟁사 (외형,%)	
아스트	21.4	엔지니어링공제조합	0.1	오르비텍	100
이의종	1.9	KNDTVietnamCo.,Ltd		일진파워	318
(외국인)	1.2			제이씨케미칼	371

매출구성		비용구성		수출비중	
항공기 부품 생산 및 판매	48.2	매출원가율	88.0	수출	—
방사선 관리용역 및 규제 해제 등	40.8	판관비율	5.0	내수	—
원자력발전소 검사기술용역	11.1				

회사 개요
동사는 1991년 3월에 설립되어 2010년 6월에 코스닥시장에 상장한 방사선안전관리 및 원자력발전소 가동중검사 전문업체임. 주요 경쟁업체로는 방사선안전관리분야의 세안기술과 원자력발전소 가동중검사분야의 한전KPS 등이 있음. 2015년 기준 동사의 각 시장 점유율은 8.16%와 9.48% 임. 2013년부터 Bulkhead Ass'y 등 항공부품 정밀부품 제조 판매업을 진행하고 있음

실적 분석
동사의 연결기준 2017년 2분기 누적매출액은 전년동기 대비 11.5% 증가한 214.7억원을 기록함. 당분기 매출 성장은 ISI 부문의 실적 개선에 기인함. 외형 성장과 원가율 개선으로 영업이익은 전년동기 대비 33.9% 증가한 17.8억원을 기록하였으며 35.4% 증가한 16.9억원의 당기순이익을 기록하였음. 당반기 매출 비중은 용역 매출에선 원자력사업 46.4%, ISI사업 9.59%, 제품매출에선 항공사업 43.85% 등으로 구성됨.

현금 흐름 *IFRS 별도 기준 〈단위 : 억원〉

항목	2016	2017.2Q
영업활동	9	12
투자활동	-173	-118
재무활동	153	306
순현금흐름	-12	200
기말현금	55	255

시장 대비 수익률

결산 실적 〈단위 : 억원〉

항목	2012	2013	2014	2015	2016	2017
매출액	385	239	208	321	417	—
영업이익	6	-53	-20	15	29	—
당기순이익	3	-92	-38	8	20	—

분기 실적 *IFRS 별도 기준 〈단위 : 억원〉

항목	2016.1Q	2016.2Q	2016.3Q	2016.4Q	2017.1Q	2017.2Q
매출액	90	103	109	116	100	
영업이익	6	7	8	8	7	
당기순이익	5	8	5	3	3	

재무 상태 *IFRS 별도 기준 〈단위 : 억원〉

항목	2012	2013	2014	2015	2016	2017.2Q
총자산	335	498	424	518	682	1,0
유형자산	129	241	229	219	388	4
무형자산	15	24	20	16	16	
유가증권	2	0	4	2	2	
총부채	79	322	295	248	356	4
총차입금	27	254	230	154	268	3
자본금	40	40	40	60	64	
총자본	256	176	129	270	326	
지배주주지분	256	176	129	270	326	

기업가치 지표 *IFRS 별도 기준

항목	2012	2013	2014	2015	2016	2017.2Q
주가(최고/저)(천원)	5.9/2.7	6.0/3.0	3.9/1.6	12.9/1.9	6.5/4.6	
PER(최고/저)(배)	115.6/54.2	—/—	—/—	169.8/24.5	43.3/30.8	
PBR(최고/저)(배)	1.7/0.8	2.4/1.2	2.0/0.8	5.7/0.8	2.6/1.8	1.9/1
EV/EBITDA(배)	7.3		110.5	26.6	18.5	
EPS(원)	45	-954	-393	66	131	1
BPS(원)	3,670	2,634	2,052	2,356	2,637	2,7
CFPS(원)	373	-808	-189	256	279	1
DPS(원)	100					
EBITDAPS(원)	379	-301	38	326	349	1

재무 비율 〈단위 : % 〉

연도	영업이익률	순이익률	부채비율	차입금비율	ROA	ROE	유보율	자기자본비율	EBITDA마진율
2016	6.9	4.8	109.3	82.2	3.3	6.7	427.5	47.8	10
2015	4.7	2.5	92.2	57.0	1.7	4.0	371.3	52.0	10
2014	-9.5	-18.3	228.3	178.0	-8.3	-25.0	310.5	30.5	-
2013	-22.1	-38.7	182.8	144.5	-21.8	-42.0	426.7	35.4	-10

오리엔탈정공 (A014940)
Oriental Precision & Engineering

업 종 : 조선		시 장 : KOSDAQ	
신용등급 : (Bond) — (CP) —		기업규모 :	
홈 페 이 지 : www.opco.co.kr		연 락 처 : (051)202-0101	
본 사 : 부산시 강서구 녹산산단 289로 6 (송정동)			

설 립 일	1980.07.19	종 업 원 수	107명	대 표 이 사	박세철
상 장 일	2001.12.21	감 사 의 견	적정 (삼경)	계 열	
결 산 기	12월	보 통 주	4,055만주	종속회사수	2개사
액 면 가	500원	우 선 주		구 상 호	

주주구성 (지분율,%)		출자관계 (지분율,%)		주요경쟁사 (외형,%)	
오리엔탈홀딩스	50.0	오리엔탈마린텍	100.0	오리엔탈정공	100
한국산업은행	28.0	오리엔탈정밀기계	28.0	두산엔진	439
(외국인)	0.1	연대동방정공선박해무유한공사	100.0	엔케이	90

매출구성		비용구성		수출비중	
Deck House Engine Room Casing Funnel	48.9	매출원가율	90.5	수출	6.0
Lifting Appliances(Crane 류)	41.5	판관비율	8.6	내수	94.0
기타	5.0				

회사 개요
동사는 선박용 철구조물 제조업체로 주로 선박상부 구조물과 선박 상부기계를 제조하여 판매하고 있음. 비교적 부가가치가 높은 해양플랜트 구조물 및 해양플랜트에 탑재되어 사용되는 크레인을 수주하여 생산을 진행하고 있음. 조선시 전방산업으로서 현대중공업, 현대미포조선, 미쯔비시 등 한국과 일본의 중대형 조선소를 주요 고객으로 하고 있음. 최근에는 조선경기 불황으로 인한 고객사의 저가수주물량 발주로 가격경쟁력이 필수적인 경쟁요소가 되고 있음.

실적 분석
동사의 2017년 2분기 연결기준 누적 매출액은 585.7억원으로 전년 동기 대비 42.9% 감소함. 매출원가가 39.6% 감소했고 판관비 역시 21.3% 줄어 영업이익은 전년 대비 36.8% 감소한 15억원을 기록, 비영업부문 손실 11.8억원을 기록하며 적자가 지속되고 있음. 당기순이익은 2.2억원으로 지난해보다 소폭 감소함. 2017년 3월 동사는 계속사업손실 발생에 따라 관리종목지정으로 주권매매 거래정지됐으나 9월에 해제됨.

현금 흐름 〈단위 : 억원〉

항목	2016	2017.2Q
영업활동	166	-96
투자활동	61	1
재무활동	-161	10
순현금흐름	66	-86
기말현금	154	68

시장 대비 수익률

결산 실적 〈단위 : 억원〉

항목	2012	2013	2014	2015	2016	2017
매출액	2,548	1,757	1,637	1,787	1,830	—
영업이익	-754	20	-280	-47	16	—
당기순이익	-2,228	508	-341	-18	-202	—

분기 실적 〈단위 : 억원〉

항목	2016.1Q	2016.2Q	2016.3Q	2016.4Q	2017.1Q	2017.2Q
매출액	523	502	373	431	311	275
영업이익	18	6	-7	-1	-1	16
당기순이익	7	-4	-18	-187	-6	8

재무 상태 〈단위 : 억원〉

항목	2012	2013	2014	2015	2016	2017.2Q
총자산	3,368	2,019	1,818	1,947	1,464	1,317
유형자산	1,351	1,265	1,236	1,163	951	944
무형자산	19	15	15	13	12	11
유가증권	14	14	12	1	2	2
총부채	4,224	1,452	1,585	1,636	1,350	1,195
총차입금	2,152	880	912	876	749	759
자본금	424	892	903	203	203	203
총자본	-856	567	233	311	114	122
지배주주지분	-856	567	233	311	114	122

기업가치 지표

항목	2012	2013	2014	2015	2016	2017.2Q
주가(최고/저)(천원)	56.5/13.0	17.1/6.0	7.3/2.7	7.4/1.8	3.3/1.8	—/—
PER(최고/저)(배)	—/—	11.0/3.9	—/—	—/—	—/—	8.8/4.4
PBR(최고/저)(배)	-11.4/-2.6	10.5/3.7	10.7/4.0	9.2/2.3	10.4/5.7	
EV/EBITDA(배)		44.8			26.6	
EPS(원)	-79,641	1,550	-951	-49	-497	5
BPS(원)	-994	326	137	801	316	335
CFPS(원)	-15,015	340	-164	68	-404	20
DPS(원)						
EBITDAPS(원)	-4,851	43	-130	-12	133	52

재무 비율 〈단위 : % 〉

연도	영업이익률	순이익률	부채비율	차입금비율	ROA	ROE	유보율	자기자본비율	EBITDA마진율
2016	0.9	-11.0	일부잠식	일부잠식	-11.8	-94.9	-36.9	7.8	3.0
2015	-2.6	-1.0	526.1	281.8	-0.9	-6.5	60.3	16.0	-0.3
2014	-17.1	-20.9	일부잠식	일부잠식	-17.8	-85.3	-72.7	12.8	-14.3
2013	1.1	28.9	일부잠식	일부잠식	18.8	전기잠식	-34.8	28.1	4.0

오리엔트바이오 (A002630)
ORIENT BIO

업 종 : 자동차		시 장 : 거래소	
신용등급 : (Bond) B- (CP) —		기업규모 : 시가총액 소형주	
홈 페 이 지 : www.orientbio.co.kr		연 락 처 : (031)730-6000	
본 사 : 경기도 성남시 중원구 갈마치로 322			

설 립 일	1959.04.16	종 업 원 수	151명	대 표 이 사	장재진
상 장 일	1976.12.28	감 사 의 견	적정 (대영)	계 열	
결 산 기	03월	보 통 주	16,300만주	종속회사수	6개사
액 면 가	500원	우 선 주		구 상 호	

주주구성 (지분율,%)		출자관계 (지분율,%)		주요경쟁사 (외형,%)	
장재진	10.8	OrientScience&HealthcareInc	70.0	오리엔트바이오	100
엠다스	9.2	오리에트시계	33.7	코라오홀딩스	360
(외국인)	0.3	월드메모리	28.5	현대차	85,902

매출구성		비용구성		수출비중	
자동차엔진 및 트랜스미션 부품 등	49.6	매출원가율	92.3	수출	6.0
산업통신용 전원공급장치 등	23.3	판관비율	16.2	내수	94.0
생물소재, 바이오 실험장비 및 의료장비	17.6				

회사 개요
동사는 1959년 시계류 제조와 가공판매업을 주 영업목적으로 설립돼 2003년 8월 '실험동물의 생산, 수출, 수입 및 생명과학 관련 연구개발업 등'을 영위하는 '주식회사 바이오제노믹스'와 합병했고, 2005년 7월 기존 사업인 '시계사업부문'을 분리하고 현 상호명인 주식회사 오리엔트바이오로 상호를 변경함. 연결자회사는 전원공급장치, 자동차부품산업, 시계사업, 도시자원화 사업 등을 영위하고 있으며 총 14개의 계열회사를 보유하고 있음.

실적 분석
동사의 2017년 상반기 연결기준 매출액은 전년대비 11.8% 성장한 291.7억원을 기록함. 매출액은 소폭 성장했으나 원가율 상승으로 영업손실 23억원, 당기순손실 14.5억원을 보이며 대규모 적자를 시현함. 당기순손실 규모는 전년 동기 대비 큰 폭 증가. 연결대상회사의 매출액 증가가 있었으나 사채상공정가치 평가 및 지분법 등의 손실과 기타 손실이 대규모 손실로 이어짐.

현금 흐름 〈단위 : 억원〉

항목	2016	2017.1Q
영업활동	-30	3
투자활동	-72	-28
재무활동	208	229
순현금흐름	106	204
기말현금	190	394

시장 대비 수익률

결산 실적 〈단위 : 억원〉

항목	2012	2013	2014	2015	2016	2017
매출액	770	837	937	1,050	1,090	—
영업이익	32	-18	9	1	-93	—
당기순이익	10	-102	-18	-25	-248	—

분기 실적 〈단위 : 억원〉

항목	2015.4Q	2016.1Q	2016.2Q	2016.3Q	2016.4Q	2017.1Q
매출액	273	261	243	298	289	292
영업이익	-6	-25	-24	-28	-16	-23
당기순이익	-20	-79	-10	-146	-13	-14

재무 상태 〈단위 : 억원〉

항목	2012	2013	2014	2015	2016	2017.1Q
총자산	1,362	1,396	1,488	1,756	1,726	#N/A
유형자산	344	455	468	572	549	#N/A
무형자산	152	131	167	256	203	535
유가증권	2	3	2	4	1	207
총부채	740	778	814	844	747	1
총차입금	564	565	586	599	517	699
자본금	401	501	501	776	805	815
총자본	623	618	673	913	979	1,006
지배주주지분	548	550	537	769	703	717

기업가치 지표

항목	2012	2013	2014	2015	2016	2017.1Q
주가(최고/저)(천원)	0.7/0.5	0.7/0.4	1.0/0.4	2.0/0.6	3.1/1.1	1.4/1.2
PER(최고/저)(배)	102.4/67.0	—/—	—/—	—/—	—/—	—/—
PBR(최고/저)(배)	1.3/0.8	1.5/0.9	2.0/0.9	4.0/1.2	7.2/2.6	3.3/2.7
EV/EBITDA(배)	16.2	44.2	18.7	52.3		
EPS(원)	7	-91	-16	-21	-119	-8
BPS(원)	683	549	536	495	436	440
CFPS(원)	42	-57	45	17	-77	4
DPS(원)						
EBITDAPS(원)	74	25	71	39	-16	-2

재무 비율 〈단위 : % 〉

연도	영업이익률	순이익률	부채비율	차입금비율	ROA	ROE	유보율	자기자본비율	EBITDA마진율
2016	-8.5	-22.8	76.3	52.8	-14.3	-26.0	-12.7	56.7	-2.4
2015	0.1	-2.4	92.4	65.6	-1.6	-4.6	-1.9	52.0	5.4
2014	1.0	-1.9	120.9	87.0	-1.2	-3.2	7.1	45.3	7.6
2013	-2.2	-12.2	125.8	91.3	-7.4	-17.4	9.8	44.3	2.8

오리엔트정공 (A065500)
Orient Precision Industries

업　　종 : 자동차부품　　　　　　　　　　시　　장 : KOSDAQ
신용등급 : (Bond) —　　　(CP) —　　　　기업규모 : 중견
홈 페 이 지 : www.orientpi.com　　　　　　연 락 처 : (054)473-7200
본　　사 : 경북 구미시 수출대로 9길 26-5(공단동)

설 립 일	1987.06.25	종 업 원 수	59명	대 표 이 사	장재진
상 장 일	2002.09.07	감 사 의 견	적정 (대영)	계　　열	
결 산 기	12월	보 통 주	5,912만주	종속회사수	4개사
액 면 가	500원	우 선 주		구 상 호	

주주구성 (지분율,%)		출자관계 (지분율,%)		주요경쟁사 (외형,%)	
오리엔트바이오	24.1	오리엔트전자	92.1	오리엔트정공	100
엠다스	10.8	월드메모리	52.7	대우부품	75
(외국인)	0.4	오리엔트시계	4.0	화신정공	289

매출구성		비용구성		수출비중	
브라켓 외	39.3	매출원가율	93.7	수출	—
SMPS	18.1	판관비율	6.6	내수	—
캠캡	15.3				

회사 개요
동사는 1987년 설립된 자동차부품 전문 생산업체로, 수동변속기의 핵심부품인 티엠컨트롤하우징앗세이, 리테이너베어링 등과 엔진부품인 캡앗세이캄샤프트베어링, 하우징서모스탯 등을 생산 공급함. 현대차, 기아차, GM대우 등 국내 자동차 메이커 및 현대기아차의 체코, 슬로바키아, 중국, 인도 등의 해외 현지 법인에 제품을 주로 공급함. 연결대상 종속회사로 오리엔트전자, 오리엔트비나 및 컴퓨터 부품기업인 월드메모리 및 시계제조업체 오리엔트시계 등을 보유.

실적 분석
2017년 반기에 자동차부문 매출 증가와 전자부품 사업 및 컴퓨터 사업 추가로 전년동기 대비 외형이 31.4% 확대된 475.8억원의 매출을 시현함. 사업특성상 원가 및 판관비 부담이 높아 영업이익이 낮은편인데 당기에도 비용부담이 커지며 전년동기 6.5억원 이익 대비 이익이 줄어든 6.3억원 영업이익을 시현함. 비영업손익면에서는 4.7억원의 적자를 시현하여, 당분기 순이익은 1.6억원을 시현함.

현금 흐름　〈단위 : 억원〉
항목	2016	2017.2Q
영업활동	14	4
투자활동	-120	-22
재무활동	211	-36
순현금흐름	105	-54
기말현금	119	65

시장 대비 수익률

결산 실적　〈단위 : 억원〉
항목	2012	2013	2014	2015	2016	2017
매출액	304	360	470	537	710	—
영업이익	13	10	12	10	-2	—
당기순이익	2	-5	-0	13	-62	—

분기 실적　〈단위 : 억원〉
항목	2016.1Q	2016.2Q	2016.3Q	2016.4Q	2017.1Q	2017.2Q
매출액	177	185	150	197	234	242
영업이익	4	2	-9	-0	3	3
당기순이익	4	-1	-6	-58	5	-4

재무 상태　〈단위 : 억원〉
항목	2012	2013	2014	2015	2016	2017.2Q
총자산	340	344	406	512	999	948
유형자산	135	197	202	247	259	255
무형자산	4	7	10	92	94	94
유가증권	1	1				
총부채	268	268	267	321	597	542
총차입금	185	181	176	196	403	365
자본금	56	61	111	111	261	296
총자본	72	76	138	192	402	406
지배주주지분	72	76	138	151	310	361

기업가치 지표
항목	2012	2013	2014	2015	2016	2017.2Q
주가(최고/저)(천원)	1.4/0.7	1.0/0.6	0.8/0.5	1.1/0.5	1.4/0.8	—/—
PER(최고/저)(배)	54.8/27.1	—/—	—/—	23.6/9.5	—/—	—/—
PBR(최고/저)(배)	2.5/1.2	1.8/1.1	1.5/0.8	1.9/0.8	2.3/1.2	1.9/1.1
EV/EBITDA(배)	10.5	11.3	8.2	15.7	29.1	—/—
EPS(원)	25	-31	-2	49	-110	4
BPS(원)	737	716	675	733	615	629
CFPS(원)	250	88	115	152	-28	44
DPS(원)	—	—	—	—	—	—
EBITDAPS(원)	412	214	188	139	76	51

재무 비율　〈단위 : % 〉
연도	영업이익률	순이익률	부채비율	차입금비율	ROA	ROE	유보율	자기자본비율	EBITDA마진율
2016	-0.3	-8.7	148.3	100.3	-8.2	-19.4	23.0	40.3	4.3
2015	1.9	2.5	167.4	102.6	2.9	9.1	46.5	37.4	5.7
2014	2.5	-0.1	193.3	127.3	-0.1	-0.3	35.0	34.1	6.7
2013	2.9	-1.4	354.1	239.5	-1.5	-6.8	43.1	22.0	7.2

오리온 (A271560)
ORION

업　　종 : 식료품　　　　　　　　　　　시　　장 : 거래소
신용등급 : (Bond) —　　　(CP) A1　　　　기업규모 : —
홈 페 이 지 : www.orionworld.com　　　　연 락 처 : (02)710-6000
본　　사 : 서울시 용산구 백범로90다길 13 (주)오리온

설 립 일	2017.06.01	종 업 원 수	1,886명	대 표 이 사	이경재
상 장 일	2017.07.07	감 사 의 견	적정 (삼일)	계　　열	
결 산 기	12월	보 통 주	3,953만주	종속회사수	14개사
액 면 가	500원	우 선 주		구 상 호	

주주구성 (지분율,%)		출자관계 (지분율,%)		주요경쟁사 (외형,%)	
이화경	14.6	케이푸드	49.0	오리온	
담철곤	12.8	OrionFoodVINACo.,Ltd	100.0	CJ	
(외국인)	42.8	OrionInternationalEuroLLC	100.0	CJ제일제당	

매출구성		비용구성		수출비중	
		매출원가율	0.0	수출	—
		판관비율	0.0	내수	—

회사 개요
동사는 음 · 식료품의 제조, 가공 및 판매 등 식품사업부문에 더욱 집중하기 위하여 2017년 6월 1일 분할기준일부로 존속회사인 (주)오리온홀딩스(구 오리온)에서 인적분할돼 만들어진 법인. 6월 1일 주식회사 오리온으로 신설 법인 설립등기 했으며, 7월 7일 유가증권시장에 재상장됨. 분할되기 전 존속회사인 오리온홀딩스(구 오리온)는 1974년 국내외 제과시장의 대표적인 제품인 초코파이를 출시했으며 다른 여러 히트상품을 선보임.

실적 분석
동사의 2017년 상반기 연결기준 누적 매출액은 1441.4억원을 기록함. 매출원가와 판관비를 제외한 영업이익은 84.4억원을 시현함. 비영업손익 부문에서 금융손실 등으로 인해 일부 적자가 발생했으며 법인세비용 부담으로 인해 당기순이익은 52.8억원을 시현함. 국내 시장에서 꾸준한 매출을 기록하고 있지만 제과 시장이 점점 줄어들고 있다는 점은 약점으로 지적됨.

현금 흐름　〈단위 : 억원〉
항목	2016	2017.2Q
영업활동	—	392
투자활동	—	-71
재무활동	—	-267
순현금흐름	—	56
기말현금	—	889

시장 대비 수익률

결산 실적　〈단위 : 억원〉
항목	2012	2013	2014	2015	2016	2017
매출액	—	—	—	—	—	—
영업이익	—	—	—	—	—	—
당기순이익	—	—	—	—	—	—

분기 실적　〈단위 : 억원〉
항목	2016.1Q	2016.2Q	2016.3Q	2016.4Q	2017.1Q	2017.2Q
매출액	—	—	—	—	—	1,441
영업이익	—	—	—	—	—	84
당기순이익	—	—	—	—	—	53

재무 상태　〈단위 : 억원〉
항목	2012	2013	2014	2015	2016	2017.2Q
총자산	—	—	—	—	—	22,865
유형자산	—	—	—	—	—	16,768
무형자산	—	—	—	—	—	541
유가증권	—	—	—	—	—	
총부채	—	—	—	—	—	9,889
총차입금	—	—	—	—	—	7,488
자본금	—	—	—	—	—	198
총자본	—	—	—	—	—	12,976
지배주주지분	—	—	—	—	—	12,608

기업가치 지표
항목	2012	2013	2014	2015	2016	2017.2Q
주가(최고/저)(천원)	—/—	—/—	—/—	—/—	—/—	—/—
PER(최고/저)(배)	0.0/0.0	0.0/0.0	0.0/0.0	0.0/0.0	0.0/0.0	—/—
PBR(최고/저)(배)	0.0/0.0	0.0/0.0	0.0/0.0	0.0/0.0	0.0/0.0	0.0/0.0
EV/EBITDA(배)	0.0	0.0	0.0	0.0	0.0	0.0
EPS(원)	—	—	—	—	—	133
BPS(원)	—	—	—	—	—	31,893
CFPS(원)	—	—	—	—	—	422
DPS(원)	—	—	—	—	—	—
EBITDAPS(원)	—	—	—	—	—	503

재무 비율　〈단위 : % 〉
연도	영업이익률	순이익률	부채비율	차입금비율	ROA	ROE	유보율	자기자본비율	EBITDA마진율
2016	0.0	0.0	0.0	0.0	0.0	0.0	0.0	0.0	0.0
2015	0.0	0.0	0.0	0.0	0.0	0.0	0.0	0.0	0.0
2014	0.0	0.0	0.0	0.0	0.0	0.0	0.0	0.0	0.0
2013	0.0	0.0	0.0	0.0	0.0	0.0	0.0	0.0	0.0

오리온홀딩스 (A001800)
ORION Holdings

종 목 : 식료품		시 장 : 거래소	
용 등 급 : (Bond) AA (CP) A1		기업규모 : 시가총액 대형주	
페 이 지 : www.oriongroup.co.kr		연 락 처 : 02)710-6000	
사 : 서울시 용산구 백범로 90다길 13			

설 립 일	1956.07.25	종업원수	1,921명	대표이사	허인철
장 일	1975.06.27	감사의견	적정 (삼일)	계 열	
산 기	12월	보 통 주	2,055만주	종속회사수	13개사
액 면 가	500원	우 선 주		구 상 호	오리온

주주구성 (지분율,%)		출자관계 (지분율,%)		주요경쟁사 (외형,%)	
이화경	14.6	메가마크	100.0	오리온홀딩스	100
담철곤	12.8	리온자산개발	100.0	CJ	1,004
(외국인)	29.0	하이랜드디앤씨	100.0	CJ제일제당	610

매출구성		비용구성		수출비중	
스킷(고소미, 초코칩, 다이제 등)	29.2	매출원가율	51.8	수출	—
스 낵(포카칩, 오감자 등)	28.3	판관비율	34.5	내수	—
파 이(초코파이, 케익 오즈 등)	21.7				

회사 개요
동사는 국내제과 및 중국, 베트남, 러시아 등 해외제과 시장에서 적극적 시장진출효과과 가시화되고 있음. 해외에서는 지역 및 제품 확장 정책을 보유하고 있음. 해외에서는 지역 및 제품 확장 정책에 힘입어 고성장 추세가 이어짐. 중국 법인은 사드배치에 따른 반한 감정이 확대되면서 당분간 고전할 전망. 국내 제과 시장의 정체 겪고 있다는 점 또한 향후 성장에 걸림돌이 될 전망. 2017년 6월 1일을 분할기일로 지주회사로 전환함.

실적 분석
동사의 2017년 연결기준 반기 영업수익은 전년 동기 대비 53.6% 감소한 247.8억원을 기록. 영업수익의 급감으로 인해 영업손실 79.3억원을 시현하며 적자 폭 확대. 반면, 당기순이익은 대규모 중단영업이익 발생으로 1조 5,197억원을 기록함. 제과부문에서는 베트남 법인을 교두보로 동남아시아 개척을 진행하고 있음. 쇼박스의 상반기 전체영화 기준 4.4%, 한국영화 기준 10.3%의 관객점유율을 나타내고 있음.

금 흐름 〈단위 : 억원〉

항목	2016	2017.2Q
영업활동	3,406	-360
투자활동	-430	-188
재무활동	-3,089	148
순현금흐름	-143	-1,282
기말현금	2,395	1,119

시장 대비 수익률

산 실적 〈단위 : 억원〉

항목	2012	2013	2014	2015	2016	2017
매출액	23,680	24,852	21,998	23,824	23,863	
영업이익	2,637	2,595	2,489	2,993	3,262	
당기순이익	1,698	1,602	1,743	1,771	2,490	

기 실적 〈단위 : 억원〉

항목	2016.1Q	2016.2Q	2016.3Q	2016.4Q	2017.1Q	2017.2Q
매출액	438	94	5,972	17,360	86	157
영업이익	33	-58	944	2,344	-44	-39
당기순이익	740	75	891	784	246	14,951

무 상태 〈단위 : 억원〉

항목	2012	2013	2014	2015	2016	2017.2Q
총자산	26,476	29,736	29,325	29,988	29,089	7,670
유동자산	14,208	17,085	17,271	17,575	18,175	224
무형자산	824	782	397	530	533	15
유가증권	141	110	137	92	78	73
총부채	15,196	17,043	15,300	14,727	12,040	1,245
총차입금	9,774	11,092	10,311	10,070	7,471	
자본금	298	299	299	299	300	103
총자본	11,280	12,693	14,025	15,262	17,049	6,425
지배주주지분	9,845	11,227	12,471	13,787	15,995	5,789

업가치 지표

항목	2012	2013	2014	2015	2016	2017.2Q
가(최고/저)(천원)	1,094/590	1,186/861	1,001/754	1,355/845	1,189/635	—/—
R(최고/저)(배)	21.7/11.7	24.4/17.8	18.2/13.8	24.9/15.5	14.9/8.0	—/—
R(최고/저)(배)	3.3/1.8	3.1/2.3	2.3/1.8	2.9/1.8	2.2/1.2	1.4/1.1
V/EBITDA(배)	18.5	16.0	17.1	15.8	9.2	
EPS(원)	2,541	2,441	2,736	2,716	3,952	28,421
BPS(원)	167,797	190,820	214,175	236,130	271,618	28,727
CFPS(원)	46,354	47,658	51,878	57,668	66,454	29,265
DPS(원)	3,000	3,000	6,000	6,000	6,000	
BITDAPS(원)	65,148	66,719	66,173	80,595	81,413	696

무 비율 〈단위 : % 〉

도	영업이익률	순이익률	부채비율	차입금비율	ROA	ROE	유보율	자기자본비율	EBITDA마진율
016	13.7	10.4	70.6	43.8	8.4	15.9	5,332.4	58.6	20.4
015	12.6	7.4	96.5	66.0	6.0	12.4	4,622.6	50.9	20.2
014	11.3	7.9	109.1	73.5	5.9	13.8	4,183.5	47.8	18.0
013	10.4	6.5	134.3	87.4	5.5	13.8	3,716.4	42.7	16.0

오리콤 (A010470)
Oricom

업 종 : 미디어		시 장 : KOSDAQ	
신용등급 : (Bond) — (CP) —		기업규모 : 우량	
홈 페 이 지 : www.oricom.com		연 락 처 : 02)510-4114	
사 : 서울시 강남구 언주로 726 두산빌딩 7층			

설 립 일	1975.02.24	종업원수	311명	대표이사	고영섭
상 장 일	2000.10.14	감사의견	적정 (삼일)	계 열	
결 산 기	12월	보 통 주	1,150만주	종속회사수	1개사
액 면 가	1,000원	우 선 주		구 상 호	

주주구성 (지분율,%)		출자관계 (지분율,%)		주요경쟁사 (외형,%)	
두산	63.4	한컴	100.0	오리콤	100
고영섭	1.7	원오원글로벌	8.2	티비씨	24
(외국인)	0.8	두산큐벡스	4.7	이매진아시아	20

매출구성		비용구성		수출비중	
[오리콤]서적	26.5	매출원가율	66.5	수출	3.0
[오리콤]광고대행수입 외	26.0	판관비율	29.7	내수	97.0
[한컴]광고물제작수입	18.7				

회사 개요
동사는 두산그룹에 속해 있는 업체로 광고대행, 광고제작, 프로모션, 잡지 및 정기간행물 발행 사업을 영위함. 1975년에 설립되어 2000년 코스닥시장에 상장되었음. 국내 광고 시장은 상위 10개사가 취급액의 대부분을 차지하는 과점체제이며 글로벌 경제위기 이후로 인하우스 중심의 상위 대행사로의 매출 쏠림현상이 심화되고 있음. 하지만 동사는 두산 계열사임에도 비계열 광고주 비율이 타 대행사보다 높은 수준임.

실적 분석
동사의 2017년 연결기준 2분기 매출액은 650.3억원으로 전년대비 12.9% 감소하였으며 영업손실 8.5억원을 기록하며 적자지속함. 경기침체 등 불안한 경영환경으로 기업의 광고활동 위축 현상이 지속되는 상황 속에 당분간 실적 개선은 제한적일 전망. 과거 매거진 부문의 프린트 잡지 광고 시장은 소폭 감소되었으나 Digital(온라인) 광고 시장의 경우는 지속적인 성장세를 보였음. 동사는 각 브랜드별 디지털 광고 상품을 더욱 확대, 디지털 매출을 증대시키는 전략을 수행 중임.

현금 흐름 〈단위 : 억원〉

항목	2016	2017.2Q
영업활동	115	-146
투자활동	-105	-55
재무활동	-17	-24
순현금흐름	-9	-226
기말현금	329	103

시장 대비 수익률

결산 실적 〈단위 : 억원〉

항목	2012	2013	2014	2015	2016	2017
매출액	1,125	1,000	945	1,263	1,619	
영업이익	78	40	32	30	62	
당기순이익	48	30	25	28	40	

분기 실적 〈단위 : 억원〉

항목	2016.1Q	2016.2Q	2016.3Q	2016.4Q	2017.1Q	2017.2Q
매출액	296	451	426	447	278	372
영업이익	-18	30	10	40	-8	-1
당기순이익	-16	20	6	29	-10	-1

재무 상태 〈단위 : 억원〉

항목	2012	2013	2014	2015	2016	2017.2Q
총자산	1,238	1,149	1,314	1,939	1,875	1,451
유동자산	185	291	293	419	485	422
무형자산	55	52	51	206	185	183
유가증권	1	1		13	6	6
총부채	747	537	701	1,262	1,174	786
총차입금						
자본금	106	108	108	113	115	115
총자본	492	612	614	677	700	665
지배주주지분	492	612	614	677	700	665

기업가치 지표

항목	2012	2013	2014	2015	2016	2017.2Q
주가(최고/저)(천원)	3.0/2.0	2.8/2.1	5.1/2.3	13.7/3.8	9.5/4.7	—/—
PER(최고/저)(배)	8.3/5.6	12.0/8.9	24.4/11.0	56.9/15.8	28.2/13.8	—/—
PBR(최고/저)(배)	0.8/0.5	0.6/0.4	1.0/0.4	2.4/0.7	1.6/0.8	1.3/1.0
EV/EBITDA(배)	1.7	1.6		17.4	4.7	—/—
EPS(원)	455	284	232	255	351	-97
BPS(원)	4,716	5,761	5,753	6,089	6,170	5,860
CFPS(원)	563	392	327	362	490	-29
DPS(원)	150	200	200	200	220	
EBITDAPS(원)	848	481	390	379	679	-6

재무 비율 〈단위 : % 〉

연도	영업이익률	순이익률	부채비율	차입금비율	ROA	ROE	유보율	자기자본비율	EBITDA마진율
2016	3.8	2.5	167.7	0.0	2.1	5.8	517.0	37.4	4.8
2015	2.4	2.2	186.4	0.0	1.7	4.3	508.9	34.9	3.3
2014	3.4	2.7	114.2	0.0	2.0	4.1	475.3	46.7	4.5
2013	4.0	3.0	87.7	0.0	2.5	5.5	476.1	53.3	5.2

오백볼트 (A227420)
500VOLT

업 종 : 석유 및 가스	시 장 : KONEX
신용등급 : (Bond) — (CP) —	기업규모 :
홈 페 이 지 : www.500v.co.kr	연 락 처 : 02)570-1905
본 사 : 서울시 강남구 테헤란로30길 31, 2층(역삼동)	

설 립 일 2007.02.16	종 업 원 수 16명	대 표 이 사 김충범	
상 장 일 2016.12.28	감 사 의 견 적정 (신한)	계 열	
결 산 기 12월	보 통 주	종속회사수	
액 면 가	우 선 주	구 상 호	

주주구성 (지분율,%)		출자관계 (지분율,%)		주요경쟁사 (외형,%)	
김충범	66.0	오백볼트	100		
정길모	3.1	에이치엘비파워	24		
		E1	2,934		

매출구성		비용구성		수출비중	
지하철 1,3,4호선 광고구좌판매(상품)	62.8	매출원가율	90.6	수출	—
사무위탁 수수료(용역)	26.2	판관비율	9.4	내수	—
임대료 등(기타)	11.1				

회사 개요
동사는 2007년 이피피휴먼네트웍스로 출범 해 광고대행업을 주사업으로 영위하다 2014 년 12월 오백볼트로 상호를 변경하고 2015 년 3월부터 지주사업 및 벤처기업 투자목적 의 엑셀러레이터 사업을 시작함. 현재 O2O 및 교육기반 연결 자회사 12개를 두고 있음. 2016년 연결 기준 자회사 에너지세븐의 유류 매출과 O2O서비스 매출 비중이 91.3%로 대부분을 차지. 2016년 8월엔 환경바이오에 너지 사업부를 신설함.

실적 분석
코넥스 상장 기업인 동사의 2016년 연결기준 연간 누적 매출액은 1,361.9억원으로 전년 매출보다 490.0% 급증함. 유류매출 및 O2O 서비스 등 상품 매출이 1,243.4억원 수준으 로 전년 대비 10배 가까이 성장한 영향. 단 누 적 영업이익은 전년 7.3억원 대비 오히려 93.5% 감소한 0.5억원에 그침. 비영업 부문 금융손실이 17.8억원 발생하며 당기순이익 도 적자로 돌아섬. 동사의 2016년 당기순손 실은 20.4억원을 기록함.

현금 흐름
*IFRS 별도 기준 〈단위 : 억원〉

항목	2016	2017.2Q
영업활동	-20	
투자활동	-47	
재무활동	81	
순현금흐름	13	
기말현금	13	

시장 대비 수익률

결산 실적
〈단위 : 억원〉

항목	2012	2013	2014	2015	2016	2017
매출액	—	28	61	230	1,362	—
영업이익	—	2	-14	7	0	—
당기순이익	—	-21	22	22	-20	—

분기 실적
*IFRS 별도 기준 〈단위 : 억원〉

항목	2016.1Q	2016.2Q	2016.3Q	2016.4Q	2017.1Q	2017.2Q
매출액						
영업이익						
당기순이익						

재무 상태
*IFRS 별도 기준 〈단위 : 억원〉

항목	2012	2013	2014	2015	2016	2017.2Q
총자산		39	56	123	197	
유형자산		1	1	1	1	
무형자산						
유가증권						
총부채		48	46	64	79	
총차입금		41	29	55	71	
자본금		2	27	28	41	
총자본		-8	10	58	118	
지배주주지분		-8	10	58	118	

기업가치 지표
*IFRS 별도 기준

항목	2012	2013	2014	2015	2016	2017.2Q
주가(최고/저)(천원)	#VALUE!	—/—	—/—	—/—	—/—	—/—
PER(최고/저)(배)	0.0/0.0	0.0/0.0	0.0/0.0	0.0/0.0		
PBR(최고/저)(배)	0.0/0.0	0.0/0.0	0.0/0.0	0.0/0.0	7.3/6.3	0.0/0.0
EV/EBITDA(배)	0.0	10.4				
EPS(원)	—	713	-1,503	-140	-201	
BPS(원)	—	-28,075	1,795	1,030	1,454	
CFPS(원)	—	9,683	-14,254	-131	-192	
DPS(원)	—					
EBITDAPS(원)	—	10,317	-12,843	-18	-65	

재무 비율
〈단위 : % 〉

연도	영업이익률	순이익률	부채비율	차입금비율	ROA	ROE	유보율	자기자본비율	EBITDA마진율
2016	0.0	-1.5	269.5	228.8	-6.8	-8.0	207.7	27.1	0.2
2015	3.2	9.4	142.5	98.0	13.7	136.0	41.2	3.6	
2014	-22.3	-34.4	완전잠식	완전잠식	-21.9	잠식지속	-132.2	-15.2	-3.1
2013	8.3	7.6	완전잠식	완전잠식	0.0	0.0	-661.5	-21.4	11.0

오상자이엘 (A053980)
Osangjaiel

업 종 : IT 서비스	시 장 : KOSDAQ
신용등급 : (Bond) — (CP) —	기업규모 : 중견
홈 페 이 지 : www.osangjaiel.co.kr	연 락 처 : 032)524-0700
본 사 : 인천시 부평구 육동로 36 (부평동)	

설 립 일 1993.03.12	종 업 원 수 175명	대 표 이 사 이극래,이동현(각자대표)	
상 장 일 2002.03.30	감 사 의 견 적정 (태성)	계 열	
결 산 기 12월	보 통 주 1,775만주	종속회사수 2개사	
액 면 가 500원	우 선 주	구 상 호	

주주구성 (지분율,%)		출자관계 (지분율,%)		주요경쟁사 (외형,%)	
그룹오상	28.3	오비트	100.0	오상자이엘	100
이극래	7.7	자이엘	100.0	동양네트웍스	155
(외국인)	0.6	오상뉴엘	30.0	현대정보기술	276

매출구성		비용구성		수출비중	
CATIA, ENOVIA,DELMIA 등	35.6	매출원가율	86.5	수출	0.0
시스템구축, 프로그램, 컨설팅, 교육 등	35.2	판관비율	13.8	내수	100.0
서버, 스토리지, 네트웍, 웍스테이션 등	14.9				

회사 개요
제품수명주기관리 분야의 전문업체로 출발한 동사는 현재 국내 생산, 판매 법인인 3개의 종속회사를 보유한 IT 및 농업 포장재 전문재 기업임. 사업군별로 보면 IT부문에 PLM(Product Life Cycle Management) 사 업과 SI(System Integration)사업이 있고, BT부문에 과수포장재, 미생물제재, 유공필름 등을 생산판매하고 있음. 신소재사업, 농업바 이오, 유공필름 등 신사업 대한 연구개발을 지 속중임.

실적 분석
동사의 2017년도 2분기 연결기준 누적 매출 액은 301.4억원으로 전년동기 대비 12.7% 증가함. PLM 솔루션과 시스템품역 부문의 매 출액 비중이 가장 높음. 외환손익이 흑자전환 하면서 순이익은 전년동기 대비 624.8% 증 가함. 자회사인 오비트에서는 고기능성 미생 물 비료를 판매하며 일본에서도 좋은 평가를 받 고 있음. 신규사업을 통한 새로운 수익이 발생 할 것으로 기대됨.

현금 흐름
〈단위 : 억원〉

항목	2016	2017.2Q
영업활동	56	-29
투자활동	-91	-3
재무활동	66	-38
순현금흐름	31	-69
기말현금	109	41

시장 대비 수익률

결산 실적
〈단위 : 억원〉

항목	2012	2013	2014	2015	2016	2017
매출액	473	512	570	572	608	—
영업이익	53	45	35	14	-1	—
당기순이익	41	38	29	-242	-37	—

분기 실적
〈단위 : 억원〉

항목	2016.1Q	2016.2Q	2016.3Q	2016.4Q	2017.1Q	2017.2Q
매출액	124	143	160	180	145	156
영업이익	2	-4	7	-7	2	1
당기순이익	4	-1	4	-44	-1	19

재무 상태
〈단위 : 억원〉

항목	2012	2013	2014	2015	2016	2017.2Q
총자산	743	846	923	752	811	768
유형자산	211	244	338	365	368	335
무형자산	283	276	276	19	18	17
유가증권	17	49	19	12	11	17
총부채	316	296	312	246	342	279
총차입금	172	157	168	100	167	129
자본금	75	80	84	89	89	89
총자본	427	550	611	506	470	489
지배주주지분	427	550	611	506	470	489

기업가치 지표

항목	2012	2013	2014	2015	2016	2017.2Q
주가(최고/저)(천원)	6.8/4.4	14.8/6.2	17.2/10.1	24.0/9.3	13.3/8.4	—/—
PER(최고/저)(배)	25.1/16.3	61.9/26.1	99.8/58.5	—/—	—/—	—/—
PBR(최고/저)(배)	2.4/1.5	4.3/1.8	4.7/2.8	8.3/3.2	5.0/3.2	3.5/2.6
EV/EBITDA(배)	16.5	37.1	45.7	59.2	101.4	
EPS(원)	270	238	172	-1,381	-209	104
BPS(원)	2,873	3,462	3,659	2,871	2,665	2,772
CFPS(원)	346	322	268	-1,294	-116	158
DPS(원)						
EBITDAPS(원)	431	367	309	169	86	55

재무 비율
〈단위 : % 〉

연도	영업이익률	순이익률	부채비율	차입금비율	ROA	ROE	유보율	자기자본비율	EBITDA마진율
2016	-0.2	-6.1	72.7	35.5	-4.8	-7.6	433.0	57.9	2.5
2015	2.5	-42.3	48.5	19.7	-28.9	-43.3	474.3	67.3	5.2
2014	6.2	5.0	51.1	27.5	3.2	4.9	631.7	66.2	9.0
2013	8.7	7.3	53.9	28.6	4.7	7.7	592.3	65.0	11.3

오성엘에스티 (A052420)
OsungLST

종 목 : 디스플레이 및 관련부품	시 장 : KOSDAQ
신용등급 : (Bond) B (CP) —	기업규모 : 중견
홈 페 이 지 : www.osunglst.com	연 락 처 : 041)583-8780
주 소 : 충남 아산시 음봉면 산동로 433-31	

설 립 일 1994.06.22	종 업 원 수 142명	대 표 이 사 조경숙	
상 장 일 2001.07.21	감 사 의 견 적정 (신한)	계 열	
결 산 기 12월	보 통 주 20,414만주	종속회사수 2개사	
액 면 가 500원	우 선 주	구 상 호	

주주구성 (지분율,%)		출자관계 (지분율,%)		주요경쟁사 (외형,%)	
에스맥	29.4	OSUNGLSTVINACOMPANYLIMITED 100.0		오성엘에스티	100
러더포드4호조합	19.6	오성과기 (소주)	100.0	제이스텍	335
(외국인)	0.4			미래컴퍼니	179

매출구성		비용구성		수출비중	
기능성소재필름 등	71.7	매출원가율	87.3	수출	—
Autoclave TCU 등	21.1	판관비율	16.5	내수	—
반도체 제품 Chamber류 검사기류 등	6.0				

회사 개요
동사는 잉곳&웨이퍼 및 반도체, LCD 제조 장비, 환경시험 테스터 등의 제조회사임. 디스플레이 사업부문의 열처리 기술을 바탕으로 자동화시스템기술, 소프트웨어기술 설계기술 등 LCD/반도체 제조장비에 관한 핵심기술과 노하우를 보유하고 있음. 디스플레이 부문 이외에 태양광 사업부문을 보유해왔으나, 2015년 4월 채권단과의 경영정상화 이행 계약을 위해 태양광 사업부를 매각함.

실적 분석
동사의 2017년 상반기 연결기준 누적 매출액은 219.1억원으로 전년 동기 대비 0.2% 증가함. 매출은 소폭 늘었지만 매출원가는 오히려 감소하면서 영업이익은 6.4억원으로 전년 동기 대비 흑자전환에 성공함. 비영업손익 부문에서 1회성 금융이익이 발생하면서 흑자전환에 성공해 당기순이익은 전년 동기 156.2억원 손실과 비교해 큰 폭으로 늘어난 18.6억원을 시현하면서 흑자전환에 성공함.

현금 흐름 〈단위 : 억원〉
항목	2016	2017.2Q
영업활동	-40	-95
투자활동	105	-25
재무활동	51	539
순현금흐름	116	419
기말현금	165	585

시장 대비 수익률

결산 실적 〈단위 : 억원〉
항목	2012	2013	2014	2015	2016	2017
매출액	1,047	1,345	593	509	450	
영업이익	-358	-224	-50	6	-17	
당기순이익	-2,826	-7,716	-538	-551	-248	

분기 실적 〈단위 : 억원〉
항목	2016.1Q	2016.2Q	2016.3Q	2016.4Q	2017.1Q	2017.2Q
매출액	105	113	110	121	113	106
영업이익	-7	-4	1	-7	4	2
당기순이익	-14	-142	-41	-52	1	18

재무 상태 〈단위 : 억원〉
항목	2012	2013	2014	2015	2016	2017.2Q
총자산	2,801	2,039	1,630	956	641	1,125
유형자산	1,706	1,218	961	352	334	332
무형자산	188	135	55	31	16	13
유가증권	2		12	7	28	
총부채	2,460	2,724	500	374	221	360
총차입금	2,142	2,480	277	118	83	300
자본금	135	138	620	620	720	1,021
총자본	341	-686	1,130	582	420	765
지배주주지분	341	-686	1,130	582	420	765

기업가치 지표
항목	2012	2013	2014	2015	2016	2017.2Q
주가(최고/저)(천원)	69.7/7.1	22.9/4.7	8.3/0.7	1.2/0.3	1.4/0.7	—/—
PER(최고/저)(배)	—/—	—/—	—/—	—/—	—/—	—/—
PBR(최고/저)(배)	11.0/1.1	-1.8/-0.4	9.1/0.8	2.6/0.7	4.9/2.4	4.9/2.0
EV/EBITDA(배)			13.6	18.6	188.0	
EPS(원)	-54,198	-141,858	-459	-445	-198	10
BPS(원)	1,271	-2,497	911	470	292	375
CFPS(원)	-10,197	-27,694	-349	-404	-178	10
DPS(원)						
EBITDAPS(원)	-729	-146	67	6	6	3

재무 비율 〈단위 : % 〉
연도	영업이익률	순이익률	부채비율	차입금비율	ROA	ROE	유보율	자기자본비율	EBITDA마진율
2016	-3.8	-55.3	일부잠식	일부잠식	-31.1	-49.6	-41.7	65.6	1.8
2015	1.3	-108.4	일부잠식	일부잠식	-42.6	-64.4	-6.2	60.9	11.1
2014	-8.4	-90.7	44.3	24.5	-29.3	전기잠식	82.1	69.3	13.3
2013	-16.7	-573.5	완전잠식	완전잠식	-318.9	당기잠식	-597.3	-33.6	-3.0

오션브릿지 (A241790)
OCEANBRIDGE CO

업 종 : 반도체 및 관련장비	시 장 : KOSDAQ
신용등급 : (Bond) — (CP) —	기업규모 : 벤처
홈 페 이 지 : www.oceanbridge.co.kr	연 락 처 : 031)8052-9090
본 사 : 경기도 안성시 양성면 동항공단길 49	

설 립 일 2012.03.02	종 업 원 수 66명	대 표 이 사 이경주	
상 장 일 2016.12.01	감 사 의 견 적정 (한영)	계 열	
결 산 기 12월	보 통 주 912만주	종속회사수 1개사	
액 면 가 500원	우 선 주	구 상 호	

주주구성 (지분율,%)		출자관계 (지분율,%)		주요경쟁사 (외형,%)	
이경주	17.1	미래하이트론	50.0	오션브릿지	100
윤남철	9.9	에이치앤에이치		디엔에프	166
(외국인)				유니테스트	334

매출구성		비용구성		수출비중	
(제품)케미칼	50.6	매출원가율	73.2	수출	6.0
(제품)장비	26.0	판관비율	7.0	내수	94.0
(기타)부품 및 기타	23.5				

회사 개요
동사는 2012년 3월 2일에 오션브릿지로 설립됐으며 2016년 12월 1일자로 코스닥 시장에 상장됨. 목적 사업은 반도체 관련 케미칼 판매업, 반도체 관련 장비 제조 및 판매업, 전자재료 제조 및 판매업, 고압가스 판매사업 등임. 2013년 9월 중소기업진흥공단에 벤처기업으로 등록하고 2014년 1월 경기 안성으로 본사를 이전함. 2016년 4월 기술혁신형 중소기업 이노비즈 업체로 선정됨.

실적 분석
동사의 2017년 2분기기준 누적 매출액은 전년동기대비 54.7% 상승한 246.4억원을 기록하였음. 비용면에서 전년동기대비 매출원가는 증가 하였으며 기타판매비와관리비는 증가하였음. 이와 같이 상승한 매출액 만큼 비용증가도 있었으나 매출액의 더 큰 상승에 힘입어 전년동기대비 영업이익은 56.2억원으로 78.4% 상승하였음. 최종적으로 전년동기대비 당기순이익은 상승하여 41.4억원을 기록함.

현금 흐름 〈단위 : 억원〉
항목	2016	2017.2Q
영업활동	73	-1
투자활동	-8	-69
재무활동	150	75
순현금흐름	218	8
기말현금	251	259

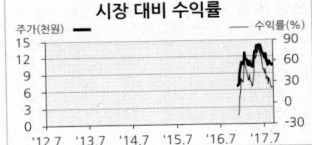
시장 대비 수익률

결산 실적 〈단위 : 억원〉
항목	2012	2013	2014	2015	2016	2017
매출액	—	—	171	254	350	
영업이익	—	—	10	38	69	
당기순이익	—	—	10	35	64	

분기 실적 〈단위 : 억원〉
항목	2016.1Q	2016.2Q	2016.3Q	2016.4Q	2017.1Q	2017.2Q
매출액	—	70	—	—	—	126
영업이익	—	12	—	—	—	31
당기순이익	—	6	—	—	—	26

재무 상태 〈단위 : 억원〉
항목	2012	2013	2014	2015	2016	2017.2Q
총자산			87	134	358	496
유형자산			34	37	33	100
무형자산			2	5	8	
유가증권			2	1	3	
총부채			65	50	49	133
총차입금			29	12	—	68
자본금			10	13	46	46
총자본			22	85	309	364
지배주주지분			22	85	309	357

기업가치 지표
항목	2012	2013	2014	2015	2016	2017.2Q
주가(최고/저)(천원)	—/—	—/—	—/—	—/—	—/—	—/—
PER(최고/저)(배)	0.0/0.0	0.0/0.0	0.0/0.0	0.0/0.0	11.5/6.6	—/—
PBR(최고/저)(배)	0.0/0.0	0.0/0.0	0.0/0.0	0.0/0.0	3.2/1.9	3.7/2.5
EV/EBITDA(배)			1.3		9.8	
EPS(원)			194	635	950	448
BPS(원)			1,037	3,369	3,389	3,916
CFPS(원)			602	1,791	1,049	487
DPS(원)						
EBITDAPS(원)			585	1,906	1,116	656

재무 비율 〈단위 : % 〉
연도	영업이익률	순이익률	부채비율	차입금비율	ROA	ROE	유보율	자기자본비율	EBITDA마진율
2016	19.7	18.4	15.8	0.0	26.2	32.7	577.7	86.4	21.7
2015	14.8	13.8	58.6	13.7	31.6	65.8	573.9	63.1	17.4
2014	5.5	5.8	303.1	135.6	0.0	115.8	115.8	24.8	7.1
2013	0.0	0.0	0.0	0.0					0.0

오스코텍 (A039200)
Oscotec

업 종 : 바이오		시 장 : KOSDAQ	
신용등급 : (Bond) — (CP) —		기업규모 : 벤처	
홈 페 이 지 : www.oscotec.com		연 락 처 : 031)628-7666	
본 사 : 경기도 성남시 분당구 대왕판교로 700 A-901(삼평동,코리아바이오파크)			

설 립 일	1998.12.08	종업원수	35명	대표이사	김정근
상 장 일	2007.01.12	감사의견	적정 (인덕)	계 열	
결 산 기	12월	보 통 주	2,692만주	종속회사수	1개사
액 면 가	500원	우 선 주		구 상 호	

주주구성 (지분율,%)		출자관계 (지분율,%)		주요경쟁사 (외형,%)	
김정근	17.4	오스코텍	100		
지케이에셋	3.8	씨젠	2,074		
(외국인)	0.3	내츄럴엔도텍	184		

매출구성		비용구성		수출비중	
KLEAN COLOR	32.8	매출원가율	42.1	수출	0.0
InduCera 외	27.2	판관비율	106.9	내수	100.0
포도씨유,해바라기씨유 등	15.7				

회사 개요

동사는 연구중심의 바이오 기업으로서 창사 이래 골다공증, 관절염, 치주질환 등과 관련된 질병의 신약개발에 주력해 왔으며, 신약개발 과정에서 얻어진 여러 가지 연구 산물과 축적된 지식을 기능성 소재 및 관련 제품, 뼈이식재 등의 제품화를 통해 차별화된 사업모델을 구축해 왔음. 우수한 연구 인력이 재직 중인 자회사인 제네스코 연구소(보스턴)와의 협업은 동사의 글로벌 임상 개발 역량을 제고시켜줄 전망임.

실적 분석

동사의 2017년 2/4분기 연결기준 누적 매출액은 22.3억원으로 전년동기 대비 54.7% 증가했음. 외형성장에도 불구하고 전년동기 대비 14.7% 증가한 매출원가 및 매출액 대비 높은 판관비의 영향으로 인해 5.1억원의 영업손실을 기록하며 적자를 지속했음. 비영업부문에서도 12.3억원의 손실을 기록함에 따라 적자폭이 확대되어 17.4억원의 당기순손실을 기록하며 적자를 지속함. 그러나 적자폭은 전년동기 44.5억원에서 17.4억원으로 감소함.

현금 흐름 〈단위 : 억원〉

항목	2016	2017.2Q
영업활동	-34	4
투자활동	59	-12
재무활동	-13	10
순현금흐름	12	2
기말현금	33	35

결산 실적 〈단위 : 억원〉

항목	2012	2013	2014	2015	2016	2017
매출액	248	219	171	183	36	—
영업이익	-8	-9	-8	7	-17	—
당기순이익	-144	-39	-21	4	-44	—

분기 실적 〈단위 : 억원〉

항목	2016.1Q	2016.2Q	2016.3Q	2016.4Q	2017.1Q	2017.2Q
매출액	52	5	8	-30	13	9
영업이익	-2	-9	-6	-1	-1	-4
당기순이익	-4	-41	-11	11	-1	-4

재무 상태 〈단위 : 억원〉

항목	2012	2013	2014	2015	2016	2017.2Q
총자산	431	376	363	495	408	397
유형자산	95	92	91	89	84	84
무형자산	86	70	74	98	133	143
유가증권	1	0	0	0	0	4
총부채	186	155	145	226	121	83
총차입금	135	111	110	173	106	69
자본금	109	109	113	121	128	135
총자본	245	222	218	269	288	314
지배주주지분	242	215	211	262	263	293

기업가치 지표

항목	2012	2013	2014	2015	2016	2017.2Q
주가(최고/저)(천원)	4.1/1.5	2.1/1.3	2.6/1.5	7.7/1.9	13.0/5.8	—/—
PER(최고/저)(배)	—/—	—/—	—/—	465.4/114.6	—/—	—/—
PBR(최고/저)(배)	3.5/1.3	2.1/1.3	2.7/1.6	7.0/1.7	12.7/5.7	8.3/5.2
EV/EBITDA(배)	17.2			143.9		—/—
EPS(원)	-785	-183	-90	17	-143	-56
BPS(원)	1,165	1,019	962	1,107	1,027	1,087
CFPS(원)	-628	-164	-72	38	-126	-49
DPS(원)	—	—	—	—	—	—
EBITDAPS(원)	115	-22	-15	50	-51	-12

재무 비율 〈단위 : % 〉

연도	영업이익률	순이익률	부채비율	차입금비율	ROA	ROE	유보율	자기자본비율	EBITDA마진율
2016	-49.0	-123.8	41.9	37.0	-9.8	-13.9	105.4	70.5	-36.4
2015	3.7	2.0	83.9	64.3	0.9	1.7	121.4	54.4	6.5
2014	-4.4	-12.0	66.5	50.3	-5.6	-9.5	92.5	60.1	-2.0
2013	-4.1	-18.0	69.9	50.1	-9.8	-17.4	103.9	58.9	-2.2

오스테오닉 (A226400)
OSTEONIC

업 종 : 의료 장비 및 서비스		시 장 : KONEX	
신용등급 : (Bond) — (CP) —		기업규모 : —	
홈 페 이 지 : www.osteonic.com		연 락 처 : 02)6902-8400	
본 사 : 서울시 구로구 디지털로29길 38			

설 립 일	2012.03.09	종업원수	46명	대표이사	이동원
상 장 일	2016.05.04	감사의견	적정 (삼덕)	계 열	
결 산 기	12월	보 통 주		종속회사수	
액 면 가	—	우 선 주		구 상 호	

주주구성 (지분율,%)		출자관계 (지분율,%)		주요경쟁사 (외형,%)	
이동원	31.5			오스테오닉	100
최석태	6.9			비트컴퓨터	535
				하이로닉	233

매출구성		비용구성		수출비중	
CMF System	45.1	매출원가율	39.8	수출	54.0
Trauma System	39.6	판관비율	38.0	내수	46.0
생분해성바이오임플란트	15.3				

회사 개요

동사는 두개악안면(CranioMaxilloFacial System)을 치료하는 정형외과용 의료기기를 기반으로 성장 하였으며, 2015년 말에는 손과 발(Trauma System)을 치료하는 정형외과용 의료기기를 개발 완료하여 시장에 진출하였음. CMF System은 2015년 미국 FDA 승인을 받았으며 ISO13485, 유럽 CE마크 등의 제품 인허가 및 품질인증을 획득함.

실적 분석

동사는 코넥스 상장 기업으로 분기보고서 공시 의무가 없음. 동사의 2016년 매출액은 66.4억원으로 전년 대비 89.3% 증가함. 영업이익은 14.7억원으로 전년 대비 11.7억원이 증가함. 당기순이익 또한 10.7억원이 증가한 15.4억원을 기록함. 현재 동사의 15% 매출 비중을 차지하고있는 생체분해성 폴리머 임플란트는 시장 자체가 매해 9~10%의 고성장을 보이고 있음. 향후 동사의 당 사업부문의 성장세가 기대됨.

현금 흐름 *IFRS 별도 기준 〈단위 : 억원〉

항목	2016	2017.2Q
영업활동	-17	—
투자활동	-36	—
재무활동	54	—
순현금흐름	1	—
기말현금	17	—

결산 실적 〈단위 : 억원〉

항목	2012	2013	2014	2015	2016	2017
매출액		16	26	35	66	—
영업이익		4	3	3	15	—
당기순이익		3	3	5	15	—

분기 실적 *IFRS 별도 기준 〈단위 : 억원〉

항목	2016.1Q	2016.2Q	2016.3Q	2016.4Q	2017.1Q	2017.2Q
매출액						
영업이익						
당기순이익						

재무 상태 *IFRS 별도 기준 〈단위 : 억원〉

항목	2012	2013	2014	2015	2016	2017.2Q
총자산		29	41	110	216	
유형자산		2	7	11	35	
무형자산		1	4	16	43	
유가증권					5	
총부채		24	34	53	99	
총차입금		19	29	45	82	
자본금		5	5	19	26	
총자본		5	8	57	117	
지배주주지분		8	7	57	117	

기업가치 지표 *IFRS 별도 기준

항목	2012	2013	2014	2015	2016	2017.2Q
주가(최고/저)(천원)	—/—	—/—	—/—	—/—	—/—	—/—
PER(최고/저)(배)	0.0/0.0	0.0/0.0	0.0/0.0	0.0/0.0	24.1/11.1	—/—
PBR(최고/저)(배)	0.0/0.0	0.0/0.0	0.0/0.0	0.0/0.0	3.4/1.5	0.0/0.0
EV/EBITDA(배)	0.0	4.5	5.5	1.5	12.1	—/—
EPS(원)	—	121	138	150	271	—
BPS(원)	—	7,593	5,795	1,315	1,949	—
CFPS(원)	—	2,419	3,680	219	355	—
DPS(원)	—	—	—	—	—	—
EBITDAPS(원)	—	3,611	4,143	166	343	—

재무 비율 〈단위 : % 〉

연도	영업이익률	순이익률	부채비율	차입금비율	ROA	ROE	유보율	자기자본비율	EBITDA마진율
2016	22.2	23.2	84.7	70.2	9.5	17.7	348.0	54.1	29.4
2015	8.6	13.4	92.5	79.9	6.2	14.7	199.8	51.9	14.7
2014	13.3	11.2	476.8	407.3			35.5	17.3	18.9
2013	24.1	16.2	272.8	242.3		0.0	51.9	26.8	24.1

오스템 (A031510)
Austem

업　　　종 : 자동차부품　　　　　　　　시　　　장 : KOSDAQ
신용등급 : (Bond) —　　(CP) —　　　기업규모 : 우량
홈 페 이 지 : www.austem.co.kr　　　연 락 처 : (041)559-2500
본　　　사 : 충남 천안시 동남구 수신면 수신로 739

설 립 일	1990.03.07	종 업 원 수	514명	대 표 이 사	김정우
상 장 일	1997.02.12	감 사 의 견	적정 (성도)	계　열	
결 산 기	12월	보 통 주	2,600만주	종속회사수	1개사
액 면 가	500원	우 선 주		구 상 호	

주주구성 (지분율,%)		출자관계 (지분율,%)		주요경쟁사 (외형,%)	
김성중	14.2	아이비머티리얼즈	98.1	오스템	100
김정우	12.3	바흐	40.0	우수AMS	121
(외국인)	3.5	PosAustemYantai	88.9	KB오토시스	84

매출구성		비용구성		수출비중	
CHASSIS PARTS	52.6	매출원가율	82.5	수출	40.0
금형,원재료, FILTER 등	19.5	판관비율	13.2	내수	60.0
SEAT MECHANISM	19.0				

회사 개요
동사는 섀시 모듈, 시트 메커니즘 등 자동차부품을 생산하는 업체임. 1990년 설립됐으며 1997년 코스닥시장에 상장됨. 한국GM, 및 글로벌GM 등에 제품을 공급하고 있음. 신공법 도입, 신소재 개발을 위해 지속적인 R&D 투자를 하는 중임. 인터넷 관련 사업, 전자상거래, 벤처사업 관련 지분 출자, 소프트웨어 제공 등 신규 해외시장에서 안정적 성과를 보임.

실적 분석
동사는 2017년 2분기 누적 976.4억원의 매출액을 기록하며 전년동기 대비 -2.3% 감소함. WHEEL과 SEAT 제품은 성장세를 보임. 매출원가 축소 등 비용절감 노력에도 불구하고 영업이익은 하락하였음. 주요 매출처로는 한국GM 및 글로벌 GM 등이며 매출다각화를 위해 활발한 노력을 하고 있음. 신규사업으로 안마의자 제조사업에 진출하기로 하고, 그 일환으로 (주)바흐라는 합작법인 설립에 참여하기 위하여 지분 40%를 취

현금 흐름　〈단위 : 억원〉
항목	2016	2017.2Q
영업활동	479	26
투자활동	-130	-77
재무활동	-231	45
순현금흐름	124	-8
기말현금	161	153

시장 대비 수익률

결산 실적　〈단위 : 억원〉
항목	2012	2013	2014	2015	2016	2017
매출액	2,403	2,550	2,181	2,092	1,993	—
영업이익	138	124	38	91	86	—
당기순이익	98	120	49	99	137	104

분기 실적　〈단위 : 억원〉
항목	2016.1Q	2016.2Q	2016.3Q	2016.4Q	2017.1Q	2017.2Q
매출액	481	518	446	548	474	502
영업이익	20	28	10	28	12	8
당기순이익	20	30	17	37	-8	17

재무 상태　〈단위 : 억원〉
항목	2012	2013	2014	2015	2016	2017.2Q
총자산	2,846	2,745	2,666	2,849	2,581	2,596
유형자산	1,242	1,173	1,158	1,106	1,000	958
무형자산	68	35	35	35	41	41
유가증권	3	1	1	0	0	0
총부채	1,921	1,730	1,555	1,613	1,237	1,274
총차입금	1,261	1,097	1,055	1,064	810	862
자본금	130	130	130	130	130	130
총자본	925	1,015	1,111	1,236	1,345	1,322
지배주주지분	922	1,015	1,111	1,235	1,344	1,321

기업가치 지표
항목	2012	2013	2014	2015	2016	2017.2Q
주가(최고/저)(천원)	2.8/1.8	2.4/1.8	2.3/1.9	2.4/1.8	4.6/1.8	—/—
PER(최고/저)(배)	7.8/5.0	6.7/4.8	6.5/5.3	4.8/3.5	11.4/4.6	—/—
PBR(최고/저)(배)	0.8/0.5	0.7/0.5	0.6/0.5	0.5/0.4	0.9/0.4	0.9/0.6
EV/EBITDA(배)	6.7		5.9	10.0	7.1	8.5	—/—
EPS(원)	395	396	379	528	401	34
BPS(원)	3,702	4,059	4,428	4,906	5,235	5,149
CFPS(원)	818	882	856	1,029	900	262
DPS(원)	60	60	40	60	50	—
EBITDAPS(원)	953	964	623	853	831	303

재무 비율　〈단위 : % 〉
연도	영업이익률	순이익률	부채비율	차입금비율	ROA	ROE	유보율	자기자본비율	EBITDA마진율
2016	4.3	5.2	92.0	60.2	3.8	8.1	947.1	52.1	10.8
2015	4.4	6.6	130.5	86.1	5.0	11.7	881.2	43.4	10.6
2014	1.7	4.5	140.0	94.9	3.6	9.3	785.5	41.7	7.4
2013	4.9	3.9	170.4	108.1	3.6	10.6	711.8	37.0	9.8

오스템임플란트 (A048260)
Osstemimplant

업　　　종 : 의료 장비 및 서비스　　　시　　　장 : KOSDAQ
신용등급 : (Bond) —　　(CP) —　　　기업규모 : 우량
홈 페 이 지 : www.osstem.com　　　연 락 처 : (02)2016-7000
본　　　사 : 서울시 금천구 가산디지털 2로 123 월드메르디앙벤처센터 2차 8층

설 립 일	1997.01.08	종 업 원 수	1,491명	대 표 이 사	엄태관
상 장 일	2007.02.07	감 사 의 견	적정 (인덕)	계　열	
결 산 기	12월	보 통 주	1,429만주	종속회사수	32개사
액 면 가	500원	우 선 주		구 상 호	

주주구성 (지분율,%)		출자관계 (지분율,%)		주요경쟁사 (외형,%)	
최규옥	20.6	대한치과교육개발원	100.0	오스템임플란트	100
SMALLCAP World Fund, Inc.	5.4	코잔	95.7	디오	26
(외국인)	52.9	오스템글로벌	82.8	바텍	69

매출구성		비용구성		수출비중	
치과용임플란트,체어외	78.3	매출원가율	41.0	수출	—
치과용기자재	17.9	판관비율	49.1	내수	—
교육,A/S	1.9				

회사 개요
동사는 본사를 중심으로 해외 21개 생산 및 판매법인으로 구성된 치과용 임플란트 생산 업체로, 치과용 임플란트 제품 부문이 매출의 72.7%, 상품 및 용역, 기타 부문이 27.3%를 차지하고 있음. 2013년 국내 임플란트 시장은 2억 4천만달러의 규모를 형성함. 국내에는 서울 본사 및 부산 연구소, 생산 본부를 비롯하여 47개 판매 지점을 구축하고 있음. 해외지역은 미주, 유럽, 아시아, 중국 등 총 4개 지역으로 구성되어 있음.

실적 분석
국내외 임플란트 판매가 호조세를 보이며 동사의 2017년 상반기 연결기준 누적매출액은 1,944.9억원으로 전년동기 대비 26.2% 증가함. 매출원가와 판관비가 각각 24.1%, 31.8% 늘었으나, 매출 확대로 영업이익은 전년동기보다 8.2% 증가한 175.3억원을 기록함. 북경법인의 중국 영업허가가 최근 연장 승인되면서 중국 실적이 회복되고 있음. 주력 품목인 임플란트 내수 매출액이 꾸준히 증가하고 있고, 수출과 해외법인 성장도 안정적임.

현금 흐름　〈단위 : 억원〉
항목	2016	2017.2Q
영업활동	401	180
투자활동	-738	-560
재무활동	219	526
순현금흐름	-116	149
기말현금	756	905

시장 대비 수익률

결산 실적　〈단위 : 억원〉
항목	2012	2013	2014	2015	2016	2017
매출액	2,014	2,165	2,386	2,777	3,446	—
영업이익	204	189	288	333	342	—
당기순이익	49	80	136	163	203	—

분기 실적　〈단위 : 억원〉
항목	2016.1Q	2016.2Q	2016.3Q	2016.4Q	2017.1Q	2017.2Q
매출액	778	764	875	1,029	935	1,010
영업이익	109	53	118	62	79	96
당기순이익	81	31	33	59	-3	79

재무 상태　〈단위 : 억원〉
항목	2012	2013	2014	2015	2016	2017.2Q
총자산	2,689	2,998	3,602	3,933	4,753	5,490
유형자산	445	585	702	570	1,230	1,737
무형자산	49	57	45	49	158	163
유가증권	107	58	191	194	155	162
총부채	1,904	2,136	2,600	2,812	3,635	4,284
총차입금	961	950	1,009	817	1,325	1,811
자본금	71	71	71	71	71	71
총자본	784	862	1,002	1,121	1,117	1,206
지배주주지분	734	831	994	1,088	1,044	1,099

기업가치 지표
항목	2012	2013	2014	2015	2016	2017.2Q
주가(최고/저)(천원)	33.0/10.0	38.4/21.1	45.6/21.3	81.8/37.2	86.0/52.0	—/—
PER(최고/저)(배)	76.7/23.2	54.9/30.1	41.4/19.4	65.1/29.6	52.3/31.6	—/—
PBR(최고/저)(배)	6.4/1.9	6.6/3.6	6.5/3.0	10.7/4.9	9.5/5.7	6.8/5.3
EV/EBITDA(배)	18.6	15.6	15.2	29.4	22.1	—/—
EPS(원)	430	699	1,100	1,256	1,645	563
BPS(원)	5,169	5,853	6,996	7,615	9,088	9,478
CFPS(원)	718	1,028	1,434	1,608	2,124	866
DPS(원)	—	—	—	—	—	—
EBITDAPS(원)	1,726	1,658	2,362	2,683	2,877	1,530

재무 비율　〈단위 : % 〉
연도	영업이익률	순이익률	부채비율	차입금비율	ROA	ROE	유보율	자기자본비율	EBITDA마진율
2016	9.9	5.9	325.4	118.6	4.7	22.1	1,717.6	23.5	11.9
2015	12.0	5.9	250.9	72.9	4.3	17.3	1,423.0	28.5	13.8
2014	12.1	5.7	259.5	100.7	4.1	17.1	1,299.1	27.8	14.1
2013	8.7	3.7	247.9	110.3	2.8	12.7	1,070.7	28.7	10.9

오씨아이 (A010060)
OCI

업　　종 : 에너지 시설 및 서비스		시　　장 : 거래소	
신용등급 : (Bond) A　(CP) A2		기업규모 : 시가총액 대형주	
홈 페 이 지 : www.oci.co.kr		연 락 처 : 02)727-9500	
본　　사 : 서울시 중구 소공로 94 OCI빌딩			

설 립 일 1974.07.01	종 업 원 수 2,380명	대 표 이 사 이우현,백우석,이우균(각자대표이사)
상 장 일 1985.07.09	감 사 의 견 적정 (안진)	계　　열
결 산 기 12월	보 통 주 2,385만주	종속회사수 39개사
액 면 가 5,000원	우 선 주	구 상 호

주주구성 (지분율,%)		출자관계 (지분율,%)		주요경쟁사 (외형,%)	
이수영	10.9	디씨알이	100.0	OCI	100
국민연금공단	8.2	OCIEnterpriseInc.	100.0	세원셀론텍	8
(외국인)	14.3	OCISE	100.0	신성이엔지	8

매출구성		비용구성		수출비중	
폴리실리콘,과산화수소 등	46.2	매출원가율	88.0	수출	78.0
Tar 유도체,BTX 유도체, P/A 및 유도체 등	21.0	판관비율	7.6	내수	22.0
열병합 발전,태양광 발전	14.2				

회사 개요
동사는 특수화학제품을 생산하는 업체로 1959년에 설립돼 2009년 상호를 동양제철화학에서 현 OCI로 변경함. 동사의 주요사업 부문으로 베이직케미컬 사업 부문, 카본케미컬 사업 부문, 에너지솔루션 사업 부문, 기타 사업 부문이 있음. 폴리실리콘은 Mg-Si를 정제하여 만드는 초고순도 제품으로, 태양전지 및 반도체 웨이퍼의 핵심소재로 사용되며 동사는 대만, 중국 등 세계 주요 태양광업체들과 실리콘 장기계약을 맺고 있음.

실적 분석
동사의 연결기준 2017년 2분기 누적매출액은 1조 8,378.0억원으로 전년동기 대비 18.3% 증가함. 카본케미컬 부문과 에너지솔루션 부문의 매출액이 증가했음에도 전사 원가율이 상승하고 대손충당금 반영으로 영업이익은 16.6% 감소한 1,008.3억원을 시현하는데 그침. 영업외비용을 반영한 당기순이익은 1,255.3억원, 전년동기 대비 66.2% 급감함.

현금 흐름 〈단위 : 억원〉

항목	2016	2017.2Q
영업활동	4,076	5,823
투자활동	-1,393	1,062
재무활동	-4,039	-3,444
순현금흐름	-1,382	3,283
기말현금	3,386	6,669

시장 대비 수익률

결산 실적 〈단위 : 억원〉

항목	2012	2013	2014	2015	2016	2017
매출액	32,185	29,555	24,205	23,015	27,394	—
영업이익	1,548	-1,062	-760	-1,446	1,214	—
당기순이익	127	-2,878	423	1,821	2,194	—

분기 실적 〈단위 : 억원〉

항목	2016.1Q	2016.2Q	2016.3Q	2016.4Q	2017.1Q	2017.2Q
매출액	8,897	6,637	5,355	6,505	11,384	6,994
영업이익	738	471	23	-19	694	314
당기순이익	2,479	1,232	-993	-524	356	899

재무 상태 〈단위 : 억원〉

항목	2012	2013	2014	2015	2016	2017.2Q
총자산	72,830	73,023	74,187	72,988	62,486	60,799
유형자산	48,182	47,793	48,690	42,588	34,631	34,772
무형자산	1,362	1,456	1,444	468	343	451
유가증권	624	152	154	290	495	180
총부채	36,914	40,290	41,632	40,566	29,840	27,259
총차입금	21,986	23,799	27,437	26,302	22,546	18,885
자본금	1,272	1,272	1,272	1,272	1,272	1,272
총자본	35,916	32,733	32,555	32,422	32,646	33,540
지배주주지분	31,737	28,325	27,867	29,553	31,957	32,858

기업가치 지표

항목	2012	2013	2014	2015	2016	2017.2Q
주가(최고/저)(천원)	301/145	210/130	212/77.4	127/69.7	122/60.2	—/—
PER(최고/저)(배)	—/—	—/—	—/—	30.4/16.7	12.1/6.0	—/—
PBR(최고/저)(배)	2.3/1.1	1.8/1.1	1.8/0.7	1.0/0.6	0.9/0.5	0.7/0.6
EV/EBITDA(배)	8.3	16.1	10.0	19.1	8.7	—/—
EPS(원)	-2,866	-13,741	-835	4,206	10,152	5,197
BPS(원)	133,074	118,766	116,845	123,914	133,995	137,772
CFPS(원)	19,936	8,412	21,228	19,464	22,976	11,500
DPS(원)	400		200		400	
EBITDAPS(원)	29,292	17,700	18,875	9,194	17,913	10,530

재무 비율 〈단위 : % 〉

연도	영업이익률	순이익률	부채비율	차입금비율	ROA	ROE	유보율	자기자본비율	EBITDA마진율
2016	4.4	8.0	91.4	69.1	3.2	7.9	2,411.4	52.3	15.6
2015	-6.3	7.9	125.1	81.1	2.5	3.5	2,222.5	44.4	9.5
2014	-3.1	1.8	127.9	84.3	0.6	-0.7	2,090.0	43.9	18.6
2013	-3.6	-9.7	123.1	72.7	-4.0	-10.9	2,126.0	44.8	14.3

오이솔루션 (A138080)
OE Solutions

업　　종 : 통신장비		시　　장 : KOSDAQ	
신용등급 : (Bond) —　(CP) —		기업규모 : 벤처	
홈페이지 : www.oesolution.com		연 락 처 : 062)960-5252	
본　　사 : 광주시 북구 첨단연신로30번길 53			

설 립 일 2003.08.07	종 업 원 수 335명	대 표 이 사 박용관,추안구
상 장 일 2014.02.27	감 사 의 견 적정 (승일)	계　　열
결 산 기 12월	보 통 주 774만주	종속회사수 2개사
액 면 가 500원	우 선 주	구 상 호

주주구성 (지분율,%)		출자관계 (지분율,%)		주요경쟁사 (외형,%)	
박찬	19.7			오이솔루션	100
박용관	8.2			콤텍시스템	209
(외국인)	2.0			아이즈비전	200

매출구성		비용구성		수출비중	
광통신용 모듈	93.7	매출원가율	66.6	수출	75.0
광통신용 소자	6.3	판관비율	27.5	내수	25.0
상품					

회사 개요
동사는 전자, 전기, 정보통신 관련 제품의 연구개발, 제조 및 판매업을 주요사업으로 영위하고 있음. 광트랜시버 산업은 유무선 데이터 트래픽의 증가와 함께 응용분야별 연간 2~18%의 성장을 지속하고 있음. 동사는 통신장비판매업 및 연구개발을 영위하는 OE Solutions America를 해외 자회사로 보유하고 있음.

실적 분석
동사의 2017년 연결기준 상반기 매출은 429.6억원으로 전년동기 대비 34.7% 증가, 영업이익은 14.0억원으로 전년동기 대비 대폭 증가함. 당기순이익은 12.1억원으로 21.3% 감소. 세계 최초로 개발한 스마트 트랜시버가 부진한 실적에서 벗어나 효자 상품으로 자리잡고 네덜란드 회사인 AimValley 소프트웨어에 오이솔루션의 트랜시버가 접목된 스마트 트랜시버는 수익성이 다른 제품에 비해 2배 높아 실적 개선을 이끎.

현금 흐름 〈단위 : 억원〉

항목	2016	2017.2Q
영업활동	-47	32
투자활동	-79	-25
재무활동	65	-6
순현금흐름	-59	-1
기말현금	93	92

시장 대비 수익률

결산 실적 〈단위 : 억원〉

항목	2012	2013	2014	2015	2016	2017
매출액	666	605	720	594	797	—
영업이익	65	85	107	5	47	—
당기순이익	51	76	117	19	61	—

분기 실적 〈단위 : 억원〉

항목	2016.1Q	2016.2Q	2016.3Q	2016.4Q	2017.1Q	2017.2Q
매출액	164	155	190	288	233	196
영업이익	-4	7	-0	45	12	2
당기순이익	2	14	-6	52	1	11

재무 상태 〈단위 : 억원〉

항목	2012	2013	2014	2015	2016	2017.2Q
총자산	408	567	703	747	899	884
유형자산	76	150	268	267	300	309
무형자산	2	2	2	7	8	8
유가증권						
총부채	305	393	213	252	346	326
총차입금	237	285	106	130	200	203
자본금	22	22	26	26	26	26
총자본	103	174	490	495	553	558
지배주주지분	103	174	490	495	553	558

기업가치 지표

항목	2012	2013	2014	2015	2016	2017.2Q
주가(최고/저)(천원)	—/—	—/—	22.8/15.4	25.3/9.3	15.1/9.8	—/—
PER(최고/저)(배)	0.0/0.0	0.0/0.0	9.6/6.4	66.9/24.5	15.1/9.8	—/—
PBR(최고/저)(배)	0.0/0.0	0.0/0.0	2.3/1.6	2.5/0.9	1.3/0.9	1.6/1.3
EV/EBITDA(배)	0.9		1.3	7.3	14.6	10.4
EPS(원)	1,013	1,430	1,928	302	986	196
BPS(원)	2,336	3,953	9,453	9,561	10,676	10,765
CFPS(원)	1,619	2,197	2,828	1,025	1,906	669
DPS(원)			150	200	125	
EBITDAPS(원)	1,935	2,404	2,624	759	1,635	705

재무 비율 〈단위 : % 〉

연도	영업이익률	순이익률	부채비율	차입금비율	ROA	ROE	유보율	자기자본비율	EBITDA마진율
2016	5.9	7.7	62.6	36.2	7.4	11.7	2,035.1	61.5	10.6
2015	0.9	3.2	50.9	26.3	2.6	3.8	1,812.2	66.3	6.6
2014	14.9	16.3	43.5	21.6	18.5	35.4	1,790.5	69.7	18.5
2013	14.0	12.5	225.9	163.5	15.5	54.6	690.7	30.7	17.5

오킨스전자 (A080580)
OKins Electronics

업 종 : 반도체 및 관련장비		시 장 : KOSDAQ	
신용등급 : (Bond) — (CP) —		기업규모 : 벤처	
홈 페 이 지 : www.okins.co.kr		연 락 처 : 031)460-3500	
본 사 : 경기도 의왕시 오전공업길 13, 6층 (오전동, 벽산선영테크노피아)			

설 립 일 1998.04.13	종 업 원 수 150명	대 표 이 사 전진국	
상 장 일 2014.12.24	감 사 의 견 적정 (태성)	계 열	
결 산 기 12월	보 통 주 620만주	종속회사수 1개사	
액 면 가 500원	우 선 주	구 상 호	

주주구성 (지분율,%)		출자관계 (지분율,%)		주요경쟁사 (외형,%)	
전진국	20.2	오킨스전자	100		
김종휘	6.9	GST	362		
(외국인)	1.6	다우인큐브	101		

매출구성		비용구성		수출비중	
* 제품매출	66.9	매출원가율	102.6	수출	28.0
테스트 용역	25.4	판관비율	34.0	내수	72.0
기타	7.7				

회사 개요
동사는 1998년 4월 13일에 반도체 검사용 소켓 등의 제조 및 판매를 주사업목적으로 설립된 회사임. 동사는 반도체 검사용 소켓 제조사업 (BiTS 사업부)과 반도체 테스트 용역 사업 (반도체 사업부)을 영위하고 있으며, 설립 이래 국내 최초로 번인 소켓 (Burn-In Socket)을 개발, 기존 해외 메이커 제품이 독식하고 있던 번인 소켓 시장에 진입하였음. 주고객사는 삼성전자, SK하이닉스 등이 있음.

실적 분석
동사의 2017년 반기 매출액은 193.4억원을 기록하며 전년동기 대비 54.3% 증가한 상황. 매출 증가와 더불어 원가율 하락 및 판관비·비중 축소 동반되어 비록 적자 지속중이나 적자 폭은 크게 축소. 동사는 반도체 검사용 소켓 제조업체로 삼성전자, SK하이닉스, 서울바이오시스 등을 주요고객사로 보유하고 있음. DDR4로의 전환 속도가 다소 느린 상황이고, 주 고객사의 전략스마트폰 판매량이 기대 이하여서 LPDDR4 물량 증가도 제한적임.

현금 흐름 〈단위 : 억원〉

시장 대비 수익률

항목	2016	2017.2Q
영업활동	-11	-15
투자활동	-98	-38
재무활동	103	32
순현금흐름	-5	-21
기말현금	39	18

결산 실적 〈단위 : 억원〉

항목	2012	2013	2014	2015	2016	2017
매출액	362	373	470	383	251	—
영업이익	32	27	67	-52	-92	—
당기순이익	15	15	50	-53	-98	—

분기 실적 〈단위 : 억원〉

항목	2016.1Q	2016.2Q	2016.3Q	2016.4Q	2017.1Q	2017.2Q
매출액	62	64	61	64	82	111
영업이익	-26	-18	-21	-27	-11	7
당기순이익	-27	-20	-23	-28	-13	6

재무 상태 〈단위 : 억원〉

항목	2012	2013	2014	2015	2016	2017.2Q
총자산	480	482	660	582	575	606
유형자산	284	275	328	350	303	294
무형자산	42	34	29	31	29	32
유가증권	0	2	11	· 20	79	7
총부채	290	279	278	257	328	367
총차입금	239	220	193	190	272	303
자본금	14	14	31	31	31	31
총자본	189	204	381	324	247	239
지배주주지분	189	203	380	323	246	238

기업가치 지표

항목	2012	2013	2014	2015	2016	2017.2Q
주가(최고/저)(천원)	—/—	—/—	12.7/11.0	20.2/7.6	9.3/4.7	—/—
PER(최고/저)(배)	0.0/0.0	0.0/0.0	11.1/9.7	—/—	—/—	1.6/1.1
PBR(최고/저)(배)	0.0/0.0	0.0/0.0	2.1/1.8	3.9/1.5	2.4/1.2	—/—
EV/EBITDA(배)	1.8	1.6	5.3	19.3		
EPS(원)	341	334	1,144	-856	-1,575	-112
BPS(원)	6,557	7,046	6,127	5,207	3,967	3,845
CFPS(원)	2,982	3,074	2,924	501	-294	473
DPS(원)			70			
EBITDAPS(원)	3,585	3,503	3,301	523	-200	529

재무 비율 〈단위 : % 〉

연도	영업이익률	순이익률	부채비율	차입금비율	ROA	ROE	유보율	자기자본비율	EBITDA마진율
2016	-36.6	-39.0	132.8	109.9	-16.9	-34.3	693.4	43.0	-4.9
2015	-13.5	-13.9	79.4	58.7	-8.6	-15.1	941.4	55.8	8.5
2014	14.2	10.7	72.9	50.5	8.8	17.2	1,125.4	57.8	30.8
2013	7.2	3.9	136.6	107.9	4.0	7.4	1,309.3	42.3	27.0

오텍 (A067170)
Autech

업 종 : 기계		시 장 : KOSDAQ	
신용등급 : (Bond) — (CP) —		기업규모 : 우량	
홈 페 이 지 : www.autech.co.kr		연 락 처 : 041)339-3300	
본 사 : 충남 예산군 고덕면 예덕로 1033-36			

설 립 일 1991.07.31	종 업 원 수 98명	대 표 이 사 강성희	
상 장 일 2003.11.14	감 사 의 견 적정 (삼정)	계 열	
결 산 기 12월	보 통 주 1,381만주	종속회사수 7개사	
액 면 가 500원	우 선 주	구 상 호	

주주구성 (지분율,%)		출자관계 (지분율,%)		주요경쟁사 (외형,%)	
강성희	20.1	한국터치스크린	45.6	오텍	100
Morgan Stanley & co. International Limited	4.3			대경기계	27
(외국인)	15.2			비에이치아이	44

매출구성		비용구성		수출비중	
자동차 부품 외(제품)	45.7	매출원가율	85.0	수출	33.0
특수형앰블런스(제품)	17.5	판관비율	11.0	내수	67.0
기타	14.3				

회사 개요
동사는 특수차량 제조 전문기업으로서 최첨단 한국형 앰블런스와 복지차량, 암검진 및 전문 진료차량, 특수 물류차량, 의료기기, 기타 자동차부품 등을 생산함. 연결대상 종속회사인 오텍캐리어는 가정용 및 상업용 냉난방기기, 산업용 에어컨, 공조 기기를 생산하며 오텍캐리어냉장(유)는 상업용 냉동냉장설비인 쇼케이스등을 제조함. 이밖에도 오텍솔루션즈, 오텍오티스파킹시스템 등을 연결대상 종속회사로 보유함.

실적 분석
2017년 상반기 연결기준 동사 매출은 전년도 같은 기간에 비해 23.9% 성장한 4,047.1억원을 기록함. 매출원가가 24% 오르고 광고선전비 증가로 인해 판매비와 관리비 또한 23.4% 증가했지만 매출성장이 이를 상회함. 이에 영업이익은 전년 동기 131.4억원에서 21.2% 성장한 159.2억원을 기록함. 당기순이익 역시 전년동기 대비 62.3% 증가한 121.6억원을 시현함.

현금 흐름 〈단위 : 억원〉

시장 대비 수익률

항목	2016	2017.2Q
영업활동	540	34
투자활동	-387	-90
재무활동	415	154
순현금흐름	568	97
기말현금	1,183	1,280

결산 실적 〈단위 : 억원〉

항목	2012	2013	2014	2015	2016	2017
매출액	4,376	4,491	4,939	5,644	7,097	—
영업이익	56	71	100	114	280	—
당기순이익	7	13	21	34	143	—

분기 실적 〈단위 : 억원〉

항목	2016.1Q	2016.2Q	2016.3Q	2016.4Q	2017.1Q	2017.2Q
매출액	1,249	2,019	2,051	1,778	1,580	2,467
영업이익	18	113	95	54	43	116
당기순이익	5	70	94	-27	53	68

재무 상태 〈단위 : 억원〉

항목	2012	2013	2014	2015	2016	2017.2Q
총자산	2,761	3,003	3,195	3,329	4,331	5,300
유형자산	723	743	745	750	815	809
무형자산	81	100	105	114	245	241
유가증권	8	13	9	9	130	130
총부채	1,761	1,982	2,155	2,270	2,977	3,833
총차입금	792	995	964	1,178	1,462	1,620
자본금	57	57	57	57	69	69
총자본	1,000	1,021	1,040	1,059	1,354	1,467
지배주주지분	766	775	785	792	1,011	1,096

기업가치 지표

항목	2012	2013	2014	2015	2016	2017.2Q
주가(최고/저)(천원)	10.3/5.6	9.5/5.4	8.2/5.5	7.1/4.5	14.4/4.4	—/—
PER(최고/저)(배)	—/—	304.9/172.4	80.7/54.1	44.1/27.6	18.0/5.5	—/—
PBR(최고/저)(배)	1.6/0.9	1.4/0.8	1.2/0.8	1.0/0.6	2.0/0.6	2.0/1.1
EV/EBITDA(배)	15.0	10.5	9.3	8.0	5.3	
EPS(원)	-48	32	105	165	810	682
BPS(원)	6,869	6,951	7,038	7,096	7,462	8,074
CFPS(원)	240	386	531	580	1,245	1,016
DPS(원)	50	50	70	70	70	
EBITDAPS(원)	807	971	1,299	1,410	2,584	1,487

재무 비율 〈단위 : % 〉

연도	영업이익률	순이익률	부채비율	차입금비율	ROA	ROE	유보율	자기자본비율	EBITDA마진율
2016	4.0	2.0	219.8	107.9	3.7	11.7	1,392.4	31.3	4.8
2015	2.0	0.6	214.4	111.3	1.0	2.4	1,319.2	31.8	2.9
2014	2.0	0.4	207.2	92.7	0.7	1.5	1,307.7	32.6	3.0
2013	1.6	0.3	194.1	97.4	0.5	0.5	1,290.3	34.0	2.5

오파스넷 (A173130)
OPASNET COLTD

업 종 : IT 서비스		시 장 : KONEX	
신용등급 : (Bond) — (CP) —		기업규모 :	
홈 페 이 지 : www.opasnet.co.kr		연 락 처 : 1899-4507	
본 사 : 서울시 강남구 삼성로 524, 2층(삼성동,세화빌딩)			

설 립 일	2004.10.25	종 업 원 수	171명	대 표 이 사	장수현
상 장 일	2016.12.20	감 사 의 견	적정 (가온)	계 열	
결 산 기	12월	보 통 주		종속회사수	
액 면 가		우 선 주		구 상 수	

주주구성 (지분율,%)		출자관계 (지분율,%)		주요경쟁사 (외형,%)	
장수현	33.1			오파스넷	100
박건상	11.8			링네트	180
				동부	286

매출구성		비용구성		수출비중	
네트워크 (상품)	54.4	매출원가율	86.6	수출	1.0
용역 (용역)	27.2	판관비율	8.9	내수	99.0
기타	10.6				

회사 개요
2004년 10월 설립한 동사는 컴퓨터시스템 통합 자문 및 구축 서비스업을 영위. 동사의 주요 사업은 네트워크 통합(NI) 시스템 구축 및 자문. 기업체의 네트워크 통합, 공공기관 및 금융권 네트워크 통합과 다양한 솔루션 등을 제공. 최근에는 SI분야 및 컨설팅을 포함한 Total ICT 서비스 업체로 성장하고 있으며 기업이나 공공기관 네트워크 설비를 구축하고 시스템 원활히 작동하도록 유지 보수 서비스 제공.

실적 분석
동사는 코넥스 상장 기업으로 반기와 분기 실적 공개 의무가 없음. 동사의 2016년 연결기준 연간 누적 매출액은 716.4억원으로 전년 동기(726억원) 대비 소폭 감소함. 매출이 감소했지만 매출원가 비용과 판관비 등이 더 큰 폭으로 감소하면서 영업이익은 32.1억원으로 전년 동기(30.1억원) 대비 소폭 증가함. 금융과 외환 등에서 비영업손실이 일부 발생했지만 적자폭이 줄어 당기순이익은 20.8억원으로 전년 동기 대비 약 20% 증가함.

현금 흐름
*IFRS 별도 기준 〈단위 : 억원〉

항목	2016	2017.2Q
영업활동	31	
투자활동	2	
재무활동	-6	
순현금흐름	27	
기말현금	115	

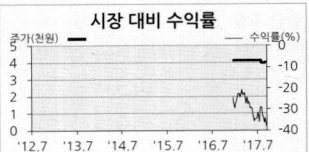
시장 대비 수익률

결산 실적
〈단위 : 억원〉

항목	2012	2013	2014	2015	2016	2017
매출액	360	551	622	726	716	
영업이익	17	36	36	30	32	
당기순이익	16	27	23	14	21	

분기 실적
*IFRS 별도 기준 〈단위 : 억원〉

항목	2016.1Q	2016.2Q	2016.3Q	2016.4Q	2017.1Q	2017.2Q
매출액	—	—	—	—	—	—
영업이익	—	—	—	—	—	—
당기순이익	—	—	—	—	—	—

재무 상태
*IFRS 별도 기준 〈단위 : 억원〉

항목	2012	2013	2014	2015	2016	2017.2Q
총자산	152	216	268	254	293	
유형자산	3	2	2	1	1	
무형자산						
유가증권	3	14	14	14	11	
총부채	107	146	176	147	160	
총차입금	64	41	96	69	66	
자본금	10	10	10	10	14	
총자본	44	69	93	107	133	
지배주주지분	44	69	93	107	133	

기업가치 지표
*IFRS 별도 기준

항목	2012	2013	2014	2015	2016	2017.2Q
주가(최고/저)(천원)	—/—	—/—	—/—	—/—	4.1/4.1	—/—
PER(최고/저)(배)	0.0/0.0	0.0/0.0	0.0/0.0	0.0/0.0	5.5/5.5	—/—
PBR(최고/저)(배)	0.0/0.0	0.0/0.0	0.0/0.0	0.0/0.0	0.9/0.9	0.0/0.0
EV/EBITDA(배)	2.7	—	—	—	1.8	
EPS(원)	571	970	817	516	745	
BPS(원)	22,170	34,700	46,263	53,428	4,764	
CFPS(원)	8,551	14,329	12,095	7,763	771	
DPS(원)						
EBITDAPS(원)	9,266	19,034	18,823	15,661	1,174	

재무 비율
〈단위 : % 〉

연도	영업이익률	순이익률	부채비율	차입금비율	ROA	ROE	유보율	자기자본비율	EBITDA마진율
2016	4.5	2.9	120.6	49.5	7.6	17.4	852.9	45.3	4.6
2015	4.2	2.0	137.7	64.5	5.5	14.4	968.6	42.1	4.3
2014	5.8	3.7	189.8	103.6	9.4	28.1	825.3	34.5	6.1
2013	6.6	4.9	211.1	58.8	14.7	47.6	594.0	32.2	6.9

오픈베이스 (A049480)
Openbase

업 종 : IT 서비스		시 장 : KOSDAQ	
신용등급 : (Bond) — (CP) —		기업규모 : 중견	
홈 페 이 지 : www.openbase.co.kr		연 락 처 : 02)3404-5700	
본 사 : 서울시 서초구 매헌로 16 하이브랜드빌딩 4층			

설 립 일	1992.09.16	종 업 원 수	149명	대 표 이 사	송규헌
상 장 일	2000.12.24	감 사 의 견	적정 (바른)	계 열	
결 산 기	12월	보 통 주	3,142만주	종속회사수	6개사
액 면 가	500원	우 선 주		구 상 수	6

주주구성 (지분율,%)		출자관계 (지분율,%)		주요경쟁사 (외형,%)	
정진섭	22.6	오픈인텔렉스	100.0	오픈베이스	100
한국증권금융	4.0	데이타솔루션	100.0	신세계 I&C	189
(외국인)	1.8	시큐웨이브	100.0	미래아이앤지	6

매출구성		비용구성		수출비중	
솔루션,서비스	90.4	매출원가율	77.4	수출	0.0
소프트웨어 판매	8.0	판관비율	18.1	내수	100.0
부동산 임대	0.8				

회사 개요
동사는 각종 컴퓨터 및 관련 기자재의 제조/판매업, 각종 컴퓨터 통신장비 제조 판매업 및 통신 소프트웨어 개발업 등을 영위할 목적으로 1992년 9월에 설립됨. 7개의 종속회사에 대해 100%의 지분을 확보하고 있고, 3개의 관계회사를 보유하고 있음. 컴퓨터 시스템과 주변기기, 스토리지, 모바일 기기 및 네트워크 장비 등 IT부문에 대한 지출의 증가여부가 동사의 솔루션 사업에 영향을 미치고 있음.

실적 분석
동사의 2017년 상반기 연결기준 누적 매출액은 527.5억원으로 전년 동기 대비 25.7% 감소함. 매출이 줄면서 매출원가도 감소했지만 판매비와 관리비는 오히려 증가하면서 영업손실 17.5억원을 보이며 전년 동기 대비 적자전환함. 비영업손익 부문에서 금융 등 이익이 소폭 증가했지만 영업손실이 대폭 늘면서 당기순손실은 13.8억원으로 전년 동기 대비 적자전환함.

현금 흐름
〈단위 : 억원〉

항목	2016	2017.2Q
영업활동	96	-98
투자활동	-25	-71
재무활동	23	4
순현금흐름	94	-164
기말현금	233	69

시장 대비 수익률

결산 실적
〈단위 : 억원〉

항목	2012	2013	2014	2015	2016	2017
매출액	1,126	1,142	1,141	1,186	1,566	
영업이익	22	19	54	50	70	
당기순이익	33	32	33	40	55	

분기 실적
*IFRS 별도 기준 〈단위 : 억원〉

항목	2016.1Q	2016.2Q	2016.3Q	2016.4Q	2017.1Q	2017.2Q
매출액	235	475	338	518	212	31
영업이익	-24	28	22	44	-8	-1
당기순이익	-23	27	21	30	-3	-1

재무 상태
〈단위 : 억원〉

항목	2012	2013	2014	2015	2016	2017.2Q
총자산	775	1,074	1,068	1,089	1,126	1,09
유형자산	136	133	166	160	131	17
무형자산	103	68	57	46	39	2
유가증권	3	3	6	6	7	12
총부채	358	630	595	583	563	54
총차입금	115	375	371	306	331	39
자본금	155	155	157	157	157	15
총자본	417	443	474	506	563	54
지배주주지분	414	442	473	506	563	54

기업가치 지표

항목	2012	2013	2014	2015	2016	2017.2Q
주가(최고/저)(천원)	3.6/0.7	3.2/1.2	2.1/1.3	3.1/1.2	5.2/1.9	
PER(최고/저)(배)	35.5/7.0	30.9/11.9	19.7/11.8	24.4/9.3	30.0/10.7	—/
PBR(최고/저)(배)	2.9/0.6	2.3/0.9	1.5/0.9	1.9/0.7	2.9/1.0	3.6/2
EV/EBITDA(배)	10.1	11.0	7.9	13.0	13.2	1
EPS(원)	108	107	110	129	176	-
BPS(원)	1,340	1,429	1,505	1,640	1,809	1,7
CFPS(원)	137	248	234	247	254	
DPS(원)	25	25	25	25	25	
EBITDAPS(원)	99	202	300	278	302	

재무 비율
〈단위 : % 〉

연도	영업이익률	순이익률	부채비율	차입금비율	ROA	ROE	유보율	자기자본비율	EBITDA마진율
2016	4.5	3.5	100.1	58.8	5.0	10.3	261.8	50.0	6
2015	4.3	3.4	115.4	60.5	3.7	8.3	228.0	46.4	7
2014	4.8	2.9	125.6	78.3	3.1	7.5	201.0	44.3	6
2013	1.7	2.8	142.1	84.6	3.5	7.7	185.8	41.3	5

온다엔터테인먼트 (A196450)
ONDA Entertainment

업 종 : 휴대폰 및 관련부품		시 장 : KOSDAQ	
신용등급 : (Bond) — (CP) —		기업규모 : 중견	
홈페이지 : www.ondaent.net		연 락 처 : 031)705-6234	
본 사 : 경기도 용인시 처인구 남사면 당하로 113-12			

설 립 일 2014.05.09	종 업 원 수 25명	대 표 이 사 원영훈	
상 장 일 2014.06.02	감 사 의 견 적정 (삼정)	계 열	
결 산 기 12월	보 통 주 3,394만주	종속회사수 3개사	
액 면 가 500원	우 선 주	구 상 호 온다 엔터테인먼트	

주주구성 (지분율,%)
텔루스컨소시엄	17.6
이화투자조합	7.3
(외국인)	0.3

출자관계 (지분율,%)
갤럭시안베스트먼트	49.5
블루클라우드매니지먼트	30.0
에스엘코리아	24.7

주요경쟁사 (외형,%)
온다엔터테인먼트	100

매출구성
휴대폰카메라용 렌즈 모듈, VCM	85.5
엔터사업부문 용역	11.1
상품	3.4

비용구성
매출원가율	122.5
판관비율	34.3

수출비중
수출	—
내수	—

회사 개요
동사는 2014년 5월 7일을 분할 기일로 기존 차바이오앤디오스텍(현재 존속법인 차바이오텍)의 광학사업부문을 인적분할하여 설립됨. 휴대폰용 카메라렌즈 및 렌즈모듈 개발/제조를 주 영업목적으로 운영하고 있음. 2014년 6월 2일 코스닥시장에 재상장됨. 주요 제품으로는 휴대폰용 렌즈 및 렌즈모듈의 개발, 생산을 하고 있음. 매출구성은 휴대폰용 렌즈 및 렌즈모듈, VCM 85% 엔터부문 15%로 구성됨.

실적 분석
동사의 2017년 상반기 매출은 56억원으로 전년대비 68.4% 감소, 영업이익은 -15.2억원으로 전년대비 적자지속, 당기순이익은 -14.9억원으로 적자지속. 매니지먼트 업체 에이치이엔엠의 주식을 취득하고, (VR) 소프트웨어 개발 사업, 방송 프로그램 제작·공급업으로 사업 다각화 추진. 사업 다각화에 따른 회사 이미지 제고를 위해 '온다 엔터테인먼트'로 상호를 변경하였음. KBS와 K-STAR VR 공동 설립.

현금 흐름 〈단위 : 억원〉
항목	2016	2017.2Q
영업활동	-264	-33
투자활동	-84	39
재무활동	282	-14
순현금흐름	-72	-8
기말현금	12	5

시장 대비 수익률

결산 실적 〈단위 : 억원〉
항목	2012	2013	2014	2015	2016	2017
매출액	—	—	340	558	397	—
영업이익	—	—	-26	-67	-225	—
당기순이익	—	—	-30	-102	-500	—

분기 실적 〈단위 : 억원〉
항목	2016.1Q	2016.2Q	2016.3Q	2016.4Q	2017.1Q	2017.2Q
매출액	114	63	107	113	36	19
영업이익	-27	-82	-79	-38	-5	-11
당기순이익	-29	-119	-111	-241	-5	-14

재무 상태 〈단위 : 억원〉
항목	2012	2013	2014	2015	2016	2017.2Q
총자산			920	999	699	632
유형자산			302	469	84	69
무형자산			27	33	11	11
유가증권			36	6	71	50
총부채			86	249	347	188
총차입금				40	292	151
자본금			94	94	111	129
총자본			835	750	352	444
지배주주지분			833	748	344	443

기업가치 지표
항목	2012	2013	2014	2015	2016	2017.2Q
주가(최고/저)(천원)	—/—	—/—	6.3/2.5	7.3/2.4	7.5/2.4	—/—
PER(최고/저)(배)	0.0/0.0	0.0/0.0				
PBR(최고/저)(배)	0.0/0.0	0.0/0.0	1.4/0.6	1.8/0.6	4.8/1.5	1.9/1.2
EV/EBITDA(배)	0.0	0.0	9.6	560.6		
EPS(원)			-159	-538	-2,410	-59
BPS(원)			4,420	3,969	1,559	1,726
CFPS(원)			110	-171	-2,158	-40
DPS(원)						
EBITDAPS(원)			133	12	-837	-39

재무 비율 〈단위 : %〉
연도	영업이익률	순이익률	부채비율	차입금비율	ROA	ROE	유보율	자기자본비율	EBITDA마진율
2016	-56.8	-125.9	98.7	83.1	-58.9	-91.4	211.7	50.3	-43.7
2015	-12.0	-18.2	33.2	5.4	-10.6	-12.8	693.8	75.1	0.4
2014	-7.5	-8.8	10.2	0.0	0.0	0.0	784.0	90.7	7.4
2013	—	—	—	—	—	—	—	—	—

옴니시스템 (A057540)
OMNI SYSTEM

업 종 : 전기장비		시 장 : KOSDAQ	
신용등급 : (Bond) — (CP) —		기업규모 : 우량	
홈페이지 : www.omnisystem.co.kr		연 락 처 : 031)883-5400	
본 사 : 경기도 여주군 가남읍 연삼로 284			

설 립 일 1997.02.17	종 업 원 수 278명	대 표 이 사 박혜린	
상 장 일 2007.09.19	감 사 의 견 적정 (한경)	계 열	
결 산 기 12월	보 통 주 4,068만주	종속회사수 2개사	
액 면 가 500원	우 선 주	구 상 호	

주주구성 (지분율,%)
바이오스마트	21.2
한국증권금융	4.1
(외국인)	1.3

출자관계 (지분율,%)
위지트에너지	81.0
한생화장품	34.8
비즈니스온커뮤니케이션	25.9

주요경쟁사 (외형,%)
옴니시스템	100
삼영전자	308
일진전기	973

매출구성
계량기(제품)	50.0
카드(제품)	28.6
계량기(상품)	9.8

비용구성
매출원가율	78.0
판관비율	18.3

수출비중
수출	1.0
내수	99.0

회사 개요
위지트, 동도조명 등을 자회사로 두고 원격검침이 가능한 디지털 전력량계를 국내 최초로 개발하였으며, 지속적인 연구개발로 전기를 비롯한 가스, 수도, 온수, 열량계 등의 설비미터도 디지털 방식으로 개발한 계측기 분야를 선도하는 회사임. 정부에서 정책적으로 추진하고 있는 스마트그리드 사업 부문에서도 동사가 개발예정인 스마트계량기 및 원격검침 시스템을 통하여 상당한 기여를 할 것으로 예상됨.

실적 분석
동사의 2017년 연결기준 2분기 누적 매출액은 450억원으로 전년동기 대비 42.9% 증가하였음. 부문별로는 카드부문과 조명부문 매출 증가. 매출비중이 높은 계량기부문 매출이 회복되었음. 미국을 시작으로 스마트그리드 시장에 대한 관심이 확산되면서 에너지 효율성 향상에 대한 각국의 관심이 집중되고 있는 바, 스마트 계량기 사업의 확대는 불가피할 것으로 보여짐.

현금 흐름 〈단위 : 억원〉
항목	2016	2017.2Q
영업활동	-14	14
투자활동	-15	-45
재무활동	15	11
순현금흐름	-14	-29
기말현금	83	54

시장 대비 수익률

결산 실적 〈단위 : 억원〉
항목	2012	2013	2014	2015	2016	2017
매출액	492	490	737	778	697	—
영업이익	-68	1	46	69	26	—
당기순이익	-72	-54	30	78	27	—

분기 실적 〈단위 : 억원〉
항목	2016.1Q	2016.2Q	2016.3Q	2016.4Q	2017.1Q	2017.2Q
매출액	145	169	196	186	203	247
영업이익	4	5	13	4	6	12
당기순이익	5	1	15	6	4	13

재무 상태 〈단위 : 억원〉
항목	2012	2013	2014	2015	2016	2017.2Q
총자산	546	725	794	961	1,016	1,096
유형자산	142	184	286	368	380	426
무형자산	26	100	107	107	104	103
유가증권	0	17	12	25	20	20
총부채	226	190	228	297	332	396
총차입금	108	71	89	184	203	215
자본금	114	203	203	203	203	203
총자본	319	535	565	664	684	700
지배주주지분	317	533	565	645	664	678

기업가치 지표
항목	2012	2013	2014	2015	2016	2017.2Q
주가(최고/저)(천원)	2.0/0.9	2.2/1.0	1.6/1.0	4.6/1.1	4.0/2.0	—/—
PER(최고/저)(배)			20.8/13.1	24.7/5.8	63.9/32.3	1.8/1.3
PBR(최고/저)(배)	1.4/0.7	1.7/0.8	1.2/0.7	2.9/0.7	2.4/1.2	1.8/1.3
EV/EBITDA(배)			18.3	6.5	11.3	21.6
EPS(원)	-372	-163	77	187	62	41
BPS(원)	1,396	1,313	1,390	1,588	1,633	1,668
CFPS(원)	-271	-101	138	261	134	76
DPS(원)						
EBITDAPS(원)	-252	65	174	244	135	74

재무 비율 〈단위 : %〉
연도	영업이익률	순이익률	부채비율	차입금비율	ROA	ROE	유보율	자기자본비율	EBITDA마진율
2016	3.7	3.9	48.5	29.7	2.8	3.9	226.6	67.3	7.9
2015	8.9	10.0	44.7	27.6	8.9	12.6	177.9	69.1	12.8
2014	6.2	4.1	40.4	15.7	4.0	5.7	177.7	71.2	9.6
2013	0.2	-10.9	35.6	13.2	-8.4	-12.4	162.6	73.8	4.3

옴니텔 (A057680)
Omnitel

업 종 : 인터넷 서비스	시 장 : KOSDAQ
신용등급 : (Bond) — (CP) —	기업규모 : 중견
홈페이지 : www.omnitel.co.kr	연락처 : 02)2181-8000
본 사 : 서울시 동작구 여의대방로62길 1, 3층	

설 립 일 1998.08.21	종업원수 56명	대표이사 김상우
상 장 일 2002.06.08	감사의견 적정 (삼경)	계 열
결 산 기 12월	보통주 2,055만주	종속회사수
액 면 가 500원	우선주	구 상 호

주주구성 (지분율,%)
위지트동도	17.0
비덴트	5.4
(외국인)	0.3

출자관계 (지분율,%)
옴니네트웍스	20.1
옴니씨앤에스	15.0
비티씨코리아닷컴	8.9

주요경쟁사 (외형,%)
옴니텔	100
이지웰페어	176
소리바다	132

매출구성
모바일커머스	87.4
모바일광고/DMB	9.5
해외사업	2.2

비용구성
매출원가율	95.1
판관비율	28.5

수출비중
수출	1.0
내수	99.0

회사 개요
동사는 1998년에 설립돼 이동통신에 방송서비스를 도입한 업체로 지상파DMB, 모바일앱, 모바일게임 등을 서비스하는 업체임. '한국DMB'와 몽골의 'Mongol Content, LLC', '한국난방필름', 홍콩의 '전천통집단유한공사', '방화집단유한공사', 모바일커머스 업체 '이스크라' 6개의 계열회사를 보유하고 있음. 한국DMB는 뉴스와 스포츠 중심채널인 QBS를 운영하고 있고, 2010년 게임사업을 시작해 모바일용 게임을 출시함.

실적 분석
동사의 2017년도 2분기 누적 매출액은 234.5억원으로 전년동기 대비 96.3% 증가함. 반면 매출원가와 지급수수료 등 판관비 부담이 각각 75.2%, 39.4% 증가하여 영업손실은 9.6억원으로 적자지속함. 매출은 단일 부문으로 되어있으나 모바일커머스, 모바일광고/DMB, 해외사업 유형으로 구성됨. B2B 사업에 주력해왔으나 카카오선물하기 입점을 통해 B2C로 영역 확대 중임.

현금 흐름 〈단위 : 억원〉
항목	2016	2017.2Q
영업활동	-7	—
투자활동	-36	—
재무활동	58	—
순현금흐름	15	—
기말현금	34	—

시장 대비 수익률

결산 실적 〈단위 : 억원〉
항목	2012	2013	2014	2015	2016	2017
매출액	97	87	251	370	298	
영업이익	-33	-36	13	-21	-70	
당기순이익	-26	-48	10	-23	-108	

분기 실적 〈단위 : 억원〉
항목	2016.1Q	2016.2Q	2016.3Q	2016.4Q	2017.1Q	2017.2Q
매출액	53	67	109	69	105	
영업이익	-5	-21	-5	-39	-13	
당기순이익	-5	-25	-9	-70	-17	

재무 상태 〈단위 : 억원〉
항목	2012	2013	2014	2015	2016	2017.2Q
총자산	204	245	226	252	231	
유형자산	22	24	22	21	36	
무형자산	3	56	58	54	26	
유가증권	1	1	1		38	
총부채	75	131	97	142	153	
총차입금	31	86	63	96	93	
자본금	69	74	78	78	90	
총자본	130	114	129	111	77	
지배주주지분	130	114	129	111	77	

기업가치 지표
항목	2012	2013	2014	2015	2016	2017.2Q
주가(최고/저)(천원)	3.8/1.9	3.0/1.9	5.2/1.8	4.4/2.6	4.4/2.8	—/—
PER(최고/저)(배)	—/—	—/—	76.2/27.0	—/—	—/—	—/—
PBR(최고/저)(배)	3.7/1.9	3.6/2.3	5.8/2.1	5.6/3.4	9.0/5.7	0.0/0.0
EV/EBITDA(배)			27.6			
EPS(원)	-186	-347	68	-150	-625	
BPS(원)	1,018	840	896	775	485	
CFPS(원)	-169	-330	92	-112	-591	
DPS(원)						
EBITDAPS(원)	-227	-244	111	-97	-371	

재무 비율 〈단위 : %〉
연도	영업이익률	순이익률	부채비율	차입금비율	ROA	ROE	유보율	자기자본비율	EBITDA마진율
2016	-23.6	-36.4	일부잠식	일부잠식	-44.9	-115.3	-3.0	33.6	-21.6
2015	-5.7	-6.3	128.1	86.9	-9.8	-19.4	55.0	43.9	-4.1
2014	5.2	4.1	74.7	48.6	4.4	8.4	79.2	57.2	6.6
2013	-41.6	-55.4	115.1	75.5	-21.3	-39.4	68.0	46.5	-39.0

옵토팩 (A123010)
OptoPAC

업 종 : 반도체 및 관련장비	시 장 : KOSDAQ
신용등급 : (Bond) — (CP) —	기업규모 : 신성장
홈페이지 : www.optopac.com	연락처 : 043)218-7866
본 사 : 충북 청주시 흥덕구 옥산면 과학산업1로 114	

설 립 일 2003.10.15	종업원수 91명	대표이사 김덕훈
상 장 일 2014.10.31	감사의견 적정 (중앙)	계 열
결 산 기 12월	보통주 497만주	종속회사수
액 면 가 500원	우선주 10만주	구 상 호

주주구성 (지분율,%)
김덕훈	25.3
플래티넘-큰성장펀드	2.8
(외국인)	4.2

출자관계 (지분율,%)

주요경쟁사 (외형,%)
옵토팩	100
제이티	78
성우테크론	101

매출구성
이미지센서패키징(NeoPAC®)	100.0

비용구성
매출원가율	92.5
판관비율	7.4

수출비중
수출	93.0
내수	7.0

회사 개요
동사는 CMOS 및 CCD Image Sensor 용 WLCSP(Wafer Level Chip Scale Package) 전문회사로서 이미지센서 패키징 분야의 특허기술을 기반으로 2003년 10월 15일에 설립됨. 동사의 관련 산업분야인 CMOS 이미지센서는 비 메모리분야에 속해있으며 CMOS 이미지센서는 2017년 전체시장 이미지 센서 시장 대비 95% 이상을 차지할 것으로 예측됨.

실적 분석
동사의 2017년 연결 기준 2분기 매출액은 67.6 억원을 기록해 전년동기 대비 57.6% 감소함. 영업손실 또한 17.9억원을 기록해 적자전환 당기순손실도 18.1억원으로 적자전환하여 수익성 악화. 동사의 반도체 사업은 드론과 같은 신규 시장의 성장에 영향을 받으며, 이에 신규 제품 유치로 매출을 증대시키고자 하나 가시적인 개선으로는 이어지고 있지 않음.

현금 흐름 *IFRS 별도 기준 〈단위 : 억원〉
항목	2016	2017.2Q
영업활동	28	-3
투자활동	-50	-9
재무활동	29	-8
순현금흐름	7	-21
기말현금	27	26

시장 대비 수익률

결산 실적 〈단위 : 억원〉
항목	2012	2013	2014	2015	2016	2017
매출액	270	257	339	317	288	
영업이익	-2	4	31	-0	0	
당기순이익	-16	-8	12	-4	-4	

분기 실적 *IFRS 별도 기준 〈단위 : 억원〉
항목	2016.1Q	2016.2Q	2016.3Q	2016.4Q	2017.1Q	2017.2Q
매출액	88	71	53	75	37	30
영업이익	7	1	-7	-1	-10	-8
당기순이익	1	-0	-9	-1	-13	-5

재무 상태 *IFRS 별도 기준 〈단위 : 억원〉
항목	2012	2013	2014	2015	2016	2017.2Q
총자산	280	244	287	269	281	244
유형자산	170	148	184	167	158	143
무형자산	15	14	5		3	3
유가증권	—	—	—	—	—	—
총부채	248	220	259	203	159	137
총차입금	214	180	177	140	113	104
자본금	22	22	18	21	26	26
총자본	32	24	28	66	122	106
지배주주지분	32	24	28	66	122	106

기업가치 지표 *IFRS 별도 기준
항목	2012	2013	2014	2015	2016	2017.2Q
주가(최고/저)(천원)	—/—	—/—	3.8/2.3	5.2/2.6	10.3/2.9	—/—
PER(최고/저)(배)	0.0/0.0	0.0/0.0	12.2/7.5	—/—	—/—	—/—
PBR(최고/저)(배)	0.0/0.0	0.0/0.0	—/—	2.7/1.4	3.8/1.1	2.9/1.9
EV/EBITDA(배)	5.5		4.3	4.1	9.7	10.8
EPS(원)	-397	-215	313	-89	-86	-358
BPS(원)	1,365	1,151	1,014	1,905	2,680	2,331
CFPS(원)	596	700	1,084	674	574	-60
DPS(원)						
EBITDAPS(원)	931	1,019	1,565	755	667	-57

재무 비율 〈단위 : %〉
연도	영업이익률	순이익률	부채비율	차입금비율	ROA	ROE	유보율	자기자본비율	EBITDA마진율
2016	0.1	-1.4	129.7	92.4	-1.4	-4.2	421.8	43.5	10.6
2015	-0.1	-1.1	305.5	210.4	-1.3	-7.5	277.8	24.7	9.5
2014	9.3	3.7	911.8	625.5	4.7	55.8	125.6	9.9	18.2
2013	1.6	-3.3	925.6	759.3	-3.2	-30.3	107.7	9.8	15.7

옵트론텍 (A082210)
Optrontec

업 종 : 전자 장비 및 기기	시 장 : KOSDAQ
신용등급 : (Bond) — (CP) —	기업규모 : 벤처
홈 페 이 지 : www.optrontec.com	연 락 처 : 055)250-2700
본 사 : 경남 창원시 의창구 평산로8번길 19-15	

설 립 일	1999.05.26	종 업 원 수	344명	대 표 이 사	홍사관
상 장 일	2005.06.24	감 사 의 견	적정 (안진)	계	열
결 산 기	12월	보 통 주	2,256만주	종속회사수	6개사
액 면 가	500원	우 선 주		구 상 호	

주주구성 (지분율,%)		출자관계 (지분율,%)		주요경쟁사 (외형,%)	
임지윤	18.8	티알엔티&콘텐트&스메티컬장자조합	61.1	옵트론텍	100
옵트론텍우리사주조합	5.1	미래이노텍	44.1	에스씨디	97
(외국인)	4.7	옵트론티에스	41.0	코아시아홀딩스	287

매출구성		비용구성		수출비중	
이미지센서용 필터	80.8	매출원가율	68.4	수출	84.0
광학렌즈 및 모듈	9.3	판관비율	19.4	내수	16.0
광픽업용 필터	6.6				

회사 개요
동사는 광학부품 전문기업으로 모바일폰 등 스마트 기기의 카메라에 적용되는 이미지센서용 필터와 CCTV, 차량용 카메라에 사용되는 광학렌즈 및 렌즈모듈, 그리고 DVD, 블루레이용 광픽업장치에 사용되는 광픽업용 필터 등의 제조, 조립 및 판매 사업을 영위하고 있음. 옵트론광전자(천진)유한공사, 옵트론광전자(동관)유한공사, 옵트론전자(홍콩)유한공사, 티알엔에스 등을 연결대상 종속회사로 보유함.

실적 분석
2017년 상반기 연결기준 동사 매출은 883.9억원을 기록함. 전년 동기인 716.9억원에서 23.3% 증가함. 매출원가가 28.3% 증가하고 인건비 증가 등으로 인해 판매비와 관리비 역시 6.8% 늘었으나 매출성장이 이를 상회함. 이에 영업이익은 전년 동기 대비 24.4% 증가한 88.1억원을 시현함. 비영업손익 적자폭이 커졌지만 당기순이익은 전년 동기 대비 76.4% 성장한 33.9억원을 기록함.

현금 흐름 〈단위 : 억원〉
항목	2016	2017.2Q
영업활동	234	143
투자활동	-115	-146
재무활동	-132	34
순현금흐름	-13	31
기말현금	26	56

시장 대비 수익률

결산 실적 〈단위 : 억원〉
항목	2012	2013	2014	2015	2016	2017
매출액	1,713	2,027	830	1,355	1,381	
영업이익	209	278	-284	22	169	
당기순이익	101	141	-356	-6	22	

분기 실적 〈단위 : 억원〉
항목	2016.1Q	2016.2Q	2016.3Q	2016.4Q	2017.1Q	2017.2Q
매출액	353	363	336	328	412	472
영업이익	35	36	33	65	41	47
당기순이익	11	8	1	1	11	23

재무 상태 〈단위 : 억원〉
항목	2012	2013	2014	2015	2016	2017.2Q
총자산	1,898	2,230	2,319	2,388	2,250	2,399
유형자산	843	1,121	962	903	841	882
무형자산	68	155	106	145	160	143
유가증권	58	26	49	38	44	90
총부채	1,022	1,168	1,605	1,656	1,473	1,493
총차입금	847	1,006	1,482	1,352	1,203	1,127
자본금	100	101	101	101	103	112
총자본	876	1,062	714	732	777	906
지배주주지분	876	1,032	708	749	827	961

기업가치 지표
항목	2012	2013	2014	2015	2016	2017.2Q
주가(최고/저)(천원)	13.7/3.9	17.5/10.2	10.2/3.7	8.4/3.8	8.4/4.9	—/—
PER(최고/저)(배)	26.8/7.7	22.7/13.2	—/—	99.4/45.8	31.3/18.2	14.1/—
PBR(최고/저)(배)	3.1/0.9	3.4/2.0	2.8/1.0	2.1/1.0	2.0/1.2	2.4/1.3
EV/EBITDA(배)	10.9	7.8		13.4	7.3	
EPS(원)	510	770	-1,527	84	268	172
BPS(원)	4,382	5,209	3,699	3,901	4,188	4,451
CFPS(원)	990	1,367	-834	799	991	488
DPS(원)						
EBITDAPS(원)	1,534	1,975	-714	824	1,540	708

재무 비율 〈단위 : %〉
연도	영업이익률	순이익률	부채비율	차입금비율	ROA	ROE	유보율	자기자본비율	EBITDA마진율
2016	12.2	1.6	189.6	154.8	1.0	7.0	737.6	34.5	23.1
2015	1.6	-0.4	226.3	184.8	-0.2	2.3	680.2	30.6	12.3
2014	-34.2	-43.0	225.0	207.7	-15.7	-35.4	639.8	30.8	-17.4
2013	13.7	6.9	110.0	94.7	6.8	16.3	941.8	47.6	19.6

옵티시스 (A109080)
Opticis

업 종 : 통신장비	시 장 : KOSDAQ
신용등급 : (Bond) — (CP) —	기업규모 : 벤처
홈 페 이 지 : www.opticis.com	연 락 처 : 031)719-8033
본 사 : 경기도 성남시 분당구 성남대로 331번길 8, 킨스타워 16층	

설 립 일	1999.11.29	종 업 원 수	96명	대 표 이 사	신현국
상 장 일	2011.07.12	감 사 의 견	적정 (삼일)	계	열
결 산 기	12월	보 통 주	564만주	종속회사수	
액 면 가	500원	우 선 주		구 상 호	

주주구성 (지분율,%)		출자관계 (지분율,%)		주요경쟁사 (외형,%)	
신현국	14.1			옵티시스	100
김일	6.0			텔레필드	252
(외국인)	0.6			이그잭스	270

매출구성		비용구성		수출비중	
[제품]영상신호용 광링크	90.4	매출원가율	58.7	수출	92.0
[상품]스위치류 외	9.0	판관비율	29.2	내수	8.0
기타	0.6				

회사 개요
1999년 설립된 동사는 컴퓨터와 디지털 디스플레이 기기를 포함해 각종 디지털 멀티미디어 기기들 사이에 고속의 디지털 신호를 광전송 모듈을 이용해 전송하는 디지털 광링크의 개발 제조 판매를 주업종 중심 기업임. 동사는 세계 최초로 디지털광링크를 개발, 판매했으며, 특히 의료영상, 디지털 싸이니지, 교육, 방송 등 여러 분야에 신호 손실 없고 선명한 장거리 영상 전송을 가능케하는 제품을 제조 판매하고 있음.

실적 분석
영상신호용 광링크와 PC인터페이스용 광링크가 해외를 중심으로 판매가 회복되고, 제품 판매단가도 인상하여 달러 기준 수출액은 늘었음. 그러나 환율 하락 영향으로 2017년 상반기 원화 기준 전체 매출액은 전년동기 대비 소폭 감소한 86.2억원을 기록함. 원가율 상승과 고정비용 부담으로 영업이익은 35.1% 줄었음. UHD TV 수도권 본방송 시작과 사물인터넷 관련 신모바일 기기의 증가 등 시장 트렌드 변화에 따른 수혜가 기대됨.

현금 흐름 *IFRS 별도 기준 〈단위 : 억원〉
항목	2016	2017.2Q
영업활동	39	7
투자활동	-16	33
재무활동	-12	-3
순현금흐름	13	35
기말현금	83	119

시장 대비 수익률

결산 실적 〈단위 : 억원〉
항목	2012	2013	2014	2015	2016	2017
매출액	175	155	188	159	171	
영업이익	39	30	30	19	21	
당기순이익	34	18	29	22	23	

분기 실적 *IFRS 별도 기준 〈단위 : 억원〉
항목	2016.1Q	2016.2Q	2016.3Q	2016.4Q	2017.1Q	2017.2Q
매출액	48	39	38	47	46	40
영업이익	10	3	2	5	5	4
당기순이익	10	3	2	8	4	3

재무 상태 *IFRS 별도 기준 〈단위 : 억원〉
항목	2012	2013	2014	2015	2016	2017.2Q
총자산	303	318	340	360	376	371
유형자산	58	59	33	31	31	29
무형자산	30	26	30	29	22	20
유가증권	6	6	13	8	19	25
총부채	65	68	64	65	61	51
총차입금	44	51	41	41	33	33
자본금	28	28	28	28	28	28
총자본	238	250	277	296	315	320
지배주주지분	238	250	277	296	315	320

기업가치 지표 *IFRS 별도 기준
항목	2012	2013	2014	2015	2016	2017.2Q
주가(최고/저)(천원)	7.4/4.5	10.0/5.3	8.2/5.2	8.1/5.1	7.4/5.4	—/—
PER(최고/저)(배)	12.7/7.8	31.9/16.9	16.7/10.4	21.5/13.6	18.1/13.2	1.2/1.0
PBR(최고/저)(배)	1.6/1.0	2.0/1.1	1.5/1.0	1.4/0.9	1.2/0.9	1.2/1.0
EV/EBITDA(배)	6.5	7.5	4.2	6.2	6.2	
EPS(원)	600	322	507	383	414	126
BPS(원)	4,781	5,096	5,585	5,925	6,295	6,378
CFPS(원)	761	523	730	611	662	223
DPS(원)	20	20	50	50	50	
EBITDAPS(원)	851	591	761	563	614	248

재무 비율 〈단위 : %〉
연도	영업이익률	순이익률	부채비율	차입금비율	ROA	ROE	유보율	자기자본비율	EBITDA마진율
2016	12.0	13.6	19.3	10.4	6.3	7.6	1,159.0	83.8	20.2
2015	11.9	13.6	21.9	13.9	6.2	7.5	1,085.0	82.1	20.0
2014	16.2	15.2	23.0	14.7	8.7	10.9	1,017.1	81.3	22.8
2013	14.2	11.7	27.4	20.5	5.8	7.4	919.2	78.5	21.6

와이더블유 (A051390)
YW

업　　종 : 내구소비재　　　　　　　　　　시　　장 : KOSDAQ
신용등급 : (Bond) —　　　(CP) —　　　기업규모 : 벤처
홈페이지 : www.ywtc.com　　　　　　　　연 락 처 : 031)703-7118
본　　사 : 경기도 성남시 분당구 판교로 744, C동 801호 (야탑동, 분당테크노파크)

설 립 일	1995.07.26	종 업 원 수	13명	대 표 이 사	우병일
상 장 일	2001.11.07	감 사 의 견	적정 (세일)	계	열
결 산 기	12월	보 통 주	1,136만주	종 속 회 사 수	1개사
액 면 가	500원	우 선 주		구 상 호	영우통신

주주구성 (지분율,%)		출자관계 (지분율,%)		주요경쟁사 (외형,%)	
우병일	23.3	모비슨	65.0	YW	100
심영섭	9.7	한국DMB	2.5	한국가구	195
(외국인)	0.6	잉카엔트웍스	2.0	코아스	329

매출구성		비용구성		수출비중	
상품매출	80.3	매출원가율	75.6	수출	0.0
이자수익	14.0	판관비율	10.9	내수	100.0
제품	5.7				

회사 개요
주된 사업내용은 도매업(86%), 기업금융 (9.5%), 그리고 부동산 임대업 등 기타부문으로 구성됨. 렌탈은 렌탈고객들로 하여금 렌탈기간동안 렌탈물건을 사용하면서 렌탈료를 분할하여 납부하도록 함으로써 일시불로 구입하기 부담스러운 고가의 생활용품, 산업용 기계 장비등의 사용을 가능하게 하며, 기업금융이란 안전한 기업의 회사채를 매입 운용하여 자금의 효율적인 활용을 도모함.

실적 분석
동사의 2017년 연결기준 상반기 매출과 영업이익은 각각 156.7억원, 24.7억원으로 전년대비 각각 18.8%, 125.1% 증가함. 당기순이익은 18.1억원을 기록함으로써 123.8% 상승. 내수 경기가 개선되고 공유경제 인식이 확산되면서 정수기, 헬스케어 등 렌탈 수요가 증가하며 매출액 증가가 수혜를 입음. 특히 와이더블유모바일은 '별대리운전' 어플을 통해 매출 증대를 꾀하고 웹버전까지 출시하면서 시장확대를 꾀함.

현금 흐름　〈단위 : 억원〉

항목	2016	2017.2Q
영업활동	122	76
투자활동	-139	-71
재무활동	-21	-10
순현금흐름	-38	-5
기말현금	30	25

시장 대비 수익률

결산 실적　〈단위 : 억원〉

항목	2012	2013	2014	2015	2016	2017
매출액	624	296	89	112	295	—
영업이익	17	61	2	16	40	—
당기순이익	39	47	11	-11	26	—

분기 실적　〈단위 : 억원〉

항목	2016.1Q	2016.2Q	2016.3Q	2016.4Q	2017.1Q	2017.2Q
매출액	57	75	98	66	101	56
영업이익	4	7	17	12	13	11
당기순이익	3	5	11	6	10	8

재무 상태　〈단위 : 억원〉

항목	2012	2013	2014	2015	2016	2017.2Q
총자산	866	895	890	910	946	978
유형자산	145	53	48	43	23	15
무형자산	11	11	10	9	7	7
유가증권	342	1	1	1	1	1
총부채	171	162	157	218	249	272
총차입금	100	100	100	190	186	186
자본금	57	57	57	57	57	57
총자본	695	733	733	692	697	706
지배주주지분	695	733	733	692	697	706

기업가치 지표

항목	2012	2013	2014	2015	2016	2017.2Q
주가(최고/저)(천원)	6.8/4.0	5.9/4.0	6.3/3.7	5.3/3.0	4.8/2.8	—/—
PER(최고/저)(배)	21.5/12.6	15.2/10.4	70.1/40.9	—/—	21.5/12.6	—/—
PBR(최고/저)(배)	1.2/0.7	1.0/0.7	1.0/0.6	0.9/0.5	0.7/0.4	0.7/0.6
EV/EBITDA(배)	6.7	6.0	12.7	11.0	3.4	—/—
EPS(원)	344	414	94	-93	227	160
BPS(원)	6,295	6,628	6,633	6,442	6,666	6,742
CFPS(원)	408	497	194	-4	302	189
DPS(원)	100	100	100	—	100	—
EBITDAPS(원)	210	617	121	228	425	248

재무 비율　〈단위 : % 〉

연도	영업이익률	순이익률	부채비율	차입금비율	ROA	ROE	유보율	자기자본비율	EBITDA마진율
2016	13.4	8.7	35.8	26.7	2.8	3.7	1,233.3	73.7	16.4
2015	14.0	-9.4	31.5	27.5	-1.2	-1.5	1,188.4	76.0	23.0
2014	2.6	12.0	21.4	13.6	1.2	1.5	1,226.7	82.4	15.4
2013	20.5	15.9	22.2	13.7	5.4	6.6	1,225.6	81.9	23.7

와이디온라인 (A052770)
YD Online

업　　종 : 게임 소프트웨어　　　　　　　시　　장 : KOSDAQ
신용등급 : (Bond) —　　　(CP) —　　　기업규모 : 중견
홈페이지 : www.ydonline.co.kr　　　　　연 락 처 : 02)3475-2900
본　　사 : 서울시 강남구 학동로 97길 20 성호빌딩

설 립 일	1997.06.30	종 업 원 수	278명	대 표 이 사	신상철
상 장 일	2002.08.22	감 사 의 견	적정 (삼일)	계	열
결 산 기	12월	보 통 주	2,437만주	종 속 회 사 수	
액 면 가	500원	우 선 주		구 상 호	

주주구성 (지분율,%)		출자관계 (지분율,%)		주요경쟁사 (외형,%)	
시니안	36.1	온스온홀딩스	7.5	와이디온라인	100
신상철	4.5			액토즈소프트	193
(외국인)	1.4			액션스퀘어	11

매출구성		비용구성		수출비중	
[모바일]게임유료 아이템 등	56.2	매출원가율	41.2	수출	2.0
[온라인]게임유료 아이템 등	43.1	판관비율	61.3	내수	98.0
서비스 대행	0.7				

회사 개요
동사는 1997년 설립되어 2002년 8월 코스닥에 상장된, 현재 모바일게임 개발 및 퍼블리싱을 하고 있는 게임기업임. 흥행에 성공한 '갓 오브 하이스쿨'로 웹툰 IP를 활용한 첫 성공게임을 만들어 냈으며 다양한 모바일 게임을 국내는 물론 전세계에 서비스 중. 2015년에는 인기 온라인게임의 국내 퍼블리싱을 맡아 안정적인 서비스를 이어갔으며, 2016년 6월부터는 이카루스, 미르의 전설2, 미르의 전설3를 퍼블리싱 서비스중임.

실적 분석
동사의 2017년 2/4분기 누적매출액은 114.6억원으로 전년동기 217.6억원 대비 47.3% 감소했음. 외형축소의 영향으로 매출원가가 전년동기 대비 12.4% 감소했음에도 36.4억원의 영업손실을 기록하며 적자로 전환되었음. 비영업부문에서도 24.7억원의 손실을 기록함에 따라 적자폭이 확대됨. 이에 따라 61.1억원의 당기순손실을 기록하며 적자로 전환되었음.

현금 흐름　*IFRS 별도 기준　〈단위 : 억원〉

항목	2016	2017.2Q
영업활동	-4	-5
투자활동	-37	-26
재무활동	-3	46
순현금흐름	-44	15
기말현금	28	42

시장 대비 수익률

결산 실적　〈단위 : 억원〉

항목	2012	2013	2014	2015	2016	2017
매출액	367	345	275	439	374	—
영업이익	2	58	-33	47	-9	—
당기순이익	-23	11	-60	8	-38	—

분기 실적　*IFRS 별도 기준　〈단위 : 억원〉

항목	2016.1Q	2016.2Q	2016.3Q	2016.4Q	2017.1Q	2017.2Q
매출액	110	108	76	80	53	62
영업이익	10	4	-23	-0	-17	-19
당기순이익	-4	-3	-28	-15	-20	-41

재무 상태　*IFRS 별도 기준　〈단위 : 억원〉

항목	2012	2013	2014	2015	2016	2017.2Q
총자산	322	313	265	314	241	238
유형자산	12	11	10	15	16	14
무형자산	101	106	128	117	108	97
유가증권	37	20	12	1	1	1
총부채	172	162	166	208	153	160
총차입금	62	78	80	110	94	91
자본금	109	110	110	111	113	118
총자본	150	151	99	106	89	78
지배주주지분	150	151	99	106	89	78

기업가치 지표　*IFRS 별도 기준

항목	2012	2013	2014	2015	2016	2017.2Q
주가(최고/저)(천원)	8.4/1.6	5.0/2.6	8.0/2.7	11.0/3.9	9.5/3.4	—/—
PER(최고/저)(배)	—/—	106.4/56.3	—/—	1,458.2/519.7	—/—	—/—
PBR(최고/저)(배)	11.3/2.1	8.3/6.6	16.1/5.4	20.8/7.4	21.3/7.7	14.6/9.1
EV/EBITDA(배)	26.5	8.9		16.1	38.3	—/—
EPS(원)	-113	47	-273	8	-170	-270
BPS(원)	739	738	499	530	445	375
CFPS(원)	73	176	-129	208	-16	-190
DPS(원)	—	—	—	—	—	—
EBITDAPS(원)	189	384	-6	412	113	-81

재무 비율　〈단위 : % 〉

연도	영업이익률	순이익률	부채비율	차입금비율	ROA	ROE	유보율	자기자본비율	EBITDA마진율
2016	-2.5	-10.2	일부잠식	일부잠식	-13.8	-39.3	-11.1	36.8	6.8
2015	10.6	0.4	일부잠식	일부잠식	0.6	1.6	6.0	33.8	20.8
2014	-12.1	-21.9	일부잠식	일부잠식	-20.2	-47.1	-0.3	37.3	-0.5
2013	16.7	3.3	110.8	53.2	3.3	7.4	53.3	47.5	25.2

와이비로드 (A010600)
YBROAD

업 종 : 섬유 및 의복	시 장 : 거래소
신용등급 : (Bond) — (CP) —	기업규모 : 시가총액 소형주
홈 페 이 지 : www.ybroad.co.kr	연 락 처 : 02)6902-1300
본 사 : 서울시 강남구 선릉로 433 세방빌딩 신관 6층	

설 립 일 1975.04.19	종업원수 32명	대표이사 조행훈
상 장 일 1997.07.18	감사의견 적정(정동)	계 열
결 산 기 12월	보 통 주 1,525만주	종속회사수 2개사
액 면 가 500원	우 선 주	구 상 호

주주구성 (지분율,%)		출자관계 (지분율,%)		주요경쟁사 (외형,%)	
조행훈	11.6	청도영창인특피혁	100.0	와이비로드	100
에이취아이엠테크	7.0	와이씨컴퍼니	100.0	패션플랫폼	65
(외국인)	1.3	로드스타씨앤에어	95.0	덕성	122

매출구성		비용구성		수출비중	
피혁외(상품)	96.9	매출원가율	90.7	수출	—
피혁외(제품)	3.1	판관비율	9.7	내수	—

회사 개요
1975년 설립된 동사는 피혁원단 가공 및 피혁제품 제조, 판매 등의 사업을 영위함. 연결자회사는 청도영창인특피혁(유)와 로드스타씨앤컴퍼니(주)로 주 사업목적은 각각 피혁제품의 생산판매 및 복합운송주선업 등임. 2015년 기준 피혁원단부문의 시장 점유율은 3위 수준을 기록함. 복합운송서비스의 경우 벌크, 항공운송, 컨테이너서비스 등을 제공하며 네트워크를 확장 중임.

실적 분석
동사의 2017년 2분기 누적 연결기준 매출액은 전년대비 14.5% 감소한 360.4억원을 기록함. 외형축소에 따른 고정비 부담으로 원가율이 소폭 상승하여 영업이익은 전년대비 96.1% 감소한 0.7억원에 그침. 비영업손실 확대가 반영된 당기순손실은 18.4억원을 시현하며 적자전환함. 동사는 중국공장 생산량 확대와 국내공장 조업중단에 따라 사업구조가 제품 매출에서 중국공장 원부재료 조달 등 상품 매출로 재편함.

현금 흐름 〈단위 : 억원〉
항목	2016	2017.2Q
영업활동	-24	-1
투자활동	-19	-8
재무활동	31	5
순현금흐름	-12	-3
기말현금	31	28

시장 대비 수익률

결산 실적 〈단위 : 억원〉
항목	2012	2013	2014	2015	2016	2017
매출액	1,367	1,378	1,196	1,125	853	
영업이익	32	19	2	21	-4	
당기순이익	-29	24	-67	6	-25	

분기 실적 〈단위 : 억원〉
항목	2016.1Q	2016.2Q	2016.3Q	2016.4Q	2017.1Q	2017.2Q
매출액	206	215	227	204	163	198
영업이익	12	6	-0	-22	8	-7
당기순이익	8	-3	-21	-9	-13	-6

재무 상태 〈단위 : 억원〉
항목	2012	2013	2014	2015	2016	2017.2Q
총자산	618	612	613	591	599	613
유형자산	68	51	135	138	145	151
무형자산	59	59	0	0	4	4
유가증권	2	2	2	2	2	2
총부채	258	205	261	225	260	294
총차입금	128	87	177	156	187	192
자본금	61	71	76	76	76	76
총자본	360	407	351	366	339	319
지배주주지분	358	404	349	364	337	317

기업가치 지표
항목	2012	2013	2014	2015	2016	2017.2Q
주가(최고/저)(천원)	2.0/1.0	1.7/1.1	3.1/1.3	2.9/1.9	3.1/2.0	—/—
PER(최고/저)(배)	—/—	9.4/5.8	—/—	81.5/52.5	—/—	—/—
PBR(최고/저)(배)	0.7/0.4	0.6/0.4	1.4/0.6	1.2/0.8	1.4/0.9	1.2/0.9
EV/EBITDA(배)	4.3	6.9	38.2	17.3	293.3	
EPS(원)	-244	183	-460	36	-161	-121
BPS(원)	2,915	2,849	2,290	2,385	2,207	2,080
CFPS(원)	-63	320	-389	82	-124	-101
DPS(원)						
EBITDAPS(원)	447	286	83	182	10	24

재무 비율 〈단위 : %〉
연도	영업이익률	순이익률	부채비율	차입금비율	ROA	ROE	유보율	자기자본비율	EBITDA마진율
2016	-0.5	-2.9	76.8	55.3	-4.1	-7.0	341.5	56.6	0.2
2015	1.9	0.5	61.6	42.6	0.9	1.5	377.0	61.9	2.5
2014	0.1	-5.6	74.4	50.3	-11.0	-17.7	358.0	57.3	1.0
2013	1.4	1.8	50.5	21.4	3.9	6.2	469.8	66.5	2.7

와이비엠넷 (A057030)
YBM NET

업 종 : 교육	시 장 : KOSDAQ
신용등급 : (Bond) — (CP) —	기업규모 : 중견
홈 페 이 지 : www.ybmnet.co.kr	연 락 처 : 02)2008-5229
본 사 : 경기도 성남시 분당구 대왕판교로 670 유스페이스 2A동 8,9층	

설 립 일 2000.06.07	종업원수 434명	대표이사 이동현
상 장 일 2004.06.08	감사의견 적정(삼덕)	계 열
결 산 기 12월	보 통 주 1,631만주	종속회사수 4개사
액 면 가 500원	우 선 주	구 상 호 YBM시사닷컴

주주구성 (지분율,%)		출자관계 (지분율,%)		주요경쟁사 (외형,%)	
와이비엠시사	24.4	무나투나	100.0	와이비엠넷	100
민선식	13.8	와이비엠인재교육원	100.0	에이원앤	23
(외국인)	3.3	중앙HTA	28.9	메가엠디	96

매출구성		비용구성		수출비중	
기타	41.9	매출원가율	57.1	수출	4.0
동영상강의(기타)	18.2	판관비율	47.9	내수	96.0
수강료(기타)	15.6				

회사 개요
동사는 2000년 설립되어 온라인 교육, 컨텐츠제공업, 데이타베이스업 및 교육서비스업 등을 영위하고 있으며, 국내 이러닝 산업의 대표 온라인 교육기업임. 모 회사인 와이비엠이 50년 이상 축적한 외국어 콘텐츠와 오프라인 학원에서 검증된 우수 강사진을 확보하고 있음. 와이비엠인재교육원, YBM JAPAN, 시사교육자문(청도)유한공사, 무나투나 등을 연결대상 종속회사로 보유하고 있음.

실적 분석
2017년 상반기 연결기준 동사는 매출 309.1억원을 시현함. 전년도 동기 매출인 345억원에서 10.4% 축소됨. 외형이 축소됐지만 매출원가가 8.7% 감소하며 인건비가 줄어 판매비와 관리비 역시 15.3% 줄어들었음. 이에 영업이익은 적자가 지속됐지만 적자폭은 줄어들었음. 전년도 같은 기간 수익 5.6억원을 기록한 비영업부문은 9.9억원의 손실을 내며 적자로 돌아섰음. 당기순이익은 적자가 지속됐으나 손실폭은 축소됨.

현금 흐름 〈단위 : 억원〉
항목	2016	2017.2Q
영업활동	-40	11
투자활동	-3	-14
재무활동	-6	69
순현금흐름	-49	65
기말현금	122	187

시장 대비 수익률

결산 실적 〈단위 : 억원〉
항목	2012	2013	2014	2015	2016	2017
매출액	961	846	739	668	684	
영업이익	28	22	17	4	-35	
당기순이익	35	36	10	1	-82	

분기 실적 〈단위 : 억원〉
항목	2016.1Q	2016.2Q	2016.3Q	2016.4Q	2017.1Q	2017.2Q
매출액	186	159	174	165	157	152
영업이익	-2	-8	-5	-19	1	-6
당기순이익	-31	-5	-9	-37	-7	-6

재무 상태 〈단위 : 억원〉
항목	2012	2013	2014	2015	2016	2017.2Q
총자산	930	937	872	1,000	906	942
유형자산	275	260	245	343	356	348
무형자산	87	77	73	70	75	76
유가증권	13	14	13	12	12	12
총부채	293	302	259	416	434	494
총차입금	109	109	109	230	274	348
자본금	82	82	82	82	82	82
총자본	637	635	613	584	472	448
지배주주지분	637	635	613	583	473	449

기업가치 지표
항목	2012	2013	2014	2015	2016	2017.2Q
주가(최고/저)(천원)	5.5/4.7	4.9/3.3	4.0/3.3	4.5/3.2	8.6/3.7	—/—
PER(최고/저)(배)	32.3/27.3	26.8/17.5	72.9/60.3	524.3/375.7	—/—	—/—
PBR(최고/저)(배)	1.7/1.5	1.5/1.0	1.2/1.0	1.3/1.0	2.9/1.3	4.6/1.4
EV/EBITDA(배)	13.1	8.3	10.9	21.1	1,223.4	
EPS(원)	212	218	61	9	-479	-83
BPS(원)	4,003	3,989	3,831	3,649	2,972	2,826
CFPS(원)	438	440	261	177	-259	26
DPS(원)	250	210	210	210	150	
EBITDAPS(원)	398	357	305	191	7	82

재무 비율 〈단위 : %〉
연도	영업이익률	순이익률	부채비율	차입금비율	ROA	ROE	유보율	자기자본비율	EBITDA마진율
2016	-5.1	-11.9	92.0	58.0	-8.6	-14.8	494.4	52.1	0.2
2015	0.6	0.2	71.2	39.3	0.2	0.3	629.8	58.4	4.7
2014	2.3	1.4	42.3	17.7	1.1	1.6	666.2	70.3	6.7
2013	2.6	4.2	47.6	17.1	3.8	5.6	697.5	67.7	6.9

와이솔 (A122990)
WilSoL

업 종 : 휴대폰 및 관련부품		시 장 : KOSDAQ	
신용등급 : (Bond) — (CP) —		기업규모 : 우량	
홈페이지 : www.wisol.co.kr		연 락 처 : (070)7837-2740	
본 사 : 경기도 오산시 가장로 531-7 (가장동)			

설 립 일 2008.06.24	종업원수 720명	대표이사 김지호			
상 장 일 2010.09.10	감사의견 적정(삼일)	계 열			
결 산 기 12월	보통주 2,289만주	종속회사수 3개사			
액 면 가 500원	우 선 주	구 상 호			

주주구성 (지분율,%)		출자관계 (지분율,%)		주요경쟁사 (외형,%)	
대덕지디에스	19.1	위메스	80.0	와이솔	100
한국증권금융	3.0	엠플러스	35.9	삼성전자	46,334
(외국인)	7.6			영풍	609

매출구성		비용구성		수출비중	
SAW 제품군(제품)	80.6	매출원가율	82.5	수출	91.0
RF Module군(제품)	18.3	판관비율	7.6	내수	9.0
로열티(기타)	1.1				

회사 개요

동사는 자체 기술을 바탕으로 개발한 SAW Filter 및 Duplexer 등 휴대폰에서 사용되는 RF(Radio Frequency: 무선 주파수) 솔루션 제품을 국내외 휴대폰 제조업체에게 공급하는 것을 주사업으로 2008년 6월에 설립되어 2010년 9월 코스닥시장에 상장됨. 그 밖에 무선통신을 목적으로 하는 제품에서 무선 기능의 독자적 수행영역을 모듈화하는 RF 모듈 사업을 영위하고 있음.

실적 분석

동사의 2017년 2분기 연결기준 누적 매출액은 2,182.7억원으로 전년 동기 대비 소폭 증가, 영업이익은 214.6억원으로 전년 동기 대비 3.5% 증가함. 휴대폰에 사용되는 SAW필터와 모듈, 스마트TV에 채용되는 블루투스 모듈의 수출이 증가한 반면, 내수가 부진한 모습을 보임. 중국시장의 LTE 전환 지속에 따른 RF필터 수요 확대, 주요 고객사의 스마트폰 신제품 출시 영향으로 매출 성장이 기대됨.

현금 흐름 〈단위 : 억원〉

항목	2016	2017.2Q
영업활동	717	317
투자활동	-540	-275
재무활동	6	52
순현금흐름	186	86
기말현금	419	505

시장 대비 수익률

결산 실적 〈단위 : 억원〉

항목	2012	2013	2014	2015	2016	2017
매출액	1,226	1,741	2,294	3,549	4,357	
영업이익	109	147	129	365	430	
당기순이익	83	123	120	285	318	

분기 실적 〈단위 : 억원〉

항목	2016.1Q	2016.2Q	2016.3Q	2016.4Q	2017.1Q	2017.2Q
매출액	1,218	942	1,116	1,081	1,177	1,006
영업이익	121	87	111	112	116	99
당기순이익	86	23	59	151	37	104

재무 상태 〈단위 : 억원〉

항목	2012	2013	2014	2015	2016	2017.2Q
총자산	1,220	1,540	2,087	2,762	2,987	3,244
유형자산	626	819	1,034	1,434	1,462	1,614
무형자산	16	29	53	36	53	66
유가증권	2	1	0	0	1	1
총부채	674	755	1,199	1,439	1,405	1,552
총차입금	546	591	864	788	845	920
자본금	54	80	85	97	101	107
총자본	547	785	888	1,323	1,582	1,692
지배주주지분	547	785	886	1,321	1,584	1,695

기업가치 지표

항목	2012	2013	2014	2015	2016	2017.2Q
주가(최고/저)(천원)	10.2/5.9	12.5/7.4	11.4/4.6	14.9/6.5	16.1/11.3	—/—
PER(최고/저)(배)	22.5/13.1	19.3/11.5	19.4/7.9	11.3/5.0	10.9/7.6	—/—
PBR(최고/저)(배)	3.3/2.0	3.1/1.8	2.4/1.0	2.4/1.1	2.1/1.5	2.1/1.7
EV/EBITDA(배)	7.7	6.3	6.4	5.6	4.7	—/—
EPS(원)	475	682	616	1,359	1,514	667
BPS(원)	5,258	5,162	5,796	7,101	8,134	8,257
CFPS(원)	1,858	1,890	1,827	2,771	3,259	667
DPS(원)	25	50	125	225	275	
EBITDAPS(원)	2,101	2,053	1,873	3,174	3,795	1,008

재무 비율 〈단위 : %〉

연도	영업이익률	순이익률	부채비율	차입금비율	ROA	ROE	유보율	자기자본비율	EBITDA마진율
2016	9.9	7.3	88.8	53.4	11.1	22.2	1,526.8	53.0	17.7
2015	10.3	8.0	108.8	59.6	11.8	26.0	1,320.2	47.9	17.2
2014	5.6	5.3	135.0	97.2	6.6	14.5	1,059.1	42.6	13.9
2013	8.5	7.1	96.1	75.2	8.9	18.5	932.4	51.0	17.6

와이아이케이 (A232140)
YIK

업 종 : 반도체 및 관련장비		시 장 : KOSDAQ	
신용등급 : (Bond) — (CP) —		기업규모 : 벤처	
홈페이지 : www.yikcorp.com		연 락 처 : (031)8038-8200	
본 사 : 경기도 성남시 분당구 판교로255번길 28(삼평동, 디에이치케이솔루션빌딩 7층)			

설 립 일 2015.10.22	종업원수 110명	대표이사 최명배			
상 장 일 2015.12.24	감사의견 적정(원지)	계 열			
결 산 기 12월	보통주 6,061만주	종속회사수 1개사			
액 면 가 100원	우 선 주	구 상 호 대신밸런스제2호스팩			

주주구성 (지분율,%)		출자관계 (지분율,%)		주요경쟁사 (외형,%)	
샘텍	66.0	샘씨엔에스	46.6	와이아이케이	100
디에이치케이솔루션	8.3	엑시콘	7.4	마이크로프랜드	42
(외국인)	8.3	YIKJAPAN	100.0	테크윙	133

매출구성		비용구성		수출비중	
		매출원가율	67.3	수출	0.0
		판관비율	18.0	내수	100.0

회사 개요

동사는 반도체 장비 제조업을 영위하는 회사로, 17년 3월 스팩기업에서 제조업으로 합병 신규상장한 기업. 주요 사업인 반도체 메모리 웨이퍼 테스터는 전방산업인 반도체 업황과 납품처인 반도체 소자업체의 해당 제품 투자 규모, 가동률, 공정 전환 등에 큰 영향을 받음. 주력 매출처인 삼성전자는 반도체 소자로 빠른 기술 개발 및 양산 투자 확대를 실시. 매출처 다변화를 위한 노력을 하고 있음.

실적 분석

동사의 2017년 반기 연결기준 매출액은 872.0억원으로 전년동기 대비 124.2% 증가함. 반도체 시장에서 삼성전자와 SK하이닉스가 DRAM과 NAND 점유율의 대부분을 차지하고 있으며, 지속적으로 웨이퍼 테스트 장비를 공급할 예정. 일본 Yokogawa Test Solution으로부터 사업부 양수 후 삼성전자에 편중되어있는 매출구조를 변경하고자 다양한 매출처 확보에 주력하고 있음.

현금 흐름 〈단위 : 억원〉

항목	2016	2017.2Q
영업활동	-96	152
투자활동	-167	217
재무활동	245	-182
순현금흐름	-18	187
기말현금	97	283

시장 대비 수익률

결산 실적 〈단위 : 억원〉

항목	2012	2013	2014	2015	2016	2017
매출액		708		1,068	677	
영업이익		91		154	99	
당기순이익		65		128	82	

분기 실적 〈단위 : 억원〉

항목	2016.1Q	2016.2Q	2016.3Q	2016.4Q	2017.1Q	2017.2Q
매출액	268	121	—	—	328	544
영업이익	34	22	—	—	33	84
당기순이익	29	17	—	—	21	4

재무 상태 〈단위 : 억원〉

항목	2012	2013	2014	2015	2016	2017.2Q
총자산	—	561	—	656	957	1,245
유형자산	—	16	—	86	152	175
무형자산	—	49	—	38	32	31
유가증권	—	51	—	46	70	70
총부채	—	453	—	353	554	512
총차입금	—	50	—	32	278	120
자본금	—	40	—	40	40	67
총자본	—	108	—	302	403	732
지배주주지분	—	108	—	302	403	732

기업가치 지표

항목	2012	2013	2014	2015	2016	2017.2Q
주가(최고/저)(천원)	—/—	—/—	—	—/—	—/—	—/—
PER(최고/저)(배)	0.0/0.0	0.0/0.0	0.0/0.0	9.9/9.9	20.8/15.2	—/—
PBR(최고/저)(배)	0.0/0.0	0.0/0.0	0.0/0.0	4.2/4.2	4.2/3.1	3.0/2.2
EV/EBITDA(배)	0.0	0.0	0.0	0.6	3.8	—/—
EPS(원)	—	107	—	212	135	12
BPS(원)	—	13,449	—	37,782	50,409	1,210
CFPS(원)	—	9,715	—	18,422	12,812	
DPS(원)	—	—	—	—	—	
EBITDAPS(원)	—	12,978	—	21,650	15,029	27

재무 비율 〈단위 : %〉

연도	영업이익률	순이익률	부채비율	차입금비율	ROA	ROE	유보율	자기자본비율	EBITDA마진율
2016	14.7	12.1	137.3	68.9	10.1	23.2	908.2	42.2	17
2015	14.4	12.0	116.9	10.6	0.0	0.0	655.6	46.1	16
2014	0.0	0.0	0.0	0.0	0.0	0.0	0.0	0.0	0
2013	12.9	9.2	421.1	46.5	0.0	0.0	169.0	19.2	14

와이엔텍 (A067900)
Y-Entec

업 종 : 상업서비스			시 장 : KOSDAQ	
신용등급 : (Bond) — (CP) —			기업규모 : 중견	
홈페이지 : www.y-entec.co.kr			연 락 처 : 061)690-6900	
본 사 : 전남 여수시 여수산단로 1232 (월내동)				

설 립 일	1990.08.31	종 업 원 수	184명	대 표 이 사	김연석,박용하(각자대표이사)
상 장 일	2005.12.23	감 사 의 견	적정 (승일)	계 열	
결 산 기	12월	보 통 주	1,784만주	종속회사수	1개사
액 면 가	500원	우 선 주		구 상 호	

주주구성 (지분율,%)
박용하	32.6
박지영	8.7
(외국인)	1.1

출자관계 (지분율,%)
비에스쉬핑	100.0
전문건설공제조합	
전남동부레미콘조합	

주요경쟁사 (외형,%)
와이엔텍	100
인선이엔티	233
C&S자산관리	374

매출구성
해상운송	35.1
퍼블릭골프장 외	21.0
중간처리	17.6

비용구성
매출원가율	78.1
판관비율	5.8

수출비중
수출	—
내수	—

회사 개요
동사는 폐기물소각, 골프장 운영, 해상운송, 레미콘, 전문건설 등을 주요사업으로 영위하고 있음. 전체 매출에서 차지하는 비중은 폐기물의 중간 및 최종처리사업이 약 30%, 해상운송(탱커선)이 35.1%, 레미콘 부문이 14%를 차지하고 있음. 퍼블릭골프장을 운영함으로써 신규 매출을 올리고 있음. 전라남도의 산업단지와 공업단지 등 동양최대의 석유화학산업단지로 불리는 여수국가산업단지를 중심으로 폐기물 사업을 영위하고 있음.

실적 분석
동사의 2017년 2분기 누적 연결기준 매출액은 전년대비 56.7% 급증한 368.0억원을 기록함. 해상운송(탱커선 화물운반) 사업의 확장이 전사 매출 성장을 견인함. 원가율은 전년동기 수준으로 유지되어 영업이익 52.3억원으로 50.6% 증가함. 비영업손익 개선이 반영된 당기순이익은 전년대비 100% 이상 증가한 53.0억원을 보임. 당반기 부문별 매출비중은 서비스 39.5%, 운송 43.5%, 제조 11.9%, 건설 5.1%로 구성됨.

현금 흐름 〈단위 : 억원〉
항목	2016	2017.2Q
영업활동	94	67
투자활동	-171	-159
재무활동	96	89
순현금흐름	19	-5
기말현금	95	95

시장 대비 수익률

결산 실적 〈단위 : 억원〉
항목	2012	2013	2014	2015	2016	2017
매출액	485	404	486	488	581	
영업이익	70	70	70	76	94	
당기순이익	43	50	37	38	55	

분기 실적 〈단위 : 억원〉
항목	2016.1Q	2016.2Q	2016.3Q	2016.4Q	2017.1Q	2017.2Q
매출액	112	123	164	182	181	187
영업이익	16	19	28	31	26	26
당기순이익	14	12	40	-11	41	12

재무 상태 〈단위 : 억원〉
항목	2012	2013	2014	2015	2016	2017.2Q
총자산	1,060	1,199	1,273	1,289	1,733	1,809
유형자산	816	942	1,075	1,063	1,468	1,517
무형자산	34	34	34	34	34	34
유가증권	12	4	4	4	4	28
총부채	377	471	505	481	763	796
총차입금	258	347	341	321	597	649
자본금	70	70	70	70	89	89
총자본	683	728	767	808	970	1,013
지배주주지분	683	728	767	808	961	1,013

기업가치 지표
항목	2012	2013	2014	2015	2016	2017.2Q
주가(최고/저)(천원)	5.3/2.2	2.9/1.9	3.4/2.1	4.4/2.4	4.0/3.1	—/—
PER(최고/저)(배)	18.2/7.7	8.6/5.7	13.7/8.4	16.9/9.5	10.8/8.3	—/—
PBR(최고/저)(배)	1.2/0.5	0.6/0.4	0.7/0.4	0.8/0.5	0.7/0.6	0.8/0.6
EV/EBITDA(배)	4.8	5.8	8.0	6.2	7.5	—/—
EPS(원)	291	333	251	258	368	293
BPS(원)	4,887	5,210	5,474	5,744	5,386	5,679
CFPS(원)	656	582	514	575	748	468
DPS(원)				10		
EBITDAPS(원)	847	728	748	843	992	468

재무 비율 〈단위 : % 〉
연도	영업이익률	순이익률	부채비율	차입금비율	ROA	ROE	유보율	자기자본비율	EBITDA마진율
2016	16.1	9.5	78.7	61.6	3.6	6.4	977.2	56.0	26.1
2015	15.6	7.9	59.6	39.7	3.0	4.9	1,048.7	62.7	24.3
2014	14.5	7.7	65.9	44.4	3.0	5.0	994.8	60.3	21.6
2013	17.4	12.3	64.8	47.7	4.4	7.0	941.9	60.7	25.3

와이엠씨 (A155650)
YMC

업 종 : 디스플레이 및 관련부품			시 장 : KOSDAQ	
신용등급 : (Bond) — (CP) —			기업규모 : 벤처	
홈페이지 : www.ymc-inc.com			연 락 처 : 041)538-5200	
본 사 : 충남 아산시 둔포면 아산밸리중앙로 154-25				

설 립 일	2008.02.12	종 업 원 수	194명	대 표 이 사	이윤용
상 장 일	2012.11.15	감 사 의 견	적정 (삼화)	계 열	
결 산 기	12월	보 통 주	987만주	종속회사수	4개사
액 면 가	500원	우 선 주		구 상 호	

주주구성 (지분율,%)
이윤용	31.7
Morgan Stanley & co. International Limited	5.2
(외국인)	13.5

출자관계 (지분율,%)
와이컴	40.0
와이엠씨홀딩스(홍콩)	100.0

주요경쟁사 (외형,%)
와이엠씨	100
한국컴퓨터	192
케이맥	73

매출구성
기타및용역(제품)	46.7
FPD소재(제품)	30.2
FPD부품(제품)	16.9

비용구성
매출원가율	84.4
판관비율	6.7

수출비중
수출	5.0
내수	95.0

회사 개요
동사는 2008년에 설립된 FPD(평판디스플레이)산업용 부품 및 소재 제조기업으로 2012년에 코스닥시장에 상장됨. 주요 거래처로 삼성디스플레이 등 디스플레이기업 30개사를 보유함. 2013년에 와이엠씨홀딩스홍콩에 출자를 완료하였으며(지분율 100%), 자회사 및 자회사가 지분을 보유한 평판디스플레이 제조기업 와이씨씨전자재료소주유한공사 외 와이컴 및 와이엠피가 동사의 연결대상 종속회사에 속함.

실적 분석
동사는 2017년 반기중 와이컴 및 와이엠피에 대한 실질지배력을 획득하며 연결대상 기업이 확대됨. 반기에 연결기준 802.4억원의 매출을 달성하여 전년동기 대비 61.5%의 매출 증가를 시현함. 매출 확대 영향으로 영업이익 135.1억원을 시현하며 전년동기 41.3억원 대비 큰폭으로 이익이 확대되었고, 당기순이익도 111.2억원을 시현하며 전년동기 35억원에서 큰폭으로 확대됨.

현금 흐름 〈단위 : 억원〉
항목	2016	2017.2Q
영업활동	207	57
투자활동	-113	-80
재무활동	19	-31
순현금흐름	114	-54
기말현금	217	164

시장 대비 수익률

결산 실적 〈단위 : 억원〉
항목	2012	2013	2014	2015	2016	2017
매출액	457	470	472	531	1,228	
영업이익	83	57	16	29	109	
당기순이익	73	48	1	21	92	

분기 실적 〈단위 : 억원〉
항목	2016.1Q	2016.2Q	2016.3Q	2016.4Q	2017.1Q	2017.2Q
매출액	246	251	229	502	350	452
영업이익	9	32	16	51	46	89
당기순이익	8	27	11	46	31	80

재무 상태 〈단위 : 억원〉
항목	2012	2013	2014	2015	2016	2017.2Q
총자산	473	508	516	548	977	996
유형자산	176	177	219	218	316	342
무형자산	6	22	17	12	15	38
유가증권				1	1	1
총부채	119	104	118	139	479	362
총차입금	58	51	70	78	97	83
자본금	49	49	49	49	49	49
총자본	354	404	398	409	498	634
지배주주지분	354	404	398	409	498	594

기업가치 지표
항목	2012	2013	2014	2015	2016	2017.2Q
주가(최고/저)(천원)	7.2/5.4	7.9/4.5	6.9/2.7	3.8/2.7	10.7/3.1	—/—
PER(최고/저)(배)	7.9/6.0	16.4/9.4	958.7/383.5	18.8/13.0	11.5/3.4	—/—
PBR(최고/저)(배)	2.0/1.5	2.0/1.1	1.7/0.7	0.9/0.6	2.0/0.6	3.0/1.6
EV/EBITDA(배)	6.2	4.9	6.0	4.2	6.7	—/—
EPS(원)	929	493	7	209	930	1,164
BPS(원)	3,636	4,116	4,134	4,347	5,246	6,223
CFPS(원)	1,152	704	270	474	1,194	1,329
DPS(원)					200	
EBITDAPS(원)	1,273	798	427	561	1,365	1,534

재무 비율 〈단위 : % 〉
연도	영업이익률	순이익률	부채비율	차입금비율	ROA	ROE	유보율	자기자본비율	EBITDA마진율
2016	8.8	7.5	96.3	19.4	12.0	20.2	949.3	51.0	11.0
2015	5.5	3.9	34.1	19.1	3.9	5.1	769.4	74.6	10.4
2014	3.4	0.2	29.7	17.6	0.1	0.2	726.7	77.1	8.9
2013	12.2	10.2	25.7	12.5	9.8	12.7	723.3	79.5	16.5

와이엠티 (A251370)
YMT CO

업　　종 : 반도체 및 관련장비	시　　장 : KOSDAQ
신용등급 : (Bond) —　　(CP) —	기업규모 : 벤처
홈페이지 : www.ymtechnology.com	연 락 처 : (032)821-8277
본　　사 : 인천시 남동구 남동동로153번길 30(고잔동, 남동공단)	

설 립 일	1999.02.11	종업원수	121명	대표이사	전성욱
상 장 일	2017.04.27	감사의견	적정 (삼덕)	계　열	
결 산 기	12월	보통주	370만주	종속회사수	3개사
액 면 가	500원	우선주		구상호	

주주구성 (지분율,%)		출자관계 (지분율,%)		주요경쟁사 (외형,%)	
전성욱	34.6	와이피티	84.8	와이엠티	100
전상욱	9.7	YMTVINACo.,Ltd	100.0	디엔에프	117
		YMTShenzhenCo.,Ltd	51.0	유니테스트	234

매출구성		비용구성		수출비중	
제품 - 최종표면처리	65.4	매출원가율	58.6	수출	31.0
제품 - 동도금	15.9	판관비율	19.2	내수	69.0
제품 - Process Chemical	15.5				

회사 개요
동사는 PCB, 반도체의 제조 공정에 필수적으로 사용되는 화학소재를 독자 개발, 판매하는 회사로서 모바일, 전기자동차, 바이오 분야 등에서 제품이 사용되고 있음. PCB의 최종표면처리, 동도금 등 기존 화상이 점유하던 시장에 순수 독자기술로 개발에 성공하여 현재는 한국, 중국, 대만에 공급하고 있음. 또한 원천기술을 이용하여 반도체, 디스플레이 극동박의 분야로도 진출함.

실적 분석
동사는 2017년 4월 신규상장함. 동사의 2017년 연결기준 2분기 누적 매출액은 287.3억원으로 전년 동기 대비 29.3% 증가함. 동사는 Flexible PCB에 사용되는 금도금 기술인 Soft ENIG를 국내 최초로 개발 및 런칭하였으며, 그 동안 시장을 점유하던 일본산 제품을 따돌리고 국내 메이저 PCB 업체인 삼성전기에 공급권을 확보함. Soft ENIG는 하이엔드 스마트폰에 주로 사용됨.

현금 흐름
〈단위 : 억원〉

항목	2016	2017.2Q
영업활동	99	40
투자활동	-54	-54
재무활동	-14	108
순현금흐름	31	90
기말현금	108	198

시장 대비 수익률

결산 실적
〈단위 : 억원〉

항목	2012	2013	2014	2015	2016	2017
매출액	284	338	358	459	499	
영업이익	56	57	40	80	111	
당기순이익	45	29	29	47	77	

분기 실적
〈단위 : 억원〉

항목	2016.1Q	2016.2Q	2016.3Q	2016.4Q	2017.1Q	2017.2Q
매출액		118	—	—		156
영업이익		16	—	—		27
당기순이익		17	—	—		-4

재무 상태
〈단위 : 억원〉

항목	2012	2013	2014	2015	2016	2017.2Q
총자산	385	538	670	738	801	918
유형자산	164	283	300	300	317	350
무형자산	10	8	22	26	33	32
유가증권	0	0	0	0	1	3
총부채	252	376	468	462	369	332
총차입금	209	330	361	359	265	245
자본금	11	11	11	11	15	19
총자본	133	162	202	276	432	586
지배주주지분	125	153	183	229	374	521

기업가치 지표
항목	2012	2013	2014	2015	2016	2017.2Q
주가(최고/저)(천원)	#VALUE!	—/—	—/—	—/—	—/—	—/—
PER(최고/저)(배)	0.0/0.0	0.0/0.0	0.0/0.0	0.0/0.0	0.0/0.0	—/—
PBR(최고/저)(배)	0.0/0.0	0.0/0.0	0.0/0.0	0.0/0.0	0.0/0.0	3.1/2.2
EV/EBITDA(배)	2.5	4.1	5.2	3.1	1.4	
EPS(원)	1,831	1,174	1,303	1,714	2,729	90
BPS(원)	45,209	55,191	65,713	74,164	12,283	14,077
CFPS(원)	20,882	14,815	16,520	20,016	3,750	468
DPS(원)	—	—	—	—	—	
EBITDAPS(원)	26,377	25,304	20,112	32,862	5,705	2,039

재무 비율
〈단위 : % 〉

연도	영업이익률	순이익률	부채비율	차입금비율	ROA	ROE	유보율	자기자본비율	EBITDA마진율
2016	22.2	15.5	85.4	61.4	10.1	21.4	2,356.5	54.0	27.0
2015	17.4	10.4	167.6	130.1	6.8	19.7	1,902.4	37.4	21.9
2014	11.3	8.2	231.2	178.7	4.9	18.1	1,501.8	30.2	15.6
2013	16.8	8.6	231.8	203.7	6.3	19.8	1,245.3	30.1	20.9

와이오엠 (A066430)
Y-OPTICS MANUFACTURE

업　　종 : 섬유 및 의복	시　　장 : KOSDAQ
신용등급 : (Bond) —　　(CP) —	기업규모 : 중견
홈페이지 : www.yopticsm.com	연 락 처 : (051)972-7175
본　　사 : 부산시 강서구 호계로 145번길 36 (죽동동)	

설 립 일	1999.01.11	종업원수	34명	대표이사	염현규
상 장 일	2002.12.20	감사의견	적정 (동명)	계　열	
결 산 기	12월	보통주	1,089만주	종속회사수	
액 면 가	500원	우선주		구상호	케이엠알앤씨

주주구성 (지분율,%)		출자관계 (지분율,%)		주요경쟁사 (외형,%)	
김수현	13.4	에스에이치제약	31.5	와이오엠	100
염현규	11.2	디유에이엔아이	19.4	진도	843
(외국인)	34.1	디지털베이시스템	19.0	대한방직	1,684

매출구성		비용구성		수출비중	
PE 산업용 필름	67.0	매출원가율	91.0	수출	0.0
PE 원료	33.0	판관비율	5.6	내수	100.0

회사 개요
동사는 1999년 설립된 화장품 제조판매 기업으로 2002년 코스닥 시장에 상장되었으며, 2009년 이그린어지에서 스템싸이언스로 사명을 변경한 후, 케이엠알앤씨, 신후를 거쳐 2016년 7월에 (주)와이오엠으로 사명을 변경함. HDPE 필름, VCI 필름, LDPE 필름을 현대모비스, LG전자 등에 공급함. 손익구조 개선 및 사업수익성 개선을 위해 2016년 12월 패션(신발)사업 영업을 중단함.

실적 분석
동사의 2017년 상반기 매출액은 152.1억원, 영업이익은 6.4억원을 기록함. 당기순손실은 1억원으로 적자 지속됨. 2016년 12월 삼성화성과 대성케이칼을 흡수합병하면서 매출구조 조정이 있었음. 신규 시장 창출에 따른 수요 증가로 필름제조 사업은 고도화 및 정밀화되는 추세임. 동사는 원가 경쟁력 향상을 위한 원재료의 안정적인 수급과 설비의 효율화를 통한 비용절감으로 가격 경쟁력 향상을 도모하고 있음.

현금 흐름
〈단위 : 억원〉

항목	2016	2017.2Q
영업활동	15	—
투자활동	39	—
재무활동	-21	—
순현금흐름	-1	—
기말현금	3	—

시장 대비 수익률

결산 실적
〈단위 : 억원〉

항목	2012	2013	2014	2015	2016	2017
매출액	48	64	59		146	
영업이익	-7	3	-55		5	
당기순이익	-140	5	-156	-68	-106	

분기 실적
〈단위 : 억원〉

항목	2016.1Q	2016.2Q	2016.3Q	2016.4Q	2017.1Q	2017.2Q
매출액		82	—			
영업이익		-12	-3			
당기순이익		-19	-2			

재무 상태
〈단위 : 억원〉

항목	2012	2013	2014	2015	2016	2017.2Q
총자산	90	96	73	257	147	
유형자산	2	1	62	7	16	
무형자산	2	0	77	0	0	
유가증권	1	10		0	0	
총부채	25	16	29	114	55	
총차입금	5	4	4	76	31	
자본금	165	44	119	131	157	
총자본	65	80	44	143	92	
지배주주지분	65	80	44	139	92	

기업가치 지표
항목	2012	2013	2014	2015	2016	2017.2Q
주가(최고/저)(천원)	11.9/3.3	8.1/1.4	3.2/1.5	11.3/0.7	4.4/1.0	—/—
PER(최고/저)(배)	—/—	68.5/11.7	—/—	—/—	—/—	—/—
PBR(최고/저)(배)	6.6/1.8	4.5/0.8	7.1/3.3	19.9/1.2	13.5/3.0	0.0/0
EV/EBITDA(배)	10.6	7.8	—	—	92.8	—/—
EPS(원)	-10,885	354	-8,613	-1,131	-1,068	
BPS(원)	225	909	223	566	323	
CFPS(원)	-367	77	-1,421	-377	-355	
DPS(원)	—	—	—	—	—	
EBITDAPS(원)	63	53	-494		18	

재무 비율
〈단위 : % 〉

연도	영업이익률	순이익률	부채비율	차입금비율	ROA	ROE	유보율	자기자본비율	EBITDA마진율
2016	3.4	-72.8	일부잠식	일부잠식	-52.5	-91.8	-35.4	62.6	3
2015	0.0	0.0	80.2	53.4	-27.7	-67.4	13.3	55.5	0
2014	-93.4	-264.2	일부잠식	일부잠식	-184.1	-250.9	-55.5	60.0	-90
2013	4.7	7.9	19.7	5.2	5.4	7.0	81.7	83.5	7

와이제이엠게임즈 (A193250)
YJM Games

업 종 : 휴대폰 및 관련부품		시 장 : KOSDAQ	
신용등급 : (Bond) — (CP) —		기업규모 : 벤처	
홈 페 이 지 : www.yjmgames.com		연 락 처 : 02)591-1310	
본 사 : 서울시 강남구 테헤란로77길 11-9 삼성타워 8층			

설 립 일 2004.05.21	종 업 원 수 38명	대 표 이 사 민용재	
상 장 일 2014.12.29	감사의견 적정 (참)	계 열	
결 산 기 12월	보 통 주 4,564만주	종속회사수 6개사	
액 면 가 100원	우 선 주	구 상 호 영백씨엠	

주주구성 (지분율,%)		출자관계 (지분율,%)		주요경쟁사 (외형,%)	
민용재	10.2	서울브이알스타트업스	66.0	와이제이엠게임즈	100
YJM소프트	5.0	주연와이제이엠	64.6	삼성전자	458,382
(외국인)	0.4	주연글로시스	28.9	영풍	6,027

매출구성		비용구성		수출비중	
코인타입진동모터(제품)	90.3	매출원가율	74.2	수출	—
하네스(제품)	4.6	판관비율	20.6	내수	—
게임(용역)	4.3				

회사 개요
동사는 스마트폰/IT 핵심부품인 코인타입 진동모터 제조와, 게임 콘텐츠 글로벌 퍼블리싱, VR사업을 주요 사업으로 영위하고 있음. 관계사로 중국 내 3개의 진동모터 생산공장과 게임개발사인 와이제이엠엔터테인먼트를 보유하고 있음. 진동 모터 주 고객으로 국내 최대 스마트폰 제조사를 보유하고 있으며, 게임사업부분은 자체 개발 게임 및 파트너 개발사의 모바일게임을 국내외 퍼블리싱하고 VR게임 게임 제작, 인력육성 등의 사업을 포함하고 있음.

실적 분석
동사의 2017년 상반기 매출은 165억원으로 전년대비 27.3% 감소, 영업이익은 -10.5억원으로 적자전환, 당기순이익은 -27억원으로 전년대비 적자전환 시현. 국내 휴대폰 시장의 위축과 동일한 제품 중 주요 경쟁업체간의 경쟁으로 수익성은 부진하여 전년대비 적자전환. 인도, 중국 등 주요 중저가 스마트폰 시장 성장을 향한 진동모터 사업부문의 신제품 적용 확대 노력과 가상현실(이하 VR) 게임사업을 다각적으로 추진중임.

현금 흐름 〈단위 : 억원〉
항목	2016	2017.2Q
영업활동	10	-5
투자활동	-518	-107
재무활동	700	19
순현금흐름	198	-92
기말현금	315	223

시장 대비 수익률

결산 실적 〈단위 : 억원〉
항목	2012	2013	2014	2015	2016	2017
매출액	303	469	396	406	440	
영업이익	27	65	26	59	23	
당기순이익	20	52	23	52	-10	

분기 실적 *
항목	2016.1Q	2016.2Q	2016.3Q	2016.4Q	2017.1Q	2017.2Q
매출액	119	108	128	85	88	77
영업이익	21	6	-4	0	1	-11
당기순이익	15	-0	-7	-18	-4	-23

재무 상태 〈단위 : 억원〉
항목	2012	2013	2014	2015	2016	2017.2Q
총자산	93	192	209	308	952	950
유형자산	12	16	26	31	29	33
무형자산	0	0	0	2	2	4
유가증권		0	1	2	187	250
총부채	49	97	54	99	75	75
총차입금	0	30	17	11	10	10
자본금	10	10	13	13	45	46
총자본	44	95	155	209	877	875
지배주주지분	44	95	155	209	874	864

기업가치 지표
항목	2012	2013	2014	2015	2016	2017.2Q
주가(최고/저)(천원)	—/—	—/—	1.9/1.9	2.8/1.6	9.8/2.1	—/—
PER(최고/저)(배)	0.0/0.0	0.0/0.0	8.3/8.1	7.4/4.3	5.1/1.1	4.1/1.9
PBR(최고/저)(배)	0.0/0.0	0.0/0.0	1.7/1.6	1.8/1.1	1.1/0.2	—
EV/EBITDA(배)	—	—	0.1	6.6	2.8	47.6
EPS(원)	202	518	229	382	-27	-53
BPS(원)	2,224	4,746	5,747	7,750	1,931	1,893
CFPS(원)	1,143	2,768	1,437	2,251	6	-39
DPS(원)	—	—	—	50	—	—
EBITDAPS(원)	1,498	3,407	1,581	2,537	6	-9

재무 비율 〈단위 : % 〉
연도	영업이익률	순이익률	부채비율	차입금비율	ROA	ROE	유보율	자기자본비율	EBITDA마진율
2016	5.2	-2.3	8.6	1.1	-1.6	-1.8	1,831.1	92.1	8.0
2015	14.6	12.7	47.5	5.4	19.9	28.3	1,450.1	67.8	16.8
2014	6.6	5.8	35.0	11.2	11.5	18.5	1,049.3	74.1	8.1
2013	13.8	11.1	102.3	31.1	36.3	74.3	849.3	49.4	14.5

와이지엔터테인먼트 (A122870)
YG Entertainment

업 종 : 미디어		시 장 : KOSDAQ	
신용등급 : (Bond) — (CP) —		기업규모 : 우량	
홈 페 이 지 : www.ygfamily.com		연 락 처 : 02)3142-1104	
본 사 : 서울시 마포구 희우정로 1길 3			

설 립 일 1998.02.24	종 업 원 수 356명	대 표 이 사 양민석	
상 장 일 2011.11.23	감사의견 적정 (한영)	계 열	
결 산 기 12월	보 통 주 1,819만주	종속회사수 19개사	
액 면 가 500원	우 선 주 136만주	구 상 호	

주주구성 (지분율,%)		출자관계 (지분율,%)		주요경쟁사 (외형,%)	
양현석	17.3	하이그라운드	100.0	와이지엔터테인먼트	100
네이버	9.1	YG스튜디오플렉스	51.0	에스엠	109
(외국인)	15.0	PSYG	51.0	스카이라이프	207

매출구성		비용구성		수출비중	
음반/음원등 제품매출	28.1	매출원가율	70.5	수출	50.0
로열티매출	23.5	판관비율	19.6	내수	50.0
기타매출	19.8				

회사 개요
동사는 음악 및 기타 오디오물 출판, 아티스트의 육성 및 매니지먼트 등의 사업을 영위하는 기업으로 1998년 설립되어 2011년에 코스닥 시장에 상장됨. 빅뱅, 2NE1, 싸이 등의 대표가수를 중심으로 브랜드파워를 가진 엔터테인먼트사이며, 전 앨범을 회사내에서 만들 수 있는 자체 제작 시스템을 보유한 음원제작사임. 최대주주 양현석이 지분 23.3%를 보유. 연결대상 종속법인은 국내, 일본, 홍콩, 미국의 현지 엔터테인먼트 법인 등 다수가 있음.

실적 분석
동사의 2016년 신규사업이 추가되어 2017년 상반기 연결 기준 1,791.5억원의 매출액을 달성, 전년대비 19.3% 증가한 실적을 달성. 용역 매출 부담에도 불구하고 매출 증가에 힘입어 영업이익은 전년동기 대비 17.8% 증가한 191.6억원을 기록함. 동사의 매출액은 33%가 음반, 음원 등 제품매출에서 발생했으며 31%는 로열티 매출, 11%는 콘서트공연 매출 등으로 구성되어 있음. 다만 비영업이익이 축소되면서 순이익은 17.4% 감소함

현금 흐름 〈단위 : 억원〉
항목	2016	2017.2Q
영업활동	324	91
투자활동	-678	-672
재무활동	633	652
순현금흐름	279	67
기말현금	624	691

시장 대비 수익률

결산 실적 〈단위 : 억원〉
항목	2012	2013	2014	2015	2016	2017
매출액	1,066	1,163	1,563	1,931	3,218	
영업이익	215	222	219	218	319	
당기순이익	188	151	183	240	141	

분기 실적 〈단위 : 억원〉
항목	2016.1Q	2016.2Q	2016.3Q	2016.4Q	2017.1Q	2017.2Q
매출액	730	773	1,013	703	1,069	723
영업이익	95	68	121	35	148	43
당기순이익	64	66	23	-12	60	47

재무 상태 〈단위 : 억원〉
항목	2012	2013	2014	2015	2016	2017.2Q
총자산	1,175	1,320	3,405	3,754	4,868	5,567
유형자산	105	127	281	469	614	687
무형자산	79	87	209	359	332	637
유가증권	177	491	958	793	1,275	212
총부채	201	198	943	1,061	1,365	1,326
총차입금	—	—	605	630	669	698
자본금	53	54	77	77	84	93
총자본	974	1,123	2,462	2,693	3,504	4,241
지배주주지분	974	1,104	1,773	2,037	2,809	3,388

기업가치 지표
항목	2012	2013	2014	2015	2016	2017.2Q
주가(최고/저)(천원)	77.5/26.4	63.1/33.7	53.1/35.1	58.9/39.9	46.4/25.2	—/—
PER(최고/저)(배)	56.8/19.3	57.0/30.5	41.8/27.6	35.2/23.9	42.7/23.2	—/—
PBR(최고/저)(배)	11.1/3.8	8.0/4.3	5.0/3.3	4.8/3.3	2.9/1.6	2.1/1.4
EV/EBITDA(배)	23.2	19.1	22.3	23.1	10.3	—
EPS(원)	1,409	1,138	1,297	1,700	1,094	624
BPS(원)	9,437	10,615	10,830	12,440	16,007	17,613
CFPS(원)	2,130	1,770	1,556	1,979	1,516	875
DPS(원)	300	300	250	350	200	—
EBITDAPS(원)	2,397	2,422	1,734	1,608	2,286	1,276

재무 비율 〈단위 : % 〉
연도	영업이익률	순이익률	부채비율	차입금비율	ROA	ROE	유보율	자기자본비율	EBITDA마진율
2016	9.9	4.4	39.0	19.1	3.3	7.7	3,299.0	72.0	12.2
2015	11.3	12.4	39.4	23.4	6.7	14.7	2,556.3	71.7	13.7
2014	14.0	11.7	38.3	24.6	7.7	13.4	2,212.5	72.3	16.5
2013	19.1	13.0	17.6	0.0	12.1	14.9	1,959.5	85.0	21.5

와이지-원 (A019210)
YG-1

업　　종 : 기계
신용등급 : (Bond) BBB　(CP) —
홈페이지 : www.yg1.co.kr
본　　사 : 인천시 부평구 세월천로 211

시　　장 : KOSDAQ
기업규모 : 우량
연 락 처 : (032)526-0909

설 립 일	1981.12.20	종 업 원 수	1,636명	대 표 이 사	송호근
상 장 일	1997.05.31	감사의견	적정 (안진)	계	열
결 산 기	12월	보 통 주	2,642만주	종속회사수	19개사
액 면 가	500원	우 선 주	342만주	구 상 호	

주주구성 (지분율,%)		출자관계 (지분율,%)		주요경쟁사 (외형,%)	
송호근	33.0	인천풍개발전문회관리부동산투신회사	20.0	와이지-원	100
Iscar Ltd.	9.1	QingdaoYG1ToolCo.,Ltd	100.0	태광	73
(외국인)	10.9	QingdaoNewCenturyToolCo.,Ltd	100.0	삼익THK	75

매출구성		비용구성		수출비중	
절삭공구 부문	100.0	매출원가율	68.3	수출	74.0
		판관비율	19.2	내수	26.0

회사 개요
1981년 설립돼 1997년 코스닥 시장에 상장된 동사는 공작기계, IT기기, 자동차, 선박, 항공기 등을 정밀 가공하는 절삭공구를 제조하고 판매하는 것을 주요 사업으로 영위하고 있음. 중국, 프랑스, 싱가포르 등에 위치한 연결대상 종속회사를 보유하고 있음. 매출의 25.9%는 내수시장에서, 74.1%는 중국, 프랑스, 인도, 미국 등 수출시장에서 거둬들이고 있음.

실적 분석
동사의 2017년 상반기 연결기준 매출액은 1732.7억원을 시현함. 이는 전년도 동기 매출액인 1569.3억원에 비해 10.4% 증가한 금액. 매출원가가 5.1% 증가하고 판매비와 관리비의 15.4% 올랐으나 매출 상승분이 이를 상회해 영업이익은 전년도 같은 기간 대비 34.2% 성장함. 당기순이익도 63.3억원에서 153.2억원으로 141.8% 증가함.

현금 흐름 〈단위 : 억원〉

항목	2016	2017.2Q
영업활동	582	134
투자활동	-693	-315
재무활동	8	267
순현금흐름	-103	79
기말현금	140	219

시장 대비 수익률

결산 실적 〈단위 : 억원〉

항목	2012	2013	2014	2015	2016	2017
매출액	2,790	2,806	2,977	3,219	3,347	—
영업이익	355	224	317	394	418	—
당기순이익	125	69	116	141	184	—

분기 실적 〈단위 : 억원〉

항목	2016.1Q	2016.2Q	2016.3Q	2016.4Q	2017.1Q	2017.2Q
매출액	768	802	909	869	804	928
영업이익	68	111	121	117	87	153
당기순이익	41	22	74	47	42	111

재무 상태 〈단위 : 억원〉

항목	2012	2013	2014	2015	2016	2017.2Q
총자산	5,895	5,907	6,083	6,211	6,661	7,178
유형자산	2,542	2,704	2,847	3,109	3,571	3,769
무형자산	19	15	23	52	43	50
유가증권	17	16	14	14	11	10
총부채	3,983	3,896	4,021	3,667	3,954	4,358
총차입금	3,294	3,239	3,528	3,066	3,190	3,594
자본금	120	124	124	143	150	151
총자본	1,911	2,011	2,062	2,544	2,707	2,820
지배주주지분	1,912	2,017	2,061	2,542	2,705	2,793

기업가치 지표

항목	2012	2013	2014	2015	2016	2017.2Q
주가(최고/저)(천원)	15.1/8.4	13.0/10.6	12.4/8.4	14.0/8.7	12.1/8.6	—/—
PER(최고/저)(배)	28.8/16.1	46.3/37.8	26.1/17.7	28.2/17.6	19.3/13.7	—/—
PBR(최고/저)(배)	2.1/1.1	1.7/1.4	1.6/1.1	1.6/1.0	1.3/1.0	1.4/0.9
EV/EBITDA(배)	10.1	12.8	9.6	8.5	7.4	—/—
EPS(원)	566	299	498	512	638	512
BPS(원)	7,964	8,124	8,407	8,979	9,275	9,512
CFPS(원)	1,502	1,274	1,506	1,485	1,641	1,021
DPS(원)	200	150	150	150	170	—
EBITDAPS(원)	2,526	1,924	1,904	2,286	2,401	2,455	1,324

재무 비율 〈단위 : % 〉

연도	영업이익률	순이익률	부채비율	차입금비율	ROA	ROE	유보율	자기자본비율	EBITDA마진율
2016	12.5	5.5	146.1	117.8	2.9	7.0	1,719.8	40.6	21.1
2015	12.2	4.4	144.2	120.5	2.3	6.1	1,695.8	41.0	20.6
2014	10.7	3.9	195.0	171.1	1.9	6.1	1,581.4	33.9	19.1
2013	8.0	2.4	193.7	161.0	1.2	3.7	1,524.7	34.0	16.3

와이지플러스 (A037270)
YG PLUS

업　　종 : 미디어
신용등급 : (Bond) —　(CP) —
홈페이지 : www.ygplus.com
본　　사 : 서울시 강남구 도산대로15길 12

시　　장 : 거래소
기업규모 : 시가총액 소형주
연 락 처 : 02)3140-4600

설 립 일	1996.11.15	종 업 원 수	49명	대 표 이 사	양민석
상 장 일	2003.08.01	감사의견	적정 (한영)	계	열
결 산 기	12월	보 통 주	5,817만주	종속회사수	8개사
액 면 가	500원	우 선 주	85만주	구 상 호	휘닉스홀딩스

주주구성 (지분율,%)		출자관계 (지분율,%)		주요경쟁사 (외형,%)	
와이지엔터테인먼트	38.2	YG스포츠	100.0	YG PLUS	100
양현석	7.5	YG인베스트먼트	100.0	초록뱀	151
(외국인)	0.7	YG케이플러스	100.0	씨그널엔터테인먼트그룹	34

매출구성		비용구성		수출비중	
상 · 제품매출	54.1	매출원가율	66.8	수출	12.0
용 역 매 출	35.4	판관비율	42.8	내수	88.0
광고사업매출	10.5				

회사 개요
동사의 주요사업은 광고대행업과 MD제조 및 유통판매업이며, 종속회사를 통해 화장품, 골프매니지먼트, 모델매니지먼트 및 외식프랜차이즈 등의 사업을 영위하고 있음. 2014년 12월 와이지엔터테인먼트의 종속회사로 편입되어, 향후 YG의 브랜드를 활용한 광고 사업 확장의 가능성이 있다고 판단됨. 기존 노하우와 YG 브랜드 파워를 활용하여 보다 참신한 아이디어로 광고사업부문의 성장을 이루고자 함.

실적 분석
광고사업은 기존 전통적미디어 방식에서 온라인/모바일 광고 방식으로 변화하고 있음. 이에 따라 전통적 미디어 방식의 광고를 진행하는 동사가 영향을 받아 2017년 2분기기준 누적 매출액은 전년동기대비 9.6% 소폭 상승한 360.4억원을 기록하였음. 반면 비용이 증가하여 전년동기대비 영업이익은 -24.5억원으로 적자를 지속중임. 향후 전통적 미디어뿐 아닌 다양한 온.오프라인 컨텐츠 광고 등으로 확장하는 등 수익 개선을 위해 노력하고 있음.

현금 흐름 〈단위 : 억원〉

항목	2016	2017.2Q
영업활동	-46	-4
투자활동	-134	-119
재무활동	93	187
순현금흐름	-89	65
기말현금	86	150

시장 대비 수익률

결산 실적 〈단위 : 억원〉

항목	2012	2013	2014	2015	2016	2017
매출액	306	202	102	292	704	—
영업이익	-24	-24	-16	-70	-68	—
당기순이익	-20	-29	-35	-45	-54	—

분기 실적 〈단위 : 억원〉

항목	2016.1Q	2016.2Q	2016.3Q	2016.4Q	2017.1Q	2017.2Q
매출액	107	222	191	184	142	218
영업이익	-16	-10	-9	-33	-16	-9
당기순이익	3	2	-18	-41	-17	1

재무 상태 〈단위 : 억원〉

항목	2012	2013	2014	2015	2016	2017.2Q
총자산	468	421	1,098	1,165	1,230	1,446
유형자산	129	127	13	35	67	71
무형자산	36	33	20	131	134	448
유가증권	4	4		487	574	361
총부채	146	128	48	124	157	219
총차입금				11	36	58
자본금	125	125	287	294	297	297
총자본	322	293	1,050	1,040	1,073	1,227
지배주주지분	315	283	1,024	1,031	1,032	1,031

기업가치 지표

항목	2012	2013	2014	2015	2016	2017.2Q
주가(최고/저)(천원)	1.9/0.8	2.1/0.9	4.5/1.4	6.1/2.8	3.6/1.8	—/—
PER(최고/저)(배)	—/—	—/—	—/—	—/—	—/—	—/—
PBR(최고/저)(배)	1.3/0.6	1.6/0.7	2.5/0.8	3.4/1.6	2.0/1.1	1.5/1.1
EV/EBITDA(배)						—/—
EPS(원)	-89	-132	-130	-63	-71	-20
BPS(원)	2,891	2,627	3,646	1,792	1,749	1,747
CFPS(원)	-140	-233	-242	-47	-38	—
DPS(원)						—
EBITDAPS(원)	-160	-169	-103	-106	-83	-22

재무 비율 〈단위 : % 〉

연도	영업이익률	순이익률	부채비율	차입금비율	ROA	ROE	유보율	자기자본비율	EBITDA마진율
2016	-9.6	-7.7	14.7	3.4	-4.6	-4.0	247.5	87.2	-6.9
2015	-23.9	-15.5	11.9	1.1	-4.0	-3.5	250.8	89.3	-20.8
2014	-15.9	-33.8	4.6	0.0	-4.6	-5.3	256.7	95.6	-13.5
2013	-11.8	-14.2	43.7	0.0	-6.5	-10.5	149.6	69.6	-9.9

와이티엔 (A040300)
YTN

업 종 : 미디어		시 장 : KOSDAQ	
신용등급 : (Bond) A- (CP) —		기업규모 : 우량	
홈페이지 : www.ytn.co.kr		연 락 처 : 02)398-8000	
본 사 : 서울시 마포구 상암산로 76 와이티엔뉴스퀘어			

설 립 일	1993.09.14	종 업 원 수	662명	대 표 이 사	조준희
상 장 일	2001.09.04	감 사 의 견	적정 (삼정)	계 열	
결 산 기	12월	보 통 주	4,200만주	종속회사수	2개사
액 면 가	1,000원	우 선 주		구 상 호	

주주구성 (지분율,%)		출자관계 (지분율,%)		주요경쟁사 (외형,%)	
한전케이디엔	21.4	와이티엔재개발원	100.0	YTN	100
한국인삼공사	20.0	와이티엔플러스	50.0	지투알	312
(외국인)	0.4	와이티엔라디오	37.1	디지틀조선	30

매출구성		비용구성		수출비중	
YTN채널(방송 매출액)	71.8	매출원가율	91.1	수출	—
임대 매출액	16.2	판관비율	7.9	내수	—
기타(방송 매출액)	6.8				

회사 개요
동사는 방송법에 근거하여 종합 뉴스 프로그램의 제작 및 공급 등을 영위하는 목적으로 1993년 9월 설립됨. 2001년 9월 코스닥시장에 상장됨. 방송법상 방송채널사용사업을 영위하면서 종합 뉴스 프로그램의 제작 및 공급을 하는 YTN채널, 과학 프로그램의 제작 및 공급을 하는 사이언스TV 채널 그리고 날씨와 그 밖의 관련 정보를 제공하는 YTN Weather 채널을 운영하고 있음.

실적 분석
동사의 연결기준 2017년 2분기 누적매출액은 578.7억원으로 전년동기 대비 5.1% 증가하였음. 광고, 협찬 및 임대수입의 증가의 영향임. 다만 매출원가 증가로 매출총손실이 지속되었음 40.0억원의 영업손실이 발생, 적자가 지속되었음. 비영업 부문이 흑자전환하였으나 최종적으로 25.3억의 당기순손실이 발생하였음. 향후 교육훈련스토어 사업이 큰 폭으로 성장할 것으로 기대함.

현금 흐름 〈단위 : 억원〉

항목	2016	2017.2Q
영업활동	156	119
투자활동	-41	-163
재무활동	-84	-2
순현금흐름	32	-46
기말현금	149	103

시장 대비 수익률

결산 실적 〈단위 : 억원〉

항목	2012	2013	2014	2015	2016	2017
매출액	1,239	1,098	1,064	1,174	1,308	—
영업이익	120	33	-261	-55	13	—
당기순이익	49	33	109	-36	35	—

분기 실적 〈단위 : 억원〉

항목	2016.1Q	2016.2Q	2016.3Q	2016.4Q	2017.1Q	2017.2Q
매출액	243	308	314	442	250	329
영업이익	-74	2	-25	110	-71	31
당기순이익	-29	11	-23	76	-73	47

재무 상태 〈단위 : 억원〉

항목	2012	2013	2014	2015	2016	2017.2Q
총자산	3,458	4,091	3,402	3,045	3,124	3,104
유형자산	1,115	1,761	753	808	667	670
무형자산	173	171	181	200	193	189
유가증권	17	18	18	83	76	81
총부채	1,696	2,296	1,535	1,263	1,281	1,290
총차입금	948	1,218	699	599	500	500
자본금	420	420	420	420	420	420
총자본	1,762	1,795	1,867	1,782	1,843	1,815
지배주주지분	1,762	1,795	1,867	1,774	1,835	1,807

기업가치 지표

항목	2012	2013	2014	2015	2016	2017.2Q
주가(최고/저)(천원)	4.7/2.7	4.5/2.5	4.2/2.6	3.4/2.4	3.2/2.3	—/—
PER(최고/저)(배)	41.0/23.6	58.9/32.5	16.5/10.2	—/—	39.4/28.8	—/—
PBR(최고/저)(배)	1.2/0.7	1.1/0.6	1.0/0.6	0.8/0.6	0.7/0.5	0.6/0.6
EV/EBITDA(배)	11.1	18.9		48.9	13.3	
EPS(원)	118	78	259	-88	81	-61
BPS(원)	4,195	4,274	4,445	4,224	4,369	4,301
CFPS(원)	328	285	562	124	297	49
DPS(원)	10	10	10		15	
EBITDAPS(원)	495	287	-317	81	246	15

재무 비율 〈단위 : % 〉

연도	영업이익률	순이익률	부채비율	차입금비율	ROA	ROE	유보율	자기자본비율	EBITDA마진율
2016	1.0	2.7	69.5	27.1	1.1	1.9	336.9	59.0	7.9
2015	-4.7	-3.1	70.8	33.6	-1.1	-2.0	322.4	58.5	2.9
2014	-24.5	10.2	82.2	37.4	2.9	5.9	344.5	54.9	-12.5
2013	3.0	3.0	127.9	67.9	0.9	1.8	327.4	43.9	11.0

와토스코리아 (A079000)
Watos Corea

업 종 : 건축자재		시 장 : KOSDAQ	
신용등급 : (Bond) — (CP) —		기업규모 : 중견	
홈페이지 : www.watos.com		연 락 처 : 061)392-3685	
본 사 : 전남 장성군 동화면 전자농공단지1길 31			

설 립 일	1997.06.13	종 업 원 수	111명	대 표 이 사	송공석
상 장 일	2005.11.15	감 사 의 견	적정 (우리)	계 열	
결 산 기	12월	보 통 주	680만주	종속회사수	
액 면 가	500원	우 선 주		구 상 호	

주주구성 (지분율,%)		출자관계 (지분율,%)		주요경쟁사 (외형,%)	
송공석	50.8			와토스코리아	100
박영옥	4.6			스페코	476
(외국인)	1.3			윈하이텍	365

매출구성		비용구성		수출비중	
양변기용 부속	67.8	매출원가율	64.3	수출	4.0
기타	13.0	판관비율	21.3	내수	96.0
세면기&트랩류 외 기타	13.0				

회사 개요
동사는 위생도기에 사용되는 플라스틱 부속류의 제조, 판매 등을 영위하고 있으며 대림요업, 계림요업, 동서산업 등 국내 주요 위생도기 회사들과 안정적인 공급계약을 맺어 성장하였음. 동사의 사업은 국내 건설경기에 영향을 받으며, 특히 국내 주거부문 건축 수주액과 주택공급 및 입주물량에 따라 좌우됨. 향후 위생 납품업체에서 조절수 양변기, 통합배수트랩, 절수세척밸브 등의 완제품으로 시장 진출을 준비 중임.

실적 분석
동사의 2017년 2분기 누적 매출액은 96.3억으로 전년동기 대비 17.5% 증가함. 외형 성장에도 원가율이 상승한 관계로 매출총이익이 1.7% 증가하는데 그쳤으며 판관비 부담 증가로 영업이익은 1.8% 감소한 12.8억원을 기록. 향후 성장성은 주로 국내 건설경기에 영향을 받을 것으로 보이며 건축 수주액과 입주물량에 따라 실적이 변화할 전망. 동사의 주요 제품은 수명이 5년 내외인 소모품으로 향후 꾸준한 신규 및 교체수요가 발생할 전망임.

현금 흐름 *IFRS 별도 기준 〈단위 : 억원〉

항목	2016	2017.2Q
영업활동	39	18
투자활동	-23	-74
재무활동	-8	-10
순현금흐름	7	-66
기말현금	95	28

시장 대비 수익률

결산 실적 〈단위 : 억원〉

항목	2012	2013	2014	2015	2016	2017
매출액	181	189	196	197	177	—
영업이익	29	26	39	42	26	—
당기순이익	33	33	69	52	34	—

분기 실적 *IFRS 별도 기준 〈단위 : 억원〉

항목	2016.1Q	2016.2Q	2016.3Q	2016.4Q	2017.1Q	2017.2Q
매출액	35	47	45	50	45	51
영업이익	4	9	5	8	3	10
당기순이익	2	11	4	8	3	11

재무 상태 *IFRS 별도 기준 〈단위 : 억원〉

항목	2012	2013	2014	2015	2016	2017.2Q
총자산	567	592	660	698	724	730
유형자산	88	123	112	107	110	117
무형자산	1	2	2	2	1	3
유가증권	28	25	58	48	53	44
총부채	35	34		26		29
총차입금						
자본금	21	23	26	29	32	34
총자본	532	558	627	672	697	701
지배주주지분	532	558	627	672	697	701

기업가치 지표 *IFRS 별도 기준

항목	2012	2013	2014	2015	2016	2017.2Q
주가(최고/저)(천원)	6.5/3.9	5.7/4.6	9.6/4.9	15.0/8.1	10.0/7.4	—/—
PER(최고/저)(배)	14.5/8.8	12.4/9.9	9.8/5.1	20.1/10.9	20.3/15.1	—/—
PBR(최고/저)(배)	0.9/0.5	0.7/0.6	1.1/0.6	1.6/0.9	1.0/0.7	0.8/0.7
EV/EBITDA(배)	1.4	5.8	7.6	5.5	4.1	
EPS(원)	480	487	1,012	770	499	215
BPS(원)	12,668	12,258	12,049	11,784	11,072	10,307
CFPS(원)	906	922	1,506	1,069	681	289
DPS(원)	165	—	150	150	150	
EBITDAPS(원)	830	761	926	895	548	262

재무 비율 〈단위 : % 〉

연도	영업이익률	순이익률	부채비율	차입금비율	ROA	ROE	유보율	자기자본비율	EBITDA마진율
2016	14.5	19.2	3.8	0.0	4.8	5.0	2,114.3	96.4	19.5
2015	21.6	26.6	3.9	0.0	7.7	8.1	2,256.7	96.3	25.9
2014	19.7	35.0	5.4	0.0	11.0	11.6	2,309.8	94.9	24.6
2013	13.6	17.5	6.2	0.0	5.7	6.1	2,351.6	94.2	18.3

*관리종목

완리 (A900180)
WANLI INTERNATIONAL HOLDINGS

업 종: 건축자재		시 장: KOSDAQ	
신용등급: (Bond) — (CP) —		기업규모:	
홈페이지: www.wanli.co.kr		연락처: +852-2523-1819	
본 사: Unit 3201, 32nd Floor, Jardine House, 1 Connaught Place, Central, Hong Kong			

설립일 2008.07.04	종업원수 6명	대표이사 우뤠이비아오	
상장일 2011.06.13	감사의견 거절(불확실성) (이촌)	계 열	
결산기 12월	보통주 10,763만주	종속회사수	
액면가	우선주	구상호	

주주구성 (지분율,%)
WU RUI BIAO	32.9
신한비엔피파리바자산운용	6.7
(외국인)	33.6

출자관계 (지분율,%)
만리(중국)유한공사	100.0
복건성진강만리자유유한공사	100.0
하문흠만리유한공사	100.0

주요경쟁사 (외형,%)
완리	100
노루홀딩스	315
삼화페인트	220

매출구성 / 비용구성 / 수출비중
비용구성		수출비중	
매출원가율	70.9	수출	—
판관비율	6.8	내수	—

회사 개요
동사는 복건성진강만리자유유한공사, 만리(중국)유한공사 및 하문흠만리유한공사를 소유하는 순수지주회사로 2008년에 설립, 2011년 6월 코스닥에 상장됨. 복건성진강만리자유유한공사는 통체타일, 벽개암석타일, 벽개타일을 판매하며 만리유한공사는 고부가가치 제품인 도자태양열타일과 테라코타 패널의 생산 및 판매를 담당. 하문흠만리유한공사는 원재료 조달과 완제품의 마케팅 및 해외수출을 담당함.

실적 분석
동사의 연결기준 2017년 1분기 매출액은 419.5억원으로 전년동기 대비 6.4% 감소하였음. 영업이익 또한 전년동기 대비 1.7% 감소한 83.9억원을 기록함. 금융비용은 전년보다 줄어들었으나 외화환산손실 증가로 당기순이익은 전년동기 대비 24.5% 감소한 51.8억원에 그침. 동사는 당분기 결산일 이후 2016년 감사보고서의 제출시 감사의견 '의견거절'을 공시하여 상장폐지 사유가 발생함. 현재 주권매매거래정지(개선기간 부여) 상태임.

현금 흐름 〈단위 : 억원〉
항목	2016	2017.2Q
영업활동	518	—
투자활동	-253	—
재무활동	-218	—
순현금흐름	47	—
기말현금	800	—

시장 대비 수익률

결산 실적 〈단위 : 억원〉
항목	2012	2013	2014	2015	2016	2017
매출액	2,126	2,229	2,378	2,698	2,193	
영업이익	393	411	554	577	419	
당기순이익	257	271	368	356	220	

분기 실적 〈단위 : 억원〉
항목	2016.1Q	2016.2Q	2016.3Q	2016.4Q	2017.1Q	2017.2Q
매출액	448	765	644	335	419	
영업이익	82	171	159	7	96	
당기순이익	42	95	94	-11	52	

재무 상태 〈단위 : 억원〉
항목	2012	2013	2014	2015	2016	2017.2Q
총자산	2,781	3,529	4,093	4,952	4,869	—
유형자산	1,700	2,214	2,780	2,990	2,883	—
무형자산	0	0	0	0	0	—
유가증권	0	0	0	0	0	—
총부채	835	1,293	1,436	1,865	1,428	—
총차입금	606	1,054	1,257	1,669	1,227	—
자본금	72	73	801	816	1,054	—
총자본	1,946	2,236	2,658	3,087	3,440	—
지배주주지분	1,946	2,236	2,658	3,087	3,440	—

기업가치 지표
항목	2012	2013	2014	2015	2016	2017.2Q
주가(최고/저)(천원)	#VALUE!	—/—	—/—	—/—	—/—	—/—
PER(최고/저)(배)	10.6/5.5	7.0/3.7	10.6/2.7	9.0/4.7	11.3/5.4	—/—
PBR(최고/저)(배)	1.4/0.7	0.9/0.5	1.5/0.4	1.0/0.5	0.7/0.3	0.0/0.0
EV/EBITDA(배)	4.1	—	5.3	3.9	2.4	—
EPS(원)	285	301	409	395	214	
BPS(원)	3,995	4,592	2,950	3,427	3,356	
CFPS(원)	702	838	609	625	427	
DPS(원)						
EBITDAPS(원)	1,059	1,147	829	890	690	

재무 비율 〈단위 : % 〉
연도	영업이익률	순이익률	부채비율	차입금비율	ROA	ROE	유보율	자기자본비율	EBITDA마진율
2016	19.1	10.0	41.5	35.7	4.5	6.7	226.4	70.7	32.3
2015	21.4	13.2	60.4	54.1	7.9	12.4	278.1	62.3	29.7
2014	23.3	15.5	54.0	47.3	9.7	15.0	231.6	64.9	31.4
2013	18.4	12.2	57.8	47.1	8.6	13.0	2,946.9	63.4	25.1

용평리조트 (A070960)
YONG PYONG RESORT

업 종: 호텔 및 레저		시 장: 거래소	
신용등급: (Bond) — (CP) —		기업규모: 시가총액 중형주	
홈페이지: www.yongpyong.co.kr		연락처: 033)330-8356	
본 사: 강원도 평창군 대관령면 올림픽로 715			

설립일 2000.02.07	종업원수 315명	대표이사 정창주	
상장일 2016.05.27	감사의견 적정 (삼정)	계 열	
결산기 12월	보통주 4,813만주	종속회사수 3개사	
액면가 5,000원	우선주	구상호	

주주구성 (지분율,%)
세계기독교통일신령협회	36.0
선원건설	9.8
(외국인)	1.5

출자관계 (지분율,%)
비체팰리스	100.0
피크아일랜드	100.0
해피마루	90.0

주요경쟁사 (외형,%)
용평리조트	100

매출구성 / 비용구성 / 수출비중
매출구성		비용구성		수출비중	
콘도분양	50.4	매출원가율	76.8	수출	0.0
호텔,콘도	25.2	판관비율	8.8	내수	100.0
스키	10.6				

회사 개요
동사는 2000년 2월 7일 설립된 회사로 호텔, 콘도, 스키, 골프사업, 콘도분양사업 등을 주요사업으로 영위하고 있으며 강원도 평창군 대관령면과 충청남도 보령시 웅천읍에 종합관광단지를 보유함. 지배기업은 2016년 5월 27일자로 한국거래소가 개설하는 유가증권시장에 주식을 상장하였음. 동사는 안정적인 리조트 운영수입과 국내 최고급 콘도의 명예을 잇는 버치힐테라스 레지던스의 성공적인 분양함.

실적 분석
동사의 연결기준 2017년 2분기 누적 매출액은 전년 동기 대비 7% 증가한 1,017.1억원을 기록함. 매출증가에 힘입어 같은 기간 영업이익은 47.8% 증가함. 2018 평창동계올림픽의 성공적인 진행을 준비 중이며 올림픽 개최 선수촌 아파트로 활용되고, 올림픽 이후에 실소유자들의 입주가 시작되는 국내 최초의 '리조트형 아파트'인 올림픽빌리지의 공정을 순차적으로 진행 중

현금 흐름 〈단위 : 억원〉
항목	2016	2017.2Q
영업활동	-190	142
투자활동	156	-204
재무활동	296	-41
순현금흐름	262	-103
기말현금	745	642

시장 대비 수익률
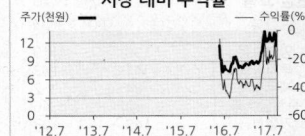

결산 실적 〈단위 : 억원〉
항목	2012	2013	2014	2015	2016	2017
매출액	1,602	1,538	1,336	1,763	2,107	
영업이익	184	246	172	264	304	
당기순이익	119	117	40	116	143	

분기 실적 〈단위 : 억원〉
항목	2016.1Q	2016.2Q	2016.3Q	2016.4Q	2017.1Q	2017.2Q
매출액	460	491	648	508	491	526
영업이익	72	23	133	76	106	34
당기순이익	35	-5	76	37	61	

재무 상태 〈단위 : 억원〉
항목	2012	2013	2014	2015	2016	2017.2Q
총자산	7,753	7,580	8,189	9,707	9,289	8,919
유형자산	7,058	6,951	6,825	6,770	6,852	6,888
무형자산	22	31	31	32	52	118
유가증권	3	1	1	1	1	
총부채	5,015	4,599	5,174	6,578	5,325	4,939
총차입금	1,366	2,259	1,863	1,703	1,300	1,283
자본금	1,900	1,900	1,900	1,900	2,407	2,407
총자본	2,738	2,981	3,015	3,128	3,964	3,98
지배주주지분	2,738	2,980	3,015	3,128	3,964	3,98

기업가치 지표
항목	2012	2013	2014	2015	2016	2017.2Q
주가(최고/저)(천원)	—/—	—/—	—/—	—/—	11.6/7.2	—/—
PER(최고/저)(배)	0.0/0.0	0.0/0.0	0.0/0.0	0.0/0.0	36.1/22.4	—/—
PBR(최고/저)(배)	0.0/0.0	0.0/0.0	0.0/0.0	0.0/0.0	1.4/0.9	1.7/1.0
EV/EBITDA(배)	3.2	5.1	3.4	2.3	10.7	—
EPS(원)	314	308	104	306	324	13
BPS(원)	7,204	7,843	7,933	8,231	8,236	8,27
CFPS(원)	736	688	467	649	629	28
DPS(원)					100	
EBITDAPS(원)	906	1,027	816	1,039	992	44

재무 비율 〈단위 : % 〉
연도	영업이익률	순이익률	부채비율	차입금비율	ROA	ROE	유보율	자기자본비율	EBITDA마진율
2016	14.4	6.8	134.3	32.8	1.5	4.0	64.7	42.7	20.8
2015	15.0	6.6	210.3	54.4	1.3	3.8	64.6	32.2	22.4
2014	12.9	3.0	171.6	61.8	0.5	1.3	58.7	36.8	23.
2013	16.0	7.6	154.3	75.8			56.9	39.3	25.8

우노앤컴퍼니 (A114630)
UNO&COMPANY

업 종: 섬유 및 의복		시 장: KOSDAQ	
신용등급: (Bond) — (CP) —		기업규모: 중견	
홈페이지: www.unon.co.kr		연락처: 063)261-7555	
본 사: 전북 완주군 봉동읍 완주산단3로 158-15			

설립일	1999.07.19	종업원수	159명	대표이사	김종천
상장일	2010.01.15	감사의견	적정 (신한)	계 열	
결산기	12월	보통주	1,357만주	종속회사수	1개사
액면가	500원	우선주		구 상 호	

주주구성 (지분율,%)
김승호 (KIM JIM)	15.0
김종천	10.2
(외국인)	15.6

출자관계 (지분율,%)
·

주요경쟁사 (외형,%)
우노앤컴퍼니	100
좋은사람들	325
아즈텍WB	135

매출구성
[합성사사업부]난연사	54.1
[합성사사업부]비난연사	14.3
[합성사사업부]상품	14.2

비용구성
매출원가율	72.2
판관비율	14.1

수출비중
수출	97.0
내수	3.0

회사 개요
동사는 가발용 합성섬유의 개발 및 판매를 목적으로 1999년 설립됨. 2011년 3월 31일자로 의료 및 산업용 화학제품의 제조 및 판매를 목적으로 하는 우노켐과 합병함. 난연사와 비난연사를 주요품목으로 하는 합성사 사업부와 광학모노머를 주요 품목으로 하는 화학사업부로 나뉘어져 있음. PVC 원사는 일본 업체 2곳이 약 90%의 점유율을 보임. 동사는 3위. 난연고열사와 브레이드 시장에선 2위로 추정됨.

실적 분석
동사의 2017년 상반기 매출액은 193.1억원으로 전년 동기 대비 12.6% 감소함. 영업이익은 1.3억원으로 전년 대비 96.9% 감소함. 당기순손실은 4억원으로 적자 지속됨. 합성사 사업부에선 제품 차별화를 통한 적극적 시장 대응, 아프리카 시장 공략을 통해 매출 확대를 꾀하고, 화학사업부에선 지속적인 연구 개발을 통한 신제품 개발중임. 합성사 사업부의 매출 비중이 81.7%를 차지함. 다만 수익성은 화학사업부가 뛰어남.

현금 흐름
〈단위 : 억원〉
항목	2016	2017.2Q
영업활동	49	5
투자활동	-23	-19
재무활동	-44	10
순현금흐름	-13	-10
기말현금	208	199

시장 대비 수익률

결산 실적
〈단위 : 억원〉
항목	2012	2013	2014	2015	2016	2017
매출액	653	621	487	397	390	—
영업이익	54	20	39	33	53	—
당기순이익	47	23	40	35	3	—

분기 실적
〈단위 : 억원〉
항목	2016.1Q	2016.2Q	2016.3Q	2016.4Q	2017.1Q	2017.2Q
매출액	123	98	87	82	101	92
영업이익	24	17	7	5	5	8
당기순이익	24	-40	1	18	-18	14

재무 상태
〈단위 : 억원〉
항목	2012	2013	2014	2015	2016	2017.2Q
총자산	715	708	669	716	779	801
유형자산	136	145	164	162	157	154
무형자산	7	7	7	7	7	7
유가증권	1	1	18	20	109	129
총부채	145	125	73	68	106	97
총차입금	105	92	45	32		
자본금	65	65	65	69	69	69
총자본	569	583	597	648	673	704
지배주주지분	569	583	597	648	671	699

기업가치 지표
항목	2012	2013	2014	2015	2016	2017.2Q
주가(최고/저)(천원)	4.8/2.7	4.7/3.0	4.4/3.0	7.8/3.2	7.2/4.7	—/—
PER(최고/저)(배)	14.6/8.3	29.3/18.8	15.4/10.5	30.9/12.6	291.2/190.2	1.2/1.1
PBR(최고/저)(배)	1.2/0.7	1.1/0.7	1.0/0.7	1.6/0.7	1.4/0.9	1.2/1.1
EV/EBITDA(배)	4.5		3.5	8.2	7.1	
EPS(원)	362	174	305	264	25	-55
BPS(원)	4,500	4,627	4,839	5,038	5,229	5,248
CFPS(원)	432	248	401	365	126	-9
DPS(원)	75	50	100	100	150	
EBITDAPS(원)	482	228	393	350	493	56

재무 비율
〈단위 : % 〉
연도	영업이익률	순이익률	부채비율	차입금비율	ROA	ROE	유보율	자기자본비율	EBITDA마진율
2016	13.7	0.9	15.8	0.0	0.5	0.5	930.7	86.4	17.2
2015	8.4	8.9	10.4	4.9	5.1	5.7	907.7	90.6	11.8
2014	7.9	8.1	12.2	7.5	5.8	6.7	867.7	89.2	10.5
2013	3.2	3.6	21.4	15.9	3.2	3.9	825.4	82.4	4.8

우리기술 (A032820)
Woori Technology

업 종: 에너지 시설 및 서비스		시 장: KOSDAQ	
신용등급: (Bond) — (CP) —		기업규모: 벤처	
홈페이지: www.wooritg.com		연락처: 02)2102-5100	
본 사: 서울시 마포구 월드컵북로 56길 9, DMC단지 우리기술빌딩 4층			

설립일	1995.01.12	종업원수	121명	대표이사	노갑선
상장일	2000.06.22	감사의견	적정 (한영)	계 열	
결산기	12월	보통주	8,085만주	종속회사수	2개사
액면가	500원	우선주		구 상 호	

주주구성 (지분율,%)
김덕우	2.6
손건희	2.6
(외국인)	1.7

출자관계 (지분율,%)

주요경쟁사 (외형,%)
우리기술	100
일진파워	422
제이씨케미칼	492

매출구성
원전사업 제품	62.5
임대	10.8
상품매출	9.6

비용구성
매출원가율	61.5
판관비율	26.3

수출비중
수출	3.0
내수	97.0

회사 개요
동사는 국내원전제어계측설비 전문업체로 발전시스템시장 중 원자력발전분야에 대한 사업에 주력하고 있음. 정부의 2024년까지 원자력 발전소를 14기를 신설 방침에 따라 성장성도 확보한 상태여서 모멘텀으로 작용할 전망임. 원자력계측기기 부문의 매출 비중이 연결기준 약 50%를 차지하고 있으며, 자재 및 물품공급대행 및 면사사업 등이 신규사업의 주력 매출원으로 자리잡고 있음.

실적 분석
동사의 연결기준 2017년 2분기 누적매출액은 전년동기 124.6억원 대비 17.9% 감소한 102.3억원을 기록하였음. 다만 원가율이 28.5% 개선되었으며 이에 따라 같은 기간 매출총이익이 4.9% 증가한 41.2억원을 기록하였으며 4.2억원의 영업이익을 기록해 흑자전환하였음. 비영업부문의 적자폭이 축소되었으며 최종적으로 동사는 0.6억원의 당기순이익을 기록, 흑자전환에 성공하였음.

현금 흐름
〈단위 : 억원〉
항목	2016	2017.2Q
영업활동	39	-9
투자활동	-21	-24
재무활동	9	-15
순현금흐름	26	-48
기말현금	71	23

시장 대비 수익률

결산 실적
〈단위 : 억원〉
항목	2012	2013	2014	2015	2016	2017
매출액	223	195	261	397	315	—
영업이익	-47	-73	-44	27	38	—
당기순이익	-98	-92	-73	-70	13	—

분기 실적
〈단위 : 억원〉
항목	2016.1Q	2016.2Q	2016.3Q	2016.4Q	2017.1Q	2017.2Q
매출액	39	86	24	166	38	64
영업이익	-9	3	-11	55	-9	13
당기순이익	-4	-21	-14	52	-13	13

재무 상태
〈단위 : 억원〉
항목	2012	2013	2014	2015	2016	2017.2Q
총자산	872	956	952	842	823	797
유형자산	470	562	557	94	100	99
무형자산	85	105	112	101	62	63
유가증권	21	23	10	8	8	19
총부채	467	567	625	543	514	467
총차입금	366	439	475	414	386	356
자본금	278	331	331	384	384	404
총자본	405	389	327	299	309	330
지배주주지분	406	411	360	299	309	330

기업가치 지표
항목	2012	2013	2014	2015	2016	2017.2Q
주가(최고/저)(천원)	1.5/0.5	0.8/0.5	0.6/0.4	1.2/0.5	1.1/0.6	—/—
PER(최고/저)(배)	—/—	—/—	—/—	—/—	59.9/36.3	—/—
PBR(최고/저)(배)	2.1/0.7	1.4/0.8	1.2/0.7	3.1/1.2	2.6/1.6	2.0/1.4
EV/EBITDA(배)				16.8	13.4	
EPS(원)	-154	-118	-94	-86	18	1
BPS(원)	732	620	543	389	403	408
CFPS(원)	-100	-59	-32	-49	45	15
DPS(원)	—	—	—	—	—	—
EBITDAPS(원)	-33	-58		72	77	19

재무 비율
〈단위 : % 〉
연도	영업이익률	순이익률	부채비율	차입금비율	ROA	ROE	유보율	자기자본비율	EBITDA마진율
2016	12.2	4.3	일부잠식	일부잠식	1.6	4.4	-19.5	37.6	18.8
2015	6.7	-17.6	일부잠식	일부잠식	-7.8	-19.9	-22.1	35.5	13.8
2014	-16.9	-28.1	일부잠식	일부잠식	-7.7	-16.2	8.7	34.3	-1.2
2013	-37.6	-47.2	145.7	112.9	-10.1	-18.0	24.1	40.7	-18.7

우리기술투자 (A041190)
Woori Technology Investment

업 종 : 창업투자 및 증금	시 장 : KOSDAQ
신용등급 : (Bond) — (CP) —	기업규모 : 중견
홈 페 이 지 : www.wooricapital.co.kr	연 락 처 : 02)2008-3100
본 사 : 서울시 강남구 테헤란로 522 (대치동, 홍우빌딩 14층)	

설 립 일 1996.12.18	종 업 원 수 10명	대 표 이 사	정만회,이정훈
상 장 일 2000.06.09	감 사 의 견 적정 (삼정)	계	열
결 산 기 12월	보 통 주 8,400만주	종속회사수	
액 면 가 500원	우 선 주	구 상 호	

주주구성 (지분율,%)
이완근	12.7
이정훈	12.7
(외국인)	0.6

출자관계 (지분율,%)
우리기술투자	100
대성창투	255
에이티넘인베스트	326

주요경쟁사 (외형,%)

수익구성
신기술금융수익	67.1
매도가능증권처분이익	62.7
기타영업수익	50.0

비용구성
이자비용	2.2
파생상품손실	0.0
판관비	58.5

수출비중
수출	—
내수	—

회사 개요
동사는 1996년 12월 중소·벤처기업창업지원을 목적으로 국내 반도체 장비 및 설비관련제품을 생산하는 기업 및 개인들이 출자하여 설립된 창업투자회사로서 중소창업기업에 대한 투자지원과 창업투자조합의 결성·관리, 그리고 성장지원을 위한 경영지도 등을 주된 사업으로 영위하고 있음. 설립후 국내 벤처산업 전반(정보통신, 반도체, 소프트웨어, 바이오, 환경 등)에 걸친 투자활동으로 1998년부터 2007년까지 평균 납입자본수익률이 25%를 상회하였음.

실적 분석
동사의 2017년 2분기 기준 영업수익은 17.9억원으로 전년(17.7억원)과 비슷한 수준을 기록함. 단 영업비용이 전년 19.5억원에서 25억원으로 늘어나며 영업이익 적자규모가 확대됨. 올 2분기 영업손실 7억원임. 당기순손실 7.3억원을 기록하며 적자전환함. 총부채가 9.1억원으로 전분기 46.2억원에 비해 크게 줄어든. 정통 벤처캐피탈로서 입지를 구축하고 있음.

현금 흐름 *IFRS 별도 기준 〈단위 : 억원〉
항목	2016	2017.2Q
영업활동	-63	4
투자활동	5	-26
재무활동	—	-38
순현금흐름	-57	-61
기말현금	127	66

시장 대비 수익률

결산 실적 〈단위 : 억원〉
항목	2012	2013	2014	2015	2016	2017
순영업손익	35	27	58	36	41	—
영업이익	-34	1	32	12	9	—
당기순이익	-30	13	31	12	11	—

분기 실적 *IFRS 별도 기준 〈단위 : 억원〉
항목	2016.1Q	2016.2Q	2016.3Q	2016.4Q	2017.1Q	2017.2Q
순영업손익	6	10	4	22	10	-1
영업이익	-5	3	-4	14	1	-8
당기순이익	-2	3	-4	14	1	-8

재무 상태 *IFRS 별도 기준 〈단위 : 억원〉
항목	2012	2013	2014	2015	2016	2017.2Q
총자산	764	626	578	586	610	567
유형자산	41	1	0	0	0	1
무형자산	17	7	7	7	6	6
유가증권	—	—	14	48	62	74
총부채	211	122	35	35	36	9
총차입금	172	107	27	27	27	—
자본금	420	420	420	420	420	420
총자본	553	503	543	551	574	557
지배주주지분	553	503	543	551	574	557

기업가치 지표 *IFRS 별도 기준
항목	2012	2013	2014	2015	2016	2017.2Q
주가(최고/저)(천원)	0.8/0.3	0.4/0.2	0.3/0.2	0.7/0.3	0.8/0.5	—/—
PER(최고/저)(배)	—/—	28.1/14.8	9.7/6.4	50.3/21.6	68.1/37.6	—/—
PBR(최고/저)(배)	1.2/0.4	0.7/0.4	0.5/0.3	1.0/0.4	1.2/0.7	1.1/0.9
PSR(최고/저)(배)	-487/-170	14/7	5/3	17/7	18/10	—/—
EPS(원)	-23	16	37	14	13	-9
BPS(원)	705	645	692	702	730	710
CFPS(원)	-8	17	38	15	14	—
DPS(원)	—	—	15	—	15	—
EBITDAPS(원)	-39	1	38	19	10	-8

재무 비율 〈단위 : % 〉
연도	계속사업이익률	순이익률	부채비율	차입금비율	ROA	ROE	유보율	자기자본비율	총자산증가율
2016	26.7	26.0	6.2	4.7	1.8	1.9	45.9	94.2	4.1
2015	33.4	33.4	6.3	4.9	2.1	2.2	40.5	94.1	1.4
2014	53.4	53.4	6.5	5.0	5.2	6.0	38.4	93.9	-7.7
2013	5.2	48.9	24.3	21.3	1.9	2.6	29.1	80.5	-18.1

우리넷 (A115440)
WooriNet

업 종 : 통신장비	시 장 : KOSDAQ
신용등급 : (Bond) — (CP) —	기업규모 : 벤처
홈 페 이 지 : www.woori-net.com	연 락 처 : 031)276-5101
본 사 : 경기도 안양시 동안구 시민대로 353 (관양동)	

설 립 일 2000.01.04	종 업 원 수 117명	대 표 이 사	김광수
상 장 일 2010.01.27	감 사 의 견 적정 (세일)	계	열
결 산 기 12월	보 통 주 637만주	종속회사수	
액 면 가 500원	우 선 주	구 상 호	

주주구성 (지분율,%)
앨범엑스어어치캘롭캘픽j.호사오픽자전투자j	45.3
장현국	3.8
(외국인)	1.2

출자관계 (지분율,%)

주요경쟁사 (외형,%)
우리넷	100
기산텔레콤	136
백금T&A	139

매출구성
기타	34.7
AGW(제품)	30.0
ETC(상품)	13.2

비용구성
매출원가율	70.2
판관비율	24.7

수출비중
수출	0.0
내수	100.0

회사 개요
동사는 2000년 삼성전자 네트워크부문 출신 연구원들이 주축이 되어 설립된 벤처회사임. 기존 음성서비스 중심의 제품군에 데이터서비스 기술을 접목하여 하나의 장비로 통합솔루션을 제공하는 광통신장비인 MSPP 제품군과 음성서비스를 기반으로 한 AGW 장비를 제조하여 기간통신사업자에게 판매하는 사업을 영위함. 개별적으로는 케이티가 최대 매출처이며, 수출은 거의 없음.

실적 분석
영업환경 불황으로 동사의 2017년도 2분기 누적 매출액은 33% 감소한 86.8억원, 영업손실은 25.3억원으로 적자지속함. MSPP관련 장비시장 매출은 감소추세이지만 PTN장비는 MSPP 대체시장 및 신규시장 형성으로 매출지속을 전망함. AGW 내수 매출이 증가했으며, AGW 장비는 기존음성서비스용 교환기의 대체와 신규 아파트 전화공급용으로 공급될 전망임.

현금 흐름 *IFRS 별도 기준 〈단위 : 억원〉
항목	2016	2017.2Q
영업활동	-64	61
투자활동	31	27
재무활동	-7	-21
순현금흐름	-41	68
기말현금	20	88

시장 대비 수익률

결산 실적 〈단위 : 억원〉
항목	2012	2013	2014	2015	2016	2017
매출액	471	447	453	496	434	—
영업이익	45	42	49	63	22	—
당기순이익	47	40	44	56	22	—

분기 실적 *IFRS 별도 기준 〈단위 : 억원〉
항목	2016.1Q	2016.2Q	2016.3Q	2016.4Q	2017.1Q	2017.2Q
매출액	31	98	76	229	29	58
영업이익	-12	9	-12	38	-17	-8
당기순이익	-7	10	-6	30	-10	-5

재무 상태 *IFRS 별도 기준 〈단위 : 억원〉
항목	2012	2013	2014	2015	2016	2017.2Q
총자산	451	568	544	649	653	632
유형자산	6	157	155	153	152	151
무형자산	25	17	10	4	8	8
유가증권	—	—	—	6	12	15
총부채	100	188	130	188	174	175
총차입금	18	72	67	74	77	83
자본금	32	32	32	32	32	32
총자본	350	380	414	461	479	456
지배주주지분	350	380	414	461	479	456

기업가치 지표 *IFRS 별도 기준
항목	2012	2013	2014	2015	2016	2017.2Q
주가(최고/저)(천원)	3.6/2.3	4.0/2.5	5.0/2.9	5.0/3.5	8.1/4.3	—/—
PER(최고/저)(배)	5.8/3.6	7.2/4.6	7.8/4.6	6.0/4.2	19.3/10.2	—/—
PBR(최고/저)(배)	0.8/0.5	0.8/0.5	0.8/0.5	0.7/0.5	1.1/0.6	1.0/0.8
EV/EBITDA(배)	0.5	2.3	2.4	0.8	9.7	—
EPS(원)	748	628	691	884	427	-234
BPS(원)	5,502	5,970	6,511	7,245	7,522	7,168
CFPS(원)	867	766	825	1,000	487	-206
DPS(원)	160	150	150	150	120	—
EBITDAPS(원)	847	792	896	1,098	407	-370

재무 비율 〈단위 : % 〉
연도	영업이익률	순이익률	부채비율	차입금비율	ROA	ROE	유보율	자기자본비율	EBITDA마진율
2016	5.1	6.3	36.3	16.2	4.2	5.8	1,404.5	73.4	6.0
2015	12.6	11.3	40.8	16.1	9.4	12.9	1,349.0	71.0	14.1
2014	10.7	9.7	31.3	16.1	7.9	11.1	1,202.2	76.2	12.6
2013	9.3	9.0	49.4	18.9	7.9	11.0	1,094.0	66.9	11.3

우리들제약 (A004720)
Wooridul Pharmaceutical

업 종 : 제약		시 장 : 거래소	
신용등급 : (Bond) — (CP) —		기업규모 : 시가총액 소형주	
홈 페 이 지 : www.wooridulpharm.com		연 락 처 : 031)370-6000	
본 사 : 경기도 화성시 향남읍 제약공단2길 50			

설 립 일 1966.08.22	총 업 원 수 247명	대 표 이 사 류남현	
상 장 일 1990.06.15	감 사 의 견 적정 (삼일)	계 열	
결 산 기 12월	보 통 주 1,129만주	종속회사수 2개사	
액 면 가 500원	우 선 주	구 상 호	

주주구성 (지분율,%)
		출자관계 (지분율,%)		주요경쟁사 (외형,%)	
김수경	7.7	포레스토리	51.7	우리들제약	100
허천구	0.9	수도정밀화학	50.3	하이텍팜	77
(외국인)	2.2	코스모지놈	39.0	화일약품	156

매출구성
		비용구성		수출비중	
기타	92.9	매출원가율	44.1	수출	0.0
바르디핀	3.6	판관비율	49.1	내수	100.0
알포레인연질	3.6				

회사 개요
동사는 1957년 수도약품공업으로 설립되어 2008년 우리들생명과학으로 상호 변경 이후 2009년 제약과 메디컬 부문의 법인 분할로 우리들제약으로 상호가 변경됨. 전문의약품, 일반의약품, 건강기능식품, 기능성 화장품 생산 판매를 영위하고 있으며 종속회사인 수도정밀화학은 약약품의 제조판매, 포레스토리는 화장품 제조판매업을 영위하고 있음. 일반의약품과 전문의약품을 중심으로 내수시장에 치중하고 있으며 필러 등 비급여시장에도 다각화 진행 중임.

실적 분석
동사의 연결 기준 2017년 2분기 누적 매출액은 전년 동기 대비 5.4% 성장한 381.7억원을 기록함. 매출원가가 11.2% 증가한 관계로 매출총이익은 0.4% 증가한 197.2억원에 그침. 비용 통제로 판관비는 2.0% 감소하여 영업이익은 25.4억원으로 전년 동기 대비 20.9% 증가함. 영업이익의 증가와 비영업손익의 증가로 당기순이익은 20.4억원으로 전년 동기 대비 24.7% 증가함.

현금 흐름 〈단위 : 억원〉
항목	2016	2017.2Q
영업활동	61	4
투자활동	-158	-0
재무활동	116	-7
순현금흐름	19	-4
기말현금	54	51

결산 실적 〈단위 : 억원〉
항목	2012	2013	2014	2015	2016	2017
매출액	303	390	442	604	715	
영업이익	-50	-34	-36	45	48	
당기순이익	-53	-38	-46	21	35	

분기 실적 〈단위 : 억원〉
항목	2016.1Q	2016.2Q	2016.3Q	2016.4Q	2017.1Q	2017.2Q
매출액	187	175	182	171	192	190
영업이익	16	5	7	20	9	16
당기순이익	15	6	5	14	7	13

재무 상태 〈단위 : 억원〉
항목	2012	2013	2014	2015	2016	2017.2Q
총자산	426	393	420	464	643	639
유형자산	71	64	59	59	83	90
무형자산	10	8	7	7	10	9
유가증권	1	1	1	1	1	1
총부채	167	155	219	178	279	152
총차입금	69	50	94	44	103	3
자본금	386	397	41	47	50	56
총자본	259	238	201	287	364	487
지배주주지분	259	239	202	287	364	487

기업가치 지표
항목	2012	2013	2014	2015	2016	2017.2Q
주가(최고/저)(천원)	37.6/5.0	12.1/4.3	6.7/3.1	9.2/5.2	20.0/6.3	—/—
PER(최고/저)(배)	—/—	—/—	—/—	41.9/23.9	58.1/18.3	—/—
PBR(최고/저)(배)	11.0/1.5	3.9/1.4	2.6/1.2	3.0/1.7	5.4/1.7	6.3/1.9
EV/EBITDA(배)				10.8	28.7	
EPS(원)	-707	-467	-576	219	343	176
BPS(원)	342	308	2,550	3,108	3,683	4,368
CFPS(원)	-57	-34	-461	306	419	223
DPS(원)						
EBITDAPS(원)	-54	-30	-339	567	556	273

재무 비율 〈단위 : % 〉
연도	영업이익률	순이익률	부채비율	차입금비율	ROA	ROE	유보율	자기자본비율	EBITDA마진율
2016	6.8	4.9	76.6	28.3	6.3	10.6	636.6	56.6	7.8
2015	7.5	3.5	62.1	15.3	4.7	8.5	521.6	61.7	8.9
2014	-8.2	-10.5	109.0	46.6	-11.4	-20.8	410.0	47.9	-6.1
2013	-8.8	-9.7	일부잠식	일부잠식	-9.4	-14.9	-38.5	60.6	-6.1

우리들휴브레인 (A118000)
WOORIDUL HUE BRAIN

업 종 : 의료 장비 및 서비스		시 장 : 거래소	
신용등급 : (Bond) — (CP) —		기업규모 : 시가총액 소형주	
홈 페 이 지 : www.wooridulls.co.kr		연 락 처 : 02)2186-1346	
본 사 : 경기도 화성시 향남읍 제약공단2길 50			

설 립 일 2009.12.01	총 업 원 수 26명	대 표 이 사 이근형	
상 장 일 2009.12.30	감 사 의 견 적정 (정동)	계 열	
결 산 기 12월	보 통 주 2,009만주	종속회사수 3개사	
액 면 가 500원	우 선 주	구 상 호 우리들생명과학	

주주구성 (지분율,%)
		출자관계 (지분율,%)		주요경쟁사 (외형,%)	
김수경	4.2	다미팜	100.0	우리들휴브레인	100
최효정	1.5	우리들교육	100.0	비트컴퓨터	316
(외국인)	3.2	그린벨시스템즈	94.4	하이로닉	138

매출구성
		비용구성		수출비중	
수강료수입	37.6	매출원가율	105.9	수출	—
[생활건강]기타	27.6	판관비율	45.3	내수	—
[메디컬]기타	16.3				

회사 개요
2009년 12월 우리들제약주식회사의 메디컬 사업부문을 인적분할하여 설립되어 2009년 12월 한국거래소 유가증권시장에 재상장됨. 의료기기, 의료용품 공급 및 골질환치료 목적의 줄기세포를 연구하는 메디컬 사업부문과 휘트니스 서비스 및 기구, 기능성 의자 등을 공급하는 생활건강 사업부문, 입시 컨설팅 서비스를 제공하는 교육 사업부문, 그리고 종속회사인 휴브레인의 교육서비스 사업부문을 영위하고 있음.

실적 분석
2017년 반기 연결기준 누적 매출액과 영업이익은 전년동기대비 각각 35.6% 증가, 적자 지속하는 88.8억원, -29.1억원을 기록함. 메디컬과 생활건강, 의약품 부문 증가하였으나 교육 부문 매출이 크게 축소. 영업이익은 메디컬, 생활건강, 교육 부문 모두 손실을 내며 적자지속함. 종속회사 다미팜 흡수합병, 그린벨시스템즈 지분 인수를 통해 기업 경쟁력 강화와 신규투자 진행 예정.

현금 흐름 〈단위 : 억원〉
항목	2016	2017.2Q
영업활동	-49	-69
투자활동	-153	102
재무활동	202	-23
순현금흐름	0	10
기말현금	3	13

결산 실적 〈단위 : 억원〉
항목	2012	2013	2014	2015	2016	2017
매출액	223	125	118	115	112	
영업이익	-34	-47	-61	-75	-57	
당기순이익	-64	-46	-90	-78	-86	

분기 실적 〈단위 : 억원〉
항목	2016.1Q	2016.2Q	2016.3Q	2016.4Q	2017.1Q	2017.2Q
매출액	36	30	26	21	23	65
영업이익	-14	-12	-11	-20	-13	-17
당기순이익	-12	-15	-13	-47	-10	-23

재무 상태 〈단위 : 억원〉
항목	2012	2013	2014	2015	2016	2017.2Q
총자산	304	220	197	164	288	398
유형자산	20	14	13	71	10	30
무형자산	15	69	39	18	46	46
유가증권	34	31	25	23	85	33
총부채	80	59	114	102	154	215
총차입금	19	31	73	58	115	101
자본금	399	399	42	54	92	100
총자본	224	160	83	62	134	182
지배주주지분	224	157	82	62	134	181

기업가치 지표
항목	2012	2013	2014	2015	2016	2017.2Q
주가(최고/저)(천원)	40.2/6.3	11.0/3.6	5.1/2.2	4.9/2.0	13.8/2.5	—/—
PER(최고/저)(배)	—/—	—/—	—/—	—/—	—/—	—/—
PBR(최고/저)(배)	14.1/2.2	5.5/1.8	5.2/2.3	10.0/4.1	18.9/3.5	14.3/2.9
EV/EBITDA(배)						
EPS(원)	-715	-490	-937	-600	-476	-55
BPS(원)	281	197	964	570	729	904
CFPS(원)	-73	-46	-964	-619	-437	-39
DPS(원)						
EBITDAPS(원)	-33	-48	-621	-610	-278	-129

재무 비율 〈단위 : % 〉
연도	영업이익률	순이익률	부채비율	차입금비율	ROA	ROE	유보율	자기자본비율	EBITDA마진율
2016	-51.2	-76.8	114.7	85.7	-38.1	-87.9	45.9	46.6	-44.8
2015	-65.5	-67.9	165.2	93.5	-43.0	-105.8	14.1	37.7	-57.9
2014	-51.6	-76.7	136.6	87.2	-43.4	-74.1	92.8	42.3	-42.7
2013	-37.9	-36.6	일부잠식	일부잠식	-17.4	-24.0	-60.7	73.0	-30.9

우리로 (A046970)
WOORIRO

업　　종 : 통신장비　　　　　　　　　　　　　　시　　장 : KOSDAQ
신용등급 : (Bond) ―　　(CP) ―　　　　　　　기업규모 : 벤처
홈페이지 : www.wooriro.com　　　　　　　　　연락처 : 062)602-8100
본　　사 : 광주시 광산구 평동산단6번로 102-22 (월전동)

설립일 1998.12.29	종업원수 133명	대표이사 박세철
상장일 2012.11.27	감사의견 적정 (서우)	계열
결산기 12월	보통주 2,289만주	종속회사수 2개사
액면가 500원	우선주	구상호 우리로광통신

주주구성 (지분율,%)
인피온	18.1
한국산업은행	2.9
(외국인)	0.5

출자관계 (지분율,%)

주요경쟁사 (외형,%)
우리로	100
콤텍시스템	395
오이솔루션	189

매출구성
광통신사업부문	85.0
SI 사업부문	15.0

비용구성
매출원가율	85.9
판관비율	18.9

수출비중
수출	33.0
내수	67.0

회사 개요
동사는 FTTx 초고속 광통신망 구축에 필수적으로 필요한 광분배기칩과 광모듈 및 Wafer를 생산하여 통신산업에 공급하는 회사로, 1998년에 설립되어 2012년 11월에 코스닥시장에 상장됨. 2015년 3월 상호명을 우리로로 변경함. 광분배 시장은 동사 등 국내 업체가 세계시장의 약 80% 이상을 점유하고 있음. 2014년에 고성능 저전력 스토리지를 개발하고 공급하는 사업에 진출함.

실적 분석
동사의 2017년 2분기기준 누적 매출액은 전년동기대비 13.6% 상승한 223.4억원을 기록하였음. 비용면에서 전년동기대비 매출원가는 증가 하였으며 인건비는 감소 하였고 광고선전비는 거의 동일 하였으나 기타판매비와 관리비는 증가하였음. 이처럼 매출액 상승과 더불어 비용절감에도 힘을 기울였음. 그에 따라 전년동기대비 영업이익은 -12.8억원으로 적자지속 이지만 그 폭을 줄여가고 있음. 최종적으로 전년동기대비 당기순이익은 적자전환함.

현금 흐름 〈단위 : 억원〉
항목	2016	2017.2Q
영업활동	-4	-3
투자활동	32	-77
재무활동	-18	55
순현금흐름	10	-25
기말현금	46	21

시장 대비 수익률

결산 실적 〈단위 : 억원〉
항목	2012	2013	2014	2015	2016	2017
매출액	188	179	152	532	422	
영업이익	23	-117	-53	25	-20	
당기순이익	25	-131	-47	25	-20	

분기 실적 〈단위 : 억원〉
항목	2016.1Q	2016.2Q	2016.3Q	2016.4Q	2017.1Q	2017.2Q
매출액	95	102	92	134	120	104
영업이익	-7	-13	-1	1	-1	-12
당기순이익	30	-11	-11	-6	3	-14

재무 상태 〈단위 : 억원〉
항목	2012	2013	2014	2015	2016	2017.2Q
총자산	484	375	415	672	658	710
유형자산	165	153	135	140	129	130
무형자산	29	0	0	68	73	76
유가증권	0	0	64	70	127	181
총부채	71	95	184	371	322	329
총차입금	47	58	131	285	239	240
자본금	35	35	35	85	93	107
총자본	412	280	231	301	335	381
지배주주지분	412	280	231	293	329	371

기업가치 지표
항목	2012	2013	2014	2015	2016	2017.2Q
주가(최고/저)(천원)	9.7/6.9	7.9/4.0	4.6/2.9	5.1/2.0	4.2/1.9	―/―
PER(최고/저)(배)	19.6/13.9	―/―	―/―	44.1/17.7	387.3/176.7	―/―
PBR(최고/저)(배)	1.6/1.2	2.0/1.0	1.4/0.9	2.8/1.1	2.3/1.0	1.8/1.2
EV/EBITDA(배)	8.0			17.0	143.8	―/―
EPS(원)	247	-943	-338	116	11	-52
BPS(원)	5,940	4,036	3,353	1,842	1,865	1,819
CFPS(원)	946	-1,548	-418	259	143	9
DPS(원)	25					
EBITDAPS(원)	906	-1,348	-500	290	20	

재무 비율 〈단위 : % 〉
연도	영업이익률	순이익률	부채비율	차입금비율	ROA	ROE	유보율	자기자본비율	EBITDA마진율
2016	-4.8	0.3	96.1	71.2	0.2	0.6	273.0	51.0	0.8
2015	4.7	3.9	123.3	94.9	3.8	7.5	268.4	44.8	9.2
2014	-34.6	-30.9	79.6	56.9	-11.9	-18.4	570.7	55.7	-22.8
2013	-65.3	-73.0	34.0	20.8	-30.5	-37.8	707.3	74.6	-52.2

우리산업 (A215360)
WOORY INDUSTRIAL COLTD

업　　종 : 자동차부품　　　　　　　　　　　　시　　장 : KOSDAQ
신용등급 : (Bond) ―　　(CP) ―　　　　　　　기업규모 : 우량
홈페이지 : www.woory.com　　　　　　　　　연락처 : 031)201-6500
본　　사 : 경기도 용인시 기흥구 지삼로 89

설립일 2015.04.01	종업원수 329명	대표이사 김정우
상장일 2015.05.06	감사의견 적정 (대주)	계열
결산기 12월	보통주 913만주	종속회사수 1개사
액면가 500원	우선주	구상호

주주구성 (지분율,%)
우리산업홀딩스	39.5
Standard Life Investments Limited	10.3
(외국인)	11.3

출자관계 (지분율,%)
우리앤계명	79.6

주요경쟁사 (외형,%)
우리산업	100
S&T홀딩스	594
S&T중공업	181

매출구성
HVAC ACTUATOR	29.6
CLUTCH COIL ASSEMBLY	21.5
PTC Heater	17.2

비용구성
매출원가율	85.3
판관비율	8.5

수출비중
수출	49.0
내수	51.0

회사 개요
동사는 2015년 4월 1일을 분할기일로 하여 우리산업홀딩스 주식회사로부터 자동차 부품 제조 및 판매사업을 인적분할하여 설립됨. 주요 생산품은 HVAC Actuator, 공조제어기, 클러치 코일등으로 전체매출액 중 공조 시스템 매출 비중이 70% 이상임. 또한 테슬라 전기차 모델에 대한 PTC 히터를 독점 납품하고 있음. 동사는 중국(천진, 대련), 인도, 태국, 미국, 슬로바키아, 헝가리 등 현지법인을 설립하여 운영 중.

실적 분석
동사의 2017년도 2분기 매출액은 1,356.4억원으로 전년동기 대비 8.1%의 외형 확대 시현. 영업이익은 78억원으로 전년 동기 대비 10.4% 증가함. 다만 비영업부문의 외환손실이 발생하여 당기순이익은 51.3% 감소한 30.1억원을 시현함. 동사는 국내 완성차 1차 밴더에 대한 높은 의존도를 탈피하기 위하여 해외수출 시장 확대를 적극적으로 추진 중. 또한 동사는 친환경 차량용 가열 난방장치에 대한 특허를 취득.

현금 흐름 〈단위 : 억원〉
항목	2016	2017.2Q
영업활동	214	14
투자활동	-85	-48
재무활동	-108	2
순현금흐름	23	-35
기말현금	81	46

시장 대비 수익률

결산 실적 〈단위 : 억원〉
항목	2012	2013	2014	2015	2016	2017
매출액				1,967	2,588	
영업이익				108	160	
당기순이익				103	131	

분기 실적 〈단위 : 억원〉
항목	2016.1Q	2016.2Q	2016.3Q	2016.4Q	2017.1Q	2017.2Q
매출액	621	634	642	691	683	673
영업이익	30	41	44	45	33	45
당기순이익	28	34	23	47	15	16

재무 상태 〈단위 : 억원〉
항목	2012	2013	2014	2015	2016	2017.2Q
총자산				1,862	1,888	1,893
유형자산				531	556	595
무형자산				59	74	79
유가증권				0	0	0
총부채				1,315	1,222	1,184
총차입금				687	619	614
자본금				46	46	46
총자본				547	666	709
지배주주지분				547	666	709

기업가치 지표
항목	2012	2013	2014	2015	2016	2017.2Q
주가(최고/저)(천원)	―/―	―/―	―/―	28.1/13.1	38.2/16.4	―/―
PER(최고/저)(배)	―/―	―/―	―/―	28.1/13.1	38.2/16.4	―/―
PBR(최고/저)(배)	0.0/0.0	0.0/0.0	0.0/0.0	24.9/11.6	26.5/11.4	―/―
EV/EBITDA(배)	0.0	0.0	0.0	4.7/2.2	5.2/2.2	5.0/2.8
EPS(원)				1,131	1,441	331
BPS(원)				5,991	7,390	7,762
CFPS(원)				1,792	2,349	834
DPS(원)				50	50	
EBITDAPS(원)				1,844	2,655	1,358

재무 비율 〈단위 : % 〉
연도	영업이익률	순이익률	부채비율	차입금비율	ROA	ROE	유보율	자기자본비율	EBITDA마진율
2016	6.2	5.1	183.6	93.0	7.0	21.7	1,378.0	35.3	9.4
2015	5.5	5.3	240.3	125.5	0.0	0.0	1,098.3	29.4	8.6
2014	0.0	0.0	0.0	0.0	0.0	0.0	0.0	0.0	0.0
2013	0.0	0.0	0.0	0.0	0.0	0.0	0.0	0.0	0.0

우리산업홀딩스 (A072470)
Woory Industrial Holdings

업 종 : 자동차부품		시 장 : KOSDAQ	
신용등급 : (Bond) — (CP) —		기업규모 : 우량	
홈 페 이 지 : www.wooryholdings.com		연 락 처 : 031)201-6500	
본 사 : 경기도 용인시 기흥구 지삼로 89 (지곡동)			

설 립 일 1989.02.27	종 업 원 수 11명	대 표 이 사 김명준	
상 장 일 2003.10.28	감 사 의 견 적정 (대주)	계 열	
결 산 기 12월	보 통 주 1,889만주	종속회사수 11개사	
액 면 가 500원	우 선 주	구 상 호 우리산업	

주주구성 (지분율,%)		출자관계 (지분율,%)		주요경쟁사 (외형,%)	
김명준	49.7	우리플라텍	100.0	우리산업홀딩스	100
김정우	29.0	위캠	50.0	디아이씨	174
(외국인)	0.5	우리산업	39.5	세종공업	360

매출구성		비용구성		수출비중	
기타	31.3	매출원가율	81.7	수출	—
HVAC ACTUATOR	27.1	판관비율	10.9	내수	—
HEATER CONTROL ASSEMBLY	23.8				

회사 개요
동사는 자동차 공조장치 관련 부품을 생산하는 완성차업계의 2차 공급업체로 국내 주요 거래처는 한라비스테온공조, 현대모비스, 만도 등이며, 국외 수출 거래선은 DENSO, VALEO, BEHR, DELPHI등으로 영업활동을 확장하고 있음. 동사의 고객사는 대부분 완성차 업체의 1차 공급업체로서의 확고한 시장지위를 가지고 있음. 완성차 업체들의 부품구매 추세가 급격히 다국적화되어 감에 따라 동사 또한 현지법인 설립 등으로 글로벌 영업활동 확대중.

실적 분석
동사의 2017년도 2분기 연결기준 누적매출액은 1,650억원으로 전년동기 대비 4.7% 외형 확대. 영업이익과 당기순이익은 각 92.3억원, 24.8억원을 기록하여 전년동기 대비 19.4%, 73.8% 감소함. 영업이익과 완성차 업체의 부품 Global Sourcing이 구체화되면 국내 경쟁업체뿐만 아니라 해외경쟁 업체와의 경쟁이 격화될 것으로 예상됨. 따라서 부품업체의 대처능력에 따라 매출신장의 기회 및 매출위축 등의 영향을 받을 수 있음.

현금 흐름		〈단위 : 억원〉
항목	2016	2017.2Q
영업활동	217	42
투자활동	-49	-39
재무활동	-133	-50
순현금흐름	36	-49
기말현금	150	100

결산 실적
						〈단위 : 억원〉
항목	2012	2013	2014	2015	2016	2017
매출액	2,431	2,903	1,156	2,253	3,209	
영업이익	134	177	42	145	237	
당기순이익	68	134	144	283	161	

분기 실적
						〈단위 : 억원〉
항목	2016.1Q	2016.2Q	2016.3Q	2016.4Q	2017.1Q	2017.2Q
매출액	778	799	768	865	851	799
영업이익	49	65	59	64	41	51
당기순이익	42	52	22	45	15	10

재무 상태
						〈단위 : 억원〉
항목	2012	2013	2014	2015	2016	2017.2Q
총자산	1,728	1,977	2,457	3,150	3,200	3,123
유형자산	436	486	610	639	679	754
무형자산	54	63	65	669	663	658
유가증권	0	0	31	33	1	1
총부채	1,152	1,233	1,581	1,602	1,516	1,416
총차입금	638	665	846	831	746	708
자본금	72	78	78	94	94	94
총자본	576	744	876	1,548	1,684	1,707
지배주주지분	561	725	857	1,200	1,265	1,275

기업가치 지표
항목	2012	2013	2014	2015	2016	2017.2Q
주가(최고/저)(천원)	3.7/1.9	8.7/2.0	10.2/5.7	12.5/4.4	12.7/6.0	—/—
PER(최고/저)(배)	8.8/4.4	11.2/2.6	11.4/6.4	7.2/2.5	29.8/14.0	1.4/0.9
PBR(최고/저)(배)	1.0/0.5	1.9/0.4	1.9/1.1	2.0/0.7	1.9/0.9	—/—
EV/EBITDA(배)	5.7		9.3	17.7	14.0	6.5
EPS(원)	436	795	904	1,751	430	29
BPS(원)	3,910	4,631	5,477	6,352	6,701	6,753
CFPS(원)	832	1,206	1,415	2,369	1,031	378
DPS(원)	30	30	30	50	50	
EBITDAPS(원)	1,335	1,544	778	1,672	1,854	837

재무 비율
									〈단위 : %〉
연도	영업이익률	순이익률	부채비율	차입금비율	ROA	ROE	유보율	자기자본비율	EBITDA마진율
2016	7.4	5.0	90.0	44.3	5.1	6.6	1,240.2	52.6	10.9
2015	6.4	12.6	103.5	53.7	10.1	23.4	1,170.5	49.1	10.2
2014	3.6	12.5	180.5	96.6	6.5	17.9	995.5	35.7	10.5
2013	6.1	4.6	165.6	89.4	7.2	19.3	826.2	37.7	8.3

우리손에프앤지 (A073560)
Woorison F&G CO

업 종 : 식료품		시 장 : KOSDAQ	
신용등급 : (Bond) — (CP) —		기업규모 : 벤처	
홈 페 이 지 : www.woorisonfng.co.kr		연 락 처 : 041)563-1055	
본 사 : 전남 나주시 반남면 장송길 73			

설 립 일 2001.02.22	종 업 원 수 124명	대 표 이 사 조창현,유태호	
상 장 일 2016.07.27	감 사 의 견 적정 (현대)	계 열	
결 산 기 12월	보 통 주 6,924만주	종속회사수 9개사	
액 면 가 500원	우 선 주	구 상 호	

주주구성 (지분율,%)		출자관계 (지분율,%)		주요경쟁사 (외형,%)	
이지바이오	43.7	부여육종	100.0	우리손에프앤지	100
팜스토리	12.0	우포월드	100.0	하림	442
(외국인)	0.6	안성	100.0	CJ프레시웨이	1,247

매출구성		비용구성		수출비중	
비육돈	50.5	매출원가율	76.1	수출	0.0
가공유통사업	22.5	판관비율	9.3	내수	100.0
해외사업	15.9				

회사 개요
동사는 2001년 2월 22일에 설립됐으며 총 11개 기업을 종속기업으로 보유하고 있음. 동사와 연결종속회사는 양돈사업 및 가공유통사업으로 구성되어 있으며 가축사육이나 판매를 주업으로 하고 있음. 돼지는 분뇨 배설량이 많아서 수질 오염 등 공해문제를 일으킬 수 있으며, 분뇨 처리 시설에 상당히 많은 비용이 소모. 환경규제가 점차 강화돼 관련 비용이 증가하고 있음.

실적 분석
동사의 2017년 상반기 연결기준 누적 매출액은 1005.2억원으로 전년 동기 대비 8% 증가함. 매출이 증가한 반면 매출원가는 소폭 감소하면서 영업이익은 전년 동기 대비 무려 57.1% 증가한 323.1억원을 시현함. 비영업손익 부문에서 적자는 지속했지만 적자 폭이 줄고 영업이익이 크게 늘어나면서 당기순이익은 218.5억원으로 전년 동기 대비 75.4% 증가함.

현금 흐름		〈단위 : 억원〉
항목	2016	2017.2Q
영업활동	222	256
투자활동	-352	-153
재무활동	178	-51
순현금흐름	44	52
기말현금	118	170

결산 실적
						〈단위 : 억원〉
항목	2012	2013	2014	2015	2016	2017
매출액	65	222	1,662	1,550	1,867	
영업이익	-25	-4	339	263	272	
당기순이익	-9	-21	210	150	138	

분기 실적
						〈단위 : 억원〉
항목	2016.1Q	2016.2Q	2016.3Q	2016.4Q	2017.1Q	2017.2Q
매출액	446	485	456	481	462	543
영업이익	60	146	56	10	94	230
당기순이익	32	92	32	-18	63	155

재무 상태
						〈단위 : 억원〉
항목	2012	2013	2014	2015	2016	2017.2Q
총자산	1,100	1,078	2,203	2,381	2,659	2,905
유형자산	343	336	1,126	1,411	1,524	1,593
무형자산	1	0	1	1	1	1
유가증권	52	70	15	17	12	12
총부채	426	510	1,547	1,450	1,277	1,312
총차입금	383	419	1,152	975	854	806
자본금	286	186	186	258	346	346
총자본	674	568	656	931	1,381	1,593
지배주주지분	674	568	643	913	1,344	1,547

기업가치 지표
항목	2012	2013	2014	2015	2016	2017.2Q
주가(최고/저)(천원)	—/—	—/—	—/—	—/—	3.0/2.0	—/—
PER(최고/저)(배)	0.0/0.0	0.0/0.0	0.0/0.0	0.0/0.0	14.7/9.7	—/—
PBR(최고/저)(배)	0.0/0.0	0.0/0.0	0.0/0.0	0.0/0.0	1.5/1.0	1.2/0.9
EV/EBITDA(배)			32.8	2.7	2.8	6.3
EPS(원)	-16	-37	553	389	203	299
BPS(원)	11,768	15,260	17,277	1,770	1,941	2,234
CFPS(원)	-63	-64	7,300	567	339	378
DPS(원)						
EBITDAPS(원)	-349	229	10,875	884	561	546

재무 비율
									〈단위 : %〉
연도	영업이익률	순이익률	부채비율	차입금비율	ROA	ROE	유보율	자기자본비율	EBITDA마진율
2016	14.5	7.4	92.5	61.9	5.5	11.5	288.1	52.0	19.2
2015	17.0	9.7	155.8	104.8	6.5	18.6	253.9	39.1	21.3
2014	20.4	12.6	235.8	175.6	12.8	34.0	245.5	29.8	24.4
2013	-2.0	-9.3	89.8	73.7	-1.9	-3.3	205.2	52.7	5.7

우리은행 (A000030)
Woori Bank

업 종 : 상업은행		시 장 : 거래소	
신용등급 : (Bond) — (CP) —		기업규모 : 시가총액 대형주	
홈페이지 : www.wooribank.com		연 락 처 : 02)2002-3000	
본 사 : 서울시 중구 소공로 51 (회현동 1가 203)			

설 립 일 1899.01.30	종업원수 15,350명	대 표 이 사 이광구	
상 장 일 2014.11.19	감사의견 적정 (안진)	계 열	
결 산 기 12월	보 통 주 67,600만주	종속회사수 68개사	
액 면 가 5,000원	우 선 주	구 상 호	

주주구성 (지분율,%)		출자관계 (지분율,%)		주요경쟁사 (외형,%)	
예금보험공사	18.8	우리카드	100.0	우리은행	100
국민연금공단	8.5	우리자산운용	100.0	신한지주	132
(외국인)	28.0	우리에프아이에스	100.0	KB금융	118

수익구성		비용구성		수출비중	
환전업무 및 해외송금업무	0.0	이자비용	15.9	수출	—
유가증권관련및기타	0.0	파생상품손실	0.5	내수	—
신탁보수	0.0	판관비	15.9		

회사 개요
1998년 외환위기 이후 상업·한일은행은 부실로 인해 통합, 한빛은행으로 재탄생함. 이후 경남, 광주, 평화 등 3개 은행이 추가 합병해 2001년 우리금융지주가 됨. 이 과정에서 정부가 예금보험공사를 통해 약 12.8조원의 공적자금을 투입, 지분 100%를 소유하게 됨. 2016년 말에 과점주주 매각방식으로 민영화에 성공함. 주요연결종속회사는 우리카드, 우리종합금융, 우리에프아이에스와 은행업을 영위하는 해외현지법인 8개사 등이 있음.

실적 분석
동사의 2017년 2분기 누적 순이익(지배회사 지분 기준)은 1조983억원으로 전년 동기(7,503억원) 대비 46.4% 증가함. 미 연준의 금리 인상 여파로 국내 시장금리가 상승하면서 순이자마진(NIM)이 개선됨. 순이자이익은 전년 동기보다 615억원 증가. 이와 더불어 비이자이익이 2,151억원 대폭 늘어나며 실적 개선 견인. 특히 수수료 이익 규모와 신탁 자산 판매규모가 확대됨.

현금 흐름 〈단위 : 억원〉
항목	2016	2017.2Q
영업활동	49,053	13,873
투자활동	-42,256	6,541
재무활동	3,331	-21,421
순현금흐름	9,473	-2,142
기말현금	75,913	73,771

시장 대비 수익률

결산 실적 〈단위 : 억원〉
항목	2012	2013	2014	2015	2016	2017
이자수익	105,110	94,934	92,112	86,982	85,123	—
영업이익	14,515	2,396	8,977	13,516	15,742	—
당기순이익	14,969	-7,134	12,080	10,754	12,775	—

분기 실적 〈단위 : 억원〉
항목	2016.1Q	2016.2Q	2016.3Q	2016.4Q	2017.1Q	2017.2Q
이자수익	21,515	21,421	21,089	21,098	20,838	21,058
영업이익	5,563	3,928	4,401	1,850	8,797	6,045
당기순이익	4,465	3,113	3,594	1,604	6,427	4,663

재무 상태 〈단위 : 억원〉
항목	2012	2013	2014	2015	2016	2017.2Q
총자산	2,485,466	3,406,904	2,701,572	2,918,591	3,106,827	3,160,653
유형자산	23,857	25,364	25,011	24,712	24,580	24,592
무형자산	1,089	2,689	1,882	3,163	3,589	3,895
유가증권	368,802	317,460	342,781	335,095	374,541	376,471
총부채	2,299,517	3,178,136	2,520,638	2,725,492	2,901,368	2,956,448
총차입금	352,889	399,092	426,628	420,296	424,279	413,291
자본금	38,298	40,301	33,814	33,814	33,814	33,814
총자본	185,949	228,768	180,934	193,099	205,460	204,205
지배주주지분	185,873	178,476	179,835	191,885	203,862	202,563

기업가치 지표
항목	2012	2013	2014	2015	2016	2017.2Q
주가(최고/저)(천원)	—/—	—/—	11.4/8.9	10.2/8.0	12.9/7.9	—/—
PER(최고/저)(배)	0.0/0.0	0.0/0.0	7.6/5.8	7.2/5.6	7.2/4.4	—/—
PBR(최고/저)(배)	0.0/0.0	0.0/0.0	0.5/0.4	0.4/0.3	0.4/0.3	0.6/0.4
PSR(최고/저)(배)	0/0	0/0	0/0	0/0	1/1	—/—
EPS(원)	1,953	-842	1,720	1,566	1,866	
BPS(원)	24,267	29,911	26,647	28,436	30,208	30,015
CFPS(원)	2,130	-372	2,070	1,922	2,239	1,804
DPS(원)			500	500	400	
EBITDAPS(원)	1,895	375	1,272	1,999	2,329	2,196

재무 비율 〈단위 : % 〉
연도	계속사업 이익률	순 이익률	부채 비율	차입금 비율	ROA	ROE	유보율	자기자본 비율	총자산 증가율
2016	18.3	15.0	1,412.1	206.5	0.4	6.4	503.9	6.6	6.5
2015	16.7	12.4	1,411.5	217.7	0.4	5.7	468.5	6.6	8.0
2014	9.1	13.1	1,393.1	235.8	0.4	6.8	433.0	6.7	-20.7
2013	3.0	-7.5	1,389.2	174.5	-0.2	-3.0	342.9	6.7	37.1

우리이앤엘 (A153490)
WOOREE E&L CO

업 종 : 디스플레이 및 관련부품		시 장 : KOSDAQ	
신용등급 : (Bond) — (CP) —		기업규모 : 중견	
홈페이지 : www.wooreeenl.co.kr		연 락 처 : 031)599-3143	
본 사 : 경기도 안산시 단원구 성곡로 79			

설 립 일 2008.06.09	종업원수 147명	대 표 이 사 김병수	
상 장 일 2013.02.05	감사의견 적정 (대주)	계 열	
결 산 기 12월	보 통 주 4,990만주	종속회사수 2개사	
액 면 가 500원	우 선 주	구 상 호	

주주구성 (지분율,%)		출자관계 (지분율,%)		주요경쟁사 (외형,%)	
우리이티아이	38.2	우리ATEC	100.0	우리이앤엘	100
LG디스플레이	13.6	우리VINA	44.5	우리조명	1,063
(외국인)	1.1	YANGZHOUWOOREEELECTRONICCO.,LTD	100.0	상보	103

매출구성		비용구성		수출비중	
LED Light Bar 및 PKG	99.9	매출원가율	82.9	수출	84.0
LED 설비 판매	0.1	판관비율	20.2	내수	16.0

회사 개요
동사는 2008년 설립대 차세대 광원으로 부각되고 있는 LED제품을 생산하는 업체로 LED 소자를 이용한 모듈 제품군, 일반조명군 등 각종 LED 관련 제품을 개발, 출시하고 있음. TV, 모니터, 노트북PC 등에 사용되는 LED BLU는 소형에서부터 대형사이즈까지 모두 대응할 수 있는 생산설비를 갖추고 있음. 동사의 주요 고객은 LG디스플레이로 2009년 투자 유치 후, LED Display 부문의 50~60% 물량을 공급 중임.

실적 분석
동사의 2017년도 2분기 연결기준 누적 매출액은 812.0억원으로 전년동기 대비 12.4% 증가함. 이는 LED Light Bar 사업부문 단일 매출임. 반면 비영업손익의 적자지속으로 순이익 역시 적자지속했으나 전년동기 대비 적자 폭이 크게 감소함. 베트남, 중국지역에 LED 사업부문의 원가절감을 위한 투자를 진행 중임. 향후 유지보수의 자체 수행을 통해 수익성을 향상할 예정임.

현금 흐름 〈단위 : 억원〉
항목	2016	2017.2Q
영업활동	199	-25
투자활동	-61	21
재무활동	-139	-72
순현금흐름	-6	-75
기말현금	162	87

시장 대비 수익률

결산 실적 〈단위 : 억원〉
항목	2012	2013	2014	2015	2016	2017
매출액	5,089	2,561	1,975	1,895	1,471	—
영업이익	295	-62	-25	2	-46	—
당기순이익	160	-77	-57	-58	-178	—

분기 실적 〈단위 : 억원〉
항목	2016.1Q	2016.2Q	2016.3Q	2016.4Q	2017.1Q	2017.2Q
매출액	345	377	373	375	380	432
영업이익	-24	-2	-6	-13	5	17
당기순이익	-35	-61	-35	-47	-52	26

재무 상태 〈단위 : 억원〉
항목	2012	2013	2014	2015	2016	2017.2Q
총자산	2,899	2,675	2,301	1,960	1,788	1,699
유형자산	604	421	277	187	115	109
무형자산	13	11	8	12	19	17
유가증권	17	59	45	9	7	7
총부채	2,295	1,751	1,444	1,132	949	892
총차입금	1,299	1,101	832	799	486	407
자본금	115	160	160	160	250	250
총자본	604	924	857	828	839	807
지배주주지분	604	924	857	828	839	807

기업가치 지표
항목	2012	2013	2014	2015	2016	2017.2Q
주가(최고/저)(천원)	—/—	6.3/2.2	4.2/1.7	2.5/1.4	2.0/1.2	—/—
PER(최고/저)(배)	0.0/0.0	—/—	—/—	—/—	—/—	—/—
PBR(최고/저)(배)	0.0/0.0	2.6/0.9	1.8/0.7	1.2/0.7	1.2/0.7	0.9/0.7
EV/EBITDA(배)	2.5	20.8	15.5	11.8	32.9	—/—
EPS(원)	472	-176	-129	-139	-362	-52
BPS(원)	2,060	2,470	2,472	2,389	1,727	1,662
CFPS(원)	1,101	218	140	146	-204	-11
DPS(원)						
EBITDAPS(원)	1,561	259	226	314	64	86

재무 비율 〈단위 : % 〉
연도	영업 이익률	순 이익률	부채 비율	차입금 비율	ROA	ROE	유보율	자기자본 비율	EBITDA 마진율
2016	-3.1	-12.1	113.1	57.9	-9.5	-21.4	245.5	46.9	2.2
2015	0.1	-3.1	136.7	96.5	-2.7	-6.9	431.6	42.3	5.9
2014	-1.2	-2.9	168.4	97.0	-2.3	-6.4	450.1	37.3	4.4
2013	-2.4	-3.1	189.6	119.2	-2.8	-10.1	491.4	34.5	3.8

우리이티아이 (A082850)
WooreeETI

업 종 : 디스플레이 및 관련부품		시 장 : KOSDAQ	
신용등급 : (Bond) — (CP) —		기업규모 : 중견	
홈 페 이 지 : www.wooreeeti.co.kr		연 락 처 : 031)599-3100	
본 사 : 경기도 안산시 단원구 성곡로 79 (608블럭30루트)			

설 립 일 2000.05.25	종 업 원 수 194명	대 표 이 사 윤철주,이영득	
상 장 일 2005.07.29	감 사 의 견 적정 (대주)	계 열	
결 산 기 12월	보 통 주 4,152만주	종속회사수 12개사	
액 면 가 500원	우 선 주	구 상 호	

주주구성 (지분율,%)		출자관계 (지분율,%)		주요경쟁사 (외형,%)	
우리조명	34.1	뉴옵틱스	100.0	우리이티아이	100
MIC2001-3우리투자조합7호	4.1	우리나노필	100.0	유테크	2
(외국인)	0.8	우리VINA	55.5	씨엔플러스	2

매출구성		비용구성		수출비중	
SET TV,LED PKG	90.7	매출원가율	95.1	수출	78.0
LED Light Bar 및 PKG	7.3	판관비율	5.4	내수	22.0
M,F-PCB 단면/양면	1.9				

회사 개요
동사는 CCFL(Cold Cathode Fluorescent Lamp)를 개발, 제조, 판매 목적으로 2000년에 설립됐으나, LED 산업의 성장에 따른 수요 감소로 인해 2012년 설비를 전량 폐기하고 생산 중단함. 현재는 잔여 제품재고의 판매만 하고 있고, 2013년 연성회로기판(F-PCB) 제조판매업에 진출함. F-PCB 제품의 주요 목표 시장은 휴대폰, LCD모듈, 카메라모듈, 디지털카메라, 광픽업(ODD) 등을 생산하는 제조업체.

실적 분석
동사의 2017년 2분기기준 누적 매출액은 전년동기대비 4.5% 하락한 7,629.5억원을 기록하였음. 비용면에서 매출원가는 감소 하였으며 인건비는 증가 하였고 광고선전비는 크게 감소 하였고 기타판매비와 관리비는 증가함. 하락 폭을 줄이기 위해 매출원가 절감 노력을 기울였으나 그에 따라 영업이익은 -0.2억원으로 적자지속하였음. 최종적으로 전년동기대비 당기순이익은 흑자전환하여 59.3억원을 기록함.

현금 흐름 〈단위 : 억원〉
항목	2016	2017.2Q
영업활동	-19	-189
투자활동	-294	289
재무활동	355	-140
순현금흐름	-50	-22
기말현금	376	354

결산 실적 〈단위 : 억원〉
항목	2012	2013	2014	2015	2016	2017
매출액	6,284	10,398	13,055	17,646	15,335	—
영업이익	280	111	17	177	-86	—
당기순이익	29	-82	-273	-214	-643	—

분기 실적 〈단위 : 억원〉
항목	2016.1Q	2016.2Q	2016.3Q	2016.4Q	2017.1Q	2017.2Q
매출액	4,653	3,607	4,109	2,966	3,941	3,688
영업이익	27	-86	1	-28	-9	8
당기순이익	-66	-182	-63	-332	92	-32

재무 상태 〈단위 : 억원〉
항목	2012	2013	2014	2015	2016	2017.2Q
총자산	4,397	6,952	8,009	9,102	8,179	7,930
유형자산	1,138	2,484	2,637	2,381	2,248	2,108
무형자산	57	123	124	136	99	97
유가증권	172	204	192	138	91	135
총부채	2,211	4,131	5,525	6,745	5,866	6,027
총차입금	1,492	1,826	1,569	2,240	2,043	1,959
자본금	207	207	207	207	208	208
총자본	2,187	2,820	2,485	2,357	2,313	1,903
지배주주지분	1,917	1,837	1,476	1,269	1,126	1,353

기업가치 지표
항목	2012	2013	2014	2015	2016	2017.2Q
주가(최고/저)(천원)	5.8/3.2	5.3/2.4	3.0/1.3	3.3/1.7	3.0/1.3	—/—
PER(최고/저)(배)	—/—	—/—	—/—	—/—	—/—	—/—
PBR(최고/저)(배)	1.2/0.7	1.2/0.5	0.8/0.3	1.0/0.5	1.1/0.5	0.6/0.4
EV/EBITDA(배)	6.9	6.5	7.3	6.6	12.5	—
EPS(원)	-100	-263	-707	-697	-961	169
BPS(원)	4,886	4,749	3,877	3,228	2,874	3,419
CFPS(원)	328	697	218	256	—	—
DPS(원)	50	25	25	—	—	453
EBITDAPS(원)	1,104	1,227	966	1,381	657	453

재무 비율 〈단위 : % 〉
연도	영업 이익률	순 이익률	부채 비율	차입금 비율	ROA	ROE	유보율	자기자본 비율	EBITDA 마진율
2016	-0.6	-4.2	253.7	88.3	-7.5	-33.3	474.8	28.3	1.8
2015	1.0	-1.2	286.1	95.0	-2.5	-21.1	545.6	25.9	3.2
2014	0.1	-2.1	222.4	63.1	-3.7	-17.7	675.4	31.0	3.1
2013	1.1	-0.8	146.5	64.7	-1.4	-5.8	849.8	40.6	4.9

우리조명 (A037400)
Wooree Lighting

업 종 : 디스플레이 및 관련부품		시 장 : KOSDAQ	
신용등급 : (Bond) — (CP) —		기업규모 : 중견	
홈 페 이 지 : www.wooreelighting.co.kr		연 락 처 : 031)599-3240	
본 사 : 경기도 안산시 단원구 성곡로 79			

설 립 일 1966.01.18	종 업 원 수 70명	대 표 이 사 윤철주,권경환	
상 장 일 1999.12.08	감 사 의 견 적정 (대주)	계 열	
결 산 기 12월	보 통 주 2,492만주	종속회사수 13개사	
액 면 가 500원	우 선 주	구 상 호 우리조명지주	

주주구성 (지분율,%)		출자관계 (지분율,%)		주요경쟁사 (외형,%)	
윤철주	23.2	우리ETI	34.2	우리조명	100
뉴옵틱스	6.3	우리LITECH	22.5	우리이앤엘	9
(외국인)	0.4	우리컬러원		상보	10

매출구성		비용구성		수출비중	
SET TV,LED PKG	89.0	매출원가율	94.9	수출	76.0
LED Light Bar 및 PKG	7.2	판관비율	5.9	내수	24.0
일반조명,LED조명	1.9				

회사 개요
동사는 1966년 설립되었으며 1999년 코스닥 시장에 상장함. 2015년 중 우리컬러원(주)이 자회사로 신규 포함되며 14개의 종속회사를 보유하고 있음. 동사는 가정용 및 광고용 램프, 조명기기 제조, 판매, LED조명 및 부동산 임대를 영위하고 있음. 2015년 중 자회사 및 계열회사를 통한 LED 광원 사업을 진행하여 현재 LED 조명제품이 개발되어 생산 판매하고 있음.

실적 분석
동사의 2017년 상반기 연결기준 누적 매출액은 7750.5억원으로 전년 동기 대비 4.9% 감소함. 매출감소의 영향으로 매출 원가가 감소함에 따라 영업이익은 0.4억원으로 전년 동기 대비 흑자전환에 성공함. 한편 비영업부문에서의 손실이 전년동기 193.5억원에서 49.4억원으로 감소함에 따라 당기순이익은 42.5억원으로 전년 동기 대비 흑자전환 하였음. 매출은 감소했지만 수익성은 점차 개선되고 있음.

현금 흐름 〈단위 : 억원〉
항목	2016	2017.2Q
영업활동	-37	-202
투자활동	-310	286
재무활동	377	-130
순현금흐름	-62	-28
기말현금	396	368

결산 실적 〈단위 : 억원〉
항목	2012	2013	2014	2015	2016	2017
매출액	6,561	10,604	13,271	17,887	15,639	—
영업이익	298	120	10	117	-115	—
당기순이익	49	-77	-282	-259	-678	—

분기 실적 〈단위 : 억원〉
항목	2016.1Q	2016.2Q	2016.3Q	2016.4Q	2017.1Q	2017.2Q
매출액	4,740	3,681	4,174	3,045	4,010	3,741
영업이익	27	-90	-8	-44	-13	13
당기순이익	-67	-187	-70	-354	87	-45

재무 상태 〈단위 : 억원〉
항목	2012	2013	2014	2015	2016	2017.2Q
총자산	5,060	7,603	8,639	9,581	8,739	8,613
유형자산	1,647	3,002	3,151	2,891	2,844	2,691
무형자산	69	134	134	146	109	107
유가증권	597	470	268	333	159	190
총부채	2,465	4,431	5,811	6,940	6,090	6,375
총차입금	1,545	1,887	1,647	2,343	2,166	2,092
자본금	119	119	119	125	125	125
총자본	2,596	3,172	2,828	2,640	2,650	2,237
지배주주지분	1,059	999	869	780	762	808

기업가치 지표
항목	2012	2013	2014	2015	2016	2017.2Q
주가(최고/저)(천원)	3.1/1.5	2.9/1.7	2.8/1.4	5.8/1.6	3.7/1.9	—/—
PER(최고/저)(배)	175.2/86.6	—/—	—/—	—/—	—/—	—/—
PBR(최고/저)(배)	0.7/0.4	0.7/0.4	0.8/0.4	1.7/0.5	1.2/0.6	0.6/0.4
EV/EBITDA(배)	6.0	—	7.3	8.9	8.4	16.2
EPS(원)	19	-145	-537	-644	-710	-61
BPS(원)	4,541	4,361	3,764	3,298	3,224	3,453
CFPS(원)	799	1,555	1,093	1,028	764	713
DPS(원)	30	25	25	—	—	—
EBITDAPS(원)	2,034	2,202	1,671	2,153	1,013	776

재무 비율 〈단위 : % 〉
연도	영업 이익률	순 이익률	부채 비율	차입금 비율	ROA	ROE	유보율	자기자본 비율	EBITDA 마진율
2016	-0.7	-4.3	229.8	81.7	-7.4	-23.0	544.9	30.3	1.6
2015	0.7	-1.5	262.9	88.8	-2.8	-18.9	559.5	27.6	2.9
2014	0.1	-2.1	205.5	58.3	-3.5	-13.7	652.9	32.7	3.0
2013	1.1	-0.7	139.7	59.5	-1.2	-3.4	772.1	41.7	5.0

우리종합금융 (A010050)
Woori Investment Bank

업 종 : 창업투자 및 종금		시 장 : 거래소	
신 용 등 급 : (Bond) A (CP) —		기 업 규 모 : 시가총액 소형주	
홈 페 이 지 : www.wooriib.com		연 락 처 : 062)221-6600	
본 사 : 광주시 동구 금남로 182 (금남로5가)			

설 립 일 1974.06.29	종 업 원 수 110명	대 표 이 사 김재원
상 장 일 1974.09.11	감 사 의 견 적정 (삼정)	계 열
결 산 기 12월	보 통 주 47,420만주	종 속 회 사 수 3개사
액 면 가 500원	우 선 주	구 상 호 금호종금

주주구성 (지분율,%)		출자관계 (지분율,%)		주요경쟁사 (외형,%)	
우리은행	58.2	AKG시스티게임육성투자조합1호	15.0	우리종금	100
아시아나항공	3.3	케이에스신용정보	12.5	글로본	
(외국인)	0.8	JR제13호위탁관리부동산투자회사	10.8	SBI인베스트먼트	9

수익구성		비용구성		수출비중	
외환거래이익	36.8	이자비용	11.8	수출	—
금융상품 관련이익	30.7	파생상품손실	0.0	내수	—
이자수익	25.8	판관비	0.0		

회사 개요
동사는 1974년 광주투자금융으로 설립되어 단기금융업무를 영위해오다 1994년 종합금융회사로 전환하여 국제금융업무, 리스업무, 증권업무 등으로 업무영역 확대함. 현재 우리금융그룹의 시너지를 기반으로 신규수익원을 지속적으로 개발하고 국내 유일의 종합금융회사로서 다양한 라이센스를 충분히 활용하는 성장전략 모색 중임. 주요 업무는 수신, 단기 및 중장기 여신, 유가증권 운용, 금융상품 판매, 프로젝트 파이낸스, 국제금융, M&A 업무 등임.

실적 분석
동사의 2017년 2분기 누적 영업이익은 129억원을 기록, 전년 동기 (115.2억원) 대비 12% 증가함. 운용자산 증가에 따른 이자수익 확대 영향이 큼. 이자수익은 246.4억원으로 전년 동기 205.7억원보다 19.8% 늘어남. 대손충당금 환입과 외환거래이익 증가도 긍정적으로 작용. 덕분에 당기순이익 역시 소폭 증가. 전년 동기(112.1억원)보다 8.1% 늘어난 121.2억원을 시현함.

현금 흐름 〈단위 : 억원〉
항목	2016	2017.2Q
영업활동	742	-796
투자활동	142	-35
재무활동	-104	203
순현금흐름	778	-631
기말현금	1,136	505

시장 대비 수익률

결산 실적 〈단위 : 억원〉
항목	2012	2013	2014	2015	2016	2017
영업수익	2,080	1,129	689	1,294	1,786	—
영업이익	-417	-804	22	108	214	—
당기순이익	-337	-864	24	104	239	—

분기 실적 〈단위 : 억원〉
항목	2016.1Q	2016.2Q	2016.3Q	2016.4Q	2017.1Q	2017.2Q
영업수익	407	381	482	516	685	366
영업이익	63	52	54	45	50	79
당기순이익	64	48	48	79	42	79

재무 상태 〈단위 : 억원〉
항목	2012	2013	2014	2015	2016	2017.2Q
총자산	11,584	8,627	10,015	12,063	15,768	16,375
유형자산	31	32	32	39	38	37
무형자산	53	34	35	29	33	33
유가증권	1,160	1,563	2,580	4,100	3,822	3,191
총부채	11,348	7,916	8,612	10,581	14,047	14,527
총차입금	622	350	202	177	73	276
자본금	900	1,673	2,371	2,371	2,371	2,371
총자본	236	711	1,403	1,482	1,721	1,849
지배주주지분	142	668	1,403	1,482	1,721	1,849

기업가치 지표
항목	2012	2013	2014	2015	2016	2017.2Q
주가(최고/저)(천원)	1.7/0.5	1.8/0.4	0.5/0.4	0.9/0.4	0.8/0.5	—/—
PER(최고/저)(배)	—/—	—/—	95.2/73.8	38.9/17.3	16.3/9.7	—/—
PBR(최고/저)(배)	14.4/4.0	9.0/2.1	1.7/1.3	2.7/1.2	2.3/1.4	2.0/1.5
PSR(최고/저)(배)	0/0	0/0	0/0	0/0	0/0	2/1
EPS(원)	-301	-299	5	22	50	—/—
BPS(원)	80	200	296	313	363	390
CFPS(원)	-202	-296	7	23	52	27
DPS(원)	—	—	—	—	—	—
EBITDAPS(원)	-232	-279	5	24	45	27

재무 비율 〈단위 : % 〉
연도	계속사업이익률	순이익률	부채비율	차입금비율	ROA	ROE	유보율	자기자본비율	총자산증가율
2016	11.5	13.4	일부잠식	일부잠식	1.7	14.9	-27.3	10.9	30.7
2015	7.8	8.1	일부잠식	일부잠식	1.0	7.2	-37.4	12.3	39.8
2014	2.9	3.5	일부잠식	일부잠식	0.3	2.3	-40.7	14.0	16.1
2013	-71.9	-76.6	일부잠식	일부잠식	-8.6	-212.4	-60.0	8.2	-25.5

우림기계 (A101170)
WOORIM MACHINERY

업 종 : 기계		시 장 : KOSDAQ	
신 용 등 급 : (Bond) — (CP) —		기 업 규 모 : 우량	
홈 페 이 지 : www.woorimgear.co.kr		연 락 처 : 055)260-0300	
본 사 : 경남 창원시 성산구 남면로 613 (외동)			

설 립 일 2000.03.01	종 업 원 수 148명	대 표 이 사 한규석
상 장 일 2009.04.28	감 사 의 견 적정 (삼일)	계 열
결 산 기 12월	보 통 주 1,350만주	종 속 회 사 수
액 면 가 500원	우 선 주	구 상 호

주주구성 (지분율,%)		출자관계 (지분율,%)		주요경쟁사 (외형,%)	
한현석	52.9	우림하이비스	40.0	우림기계	100
블랙스완투자조합	18.1	우림에이치에스	30.0	아세아텍	223
(외국인)	0.9			나라엠앤디	287

매출구성		비용구성		수출비중	
산업용감속기	62.4	매출원가율	83.4	수출	29.0
트랜스미션	37.6	판관비율	15.2	내수	71.0

회사 개요
동사는 2000년 설립돼 2009년 코스닥 시장에 상장함. 트랜스미션, 기어전동축, 감속기, 자동차부품, 항공부품, 방위산업부품, 풍력발전설비부품 제조 등의 사업을 영위하고 있음. 신성장 동력을 얻기위한 새로운 사업으로 철도차량 부품과 전기차 기어박스 생산을 진행하고 있으며 기존 사업과 연계해 시너지가 창출되는 항공기, 방산, 로봇 분야로 사업영역을 확장하고 있음.

실적 분석
동사의 2017년 연결기준 상반기 매출은 전년도 대비 18% 증가한 270.7억원을 기록함. 매출증가에 따른 매출원가의 26.5% 증가에도 판관비가 소폭 감소하여 영업손실은 전년도 대비 적자전환한 2.3억원을 기록함. 비영업 부문에서 7.1억원의 손실이 발생하여 전년도 5.5억원의 이익에서 적자전환함. 이에 전년도 9.7억원을 기록했던 당기순이익이 적자 전환하며 7.8억원의 손실을 기록함.

현금 흐름 *IFRS 별도 기준 〈단위 : 억원〉
항목	2016	2017.2Q
영업활동	35	39
투자활동	-29	-55
재무활동	-7	31
순현금흐름	3	9
기말현금	132	141

시장 대비 수익률

결산 실적 〈단위 : 억원〉
항목	2012	2013	2014	2015	2016	2017
매출액	527	570	603	490	457	—
영업이익	53	31	47	20	6	—
당기순이익	51	16	48	45	12	—

분기 실적 *IFRS 별도 기준 〈단위 : 억원〉
항목	2016.1Q	2016.2Q	2016.3Q	2016.4Q	2017.1Q	2017.2Q
매출액	118	111	100	127	139	132
영업이익	4	2	3	-3	5	-8
당기순이익	4	5	-3	5	-6	-1

재무 상태 *IFRS 별도 기준 〈단위 : 억원〉
항목	2012	2013	2014	2015	2016	2017.2Q
총자산	937	969	980	982	964	981
유형자산	600	592	590	549	523	509
무형자산	15	14	12	11	10	8
유가증권	—	—	—	—	—	—
총부채	147	165	148	115	91	122
총차입금	40	25	4	7	4	47
자본금	45	68	68	68	68	68
총자본	790	804	832	867	873	858
지배주주지분	790	804	832	867	873	858

기업가치 지표 *IFRS 별도 기준
항목	2012	2013	2014	2015	2016	2017.2Q
주가(최고/저)(천원)	7.6/4.4	7.2/4.6	6.4/4.3	5.0/3.8	9.2/3.4	—/—
PER(최고/저)(배)	21.0/12.2	63.7/40.5	18.7/12.4	15.4/11.7	107.1/39.5	—/—
PBR(최고/저)(배)	1.4/0.8	1.3/0.8	1.1/0.7	0.8/0.6	1.4/0.5	1.6/0.8
EV/EBITDA(배)	6.8	9.5	5.5	5.4	16.9	—
EPS(원)	380	118	355	330	87	-58
BPS(원)	8,781	5,953	6,271	6,533	6,574	6,466
CFPS(원)	1,034	472	728	728	468	-58
DPS(원)	50	35	75	50	50	—
EBITDAPS(원)	1,058	584	723	549	429	-17

재무 비율 〈단위 : % 〉
연도	영업이익률	순이익률	부채비율	차입금비율	ROA	ROE	유보율	자기자본비율	EBITDA마진율
2016	1.4	2.6	10.4	0.8	1.2	1.4	1,214.8	90.6	12.7
2015	4.2	9.1	13.2	0.5	4.5	5.2	1,206.7	88.3	15.1
2014	7.9	7.9	17.8	3.0	4.9	5.9	1,154.2	84.9	16.2
2013	5.5	2.8	20.5	4.8	1.7	2.0	1,090.6	83.0	13.8

우성사료 (A006980)
Woosung Feed

업　종 : 식료품	시　장 : 거래소
용등급 : (Bond) ―　(CP) ―	기업규모 : 시가총액 소형주
페이지 : www.woosungfeed.co.kr	연 락 처 : 042)670-1724
사 : 대전시 대덕구 한밭대로 1027 (오정동)	

설 립 일	1970.12.30	종 업 원 수	285명	대 표 이 사	지평은
상 장 일	1988.10.10	감 사 의 견	적정 (안진)	계　　　열	
결 산 기	12월	보 통 주	3,090만주	종 속 회 사 수	3개사
액 면 가	500원	우 선 주		구 상 호	

주주구성 (지분율,%)		출자관계 (지분율,%)		주요경쟁사 (외형,%)	
정보연	24.6	대전방송	39.8	우성사료	100
타오기획	4.6	우성양행	35.8	팜스코	344
(외국인)	3.6	우성운수	26.5	이지바이오	508

매출구성		비용구성		수출비중	
[제품]양어, 애완용 외	98.1	매출원가율	82.8	수출	0.0
임대료 외	1.4	판관비율	16.8	내수	100.0
[상품]양돈, 양계, 축우	0.5				

회사 개요
동사는 가축용 배합사료 및 특수사료의 생산, 판매를 주업종으로 하는 배합사료 전문업체임. 1970년 설립되었으며, 1985년에 현재의 사명인 우성사료로 상호를 변경하였음. 매우 밀접한 관련성을 지니고 있고, 배합사료가 매출액의 대부분을 차지하고 있음. 2000년대 초반부터 글로벌 축산기업으로 도약하기 위해 베트남 및 중국에 진출하였음. 원재료 대부분을 수입에 의존하며 환율 및 원재료 가격에 실적이 크게 영향을 받음.

실적 분석
동사의 2017년 상반기 연결기준 누적 매출액은 1,277.8억원으로 전년 동기 대비 4.5% 감소함. 매출이 줄면서 매출원가와 판관비도 감소했지만 매출 감소에 따른 고정비용 감소 효과가 상쇄되면서 영업손실은 33.1억원으로 적자폭이 확대됨. 비영업손익 부문에서 흑자폭이 소폭 늘었지만 영업손실이 확대되면서 당기순손실은 20.9억원으로 전년 동기 대비 적자 폭이 확대됨.

현금 흐름		〈단위 : 억원〉
항목	2016	2017.2Q
영업활동	108	3
투자활동	113	-83
재무활동	-48	-3
순현금흐름	171	-89
기말현금	484	395

시장 대비 수익률

결산 실적					〈단위 : 억원〉
항목	2012	2013	2014	2015	2016	2017
매출액	3,919	3,584	3,377	3,139	2,757	―
영업이익	40	29	61	35	11	―
당기순이익	70	30	40	-55	8	―

분기 실적					〈단위 : 억원〉
항목	2016.1Q	2016.2Q	2016.3Q	2016.4Q	2017.1Q	2017.2Q
매출액	654	685	742	676	621	657
영업이익	-7	-2	6	14	-23	-10
당기순이익	-9	5	3	12	-12	-9

재무 상태					〈단위 : 억원〉
항목	2012	2013	2014	2015	2016	2017.2Q
총자산	2,938	2,711	2,750	2,565	2,459	2,479
유형자산	393	424	408	461	488	536
무형자산	2	2	2	2	2	2
유가증권	17	1	19	24	42	44
총부채	1,240	992	1,006	903	804	857
총차입금	718	505	509	357	332	332
자본금	155	155	155	155	155	155
총자본	1,698	1,719	1,744	1,662	1,656	1,622
지배주주지분	1,699	1,720	1,744	1,664	1,656	1,623

업가치 지표					
항목	2012	2013	2014	2015	2016	2017.2Q
가(최고/저)(천원)	8.6/2.0	4.8/2.5	3.9/2.6	4.4/2.8	4.2/2.9	―/―
ER(최고/저)(배)	40.0/9.4	49.9/25.4	30.1/20.6	―/―	144.1/101.0	―/―
R(최고/저)(배)	1.6/0.4	0.9/0.5	0.7/0.5	0.8/0.5	0.8/0.5	1.2/0.6
V/EBITDA(배)	9.7	10.1	6.5	15.4	15.8	―/―
EPS(원)	230	102	133	-175	29	-66
BPS(원)	5,670	5,740	5,819	5,558	5,533	5,426
CFPS(원)	366	227	252	-57	144	-8
DPS(원)	60	50	50	25	25	―
EBITDAPS(원)	265	220	319	231	150	-50

무 비율								〈단위 : % 〉
도	영업이익률	순이익률	부채비율	차입금비율	ROA	ROE	유보율	자기자본비율	EBITDA마진율
016	0.4	0.3	48.5	20.0	0.3	0.5	1,006.6	67.3	1.7
015	1.1	-1.8	54.3	21.5	-2.1	-3.2	1,011.5	64.8	2.3
014	1.8	1.2	57.7	29.2	1.5	2.4	1,063.7	63.4	2.9
013	0.8	0.8	57.7	29.4	1.1	1.8	1,048.0	63.4	1.9

우성아이비 (A194610)
WOOSUNG IB CO

업　종 : 레저용품	시　장 : KOSDAQ
신용등급 : (Bond) ―　(CP) ―	기업규모 : 벤처
홈페이지 : www.zebec.co.kr	연 락 처 : 032)550-1000
본 사 : 인천시 부평구 평천로 251 (청천동)	

설 립 일	2014.02.19	종 업 원 수	158명	대 표 이 사	이희재
상 장 일	2014.06.10	감 사 의 견	적정 (광교)	계　　　열	
결 산 기	12월	보 통 주	1,950만주	종 속 회 사 수	3개사
액 면 가	100원	우 선 주		구 상 호	하나머스트스팩

주주구성 (지분율,%)		출자관계 (지분율,%)		주요경쟁사 (외형,%)	
이희재	20.2	스플래쉬워터	32.7	우성아이비	100
Kofc-대경 Pioneer Champ 2010-18	3.0				
(외국인)	0.4				

매출구성		비용구성		수출비중	
기타	44.3	매출원가율	68.1	수출	―
SUP(제품)	29.7	판관비율	28.4	내수	―
보트(제품)	9.7				

회사 개요
동사는 1992년 수상레저산업분야에 진출한 후 공기주입식 보트류 만을 생산하여, 세계 약 40개국 140여 고객사에게 자체브랜드인 "ZEBEC" 및 "Z-pro"제품과 고객사 주문개발품(OEM/ODM) 방식으로 생산한 제품을 판매하고 있음. 업계 최초로 품질보증압체지정, ISO 9002 획득 및 유럽인증마크인 "CE"등을 획득하였으며, 보트의 최고봉이라는 급류타기 보트류를 개발하여, 상업용, 경기용, 선수용으로 제품을 판매하고 있음.

실적 분석
동사의 연결기준 2017년 2분기 누적매출액은 180.4억원으로 전년동기 대비 9.3% 감소하였음. 원가율 개선에도 불구하고 인건비 등 판관비가 전년동기 대비 67.2% 증가함에 따라 14.7억원의 영업손실을 기록, 적자전환하였음. 금융손실, 외환손실 등 비영업부문에서도 적자폭이 확대되었으며 최종적으로 동사는 24.0억원의 당기순손실을 기록, 적자전환하였음.

현금 흐름		〈단위 : 억원〉
항목	2016	2017.2Q
영업활동	-70	-69
투자활동	-74	-8
재무활동	140	75
순현금흐름	3	-2
기말현금	11	8

시장 대비 수익률

결산 실적					〈단위 : 억원〉
항목	2012	2013	2014	2015	2016	2017
매출액	233	313	407	335	336	―
영업이익	18	33	33	35	12	―
당기순이익	16	29	19	3	2	―

분기 실적					〈단위 : 억원〉
항목	2016.1Q	2016.2Q	2016.3Q	2016.4Q	2017.1Q	2017.2Q
매출액	110	89	64	72	102	78
영업이익	11	5	0	-5	5	-19
당기순이익	3	4	-6	1	-3	-21

재무 상태					〈단위 : 억원〉
항목	2012	2013	2014	2015	2016	2017.2Q
총자산	261	414	467	499	694	753
유형자산	87	106	110	124	197	145
무형자산	15	1	1	25	26	26
유가증권	11	1	15	11	11	11
총부채	176	330	366	328	495	495
총차입금	131	268	297	284	416	405
자본금	23	23	23	13	14	20
총자본	85	84	101	170	199	258
지배주주지분	85	84	101	170	199	259

기업가치 지표					
항목	2012	2013	2014	2015	2016	2017.2Q
주가(최고/저)(천원)	―/―	―/―	2.7/2.2	4.1/2.3	5.4/2.2	―/―
PER(최고/저)(배)	0.0/0.0	0.0/0.0	17.2/14.2	200.6/109.8	286.3/117.3	―/―
PBR(최고/저)(배)	0.0/0.0	0.0/0.0	3.2/2.7	3.1/1.7	3.5/1.4	2.1/1.4
EV/EBITDA(배)	4.2	6.4	8.0	13.7	33.5	―/―
EPS(원)	135	215	142	19	17	-150
BPS(원)	1,558	1,541	1,849	1,220	1,411	1,341
CFPS(원)	536	615	467	79	92	-111
DPS(원)						
EBITDAPS(원)	572	699	721	308	156	-55

재무 비율								〈단위 : % 〉
연도	영업이익률	순이익률	부채비율	차입금비율	ROA	ROE	유보율	자기자본비율	EBITDA마진율
2016	3.5	0.6	248.1	208.7	0.3	1.3	1,362.9	28.7	6.7
2015	10.5	0.8	192.7	166.7	0.6	2.0	1,283.5	34.2	13.0
2014	8.1	4.7	362.1	294.3	4.3	20.5	338.7	21.6	9.7
2013	10.7	9.4	391.5	318.6			265.5	20.4	12.2

우수에이엠에스 (A066590)
Woosu AMS

업 종 : 자동차부품		시 장 : KOSDAQ	
신용등급 : (Bond) — (CP) —		기업규모 : 중견	
홈 페 이 지 : www.woosu.co.kr		연 락 처 : 055)274-5011	
본 사 : 경남 창원시 성산구 월림로 62(신촌동 192-4)			

설 립 일 1995.06.13	종 업 원 수 261명	대 표 이 사 전종인
상 장 일 2003.02.04	감 사 의 견 적정 (대신)	계 열
결 산 기 12월	보 통 주 2,359만주	종속회사수 2개사
액 면 가 500원	우 선 주	구 상 호

주주구성 (지분율,%)		출자관계 (지분율,%)		주요경쟁사 (외형,%)	
전종인	20.9	우수정기	49.0	우수AMS	100
전성옥	4.2	WOOSUAUTOMOTIVEANDPRIVATELIMITED	100.0	KB오토시스	69
(외국인)	1.4	WOOSUCZECHS.R.O	100.0	대성엘텍	152

매출구성		비용구성		수출비중	
기타	69.4	매출원가율	90.7	수출	72.0
6속 DIFF-CASE	25.4	판관비율	7.4	내수	28.0
BRKT ASS'Y TM SUPT	3.7				

회사 개요
동사는 자동차 부품 전문 생산 업체로서 조향부품, 구동부품 등 자동차부품의 제조를 그 주된 사업으로 하고 있으며, 동사에서 생산한 승용차 및 상용차 등 전 차종에 다양하게 공급되고 있음. 현대자동차, 한국GM, 기아자동차의 1차 협력업체이며, 가격경쟁력, 자동화설비 시스템 및 완벽품질을 기반으로 신차종 부품 개발에 적극 참여하고 있음.

실적 분석
동사의 2017년 반기 누적 매출액은 1,116.9억원으로 전년동기 대비 5.1% 감소하였고 영업이익은 판관비가 84.4억원으로 0.8% 늘어남에 따라 22억원으로 전년동기 대비 증가함(+3.5%). 당기순이익은 전년동기 대비 6.7% 증가한 26.5억원을 시현함. 원가절감과 생산성 향상을 위한 추가적인 노력이 필요함.

현금 흐름 〈단위 : 억원〉

항목	2016	2017.2Q
영업활동	126	-62
투자활동	-164	-43
재무활동	24	95
순현금흐름	-13	-10
기말현금	81	71

시장 대비 수익률

결산 실적 〈단위 : 억원〉

항목	2012	2013	2014	2015	2016	2017
매출액	1,887	2,089	2,189	2,304	2,418	—
영업이익	6	47	27	40	45	—
당기순이익	-11	26	40	24	53	—

분기 실적 〈단위 : 억원〉

항목	2016.1Q	2016.2Q	2016.3Q	2016.4Q	2017.1Q	2017.2Q
매출액	583	594	567	675	619	498
영업이익	17	4	21	3	12	10
당기순이익	8	17	13	15	15	12

재무 상태 〈단위 : 억원〉

항목	2012	2013	2014	2015	2016	2017.2Q
총자산	1,268	1,396	1,372	1,455	1,512	1,446
유형자산	582	566	569	693	735	748
무형자산	4	22	27	26	26	26
유가증권	0	0	3	3	3	0
총부채	1,023	1,138	1,060	1,125	972	891
총차입금	321	322	242	516	396	501
자본금	80	80	85	85	118	118
총자본	245	258	312	330	540	555
지배주주지분	245	258	312	330	540	555

기업가치 지표

항목	2012	2013	2014	2015	2016	2017.2Q
주가(최고/저)(천원)	2.6/1.0	2.0/1.1	2.3/1.5	2.9/1.4	4.3/1.9	—/—
PER(최고/저)(배)	—/—	13.3/7.6	10.0/6.7	22.4/11.0	16.9/7.6	—/—
PBR(최고/저)(배)	1.8/0.7	1.4/0.8	1.3/0.9	1.6/0.8	1.9/0.9	1.7/1.2
EV/EBITDA(배)	8.9	3.9	5.3	8.8	9.9	—
EPS(원)	-64	151	226	130	258	112
BPS(원)	1,535	1,614	1,838	1,943	2,289	2,354
CFPS(원)	199	463	549	501	621	284
DPS(원)					30	—
EBITDAPS(원)	308	593	466	598	586	265

재무 비율 〈단위 : %〉

연도	영업이익률	순이익률	부채비율	차입금비율	ROA	ROE	유보율	자기자본비율	EBITDA마진율
2016	1.9	2.2	180.1	73.3	3.6	12.1	357.7	35.7	4.9
2015	1.8	1.0	341.1	156.5	1.7	7.5	288.6	22.7	4.4
2014	1.2	1.8	339.6	77.5	2.9	14.1	267.7	22.8	3.5
2013	2.3	1.3	441.5	125.0	2.0	10.4	222.8	18.5	4.5

우신시스템 (A017370)
Wooshin Systems

업 종 : 자동차부품		시 장 : 거래소	
신용등급 : (Bond) — (CP) —		기업규모 : 시가총액 소형주	
홈 페 이 지 : www.wooshinsys.co.kr		연 락 처 : 02)2677-6934	
본 사 : 서울시 영등포구 영등포로 20			

설 립 일 1984.02.23	종 업 원 수 301명	대 표 이 사 허우영
상 장 일 2002.05.23	감 사 의 견 적정 (대주)	계 열
결 산 기 12월	보 통 주 1,831만주	종속회사수 8개사
액 면 가 500원	우 선 주	구 상 호

주주구성 (지분율,%)		출자관계 (지분율,%)		주요경쟁사 (외형,%)	
허우영	35.7	우신세이프티시스템	100.0	우신시스템	100
더블유자산운용	5.1	에이에프엔씨	100.0	넥센테크	31
(외국인)	8.3	WOOSHINHOLDINGCORPORATION	100.0	동국실업	237

매출구성		비용구성		수출비중	
자동차 Door 가공, 자동차 안전벨트외	58.2	매출원가율	87.3	수출	68.0
차체자동용접라인제조	41.8	판관비율	8.4	내수	32.0

회사 개요
동사는 자동차 차체 자동용접 라인 설비에 대한 제조 및 판매를 주요 사업으로 영위하고 있는 자동차 차체 설비에 대한 Total Engineering업체임. 동사의 사업은 총 2개의 사업부문으로 구성돼 있음. 각 사업부문의 생산제품 및 제품 판매 유형에 따라 차체자동용접라인제조를 담당하는 차체설비 부문과 자동차 도어나 안전벨트를 제작하는 자동차부품 부문으로 구분됨.

실적 분석
동사의 2017년 2분기 기준 누적 매출액은 전년동기대비 10.1% 하락한 1,180.5억원을 기록하였음. 전년동기대비 매출원가율이 상승하여 인건비 감소 등 판매비와관리비 감소에도 불구하고 수익성이 악화됨. 매출액 하락 및 비용 상승에 따라 영업이익은 전년동기대비 30.1% 감소한 33.2억원을 기록함. 당기순이익은 전년동기대비 85.1% 감소한 6.4억원을 기록함.

현금 흐름 〈단위 : 억원〉

항목	2016	2017.2Q
영업활동	188	31
투자활동	-53	-202
재무활동	-17	181
순현금흐름	118	9
기말현금	161	171

시장 대비 수익률

결산 실적 〈단위 : 억원〉

항목	2012	2013	2014	2015	2016	2017
매출액	1,330	1,702	2,577	2,630	2,643	—
영업이익	94	52	166	161	115	—
당기순이익	57	37	121	152	92	—

분기 실적 〈단위 : 억원〉

항목	2016.1Q	2016.2Q	2016.3Q	2016.4Q	2017.1Q	2017.2Q
매출액	684	628	612	718	542	639
영업이익	28	20	12	56	-2	36
당기순이익	10	33	-22	71	-34	41

재무 상태 〈단위 : 억원〉

항목	2012	2013	2014	2015	2016	2017.2Q
총자산	1,547	2,061	2,060	2,570	2,525	2,710
유형자산	573	760	766	1,075	1,091	1,205
무형자산	18	17	24	23	22	2
유가증권	15	52	82	64	45	0
총부채	786	1,268	1,133	1,467	1,308	1,504
총차입금	212	439	293	566	547	744
자본금	70	70	73	79	91	92
총자본	762	793	927	1,103	1,216	1,206
지배주주지분	744	778	911	1,086	1,202	1,195

기업가치 지표

항목	2012	2013	2014	2015	2016	2017.2Q
주가(최고/저)(천원)	3.1/1.9	3.0/2.1	3.6/2.2	5.3/2.5	4.3/3.2	—/—
PER(최고/저)(배)	8.0/4.9	11.0/7.7	4.3/2.7	5.5/2.6	7.9/5.9	—/—
PBR(최고/저)(배)	0.6/0.4	0.6/0.4	0.6/0.4	0.8/0.4	0.6/0.5	1.1/0.
EV/EBITDA(배)	2.0	2.8	2.4	5.5	5.6	—
EPS(원)	407	285	844	971	548	4
BPS(원)	5,440	5,726	6,380	7,010	6,799	6,80
CFPS(원)	617	563	1,216	1,336	969	24
DPS(원)	60	20	20	30	30	—
EBITDAPS(원)	879	649	1,530	1,402	1,098	37

재무 비율 〈단위 : %〉

연도	영업이익률	순이익률	부채비율	차입금비율	ROA	ROE	유보율	자기자본비율	EBITDA마진율
2016	4.4	3.5	107.6	45.0	3.6	8.2	1,259.9	48.2	7.
2015	6.1	5.8	133.0	51.4	6.6	15.1	1,302.0	42.9	8.
2014	6.4	4.7	122.2	31.6	5.9	14.3	1,175.9	45.0	8.
2013	3.1	2.2	159.9	55.3	2.1	5.3	1,045.3	38.5	5.

우원개발 (A046940)
Woowon Development

업 종 : 건설		시 장 : KOSDAQ	
신용등급 : (Bond) — (CP) —		기업규모 : 중견	
홈 페 이 지 : www.woowon.com		연 락 처 : 02)3490-1900	
본 사 : 서울시 서초구 서초대로 254, 오퓨런스빌딩 18층			

설 립 일	1998.10.28	종업원수	185명	대 표 이 사	김기영
상 장 일	2002.06.18	감사의견	적정 (신우)	계 열	
결 산 기	12월	보 통 주	1,465만주	종속회사수	1개사
액 면 가	500원	우 선 주		구 상 호	

주주구성 (지분율,%)
신영임	25.4
김기영	17.7

출자관계 (지분율,%)
대상종합개발	100.0
실크우드	38.5
서희아이엔디	15.0

주요경쟁사 (외형,%)
우원개발	100
성도이엔지	205
희림	67

매출구성
공사수입(공사)	97.7
기타매출(기타)	2.2
부동산임대수입 외(기타)	0.0

비용구성
매출원가율	94.6
판관비율	3.4

수출비중
수출	0.0
내수	100.0

회사 개요
동사는 토목에 특화된 건설사로서 도로공사, 산업단지조성공사, 철도공사, 지하철공사, 특수공법공사, 하천공사, 항만공사와 주택건설 및 부동산개발 등을 주로 영위함. 설립 당시 주된 사업은 소프트웨어 개발, 유지보수 등이었으나, 2010년 자회사와의 합병을 통해 건설업을 주된 사업으로 영위하게 됨. 경기 침체에 대비하여 정부에서는 공공 토목사업을 통하여 경제위기를 조기에 극복하고자 건설 진흥을 위하여 관련 예산을 늘이는 추세임.

실적 분석
동사의 2017년 2분기기준 누적 매출액은 전년동기대비 5.7% 하락한 952.9억원을 기록하였음. 비용면에서 전년동기대비 매출원가는 감소 하였으며 인건비는 증가 하였고 기타판매비와관리비는 감소함. 매출액은 하락하였으나 매출원가의 절감이 커 그에 따라 매출액 하락 등에 의해 전년동기대비 영업이익은 26.3억원으로 178.4% 크게 상승하였음. 그러나 비영업손익의 적자전환으로 전년동기대비 당기순이익은 -20.3억원을 기록함.

현금 흐름 〈단위 : 억원〉
항목	2016	2017.2Q
영업활동	-50	-103
투자활동	13	-386
재무활동	39	408
순현금흐름	2	-81
기말현금	109	28

시장 대비 수익률

결산 실적 〈단위 : 억원〉
항목	2012	2013	2014	2015	2016	2017
매출액	1,735	1,925	2,101	2,534	2,071	—
영업이익	17	0	47	152	40	—
당기순이익	-9	-55	25	88	67	—

분기 실적 〈단위 : 억원〉
항목	2016.1Q	2016.2Q	2016.3Q	2016.4Q	2017.1Q	2017.2Q
매출액	481	530	504	557	443	510
영업이익	3	7	1	30	14	12
당기순이익	7	2	1	57	10	-30

재무 상태 〈단위 : 억원〉
항목	2012	2013	2014	2015	2016	2017.2Q
총자산	1,223	1,153	1,160	1,224	1,172	1,549
유형자산	79	80	82	89	78	490
무형자산	201	166	166	165	165	165
유가증권	84	85	90	90	103	104
총부채	742	731	718	695	580	978
총차입금	267	235	177	6	46	452
자본금	73	73	73	73	73	73
총자본	481	422	443	529	592	572
지배주주지분	478	422	443	529	592	572

기업가치 지표
항목	2012	2013	2014	2015	2016	2017.2Q
주가(최고/저)(천원)	4.7/0.9	2.8/1.7	3.0/1.6	7.5/1.7	9.1/3.7	—/—
PER(최고/저)(배)	—/—	—/—	18.0/9.6	12.5/2.9	19.9/8.1	—/—
PBR(최고/저)(배)	1.4/0.3	1.0/0.6	1.0/0.5	2.1/0.5	2.3/0.9	1.5/1.1
EV/EBITDA(배)	14.8	29.0	4.1	3.4	8.7	—/—
EPS(원)	-56	-377	169	602	456	-139
BPS(원)	3,263	2,878	3,021	3,610	4,044	3,901
CFPS(원)	8	-299	253	831	562	-87
DPS(원)	—	—	—	—	—	—
EBITDAPS(원)	181	80	403	1,268	380	230

재무 비율 〈단위 : % 〉
연도	영업이익률	순이익률	부채비율	차입금비율	ROA	ROE	유보율	자기자본비율	EBITDA마진율
2016	1.9	3.2	97.9	7.7	5.6	11.9	708.8	50.5	2.7
2015	6.0	3.5	131.4	1.2	7.4	18.1	622.0	43.2	7.3
2014	2.2	1.2	162.2	40.0	2.2	5.8	504.2	38.1	2.8
2013	0.0	-2.9	173.4	55.7	-4.7	-12.3	475.7	36.6	0.6

우정비에스씨 (A215380)
WOOJUNG BSC

업 종 : 바이오		시 장 : KOSDAQ	
신용등급 : (Bond) — (CP) —		기업규모 : 벤처	
홈 페 이 지 : www.woojungbsc.co.kr		연 락 처 : 031)888-9369	
본 사 : 경기도 수원시 영통구 광교로 145(이의동) 차세대융합기술원 B동 3층			

설 립 일	2015.02.25	종업원수	98명	대 표 이 사	천병년
상 장 일	2015.05.18	감사의견	적정 (가현)	계 열	
결 산 기	12월	보 통 주	2,113만주	종속회사수	
액 면 가	100원	우 선 주		구 상 호	한화MGI스팩

주주구성 (지분율,%)
천병년	49.2
포커스자산운용	4.8

출자관계 (지분율,%)

주요경쟁사 (외형,%)
우정비에스씨	100
바이오니아	101
이수앱지스	89

매출구성

비용구성
매출원가율	68.0
판관비율	28.6

수출비중
수출	2.0
내수	98.0

회사 개요
동사는 1989년에 설립해 신약개발에 필요한 실험동물사업으로 시작. 현재는 최첨단 실험동물시설을 기반으로 하는 제약바이오연구소 구축사업으로 사업영역을 넓혔으며 메르스 사태 이후, 병원 등의 감염관리 전문기업임. 15년 전부터 고병원성 미생물취급 안전시설 (생물안전 3등급이상 시설)분야의 감염관리 전문기업으로 질병관리본부로부터 인정 받음. 2017년 4월 28일 코스닥상장함.

실적 분석
2017년 반기 매출액은 전년동기 대비 61.8% 증가한 137.7억원을 시현하였으나, 원가의 대폭 상승으로 이익 적자전환함. 올해 동사가 중점적으로 추진하는 사업은 HPV 멸균기 제작 및 판매를 위한 공장 설립임. 동사는 기존에 사용해 오던 고가의 수입 멸균기 국산화를 위해 KIST와 국산 HPV 멸균기를 개발함. 이를 통해 외국산 멸균장비 수입을 대체하고 감염관리 전문기업으로 자리잡기 위해 노력하고 있음.

현금 흐름 *IFRS 별도 기준 〈단위 : 억원〉
항목	2016	2017.2Q
영업활동	-15	-27
투자활동	-22	-1
재무활동	39	-2
순현금흐름	2	-12
기말현금	25	14

시장 대비 수익률

결산 실적 〈단위 : 억원〉
항목	2012	2013	2014	2015	2016	2017
매출액			149	187	215	—
영업이익			13	14	7	—
당기순이익			9	14	11	—

분기 실적 *IFRS 별도 기준 〈단위 : 억원〉
항목	2016.1Q	2016.2Q	2016.3Q	2016.4Q	2017.1Q	2017.2Q
매출액	37	48			61	77
영업이익	2	-1			5	-12
당기순이익	1	1			5	-65

재무 상태 *IFRS 별도 기준 〈단위 : 억원〉
항목	2012	2013	2014	2015	2016	2017.2Q
총자산	—	—	125	142	193	329
유형자산			32	45	55	60
무형자산			2	3	2	6
유가증권			1	1	1	3
총부채			69	67	95	169
총차입금			37	32	58	110
자본금			11	11	12	20
총자본			56	75	98	161
지배주주지분			56	75	98	161

기업가치 지표 *IFRS 별도 기준
항목	2012	2013	2014	2015	2016	2017.2Q
주가(최고/저)(천원)	—/—	—/—	—/—	2.5/2.0	2.1/2.0	—/—
PER(최고/저)(배)	0.0/0.0	0.0/0.0	0.0/0.0	34.3/27.7	34.6/32.8	—/—
PBR(최고/저)(배)	0.0/0.0	0.0/0.0	0.0/0.0	6.2/5.0	4.1/3.9	3.5/2.5
EV/EBITDA(배)				7.3	13.4	—/—
EPS(원)			48	73	60	-298
BPS(원)			25,365	3,371	4,233	800
CFPS(원)			4,531	703	641	-288
DPS(원)			—	—	—	—
EBITDAPS(원)			6,349	716	458	-29

재무 비율 〈단위 : % 〉
연도	영업이익률	순이익률	부채비율	차입금비율	ROA	ROE	유보율	자기자본비율	EBITDA마진율
2016	3.3	5.2	96.4	59.3	6.7	13.0	746.7	50.9	4.8
2015	7.4	7.2	89.7	42.9	10.2	20.7	574.2	52.7	8.5
2014	8.6	5.9	122.3	66.0	8.0	19.6	407.3	45.0	9.5
2013	0.0	0.0	0.0	0.0	0.0	0.0	0.0	0.0	0.0

우주일렉트로닉스 (A065680)
Uju Electronics

업 종 : 휴대폰 및 관련부품
신용등급 : (Bond) —   (CP) —
홈페이지 : www.uju.com
본 사 : 경기도 화성시 양감면 초록로 532번길 61

시 장 : KOSDAQ
기업규모 : 우량
연 락 처 : 031)371-3700

설 립 일	1999.08.16	종업원수 604명	대표이사 노영백
상 장 일	2004.01.02	감사의견 적정 (삼정)	계 열
결 산 기	12월	보 통 주 993만주	종속회사수 6개사
액 면 가	500원	우 선 주	구 상 호

주주구성 (지분율,%)		출자관계 (지분율,%)		주요경쟁사 (외형,%)	
노영백	21.3	우주쏠라	100.0	우주일렉트로	100
신영자산운용	7.7	에프아이티글로벌	51.0	이엠텍	105
(외국인)	14.9	헵틸와이	43.0	일야	34

매출구성		비용구성		수출비중	
모바일커넥터	72.4	매출원가율	75.1	수출	70.0
디스플레이 커넥터	16.1	판관비율	16.2	내수	30.0
차량용 커넥터	10.0				

회사 개요
동사는 전자, 전자부품의 제조 및 판매업을 영위할 목적으로 설립됨. 주요사업 내용은 초정밀 커넥터 제조회사로서 우수한 기술력을 바탕으로 생산된 제품을 국내 시장은 물론 해외 시장으로도 그 범위를 점차 확대하여 공급함. 삼성과 LG 이외에 글로벌 세트업체들의 납품비중이 상승하고 있어 글로벌 부품업체로 도약하고 있음. 기존의 커넥터 이외에 FFC 등 신규제품의 매출 비중이 상승하고 있어 타사 대비 높은 성장성이 예상됨.

실적 분석
동사의 2017년 상반기 매출은 1,016억원으로 전년대비 7% 감소, 영업이익은 35억원으로 전년대비 61.5% 감소, 당기순이익은 33.7억원으로 전년대비 46.5% 감소. 글로벌 IT 시장은 외형적 증가가 제한적인 가운데 주요 제품의 사양 둔화로 가격하락이 지속되고 있음. 외형 정체로 고정비 부담은 지속. 향후 차량용 부품산업 전장부품에 대한 수요가 빠르게 증가할 것으로 보여 동사가 생산하는 정밀 커넥터의 수요 또한 증가 예상

현금 흐름
〈단위 : 억원〉

항목	2016	2017.2Q
영업활동	309	-44
투자활동	-157	-145
재무활동	-180	30
순현금흐름	-24	-161
기말현금	357	196

시장 대비 수익률

결산 실적
〈단위 : 억원〉

항목	2012	2013	2014	2015	2016	2017
매출액	1,820	2,223	1,820	1,838	2,180	—
영업이익	159	173	103	141	190	—
당기순이익	87	137	87	129	140	—

분기 실적
〈단위 : 억원〉

항목	2016.1Q	2016.2Q	2016.3Q	2016.4Q	2017.1Q	2017.2Q
매출액	555	537	573	515	523	493
영업이익	43	48	56	43	17	18
당기순이익	29	34	44	33	13	20

재무 상태
〈단위 : 억원〉

항목	2012	2013	2014	2015	2016	2017.2Q
총자산	2,001	2,122	2,244	2,287	2,360	2,282
유형자산	753	765	759	753	717	720
무형자산	23	21	17	26	33	31
유가증권	24	18	18	14	13	13
총부채	452	459	525	571	600	523
총차입금	215	278	292	303	225	271
자본금	50	50	50	50	50	50
총자본	1,549	1,663	1,719	1,716	1,761	1,759
지배주주지분	1,549	1,663	1,719	1,714	1,759	1,758

기업가치 지표

항목	2012	2013	2014	2015	2016	2017.2Q
주가(최고/저)(천원)	28.0/18.8	28.2/13.3	17.4/9.8	16.9/10.8	17.1/12.7	—/—
PER(최고/저)(배)	34.2/22.9	21.7/10.2	20.9/11.7	13.5/8.7	12.4/9.1	—/—
PBR(최고/저)(배)	1.9/1.3	1.8/0.8	1.0/0.6	0.9/0.6	0.9/0.7	0.9/0.8
EV/EBITDA(배)	8.2	3.2	3.1	3.8	2.8	—
EPS(원)	876	1,384	880	1,294	1,412	345
BPS(원)	15,646	16,965	17,701	18,786	19,983	19,973
CFPS(원)	2,350	3,356	2,450	2,657	2,781	979
DPS(원)	100	200	250	250	300	—
EBITDAPS(원)	3,076	3,712	2,608	2,787	3,284	986

재무 비율
〈단위 : % 〉

연도	영업이익률	순이익률	부채비율	차입금비율	ROA	ROE	유보율	자기자본비율	EBITDA마진율
2016	8.7	6.4	34.1	12.8	6.0	8.1	3,896.7	74.6	15.0
2015	7.7	7.0	33.3	17.7	5.7	7.5	3,657.1	75.0	15.1
2014	5.7	4.8	30.5	17.0	4.0	5.2	3,440.1	76.6	14.2
2013	7.8	6.2	27.6	16.7	6.7	8.6	3,293.1	78.4	16.6

우진 (A105840)
WOOJIN

업 종 : 기계
신용등급 : (Bond) —   (CP) —
홈페이지 : www.woojininc.com
본 사 : 경기도 화성시 동탄면 동부대로 970번길 110

시 장 : 거래소
기업규모 : 시가총액 소형주
연 락 처 : 031)379-3114

설 립 일	1980.05.13	종업원수 176명	대표이사 이성범,이재상각각대표
상 장 일	2010.07.26	감사의견 적정 (삼일)	계 열
결 산 기	12월	보 통 주 1,736만주	종속회사수 8개사
액 면 가	500원	우 선 주	구 상 호

주주구성 (지분율,%)		출자관계 (지분율,%)		주요경쟁사 (외형,%)	
이재원	18.0	효명이엔지	80.0	우진	100
이재상	17.8	에쓰브이씨	74.4	SIMPAC	246
(외국인)	0.6	우진엔텍	66.7	영풍정밀	56

매출구성		비용구성		수출비중	
원자력 계측기(제품)	51.1	매출원가율	78.0	수출	19.0
자동화 장치(제품)	15.7	판관비율	22.2	내수	81.0
CMS(제품)	13.2				

회사 개요
동사는 원자력발전소용 계측기, 철강산업용 자동화장치, 설비진단시스템, 유량계측시스템 등의 사업을 영위하고 있음. 제철 현장에서 쇳물의 온도와 각종 성분을 측정하고 시료를 채취하는 철강용 계측기의 개발 및 판매를 주요 사업으로 하고 있음. 동사는 1987년 국내 최초로 계측전문연구소를 설립하여 산업용 계측기의 표준화와 국산화를 위해 많은 투자를 진행해 왔음. 최근 동사는 정부 지원으로 해외 진출 기대를 받고 있음

실적 분석
원자력발전소용 계측기 사업부분의 성장으로 동사 2017년 2분기기준 누적 매출액은 전년동기대비 43.7% 상승한 512억원을 기록하였음. 그러나 비용면에서 전년동기대비 매출원가가 증가 하여 그에 따라 전년동기대비 영업이익은 -35.6억원으로 적자지속을 기록함. 전년동기대비 당기순이익도 적자지속하여 -29.7억원을 기록함. 원전 주요 부품 교체 수요는 지속될 것으로 보이고 철강 시장등이 점진적으로 활성화 되면 수익이 개선될 것이라 기대하고 있음.

현금 흐름
〈단위 : 억원〉

항목	2016	2017.2Q
영업활동	-140	42
투자활동	-24	10
재무활동	-68	-74
순현금흐름	-232	-22
기말현금	141	119

시장 대비 수익률

결산 실적
〈단위 : 억원〉

항목	2012	2013	2014	2015	2016	2017
매출액	828	783	1,051	1,062	1,084	—
영업이익	54	-15	11	16	-3	—
당기순이익	80	33	19	140	-3	—

분기 실적
〈단위 : 억원〉

항목	2016.1Q	2016.2Q	2016.3Q	2016.4Q	2017.1Q	2017.2Q
매출액	148	209	286	442	250	26
영업이익	-32	-31	3	57	-1	-3
당기순이익	-37	-24	-9	67	24	-3

재무 상태
〈단위 : 억원〉

항목	2012	2013	2014	2015	2016	2017.2Q
총자산	1,340	1,479	1,770	1,947	1,813	2,11
유형자산	226	340	551	588	595	1,02
무형자산	41	304	308	279	269	26
유가증권	32	3	6	8	8	8
총부채	255	309	598	671	579	63
총차입금	25	65	342	414	345	34
자본금	87	87	87	87	87	8
총자본	1,085	1,170	1,171	1,277	1,234	1,47
지배주주지분	992	1,006	1,003	1,103	1,064	1,28

기업가치 지표

항목	2012	2013	2014	2015	2016	2017.2Q
주가(최고/저)(천원)	6.5/4.5	9.9/5.6	9.2/6.7	8.4/6.5	7.7/5.9	—/—
PER(최고/저)(배)	18.9/13.0	73.1/41.6	92.2/67.2	11.3/8.8	—/—	—/—
PBR(최고/저)(배)	1.3/0.9	1.9/1.1	1.7/1.3	1.4/1.1	1.3/1.0	0.9/0.
EV/EBITDA(배)	13.7	168.7	48.6	30.1	46.3	—
EPS(원)	390	148	108	789	-22	-15
BPS(원)	5,714	5,797	5,775	6,355	6,129	7,37
CFPS(원)	454	281	277	981	185	-5
DPS(원)	315	130	170	200	220	—
EBITDAPS(원)	378	49	234	283	190	-10

재무 비율
〈단위 : % 〉

연도	영업이익률	순이익률	부채비율	차입금비율	ROA	ROE	유보율	자기자본비율	EBITDA마진율
2016	-0.3	-0.2	47.0	28.0	-0.1	-0.4	1,125.9	68.1	3
2015	1.5	13.2	52.5	32.5	7.5	13.0	1,170.9	65.6	4
2014	1.1	1.8	51.1	29.2	1.2	1.9	1,055.0	66.2	3
2013	-1.9	4.2	26.4	5.6	2.3	2.6	1,059.4	79.1	1

우진비앤지 (A018620)
WooGene B&G

주주구성 (지분율,%)		출자관계 (지분율,%)		주요경쟁사 (외형,%)	
강재구	20.7	우진비앤지	100		
강석진	11.6	명문제약	511		
(외국인)	2.2	유유제약	257		

매출구성		비용구성		수출비중	
동물용의약품 등	38.9	매출원가율	75.9	수출	23.0
상품	24.8	판관비율	23.6	내수	77.0
안티펜-SM 외	14.3				

회사 개요

동사는 동물약품 및 미생물제제(동물약품, 인체 원료의약, 미생물 농자재) 등을 제조, 판매하는 업체임. 또한 다국적 기업들의 우수 제품을 국내 도입하여 국내 양축 농가와 사료 회사의 생산성 향상과 수익 증대에 기여하고 있음. 동사의 주력 제품은 경제 동물의 생산을 위해 사용되며 주요 가축 질병 부문에서 세계적인 제품을 공급하고 있고 다국적 기업들의 국내 파트너로서의 지위를 확고히 하고 있음.

실적 분석

동사의 2017년 2/4분기 누적매출액은 전년 동기 대비 11.9% 감소한 124.9억원을 기록함. 외형축소의 영향으로 매출원가는 11.4% 감소했으나 경상개발비 등 판관비는 12.8% 증가했음. 이에 따라 11.5억원의 영업손실을 기록하며 적자를 지속했음. 비영업부문에서도 17.7억원의 손실을 기록함에 따라 손실폭은 더욱 확대되어 27.7억원의 당기순손실을 기록하며 적자전환되었음.

현금 흐름 *IFRS 별도 기준 〈단위 : 억원〉

항목	2016	2017.2Q
영업활동	28	-9
투자활동	-140	-76
재무활동	145	25
순현금흐름	33	-60
기말현금	67	7

시장 대비 수익률

결산 실적 〈단위 : 억원〉

항목	2012	2013	2014	2015	2016	2017
매출액	213	205	221	235	278	—
영업이익	18	8	9	-0	1	—
당기순이익	13	6	4	2	1	—

분기 실적 *IFRS 별도 기준 〈단위 : 억원〉

항목	2016.1Q	2016.2Q	2016.3Q	2016.4Q	2017.1Q	2017.2Q
매출액	71	71	57	79	58	67
영업이익	-2	0	-0	4	-6	-6
당기순이익	-3	3	-1	3	-6	-21

재무 상태 *IFRS 별도 기준 〈단위 : 억원〉

항목	2012	2013	2014	2015	2016	2017.2Q
총자산	262	274	291	422	581	601
유형자산	136	143	158	241	372	447
무형자산	1	1	1	0	7	7
유가증권	0	0	0	0	0	0
총부채	76	84	84	203	360	392
총차입금	40	47	44	172	320	349
자본금	20	22	48	49	54	57
총자본	186	190	207	219	221	210
지배주주지분	186	190	207	219	221	210

기업가치 지표 *IFRS 별도 기준

항목	2012	2013	2014	2015	2016	2017.2Q
주가(최고/저)(천원)	1.8/1.0	2.3/1.4	3.4/1.5	8.4/2.4	9.2/4.7	—/—
PER(최고/저)(배)	15.5/8.6	41.8/25.3	46.4/21.0	264.6/76.8	591.9/300.3	4.2/3.3
PBR(최고/저)(배)	1.0/0.6	1.3/0.8	1.8/0.8	4.3/1.3	4.7/2.4	4.2/3.3
EV/EBITDA(배)	9.0	14.9	19.9	76.9	106.5	
EPS(원)	115	55	74	32	16	-241
BPS(원)	4,765	4,429	2,160	2,246	2,064	1,828
CFPS(원)	488	309	176	127	99	-191
DPS(원)	54	54	20	50	25	—
EBITDAPS(원)	616	346	179	90	94	-50

재무 비율 〈단위 : % 〉

연도	영업이익률	순이익률	부채비율	차입금비율	ROA	ROE	유보율	자기자본비율	EBITDA마진율
2016	0.5	0.6	162.7	144.4	0.4	0.8	312.9	38.1	3.6
2015	0.0	1.5	92.9	78.4	1.0	1.7	349.3	51.9	3.7
2014	3.9	3.7	40.6	21.4	2.9	4.1	332.1	71.1	7.8
2013	3.7	3.0	44.2	24.9	3.2	3.2	785.8	69.3	7.4

우진플라임 (A049800)
WOOJIN PLAIMM CO

주주구성 (지분율,%)		출자관계 (지분율,%)		주요경쟁사 (외형,%)	
김익환	25.1	에어로젤애플리케이션그룹	22.8	우진플라임	100
김정순	15.4	자본재공제조합		화성밸브	79
(외국인)	3.6	건설공제조합			24

매출구성		비용구성		수출비중	
사출성형기	87.0	매출원가율	72.7	수출	44.0
취출로보트외	9.4	판관비율	20.2	내수	56.0
스크류외	2.5				

회사 개요

동사는 모든 플라스틱 재질의 제품을 성형할 수 있는 사출성형기 제조업체로서, 기존유압식 사출성형기는 물론 전동식 사출성형기까지 개발, 생산, 판매하는 기계장비 전문업체임. 중국에 위치한 우진주소기계유한공사, 미국에 위치한 WOOJIN PLAIMM AMERICA Inc 등을 연결대상 종속회사로 보유함. 연결대상 종속회사들은 사출성형기 제조와 원자재생산, 판매 등을 주요사업으로 영위함.

실적 분석

2017년 연결기준 동사는 매출액 1209.5억원을 시현함. 이는 전년도 동기 매출액 1132.5억원 대비 6.8% 성장한 금액임. 외형은 커졌지만 매출원가가4.2% 증가하고 인건비 상승으로 인해 판매비와 관리비가 20.6% 증가해 영업이익은 5.2% 감소한 59억원을 기록하는 데 그침. 비영업부문 역시 적자가 지속됨. 이로 인해 당기순이익은 8.6% 감소한 30.5억원을 기록함.

현금 흐름 〈단위 : 억원〉

항목	2016	2017.2Q
영업활동	285	-49
투자활동	27	31
재무활동	-184	-92
순현금흐름	128	-110
기말현금	189	79

시장 대비 수익률

결산 실적 〈단위 : 억원〉

항목	2012	2013	2014	2015	2016	2017
매출액	1,573	1,967	1,898	1,832	2,283	—
영업이익	95	103	-72	-107	161	—
당기순이익	69	68	-2	-173	148	—

분기 실적 〈단위 : 억원〉

항목	2016.1Q	2016.2Q	2016.3Q	2016.4Q	2017.1Q	2017.2Q
매출액	516	617	489	661	493	717
영업이익	15	47	34	66	2	57
당기순이익	-1	34	41	74	-27	57

재무 상태 〈단위 : 억원〉

항목	2012	2013	2014	2015	2016	2017.2Q
총자산	1,805	2,252	3,575	2,943	3,040	2,991
유형자산	867	992	2,224	1,695	1,608	1,600
무형자산	21	21	14	12	9	9
유가증권		3	5	5	5	5
총부채	1,044	1,420	2,747	2,286	2,241	2,161
총차입금	506	792	1,971	1,687	1,506	1,416
자본금	50	50	50	50	50	50
총자본	761	832	827	658	799	830
지배주주지분	761	832	827	658	799	830

기업가치 지표

항목	2012	2013	2014	2015	2016	2017.2Q
주가(최고/저)(천원)	6.9/3.9	6.8/4.3	5.6/4.0	4.8/3.4	8.6/3.6	—/—
PER(최고/저)(배)	10.0/5.6	10.0/6.4	—/—	—/—	5.8/2.5	—/—
PBR(최고/저)(배)	0.9/0.5	0.8/0.5	0.7/0.5	0.7/0.5	1.1/0.5	1.7/0.9
EV/EBITDA(배)	7.1	7.2			8.0	
EPS(원)	691	679	-17	-1,725	1,480	305
BPS(원)	7,609	8,318	8,274	6,578	7,991	8,302
CFPS(원)	1,088	1,123	665	-750	2,502	817
DPS(원)						
EBITDAPS(원)	1,347	1,474	-37	-96	2,636	1,102

재무 비율 〈단위 : % 〉

연도	영업이익률	순이익률	부채비율	차입금비율	ROA	ROE	유보율	자기자본비율	EBITDA마진율
2016	7.1	6.5	280.5	188.5	5.0	20.3	1,498.1	26.3	11.6
2015	-5.9	-9.4	347.5	256.4	-5.3	-23.2	1,215.6	22.4	-0.5
2014	-3.8	-0.1	332.0	238.2	-0.1	-0.2	1,554.9	23.2	0.2
2013	5.2	3.5	170.7	95.2	3.3	8.5	1,563.5	36.9	7.5

웅진 (A016880)
WOONGJIN CO

업 종 : 복합 산업		시 장 : 거래소	
신용 등급 : (Bond) BBB+	(CP) —	기업규모 : 시가총액 소형주	
홈 페 이 지 : www.woongjin.co.kr		연 락 처 : 02)2076-4701	
주 소 : 서울시 종로구 창경궁로 120 종로플레이스빌딩 14층			

설 립 일 1983.03.21	종 업 원 수 1,204명	대 표 이 사 이재진	
상 장 일 1994.10.06	감 사 의 견 적정 (안진)	계 열	
결 산 기 12월	보 통 주 7,268만주	종속회사수 9개사	
액 면 가 500원	우 선 주	구 상 호 웅진홀딩스	

주주구성 (지분율,%)
윤형덕	12.5
윤새봄	12.5
(외국인)	4.1

출자관계 (지분율,%)
태승엘피	100.0
Woongjin,Inc.	91.0
웅진플레이도시	80.3

주요경쟁사 (외형,%)
웅진	100
SK네트웍스	7,596
코오롱	1,620

매출구성
SM(기타)	29.3
쉐어드서비스(인쇄제작)(기타)	27.9
기타	16.6

비용구성
매출원가율	87.0
판관비율	17.8

수출비중
수출	—
내수	—

회사 개요
웅진그룹의 지주회사로서 2015년 3월 27일 주식회사 웅진홀딩스에서 주식회사 웅진으로 사명 변경함. 웅진 브랜드의 소유주로서 2008년 1월 1일부터 웅진브랜드를 사용하는 회사와 상호 간에 상표권 사용계약을 체결함. 동사의 연결종속회사로는 웅진그룹의 모태가 되는 웅진씽크빅을 중심으로 북센, 웅진에너지, 웅진플레이도시 등이 있음. 종속회사는 출판 및 교육서비스업을 영위하고 있음.

실적 분석
동사의 2017년 상반기 연결기준 누적 매출액은 1362.9원으로 전년 동기 대비 4.8% 증가함. 매출은 늘면서 매출원가는 소폭 증가했지만 판관비는 오히려 감소하면서 영업이익은 전년 동기 대비 흑자전환한 42.5억원을 시현함. 비영업손익 부문은 1회성 이익이 사라지면서 큰 폭으로 감소해 당기순이익은 전년 동기 대비 무려 69.7% 감소한 26억원을 기록함.

현금 흐름 〈단위 : 억원〉
항목	2016	2017.2Q
영업활동	163	-5
투자활동	1,589	-953
재무활동	-1,146	-25
순현금흐름	520	-981
기말현금	1,183	202

시장 대비 수익률

결산 실적 〈단위 : 억원〉
항목	2012	2013	2014	2015	2016	2017
매출액	5,327	3,828	4,569	4,373	2,430	
영업이익	-1,962	-266	47	187	-118	
당기순이익	-17,327	2,300	1,132	204	-26	

분기 실적 〈단위 : 억원〉
항목	2016.1Q	2016.2Q	2016.3Q	2016.4Q	2017.1Q	2017.2Q
매출액	604	696	602	527	672	691
영업이익	-21	21	-14	-103	29	13
당기순이익	36	49	5	-117	27	-1

재무 상태 〈단위 : 억원〉
항목	2012	2013	2014	2015	2016	2017.2Q
총자산	27,572	23,119	16,383	12,037	8,380	8,484
유형자산	9,400	5,727	5,163	3,087	781	775
무형자산	157	130	74	85	134	154
유가증권	16	15	8	7	7	7
총부채	33,309	18,614	12,686	8,462	4,819	4,902
총차입금	21,822	4,895	2,980	675	520	517
자본금	324	287	287	323	386	386
총자본	-5,737	4,505	3,697	3,575	3,561	3,582
지배주주지분	-5,130	2,107	3,198	3,526	3,578	3,603

기업가치 지표
항목	2012	2013	2014	2015	2016	2017.2Q
주가(최고/저)(천원)	13.2/2.7	4.8/2.6	3.7/1.9	3.7/1.8	3.5/2.4	—/—
PER(최고/저)(배)	—/—	0.4/0.2	1.4/0.7	6.4/3.2	—/—	—/—
PBR(최고/저)(배)	0.0/0.0	1.2/0.6	0.6/0.3	0.6/0.3	0.7/0.5	0.6/0.4
EV/EBITDA(배)		42.5	2.2			
EPS(원)	-1,352,220	11,108	2,633	579	-9	44
BPS(원)	-7,980	4,027	6,089	5,906	4,953	4,987
CFPS(원)	-20,078	12,151	3,088	910	77	69
DPS(원)						
EBITDAPS(원)	-1,885	305	545	683	-107	83

재무 비율 〈단위 : % 〉
연도	영업이익률	순이익률	부채비율	차입금비율	ROA	ROE	유보율	자기자본비율	EBITDA마진율
2016	-4.9	-1.1	135.4	14.6	-0.3	-0.2	832.9	42.5	-2.7
2015	4.3	4.7	236.7	18.9	1.4	9.2	998.9	29.7	8.3
2014	1.0	24.8	343.2	80.6	5.7	52.5	1,022.3	22.6	6.3
2013	-7.0	60.1	413.2	108.7	9.1	전기잠식	642.3	19.5	2.9

웅진씽크빅 (A095720)
Woongjin Thinkbig

업 종 : 교육		시 장 : 거래소	
신용 등급 : (Bond) —	(CP) —	기업규모 : 시가총액 소형주	
홈 페 이 지 : www.wjthinkbig.com		연 락 처 : 031)956-7365	
주 소 : 경기도 파주시 회동길 20			

설 립 일 2007.05.09	종 업 원 수 1,732명	대 표 이 사 윤새봄	
상 장 일 2007.05.31	감 사 의 견 적정 (삼정)	계 열	
결 산 기 12월	보 통 주 3,462만주	종속회사수 1개사	
액 면 가 500원	우 선 주	구 상 호	

주주구성 (지분율,%)
웅진홀딩스	24.3
KB자산운용	10.6
(외국인)	10.3

출자관계 (지분율,%)
웅진컴퍼스	80.0
라온시스템	12.1
학교도서관저널	10.0

주요경쟁사 (외형,%)
웅진씽크빅	100
대교	132
멀티캠퍼스	30

매출구성
[교육문화사업본부(학습관리 서비스)]기타제품	44.8
웅진씽크빅 수학	29.7
[미래교육사업본부(독서관리 서비스)]기타제품	14.2

비용구성
매출원가율	46.5
판관비율	47.5

수출비중
수출	—
내수	—

회사 개요
동사는 2007년 웅진홀딩스를 존속법인으로 인적분할에 의해 설립됨. 학습지, 전집류, 아동 및 성인단행본, 홈스쿨, 영어교육사업 등 출판 및 교육서비스 사업을 영위하고 있음. 모바일 기반 플랫폼 증가로 콘텐츠 수요가 확대됨에 따라 동사는 스마트 러닝사업 영역을 꾸준히 확대중. 2015년 태블릿 기반의 학습 서비스 〈웅진북클럽 스터디〉를 출시하였으며, 2016년부터 교사의 회원제 학습 관리 비즈니스인 학습지 사업과 홈스쿨 사업을 통합 운영함.

실적 분석
동사의 2017년 반기 기준 연결 대상 기업으로는 영어 서적을 출판하는 웅진컴퍼스가 있음. 당반기에는 연결기준 매출액 3,093.2원을 시현하였고 이는 전년동기 대비 1.4% 감소한 실적임. 원가는 줄었으나 판관비가 증가하면서 영업이익은 전년동기 대비 30.6% 감소한 134.3원을 시현함. 비영업손익에는 잡이익 등의 증가로 6.1억원의 흑자를 시현하였고, 순이익은 전년동기 대비 21.7% 감소한 110.7억원을 시현함.

현금 흐름 〈단위 : 억원〉
항목	2016	2017.2Q
영업활동	656	199
투자활동	-113	-61
재무활동	-36	-216
순현금흐름	508	-79
기말현금	746	666

시장 대비 수익률

결산 실적 〈단위 : 억원〉
항목	2012	2013	2014	2015	2016	2017
매출액	7,120	6,488	6,429	6,505	6,240	
영업이익	31	129	180	234	377	
당기순이익	-577	31	104	134	237	

분기 실적 〈단위 : 억원〉
항목	2016.1Q	2016.2Q	2016.3Q	2016.4Q	2017.1Q	2017.2Q
매출액	1,586	1,552	1,519	1,583	1,555	1,53
영업이익	99	94	69	114	72	6
당기순이익	74	67	48	48	57	5

재무 상태 〈단위 : 억원〉
항목	2012	2013	2014	2015	2016	2017.2Q
총자산	5,737	4,594	4,658	4,942	5,087	5,12
유형자산	833	757	747	799	784	75
무형자산	1,194	886	859	754	626	59
유가증권	20	16	22	21	23	2
총부채	3,599	2,577	2,221	2,350	2,276	2,19
총차입금	1,841	1,200	1,000	1,100	1,100	90
자본금	145	145	173	173	173	17
총자본	2,138	2,016	2,437	2,593	2,811	2,93
지배주주지분	1,972	1,996	2,416	2,569	2,785	2,90

기업가치 지표
항목	2012	2013	2014	2015	2016	2017.2Q
주가(최고/저)(천원)	16.2/5.9	9.7/5.8	8.4/5.7	11.4/7.1	15.9/8.4	—/—
PER(최고/저)(배)	—/—	92.8/55.3	24.6/16.8	29.8/18.5	23.5/12.4	—/—
PBR(최고/저)(배)	2.3/0.9	1.4/0.8	1.2/0.8	1.5/0.9	1.9/1.0	1.2/0.
EV/EBITDA(배)	9.6	6.5	6.5	8.1	5.3	—
EPS(원)	-1,982	104	339	380	676	32
BPS(원)	7,163	7,245	7,269	7,712	8,333	8,68
CFPS(원)	-738	1,160	1,269	1,274	1,543	78
DPS(원)						
EBITDAPS(원)	1,426	1,498	1,516	1,568	1,957	78

재무 비율 〈단위 : % 〉
연도	영업이익률	순이익률	부채비율	차입금비율	ROA	ROE	유보율	자기자본비율	EBITDA마진율
2016	6.0	3.8	81.0	39.1	4.7	8.7	1,566.6	55.3	10.
2015	3.6	2.1	90.6	42.4	2.8	5.3	1,442.3	52.5	7
2014	2.8	1.6	91.2	41.0	2.3	4.7	1,353.7	52.3	7
2013	2.0	0.5	127.8	59.5	0.6	1.6	1,349.1	43.9	6

웅진에너지 (A103130)
Woongjin Energy

업 종 : 에너지 시설 및 서비스		시 장 : 거래소	
신용등급 : (Bond) — (CP) —		기업규모 : 시가총액 소형주	
홈 페 이 지 : www.woongjinenergy.com		연 락 처 : 042)939-8114	
본 사 : 대전시 유성구 테크노2로 37(관평동)			

설 립 일	2006.11.17	종업원수	449명	대표이사	신광수
상 장 일	2010.06.30	감사의견	적정 (삼정)	계	열
결 산 기	12월	보통주	2,493만주	종속회사수	
액 면 가	5,000원	우선주		구상호	

주주구성 (지분율,%)		출자관계 (지분율,%)		주요경쟁사 (외형,%)	
웅진	21.7	웅진에너지	100		
한화케미칼	8.0	S&TC	146		
(외국인)	0.9	신성이엔지	125		

매출구성		비용구성		수출비중	
웨이퍼	48.0	매출원가율	116.9	수출	48.0
잉곳(제품)	43.4	판관비율	13.8	내수	52.0
기타	8.6				

회사 개요
동사는 태양광 발전산업과 관련하여 태양전지용 잉곳 및 웨이퍼의 사업, 태양광 시공 설치 사업과 태양광 발전사업을 영위하고 있음. 공장의 생산설비 설치를 완료함으로써 잉곳 1GW, 웨이퍼 500MW의 생산 체제를 구축하고 이를 바탕으로 매출 증대 및 수익성 제고에 나설 계획임. 웅진그룹은 웅진에너지 매각 시기를 당초 연내에서 태양광 시장의 불황을 반영해 2015년까지 연기했으며, 한국신용평가가 동사의 신용등급을 투기등급(CCC)로 평가함.

실적 분석
wafer 설비 증설에 따른 실적 개선으로 동사의 2017년 2분기기준 누적 매출액은 전년동기대비 21.8% 상승한 1,191.9억원을 기록하였음. 그에 따라 전년동기대비 영업이익은 19.6억원으로 흑자전환하였으며, 최종적으로 전년동기대비 당기순이익은 흑자전환하여 11.9억원을 기록함. 시장의 공급과잉에도 신규 생산시설 투자를 지속하고 있으므로 향후 성장이 기대됨.

현금 흐름	*IFRS 별도 기준		〈단위 : 억원〉
항목	2016	2017.2Q	
영업활동	-31	-0	
투자활동	-427	-117	
재무활동	519	63	
순현금흐름	63	-56	
기말현금	129	73	

시장 대비 수익률

결산 실적					〈단위 : 억원〉	
항목	2012	2013	2014	2015	2016	2017
매출액	1,430	1,199	1,633	1,643	1,739	—
영업이익	-1,068	-312	-131	5	-533	—
당기순이익	-1,995	-513	-357	-241	-843	—

분기 실적	*IFRS 별도 기준				〈단위 : 억원〉	
항목	2016.1Q	2016.2Q	2016.3Q	2016.4Q	2017.1Q	2017.2Q
매출액	429	550	420	341	534	658
영업이익	-94	-11	-91	-336	10	10
당기순이익	-122	-43	-79	-599	28	-16

재무 상태	*IFRS 별도 기준				〈단위 : 억원〉	
항목	2012	2013	2014	2015	2016	2017.2Q
총자산	4,220	3,517	3,397	3,231	3,080	3,289
유형자산	2,616	2,177	2,032	1,876	1,994	2,040
무형자산	21	19	17	15	14	14
유가증권	7	1	1	1	1	1
총부채	2,782	2,594	2,680	2,733	2,197	2,302
총차입금	2,565	2,236	2,257	2,331	1,742	1,696
자본금	334	334	370	370	1,144	1,244
총자본	1,439	923	718	498	883	987
지배주주지분	1,439	923	718	498	883	987

기업가치 지표	*IFRS 별도 기준				〈단위 : 원,배〉	
항목	2012	2013	2014	2015	2016	2017.2Q
주가(최고/저)(천원)	72.8/13.8	25.0/7.9	22.5/10.4	17.4/10.1	13.9/3.9	—/—
PER(최고/저)(배)	—/—	—/—	—/—	—/—	—/—	—/—
PBR(최고/저)(배)	3.8/0.7	2.0/0.6	2.6/1.2	2.9/1.7	3.6/1.0	1.9/1.2
EV/EBITDA(배)			140.4	23.1		
EPS(원)	-27,196	-6,923	-4,515	-2,929	-6,150	49
BPS(원)	2,156	1,383	970	674	3,858	3,966
CFPS(원)	-2,394	-336	-285	-125	-5,119	346
DPS(원)						
EBITDAPS(원)	-990	-36	32	207	-2,855	378

재무 비율								〈단위 : %〉
연도	영업이익률	순이익률	부채비율	차입금비율	ROA	ROE	유보율	자기자본비율	EBITDA마진율
2016	-30.6	-48.5	일부잠식	일부잠식	-26.7	-122.1	-22.9	28.7	-22.5
2015	0.3	-14.6	548.5	467.8	-7.3	-39.6	34.7	15.4	9.3
2014	-8.0	-21.9	373.5	314.5	-10.3	-43.5	94.0	21.1	1.4
2013	-26.1	-42.8	281.2	242.4	-13.3	-43.4	176.5	26.2	-2.0

원림 (A005820)
Wonlim

업 종 : 용기 및 포장		시 장 : 거래소	
신용등급 : (Bond) — (CP) —		기업규모 : 시가총액 소형주	
홈 페 이 지 : www.wonlim.co.kr		연 락 처 : 02)523-9231	
본 사 : 서울시 서초구 남부순환로 2495, 원림빌딩 9층			

설 립 일	1968.10.28	종업원수	36명	대표이사	신성엽
상 장 일	1990.04.20	감사의견	적정 (삼정)	계	열
결 산 기	12월	보통주	220만주	종속회사수	
액 면 가	5,000원	우선주		구상호	

주주구성 (지분율,%)		출자관계 (지분율,%)		주요경쟁사 (외형,%)	
신성엽	41.8	아미커스와이어리스	16.6	원림	100
신용기	10.0	서울투자파BIC청년창업벤처조합	10.0	지엠피	48
(외국인)	0.8	동부월드	0.2	한국팩키지	69

매출구성		비용구성		수출비중	
PP BAG(제품)	39.5	매출원가율	69.1	수출	9.0
인공관절	23.8	판관비율	18.7	내수	91.0
투자주식처분이익 외	18.7				

회사 개요
동사는 산업용 포장재 제조 및 도매업, 부동산업을 영위하는 회사임. 주요 사업부문은 화성사업(포장재제조 및 도매), 임대사업, 금융투자업, 의료기 도매업의 4가지 사업부문으로 구성되어 있으며, 연결대상 종속회사는 의료기기 도매업체인 스타바이오를 포함하는 3개사를 보유하고 있음. 매출구성은 화성사업부문 52.77%, 금융투자부문 23.19%, 의료기기부문 21.64%, 임대부문 2.4%로 구성됨.

실적 분석
2017년 연결기준 반기 매출액은 전년동기 대비 22.6% 감소한 380.9억원을 기록함. 매출급감함에 따라 수익성 악화되어 영업이익은 75.8% 감소한 26.7억원 시현에 그침. 당기순이익 또한 68.9% 감소한 31.4억원을 기록함. 정책 활성화에 기반한 인공관절 수술 확대에 따른 의료기기 수주 증가가 기대되며, 산업포장재 수요가 늘어나 외형 신장이 전망됨. 사업다각화를 통한 지주회사로서의 성장을 꾀하고 있음.

현금 흐름			〈단위 : 억원〉
항목	2016	2017.2Q	
영업활동	0	3	
투자활동	100	-55	
재무활동	-25	-15	
순현금흐름	75	-67	
기말현금	139	72	

시장 대비 수익률

결산 실적					〈단위 : 억원〉	
항목	2012	2013	2014	2015	2016	2017
매출액	818	853	826	800	854	—
영업이익	23	50	50	70	104	—
당기순이익	45	86	53	51	104	—

분기 실적					〈단위 : 억원〉	
항목	2016.1Q	2016.2Q	2016.3Q	2016.4Q	2017.1Q	2017.2Q
매출액	199	294	169	192	203	178
영업이익	18	92	4	-10	20	6
당기순이익	14	87	4	-5	23	9

재무 상태					〈단위 : 억원〉	
항목	2012	2013	2014	2015	2016	2017.2Q
총자산	1,287	1,269	1,290	1,333	1,415	1,417
유형자산	205	192	184	198	219	195
무형자산	38	37	36	17	25	22
유가증권	99	114	130	170	130	141
총부채	461	351	322	313	328	316
총차입금	246	205	157	157	146	144
자본금	110	110	110	110	110	110
총자본	826	918	968	1,021	1,087	1,101
지배주주지분	670	743	783	813	862	871

기업가치 지표					〈단위 : 원,배〉	
항목	2012	2013	2014	2015	2016	2017.2Q
주가(최고/저)(천원)	17.6/7.9	15.5/10.5	20.8/12.4	31.0/17.3	29.7/18.8	—/—
PER(최고/저)(배)	9.8/4.4	4.9/3.3	11.4/6.8	24.6/13.7	9.5/6.0	—/—
PBR(최고/저)(배)	0.6/0.3	0.5/0.3	0.6/0.4	0.9/0.5	0.8/0.5	0.7/0.6
EV/EBITDA(배)	13.7		7.7	6.9	4.3	
EPS(원)	2,017	3,436	1,917	1,302	3,203	952
BPS(원)	31,061	34,405	36,216	37,590	39,792	40,221
CFPS(원)	2,549	4,082	2,411	1,719	3,617	1,179
DPS(원)	400	500	350	250	500	
EBITDAPS(원)	1,579	2,936	2,779	3,620	5,138	1,441

재무 비율								〈단위 : %〉
연도	영업이익률	순이익률	부채비율	차입금비율	ROA	ROE	유보율	자기자본비율	EBITDA마진율
2016	12.2	12.2	30.1	13.4	7.6	8.4	695.8	76.8	13.2
2015	8.8	6.4	30.6	15.4	3.9	3.6	651.8	76.6	10.0
2014	6.1	6.4	33.2	16.2	4.1	5.5	624.3	75.1	7.4
2013	5.9	10.1	38.3	22.3	6.7	10.7	588.1	72.3	7.6

원익 (A032940)
Wonik

업 종 : 의료 장비 및 서비스		시 장 : KOSDAQ	
신용등급 : (Bond) — (CP) —		기업규모 : 중견	
홈 페 이 지 : www.wonik.co.kr		연 락 처 : (031)8038-9000	
본 사 : 경기도 성남시 분당구 판교로255번길 20 (삼평동, 원익빌딩)			

설 립 일 1983.10.31	종 업 원 수 49명	대 표 이 사 이창진	
상 장 일 1997.07.18	감 사 의 견 적정 (삼정)	계 열	
결 산 기 12월	보 통 주 1,263만주	종속회사수 8개사	
액 면 가 500원	우 선 주 —	구 상 수	

주주구성 (지분율,%)	출자관계 (지분율,%)	주요경쟁사 (외형,%)
이용한 38.1	씨엠에스랩 93.5	원익 100
호라이즌캐피탈 6.8	하늘빛청원 90.0	루트로닉 130
(외국인) 0.5	농업회사법인주식회사산앙 80.0	인피니트헬스케어 110

매출구성	비용구성	수출비중
의료장비(내시경, 레이저, 초음파 등), 화장품 33.8	매출원가율 60.9	수출 —
HIC(일반,센서,전장), RF Filter,GPS 19.9	판관비율 35.4	내수 —
산업원자재, 조명기기, 전기.전자.통신용 부품 19.4		

회사 개요
동사는 1983년 설립, 2004년부터 주력사업을 전가의료기기 판매로 전환함. 주요 사업부문은 내시경, 레이저, 초음파진단기 등 첨단 의료장비와 조명기기, 반도체, 전기, 전자, 통신용 원료 및 부품을 수입하여 판매하는 메디칼, 통상부문과 Hybrid IC, RF FILTER, GPS 등 전자 통신부품, 제품을 생산/판매하고 있는 전자부품부문과 부동산임대 및 관리업, 사우나업을 영위하고 있는 기타사업부문으로 구성됨.

실적 분석
동사의 2017년 반기 연결기준 매출액은 314.3억원으로 전년동기대비 11% 감소함. 전자부품 부문이 성장한 데 반해 헬스케어 부문이 큰 폭으로 외형 축소한 영향. 특히 내수 매출이 큰 폭으로 감소. 메디칼 코스메틱 화장품 부문 외형성장. 주요 사업 부문 매출 감소로 영업이익은 전년동기대비 14% 감소한 14.3억원을 기록. 전문 의료용품 외 일반 소비자 대상 판매 품목 개발 중이며, 중국 진출 예정 중에 있음.

현금 흐름 〈단위 : 억원〉
항목	2016	2017.2Q
영업활동	14	24
투자활동	137	-35
재무활동	-157	13
순현금흐름	-6	2
기말현금	14	16

시장 대비 수익률

주가(천원) ━━ 수익률(%)

결산 실적 〈단위 : 억원〉
항목	2012	2013	2014	2015	2016	2017
매출액	648	573	568	563	648	—
영업이익	25	2	5	-30	24	—
당기순이익	-96	78	3	-16	826	—

분기 실적 〈단위 : 억원〉
항목	2016.1Q	2016.2Q	2016.3Q	2016.4Q	2017.1Q	2017.2Q
매출액	171	182	129	166	153	162
영업이익	5	12	2	5	6	9
당기순이익	13	6	727	79	30	57

재무 상태 〈단위 : 억원〉
항목	2012	2013	2014	2015	2016	2017.2Q
총자산	991	1,074	1,024	1,277	1,873	1,964
유형자산	28	42	39	222	255	276
무형자산	12	11	9	19	13	12
유가증권	0	0	0	0	0	15
총부채	704	698	625	821	634	637
총차입금	574	543	473	625	424	437
자본금	54	54	60	63	63	63
총자본	287	376	400	456	1,239	1,327
지배주주지분	331	416	439	433	1,229	1,310

기업가치 지표
항목	2012	2013	2014	2015	2016	2017.2Q
주가(최고/저)(천원)	5.6/2.4	3.6/2.5	4.3/2.7	8.4/2.9	8.0/5.1	—/—
PER(최고/저)(배)	—/—	5.2/3.6	268.1/170.8	—/—	1.2/0.8	—/—
PBR(최고/저)(배)	1.8/0.8	0.9/0.7	1.2/0.8	2.5/0.9	0.8/0.5	0.7/0.5
EV/EBITDA(배)	20.5	71.6	55.8		28.9	—/—
EPS(원)	-664	704	16	-96	6,508	640
BPS(원)	3,086	3,880	3,634	3,430	9,724	10,365
CFPS(원)	-531	792	102	3	6,630	696
DPS(원)						
EBITDAPS(원)	361	103	126	-142	312	170

재무 비율 〈단위 : %〉
연도	영업이익률	순이익률	부채비율	차입금비율	ROA	ROE	유보율	자기자본비율	EBITDA마진율
2016	3.7	127.4	51.1	34.2	52.4	99.0	1,844.8	66.2	6.1
2015	-5.3	-2.9	179.8	136.8	-1.4	-2.7	586.0	35.7	-3.1
2014	0.8	0.5	156.4	118.4	0.3	0.4	626.8	39.0	2.5
2013	0.3	13.7	185.7	144.5	7.6	20.2	676.1	35.0	1.9

원익머트리얼즈 (A104830)
WONIK Materials

업 종 : 반도체 및 관련장비		시 장 : KOSDAQ	
신용등급 : (Bond) — (CP) —		기업규모 : 우량	
홈 페 이 지 : www.wimco.co.kr		연 락 처 : (043)210-4600	
본 사 : 충북 청주시 청원구 오창읍 양청3길 30			

설 립 일 2006.12.04	종 업 원 수 274명	대 표 이 사 이문용	
상 장 일 2011.12.28	감 사 의 견 적정 (한영)	계 열	
결 산 기 12월	보 통 주 630만주	종속회사수 3개사	
액 면 가 500원	우 선 주 —	구 상 수	

주주구성 (지분율,%)	출자관계 (지분율,%)	주요경쟁사 (외형,%)
원익홀딩스 45.7	사이언스앳홈 28.6	원익머트리얼즈 100
국민연금공단 7.7	원익큐브 20.1	유진테크 81
(외국인) 8.5	함양원익반도체무역유한공사 100.0	ISC 53

매출구성	비용구성	수출비중
NH3(암모니아),NO(산화질소)N2O(아산화질소) 등 62.0	매출원가율 72.4	수출 16.0
기타 가스 매출 38.0	판관비율 14.3	내수 84.0
기타 매출 0.0		

회사 개요
동사는 2006년 12월1일을 기준으로 주식회사 아토(현 원익IPS)의 특수가스 사업부문을 물적분할하여 설립되었으며, 충청북도 청원군에 본점과 공장을 두고 반도체용 특수가스 및 일반산업용 가스의 충전,제조,정제, 판매 등을 영위함. 동사가 제조하는 특수가스는 반도체, 디스플레이(LCD, AMOLED 등) LED 등의 생산에 사용되며 주요제품은 NH3와 NO, 상품은 GeH4와 Si2H6, 주 거래선은 삼성전자로 매출비중은 57.74%임.

실적 분석
동사의 2017년 반기 매출액은 전년동기 대비 6.4% 증가한 947.0억원을 기록. 매출원가가 감소하면서 영업이익은 17.6% 증가한 153.3억원, 순이익은 16.5% 증가한 129.9억을 시현함. 반도체 및 디스플레이 호황이 예상되는 만큼 매출회복을 위해 노력하고 있음. 동사는 최근 신규 시설 투자가 마무리된 오창 3공장에서 본격적으로 HCDS · HCDS 합성 기술을 활용한 Si 베이스 전구체가 생산되면 매출이 성장할 것으로 기대됨.

현금 흐름 〈단위 : 억원〉
항목	2016	2017.2Q
영업활동	334	170
투자활동	-398	-126
재무활동	19	24
순현금흐름	-43	67
기말현금	200	267

시장 대비 수익률
주가(천원) ━━ 수익률(%)

결산 실적 〈단위 : 억원〉
항목	2012	2013	2014	2015	2016	2017
매출액	1,101	1,300	1,452	1,925	1,750	—
영업이익	235	257	273	333	234	—
당기순이익	199	191	200	212	157	—

분기 실적 〈단위 : 억원〉
항목	2016.1Q	2016.2Q	2016.3Q	2016.4Q	2017.1Q	2017.2Q
매출액	461	429	420	441	453	49
영업이익	63	67	65	39	72	8
당기순이익	53	59	40	5	56	7

재무 상태 〈단위 : 억원〉
항목	2012	2013	2014	2015	2016	2017.2Q
총자산	1,521	1,805	2,117	2,342	2,623	2,63
유형자산	511	666	728	976	1,341	1,43
무형자산	19	28	189	128	86	8
유가증권	9	108	63	70	79	7
총부채	219	260	329	317	413	28
총차입금	1	59	88	54	52	5
자본금	30	31	31	31	31	3
총자본	1,302	1,546	1,787	2,025	2,210	2,35
지배주주지분	1,302	1,520	1,720	1,962	2,146	2,27

기업가치 지표
항목	2012	2013	2014	2015	2016	2017.2Q
주가(최고/저)(천원)	48.0/29.0	42.1/31.9	51.3/37.8	84.0/44.2	75.0/53.4	—/
PER(최고/저)(배)	14.2/8.6	13.4/10.1	15.2/11.2	23.9/12.5	30.0/21.4	—/
PBR(최고/저)(배)	2.2/1.3	1.7/1.3	1.8/1.4	2.7/1.4	2.2/1.6	2.3/1.
EV/EBITDA(배)	5.2	6.8	7.0	8.9	11.4	—/
EPS(원)	3,391	3,149	3,365	3,523	2,501	2,14
BPS(원)	22,038	24,754	27,914	31,689	34,355	36,33
CFPS(원)	4,276	4,256	4,839	5,281	4,426	3,26
DPS(원)						
EBITDAPS(원)	4,879	5,302	5,918	7,154	5,695	3,57

재무 비율 〈단위 : %〉
연도	영업이익률	순이익률	부채비율	차입금비율	ROA	ROE	유보율	자기자본비율	EBITDA마진율
2016	13.4	9.0	18.7	2.4	6.3	7.6	6,771.0	84.3	20
2015	17.3	11.0	15.6	2.7	9.5	11.8	6,237.8	86.5	23
2014	18.8	13.8	18.4	4.9	10.2	12.8	5,482.8	84.4	25
2013	19.7	14.7	16.8	3.9	11.5	13.7	4,850.7	85.6	25

원익아이피에스 (A240810)
WONIK IPS CO

업 종 : 반도체 및 관련장비	시 장 : KOSDAQ
신용등급 : (Bond) — (CP) —	기업규모 : 우량
홈 페 이 지 : www.ips.co.kr	연 락 처 : 031)8047-7222
본 사 : 경기도 평택시 진위면 진위산단로 75	

설 립 일	2016.04.04	종 업 원 수	599명	대 표 이 사	이현덕
상 장 일	2016.05.02	감 사 의 견	적정 (한영)	계	열
결 산 기	12월	보 통 주	4,127만주	종속회사수	2개사
액 면 가	500원	우 선 주		구 상 호	

주주구성 (지분율,%)
원익홀딩스	32.9
삼성디스플레이	4.5
(외국인)	28.6

출자관계 (지분율,%)
WONIKIPSUSAINC	100.0
원익아이피에스반도체설비유한공사	100.0

주요경쟁사 (외형,%)
원익IPS	100
SK하이닉스	7,046
이오테크닉스	126

매출구성
반도체 Display Solar Cell	87.3
상품/용역	12.7

비용구성
매출원가율	61.9
판관비율	26.4

수출비중
수출	6.0
내수	94.0

회사 개요
동사는 원익티지에스에서 사업 부문별로 필요한 역량 확보를 위한 집중투자를 용이하게 하여 각 부문별 지속성장을 위한 전문성을 확보하고자 반도체장비, 디스플레이장비 및 Solar cell장비 사업부문이 2016년 4월 1일을 기일로 인적분할하여 신설된 법인임. 연결대상 종속회사로 원익아이피에서반도체설비기술유한공사, WONIK IPS USA INC 등이 있음. 주요 고객사로 삼성전자, 삼성디스플레이, SK하이닉스반도체, 동부하이텍 등이 있음.

실적 분석
동사의 2017년 2분기 누적매출액은 전방산업 활황으로 3,427.2억원으로 전년 동기 대비 대폭 증가함. 동사는 타업체와 차세대 유전막 물질 및 공정과 차세대 메모리의 핵심 물질에 대해 공동개발 중으로, 성공시 매출 증대가 기대됨. 디스플레이 사업부문에선 최근 투자가 활발한 AMOLED 관련 양산장비 납품을 진행하고 있으며, 추가적인 핵심 공정에 대해서도 개발 진행중에 있음. Solar 사업부문에선 인력 및 시설 확충과 제품다양화를 준비중임.

현금 흐름 〈단위 : 억원〉
항목	2016	2017.2Q
영업활동	190	392
투자활동	-150	-81
재무활동	77	-1
순현금흐름	117	311
기말현금	389	700

시장 대비 수익률

결산 실적 〈단위 : 억원〉
항목	2012	2013	2014	2015	2016	2017
매출액	—	—	—	—	2,441	—
영업이익	—	—	—	—	287	—
당기순이익	—	—	—	—	225	—

분기 실적 〈단위 : 억원〉
항목	2016.1Q	2016.2Q	2016.3Q	2016.4Q	2017.1Q	2017.2Q
매출액	—	525	956	959	1,375	2,053
영업이익	—	37	107	143	323	469
당기순이익	—	28	88	109	249	367

재무 상태 〈단위 : 억원〉
항목	2012	2013	2014	2015	2016	2017.2Q
총자산	—	—	—	—	2,807	3,877
유형자산	—	—	—	—	1,048	1,037
무형자산	—	—	—	—	113	111
유가증권	—	—	—	—	14	21
총부채	—	—	—	—	617	1,078
총차입금	—	—	—	—	120	120
자본금	—	—	—	—	206	206
총자본	—	—	—	—	2,189	2,799
지배주주지분	—	—	—	—	2,189	2,799

기업가치 지표
항목	2012	2013	2014	2015	2016	2017.2Q
주가(최고/저)(천원)	#VALUE!	—/—	—/—	—/—	48.0/30.5	—/—
PER(최고/저)(배)	0.0/0.0	0.0/0.0	0.0/0.0	0.0/0.0	4.9/3.1	4.7/3.3
PBR(최고/저)(배)	0.0/0.0	0.0/0.0	0.0/0.0	0.0/0.0	26.4	
EV/EBITDA(배)	0.0	0.0	0.0	0.0		
EPS(원)	—	—	—	—	546	1,493
BPS(원)	—	—	—	—	5,309	6,787
CFPS(원)	—	—	—	—	817	1,693
DPS(원)	—	—	—	—		
EBITDAPS(원)	—	—	—	—	967	2,118

재무 비율 〈단위 : % 〉
연도	영업이익률	순이익률	부채비율	차입금비율	ROA	ROE	유보율	자기자본비율	EBITDA마진율
2016	11.8	9.2	28.2	5.5	0.0	0.0	961.8	78.0	16.4
2015	0.0	0.0	0.0	0.0	0.0	0.0	0.0	0.0	0.0
2014	0.0	0.0	0.0	0.0	0.0	0.0	0.0	0.0	0.0
2013	0.0	0.0	0.0	0.0	0.0	0.0	0.0	0.0	0.0

원익큐브 (A014190)
Wonik Cube

업 종 : 화학	시 장 : KOSDAQ
신용등급 : (Bond) — (CP) —	기업규모 : 중견
홈 페 이 지 : www.wonikcube.com	연 락 처 : 031)8038-9300
본 사 : 경기도 성남시 분당구 판교로255번길 20 원익빌딩	

설 립 일	1979.06.12	종 업 원 수	135명	대 표 이 사	오영신
상 장 일	1996.04.26	감 사 의 견	적정 (삼덕)	계	열
결 산 기	12월	보 통 주	2,740만주	종속회사수	1개사
액 면 가	500원	우 선 주		구 상 호	후너스

주주구성 (지분율,%)
원익머트리얼즈	20.1
유아이	7.3
(외국인)	1.0

출자관계 (지분율,%)
나노닉스	83.2
에프814엔터테인먼트	36.1
태진로보틱스	35.0

주요경쟁사 (외형,%)
원익큐브	100
코오롱머티리얼	163
씨큐브	18

매출구성
케미칼 부문	38.6
건축자재 부문	26.7
폴리머 부문	22.0

비용구성
매출원가율	90.5
판관비율	8.3

수출비중
수출	—
내수	—

회사 개요
각종 화학제품 및 건자재(지붕과 마루), 폴리머&실리콘의 제조 및 수출입과 고급 디지털 인쇄기 유통을 주요 사업으로 영위하고 있으며, 2013년 4월 원익그룹에 편입됨. 최대주주는 원익머트리얼즈임. 바이오신약사업 진출을 위해 인수한 일본의 온콜리스바이오파마의 지분을 투자자금 회수 목적으로 103억원을 받고 2016년말 매각함. 2016년 기준 매출구성은 케미칼 약 45%, 건축자재 25%, 폴리머 20%, PnP 10% 수준임.

실적 분석
매출의 대부분을 차지하는 케미칼과 건축자재 부문의 매출과 수익성이 회복되면서 2017년 상반기 매출액은 전년동기 대비 19.6% 성장하였으며, 영업이익도 비교적 큰 폭으로 늘어남. 환위험을 파생상품을 통해 적절하게 헤지하고 있으며, 당기순이익도 18.4억원을 기록함. 2014년부터 독일 엔비전택사와 파트너쉽을 맺고 3D프린터 사업에 진출함. 시설자금과 운영자금 마련을 위해 120억원 규모의 주주배정 후 실권주 일반공모 유상증자를 결정함.

현금 흐름 〈단위 : 억원〉
항목	2016	2017.2Q
영업활동	15	-113
투자활동	-16	-23
재무활동	24	142
순현금흐름	23	6
기말현금	34	40

시장 대비 수익률

결산 실적 〈단위 : 억원〉
항목	2012	2013	2014	2015	2016	2017
매출액	1,999	1,777	1,593	1,766	2,077	—
영업이익	31	14	32	9	25	—
당기순이익	-7	21	-90	16	20	—

분기 실적 〈단위 : 억원〉
항목	2016.1Q	2016.2Q	2016.3Q	2016.4Q	2017.1Q	2017.2Q
매출액	442	546	500	589	543	638
영업이익	2	12	5	7	11	15
당기순이익	5	7	5	2	6	12

재무 상태 〈단위 : 억원〉
항목	2012	2013	2014	2015	2016	2017.2Q
총자산	1,058	1,158	912	1,020	1,151	1,285
유형자산	173	179	176	198	208	217
무형자산	25	80	38	31	32	32
유가증권		285	107	100	132	114
총부채	531	436	358	378	464	597
총차입금	382	259	215	211	240	384
자본금	102	137	137	137	137	137
총자본	527	722	553	642	687	688
지배주주지분	527	719	556	641	688	688

기업가치 지표
항목	2012	2013	2014	2015	2016	2017.2Q
주가(최고/저)(천원)	12.9/2.4	4.8/2.3	3.8/1.9	5.2/2.0	3.6/2.2	—/—
PER(최고/저)(배)	—/—	53.7/25.0	—/—	89.8/35.0	46.5/29.0	—/—
PBR(최고/저)(배)	5.0/0.9	1.7/0.8	1.7/0.9	2.2/0.9	1.4/0.9	1.1/0.9
EV/EBITDA(배)	19.5	28.4	20.5	50.6	25.8	
EPS(원)	-37	90	-325	58	2,510	2,512
BPS(원)	2,585	2,896	2,284	2,341		
CFPS(원)	24	141	-282	97	108	89
DPS(원)						
EBITDAPS(원)	236	105	159	72	123	114

재무 비율 〈단위 : % 〉
연도	영업이익률	순이익률	부채비율	차입금비율	ROA	ROE	유보율	자기자본비율	EBITDA마진율
2016	1.2	1.0	67.5	34.9	1.8	3.2	402.0	59.7	1.6
2015	0.5	0.9	58.8	32.8	1.6	2.7	368.2	63.0	1.1
2014	2.0	-5.6	64.8	38.8	-8.7	-14.0	356.8	60.7	2.7
2013	0.8	1.2	60.4	35.9	1.9	3.7	479.3	62.3	1.5

원익큐엔씨 (A074600)
WONIK QnC

업　　종 : 반도체 및 관련장비　　시　　장 : KOSDAQ
신 용 등 급 : (Bond) —　　(CP) —　　기 업 규 모 : 우량
홈 페 이 지 : www.wonikqnc.com　　연 락 처 : 054)478-6200
본　　사 : 경북 구미시 옥계2공단로 117

설 립 일	2003.11.12	종 업 원 수	447명	대 표 이 사	임창빈
상 장 일	2003.12.12	감 사 의 견	적정 (삼일)	계　　열	
결 산 기	12월	보 통 주	2,629만주	종속회사수	3개사
액 면 가	500원	우 선 주		구 상 호	

주주구성 (지분율,%)		출자관계 (지분율,%)		주요경쟁사 (외형,%)	
이용한	40.4	원익엘앤디	40.0	원익QnC	100
얼라인츠글로벌인베스터스자산운용	4.0	위닉스	37.9	이엔에프테크놀로지	241
(외국인)	7.9	원익인사이트	33.3	원익홀딩스	212

매출구성		비용구성		수출비중	
QUARTZ WARE (한국)	48.1	매출원가율	71.1	수출	—
QUARTZ WARE (대만)	15.7	판관비율	15.9	내수	—
QUARTZ WARE (독일) 외	14.6				

회사 개요
동사는 반도체 제조용 석영제품 및 반도체·DISPLAY 등의 세라믹제품을 전문 생산하는 업체로 성장하기 위해 주식회사 원익으로부터 2003년 11월 기업분할로 설립됨. 동사는 원익홀딩스 등 7개 상장사와 27개 비상장사를 계열회사로 두고 있고, 석영제품을 제조판매하는 해외법인 3개를 종속회사로 두고 있음. 사업군별로 보면 반도체용 석영유리를 제조하는 쿼츠사업부, 세라믹스사업부, 램프사업부와 세정사업부로 구성됨.

실적 분석
동사는 2017년 상반기 누적 매출액과 영업이익이 전년 동기보다 33.5%, 63.3% 증가한 919.6억원, 163.1억원을 기록함. 동사는 전방산업인 반도체와 디스플레이 산업의 호황과 함께 삼성전자 평택 공장 증설효과 및 해외장비사들의 발주 증가로 외형 확대와 수익성 향상을 달성함. 동사는 주요 사업부인 쿼츠와 세라믹스 사업부의 공장증축을 위해 2017년 3분기 113.8억원, 4분기 52.6억원을 투자할 계획임.

현금 흐름 〈단위 : 억원〉

항목	2016	2017.2Q
영업활동	123	99
투자활동	-17	-125
재무활동	-132	2
순현금흐름	-24	-26
기말현금	86	60

시장 대비 수익률

결산 실적 〈단위 : 억원〉

항목	2012	2013	2014	2015	2016	2017
매출액	1,201	1,227	1,208	1,402	1,390	
영업이익	133	122	151	203	180	
당기순이익	48	73	89	159	442	

분기 실적 〈단위 : 억원〉

항목	2016.1Q	2016.2Q	2016.3Q	2016.4Q	2017.1Q	2017.2Q
매출액	343	346	342	358	439	481
영업이익	50	50	38	42	75	88
당기순이익	43	42	313	44	79	68

재무 상태 〈단위 : 억원〉

항목	2012	2013	2014	2015	2016	2017.2Q
총자산	1,549	1,655	1,627	1,726	2,228	2,418
유형자산	654	669	672	649	674	743
무형자산	51	50	49	52	26	54
유가증권	10	29	24	25	27	24
총부채	727	753	661	602	643	721
총차입금	557	571	470	376	244	242
자본금	63	65	65	66	66	131
총자본	823	902	966	1,124	1,585	1,696
지배주주지분	734	810	884	1,035	1,485	1,594

기업가치 지표

항목	2012	2013	2014	2015	2016	2017.2Q
주가(최고/저)(천원)	8.5/6.0	9.8/5.8	14.4/7.6	21.5/10.1	19.6/13.5	—/—
PER(최고/저)(배)	24.0/16.8	18.7/11.2	23.0/12.2	18.4/8.6	5.9/4.1	—/—
PBR(최고/저)(배)	1.5/1.0	1.6/0.9	2.1/1.1	2.7/1.3	1.7/1.2	2.1/1.4
EV/EBITDA(배)	7.5	5.4	9.5	10.0	10.7	
EPS(원)	178	262	314	585	1,659	553
BPS(원)	5,791	6,271	6,779	7,890	11,297	6,063
CFPS(원)	718	949	1,067	1,635	3,808	678
DPS(원)	—	—	—	—	—	
EBITDAPS(원)	1,410	1,385	1,600	2,011	1,861	745

재무 비율 〈단위 : %〉

연도	영업이익률	순이익률	부채비율	차입금비율	ROA	ROE	유보율	자기자본비율	EBITDA마진율
2016	13.0	31.8	40.6	15.4	22.4	34.6	2,159.4	71.2	17.6
2015	14.5	11.3	53.6	33.5	9.5	16.0	1,478.0	65.1	18.8
2014	12.5	7.4	68.5	48.7	5.5	9.6	1,255.7	59.4	17.2
2013	10.0	6.0	83.5	63.3	4.6	8.7	1,154.1	54.5	14.4

원익홀딩스 (A030530)
WONIK HOLDINGS COLTD

업　　종 : 반도체 및 관련장비　　시　　장 : KOSDAQ
신 용 등 급 : (Bond) —　　(CP) —　　기 업 규 모 : 우량
홈 페 이 지 : www.wonikholdings.kr　　연 락 처 : 031)659-2000
본　　사 : 경기도 평택시 칠괴길 78-40 (지제동)

설 립 일	1991.09.27	종 업 원 수	184명	대 표 이 사	이재헌
상 장 일	1996.09.24	감 사 의 견	적정 (한영)	계　　열	
결 산 기	12월	보 통 주	7,724만주	종속회사수	5개사
액 면 가	500원	우 선 주		구 상 호	

주주구성 (지분율,%)		출자관계 (지분율,%)		주요경쟁사 (외형,%)	
원익	23.9	원익로보틱스	95.7	원익홀딩스	100
이용한	16.1	원익투자파트너스	78.4	이엔에프테크놀로지	113
(외국인)	8.0	국제전자센터제이차	66.7	테스	61

매출구성		비용구성		수출비중	
반도체Display Solar Cell	44.7	매출원가율	70.9	수출	—
GSS, CPU	44.4	판관비율	15.4	내수	—
기타	10.7				

회사 개요
동사는 1991년에 설립된 반도체장비 제조업체로 2010년 아이피에스를 흡수합병하면서 사명을 아토에서 원익아이피에스로 변경했고, 2015년 인적분할로 존속법인 원익홀딩스와 신설회사 원익아이피에스로 분할됨. 동사는 동사를 제외한 33개의 계열회사를 두고 있고, 연결대상 종속회사로는 원익머트리얼즈 등 5개사가 있음. 동사는 2016년 9월 삼성전자로부터 '베스트 파트너 어워드'를 수상함.

실적 분석
동사는 2017년 상반기 누적 매출액이 2,022.7억원으로 전년 동기 대비 79.6% 증가했고, 영업이익은 346.1억원으로 전년 동기 122.9억원에서 181.6%의 증가율을 기록함. 동사는 주요 원재료 가격이 상승된데다 전방산업인 반도체 호황의 영향으로 평택공장의 가동률이 172%에 달하는 등 크게 늘어난 수요로 인해 큰 폭의 실적 성장세를 보이고 있음. 매출에서 삼성전자가 차지하는 비중은 2016년 57.7%에서 63.9%로 늘어남.

현금 흐름 〈단위 : 억원〉

항목	2016	2017.2Q
영업활동	426	199
투자활동	-665	-546
재무활동	6	338
순현금흐름	-504	-11
기말현금	319	308

시장 대비 수익률

결산 실적 〈단위 : 억원〉

항목	2012	2013	2014	2015	2016	2017
매출액	3,487	4,230	5,572	2,944	2,949	
영업이익	265	551	919	462	404	
당기순이익	179	374	571	730	1,990	

분기 실적 〈단위 : 억원〉

항목	2016.1Q	2016.2Q	2016.3Q	2016.4Q	2017.1Q	2017.2Q
매출액	586	540	612	1,211	926	1,097
영업이익	68	55	76	205	136	210
당기순이익	206	1,585	50	149	177	275

재무 상태 〈단위 : 억원〉

항목	2012	2013	2014	2015	2016	2017.2Q
총자산	4,779	5,901	6,589	6,585	8,626	9,556
유형자산	1,506	1,665	1,759	2,141	1,540	1,612
무형자산	272	238	321	279	205	207
유가증권	65	219	292	152	213	549
총부채	1,425	1,864	2,032	1,181	1,406	1,854
총차입금	736	543	523	257	391	890
자본금	366	403	403	403	386	386
총자본	3,353	4,037	4,557	5,404	7,221	7,702
지배주주지분	2,681	3,201	3,569	4,210	5,886	6,281

기업가치 지표

항목	2012	2013	2014	2015	2016	2017.2Q
주가(최고/저)(천원)	6.2/2.5	5.6/2.8	8.8/4.8	9.9/5.1	8.4/5.6	—/—
PER(최고/저)(배)	57.5/23.4	16.3/8.1	15.1/8.3	12.8/6.6	2.9/1.9	—/—
PBR(최고/저)(배)	1.6/0.6	1.3/0.7	1.9/1.0	1.1/0.9	1.1/0.7	1.0/0.7
EV/EBITDA(배)	9.3	9.0	10.2	13.7	11.1	
EPS(원)	108	341	581	768	2,892	492
BPS(원)	3,966	4,248	4,706	5,494	7,756	8,267
CFPS(원)	278	554	848	1,074	3,151	605
DPS(원)	—	—	—	—	—	
EBITDAPS(원)	534	898	1,408	880	870	556

재무 비율 〈단위 : %〉

연도	영업이익률	순이익률	부채비율	차입금비율	ROA	ROE	유보율	자기자본비율	EBITDA마진율
2016	13.7	67.5	19.5	5.4	26.2	37.9	1,451.2	83.7	19.5
2015	15.7	24.8	21.9	4.8	11.1	15.9	998.9	82.1	24.1
2014	16.5	10.3	44.6	11.5	9.2	13.8	841.3	69.2	20.4
2013	13.0	8.8	46.2	13.5	7.0	9.4	749.6	68.4	17.6

원일특강 (A012620)
WONIL SPECIAL STEEL

업 종 : 금속 및 광물		시 장 : KOSDAQ	
신용등급 : (Bond) — (CP) —		기업규모 : 우량	
홈 페 이 지 : www.wonilsteel.co.kr		연 락 처 : 031)434-1221	
본 사 : 경기도 시흥시 공단2대로256번길 4 (정왕동, 시화공단3바104)			

설 립 일	1977.10.14	종업원수	137명	대표이사	신용문
상 장 일	1994.06.28	감사의견	적정 (삼일)	계 열	
결 산 기	12월	보 통 주	440만주	종속회사수	2개사
액 면 가	500원	우 선 주		구 상 호	

주주구성 (지분율,%)		출자관계 (지분율,%)		주요경쟁사 (외형,%)	
박성진	36.2	원일스틸	100.0	원일특강	100
김준호	5.0	신라몰드텍	100.0	대양금속	71
(외국인)	1.4	광장오토모티브	23.5	SIMPAC Metal	67

매출구성		비용구성		수출비중	
구조용강 등	32.0	매출원가율	90.4	수출	0.0
후판 등	23.4	판관비율	6.0	내수	100.0
공구강 등	23.4				

회사 개요
동사는 1977년에 설립되어 포스코특수강, 두산중공업, 세아베스틸, 한국철강의 대리점을 획득하여 특수강 제조 및 판매를 영위하고 있음. 종속회사로는 주형 및 금형가공업을 영위하는 신라몰드텍과 금속판매 및 금형류 가공업인 원일스틸이 있음. 계열회사로는 상장사인 신라교역, 신라섬유, 신라에스지 등의 상장사를 포함해 동사를 포함 국내외 23개임. 동사 매출의 대부분을 차지하는 특수강은 자동차, 전자, 조선 산업과 연관성이 깊음.

실적 분석
동사는 2017년 상반기 누적 매출액이 1,088.9억원으로 전년 동기 대비 3.6% 증가했고, 영업이익은 40.9억원으로 전년 동기에 비해 21.2% 감소했음. 동사는 자동차 시장의 내수부진, 사드보복 장기화 등의 영향으로 수요가 부진한 가운데에도 전년보다 개선된 매출을 기록했지만, 원재료 값의 상승으로 매출원가가 늘면서 수익성이 악화됨. 비영업손실은 4.5억원으로 적자가 지속되면서 당기순이익은 36.2억원을 기록함.

현금 흐름		〈단위 : 억원〉
항목	2016	2017.2Q
영업활동	129	-18
투자활동	-86	-28
재무활동	-48	35
순현금흐름	-6	-12
기말현금	92	80

시장 대비 수익률

결산 실적					〈단위 : 억원〉	
항목	2012	2013	2014	2015	2016	2017
매출액	2,240	2,217	2,335	2,353	2,064	—
영업이익	112	105	121	74	74	—
당기순이익	64	59	78	46	52	—

분기 실적					〈단위 : 억원〉	
항목	2016.1Q	2016.2Q	2016.3Q	2016.4Q	2017.1Q	2017.2Q
매출액	532	519	451	561	520	569
영업이익	15	37	6	16	24	17
당기순이익	11	28	3	10	16	20

재무 상태					〈단위 : 억원〉	
항목	2012	2013	2014	2015	2016	2017.2Q
총자산	1,549	1,589	1,672	1,643	1,658	1,766
유형자산	377	375	381	406	520	537
무형자산	10	11	13	12	17	17
유가증권	1	1	0	1	1	22
총부채	809	795	804	733	697	771
총차입금	616	617	587	564	520	583
자본금	22	22	22	22	22	22
총자본	740	794	867	910	961	995
지배주주지분	740	794	867	910	961	995

기업가치 지표						
항목	2012	2013	2014	2015	2016	2017.2Q
주가(최고/저)(천원)	10.2/4.8	8.1/5.9	9.5/6.1	16.2/8.6	13.4/9.5	—/—
PER(최고/저)(배)	7.3/3.5	6.3/4.6	5.5/3.5	15.5/8.3	11.4/8.1	0.5/0.4
PBR(최고/저)(배)	0.6/0.3	0.5/0.3	0.5/0.3	0.8/0.4	0.6/0.4	0.5/0.4
EV/EBITDA(배)	6.4	7.1	6.2	10.8	10.2	—/—
EPS(원)	1,456	1,334	1,780	1,055	1,184	823
BPS(원)	16,810	18,045	19,709	20,687	21,840	22,625
CFPS(원)	1,709	1,569	2,024	1,319	1,457	962
DPS(원)	70	70	80	80	80	1,068
EBITDAPS(원)	2,804	2,617	2,997	1,941	1,944	

재무 비율								〈단위 : % 〉
연도	영업이익률	순이익률	부채비율	차입금비율	ROA	ROE	유보율	자기자본비율	EBITDA마진율
2016	3.6	2.5	72.5	54.1	3.2	5.6	4,268.0	58.0	4.1
2015	3.1	2.0	80.5	62.0	2.8	5.2	4,037.5	55.4	3.6
2014	5.2	3.4	92.8	67.7	4.8	9.4	3,841.7	51.9	5.7
2013	4.7	2.7	100.2	77.7	3.7	7.7	3,509.0	50.0	5.2

원텍 (A216280)
WON TECH

업 종 : 의료 장비 및 서비스		시 장 : KONEX	
신용등급 : (Bond) — (CP) —		기업규모 : —	
홈 페 이 지 : www.wtlaser.com		연 락 처 : 042)934-6802	
본 사 : 대전시 유성구 테크노8로 64			

설 립 일	1999.06.19	종업원수	123명	대표이사	김종원,김정현
상 장 일	2015.04.29	감사의견	적정 (한영)	계 열	
결 산 기	12월	보 통 주		종속회사수	
액 면 가		우 선 주		구 상 호	

주주구성 (지분율,%)		출자관계 (지분율,%)		주요경쟁사 (외형,%)	
김종원	55.2	WONTECHNOLOGY,LLC.,	100.0	원텍	100
김정현	7.7			루트로닉	265
				인피니트헬스케어	225

매출구성		비용구성		수출비중	
HairBeam	42.8	매출원가율	46.2	수출	50.0
기타	30.1	판관비율	45.2	내수	50.0
PASTELLE	14.6				

회사 개요
동사는 1999년 설립돼, 의료장비의 제조, 수출입업 등을 주요 사업으로 영위하고 있음. 의료기기 산업 중 피부, 미용 관련 시장에 속해 있으며, 피부와 등에서 사용되는 치료용 레이저 의료기기, 초음파 및 레이저 기술을 활용한 외과 의료기기 등을 제작, 납품하고 있음. 다양한 제품 라인업과 다수의 지적재산권을 확보하며 사업을 확장하고 있음. 2014년 4월 영업팀을 판교지점으로 독립하는 등 국내외 영업능력 강화를 도모하고 있음.

실적 분석
동사의 2016년 누적 매출액은 318.4억원으로 전년 대비 11% 증가함. 영업이익은 27.1억원, 당기순이익은 25.3억원을 기록함. 매출은 수출 52%, 내수 47%의 비중을 차지하고 있음. 중국 수출의 활성화로 2017년 수출 증가율이 높아질 것으로 예상되며, 선제적으로 조기 중국인허가 10 품목을 확보함. 선도 제품 개발을 위한 R&D 투자를 꾸준히 진행하고 있어 제품라인업 변화를 통해 지속적인 매출 확대가 가능할 것으로 기대됨.

현금 흐름	*IFRS 별도 기준	〈단위 : 억원〉
항목	2016	2017.2Q
영업활동	-9	
투자활동	-27	
재무활동	62	
순현금흐름	26	
기말현금	31	

시장 대비 수익률

결산 실적					〈단위 : 억원〉	
항목	2012	2013	2014	2015	2016	2017
매출액	120	152	175	287	318	—
영업이익	2	10	-2	58	27	—
당기순이익	2	4	-11	46	25	—

분기 실적	*IFRS 별도 기준				〈단위 : 억원〉	
항목	2016.1Q	2016.2Q	2016.3Q	2016.4Q	2017.1Q	2017.2Q
매출액						
영업이익						
당기순이익						

재무 상태	*IFRS 별도 기준				〈단위 : 억원〉	
항목	2012	2013	2014	2015	2016	2017.2Q
총자산	91	110	127	175	294	
유형자산	18	20	26	26	53	
무형자산	13	15	7	9	19	
유가증권						
총부채	70	79	73	76	148	
총차입금	61	63	49	46	110	
자본금	17	19	20	20	20	
총자본	20	31	53	99	145	
지배주주지분	20	31	53	99	145	

기업가치 지표	*IFRS 별도 기준					
항목	2012	2013	2014	2015	2016	2017.2Q
주가(최고/저)(천원)	—/—	—/—	—/—	52.5/3.7	44.1/21.0	—/—
PER(최고/저)(배)	0.0/0.0		0.0/0.0	45.5/3.2	69.5/33.2	—/—
PBR(최고/저)(배)	0.0/0.0		0.0/0.0	21.1/1.5	12.1/5.8	0.0/0.0
EV/EBITDA(배)	11.7		4.0	12.4	23.9	29.6	—/—
EPS(원)	69	124	-284	1,154	633	
BPS(원)	6,017	841	1,331	2,485	3,645	
CFPS(원)	1,606	265	-137	1,365	826	
DPS(원)						
EBITDAPS(원)	1,530	427	91	1,670	872	

재무 비율								〈단위 : % 〉
연도	영업이익률	순이익률	부채비율	차입금비율	ROA	ROE	유보율	자기자본비율	EBITDA마진율
2016	8.5	7.9	101.9	75.6	10.8	20.7	629.1	49.5	10.9
2015	20.3	16.1	76.9	46.1	30.5	60.5	397.0	56.5	23.2
2014	-1.3	-6.4	138.3	92.9	-9.4	-26.4	166.2	42.0	2.0
2013	6.4	2.8	250.1	199.9	4.2	16.3	68.3	28.6	9.6

원풍 (A008370)
WONPOONG

업　　종 : 화학
신용등급 : (Bond) —　(CP) —
홈페이지 : www.wonpoong.co.kr
본　　사 : 서울시 강서구 공항대로 343

시　　장 : KOSDAQ
기업규모 : 우량
연 락 처 : 02)3665-5321

설 립 일	1973.01.06	종업원수	203명	대표이사 윤기로
상 장 일	1992.12.18	감사의견	적정 (삼덕)	계　　열
결 산 기	12월	보통주	1,200만주	종속회사수 1개사
액 면 가	500원	우선주		구상호

주주구성 (지분율,%)		출자관계 (지분율,%)		주요경쟁사 (외형,%)	
서승민	17.5	WONPOONGCORP	84.0	원풍	100
서원선	9.0	원풍C&S	33.3	진양화학	77
(외국인)	2.0			조비	79

매출구성		비용구성		수출비중	
산업용자재외(Any Sign any FlexSuper TarpKOSKI)	100.0	매출원가율	83.5	수출	69.0
		판관비율	8.9	내수	31.0

회사 개요

동사는 산업용자재 부문에 고부가가치를 창출할 수 있는 수출업 등을 영위할 목적으로 1973년 1월 6일에 설립되었음. 산업용 타포린 및 광고용 플렉스 원단을 생산하여 국내 및 해외 60여 개국에 공급하고 있으며, 열가소성 폴리올레핀시트 지붕방수재를 국내 최초로 개발하였음. 환경문제에 대응할 수 있는 환경친화성 제품인 TPO 및 100% 재활용이 가능한 INNO GREEN을 생산하고 있음.

실적 분석

동사의 2017년 상반기 연결기준 누적 매출액은 366.3억원으로 전년동기 대비 3.1% 감소함. 판관비 절감에도 불구하고 매출 축소 영향으로 영업이익은 전년동기 대비 58.9% 줄어든 19.3억원을 기록함. 고부가가치 사업으로 영역을 확대하여 신소재 부문 제품개발, 신공장 건축 및 설비투자로 품질향상과 미래경쟁력 확보에 주력하고 있음. 건축자재사업팀을 별도로 운용, 종합 서비스 제공에 힘쓰고 있음.

현금 흐름 〈단위 : 억원〉

항목	2016	2017.2Q
영업활동	48	30
투자활동	-27	8
재무활동	-24	-27
순현금흐름	3	14
기말현금	79	93

시장 대비 수익률

결산 실적 〈단위 : 억원〉

항목	2012	2013	2014	2015	2016	2017
매출액	1,044	894	829	826	750	—
영업이익	68	50	42	91	57	—
당기순이익	43	45	39	59	52	—

분기 실적 〈단위 : 억원〉

항목	2016.1Q	2016.2Q	2016.3Q	2016.4Q	2017.1Q	2017.2Q
매출액	186	192	195	178	175	191
영업이익	24	22	15	-5	6	13
당기순이익	18	22	1	8	3	14

재무 상태 〈단위 : 억원〉

항목	2012	2013	2014	2015	2016	2017.2Q
총자산	795	796	807	838	868	854
유형자산	306	288	310	299	392	389
무형자산	3	2	2	2	2	2
유가증권	21	0	2	2	2	2
총부채	186	155	138	123	117	105
총차입금	27	23	30	19	14	4
자본금	60	60	60	60	60	60
총자본	609	640	669	715	751	749
지배주주지분	604	636	668	715	752	748

기업가치 지표

항목	2012	2013	2014	2015	2016	2017.2Q
주가(최고/저)(천원)	3.5/1.9	2.8/2.3	3.1/2.4	4.5/2.8	5.5/3.5	—/—
PER(최고/저)(배)	12.0/6.5	8.6/6.9	9.6/7.4	9.5/6.0	12.7/8.2	—/—
PBR(최고/저)(배)	0.8/0.5	0.6/0.5	0.6/0.5	0.8/0.5	0.9/0.6	1.0/0.7
EV/EBITDA(배)	2.6	2.5	4.0	2.5	5.2	
EPS(원)	353	379	352	501	442	131
BPS(원)	5,064	5,328	5,581	5,960	6,264	6,231
CFPS(원)	621	643	551	694	644	264
DPS(원)	110	110	125	140	155	—
EBITDAPS(원)	833	685	547	951	677	293

재무 비율 〈단위 : % 〉

연도	영업이익률	순이익률	부채비율	차입금비율	ROA	ROE	유보율	자기자본비율	EBITDA마진율
2016	7.6	7.0	15.6	1.8	6.1	7.2	1,152.7	86.5	10.8
2015	11.0	7.2	17.2	2.7	7.2	8.7	1,092.0	85.3	13.8
2014	5.0	4.7	20.6	4.5	4.9	6.5	1,016.2	82.9	7.9
2013	5.6	5.1	24.2	3.7	5.7	7.3	965.5	80.5	9.2

원풍물산 (A008290)
Won Pung Mulsan

업　　종 : 섬유 및 의복
신용등급 : (Bond) —　(CP) —
홈페이지 : www.wonpung.com
본　　사 : 인천시 서구 가좌로 31 (가좌동)

시　　장 : KOSDAQ
기업규모 : 중견
연 락 처 : 032)569-0433

설 립 일	1972.12.20	종업원수	48명	대표이사 이원기,이두식
상 장 일	1997.06.13	감사의견	적정 (삼덕)	계　　열
결 산 기	12월	보통주	3,839만주	종속회사수
액 면 가	500원	우선주		구상호

주주구성 (지분율,%)		출자관계 (지분율,%)		주요경쟁사 (외형,%)	
이두식	20.0	Sundiode	31.0	원풍물산	100
이원기	13.5	RELMADA	6.0	제이에스코퍼레이션	407
(외국인)	2.0			SG세계물산	666

매출구성		비용구성		수출비중	
신사복(제품)	54.2	매출원가율	37.6	수출	0.0
점퍼외	41.2	판관비율	61.8	내수	100.0
신사복(임가공품)	3.0				

회사 개요

동사는 남성복 중 신사복의 제조 및 판매를 주된 사업으로 영위하는 업체임. 고가의 수입 브랜드인 '킨로크 앤더슨'과 자체 브랜드인 맞춤형 신사복 '브스턴 매너' 등을 백화점, 직영점, 대리점 등을 통해 판매함. 최근 몇 년간 정장 신사복에 대한 수요가 위축됐지만 캐릭터 캐주얼복이 새로운 아이템으로 부상하면서 별도의 '킨로크2'를 판매 중임. 2007년 의약품 등 생명공학 관련 목적사업을 정관에 추가함.

실적 분석

동사의 2017년 상반기 매출액은 219.7억원으로 전년동기 대비 3.4% 감소함. 영업손실은 0.6억원으로 적자전환함. 동사는 젊은층이 선호하는 정장 신사복의 강화와 캐릭터 캐주얼복의 구성으로 매출액을 끌어올릴 계획임. 미국 신약개발업체에 투자해 현재 6% 지분을 확보했으며, 동사는 신약이 미국 식품의 약국(FDA) 승인을 얻을 경우 아시아 지역의 판권 독점으로 높은 투자수익 창출을 기대함.

현금 흐름 *IFRS 별도 기준 〈단위 : 억원〉

항목	2016	2017.2Q
영업활동	12	3
투자활동	-25	-6
재무활동	3	-8
순현금흐름	-10	-11
기말현금	34	23

시장 대비 수익률

결산 실적 〈단위 : 억원〉

항목	2012	2013	2014	2015	2016	2017
매출액	454	478	479	483	464	—
영업이익	26	20	12	19	3	—
당기순이익	4	2	1	-115	-6	—

분기 실적 *IFRS 별도 기준 〈단위 : 억원〉

항목	2016.1Q	2016.2Q	2016.3Q	2016.4Q	2017.1Q	2017.2Q
매출액	114	113	77	159	112	108
영업이익	2	3	4	-7	-1	1
당기순이익	1	3	-13	-1	-1	-2

재무 상태 *IFRS 별도 기준 〈단위 : 억원〉

항목	2012	2013	2014	2015	2016	2017.2Q
총자산	509	549	573	468	473	438
유형자산	165	167	163	157	157	157
무형자산	0	0	0	0	0	0
유가증권	0	0	0	0	1	1
총부채	298	322	336	186	182	136
총차입금	204	228	236	107	98	77
자본금	149	161	168	181	184	192
총자본	211	227	236	282	291	302
지배주주지분	211	227	236	282	291	302

기업가치 지표 *IFRS 별도 기준

항목	2012	2013	2014	2015	2016	2017.2Q
주가(최고/저)(천원)	1.4/0.5	1.3/0.8	3.0/0.9	14.4/2.1	7.6/2.8	—/—
PER(최고/저)(배)	92.7/35.8	235.0/140.5	5,051.3/1,485.3	—/—	—/—	—/—
PBR(최고/저)(배)	2.0/0.8	1.9/1.1	4.3/1.3	18.5/2.8	9.6/3.6	6.8/4.2
EV/EBITDA(배)	11.6	16.6	38.8	78.5	126.6	—/—
EPS(원)	15	6	1	-326	-17	-6
BPS(원)	707	706	703	779	790	786
CFPS(원)	49	41	33	-298	5	5
DPS(원)						
EBITDAPS(원)	122	106	68	82	32	11

재무 비율 〈단위 : % 〉

연도	영업이익률	순이익률	부채비율	차입금비율	ROA	ROE	유보율	자기자본비율	EBITDA마진율
2016	0.6	-1.4	62.4	33.6	-1.4	-2.2	58.0	61.6	2.5
2015	3.9	-23.9	65.9	38.0	-22.2	-44.0	55.8	60.3	6.0
2014	2.5	0.0	142.3	99.6	0.0	0.7	43.7	41.3	4.6
2013	4.1	-0.3	151.1	106.5	-0.3	0.9	40.2	39.8	6.5

월덱스 (A101160)
WORLDEX INDUSTRY&TRADING

업 종 : 반도체 및 관련장비	시 장 : KOSDAQ
신용등급 : (Bond) — (CP) —	기업규모 : 벤처
홈 페 이 지 : www.worldexint.com	연 락 처 : (054)456-9980
본 사 : 경북 구미시 구포동로4공단로7길 53-77	

설 립 일 2000.01.17	종 업 원 수 196명	대 표 이 사 배종식	
상 장 일 2008.06.19	감 사 의 견 적정(삼일)	계 열	
결 산 기 12월	보 통 주 1,651만주	종 속 회 사 수 2개사	
액 면 가 500원	우 선 주	구 상 호	

주주구성 (지분율,%)		출자관계 (지분율,%)		주요경쟁사 (외형,%)	
배종식	34.8	이코루미	88.0	월덱스	100
이용호	4.5	WestCoastQuartzCorporation	100.0	아진엑스텍	25
(외국인)	0.9	WCQTaiwan	100.0	하이셈	23

매출구성		비용구성		수출비중	
실리콘	50.6	매출원가율	74.8	수출	70.0
쿼츠	41.3	판관비율	19.8	내수	30.0
알루미나 외	8.2				

회사 개요
-동사는 2000년 설립된 반도체 에칭공정에 사용되는 반도체용 실리콘 전극과 링을 제조 판매 전문회사이고, 파인세라믹부분으로 사업영역을 확장했음. 동사는 2009년 반도체용 실리콘 잉곳 및 실리콘부품과 쿼츠부품의 제조 및 판매하는 회사인 West Coast Quartz Corporation과 WCQ의 해외 자회사들을 인수함. 동사는 2017년 생산공장 이전 및 구조조정의 일환으로 WCQ가 보유한 WCQ타이완의 지분을 감자하고 생산설비를 이전함.

실적 분석
동사는 2017년 상반기 매출액과 영업이익이 415.2억원과 51.7억원으로 전년 대비 각각 28.1%, 135.3% 증가함. 동사는 반도체 호황에 따른 반도체 장비수요 증가로 인해 실리콘부품과 쿼츠부품의 판매가 일제히 늘면서 매출이 신장됐고, 구미 공장과 미국 실리콘부품 공장 가동률이 80%가 넘어가면서 원가율도 개선되고, 판매관리비 증가율은 전년동기 대비 4.4%에 불과함. 비영업부문 손실도 줄어 당기순이익 40.7억원을 기록함.

현금 흐름 〈단위 : 억원〉
항목	2016	2017.2Q
영업활동	61	73
투자활동	-13	-11
재무활동	-43	-27
순현금흐름	6	32
기말현금	59	91

시장 대비 수익률

결산 실적 〈단위 : 억원〉
항목	2012	2013	2014	2015	2016	2017
매출액	742	683	645	676	695	
영업이익	-8	-51	27	17	37	
당기순이익	6	-84	-48	-35	5	

분기 실적 〈단위 : 억원〉
항목	2016.1Q	2016.2Q	2016.3Q	2016.4Q	2017.1Q	2017.2Q
매출액	159	165	152	219	194	222
영업이익	8	14	10	5	21	31
당기순이익	1	5	9	-11	18	22

재무 상태 〈단위 : 억원〉
항목	2012	2013	2014	2015	2016	2017.2Q
총자산	1,461	1,312	1,253	1,147	1,148	1,146
유형자산	622	626	585	541	488	459
무형자산	161	122	136	116	114	109
유가증권	2	5	2	67	65	1
총부채	958	900	825	744	685	635
총차입금	836	804	712	649	570	515
자본금	35	35	68	68	79	83
총자본	503	412	428	402	464	511
지배주주지분	503	412	428	403	464	511

기업가치 지표
항목	2012	2013	2014	2015	2016	2017.2Q
주가(최고/저)(천원)	7.8/3.9	7.2/2.7	3.4/1.2	3.4/1.9	3.9/1.9	—/—
PER(최고/저)(배)	85.8/43.2	—/—	—/—	—/—	117.5/56.2	1.5/0.8
PBR(최고/저)(배)	1.2/0.6	1.3/0.5	1.1/0.4	1.2/0.6	1.4/0.6	1.5/0.8
EV/EBITDA(배)	20.3	30.5	8.2	10.0	8.5	—
EPS(원)	94	-1,092	-541	-257	34	248
BPS(원)	7,183	5,887	3,169	2,982	2,929	3,097
CFPS(원)	1,093	-6	330	217	—	439
DPS(원)	100	50	—	—	—	503
EBITDAPS(원)	879	445	1,185	599	649	—

재무 비율 〈단위 : % 〉
연도	영업이익률	순이익률	부채비율	차입금비율	ROA	ROE	유보율	자기자본비율	EBITDA마진율
2016	5.4	0.7	147.7	123.0	0.4	1.2	485.8	40.4	14.8
2015	2.5	-5.2	185.0	-161.2	-2.9	-8.3	496.3	35.1	12.0
2014	4.2	-7.4	192.7	166.4	-3.6	-11.2	533.7	34.2	16.0
2013	-7.5	-12.3	218.7	195.3	-6.1	-18.0	1,077.5	31.4	4.6

웨이브일렉트로닉스 (A095270)
Wave Electronics

업 종 : 통신장비	시 장 : KOSDAQ
신용등급 : (Bond) — (CP) —	기업규모 : 벤처
홈 페 이 지 : www.wavetc.com	연 락 처 : (031)269-0010
본 사 : 경기도 수원시 권선구 수인로 47 (서둔동 14-10)	

설 립 일 1999.10.13	종 업 원 수 125명	대 표 이 사 박천석,이순환(각자대표)	
상 장 일 2007.09.12	감 사 의 견 적정(안진)	계 열	
결 산 기 12월	보 통 주 1,065만주	종 속 회 사 수 7개사	
액 면 가 500원	우 선 주	구 상 호	

주주구성 (지분율,%)		출자관계 (지분율,%)		주요경쟁사 (외형,%)	
박천석	18.7	웨이브엔티	100.0	웨이브일렉트로	100
Ardon Maroon Asia Master Fund	4.4	웨이브파워	100.0	유비쿼스홀딩스	270
(외국인)	1.3	더블유이엠에스	100.0	아이쓰리시스템	114

매출구성		비용구성		수출비중	
케이블모뎀, HFC장비(국내)	31.0	매출원가율	77.4	수출	53.0
OLED 디스플레이용 증착용 Mask(국내) 외	28.6	판관비율	29.5	내수	47.0
중계기용 부품(전파증폭시스템)(국내)	21.3				

회사 개요
동사는 이동통신 기지국 및 중계기용 전력증폭기와 무선통신 시스템 관련 핵심모듈을 공급하는 통신장비 전문업체임. 비디오 및 기타 영상기기 제조업체 세인텍과 평판 디스플레이 관련 제품 개발업체 엠비스텐실즈 등을 자회사로 두고 있음. 동 시장은 신규 통신서비스에 따른 수요 외에 기존 시스템에 대한 유지보수 수요가 존재하고 있어 상대적으로 안정적이고 연속적인 수요가 형성되는 강점을 지님. 웨이브파워외 총 7개의 연결대상 자회사가 있음.

실적 분석
2017년 상반기 매출은 272.4억원으로 전년동기 대비 46.2% 증가, 영업이익은 15.3억원으로 전년동기 대비 흑자전환, 당기순이익은 8.8억원으로 역시 흑자전환 시현. 국내외 이동통신 시장의 설비투자가 위축되었으나 신규 거래선 추가 및 매출 다각화를 통한 외형성장세를 시현.고정비 절감 및 원가개선 효과로 수익성은 전년대비 호전. 유기발광다이오드 디스플레이 패널 증착용 마스크 개발을 통한 새로운 성장 동력 확보에 주력함.

현금 흐름 〈단위 : 억원〉
항목	2016	2017.2Q
영업활동	-20	-24
투자활동	-154	-47
재무활동	148	70
순현금흐름	-26	-1
기말현금	12	11

시장 대비 수익률

결산 실적 〈단위 : 억원〉
항목	2012	2013	2014	2015	2016	2017
매출액	270	393	403	306	447	
영업이익	-25	-48	-4	-41	-31	
당기순이익	-10	-67	-7	-41	-30	

분기 실적 〈단위 : 억원〉
항목	2016.1Q	2016.2Q	2016.3Q	2016.4Q	2017.1Q	2017.2Q
매출액	58	128	115	145	106	167
영업이익	-14	-22	-2	-7	-7	22
당기순이익	-18	-22	7	17	-12	21

재무 상태 〈단위 : 억원〉
항목	2012	2013	2014	2015	2016	2017.2Q
총자산	400	407	398	592	890	911
유형자산	120	127	169	256	330	310
무형자산	20	5	35	118	245	278
유가증권	1	5	4	2	0	7
총부채	102	149	97	271	497	474
총차입금	29	35	22	192	316	339
자본금	53	53	53	53	53	53
총자본	298	258	301	320	393	437
지배주주지분	294	258	301	322	379	411

기업가치 지표
항목	2012	2013	2014	2015	2016	2017.2Q
주가(최고/저)(천원)	8.4/1.8	23.8/8.5	19.1/10.2	27.1/5.1	39.6/15.1	—/—
PER(최고/저)(배)	—/—	—/—	—/—	—/—	—/—	—/—
PBR(최고/저)(배)	2.4/0.5	7.5/2.7	5.6/3.0	7.8/1.5	10.2/3.9	6.8/4.0
EV/EBITDA(배)	—	—	144.9	—	—	27
EPS(원)	-99	-594	-45	-372	-354	27
BPS(원)	3,569	3,149	3,410	3,456	3,883	4,101
CFPS(원)	19	-486	68	-240	-185	95
DPS(원)	—	—	—	—	—	—
EBITDAPS(원)	-120	-348	75	-260	-123	212

재무 비율 〈단위 : % 〉
연도	영업이익률	순이익률	부채비율	차입금비율	ROA	ROE	유보율	자기자본비율	EBITDA마진율
2016	-6.9	-6.6	126.5	80.4	-4.0	-10.7	676.7	44.2	-2.9
2015	-13.6	-13.4	84.7	59.8	-8.3	-12.7	591.2	54.1	-9.0
2014	-1.0	-1.7	32.2	7.4	-1.7	-1.7	581.9	75.7	2.0
2013	-12.3	-17.1	57.8	13.7	-16.6	-22.8	529.7	63.4	-9.4

웰크론 (A065950)
Welcron

업 종 : 내구소비재		시 장 : KOSDAQ	
신용등급 : (Bond) — (CP) —		기업규모 : 벤처	
홈페이지 : www.welcron.com		연 락 처 : 02)830-5975	
본 사 : 서울시 구로구 디지털로 27길 12			

설 립 일 1992.05.27	종업원수 203명	대표이사 이영규	
상 장 일 2003.07.29	감사의견 적정 (대현)	계 산 열	
결 산 기 12월	보통주 2,549만주	종속회사수 6개사	
액 면 가 500원	우선주	구 상 호	

주주구성 (지분율,%)
이영규	17.1
웰크론강원	3.8
(외국인)	1.7

출자관계 (지분율,%)
웰크론헬스케어	55.5
제주그린파워	23.6
웰크론한텍	23.1

주요경쟁사 (외형,%)
웰크론	100
LG전자	22,015
위닉스	85

매출구성
생활용품(제품)	71.3
청소용품(제품)	11.7
기타	8.7

비용구성
매출원가율	76.2
판관비율	23.7

수출비중
수출	22.0
내수	78.0

회사 개요
동사는 1992년 설립되어 고기능성 극세사 섬유를 이용한 침구 및 섬유 제품 제조업, 복합방사방식의 나노섬유를 이용한 부직포 필터여재 제조업, 방위산업 관련품목의 제조가공 판매 및 수출입업을 영위하고 있다. 동사의 종속회사는 플랜트 제조업과 건설업을 영위하는 웰크론한텍, 보일러 업체인 웰크론강원, 신재생에너지발전업체인 제주그린파워 등 총 6개임. 2017년 5월 이사회에서 동사의 종속회사 엘림하이드로가 웰크론한텍에 흡수합병됨.

실적 분석
동사는 2017년 상반기 누적 매출액과 영업이익이 전년 동기보다 각각 45.5%, 914.4% 증가한 1794.0억원, 42.3억원임. 동사는 종속회사 웰크론한텍의 에너지절감 산업설비, 식품제약설비, 플랜트종합건설 부문과 또 다른 종속회사 웰크론강원의 보일러 부문 매출이 신장해 전반적인 실적 성장을 이끌었음. 동사는 매출원가가 가파르게 증가해 원가율이 오히려 높아졌으나, 판매관리비가 전년 동기에 비해 2.5억원 증가하는데 그쳐 수익성을 개선함.

현금 흐름 〈단위 : 억원〉
항목	2016	2017.2Q
영업활동	-152	-41
투자활동	-17	-133
재무활동	15	52
순현금흐름	-142	-124
기말현금	380	257

시장 대비 수익률

결산 실적 〈단위 : 억원〉
항목	2012	2013	2014	2015	2016	2017
매출액	2,639	2,301	2,209	2,355	2,515	
영업이익	200	79	-36	57	3	
당기순이익	135	64	-65	-14	-26	

분기 실적 〈단위 : 억원〉
항목	2016.1Q	2016.2Q	2016.3Q	2016.4Q	2017.1Q	2017.2Q
매출액	576	657	531	751	805	989
영업이익	0	4	-22	20	15	27
당기순이익	1	-12	-35	20	-7	34

재무 상태 〈단위 : 억원〉
항목	2012	2013	2014	2015	2016	2017.2Q
총자산	2,678	2,536	2,416	2,637	2,916	2,970
유형자산	620	622	685	694	920	932
무형자산	350	367	354	332	327	319
유가증권	501	365	200	189	148	104
총부채	1,428	1,160	1,091	1,298	1,615	1,637
총차입금	598	558	580	660	669	690
자본금	114	114	119	127	127	127
총자본	1,250	1,377	1,325	1,339	1,301	1,333
지배주주지분	533	522	489	517	497	506

기업가치 지표
항목	2012	2013	2014	2015	2016	2017.2Q
주가(최고/저)(천원)	3.8/2.2	3.5/2.1	2.8/2.1	9.1/2.2	4.8/3.1	—/—
PER(최고/저)(배)	437.7/254.1	—/—	—/—	645.5/155.7	—/—	—/—
PBR(최고/저)(배)	1.6/0.9	1.5/0.9	1.3/1.0	4.3/1.0	2.4/1.5	1.9/1.5
EV/EBITDA(배)	5.2	10.2	634.3	19.2	52.4	—/—
EPS(원)	9	-77	-141	14	-27	24
BPS(원)	2,345	2,293	2,147	2,123	2,036	2,071
CFPS(원)	162	76	26	161	100	94
DPS(원)						
EBITDAPS(원)	1,060	499	10	378	137	236

재무 비율 〈단위 : %〉
연도	영업이익률	순이익률	부채비율	차입금비율	ROA	ROE	유보율	자기자본비율	EBITDA마진율
2016	0.1	-1.0	124.1	51.4	-0.9	-1.4	307.3	44.6	1.4
2015	2.4	-0.6	96.9	49.3	-0.6	0.7	324.5	50.8	4.0
2014	-1.6	-2.9	82.3	43.7	-2.6	-6.4	329.4	54.9	0.1
2013	3.4	2.8	84.2	40.5	2.5	-3.3	358.5	54.3	4.9

웰크론강원 (A114190)
WELCRON KANGWON

업 종 : 에너지 시설 및 서비스		시 장 : KOSDAQ	
신용등급 : (Bond) — (CP) —		기업규모 : 중견	
홈페이지 : www.kwb21.com		연 락 처 : 031)358-7683	
본 사 : 경기도 화성시 장안면 장안리 포승장안로 919-18			

설 립 일 1976.02.06	종업원수 132명	대표이사 이영규,손기태(각자대표이사)	
상 장 일 2009.11.20	감사의견 적정 (대현)	계 산 열	
결 산 기 12월	보통주 1,525만주	종속회사수 1개사	
액 면 가 500원	우선주	구 상 호	

주주구성 (지분율,%)
웰크론한텍	40.6
이영규	11.3
(외국인)	0.9

출자관계 (지분율,%)
제주그린파워	52.8
웰크론	3.8
매일방송	0.1

주요경쟁사 (외형,%)
웰크론강원	100
에스프씨	112
제이엔케이히터	339

매출구성
산업용보일러설비	43.5
화공설비	42.1
기타	13.1

비용구성
매출원가율	83.4
판관비율	19.7

수출비중
수출	81.0
내수	19.0

회사 개요
동사는 1976년 강원도보일러제작소로 설립되어 현재 산업용플랜트설비산업과 신재생에너지산업을 영위하고 있음. 사업부문은 국내외 대규모 산업단지 등에 필요한 에너지 및 온수를 공급하는 핵심설비인 산업용보일러설비, 화학반응 공정에 필요한 주요 설비인 화공 설비, 연소 시 발생하는 열을 회수해 재이용하는 환경에너지 설비 등 3개 부문으로 구분됨. 설계 및 제작하는 플랜트설비는 아시아와 중동 지역에 집중 공급되고 있음.

실적 분석
동사의 연결기준 2017년 2분기 누적매출액은 전년동기 대비 29.2% 증가한 299.3억원임. 원가율 증가로 매출총이익은 3.1% 감소하였으나 판관비 20.4% 절감 노력에 따라 7.6억원의 영업이익을 기록. 비영업부문의 이익이 축소되었으나 최종적으로 동사는 6.8억원의 당기순이익을 기록, 흑자전환함. 산업용보일러설비와 화공설비부문의 수주 잔고가 양호하며, 국내외 대형 EPC 기업의 공급계약 체결을 통해 수출 지역의 다각화 전략을 추구 중임.

현금 흐름 〈단위 : 억원〉
항목	2016	2017.2Q
영업활동	-158	36
투자활동	-3	-17
재무활동	-0	-1
순현금흐름	-160	18
기말현금	159	177

시장 대비 수익률

결산 실적 〈단위 : 억원〉
항목	2012	2013	2014	2015	2016	2017
매출액	1,065	507	515	462	423	
영업이익	116	32	16	4	-13	
당기순이익	90	39	11	1	-11	

분기 실적 〈단위 : 억원〉
항목	2016.1Q	2016.2Q	2016.3Q	2016.4Q	2017.1Q	2017.2Q
매출액	137	95	65	126	106	194
영업이익	1	-0	-22	8	1	7
당기순이익	1	-9	-25	22	-7	6

재무 상태 〈단위 : 억원〉
항목	2012	2013	2014	2015	2016	2017.2Q
총자산	893	724	670	855	772	810
유형자산	44	48	100	128	148	150
무형자산	9	9	17	16	14	14
유가증권	154	59	70	128	113	110
총부채	532	266	166	289	221	261
총차입금	122	32	1	107	105	107
자본금	53	63	72	76	76	77
총자본	361	459	504	566	551	550
지배주주지분	361	459	504	541	527	530

기업가치 지표
항목	2012	2013	2014	2015	2016	2017.2Q
주가(최고/저)(천원)	4.5/2.1	4.4/2.1	4.2/2.1	4.0/2.1	3.8/2.4	—/—
PER(최고/저)(배)	5.9/2.8	14.3/7.0	52.3/25.8	629.7/321.1	—/—	—/—
PBR(최고/저)(배)	1.6/0.8	1.2/0.6	1.2/0.6	1.1/0.6	1.1/0.7	0.9/0.
EV/EBITDA(배)	2.3		5.2	15.7		
EPS(원)	771	310	80	6	-70	4
BPS(원)	2,851	3,622	3,505	3,546	3,453	3,48
CFPS(원)	804	340	120	45	-34	6
DPS(원)	50	30				
EBITDAPS(원)	1,031	286	156	69	-51	6

재무 비율 〈단위 : %〉
연도	영업이익률	순이익률	부채비율	차입금비율	ROA	ROE	유보율	자기자본비율	EBITDA마진율
2016	-3.1	-2.7	40.1	19.0	-1.4	-2.0	590.5	71.4	-1.
2015	1.0	0.2	51.0	19.0	0.1	0.2	609.3	66.2	2.
2014	3.2	2.2	32.9	0.2	1.6	2.3	601.1	75.3	4.
2013	6.4	7.7	57.9	6.9	4.9	9.6	624.4	63.3	7.

웰크론한텍 (A076080)
WELCRON HANTEC CO

업 종 : 건설		시 장 : KOSDAQ	
신용등급 : (Bond) — (CP) —		기업규모 : 중견	
홈 페 이 지 : www.hantec.co.kr		연 락 처 : 031)350-8900	
본 사 : 경기도 화성시 향남읍 발안공단로 92-36			

설 립 일 1995.01.12	종 업 원 수 148명	대 표 이 사 이영규	
상 장 일 2008.07.15	감 사 의 견 적정 (대현)	계 열	
결 산 기 12월	보 통 주 1,802만주	종 속 회 사 수 3개사	
액 면 가 500원	우 선 주	구 상 호	

주주구성 (지분율,%)		출자관계 (지분율,%)		주요경쟁사 (외형,%)	
웰크론	23.1	웰크론강원	40.6	웰크론한텍	100
이영규	5.6	제주그린파워	23.6	범양건영	82
(외국인)	1.1	ImariGreenPower.,Ltd	90.0	한국종합기술	151

매출구성		비용구성		수출비중	
플랜트건설	36.1	매출원가율	91.7	수출	30.0
발전,화공,	32.0	판관비율	9.3	내수	70.0
플랜트설비	30.9				

회사 개요
동사는 물, 환경, 에너지 분야 플랜트 제조 및 종합건설을 영위하는 전문기업이며 MVR 농축설비의 에너지절감 산업설비, 폐수처리설비, 식품제약설비, 담수설비를 공급하고 있음. 모회사인 웰크론의 멤브레인 필터 개발을 통한 RO 담수 설비부문에서의 수직계열화 및 시너지 효과를 내고 있으며, 자회사 웰크론강원은 화공플랜트 쪽 보일러 설비에 특화되어 시너지를 일으키고 있음.

실적 분석
동사의 연결기준 2017년 2분기 누적매출액은 전년동기 대비 79.4% 증가한 1,196.3억원을 기록하였음. 판관비 절감 노력에 따라 동사는 같은 기간 36.7억원의 영업이익을 기록, 흑자전환에 성공함. 12.8억원의 외환손실이 발생하였음에도 불구하고 동사는 29.7억원의 당기순이익을 시현, 흑자전환에 성공함. 국가적인 환경보전 중요성에 대한 인식이 증가함에 따라 폐수처리시설 등 친환경부문에서 지속적인 수요 확대가 기대되고 있음.

현금 흐름 〈단위 : 억원〉
항목	2016	2017.2Q
영업활동	-149	-4
투자활동	27	-105
재무활동	-2	10
순현금흐름	-112	-100
기말현금	322	222

시장 대비 수익률

결산 실적 〈단위 : 억원〉
항목	2012	2013	2014	2015	2016	2017
매출액	1,829	1,458	1,295	1,349	1,323	—
영업이익	198	106	-60	19	-13	—
당기순이익	156	113	-59	-22	-7	—

분기 실적 〈단위 : 억원〉
항목	2016.1Q	2016.2Q	2016.3Q	2016.4Q	2017.1Q	2017.2Q
매출액	320	347	240	417	511	685
영업이익	-1	1	-17	5	12	25
당기순이익	-0	-9	-25	27	-4	33

재무 상태 〈단위 : 억원〉
항목	2012	2013	2014	2015	2016	2017.2Q
총자산	1,640	1,560	1,436	1,632	1,878	1,929
유형자산	176	180	258	283	500	509
무형자산	115	126	147	128	123	119
유가증권	483	350	205	221	177	226
총부채	796	545	471	675	940	959
총차입금	139	125	158	247	223	216
자본금	89	89	89	89	90	90
총자본	843	1,015	965	958	938	970
지배주주지분	627	720	635	624	615	644

기업가치 지표
항목	2012	2013	2014	2015	2016	2017.2Q
주가(최고/저)(천원)	5.7/2.3	5.7/3.1	5.0/2.0	3.1/2.2	4.1/2.3	—/—
PER(최고/저)(배)	9.5/3.9	11.6/6.4	—/—	—/—	—/—	—/—
PBR(최고/저)(배)	1.6/0.7	1.4/0.8	1.4/0.6	0.9/0.6	1.2/0.7	1.0/0.7
EV/EBITDA(배)	3.6	2.9		12.4		
EPS(원)	613	496	-376	-127	-2	147
BPS(원)	3,540	4,063	3,580	3,518	3,412	3,576
CFPS(원)	682	554	-300	-55	60	244
DPS(원)	50	50				
EBITDAPS(원)	1,386	656	-260	177	-10	231

재무 비율 〈단위 : % 〉
연도	영업이익률	순이익률	부채비율	차입금비율	ROA	ROE	유보율	자기자본비율	EBITDA마진율
2016	-1.0	-0.5	100.2	23.7	-0.4	-0.1	582.3	49.9	-0.1
2015	1.4	-1.7	70.5	25.8	-1.5	-3.6	603.7	58.7	2.3
2014	-4.6	-4.6	48.8	16.4	-4.0	-9.9	616.0	67.2	-3.6
2013	7.3	7.8	53.7	12.3	7.1	13.1	712.7	65.1	8.0

웹스 (A196700)
WAPS

업 종 : 화학		시 장 : KOSDAQ	
신용등급 : (Bond) — (CP) —		기업규모 : 벤처	
홈 페 이 지 : www.waps.co.kr		연 락 처 : 051)896-6390	
본 사 : 부산시 해운대구 센텀동로 45 901호			

설 립 일 2001.09.25	종 업 원 수 91명	대 표 이 사 이재준	
상 장 일 2015.08.24	감 사 의 견 적정 (보명)	계 열	
결 산 기 12월	보 통 주 685만주	종 속 회 사 수 1개사	
액 면 가 500원	우 선 주	구 상 호	

주주구성 (지분율,%)		출자관계 (지분율,%)		주요경쟁사 (외형,%)	
이재준	40.9	WAPSVIETNAMCo.,Ltd	100.0	웹스	100
김현진	4.4			바이온	102
(외국인)	2.1			리켐	130

매출구성		비용구성		수출비중	
GELAST, TUFION	74.1	매출원가율	67.4	수출	15.0
WoodSquare	25.9	판관비율	25.6	내수	85.0

회사 개요
동사는 건자재 신제품 생산 공정 확보 및 경영컨설팅을 통한 신규사업 발굴과 기존사업과의 시너지 창출을 위해 2015년 9월 11일 설립됨. 고분자 신소재 개발기술을 바탕으로, 자동차 내장재용, 건축용 외장재 등 고부가 신소재를 제조하여 판매함. 주제품의 매출액 비중은 2016년 3분기 Compound 76.22%, 건축용외장재 23.78%로 나뉘어짐. 시장점유율은 자동차용 소재 56%, 건축용 소재 18%를 차지하고 있음.

실적 분석
동사의 2017년 반기 연결기준 매출액과 영업이익은 전년동기대비 각각 10.4% 증가, 59.37% 감소한 143.8억원, 6.4억원을 기록함. 매출원가가 크게 증가하였고, 판관비도 증가하며 수익성이 큰 폭으로 악화됨. 비영업손실 폭이 늘어나며 당기순손실 기록. 자동차용소재 전방산업 환경이 비우호적으로 변화함에 따라 연구개발에 따른 신제품 매출 가시화 등의 성장 모멘텀이 필요한 상황.

현금 흐름 〈단위 : 억원〉
항목	2016	2017.2Q
영업활동	36	-43
투자활동	-76	-4
재무활동	11	-2
순현금흐름	-28	-49
기말현금	123	74

시장 대비 수익률

결산 실적 〈단위 : 억원〉
항목	2012	2013	2014	2015	2016	2017
매출액	326	281	279	278	273	—
영업이익	28	36	43	33	19	—
당기순이익	30	31	33	27	19	—

분기 실적 〈단위 : 억원〉
항목	2016.1Q	2016.2Q	2016.3Q	2016.4Q	2017.1Q	2017.2Q
매출액	63	68	63	79	58	86
영업이익	8	8	2	0	0	6
당기순이익	5	9	4	1	-7	6

재무 상태 〈단위 : 억원〉
항목	2012	2013	2014	2015	2016	2017.2Q
총자산	236	278	365	619	663	640
유형자산	106	127	158	254	303	296
무형자산	0	0	28	2	26	24
유가증권	1	1	1	1	2	21
총부채	112	144	160	238	261	242
총차입금	77	114	120	199	210	221
자본금	11		23	34	34	34
총자본	124	134	205	381	401	397
지배주주지분	124	134	205	381	401	397

기업가치 지표
항목	2012	2013	2014	2015	2016	2017.2Q
주가(최고/저)(천원)	—/—	—/—	—/—	8.4/5.5	9.2/5.1	—/—
PER(최고/저)(배)	0.0/0.0	0.0/0.0	0.0/0.0	18.1/11.9	32.3/18.0	—/—
PBR(최고/저)(배)	0.0/0.0	0.0/0.0	0.0/0.0	1.5/1.0	1.6/0.9	1.5/1.1
EV/EBITDA(배)	1.0	1.2	0.7	7.9	12.9	
EPS(원)	681	695	703	466	284	-22
BPS(원)	55,382	59,862	4,028	5,559	5,858	5,802
CFPS(원)	19,497	19,525	1,057	837	712	210
DPS(원)						
EBITDAPS(원)	18,368	21,877	1,255	950	703	325

재무 비율 〈단위 : % 〉
연도	영업이익률	순이익률	부채비율	차입금비율	ROA	ROE	유보율	자기자본비율	EBITDA마진율
2016	6.9	7.1	65.1	52.4	3.0	5.0	1,071.7	60.6	17.7
2015	12.0	9.6	62.5	52.4	5.1	9.1	1,011.9	61.5	19.7
2014	15.3	11.9	78.3	58.5	10.4	19.6	789.5	56.1	21.3
2013	13.0	11.1	107.4	84.8			1,240.9	48.2	17.5

웹젠 (A069080)
Webzen

업 종 : 게임 소프트웨어		시 장 : KOSDAQ	
신용등급 : (Bond) — (CP) —		기업규모 : 우량	
홈페이지 : company.webzen.com		연 락 처 : 031)627-6600	
본 사 : 경기도 성남시 분당구 판교로 242(삼평동, 판교디지털콘텐츠파크 B동)			

설 립 일 2000.04.28	종업원수 541명	대 표 이 사 김태영	
상 장 일 2003.05.23	감사의견 적정(삼일)	계 열	
결 산 기 12월	보 통 주 3,531만주	종속회사수 11개사	
액 면 가 500원	우 선 주	구 상 호	

주주구성 (지분율,%)		출자관계 (지분율,%)		주요경쟁사 (외형,%)	
김병관	26.7	웹젠체리힐	100.0	웹젠	100
FunGame International Limited	19.2	더사랑	100.0	엔씨소프트	447
(외국인)	25.2	웹젠온네트	86.2	컴투스	233

매출구성		비용구성		수출비중	
[게임 개발 및 서비스]뮤(주1)	81.0	매출원가율	0.0	수출	29.0
[게임 개발 및 서비스]Webzen.com 외	6.0	판관비율	74.0	내수	71.0
[게임 개발 및 서비스]R2	5.0				

회사 개요
2000년 4월 설립된 온라인게임 개발사. 대표 게임은 뮤온라인으로 2000년 초반 중국 게임 한류를 이끔. 이후 C9, R2, 썬, 아크로드, 배터리, 메틴1,2 등의 게임을 출시하였음. 2016년 3월 기준 최대주주는 김병관 의장, 2대주주는 NHN엔터였으나 중국의 '펀게임'에게 전량 매도. 웹젠의 중국시장 개발, 퍼블리싱 시너지 효과 기대. 신작 뮤레전드의 외의 다른 신작 흥행은 부재.

실적 분석
동사의 2017년 연결기준 상반기 매출액은 868.6억원을 기록하며 전년동기 대비 23.8% 감소. 또한 영업이익과 당기순이익은 각각 221.0억원, 174.3억원을 기록하며 전년동기 대비 각각 30.3%, 26.3% 감소. 뮤오리진의 인기와 신작 뮤레전드에 대한 기대감으로 이익모멘텀을 지속했으나 2분기 중국 출시예정이었던 "기적MU:최강자"의 출시 지연으로 전년동기 대비 이익감소를 기록. 최근 '아제라:아이언하트'를 출시해 이익 개선 기대.

현금 흐름 〈단위 : 억원〉

항목	2016	2017.2Q
영업활동	574	275
투자활동	-407	-189
재무활동	-152	-61
순현금흐름	17	28
기말현금	283	311

시장 대비 수익률

결산 실적 〈단위 : 억원〉

항목	2012	2013	2014	2015	2016	2017
매출액	573	721	735	2,422	2,200	
영업이익	85	28	142	747	572	
당기순이익	24	18	84	602	449	

분기 실적 〈단위 : 억원〉

항목	2016.1Q	2016.2Q	2016.3Q	2016.4Q	2017.1Q	2017.2Q
매출액	600	539	486	574	431	437
영업이익	170	147	99	156	109	112
당기순이익	123	113	78	134	74	100

재무 상태 〈단위 : 억원〉

항목	2012	2013	2014	2015	2016	2017.2Q
총자산	1,590	1,576	1,603	2,777	3,017	3,126
유형자산	224	287	307	312	329	388
무형자산	555	631	552	466	421	406
유가증권	241	130	105	718	1,278	1,704
총부채	334	278	208	768	620	553
총차입금	31			13		149
자본금	177	177	177	177	177	177
총자본	1,256	1,297	1,395	2,009	2,397	2,573
지배주주지분	1,256	1,297	1,394	1,998	2,390	2,567

기업가치 지표

항목	2012	2013	2014	2015	2016	2017.2Q
주가(최고/저)(천원)	15.5/7.1	10.6/6.8	39.8/5.0	43.0/20.2	25.0/13.2	—/—
PER(최고/저)(배)	241.0/110.8	203.1/131.1	168.2/20.9	25.1/11.8	19.5/10.3	—/—
PBR(최고/저)(배)	3.2/1.5	2.2/1.4	7.9/1.0	6.4/3.0	3.1/1.7	2.8/1.7
EV/EBITDA(배)	15.4	23.3	45.2	8.5	5.4	—
EPS(원)	64	52	236	1,713	1,280	496
BPS(원)	4,844	4,859	5,064	6,748	8,008	8,509
CFPS(원)	219	258	451	1,920	1,525	618
DPS(원)	—	—	—	—	—	—
EBITDAPS(원)	397	285	618	2,323	1,865	748

재무 비율 〈단위 : % 〉

연도	영업이익률	순이익률	부채비율	차입금비율	ROA	ROE	유보율	자기자본비율	EBITDA마진율
2016	26.0	20.4	25.9	0.0	15.5	20.6	1,501.6	79.4	29.9
2015	30.9	24.9	38.2	0.7	27.5	35.7	1,249.5	72.3	33.9
2014	19.4	11.5	15.0	0.6	5.3	6.2	912.8	87.0	29.7
2013	3.9	2.5	21.5	—	1.1	1.4	871.9	82.3	14.0

위노바 (A039790)
Winnova

업 종 : 개인생활용품		시 장 : KOSDAQ	
신용등급 : (Bond) — (CP) —		기업규모 :	
홈페이지 : www.winnova.co.kr		연 락 처 : 031)8094-4550	
본 사 : 경기도 평택시 청북면 청북산단로 178 어연한산산업단지			

설 립 일 1995.05.18	종업원수 73명	대 표 이 사 이승호	
상 장 일 2000.07.25	감사의견 적정(우덕)	계 열	
결 산 기 12월	보 통 주 7,790만주	종속회사수 3개사	
액 면 가 500원	우 선 주	구 상 호	

주주구성 (지분율,%)		출자관계 (지분율,%)		주요경쟁사 (외형,%)	
기은캐피탈제1호사모투자전문회사	1.7	기본	100.0	위노바	100
강재석	1.4	아르고엠	28.6	코리아나	609
(외국인)	0.7	엔지노믹스		네오팜	208

매출구성		비용구성		수출비중	
Shield Form, 열전시트, 흡수제, 타발가공품 등	25.4	매출원가율	85.7	수출	1.0
기타 (샴푸 등)	21.4	판관비율	27.9	내수	99.0
진단장비 MRI, CT, X-ray 부터 수술용 장비 등	20.6				

회사 개요
1995년에 설립된 동사는 의료기기 유통업과 화장품 제조업을 영위하고 있음. 코스닥 시장 상장은 2000년 7월임. OEM생산을 중심으로 영업을 하다가 쇼핑솔루션에 핫바디슬림 ODM제품을 생산, 납품을 시작으로 화장품 연구개발생산 전문 기업으로 성장함. 기초화장품의 매출 비중이 30.1%로 가장 높은 가운데 화장품 사업부 매출이 전체의 64.2%임. 주력 사업이 화장품 부문으로 재편되고 있음.

실적 분석
동사의 2017년 2분기기준 누적 매출액은 전년동기대비 3.2% 하락한 82.8억원을 기록하였음. 비용면에서 전년동기대비 매출원가는 감소 하였으며 인건비도 감소, 광고선전비도 크게 감소, 기타판매비와관리비는 증가함. 하락 폭을 줄이기 위해 매출원가 절감 노력을 기울였으나 그에 따라 매출액 하락 등에 의해 전년동기대비 영업이익은 -28.3억원으로 적자지속하였음. 최종적으로 전년동기대비 당기순이익은 적자전환하여 -60.2억원을 기록함.

현금 흐름 〈단위 : 억원〉

항목	2016	2017.2Q
영업활동	-47	7
투자활동	50	1
재무활동	-87	-5
순현금흐름	-83	4
기말현금	11	14

시장 대비 수익률

결산 실적 〈단위 : 억원〉

항목	2012	2013	2014	2015	2016	2017
매출액	419	231	180	180	204	
영업이익	-19	-77	-55	3	-28	
당기순이익	-35	-142	-123	12	-265	

분기 실적 〈단위 : 억원〉

항목	2016.1Q	2016.2Q	2016.3Q	2016.4Q	2017.1Q	2017.2Q
매출액	41	44	39	79	44	39
영업이익	-5	-7	-6	-10	1	-29
당기순이익	-2	3	-8	-262	-1	-59

재무 상태 〈단위 : 억원〉

항목	2012	2013	2014	2015	2016	2017.2Q
총자산	690	501	380	555	320	238
유형자산	94	88	99	105	115	107
무형자산	24	54	52	52	21	13
유가증권	12			40	16	17
총부채	390	216	208	136	66	38
총차입금	163	97	112	103	12	7
자본금	149	271	279	381	389	389
총자본	300	285	172	419	254	199
지배주주지분	299	285	172	419	254	199

기업가치 지표

항목	2012	2013	2014	2015	2016	2017.2Q
주가(최고/저)(천원)	5.2/0.9	1.3/0.5	0.9/0.3	4.3/0.6	2.4/1.4	—/—
PER(최고/저)(배)	—/—	—/—	—/—	249.5/32.4	—/—	—/—
PBR(최고/저)(배)	4.2/0.7	1.8/0.7	1.9/0.7	6.5/0.8	7.3/4.3	6.3/2.5
EV/EBITDA(배)	—	—	—	145.6	—	—
EPS(원)	-121	-412	-224	17	-344	-77
BPS(원)	1,270	689	468	667	327	257
CFPS(원)	-74	-370	-198	29	-329	-69
DPS(원)	—	—	—	—	—	—
EBITDAPS(원)	-19	-182	-75	16	-21	-28

재무 비율 〈단위 : % 〉

연도	영업이익률	순이익률	부채비율	차입금비율	ROA	ROE	유보율	자기자본비율	EBITDA마진율
2016	-13.6	-130.1	일부잠식	일부잠식	-60.6	-78.7	-34.7	79.5	-7.9
2015	1.7	6.6	32.4	24.5	2.6	4.1	33.5	75.6	6.3
2014	-30.8	-68.2	일부잠식	일부잠식	-27.9	-53.7	-6.3	45.3	-22.9
2013	-33.3	-61.4	75.8	34.0	-23.8	-48.6	37.8	56.9	-27.0

위닉스 (A044340)
Winix

업 종 : 내구소비재	시 장 : KOSDAQ
신용등급 : (Bond) — (CP) —	기업규모 : 중견
홈페이지 : www.e-winix.co.kr	연 락 처 : 031)499-5085
본 사 : 경기도 시흥시 공단1대로 295 시화공단 3나 607호	

설 립 일 1986.09.22	종 업 원 수 436명	대 표 이 사 윤희종,윤철민
상 장 일 2000.10.24	감 사 의 견 적정 (신성)	계 열
결 산 기 12월	보 통 주 1,636만주	종속회사수 5개사
액 면 가 500원	우 선 주	구 상 호

주주구성 (지분율,%)		출자관계 (지분율,%)		주요경쟁사 (외형,%)	
윤희종	33.4	유원전자(소주)	100.0	위닉스	100
윤철민	21.4	WINIXAMERICAINC	100.0	LG전자	25,975
(외국인)	1.8	WINIXEUROPEBV	100.0	신일산업	58

매출구성		비용구성		수출비중	
공조기군	61.9	매출원가율	79.7	수출	24.0
EVAPORATOR	12.6	판관비율	19.1	내수	76.0
정수기군	10.3				

회사 개요
동사는 1986년에 설립되어 냉각기 및 공기청정기, 정수기, 팬히터, Air 정수기, 제습기 등 친환경 생활가전 제품과 냉장고, 에어컨용 열교환기를 생산하는 판매하는 기업임. 동사는 30년간 열교환기를 제조한 업체로 제습기와 에어컨의 계절적 수요변화에 대응하기 위해 팬히터, 에어워셔 등 겨울용상품과 공기청정기, 정수기 등으로 제품을 확대하고 있음. 최근 미세먼지 이슈로 공기청정기 수요가 증가하고 있음.

실적 분석
동사는 2017년 상반기 누적 매출액이 1,323.7억원으로 전년 동기 대비 8.7% 증가했고, 영업이익은 126.5억원으로 전년 동기에 비해 148.1% 증가했음. 동사는 공기청정기 내수 판매량이 2016년 한해 694.8억원에서 2017년 상반기에만 530.1억원으로 급증하면서 성장세를 보임. 최근 미세먼지 이슈가 지속되면서 공기청정기 수요가 급증함. 인건비를 줄이는 등 판매관리비는 소폭 증가해 수익성이 개선됨.

현금 흐름 〈단위 : 억원〉

항목	2016	2017.2Q
영업활동	263	89
투자활동	-50	-33
재무활동	-265	9
순현금흐름	-52	60
기말현금	114	174

결산 실적 〈단위 : 억원〉

항목	2012	2013	2014	2015	2016	2017
매출액	1,921	2,578	2,632	1,975	2,132	—
영업이익	42	206	97	-108	25	—
당기순이익	54	151	58	-171	-139	—

분기 실적 〈단위 : 억원〉

항목	2016.1Q	2016.2Q	2016.3Q	2016.4Q	2017.1Q	2017.2Q
매출액	477	740	537	377	532	791
영업이익	24	27	-26	0	44	83
당기순이익	14	18	-103	-69	26	75

재무 상태 〈단위 : 억원〉

항목	2012	2013	2014	2015	2016	2017.2Q
총자산	1,040	1,504	2,794	2,369	2,053	2,331
유형자산	360	395	689	660	624	616
무형자산	12	12	535	494	436	435
유가증권	141	135	29	7	7	8
총부채	412	729	1,540	1,315	1,137	1,330
총차입금	248	278	1,231	1,054	807	851
자본금	64	64	82	82	82	82
총자본	628	775	1,254	1,054	916	1,002
지배주주지분	628	775	1,254	1,054	916	1,002

기업가치 지표

항목	2012	2013	2014	2015	2016	2017.2Q
주가(최고/저)(천원)	4.6/2.8	14.0/4.1	26.9/10.1	22.5/8.0	14.7/7.3	—/—
PER(최고/저)(배)	11.4/6.9	12.1/3.5	66.7/25.1	—/—	—/—	1.7/1.1
PBR(최고/저)(배)	1.0/0.6	2.3/0.7	3.2/1.2	3.1/1.1	2.3/1.1	1.7/1.1
EV/EBITDA(배)	5.6	6.6	20.5		18.4	
EPS(원)	419	1,174	409	-1,046	-849	616
BPS(원)	4,998	6,131	8,625	7,399	6,558	7,082
CFPS(원)	901	1,656	886	-515	-321	865
DPS(원)	50	100	100		50	
EBITDAPS(원)	807	2,082	1,158	-127	680	1,023

재무 비율 〈단위 : % 〉

연도	영업이익률	순이익률	부채비율	차입금비율	ROA	ROE	유보율	자기자본비율	EBITDA마진율
2016	1.2	-6.5	124.1	88.1	-6.3	-14.1	1,211.6	44.6	5.2
2015	-5.5	-8.7	124.8	100.0	-6.6	-14.8	1,379.8	44.5	-1.1
2014	3.7	2.2	122.8	98.2	2.7	5.8	1,624.9	44.9	6.3
2013	8.0	5.9	94.0	35.8	11.9	21.5	1,126.3	51.6	10.4

위메이드엔터테인먼트 (A112040)
Wemade Entertainment

업 종 : 게임 소프트웨어	시 장 : KOSDAQ
신용등급 : (Bond) — (CP) —	기업규모 : 우량
홈페이지 : www.wemade.com, corp.wemade.co	연 락 처 : 02)3709-2000
본 사 : 경기도 성남시 분당구 대왕판교로 644번길 49 위메이드타워	

설 립 일 2000.02.10	종 업 원 수 80명	대 표 이 사 장현국
상 장 일 2009.12.18	감 사 의 견 적정 (한영)	계 열
결 산 기 12월	보 통 주 1,680만주	종속회사수 12개사
액 면 가 500원	우 선 주	구 상 호

주주구성 (지분율,%)		출자관계 (지분율,%)		주요경쟁사 (외형,%)	
박관호	46.8	전기아이피	100.0	위메이드	100
KB자산운용	5.0	이포게임즈	100.0	넥슨지티	57
(외국인)	5.1	위메이드넥스트	85.5	선데이토즈	72

매출구성		비용구성		수출비중	
기타라이선스	27.6	매출원가율	0.0	수출	69.0
로스트사가 외	24.2	판관비율	96.2	내수	31.0
캐주얼게임	22.5				

회사 개요
동사는 2000년 설립된 온라인 및 모바일게임 개발 회사임. 창립 초기 정통 MMO '미르의전설2', '미르의전설3' 등을 개발하며 중국 샨다게임즈를 통해 서비스하였음. 2010년부터 모바일게임 개발회사를 설립하고 적극적인 투자 진행. 윈드러너, 캔디팡의 흥행으로 모바일게임 개발사로 변모하였음. 2016년말 기준 13개의 연결 자회사를 보유하고 있음. 2016년도에 위메이드넥스트, 이포게임즈 등 4개사를 신설하여 자회사로 편입함.

실적 분석
컨텐츠 수요 하락에 의해 동사의 2017년 2분기기준 누적 매출액은 전년동기대비 -3.3% 하락한 560.4억원을 기록하였음. 광고선전비 등의 비용은 유지되고 있기 때문에 전년동기대비 영업이익은 -4.1억원으로 적자전환하였음. 최종적으로 전년동기대비 당기순이익은 적자지속하여 -25.5억원을 기록함. 중국 현지에서 IP에 대한 유리한 판결로 향후 사업 성장이 기대되고 있음.

현금 흐름 〈단위 : 억원〉

항목	2016	2017.2Q
영업활동	96	-66
투자활동	-170	789
재무활동	43	-76
순현금흐름	-12	636
기말현금	620	1,256

결산 실적 〈단위 : 억원〉

항목	2012	2013	2014	2015	2016	2017
매출액	1,199	2,274	1,627	1,266	1,080	—
영업이익	-20	123	-315	-117	41	—
당기순이익	-79	123	2,063	-1,239	-730	—

분기 실적 〈단위 : 억원〉

항목	2016.1Q	2016.2Q	2016.3Q	2016.4Q	2017.1Q	2017.2Q
매출액	320	259	278	223	338	222
영업이익	5	0	40	-4	24	-28
당기순이익	-297	-122	-221	-90	-25	-1

재무 상태 〈단위 : 억원〉

항목	2012	2013	2014	2015	2016	2017.2Q
총자산	3,606	3,694	5,420	4,935	4,033	4,259
유형자산	246	661	626	567	528	508
무형자산	996	953	404	261	155	153
유가증권	756	739	3,168	2,998	2,254	1,572
총부채	217	254	738	787	552	866
총차입금				139	120	131
자본금	87	87	87	87	87	87
총자본	3,389	3,440	4,682	4,148	3,482	3,393
지배주주지분	2,759	2,742	4,030	3,594	2,939	2,861

기업가치 지표

항목	2012	2013	2014	2015	2016	2017.2Q
주가(최고/저)(천원)	62.8/33.5	63.6/30.3	51.5/31.1	65.3/31.8	38.7/17.8	—/—
PER(최고/저)(배)		334,177.1/159,156.3	4.2/2.5	—/—	—/—	—/—
PBR(최고/저)(배)	3.8/2.0	3.9/1.9	2.2/1.3	3.1/1.5	2.2/1.0	2.1/1.2
EV/EBITDA(배)	121.0	23.0			28.2	
EPS(원)	-255	0	12,608	-6,390	-4,224	21
BPS(원)	16,888	16,801	24,347	21,927	18,029	17,481
CFPS(원)	225	613	13,300	-5,771	-3,737	204
DPS(원)					600	
EBITDAPS(원)	363	1,347	-1,180	-75	732	158

재무 비율 〈단위 : % 〉

연도	영업이익률	순이익률	부채비율	차입금비율	ROA	ROE	유보율	자기자본비율	EBITDA마진율
2016	3.8	-67.6	15.8	3.4	-16.3	-21.7	3,389.5	86.3	11.4
2015	-9.2	-97.9	19.0	3.3	-23.9	-28.2	4,143.9	84.1	-1.0
2014	-19.3	126.8	15.8		45.3	62.6	4,612.2	86.4	-12.2
2013	5.4	5.4	7.4		3.4	0.0	3,151.7	93.1	10.0

위스컴 (A024070)
Wiscom

업 종 : 화학	시 장 : 거래소
신용등급 : (Bond) — (CP) —	기업규모 : 시가총액 소형주
홈 페 이 지 : www.wiscom.co.kr	연 락 처 : 031)495-1181
본 사 : 경기도 안산시 단원구 강촌로 237 (목내동)	

설 립 일 1978.05.09	종 업 원 수 251명	대 표 이 사 구영일	
상 장 일 1996.11.22	감 사 의 견 적정 (삼영)	계 열	
결 산 기 12월	보 통 주 1,503만주	종속회사수 1개사	
액 면 가 500원	우 선 주	구 상 호	

주주구성 (지분율,%)		출자관계 (지분율,%)		주요경쟁사 (외형,%)	
구조웅	30.6	위스텍	15.0	WISCOM	100
신영자산운용	11.8		100.0	한솔씨앤피	41
(외국인)	6.6	위사금공청소료(무석유환급사(비상장)		진양산업	32

매출구성		비용구성		수출비중	
PVC COMPOUND 등	69.6	매출원가율	93.9	수출	3.0
PVC COMPOUND등	21.3	판관비율	5.0	내수	97.0
PVC RESIN 등	8.8				

회사 개요
동사는 1978년 5월 우신산업주식회사로 설립됐으며, 화학합성수지 물질제조 및 가공판매업, 플라스틱 제품제조/가공판매업을 영위하고 있음. 동사는 LG화학의 협력업체로, LG화학의 컴파운딩 가공을 대행함. 동사가 생산하는 합성수지는 주요 원재료(PVC, PE, PP, PC, PS 등)에 각종 첨가물을 배합해 수요처의 물성요구에 부합하는 중간제품을 말하며, 생산된 제품은 전력용, 통신용 케이블, 내장재, 건축용자재, 호스, 생활용품 등에 사용됨.

실적 분석
동사의 2017년 2분기기준 누적 매출액은 전년동기대비 -15.3% 하락한 581.5억원을 기록하였음. 비용면에서 전년동기대비 매출원가는 감소 하였으며 인건비는 증가 했고 기타 판매비와관리비는 감소함. 그에 따라 매출액 하락 등에 의해 전년동기대비 영업이익은 0.6억원으로 -95.7% 크게 하락하였음. 최종적으로 전년동기대비 당기순이익은 크게 하락하여 1억원을 기록함.

현금 흐름 〈단위 : 억원〉

항목	2016	2017.2Q
영업활동	53	22
투자활동	-28	-3
재무활동	-15	-14
순현금흐름	11	2
기말현금	79	81

시장 대비 수익률

결산 실적 〈단위 : 억원〉

항목	2012	2013	2014	2015	2016	2017
매출액	1,653	1,508	1,430	1,411	1,345	—
영업이익	76	63	54	22	15	—
당기순이익	73	49	55	28	19	—

분기 실적 〈단위 : 억원〉

항목	2016.1Q	2016.2Q	2016.3Q	2016.4Q	2017.1Q	2017.2Q
매출액	331	356	322	336	304	278
영업이익	6	8	0	0	1	0
당기순이익	8	9	-4	7	-2	3

재무 상태 〈단위 : 억원〉

항목	2012	2013	2014	2015	2016	2017.2Q
총자산	1,338	1,306	1,340	1,306	1,338	1,284
유형자산	407	395	411	426	415	411
무형자산	20	19	19	18	15	15
유가증권	7	7	6	53	37	2
총부채	170	132	152	127	155	118
총차입금	—	—	—	—	—	—
자본금	75	75	75	75	75	75
총자본	1,168	1,174	1,188	1,179	1,182	1,166
지배주주지분	1,168	1,174	1,188	1,179	1,182	1,166

기업가치 지표

항목	2012	2013	2014	2015	2016	2017.2Q
주가(최고/저)(천원)	3.7/3.2	4.6/3.6	5.6/4.3	5.6/4.7	4.9/4.0	—/—
PER(최고/저)(배)	9.4/8.2	16.3/12.9	16.6/13.0	31.9/26.2	39.4/32.9	—/—
PBR(최고/저)(배)	0.6/0.5	0.7/0.5	0.8/0.6	0.8/0.6	0.6/0.5	0.6/0.5
EV/EBITDA(배)	2.3	3.4	4.3	6.9	4.4	—/—
EPS(원)	489	328	367	186	126	7
BPS(원)	7,774	7,812	7,908	7,847	7,868	7,762
CFPS(원)	661	506	545	376	321	105
DPS(원)	300	300	250	150	100	—
EBITDAPS(원)	681	594	535	333	293	102

재무 비율 〈단위 : % 〉

연도	영업이익률	순이익률	부채비율	차입금비율	ROA	ROE	유보율	자기자본비율	EBITDA마진율
2016	1.1	1.4	13.1	0.0	1.4	1.6	1,473.5	88.4	3.3
2015	1.5	2.0	10.8	0.0	2.1	2.4	1,469.5	90.3	3.6
2014	3.8	3.9	12.8	0.0	4.2	4.7	1,481.7	88.7	5.6
2013	4.2	3.3	11.3	0.0	3.7	4.2	1,462.4	89.9	5.9

위월드 (A140660)
WIWORLD

업 종 : 자동차부품	시 장 : KONEX
신용등급 : (Bond) — (CP) —	기업규모 : —
홈 페 이 지 : www.wiworld.co.kr	연 락 처 : 042)630-0600
본 사 : 대전시 유성구 테크노7로 32-4	

설 립 일 2000.07.07	종 업 원 수 52명	대 표 이 사 박찬구	
상 장 일 2013.12.26	감 사 의 견 적정 (안진)	계 열	
결 산 기 12월	보 통 주	종속회사수	
액 면 가 —	우 선 주	구 상 호	

주주구성 (지분율,%)		출자관계 (지분율,%)		주요경쟁사 (외형,%)	
박찬구	65.1	대덕벤처타워	5.5	위월드	100
남미정	9.6			미동앤씨네마	277
				팅크웨어	1,776

매출구성		비용구성		수출비중	
VM200P	52.4	매출원가율	59.5	수출	75.0
LP416P	18.8	판관비율	26.9	내수	25.0
해양용안테나 로열티	14.9				

회사 개요
동사는 2000년 7월 7일에 설립되었으며 위성 안테나 제조 등을 전문적으로 수행하는 기업임. 주요 사업분야는 위성을 이용하는 MSS(Mobile Satellite Service) 제공 무선 안테나 장비 제조임. 주요 제품 제조 기술력을 근간으로, 국방산업, 위성하이브리드 시스템 등 사업영역을 지속적으로 확장하고 있음. 동사는 기술혁신형 중소기업에 해당됨. 현재 독자적인 브랜드 인지도를 구축해 전 세계 27개국에 제품을 수출하고 있음.

실적 분석
동사의 2016년 매출액은 104억원을 기록하였음. 영업이익은 14.2억원으로 흑자를 이어 감. 당기순이익도 13억원으로 흑자를 이어갔음. 사업 다각화로 국방부문과 IT융합부문의 매출 확대가 수익성 개선도 이끌었음. 국내 시장 다변화와 적극적인 해외 시장 개척으로 시장 점유율이 커질 것으로 전망됨. 동사는 2011년부터 외주 생산을 늘리고 신규 제품 및 고부가가치 위주의 제품에 집중함.

현금 흐름 *IFRS 별도 기준 〈단위 : 억원〉

항목	2016	2017.2Q
영업활동	27	—
투자활동	-1	—
재무활동	-23	—
순현금흐름	3	—
기말현금	16	—

시장 대비 수익률

결산 실적 〈단위 : 억원〉

항목	2012	2013	2014	2015	2016	2017
매출액	105	80	93	123	104	—
영업이익	12	1	-5	22	14	—
당기순이익	10	-10	-13	21	13	—

분기 실적 *IFRS 별도 기준 〈단위 : 억원〉

항목	2016.1Q	2016.2Q	2016.3Q	2016.4Q	2017.1Q	2017.2Q
매출액						
영업이익						
당기순이익						

재무 상태 *IFRS 별도 기준 〈단위 : 억원〉

항목	2012	2013	2014	2015	2016	2017.2Q
총자산	149	138	137	120	110	—
유형자산	42	44	41	39	38	—
무형자산	37	26	12	7	4	—
유가증권			10	1	4	—
총부채	43	43	55	67	43	—
총차입금	33	36	46	58	35	—
자본금	13	15	15	15	15	—
총자본	105	95	83	54	67	—
지배주주지분	105	95	83	54	67	—

기업가치 지표 *IFRS 별도 기준

항목	2012	2013	2014	2015	2016	2017.2Q
주가(최고/저)(천원)	—/—	13.4/12.0	12.0/3.2	4.7/1.7	8.0/2.0	—/—
PER(최고/저)(배)	—/—			6.4/2.3	15.3/3.8	—/—
PBR(최고/저)(배)	0.0/0.0	4.3/3.9	4.5/1.2	2.2/0.8	3.0/0.7	0.0/0.0
EV/EBITDA(배)	0.9	31.5	20.8	4.7	5.8	—/—
EPS(원)	323	-337	-430	742	522	—
BPS(원)	4,081	3,093	2,678	2,163	2,700	—
CFPS(원)	762	-34	-116	1,016	759	—
DPS(원)						—
EBITDAPS(원)	857	340	166	1,059	809	—

재무 비율 〈단위 : % 〉

연도	영업이익률	순이익률	부채비율	차입금비율	ROA	ROE	유보율	자기자본비율	EBITDA마진율
2016	13.7	12.5	64.4	52.1	11.3	21.5	335.6	60.8	19.3
2015	17.7	16.7	123.7	106.9	15.9	30.1	248.9	44.7	23.8
2014	-4.9	-14.3	66.4	55.7	-9.6	-14.9	435.6	60.1	5.5
2013	1.4	-12.6	44.8	37.8	-7.0	-10.0	518.6	69.1	12.7

위즈코프 (A038620)
Wiz

업　　　종 : 운송인프라		시　　장 : KOSDAQ	
신용등급 : (Bond) — 　(CP) —		기업규모 : 벤처	
홈 페 이 지 : www.wizcorp.co.kr		연 락 처 : 02)2007-0300	
본　　　사 : 서울시 강남구 봉은사로 429, 8층 (삼성동, 위즈빌딩)			

설 립 일 1995.03.06	종 업 원 수 47명	대 표 이 사 정승환	
상 장 일 2000.05.04	감 사 의 견 적정 (한경)	계　　　열	
결 산 기 12월	보 통 주 3,355만주	종 속 회 사 수 2개사	
액 면 가 500원	우 선 주	구 상 호 위즈정보기술	

주주구성 (지분율,%)		출자관계 (지분율,%)		주요경쟁사 (외형,%)	
정승환	19.9	위즈기술투자	100.0	위즈코프	100
에스에이치에셋	6.0	하나나노텍	59.6	현대로템	10,068
(외국인)	1.8			서부T&D	189

매출구성		비용구성		수출비중	
주유소	60.2	매출원가율	72.6	수출	0.0
휴게소	34.6	판관비율	23.8	내수	100.0
임대수익	3.3				

회사 개요
동사는 정보시스템 소프트웨어 개발 및 관리 용역, 통합서비스업을 주 영업목적으로 1995년 3월 설립되었으며, 2000년 5월 발행주식을 코스닥시장에 상장한 주권상장법인임. 그에 따라 정보시스템 소프트웨어 개발 및 관리 용역, 통합서비스업을 주된 사업영역으로 하고 있으며, 2008년 2월 한국도로공사로부터 정읍하행선 고속도로 휴게소 및 주유소의 운영권을 낙찰받아 휴게소 및 주유소의 관리운영을 영위하고 있음.

실적 분석
2017년 반기 연결기준 매출액은 전년동기 대비 28.2% 증가한 179.4억원을 기록함. IT사업부문의 임대수익과 주 매출원인 휴게소 사업부문의 매출이 전년대비 증가함. 전지소재 사업 매출이 새로 잡히기 시작하며 외형 확대에 기여함. 영업이익은 6.7억원으로 전년동기대비 54.9% 성장. 미래형사업 M&A, 영업양수 등 다양한 방법을 통해 적극적으로 신규사업 추진할 예정.

현금 흐름 〈단위 : 억원〉

항목	2016	2017.2Q
영업활동	13	19
투자활동	-43	-19
재무활동	17	-3
순현금흐름	-12	-4
기말현금	59	55

시장 대비 수익률

결산 실적 〈단위 : 억원〉

항목	2012	2013	2014	2015	2016	2017
매출액	104	106	111	139	296	—
영업이익	-1	-8	2	3	9	—
당기순이익	4	-16	-2	30	15	—

분기 실적 〈단위 : 억원〉

항목	2016.1Q	2016.2Q	2016.3Q	2016.4Q	2017.1Q	2017.2Q
매출액	65	75	77	79	88	92
영업이익	0	3	3	3	2	5
당기순이익	-2	3	3	10	5	5

재무 상태 〈단위 : 억원〉

항목	2012	2013	2014	2015	2016	2017.2Q
총자산	322	378	378	361	437	441
유형자산	191	190	190	197	240	235
무형자산	0	—	—	—	9	8
유가증권	75	136	67	45	66	87
총부채	12	61	61	17	53	48
총차입금	—	43	48		28	25
자본금	137	137	137	157	168	168
총자본	310	317	317	344	384	392
지배주주지분	310	317	317	344	377	386

기업가치 지표

항목	2012	2013	2014	2015	2016	2017.2Q
주가(최고/저)(천원)	1.1/0.6	1.2/0.7	0.8/0.7	2.4/0.7	2.5/1.3	—/—
PER(최고/저)(배)	82.9/45.5	—/—	—/—	77.8/24.3	51.8/27.5	—/—
PBR(최고/저)(배)	0.9/0.5	0.9/0.5	0.7/0.5	1.9/0.6	2.0/1.0	2.4/1.1
EV/EBITDA(배)			17.0	113.6	26.4	
EPS(원)	13	-58	-8	30	47	26
BPS(원)	1,293	1,317	1,316	1,234	1,255	1,281
CFPS(원)	18	-52	-3	40	60	52
DPS(원)						
EBITDAPS(원)	-27	-2	22	19	47	46

재무 비율 〈단위 : % 〉

연도	영업이익률	순이익률	부채비율	차입금비율	ROA	ROE	유보율	자기자본비율	EBITDA마진율
2016	3.1	5.1	13.9	7.3	3.8	4.2	151.0	87.8	5.0
2015	2.4	6.3	4.9	0.0	2.4	2.6	146.9	95.3	4.0
2014	1.6	-1.9	19.2	15.2	-0.6	-0.7	163.2	83.9	5.5
2013	-7.5	-14.9	19.3	13.7	-4.5	-5.0	163.4	83.8	-0.6

위지트 (A036090)
wizit

업　　　종 : 디스플레이 및 관련부품		시　　장 : KOSDAQ	
신용등급 : (Bond) — 　(CP) —		기업규모 : 중견	
홈 페 이 지 : www.wizit.co.kr		연 락 처 : 032)820-9900	
본　　　사 : 인천시 남동구 남동서로 187(고잔동, 58B/5L)			

설 립 일 1997.02.04	종 업 원 수 129명	대 표 이 사 김상우	
상 장 일 1999.11.24	감 사 의 견 적정 (예일)	계　　　열	
결 산 기 12월	보 통 주 6,993만주	종 속 회 사 수 2개사	
액 면 가 500원	우 선 주	구 상 호	

주주구성 (지분율,%)		출자관계 (지분율,%)		주요경쟁사 (외형,%)	
제이에스아이코리아	11.4	미코리아	90.0	위지트	100
제이더블유인베스트먼트	6.6	베니스1호투자조합	66.7	베셀	137
(외국인)		트러스트유투데이컨텐츠투저조합		휘닉스소재	134

매출구성		비용구성		수출비중	
LCD	92.5	매출원가율	69.9	수출	39.0
반도체	7.2	판관비율	17.5	내수	61.0
기타	0.3				

회사 개요
동사는 LCD 생산용 부품 및 반도체 생산 부품을 주력제품으로 하는 업체로서 반도체 핵심공정의 소모성 부품의 국산화 개발에 성공함. 동사 제품의 수요자는 크게 LCD 패널 생산업체, 소자 생산 업체, LCD 및 반도체 장비업체로 국내외 다양한 업체를 가지고 있음. 2017년 들어 사업 다각화와 신규사업 진출을 위해 응용소프트웨어 개발·공급업체인 옴니텔(100억원), 전력변환장치 제조 전문업체인 파워넷(170억원)을 인수함.

실적 분석
동사의 2017년 상반기 연결기준 누적 매출액은 179.5억원으로 전년 동기 대비 18.8% 증가함. 매출이 증가하면서 매출원가 또한 대폭 늘었지만 판관비는 오히려 줄어들면서 영업이익은 전년 동기 대비 6% 증가한 16.2억원을 시현함. 비영업손익 부문에서도 금융손실 등이 발생했지만 관련기업 투자를 통한 이익 발생으로 흑자 유지에 성공. 다만 법인세비용 부담이 늘면서 당기순이익은 전년 동기 대비 4.3% 감소한 15.1억원을 시현함.

현금 흐름 〈단위 : 억원〉

항목	2016	2017.2Q
영업활동	42	24
투자활동	-74	-324
재무활동	14	182
순현금흐름	-18	-118
기말현금	148	30

시장 대비 수익률

결산 실적 〈단위 : 억원〉

항목	2012	2013	2014	2015	2016	2017
매출액	261	258	281	321	322	—
영업이익	29	27	32	38	41	—
당기순이익	20	25	30	39	42	—

분기 실적 〈단위 : 억원〉

항목	2016.1Q	2016.2Q	2016.3Q	2016.4Q	2017.1Q	2017.2Q
매출액	66	85	79	93	84	96
영업이익	4	11	9	16	6	10
당기순이익	4	12	1	24	3	12

재무 상태 〈단위 : 억원〉

항목	2012	2013	2014	2015	2016	2017.2Q
총자산	308	310	480	533	589	794
유형자산	188	185	183	178	171	172
무형자산	16	15	15	14	14	14
유가증권				7	51	70
총부채	163	142	121	136	89	239
총차입금	105	100	65	77	32	175
자본금	194	194	309	309	332	350
총자본	146	168	358	397	500	555
지배주주지분	146	168	358	396	489	545

기업가치 지표

항목	2012	2013	2014	2015	2016	2017.2Q
주가(최고/저)(천원)	3.1/0.7	1.7/0.7	1.9/0.6	2.2/0.8	1.7/1.1	—/—
PER(최고/저)(배)	62.4/14.9	29.0/11.3	27.3/8.7	34.6/13.2	25.5/15.8	—/—
PBR(최고/저)(배)	8.5/2.0	4.2/1.6	3.3/1.1	3.4/1.3	2.3/1.5	1.7/1.4
EV/EBITDA(배)	13.7	9.5	9.7	17.9	12.3	
EPS(원)	49	60	71	64	68	22
BPS(원)	387	443	588	649	744	786
CFPS(원)	68	99	106	86	87	30
DPS(원)						
EBITDAPS(원)	90	104	110	83	80	32

재무 비율 〈단위 : % 〉

연도	영업이익률	순이익률	부채비율	차입금비율	ROA	ROE	유보율	자기자본비율	EBITDA마진율
2016	12.6	13.1	17.8	6.4	7.5	10.2	48.7	84.9	16.4
2015	11.8	12.2	34.3	19.4	7.7	10.6	29.8	74.5	15.9
2014	11.5	10.7	33.9	18.1	7.6	11.5	17.5	74.7	16.7
2013	10.3	9.6	일부잠식	일부잠식	8.0	15.8	-11.3	54.1	15.6

윈스 (A136540)
Wins

업 종 : 일반 소프트웨어		시 장 : KOSDAQ	
신용등급 : (Bond) — (CP) —		기업규모 : 우량	
홈 페 이 지 : www.wins21.co.kr		연 락 처 : 031)622-8600	
본 사 : 경기도 성남시 분당구 판교로228번길 17 2단지 1동 7층(삼평동,판교세븐벤처밸리)			

설 립 일 2011.01.05	종 업 원 수 367명	대 표 이 사 김대연	
상 장 일 2011.05.02	감 사 의 견 적정 (신우)	계 열	
결 산 기 12월	보 통 주 1,148만주	종 속 회 사 수 1개사	
액 면 가 500원	우 선 주	구 상 호 윈스테크넷	

주주구성 (지분율,%)
금양통신	23.6
마이다스에셋자산운용	4.8
(외국인)	14.1

출자관계 (지분율,%)
시스메이트	57.3
엑스게이트	30.9
소프트웨어공제조합	

주요경쟁사 (외형,%)
윈스	100
알서포트	29
SGA	149

매출구성
[제품]IPS, IDS, DDX 등	47.2
[상품]정보보안솔루션	29.8
[용역]기술지원보안관계	23.0

비용구성
매출원가율	61.9
판관비율	26.6

수출비중
수출	7.0
내수	93.0

회사 개요
동사는 나우콤으로부터 네트워크 보안사업부문의 인적분할을 통하여 2011년 1월 1일에 설립되었으며 2011년 5월 2일에 한국거래소에 재상장함. 정보보안솔루션 개발, 공급 및 네트워크 보안과 관련된 소프트웨어의 개발 등을 주력으로 하는 업체로서 오랜 사업 경험과 노하우, 관련업계 선두 기술력과 경쟁력을 바탕으로 스나이퍼라는 대표 브랜드를 구축함. 8년 연속 네트워크 보안 솔루션 대표기업으로 시장점유율 1위를 기록함.

실적 분석
동사의 2017년 2분기기준 누적 매출액은 전년동기대비 12.3% 상승한 302.4억원을 기록하였음. 비용면에서 전년동기대비 매출원가는 증가 하였으며 인건비도 증가, 광고선전비도 증가, 기타판매비와관리비도 마찬가지로 증가함. 이와 같이 상승한 매출액 만큼 비용증가도 있었으나 매출액의 더 큰 상승에 힘입어 그에 따라 전년동기대비 영업이익은 33.4억으로 44.2% 상승하였음. 최종적으로 전년동기대비 당기순이익은 상승하여 37.3억원을 기록함.

현금 흐름 〈단위 : 억원〉
항목	2016	2017.2Q
영업활동	75	86
투자활동	-226	-70
재무활동	190	-40
순현금흐름	39	-27
기말현금	80	53

시장 대비 수익률

결산 실적 〈단위 : 억원〉
항목	2012	2013	2014	2015	2016	2017
매출액	622	724	688	649	736	—
영업이익	162	124	63	80	85	—
당기순이익	126	128	64	102	88	—

분기 실적 〈단위 : 억원〉
항목	2016.1Q	2016.2Q	2016.3Q	2016.4Q	2017.1Q	2017.2Q
매출액	113	156	—	—	109	193
영업이익	3	20	—	—	1	33
당기순이익	12	22	—	—	2	36

재무 상태 〈단위 : 억원〉
항목	2012	2013	2014	2015	2016	2017.2Q
총자산	649	843	935	1,021	1,261	1,272
유형자산	139	133	136	130	119	178
무형자산	6	10	8	6	7	16
유가증권	121	223	247	283	418	380
총부채	121	166	202	217	400	348
총차입금	—	—	—	20	237	262
자본금	53	57	57	57	57	57
총자본	528	677	733	804	862	924
지배주주지분	528	677	733	804	862	885

기업가치 지표
항목	2012	2013	2014	2015	2016	2017.2Q
주가(최고/저)(천원)	12.6/5.6	20.9/12.2	15.8/6.5	14.6/8.4	12.2/8.7	—/—
PER(최고/저)(배)	11.4/5.1	19.4/11.3	30.1/12.3	17.0/9.7	16.1/11.4	—/—
PBR(최고/저)(배)	2.7/1.2	3.7/2.2	2.5/1.0	2.1/1.2	1.6/1.1	1.7/1.4
EV/EBITDA(배)	6.4	11.7	6.9	7.3	8.1	
EPS(원)	1,223	1,169	562	906	778	352
BPS(원)	5,194	6,166	6,660	7,311	8,022	8,188
CFPS(원)	1,346	1,336	763	1,118	992	469
DPS(원)	200	200	200	240	270	
EBITDAPS(원)	1,695	1,300	756	922	962	411

재무 비율 〈단위 : % 〉
연도	영업이익률	순이익률	부채비율	차입금비율	ROA	ROE	유보율	자기자본비율	EBITDA마진율
2016	11.5	12.0	46.4	27.6	7.7	10.6	1,504.5	68.3	14.8
2015	12.4	15.8	27.0	2.5	10.5	13.3	1,362.2	78.8	16.1
2014	9.1	9.2	27.6	0.0	7.2	9.0	1,232.1	78.4	12.4
2013	17.2	17.7	24.5	0.0	17.2	21.3	1,133.2	80.3	19.7

윈팩 (A097800)
Winpac

업 종 : 반도체 및 관련장비		시 장 : KOSDAQ	
신용등급 : (Bond) — (CP) —		기업규모 : 중견	
홈 페 이 지 : www.winpac.co.kr		연 락 처 : 031)8020-4400	
본 사 : 경기도 용인시 처인구 백암면 청강가창로 50			

설 립 일 2002.04.03	종 업 원 수 258명	대 표 이 사 이한규,이민석(각자대표)	
상 장 일 2013.03.07	감 사 의 견 적정 (삼정)	계 열	
결 산 기 12월	보 통 주 1,709만주	종 속 회 사 수	
액 면 가 500원	우 선 주	구 상 호	

주주구성 (지분율,%)
티엘아이	28.4
아이앤씨테크놀로지	3.4
(외국인)	0.4

출자관계 (지분율,%)
티더블유메디칼	32.0
Transdermal Specialties Global,Inc	7.8

주요경쟁사 (외형,%)
윈팩	100
오디텍	160
엘티씨	204

매출구성
제품패키징	64.5
용역테스트	33.9
상품	1.6

비용구성
매출원가율	118.9
판관비율	8.8

수출비중
수출	57.0
내수	43.0

회사 개요
동사는 2002년 반도체 외주생산 서비스 및 반도체 제조, 생산, 판매업을 주요사업으로 설립되었으며, 현재 반도체 후공정 패키징 및 테스트 외주사업을 진행중임. 기존 국내 반도체 후공정 업체들이 패키징 사업 또는 테스트 사업으로 양분되어 사업을 진행하고 있는 것과는 달리 두 가지 후공정 분야를 동시에 진행함. 신규로 추진하고자 하는 사업은 당뇨인슐린 패치 사업임. 동사는 상장사인 티엘아이의 기업집단에 속해있으며, 계열회사는 동사를 포함 7개임.

실적 분석
동사는 2017년 상반기 누적 매출액은 205.7억원으로 전년 동기 대비 48.7%증가하였고, 영업손실은 34.7억원으로 적자폭이 줄어드나 적자 지속됨. 동사는 수익성을 개선하기 위해 매출원가율을 대폭 낮췄지만 여전히 매출원가가 227.3억원으로 매출액을 상회하였음. 비영업부문의 손실도 지속되며 당기순손실 39.8억원을 기록함.

현금 흐름 *IFRS 별도 기준 〈단위 : 억원〉
항목	2016	2017.2Q
영업활동	-4	-2
투자활동	-100	29
재무활동	56	-9
순현금흐름	-48	19
기말현금	4	23

시장 대비 수익률

결산 실적 〈단위 : 억원〉
항목	2012	2013	2014	2015	2016	2017
매출액	667	505	503	433	347	—
영업이익	73	-84	1	-57	-96	—
당기순이익	65	-99	-51	-81	-129	—

분기 실적 *IFRS 별도 기준 〈단위 : 억원〉
항목	2016.1Q	2016.2Q	2016.3Q	2016.4Q	2017.1Q	2017.2Q
매출액	78	60	79	130	101	105
영업이익	-30	-43	-25	3	-22	-13
당기순이익	-35	-72	-31	8	-29	-11

재무 상태 *IFRS 별도 기준 〈단위 : 억원〉
항목	2012	2013	2014	2015	2016	2017.2Q
총자산	909	910	910	777	708	668
유형자산	728	738	752	653	543	473
무형자산	17	23	24	15	10	9
유가증권					59	59
총부채	467	465	515	458	466	467
총차입금	350	409	443	389	400	395
자본금	58	71	71	73	85	85
총자본	442	445	395	320	241	202
지배주주지분	442	445	395	320	241	202

기업가치 지표 *IFRS 별도 기준
항목	2012	2013	2014	2015	2016	2017.2Q
주가(최고/저)(천원)	—/—	4.4/2.1	3.1/1.7	4.2/1.7	9.0/2.9	—/—
PER(최고/저)(배)	0.0/0.0	—/—	—/—	—/—	—/—	—/—
PBR(최고/저)(배)	0.0/0.0	1.4/0.7	1.1/0.6	1.9/0.8	6.4/2.1	1.7/1.4
EV/EBITDA(배)	1.4	7.1	5.5	15.3	83.8	2.9/1.6
EPS(원)	604	-720	-358	-556	-758	-233
BPS(원)	3,782	3,135	2,779	2,199	1,412	1,179
CFPS(원)	2,093	556	529	263	-132	35
DPS(원)						
EBITDAPS(원)	2,171	664	893	426	63	65

재무 비율 *IFRS 별도 기준 〈단위 : % 〉
연도	영업이익률	순이익률	부채비율	차입금비율	ROA	ROE	유보율	자기자본비율	EBITDA마진율
2016	-27.7	-37.2	193.2	165.6	-17.4	-46.1	182.4	34.1	3.1
2015	-13.2	-18.7	143.0	121.7	-9.6	-22.6	339.8	41.2	14.3
2014	0.2	-10.1	130.6	112.3	-5.6	-12.1	455.7	43.4	25.2
2013	-16.7	-19.7	104.4	91.9	-10.9	-22.4	527.1	48.9	18.2

윈하이텍 (A192390)
WINHITECH CO

종 목 : 건축자재		시 장 : KOSDAQ	
용 등 급 : (Bond) — (CP) —		기업규모 : 중견	
페 이 지 : www.winhitech.co.kr		연 락 처 : (043)883-0048	
사 : 충북 음성군 삼성면 하이텍산단로 99			

설 립 일	2011.09.15	종 업 원 수	128명	대 표 이 사	변천섭
상 장 일	2014.07.25	감 사 의 견	적정 (삼덕)	계 열	
결 산 기	12월	보 통 주	986만주	종 속 회 사 수	
액 면 가	500원	우 선 주		구 상 호	

주주구성 (지분율,%)		출자관계 (지분율,%)		주요경쟁사 (외형,%)	
송규정	26.8			윈하이텍	100
에스앤글로벌	18.8			스페코	131
(외국인)	0.5			하츠	137

매출구성		비용구성		수출비중	
제품매출	57.1	매출원가율	86.3	수출	3.0
건설형공사매출	42.5	판관비율	11.2	내수	97.0
상품매출	0.5				

회사 개요
2011년 강구조물 제작 설치 및 판매업 등을 목적으로 설립된 동사는 2014년 7월 코스닥 시장에 상장함. 데크플레이트 제조 판매 및 제작의 단일사업만을 영위하고 있음. 일체형데크는 건설현장에서 공사기간 단축, 공사비용 절감, 공장생산을 통한 품질표준화, 안전사고 예방 등으로 사용범위가 증가하고 있음. 데크플레이트 시장은 8개 정도의 업체가 경쟁, 동사는 M/S기준 3위권을 형성하고 있음.

실적 분석
동사의 연결기준 2017년 2분기 누적매출액은 310.1억원으로 전년동기 대비 9% 증가하였음. 반면 원재료 가격 상승으로 매출원가가 15.9% 증가하여 매출총이익이 19.8% 감소하였으며 판관비는 전년과 유사한 수준을 유지하였음. 이에 따라 동사는 전년동기대비 56.5% 감소한 9.5억원의 당기순이익을 기록. 주요 매출처는 서부원, 태영건설 등으로 구성됨. 1분기 중 신규 공사계약으로 제주 드림타워와 가톨릭대학교 은평성모병원 신축 공사가 있음.

금 흐름 *IFRS 별도 기준 〈단위 : 억원〉

항목	2016	2017.2Q
영업활동	-8	7
투자활동	27	-260
재무활동	-26	247
순현금흐름	-6	-6
기말현금	13	8

시장 대비 수익률

산 실적 〈단위 : 억원〉

항목	2012	2013	2014	2015	2016	2017
매출액	449	574	582	583	646	
영업이익	40	93	84	79	16	
당기순이익	26	71	69	65	16	

기 실적 *IFRS 별도 기준 〈단위 : 억원〉

항목	2016.1Q	2016.2Q	2016.3Q	2016.4Q	2017.1Q	2017.2Q
매출액	125	160	152	209	146	164
영업이익	10	14	1	-10	4	9
당기순이익	10	12	3	-8	4	6

무 상태 *IFRS 별도 기준 〈단위 : 억원〉

항목	2012	2013	2014	2015	2016	2017.2Q
총자산	401	423	528	591	589	844
유형자산	214	206	203	254	275	255
무형자산	2	1	1	6	7	7
유가증권	4	4	4	5	6	7
총부채	242	193	93	103	106	356
총차입금	178	109	14	24	20	252
자본금	5	5	33	49	49	49
자본총	159	230	435	488	482	488
지배주주지분	159	230	435	488	482	488

업가치 지표 *IFRS 별도 기준

항목	2012	2013	2014	2015	2016	2017.2Q
(최고/저)(천원)	—/—	—/—	9.9/4.4	7.5/4.6	10.0/4.9	—/—
PER(최고/저)(배)	0.0/0.0	0.0/0.0	12.5/5.5	11.5/7.1	61.1/30.1	—/—
PBR(최고/저)(배)	0.0/0.0	0.0/0.0	2.3/1.0	1.5/0.9	2.0/1.0	1.5/1.1
EV/EBITDA(배)	3.5	0.5	5.0	5.7	23.2	—
EPS(원)	351	979	815	662	164	96
BPS(원)	16,362	23,581	6,592	5,012	5,092	5,153
CFPS(원)	3,600	8,271	1,391	767	293	163
DPS(원)			100	70	30	
EBITDAPS(원)	5,054	10,522	1,654	907	294	206

구 비율 〈단위 : % 〉

도	영업이익률	순이익률	부채비율	차입금비율	ROA	ROE	유보율	자기자본비율	EBITDA마진율
16	2.5	2.5	22.1	4.1	2.7	3.3	918.5	81.9	4.5
15	13.6	11.2	21.2	4.9	11.7	14.2	902.4	82.5	15.3
14	14.4	11.8	21.4	3.3	14.5	20.7	1,218.5	82.4	16.0
13	16.2	12.4	84.1	47.4	17.3	36.6	4,616.2	54.3	17.9

윌비스 (A008600)
The Willbes &

업 종 : 섬유 및 의복		시 장 : 거래소	
신용등급 : (Bond) — (CP) —		기업규모 : 시가총액 소형주	
홈페이지 : www.willbes.com		연 락 처 : (041)529-5886	
사 : 충남 천안시 동남구 만남로 76			

설 립 일	1973.03.09	종 업 원 수	218명	대 표 이 사	변천섭
상 장 일	1989.07.28	감 사 의 견	적정 (신한)	계 열	
결 산 기	12월	보 통 주	5,700만주	종 속 회 사 수	13개사
액 면 가	1,000원	우 선 주		구 상 호	

주주구성 (지분율,%)		출자관계 (지분율,%)		주요경쟁사 (외형,%)	
전병현	13.7	나무경영아카데미	100.0	윌비스	100
한국증권금융	5.2	윌비스에듀	100.0	형지엘리트	50
(외국인)	5.3	미래넷	50.0	LS네트웍스	157

매출구성		비용구성		수출비중	
제품, 상품	80.6	매출원가율	80.1	수출	76.0
학원	19.3	판관비율	16.6	내수	24.0
컴퓨터서비스	0.0				

회사 개요
동사는 1973년 의복제조업을 주사업목적으로 설립돼 1989년 유가증권시장에 상장함. 성인, 아동용 의복과 추가로 수영복, 극세사 등을 주로 수출하고 있음. 주요 바이어로는 타겟, 올드 네이비, 월마트 등이 있음. OEM 방식의 의류수출사업은 대부분 바이어 및 판매시장이 주로 미국, 유럽에 기반을 두고 있어 선진국 경기에 크게 영향받음. 2008년 한림법학원을 인수해 교육 사업에 추가하기도 했음. 공무원시험, 성인자격증교육 시장 등에 주력함.

실적 분석
동사의 2017년 상반기 매출액은 전년 동기 대비 5.4% 감소한 1560.4억원을 기록함. 비용면에서 전년동기대비 매출원가는 감소했으며 인건비는 감소하였고 광고선전비는 증가했고 기타판매비와 관리비는 감소함. 그에 따라 매출총이익 하락으로 인해 전년동기대비 영업이익은 49.9억원으로 -12.5% 감소함. 최종적으로 전년동기대비 당기순이익은 19.7% 증가한 29.2억원을 기록함.

현금 흐름 〈단위 : 억원〉

항목	2016	2017.2Q
영업활동	46	155
투자활동	-189	-59
재무활동	133	-93
순현금흐름	-9	2
기말현금	26	28

시장 대비 수익률

결산 실적 〈단위 : 억원〉

항목	2012	2013	2014	2015	2016	2017
매출액	2,488	2,410	2,378	2,917	3,108	—
영업이익	-19	82	69	98	101	—
당기순이익	-64	-33	31	42	40	—

분기 실적 〈단위 : 억원〉

항목	2016.1Q	2016.2Q	2016.3Q	2016.4Q	2017.1Q	2017.2Q
매출액	889	760	683	776	891	670
영업이익	51	6	0	44	42	8
당기순이익	32	-8	-3	18	39	-9

재무 상태 〈단위 : 억원〉

항목	2012	2013	2014	2015	2016	2017.2Q
총자산	2,358	2,427	2,453	3,050	3,415	3,080
유형자산	566	511	524	507	526	503
무형자산	132	149	165	443	601	573
유가증권	25	5				1
총부채	1,135	1,215	1,184	1,708	2,023	1,699
총차입금	932	956	893	1,168	1,346	1,216
자본금	626	626	626	626	626	626
총자본	1,223	1,212	1,269	1,342	1,393	1,381
지배주주지분	1,253	1,240	1,293	1,365	1,415	1,403

기업가치 지표

항목	2012	2013	2014	2015	2016	2017.2Q
주가(최고/저)(천원)	4.2/1.2	1.9/0.9	1.6/1.0	2.7/1.2	3.4/2.0	—/—
PER(최고/저)(배)	—/—	—/—	33.4/20.3	39.2/17.5	49.8/29.2	—/—
PBR(최고/저)(배)	1.9/0.5	0.9/0.4	0.7/0.4	1.1/0.5	1.3/0.8	1.5/0.9
EV/EBITDA(배)	18.8	7.1	8.3	10.1	12.1	—
EPS(원)	-106	-59	48	71	68	51
BPS(원)	2,256	2,278	2,373	2,498	2,586	2,565
CFPS(원)	71	121	225	274	317	188
DPS(원)			20	20		
EBITDAPS(원)	144	322	297	376	426	225

재무 비율 〈단위 : % 〉

연도	영업이익률	순이익률	부채비율	차입금비율	ROA	ROE	유보율	자기자본비율	EBITDA마진율
2016	3.3	1.3	145.3	96.6	1.2	2.8	135.3	40.8	7.8
2015	3.4	1.4	127.3	87.1	1.5	3.0	127.3	44.0	7.3
2014	2.9	1.3	93.3	70.4	1.3	2.2	115.9	51.7	7.1
2013	3.4	-1.4	100.2	78.9	-1.4	-2.8	107.3	49.9	7.8

유니더스 (A044480)
Unidus

업 종 : 개인생활용품		시 장 : KOSDAQ	
신용등급 : (Bond) — (CP) —		기업규모 : 중견	
홈페이지 : www.unidusok.com		연 락 처 : 043)836-0025	
본 사 : 충북 증평군 증평읍 광장로 473-3			

설 립 일 1973.05.23	종업원수 104명	대표이사 김성훈	
상 장 일 2000.12.23	감사의견 적정 (삼덕)	계 열	
결 산 기 12월	보통주 860만주	종속회사수 1개사	
액 면 가 500원	우선주	구 상 호	

주주구성 (지분율,%)
김성훈	35.9
정도식	11.6
(외국인)	0.3

출자관계 (지분율,%)
유니더스(장가항)유교계열유한공사	100.0

주요경쟁사 (외형,%)
유니더스	100
케이엠제약	115
하우동천	74

매출구성
[한국](증 평)콘돔 등	55.0
[한국](증 평)콘돔,지삭크,장갑 등	27.8
[중국](장가항)콘돔,지삭크	17.2

비용구성
매출원가율	91.2
판관비율	15.7

수출비중
수출	23.0
내수	77.0

회사 개요
동사는 라텍스 고무제품 생산, 판매를 주 사업으로 하고 있음. 주력 매출 품목은 콘돔, 지삭크, 장갑 등임. 천연고무로 제조되는 해당 품목의 주 원재료는 라텍스로 전량 수입을 통해 공급함. 국내 콘돔 시장 점유율 60~70%를 차지하고 있음. 2003년 중국 시장에 진출. 매출 비중은 국내 콘돔이 약 절반수준을 유지하고 있으며 그 외는 장갑 및 기타 상품들로 구성됨.

실적 분석
동사의 2017년 상반기 연결기준 누적매출액은 74.3억원으로 전년동기 대비 5.1% 감소함. 영업적자는 2억원으로 적자지속했으나, 원가율 개선으로 적자폭은 줄어듬. 지삭크 부문 생산시설 중국이전을 통해 매출증대를 도모하고, 콘돔은 미국과 중국 시장을 적극적으로 개척할 예정임. 장갑 또한 동사의 기술력 접목하여 국내시장 점유율 개선 노력 기울일 예정.

현금 흐름 〈단위 : 억원〉
항목	2016	2017.2Q
영업활동	14	-3
투자활동	-10	-19
재무활동	—	2
순현금흐름	5	-20
기말현금	46	25

시장 대비 수익률

결산 실적 〈단위 : 억원〉
항목	2012	2013	2014	2015	2016	2017
매출액	273	247	183	174	153	
영업이익	12	8	-12	-15	-11	
당기순이익	14	2	-9	-16	-11	

분기 실적 〈단위 : 억원〉
항목	2016.1Q	2016.2Q	2016.3Q	2016.4Q	2017.1Q	2017.2Q
매출액	33	45	40	35	33	41
영업이익	-5	-3	-7	3	-3	-0
당기순이익	-4	-3	-7	4	-2	-0

재무 상태 〈단위 : 억원〉
항목	2012	2013	2014	2015	2016	2017.2Q
총자산	291	287	278	262	249	246
유형자산	81	75	72	65	63	59
무형자산	5	5	5	5	4	4
유가증권	45	44	39	49	51	70
총부채	34	26	26	24	24	23
총차입금	10	8	6	6	6	8
자본금	43	43	43	43	43	43
총자본	258	261	252	238	225	223
지배주주지분	258	261	252	238	225	223

기업가치 지표
항목	2012	2013	2014	2015	2016	2017.2Q
주가(최고/저)(천원)	2.2/1.3	2.4/1.7	3.9/1.7	5.5/2.1	13.6/3.3	—/—
PER(최고/저)(배)	13.6/7.7	96.0/67.1	—/—	—/—	—/—	—/—
PBR(최고/저)(배)	0.7/0.4	0.8/0.6	1.4/0.6	2.0/0.8	5.2/1.2	2.9/2.1
EV/EBITDA(배)	4.2	4.8	—/—	—/—	—/—	—/—
EPS(원)	163	25	-104	-183	-124	-10
BPS(원)	2,996	3,031	2,926	2,765	2,615	2,594
CFPS(원)	296	150	10	-76	-35	30
DPS(원)	—	—	—	—	—	—
EBITDAPS(원)	275	223	-23	-72	-35	16

재무 비율 〈단위 : %〉
연도	영업이익률	순이익률	부채비율	차입금비율	ROA	ROE	유보율	자기자본비율	EBITDA마진율
2016	-6.9	-6.9	10.8	2.7	-4.2	-4.6	423.1	90.2	-1.9
2015	-8.8	-9.0	10.1	2.7	-5.8	-6.4	453.1	90.6	-3.6
2014	-6.5	-4.9	10.4	2.5	-3.2	-3.5	485.2	90.6	-1.1
2013	3.4	0.9	9.9	3.0	0.8	0.8	506.2	91.0	7.8

유니드 (A014830)
UNID

업 종 : 화학		시 장 : 거래소	
신용등급 : (Bond) — (CP) —		기업규모 : 시가총액 중형주	
홈페이지 : www.unid.co.kr		연 락 처 : 02)3709-9500	
본 사 : 서울시 중구 을지로5길 19 페럼타워 17층			

설 립 일 1980.05.10	종업원수 453명	대표이사 이화영,정의승(각자대표이사)	
상 장 일 2004.12.03	감사의견 적정 (안진)	계 열	
결 산 기 12월	보통주 889만주	종속회사수 4개사	
액 면 가 5,000원	우선주	구 상 호	

주주구성 (지분율,%)
OCI 상사	25.1
국민연금공단	11.9
(외국인)	8.0

출자관계 (지분율,%)
유니드엘이디	69.0
이테크건설	7.3
삼광글라스	6.0

주요경쟁사 (외형,%)
유니드	100
후성	26
미원홀딩스	39

매출구성
가성칼륨등	63.5
MDF등	36.6

비용구성
매출원가율	76.1
판관비율	14.8

수출비중
수출	46.0
내수	54.0

회사 개요
동사는 가성칼륨과 탄산칼륨의 제조 및 판매를 주 사업목적으로 1980년 5월 설립됨. 1994년 9월 수입원목의 판매와 제재제품의 생산 및 판매 등을 주 사업목적으로 하는 청구물산을 흡수합병함. 가성칼륨, 탄산칼륨, 염소 등 화학제품을 제조, 판매하는 화학부문(매출비중 약 60%)과 목재 제품의 제조, 판매를 담당하는 보드부문(약 40%) 등으로 구성됨. 해외사업부가 40%로 크게 성장함.

실적 분석
동사의 2017년 연결기준 상반기 매출액은 3,788.8억원으로 전년동기 대비 3.5% 감소했으나 매출원가율 하락으로 영업이익은 4.5% 상승한 384.3억원을 기록. 비영업손실은 2.8억원을 기록했으나 전년동기 대비 크게 줄어 당기순이익은 84.8% 증가한 284.0억원을 기록함. 화학사업 매출이 과반을 차지하는 유니드는 다양한 용도로 쓰이는 칼륨계 화학제품의 수요가 지속되고 국내 시장 점유율을 90% 이상으로 유지하면서 안정적인 이익을 제고

현금 흐름 〈단위 : 억원〉
항목	2016	2017.2Q
영업활동	1,494	230
투자활동	-627	-684
재무활동	-427	167
순현금흐름	463	-306
기말현금	1,272	966

시장 대비 수익률

결산 실적 〈단위 : 억원〉
항목	2012	2013	2014	2015	2016	2017
매출액	6,484	6,819	6,691	7,082	7,409	
영업이익	291	486	634	531	680	
당기순이익	49	359	457	709	485	

분기 실적 〈단위 : 억원〉
항목	2016.1Q	2016.2Q	2016.3Q	2016.4Q	2017.1Q	2017.2Q
매출액	1,878	2,049	1,661	1,821	1,851	1,9..
영업이익	145	223	132	181	174	2..
당기순이익	35	118	86	245	126	1..

재무 상태 〈단위 : 억원〉
항목	2012	2013	2014	2015	2016	2017.2Q
총자산	8,431	8,809	8,315	10,368	10,468	10,8..
유형자산	3,812	3,608	3,604	4,388	4,584	4,7..
무형자산	176	112	116	212	195	1..
유가증권	950	412	302	1,188	803	1,1..
총부채	3,713	3,866	3,019	4,296	4,150	4,4..
총차입금	2,690	2,901	2,142	3,344	3,151	3,3..
자본금	329	329	329	444	444	
총자본	4,718	4,943	5,296	6,072	6,317	6,4..
지배주주지분	4,686	4,921	5,254	5,996	6,277	6,4..

기업가치 지표
항목	2012	2013	2014	2015	2016	2017.2Q
주가(최고/저)(천원)	37.5/21.0	45.4/24.3	48.2/38.0	55.0/38.6	51.6/37.6	—/..
PER(최고/저)(배)	45.2/25.3	10.1/5.4	9.2/7.3	6.8/4.7	9.4/6.9	—/..
PBR(최고/저)(배)	0.8/0.4	0.9/0.5	0.9/0.7	0.9/0.6	0.8/0.6	0.7/..
EV/EBITDA(배)	8.1	6.3	4.9	6.2	5.1	—/..
EPS(원)	921	4,900	5,603	8,536	5,609	3,0..
BPS(원)	71,591	74,727	79,790	67,452	70,619	72,1..
CFPS(원)	5,747	11,666	12,498	12,744	9,913	5,1..
DPS(원)	750	1,000	1,100	1,100	1,100	
EBITDAPS(원)	8,918	12,427	14,565	10,177	11,959	6,4..

재무 비율 〈단위 : %〉
연도	영업이익률	순이익률	부채비율	차입금비율	ROA	ROE	유보율	자기자본비율	EBITDA마진
2016	9.2	6.5	65.7	49.9	4.7	8.1	1,312.4	60.4	14..
2015	7.5	10.0	70.8	55.1	7.6	13.5	1,249.1	58.6	12..
2014	9.5	6.8	57.0	40.5	5.3	9.8	1,495.8	63.7	14..
2013	7.1	5.3	78.2	58.7	4.2	9.1	1,394.5	56.1	12..

유니셈 (A036200)
Unisem

업 종 : 반도체 및 관련장비		시 장 : KOSDAQ	
신용등급 : (Bond) — (CP) —		기업규모 : 우량	
홈 페 이 지 : www.unisem.co.kr		연 락 처 : 031)379-5800	
본 사 : 경기도 화성시 동탄면 장지남길 10-7			

설 립 일 1988.11.15	종 업 원 수 480명	대 표 이 사 김형균	
상 장 일 1999.12.01	감 사 의 견 적정 (대주)	계 열	
결 산 기 12월	보 통 주 3,066만주	종속회사수 4개사	
액 면 가 500원	우 선 주 —	구 상 호	

주주구성 (지분율,%)
김형균	13.1
천정현	6.7
(외국인)	4.5

출자관계 (지분율,%)
한국스마트아이디	50.0
유니셈주산	25.0
UNISEMXIAN	100.0

주요경쟁사 (외형,%)
유니셈	100
이엔에프테크놀로지	290
원익홀딩스	256

매출구성
CHILLER UNIT	36.2
GAS SCRUBBER	35.2
유지보수	25.3

비용구성
매출원가율	66.0
판관비율	26.3

수출비중
수출	32.0
내수	68.0

회사 개요
1988년에 설립된 동사는 반도체장비인 Scrubber을 국내 최초 개발한 업체로서 반도체, LCD, LED, 태양광 장비 및 카메라 모듈 등을 제작, 판매 및 A/S를 제공하고 있음. 사업부문은 SCRUBBER 및 CHILLER 부문의 반도체 장비사업과, 카메라모듈을 포함한 CIS사업부로 나뉨. 국내 시장점유율은 동사의 공시기준으로 SCRUBBER 45%, CHILLER 40%를 차지함. 신규사업으로 모바일 인증사업에 진출함.

실적 분석
동사의 2017년 2분기 누적 매출액은 1,036.2억원으로 전년동기 대비 98% 증가하함. 스마트폰 및 스마트TV를 비롯한 IT기기에 반도체 채택이 증가하는 등 반도체 사업부의 제품 매출이 크게 증가하였음. 최근 메모리반도체 시장의 NAND Flash Memory 수요 급증으로 인해 메모리 시장의 중심으로 지속될 전망이며 3D NAND 투자확대는 업계의 장기적인 흐름으로 동사의 장비 수주는 안정적으로 확대되고 있음.

현금 흐름 〈단위 : 억원〉
항목	2016	2017.2Q
영업활동	-30	94
투자활동	-3	29
재무활동	-25	77
순현금흐름	-58	200
기말현금	42	242

시장 대비 수익률

결산 실적 〈단위 : 억원〉
항목	2012	2013	2014	2015	2016	2017
매출액	767	777	891	1,096	1,154	—
영업이익	34	34	46	86	89	—
당기순이익	12	19	21	24	53	—

분기 실적 〈단위 : 억원〉
항목	2016.1Q	2016.2Q	2016.3Q	2016.4Q	2017.1Q	2017.2Q
매출액	275	248	287	344	512	524
영업이익	37	17	26	9	74	74
당기순이익	28	13	11	1	40	66

재무 상태 〈단위 : 억원〉
항목	2012	2013	2014	2015	2016	2017.2Q
총자산	826	970	1,011	940	957	1,196
유형자산	279	280	288	229	251	255
무형자산	18	16	19	15	17	18
유가증권	1	1	1	77	80	23
총부채	336	449	427	299	276	438
총차입금	209	260	146	122	107	215
자본금	55	57	71	79	153	153
총자본	490	521	584	641	680	758
지배주주지분	487	513	579	639	690	775

기업가치 지표
항목	2012	2013	2014	2015	2016	2017.2Q
주가(최고/저)(천원)	1.0/0.8	1.5/0.8	1.6/0.9	10.0/1.0	9.4/5.1	—/—
PER(최고/저)(배)	19.1/13.9	18.3/10.4	17.3/9.8	95.5/10.0	45.3/24.7	3.0/1.9
PBR(최고/저)(배)	0.5/0.3	0.6/0.4	0.8/0.4	4.8/0.5	4.1/2.2	—/—
EV/EBITDA(배)	6.7	9.2	5.1	19.1	19.5	—/—
EPS(원)	56	82	94	106	210	369
BPS(원)	4,599	4,614	4,177	4,154	2,305	2,645
CFPS(원)	259	293	315	308	238	383
DPS(원)				60	40	—
EBITDAPS(원)	464	440	481	645	319	496

재무 비율 〈단위 : % 〉
연도	영업이익률	순이익률	부채비율	차입금비율	ROA	ROE	유보율	자기자본비율	EBITDA마진율
2016	7.7	4.6	40.6	15.7	5.6	9.7	361.0	71.1	8.5
2015	7.8	2.2	46.6	19.1	2.5	5.3	730.9	68.2	9.3
2014	5.2	2.3	73.2	25.0	2.1	4.5	735.5	57.7	7.2
2013	4.4	2.4	86.1	49.9	2.1	3.5	822.8	53.7	6.3

유니슨 (A018000)
Unison

업 종 : 에너지 시설 및 서비스		시 장 : KOSDAQ	
신용등급 : (Bond) — (CP) —		기업규모 : 중견	
홈 페 이 지 : www.unison.co.kr		연 락 처 : 055)851-8777	
본 사 : 경남 사천시 사남면 해안산업로 513			

설 립 일 1984.09.24	종 업 원 수 198명	대 표 이 사 류지윤	
상 장 일 1996.01.10	감 사 의 견 적정 (삼일)	계 열	
결 산 기 12월	보 통 주 7,610만주	종속회사수 2개사	
액 면 가 500원	우 선 주 376만주	구 상 호	

주주구성 (지분율,%)
Toshiba Tec Corporation	20.4
이정수	6.0
(외국인)	21.6

출자관계 (지분율,%)
원앤피	100.0
KOUNISONHOLDING	100.0
울산풍력발전	100.0

주요경쟁사 (외형,%)
유니슨	100
파루	201
KG ETS	182

매출구성
풍력발전사업(풍력발전기,풍력발전타워)	100.0

비용구성
매출원가율	85.8
판관비율	32.8

수출비중
수출	9.0
내수	91.0

회사 개요
동사는 1984년에 설립돼 대규모 풍력발전 단지 운영 및 유지보수 등을 주된 사업으로 영위하고 있음. 동사는 750kW, 2㎿ 및 2.3㎿ 풍력발전시스템과 풍력발전 타워 등 풍력발전기 완제품을 생산하여 국내외에 판매, 설치하고 있음. 동사는 대규모 풍력발전단지 조성 및 운영, 유지보수산업도 영위하고 있으며, 강원 풍력발전단지(98㎿)와 영덕풍력발전단지(39.6㎿) 등 국내 최초, 최대 규모의 상업 풍력발전단지를 조성해 운영하고 있음.

실적 분석
동사의 연결기준 2017년 2분기 누적매출액은 660.0억원으로 전년동기 대비 328.9% 대폭 증가하였음. 같은 기간 매출원가가 비슷한 비율로 증가하였으며 62.2억원의 영업이익을 기록, 흑자전환에 성공함. 판관비 상승률이 높지 않았음. 다만 비영업 부문에서 손실이 확대되었으며 최종적으로 18.8억원의 당기순손실이 발생, 적자가 지속됨. 2015년 5월, 원앤피(주)와 247억원 상당의 풍력발전용 타워 북미 공급계약을 체결한 바 있음.

현금 흐름 〈단위 : 억원〉
항목	2016	2017.2Q
영업활동	-84	92
투자활동	-131	-162
재무활동	66	67
순현금흐름	-141	-3
기말현금	7	4

시장 대비 수익률

결산 실적 〈단위 : 억원〉
항목	2012	2013	2014	2015	2016	2017
매출액	1,139	407	820	1,183	525	—
영업이익	-14	-255	19	32	-98	—
당기순이익	-228	-751	-169	-291	-326	—

분기 실적 〈단위 : 억원〉
항목	2016.1Q	2016.2Q	2016.3Q	2016.4Q	2017.1Q	2017.2Q
매출액	66	88	84	287	323	337
영업이익	-12	-26	-22	-38	36	26
당기순이익	-40	-45	-56	-185	2	-21

재무 상태 〈단위 : 억원〉
항목	2012	2013	2014	2015	2016	2017.2Q
총자산	3,324	2,911	3,073	2,378	2,398	2,648
유형자산	1,256	1,204	1,222	1,201	1,236	1,155
무형자산	85	62	86	97	55	55
유가증권	51	10	17	17	16	34
총부채	1,989	2,295	2,603	1,964	2,109	2,233
총차입금	1,284	1,614	1,590	1,321	1,219	1,089
자본금	228	228	228	308	345	399
총자본	1,335	616	470	414	290	414
지배주주지분	1,334	616	470	414	231	414

기업가치 지표
항목	2012	2013	2014	2015	2016	2017.2Q
주가(최고/저)(천원)	9.3/5.5	6.6/2.1	2.9/1.5	3.4/1.4	1.9/1.2	—/—
PER(최고/저)(배)	—/—	—/—	—/—	—/—	—/—	—/—
PBR(최고/저)(배)	3.4/2.0	5.2/1.6	3.0/1.6	5.1/2.2	5.8/3.5	6.1/2.5
EV/EBITDA(배)	103.3		39.1	24.1		—/—
EPS(원)	-477	-1,551	-348	-594	-471	-24
BPS(원)	2,925	1,351	1,030	671	335	519
CFPS(원)	-389	-1,543	-267	-491	-385	-24
DPS(원)						
EBITDAPS(원)	85	-455	144	169	-56	78

재무 비율 〈단위 : % 〉
연도	영업이익률	순이익률	부채비율	차입금비율	ROA	ROE	유보율	자기자본비율	EBITDA마진율
2016	-18.7	-62.0	일부잠식	일부잠식	-13.6	-100.8	-33.1	12.1	-7.4
2015	2.7	-24.6	474.4	319.2	-10.7	-65.9	34.3	17.4	7.0
2014	2.3	-20.6	554.0	338.4	-5.6	-31.0	106.0	15.3	8.0
2013	-62.6	-184.4	372.4	261.8	-24.1	-77.0	170.2	21.2	-51.0

유니온 (A000910)
Union

업 종 : 건축소재	시 장 : 거래소
신용등급 : (Bond) — (CP) —	기업규모 : 시가총액 소형주
홈페이지 : www.unioncement.com	연 락 처 : 02)757-3801
본 사 : 서울시 중구 소공로 94 OCI빌딩 13층	

설 립 일	1952.12.06	종 업 원 수	228명	대 표 이 사	이건영,강병호(각자대표이사)
상 장 일	1996.06.05	감 사 의 견	적정 (한영)	계 열	
결 산 기	12월	보 통 주	1,561만주	종속회사수	3개사
액 면 가	500원	우 선 주		구 상 상	

주주구성 (지분율,%)		출자관계 (지분율,%)		주요경쟁사 (외형,%)	
이건영	24.6	쌍용머티리얼	52.2	유니온	100
이우선	15.4	불스원	10.2	서산	122
(외국인)	2.0	OCI	3.9	동원	20

매출구성		비용구성		수출비중	
용융알루미나 외	29.1	매출원가율	84.4	수출	35.0
백시멘트	21.7	판관비율	13.8	내수	65.0
알루미나시멘트	21.5				

회사 개요
동사는 OCI 기업집단에 속해 있는 국내 유일의 백시멘트, 알루미나시멘트 생산 업체임. 시멘트 제조부문과 폐기물로부터 추출하는 바나듐·몰리브덴과 여과기·탈수기의 환경기계 등을 판매하는 희유금속부문 등의 두가지 사업부문을 영위하고 있음. 각 사업부문별 매출비중은 약 82%, 18%임. 동사는 2017년 3월 자동차용 모터 소재 회사 쌍용머티리얼 인수를 완료하였음.

실적 분석
동사의 2017년 연결기준 상반기 매출액은 771.8억원으로 전년동기 대비 62.9% 증가함. 이는 3월에 인수한 쌍용머티리얼 인수의 영향으로 볼 수 있음. 고정비 증가에도 불구하고 매출영향에 힘입어 영업이익은 21.8억원으로 큰 폭으로 증가함. 건설경기와 철강산업의 업황이 크게 개선될 것으로 기대하기 어려운 상황으로 단기간내 급격한 실적 개선은 어려울 것으로 전망되는 바 효율적인 리스크관리 전략이 필요한 상황.

현금 흐름 〈단위 : 억원〉
항목	2016	2017.2Q
영업활동	64	62
투자활동	-71	-745
재무활동	-33	704
순현금흐름	-40	21
기말현금	35	56

시장 대비 수익률

결산 실적 〈단위 : 억원〉
항목	2012	2013	2014	2015	2016	2017
매출액	1,255	1,143	1,179	1,005	923	
영업이익	46	44	51	3	17	
당기순이익	54	-39	37	-32	12	

분기 실적 〈단위 : 억원〉
항목	2016.1Q	2016.2Q	2016.3Q	2016.4Q	2017.1Q	2017.2Q
매출액	211	262	—	—	198	574
영업이익	-12	18	—	—	-6	28
당기순이익	-7	10	—	—	-7	30

재무 상태 〈단위 : 억원〉
항목	2012	2013	2014	2015	2016	2017.2Q
총자산	2,624	2,755	1,768	1,640	1,643	3,839
유형자산	516	438	504	443	415	1,733
무형자산	15	15	15	16	9	192
유가증권	1,557	1,794	748	718	761	862
총부채	688	698	463	413	393	1,837
총차입금	101	101	101	101	100	1,013
자본금	78	78	78	78	78	78
총자본	1,936	2,058	1,305	1,227	1,250	2,002
지배주주지분	1,933	2,055	1,304	1,229	1,250	1,324

기업가치 지표
항목	2012	2013	2014	2015	2016	2017.2Q
주가(최고/저)(천원)	6.8/3.8	4.6/3.9	5.3/3.4	6.1/3.6	4.5/3.5	—/—
PER(최고/저)(배)	21.1/11.8	—/—	23.1/14.5	—/—	392.1/301.2	—/—
PBR(최고/저)(배)	0.6/0.3	0.4/0.3	0.7/0.4	0.8/0.5	0.5/0.4	0.5/0.4
EV/EBITDA(배)	8.3	8.8	8.1	18.3	14.5	—
EPS(원)	348	-243	243	-186	12	74
BPS(원)	12,702	13,486	8,672	8,320	8,583	9,060
CFPS(원)	646	24	422	43	208	377
DPS(원)	60	60	70	70	70	—
EBITDAPS(원)	594	551	502	249	304	442

재무 비율 〈단위 : % 〉
연도	영업이익률	순이익률	부채비율	차입금비율	ROA	ROE	유보율	자기자본비율	EBITDA마진율
2016	1.8	0.2	31.5	8.0	0.1	0.2	1,616.7	76.1	5.2
2015	0.3	-3.2	33.7	8.2	-1.9	-2.3	1,564.0	74.8	3.9
2014	4.3	3.1	35.5	7.7	1.6	2.3	1,634.4	73.8	6.7
2013	3.9	-3.4	33.9	4.9	-1.4	-1.9	2,597.3	74.7	7.5

유니온커뮤니티 (A203450)
Union community

업 종 : 보안장비	시 장 : KOSDAQ
신용등급 : (Bond) — (CP) —	기업규모 : 신성장
홈페이지 : www.unioncomm.co.kr	연 락 처 : 02)6488-3127
본 사 : 서울시 송파구 법원로 127(문정동, 문정대명벨리온)	

설 립 일	2000.02.29	종 업 원 수	114명	대 표 이 사	신요식
상 장 일	2014.07.23	감 사 의 견	적정 (삼일)	계 열	
결 산 기	12월	보 통 주	1,468만주	종속회사수	2개사
액 면 가	500원	우 선 주		구 상 상	

주주구성 (지분율,%)		출자관계 (지분율,%)		주요경쟁사 (외형,%)	
신요식	20.7	케어게이트	49.0	유니온커뮤니티	100
DREAM INCUBATOR INC.	9.5	HozumiCo.,Ltd	7.7	코콤	281
(외국인)	16.8			슈프리마	104

매출구성		비용구성		수출비중	
지문인식 출입통제기	45.6	매출원가율	58.3	수출	50.0
카드인식출입통제기	23.4	판관비율	29.1	내수	50.0
지문 모듈 및 등록기	22.3				

회사 개요
2000년에 설립된 동사는 지문인식, 얼굴인식, 홍채인식, 정맥인식 등을 포함하는 바이오 인식 전문업체임. 위조방지 지문 인식 기술을 세계에서 유일하게 보유하고 있다는 점에서 높은 평가를 받고 있음. 연결회사는 지문인식 단말기를 주로 제조하는 유니온커뮤니티와, 그 종속회사인 니트젠, 영상 보안장치 사업을 영위하는 씨큐트로닉스로 구성되어 있음. 2016년 기준 수출이 차지하는 비중은 약 52%임.

실적 분석
동사의 2017년 2분기 누적 매출액은 전년 동기대비 7.5% 감소한 183.7억원임. 인건비와 무형자산상각비 등 판관비가 증가하며, 영업이익은 전년보다 59.9% 감소한 10.6억원을 시현하였음. 지문인식 전용 스마트폰 케이스 개발사인 동사는 지난 MWC에서 해외 스마트폰 제조사에 250여 샘플을 판매했으며 전세계 40개사 이상과 제품 판매 협의를 진행 중이어서 향후 매출 증대가 기대됨.

현금 흐름 〈단위 : 억원〉
항목	2016	2017.2Q
영업활동	56	-13
투자활동	-65	-91
재무활동	128	-25
순현금흐름	119	-129
기말현금	138	9

시장 대비 수익률

결산 실적 〈단위 : 억원〉
항목	2012	2013	2014	2015	2016	2017
매출액	235	277	328	428	406	
영업이익	11	17	5	20	51	
당기순이익	7	8	6	23	54	

분기 실적 〈단위 : 억원〉
항목	2016.1Q	2016.2Q	2016.3Q	2016.4Q	2017.1Q	2017.2Q
매출액	95	104	—	—	94	
영업이익	11	16	—	—	4	
당기순이익	17	14	—	—	1	

재무 상태 〈단위 : 억원〉
항목	2012	2013	2014	2015	2016	2017.2Q
총자산	166	217	292	336	515	51
유형자산	17	33	50	64	96	9
무형자산	15	8	23	20	19	9
유가증권	4	1	5	2	3	0
총부채	67	109	238	220	198	20
총차입금	33	48	166	149	122	11
자본금	62	62	55	58	73	7
총자본	99	107	54	116	317	31
지배주주지분	99	107	55	116	317	31

기업가치 지표
항목	2012	2013	2014	2015	2016	2017.2Q
주가(최고/저)(천원)	—/—	—/—	3.1/0.9	4.3/1.2	5.1/1.8	—/—
PER(최고/저)(배)	0.0/0.0	0.0/0.0	60.8/17.9	23.9/6.5	11.1/4.0	—/—
PBR(최고/저)(배)	0.0/0.0	HozumiCo.,Ltd	6.9/2.0	4.6/1.3	2.3/0.8	2.1/1
EV/EBITDA(배)	1.2	1.7	24.8	13.3	8.0	—
EPS(원)	53	61	50	181	454	
BPS(원)	803	868	444	942	2,162	2,21
CFPS(원)	111	119	116	258	536	
DPS(원)						
EBITDAPS(원)	151	193	109	241	509	1

재무 비율 〈단위 : % 〉
연도	영업이익률	순이익률	부채비율	차입금비율	ROA	ROE	유보율	자기자본비율	EBITDA마진율
2016	12.6	13.3	62.5	38.6	12.7	25.1	332.5	61.5	15
2015	4.8	5.3	189.6	128.6	7.2	26.1	100.1	34.5	7
2014	1.7	1.7	일부잠식	일부잠식	—	—	0.7	18.6	4
2013	6.0	2.7	102.0	44.6	3.9	7.3	248.7	49.5	8

유니켐 (A011330)
Uni Chem

업　　종 : 섬유 및 의복
신용등급 : (Bond) —　　(CP) —
홈 페 이 지 : www.uni-chem.net
본　　사 : 경기도 안산시 단원구 해봉로 38
시　　장 : 거래소
기업규모 : 시가총액 소형주
연 락 처 : 031)491-3751

설 립 일	1979.04.27	종 업 원 수	193명	대 표 이 사	이장원
상 장 일	1989.12.14	감 사 의 견	적정 (중앙)	계　　열	
결 산 기	12월	보 통 주	5,098만주	종속회사수	
액 면 가	500원	우 선 주		구 상 호	

주주구성 (지분율,%)		출자관계 (지분율,%)		주요경쟁사 (외형,%)	
태주원	20.7	유니켐	100		
이정원	8.9	방림	410		
(외국인)	0.3	형지I&C	350		

매출구성		비용구성		수출비중	
피혁(제품)	91.1	매출원가율	83.8	수출	47.0
SPLIT	6.3	판관비율	9.9	내수	53.0
피혁(상품)	2.6				

회사 개요
1976년 설립된 동사는 피혁원단을 제조 및 판매하고 있음. 충저가 원단인 일반 핸드백 및 신발용 원단에서 고가 원단의 개발을 통해 고부가가치 및 기능성 원단인 자동차시트용 원단으로 생산 품목을 전환함. 동사는 핸드백 및 신발용 원단은 고가 브랜드의 우량 거래처를 확보해 매출 증가를 꾀하고 있으며, 자동차시트용 원단 비중을 높이고 있음. 현대차, 기아차, 르노삼성차에 주로 납품함.

실적 분석
동사의 2017년 2분기 매출액은 317.2억원으로 전년동기 대비 110.8% 증가함. 영업이익은 19.5억원으로 100.4% 증가함. 당기순이익 또한 12.4억원으로 98.8% 증가함. 자동차 업황의 호전으로 인해 자동차시트용 원단의 수요가 크게 증가하고 있는 상황임. 동사는 국내 3대 완성차 업체에 공급하는 자동차시트용 원단 매출이 구준히 증가할 것으로 전망함. 핸드백 및 신발용 원단도 고가 브랜드의 우량 거래처를 통한 매출 증가가 기대됨.

현금 흐름　*IFRS 별도 기준　〈단위 : 억원〉
항목	2016	2017.2Q
영업활동	-181	-13
투자활동	-14	-23
재무활동	181	73
순현금흐름	-15	37
기말현금	1	39

결산 실적　〈단위 : 억원〉
항목	2012	2013	2014	2015	2016	2017
매출액	994	868	184	87	368	—
영업이익	-88	-120	-262	-54	23	—
당기순이익	-85	-130	-349	-124	17	—

분기 실적　*IFRS 별도 기준　〈단위 : 억원〉
항목	2016.1Q	2016.2Q	2016.3Q	2016.4Q	2017.1Q	2017.2Q
매출액	57	93	79	138	150	167
영업이익	4	5	6	7	9	10
당기순이익	3	5	4	7	6	7

재무 상태　*IFRS 별도 기준　〈단위 : 억원〉
항목	2012	2013	2014	2015	2016	2017.2Q
총자산	644	649	392	408	669	748
유형자산	264	234	274	235	242	254
무형자산	8	6	3	3	1	5
유가증권	3	1	1	1	1	1
총부채	565	534	510	312	384	446
총차입금	329	304	387	182	294	363
자본금	164	325	96	206	255	255
총자본	79	115	-117	95	285	302
지배주주지분	79	115	-117	95	285	302

기업가치 지표　*IFRS 별도 기준
항목	2012	2013	2014	2015	2016	2017.2Q
주가(최고/저)(천원)	15.7/5.6	8.5/5.7	8.8/1.5	3.0/1.3	2.4/1.5	—/—
PER(최고/저)(배)	—/—	—/—	—/—	—/—	69.1/41.8	—/—
PBR(최고/저)(배)	6.0/2.1	4.5/3.0	-7.2/-1.2	13.1/5.6	4.4/2.6	3.1/2.3
EV/EBITDA(배)					32.2	
EPS(원)	-3,026	-2,163	-4,965	-557	35	24
BPS(원)	268	190	-606	233	560	595
CFPS(원)	-236	-192	-2,433	-508	57	35
DPS(원)					68	49
EBITDAPS(원)	-245	-175	-1,814	-195		

재무 비율　〈단위 : % 〉
연도	영업이익률	순이익률	부채비율	차입금비율	ROA	ROE	유보율	자기자본비율	EBITDA마진율
2016	6.3	4.8	135.1	103.4	3.0	7.4	12.0	42.5	9.2
2015	-62.6	-142.8	일부잠식	일부잠식	-31.0	전기잠식	-53.5	23.4	-50.1
2014	-142.1	-189.2	완전잠식	완전잠식	-67.0	당기잠식	-221.2	-29.9	-138.3
2013	-13.8	-15.0	일부잠식	일부잠식	-20.1	-133.9	-62.1	17.7	-12.1

유니퀘스트 (A077500)
Uniquest

업　　종 : 반도체 및 관련장비
신용등급 : (Bond) —　　(CP) —
홈 페 이 지 : www.uniquest.co.kr
본　　사 : 경기도 성남시 분당구 황새울로 314, 유니퀘스트빌딩
시　　장 : 거래소
기업규모 : 시가총액 소형주
연 락 처 : 031)708-9988

설 립 일	1995.11.25	종 업 원 수	153명	대 표 이 사	앤드류김
상 장 일	2004.08.05	감 사 의 견	적정 (안진)	계　　열	
결 산 기	12월	보 통 주	2,705만주	종속회사수	7개사
액 면 가	500원	우 선 주		구 상 호	

주주구성 (지분율,%)		출자관계 (지분율,%)		주요경쟁사 (외형,%)	
임창완	44.3	드림텍	43.4	유니퀘스트	100
신정옥	7.4	스타빛시스템	39.0	엘비세미콘	51
(외국인)	54.9	에너지융합UQIP투자조합	33.0	에스엔텍	25

매출구성		비용구성		수출비중	
반도체IC 및 기타전기 및 영상관련부품등	98.5	매출원가율	90.5	수출	3.0
영업 및 기술지원에 대한 수수료	0.5	판관비율	6.5	내수	97.0
부동산 임대 수입 외	0.4				

회사 개요
동사는 비메모리반도체 솔루션 공급사업을 영위할 목적으로 1993년에 설립됨. 해외 유수의 비메모리 반도체 제조사와의 대리계계약을 통해 국내의 IT제조사 등 고객사들이 개발하고자하는 제품에 부합되는 우수한 반도체를 국내시장에 공급하고, 기술지원 및 교육 등 토탈솔루션사업을 하고 있음. 반도체 개발, 기술서비스를 하는 엑시오스(주), 매긴나텍(주), 유비컴(주) 등 7개 종속회사를 두고 있고, 드림텍 등 계열회사가 5개임.

실적 분석
동사는 2017년 상반기 누적 매출액과 영업이익이 각각 1,188.9억원, 17.2억원으로 전년동기 대비 10.9%, 48.4% 감소함. 동사는 신사업부문인 차량전장 사업부문에서 매출이 늘었으나, 주력 사업인 반도체 부문에서 매출이 감소했음. 차량전장 사업은 상반기 7.6억원의 영업적자를 기록함. 동사는 매출 감소에도 불구하고 판매관리비가 22.0% 증가해 수익성이 악화됨. 당기순이익은 전년 동기보다 176.0% 증가한 114.3억원을 기록.

현금 흐름　〈단위 : 억원〉
항목	2016	2017.2Q
영업활동	-42	-200
투자활동	-153	36
재무활동	-11	-35
순현금흐름	-205	-200
기말현금	449	250

결산 실적　〈단위 : 억원〉
항목	2012	2013	2014	2015	2016	2017
매출액	2,012	2,112	2,823	2,960	2,636	—
영업이익	75	55	103	90	78	—
당기순이익	181	272	155	23	28	—

분기 실적　〈단위 : 억원〉
항목	2016.1Q	2016.2Q	2016.3Q	2016.4Q	2017.1Q	2017.2Q
매출액	766	568	716	586	611	578
영업이익	22	11	25	20	10	7
당기순이익	44	-3	-12	-2	80	35

재무 상태　〈단위 : 억원〉
항목	2012	2013	2014	2015	2016	2017.2Q
총자산	1,874	2,183	2,440	2,444	2,829	2,765
유형자산	91	92	92	89	111	112
무형자산	12	12	11	11	108	121
유가증권	136	177	287	461	575	488
총부채	621	626	595	573	804	750
총차입금	106	110	104	165	243	269
자본금	66	67	67	135	135	135
총자본	1,253	1,557	1,845	1,871	2,025	2,015
지배주주지분	1,179	1,462	1,723	1,690	1,795	1,763

기업가치 지표
항목	2012	2013	2014	2015	2016	2017.2Q
주가(최고/저)(천원)	4.1/1.6	7.2/4.0	7.3/3.1	6.2/2.8	7.3/3.1	—/—
PER(최고/저)(배)	6.5/2.5	8.2/4.5	14.8/6.3	76.4/34.3	46.0/19.3	—/—
PBR(최고/저)(배)	1.0/0.4	1.5/0.8	1.3/0.6	1.0/0.5	1.1/0.5	1.2/0.9
EV/EBITDA(배)	13.6	28.2	10.2	7.4	23.3	—
EPS(원)	722	1,008	570	86	160	296
BPS(원)	9,123	11,068	12,790	6,326	6,706	6,586
CFPS(원)	1,489	2,059	1,185	109	182	320
DPS(원)			750		80	
EBITDAPS(원)	617	458	812	357	312	88

재무 비율　〈단위 : % 〉
연도	영업이익률	순이익률	부채비율	차입금비율	ROA	ROE	유보율	자기자본비율	EBITDA마진율
2016	3.0	1.1	39.7	12.0	1.1	2.5	1,241.2	71.6	3.2
2015	3.0	0.8	30.6	8.8	0.9	1.4	1,165.2	76.6	3.3
2014	3.7	5.5	32.2	5.6	6.7	9.6	2,457.9	75.6	3.9
2013	2.6	12.9	40.2	7.1	13.4	20.4	2,113.6	71.3	2.9

유니크 (A011320)
Unick

업　종 : 자동차부품　　　　　　　　　　　　시　　　장 : KOSDAQ
신용등급 : (Bond) —　　(CP) —　　　　　　기업규모 : 우량
홈페이지 : www.unick.co.kr　　　　　　　　연락처 : 055)340-2000
본　　사 : 경남 김해시 진영읍 서부로 179번길 90 (진영농공단지내)

설 립 일	1976.04.21	종 업 원 수 589명	대 표 이 사 안정구
상 장 일	1993.12.29	감 사 의 견 적정 (삼일)	계　　　열
결 산 기	12월	보 통 주 1,932만주	종속회사수 1개사
액 면 가	500원	우 선 주	구 상 호

주주구성 (지분율,%)
안영구	19.7
안정구	9.3
(외국인)	0.7

출자관계 (지분율,%)
유니크	100
삼성공조	33
현대공업	84

주요경쟁사 (외형,%)

매출구성
유압 SOLENOID VALVE	49.3
CIGAR LIGHTER 외 기타	17.8
DCT SOLENOID VALVE	15.2

비용구성
매출원가율	87.2
판관비율	9.3

수출비중
수출	—
내수	—

회사 개요
동사는 1976년에 설립, 김해 제조공장에서 20여종의 차량부품을 제조 및 판매하고 있으며 1993년 코스닥시장에 상장됨. 자동변속기의 핵심부품으로 밸브바디의 유압을 조정하는 기능을 갖고 있는 유압솔레노이드 밸브를 국산화하는데 성공하여 현대·기아자동차, 현대파워텍 등에 납품하고 있으며, 국내시장의 약 80% 이상을 점유중임. 2002년부터 청도 유니크부건유한공사를 설립하여 연결대상 종속회사로 보유 중임.

실적 분석
동사의 2017년 상반기 매출액은 1,197.5억 원으로 전년동기 대비 5.7% 감소. 원가율 1.7%p 상승 등 비용부담으로 영업이익은 전년동기 대비 53.8% 감소한 19.8억원을 기록함. 생산라인 증설과 관련하여 97.0억원을 당분기에 건설중인 자산에 지출, 당분기 중 건설이 완공되어 기계장치 등으로 대체함. 미국 Big3 완성차로부터의 수주와 중국 로컬업체들에 대한 향후 매출 증가가 기대되며, 고객 다변화도 진행 중에 있음.

현금 흐름 〈단위 : 억원〉
항목	2016	2017.2Q
영업활동	201	73
투자활동	-246	-83
재무활동	39	9
순현금흐름	-7	-3
기말현금	127	124

시장 대비 수익률

결산 실적 〈단위 : 억원〉
항목	2012	2013	2014	2015	2016	2017
매출액	1,977	2,169	2,258	2,309	2,547	
영업이익	86	166	100	61	89	
당기순이익	84	156	101	72	79	

분기 실적 〈단위 : 억원〉
항목	2016.1Q	2016.2Q	2016.3Q	2016.4Q	2017.1Q	2017.2Q
매출액	608	662	604	673	618	579
영업이익	16	27	11	35	15	5
당기순이익	18	24	8	29	4	7

재무 상태 〈단위 : 억원〉
항목	2012	2013	2014	2015	2016	2017.2Q
총자산	1,398	1,597	1,681	1,769	1,873	1,837
유형자산	706	699	801	896	1,018	1,063
무형자산	11	10	8	8	13	13
유가증권	17	20	39	39	41	42
총부채	881	946	949	995	1,041	1,010
총차입금	524	559	535	510	567	593
자본금	97	97	97	97	97	97
총자본	516	650	731	773	832	827
지배주주지분	516	650	731	773	832	827

기업가치 지표
항목	2012	2013	2014	2015	2016	2017.2Q
주가 (최고/저)(천원)	3.1/2.1	4.7/2.1	6.5/3.9	4.7/3.0	4.4/3.0	—/—
PER (최고/저)(배)	7.8/5.3	6.3/2.8	13.3/8.0	13.2/8.4	11.1/7.4	—/—
PBR (최고/저)(배)	1.2/0.8	1.4/0.7	1.8/1.1	1.2/0.8	1.0/0.7	0.9/0.7
EV/EBITDA (배)	5.4	4.5	6.4	7.5	6.0	
EPS(원)	437	810	523	370	407	60
BPS(원)	2,761	3,542	3,955	4,173	4,477	4,450
CFPS(원)	791	1,192	900	749	872	60
DPS(원)	50	65	75	100	90	
EBITDAPS(원)	799	1,242	897	693	924	103

재무 비율 〈단위 : %〉
연도	영업이익률	순이익률	부채비율	차입금비율	ROA	ROE	유보율	자기자본비율	EBITDA마진율
2016	3.5	3.1	125.1	68.2	4.3	9.8	795.5	44.4	7.0
2015	2.6	3.1	128.7	66.0	4.2	9.5	734.6	43.7	5.8
2014	4.4	4.5	129.8	73.1	6.2	14.6	691.0	43.5	7.7
2013	7.7	7.2	145.5	85.9	10.5	26.8	608.5	40.7	11.1

유니테스트 (A086390)
UniTestorporation

업　종 : 반도체 및 관련장비　　　　　　　시　　　장 : KOSDAQ
신용등급 : (Bond) —　　(CP) —　　　　　　기업규모 : 우량
홈페이지 : www.uni-test.com　　　　　　　연락처 : 031)205-6111
본　　사 : 경기도 용인시 기흥구 기곡로 27

설 립 일	2000.03.21	종 업 원 수 159명	대 표 이 사 김종현
상 장 일	2006.12.05	감 사 의 견 적정 (인덕)	계　　　열
결 산 기	12월	보 통 주 2,113만주	종속회사수 5개사
액 면 가	500원	우 선 주	구 상 호

주주구성 (지분율,%)
김종현	18.9
신한비엔피파리바자산운용	3.6
(외국인)	3.0

출자관계 (지분율,%)
유니청정에너지	100.0
유니솔라에너지	100.0
테스티안	74.8

주요경쟁사 (외형,%)
유니테스트	100
에스앤에스텍	46
디엔에프	50

매출구성
메모리 컴포넌트테스트 장비/고속의 번인장비	93.7
PL램프/태양광 시스템, 인버터 등	4.7
메모리 모듈테스트 장비	1.1

비용구성
매출원가율	69.1
판관비율	21.0

수출비중
수출	45.0
내수	55.0

회사 개요
동사는 반도체 검사 장비를 전문으로 개발 생산하는 업체로서, 메모리 모듈 테스터 및 메모리 컴포넌트 테스터의 개발 판매를 주력으로 함. 메모리 테스트 장비는 90% 이상의 매출액을 구성. 동사는 국내 최초로 D램 주검장비의 국산화 및 상용화에 성공하여 이를 바탕으로 사업영역을 확장하였음. 뿐만 아니라 2015년 유니솔라에너지(주)와 유니청정에너지(주) 지분을 100% 인수해 태양광 사업으로도 사업 확장.

실적 분석
동사의 2017년 연결기준 상반기 매출액은 1,023.2억원을 기록하며 전년동기 대비 대폭 증가. 영업이익은 188.2억원, 당기순이익은 153.1억원을 기록하며 전년동기 대비 각각 흑자전환 함. 동사는 장쑤성에 대표사무소를 설립하여 중국시장 공략에도 나서기 시작. 분기 전체 매출의 70% 가량이 중국 우시의 SK하이닉스 공장 발주가 70%이상을 차지하며 양호한 실적을 달성함.

현금 흐름 〈단위 : 억원〉
항목	2016	2017.2Q
영업활동	2	136
투자활동	-43	-17
재무활동	-95	18
순현금흐름	-135	136
기말현금	111	247

시장 대비 수익률

결산 실적 〈단위 : 억원〉
항목	2012	2013	2014	2015	2016	2017
매출액	435	163	625	1,335	1,168	
영업이익	46	-77	82	301	116	
당기순이익	24	-84	65	259	82	

분기 실적 〈단위 : 억원〉
항목	2016.1Q	2016.2Q	2016.3Q	2016.4Q	2017.1Q	2017.2Q
매출액	140	140	517	371	498	525
영업이익	-33	5	86	58	117	72
당기순이익	-33	-9	75	49	81	72

재무 상태 〈단위 : 억원〉
항목	2012	2013	2014	2015	2016	2017.2Q
총자산	650	585	812	1,009	1,050	1,354
유형자산	239	233	221	277	260	253
무형자산	29	71	79	48	32	36
유가증권	4	5	7	21	46	5
총부채	287	316	425	359	331	514
총차입금	236	242	205	173	101	150
자본금	79	79	93	97	106	106
총자본	363	269	387	649	719	841
지배주주지분	362	270	387	650	720	843

기업가치 지표
항목	2012	2013	2014	2015	2016	2017.2Q
주가 (최고/저)(천원)	3.8/2.0	3.4/1.5	9.2/1.6	18.6/5.9	13.3/7.0	—/—
PER (최고/저)(배)	26.6/13.9	—/—	25.5/4.5	13.8/4.4	32.8/17.1	—/—
PBR (최고/저)(배)	1.6/0.9	1.9/0.8	4.3/0.8	5.5/1.7	3.8/2.0	3.3/2.2
EV/EBITDA (배)	7.4		15.6	4.6	15.1	—/—
EPS(원)	148	-526	376	1,394	412	729
BPS(원)	2,411	1,883	2,240	3,496	3,591	4,171
CFPS(원)	320	-405	607	1,698	666	729
DPS(원)			80	200	150	
EBITDAPS(원)	463	-362	708	1,924	824	891

재무 비율 〈단위 : %〉
연도	영업이익률	순이익률	부채비율	차입금비율	ROA	ROE	유보율	자기자본비율	EBITDA마진율
2016	9.9	7.1	46.1	14.1	8.0	12.2	618.2	68.5	14.4
2015	22.5	19.4	55.3	26.6	28.5	49.9	599.2	64.4	26.8
2014	13.2	10.3	110.1	53.0	9.3	19.7	348.0	47.6	19.5
2013	-46.9	-51.2	117.4	90.1	-13.6	-26.4	276.6	46.0	-35.2

유니테크노 (A241690)
UNITEKNO

업　　종 : 자동차부품	시　　장 : KOSDAQ
신용등급 : (Bond) —　(CP) —	기업규모 : 벤처
홈 페 이 지 : www.unitekno.co.kr	연 락 처 : 051)203-5460
본　　사 : 부산시 사하구 신산로13번길 54 (신평동)	

설 립 일	2000.06.23	종 업 원 수	255명	대 표 이 사	이좌영
상 장 일	2016.09.20	감 사 의 견	적정 (지평)	계　　열	
결 산 기	12월	보 통 주	1,193만주	종속회사수	2개사
액 면 가	500원	우 선 주		구 상 호	

주주구성 (지분율,%)
이좌영	69.1
김윤정	3.4
(외국인)	0.3

출자관계 (지분율,%)
유니기전(강소)유한공사	100.0
유니기전(위해)유한공사	100.0

주요경쟁사 (외형,%)
유니테크노	100
인지컨트롤스	913
삼보모터스	1,250

매출구성
모터용 부품	66.3
엔진파워트레인용 부품	22.8
상품	10.5

비용구성
매출원가율	75.8
판관비율	5.9

수출비중
수출	15.0
내수	85.0

회사 개요
동사는 현재 자동차 엔진 파워트레인용 플라스틱 사출품, 자동차용 전장품의 플라스틱 부품 및 조립, 전동식파워스티어링 휠의 핵심 부품인 모터의 일부 부품 생산 및 조립의 사업을 영위하고 있으며, 주요 고객사는 S&T모티브, 델파이파워트레인, Behr 사 등의 자동차 부품 제조 업체임. 현재 전기자동차 관련 핵심부품인 배터리를 의뢰 받아 개발중에 있음.

실적 분석
동사의 2017년 2분기기준 누적 매출액은 전년동기대비 1.8% 소폭 변동한 335억원을 기록하였음. 그러나 비용면에서 전년동기대비 매출원가가 증가 하였으며 인건비도 증가 하여 전년동기대비 영업이익은 47.4억원으로 -30.5% 크게 하락하였음. 최종적으로 전년동기대비 당기순이익을 기록함. 그러나 동종업계 대비 수익성이 높고 전방산업인 자동차 사업의 부진에 대한 제한적요소가 적어 빠르게 회복될 것으로 기대함.

현금 흐름 〈단위 : 억원〉
항목	2016	2017.2Q
영업활동	101	52
투자활동	-29	-148
재무활동	85	-4
순현금흐름	159	-102
기말현금	199	97

결산 실적 〈단위 : 억원〉
항목	2012	2013	2014	2015	2016	2017
매출액	156	199	345	584	683	
영업이익	10	4	29	53	125	
당기순이익	11	3	29	80	105	

분기 실적 〈단위 : 억원〉
항목	2016.1Q	2016.2Q	2016.3Q	2016.4Q	2017.1Q	2017.2Q
매출액	177	152	175	179	179	156
영업이익	20	49	26	30	33	14
당기순이익	17	37	23	27	28	13

재무 상태 〈단위 : 억원〉
항목	2012	2013	2014	2015	2016	2017.2Q
총자산	231	244	310	515	697	724
유형자산	123	126	176	283	281	316
무형자산	0	0	6	13	22	21
유가증권	—	—	1	1	1	1
총부채	142	152	162	267	200	191
총차입금	117	116	104	135	73	69
자본금	20	20	20	22	30	60
총자본	89	92	148	247	497	533
지배주주지분	89	92	148	247	497	533

기업가치 지표
항목	2012	2013	2014	2015	2016	2017.2Q
주가(최고/저)(천원)	#VALUE!	—/—	—/—	—/—	6.6/4.8	—/—
PER(최고/저)(배)	0.0/0.0	0.0/0.0	0.0/0.0	0.0/0.0	6.6/4.8	2.2/1.3
PBR(최고/저)(배)	0.0/0.0	0.0/0.0	0.0/0.0	0.0/0.0	1.7/1.2	
EV/EBITDA(배)	5.4		5.3	2.2	1.3	3.8
EPS(원)	134	32	357	944	1,062	341
BPS(원)	44,640	45,938	74,071	5,536	8,334	4,469
CFPS(원)	10,995	9,659	21,014	2,311	2,580	341
DPS(원)						398
EBITDAPS(원)	10,625	10,596	21,411	1,682	2,988	

재무 비율 〈단위 : % 〉
연도	영업이익률	순이익률	부채비율	차입금비율	ROA	ROE	유보율	자기자본비율	EBITDA마진율
2016	18.3	15.3	40.3	14.7	17.3	28.2	1,566.7	71.3	21.6
2015	9.2	13.7	108.2	54.8	19.4	40.5	1,007.1	48.0	12.2
2014	8.5	8.3	109.3	69.9		2.9	640.7	47.8	12.4
2013	2.2	1.3	165.2	126.5	1.1		359.4	37.7	10.6

유니트론텍 (A142210)
Unitrontech

업　　종 : 반도체 및 관련장비	시　　장 : KOSDAQ
신용등급 : (Bond) —　(CP) —	기업규모 : 벤처
홈 페 이 지 : www.unitrontech.com	연 락 처 : 02)573-6800
본　　사 : 서울시 강남구 영동대로 638 삼보빌딩 9층	

설 립 일	1996.06.25	종 업 원 수	54명	대 표 이 사	남궁선
상 장 일	2016.02.02	감 사 의 견	적정 (삼정)	계　　열	
결 산 기	12월	보 통 주	993만주	종속회사수	2개사
액 면 가	500원	우 선 주		구 상 호	

주주구성 (지분율,%)
남궁선	29.4
SERIAL MICROELECTRONICS PTE LTD	7.2
(외국인)	3.6

출자관계 (지분율,%)
모비핀테크놀러지	15.0
UnitrontechHKLimited	100.0
UnitrontechChinaCompanyLimited	55.0

주요경쟁사 (외형,%)
유니트론텍	100
SKC 솔믹스	64
프로텍	64

매출구성
[반도체]DRAM SSD 등	58.7
[디스플레이외]TFT-LCD 등	41.3

비용구성
매출원가율	89.0
판관비율	5.3

수출비중
수출	20.0
내수	80.0

회사 개요
동사는 1996년 6월 19일 주식회사 일지텔레콤으로 설립했으며, 2003년 4월 30일 사명을 주식회사 유니트론텍으로 변경함. 전자제품 제조 및 판매, 전자부품 및 반제품 무역과 도매업 등의 사업으로 영위함. 주요 매출상품은 자동차용 반도체, 디스플레이 등이며 내수시장에서 반도체 매출이 전체 매출의 대부분을 차지함. 반도체 수출은 국가별로 중국이 88억원, 대만 9억원을 기록함.

실적 분석
스마트카, 전기차, 하이브리드차 개발이 늘어나면서 자동차용 반도체 시장이 점차 확대되고 있음. 이에 따라 동사 2017년 2분기기준 누적 매출액은 전년동기대비 9.9% 상승한 817억원을 기록하였음. 그러나 비용면에서 원가 및 인건비가 증가함에 따라 전년동기대비 영업이익은 21.2억원으로 -52.3% 크게 하락하였음. 향후 자동차 센서 및 디스플레이 등의 수요가 지속적으로 증가하고 신규사업이 안정화되면 수익이 개선될 것이라 기대함.

현금 흐름 〈단위 : 억원〉
항목	2016	2017.2Q
영업활동	35	-228
투자활동	-6	-45
재무활동	180	99
순현금흐름	212	-175
기말현금	234	59

결산 실적 〈단위 : 억원〉
항목	2012	2013	2014	2015	2016	2017
매출액	429	750	864	927	1,484	
영업이익	32	77	78	80	85	
당기순이익	18	50	57	61	72	

분기 실적 〈단위 : 억원〉
항목	2016.1Q	2016.2Q	2016.3Q	2016.4Q	2017.1Q	2017.2Q
매출액	373	370	356	385	437	380
영업이익	21	23	13	28	14	7
당기순이익	15	14	3	40	5	7

재무 상태 〈단위 : 억원〉
항목	2012	2013	2014	2015	2016	2017.2Q
총자산	157	218	326	363	699	717
유형자산	1	1	2	2	2	8
무형자산	—	1	3	3	8	8
유가증권	2	1	3	4	3	3
총부채	118	132	181	169	374	409
총차입금	100	93	109	119	222	348
자본금	4	4	14	14	50	50
총자본	39	86	145	194	326	308
지배주주지분	39	86	145	194	321	303

기업가치 지표
항목	2012	2013	2014	2015	2016	2017.2Q
주가(최고/저)(천원)	—/—	—/—	—/—	—/—	13.6/5.4	—/—
PER(최고/저)(배)	0.0/0.0	0.0/0.0	0.0/0.0	0.0/0.0	18.8/7.5	—/—
PBR(최고/저)(배)	0.0/0.0	0.0/0.0	0.0/0.0	0.0/0.0	4.3/1.7	3.3/2.3
EV/EBITDA(배)	2.5		1.0	0.7	1.2	10.2
EPS(원)	228	631	687	731	739	119
BPS(원)	48,390	107,721	5,181	6,919	3,263	3,223
CFPS(원)	23,369	63,585	2,089	2,223	748	123
DPS(원)					425	150
EBITDAPS(원)	41,165	97,135	2,867	2,890	875	218

재무 비율 〈단위 : % 〉
연도	영업이익률	순이익률	부채비율	차입금비율	ROA	ROE	유보율	자기자본비율	EBITDA마진율
2016	5.7	4.9	114.8	68.2	13.6	28.2	552.5	46.6	5.8
2015	8.6	6.6	87.3	61.5	17.8	36.2	1,283.7	53.4	8.7
2014	9.0	6.6	124.6	75.3	20.8	48.9	936.2	44.5	9.1
2013	10.3	6.7	152.9	107.9			2,054.4	39.5	10.4

유니포인트 (A121060)
UNIPOINT

업 종 : IT 서비스		시 장 : KONEX	
신용등급 : (Bond) — (CP) —		기업규모 : —	
홈 페 이 지 : www.unipoint.co.kr		연 락 처 : 02)6676-5500	
본 사 : 서울시 동작구 남부순환로 2049 사당동 네오티스빌딩 2층			

설 립 일 1996.12.12	종 업 원 수 151명	대 표 이 사 권은영	
상 장 일 2014.10.24	감 사 의 견 적정 (삼일)	계 열	
결 산 기 12월	보 통 주	종속회사수	
액 면 가 —	우 선 주	구 상 호	

주주구성 (지분율,%)		출자관계 (지분율,%)		주요경쟁사 (외형,%)	
하이드렉스	20.9	네오티스	100	유니포인트	100
안국필	15.0	소프트웨어공제조합	29	바른테크놀로지	29
		정보통신공제조합	20	씨아이테크	20

매출구성		비용구성		수출비중	
SI사업(용역)	37.1	매출원가율	86.6	수출	1.0
Software사업(상품)	23.3	판관비율	11.3	내수	99.0
기타	16.4				

회사 개요

동사는 SI 및 솔루션 유통과 시스템소프트웨어 개발 및 공급 등 IT 관련 사업을 영위하며 1996년 12월 12일 우노시스템으로 설립대 2006년 유니포인트로 사명을 변경함. 동사의 사업은 IT 서비스 산업에 포함되며 사업의 특성상 시스템통합과 유지보수가 연계된 형태로 추진되는 경우가 많음. 동사는 현재 상장사인 (주)네오티스, 비상장사인 하이드렉스(주) 등 여러 계열사를 거느리고 있음.

실적 분석

동사는 코넥스 상장 기업을 분기나 반기 기준 실적을 공개할 의무가 없음. 동사의 2016년 연결기준 연간 누적 매출액은 922.1억원으로 전년 동기(829.5억원) 대비 11.2% 증가함. 매출이 큰 폭으로 늘어나면서 고정비용 감소 효과로 인해 영업이익은 전년 동기 대비 약 23% 증가한 20.2억원을 시현함. 당기순이익은 전년 동기 대비 2배 가까이 증가한 13.5억원을 기록.

현금 흐름 *IFRS 별도 기준 〈단위 : 억원〉

항목	2016	2017.2Q
영업활동	13	—
투자활동	-29	—
재무활동	14	—
순현금흐름	-2	—
기말현금	32	—

시장 대비 수익률

결산 실적 〈단위 : 억원〉

항목	2012	2013	2014	2015	2016	2017
매출액	751	782	670	829	922	—
영업이익	12	13	11	16	20	—
당기순이익	8	6	8	7	14	—

분기 실적 *IFRS 별도 기준 〈단위 : 억원〉

항목	2016.1Q	2016.2Q	2016.3Q	2016.4Q	2017.1Q	2017.2Q
매출액	—	—	—	—	—	—
영업이익	—	—	—	—	—	—
당기순이익	—	—	—	—	—	—

재무 상태 *IFRS 별도 기준 〈단위 : 억원〉

항목	2012	2013	2014	2015	2016	2017.2Q
총자산	400	405	384	376	395	—
유형자산	8	6	6	6	6	—
무형자산	6	6	4	9	9	—
유가증권	3	3	2	7	7	—
총부채	348	349	330	317	326	—
총차입금	53	66	96	75	91	—
자본금	30	30	30	30	30	—
총자본	52	56	54	59	69	—
지배주주지분	52	56	54	59	69	—

기업가치 지표 *IFRS 별도 기준

항목	2012	2013	2014	2015	2016	2017.2Q
주가(최고/저)(천원)	—/—	—/—	11.0/10.6	20.3/6.9	25.9/6.9	—/—
PER(최고/저)(배)	0.0/0.0	0.0/0.0	9.0/8.8	17.9/6.0	11.7/3.1	—/—
PBR(최고/저)(배)	0.0/0.0	0.0/0.0	1.1/1.1	1.8/0.6	2.0/0.5	0.0/0.0
EV/EBITDA(배)			10.9	4.7	6.0	—/—
EPS(원)	1,319	1,014	1,312	1,208	2,260	—
BPS(원)	10,709	11,404	11,069	11,978	13,527	—
CFPS(원)	1,760	1,442	1,735	1,714	2,749	—
DPS(원)			300	300	400	—
EBITDAPS(원)	2,409	2,656	2,300	3,196	3,863	—

재무 비율 〈단위 : %〉

연도	영업이익률	순이익률	부채비율	차입금비율	ROA	ROE	유보율	자기자본비율	EBITDA마진율
2016	2.2	1.5	475.8	132.2	3.5	21.2	170.5	17.4	2.5
2015	1.9	0.9	535.2	126.2	1.9	12.8	139.6	15.7	2.3
2014	1.7	1.2	613.0	178.0	2.0	14.3	121.4	14.0	2.1
2013	1.7	0.8	624.6	118.6	1.5	11.3	128.1	13.8	2.0

유디피 (A091270)
UDP Technology

업 종 : 보안장비		시 장 : KONEX	
신용등급 : (Bond) — (CP) —		기업규모 : —	
홈 페 이 지 : www.udptechnology.co.kr		연 락 처 : 02)2605-1486	
본 사 : 서울시 강서구 양천로 583, 4층(염창동, 우림블루나인)			

설 립 일 2000.11.22	종 업 원 수 64명	대 표 이 사 안정근	
상 장 일 2014.12.12	감 사 의 견 적정 (한미)	계 열	
결 산 기 12월	보 통 주	종속회사수	
액 면 가 —	우 선 주	구 상 호	

주주구성 (지분율,%)		출자관계 (지분율,%)		주요경쟁사 (외형,%)	
안정근	43.5	VCAInc.	100.0	유디피	100
CBC Co.,Ltd.	10.2	BonoboLtd.	100.0	아이디스	540
		UDPTECHNOLOGYLTD.	100.0	인콘	151

매출구성		비용구성		수출비중	
IP 카메라	71.1	매출원가율	69.0	수출	86.0
DVR카드	17.2	판관비율	80.4	내수	14.0
지능형 영상분석 소프트웨어	5.1				

회사 개요

동사는 2000년 11월 22일 전자접속카드제조업을 목적으로 설립된 지능형 IP카메라 등을 개발하는 영상분석 솔루션 서비스 업체임. 일명 '똑똑한 카메라'로 불리는 지능형 IP카메라는 일반 CCTV와 달리 매장 내 고객의 동선 분석, 고객 수 측정 등부터 차량 역주행까지 감지할 수 있는 강점이 있음. 현재 지능형 IP 카메라 시장은 연평균 20~25%의 가파른 성장세를 보임. 동사는 2014년 12월 한국거래소가 개설한 코넥스시장에 상장하였음.

실적 분석

코넥스 상장 기업인 동사의 2016년 매출액은 239.6억원으로 전년 대비 32.8% 줄었음. 매출총이익은 41.4% 줄어든 74.4억원을 기록했으며 판매비와 관리비는 68.7%나 크게 증가했음. 인건비 증가, 경상개발비 증가, 매출채권 손상차손 증가 등으로 인한 결과임. 그 결과 영업이익은 -118.2억원으로 적자전환하는 모습. 비영업부문 손실 90.6억원까지 더해져 당기순손실도 248.3억원을 기록했음.

현금 흐름 *IFRS 별도 기준 〈단위 : 억원〉

항목	2016	2017.2Q
영업활동	-21	—
투자활동	47	—
재무활동	-27	—
순현금흐름	-2	—
기말현금	6	—

시장 대비 수익률

결산 실적 〈단위 : 억원〉

항목	2012	2013	2014	2015	2016	2017
매출액	248	270	295	347	240	—
영업이익	2	2	11	10	-118	—
당기순이익	8	7	19	17	-248	—

분기 실적 *IFRS 별도 기준 〈단위 : 억원〉

항목	2016.1Q	2016.2Q	2016.3Q	2016.4Q	2017.1Q	2017.2Q
매출액	—	—	—	—	—	—
영업이익	—	—	—	—	—	—
당기순이익	—	—	—	—	—	—

재무 상태 *IFRS 별도 기준 〈단위 : 억원〉

항목	2012	2013	2014	2015	2016	2017.2Q
총자산	319	387	395	463	95	—
유형자산	81	64	32	31	4	—
무형자산	92	114	140	145	0	—
유가증권			2	3	3	—
총부채	196	222	205	255	232	—
총차입금	133	152	154	180	162	—
자본금	33	37	38	38	37	—
총자본	122	165	190	208	-138	—
지배주주지분	122	165	190	208	-138	—

기업가치 지표 *IFRS 별도 기준

항목	2012	2013	2014	2015	2016	2017.2Q
주가(최고/저)(천원)	—/—	—/—	4.5/1.9	5.3/1.1	3.0/0.6	—/—
PER(최고/저)(배)	0.0/0.0	0.0/0.0	18.0/7.4	23.3/4.9	—	—/—
PBR(최고/저)(배)	0.0/0.0	0.0/0.0	1.8/0.7	1.9/0.4	-1.7/-0.4	0.0/0.0
EV/EBITDA(배)	10.1	5.1	6.3	5.1	—	—/—
EPS(원)	124	102	251	227	-3,334	—
BPS(원)	1,857	2,249	2,512	2,746	-1,818	—
CFPS(원)	289	480	704	776	-3,049	—
DPS(원)						—
EBITDAPS(원)	190	412	602	685	-1,332	—

재무 비율 〈단위 : %〉

연도	영업이익률	순이익률	부채비율	차입금비율	ROA	ROE	유보율	자기자본비율	EBITDA마진율
2016	-49.3	-103.6	완전잠식	완전잠식	-84.1	당기잠식	-453.6	-100.6	-40.2
2015	3.0	5.0	122.8	86.4	4.0	8.7	449.2	44.9	14.9
2014	3.8	6.4	107.9	81.2	4.9	10.7	402.3	48.1	15.5
2013	0.9	2.6	134.2	92.2	4.9	4.9	349.8	42.7	10.6

유라테크 (A048430)
Yura Tech

업 종 : 자동차부품		시 장 : KOSDAQ	
신용등급 : (Bond) — (CP) —		기업규모 : 우량	
홈 페 이 지 : www.yuratech.co.kr		연 락 처 : 070)7878-3500	
본 사 : 세종시 전동면 아래깊은내길 25			

설 립 일 1987.05.07	종 업 원 수 326명	대 표 이 사 엄대열
상 장 일 2000.12.28	감 사 의 견 적정 (신성)	계 열
결 산 기 12월	보 통 주 1,152만주	종속회사수 1개사
액 면 가 500원	우 선 주	구 상 호

주주구성 (지분율,%)		출자관계 (지분율,%)		주요경쟁사 (외형,%)	
엄대열	41.1	일조승우무역유한공사	100.0	유라테크	100
엄병윤	25.8	유라(일조)전자과기	48.8	동원금속	233
(외국인)	1.0			엔브이에이치코리아	270

매출구성		비용구성		수출비중	
점화부품(제품)	52.7	매출원가율	90.9	수출	17.0
점화부품(상품)	27.0	판관비율	4.9	내수	83.0
와이어링하네스(제품)	16.7				

회사 개요
자동차용 점화 코일, 점화 플러그를 제조하는 업체로 주요 고객은 현대, 기아차와 현대모비스임. 1987년 설립 이후 점화장치 부품만을 20년 이상 생산해 점화장치에 대한 노하우를 바탕으로 완성차 업체의 요구에 빠른 대응을 하고 있으며, 실제로 신 차종 개발 초기단계부터 완성차 업체와 협의를 하고 있음. 또한 완벽한 품질과 납기 100% 준수에 힘쓰고 있으며, 지속적인 국산화 작업과 연구개발을 통한 품질 및 가격 경쟁력 향상에 힘쓰고 있음

실적 분석
동사의 2017년 2분기 누적 매출액은 전년동기 대비 7.3% 감소한 969.6억원을 기록함. 원가율 악화, 판관비 증가 등 비용부담이 증가하여 영업이익 및 당기순이익이 대폭 감소함. 동사의 주요 고객인 현대, 기아자동차의 국내 자동차시장과 관계가 높음. 마케팅 강화 등을 통한 납품선의 다변화가 필요하며, 원천기술 및 고효율, 친환경 자동차 부품의 기술력 확보가 중요함.

현금 흐름 〈단위 : 억원〉

항목	2016	2017.2Q
영업활동	85	79
투자활동	-91	-56
재무활동	-75	-15
순현금흐름	-81	7
기말현금	111	118

시장 대비 수익률

결산 실적 〈단위 : 억원〉

항목	2012	2013	2014	2015	2016	2017
매출액	1,425	1,621	1,713	1,901	2,112	—
영업이익	111	95	85	82	90	—
당기순이익	124	142	162	115	98	—

분기 실적 〈단위 : 억원〉

항목	2016.1Q	2016.2Q	2016.3Q	2016.4Q	2017.1Q	2017.2Q
매출액	511	535	477	589	541	429
영업이익	12	26	12	39	7	-1
당기순이익	15	25	8	49	2	4

재무 상태 〈단위 : 억원〉

항목	2012	2013	2014	2015	2016	2017.2Q
총자산	1,023	1,071	1,251	1,385	1,313	1,275
유형자산	447	466	507	551	556	568
무형자산	8	9	18	18	16	15
유가증권	46	34	34	30	29	32
총부채	434	364	404	447	297	273
총차입금	71		60	60		
자본금	58	58	58	58	58	58
총자본	589	706	847	938	1,015	1,002
지배주주지분	589	706	847	938	1,015	1,002

기업가치 지표

항목	2012	2013	2014	2015	2016	2017.2Q
주가(최고/저)(천원)	6.7/2.8	6.9/3.9	10.2/5.8	10.1/4.8	16.1/6.4	—/—
PER(최고/저)(배)	6.7/2.8	5.9/3.3	7.6/4.3	10.4/4.9	19.1/7.7	1.7/1.0
PBR(최고/저)(배)	1.4/0.6	1.2/0.7	1.4/0.8	1.3/0.6	1.8/0.7	—/—
EV/EBITDA(배)	2.9	4.3	6.0	5.5	8.7	—
EPS(원)	1,075	1,233	1,403	994	850	54
BPS(원)	5,127	6,148	7,367	8,153	8,828	8,717
CFPS(원)	1,597	1,746	2,043	1,694	1,606	444
DPS(원)	100	100	100	135	135	434
EBITDAPS(원)	1,490	1,338	1,375	1,416	1,537	

재무 비율 〈단위 : % 〉

연도	영업이익률	순이익률	부채비율	차입금비율	ROA	ROE	유보율	자기자본비율	EBITDA마진율
2016	4.3	4.6	29.3	0.0	7.3	10.0	1,665.6	77.4	8.4
2015	4.3	6.0	47.7	6.4	8.7	12.8	1,530.7	67.7	8.6
2014	4.9	9.4	47.7	7.1	13.9	20.8	1,373.3	67.7	9.3
2013	5.9	8.8	51.6		13.6	21.9	1,129.5	66.0	9.5

유바이오로직스 (A206650)
EuBiologics

업 종 : 바이오		시 장 : KOSDAQ	
신용등급 : (Bond) — (CP) —		기업규모 : 신성장	
홈 페 이 지 : www.eubiologics.com		연 락 처 : 02)572-6675	
본 사 : 서울시 서초구 마방로 8 (양재동, 봄날아침빌딩)6층			

설 립 일 2010.03.10	종 업 원 수 83명	대 표 이 사 백영옥
상 장 일 2017.01.24	감 사 의 견 적정 (삼일)	계 열
결 산 기 12월	보 통 주 2,445만주	종속회사수
액 면 가 500원	우 선 주	구 상 호

주주구성 (지분율,%)		출자관계 (지분율,%)		주요경쟁사 (외형,%)	
바이오써포트	10.3			유바이오로직스	100
녹십자	8.8			팬젠	30
				랩지노믹스	497

매출구성		비용구성		수출비중	
바이오의약품 수탁연구 및 생산 서비스	50.8	매출원가율	189.0	수출	0.0
유비콜	49.3	판관비율	53.7	내수	100.0

회사 개요
동사는 2010년 03월 10일에 설립되었으며 업종은 물리, 화학 및 생물학 연구개발로서 세계 공중보건 증진에 기여할 수 있는 안전하고 효과적인 백신 개발 및 공급 사업과 신규의 백신제품 개발 및 바이오의약품의 CRMO(수탁 연구 및 제조) 서비스 사업을 병행하고 있는 바이오벤처임. 주요제품은 콜레라백신 치료제(유비콜)과 바이오의약품 수탁 연구 및 수탁 제조 등이 있음.

실적 분석
동사의 2017년 2분기 기준 매출액은 62.5억원을 기록함. 매출단가가 51.6% 증가하였으며 매출총손실은 7.5억원으로 적자지속함. 인건비, 경상개발비, 기타판관비 증가에 기인하여 판매비와관리비는 전년동기 대비 44.6% 증가함. 영업손실은 25.9억원, 당기순손실은 24.8억원으로 적자가 지속됨. 다만 전방산업인 바이오 의약품 시장의 성장 예상으로 차후 수익이 개선될 수 있음.

현금 흐름 *IFRS 별도 기준 〈단위 : 억원〉

항목	2016	2017.2Q
영업활동	-37	-20
투자활동	16	-174
재무활동	28	192
순현금흐름	8	-2
기말현금	11	9

시장 대비 수익률

결산 실적 〈단위 : 억원〉

항목	2012	2013	2014	2015	2016	2017
매출액	10		31	16	48	—
영업이익	-21		-18	-27	-69	—
당기순이익	-23		-138	-28	-67	—

분기 실적 *IFRS 별도 기준 〈단위 : 억원〉

항목	2016.1Q	2016.2Q	2016.3Q	2016.4Q	2017.1Q	2017.2Q
매출액		16	5	28	20	43
영업이익	-11	-33	-17	-9	-10	-16
당기순이익	-13	-27	-15	-11	-8	-14

재무 상태 *IFRS 별도 기준 〈단위 : 억원〉

항목	2012	2013	2014	2015	2016	2017.2Q
총자산	35		101	141	135	302
유형자산	8		44	65	59	59
무형자산	22		10	10	9	9
유가증권						
총부채	34		264	258	101	99
총차입금	6		239	232	46	45
자본금	37		39	51	105	122
총자본	1		-162	-116	34	202
지배주주지분	1		-162	-116	34	202

기업가치 지표 *IFRS 별도 기준

항목	2012	2013	2014	2015	2016	2017.2Q
주가(최고/저)(천원)	—/—	—/—	—/—	—/—	—/—	—/—
PER(최고/저)(배)	0.0/0.0	0.0/0.0	0.0/0.0	0.0/0.0	0.0/0.0	—/—
PBR(최고/저)(배)	0.0/0.0	0.0/0.0	0.0/0.0	0.0/0.0	0.0/0.0	6.6/4.4
EV/EBITDA(배)	—					
EPS(원)	-317		-1,007	-176	-340	-103
BPS(원)	119		-10,726	-6,605	162	828
CFPS(원)	-2,627		-9,389	-959	-260	-70
DPS(원)						
EBITDAPS(원)	-2,395		-647	-893	-270	-75

재무 비율 〈단위 : % 〉

연도	영업이익률	순이익률	부채비율	차입금비율	ROA	ROE	유보율	자기자본비율	EBITDA마진율
2016	-142.7	-138.3	일부잠식	일부잠식	-48.5	전기잠식	-67.6	25.2	-110.0
2015	-169.8	-176.5	완전잠식	완전잠식	-23.3	잠식지속	-329.0	-82.2	-89.5
2014	-58.9	-447.0	완전잠식	완전잠식	-511.3		-160.1	-28.7	
2013	0.0	0.0	0.0		0.0	0.0	0.0	0.0	

유비벨록스 (A089850)
UbiVelox

업 종 : 전자 장비 및 기기	시 장 : KOSDAQ
신용등급 : (Bond) — (CP) —	기업규모 : 벤처
홈페이지 : www.ubivelox.com	연 락 처 : 02)597-3023
본 사 : 서울시 구로구 디지털로31길 12 13-14층	

설 립 일 2000.09.01	종 업 원 수 266명	대 표 이 사 이흥복	
상 장 일 2010.06.18	감 사 의 견 적정 (삼일)	계 열	
결 산 기 12월	보 통 주 712만주	종속회사수 3개사	
액 면 가 500원	우 선 주	구 상 호	

주주구성 (지분율,%)
이흥복	19.6
엔에이치엔엔터테인먼트	8.8
(외국인)	2.3

출자관계 (지분율,%)
라임아이	67.4
페이잇	50.0
유비벨록스모바일	42.3

주요경쟁사 (외형,%)
유비벨록스	100
파크시스템스	25
엔에스	31

매출구성
스마트카드	69.8
스마트폰, 스마트카 등	15.5
시스템구축, 스마트카드 OS S/W등	9.6

비용구성
매출원가율	75.8
판관비율	20.8

수출비중
수출	14.0
내수	86.0

회사 개요
동사는 Embedded S/W 기반의 Smart Card, Smart Mobile 사업을 영위하고 있으며, 이 사업들간의 시너지를 통해 IT Convergence까지 사업영역을 확대해 나가고 있다. UBIVELOX International Pte. Ltd., 유비벨록스 모바일, Beijing UBIVELOX Information System Co., Ltd, 라임아이를 연결대상 종속회사로 보유하고 있다.

실적 분석
2017년 상반기 연결기준 동사는 매출 486.7억원을 시현함. 전년 동기 매출인 495.7억원에서 0.2% 증가한 금액임. 매출은 소폭 증가했으나 경상개발비 증가로 인해 판매비와 관리비가 11.3% 증가해 영업이익은 축소됨. 전년도 14.4억원에서 37.2% 감소한 9.1억원을 기록함. 비영업부문 이익은 전년도 같은 기간 대비 115.5% 성장해 당기순이익은 22.6% 성장한 21.5억원을 기록함.

현금 흐름 〈단위 : 억원〉
항목	2016	2017.2Q
영업활동	43	-0
투자활동	14	-105
재무활동	9	132
순현금흐름	67	26
기말현금	79	105

시장 대비 수익률

결산 실적 〈단위 : 억원〉
항목	2012	2013	2014	2015	2016	2017
매출액	872	809	619	819	964	
영업이익	98	41	1	-25	33	
당기순이익	66	-11	-43	-71	-31	

분기 실적 〈단위 : 억원〉
항목	2016.1Q	2016.2Q	2016.3Q	2016.4Q	2017.1Q	2017.2Q
매출액	226	260	225	254	227	260
영업이익	4	11	10	8	3	6
당기순이익	4	6	3	-43	-7	28

재무 상태 〈단위 : 억원〉
항목	2012	2013	2014	2015	2016	2017.2Q
총자산	1,096	1,227	1,108	1,197	1,250	1,409
유형자산	138	146	136	142	165	164
무형자산	117	115	120	273	221	207
유가증권	9	0	24	52	18	15
총부채	406	541	447	535	514	610
총차입금	288	471	368	451	405	532
자본금	30	30	30	32	36	36
총자본	690	686	661	662	736	798
지배주주지분	690	686	661	660	721	762

기업가치 지표
항목	2012	2013	2014	2015	2016	2017.2Q
주가(최고/저)(천원)	31.4/22.7	27.2/13.4	18.5/9.0	21.0/11.2	17.2/9.4	—/—
PER(최고/저)(배)	27.1/19.6	—/—	—/—	—/—	—/—	—/—
PBR(최고/저)(배)	2.7/1.9	2.4/1.2	1.7/0.8	2.0/1.1	1.6/0.9	1.1/0.9
EV/EBITDA(배)	13.8	14.3	25.3	89.9	13.4	
EPS(원)	1,159	-191	-714	-1,100	-283	360
BPS(원)	11,739	11,535	10,979	10,350	10,556	11,142
CFPS(원)	1,566	418	-97	-460	374	720
DPS(원)						
EBITDAPS(원)	2,139	1,286	642	251	1,114	488

재무 비율 〈단위 : %〉
연도	영업이익률	순이익률	부채비율	차입금비율	ROA	ROE	유보율	자기자본비율	EBITDA마진율
2016	3.4	-3.2	69.9	55.1	-2.5	-2.9	2,011.2	58.9	8.2
2015	-3.1	-8.7	80.8	68.1	-6.2	-10.8	1,970.1	55.3	2.0
2014	0.2	-7.0	67.7	55.8	-3.7	-6.4	2,095.7	59.6	6.3
2013	5.0	-1.4	78.8	68.6	-1.0	-1.7	2,207.0	55.9	9.6

유비온 (A084440)
UBION

업 종 : 교육	시 장 : KONEX
신용등급 : (Bond) — (CP) —	기업규모 : —
홈페이지 : www.ubion.co.kr	연 락 처 : 02)2023-8778
본 사 : 서울시 구로구 디지털로 34길 27 대륭포스트타워 3차 601호	

설 립 일 2000.01.11	종 업 원 수 166명	대 표 이 사 임재환	
상 장 일 2014.01.21	감 사 의 견 적정 (세림)	계 열	
결 산 기 09월	보 통 주	종속회사수	
액 면 가 —	우 선 주	구 상 호	

주주구성 (지분율,%)
임재환	18.1
아주아이비투자	13.9

출자관계 (지분율,%)

주요경쟁사 (외형,%)
유비온	100
	42
피엠디아카데미	52

매출구성
이러닝	79.1
에듀테크	12.3
도서출판	8.6

비용구성
매출원가율	59.0
판관비율	49.7

수출비중
수출	—
내수	—

회사 개요
2000년 설립된 동사의 주요 사업은 크게 이러닝서비스, 출판, 그리고 이러닝 솔루션 및 콘텐츠를 개발하여 납품하는 에듀테크(EduTech)사업으로 나눌 수 있다. 이 중 이러닝서비스사업의 비중이 80% 정도로 가장 주된 사업임. 금융자격증 교육브랜드인 와우패스와 시장점유율 2위인 부동산자격증 교육브랜드 무크랜드, 고시콘텐츠 전문 브랜드 고시닷컴을 보유하고 있다.

실적 분석
동사는 9월 결산법인임. 내부 결산 자료에 따르면 2016년 10월 1일부터 2017년 3월 31일까지 동사 매출액은 106.15억원을 기록함. 전년 동기 매출액인 111.3억원에 비해 4.6% 감소한 금액임. 영업이익은 8.4억원을 시현하며 흑자로 돌아섰음. 전년도 같은 기간엔 173억원의 손실을 기록했음. 당기순이익 또한 28.84억원을 기록하며 흑자전환함. 전년도 같은 기간엔 364억원의 손실을 기록함.

현금 흐름 *IFRS 별도 기준 〈단위 : 억원〉
항목	2016	2017.3Q
영업활동	-4	
투자활동	-9	
재무활동	11	
순현금흐름	-2	
기말현금	0	

시장 대비 수익률

결산 실적 〈단위 : 억원〉
항목	2012	2013	2014	2015	2016	2017
매출액	201	172	220	194	202	
영업이익	3	11	7	-26	-18	
당기순이익	-3	5	3	-34	-66	

분기 실적 *IFRS 별도 기준 〈단위 : 억원〉
항목	2016.2Q	2016.3Q	2016.4Q	2017.1Q	2017.2Q	2017.3Q
매출액	—	—	—	—	—	—
영업이익	—	—	—	—	—	—
당기순이익	—	—	—	—	—	—

재무 상태 *IFRS 별도 기준 〈단위 : 억원〉
항목	2012	2013	2014	2015	2016	2017.3Q
총자산	192	204	162	143	90	
유형자산	31	31	2	2	2	
무형자산	49	52	41	36	28	
유가증권	9	0	3	3	0	
총부채	140	147	104	118	116	
총차입금	99	101	74	81	76	
자본금	15	15	15	15	17	
총자본	52	57	58	25	-26	
지배주주지분	52	57	58	25	-26	

기업가치 지표 *IFRS 별도 기준
항목	2012	2013	2014	2015	2016	2017.3Q
주가(최고/저)(천원)	—/—	—/—	7.6/1.8	4.3/2.0	4.5/1.2	5.3/0.7
PER(최고/저)(배)	0.0/0.0	0.0/0.0	75.8/17.5	—/—	—/—	—/—
PBR(최고/저)(배)	0.0/0.0	0.0/0.0	3.8/0.9	4.8/2.2	-6.9/-1.9	0.0/0.0
EV/EBITDA(배)	3.8	4.1	10.1			
EPS(원)	-110	181	100	-1,123	-1,952	
BPS(원)	1,728	1,909	2,009	898	-655	
CFPS(원)	489	530	557	-631	-1,513	
DPS(원)						
EBITDAPS(원)	703	711	691	-361	-90	

재무 비율 〈단위 : %〉
연도	영업이익률	순이익률	부채비율	차입금비율	ROA	ROE	유보율	자기자본비율	EBITDA마진율
2016	-8.8	-32.4	완전잠식	완전잠식	-56.3	당기잠식	-231.0	-28.5	-1.5
2015	-13.2	-17.3	481.7	328.1	-22.1	-81.5	79.5	17.2	-5.6
2014	3.2	1.4	178.8	127.1	1.6	5.2	301.9	35.9	9.4
2013	6.3	2.8	257.5	177.8	2.8	10.0	281.9	28.0	12.4

유비케어 (A032620)
UBcare

업　　종 : 의료 장비 및 서비스		시　　장 : KOSDAQ	
신용등급 : (Bond) — 　(CP) —		기업규모 : 우량	
홈페이지 : www.ubcare.co.kr		연 락 처 : (02)2105-5000	
본　　사 : 서울시 구로구 디지털로33길 28, 우림e-BIZCenter1차 10층			

설 립 일	1994.01.20	총 업 원 수	209명	대 표 이 사	이상경대표이사
상 장 일	1997.05.02	감 사 의 견	적정 (안진)	계　　열	
결 산 기	12월	보 통 주	4,029만주	종속회사수	2개사
액 면 가	500원	우 선 주		구 상 호	

주주구성 (지분율,%)		출자관계 (지분율,%)		주요경쟁사 (외형,%)	
유니머스홀딩스	44.0	메디엔인터내셔날	16.2	유비케어	100
한국증권금융	4.3	피엔브이	10.5	메디아나	78
(외국인)	4.4	바이오넷	5.6	대한과학	68

매출구성		비용구성		수출비중	
의사랑,유팜시스템,자동조제기 등	93.6	매출원가율	45.0	수출	0.0
건강관리서비스 등	6.4	판관비율	45.7	내수	100.0

회사 개요
동사는 의료용 IT, 유통, 제약 솔루션 전문업체로서, 12,000개의 병의원과 7,000여개의 약국 등 국내 최대의 병의원 네트워크를 확보 중임. 동사는 특화된 서비스로 뚜렷한 경쟁사가 없이 독점적인 영업망을 확보하고 있음. 국내 의료기술의 지속적인 발전에 따른 해외 환자 유입과 병의원 시스템 개선 추세에 따라 동사의 성장 전망도 비교적 양호한 편임. 건강서비스 및 컨설팅 업체 에버헬스케어 등을 자회사로 두고 있음.

실적 분석
동사의 2017년 연결기준 상반기 매출액은 382.2억원으로 전년 동기 대비 17.1% 증가 했음. 외형성장에 힘입어 영업이익은 전년 대비 22.6% 증가한 39.6억원을 기록함. 지분법 평가손실로 비영업손실 7.2억원 발생하며 적자전환했으나 당기순이익은 전년 동기 대비 11.6% 증가한 25.2억원을 기록. EMR 솔루션 비즈니스를 더욱 확대하며 수익구조를 다각화해 매출 확대를 시현한 것이 실적 개선을 이끈 주요 원인으로 작용.

현금 흐름
〈단위 : 억원〉

항목	2016	2017.2Q
영업활동	31	8
투자활동	52	21
재무활동	-38	-20
순현금흐름	45	22
기말현금	135	156

시장 대비 수익률

결산 실적
〈단위 : 억원〉

항목	2012	2013	2014	2015	2016	2017
매출액	650	655	558	594	682	
영업이익	6	19	43	45	63	
당기순이익	1	-43	-30	62	51	

분기 실적
〈단위 : 억원〉

항목	2016.1Q	2016.2Q	2016.3Q	2016.4Q	2017.1Q	2017.2Q
매출액	159	168	—	—	175	207
영업이익	14	18	—	—	17	23
당기순이익	16	7	—	—	12	13

재무 상태
〈단위 : 억원〉

항목	2012	2013	2014	2015	2016	2017.2Q
총자산	615	550	528	642	648	593
유형자산	69	63	60	58	59	57
무형자산	131	106	36	26	18	30
유가증권	14	11	8	9	5	5
총부채	152	111	133	189	183	118
총차입금						2
자본금	201	201	201	201	201	201
총자본	463	438	395	453	466	475
지배주주지분	477	441	395	453	466	471

기업가치 지표

항목	2012	2013	2014	2015	2016	2017.2Q
주가(최고/저)(천원)	4.8/2.2	3.7/2.6	3.4/2.5	5.7/2.6	4.7/3.0	—/—
PER(최고/저)(배)	186.7/86.0	—/—	—	37.5/17.3	37.8/23.8	—/—
PBR(최고/저)(배)	4.1/1.9	3.4/2.4	3.5/2.6	5.1/2.4	3.9/2.5	3.0/2.7
EV/EBITDA(배)	43.2	24.2	13.7	19.1	14.6	
EPS(원)	26	-88	-64	154	126	63
BPS(원)	1,185	1,094	980	1,125	1,220	1,253
CFPS(원)	61	-52	-34	180	150	73
DPS(원)				30	30	—
EBITDAPS(원)	51	83	136	139	181	109

재무 비율
〈단위 : % 〉

연도	영업이익률	순이익률	부채비율	차입금비율	ROA	ROE	유보율	자기자본비율	EBITDA마진율
2016	9.3	7.4	39.2	0.0	7.9	11.0	143.9	71.8	10.7
2015	7.6	10.4	41.8	0.0	10.6	14.6	124.9	70.5	9.4
2014	7.7	-5.4	33.6	0.0	-5.6	-6.2	96.1	74.8	9.8
2013	2.9	-6.6	25.4	0.0	-7.4	-7.7	118.7	79.7	5.1

유비쿼스 (A264450)
Ubiquoss

업　　종 : 통신장비		시　　장 : KOSDAQ	
신용등급 : (Bond) — 　(CP) —		기업규모 : 중견	
홈페이지 : www.ubiquoss.com		연 락 처 : (070)4865-0500	
본　　사 : 경기도 성남시 분당구 판교로255번길 68			

설 립 일	2017.03.01	총 업 원 수	211명	대 표 이 사	최용호
상 장 일	2017.03.31	감 사 의 견	적정 (지앙)	계　　열	
결 산 기	12월	보 통 주	512만주	종속회사수	
액 면 가	500원	우 선 주		구 상 호	

주주구성 (지분율,%)		출자관계 (지분율,%)		주요경쟁사 (외형,%)	
이상근	26.1			유비쿼스	
유비쿼스홀딩스	11.8			웨이브일렉트로	
(외국인)	8.8			아이쓰리시스템	

매출구성		비용구성		수출비중	
		매출원가율	0.0	수출	4.0
		판관비율	0.0	내수	96.0

회사 개요
동사는 스위치, FTTH 등을 주력 제품으로 하는 업체로서, KT, LG U+ 등의 인터넷가입자망을 구성하는데 사용됨. 통신과 방송의 융합 및 스마트폰, 스마트TV 보급이 활성화 됨에 따라 트래픽이 급격히 증가하는 추세로 서비스 품질 향상을 위해 망고도화가 필요함. 네트워크 장비 사업 분야에서 FTTH 솔루션의 Full Line-Up 구축과 대형, 고부가 Carrier Class Ethernet 장비의 확보를 통해 시장우위를 지키고자 함.

실적 분석
2017년 상반기 매출은 290억원, 영업이익은 42억원, 당기순이익은 36.4억원 시현. 동사는 유비쿼스에서 네트워크 사업부문의 인적분할하여 신설된 회사임. 통신 3사의 투자가 5G 표준이 확립되기 전까지는 하향 안정화 흐름을 보일 가능성이 높아 국내 사업의 가파른 성장을 기대하긴 어려우나 중장기적 측면에서 성장 가능성이 매우 큼. 향후 국내 이동통신 시장은 5G 투자가 이루어지면 본격적인 성장 예상.

현금 흐름
*IFRS 별도 기준
〈단위 : 억원〉

항목	2016	2017.2Q
영업활동		-15
투자활동		-10
재무활동		-1
순현금흐름		-26
기말현금		310

시장 대비 수익률

결산 실적
*IFRS 별도 기준
〈단위 : 억원〉

항목	2012	2013	2014	2015	2016	2017
매출액						
영업이익						
당기순이익						

분기 실적
*IFRS 별도 기준
〈단위 : 억원〉

항목	2016.1Q	2016.2Q	2016.3Q	2016.4Q	2017.1Q	2017.2Q
매출액					66	225
영업이익					9	33
당기순이익					7	29

재무 상태
*IFRS 별도 기준
〈단위 : 억원〉

항목	2012	2013	2014	2015	2016	2017.2Q
총자산						828
유형자산						106
무형자산						20
유가증권						
총부채						235
총차입금						
자본금						26
총자본						593
지배주주지분						593

기업가치 지표
*IFRS 별도 기준

항목	2012	2013	2014	2015	2016	2017.2Q
주가(최고/저)(천원)	—/—	—/—	—/—	—/—	—/—	—/—
PER(최고/저)(배)	0.0/0.0	0.0/0.0	0.0/0.0	0.0/0.0	0.0/0.0	—/—
PBR(최고/저)(배)	0.0/0.0	0.0/0.0	0.0/0.0	0.0/0.0	0.0/0.0	2.2/1.7
EV/EBITDA(배)						
EPS(원)						711
BPS(원)						11,589
CFPS(원)						825
DPS(원)						
EBITDAPS(원)						934

재무 비율
〈단위 : % 〉

연도	영업이익률	순이익률	부채비율	차입금비율	ROA	ROE	유보율	자기자본비율	EBITDA마진율
2016	0.0	0.0	0.0	0.0	0.0	0.0	0.0	0.0	0.0
2015	0.0	0.0	0.0	0.0	0.0	0.0	0.0	0.0	0.0
2014	0.0	0.0	0.0	0.0	0.0	0.0	0.0	0.0	0.0
2013	0.0	0.0	0.0	0.0	0.0	0.0	0.0	0.0	0.0

유비쿼스홀딩스 (A078070)
Ubiquoss Holdings

업 종 : 통신장비		시 장 : KOSDAQ	
신용등급 : (Bond) — (CP) —		기업규모 : 우량	
홈페이지 : www.ubiquoss.com		연락처 : 070)4865-0500	
본 사 : 경기도 성남시 분당구 판교로255번길 68 유비쿼스B/D			

설 립 일 2000.07.11	종 업 원 수 3명	대 표 이 사 이상근	
상 장 일 2009.01.23	감 사 의 견 적정 (지암)	계 열	
결 산 기 12월	보 통 주 1,608만주	종속회사수 4개사	
액 면 가 500원	우 선 주	구 상 호 유비쿼스	

주주구성 (지분율,%)
이상근	26.1
국민연금04-1기업구조조정조합QCP11호	3.6
(외국인)	10.5

출자관계 (지분율,%)
유비쿼스아이앤엠	100.0
유비쿼스인베스트먼트	100.0
UI벤처투자조합2호	100.0

주요경쟁사 (외형,%)
유비쿼스홀딩스	100
웨이브일렉트로	37
아이쓰리시스템	42

매출구성
스위치	65.1
FTTH	22.1
기타	12.8

비용구성
매출원가율	54.5
판관비율	25.4

수출비중
수출	—
내수	—

회사 개요
동사는 스위치, FTTH 등을 주력 제품으로 하는 업체로서, KT, LG U+ 등의 인터넷가입자망을 구성하는데 사용됨. 통신과 방송의 융합 및 스마트폰, 스마트TV 보급이 활성화 됨에 따라 트래픽이 급격히 증가하는 추세로 서비스 품질 향상을 위해 망고도화가 필요함. 네트워크 장비 사업 분야에서 FTTH 솔루션의 Full Line-Up 구축과 대형, 고부가 Carrier Class Ethernet 장비의 확보를 통해 시장우위를 지키고자 함.

실적 분석
동사의 2017년 2분기 매출은 30억원으로 전년대비 57.4% 감소했고, 외형 축소로 영업이익도 75.3% 감소한 7.6억원에 그침. 영업실적 부진에도 관련기업투자손익이 크게 개선되면서 당기순이익은 전년동기 대비 6배나 증가한 946.2억원을 기록. 동사는 2017년 4월부로 유비쿼스아이앤엠과 유비쿼스인베스트먼트를 자회사로 하는 지주회사의 요건을 충족함. 네트워크 사업부문을 인적분할하여 유비쿼스를 신설

현금 흐름
〈단위 : 억원〉
항목	2016	2017.2Q
영업활동	160	-1
투자활동	-30	643
재무활동	-124	-364
순현금흐름	5	278
기말현금	287	565

시장 대비 수익률

결산 실적
〈단위 : 억원〉
항목	2012	2013	2014	2015	2016	2017
매출액	748	1,184	1,199	1,623	1,207	—
영업이익	123	206	214	295	243	—
당기순이익	150	214	212	295	239	—

분기 실적
〈단위 : 억원〉
항목	2016.1Q	2016.2Q	2016.3Q	2016.4Q	2017.1Q	2017.2Q
매출액	8	62	249	887	12	18
영업이익	3	27	50	162	5	3
당기순이익	60	70	48	62	935	11

재무 상태
〈단위 : 억원〉
항목	2012	2013	2014	2015	2016	2017.2Q
총자산	1,668	1,892	2,256	2,600	2,501	1,728
유형자산	159	360	434	420	399	281
무형자산	48	43	17	26	22	0
유가증권	850	941	828	1,218	1,287	601
총부채	252	284	456	556	324	43
총차입금	55	28	21	22	1	1
자본금	106	106	106	106	106	80
총자본	1,416	1,608	1,800	2,044	2,178	1,685
지배주주지분	1,411	1,598	1,791	2,044	2,178	1,685

기업가치 지표
항목	2012	2013	2014	2015	2016	2017.2Q
주가(최고/저)(천원)	5.0/3.3	8.6/4.6	8.4/6.5	16.9/8.5	13.2/8.5	—/—
PER(최고/저)(배)	5.4/3.5	6.6/3.5	6.2/4.8	8.9/4.5	8.4/5.4	—/—
PBR(최고/저)(배)	0.5/0.4	0.8/0.4	0.7/0.6	1.2/0.6	0.9/0.6	0.8/0.6
EV/EBITDA(배)	3.0	5.2	5.5	3.9	3.6	—/—
EPS(원)	713	992	1,013	1,392	1,129	5,323
BPS(원)	7,107	7,990	8,901	10,095	10,959	11,169
CFPS(원)	768	1,075	1,153	1,531	1,277	5,375
DPS(원)	100	120	200	300	250	—
EBITDAPS(원)	635	1,056	1,149	1,531	1,294	94

재무 비율
〈단위 : % 〉
연도	영업이익률	순이익률	부채비율	차입금비율	ROA	ROE	유보율	자기자본비율	EBITDA마진율
2016	20.1	19.8	14.9	0.1	9.4	11.3	2,091.8	87.1	22.7
2015	18.2	18.2	27.2	1.1	12.2	15.4	1,919.1	78.6	20.0
2014	17.9	17.7	25.4	1.2	10.2	12.7	1,680.2	79.8	20.3
2013	17.4	18.1	17.7	1.7	12.0	14.0	1,498.0	85.0	18.9

유성기업 (A002920)
Yoosung Enterprise

업 종 : 자동차부품		시 장 : 거래소	
신용등급 : (Bond) — (CP) —		기업규모 : 시가총액 소형주	
홈페이지 : www.ypr.co.kr		연락처 : 041)564-2351	
본 사 : 충남 아산시 둔포면 아산밸리동로 22			

설 립 일 1960.03.15	종 업 원 수 650명	대 표 이 사 류시영,최철규(각자대표)	
상 장 일 1988.10.10	감 사 의 견 적정 (삼정)	계 열	
결 산 기 12월	보 통 주 2,595만주	종속회사수 2개사	
액 면 가 500원	우 선 주	구 상 호	

주주구성 (지분율,%)
유시영	20.1
유시훈	5.6
(외국인)	18.7

출자관계 (지분율,%)
동성금속	42.2
동서페더럴모굴	40.0
신화정밀	35.0

주요경쟁사 (외형,%)
유성기업	100
동원금속	191
유라테크	82

매출구성
HLA,발브시트외	29.7
피스턴,S/P라이너	27.5
실린더라이너외	22.0

비용구성
매출원가율	93.1
판관비율	4.4

수출비중
수출	44.0
내수	56.0

회사 개요
동사는 내연기관 부품인 피스턴링, 실린더라이너, 카운터 SPINY 실린더라이너, 캠샤프트 등을 생산하여 주로 국내 자동차 회사, 중장비, 농기계회사 및 내연기관 생산업체등에 OEM 및 보수용 부품으로 공급함. 국내 A/S용 시판과 미국, 동남아, 중동, 남미, 유럽등 세계 각국에 수출하고 있음. 동사관계회사에서 생산하는 자동차 및 내연기관 부품인 SPINY 실린더라이너, 피스턴, 핀, 발브시트 등을 국내외 자동차, 중장비 회사에 공급함.

실적 분석
동사의 2017년 2분기 연결기준 누적매출액은 1,279.4억원으로 전년동기 대비 2.6% 감소. 영업이익은 80.5억원으로 전년동기 대비 1.3% 축소되었으며 당기순이익 또한 70.8억원으로 전년동기 대비 22.1% 감소하며 수익성 악화. 동사는 2011년 5월 노조파업사태 이후 공장 생산에 영향이 있으며 금속노조 유성지회와 다수의 소송이 진행중임. 이에 공급차질이 있어 안정적인 생산에 힘쓰는 중임.

현금 흐름
〈단위 : 억원〉
항목	2016	2017.2Q
영업활동	365	169
투자활동	-350	-96
재무활동	-72	-38
순현금흐름	-56	34
기말현금	185	219

시장 대비 수익률

결산 실적
〈단위 : 억원〉
항목	2012	2013	2014	2015	2016	2017
매출액	2,987	2,843	3,035	2,679	2,578	—
영업이익	211	161	159	50	65	—
당기순이익	268	237	203	166	108	—

분기 실적
〈단위 : 억원〉
항목	2016.1Q	2016.2Q	2016.3Q	2016.4Q	2017.1Q	2017.2Q
매출액	629	685	559	705	650	629
영업이익	61	21	-15	-1	48	21
당기순이익	60	31	-21	38	50	21

재무 상태
〈단위 : 억원〉
항목	2012	2013	2014	2015	2016	2017.2Q
총자산	3,290	3,537	3,777	3,738	3,773	3,788
유형자산	1,206	1,252	1,155	1,194	1,101	1,011
무형자산	6	6	6	2	2	2
유가증권	230	367	627	660	919	267
총부채	1,096	1,040	1,104	912	882	864
총차입금	253	182	102	33	—	—
자본금	130	130	130	130	130	130
총자본	2,194	2,496	2,673	2,826	2,891	2,925
지배주주지분	2,029	2,309	2,457	2,569	2,623	2,662

기업가치 지표
항목	2012	2013	2014	2015	2016	2017.2Q
주가(최고/저)(천원)	2.9/2.0	5.0/2.6	7.4/3.7	5.7/3.7	4.4/3.4	—/—
PER(최고/저)(배)	4.1/2.8	6.9/3.6	12.4/6.3	13.1/8.4	13.2/10.3	—/—
PBR(최고/저)(배)	0.4/0.3	0.6/0.3	0.8/0.4	0.6/0.4	0.4/0.3	0.5/0.4
EV/EBITDA(배)	2.5	3.4	4.2	6.4	1.7	—/—
EPS(원)	832	815	643	462	338	267
BPS(원)	7,839	8,918	9,486	9,919	10,126	10,277
CFPS(원)	1,419	1,395	1,337	1,268	1,126	665
DPS(원)	130	130	130	120	120	—
EBITDAPS(원)	1,401	1,200	1,306	997	1,040	708

재무 비율
〈단위 : % 〉
연도	영업이익률	순이익률	부채비율	차입금비율	ROA	ROE	유보율	자기자본비율	EBITDA마진율
2016	2.5	4.2	30.5	0.0	2.9	3.4	1,925.1	76.6	10.5
2015	1.9	6.2	32.3	1.2	4.4	4.8	1,883.8	75.6	9.7
2014	5.2	6.7	41.3	3.8	5.6	7.0	1,797.3	70.8	11.2
2013	5.7	8.3	41.7	7.3	6.9	9.8	1,683.5	70.6	11.0

유성티엔에스 (A024800)
Yoosung T&S

업　　　종 : 금속 및 광물		시　　　장 : KOSDAQ	
신용등급 : (Bond) BB+　(CP) —		기업규모 : 우량	
홈페이지 : www.ystns.co.kr		연 락 처 : 02)3416-6600	
본　　　사 : 서울시 서초구 남부순환로 2583, 9층(서초동, 서희타워)			

설 립 일	1977.08.10	종 업 원 수	597명	대 표 이 사	손현곤
상 장 일	1999.12.01	감 사 의 견	적정 (대주)	계　　열	
결 산 기	12월	보 통 주	2,272만주	종속회사수	4개사
액 면 가	500원	우 선 주		구 상 호	

주주구성 (지분율,%)		출자관계 (지분율,%)		주요경쟁사 (외형,%)	
이봉관	10.4	서유이엔씨	100.0	유성티엔에스	100
서희건설	7.4	유성강업	100.0	세아특수강	152
(외국인)	2.5	동화실업	100.0	현대비앤지스틸	150

매출구성		비용구성		수출비중	
운송	38.9	매출원가율	93.0	수출	0.0
철근, 강판	25.1	판관비율	3.3	내수	100.0
강관외	18.1				

회사 개요

동사는 철강재 전문 물류회사로 1986년 포스코를 시작으로 동부제철, 현대제철 등 다수의 업체와 철강 물류사업을 수행함. 광양제철소 연관단지 내에 소재한 공장에서 1992년부터 강관, C형강 제조 및 강판 가공을 하고 있음. 에너지사업은 CNG 이동식 및 파주 고정식 충전소사업을 근간으로 LNG사업을 확대함. 2015년 4월부터 한국도로공사로부터 화서(상주) 휴게소 등 고속도로 휴게소 및 주유소 10개소의 운영권을 재획득하여 운영중임.

실적 분석

동사의 2017년 상반기 연결기준 매출과 영업이익은 2,141.1억원, 57.5억원으로 각 전년 대비 3.6%, 32.4% 감소함. 당기순이익 또한 49.4억원을 기록하며 전년동기 대비 23.4% 하락하여 수익성 부진. 이는 계절적으로 장마철인 7~8월은 매출 및 가동률이 하락하는 것이 요인으로 보임. 또한 엔저(円低)로 인한 자동차 및 기계부분의 수출둔화, 조선산업의 침체 지속으로 인한 국내 철강 수요가 늘어나지 않는 것도 원인임.

현금 흐름		〈단위 : 억원〉
항목	2016	2017.2Q
영업활동	393	-40
투자활동	-405	-49
재무활동	-19	20
순현금흐름	-24	-70
기말현금	355	285

결산 실적						〈단위 : 억원〉
항목	2012	2013	2014	2015	2016	2017
매출액	3,915	4,970	5,377	5,171	4,407	—
영업이익	43	107	117	129	161	—
당기순이익	-31	-15	64	66	141	—

분기 실적						〈단위 : 억원〉
항목	2016.1Q	2016.2Q	2016.3Q	2016.4Q	2017.1Q	2017.2Q
매출액	1,072	1,150	1,025	1,161	1,091	1,050
영업이익	38	47	37	40	40	17
당기순이익	27	37	10	66	29	20

재무 상태						〈단위 : 억원〉
항목	2012	2013	2014	2015	2016	2017.2Q
총자산	3,413	3,477	3,621	3,401	3,455	3,568
유형자산	877	790	845	756	718	683
무형자산	27	85	75	82	69	62
유가증권	100	114	119	112	381	328
총부채	2,143	2,223	2,310	2,039	2,004	1,953
총차입금	1,568	1,426	1,485	1,330	1,322	1,321
자본금	114	114	114	114	114	114
총자본	1,271	1,254	1,311	1,362	1,451	1,615
지배주주지분	1,271	1,254	1,311	1,339	1,386	1,540

기업가치 지표						
항목	2012	2013	2014	2015	2016	2017.2Q
주가(최고/저)(천원)	7.6/1.7	2.6/1.5	2.5/1.4	4.5/2.0	7.3/3.1	—/—
PER(최고/저)(배)	—/—	—/—	8.9/4.9	17.2/7.6	17.1/7.3	—/—
PBR(최고/저)(배)	1.4/0.3	0.5/0.3	0.4/0.2	0.7/0.3	1.1/0.5	0.9/0.5
EV/EBITDA(배)	16.8	7.7	7.4	7.6	8.5	
EPS(원)	-175	-66	280	263	425	190
BPS(원)	5,693	5,621	5,869	6,217	6,476	7,221
CFPS(원)	160	228	698	704	827	345
DPS(원)	10	10	10	10	10	
EBITDAPS(원)	578	766	932	1,009	1,112	408

재무 비율								〈단위 : % 〉
연도	영업이익률	순이익률	부채비율	차입금비율	ROA	ROE	유보율	자기자본비율	EBITDA마진율
2016	3.7	3.2	138.1	91.1	4.1	7.1	1,195.2	42.0	5.7
2015	2.5	1.3	149.7	97.6	1.9	4.5	1,143.3	40.1	4.4
2014	2.2	1.2	176.2	113.3	1.8	5.0	1,073.8	36.2	3.9
2013	2.2	-0.3	177.2	113.7	-0.4	-1.2	1,024.2	36.1	3.5

유수홀딩스 (A000700)
EUSU HOLDINGS COLTD

업　　　종 : 해상운수		시　　　장 : 거래소	
신용등급 : (Bond) —　(CP) —		기업규모 : 시가총액 소형주	
홈페이지 : www.eusu-holdings.com		연 락 처 : 02)6716-3000	
본　　　사 : 서울시 영등포구 국제금융로2길 25 (여의도동)			

설 립 일	1949.12.23	종 업 원 수	19명	대 표 이 사	최은영,송영규(각자대표)
상 장 일	1956.03.03	감 사 의 견	적정 (삼정)	계　　열	
결 산 기	12월	보 통 주	2,604만주	종속회사수	3개사
액 면 가	2,500원	우 선 주		구 상 호	한진해운홀딩스

주주구성 (지분율,%)		출자관계 (지분율,%)		주요경쟁사 (외형,%)	
최은영	18.1	유수로지스틱스	100.0	유수홀딩스	100
(재)양현	9.9	유수에스엠	100.0	팬오션	419
(외국인)	6.4	몬도브릿지	100.0	흥아해운	186

매출구성		비용구성		수출비중	
운송주선 등	64.5	매출원가율	74.4	수출	—
IT, 선박관리 등	31.8	판관비율	21.4	내수	—
임대업, 운송지원 등	6.2				

회사 개요

동사는 자회사의 주식 또는 지분을 취득, 소유함으로써 그 회사의 제반 사업내용을 지배, 경영지도, 정리, 육성하는 것을 목적으로 하는 지주회사로서 싸이버로지텍, 유수에스엠 등을 자회사로 두고 있음. 동사의 수익은 임대사업수익, 배당수익 등으로 구성됨. 동사의 자회사인 싸이버로지텍은 해운, 항만, 물류 분야에 특화된 소프트웨어 개발 및 판매업을, 유수에스엠은 선박관리 대행 사업을 영위 중임

실적 분석

동사의 2017년 연결기준 상반기 누적 매출액은 1627.5억원으로 전년동기 대비 29.1% 하락함. 매출원가가 24.6% 감소했으나 매출 하락으로 인해 영업이익이 전년동기 291.7억원에서 87.1% 감소한 37.7억원에 그침. 최종적으로 당기순이익은 24.9억원을 기록함. 전년동기 대비 87% 하락한 금액임. 싸이버로지텍은 동남아, 중동 지역 투자기회 증가로 실적 개선이 예상됨. 유수로지스틱스 역시 중국 신규사업 등으로 매출 성장 예상.

현금 흐름		〈단위 : 억원〉
항목	2016	2017.2Q
영업활동	163	-154
투자활동	-278	-74
재무활동	-76	157
순현금흐름	-184	-76
기말현금	669	621

결산 실적						〈단위 : 억원〉
항목	2012	2013	2014	2015	2016	2017
매출액	106,065	4,729	4,808	5,164	4,470	—
영업이익	-793	217	372	672	184	—
당기순이익	-6,227	-6,591	-445	475	78	—

분기 실적						〈단위 : 억원〉
항목	2016.1Q	2016.2Q	2016.3Q	2016.4Q	2017.1Q	2017.2Q
매출액	1,249	1,137	1,080	1,004	825	858
영업이익	153	148	-98	-19	5	32
당기순이익	99	93	-96	-18	-21	49

재무 상태						〈단위 : 억원〉
항목	2012	2013	2014	2015	2016	2017.2Q
총자산	112,764	108,288	4,104	4,645	4,652	4,926
유형자산	78,439	76,135	2,017	2,105	2,218	2,055
무형자산	1,218	1,189	34	53	103	310
유가증권	240	427	58	32	114	25
총부채	99,504	101,089	1,893	1,974	1,932	2,176
총차입금	67,825	67,046	846	853	843	1,037
자본금	2,190	2,190	651	651	651	651
총자본	13,260	7,199	2,211	2,671	2,720	2,750
지배주주지분	4,633	2,533	1,910	2,106	2,090	2,056

기업가치 지표						
항목	2012	2013	2014	2015	2016	2017.2Q
주가(최고/저)(천원)	5.4/2.7	3.4/2.1	8.2/2.0	13.3/7.0	11.7/5.1	—/—
PER(최고/저)(배)	—/—	—/—	2.0/0.5	16.8/8.8	8,555.8/3,696.7	—/—
PBR(최고/저)(배)	0.9/0.5	0.9/0.6	1.0/0.3	1.5/0.8	1.3/0.6	1.0/0.7
EV/EBITDA(배)	19.9	13.9	1.2	3.4	9.5	—/—
EPS(원)	-2,465	-2,723	4,156	804	1	8,684
BPS(원)	12,152	7,356	8,126	8,877	8,815	109
CFPS(원)	4,960	4,938	7,779	950	146	
DPS(원)				75	50	
EBITDAPS(원)	8,079	10,881	4,339	2,727	853	294

재무 비율								〈단위 : % 〉
연도	영업이익률	순이익률	부채비율	차입금비율	ROA	ROE	유보율	자기자본비율	EBITDA마진율
2016	4.1	1.7	71.0	31.0	1.7	0.0	252.6	58.5	5.0
2015	13.0	9.2	73.9	31.9	10.9	10.4	255.1	57.5	13.8
2014	7.7	-9.3	85.6	38.3	-0.8	97.0	225.1	53.9	46.8
2013	4.6	-139.4	1,404.2	931.3	-6.0	-66.6	47.1	6.7	100.8

유신 (A054930)
Yooshin Engineering

업 종 : 건설		시 장 : KOSDAQ	
신용등급 : (Bond) — (CP) —		기업규모 : 중견	
홈페이지 : www.yooshin.com		연 락 처 : 02)6202-0114	
본 사 : 서울시 강남구 역삼로 4길 8 (역삼동)			

설 립 일 1966.01.17	종 업 원 수 1,159명	대 표 이 사 성낙일	
상 장 일 2002.01.15	감 사 의 견 적정 (삼덕)	계 열	
결 산 기 12월	보 통 주 300만주	종 속 회 사 수	
액 면 가 5,000원	우 선 주	구 상 호	

주주구성 (지분율,%)
전긍렬	25.2
전경수	23.3
(외국인)	0.4

출자관계 (지분율,%)
엔지니어링공제조합	
한국건설감리협회	
전문건설공제조합	

주요경쟁사 (외형,%)
유신	100
삼일기업공사	19
신원종합개발	76

매출구성
감리(기타)	29.4
기타설계(기타)	26.8
기타	16.2

비용구성
매출원가율	88.4
판관비율	10.7

수출비중
수출	16.0
내수	84.0

회사 개요
동사는 도로, 철도, 공항, 교량, 항만 등 교통시설분야와 함께 수공분야, 도시계획, 레저조경 및 환경 등 생활환경과 직결된 분야, 엔지니어링 전분야에서 시공을 제외한 타당성 조사, 기본 및 실시설계, 감리, 준공 후 유지관리 업무 등 건설사업의 모든 분야를 대상으로 하고 있음. 사회간접자본(SOC)의 지속적인 수요증가가 예상되는 아시아, 중동, 아프리카 및 남미 시장에서 해외시장 진출의 교두보를 마련하기 위한 방안을 모색함.

실적 분석
동사의 연결기준 2017년 2분기 누적매출액은 734.4억원으로 전년동기 대비 2.4% 감소함. 원가율이 개선돼 매출총이익은 4.4% 소폭 증가하셨으나 판관비 부담이 늘면서 영업이익은 1.1억원을 기록하는데 그침. 다만 전년동기에서 흑자전환하는데에는 성공함. 산업의 특성상 발주처의 대부분이 관급이므로 정부 정책에 따라 시장의 방향이 결정되어 국내시장에서는 새로운 영역으로 진입하기 위한 노력을 펼침과 동시에 해외시장 진출을 적극적으로 진행 중.

현금 흐름 〈단위 : 억원〉
항목	2016	2017.2Q
영업활동	144	
투자활동	-22	
재무활동	-132	
순현금흐름	-9	
기말현금	15	

시장 대비 수익률

결산 실적 〈단위 : 억원〉
항목	2012	2013	2014	2015	2016	2017
매출액	1,503	1,538	1,410	1,457	1,516	
영업이익	-20	10	4	4	14	
당기순이익	-58	8	-29	10	17	

분기 실적 〈단위 : 억원〉
항목	2016.1Q	2016.2Q	2016.3Q	2016.4Q	2017.1Q	2017.2Q
매출액	372	381	376	388		
영업이익	-18	17	-2	17		
당기순이익	-12	15	1	12		

재무 상태 〈단위 : 억원〉
항목	2012	2013	2014	2015	2016	2017.2Q
총자산	1,402	1,386	1,472	1,470	1,424	
유형자산	238	236	236	254	254	
무형자산	4	4	4	4	4	
유가증권	26	26	26	27	26	
총부채	538	492	638	626	559	
총차입금	235	200	247	224	91	
자본금	150	150	150	150	150	
총자본	864	895	834	844	865	
지배주주지분	864	895	834	844	865	

기업가치 지표
항목	2012	2013	2014	2015	2016	2017.2Q
주가(최고/저)(천원)	14.1/8.5	12.5/6.7	10.2/7.1	12.1/7.8	14.7/9.3	—/—
PER(최고/저)(배)	—/—	46.1/24.5	—/—	36.0/23.2	26.5/16.8	—/—
PBR(최고/저)(배)	0.5/0.3	0.4/0.2	0.4/0.3	0.4/0.3	0.5/0.3	0.0/0.0
EV/EBITDA(배)	—	—	—	—	—	—
EPS(원)	-1,933	277	-981	340	564	
BPS(원)	28,784	29,820	27,813	28,123	28,835	
CFPS(원)	-1,851	361	-855	431	687	
DPS(원)	—	—	—	—	200	
EBITDAPS(원)	-575	428	264	229	574	

재무 비율 〈단위 : %〉
연도	영업이익률	순이익률	부채비율	차입금비율	ROA	ROE	유보율	자기자본비율	EBITDA마진율
2016	0.9	1.1	64.6	10.5	1.2	2.0	476.7	60.7	1.1
2015	0.3	0.7	74.2	26.6	0.7	1.2	462.5	57.4	0.5
2014	0.3	-2.1	76.5	29.6	-2.1	-3.4	456.3	56.7	0.6
2013	0.7	0.5	54.9	22.3	0.6	0.9	496.4	64.5	0.8

유쎌 (A252370)
YOUCEL

업 종 : 개인생활용품		시 장 : KONEX	
신용등급 : (Bond) — (CP) —		기업규모 : 중견	
홈페이지 : www.youcel.co.kr		연 락 처 : 063)834-6877	
본 사 : 전북 익산시 함열읍 익산대로78길 265			

설 립 일 2008.08.18	종 업 원 수 64명	대 표 이 사 차재영	
상 장 일 2016.09.29	감 사 의 견 적정 (한울)	계 열	
결 산 기 12월	보 통 주	종 속 회 사 수	
액 면 가	우 선 주	구 상 호	

주주구성 (지분율,%)
차재영	45.7
신상민	31.4

출자관계 (지분율,%)

주요경쟁사 (외형,%)
유쎌	100
제닉	5,287
한국화장품	9,478

매출구성
OEM 및 ODM(마스크팩)	70.0
건조 바이오 셀룰로오스 시트 및 패치	28.2
원료	1.9

비용구성
매출원가율	103.7
판관비율	108.8

수출비중
수출	12.0
내수	88.0

회사 개요
동사는 포도당(glucose, C6H12O6)의 발효결합 산물인 바이오 셀룰로오스 다당체를 제조하여 화장품 마스크 팩, 화상치료용 패치 등 제품으로 개발, 판매하는 회사임. 건조 바이오 셀룰로오스기술은 동사가 독자적으로 개발하였고 2013년 기술안정화를 이룸. 의료기기 창상피복재로 건조 바이오 셀룰로오스 시트를 국내외 식약처에 등록하고 본격적인 바이오 셀룰로오스 소재 개발사로서의 위상을 가지려는 계획을 진행 중.

실적 분석
동사의 2016년도 매출액은 17억원으로 전년대비 32.8% 줄어든 실적임. 영업이익은 -19.1억원, 당기순이익은 -18.3억원으로 적자를 지속하는 모습. 당기 유동비율(유동자산을 유동부채로 나눈 수치)은 전년 1,590.8%에서 416.1%이며 부채비율은 27.2%에서 46.4%로 늘었음. 이렇게 비율이 악화된 원인은 현금성자산이 감소하고 1년이래 도래하는 장기차입금 증가, 결손금이 쌓인 탓임.

현금 흐름 *IFRS 별도 기준 〈단위 : 억원〉
항목	2016	2017.2Q
영업활동	-30	
투자활동	2	
재무활동	1	
순현금흐름	-27	
기말현금	28	

시장 대비 수익률

결산 실적 〈단위 : 억원〉
항목	2012	2013	2014	2015	2016	2017
매출액	—	7	40	25	17	
영업이익	—	-10	5	-19	-19	
당기순이익	—	-10	4	-20	-18	

분기 실적 *IFRS 별도 기준 〈단위 : 억원〉
항목	2016.1Q	2016.2Q	2016.3Q	2016.4Q	2017.1Q	2017.2Q
매출액						
영업이익						
당기순이익						

재무 상태 *IFRS 별도 기준 〈단위 : 억원〉
항목	2012	2013	2014	2015	2016	2017.2Q
총자산		15	27	106	95	
유형자산		6	12	24	22	
무형자산				0	0	
유가증권						
총부채		15	24	23	30	
총차입금		11	13	16	17	
자본금		4	4	10	10	
총자본		-0	4	84	65	
지배주주지분		-0	4	84	65	

기업가치 지표 *IFRS 별도 기준
항목	2012	2013	2014	2015	2016	2017.2Q
주가(최고/저)(천원)	—/—	—/—	—/—	—/—	—/—	—/—
PER(최고/저)(배)	0.0/0.0	0.0/0.0	0.0/0.0	0.0/0.0	—/—	—/—
PBR(최고/저)(배)	0.0/0.0	0.0/0.0	0.0/0.0	0.0/0.0	6.1/3.4	0.0/0.0
EV/EBITDA(배)	0.0	—	1.4	—	—	—
EPS(원)	—	-842	317	-1,608	-1,384	
BPS(원)	—	-253	4,881	4,178	3,261	
CFPS(원)	—	-13,067	5,498	-1,489	-1,230	
DPS(원)	—	—	—	—	—	
EBITDAPS(원)	—	-12,327	6,624	-1,386	-1,287	

재무 비율 〈단위 : %〉
연도	영업이익률	순이익률	부채비율	차입금비율	ROA	ROE	유보율	자기자본비율	EBITDA마진율
2016	-112.5	-108.1	46.4	25.8	-18.2	-24.7	552.2	68.3	-100
2015	-74.3	-79.4	27.2	18.8	-30.0	-45.9	735.5	78.6	-68
2014	11.8	9.6	일부잠식	일부잠식	18.1	전기잠식	-2.4	13.3	12
2013	-139.0	-147.0	완전잠식	완전잠식	0.0	0.0	-105.1	-1.3	-143

유아이디 (A069330)
UID CO

업 종 : 디스플레이 및 관련부품		시 장 : KOSDAQ	
신용등급 : (Bond) — (CP) —		기업규모 : 벤처	
홈페이지 : www.uidkorea.co.kr		연 락 처 : 044)862-7576	
본 사 : 세종시 전동면 노장공단길 25-9			

설 립 일	1990.05.18	종 업 원 수	84명	대 표 이 사	박종수
상 장 일	2003.08.18	감 사 의 견	적정 (삼덕)	계 열	
결 산 기	12월	보 통 주	1,189만주	종속회사수	
액 면 가	500원	우 선 주		구 상 호	

주주구성 (지분율,%)
박종수	38.1
KB자산운용	4.7
(외국인)	1.9

출자관계 (지분율,%)
송도애니파크	37.0
서우로이엘	30.0

주요경쟁사 (외형,%)
유아이디	100
리드	184
상보	788

매출구성
ITO COATING	78.1
GLASS FILTER	21.9

비용구성
매출원가율	82.2
판관비율	21.9

수출비중
수출	0.0
내수	100.0

회사 개요
동사는 1990년 설립돼 TN/STN용 ITO, 터치패널용 ITO, 유기EL용 ITO 등 액정표시장치(LCD)에 사용되는 ITO 코팅 및 PDP TV의 핵심 소재인 PDP 필터용 강화유리를 생산하는 회사임. 조치원, 구미공장에서는 PDP 필터용 강화유리를 생산하고, 오창 2공장에서는 PDP 필터용 강화유리 완제품을 생산함. 오창 공장에서는 ITO 코팅유리를 전문으로 생산함.

실적 분석
동사의 2017년 상반기 연결기준 누적 매출액은 62.4억원으로 전년 동기 대비 37.2% 감소함. 매출이 감소하면서 매출원가가 큰 폭으로 줄고 판관비도 감소했으나 매출 감소에 따른 고정비용 상승효과로 인해 영업손실은 15.7억원으로 전년 동기 대비 적자 규모가 확대됨. 비영업손익 부문에서 적자가 지속되면서 당기순손실은 14.2억원으로 전년 동기 대비 적자 규모가 크게 늘어남.

현금 흐름   *IFRS 별도 기준   〈단위 : 억원〉
항목	2016	2017.2Q
영업활동	24	-1
투자활동	7	7
재무활동	-32	29
순현금흐름	-1	34
기말현금	2	37

결산 실적   〈단위 : 억원〉
항목	2012	2013	2014	2015	2016	2017
매출액	580	734	467	214	192	
영업이익	161	176	64	-17	-8	
당기순이익	124	141	36	-29	-49	

분기 실적   *IFRS 별도 기준   〈단위 : 억원〉
항목	2016.1Q	2016.2Q	2016.3Q	2016.4Q	2017.1Q	2017.2Q
매출액	60	39	48	45	33	30
영업이익	1	-6	-3	-0	-6	-10
당기순이익	-3	-6	-2	-38	-7	-7

재무 상태   *IFRS 별도 기준   〈단위 : 억원〉
항목	2012	2013	2014	2015	2016	2017.2Q
총자산	630	738	715	700	607	616
유형자산	397	416	463	439	345	332
무형자산	8	8	6	4	3	3
유가증권	0	0	4	0		
총부채	243	223	180	214	169	179
총차입금	173	99	162	194	161	171
자본금	59	59	59	59	59	59
총자본	387	515	535	486	437	438
지배주주지분	387	515	535	486	437	438

기업가치 지표   *IFRS 별도 기준
항목	2012	2013	2014	2015	2016	2017.2Q
주가(최고/저)(천원)	10.5/4.1	12.0/7.7	11.1/4.3	5.6/2.8	8.3/2.6	—/—
PER(최고/저)(배)	10.5/4.2	10.5/6.7	37.6/14.7	—/—	—/—	—/—
PBR(최고/저)(배)	3.2/1.3	2.7/1.8	2.4/0.9	1.3/0.6	2.1/0.7	2.1/1.0
EV/EBITDA(배)	6.6	6.4	6.7	5.7	19.4	37.4
EPS(원)	1,047	1,188	302	-246	-409	-119
BPS(원)	3,482	4,560	4,723	4,404	3,995	3,995
CFPS(원)	1,226	1,433	579	62	-131	—
DPS(원)	150	150	100			
EBITDAPS(원)	1,535	1,729	817	166	212	-14

재무 비율   〈단위 : % 〉
연도	영업이익률	순이익률	부채비율	차입금비율	ROA	ROE	유보율	자기자본비율	EBITDA마진율
2016	-4.1	-25.3	38.7	36.7	-7.4	-10.5	699.0	72.1	13.1
2015	-7.9	-13.7	44.1	40.0	-4.1	-5.7	780.7	69.4	9.3
2014	13.8	7.7	33.7	30.3	4.9	6.8	844.7	74.8	20.8
2013	24.0	19.2	43.3	19.3	20.6	31.3	812.0	69.8	28.0

유아이엘 (A049520)
UIL

업 종 : 휴대폰 및 관련부품		시 장 : KOSDAQ	
신용등급 : (Bond) — (CP) —		기업규모 : 우량	
홈페이지 : www.dkuil.com		연 락 처 : 031)948-1234	
본 사 : 경기도 파주시 광탄면 보광로 869-26			

설 립 일	1982.06.17	종 업 원 수	464명	대 표 이 사	김상주
상 장 일	2001.07.25	감 사 의 견	적정 (안진)	계 열	
결 산 기	12월	보 통 주	2,178만주	종속회사수	4개사
액 면 가	500원	우 선 주		구 상 호	

주주구성 (지분율,%)
유아이엘홀딩스	36.4
케이티씨	11.7
(외국인)	12.7

출자관계 (지분율,%)
유테크	100.0
대일테크	30.0
UILInternationalLtd	100.0

주요경쟁사 (외형,%)
유아이엘	100
이엠텍	51
우주일렉트로	49

매출구성
스마트폰 홈버튼, Side Key 및 피처폰 키패드 등	28.1
금속 소재의 내장 외장 부품 등	25.5
방수, 방진 및 방열 부품 등	20.9

비용구성
매출원가율	91.8
판관비율	3.6

수출비중
수출	—
내수	—

회사 개요
동사는 삼성전자와 LG전자를 주요 매출사로 휴대폰용 부품을 생산하고 있음. 2010년 베트남 공장을 설립하여 삼성전자 전체 휴대폰 생산의 약 50%를 담당하고 있는 베트남 법인 및 혜주 법인에 키패드 공급을 점차 확대하고 있음. 사업경쟁력 확보를 위한 원가절감, 핵심요소 부품 내재화, Keypad 선행개발 역량강화를 중점적으로 추진할 것을 계획하고 있음.

실적 분석
2017년 상반기 매출은 2,483억원으로 전년대비 10.7% 증가, 영업이익은 139.6억원으로 전년대비 35.9% 증가, 당기순이익은 110억원으로 전년대비 36.6% 증가. 삼성전자의 프리미엄 스마트폰의 정상화, 베트남 법인의 가동률 확대로 전년대비 전체 외형 성장을 기록. 내부적인 원가개선 영향으로 수익성은 전년대비 큰 폭으로 개선. 삼성전자 갤럭시노트 8에 방수/방진 관련 부자재 공급으로 하반기 안정적인 매출 예상.

현금 흐름   〈단위 : 억원〉
항목	2016	2017.2Q
영업활동	298	54
투자활동	-214	-12
재무활동	-60	-76
순현금흐름	28	-41
기말현금	442	402

결산 실적   〈단위 : 억원〉
항목	2012	2013	2014	2015	2016	2017
매출액	1,575	2,863	4,169	4,540	4,443	
영업이익	79	194	270	241	201	
당기순이익	62	173	236	135	166	

분기 실적   〈단위 : 억원〉
항목	2016.1Q	2016.2Q	2016.3Q	2016.4Q	2017.1Q	2017.2Q
매출액	1,150	1,094	1,105	1,094	1,226	1,256
영업이익	44	58	50	47	66	74
당기순이익	30	50	2	84	31	79

재무 상태   〈단위 : 억원〉
항목	2012	2013	2014	2015	2016	2017.2Q
총자산	1,331	1,867	2,345	2,375	2,514	2,340
유형자산	418	660	733	767	784	758
무형자산	34	20	35	31	67	67
유가증권	41	188	203	69	155	1
총부채	271	648	969	919	777	585
총차입금	30	258	273	158	0	122
자본금	57	57	57	57	57	57
총자본	1,060	1,219	1,376	1,456	1,737	1,755
지배주주지분	1,060	1,219	1,376	1,456	1,737	1,755

기업가치 지표
항목	2012	2013	2014	2015	2016	2017.2Q
주가(최고/저)(천원)	5.6/1.8	9.7/5.1	11.9/8.1	-15.6/7.4	11.5/8.6	—/—
PER(최고/저)(배)	13.1/4.2	8.1/4.2	6.9/4.7	15.2/7.2	8.6/6.5	—/—
PBR(최고/저)(배)	0.7/0.2	1.1/0.6	1.1/0.7	1.3/0.6	0.8/0.6	0.9/0.6
EV/EBITDA(배)	3.3	4.3	3.7	3.0	1.7	—
EPS(원)	273	759	1,037	590	729	483
BPS(원)	10,059	11,454	13,392	14,094	15,619	15,780
CFPS(원)	982	2,090	2,771	2,126	2,534	1,525
DPS(원)	100	500	600	620	700	
EBITDAPS(원)	1,125	2,277	3,071	3,057	2,838	1,785

재무 비율   〈단위 : % 〉
연도	영업이익률	순이익률	부채비율	차입금비율	ROA	ROE	유보율	자기자본비율	EBITDA마진율
2016	4.5	3.7	44.7	0.0	6.8	10.4	3,023.8	69.1	7.3
2015	5.3	3.0	63.1	10.9	5.5	9.5	2,718.7	61.3	7.7
2014	6.5	5.7	70.4	19.8	11.2	18.2	2,578.5	58.7	8.4
2013	6.8	6.0	53.2	21.2	10.8	15.2	2,190.7	65.3	9.1

유안타증권 (A003470)
Yuanta Securities Korea

업　　종 : 증권
신용등급 : (Bond) A　　(CP) A2
홈페이지 : www.yuantakorea.com
본　　사 : 서울시 중구 을지로 76 동양종합금융증권빌딩

시　　장 : 거래소
기업규모 : 시가총액 중형주
연 락 처 : 02)3770-2000

설 립 일 1962.06.04	종업원수 1,692명	대표이사 서명석,황웨이청	
상 장 일 1988.01.21	감사의견 적정 (삼정)	계　　열	
결 산 기 12월	보통주 19,958만주	종속회사수 20개사	
액 면 가 5,000원	우선주 1,291만주	구상호 동양증권	

주주구성 (지분율,%)
Yuanta Securities Asia Financial Services Limited 54.2
미래에셋자산운용투자자문 2.7
(외국인) 59.6

출자관계 (지분율,%)
유안타인베스트먼트 100.0
OrionSquireCapital 47.0
동양자산운용 27.0

주요경쟁사 (외형,%)
유안타증권 100
키움증권 155
대신증권 146

수익구성
금융상품 관련이익 67.2
수수료수익 14.0
이자수익 10.5

비용구성
이자비용 7.3
파생상품손실 0.0
판관비 20.2

수출비중
수출 —
내수 —

회사 개요
동사는 대만, 홍콩, 중국 등에서 증권, 은행, 벤처캐피탈 등의 금융업을 영위하는 대만 유안타그룹에 속한 계열회사임. 2001년 동양현대종합금융을 합병하면서 동양종합금융증권으로 사명을 변경했으며, 2014년 유안타그룹이 동양증권을 인수하면서 유안타증권으로 사명을 변경함. 동사는 투자매매업, 투자중개업, 투자자문업, 투자일임업, 신탁업 및 겸영업무와 부수업무를 영위 중임.

실적 분석
동사의 2017년 2분기 연결기준 영업수익은 8,986억원으로 전년대비 증가하였으나 영업비용 또한 증가함. 반기순익은 218억원으로 전년대비 큰 폭 증가함. 동사의 금융투자업 시장점유율은 영업수익 기준으로 주요 계열사의 기업회생절차 개시직전인 2012년의 3.7%에서 최근 2.5%로 하락하는 등 영업이 상당폭 위축되었으나 중화권 특화 증권사로 차별화에 따른 실적 성장세가 기대됨.

현금 흐름 〈단위 : 억원〉
항목	2016	2017.2Q
영업활동	-9,905	-1,738
투자활동	-206	32
재무활동	9,504	655
순현금흐름	-595	-1,009
기말현금	8,360	7,352

시장 대비 수익률

결산 실적 〈단위 : 억원〉
항목	2012	2013	2014	2015	2016	2017
순영업손익	4,079	1,120	1,861	3,457	3,055	—
영업이익	-289	-2,070	-1,149	220	132	—
당기순이익	-33	-3,873	-1,695	581	313	—

분기 실적 〈단위 : 억원〉
항목	2016.1Q	2016.2Q	2016.3Q	2016.4Q	2017.1Q	2017.2Q
순영업손익	674	836	800	745	812	847
영업이익	-9	49	69	23	89	107
당기순이익	53	71	147	42	80	138

재무 상태 〈단위 : 억원〉
항목	2012	2013	2014	2015	2016	2017.2Q
총자산	145,775	59,681	71,498	89,232	103,631	116,442
유형자산	791	753	691	681	670	658
무형자산	1,204	691	693	576	515	477
유가증권	54,452	22,839	22,165	24,663	35,894	39,989
총부채	132,671	50,700	62,302	79,335	93,303	106,017
총차입금	44,284	17,584	24,892	37,289	49,426	51,754
자본금	6,885	6,885	10,456	10,624	10,624	10,624
총자본	13,104	8,981	9,196	9,897	10,327	10,425
지배주주지분	13,103	8,964	9,176	9,897	10,327	10,424

기업가치 지표
항목	2012	2013	2014	2015	2016	2017.2Q
주가(최고/저)(천원)	5.4/3.6	4.3/2.1	5.4/2.3	7.9/3.2	3.8/2.8	—/—
PER(최고/저)(배)	—/—	—/—	—/—	28.9/11.7	25.8/18.8	—/—
PBR(최고/저)(배)	0.6/0.4	0.6/0.3	1.2/0.5	1.6/0.6	0.7/0.5	0.8/0.6
PSR(최고/저)(배)	0/0	0/0	0/0	0/0	3/2	—/—
EPS(원)	-23	-2,812	-957	272	147	—
BPS(원)	9,925	6,919	4,657	4,923	5,125	5,171
CFPS(원)	206	-2,651	-807	380	241	148
DPS(원)	50	—	—	104	62	—
EBITDAPS(원)	-210	-1,503	-648	—	—	—

재무 비율 〈단위 : % 〉
연도	계속사업이익률	순이익률	부채비율	차입금비율	ROA	ROE	유보율	자기자본비율	총자산증가율
2016	10.8	10.3	일부잠식	일부잠식	0.3	3.1	2.5	10.0	16.1
2015	13.9	16.8	일부잠식	일부잠식	0.7	6.1	-1.6	11.1	24.8
2014	-90.4	-91.1	일부잠식	일부잠식	-2.6	-18.7	-6.9	12.9	-51.0
2013	-350.5	-345.8	564.5	195.8	-3.8	-35.1	38.4	15.1	-59.1

유앤아이 (A056090)
U&I

업　　종 : 의료 장비 및 서비스
신용등급 : (Bond) —　　(CP) —
홈페이지 : www.youic.com
본　　사 : 경기도 의정부시 산단로76번길 20

시　　장 : KOSDAQ
기업규모 : 신성장
연 락 처 : 031)860-6800

설 립 일 1997.08.21	종업원수 124명	대표이사 구자교	
상 장 일 2015.11.12	감사의견 적정 (한영)	계　　열	
결 산 기 12월	보통주 768만주	종속회사수 1개사	
액 면 가 500원	우선주	구상호	

주주구성 (지분율,%)
구자교 19.8
케이티앤지 12.6
(외국인) 2.6

출자관계 (지분율,%)
U&IMEDICALTECHNOLOGIESUSAINC. 100.0

주요경쟁사 (외형,%)
유앤아이 100
제이브이엠 840
엘앤케이바이오 295

매출구성
척추고정장치 OPTIMA外 8종 29.9
척추통증 치료용 미세침습 의료기기 INTERVENTIO 22.7
척추고정장치 PERFIX 19.5

비용구성
매출원가율 45.5
판관비율 81.5

수출비중
수출 —
내수 —

회사 개요
동사가 영위하는 의료기기 시장은 선진국의 고령화와 중국 등 신흥국의 급성장에 따라 수요가 지속적으로 증가할 것으로 예상됨. 동사가 생산하는 제품은 크게 정형외과용 척추고정장치, 척추통증치료용 미세침습 의료기기, 골절치료장치, 생체흡수성 금속 임플란트 등 4개의 제품군임. 2010년 개발한 척추통증치료용 미세침습 의료기기 'L'disQ는 세계 최초로 방향제어가 가능한 전극과 플라즈마를 이용한 디스크 수핵 제거용 의료기기로 국내 시장 점유율 1위임.

실적 분석
동사의 2017년 상반기 누적매출액은 62.1억원으로 전년동기대비 23.8% 증가함. 매출의 상당 부분을 차지하고 있는 척추고정장치, 척추통증 치료용 미세침습 의료기기, 골절치료장치의 판매가 늘어남. 매출확대에도 불구하고 매출원가와 판관비가 각각 31.5%, 22.2% 늘면서 영업손실은 11억원을 기록해 적자폭이 커짐. 최근 생체흡수성 합금 임플란트 수요가 늘고 있고, 인구가 많은 중국, 인도, 브라질과 같은 개발도상국의 수요가 증가함.

현금 흐름 〈단위 : 억원〉
항목	2016	2017.2Q
영업활동	-35	-14
투자활동	52	86
재무활동	-81	0
순현금흐름	-64	72
기말현금	66	138

시장 대비 수익률

결산 실적 〈단위 : 억원〉
항목	2012	2013	2014	2015	2016	2017
매출액	136	141	156	146	117	—
영업이익	7	16	21	-12	-32	—
당기순이익	-36	10	16	-8	-21	—

분기 실적 〈단위 : 억원〉
항목	2016.1Q	2016.2Q	2016.3Q	2016.4Q	2017.1Q	2017.2Q
매출액	29	21	43	24	30	32
영업이익	0	-10	11	-34	1	-12
당기순이익	3	-9	7	-23	-8	-9

재무 상태 〈단위 : 억원〉
항목	2012	2013	2014	2015	2016	2017.2Q
총자산	278	284	351	774	662	641
유형자산	119	121	119	130	136	140
무형자산	7	11	21	26	45	48
유가증권	—	—	—	—	—	4
총부채	209	204	259	146	71	68
총차입금	160	159	207	94	32	32
자본금	22	22	22	38	38	38
총자본	69	80	93	628	591	574
지배주주지분	69	80	93	628	591	574

기업가치 지표
항목	2012	2013	2014	2015	2016	2017.2Q
주가(최고/저)(천원)	—/—	—/—	—/—	24.7/21.3	29.3/14.3	—/—
PER(최고/저)(배)	0.0/0.0	0.0/0.0	0.0/0.0	—/—	—/—	—/—
PBR(최고/저)(배)	0.0/0.0	0.0/0.0	0.0/0.0	3.0/2.6	3.7/1.8	2.0/1.6
EV/EBITDA(배)	10.7	5.6	4.9	—	—	—
EPS(원)	-707	203	302	-131	-271	-227
BPS(원)	1,350	1,570	1,651	8,234	7,952	7,723
CFPS(원)	-583	339	440	13	-103	-126
DPS(원)	—	—	—	—	—	—
EBITDAPS(원)	256	446	554	-56	-243	-43

재무 비율 〈단위 : % 〉
연도	영업이익률	순이익률	부채비율	차입금비율	ROA	ROE	유보율	자기자본비율	EBITDA마진율
2016	-27.0	-17.8	12.0	5.4	-2.9	-3.4	1,490.3	89.3	-16.0
2015	-8.5	-5.6	23.2	15.0	-1.4	-2.3	1,546.8	81.2	-2.4
2014	13.7	9.9	279.5	223.9	4.9	18.0	317.0	26.4	18.2
2013	11.3	7.4	254.8	198.1	3.7	13.9	261.1	28.2	16.2

유양디앤유 (A011690)
YUYANG D&U

업 종 : 전자 장비 및 기기		시 장 : 거래소	
신용등급 : (Bond) BB (CP) —		기업규모 : 시가총액 소형주	
홈페이지 : www.yuyang.co.kr		연 락 처 : 031)350-7400	
본 사 : 경기도 화성시 팔탄면 율암걸 223			

설 립 일 1976.11.04	종업원수 181명	대표이사 김상옥,박이(각자대표)
상 장 일 1995.11.23	감사의견 적정 (한영)	계 열
결 산 기 12월	보 통 주 5,125만주	종속회사수 1개사
액 면 가 500원	우 선 주	구 상 호

주주구성 (지분율,%)		출자관계 (지분율,%)		주요경쟁사 (외형,%)	
유양투자1호조합	14.4	뉴온시스	5.9	유양디앤유	100
이오투자1호조합	10.9	퍼플오션	5.2	옵트로텍	141
(외국인)	0.9	지트리비앤티	2.4	에스씨디	137

매출구성		비용구성		수출비중	
TV전원	89.7	매출원가율	94.7	수출	82.0
석유화학원료	9.3	판관비율	10.2	내수	18.0
기 타	0.4				

회사 개요
동사는 1976년에 설립돼 전원공급장치, 혼성집적회로 및 LED SOLUTION의 제조, 판매를 주요 사업으로 영위함. 1995년 한국거래소에 상장된 업체로 지분 100%를 보유한 청도유양전자유한공사를 자회사로 둠. 주거래처는 LG전자로 전체 평판 TV의 전원공급장치 중약 30%를 담당하고, TV 전원(POWER) 매출비중이 90%를 차지함. 2015년 중소기업청이 LED 조명시장에 대기업의 공공조달시장 참여에 따른 변화는 아직 없음.

실적 분석
침체된 시장경기 및 조금씩 진행되는 수요 개선에 따라 동사의 2017년 2분기기준 누적 매출액은 전년동기대비 -6.7% 소폭 하락한 451.7억원을 기록하였음. 전년동기대비 매출원가는 감소 하였으나 인건비는 증가 하였고 광고선전비도 증가, 기타판매비와관리비도 마찬가지로 증가함. 그에 따라 매출액 하락 및 비용 증가에 의해 전년동기대비 영업이익은 -11.6억원으로 적자전환하였음. 향후 발전가능성이 큰 사업이므로 성장이 기대됨.

현금 흐름 〈단위 : 억원〉
항목	2016	2017.2Q
영업활동	31	-19
투자활동	-156	-534
재무활동	194	485
순현금흐름	69	-69
기말현금	136	67

시장 대비 수익률

결산 실적 〈단위 : 억원〉
항목	2012	2013	2014	2015	2016	2017
매출액	1,435	1,157	1,371	1,279	979	
영업이익	7	-5	34	42	-48	
당기순이익	-15	-44	3	16	-51	

분기 실적 〈단위 : 억원〉
항목	2016.1Q	2016.2Q	2016.3Q	2016.4Q	2017.1Q	2017.2Q
매출액	300	184	267	229	238	214
영업이익	8	-6	2	-51	1	-13
당기순이익	6	-9	-4	-44	-8	-19

재무 상태 〈단위 : 억원〉
항목	2012	2013	2014	2015	2016	2017.2Q
총자산	1,055	1,033	1,055	970	1,021	1,570
유형자산	225	229	269	256	262	258
무형자산	41	38	43	57	50	46
유가증권	7				5	681
총부채	678	699	679	582	432	771
총차입금	555	553	560	450	315	630
자본금	187	187	187	187	231	256
총자본	377	335	376	388	589	799
지배주주지분	377	335	376	388	589	799

기업가치 지표
항목	2012	2013	2014	2015	2016	2017.2Q
주가(최고/저)(천원)	1.1/0.6	1.0/0.6	1.7/0.7	1.7/1.0	3.8/1.5	—/—
PER(최고/저)(배)	—/—	—/—	208.7/90.1	39.6/23.1	—/—	—/—
PBR(최고/저)(배)	1.0/0.5	1.0/0.6	1.7/0.7	1.7/1.0	3.0/1.2	3.0/2.2
EV/EBITDA(배)	15.4	23.8	12.5	12.0		
EPS(원)	-41	-117	8	43	-129	-56
BPS(원)	1,112	999	1,006	1,039	1,277	1,559
CFPS(원)	44	-30	108	141	-34	-17
DPS(원)	—	—	—	—	—	—
EBITDAPS(원)	130	73	192	211	-26	15

재무 비율 〈단위 : % 〉
연도	영업이익률	순이익률	부채비율	차입금비율	ROA	ROE	유보율	자기자본비율	EBITDA마진율
2016	-4.9	-5.2	73.3	53.6	-5.1	-10.5	155.3	57.7	-1.1
2015	3.3	1.3	150.0	116.0	1.6	4.2	107.7	40.0	6.2
2014	2.5	0.2	180.6	148.9	0.3	0.9	101.1	35.6	5.2
2013	-0.5	-3.8	208.7	165.3	-4.2	-12.3	99.7	32.4	2.4

유엔젤 (A072130)
Uangel

업 종 : IT 서비스		시 장 : 거래소	
신용등급 : (Bond) — (CP) —		기업규모 : 시가총액 소형주	
홈페이지 : www.uangel.com		연 락 처 : 031)710-6200	
본 사 : 경기도 성남시 분당구 황새울로 240번길 3 현대오피스빌딩 10층			

설 립 일 1999.07.14	종업원수 205명	대표이사 유지원
상 장 일 2003.07.01	감사의견 적정 (바른)	계 열
결 산 기 12월	보 통 주 1,320만주	종속회사수 4개사
액 면 가 500원	우 선 주	구 상 호

주주구성 (지분율,%)		출자관계 (지분율,%)		주요경쟁사 (외형,%)	
박지향	9.6			유엔젤	100
유엔젤근로복지기금	6.2			케이사인	106
(외국인)	0.4			아이크래프트	263

매출구성		비용구성		수출비중	
핵심망(지능망, 메세징)	54.0	매출원가율	60.2	수출	—
플랫폼	34.1	판관비율	55.4	내수	—
Service	18.4				

회사 개요
동사는 1999년 7월 설립돼 국내외 유무선 통신사업자 및 단말제조사 등에게 지능망, 메세징, 해외 RBT 서비스, 유아교육 스마트러닝 및 스마트 금융 솔루션을 개발 및 공급하는 것을 주요 사업으로 하고 있음. 2003년 7월 유가증권시장에 상장됐으며, 태국, 브라질 등 해외에 4개의 종속회사가 있음. 이동통신사들과 함께 동사의 성장성도 둔화였으나, 스마트폰용 어플리케이션 제작과 해외 솔루션시장 진출 등으로 성장성 회복이 기대됨.

실적 분석
동사의 2017년 상반기 연결기준 누적 매출액은 142.7억원으로 전년 동기 대비 3.8% 증가함. 매출이 증가하지만 매출원가와 판관비는 오히려 감소해 비용 절감 효과를 가져왔지만 영업손실은 8.9억원으로 적자가 지속. 다만 전년 동기와 비교해 적자 규모는 대폭 감소함. 외환 손실로 인해 비영업손익 부문은 적자전환하면서 당기순손실은 13.5억원으로 적자전환했지만 전년 동기 대비 적자 폭은 감소함.

현금 흐름 〈단위 : 억원〉
항목	2016	2017.2Q
영업활동	-36	-15
투자활동	-17	-6
재무활동	8	-0
순현금흐름	-44	-20
기말현금	81	62

시장 대비 수익률

결산 실적 〈단위 : 억원〉
항목	2012	2013	2014	2015	2016	2017
매출액	497	481	354	412	303	—
영업이익	-3	19	-42	6	-47	—
당기순이익	-92	-41	-96	11	-47	—

분기 실적 〈단위 : 억원〉
항목	2016.1Q	2016.2Q	2016.3Q	2016.4Q	2017.1Q	2017.2Q
매출액	59	78	68	98	65	78
영업이익	-24	-7	-8	-9	-10	1
당기순이익	-21	2	-18	-10	-18	-15

재무 상태 〈단위 : 억원〉
항목	2012	2013	2014	2015	2016	2017.2Q
총자산	814	726	602	621	583	540
유형자산	130	116	103	96	95	94
무형자산	31	30	25	26	20	18
유가증권	41	41	48	66	64	155
총부채	119	83	72	94	120	91
총차입금	57	35	30	30	50	50
자본금	66	66	66	66	66	66
총자본	695	643	530	527	463	449
지배주주지분	689	642	526	526	467	453

기업가치 지표
항목	2012	2013	2014	2015	2016	2017.2Q
주가(최고/저)(천원)	7.2/3.9	5.9/3.2	5.4/2.6	6.8/4.3	6.2/4.5	—/—
PER(최고/저)(배)	—/—	—/—	—/—	62.6/39.6	—/—	—/—
PBR(최고/저)(배)	1.3/0.7	1.1/0.6	1.2/0.6	1.5/0.9	1.4/1.0	1.5/1.2
EV/EBITDA(배)	22.6	6.6		32.4		
EPS(원)	-682	-269	-732	111	-325	-108
BPS(원)	6,006	5,650	4,765	4,767	4,319	4,212
CFPS(원)	-515	-127	-625	188	-275	-86
DPS(원)	150	150	100	100		—
EBITDAPS(원)	142	283	-211	126	-308	-46

재무 비율 〈단위 : % 〉
연도	영업이익률	순이익률	부채비율	차입금비율	ROA	ROE	유보율	자기자본비율	EBITDA마진율
2016	-15.6	-15.7	26.0	10.8	-7.9	-8.6	763.8	79.4	-13.4
2015	1.6	2.7	17.8	5.7	1.8	2.8	853.4	84.9	4.0
2014	-11.8	-27.2	13.6	5.7	-14.5	-16.5	852.9	88.0	-7.9
2013	3.9	-8.4	12.9	5.5	-5.3	-5.3	1,029.9	88.6	7.8

유유제약 (A000220)
Yuyu Pharma

업　　종 : 제약
신용등급 : (Bond) —　　(CP) —
홈 페 이 지 : www.yuyu.co.kr
본　　사 : 충북 제천시 바이오밸리1로 94

시　　장 : 거래소
기업규모 : 시가총액 소형주
연 락 처 : (043)652-7981~6

설 립 일	1941.02.28	종 업 원 수	282명
상 장 일	1975.11.18	감사의견 적정 (한영)	대 표 이 사 유승필,최인석(각자대표이사)
결 산 기	03월	보 통 주 616만주	계 열
액 면 가	1,000원	우 선 주 130만주	종속회사수 / 구 상 호

주주구성 (지분율,%)
유승필	13.0
유원상	9.5
(외국인)	1.0

출자관계 (지분율,%)
유유헬스케어	49.8
유유테이진	49.1
헤이리프라자	2.7

주요경쟁사 (외형,%)
유유제약	100
명문제약	199
씨트리	28

매출구성
맥스마빌 외	37.3
피지오머 외	29.5
본키캡셀 외	19.9

비용구성
매출원가율	53.4
판관비율	41.4

수출비중
수출	—
내수	—

회사 개요
1941년 2월 유한무역이라는 회사로 설립된 후 1975년 11월 한국거래소에 상장됨. 2008년 5월 주식회사 유유제약으로 상호 변경함. 의약품 제조 및 판매를 하고 있으며 제천 본사에 제조공장을 두고 있음. 건강기능식품 제조 및 판매를 하고 있는 유유헬스케어와 산소발생기 렌탈 사업을 하고 있는 유유테이진메디케어를 계열회사로 두고 있음. 주요 품목은 골다공증 치료제 '맥스마빌'과 혈액순환 개선제 '티나민', 항혈전제 '유크리드'임.

실적 분석
동사의 연결 기준 1분기 매출액은 202.7억원으로 전년동기 대비 34.1% 증가하였음. 매출원가는 전년동기 대비 32.0% 증가하여 매출총이익은 36.5% 증가. 판매비와관리비는 전년 동기 대비 3.7% 증가하는데 그쳐 영업이익은 16.1억원으로 흑자 전환함. 의약품 부문, 건강기능식품 부문 모두 흑자를 달성했으며 각각 1,382억원, 227억원을 기록함.

현금 흐름
〈단위 : 억원〉
항목	2016	2017.1Q
영업활동	98	17
투자활동	15	-19
재무활동	-22	-2
순현금흐름	91	-4
기말현금	189	185

시장 대비 수익률

결산 실적
〈단위 : 억원〉
항목	2012	2013	2014	2015	2016	2017
매출액	620	620	628	697	716	—
영업이익	37	18	14	16	37	—
당기순이익	30	19	-74	-4	61	—

분기 실적
〈단위 : 억원〉
항목	2015.4Q	2016.1Q	2016.2Q	2016.3Q	2016.4Q	2017.1Q
매출액	206	151	164	191	209	203
영업이익	28	-7	9	18	17	16
당기순이익	1	4	18	18	17	16

재무 상태
〈단위 : 억원〉
항목	2012	2013	2014	2015	2016	2017.1Q
총자산	887	963	1,014	1,043	1,113	#N/A
유형자산	458	448	465	472	476	#N/A
무형자산	21	22	20	22	20	483
유가증권	9	20	30	23	11	20
총부채	192	240	299	306	330	11
총차입금	11	89	61	174	169	169
자본금	75	75	77	78	78	78
총자본	695	723	715	737	783	788
지배주주지분	694	714	704	729	772	775

기업가치 지표
항목	2012	2013	2014	2015	2016	2017.1Q
주가(최고/저)(천원)	7.9/4.4	8.8/6.0	11.2/6.6	21.0/10.1	15.7/8.2	—/—
PER(최고/저)(배)	20.8/11.6	36.1/24.4	—/—	—/—	20.3/10.6	—/—
PBR(최고/저)(배)	0.8/0.4	0.9/0.6	1.1/0.7	2.1/1.0	1.5/0.8	1.2/0.8
EV/EBITDA(배)	8.3	13.0	21.6	32.2	11.7	—/—
EPS(원)	418	263	-1,035	-34	789	205
BPS(원)	10,889	11,162	10,276	10,164	10,741	10,788
CFPS(원)	635	492	-826	174	1,004	264
DPS(원)	160	180	180	180	180	—
EBITDAPS(원)	739	475	399	425	715	276

재무 비율
〈단위 : % 〉
연도	영업이익률	순이익률	부채비율	차입금비율	ROA	ROE	유보율	자기자본비율	EBITDA마진율
2016	5.2	8.6	42.2	21.6	5.7	7.9	922.5	70.3	7.5
2015	2.3	-0.6	41.5	23.7	-0.4	-0.4	867.5	70.7	4.5
2014	2.2	-11.7	41.8	8.6	-7.5	-10.5	877.1	70.5	4.6
2013	2.8	3.1	33.2	12.3	2.1	2.7	960.1	75.1	5.5

유지인트 (A195990)
Ugint

업　　종 : 기계
신용등급 : (Bond) —　　(CP) —
홈 페 이 지 : www.ugint.co.kr
본　　사 : 대구시 달성군 유가면 테크노중앙대로 139

시　　장 : KOSDAQ
기업규모 : 우량
연 락 처 : (053)582-8036

설 립 일	2004.08.12	종 업 원 수	94명
상 장 일	2015.04.13	감사의견 적정 (대경)	대 표 이 사 이성민,정성진
결 산 기	12월	보 통 주 7,379만주	계 열
액 면 가	500원	우 선 주	종속회사수 6개사 / 구 상 호

주주구성 (지분율,%)
딜던쉐어즈	51.2
SM투자조합	10.0
(외국인)	3.2

출자관계 (지분율,%)
유지글로벌	100.0
유지에셋	75.0
2016뉴스타트비전펀드	66.6

주요경쟁사 (외형,%)
유지인트	100
기신정기	218
에버다임	681

매출구성
머시닝센터(제품)	81.6
ATC & SPINDLE 및 기타(제품)	18.4

비용구성
매출원가율	72.1
판관비율	25.8

수출비중
수출	52.0
내수	48.0

회사 개요
동사는 공작기계의 한 분류인 머시닝센터(MCT) 등을 제작하는 금속절삭기계 제조업을 영위하고 있음. 머시닝센터를 대/중/소형으로 나누었을 경우 소형급을 전문으로 제작 공급함. 중국에 위치한 위해유지인트수공유한공사, 홍콩에 위치한 UGINT HK LIMITED 서울에 위치한 유지에셋주식회사, 유지글로벌, 인천에 위치한 앨피스 등을 연결대상 종속회사로 보유하고 있음.

실적 분석
2017년 상반기 연결기준 동사 매출은 전년 동기 대비 24.5% 축소된 228.7억원을 기록함. 매출원가는 감소했으나 매출이 축소되고 인건비 상승 등으로 인해 판매비와 관리비가 30.1% 늘어 영업이익은 적자로 전환됨. 비영업부문은 적자 폭이 늘었고 당기순이익 역시 적자로 돌아섬. 수익처 다각화를 위해 Bedless머신 및 Dental Machine 사업을 새로 추진하고 있음.

현금 흐름
〈단위 : 억원〉
항목	2016	2017.2Q
영업활동	-113	-103
투자활동	25	52
재무활동	250	-37
순현금흐름	163	-90
기말현금	211	121

시장 대비 수익률

결산 실적
〈단위 : 억원〉
항목	2012	2013	2014	2015	2016	2017
매출액	602	532	860	771	495	—
영업이익	147	87	172	127	10	—
당기순이익	121	65	148	150	-2	—

분기 실적
〈단위 : 억원〉
항목	2016.1Q	2016.2Q	2016.3Q	2016.4Q	2017.1Q	2017.2Q
매출액	146	156	116	76	86	143
영업이익	15	22	-3	-23	-27	-3
당기순이익	9	19	-7	-22	-38	3

재무 상태
〈단위 : 억원〉
항목	2012	2013	2014	2015	2016	2017.2Q
총자산	491	657	1,194	1,370	1,664	1,579
유형자산	145	142	306	314	441	511
무형자산	2	2	2	5	6	16
유가증권	—	4	38	273	180	217
총부채	156	250	526	332	522	473
총차입금	38	15	281	251	378	352
자본금	39	39	49	115	367	369
총자본	336	407	668	1,038	1,142	1,105
지배주주지분	336	407	668	1,038	1,097	1,059

기업가치 지표
항목	2012	2013	2014	2015	2016	2017.2Q
주가(최고/저)(천원)	—/—	—/—	—/—	0.8/0.4	0.8/0.3	—/—
PER(최고/저)(배)	0.0/0.0	0.0/0.0	0.0/0.0	17.8/7.9	16,280.6/5,988.4	—/—
PBR(최고/저)(배)	0.0/0.0	0.0/0.0	0.0/0.0	2.8/1.2	2.7/1.0	1.8/1.3
EV/EBITDA(배)				6.6	58.9	—/—
EPS(원)	257	137	292	232	0	-46
BPS(원)	4,067	4,288	6,797	4,496	298	287
CFPS(원)	1,636	869	1,611	759	5	-5
DPS(원)				140		—
EBITDAPS(원)	1,963	1,126	1,859	653	8	—

재무 비율
〈단위 : % 〉
연도	영업이익률	순이익률	부채비율	차입금비율	ROA	ROE	유보율	자기자본비율	EBITDA마진율
2016	2.1	-0.4	45.7	33.1	-0.1	0.0	198.4	68.6	5.7
2015	16.5	19.5	32.0	24.2	11.7	17.6	799.2	75.8	18.5
2014	19.9	17.2	78.8	42.1	15.9	27.5	1,259.3	55.9	20.9
2013	16.4	12.3	61.5	28.4	11.4	17.6	935.1	61.9	18.0

유진기업 (A023410)
Eugene

업 종 : 건축소재		시 장 : KOSDAQ	
신용등급 : (Bond) — (CP) A3-		기업규모 : 우량	
홈페이지 : www.eugenes.co.kr		연 락 처 : 032)677-5111	
본 사 : 경기도 부천시 오정구 석천로 457 (삼정동)			

설 립 일 1984.06.13	종 업 원 수 730명	대 표 이 사 최종성	
상 장 일 1994.10.07	감 사 의 견 적정 (삼정)	계 열	
결 산 기 12월	보 통 주 7,550만주	종속회사수 29개사	
액 면 가 500원	우 선 주	구 상 호	

주주구성 (지분율,%)		출자관계 (지분율,%)		주요경쟁사 (외형,%)	
유경선	11.8	동화기업	100.0	유진기업	100
유창수	7.0	한국통운	100.0	쌍용양회	192
(외국인)	9.0	유진로텍	100.0	동양	41

매출구성		비용구성		수출비중	
레미콘	82.7	매출원가율	83.2	수출	0.0
건자재유통	13.8	판관비율	7.8	내수	100.0
기타	1.8				

회사 개요
동사는 구축물 등에 사용되는 레미콘을 생산, 판매하고 있으며 유진AMC(유) 등 25개의 연결자회사를 두고 있음. 당분기 기준 연결자회사를 제외한 제품별 매출비중은 레미콘이 76%, 건자재유통이 20.3%, 골재 및 기타가 3.8%를 차지함. 주 사업부문인 레미콘의 주요 원재료는 시멘트, 모래, 자갈이며 원자재가 레미콘 제품의 매출구성에서 54% 이상을 차지하고 있어 원자재의 조달이 매우 중요함.

실적 분석
동사의 연결기준 2017년 2분기 누적매출액은 전년동기 대비 19.5% 증가한 5,973.1억원을 기록함. 이에 따라 같은 기간 영업이익은 25.1% 증가한 571.5억원을 시현함. 비영업부문에서는 적자가 지속되었으나 그 폭이 축소되었으며 최종적으로 당기순이익은 전년동기 대비 33.1% 증가한 410.5억원을 시현함. 꾸준한 주택 수요 증가와 경기진작 효과로 인해 대규모 토목공사가 이루어 질 것으로 예상되어 완만한 성장세 지속이 예상됨.

현금 흐름
〈단위 : 억원〉

항목	2016	2017.2Q
영업활동	1,035	234
투자활동	-1,726	-645
재무활동	244	728
순현금흐름	-447	318
기말현금	721	1,039

시장 대비 수익률

결산 실적
〈단위 : 억원〉

항목	2012	2013	2014	2015	2016	2017
매출액	6,657	6,788	7,390	8,896	10,746	—
영업이익	-67	381	304	542	967	—
당기순이익	-290	922	-52	129	607	—

분기 실적
〈단위 : 억원〉

항목	2016.1Q	2016.2Q	2016.3Q	2016.4Q	2017.1Q	2017.2Q
매출액	2,138	2,859	2,618	3,131	2,643	3,330
영업이익	112	345	236	274	170	401
당기순이익	71	237	172	126	115	295

재무 상태
〈단위 : 억원〉

항목	2012	2013	2014	2015	2016	2017.2Q
총자산	12,211	12,384	12,424	13,845	15,196	16,374
유형자산	3,222	3,268	4,018	4,177	4,194	4,170
무형자산	369	366	359	365	402	459
유가증권	684	475	413	558	113	411
총부채	6,925	6,532	6,677	7,917	8,716	9,625
총차입금	4,548	4,417	4,738	5,115	5,603	6,589
자본금	386	386	375	370	370	370
총자본	5,286	5,852	5,747	5,928	6,480	6,750
지배주주지분	5,286	5,852	5,747	5,783	6,331	6,599

기업가치 지표

항목	2012	2013	2014	2015	2016	2017.2Q
주가(최고/저)(천원)	5.6/2.3	3.6/2.5	4.0/2.5	8.0/3.0	5.6/3.5	—/—
PER(최고/저)(배)	—/—	3.3/2.3	—/—	50.2/19.2	7.1/4.5	0.7/0.5
PBR(최고/저)(배)	0.9/0.4	0.5/0.3	0.5/0.3	1.0/0.4	0.6/0.4	—/—
EV/EBITDA(배)	69.9	9.3	12.5	9.5	7.5	—
EPS(원)	-393	1,195	-68	166	815	547
BPS(원)	7,450	8,405	8,319	8,392	9,133	9,479
CFPS(원)	-225	1,340	106	351	1,013	651
DPS(원)	100	50	50	70	150	—
EBITDAPS(원)	77	639	575	914	1,505	876

재무 비율
〈단위 : % 〉

연도	영업이익률	순이익률	부채비율	차입금비율	ROA	ROE	유보율	자기자본비율	EBITDA마진율
2016	9.0	5.7	134.5	86.5	4.2	10.0	1,726.6	42.6	10.4
2015	6.1	1.5	133.6	86.3	1.0	2.1	1,578.4	42.8	7.6
2014	4.1	-0.7	116.2	82.4	-0.4	-0.9	1,563.9	46.3	5.9
2013	5.6	13.6	111.6	75.5	7.5	16.6	1,581.0	47.3	7.3

유진로봇 (A056080)
Yujin Robot

업 종 : 레저용품		시 장 : KOSDAQ	
신용등급 : (Bond) — (CP) —		기업규모 : 벤처	
홈페이지 : www.yujinrobot.com		연 락 처 : 02)2026-1406	
본 사 : 서울시 금천구 디지털로130, 남성프라자 1214호			

설 립 일 1993.12.07	종 업 원 수 130명	대 표 이 사 신경철	
상 장 일 2001.10.28	감 사 의 견 적정 (한영)	계 열	
결 산 기 12월	보 통 주 2,333만주	종속회사수 2개사	
액 면 가 500원	우 선 주	구 상 호	

주주구성 (지분율,%)		출자관계 (지분율,%)		주요경쟁사 (외형,%)	
신경철	12.6	가이아코퍼레이션	50.0	유진로봇	100
Imanto AG	10.3	파텍시스템	33.3	손오공	215
(외국인)	11.0	심스미디어	22.5	오로라	238

매출구성		비용구성		수출비중	
지능형서비스로봇(기타)	50.9	매출원가율	78.2	수출	24.0
장난감 및 취미용품 도매업	49.1	판관비율	22.6	내수	76.0

회사 개요
동사는 2006년부터 청소 로봇, 지능형 로봇, 유비쿼터스 서비스 로봇 판매하고, 군사용로봇 및 엔터테인먼트 로봇류를 개발해 기존의 완구·캐릭터 사업부문과 더불어 다양한 제품을 제조하고 있음. 사업부문은 지능형 서비스 로봇 등 판매, 제조와 장난감 및 취미용품 도매업으로 이뤄져 있으며 2017년 반기 기준 각각 전체 매출의 33.9%, 66.1%를 차지하고 있음. 로봇사업부의 주요 고객은 현대모비스와, 콘티넨탈오토모티브 등이 있음

실적 분석
동사의 2017년 2분기 연결기준 누적 매출액은 255.1억원으로 전년 261.9억원에 비해 2.6% 감소함. 비용면에서 판관비가 늘었지만 매출원가가 큰 폭으로 감소하며 흑자전환에 성공. 영업이익은 2.6억원임. 캐릭터 완구, 팬시용품 도매업으로 캐릭터 사업부문 매출이 증가추세. 인지도가 높은 유명 캐릭터를 활용해 0~5세 유아 중심으로 큰 인기를 누리는 중.

현금 흐름
〈단위 : 억원〉

항목	2016	2017.2Q
영업활동	-18	-91
투자활동	21	-26
재무활동	1	125
순현금흐름	4	9
기말현금	24	33

시장 대비 수익률

결산 실적
〈단위 : 억원〉

항목	2012	2013	2014	2015	2016	2017
매출액	239	260	368	423	603	—
영업이익	-28	-25	4	4	-5	—
당기순이익	-33	-34	-2	-19	-35	—

분기 실적
〈단위 : 억원〉

항목	2016.1Q	2016.2Q	2016.3Q	2016.4Q	2017.1Q	2017.2Q
매출액	128	134	138	203	122	133
영업이익	2	-8	-2	4	1	-6
당기순이익	3	-11	-10	-17	-2	-1

재무 상태
〈단위 : 억원〉

항목	2012	2013	2014	2015	2016	2017.2Q
총자산	365	362	398	517	544	678
유형자산	87	89	90	98	135	190
무형자산	30	27	24	48	54	58
유가증권	16	13	13	12	12	12
총부채	178	208	147	256	285	422
총차입금	138	155	95	135	109	239
자본금	96	96	111	114	117	117
총자본	187	154	251	261	258	255
지배주주지분	187	154	251	246	233	224

기업가치 지표

항목	2012	2013	2014	2015	2016	2017.2Q
주가(최고/저)(천원)	5.3/2.6	3.4/2.1	5.9/2.2	7.5/4.3	6.3/3.5	—/—
PER(최고/저)(배)	—/—	—/—	—/—	—/—	—/—	—/—
PBR(최고/저)(배)	5.4/2.6	4.2/2.6	5.2/1.9	6.9/4.0	6.3/3.5	4.7/3.7
EV/EBITDA(배)	—	—	81.6	106.8	165.4	—
EPS(원)	-171	-180	-12	-92	-196	-40
BPS(원)	974	800	1,132	1,081	1,000	962
CFPS(원)	-109	-127	35	-45	-148	-20
DPS(원)	—	—	—	—	—	—
EBITDAPS(원)	-86	-80	66	63	27	31

재무 비율
〈단위 : % 〉

연도	영업이익률	순이익률	부채비율	차입금비율	ROA	ROE	유보율	자기자본비율	EBITDA마진율
2016	-0.8	-5.8	110.4	42.4	-6.6	-19.0	99.9	47.5	1.0
2015	0.9	-4.5	98.4	51.8	-4.2	-8.4	116.2	50.4	3.4
2014	1.1	-0.7	58.6	37.9	-0.6	-1.2	126.5	63.0	3.6
2013	-9.8	-13.3	135.4	101.1	-9.5	-20.2	60.1	42.5	-5.9

유진테크 (A084370)
Eugene Technology

업 종 : 반도체 및 관련장비 　 시 장 : KOSDAQ
신용 등급 : (Bond) — 　 (CP) — 　 기업규모 : 우량
홈 페 이 지 : www.eugenetech.co.kr 　 연 락 처 : 031)323-5700
본 　 사 : 경기도 용인시 처인구 양지면 추계로 42

설 립 일 2000.01.05	종 업 원 수 150명	대 표 이 사 엄평용	
상 장 일 2006.01.13	감 사 의 견 적정 (신한)	계 열	
결 산 기 12월	보 통 주 2,292만주	종속회사수 3개사	
액 면 가 500원	우 선 주	구 상 호	

주주구성 (지분율,%)		출자관계 (지분율,%)		주요경쟁사 (외형,%)	
엄평용	35.6	유진테크머티리얼즈	45.0	유진테크	100
가치투자자문	4.5	유진태극무역(무석)	100.0	원익머트리얼즈	124
(외국인)	24.7	EugeneTechnologyInc	100.0	ISC	66

매출구성		비용구성		수출비중	
LPCVD, Plasma	91.1	매출원가율	52.9	수출	30.0
원부자재	9.0	판관비율	21.3	내수	70.0

회사 개요
2000년에 설립되어 2006년에 코스닥시장에 상장된 기업으로, 반도체의 박막을 형성시키는 전공정 프로세스 장비를 개발, 생산하고 있음. SK하이닉스, 삼성전자 외 대만과 미국 등에도 매출처를 보유함. 2009년에 미국법인을 설립하고, 2012년 반도체용 산업가스의 충전, 제조, 정제 및 판매를 사업목적으로 하는 유진테크머티리얼즈를 설립함. 2013년 9월 중국에 반도체 장비 유지보수업을 사업목적으로 하는 유진태극무역(무석)유한공사를 설립함.

실적 분석
동사의 2017년 반기 매출액은 전년동기 대비 38.4% 감소한 583.6억원을 시현하였으며, 매출 감소에 따른 비용 부담 증가로 영업이익은 전년동기 265.2억원 대비 49.3% 줄어든 134.4억원을 시현함. 금융이익 등 비영업손익 면에서 40.3억원의 흑자가 발생하였고, 당기순이익은 전년동기 213.9억원 대비 36.7% 축소된 135.3억원의 실적을 시현함.

현금 흐름
<단위 : 억원>

항목	2016	2017.2Q
영업활동	436	22
투자활동	-320	94
재무활동	-42	-46
순현금흐름	74	71
기말현금	501	572

시장 대비 수익률

결산 실적
<단위 : 억원>

항목	2012	2013	2014	2015	2016	2017
매출액	1,683	1,064	784	947	1,411	—
영업이익	528	305	123	186	365	—
당기순이익	502	379	150	201	320	—

분기 실적
<단위 : 억원>

항목	2016.1Q	2016.2Q	2016.3Q	2016.4Q	2017.1Q	2017.2Q
매출액	540	407	292	171	363	220
영업이익	149	116	85	14	102	32
당기순이익	120	94	71	35	88	47

재무 상태
<단위 : 억원>

항목	2012	2013	2014	2015	2016	2017.2Q
총자산	1,645	1,977	1,910	2,016	2,397	2,423
유형자산	161	334	359	368	370	362
무형자산	41	41	91	104	145	118
유가증권	4	12	16	70	178	353
총부채	395	363	178	177	279	218
총차입금	2	8	3			
자본금	102	105	109	112	115	115
총자본	1,251	1,614	1,732	1,839	2,117	2,205
지배주주지분	1,246	1,598	1,722	1,826	2,109	2,194

기업가치 지표

항목	2012	2013	2014	2015	2016	2017.2Q
주가(최고/저)(천원)	21.7/9.5	21.7/12.1	21.0/12.8	17.4/10.6	21.9/12.0	—/—
PER(최고/저)(배)	10.4/4.6	13.6/7.6	32.1/19.6	20.1/12.3	15.7/8.6	—/—
PBR(최고/저)(배)	4.1/1.8	3.2/1.8	2.9/1.8	2.1/1.3	2.3/1.3	2.0/1.6
EV/EBITDA(배)	3.1	7.7	16.9	7.2	6.0	—/—
EPS(원)	2,203	1,673	678	892	1,412	602
BPS(원)	6,214	7,707	8,034	8,566	9,589	9,959
CFPS(원)	2,626	1,872	804	1,079	1,576	659
DPS(원)	150	150	150	200	230	—
EBITDAPS(원)	2,740	1,499	656	995	1,754	644

재무 비율
<단위 : %>

연도	영업이익률	순이익률	부채비율	차입금비율	ROA	ROE	유보율	자기자본비율	EBITDA마진율
2016	25.8	22.7	13.2	0.0	14.5	16.5	1,817.8	88.4	28.5
2015	19.6	21.2	9.6	0.0	10.2	11.5	1,613.2	91.2	23.5
2014	15.7	19.1	10.3	0.2	7.7	9.4	1,506.8	90.7	18.2
2013	28.7	35.6	22.5	0.5	20.9	27.0	1,441.3	81.7	29.7

유진투자증권 (A001200)
EUGENE INVESTMENT & SECURITIES CO

업 종 : 증권 　 시 장 : 거래소
신용 등급 : (Bond) A 　 (CP) A2+ 　 기업규모 : 시가총액 소형주
홈 페 이 지 : www.eugenefn.com 　 연 락 처 : 02)368-6000
본 　 사 : 서울시 영등포구 국제금융로 24 (여의도동, 유진그룹빌딩)

설 립 일 1954.05.12	종 업 원 수 693명	대 표 이 사 유창수	
상 장 일 1987.08.24	감 사 의 견 적정 (삼정)	계 열	
결 산 기 12월	보 통 주 9,687만주	종속회사수 5개사	
액 면 가 5,000원	우 선 주	구 상 호	

주주구성 (지분율,%)		출자관계 (지분율,%)		주요경쟁사 (외형,%)	
유진기업	27.3	유진투자선물	100.0	유진투자증권	100
영남상호저축은행	2.2	유진자산운용	100.0	SK증권	74
(외국인)	10.6	유진챔피언마켓서너중권CF	88.9	현대차투자증권	80

수익구성		비용구성		수출비중	
금융상품관련이익	36.8	이자비용	8.1	수출	—
이자수익	21.1	파생상품손실	27.1	내수	—
파생상품거래이익	20.7	판관비	25.6		

회사 개요
1954년 대림그룹 계열사인 서울증권으로 설립된 동사는 2001년 대림에서 계열분리 이후 2006년 유진기업으로 최대주주 변경 및 2007년 유진그룹에 편입되면서 유진투자증권으로 상호를 변경함. 동사는 자회사로 유진자산운용과 유진투자선물, 유진프라이빗에쿼티를 두고 있음. 2016년 기준 동사의 증권 주식 수탁수수료 시장 점유율은 1.35%, 유진투자선물의 국내선물 위탁 시장점유율은 9%를 기록함.

실적 분석
2017년 2분기 연결기준 매출액은 3,667억원을 기록 전년 동기대비 소폭 증가함. 증시시가 사상 최고치를 갱신하며 수수료수익, 수수평가차분이익, 파생상품 거래이익이 크게 증가. 판관비는 전년 동기대비 감소. 2016년 시행된 중소기업특화 증권회사 제도 참여증권사로 IB(투자은행) 시장 점유율이 소폭 증가. 영업용순자본은 5,313억원으로 순자본비율은 284.84%임.

현금 흐름
<단위 : 억원>

항목	2016	2017.2Q
영업활동	456	-7,426
투자활동	-12	-24
재무활동	-264	7,523
순현금흐름	175	69
기말현금	873	942

시장 대비 수익률

결산 실적
<단위 : 억원>

항목	2012	2013	2014	2015	2016	2017
순영업손익	931	1,206	1,521	2,310	2,290	—
영업이익	-586	144	149	612	613	—
당기순이익	-562	101	64	519	460	—

분기 실적
<단위 : 억원>

항목	2016.1Q	2016.2Q	2016.3Q	2016.4Q	2017.1Q	2017.2Q
순영업손익	545	657	528	559	569	666
영업이익	137	190	140	146	172	169
당기순이익	109	142	106	103	132	144

재무 상태
<단위 : 억원>

항목	2012	2013	2014	2015	2016	2017.2Q
총자산	37,103	38,157	46,632	55,843	58,908	80,965
유형자산	288	269	286	316	315	300
무형자산	258	230	365	356	344	345
유가증권	23,693	27,330	33,123	34,690	36,380	42,798
총부채	32,152	33,308	40,934	49,707	52,264	74,126
총차입금	21,749	21,314	24,275	26,389	27,656	34,397
자본금	3,431	3,431	5,376	5,376	5,376	5,376
총자본	4,951	4,849	5,698	6,135	6,644	6,839
지배주주지분	4,951	4,849	5,698	6,135	6,644	6,839

기업가치 지표

항목	2012	2013	2014	2015	2016	2017.2Q
주가(최고/저)(천원)	3.2/2.2	2.5/1.8	2.5/1.7	4.7/1.9	3.0/2.2	—/—
PER(최고/저)(배)		14.8/10.6	26.9/19.0	8.8/3.5	6.3/4.6	—/—
PBR(최고/저)(배)	0.4/0.3	0.3/0.2	0.4/0.3	0.7/0.3	0.4/0.3	—/—
PSR(최고/저)(배)	0/0	0/0	0/0	0/0	1/1	0.6/0.3
EPS(원)	-932	168	92	536	475	—
BPS(원)	8,545	8,368	5,886	6,337	6,862	7,064
CFPS(원)	-869	241	178	604	550	324
DPS(원)						
EBITDAPS(원)	-1,011	249	214	632	633	352

재무 비율
<단위 : %>

연도	계속사업이익률	순이익률	부채비율	차입금비율	ROA	ROE	유보율	자기자본비율	총자산증가율
2016	26.6	20.1	786.7	416.3	0.8	7.2	23.6	11.3	5.5
2015	26.2	22.5	810.2	430.1	1.0	8.8	14.2	11.0	19.8
2014	7.8	4.2	718.4	426.0	0.2	1.2	6.1	12.2	25.7
2013	9.6	8.4	687.0	439.6	0.3	2.1	41.4	12.7	2.8

유테크 (A178780)
U-Tech

업　　종 : 디스플레이 및 관련부품
신용등급 : (Bond) —　(CP) —
홈 페 이 지 : www.u-tech.co.kr
본　　사 : 경기도 안양시 만안구 전파로 48
시　　장 : KOSDAQ
기업규모 : 벤처
연 락 처 : (031)444-0202

설 립 일	2006.08.01	종 업 원 수	73명	대 표 이 사	김덕용
상 장 일	2015.06.30	감 사 의 견	적정 (정동)	계　　　열	
결 산 기	12월	보 통 주	1,105만주	종속회사수	2개사
액 면 가	500원	우 선 주		구 상 호	

주주구성 (지분율,%)		출자관계 (지분율,%)		주요경쟁사 (외형,%)	
에스앤피홀딩스	7.0	에버메이트	100.0	유테크	100
조진호	4.4	에이디디	31.9	우리이티아이	5,409
(외국인)	0.4	이솔화학	22.3	씨엔플러스	87

매출구성		비용구성		수출비중	
Mold Frame (제품)	41.9	매출원가율	121.7	수출	—
LGP (제품)	31.1	판관비율	14.5	내수	—
(상품)	25.2				

회사 개요
동사는 2006년 8월 금형개발업체로서 금형제조 및 판매업을 주요 사업목적으로 설립됐으며 현재는 모바일 디스플레이 부품 제조 및 판매업을 영위하고 있음. 현재 영위하고 있는 사업 이외에 신규 추진하고자 하는 사업은 의료용 기기 제조업임. 현재 모바일 디스플레이 시장에서는 스마트폰과 태블릿 PC 외에도 스마트 워치 등의 다양한 디스플레이 시장이 형성되고 있음.

실적 분석
동사의 2017년 상반기 연결기준 누적 매출액은 165.2억원으로 전년 동기 대비 27.1% 증가함. 매출은 증가했지만 매출원가는 오히려 감소함. 고정비용 감소효과로 인해 영업손실은 4.4억원으로 적자지속됐지만 전년 동기 대비 적자 규모가 많이 축소됨. 비영업손익 부문에서 관련기업투자 손실 등 1회성 손실이 늘면서 당기순손실은 전년 동기와 동일한 56.3억원을 기록함.

현금 흐름 〈단위 : 억원〉

항목	2016	2017.2Q
영업활동	-126	6
투자활동	-41	-35
재무활동	102	28
순현금흐름	-64	-1
기말현금	34	33

시장 대비 수익률

결산 실적 〈단위 : 억원〉

항목	2012	2013	2014	2015	2016	2017
매출액	389	467	514	439	284	
영업이익	26	60	67	32	-103	
당기순이익	25	45	42	21	-114	

분기 실적 〈단위 : 억원〉

항목	2016.1Q	2016.2Q	2016.3Q	2016.4Q	2017.1Q	2017.2Q
매출액	44	86	70	83	74	92
영업이익	-25	-29	-21	-28	-4	-1
당기순이익	-27	-29	-25	-32	-15	-41

재무 상태 〈단위 : 억원〉

항목	2012	2013	2014	2015	2016	2017.2Q
총자산	287	442	639	676	643	624
유형자산	135	230	402	357	358	340
무형자산	0	1	1	2	12	18
유가증권	—	0	1	91	47	5
총부채	208	292	404	309	374	349
총차입금	114	198	305	256	327	300
자본금	15	16	19	25	51	55
총자본	79	151	235	367	268	274
지배주주지분	79	151	235	367	268	274

기업가치 지표

항목	2012	2013	2014	2015	2016	2017.2Q
주가(최고/저)(천원)	—/—	—/—	—/—	8.1/5.3	11.3/6.4	—/—
PER(최고/저)(배)	0.0/0.0	0.0/0.0	0.0/0.0	35.8/23.2	4.3/2.4	4.0/2.4
PBR(최고/저)(배)	0.0/0.0	0.0/0.0	0.0/0.0	2.2/1.5	4.3/2.4	4.0/2.4
EV/EBITDA(배)	1.5		1.2	2.2	8.2	
EPS(원)	422	743	576	227	-1,123	-520
BPS(원)	26,483	37,284	58,279	7,225	2,641	2,483
CFPS(원)	23,786	27,648	24,757	1,831	-495	-263
DPS(원)						
EBITDAPS(원)	23,983	32,746	30,883	2,071	-383	216

재무 비율 〈단위 : %〉

연도	영업이익률	순이익률	부채비율	차입금비율	ROA	ROE	유보율	자기자본비율	EBITDA마진율
2016	-36.2	-40.2	139.4	121.9	-17.3	-35.9	428.3	41.8	-13.7
2015	7.2	4.7	84.1	69.8	3.1	6.8	1,344.9	54.3	21.6
2014	13.0	8.2	171.5	129.4	7.7	21.7	1,115.2	36.8	24.3
2013	13.0	9.6	193.6	131.2			841.4	34.1	21.3

유투바이오 (A221800)
U2BIO COLTD

업　　종 : 의료 장비 및 서비스
신용등급 : (Bond) —　(CP) —
홈 페 이 지 : www.u2bio.co.kr
본　　사 : 서울시 송파구 거마로 65 4층(마천동)
시　　장 : KONEX
기업규모 : —
연 락 처 : 02)910-2100

설 립 일	2009.01.02	종 업 원 수	50명	대 표 이 사	김진태
상 장 일	2015.06.29	감 사 의 견	적정 (삼영)	계　　　열	
결 산 기	12월	보 통 주		종속회사수	
액 면 가	—	우 선 주		구 상 호	

주주구성 (지분율,%)		출자관계 (지분율,%)		주요경쟁사 (외형,%)	
김진태	18.4	U2BIOThailand	34.0	유투바이오	100
휴맥스홀딩스	14.0			비트컴퓨터	224
				하이로닉	98

매출구성		비용구성		수출비중	
일반 진단 검사 서비스(용역)	52.0	매출원가율	76.1	수출	1.0
상품(상품)	30.6	판관비율	19.6	내수	99.0
분자 진단 검사 서비스(용역)	13.7				

회사 개요
동사는 2009년 1월 2일에 설립되었으며 2015년 6월 29일 한국거래소 코넥스 시장에 주식을 상장함. 분자진단검사를 진행하는 BT(Bio Technology) 서비스와 BT service 과정에서 산출된 검사 결과들을 병·의원의 전자의무기록 프로그램에 실시간으로 연동하여 검사결과를 전송하는 IT(Information Technology) service를 병·의원에 제공하고 있음.

실적 분석
동사의 2016년 매출액은 158.7억원으로 전년 130.2억원에서 증가함. 영업이익은 6.7억원으로 전년 6.2억원에서 소폭 늘었고, 당기순이익은 3.4억원으로 전년보다 5.5% 감소함. 신규사업으로 영유아와 산모 영양관리를 위한 위치기반 서비스인 모유 영양 분석 서비스와 간호사 등의 검진가가 검진 대상자를 직접 방문하여 검진을 하는 파라메딕(Paramedic) 서비스를 제공하기 위해 추진 중임.

현금 흐름 *IFRS 별도 기준 〈단위 : 억원〉

항목	2016	2017.2Q
영업활동	-2	—
투자활동	-2	—
재무활동	12	—
순현금흐름	8	—
기말현금	12	—

시장 대비 수익률

결산 실적 〈단위 : 억원〉

항목	2012	2013	2014	2015	2016	2017
매출액		94	110	130	159	
영업이익		4	7	6	7	
당기순이익		5	3	4	3	

분기 실적 *IFRS 별도 기준 〈단위 : 억원〉

항목	2016.1Q	2016.2Q	2016.3Q	2016.4Q	2017.1Q	2017.2Q
매출액						
영업이익						
당기순이익						

재무 상태 *IFRS 별도 기준 〈단위 : 억원〉

항목	2012	2013	2014	2015	2016	2017.2Q
총자산	—	87	122	136	161	
유형자산	—	3	6	5	5	
무형자산	—	3	2	1	5	
유가증권	—	0	1	4	—	
총부채	—	71	81	91	78	
총차입금	—	37	44	49	26	
자본금	—	6	7	7	9	
총자본	—	16	41	45	83	
지배주주지분	—	16	41	45	83	

기업가치 지표 *IFRS 별도 기준

항목	2012	2013	2014	2015	2016	2017.2Q
주가(최고/저)(천원)				37.0/10.8	35.0/13.1	—/—
PER(최고/저)(배)	0.0/0.0	0.0/0.0	0.0/0.0	148.7/43.2	185.0/69.0	
PBR(최고/저)(배)	0.0/0.0	0.0/0.0	0.0/0.0	12.0/3.5	7.7/2.9	0.0/0.0
EV/EBITDA(배)	0.0		5.2	3.7	54.9	39.8
EPS(원)	—	116	250	249	189	
BPS(원)	—	1,347	2,842	3,092	4,573	
CFPS(원)	—	283	440	447	308	
DPS(원)						
EBITDAPS(원)	—	543	755	623	489	

재무 비율 〈단위 : %〉

연도	영업이익률	순이익률	부채비율	차입금비율	ROA	ROE	유보율	자기자본비율	EBITDA마진율
2016	4.2	2.2	93.9	31.3	2.3	5.4	814.5	51.6	5.6
2015	4.7	2.8	204.5	110.1	2.8	8.4	518.4	32.8	6.9
2014	6.2	2.8	196.7	106.5	2.9	10.7	468.3	33.7	8.3
2013	4.7	1.5	448.1	231.0		0.0	169.4	18.2	6.8

유한양행 (A000100)
Yuhan

업 종 : 제약		시 장 : 거래소	
신용등급 : (Bond) AA- (CP) —		기업규모 : 시가총액 대형주	
홈 페 이 지 : www.yuhan.co.kr		연 락 처 : 02)828-0181	
본 사 : 서울시 동작구 노량진로 74			

설 립 일	1926.06.20	종 업 원 수	1,717명	대 표 이 사	대표이사이정희
상 장 일	1962.11.01	감 사 의 견	적정 (삼일)	계 열	
결 산 기	12월	보 통 주	1,167만주	종속회사수	3개사
액 면 가	5,000원	우 선 주	24만주	구 상 호	

주주구성 (지분율,%)
유한재단	15.5
국민연금공단	12.2
(외국인)	26.5

출자관계 (지분율,%)
유한화학	100.0
유한메디카	100.0
유한필리아	100.0

주요경쟁사 (외형,%)
유한양행	100
한미사이언스	50
한미약품	67

매출구성
트라젠타 외	31.7
기타	25.9
FTC등	18.7

비용구성
매출원가율	70.5
판관비율	22.1

수출비중
수출	20.0
내수	80.0

회사 개요
국내 최대 제약 업체 중 하나로 전문의약품, 해외사업, 생활용품 등의 사업을 영위하고 있음. 2017년 반기 기준 전체 사업에서 의약품 비중이 약 70%를 차지하고 있고, 해외사업이 약 20%, 생활용품이 약 10%를 차지하고 있음. 의약품 부문 2016년 시장점유율은 7.0%. 내수 부진을 타개하기 위해 외자 업체들의 전문의약품을 도입해 판매함. 길리어드의 비리어드, 베링거인겔하임의 트라젠타를 도입해 양호한 성과를 내고 있음.

실적 분석
2분기 API 수출은 기대치를 하회했으나 상반기 API 수출 합산 수치는 전년동기 대비 크게 신장됨. 1분기 실적 호조로 동사의 2017년 상반기 연결기준 매출액과 영업이익은 각각 전년동기 대비 15.9%, 26.3% 신장함. 글로벌 파트너사 신규 도입 품목 증가에 따라 하반기 실적 개선세 예상됨. 7월부터 소발디와 하보니 판매실적이 반영되면 전분기 대비 300억 내외 매출신장 예상.

현금 흐름 〈단위 : 억원〉
항목	2016	2017.2Q
영업활동	741	1,128
투자활동	-771	-203
재무활동	233	-729
순현금흐름	230	187
기말현금	2,449	2,635

시장 대비 수익률

결산 실적 〈단위 : 억원〉
항목	2012	2013	2014	2015	2016	2017
매출액	7,765	9,436	10,175	11,287	13,208	—
영업이익	346	618	744	858	978	—
당기순이익	808	865	909	1,260	1,612	—

분기 실적 〈단위 : 억원〉
항목	2016.1Q	2016.2Q	2016.3Q	2016.4Q	2017.1Q	2017.2Q
매출액	2,765	3,327	3,618	3,498	3,512	3,551
영업이익	199	246	252	280	355	207
당기순이익	513	341	241	518	295	324

재무 상태 〈단위 : 억원〉
항목	2012	2013	2014	2015	2016	2017.2Q
총자산	14,031	15,140	16,160	18,803	20,459	20,510
유형자산	1,853	2,251	2,364	3,078	3,339	3,357
무형자산	85	98	97	118	159	240
유가증권	2,453	1,934	3,065	3,650	3,773	3,666
총부채	2,149	2,857	3,401	5,164	5,494	5,151
총차입금	81	521	702	1,516	1,966	1,484
자본금	569	569	569	569	569	595
총자본	11,882	12,282	12,759	13,639	14,966	15,359
지배주주지분	11,882	12,282	12,759	13,639	14,966	15,298

기업가치 지표
항목	2012	2013	2014	2015	2016	2017.2Q
주가(최고/저)(천원)	178/97.3	198/157	189/155	288/154	318/177	—/—
PER(최고/저)(배)	27.3/15.0	28.2/22.4	25.5/20.9	27.7/14.8	23.7/13.2	—/—
PBR(최고/저)(배)	1.7/0.9	1.8/1.4	1.6/1.3	2.3/1.2	2.3/1.3	1.8/1.3
EV/EBITDA(배)	30.9	22.4	15.4	23.6	14.7	—/—
EPS(원)	6,787	7,264	7,641	10,590	13,548	5,170
BPS(원)	113,958	119,850	125,883	134,142	145,888	142,481
CFPS(원)	8,623	9,252	10,314	13,795	17,927	7,265
DPS(원)	1,250	1,500	1,750	2,000	2,000	—
EBITDAPS(원)	4,569	7,090	8,860	10,264	12,355	6,822

재무 비율 〈단위 : % 〉
연도	영업이익률	순이익률	부채비율	차입금비율	ROA	ROE	유보율	자기자본비율	EBITDA마진율
2016	7.4	12.2	36.7	13.1	8.2	11.3	2,817.8	73.2	10.7
2015	7.6	11.2	37.9	11.1	7.2	9.6	2,582.8	72.5	10.4
2014	7.3	8.9	26.7	5.5	5.8	7.3	2,417.7	79.0	9.9
2013	6.6	9.2	23.3	4.2	5.9	7.2	2,297.0	81.1	8.6

유화증권 (A003460)
Yuhwa Securities

업 종 : 증권		시 장 : 거래소	
신용등급 : (Bond) — (CP) —		기업규모 : 시가총액 소형주	
홈 페 이 지 : www.yhs.co.kr		연 락 처 : 02)3770-0100	
본 사 : 서울시 영등포구 국제금융로2길 36 유화증권빌딩			

설 립 일	1962.06.02	종 업 원 수	62명	대 표 이 사	윤경립
상 장 일	1987.08.24	감 사 의 견	적정 (한영)	계 열	
결 산 기	12월	보 통 주	1,134만주	종속회사수	
액 면 가	5,000원	우 선 주	350만주	구 상 호	

주주구성 (지분율,%)
윤경립	22.0
윤대섭	4.3
(외국인)	2.6

출자관계 (지분율,%)
한국예탁결제원	3.4
한국거래소	2.9
한국증권금융	0.4

주요경쟁사 (외형,%)
유화증권	100
SK증권	1,043
현대차투자증권	1,120

수익구성
이자수익	64.8
수수료수익	16.6
기타영업수익	11.8

비용구성
이자비용	13.3
파생상품손실	0.0
판관비	79.7

수출비중
수출	—
내수	—

회사 개요
1962년에 설립된 동사는 자본시장법에 따라 증권을 영위하는 금융투자회사로서 투자매매업, 투자중개업, 투자자문업, 투자일임업 등을 영위하고 있음. 동사는 2016년 3분기 기준으로 업계 시장점유율이 0.23%임. 동사는 높은 영업순자본비율 등 회사의 안정성 측면에서는 업계 최고를 기록하고 있으나, 1990년대 중후반 이후 지점 15개 이상을 지속적으로 폐점하며 브로커리지 영업의 열세와 신규사업 진출에 약점이 있음.

실적 분석
동사는 2017년 2분기 영업이익과 당기순이익은 각각 65억원, 63억원으로 전년동기 대비 소폭 증가하였음. 이는 수수료수익 및 금융상품평가나 처분이익의 증가 영향으로 볼 수 있음. 조직 및 점포수의 열세로 브로커리지 영업의 열세와 신규사업 진출에 애로점을 보이고 있음. 소규모 자기자본을 중심으로 안정성 있는 사업을 영위 중이지만 확장성에 있어서는 한계가 있어 보임.

현금 흐름 *IFRS 별도 기준 〈단위 : 억원〉
항목	2016	2017.2Q
영업활동	105	18
투자활동	-135	878
재무활동	207	-426
순현금흐름	177	469
기말현금	202	671

시장 대비 수익률

결산 실적 〈단위 : 억원〉
항목	2012	2013	2014	2015	2016	2017
순영업손익	193	171	147	210	163	—
영업이익	81	62	64	106	63	—
당기순이익	122	125	82	105	77	—

분기 실적 *IFRS 별도 기준 〈단위 : 억원〉
항목	2016.1Q	2016.2Q	2016.3Q	2016.4Q	2017.1Q	2017.2Q
순영업손익	43	54	39	27	35	78
영업이익	18	30	12	3	11	55
당기순이익	20	31	15	10	14	50

재무 상태 *IFRS 별도 기준 〈단위 : 억원〉
항목	2012	2013	2014	2015	2016	2017.2Q
총자산	6,556	6,112	6,416	6,082	6,308	5,927
유형자산	92	89	78	74	71	70
무형자산	12	10	9	8	2	3
유가증권	5,611	5,125	4,839	4,788	5,019	4,134
총부채	1,867	1,502	1,753	1,389	1,732	1,401
총차입금	1,201	819	719	474	924	602
자본금	742	742	742	742	742	742
총자본	4,689	4,610	4,663	4,694	4,576	4,526
지배주주지분	4,689	4,610	4,663	4,694	4,576	4,526

기업가치 지표 *IFRS 별도 기준
항목	2012	2013	2014	2015	2016	2017.2Q
주가(최고/저)(천원)	11.5/9.9	11.1/10.0	15.1/10.7	15.8/12.0	15.4/13.6	—/—
PER(최고/저)(배)	16.2/13.7	15.3/13.7	30.1/21.4	24.6/18.8	31.6/27.9	—/—
PBR(최고/저)(배)	0.4/0.4	0.4/0.3	0.5/0.4	0.5/0.4	0.5/0.4	0.5/0.5
PSR(최고/저)(배)	11/9	11/10	17/12	12/9	15/13	—/—
EPS(원)	864	845	553	707	516	428
BPS(원)	32,402	32,086	32,444	32,819	32,944	32,599
CFPS(원)	997	963	636	818	633	481
DPS(원)	600	600	450	700	850	—
EBITDAPS(원)	544	418	429	715	421	442

재무 비율 〈단위 : % 〉
연도	계속사업이익률	순이익률	부채비율	차입금비율	ROA	ROE	유보율	자기자본비율	총자산증가율
2016	58.9	46.9	37.9	20.2	1.2	1.7	558.9	72.5	3.7
2015	63.3	50.0	29.6	10.1	1.7	2.2	556.4	77.2	-0.5
2014	71.6	56.0	37.6	15.4	1.3	1.8	548.9	72.7	5.0
2013	93.1	73.4	32.6	17.8	2.0	2.7	541.7	75.4	-6.8

육일씨엔에쓰 (A191410)
RYUK-IL C&S

Left company header block

업 종 : 휴대폰 및 관련부품		시 장 : KOSDAQ	
신용등급 : (Bond) — (CP) —		기업규모 : 중견	
홈 페 이 지 : www.61cns.co.kr		연 락 처 : 02)2659-1116	
본 사 : 서울시 영등포구 여의도동 70길 15-1 극동VIP빌딩 702호			

설 립 일	2007.03.14	종 업 원 수	109명	대 표 이 사	구자옥
상 장 일	2015.12.24	감 사 의 견	적정 (정일)	계 열	
결 산 기	12월	보 통 주	852만주	종 속 회 사 수	4개사
액 면 가	500원	우 선 주		구 상 호	

주주구성 (지분율,%)		출자관계 (지분율,%)		주요경쟁사 (외형,%)	
구자옥	53.8	알와이	60.0	육일씨엔에쓰	100
메디씨2014-1 세컨더리 투자조합	2.4	윌리언스	3.8	디스플레이텍	206
(외국인)	0.9	코멕스카본		이엘케이	404

매출구성		비용구성		수출비중	
임가공 매출	44.1	매출원가율	104.5	수출	14.0
모바일폰 용	38.6	판관비율	25.1	내수	86.0
기타	10.2				

회사 개요
동사는 윈도렌즈(강화유리) 제조 및 판매 등을 목적으로 2007년 3월 14일에 설립된 벤처기업으로 2007년 5월 LG전자 협력업체로 등록되었음. 동사의 제품은 형상에 따라 2D, 2.5D, 3D로 구분되며, 용도에 따라 Main CG, Back CG, Camera CG로 구분될 수 있음. 동사의 현재 목표시장은 휴대폰 CG 시장에 집중되어 있으며, 미래의 목표시장으로서 자동차용 CG시장을 설정함.

실적 분석
동사의 2017년 상반기 매출은 526.7억원으로 전년대비 228.9% 증가, 영업이익은 70.4억원으로 전년대비 흑자전환, 당기순이익도 68.1억원으로 흑자전환을 시현. 2017년 글로벌 3D 강화 유리 시장 확대와 중화권 업체 향 수출 확대 노력으로 외형 성장을 거두면서 3D 강화 유리 생산능력을 확대하여 매출 확대 시현하고 LG 프리미엄전략폰 V30에 부품을 공급하며 매출 향상 중.

현금 흐름 〈단위 : 억원〉

항목	2016	2017.2Q
영업활동	-21	-6
투자활동	-148	-267
재무활동	135	239
순현금흐름	-35	-40
기말현금	67	27

시장 대비 수익률

결산 실적 〈단위 : 억원〉

항목	2012	2013	2014	2015	2016	2017
매출액	1,161	1,398	1,069	795	432	—
영업이익	-2	104	81	23	-128	—
당기순이익	11	55	28	-62	-148	—

분기 실적 〈단위 : 억원〉

항목	2016.1Q	2016.2Q	2016.3Q	2016.4Q	2017.1Q	2017.2Q
매출액	82	78	90	182	489	244
영업이익	-5	-54	-5	-64	35	36
당기순이익	-7	-45	-10	-87	45	23

재무 상태 〈단위 : 억원〉

항목	2012	2013	2014	2015	2016	2017.2Q
총자산	467	467	680	643	880	1,152
유형자산	151	194	238	336	450	578
무형자산	3	2	2	1	1	19
유가증권	—	3		15	15	15
총부채	410	312	497	330	709	896
총차입금	148	221	302	226	362	481
자본금	10	13	39	43	43	43
총자본	57	155	183	313	171	256
지배주주지분	57	152	181	311	170	255

기업가치 지표

항목	2012	2013	2014	2015	2016	2017.2Q
주가(최고/저)(천원)	—/—	—/—	—/—	5.6/5.0	9.1/5.0	—/—
PER(최고/저)(배)	0.0/0.0	0.0/0.0	0.0/0.0	—/—	—/—	2.9/1.9
PBR(최고/저)(배)	0.0/0.0	0.0/0.0	0.0/0.0	1.5/1.3	4.4/2.4	1.1/0.7
EV/EBITDA(배)	5.3		0.7	1.4	10.3	
EPS(원)	178	972	369	-62	-1,733	799
BPS(원)	34,997	60,669	2,391	3,714	2,061	2,993
CFPS(원)	19,572	48,469	745	370	-1,324	1,067
DPS(원)						
EBITDAPS(원)	13,458	70,159	1,420	727	-1,093	1,095

재무 비율 〈단위 : % 〉

연도	영업이익률	순이익률	부채비율	차입금비율	ROA	ROE	유보율	자기자본비율	EBITDA마진율
2016	-29.6	-34.3	414.5	211.7	-19.5	-61.4	312.3	19.4	-21.6
2015	2.9	-0.7	105.7	72.3	-0.8	-2.0	642.8	48.6	7.2
2014	7.6	2.6	271.7	165.0	4.9	17.3	378.2	26.9	10.4
2013	7.4	4.0	201.2	142.7			1,113.4	33.2	10.3

율촌화학 (A008730)
YoulChon Chemical

업 종 : 용기 및 포장		시 장 : 거래소	
신용등급 : (Bond) A+ (CP) A1		기업규모 : 시가총액 중형주	
홈 페 이 지 : www.youlchon.com		연 락 처 : 02)822-0022	
본 사 : 서울시 동작구 여의대방로 112, 도연관 15층 (신대방동)			

설 립 일	1973.05.01	종 업 원 수	847명	대 표 이 사	송녹정,신동윤
상 장 일	1988.08.30	감 사 의 견	적정 (한영)	계 열	
결 산 기	12월	보 통 주	2,480만주	종 속 회 사 수	
액 면 가	500원	우 선 주		구 상 호	

주주구성 (지분율,%)		출자관계 (지분율,%)		주요경쟁사 (외형,%)	
농심홀딩스	31.9	YOULCHON VINA PLASTIC JSC	62.0	율촌화학	100
신동윤	13.9			태림포장	85
(외국인)	6.8			한진피앤씨	21

매출구성		비용구성		수출비중	
[제품]연포장, BOPP, CPP, 골판지 등	60.3	매출원가율	85.7	수출	9.0
[제품]이형지,전자소재 외	26.8	판관비율	7.7	내수	91.0
[상품]연포장, BOPP, CPP, 골판지 등	9.6				

회사 개요
동사는 1973년에 설립돼 연포장, Film, 골판지등 포장재를 제조하는 업체임. 동사는 라면, 스낵, 냉동식품, 레토르트 등이 생활 용품류인 섬유유연제, 세제류 및 화장품, 의약품, 산업용 포장지 등 각종 포장지를 제조, 판매함. 동사의 최대주주는 농심으로 식품회사인 계열사와 긴밀한 협력관계를 유지해 시장점유율 1위를 유지하고 있음. 최근 몇년간 터치패드용 필름, 2차전지용 파우치 등 IT소재로 영역을 확장함.

실적 분석
연포장, BOPP, CPP, 골판지 등을 생산하는 포장사업부문의 매출은 소폭 감소하였으나, 이형지와 전재소재 부문의 매출이 약 21% 가량 증가함. 이에 따라 2017년 상반기 전체 매출액은 전년동기 대비 4.2% 증가한 2,336.3억원을 기록함. 국제유가는 점진적으로 하락하였으나, 원지 및 알미늄 가격 상승으로 원가율이 악화되면서 영업이익은 8.8% 감소함. 외환 관련 손실이 크게 늘어나면서 영업외수지도 악화되는 모습을 나타냄.

현금 흐름 *IFRS 별도 기준 〈단위 : 억원〉

항목	2016	2017.2Q
영업활동	545	153
투자활동	-230	-126
재무활동	-250	-124
순현금흐름	66	-98
기말현금	171	73

시장 대비 수익률

결산 실적 〈단위 : 억원〉

항목	2012	2013	2014	2015	2016	2017
매출액	4,057	4,407	4,519	4,362	4,435	—
영업이익	274	368	144	222	291	—
당기순이익	226	275	91	140	209	—

분기 실적 *IFRS 별도 기준 〈단위 : 억원〉

항목	2016.1Q	2016.2Q	2016.3Q	2016.4Q	2017.1Q	2017.2Q
매출액	1,105	1,137	1,103	1,090	1,120	1,216
영업이익	118	81	43	49	87	94
당기순이익	85	50	23	51	56	77

재무 상태 *IFRS 별도 기준 〈단위 : 억원〉

항목	2012	2013	2014	2015	2016	2017.2Q
총자산	4,446	5,229	5,662	5,152	5,268	5,252
유형자산	2,481	3,074	3,092	3,018	3,031	3,047
무형자산	75	72	69	68	72	70
유가증권	6	7	4	3	3	3
총부채	1,404	2,040	2,521	2,004	2,056	2,034
총차입금	482	1,083	1,662	1,125	999	1,000
자본금	148	148	148	148	148	148
총자본	3,042	3,189	3,141	3,148	3,212	3,218
지배주주지분	3,042	3,189	3,141	3,148	3,212	3,218

기업가치 지표 *IFRS 별도 기준

항목	2012	2013	2014	2015	2016	2017.2Q
주가(최고/저)(천원)	7.2/6.2	11.3/6.9	13.3/10.2	12.1/9.7	14.1/10.8	—/—
PER(최고/저)(배)	9.9/8.5	12.0/7.3	41.0/31.5	23.1/18.5	17.3/13.3	—/—
PBR(최고/저)(배)	0.7/0.6	1.0/0.6	1.2/0.9	1.0/0.8	1.1/0.9	1.1/1.0
EV/EBITDA(배)	5.4	7.1	11.7	8.6	8.2	
EPS(원)	912	1,108	365	564	844	534
BPS(원)	12,265	12,859	12,665	12,694	12,951	12,976
CFPS(원)	1,546	1,812	1,208	1,475	1,752	989
DPS(원)	500	500	500	500	500	1,187
EBITDAPS(원)	1,740	2,187	1,422	1,805	2,083	1,187

재무 비율 〈단위 : % 〉

연도	영업이익률	순이익률	부채비율	차입금비율	ROA	ROE	유보율	자기자본비율	EBITDA마진율
2016	6.6	4.7	64.0	31.1	4.0	6.6	2,073.7	61.0	11.7
2015	5.1	3.2	63.7	35.7	2.6	4.5	2,030.5	61.1	10.3
2014	3.2	2.0	80.3	52.9	1.7	2.9	2,025.7	55.5	7.8
2013	8.4	6.2	64.0	34.0	5.7	8.8	2,058.2	61.0	12.3

이건산업 (A008250)
Eagon Industrial

업 종 : 종이 및 목재		시 장 : 거래소	
신용등급 (Bond) — (CP) —		기업규모 : 시가총액 소형주	
홈 페 이 지 : www.eagon.com		연 락 처 : 032)760-0800	
본 사 : 인천시 남구 염로로 91 (도화동)			

설 립 일	1972.12.07	종 업 원 수	267명	대 표 이 사	박승준
상 장 일	1988.10.21	감 사 의 견	적정 (삼정)	계	
결 산 기	12월	보 통 주	937만주	총속회사수	5개사
액 면 가	5,000원	우 선 주		구 상 호	

주주구성 (지분율,%)
이건창호	16.2
박영주	10.0
(외국인)	4.3

출자관계 (지분율,%)
E.L.A	100.0
E.U.S	100.0
E.P.L	100.0

주요경쟁사 (외형,%)
이건산업	100
무림페이퍼	390
페이퍼코리아	145

매출구성
합판, 합판마루	84.9
건축자재, 강화마루	15.3
증기, 전기	7.1

비용구성
매출원가율	84.4
판관비율	9.5

수출비중
수출	28.0
내수	72.0

회사 개요
동사는 1972년 설립된 이후 국내 건설용 합판 사업을 주도해 왔음. 2000년대 중반 이후 건설경기 부진 및 수입물량 증가 등으로 사업 역량이 약화되면서 합판 위주의 사업구조를 개편하며, 목질계 바닥재 사업을 영위하는 이건리빙을 흡수합병하고, 현재에는 합판 및 마루사업에 주력하는 사업구조를 보유하고 있음. 합판 및 마루의 매출비중이 전체매출의 90%를 차지하고 있음.

실적 분석
동사의 2017년 연결기준 2분기 매출액은 1,371.1 억원으로 전년 동기 대비 소폭 감소함. 고정비 증가로 영업이익은 74억원으로 전년(106.8억원) 대비 30.7% 감소함. 특히 조림사업 부문에서 영업이익이 줄어듦. 단 법인세비용 부담이 줄며 당기순이익은 15.1% 증가. 전년 국내 건설경기 침체가 장기화함에 따라 합판, 마루 시장도 소비 위축. 동사는 차별화된 규격으로 혼합 패턴 시공이 가능한 천연마루 '제나 헤링본'을 새롭게 출시함.

현금 흐름 〈단위 : 억원〉
항목	2016	2017.2Q
영업활동	356	106
투자활동	-208	-116
재무활동	-100	49
순현금흐름	50	33
기말현금	217	249

시장 대비 수익률

결산 실적 〈단위 : 억원〉
항목	2012	2013	2014	2015	2016	2017
매출액	2,464	2,285	2,460	2,677	2,903	—
영업이익	219	230	259	185	178	—
당기순이익	45	105	130	25	68	—

분기 실적 〈단위 : 억원〉
항목	2016.1Q	2016.2Q	2016.3Q	2016.4Q	2017.1Q	2017.2Q
매출액	631	800	718	755	639	732
영업이익	52	55	41	30	34	40
당기순이익	45	-16	34	-58	31	5

재무 상태 〈단위 : 억원〉
항목	2012	2013	2014	2015	2016	2017.2Q
총자산	3,521	3,825	4,217	4,676	4,714	4,678
유형자산	1,520	1,648	2,003	2,406	2,423	2,382
무형자산	18	20	19	19	18	19
유가증권	31	25	21	16	59	115
총부채	2,282	2,394	2,625	3,072	3,093	3,101
총차입금	1,551	1,662	1,742	1,993	1,998	2,084
자본금	391	444	468	469	469	469
총자본	1,239	1,431	1,592	1,604	1,621	1,578
지배주주지분	1,224	1,358	1,580	1,585	1,603	1,558

기업가치 지표
항목	2012	2013	2014	2015	2016	2017.2Q
주가(최고/저)(천원)	7.8/4.3	13.4/7.3	18.1/10.8	29.4/10.8	14.7/9.8	—/—
PER(최고/저)(배)	14.5/8.1	11.7/6.4	14.2/8.5	167.0/61.6	217.5/145.7	—/—
PBR(최고/저)(배)	0.5/0.3	0.9/0.5	1.1/0.7	1.8/0.7	0.9/0.6	0.7/0.6
EV/EBITDA(배)	7.0	8.5	8.9	10.1	9.3	—/—
EPS(원)	563	1,198	1,324	180	68	341
BPS(원)	15,668	15,297	16,904	16,913	17,112	16,632
CFPS(원)	1,517	1,950	2,052	1,345	1,360	1,007
DPS(원)		150	150	150	150	
EBITDAPS(원)	3,892	3,436	3,536	3,146	3,192	1,455

재무 비율 〈단위 : % 〉
연도	영업이익률	순이익률	부채비율	차입금비율	ROA	ROE	유보율	자기자본비율	EBITDA마진율
2016	6.1	0.2	190.8	123.3	0.1	0.4	242.2	34.4	10.3
2015	6.9	0.9	191.5	124.3	0.6	1.1	238.3	34.3	11.0
2014	10.5	5.3	164.9	109.4	3.2	8.3	238.1	37.8	13.3
2013	10.1	4.6	167.3	116.1	2.9	8.0	206.4	37.4	12.9

이건홀딩스 (A039020)
Eagon Holdings

업 종 : 건축자재		시 장 : KOSDAQ	
신용등급 (Bond) — (CP) —		기업규모 : 중견	
홈 페 이 지 : www.eagon.com		연 락 처 : 032)760-0001	
본 사 : 인천시 남구 염로로 91			

설 립 일	1988.04.14	종 업 원 수	38명	대 표 이 사	안기명
상 장 일	2000.05.04	감 사 의 견	적정 (삼정)	계	열
결 산 기	12월	보 통 주	1,433만주	총속회사수	3개사
액 면 가	1,000원	우 선 주		구 상 호	

주주구성 (지분율,%)
박승준	20.0
박은정	8.5
(외국인)	0.6

출자관계 (지분율,%)
이건그린텍	100.0
뉴텍화이브	19.4
이건산업	16.2

주요경쟁사 (외형,%)
이건홀딩스	100
덕신하우징	75
코리아에스이	9

매출구성
주택용창호	56.3
빌딩용 및 태양광창호	25.0
파레트류	18.1

비용구성
매출원가율	84.2
판관비율	13.2

수출비중
수출	—
내수	—

회사 개요
2017년 4월 창호 부문을 물적분할함에 따라 지주회사로 전환됨. 계열회사로는 시스템창호와 커튼월, 태양광창호의 제조, 판매, 시공사업을 영위하는 이건창호와 물류포장재(파레트)의 제조 및 판매를 하는 이건그린텍이 있음. 인건창호는 시스템창호를 국내에 최초로 도입한 업체로서 염료감응형 태양전지 창호를 상용화했으며, 향후 태양전지를 조명에 사용할 수 있는 충전용 방식이나 특수 모듈로 개발하는 능 DSSC기술의 적용 상품군을 확대할 계획임.

실적 분석
창호 부문의 수출과 내수 모두 호조세를 보여 2017년 상반기 전체 매출액이 전년동기 대비 25.7% 증가하였음. 원가율 개선과 고정비용 부담 완화로 영업이익도 크게 호전됨. 과거 공사로 인한 손실을 제거하기 위하여 제품수출 위주로 사업정책을 바꾸었음. 특히, 북미시장의 커튼월사업을 성공적으로 진행하고 있음. B2B위주의 사업구조를 B2C로 전환하여 건설경기의 영향을 덜 받는 사업구조를 만들어 가고 있음.

현금 흐름 〈단위 : 억원〉
항목	2016	2017.2Q
영업활동	109	-47
투자활동	50	-29
재무활동	-52	22
순현금흐름	108	-54
기말현금	150	96

시장 대비 수익률

결산 실적 〈단위 : 억원〉
항목	2012	2013	2014	2015	2016	2017
매출액	1,754	1,685	1,920	1,608	1,626	—
영업이익	36	44	-41	-58	43	—
당기순이익	-7	-18	-68	-78	39	—

분기 실적 〈단위 : 억원〉
항목	2016.1Q	2016.2Q	2016.3Q	2016.4Q	2017.1Q	2017.2Q
매출액	337	374	390	525	392	506
영업이익	-3	-2	-3	52	-2	14
당기순이익	30	-10	-3	21	-3	5

재무 상태 〈단위 : 억원〉
항목	2012	2013	2014	2015	2016	2017.2Q
총자산	2,937	2,851	2,943	2,477	2,596	2,593
유형자산	1,069	1,055	1,174	1,166	1,179	1,189
무형자산	65	69	72	16	20	21
유가증권	81	84	82	82	71	71
총부채	1,917	1,861	1,915	1,537	1,623	1,631
총차입금	1,164	1,121	1,048	814	766	798
자본금	143	143	143	143	143	143
총자본	1,020	990	1,028	940	973	962
지배주주지분	1,020	990	1,028	940	973	962

기업가치 지표
항목	2012	2013	2014	2015	2016	2017.2Q
주가(최고/저)(천원)	5.3/2.6	3.2/2.4	4.2/2.6	6.2/3.1	3.8/3.1	—/—
PER(최고/저)(배)	—/—	—/—	—/—	—/—	14.4/11.5	—/—
PBR(최고/저)(배)	0.8/0.4	0.5/0.4	0.6/0.4	0.9/0.5	0.5/0.4	0.5/0.4
EV/EBITDA(배)	19.7	17.7			14.0	—/—
EPS(원)	-51	-126	-474	-546	270	16
BPS(원)	7,505	7,296	7,562	6,946	7,179	7,101
CFPS(원)	213	124	-252	-330	475	133
DPS(원)	50	50	30	30	30	
EBITDAPS(원)	517	555	-61	-192	507	240

재무 비율 〈단위 : % 〉
연도	영업이익률	순이익률	부채비율	차입금비율	ROA	ROE	유보율	자기자본비율	EBITDA마진율
2016	2.7	2.4	166.8	78.7	1.5	4.0	617.9	37.5	4.5
2015	-3.6	-4.9	163.5	86.6	-2.9	-8.0	594.7	38.0	-1.7
2014	-2.1	-3.5	186.2	102.0	-2.3	-6.7	656.2	34.9	-0.5
2013	2.6	-1.1	187.9	113.3	-0.6	-1.8	629.6	34.7	4.7

이구산업 (A025820)
Lee Ku Industrial

업 종 : 금속 및 광물		시 장 : 거래소	
신용등급 : (Bond) — (CP) —		기업규모 : 시가총액 소형주	
홈페이지 : www.leeku.net		연 락 처 : 031)494-2929	
본 사 : 경기도 평택시 포승읍 포승공단로 42			

설립일	1971.01.16	종업원수	151명	대표이사	손인국,김영길(각자대표이사)
상장일	1995.07.20	감사의견	적정 (한울)	계 열	
결산기	12월	보통주	3,344만주	종속회사수	
액면가	500원	우선주		구상호	

주주구성 (지분율,%)		출자관계 (지분율,%)	주요경쟁사 (외형,%)	
손인국	25.1		이구산업	100
손재영	4.6		포스링크	4
(외국인)	2.1		피제이메탈	50

매출구성		비용구성		수출비중	
[제품]황 동	56.5	매출원가율	92.4	수출	28.0
[제품]동	30.9	판관비율	2.6	내수	72.0
[제품]인청동	6.3				

회사 개요
동사는 1968년 산업용 동판 제조 및 판매를 목적으로 설립됨. 동, 활동, 인청동 등 동제품을 전문으로 생산하는 비철금속 전문 제조업체임. 제품생산을 위해 대단위 규모의 설비와 자본이 투자되는 장치산업으로 분류되며, 자동차, 전기전자부품과 일반 생활용품 제조업 등 다양한 전방산업에 제품 공급중. 공급과잉 상태의 내수시장을 벗어나 중국 및 동남아 지역의 시장확대를 위해 노력중.

실적 분석
동사의 2017년 2분기기준 누적 매출액은 전년동기대비 18.1% 상승한 1,135.6억원을 기록하였음. 비용면에서 전년동기대비 매출원가는 증가 하였으나 인건비도 증가, 기타판매비와관리비도 마찬가지로 증가함. 이와 같이 상승한 매출액 만큼 비용증가도 있었으나 매출액의 더 큰 상승에 힘입어 그에 따라 전년동기대비 영업이익은 63.7억원으로 40.2% 상승하였음. 최종적으로 전년도대비 당기순이익이 상승하여 33.8억원을 기록함.

현금 흐름 *IFRS 별도 기준 〈단위 : 억원〉
항목	2016	2017.2Q
영업활동	83	36
투자활동	-20	-44
재무활동	-109	7
순현금흐름	-6	-2
기말현금	13	11

시장 대비 수익률

결산 실적 〈단위 : 억원〉
항목	2012	2013	2014	2015	2016	2017
매출액	2,444	2,440	2,386	2,106	1,975	—
영업이익	-65	-84	48	-90	100	—
당기순이익	-83	-97	21	-110	45	—

분기 실적 *IFRS 별도 기준 〈단위 : 억원〉
항목	2016.1Q	2016.2Q	2016.3Q	2016.4Q	2017.1Q	2017.2Q
매출액	491	471	452	562	564	572
영업이익	23	23	18	36	42	24
당기순이익	2	28	46	-31	24	9

재무 상태 *IFRS 별도 기준 〈단위 : 억원〉
항목	2012	2013	2014	2015	2016	2017.2Q
총자산	3,017	2,757	2,750	2,497	2,619	2,732
유형자산	1,526	1,512	1,504	1,471	1,247	1,252
무형자산	1	1	1	1	1	1
유가증권	2	1	2	1	1	1
총부채	1,854	1,689	1,660	1,528	1,609	1,705
총차입금	1,561	1,443	1,438	1,309	1,223	1,230
자본금	167	167	167	167	167	167
총자본	1,163	1,068	1,089	969	1,010	1,027
지배주주지분	1,163	1,068	1,089	969	1,010	1,027

기업가치 지표 *IFRS 별도 기준
항목	2012	2013	2014	2015	2016	2017.2Q
주가(최고/저)(천원)	1.7/1.2	1.5/1.1	1.3/1.0	1.5/1.0	2.9/1.1	—/—
PER(최고/저)(배)	—/—	—/—	21.7/16.6	—/—	22.1/8.4	—/—
PBR(최고/저)(배)	0.5/0.4	0.5/0.4	0.4/0.3	0.5/0.4	1.0/0.4	1.0/0.6
EV/EBITDA(배)			19.7		13.8	
EPS(원)	-250	-291	64	-328	135	101
BPS(원)	3,477	3,193	3,257	2,899	3,020	3,070
CFPS(원)	-121	-159	197	-188	275	170
DPS(원)			20		50	
EBITDAPS(원)	-67	-119	275	-128	438	259

재무 비율 〈단위 : %〉
연도	영업이익률	순이익률	부채비율	차입금비율	ROA	ROE	유보율	자기자본비율	EBITDA마진율
2016	5.0	2.3	159.3	121.1	1.8	4.6	504.0	38.6	7.4
2015	-4.3	-5.2	157.6	135.0	-4.2	-10.7	479.8	38.8	-2.0
2014	2.0	0.9	152.4	132.0	0.8	2.0	551.4	39.6	3.9
2013	-3.4	-4.0	158.2	135.1	-3.4	-8.7	538.6	38.7	-1.6

이그잭스 (A060230)
Exax

업 종 : 통신장비		시 장 : KOSDAQ	
신용등급 : (Bond) — (CP) —		기업규모 : 벤처	
홈페이지 : www.exax.co.kr		연 락 처 : 054)465-7395	
본 사 : 대구시 달성군 논공읍 논공로 556			

설립일	1999.12.22	종업원수	130명	대표이사	조근호
상장일	2002.06.15	감사의견	적정 (삼일)	계 열	
결산기	12월	보통주	3,483만주	종속회사수	2개사
액면가	500원	우선주		구상호	

주주구성 (지분율,%)		출자관계 (지분율,%)	주요경쟁사 (외형,%)	
일동케미칼	8.5		이그잭스	100
에스씨유나이티드	6.4		라이트론	90
(외국인)	1.1		텔레필드	93

매출구성		비용구성		수출비중	
NFC안테나, RFID태그,NFC태그	65.1	매출원가율	81.9	수출	45.0
OCR, PR, Resin, Ag Paste, BOE Etchant 등	34.2	판관비율	17.7	내수	55.0
기타	0.8				

회사 개요
동사는 1999년 설립된 화공약품류 및 전자재료 전문 생산업체로서 LCD, OLED 등의 디스플레이 제조공정에 필요한 세정액, 현상액 등의 화공약품 및 전자재료와 NFC안테나, RFID태그 및 NFC태그 등의 전자부품이 주력상품임. 다양한 성질의 잉크 및 점성액체를 필름, 유리 등에 인쇄하여 전자소자를 만드는 인쇄 전자사업도 영위중임. 당분기 기준 전자소재와 전자부품이 각각 매출의 39.5%, 59.5% 가량을 차지하고 있다.

실적 분석
동사의 2017년 반기 매출액은 207.2억원으로 전년과 비슷한 매출 달성(-0.8%). 영업이익은 전년동기대비 43.4% 증가한 1.4억원을 기록함. NFC안테나, RFID태그, NFC태그를 생산하는 전자부문 매출이 소폭 축소. 전방산업인 LCD 시장 경쟁 심화로 국내 업체의 생산 축소로 매출 정체 현상을 보임. 2017년 디스플레이 소재에 대한 중국 시장 수요를 타켓으로 현지 시장 공략을 본격화할 계획.

현금 흐름 〈단위 : 억원〉
항목	2016	2017.2Q
영업활동	23	-33
투자활동	-10	-110
재무활동	45	87
순현금흐름	58	-56
기말현금	61	6

시장 대비 수익률

결산 실적 〈단위 : 억원〉
항목	2012	2013	2014	2015	2016	2017
매출액	556	721	771	512	462	—
영업이익	23	35	-15	-11	2	—
당기순이익	34	45	-124	-67	-86	—

분기 실적 〈단위 : 억원〉
항목	2016.1Q	2016.2Q	2016.3Q	2016.4Q	2017.1Q	2017.2Q
매출액	122	87	119	133	102	105
영업이익	2	-1	1	0	-8	-17
당기순이익	-2	-49	-4	-32	-8	-1

재무 상태 〈단위 : 억원〉
항목	2012	2013	2014	2015	2016	2017.2Q
총자산	538	863	674	574	542	646
유형자산	358	476	367	320	292	306
무형자산	11	68	65	54	12	52
유가증권	4	10	6	2	0	28
총부채	454	698	591	392	335	413
총차입금	329	552	426	302	241	320
자본금	34	38	43	91	156	170
총자본	84	165	83	182	207	233
지배주주지분	84	165	83	182	207	226

기업가치 지표
항목	2012	2013	2014	2015	2016	2017.2Q
주가(최고/저)(천원)	2.9/0.8	5.6/2.0	4.2/2.0	2.5/1.1	2.2/1.1	—/—
PER(최고/저)(배)	6.8/1.8	12.4/4.4	—/—	—/—	—/—	—/—
PBR(최고/저)(배)	1.7/0.5	2.4/0.9	3.1/1.5	2.1/0.9	2.4/1.2	2.0/1.3
EV/EBITDA(배)	10.3	12.9	36.0	24.4	14.7	
EPS(원)	424	454	-1,118	-468	-398	-75
BPS(원)	2,331	3,174	1,831	1,421	907	889
CFPS(원)	1,041	986	-1,103	-253	-235	-27
DPS(원)						
EBITDAPS(원)	862	845	227	206	171	52

재무 비율 〈단위 : %〉
연도	영업이익률	순이익률	부채비율	차입금비율	ROA	ROE	유보율	자기자본비율	EBITDA마진율
2016	0.4	-18.7	162.1	116.8	-15.5	-44.5	81.4	38.2	8.1
2015	-2.2	-13.0	215.0	165.6	-10.7	-50.3	184.2	31.7	4.9
2014	-2.0	-16.1	713.2	513.9	-16.2	-100.2	266.1	12.3	2.4
2013	4.9	6.3	422.8	334.2	6.5	36.4	534.8	19.1	8.7

이글루시큐리티 (A067920)
IGLOO SECURITY

업 종 : 일반 소프트웨어	시 장 : KOSDAQ
신용등급 : (Bond) — (CP) —	기업규모 : 벤처
홈페이지 : www.igloosec.co.kr	연 락 처 : (02)3452-8814
본 사 : 서울시 송파구 정의로8길 7 한스빌딩	

설 립 일 1999.11.02	종 업 원 수 686명	대 표 이 사 이득춘	
상 장 일 2010.08.04	감사의견 적정 (삼정)	계 열	
결 산 기 12월	보 통 주 1,100만주	종속회사수 3개사	
액 면 가 500원	우 선 주	구 상 호	

주주구성 (지분율,%)
이득춘	13.9
에스원	11.0
(외국인)	0.7

출자관계 (지분율,%)
씨아이씨	90.9
코바이노베이션	50.0
디아이섹	20.0

주요경쟁사 (외형,%)
이글루시큐리티	100
포시스	24
한컴시큐어	25

매출구성
보안관제 서비스 외	81.6
통합보안관리 솔루션 외	18.4

비용구성
매출원가율	0.0
판관비율	95.3

수출비중
수출	3.0
내수	97.0

회사 개요
동사는 통합보안관리 서비스 전문 업체로서, 보안관리 솔루션을 구축해 주는 솔루션 사업 부문과 보안시스템의 관리 및 정책 수립, 원격관리 등의 서비스를 제공하는 보안관제 서비스를 영위함. 통합보안관리솔루션 IS-ESM이 대표 브랜드로서, 공공기관, 금융권, 통신 등 다양한 분야에 도입됨. 관제서비스 부문이 전체 매출의 70% 이상을 차지하며 새로이 이메일 보안 솔루션 출시, 수출은 점차 증가세이며 루마니아, 에티오피아 등 해외 시장 개척 노력 중.

실적 분석
동사의 2017년 2분기 기준 누적 매출액은 294.8억원으로 전년 동기 271.4억원 대비 8.6% 증가. 영업이익은 18.9억원을 시현하며 전년 동기 대비 소폭 감소함. 당기순이익도 22.9억을 시현하며 전년 동기 대비 증가함. 정보 보안의 중요성이 부각되고 있으며, ISO27001과 같은 국제규격인증을 획득하는 동시에 해외 수출성과를 거두고 있어 향후 성장성 기대는 유효함. 정보보호산업진흥법 반영에 의한 매출 성장 기대.

현금 흐름 〈단위 : 억원〉
항목	2016	2017.2Q
영업활동	32	27
투자활동	-22	-74
재무활동	-10	10
순현금흐름	1	-37
기말현금	85	48

시장 대비 수익률

결산 실적 〈단위 : 억원〉
항목	2012	2013	2014	2015	2016	2017
매출액	470	540	564	549	581	—
영업이익	31	-7	-87	-28	28	—
당기순이익	37	-7	-102	-38	35	—

분기 실적 〈단위 : 억원〉
항목	2016.1Q	2016.2Q	2016.3Q	2016.4Q	2017.1Q	2017.2Q
매출액	162	110	122	187	182	113
영업이익	25	-5	-4	12	41	-22
당기순이익	26	-4	-4	17	42	-19

재무 상태 〈단위 : 억원〉
항목	2012	2013	2014	2015	2016	2017.2Q
총자산	630	647	480	445	437	445
유형자산	80	79	75	76	8	18
무형자산	42	20	19	22	29	33
유가증권	14	12	9	15	17	25
총부채	202	223	100	105	72	46
총차입금	118	122	—	—	—	—
자본금	38	38	51	51	51	55
총자본	427	424	380	340	366	399
지배주주지분	427	424	380	339	365	399

기업가치 지표
항목	2012	2013	2014	2015	2016	2017.2Q
주가(최고/저)(천원)	5.7/4.5	8.0/4.6	7.5/4.1	5.4/3.5	4.8/3.6	—/—
PER(최고/저)(배)	14.4/11.5	376.6/217.6	—/—	—/—	13.9/10.6	—/—
PBR(최고/저)(배)	1.2/0.9	1.7/1.0	2.0/1.1	1.6/1.0	1.3/1.0	1.6/1.1
EV/EBITDA(배)	6.9	59.8	—	—	6.6	—/—
EPS(원)	411	22	-1,042	-373	346	225
BPS(원)	6,015	5,964	3,939	3,536	3,872	4,052
CFPS(원)	614	202	-934	-263	444	273
DPS(원)	70	50	30	30	50	—
EBITDAPS(원)	537	78	-779	-161	366	228

재무 비율 〈단위 : % 〉
연도	영업이익률	순이익률	부채비율	차입금비율	ROA	ROE	유보율	자기자본비율	EBITDA마진율
2016	4.7	6.0	19.6	0.0	7.9	10.1	674.4	83.6	6.4
2015	-5.1	-7.0	30.9	0.0	-8.3	-10.6	607.3	76.4	-3.0
2014	-15.4	-18.1	26.4	0.0	-18.1	-25.4	687.9	79.1	-13.5
2013	-1.4	0.4	52.7	28.9	0.3	0.5	1,092.7	65.5	1.1

이-글벳 (A044960)
Eagle Vetrinary Technology

업 종 : 제약	시 장 : KOSDAQ
신용등급 : (Bond) (CP) —	기업규모 : 중견
홈페이지 : www.eaglevet.com	연 락 처 : (041)331-4100
본 사 : 충남 예산군 신암면 추사로 235-34	

설 립 일 1983.12.06	종 업 원 수 118명	대 표 이 사 강승조,강태성(각자대표이사)	
상 장 일 2000.11.16	감사의견 적정 (대주)	계 열	
결 산 기 12월	보 통 주 1,167만주	종속회사수	
액 면 가 500원	우 선 주	구 상 호	

주주구성 (지분율,%)
강태성	14.5
강승조	14.2
(외국인)	3.5

출자관계 (지분율,%)
동물약품공업협동조합	3.6
한국동물약품협회	
르완다	19.0

주요경쟁사 (외형,%)
이-글 벳	100
한국비엔씨	43
삼일제약	335

매출구성
기타(상품)	33.7
기타(제품)	28.9
NOW SB A/D Dog 6LB 외	24.7

비용구성
매출원가율	70.6
판관비율	25.5

수출비중
수출	21.0
내수	79.0

회사 개요
동사는 동물약품제조, 판매 등을 영위할 목적으로 1970년 10월 개인기업인 이글케미칼공업사로 설립됨. 이후 1983년 12월 주식회사 이글케미칼 법인으로 전환, 2000년 6월 이-글 벳으로 상호를 변경. 2000년 11월 코스닥 시장에 상장됨. 설립 당시 순수 제조 및 판매에 주력하다가 1980년 초반부터 외국의 유명 제품들을 수입, 판매하기 시작함. 애완동물 사료 및 부외품 사업을 신규 사업으로 진행하고 있음.

실적 분석
동사의 2017년 2분기기준 누적 매출액은 전년동기대비 33.6% 상승한 182.2억원을 기록하였음. 비용면에서 매출원가는 증가 하였으며 인건비도 증가, 광고선전비는 크게 감소 하였고 기타판매비와관리비는 증가함. 이처럼 매출액 상승과 더불어 비용 절감에도 힘을 기울였음. 그에 따라 전년동기 대비 영업이익은 18.6억원으로 88.9% 상승 하였음. 최종적으로 전년동기대비 당기순이익은 크게 상승하여 13.4억원을 기록하였음.

현금 흐름 *IFRS 별도 기준 〈단위 : 억원〉
항목	2016	2017.2Q
영업활동	26	-10
투자활동	-21	10
재무활동	-4	-3
순현금흐름	0	-3
기말현금	6	4

시장 대비 수익률

결산 실적 〈단위 : 억원〉
항목	2012	2013	2014	2015	2016	2017
매출액	150	165	203	251	288	—
영업이익	10	10	16	21	11	—
당기순이익	6	10	10	10	22	—

분기 실적 *IFRS 별도 기준 〈단위 : 억원〉
항목	2016.1Q	2016.2Q	2016.3Q	2016.4Q	2017.1Q	2017.2Q
매출액	65	72	69	83	88	95
영업이익	5	5	1	0	9	9
당기순이익	3	4	-1	17	6	7

재무 상태 *IFRS 별도 기준 〈단위 : 억원〉
항목	2012	2013	2014	2015	2016	2017.2Q
총자산	214	273	417	440	462	469
유형자산	97	136	273	278	269	262
무형자산	1	1	1	2	3	3
유가증권	1	1	8	9	9	7
총부채	52	99	125	131	145	153
총차입금	37	81	105	112	118	127
자본금	35	35	56	58	58	58
총자본	162	174	291	309	317	316
지배주주지분	162	174	291	309	317	316

기업가치 지표 *IFRS 별도 기준
항목	2012	2013	2014	2015	2016	2017.2Q
주가(최고/저)(천원)	2.0/1.3	5.8/1.7	8.5/3.4	7.8/3.9	7.2/5.1	—/—
PER(최고/저)(배)	24.0/16.0	67.5/19.2	70.8/28.1	88.6/44.5	37.8/26.5	—/—
PBR(최고/저)(배)	1.0/0.7	2.8/0.8	3.3/1.3	3.0/1.5	2.6/1.8	2.1/1.5
EV/EBITDA(배)	12.8	29.4	25.7	27.3	27.8	—/—
EPS(원)	87	90	123	89	191	115
BPS(원)	2,281	2,455	2,611	2,651	2,794	2,889
CFPS(원)	136	148	178	183	336	193
DPS(원)	60	60	60	60	20	—
EBITDAPS(원)	187	190	247	270	241	238

재무 비율 〈단위 : % 〉
연도	영업이익률	순이익률	부채비율	차입금비율	ROA	ROE	유보율	자기자본비율	EBITDA마진율
2016	3.9	7.8	45.9	37.3	5.0	7.1	458.7	68.6	9.7
2015	8.2	4.1	42.3	36.3	2.4	3.4	430.1	70.3	12.6
2014	7.9	5.1	43.1	36.0	3.0	4.4	422.3	69.9	10.2
2013	6.2	4.3	56.6	46.7	2.9	4.4	391.1	63.9	8.2

이노션 (A214320)
Innocean Worldwide

업　　종 : 미디어		시　　장 : 거래소	
신용등급 : (Bond) — (CP) —		기업규모 : 시가총액 중형주	
홈페이지 : www.innocean.com		연 락 처 : 02)2016-2300	
본　　사 : 서울시 강남구 강남대로 308 (역삼동, 837-36)			

설 립 일	2005.05.17	종업원수	671명	대표이사	안건희
상 장 일	2015.07.17	감사의견	적정 (한영)	계　　열	
결 산 기	12월	보 통 주	2,000만주	종속회사수	18개사
액 면 가	500원	우 선 주		구 상 호	

주주구성 (지분율,%) / 출자관계 (지분율,%) / 주요경쟁사 (외형,%)

주주구성 (지분율,%)		출자관계 (지분율,%)		주요경쟁사 (외형,%)	
정성이	28.0	인스파이어코프	29.1	이노션	100
NHPEA IV Highlight Holdings AB	18.0	메이트커뮤니케이션즈	28.3	CJ E&M	146
(외국인)	31.8	유니온컨텐츠빌류업투자조합	27.3	CJ CGV	136

매출구성		비용구성		수출비중	
기타	48.9	매출원가율	63.7	수출	—
옥외광고(기타)	23.3	판관비율	26.8	내수	—
프로모션(기타)	13.5				

회사 개요
2005년 설립된 동사는 광고업(광고대행 및 광고물 제작 등)을 영위하는 현대자동차 그룹의 주력 광고계열사임. 광고 취급액이 제일기획에 이어 국내에서 두 번째로 많음. 현대차 계열사인 덕분에 안정적인 매출을 낼 수 있는 배경을 갖고 있으며, 2016년 매출액 가운데 현대차 등 계열사 매출 비중은 60% 이상임. 2015년 7월 17일 유가증권시장에 신규 상장 되었음.

실적 분석
동사의 매출은 국내외 경기회복 지연, 정치적 불확실성 등 영향으로 주요 광고주의 마케팅 투자심리가 위축되었으나, 해외자회사의 안정적인 성장을 바탕으로 8.1% 성장한 5,532.5억원을 기록함. 판관비는 신규 미국 합자법인 캔버스월드와이드 설립이 전년 대비 증가의 주요 원인이며, 본사의 디지털 역량 투자와, 유럽 크리에이티브 허브 등 신규 서비스 대행 확장 관련 인력 투자로 전년 대비 4.0%가 증가함.

현금 흐름 〈단위 : 억원〉

항목	2016	2017.2Q
영업활동	1,146	907
투자활동	-1,060	243
재무활동	-252	-298
순현금흐름	-105	782
기말현금	2,312	3,093

시장 대비 수익률

결산 실적 〈단위 : 억원〉

항목	2012	2013	2014	2015	2016	2017
매출액	7,105	6,341	7,447	9,879	10,516	
영업이익	1,058	823	835	929	994	
당기순이익	819	708	838	780	780	

분기 실적 〈단위 : 억원〉

항목	2016.1Q	2016.2Q	2016.3Q	2016.4Q	2017.1Q	2017.2Q
매출액	2,751	2,368	2,317	3,080	2,873	2,659
영업이익	201	265	214	314	214	258
당기순이익	173	235	160	212	140	247

재무 상태 〈단위 : 억원〉

항목	2012	2013	2014	2015	2016	2017.2Q
총자산	8,317	8,667	11,742	14,305	16,751	15,283
유형자산	60	89	112	206	312	297
무형자산	45	196	562	636	602	572
유가증권	5	25	972	23	25	23
총부채	5,458	5,191	7,469	8,069	9,968	8,479
총차입금					11	0
자본금	90	90	90	100	100	100
총자본	2,859	3,476	4,273	6,236	6,783	6,804
지배주주지분	2,795	3,476	4,153	6,049	6,546	6,621

기업가치 지표

항목	2012	2013	2014	2015	2016	2017.2Q
주가(최고/저)(천원)	—/—	—/—	—/—	71.5/49.8	87.4/55.4	—/—
PER(최고/저)(배)	0.0/0.0	0.0/0.0	0.0/0.0	19.9/13.9	27.2/17.2	2.1/1.7
PBR(최고/저)(배)	0.0/0.0	0.0/0.0	0.0/0.0	2.4/1.7	2.7/1.7	1.7/1.7
EV/EBITDA(배)				8.4	4.7	—/—
EPS(원)	4,430	3,932	4,551	3,697	3,267	1,601
BPS(원)	155,275	193,135	230,720	30,246	32,728	33,104
CFPS(원)	46,174	41,433	48,356	3,999	3,559	1,764
DPS(원)				900	950	
EBITDAPS(원)	60,638	47,836	49,226	5,209	5,264	2,523

재무 비율 〈단위 : % 〉

연도	영업이익률	순이익률	부채비율	차입금비율	ROA	ROE	유보율	자기자본비율	EBITDA마진율
2016	9.5	7.4	147.0	0.2	5.0	10.4	6,445.6	40.5	10.0
2015	9.4	7.9	129.4	0.0	6.0	13.7	5,949.2	43.6	10.0
2014	11.2	11.3	174.8	8.2	21.5	4,514.4	36.4	11.9	
2013	13.0	11.2	149.3	0.0			3,762.7	40.1	13.6

이노와이어리스 (A073490)
Innowireless

업　　종 : 통신장비		시　　장 : KOSDAQ	
신용등급 : (Bond) — (CP) —		기업규모 : 벤처	
홈페이지 : www.innowireless.co.kr		연 락 처 : 031)788-1700	
본　　사 : 경기도 성남시 분당구 서현로 190			

설 립 일	2000.09.27	종업원수	242명	대표이사	정종태
상 장 일	2005.02.04	감사의견	적정 (삼정)	계　　열	
결 산 기	12월	보 통 주	600만주	종속회사수	9개사
액 면 가	500원	우 선 주		구 상 호	이노와이어

주주구성 (지분율,%) / 출자관계 (지분율,%) / 주요경쟁사 (외형,%)

주주구성 (지분율,%)		출자관계 (지분율,%)		주요경쟁사 (외형,%)	
정종태	18.6			이노와이어리스	100
신영자산운용	13.0			AP위성	47
(외국인)	1.9			쏠리드	553

매출구성		비용구성		수출비중	
무선망 최적화 솔루션	32.1	매출원가율	68.5	수출	76.0
용역	18.8	판관비율	38.5	내수	24.0
SmallCell 솔루션 외	18.2				

회사 개요
동사는 유무선 자동측정 및 제어 시스템 개발 및 제조 등을 영위할 목적으로 2000년에 설립됨. 2015년 반기 기준 매출 비중은 무선망 최적화 솔루션이 25.7%, Big Data 솔루션이 30.3%, 통신 T&M 솔루션이 2.5%, Small Cell 솔루션이 7.2%, 용역 및 기타 부문이 34.3%로 구성되어 있음. 연결종속회사는 총 8개 업체로 모두 비상장이며 국내를 비롯해 일본, 영국, 미국 등에 분포되어 있음.

실적 분석
2017년 반기 매출액과 영업이익은 전년동기 대비 각각 6.3% 증가, 적자지속한 297.9억원, -17.8억원을 기록함. 타 품목 매출 모두 감소하였으나 SmallCell 부문 크게 성장하며 외형 성장. 5G 관련 투자가 본격화될 때 수혜 폭이 큰 기업 중 하나로 평가, 스몰셀의 초소형 기지국 관련 매출 성장이 기대. 사업경쟁력 강화를 위해 스몰셀 솔루션 사업부문은 6월 물적 분할. 2018년 하반기부터 5G관련 매출이 가시화될 것으로 전망.

현금 흐름 〈단위 : 억원〉

항목	2016	2017.2Q
영업활동	-6	6
투자활동	-11	-11
재무활동	50	—
순현금흐름	34	-6
기말현금	204	199

시장 대비 수익률

결산 실적 〈단위 : 억원〉

항목	2012	2013	2014	2015	2016	2017
매출액	768	749	560	549	527	
영업이익	118	44	-3	-25	-37	
당기순이익	99	47	13	-45	-98	

분기 실적 〈단위 : 억원〉

항목	2016.1Q	2016.2Q	2016.3Q	2016.4Q	2017.1Q	2017.2Q
매출액	153	127	108	139	202	96
영업이익	13	-18	-20	-12	17	-34
당기순이익	3	-19	-25	-57	6	-31

재무 상태 〈단위 : 억원〉

항목	2012	2013	2014	2015	2016	2017.2Q
총자산	913	928	978	903	822	800
유형자산	114	122	434	381	373	371
무형자산	29	30	25	24	20	19
유가증권	30	26	13	0	0	0
총부채	147	134	170	134	150	156
총차입금	9		50		50	50
자본금	30	30	30	30	30	30
총자본	766	795	808	769	672	644
지배주주지분	761	788	806	769	672	644

기업가치 지표

항목	2012	2013	2014	2015	2016	2017.2Q
주가(최고/저)(천원)	29.7/16.8	19.0/10.2	14.9/9.9	13.8/9.6	11.5/8.0	—/—
PER(최고/저)(배)	18.9/10.7	24.9/13.4	50.2/33.5	—/—	—/—	—/—
PBR(최고/저)(배)	2.4/1.3	1.5/0.8	1.1/0.7	1.1/0.8	1.0/0.7	1.2/0.8
EV/EBITDA(배)	5.5	6.2	33.1			
EPS(원)	1,586	763	297	-747	-1,636	-414
BPS(원)	12,670	13,135	13,432	12,808	11,194	10,728
CFPS(원)	1,898	1,090	608	-407	-1,316	-257
DPS(원)	150					
EBITDAPS(원)	2,278	1,063	265	-73	-302	-140

재무 비율 〈단위 : % 〉

연도	영업이익률	순이익률	부채비율	차입금비율	ROA	ROE	유보율	자기자본비율	EBITDA마진율
2016	-7.1	-18.6	22.3	7.4	-11.4	-13.6	2,138.9	81.8	-3.4
2015	-4.5	-8.2	17.4	0.0	-4.8	-5.7	2,461.6	85.2	-0.8
2014	-0.5	2.4	21.0	6.2	1.4	2.2	2,586.4	82.6	2.8
2013	5.9	6.2	16.8	0.0	5.1	5.9	2,527.1	85.6	8.5

이노인스트루먼트 (A215790)
INNO INSTRUMENT

업 종 : 통신장비		시 장 : KOSDAQ	
신용등급 : (Bond) — (CP) —		기업규모 : 중견	
홈페이지 : www.innoinstrument.com		연락처 : 032)837-5600	
본 사 : 인천시 연수구 송도미래로 30 송도스마트밸리 E-2206			

설 립 일 2015.03.06	종 업 원 수 73명	대 표 이 사 김훈	
상 장 일 2015.05.08	감 사 의 견 적정 (이촌)	계 열	
결 산 기 12월	보 통 주 9,992만주	종속회사수 10개사	
액 면 가 100원	우 선 주	구 상 호 NH스팩5호	

주주구성 (지분율,%)	출자관계 (지분율,%)	주요경쟁사 (외형,%)
조봉일 60.8	INNOINSTRUMENT(CHINA),INC 100.0	이노인스트루먼트 100
Tongguang Group Co.,Ltd. 5.6	SUITAELECTRICCORPORATION 100.0	텔콘 34
(외국인) 25.3	DAEHOVINACO.,LTD 100.0	웨이브일렉트로 51

매출구성	비용구성	수출비중
	매출원가율 40.7	수출 92.0
	판관비율 31.5	내수 8.0

회사 개요
동사는 자본시장과 금융투자업에 관한 법률 제373조에 따라 설립된 유가증권시장 또는 코스닥시장에 상장한 후 다른 회사와 합병하는 것을 유일한 사업목적으로 하는 회사임. 동사는 2016년 11월 18일 주권 비상장법인 이노인스트루먼트와의 합병을 위한 상장예비심사 청구를 하였으며 2017년 3월 21일 주주총회의 승인을 받았음. 합병후 (이노인스트루먼트의 사업을 영위함.

실적 분석
동사의 2017년 상반기 매출은 350억원으로 전년대비 13.8% 감소, 영업이익은 59.5억원으로 전년대비 52.5% 감소, 당기순이익은 20.5억원으로 전년대비 80.5% 감소함. 전체적인 매출 감소로 고정비 부담이 증가, 판매관리비도 전년대비 증가하여 이익 규모는 감소함. 세계 최대의 시장인 중국시장에서는 동사가 대수 기준으로 점유율 1위를 차지하고 있는 것으로 파악되고 있어서 거래선 다변화 추진으로 매출 확대에 주력.

현금 흐름
<단위 : 억원>

항목	2016	2017.2Q
영업활동	52	37
투자활동	-66	92
재무활동	3	-11
순현금흐름	-12	118
기말현금	62	180

시장 대비 수익률

결산 실적
<단위 : 억원>

항목	2012	2013	2014	2015	2016	2017
매출액	—	—	429	574	884	—
영업이익	—	—	50	145	245	—
당기순이익	—	—	41	124	210	—

분기 실적
<단위 : 억원>

항목	2016.1Q	2016.2Q	2016.3Q	2016.4Q	2017.1Q	2017.2Q
매출액		227	182			162
영업이익		70	39			16
당기순이익		54	30			-17

재무 상태
<단위 : 억원>

항목	2012	2013	2014	2015	2016	2017.2Q
총자산			273	390	683	764
유형자산			67	62	131	141
무형자산			1	8	20	19
유가증권						16
총부채			174	167	257	167
총차입금			86	78	81	102
자본금			7	7	7	100
총자본			99	223	426	597
지배주주지분			99	223	426	597

기업가치 지표

항목	2012	2013	2014	2015	2016	2017.2Q
주가(최고/저)(천원)	—/—	—/—	—/—	2.8/2.0	2.1/2.0	—/—
PER(최고/저)(배)	0.0/0.0	0.0/0.0	0.0/0.0	22.5/16.1	9.8/9.3	—/—
PBR(최고/저)(배)	0.0/0.0	0.0/0.0	0.0/0.0	12.5/9.0	4.8/4.6	5.3/3.3
EV/EBITDA(배)			0.9	0.9	0.6	—/—
EPS(원)			41	124	210	21
BPS(원)			7,269	16,373	31,331	597
CFPS(원)			3,633	9,795	16,221	29
DPS(원)						—
EBITDAPS(원)			4,310	11,313	18,815	68

재무 비율
<단위 : % >

연도	영업이익률	순이익률	부채비율	차입금비율	ROA	ROE	유보율	자기자본비율	EBITDA마진율
2016	27.8	23.8	60.4	18.9	39.1	64.8	6,166.2	62.4	29.0
2015	25.2	21.6	75.2	34.9	37.5	77.3	3,174.5	57.1	26.8
2014	11.7	9.5	175.9	87.1	14.3	17.0	1,353.8	36.2	13.7
2013	0.0	0.0	0.0	0.0	0.0	0.0	0.0	0.0	0.0

이녹스 (A088390)
Innox

업 종 : 전자 장비 및 기기		시 장 : KOSDAQ	
신용등급 : (Bond) — (CP) —		기업규모 : 우량	
홈페이지 : www.innoxcorp.com		연락처 : 041)536-9999	
본 사 : 충남 아산시 둔포면 아산밸리로 171			

설 립 일 2001.11.08	종 업 원 수 6명	대 표 이 사 박정진	
상 장 일 2006.10.20	감 사 의 견 적정 (삼일)	계 열	
결 산 기 12월	보 통 주 371만주	종속회사수 1개사	
액 면 가 500원	우 선 주	구 상 호	

주주구성 (지분율,%)	출자관계 (지분율,%)	주요경쟁사 (외형,%)
장경호 15.4	아이베스트 100.0	이녹스 100
박정진 8.1	알톤스포츠 46.6	엘앤에프 107
(외국인) 8.8	INNOXHONGKONGCo.,LTD	비츠로셀 39

매출구성	비용구성	수출비중
FPCB용 소재 62.0	매출원가율 72.8	수출 9.0
반도체 PKG용 소재 20.0	판관비율 23.1	내수 91.0
디스플레이용 OLED 소재 18.0		

회사 개요
동사는 자회사의 지분 소유를 통해 자회사의 사업내용을 지배하는 지주회사임. 동사의 계열사로는 IT소재 제조 및 판매업을 영위하는 이녹스 첨단소재, 자전거 제조 및 판매업을 영위하는 알톤스포츠, IT소재를 판매하는 INNOX HONGKONG CO., Ltd.와 INNOX SHENZHEN Co.,Ltd., 소프트웨어 개발 및 공급을 영위하는 아이베스트 등이 있음.

실적 분석
2017년 상반기 연결기준 동사 매출은 265.6억원을 기록함. 전년 동기 매출에서 19.2% 감소한 금액임. 매출원가는 6.8% 감소하고 판매비와 관리비 또한 15.3% 줄었으나 매출 감소로 인해 전년 동기 -31.2억원이었던 영업이익은 -57.7억원을 기록하며 적자폭이 더 커졌음. 3.3억원이었던 비영업손익은 -18.7억원을 기록하며 적자로 돌아섰음. 그러나 당기순이익은 43.1억원을 3634.8% 성장한 1608.1억원을 기록함.

현금 흐름
<단위 : 억원>

항목	2016	2017.2Q
영업활동	-73	-79
투자활동	14	-99
재무활동	72	133
순현금흐름	19	-51
기말현금	448	397

시장 대비 수익률

결산 실적
<단위 : 억원>

항목	2012	2013	2014	2015	2016	2017
매출액	1,423	1,861	1,448	2,134	2,325	—
영업이익	194	341	207	106	95	—
당기순이익	127	277	156	68	32	—

분기 실적
<단위 : 억원>

항목	2016.1Q	2016.2Q	2016.3Q	2016.4Q	2017.1Q	2017.2Q
매출액	521	189	684	931	748	160
영업이익	16	-8	58	28	28	-28
당기순이익	17	26	38	-50	13	1,595

재무 상태
<단위 : 억원>

항목	2012	2013	2014	2015	2016	2017.2Q
총자산	1,474	1,873	1,831	2,900	3,128	2,001
유형자산	737	917	1,020	1,174	1,081	159
무형자산	34	28	25	436	380	347
유가증권	2	2	—	15	20	295
총부채	712	618	476	1,191	1,409	1,123
총차입금	549	375	271	880	982	698
자본금	46	62	62	62	62	19
총자본	761	1,255	1,355	1,709	1,719	878
지배주주지분	761	1,255	1,355	1,369	1,418	604

기업가치 지표

항목	2012	2013	2014	2015	2016	2017.2Q
주가(최고/저)(천원)	19.6/11.7	27.4/15.9	24.6/12.9	18.6/10.5	24.0/10.9	—/—
PER(최고/저)(배)	9.8/5.9	6.6/3.8	11.2/5.8	13.0/7.3	24.4/11.1	—/—
PBR(최고/저)(배)	1.6/1.0	1.5/0.9	1.2/0.6	0.9/0.5	1.1/0.5	1.6/0.8
EV/EBITDA(배)	8.2	6.3	5.8	9.2	15.6	—
EPS(원)	1,154	2,400	1,269	824	565	14,992
BPS(원)	8,435	10,347	11,536	12,349	12,944	17,723
CFPS(원)	2,153	3,188	2,077	2,043	1,755	15,646
DPS(원)						—
EBITDAPS(원)	2,900	3,742	2,488	2,084	1,962	124

재무 비율
<단위 : % >

연도	영업이익률	순이익률	부채비율	차입금비율	ROA	ROE	유보율	자기자본비율	EBITDA마진율
2016	4.1	1.4	82.0	57.2	1.1	5.0	2,488.8	55.0	10.4
2015	5.0	3.2	69.7	51.5	2.9	7.4	2,369.8	58.9	12.0
2014	14.3	10.8	35.2	20.0	8.4	12.0	2,207.2	74.0	21.2
2013	18.3	14.9	49.3	29.9	16.6	27.5	1,969.4	67.0	23.2

이녹스첨단소재 (A272290)
INNOX Advanced Materials

업   종 : 전자 장비 및 기기
신용등급 : (Bond) —   (CP) —
홈페이지 : www.innoxamc.com
주   소 : 충남 아산시 둔포면 아산밸리로 171

시   장 : KOSDAQ
기업규모 : 중견
연 락 처 : 041)536-9999

설 립 일	2017.06.01	종 업 원 수	471명	대 표 이 사	장경호,김필영
상 장 일	2017.07.10	감 사 의 견	적정 (삼일)	계 열	
결 산 기	12월	보 통 주	862만주	종속회사수	1개사
액 면 가	500원	우 선 주		구 상 호	

주주구성 (지분율,%)		출자관계 (지분율,%)		주요경쟁사 (외형,%)	
장경호	15.4	INNOXHONGKONGCo.,LTD	100.0	이녹스첨단소재	
이녹스	9.9			엘앤에프	
(외국인)	6.6			비츠로셀	

매출구성		비용구성		수출비중	
		매출원가율	0.0	수출	59.0
		판관비율	0.0	내수	41.0

회사 개요
동사는 2017년 6월 1일 이녹스로부터 인적분할 해 신규 설립돼 2017년 7월 10일 코스닥에 상장됨. 고분자 합성/배합기술을 기반으로하여 FPCB용 소재, 반도체 PKG용 소재, 디스플레이용 OLED 소재등을 개발, 제조 및 판매하는 IT소재 부문을 영위하고 있음. 홍콩에 위치한 INNOX HONGKONG Co., LTD를 연결대상 종속회사로 보유하고 있음. 중화권 매출 신장을 목표로 중국에 설립된 판매법인임.

실적 분석
동사는 2017년 6월 1일 인적분할을 통해 신규설립돼 제1기 반기가 2017.06.01 부터 2017.06.30 까지임. 해당기간 연결기준 누적 매출액은 262억원임. 매출원가는 208.9억원, 판매비와 관리비는 27.2억원을 기록해 영업이익 25.9억원을 기록함. 당기순이익은 21.2억원을 시현함. FPCB는 스마트폰, 디스플레이, 웨어러블 등 용도가 다양화되고 있어 FPCB소재 산업 전망은 긍정적임.

현금 흐름 〈단위 : 억원〉
항목	2016	2017.2Q
영업활동	—	-10
투자활동	—	-16
재무활동	—	-74
순현금흐름	—	-100
기말현금	—	211

시장 대비 수익률

결산 실적 〈단위 : 억원〉
항목	2012	2013	2014	2015	2016	2017
매출액	—	—	—	—	—	—
영업이익	—	—	—	—	—	—
당기순이익	—	—	—	—	—	—

분기 실적 〈단위 : 억원〉
항목	2016.1Q	2016.2Q	2016.3Q	2016.4Q	2017.1Q	2017.2Q
매출액	—	—	—	—	—	262
영업이익	—	—	—	—	—	26
당기순이익	—	—	—	—	—	21

재무 상태 〈단위 : 억원〉
항목	2012	2013	2014	2015	2016	2017.2Q
총자산	—	—	—	—	—	2,085
유형자산	—	—	—	—	—	963
무형자산	—	—	—	—	—	9
유가증권	—	—	—	—	—	
총부채	—	—	—	—	—	994
총차입금	—	—	—	—	—	651
자본금	—	—	—	—	—	43
총자본	—	—	—	—	—	1,091
지배주주지분	—	—	—	—	—	1,091

기업가치 지표
항목	2012	2013	2014	2015	2016	2017.2Q
주가(최고/저)(천원)	#VALUE!	—/—	—/—	—/—	—/—	—/—
PER(최고/저)(배)	0.0/0.0	0.0/0.0	0.0/0.0	0.0/0.0	0.0/0.0	0.0/0.0
PBR(최고/저)(배)	0.0/0.0	0.0/0.0	0.0/0.0	0.0/0.0	0.0/0.0	0.0/0.0
EV/EBITDA(배)	0.0					—/—
EPS(원)	—	—	—	—	—	247
BPS(원)	—	—	—	—	—	12,667
CFPS(원)	—	—	—	—	—	344
DPS(원)	—	—	—	—	—	
EBITDAPS(원)	—	—	—	—	—	399

재무 비율 〈단위 : % 〉
연도	영업이익률	순이익률	부채비율	차입금비율	ROA	ROE	유보율	자기자본비율	EBITDA마진율
2016	0.0	0.0	0.0	0.0	0.0	0.0	0.0	0.0	0.0
2015	0.0	0.0	0.0	0.0	0.0	0.0	0.0	0.0	0.0
2014	0.0	0.0	0.0	0.0	0.0	0.0	0.0	0.0	0.0
2013	0.0	0.0	0.0	0.0	0.0	0.0	0.0	0.0	0.0

이니텍 (A053350)
Initech

업   종 : 일반 소프트웨어
신용등급 : (Bond) —   (CP) —
홈페이지 : www.initech.com
주   소 : 서울시 구로구 디지털로26길 61, 11층 (구로동, 에이스하이앤드2차)

시   장 : KOSDAQ
기업규모 : 우량
연 락 처 : 02)6445-7133

설 립 일	1997.06.13	종 업 원 수	279명	대 표 이 사	장홍식
상 장 일	2001.11.02	감 사 의 견	적정 (한영)	계 열	
결 산 기	12월	보 통 주	1,979만주	종속회사수	1개사
액 면 가	500원	우 선 주		구 상 호	

주주구성 (지분율,%)		출자관계 (지분율,%)		주요경쟁사 (외형,%)	
에이치엔씨네트워크	57.0	스마트로	61.2	이니텍	100
Torrey Pines Master Fund Ltd	2.3			한컴MDS	65
(외국인)	1.9			포비스티앤씨	48

매출구성		비용구성		수출비중	
SI	35.2	매출원가율	81.6	수출	0.0
인증 및 암호화 외	20.0	판관비율	8.3	내수	100.0
ITO	17.7				

회사 개요
동사는 인터넷 보안전문 기업으로서, 1997년 설립. 2001년 코스닥 시장 상장. 크게 보안사업과 금융사업 영위. 사용자에 대한 인증과 중요한 데이터의 암호화를 통해 개인 정보를 보호하는 공개키 기반의 보안 소프트웨어 개발 및 공급을 주력으로 함. 은행 등 금융권이 주요 거래처임. 최근 해킹 등 보안사고의 빈번한 발생으로 보안의 중요성이 부각되고 있어 우호적인 영업환경임.

실적 분석
동사의 2017년 2분기 누적 매출액은 전년동기 4.8% 증가한 1,151.4억원을 기록함. 비용 통제의 영향으로 판매비와 관리비는 전년동기대비 감소하였으나 원가 부담 확대로 2분기 누적 영업이익은 전년동기대비 50.2% 감소한 66.1억원을 기록함. 최근 인터넷전문은행 등풍으로 비대면 계좌 개설이 활성화되고 오픈뱅킹, 생체인증 등 새로운 분야의 전자금융 시장이 확대될 것으로 전망되고 있어 새로운 금융 보안 인프라로 인한 수혜가 기대됨.

현금 흐름 〈단위 : 억원〉
항목	2016	2017.2Q
영업활동	108	174
투자활동	-27	-128
재무활동	38	-30
순현금흐름	118	16
기말현금	282	298

시장 대비 수익률

결산 실적 〈단위 : 억원〉
항목	2012	2013	2014	2015	2016	2017
매출액	1,760	1,919	1,867	2,090	2,315	—
영업이익	210	172	178	188	236	—
당기순이익	91	158	84	187	151	—

분기 실적 〈단위 : 억원〉
항목	2016.1Q	2016.2Q	2016.3Q	2016.4Q	2017.1Q	2017.2Q
매출액	516	582	592	625	586	566
영업이익	63	70	79	24	28	39
당기순이익	37	49	51	15	18	25

재무 상태 〈단위 : 억원〉
항목	2012	2013	2014	2015	2016	2017.2Q
총자산	2,267	2,304	1,987	2,175	2,409	2,381
유형자산	418	431	441	449	403	339
무형자산	414	412	407	444	460	449
유가증권	80	13	141	141	90	169
총부채	1,138	1,045	650	647	730	661
총차입금	783	669	303	275	315	287
자본금	99	99	99	99	99	99
총자본	1,129	1,259	1,337	1,528	1,678	1,720
지배주주지분	865	966	1,012	1,137	1,240	1,265

기업가치 지표
항목	2012	2013	2014	2015	2016	2017.2Q
주가(최고/저)(천원)	5.0/3.2	5.4/3.1	6.1/3.5	12.3/3.8	8.9/6.2	—/—
PER(최고/저)(배)	20.9/13.4	8.4/4.9	23.5/13.2	19.9/6.1	17.3/12.0	—/—
PBR(최고/저)(배)	1.2/0.7	1.1/0.6	1.2/0.7	2.1/0.7	1.4/1.0	1.3/1.0
EV/EBITDA(배)	4.5		3.0	4.1	3.9	—/—
EPS(원)	245	651	261	616	6,306	129
BPS(원)	4,429	4,933	5,166	5,789		6,437
CFPS(원)	899	1,387	1,031	1,483	1,640	630
DPS(원)	—	50				
EBITDAPS(원)	1,717	1,607	1,669	2,316	2,316	835

재무 비율 〈단위 : % 〉
연도	영업이익률	순이익률	부채비율	차입금비율	ROA	ROE	유보율	자기자본비율	EBITDA마진율
2016	10.2	6.5	43.5	18.8	6.6	8.6	1,161.2	69.7	19.8
2015	13.7	9.0	42.4	18.0	9.0	11.4	1,057.8	70.2	21.9
2014	9.5	4.5	48.6	22.7	3.9	5.2	933.3	67.3	17.7
2013	9.0	8.3	83.0	53.2	6.9	14.1	886.6	54.6	16.6

이더블유케이 (A258610)
EWK

업 종 : 에너지 시설 및 서비스	시 장 : KOSDAQ
신용등급 : (Bond) — (CP) —	기업규모 : 벤처
홈페이지 : www.ewkinc.co.kr	연락처 : 051)941-3511
본 사 : 부산시 강서구 범방2로 6	

설 립 일	2009.05.19	종업원수	명	대표이사	부태성
상 장 일	2017.08.22	감사의견	적정 (부영)	계 열	
결 산 기	12월	보통주	738만주	종속회사수	
액 면 가	500원	우선주		구 상 호	

주주구성 (지분율,%)		출자관계 (지분율,%)		주요경쟁사 (외형,%)	
부태성	57.8			이더블유케이	100
기술보증기금	7.5			한솔신텍	563
(외국인)	0.1			S&TC	889

매출구성		비용구성		수출비중	
지열발전설비	84.4	매출원가율	71.9	수출	100.0
화공/LNG설비	15.6	판관비율	12.6	내수	0.0

회사 개요
동사는 지열발전설비(열수기화기, 응축기 등)와 화공/LNG설비를 개발/생산하는 기업임. 2009년 5월 엘리스앤왓츠코리아 법인으로 설립되어 2013년 3월 이더블유케이로 사명 변경함. 동사는 2016년 매출액 기준 지열발전설비 79%, 화공/LNG설비 21%의 비중을 기록. 동사는 지열발전의 핵심파츠인 열수기화기, 응축기 부문 M/S 글로벌 2위, 국내기업 중 독보적 사업역량 보유하고 있으며 2017년 8월 22일 코스닥시장에 상장함.

실적 분석
지열발전은 심부지열에 존재하는 고온 지열 수/증기로 터빈을 구동하여 전력을 공급하는 신재생에너지 발전인데, 기후/지형 변수에 영향이 적고, 저용량/저면적 발전이 가능한 장점이 부각되고, 저온 발전이 가능한 바이너리 지열발전이 확대되며 미국, 터키, 케냐, 인도네시아 등에서 높은 성장세 기록 중임. 동사는 글로벌 바이너리 지열발전 IPP 시장의 1위인 ORMAT를 설립초기인 2009년부터 고객으로 확보하여 안정적인 성장이 기대됨.

현금 흐름		〈단위 : 억원〉		시장 대비 수익률
항목	2016	2017.2Q		
영업활동	98	—		
투자활동	-35	—		
재무활동	-26	—		
순현금흐름	37	—		
기말현금	63	—		

결산 실적 〈단위 : 억원〉
항목	2012	2013	2014	2015	2016	2017
매출액	179	157	93	167	286	
영업이익	18	15	1	18	44	
당기순이익	11	11	-2	9	32	

분기 실적 *IFRS 별도 기준 〈단위 : 억원〉
항목	2016.1Q	2016.2Q	2016.3Q	2016.4Q	2017.1Q	2017.2Q
매출액	55	—	—	—	110	—
영업이익	11	—	—	—	17	—
당기순이익	6	—	—	—	8	—

재무 상태 *IFRS 별도 기준 〈단위 : 억원〉
항목	2012	2013	2014	2015	2016	2017.2Q
총자산	121	180	168	314	402	
유형자산	61	74	51	200	223	
무형자산	—	—	1	1	0	
유가증권	0	0	1	1	1	
총부채	94	129	120	266	300	
총차입금	77	99	96	208	184	
자본금	12	13	13	12	24	
총자본	27	50	48	48	103	
지배주주지분	27	50	48	48	103	

기업가치 지표 *IFRS 별도 기준
항목	2012	2013	2014	2015	2016	2017.2Q
주가(최고/저)(천원)	#VALUE!	—/—	—/—	—/—	—/—	—/—
PER(최고/저)(배)	0.0/0.0	0.0/0.0	0.0/0.0	0.0/0.0	0.0/0.0	—/—
PBR(최고/저)(배)	0.0/0.0	0.0/0.0	0.0/0.0	0.0/0.0	0.0/0.0	—/—
EV/EBITDA(배)	2.3	2.2	8.0	7.7	1.5	—
EPS(원)	315	230	-50	176	668	
BPS(원)	11,104	18,887	17,975	18,169	1,903	
CFPS(원)	8,364	5,966	290	4,578	793	
DPS(원)						
EBITDAPS(원)	11,941	7,663	1,630	8,232	1,042	

재무 비율 〈단위 : % 〉
연도	영업이익률	순이익률	부채비율	차입금비율	ROA	ROE	유보율	자기자본비율	EBITDA마진율
2016	15.5	11.3	292.2	179.2	9.0	42.7	322.3	25.5	17.6
2015	10.9	5.1	548.8	430.0	—	30.7	303.7	15.4	13.1
2014	1.2	-2.6	250.7	199.7	-1.4	-5.0	259.5	28.5	4.7
2013	9.8	7.1	256.7	195.9	7.4	28.8	277.7	28.0	12.2

이디 (A033110)
ED

업 종 : 교육	시 장 : KOSDAQ
신용등급 : (Bond) — (CP) —	기업규모 : 중견
홈페이지 : www.ed.co.kr	연락처 : 031)730-7300
본 사 : 경기도 성남시 중원구 사기막골로45번길 14 제19층 제에이-1902호	

설 립 일	1986.04.07	종업원수	64명	대표이사	김태균,박용후(공동대표이사)
상 장 일	1997.08.18	감사의견	적정 (삼화)	계 열	
결 산 기	12월	보통주	4,109만주	종속회사수	1개사
액 면 가	500원	우선주		구 상 호	

주주구성 (지분율,%)		출자관계 (지분율,%)		주요경쟁사 (외형,%)	
수성	11.8	디아이에스기술	100.0	이디	100
글로벌익스프레스	6.5	비앤비텍	49.0	메가스터디교육	500
(외국인)	0.8	이디미디어	45.0	정상제이엘에스	239

매출구성		비용구성		수출비중	
오실로스코프외	67:8	매출원가율	73.6	수출	23.0
ED-4230 외	19.5	판관비율	45.7	내수	77.0
기타	11.0				

회사 개요
동사는 교육장비 및 지능형 로봇 및 전자계측기 제조 전문업체로 사업부문은 전자 교육장비, 전자 계측기, 전원 공급기 사업 등으로 구분되며 전자 교육장비부문이 주력사업임. 축적한 기술력과 개발 장비를 바탕으로 신재생에너지 교육장비, 산업용로봇 시뮬레이터 S/W, 바이오로봇, 로봇응용교육장비 등의 개발과 줄기세포성형상품을 통하여 의료 사업진출 등 사업다각화를 위해 노력할 예정임.

실적 분석
동사의 2017년 2/4분기 연결기준 누적매출액은 전년동기 대비 86.6% 감소한 22.2억원을 기록했음. 외형축소의 영향으로 매출원가 및 판관비가 전년동기 대비 각각 82.4%, 72.2% 감소했음에도 불구하고 12.3억원의 영업손실을 기록하며 적자 전환되었음. 비영업부문에서도 72.8억원의 손실을 시현함에 따라 적자폭이 확대되어 112.8억원의 당기순손실을 기록했음. 전년동기 대비 적자폭이 확대되었음.

현금 흐름		〈단위 : 억원〉		시장 대비 수익률
항목	2016	2017.2Q		
영업활동	-90	-10		
투자활동	-122	-27		
재무활동	242	-19		
순현금흐름	90	-58		
기말현금	109	51		

결산 실적 〈단위 : 억원〉
항목	2012	2013	2014	2015	2016	2017
매출액	138	192	97	88	349	
영업이익	-21	7	-42	-45	-67	
당기순이익	-10	3	-79	-91	-81	

분기 실적 *IFRS 별도 기준 〈단위 : 억원〉
항목	2016.1Q	2016.2Q	2016.3Q	2016.4Q	2017.1Q	2017.2Q
매출액	15	151	117	66	16	
영업이익	-11	12	-19	-49	-36	
당기순이익	-15	-12	-16	-37	-38	

재무 상태 〈단위 : 억원〉
항목	2012	2013	2014	2015	2016	2017.2Q
총자산	356	414	373	327	1,081	83
유형자산	114	79	77	75	35	
무형자산	28	28	28	14	294	
유가증권	14	19	18	20	148	49
총부채	122	116	135	171	672	41
총차입금	64	44	71	81	516	33
자본금	104	119	121	127	164	20
총자본	234	298	238	157	409	41
지배주주지분	231	295	234	156	211	41

기업가치 지표
항목	2012	2013	2014	2015	2016	2017.2Q
주가(최고/저)(천원)	3.0/1.3	5.4/2.0	4.4/2.1	5.0/2.0	4.7/2.2	—/—
PER(최고/저)(배)	—/—	312.8/116.1	—/—	—/—	—/—	—/—
PBR(최고/저)(배)	2.5/1.1	4.1/1.5	4.4/2.1	7.4/3.0	7.2/3.4	4.0/2
EV/EBITDA(배)	—	38.2				
EPS(원)	-51	17	-317	-354	-89	-2
BPS(원)	1,184	1,301	994	677	645	1,0
CFPS(원)	-21	40	-297	-335	-49	
DPS(원)						
EBITDAPS(원)	-89	52	-152	-160	-195	

재무 비율 〈단위 : % 〉
연도	영업이익률	순이익률	부채비율	차입금비율	ROA	ROE	유보율	자기자본비율	EBITDA마진율
2016	-19.3	-23.1	164.3	126.2	-11.5	-14.0	29.0	37.8	-46
2015	-51.8	-103.5	109.0	51.4	-26.0	-46.1	35.4	47.9	-46
2014	-43.6	-82.0	56.6	30.0	-20.2	-29.5	98.7	63.9	-38
2013	3.4	1.4	39.1	14.8	0.7	1.5	160.2	71.9	4

이라이콤 (A041520)
e-Litecom

업 종 : 휴대폰 및 관련부품		시 장 : KOSDAQ	
신용등급 : (Bond) — (CP) —		기업규모 : 우량	
홈 페 이 지 : www.e-litecom.com		연 락 처 : 031)213-3881	
본 사 : 경기도 수원시 영통구 신원로250번길 32 (매탄동)			

설 립 일	1984.04.23	종 업 원 수	214명	대 표 이 사	김중현,김성익
상 장 일	2003.07.02	감 사 의 견	적정 (대성)	계 열	
결 산 기	12월	보 통 주	1,219만주	종 속 회 사 수	4개사
액 면 가	500원	우 선 주		구 상 호	

주주구성 (지분율,%)		출자관계 (지분율,%)		주요경쟁사 (외형,%)	
김중현	36.5	엠앤이텍	35.0	이라이콤	100
이근영	8.2	카렐클린트	11.1	에스맥	46
(외국인)	20.2	의래특광전(동관)유한공사	100.0	젬백스테크놀러지	26

매출구성		비용구성		수출비중	
BLU	100.0	매출원가율	91.8	수출	100.0
		판관비율	6.8	내수	0.0

회사 개요
동사는 1984년 담배필터 제조업을 목적으로 신평실산으로 설립되었으나, 전자부품 제조업으로 업종 전환이 이루어져 2000년 7월 회사분할을 통해 존속법인인 이라이콤과 신설법인인 신평으로 나뉘어지고 상호가 변경되었음. 동사가 영위하는 업종은 TFT-LCD용 Back light Unit와 STN-LCD 용 Back light Unit 부문이며 이중 휴대폰용 TFT-LCD용 Back light Unit가 주력제품임.

실적 분석
2017년 2분기 누적매출은 1,720.7억원으로 전년동기 대비 21.6% 증가, 영업이익은 -11.6억원으로 적자지속, 순이익은 -45.5억원으로 적자폭 확대. 외형확대와 판관비 개선에도 원가부담이 늘면서 영업손실을 기록하여 적자 전환. 영업실적 부진에 외화손실까지 크게 증가하면서 당기순손실의 폭이 전년동기 대비 확대됨. 하드웨어 경쟁이 지양되면서 평균판매단가 하락, 고정비부담 가중으로 수익성은 과거대비 부진.

현금 흐름 〈단위 : 억원〉
항목	2016	2017.2Q
영업활동	521	-286
투자활동	55	51
재무활동	-91	-97
순현금흐름	421	-365
기말현금	1,214	850

시장 대비 수익률

결산 실적 〈단위 : 억원〉
항목	2012	2013	2014	2015	2016	2017
매출액	5,421	6,899	6,478	6,355	3,060	—
영업이익	424	467	484	409	46	—
당기순이익	174	367	410	390	29	—

분기 실적 〈단위 : 억원〉
항목	2016.1Q	2016.2Q	2016.3Q	2016.4Q	2017.1Q	2017.2Q
매출액	722	693	702	944	814	907
영업이익	-13	23	-4	39	-4	-8
당기순이익	-20	20	-71	100	-60	14

재무 상태 〈단위 : 억원〉
항목	2012	2013	2014	2015	2016	2017.2Q
총자산	2,394	3,422	3,661	3,423	3,338	2,948
유형자산	427	529	670	734	590	556
무형자산	22	20	25	32	22	21
유가증권	42	53	66	271	272	235
총부채	1,097	1,785	1,645	1,089	1,055	811
총차입금	385	465	195	198	202	192
자본금	61	61	61	61	61	61
총자본	1,297	1,638	2,016	2,333	2,283	2,137
지배주주지분	1,297	1,638	2,016	2,333	2,283	2,137

기업가치 지표
항목	2012	2013	2014	2015	2016	2017.2Q
주가(최고/저)(천원)	15.8/10.2	18.4/11.3	17.7/9.8	23.4/11.6	15.1/7.8	—/—
PER(최고/저)(배)	13.3/8.6	7.2/4.4	6.1/3.4	8.2/4.1	69.3/35.9	0.6/0.5
PBR(최고/저)(배)	1.8/1.2	1.6/1.0	1.3/0.7	1.4/0.7	0.9/0.5	—/—
EV/EBITDA(배)	3.8	4.3	1.7	2.4		—/—
EPS(원)	1,427	3,009	3,363	3,196	236	-373
BPS(원)	10,643	13,438	16,543	19,144	18,727	17,534
CFPS(원)	1,981	3,389	3,876	3,818	858	-139
DPS(원)	200	200	500	700	770	—
EBITDAPS(원)	4,031	4,216	4,488	3,974	998	139

재무 비율 〈단위 : % 〉
연도	영업이익률	순이익률	부채비율	차입금비율	ROA	ROE	유보율	자기자본비율	EBITDA마진율
2016	1.5	0.9	46.2	8.8	0.9	1.3	3,645.4	68.4	4.0
2015	6.4	6.1	46.7	8.5	11.0	17.9	3,728.8	68.2	7.6
2014	7.5	6.3	81.6	9.7	11.6	22.4	3,208.6	55.1	8.4
2013	6.8	5.3	109.0	28.4	12.6	25.0	2,587.6	47.9	7.5

이랜텍 (A054210)
Elentec

업 종 : 휴대폰 및 관련부품		시 장 : KOSDAQ	
신용등급 : (Bond) — (CP) —		기업규모 : 우량	
홈 페 이 지 : www.elentec.co.kr		연 락 처 : 070)7098-8009	
본 사 : 경기도 수원시 영통구 삼성로 268번길 37			

설 립 일	1982.01.21	종 업 원 수	309명	대 표 이 사	이세용
상 장 일	2002.04.30	감 사 의 견	적정 (안경)	계 열	
결 산 기	12월	보 통 주	2,048만주	종 속 회 사 수	9개사
액 면 가	500원	우 선 주		구 상 호	

주주구성 (지분율,%)		출자관계 (지분율,%)		주요경쟁사 (외형,%)	
이세용	24.2	이랜시스	49.0	이랜텍	100
이해성	6.8	제이엠피솔루텍	29.0	슈피겐코리아	30
(외국인)	3.5	아이티텔레콤	13.0	모베이스	47

매출구성		비용구성		수출비중	
휴대폰용Case	35.8	매출원가율	89.5	수출	—
Mobile Phone Battery Pack	23.7	판관비율	7.3	내수	—
NOTE PC Battery Pack	14.5				

회사 개요
동사의 사업은 무선부문과 DM부문으로 구분되며 무선부문은 휴대폰용 배터리팩, 케이스, 충전기를 주로 생산하며, DM부문은 노트북, 로봇청소기, 전기자전거 등을 포함한 중소형 Battery Pack, 3D TV용 안경, 리모컨, 평면보드 등 TV용 부품, 기타 SET OEM 제품 등을 생산하고 있음. 배터리팩이 전체매출의 41%를 차지하며, 삼성전자 등의 업체들에 공급하고 있고 삼성전자 및 삼성SDI로의 매출이 전체의 90% 이상을 차지함.

실적 분석
동사의 2017년 상반기 매출은 2,675억원으로 전년대비 8.4% 감소, 영업이익은 5.3억원으로 전년대비 93.4% 감소. 당기순이익은 -50.9억원으로 전년대비 적자전환. 국내 최대고객래선의 스마트폰 부문이 정상화되었으나 전체 물량 증가가 제한적인 상황. 매출 감소로 고정비 부담 증가로 이익 규모가 전년대비 감소. 동사는 2017년 해외시장 진출로 실적 개선에 주력할 전망. 휴대폰 부문뿐 아니라 일반 가전제품 사출물 사업 진출도 고려하고 있음.

현금 흐름 〈단위 : 억원〉
항목	2016	2017.2Q
영업활동	468	-158
투자활동	-277	-137
재무활동	-176	35
순현금흐름	16	-266
기말현금	601	335

시장 대비 수익률

결산 실적 〈단위 : 억원〉
항목	2012	2013	2014	2015	2016	2017
매출액	5,489	6,547	5,793	6,161	6,022	—
영업이익	137	268	85	223	192	—
당기순이익	61	132	49	149	136	—

분기 실적 〈단위 : 억원〉
항목	2016.1Q	2016.2Q	2016.3Q	2016.4Q	2017.1Q	2017.2Q
매출액	1,538	1,383	1,512	1,590	1,261	1,414
영업이익	54	26	69	43	27	-21
당기순이익	40	3	31	63	20	-71

재무 상태 〈단위 : 억원〉
항목	2012	2013	2014	2015	2016	2017.2Q
총자산	3,747	4,327	4,207	4,203	4,367	4,710
유형자산	1,251	1,599	1,617	1,593	1,589	1,553
무형자산	47	48	55	52	81	76
유가증권	56	49	30	33	57	60
총부채	2,758	3,194	3,045	2,913	2,735	3,209
총차입금	1,659	2,145	2,154	2,017	1,638	1,678
자본금	71	78	78	80	102	102
총자본	989	1,133	1,163	1,290	1,632	1,501
지배주주지분	967	1,133	1,163	1,290	1,632	1,501

기업가치 지표
항목	2012	2013	2014	2015	2016	2017.2Q
주가(최고/저)(천원)	6.7/2.6	10.4/5.9	8.4/3.1	7.5/3.7	9.8/4.8	—/—
PER(최고/저)(배)	17.1/6.6	12.9/7.3	28.6/10.6	8.5/4.2	13.6/6.7	—/—
PBR(최고/저)(배)	1.1/0.4	1.5/0.9	1.2/0.5	1.0/0.5	1.3/0.6	0.9/0.7
EV/EBITDA(배)	8.2	5.9	8.5	6.5	5.9	—/—
EPS(원)	413	846	307	906	729	-248
BPS(원)	6,768	7,284	7,453	8,019	7,970	7,330
CFPS(원)	1,320	2,009	1,424	1,833	1,656	167
DPS(원)	50	75	50	75	80	—
EBITDAPS(원)	1,857	2,939	1,656	2,295	1,959	441

재무 비율 〈단위 : % 〉
연도	영업이익률	순이익률	부채비율	차입금비율	ROA	ROE	유보율	자기자본비율	EBITDA마진율
2016	3.2	2.3	167.6	100.3	3.2	9.3	1,494.1	37.4	6.1
2015	3.6	2.4	225.8	156.4	3.5	12.1	1,503.8	30.7	6.0
2014	1.5	0.9	261.9	185.3	1.2	4.3	1,390.6	27.6	4.5
2013	4.1	2.0	281.8	189.3	3.3	12.3	1,356.9	26.2	6.7

이루온 (A065440)
ELUON

업　　종 : IT 서비스		시　　장 : KOSDAQ	
신용등급 : (Bond) — 　(CP) —		기업규모 : 벤처	
홈페이지 : www.eluon.com		연락처 : (070)4489-1000	
본　　사 : 경기도 성남시 분당구 대왕판교로 660 유스페이스1 A동 905호			

설 립 일	1998.04.23	종업원수	99명	대 표 이 사	이승구,이영성(각자대표이사)
상 장 일	2003.01.24	감사의견	적정 (서린)	계 열	
결 산 기	12월	보통주	1,528만주	종속회사수	3개사
액 면 가	500원	우선주		구 상 호	

주주구성 (지분율,%)		출자관계 (지분율,%)		주요경쟁사 (외형,%)	
이승구	21.0	이루온	100		
원태환	2.6	케이사인	61		
(외국인)	2.2	유엔젤	58		

매출구성		비용구성		수출비중	
카드발급/발송 시스템 및 디지털 아카이브 시스	56.4	매출원가율	73.8	수출	3.0
핵심망, 부가망 통신 솔루션 및 서비스(기타)	43.6	판관비율	25.2	내수	97.0

회사 개요
동사는 1998년 설립되어 이동통신 핵심망 솔루션, 통신 부가서비스 솔루션을 비롯 서비스 사업 및 해외시장 진출을 적극 추진하고 있으며, 이동통신 트렌드 변화에 한발 앞서 진입하기 위하여 지속적인 국내외 사업 다각화와 기술개발을 통하여 WCDMA/HSDPA, Wibro, IMS 및 LTE 관련 다양한 솔루션 사업을 영위함. 해외사업으로는 영국의 통신사인 3UK의 전국 LTE망 구축에 영상처리시스템인 MRF를 담당함.

실적 분석
동사의 2017년 상반기 연결기준 누적 매출액은 99.6억원으로 전년 동기 대비 42.3% 감소함. 매출이 감소하면서 매출원가와 판관비 또한 줄었지만 매출감소에 따른 고정비용 상승 효과로 인해 영업손실은 26.8억원으로 전년 동기 대비 적자 규모가 더욱 늘었음. 비영업익 부문에서도 적자가 지속되면서 당기순손실은 29.5억원으로 전년 동기 대비 적자가 소폭 증가함.

현금 흐름
<단위 : 억원>

항목	2016	2017.2Q
영업활동	18	21
투자활동	-49	-22
재무활동	81	-7
순현금흐름	50	-8
기말현금	77	69

시장 대비 수익률

결산 실적
<단위 : 억원>

항목	2012	2013	2014	2015	2016	2017
매출액	386	505	472	515	526	—
영업이익	-30	29	-27	17	5	—
당기순이익	-30	14	-69	2	-10	—

분기 실적
<단위 : 억원>

항목	2016.1Q	2016.2Q	2016.3Q	2016.4Q	2017.1Q	2017.2Q
매출액	68	105	156	197	50	50
영업이익	-15	-9	-15	44	-14	-13
당기순이익	-17	-10	-17	34	-15	-15

재무 상태
<단위 : 억원>

항목	2012	2013	2014	2015	2016	2017.2Q
총자산	482	491	491	483	472	433
유형자산	142	136	132	137	130	127
무형자산	52	49	44	42	45	45
유가증권	24	8	8	7	8	8
총부채	320	310	385	376	274	262
총차입금	209	200	234	209	183	171
자본금	48	48	48	51	76	76
총자본	162	181	107	107	198	171
지배주주지분	163	181	107	107	198	171

기업가치 지표

항목	2012	2013	2014	2015	2016	2017.2Q
주가(최고/저)(천원)	4.4/1.3	2.3/1.3	3.6/1.5	3.4/1.7	5.3/2.0	—/—
PER(최고/저)(배)	—/—	17.2/10.2	—/—	1,415.2/699.8	—/—	—/—
PBR(최고/저)(배)	2.4/0.7	1.1/0.7	2.8/1.2	2.7/1.3	3.6/1.3	2.5/2.0
EV/EBITDA(배)		5.6		12.1	28.3	—
EPS(원)	-287	131	-673	2	-85	-193
BPS(원)	1,969	2,156	1,383	1,318	1,470	1,297
CFPS(원)	-98	291	-578	147	18	-155
DPS(원)						
EBITDAPS(원)	-102	449	-142	324	144	-137

재무 비율
<단위 : % >

연도	영업이익률	순이익률	부채비율	차입금비율	ROA	ROE	유보율	자기자본비율	EBITDA마진율
2016	0.9	-2.0	138.8	92.6	-2.2	-6.8	194.0	41.9	3.3
2015	3.4	0.4	352.0	196.0	0.0	0.2	163.7	22.1	6.1
2014	-5.8	-14.7	360.2	219.1	-14.1	-48.2	176.5	21.7	-2.9
2013	5.7	2.7	171.4	110.5	2.8	7.8	331.1	36.9	8.6

이마트 (A139480)
E-MART

업　　종 : 도소매		시　　장 : 거래소	
신용등급 : (Bond) AA+　(CP) A1		기업규모 : 시가총액 대형주	
홈페이지 : www.emartcompany.com		연락처 : (02)380-9271	
본　　사 : 서울시 성동구 뚝섬로 377			

설 립 일	2011.05.03	종업원수	27,811명	대 표 이 사	이갑수
상 장 일	2011.06.10	감사의견	적정 (삼일)	계 열	
결 산 기	12월	보통주	2,788만주	종속회사수	20개사
액 면 가	5,000원	우선주		구 상 호	

주주구성 (지분율,%)		출자관계 (지분율,%)		주요경쟁사 (외형,%)	
이명희	18.2	신세계프라퍼	100.0	이마트	100
정용진	9.8	신세계영랑호리조트	100.0	BGF리테일	34
(외국인)	51.1	제주소주	100.0	GS리테일	50

매출구성		비용구성		수출비중	
[㈜이마트]식품 등(상품)	75.5	매출원가율	71.9	수출	0.0
기타	10.4	판관비율	24.4	내수	100.0
[㈜에브리데이리테일] 상품매출(상품)	6.5				

회사 개요
동사는 2011년 신세계에서 인적분할하여 대형마트 사업을 단독으로 영위하고 있음. 이마트를 비롯 종속회사로 신세계조선호텔, 신세계푸드, 에브리데이리테일 등이 있음. 이마트는 PL상품과 해외소싱상품 확대를 통해 경쟁력을 확보하고 있음. 온라인 경쟁력을 위해 2016년 1월 아시아 최대의 온라인 그로서리 자동화 전용물류센터인 김포센터를 오픈, 온라인 물류인프라를 업계 최고수준으로 강화함.

실적 분석
내수경기 침체, 온라인 등 소비채널 다각화에도 불구하고 영업 활성화 노력으로 2017년도 2분기 연결기준 누적 매출액은 8.8% 증가한 7조 7,056.2억원을 기록함. 전체 매출의 90% 이상을 유통업이 차지, 호텔업과 부동산업이 나머지를 구성함. 베트남 2호점 출점 준비, 몽골 프랜차이즈 1호점 오픈 등 해외사업 부문을 다변화하고 있으며, 현지 안정화 후 새로운 수익창출이 기대됨.

현금 흐름
<단위 : 억원>

항목	2016	2017.2Q
영업활동	7,223	4,542
투자활동	-10,692	-3,504
재무활동	3,511	823
순현금흐름	24	1,848
기말현금	658	2,506

시장 대비 수익률

결산 실적
<단위 : 억원>

항목	2012	2013	2014	2015	2016	2017
매출액	126,850	130,353	131,536	136,400	147,779	—
영업이익	7,350	7,351	5,830	5,038	5,469	—
당기순이익	4,351	4,762	2,919	4,559	3,816	—

분기 실적
<단위 : 억원>

항목	2016.1Q	2016.2Q	2016.3Q	2016.4Q	2017.1Q	2017.2Q
매출액	36,300	34,535	40,340	36,605	38,988	38,068
영업이익	1,560	470	2,146	1,293	1,601	554
당기순이익	1,200	122	1,497	997	1,315	256

재무 상태
<단위 : 억원>

항목	2012	2013	2014	2015	2016	2017.2Q
총자산	122,540	130,518	138,275	144,938	154,282	157,861
유형자산	82,413	87,280	92,656	98,054	97,092	98,221
무형자산	3,806	3,988	3,713	3,832	3,986	3,924
유가증권	14,157	15,631	17,511	13,301	13,631	15,241
총부채	61,248	63,539	67,677	72,544	73,040	74,979
총차입금	34,235	35,642	38,669	41,145	38,774	44,550
자본금	1,394	1,394	1,394	1,394	1,394	1,394
총자본	61,292	66,979	70,597	72,394	81,242	82,882
지배주주지분	60,234	65,680	69,078	69,861	76,962	77,660

기업가치 지표

항목	2012	2013	2014	2015	2016	2017.2Q
주가(최고/저)(천원)	277/210	264/180	264/193	249/187	193/152	—/—
PER(최고/저)(배)	18.9/14.3	16.2/11.1	26.0/19.0	15.5/11.6	14.5/11.4	—/—
PBR(최고/저)(배)	1.3/1.0	1.2/0.8	1.1/0.8	1.0/0.8	0.7/0.6	0.9/0.6
EV/EBITDA(배)	9.2	9.7	9.5	10.1	9.1	—
EPS(원)	15,213	16,762	10,404	16,312	13,497	5,519
BPS(원)	216,175	235,709	247,900	250,707	276,181	278,685
CFPS(원)	28,110	30,904	25,251	31,875	29,871	13,846
DPS(원)	1,500	1,500	1,500	1,500	1,500	
EBITDAPS(원)	39,264	40,514	35,761	33,635	35,992	16,060

재무 비율
<단위 : % >

연도	영업이익률	순이익률	부채비율	차입금비율	ROA	ROE	유보율	자기자본비율	EBITDA마진율
2016	3.7	2.6	89.9	47.7	2.6	5.1	5,423.6	52.7	6.8
2015	3.7	3.3	100.2	56.8	3.2	6.6	4,914.1	50.0	6.9
2014	4.4	2.2	95.9	54.8	2.2	4.3	4,858.0	51.1	7.6
2013	5.6	3.7	94.9	53.2	3.6	7.4	4,614.2	51.3	8.7

이매진아시아 (A036260)
IMAGINE ASIA

업　종 : 미디어	시　장 : KOSDAQ
신용등급 : (Bond) —　　(CP) —	기업규모 : 중견
홈페이지 : www.imagineasia.com	연락처 : 02)3443-1960
주　소 : 서울시 강남구 압구정로 113 (압구정동, 뉴타운빌딩3층)	

설 립 일	1976.07.02	종 업 원 수	42명	대 표 이 사	심재현
상 장 일	1999.12.01	감 사 의 견	적정 (정명)	계　　열	
결 산 기	12월	보 통 주	3,351만주	종속회사수	8개사
액 면 가	500원	우 선 주		구 상 호	웰메이드예당

주주구성 (지분율,%)		출자관계 (지분율,%)		주요경쟁사 (외형,%)	
청호컴넷	30.2	아이엠에스이앤엠	100.0	이매진아시아	100
신형란	4.4	웰메이드필름	100.0	티비씨	121
(외국인)	0.4	스타아시아엔터테인먼트	100.0	오리콤	504

매출구성		비용구성		수출비중	
영화·드라마 제작(기타)	54.0	매출원가율	92.4	수출	3.0
매니지먼트(기타)	46.0	판관비율	19.5	내수	97.0

회사 개요

1976년 텐트 제조 등의 사업을 목적으로 설립되었으며, 2006년 스타엠엔터테인먼트와 주식교환으로 엔터테인먼트 및 매니지먼트업을 영위함. 2007년 이너테인먼트 및 매니지먼트 사업을 주사업으로 코스닥 시장에 상장함. 주요 사업부문으로는 광고 및 영화, 드라마 매니지먼트 부문 이외에 영화제작과 음반 부문이 매출 규모면에서 증가 추세임. 동사에 소속된 가수로는 '씨크라운, 걸스데이, 주비, 엠씨몽' 등이 있음.

실적 분석

동사의 2017년 2분기기준 누적 매출액은 전년동기대비 57.6% 하락한 90.9원을 기록하였음. 비용면에서 전년동기대비 매출원가는 크게 감소하였으며 인건비도 감소, 광고선전비도 크게 감소, 기타판매비와관리비는 증가함. 동사에 따라 매출액 하락에 의해 전년동기대비 영업이익은 -38.6억원으로 적자지속하였음. 최종적으로 전년동기대비 당기순이익은 적자전환하여 -39.9억원을 기록함.

현금 흐름
〈단위 : 억원〉

항목	2016	2017.2Q
영업활동	-18	-39
투자활동	-176	-77
재무활동	143	125
순현금흐름	-51	10
기말현금	7	17

시장 대비 수익률

결산 실적
〈단위 : 억원〉

항목	2012	2013	2014	2015	2016	2017
매출액	137	152	387	458	321	
영업이익	-11	-20	-1	1	-38	
당기순이익	-48	-55	-32	-30	-26	

분기 실적
〈단위 : 억원〉

항목	2016.1Q	2016.2Q	2016.3Q	2016.4Q	2017.1Q	2017.2Q
매출액	84	130	78	29	36	55
영업이익	-1	-7	-6	-24	-20	-19
당기순이익	-7	15	7	-41	-17	-23

재무 상태
〈단위 : 억원〉

항목	2012	2013	2014	2015	2016	2017.2Q
총자산	164	225	345	507	413	628
유형자산	1	3	31	65	6	69
무형자산	11	42	42	78	2	230
유가증권	5	28	9	7	50	79
총부채	63	137	246	315	74	157
총차입금	2	62	86	148	42	86
자본금	170	54	66	85	125	168
총자본	101	88	100	192	338	471
지배주주지분	101	88	101	185	339	457

기업가치 지표

항목	2012	2013	2014	2015	2016	2017.2Q
주가(최고/저)(천원)	7.2/3.3	3.6/1.6	4.7/1.6	4.4/2.1	5.4/2.0	—/—
PER(최고/저)(배)	—/—	—/—	—/—	—/—	—/—	—/—
PBR(최고/저)(배)	6.1/2.8	4.3/1.9	6.0/2.0	4.0/1.9	4.0/1.5	2.2/1.2
EV/EBITDA(배)			77.1	42.5		
EPS(원)	-673	-636	-273	-206	-175	-148
BPS(원)	298	848	790	1,110	1,363	1,364
CFPS(원)	-163	-613	-225	-149	-141	-136
DPS(원)						
EBITDAPS(원)	-34	-202	43	67	-184	-134

재무 비율
〈단위 : % 〉

연도	영업이익률	순이익률	부채비율	차입금비율	ROA	ROE	유보율	자기자본비율	EBITDA마진율
2016	-11.9	-8.2	21.9	12.3	-5.7	-11.7	172.6	82.1	-10.0
2015	0.3	-6.6	164.2	77.2	-7.1	-22.3	122.1	37.9	2.3
2014	-0.2	-8.3	245.8	86.3	-11.2	-33.8	58.0	28.9	1.3
2013	-12.9	-36.4	155.8	70.8	-28.4	-58.3	69.7	39.1	-11.6

이미지스테크놀로지 (A115610)
IMAGIS

업　종 : 휴대폰 및 관련부품	시　장 : KOSDAQ
신용등급 : (Bond) —　　(CP) —	기업규모 : 벤처
홈페이지 : www.imagis.co.kr	연락처 : 031)888-5280
주　소 : 경기도 수원시 영통구 광교로 105 경기R&DB센터 3층 301호	

설 립 일	2004.03.25	종 업 원 수	69명	대 표 이 사	김정철
상 장 일	2010.02.26	감 사 의 견	적정 (신한)	계　　열	
결 산 기	12월	보 통 주	767만주	종속회사수	1개사
액 면 가	500원	우 선 주		구 상 호	

주주구성 (지분율,%)		출자관계 (지분율,%)		주요경쟁사 (외형,%)	
김정철	28.4	이미지스시스템즈	51.0	이미지스	100
한국증권금융	4.0	넥스트랩	30.0	디스플레이텍	198
(외국인)	2.4			육일씨엔에쓰	96

매출구성		비용구성		수출비중	
(Touch)IST3026C, IST3038C	78.0	매출원가율	84.5	수출	75.0
(MST)ISP7022	15.1	판관비율	14.2	내수	25.0
(네비게이션외)T770,TX200S등 다수	3.5				

회사 개요

동사는 2004년 3월 25일 설립되어 메모리 반도체 집적회로(IC)를 연구, 개발, 외주생산 및 판매에 관한사항을 주요사업으로 영위하고 있으며, 주요 제품은 Haptic Driver IC(힘과 운동감을 느끼도록 하는 촉각用 감성칩), Touch Controller IC(Touch & haptic Chip = One Chip)외에 xView(Mobile Display Image 화질개선칩) 등을 고객에게 판매를 하고 있음.

실적 분석

동사의 2017년 2분기 누적 매출액은 160.7억원으로 전년 동기 대비 30% 감소함. 매출원가 및 비용부담으로 영업이익 및 당기순이익 적자전환함. 동사의 신규제품 개발은 Haptic Driver IC, C-Touch Controller, 휴대폰 무선충천 및 자기 응용, 구동 반도체가 있음. 전방산업인 반도체 경기가 호조세를 바탕으로 향후에 수익성 중심의 제품 비중 확대, 거래선 다변화를 추진하여 흑자기조를 유지하는데 초점을 맞춤.

현금 흐름
〈단위 : 억원〉

항목	2016	2017.2Q
영업활동	47	-11
투자활동	-27	9
재무활동	—	—
순현금흐름	20	-3
기말현금	87	84

시장 대비 수익률

결산 실적
〈단위 : 억원〉

항목	2012	2013	2014	2015	2016	2017
매출액	139	311	500	493	450	
영업이익	-7	14	9	8	6	
당기순이익	2	20	14	15	8	

분기 실적
〈단위 : 억원〉

항목	2016.1Q	2016.2Q	2016.3Q	2016.4Q	2017.1Q	2017.2Q
매출액	118	111	105	116	88	73
영업이익	0	2	0	4	-11	-11
당기순이익	2	3	0	3	-11	-11

재무 상태
〈단위 : 억원〉

항목	2012	2013	2014	2015	2016	2017.2Q
총자산	288	350	363	362	373	338
유형자산	3	6	7	5	4	3
무형자산	13	43	32	33	42	48
유가증권	1	1	—	—	—	—
총부채	21	67	67	51	54	41
총차입금	5	4	1	—	—	3
자본금	38	38	38	38	38	38
총자본	267	283	296	311	319	297
지배주주지분	267	280	296	308	317	296

기업가치 지표

항목	2012	2013	2014	2015	2016	2017.2Q
주가(최고/저)(천원)	6.4/3.1	9.9/4.1	7.2/3.9	7.5/4.0	9.3/5.0	—/—
PER(최고/저)(배)	230.5/112.2	39.8/16.7	40.7/22.1	39.7/21.2	76.9/41.4	—/—
PBR(최고/저)(배)	1.8/0.9	2.6/1.1	1.8/1.0	1.8/1.0	2.2/1.2	2.1/1.6
EV/EBITDA(배)	—	15.1	4.8	29.6		
EPS(원)	28	248	177	189	121	-283
BPS(원)	3,492	3,741	3,918	4,107	4,228	3,945
CFPS(원)	116	361	442	342	228	-213
DPS(원)						
EBITDAPS(원)	-1	301	385	252	188	-219

재무 비율
〈단위 : % 〉

연도	영업이익률	순이익률	부채비율	차입금비율	ROA	ROE	유보율	자기자본비율	EBITDA마진율
2016	1.4	1.8	17.0	0.0	2.1	3.0	745.6	85.5	3.2
2015	1.5	3.0	16.5	0.0	4.1	4.8	721.4	85.9	3.9
2014	1.8	2.8	22.7	0.4	3.9	4.7	683.6	81.5	5.9
2013	4.6	6.5	23.8	1.3	6.3	6.9	648.2	80.8	7.4

이베스트투자증권 (A078020)
EBEST INVESTMENT & SECURITIES

업 종 : 증권		시 장 : KOSDAQ	
신용등급 : (Bond) A (CP) A2+		기업규모 : 우량	
홈 페 이 지 : www.ebestsec.co.kr		연 락 처 : 02)3779-0100	
본 사 : 서울시 영등포구 여의대로 14, KT빌딩 17층			

설 립 일 1999.12.15	종업원수 439명	대 표 이 사 홍원식	
상 장 일 2007.02.21	감사의견 적정 (안진)	계 열	
결 산 기 12월	보 통 주 4,048만주	종속회사수	
액 면 가 5,000원	우 선 주	구 상 호 이트레이드증권	

주주구성 (지분율,%)
지앤에이아우투자전문회사	84.6
홍원식	0.4
(외국인)	0.1

출자관계 (지분율,%)
한태평양특수목적전문투자조합	9.5
에스피라프텍스제일호사모투자조합	8.0
AKGI상생경제투자조합1호	6.7

주요경쟁사 (외형,%)
이베스트투자증권	100
키움증권	390
유안타증권	252

수익구성
파생상품평가 및 처분이익	59.6
금융상품평가 및 처분이익	17.9
수수료 수익	10.8

비용구성
이자비용	4.5
파생상품손실	57.8
판관비	14.2

수출비중
수출	—
내수	—

회사 개요
동사는 1999년에 국내 최초의 온라인 증권사로 출범하였으며 2007년 코스닥에 상장됨. 현재는 온라인을 근간으로 하는 종합증권사로서 기존의 온라인 사업부문과 홈세일, IB, Trading 부문이 시너지를 창출하고 있음. 차세대 HTS인 eBEST PRO를 통해 주식, 선물/옵션, 펀드 등의 실시간 주문 및 시세, 증권 정보를 조회할 수 있는 서비스를 제공하고 있음. 2015년 4월 1일부터 상호가 "이베스트투자증권주식회사"로 변경됨.

실적 분석
동사의 2017년 2분기 영업수익은 전년동기 대비 소폭 감소한 3,331억원, 영업비용은 소폭 감소한 3,030억원을 기록함. 영업비용 감소로 영업이익과 당기순이익은 각각 전년동기 대비 큰 폭 증가한 311억원과 237억원을 기록함. 영업수익과 비용의 감소는 주로 파생상품평가및처분이익 감소에 기인하여 판관비는 전년동기와 유사한 수준을 보임. 동사는 틈새시장을 적극 공략하며 수익처 다각화에도 갠걸음 중.

현금 흐름 *IFRS 별도 기준 〈단위 : 억원〉
항목	2016	2017.2Q
영업활동	-1,012	-139
투자활동	-11	-34
재무활동	886	211
순현금흐름	-137	38
기말현금	82	120

시장 대비 수익률

결산 실적 〈단위 : 억원〉
항목	2012	2013	2014	2015	2016	2017
순영업손익	866	629	1,114	1,652	1,214	—
영업이익	119	71	292	618	322	—
당기순이익	91	27	223	485	244	—

분기 실적 *IFRS 별도 기준 〈단위 : 억원〉
항목	2016.1Q	2016.2Q	2016.3Q	2016.4Q	2017.1Q	2017.2Q
순영업손익	291	332	291	300	315	486
영업이익	69	106	62	85	96	215
당기순이익	50	81	47	65	67	171

재무 상태 *IFRS 별도 기준 〈단위 : 억원〉
항목	2012	2013	2014	2015	2016	2017.2Q
총자산	18,084	18,397	19,685	26,540	26,693	34,840
유형자산	124	95	67	55	41	32
무형자산	363	316	247	193	138	116
유가증권	8,177	8,976	10,381	13,689	14,451	14,913
총부채	14,919	15,304	16,408	22,838	22,968	31,070
총차입금	8,536	9,488	10,050	12,877	13,823	14,216
자본금	2,024	2,024	2,024	2,024	2,024	2,024
총자본	3,165	3,093	3,277	3,701	3,724	3,770
지배주주지분	3,165	3,093	3,277	3,701	3,724	3,770

기업가치 지표 *IFRS 별도 기준
항목	2012	2013	2014	2015	2016	2017.2Q
주가(최고/저)(천원)	9.8/6.4	9.7/8.7	9.3/8.7	16.0/8.2	10.7/7.2	—/—
PER(최고/저)(배)	48.7/31.9	159.5/142.9	18.6/17.5	14.7/7.5	17.9/12.5	—/—
PBR(최고/저)(배)	1.3/0.9	1.3/1.2	1.1/1.1	1.7/0.9	1.1/0.7	1.1/1.0
PSR(최고/저)(배)	5/3	7/6	4/3	4/2	4/3	—/—
EPS(원)	224	67	550	1,197	602	588
BPS(원)	8,397	8,401	8,938	10,069	10,211	10,362
CFPS(원)	437	264	808	1,431	817	696
DPS(원)	70	—	73	0.09	510	515
EBITDAPS(원)	294	176	722	1,528	795	769

재무 비율 〈단위 : %〉
연도	계속사업이익률	순이익률	부채비율	차입금비율	ROA	ROE	유보율	자기자본비율	총자산증가율
2016	26.6	20.1	616.7	371.2	0.9	6.6	104.2	14.0	0.6
2015	38.5	29.3	617.1	347.9	2.1	13.9	101.4	14.0	34.8
2014	26.5	20.0	500.8	306.7	1.2	7.0	78.8	16.7	8.9
2013	9.3	4.3	494.8	306.8	0.2	0.9	68.0	16.8	1.7

이비테크 (A208850)
EB TECH COLTD

업 종 : 전기장비		시 장 : KONEX	
신용등급 : (Bond) — (CP) —		기업규모 :	
홈 페 이 지 : www.eb-tech.com		연 락 처 : 042)930-7501	
본 사 : 대전시 유성구 테크노2로 170-9			

설 립 일 2000.10.28	종업원수 18명	대 표 이 사 김진규	
상 장 일 2016.06.22	감사의견 적정 (우리)	계 열	
결 산 기 12월	보 통 주	종속회사수	
액 면 가	우 선 주	구 상 호	

주주구성 (지분율,%)
IXYSCH GmbH	19.1
한범수	16.4

출자관계 (지분율,%)
EBTechindiaBeamTechnologyPrivateLimited	

주요경쟁사 (외형,%)
이비테크	100
지엔씨에너지	3,078
선도전기	2,483

매출구성
전자 가속기(제품)	52.2
조사 서비스(제품)	30.8
기타	17.0

비용구성
매출원가율	75.8
판관비율	40.4

수출비중
수출	14.0
내수	86.0

회사 개요
동사는 전자가속기 (Electron Beam Accelerator) 생산업체임. 전자가속기란 전자가속식 전자총에서 방출되는 전자를 진공 상태에서 고전압(액 1백만 볼트)을 이용, 빛의 속도에 가깝게 가속시켜 높은 에너지의 전자선을 만들어내는 장치로 전자가속기로부터 나오는 전자선을 대상물질 조사하여 분자구조를 바꿈으로써 물리적, 화학적 특성을 변화시켜 물성개선 및 유해성분을 제거하는 신기술임.

실적 분석
동사는 2016년 전년 동기보다 2.6% 감소한 37.8억원의 매출액을 기록하였음. 매출 부진에도 불구하고 매출원가는 전년 동기보다 24.1% 상승하였으며 이는 매출총이익 41.8% 감소로 이어졌음. 판관비 역시 10.4% 증가하였으며 동사는 6.1억원의 영업손실을 기록, 적자전환하였음. 이외에도 영업외수익이 감소하였으며 최종적으로 동사는 6.1억원의 순손실을 기록, 적자전환하였음.

현금 흐름 *IFRS 별도 기준 〈단위 : 억원〉
항목	2016	2017.2Q
영업활동	-6	
투자활동	-4	
재무활동	18	
순현금흐름	8	
기말현금	15	

시장 대비 수익률

결산 실적 〈단위 : 억원〉
항목	2012	2013	2014	2015	2016	2017
매출액	—	63	42	39	38	—
영업이익	—	11	5	2	-6	—
당기순이익	—	10	7	3	-6	—

분기 실적 *IFRS 별도 기준 〈단위 : 억원〉
항목	2016.1Q	2016.2Q	2016.3Q	2016.4Q	2017.1Q	2017.2Q
매출액						
영업이익						
당기순이익						

재무 상태 *IFRS 별도 기준 〈단위 : 억원〉
항목	2012	2013	2014	2015	2016	2017.2Q
총자산		85	98	91	105	
유형자산		49	52	49	46	
무형자산		0	0	2	2	
유가증권						
총부채		25	32	22	40	
총차입금		20	18	16	30	
자본금		22	22	22	23	
총자본		59	66	69	65	
지배주주지분		59	66	69	65	

기업가치 지표 *IFRS 별도 기준
항목	2012	2013	2014	2015	2016	2017.2Q
주가(최고/저)(천원)	—/—	—/—	—/—	—/—	13.0/3.7	—/—
PER(최고/저)(배)	0.0/0.0	0.0/0.0	0.0/0.0	0.0/0.0	—/—	—/—
PBR(최고/저)(배)	0.0/0.0	0.0/0.0	0.0/0.0	0.0/0.0	4.5/1.3	0.0/0.0
EV/EBITDA(배)	0.0			1.5	—	
EPS(원)	—	477	308	128	-276	
BPS(원)	—	13,751	15,289	15,927	2,861	
CFPS(원)	—	3,192	2,032	1,356	-135	
DPS(원)						
EBITDAPS(원)		3,367	1,730	1,161	-134	

재무 비율 〈단위 : %〉
연도	영업이익률	순이익률	부채비율	차입금비율	ROA	ROE	유보율	자기자본비율	EBITDA마진율
2016	-16.2	-16.2	62.7	46.5	-6.3	-9.2	186.1	61.5	-7
2015	4.9	7.1	32.4	22.8	2.9	4.1	218.6	75.5	12
2014	12.8	15.9	48.5	27.8	7.3	10.6	205.8	67.3	17
2013	17.6	16.4	42.6	33.7			175.0	70.1	23

이상네트웍스 (A080010)
eSang Networks

업 종 : 인터넷 서비스		시 장 : KOSDAQ	
신용등급 : (Bond) — (CP) —		기업규모 : 중견	
홈 페 이 지 : www.e-sang.net		연 락 처 : 02)3397-0500	
본 사 : 서울시 금천구 가산로9길 109 (가산동, 이에스빌딩)			

설 립 일	2000.02.28	종 업 원 수	87명	대 표 이 사	조원표
상 장 일	2005.09.30	감 사 의 견	적정 (호연)	계 열	
결 산 기	12월	보 통 주	902만주	종속회사수	3개사
액 면 가	500원	우 선 주		구 상 호	

주주구성 (지분율,%)		출자관계 (지분율,%)		주요경쟁사 (외형,%)	
황금에스티	24.8	아시아플러스대부	100.0	이상네트웍스	100
Macquarie Bank Limited	9.8	이상엠앤씨	56.0	이크레더블	81
(외국인)	21.3	이상글로벌	50.0	가비아	264

매출구성		비용구성		수출비중	
전자상거래, 전시 및 IT사업 등	62.1	매출원가율	67.1	수출	—
철강 상품 매입 및 제조, 구매대행	37.2	판관비율	16.0	내수	—
부동산 임대업 및 모바일 판매	0.7				

회사 개요

동사는 철강상품 매입과 제조와 기업간 전자상거래의 e-마켓플레이스로 다수의 공급자와 다수의 판매자간 거래를 할 수 있도록 구축된 온라인 시장과 컨벤션 사업을 영위하고 있음. 종속회사인 이상글로벌은 글로벌 마케팅 및 온라인 무역지원 사업, 이상리테일은 동남아 식품수입 및 유통 사업을 영위중임. 한편 동사의 컨벤션사업은 경향하우징의 전시사업부문을 흡수합병하여 현재까지 경쟁력을 확보하고 있음.

실적 분석

동사의 2017년 2분기 누적 매출액은 전년동기대비 32.7% 상승한 264.1억원을 기록함. 원가율 상승 영향으로 매출총이익률은 전년동기대비 36% 증가하였으며 인건비와 광고선전비 증가의 영향으로 전체 판매비와관리비도 전년동기대비 39.6% 증가함. 2분기 누적 영업이익은 전년동기대비 19.9% 증가한 56.1억원을 기록함. 관련 기업투자손익의 흑자전환에 힘입어 비영업손익이 전년동기대비 흑자전환했으며, 당기순이익은 전년동기대비 31.2% 증가한 49.1억원을 시현함.

현금 흐름 〈단위 : 억원〉

항목	2016	2017.2Q
영업활동	57	-50
투자활동	-0	-68
재무활동	-11	63
순현금흐름	47	-55
기말현금	114	59

시장 대비 수익률

결산 실적 〈단위 : 억원〉

항목	2012	2013	2014	2015	2016	2017
매출액	361	288	417	378	388	—
영업이익	22	16	25	40	66	—
당기순이익	24	18	24	27	62	—

분기 실적 〈단위 : 억원〉

항목	2016.1Q	2016.2Q	2016.3Q	2016.4Q	2017.1Q	2017.2Q
매출액	126	73	86	102	157	107
영업이익	42	5	10	9	39	17
당기순이익	41	-3	7	17	33	16

재무 상태 〈단위 : 억원〉

항목	2012	2013	2014	2015	2016	2017.2Q
총자산	606	652	678	699	814	954
유형자산	106	107	106	104	106	105
무형자산	106	107	145	155	179	177
유가증권	64	65	78	87	49	64
총부채	37	68	73	69	74	164
총차입금	17	38	34	29	19	99
자본금	45	45	45	45	45	45
총자본	568	584	605	630	740	790
지배주주지분	564	582	604	631	704	740

기업가치 지표

항목	2012	2013	2014	2015	2016	2017.2Q
주가(최고/저)(천원)	6.2/2.9	4.4/2.7	4.8/2.8	14.5/3.5	10.5/5.1	—/—
PER(최고/저)(배)	25.3/11.6	20.2/12.5	17.5/10.3	47.2/11.4	16.4/8.0	—/—
PBR(최고/저)(배)	1.0/0.5	0.7/0.4	0.7/0.4	2.0/0.5	1.3/0.7	1.1/0.9
EV/EBITDA(배)	6.9	9.9	9.3	11.5	8.8	—/—
EPS(원)	255	225	279	309	643	541
BPS(원)	6,411	6,607	6,855	7,152	7,965	8,349
CFPS(원)	302	269	325	384	717	581
DPS(원)	30	30	40	—	50	—
EBITDAPS(원)	289	220	320	384	804	664

재무 비율 〈단위 : % 〉

연도	영업이익률	순이익률	부채비율	차입금비율	ROA	ROE	유보율	자기자본비율	EBITDA마진율
2016	17.0	16.0	10.0	2.6	8.2	8.7	1,493.0	91.0	18.7
2015	10.6	7.0	10.9	4.6	3.9	4.5	1,330.4	90.2	12.3
2014	5.9	5.9	12.0	5.7	3.7	4.1	1,271.1	89.3	6.9
2013	5.5	6.3	11.7	6.5	2.9	3.5	1,221.4	89.6	6.9

이수앱지스 (A086890)
ISU Abxis

업 종 : 바이오		시 장 : KOSDAQ	
신용등급 : (Bond) — (CP) —		기업규모 : 신성장	
홈 페 이 지 : www.abxis.com		연 락 처 : 031)696-4700	
본 사 : 경기도 성남시 분당구 대왕판교로712번길 22, 씨동 5층 (삼평동, 글로벌알앤디센터)			

설 립 일	2001.03.29	종 업 원 수	127명	대 표 이 사	이석주
상 장 일	2009.02.03	감 사 의 견	적정 (도원)	계 열	
결 산 기	12월	보 통 주	1,976만주	종속회사수	
액 면 가	500원	우 선 주		구 상 호	

주주구성 (지분율,%)		출자관계 (지분율,%)		주요경쟁사 (외형,%)	
이수화학	35.6			이수앱지스	100
김상범	5.4			바이오니아	114
(외국인)	0.8			녹십자엠에스	452

매출구성		비용구성		수출비중	
바이오제약	98.3	매출원가율	38.9	수출	47.0
기타	1.7	판관비율	65.2	내수	53.0

회사 개요

2001년에 설립된 동사는 심혈관질환 재발을 예방하기 위해 혈전형성을 억제하는 항체치료제인 클로티냅을 생산해 판매하고 있음. 또 유전성 희귀질환인 고셔병과 파브리병 환자들을 치료하기 위한 효소치료제로서 애브서틴과 파바갈 등 2개 제품을 판매 중임. 시장점유율은 클로티냅이 80%, 애브서틴이 35%임. 파바갈은 2015년부터 본격적인 매출이 발생하고 있음. 동사는 이수화학을 비롯해 국내 계열사 11개, 해외 계열사 10개를 두고 있음.

실적 분석

동사의 2017년 상반기 누적매출액은 97.6억원으로 전년동기대비 10% 증가함. 비용측면에서 매출원가율과 판관비 증가로 영업손실 17.1억원을 기록하며 적자전환함. 동사는 바이오의약품 개발사업 외에 건강기능 식품 판매, 세계 희귀의약품의 국내 도입과 판매 사업 진출 및 CMO사업을 고려하고 있음. 완제의약품 도입목록 페브레인은 2015년 식약처의 허가를 받아 매출이 발생할 것으로 예상됨. 새로운 치료제 개발 프로젝트도 계속 보강 중임.

현금 흐름 *IFRS 별도 기준 〈단위 : 억원〉

항목	2016	2017.2Q
영업활동	-4	-30
투자활동	163	-14
재무활동	-100	-3
순현금흐름	59	-46
기말현금	125	79

시장 대비 수익률

결산 실적 〈단위 : 억원〉

항목	2012	2013	2014	2015	2016	2017
매출액	56	82	71	115	191	—
영업이익	-64	-63	-63	-51	-8	—
당기순이익	-64	-82	-112	-98	-20	—

분기 실적 *IFRS 별도 기준 〈단위 : 억원〉

항목	2016.1Q	2016.2Q	2016.3Q	2016.4Q	2017.1Q	2017.2Q
매출액	31	58	61	41	38	60
영업이익	-5	5	1	-9	-19	2
당기순이익	-12	3	-1	-11	-21	0

재무 상태 *IFRS 별도 기준 〈단위 : 억원〉

항목	2012	2013	2014	2015	2016	2017.2Q
총자산	335	549	490	700	598	573
유형자산	73	115	116	112	113	113
무형자산	81	94	94	86	109	120
유가증권						
총부채	191	326	316	234	143	137
총차입금	157	291	290	183	84	80
자본금	56	64	69	98	99	99
총자본	144	223	174	466	456	436
지배주주지분	144	223	174	466	456	436

기업가치 지표 *IFRS 별도 기준

항목	2012	2013	2014	2015	2016	2017.2Q
주가(최고/저)(천원)	8.4/6.3	10.1/5.5	12.9/6.0	13.2/6.0	12.7/7.2	—/—
PER(최고/저)(배)	—/—	—/—	—/—	—/—	—/—	—/—
PBR(최고/저)(배)	7.0/5.2	6.1/3.3	10.9/5.0	5.6/2.5	5.5/3.1	3.9/3.4
EV/EBITDA(배)					83.7	—/—
EPS(원)	-538	-648	-790	-576	-104	-105
BPS(원)	1,278	1,742	1,254	2,379	2,308	2,204
CFPS(원)	-452	-492	-664	-443	34	-33
DPS(원)	—	—	—	—	—	—
EBITDAPS(원)	-454	-336	-303	-168		-15

재무 비율 〈단위 : % 〉

연도	영업이익률	순이익률	부채비율	차입금비율	ROA	ROE	유보율	자기자본비율	EBITDA마진율
2016	-4.2	-10.7	31.3	18.4	-3.1	-4.4	361.6	76.2	10.0
2015	-44.4	-85.2	50.3	39.3	-16.4	-30.5	375.9	66.6	-24.8
2014	-89.3	-157.8	181.4	166.8	-21.6	-56.4	150.9	35.5	-57.3
2013	-77.4	-100.3	146.3	130.6	-18.5	-44.7	248.4	40.6	-49.3

이수페타시스 (A007660)
ISU PETASYS

업　　종 : 전자 장비 및 기기　　　　　　시　　장 : 거래소
신용등급 : (Bond) —　　(CP) —　　　　기업규모 : 시가총액 소형주
홈 페 이 지 : www.petasys.com　　　　　연 락 처 : 053)610-0300
본　　사 : 대구시 달성군 논공읍 논공로 53길 36

설 립 일	1972.02.14	종 업 원 수	866명	대 표 이 사	김성민	
상 장 일	2000.08.05	감 사 의 견	적정 (삼경)	계　　열		
결 산 기	12월	보 통 주	4,127만주	종속회사수	3개사	
액 면 가	1,000원	우 선 주		구 상 호		

주주구성 (지분율,%)
이수	22.5
국민연금공단	7.0
(외국인)	7.0

출자관계 (지분율,%)
이수엑사보드	100.0
이수세컨더리1호투자조합외	49.2
엠투엔	2.5

주요경쟁사 (외형,%)
이수페타시스	100
에코프로	31
자화전자	54

매출구성
PCB인쇄회로기판(제품)	81.5
PCB인쇄회로기판(상품)	18.6

비용구성
매출원가율	89.7
판관비율	8.3

수출비중
수출	95.0
내수	5.0

회사 개요
동사는 1972년 설립돼 2003년 유가증권시장에 상장돼 매매가 개시됐다. 동사는 인쇄회로기판(PCB)의 제조, 판매를 주요사업으로 영위함. 인쇄회로기판 제조업을 영위하는 이수엑사보드, 제조업 및 수출입업 등을 영위하는 ISU Petasys Corp., 인쇄회로기판 제조업을 영위하는 ISU Petasys Asia Limited를 연결대상 종속회사로 보유하고 있음. 상황인지 스마트폰 퓨전 플랫폼 개발, 신소재 개발 등 여러 연구를 진행 중임.

실적 분석
2017년 상반기 연결기준 동사 매출은 전년 동기 대비 4.9% 성장한 2859.8억원을 시현함. 그러나 매출원가가 7.4% 증가하고 인건비 상승으로 인해 판매비와 관리비가 7.4% 증가해 영업이익은 축소됨. 전년도 같은 기간 93억원에서 67% 감소한 30.7억원을 기록함. 비영업비용도 적자로 돌아섰음. 이에 당기순이익 역시 -8.9억원을 기록하며 적자전환됨. 환율 변동성 증가, 유가 및 원자재 가격 불안 등이 수익성 부진 원인으로 꼽힘.

현금 흐름 〈단위 : 억원〉
항목	2016	2017.2Q
영업활동	-1	215
투자활동	-105	228
재무활동	114	-66
순현금흐름	-15	367
기말현금	604	971

결산 실적 〈단위 : 억원〉
항목	2012	2013	2014	2015	2016	2017
매출액	4,182	5,354	5,048	5,209	5,542	—
영업이익	305	472	103	202	111	—
당기순이익	201	334	26	65	2	—

분기 실적 〈단위 : 억원〉
항목	2016.1Q	2016.2Q	2016.3Q	2016.4Q	2017.1Q	2017.2Q
매출액	1,279	1,449	1,389	1,426	1,438	1,422
영업이익	40	53	29	-11	3	28
당기순이익	18	49	-4	-61	-18	9

재무 상태 〈단위 : 억원〉
항목	2012	2013	2014	2015	2016	2017.2Q
총자산	3,410	4,676	5,216	5,063	5,511	5,279
유형자산	880	1,502	2,006	2,053	1,542	1,571
무형자산	80	134	147	161	156	153
유가증권	24	20	18	18	15	15
총부채	1,723	2,602	3,230	3,082	3,530	3,385
총차입금	1,025	1,508	2,120	2,034	2,281	2,205
자본금	413	413	413	413	413	413
총자본	1,687	2,073	1,986	1,981	1,981	1,894
지배주주지분	1,687	1,994	1,978	1,967	1,976	1,887

기업가치 지표
항목	2012	2013	2014	2015	2016	2017.2Q
주가(최고/저)(천원)	5.4/3.6	7.6/3.9	6.4/3.5	7.0/4.3	5.9/3.9	—/—
PER(최고/저)(배)	12.1/8.1	10.2/5.3	29.1/15.9	19.3/11.7	66.6/44.3	—/—
PBR(최고/저)(배)	1.5/1.0	1.7/0.9	1.4/0.8	1.5/0.9	1.2/0.8	1.1/0.9
EV/EBITDA(배)	5.5		6.1	8.8	6.7	8.5
EPS(원)	493	809	233	379	90	-8
BPS(원)	4,105	4,855	4,922	4,896	4,927	4,750
CFPS(원)	796	1,108	897	1,023	748	297
DPS(원)	90	100	80	90	100	
EBITDAPS(원)	1,041	1,441	914	1,134	925	379

재무 비율 〈단위 : % 〉
연도	영업이익률	순이익률	부채비율	차입금비율	ROA	ROE	유보율	자기자본비율	EBITDA마진율
2016	2.0	0.0	178.2	115.2	0.0	1.9	392.7	35.9	6.9
2015	3.9	1.2	155.6	102.7	1.3	7.9	389.6	39.1	9.0
2014	2.0	0.5	162.6	106.7	0.5	4.8	392.2	38.1	7.5
2013	8.8	6.2	125.5	72.8	8.3	18.2	385.5	44.3	11.1

이수화학 (A005950)
Isu Chemical

업　　종 : 화학　　　　　　　　　　　　시　　장 : 거래소
신용등급 : (Bond) BBB-　　(CP) —　　　기업규모 : 시가총액 소형주
홈 페 이 지 : www.isuchemical.co.kr　　연 락 처 : 02)590-6600
본　　사 : 서울시 서초구 사평대로 84 이수화학빌딩

설 립 일	1969.01.17	종 업 원 수	390명	대 표 이 사	류승호	
상 장 일	1988.04.28	감 사 의 견	적정 (선진)	계　　열		
결 산 기	12월	보 통 주	1,528만주	종속회사수	4개사	
액 면 가	5,000원	우 선 주		구 상 호		

주주구성 (지분율,%)
이수	34.8
에셋플러스자산운용	4.9
(외국인)	4.5

출자관계 (지분율,%)
하이씨네큐사모특별자산	75.0
이수건설	68.3
ISU세컨더리1호투자조합	49.2

주요경쟁사 (외형,%)
이수화학	100
한국쉘석유	14
남해화학	72

매출구성
LAB, NP, Kerosene	48.4
건축사업	17.7
주택사업	14.4

비용구성
매출원가율	91.3
판관비율	4.4

수출비중
수출	—
내수	—

회사 개요
동사는 합성세제(계면활성제)의 주원료로 사용되는 LAB(연성알킬벤젠)와 NP(노말파라핀)의 국내 유일 생산업체임. 생산능력은 연 22만톤. 국내 시장점유율은 LAB 80%, NP 98%로 독점적 지위를 확보하고 있음. 주력 제품에 대한 장단기 수요 변동 요인은 크게 없으나 국제유가 변동에 큰 영향을 받음. 건설사업과 의약사업을 함께 영위하나 석유화학부문이 매출의 약 70%를 차지함.

실적 분석
동사의 2017년 상반기 누적 매출액은 8,173.4억원으로 전년동기 대비 11.9% 증가함. 석유화학사업부문 매출이 급증함. 석유화학 부문은 선방했으나 의약 부문의 적자폭이 확대되었고 건설 부문도 매출이 감소함. 전체 영업이익은 전년동기보다 33.3% 감소한 215.3억원을 기록함. 금융비용 증가, 외환관련손실 등이 발생하면서 비영업손익의 적자폭이 커져 당기순이익은 61.4% 줄어든 114.2억원을 기록함.

현금 흐름 〈단위 : 억원〉
항목	2016	2017.2Q
영업활동	775	-30
투자활동	-113	-274
재무활동	-186	175
순현금흐름	-186	-126
기말현금	844	718

결산 실적 〈단위 : 억원〉
항목	2012	2013	2014	2015	2016	2017
매출액	22,367	20,727	18,516	14,712	15,154	—
영업이익	633	-1	-357	1	650	—
당기순이익	150	-605	-864	-546	102	—

분기 실적 〈단위 : 억원〉
항목	2016.1Q	2016.2Q	2016.3Q	2016.4Q	2017.1Q	2017.2Q
매출액	3,307	3,997	4,047	3,803	4,051	4,123
영업이익	116	207	168	159	62	153
당기순이익	69	227	66	-260	26	89

재무 상태 〈단위 : 억원〉
항목	2012	2013	2014	2015	2016	2017.2Q
총자산	13,089	12,913	10,938	10,286	11,002	10,258
유형자산	1,863	1,925	1,957	1,914	2,006	2,047
무형자산	152	166	167	157	185	193
유가증권	575		487	456	537	604
총부채	8,355	8,876	7,200	6,777	7,538	6,885
총차입금	5,887	6,780	5,484	4,545	4,561	5,455
자본금	764	764	764	764	764	764
총자본	4,734	4,037	3,738	3,508	3,464	3,373
지배주주지분	4,604	3,914	3,341	2,961	2,947	2,880

기업가치 지표
항목	2012	2013	2014	2015	2016	2017.2Q
주가(최고/저)(천원)	26.0/15.3	19.8/10.9	13.2/8.6	12.1/7.6	19.4/8.6	—/—
PER(최고/저)(배)	19.9/11.6	—/—	—/—	—/—	26.5/11.8	—/—
PBR(최고/저)(배)	1.0/0.6	0.8/0.5	0.6/0.4	0.6/0.4	1.0/0.4	0.9/0.8
EV/EBITDA(배)	9.5	71.8		54.5	8.5	—/—
EPS(원)	1,486	-3,813	-3,813	-2,840	753	703
BPS(원)	30,784	26,265	22,517	20,166	20,143	19,707
CFPS(원)	2,704	-3,027	-3,093	-2,144	1,520	1,106
DPS(원)	450	450	100	300	500	
EBITDAPS(원)	5,477	646	-1,618	700	5,018	1,813

재무 비율 〈단위 : % 〉
연도	영업이익률	순이익률	부채비율	차입금비율	ROA	ROE	유보율	자기자본비율	EBITDA마진율
2016	4.3	0.7	217.6	131.7	1.0	3.9	302.9	31.5	5.1
2015	0.0	-3.7	193.2	129.6	-5.2	-13.8	303.3	34.1	0.7
2014	-1.9	-4.7	192.6	146.7	-7.3	-16.1	350.3	34.2	-1.3
2013	0.0	-2.9	219.9	168.0	-4.7	-13.2	425.3	31.3	0.5

이스타코 (A015020)
e-Starco

업 종 : 미디어		시 장 : 거래소	
신용등급 : (Bond) — (CP) —		기업규모 : 시가총액 소형주	
홈 페 이 지 : www.e-starco.co.kr		연 락 처 : 02)2643-7922	
본 사 : 서울시 양천구 오목로 325, 대학빌딩 5층			

설 립 일 1980.09.30	종업원수 63명	대 표 이 사 김승제	
상 장 일 1988.12.23	감사의견 적정 (다산)	계 열	
결 산 월 12월	보 통 주 4,285만주	종속회사수 4개사	
액 면 가 500원	우 선 주	구 상 호	

주주구성 (지분율,%)
김승제	33.2
Morgan Stanley & co. International Limited	3.0
(외국인)	1.3

출자관계 (지분율,%)
얼반웍스미디어	60.0
케이원제2호위탁관리부동산투자회사	26.3

주요경쟁사 (외형,%)
이스타코	100
티비씨	283
오리콤	1,180

매출구성
영상제작, 광고서비스, 드라마, 영화매출(기타)	66.2
주거용오피스텔및상가,건물(기타)	16.4
주상복합아파트,상가(기타)	7.5

비용구성
매출원가율	82.0
판관비율	50.4

수출비중
수출	2.0
내수	98.0

회사 개요
동사는 1980년 9월 30일에 설립되었고, 1988년 12월 23일자로 상장되었음. 동사의 사업부문은 주택 및 상가를 신축 및 분양하는 부동산분양사업, 입시학원과 보습학원을 운영하는 교육사업, 소유부동산 및 미분양 부동산을 일시 임대하는 임대사업, 식음료를 판매하는 외식사업 등 크게 4가지 사업 부문으로 구분됨. 종속기업인 얼반웍스미디어는 광고대행, 프로모션 등의사업을 영위하고 있음.

실적 분석
동사의 연결기준 2017년 2분기 누적매출액은 54.3억원으로 전년동기 대비 26.4% 감소함. 매출부진에 따라 매출원가가 감소했으나 18.9억원의 영업손실, 48.1억원의 당기순손실을 내어 전년동기에 이어 적자 지속하였음. 이 기간 분양사업 부문의 매출액이 전무하였으며 임대사업을 제외한 분양, 교육, 외식, 방송프로그램 제작용역 등 사업부문에서 영업손실을 기록하였음.

현금 흐름 〈단위 : 억원〉
항목	2016	2017.2Q
영업활동	-11	-38
투자활동	-50	0
재무활동	56	26
순현금흐름	-4	-11
기말현금	14	3

시장 대비 수익률

결산 실적 〈단위 : 억원〉
항목	2012	2013	2014	2015	2016	2017
매출액	109	481	236	239	137	—
영업이익	-21	245	-27	-19	-44	—
당기순이익	-57	183	-31	12	-95	—

분기 실적 〈단위 : 억원〉
항목	2016.1Q	2016.2Q	2016.3Q	2016.4Q	2017.1Q	2017.2Q
매출액	32	41	35	29	23	31
영업이익	-10	-6	-12	-16	-15	-4
당기순이익	-20	-17	-22	-36	-27	-22

재무 상태 〈단위 : 억원〉
항목	2012	2013	2014	2015	2016	2017.2Q
총자산	771	923	705	1,154	1,173	1,150
유형자산	394	396	388	384	380	382
무형자산	19	22	19	17	8	9
유가증권	12	11	5	1	8	7
총부채	438	405	218	638	751	776
총차입금	270	120	95	523	578	606
자본금	214	214	214	214	214	214
총자본	333	519	487	517	422	374
지배주주지분	334	517	486	509	429	390

기업가치 지표
항목	2012	2013	2014	2015	2016	2017.2Q
주가(최고/저)(천원)	1.7/0.3	2.1/0.5	5.0/1.6	3.0/1.5	2.3/1.1	—/—
PER(최고/저)(배)	—/—	4.9/1.2	—/—	111.0/53.4	—/—	—/—
PBR(최고/저)(배)	2.1/0.4	1.7/0.4	4.3/1.4	2.5/1.2	2.2/1.1	2.0/1.1
EV/EBITDA(배)		2.3				
EPS(원)	-131	426	-71	27	-190	-92
BPS(원)	818	1,245	1,172	1,226	1,040	949
CFPS(원)	-104	457	-46	43	-177	-86
DPS(원)						
EBITDAPS(원)	-21	603	-38	-28	-91	-38

재무 비율 〈단위 : % 〉
연도	영업이익률	순이익률	부채비율	차입금비율	ROA	ROE	유보율	자기자본비율	EBITDA마진율
2016	-32.4	-69.6	177.7	136.7	-8.2	-17.3	108.1	36.0	-28.5
2015	-7.8	5.1	123.4	101.3	1.3	2.4	145.1	44.8	-5.0
2014	-11.4	-13.2	44.9	19.6	-3.6	-6.1	134.3	69.0	-6.9
2013	51.0	38.0	78.0	23.2	21.6	42.9	149.0	56.2	53.7

이스트소프트 (A047560)
ESTsoft

업 종 : 일반 소프트웨어		시 장 : KOSDAQ	
신용등급 : (Bond) — (CP) —		기업규모 : 벤처	
홈 페 이 지 : www.estsoft.co.kr		연 락 처 : 02)583-4620	
본 사 : 서울시 서초구 반포대로3 (서초동, 이스트빌딩)			

설 립 일 1993.10.02	종업원수 163명	대 표 이 사 정상원	
상 장 일 2008.07.01	감사의견 적정 (삼정)	계 열	
결 산 월 12월	보 통 주 990만주	종속회사수 12개사	
액 면 가 500원	우 선 주	구 상 호	

주주구성 (지분율,%)
김장중	25.0
이엔피게임즈	4.9
(외국인)	1.0

출자관계 (지분율,%)
이스트글로벌	100.0
이스트시큐리티	100.0
이스트시큐리티테크	100.0

주요경쟁사 (외형,%)
이스트소프트	100
라온시큐어	33
알서포트	42

매출구성
알툴즈패키지/인터넷디스크 등	63.9
제휴서비스 & 광고 등	33.0
위탁개발서비스	3.1

비용구성
매출원가율	55.8
판관비율	49.3

수출비중
수출	0.0
내수	100.0

회사 개요
동사는 1993년 설립된 소프트웨어 개발회사로 알약, 알툴, 알집 등 알툴즈 패키지 7개 제품 중 5개 제품은 사용자 기준 국내 1위를 기록하고 있음. 소프트웨어는 신버전 출시로 재구매를 유도하고 신규고객을 창출하는 효과가 있음. 이에 알약의 해외버전 및 업그레이드 버전을 개발하고, 신작게임 하울링쏘드의 마케팅을 강화하고 있음. 2016년 기준 매출 비중은 제품부문이 약 65%이며, 서비스 부문이 35%를 차지함.

실적 분석
알툴즈 패키지의 안정적인 판매 확대와 알툴즈 제품에서 파생된 부가 서비스 및 광고/웹스토리지 서비스 등의 매출도 증가함. 별도 기준으로 매출은 11.7% 증가, 영업이익은 흑자로 전환되었으나, 연결기준으로는 수익성이 악화되는 모습임. 자회사 중 매출 규모가 가장 큰 줌인터넷의 광고경기 침체로 인한 수익성 악화가 연결 실적 부진의 원인이었음. 게임 전문 자회사 이스트게임즈는 매출이 17% 가량 감소하였으며, 2.7억원의 순손실을 기록함.

현금 흐름 〈단위 : 억원〉
항목	2016	2017.2Q
영업활동	33	-3
투자활동	-25	-16
재무활동	121	-4
순현금흐름	125	-22
기말현금	180	158

시장 대비 수익률

결산 실적 〈단위 : 억원〉
항목	2012	2013	2014	2015	2016	2017
매출액	313	365	429	441	505	—
영업이익	-55	-36	-16	-16	-26	—
당기순이익	-78	-43	-20	-21	-23	—

분기 실적 〈단위 : 억원〉
항목	2016.1Q	2016.2Q	2016.3Q	2016.4Q	2017.1Q	2017.2Q
매출액	135	128	116	127	136	146
영업이익	10	-4	-21	-10	1	2
당기순이익	9	-16	-24	8	-7	-1

재무 상태 〈단위 : 억원〉
항목	2012	2013	2014	2015	2016	2017.2Q
총자산	823	778	766	709	822	843
유형자산	400	426	404	391	421	417
무형자산	54	48	42	37	34	33
유가증권	3	2	0	3	4	6
총부채	535	527	498	428	502	533
총차입금	338	330	273	250	320	323
자본금	25	25	25	49	49	49
총자본	287	250	268	281	320	309
지배주주지분	306	273	275	286	303	287

기업가치 지표
항목	2012	2013	2014	2015	2016	2017.2Q
주가(최고/저)(천원)	20.1/9.3	14.8/7.7	11.9/6.9	29.6/10.7	15.6/7.4	—/—
PER(최고/저)(배)	—/—	—/—	—/—	—/—	—/—	—/—
PBR(최고/저)(배)	6.0/2.8	4.9/2.5	4.3/2.5	10.3/3.7	4.9/2.4	3.1/2.5
EV/EBITDA(배)			75.9	105.6	223.4	
EPS(원)	-670	-391	-173	-219	-278	-100
BPS(원)	6,692	6,038	5,576	2,887	3,162	3,055
CFPS(원)	-829	-181	295	105	30	27
DPS(원)						
EBITDAPS(원)	-603	-123	315	166	45	151

재무 비율 〈단위 : % 〉
연도	영업이익률	순이익률	부채비율	차입금비율	ROA	ROE	유보율	자기자본비율	EBITDA마진율
2016	-5.2	-4.6	157.0	99.9	-3.0	-9.4	532.5	38.9	0.9
2015	-3.5	-4.9	152.4	89.0	-2.9	-7.7	477.3	39.6	3.7
2014	-3.8	-4.7	185.8	101.9	-2.6	-6.3	1,015.1	35.0	3.6
2013	-9.8	-11.8	210.5	131.9	-5.4	-13.4	1,107.7	32.2	-1.7

이스트아시아홀딩스 (A900110)
East Asia Holdings Investment

업　　종 : 레저용품　　　　　　　　　　　시　　장 : KOSDAQ
신용등급 : (Bond) —　　　(CP) —　　　　기업규모 :
홈페이지 : www.eastasiasports.co.kr　　연 락 처 : +852-8203-1868
본　　사 : Suite 501-2 5th Floor, ICBC Tower, 3 Garden Road, Central, Hong Kong

설 립 일	2009.07.22	종 업 원 수 1,590명	대 표 이 사 청강위,정소영
상 장 일	2010.04.23	감 사 의 견 적정 (이촌)	계　　　열
결 산 기	12월	보 통 주 9,257만주	종속회사수 8개사
액 면 가		우 선 주	구 상 호

주주구성 (지분율,%)
Ting Keung Wai	18.6
Ding Shao Ying	16.4
(외국인)	5.3

출자관계 (지분율,%)
치우즈	100.0
동아(중국)혜복	100.0
신동아	100.0

주요경쟁사 (외형,%)
이스트아시아홀딩스	100
손오공	119
오로라	132

매출구성
비용구성
매출원가율	73.7
판관비율	17.6

수출비중
수출	—
내수	—

회사 개요
동사는 중국에 소재하는 종속기업을 지배하는 것을 주된 사업목적으로 2009년에 홍콩에 설립된 지주회사임. 2012년 현재 사명을 회사명을 변경. 2010년 한국 코스닥시장에 상장. 동사와 종속기업을 포함한 연결실체는 중국에서 스포츠용 신발제품과 스포츠용 의류 제품의 판매를 주된 사업으로 하고 있음. 연결실체의 주요 영업활동은 QiuZhi에 의하여 수행되고 있으며, 제품은 프랜차이즈 영업점과 아울렛을 통하여 최종소비자에게 판매됨.

실적 분석
2017년 반기 기준 연결대상 종속법인은 8개사이며 각각의 종속회사는 신발 및 의류판매업, 건물 및 토지관리 사업, 신발 디자인 및 제조, 신발 및 의류 마케팅, 전자상거래업, 브랜드 기획업을 영위하고 있음. 당반기 동사의 매출액은 464.2억원으로 전년동기 대비 12.3% 감소하였음. 그러나 판관비 절감으로 영업이익은 전년동기 대비 1.9% 확대된 47.9억원을 시현하였고, 비영업손익에서 3.3억원의 흑자를, 당기순이익 36.5억원을 시현함.

현금 흐름 〈단위 : 억원〉
항목	2016	2017.2Q
영업활동	172	121
투자활동	-123	5
재무활동	2	-1
순현금흐름	52	125
기말현금	547	655

시장 대비 수익률

결산 실적 〈단위 : 억원〉
항목	2012	2013	2014	2015	2016	2017
매출액	1,733	1,521	1,063	1,192	1,084	—
영업이익	260	229	128	162	101	—
당기순이익	191	187	-84	35	-96	—

분기 실적 〈단위 : 억원〉
항목	2016.1Q	2016.2Q	2016.3Q	2016.4Q	2017.1Q	2017.2Q
매출액	220	313	292	259	189	277
영업이익	30	23	39	9	22	30
당기순이익	20	3	28	-148	16	21

재무 상태 〈단위 : 억원〉
항목	2012	2013	2014	2015	2016	2017.2Q
총자산	1,830	2,072	2,067	2,324	2,154	2,112
유형자산	348	430	425	369	187	176
무형자산	—	—	—	—	—	—
유가증권	17	53	54	37	36	34
총부채	549	560	610	398	220	202
총차입금	304	304	190	74	52	50
자본금	35	45	379	689	831	805
총자본	1,281	1,513	1,457	1,927	1,934	1,910
지배주주지분	1,281	1,513	1,457	1,927	1,934	1,910

기업가치 지표
항목	2012	2013	2014	2015	2016	2017.2Q
주가(최고/저)(천원)	#VALUE!	—/—	—/—	—/—	—/—	—/—
PER(최고/저)(배)	3.4/2.2	3.0/2.1	—/—	38.6/13.7	—/—	—/—
PBR(최고/저)(배)	0.5/0.3	0.4/0.3	0.9/0.3	0.8/0.3	0.6/0.4	0.5/0.3
EV/EBITDA(배)	0.6	0.1	3.6			
EPS(원)	571	557	-229	73	-132	43
BPS(원)	5,570	5,005	4,383	3,449	2,484	2,229
CFPS(원)	884	721	-212	99	-117	49
DPS(원)						
EBITDAPS(원)	1,161	845	326	339	145	62

재무 비율 〈단위 : % 〉
연도	영업이익률	순이익률	부채비율	차입금비율	ROA	ROE	유보율	자기자본비율	EBITDA마진율
2016	9.3	-8.9	11.4	2.7	-4.3	-5.0	132.7	89.8	9.7
2015	13.6	2.9	20.6	3.8	1.6	2.1	179.7	82.9	13.6
2014	12.1	-7.9	41.9	13.1	-4.0	-5.6	284.8	70.5	10.2
2013	15.0	12.3	37.0	20.1	9.6	13.4	3,246.3	73.0	15.4

이씨에스텔레콤 (A067010)
ECS Telecom

업　　종 : IT 서비스　　　　　　　　　　시　　장 : KOSDAQ
신용등급 : (Bond) —　　　(CP) —　　　　기업규모 : 벤처
홈페이지 : www.ecstel.co.kr　　　　　　연 락 처 : 02)3415-8300
본　　사 : 서울시 서초구 반포대로28길 8 (서초동, 일홍빌딩 2~6층)

설 립 일	1999.10.07	종 업 원 수 146명	대 표 이 사 현해남
상 장 일	2007.12.18	감 사 의 견 적정 (삼일)	계　　　열
결 산 기	03월	보 통 주 750만주	종속회사수
액 면 가	500원	우 선 주	구 상 호

주주구성 (지분율,%)
현해남	18.0
스틱씬어러펀드(한국모태펀드 05-08)	5.0
(외국인)	1.8

출자관계 (지분율,%)
주요경쟁사 (외형,%)
이씨에스	100
민앤지	73
케이엘넷	63

매출구성
Unified Communication (통합커뮤니케이션)	41.6
IT Outsourcing (통합유지보수)	26.4
Contact Center (컨택센터솔루션)	25.7

비용구성
매출원가율	74.9
판관비율	20.5

수출비중
수출	0.0
내수	100.0

회사 개요
사는 IP Telephony, 업무용 교환기 등 IT 솔루션 및 용역서비스 사업을 영위하는 기업음성 전문회사임. 주요 사업부문은 IP Telephony, TDM교환시스템, 컨택센터솔루션, Trading시스템, 유지보수 등이 있음. IP Telephony 기술의 확산단계로 기존의 TDM 방식의 기업음성시장이 IP방식의 솔루션으로 본격적인 전환이 이루어지고 있으며, 이러한 변화는 약 2018년까지 지속될 것으로 예상됨.

실적 분석
동사는 3월 결산법인임. 2017년 연결기준 1분기 매출액은 전년동기대비 14.3% 감소한 128.6억원을 기록함. 영업이익은 전년동기 대비 62% 감소한 3.7억원을 기록. 상품 및 유지보수 부문 매출 증가하였으나, 타 사업부문 외형 축소. 일간지 및 통신전문잡지 등을 통하여 주기적으로 광고를 수행하고 있으며, 매월 단위의 뉴스레터 발송으로 변화하는 솔루션에 대한 지속적인 홍보를 시행하고 있음.

현금 흐름 *IFRS 별도 기준 〈단위 : 억원〉
항목	2016	2017.1Q
영업활동	129	-24
투자활동	-12	-4
재무활동	-29	-12
순현금흐름	88	-40
기말현금	111	71

시장 대비 수익률

결산 실적 〈단위 : 억원〉
항목	2012	2013	2014	2015	2016	2017
매출액	546	581	623	757	557	—
영업이익	29	39	48	51	26	—
당기순이익	35	44	46	50	27	—

분기 실적 *IFRS 별도 기준 〈단위 : 억원〉
항목	2015.4Q	2016.1Q	2016.2Q	2016.3Q	2016.4Q	2017.1Q
매출액	254	150	135	135	137	129
영업이익	16	10	4	11	0	4
당기순이익	17	9	4	9	3	4

재무 상태 *IFRS 별도 기준 〈단위 : 억원〉
항목	2012	2013	2014	2015	2016	2017.1Q
총자산	444	478	508	632	528	541
유형자산	12	10	8	14	11	10
무형자산	30	30	31	32	33	33
유가증권	0	1	1	1	1	1
총부채	145	145	141	230	114	136
총차입금	45	17	1	17	5	5
자본금	38	38	38	38	38	38
총자본	299	333	368	402	414	405
지배주주지분	299	333	368	402	414	405

기업가치 지표 *IFRS 별도 기준
항목	2012	2013	2014	2015	2016	2017.1Q
주가(최고/저)(천원)	2.9/1.7	3.5/2.4	5.2/3.3	6.0/4.7	6.4/5.2	5.8/5.2
PER(최고/저)(배)	8.0/4.5	7.0/4.8	9.5/5.9	9.8/7.5	18.5/14.8	—/—
PBR(최고/저)(배)	0.9/0.5	0.9/0.6	1.1/0.7	1.2/0.9	1.1/0.9	—/—
EV/EBITDA(배)	2.1	1.3	2.9	4.0	2.3	1.0/0.9
EPS(원)	462	584	620	667	359	55
BPS(원)	4,290	4,738	5,201	5,662	5,818	5,697
CFPS(원)	602	727	781	830	537	99
DPS(원)	180	200	220	250	200	
EBITDAPS(원)	529	666	795	848	519	93

재무 비율 *IFRS 별도 기준 〈단위 : % 〉
연도	영업이익률	순이익률	부채비율	차입금비율	ROA	ROE	유보율	자기자본비율	EBITDA마진율
2016	4.6	4.8	27.6	1.2	4.6	6.6	1,063.6	78.4	7.0
2015	6.8	6.6	57.1	4.3	8.8	13.0	1,032.4	63.6	8.4
2014	7.6	7.5	38.3	2.2	9.4	13.3	940.1	72.3	9.6
2013	6.8	7.5	43.6	4.3	9.4	13.9	847.6	69.7	8.6

이아이디 (A093230)
E Investment&Development

검 종 : 석유 및 가스		시 장 : 거래소	
신용등급 : (Bond) — (CP) —		기업규모 : 시가총액 소형주	
홈 페이지 : www.eid21.co.kr		연 락 처 : 031/766-1331	
본 사 : 경기도 광주시 곤지암읍 경충대로 425,4층			

설 립 일 2002.06.27	종 업 원 수 35명	대 표 이 사 김원욱
상 장 일 2007.11.01	감 사 의 견 적정 (신우)	계 열
결 산 기 12월	보 통 주 12,269만주	종속회사수 1개사
액 면 가 200원	우 선 주	구 상 호 이필름

주주구성 (지분율,%)		출자관계 (지분율,%)		주요경쟁사 (외형,%)	
이화전기공업	19.7	이아이디	100		
쉘라인우리사주조합	1.0	E1	11,084		
(외국인)	1.1	리드코프	1,216		

매출구성		비용구성		수출비중	
유류상품(상품)	98.5	매출원가율	98.6	수출	—
임대 등(기타)	1.5	판관비율	9.2	내수	—

회사 개요

동사는 2002년에 설립되어 2007년 11월에 유가증권시장에 상장되었음. 유류도소매, OMS 및 이동통신기기등이 주요사업부문으로 유류도소매는 국제유가정세 및 환율에 따른 가격변동에 대한 영향이 심해 정밀한 예측이 필요한 경향이 있음. 이동통신기기는 기구 Ass'y(Assembly:조립) 제조산업에 해당되어 있음. 유류사업은 현재 후발주자이므로 단가 경쟁등의 노력을 통해 시장확보를 꾀하는 중임.

실적 분석

유류도매 및 오일머니 서비스 사업 성장에 힘입어 동사 2017년 2분기기준 누적 매출액은 전년동기대비 104.7% 이상 크게 상승한 307.5억원을 기록하였음. 그러나 상승한 매출액 대비 비용증가가 높아 전년동기대비 영업이익은 -21.4억원으로 적자지속하였음. 그러나 비영업손익의 흑자전환으로 전년동기 대비 당기순이익은 5억원을 기록함. 신규 런칭한 화장품 브랜드인 모메이를 통해 시장에 진입하여 수익 개선을 꾀하고 있음.

현금 흐름		〈단위 : 억원〉
항목	2016	2017.2Q
영업활동	-23	-179
투자활동	85	-198
재무활동	-18	342
순현금흐름	43	-35
기말현금	68	33

시장 대비 수익률

결산 실적					〈단위 : 억원〉	
항목	2012	2013	2014	2015	2016	2017
매출액	159	61	256	398	360	
영업이익	-96	-40	-74	-47	-28	
당기순이익	-273	-159	-227	-25	-141	

분기 실적					〈단위 : 억원〉	
항목	2016.1Q	2016.2Q	2016.3Q	2016.4Q	2017.1Q	2017.2Q
매출액	76	78	77	129	133	175
영업이익	-35	-8	-9	-10	-10	-11
당기순이익	-44	-68	-32	4	24	-19

재무 상태					〈단위 : 억원〉	
항목	2012	2013	2014	2015	2016	2017.2Q
총자산	483	456	462	789	387	736
유형자산	137	121	292	334	165	164
무형자산	2	22	1	49	0	0
유가증권	2	21	4	260	32	205
총부채	173	261	298	412	104	143
총차입금	127	223	279	360	87	124
자본금	48	53	74	128	145	245
총자본	310	195	165	377	283	593
지배주주지분	310	195	159	377	279	589

기업가치 지표						
항목	2012	2013	2014	2015	2016	2017.2Q
주가(최고/저)(천원)	3.2/0.9	3.2/1.0	2.8/1.0	2.5/0.6	1.4/0.7	—/—
PER(최고/저)(배)	—/—	—/—	—/—	—/—	—/—	—/—
PBR(최고/저)(배)	1.6/0.5	2.4/0.8	6.4/2.3	4.3/1.0	3.6/1.8	1.6/0.8
EV/EBITDA(배)						
EPS(원)	-1,138	-656	-743	-34	-191	5
BPS(원)	1,960	1,335	428	589	384	480
CFPS(원)	-1,088	-631	-722	-3	-188	6
DPS(원)						
EBITDAPS(원)	-349	-141	-227	-53	-35	-18

재무 비율								〈단위 : % 〉	
연도	영업이익률	순이익률	부채비율	차입금비율	ROA	ROE	유보율	자기자본비율	EBITDA마진율
2016	-7.7	-39.1	36.5	30.5	-24.0	-42.3	91.9	73.2	-7.0
2015	-11.8	-6.3	109.1	95.4	-4.0	-7.2	194.3	47.8	-7.4
2014	-29.1	-89.0	180.6	169.2	-49.5	-126.0	113.9	35.6	-26.6
2013	-66.4	-261.7	134.4	114.9	-33.8	-62.9	567.4	42.7	-56.4

이에스브이 (A223310)
ESV

업 종 : 자동차부품		시 장 : KOSDAQ	
신용등급 : (Bond) — (CP) —		기업규모 : 벤처	
홈 페이지 : www.esv.co.kr		연 락 처 : 070/7860-9660	
본 사 : 경기도 성남시 분당구 판교로 744 분당테크노파크 C동 403-1호			

설 립 일 2011.01.19	종 업 원 수 54명	대 표 이 사 강조섭정환
상 장 일 2015.12.24	감 사 의 견 적정 (대주)	계 열
결 산 기 12월	보 통 주 7,546만주	종속회사수 5개사
액 면 가 100원	우 선 주	구 상 호

주주구성 (지분율,%)		출자관계 (지분율,%)		주요경쟁사 (외형,%)	
코디엠	13.1			이에스브이	100
코오롱 소재부품 투자펀드.2014-2호	4.2			미동앤씨네마	88
				팅크웨어	563

매출구성		비용구성		수출비중	
스마트카(대시 캠, 내비게이션 등)	92.6	매출원가율	91.3	수출	0.0
홈IoT(프리미엄 오디오, 로봇청소기 엔진 등)	5.0	판관비율	19.4	내수	100.0
기타(드론, 기타)	2.4				

회사 개요

동사는 2011년 1월 전자제품 부품 개발, 제조 및 판매를 주사업 목적으로 설립됨. 현재 영상처리 기술을 바탕으로 하여 대시 캠, 내비게이션, 드론, 프리미엄 오디오, 로봇청소기 관련 제품 등의 제조, 판매 사업을 영위하고 있음. 향후 고성장이 예상되는 홈 IoT(사물인터넷)와 드론부문을 차세대 성장 사업으로 추진하고 있음. 2017년 2분기 기준 매출 비중은 스마트카 사업부문이 83.4%, 홈IoT 0.0%. 기타 16.6%를 차지함.

실적 분석

동사의 2017년 2분기 연결기준 누적매출액은 111.4억원으로 전년 동기 대비 50.4% 감소함. 이는 경쟁 심화에 따른 실적이 감소한 것에 기인함. 영업이익과 당기순이익 모두 적자전환함. 매출비중이 큰 스마트카 사업부문에서 가격경쟁력이 있는 제품 개발 수행과 더불어 다양한 거래선 확보 노력으로 매출 확대를 꾀하고 있음. 2017년 중 베트남 타이선 그룹향 대규모 공급 계약을 체결함.

현금 흐름		〈단위 : 억원〉
항목	2016	2017.2Q
영업활동	-64	20
투자활동	88	-128
재무활동	23	382
순현금흐름	47	296
기말현금	51	347

시장 대비 수익률

결산 실적					〈단위 : 억원〉	
항목	2012	2013	2014	2015	2016	2017
매출액	—	138	336	594	329	
영업이익	—	1	28	66	-35	
당기순이익	—	2	27	51	-22	

분기 실적					〈단위 : 억원〉	
항목	2016.1Q	2016.2Q	2016.3Q	2016.4Q	2017.1Q	2017.2Q
매출액		95				52
영업이익		2				-52
당기순이익		5				-93

재무 상태					〈단위 : 억원〉	
항목	2012	2013	2014	2015	2016	2017.2Q
총자산		26	171	348	318	708
유형자산		0	7	4	6	48
무형자산		0	0	2	13	29
유가증권				2	11	61
총부채		19	136	66	49	425
총차입금			58	1	29	371
자본금		6	18	32	33	75
총자본		8	35	281	269	283
지배주주지분		8	33	281	269	268

기업가치 지표						
항목	2012	2013	2014	2015	2016	2017.2Q
주가(최고/저)(천원)	—/—	—/—	—/—	7.3/6.0	10.2/3.9	—/—
PER(최고/저)(배)	0.0/0.0	0.0/0.0	0.0/0.0	10.8/9.0	—/—	—/—
PBR(최고/저)(배)	0.0/0.0	0.0/0.0	0.0/0.0	3.3/2.8	5.0/1.9	9.6/2.8
EV/EBITDA(배)	0.0			8.8		
EPS(원)		14	69	134	-34	-141
BPS(원)		6,423	6,800	4,247	4,060	355
CFPS(원)		4,241	6,599	1,051	-281	-137
DPS(원)				100		
EBITDAPS(원)		1,969	7,359	1,349	-474	-81

재무 비율								〈단위 : % 〉	
연도	영업이익률	순이익률	부채비율	차입금비율	ROA	ROE	유보율	자기자본비율	EBITDA마진율
2016	-10.7	-6.8	18.3	10.8	-6.8	-8.2	712.0	84.5	-9.6
2015	11.0	8.6	23.5	6.0	19.6	32.3	775.9	81.0	11.2
2014	8.4	8.0	385.7	165.0	27.3	124.2	81.3	20.6	8.6
2013	0.8	1.7	241.4		0.0	0.0	28.5	29.3	0.8

이에스산업 (A241510)
ES INDUSTRY COLTD

업 종 : 기계		시 장 : KONEX	
신용등급 : (Bond) — (CP) —		기업규모 : —	
홈페이지 : www.es-is.co.kr		연 락 처 : 070)8667-4522	
본 사 : 충남 아산시 둔포면 봉산로 104-10			

설 립 일 2011.11.01	종업원수 45명	대표이사 장지엔핑	
상 장 일 2016.04.26	감사의견 적정 (안진)	계 열	
결 산 기 12월	보 통 주	종속회사수	
액 면 가	우 선 주	구 상 수	

주주구성 (지분율,%)		출자관계 (지분율,%)		주요경쟁사 (외형,%)	
HONGKONG K&P INVESTMENT LIMITED	83.3	HongKongKPDInvestmentco.,Ltd	100.0	이에스산업	100
GUOPIN INVESTMENT (AUST) PTY LTD	15.4			수성	144
				흥국	322

매출구성		비용구성		수출비중	
ES산업	55.3	매출원가율	79.3	수출	—
ES POWER	18.8	판관비율	15.7	내수	—
ES전동공구	18.7				

회사 개요
동사는 2011년 설립되어 2014년부터 영업을 개시하고 2016년 한국거래소 코넥스증권시장에 주식을 상장함. 산업용품인 전동공구제조 관련사업을 운영하고 있음. 전동공구는 모터를 동력원으로 하여 기계, 기구, 장치를 만들 때 사용되는 연장임. 모터, 보험업을 주요 사업으로 영위하는 Hong Kong KPD Investment를 연결대상 종속회사로 보유하고 있음.

실적 분석
동사는 코넥스 상장 기업으로 분기와 반기 실적 공개 의무가 없음. 2016년 매출액은 136.9억원으로 전년도 매출액 134.4억원 대비 소폭 증가함. 매출원가율 개선과 판매비와 관리비 감소에 힘입어 전년도 5.1억원의 손실을 기록했던 영업이익은 2.4억원을 기록하며 흑자전환함. 전년도 8.8억원을 기록한 당기순이익은 119.3% 증가한 19.3억원을 시현함.

현금 흐름
*IFRS 별도 기준 〈단위 : 억원〉

항목	2016	2017.2Q
영업활동	-25	
투자활동	-21	
재무활동	15	
순현금흐름	-31	
기말현금	6	

시장 대비 수익률

결산 실적
〈단위 : 억원〉

항목	2012	2013	2014	2015	2016	2017
매출액	—	—	102	134	195	
영업이익	—	-0	-6	-5	10	
당기순이익	—	-0	-25	9	19	

분기 실적
*IFRS 별도 기준 〈단위 : 억원〉

항목	2016.1Q	2016.2Q	2016.3Q	2016.4Q	2017.1Q	2017.2Q
매출액	—	—	—	—	—	—
영업이익	—	—	—	—	—	—
당기순이익	—	—	—	—	—	—

재무 상태
*IFRS 별도 기준 〈단위 : 억원〉

항목	2012	2013	2014	2015	2016	2017.2Q
총자산	—	22	58	105	135	
유형자산	—	6	6	3	—	
무형자산	—	0	0	0	0	
유가증권	—					
총부채	—	2	63	74	43	
총차입금	—	2	44	32	8	
자본금	—	20	20	22	30	
총자본	—	20	-5	31	91	
지배주주지분	—	20	-5	31	91	

기업가치 지표
*IFRS 별도 기준

항목	2012	2013	2014	2015	2016	2017.2Q
주가(최고/저)(천원)	#VALUE!	—/—	—/—	—/—	—/—	—/—
PER(최고/저)(배)	0.0/0.0	0.0/0.0	0.0/0.0	0.0/0.0	23.6/5.7	—/—
PBR(최고/저)(배)	0.0/0.0	0.0/0.0	0.0/0.0	0.0/0.0	6.0/1.5	0.0/0.0
EV/EBITDA(배)	0.0				70.2	
EPS(원)		-4	-620	219	387	
BPS(원)		9,922	-2,517	13,782	1,529	
CFPS(원)		-78	-11,866	5,080	415	
DPS(원)						
EBITDAPS(원)		-51	-2,286	-1,843	75	

재무 비율
〈단위 : % 〉

연도	영업이익률	순이익률	부채비율	차입금비율	ROA	ROE	유보율	자기자본비율	EBITDA마진율
2016	5.0	9.5	141.4	8.7	11.5	30.6	203.5	41.4	6.2
2015	-3.8	6.5	241.6	104.1	10.8	전기잠식	37.8	29.3	-2.7
2014	-5.5	-24.4	완전잠식	완전잠식	-62.2	당기잠식	-125.2	-8.7	-4.5
2013			일부잠식	일부잠식	0.0		-0.8	91.2	0.0

이에스에이 (A052190)
ESA

업 종 : 게임 소프트웨어		시 장 : KOSDAQ	
신용등급 : (Bond) — (CP) —		기업규모 : —	
홈페이지 : www.esa.co.kr		연 락 처 : 02)598-2554	
본 사 : 서울시 강남구 테헤란로 413 태양빌딩 8, 9층(삼성동)			

설 립 일 1994.10.28	종업원수 22명	대표이사 박광원	
상 장 일 2001.06.13	감사의견 적정 (지성)	계 열	
결 산 기 12월	보 통 주 989만주	종속회사수 2개사	
액 면 가 500원	우 선 주	구 상 수	

주주구성 (지분율,%)		출자관계 (지분율,%)		주요경쟁사 (외형,%)	
이에스에이제2호투자조합	15.3	디지털스튜디오투엘	100.0	이에스에이	100
다모아투자조합	8.6	디지웅나채널네트워크	69.7	엔터메이트	672
(외국인)	0.2	에스프에이치	49.7	엠게임	1,011

매출구성		비용구성		수출비중	
마케팅 용역	43.3	매출원가율	269.7	수출	0.0
모바일게임	20.4	판관비율	123.3	내수	100.0
온라인게임	19.2				

회사 개요
동사는 1994년 설립되어 게임소프트웨어 개발과 공급 등을 주영업목적으로 하며 온라인 및 모바일 게임을 주력제품으로 하는 업체임. 현재 서비스 중인 온라인 게임의 해외 시장 진출 확대, 지속적인 온라인 게임 및 모바일 게임 개발을 통해 장기적인 매출 증대와 수익이 기대됨. 콘솔 게임의 매출은 미미한 편임. 또한, 개발에 집중화 되어 있던 사업 구조에서 벗어나 본격적인 퍼블리셔로 전환하기 위해 노력 중임.

실적 분석
동사의 2017년 2분기 누적 매출액은 전년대비 453% 증가한 53.8억원을 기록함. 영업손실은 4.3억원으로 적자 지속되고 있으나 매출 성장의 영향으로 적자 폭이 축소됨. 당기순손실은 비영업손익 확대의 영향으로 적자자폭을 확대하며 96.4억원을 기록함. 모바일 시장의 성장률이 점차 둔화되면서 신규 콘텐츠의 개발이 중요시되는 상황으로 이에 발맞춘다면 향후 수익 개선이 일어날 수 있을 것이라 기대됨.

현금 흐름
〈단위 : 억원〉

항목	2016	2017.2Q
영업활동	-49	-14
투자활동	-128	-32
재무활동	181	55
순현금흐름	4	9
기말현금	28	38

시장 대비 수익률

결산 실적
〈단위 : 억원〉

항목	2012	2013	2014	2015	2016	2017
매출액	56	127	31	32	30	
영업이익	-7	28	-52	-102	-88	
당기순이익	28	34	-53	-177	-72	

분기 실적
*IFRS 별도 기준 〈단위 : 억원〉

항목	2016.1Q	2016.2Q	2016.3Q	2016.4Q	2017.1Q	2017.2Q
매출액	4	6			17	3
영업이익	-26	-21			-5	
당기순이익	-27	-26			-12	-8

재무 상태
〈단위 : 억원〉

항목	2012	2013	2014	2015	2016	2017.2Q
총자산	261	302	248	201	369	33
유형자산	2	2	1	2	67	7
무형자산	62	75	84	57	82	5
유가증권	14	14	14	25	57	2
총부채	11	18	16	138	201	25
총차입금		1		129	162	21
자본금	31	31	31	31	41	4
총자본	250	284	232	63	168	8
지배주주지분	250	284	232	63	153	8

기업가치 지표

항목	2012	2013	2014	2015	2016	2017.2Q
주가(최고/저)(천원)	21.7/8.1	25.5/10.3	22.2/10.5	20.7/7.0	13.6/5.7	—/—
PER(최고/저)(배)	49.0/18.3	46.5/18.8	—/—	—/—	—/—	—/—
PBR(최고/저)(배)	5.4/2.0	5.6/2.3	6.0/2.8	20.4/6.9	7.3/3.1	7.7/3
EV/EBITDA(배)		13.1				
EPS(원)	443	549	-847	-2,852	-1,106	-1,12
BPS(원)	4,028	4,577	3,729	1,013	1,847	9
CFPS(원)	553	694	-716	-2,290	-573	-1,03
DPS(원)						
EBITDAPS(원)	-6	602	-699	-1,087	-827	

재무 비율
〈단위 : % 〉

연도	영업이익률	순이익률	부채비율	차입금비율	ROA	ROE	유보율	자기자본비율	EBITDA마진율
2016	-292.9	-238.3	119.5	96.1	-25.2	-66.6	269.4	45.6	-178
2015	-321.8	-556.7	219.7	205.8	-78.9	-120.3	102.5	31.3	-212
2014	-163.9	-167.3	7.1	1.3	-19.1	-20.4	645.9	93.4	-138
2013	22.4	26.9	6.3	0.4	12.1	12.8	815.4	94.1	29

이엔드디 (A101360)
E&D

업 종 : 자동차부품		시 장 : KONEX	
신용등급 : (Bond) — (CP) —		기업규모 : —	
홈 페 이 지 : www.endss.com		연 락 처 : (043)268-8588	
본 사 : 충북 청주시 흥덕구 직지대로 409번길 37			

설 립 일	2004.09.16	종업원수	72명	대표이사	김민용
상 장 일	2013.07.01	감사의견	적정 (이산)	계 열	
결 산 기	12월	보 통 주		종속회사수	
액 면 가		우 선 주		구 상 호	

주주구성 (지분율,%)
김민용	30.1
정재훈	8.1

출자관계 (지분율,%)
합비신주최화경화기유한공사	20.0

주요경쟁사 (외형,%)
이엔드디	100
구영테크	567
티에이치엔	1,123

매출구성
시스템(매연저감장치)	36.6
촉매/촉매OEM	31.6
이차전지	30.5

비용구성
매출원가율	85.6
판관비율	19.5

수출비중
수출	34.0
내수	66.0

회사 개요
동사는 매연저감장치, 촉매 OEM 사업 등을 영위하는 회사로 2004년 설립됨. 중소기업 최초로 제1종 DPF 인증을 획득하고, 국내 최초로 독자기술 제2종 PPF 박막코팅 기술을 개발해 인증을 받음. 2차전지 사업에도 진출해 양극활물질 전구체를 제조함. 동사는 관련 제품을 하이브리드차와 전기차에도 공급할 계획임. 중국시장 진출을 위해 2012년 9월 중국 합비시에 유한공사(지분율 20%)을 설립하고 연간 50만대 규모의 공장을 설립함.

실적 분석
동사는 코넥스 상장 기업으로 분기보고서 공시 의무가 없음. 동사의 2016년 매출액은 261억원으로 전년 대비 28.6% 증가함. 영업손실은 13.5억원으로 적자를 이어감. 당기순손실 또한 13.5억원으로 손실을 이어감. 동사의 매연저감장치는 환경부 예산 집행에 의해 수행되는 사업임. 정부 정책의 변동이 수요에 직간접적인 영향을 미침. 동사가 신성장 동력으로 추진하는 2차전지 시장은 수요 증가로 꾸준한 성장세를 보일 전망임.

현금 흐름   *IFRS 별도 기준   〈단위 : 억원〉
항목	2016	2017.2Q
영업활동	11	—
투자활동	-8	—
재무활동	7	—
순현금흐름	10	—
기말현금	16	—

시장 대비 수익률

결산 실적   〈단위 : 억원〉
항목	2012	2013	2014	2015	2016	2017
매출액	201	224	179	203	262	—
영업이익	8	9	2	-43	-13	—
당기순이익	3	6	2	-40	-15	—

분기 실적   *IFRS 별도 기준   〈단위 : 억원〉
항목	2016.1Q	2016.2Q	2016.3Q	2016.4Q	2017.1Q	2017.2Q
매출액	—	—	—	—	—	—
영업이익	—	—	—	—	—	—
당기순이익	—	—	—	—	—	—

재무 상태   *IFRS 별도 기준   〈단위 : 억원〉
항목	2012	2013	2014	2015	2016	2017.2Q
총자산	294	309	346	355	350	—
유형자산	130	136	135	148	139	—
무형자산	36	48	50	51	47	—
유가증권	0	0	0	1	1	—
총부채	187	193	224	273	282	—
총차입금	163	172	213	259	266	—
자본금	30	31	31	31	31	—
총자본	107	115	122	82	68	—
지배주주지분	107	115	122	82	68	—

기업가치 지표   *IFRS 별도 기준
항목	2012	2013	2014	2015	2016	2017.2Q
주가(최고/저)(천원)	—/—	4.7/1.8	6.7/1.9	6.5/4.4	7.3/4.8	—/—
PER(최고/저)(배)	0.0/0.0	45.2/17.3	179.4/50.6	—/—	—/—	0.0/0.0
PBR(최고/저)(배)	0.0/0.0	2.4/0.9	3.6/1.0	5.0/3.4	6.7/4.5	—/—
EV/EBITDA(배)	7.6	14.3	30.0		62.8	
EPS(원)	57	104	37	-597	-229	
BPS(원)	1,845	1,945	1,887	1,296	1,080	
CFPS(원)	244	280	242	-319	101	
DPS(원)						
EBITDAPS(원)	315	327	240	-364	128	

재무 비율   〈단위 : % 〉
연도	영업이익률	순이익률	부채비율	차입금비율	ROA	ROE	유보율	자기자본비율	EBITDA마진율
2016	-5.2	-5.8	415.7	392.4	-4.3	-20.3	134.5	19.4	3.3
2015	-21.1	-19.6	331.5	314.6	-11.4	-39.0	181.6	23.2	-11.9
2014	1.3	1.4	184.3	175.3			309.9	35.2	9.0
2013	4.1	2.8	167.7	149.2	2.1	5.6	289.1	37.4	8.8

이엔쓰리 (A074610)
EN3

업 종 : 기계		시 장 : 거래소	
신용등급 : (Bond) — (CP) —		기업규모 : 시가총액 소형주	
홈 페 이 지 : www.en3.co.kr		연 락 처 : (031)366-9600	
본 사 : 경기도 화성시 비봉면 현대기아로 818-11			

설 립 일	2003.12.03	종업원수	85명	대표이사	정영우
상 장 일	2003.12.23	감사의견	적정 (리안)	계 열	
결 산 기	12월	보 통 주	2,189만주	종속회사수	2개사
액 면 가	500원	우 선 주		구 상 호	

주주구성 (지분율,%)
오에스티에이	7.9
전태랑	4.9
(외국인)	1.5

출자관계 (지분율,%)
이엔쓰리글로벌	100.0
피에스제이아이앤씨	100.0
PT.EN3GREENENERGY	99.0

주요경쟁사 (외형,%)
이엔쓰리	100
디케이락	136
서암기계공업	83

매출구성
중형물탱크차 등	98.8
부품, 외주가공품 등	1.2

비용구성
매출원가율	77.5
판관비율	11.7

수출비중
수출	0.0
내수	100.0

회사 개요
동사는 2000년 오염정화업을 목적으로 설립되었으나, 2006년 소방용 기계기구의 제조업을 영위하는 스타코넷을 인수합병하며 상장한 후, 2008년에 기존 사업부문 중 환경사업 부문을 물적분할하며 소방사업만을 영위함. 2006년 인도네시아 술라웨시 주정부와 바이오에탄올사업을 위한 협력개발 합의서를 체결하고 PT. EN3 GREEN ENERGY를 설립하여 원료가공플랜트를 운영 중임.

실적 분석
동사의 2016년 기준 연결대상 종속법인으로 PT. EN3 GREEN ENERGY 및 이엔쓰리글로벌이 있음. 신규제품 개발, 수주단가의 현실화와 원가절감을 통해 실적이 개선됨. 2017년 반기 매출액은 157.4억원으로 전년 동기 대비 2.1% 증가한 실적을 시현함. 그러나 원가와 판관비의 증가로 영업이익은 전년 동기 16억원 대비 적자전환한 -10.5억원을 시현함. 당기순이익은 전년동기 0.6억원 손실에서 당반기 12.2억원으로 적자가 확대됨.

현금 흐름   〈단위 : 억원〉
항목	2016	2017.2Q
영업활동	19	-56
투자활동	-19	-17
재무활동	30	141
순현금흐름	31	68
기말현금	59	127

시장 대비 수익률

결산 실적   〈단위 : 억원〉
항목	2012	2013	2014	2015	2016	2017
매출액	159	158	167	181	384	—
영업이익	-18	4	12	16	41	—
당기순이익	-37	-13	8	7	27	—

분기 실적   〈단위 : 억원〉
항목	2016.1Q	2016.2Q	2016.3Q	2016.4Q	2017.1Q	2017.2Q
매출액	63	92	88	142	66	91
영업이익	6	10	7	18	2	-12
당기순이익	4	-6	3	26	2	-14

재무 상태   〈단위 : 억원〉
항목	2012	2013	2014	2015	2016	2017.2Q
총자산	125	98	123	142	218	370
유형자산	72	67	64	57	59	63
무형자산	3	4	5	3	3	3
유가증권	1	2	2	0	0	4
총부채	45	24	45	57	80	135
총차입금	23	21	8	26	21	52
자본금	73	73	81	81	88	109
총자본	80	61	77	84	138	236
지배주주지분	80	62	78	86	140	237

기업가치 지표
항목	2012	2013	2014	2015	2016	2017.2Q
주가(최고/저)(천원)	4.5/1.0	1.9/0.6	1.0/0.5	4.8/0.8	3.6/2.0	—/—
PER(최고/저)(배)	—/—	—/—	19.4/10.7	110.0/17.4	28.6/15.9	—/—
PBR(최고/저)(배)	8.1/1.9	4.5/1.3	2.0/1.1	9.1/1.4	4.5/2.5	4.7/2.3
EV/EBITDA(배)		11.7	9.6	32.2	9.8	
EPS(원)	-255	-86	50	44	124	-65
BPS(원)	554	428	484	529	790	1,081
CFPS(원)	-197	-60	61	55	134	-59
DPS(원)						
EBITDAPS(원)	-67	54	94	108	258	-50

재무 비율   〈단위 : % 〉
연도	영업이익률	순이익률	부채비율	차입금비율	ROA	ROE	유보율	자기자본비율	EBITDA마진율
2016	10.8	5.4	57.7	15.4	11.5	18.4	58.1	63.4	11.2
2015	8.7	3.8	68.0	31.1	5.2	8.7	5.8	59.5	9.7
2014	7.4	4.5	일부잠식	일부잠식	6.8	10.8	-3.3	63.0	8.5
2013	2.5	-8.3	일부잠식	일부잠식	-11.8	-17.6	-14.3	62.5	4.9

이엔에프테크놀로지 (A102710)
ENF Technology

업 종 : 반도체 및 관련장비		시 장 : KOSDAQ	
신용등급 : (Bond) — (CP) —		기업규모 : 우량	
홈페이지 : www.enftech.com		연 락 처 : (031)881-8200	
본 사 : 경기도 용인시 기흥구 탑실로35번길 14 한국알콜산업그룹빌딩			

설 립 일 2000.05.01	종업원수 386명	대표이사 지용석,정진배	
상 장 일 2009.05.28	감사의견 적정 (세일)	계 열	
결 산 기 12월	보통주 1,420만주	종속회사수 2개사	
액 면 가 500원	우 선 주	구 상 호	

주주구성 (지분율,%)
한국알콜	26.1
지용석	7.0
(외국인)	14.3

출자관계 (지분율,%)
엘바텍	74.0
진솔원	40.0
팸테크놀로지	39.0

주요경쟁사 (외형,%)
이엔에프테크놀로지	100
원익홀딩스	88
테스	54

매출구성
프로세스 케미칼 등	99.2
전구체	0.8

비용구성
매출원가율	76.0
판관비율	11.6

수출비중
수출	24.0
내수	76.0

회사 개요
동사는 2000년에 설립되어 반도체 및 TFT LCD 소재인 프로세스 케미칼, 반도체 포토레지스트용 핵심원료 및 TFT LCD의 칼라필터용 칼라페이스트를 제조하며, 전방 산업은 반도체 및 TFT LCD 제조업임. 종속회사로는 엘바텍과 이엔에프 차이나 홀딩스 등 2개가 있음. 엘바텍은 2차전지에서 양극활물질의 재료인 전구체를 생산함. 이차전지 재료는 내수로만 판매하다가 2016년부터 수출을 시작하며 납품처를 확대하고 있음.

실적 분석
동사는 2017년 상반기 누적 매출액이 1,856.3억원으로 전년 동기에 비해 15.7% 증가했고, 영업이익은 186.6억원으로 전년 동기 대비 9.0% 감소했음. 동사는 주요 원재료인 용제의 킬로그램 당 가격이 2016년 1,670원에서 2017년 1,819원으로 상승하면서 원가율이 높아짐. 비영업부문에선 적자폭 커지며 8.2억원의 손실 발생. 당기순이익은 전년대비 4.8% 감소한 135.3억원을 기록.

현금 흐름 〈단위 : 억원〉
항목	2016	2017.2Q
영업활동	451	196
투자활동	-247	-129
재무활동	34	-130
순현금흐름	226	-87
기말현금	320	233

시장 대비 수익률

결산 실적 〈단위 : 억원〉
항목	2012	2013	2014	2015	2016	2017
매출액	2,324	2,201	2,486	3,119	3,343	—
영업이익	196	120	138	379	413	—
당기순이익	133	67	78	290	216	—

분기 실적 〈단위 : 억원〉
항목	2016.1Q	2016.2Q	2016.3Q	2016.4Q	2017.1Q	2017.2Q
매출액	801	803	848	891	915	941
영업이익	99	106	106	102	77	110
당기순이익	75	65	77	-0	43	93

재무 상태 〈단위 : 억원〉
항목	2012	2013	2014	2015	2016	2017.2Q
총자산	1,574	1,695	1,863	2,216	2,556	2,487
유형자산	818	976	991	1,122	1,166	1,178
무형자산	59	86	63	66	61	62
유가증권						
총부채	565	603	698	759	893	699
총차입금	273	326	361	321	363	230
자본금	71	71	71	71	71	71
총자본	1,009	1,093	1,165	1,457	1,663	1,788
지배주주지분	901	999	1,095	1,397	1,617	1,745

기업가치 지표
항목	2012	2013	2014	2015	2016	2017.2Q
주가(최고/저)(천원)	14.7/8.3	13.4/8.5	10.2/5.9	24.0/6.6	24.5/14.1	—/—
PER(최고/저)(배)	14.8/8.3	22.0/14.0	14.4/8.3	11.4/3.2	14.1/8.1	—/—
PBR(최고/저)(배)	2.3/1.3	1.9/1.2	1.3/0.8	2.4/0.7	2.2/1.2	1.9/1.4
EV/EBITDA(배)	7.8	7.4	4.7	5.6	6.0	—/—
EPS(원)	1,016	620	718	2,121	1,741	975
BPS(원)	6,536	7,191	7,838	9,885	11,423	12,323
CFPS(원)	1,563	1,355	1,661	3,127	2,893	1,533
DPS(원)	50	50	50	50	50	
EBITDAPS(원)	1,928	1,579	1,918	3,672	4,062	1,873

재무 비율 〈단위 : %〉
연도	영업이익률	순이익률	부채비율	차입금비율	ROA	ROE	유보율	자기자본비율	EBITDA마진율
2016	12.4	6.5	53.7	21.8	9.1	16.4	2,184.5	65.1	17.3
2015	12.1	9.3	52.1	22.0	14.3	24.2	1,877.1	65.8	16.7
2014	5.6	3.1	59.9	31.0	4.4	9.7	1,467.6	62.5	11.0
2013	5.5	3.1	55.2	29.8	4.1	9.3	1,338.1	64.5	10.2

이엘케이 (A094190)
ELK

업 종 : 휴대폰 및 관련부품		시 장 : KOSDAQ	
신용등급 : (Bond) B (CP) —		기업규모 : 중견	
홈페이지 : www.elk.co.kr		연 락 처 : (042)939-9300	
본 사 : 대전시 유성구 테크노2로 89			

설 립 일 1999.04.28	종업원수 389명	대표이사 신동혁	
상 장 일 2007.10.26	감사의견 적정 (삼정)	계 열	
결 산 기 12월	보통주 6,601만주	종속회사수 5개사	
액 면 가 500원	우 선 주	구 상 호	

주주구성 (지분율,%)
신동혁	10.7
얼라인코글로벌인베스터스자산운용	1.0
(외국인)	0.7

출자관계 (지분율,%)
두모전자	100.0
비씨앤티	100.0
에프피	19.7

주요경쟁사 (외형,%)
이엘케이	100
디스플레이텍	51
육일씨엔에쓰	25

매출구성
Touch Panel 외	98.5
EL제품 외	1.5

비용구성
매출원가율	118.4
판관비율	10.7

수출비중
수출	—
내수	—

회사 개요
동사는 1999년 설립된 휴대폰 부품 전문 업체로서, 정전용량 방식의 터치패널을 주로 생산 중임. 정전용량 방식 터치패널은 스마트폰을 통해 이미 소비자들에게 익숙해져 있으며, 태블릿PC 시장 확대까지 가세하여 지속적으로 수요 증가가 추세에 있음. 동사는 국내 최대 규모의 정전용량 방식 터치패널 생산설비를 보유하고 있으며, LG전자, 모토로라, 소니 등 안정적인 거래처를 확보. 매출의 대부분을 수출이 차지. 최근 유상증자 및 투자유치에 성공함.

실적 분석
동사의 2017년 상반기매출은 1,149억원으로 전년대비 85.5% 증가, 영업이익은 -16.6억원으로 전년대비 적자지속. 당기순이익은 -16.6억원으로 적자지속. 매출 증가는 높으나 원가율 상승과 판매관리비 부담으로 수익성은 적자 지속. 동사는 신규 사업 추진 및 글로벌 거래선 다변화 추진에 주력하고 있음. 최근 사물인터넷과 관련해 국내, 해외 업체와 TSP 공급 추진 중. 또한 스마트폰 및 태블릿PC 등 모바일 기기에 이어 가전제품용 TSP 진출.

현금 흐름 〈단위 : 억원〉
항목	2016	2017.2Q
영업활동	-137	-85
투자활동	45	81
재무활동	3	84
순현금흐름	-88	80
기말현금	77	157

시장 대비 수익률

결산 실적 〈단위 : 억원〉
항목	2012	2013	2014	2015	2016	2017
매출액	1,839	2,878	3,456	2,219	1,746	—
영업이익	-60	-425	117	-146	-509	—
당기순이익	-74	-414	15	-348	-717	—

분기 실적 〈단위 : 억원〉
항목	2016.1Q	2016.2Q	2016.3Q	2016.4Q	2017.1Q	2017.2Q
매출액	390	229	409	717	549	600
영업이익	-75	-254	-60	-119	12	-2
당기순이익	-92	-328	-63	-234	7	-1

재무 상태 〈단위 : 억원〉
항목	2012	2013	2014	2015	2016	2017.2Q
총자산	3,139	3,233	2,909	2,301	1,835	1,853
유형자산	1,309	1,515	1,459	1,054	820	771
무형자산	52	45	30	21	6	
유가증권	9	9	9	9	9	
총부채	2,209	2,288	1,865	1,589	1,666	1,407
총차입금	1,745	1,955	1,628	1,361	1,203	997
자본금	70	88	88	88	155	331
총자본	929	945	1,044	713	169	446
지배주주지분	929	945	1,044	713	169	446

기업가치 지표
항목	2012	2013	2014	2015	2016	2017.2Q
주가(최고/저)(천원)	21.0/7.6	18.3/4.1	6.2/2.6	4.7/2.4	2.6/1.3	—/—
PER(최고/저)(배)	—/—	—/—	57.7/23.8	—/—	—/—	—/—
PBR(최고/저)(배)	2.2/0.8	2.7/0.6	0.9/0.4	0.9/0.5	3.3/1.7	2.4/1
EV/EBITDA(배)	61.2		7.7	92.3		—/—
EPS(원)	-502	-2,647	81	-1,832	-2,861	-5
BPS(원)	7,544	5,383	5,936	4,132	592	69
CFPS(원)	429	-1,615	1,119	-1,040	-2,240	-6
DPS(원)						
EBITDAPS(원)	529	-1,692	1,697	105	-1,410	16

재무 비율 〈단위 : %〉
연도	영업이익률	순이익률	부채비율	차입금비율	ROA	ROE	유보율	자기자본비율	EBITDA마진율
2016	-29.2	-41.1	985.8	711.7	-34.7	-162.7	18.3	9.2	-20
2015	-6.6	-15.7	223.0	191.0	-13.4	-39.6	726.3	31.0	8
2014	3.4	0.4	178.6	155.9	0.5	1.5	1,087.1	35.9	8
2013	-14.8	-14.4	242.1	206.9	-13.0	-44.2	976.7	29.2	-8

이엘피 (A063760)
ELP

업 종 : 디스플레이 및 관련부품		시 장 : KOSDAQ	
신용등급 : (Bond) — (CP) —		기업규모 : 벤처	
홈 페 이 지 : www.elp.co.kr		연 락 처 : 031)8036-5800	
본 사 : 경기도 화성시 삼성1로5길 36			

설 립 일	1999.10.16	종 업 원 수	92명	대 표 이 사	이재혁
상 장 일	2015.04.28	감 사 의 견	적정 (삼덕)	계 열	
결 산 기	12월	보 통 주	489만주	종속회사수	2개사
액 면 가	500원	우 선 주		구 상 호	

주주구성 (지분율,%)
이재혁	20.3
코오롱2011신성장투자조합	4.1
(외국인)	8.4

출자관계 (지분율,%)
ELPSuzhouTechnologyCorporation	100.0
GNKHONGKONGLIMITED	100.0

주요경쟁사 (외형,%)
이엘피	100
디이엔티	147
세진티에스	106

매출구성
OLED패널검사기 등	99.7
임대료수익	0.3

비용구성
매출원가율	49.0
판관비율	13.9

수출비중
수출	28.0
내수	72.0

회사 개요
측정, 시험, 항해 제어 및 기타 정밀기기 제조업체이며, 주 제품으로는 AMOLED, LCD 디스플레이 검사장비를 생산하는 업체로써, 2015년 4월 28일 코넥스에 상장했음. AMOLED 패널에 대한 에이징 시스템과, 검사 시스템, 그리고 모듈 단위의 에이징 시스템을 판매하고 있으며 신뢰성 검사 등을 위한 시스템을 판매하고 있음. 연구개발에 지속적으로 투자하며, 차세대 플렉시블 디스플레이로 영역을 넓히고 있음.

실적 분석
동사의 2017년 상반기 연결기준 누적 매출액은 212.8억원으로 전년 동기 대비 97.6% 증가함. 매출이 증가하면서 매출원가도 크게 늘었지만 판관비는 크게 늘지 않았고 매출 증가에 따른 고정비용 감소효과로 인해 영업이익은 전년 동기 대비 182.6% 증가한 93.3억원을 시현함. 비영업손익 부문에서 외환 손실이 일부 발생했지만 영업이익 증가폭이 워낙 커 당기순이익은 전년 동기 대비 160.7% 증가한 82.6억원을 기록함.

현금 흐름 〈단위 : 억원〉
항목	2016	2017.2Q
영업활동	46	75
투자활동	-93	-64
재무활동	21	100
순현금흐름	-26	112
기말현금	43	155

시장 대비 수익률

결산 실적 〈단위 : 억원〉
항목	2012	2013	2014	2015	2016	2017
매출액	61	147	102	161	309	
영업이익	9	40	12	30	114	
당기순이익	9	38	11	32	107	

분기 실적 〈단위 : 억원〉
항목	2016.1Q	2016.2Q	2016.3Q	2016.4Q	2017.1Q	2017.2Q
매출액	—	—	80		120	93
영업이익	—	—	38		55	39
당기순이익	—	—	31		46	36

재무 상태 〈단위 : 억원〉
항목	2012	2013	2014	2015	2016	2017.2Q
총자산	71	123	166	202	369	539
유형자산	10	17	74	72	121	122
무형자산	0	1	1	1	2	2
유가증권	0	0	0			
총부채	6	20	49	53	110	37
총차입금			40	40	60	
자본금	19	19	20	20	20	24
총자본	65	103	117	149	260	503
지배주주지분	65	103	117	149	260	503

기업가치 지표
항목	2012	2013	2014	2015	2016	2017.2Q
주가(최고/저)(천원)	—/—	—/—	—/—	6.2/2.0	24.9/5.1	—/—
PER(최고/저)(배)	0.0/0.0	0.0/0.0	0.0/0.0	6.7/2.1	8.0/1.6	2.8/1.7
PBR(최고/저)(배)	0.0/0.0	0.0/0.0	0.0/0.0	1.4/0.5	3.3/0.7	
EV/EBITDA(배)	—	—	—	3.7	7.4	
EPS(원)	252	971	270	806	2,688	1,857
BPS(원)	1,680	2,654	2,946	3,756	6,467	10,288
CFPS(원)	274	996	373	927	2,798	1,910
DPS(원)						
EBITDAPS(원)	280	1,059	416	887	2,973	2,151

재무 비율 〈단위 : % 〉
연도	영업이익률	순이익률	부채비율	차입금비율	ROA	ROE	유보율	자기자본비율	EBITDA마진율
2016	37.0	34.8	42.3	23.1	37.6	52.6	1,193.4	70.3	38.5
2015	18.9	19.9	35.4	26.8	17.4	24.0	651.2	73.8	21.9
2014	12.1	10.5	41.7	34.1	7.4	9.7	489.3	70.6	16.1
2013	27.2	25.6	19.6	0.0	38.7	44.8	430.8	83.6	27.9

이엠넷 (A123570)
EMNET

업 종 : 미디어		시 장 : KOSDAQ	
신용등급 : (Bond) — (CP) —		기업규모 : 중견	
홈 페 이 지 : www.emnet.co.kr		연 락 처 : 02)2277-8877	
본 사 : 서울시 구로구 디지털로34길 27 (구로동, 대륭포스트타워 3차 14층)			

설 립 일	2000.04.20	종 업 원 수	251명	대 표 이 사	김영원
상 장 일	2011.11.25	감 사 의 견	적정 (삼일)	계 열	
결 산 기	12월	보 통 주	1,114만주	종속회사수	3개사
액 면 가	500원	우 선 주		구 상 호	

주주구성 (지분율,%)
김영원	32.7
Transcosmos inc	25.1
(외국인)	25.9

출자관계 (지분율,%)
네프미디어	100.0
eMnetJapan.Co.,ltd	100.0
BeijingeMnetCo.ltd	100.0

주요경쟁사 (외형,%)
이엠넷	100
팬엔터테인먼트	129
에프엔씨애드컬처	42

매출구성
네이버(국내)	37.9
용역 / 임대수입(국내) 외	23.2
구글(일본)	16.5

비용구성
매출원가율	0.0
판관비율	88.1

수출비중
수출	32.0
내수	68.0

회사 개요
동사의 주요서비스는 광고주 비즈니스의 목적과 마케팅 방향에 따라 온라인마케팅 전략을 수립하며, 동사와 제휴된 온라인 매체들을 통하여 디지털 환경에서의 광고(검색, 배너, 모바일, 바이럴 등)을 설계하고 집행함. 자체 기술력으로 개발한 솔루션은 국내와 일본에 특허 등록 되었으며, 각 솔루션은 광고 집행의 효율성 개선은 물론 광고 성과에 대한 객관적인 지표들을 제공함.

실적 분석
동사의 연결재무제표 기준 2017년 2분기 누적 매출액은 143.4억원으로 전년동기 대비 7.8% 증가하였음. 인건비의 증가로 판관비가 확대되었지만 영업이익이 크게 성장함. 구글 광고매출이 증가하는 것으로 네이버 매출은 안정적으로 유지되고 있음. 2013년부터 이어진 엔화 약세로 인하여 원화 기준의 매출 RISK가 내재되어 있었지만, 최근 환율 RISK 해소 및 실적 개선을 통해 성장세를 기록 중임.

현금 흐름 〈단위 : 억원〉
항목	2016	2017.2Q
영업활동	-3	35
투자활동	26	-45
재무활동	11	1
순현금흐름	37	-10
기말현금	122	112

시장 대비 수익률

결산 실적 〈단위 : 억원〉
항목	2012	2013	2014	2015	2016	2017
매출액	321	286	267	251	273	
영업이익	64	33	22	28	33	
당기순이익	52	25	22	22	22	

분기 실적 〈단위 : 억원〉
항목	2016.1Q	2016.2Q	2016.3Q	2016.4Q	2017.1Q	2017.2Q
매출액	67	66	67	73	73	71
영업이익	10	6	8	9	14	9
당기순이익	6	3	6	8	12	9

재무 상태 〈단위 : 억원〉
항목	2012	2013	2014	2015	2016	2017.2Q
총자산	548	588	641	619	644	665
유형자산	96	93	92	102	99	104
무형자산	2					3
유가증권						1
총부채	233	274	322	273	254	251
총차입금	4	70	95	24	17	14
자본금	28	28	28	28		56
총자본	315	314	319	345	390	415
지배주주지분	315	314	319	345	390	415

기업가치 지표
항목	2012	2013	2014	2015	2016	2017.2Q
주가(최고/저)(천원)	5.7/3.0	7.2/3.8	4.2/2.6	4.3/2.8	6.7/3.1	—/—
PER(최고/저)(배)	12.5/6.7	33.1/17.5	21.6/13.3	18.1/11.5	33.0/15.1	—/—
PBR(최고/저)(배)	2.1/1.1	2.5/1.3	1.4/0.9	1.3/0.8	1.9/0.9	1.9/1.2
EV/EBITDA(배)	5.5	6.5	2.7	7.2	10.9	
EPS(원)	471	224	200	242	204	187
BPS(원)	5,725	5,982	6,200	6,719	3,546	3,722
CFPS(원)	1,007	519	476	563	256	214
DPS(원)	90	50	40	50	20	
EBITDAPS(원)	1,235	672	469	589	348	228

재무 비율 〈단위 : % 〉
연도	영업이익률	순이익률	부채비율	차입금비율	ROA	ROE	유보율	자기자본비율	EBITDA마진율
2016	11.9	8.2	65.0	4.4	3.6	6.1	609.2	60.6	14.0
2015	11.2	10.6	79.1	6.8	4.2	8.0	1,243.8	55.8	12.9
2014	8.1	8.2	100.8	29.8	3.6	6.9	1,139.9	49.8	9.7
2013	11.6	8.6	87.1	22.1	4.3	7.8	1,096.4	53.5	12.9

이엠따블유 (A079190)
EMW

업 종 : 휴대폰 및 관련부품	시 장 : KOSDAQ
신용등급 : (Bond) — (CP) —	기업규모 : 중견
홈 페 이 지 : www.emw.co.kr	연 락 처 : 02)2107-5500
본 사 : 인천시 남동구 남동서로 155(고잔동,남동공단 80블럭 4로트)	

설 립 일 1998.06.01	종 업 원 수 290명	대 표 이 사 유병훈	
상 장 일 2005.11.29	감 사 의 견 적정 (삼화)	계 열	
결 산 기 12월	보 통 주 3,027만주	종속회사수 2개사	
액 면 가 500원	우 선 주 —	구 상 호	

주주구성 (지분율,%)
유병훈	20.6
성원모	5.3
(외국인)	1.5

출자관계 (지분율,%)
EMW	100.0
메드믹스	51.0
정보통신공제조합	

주요경쟁사 (외형,%)
EMW	100
제주반도체	66
성우전자	200

매출구성
안테나	92.3
소재	4.2
자재등 기타	1.7

비용구성
매출원가율	74.8
판관비율	20.4

수출비중
수출	27.0
내수	73.0

회사 개요
동사는 1998년 설립되어 소형 안테나 사업을 영위하고 있으며 특히 휴대폰 안테나 사업부문에서 90% 이상 매출비중을 차지하고 있음. 또한 무선통신 설계 및 소재 관련 사업 등을 영위하고 있음. 안테나 부문 선도 기업으로 안테나와 연관된 RF 사업부문이나, 단말기 모듈화 사업 또는 다른 부품 사업에 진출할 계획을 가지고 있으며, 비교적 적은 투자비용으로 빠른 시간내 사업다각화가 가능할 것으로 판단됨.

실적 분석
동사의 2017년 상반기매출은 361.1억원으로 전년대비 23.1% 감소, 영업이익은 13.3억원으로 전년대비 63.7% 감소, 당기순이익은 0.2억원으로 전년대비 99% 감소. 국내 휴대폰 산업의 성장 둔화로 매출이 감소하여 고정비 부담 증가, 수익성은 전년대비 부진. 향후 5G 투자시에 안테나 부문의 변화 기대. 첨유율 증가로 매출 측면의 반사이익 예상. 신규사업으로 공기정화살균기(클라로) 사확대로 신성장 도모에 주력

현금 흐름 〈단위 : 억원〉
항목	2016	2017.2Q
영업활동	108	10
투자활동	-56	-48
재무활동	-2	-10
순현금흐름	49	-45
기말현금	148	103

시장 대비 수익률

결산 실적 〈단위 : 억원〉
항목	2012	2013	2014	2015	2016	2017
매출액	348	826	659	654	863	—
영업이익	-51	61	-95	-34	41	—
당기순이익	-40	35	-110	-69	22	—

분기 실적 〈단위 : 억원〉
항목	2016.1Q	2016.2Q	2016.3Q	2016.4Q	2017.1Q	2017.2Q
매출액	239	230	217	176	152	209
영업이익	17	20	18	-14	8	5
당기순이익	10	7	3	4	-9	9

재무 상태 〈단위 : 억원〉
항목	2012	2013	2014	2015	2016	2017.2Q
총자산	772	924	1,054	1,063	1,070	1,086
유형자산	364	454	635	579	509	492
무형자산	73	60	51	53	44	73
유가증권	11	9	9	1	22	12
총부채	450	546	682	624	627	593
총차입금	327	404	554	466	489	444
자본금	63	91	91	137	139	150
총자본	322	378	372	439	444	493
지배주주지분	302	378	372	439	444	493

기업가치 지표
항목	2012	2013	2014	2015	2016	2017.2Q
주가(최고/저)(천원)	3.3/1.3	4.9/2.8	3.9/2.0	3.2/1.4	3.8/2.1	* —/—
PER(최고/저)(배)	—/—	29.3/16.5	—/—	—/—	47.9/26.9	—/—
PBR(최고/저)(배)	2.1/0.8	2.7/1.5	2.2/1.1	2.0/0.9	2.2/1.2	1.8/1.5
EV/EBITDA(배)	225.3	7.6		20.8	8.8	
EPS(원)	-213	169	-540	-319	79	0
BPS(원)	2,401	2,083	2,040	1,607	1,708	1,747
CFPS(원)	100	571	-170	88	375	113
DPS(원)	—	—	—	—	—	—
EBITDAPS(원)	30	737	-91	248	446	159

재무 비율 〈단위 : % 〉
연도	영업이익률	순이익률	부채비율	차입금비율	ROA	ROE	유보율	자기자본비율	EBITDA마진율
2016	4.8	2.5	141.2	110.1	2.0	4.9	241.5	41.5	14.2
2015	-5.3	-10.6	142.1	106.2	-6.6	-17.1	221.4	41.3	8.3
2014	-14.5	-16.7	183.2	148.7	-11.1	-29.3	308.1	35.3	-2.5
2013	7.4	4.2	144.5	106.8	4.1	9.5	316.6	40.9	15.3

이엠코리아 (A095190)
ENERGY&MACHINERY KOREA

업 종 : 기계	시 장 : KOSDAQ
신용등급 : (Bond) — (CP) —	기업규모 : 중견
홈 페 이 지 : www.yesemk.com	연 락 처 : 055)211-9600
본 사 : 경남 함안군 군북면 함마대로 290-34	

설 립 일 2003.03.20	종 업 원 수 248명	대 표 이 사 강삼수	
상 장 일 2007.10.29	감 사 의 견 적정 (삼덕)	계 열	
결 산 기 12월	보 통 주 2,141만주	종속회사수 2개사	
액 면 가 500원	우 선 주 —	구 상 호	

주주구성 (지분율,%)
강삼수	33.1
한화자산운용	4.8
(외국인)	0.9

출자관계 (지분율,%)
이엠솔루션	100.0
엘켐텍	51.0
로테이팅시스템즈코리아	20.0

주요경쟁사 (외형,%)
이엠코리아	100
신진에스엠	49
동양물산	366

매출구성
공작기계 완제품 및 부품	50.9
방산부품/항공부품	45.0
발전설비 부품	3.1

비용구성
매출원가율	94.0
판관비율	9.5

수출비중
수출	—
내수	—

회사 개요
동사는 공작기계를 주로 생산하는 업체임. 2005년 공작기계 핵심부품 및 방산제품, 발전설비제품 등을 생산하는 동우정밀을 인수했음. 자동차, 항공기, 선반, IT부품 및 기계부품 등의 초정밀 가공을 위한 '기계를 만드는 기계'를 생산함. 장갑차, 항공기, 구축함 등 방산정밀부품 시장과 원자력발전 제어설비 시장도 진출. 공작기계 50.9%, 방산부품 45%, 발전설비부품 3.1%, 건설기계장비 0.3%, 기타부문 0.7%로 매출 구성.

실적 분석
동사의 2017년 2분기 연결기준 누계 매출액은 488.3억원으로 전년동기 대비 2.7% 감소함. 외형축소에도 원가율 개선, 판관비 감소까지 더해지면서 수익성은 크게 개선되었으나 14.3억원의 영업손실을 시현. 비영업손실이 증가에도 영업실적의 개선으로 당기순손실도 36.6억원으로 전년동기대비 개선됨. 동사는 신성장동력을 발굴하기 위해 수소발생장치, 수소스테이션, 수소플랜트사업 개발을 추진하고 있음.

현금 흐름 〈단위 : 억원〉
항목	2016	2017.2Q
영업활동	39	62
투자활동	-134	-73
재무활동	109	14
순현금흐름	14	3
기말현금	43	46

시장 대비 수익률

결산 실적 〈단위 : 억원〉
항목	2012	2013	2014	2015	2016	2017
매출액	878	922	1,114	1,062	1,026	—
영업이익	29	30	46	42	-36	—
당기순이익	41	23	22	16	-68	—

분기 실적 〈단위 : 억원〉
항목	2016.1Q	2016.2Q	2016.3Q	2016.4Q	2017.1Q	2017.2Q
매출액	233	269	231	292	248	240
영업이익	-22	-2	-13	2	-4	-10
당기순이익	-25	-19	-25	1	-17	-20

재무 상태 〈단위 : 억원〉
항목	2012	2013	2014	2015	2016	2017.2Q
총자산	1,320	1,425	1,682	1,673	1,746	1,760
유형자산	787	825	989	1,010	1,013	1,038
무형자산	96	126	115	104	108	100
유가증권	—	8	8			12
총부채	739	827	1,051	1,050	1,153	1,208
총차입금	598	699	860	871	941	948
자본금	82	82	107	107	107	107
총자본	581	598	631	622	593	552
지배주주지분	582	594	619	602	572	552

기업가치 지표
항목	2012	2013	2014	2015	2016	2017.2Q
주가(최고/저)(천원)	5.7/3.1	8.0/3.4	7.8/4.4	6.4/4.1	5.5/4.0	—/—
PER(최고/저)(배)	29.0/15.6	98.0/41.8	116.0/65.9	170.0/108.3	—/—	—/—
PBR(최고/저)(배)	2.1/1.1	2.9/1.2	2.7/1.5	2.2/1.4	2.0/1.4	1.8/1.4
EV/EBITDA(배)	17.6	29.6	17.6	17.9	61.7	
EPS(원)	199	82	67	38	-323	-164
BPS(원)	3,535	3,603	2,892	2,951	2,811	2,627
CFPS(원)	516	383	331	327	-20	-4
DPS(원)	50	—	—	—	—	—
EBITDAPS(원)	439	461	478	486	135	93

재무 비율 〈단위 : % 〉
연도	영업이익률	순이익률	부채비율	차입금비율	ROA	ROE	유보율	자기자본비율	EBITDA마진율
2016	-3.5	-6.7	194.4	158.7	-4.0	-11.8	462.1	34.0	2.8
2015	4.0	1.6	168.8	139.9	1.0	1.3	490.3	37.2	9.8
2014	4.1	2.0	166.5	136.3	1.4	2.4	478.4	37.5	9.2
2013	3.3	1.6	138.3	116.8	1.7	3.0	620.7	42.0	8.2

이엠텍 (A091120)
EM-Tech

업 종 : 휴대폰 및 관련부품	시 장 : KOSDAQ
신용등급 : (Bond) — (CP) —	기업규모 : 우량
홈페이지 : www.em-tech.co.kr	연 락 처 : (055)710-6000
본 사 : 부산시 금정구 부산대학로63번길 2-1 특성화공학관 401호	

설 립 일	2001.01.18	종 업 원 수	290명	대 표 이 사	정승규
상 장 일	2007.05.02	감 사 의 견	적정 (공감)	계 열	
결 산 기	12월	보 통 주	1,429만주	종 속 회 사 수	4개사
액 면 가	500원	우 선 주		구 상 호	

주주구성 (지분율,%)
정승규	14.5
박연구	4.8
(외국인)	3.2

출자관계 (지분율,%)
바이오사운드랩	8.1
안트로젠	6.2
지앤텍명장세컨더리투자조합	5.7

주요경쟁사 (외형,%)
이엠텍	100
우주일렉트로	95
일야	32

매출구성
단방향 리시버	50.7
모듈일체형	18.7
단방향 스피커	18.0

비용구성
매출원가율	82.1
판관비율	10.7

수출비중
수출	81.0
내수	19.0

회사 개요
동사는 2001년 1월에 부산의 연구소에서 설립된 이동통신단말기용 마이크로 스피커 및 리시버 전문 제조업체로 스피커에 대한 해석 기술을 기반으로 제품 개발 기간을 단축시키고 다양한 휴대 단말기에 대응하는 마이크로 스피커 및 리시버 개발 능력을 보유하고 있다. 기존 62건 특허(국제특허 5건 포함) 외에 2013년 14건, 2014년 43건의 특허를 등록하였으며, 국내외 출원중인 특허는 총 344건(국제특허 100건 포함)임.

실적 분석
동사의 2017년 상반기 매출은 973억원으로 전년대비 23.7% 감소, 영업이익은 70억원으로 전년대비 39.5% 감소, 당기순이익은 34.6억원으로 전년대비 51.2% 감소 시현. 국내 휴대폰 부품 시장에서 경쟁 심화로, 주요 거래선의 출하량 증가가 제한적인 가운데 외형이 감소. 고정비 부담으로 수익성 개선 지연. 동사는 수년간 자동화 생산라인에 투자 통한 생산성 향상으로 수익성 개선에 주력. 신규로 블루투스 음향 제품 매출 가시화 기대

현금 흐름
<단위 : 억원>
항목	2016	2017.2Q
영업활동	282	-80
투자활동	-59	-272
재무활동	-33	36
순현금흐름	189	-314
기말현금	543	229

시장 대비 수익률

결산 실적
<단위 : 억원>
항목	2012	2013	2014	2015	2016	2017
매출액	2,997	2,675	1,836	2,066	2,284	—
영업이익	288	243	130	130	166	—
당기순이익	196	231	103	123	123	—

분기 실적
<단위 : 억원>
항목	2016.1Q	2016.2Q	2016.3Q	2016.4Q	2017.1Q	2017.2Q
매출액	687	587	547	461	448	525
영업이익	65	51	32	18	31	39
당기순이익	48	23	26	26	2	32

재무 상태
<단위 : 억원>
항목	2012	2013	2014	2015	2016	2017.2Q
총자산	1,214	1,263	1,749	1,798	1,934	1,888
유형자산	269	361	516	548	695	715
무형자산	6	7	65	60	57	53
유가증권	0		10		26	148
총부채	606	405	751	655	692	564
총차입금	95	157	380	319	324	295
자본금	67	67	68	70	70	71
총자본	608	858	998	1,143	1,242	1,324
지배주주지분	608	858	979	1,121	1,213	1,291

기업가치 지표
항목	2012	2013	2014	2015	2016	2017.2Q
주가(최고/저)(천원)	14.1/4.9	22.5/8.7	11.6/7.3	15.3/7.2	13.5/7.5	—/—
PER(최고/저)(배)	9.7/3.4	13.4/5.2	15.8/9.9	18.1/8.5	16.9/9.4	1.6/1.0
PBR(최고/저)(배)	3.2/1.1	3.6/1.4	1.7/1.0	1.9/0.9	1.5/0.9	1.6/1.0
EV/EBITDA(배)	4.5	3.1	6.6	4.2	4.3	—
EPS(원)	1,481	1,714	753	861	816	211
BPS(원)	4,507	6,356	7,187	8,204	9,001	9,111
CFPS(원)	1,874	2,287	1,289	1,547	1,712	741
DPS(원)					200	
EBITDAPS(원)	2,576	2,372	1,492	1,611	2,078	1,030

재무 비율
<단위 : %>
연도	영업이익률	순이익률	부채비율	차입금비율	ROA	ROE	유보율	자기자본비율	EBITDA마진율
2016	7.3	5.4	55.7	26.1	6.6	9.8	1,700.1	64.2	12.8
2015	6.3	6.0	57.3	27.9	7.0	11.5	1,540.8	63.6	10.9
2014	7.1	5.6	75.2	38.1	6.8	11.1	1,337.3	57.1	11.0
2013	9.1	8.6	47.2	18.3	18.6	31.6	1,171.2	67.9	12.0

이엠티 (A232530)
Energy Material Technology

업 종 : 전자 장비 및 기기	시 장 : KONEX
신용등급 : (Bond) — (CP) —	기업규모 : —
홈페이지 : www.emtcorp.com	연 락 처 : (070)7166-0203
본 사 : 충북 충주시 대소원면 첨단산업3로 85-1	

설 립 일	2010.02.23	종 업 원 수	23명	대 표 이 사	유상열
상 장 일	2015.12.30	감 사 의 견	적정 (삼정)	계 열	
결 산 기	12월	보 통 주		종 속 회 사 수	
액 면 가	—	우 선 주		구 상 호	

주주구성 (지분율,%)
NINGBO JINHE LITHIUM BATTERY MATERIAL CO.,LTD	42.0
재세능원	25.3

출자관계 (지분율,%)

주요경쟁사 (외형,%)
이엠티	100
대주전자재료	756
상신이디피	855

매출구성
전구체(NCM계)	95.6
기 타	4.4

비용구성
매출원가율	112.4
판관비율	11.0

수출비중
수출	100.0
내수	0.0

회사 개요
동사는 2010년 설립, 2015년 코넥스 시장에 상장함. 동사는 리튬이차전지 주요 소재 양극재의 핵심 원료인 전구체를 생산 및 판매하고 있음. 양극재는 이차전지 제조원가의44%를 차지하고 있으며, 배합소재인 전구체의 물성에 따라 LCO, NCM, NCA 및 LMO 등으로 나눌 수 있음. 현재 양극재인 이차전지 시장은 가격 경쟁력이 높은LCO와 NCM 계열이 시장의 대부분을 차지하고 있으며, 동사는 가격 경쟁력이 우수한NCM 계열의 전구체 생산에 주력.

실적 분석
2016년 동사는 매출액 89.9억원을 시현함. 이는 전년도 매출액 8.7억원에 비해 10배 이상 성장한 금액임. 그러나 매출원가가 전년도 14.8억원에서 100.9억원으로 크게 증가함. 매출규모가 비용을 충당하지 못해 영업손실 20.9억원을 기록함. 전년도 영업손실인 15.8억원에서 손실 폭이 더 커짐. 당기순손실 역시 22.3억원에서 4.1억원으로 감소함.

현금 흐름
*IFRS 별도 기준 <단위 : 억원>
항목	2016	2017.2Q
영업활동	1	—
투자활동		—
재무활동	12	—
순현금흐름	9	—
기말현금	13	—

시장 대비 수익률

결산 실적
<단위 : 억원>
항목	2012	2013	2014	2015	2016	2017
매출액	2	—	—	9	90	—
영업이익	-22	-18	-4	-16	-21	—
당기순이익	-26	—	-76	-4	-4	—

분기 실적
*IFRS 별도 기준 <단위 : 억원>
항목	2016.1Q	2016.2Q	2016.3Q	2016.4Q	2017.1Q	2017.2Q
매출액						
영업이익						
당기순이익						

재무 상태
*IFRS 별도 기준 <단위 : 억원>
항목	2012	2013	2014	2015	2016	2017.2Q
총자산	155	164	97	104	110	—
유형자산	106	100	93	86	81	—
무형자산	12	31				—
유가증권						—
총부채	82	107	109	77	61	—
총차입금	75	100	107	52	39	—
자본금	53	53	53	25	50	—
총자본	73	56	-12	28	48	—
지배주주지분	73	56	-12	28	48	—

기업가치 지표
*IFRS 별도 기준
항목	2012	2013	2014	2015	2016	2017.2Q
주가(최고/저)(천원)	—/—	—/—	—/—	—/—	—/—	—/—
PER(최고/저)(배)	0.0/0.0	0.0/0.0	0.0/0.0			0.0/0.0
PBR(최고/저)(배)	0.0/0.0	0.0/0.0	0.0/0.0	3.3/3.3	19.0/0.5	0.0/0.0
EV/EBITDA(배)			36.3			—
EPS(원)	-1,965	-1,606	-5,428	-614	-47	
BPS(원)	690	530	-111	540	482	
CFPS(원)	-196	-148	-650	-428	28	
DPS(원)						
EBITDAPS(원)	-161	-107	27	-248	-167	

재무 비율
<단위 : % >
연도	영업이익률	순이익률	부채비율	차입금비율	ROA	ROE	유보율	자기자본비율	EBITDA마진율
2016	-23.3	-4.6	일부잠식	일부잠식	-3.8	-10.8	-3.7	44.1	-16.1
2015	-182.3	-257.4	279.0	190.6	-22.2	8.1	26.4	26.4	-104.2
2014	0.0	0.0	완전잠식	완전잠식	-58.3	전기잠식	-122.2	-12.2	0.0
2013	0.0	0.0	190.3	177.1	-14.1	-34.6	5.9	34.5	0.0

이연제약 (A102460)
REYON PHARMACEUTICAL

업 종 : 제약		시 장 : 거래소	
신용등급 : (Bond) — (CP) —		기업규모 : 시가총액 중형주	
홈 페 이 지 : www.reyonpharm.co.kr		연 락 처 : 02)793-5557	
본 사 : 서울시 강남구 영동대로 416 8층 (대치동, 코스모타워)			

설 립 일	1964.11.25	종업원수	361명	대표이사	정순옥,유용환(각자대표이사)
상 장 일	2010.06.10	감사의견	적정 (삼덕)	계 열	
결 산 기	12월	보통주	1,290만주	종속회사수	
액 면 가	500원	우선주		구상호	

주주구성 (지분율,%)		출자관계 (지분율,%)		주요경쟁사 (외형,%)	
유용환	31.7	리온즈신약연구소	49.3	이연제약	100
정순옥	9.5	바이로메드	3.8	삼진제약	196
(외국인)	5.8			종근당홀딩스	275

매출구성		비용구성		수출비중	
기타(제품)	30.6	매출원가율	42.3	수출	3.0
조영제	25.4	판관비율	45.0	내수	97.0
소염제 외	19.6				

회사 개요
동사는 1964년 설립 이후 전문의약품과 원료의약품의 제조 및 판매를 주요 영업으로 하고 있음. 오리지널 약품으로 주력 제품인 CT용 조영제 '옵티레이'는 미국 타이코사와 장기 공급 계약을 체결하여 국내 독점 공급권을 가지고 있음. 혈관 및 신경질환 유전자치료제 시리즈 VM202RY, 항암DNA 백신 VM206RY의 임상 시험이 진행되고 있어 상용화될 경우 바이오의약품 사업과 바이오의약품 CMO 사업이 전개될 예정임.

실적 분석
동사의 2017년 2분기 누적 매출액은 전년 동기 대비 6.9% 증가한 647.0억원을 기록함. 매출원가는 6.7% 증가하여 매출총이익은 7.0% 증가하며 수익성이 개선됨. 인건비의 감소 등에 힘입어 전체 판관비는 전년 동기 대비 1.8% 증가에 그침. 그 결과 영업이익은 전년 동기 대비 23.7% 성장한 102.4억원을 기록하였으며, 순이익은 26.6% 증가한 81.6억원을 시현함.

현금 흐름 *IFRS 별도 기준 〈단위 : 억원〉

항목	2016	2017.2Q
영업활동	109	128
투자활동	-81	-68
재무활동	-39	-45
순현금흐름	-11	15
기말현금	16	31

시장 대비 수익률

결산 실적 〈단위 : 억원〉

항목	2012	2013	2014	2015	2016	2017
매출액	1,143	1,097	1,121	1,145	1,218	
영업이익	212	174	167	198	155	
당기순이익	170	113	116	113	118	

분기 실적 *IFRS 별도 기준 〈단위 : 억원〉

항목	2016.1Q	2016.2Q	2016.3Q	2016.4Q	2017.1Q	2017.2Q
매출액	303	302	311	303	332	315
영업이익	52	31	32	40	61	42
당기순이익	41	23	23	31	47	35

재무 상태 *IFRS 별도 기준 〈단위 : 억원〉

항목	2012	2013	2014	2015	2016	2017.2Q
총자산	1,569	1,784	1,912	2,609	2,239	2,275
유형자산	195	181	188	184	189	195
무형자산	96	130	149	186	208	209
유가증권	146	216	291	1,006	633	629
총부채	306	380	357	431	304	307
총차입금	130	208	148	20	20	20
자본금	65	65	65	65	65	65
총자본	1,264	1,404	1,555	2,178	1,934	1,968
지배주주지분	1,264	1,404	1,555	2,178	1,934	1,968

기업가치 지표 *IFRS 별도 기준

항목	2012	2013	2014	2015	2016	2017.2Q
주가(최고/저)(천원)	15.5/8.6	24.8/13.0	30.6/16.5	45.7/18.8	41.3/23.7	—/—
PER(최고/저)(배)	12.4/6.9	29.5/15.4	35.2/18.9	53.0/21.8	45.7/26.3	—/—
PBR(최고/저)(배)	1.7/0.9	2.4/1.2	2.6/1.4	2.8/1.1	2.8/1.6	2.0/1.8
EV/EBITDA(배)	6.1	10.5	12.6	20.8	19.6	
EPS(원)	1,317	875	899	879	914	632
BPS(원)	9,795	10,883	12,055	16,886	14,994	15,255
CFPS(원)	1,499	1,061	1,042	1,015	1,065	714
DPS(원)	200	150	250	300	350	
EBITDAPS(원)	1,827	1,537	1,440	1,674	1,350	875

재무 비율 〈단위 : % 〉

연도	영업이익률	순이익률	부채비율	차입금비율	ROA	ROE	유보율	자기자본비율	EBITDA마진율
2016	12.7	9.7	15.7	1.0	4.9	5.7	2,898.7	86.4	14.3
2015	17.3	9.9	19.8	0.9	5.0	6.1	3,277.2	83.5	18.9
2014	14.9	10.3	23.0	9.5	6.3	7.8	2,310.9	81.3	16.6
2013	15.9	10.3	27.1	14.8	6.7	8.5	2,076.7	78.7	18.1

이오테크닉스 (A039030)
EO Technics

업 종 : 반도체 및 관련장비		시 장 : KOSDAQ	
신용등급 : (Bond) — (CP) —		기업규모 : 우량	
홈 페 이 지 : www.eotechnics.com		연 락 처 : 031)422-2501	
본 사 : 경기도 안양시 동안구 동편로 91			

설 립 일	1993.12.30	종업원수	680명	대표이사	성규동
상 장 일	2000.08.24	감사의견	적정 (대주)	계 열	
결 산 기	12월	보통주	1,228만주	종속회사수	9개사
액 면 가	500원	우선주		구상호	

주주구성 (지분율,%)		출자관계 (지분율,%)		주요경쟁사 (외형,%)	
성규동	28.4	레비아텍청주	100.0	이오테크닉스	100
알리안츠글로벌인베스터스자산운용	4.9	레비아텍부산	100.0	SK하이닉스	5,589
(외국인)	15.8	레비아텍안산	100.0	SK머티리얼즈	150

매출구성		비용구성		수출비중	
레이저마커 및 응용기기	77.1	매출원가율	81.8	수출	56.0
상품 등	22.9	판관비율	11.3	내수	44.0

회사 개요
동사는 반도체 레이저마커, 레이저응용기기 제조 및 판매를 주된 사업으로 하며 1989년 4월 1일 설립되어 2000년 8월 24일 코스닥 시장에 상장됨. 동사를 제외하고 레비아텍을 포함하여 16개의 계열사를 가지고 있음. 설립 이래로 레이저 마킹분야를 시작으로 드릴링, 트리밍, 커팅 등 다양한 레이저 응용분야에 진출해오고 있음. 주요 제품들이 반도체 및 Display, PCB 등 경기의 부침이 심한 업종이지만 전반적인 성장세를 유지하고 있음.

실적 분석
동사의 2017년 연결기준 2분기 누적 매출액과 영업이익은 각각 2,132.9억원, 311.6억원으로 전년 동기 대비 매출액은 76.1% 성장을 기록하였고, 영업이익은 매출성장과 판관비 절감에 힘입어 465.1% 성장한 311.6억원을 기록함. 레이저 응용분야가 확대되고 있는 산업환경 변화의 영향으로 지속적인 신규 제품에 대한 수요가 늘어나 향후 실적 성장이 기대됨.

현금 흐름 〈단위 : 억원〉

항목	2016	2017.2Q
영업활동	351	350
투자활동	-96	-221
재무활동	-197	-24
순현금흐름	63	82
기말현금	447	529

시장 대비 수익률

결산 실적 〈단위 : 억원〉

항목	2012	2013	2014	2015	2016	2017
매출액	1,906	2,322	3,018	2,700	3,077	
영업이익	343	431	567	285	213	
당기순이익	276	345	423	247	194	

분기 실적 *IFRS 별도 기준 〈단위 : 억원〉

항목	2016.1Q	2016.2Q	2016.3Q	2016.4Q	2017.1Q	2017.2Q
매출액	642	569	775	1,092	1,084	1,04
영업이익	52	3	80	77	148	1
당기순이익	39	-14	57	113	67	1

재무 상태 〈단위 : 억원〉

항목	2012	2013	2014	2015	2016	2017.2Q
총자산	3,137	3,519	3,796	3,729	4,086	4,1
유형자산	1,418	1,578	1,502	1,389	1,300	1,4
무형자산	99	101	69	72	62	
유가증권	79	59	58	65	40	
총부채	1,092	1,146	995	678	864	7
총차입금	654	856	531	442	288	2
자본금	61	61	61	61	61	
총자본	2,045	2,373	2,801	3,051	3,222	3,4
지배주주지분	2,019	2,343	2,767	3,008	3,176	3,3

기업가치 지표

항목	2012	2013	2014	2015	2016	2017.2Q
주가(최고/저)(천원)	36.3/23.2	46.9/29.2	125/41.4	151/84.0	135/61.9	—/—
PER(최고/저)(배)	16.4/10.5	17.0/10.6	36.6/12.1	76.4/42.6	87.0/39.8	—/—
PBR(최고/저)(배)	2.2/1.4	2.5/1.5	5.6/1.8	6.2/3.4	5.2/2.4	3.7/2
EV/EBITDA(배)	9.2	9.8	21.0	35.8	29.2	
EPS(원)	2,237	2,783	3,421	1,977	1,558	1,7
BPS(원)	16,505	19,152	22,552	24,518	25,868	27,4
CFPS(원)	3,226	4,074	4,815	3,157	2,854	2,3
DPS(원)	100	100	200	100	100	
EBITDAPS(원)	3,793	4,812	6,022	3,507	3,028	3,1

재무 비율 〈단위 : % 〉

연도	영업이익률	순이익률	부채비율	차입금비율	ROA	ROE	유보율	자기자본비율	EBITDA마진율
2016	6.9	6.3	26.8	8.9	5.0	6.2	5,073.5	78.9	14.3
2015	10.6	9.2	22.2	14.5	6.6	8.4	4,803.5	81.8	15
2014	18.8	14.0	35.5	19.0	11.6	16.4	4,410.4	73.8	24
2013	18.6	14.9	48.3	36.1	10.4	15.6	3,730.3	67.4	21

이원 (A017940)
E1

업 종 : 석유 및 가스		시 장 : 거래소	
신용등급 : (Bond) AA- (CP) —		기업규모 : 시가총액 중형주	
홈 페 이 지 : www.e1.co.kr		연 락 처 : 02)3441-4114	
본 사 : 서울시 강남구 영동대로 517, 아셈타워 13,14층			

설 립 일	1984.09.06	종업원수	265명	대표이사	구자용사장
상 장 일	1997.08.08	감사의견	적정 (한영)	계 열	
결 산 기	12월	보 통 주	686만주	종속회사수	13개사
액 면 가	5,000원	우 선 주		구 상 호	

주주구성 (지분율,%)		출자관계 (지분율,%)		주요경쟁사 (외형,%)	
구자열	17.7	E1컨테이너미널	100.0	E1	100
구자용	11.8	동방도시가스산업	100.0	리드코프	11
(외국인)	5.1	E1물류	100.0	에이치엘비파워	1

매출구성		비용구성		수출비중	
상품매출(상품)	100.0	매출원가율	89.7	수출	65.0
		판관비율	10.1	내수	35.0

회사 개요

동사는 1984년 설립됐으며, 주요사업으로 액화 석유 가스를 포함한 석유 제품과 각종 가스 및 가스 기기의 수출입, 제조, 저장, 운송 및 판매업과 부동산 임대업을 영위하고 있음. 연결대상 종속회사로는 LS네트웍스, 엠비케이코퍼레이션, 동방도시가스산업, 케이제이모터라드, E1물류 등이 있음. LPG부문 국내 시장점유율은 2016년 민수용 자사판매 기준 22.3%, 매출의 수출비중은 약 60% 수준임.

실적 분석

동사의 2017년 2분기기준 누적 매출액은 전년동기대비 9.8% 상승한 21,294.6억원을 기록하였음. 비용면에서 전년동기대비 매출원가는 증가 했으며 인건비는 크게 감소 하였고 광고선전비도 감소, 기타판매비와관리비도 마찬가지로 감소함. 그에 따라 매출액 하락 등에 의해 전년동기대비 영업이익은 411.8억원으로 -3.1% 하락하였음. 최종적으로 전년동기대비 당기순이익은 하락하여 463.5억원을 기록함.

현금 흐름 〈단위 : 억원〉

항목	2016	2017.2Q
영업활동	282	142
투자활동	-105	1,341
재무활동	-167	-1,123
순현금흐름	9	362
기말현금	1,442	1,804

결산 실적 〈단위 : 억원〉

항목	2012	2013	2014	2015	2016	2017
매출액	74,133	72,054	69,005	46,143	39,959	—
영업이익	1,099	1,089	870	317	111	—
당기순이익	905	338	409	317	-379	—

분기 실적 〈단위 : 억원〉

항목	2016.1Q	2016.2Q	2016.3Q	2016.4Q	2017.1Q	2017.2Q
매출액	10,000	9,396	9,090	11,474	12,249	9,046
영업이익	334	91	-289	-25	231	181
당기순이익	280	263	-315	-607	192	272

재무 상태 〈단위 : 억원〉

항목	2012	2013	2014	2015	2016	2017.2Q
총자산	35,124	36,297	36,582	35,098	35,442	31,333
유형자산	9,837	10,360	10,586	10,058	9,525	8,936
무형자산	273	261	255	236	236	188
유가증권	134	55	375	399	399	393
총부채	23,123	24,084	24,114	22,738	23,610	19,173
총차입금	14,592	15,286	17,338	16,925	17,139	15,894
자본금	343	343	343	343	343	343
총자본	12,002	12,213	12,468	12,360	11,832	12,160
지배주주지분	10,627	11,087	11,410	11,504	11,089	11,403

기업가치 지표

항목	2012	2013	2014	2015	2016	2017.2Q
주가(최고/저)(천원)	63.3/39.0	71.6/54.1	69.1/56.9	70.7/56.2	64.9/51.8	—/—
PER(최고/저)(배)	5.8/3.6	15.0/11.3	12.8/10.5	52.3/41.6	—/—	0.4/0.3
PBR(최고/저)(배)	0.5/0.3	0.5/0.4	0.5/0.4	0.4/0.4	0.4/0.3	0.4/0.3
EV/EBITDA(배)	11.4	11.7	15.0	22.8	30.2	—
EPS(원)	12,723	5,446	5,981	1,454	-3,869	6,573
BPS(원)	158,508	165,206	169,923	171,291	165,237	169,823
CFPS(원)	21,283	13,605	13,702	8,842	2,798	9,742
DPS(원)	1,600	2,000	2,000	2,600	2,000	—
EBITDAPS(원)	24,578	24,029	20,399	12,010	8,284	9,172

재무 비율 〈단위 : % 〉

연도	영업이익률	순이익률	부채비율	차입금비율	ROA	ROE	유보율	자기자본비율	EBITDA마진율
2016	0.3	-1.0	199.5	144.9	-1.1	-2.4	3,204.7	33.4	1.4
2015	0.7	0.7	184.0	136.9	0.0	0.9	3,325.8	35.2	1.8
2014	1.3	0.6	193.4	139.1	1.1	3.7	3,298.5	34.1	2.0
2013	1.5	0.5	197.2	125.2	1.0	3.4	3,204.1	33.7	2.3

이원컴포텍 (A088290)
EWON COMFORTECH

업 종 : 자동차부품		시 장 : KOSDAQ	
신용등급 : (Bond) — (CP) —		기업규모 : 중견	
홈 페 이 지 : www.ewonseat.com		연 락 처 : (041)742-6688	
본 사 : 충남 논산시 연무읍 원앙로 503번길 127-33			

설 립 일	1994.11.18	종업원수	99명	대표이사	류일주
상 장 일	2009.12.01	감사의견	적정 (하나로)	계 열	
결 산 기	12월	보 통 주	1,253만주	종속회사수	2개사
액 면 가	500원	우 선 주		구 상 호	

주주구성 (지분율,%)		출자관계 (지분율,%)		주요경쟁사 (외형,%)	
디이씨	47.8	사천이원기차좌의		이원컴포텍	100
이지창	4.0	EWONAUTOMOTIVESEATSYSTEM LTD		세동	337
(외국인)	0.0			영신금속	314

매출구성		비용구성		수출비중	
에어 서스펜션 시트	36.5	매출원가율	106.4	수출	2.0
일반 고정형 시트	34.3	판관비율	5.6	내수	98.0
내장제품	12.9				

회사 개요

동사는 충남 논산에 소재하며 1994년에 설립되어 버스나 트럭의 시트 및 내장제품을 전문적으로 생산하여 현대·기아자동차, 현대모비스에 납품하는 사업을 영위하고 있으며, 2009년 12월 코스닥시장에 상장되었음. 2톤 이상 트럭 시트 및 내장제품과 11인승 초과 버스운전석에 대해서는 동사가 현대자동차와 기아자동차에 독점 생산. 주요 매출처 점유율은 현대차, 현대모비스, 기아차가 90% 이상을 차지.

실적 분석

동사의 2017년 2분기 연결기준 매출액은 231억원으로 전년동기 대비 34% 증가. 주 거래처인 현대자동차로부터 에어 서스펜션 시트 및 고정침대 수주물량 확대와 외형 성장에 따른 고정비 분산효과로 매출 성장. 그러나 판가 가상승 부담으로 영업이익은 3.4억원으로 흑자전환. 당기순이익 역시 0.3억원을 기록하면서 흑자전환. 눕혀지는 시트를 개발하는 등 프리미엄 버스 시장 확대 노력 중.

현금 흐름 〈단위 : 억원〉

항목	2016	2017.2Q
영업활동	30	9
투자활동	-6	-57
재무활동	-24	45
순현금흐름	1	-4
기말현금	9	5

결산 실적 〈단위 : 억원〉

항목	2012	2013	2014	2015	2016	2017
매출액	241	245	345	389	373	—
영업이익	-1	-32	-7	-12	-45	—
당기순이익	-2	-28	-14	-7	-39	—

분기 실적 〈단위 : 억원〉

항목	2016.1Q	2016.2Q	2016.3Q	2016.4Q	2017.1Q	2017.2Q
매출액	75	97	81	120	101	131
영업이익	-14	-14	-10	-6	-5	8
당기순이익	-13	-14	-13	1	-8	9

재무 상태 〈단위 : 억원〉

항목	2012	2013	2014	2015	2016	2017.2Q
총자산	201	288	310	333	279	334
유형자산	80	121	135	125	125	173
무형자산	4	18	16	27	23	20
유가증권	0	0	0	0	0	0
총부채	72	160	195	213	182	237
총차입금	10	38	76	98	73	116
자본금	49	63	63	63	63	63
총자본	129	128	115	120	97	97
지배주주지분	129	128	115	120	97	97

기업가치 지표

항목	2012	2013	2014	2015	2016	2017.2Q
주가(최고/저)(천원)	1.8/1.2	1.9/1.2	3.2/1.4	2.1/1.1	3.8/1.3	—/—
PER(최고/저)(배)	306.5/206.6	—	—	36.4/18.6	—/—	5.9/2.0
PBR(최고/저)(배)	1.4/0.9	1.9/1.2	3.4/1.5	2.2/1.1	4.9/1.7	5.9/2.0
EV/EBITDA(배)	7.8	—	33.6	57.3	—	—
EPS(원)	6	-269	-108	58	-310	3
BPS(원)	1,322	1,018	919	960	776	775
CFPS(원)	108	-166	15	195	-162	75
DPS(원)	15			40		99
EBITDAPS(원)	96	-201	69	40	-210	99

재무 비율 〈단위 : % 〉

연도	영업이익률	순이익률	부채비율	차입금비율	ROA	ROE	유보율	자기자본비율	EBITDA마진율
2016	-12.0	-10.4	187.1	74.6	-12.7	-35.7	55.2	34.8	-7.0
2015	-3.1	1.9	177.1	81.9	2.3	6.2	92.0	36.1	1.3
2014	-2.0	-3.9	169.1	66.2	-4.5	-11.2	83.8	37.2	2.5
2013	-12.9	-11.4	125.5	29.6	-11.4	-21.8	103.7	44.4	-8.5

이월드 (A084680)
E-WORLD

업　　종 : 호텔 및 레저	시　　장 : 거래소
신용등급 : (Bond) —　　　(CP) —	기업규모 : 시가총액 소형주
홈페이지 : www.eworld.kr	연 락 처 : 053)620-0001
본　　사 : 대구시 달서구 두류공원로 200 (두류동)	

설 립 일	2005.07.05	종업원수	258명	대표이사	유병천
상 장 일	2005.07.26	감사의견	적정 (삼일)	계　　열	
결 산 기	12월	보 통 주	9,051만주	종속회사수	
액 면 가	1,000원	우 선 주		구 상 호	

주주구성 (지분율,%)		출자관계 (지분율,%)	주요경쟁사 (외형,%)	
이랜드파크	61.2		이월드	100
E-LAND FASHION HONG KONG LIMITED	14.6		골프존뉴딘	820
(외국인)	14.9		AJ렌터카	2,182

매출구성		비용구성		수출비중	
시설이용료 외	76.8	매출원가율	72.3	수출	0.0
수수료 외	13.2	판관비율	13.3	내수	100.0
식음료	10.0				

회사 개요
동사는 1995년 우방타워랜드 개장을 시작으로 이랜드 그룹의 계열기업군으로 통합됨. 물가상승률, 새로운 어트랙션 도입에 따른 원가상승분을 반영하고, 경쟁업체 가격 현황을 고려하여 입장가격을 변동하고 있음. 최근 소셜커머스 및 오픈마켓을 통한 이용권 판매를 강화하고 있으며, 사내의 영업조직과 외부의 대행사를 이용하고 있음. 도심에 위치한 지역 밀착형 테마야크라는 강점을 바탕으로 브랜드 이미지를 제고하고 있음.

실적 분석
동사의 연결기준 2017년 2분기 누적매출액은 196.9억원으로 전년동기 대비 30.9% 증가하였음. 원가율 개선에 따라 매출총이익은 70.8% 대폭 증가하였으며 판관비 증가에도 불구 전년동기 대비 118.4% 증가한 54.0억원의 영업이익을 시현하였음. 당기순이익은 전년동기 대비 약 3배 증가한 39.3억원을 기록함. 전년동기 약 90만명에 달하던 입장객수가 2017년 상반기 100만명을 돌파하는 등 성과를 내고 있음.

현금 흐름 *IFRS 별도 기준 〈단위 : 억원〉
항목	2016	2017.2Q
영업활동	62	74
투자활동	-131	-195
재무활동	-7	130
순현금흐름	-77	9
기말현금	22	31

결산 실적 〈단위 : 억원〉
항목	2012	2013	2014	2015	2016	2017
매출액	281	307	219	243	297	—
영업이익	-37	-60	-36	5	43	—
당기순이익	-183	-181	40	-24	21	—

분기 실적 *IFRS 별도 기준 〈단위 : 억원〉
항목	2016.1Q	2016.2Q	2016.3Q	2016.4Q	2017.1Q	2017.2Q
매출액	62	88	59	87	75	122
영업이익	3	22	-2	20	11	43
당기순이익	-3	16	-7	14	4	36

재무 상태 *IFRS 별도 기준 〈단위 : 억원〉
항목	2012	2013	2014	2015	2016	2017.2Q
총자산	1,865	2,044	1,775	2,180	2,202	2,381
유형자산	1,648	1,929	1,701	2,019	2,011	1,993
무형자산	1	1	1	0	0	0
유가증권						
총부채	923	1,379	851	917	922	1,062
총차입금	595	730	572	557	550	680
자본금	701	847	872	905	905	905
총자본	943	665	925	1,263	1,280	1,320
지배주주지분	943	665	925	1,263	1,280	1,320

기업가치 지표 *IFRS 별도 기준
항목	2012	2013	2014	2015	2016	2017.2Q
주가(최고/저)(천원)	1.3/0.6	1.4/0.6	3.6/0.7	3.9/1.4	3.2/1.7	—/—
PER(최고/저)(배)	—/—	—/—	76.8/15.9	—/—	137.7/75.4	—/—
PBR(최고/저)(배)	0.9/0.5	1.7/0.8	3.4/0.7	2.8/1.0	2.2/1.2	1.7/1.3
EV/EBITDA(배)	171.2	106.8	62.2	55.1	30.5	—
EPS(원)	-97	-223	47	-28	23	43
BPS(원)	1,345	786	1,060	1,396	1,415	1,458
CFPS(원)	-56	-157	125	24	71	43
DPS(원)						
EBITDAPS(원)	8	16	36	58	95	60

재무 비율 〈단위 : %〉
연도	영업이익률	순이익률	부채비율	차입금비율	ROA	ROE	유보율	자기자본비율	EBITDA마진율
2016	14.4	7.0	72.0	43.0	1.0	1.6	41.5	58.1	29.1
2015	2.1	-10.0	72.6	44.1	-1.2	-2.2	39.6	57.9	21.0
2014	-16.3	18.1	92.0	61.9	2.1	4.6	6.0	52.1	13.9
2013	-19.4	-58.9	일부잠식	일부잠식	-8.8	-18.0	-5.8	32.5	-2.0

이젠텍 (A033600)
Ezen Tech

업　　종 : 자동차부품	시　　장 : KOSDAQ
신용등급 : (Bond) —　　　(CP) —	기업규모 : 벤처
홈페이지 : www.ezentech.co.kr	연 락 처 : 031)660-9900
본　　사 : 경기도 평택시 산단로 255 (칠괴동)	

설 립 일	1979.06.20	종업원수	116명	대표이사	이배근
상 장 일	2000.11.08	감사의견	적정 (인덕)	계　　열	
결 산 기	12월	보 통 주	1,150만주	종속회사수	
액 면 가	500원	우 선 주		구 상 호	

주주구성 (지분율,%)		출자관계 (지분율,%)		주요경쟁사 (외형,%)	
이배근	35.7	대신증권	0.4	이젠텍	100
신영투자신탁운용	4.1	한화투자증권	0.3	이원컴포텍	96
(외국인)	0.4			세동	324

매출구성		비용구성		수출비중	
FRONT HEAD 외	100.0	매출원가율	106.9	수출	0.0
		판관비율	6.2	내수	100.0

회사 개요
동사는 1979년 자동차매출 증가, 흑자전환부품 및 전자부품 제조 판매업 등을 영위할 목적으로 경기도 부천에 조양정밀공업이란 상호로 설립됨. 2000년 코스닥 시장에 상장됨. 현대차 국산 1호 모델인 포니 승용차용 부품을 생산, 납품하기 시작해 현재 만도 브레이크, 핸들 조향 장치 부품, 한라비스테온공조의 자동차 에어컨 콤푸레사 부품, (주)세정의 엔진 정화장치, 소음기용 부품을 생산함.

실적 분석
동사의 2017년 2분기 누적 매출액은 144.9억원이며 전년동기 대비 19.4% 감소함. 영업손실은 7.9억원으로 적자지속함. 당기순손실 또한 3.4억원으로 적자 지속 중. 최근 세정과의 상호 신뢰와 긴밀한 협력 등으로 자동차 엔진정화장치 및 소음기용 부품의 대규모 공급 계약이 이뤄짐. 다양한 공급처와 거래한 덕분에 다이캐스팅 시장 경쟁이 치열해져도 안정적인 실적을 달성하는 편이나, 경기침체 등에 따라 매출이 하강국면에 있음.

현금 흐름 *IFRS 별도 기준 〈단위 : 억원〉
항목	2016	2017.2Q
영업활동	-33	-5
투자활동	-1	-4
재무활동	32	-5
순현금흐름	-3	-14
기말현금	14	1

결산 실적 〈단위 : 억원〉
항목	2012	2013	2014	2015	2016	2017
매출액	472	484	628	482	388	—
영업이익	-23	-25	6	-38	-51	—
당기순이익	-37	-58	-20	-31	-122	—

분기 실적 *IFRS 별도 기준 〈단위 : 억원〉
항목	2016.1Q	2016.2Q	2016.3Q	2016.4Q	2017.1Q	2017.2Q
매출액	93	87	85	122	71	7
영업이익	-4	-9	-23	-14	-3	-
당기순이익	-5	-10	-21	-86	-1	-

재무 상태 *IFRS 별도 기준 〈단위 : 억원〉
항목	2012	2013	2014	2015	2016	2017.2Q
총자산	777	760	734	606	549	56
유형자산	494	489	471	447	401	37
무형자산	3	3	3	3	7	
유가증권	71	60	64	67	61	9
총부채	380	415	432	343	337	33
총차입금	252	274	277	258	263	25
자본금	58	58	58	58	58	5
총자본	397	345	302	263	212	23
지배주주지분	397	345	302	263	212	23

기업가치 지표 *IFRS 별도 기준
항목	2012	2013	2014	2015	2016	2017.2Q
주가(최고/저)(천원)	2.6/1.1	1.8/1.3	1.4/1.2	2.5/1.2	2.5/1.5	—/—
PER(최고/저)(배)	—/—	—/—	—/—	—/—	—/—	—/—
PBR(최고/저)(배)	0.7/0.3	0.5/0.4	0.5/0.4	0.9/0.4	1.4/0.8	1.0/0
EV/EBITDA(배)	179.9	147.0	10.9	—	—	
EPS(원)	-272	-297	-170	-266	-1,058	-2
BPS(원)	3,943	3,492	3,116	2,773	1,842	2,01
CFPS(원)	-48	-58	97	-10	-872	
DPS(원)	100					
EBITDAPS(원)	19	26	323	-78	-256	2

재무 비율 〈단위 : %〉
연도	영업이익률	순이익률	부채비율	차입금비율	ROA	ROE	유보율	자기자본비율	EBITDA마진율
2016	-13.1	-31.4	159.2	124.3	-21.1	-51.3	268.4	38.6	-7
2015	-8.0	-6.3	130.7	98.3	-4.6	-11.4	454.6	43.3	-1
2014	1.0	-3.1	142.9	91.8	-2.7	-7.0	472.8	41.2	5
2013	-5.1	-11.9	156.1	98.2	-7.7	-18.1	480.8	39.1	-4

이즈미디어 (A181340)
isMedia

업　　종 : 휴대폰 및 관련부품		시　　장 : KOSDAQ	
신용등급 : (Bond) — 　(CP) —		기업규모 : 벤처	
홈페이지 : www.ismedia.com		연 락 처 : 031)427-8411	
본　　사 : 경기도 안양시 동안구 시민대로327번길 12-18			

설 립 일 : 2002.11.20	종업원수 : 명	대 표 이 사 : 홍성철	
상 장 일 : 2017.07.26	감사의견 : 적정 (삼정)	계 속 열	
결 산 기 : 12월	보 통 주 : 705만주	종속회사수	
액 면 가 : 500원	우 선 주 :	구 상 호	

주주구성 (지분율,%)		출자관계 (지분율,%)		주요경쟁사 (외형,%)	
홍성철	34.7			이즈미디어	100
김종원	5.3			하이비젼시스템	180
(외국인)	0.1			세코닉스	725

매출구성		비용구성		수출비중	
CCM 검사장비	81.0	매출원가율	64.3	수출	66.0
기타	19.0	판관비율	25.7	내수	34.0

회사 개요
지배회사인 ㈜이즈미디어는 CCM(Compact Camera Module : 초소형 카메라 모듈)에 대한 검사 및 조립장비의 개발, 제조 및 판매를 주 사업으로 영위하고 있으며, 한국채택국제회계기준 도입에 따른 연결대상 종속회사 중 주요 종속회사인 isMedia Technology (Shenzhen) Co.,Ltd. 의 주요 사업은 용역제공 및 상품판매를 영위하고 있음. 전 세계적으로 생체인식 관련 시장 규모는 지속적으로 성장 전망

실적 분석
2017년 2분기 매출은129.6억원으로 전년대비 92.8% 증가, 영업이익 16.5억원으로 전년대비 530%증가, 당기순이익은 21.3억원으로 전년대비 721% 증가 시현. 카메라 모듈 검사장비 시장은 정확한 예측은 어려우나 2020년까지 카메라모듈 시장의 지속적인 성장이 예상됨에 따라 검사장비 수요는 계속 증가할 것으로 기대. 고해상도 카메라 모듈은 공정상의 수율 문제가 중요, 경쟁력 보유

현금 흐름 〈단위 : 억원〉

항목	2016	2017.2Q
영업활동	46	—
투자활동	4	—
재무활동	-1	—
순현금흐름	52	—
기말현금	102	—

시장 대비 수익률

결산 실적 〈단위 : 억원〉

항목	2012	2013	2014	2015	2016	2017
매출액	315	144	293	382	431	
영업이익	78	5	24	23	43	
당기순이익	58	11	26	24	42	

분기 실적 〈단위 : 억원〉

항목	2016.1Q	2016.2Q	2016.3Q	2016.4Q	2017.1Q	2017.2Q
매출액	61	—	—	—	111	—
영업이익	1	—	—	—	6	—
당기순이익	-1	—	—	—	-15	—

재무 상태 〈단위 : 억원〉

항목	2012	2013	2014	2015	2016	2017.2Q
총자산	193	218	306	400	565	—
유형자산	66	94	112	140	138	—
무형자산	2	1	1	2	3	—
유가증권	—	4	1	1	—	—
총부채	65	54	160	233	356	—
총차입금	25	25	81	109	108	—
자본금	3	3	25	25	25	—
총자본	128	164	146	167	209	—
지배주주지분	128	164	146	167	209	—

기업가치 지표

항목	2012	2013	2014	2015	2016	2017.2Q
주가(최고/저)(천원)	—/—	—/—	—/—	—/—	—/—	—/—
PER(최고/저)(배)	0.0/0.0	0.0/0.0	0.0/0.0	0.0/0.0	0.0/0.0	—/—
PBR(최고/저)(배)	0.0/0.0	0.0/0.0	0.0/0.0	0.0/0.0	0.0/0.0	0.0/0.0
EV/EBITDA(배)	—	—	0.8	1.9	0.1	—
EPS(원)	1,152	198	471	437	744	
BPS(원)	213,425	245,601	26,151	2,979	3,724	
CFPS(원)	101,939	20,450	5,320	512	828	
DPS(원)						
EBITDAPS(원)	135,148	11,239	4,833	484	855	

재무 비율 〈단위 : %〉

연도	영업이익률	순이익률	부채비율	차입금비율	ROA	ROE	유보율	자기자본비율	EBITDA마진율
2016	10.0	9.7	170.9	51.9	8.6	22.2	727.6	36.9	11.1
2015	6.0	6.4	139.5	65.2	6.9	15.6	562.0	41.8	7.1
2014	8.1	9.0	108.9	55.2	—	—	481.1	47.9	9.3
2013	3.3	7.4	33.1	15.3	5.2	7.3	4,812.0	75.1	5.0

이지 (A037370)
EG

업　　종 : 금속 및 광물		시　　장 : KOSDAQ	
신용등급 : (Bond) — 　(CP) —		기업규모 : 중견	
홈페이지 : www.egcorp.co.kr		연 락 처 : 041)750-7777	
본　　사 : 충남 금산군 추부면 서대산로 459			

설 립 일 : 1987.05.15	종업원수 : 109명	대 표 이 사 : 문경환	
상 장 일 : 2000.01.11	감사의견 : 적정 (삼일원)	계 속 열	
결 산 기 : 12월	보 통 주 : 750만주	종속회사수 : 4개사	
액 면 가 : 1,000원	우 선 주 :	구 상 호	

주주구성 (지분율,%)		출자관계 (지분율,%)		주요경쟁사 (외형,%)	
박지만	26.0	EG포텍	100.0	EG	100
티디케이한국	4.8	EG메탈	88.1	NI스틸	78
(외국인)	0.5	EG테크	86.7	대호피앤씨	126

매출구성		비용구성		수출비중	
무역사업CCL외	60.7	매출원가율	90.5	수출	56.0
엔지니어링환경플랜트	16.9	판관비율	8.9	내수	44.0
SKM	12.4				

회사 개요
동사는 1987년 페라이트 자성소재의 제조판매를 영위할 목적으로 설립됨. 종속회사로 바나듐 몰리브덴 제조 판매하는 EG메탈, 산회수설비관리 업체인 EG테크와 EG포텍, LED조명 제조업체인 EG라이텍 등을 두고 있고, Mn-Zn용 고급산화철 세계시장 점유율 1위를 차지하고 있음. 동사가 제조하는 산화철과 복합재료는 자동차용 모터와 티브이, 컴퓨터 등 가전기기 등에 사용됨.

실적 분석
동사는 2017년 상반기 누적 매출액이 793.3억원으로 전년 동기 대비 14.6% 증가했고, 영업이익은 9.5억원으로 전년 동기에 비해 39.5% 감소함. 동사는 원재료인 니켈-아연의 가격상승에도 불구하고 산화철과 복합재료 제품가격이 오히려 하락해 매출이 상승하고 수익성이 나빠짐. 동사는 종속회사 EG메탈을 통해 환경설비 공사업 신규 면허취득 및 특허출원, 탈황설비 기술개발로 신규사업 진행 중이나 이 부문에서 적자를 면치 못하고 있음.

현금 흐름 〈단위 : 억원〉

항목	2016	2017.2Q
영업활동	-21	25
투자활동	-10	-16
재무활동	18	-4
순현금흐름	-11	7
기말현금	97	104

시장 대비 수익률

결산 실적 〈단위 : 억원〉

항목	2012	2013	2014	2015	2016	2017
매출액	1,017	1,230	1,562	1,516	1,468	
영업이익	7	63	53	-13	9	
당기순이익	-12	47	32	-49	-1	

분기 실적 〈단위 : 억원〉

항목	2016.1Q	2016.2Q	2016.3Q	2016.4Q	2017.1Q	2017.2Q
매출액	326	366	316	459	386	407
영업이익	5	11	1	-8	7	3
당기순이익	3	7	-2	-10	5	-1

재무 상태 〈단위 : 억원〉

항목	2012	2013	2014	2015	2016	2017.2Q
총자산	850	866	939	987	978	1,056
유형자산	429	421	423	412	400	398
무형자산	11	10	26	9	9	12
유가증권	7	6	7	21	26	28
총부채	342	314	362	463	450	527
총차입금	172	142	146	178	190	190
자본금	75		75	75	75	75
총자본	508	552	578	524	529	529
지배주주지분	501	544	567	525	526	528

기업가치 지표

항목	2012	2013	2014	2015	2016	2017.2Q
주가(최고/저)(천원)	79.3/33.3	45.9/15.7	26.9/16.5	18.8/9.9	17.8/8.8	—/—
PER(최고/저)(배)	—/—	74.3/25.4	68.3/42.0	—/—	154.9/76.3	—/—
PBR(최고/저)(배)	12.1/5.1	6.4/2.2	3.6/2.2	2.7/1.4	2.6/1.3	1.6/1.1
EV/EBITDA(배)	111.9	15.7	18.2	101.2	24.4	
EPS(원)	-172	627	398	-518	116	77
BPS(원)	6,680	7,257	7,564	6,995	7,013	7,044
CFPS(원)	103	890	686	-229	432	235
DPS(원)	50	50	50	50	50	
EBITDAPS(원)	366	1,110	994	118	434	284

재무 비율 〈단위 : %〉

연도	영업이익률	순이익률	부채비율	차입금비율	ROA	ROE	유보율	자기자본비율	EBITDA마진율
2016	0.6	-0.1	85.1	36.0	-0.1	1.7	601.3	54.0	2.2
2015	-0.8	-3.3	88.3	33.9	-5.1	-7.1	599.5	53.1	0.6
2014	3.4	2.0	62.7	25.4	3.5	5.4	656.4	61.5	4.8
2013	5.2	3.9	56.9	25.8	5.5	9.0	625.7	63.7	6.8

이지바이오 (A035810)
EASY BIO

업 종 : 식료품		시 장 : KOSDAQ	
신용등급 : (Bond) BBB (CP) —		기업규모 : 우량	
홈페이지 : www.easybio.co.kr		연 락 처 : 02)501-9988	
본 사 : 서울시 강남구 강남대로 310 (역삼동 837-11), 유니온센터 3층			

설 립 일 1988.03.14	종업원수 223명	대표이사 지현욱,김지범(각자대표)	
상 장 일 1999.11.13	감사의견 적정 (삼덕)	계 열	
결 산 기 12월	보통주 5,619만주	종속회사수 27개사	
액 면 가 500원	우 선 주	구 상 호	

주주구성 (지분율,%)		출자관계 (지분율,%)		주요경쟁사 (외형,%)	
지현욱	17.2	이지팜스	100.0	이지바이오	100
지원철	12.0	티앤엘	100.0	팜스코	68
(외국인)	11.6	금호영농조합법인	100.0	대한제당	90

매출구성		비용구성		수출비중	
배합사료	38.3	매출원가율	82.2	수출	0.0
닭고기 등	24.7	판관비율	12.2	내수	100.0
오리 등 외	17.7				

회사 개요
동사는 1988년에 설립된 축산사업 관련 사업지주회사로서 사료 및 사료첨가제 사업을 영위함. 사료, 육가공, 가금사업, 기타 곡물 및 수의서비스, 금융사업 등을 영위하는 자회사 38개를 보유하고 있음. 2003년부터 팜스토리, 강원LPC, 한국냉장 등의 인수로 양돈 수직계열화를 이룸. 매출 비중은 사료사업부가 절반 가까이 차지하는 가운데 육가공사업부와 가금사업부 등이 높은 비중을 차지하고 있음.

실적 분석
동사의 2017년 연결기준 2분기 누적 매출액은 6,754.4억원으로 전년 동기 대비 3% 감소함. AI로 인해 사육 닭이 감소하였고 국제 곡물가격 하향안정세에 힘입어 사료판가가 하락, 사료사업부 실적을 악화시킴. 양돈과 가금 사업부가 사업부 실적을 견인하면서 영업이익 및 당기순이익이 크게 향상됨. 5월말 성화식품을 합병하였고 3분기 구조조정 효과가 본격화 되면서 육계 사업부의 성장도 기대됨.

현금 흐름 〈단위 : 억원〉

항목	2016	2017.2Q
영업활동	1,365	824
투자활동	-405	-348
재무활동	-1,677	38
순현금흐름	-721	514
기말현금	622	1,136

시장 대비 수익률

결산 실적 〈단위 : 억원〉

항목	2012	2013	2014	2015	2016	2017
매출액	15,446	15,045	14,808	14,406	14,014	—
영업이익	274	393	821	679	790	—
당기순이익	88	108	174	155	331	—

분기 실적 〈단위 : 억원〉

항목	2016.1Q	2016.2Q	2016.3Q	2016.4Q	2017.1Q	2017.2Q
매출액	3,365	3,599	3,362	3,688	3,291	3,463
영업이익	159	320	234	78	286	466
당기순이익	92	130	129	-19	179	268

재무 상태 〈단위 : 억원〉

항목	2012	2013	2014	2015	2016	2017.2Q
총자산	14,729	14,747	14,944	15,810	15,099	15,361
유형자산	5,759	6,071	5,977	6,442	6,459	6,470
무형자산	751	739	614	569	567	559
유가증권	117	127	190	168	204	169
총부채	11,306	11,135	11,269	11,817	9,718	9,646
총차입금	8,925	8,768	9,241	9,599	7,286	7,311
자본금	239	239	256	269	269	274
총자본	3,423	3,613	3,675	3,993	5,380	5,715
지배주주지분	1,989	2,168	2,545	2,712	3,135	3,308

기업가치 지표

항목	2012	2013	2014	2015	2016	2017.2Q
주가(최고/저)(천원)	4.0/2.2	6.2/2.9	8.1/4.1	8.7/4.9	7.4/4.9	—/—
PER(최고/저)(배)	11.4/6.3	24.5/11.5	13.9/7.0	20.1/11.4	17.0/11.2	—/—
PBR(최고/저)(배)	1.0/0.5	1.4/0.7	1.7/0.8	1.7/1.0	1.3/0.8	1.2/1.0
EV/EBITDA(배)	19.2	15.5	10.0	11.5	10.0	—
EPS(원)	367	263	603	439	437	469
BPS(원)	4,318	4,698	5,036	5,117	5,914	6,119
CFPS(원)	914	885	1,225	1,101	1,104	820
DPS(원)	50	50	50	50	50	—
EBITDAPS(원)	1,131	1,458	2,246	1,943	2,159	1,741

재무 비율 〈단위 : % 〉

연도	영업이익률	순이익률	부채비율	차입금비율	ROA	ROE	유보율	자기자본비율	EBITDA마진율
2016	5.6	2.4	180.6	135.4	2.1	7.9	1,066.3	35.6	8.2
2015	4.7	1.1	295.9	240.4	1.0	8.9	909.0	25.3	7.2
2014	5.5	1.2	306.7	251.5	1.2	12.9	892.5	24.6	7.7
2013	2.6	0.7	308.2	242.7	0.7	6.0	824.7	24.5	4.6

이지웰페어 (A090850)
Ezwelfare

업 종 : 인터넷 서비스		시 장 : KOSDAQ	
신용등급 : (Bond) — (CP) —		기업규모 : 벤처	
홈페이지 : www.ezwel.com		연 락 처 : 02)3282-7900	
본 사 : 서울시 구로구 디지털로34길 43, 코오롱사이언스밸리1차 1401호			

설 립 일 2003.01.14	종업원수 272명	대표이사 조현철	
상 장 일 2013.12.27	감사의견 적정 (삼일)	계 열	
결 산 기 12월	보통주 989만주	종속회사수 2개사	
액 면 가 500원	우 선 주	구 상 호	

주주구성 (지분율,%)		출자관계 (지분율,%)		주요경쟁사 (외형,%)	
김상용	24.0			이지웰페어	100
트러스톤자산운용	5.0			소리바다	75
(외국인)	1.7			SBI핀테크솔루션즈	164

매출구성		비용구성		수출비중	
(이지웰페어)복지품목 여행, 컨텐츠 등	96.3	매출원가율	49.3	수출	—
(이지웰마인드)EAP Program	3.2	판관비율	49.5	내수	—
(이지웰인터치)여행	0.5				

회사 개요
동사는 선택적 복지시장에서 약 50%의 시장점유율을 확보하고 있는 선도 업체로서 경쟁우위를 바탕으로 대구도시철도공사, 아워홈 등 대규모 고객사를 잇따라 수주하였음. 선택적 복지산업은 국내에 있는 기업 및 공공기관을 대상으로 선택적 복지서비스를 제공하며 국외사업자의 시장 진출은 없기 때문에, 국내 업체간 경쟁만 이루어지고 있음. 당기 중 제주도 신규사업을 위해 신규 자회사인 이지웰인터치(주)를 설립, 연결대상 종속회사로 편입하였음.

실적 분석
동사의 2017년 반기 매출액은 271.7억원으로 전년대비 11.5% 증가함. 매출원가 및 판관비가 증가하였으며, 영업이익은 전년동기 대비 7.1% 증가한 27.6억원. 비영업손실 증가로 순이익은 5.1% 소폭 감소함. 동사는 신규사업으로 중국 등에서 경쟁력 있는 유망 상품을 국내에 공급하는 총판사업자로써의 역량을 확대하고 있음. 향후 비용 효율화를 통한 이익 개선이 기대됨.

현금 흐름 〈단위 : 억원〉

항목	2016	2017.2Q
영업활동	25	76
투자활동	-74	-8
재무활동	-23	-3
순현금흐름	-71	65
기말현금	81	146

시장 대비 수익률

결산 실적 〈단위 : 억원〉

항목	2012	2013	2014	2015	2016	2017
매출액	271	326	340	409	523	—
영업이익	45	47	49	46	6	—
당기순이익	29	37	38	31	-3	—

분기 실적 〈단위 : 억원〉

항목	2016.1Q	2016.2Q	2016.3Q	2016.4Q	2017.1Q	2017.2Q
매출액	135	109	119	160	151	12
영업이익	22	4	-3	-16	20	
당기순이익	16	1	-3	-17	12	

재무 상태 〈단위 : 억원〉

항목	2012	2013	2014	2015	2016	2017.2Q
총자산	330	415	493	595	585	68
유형자산	49	46	51	54	51	5
무형자산	76	83	105	120	122	11
유가증권	3	3	1	1	56	5
총부채	173	179	276	341	357	43
총차입금	5					
자본금	44	49	49	49	49	4
총자본	157	236	216	254	229	24
지배주주지분	157	236	216	254	229	24

기업가치 지표

항목	2012	2013	2014	2015	2016	2017.2Q
주가(최고/저)(천원)	—/—	8.3/7.9	14.5/7.3	19.5/8.1	12.9/6.5	—/—
PER(최고/저)(배)	0.0/0.0	20.2/19.3	38.6/19.3	62.6/26.1	—/—	—/—
PBR(최고/저)(배)	0.0/0.0	3.5/3.4	5.5/2.7	6.5/2.7	4.4/2.2	2.7/2
EV/EBITDA(배)	—	12.3	15.2	17.8	27.5	
EPS(원)	369	417	384	315	-33	16
BPS(원)	1,774	2,384	2,696	3,031	2,932	3,05
CFPS(원)	489	533	482	438	124	24
DPS(원)		50	75	75	40	
EBITDAPS(원)	686	649	597	586	218	36

재무 비율 〈단위 : % 〉

연도	영업이익률	순이익률	부채비율	차입금비율	ROA	ROE	유보율	자기자본비율	EBITDA마진율
2016	1.2	-0.6	155.9	0.0	-0.6	-1.4	486.3	39.1	4
2015	11.2	7.6	134.0	0.0	5.7	13.2	506.2	42.7	14
2014	14.5	11.2	127.7	0.0	8.4	16.8	439.3	43.9	17
2013	14.6	11.4	75.9	0.0	10.0	18.9	376.8	56.9	17

이크레더블 (A092130)
e-Credible

업 종 : 인터넷 서비스		시 장 : KOSDAQ	
신용등급 : (Bond) — (CP) —		기업규모 : 벤처	
홈 페 이 지 : www.ecredible.co.kr		연 락 처 : 02)2101-9100	
본 사 : 서울시 구로구 디지털로33길 27, 삼성IT밸리 8층			

설 립 일	2001.08.06	종 업 원 수	175명	대 표 이 사	이진옥
상 장 일	2008.10.24	감 사 의 견	적정 (삼일)	계 열	
결 산 기	12월	보 통 주	1,204만주	종 속 회 사 수	1개사
액 면 가	500원	우 선 주		구 상 호	

주주구성 (지분율,%)		출자관계 (지분율,%)		주요경쟁사 (외형,%)	
한국기업평가	64.5	이크레더블네트웍스 100.0		이크레더블	100
황배수	5.0			가비아	324
(외국인)	11.4			인포바인	67

매출구성		비용구성		수출비중	
전자신용인증서 등	86.6	매출원가율	0.0	수출	0.0
TAMZ 서비스	7.4	판관비율	61.5	내수	100.0
위더스풀서비스	6.0				

회사 개요
동사는 신용인증서비스 및 B2B e-Market Place를 주 사업내용으로 설립되었으며, 450여 대기업과 60,000여 개사의 협력회사에 네트워크를 두고 서비스를 공급하고 있음. 전자신용인증사업은 협력업체(중소기업)의 재무상태 등을 분석하여 신용능력 정보를 생성, 대기업의 협력업체관리에 활용되는 서비스임. B2B e-Market Place는 B2B 전자상거래 사이트임.

실적 분석
동사의 2017년 연결기준 반기 매출액은 223.1억원으로 전년 대비 12.4% 증가함. 영업이익은 115.8억원으로 전년동기 대비 14.8% 늘었고, 당기순이익은 92.4억원으로 14.5% 증가. 주 매출원인 신용인증서비스 외에 B2B 전자상거래서비스인 TAMZ서비스의 매출이 지속적으로 성장하면서 실적이 개선됨. 신용인증필요 기업 범위가 1차 벤더에서 2~3차 벤더로 확대되며 외형이 꾸준히 성장하는 중.

현금 흐름 〈단위 : 억원〉
항목	2016	2017.2Q
영업활동	109	114
투자활동	-9	-63
재무활동	-51	-64
순현금흐름	49	-13
기말현금	69	56

시장 대비 수익률

결산 실적 〈단위 : 억원〉
항목	2012	2013	2014	2015	2016	2017
매출액	184	191	201	256	315	
영업이익	65	70	76	94	121	
당기순이익	56	60	65	78	98	

분기 실적 〈단위 : 억원〉
항목	2016.1Q	2016.2Q	2016.3Q	2016.4Q	2017.1Q	2017.2Q
매출액	56	143	62	55	61	162
영업이익	16	85	18	3	17	99
당기순이익	13	67	15	3	14	78

재무 상태 〈단위 : 억원〉
항목	2012	2013	2014	2015	2016	2017.2Q
총자산	283	313	342	384	446	515
유형자산	29	29	28	27	29	28
무형자산	9	11	12	15	12	11
유가증권	0	0	0	0	0	340
총부채	43	48	51	57	72	112
총차입금						
자본금	61	61	61	61	61	61
총자본	240	265	291	327	375	403
지배주주지분	240	265	291	327	375	403

기업가치 지표
항목	2012	2013	2014	2015	2016	2017.2Q
주가(최고/저)(천원)	6.1/4.7	6.5/5.2	8.5/6.2	11.3/7.4	14.0/8.3	—/—
PER(최고/저)(배)	16.1/12.6	15.6/12.3	17.8/13.0	19.0/12.4	17.9/10.6	—/—
PBR(최고/저)(배)	3.8/2.9	3.5/2.8	4.0/2.9	4.5/3.0	4.7/2.8	4.1/3.5
EV/EBITDA(배)	8.1	8.0	9.2	8.6	9.6	—/—
EPS(원)	467	495	537	647	817	767
BPS(원)	1,994	2,199	2,416	2,714	3,111	3,348
CFPS(원)	508	543	587	708	880	800
DPS(원)	300	320	350	420	530	
EBITDAPS(원)	578	632	681	845	1,071	994

재무 비율 〈단위 : % 〉
연도	영업이익률	순이익률	부채비율	차입금비율	ROA	ROE	유보율	자기자본비율	EBITDA 마진율
2016	38.5	31.3	19.1	0.0	23.7	28.1	509.5	84.0	40.9
2015	37.0	30.5	17.5	0.0	21.5	25.5	431.7	85.1	39.8
2014	37.8	32.2	17.6	0.0	19.8	23.3	373.5	85.0	40.8
2013	36.8	31.2	18.2	0.0	20.4	25.2	330.9	84.6	39.9

이테크건설 (A016250)
eTEC E&C

업 종 : 건설		시 장 : KOSDAQ	
신용등급 : (Bond) — (CP) —		기업규모 : 우량	
홈 페 이 지 : www.etecenc.com		연 락 처 : 02)489-8211	
본 사 : 서울시 서초구 양재대로 246 송암빌딩 3~6층, 13층			

설 립 일	1982.09.14	종 업 원 수	661명	대 표 이 사	이복영,안찬규
상 장 일	1999.12.16	감 사 의 견	적정 (안진)	계 열	
결 산 기	12월	보 통 주	280만주	종 속 회 사 수	5개사
액 면 가	5,000원	우 선 주		구 상 호	

주주구성 (지분율,%)		출자관계 (지분율,%)		주요경쟁사 (외형,%)	
삼광유리공업	30.7	군장에너지	47.7	이테크건설	100
유니드	7.3	에스지개발	24.6	아이콘트롤스	16
(외국인)	3.0	에스엠지에너지	20.4	코오롱글로벌	267

매출구성		비용구성		수출비중	
플랜트사업(공사)	53.5	매출원가율	88.1	수출	—
발전사업	25.2	판관비율	4.3	내수	—
토건사업	21.2				

회사 개요
동사는 1982년 설립된 영창건설이 모태로서 주요 사업부문은 플랜트, 토건, 터미널, 발전/에너지 사업 등임. 주력으로 영위하는 플랜트사업은 신재생에너지, 정밀화학, 석유화학 등 다양한 산업의 플랜트 EPC를 제공함. 발전/에너지 사업은 군장에너지가 주 공급원이며 생산된 전기는 한국전력거래소에 역송하여 판매하고 있음. 주요 종속회사인 군장에너지는 총 5,500억원 투입한 GE4 열병합발전소 증설 사업 준공을 완료함.

실적 분석
신규 수주 증가 및 종속회사인 군장에너지의 증설로 동사의 2017년 상반기 매출액은 전년동기 대비 17.6% 증가한 6,587.0억원을 기록. 발전사업부문 매출액은 전년동기 1,309.1억원에서 2,338.9억원으로 2배 가량 신장됨. 플랜트 부문 또한 매출 신장과 함께 영업이익률이 개선됨. 외형확대, 판관비율 하락 등으로 영업이익은 25.7% 증가한 548.7억원을 시현함. 비영업손실 174.6억원을 반영한 당기순이익은 275.3억원.

현금 흐름 〈단위 : 억원〉
항목	2016	2017.2Q
영업활동	1,258	617
투자활동	-779	-871
재무활동	257	-169
순현금흐름	735	-417
기말현금	1,175	758

시장 대비 수익률

결산 실적 〈단위 : 억원〉
항목	2012	2013	2014	2015	2016	2017
매출액	7,855	6,675	8,772	11,007	11,916	—
영업이익	147	13	583	799	900	—
당기순이익	198	-115	446	418	607	—

분기 실적 〈단위 : 억원〉
항목	2016.1Q	2016.2Q	2016.3Q	2016.4Q	2017.1Q	2017.2Q
매출액	2,342	3,259	2,707	3,608	3,105	3,482
영업이익	217	219	197	266	344	205
당기순이익	115	130	97	266	202	73

재무 상태 〈단위 : 억원〉
항목	2012	2013	2014	2015	2016	2017.2Q
총자산	4,769	10,280	13,156	14,954	16,424	16,995
유형자산	23	5,406	8,419	10,694	11,231	11,203
무형자산	24	32	30	38	35	32
유가증권	136	234	206	185	165	168
총부채	2,952	7,682	10,170	11,600	12,537	12,902
총차입금	729	4,716	7,156	9,406	9,575	9,491
자본금	140	140	140	140	140	140
총자본	1,817	2,597	2,986	3,354	3,886	4,093
지배주주지분	1,829	1,570	1,787	2,006	2,336	2,463

기업가치 지표
항목	2012	2013	2014	2015	2016	2017.2Q
주가(최고/저)(천원)	55.3/30.6	46.7/29.3	105/40.8	237/106	137/84.0	—/—
PER(최고/저)(배)	7.7/4.2	—/—	15.8/6.2	28.1/12.6	10.7/6.6	1.8/1.4
PBR(최고/저)(배)	0.9/0.5	0.8/0.5	1.6/0.6	3.3/1.5	1.6/1.0	—/—
EV/EBITDA(배)	7.8	32.4	13.8	12.5	9.7	—/—
EPS(원)	7,438	-9,538	6,705	8,518	12,859	5,237
BPS(원)	66,059	56,899	64,651	72,477	84,240	88,796
CFPS(원)	7,865	-3,102	13,662	19,887	31,518	16,604
DPS(원)			500	500	750	
EBITDAPS(원)	5,685	6,901	27,769	39,922	50,787	30,965

재무 비율 〈단위 : % 〉
연도	영업이익률	순이익률	부채비율	차입금비율	ROA	ROE	유보율	자기자본비율	EBITDA 마진율
2016	7.6	5.1	322.6	246.4	3.9	16.6	1,584.8	23.7	11.9
2015	7.3	3.8	345.9	280.4	3.0	12.6	1,349.5	22.4	10.2
2014	6.6	5.1	340.6	239.7	3.8	11.2	1,193.0	22.7	8.9
2013	0.2	-1.7	295.8	181.6	-1.5	-15.7	1,038.0	25.3	2.9

이트론 (A096040)
E-TRON

업　종 : IT 서비스		시　장 : KOSDAQ	
신용등급 : (Bond) —	(CP) —	기업규모 : 중견	
홈페이지 : www.e-trons.co.kr		연락처 : 02)528-9377	
본　사 : 서울시 금천구 범안로 1130, 1203층(가산동, 디지털엠파이어)			

설　립　일	1999.11.08	종업원수	33명	대표이사 노성혁
상　장　일	2008.01.25	감사의견	적정 (광교)	계　열
결　산　기	12월	보통주	18,136만주	종속회사수
액　면　가	200원	우선주	—	구상호 네오엠텔

주주구성 (지분율,%)
이아이디	8.9
네오엠텔우리사주조합	0.4
(외국인)	2.3

출자관계 (지분율,%)
승화프리텍	4.5

주요경쟁사 (외형,%)
이트론	100
동양네트웍스	366
오상자이엘	236

매출구성
서버 및 스토리지(제품)	98.9
기타사업(기타)	1.1

비용구성
매출원가율	92.5
판관비율	23.0

수출비중
수출	0.0
내수	100.0

회사 개요
동사는 1999년 설립돼 서버 및 스토리지 시스템 구축, IT 컨설팅, Intel Products(SSD, 메인보드 등) 기술 지원, 운영 및 유지보수 등 컴퓨터 관련 핵심 부품을 공급하는 IT 관련 제조 유통 전문 기업임. 상장 폐지 위기를 겪었지만 상폐 미해당에 해당되면서 거래 재개. 2015년 12월 동사의 서버 및 스토리지 제품이 중소기업간 경쟁제품으로 지정돼 향후 매출 및 수익에 긍정적 영향을 줄 것으로 예상됨.

실적 분석
동사의 2017년 연결기준 2분기 누적 매출액은 68.4억원으로 전년 동기 대비 21% 감소. 매출은 21% 감소했지만 매출 원가는 20.6% 감소하여 10억원의 매출총이익을 시현. 판매비와 관리비 등을 줄여서 영업손실은 8.5억으로 전년 동기 대비 적자 규모가 축소됨. 비영업손익 부문에서 금융 손익 등으로 4.9억원의 이익이 발생하였으나 당기순손실은 4.4억원으로 전년 동기 대비 적자 폭이 줄어듬.

현금 흐름 *IFRS 별도 기준 〈단위 : 억원〉
항목	2016	2017.2Q
영업활동	-40	30
투자활동	-27	0
재무활동	212	-0
순현금흐름	145	30
기말현금	275	305

시장 대비 수익률

결산 실적 〈단위 : 억원〉
항목	2012	2013	2014	2015	2016	2017
매출액	34	419	235	258	257	
영업이익	-10	17	1	-51	-40	
당기순이익	-42	16	-21	-81	-98	

분기 실적 *IFRS 별도 기준 〈단위 : 억원〉
항목	2016.1Q	2016.2Q	2016.3Q	2016.4Q	2017.1Q	2017.2Q
매출액	50	36	56	115	40	28
영업이익	-2	-10	-14	-13	-5	-3
당기순이익	-2	-11	-39	-46	-4	-1

재무 상태 *IFRS 별도 기준 〈단위 : 억원〉
항목	2012	2013	2014	2015	2016	2017.2Q
총자산	190	491	406	453	579	529
유형자산	2	102	15	16	16	15
무형자산	3	99	71	55	35	34
유가증권	9	6	36	28	42	41
총부채	15	308	97	116	74	27
총차입금		156	48	50	—	—
자본금	32	40	111	200	363	363
총자본	175	183	308	337	505	502
지배주주지분	175	183	308	337	505	502

기업가치 지표 *IFRS 별도 기준
항목	2012	2013	2014	2015	2016	2017.2Q
주가(최고/저)(천원)	1.2/0.5	1.3/0.6	0.7/0.4	1.2/0.3	1.3/0.4	—/—
PER(최고/저)(배)	—/—	19.7/9.7	—/—	—/—	—/—	—/—
PBR(최고/저)(배)	1.4/0.6	2.0/1.0	1.5/0.9	3.5/1.0	4.7/1.5	2.1/1.3
EV/EBITDA(배)		14.0	51.5			
EPS(원)	-65	66	-49	-104	-83	-2
BPS(원)	2,879	914	556	337	278	277
CFPS(원)	-155	114	-49	-100	-78	-1
DPS(원)						
EBITDAPS(원)	-110	105	11	-61	-30	

재무 비율 〈단위 : % 〉
연도	영업이익률	순이익률	부채비율	차입금비율	ROA	ROE	유보율	자기자본비율	EBITDA마진율
2016	-15.6	-38.1	14.8	0.0	-19.0	-23.3	39.2	87.1	-13.6
2015	-19.8	-31.5	34.3	14.9	-18.9	-25.2	68.3	74.5	-18.7
2014	0.6	-8.8	31.6	15.7	-4.6	-8.4	177.8	76.0	1.7
2013	4.0	3.9	168.7	85.6	5.0	12.4	355.1	37.2	4.9

이퓨처 (A134060)
e-futureCo

업　종 : 교육		시　장 : KOSDAQ	
신용등급 : (Bond) —	(CP) —	기업규모 : 벤처	
홈페이지 : www.e-future.co.kr		연락처 : 02)3400-0525	
본　사 : 서울시 송파구 백제고분로 91, 엘케이빌딩 4~6층			

설　립　일	2000.01.21	종업원수	50명	대표이사 황경호
상　장　일	2011.04.27	감사의견	적정 (삼일)	계　열
결　산　기	12월	보통주	477만주	종속회사수
액　면　가	500원	우선주	—	구상호

주주구성 (지분율,%)
이기현	23.8
황경호	16.8
(외국인)	0.2

출자관계 (지분율,%)

주요경쟁사 (외형,%)
이퓨처	100
에이원앤	186
메가엠디	771

매출구성
Smart Phonics	40.8
Phonics Fun Readers	16.9
My First Grammar	16.9

비용구성
매출원가율	33.9
판관비율	62.1

수출비중
수출	12.0
내수	88.0

회사 개요
동사는 인터넷교육콘텐츠 서비스 기업이며, 특히 콘텐츠 개발 및 도서 출판업을 주요사업으로 영위하고 있음. 콘텐츠 중에서도 ELT(English Language Teaching) 관련 영어 콘텐츠가 핵심임. 저출산으로 시장규모가 다소 정체됐으나 영어 사교육 시장 수요가 유아, 초, 중학생에서 점차 성인층으로 확대되고 있음. 특히 의사소통에 중점을 둔 영어 학습에 대한 수요는 증가하고 있음.

실적 분석
2017년 상반기 연결기준 동사 매출은 43.6억원으로 전년도 같은 기간에 비해 5.8% 성장함. 그러나 매출원가가 12.9%원에서 13.9억원으로 7.6% 증가하고 판매비와 관리비 또한 13.6% 상승함. 이에 전년 동기 3.8억원을 기록한 영업이익은 50.3% 하락해 1.9억원을 시현하는 데 그침. 비영업부문 역시 적자로 돌아섬. 이에 당기순이익은 4.3억원에서 63.7% 축소된 1.6억원을 기록함.

현금 흐름 *IFRS 별도 기준 〈단위 : 억원〉
항목	2016	2017.2Q
영업활동	12	2
투자활동	-14	10
재무활동	—	—
순현금흐름	-2	12
기말현금	20	33

시장 대비 수익률

결산 실적 〈단위 : 억원〉
항목	2012	2013	2014	2015	2016	2017
매출액	74	84	80	75	85	
영업이익	-1	11	4	1	3	
당기순이익	0	8	6	-4	2	

분기 실적 *IFRS 별도 기준 〈단위 : 억원〉
항목	2016.1Q	2016.2Q	2016.3Q	2016.4Q	2017.1Q	2017.2Q
매출액	23	18	16	27	25	1
영업이익	-0	-0	-0	3	3	
당기순이익	4	0	-1	-2	2	

재무 상태 *IFRS 별도 기준 〈단위 : 억원〉
항목	2012	2013	2014	2015	2016	2017.2Q
총자산	190	203	197	197	213	20
유형자산	32	31	30	29	29	2
무형자산	19	21	26	29	39	3
유가증권	7	6	20	20	24	2
총부채	26	36	25	29	44	3
총차입금		11			—	
자본금	24	24	24	24	24	
총자본	163	167	172	168	169	17
지배주주지분	163	167	172	168	169	17

기업가치 지표 *IFRS 별도 기준
항목	2012	2013	2014	2015	2016	2017.2Q
주가(최고/저)(천원)	5.2/3.1	3.6/2.8	3.7/2.6	9.9/2.8	9.5/5.1	—/—
PER(최고/저)(배)	600.8/359.9	22.1/17.4	28.4/19.8	—/—	239.5/128.0	—/—
PBR(최고/저)(배)	1.5/0.9	1.0/0.8	1.0/0.7	2.7/0.8	2.5/1.3	2.1/1.
EV/EBITDA(배)	60.4	5.5	8.9	33.1	24.1	
EPS(원)	9	162	131	-75	39	3
BPS(원)	3,532	3,704	3,807	3,727	3,762	3,80
CFPS(원)	72	259	236	57	248	1
DPS(원)						
EBITDAPS(원)	36	329	189	154	280	16

재무 비율 〈단위 : % 〉
연도	영업이익률	순이익률	부채비율	차입금비율	ROA	ROE	유보율	자기자본비율	EBITDA마진율
2016	4.0	2.2	25.8	0.0	0.9	1.1	652.3	79.5	15.
2015	1.2	-4.8	17.5	0.0	-1.8	-2.1	645.4	85.1	9.
2014	5.0	7.8	14.5	0.0	3.1	3.4	661.4	87.3	11.
2013	13.2	9.2	21.7	6.6	3.9	4.7	640.8	82.2	18.

이화공영 (A001840)
Ee-Hwa Construction

업　　　종 : 건설		시　　　장 : KOSDAQ		
신용등급 : (Bond) — (CP) —		기업규모 : 중견		
홈 페 이 지 : www.ee-hwa.co.kr		연 락 처 : 02)3771-6000		
본　　　사 : 서울시 마포구 양화로 104 (서교동,삼윤빌딩)				

설 립 일	1956.08.30	종 업 원 수	177명	대 표 이 사	최삼규,최종찬
상 장 일	1994.11.23	감 사 의 견	적정 (삼덕)	계 열	
결 산 기	12월	보 통 주	1,981만주	종속회사수	
액 면 가	500원	우 선 주		구 상 호	

주주구성 (지분율,%)		출자관계 (지분율,%)		주요경쟁사 (외형,%)	
최삼규	35.9	상명민자학사	19.0	이화공영	100
최종찬	4.9	푸른용산	12.0	범양건영	66
(외국인)	2.9	광장비태엘교육	2.0	한국종합기술	121

매출구성		비용구성		수출비중	
국내도급 건축공사 민간	80.8	매출원가율	94.9	수출	0.0
국내도급 건축공사 관급	16.5	판관비율	4.2	내수	100.0
국내도급 토목공사 관급	2.7				

회사 개요
동사는 1956년 주식회사 동지로 설립된 기업으로 1971년 이화공영주식회사로 상호가 변경됨. 건축, 토목, 전기, 소방 등 건설관련 면허를 가지고 여러 분야에서 건설업을 영위하고 있음. 건축공사는 오피스, 학교, 제시설물 건설을 중점사업으로 시행하고 있으며, 토목공사는 정수처리시설공사, 교량공사, 토지조성공사 등을 중심으로 한 공동도급이행방식으로 시행하고 있음.

실적 분석
동사의 연결기준 2017년 2분기 누적 매출액은 공사계약잔액이 이월물량 증가와 신규수주로 인하여 전년동기 대비 48.4% 증가한 1,000.9억원을 시현함. 매출 비중은 건축 96.8%, 토목 3.2% 의 매출로 구성되어 있으며 사업주체별로는 공공부문이 15.1%, 민간부문이 84.9%의 사업구조를 갖고 있음. 동사의 영업이익은 전년동기 대비 약 2.9억원 증가한 11.2억원을 기록하였으며 최종적으로 당기순이익은 11.1억원을 시현하였음.

현금 흐름 *IFRS 별도 기준 〈단위 : 억원〉

항목	2016	2017.2Q
영업활동	4	42
투자활동	-27	-15
재무활동	-6	-5
순현금흐름	-29	21
기말현금	43	64

시장 대비 수익률

결산 실적 〈단위 : 억원〉

항목	2012	2013	2014	2015	2016	2017
매출액	1,041	1,343	1,796	1,300	1,650	—
영업이익	7	8	15	14	16	—
당기순이익	11	8	15	15	14	—

분기 실적 *IFRS 별도 기준 〈단위 : 억원〉

항목	2016.1Q	2016.2Q	2016.3Q	2016.4Q	2017.1Q	2017.2Q
매출액	256	419	431	545	462	539
영업이익	1	7	3	5	4	7
당기순이익	2	6	3	4	4	7

재무 상태 *IFRS 별도 기준 〈단위 : 억원〉

항목	2012	2013	2014	2015	2016	2017.2Q
총자산	618	587	710	620	817	851
유형자산	65	65	68	67	66	66
무형자산	9	9	9	9	9	9
유가증권	59	55	48	48	55	63
총부채	292	255	303	206	395	427
총차입금	0	-0	0	0	0	0
자본금	72	72	99	99	99	99
총자본	326	332	407	414	422	425
지배주주지분	326	332	407	414	422	425

기업가치 지표 *IFRS 별도 기준

항목	2012	2013	2014	2015	2016	2017.2Q
주가(최고/저)(천원)	3.2/1.3	5.1/1.4	4.8/2.8	4.4/2.5	4.0/2.4	—/—
PER(최고/저)(배)	54.3/22.6	109.0/29.2	61.8/35.1	59.9/34.0	56.7/33.4	4.0/1.5
PBR(최고/저)(배)	1.8/0.7	2.8/0.7	2.4/1.4	2.1/1.2	1.9/1.1	4.0/1.5
EV/EBITDA(배)	3.4	29.2	33.6	23.3	22.0	
EPS(원)	60	48	81	75	71	56
BPS(원)	2,273	2,314	2,056	2,093	2,129	2,145
CFPS(원)	91	76	92	86	82	61
DPS(원)			35	35	35	—
EBITDAPS(원)	66	75	89	80	91	61

재무 비율 〈단위 : % 〉

연도	영업이익률	순이익률	부채비율	차입금비율	ROA	ROE	유보율	자기자본비율	EBITDA마진율
2016	1.0	0.9	93.7	0.0	2.0	3.4	325.8	51.6	1.1
2015	1.1	1.1	49.7	0.0	2.2	3.6	318.6	66.8	1.2
2014	0.8	0.8	74.3	0.0	2.3	4.1	311.3	57.4	0.9
2013	0.6	0.6	76.7	0.0	1.4	2.6	362.9	56.6	0.8

이화산업 (A000760)
RIFA CO

업　　　종 : 화학		시　　　장 : 거래소		
신용등급 : (Bond) — (CP) —		기업규모 : 시가총액 소형주		
홈 페 이 지 : www.rifa.co.kr		연 락 처 : 02)2007-5555		
본　　　사 : 서울시 영등포구 선유동2로 70 (당산동 5가)				

설 립 일	1950.03.29	종 업 원 수	55명	대 표 이 사	홍성우
상 장 일	1994.04.29	감 사 의 견	적정 (신한)	계 열	열
결 산 기	12월	보 통 주	280만주	종속회사수	3개사
액 면 가	5,000원	우 선 주		구 상 호	

주주구성 (지분율,%)		출자관계 (지분율,%)		주요경쟁사 (외형,%)	
조규완	29.9	이화물산	69.3	이화산업	100
이화소재	22.9	영화기업	44.35	동남합성	189
(외국인)		염료공업협동조합	19.9	엔피케이	122

매출구성		비용구성		수출비중	
염료상품 (상품)	44.8	매출원가율	80.3	수출	13.0
화성품 상품(상품)	26.2	판관비율	17.6	내수	87.0
임대료등(기타)	14.0				

회사 개요
동사는 식품 첨가물 및 용제류 등 유무기 화학품과 섬유 염색을 위한 염료의 도소매를 주요 사업으로 영위함. 섬유산업이 주된 전방산업으로서, 사업부문은 섬유염색을 위한 각종 염료를 판매하는 염료사업부문과 식품첨가물, 공업용첨가물, 용제류 등 유무기 화학품을 판매하는 유통사업부문으로 구분됨. 염료사업부문이 전체 매출의 51.4%, 유통사업부문이 38.0%이며 임대사업부문이 나머지를 차지함.

실적 분석
동사의 2017년 2분기기준 누적 매출액은 전년동기대비 -7.9% 하락한 331.3억원을 기록하였음. 비용면에서 전년동기대비 매출원가는 감소 하였으나 인건비는 증가 했고 광고선전비도 크게 증가하였음. 중국, 인도의 급격한 염료생산력과 품질 향상으로 국내외 경쟁이 심화되어 전년동기대비 영업이익은 15억원으로 -12.2% 하락하였음. 최종적으로 전년동기대비 당기순이익은 적자전환하여 -0.3억원을 기록함.

현금 흐름 〈단위 : 억원〉

항목	2016	2017.2Q
영업활동	12	-20
투자활동	-37	-25
재무활동	1	28
순현금흐름	-23	-16
기말현금	141	124

시장 대비 수익률

결산 실적 〈단위 : 억원〉

항목	2012	2013	2014	2015	2016	2017
매출액	714	794	833	669	552	—
영업이익	11	-15	3	15	12	—
당기순이익	-73	-29	73	-1	-1	—

분기 실적 〈단위 : 억원〉

항목	2016.1Q	2016.2Q	2016.3Q	2016.4Q	2017.1Q	2017.2Q
매출액	190	170	—	192	165	166
영업이익	13	4	—	-5	6	9
당기순이익	8	2	—	-11	1	-1

재무 상태 〈단위 : 억원〉

항목	2012	2013	2014	2015	2016	2017.2Q
총자산	2,776	2,681	2,733	2,783	2,779	2,802
유형자산	206	203	82	86	84	85
무형자산	9	9	7	0	0	0
유가증권	1	0	0			
총부채	936	869	856	905	896	920
총차입금	770	677	690	750	750	780
자본금	140	140	140	140	140	140
총자본	1,840	1,812	1,877	1,878	1,883	1,882
지배주주지분	1,064	1,031	1,095	1,095	1,103	1,102

기업가치 지표

항목	2012	2013	2014	2015	2016	2017.2Q
주가(최고/저)(천원)	9.0/6.1	10.0/7.4	36.8/9.6	32.8/16.7	23.6/18.1	—/—
PER(최고/저)(배)	24.0/16.2	—/—	14.4/3.8	—/—	245.8/188.9	—/—
PBR(최고/저)(배)	0.2/0.2	0.3/0.2	0.9/0.3	0.8/0.4	0.6/0.5	0.6/0.5
EV/EBITDA(배)	87.3		239.8	84.2	91.8	
EPS(원)	375	-1,206	2,560	-93	96	-37
BPS(원)	38,013	36,828	39,123	39,104	39,405	39,359
CFPS(원)	603	-982	2,776	161	414	139
DPS(원)	—	—	333	808	742	713
EBITDAPS(원)	638	-322	333	808	742	713

재무 비율 〈단위 : % 〉

연도	영업이익률	순이익률	부채비율	차입금비율	ROA	ROE	유보율	자기자본비율	EBITDA마진율
2016	2.2	-0.2	47.6	39.9	0.0	0.2	688.1	67.8	3.8
2015	2.3	-0.2	48.2	39.9	0.0	-0.2	682.1	67.5	3.4
2014	0.4	8.8	45.6	36.8	2.7	6.7	682.5	68.1	1.1
2013	-1.9	-3.6	48.0	37.4	-1.1	-3.2	636.6	67.6	-1.1

이화전기공업 (A024810)
Ehwa Technologies Information

업　　종 : 전기장비　　　　　　　시　　　장 : KOSDAQ
신용등급 : (Bond) —　　(CP) —　　기업규모 : 중견
홈 페 이 지 : www.eti21.com　　연 락 처 : 02)3440-0215
본　　사 : 서울시 강남구 논현로 746, 석호빌딩 7층

설 립 일	1965.06.03	종업원수	182명	대 표 이 사	윤상돈
상 장 일	1994.12.29	감사의견	적정 (현대)	계 열	
결 산 기	12월	보 통 주	36,814만주	종속회사수	
액 면 가	200원	우 선 주		구 상 호	

주주구성 (지분율,%)		출자관계 (지분율,%)		주요경쟁사 (외형,%)	
최완식	4.0	이화전기	100		
칸인베스텍코리아	2.4	성문전자	99		
(외국인)	1.0	가온전선	1,638		

매출구성		비용구성		수출비중	
무정전 전원장치(UPS)	26.3	매출원가율	81.5	수출	8.0
정류기(RECT)	20.0	판관비율	16.6	내수	92.0
주파수변환기(RF)	19.3				

회사 개요
동사는 UPS(무정전 전원장치) 및 몰드변압기, 정류기(통신용 정류기 포함) 및 SCADA 등 다양한 전원공급장치 및 전력변환장치를 생산 공급하는 중전기기 전문회사로 발전소, 대규모 시설단지, 산업전원 설비, 전산센터 등의 민간분야와 철도, 지하철 등의 공공분야 및 방산분야의 사업영역에 진출하고 있음. 2015년 8월 10일에 (주)이아이디 유상신주 취득을 통해 현재 동사의 지분율은 25.41%임.

실적 분석
동사의 2017년 상반기 누적 매출액은 237.9억원으로 전년동기 대비 21.2% 증가함. 비용측면에서는 매출원가와 판관비가 각각 7.3%, 20.5% 상승했음에도 불구하고 매출 확대에 힘입어 영업이익은 전년동기보다 1,002% 늘어난 24.7억원을 기록함. 기술향상에 따른 제품의 신뢰도 및 부품국산화에 따른 원가절감을 통한 가격경쟁력 향상이 경쟁요소임. 고품질, 소형화, 경량화 등의 첨단화 제품에 대한 수요가 높아지고 있어 성장 가능성이 큼.

현금 흐름
*IFRS 별도 기준　〈단위 : 억원〉

항목	2016	2017.2Q
영업활동	-5	15
투자활동	-46	-9
재무활동	101	194
순현금흐름	50	200
기말현금	80	280

시장 대비 수익률

결산 실적
〈단위 : 억원〉

항목	2012	2013	2014	2015	2016	2017
매출액	1,267	1,205	1,074	410	457	—
영업이익	-71	-52	-154	13	9	—
당기순이익	-269	-331	-370	-18	-43	—

분기 실적
*IFRS 별도 기준　〈단위 : 억원〉

항목	2016.1Q	2016.2Q	2016.3Q	2016.4Q	2017.1Q	2017.2Q
매출액	92	104	57	204	95	143
영업이익	-3	5	-12	19	3	21
당기순이익	-14	-33	-13	17	5	17

재무 상태
*IFRS 별도 기준　〈단위 : 억원〉

항목	2012	2013	2014	2015	2016	2017.2Q
총자산	931	950	1,136	815	920	1,126
유형자산	292	250	536	321	317	303
무형자산	20	15	6	4	4	3
유가증권	14	73	15	19	56	142
총부채	270	356	604	318	258	98
총차입금	145	245	438	212	140	—
자본금	232	292	292	382	491	736
총자본	661	593	532	498	663	1,028
지배주주지분	661	593	532	498	663	1,028

기업가치 지표
*IFRS 별도 기준

항목	2012	2013	2014	2015	2016	2017.2Q
주가(최고/저)(천원)	1.7/0.6	1.1/0.5	0.7/0.4	0.6/0.3	1.0/0.4	—/—
PER(최고/저)(배)	—/—	—/—	—/—	—/—	—/—	—/—
PBR(최고/저)(배)	3.6/1.3	2.9/1.4	2.2/1.1	2.5/1.3	3.5/1.6	2.0/1.3
EV/EBITDA(배)				44.2	77.5	—
EPS(원)	-88	-124	-234	-10	-19	8
BPS(원)	570	406	364	260	270	279
CFPS(원)	-83	-123	-239	-4	-16	279
DPS(원)	—	—	—	—	—	—
EBITDAPS(원)	-22	-3	-39	13	8	10

재무 비율
〈단위 : % 〉

연도	영업이익률	순이익률	부채비율	차입금비율	ROA	ROE	유보율	자기자본비율	EBITDA마진율
2016	1.9	-9.5	38.9	21.1	-5.0	-7.5	35.1	72.0	3.7
2015	3.2	-4.4	63.8	42.6	-1.9	-4.0	30.1	61.0	6.0
2014	-14.3	-34.5	113.7	82.5	-30.4	-39.5	36.3	46.8	-12.4
2013	-4.3	-27.5	95.8	71.3	-25.0	-34.5	79.0	51.1	-2.4

인디에프 (A014990)
In the F

업　　종 : 섬유 및 의복　　　　　시　　　장 : 거래소
신용등급 : (Bond) —　　(CP) —　　기업규모 : 시가총액 소형주
홈 페 이 지 : www.inthef.co.kr　　연 락 처 : 02)3456-9000
본　　사 : 서울시 강남구 테헤란로104길 21

설 립 일	1980.09.08	종업원수	257명	대 표 이 사	손수근
상 장 일	1989.06.20	감사의견	적정 (삼정)	계 열	
결 산 기	12월	보 통 주	5,893만주	종속회사수	1개사
액 면 가	500원	우 선 주		구 상 호	

주주구성 (지분율,%)		출자관계 (지분율,%)		주요경쟁사 (외형,%)	
세아상역	69.0	나산실업	100.0	인디에프	100
안영숙	5.2			데코앤이	27
(외국인)	0.9			동일방직	405

매출구성		비용구성		수출비중	
조이너스	25.8	매출원가율	49.9	수출	0.0
테이트	22.1	판관비율	53.6	내수	100.0
꼼빠니아	18.5				

회사 개요
동사는 1980년 창립된 나산이 전신인 패션업체로, 종속회사로 나산실업(주)을 보유하고 있으며 자회사는 시설관리 사업을 영위하고 있음. 의류 OEM 업체인 글로벌세아(구.세아상역)가 동사 지분을 69% 보유하여 동사는 동 기업집단에 포함되어 있음. 동사가 보유한 브랜드로는 여성복 '조이너스', '꼼빠니아', '예츠', '예스비', 신사복 '트루젠', 'S+by트루젠', 'TATE', 편집스토어 "BIND" 등을 보유하고 있음.

실적 분석
2017년 반기 동사의 매출액은 1,017억원으로 전년동기 대비 0.3% 감소한 실적을 시현함. 전년동기 대비 판관비가 줄어들어 반기 영업이익은 전년동기 6.9억원 대비 증가한 22.7억원을 시현함. 비영업손익 면에서는 금융손실 등의 영향으로 6.3억원의 적자를 시현함. 당기순이익은 16.4억원을 시현하였는데, 이는 전년동기 3.1억원 손실에서 흑자전환한 실적임.

현금 흐름
*단위 : 억원〉

항목	2016	2017.2Q
영업활동	78	-26
투자활동	-20	10
재무활동	8	-16
순현금흐름	67	-31
기말현금	108	77

시장 대비 수익률

결산 실적
〈단위 : 억원〉

항목	2012	2013	2014	2015	2016	2017
매출액	2,154	1,974	1,873	1,958	2,029	—
영업이익	-68	-36	-31	-50	-70	—
당기순이익	-89	-61	-81	-59	-96	—

분기 실적
〈단위 : 억원〉

항목	2016.1Q	2016.2Q	2016.3Q	2016.4Q	2017.1Q	2017.2Q
매출액	512	508	340	669	513	504
영업이익	3	4	-44	-33	9	14
당기순이익	-1	-2	-47	-46	9	9

재무 상태
〈단위 : 억원〉

항목	2012	2013	2014	2015	2016	2017.2Q
총자산	2,093	1,988	1,799	1,614	1,597	1,374
유형자산	126	68	93	93	91	92
무형자산	77	53	4	2	1	1
유가증권						
총부채	1,138	1,088	987	859	941	704
총차입금	360	297	256	234	254	250
자본금	295	295	295	295	295	295
총자본	955	900	812	755	656	670
지배주주지분	955	900	812	755	656	670

기업가치 지표

항목	2012	2013	2014	2015	2016	2017.2Q
주가(최고/저)(천원)	0.9/0.5	1.4/0.5	1.4/0.6	4.0/1.3	4.0/1.6	—/—
PER(최고/저)(배)	—/—	—/—	—/—	—/—	—/—	—/—
PBR(최고/저)(배)	0.6/0.3	0.9/0.3	1.0/0.5	3.2/1.0	3.6/1.4	1.7/1.2
EV/EBITDA(배)	108.3	22.0	72.6			—
EPS(원)	-150	-104	-138	-100	-162	28
BPS(원)	1,621	1,527	1,378	1,281	1,114	1,137
CFPS(원)	-27	-2	27	-65	-97	59
DPS(원)	—	—	—	-36	—	—
EBITDAPS(원)	8	46	27	-21	-54	70

재무 비율
〈단위 : % 〉

연도	영업이익률	순이익률	부채비율	차입금비율	ROA	ROE	유보율	자기자본비율	EBITDA마진율
2016	-3.5	-4.7	143.3	38.7	-6.0	-13.6	122.8	41.1	-1.6
2015	-2.6	-3.0	113.9	31.0	-3.5	-7.5	156.2	46.8	-0.6
2014	-1.6	-4.3	121.5	31.5	-4.3	-9.5	175.7	45.1	0.7
2013	-1.8	-3.1	120.9	33.0	-3.0	-6.6	205.4	45.3	1.4

인바디 (A041830)
InBody

업 종 : 의료 장비 및 서비스	시 장 : KOSDAQ
신용등급 : (Bond) — (CP) —	기업규모 : 벤처
홈 페 이 지 : www.inbody.com	연 락 처 : (02)501-3939
본 사 : 서울시 강남구 논현로2길 54(개포동 1164-21) 인바디 빌딩	

설 립 일 1996.05.15	종 업 원 수 195명	대 표 이 사 차기철
상 장 일 2000.12.05	감 사 의 견 적정 (한영)	계 열
결 산 기 12월	보 통 주 1,368만주	종속회사수 7개사
액 면 가 500원	우 선 주 —	구 상 호 바이오스페이스

주주구성 (지분율,%)		출자관계 (지분율,%)		주요경쟁사 (외형,%)	
차기철	26.9	삼한정공	100.0	인바디	100
Wasatch Advisors, Inc.	5.0	DMBH	34.0	차바이오텍	563
(외국인)	25.6	InbodyEuropeB.V.	100.0	바디텍메드	69

매출구성		비용구성		수출비중	
체성분분석기(제품)	94.0	매출원가율	27.6	수출	67.0
상품(상품)	3.5	판관비율	44.8	내수	33.0
용역매출(용역)	2.5				

회사 개요
동사는 체성분 분석기를 포함한 전자 의료기기 및 생체 신호 측정장치 등을 제조, 판매하는 업체임. 동사의 제품은 치료 및 운동효과 측면에서 양방병원, 한방병원, 스포츠센터, 건강검진센터 등에서 폭 넓게 사용되고 있음. 원활한 유통망 확보를 위해 직판 및 국내외 대리점망 구축하고, 각국 규격인증과 정부의 규제에 준하는 자격들을 획득하여 미국, 일본 등 해외법인을 설립 및 운영 중임.

실적 분석
동사의 2017년도 2분기 연결기준 누적 매출액은 418.7억원으로 전년동기 대비 0.4% 소폭 증가함. 국내 및 일본, 미국, 중국 등 매출이 증가했으나, 타지역의 매출액이 절반 수준가량으로 감소함. 향후 체성분분석기를 기반으로 한 전자의료기기 사업분야에 진출할 계획을 하고 있음. 또한 가정용 인바디, 웨어러블 인바디, 초음파 신장계 등 B2C 확대로 매출 증대에 노력 중임.

현금 흐름 〈단위 : 억원〉
항목	2016	2017.2Q
영업활동	182	105
투자활동	-126	-65
재무활동	-11	-42
순현금흐름	46	-5
기말현금	103	98

결산 실적 〈단위 : 억원〉
항목	2012	2013	2014	2015	2016	2017
매출액	332	368	489	689	798	—
영업이익	50	65	101	200	220	—
당기순이익	56	62	89	173	170	—

분기 실적 〈단위 : 억원〉
항목	2016.1Q	2016.2Q	2016.3Q	2016.4Q	2017.1Q	2017.2Q
매출액	227	190	180	201	197	222
영업이익	79	52	46	43	45	58
당기순이익	48	46	31	44	24	49

재무 상태 〈단위 : 억원〉
항목	2012	2013	2014	2015	2016	2017.2Q
총자산	482	537	632	825	971	1,024
유형자산	80	164	167	230	279	316
무형자산	23	22	22	17	17	15
유가증권	—	—	—	—	—	—
총부채	20	21	36	61	47	73
총차입금	—	—	—	—	—	—
자본금	68	68	68	68	68	68
총자본	461	516	596	763	923	952
지배주주지분	461	516	596	763	923	951

기업가치 지표
항목	2012	2013	2014	2015	2016	2017.2Q
주가(최고/저)(천원)	12.5/4.8	8.6/5.3	33.8/8.8	57.8/29.5	58.2/24.0	—/—
PER(최고/저)(배)	30.9/11.8	19.3/12.0	52.4/13.7	45.9/23.4	47.0/19.4	—/—
PBR(최고/저)(배)	3.8/1.4	2.3/1.4	7.8/2.0	10.4/5.3	8.6/3.6	4.4/2.9
EV/EBITDA(배)	9.9	13.1	35.9	35.6	13.7	—
EPS(원)	412	453	649	1,265	1,241	536
BPS(원)	3,390	3,787	4,373	5,596	6,764	7,178
CFPS(원)	454	520	730	1,365	1,369	595
DPS(원)	40	40	60	80	100	—
EBITDAPS(원)	407	542	819	1,562	1,738	811

재무 비율 〈단위 : % 〉
연도	영업이익률	순이익률	부채비율	차입금비율	ROA	ROE	유보율	자기자본비율	EBITDA마진율
2016	27.6	21.3	5.1	0.0	18.9	20.2	1,252.8	95.1	29.8
2015	29.0	25.1	8.0	0.0	23.8	25.5	1,019.2	92.6	31.0
2014	20.6	18.1	6.0	0.0	15.2	16.0	774.6	94.4	22.9
2013	17.7	16.8	4.1	0.0	12.2	12.7	657.3	96.1	20.2

인베니아 (A079950)
INVENIA

업 종 : 디스플레이 및 관련부품	시 장 : KOSDAQ
신용등급 : (Bond) — (CP) —	기업규모 : 벤처
홈 페 이 지 : www.inveniacorp.com	연 락 처 : 031)778-1114
본 사 : 경기도 성남시 중원구 갈마치로 214	

설 립 일 2001.01.26	종 업 원 수 314명	대 표 이 사 신동찬
상 장 일 2005.02.04	감 사 의 견 적정 (삼일)	계 열
결 산 기 12월	보 통 주 2,320만주	종속회사수 1개사
액 면 가 500원	우 선 주 —	구 상 호 LIG인베니아

주주구성 (지분율,%)		출자관계 (지분율,%)		주요경쟁사 (외형,%)	
구자준	20.1	인베니아브이	19.0	인베니아	100
LG디스플레이	12.9	아이피파이(복경)과우유한공사		신화인터텍	142
(외국인)	0.5			에스엔유	38

매출구성		비용구성		수출비중	
[디스플레이제조장비] 패널 제조장비	96.8	매출원가율	85.3	수출	66.0
[디스플레이제조장비] 기타	3.2	판관비율	11.2	내수	34.0

회사 개요
동사는 2001년 1월 TFT-LCD용 장비제조 전문회사로 설립돼 LG디스플레이에 5세대 장비 납품을 시작으로 현재 8세대 장비를 양산 납품 중에 있음. 2005년 코스닥시장에 상장했으며, 기업가치 향상을 위해 새로운 사업영역 발굴, 장비군의 차세대 개발, 국내외 시장 점유율 확보와 수익성 개선에 노력하고 있음. 국내외 디스플레이 업체들의 설비 투자 증가로 큰 수혜를 보고 있음.

실적 분석
동사의 2017년 연결기준 2분기 누적 매출액은 750.3억원으로 전년 동기 대비 49.6% 증가함. 작년 BOE B9 투자에서 10.5세대 LCD 드라이어에서 공급 레퍼런스를 확보했음, Oxide TFT용 드라이어her-는 LGD를 통해 양산성이 검증됐음. 패널업체들은 대규모 설비투자의 리스크를 최소화하기 위해 신뢰성/양산성이 검증된 장비를 선호하기 때문에 향후 전개될 초대형 LCD/OLED 증설 사이클에서 경쟁우위 요소로 작용할 것.

현금 흐름 〈단위 : 억원〉
항목	2016	2017.2Q
영업활동	61	100
투자활동	-29	-20
재무활동	-42	73
순현금흐름	-9	153
기말현금	21	174

결산 실적 〈단위 : 억원〉
항목	2012	2013	2014	2015	2016	2017
매출액	229	1,516	1,069	895	1,515	—
영업이익	-187	76	-62	46	54	—
당기순이익	-201	46	-40	12	83	—

분기 실적 〈단위 : 억원〉
항목	2016.1Q	2016.2Q	2016.3Q	2016.4Q	2017.1Q	2017.2Q
매출액	66	435	510	503	413	337
영업이익	-52	15	55	36	28	7
당기순이익	-66	43	43	63	-1	10

재무 상태 〈단위 : 억원〉
항목	2012	2013	2014	2015	2016	2017.2Q
총자산	739	1,120	938	872	1,133	1,078
유형자산	247	246	232	222	222	217
무형자산	50	38	35	29	41	48
유가증권	1	1	1	1	11	11
총부채	414	752	607	531	712	651
총차입금	318	356	291	296	261	326
자본금	116	116	116	116	116	116
총자본	325	368	331	342	421	427
지배주주지분	325	368	331	342	421	427

기업가치 지표
항목	2012	2013	2014	2015	2016	2017.2Q
주가(최고/저)(천원)	4.2/2.1	5.7/2.4	6.6/3.9	5.7/2.8	6.6/3.0	—/—
PER(최고/저)(배)	—/—	28.7/12.2	—/—	110.1/53.2	18.4/8.4	—/—
PBR(최고/저)(배)	2.8/1.4	3.4/1.4	4.2/2.5	3.6/1.7	3.4/1.6	3.4/2.5
EV/EBITDA(배)	—	12.3	—	15.7	19.6	—
EPS(원)	-867	200	-173	52	359	39
BPS(원)	1,509	1,713	1,551	1,598	1,941	1,965
CFPS(원)	-691	366	-50	168	470	84
DPS(원)	—	—	—	—	—	—
EBITDAPS(원)	-629	492	-143	314	342	194

재무 비율 〈단위 : % 〉
연도	영업이익률	순이익률	부채비율	차입금비율	ROA	ROE	유보율	자기자본비율	EBITDA마진율
2016	3.5	5.5	169.0	61.9	8.3	21.8	288.1	37.2	5.2
2015	5.1	1.4	155.2	86.6	1.3	3.6	219.6	39.2	8.1
2014	-5.8	-3.8	183.5	88.1	-3.9	-11.5	210.1	35.3	-3.1
2013	5.0	3.1	204.2	96.7	5.0	13.4	242.5	32.9	7.5

인산가 (A062580)
INSAN

업 종 : 식료품		시 장 : KONEX	
신용등급 : (Bond) — (CP) —		기업규모 : —	
홈 페 이 지 : www.insanga.co.kr		연 락 처 : 055)963-9991	
본 사 : 경남 함양군 수동면 수동농공길 23-26			

설 립 일 1992.03.02	종 업 원 수 154명	대 표 이 사 김윤세	
상 장 일 2015.12.21	감 사 의 견 적정 (삼일)	계 열	
결 산 기 12월	보 통 주	종속회사수	
액 면 가 —	우 선 주	구 상 호	

주주구성 (지분율,%)
김윤세	32.9
한국산업은행	22.7

출자관계 (지분율,%)
주식회사인산농장	90.0
INSANGAJUKYOM(M)SDN.BHD.	100.0

주요경쟁사 (외형,%)
인산가	100
사조해표	2,699
신송홀딩스	829

매출구성
상품(상품)	34.2
기타	29.5
9죽염(제품)	25.4

비용구성
매출원가율	39.9
판관비율	50.9

수출비중
수출	1.0
내수	99.0

회사 개요
동사는 1992년 3월 2일에 설립된 죽염 및 죽염응용식품 전문 제조/유통 업체임. 동사의 죽염 및 관련 식품의 제조방식은 가업 대물로 내려오는 경남 함양의 전통적인 방식을 따르고 있으며 죽염의 생산·판매는 2015년 기준 전체 매출의 33.3%를 차지하고 있으며 동사 안정적인 수익기반. 국내 식염시장은 약 2000억원 규모로 2010년 이후 연평균 20% 이상 빠르게 성장하고 있음.

실적 분석
동사는 코넥스 상장 기업으로 반기 기준 실적 공개 의무가 없음. 동사의 2016년 누적 매출액은 249.7억원으로 전년 동기 대비 19.5% 증가함. 매출이 늘면서 매출원가와 판관비도 늘었지만 매출 증가에 따른 고정비용이 상대적으로 감소하면서 영업이익은 전년 동기 대비 52.4% 증가한 16.3억원을 시현함. 비영업손익 부문에서도 적자 규모를 대폭 축소하여 당기순이익은 10.4억원으로 전년 동기 대비 흑자 전환에 성공함.

현금 흐름 •IFRS 별도 기준
〈단위 : 억원〉
항목	2016	2017.2Q
영업활동	23	—
투자활동	-18	—
재무활동	27	—
순현금흐름	32	—
기말현금	38	—

시장 대비 수익률

결산 실적
〈단위 : 억원〉
항목	2012	2013	2014	2015	2016	2017
매출액	168	175	200	209	250	
영업이익	7	8	19	11	23	
당기순이익	4	3	7	-15	23	

분기 실적 •IFRS 별도 기준
〈단위 : 억원〉
항목	2016.1Q	2016.2Q	2016.3Q	2016.4Q	2017.1Q	2017.2Q
매출액	—	—	—	—	—	—
영업이익	—	—	—	—	—	—
당기순이익	—	—	—	—	—	—

재무 상태 •IFRS 별도 기준
〈단위 : 억원〉
항목	2012	2013	2014	2015	2016	2017.2Q
총자산	165	192	181	177	223	
유형자산	82	89	85	84	86	
무형자산	2	1	1	3	6	
유가증권	0	0	1			
총부채	94	117	103	113	126	
총차입금	72	93	78	78	88	
자본금	17	17	17	17	22	
총자본	71	75	78	64	97	
지배주주지분	71	75	78	64	97	

기업가치 지표 •IFRS 별도 기준
항목	2012	2013	2014	2015	2016	2017.2Q
주가(최고/저)(천원)	6.9/2.5	4.6/2.7	7.3/1.6	10.6/1.5	5.7/3.0	—/—
PER(최고/저)(배)	58.0/20.5	56.9/33.2	34.3/7.7	—/—	24.3/12.6	—/—
PBR(최고/저)(배)	3.3/1.2	2.1/1.2	3.0/0.7	5.4/0.7	2.4/1.3	0.0/0.0
EV/EBITDA(배)	10.9	9.9	4.5	13.0	10.8	
EPS(원)	120	81	214	-429	236	
BPS(원)	2,096	2,204	2,418	1,990	2,385	
CFPS(원)	348	297	385	-268	393	
DPS(원)					30	
EBITDAPS(원)	425	450	726	475	527	

재무 비율
〈단위 : % 〉
연도	영업이익률	순이익률	부채비율	차입금비율	ROA	ROE	유보율	자기자본비율	EBITDA마진율
2016	9.2	9.3	137.4	103.4	11.1	16.0	389.9	42.1	12.1
2015	5.1	-7.0	176.8	122.7	-8.2	-20.6	297.9	36.1	7.7
2014	9.5	3.7	132.0	99.4	3.9	9.5	383.7	43.1	12.4
2013	4.6	1.6	156.0	124.3	1.6	3.8	340.8	39.1	8.7

인선이엔티 (A060150)
INSUN Environmental New Technology

업 종 : 상업서비스		시 장 : KOSDAQ	
신용등급 : (Bond) — (CP) —		기업규모 : 중견	
홈 페 이 지 : www.insun.com		연 락 처 : 031)969-1500	
본 사 : 경기도 고양시 일산동구 동국로 240 (식사동)			

설 립 일 1997.11.06	종 업 원 수 348명	대 표 이 사 권민석,이준길	
상 장 일 2002.05.31	감 사 의 견 적정 (다산)	계 열	
결 산 기 12월	보 통 주 3,578만주	종속회사수 6개사	
액 면 가 500원	우 선 주	구 상 호	

주주구성 (지분율,%)
아이에스엠앤버제일호유한회사	14.3
오종택	6.5
(외국인)	2.9

출자관계 (지분율,%)
인선기업	100.0
인선모터스	78.5
아이앤에스	73.3

주요경쟁사 (외형,%)
인선이엔티	100
C&S자산관리	160
코엔텍	41

매출구성
건설폐기물중간처리	94.2
순환골재판매	3.0
임대수익	2.3

비용구성
매출원가율	74.9
판관비율	11.8

수출비중
수출	—
내수	—

회사 개요
동사는 건설폐기물 수집 운반 및 중간처리사업, 폐자동차 해체재활용 사업, 파쇄재활용사업 등 친환경 자원 재활용 사업을 영위함. 건설폐기물 분야 국내 기업 중 유일하게 비계구조물 해체에서부터 건설폐기물의 수집·운반 및 중간처리, 순환골재 생산, 폐기물의 최종처리(매립)까지 폐기물 일괄처리 기술 및 특허를 보유함. 건설폐기물 수집운반량, 중간처리량 기준 1위 업체임. 2014년 이후 수도권 지역 폐차 처리대수에서도 1위를 유지함.

실적 분석
동사의 2017년 상반기 매출액은 800.8억원으로 전년 동기 대비 23.9% 증가함. 영업이익은 113.1억원으로 전년 대비 16.8% 증가함. 당기순이익은 65.8억원으로 170.0% 증가함. 올 상반기 철스크랩 시세는 안정적 수준을 유지함. 생철 기준으로 6월 270원의 시세 형성함. 2016년 평균단가 216억원 대비 약 25%증가한 수준임. '폐차-부품-중고차' 수직계열화 구조가 자리를 잡아가고 있음.

현금 흐름
〈단위 : 억원〉
항목	2016	2017.2Q
영업활동	87	83
투자활동	-68	-137
재무활동	-12	92
순현금흐름	8	37
기말현금	39	76

시장 대비 수익률

결산 실적
〈단위 : 억원〉
항목	2012	2013	2014	2015	2016	2017
매출액	869	686	672	953	1,355	
영업이익	-46	2	-4	79	181	
당기순이익	-84	14	-53	-18	181	

분기 실적
〈단위 : 억원〉
항목	2016.1Q	2016.2Q	2016.3Q	2016.4Q	2017.1Q	2017.2Q
매출액	280	367	335	372	384	417
영업이익	26	71	42	42	45	68
당기순이익	1	23	9	-28	22	44

재무 상태
〈단위 : 억원〉
항목	2012	2013	2014	2015	2016	2017.2Q
총자산	2,695	2,651	2,879	2,915	3,010	3,168
유형자산	1,698	1,880	2,093	2,100	2,089	2,114
무형자산	55	48	49	48	27	26
유가증권	21	5	5	5	5	5
총부채	1,206	1,318	1,415	1,466	1,554	1,582
총차입금	867	924	1,055	1,182	1,196	1,237
자본금	171	171	171	171	171	176
총자본	1,490	1,334	1,464	1,450	1,457	1,585
지배주주지분	1,469	1,332	1,462	1,446	1,449	1,577

기업가치 지표
항목	2012	2013	2014	2015	2016	2017.2Q
주가(최고/저)(천원)	3.6/2.1	2.7/2.0	4.2/2.1	7.3/3.8	6.8/5.1	—/—
PER(최고/저)(배)	—/—	60.9/45.7	—/—	7.3/3.8	521.8/395.0	—/—
PBR(최고/저)(배)	0.8/0.5	—/—	1.0/0.5	1.7/0.9	1.6/1.2	1.7/1.3
EV/EBITDA(배)			42.1	85.2	24.6	14.1
EPS(원)	-239	44	-155	-47	13	185
BPS(원)	4,304	4,382	4,284	4,238	4,239	4,477
CFPS(원)	-108	144		-62	97	273
DPS(원)					181	
EBITDAPS(원)	-4	106	82	376	696	409

재무 비율
〈단위 : % 〉
연도	영업이익률	순이익률	부채비율	차입금비율	ROA	ROE	유보율	자기자본비율	EBITDA마진율
2016	13.3	0.4	106.7	82.1	0.2	0.3	747.8	48.4	17.6
2015	8.3	-1.9	101.1	81.5	-0.6	-1.1	747.6	49.7	13.5
2014	-0.6	-7.9	96.7	72.1	-1.9	-3.8	756.9	50.8	4.2
2013	0.3	2.1	98.8	69.3	0.5	0.5	776.3	50.3	5.3

인성정보 (A033230)
Insung Information

업 종: IT 서비스

업 종: IT 서비스		시 장: KOSDAQ
신용등급: (Bond) — (CP) —		기업규모: 중견
홈페이지: www.insunginfo.co.kr		연 락 처: 02)3400-7000
본 사: 서울시 송파구 위례성대로 22길 28		

설 립 일 1992.02.10	종업원수 173명	대 표 이 사 원종윤
상 장 일 1999.07.20	감사의견 적정(삼일)	계 열
결 산 기 12월	보 통 주 1,916만주	종속회사수 7개사
액 면 가 500원	우 선 주 —	구 상 호

주주구성 (지분율,%)		출자관계 (지분율,%)		주요경쟁사 (외형,%)	
윤재승	21.4	아이넷뱅크	100.0	인성정보	100
원종윤	7.7	인성디지탈	85.6	신세계 I&C	117
(외국인)	0.9	벤치비	49.3	오픈베이스	62

매출구성		비용구성		수출비중	
네트워크 장비 및 솔루션 외	38.6	매출원가율	88.6	수출	0.0
네트워크 장비 및 Auto ID 제품 외	33.3	판관비율	9.4	내수	100.0
상용 S/W 및 네트워크 장비 외	26.7				

회사 개요
동사는 1992년 설립돼 정보기술 인프라와 솔루션을 통합 공급하는 IT 전문기업임. Network, Voice(UC) 및 Video(IP-CCTV, DMS, TP), Storage, 가상화 등 IT 핵심 인프라 제품/솔루션을 제공함. 가상화와 클라우드 컴퓨팅을 위해 시트릭스와 파트너를 체결하여 투자하고 있어 성장성이 예상됨. 동사는 인성디지탈, 아이넷뱅크 외 소수의 계열회사를 보유하고 있음.

실적 분석
동사의 2017년 상반기 연결기준 누적 매출액은 1113.3억원으로 전년 동기 대비 8.1% 증가함. 매출은 늘었지만 매출원가와 판관비 부담이 커지면서 영업손실은 0.2억원으로 전년 동기 대비 적자전환함. 비영업손익 부문에서도 금융손실이 발생했지만 외환손익으로 인해 적자 폭이 줄어들면서 당기순손실은 27.7억원으로 전년 동기와 비교해 적자의 규모가 감소함.

현금 흐름 〈단위 : 억원〉

항목	2016	2017.2Q
영업활동	144	12
투자활동	-36	-34
재무활동	-57	-33
순현금흐름	51	-55
기말현금	185	130

시장 대비 수익률

결산 실적 〈단위 : 억원〉

항목	2012	2013	2014	2015	2016	2017
매출액	2,586	2,556	2,574	2,565	2,527	
영업이익	37	70	31	-31	50	
당기순이익	25	72	-34	-107	12	

분기 실적 〈단위 : 억원〉

항목	2016.1Q	2016.2Q	2016.3Q	2016.4Q	2017.1Q	2017.2Q
매출액	484	545	633	864	517	597
영업이익	2	2	17	28	-11	11
당기순이익	-24	-17	2	52	-40	12

재무 상태 〈단위 : 억원〉

항목	2012	2013	2014	2015	2016	2017.2Q
총자산	1,501	1,480	1,754	1,640	1,567	1,385
유형자산	136	124	120	125	129	130
무형자산	21	24	25	26	22	21
유가증권	34	24	14	17	14	19
총부채	1,060	978	1,297	1,296	1,211	1,034
총차입금	459	382	582	663	594	549
자본금	85	85	85	85	85	87
총자본	441	503	456	344	356	351
지배주주지분	422	489	442	335	346	340

기업가치 지표

항목	2012	2013	2014	2015	2016	2017.2Q
주가(최고/저)(천원)	3.7/2.1	6.1/2.6	10.4/3.6	6.3/4.0	6.8/3.8	—/—
PER(최고/저)(배)	25.6/14.7	14.6/6.2	—/—	—/—	104.1/58.4	—/—
PBR(최고/저)(배)	1.3/0.8	2.0/0.8	3.6/1.3	2.8/1.8	3.0/1.7	2.2/1.7
EV/EBITDA(배)	14.3	10.3	25.5		15.7	
EPS(원)	143	417	-201	-617	66	-160
BPS(원)	2,733	3,124	2,848	2,216	2,280	2,192
CFPS(원)	231	507	-109	-513	157	-118
DPS(원)						
EBITDAPS(원)	305	501	275	-81	383	41

재무 비율 〈단위 : % 〉

연도	영업이익률	순이익률	부채비율	차입금비율	ROA	ROE	유보율	자기자본비율	EBITDA마진율
2016	2.0	0.5	340.2	166.9	0.7	3.3	356.0	22.7	2.6
2015	-1.2	-4.2	376.1	192.5	-6.3	-27.0	343.2	21.0	-0.5
2014	1.2	-1.3	284.3	127.6	-2.1	-7.3	469.7	26.0	1.8
2013	2.7	2.8	194.4	76.0	4.9	15.5	524.9	34.0	3.3

인스코비 (A006490)
Inscobee

업 종: 무선통신		시 장: 거래소
신용등급: (Bond) — (CP) —		기업규모: 시가총액 소형주
홈페이지: www.inscobee.co.kr		연 락 처: 1661-9641
본 사: 서울시 금천구 디지털로9길 47 (가산동, 한신아이티타워2차 306-2호)		

설 립 일 1970.02.27	종업원수 51명	대 표 이 사 유인수
상 장 일 1985.01.17	감사의견 적정(현대)	계 열
결 산 기 12월	보 통 주 8,727만주	종속회사수 2개사
액 면 가 500원	우 선 주 —	구 상 호 씨앤피로엔

주주구성 (지분율,%)		출자관계 (지분율,%)		주요경쟁사 (외형,%)	
밀레니엄홀딩스	5.6	프리텔레콤	100.0	인스코비	100
유인수	5.2	아이엔에스	67.1	SK텔레콤	46,117
(외국인)	0.2	아피메즈	11.7	KT	61,367

매출구성		비용구성		수출비중	
알뜰폰 통신서비스	93.3	매출원가율	42.7	수출	0.0
AMI 등	4.6	판관비율	64.1	내수	100.0
시계	2.0				

회사 개요
동사는 1970년 설립되어 스마트그리드 관련 사업, 지능형 전력망, 전기선 통신기기 및 시스템 제조 판매, 시계부품 제조 및 판매업 등을 주요 사업으로 영위하고 있음. 또한 2011년 (주)오토컴퍼니를 인수하며 수입 중고차 유통사업에 진출하였으며 2015년 8월 스페이스네트 인수하며 알뜰폰(MVNP) 시장에 진출. 매출구성은 스마트그리드 4.6%, MVNO사업부문 93.3% 으로 구분되어 있음.

실적 분석
동사의 2017년 반기 연결 재무제표 기준 매출액은 221.2억으로 전년 동기 대비 25.4%가 늘어났으며, 영업손실은 9.3억으로 전년동기 대비 적자폭이 축소됨. 매출원가가 39.3% 상승하였으며 원가율 악화로 순손실은 19.0억원으로 적자지속 하였음. 매출액 증가는 통신사업부의 매출증가가 주된 요인임. 알뜰폰사업은 정부의 '가계통신비 부담해소' 정책에 따라 법제도화되어 정부가 적극적으로 활성화하고 있는 사업임.

현금 흐름 〈단위 : 억원〉

항목	2016	2017.2Q
영업활동	-3	1
투자활동	-1	10
재무활동	17	-2
순현금흐름	13	8
기말현금	50	58

시장 대비 수익률

결산 실적 〈단위 : 억원〉

항목	2012	2013	2014	2015	2016	2017
매출액	80	123	258	163	371	
영업이익	-57	-69	-58	-48	-25	
당기순이익	-87	-71	-80	-245	-69	

분기 실적 〈단위 : 억원〉

항목	2016.1Q	2016.2Q	2016.3Q	2016.4Q	2017.1Q	2017.2Q
매출액	84	93	96	99	117	104
영업이익	0	-15	-7	-4	1	-10
당기순이익	-5	-15	-12	-37	3	-22

재무 상태 〈단위 : 억원〉

항목	2012	2013	2014	2015	2016	2017.2Q
총자산	193	261	239	486	452	442
유형자산	42	23	10	8	8	8
무형자산	2	4	2	275	227	218
유가증권	1	1	12	18	43	30
총부채	50	33	30	233	133	101
총차입금	23	12	7	146	40	3
자본금	233	279	298	377	424	436
총자본	142	229	209	254	319	341
지배주주지분	142	229	209	259	332	351

기업가치 지표

항목	2012	2013	2014	2015	2016	2017.2Q
주가(최고/저)(천원)	3.9/1.0	3.1/1.4	2.5/1.4	2.3/1.2	3.4/1.4	—/—
PER(최고/저)(배)	—/—	—/—	—/—	—/—	—/—	—/—
PBR(최고/저)(배)	12.9/3.2	7.5/3.5	7.1/4.0	6.6/3.4	8.7/3.7	4.8/3.9
EV/EBITDA(배)						
EPS(원)	-200	-144	-136	-353	-73	-22
BPS(원)	306	410	351	344	392	403
CFPS(원)	-198	-138	-128	-338	-52	-9
DPS(원)						
EBITDAPS(원)	-128	-135	-91	-56	-9	1

재무 비율 〈단위 : % 〉

연도	영업이익률	순이익률	부채비율	차입금비율	ROA	ROE	유보율	자기자본비율	EBITDA마진율
2016	-6.8	-18.5	일부잠식	일부잠식	-14.6	-20.7	-21.7	70.7	-2.1
2015	-29.1	-150.5	일부잠식	일부잠식	-67.7	-100.4	-31.2	52.2	-22.8
2014	-22.6	-30.9	일부잠식	일부잠식	-31.8	-36.4	-29.9	87.5	-20.7
2013	-56.1	-57.7	일부잠식	일부잠식	-31.3	-38.4	-17.9	87.5	-53.9

인지디스플레이 (A037330)
Inzi Display

업　　종 : 디스플레이 및 관련부품		시　　장 : KOSDAQ	
신용등급 : (Bond) — 　(CP) —		기업규모 : 우량	
홈페이지 : www.inzidisplay.co.kr		연 락 처 : 031)330-3051	
본　　사 : 경기도 안산시 단원구 동산로 88(원시동)			

설 립 일 1992.03.17	종업원수 160명	대표이사 정혜승,정구용(각각대표이사)	
상 장 일 1999.12.08	감사의견 적정 (신한)	계　　　열	
결 산 기 12월	보 통 주 3,560만주	종속회사수 7개사	
액 면 가 500원	우 선 주	구　상　호	

주주구성 (지분율,%)
인지컨트롤스	25.0
인지플러스	8.4
(외국인)	6.4

출자관계 (지분율,%)
인지에이원	48.6
인지솔라	30.7
넥스플러스	29.5

주요경쟁사 (외형,%)
인지디스플레	100
탑엔지니어링	41
동부라이텍	19

매출구성
TOP/BTM CHASSIS(기타)	86.1
TOP/BTM CHASSIS(제품)	10.6
SUS, AL 등(상품)	1.8

비용구성
매출원가율	91.6
판관비율	5.7

수출비중
수출	82.0
내수	18.0

회사 개요
동사는 TFT-LCD 부품을 제조 및 판매하는 사업을 주요 사업으로 영위하고 있음. TFT-LCD 패널 모듈에 사용되는 TOP CHASSIS류 제품과 BLU(백라이트유닛)에 사용되는 BTM CHASSIS류의 제품으로 구성됨. 본격적인 경기 회복세와 맞물려 전세계적인 LCD TV의 판매량 증가, 디지털방송의 전환으로 인한 교체수요 발생의 영향으로 TFT-LCD 산업이 성장할 것으로 예상됨. 해외 사업부의 실적 부진이 부담으로 작용함.

실적 분석
동사의 2017년 상반기 연결기준 누적 매출액은 2,067억원으로 전년 동기 대비 39.2% 증가함. 매출원가 또한 크게 늘었지만 매출 증가로 따른 고정비용 감소효과가 커 영업이익은 전년 동기 대비 34.5% 증가한 38.8억원을 시현함. 비영업손익 부문에서 금융손실 등으로 순익이 소폭 감소했지만 영업이익 확대로 인해 당기순이익은 34.1억원으로 전년 동기 대비 86.6% 증가함.

현금 흐름 〈단위 : 억원〉
항목	2016	2017.2Q
영업활동	279	115
투자활동	-318	-113
재무활동	-75	-88
순현금흐름	-114	-87
기말현금	262	176

시장 대비 수익률

결산 실적 〈단위 : 억원〉
항목	2012	2013	2014	2015	2016	2017
매출액	3,527	2,729	3,490	3,116	3,898	
영업이익	278	48	119	91	106	
당기순이익	213	-90	29	39	85	

분기 실적 〈단위 : 억원〉
항목	2016.1Q	2016.2Q	2016.3Q	2016.4Q	2017.1Q	2017.2Q
매출액	653	832	1,114	1,300	926	1,140
영업이익	14	15	43	35	-4	43
당기순이익	10	8	31	35	-12	46

재무 상태 〈단위 : 억원〉
항목	2012	2013	2014	2015	2016	2017.2Q
총자산	2,802	2,685	2,577	2,553	2,653	2,688
유형자산	1,234	1,311	1,229	1,075	1,141	1,186
무형자산	22	21	22	19	61	59
유가증권	84	71	56	103	96	261
총부채	1,102	1,080	951	880	952	1,016
총차입금	403	501	373	494	475	468
자본금	178	178	178	178	178	178
총자본	1,701	1,605	1,626	1,674	1,701	1,672
지배주주지분	1,461	1,388	1,400	1,427	1,457	1,431

기업가치 지표
항목	2012	2013	2014	2015	2016	2017.2Q
주가(최고/저)(천원)	3.3/1.7	3.1/1.2	2.0/1.3	2.4/1.3	2.5/1.4	—/—
PER(최고/저)(배)	7.3/3.8	—/—	30.4/19.9	34.6/19.1	16.6/9.2	—/—
PBR(최고/저)(배)	0.9/0.5	0.9/0.3	0.6/0.4	0.6/0.4	0.6/0.3	0.7/0.5
EV/EBITDA(배)	3.3	4.3	3.9	3.7	5.1	—/—
EPS(원)	514	-179	71	73	154	76
BPS(원)	4,103	3,900	3,934	4,008	4,092	4,020
CFPS(원)	914	302	508	520	546	76
DPS(원)	50	50	50	50	50	
EBITDAPS(원)	1,184	617	772	703	691	109

재무 비율 〈단위 : %〉
연도	영업이익률	순이익률	부채비율	차입금비율	ROA	ROE	유보율	자기자본비율	EBITDA마진율
2016	2.7	2.2	56.0	27.9	3.3	3.8	718.5	64.1	6.3
2015	2.9	1.3	52.6	29.5	1.5	1.9	701.7	65.5	8.0
2014	3.4	0.8	58.5	22.9	1.1	1.8	686.8	63.1	7.9
2013	1.8	-3.3	67.3	31.2	-3.3	-4.5	680.1	59.8	8.0

인지컨트롤스 (A023800)
INZI CONTROLS COLTD

업　　종 : 자동차부품		시　　장 : 거래소	
신용등급 : (Bond) — 　(CP) —		기업규모 : 시가총액 소형주	
홈페이지 : www.inzi.co.kr		연 락 처 : 031)496-1700	
본　　사 : 경기도 시흥시 군자천로 171 (정왕동, 시화공단2다504)			

설 립 일 1978.01.31	종업원수 586명	대표이사 정구용,김양수	
상 장 일 1997.06.23	감사의견 적정 (신한)	계　　　열	
결 산 기 12월	보 통 주 1,516만주	종속회사수	
액 면 가 500원	우 선 주	구　상　호	

주주구성 (지분율,%)
정구용	18.6
인지플러스	12.4
(외국인)	13.4

출자관계 (지분율,%)
인지개성	100.0
인지에이원	46.7
이노렉스테크놀러지	36.1

주요경쟁사 (외형,%)
인지컨트롤스	100
삼보모터스	137
트루윈	5

매출구성
PLASTIC류	30.9
WTC류	22.5
SOLENOID류 외	20.1

비용구성
매출원가율	87.7
판관비율	9.4

수출비중
수출	14.0
내수	86.0

회사 개요
동사는 1978년 자동차 부품 제조, 판매를 목적으로 설립됨. 동사는 자동차 엔진 냉각제어 분야에서 핵심적인 기술력을 바탕으로 온도제어시스템 부품 등을 납품함. 현재 관련 부품 시장에서 90% 이상 점유율을 지속적으로 차지함. 친환경차에 적용하게 될 전자식 써모스타트와 멀티밸브의 연구개발, 양산화에 매진하고 있음. 최근 주력품목으로 부상한 엔지니어링 플라스틱 부품도 국내 시장에서 40%를 차지함.

실적 분석
동사의 2017년 연결기준 2분기 누적 매출액은 2,891.4억원으로 전년동기 대비 11.3% 감소함. 영업이익은 41억으로 65% 감소함. 당기순이익은 41.3억으로 37.2% 축소되었음. 미국과 중국시장의 수익성은 악화되고 있음. 반면 신흥시장의 수요회복과 이에 따른 현대기아차 국내공장 수출증가, 러시아/브라질 공장의 손익개선 효과 등 긍정적 효과가 있음.

현금 흐름 〈단위 : 억원〉
항목	2016	2017.2Q
영업활동	251	202
투자활동	-243	-149
재무활동	81	118
순현금흐름	89	171
기말현금	271	441

시장 대비 수익률

결산 실적 〈단위 : 억원〉
항목	2012	2013	2014	2015	2016	2017
매출액	5,602	5,466	5,933	6,595	6,240	
영업이익	191	96	99	182	184	
당기순이익	311	-25	7	87	115	

분기 실적 〈단위 : 억원〉
항목	2016.1Q	2016.2Q	2016.3Q	2016.4Q	2017.1Q	2017.2Q
매출액	1,630	1,628	1,446	1,536	1,531	1,36
영업이익	59	58	42	25	48	
당기순이익	48	19	14	34	24	1

재무 상태 〈단위 : 억원〉
항목	2012	2013	2014	2015	2016	2017.2Q
총자산	3,845	4,116	4,463	4,721	4,803	4,73
유형자산	1,534	1,650	1,725	1,683	1,633	1,63
무형자산	101	105	108	123	118	11
유가증권	30	30	29	53	38	11
총부채	1,915	2,161	2,533	2,695	2,725	2,66
총차입금	856	1,131	1,275	1,270	1,393	1,56
자본금	76	76	76	76	76	
총자본	1,930	1,955	1,930	2,026	2,078	2,07
지배주주지분	1,846	1,866	1,882	2,011	1,971	1,97

기업가치 지표
항목	2012	2013	2014	2015	2016	2017.2Q
주가(최고/저)(천원)	7.4/4.8	6.5/3.7	5.6/3.8	6.1/4.2	6.1/4.4	—/
PER(최고/저)(배)	8.4/5.4	49.9/28.3	18.9/12.7	8.3/5.6	9.3/6.7	—/
PBR(최고/저)(배)	0.7/0.4	0.6/0.3	0.5/0.3	0.5/0.3	0.5/0.3	0.5/0
EV/EBITDA(배)	3.8	6.2	6.6	4.8	4.7	—/
EPS(원)	981	143	320	781	670	27
BPS(원)	12,301	12,437	12,542	13,394	13,131	13,14
CFPS(원)	3,030	1,328	1,568	2,209	2,173	99
DPS(원)	100	100	100	150	100	
EBITDAPS(원)	3,307	1,818	1,902	2,630	2,714	98

재무 비율 〈단위 : %〉
연도	영업이익률	순이익률	부채비율	차입금비율	ROA	ROE	유보율	자기자본비율	EBITDA마진율
2016	2.9	1.9	131.1	67.0	2.4	5.1	2,526.2	43.3	6
2015	2.8	1.3	133.0	62.7	1.9	6.1	2,578.9	42.9	6
2014	1.7	0.1	131.2	66.1	0.2	2.6	2,408.3	43.3	4
2013	1.8	-0.5	110.5	57.9	-0.6	1.2	2,387.4	47.5	5

인천도시가스 (A034590)
Incheon City Gas

업 종 : 가스		시 장 : 거래소	
신용등급 : (Bond) — (CP) —		기업규모 : 시가총액 소형주	
홈 페 이 지 : www.icgas.co.kr		연 락 처 : 1600-0002	
본 사 : 인천시 서구 백범로 934번길 23			

설 립 일	1983.03.07	종 업 원 수	196명	대 표 이 사	정진학,이가원(공동대표이사)
상 장 일	2006.11.07	감 사 의 견	적정 (한영)	계 열	
결 산 기	12월	보 통 주	437만주	종속회사수	
액 면 가	5,000원	우 선 주		구 상 호	

주주구성 (지분율,%)		출자관계 (지분율,%)		주요경쟁사 (외형,%)	
이종훈	40.8	인주이앤이	4.7	인천도시가스	100
인주이앤이	14.1	지트리비앤티		예스코	204
(외국인)	0.5			대성에너지	143

매출구성		비용구성		수출비중	
도시가스등(기타)	100.0	매출원가율	87.8	수출	0.0
		판관비율	10.0	내수	100.0

회사 개요
동사는 도시가스 공급업을 주요사업으로 영위하고 있으며 도시가스 공급업의 매출이 전체 매출의 100%를 차지함. 인천광역시 부평구, 계양구, 서구, 강화군 전 지역과 남동구 일부, 중구(영종도) 일부, 동구 일부 등에 도시가스를 공급하며, 총 76만4000개소에 도시가스를 공급하며, 보급률은 94.3%임. 주택용이 전체 매출액의 약 48%로 가장 높은 비중을 차지함. 산업체, 영업용도 꾸준히 늘고 있음. 시장점유율은 3.6%임.

실적 분석
동사의 2017년 상반기 누계매출액은 2,948.2억원으로 전년동기 대비 1.2% 감소함. 유가하락으로 인한 가격경쟁력 등의 이유로 산업용 공급량이 감소하고 동절기 기온 상승으로 난방공급량 또한 감소하는 모습을 보임. 매출원가가 2.7% 하락하면서 영업이익은 전년동기보다 46.2% 늘어난 73.1억원을 기록함. 도시가스 요금은 원료비 연동제에 따라 매 홀수 월마다 유가, 환율 등이 3% 변동될 경우 적용됨.

현금 흐름 *IFRS 별도 기준 〈단위 : 억원〉

항목	2016	2017.2Q
영업활동	505	60
투자활동	-116	-77
재무활동	-70	-88
순현금흐름	319	-104
기말현금	773	669

시장 대비 수익률

결산 실적 〈단위 : 억원〉

항목	2012	2013	2014	2015	2016	2017
매출액	7,223	7,672	7,993	6,119	5,149	
영업이익	100	119	111	58	110	
당기순이익	96	103	234	72	86	

분기 실적 *IFRS 별도 기준 〈단위 : 억원〉

항목	2016.1Q	2016.2Q	2016.3Q	2016.4Q	2017.1Q	2017.2Q
매출액	2,135	850	624	1,540	2,032	917
영업이익	40	10	-19	78	56	17
당기순이익	38	15	-12	46	49	20

재무 상태 *IFRS 별도 기준 〈단위 : 억원〉

항목	2012	2013	2014	2015	2016	2017.2Q
총자산	3,674	3,555	3,781	3,342	3,603	2,915
유형자산	1,490	1,533	1,583	1,605	1,645	1,656
무형자산	15	45	45	45	40	41
유가증권	9	6	46	46	71	69
총부채	2,349	2,168	2,217	1,746	1,974	1,269
총차입금	208	216	219	217	202	167
자본금	200	200	219	219	219	219
총자본	1,325	1,387	1,565	1,595	1,628	1,646
지배주주지분	1,325	1,387	1,565	1,595	1,628	1,646

기업가치 지표 *IFRS 별도 기준

항목	2012	2013	2014	2015	2016	2017.2Q
주가(최고/저)(천원)	17.4/14.8	23.4/16.9	31.7/20.8	37.3/29.0	31.2/26.7	—/—
PER(최고/저)(배)	9.8/8.4	11.7/8.4	6.6/4.3	24.6/19.2	16.3/14.1	—/—
PBR(최고/저)(배)	0.7/0.6	0.8/0.6	1.0/0.6	1.1/0.8	0.8/0.7	0.8/0.8
EV/EBITDA(배)	4.5	5.5	5.7	7.2	3.3	—/—
EPS(원)	2,190	2,351	5,354	1,636	1,964	1,583
BPS(원)	34,556	36,110	37,085	37,785	38,537	38,945
CFPS(원)	4,414	4,839	7,606	4,068	4,501	2,880
DPS(원)	1,250	1,250	1,250	1,250	1,250	
EBITDAPS(원)	4,526	5,253	4,789	3,761	5,042	2,967

재무 비율 〈단위 : % 〉

연도	영업이익률	순이익률	부채비율	차입금비율	ROA	ROE	유보율	자기자본비율	EBITDA마진율
2016	2.1	1.7	121.3	12.4	2.5	5.3	670.7	45.2	4.3
2015	1.0	1.2	109.5	13.6	2.0	4.5	655.7	47.7	2.7
2014	1.4	2.9	141.7	14.0	6.4	15.9	641.7	41.4	2.6
2013	1.6	1.3	156.3	15.6	2.9	7.6	622.2	39.0	2.7

인카금융서비스 (A211050)
INCAR FINANCE SERVICE CO

업 종 : 보험		시 장 : KONEX	
신용등급 : (Bond) — (CP) —		기업규모 : —	
홈 페 이 지 : www.incar.co.kr		연 락 처 : 02)2192-8900	
본 사 : 서울시 성동구 성수이로7길 27 서울숲오롱디지털타워 2층			

설 립 일	2007.10.22	종 업 원 수	244명	대 표 이 사	최병채
상 장 일	2015.11.16	감 사 의 견	적정 (영앤진)	계 열	
결 산 기	12월	보 통 주		종속회사수	
액 면 가	—	우 선 주		구 상 호	

주주구성 (지분율,%)		출자관계 (지분율,%)		주요경쟁사 (외형,%)	
최병채	38.4			인카금융서비스	100
심두섭	10.7			동양생명	4,659
				한화손해보험	3,770

매출구성		비용구성		수출비중	
수입수수료(기타)	100.0	매출원가율	0.0	수출	—
		판관비율	98.9	내수	—

회사 개요
동사는 보험판매 중개 업무를 목적으로 2007년 10월 22일 설립되어 현재 손해보험, 생명보험 27개사의 보험상품 비교 분석을 통한 전문 보험 판매 사업을 영위하고 있음. 국내의 보험 GA는 크게 기업형 GA, 유니온 GA, 보험회사의 자회사 GA 세 부류로 나눌 수 있으며 대형 GA 사업자는 2016년 9월 기준 꾸준한 감소세를 보임. 보험 상품의 제조와 판매의 분리가 가속화 되며 보험 판매의 전문성을 담보호 핵심적 역할 수행할 것 예상.

실적 분석
동사의 2017년 연결기준 1분기 영업수익은 397.0억원으로 전년 동기(309.1억원) 대비 약 28% 증가함. 매출이 증가하면서 영업비용은 386억원으로 크게 증가해 영업이익은 11.4억원으로 전년 동기(12.4억원)와 비교해 감소함. 당기순이익 역시 10.7억원으로 전년 동기(11.8억원) 대비 감소. 독자적인 맞춤형 보험 상품개발능력으로 판매망을 확보하여 매출증대를 꾀함.

현금 흐름 *IFRS 별도 기준 〈단위 : 억원〉

항목	2016	2017.2Q
영업활동	-5	—
투자활동	44	—
재무활동	-40	—
순현금흐름	-1	—
기말현금	3	—

시장 대비 수익률

결산 실적 〈단위 : 억원〉

항목	2012	2013	2014	2015	2016	2017
매출액	446	—	1,020	1,196	1,310	
영업이익	-1	10	-8	-10	15	
당기순이익	3	8	-9	-11	15	

분기 실적 *IFRS 별도 기준 〈단위 : 억원〉

항목	2016.1Q	2016.2Q	2016.3Q	2016.4Q	2017.1Q	2017.2Q
매출액	—	—	366	—	397	—
영업이익	—	—	6	—	11	—
당기순이익	—	—	7	—	11	—

재무 상태 *IFRS 별도 기준 〈단위 : 억원〉

항목	2012	2013	2014	2015	2016	2017.2Q
총자산	113	269	385	485	506	—
유형자산	37	39	43	48	45	—
무형자산	1	16	0	4	4	—
유가증권	5	9	—	—	—	—
총부채	112	227	395	371	378	—
총차입금	55	128	136	95	58	—
자본금	2	2	15	22	22	—
총자본	1	42	-10	115	127	—
지배주주지분	1	42	-10	115	127	—

기업가치 지표 *IFRS 별도 기준

항목	2012	2013	2014	2015	2016	2017.2Q
주가(최고/저)(천원)	—/—	—/—	—/—	10.7/4.7	9.8/2.3	—/—
PER(최고/저)(배)	0.0/0.0	0.0/0.0	0.0/0.0	4.2/1.8	29.2/6.9	0.0/0.0
PBR(최고/저)(배)	0.0/0.0	0.0/0.0	0.0/0.0		3.4/0.8	0.0/0.0
EV/EBITDA(배)	7.8	5.2			7.2	—/—
EPS(원)	-56	299	-360	-259	335	
BPS(원)	278	8,465	-328	2,549	2,833	
CFPS(원)	477	2,435	-272	-151	473	
DPS(원)	—	—	—	—	—	
EBITDAPS(원)	1,659	2,932	-234	-133	463	

재무 비율 〈단위 : % 〉

연도	영업이익률	순이익률	부채비율	차입금비율	ROA	ROE	유보율	자기자본비율	EBITDA마진율
2016	1.1	1.2	297.2	45.8	3.0	12.4	466.7	25.2	1.6
2015	-0.8	-0.9	323.6	82.9	-2.5	전기잠식	409.9	23.6	-0.5
2014	-0.8	-0.9	완전잠식	완전잠식	-2.9	당기잠식	-165.7	-2.6	-0.6
2013	1.8	1.5	537.2	302.4	4.1	35.9	1,593.0	15.7	2.0

인콘 (A083640)
INCON

업　　종 : 보안장비　　　　　　　　　　시　　장 : KOSDAQ
신용등급 : (Bond) —　　(CP) —　　　　기업규모 : 벤처
홈 페 이 지 : www.in-con.biz　　　　　연 락 처 : 031)455-8600
본　　사 : 경기도 안양시 동안구 엘에스로 91번길 16-27, 원포넷빌딩

설 립 일 2000.08.01	종 업 원 수 135명	대 표 이 사 권오언	
상 장 일 2005.12.27	감 사 의 견 적정 (한울)	계	열
결 산 기 12월	보 통 주 639만주	종속회사수 1개사	
액 면 가 500원	우 선 주	구 상 호 원포넷	

주주구성 (지분율,%)		출자관계 (지분율,%)		주요경쟁사 (외형,%)	
방준혁	35.6	따닥	73.3	인콘	100
에이치앤더슨	17.8	싸이닉스	16.1	아이디스홀딩스	1,222
(외국인)	1.1	나다텔	3.6	아이디스	359

매출구성		비용구성		수출비중	
용역(통합관제센터 구축등)	53.2	매출원가율	77.1	수출	35.0
상품	20.2	판관비율	25.1	내수	65.0
DVR(영상보안장비)	16.2				

회사 개요
동사는 CCTV 영상을 저장하는 Digital Video Recorder 제품을 시작으로 Network Video Recorder, 네트워크 기반의 IP 카메라, 비디오 서버, 등을 연구개발·생산·판매해오고 있는 영상보안전문기업임. DVR이란 아날로그 카메라로부터 들어오는 영상신호를 디지털로 압축/변환하여 하드디스크에 고화질의 디지털영상으로 저장해 주는 장치로 저장된 영상에 대한 감시, 저장, 검색, 분석을 가능하도록 해주는 제품임.

실적 분석
동사의 2017년 2분기기준 누적 매출액은 전년동기대비 31.9% 상승한 196.1억원을 기록하였음. 비용면에서 전년동기대비 매출원가는 증가 하였으며 인건비도 증가, 광고선전비는 감소 하였고 기타판매비와관리비는 크게 감소함. 이처럼 매출액 상승과 더불어 비용 절감에도 힘을 기울였음. 그에 따라 전년동기대비 영업이익은 4.7억원으로 흑자전환하였음. 최종적으로 전년동기대비 당기순이익은 흑자전환하여 5억원을 기록함.

현금 흐름
〈단위 : 억원〉

항목	2016	2017.2Q
영업활동	5	35
투자활동	-24	13
재무활동	2	-1
순현금흐름	-16	47
기말현금	195	242

시장 대비 수익률

결산 실적
〈단위 : 억원〉

항목	2012	2013	2014	2015	2016	2017
매출액	402	418	386	361	361	—
영업이익	16	37	22	15	-8	—
당기순이익	15	33	24	15	-10	—

분기 실적
〈단위 : 억원〉

항목	2016.1Q	2016.2Q	2016.3Q	2016.4Q	2017.1Q	2017.2Q
매출액	67	81	64	149	68	128
영업이익	-8	-4	-6	10	-7	11
당기순이익	-5	-3	-7	5	-9	14

재무 상태
〈단위 : 억원〉

항목	2012	2013	2014	2015	2016	2017.2Q
총자산	345	409	459	556	516	536
유형자산	125	122	120	100	97	79
무형자산	46	48	47	45	32	28
유가증권	4	5	4	56	34	5
총부채	75	97	74	76	44	59
총차입금	8	30	0	—	—	—
자본금	32	32	32	32	32	32
총자본	270	313	385	480	472	477
지배주주지분	270	313	385	480	472	477

기업가치 지표

항목	2012	2013	2014	2015	2016	2017.2Q
주가(최고/저)(천원)	7.6/3.4	6.5/4.5	13.2/4.1	23.4/4.6	16.5/5.1	—/—
PER(최고/저)(배)	18.8/8.3	12.8/8.8	35.4/11.0	68.5/13.5	—/—	—/—
PBR(최고/저)(배)	1.4/0.6	1.1/0.8	2.0/0.6	3.1/0.6	2.2/0.7	3.1/1.1
EV/EBITDA(배)	10.8	4.4	15.2	3.8	41.8	—
EPS(원)	406	509	371	341	-123	82
BPS(원)	5,421	5,987	6,478	7,602	7,476	7,559
CFPS(원)	742	832	642	609	193	222
DPS(원)						
EBITDAPS(원)	614	898	619	509	195	213

재무 비율
〈단위 : % 〉

연도	영업이익률	순이익률	부채비율	차입금비율	ROA	ROE	유보율	자기자본비율	EBITDA마진율
2016	-2.2	-2.8	9.4	0.0	-1.9	-1.7	1,395.3	91.5	3.5
2015	4.3	6.1	15.8	0.0	4.3	5.1	1,420.3	86.4	9.0
2014	5.8	6.2	19.3	0.1	5.5	6.8	1,195.6	83.8	10.3
2013	8.8	7.8	30.9	9.7	8.6	11.2	1,097.4	76.4	13.7

인크로스 (A216050)
Incross

업　　종 : 미디어　　　　　　　　　　　시　　장 : KOSDAQ
신용등급 : (Bond) —　　(CP) —　　　　기업규모 : 중견
홈 페 이 지 : www.incross.com　　　　연 락 처 : 02)3475-2800
본　　사 : 서울시 관악구 남부순환로 1926 (경동제약빌딩 5층,8층)

설 립 일 2007.08.13	종 업 원 수 169명	대 표 이 사 이재원	
상 장 일 2016.10.31	감 사 의 견 적정 (삼일)	계	열
결 산 기 12월	보 통 주 314만주	종속회사수 1개사	
액 면 가 500원	우 선 주	구 상 호	

주주구성 (지분율,%)		출자관계 (지분율,%)		주요경쟁사 (외형,%)	
스톤브릿지디지털밸류 사모투자합자회사	37.5	이노아이	29.0	인크로스	100
엔에이치엔엔터테인먼트	15.4	에스피테크놀러지	12.6	에코마케팅	53
(외국인)	6.1	스톤브릿지성장디딤돌투자조합	2.5	나스미디어	222

매출구성		비용구성		수출비중	
미디어렙	53.1	매출원가율	59.4	수출	0.0
광고플랫폼	27.1	판관비율	12.0	내수	100.0
서비스운영	19.3				

회사 개요
동사는 2007년 티노솔루션즈 주식회사로 설립되어, 2009년 인크로스로 상호 변경, 2016년 10월 코스닥에 상장됨. 디지털광고업 중에서도 광고주와 광고대행사를 대신해 매체 전략을 수립하고 광고를 집행하는 디지털 광고 미디어렙 사업과 국내 최초의 동영상 광고 네트워크 플랫폼인 '다원'사업을 주력 사업으로 영위중임. 이외에도 광고 용역 사업과 통합 모바일 앱 마켓인 및 모바일 콘텐츠 플랫폼을 운영 대행하는 사업도 영위중임.

실적 분석
동사의 2017년 2분기 연결기준 누적매출액은 157.8억원을 기록, 전년 동기 대비 15.1% 증가함. 매출액 증가에 비해 매출원가가 증가는 19.6%를 기록하고 영업이익은 전년 동기 대비 6.1% 감소한 37.3억원을 기록함. 당기순이익 또한 동기 3.1% 감소한 31.5억원을 기록함. 매체대행 범위 확대, 상품/기술력 증진, 모바일 동영상 리타겟팅 광고상품 출시로 안정적인 성장을 꾀하는 중임.

현금 흐름
〈단위 : 억원〉

항목	2016	2017.2Q
영업활동	30	10
투자활동	-226	-17
재무활동	204	64
순현금흐름	7	57
기말현금	29	85

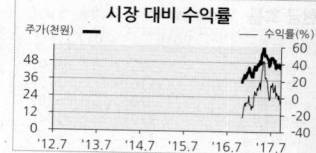
시장 대비 수익률

결산 실적
〈단위 : 억원〉

항목	2012	2013	2014	2015	2016	2017
매출액	834	363	521	265	315	—
영업이익	38	16	29	55	90	—
당기순이익	28	12	9	-2	63	—

분기 실적
〈단위 : 억원〉

항목	2016.1Q	2016.2Q	2016.3Q	2016.4Q	2017.1Q	2017.2Q
매출액	62	75			63	95
영업이익	12	28			9	28
당기순이익	10	22			9	23

재무 상태
〈단위 : 억원〉

항목	2012	2013	2014	2015	2016	2017.2Q
총자산	931	815	515	530	905	917
유형자산	15	15	7	5	3	4
무형자산	13	40	16	15	15	34
유가증권	—	—	26	30	27	31
총부채	561	442	303	316	438	354
총차입금	30	35	18	—	—	—
자본금	16	16	13	13	15	15
총자본	370	372	212	214	467	563
지배주주지분	370	371	214	214	467	563

기업가치 지표

항목	2012	2013	2014	2015	2016	2017.2Q
주가(최고/저)(천원)	—/—	—/—	—/—	—/—	47.4/34.6	—/—
PER(최고/저)(배)	0.0/0.0	0.0/0.0	0.0/0.0	0.0/0.0	20.2/14.7	—/—
PBR(최고/저)(배)	0.0/0.0	0.0/0.0	0.0/0.0	0.0/0.0	3.0/2.2	—/—
EV/EBITDA(배)					10.4	3.3/2.1
EPS(원)	1,054	413	368	-55	2,352	1,034
BPS(원)	113,012	113,325	84,883	8,597	15,906	17,993
CFPS(원)	12,557	9,458	7,257	93	2,459	1,098
DPS(원)						
EBITDAPS(원)	15,801	10,883	14,660	2,251	3,453	1,287

재무 비율
〈단위 : % 〉

연도	영업이익률	순이익률	부채비율	차입금비율	ROA	ROE	유보율	자기자본비율	EBITDA마진율
2016	28.6	20.1	93.7	0.0	8.8	18.6	3,081.3	51.6	29.5
2015	20.9	-0.9	147.5	0.0	-0.4	-0.7	1,619.5	40.4	22.4
2014	5.6	1.7	143.0	8.5	1.3	3.3	1,597.7	41.2	7.4
2013	4.3	3.3	118.8	9.4			2,166.5	45.7	9.9

인탑스 (A049070)
Intops

업 종 : 휴대폰 및 관련부품		시 장 : KOSDAQ	
신용등급 : (Bond) — (CP) —		기업규모 : 우량	
홈 페 이 지 : www.intops.co.kr		연 락 처 : 031)441-4181	
본 사 : 경기도 안양시 만안구 안양천서로 51			

설 립 일 1975.09.02	종 업 원 수 663명	대 표 이 사 김근하,정사진(각자대표)	
상 장 일 2002.02.08	감 사 의 견 적정 (우리)	계 열	
결 산 기 12월	보 통 주 1,720만주	종속회사수 7개사	
액 면 가 500원	우 선 주	구 상 호	

주주구성 (지분율,%)		출자관계 (지분율,%)		주요경쟁사 (외형,%)	
김재경	28.2	스카이브리지	100.0	인탑스	100
신영자산운용	10.3	미래	71.3	블루콤	39
(외국인)	29.5	대동수상태양광발전소	50.0	KH바텍	61

매출구성		비용구성		수출비중	
휴대폰ASS'Y	86.8	매출원가율	89.1	수출	10.0
금형 및 기타	5.7	판관비율	5.2	내수	90.0
프린터ASS'Y	3.5				

회사 개요
동사는 금형기술, 플라스틱 사출성형 기술을 기반으로 현재 이동전화단말기용 케이스 및 프린터 핵심부품의 복수 Item을 전문적으로 생산, 공급하고 있음. 이동통신단말기 사업부문은 동사 제품 전량을 삼성전자로 납품하고 있으며, 주매출처의 글로벌 시장점유율 상승에 따라 매출액이 확대되는 추세임. 동사의 Handset Casing 사업의 지속적인 확대로 내수 휴대폰 제조업체 중 선두업체로 평가 받고 있음.

실적 분석
동사의 2017년 2분기 누적매출액은 3,702억원으로 전년대비 39.6% 증가하였고 영업이익은 144.5억원으로 전년대비 12.8% 증가함. 당기순이익은 전년대비 15.9% 감소세를 시현함. 이는 판관비의 증가와 외환손실 33.1억원에 기인함. 향후에 모바일 중심의 구조에서 벗어나 자동차와 가전으로 사업영역을 확대할 전망. 자동차부품은 플라스틱 사출성과 시너지가 높을 전망. 동사는 자동차 부품업체를 인수, 다각화 추진하고 있음.

현금 흐름 〈단위 : 억원〉

항목	2016	2017.2Q
영업활동	568	85
투자활동	-714	-15
재무활동	-331	32
순현금흐름	-477	105
기말현금	518	623

시장 대비 수익률

결산 실적 〈단위 : 억원〉

항목	2012	2013	2014	2015	2016	2017
매출액	9,765	10,527	6,973	6,616	6,174	—
영업이익	593	421	-32	318	352	—
당기순이익	560	553	-14	327	351	—

분기 실적 〈단위 : 억원〉

항목	2016.1Q	2016.2Q	2016.3Q	2016.4Q	2017.1Q	2017.2Q
매출액	1,382	1,270	1,486	2,036	1,885	1,817
영업이익	75	53	92	132	82	63
당기순이익	40	81	46	184	40	62

재무 상태 〈단위 : 억원〉

항목	2012	2013	2014	2015	2016	2017.2Q
총자산	5,408	5,163	5,259	5,287	6,235	6,265
유형자산	1,582	1,671	1,610	1,582	2,172	2,170
무형자산	42	67	68	63	240	255
유가증권	1,156	329	190	486	453	520
총부채	2,078	1,329	1,482	1,207	2,002	2,062
총차입금	753	130	152	352	602	690
자본금	43	43	43	43	86	86
총자본	3,330	3,834	3,776	4,080	4,233	4,203
지배주주지분	3,218	3,591	3,454	3,641	3,810	3,784

기업가치 지표

항목	2012	2013	2014	2015	2016	2017.2Q
주가(최고/저)(천원)	13.4/7.1	15.9/8.7	11.6/6.9	10.7/7.2	11.8/9.0	—/—
PER(최고/저)(배)	5.6/3.0	7.7/4.2	—/—	10.3/6.8	9.6/7.4	—/—
PBR(최고/저)(배)	0.8/0.4	0.8/0.5	0.6/0.4	0.5/0.4	0.5/0.4	0.6/0.4
EV/EBITDA(배)	2.4	1.1	2.5	1.3	1.8	
EPS(원)	2,590	2,233	-694	1,089	1,247	264
BPS(원)	37,422	41,760	40,158	42,341	22,153	22,000
CFPS(원)	6,611	6,358	473	4,818	2,720	1,147
DPS(원)	450	500	250	350	230	
EBITDAPS(원)	8,320	6,788	1,485	6,341	3,520	1,722

재무 비율 〈단위 : % 〉

연도	영업이익률	순이익률	부채비율	차입금비율	ROA	ROE	유보율	자기자본비율	EBITDA마진율
2016	5.7	5.7	47.3	14.2	6.1	5.8	4,330.7	67.9	9.8
2015	4.8	5.0	29.6	8.6	6.2	5.3	8,368.2	77.2	8.2
2014	-0.5	-0.2	39.3	4.0	-0.3	-3.4	7,931.5	71.8	1.8
2013	4.0	5.3	34.7	3.4	10.5	11.3	8,252.0	74.3	5.6

인터로조 (A119610)
INTEROJO

업 종 : 의료 장비 및 서비스		시 장 : KOSDAQ	
신용등급 : (Bond) — (CP) —		기업규모 : 우량	
홈 페 이 지 : www.interojo.com		연 락 처 : 031)611-4760	
본 사 : 경기도 평택시 산단로 15번길 28			

설 립 일 2000.10.25	종 업 원 수 479명	대 표 이 사 노시철	
상 장 일 2010.07.28	감 사 의 견 적정 (이촌)	계 열	
결 산 기 12월	보 통 주 1,078만주	종속회사수 1개사	
액 면 가 500원	우 선 주	구 상 호	

주주구성 (지분율,%)		출자관계 (지분율,%)		주요경쟁사 (외형,%)	
노시철	29.2			인터로조	100
김승욱	4.9			휴비츠	91
(외국인)	10.9			인바디	108

매출구성		비용구성		수출비중	
1-Day disposable	56.2	매출원가율	41.7	수출	54.0
FRP	38.8	판관비율	26.7	내수	46.0
Conventional	4.7				

회사 개요
콘택트렌즈의 제조 및 판매를 목적으로 2000년 설립된 후 2010년 7월 코스닥 시장에 상장됨. 설립 이후 끊임없는 기술 개발을 통해 콘택트렌즈 제조를 위한 기반 기술을 확보함. 디자인과 생산 제작 및 사출, 그리고 생산설비 기술측면에서 세계적인 수준에 도달함. 일반 소프트렌즈뿐만 아니라 치료용 렌즈, 노안용 렌즈, 난시용 렌즈 등 기능성 렌즈 제조기술도 보유하고 있음. 국내 콘택트렌즈 시장에서는 아큐브에 이어 점유율 2위를 기록함.

실적 분석
원데이렌즈 매출이 주춤한 반면, 착용주기가 1개월 이내인 단기착용렌즈의 중동향 수출 호조 힘입어 2017년 상반기 매출액은 전년대비 10.1% 증가함. 뷰티렌즈의 경쟁심화에 따른 내수 둔화에도 불구하고, 유럽, 중동, 일본 수출이 고르게 증가하며 영업이익률이 30%를 넘음. 호야와 위탁생산 관련 의향서를 체결하고 11월 런칭 예정임. 2조원대로 추정되는 일본 콘택트렌즈 시장규모와 마켓쉐어 1위인 호야의 입지 감안하면 실적 레벨업이 기대됨.

현금 흐름 〈단위 : 억원〉

항목	2016	2017.2Q
영업활동	151	61
투자활동	-113	-23
재무활동	-60	-36
순현금흐름	-22	3
기말현금	61	64

시장 대비 수익률

결산 실적 〈단위 : 억원〉

항목	2012	2013	2014	2015	2016	2017
매출액	301	401	454	596	737	—
영업이익	96	105	88	163	233	—
당기순이익	87	90	74	126	193	—

분기 실적 〈단위 : 억원〉

항목	2016.1Q	2016.2Q	2016.3Q	2016.4Q	2017.1Q	2017.2Q
매출액	159	177	191	211	176	193
영업이익	53	54	64	61	58	60
당기순이익	44	45	54	47	46	50

재무 상태 〈단위 : 억원〉

항목	2012	2013	2014	2015	2016	2017.2Q
총자산	596	674	758	927	1,070	1,133
유형자산	319	323	335	389	396	396
무형자산	3		5	4	8	8
유가증권				46	112	117
총부채	128	123	146	186	163	150
총차입금	89	61	85	79	42	23
자본금	54	54	54	54	54	54
총자본	467	552	612	741	906	983
지배주주지분	467	552	612	741	906	983

기업가치 지표

항목	2012	2013	2014	2015	2016	2017.2Q
주가(최고/저)(천원)	14.8/6.1	17.7/12.1	23.2/17.5	40.8/18.6	48.7/36.3	—/—
PER(최고/저)(배)	18.7/7.7	21.3/14.6	34.2/25.8	35.1/16.0	27.3/20.3	—/—
PBR(최고/저)(배)	3.5/1.4	3.5/2.4	4.1/3.1	5.9/2.7	5.7/4.2	4.3/3.8
EV/EBITDA(배)	13.2	14.1	16.8	20.2	14.4	
EPS(원)	809	844	688	1,171	1,795	896
BPS(원)	4,366	5,115	5,787	6,932	8,619	9,347
CFPS(원)	1,017	1,131	997	1,519	2,186	1,101
DPS(원)	70	70	70	120	180	
EBITDAPS(원)	1,101	1,271	1,128	1,863	2,553	1,305

재무 비율 〈단위 : % 〉

연도	영업이익률	순이익률	부채비율	차입금비율	ROA	ROE	유보율	자기자본비율	EBITDA마진율
2016	31.6	26.3	18.0	4.6	19.4	23.5	1,623.9	84.7	37.3
2015	27.4	21.1	25.1	10.7	15.0	18.6	1,286.4	80.0	33.6
2014	19.3	16.2	23.8	13.9	10.3	12.7	1,057.4	80.8	26.6
2013	26.3	22.5	22.2	11.1	14.2	17.7	930.9	81.8	33.9

인터불스 (A158310)
Interbulls

업 종 : 기계		시 장 : KOSDAQ	
신용등급 : (Bond) — (CP) —		기업규모 : 벤처	
홈 페 이 지 : www.interbulls.co.kr		연 락 처 : 031)8085-0700	
본 사 : 경기도 안산시 단원구 엠티브이4로48번길 22 (목내동)			

설 립 일 1996.07.26	종업원수 15명	대 표 이 사 김정상
상 장 일 2013.04.03	감사의견 적정 (삼덕)	계 열
결 산 기 12월	보 통 주 648만주	종속회사수 2개사
액 면 가 500원	우 선 주	구 상 호 세호로보트

주주구성 (지분율,%)		출자관계 (지분율,%)		주요경쟁사 (외형,%)	
조대희	21.6	인터불스	100		
리미트리스홀딩스	5.5	에이테크솔루션	4,446		
(외국인)	0.8	디에스티로봇	875		

매출구성		비용구성		수출비중	
부품, AS(기타)	61.5	매출원가율	83.5	수출	6.0
StiffenerBonder(제품)	10.9	판관비율	132.4	내수	94.0
Guide HolePuncher(제품)	10.6				

회사 개요
1996년 설립된 동사는 FPCB 가공 장비, 터치패널 가공 장비, 디스플레이 소재 및 스마트기기용 윈도우 글라스 가공 장비 등의 개발,제조 및 판매사업을 영위하고 있음. 교재 제작 중개업과 도, 소매 제품 도, 소매와 부품 제조업을 영위하는 윈도우 도, 소매와 부품 제조업을 영위하는 아이피엠을 계열회사로 보유하고 있음. 두 계열사 모두 비상장사임. 우리엔지니어링, 바이옵트로, 일본의 BEAC와 아마하파인테크 등이 주요 경쟁 업체임.

실적 분석
2017년 상반기 연결기준 동사 매출은 36.5억원을 기록함. 이는 전년 동기 매출액인 28.8억원 대비 26.5% 증가한 금액임. 매출이 성장하며 매출원가는 24.4억원에서 26.8% 감소해 17.9억원을 기록하나 인건비 등이 증가해 판매비와 관리비가 12.9억원에서 25.1억원으로 증가함. 이에 영업이익은 적자가 지속됨. 다만 매출성장에 힘입어 적자폭은 줄어들었음. 비영업손익과 당기순이익 역시 적자가 계속됐으나 손실폭은 감소함.

현금 흐름 〈단위 : 억원〉

항목	2016	2017.2Q
영업활동	-15	-11
투자활동	-126	-11
재무활동	168	-5
순현금흐름	27	-6
기말현금	79	73

시장 대비 수익률

결산 실적 〈단위 : 억원〉

항목	2012	2013	2014	2015	2016	2017
매출액	247	251	126	70	52	—
영업이익	72	44	-10	-91	-60	—
당기순이익	58	45	-10	-119	-83	—

분기 실적 〈단위 : 억원〉

항목	2016.1Q	2016.2Q	2016.3Q	2016.4Q	2017.1Q	2017.2Q
매출액	16	13		14	11	25
영업이익	-2	-6	-7	-44	-7	0
당기순이익	-3	-10	-5	-66	-10	1

재무 상태 〈단위 : 억원〉

항목	2012	2013	2014	2015	2016	2017.2Q
총자산	257	353	321	229	354	373
유형자산	49	88	89	57	59	58
무형자산	4	4	5	4	5	5
유가증권		5	14		30	30
총부채	109	76	62	66	142	171
총차입금	11		26	50	103	105
자본금	16	21	21	22	30	30
총자본	149	276	259	162	212	202
지배주주지분	149	276	259	162	209	201

기업가치 지표

항목	2012	2013	2014	2015	2016	2017.2Q
주가(최고/저)(천원)	—/—	20.4/8.7	10.8/4.5	19.2/4.8	12.3/5.0	—/—
PER(최고/저)(배)	0.0/0.0	18.1/7.8				
PBR(최고/저)(배)	0.0/0.0	3.1/1.3	1.7/0.7	5.1/1.3	3.4/1.4	2.2/1.4
EV/EBITDA(배)		5.8				
EPS(원)	2,365	1,127	-239	-2,778	-1,400	-145
BPS(원)	4,759	6,543	6,301	3,777	3,581	3,435
CFPS(원)	2,403	1,177	-179	-2,721	-1,347	-121
DPS(원)						
EBITDAPS(원)	2,959	1,169	-179	-2,068	-1,003	-83

재무 비율 〈단위 : %〉

연도	영업이익률	순이익률	부채비율	차입금비율	ROA	ROE	유보율	자기자본비율	EBITDA마진율
2016	-115.9	-160.8	67.1	48.9	-28.5	-42.6	616.1	59.9	-110.1
2015	-130.4	-170.4	40.8	30.9	-43.2	-56.4	655.4	71.0	-126.8
2014	-8.0	-8.0	24.1	10.1	-3.0	-3.8	1,160.2	80.6	-6.0
2013	17.7	17.8	27.7	0.0	14.6	21.0	1,208.7	78.3	18.5

인터엠 (A017250)
INTER-MCo

업 종 : 전자 장비 및 기기		시 장 : KOSDAQ	
신용등급 : (Bond) — (CP) —		기업규모 : 중견	
홈 페 이 지 : www.inter-m.com		연 락 처 : 031)860-7101	
본 사 : 경기도 양주시 화합로 1402번길 73 (덕정동)			

설 립 일 1983.10.05	종업원수 313명	대 표 이 사 조순구
상 장 일 1996.01.03	감사의견 적정 (대주)	계 열
결 산 기 09월	보 통 주 2,105만주	종속회사수 2개사
액 면 가 500원	우 선 주	구 상 호

주주구성 (지분율,%)		출자관계 (지분율,%)		주요경쟁사 (외형,%)	
조순구	26.8	일렉트론바이오	10.2	인터엠	100
조영구	6.6			남성	95
				대동전자	47

매출구성		비용구성		수출비중	
제품(P.A SYSTEM)	37.0	매출원가율	71.6	수출	14.0
공사(공사매출)	32.1	판관비율	24.4	내수	86.0
기타(조달 외)	15.4				

회사 개요
동사는 1983년 자본금 1억원으로 시작하여 현재 자본금 93억원의 기업으로 성장한 산업용 전문 음향, 영상기기 생산업체임. 산업용 전문음향영상기기는 호텔, 관공서, 빌딩, 체육관, 학교 등의 장소에서 안내방송 및 BGM을 제공하는 전관방송 분야와 콘서트홀, 강당 등에서 퀄리티 있는 사운드를 전달하는 프로음향 분야 등으로 나뉨. 국내 음향기기 시장의 9%를 점유하고 있음. 전관방송시스템(PA) 부문 점유율은 60%임.

실적 분석
2017년 2분기 연결기준 동사 매출은 707.8억원을 기록함. 전년 동기 매출인 579.5억원 대비 22.1% 증가함. 매출원가가 19.3% 증가하고 판매비와 관리비 또한 13.3% 늘었으나 매출성장이 이를 상회함. 이에 영업이익은 21.4억원을 기록하며 흑자로 돌아섰음. 비영업부문은 적자가 지속됐으나 손실폭이 감소함. 이에 전년 동기 -21.5억원이었던 당기순이익이 해당분기엔 11.7억원을 기록하며 흑자로 돌아섰음.

현금 흐름 〈단위 : 억원〉

항목	2016	2017.3Q
영업활동	109	-17
투자활동	-127	-33
재무활동	51	17
순현금흐름	39	-35
기말현금	117	82

시장 대비 수익률

결산 실적 〈단위 : 억원〉

항목	2012	2013	2014	2015	2016	2017
매출액	730	778	817	848	885	—
영업이익	14	24	50	26	35	—
당기순이익	11	12	33	26	2	—

분기 실적 〈단위 : 억원〉

항목	2016.2Q	2016.3Q	2016.4Q	2017.1Q	2017.2Q	2017.3Q
매출액	181	190	306	284	201	223
영업이익	-7	-3	39	19	-3	9
당기순이익	-14	-6	23	25	-17	4

재무 상태 〈단위 : 억원〉

항목	2012	2013	2014	2015	2016	2017.3Q
총자산	1,122	1,211	1,222	1,219	1,319	1,248
유형자산	367	394	400	385	478	473
무형자산	109	110	123	128	140	133
유가증권	11	39	36	27	23	7
총부채	401	495	486	459	581	434
총차입금	205	285	304	280	345	292
자본금	93	93	95	100	100	105
총자본	721	716	737	759	738	814
지배주주지분	714	712	733	756	736	812

기업가치 지표

항목	2012	2013	2014	2015	2016	2017.3Q
주가(최고/저)(천원)	1.6/0.8	2.5/1.3	3.1/1.8	2.9/1.9	2.9/2.2	6.8/2.2
PER(최고/저)(배)	37.0/19.3	46.0/23.7	19.2/11.5	23.2/14.6	211.1/158.6	—/—
PBR(최고/저)(배)	0.5/0.3	0.7/0.4	0.9/0.5	0.8/0.5	0.8/0.6	1.7/0.6
EV/EBITDA(배)	6.8	9.1	6.4	9.2	7.9	
EPS(원)	54	65	182	139	14	57
BPS(원)	4,042	4,027	4,088	3,982	3,880	3,916
CFPS(원)	324	312	459	420	295	270
DPS(원)	100	100	120	120	120	
EBITDAPS(원)	345	376	545	416	456	316

재무 비율 〈단위 : %〉

연도	영업이익률	순이익률	부채비율	차입금비율	ROA	ROE	유보율	자기자본비율	EBITDA마진율
2016	4.0	0.2	78.7	46.7	0.2	0.4	676.0	56.0	10.3
2015	3.0	3.1	60.5	36.8	2.1	3.5	696.3	62.3	9.3
2014	6.2	4.1	65.9	41.2	2.7	4.7	717.5	60.3	12.5
2013	3.1	1.5	69.1	39.8	1.0	1.7	705.4	59.1	9.0

인터지스 (A129260)
INTERGIS CO

업   종 : 해상운수
신용등급 : (Bond) —   (CP) —
홈 페 이 지 : www.intergis.co.kr
본   사 : 부산시 중구 충장대로 9번길 52 마린센터빌딩 13층 1301호

시   장 : 거래소
기업규모 : 시가총액 소형주
연 락 처 : 051)604-3392

설 립 일	1956.02.23	종 업 원 수	549명	대 표 이 사	이인식
상 장 일	2011.12.16	감 사 의 견	적정 (삼일)	계 열	
결 산 월	12월	보 통 주	2,975만주	종속회사수	7개사
액 면 가	500원	우 선 주		구 상 호	

주주구성 (지분율,%)		출자관계 (지분율,%)		주요경쟁사 (외형,%)	
동국제강	48.3	인터지스중앙부두	100.0	인터지스	100
남희정	1.8	인터지스웅동센터	90.0	흥아해운	179
(외국인)	1.7	인터지스신항센터	70.0	키위미디어그룹	1

매출구성		비용구성		수출비중	
항만하역	38.2	매출원가율	93.1	수출	—
육상운송 외	28.0	판관비율	4.5	내수	—
해상운송	17.7				

회사 개요
동사는 부두운영사로서 항만하역과 전국 각지의 물류네트워크를 활용해 후판, 형강, 봉강 등의 철강제품과 수출입컨테이너를 운송하는 화물운송을 주요 사업으로 영위하고 있음. 2012년 7월 디케이에스앤드(주)를 합병함으로써 해상운송사업에 진출하여 동국제강(주)의 철강원재료 해상운송과 더불어 국내외 유수의 3PL 고객들을 대상으로 남미, 호주, 미국 등에서 곡물, 철광석, 석탄 등을 운송함.

실적 분석
동사의 연결기준 2017년 2분기 누적 매출액은 2,536.1억원으로 전년 동기 대비 5.5% 증가함. 해운시황 악화가 지속되는 가운데 동사는 브라질 CSP 일관제철소 운송 및 항만하역, 컨설팅 등 통합물류 서비스 제공 계약을 체결하였으며 계약 기간은 2017년 1월 1일부터 2019년 12월 31일까지 3년간, 계약 규모는 예상 1억 2,500만 헤알화(한화 약 460억)에 달함.

현금 흐름 〈단위 : 억원〉
항목	2016	2017.2Q
영업활동	84	72
투자활동	3	76
재무활동	-134	-123
순현금흐름	-43	20
기말현금	109	129

시장 대비 수익률

결산 실적 〈단위 : 억원〉
항목	2012	2013	2014	2015	2016	2017
매출액	4,520	5,242	5,775	5,995	4,654	
영업이익	172	177	287	293	107	
당기순이익	5	-121	36	132	74	

분기 실적 〈단위 : 억원〉
항목	2016.1Q	2016.2Q	2016.3Q	2016.4Q	2017.1Q	2017.2Q
매출액	1,185	1,218	1,129	1,121	1,268	1,268
영업이익	43	44	13	7	54	37
당기순이익	13	-3	-9	73	11	24

재무 상태 〈단위 : 억원〉
항목	2012	2013	2014	2015	2016	2017.2Q
총자산	4,587	4,586	5,005	5,285	5,142	5,100
유형자산	1,515	1,710	1,840	1,860	1,833	1,817
무형자산	336	200	196	237	404	404
유가증권	1	51	59	31	11	0
총부채	2,613	2,728	3,011	3,138	2,933	2,902
총차입금	1,831	1,910	2,171	1,905	1,744	1,657
자본금	149	149	149	149	149	149
총자본	1,975	1,858	1,994	2,147	2,208	2,199
지배주주지분	1,890	1,689	1,770	1,911	1,972	1,974

기업가치 지표
항목	2012	2013	2014	2015	2016	2017.2Q
주가(최고/저)(천원)	4.7/3.2	4.2/3.0	4.6/3.1	4.6/3.0	4.6/2.7	—/—
PER(최고/저)(배)	—/—	—/—	—/—	11.5/7.3	17.8/10.5	—/—
PBR(최고/저)(배)	0.8/0.5	0.7/0.5	0.8/0.5	0.7/0.5	0.7/0.4	0.6/0.4
EV/EBITDA(배)	11.8	11.9	9.6	8.3	18.0	
EPS(원)	-118	-685	-64	431	266	138
BPS(원)	13,707	12,357	12,542	6,663	6,864	6,872
CFPS(원)	233	-970	202	593	435	223
DPS(원)	120	60	150	100	120	—
EBITDAPS(원)	1,696	1,590	2,260	1,146	530	393

재무 비율 〈단위 : % 〉
연도	영업이익률	순이익률	부채비율	차입금비율	ROA	ROE	유보율	자기자본비율	EBITDA마진율
2016	2.3	1.6	132.8	79.0	1.4	4.1	1,272.8	43.0	3.4
2015	4.9	2.2	146.2	88.7	2.6	7.0	1,232.6	40.6	5.7
2014	5.0	0.6	151.0	108.9	0.8	-1.1	1,154.2	39.8	5.8
2013	3.4	-2.3	146.8	102.8	-2.5	-11.4	1,135.7	40.5	4.5

인터코스 (A240340)
Interkos

업   종 : 개인생활용품
신용등급 : (Bond) —   (CP) —
홈 페 이 지 : www.interkos.co.kr
본   사 : 인천시 남동구 남동서로362번길 62

시   장 : KONEX
기업규모 : —
연 락 처 : 032)815-8081

설 립 일	2014.10.10	종 업 원 수	56명	대 표 이 사	김주덕
상 장 일	2016.04.21	감 사 의 견	적정 (세림)	계 열	
결 산 월	12월	보 통 주		종속회사수	
액 면 가		우 선 주		구 상 호	

주주구성 (지분율,%)		출자관계 (지분율,%)		주요경쟁사 (외형,%)	
김주덕	27.3	엘모어	6.8	인터코스	100
이재숙	14.4			한국화장품	1,952
				한국화장품제조	789

매출구성		비용구성		수출비중	
ODM 매출(제품)	100.0	매출원가율	73.5	수출	1.0
		판관비율	25.1	내수	99.0

회사 개요
동사는 2011년 8월에 설립되어 2014년 10월에 법인전환 후 2016년 4월에 코넥스 시장에 상장한 화장품 ODM 전문 업체임. 동사는 2016년 2월 식약청에서 CGMP 인증을 취득하였으며 2015년 9월 기준 국내 화장품 분야의 CGMP 인증 업체는 74개사임. 이러한 인증 취득은 향후 중대형 고객사 및 수출 물량 수주의 확대 등 성장 모멘텀으로 작용할 것으로 기대됨.

실적 분석
동사 2016년도 매출액은 전년 대비 35.4% 증가한 82억원. 2016년 CGMP시설 확충 및 2016년 5월 이후 영업 및 마케팅 조직신설 등 사업의 재정비로 인해 매출이 신장됐음. 동사 유동자산은 68억으로, 비유동자산은 120억원이며, 자산총계는 189억원. 자산은 전년 대비 23.6% 증가했고, 부채는 108억원으로 38.7% 증가함. 이는 본사공장 3층 증축공사 및 마스크팩 생산설비 구축 관련 금융기관 차입이 주 원인임.

현금 흐름 *IFRS 별도 기준 〈단위 : 억원〉
항목	2016	2017.2Q
영업활동	1	
투자활동	-36	
재무활동	12	
순현금흐름	-23	
기말현금	31	

시장 대비 수익률

결산 실적 〈단위 : 억원〉
항목	2012	2013	2014	2015	2016	2017
매출액			18	61	82	
영업이익			2	11	1	
당기순이익			2	11	4	

분기 실적 *IFRS 별도 기준 〈단위 : 억원〉
항목	2016.1Q	2016.2Q	2016.3Q	2016.4Q	2017.1Q	2017.2Q
매출액						
영업이익						
당기순이익						

재무 상태 *IFRS 별도 기준 〈단위 : 억원〉
항목	2012	2013	2014	2015	2016	2017.2Q
총자산			15	153	189	
유형자산			1	82	115	
무형자산			5	4		
유가증권				1		
총부채			12	78	109	
총차입금			4	70	81	
자본금			1	3	20	
총자본			3	75	80	
지배주주지분			3	75	80	

기업가치 지표 *IFRS 별도 기준
항목	2012	2013	2014	2015	2016	2017.2Q
주가(최고/저)(천원)	—/—	—/—	—/—	—/—	—/—	—/—
PER(최고/저)(배)	0.0/0.0	0.0/0.0	0.0/0.0	0.0/0.0	175.4/72.3	—/—
PBR(최고/저)(배)	0.0/0.0	0.0/0.0	0.0/0.0	0.0/0.0	9.6/4.0	0.0/0.0
EV/EBITDA(배)	0.0	0.0	0.5	1.2	37.0	
EPS(원)			103	488	107	
BPS(원)			13,258	146,158	1,962	
CFPS(원)			8,608	45,577	305	
DPS(원)						
EBITDAPS(원)			9,426	45,446	226	

재무 비율 〈단위 : % 〉
연도	영업이익률	순이익률	부채비율	차입금비율	ROA	ROE	유보율	자기자본비율	EBITDA마진율
2016	1.4	5.3	135.4	101.1	2.6	5.7	292.4	42.5	11.2
2015	18.6	18.7	105.1	93.8	13.5	29.4	2,823.2	48.8	21.7
2014	10.3	9.4	465.1	168.8	0.0	0.0	165.2	17.7	10.7
2013	0.0	0.0	0.0	0.0	0.0	0.0	0.0	0.0	0.0

인터파크 (A108790)
Interpark

업 종 : 온라인쇼핑		시 장 : KOSDAQ	
신용등급 : (Bond) — (CP) —		기업규모 : 우량	
홈 페 이 지 : www.interpark.com/int		연 락 처 : 02)6004-7777	
본 사 : 서울시 강남구 삼성로 512 삼성동빌딩			

설 립 일 2006.12.01	종 업 원 수 1,272명	대 표 이 사 이상규	
상 장 일 2014.02.06	감사의견 적정 (삼정)	계 열	
결 산 기 12월	보 통 주 3,312만주	종속회사수 6개사	
액 면 가 500원	우 선 주	구 상 호 인터파크INT	

주주구성 (지분율,%)
인터파크	67.8
FID SERIES EMRG MRKTS FUND	9.3
(외국인)	13.7

출자관계 (지분율,%)
인터파크씨어터	100.0
인터파크씨엔이	100.0
뉴컨텐츠컴퍼니	90.0

주요경쟁사 (외형,%)
인터파크	100
현대홈쇼핑	208
GS홈쇼핑	235

매출구성
상품(상품)	37.0
기타	26.0
대형매출(상품)	16.7

비용구성
매출원가율	52.4
판관비율	45.6

수출비중
수출	0.0
내수	100.0

회사 개요
동사는 전자상거래에 의한 온라인 쇼핑 전반을 아우르는 도소매업(쇼핑 사업부문)부터 도서 판매(도서 사업부문), 공연장 운영과 공연기획/제작 및 티켓예매와 판매대행업(ENT 사업부문), 일반여행업 및 여행중개업(투어 사업부문)까지 온라인에서 가능한 모든 사업 영역을 영위하고 있으며, 모바일 환경으로 진입하여 성장의 발판을 마련하였음. 동사는 4개 사업부문을 통해 온라인 사업에 최적화된 사업 포트폴리오를 구성하였음.

실적 분석
투어부문이 점진적으로 성장하여 동사 2017년 2분기기준 누적 매출액은 전년동기대비 5.4% 상승한 2,297.6억원을 기록하였음. 인건비 등 비용이 일부 증가하였으나 매출액 상승에 힘입어 전년동기대비 영업이익은 114.7억원으로 3,831.9% 크게 상승하였음. 최종적으로 전년동기대비 당기순이익은 흑자전환하여 62.5억원을 기록함. 도서 부문의 적자가 지속적으로 감소되고 비용 통제에 따른 수익의 지속적 개선을 기대함.

현금 흐름 〈단위 : 억원〉
항목	2016	2017.2Q
영업활동	-46	-192
투자활동	72	-29
재무활동	-63	-8
순현금흐름	-37	-229
기말현금	669	440

시장 대비 수익률

결산 실적 〈단위 : 억원〉
항목	2012	2013	2014	2015	2016	2017
매출액	3,563	3,856	4,073	4,020	4,665	—
영업이익	154	205	171	235	93	—
당기순이익	109	130	110	166	25	—

분기 실적 〈단위 : 억원〉
항목	2016.1Q	2016.2Q	2016.3Q	2016.4Q	2017.1Q	2017.2Q
매출액	1,153	1,028	1,109	1,376	1,243	1,054
영업이익	60	-57	52	39	98	17
당기순이익	40	-50	60	-25	63	-0

재무 상태 〈단위 : 억원〉
항목	2012	2013	2014	2015	2016	2017.2Q
총자산	3,577	3,698	4,277	4,649	4,673	4,509
유형자산	442	418	437	437	461	459
무형자산	899	866	891	849	826	838
유가증권	208	259	182	236	115	135
총부채	2,699	2,685	2,740	2,955	3,028	2,832
총차입금	780	563	403	368	380	402
자본금	135	135	163	164	165	166
총자본	877	1,013	1,537	1,694	1,646	1,677
지배주주지분	882	1,019	1,543	1,696	1,646	1,675

기업가치 지표
항목	2012	2013	2014	2015	2016	2017.2Q
주가(최고/저)(천원)	—/—	—/—	27.0/16.9	25.5/18.6	21.8/8.7	—/—
PER(최고/저)(배)	0.0/0.0	0.0/0.0	81.6/51.1	50.2/36.7	310.7/124.7	—/—
PBR(최고/저)(배)	0.0/0.0	0.0/0.0	5.9/3.7	5.0/3.7	4.4/1.8	2.6/1.6
EV/EBITDA(배)	0.5		26.4	20.3	14.3	
EPS(원)	620	487	340	518	71	183
BPS(원)	3,279	3,770	4,737	5,158	4,981	5,059
CFPS(원)	1,052	797	616	803	358	336
DPS(원)	—	—	100	250	100	
EBITDAPS(원)	1,304	1,069	810	1,002	570	501

재무 비율 〈단위 : % 〉
연도	영업이익률	순이익률	부채비율	차입금비율	ROA	ROE	유보율	자기자본비율	EBITDA마진율
2016	2.0	0.5	184.0	23.1	0.5	1.4	896.2	35.2	4.0
2015	5.8	4.1	174.5	21.7	3.7	10.5	931.6	36.4	8.2
2014	4.2	2.7	178.3	26.2	2.8	8.5	847.5	35.9	6.4
2013	5.3	3.4	265.0	55.6	3.6	13.8	654.0	27.4	7.5

인터파크홀딩스 (A035080)
Interpark Holdings

업 종 : 온라인쇼핑		시 장 : KOSDAQ	
신용등급 : (Bond) — (CP) —		기업규모 : 중견	
홈 페 이 지 : www.interpark.com/holding		연 락 처 : 02)6004-7777	
본 사 : 서울시 강남구 삼성로 512 삼성동빌딩			

설 립 일 1997.10.01	종 업 원 수 11명	대 표 이 사 이기형	
상 장 일 1999.06.12	감사의견 적정 (안진)	계 열	
결 산 기 12월	보 통 주 5,850만주	종속회사수 26개사	
액 면 가 500원	우 선 주	구 상 호 인터파크	

주주구성 (지분율,%)
이기형	35.9
Wasatch Advisors, Inc.	6.1
(외국인)	32.8

출자관계 (지분율,%)
인터파크	67.8
라이브톤	62.6
컴퍼니더블유	50.0

주요경쟁사 (외형,%)
인터파크홀딩스	100
현대홈쇼핑	25
GS홈쇼핑	29

매출구성
배당금수익(기타)	77.4
임대료수익(기타)	22.6

비용구성
매출원가율	89.0
판관비율	9.7

수출비중
수출	—
내수	—

회사 개요
동사는 출자된 회사의 지원과 관리 업무 및 신규사업 양성 등을 주 사업으로 영위하고 있음. B2C/C2C 사업 인터파크와 B2B 아이마켓코리아를 양축으로 하는 종합 ecommerce그룹 인터파크의 지주회사. 인터파크, 아이마켓코리아를 포함해 연결사는 총 26개사임. 사업부문은 계열회사를 총괄관리 및 지원하는 지주사업, 전자상거래사업, 전자상거래 연관사업, 기타 사업으로 분류됨.

실적 분석
투어부문이 크게 성장함에 따라 인터파크의 수익이 호전되었으나 자회사인 아이마켓코리아는 성과가 부진하여 동사의 2017년 2분기 기준 누적 매출액은 전년동기대비 4.8% 소폭 상승한 18,021.5억원을 기록하였음. 그에 따라 전년동기대비 영업이익은 219.4억원으로 47.6% 상승하였음. 자회사의 매출 부진이 부담되나 향후 자회사 성장이 긍정적인 모습을 보인다면 수익의 큰 개선이 기대됨.

현금 흐름 〈단위 : 억원〉
항목	2016	2017.2Q
영업활동	1,042	1,335
투자활동	-549	-1,408
재무활동	-318	-225
순현금흐름	177	-303
기말현금	1,396	1,093

시장 대비 수익률

결산 실적 〈단위 : 억원〉
항목	2012	2013	2014	2015	2016	2017
매출액	24,886	29,117	31,350	35,368	38,458	—
영업이익	343	474	510	651	495	—
당기순이익	284	240	315	430	-390	—

분기 실적 〈단위 : 억원〉
항목	2016.1Q	2016.2Q	2016.3Q	2016.4Q	2017.1Q	2017.2Q
매출액	8,252	8,941	9,140	12,125	9,068	8,953
영업이익	108	40	116	230	164	55
당기순이익	96	17	113	-616	97	14

재무 상태 〈단위 : 억원〉
항목	2012	2013	2014	2015	2016	2017.2Q
총자산	15,151	15,985	19,204	21,067	20,735	18,287
유형자산	642	596	580	573	573	572
무형자산	5,360	5,121	6,559	6,524	5,428	5,343
유가증권	115	169	250	253	228	269
총부채	7,808	8,466	10,200	12,029	12,332	10,072
총차입금	1,358	1,304	724	719	641	709
자본금	304	304	304	304	304	304
총자본	7,343	7,519	9,003	9,038	8,403	8,215
지배주주지분	3,888	3,964	4,417	4,501	3,869	3,842

기업가치 지표
항목	2012	2013	2014	2015	2016	2017.2Q
주가(최고/저)(천원)	8.5/4.3	11.5/6.2	14.3/7.9	13.1/8.0	11.0/4.6	—/—
PER(최고/저)(배)	42.1/21.6	91.5/49.0	104.4/58.0	62.0/37.8	—/—	—/—
PBR(최고/저)(배)	1.3/0.7	1.7/0.9	1.9/1.1	1.7/1.0	1.6/0.7	1.0/0.7
EV/EBITDA(배)	12.3	12.3	8.7	9.2	6.2	—
EPS(원)	205	128	139	215	-1,034	45
BPS(원)	6,867	6,963	7,634	7,863	6,814	6,709
CFPS(원)	755	712	879	972	-312	413
DPS(원)	30	30	30	30	50	
EBITDAPS(원)	1,113	1,362	1,587	1,852	1,560	742

재무 비율 〈단위 : % 〉
연도	영업이익률	순이익률	부채비율	차입금비율	ROA	ROE	유보율	자기자본비율	EBITDA마진율
2016	1.3	-1.0	146.8	7.6	-1.9	-14.6	1,221.5	40.5	2.4
2015	1.8	1.2	133.1	8.0	2.1	2.9	1,437.9	42.9	3.1
2014	1.6	1.0	113.3	8.0	1.8	2.0	1,405.6	46.9	3.1
2013	1.6	0.8	112.6	17.3	1.5	2.0	1,292.6	47.0	2.9

인터플렉스 (A051370)
Interflex

업　　종 : 전자 장비 및 기기　　　　　시　　장 : KOSDAQ
신용등급 : (Bond) —　　(CP) —　　　기업규모 : 중견
홈페이지 : www.interflex.co.kr　　　연락처 : (031)436-5000
본　　사 : 경기도 안산시 단원구 강촌로 149 스마트센터 (성곡동)

설 립 일	1994.07.19	종 업 원 수	647명	대 표 이 사	이광식
상 장 일	2003.01.18	감 사 의 견	적정 (한영)	계	열
결 산 월	12월	보 통 주	2,108만주	종 속 회 사 수	2개사
액 면 가	500원	우 선 주		구 상 호	

주주구성 (지분율,%)		출자관계 (지분율,%)		주요경쟁사 (외형,%)	
코리아써키트	31.8	INTERFLEXVINACO.,LTD.	55.0	인터플렉스	100
영풍	10.9	화하선로판(천진)유한공사	50.1	엘앤에프	43
(외국인)	4.5			비즈로셀	16

매출구성		비용구성		수출비중	
FPCB(제품)	53.3	매출원가율	104.2	수출	77.0
FPCB(상품)	46.7	판관비율	4.7	내수	23.0

회사 개요
지배회사인 동사는 연성인쇄회로기판(FPCB) 제조업을 영위하고 있음. 동사의 종속회사인 화하선로판(천진)유한공사(중국)와 INTERFLEX VINA CO.,LTD.(베트남) 또한 연성인쇄회로기판 제조업을 영위함. 영풍전자, 에스아이플렉스, 비에이치 등이 경쟁사로 꼽히며 동사의 시장점유율은 2016년 기준 33.8%로 파악됨. 최근 고기능이 요구되는 스마트폰 및 LED TV 등의 수요 확대로 FPCB 산업 지속 성장이 기대됨.

실적 분석
2017년 상반기 연결기준 동사는 매출 2295.2억원을 시현함. 이는 전년 동기 매출인 2679.1억원에서 14.3% 축소된 금액임. 매출원가는 15.2%, 판매비와 관리비는 6.4% 감소함. 이에 영업이익은 -198.6억원을 기록하며 적자가 지속됐으나 전년도 같은 기간에 비해 손실폭은 줄어들었음. 비영업부문 손실 또한 손실폭이 축소됨. 당기순이익은 -247억원으로 적자를 기록하였으나 전년 동기 -321.3억원에 비해 손실이 줄어들었음.

현금 흐름 　〈단위 : 억원〉
항목	2016	2017.2Q
영업활동	64	-396
투자활동	333	-198
재무활동	-295	492
순현금흐름	102	-102
기말현금	178	76

시장 대비 수익률

결산 실적 　〈단위 : 억원〉
항목	2012	2013	2014	2015	2016	2017
매출액	7,654	9,911	6,428	5,295	5,756	—
영업이익	465	1	-917	-848	-516	—
당기순이익	544	-7	-588	-827	-557	—

분기 실적 　〈단위 : 억원〉
항목	2016.1Q	2016.2Q	2016.3Q	2016.4Q	2017.1Q	2017.2Q
매출액	1,410	1,269	1,833	1,245	1,203	1,092
영업이익	-171	-79	68	-333	-117	-82
당기순이익	-200	-122	86	-322	-165	-82

재무 상태 　〈단위 : 억원〉
항목	2012	2013	2014	2015	2016	2017.2Q
총자산	8,753	7,057	5,807	4,793	4,311	4,002
유형자산	3,218	3,021	2,270	1,623	1,539	1,749
무형자산	20	19	15	19	35	34
유가증권	155	29	—	—	—	—
총부채	5,750	3,362	2,700	2,290	1,788	1,756
총차입금	2,492	1,195	1,252	1,201	361	856
자본금	70	82	82	82	105	105
총자본	3,003	3,695	3,107	2,503	2,523	2,247
지배주주지분	3,003	3,695	3,107	2,200	2,132	1,903

기업가치 지표
항목	2012	2013	2014	2015	2016	2017.2Q
주가(최고/저)(천원)	70.7/33.3	49.4/17.5	22.9/9.3	22.4/9.4	25.8/8.4	—/—
PER(최고/저)(배)	19.7/9.3	—/—	—/—	—/—	—/—	4.5/2.5
PBR(최고/저)(배)	3.6/1.7	2.3/0.8	1.3/0.5	1.8/0.7	2.6/0.8	
EV/EBITDA(배)	11.7	5.3				
EPS(원)	3,594	-47	-3,375	-5,139	-3,378	-1,015
BPS(원)	21,481	22,558	18,968	13,429	10,116	9,028
CFPS(원)	6,301	5,076	1,510	-1,223	-1,687	-659
DPS(원)						
EBITDAPS(원)	5,735	5,130	-500	-933	-1,214	-585

재무 비율 　〈단위 : % 〉
연도	영업이익률	순이익률	부채비율	차입금비율	ROA	ROE	유보율	자기자본비율	EBITDA마진율
2016	-9.0	-9.7	70.9	14.3	-12.2	-27.7	1,923.2	58.5	-3.7
2015	-16.0	-15.6	91.5	48.0	-15.6	-33.7	2,585.8	52.2	-2.9
2014	-14.3	-9.1	86.9	40.3	-9.1	-17.3	3,693.5	53.5	-1.3
2013	0.0	-0.1	91.0	32.3	-0.1	-0.2	4,411.6	52.4	7.6

인텍플러스 (A064290)
INTEKPLUS

업　　종 : 반도체 및 관련장비　　　　시　　장 : KOSDAQ
신용등급 : (Bond) —　　(CP) —　　　기업규모 : 벤처
홈페이지 : www.intekplus.com　　　연락처 : (042)930-9900
본　　사 : 대전시 유성구 테크노 2로 263 (탑립동)

설 립 일	1995.10.13	종 업 원 수	140명	대 표 이 사	이상윤
상 장 일	2011.01.05	감 사 의 견	적정 (삼정)	계	열
결 산 월	12월	보 통 주	1,104만주	종 속 회 사 수	1개사
액 면 가	500원	우 선 주		구 상 호	

주주구성 (지분율,%)		출자관계 (지분율,%)		주요경쟁사 (외형,%)	
이상윤	7.9			인텍플러스	100
최이배	7.5			에이티세미콘	534
				코디엠	265

매출구성		비용구성		수출비중	
iPIS, iMAS, iSSD, iSIS 등	79.2	매출원가율	73.6	수출	71.0
기타	10.1	판관비율	47.6	내수	29.0
IDSS/CD Meter 등	8.4				

회사 개요
동사는 제어계측기기 및 컴퓨터 응용기기 제조 및 서비스를 목적으로 1995년에 설립되어 외관검사장비를 주로 생산하고 있음. 동사가 생산한 장비는 반도체분야, 태양광분야, LED 분야의 고속 2D/3D 자동화 외관검사에 사용됨. 동사가 생산한 장비에 적용된 3D 측정 원천 기술, 머신 비전 2D검사 기술 등 빠른 검사 속도와 정확한 검사품질을 구현하기 위한 핵심기술을 자체 개발하여 보유하고 있음. 연결대상 종속회사로 인텍바이오가 있음.

실적 분석
동사는 2017년 상반기 누적 매출액은 58.8억원으로 전년 동기 대비 25.1% 증가, 영업손실은 23.5억원으로 전년 동기 대비 적자폭이 다소 감소.2017년에 외관검사 분야 중 태양광에서 매출이 발생하지 않았으나, 반도체 분야도 전년보다 매출이 줄었으나, LED와 디스플레이 분야가 매출을 향상을 이끌었음. 중국 정부 및 업계에서도 반도체 및 디스플레이 산업에 대한 투자 확대를 준비 함에 따라 해당 산업도 크게 성장할 것으로 예상됨.

현금 흐름 　〈단위 : 억원〉
항목	2016	2017.2Q
영업활동	-63	-1
투자활동	43	-25
재무활동	6	29
순현금흐름	-14	4
기말현금	17	21

시장 대비 수익률

결산 실적 　〈단위 : 억원〉
항목	2012	2013	2014	2015	2016	2017
매출액	269	154	126	231	167	—
영업이익	30	-68	-48	4	-36	—
당기순이익	31	-68	-56	-3	-36	—

분기 실적 　〈단위 : 억원〉
항목	2016.1Q	2016.2Q	2016.3Q	2016.4Q	2017.1Q	2017.2Q
매출액	16	31	—	—	32	27
영업이익	-18	-10	—	—	-11	-12
당기순이익	-18	-10	—	—	-13	-13

재무 상태 　〈단위 : 억원〉
항목	2012	2013	2014	2015	2016	2017.2Q
총자산	501	414	333	276	249	311
유형자산	104	103	99	99	97	102
무형자산	17	15	13	10	11	10
유가증권	22	25	20	4	3	7
총부채	204	183	164	100	100	150
총차입금	131	155	103	78	71	64
자본금	46	46	46	46	49	55
총자본	297	231	169	177	149	161
지배주주지분	297	231	169	177	149	160

기업가치 지표
항목	2012	2013	2014	2015	2016	2017.2Q
주가(최고/저)(천원)	6.0/3.4	7.0/4.0	6.0/2.6	4.9/2.9	5.6/2.7	—/—
PER(최고/저)(배)	17.9/10.2	—/—	—/—	100.6/58.6	—/—	—/—
PBR(최고/저)(배)	1.8/1.0	2.8/1.6	3.0/1.3	2.4/1.4	3.3/1.6	2.9/2.3
EV/EBITDA(배)	7.8			26.2		
EPS(원)	337	-737	-607	49	-378	-248
BPS(원)	3,351	2,483	1,985	2,072	1,698	1,603
CFPS(원)	425	-641	-520	123	-319	-225
DPS(원)	50					
EBITDAPS(원)	419	-634	-430		-319	-204

재무 비율 　〈단위 : % 〉
연도	영업이익률	순이익률	부채비율	차입금비율	ROA	ROE	유보율	자기자본비율	EBITDA마진율
2016	-21.3	-21.2	66.9	47.8	-13.5	-21.8	239.5	59.9	-17.9
2015	1.9	2.0	56.4	43.9	1.5	2.6	314.5	64.0	4.9
2014	-38.2	-44.9	97.4	61.1	-15.1	-28.3	296.9	50.7	-31.8
2013	-43.9	-44.3	79.4	67.2	-14.9	-25.9	396.6	55.8	-38.1

인텔리안테크놀로지스 (A189300)
Intellian Technologies

업 종 : 통신장비		시 장 : KOSDAQ	
신용등급 : (Bond) — (CP) —		기업규모 : 벤처	
홈 페 이 지 : www.intelliantech.com		연 락 처 : 031)379-1000	
본 사 : 경기도 평택시 진위면 진위산단로 18-7			

설 립 일	2004.02.05	종 업 원 수	254명	대 표 이 사	성상엽
상 장 일	2016.10.18	감사의견	적정(참)	계	열
결 산 기	12월	보 통 주	722만주	종속회사수	4개사
액 면 가	500원	우 선 주		구 상 호	

주주구성 (지분율,%)		출자관계 (지분율,%)		주요경쟁사 (외형,%)	
성상엽	24.3	신진브이에프	19.9	인텔리안테크	100
인텔리안시스템즈	8.2	정보통신공제조합경기지점		삼지전자	1,416
(외국인)	0.3			AP위성	32

매출구성		비용구성		수출비중	
해상용 위성통신 안테나	64.9	매출원가율	50.5	수출	92.0
기타	18.5	판관비율	40.0	내수	8.0
해상용 위성방송 수신안테나	16.6				

회사 개요

동사는 2004년 설립, 2016년 10월 코스닥시장에 신규상장됨. 환경적으로 통신 및 방송서비스가 어려운 해상의 remote & mobility 환경에서, 인공 위성을 이용한 데이터 통신서비스(인터넷, VoIP 전화 등 인터넷 서비스)와 위성 방송 수신을 가능하게 하는 해상용 위성통신 안테나 및 위성 방송 수신안테나 생산이 주요사업임. 현재 해상용 중심에서 향후 육상용, 항공용, 군사용 등으로 사업을 확대할 계획임.

실적 분석

점진적으로 해상 선박 및 구조물 보급되어야 하는 특징에 따라 동사의 2017년 2분기기준 누적 매출액은 전년동기대비 -17.7% 하락한 349.6억원을 기록하였음. 그에 따라 전년동기대비 영업이익은 14.9억원으로 -79% 크게 하락하였음. 최종적으로 전년동기대비 당기순이익은 크게 하락하여 4.6억원을 기록함. 그러나 선박용 고속 위성통신 선도기업으로서 최대 수혜자이므로 향후 견조한 성장이 기대되고 있음.

현금 흐름 〈단위 : 억원〉

항목	2016	2017.2Q
영업활동	8	-6
투자활동	-86	-137
재무활동	306	-55
순현금흐름	226	-195
기말현금	259	64

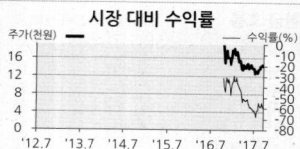

시장 대비 수익률

결산 실적 〈단위 : 억원〉

항목	2012	2013	2014	2015	2016	2017
매출액	280	443	595	595	778	—
영업이익	34	42	57	52	74	—
당기순이익	15	20	61	54	62	—

분기 실적 〈단위 : 억원〉

항목	2016.1Q	2016.2Q	2016.3Q	2016.4Q	2017.1Q	2017.2Q
매출액	157	268	—	—	149	201
영업이익	10	61	—	—	-7	22
당기순이익	5	53	—	—	-23	27

재무 상태 〈단위 : 억원〉

항목	2012	2013	2014	2015	2016	2017.2Q
총자산	389	558	589	562	982	989
유형자산	92	103	143	149	145	164
무형자산	48	61	52	69	95	112
유가증권	11	22	0	0	0	0
총부채	184	334	372	266	348	355
총차입금	139	204	235	152	179	121
자본금	28	28	26	28	36	36
총자본	205	224	217	296	633	634
지배주주지분	205	224	217	296	633	634

기업가치 지표

항목	2012	2013	2014	2015	2016	2017.2Q
주가(최고/저)(천원)	—/—	—/—	—/—	—/—	19.7/14.1	—/—
PER(최고/저)(배)	0.0/0.0	0.0/0.0	0.0/0.0	0.0/0.0	19.2/13.8	—/—
PBR(최고/저)(배)	0.0/0.0	0.0/0.0	0.0/0.0	0.0/0.0	2.2/1.6	2.1/1.5
EV/EBITDA(배)	2.1	3.3	3.1	1.6	10.5	—/—
EPS(원)	285	357	1,109	959	1,032	64
BPS(원)	3,712	4,068	3,933	5,271	8,841	8,787
CFPS(원)	551	631	1,377	1,316	1,468	282
DPS(원)					100	
EBITDAPS(원)	891	1,028	1,295	1,291	1,670	425

재무 비율 〈단위 : % 〉

연도	영업이익률	순이익률	부채비율	차입금비율	ROA	ROE	유보율	자기자본비율	EBITDA마진율
2016	9.5	7.9	55.0	28.2	8.0	13.3	1,668.2	64.5	12.9
2015	8.8	9.0	89.8	51.3	9.3	20.9	954.2	52.7	12.1
2014	9.5	10.3	171.5	108.6	—	—	731.8	36.8	12.0
2013	9.4	4.4	148.7	90.9	4.2	9.2	713.6	40.2	12.8

인트로메딕 (A150840)
IntroMedic

업 종 : 의료 장비 및 서비스		시 장 : KOSDAQ	
신용등급 : (Bond) — (CP) —		기업규모 : 신성장	
홈페이지 : www.intromedic.co.kr		연 락 처 : 02)801-9300	
본 사 : 서울시 구로구 디지털로31길 41,1105호(구로동,이앤씨벤처드림타워6차)			

설 립 일	2004.09.03	종 업 원 수	52명	대 표 이 사	심한보
상 장 일	2013.12.19	감사의견	적정(안진)	계	열
결 산 기	12월	보 통 주	720만주	종속회사수	
액 면 가	500원	우 선 주		구 상 호	

주주구성 (지분율,%)		출자관계 (지분율,%)		주요경쟁사 (외형,%)	
시너지-예티스톤 신기술사업투자조합	9.3	엔큐라젠	15.9	인트로메딕	100
심한보	9.2	아이지엠	12.2	엑세스바이오	385
(외국인)	0.6			나노엔텍	263

매출구성		비용구성		수출비중	
소장용 캡슐내시경,일회용 연성내시경	96.7	매출원가율	37.1	수출	93.0
소모품	2.5	판관비율	105.1	내수	7.0
기능성음료	0.8				

회사 개요

동사는 정보통신기 제조 및 판매업, 의료기기 제조 및 판매업 등을 주요사업으로 영위하고 있음. 2013년 12월 코스닥시장에 상장되었고, 동사의 종속회사로 INTROMEDIC AMERICA를 비롯해 2개 회사가 속해있음. 동사의 매출 구성을 살펴보면 소장용 캡슐내시경은 99.2%, 상부위장관용 일회용 연성내시경이 0.8%를 차지하고 있음. 캡슐내시경 검사에 대한 적용범위가 확대되고 있는 추세에 있어 검사건수는 꾸준히 증가 중에 있음.

실적 분석

동사의 2017년 상반기 매출액은 39.3억원으로 전년동기 대비 16.3% 증가. 중국지역 영업강화에 따른 원가 상승과 신규 바이오 의약품 사업 진행에 따른 인건비 등 비용 발생으로 영업손실 역시 전년동기 수준인 10.6억원을 유지. 통신 기능이 대폭 강화된 소장 및 대장 양방향 캡슐내시경 제품의 출시를 앞두고, 데이터 수신 및 저장 시스템도 거의 개발 완료돼 본격적으로 매출에 반영될 것으로 기대됨.

현금 흐름 〈단위 : 억원〉

항목	2016	2017.2Q
영업활동	-25	—
투자활동	-13	—
재무활동	9	—
순현금흐름	-29	—
기말현금	64	—

시장 대비 수익률

결산 실적 〈단위 : 억원〉

항목	2012	2013	2014	2015	2016	2017
매출액	86	106	109	83	84	—
영업이익	15	23	8	-13	-36	—
당기순이익	5	24	12	-9	-70	—

분기 실적 〈단위 : 억원〉

항목	2016.1Q	2016.2Q	2016.3Q	2016.4Q	2017.1Q	2017.2Q
매출액	14	20	21	29	14	—
영업이익	-11	-13	-2	-9	-11	—
당기순이익	-14	-16	-9	-30	-20	—

재무 상태 〈단위 : 억원〉

항목	2012	2013	2014	2015	2016	2017.2Q
총자산	137	205	212	296	242	—
유형자산	3	2	3	3	7	—
무형자산	21	30	35	36	41	—
유가증권	2	1	0	1	1	—
총부채	131	32	26	101	105	—
총차입금	108			83	88	—
자본금	30	35	35	36	36	—
총자본	6	173	186	195	137	—
지배주주지분	6	173	186	195	135	—

기업가치 지표

항목	2012	2013	2014	2015	2016	2017.2Q
주가(최고/저)(천원)	—/—	5.7/5.1	20.2/5.0	19.0/11.3	13.0/6.4	—/—
PER(최고/저)(배)	0.0/0.0	14.9/13.2	115.4/28.5	—/—	—/—	—/—
PBR(최고/저)(배)	0.0/0.0	2.3/2.1	7.6/1.9	7.0/4.2	6.9/3.4	0.0/0.0
EV/EBITDA(배)	4.2	11.5	78.2	—/—	—/—	—/—
EPS(원)	76	384	175	-122	-928	—
BPS(원)	104	2,466	2,640	2,724	1,877	—
CFPS(원)	127	432	227	-66	-864	—
DPS(원)						—
EBITDAPS(원)	296	415	172	-127	-430	—

재무 비율 〈단위 : % 〉

연도	영업이익률	순이익률	부채비율	차입금비율	ROA	ROE	유보율	자기자본비율	EBITDA마진율
2016	-42.1	-83.5	76.3	64.4	-26.2	-40.4	275.4	56.7	-36.7
2015	-15.8	-10.6	51.6	42.3	-3.4	-4.6	444.8	66.0	-11.0
2014	7.7	11.2	13.9	0.0	5.9	6.8	427.9	87.8	11.0
2013	21.3	22.2	18.7	4.6	13.8	26.3	393.2	84.2	24.0

인트론바이오테크놀로지 (A048530)
iNtRON Biotechnology

업 종 : 바이오		시 장 : KOSDAQ	
신용등급 : (Bond) — (CP) —		기업규모 : 신성장	
홈페이지 : www.intron.co.kr		연 락 처 : 031)739-5360	
본 사 : 경기도 성남시 중원구 사기막골로 137 중앙인더스피아 701~704호			

설 립 일	1999.01.18	종업원수	110명	대표이사	윤성준,윤경원(각자대표)
상 장 일	2011.01.26	감사의견	적정 (신한)	계 열	
결 산 월	12월	보통주	1,504만주	종속회사수	3개사
액 면 가	500원	우선주	42만주	구 상 호	

주주구성 (지분율,%)		출자관계 (지분율,%)		주요경쟁사 (외형,%)	
윤성준	18.7	비알디코리아	21.4	인트론바이오	100
미래에셋자산운용투자자문	6.2	카브	3.1	셀트리온	6,560
(외국인)	4.1	에스비이인베스트먼트	2.4	바이로메드	67

매출구성		비용구성		수출비중	
유전자추출/증폭 (상품및제품)	63.0	매출원가율	50.8	수출	11.0
PML100 등(제품)	23.5	판관비율	61.0	내수	89.0
AI, VRE, STI 등(제품)	13.5				

회사 개요
동사는 유전자시약, 분자진단, 동물용 항생제 대체재 분야를 주요 사업으로 하는 바이오 업체임. 다수의 신약개발 파이프라인에 의거하여 바이오신약 개발에 집중하고 있으나, 신약개발은 오랜 투자기간 및 개발비가 소요되는 특성상 다소 시간이 걸릴 것으로 예상됨. 유전자시약 및 분자진단 분야의 주요 원재료는 단백질 효소 및 화학물질류인데 핵심 단백질 효소는 직접 개발 생산하고 있으며 화학물질류는 주로 해외로부터 수입해 사용함.

실적 분석
동사의 2017년 상반기 누적매출액은 54.9억원으로 전년동기대비 15.5% 증가함. 비용면에서 매출원가와 판관비가 각각 40.6%, 9.8% 상승하면서 영업손실은 7.8억원을 기록해 적자폭이 확대됨. 해외기업들과 제휴를 통해 OEM 및 ODM을 활용한 제품라인을 확대하여 기존에 구축된 영업 네트워크를 확대하고 있음. 현재 구축된 해외대리점을 적극 활용해 해외진출에 박차를 가할 예정임.

현금 흐름 〈단위 : 억원〉
항목	2016	2017.2Q
영업활동	-20	-8
투자활동	-102	-23
재무활동	220	42
순현금흐름	98	10
기말현금	195	205

결산 실적 〈단위 : 억원〉
항목	2012	2013	2014	2015	2016	2017
매출액	82	93	100	118	102	—
영업이익	-11	1	11	21	-12	—
당기순이익	-12	4	1	16	-6	—

분기 실적 〈단위 : 억원〉
항목	2016.1Q	2016.2Q	2016.3Q	2016.4Q	2017.1Q	2017.2Q
매출액	23	24	—	—	24	31
영업이익	-2	-2	—	—	-4	-4
당기순이익	-2	-2	—	—	2	-33

재무 상태 〈단위 : 억원〉
항목	2012	2013	2014	2015	2016	2017.2Q
총자산	196	232	344	404	596	622
유형자산	34	34	30	66	78	82
무형자산	66	76	85	100	123	131
유가증권	0	0	34	68	113	85
총부채	77	57	150	59	105	161
총차입금	63	41	134	35	86	137
자본금	47	70	70	75	77	77
총자본	119	175	194	344	491	461
지배주주지분	119	175	194	344	491	460

기업가치 지표
항목	2012	2013	2014	2015	2016	2017.2Q
주가(최고/저)(천원)	12.1/6.1	16.9/8.8	17.2/12.5	67.7/13.7	92.5/24.1	—/—
PER(최고/저)(배)	—/—	641.9/334.2	11,703.2/8,471.2	653.5/132.3	—/—	—/—
PBR(최고/저)(배)	12.3/6.2	13.5/7.0	12.1/8.8	29.1/5.9	28.0/7.3	12.3/6.6
EV/EBITDA(배)		158.9	97.8	259.8	8,368.2	—
EPS(원)	-99	26	1	104	-39	-198
BPS(원)	1,280	1,252	1,424	2,323	3,307	3,105
CFPS(원)	-20	103	60	168	42	-154
DPS(원)						
EBITDAPS(원)	-12	81	139	206	3	-6

재무 비율 〈단위 : % 〉
연도	영업이익률	순이익률	부채비율	차입금비율	ROA	ROE	유보율	자기자본비율	EBITDA마진율
2016	-11.7	-6.0	21.3	17.5	-1.2	-1.5	561.3	82.5	0.5
2015	18.0	13.2	17.2	10.0	4.2	5.8	364.7	85.3	26.2
2014	11.3	0.2	77.4	69.2	0.1	0.1	184.7	56.4	19.4
2013	0.6	3.8	32.7	23.5	1.7	2.4	150.4	75.3	11.8

인팩 (A023810)
Infac

업 종 : 자동차부품		시 장 : 거래소	
신용등급 : (Bond) — (CP) —		기업규모 : 시가총액 소형주	
홈페이지 : www.infac.com		연 락 처 : 02)3432-3333	
본 사 : 서울시 송파구 백제고분로 450			

설 립 일	1972.01.24	종업원수	394명	대표이사	최오길,최웅선
상 장 일	2004.09.21	감사의견	적정 (안진)	계 열	
결 산 월	12월	보통주	1,000만주	종속회사수	4개사
액 면 가	500원	우선주		구 상 호	

주주구성 (지분율,%)		출자관계 (지분율,%)		주요경쟁사 (외형,%)	
최오길	20.0	인팩일렉스	49.0	인팩	100
최웅선	13.2	인팩혼시스템	20.0	삼성공조	36
(외국인)	14.2	인팩케이ل	20.0	현대공업	91

매출구성		비용구성		수출비중	
(주)인팩-콘트롤케이블류 등	63.6	매출원가율	83.6	수출	37.0
삼하인팩국가자부전유한공사-이그니션케이블 등	33.6	판관비율	11.8	내수	63.0
INFACINDIAPVT.LTD-콘트롤케이블류 등	19.1				

회사 개요
동사는 자동차부품을 전문적으로 생산해온 전문업체로 자동차 케이블, 밸브 및 스위치 등을 생산함. 주요 매출품목은 콘트롤케이블류, 이그니션케이블 및 밸브, 스위치류와 2012년에 신규로 전자식파킹브레이크케이블 및 공기현가장치가 추가되어, 다양한 거래처에 안정적으로 제품을 공급하고 있음. 주요 거래처로는 현대자동차, 기아자동차, 지엠대우, 쌍용 등 국내 완성업체 및 해외 유수의 자동차 생산업체 및 부품업체임.

실적 분석
동사의 2017년 2분기 매출액은 1008억원으로 전년동기 대비 13.6% 감소. 매출원가율 감소와 판관비 감소에도 수익성이 하락하여 영업손실은 전년동기 대비 적자전환하여 10.6억원에 그침. 순이익은 법인세비용 감소에도 전년동기 대비 적자전환한 -10.7억원을 시현함. 중국과 인도 자회사의 이익 시현세가 괄목할만함. 멕시코 법인은 2017년 3월말 기준 공장 건설 중에 있음.

현금 흐름 〈단위 : 억원〉
항목	2016	2017.2Q
영업활동	147	16
투자활동	-150	-73
재무활동	-12	26
순현금흐름	-17	-32
기말현금	114	81

결산 실적 〈단위 : 억원〉
항목	2012	2013	2014	2015	2016	2017
매출액	2,071	2,190	2,184	2,228	2,340	—
영업이익	107	139	97	92	108	—
당기순이익	92	173	143	106	93	—

분기 실적 〈단위 : 억원〉
항목	2016.1Q	2016.2Q	2016.3Q	2016.4Q	2017.1Q	2017.2Q
매출액	568	599	541	632	550	458
영업이익	30	35	16	28	22	-33
당기순이익	25	34	9	24	26	-37

재무 상태 〈단위 : 억원〉
항목	2012	2013	2014	2015	2016	2017.2Q
총자산	1,463	1,588	1,640	1,894	2,014	1,983
유형자산	569	536	532	539	586	639
무형자산	38	41	41	42	54	55
유가증권	8	19	6	6	6	5
총부채	817	772	703	880	921	929
총차입금	306	210	195	217	225	270
자본금	50	50	50	50	50	50
총자본	646	816	938	1,013	1,093	1,054
지배주주지분	640	810	931	1,006	1,072	1,035

기업가치 지표
항목	2012	2013	2014	2015	2016	2017.2Q
주가(최고/저)(천원)	3.9/2.9	6.3/3.1	11.4/5.7	8.3/5.0	8.0/5.0	—/—
PER(최고/저)(배)	4.9/3.6	4.0/2.0	8.5/4.3	8.2/5.0	8.8/5.5	—/—
PBR(최고/저)(배)	0.7/0.5	0.9/0.4	1.3/0.7	0.9/0.5	0.8/0.5	0.7/0.6
EV/EBITDA(배)	3.6	3.6	4.6	4.3	4.2	—
EPS(원)	903	1,715	1,422	1,057	933	-100
BPS(원)	6,404	8,096	9,307	10,063	10,724	10,355
CFPS(원)	1,565	2,407	2,099	1,750	1,652	258
DPS(원)	100	130	140	140	150	—
EBITDAPS(원)	1,735	2,080	1,644	1,617	1,799	252

재무 비율 〈단위 : % 〉
연도	영업이익률	순이익률	부채비율	차입금비율	ROA	ROE	유보율	자기자본비율	EBITDA마진율
2016	4.6	4.0	84.3	20.6	4.7	9.0	2,044.8	54.3	7.7
2015	4.2	4.8	86.9	21.4	5.4	10.9	1,912.6	53.5	7.3
2014	4.4	6.6	74.9	20.8	8.9	16.3	1,761.4	57.2	7.5
2013	6.3	7.9	94.6	25.8	11.3	23.7	1,519.2	51.4	9.5

인포마크 (A175140)
INFOMARK

업　　종 : 휴대폰 및 관련부품		시　　장 : KOSDAQ	
신용등급 : (Bond) — (CP) —		기업규모 : 벤처	
홈페이지 : www.infomark.co.kr		연 락 처 : (02)6205-0505	
본　　사 : 경기도 성남시 분당구 황새울로 216 (수내동,휴맥스빌리지3층)			

설 립 일 2002.01.24	종 업 원 수 113명	대 표 이 사 최혁	
상 장 일 2015.09.23	감사의견 적정 (한경)	계 열	
결 산 기 12월	보 통 주 357만주	종속회사수	
액 면 가 500원	우 선 주	구 상 호	

주주구성 (지분율,%)
최혁	21.4
에스비팬아시아펀드	16.8
(외국인)	2.7

출자관계 (지분율,%)

주요경쟁사 (외형,%)
인포마크	100
피델릭스	89
알에프세미	101

매출구성
모바일라우터(제품)	57.0
키즈폰(제품)	39.6
상품	3.2

비용구성
매출원가율	67.5
판관비율	29.0

수출비중
수출	—
내수	—

회사 개요
동사는 2002년 설립된 소프트웨어 개발, 정보통신 하드웨어 제조 업체로 주력 제품으로는 키즈폰 및 무선 데이터통신 단말기가 있음. 몸에 부착하여 사용하는 소형 IT기기인 웨어러블 단말 사업의 선도 업체로 키즈폰 시장에서의 시장 점유율을 높이고 있음. 무선데이터통신 단말 분야도 국내 1위 업체로 미국, 일본, 호주 등에 모바일라우터를 250만대 이상 판매함. 매출 구성은 키즈폰 51%, 모바일라우터 46% 등으로 이루어짐.

실적 분석
동사의 연결 재무제표 기준 2017년 반기 연결기준 매출액은 전년 동기 359.2억원 대비 15.5% 감소한 303.7억원 기록. 외형축소로 인하여 매출원가 감소에도 불구하고 영업이익 5.3억원을 기록, 전년 동기 대비 85.9% 감소함. 비영업손실 발생하면서 당기순이익은 4.5억원을 시현하며, 80.0% 감소하였음. 향후 웨어러블 기기 출시에 따른 매출 성장세가 기대되고 있음.

현금 흐름　*IFRS 별도 기준　〈단위 : 억원〉
항목	2016	2017.2Q
영업활동	53	15
투자활동	-50	-36
재무활동	-19	95
순현금흐름	-16	75
기말현금	2	77

시장 대비 수익률

결산 실적　〈단위 : 억원〉
항목	2012	2013	2014	2015	2016	2017
매출액	776	612	707	522	637	
영업이익	59	38	41	-10	22	
당기순이익	27	20	34	-7	11	

분기 실적　*IFRS 별도 기준　〈단위 : 억원〉
항목	2016.1Q	2016.2Q	2016.3Q	2016.4Q	2017.1Q	2017.2Q
매출액	232	127	135	142	173	131
영업이익	15	23	0	-15	11	-6
당기순이익	10	12	1	-12	11	-7

재무 상태　*IFRS 별도 기준　〈단위 : 억원〉
항목	2012	2013	2014	2015	2016	2017.2Q
총자산	406	384	372	442	460	540
유형자산	11	14	17	19	19	21
무형자산	56	43	60	80	86	86
유가증권	—	1	1	1	5	5
총부채	315	291	228	174	178	253
총차입금	168	224	196	141	120	216
자본금	8	11	12	18	18	18
총자본	91	93	144	268	282	287
지배주주지분	91	93	144	268	282	.287

기업가치 지표　*IFRS 별도 기준
항목	2012	2013	2014	2015	2016	2017.2Q
주가(최고/저)(천원)	—/—	—/—	—/—	22.5/12.0	19.3/11.0	—/—
PER(최고/저)(배)	0.0/0.0	0.0/0.0	0.0/0.0	—/—	62.6/35.7	—/—
PBR(최고/저)(배)	0.0/0.0	0.0/0.0	0.0/0.0	2.9/1.6	2.4/1.4	2.4/1.9
EV/EBITDA(배)	1.9	4.1	3.1	66.7	12.1	—/—
EPS(원)	1,648	1,081	1,258	-224	308	126
BPS(원)	55,287	37,969	5,202	7,648	7,906	8,038
CFPS(원)	24,636	17,617	1,702	372	1,313	736
DPS(원)						
EBITDAPS(원)	44,017	27,173	1,979	272	1,636	759

재무 비율　〈단위 : %〉
연도	영업이익률	순이익률	부채비율	차입금비율	ROA	ROE	유보율	자기자본비율	EBITDA마진율
2016	3.5	1.7	63.2	42.6	2.4	3.9	1,481.3	61.3	9.0
2015	-1.9	-1.3	65.1	52.7	-1.7	-3.3	1,429.7	60.6	1.6
2014	5.9	4.8	157.7	135.4	9.0	28.6	1,081.8	38.8	7.6
2013	6.1	3.3	312.8	241.5			778.7	24.2	8.2

인포바인 (A115310)
INFOvine co

업　　종 : 인터넷 서비스		시　　장 : KOSDAQ	
신용등급 : (Bond) — (CP) —		기업규모 : 벤처	
홈페이지 : www.infovine.co.kr		연 락 처 : (02)3775-3366	
본　　사 : 서울시 마포구 마포대로 144 (공덕동, 태영빌딩 5층)			

설 립 일 2000.02.14	종 업 원 수 69명	대 표 이 사 권성준	
상 장 일 2010.02.09	감사의견 적정 (삼일)	계 열	
결 산 기 12월	보 통 주 311만주	종속회사수 2개사	
액 면 가 500원	우 선 주	구 상 호	

주주구성 (지분율,%)
권성준	17.0
FID Low Priced Stock Fund	5.6
(외국인)	16.4

출자관계 (지분율,%)

주요경쟁사 (외형,%)
인포바인	100
이크레더블	150
가비아	487

매출구성
휴대폰인증서 보관서비스	95.8
온라인게임 서비스	2.7
기타	1.5

비용구성
매출원가율	0.0
판관비율	40.4

수출비중
수출	2.0
내수	98.0

회사 개요
동사는 유무선 통신 부가서비스 사업을 영위하는 업체로, 휴대폰 인증서 보관서비스를 주력으로 함. 동 서비스는 유무선 네트워크 연동 기술, 데이터 암호화 기술 및 모바일 어플리케이션 개발 기술을 기반으로 공인인증서를 휴대폰에 보관하고, 어느 PC에서나 자유롭게 사용할 수 있도록 하는 서비스임. 온라인 게임인 제4구역을 개발하여 태국 현지 상용화하는 등 게임 사업도 영위함. 휴대폰 인증서 보관서비스는 내수 매출이 전체의 대부분을 차지함.

실적 분석
동사의 2017년 2분기 누적매출액은 116.7억원으로 전년 동기 대비 13.3% 증가함. 영업이익은 65.7억원으로 전년 동기 대비 소폭 감소함. 동사의 휴대폰인증서 보관서비스 시장의 경우 독점적 시장경쟁 형태이며, 보안수단으로서 공인인증서의 보급률이 절대적으로 상황에서 사업 안정성이 당분간은 유지될 전망임. 모바일게임 및 어플리케이션 개발 및 사업으로 부가적인 매출 증대 기대됨.

현금 흐름　*IFRS 별도 기준　〈단위 : 억원〉
항목	2016	2017.2Q
영업활동	98	54
투자활동	-102	12
재무활동	-33	-65
순현금흐름	-36	-1
기말현금	134	134

시장 대비 수익률

결산 실적　〈단위 : 억원〉
항목	2012	2013	2014	2015	2016	2017
매출액	166	192	201	184	210	
영업이익	105	127	132	111	125	
당기순이익	100	117	122	96	109	

분기 실적　*IFRS 별도 기준　〈단위 : 억원〉
항목	2016.1Q	2016.2Q	2016.3Q	2016.4Q	2017.1Q	2017.2Q
매출액	52	51	52	54	57	59
영업이익	35	32	31	28	34	32
당기순이익	30	28	26	25	27	29

재무 상태　*IFRS 별도 기준　〈단위 : 억원〉
항목	2012	2013	2014	2015	2016	2017.2Q
총자산	461	692	777	670	755	749
유형자산	3	2	2	1	5	6
무형자산	4	5	9	10	11	10
유가증권	70	60	110	174	192	214
총부채	25	174	175	25	35	38
총차입금	—	144	145	-0	0	11
자본금	15	15	15	16	16	16
총자본	436	518	602	645	720	711
지배주주지분	436	518	602	645	720	711

기업가치 지표
항목	2012	2013	2014	2015	2016	2017.2Q
주가(최고/저)(천원)	24.3/14.8	29.5/19.7	31.4/23.2	35.7/20.3	27.7/21.5	—/—
PER(최고/저)(배)	8.6/5.2	8.6/5.8	8.7/6.4	12.2/7.2	8.2/6.4	—/—
PBR(최고/저)(배)	1.6/1.0	1.6/1.1	1.5/1.1	1.5/0.9	1.0/0.8	1.0/0.8
EV/EBITDA(배)	3.3	2.3	1.7	1.7	1.8	—/—
EPS(원)	3,279	3,853	3,981	3,119	3,486	1,787
BPS(원)	17,221	20,447	23,754	26,114	28,925	30,054
CFPS(원)	3,321	3,897	4,032	3,167	3,540	1,787
DPS(원)	780	810		1,750	900	
EBITDAPS(원)	3,490	4,215	4,347	3,648	4,067	2,109

재무 비율　〈단위 : %〉
연도	영업이익률	순이익률	부채비율	차입금비율	ROA	ROE	유보율	자기자본비율	EBITDA마진율
2016	59.6	51.8	4.9	0.0	15.2	15.9	5,685.0	95.4	60.4
2015	60.6	52.5	3.9	0.0	13.3	15.5	5,122.7	96.2	61.4
2014	65.4	60.6	29.1	24.1	16.6	21.8	4,650.8	77.5	66.1
2013	66.3	61.3	33.7	27.8	20.4	24.6	3,989.3	74.8	67.0

인포뱅크 (A039290)
InfoBank

업 종 : 일반 소프트웨어		시 장 : KOSDAQ	
신용등급 : (Bond) — (CP) —		기업규모 : 중견	
홈 페 이 지 : www.infobank.net		연 락 처 : 031)628-1500	
본 사 : 경기도 성남시 분당구 대왕판교로 660 유스페이스1 A동 12층			

설 립 일 1995.06.14	종 업 원 수 130명	대 표 이 사 박태형	
상 장 일 2006.07.04	감사의견 적정 (삼정)	계 열	
결 산 기 12월	보 통 주 869만주	종속회사수 2개사	
액 면 가 500원	우 선 주	구 상 호	

주주구성 (지분율,%)		출자관계 (지분율,%)		주요경쟁사 (외형,%)	
박태형	18.3	인포뱅크	100		
장준호	9.6	인프라웨어	12		
(외국인)	0.0	피노텍	10		

매출구성		비용구성		수출비중	
메시징서비스	89.7	매출원가율	87.7	수출	0.0
기타모바일서비스	7.9	판관비율	11.8	내수	100.0
Smat Car 서비스	1.4				

회사 개요
동사는 유무선 및 방송 통신네트워크 소프트웨어 개발 및 서비스사업을 영위할 목적으로 1995년에 설립되었음. 국내 최초로 모바일 기업메시징 서비스를 개발한 벤처 1세대 기업. 사업분야로는 서비스사업(기업용메시징서비스, 양방향미디어서비스, 스마트카 서비스 등)과 기타사업(단말Embedded S/W 개발 등)을 영위하고 있음. 2006년에 코스닥 시장에 상장. 연결종속회사로 비상장사 2개사(아이하트, 아이모터스)를 소유하고 있음.

실적 분석
동사의 2017년 2분기 누적 매출액은 금융권 및 이동통신사 대상 모바일메시징 서비스의 외형성장에 힘입어 전년 동기 대비 6.1% 증가한 558.6억원을 기록함. 2분기 누적 영업이익은 13.8억원으로 전년동기 대비 큰 폭으로 증가함. 당기순이익은 15.8억원으로 전년동기 대비 91.8% 증가함. 동사는 현재 카카오뱅크에 모바일 메시징 서비스를 공급하고 있으며, 카카오뱅크 이용자 증가에 따른 실적성장이 기대됨.

현금 흐름 〈단위 : 억원〉

항목	2016	2017.2Q
영업활동	77	17
투자활동	-16	-17
재무활동	5	-1
순현금흐름	65	-1
기말현금	152	151

시장 대비 수익률

결산 실적 〈단위 : 억원〉

항목	2012	2013	2014	2015	2016	2017
매출액	1,074	979	992	1,033	1,098	—
영업이익	13	-42	-29	7	6	—
당기순이익	166	-17	-36	13	18	—

분기 실적 〈단위 : 억원〉

항목	2016.1Q	2016.2Q	2016.3Q	2016.4Q	2017.1Q	2017.2Q
매출액	251	276	267	304	260	299
영업이익	-6	7	6	-1	7	7
당기순이익	-2	10	4	3	10	6

재무 상태 〈단위 : 억원〉

항목	2012	2013	2014	2015	2016	2017.2Q
총자산	792	723	683	677	726	732
유형자산	246	234	218	197	190	186
무형자산	22	13	13	11	9	9
유가증권	70	24	27	55	55	62
총부채	225	191	202	175	203	193
총차입금	—	—	8	5	3	3
자본금	43	43	43	43	43	43
총자본	567	532	481	503	523	540
지배주주지분	554	514	461	480	498	513

기업가치 지표

항목	2012	2013	2014	2015	2016	2017.2Q
주가(최고/저)(천원)	14.1/4.2	11.2/5.0	9.2/4.5	8.4/4.7	14.4/6.3	—/—
PER(최고/저)(배)	7.5/2.2	—/—	—/—	66.0/37.0	79.2/34.6	2.4/1.5
PBR(최고/저)(배)	2.2/0.6	1.8/0.8	1.7/0.8	1.5/0.8	2.4/1.1	2.4/1.5
EV/EBITDA(배)	20.0			29.0	62.9	
EPS(원)	1,892	-218	-421	127	182	163
BPS(원)	6,566	6,119	5,584	5,794	5,953	6,113
CFPS(원)	2,106	1	-221	300	319	226
DPS(원)	30				30	
EBITDAPS(원)	367	-261	-133	250	202	221

재무 비율 〈단위 : % 〉

연도	영업이익률	순이익률	부채비율	차입금비율	ROA	ROE	유보율	자기자본비율	EBITDA마진율
2016	0.5	1.6	38.8	0.6	2.6	3.2	1,090.6	72.1	1.6
2015	0.7	1.3	34.8	1.0	2.0	2.4	1,058.9	74.2	2.1
2014	-2.9	-3.7	42.0	1.7	-5.2	-7.5	1,016.9	70.4	-1.2
2013	-4.3	-1.7	36.0		-2.2	-3.5	1,123.7	73.6	-2.3

인프라웨어 (A041020)
Infraware

업 종 : 일반 소프트웨어		시 장 : KOSDAQ	
신용등급 : (Bond) — (CP) —		기업규모 : 벤처	
홈 페 이 지 : www.infraware.co.kr		연 락 처 : 02)537-0538	
본 사 : 서울시 금천구 가산디지털1로 19, 대륭테크노타운 18차 20층			

설 립 일 1997.04.03	종 업 원 수 168명	대 표 이 사 곽민철,이해석(각자대표)	
상 장 일 2005.10.28	감사의견 적정 (삼정)	계 열	
결 산 기 12월	보 통 주 3,162만주	종속회사수 4개사	
액 면 가 500원	우 선 주	구 상 호	

주주구성 (지분율,%)		출자관계 (지분율,%)		주요경쟁사 (외형,%)	
셀바스에이아이	11.8	인프라웨어테크놀러지	41.1	인프라웨어	100
국민연금공단	2.7	셀바스	40.0	피노텍	83
(외국인)	1.8	셀바스에이아이	10.0	SGA솔루션즈	375

매출구성		비용구성		수출비중	
오피스 솔루션	67.8	매출원가율	0.0	수출	55.0
기타((제품, 기타용역 등)	32.2	판관비율	283.8	내수	45.0

회사 개요
동사는 1997년 설립된 임베디드 소프트웨어 전문 업체로, 2005년 코스닥 시장에 상장됨. 주력 제품은 모바일 오피스 솔루션인 POLARIS Office이며, 삼성전자, LG전자, HTC 등 글로벌 안드로이드 기반 스마트폰 및 태블릿 PC에 공급하고 있음. 계열회사인 디오텍, 셀바스, 인프라웨어 테크놀러지, 자원메디칼 등을 통해 기업용 오피스 및 PC 버전 오피스 등 오피스를 기반으로 한 사업 다각화에 힘쓰고 있음.

실적 분석
동사의 2017년 2분기 누적 매출액은 신사업인 클라우드 서비스 사업의 매출 부진으로 전년동기대비 17.5% 감소한 66.2억원을 기록함. 판매비와관리비는 전년동기대비 29.5% 감소함. 2분기 누적 영업손실은 71.1억원, 당기순손실은 71.6억원을 기록하며 적자가 지속됨. 실적 개선을 위해 기업용 오피스, PC 버전 오피스 등 사무 프로그램 중심으로 매출 다변화 노력 중. 현재 인도 주정부와 폴라리스 오피스 공급 계약 협의 진행중임

현금 흐름 〈단위 : 억원〉

항목	2016	2017.2Q
영업활동	-220	-76
투자활동	184	5
재무활동	5	175
순현금흐름	-31	104
기말현금	70	174

시장 대비 수익률

결산 실적 〈단위 : 억원〉

항목	2012	2013	2014	2015	2016	2017
매출액	479	534	408	224	132	—
영업이익	85	135	25	-182	-243	—
당기순이익	27	67	-70	-232	-261	—

분기 실적 〈단위 : 억원〉

항목	2016.1Q	2016.2Q	2016.3Q	2016.4Q	2017.1Q	2017.2Q
매출액	47	34	25	27	29	37
영업이익	-53	-61	-62	-66	-35	-36
당기순이익	-56	-80	-54	-71	-37	-34

재무 상태 〈단위 : 억원〉

항목	2012	2013	2014	2015	2016	2017.2Q
총자산	901	1,216	964	689	463	534
유형자산	18	31	32	15	7	6
무형자산	70	47	39	13	6	5
유가증권	17	32		177	213	89
총부채	152	318	120	76	133	101
총차입금	20	181	5	1	37	32
자본금	91	93	93	93	93	158
총자본	749	899	844	613	330	433
지배주주지분	749	908	843	613	330	433

기업가치 지표

항목	2012	2013	2014	2015	2016	2017.2Q
주가(최고/저)(천원)	16.7/7.0	17.5/9.6	11.5/6.1	8.0/3.4	6.7/3.3	—/—
PER(최고/저)(배)	94.5/39.4	28.2/15.4	—/—	—/—	—/—	—/—
PBR(최고/저)(배)	3.4/1.4	3.0/1.6	2.1/1.1	2.0/0.9	3.2/1.5	2.5/1.3
EV/EBITDA(배)	12.0		21.7			
EPS(원)	148	518	-328	-1,242	-1,404	-309
BPS(원)	4,121	4,891	4,543	3,311	1,790	1,379
CFPS(원)	268	639	-235	-1,175	-1,350	-295
DPS(원)						
EBITDAPS(원)	587	849	228	-909	-1,249	-293

재무 비율 〈단위 : % 〉

연도	영업이익률	순이익률	부채비율	차입금비율	ROA	ROE	유보율	자기자본비율	EBITDA마진율
2016	-183.8	-198.1	40.2	11.2	-45.4	-55.4	258.0	71.4	-176.2
2015	-81.0	-103.4	12.4	0.1	-28.1	-31.8	562.2	89.0	-75.4
2014	6.1	-17.1	14.2	0.6	-6.4	-7.0	808.5	87.6	10.4
2013	25.2	12.5	35.4	20.2	6.3	11.6	878.3	73.9	29.4

인프라웨어테크놀러지 (A247300)
INFRAWARE TECHNOLOGY

업 종 : 일반 소프트웨어		시 장 : KONEX	
신용등급 : (Bond) — (CP) —		기업규모 : —	
홈페이지 : www.infrawaretech.com		연 락 처 : 02)6003-8800	
본 사 : 서울시 금천구 가산디지털1로 19 대륭테크노타운 18차 20층			

설 립 일 2007.05.10	종 업 원 수 79명	대 표 이 사 엄태철	
상 장 일 2016.07.08	감 사 의 견 적정 (인덕)	계 열	
결 산 기 12월	보 통 주	종속회사수	
액 면 가	우 선 주	구 상 호	

주주구성 (지분율,%)		출자관계 (지분율,%)		주요경쟁사 (외형,%)	
인프라웨어	41.1	쉬프트웍스 100.0		인프라웨어테크놀러지	100
곽민철	39.2			이글루시큐리티	814
				포시에스	196

매출구성		비용구성		수출비중	
인프라 서비스	63.6	매출원가율	7.7	수출	0.0
플랫폼 개발	21.5	판관비율	93.9	내수	100.0
보안 솔루션	6.8				

회사 개요
2007년 설립된 플랫폼 및 보안 솔루션을 보유한 기술 전문 기업으로 플랫폼/보안 솔루션 사업뿐만 아니라 유통, 인프라 서비스 등 IT 관련 사업을 영위 중임. 2017년 2분기 말 기준 3개의 상장 계열회사와 11개의 비상장 계열회사를 보유하고 있음. 주요 사업부분은 스마트 디바이스용 플랫폼 사업부분과 모바일 보안 및 관계를 담당하는 보안 사업부분, 인트라넷/시스템 운영관질, 형상관리 서비스를 제공하는 인프라 사업부분으로 분류할 수 있음.

실적 분석
동사의 2016년 매출액은 71.4억원, 영업손실은 1.1억원, 당기순손실은 1.9억원을 기록함. 향후 계열사 인프라웨어의 폴라리스오피스, 자원메디칼의 의료기기, 디오텍의 인공지능(AI) 기술을 융합해 시너지를 내고 향후 플랫폼에 특화한 기술로 국외 시장에도 진출할 계획임. 앱 보안 검증, 보안 관제, 생체 인식 분야로 보안 사업을 확장 중. 2017년 8월 중국 CPT와 지능형 유빌니스 서비스 '온핏'의 중국 진출 파트너십 계약을 체결함.

현금 흐름 *IFRS 별도 기준 〈단위 : 억원〉

항목	2016	2017.2Q
영업활동	-3	
투자활동	-0	
재무활동		
순현금흐름	-3	
기말현금	9	

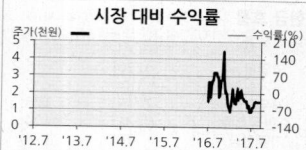

시장 대비 수익률

결산 실적 〈단위 : 억원〉

항목	2012	2013	2014	2015	2016	2017
매출액	—	34	—	—	71	—
영업이익	—	0	1	2	-1	—
당기순이익	—	-4	—	—	-2	—

분기 실적 *IFRS 별도 기준 〈단위 : 억원〉

항목	2016.1Q	2016.2Q	2016.3Q	2016.4Q	2017.1Q	2017.2Q
매출액	—	—	—	—	—	—
영업이익	—	—	—	—	—	—
당기순이익	—	—	—	—	—	—

재무 상태 *IFRS 별도 기준 〈단위 : 억원〉

항목	2012	2013	2014	2015	2016	2017.2Q
총자산	—	18	21	31	34	—
유형자산	—	1	0	0	0	—
무형자산	—	0	0	0	0	—
유가증권	—	0	0	0	0	—
총부채	—	10	11	18	12	—
총차입금	—			5		—
자본금	—	20	20	20	12	—
총자본	—	8	10	13	12	—
지배주주지분	—	8	10	13	12	—

기업가치 지표 *IFRS 별도 기준

항목	2012	2013	2014	2015	2016	2017.2Q
주가(최고/저)(천원)	#VALUE!	—/—	—/—	—/—	—/—	—/—
PER(최고/저)(배)	0.0/0.0	0.0/0.0	0.0/0.0	0.0/0.0	—/—	—/—
PBR(최고/저)(배)	0.0/0.0	0.0/0.0	0.0/0.0	0.0/0.0	15.6/3.4	0.0/0.0
EV/EBITDA(배)						
EPS(원)	—	-129	81	86	-51	—
BPS(원)	—	1,909	2,573	3,280	286	—
CFPS(원)	—	-733	794	814	-42	—
DPS(원)	—					—
EBITDAPS(원)	—	216	475	715	-22	—

재무 비율 〈단위 : % 〉

연도	영업이익률	순이익률	부채비율	차입금비율	ROA	ROE	유보율	자기자본비율	EBITDA마진율
2016	-1.6	-2.7	일부잠식	일부잠식	-5.9	-15.4	-42.8	34.3	-1.2
2015	4.8	5.6	일부잠식	일부잠식	10.9	24.2	-34.4	42.7	5.7
2014	3.2	6.1	일부잠식	0.0	13.5	29.6	-48.5	48.1	4.4
2013	0.5	-10.5	일부잠식	0.0	0.0	0.0	-61.8	42.8	2.5

인피니트헬스케어 (A071200)
INFINITT Healthcare

업 종 : 의료 장비 및 서비스		시 장 : KOSDAQ	
신용등급 : (Bond) — (CP) —		기업규모 : 중견	
홈페이지 : www.infinitt.com		연 락 처 : 02)2194-1600	
본 사 : 서울시 구로구 디지털로34길 27, 대륭포스트타워3차 12층			

설 립 일 2002.12.30	종 업 원 수 287명	대 표 이 사 홍기태,김동욱	
상 장 일 2010.05.26	감 사 의 견 적정 (우리)	계 열	
결 산 기 12월	보 통 주 2,440만주	종속회사수 11개사	
액 면 가 500원	우 선 주	구 상 호	

주주구성 (지분율,%)		출자관계 (지분율,%)		주요경쟁사 (외형,%)	
솔본	45.4			인피니트헬스케어	100
포커스신문사	0.4			루트로닉	118
(외국인)	2.3			솔본	110

매출구성		비용구성		수출비중	
영상의학과 PAC,심장학과 등	100.0	매출원가율	44.7	수출	61.0
		판관비율	46.1	내수	39.0

회사 개요
동사는 2002년에 설립된 의료IT 전문기업으로 PACS(의료영상저장전송시스템) 및 3차원 의료영상 S/W를 개발하고 있음. PACS는 촬영 후 DB에 저장된 영상을 의료진의 PC에서 손쉽게 진단에 활용할 수 있도록 하는 디지털 솔루션임. 연결대상 종속회사로 해외 영업 목적의 9개의 해외 법인을 보유하고 있고, 국내 법인으로는 (주)제론헬스케어, 테크하임(주)을 보유하고 있음. 리노셈은 2015년 2월 지분매각을 완료함.

실적 분석
동사의 2017년 반기 연결기준 매출액은 전년 동기 대비 3.1% 확대된 360.4억원을 시현함. 매출 확대되었으나 원가와 판관비의 증가로 영업이익은 전년동기 43.5억원 대비 18.3% 감소한 35.6억원을 시현함. 비영업 손익 면에서는 외환손실 등으로 11.1억원의 적자가 발생하였고 이에 당기순이익은 전년 동기 45.3억원 대비 50% 감소한 22.7억원을 시현함.

현금 흐름 〈단위 : 억원〉

항목	2016	2017.2Q
영업활동	57	-1
투자활동	-18	-19
재무활동	4	26
순현금흐름	48	-5
기말현금	386	381

시장 대비 수익률

결산 실적 〈단위 : 억원〉

항목	2012	2013	2014	2015	2016	2017
매출액	811	646	628	618	715	—
영업이익	-48	25	31	44	66	—
당기순이익	-71	85	18	56	72	—

분기 실적 〈단위 : 억원〉

항목	2016.1Q	2016.2Q	2016.3Q	2016.4Q	2017.1Q	2017.2Q
매출액	176	174	172	193	189	172
영업이익	21	22	20	2	28	8
당기순이익	20	25	15	12	15	7

재무 상태 〈단위 : 억원〉

항목	2012	2013	2014	2015	2016	2017.2Q
총자산	918	817	789	827	905	901
유형자산	161	114	82	71	69	78
무형자산	115	132	131	91	74	68
유가증권	6	6	4	3	3	3
총부채	466	282	228	208	210	185
총차입금	189	125	95	68	54	63
자본금	122	122	122	122	122	122
총자본	452	535	561	619	695	716
지배주주지분	440	534	564	622	697	718

기업가치 지표

항목	2012	2013	2014	2015	2016	2017.2Q
주가(최고/저)(천원)	18.5/6.9	12.2/6.7	9.0/6.3	12.4/7.1	10.0/6.0	—/—
PER(최고/저)(배)	—/—	33.1/18.3	99.3/69.7	53.2/30.8	34.3/20.6	—/—
PBR(최고/저)(배)	10.2/3.8	5.5/3.1	3.9/2.7	4.8/2.8	3.5/2.1	2.6/2.2
EV/EBITDA(배)		32.6	24.5	25.2	13.4	
EPS(원)	-285	367	91	232	291	91
BPS(원)	1,815	2,198	2,320	2,556	2,863	2,947
CFPS(원)	-126	470	241	379	429	157
DPS(원)						
EBITDAPS(원)	-36	208	277	329	409	212

재무 비율 〈단위 : % 〉

연도	영업이익률	순이익률	부채비율	차입금비율	ROA	ROE	유보율	자기자본비율	EBITDA마진율
2016	9.3	10.0	30.2	7.8	8.3	10.8	472.7	76.8	14.0
2015	7.2	9.1	33.6	11.1	7.0	9.5	411.2	74.8	13.0
2014	4.9	2.9	40.7	17.0	2.3	4.0	364.0	71.1	10.7
2013	3.9	13.2	52.6	23.3	9.8	18.3	339.7	65.5	7.9

인화정공 (A101930)
Inhwa Precision

업 종 : 조선		시 장 : KOSDAQ	
신용등급 : (Bond) — (CP) —		기업규모 : 중견	
홈페이지 : www.ihpre.co.kr		연 락 처 : 055)299-0954	
본 사 : 경남 창원시 의창구 차룡로14번길 55 (팔용동)			

설 립 일	1999.01.08	종 업 원 수	77명	대 표 이 사	이인
상 장 일	2010.10.22	감 사 의 견	적정 (이촌)	계 열	
결 산 기	12월	보 통 주	933만주	종 속 회 사 수	4개사
액 면 가	500원	우 선 주		구 상 호	

주주구성 (지분율,%)		출자관계 (지분율,%)		주요경쟁사 (외형,%)	
이인	50.8	삼환종합기계공업	100.0	인화정공	100
신영자산운용	5.0	대연정공	100.0	에스앤드블류	44
(외국인)	0.0	해동산업	100.0	케이프	128

매출구성		비용구성		수출비중	
기타	58.1	매출원가율	91.0	수출	—
CylinderCover(제품)	21.5	판관비율	9.8	내수	—
FrameBox(제품)	8.8				

회사 개요
1999년 설립된 동사는 선박엔진, 발전설비, 기계설비, 교량(현수교) 등 대형부품을 생산하는 사업을 영위하고 있음. 동사는 자동차 부품을 제조하는 (주)대연정공, 금속성형ား 기계제조업을 영위하는 해동산업, 금속구조재를 만드는 삼환종합기계공업 등을 종속회사로 두고 있음. 동사는 선박엔진의 원천기술을 보유하며 덴마크의 MAN DIESEL사에 제품을 2012년부터 납품하며 수출 확대를 꾀하고 있음.

실적 분석
자동차부품사업부문 매출 급증으로 동사의 연결기준 2017년 2분기 누적 매출액은 564.7억원으로 전년동기 대비 21.5% 증가. 매출증가, 원가율 하락으로 영업이익은 9.8억원을 기록, 흑자전환에 성공. 비영업부문에서도 이익이 발생, 11.4.3억원의 당기순이익을 기록, 역시 흑자전환함. 발전설비 부품 및 구조물구조재(교량) 부품 등의 신규사업을 추진해 왔으며, 사업다각화를 통해 새로운 사업에 투자를 단행함.

현금 흐름		〈단위 : 억원〉
항목	2016	2017.2Q
영업활동	-23	50
투자활동	-105	5
재무활동	29	-19
순현금흐름	-100	36
기말현금	128	164

결산 실적
항목	2012	2013	2014	2015	2016	2017
매출액	881	811	1,138	1,231	958	—
영업이익	85	32	85	79	-8	—
당기순이익	71	97	-19	80	-12	—

분기 실적
항목	2016.1Q	2016.2Q	2016.3Q	2016.4Q	2017.1Q	2017.2Q
매출액	216	249	225	268	276	289
영업이익	-11	-7	-4	14	0	9
당기순이익	-14	-11	1	12	72	42

재무 상태
〈단위 : 억원〉
항목	2012	2013	2014	2015	2016	2017.2Q
총자산	2,000	2,756	2,775	2,572	2,625	2,698
유형자산	1,209	1,671	1,291	1,234	1,199	1,175
무형자산	1	1	1	1	1	2
유가증권	41	32	40	24	106	34
총부채	796	1,444	1,485	1,205	1,221	1,235
총차입금	632	1,107	1,228	991	1,024	1,009
자본금	47	47	47	47	47	47
총자본	1,204	1,312	1,290	1,367	1,404	1,463
지배주주지분	1,204	1,312	1,290	1,367	1,404	1,463

기업가치 지표
항목	2012	2013	2014	2015	2016	2017.2Q
주가(최고/저)(천원)	7.9/5.1	7.7/5.2	7.2/5.3	6.4/5.0	5.4/4.3	—/—
PER(최고/저)(배)	10.9/6.9	7.8/5.2	—/—	7.7/5.9	—/—	—/—
PBR(최고/저)(배)	0.6/0.4	0.6/0.4	0.5/0.4	0.4/0.3	0.4/0.3	0.3/0.3
EV/EBITDA(배)	5.3	13.2	7.7	5.2	11.6	—
EPS(원)	763	1,035	-208	861	-121	1,219
BPS(원)	13,076	14,229	13,992	14,820	15,210	15,838
CFPS(원)	1,405	1,725	634	1,694	742	1,639
DPS(원)	50	50	50	50	50	
EBITDAPS(원)	1,557	1,029	1,753	1,679	780	524

재무 비율
〈단위 : %〉
연도	영업이익률	순이익률	부채비율	차입금비율	ROA	ROE	유보율	자기자본비율	EBITDA마진율
2016	-0.8	-1.2	87.0	73.0	-0.4	-0.8	2,955.7	53.5	7.6
2015	6.4	6.5	88.1	72.5	3.0	6.1	2,877.3	53.2	12.7
2014	7.5	-1.7	115.2	95.2	-0.7	-1.5	2,711.0	46.5	14.4
2013	3.9	11.9	110.1	84.4	4.1	7.7	2,758.6	47.6	11.8

일경산업개발 (A078940)
ILKYUNG

업 종 : 에너지 시설 및 서비스		시 장 : KOSDAQ	
신용등급 : (Bond) — (CP) —		기업규모 : 중견	
홈페이지 : www.ilkyung.com		연 락 처 : 02)820-2649	
본 사 : 충남 공주시 흑수골길 12(신관동 248-3)			

설 립 일	2004.07.02	종 업 원 수	9명	대 표 이 사	김형일
상 장 일	2004.08.27	감 사 의 견	적정 (참)	계 열	
결 산 기	12월	보 통 주	3,288만주	종 속 회 사 수	3개사
액 면 가	500원	우 선 주		구 상 호	

주주구성 (지분율,%)		출자관계 (지분율,%)		주요경쟁사 (외형,%)	
김형일	5.6	이지모바일	100.0	일경산업개발	100
벨에어인베스트먼트	3.8	일경개발	100.0	에스에프씨	559
(외국인)	1.4	ILKYUNG.INC	100.0	유니슨	620

매출구성		비용구성		수출비중	
평창풍력공사(기타)	60.8	매출원가율	90.3	수출	—
풍력연계용ESS(기타)	32.3	판관비율	29.2	내수	—
기타매출(기타)	6.9				

회사 개요
동사는 2004년 미주제강이 영위하는 사업 중 레일사업부문을 인적분할하여 설립된 기업이나, 엘리베이터레일 사업 부진으로 2014년 엘리베이터레일 제조 및 판매를 중단함. 현재 회사의 주요영업은 태양광발전시설 및 풍력발전시설의 설계와 공사를 영위하는 신재생에너지 사업임. 연결대상 종속회사로 건설업 및 태양광발전을 영위하는 일경개발(주)와 미국소재의 태양광발전소 공사기업인 ILKYUNG.INC 통신사업을 이지모바일 등 3개사를 보유함.

실적 분석
연결실체의 영업부문은 철강사업부문과 전기사업부문, 영화사업부문 및 기타부문으로 구성되었으나, 철강사업부문과 영화사업부문은 중단사업에 해당함. 연결 기준 2017년도 반기 매출액은 전년동기 대비 800.6% 증가한 101.1억원을 시현하였는데 기타부문 매출이 크게 증가했기 때문. 매출도 증가했으나 원가 및 판관비 부담으로 영업손실 27.9억원을 시현하며 전년동기 대비 적자가 확대됨. 영업권손상차손 발생하여 순손실은 131.3억원으로 크게 증가.

현금 흐름		〈단위 : 억원〉
항목	2016	2017.2Q
영업활동	-4	-8
투자활동	-50	1
재무활동	51	6
순현금흐름	-3	-3
기말현금	3	0

결산 실적
항목	2012	2013	2014	2015	2016	2017
매출액	180	28	89	109	85	—
영업이익	3	-2	1	-1	-17	—
당기순이익	-46	-38	-67	-1	-145	—

분기 실적
항목	2016.1Q	2016.2Q	2016.3Q	2016.4Q	2017.1Q	2017.2Q
매출액	6	5	4	69	49	52
영업이익	-2	-7	-2	-6	-18	-10
당기순이익	-4	-37	-16	-88	-26	-105

재무 상태
〈단위 : 억원〉
항목	2012	2013	2014	2015	2016	2017.2Q
총자산	386	350	262	289	706	593
유형자산	174	134	0	0	42	36
무형자산	46	15	0	0	225	150
유가증권	2	0	46	40	53	50
총부채	250	243	187	181	354	360
총차입금	162	141	117	149	250	253
자본금	30	34	58	74	150	156
총자본	137	108	75	109	352	233
지배주주지분	137	108	75	109	352	233

기업가치 지표
항목	2012	2013	2014	2015	2016	2017.2Q
주가(최고/저)(천원)	7.8/1.1	1.8/0.5	1.2/0.5	3.9/0.8	3.7/1.8	—/—
PER(최고/저)(배)	—/—	—/—	—/—	—/—	—/—	—/—
PBR(최고/저)(배)	3.5/0.5	1.1/0.3	1.9/0.8	5.3/1.2	3.1/1.5	2.7/1.2
EV/EBITDA(배)	21.6	59.8	57.2			—
EPS(원)	-753	-564	-658	-19	-731	-434
BPS(원)	2,242	1,587	649	735	1,180	747
CFPS(원)	-617	-492	-635	-15	-710	-395
DPS(원)						
EBITDAPS(원)	185	41	38		-63	-53

재무 비율
〈단위 : %〉
연도	영업이익률	순이익률	부채비율	차입금비율	ROA	ROE	유보율	자기자본비율	EBITDA마진율
2016	-19.5	-171.0	100.6	71.0	-29.1	-62.9	135.9	49.8	-14.7
2015	-0.7	-2.5	166.2	137.2	-1.0	-2.9	46.9	37.6	-0.3
2014	1.6	-75.0	247.6	155.7	-21.7	-72.6	29.8	28.8	4.3
2013	-7.4	-136.2	224.7	130.3	-10.3	-31.1	217.5	30.8	9.9

일동제약 (A249420)
IL DONG PHARMACEUTICAL CO

업 종 : 제약		시 장 : 거래소	
신용등급 : (Bond) — (CP) —		기업규모 : 시가총액 중형주	
홈 페 이 지 : www.ildong.com		연 락 처 : 02)526-3114	
본 사 : 서울시 서초구 바우뫼로27길 2			

설 립 일 2016.08.03	종업원수 1,409명	대표이사 윤웅섭	
상 장 일 2016.08.31	감사의견 적정 (삼정)	계 열	
결 산 기 12월	보 통 주 1,963만주	종속회사수 1개사	
액 면 가 1,000원	우 선 주 —	구 상 호	

주주구성 (지분율,%)
일동홀딩스	24.3
썬라이즈홀딩스	20.0
(외국인)	2.7

출자관계 (지분율,%)
일동이커머스	100.0
신한글로벌헬스케어투자조합제1호	18.4
셀리버리	3.1

주요경쟁사 (외형,%)
일동제약	100
일동홀딩스	20
동아쏘시오홀딩스	361

매출구성
기타	69.5
아로나민류	13.5
후루마린	6.3

비용구성
매출원가율	51.7
판관비율	41.0

수출비중
수출	2.0
내수	98.0

회사 개요
동사는 2016년 8월 1일을 기준으로 일동홀딩스와 인적분할되었음. 제약산업부분을 영위하고 있는 회사임. 신약개발을 위한 연구에서부터 원료 및 완제 의약품의 생산과 판매 등 모든 과정을 포괄하고 있음. 정밀화학분야로서 점진적으로 시장규모가 커지고 있음. 신규 사업으로 펩타이드 항암치료제, B형간염 치료제, 복합성분 고혈압치료제, 비만치료제 등을 개발하고 있음.

실적 분석
B2B온라인몰 운영 확대에 따른 약국의 유통재고 소진이 지속되고 있으므로 매출에 영향을 미쳐 동사의 2017년 2분기 기준 매출액은 2,191.3억원을 기록하였음. 그에 따른 영업이익은 89.5억원을 달성하였으며 당기순이익은 76.6억원을 기록함. 재고 소진에 따른 약가를 딛고 이후 매출 회복을 통한 성장세에 진입하면 점진적으로 수익이 개선될 수 있을 것이라 기대함.

현금 흐름 〈단위 : 억원〉
항목	2016	2017.2Q
영업활동	192	407
투자활동	-138	-191
재무활동	-1	-54
순현금흐름	55	161
기말현금	199	360

시장 대비 수익률

결산 실적 〈단위 : 억원〉
항목	2012	2013	2014	2015	2016	2017
매출액	—	—	—	—	2,013	—
영업이익	—	—	—	—	148	—
당기순이익	—	—	—	—	126	—

분기 실적 〈단위 : 억원〉
항목	2016.1Q	2016.2Q	2016.3Q	2016.4Q	2017.1Q	2017.2Q
매출액	—	—	—	2,013	1,067	1,125
영업이익	—	—	—	148	30	60
당기순이익	—	—	—	126	24	53

재무 상태 〈단위 : 억원〉
항목	2012	2013	2014	2015	2016	2017.2Q
총자산	—	—	—	—	5,504	5,492
유형자산	—	—	—	—	2,363	2,365
무형자산	—	—	—	—	760	809
유가증권	—	—	—	—		70
총부채	—	—	—	—	2,819	2,785
총차입금	—	—	—	—	1,305	1,304
자본금	—	—	—	—	178	196
총자본	—	—	—	—	2,684	2,707
지배주주지분	—	—	—	—	2,684	2,707

기업가치 지표
항목	2012	2013	2014	2015	2016	2017.2Q
주가(최고/저)(천원)	#VALUE!	—/—	—/—	—/—	—/—	—/—
PER(최고/저)(배)	0.0/0.0	0.0/0.0	0.0/0.0	0.0/0.0	36.1/22.2	—/—
PBR(최고/저)(배)	0.0/0.0	0.0/0.0	0.0/0.0	0.0/0.0	1.7/1.0	1.7/1.3
EV/EBITDA(배)	0.0	0.0	0.0	0.0	21.7	—
EPS(원)	—	—	—	—	641	390
BPS(원)	—	—	—	—	15,048	13,799
CFPS(원)	—	—	—	—	1,125	846
DPS(원)	—	—	—	—	400	—
EBITDAPS(원)	—	—	—	—	1,249	912

재무 비율 〈단위 : % 〉
연도	영업이익률	순이익률	부채비율	차입금비율	ROA	ROE	유보율	자기자본비율	EBITDA마진율
2016	7.4	6.3	105.0	48.6	0.0	0.0	1,404.8	48.8	11.1
2015	0.0	0.0	0.0	0.0	0.0	0.0			
2014	0.0	0.0	0.0	0.0	0.0	0.0			
2013	0.0	0.0	0.0	0.0	0.0	0.0			

일동홀딩스 (A000230)
ILDONG HOLDINGS

업 종 : 제약		시 장 : 거래소	
신용등급 : (Bond) — (CP) A2-		기업규모 : 시가총액 소형주	
홈 페 이 지 : www.ildong.com		연 락 처 : 02)526-3114	
본 사 : 서울시 서초구 바우뫼로 27길 2			

설 립 일 1941.03.14	종업원수 71명	대표이사 이정치	
상 장 일 1975.06.28	감사의견 적정 (삼일)	계 열	
결 산 기 12월	보 통 주 1,049만주	종속회사수 6개사	
액 면 가 1,000원	우 선 주 —	구 상 호 일동제약	

주주구성 (지분율,%)
씨엠제이씨	17.0
윤원영	14.8
(외국인)	4.0

출자관계 (지분율,%)
유니기획	100.0
일동바이오사이언스	100.0
일동히알테크	100.0

주요경쟁사 (외형,%)
일동홀딩스	100
동아쏘시오홀딩스	1,781
JW중외제약	1,147

매출구성
기타	67.6
[의약품제조]활성비타민	13.3
[의약품제조]비만치료제 외	8.3

비용구성
매출원가율	56.6
판관비율	52.5

수출비중
수출	—
내수	—

회사 개요
2016년 08월 01일(분할기준일) 인적 및 물적 분할됨에 따라 투자, 브랜드수수료, 경영자문수수료, 임대수익 등 지주회사 사업을 영위하고 있음. 연결대상 종속회사에 포함된 회사는 유니기획(광고 대행업), 일동생활건강(의료기기 및 건강기능식품 판매업), 루텍(소프트웨어 개발 및 공급), 일동에스테틱스(미용성형제품 제조 및 판매업), 일동바이오사이언스(건강기능식품 제조 및 판매업), 일동히알테크(히알루론산 및 필러 제조 및 판매업)임.

실적 분석
동사의 2017년 2분기 누적 연결기준 매출액은 전년동기대비 6.2% 감소한 215.2억원을 기록하였음. 매출원가는 6.9% 감소 하였으며 인건비는 20.9% 증가 하였음. 매출액 하락으로 영업이익은 6.8억원의 적자를 기록하며 부진하였음. 비영업손익의 적자 지속으로 당기순이익도 8.2억원의 적자를 나타냄. 지배주주지분 당기순이익도 4.3억원의 적자를 나타내며 부진한 실적임.

현금 흐름 〈단위 : 억원〉
항목	2016	2017.2Q
영업활동	466	-18
투자활동	-424	-0
재무활동	-195	-4
순현금흐름	-152	-14
기말현금	548	534

시장 대비 수익률

결산 실적 〈단위 : 억원〉
항목	2012	2013	2014	2015	2016	2017
매출액	3,628	3,952	4,175	383	408	—
영업이익	140	238	145	-46	-35	—
당기순이익	171	67	119	213	2,662	—

분기 실적 〈단위 : 억원〉
항목	2016.1Q	2016.2Q	2016.3Q	2016.4Q	2017.1Q	2017.2Q
매출액	111	120	100	76	101	114
영업이익	-5	7	-14	-23	7	-1
당기순이익	69	73	2,544	-24	3	-1

재무 상태 〈단위 : 억원〉
항목	2012	2013	2014	2015	2016	2017.2Q
총자산	5,417	6,282	6,203	7,056	2,041	2,72
유형자산	2,645	2,987	3,081	3,112	495	50
무형자산	167	286	403	615	13	1
유가증권	95	43	56	82	181	7
총부채	2,173	3,016	2,874	3,557	972	99
총차입금	926	1,667	1,443	1,915	636	64
자본금	251	251	251	251	72	10
총자본	3,244	3,266	3,329	3,500	1,068	1,73
지배주주지분	3,238	3,258	3,316	3,481	1,048	1,72

기업가치 지표
항목	2012	2013	2014	2015	2016	2017.2Q
주가(최고/저)(천원)	16.1/7.0	15.4/10.8	21.2/11.6	47.2/17.4	37.5/24.6	—/—
PER(최고/저)(배)	25.3/11.0	62.3/43.7	46.3/25.3	57.4/21.2	2.5/1.7	—/—
PBR(최고/저)(배)	1.3/0.6	1.2/0.9	1.7/0.9	3.4/1.3	2.6/1.7	1.6/1.
EV/EBITDA(배)	14.0	9.8	16.5	56.3	22.6	—
EPS(원)	674	259	473	837	15,023	-4
BPS(원)	12,994	13,073	13,299	13,958	14,605	16,46
CFPS(원)	1,177	826	1,125	1,566	15,715	-4
DPS(원)	150	160	200	300	150	—
EBITDAPS(원)	1,060	1,517	1,229	532	481	-7

재무 비율 〈단위 : % 〉
연도	영업이익률	순이익률	부채비율	차입금비율	ROA	ROE	유보율	자기자본비율	EBITDA마진율
2016	-8.6	652.9	91.0	59.5	58.5	117.5	1,360.5	52.4	20.
2015	-11.9	55.7	101.6	54.7	3.2	6.2	1,295.8	49.6	34.
2014	3.5	2.9	86.3	43.4	1.9	3.6	1,229.9	53.7	7.
2013	6.0	1.7	92.4	51.1	1.2	2.0	1,207.3	52.0	7.

일성건설 (A013360)
IlSung Construction

검 종: 건설	시 장: 거래소
신용등급: (Bond) BB+ (CP) —	기업규모: 시가총액 소형주
홈페이지: www.ilsungconst.co.kr	연 락 처: 032)429-3270
본 사: 인천시 남동구 인하로507번길 80 (구월동)	

설 립 일	1978.06.23	종 업 원 수	388명	대 표 이 사	강영길
상 장 일	1989.12.02	감 사 의 견	적정 (신우)	계 열	
결 산 기	12월	보 통 주	5,340만주	종속회사수	4개사
액 면 가	500원	우 선 주	62만주	구 상 호	

주주구성 (지분율,%)		출자관계 (지분율,%)		주요경쟁사 (외형,%)	
IB CapitalLtd	64.6	일성CM,LLC	70.0	일성건설	100
		유씨오마케팅	41.5	성도이엔지	149
(외국인)	65.7	기흥용인도로	12.0	희림	49

매출구성		비용구성		수출비중	
[국내도급공사]건축(공사)	50.3	매출원가율	91.2	수출	—
[국내도급공사]토목(공사)	27.1	판관비율	5.9	내수	—
자체공사(공사)	15.0				

회사 개요
동사는 1978년 6월에 설립, 시공능력평가 76위의 중견 건설업체임. 턴키(T/K), SOC(BTL) 등으로 발주되는 공사의 입찰에 참여하고 있으며 신탁사업, 소규모 재개발사업, FED 등의 수주 확대와 공공택지 확보를 통한 분양사업 활성화에 주력하고 있음. 자체브랜드인 일성트루엘로 수도권과 몽골 울란바토르에서 분양사업을 진행하였으며 몽골의 분양사업은 100%분양을 달성하였음. 2016년 분양 사업은 부산 반여동에서 100%분양에 성공하였음.

실적 분석
동사의 연결기준 2017년 2분기 누적매출액은 2,052.7억원으로 전년동기 대비 67.1% 증가하였음. 동사는 국내 도급공사가 전체 매출액의 90% 이상을 차지하고 있음. 세부적으로는 국내 건축공사가 1451억원, 국내 토목공사 464.4억원으로 구성되어 있음. 매출원가가 증가하여 영업이익은 55.7억원을 시현하였는데 전년동기 대비 적자부가 지속되었으나 당기순이익은 전년동기 대비 36.8% 증가한 23.0억원을 시현함.

현금 흐름 〈단위 : 억원〉
항목	2016	2017.2Q
영업활동	213	106
투자활동	-84	-48
재무활동	-126	228
순현금흐름	4	287
기말현금	221	507

시장 대비 수익률

결산 실적 〈단위 : 억원〉
항목	2012	2013	2014	2015	2016	2017
매출액	2,469	2,585	1,921	2,311	2,858	—
영업이익	-100	96	-293	73	81	—
당기순이익	-155	-30	-374	37	21	—

분기 실적 〈단위 : 억원〉
항목	2016.1Q	2016.2Q	2016.3Q	2016.4Q	2017.1Q	2017.2Q
매출액	500	729	773	856	917	1,136
영업이익	5	42	17	18	32	23
당기순이익	-17	33	-6	10	12	11

재무 상태 〈단위 : 억원〉
항목	2012	2013	2014	2015	2016	2017.2Q
총자산	2,651	2,848	2,647	2,590	2,775	3,194
유형자산	18	21	32	27	26	24
무형자산	20	18	19	19	24	23
유가증권	308	301	312	302	292	288
총부채	1,333	1,572	1,759	1,673	1,800	2,211
총차입금	669	849	982	998	865	1,097
자본금	270	270	270	270	270	270
총자본	1,318	1,276	888	917	974	983
지배주주지분	1,318	1,276	889	917	975	984

기업가치 지표
항목	2012	2013	2014	2015	2016	2017.2Q
주가(최고/저)(천원)	5.8/4.0	8.0/4.3	8.1/4.9	15.7/5.6	14.3/8.0	—/—
PER(최고/저)(배)	—/—	—/—	—/—	22.8/8.1	37.4/21.0	—/—
PBR(최고/저)(배)	0.3/0.2	0.4/0.2	0.5/0.3	0.9/0.3	0.8/0.5	0.9/0.5
EV/EBITDA(배)		6.6		13.7	8.3	
EPS(원)	-321	-61	-701	70	39	43
BPS(원)	24,730	23,958	16,787	17,319	18,046	1,822
CFPS(원)	-3,116	-502	-6,799	933	679	56
DPS(원)	150	150			200	
EBITDAPS(원)	-1,980	2,093	-5,277	1,603	1,808	116

재무 비율 〈단위 : % 〉
연도	영업이익률	순이익률	부채비율	차입금비율	ROA	ROE	유보율	자기자본비율	EBITDA마진율
2016	2.8	0.7	184.8	88.8	0.8	2.2	260.9	35.1	3.4
2015	3.2	1.6	182.6	108.9	1.4	4.2	246.4	35.4	3.7
2014	-15.3	-19.5	198.0	110.6	-13.6	-34.6	235.7	33.6	-14.7
2013	3.7	-1.2	123.2	66.5	-1.1	-2.3	379.2	44.8	3.9

일성신약 (A003120)
IlSung Pharmaceuticals

업 종: 제약	시 장: 거래소
신용등급: (Bond) — (CP) —	기업규모: 시가총액 중형주
홈페이지: www.ilsung-ph.co.kr	연 락 처: 02)3271-8800
본 사: 서울시 용산구 원효로 84길 9	

설 립 일	1961.02.15	종 업 원 수	250명	대 표 이 사	윤석근
상 장 일	1985.01.14	감 사 의 견	적정 (한영)	계 열	
결 산 기	12월	보 통 주	266만주	종속회사수	
액 면 가	5,000원	우 선 주		구 상 호	

주주구성 (지분율,%)		출자관계 (지분율,%)		주요경쟁사 (외형,%)	
윤석근	8.4	CSTV	1.0	일성신약	100
윤형진	8.0	NH투자증권	0.1	알보젠코리아	269
(외국인)	11.6	매일방송	0.1	유나이티드제약	262

매출구성		비용구성		수출비중	
페니실린계항생제	32.0	매출원가율	63.0	수출	2.0
마취제	22.5	판관비율	33.4	내수	98.0
소화기계용 약품 외	19.4				

회사 개요
동사는 1954년에 설립되어 1985년에 거래소 시장에 상장한 항생제 품목을 주력으로 하고 있는 전문의약품 업체임. 대표 품목으로는 항생제 오구멘틴과 마취제 슈프레인, 골질환 치료제 엑살렌, 복합제 오구멘틴 듀오가 있음. 항생제 분야를 특화하기 위해 cGMP수준의 페니실린 생산시설을 완비함. 시설의 활용도를 높이기 위해 제품 개발은 물론 국내외 위/수탁 사업을 활발하게 전개해 예정임. 마취제, 조영제분야에서 적극적인 시장 진출을 위해 노력중임.

실적 분석
동사의 2017년 2분기 누적 매출액은 전년동기 대비 5.5% 증가한 346.8억원을 시현하여 안정적인 성장이 지속되고 있음. 매출원가는 0.9% 감소하여 매출총이익은 136.4억원으로 17.1% 증가함. 광고선전비와 인건비의 증가 등으로 판매비와관리비는 전년동기대비 15.8% 증가한 119.6억원을 기록함. 이러한 매출성장과 원가율 하락으로 영업이익은 16.9억원으로 전년동기대비 27.6% 증가함.

현금 흐름 *IFRS 별도 기준 〈단위 : 억원〉
항목	2016	2017.2Q
영업활동	-310	75
투자활동	443	75
재무활동	-10	-10
순현금흐름	124	140
기말현금	199	338

시장 대비 수익률

결산 실적 〈단위 : 억원〉
항목	2012	2013	2014	2015	2016	2017
매출액	772	628	628	617	675	—
영업이익	13	14	24	26	25	—
당기순이익	365	80	40	989	30	—

분기 실적 *IFRS 별도 기준 〈단위 : 억원〉
항목	2016.1Q	2016.2Q	2016.3Q	2016.4Q	2017.1Q	2017.2Q
매출액	166	163	173	172	172	175
영업이익	5	8	6	5	17	-1
당기순이익	11	9	4	10	19	3

재무 상태 *IFRS 별도 기준 〈단위 : 억원〉
항목	2012	2013	2014	2015	2016	2017.2Q
총자산	3,836	3,727	3,784	3,670	3,385	3,445
유형자산	319	301	284	290	285	279
무형자산	11	8	7	4	2	2
유가증권	2,995	2,029	2,060	357	391	434
총부채	656	499	497	487	184	216
총차입금	15					
자본금	133	133	133	133	133	133
총자본	3,181	3,227	3,287	3,183	3,201	3,229
지배주주지분	3,181	3,227	3,287	3,183	3,201	3,229

기업가치 지표 *IFRS 별도 기준
항목	2012	2013	2014	2015	2016	2017.2Q
주가(최고/저)(천원)	87.3/71.6	82.8/72.5	125/72.4	155/98.6	124/102	—/—
PER(최고/저)(배)	6.5/5.4	28.3/24.7	84.1/48.5	4.2/2.7	109.8/90.8	—/—
PBR(최고/저)(배)	0.6/0.5	0.5/0.5	0.8/0.5	1.0/0.6	0.8/0.7	1.0/0.8
EV/EBITDA(배)	47.8	23.2	42.4	43.7	53.6	
EPS(원)	13,704	2,991	1,517	37,163	1,134	845
BPS(원)	156,569	159,060	161,292	157,405	158,066	159,111
CFPS(원)	14,937	4,194	2,574	38,201	2,270	1,447
DPS(원)	300	250	500	750	750	
EBITDAPS(원)	1,730	1,720	1,971	2,012	2,059	1,235

재무 비율 〈단위 : % 〉
연도	영업이익률	순이익률	부채비율	차입금비율	ROA	ROE	유보율	자기자본비율	EBITDA마진율
2016	3.6	4.5	5.8	0.0	0.9	1.0	3,061.3	94.6	8.1
2015	4.2	160.1	15.3	0.0	26.5	30.6	3,048.1	86.7	8.7
2014	3.9	6.4	15.1	0.0	1.1	1.2	3,125.8	86.9	8.3
2013	2.2	12.7	15.5	0.0	2.1	2.5	3,081.2	86.6	7.3

일신바이오베이스 (A068330)
ilShinbiobase

업　　종 : 바이오　　　　　　　　　　시　　장 : KOSDAQ
신용등급 : (Bond) —　　(CP) —　　　기업규모 : 중견
홈페이지 : www.1sbb.com　　　　　　연 락 처 : 031)867-1384
본　　사 : 경기도 동두천시 삼육사로 548번길 84

설립일	1994.09.27	종업원수	49명	대표이사	홍성대
상장일	2007.12.26	감사의견 적정 (인덕)		계 열	
결산기	12월	보통주	4,422만주	종속회사수	
액면가	100원	우선주		구 상 호	

주주구성 (지분율,%)		출자관계 (지분율,%)		주요경쟁사 (외형,%)	
홍성대	29.5	아이에스씨	44.0	일신바이오	100
이동건	4.2			바이오니아	162
(외국인)	0.5			이수앱지스	143

매출구성		비용구성		수출비중	
Lyoph-Pride	46.8	매출원가율	52.7	수출	27.0
Cryo-Pride	35.3	판관비율	24.8	내수	73.0
Freeze Dryer	9.7				

회사 개요
동사는 생명공학의 연구 및 식품, 제약업체의 생산, 연구에 필수적으로 사용되는 초저온냉동고, 동결건조기, PLANT형 동결건조기 등을 제조, 판매하는 바이오장비 전문회사임. 해외시장 확대를 목표로 2011년까지 130억원을 투자해 경기도 동두천에 세계 최고 수준의 바이오장비 생산설비를 갖추고 생산성 향상 및 성능 개발에 매진함. 현재 세계일류상품인 초저온냉동고 등 기초바이오장비를 연간 5,000대 이상 양산할 수 있는 능력을 확보함.

실적 분석
동사의 2017년 상반기 누적매출액은 60.1억원으로 전년동기 대비 6.7% 감소함. 초저온냉동고와 동결건조기 PVTFD모델이 감소세를 보이면서 실적이 악화됨. 영업이익은 13억원으로 전년동기 3.7% 줄었고, 당기순이익도 4.7% 감소한 1.4억원을 기록함. 네덜란드 유통업체와 초저온 냉동고 및 혈액 냉장고 독점 공급계약을 체결하여 서유럽 시장 공략에 나섬으로써 수출을 통한 실적개선이 기대됨.

현금 흐름　　〈단위 : 억원〉
항목	2016	2017.2Q
영업활동	30	2
투자활동	-74	36
재무활동	64	-1
순현금흐름	20	37
기말현금	40	78

결산 실적　　〈단위 : 억원〉
항목	2012	2013	2014	2015	2016	2017
매출액	124	97	124	129	134	—
영업이익	19	11	21	26	30	—
당기순이익	15	10	19	24	27	—

분기 실적　　〈단위 : 억원〉
항목	2016.1Q	2016.2Q	2016.3Q	2016.4Q	2017.1Q	2017.2Q
매출액	31	33	27	43	24	37
영업이익	6	7	6	11	4	9
당기순이익	5	5	4	13	2	8

재무 상태　　〈단위 : 억원〉
항목	2012	2013	2014	2015	2016	2017.2Q
총자산	283	268	282	296	377	383
유형자산	130	126	121	115	113	114
무형자산	8	8	6	4	12	11
유가증권	1	0	0	0	0	0
총부채	69	45	39	53	47	44
총차입금	30	15	—	5	—	—
자본금	40	44	44	44	44	44
총자본	214	223	243	243	329	339
지배주주지분	213	222	242	243	330	341

기업가치 지표
항목	2012	2013	2014	2015	2016	2017.2Q
주가(최고/저)(천원)	0.7/0.5	0.8/0.6	1.3/0.7	4.0/0.8	4.3/2.0	—/—
PER(최고/저)(배)	20.4/13.1	37.6/26.3	31.9/16.5	69.6/13.6	69.8/33.5	—/—
PBR(최고/저)(배)	1.4/0.9	1.6/1.1	2.4/1.2	6.6/1.3	5.7/2.7	4.2/3.0
EV/EBITDA(배)	10.1	19.2	12.2	35.3	33.4	—/—
EPS(원)	35	23	42	58	61	26
BPS(원)	2,770	2,626	570	611	746	772
CFPS(원)	277	187	56	71	73	32
DPS(원)	50		5	—	—	—
EBITDAPS(원)	318	201	61	73	80	35

재무 비율　　〈단위 : % 〉
연도	영업이익률	순이익률	부채비율	차입금비율	ROA	ROE	유보율	자기자본비율	EBITDA마진율
2016	22.5	20.1	14.3	0.0	8.0	9.4	646.0	87.5	26.6
2015	20.5	18.9	21.8	2.1	8.4	10.5	511.4	82.1	25.0
2014	16.8	15.2	16.2	0.0	6.8	8.0	470.4	86.1	21.8
2013	11.5	10.5	20.4	6.7	3.7	4.6	425.2	83.1	18.3

일신방직 (A003200)
Ilshin Spinning

업　　종 : 섬유 및 의복　　　　　　시　　장 : 거래소
신용등급 : (Bond) —　　(CP) —　　　기업규모 : 시가총액 소형주
홈페이지 : www.ilshin.co.kr　　　　연 락 처 : 02)3774-0114
본　　사 : 서울시 영등포구 은행로 11(여의도동) 일신빌딩

설립일	1951.11.03	종업원수	1,075명	대표이사	김정수
상장일	1973.05.23	감사의견 적정 (인덕)		계 열	
결산기	12월	보통주	240만주	종속회사수	6개사
액면가	5,000원	우선주		구 상 호	

주주구성 (지분율,%)		출자관계 (지분율,%)		주요경쟁사 (외형,%)	
김영호	20.7	광주방송	7.3	일신방직	100
신영자산운용	15.5	POSCO		에프티이앤이	9
(외국인)	7.4	지에스이앤알		BYC	44

매출구성		비용구성		수출비중	
원사(섬유제품 제조)-제품	37.4	매출원가율	78.2	수출	45.0
상품	18.4	판관비율	17.5	내수	55.0
원단(섬유제품 제조)-상품 외	15.9				

회사 개요
1951년 설립된 동사는 면방 산업을 주력으로 영위함. 방적설비 보유현황 기준으로 2017년 국내 시장점유율은 약 17.83%를 차지함. 전방, 태광산업에 이어 3위임. 국내 면방산업 시장이 점차 어려워지고 있어 주류 수입 및 화장품 판매, 투자조합, 부동산 임대관리 등 매출 다변화에 나섬. 화장품 판매는 자회사인 비에스케이코퍼레이션을 통해 이뤄지고 있으며, 신동와인은 주류수입 및 판매 사업을 영위하고 있음.

실적 분석
동사의 연결기준 2017년 상반기 매출액은 2,466.4억원으로 전년 동기 대비 4.2% 증가함. 영업이익은 109.7억원으로 전년 동기 대비 30.2% 증가함. 당기순이익은 89.3억원으로 전년 동기 대비 20.3% 감소함. 공급 과잉에 따른 치열한 내수 판매 경쟁, 중국 경기 부진에 따른 수요 감소에도 불구하고 고부가제품인 멜란지, 특수혼방사 등의 판매를 통해 수익성을 올리는데 주력하고 있음.

현금 흐름　　〈단위 : 억원〉
항목	2016	2017.2Q
영업활동	392	-13
투자활동	-128	40
재무활동	-123	-39
순현금흐름	140	-13
기말현금	277	264

결산 실적　　〈단위 : 억원〉
항목	2012	2013	2014	2015	2016	2017
매출액	4,391	4,223	4,318	4,547	4,783	—
영업이익	74	406	240	255	277	—
당기순이익	123	328	247	202	207	—

분기 실적　　〈단위 : 억원〉
항목	2016.1Q	2016.2Q	2016.3Q	2016.4Q	2017.1Q	2017.2Q
매출액	1,120	1,246	1,201	1,215	1,230	1,236
영업이익	41	78	44	114	61	85
당기순이익	45	67	22	73	7	83

재무 상태　　〈단위 : 억원〉
항목	2012	2013	2014	2015	2016	2017.2Q
총자산	7,373	7,762	8,183	8,895	9,048	9,056
유형자산	1,615	1,634	1,751	2,228	2,246	2,181
무형자산	43	39	32	26	21	19
유가증권	405	675	1,080	1,468	1,259	1,044
총부채	1,254	1,286	1,522	2,106	2,106	2,079
총차입금	223	270	397	1,059	1,030	1,035
자본금	120	120	120	120	120	120
총자본	6,119	6,476	6,661	6,789	6,942	6,977
지배주주지분	5,986	6,332	6,507	6,627	6,773	6,804

기업가치 지표
항목	2012	2013	2014	2015	2016	2017.2Q
주가(최고/저)(천원)	78.4/63.6	117/72.2	188/104	228/131	158/118	—/—
PER(최고/저)(배)	19.2/15.6	9.4/5.8	20.1/11.2	29.5/17.0	19.5/14.6	—/—
PBR(최고/저)(배)	0.3/0.3	0.5/0.3	0.7/0.4	0.9/0.5	0.6/0.4	0.4/0.4
EV/EBITDA(배)	8.2	3.3	9.3	9.6	5.8	—/—
EPS(원)	4,411	13,205	9,817	8,026	8,265	3,508
BPS(원)	251,753	265,072	272,553	277,837	283,986	285,811
CFPS(원)	11,043	19,821	16,423	14,110	15,387	7,070
DPS(원)	750	2,000	1,750	2,500	2,800	
EBITDAPS(원)	4,473	18,666	12,893	13,468	15,696	8,134

재무 비율　　〈단위 : % 〉
연도	영업이익률	순이익률	부채비율	차입금비율	ROA	ROE	유보율	자기자본비율	EBITDA마진율
2016	5.8	4.3	30.3	14.8	2.3	3.0	5,579.7	76.7	7.9
2015	5.6	4.5	31.0	15.6	2.4	2.9	5,456.7	76.3	7.1
2014	5.6	5.7	22.9	6.0	3.1	3.7	5,351.1	81.4	7.2
2013	9.6	7.8	19.9	4.2	4.3	5.2	5,201.4	83.4	10.6

일신석재 (A007110)
IlshinstoneCo

업 종 : 건축소재		시 장 : 거래소	
신용등급 : (Bond) — (CP) —		기업규모 : 시가총액 소형주	
홈 페 이 지 : www.ilshinstone.co.kr		연 락 처 : 02)487-9009	
본 사 : 서울시 강동구 성내로 19, 서경빌딩 6층			

설 립 일	1971.02.26	종 업 원 수	78명	대 표 이 사	김학선
상 장 일	1986.03.04	감 사 의 견	적정 (안세)	계	열
결 산 기	12월	보 통 주	7,746만주	종 속 회 사 수	
액 면 가	500원	우 선 주		구 상 호	

주주구성 (지분율,%)		출자관계 (지분율,%)		주요경쟁사 (외형,%)	
세계기독교통일신령협회	41.3	세일여행사	11.3	일신석재	100
스토아트	3.9	일화	0.8	보광산업	113
(외국인)	1.1			쎄니트	275

매출구성		비용구성		수출비중	
건축내외장재	80.3	매출원가율	90.2	수출	0.0
석재마감공사	17.5	판관비율	16.0	내수	100.0
임대매출	2.2				

회사 개요
동사는 1971년 2월 26일 설립되어 건축석재 가공 및 판매, 석산개발 및 채석, 석공사, 건축석 수출입, 석재공예품 판매 등의 사업을 영위하고 있음. 원석채취, 원석 및 석제품 가공, 석판재 수출입 및 유통 그리고 석공사 시공을 영위하는 종합석재업체로서 원석채취는 경기 포천소재의 석산에서, 가공의 경우에는 경기도 이천 소재의 동사 물류센터에 입주한 외주 업체에 의해 이루어 지고 있으며, 석재유통 및 석공사는 중국지사 등에서 이루어짐.

실적 분석
동사의 2017년 상반기 매출액은 석재시공부문의 약진으로 전년동기 대비 17.7% 증가하며 254.4억원을 기록. 매출원가율, 판관비 하락으로 영업이익은 흑자전환하며 4.0억원을 기록함. 건설경기 침체로 인해 석재제조 및 유통업 부문과 석공사업 부진해 최근 2년간 적자상태였음. 마감재 고급화로 인한 시장확대, 신규주택물량 증대에 따른 수혜로 인한 실적 턴어라운드의 가능성이 존재함.

현금 흐름 *IFRS 별도 기준 〈단위 : 억원〉
항목	2016	2017.2Q
영업활동	-6	-23
투자활동	49	4
재무활동	-4	-8
순현금흐름	39	-27
기말현금	67	40

시장 대비 수익률

결산 실적 〈단위 : 억원〉
항목	2012	2013	2014	2015	2016	2017
매출액	396	380	394	397	421	—
영업이익	11	11	1	-25	-26	—
당기순이익	8	3	-7	-26	-22	—

분기 실적 *IFRS 별도 기준 〈단위 : 억원〉
항목	2016.1Q	2016.2Q	2016.3Q	2016.4Q	2017.1Q	2017.2Q
매출액	106	110	87	117	115	139
영업이익	-4	-13	-10	1	1	3
당기순이익	-5	-16	-12	10	-2	2

재무 상태 *IFRS 별도 기준 〈단위 : 억원〉
항목	2012	2013	2014	2015	2016	2017.2Q
총자산	765	824	814	803	783	766
유형자산	402	424	429	429	374	372
무형자산	14	14	14	14	14	14
유가증권	17	17	14	14	14	14
총부채	207	264	261	279	280	263
총차입금	77	122	123	122	122	117
자본금	387	387	387	387	387	387
총자본	557	559	553	524	503	503
지배주주지분	557	559	553	524	503	503

기업가치 지표 *IFRS 별도 기준
항목	2012	2013	2014	2015	2016	2017.2Q
주가(최고/저)(천원)	1.7/0.8	1.7/0.8	1.4/0.9	1.6/0.9	2.0/1.1	—/—
PER(최고/저)(배)	162.7/72.9	399.5/191.1	—/—	—/—	—/—	—/—
PBR(최고/저)(배)	2.4/1.1	2.3/1.1	2.0/1.2	2.3/1.4	3.1/1.7	2.4/1.9
EV/EBITDA(배)	38.2	47.2	155.9			
EPS(원)	11	4	-7	-33	-29	0
BPS(원)	724	727	718	681	654	654
CFPS(원)	18	12	-0		-20	4
DPS(원)						
EBITDAPS(원)	22	22	22	-24	-25	9

재무 비율 〈단위 : % 〉
연도	영업이익률	순이익률	부채비율	차입금비율	ROA	ROE	유보율	자기자본비율	EBITDA마진율
2016	-6.2	-5.3	55.6	24.3	-2.8	-4.4	30.8	64.3	-4.6
2015	-6.2	-6.5	53.3	23.4	-3.2	-4.8	36.2	65.2	-4.7
2014	0.2	-1.4	47.2	22.2	-0.7	-1.0	43.7	67.9	1.7
2013	2.8	0.9	47.3	21.9	0.4	0.6	45.3	67.9	4.5

일야 (A058450)
ILYA

업 종 : 휴대폰 및 관련부품		시 장 : KOSDAQ	
신용등급 : (Bond) — (CP) —		기업규모 : 벤처	
홈 페 이 지 : www.ilya.co.kr		연 락 처 : 032)815-3500	
본 사 : 인천시 남동구 은봉로 129 (논현동)			

설 립 일	1978.02.24	종 업 원 수	154명	대 표 이 사	강정훈
상 장 일	2002.01.17	감 사 의 견	적정 (우리)	계	열
결 산 기	12월	보 통 주	978만주	종 속 회 사 수	
액 면 가	500원	우 선 주		구 상 호	

주주구성 (지분율,%)		출자관계 (지분율,%)		주요경쟁사 (외형,%)	
강재우	20.1			일야	100
강정훈	12.2			이엠텍	309
(외국인)	0.4			우주일렉트로	295

매출구성		비용구성		수출비중	
휴대폰 부품제품	99.1	매출원가율	88.4	수출	84.0
휴대폰 부품금형	0.9	판관비율	8.1	내수	16.0
합성수지외	0.0				

회사 개요
휴대폰 부품 제품 및 휴대폰 부품 금형의 제작, 생산사업과 터치패널 제조 판매사업을 주력으로 영위. 2010년 하반기부터 향후 차세대 신규사업으로 정전용량방식 터치 패널 제조 기술사업에 진출하여 중소기업기술정보진흥원에 국책과제로 선정되었으며, 정전용량방식 터치 패널 제조기술 특허출원 완료한 상태. 향후 모든 전자기기에 폭넓게 사용될 터치윈도우 패널 중 멀티터치의 기능이 있는 정전용량방식 터치윈도우 패널의 수요 크게 증가할 전망.

실적 분석
동사의 2017년 상반기 매출은 288억원으로 전년대비 18.3% 감소, 영업이익은 -8.5억원으로 전년대비 적자전환, 당기순이익은 -12.8억원으로 적자전환함. 국내 휴대폰 시장의 정체와 전략거래선의 스마트폰 출하량이 제한적인 상황하에 경쟁심화, 단가 하락 영향으로 매출 감소, 수익성이 부진한 모습. 스마트폰 중심의 사업구조에서 벗어나 신시장, 신제품 확대에 주력하고 있음.

현금 흐름 *IFRS 별도 기준 〈단위 : 억원〉
항목	2016	2017.2Q
영업활동	70	-44
투자활동	-76	14
재무활동	-16	-8
순현금흐름	-22	-38
기말현금	38	1

시장 대비 수익률

결산 실적 〈단위 : 억원〉
항목	2012	2013	2014	2015	2016	2017
매출액	527	813	1,076	656	739	—
영업이익	-63	13	51	37	26	—
당기순이익	-86	15	33	28	21	—

분기 실적 *IFRS 별도 기준 〈단위 : 억원〉
항목	2016.1Q	2016.2Q	2016.3Q	2016.4Q	2017.1Q	2017.2Q
매출액	168	185	197	190	180	108
영업이익	9	6	9	2	2	-11
당기순이익	9	7	4	1	-1	-13

재무 상태 *IFRS 별도 기준 〈단위 : 억원〉
항목	2012	2013	2014	2015	2016	2017.2Q
총자산	366	395	421	375	406	361
유형자산	223	253	250	222	266	235
무형자산	6	5	5	5	5	5
유가증권	20		5	5	5	15
총부채	230	239	235	128	149	117
총차입금	126	114	89	49	43	36
자본금	49	49	49		49	49
총자본	136	155	186	247	257	244
지배주주지분	136	155	186	247	257	244

기업가치 지표 *IFRS 별도 기준
항목	2012	2013	2014	2015	2016	2017.2Q
주가(최고/저)(천원)	2.0/1.0	2.9/1.2	2.6/1.5	10.7/1.9	14.6/7.3	—/—
PER(최고/저)(배)		20.1/8.1	8.2/4.7	37.3/6.5	68.7/34.3	—/—
PBR(최고/저)(배)	1.4/0.7	1.8/0.7	1.4/0.8	4.3/0.8	5.5/2.8	4.1/1.3
EV/EBITDA(배)		7.2	3.1	14.8	19.2	
EPS(원)	-881	151	333	291	2,638	-130
BPS(원)	1,505	1,700	2,010	2,530	2,638	2,505
CFPS(원)	-714	346	571	529	449	-3
DPS(원)			70	110		40
EBITDAPS(원)	-479	328	761	612	501	40

재무 비율 〈단위 : % 〉
연도	영업이익률	순이익률	부채비율	차입금비율	ROA	ROE	유보율	자기자본비율	EBITDA마진율
2016	3.5	2.8	57.8	16.8	5.3	8.2	427.7	63.4	6.6
2015	5.6	4.3	52.0	19.8	7.1	13.2	406.0	65.8	9.1
2014	4.8	3.0	126.8	48.0	8.0	19.1	302.0	44.1	6.9
2013	1.6	1.8	154.1	73.5	3.9	10.0	240.1	39.4	3.9

일양약품 (A007570)
Ilyang Pharamaceutical

업　　종 : 제약
신용등급 : (Bond) —　　(CP) —
홈페이지 : www.ilyang.co.kr
본　　사 : 경기도 용인시 기흥구 하갈로 110(하갈동)

시　　장 : 거래소
기업규모 : 시가총액 중형주
연 락 처 : 031)281-7851

설 립 일	1946.07.01	종 업 원 수	627명	대 표 이 사	김동연
상 장 일	1974.08.28	감 사 의 견	적정 (신한)	계 열	
결 산 기	12월	보 통 주	1,905만주	종속회사수	2개사
액 면 가	2,500원	우 선 주	45만주	구 상 호	

주주구성 (지분율,%)		출자관계 (지분율,%)		주요경쟁사 (외형,%)	
정도언	21.9	일양바이오팜	100.0	일양약품	100
국민연금공단	5.1	칸테크	80.2	에스티팜	77
(외국인)	5.6	일양한궈(상해)무역유한공사	60.0	종근당	318

매출구성		비용구성		수출비중	
전립선치료제 외	29.3	매출원가율	52.8	수출	11.0
제산제 외	22.0	판관비율	38.3	내수	89.0
건강보조식품 등 외	21.9				

회사 개요
동사는 제약사업을 영위 중이며, 중국 종속법인인 양주일양유한제약공사 외 1개사와 일양바이오팜을 종속회사로 보유하고 있음. 제품의 수요처로는 전국 15,000여개의 약국과 1,200여개의 도매상, 병원을 대상으로 판매 중임. 정부의 지속적 약가 인하정책과 다수의 제약업체 난립으로 인한 과다 경쟁과 제네릭 위주 제품 출시로 수익성이 악화 위기에 놓여있음. 이에 연구개발투자 지속하며 신약을 출시, 부가가치 있는 제품으로 시장 점유율을 확대하고 있음.

실적 분석
동사의 2017년도 2분기 연결기준 누적 매출액은 전년동기 대비 소폭 증가한 1,206.9억원임. 판관비 증가와 비영업손익의 적자지속에도 불구하고 순이익은 71.9억원으로 전년동기 대비 5.4% 증가함. 백신사업에 진출하여 생산, 판매하고 있으며 지속적인 R&D 투자를 진행 중임. 기타 바이오 신약 개발을 위해 SIS와 바이오업체에 투자하여 공동 개발 중임.

현금 흐름 〈단위 : 억원〉
항목	2016	2017.2Q
영업활동	270	104
투자활동	-107	-50
재무활동	-123	-20
순현금흐름	38	31
기말현금	133	164

시장 대비 수익률

결산 실적 〈단위 : 억원〉
항목	2012	2013	2014	2015	2016	2017
매출액	1,465	1,477	2,118	1,863	2,616	
영업이익	32	47	62	155	232	
당기순이익	21	40	-57	83	120	

분기 실적 〈단위 : 억원〉
항목	2016.1Q	2016.2Q	2016.3Q	2016.4Q	2017.1Q	2017.2Q
매출액	584	616	807	610	599	608
영업이익	73	42	52	64	59	55
당기순이익	41	27	27	24	34	38

재무 상태 〈단위 : 억원〉
항목	2012	2013	2014	2015	2016	2017.2Q
총자산	3,777	3,984	4,308	4,316	4,313	4,392
유형자산	1,746	1,823	2,019	2,040	1,981	1,960
무형자산	271	362	404	508	531	528
유가증권	18	21	24	17	13	13
총부채	1,958	2,145	2,474	2,206	2,139	2,218
총차입금	1,494	1,715	1,910	1,641	1,550	1,583
자본금	459	459	459	487	487	487
총자본	1,819	1,839	1,835	2,110	2,174	2,173
지배주주지분	1,819	1,839	1,734	1,949	1,996	2,010

기업가치 지표
항목	2012	2013	2014	2015	2016	2017.2Q
주가(최고/저)(천원)	34.6/20.2	37.3/24.2	35.1/22.8	99.7/30.5	64.8/34.3	—/—
PER(최고/저)(배)	307.5/180.0	173.5/112.7	—/—	538.2/164.9	214.5/113.5	—/—
PBR(최고/저)(배)	3.4/2.0	3.6/2.3	3.6/2.3	9.6/2.9	6.1/3.2	4.2/3.4
EV/EBITDA(배)	112.5	64.8	47.4	45.0	27.9	—/—
EPS(원)	113	216	-598	186	303	201
BPS(원)	10,335	10,430	9,879	10,420	10,648	10,724
CFPS(원)	314	497	-16	665	887	523
DPS(원)	100	100	—	—	100	—
EBITDAPS(원)	377	539	922	1,275	1,774	907

재무 비율 〈단위 : % 〉
연도	영업이익률	순이익률	부채비율	차입금비율	ROA	ROE	유보율	자기자본비율	EBITDA마진율
2016	8.9	4.6	98.4	71.3	2.8	3.0	325.9	50.4	13.2
2015	8.3	4.5	104.6	77.8	1.9	2.0	316.8	48.9	13.3
2014	3.0	-2.7	134.8	104.1	-1.4	-6.1	295.2	42.6	8.0
2013	3.2	2.7	116.7	93.3	1.0	2.2	317.2	46.2	6.7

일정실업 (A008500)
Il Jeong Industrial

업　　종 : 자동차부품
신용등급 : (Bond) —　　(CP) —
홈페이지 : www.iljeong.co.kr
본　　사 : 경기도 안산시 단원구 산성로 21 (초지동)

시　　장 : 거래소
기업규모 : 시가총액 소형주
연 락 처 : 031)493-0031

설 립 일	1973.02.26	종 업 원 수	140명	대 표 이 사	고희석,고일영
상 장 일	1994.07.13	감 사 의 견	적정 (대주)	계 열	
결 산 기	12월	보 통 주	120만주	종속회사수	2개사
액 면 가	5,000원	우 선 주		구 상 호	

주주구성 (지분율,%)		출자관계 (지분율,%)		주요경쟁사 (외형,%)	
고동수	21.7	SuzhouILJEONG	100.0	일정실업	100
고동현	15.0	ILJeongComérciodeProdutosTexteis.Ida	100.0	구영테크	188
(외국인)	3.6	반월염색조합		티에이치엔	372

매출구성		비용구성		수출비중	
[LAMI FABRIC 제품]TRICOT	47.1	매출원가율	81.2	수출	70.0
[LAMI FABRIC 제품]WOVEN	23.9	판관비율	13.1	내수	30.0
[RENDY FABRIC 제품]기타 외	11.4				

회사 개요
동사는 자동차 시트용 원단에 특화된 섬유 업체임. 코오롱에 이어 국내 자동차 시트 원단 시장에서 2위권의 점유율을 보유함. 1986년 현대자동차로부터 자동차원단 납품업체로 지정되었으며, 봉제용 원단과 가구용 원단 등도 생산 중임. 자동차 시트용 원단 부문이 전체매출의 약 90%를 차지하며, 수출비중은 60% 가량으로 제품 대부분을 수출 완성차 업체에 납품하는 업체임. 최근 3년 평균 배당수익률이 5%를 초과하고 있음

실적 분석
동사의 2017년 2분기 연결기준 누적 매출액은 246억원으로 전년 동기 대비 42.2% 감소함. 판매비와 관리비도 전년동기대비 28.7% 감소했음. 그럼에도 영업손실은 19.9억원으로 적자전환함. 비영업손익의 적자지속과 비용 증가로 당기순손실은 21.7억원으로 적자전환함. 이는 완성차업체의 지속적인 가격인하요구와 동종업계의 경쟁심화에 따른 영향으로 분석됨.

현금 흐름 〈단위 : 억원〉
항목	2016	2017.2Q
영업활동	10	9
투자활동	10	-46
재무활동	-15	43
순현금흐름	3	5
기말현금	54	59

시장 대비 수익률

결산 실적 〈단위 : 억원〉
항목	2012	2013	2014	2015	2016	2017
매출액	966	960	786	681	789	
영업이익	41	51	51	36	44	
당기순이익	47	51	30	71	32	

분기 실적 〈단위 : 억원〉
항목	2016.1Q	2016.2Q	2016.3Q	2016.4Q	2017.1Q	2017.2Q
매출액	213	212	178	186	143	103
영업이익	6	11	5	23	-4	-16
당기순이익	4	8	-5	25	-8	-14

재무 상태 〈단위 : 억원〉
항목	2012	2013	2014	2015	2016	2017.2Q
총자산	775	702	640	691	682	661
유형자산	337	309	242	286	279	271
무형자산	7	8	4	8	7	7
유가증권	3	3	3	33	10	4
총부채	268	194	120	115	93	112
총차입금	140	110	27	—	—	58
자본금	60	60	60	60	60	60
총자본	507	508	520	576	589	549
지배주주지분	507	508	520	576	589	549

기업가치 지표
항목	2012	2013	2014	2015	2016	2017.2Q
주가(최고/저)(천원)	12.5/10.1	20.3/11.9	22.3/17.5	29.3/19.3	31.0/25.9	—/—
PER(최고/저)(배)	4.2/3.4	15.8/9.3	10.2/8.0	5.4/3.6	12.3/10.2	—/—
PBR(최고/저)(배)	0.4/0.3	0.6/0.3	0.6/0.5	0.7/0.4	0.7/0.6	0.7/0.6
EV/EBITDA(배)	3.7	3.4	2.9	4.6	4.3	—/—
EPS(원)	3,958	1,563	2,516	5,929	2,641	-1,807
BPS(원)	42,251	42,353	43,324	48,013	49,084	45,757
CFPS(원)	6,254	4,351	4,351	7,540	4,208	-1,807
DPS(원)	1,250	1,250	1,250	1,250	1,250	—
EBITDAPS(원)	5,718	7,037	6,118	4,621	5,271	-1,661

재무 비율 〈단위 : % 〉
연도	영업이익률	순이익률	부채비율	차입금비율	ROA	ROE	유보율	자기자본비율	EBITDA마진율
2016	5.6	4.0	15.8	0.0	4.6	5.4	881.7	86.4	8.0
2015	5.3	10.5	19.9	0.0	10.7	13.0	860.3	83.4	8.1
2014	6.5	3.8	23.1	5.2	4.5	5.9	766.5	81.2	9.3
2013	5.3	2.0	38.1	21.6	6.9	2.5	747.1	72.4	8.8

일지테크 (A019540)
ILJI TECHNOLOGY CO

업 종 : 자동차부품		시 장 : KOSDAQ	
신용등급 : (Bond) — (CP) —		기업규모 : 우량	
홈페이지 : www.iljitech.co.kr		연 락 처 : 053)856-8080	
본 사 : 경북 경산시 진량읍 공단 4로 50			

설 립 일	1986.11.24	종 업 원 수	354명	대 표 이 사	구본일,구군모(각자대표)
상 장 일	1992.11.03	감 사 의 견	적정 (안경)	계 열	
결 산 기	12월	보 통 주	1,351만주	종속회사수	1개사
액 면 가	500원	우 선 주		구 상 호	

주주구성 (지분율,%)		출자관계 (지분율,%)		주요경쟁사 (외형,%)	
구군모	34.3	북경일지차과기유한공사 100.0		일지테크	100
브이아이피투자자문	6.9	매일방송		영화금속	46
(외국인)	3.3	삼성에스디에스		엠에스오토텍	218

매출구성		비용구성		수출비중	
차체 Parts	91.9	매출원가율	86.0	수출	28.0
부산물 설비등	8.1	판관비율	6.3	내수	72.0

회사 개요
동사는 1986년 설립되어 자동차부품 제조 및 판매업을 영위하는 업체임. 자동차의 차체를 구성하는 부분 품으로 P/Tray, Dash Compl 등 각종 Pannel류 등을 생산 및 판매하고 있음. 주요 고객사로는 국내외 모두 현대자동차 계열사이며, 자동차 부품 제품 매출이 전체의 96%를 차지하고 있음. 종속회사로는 비상장 업체로서 자동차 차체 부품을 제조하는 북경 일지차과기유한공사가 있음.

실적 분석
동사의 2017년 연결기준 상반기 매출액은 1,259.4억원으로 전년동기 대비 29.7% 감소함. 고정비 감소에도 불구하고 매출 영향으로 영업이익은 20.6억원으로 전년동기 대비 85% 감소됨. 동사는 기술보강 및 타 산업과의 공동연구를 통해 융합 시스템 기술 확보를 위한 선행기술 개발에 주력하여 세계시장을 선도할 수 있는 경쟁력 우위를 확보하기 위해 노력중임.

현금 흐름 〈단위 : 억원〉

항목	2016	2017.2Q
영업활동	363	360
투자활동	-322	-303
재무활동	-53	152
순현금흐름	-13	204
기말현금	167	371

시장 대비 수익률

결산 실적 〈단위 : 억원〉

항목	2012	2013	2014	2015	2016	2017
매출액	1,353	1,927	2,445	3,048	3,432	—
영업이익	85	117	295	185	266	—
당기순이익	77	114	279	86	189	—

분기 실적 〈단위 : 억원〉

항목	2016.1Q	2016.2Q	2016.3Q	2016.4Q	2017.1Q	2017.2Q
매출액	871	921	667	974	722	537
영업이익	58	79	49	80	27	-6
당기순이익	41	50	10	89	-13	8

재무 상태 〈단위 : 억원〉

항목	2012	2013	2014	2015	2016	2017.2Q
총자산	2,216	2,274	3,161	4,161	4,163	4,019
유형자산	1,054	1,236	1,679	2,486	2,508	2,454
무형자산	4	5	5	5	5	5
유가증권	31	38	19	27	15	15
총부채	1,594	1,514	2,126	3,050	2,918	2,810
총차입금	1,112	995	1,182	1,529	1,504	1,647
자본금	68	68	68	68	68	68
총자본	622	760	1,035	1,111	1,245	1,209
지배주주지분	622	760	1,035	1,111	1,245	1,209

기업가치 지표

항목	2012	2013	2014	2015	2016	2017.2Q
주가(최고/저)(천원)	4.0/1.9	9.9/3.0	14.3/7.9	13.3/6.0	9.2/6.3	—/—
PER(최고/저)(배)	7.6/3.5	12.3/3.7	7.2/4.0	21.7/9.7	6.7/4.6	—/—
PBR(최고/저)(배)	0.9/0.4	1.9/0.6	2.0/1.1	1.7/0.8	1.0/0.7	0.8/0.6
EV/EBITDA(배)	7.0	7.0		5.0	5.4	—/—
EPS(원)	567	847	2,064	635	1,401	-42
BPS(원)	4,689	5,623	7,656	8,222	9,400	9,130
CFPS(원)	1,394	2,200	3,305	2,594	4,107	1,302
DPS(원)	50	60	100	100	150	
EBITDAPS(원)	1,456	2,217	3,426	3,330	4,676	1,497

재무 비율 〈단위 : % 〉

연도	영업이익률	순이익률	부채비율	차입금비율	ROA	ROE	유보율	자기자본비율	EBITDA마진율
2016	7.8	5.5	234.3	120.8	4.6	16.1	1,780.0	29.9	18.4
2015	6.1	2.8	274.5	137.6	2.3	8.0	1,544.4	26.7	14.8
2014	12.1	11.4	205.5	114.2	10.3	31.1	1,431.2	32.7	18.9
2013	6.1	5.9	199.2	131.0	5.1	16.6	1,024.7	33.4	15.5

일진다이아몬드 (A081000)
Iljin Diamond

업 종 : 금속 및 광물		시 장 : 거래소	
신용등급 : (Bond) — (CP) —		기업규모 : 시가총액 소형주	
홈페이지 : www.iljindiamond.co.kr		연 락 처 : 043)879-4800	
본 사 : 충북 음성군 대소면 대금로 157			

설 립 일	2004.12.02	종 업 원 수	431명	대 표 이 사	김기현
상 장 일	2004.12.22	감 사 의 견	적정 (안진)	계 열	
결 산 기	12월	보 통 주	1,128만주	종속회사수	6개사
액 면 가	1,000원	우 선 주		구 상 호	

주주구성 (지분율,%)		출자관계 (지분율,%)		주요경쟁사 (외형,%)	
일진홀딩스	61.8	일진복합소재 83.0		일진다이아	100
국민연금공단	4.1			서원	229
(외국인)	0.5			CS홀딩스	114

매출구성		비용구성		수출비중	
Diamond Grit,Cutting Tool Blanks	90.1	매출원가율	73.7	수출	80.0
Hard Metal	9.9	판관비율	20.4	내수	20.0

회사 개요
동사는 2004년에 설립되어 공업용 다이아몬드 분말과 소결체의 제조 및 판매하는 업체임. 동사가 제조하는 공업용 다이아몬드는 기계, 금속, 자동차, 건축, 토목, 광산, 전자산업, 태양광, LED 등 거의 모든 산업에 핵심 소재로 사용됨. 공업용 합성다이아몬드와 그 연관제품을 제조·판매하는 회사는 국내에 동사가 유일함. 동사는 분말 야금을 판매하는 마그마톨, 초경량복합재 제조 판매업체인 일진복합소재 등을 종속회사로 두고 있음.

실적 분석
동사는 2017년 상반기 매출액과 영업이익이 575.0억원과 539억원으로 전년 동기에 비해 각각 9.0%, 33.0% 증가했음. 동사는 초경합금 사업부의 매출이 전년 동기대비 감소하였으나 공업용 다이아몬드 부문 매출이 증가해 실적 향상을 이끌었음. 판매관리비는 전년 동기에 비해 0.4% 감소하며 수익성 개선에 기여함. 동사는 신규사업으로 다이아몬드 와이어와 시추용 PDC(다결정 다이아몬드 커터) 개발을 진행 중임.

현금 흐름 〈단위 : 억원〉

항목	2016	2017.2Q
영업활동	118	83
투자활동	-35	-203
재무활동	-1	5
순현금흐름	83	-116
기말현금	232	116

시장 대비 수익률

결산 실적 〈단위 : 억원〉

항목	2012	2013	2014	2015	2016	2017
매출액	963	877	909	1,096	1,084	—
영업이익	97	69	77	142	64	—
당기순이익	78	33	38	108	47	—

분기 실적 〈단위 : 억원〉

항목	2016.1Q	2016.2Q	2016.3Q	2016.4Q	2017.1Q	2017.2Q
매출액	242	285	278	278	280	295
영업이익	12	29	19	5	26	27
당기순이익	8	21	13	5	16	23

재무 상태 〈단위 : 억원〉

항목	2012	2013	2014	2015	2016	2017.2Q
총자산	1,344	1,338	1,390	1,410	1,465	1,561
유형자산	600	561	551	537	526	563
무형자산	35	34	34	32	37	44
유가증권						
총부채	662	642	687	604	617	637
총차입금	444	404	356	275	290	250
자본금	113	113	113	113	113	113
총자본	682	696	702	807	848	924
지배주주지분	682	696	702	807	848	908

기업가치 지표

항목	2012	2013	2014	2015	2016	2017.2Q
주가(최고/저)(천원)	10.2/5.4	8.8/5.4	9.5/5.3	12.3/6.2	9.5/7.1	—/—
PER(최고/저)(배)	15.8/8.4	31.7/19.3	29.4/16.2	13.3/6.7	23.3/17.3	—/—
PBR(최고/저)(배)	1.8/1.0	1.5/0.9	1.6/0.9	1.8/0.9	1.3/1.0	1.1/1.0
EV/EBITDA(배)	6.8		7.7	5.5	8.6	
EPS(원)	694	295	339	953	413	347
BPS(원)	6,050	6,176	6,229	7,153	7,521	8,051
CFPS(원)	1,251	826	814	1,439	940	608
DPS(원)	100	100	100	150	100	
EBITDAPS(원)	1,420	1,146	1,155	1,749	1,093	738

재무 비율 〈단위 : % 〉

연도	영업이익률	순이익률	부채비율	차입금비율	ROA	ROE	유보율	자기자본비율	EBITDA마진율
2016	5.9	4.3	72.7	34.2	3.2	5.6	652.1	57.9	11.4
2015	13.0	9.8	74.8	34.1	7.7	14.3	615.3	57.2	18.0
2014	8.4	4.2	97.9	50.7	2.8	5.5	522.9	50.5	14.3
2013	7.9	3.8	92.1	58.0	2.5	4.8	517.6	52.0	14.7

일진디스플레이 (A020760)
Iljin Display

업 종 : 디스플레이 및 관련부품		시 장 : 거래소	
신용등급 : (Bond) — (CP) —		기업규모 : 시가총액 소형주	
홈 페 이 지 : www.iljindisplay.co.kr		연 락 처 : (043)879-4747	
본 사 : 충북 음성군 대소면 대금로 157			

설 립 일 1994.04.01	종 업 원 수 492명	대 표 이 사 박제승	
상 장 일 2001.12.29	감 사 의 견 적정 (한영)	계 열	
결 산 기 12월	보 통 주 2,831만주	종속회사수	
액 면 가 500원	우 선 주	구 상 사	

주주구성 (지분율,%)		출자관계 (지분율,%)		주요경쟁사 (외형,%)	
허진규	25.1	일진디스플	100	일진디스플	100
일진머티리얼즈	12.4	신화인터텍	128		
(외국인)	5.9	에스엔유	34		

매출구성		비용구성		수출비중	
Touch Screen Panel	84.0	매출원가율	109.3	수출	95.0
Sapphire Wafer	16.0	판관비율	8.4	내수	5.0

회사 개요
동사는 LED 기판재료로 사용되는 사파이어웨이퍼 및 태블릿PC/스마트폰 등에 사용되는 터치스크린 공급. 사파이어웨이퍼는 2인치 기준 월 600K 생산라인 가동 중. 2인치와 4인치를 주력으로 양산 납품하고 있음. 터치패널은 정전용량방식 기술을 인정받아 2010년부터 각종 태블릿PC에 납품 중임. 최근에는 OLED 터치모듈 시장에 진출하면서 실적이 급속도로 좋아지고 있음.

실적 분석
동사의 2017년 상반기 연결기준 누적 매출액은 1,303.5억원으로 전년 동기 대비 53.2% 증가함. 매출이 늘면서 매출원가율과 판관비 또한 늘었지만 고정비용 감소효과로 인해 영업이익은 전년 동기 대비 흑자전환에 성공함. 매출 규모가 늘면서 수익성이 훨씬 개선됨. 비영업손익 부문에서도 외환손실 등이 대폭 감소하면서 당기순이익은 전년 동기 대비 흑자전환 했음.

현금 흐름 *IFRS 별도 기준 〈단위 : 억원〉

항목	2016	2017.2Q
영업활동	-215	124
투자활동	17	-35
재무활동	36	-56
순현금흐름	-163	33
기말현금	69	102

시장 대비 수익률

결산 실적 〈단위 : 억원〉

항목	2012	2013	2014	2015	2016	2017
매출액	5,965	6,591	4,542	3,122	1,688	
영업이익	646	599	227	-131	-298	
당기순이익	641	481	140	-236	-667	

분기 실적 *IFRS 별도 기준 〈단위 : 억원〉

항목	2016.1Q	2016.2Q	2016.3Q	2016.4Q	2017.1Q	2017.2Q
매출액	511	340	410	427	708	596
영업이익	-79	-83	-63	-74	39	59
당기순이익	-114	-122	-54	-376	27	67

재무 상태 *IFRS 별도 기준 〈단위 : 억원〉

항목	2012	2013	2014	2015	2016	2017.2Q
총자산	2,726	2,502	2,541	2,213	1,539	1,617
유형자산	870	1,404	1,514	1,438	951	907
무형자산	175	131	72	22	13	11
유가증권	1	1	1	—	—	—
총부채	1,217	998	958	907	901	885
.총차입금	368	313	476	557	597	540
자본금	137	142	142	142	142	142
총자본	1,509	1,504	1,583	1,307	638	732
지배주주지분	1,509	1,504	1,583	1,307	638	732

기업가치 지표 *IFRS 별도 기준

항목	2012	2013	2014	2015	2016	2017.2Q
주가(최고/저)(천원)	22.9/10.4	22.5/14.0	16.9/6.0	12.8/4.9	5.8/3.6	—/—
PER(최고/저)(배)	10.1/4.6	13.6/8.4	34.8/12.3	—/—	—/—	—/—
PBR(최고/저)(배)	4.3/2.0	4.4/2.7	3.1/1.1	2.8/1.1	2.6/1.6	3.2/1.9
EV/EBITDA(배)	7.9	6.4	5.5	30.3	—	—
EPS(원)	2,356	1,703	493	-833	-2,355	332
BPS(원)	5,504	5,314	5,594	4,618	2,257	2,589
CFPS(원)	2,705	2,175	1,108	-152	-1,651	546
DPS(원)	200	200	100	0		
EBITDAPS(원)	2,721	2,591	1,416	217	-349	563

재무 비율 〈단위 : % 〉

연도	영업이익률	순이익률	부채비율	차입금비율	ROA	ROE	유보율	자기자본비율	EBITDA마진율
2016	-17.7	-39.5	141.2	93.6	-35.5	-68.6	351.5	41.5	-5.9
2015	-4.2	-7.6	69.4	42.6	-9.9	-16.3	823.5	59.0	2.0
2014	5.0	3.1	60.5	30.1	5.5	9.0	1,018.8	62.3	8.8
2013	9.1	7.3	66.4	20.8	18.4	31.9	962.9	60.1	11.1

일진머티리얼즈 (A020150)
ILJIN MATERIALS

업 종 : 전자 장비 및 기기		시 장 : 거래소	
신용등급 : (Bond) — (CP) —		기업규모 : 시가총액 중형주	
홈 페 이 지 : www.iljinm.co.kr		연 락 처 : (063)835-3616	
본 사 : 전북 익산시 석암로3길 63-25			

설 립 일 1987.08.11	종 업 원 수 470명	대 표 이 사 허재명,주재환	
상 장 일 2011.03.04	감 사 의 견 적정 (삼일)	계 열	
결 산 기 12월	보 통 주 4,600만주	종속회사수 5개사	
액 면 가 500원	우 선 주	구 상 사	

주주구성 (지분율,%)		출자관계 (지분율,%)		주요경쟁사 (외형,%)	
허재명	56.4	삼영글로벌	100.0	일진머티리얼즈	100
한국산업은행	3.9	일진유니스코	79.4	삼성SDI	1,304
(외국인)	3.3	일진디스플레이	16.2	삼성전기	1,512

매출구성		비용구성		수출비중	
Elecfoil	88.7	매출원가율	85.9	수출	88.0
기타	11.3	판관비율	6.8	내수	12.0

회사 개요
1987년 설립된 동사는 스마트폰, 텔레비전 등 모든 IT 전자제품과 리튬이온2차전지용 음극집전체에 사용되는 일렉포일(Elecfoil)의 제조 및 판매 사업을 영위하는 삼영글로벌, 토목, 건설업을 영위하는 삼영지주, 유리 및 창호 공사업을 영위하는 일진유니스코, 부동산업을 영위하는 일진지주, 의류 무역 및 도소매업을 영위하는 오리진앤코, 제조업을 영위하는 아이알엠을 연결대상 종속회사로 보유함.

실적 분석
2017년 상반기 연결기준 동사는 매출 2,116.0억원을 시현함. 전년도 같은 기간 매출인 2,019.5억원에서 4.8% 성장한 것임. 판매비와 관리비가 21.1% 증가하였으나 매출이 증가하고 매출원가는 감소하는 데 힘입어 영업이익이 성장함. 전년 대비 영업이익이 105.7% 증가한 283.9억원을 시현함. 비영업부문 적자는 지속됐으나 당기순이익은 23.7% 상승한 292.2억원을 기록함.

현금 흐름 〈단위 : 억원〉

항목	2016	2017.2Q
영업활동	729	197
투자활동	-503	-84
재무활동	-235	78
순현금흐름	-13	182
기말현금	265	447

시장 대비 수익률

결산 실적 〈단위 : 억원〉

항목	2012	2013	2014	2015	2016	2017
매출액	3,932	3,500	4,148	3,934	3,990	
영업이익	-68	-148	-285	144	290	
당기순이익	-572	-90	-19	-633	406	

분기 실적 *IFRS 별도 기준 〈단위 : 억원〉

항목	2016.1Q	2016.2Q	2016.3Q	2016.4Q	2017.1Q	2017.2Q
매출액	1,051	993	936	1,010	995	1,12
영업이익	59	83	62	87	140	14
당기순이익	252	-16	40	130	108	18

재무 상태 *IFRS 별도 기준 〈단위 : 억원〉

항목	2012	2013	2014	2015	2016	2017.2Q
총자산	4,699	5,808	5,961	4,367	3,908	4,41
유형자산	2,226	2,754	2,670	1,787	1,762	1,7
무형자산	227	240	264	71	56	5
유가증권	441	555	449	349	481	60
총부채	1,988	2,954	3,034	2,039	961	1,09
총차입금	672	1,167	1,989	940	132	2.
자본금	196	196	196	196	196	19
총자본	2,711	2,854	2,927	2,328	2,947	3,3
지배주주지분	2,711	2,690	2,713	2,331	2,864	3,22

기업가치 지표

항목	2012	2013	2014	2015	2016	2017.2Q
주가(최고/저)(천원)	18.2/7.8	17.3/7.4	13.5/6.9	12.3/5.8	19.6/10.9	—/
PER(최고/저)(배)	—/—	—/—	151.8/77.9	—/—	19.0/10.5	
PBR(최고/저)(배)	2.6/1.1	2.5/1.1	1.9/1.0	2.0/1.0	2.6/1.4	3.8/1
EV/EBITDA(배)	19.2	36.7	81.6	10.3	10.4	
EPS(원)	-1,459	-187	86	-978	1,003	7
BPS(원)	6,916	6,861	6,921	5,945	7,305	8,2
CFPS(원)	-760	569	962	-24	1,581	
DPS(원)					50	
EBITDAPS(원)	525	377	148	1,322	1,318	1,0

재무 비율 〈단위 : % 〉

연도	영업이익률	순이익률	부채비율	차입금비율	ROA	ROE	유보율	자기자본비율	EBITDA마진율
2016	7.3	10.2	32.6	4.5	9.8	15.1	1,361.0	75.4	13
2015	3.7	-16.1	87.6	40.4	-12.3	-15.2	1,089.0	53.3	13
2014	-6.9	-0.5	103.7	68.0	-0.3	1.3	1,284.1	49.1	4
2013	-4.2	-2.6	103.5	40.9	-1.7	-2.7	1,272.2	49.1	

일진전기 (A103590)
ILJIN ELECTRIC

업 종 : 전기장비		시 장 : 거래소	
신용등급 : (Bond) — (CP) —		기업규모 : 시가총액 소형주	
홈 페 이 지 : www.iljinelectric.co.kr		연 락 처 : 031)220-0500	
본 사 : 경기도 화성시 만년로.905-17 (안녕동)			

설 립 일	2008.07.02	종 업 원 수	859명	대 표 이 사	허정석,김희수
상 장 일	2008.08.01	감 사 의 견	적정 (안진)	계 열	
결 산 기	12월	보 통 주	3,708만주	종 속 회 사 수	1개사
액 면 가	1,000원	우 선 주		구 상 호	

주주구성 (지분율,%)
일진홀딩스	57.0
알리안츠글로벌인베스터스자산운용	4.5
(외국인)	2.5

출자관계 (지분율,%)
스마트파워	22.7
자본재공제조합	1.3
애큐온캐피탈	

주요경쟁사 (외형,%)
일진전기	100
삼영전자	32
삼화콘덴서	25

매출구성
동나선 및 알미늄 나선	39.9
중전기기	23.0
전력 및 알미늄 나선	22.9

비용구성
매출원가율	89.1
판매비율	10.2

수출비중
수출	44.0
내수	56.0

회사 개요
동사는 배전용 금구류를 생산하는 일진금속을 모태로 일진전선, 일진, 일진중공업을 합병한 후 일진홀딩스로부터 인적분할하여 설립됨. 동사의 제품은 사업부문별로 전선(전력 및 절연선, 나선, 광통신케이블), 전력시스템(변압기, 수배전반, 모터 등), 기타부문(매연저감장치 등)으로 구분되며 사업부문별 매출비중은 76.67%, 전력시스템 27.78% 및 연결조정 -4.44% 등으로 구성됨. 국내 시장 경쟁심화에도 아시아, 중동 시장의 전력수요기대

실적 분석
동사의 2017년 2분기 기준 매출액은 전년 대비 소폭 증가한 3,608억원임. 전선사업부와 전력시스템 사업부 매출액 모두 전년 동기 대비 소폭 증가하였음. 매출원가는 8.5% 증가하여 매출총이익은 6.8% 감소함. 이에 따라 영업손실은 전년 대비 소폭 감소한 37.8억원을 시현. 당기순이익 역시 전년 동기 대비 소폭감소한 10.4억원을 시현함. 초 고압 가스절연차단기와 이차전지 관련 소재 등 고부가가치 제품 개발에 노력중.

현금 흐름 〈단위 : 억원〉
항목	2016	2017.2Q
영업활동	-100	313
투자활동	163	-269
재무활동	-41	19
순현금흐름	26	60
기말현금	216	276

시장 대비 수익률

결산 실적 〈단위 : 억원〉
항목	2012	2013	2014	2015	2016	2017
매출액	9,868	8,001	7,707	7,146	6,781	—
영업이익	-67	202	305	142	45	—
당기순이익	-126	50	129	83	14	—

분기 실적 〈단위 : 억원〉
항목	2016.1Q	2016.2Q	2016.3Q	2016.4Q	2017.1Q	2017.2Q
매출액	1,417	1,963	1,332	2,069	1,630	1,978
영업이익	-22	61	-37	43	-37	75
당기순이익	-36	49	-43	45	-37	48

재무 상태 〈단위 : 억원〉
항목	2012	2013	2014	2015	2016	2017.2Q
총자산	8,284	8,358	7,945	7,354	7,288	7,556
유형자산	4,874	5,008	3,910	3,786	3,720	3,723
무형자산	128	134	123	115	49	47
유가증권	27	27	26	27	27	32
총부채	5,117	5,294	4,810	4,142	4,088	4,371
총차입금	2,877	3,045	2,706	2,299	2,258	2,275
자본금	371	371	371	371	371	371
총자본	3,166	3,063	3,135	3,213	3,199	3,185
지배주주지분	3,166	3,063	3,135	3,213	3,199	3,185

기업가치 지표
항목	2012	2013	2014	2015	2016	2017.2Q
주가(최고/저)(천원)	6.8/3.6	7.6/3.0	9.3/6.3	8.7/4.7	5.5/4.4	—/—
PER(최고/저)(배)	—/—	58.8/23.1	27.8/18.9	40.0/21.4	144.2/115.2	—/—
PBR(최고/저)(배)	0.8/0.5	1.0/0.4	1.1/0.8	1.0/0.6	0.6/0.5	0.6/0.5
EV/EBITDA(배)	99.6	17.2	12.0	13.8	19.9	—
EPS(원)	-339	134	348	225	38	28
BPS(원)	8,557	8,280	8,473	8,666	8,629	8,591
CFPS(원)	-49	484	732	614	439	231
DPS(원)	50	70	80	80	60	—
EBITDAPS(원)	110	894	1,208	771	522	305

재무 비율 〈단위 : % 〉
연도	영업이익률	순이익률	부채비율	차입금비율	ROA	ROE	유보율	자기자본비율	EBITDA마진율
2016	0.7	0.2	127.8	70.6	0.2	0.4	762.9	43.9	2.9
2015	2.0	1.2	128.9	71.6	1.1	2.6	766.6	43.7	4.0
2014	4.0	1.7	153.4	86.3	1.6	4.2	747.3	39.5	5.8
2013	2.5	0.6	172.8	99.4	0.6	1.6	728.0	36.7	4.2

일진파워 (A094820)
ILJIN Power

업 종 : 에너지 시설 및 서비스		시 장 : KOSDAQ	
신용등급 : (Bond) — (CP) —		기업규모 : 중견	
홈 페 이 지 : www.ijeng.com		연 락 처 : 052)237-5330	
본 사 : 울산시 울주군 온산읍 산암로 42			

설 립 일	1990.03.01	종 업 원 수	673명	대 표 이 사	이광섭
상 장 일	2007.11.06	감 사 의 견	적정 (리안)	계 열	
결 산 기	12월	보 통 주	1,508만주	종 속 회 사 수	1개사
액 면 가	500원	우 선 주		구 상 호	일진에너지

주주구성 (지분율,%)
신영자산운용	25.8
이광섭	23.7
(외국인)	

출자관계 (지분율,%)
일진에너지	100.0
한국파워엔지니어링서비스	35.0
SPC	7.3

주요경쟁사 (외형,%)
일진파워	100
제이씨케미칼	117
제이엔케이히터	108

매출구성
공사매출(경상정비사업)(공사)	95.0
공사매출(ENG사업부문업)(공사)	5.0
제품매출(제품)	0.1

비용구성
매출원가율	90.2
판관비율	3.6

수출비중
수출	16.0
내수	84.0

회사 개요
동사는 원자력발전소의 기계설비에 대한 보수 및 제작을 영위하고 있으며 설립이래 화공기계설비제작, 산업기계설비제작, 플랜트설계시공, 플랜트기술용역 등의 수행을 통해 풍부한 경험의 설계인력과 화공기계 자체 제조능력을 보유하고 있음. 또한 플랜트의 설계부터 구매조달, 시공에 이르기까지의 턴키공사 수행의 체계를 갖추었으며 신재생에너지 관련 기기제작 및 시공업을 사업목적 추가하여 영위 중에 있음.

실적 분석
동사는 화공기기 제작회사인 일진에너지를 연결대상 종속회사로 보유 중임. 2017년 2분기 연결기준 누적 매출액은 신규사업소 개소에 따른 영향으로 전년동기 대비 28.7% 증가한 770.9억원을 시현함. 외형성장의 영향으로 매출원가 및 판관비가 큰 폭으로 증가했음에도 영업이익은 전년동기 대비 33.8% 증가한 77.2억원을 시현했음. 이에 따라 당기순이익은 전년동기 대비 73.9% 증가한 73.1억원을 기록했음.

현금 흐름 〈단위 : 억원〉
항목	2016	2017.2Q
영업활동	251	-36
투자활동	-20	16
재무활동	-43	-66
순현금흐름	187	-86
기말현금	204	119

시장 대비 수익률

결산 실적 〈단위 : 억원〉
항목	2012	2013	2014	2015	2016	2017
매출액	1,333	1,053	1,133	1,185	1,327	—
영업이익	27	63	83	82	82	—
당기순이익	5	44	53	29	67	—

분기 실적 〈단위 : 억원〉
항목	2016.1Q	2016.2Q	2016.3Q	2016.4Q	2017.1Q	2017.2Q
매출액	245	354	302	426	341	430
영업이익	17	41	21	4	26	52
당기순이익	21	22	24	1	24	48

재무 상태 〈단위 : 억원〉
항목	2012	2013	2014	2015	2016	2017.2Q
총자산	1,127	1,098	984	1,049	1,147	1,167
유형자산	446	446	424	457	409	404
무형자산	31	24	19	13	12	13
유가증권	6	9	10	12	12	13
총부채	554	511	369	436	494	468
총차입금	314	247	177	166	146	109
자본금	75	75	75	75	75	75
총자본	573	587	615	613	653	698
지배주주지분	573	587	615	613	653	698

기업가치 지표
항목	2012	2013	2014	2015	2016	2017.2Q
주가(최고/저)(천원)	5.8/3.7	4.7/3.7	5.6/4.3	5.3/4.1	5.0/4.0	—/—
PER(최고/저)(배)	196.8/125.9	18.2/14.6	17.8/13.8	29.7/23.0	11.6/9.4	—/—
PBR(최고/저)(배)	1.8/1.1	1.3/1.1	1.5/1.1	1.4/1.1	1.2/0.9	1.1/1.0
EV/EBITDA(배)	23.7	11.9	8.9	8.3	6.7	—
EPS(원)	35	294	348	194	442	485
BPS(원)	3,864	4,011	4,198	4,179	4,446	4,748
CFPS(원)	139	417	481	331	585	554
DPS(원)	130	150	170	170	200	—
EBITDAPS(원)	282	538	686	686	687	581

재무 비율 〈단위 : % 〉
연도	영업이익률	순이익률	부채비율	차입금비율	ROA	ROE	유보율	자기자본비율	EBITDA마진율
2016	6.2	5.0	75.7	22.4	6.1	10.5	789.2	56.9	7.8
2015	6.9	2.5	71.2	27.1	2.9	4.8	735.8	58.5	8.7
2014	7.4	4.6	59.9	28.7	5.0	8.7	739.5	62.5	9.1
2013	6.0	4.2	87.0	42.0	4.0	7.7	702.2	53.5	7.7

일진홀딩스 (A015860)
Iljin Holdings

업　종 : 전기장비　　　　　　　　　　　시　장 : 거래소
신용등급 : (Bond) —　　　(CP) —　　　기업규모 : 시가총액 소형주
홈페이지 : www.iljin.co.kr　　　　　　　연락처 : 031)220-0500
본　사 : 경기도 화성시 만년로 905-17

설 립 일	1982.01.27	종업원수	9명	대 표 이 사	허정석
상 장 일	1990.03.22	감사의견	적정 (한영)	계　　열	
결 산 기	12월	보통주	4,935만주	종속회사수	8개사
액 면 가	1,000원	우선주		구 상 호	

주주구성 (지분율,%)		출자관계 (지분율,%)		주요경쟁사 (외형,%)	
허정석	29.1	일진디앤코	100.0	일진홀딩스	100
일진파트너스	24.6	알피니엔메디칼시스템	93.5	대한전선	162
(외국인)	1.0	아트테크	80.9	LS	1,133

매출구성		비용구성		수출비중	
나동선, 알루미늄, 나선, 전력선,절연선 등	60.9	매출원가율	84.4	수출	—
변압기, 중전기 등	19.3	판관비율	15.3	내수	—
Diamond Grit 외	11.6				

회사 개요
동사는 1982년 1월 27일 일진전기공업(주)으로 설립되었으며, 2008년 7월 1일 순수지주회사로 변경됨. 2016년 12월말 기준 일진전기, 일진디앤코, 아이텍, 전주방송, 알피니엔메디칼시스템, 아트테크 등 총 7개 자회사와 11개의 손자회사를 두고 있음. 동사는 별도의 사업을 영위하지 않는 순수지주회사로 일진상표권의 소유주로 브랜드의 가치 제고 및 육성, 보호 활동을 종합적으로 수행해 나가고 있음.

실적 분석
동사의 2017년 상반기 누적매출액은 4,466.4억원으로 전년동기대비 5.7% 증가함. 비용측면에서 매출원가는 7.1% 상승했으나 판관비는 절감 노력에 힘입어 2.3% 줄어듦. 영업이익은 전년동기보다 5.1% 늘어난 71.4억원을 기록함. 전선, 변압기 등 기존 제품의 고사양화를 통하여 고부가가치 제품 개발에 노력하고 있음. 특히 초고압 가스절연 차단기 개발에 집중하고 있으며 사업구조 다각화를 위한 이차전지 소재 개발도 추진 중임.

현금 흐름
〈단위 : 억원〉

항목	2016	2017.2Q
영업활동	-7	365
투자활동	108	-474
재무활동	159	-23
순현금흐름	202	-135
기말현금	600	465

시장 대비 수익률

결산 실적
〈단위 : 억원〉

항목	2012	2013	2014	2015	2016	2017
매출액	11,090	9,543	9,317	8,909	8,493	—
영업이익	-84	326	417	306	16	—
당기순이익	-245	63	205	210	-114	—

분기 실적
〈단위 : 억원〉

항목	2016.1Q	2016.2Q	2016.3Q	2016.4Q	2017.1Q	2017.2Q
매출액	1,813	2,414	1,729	2,538	2,052	2,414
영업이익	-18	79	-44	-1	-13	88
당기순이익	-44	7	-27	-51	-34	-38

재무 상태
〈단위 : 억원〉

항목	2012	2013	2014	2015	2016	2017.2Q
총자산	11,088	11,161	11,184	10,565	10,658	10,929
유형자산	5,654	5,742	4,590	4,445	4,542	4,627
무형자산	501	516	461	458	412	422
유가증권	92	87	55	63	63	70
총부채	6,913	7,123	6,788	5,904	6,136	6,456
총차입금	4,220	4,265	3,830	3,442	3,667	3,608
자본금	499	499	499	499	499	499
총자본	4,174	4,038	4,397	4,661	4,522	4,472
지배주주지분	2,413	2,342	2,644	2,969	2,809	2,733

기업가치 지표

항목	2012	2013	2014	2015	2016	2017.2Q
주가(최고/저)(천원)	2.2/1.5	3.6/1.5	7.8/3.6	17.0/5.9	13.0/5.4	—/—
PER(최고/저)(배)	—/—	66.3/28.6	29.0/13.4	66.2/23.1	·	—/—
PBR(최고/저)(배)	0.4/0.3	0.7/0.3	1.4/0.7	2.7/0.9	2.2/0.9	1.1/0.7
EV/EBITDA(배)	57.8	15.7	13.0	19.8	27.7	—/—
EPS(원)	-434	56	275	260	-276	-168
BPS(원)	5,630	5,486	5,696	6,356	6,030	5,877
CFPS(원)	-44	502	735	728	247	72
DPS(원)	30	50	70	70	30	
EBITDAPS(원)	215	944	1,290	1,077	576	385

재무 비율
〈단위 : %〉

연도	영업이익률	순이익률	부채비율	차입금비율	ROA	ROE	유보율	자기자본비율	EBITDA마진율
2016	0.2	-1.4	135.7	81.1	-1.1	-4.7	496.9	42.4	3.4
2015	3.4	2.4	126.7	73.9	1.9	4.6	529.1	44.1	6.0
2014	4.5	2.2	154.4	87.1	1.8	5.5	463.8	39.3	6.8
2013	3.4	0.7	176.4	105.6	0.6	1.2	443.1	36.2	4.9

잇츠한불 (A226320)
IT'S HANBUL CO

업　종 : 개인생활용품　　　　　　　　　시　장 : 거래소
신용등급 : (Bond) —　　　(CP) —　　　기업규모 : 시가총액 중형주
홈페이지 : www.itsskin.com　　　　　　연락처 : 02)3450-0343
본　사 : 서울시 강남구 언주로 634(논현동 249번지)

설 립 일	2006.02.07	종업원수	291명	대 표 이 사	김홍창
상 장 일	2015.12.28	감사의견	적정 (삼덕)	계　　열	
결 산 기	12월	보통주	2,193만주	종속회사수	3개사
액 면 가	500원	우선주		구 상 호	

주주구성 (지분율,%)		출자관계 (지분율,%)		주요경쟁사 (외형,%)	
임병철	35.3	네오팜	29.3	잇츠한불	100
임진범	15.7	한불화장품(호주)	100.0	아모레퍼시픽	2,112
(외국인)	3.8	It'sskinChinaCo.,Ltd.	100.0	아모레G	2,505

매출구성		비용구성		수출비중	
스킨케어 기초	70.1	매출원가율	38.7	수출	—
스킨케어 베이직	22.0	판관비율	33.9	내수	—
베이스 메이크업	4.7				

회사 개요
동사는 2006년 2월 7일에 설립된 화장품 산업을 주요목적으로 하는 기업으로 피부 고민별로 해결책을 제시하는 클리니컬 스킨 솔루션 코스메틱 컨셉으로 피부고민을 집중적으로 탐구하는 체계적이고 신뢰적인 뷰티 브랜드임. 동사는 국내에 직영점 3개, 가맹점 115개, 유통점 109개, 면세점 28개 등 총255개의 매장을 보유하고 있으며, 해외 총 22개국에 진출하였음. 동사의 타겟연령대는 20세~40세이며, 서브타겟은 10세~20세임.

실적 분석
한반도 사드배치, 중국 정부의 자국 산업 보호를 위한 정책 변화 등으로 무역 장벽이 높아지면서 국내 화장품 기업들의 중국 수출 및 면세점 채널의 성장 둔화 등이 영향을 받아 동사 2017년 2분기기준 누적 매출액은 전년동기대비 -35.4% 하락한 1,137억원을 기록하였음. 그에 따라 전년동기대비 영업이익은 173억원으로 -66.9% 크게 하락하였음. 최종적으로 전년동기대비 당기순이익은 크게 하락하여 148.8억원을 기록함.

현금 흐름
〈단위 : 억원〉

항목	2016	2017.2Q
영업활동	213	-160
투자활동	-176	456
재무활동	-353	-732
순현금흐름	-316	-441
기말현금	415	256

시장 대비 수익률

결산 실적
〈단위 : 억원〉

항목	2012	2013	2014	2015	2016	2017
매출액	318	524	2,419	3,096	2,673	—
영업이익	28	84	991	1,118	733	—
당기순이익	22	66	763	837	583	—

분기 실적
〈단위 : 억원〉

항목	2016.1Q	2016.2Q	2016.3Q	2016.4Q	2017.1Q	2017.2Q
매출액	834	887	571	381	541	427
영업이익	276	232	159	66	133	-15
당기순이익	224	168	127	65	109	12

재무 상태
〈단위 : 억원〉

항목	2012	2013	2014	2015	2016	2017.2Q
총자산	103	266	1,548	3,880	3,689	5,155
유형자산	20	34	77	88	96	453
무형자산	1	3	12	13	24	731
유가증권			827	2,644	2,704	2,994
총부채	76	165	745	712	291	672
총차입금						401
자본금	40	40	40	44	87	110
총자본	27	100	802	3,168	3,397	4,483
지배주주지분	27	100	802	3,168	3,397	4,184

기업가치 지표

항목	2012	2013	2014	2015	2016	2017.2Q
주가(최고/저)(천원)	—/—	—/—	—/—	—/—	—/—	—/—
PER(최고/저)(배)	0.0/0.0	0.0/0.0	0.0/0.0	14.7/14.2	29.8/11.6	—/—
PBR(최고/저)(배)	0.0/0.0	0.0/0.0	0.0/0.0	4.2/4.1	4.9/1.9	—/—
EV/EBITDA(배)				8.6	5.6	2.8/1.9
EPS(원)	139	412	4,771	5,207	3,340	280
BPS(원)	332	1,255	10,529	36,266	20,503	19,078
CFPS(원)	504	1,059	9,877	10,991	3,655	506
DPS(원)				1,915	701	
EBITDAPS(원)	573	1,291	12,718	14,486	4,510	1,139

재무 비율
〈단위 : %〉

연도	영업이익률	순이익률	부채비율	차입금비율	ROA	ROE	유보율	자기자본비율	EBITDA마진율
2016	27.4	21.8	8.6	0.0	15.4	17.8	4,000.6	92.1	29.5
2015	36.1	27.0	22.5	0.0	30.8	42.2	7,153.1	81.7	37.6
2014	41.0	31.6	92.9	0.0	84.2	169.1	2,005.8	51.8	42.1
2013	16.1	12.6	164.8	0.0			150.9	37.8	19.7

잉글우드랩 (A950140)
ENGLEWOOD LAB

업 종 : 개인생활용품		시 장 : KOSDAQ	
신용등급 : (Bond) — (CP) —		기업규모 : —	
홈 페 이 지 : www.englewoodlab.com		연 락 처 : 1-201-567-2267	
본 사 : 88 W. SHEFFIELD AVENUE, ENGLEWOOD, NJ, 07631, USA			

설 립 일	2015.08.20	종 업 원 수	318명	대 표 이 사	David C.Chung
상 장 일	2016.10.14	감 사 의 견	적정 (삼일)	계	열
결 산 기	12월	보 통 주	1,987만주	종 속 회 사 수	3개사
액 면 가		우 선 주		구 상 호	

주주구성 (지분율,%)		출자관계 (지분율,%)		주요경쟁사 (외형,%)	
David C. Chung	34.7	아이오케이컴퍼니	11.3	잉글우드랩(Reg.S)	100
성언재	2.4			한국화장품	203
(외국인)	44.8			코리아나	157

매출구성		비용구성		수출비중	
CREAM	50.2	매출원가율	74.7	수출	—
OTHERS	17.8	판관비율	16.5	내수	—
SERUM	12.9				

회사 개요
미국법인 잉글우드랩 주식회사(Englewood Lab, Inc.)는 미국 소재 잉글우드랩 유한회사(Englewood Lab, LLC)를 100% 소유하고 있고, 잉글우드랩 유한회사는 한국 소재 (주)잉글우드랩코리아를 100% 소유하고 있음. 또한 잉글우드랩 유한회사는 미국 시장에서 실질적인 영업을 영위하고 있으며, (주)잉글우드랩코리아는 한국 및 아시아 시장 진출을 위하여 2015년 10월 6일 설립되었음.

실적 분석
동사의 주요 자회사이자 실질적인 영업을 영위하는 잉글우드랩 유한회사는 미국 내에서 화장품의 ODM(생산자 개발방식)제조 및 OEM(주문자 상표부착방식) 제조를 주된 영업활동으로 하고 있음. 또한 잉글우드랩코리아를 신규사업으로 준비중임. 2017년 반기 매출액은 전년동기 대비 18.7% 상승하였으나, 원가상승 및 비영업손실 발생으로 당기순손실 54.6억원을 시현함.

현금 흐름 〈단위 : 억원〉
항목	2016	2017.2Q
영업활동	-35	-39
투자활동	-157	-148
재무활동	394	66
순현금흐름	202	-122
기말현금	211	77

시장 대비 수익률

결산 실적 〈단위 : 억원〉
항목	2012	2013	2014	2015	2016	2017
매출액	—	—	390	596	792	—
영업이익	—	—	46	62	70	—
당기순이익	—	—	44	55	43	—

분기 실적 〈단위 : 억원〉
항목	2016.1Q	2016.2Q	2016.3Q	2016.4Q	2017.1Q	2017.2Q
매출액	162	203	—	—	203	230
영업이익	9	25	—	—	16	-31
당기순이익	4	16	—	—	12	-66

재무 상태 〈단위 : 억원〉
항목	2012	2013	2014	2015	2016	2017.2Q
총자산			166	464	845	1,017
유형자산			16	30	85	329
무형자산						37
유가증권			4		105	141
총부채			101	196	97	295
총차입금			48	111		151
자본금			27	38	59	57
총자본			65	268	748	722
지배주주지분			65	268	748	722

기업가치 지표
항목	2012	2013	2014	2015	2016	2017.2Q
주가(최고/저)(천원)	#VALUE!	—/—	—/—	—/—	—/—	—/—
PER(최고/저)(배)	0.0/0.0	0.0/0.0	0.0/0.0	0.0/0.0	4.7/1.9	3.3/2.1
PBR(최고/저)(배)	0.0/0.0	0.0/0.0	0.0/0.0	0.0/0.0	25.6	—
EV/EBITDA(배)	0.0	0.0	0.0	0.8	1.5	
EPS(원)	—	—	—	341	-20	-278
BPS(원)	—	—	—	2,065	3,863	3,634
CFPS(원)	—	—	—	380	35	-245
DPS(원)	—	—	—			
EBITDAPS(원)	—	—	—	421	550	-47

재무 비율 〈단위 : % 〉
연도	영업이익률	순이익률	부채비율	차입금비율	ROA	ROE	유보율	자기자본비율	EBITDA마진율
2016	8.9	-0.4	12.9	0.0	-0.4	-0.6	1,178.6	88.6	9.9
2015	10.4	9.3	73.4	41.6	17.6	33.3	604.7	57.7	11.4
2014	11.9	11.3	156.7	74.8	0.0	0.0	135.2	39.0	13.2
2013	0.0	0.0	0.0	0.0	0.0	0.0	0.0	0.0	0.0

잉크테크 (A049550)
Inktec

업 종 : 컴퓨터 및 주변기기		시 장 : KOSDAQ	
신용등급 : (Bond) — (CP) —		기업규모 : 벤처	
홈 페 이 지 : www.inktec.com		연 락 처 : 031)494-0001	
본 사 : 경기도 안산시 단원구 능안로 98-12			

설 립 일	1992.06.17	종 업 원 수	356명	대 표 이 사	정광춘
상 장 일	2002.02.20	감 사 의 견	적정 (정진)	계	열
결 산 기	12월	보 통 주	1,032만주	종 속 회 사 수	
액 면 가	500원	우 선 주		구 상 호	

주주구성 (지분율,%)		출자관계 (지분율,%)		주요경쟁사 (외형,%)	
정광춘	23.1	InkTecEuropeLtd	100.0	잉크테크	100
한국증권금융	3.7			엠젠플러스	71
(외국인)	0.4			아이리버	71

매출구성		비용구성		수출비중	
산업용잉크	31.2	매출원가율	72.4	수출	56.0
잉크/코팅	20.6	판관비율	27.6	내수	44.0
Media, Toner 등	17.2				

회사 개요
동사는 DESKTOP(OA) 프린터 잉크, 실사용 프린터 잉크, UV잉크젯경화프린터, 인쇄전자 사업의 LCD, LED용 및 반사갖웅 반사필름, Paste Ink 등을 생산 판매하고 있으며 미디어 용지, 토너 등과 같은 상품도 판매하고 있음. 고품질 UV잉크와 UV프린터를 동시에 제공하는 토탈 솔루션 차별화 전략으로 관련 시장에서 점유율을 높여 나갈 계획임. 또한 동사는 인쇄전자용 잉크 및 인쇄전자 분야의 응용 제품으로 사업영역을 확대하고 있음.

실적 분석
동사의 2017년 2분기 누적 연결기준 매출액은 전년대비 17.7% 감소한 305.0억원을 기록함. 외형 축소에 따른 매출원가율 상승과 경상개발비의 증가 등으로 영업손실 53.5억원, 당기순손실 68.1억원을 시현하며 순손실 규모가 확대됨. 동사는 당분기 중 운영자금 조달을 목적으로 40억원 규모의 전환사채(표면이자율 1.0%, 만기이자율 2.0%)를 발행하였고, 결산기 이후 재무구조 개선을 위한 자산재평가 실시를 결정함.

현금 흐름 〈단위 : 억원〉
항목	2016	2017.2Q
영업활동	50	-19
투자활동	-44	-8
재무활동	-14	23
순현금흐름	-8	-3
기말현금	22	18

시장 대비 수익률

결산 실적 〈단위 : 억원〉
항목	2012	2013	2014	2015	2016	2017
매출액	810	898	856	772	739	—
영업이익	55	28	-50	-43	-1	—
당기순이익	18	5	-123	-195	-55	—

분기 실적 〈단위 : 억원〉
항목	2016.1Q	2016.2Q	2016.3Q	2016.4Q	2017.1Q	2017.2Q
매출액	174	197	184	184	155	150
영업이익	-2	4	1	-3	-19	-34
당기순이익	-12	2	-16	-29	-38	-30

재무 상태 〈단위 : 억원〉
항목	2012	2013	2014	2015	2016	2017.2Q
총자산	1,046	1,423	1,392	1,267	1,212	1,154
유형자산	411	607	708	637	598	582
무형자산	170	185	162	101	103	99
유가증권	3	3	3	3	3	3
총부채	657	928	971	1,045	973	985
총차입금	441	686	715	746	669	685
자본금	43	45	46	46	50	50
총자본	389	495	421	222	238	169
지배주주지분	388	493	419	222	238	169

기업가치 지표
항목	2012	2013	2014	2015	2016	2017.2Q
주가(최고/저)(천원)	29.6/12.8	39.1/20.1	25.6/9.8	13.3/5.2	12.3/4.8	—/—
PER(최고/저)(배)	132.4/57.3	779.5/400.7	—/—	—/—	—/—	—/—
PBR(최고/저)(배)	5.8/2.5	6.5/3.4	5.2/2.0	4.8/1.9	4.8/1.9	4.7/3.0
EV/EBITDA(배)	21.5	24.5	56.7	39.1	20.8	
EPS(원)	224	50	-1,448	-2,250	-595	-729
BPS(원)	5,071	5,994	4,920	2,761	2,563	1,824
CFPS(원)	981	921	-509	-1,385	117	-425
DPS(원)						
EBITDAPS(원)	1,470	1,210	354	370	706	-270

재무 비율 〈단위 : % 〉
연도	영업이익률	순이익률	부채비율	차입금비율	ROA	ROE	유보율	자기자본비율	EBITDA마진율
2016	-0.1	-7.5	408.4	280.5	-4.5	-24.1	381.5	19.7	8.9
2015	-5.6	-25.3	469.5	335.3	-14.7	-60.9	416.4	17.6	4.2
2014	-5.8	-14.4	230.8	169.9	-8.7	-27.0	820.1	30.2	3.5
2013	3.1	0.5	187.4	138.5	0.4	0.9	1,018.4	34.8	11.0

자비스 (A230400)
XAVIS CO

업 종 : 의료 장비 및 서비스	시 장 : KONEX
신용등급 : (Bond) —　(CP) —	기업규모 : —
홈 페 이 지 : www.xavis.co.kr	연 락 처 : 031)740-3800
본 사 : 경기도 성남시 중원구 사기막골로 177, 619	

설 립 일	2002.04.06	종 업 원 수	62명	대 표 이 사	김형철
상 장 일	2015.11.17	감 사 의 견	적정 (삼정)	계 열	
결 산 기	12월	보 통 주		종속회사수	
액 면 가		우 선 주		구 상 호	

주주구성 (지분율,%)
김형철	81.9
이경구	2.4

출자관계 (지분율,%)
자비스	100
아진엑스텍	123
하이셈	111

주요경쟁사 (외형,%)
| | |

매출구성
Xscan	52.8
Fscan	30.8
기타(A/S 등)	16.5

비용구성
매출원가율	65.5
판관비율	32.0

수출비중
수출	29.0
내수	71.0

회사 개요
동사는 2002년에 설립돼 X-Ray와 Machine Vision, 공장자동화(FA)장비용 소프트웨어를 활용하여 X-Ray 장비 및 시스템을 개발, 생산함. 주요 제품구성은 X-Ray를 이용한 반도체 및 산업용 부품제 등의 외관 및 내부 상태를 검사하는 제품 Xscan과 식품 내 이물질을 검사하는 제품 Fscan으로 구분됨. 매출 구성은 Fscan 41.8%, Xscan 40.3%임. 2015년 12월 300만불 수출의 탑을 수상함.

실적 분석
동사의 2016년 누적 매출액은 142.8억원으로 전년 127.2억원보다 12.3% 증가함. 영업이익과 당기순이익은 3.6억원을 기록함. 양산 시스템의 구축 및 품질 경쟁력으로 지속적인 성장을 하고 있으며, 국내와 해외 수주를 위한 노력을 지속 중임. 신규 사업으로 스테레오 방식 X-Ray 검사기와 In-line Die-casting 검사기 등 다수의 연구개발 과제를 진행 중임.

현금 흐름　•IFRS 별도 기준　〈단위 : 억원〉
항목	2016	2017.2Q
영업활동	6	—
투자활동	-12	—
재무활동	6	—
순현금흐름	-0	—
기말현금	10	—

시장 대비 수익률

결산 실적　〈단위 : 억원〉
항목	2012	2013	2014	2015	2016	2017
매출액	109	116	124	127	143	—
영업이익	8	4	8	8	4	—
당기순이익	7	3	8	8	4	—

분기 실적　•IFRS 별도 기준　〈단위 : 억원〉
항목	2016.1Q	2016.2Q	2016.3Q	2016.4Q	2017.1Q	2017.2Q
매출액	—	—	—	—	—	—
영업이익	—	—	—	—	—	—
당기순이익	—	—	—	—	—	—

재무 상태　•IFRS 별도 기준　〈단위 : 억원〉
항목	2012	2013	2014	2015	2016	2017.2Q
총자산	116	120	132	142	170	—
유형자산	19	18	21	22	29	—
무형자산	16	22	25	24	27	—
유가증권						—
총부채	65	67	96	72	96	—
총차입금	44	49	66	46	53	—
자본금	1	1	20	24	24	—
총자본	51	54	36	70	74	—
지배주주지분	51	54	36	70	74	—

기업가치 지표　•IFRS 별도 기준
항목	2012	2013	2014	2015	2016	2017.2Q
주가(최고/저)(천원)	#VALUE!	—/—	—/—	—/—	—/—	—/—
PER(최고/저)(배)	0.0/0.0	0.0/0.0	0.0/0.0	64.5/60.7	182.1/27.6	—/—
PBR(최고/저)(배)	0.0/0.0	0.0/0.0	0.0/0.0	4.6/4.4	8.8/1.3	0.0/0.0
EV/EBITDA(배)	3.4		5.8	4.9	19.9	12.0	—/—
EPS(원)	169	63	98	132	93	
BPS(원)	391,678	411,592	11,355	1,831	1,924	
CFPS(원)	80,279	50,567	2,007	301	354	
DPS(원)						
EBITDAPS(원)	87,246	58,572	2,897	392	353	

재무 비율　〈단위 : %〉
연도	영업이익률	순이익률	부채비율	차입금비율	ROA	ROE	유보율	자기자본비율	EBITDA마진율
2016	2.5	2.5	130.0	71.5	2.3	5.0	208.3	43.5	9.5
2015	6.6	3.9	101.9	65.4	3.6	9.4	193.4	49.5	11.6
2014	6.0	3.2	270.3	184.2	3.1	8.8	74.3	27.0	9.4
2013	3.1	2.2	124.5	90.9	2.2	5.0	7,543.9	44.6	6.6

자연과환경 (A043910)
Nature & Environment

업 종 : 상업서비스	시 장 : KOSDAQ
신용등급 : (Bond) —　(CP) —	기업규모 : 중견
홈 페 이 지 : www.e-nne.co.kr	연 락 처 : 041)852-3355
본 사 : 충남 공주시 우성면 보흥1길 116-28	

설 립 일	1999.07.05	종 업 원 수	53명	대 표 이 사	이병용,정대열(각자대표이사)
상 장 일	2005.11.18	감 사 의 견	적정 (성율)	계 열	
결 산 기	12월	보 통 주	3,395만주	종속회사수	4개사
액 면 가	500원	우 선 주		구 상 호	

주주구성 (지분율,%)
정대열	3.4
쓰리디엔터	2.4
(외국인)	0.1

출자관계 (지분율,%)
자연과환경스틸	100.0
에코트라움	40.0
다원피씨에스	15.4

주요경쟁사 (외형,%)
자연과환경	100
인선이엔티	1,340
C&S자산관리	2,148

매출구성
조경, 녹화, 수질정화, 건설공사 외	67.1
호안블록 및 투수블록류	21.8
토양오염복원 외 상품	9.0

비용구성
매출원가율	96.3
판관비율	55.1

수출비중
수출	0.0
내수	100.0

회사 개요
1999년 설립된 동사는 환경생태복원사업, 조경사업, 환경플랜트사업을 영위함. 2005년 코스닥 시장에 상장됨. 토양오염정화업을 영위하는 에코바이오, 스테인레스파이프 제조 등을 하는 자연과환경스틸 등 계열사를 두고 있음. 환경생태복원사업의 경우 조달청에 등록된 업체만 270여개 달함. 시장규모는 3000억원 규모로 동사의 점유율은 약 2%임. 동사는 조경원예사업에서 약 10~15%(법인 자재 시장 기준)의 점유율을 차지함.

실적 분석
동사의 2017년 2분기 매출액은 53.0억원으로 전년동기 대비 2.7% 감소함. 영업손실 또한 17.5억원으로 적자지속함. 당기순손실도 25억원으로 적자지속. 2017년 국토부는 하천정비사업에 국가하천 2,546억, 지방하천 3,650억원을 편성하였고 각 지자체에서도 생태하천복원사업, 하천재해 예방사업등 하천정비와 관련된 사업을 지속적으로 발주 중임. 이에 환경생태복원 부문의 성장성이 어둡지는 않음.

현금 흐름　〈단위 : 억원〉
항목	2016	2017.2Q
영업활동	-47	-30
투자활동	-4	8
재무활동	50	168
순현금흐름	1	146
기말현금	22	168

시장 대비 수익률

결산 실적　〈단위 : 억원〉
항목	2012	2013	2014	2015	2016	2017
매출액	458	165	129	98	101	—
영업이익	-71	1	5	4	-52	—
당기순이익	-69	-253	3	3	-97	—

분기 실적　〈단위 : 억원〉
항목	2016.1Q	2016.2Q	2016.3Q	2016.4Q	2017.1Q	2017.2Q
매출액	50	4	28	19	18	35
영업이익	1	-30	-4	-19	-7	-11
당기순이익	—	-49	-5	-44	-7	-18

재무 상태　〈단위 : 억원〉
항목	2012	2013	2014	2015	2016	2017.2Q
총자산	783	654	437	360	356	500
유형자산	230	237	108	185	203	200
무형자산	55	33	7	6	3	3
유가증권	39	4	0	18	4	7
총부채	389	310	313	157	172	155
총차입금	197	163	94	122	120	108
자본금	439	457	59	99	110	170
총자본	395	344	124	202	185	345
지배주주지분	389	338	119	197	167	329

기업가치 지표
항목	2012	2013	2014	2015	2016	2017.2Q
주가(최고/저)(천원)	10.4/3.4	5.9/3.2	4.0/0.9	2.4/1.0	5.0/1.3	—/—
PER(최고/저)(배)	—/—	—/—	—/—	—/—	—/—	—/—
PBR(최고/저)(배)	2.3/0.7	1.5/0.8	3.9/0.9	77.1/31.9 2.0/0.8	5.7/1.5	—/—
EV/EBITDA(배)		20.3	17.4	35.7		3.9/1.8
EPS(원)	-785	-681	-2,318	26	-447	-105
BPS(원)	442	369	1,006	993	762	969
CFPS(원)	-61	-50	-2,498	77	-407	
DPS(원)						
EBITDAPS(원)	-64		147	75	-212	-62

재무 비율　〈단위 : %〉
연도	영업이익률	순이익률	부채비율	차입금비율	ROA	ROE	유보율	자기자본비율	EBITDA마진율
2016	-51.4	-96.0	92.9	64.9	-27.1	-50.5	52.3	51.8	-43.2
2015	4.0	3.2	77.7	60.0	0.8	2.6	98.6	56.3	12.2
2014	4.1	-196.2	252.7	75.9	-46.4	-109.9	101.2	28.4	11.0
2013	0.9	-41.5	일부잠식	일부잠식	-9.5	-18.9	-26.1	52.6	15.2

자이글 (A234920)
Zaigle

<table>
<tr><td>업　　종 : 내구소비재</td><td>시　　장 : KOSDAQ</td></tr>
<tr><td>신용등급 : (Bond) — 　(CP) —</td><td>기업규모 : 우량</td></tr>
<tr><td>홈 페 이 지 : www.zaigle.com</td><td>연 락 처 : 02)3665-9192</td></tr>
<tr><td colspan="2">본　　사 : 서울시 강서구 허준로 217 가양테크노타운 11층 1114호</td></tr>
</table>

설 립 일 2008.12.30	종 업 원 수 54명	대 표 이 사 이진희
상 장 일 2016.09.06	감사의견 적정 (안진)	계　　열
결 산 기 12월	보 통 주 1,353만주	종속회사수 1개사
액 면 가 500원	우 선 주	구 상 호

주주구성 (지분율,%)
이진희	64.7
안선영	1.6
(외국인)	1.6

출자관계 (지분율,%)
메타포트	15.1
SHAOXINGZAIGLEELECTRICAPLIANCECO.,LTD	100.0

주요경쟁사 (외형,%)
자이글	100
쿠쿠전자	703
코웨이	2,330

매출구성
자이글 그릴(제품)	99.4
웰빙가전(제품)	0.6

비용구성
매출원가율	26.1
판관비율	61.1

수출비중
수출	10.0
내수	90.0

회사 개요
동사는 "휴먼 웰빙 라이프 전문 기업으로의 도약"을 모토로 건강과 환경을 생각하는 친환경 웰빙 관련 제품을 제조, 개발 및 수출하는 웰빙 생활가전 전문기업으로서, 2008년 12월 30일에 설립된 법인체. 동사 제품은 적외선램프 및 회전팬을 이용하여 상/하 양방향에서 음식물을 조리하는 방식으로 전기 프라이팬, 전기그릴류, 전자레인지, 전기오븐의 응용분야로 볼 수 있으며, 이들 제품들이 복합적으로 구현된 적외선 전기 가열 조리기에 해당됨.

실적 분석
동사 2017년 2분기기준 누적 매출액은 전년동기대비 -11.8% 하락한 476.5억원을 기록하였음. 비용면에서 전년동기대비 매출원가는 소폭 감소 하였으나 인건비 및 광고선전비가 크게 증가하였음. 줄어든 매출액과 늘어난 비용의 영향으로 전년동기대비 영업이익은 41.2억원으로 -55.9% 크게 하락하였음. 일본 및 중국에 지속적으로 판매되는 수요를 볼때 향후 점진적인 성장이 기대됨.

현금 흐름 〈단위 : 억원〉
항목	2016	2017.2Q
영업활동	98	59
투자활동	-325	-45
재무활동	227	-14
순현금흐름	2	-1
기말현금	78	77

시장 대비 수익률

결산 실적 〈단위 : 억원〉
항목	2012	2013	2014	2015	2016	2017
매출액	—	267	647	1,019	1,020	—
영업이익	—	72	115	167	131	—
당기순이익	—	56	93	135	108	—

분기 실적 〈단위 : 억원〉
항목	2016.1Q	2016.2Q	2016.3Q	2016.4Q	2017.1Q	2017.2Q
매출액	195					205
영업이익	22					19
당기순이익	18					17

재무 상태 〈단위 : 억원〉
항목	2012	2013	2014	2015	2016	2017.2Q
총자산		120	269	574	865	875
유형자산		23	37	38	295	339
무형자산		7	7	236	210	197
유가증권						4
총부채		47	117	95	51	41
총차입금			5			
자본금		6	6	9	68	68
총자본		74	152	478	813	834
지배주주지분		74	152	478	813	834

기업가치 지표
항목	2012	2013	2014	2015	2016	2017.2Q
주가(최고/저)(천원)	#VALUE!	—/—	—/—	—/—	—/—	—/—
PER(최고/저)(배)	0.0/0.0	0.0/0.0	0.0/0.0	0.0/0.0	14.3/9.8	—/—
PBR(최고/저)(배)	0.0/0.0	0.0/0.0	0.0/0.0	0.0/0.0	2.1/1.5	2.0/1.3
EV/EBITDA(배)	0.0				6.0	
EPS(원)	—	705	1,179	1,695	902	263
BPS(원)		57,597	118,791	263,126	6,082	6,241
CFPS(원)		46,893	74,887	121,657	1,137	263
DPS(원)					300	
EBITDAPS(원)		59,430	92,324	146,465	1,328	305

재무 비율 〈단위 : % 〉
연도	영업이익률	순이익률	부채비율	차입금비율	ROA	ROE	유보율	자기자본비율	EBITDA마진율
2016	12.8	10.6	6.3	0.0	15.0	16.8	1,116.4	94.1	15.6
2015	16.4	13.2	19.9	0.0	32.0	42.8	5,162.5	83.4	18.6
2014	17.8	14.4	77.2	3.3	—	—	2,275.8	56.4	18.3
2013	26.8	20.8	63.4	0.0	—	0.0	1,052.0	61.2	28.5

자화전자 (A033240)
Jahwa Electronics

<table>
<tr><td>업　　종 : 전자 장비 및 기기</td><td>시　　장 : 거래소</td></tr>
<tr><td>신용등급 : (Bond) — 　(CP) —</td><td>기업규모 : 시가총액 소형주</td></tr>
<tr><td>홈 페 이 지 : www.jahwa.co.kr</td><td>연 락 처 : 043)210-7124</td></tr>
<tr><td colspan="2">본　　사 : 충북 청주시 청원구 북이면 충청대로 1217</td></tr>
</table>

설 립 일 1981.04.25	종 업 원 수 652명	대 표 이 사 김상면,류영대(각자대표)
상 장 일 1999.01.06	감사의견 적정 (한영)	계　　열
결 산 기 12월	보 통 주 1,790만주	종속회사수 13개사
액 면 가 500원	우 선 주	구 상 호

주주구성 (지분율,%)
김상면	25.1
나노테크	7.1
(외국인)	17.0

출자관계 (지분율,%)
개성자화전자	100.0
플래티넘기술투자	100.0
플래티넘STARTUPFUND	15.0

주요경쟁사 (외형,%)
자화전자	100
에코프로	57
코리아써키트	183

매출구성
AFA ,진동모터OIS	86.9
OA부품,PTC,기타	13.1

비용구성
매출원가율	74.2
판관비율	19.3

수출비중
수출	94.0
내수	6.0

회사 개요
동사는 전자부품 제조업 등을 영위할 목적으로 1987년 설립됨. 이동통신기기, 레이져프린터, 디스플레이, 냉장고 에어컨 등 제조업체 등에 자기 엔지니어링이란 원천기술을 기반으로 한 전자부품을 제조·납품하며 해외시장에 수출하는 업체임. 일부 제품은 국내시장에서 독점적인 지위를 갖고 있으며 세계시장에서도 높은 시장점유율을 갖고 있음. 핵심 제품은 카메라 모듈에 적용되는 AF(Auto Focusing) 일체형 액츄에이터임.

실적 분석
동사의 2017년도 2분기 연결기준 누적 매출액은 2,053.9억원으로 전년동기 대비 31.5% 증가함. 주요 수익원인 AFA, 진동모터 등 통신기기용 부품 매출이 크게 증가한 것에 기인함. 핵심소재(자석분말)을 자체적으로 신규개발하여 경쟁우위에 있음. 최근 출시되는 스마트폰의 주요 제품이 16백만화소 이상의 카메라폰으로, 동사가 생산하는 OIS일체형 AFA가 채택되어 수량이 더욱 증가할 것으로 예상됨.

현금 흐름 〈단위 : 억원〉
항목	2016	2017.2Q
영업활동	504	31
투자활동	-568	-433
재무활동	54	572
순현금흐름	-14	165
기말현금	577	742

시장 대비 수익률

결산 실적 〈단위 : 억원〉
항목	2012	2013	2014	2015	2016	2017
매출액	3,304	4,686	3,261	2,673	2,985	—
영업이익	524	554	258	242	193	—
당기순이익	437	433	225	208	149	—

분기 실적 〈단위 : 억원〉
항목	2016.1Q	2016.2Q	2016.3Q	2016.4Q	2017.1Q	2017.2Q
매출액	750	812	816	608	749	1,305
영업이익	48	102	54	-11	-7	142
당기순이익	-1	68	75	7	-11	106

재무 상태 〈단위 : 억원〉
항목	2012	2013	2014	2015	2016	2017.2Q
총자산	3,139	3,571	3,596	3,993	4,268	5,412
유형자산	546	692	736	777	1,033	1,262
무형자산	16	17	17	16	14	13
유가증권	1,434	578	622	899	723	751
총부채	1,117	1,171	1,002	1,244	1,421	2,548
총차입금	523	513	596	782	850	1,560
자본금	89	90	90	90	90	90
총자본	2,022	2,400	2,594	2,749	2,847	2,864
지배주주지분	1,922	2,306	2,493	2,653	2,747	2,758

기업가치 지표
항목	2012	2013	2014	2015	2016	2017.2Q
주가(최고/저)(천원)	17.0/8.1	27.8/15.3	19.6/9.5	15.3/9.1	17.9/11.7	—/—
PER(최고/저)(배)	7.9/3.8	12.7/7.0	17.3/8.4	14.5/8.7	22.7/14.9	—/—
PBR(최고/저)(배)	1.7/0.8	2.3/1.3	1.5/0.7	1.1/0.6	1.2/0.8	1.4/1.0
EV/EBITDA(배)	4.0	3.9	2.8	3.6	5.2	
EPS(원)	2,408	2,399	1,226	1,110	808	503
BPS(원)	11,292	13,385	14,430	15,325	15,726	15,785
CFPS(원)	2,876	3,259	2,128	2,523	2,121	1,451
DPS(원)	300	350	400	400	400	
EBITDAPS(원)	3,405	3,957	2,341	2,764	2,393	1,704

재무 비율 〈단위 : % 〉
연도	영업이익률	순이익률	부채비율	차입금비율	ROA	ROE	유보율	자기자본비율	EBITDA마진율
2016	6.5	5.0	49.9	29.9	3.6	5.4	3,045.2	66.7	14.4
2015	9.1	7.8	45.2	28.5	5.4	7.8	2,965.0	68.9	18.5
2014	7.9	6.9	38.6	23.0	6.3	9.2	2,785.9	72.1	12.9
2013	11.8	9.3	48.8	21.4	12.9	20.3	2,577.0	67.2	15.1

장원테크 (A174880)
JANG WON TECH COLTD

업 종 : 휴대폰 및 관련부품		시 장 : KOSDAQ	
신용등급 : (Bond) — (CP) —		기업규모 : 중견	
홈페이지 : www.jangwontech.co.kr		연락처 : 070)4016-3509	
본 사 : 경북 구미시 1공단로7길 14-9 (공단동)			

설 립 일	2000.01.06	종 업 원 수	148명	대 표 이 사	박세혁
상 장 일	2016.07.15	감 사 의 견	적정 (대경)	계 열	
결 산 기	12월	보 통 주	605만주	종속회사수	1개사
액 면 가	500원	우 선 주		구 상 호	

주주구성 (지분율,%)
장현	48.0
박희숙	13.2
(외국인)	0.9

출자관계 (지분율,%)
JANGWONTECHVINACo.,Ltd.	100.0

주요경쟁사 (외형,%)
장원테크	100
엘컴텍	65
블루콤	236

매출구성
스마트폰 Bracket	73.4
IT외 기타	19.8
태블릿PC Bracket	6.6

비용구성
매출원가율	84.0
판관비율	10.9

수출비중
수출	83.0
내수	17.0

회사 개요
동사는 마그네슘합금, 알루미늄합금 등의 경량 금속소재를 사용하여 휴대폰, 테블릿 PC, 카메라, 노트북 등의 휴대용 IT기기에 외장 및 내장재, 조립품을 생산하고 있음. 또한 미래 성장 사업으로 초음파 진단기기용 케이스와 X-선 디텍터 등 의료기 부품, 자동차 헤드램프용 히트 싱크, IT 제품인 열화상 카메라용 부품을 생산을 영위하고 있음. 스마트폰의 성장과 테블릿PC의 신규시장이 형성되면서 제품의 슬림화 및 LCD화면의 대형화 추세에 대응.

실적 분석
휴대용 IT기기의 성장에 따라 시장은 활성화되었으나 그만큼 기술력이 요구되고 해외 생산 증가에 따라 경쟁이 심화되는 경향이 있음. 이에 따라 동사의 2017년 2분기기준 누적 매출액은 전년동기대비 -27.3% 하락한 436.2억원을 기록하였음. 이에 따라 전년동기대비 영업이익은 12.6억원으로 -72.5% 크게 하락함. 최종적으로 전년동기대비 당기순이익은 적자전환하여 -13.2억원을 기록함.

현금 흐름 〈단위 : 억원〉
항목	2016	2017.2Q
영업활동	-71	-117
투자활동	45	58
재무활동	175	-34
순현금흐름	152	-99
기말현금	212	113

시장 대비 수익률

결산 실적 〈단위 : 억원〉
항목	2012	2013	2014	2015	2016	2017
매출액	817	1,057	1,090	2,025	1,012	—
영업이익	40	70	-70	261	51	—
당기순이익	32	50	-59	214	33	—

분기 실적 〈단위 : 억원〉
항목	2016.1Q	2016.2Q	2016.3Q	2016.4Q	2017.1Q	2017.2Q
매출액	365	235	189	224	234	202
영업이익	40	6	-7	12	9	3
당기순이익	32	23	-17	-6	-20	7

재무 상태 〈단위 : 억원〉
항목	2012	2013	2014	2015	2016	2017.2Q
총자산	395	566	843	812	1,002	931
유형자산	213	237	385	437	524	523
무형자산	1	5	7	7	7	9
유가증권	—	—	—	—	0	0
총부채	271	342	656	412	373	342
총차입금	135	235	474	237	249	223
자본금	2	2	24	24	30	30
총자본	124	224	187	401	629	589
지배주주지분	124	224	187	401	629	589

기업가치 지표
항목	2012	2013	2014	2015	2016	2017.2Q
주가(최고/저)(천원)	—/—	—/—	—/—	—/—	16.8/8.1	—/—
PER(최고/저)(배)	0.0/0.0	0.0/0.0	0.0/0.0	0.0/0.0	27.9/13.4	—/—
PBR(최고/저)(배)	0.0/0.0	0.0/0.0	0.0/0.0	0.0/0.0	1.6/0.8	1.1/0.8
EV/EBITDA(배)	1.6	0.7	—	0.5	5.7	—/—
EPS(원)	801	1,244	-1,229	4,454	614	-219
BPS(원)	619,820	973,032	3,888	8,347	10,690	10,239
CFPS(원)	277,502	355,423	-590	5,567	1,549	244
DPS(원)					200	
EBITDAPS(원)	317,136	454,475	-817	6,545	1,882	670

재무 비율 〈단위 : % 〉
연도	영업이익률	순이익률	부채비율	차입금비율	ROA	ROE	유보율	자기자본비율	EBITDA마진율
2016	5.1	3.3	59.2	39.5	3.7	6.4	2,038.0	62.8	10.0
2015	12.9	10.6	102.7	59.2	7.2	72.8	1,569.4	49.3	15.5
2014	-6.4	-5.4	351.6	253.8	-8.4	-28.7	677.5	22.2	-3.6
2013	6.6	4.7	152.8	105.0	10.4	28.7	9,630.3	39.6	8.6

재영솔루텍 (A049630)
JAEYOUNG SOLUTEC

업 종 : 휴대폰 및 관련부품		시 장 : KOSDAQ	
신용등급 : (Bond) — (CP) —		기업규모 : 중견	
홈페이지 : www.jysolutec.com		연락처 : 032)850-0700	
본 사 : 인천시 연수구 갯벌로 118 (송도동)			

설 립 일	1984.12.20	종 업 원 수	296명	대 표 이 사	김학권
상 장 일	2003.01.24	감 사 의 견	적정 (참)	계 열	
결 산 기	12월	보 통 주	3,947만주	종속회사수	5개사
액 면 가	500원	우 선 주	251만주	구 상 호	

주주구성 (지분율,%)
신용보증기금	14.5
김학권	13.8
(외국인)	0.3

출자관계 (지분율,%)
대일엠티에스보통주	20.0

주요경쟁사 (외형,%)
재영솔루텍	100
디지탈옵틱	46
바이오로그디바이스	49

매출구성
AF모듈 등	42.3
금형	25.7
단말기,전자 등	23.0

비용구성
매출원가율	88.6
판관비율	11.6

수출비중
수출	68.0
내수	32.0

회사 개요
동사는 핸드폰 카메라용 렌즈 등 나노광학부품, 반도체 검사용 IC 소켓 부품 및 플라스틱 사출금형의 제조 및 판매를 주요 사업 목적으로 하는 종합엔지니어링 회사임. 동사는 스마트폰용 8M 렌즈를 양산하기 시작했으며, 최근 시장이 확대되고 있는 CCTV, 자동차용 렌즈의 개발 및 양산을 하고 있음. 2016년 기준 부문별 매출은 나노광학 약 40%, 부품 25%, 금형 35% 등으로 구성됨.

실적 분석
1분기에는 금형부문이, 2분기에는 나노광학부문이 각각 호조세를 보여 2017년 상반기 전체 매출액은 전년동기 수준인 644.4억원을 기록함. 금형 원자재인 몰드베이스의 가격상승과 개성공단 중단에 따른 생산기반 상실로 추가비용이 발생해 영업이익과 당기순이익은 각각 160.0억원, 194.8억원의 적자를 기록함. 베트남 자체 생산기지를 건설 중에 있으며, 향후 안정화를 통한 생산성 향상 및 인건비 절감을 기대함.

현금 흐름 〈단위 : 억원〉
항목	2016	2017.2Q
영업활동	11	9
투자활동	50	-117
재무활동	-51	120
순현금흐름	12	11
기말현금	122	133

시장 대비 수익률

결산 실적 〈단위 : 억원〉
항목	2012	2013	2014	2015	2016	2017
매출액	1,583	1,727	1,515	1,641	1,388	—
영업이익	13	7	51	40	-2	—
당기순이익	-69	-45	11	40	-49	—

분기 실적 〈단위 : 억원〉
항목	2016.1Q	2016.2Q	2016.3Q	2016.4Q	2017.1Q	2017.2Q
매출액	264	382	334	409	298	346
영업이익	-7	-7	-23	35	-51	-108
당기순이익	-19	-13	-43	27	-64	-131

재무 상태 〈단위 : 억원〉
항목	2012	2013	2014	2015	2016	2017.2Q
총자산	1,618	1,599	1,651	1,555	1,536	1,538
유형자산	1,071	958	869	857	794	921
무형자산	5	5	6	26	36	33
유가증권	5	3	1	2	2	2
총부채	1,253	1,283	1,332	1,207	1,138	1,231
총차입금	826	778	696	791	682	691
자본금	159	159	159	159	182	210
총자본	364	316	319	348	398	307
지배주주지분	356	306	309	337	386	293

기업가치 지표
항목	2012	2013	2014	2015	2016	2017.2Q
주가(최고/저)(천원)	1.5/0.7	2.5/0.8	2.0/1.1	3.5/1.3	4.0/1.5	—/—
PER(최고/저)(배)	0.0/0.0	0.0/0.0	113.6/60.7	104.1/39.3	0.0/0.0	—/—
PBR(최고/저)(배)	1.3/0.6	2.6/0.8	2.1/1.1	3.3/1.3	3.8/1.4	5.0/3.0
EV/EBITDA(배)	14.6	20.8	11.0	16.7	38.5	—/—
EPS(원)	-225	-148	18	34	-136	-480
BPS(원)	1,143	960	969	1,059	1,063	698
CFPS(원)	-43		166	186	-20	-412
DPS(원)						
EBITDAPS(원)	221	171	307	277	110	-324

재무 비율 〈단위 : % 〉
연도	영업이익률	순이익률	부채비율	차입금비율	ROA	ROE	유보율	자기자본비율	EBITDA마진율
2016	-0.2	-3.5	286.1	171.5	-3.2	-13.7	112.5	25.9	2.9
2015	2.4	0.7	346.4	227.0	0.7	3.3	111.7	22.4	5.4
2014	3.3	0.4	417.6	218.1	0.4	1.9	93.9	19.3	6.5
2013	0.4	-2.6	406.2	246.4	-2.8	-14.2	92.1	19.8	3.2

전방 (A000950)
Chonbang

업 종 : 섬유 및 의복		시 장 : 거래소	
신용등급 : (Bond) — (CP) —		기업규모 : 시가총액 소형주	
홈페이지 : www.chonbang.co.kr		연 락 처 : 02)2122-6000	
본 사 : 서울시 서대문구 서소문로21 충정타워빌딩 13층			

설 립 일	1953.02.23	종 업 원 수	571명	대 표 이 사	조규옥,김형건
상 장 일	1968.10.21	감 사 의 견	적정 (새시대)	계 열	—
결 산 기	12월	보 통 주	168만주	종속회사수	4개사
액 면 가	5,000원	우 선 주	—	구 상 호	—

주주구성 (지분율,%) / 출자관계 (지분율,%) / 주요경쟁사 (외형,%)

주주구성 (지분율,%)		출자관계 (지분율,%)		주요경쟁사 (외형,%)	
운산산업	5.6	광주방송	5.3	전방	100
삼영엔지니어링	4.5			진도	61
(외국인)	0.0			대한방직	122

매출구성 / 비용구성 / 수출비중

매출구성		비용구성		수출비중	
사류·포류(섬유제품제조)	94.1	매출원가율	101.1	수출	—
상 품, 임대료(섬유제품제조)	5.9	판관비율	5.2	내수	—

회사 개요
동사는 섬유의 제조, 판매 및 수출입업을 영위하고 있으며, 시장점유율은 경방, 동일방직, 일신방직 등의 경쟁업체와 비슷한 비율을 유지하고 있음. 설비 면에서는 품질향상, 생산성 증대 및 원가절감을 높이기 위해 광주 평동에 방적 5만추의 신공장이 완료되어 2012년 5월부터 정상가동 중임. 섬유제품 제조 이외 동사는 언더웨어 제조, 중고 자동차 판매 그리고 전자부품 판매, 여행업의 사업을 함께 영위하고 있음.

실적 분석
동사의 2017년 연결기준 2분기 매출액은 912.4억원으로 전년 동기 1,035.6억원 대비 11.9% 감소함. 영업손실은 24.6억원, 당기순손실은 53.3억원으로 각각 전년 동기대비 적자가 지속되었으나 적자폭은 축소. 직물 부문의 매출 감소, 사류 부문의 판매 저조 및 단가 하락으로 매출액이 감소하였음. 동사는 향후 고부가가치 특수사 및 기능성 소재를 이용한 신제품 개발로 시장을 확대해 나간다는 방침임.

현금 흐름 〈단위 : 억원〉

항목	2016	2017.2Q
영업활동	44	-1
투자활동	144	1
재무활동	-178	4
순현금흐름	10	3
기말현금	22	25

결산 실적 〈단위 : 억원〉

항목	2012	2013	2014	2015	2016	2017
매출액	2,952	2,938	2,452	2,373	2,008	
영업이익	-385	73	-113	-105	-125	
당기순이익	-351	-0	-242	-235	-175	

분기 실적 〈단위 : 억원〉

항목	2016.1Q	2016.2Q	2016.3Q	2016.4Q	2017.1Q	2017.2Q
매출액	525	510	492	480	468	444
영업이익	-56	-32	-21	-16	-10	-15
당기순이익	-68	-23	-13	-72	-3	-51

재무 상태 〈단위 : 억원〉

항목	2012	2013	2014	2015	2016	2017.2Q
총자산	5,421	5,255	5,064	5,195	4,841	4,868
유형자산	3,589	3,458	3,339	3,627	3,494	3,431
무형자산	11	10	10	10	3	3
유가증권	51	62	75	73	36	36
총부채	3,405	3,251	3,297	3,336	3,179	3,259
총차입금	2,703	2,614	2,683	2,623	2,472	2,478
자본금	84	84	84	84	84	84
총자본	2,016	2,004	1,767	1,859	1,662	1,609
지배주주지분	1,936	1,946	1,715	1,807	1,616	1,566

기업가치 지표

항목	2012	2013	2014	2015	2016	2017.2Q
주가(최고/저)(천원)	33.2/22.7	31.6/24.0	56.0/26.1	70.1/34.1	59.6/24.7	—/—
PER(최고/저)(배)	—/—	111.1/84.4	—/—	—/—	—/—	—/—
PBR(최고/저)(배)	0.3/0.2	0.3/0.2	0.5/0.2	0.6/0.3	0.6/0.2	0.3/0.2
EV/EBITDA(배)		14.5	146.3	127.6	437.8	
EPS(원)	-21,066	285	-14,024	-13,977	-10,057	-3,011
BPS(원)	127,239	127,800	114,082	119,555	108,195	105,185
CFPS(원)	-13,824	8,649	-5,972	-6,006	-2,236	768
DPS(원)						2,314
EBITDAPS(원)	-15,660	12,716	1,323	1,720	399	

재무 비율 〈단위 : % 〉

연도	영업이익률	순이익률	부채비율	차입금비율	ROA	ROE	유보율	자기자본비율	EBITDA마진율
2016	-6.2	-8.7	191.3	148.7	-3.5	-9.9	2,063.9	34.3	0.3
2015	-4.4	-9.9	179.4	141.1	-4.6	-13.3	2,291.1	35.8	1.2
2014	-4.6	-9.9	186.6	151.9	-4.7	-12.9	2,181.6	34.9	0.9
2013	2.5	0.0	162.2	130.4	0.0	0.3	2,456.0	38.1	7.3

전우정밀 (A120780)
JEONWOO PRECISION

업 종 : 자동차부품		시 장 : KONEX	
신용등급 : (Bond) — (CP) —		기업규모 : —	
홈페이지 : www.jwjm.com		연 락 처 : 053)859-5404	
본 사 : 경북 경산시 진량읍 공단8로 24			

설 립 일	2001.09.26	종 업 원 수	137명	대 표 이 사	김동진
상 장 일	2016.12.23	감 사 의 견	적정 (정연)	계 열	—
결 산 기	12월	보 통 주	—	종속회사수	—
액 면 가	—	우 선 주	—	구 상 호	—

주주구성 (지분율,%) / 출자관계 (지분율,%) / 주요경쟁사 (외형,%)

주주구성 (지분율,%)		출자관계 (지분율,%)		주요경쟁사 (외형,%)	
김동진	95.3	전우정밀기차배건유한공사	100.0	전우정밀	100
김재구	3.2	태창준옥기차배건유한공사	100.0	체시스	122
				팬스타엔터프라이즈	66

매출구성 / 비용구성 / 수출비중

매출구성		비용구성		수출비중	
도어부품(제품)	46.9	매출원가율	87.4	수출	22.0
미션부품(제품)	19.8	판관비율	8.9	내수	78.0
기타	19.2				

회사 개요
동사는 도어 부품 등을 만드는 자동차 부품 제조업체임. 1992년 개인사업체인 전우정밀에서 2001년 9월 출자전환에 의하여 ㈜전우정밀로 법인전환되었음. 동사는 창립 이후 꾸준한 제품개발 및 저비용·고효율을 달성하기 위하여 로봇라인/트랜스퍼라인화를 통한 공정 자동화에 집중함에 따라 국내외 자동차 완성차 업체에 1차 부품업체에 자동차 부품을 공급함.

실적 분석
동사는 창립 이후 꾸준한 제품개발 및 저비용·고효율을 달성하기 위한 로봇라인/트랜스퍼라인화를 통한 공정 자동화에 집중함에 따라 국내외 자동차 완성차 업체에 1차 부품업체에 자동차 부품을 공급하고 있음. 동사의 주요 매출품목으로는 도어부품으로서 주로 Door Striker Part, Door Latch Part, Door Hinge Part 등이 있음. 2016년 매출액 426.6억원, 영업이익 16억원, 당기순이익 7.7억원을 각각 기록했음.

현금 흐름   *IFRS 별도 기준   〈단위 : 억원〉

항목	2016	2017.2Q
영업활동	28	—
투자활동	-26	—
재무활동	-11	—
순현금흐름	-9	—
기말현금	6	—

결산 실적 〈단위 : 억원〉

항목	2012	2013	2014	2015	2016	2017
매출액	313	334	319	363	427	
영업이익	16	2	-10	18	16	
당기순이익	10	13	-18	8	8	

분기 실적   *IFRS 별도 기준   〈단위 : 억원〉

항목	2016.1Q	2016.2Q	2016.3Q	2016.4Q	2017.1Q	2017.2Q
매출액						
영업이익						
당기순이익						

재무 상태   *IFRS 별도 기준   〈단위 : 억원〉

항목	2012	2013	2014	2015	2016	2017.2Q
총자산	256	371	415	478	486	—
유형자산	148	231	273	300	299	—
무형자산	16	19	24	33	39	—
유가증권						—
총부채	187	243	265	299	306	—
총차입금	162	215	243	270	259	—
자본금	16	22	22	24	24	—
총자본	69	128	150	179	180	—
지배주주지분	69	128	150	179	180	—

기업가치 지표   *IFRS 별도 기준

항목	2012	2013	2014	2015	2016	2017.2Q
주가(최고/저)(천원)	—/—	—/—	—/—	—/—	4.4/3.8	—/—
PER(최고/저)(배)	0.0/0.0	0.0/0.0	0.0/0.0	0.0/0.0	18.2/15.9	—/—
PBR(최고/저)(배)	0.0/0.0	0.0/0.0	0.0/0.0	0.0/0.0	1.2/1.0	—/—
EV/EBITDA(배)	6.0	14.0		9.8	9.8	
EPS(원)	314	421	-576	260	241	
BPS(원)	44,487	58,831	69,014	74,499	3,764	
CFPS(원)	11,316	11,035	-5,450	7,002	983	
DPS(원)						
EBITDAPS(원)	15,382	5,994	-1,686	11,321	1,244	

재무 비율 〈단위 : % 〉

연도	영업이익률	순이익률	부채비율	차입금비율	ROA	ROE	유보율	자기자본비율	EBITDA마진율
2016	3.8	1.8	169.3	143.5	1.6	4.3	652.9	37.1	9.3
2015	4.9	2.3	167.4	151.1	1.8	5.0	645.0	37.4	6.9
2014	-3.1	-5.7	176.2	161.7	-4.6	-13.1	590.1	36.2	-1.2
2013	0.7	3.9	189.7	168.1	4.3	13.5	488.3	34.5	3.9

정다운 (A208140)
JUNGDAWN

업 종 : 식료품		시 장 : KOSDAQ	
신용등급 : (Bond) — (CP) —		기업규모 : 중견	
홈 페 이 지 : www.jungdawn.co.kr		연 락 처 : 061)334-5289	
본 사 : 전남 나주시 동수농공단지길 137-17 (동수동)			

설 립 일 2014.10.20	종 업 원 수 186명	대 표 이 사 김선철
상 장 일 2014.12.17	감 사 의 견 적정 (삼일)	계 열
결 산 기 12월	보 통 주 2,053만주	종속회사수 1개사
액 면 가 100원	우 선 주	구 상 호 엘아이지스팩2호

주주구성 (지분율,%)		출자관계 (지분율,%)		주요경쟁사 (외형,%)	
이지바이오	33.6	한국원종오리	3.2	정다운	100
한올파트너스	0.9	오비티	1.0	하림	1,430
(외국인)	0.4			동우팜투테이블	408

매출구성		비용구성		수출비중	
신선통오리,정육	49.8	매출원가율	80.1	수출	6.0
기타 외	23.3	판관비율	14.3	내수	94.0
허브를 담은 정다운 훈제오리	10.9				

회사 개요
동사는 2000년에 설립된 가금류 가공 및 저장 처리 기업으로, 주요제품으로는 오리탈, 오리육 등이 있음. 연결대상 종속법인으로 보성군에 소재한 오리 사육기업인 농업회사법인(주)제이디팜을 보유하고 있음. 엘아이지기업인수목적2호 주식회사와 2015년 12월 합병계약을 체결하고 2016년 6월 21일 동사가 피흡수합병되었으나 실질적 합병회사로 코넥스 상장법인에서 코스닥 상장법인이 되었음.

실적 분석
동사는 2017년 반기에 전년동기 대비 40.9% 증가한 410.1억원의 매출을 달성함. 매출 증가에 따른 원가 부담 축소와 효율적인 판관비 통제에 따라 영업이익은 전년 동기 17.6억원 대비 274.8% 증가한 65.8억원을 시현함. 비영업손익 부문에서는 20.8억원의 흑자를 시현하고, 이에 당기순이익 72억원을 시현하여 전년동기 10.2억원 손실 대비 큰폭으로 흑자전환함.

현금 흐름 〈단위 : 억원〉

항목	2016	2017.2Q
영업활동	-16	132
투자활동	-23	17
재무활동	-8	-31
순현금흐름	-48	118
기말현금	19	137

시장 대비 수익률

결산 실적 〈단위 : 억원〉

항목	2012	2013	2014	2015	2016	2017
매출액	807	789	551	583	578	—
영업이익	23	66	45	51	33	—
당기순이익	5	22	18	28	-10	—

분기 실적 〈단위 : 억원〉

항목	2016.1Q	2016.2Q	2016.3Q	2016.4Q	2017.1Q	2017.2Q
매출액	126	166	146	140	181	229
영업이익	6	12	5	10	6	41
당기순이익	5	-15	-2	2	27	45

재무 상태 〈단위 : 억원〉

항목	2012	2013	2014	2015	2016	2017.2Q
총자산	582	649	568	547	607	674
유형자산	316	359	282	265	239	241
무형자산	—	0	—	—	0	0
유가증권	9	30	2	18	62	14
총부채	437	484	395	332	318	306
총차입금	303	381	303	280	255	223
자본금	20	20	20	16	20	21
총자본	144	165	173	215	290	368
지배주주지분	144	160	172	214	288	366

기업가치 지표

항목	2012	2013	2014	2015	2016	2017.2Q
주가(최고/저)(천원)	—/—	—/—	2.0/1.9	3.2/2.0	5.7/2.0	—/—
PER(최고/저)(배)	0.0/0.0	0.0/0.0	19.5/18.7	21.4/13.6	—/—	—/—
PBR(최고/저)(배)	0.0/0.0	0.0/0.0	2.0/1.9	2.8/1.8	3.9/1.4	2.9/1.2
EV/EBITDA(배)	7.2	3.5	4.3	3.5	20.7	—/—
EPS(원)	28	133	103	148	-54	348
BPS(원)	3,607	4,007	4,295	4,883	1,439	1,781
CFPS(원)	458	1,048	955	1,094	65	398
DPS(원)	—	—	—	—	—	—
EBITDAPS(원)	915	2,117	1,646	1,625	284	371

재무 비율 〈단위 : %〉

연도	영업이익률	순이익률	부채비율	차입금비율	ROA	ROE	유보율	자기자본비율	EBITDA마진율
2016	5.6	-1.7	109.7	87.9	-1.7	-4.2	1,339.0	47.7	9.7
2015	8.8	4.7	154.2	129.9	5.0	14.4	1,231.8	39.3	12.3
2014	8.2	3.2	229.0	175.4	2.9		758.9	30.4	12.0
2013	8.3	2.8	293.3	230.8			701.4	25.4	10.7

정산애강 (A022220)
JEONGSAN AIKANG COLTD

업 종 : 건축자재		시 장 : KOSDAQ	
신용등급 : (Bond) — (CP) —		기업규모 : 중견	
홈 페 이 지 : www.jsak.co.kr		연 락 처 : 043)723-2007	
본 사 : 충북 충주시 중앙탑면 기업도시로 422			

설 립 일 1990.01.22	종 업 원 수 130명	대 표 이 사 신진용
상 장 일 2006.04.11	감 사 의 견 적정 (한영)	계 열
결 산 기 12월	보 통 주 5,179만주	종속회사수 2개사
액 면 가 500원	우 선 주	구 상 호 애강리메텍

주주구성 (지분율,%)		출자관계 (지분율,%)		주요경쟁사 (외형,%)	
태광실업	47.5	하닌	81.1	정산애강	100
양산모	4.9	애강랑팜	46.4	대림B&Co	302
(외국인)	1.3	지메텍	29.3	뉴보텍	52

매출구성		비용구성		수출비중	
C-PVC 외	39.0	매출원가율	80.2	수출	1.0
상 품	28.2	판관비율	10.0	내수	99.0
PB파이프	18.9				

회사 개요
동사는 급수급탕용 배관재와 난방용 배관재 등 다양한 용도의 배관재를 제조/판매하는 사업과 전자전지스크랩, 슬러지, 촉매로부터 귀금속을 추출하여 재활용하는 사업 즉, 비철금속의 재생사업을 영위하고 있음. 배관재는 주택, 사무실, 공장 온천 등에 온수, 가스 등을 공급하여 필요로 하는 기능을 구현하게 하는 자재를 의미함. 주택의 건설에, 난방 및 급수 시스템의 가장 기본적인 자재라 할 수 있음.

실적 분석
배관재산업은 주로 APT 및 일반주택의 건설 분야에 수요가 집중되어 있으며, 원료 개발과 시공방법 개선에 따라 점차 신규수요가 증가하고 있는 추세이므로 이에 따라 동사 2017년 2분기말 누적 매출액은 전년동기대비 15.9% 상승한 381.9억원을 기록하였음. 전년동기대비 영업이익도 64.9억원으로 131.6% 크게 상승하였음. 최종적으로 전년동기대비 당기순이익은 크게 상승하여 58.6억원을 기록함.

현금 흐름 〈단위 : 억원〉

항목	2016	2017.2Q
영업활동	85	69
투자활동	46	7
재무활동	-129	-42
순현금흐름	2	33
기말현금	2	35

시장 대비 수익률

결산 실적 〈단위 : 억원〉

항목	2012	2013	2014	2015	2016	2017
매출액	1,159	856	486	519	693	—
영업이익	-20	-13	-39	22	67	—
당기순이익	75	-92	-137	-19	56	—

분기 실적 〈단위 : 억원〉

항목	2016.1Q	2016.2Q	2016.3Q	2016.4Q	2017.1Q	2017.2Q
매출액	137	192	173	190	171	211
영업이익	8	20	17	23	26	38
당기순이익	4	17	30	6	29	30

재무 상태 〈단위 : 억원〉

항목	2012	2013	2014	2015	2016	2017.2Q
총자산	1,184	1,086	881	897	820	842
유형자산	474	406	413	387	214	216
무형자산	46	14	7	6	5	13
유가증권	30	30	25	12	—	0
총부채	715	762	363	401	271	234
총차입금	520	538	216	273	144	102
자본금	146	146	259	259	259	259
총자본	469	324	517	496	549	608
지배주주지분	469	324	517	496	549	608

기업가치 지표

항목	2012	2013	2014	2015	2016	2017.2Q
주가(최고/저)(천원)	2.9/1.9	2.2/1.3	2.8/1.3	2.7/2.0	2.8/2.0	—/—
PER(최고/저)(배)	11.4/7.5	—/—	—/—	—/—	26.0/18.2	—/—
PBR(최고/저)(배)	1.7/1.1	1.8/1.1	—/—	2.8/2.1	2.6/1.8	2.3/1.9
EV/EBITDA(배)		280.4		39.7	16.5	—/—
EPS(원)	255	-316	-338	-36	108	113
BPS(원)	1,677	1,183	998	957	1,060	1,174
CFPS(원)	316	-262	-298	-8	134	129
DPS(원)	—	—	—	—	—	—
EBITDAPS(원)		3	-55	71	157	141

재무 비율 〈단위 : %〉

연도	영업이익률	순이익률	부채비율	차입금비율	ROA	ROE	유보율	자기자본비율	EBITDA마진율
2016	9.7	8.1	49.3	26.2	6.5	10.7	112.0	67.0	11.7
2015	4.2	-3.6	80.9	55.0	-2.1	-3.7	91.5	55.3	7.1
2014	-8.0	-28.3	70.3	41.7	-14.0	-32.7	99.7	58.7	-4.6
2013	-1.5	-10.8	235.0	166.1	-8.1	-23.3	136.5	29.9	0.4

정상제이엘에스 (A040420)
JLS

업　　종 : 교육	시　　장 : KOSDAQ
신용등급 : (Bond) —　(CP) —	기업규모 : 우량
홈 페 이 지 : www.gojls.com	연 락 처 : 02)3413-9100
본　　사 : 서울시 강남구 영동대로 229 (대치동 994-3)	

설 립 일	1993.07.31	종 업 원 수	265명	대 표 이 사	이종현
상 장 일	2000.08.01	감 사 의 견	적정 (한길)	계	열
결 산 기	12월	보 통 주	1,568만주	종속회사수	2개사
액 면 가	500원	우 선 주		구 상 호	

주주구성 (지분율,%)		출자관계 (지분율,%)		주요경쟁사 (외형,%)	
허용석	35.4	홍당무	33.3	정상제이엘에스	100
KB자산운용	12.6	포워드퓨처	14.0	메가스터디교육	209
(외국인)	1.4	JLSACADEMY,INC.	100.0	영인프런티어	35

매출구성		비용구성		수출비중	
Off-line 학원매출 강의	62.3	매출원가율	75.7	수출	4.0
상품	19.9	판관비율	13.9	내수	96.0
On-line 학원매출 온라인컨텐츠	14.3				

회사 개요
동사는 오프라인 직영어학원을 기반으로 초중등생을 대상으로 활용위주의 영어교육 서비스를 제공하고 있으며, 유관하여 양질의 온라인 컨텐츠와 교재 출판 및 유통사업 등을 주요 사업으로 진행하고 있음. 최근 해외시장 진출에 본격화 하여 학원 및 교재, 온라인컨텐츠 등 수출 사업도 진행중에 있음. 부대사업으로 맞춤형 관리유학 사업, 국내 영어캠프 사업 등을 영위하고 있음. 매출은 수출 3.7%, 내수 96.3%로 구성됨.

실적 분석
교육대상 연령층 인구가 감소하고 있으나 학력 상향 평준화, 공교육에 대한 낮은 만족도 등으로 인해 새로운 수요가 창출되고 있음. 여기에 동사는 해외 진출에서도 양호한 실적을 거두고 있음. 이에 2017년 상반기 연결기준 동사 매출은 전년도 같은 기간에 비해 4% 성장한 440.5억원을 기록. 영업이익은 10.4% 성장한 59.4억원을 시현함. 그러나 비영업부문 이익이 줄어 당기순이익은 소폭 하락하는 47.1억원을 기록하는 데 그침.

현금 흐름　〈단위 : 억원〉
항목	2016	2017.2Q
영업활동	79	58
투자활동	-94	-27
재무활동	-11	-28
순현금흐름	-26	3
기말현금	72	74

시장 대비 수익률

결산 실적　〈단위 : 억원〉
항목	2012	2013	2014	2015	2016	2017
매출액	828	766	782	803	834	—
영업이익	104	80	72	69	87	—
당기순이익	90	65	55	55	73	—

분기 실적　〈단위 : 억원〉
항목	2016.1Q	2016.2Q	2016.3Q	2016.4Q	2017.1Q	2017.2Q
매출액	214	210	207	204	227	214
영업이익	26	27	19	14	30	30
당기순이익	25	23	15	9	25	22

재무 상태　〈단위 : 억원〉
항목	2012	2013	2014	2015	2016	2017.2Q
총자산	709	705	711	730	808	821
유형자산	302	318	312	346	449	452
무형자산	73	100	85	69	50	47
유가증권	—	—	—	25	15	24
총부채	110	104	109	130	190	212
총차입금					50	79
자본금	85	85	85	85	85	85
총자본	599	600	602	600	619	609
지배주주지분	599	600	602	600	619	609

기업가치 지표
항목	2012	2013	2014	2015	2016	2017.2Q
주가(최고/저)(천원)	4.6/3.6	4.8/3.6	5.8/4.4	6.3/5.3	8.0/5.8	—/—
PER(최고/저)(배)	11.2/8.3	15.0/11.3	19.9/15.0	20.5/17.5	18.2/13.3	—/—
PBR(최고/저)(배)	1.5/1.1	1.4/1.1	1.6/1.2	1.6/1.4	1.9/1.4	1.8/1.6
EV/EBITDA(배)	4.4	6.1	7.0	8.1	9.3	—
EPS(원)	574	413	350	337	464	300
BPS(원)	4,413	4,425	4,406	4,382	4,489	4,419
CFPS(원)	812	678	627	592	712	416
DPS(원)	420	420	420	420	430	—
EBITDAPS(원)	900	774	737	694	801	495

재무 비율　〈단위 : % 〉
연도	영업이익률	순이익률	부채비율	차입금비율	ROA	ROE	유보율	자기자본비율	EBITDA마진율
2016	10.4	8.7	30.7	8.1	9.5	12.0	729.9	76.5	15.1
2015	8.6	6.6	21.7	0.0	7.3	8.8	710.3	82.2	13.6
2014	9.2	7.0	18.1	0.0	7.7	9.1	714.6	84.7	14.8
2013	10.4	8.5	17.3	0.0	9.2	10.8	718.1	85.2	15.8

정원엔시스 (A045510)
Zungwon EN-SYS

업　　종 : IT 서비스	시　　장 : KOSDAQ
신용등급 : (Bond) —　(CP) —	기업규모 : 중견
홈 페 이 지 : www.zungwon.co.kr	연 락 처 : 02)514-7007
본　　사 : 서울시 강남구 도산대로1길 46, (신사동)	

설 립 일	1969.06.27	종 업 원 수	155명	대 표 이 사	백현일,심재길,한덕희(각자대표)
상 장 일	2000.09.07	감 사 의 견	적정 (도원)	계	열
결 산 기	12월	보 통 주	3,221만주	종속회사수	
액 면 가	500원	우 선 주		구 상 호	

주주구성 (지분율,%)		출자관계 (지분율,%)		주요경쟁사 (외형,%)	
(유)하트엘	10.3			정원엔시스	100
박창호	9.7			신세계 I&C	161
(외국인)	1.4			오픈베이스	85

매출구성		비용구성		수출비중	
SI제품 용역 매출	70.7	매출원가율	93.2	수출	0.0
PC외	19.0	판관비율	5.4	내수	100.0
정비 보수	10.3				

회사 개요
동사는 시스템통합(SI)사업을 주요사업으로 영위하고 있으며, 하드웨어 유통사업 및 고객지원 사업부문 등을 보유하고 있음. SI는 국가기관이나 공공기관의 대형 정보화 프로젝트가 시장을 선도하고 있어 정부의 정책에 의한 영향력이 크게 미치고 있음. 국내 IT시장은 정부의 행정부처 이전이 마무리되면서 이전처럼 20~30% 이상 성장률을 기록하긴 어려울 것으로 전망됨.

실적 분석
동사의 2017년 상반기 연결기준 누적 매출액은 684.1억원으로 전년 동기 대비 19.9% 감소함. 매출이 줄면서 매출원가와 판관비 또한 크게 감소해 영업이익은 전년 대비 오히려 17.4% 늘어난 14.8억원을 시현함. 동사의 원가절감 노력이 효과를 나타나고 있다는 평가. 외환손익 등의 증가로 비영업손익 부문에서도 흑자전환에 성공하면서 당기순이익은 전년 동기 대비 59.6% 증가한 14.4억원을 기록함.

현금 흐름　〈단위 : 억원〉
항목	2016	2017.2Q
영업활동	86	-38
투자활동	-7	30
재무활동	-30	-33
순현금흐름	48	-41
기말현금	59	18

시장 대비 수익률

결산 실적　〈단위 : 억원〉
항목	2012	2013	2014	2015	2016	2017
매출액	1,361	1,180	1,285	1,447	1,839	—
영업이익	18	22	44	41	26	—
당기순이익	6	-33	27	33	23	—

분기 실적　〈단위 : 억원〉
항목	2016.1Q	2016.2Q	2016.3Q	2016.4Q	2017.1Q	2017.2Q
매출액	466	388	420	564	351	333
영업이익	7	6	10	3	10	5
당기순이익	5	4	8	6	10	4

재무 상태　〈단위 : 억원〉
항목	2012	2013	2014	2015	2016	2017.2Q
총자산	616	545	725	809	787	655
유형자산	180	173	169	165	162	161
무형자산	0	0	0	0	0	0
유가증권	0	2	7	2	3	3
총부채	416	378	531	546	408	285
총차입금	206	117	149	195	71	60
자본금	132	132	132	144	161	161
총자본	200	167	194	263	379	371
지배주주지분	200	167	194	263	378	369

기업가치 지표
항목	2012	2013	2014	2015	2016	2017.2Q
주가(최고/저)(천원)	1.8/0.3	1.7/0.7	1.0/0.6	2.2/0.7	3.6/1.7	—/—
PER(최고/저)(배)	79.7/11.6	—/—	10.0/5.8	18.3/6.1	45.4/21.3	—/—
PBR(최고/저)(배)	2.1/0.3	2.3/1.0	1.3/0.7	2.4/0.8	3.0/1.4	2.5/1.8
EV/EBITDA(배)	13.6	12.4	8.3	17.2	31.5	—
EPS(원)	23	-124	103	119	74	43
BPS(원)	844	719	823	910	1,174	1,216
CFPS(원)	64	-97	124	136	90	46
DPS(원)						—
EBITDAPS(원)	114	111	189	164	100	49

재무 비율　〈단위 : % 〉
연도	영업이익률	순이익률	부채비율	차입금비율	ROA	ROE	유보율	자기자본비율	EBITDA마진율
2016	1.4	1.3	107.8	18.7	2.9	7.1	134.8	48.1	1.6
2015	2.8	2.3	207.4	74.1	4.3	14.3	82.0	32.5	3.1
2014	3.4	2.1	272.9	76.6	4.3	15.1	64.5	26.8	3.9
2013	1.9	-2.8	225.8	69.7	-5.7	-17.9	43.9	30.7	2.5

제낙스 (A065620)
JENAX

업 종 : 금속 및 광물		시 장 : KOSDAQ	
신용등급 : (Bond) — (CP) —		기업규모 : 벤처	
홈페이지 : www.jenaxinc.com		연 락 처 : 051)804-6500	
주 사 : 부산시 부산진구 동성로 109			

설 립 일	1991.06.18	종업원수	36명	대표이사	신이현
상 장 일	2002.06.11	감사의견	적정 (신한)	계 열	
결 산 기	12월	보 통 주	2,149만주	종속회사수	1개사
액 면 가	500원	우 선 주		구 상 호	샤인

주주구성 (지분율,%)		출자관계 (지분율,%)		주요경쟁사 (외형,%)	
신이현	19.6	양광특수강고분유한공사 99.9		제낙스	100
무평산업	6.2			세아홀딩스	66,234
(외국인)	1.9			세아제강	29,511

매출구성		비용구성		수출비중	
와이어제품 등	91.7	매출원가율	125.1	수출	58.0
기타	8.3	판관비율	40.1	내수	42.0

회사 개요
동사는 스테인레스 와이어 및 로프, 용접봉 등의 제조와 판매 등을 주요 사업목적으로 1991년에 설립되어 원재료인 Stainless Steel Wire Rod를 2차 가공하여 스테인레스 제품을 생산하여 자동차, 전기, 전자, 건설 등 전산업분야에 다품종 소량 유통하고 있음. 동사는 2017년 4월 자사주 40만주를 처분해 90.7억원의 자금을 조달했고, 8월엔 추가로 자사주 15만 2684주를 매도해 재무구조를 개선하겠다고 공시함.

실적 분석
동사는 2017년 상반기 매출액이 30.4억원으로 전년 동기 대비 4.2% 감소했고, 영업손실은 18.1억원으로 전년 동기 20.1억원에서 적자가 지속됨. 당기순손실은 25.1억원임. 동사는 유동자산이 37.7억원인데 반해 유동부채가 155.4억원으로 재무구조가 부실한 상황임. 동사의 감사법인 신한회계법인은 2017년 상반기 검토보고서에서 2차전지 기술 상용화가 이뤄지지 않으면 계속기업으로서의 존속 능력에 의문이 있을만한 불확실성 존재한다고 밝힘

현금 흐름
<단위 : 억원>

항목	2016	2017.2Q
영업활동	-42	-18
투자활동	-11	-7
재무활동	54	24
순현금흐름	0	-1
기말현금	2	2

시장 대비 수익률

결산 실적
< 단위 : 억원 >

항목	2012	2013	2014	2015	2016	2017
매출액	205	163	104	107	61	—
영업이익	-30	-80	-67	-4	-40	—
당기순이익	-48	-93	-80	-24	-59	—

분기 실적
< 단위 : 억원 >

항목	2016.1Q	2016.2Q	2016.3Q	2016.4Q	2017.1Q	2017.2Q
매출액	18	13	14	15	14	16
영업이익	-10	-10	-10	-9	-10	-9
당기순이익	-14	-17	-19	-10	-18	-7

재무 상태
< 단위 : 억원 >

항목	2012	2013	2014	2015	2016	2017.2Q
총자산	445	511	458	533	561	597
유동자산	203	199	184	174	164	159
무형자산	28	193	212	307	354	394
유가증권	0	0	0	0		
총부채	306	286	313	263	261	196
총차입금	268	251	283	234	221	163
자본금	92	105	105	107	107	107
총자본	139	225	145	270	299	400
지배주주지분	139	225	145	270	299	401

기업가치 지표
항목	2012	2013	2014	2015	2016	2017.2Q
주가(최고/저)(천원)	18.8/6.6	12.9/8.6	14.0/6.2	24.9/6.4	35.8/14.1	—/—
PER(최고/저)(배)	—/—	—/—	—/—	—/—	—/—	—/—
PBR(최고/저)(배)	22.8/8.0	11.4/7.6	18.6/8.2	19.2/4.9	25.2/9.9	14.1/10.4
EV/EBITDA(배)				672.8		
EPS(원)	-263	-495	-381	-114	-277	-117
BPS(원)	825	1,134	754	1,294	1,419	1,871
CFPS(원)	-139	-375	-270	-68	-235	-98
DPS(원)						
EBITDAPS(원)	-42	-308	-209	27	-143	-65

재무 비율
< 단위 : % >

연도	영업이익률	순이익률	부채비율	차입금비율	ROA	ROE	유보율	자기자본비율	EBITDA마진율
2016	-65.2	-97.6	87.3	73.9	-10.9	-20.9	183.9	53.4	-50.6
2015	-3.8	-22.8	97.6	86.6	-4.9	-11.7	158.8	50.6	5.4
2014	-64.5	-76.9	215.9	195.2	-16.6	-43.4	50.8	31.7	-42.0
2013	-49.1	-56.8	126.9	111.6	-19.4	-51.0	126.9	44.1	-35.3

제너셈 (A217190)
GENESEM

업 종 : 반도체 및 관련장비		시 장 : KOSDAQ	
신용등급 : (Bond) — (CP) —		기업규모 : 벤처	
홈페이지 : www.genesem.com		연 락 처 : 032)810-8400	
주 사 : 인천시 연수구 송도과학로 84번길 24			

설 립 일	2000.11.21	종업원수	84명	대표이사	한복우
상 장 일	2015.09.25	감사의견	적정 (안세)	계 열	
결 산 기	12월	보 통 주	877만주	종속회사수	
액 면 가	500원	우 선 주		구 상 호	

주주구성 (지분율,%)		출자관계 (지분율,%)		주요경쟁사 (외형,%)	
한복우	44.0			제너셈	100
고정란	0.3			에이디테크놀로지	127
(외국인)	1.1			다믈멀티미디어	144

매출구성		비용구성		수출비중	
Pick & Place(기타)	34.9	매출원가율	74.6	수출	78.0
Laser Marking(기타)	23.1	판관비율	39.2	내수	22.0
기타(장비외)(기타)	15.4				

회사 개요
동사는 반도체 후공정 자동화 장비 개발 및 제조, 판매를 영위할 목적으로 2000년 11월 21일에 설립됨. 주력 장비로는 Laser Marking, Test Handler, Inspection, Pick & Place 외 기타 자동화 장비가 있으며 대부분의 장비는 customize화 되어 고객에게 납품되고 있음. 현재 동사의 주요 영업국가로는 한국, 미국, 중국, 일본, 필리핀, 대만, 브라질, 멕시코 등이 있음.

실적 분석
동사의 2017년 2분기 연결기준 누적매출액은 전년 동기 대비 30.0% 증가한 126.7억원을 기록함. 그러나 신규시장 개척을 위한 장비 투자로 원가율이 상승하며 영업이익 및 당기순이익 모두 적자를 지속함. 반도체 시장 호황으로 인한 반사 효과 기대와 설비 구축 및 핵심기술 확보를 바탕으로 제품과 고객 다변화하고, 제품 개발 및 영업을 전개하여 실적 개선을 꾀하는 중임.

현금 흐름
*IFRS 별도 기준   <단위 : 억원>

항목	2016	2017.2Q
영업활동	-57	-7
투자활동	-67	-6
재무활동	95	-3
순현금흐름	-29	-17
기말현금	20	3

시장 대비 수익률

결산 실적
< 단위 : 억원 >

항목	2012	2013	2014	2015	2016	2017
매출액	230	180	322	339	178	—
영업이익	7	6	56	54	-25	—
당기순이익	2	4	50	48	-18	—

분기 실적
*IFRS 별도 기준   < 단위 : 억원 >

항목	2016.1Q	2016.2Q	2016.3Q	2016.4Q	2017.1Q	2017.2Q
매출액	42	55	20	60	50	
영업이익	-1	-11	-10	-2	-4	
당기순이익	-2	-5	-14	3	-6	

재무 상태
*IFRS 별도 기준   < 단위 : 억원 >

항목	2012	2013	2014	2015	2016	2017.2Q
총자산	157	200	251	450	500	50
유동자산	65	115	118	169	262	26
무형자산	0	1	1	1	2	
유가증권	—	—	—	—	—	
총부채	123	135	143	159	221	24
총차입금	79	87	74	82	167	
자본금	14	11	11	44	44	
총자본	35	64	108	291	279	2
지배주주지분	35	64	108	291	279	2

기업가치 지표
*IFRS 별도 기준
항목	2012	2013	2014	2015	2016	2017.2Q
주가(최고/저)(천원)	—/—	—/—	—/—	6.4/4.4	7.0/3.8	—/—
PER(최고/저)(배)	0.0/0.0	0.0/0.0	0.0/0.0	9.1/6.2	—/—	—/—
PBR(최고/저)(배)	0.0/0.0	0.0/0.0	0.0/0.0	2.0/1.3	2.2/1.2	1.9/1
EV/EBITDA(배)	6.6	8.3	0.9	8.3		
EPS(원)	24	48	820	712	-204	-1
BPS(원)	1,222	2,874	4,931	3,316	3,186	3,00
CFPS(원)	169	218	2,351	747	-167	
DPS(원)				50		
EBITDAPS(원)	339	316	2,610	835	-243	

재무 비율
< 단위 : % >

연도	영업이익률	순이익률	부채비율	차입금비율	ROA	ROE	유보율	자기자본비율	EBITDA마진
2016	-13.8	-10.0	79.0	59.9	-3.8	-6.3	537.2	55.9	-1
2015	16.1	14.3	54.8	28.4	13.8	24.2	563.2	64.6	16
2014	17.4	15.6	131.6	67.9	22.3	58.2	886.2	43.2	16
2013	3.5	2.0	210.4	135.4			474.9	32.2	2

제넥신 (A095700)
Genexine

업 종 : 바이오		시 장 : KOSDAQ	
신용등급 : (Bond) — (CP) —		기업규모 : 신성장	
홈 페 이 지 : www.genexine.com		연 락 처 : 031)628-3200	
본 사 : 경기도 성남시 분당구 대왕판교로 700, 코리아바이오파크 B동 4층			

설 립 일	1999.06.08	종 업 원 수	125명	대 표 이 사	서유석
상 장 일	2009.09.15	감 사 의 견	적정 (삼정)	계 열	
결 산 기	12월	보 통 주	1,882만주	종속회사수	
액 면 가	500원	우 선 주	96만주	구 상 호	

주주구성 (지분율,%)
한독	23.6
성영철	11.1
(외국인)	3.7

출자관계 (지분율,%)
바이젠	50.0
에스엘포젠	50.0
에스엘메타젠	49.0

주요경쟁사 (외형,%)
제넥신	100
셀트리온	5,907
바이로메드	60

매출구성
기타	42.0
GX-H9 개발용역(용역)	19.5
GX-H9(인성장호르몬)(기타)	13.8

비용구성
매출원가율	42.1
판관비율	263.4

수출비중
수출	—
내수	—

회사 개요
동사는 바이오 의약품 전문 제조업체로서, 바이오시밀러 부문과 항체융합단백질 부문, 유전자 및 줄기세포치료제 부문 등 크게 세가지 사업부문을 영위함. 원천기술을 바탕으로 다수의 제약사에 기술을 이전해 매출이 발생함. 항체융합단백질 부문에서는 세계적인 기술력을 보유하고 있으며, 유전자 및 줄기세포치료제 부문은 난치성 질환의 치료제로서 본격적인 시장이 형성될 것을 기대하며 미래 성장동력으로 삼아 지속적인 연구개발을 수행 중임.

실적 분석
국내 파트너 제약사 및 해외 합작회사로의 조기 기술이전을 통한 기술료 수입이 감소하여 2017년 상반기 매출액은 전년동기 대비 18.9% 감소함. 외형축소에 따른 고정비용 부담과 연구개발비 및 무형자산감가상각비가 크게 늘어 영업이익과 순이익은 대규모 적자를 기록함. 한독과 공동 개발 중인 지속형 성장호르몬(GX-H9)이 성장호르몬 결핍증 치료제로서 미FDA로부터 희귀의약품 지정을 받았으며, GX-30도 식약처가 임상1, 2상 시험을 승인함.

현금 흐름 *IFRS 별도 기준 〈단위 : 억원〉
항목	2016	2017.2Q
영업활동	-34	-69
투자활동	-644	38
재무활동	811	12
순현금흐름	134	-19
기말현금	224	205

시장 대비 수익률

결산 실적 〈단위 : 억원〉
항목	2012	2013	2014	2015	2016	2017
매출액	63	58	167	325	114	
영업이익	-27	-71	-52	11	-233	
당기순이익	-21	-90	-74	-14	-250	

분기 실적 *IFRS 별도 기준 〈단위 : 억원〉
항목	2016.1Q	2016.2Q	2016.3Q	2016.4Q	2017.1Q	2017.2Q
매출액	29	20	7	58	22	18
영업이익	-28	-101	-59	-46	-62	-55
당기순이익	-31	-79	-67	-73	-83	-73

재무 상태 *IFRS 별도 기준 〈단위 : 억원〉
항목	2012	2013	2014	2015	2016	2017.2Q
총자산	634	558	1,141	1,421	1,987	1,861
유형자산	198	199	238	243	236	231
무형자산	63	112	206	357	448	547
유가증권	29	29	41	77	221	285
총부채	176	175	132	163	285	290
총차입금	123	134	73	30	200	195
자본금	31	31	43	45	97	98
총자본	458	383	1,009	1,258	1,702	1,571
지배주주지분	458	383	1,009	1,258	1,702	1,571

기업가치 지표 *IFRS 별도 기준
항목	2012	2013	2014	2015	2016	2017.2Q
주가(최고/저)(천원)	9.2/4.7	15.0/6.4	29.5/13.8	74.3/25.4	70.9/36.2	—/—
PER(최고/저)(배)	—/—	—/—	—/—	—/—	—/—	—/—
PBR(최고/저)(배)	2.5/1.3	4.9/2.1	4.7/2.2	10.2/3.5	8.1/4.1	6.6/4.5
EV/EBITDA(배)	140.1		229.4	162.2		
EPS(원)	-199	-721	-498	-86	-1,377	-800
BPS(원)	7,374	6,093	11,814	13,907	8,750	8,045
CFPS(원)	255	-731	-113	248	-1,064	-619
DPS(원)	—	—	—	—	—	—
EBITDAPS(원)	141	-419	179	533	-970	-422

재무 비율 〈단위 : % 〉
연도	영업이익률	순이익률	부채비율	차입금비율	ROA	ROE	유보율	자기자본비율	EBITDA마진율
2016	-205.5	-220.5	16.7	11.8	-14.7	-16.9	1,650.1	85.7	-155.3
2015	3.3	-4.4	13.0	2.4	-1.1	-1.3	2,681.4	88.5	14.4
2014	-31.3	-44.5	13.1	7.2	-8.7	-10.7	2,262.7	88.5	8.1
2013	-122.5	-156.4	45.8	34.9	-15.1	-21.4	1,118.7	68.6	-45.5

제노텍 (A066830)
GENOTECH CORP

업 종 : 바이오		시 장 : KONEX	
신용등급 : (Bond) — (CP) —		기업규모 :	
홈 페 이 지 : www.genotech.co.kr		연 락 처 : 042)862-8404	
본 사 : 대전시 유성구 가정북로 26-69			

설 립 일	1997.07.08	종 업 원 수	67명	대 표 이 사	김재종
상 장 일	2016.07.18	감 사 의 견	적정 (삼영)	계 열	
결 산 기	12월	보 통 주		종속회사수	
액 면 가	—	우 선 주		구 상 호	

주주구성 (지분율,%)
김재종	32.5
김일수	16.2

출자관계 (지분율,%)

주요경쟁사 (외형,%)
제노텍	100
바이오니아	386
이수앱지스	339

매출구성
유전자 합성 등(제품)	42.8
바이오의약(원료의약)(제품)	35.1
유전자 분석 등(용역)	19.7

비용구성
매출원가율	75.5
판관비율	33.4

수출비중
수출	20.0
내수	80.0

회사 개요
1997년 설립된 동사는 미생물 유전자정보분석·유전자조작, 신약개발 등의 사업을 영위하고 있는 바이오 벤처기업임. 유전자 기능분석에 필수적인 연구소재 및 유전정보를 활용한 신규 의약소재 등 고부가가치 생물소재를 개발, 생산하고 있음. 1998년 7월 기업부설연구소를 설립하여 미생물 유전체 분석기술과 유전정보 등 생물정보를 활용한 고부가가치 바이오의약품(원료의약품)을 개발해 왔음. 2016년 7월 코넥스시장에 신규상장됨.

실적 분석
동사의 2016년 누적매출액은 56.3억원으로 전년 대비 22.7% 감소함. 영업손실은 5억원으로 적자지속했지만, 원가율 하락과 판관비 감소에 힘입어 적자폭은 전년 10.1억원 대비 줄어듦. 당기순손실도 전년 13.2억원에서 8.6억원으로 다소 축소됨. 동사는 동반진단 분야에서 가시적인 성과를 거두고 있음. 2-3개의 약을 처방하기 위한 진단기법을 개발 완료했으며, 추가로 5개 이상의 진단기법을 개발 예정임.

현금 흐름 *IFRS 별도 기준 〈단위 : 억원〉
항목	2016	2017.2Q
영업활동	-10	
투자활동	-4	
재무활동	4	
순현금흐름	-10	
기말현금	1	

시장 대비 수익률

결산 실적 〈단위 : 억원〉
항목	2012	2013	2014	2015	2016	2017
매출액	69	63	64	73	56	
영업이익	5	-8	0	-10	-5	
당기순이익	4	-22	-4	-13	-9	

분기 실적 *IFRS 별도 기준 〈단위 : 억원〉
항목	2016.1Q	2016.2Q	2016.3Q	2016.4Q	2017.1Q	2017.2Q
매출액	—	—	—	—	—	—
영업이익	—	—	—	—	—	—
당기순이익	—	—	—	—	—	—

재무 상태 *IFRS 별도 기준 〈단위 : 억원〉
항목	2012	2013	2014	2015	2016	2017.2Q
총자산	139	117	155	152	150	
유형자산	70	64	87	83	80	
무형자산	9	1	2	3	2	
유가증권	3	1	3	3	3	
총부채	68	68	99	104	106	
총차입금	60	61	85	89	90	
자본금	26	26	24	24	25	
총자본	71	49	55	48	44	
지배주주지분	71	49	55	48	44	

기업가치 지표 *IFRS 별도 기준
항목	2012	2013	2014	2015	2016	2017.2Q
주가(최고/저)(천원)	—/—	—/—	—/—	—/—	10.2/4.2	—/—
PER(최고/저)(배)	0.0/0.0	0.0/0.0	0.0/0.0	0.0/0.0	—/—	0.0/0.0
PBR(최고/저)(배)	0.0/0.0	0.0/0.0	0.0/0.0	0.0/0.0	12.6/5.2	0.0/0.0
EV/EBITDA(배)	2.6	90.4	7.1		413.7	
EPS(원)	77	-421	-71	-250	-157	
BPS(원)	1,349	927	1,045	888	804	
CFPS(원)	323	-264	146	-124	-51	
DPS(원)	—	—	—	—	—	
EBITDAPS(원)	345	12	218	-66	14	

재무 비율 〈단위 : % 〉
연도	영업이익률	순이익률	부채비율	차입금비율	ROA	ROE	유보율	자기자본비율	EBITDA마진율
2016	-8.9	-15.3	238.7	203.0	-5.7	-18.6	79.4	29.5	1.4
2015	-13.9	-18.1	217.2	185.1	-8.6	-25.6	98.6	31.5	-4.8
2014	0.1	-5.8	180.2	154.2	—	—	134.3	35.7	17.8
2013	-12.2	-35.4	137.7	124.2	-17.4	-37.0	85.5	42.1	1.0

제노포커스 (A187420)
GenoFocus

업 종 : 바이오		시 장 : KOSDAQ	
신용 등급 : (Bond) — (CP) —		기업규모 : 신성장	
홈페이지 : www.genofocus.com		연 락 처 : 042)862-4483	
본 사 : 대전시 유성구 테크노1로 65(관평동)			

설 립 일 2000.04.01	종 업 원 수 57명	대 표 이 사 김의중	
상 장 일 2015.05.29	감 사 의 견 적정(삼정)	계 열	
결 산 기 12월	보 통 주 907만주	종속회사수 2개사	
액 면 가 500원	우 선 주 179만주	구 상 호	

주주구성 (지분율,%)		출자관계 (지분율,%)		주요경쟁사 (외형,%)	
반재구	29.0	성운바이오	65.4	제노코커스	100
김의중	12.2	성운파마코피아	3.2	코아스템	255
(외국인)	0.9	GenofocusBiotechnologyInc	100.0	진원생명과학	446

매출구성		비용구성		수출비중	
Lactase	53.8	매출원가율	57.3	수출	42.0
Catalase	31.5	판관비율	23.8	내수	58.0
Phytase, 화장품소재 등	14.7				

회사 개요
동사는 2000년 설립된 산업용 효소 전문기업으로 기술성평가 특례를 통해 상장함. 효소는 크게 산업용, 특수용, 의료용으로 구분되며, 전세계 시장 규모는 약 12조원임. 그 중 동사가 주력하는 산업용 효소시장 규모는 약 4조원임. 매출 비중은 카탈라아제가 43.16%로 가장 높고, 락타아제가 43.16%임. 카탈라아제는 반도체 식각 전공정에 들어가는 과산화수소를 분해하는 효소로, 반도체 제조 공정에 반드시 필요함.

실적 분석
지난해 미국 업체와 2020년까지 락타아제 공급 계약을 맺음. 현재 품질관리와 FDA 인증 관련 절차가 진행 중으로 본격적인 공급이 시작되면 실적이 개선될 전망임. 동사의 연결 재무제표 기준 2017년 반기 매출액은 전년 동기 33.2억원 대비 86.4% 증가한 61.8억원 기록. 영업이익 8.6억원을 기록, 전년 5.8억원 대비 47.6% 증가한 수치. 당기순이익 또한 114.5% 증가한 12.5억원을 시현함.

현금 흐름 〈단위 : 억원〉

항목	2016	2017.2Q
영업활동	5	-0
투자활동	-383	-1
재무활동	310	-1
순현금흐름	-68	-2
기말현금	25	23

시장 대비 수익률

결산 실적 〈단위 : 억원〉

항목	2012	2013	2014	2015	2016	2017
매출액	20	24	61	66	70	—
영업이익	4	2	14	11	13	—
당기순이익	3	1	22	12	16	—

분기 실적 〈단위 : 억원〉

항목	2016.1Q	2016.2Q	2016.3Q	2016.4Q	2017.1Q	2017.2Q
매출액	16	17	19	18	26	36
영업이익	2	4	5	6	6	3
당기순이익	2	4	5	6	7	5

재무 상태 〈단위 : 억원〉

항목	2012	2013	2014	2015	2016	2017.2Q
총자산	22	90	169	305	632	725
유형자산	8	9	57	135	174	280
무형자산	7	18	18	32	45	61
유가증권	—	—	0	0	0	10
총부채	25	66	73	7	7	60
총차입금	18	62	65	—	—	44
자본금	19	28	31	45	54	54
총자본	-3	24	97	298	625	664
지배주주지분	-3	24	97	298	625	640

기업가치 지표

항목	2012	2013	2014	2015	2016	2017.2Q
주가(최고/저)(천원)	—/—	—/—	—/—	47.0/16.9	29.7/17.9	—/—
PER(최고/저)(배)	0.0/0.0	0.0/0.0	0.0/0.0	328.4/117.7	169.9/102.3	—/—
PBR(최고/저)(배)	0.0/0.0	0.0/0.0	0.0/0.0	14.1/5.1	5.1/3.1	3.5/2.9
EV/EBITDA(배)	2.2		0.8	124.1	81.9	
EPS(원)	76	28	379	143	175	109
BPS(원)	-771	426	1,579	3,332	5,796	5,894
CFPS(원)	958	43	395	161	215	164
DPS(원)						
EBITDAPS(원)	1,373	61	258	147	184	134

재무 비율 〈단위 : %〉

연도	영업이익률	순이익률	부채비율	차입금비율	ROA	ROE	유보율	자기자본비율	EBITDA마진율
2016	18.9	23.0	1.1	0.0	3.5	3.5	1,059.2	98.9	24.2
2015	16.5	18.2	2.5	0.0	5.1	6.1	566.3	97.6	18.8
2014	22.6	35.5	75.4	67.6	16.8	36.3	215.7	57.0	24.1
2013	10.1	6.1	일부잠식	일부잠식	2.6	전기잠식	-14.8	26.1	13.5

제놀루션 (A225220)
GENOLUTION

업 종 : 바이오		시 장 : KONEX	
신용 등급 : (Bond) — (CP) —		기업규모 : —	
홈페이지 : www.genolution1.com		연 락 처 : 02)449-8670	
본 사 : 서울시 송파구 법원로11길 11 A동 506호(문정동, 문정현대지식산업센터)			

설 립 일 2006.02.20	종 업 원 수 17명	대 표 이 사 김기옥	
상 장 일 2015.08.03	감 사 의 견 적정(동서)	계 열	
결 산 기 12월	보 통 주	종속회사수	
액 면 가	우 선 주	구 상 호	

주주구성 (지분율,%)		출자관계 (지분율,%)		주요경쟁사 (외형,%)	
호일바이오메드	17.3			제놀루션	100
김동호	12.4			진매트릭스	339
				메디젠휴먼케어	108

매출구성		비용구성		수출비중	
핵산추출시약	42.7	매출원가율	17.9	수출	15.0
RNAi 서비스(siRNA/shRNA합성 및 기타서비스)	26.6	판관비율	76.9	내수	85.0
자동화핵산추출기기	19.3				

회사 개요
동사는 유전자 기반으로 하는 분자진단기기 사업과 RNAi 연구 관련 제품생산 및 서비스 사업을 진행하고 있음. 동사가 현재 영위하고 있는 분자진단기기 사업은 인체로부터 유래된 시료(소변, Swab시료, 객담, 혈액, 혈장, 혈청 등)로부터 핵산(RNA/DNA)을 추출할 수 있는 핵산추출 시약과 시료로부터 RNA/DNA를 자동으로 추출할 수 있는 자동화핵산추출기기를 주요 제품으로 판매하고 있음.

실적 분석
동사의 2016년 누적매출액은 15억원으로 전년 11.8억원 대비 증가함. 영업이익은 0.8억원으로 전년에 이어 흑자를 기록함. 현재 식약처에 등록된 동사의 핵산추출 제품은 STD Extraction Kit 외 5종으로 종합병원 및 검사 수탁기관에 판매하고 있음. 인체에서 유래된 시료로부터 핵산을 추출하기 위해 핵심소재로 사용되는 마그네틱 비드를 개발할 예정임. 2016년 3월 중국 포순과 180만달러 규모의 공급계약을 체결함.

현금 흐름 *IFRS 별도 기준 〈단위 : 억원〉

항목	2016	2017.2Q
영업활동	-0	
투자활동	-4	
재무활동	15	
순현금흐름	11	
기말현금	22	

시장 대비 수익률

결산 실적 〈단위 : 억원〉

항목	2012	2013	2014	2015	2016	2017
매출액	12	15	16	12	15	—
영업이익	-5	-6	-7	0	1	—
당기순이익	-3	-5	-8	1	1	—

분기 실적 *IFRS 별도 기준 〈단위 : 억원〉

항목	2016.1Q	2016.2Q	2016.3Q	2016.4Q	2017.1Q	2017.2Q
매출액						
영업이익						
당기순이익						

재무 상태 *IFRS 별도 기준 〈단위 : 억원〉

항목	2012	2013	2014	2015	2016	2017.2Q
총자산	26	21	14	22	40	
유형자산	0	0	0	0	2	
무형자산	2	2	1	1	4	
유가증권						
총부채	3	3	4	3	6	
총차입금						
자본금	15	15	15	16	17	
총자본	23	18	10	18	34	
지배주주지분	23	18	10	18	34	

기업가치 지표 *IFRS 별도 기준

항목	2012	2013	2014	2015	2016	2017.2Q
주가(최고/저)(천원)	—/—	—/—	—/—	—/—	—/—	—/—
PER(최고/저)(배)	0.0/0.0	0.0/0.0	0.0/0.0	614.3/216.1	375.4/252.8	—/—
PBR(최고/저)(배)	0.0/0.0	0.0/0.0	0.0/0.0	27.7/9.7	9.8/6.6	0.0/0.0
EV/EBITDA(배)				357.5	112.2	
EPS(원)	-93	-154	-265	26	27	
BPS(원)	751	597	332	586	1,030	
CFPS(원)	-75	-137	-243	40	50	
DPS(원)						
EBITDAPS(원)	-149	-184	-207	19	47	

재무 비율 〈단위 : %〉

연도	영업이익률	순이익률	부채비율	차입금비율	ROA	ROE	유보율	자기자본비율	EBITDA마진율
2016	5.2	5.9	16.7	0.0	2.9	3.4	106.0	85.7	10
2015	1.4	5.9	14.9	0.0	4.6	5.7	17.1	85.0	5
2014	-42.4	-49.0	일부잠식	일부잠식	-46.2	-57.0	-33.6	71.6	-38
2013	-40.0	-30.7	14.5	0.1	-20.0	-22.9	19.3	87.3	-36

제닉 (A123330)
GENIC

업 종 : 개인생활용품		시 장 : KOSDAQ	
신용등급 : (Bond) — (CP) —		기업규모 : 벤처	
홈 페 이 지 : www.genic21.com		연 락 처 : 031)725-5600	
주 소 : 경기도 성남시 분당구 판교로 255번길 34 3층			

설 립 일 2001.09.27	종 업 원 수 296명	대 표 이 사 황진선
상 장 일 2011.08.03	감 사 의 견 적정 (삼정)	계 열
결 산 기 12월	보 통 주 693만주	종속회사수 2개사
액 면 가 500원	우 선 주	구 상 호

주주구성 (지분율,%)	출자관계 (지분율,%)	주요경쟁사 (외형,%)
솔브레인 25.5	제닉상하이화장품유한공사	제닉 100
한국투자신탁운용 4.3	제닉상하이상무유한공사	한국화장품 179
(외국인) 1.9		한국화장품제조 72

매출구성		비용구성		수출비중	
[OEM/ODM 사업부문] 하이드로겔 마스크팩 등	63.5	매출원가율	71.8	수출	40.0
홈쇼핑 사업부문] 하이드로겔 마스크팩 등	25.7	판관비율	22.2	내수	60.0
[수출] 하이드로겔 마스크팩 등	8.9				

회사 개요

동사는 2001년 화장품, 의약품 연구개발 제조, 판매를 목적으로 설립됨. 2011년 코스닥 시장에 등록함. 화장품 제조, 판매가 주력이며, 글로벌특허인 하이드로겔 특허를 가지고 있음. 동사는 국내 마스크팩 시장의 약 30%를 차지함. 하이드로겔 마스크팩 시장에서는 대부분을 점유하고 있음. 기존 마스크팩 시장의 브랜드력, 제품력을 인정받아 미샤, 더페이스샵 외 다수 브랜드에 OEM, ODM 공급 중임.

실적 분석

동사의 2017년 반기 연결기준 매출액은 국내 법인수 수출이 감소하면서 전년동기 대비 31.5% 감소한 330.5억원을 나타냄. 매출원가 및 판관비 감소 노력에도 불구하고 매출 부진으로 인하여 영업손실 28.5억원, 순손실 20.4억원 발생하며 적자전환 하였음. 국내외 거의 모든 화장품 브랜드에 있어서 마스크팩은 기초 제품군으로 자리를 잡고 있어 향후 동사의 마스크팩의 매출은 안정적인 성장을 구가할 수 있을 것으로 기대됨.

현금 흐름 〈단위 : 억원〉

항목	2016	2017.2Q
영업활동	9	-8
투자활동	-15	-55
재무활동	92	40
순현금흐름	90	-30
기말현금	190	160

시장 대비 수익률

결산 실적 〈단위 : 억원〉

항목	2012	2013	2014	2015	2016	2017
매출액	858	622	635	737	897	—
영업이익	71	39	19	31	54	—
당기순이익	57	35	20	29	12	—

분기 실적 〈단위 : 억원〉

항목	2016.1Q	2016.2Q	2016.3Q	2016.4Q	2017.1Q	2017.2Q
매출액	199	284	211	203	181	150
영업이익	14	40	15	-14	-9	-20
당기순이익	9	6	8	-10	-10	-10

재무 상태 〈단위 : 억원〉

항목	2012	2013	2014	2015	2016	2017.2Q
총자산	601	649	755	870	1,016	989
유형자산	229	293	368	438	352	381
무형자산	3	3	3	26	28	27
유가증권	1	2	11	1	40	40
총부채	72	117	203	290	396	395
총차입금	7	31	87	173	265	302
자본금	25	28	30	32	33	35
총자본	529	532	552	580	619	595
지배주주지분	529	532	552	580	619	595

기업가치 지표

항목	2012	2013	2014	2015	2016	2017.2Q
주가(최고/저)(천원)	48.1/26.3	31.3/13.6	20.6/13.9	42.1/19.8	28.9/13.0	—/—
PER(최고/저)(배)	58.1/31.8	62.9/27.2	73.0/49.3	99.7/46.8	163.7/73.5	—/—
PBR(최고/저)(배)	6.3/3.5	3.9/1.7	2.5/1.7	4.8/2.2	3.1/1.4	1.7/1.3
EV/EBITDA(배)	19.2	17.0	25.2	27.8	11.8	—
EPS(원)	828	498	282	422	177	-294
BPS(원)	10,644	10,202	9,682	9,695	9,851	9,030
CFPS(원)	1,684	1,164	880	1,114	805	-27
DPS(원)	54	47	26	24	26	—
EBITDAPS(원)	1,975	1,239	873	1,145	1,431	-145

재무 비율 〈단위 : %〉

연도	영업이익률	순이익률	부채비율	차입금비율	ROA	ROE	유보율	자기자본비율	EBITDA마진율
2016	6.0	1.4	64.0	42.8	1.3	2.0	1,870.2	61.0	10.5
2015	4.2	4.0	49.9	29.9	3.6	5.2	1,838.9	66.7	9.8
2014	3.0	3.1	36.9	15.7	2.8	3.6	1,836.5	73.1	8.3
2013	6.2	5.6	22.0	5.8	5.5	6.5	1,940.5	82.0	11.0

제로투세븐 (A159580)
Zero to Seven

업 종 : 섬유 및 의복		시 장 : KOSDAQ	
신용등급 : (Bond) — (CP) —		기업규모 : 중견	
홈 페 이 지 : www.zerotoseven.co.kr		연 락 처 : 02)740-3100	
주 소 : 서울시 마포구 상암산로 76 YTN뉴스퀘어 17/18층			

설 립 일 2000.02.03	종 업 원 수 218명	대 표 이 사 김정민,조성철(각자대표)
상 장 일 2013.02.19	감 사 의 견 적정 (삼일)	계 열
결 산 기 12월	보 통 주 1,229만주	종속회사수 3개사
액 면 가 500원	우 선 주	구 상 호

주주구성 (지분율,%)	출자관계 (지분율,%)	주요경쟁사 (외형,%)
매일유업 34.7	ZerotoSevenTrading(H.K)Co.,Limited 100.0	제로투세븐 100
김정민 11.3	영도칠무역(상해)유한공사 100.0	방림 66
(외국인) 1.1		형지I&C 56

매출구성		비용구성		수출비중	
의류사업부문[알로앤루, 알퐁소, 프래그, 새르빈]	46.9	매출원가율	58.6	수출	1.0
유통사업부문[궁중비책,토미피티]	39.8	판관비율	46.7	내수	99.0
중국사업부문[알로앤루,마마스앤파스외]	14.9				

회사 개요

동사는 2000년 라이프파트너로 설립됨. 2007년 제로투세븐으로 사명을 변경함. 2013년 코스닥 시장에 상장함. 설립 초기에는 임신, 출산 및 육아에 관련된 기업들의 고객관계관리(CRM) 서비스의 대행을 시작으로 유아동 의류 및 용품의 제조 및 판매를 주력 사업으로 전환해 사업을 영위하고 있음. 동사의 사업부는 의류사업, 유통사업, 중국사업부문으로 나뉨. 중국 상해에도 현지 법인을 설립해 중국 유아동 관련 사업을 영위함.

실적 분석

동사의 2017년 연결기준 상반기 매출액은 955.1억원으로 전년동기 대비 20% 감소함, 이는 시장경쟁 심화 및 주요 거래처와의 거래 중단의 영향임. 영업손실 및 당기순손실은 각각 51.2억원, 60.2억원으로 적자지속됨. 브랜드 재정비 및 핵심사업 집중 육성을 위한 투자 증가로 일시적인 적자폭 확대됨. 동사는 모바일 비즈니스 플랫폼을 구축하였으며, 이를 이용한 유아동전문 O2O쇼핑몰을 구축(17년2월 정식오픈)함.

현금 흐름 〈단위 : 억원〉

항목	2016	2017.2Q
영업활동	-8	-35
투자활동	-47	0
재무활동	111	0
순현금흐름	54	-36
기말현금	107	71

시장 대비 수익률

결산 실적 〈단위 : 억원〉

항목	2012	2013	2014	2015	2016	2017
매출액	2,472	2,401	2,446	2,706	2,298	—
영업이익	122	48	-1	-4	-122	—
당기순이익	85	37	-4	-11	-102	—

분기 실적 〈단위 : 억원〉

항목	2016.1Q	2016.2Q	2016.3Q	2016.4Q	2017.1Q	2017.2Q
매출액	649	545	506	598	490	465
영업이익	-15	-30	-20	-57	-25	-26
당기순이익	-13	-25	-18	-46	-22	-38

재무 상태 〈단위 : 억원〉

항목	2012	2013	2014	2015	2016	2017.2Q
총자산	833	980	1,096	1,256	1,252	1,057
유형자산	21	26	33	69	57	52
무형자산	18	18	28	25	47	44
유가증권	—	—	—	—	—	—
총부채	532	401	495	662	771	642
총차입금	115		62	196	307	307
자본금	43	58	61	61	61	61
총자본	301	579	601	594	481	415
지배주주지분	301	579	601	594	481	415

기업가치 지표

항목	2012	2013	2014	2015	2016	2017.2Q
주가(최고/저)(천원)	—/—	16.0/10.8	11.8/8.2	18.6/6.9	11.6/6.8	—/—
PER(최고/저)(배)	0.0/0.0	48.0/32.3	—/—	—/—	—/—	—/—
PBR(최고/저)(배)	0.0/0.0	3.2/2.1	2.4/1.7	3.9/1.4	3.0/1.7	3.6/2.0
EV/EBITDA(배)	0.2	19.0	54.8	91.6	—	—
EPS(원)	997	333	-34	-91	-832	-490
BPS(원)	3,527	5,018	4,893	4,831	3,914	3,378
CFPS(원)	1,176	474	128	74	-640	-404
DPS(원)						
EBITDAPS(원)	1,609	569	152	129	-799	-331

재무 비율 〈단위 : %〉

연도	영업이익률	순이익률	부채비율	차입금비율	ROA	ROE	유보율	자기자본비율	EBITDA마진율
2016	-5.3	-4.5	160.3	63.8	-8.2	-19.0	682.8	38.4	-4.3
2015	-0.2	-0.4	111.5	33.0	-1.0	-1.9	866.1	47.3	0.6
2014	-0.1	-0.2	82.3	10.3	-0.4	-0.7	878.6	54.9	0.8
2013	2.0	1.6	69.2		4.1	8.5	903.5	59.1	2.7

제룡산업 (A147830)
CHERYONG INDUSTRIAL COLTD

업 종 : 기계		시 장 : KOSDAQ	
신용등급 : (Bond) — (CP) —		기업규모 : 벤처	
홈 페 이 지 : www.cheryong.co.kr		연 락 처 : 02)2204-3700	
본 사 : 서울시 광진구 아차산로 628			

설 립 일	2011.11.04	종 업 원 수	40명	대 표 이 사	박종태
상 장 일	2012.02.13	감사의견	적정(삼정)	계	열
결 산 기	12월	보 통 주	1,000만주	종속회사수	
액 면 가	500원	우 선 주		구 상 호	

주주구성 (지분율,%)		출자관계 (지분율,%)		주요경쟁사 (외형,%)	
박종태	18.2	제룡산업	100		
박인원	10.5	디케이락	148		
(외국인)	2.8	서암기계공업	90		

매출구성		비용구성		수출비중	
[금속제품]통신주	72.3	매출원가율	67.6	수출	0.0
[합성수지제품]지중케이블보호판	27.7	판관비율	13.3	내수	100.0

회사 개요
동사는 2011년 제룡전기로부터 송·배전용 금구류 및 합성수지 사업부문이 인적분할되어 설립됨. 금속 및 합성수지제품 제조 및 판매에 관한 사업을 주사업으로 영위하고 있는데, 전방산업은 전력산업 시장으로 환경 및 정책변수에 민감하지만, 한국전력공사의 연간 수급계획에 따라 시장예측이 어느 정도 안정적인 특성을 가지고 있음. 2017년 2분기 기준 사업부문 중 금속제품 79.1%, 합성수지제품이 20.9% 비중 차지함.

실적 분석
동사의 2017년 2분기 연결기준 누적매출액은 195.6억원을 기록, 전년 동기 대비 3.3% 감소함. 하지만 매출원가가 증가하며 영업이익은 전년 동기 대비 58.7% 감소한 24.1억원을 시현함. 고속열차망 확대 및 준고속철도망 구축을 위한 제3차 철도망 계획에 의한 시장수요가 기대되는 가운데, 한국전력공사의 송전금구류, 지중선로부문 및 한국철도시설공단의 고속철도 전차선재부문의 새로운 수요 창출 및 판매 확대로 매출 증대 계획중임.

현금 흐름
*IFRS 별도 기준 〈단위 : 억원〉

항목	2016	2017.2Q
영업활동	96	-15
투자활동	-79	64
재무활동	-75	-7
순현금흐름	-58	41
기말현금	111	152

시장 대비 수익률

결산 실적
〈단위 : 억원〉

항목	2012	2013	2014	2015	2016	2017
매출액	315	335	335	315	352	—
영업이익	34	41	31	52	67	—
당기순이익	31	61	60	29	46	—

분기 실적
*IFRS 별도 기준 〈단위 : 억원〉

항목	2016.1Q	2016.2Q	2016.3Q	2016.4Q	2017.1Q	2017.2Q
매출액	92	110	77	73	66	129
영업이익	25	33	8	1	4	20
당기순이익	21	27	8	1	31	76

재무 상태
*IFRS 별도 기준 〈단위 : 억원〉

항목	2012	2013	2014	2015	2016	2017.2Q
총자산	356	448	456	494	540	624
유형자산	133	162	158	149	144	137
무형자산	8	6	5	2	2	2
유가증권	0	0	0	0	0	0
총부채	104	141	123	120	84	94
총차입금	66	87	88	75	0	6
자본금	40	40	40	40	50	50
총자본	252	307	333	374	456	530
지배주주지분	252	307	333	374	456	530

기업가치 지표
*IFRS 별도 기준

항목	2012	2013	2014	2015	2016	2017.2Q
주가(최고/저)(천원)	4.9/1.5	6.4/2.6	4.6/2.8	5.1/3.2	15.0/3.1	—/—
PER(최고/저)(배)	16.6/5.1	11.2/4.6	16.2/9.9	11.4/7.2	17.4/3.6	—/—
PBR(최고/저)(배)	2.1/0.6	2.2/0.9	1.4/0.9	1.4/0.9	3.3/0.7	2.3/1.3
EV/EBITDA(배)	8.7	5.1	7.4	3.7	11.9	
EPS(원)	312	597	294	457	870	817
BPS(원)	3,172	3,874	4,195	4,721	4,558	5,300
CFPS(원)	488	875	502	747	948	853
DPS(원)	50	50	50	70	75	
EBITDAPS(원)	528	634	525	825	753	276

재무 비율
〈단위 : %〉

연도	영업이익률	순이익률	부채비율	차입금비율	ROA	ROE	유보율	자기자본비율	EBITDA마진율
2016	19.1	24.7	18.5	1.3	16.8	21.0	811.6	84.4	21.4
2015	16.5	14.5	31.9	20.1	9.6	12.9	844.2	75.8	20.8
2014	9.3	8.8	37.1	26.3	6.5	9.2	738.9	73.0	12.4
2013	12.1	17.8	45.8	28.3	14.9	21.4	674.8	68.6	15.0

제룡전기 (A033100)
CHERYONG ELECTRIC

업 종 : 전기장비		시 장 : KOSDAQ	
신용등급 : (Bond) — (CP) —		기업규모 : 벤처	
홈 페 이 지 : www.cheryongelec.com		연 락 처 : 02)2204-6300	
본 사 : 서울시 광진구 아차산로 628			

설 립 일	1986.12.18	종 업 원 수	130명	대 표 이 사	박종태
상 장 일	1997.08.18	감사의견	적정(신한)	계	열
결 산 기	12월	보 통 주	1,606만주	종속회사수	
액 면 가	500원	우 선 주		구 상 호	

주주구성 (지분율,%)		출자관계 (지분율,%)		주요경쟁사 (외형,%)	
박종태	17.9			제룡전기	100
박인원	10.3			서울전자통신	223
(외국인)	1.1			비츠로테크	259

매출구성		비용구성		수출비중	
변압기(제품)	100.0	매출원가율	95.9	수출	8.0
		판관비율	14.7	내수	92.0

회사 개요
전압을 조정하기 위해 사용하는 변압기 제조, 판매가 주 사업으로, 변압기 매출 비중은 100%를 차지함. 2011년 신제품으로 개발된 복합형 COS, 리드선 부착형 폴리머 피뢰기 및 에폭시 몰드 개폐기 등의 중전기기로 신규 매출 창출을 기대하였으며, 2012년에는 철도용 변압기와 친환경 Switchgear 등의 개발을 통하여 명실상부한 중전기기 업체의 글로벌 리더로서 부상함.

실적 분석
신규매출 발생으로 2017년 상반기 매출액은 전년동기와 다소 개선된 수준인 243.8억원을 기록함. 과다경쟁으로 인한 수익을 하락, 매출 감소에 따른 고정비 부담 등으로 6.2억원의 영업손실을 기록. 2017년 또한 한국전력 공사 및 발전사의 설비투자 감소가 예상되나, 신제품(170kV GIS, 내진변압기, 고효율 주상변압기, 컴팩트형 지상변압기 등)의 지속적인 신규매출 발생을 기대함.

현금 흐름
*IFRS 별도 기준 〈단위 : 억원〉

항목	2016	2017.2Q
영업활동	75	52
투자활동	-15	-10
재무활동	-23	-15
순현금흐름	37	26
기말현금	138	165

시장 대비 수익률

결산 실적
〈단위 : 억원〉

항목	2012	2013	2014	2015	2016	2017
매출액	408	520	573	634	399	—
영업이익	7	47	52	32	-43	—
당기순이익	8	41	50	36	-27	—

분기 실적
*IFRS 별도 기준 〈단위 : 억원〉

항목	2016.1Q	2016.2Q	2016.3Q	2016.4Q	2017.1Q	2017.2Q
매출액	113	83	80	124	114	130
영업이익	0	-16	-17	-10	-13	6
당기순이익	0	-14	-21	9	-11	10

재무 상태
*IFRS 별도 기준 〈단위 : 억원〉

항목	2012	2013	2014	2015	2016	2017.2Q
총자산	436	474	633	664	622	646
유형자산	193	191	188	249	232	226
무형자산	14	11	26	39	48	46
유가증권	10	1	0	1	1	1
총부채	103	106	119	123	116	150
총차입금	41	35	34	45	31	23
자본금	59	59	80	80	80	80
총자본	333	368	513	541	505	497
지배주주지분	333	368	513	541	505	497

기업가치 지표
*IFRS 별도 기준

항목	2012	2013	2014	2015	2016	2017.2Q
주가(최고/저)(천원)	3.2/1.8	4.2/2.3	3.8/2.6	4.8/2.8	7.2/2.6	—/—
PER(최고/저)(배)	51.6/29.8	13.9/7.4	10.4/7.3	22.2/13.0	—/—	—/—
PBR(최고/저)(배)	1.3/0.8	1.6/0.8	1.2/0.9	1.5/0.9	2.3/0.8	2.1/1.1
EV/EBITDA(배)	12.5	4.8	4.3	8.4	—	
EPS(원)	67	322	377	221	-168	-2
BPS(원)	2,797	3,092	3,196	3,367	3,145	3,092
CFPS(원)	236	507	518	341	-25	
DPS(원)	50	50	50	55	50	
EBITDAPS(원)	225	554	529	316	-123	46

재무 비율
〈단위 : %〉

연도	영업이익률	순이익률	부채비율	차입금비율	ROA	ROE	유보율	자기자본비율	EBITDA마진율
2016	-10.7	-6.8	23.1	6.0	-4.2	-5.2	528.9	81.3	-4.9
2015	5.0	5.6	22.7	8.3	5.5	6.7	573.5	81.5	5.0
2014	9.0	8.8	23.2	6.6	9.1	11.4	539.2	81.2	12.3
2013	9.0	7.9	28.9	9.4	9.0	11.7	518.4	77.7	12.7

제미니투자 (A019570)
Gemini Investment

업 종 : 창업투자 및 종금	시 장 : KOSDAQ
신용등급 : (Bond) — (CP) —	기업규모 :
홈페이지 : www.geminivc.co.kr	연 락 처 : 02)2051-9640
주 소 : 서울시 서초구 서초대로78길 5 10층 (서초동, 대각빌딩)	

설 립 일	1986.11.27	종업원수	4명	대표이사	정진식
상 장 일	1989.03.14	감사의견	적정 (태경)	계	열
결 산 기	03월	보통주	4,000만주	종속회사수	
액 면 가	500원	우선주		구상호	

주주구성 (지분율,%)		출자관계 (지분율,%)		주요경쟁사 (외형,%)	
비앤에이치투자	13.4	제미니영상투자제1호조합	33.3	제미니투자	100
더리미티드제1.8투자조합	8.9	제미니밸류제2호조합	30.8	우리종금	3,875
(외국인)	2.7	한국아스텐종합개발	12.5	글로본	

수익구성		비용구성		수출비중	
단기매매증권처분이익	66.0	이자비용	7.6	수출	—
수수료수입	15.0	투자및금융비	30.6	내수	—
운용투자주식처분이익	9.6	판관비	54.6		

회사 개요
동사는 중소기업 창업지원을 목적으로 1986년 11월 설립돼 중소기업 창업자에 대한 투자와 융자 및 중소기업창업투자조합의 관리, 창업기업에 대한 경영지원 등을 주된 영업으로 하고 있음. 창업투자회사는 1996년 53개사, 1998년 72개사, 2001년 145개사로 대폭 늘었으며, it산업과 코스닥 시장의 정체로 소폭 줄었다 2015년 말 115개로 줄었음. 창투사의 업무는 주식과 전환사채, 신주인수권부사채 인수, 투자조합 출자 등.

실적 분석
동사는 2016년 6월 매출액 30억원 미달 사유로 관리종목으로 지정된 바 있음. 올해 5월엔 상장적격성 실질심사에 따른 상장폐지가 우려돼매매거래가 정지됐었음. 단 동년 7월 7일부로 거래정지가 해제됨. 관리종목 탈피를 위해 임의적으로 매출을 일으켰을지 모른다는 의혹이 해소된 덕분. 3월 결산법인인 동사의 2017년 1분기 기준 영업수익은 5.4억원을 시현함. 단 영업손실 0.7억원, 당기순손실은 2.9억원을 기록하며 적자.

현금 흐름 *IFRS 별도 기준 〈단위 : 억원〉

항목	2016	2017.1Q
영업활동	-103	58
투자활동	-5	3
재무활동	115	—
순현금흐름	7	60
기말현금	11	71

시장 대비 수익률

결산 실적 〈단위 : 억원〉

항목	2012	2013	2014	2015	2016	2017
영업수익	65	50	38	3	46	—
영업이익	2	-14	-12	-38	6	—
당기순이익	2	-12	-12	-38	6	—

분기 실적 *IFRS 별도 기준 〈단위 : 억원〉

항목	2015.4Q	2016.1Q	2016.2Q	2016.3Q	2016.4Q	2017.1Q
영업수익	0	53	0	-12	5	-5
영업이익	-26	37	-15	-16	-12	-1
당기순이익	-26	37	-14	-16	-0	-3

재무 상태 *IFRS 별도 기준 〈단위 : 억원〉

항목	2012	2013	2014	2015	2016	2017.1Q
총자산	107	95	81	74	165	161
유형자산	1	1	0	0	5	1
무형자산	4	4	4	1	4	3
유가증권						
총부채	7	7	6	24		
총차입금						
자본금	122	122	122	122	200	200
총자본	100	88	75	50	157	154
지배주주지분	100	88	75	50	157	154

기업가치 지표 *IFRS 별도 기준

항목	2012	2013	2014	2015	2016	2017.1Q
주가(최고/저)(천원)	0.8/0.3	0.6/0.3	0.5/0.3	2.2/0.3	2.7/0.9	—/—
PER(최고/저)(배)	180.3/60.4	—/—	—/—	—/—	300.9/104.4	—/—
PBR(최고/저)(배)	3.4/1.1	2.8/1.3	2.8/1.6	17.8/2.6	11.6/4.0	4.2/3.0
PSR(최고/저)(배)	5/2	5/2	6/3	297/43	39/14	
EPS(원)	8	-50	-50	-155	15	-7
BPS(원)	409	359	308	206	392	384
CFPS(원)	9	-49	-49	-154	16	-7
DPS(원)	—	—	—	—	—	—
EBITDAPS(원)	8	-59	-50	-156	16	-2

재무 비율 〈단위 : % 〉

연도	계속사업이익이익률	순이익률	부채비율	차입금비율	ROA	ROE	유보율	자기자본비율	총자산증가율
2016	14.6	13.0	일부잠식	0.0	5.0	5.8	-21.6	94.7	122.8
2015	-1,258.3	-1,258.3	일부잠식	0.0	-48.8	-60.4	-58.9	67.6	-8.4
2014	-32.4	-32.4	일부잠식	0.0	-13.9	-15.0	-38.4	92.8	-14.7
2013	-24.7	-24.7	일부잠식	0.0	-12.2	-13.1	-28.1	92.3	-10.9

제우스 (A079370)
Zeus

업 종 : 반도체 및 관련장비	시 장 : KOSDAQ
신용등급 : (Bond) — (CP) —	기업규모 : 우량
홈페이지 : www.globalzeus.com	연 락 처 : 031)377-9500
주 소 : 경기도 오산시 경기동로 161-6 (부산동)	

설 립 일	1988.12.12	종업원수	487명	대표이사	이종우
상 장 일	2006.02.01	감사의견	적정 (한영)	계	열
결 산 기	12월	보통주	1,038만주	종속회사수	8개사
액 면 가	500원	우선주		구상호	

주주구성 (지분율,%)		출자관계 (지분율,%)		주요경쟁사 (외형,%)	
이종우	22.0	J.E.T	100.0	제우스	100
이동악	12.6	쓰리젯	100.0	아이에스	26
(외국인)	11.7	제우스이엔피	100.0	에스에이엠티	366

매출구성		비용구성		수출비중	
반도체 세정장비	32.8	매출원가율	73.9	수출	48.0
반도체장비등	28.6	판관비율	17.8	내수	52.0
LCD 및 태양전지용 Glass 반송 등	22.7				

회사 개요
동사는 반도체 및 디스플레이 관련 생산장비 제조업체로 LCD, 반도체 제조장비 외에 산업용 클린룸에 들어가는 진공펌프와 태양전지 장비도 생산하고 있음. 현재 해외 매출이 중국, 대만 등을 중심으로 이루어지고 있음. 그동안 LCD 장비(물류반송), 공정 장비에 매출이 특화되었으나, 점차 신규사업으로 반도체(세정기)와 태양전지(모듈라인 턴키 제작), 플러그 밸브 등의 제조 판매로 관련 매출이 가시화됨.

실적 분석
동사의 2017년 2분기 누적 매출액은 전년동기 대비 24.8% 증가한 1,653.7억원의 실적을 기록함. 외형성장의 영향으로 매출원가 및 판관비가 전년비가 전년동기 대비 각각 21.3%, 17.3% 증가했음에도 영업이익은 전년동기 대비 88.1% 증가한 158.7억원을 시현했음. 그러나 비영업이익 부문에서 32.7억원의 손실을 시현해 이익폭이 축소되나 당기순이익은 전년동기 대비 46.6% 증가한 81.2억원을 시현했음.

현금 흐름 〈단위 : 억원〉

항목	2016	2017.2Q
영업활동	262	32
투자활동	-285	-96
재무활동	22	84
순현금흐름	4	20
기말현금	407	427

시장 대비 수익률

결산 실적 〈단위 : 억원〉

항목	2012	2013	2014	2015	2016	2017
매출액	1,557	2,049	2,410	2,901	2,908	—
영업이익	29	226	205	244	240	—
당기순이익	31	175	172	201	195	—

분기 실적 〈단위 : 억원〉

항목	2016.1Q	2016.2Q	2016.3Q	2016.4Q	2017.1Q	2017.2Q
매출액	714	612	683	900	809	845
영업이익	63	22	65	91	85	74
당기순이익	34	21	19	121	30	51

재무 상태 〈단위 : 억원〉

항목	2012	2013	2014	2015	2016	2017.2Q
총자산	1,616	2,147	2,369	2,522	2,908	3,385
유형자산	453	428	759	819	785	804
무형자산	26	29	63	61	59	58
유가증권	47	73	18	6	66	41
총부채	619	1,008	1,032	986	1,194	1,615
총차입금	323	510	509	433	483	588
자본금	47	47	47	52	52	52
총자본	997	1,138	1,337	1,536	1,714	1,770
지배주주지분	991	1,130	1,316	1,515	1,690	1,744

기업가치 지표

항목	2012	2013	2014	2015	2016	2017.2Q
주가(최고/저)(천원)	5.1/2.7	6.9/2.8	18.8/6.1	20.7/11.4	17.1/11.0	—/—
PER(최고/저)(배)	22.0/11.7	4.5/1.8	12.0/3.9	11.0/6.1	9.2/5.9	—/—
PBR(최고/저)(배)	0.6/0.3	0.7/0.3	1.6/0.5	1.5/0.8	1.1/0.7	1.1/0.9
EV/EBITDA(배)	4.5	2.6	7.1	4.1	3.7	—
EPS(원)	248	1,668	1,633	1,944	1,878	774
BPS(원)	10,955	12,434	13,944	14,588	16,276	16,800
CFPS(원)	602	2,263	2,279	2,487	2,383	985
DPS(원)	—	200	200	300	200	—
EBITDAPS(원)	637	2,826	2,657	2,891	2,819	1,739

재무 비율 〈단위 : % 〉

연도	영업이익률	순이익률	부채비율	차입금비율	ROA	ROE	유보율	자기자본비율	EBITDA마진율
2016	8.3	6.7	69.6	28.2	7.2	12.2	3,155.1	59.0	10.1
2015	8.4	6.9	64.2	28.2	8.2	14.3	2,817.6	60.9	10.4
2014	8.5	7.1	77.2	38.1	7.6	13.9	2,688.8	56.4	10.4
2013	11.1	8.6	88.6	44.8	9.3	16.3	2,386.9	53.0	13.0

제이더블유생명과학 (A234080)
JW Life Science

업　　종 : 제약　　　　　　　　　　　　시　　장 : 거래소
신용등급 : (Bond) —　　(CP) —　　　　기업규모 : 시가총액 소형주
홈페이지 : www.jw-lifescience.co.kr　　연 락 처 : 041)351-7600
본　　사 : 충남 당진시 송악읍 한진1길 28

설 립 일	1994.05.21	종업원수	273명	대표이사	차성남
상 장 일	2016.10.27	감사의견	적정 (삼정)	계 열	
결 산 기	12월	보 통 주	792만주	종속회사수	1개사
액 면 가	5,000원	우 선 주		구 상 호	

주주구성 (지분율,%)		출자관계 (지분율,%)		주요경쟁사 (외형,%)	
JW홀딩스	50.0	JW케미타운	100.0	JW생명과학	100
신영자산운용	7.0			대한약품	105
(외국인)	4.0			테라젠이텍스	77

매출구성		비용구성		수출비중	
기초수액	39.4	매출원가율	74.1	수출	2.0
TPN	27.9	판관비율	9.6	내수	98.0
특수수액	14.4				

회사 개요
동사는 1994년 5월 (주)중외화학으로 설립되어 2002년 6월 (주)중외, 2011년 3월 JW생명과학(주)으로 사명을 변경하였고 2016년 10월 유가증권 시장에 상장한 의약품 제조, 판매업 전문 회사임. 주요 계열회사는 지주회사인 JW홀딩스 외 JW중외제약, JW신약 등이 있으며 현재 JW홀딩스가 50%의 지분을 보유중임. 연결대상종속기업은 화학제품 제조 및 도소매업을 영위하는 JW케미타운 1개사임.

실적 분석
동사의 2017년 2분기 연결기준 누적 매출액은 전년 동기 대비 1.4% 증가한 680.3억원을 기록함. 매출원가는 0.3% 감소하여 매출원가는 5.9% 증가한 191.4억원을 기록함. 효율적인 비용 집행으로 판관비는 전년 동기 대비 2.7% 증가한 63.8억원임. 그 결과 영업이익은 127.6억원으로 전년 동기 대비 7.6% 증가함. 영업이익의 증가에 힘입어 당기순이익도 전년 동기 대비 9.1% 증가함.

현금 흐름　　〈단위 : 억원〉

항목	2016	2017.2Q
영업활동	161	193
투자활동	-113	-33
재무활동	-53	-154
순현금흐름	-5	6
기말현금	4	10

시장 대비 수익률

결산 실적　　〈단위 : 억원〉

항목	2012	2013	2014	2015	2016	2017
매출액	891	886	1,111	1,260	1,323	
영업이익	88	79	146	187	216	
당기순이익	35	16	94	129	152	

분기 실적　　〈단위 : 억원〉

항목	2016.1Q	2016.2Q	2016.3Q	2016.4Q	2017.1Q	2017.2Q
매출액	332	339	316	336	342	338
영업이익	64	54	54	44	65	62
당기순이익	46	38	38	30	48	44

재무 상태　　〈단위 : 억원〉

항목	2012	2013	2014	2015	2016	2017.2Q
총자산	1,561	1,542	1,638	1,799	1,922	1,839
유형자산	1,284	1,206	1,183	1,331	1,368	1,350
무형자산	38	47	52	43	43	44
유가증권						
총부채	877	847	869	970	1,019	892
총차입금	698	638	619	676	687	581
자본금	302	396	396	396	396	396
총자본	684	695	769	828	903	947
지배주주지분	684	695	769	828	903	947

기업가치 지표

항목	2012	2013	2014	2015	2016	2017.2Q
주가(최고/저)(천원)	#VALUE!	—/—	—/—	—/—	—/—	—/—
PER(최고/저)(배)	0.0/0.0	0.0/0.0	0.0/0.0	0.0/0.0	22.4/12.1	—/—
PBR(최고/저)(배)	0.0/0.0	0.0/0.0	0.0/0.0	0.0/0.0	3.8/2.0	2.9/2.2
EV/EBITDA(배)	3.5	3.3	3.3	2.3	2.1	8.2
EPS(원)	574	231	1,182	1,625	1,915	1,157
BPS(원)	11,321	8,783	9,718	10,462	11,406	11,963
CFPS(원)	2,428	1,862	2,698	3,219	3,579	1,848
DPS(원)	—	—	—	—	600	
EBITDAPS(원)	3,303	2,751	3,362	3,950	4,396	2,303

재무 비율　　〈단위 : %〉

연도	영업이익률	순이익률	부채비율	차입금비율	ROA	ROE	유보율	자기자본비율	EBITDA마진율
2016	16.4	11.5	112.9	76.1	8.2	17.5	128.1	47.0	26.3
2015	14.8	10.2	117.2	81.6	7.5	16.1	109.2	46.1	24.8
2014	13.2	8.4	113.0	80.5	5.9	12.8	94.4	47.0	24.0
2013	8.9	1.8	121.8	91.7	1.1	2.4	75.7	45.1	22.0

제이더블유신약 (A067290)
JW SHINYAK

업　　종 : 제약　　　　　　　　　　　　시　　장 : KOSDAQ
신용등급 : (Bond) —　　(CP) —　　　　기업규모 : 중견
홈페이지 : www.jw-shinyak.co.kr　　연 락 처 : 02)840-6856
본　　사 : 서울시 서초구 남부순환로 2477 (서초동)

설 립 일	1981.08.13	종업원수	297명	대표이사	백승호
상 장 일	2003.01.29	감사의견	적정 (안진)	계 열	
결 산 기	12월	보 통 주	3,964만주	종속회사수	2개사
액 면 가	500원	우 선 주		구 상 호	JW중외신약

주주구성 (지분율,%)		출자관계 (지분율,%)		주요경쟁사 (외형,%)	
JW홀딩스	26.6	JW크레아젠	70.9	JW신약	100
이종호	5.9			삼진제약	287
(외국인)	1.8			종근당홀딩스	403

매출구성		비용구성		수출비중	
기타	68.3	매출원가율	43.6	수출	0.0
스테로이드제 외	9.3	판관비율	48.3	내수	100.0
모발용제	8.4				

회사 개요
동사는 전문의약품 생산 판매 업체로 항진균제, 비뇨기과용제 등을 제조하고 있음. 주요 고객 채널로는 피부과, 소아과, 비뇨기과, 이비인후과 등 클리닉 시장을 대상으로 함. 클리닉 중심의 영업 활동을 통해 해당 시장에서의 안정적인 매출을 유지하고 있으며, 이를 기반으로 미용, 비만 관련 제품 출시를 통해 제품 다변화에 노력하고 있음. 종속회사인 JW크레아젠은 수지상세포를 이용한 면역세포 치료제를 주력으로 연구 개발하고 있음.

실적 분석
동사의 2017년 2분기 연결기준 누적 매출액은 전년 동기 대비 11.2% 감소한 383.4억원을 기록함. 영업이익은 18.6억원으로 65.4% 감소함. 금융 손실로 인한 비영업손실 발생하며 당기순손실 12.9억원을 기록하며 적자 전환함. 발모,탈모,염모,양모제인 모나드정과 알러지성 비염, 비계절성 알러지성 비염의 치료제인 피디정의 매출이 늘며 순이익이 개선될 것으로 기대됨.

현금 흐름　　〈단위 : 억원〉

항목	2016	2017.2Q
영업활동	7	-49
투자활동	-114	60
재무활동	111	-30
순현금흐름	4	-19
기말현금	23	4

시장 대비 수익률

결산 실적　　〈단위 : 억원〉

항목	2012	2013	2014	2015	2016	2017
매출액	699	707	730	769	834	
영업이익	5	24	38	60	67	
당기순이익	-23	-31	-6	2	-5	

분기 실적　　〈단위 : 억원〉

항목	2016.1Q	2016.2Q	2016.3Q	2016.4Q	2017.1Q	2017.2Q
매출액	214	218	216	186	204	
영업이익	31	23	14	-1	18	
당기순이익	9	13	-9	-18	-15	

재무 상태　　〈단위 : 억원〉

항목	2012	2013	2014	2015	2016	2017.2Q
총자산	1,152	1,263	1,270	1,277	1,436	1,33
유형자산	114	107	101	99	97	9
무형자산	576	565	562	539	542	55
유가증권	1					
총부채	661	814	845	876	1,052	93
총차입금	426	611	672	658	802	77
자본금	179	184	190	195	195	19
총자본	491	449	425	401	384	39
지배주주지분	492	450	426	402	386	40

기업가치 지표

항목	2012	2013	2014	2015	2016	2017.2Q
주가(최고/저)(천원)	10.7/4.5	6.2/3.6	5.5/3.6	11.2/4.8	13.7/6.6	—/—
PER(최고/저)(배)	—/—	—/—	—/—	1,732.1/749.3	—/—	—/—
PBR(최고/저)(배)	8.5/3.6	5.4/3.1	5.0/3.3	10.6/4.6	13.4/6.5	8.4/6.0
EV/EBITDA(배)	91.5	39.8	39.0	45.4	43.1	
EPS(원)	-60	-79	-14	7	-12	
BPS(원)	1,414	1,261	1,161	1,067	1,026	1,02
CFPS(원)	2	-11	57	77	42	
DPS(원)	25	25	30	50	60	
EBITDAPS(원)	82	139	171	223	225	

재무 비율　　〈단위 : %〉

연도	영업이익률	순이익률	부채비율	차입금비율	ROA	ROE	유보율	자기자본비율	EBITDA마진율
2016	8.0	-0.6	273.7	208.8	-0.4	-1.2	105.1	26.8	11
2015	7.8	0.3	218.6	164.2	0.2	0.6	113.5	31.4	11
2014	5.2	-0.8	199.1	158.3	-0.4	-1.2	132.1	33.4	11
2013	3.5	-4.4	181.1	136.0	-2.6	-6.5	152.3	35.6	9

제이더블유중외제약 (A001060)
JW PHARMACEUTICAL

업 종 : 제약		시 장 : 거래소	
신용등급 : (Bond) BBB (CP) —		기업규모 : 시가총액 중형주	
홈 페 이 지 : www.jw-pharma.co.kr		연 락 처 : 02)840-6777	
본 사 : 서울시 서초구 남부순환로 2477 (서초동)			

설 립 일	1945.08.08	종 업 원 수	1,131명	대 표 이 사	한성권,신영섭
상 장 일	1976.06.14	감사의견	적정 (안진)	계 열	
결 산 기	12월	보 통 주	1,912만주	종속회사수	1개사
액 면 가	2,500원	우 선 주	205만주	구 상 호	

주주구성 (지분율,%)		출자관계 (지분율,%)		주요경쟁사 (외형,%)	
JW홀딩스	42.9	C&C신약연구소	50.0	JW중외제약	100
미래에셋자산운용투자자문	2.8	JWTheriacPharmaceuticalCorporation	100.0	동아쏘시오홀딩스	155
(외국인)	3.9			한올바이오파마	18

매출구성		비용구성		수출비중	
기타	39.5	매출원가율	62.9	수출	8.0
특수수액	25.4	판관비율	32.7	내수	92.0
일반수액	15.0				

회사 개요
동사는 1945년 8월 8일 '조선중외제약소'라는 명칭으로 출범되어, 1953년 '대한중외제약 주식회사'로 법인을 설립, 1976년 기업공개를 거쳐 발행주식을 한국거래소유가증권시장에 상장됨. 동사는 전문의약품의 연구, 개발, 제조, 판매를 주요 사업으로 영위하고 있음. 수액제의 매출 비중이 가장 크고, 고지혈증 치료제 리바로, 전립선 비대증 치료제 트루패스 등 전문의약품도 판매하고 있음.

실적 분석
동사의 2017년 2분기 연결 기준 누적 매출액은 2,445.8억원으로 전년 동기 대비 3.7% 증가함. 인건비가 17.7% 증가하여 판관비는 10.9% 증가함. 그 결과 매출총이익은 증가하였으나 영업이익은 전년 동기 대비 10.3% 감소한 115.5억원을 시현함. 비영업손익의 적자 지속으로 당기순이익도 적자를 지속함. 동사의 상반기 연구개발비용은 185.2억원으로 전체 매출액의 7.6%를 차지하고 있음.

현금 흐름 〈단위 : 억원〉
항목	2016	2017.2Q
영업활동	67	130
투자활동	-88	-60
재무활동	338	-94
순현금흐름	311	-31
기말현금	319	362

결산 실적 〈단위 : 억원〉
항목	2012	2013	2014	2015	2016	2017
매출액	3,971	3,942	4,128	4,344	4,675	—
영업이익	95	259	181	217	203	—
당기순이익	-204	23	14	21	-142	—

분기 실적 〈단위 : 억원〉
항목	2016.1Q	2016.2Q	2016.3Q	2016.4Q	2017.1Q	2017.2Q
매출액	1,192	1,165	1,189	1,128	1,233	1,213
영업이익	76	52	44	31	79	36
당기순이익	14	-162	-48	54	9	-11

재무 상태 〈단위 : 억원〉
항목	2012	2013	2014	2015	2016	2017.2Q
총자산	6,031	5,894	5,941	6,175	6,518	6,303
유형자산	1,519	1,441	1,363	1,297	1,270	1,232
무형자산	250	281	299	286	234	240
유가증권	14	8	22	20	1	1
총부채	4,395	3,886	3,703	3,881	3,748	3,589
총차입금	3,582	3,146	2,777	2,906	2,512	2,520
자본금	290	350	415	452	501	511
총자본	1,637	2,007	2,238	2,294	2,770	2,714
지배주주지분	1,637	2,007	2,238	2,294	2,770	2,714

기업가치 지표
항목	2012	2013	2014	2015	2016	2017.2Q
주가(최고/저)(천원)	14.4/9.1	16.7/10.7	16.6/12.1	59.1/12.6	91.7/32.0	—/—
PER(최고/저)(배)	—/—	118.2/75.9	207.7/151.6	537.9/115.1	—/—	4.2/3.2
PBR(최고/저)(배)	1.3/0.8	1.4/0.9	1.4/1.0	5.0/1.1	7.0/2.5	—/—
EV/EBITDA(배)	22.1	13.0	14.4	24.5	31.5	—/—
EPS(원)	-1,493	144	81	111	-714	-9
BPS(원)	14,144	14,347	13,487	12,702	13,351	12,847
CFPS(원)	-546	1,379	1,128	1,109	227	433
DPS(원)	125	125	125	150	250	988
EBITDAPS(원)	2,156	3,146	2,169	2,196	1,996	—

재무 비율 〈단위 : % 〉
연도	영업이익률	순이익률	부채비율	차입금비율	ROA	ROE	유보율	자기자본비율	EBITDA마진율
2016	4.4	-3.0	135.3	90.7	-2.2	-5.6	453.7	42.5	8.3
2015	5.0	0.5	169.2	126.7	0.4	0.9	408.1	37.2	9.1
2014	4.4	0.4	165.4	124.1	0.2	0.7	439.5	37.7	8.4
2013	6.6	0.5	193.6	156.7	0.4	1.3	473.9	34.1	10.7

제이더블유홀딩스 (A096760)
JW Holdings

업 종 : 제약		시 장 : 거래소	
신용등급 : (Bond) — (CP) —		기업규모 : 시가총액 중형주	
홈 페 이 지 : www.jw-holdings.co.kr		연 락 처 : 02)840-6777	
본 사 : 서울시 서초구 남부순환로 2477 (서초동)			

설 립 일	2007.07.03	종 업 원 수	164명	대 표 이 사	이경하,전재광
상 장 일	2007.07.31	감사의견	적정 (안진)	계 열	
결 산 기	12월	보 통 주	6,202만주	종속회사수	12개사
액 면 가	500원	우 선 주		구 상 호	

주주구성 (지분율,%)		출자관계 (지분율,%)		주요경쟁사 (외형,%)	
이경하	27.7	JW메디칼	100.0	JW홀딩스	100
중외학술복지재단	7.5	JW산업	100.0	아미코젠	10
(외국인)	13.2	JW중외제약전환상환우선주	59.1	동국제약	45

매출구성		비용구성		수출비중	
기타	43.2	매출원가율	58.9	수출	—
이미페넴	28.1	판관비율	35.4	내수	—
메로페넴	13.2				

회사 개요
2007년 JW중외제약의 투자사업부문과 해외사업부문 등을 인적 분할하여 설립된 지주회사임. 지주사업, 의약품도소매업, 수출입업, 부동산임대, 브랜드 및 지적재산권 라이선스업, 투자경영자문 및 컨설팅업 등을 목적으로 함. 국내에 JW중외제약 등 10개사와 해외에 4개사 등 총 14개의 자회사를 보유함. 자회사인 JW중외제약의 주요제품으로는, 일반수액, 항생제인 이미페넴, 영양수액인 휘리민, 고지혈증치료제 리바로, 협심증치료제 시그마 등이 있음.

실적 분석
JW중외제약은 고지혈증치료제 리바로와 3체임버 영양수액제 위너프 등 대형품목 판매량이 증가하였으며, JW신약은 피디정, 리스로마이신정 등 주력제품 판매가 늘어남. 고부가 항생제 이미페넴은 지속적으로 시장 지배력을 확장하고 있으며, 메로페넴도 원료시장 개척을 통해 높은 수출실적을 달성함. JW생명과학은 내년에 박스터로 영양수액제 수출을 추진 중임. 전환상환우선주에 대한 평가손실과 이자비용 등으로 영업외수지는 크게 악화됨.

현금 흐름 〈단위 : 억원〉
항목	2016	2017.2Q
영업활동	-292	44
투자활동	-510	239
재무활동	1,189	-359
순현금흐름	379	-86
기말현금	532	446

결산 실적 〈단위 : 억원〉
항목	2012	2013	2014	2015	2016	2017
매출액	5,119	5,303	5,739	6,228	6,848	—
영업이익	37	204	235	336	393	—
당기순이익	-415	162	-51	-4	-175	—

분기 실적 〈단위 : 억원〉
항목	2016.1Q	2016.2Q	2016.3Q	2016.4Q	2017.1Q	2017.2Q
매출액	1,751	1,778	1,752	1,567	1,839	1,733
영업이익	121	135	101	36	166	106
당기순이익	22	-121	4	-80	-8	31

재무 상태 〈단위 : 억원〉
항목	2012	2013	2014	2015	2016	2017.2Q
총자산	10,771	10,144	10,360	10,871	11,977	12,901
유형자산	3,856	2,476	2,097	2,113	2,069	3,431
무형자산	1,046	1,044	1,071	1,049	1,007	1,417
유가증권	55	125	135	136	122	98
총부채	8,717	7,784	8,241	8,126	9,190	9,640
총차입금	7,400	6,387	6,649	6,509	6,714	7,434
자본금	245	257	270	283	307	310
총자본	2,055	2,360	2,119	2,745	2,787	3,261
지배주주지분	774	1,054	959	1,056	1,172	1,127

기업가치 지표
항목	2012	2013	2014	2015	2016	2017.2Q
주가(최고/저)(천원)	2.3/1.8	2.9/1.8	3.1/2.0	12.9/2.2	17.4/7.5	—/—
PER(최고/저)(배)	—/—	9.6/6.0	—/—	6,159.2/1,051.0	9.1/3.9	5.9/4.1
PBR(최고/저)(배)	1.8/1.4	1.6/1.0	1.9/1.2	7.0/1.2		
EV/EBITDA(배)	29.9	19.4	20.5	23.6	20.7	—/—
EPS(원)	-382	309	-156	-2	-163	25
BPS(원)	1,627	2,094	1,820	1,890	1,933	1,828
CFPS(원)	142	841	209	386	199	302
DPS(원)	25	25	25	45	75	715
EBITDAPS(원)	666	891	811	976	1,003	—

재무 비율 〈단위 : % 〉
연도	영업이익률	순이익률	부채비율	차입금비율	ROA	ROE	유보율	자기자본비율	EBITDA마진율
2016	5.7	-2.6	329.8	240.9	-1.5	-9.0	286.6	23.3	9.0
2015	5.4	0.1	296.0	237.1	0.0	-0.3	278.1	25.3	8.9
2014	4.1	-0.9	388.8	313.7	-0.5	-8.9	264.0	20.5	7.6
2013	3.9	3.1	329.8	270.6	1.6	19.5	318.8	23.3	8.6

제이브이엠 (A054950)
JVM

업　　종 : 의료 장비 및 서비스		시　　장 : KOSDAQ	
신용등급 : (Bond) —　(CP) —		기업규모 : 우량	
홈페이지 : www.myjvm.com		연락처 : (053)584-9999	
본　　사 : 대구시 달서구 호산동로 121			

설 립 일 1996.10.12	종업원수 333명	대표이사 이용희	
상 장 일 2006.06.07	감사의견 적정 (도원)	계　　열	
결 산 기 12월	보 통 주 633만주	종속회사수 2개사	
액 면 가 500원	우 선 주	구 상 호	

주주구성 (지분율,%)
한미사이언스	34.0
한화자산운용	10.4
(외국인)	2.4

출자관계 (지분율,%)
제이브이엠	100
엘앤케이바이오	35
셀루메드	10

매출구성
조제시스템	48.6
주요소모품 외	38.8
기타상품	12.6

비용구성
매출원가율	56.6
판관비율	28.4

수출비중
수출	47.0
내수	53.0

회사 개요
동사는 1977년 설립된 병원, 약국의 조제 업무를 자동화하는데 필요한 기기와 시스템, 관련 소프트웨어를 공급하는 전문기업임. 2006년 코스닥 시장에 상장됨. 유럽 시장 확대 및 매출 증대를 위하여 현지 자회사 설립에 나서 2010년 6월 HD Medi B.V.의 지분 50%를 취득하였으며 2014년 7월 나머지 지분 50%를 추가로 취득하여 100% 종속회사로 편입함. 2015년 7월에는 중국에 천진철유명자동화설비유한공사를 설립함.

실적 분석
동사의 2017년 상반기 연결기준 누적매출액은 516억원으로 전년동기 대비 7.7% 증가함. 매출확대에 판관비 감소하며 영업이익은 전년동기보다 46.1% 늘어난 94.7억원을 기록함. 비영업손실이 소폭 발생했으나 당기순이익도 65.7억원으로 35.3% 증가함. 향후 국내시장 뿐만 아니라 해외시장도 고령사회로 진입되면서 규제 법규 등의 변화로 전방산업의 성장이 지속될 것으로 기대됨.

현금 흐름
〈단위 : 억원〉
항목	2016	2017.2Q
영업활동	149	-6
투자활동	-97	22
재무활동	12	-76
순현금흐름	65	-60
기말현금	93	33

시장 대비 수익률

결산 실적
〈단위 : 억원〉
항목	2012	2013	2014	2015	2016	2017
매출액	779	816	882	885	981	—
영업이익	150	182	120	65	148	—
당기순이익	65	150	101	52	111	—

분기 실적
〈단위 : 억원〉
항목	2016.1Q	2016.2Q	2016.3Q	2016.4Q	2017.1Q	2017.2Q
매출액	209	270	223	279	229	287
영업이익	2	63	17	66	27	68
당기순이익	6	43	25	37	19	46

재무 상태
〈단위 : 억원〉
항목	2012	2013	2014	2015	2016	2017.2Q
총자산	1,636	1,618	1,700	1,623	1,766	1,716
유형자산	398	393	477	561	553	546
무형자산	127	119	190	192	187	178
유가증권	76	127	130	51	52	52
총부채	850	717	711	574	645	551
총차입금	664	542	478	349	405	356
자본금	32	32	32	32	32	32
총자본	786	901	988	1,049	1,122	1,165
지배주주지분	786	901	988	1,049	1,122	1,165

기업가치 지표
항목	2012	2013	2014	2015	2016	2017.2Q
주가(최고/저)(천원)	49.5/32.5	60.3/42.8	67.0/48.3	67.0/49.3	65.4/35.1	—/—
PER(최고/저)(배)	48.2/31.7	25.6/18.1	42.3/30.4	81.9/60.2	37.4/20.1	—
PBR(최고/저)(배)	4.0/2.6	4.1/2.9	4.1/3.0	3.7/2.7	3.3/1.8	2.8/2.0
EV/EBITDA(배)	18.0	14.8	23.6	29.1	13.4	—
EPS(원)	1,034	2,374	1,596	824	1,753	1,038
BPS(원)	12,421	14,768	16,314	18,210	19,771	20,693
CFPS(원)	1,556	2,991	2,319	1,781	2,795	1,530
DPS(원)	—	—	—	—	320	—
EBITDAPS(원)	2,889	3,490	2,625	1,979	3,378	1,988

재무 비율
〈단위 : % 〉
연도	영업이익률	순이익률	부채비율	차입금비율	ROA	ROE	유보율	자기자본비율	EBITDA마진율
2016	15.1	11.3	57.5	36.2	6.6	10.2	3,854.3	63.5	21.8
2015	7.3	5.9	54.8	33.2	3.1	5.1	3,542.0	64.6	14.2
2014	13.7	11.5	72.0	48.4	6.1	10.7	3,162.9	58.1	18.6
2013	22.3	18.4	79.5	60.2	9.2	17.8	2,853.6	55.7	27.1

제이비금융지주 (A175330)
JB Financial Group

업　　종 : 상업은행		시　　장 : 거래소	
신용등급 : (Bond) AA+　(CP) —		기업규모 : 시가총액 중형주	
홈페이지 : www.jbfg.com		연락처 : (063)250-2754	
본　　사 : 전북 전주시 덕진구 백제대로 566(금암동 669-2)			

설 립 일 2013.07.01	종업원수 85명	대표이사 김한	
상 장 일 2013.07.18	감사의견 적정 (안진)	계　　열	
결 산 기 12월	보 통 주 15,544만주	종속회사수 20개사	
액 면 가 5,000원	우 선 주	구 상 호	

주주구성 (지분율,%)
Jubilee Asia B.V.	8.4
삼양바이오팜	8.4
(외국인)	40.7

출자관계 (지분율,%)
전북은행	100.0
JB우리캐피탈	100.0
JB자산운용	100.0

주요경쟁사 (외형,%)
JB금융지주	100
BNK금융지주	200
DGB금융지주	107

수익구성

비용구성
이자비용	32.9
파생상품손실	—
판관비	32.0

수출비중
수출	—
내수	—

회사 개요
동사는 2013년 7월 1일 전북은행은 주식의 포괄적 이전 방식에 의하여 JB금융지주를 설립함. 광주은행는 2014년 10월 자회사로 편입됨. 2015년 은행 계열사간 금융공동망 연결 및 공동상품 개발 등 그룹 연계영업 강화를 통해 지속적인 성장 기반을 마련함. 동사의 주 수익원은 자회사의 배당수익이나 그룹의 새로운 수익원 창출 등 수익구조 다변화를 위해 ASEAN 지역으로 해외진출을 추진중임.

실적 분석
동사의 2017년 2분기 연결기준 영업수익은 11,372.1억원을 기록했으며 영업이익은 1671.7억원 대비 23% 증가하고 당기순이익은 1581.8억원을 기록하며 전년동기 1288.5억원 대비 큰 폭 증가. 저금리·저성장 지속에 따른 순이자마진(NIM)의 하락에도 불구하고 견조한 이익을 실현. 수수료 수익과 이자 수익, 리스수익이 크게 개선되면서 이익 증대.

현금 흐름
〈단위 : 억원〉
항목	2016	2017.2Q
영업활동	-6,692	2,633
투자활동	21	3,619
재무활동	8,557	-7,955
순현금흐름	1,926	-1,699
기말현금	7,049	5,350

시장 대비 수익률

결산 실적
〈단위 : 억원〉
항목	2012	2013	2014	2015	2016	2017
이자수익	—	4,700	11,007	16,036	16,260	—
영업이익	—	525	816	1,964	2,527	—
당기순이익	—	347	5,576	1,509	2,019	—

분기 실적
〈단위 : 억원〉
항목	2016.1Q	2016.2Q	2016.3Q	2016.4Q	2017.1Q	2017.2Q
이자수익	3,919	3,997	4,131	4,213	4,305	4,327
영업이익	746	925	756	99	917	1,140
당기순이익	552	736	592	138	706	875

재무 상태
〈단위 : 억원〉
항목	2012	2013	2014	2015	2016	2017.2Q
총자산	—	161,861	355,074	398,112	457,989	470,513
유형자산	—	1,734	3,443	3,575	3,683	3,599
무형자산	—	485	1,053	987	1,050	1,415
유가증권	—	24,429	53,322	52,151	49,428	45,687
총부채	—	152,450	332,280	371,324	428,351	439,586
총차입금	—	48,381	86,944	90,893	98,781	92,571
자본금	—	3,341	6,325	7,772	7,772	7,772
총자본	—	9,411	22,794	26,787	29,638	30,928
지배주주지분	—	7,878	18,684	21,399	22,792	23,740

기업가치 지표
항목	2012	2013	2014	2015	2016	2017.2Q
주가(최고/저)(천원)	—/—	6.4/5.1	7.3/5.7	7.1/5.3	6.2/4.9	—/—
PER(최고/저)(배)	0.0/0.0	18.3/14.6	1.5/1.1	8.2/6.1	6.9/5.4	—/—
PBR(최고/저)(배)	0.0/0.0	0.6/0.5	0.5/0.4	0.5/0.4	0.4/0.3	0.4/0.4
PSR(최고/저)(배)	0/0	0/0	0/0	0/0	1/0	—/—
EPS(원)	—	365	5,176	882	918	—
BPS(원)	—	11,789	14,819	13,807	14,703	15,369
CFPS(원)	—	617	5,541	1,326	1,346	958
DPS(원)	—	100	100	50	50	—
EBITDAPS(원)	—	786	769	1,510	1,626	1,323

재무 비율
〈단위 : % 〉
연도	계속사업이익률	순이익률	부채비율	차입금비율	ROA	ROE	유보율	자기자본비율	총자산증가율
2016	16.1	12.4	1,445.3	333.3	0.5	6.5	194.1	6.5	15.0
2015	12.4	9.4	1,386.2	339.3	0.4	5.7	176.1	6.7	12.1
2014	52.7	50.7	1,457.7	381.4	2.2	41.3	196.4	6.4	119.4
2013	10.0	7.4	1,620.0	514.1	0.0	5.8	135.8	5.8	0.0

제이스테판 (A096690)
J Stephen Lab

업 종 : 컴퓨터 및 주변기기		시 장 : KOSDAQ	
신용등급 : (Bond) — (CP) —		기업규모 :	
홈 페 이 지 : www.jstephenlab.com		연 락 처 : (031)8077-5000	
본 사 : 경기도 오산시 가장산업동로 28-6			

설 립 일	2002.04.08	종 업 원 수	147명	대 표 이 사	이준민
상 장 일	2010.12.01	감 사 의 견	거절 (삼정)	계 열	
결 산 기	12월	보 통 주	25,314만주	종 속 회 사 수	3개사
액 면 가	100원	우 선 주		구 상 호	세우테크

주주구성 (지분율,%)		출자관계 (지분율,%)		주요경쟁사 (외형,%)	
제이스테판1호투자조합	20.3	쏠레어인베스트먼트	95.0	제이스테판	100
케이앤와이아소시에이션	6.8	에버리치파트너스	48.4	빅솔론	258
(외국인)	0.3	NHT컨소시엄	48.1	메디프론	39

매출구성		비용구성		수출비중	
POS Printer(제품)	69.8	매출원가율	72.9	수출	—
Mobile Printer(제품)	17.5	판관비율	26.8	내수	—
기타	6.6				

회사 개요
동사는 특수프린터라 할 수 있는 POS(Point of Sales)용 프린터, Label 프린터와 Mobile 프린터, 프린터 Mechanism 등 미니 프린터를 전문적으로 개발, 제조 및 판매하는 사업을 영위하고 있음. POS는 금전등록기와 컴퓨터 단말기의 기능을 결합한 시스템으로 매출 금액의 계산 뿐 아니라 소매경영에 필요한 각종 정보와 자료를 수집·처리해 주는 시스템으로 판매시점 관리 시스템임. 2016년 10월 제이스테판으로 변경상장함.

실적 분석
동사의 2017년도 2분기 연결기준 매출액은 225.6억원으로 전년대비 42.3% 증가함. 영업이익 또한 8.4억원을 시현하여 흑자전환. 다만 당기순손실은 10.1억원을 기록하며 적자전환함. 핵심 역량 확보로 성장 기반을 다진 후 콘텐츠 투자, 제주도 사업 등에서 다양한 중장기적 성장 모멘텀을 확보해 성장을 도모하고 있음. 2017년 하반기 필리핀과도 현지 메이커 파트너와 합작법인 설립을 통한 진출 추진중임.

현금 흐름 〈단위 : 억원〉
항목	2016	2017.2Q
영업활동	25	7
투자활동	-546	-246
재무활동	873	-44
순현금흐름	353	-283
기말현금	442	159

시장 대비 수익률

결산 실적 〈단위 : 억원〉
항목	2012	2013	2014	2015	2016	2017
매출액	269	314	278	293	340	—
영업이익	15	30	15	30	1	—
당기순이익	13	37	27	22	-15	—

분기 실적 〈단위 : 억원〉
항목	2016.1Q	2016.2Q	2016.3Q	2016.4Q	2017.1Q	2017.2Q
매출액	82	77	90	91	86	140
영업이익	4	-7	-1	4	-3	12
당기순이익	5	56	-19	-57	-21	23

재무 상태 〈단위 : 억원〉
항목	2012	2013	2014	2015	2016	2017.2Q
총자산	368	408	406	447	1,817	1,611
유형자산	122	119	114	110	106	105
무형자산	35	31	25	25	28	28
유가증권	0	0	0	0	81	76
총부채	45	53	20	40	566	390
총차입금	22	25	8	24	249	104
자본금	50	50	50	50	230	253
총자본	323	355	386	406	1,251	1,221
지배주주지분	330	364	386	406	1,051	1,139

기업가치 지표
항목	2012	2013	2014	2015	2016	2017.2Q
주가(최고/저)(천원)	0.2/0.2	0.3/0.2	0.3/0.2	1.2/0.2	1.4/0.7	—/—
PER(최고/저)(배)	12.2/8.4	7.6/5.0	14.7/8.4	54.2/9.1	—/—	1.9/1.4
PBR(최고/저)(배)	0.9/0.6	0.8/0.5	1.0/0.6	3.3/0.6	2.9/1.5	—/—
EV/EBITDA(배)	3.5	3.1	2.8	21.2	134.3	
EPS(원)	21	35	24	22	-6	15
BPS(원)	3,298	3,642	3,865	4,063	472	463
CFPS(원)	394	555	408	374	1	18
DPS(원)	50	50	50			
EBITDAPS(원)	302	465	292	422	9	41

재무 비율 〈단위 : %〉
연도	영업이익률	순이익률	부채비율	차입금비율	ROA	ROE	유보율	자기자본비율	EBITDA마진율
2016	0.3	-4.3	45.3	19.9	-1.3	-1.2	371.7	68.9	3.7
2015	10.1	8.5	9.9	6.0	5.8	6.3	712.6	91.0	14.4
2014	5.4	9.6	5.1	2.1	6.5	7.1	673.0	95.1	10.5
2013	9.7	11.8	15.0	7.1	9.6	11.3	628.4	87.0	14.8

제이스텍 (A090470)
JASTECH

업 종 : 디스플레이 및 관련부품		시 장 : KOSDAQ	
신용등급 : (Bond) — (CP) —		기업규모 : 우량	
홈 페 이 지 : www.jastech.co.kr		연 락 처 : (032)510-3000	
본 사 : 인천시 부평구 평천로 221(청천동)			

설 립 일	1995.03.09	종 업 원 수	397명	대 표 이 사	정재송
상 장 일	2007.01.10	감 사 의 견	적정 (대성)	계 열	
결 산 기	12월	보 통 주	1,460만주	종 속 회 사 수	1개사
액 면 가	500원	우 선 주		구 상 호	AST켓텍

주주구성 (지분율,%)		출자관계 (지분율,%)		주요경쟁사 (외형,%)	
정재송	38.1	티에스티	34.5	제이스텍	100
최기열	6.1	매일방송		오성엘에스티	30
(외국인)	3.9	JASTECHVIETNAM	100.0	미래컴퍼니	53

매출구성		비용구성		수출비중	
디스플레이 장비	64.1	매출원가율	81.3	수출	99.0
레이저 장비	24.0	판관비율	7.4	내수	1.0
기타	7.7				

회사 개요
동사는 워터젯 디프레시장비, 도금장비 등의 반도체 장비와 아몰레드, LED, 모바일장비의 평판 디스플레이와 터치스크린 제조, 판매 등을 주요 사업으로 하고 있음. 2011년 1월에 이에스티와의 흡수합병을 통해 차세대 디스플레이 분야의 기술을 획득함으로써 태블릿PC 및 OLED전용 본딩 장비분야에도 진출할 수 있게 되었음. 장비별 매출 비중은 디스플레이 장비가 약 60% 가량 형성하는 가운데 레이저응용 장비와 워터넷 세정 도금 장비 등으로 구성.

실적 분석
2017년 반기 연결기준 매출액은 전년동기 대비 728.3% 큰폭으로 증가한 4,146.3억원을 시현함. 외형의 큰폭 확대로 인하여 영업이익은 1,618.5%, 순이익은 1,210.9% 각각 증가함. 동사는 폴더블 디스플레이 시장을 대비해 대면적 가공 기술(고정도 MOTF)을 개발 중에 있음. 또한 드론 사업에 신규투자를 진행함. 최근 에버테크노 인수를 통해 대규모 공장을 확보, 안정적인 생산능력도 확보하여 향후 실적도 기대됨.

현금 흐름 〈단위 : 억원〉
항목	2016	2017.2Q
영업활동	482	-184
투자활동	-42	-91
재무활동	-26	-14
순현금흐름	415	-289
기말현금	517	229

시장 대비 수익률

결산 실적 〈단위 : 억원〉
항목	2012	2013	2014	2015	2016	2017
매출액	436	295	507	700	1,508	—
영업이익	68	-47	40	41	170	—
당기순이익	51	-48	37	46	119	—

분기 실적 〈단위 : 억원〉
항목	2016.1Q	2016.2Q	2016.3Q	2016.4Q	2017.1Q	2017.2Q
매출액	271	229			1,612	2,534
영업이익	13	17			71	460
당기순이익	13	16			79	298

재무 상태 〈단위 : 억원〉
항목	2012	2013	2014	2015	2016	2017.2Q
총자산	497	478	510	748	1,473	2,295
유형자산	179	233	240	298	332	416
무형자산	48	39	42	43	39	39
유가증권	2	2	2	2	2	2
총부채	68	102	97	296	910	1,371
총차입금	11	42	14	184	188	166
자본금	49	73	73	73	73	73
총자본	428	376	413	452	564	925
지배주주지분	428	376	413	452	564	925

기업가치 지표
항목	2012	2013	2014	2015	2016	2017.2Q
주가(최고/저)(천원)	3.9/2.5	5.8/2.9	4.2/2.8	5.9/2.3	21.4/4.5	—/—
PER(최고/저)(배)	9.9/6.3	—/—	17.0/11.2	18.9/7.4	26.4/5.6	—/—
PBR(최고/저)(배)	1.4/0.9	2.3/1.1	1.5/1.0	1.9/0.7	5.5/1.2	4.5/3.0
EV/EBITDA(배)	5.3		8.6	16.9	15.2	
EPS(원)	409	-326	255	318	812	2,575
BPS(원)	4,443	2,615	2,870	3,138	3,900	6,376
CFPS(원)	744	-255	347	400	911	2,633
DPS(원)	50		50	50	100	
EBITDAPS(원)	943	-250	364	360	1,261	3,656

재무 비율 〈단위 : %〉
연도	영업이익률	순이익률	부채비율	차입금비율	ROA	ROE	유보율	자기자본비율	EBITDA마진율
2016	11.3	7.9	161.4	33.5	10.7	23.3	680.1	38.3	12.2
2015	5.8	6.6	65.5	40.7	7.5	10.7	527.6	60.4	7.5
2014	7.8	7.3	23.5	3.5	7.5	9.4	473.9	81.0	10.5
2013	-15.9	-16.2	27.2	11.1	-9.8	-11.8	422.9	78.6	-12.4

제이씨케미칼 (A137950)
JC CHEMICAL

업 종 : 에너지 시설 및 서비스		시 장 : KOSDAQ	
신용등급 : (Bond) — (CP) —		기업규모 : 우량	
홈 페 이 지 : www.jcchemical.co.kr		연 락 처 : (052)707-7700	
본 사 : 울산시 울주군 온산읍 화산1길 70			

설 립 일 2006.03.24	종 업 원 수 38명	대 표 이 사 윤사호	
상 장 일 2011.08.08	감사의견 적정 (안진)	계 열	
결 산 기 12월	보 통 주 1,934만주	종속회사수 3개사	
액 면 가 500원	우 선 주	구 상 호	

주주구성 (지분율,%)		출자관계 (지분율,%)		주요경쟁사 (외형,%)	
서울석유	57.4	LinkedHoldingsPTE.Ltd.	80.0	제이씨케미칼	100
김수남	5.7			일진파워	86
(외국인)	0.5			제이엔케이히터	93

매출구성		비용구성		수출비중	
바이오연료	98.5	매출원가율	82.9	수출	0.0
부산물	1.5	판관비율	6.5	내수	100.0

회사 개요
동사는 친환경 신재생 에너지인 바이오디젤, 바이오디젤연료유를 제조 판매하는 기업이며, 정유사와 방위사업 등에 제품을 공급하고 있음. 바이오디젤 및 바이오디젤플랜트 해외수출, 원재료 관련사업, 부산물의 용도개발 및 고부가가치화사업 등으로 사업영역을 확대해 나갈 예정임. 동사는 SK에너지, 현대오일뱅크 등에 납품을 하며 시장 점유율이 약 15%정도의 시장점유율을 유지하고 있음.

실적 분석
동사의 2017년 2분기 누적 매출액은 867.9억원으로 전년동기 대비 3.6% 증가함. 그러나 비용부담으로 전반적인 수익성은 감소하였음. 해외시장에서의 바이오디젤 수요 확대와 원재료의 수주 확대가 기대됨. 동사의 바이오디젤 생산능력은 연간 12만kl로 산업통상자원부에 등록되어 있는 국내 바이오디젤 9개 생산업체 중에서 선두권에 위치함. 신재생연료의무혼합제도(RFS)에 따라 바이오디젤 보급량에 영향이 있을 것으로 예상.

현금 흐름
〈단위 : 억원〉

항목	2016	2017.2Q
영업활동	99	-40
투자활동	-153	-44
재무활동	-2	126
순현금흐름	-67	40
기말현금	108	148

시장 대비 수익률

결산 실적
〈단위 : 억원〉

항목	2012	2013	2014	2015	2016	2017
매출액	928	1,015	764	1,102	1,548	—
영업이익	8	25	-11	40	164	—
당기순이익	27	17	-20	41	119	—

분기 실적
〈단위 : 억원〉

항목	2016.1Q	2016.2Q	2016.3Q	2016.4Q	2017.1Q	2017.2Q
매출액	374	463	366	345	489	379
영업이익	29	84	30	21	27	3
당기순이익	15	61	4	39	-5	-2

재무 상태
〈단위 : 억원〉

항목	2012	2013	2014	2015	2016	2017.2Q
총자산	594	756	1,061	1,371	1,471	1,606
유형자산	160	183	200	322	390	367
무형자산	55	56	58	58	54	54
유가증권	133	123	132	132	134	136
총부채	143	308	638	799	792	944
총차입금	110	256	578	623	647	775
자본금	67	67	67	97	97	97
총자본	451	448	423	572	679	662
지배주주지분	435	433	412	565	678	666

기업가치 지표

항목	2012	2013	2014	2015	2016	2017.2Q
주가(최고/저)(천원)	5.4/3.0	3.8/2.2	4.3/2.4	3.8/2.2	8.1/2.7	—/—
PER(최고/저)(배)	31.8/17.4	32.7/18.8	—/—	19.2/11.2	12.7/4.3	—/—
PBR(최고/저)(배)	1.9/1.0	1.3/0.8	1.5/0.9	1.3/0.8	2.3/0.8	1.6/1.3
EV/EBITDA(배)	27.4	17.2	58.3	15.0	8.3	—/—
EPS(원)	182	121	-105	204	646	-25
BPS(원)	3,399	3,385	3,232	3,016	3,603	3,523
CFPS(원)	309	276	60	376	802	100
DPS(원)	40	80	—	60	100	—
EBITDAPS(원)	164	183	96	441	1,005	281

재무 비율
〈단위 : %〉

연도	영업이익률	순이익률	부채비율	차입금비율	ROA	ROE	유보율	자기자본비율	EBITDA마진율
2016	10.6	7.7	116.6	95.2	8.4	20.1	620.5	46.2	12.6
2015	3.7	2.5	139.8	109.0	2.3	6.3	503.2	41.7	6.0
2014	-1.4	-2.6	150.8	136.5	-2.2	-3.7	546.4	39.9	1.7
2013	2.5	1.7	68.7	57.3	2.5	4.2	576.9	59.3	4.3

제이씨현시스템 (A033320)
JC hyun System

업 종 : 컴퓨터 및 주변기기		시 장 : KOSDAQ	
신용등급 : (Bond) — (CP) —		기업규모 : 벤처	
홈 페 이 지 : www.jchyun.com		연 락 처 : 02)2105-9100	
본 사 : 서울시 용산구 새창로45길 74, 제이씨현빌딩			

설 립 일 1991.05.11	종 업 원 수 93명	대 표 이 사 차현배,차중석	
상 장 일 1997.11.10	감사의견 적정 (삼정)	계 열	
결 산 기 12월	보 통 주 1,911만주	종속회사수 3개사	
액 면 가 500원	우 선 주	구 상 호 제이씨현	

주주구성 (지분율,%)		출자관계 (지분율,%)		주요경쟁사 (외형,%)	
차현배	31.9			제이씨현시스템	100
차중석	8.4			엠젠플러스	28
(외국인)	0.8			아이리버	28

매출구성		비용구성		수출비중	
기타	35.1	매출원가율	87.9	수출	2.0
그래픽카드	31.6	판관비율	8.0	내수	98.0
메인보드	17.9				

회사 개요
동사는 컴퓨터 관련 제품 및 카 인포테인먼트 기기 공급 사업부문과 기업용 보안솔루션 및 통합배선 장비, 프로젝터 장비 등을 판매하는 부문을 영위하고 있음. 업계 최고의 브랜드인 GIGABYTE社의 국내 독점공급원으로서 Windows7의 성능지표, WEI(Windows Experience Index)그래픽 스코어 차트에 최상위 모델로 평가된 GIGABYTE그래픽카드를 주력제품으로 유통하고 있음.

실적 분석
반기 매출액은 1,206억원으로 전년동기 대비 38.7% 증가함. 원가율 상승에도 불구하고 견조한 외형 확대로 영업이익 및 당기순이익은 전년동기 대비 각각 큰 폭으로 증가하며 57.3억원과 52억원을 시현하는 등 수익성 개선, 외형 및 수익성 크게 확대되는 모습 고무적. 대만 기가바이트사의 메인보드를 국내 유통하는 등 소비자에게 최고의 IT제품을 제공하기 위해 기술력이 뛰어난 해외 글로벌 IT기업들의 제품을 수입하여 국내시장에 공급중.

현금 흐름
〈단위 : 억원〉

항목	2016	2017.2Q
영업활동	49	89
투자활동	-31	2
재무활동	4	17
순현금흐름	21	109
기말현금	135	244

시장 대비 수익률

결산 실적
〈단위 : 억원〉

항목	2012	2013	2014	2015	2016	2017
매출액	1,196	1,264	1,253	1,450	1,898	—
영업이익	-7	21	15	27	77	—
당기순이익	22	23	23	11	46	—

분기 실적
〈단위 : 억원〉

항목	2016.1Q	2016.2Q	2016.3Q	2016.4Q	2017.1Q	2017.2Q
매출액	446	423	470	558	535	671
영업이익	16	7	21	33	21	37
당기순이익	15	5	19	7	24	28

재무 상태
〈단위 : 억원〉

항목	2012	2013	2014	2015	2016	2017.2Q
총자산	749	800	886	975	1,022	1,140
유형자산	159	158	174	179	133	126
무형자산	15	14	42	44	10	9
유가증권	4	15	—	13	18	12
총부채	183	213	271	348	347	413
총차입금	69	78	118	152	139	156
자본금	96	96	96	96	96	96
총자본	565	587	615	627	674	728
지배주주지분	551	573	600	611	656	707

기업가치 지표

항목	2012	2013	2014	2015	2016	2017.2Q
주가(최고/저)(천원)	2.7/1.3	2.8/1.3	4.2/1.9	5.9/2.4	9.6/4.6	—/—
PER(최고/저)(배)	—/—	25.1/11.7	36.8/17.0	115.2/46.6	42.4/20.5	—/—
PBR(최고/저)(배)	0.9/0.4	0.9/0.4	1.3/0.6	1.9/0.8	2.8/1.3	2.0/1.7
EV/EBITDA(배)	28.1	10.3	23.7	18.7	14.2	—/—
EPS(원)	-18	114	114	52	227	262
BPS(원)	2,967	3,080	3,187	3,232	3,464	3,723
CFPS(원)	57	178	184	169	299	290
DPS(원)		15	15	15	25	—
EBITDAPS(원)	40	175	146	258	478	328

재무 비율
〈단위 : %〉

연도	영업이익률	순이익률	부채비율	차입금비율	ROA	ROE	유보율	자기자본비율	EBITDA마진율
2016	4.1	2.4	51.5	20.7	4.6	6.8	592.8	66.0	4.8
2015	1.9	0.8	55.5	24.2	1.2	1.6	546.3	64.3	3.4
2014	1.2	1.8	44.0	19.1	2.7	3.7	537.3	69.4	2.2
2013	1.7	1.8	36.4	13.1	2.9	3.9	515.9	73.3	2.6

제이에스 (A194370)
JS

업 종 : 섬유 및 의복	시 장 : 거래소
신용등급 : (Bond) — (CP) —	기업규모 : 시가총액 소형주
홈페이지 : www.jskor.com	연 락 처 : 02)2040-3413
본 사 : 서울시 강남구 개포로 640	

설 립 일 1987.12.26	종업원수 167명	대표이사 홍재성
상 장 일 2016.02.04	감사의견 적정(태율)	계 열
결 산 기 12월	보 통 주 1,334만주	종속회사수 7개사
액 면 가 100원	우 선 주	구 상 호

주주구성 (지분율,%)
홍재성	22.9
홍종훈	20.7
(외국인)	0.2

출자관계 (지분율,%)
진양개발

주요경쟁사 (외형,%)
제이에스코퍼레이션	100
SG세계물산	164
한세엠케이	169

매출구성
[제품]핸드백	79.2
[상품]핸드백	20.3
기타	0.5

비용구성
매출원가율	74.8
판관비율	18.6

수출비중
수출	99.0
내수	1.0

회사 개요
동사는 1987년 설립됐으며, 핸드백 제조, 판매, 수출업을 영위하는 회사임. 생산능력 확대를 위해 베트남 현지 공장에 JS VINA 법인을 설립하고 공장을 착공 중에 있음. 베트남 공장 시범 가동 시점에 청도공장의 중저가 라인을 베트남으로 이관하고, 청도공장에서 비교적 고가 라인업을 생산할 예정임. 핸드백 OEM 제조업체 중 글로벌 시장점유율 2.6%로 추정되며 국내업체중 시몬느에 이어 2위임.

실적 분석
Kate Spade 물량 회복에 따라 실적이 성장하는 모습을 보이고 있음. 이에 따라 동사의 2017년 2분기기준 누적 매출액은 전년동기 대비 32.7% 상승한 1,088.5억원을 기록하였음. 상승한 매출액 만큼 비용증가도 있었으나 매출액의 더 큰 상승에 힘입어 전년동기대비 영업이익은 66.5억원으로 45.6% 상승하였음. 중국공장 이전에 따른 부담이 예상되나 점진적 수익 성장이 기대되고 있음.

현금 흐름
〈단위 : 억원〉
항목	2016	2017.2Q
영업활동	-64	-221
투자활동	-559	189
재무활동	332	-33
순현금흐름	-287	-64
기말현금	199	135

시장 대비 수익률

결산 실적
〈단위 : 억원〉
항목	2012	2013	2014	2015	2016	2017
매출액	1,124	1,049	1,620	2,403	1,885	—
영업이익	32	119	214	216	124	—
당기순이익	-14	61	191	196	105	—

분기 실적
〈단위 : 억원〉
항목	2016.1Q	2016.2Q	2016.3Q	2016.4Q	2017.1Q	2017.2Q
매출액	396	425	531	533	473	616
영업이익	21	25	41	37	23	44
당기순이익	19	21	3	61	-25	45

재무 상태
〈단위 : 억원〉
항목	2012	2013	2014	2015	2016	2017.2Q
총자산	513	580	1,245	1,590	1,988	1,913
유형자산	255	77	104	153	246	293
무형자산	3	1	7	10	38	36
유가증권	70	62	12	7	223	130
총부채	227	214	683	604	434	378
총차입금	108	103	317	322	129	99
자본금	8	8	11	12	13	13
총자본	286	365	562	986	1,554	1,535
지배주주지분	285	364	550	985	1,552	1,534

기업가치 지표
항목	2012	2013	2014	2015	2016	2017.2Q
주가(최고/저)(천원)	—/—	—/—	—/—	—/—	38.5/14.4	—/—
PER(최고/저)(배)	0.0/0.0	0.0/0.0	0.0/0.0	0.0/0.0	49.1/18.4	—
PBR(최고/저)(배)	0.0/0.0	0.0/0.0	0.0/0.0	0.0/0.0	3.2/1.2	1.7/1.1
EV/EBITDA(배)	2.4	0.4	0.7		10.7	
EPS(원)	-170	747	2,167	1,594	796	155
BPS(원)	176,535	225,641	246,081	7,990	12,094	12,097
CFPS(원)	-3,352	42,695	115,747	1,807	1,011	276
DPS(원)				250	250	
EBITDAPS(원)	24,959	79,073	130,407	1,967	1,151	619

재무 비율
〈단위 : % 〉
연도	영업이익률	순이익률	부채비율	차입금비율	ROA	ROE	유보율	자기자본비율	EBITDA마진율
2016	6.6	5.6	28.0	8.3	5.9	8.3	12,158.0	78.2	8.1
2015	9.0	8.2	61.2	32.7	13.8	25.6	8,190.3	62.0	10.1
2014	13.2	11.8	121.5	56.4	20.9	41.3	4,821.6	45.1	14.0
2013	11.3	5.8	58.7	28.3	—	—	4,412.8	63.0	12.2

제이에스티나 (A026040)
JESTINA

업 종 : 섬유 및 의복	시 장 : KOSDAQ
신용등급 : (Bond) — (CP) —	기업규모 : 우량
홈페이지 : www.jestina.com	연 락 처 : 02)2190-7000
본 사 : 서울시 송파구 양재대로62길 53	

설 립 일 1988.04.02	종업원수 471명	대표이사 김기석
상 장 일 1999.12.10	감사의견 적정(삼덕)	계 열
결 산 기 12월	보 통 주 1,650만주	종속회사수 2개사
액 면 가 500원	우 선 주	구 상 호 로만손

주주구성 (지분율,%)
김기문	20.7
김기석	11.2
(외국인)	0.2

출자관계 (지분율,%)
IGISISquarePFV	14.0
YTN라디오	5.0
에스엠아즈튜티프리	2.1

주요경쟁사 (외형,%)
제이에스티나	100
제이에스코퍼레이션	111
SG세계물산	181

매출구성
주얼리(제품)	54.5
핸드백(제품)	31.5
주얼리(상품)	6.6

비용구성
매출원가율	30.9
판관비율	64.5

수출비중
수출	3.0
내수	97.0

회사 개요
동사는 제이에스티나 브랜드로 주얼리와 핸드백 사업을, 로만손 브랜드로 손목시계 사업을 영위함. 생산은 외주생산 시스템을 유지하고 있으며, 디자인과 유통망을 확보하고 있음. 주얼리와 핸드백은 현재 내수 위주로 영위하고 있으며, 손목시계 수출 35%, 내수 65% 수준임. 2015년 제이에스티나 레드 브랜드로 주얼리와 색조화장품, 어패럴 등 편집매장을 열었음.

실적 분석
동사의 2017년 2분기 누적매출액은 697.0억원으로 전년 대비 23.3% 감소함. 영업이익은 5.8억원으로 91.4% 감소함. 2014년부터 본격적으로 중국 시장에 진출함. 2016년 4월 홍콩 IT몰에 입점했으며, 7월 중국 베이징의 유명 백화점인 신광천지에도 입점함. 2017년 4월 제이에스티나 브랜드로 화장품 출시 계획임. 스킨케어, 베이스, 색조로 구성됨. 20~30대 여성 타깃임.

현금 흐름
〈단위 : 억원〉
항목	2016	2017.2Q
영업활동	77	6
투자활동	-126	97
재무활동	-53	-113
순현금흐름	-102	-10
기말현금	43	33

시장 대비 수익률

결산 실적
〈단위 : 억원〉
항목	2012	2013	2014	2015	2016	2017
매출액	1,224	1,393	1,586	1,553	1,703	—
영업이익	75	101	104	41	79	—
당기순이익	76	85	90	34	34	—

분기 실적
〈단위 : 억원〉
항목	2016.1Q	2016.2Q	2016.3Q	2016.4Q	2017.1Q	2017.2Q
매출액	428	480	385	409	358	339
영업이익	27	40	9	3	12	-6
당기순이익	19	14	6	-5	-1	4

재무 상태
〈단위 : 억원〉
항목	2012	2013	2014	2015	2016	2017.2Q
총자산	963	1,041	1,198	1,308	1,249	1,120
유형자산	213	236	257	261	250	240
무형자산	26	30	30	32	39	41
유가증권	5	5	19	19	19	48
총부채	414	411	439	477	455	347
총차입금	274	261	288	317	322	237
자본금	84	87	87	87	87	87
총자본	549	631	759	831	794	773
지배주주지분	549	631	759	831	794	773

기업가치 지표
항목	2012	2013	2014	2015	2016	2017.2Q
주가(최고/저)(천원)	13.1/2.6	11.8/6.4	20.9/7.6	21.1/9.6	15.8/7.9	—/—
PER(최고/저)(배)	28.2/5.7	23.6/12.9	39.6/14.5	110.4/50.5	77.1/38.5	—
PBR(최고/저)(배)	3.9/0.8	3.1/1.7	4.6/1.7	4.1/1.9	3.0/1.5	2.0/1.5
EV/EBITDA(배)	17.9	11.6	20.3	20.3	11.8	
EPS(원)	489	521	543	195	207	15
BPS(원)	3,571	3,945	4,683	5,315	5,339	5,215
CFPS(원)	637	703	773	464	514	184
DPS(원)	100	125	100	100	100	
EBITDAPS(원)	634	798	857	519	784	203

재무 비율
〈단위 : % 〉
연도	영업이익률	순이익률	부채비율	차입금비율	ROA	ROE	유보율	자기자본비율	EBITDA마진율
2016	4.6	2.0	57.3	40.6	2.7	4.2	914.5	63.6	7.6
2015	2.7	2.1	57.4	38.2	2.6	4.1	910.0	63.5	5.5
2014	6.5	5.7	57.8	37.9	8.0	12.9	790.0	63.4	8.9
2013	7.2	6.1	65.1	41.3	8.5	14.4	649.6	60.6	9.4

제이에스피브이 (A250300)
JSPV COLTD

업 종 : 에너지 시설 및 서비스
신용등급 : (Bond) —　　(CP) —
홈 페 이 지 : www.jspv.co.kr
본　사 : 충남 아산시 둔포면 윤보선로 336번길 28
시　장 : KONEX
기업규모 : —
연 락 처 : 041)549-0600

설 립 일	2008.01.09	종 업 원 수	26명	대 표 이 사	이정현
상 장 일	2016.08.10	감 사 의 견	적정 (한길)	계　열	
결 산 기	12월	보 통 주		종속회사수	
액 면 가		우 선 주		구 상 호	

주주구성 (지분율,%)
이정현	40.9
김정남	40.9

출자관계 (지분율,%)
윈텍홀딩스	30.0
JSPVSOLARTECHNOLOGYSHANGHAI	35.0
JESSOLARPV.AU.D.H.ETRADINGPTYLTD	35.0

주요경쟁사 (외형,%)
제이에스피브이	100
신성이엔지	2,167
에스에너지	3,039

매출구성
태양광모듈	100.0

비용구성
매출원가율	99.4
판관비율	26.3

수출비중
수출	45.0
내수	55.0

회사 개요
동사는 2008년 01월 09일 무역업을 주된 사업으로 하여 설립되었으며 2012년부터 태양광 모듈공장을 건설하고 본격적으로 태양광 사업을 시작함. 설립당시 회사명은 '원코리아'였으나 2012년 7월 현재의 사명으로 변경함. 동사가 생산한 태양광모듈은 태양전지를 층 및 횡으로 연결하여 결합한 형태로 개별 태양전지에서 생산된 전기를 모듈에 동시에 모이게 하는 기능을 가지고 있음.

실적 분석
코넥스 상장 기업인 동사의 2016년말 연결기준 매출액은 100.3억원으로 국내 태양광 모듈 제조업체 중에서 낮은 점유율을 기록 중임. 낮은 원가율로 인해 25.7억원의 영업손실을 기록 중. 영업손실과 비영업손실로 34.6억원의 당기순손실을 기록 중임. 동사는 태양광셀 제조를 통한 생산수직계열화를 이루기 위해 충남 아산 둔포면 신남리에 신공장을 건설 중에 있으며, 2016년 중 공장을 완공 후 연간 생산능력이 400MW 증가할 것으로 예상됨.

현금 흐름　*IFRS 별도 기준　〈단위 : 억원〉
항목	2016	2017.2Q
영업활동	26	
투자활동	-95	
재무활동	61	
순현금흐름	-7	
기말현금	1	

시장 대비 수익률

결산 실적　〈단위 : 억원〉
항목	2012	2013	2014	2015	2016	2017
매출액	—	153	193	219	100	
영업이익	—	7	-1	17	-26	
당기순이익	—	-2	-2	11	-35	

분기 실적　*IFRS 별도 기준　〈단위 : 억원〉
항목	2016.1Q	2016.2Q	2016.3Q	2016.4Q	2017.1Q	2017.2Q
매출액	52					
영업이익	4					
당기순이익	3					

재무 상태　*IFRS 별도 기준　〈단위 : 억원〉
항목	2012	2013	2014	2015	2016	2017.2Q
총자산	—	102	144	205	256	
유형자산	—	24	56	110	196	
무형자산	—	6	4	3	5	
유가증권	—	1	1	1	1	
총부채	—	73	117	154	237	
총차입금	—	31	78	122	182	
자본금	—	15	15	22	23	
총자본	—	30	28	51	18	
지배주주지분	—	30	28	51	18	

기업가치 지표　*IFRS 별도 기준
항목	2012	2013	2014	2015	2016	2017.2Q
주가(최고/저)(천원)	#VALUE!	—/—	—/—	—/—	—/—	˙/˙
PER(최고/저)(배)	0.0/0.0	0.0/0.0	0.0/0.0	0.0/0.0	—/—	0.0/0.0
PBR(최고/저)(배)	0.0/0.0	0.0/0.0	0.0/0.0	0.0/0.0	40.2/11.5	0.0/0.0
EV/EBITDA(배)	0.0	2.5	34.4	5.6		
EPS(원)	—	42	-13	64	-153	
BPS(원)	—	198	184	231	80	
CFPS(원)	—	79	10	85	-134	
DPS(원)	—					
EBITDAPS(원)	—	104	14	119	-95	

재무 비율　〈단위 : % 〉
연도	영업이익률	순이익률	부채비율	차입금비율	ROA	ROE	유보율	자기자본비율	EBITDA마진율
2016	-25.7	-34.5	일부잠식	일부잠식	-15.0	-99.1	-20.4	7.2	-21.6
2015	7.6	4.9	298.8	237.9	6.2	27.5	131.3	25.1	9.3
2014	-0.7	-1.0	423.0	282.8	-1.6	-7.0	84.2	19.1	1.1
2013	4.3	2.7	245.5	104.1	0.0	0.0	97.6	28.9	6.6

제이엔케이히터 (A126880)
JNK Heaters

업 종 : 에너지 시설 및 서비스
신용등급 : (Bond) —　　(CP) —
홈 페 이 지 : www.jnkheaters.co.kr
본　사 : 서울시 금천구 가산디지털1로 168, C-1401호 (우림라이온스밸리)
시　장 : KOSDAQ
기업규모 : 벤처
연 락 처 : 02)2026-4268

설 립 일	1998.09.28	종 업 원 수	70명	대 표 이 사	김방희
상 장 일	2011.01.28	감 사 의 견	적정 (대주)	계　열	
결 산 기	12월	보 통 주	1,482만주	종속회사수	3개사
액 면 가	500원	우 선 주		구 상 호	

주주구성 (지분율,%)
김방희	24.4
현대커머셜	8.8
(외국인)	0.6

출자관계 (지분율,%)
케이씨써멀	40.0
비제이일렉트론	39.0
제이프케이메탈	35.0

주요경쟁사 (외형,%)
제이엔케이히터	100
일진파워	92
제이씨케미칼	108

매출구성
Fired Heater 해외	54.4
Fired Heater 국내	45.4
기 타	0.2

비용구성
매출원가율	88.3
판관비율	10.0

수출비중
수출	—
내수	—

회사 개요
동사는 대림엔지니어링의 Fired Heater사업부에서 정유 및 석유화학 공장의 핵심설비인 산업용가열로를 국내에서 독자적으로 생산한다는 목표로 1986년 사업을 시작한 이래, 원천가술의 습득 및 기술개발과 노하우를 꾸준히 축적하여 선진국의 동종기업들과의 경쟁을 하면서 국내는 물론 해외에도 많은 산업용가열로를 납품하여 왔음. 대림엔지니어링에서 분할 1998년 설립되었음. 미주, 호주 및 멕시코 등의 해외프로젝트에 다수 참여한 업력이 존재함.

실적 분석
동사의 연결기준 2017년 2분기 누적매출액은 683.2억원으로 전년동기 대비 11.7% 감소하였음. 매출원가율이 다소 악화되어 매출총이익이 58.2% 감소하였으며 이에 따라 판관비 절감 노력에도 불구하고 14.3억원의 영업손실을 시현, 적자전환하였음. 당기순이익도 22.9% 감소한 21.6억원을 기록함. 국내 및 중국의 가열로 공급 계약으로, 선진국 중심의 노후화 발전소 성능개선 발주 증가로 Fired Heater부문의 신규 수주 증가 추세.

현금 흐름　〈단위 : 억원〉
항목	2016	2017.2Q
영업활동	-199	196
투자활동	-16	-116
재무활동	228	-6
순현금흐름	10	78
기말현금	308	387

시장 대비 수익률

결산 실적　〈단위 : 억원〉
항목	2012	2013	2014	2015	2016	2017
매출액	1,363	1,139	1,415	1,715	1,435	
영업이익	61	5	19	92	26	
당기순이익	79	4	-176	33	-17	

분기 실적　〈단위 : 억원〉
항목	2016.1Q	2016.2Q	2016.3Q	2016.4Q	2017.1Q	2017.2Q
매출액	370	404	271	390	324	359
영업이익	33	7	-18	3	7	-21
당기순이익	7	21	-36	-10	-3	24

재무 상태　〈단위 : 억원〉
항목	2012	2013	2014	2015	2016	2017.2Q
총자산	1,501	1,449	1,606	1,616	1,770	1,822
유형자산	347	430	391	422	459	448
무형자산	24	26	17	19	16	16
유가증권	43	10	3	15	15	44
총부채	729	689	1,031	1,002	1,017	1,052
총차입금	515	487	680	626	682	677
자본금	40	40	40	40	74	74
총자본	773	759	575	614	754	770
지배주주지분	740	724	537	572	709	743

기업가치 지표
항목	2012	2013	2014	2015	2016	2017.2Q
주가(최고/저)(천원)	12.6/6.7	8.0/4.3	5.6/2.9	5.0/3.1	6.8/3.2	—/—
PER(최고/저)(배)	18.6/9.8	915.3/492.5	—/—	20.0/12.6	—/—	—/—
PBR(최고/저)(배)	1.8/0.9	1.1/0.6	1.0/0.5	0.9/0.6	1.4/0.6	0.9/0.7
EV/EBITDA(배)	15.7	39.4	16.9	7.2	16.7	
EPS(원)	720	9	-1,671	255	-142	266
BPS(원)	10,068	9,866	7,530	7,758	5,113	5,344
CFPS(원)	1,094	225	-1,867	641	81	358
DPS(원)	200	100		100	50	
EBITDAPS(원)	894	280	590	1,450	430	-5

재무 비율　〈단위 : % 〉
연도	영업이익률	순이익률	부채비율	차입금비율	ROA	ROE	유보율	자기자본비율	EBITDA마진율
2016	1.8	-1.2	134.9	90.5	-1.0	-2.7	922.6	42.6	3.7
2015	5.4	1.9	163.1	101.8	2.0	4.9	1,451.6	38.0	6.8
2014	1.3	-12.4	179.5	118.3	-11.5	-28.2	1,406.1	35.8	3.3
2013	0.5	0.4	90.7	64.2	0.1	0.1	1,873.3	52.4	2.0

제이엠아이 (A033050)
Jeong Moon Information

업 종 : 디스플레이 및 관련부품		시 장 : KOSDAQ	
신용등급 : (Bond) — (CP) —		기업규모 : 중견	
홈 페 이 지 : www.jmikorea.co.kr		연 락 처 : 031)376-9494	
본 사 : 경기도 화성시 동탄면 동탄산단 8길 15-20			

설 립 일	1993.02.20	종 업 원 수	77명	대 표 이 사	정광훈
상 장 일	1997.08.18	감 사 의 견	적정 (신한)	계 열	
결 산 기	12월	보 통 주	3,258만주	종속회사수	4개사
액 면 가	1,000원	우 선 주		구 상 호	

주주구성 (지분율,%)		출자관계 (지분율,%)		주요경쟁사 (외형,%)	
제이엠티	15.8	엔디에스	43.0	제이엠아이	100
정광훈	12.5	이노비쳔	11.0	리드	32
(외국인)	0.6	사운드그래프	5.5	상보	136

매출구성		비용구성		수출비중	
LED 모듈 및 기타 PBA	71.8	매출원가율	91.6	수출	87.0
CD, 매뉴얼, KIT(미국)	11.3	판관비율	4.9	내수	13.0
CD, 매뉴얼, KIT 외 기타	7.6				

회사 개요
동사는 1993년 2월 설립된 후 한 달만인 1993년 3월 미국 마이크로소프트사의 소프트웨어 공식 복제 계약을 체결한 공인복제 (AR) 업체로서 MS사의 운영체제를 국내외 PC조립회사에 공급하고 있음. 2009년부터 LED 조명 사업 시작해 2011년 자체 제조라인을 구축함. 중국(정문전자유한공사)의 기존 LCD모듈에서 LED모듈로의 사업전환에 따라 모든 설비 세팅을 완료, 고객사 주문에 대응하고 있음.

실적 분석
동사의 2017년 연결기준 2분기 매출액은 471.3억원으로 전년동기 대비 10.3% 감소하였으나, 원가율 감소 및 비용절감 노력으로 매출감소에도 영업이익은 전년 동기대비 95.6% 증가한 12.4억원을 기록하였음. 당기순이익은 전년 대비 흑자전환하며 4.9억원을 기록함. 동사는 주요 매출원인 소프트웨어 복제 및 공급이 온라인 공급으로 변화됨에 따라 불가피한 사업구조의 변화를 경험하고 있음.

현금 흐름 〈단위 : 억원〉
항목	2016	2017.2Q
영업활동	132	-0
투자활동	-20	1
재무활동	-57	-20
순현금흐름	59	-25
기말현금	172	147

시장 대비 수익률

결산 실적 〈단위 : 억원〉
항목	2012	2013	2014	2015	2016	2017
매출액	2,208	2,478	1,948	1,208	1,117	
영업이익	-287	-116	34	16	39	
당기순이익	-339	-215	-34	-23	-12	

분기 실적 〈단위 : 억원〉
항목	2016.1Q	2016.2Q	2016.3Q	2016.4Q	2017.1Q	2017.2Q
매출액	266	259	302	290	204	267
영업이익	6	1	18	14	0	12
당기순이익	-4	-13	6	-1	-8	13

재무 상태 〈단위 : 억원〉
항목	2012	2013	2014	2015	2016	2017.2Q
총자산	1,677	1,557	1,313	1,167	1,100	1,006
유형자산	847	600	508	454	372	336
무형자산	26	7	5	5	5	4
유가증권	22	19	6	3	3	3
총부채	945	1,030	822	692	634	541
총차입금	365	468	338	318	274	248
자본금	326	326	326	326	326	326
총자본	732	528	491	475	466	465
지배주주지분	727	524	492	475	466	465

기업가치 지표
항목	2012	2013	2014	2015	2016	2017.2Q
주가(최고/저)(천원)	3.0/1.4	1.9/1.0	1.4/1.1	2.0/1.2	1.7/1.2	—/—
PER(최고/저)(배)	—/—	—/—	—/—	—/—	—/—	—/—
PBR(최고/저)(배)	1.3/0.6	1.2/0.6	0.9/0.7	1.3/0.8	1.1/0.8	1.0/0.8
EV/EBITDA(배)			4.5	7.3	5.1	
EPS(원)	-1,000	-650	-100	-70	-37	15
BPS(원)	2,293	1,672	1,572	1,522	1,494	1,492
CFPS(원)	-639	-343	112	141	143	79
DPS(원)			20			
EBITDAPS(원)	-520	-49	317	262	299	102

재무 비율 〈단위 : % 〉
연도	영업이익률	순이익률	부채비율	차입금비율	ROA	ROE	유보율	자기자본비율	EBITDA마진율
2016	3.5	-1.1	136.0	58.7	-1.1	-2.6	49.4	42.4	8.7
2015	1.4	-1.9	145.6	66.9	-1.8	-4.7	52.2	40.7	7.1
2014	1.8	-1.7	167.2	68.7	-2.4	-6.4	57.2	37.4	5.3
2013	-4.7	-8.7	195.2	88.8	-13.3	-33.9	67.2	33.9	-0.7

제이엠티 (A094970)
JMT

업 종 : 디스플레이 및 관련부품		시 장 : KOSDAQ	
신용등급 : (Bond) — (CP) —		기업규모 : 중견	
홈 페 이 지 : www.jmtkorea.com		연 락 처 : 070)7500-5135	
본 사 : 경기도 평택시 산단로 63-19			

설 립 일	1998.06.01	종 업 원 수	141명	대 표 이 사	정수연
상 장 일	2007.10.12	감 사 의 견	적정 (신한)	계 열	
결 산 기	12월	보 통 주	1,675만주	종속회사수	2개사
액 면 가	500원	우 선 주		구 상 호	

주주구성 (지분율,%)		출자관계 (지분율,%)		주요경쟁사 (외형,%)	
정수연	25.1	제이엠시에스	51.0	제이엠티	100
정도연	24.8	제이엠아이	15.8	리드	37
(외국인)	1.9	JMTVNCO.,LTD	100.0	상보	157

매출구성		비용구성		수출비중	
TV Source 패널	41.6	매출원가율	93.8	수출	51.0
Note/Monitor패널	27.2	판관비율	5.4	내수	49.0
TV Source 패널(베트남 현지 공급)	24.0				

회사 개요
동사는 1998년 설립되어 TFT-LCD 패널의 주요 부품 중 하나인 PBA를 전문으로 생산하는 업체로서, 생산설비를 이용해 전자제품 제조 및 납품에 관한 서비스를 일괄 제공함. PBA는 TFT-LCD 내에서 신호의 변화 및 송출을 담당하는 장치로서, 모니터, LCD TV 등의 핵심부품으로 이용됨. 고객사의 Forecast 기준으로 동사의 시장 점유율은 30~35%로 추정되고, 수출이 전체매출의 약 70% 가량을 차지하고 있음.

실적 분석
동사의 2017년 2분기 연결기준 누적매출액은 504.6억원으로 전년 동기 대비 25.2% 증가함. 이는 베트남 법인의 매출규모가 본격 상승세를 보인 것에 기인함. 하지만 현지 투자활동 지속에 따른 초기 투자비용 부담으로 원가와 판관비가 증가하고, 환율변동 효과 및 금융비용 증가로 당기순손실로 0.8억원 발생, 적자전환함. 하지만 베트남 현지법인의 경우 초기 투자의 부담은 있으나, 하반기 실적 개선이 기대되고 있음.

현금 흐름 〈단위 : 억원〉
항목	2016	2017.2Q
영업활동	3	1
투자활동	-83	-122
재무활동	29	192
순현금흐름	-51	66
기말현금	50	116

시장 대비 수익률

결산 실적 〈단위 : 억원〉
항목	2012	2013	2014	2015	2016	2017
매출액	1,603	1,519	1,562	895	965	
영업이익	89	98	94	-1	8	
당기순이익	22	46	46	-71	7	

분기 실적 〈단위 : 억원〉
항목	2016.1Q	2016.2Q	2016.3Q	2016.4Q	2017.1Q	2017.2Q
매출액	219	184	244	318	308	197
영업이익	13	-10	2	0	5	13
당기순이익	12	-12	-5	12	-20	19

재무 상태 〈단위 : 억원〉
항목	2012	2013	2014	2015	2016	2017.2Q
총자산	805	921	814	458	570	838
유형자산	368	341	276	148	187	285
무형자산	4	4	3	3	13	13
유가증권						
총부채	450	520	372	94	198	471
총차입금	227	192	88	20	49	240
자본금	84	84	84	84	84	84
총자본	355	402	442	364	372	367
지배주주지분	355	402	442	364	372	367

기업가치 지표
항목	2012	2013	2014	2015	2016	2017.2Q
주가(최고/저)(천원)	4.0/1.6	3.2/1.8	3.3/2.0	2.8/1.5	3.3/1.8	—/—
PER(최고/저)(배)	32.3/13.0	12.2/6.8	12.2/7.3	—/—	75.5/41.7	—/—
PBR(최고/저)(배)	2.0/0.8	1.4/0.8	1.3/0.8	1.3/0.7	1.5/0.8	1.9/1.2
EV/EBITDA(배)	3.1	2.4	1.7	4.7	10.2	
EPS(원)	130	276	277	-426	43	2,199
BPS(원)	2,127	2,405	2,647	2,180	2,229	98
CFPS(원)	576	770	804	-62	296	98
DPS(원)		50	50		360	157
EBITDAPS(원)	977	1,081	1,087	303	303	157

재무 비율 〈단위 : % 〉
연도	영업이익률	순이익률	부채비율	차입금비율	ROA	ROE	유보율	자기자본비율	EBITDA마진율
2016	0.9	0.8	53.1	13.2	1.4	2.0	345.8	65.3	5.3
2015	-0.1	-8.0	25.9	5.5	-11.2	-17.7	336.1	79.4	6.7
2014	6.0	3.0	84.2	19.8	5.4	11.0	429.3	54.3	11.7
2013	6.5	3.1	129.5	47.8	5.4	12.2	381.1	43.6	11.9

제이와이피엔터테인먼트 (A035900)
JYP Entertainment

업 종 : 미디어		시 장 : KOSDAQ	
신용등급 : (Bond) —	(CP) —	기업규모 : 우량	
홈 페 이 지 : www.jype.com		연 락 처 : 02)3438-2300	
본 사 : 서울시 강남구 도산대로 537(청담동 운촌빌딩 3층)			

설 립 일 1996.04.25	종 업 원 수 138명	대 표 이 사 정욱	
상 장 일 2001.08.30	감 사 의 견 적정 (선진)	계 열	
결 산 기 12월	보 통 주 3,455만주	종속회사수 5개사	
액 면 가 500원	우 선 주	구 상 호	

주주구성 (지분율,%)		출자관계 (지분율,%)		주요경쟁사 (외형,%)	
박진영	16.2	제이와이피픽쳐스	100.0	JYP Ent.	100
원영식	1.3	진앤튠	50.0	YG PLUS	96
(외국인)	11.0	제이지원	49.0	초록뱀	144

매출구성		비용구성		수출비중	
음반/음원(기타)	28.3	매출원가율	62.9	수출	32.0
광고(기타)	23.2	판관비율	18.4	내수	68.0
초상권외(기타)	20.4				

회사 개요
동사는 소속연예인의 엔터테인먼트 활동(광고, 행사, 드라마출연, 공연 등)과 음반(CD), 음원의 제작 및 판매와 MD 부가사업을 주요 사업으로 하고 있음. 2013년 말 JYP엔터가 JYP를 흡수 합병한 이후 적자 법인인 미국 크리스탈 벨리와 AQ 레이블을 정리했으며, 미국 법인도 사실상 청산하면서 정상화 노력에 힘쓰고 있음. 소속연예인으로는 미쓰에이, 박진영, 갓세븐, 백아연, G.Soul, 트와이스 등이 있음.

실적 분석
일본진출에 의한 앨범판매 및 콘서트 호황등의 영향에 따라 동사의 2017년 2분기기준 누적 매출액은 전년동기대비 74.4% 상승한 504.5억원을 기록함. 그에 따라 전년동기대비 영업이익은 107.4억원으로 138.8% 크게 상승하였음. 최종적으로 전년동기대비 당기순이익은 크게 상승하여 97.1억원을 기록함. 이후 트와이스의 일본 투어 및 GOT7의 공연, 신인그룹 데뷔 등이 계획되어 있는 만큼 향후 수익의 큰 증가가 기대되고 있음.

현금 흐름
<단위 : 억원>

항목	2016	2017.2Q
영업활동	154	159
투자활동	-38	-14
재무활동	-0	15
순현금흐름	120	157
기말현금	248	405

시장 대비 수익률

결산 실적
<단위 : 억원>

항목	2012	2013	2014	2015	2016	2017
매출액	151	213	485	506	736	
영업이익	-65	-26	83	42	138	
당기순이익	-99	-39	79	32	85	

분기 실적
<단위 : 억원>

항목	2016.1Q	2016.2Q	2016.3Q	2016.4Q	2017.1Q	2017.2Q
매출액	110	179	190	257	219	285
영업이익	7	38	36	57	38	69
당기순이익	10	29	33	14	29	68

재무 상태
<단위 : 억원>

항목	2012	2013	2014	2015	2016	2017.2Q
총자산	246	690	739	741	866	1,033
유형자산	11	11	8	5	3	24
무형자산	2	291	311	331	310	304
유가증권	96	113	114	87	99	91
총부채	105	223	179	153	195	256
총차입금	63	51	41			
자본금	122	170	170	170	170	172
총자본	141	467	560	588	670	777
지배주주지분	142	464	556	584	664	771

기업가치 지표

항목	2012	2013	2014	2015	2016	2017.2Q
주가(최고/저)(천원)	9.1/3.9	6.6/4.1	6.1/4.0	6.0/3.9	6.6/4.1	—/—
PER(최고/저)(배)	—/—	—/—	26.9/17.7	64.0/41.3	26.8/16.8	—/—
PBR(최고/저)(배)	15.7/6.8	3.7/2.3	3.0/2.0	2.8/1.8	2.8/1.8	3.4/1.8
EV/EBITDA(배)			14.3	20.8	8.5	—/—
EPS(원)	-400	-141	226	94	246	283
BPS(원)	581	1,777	2,047	2,129	2,366	2,651
CFPS(원)	-381	-124	240	167	318	325
DPS(원)						
EBITDAPS(원)	-262	-80	257	196	478	356

재무 비율
<단위 : %>

연도	영업이익률	순이익률	부채비율	차입금비율	ROA	ROE	유보율	자기자본비율	EBITDA마진율
2016	18.8	11.6	29.1	0.0	10.6	13.4	373.1	77.4	22.1
2015	8.3	6.4	26.0	0.0	4.4	5.6	325.8	79.4	13.2
2014	17.0	16.2	32.1	7.3	11.0	15.1	309.4	75.7	18.0
2013	-12.0	-18.5	47.8	10.9	-8.4	-12.3	255.3	67.7	-10.0

제이웨이 (A058420)
J way

업 종 : 미디어		시 장 : KOSDAQ	
신용등급 : (Bond) —	(CP) —	기업규모 : 중견	
홈 페 이 지 : www.jway.kr		연 락 처 : 1566-1505	
본 사 : 광주시 광산구 장신로50번길 9-22(장덕동,3층)			

설 립 일 1994.04.06	종 업 원 수 39명	대 표 이 사 이인범,박인홍(각자대표이사)	
상 장 일 2002.01.10	감 사 의 견 적정 (신우)	계 열	
결 산 기 12월	보 통 주 1,106만주	종속회사수 2개사	
액 면 가 500원	우 선 주	구 상 호	

주주구성 (지분율,%)		출자관계 (지분율,%)		주요경쟁사 (외형,%)	
김병건	16.4	박스넷	100.0	제이웨이	100
아이리스시스템	8.6	제이삼아시스템	51.1	래몽라인	190
		이프랜드	44.4	세기상사	73

매출구성		비용구성		수출비중	
영상사업부문(컨텐츠)	100.0	매출원가율	84.6	수출	0.0
		판관비율	29.5	내수	100.0

회사 개요
동사는 2000년 설립되어 디지털 영화관 컨텐츠 공급 및 시스템 유지보수, VOD서비스 사업을 주요 사업으로 영위 중임. VOD서비스관련 숙박업소위탁 및 유통을 하는 박스넷을 종속회사로 두고 있음. 주력인 영상사업부문에서는 배급사로부터 영화 판권을 구입하여 모텔, DVD 감상실 등에 제공하는 사업을 영위함. 금속구조물, 철물 등을 업종으로 하는 제이삼아시스템을 지분취득을 통해 연결대상 자회사로 편입함.

실적 분석
동사의 2017년 2분기 연결기준 누적매출액은 38.1억원을 기록, 전년 동기 대비 2.4% 감소함. 중단사업으로 인하여 매출이 감소하고, 이로 인해 손익구조가 악영향을 받으며 영업이익과 당기순이익 모두 적자지속함. 영화감상실, 숙박업소, PC방 등의 영화 컨텐츠 공급 산업의 성장과 더불어, 향후 저작권법 강화로 인해 컨텐츠시장이 투명화될 것으로 판단, 매출 확대를 기대중임. 또한 신규 연결된 자회사의 매출 발생을 통한 실적 개선이 필요해보임.

현금 흐름
<단위 : 억원>

항목	2016	2017.2Q
영업활동	8	-3
투자활동	-22	-21
재무활동	38	7
순현금흐름	24	-17
기말현금	51	34

시장 대비 수익률

결산 실적
<단위 : 억원>

항목	2012	2013	2014	2015	2016	2017
매출액	124	129	138	89	75	
영업이익	-15	-17	-23	5	-10	
당기순이익	-30	-43	-34	2	-16	

분기 실적
<단위 : 억원>

항목	2016.1Q	2016.2Q	2016.3Q	2016.4Q	2017.1Q	2017.2Q
매출액	22	19	32	2	20	1
영업이익	-3	-2	-1	-5	-2	-1
당기순이익	-1	-3	-1	-12	-2	-1

재무 상태
<단위 : 억원>

항목	2012	2013	2014	2015	2016	2017.2Q
총자산	147	125	79	89	104	10
유형자산	56	25	15	11	6	1
무형자산	31	16	18	17	12	1
유가증권	—	—	—	6		
총부채	45	37	26	18	13	1
총차입금	17	20	3			
자본금	105	120	40	46	54	5
총자본	102	88	53	71	92	9
지배주주지분	102	88	53	71	92	8

기업가치 지표

항목	2012	2013	2014	2015	2016	2017.2Q
주가(최고/저)(천원)	4.2/1.9	3.1/1.8	2.4/1.7	3.2/1.9	6.4/2.4	—/—
PER(최고/저)(배)	—/—	—/—	—/—	181.0/104.6	—/—	—/—
PBR(최고/저)(배)	2.9/1.3	2.8/1.6	3.7/2.6	4.2/2.4	7.5/2.8	4.1/3
EV/EBITDA(배)	15.4	15.7	980.8	10.0	33.3	—/—
EPS(원)	-453	-580	-428	18	-166	-7
BPS(원)	482	367	656	759	856	78
CFPS(원)	2	-46	-141	246	16	
DPS(원)						
EBITDAPS(원)	80	69	3	283	74	

재무 비율
<단위 : %>

연도	영업이익률	순이익률	부채비율	차입금비율	ROA	ROE	유보율	자기자본비율	EBITDA마진율
2016	-14.0	-21.7	13.7	0.0	-16.8	-19.9	71.3	88.0	13
2015	5.4	1.8	25.4	0.0	1.9	2.5	51.8	79.8	28.
2014	-16.4	-24.8	49.7	5.4	-33.7	-48.7	31.1	66.8	0
2013	-13.4	-33.1	일부잠식	일부잠식	-31.4	-45.0	-26.6	70.5	11

제이준코스메틱 (A025620)
Jayjun Cosmetic

업 종 : 개인생활용품	시 장 : 거래소
신용등급 : (Bond) — (CP) —	기업규모 : 시가총액 중형주
홈 페 이 지 : www.jayjun.kr	연 락 처 : 02)2193-9500
본 사 : 인천시 남동구 남동동로 141 3층 (고진동)	

설 립 일 1975.04.20	종 업 원 수 155명	대 표 이 사 박범규,이진형
상 장 일 1995.06.09	감 사 의 견 적정 (새시대)	계 열
결 산 기 12월	보 통 주 6,687만주	종 속 회 사 수
액 면 가 100원	우 선 주	구 상 호 제이준

주주구성 (지분율,%)		출자관계 (지분율,%)	주요경쟁사 (외형,%)	
제이준글로벌	13.6	앨피스	제이준코스메틱	100
한국투자밸류자산운용	8.3		네오팜	51
(외국인)	1.2		코리아나	149

매출구성		비용구성		수출비중	
[화장품]제품	62.2	매출원가율	67.0	수출	29.0
상품	35.0	판관비율	17.0	내수	71.0
[피혁]제품	2.7				

회사 개요
동사는 가죽 원단을 생산하는 피혁전문업체임. 2014년 기업회생절차에 들어가 2015년 1월 회생절차 종결 결정을 받음. 사업부문은 제혁사업부문의 제품매출과 기타매출로 구분됨. 유통사업부를 신설하여 홈쇼핑 생산투자 및 영업, 에이전트 사업을 통해 신규 사업을 추진하고 있음. 원활한 물량 공급 확보를 위하여 인천공장 건설 및 시설추가를 진행중 (2017년 10월 완공 예정)

실적 분석
동사의 2017년 2/4분기 누적 매출액은 664.5억원으로 전년동기 대비 1,873.1% 증가함. 영업이익은 134.9억원으로 흑자전환에 성공함. 당기순이익은 174.7억원으로 흑자전환함. 마스크팩을 OEM 방식으로 생산하며 중국에 수출하고 있음. 에스피엘 인수로 직접 생산 비중이 늘면서 외형 확대와 함께 수익성도 큰 폭으로 개선됐음. 중국판 블랙프라이데이인 광군절 수혜도 본 것으로 보임.

현금 흐름 〈단위 : 억원〉
항목	2016	2017.2Q
영업활동	71	
투자활동	-731	
재무활동	659	
순현금흐름	-1	
기말현금	32	

결산 실적 〈단위 : 억원〉
항목	2012	2013	2014	2015	2016	2017
매출액	504	301	71	80	834	
영업이익	-50	-128	-202	-107	133	
당기순이익	-57	-175	-81	-155	125	

분기 실적 〈단위 : 억원〉
항목	2016.1Q	2016.2Q	2016.3Q	2016.4Q	2017.1Q	2017.2Q
매출액	47	21	431	336		
영업이익	-8	-11	61	91		
당기순이익	-8	-39	51	122		

재무 상태 〈단위 : 억원〉
항목	2012	2013	2014	2015	2016	2017.2Q
총자산	565	853	307	327	1,153	
유형자산	341	382	296	25	141	
무형자산	1	0	0	14	70	
유가증권	2	2	—	32	91	
총부채	436	819	106	197	289	
총차입금	324	407	10	142	196	
자본금	212	49	306	62	54	
총자본	130	34	201	130	864	
지배주주지분	130	37	201	130	864	

기업가치 지표
항목	2012	2013	2014	2015	2016	2017.2Q
주가(최고/저)(천원)	175/68.5	123/29.5	36.5/8.7	24.9/3.7	9.3/2.5	—/—
PER(최고/저)(배)	—/—	—/—	—/—	—/—	30.7/8.4	0.0/0.0
PBR(최고/저)(배)	12.5/4.9	35.2/8.4	37.1/8.8	39.4/5.8	5.8/1.6	
EV/EBITDA(배)					21.4	
EPS(원)	-7,434	-17,496	-4,018	-752	302	
BPS(원)	306	382	328	211	1,605	
CFPS(원)	-128	-1,781	-1,091	-240	309	
DPS(원)						
EBITDAPS(원)	-108	-1,340	-2,874	-163	328	

재무 비율 〈단위 : % 〉
연도	영업이익률	순이익률	부채비율	차입금비율	ROA	ROE	유보율	자기자본비율	EBITDA마진율
2016	16.0	15.0	33.4	22.7	16.9	25.2	1,504.7	74.9	16.3
2015	-134.1	-193.4	151.0	108.8	-48.9	-93.5	110.9	39.9	-125.6
2014	-282.1	-112.8	일부잠식	일부잠식	-13.9	-72.6	-34.5	65.4	-259.7
2013	-42.6	-58.3	일부잠식	일부잠식	-24.8	-199.3	-23.7	4.0	-38.8

제이콘텐트리 (A036420)
Jcontentree corp

업 종 : 미디어	시 장 : KOSDAQ
신용등급 : (Bond) BBB+ (CP) —	기업규모 : 우량
홈 페 이 지 : www.jcontentree.co.kr	연 락 처 : 02)751-9811
본 사 : 서울시 강남구 도산대로 156(논현동)	

설 립 일 1987.09.28	종 업 원 수 644명	대 표 이 사 반범음
상 장 일 2000.03.23	감 사 의 견 적정 (안진)	계 열
결 산 기 12월	보 통 주 11,407만주	종 속 회 사 수 9개사
액 면 가 500원	우 선 주	구 상 호

주주구성 (지분율,%)		출자관계 (지분율,%)		주요경쟁사 (외형,%)	
중앙미디어네트워크	21.4	한국멀티플렉스투자	95.8	제이콘텐트리	100
홍석현	9.5	메가박스	50.0	에스엠	104
(외국인)	1.6	제이티비씨콘텐트허브	42.4	스카이라이프	198

매출구성		비용구성		수출비중	
극장	76.6	매출원가율	45.5	수출	8.0
방송	23.4	판관비율	45.8	내수	92.0

회사 개요
동사는 일간스포츠 신문의 발행을 주요 사업으로 영위하다 2009년 4월 1일자로 물적분할을 하여 신설회사인 아이에스일간스포츠를 설립하였으며 이후 2011년 5월24일 중앙엠앤비의 흡수합병을 통해 현재 매거진 발행과 메가박스센트럴 극장 운영, 광고 및 SO 영업대행 등을 주요 사업으로 하고 있음. 또한, 종속회사를 통하여 극장 운영, 방송용프로그램의 제작 및 유통, 케이블채널(Qtv) 운영, 일간스포츠 발행, 문화사업(뮤지컬) 등을 영위 중임.

실적 분석
동사의 반기 매출액은 전년동기 대비 20.2% 증가한 1,835억원을 기록함. 외형확대에도 불구하고, 원가율 상승 및 판관비 급증 여파로 영업이익은 전년동기 대비 17.3% 감소한 140.8억원이 시현하는데 그침. 비영업손익의 일부 개선으로 당기순이익은 지난해 대비 77.6% 증가한 100.7억원을 시현함. 향후 콘텐츠 경쟁력 확대 및 영화부문의 매출 개선이 지속적인 실적 개선의 열쇠가 될 전망.

현금 흐름 〈단위 : 억원〉
항목	2016	2017.2Q
영업활동	184	-115
투자활동	-439	-313
재무활동	481	256
순현금흐름	226	-172
기말현금	553	381

결산 실적 〈단위 : 억원〉
항목	2012	2013	2014	2015	2016	2017
매출액	3,932	3,803	3,695	3,058	3,352	
영업이익	426	380	365	329	289	
당기순이익	243	37	145	196	289	

분기 실적 〈단위 : 억원〉
항목	2016.1Q	2016.2Q	2016.3Q	2016.4Q	2017.1Q	2017.2Q
매출액	827	699	1,057	769	869	966
영업이익	135	35	154	-35	52	89
당기순이익	66	-9	123	44	38	63

재무 상태 〈단위 : 억원〉
항목	2012	2013	2014	2015	2016	2017.2Q
총자산	5,145	5,065	4,811	4,560	5,502	5,756
유형자산	843	990	1,201	1,373	2,130	1,780
무형자산	888	792	822	770	761	834
유가증권	49	78	110	80	117	154
총부채	3,823	3,685	3,159	3,777	4,252	3,305
총차입금	2,289	2,182	1,781	2,466	2,914	2,047
자본금	328	328	330	570	570	570
총자본	1,322	1,380	1,652	782	1,250	2,450
지배주주지분	938	864	900	624	839	1,791

기업가치 지표
항목	2012	2013	2014	2015	2016	2017.2Q
주가(최고/저)(천원)	4.1/2.3	5.0/3.4	4.0/2.7	6.2/3.0	6.1/3.5	—/—
PER(최고/저)(배)	26.6/14.6	—/—	—/—	51.5/24.6	35.9/20.9	—/—
PBR(최고/저)(배)	3.1/1.7	4.1/2.8	3.2/2.2	10.5/5.0	7.8/4.5	2.7/2.3
EV/EBITDA(배)	6.8		7.8	7.2	17.3	16.7
EPS(원)	154	-133	-1	120	169	1,615
BPS(원)	1,510	1,397	1,438	592	780	59
CFPS(원)	491	198	332	299	291	59
DPS(원)						
EBITDAPS(원)	964	931	885	525	376	123

재무 비율 〈단위 : % 〉
연도	영업이익률	순이익률	부채비율	차입금비율	ROA	ROE	유보율	자기자본비율	EBITDA마진율
2016	8.6	6.7	340.1	233.1	4.5	26.3	56.1	22.7	12.8
2015	10.8	6.4	482.9	315.2	4.2	15.0	18.4	17.2	16.3
2014	9.9	3.9	191.3	107.8	2.9	-0.1	187.6	34.3	15.8
2013	10.0	1.0	267.1	158.2	0.7	-11.1	179.3	27.2	16.0

제이티 (A089790)
JT

업 종 : 반도체 및 관련장비		시 장 : KOSDAQ	
신용 등급 : (Bond) — (CP) —		기업 규모 : 벤처	
홈 페 이 지 : www.jtcorp.co.kr		연 락 처 : 070)4172-0114	
본 사 : 충남 천안시 서북구 직산읍 4산단3로 135			

설 립 일 1998.07.07	종업원수 159명	대표이사 유홍준	
상 장 일 2006.10.27	감사의견 적정 (한신)	계 열	
결 산 월 12월	보통주 753만주	종속회사수	
액 면 가 500원	우 선 주	구 상 호	

주주구성 (지분율,%)		출자관계 (지분율,%)		주요경쟁사 (외형,%)	
유홍준	27.4	제이티	100		
김종복	4.7	네패스신소재	82		
(외국인)	1.1	피에스엠씨	48		

매출구성		비용구성		수출비중	
S-LSI Test Handler 등	93.2	매출원가율	84.5	수출	80.0
N2O, CO2, SF6, Mix가스 등	4.9	판관비율	53.9	내수	20.0
LED Probe & Sorter 등	1.8				

회사 개요
동사는 1998년 설립되어 반도체 검사장비 관련 사업과 산업용 특수가스 및 가스설비 제조업을 영위하고 있음. 반도체검사장비는 메모리 및 비메모리 반도체생산의 후공정 전반을 책임지며, 삼성전자에 전량 납품하면서 100% 가까운 시장점유율을 유지하고 있음. 주력상품 외에도 LED 검사장비와 태양광 장비까지 그 영역을 확대함.2013년 물적분할한 자회사 (주)세인을 매각하며, 2014년 씨앤지머트리얼즈를 종속회사로 편입함.

실적 분석
동사는 2017년 상반기 누적 매출액이 146.1억원으로 전년 동기 대비 20.0% 증가했고, 영업손실은 21.7억원으로 전년 동기에 비해 적자폭이 줄었으나 적자가 지속되고 있음. 동사는 반도체장비와 특수가스 매출이 늘었으나, 원재료 매입에만 94.8억원을 지출하며 매출원가가 전년 동기보다 29.3% 증가함. 116.0억원이었고, 인건비를 줄이는 등 판매관리비가 감소했는데도 적자를 면치 못함. 비영업손실 6.5억원이고 당기순손실은 28.2억원임.

현금 흐름 *IFRS 별도 기준
항목	2016	2017.2Q
영업활동	-11	-34
투자활동	-18	13
재무활동	34	8
순현금흐름	5	-13
기말현금	14	1

<단위 : 억원>

시장 대비 수익률

결산 실적
<단위 : 억원>

항목	2012	2013	2014	2015	2016	2017
매출액	703	215	444	348	223	
영업이익	37	-21	63	-34	-86	
당기순이익	13	-20	63	-35	-98	

분기 실적 *IFRS 별도 기준
<단위 : 억원>

항목	2016.1Q	2016.2Q	2016.3Q	2016.4Q	2017.1Q	2017.2Q
매출액	72	49	63	39	76	70
영업이익	1	-31	-14	-42	-1	-21
당기순이익	1	-29	-26	-44	-5	-24

재무 상태 *IFRS 별도 기준
<단위 : 억원>

항목	2012	2013	2014	2015	2016	2017.2Q
총자산	293	348	489	508	416	429
유형자산	100	98	151	167	169	164
무형자산	12	12	18	16	13	13
유가증권	—	30	30			
총부채	93	161	221	281	268	307
총차입금	41	117	152	213	229	237
자본금	31	31	35	37	37	38
총자본	200	187	268	226	148	122
지배주주지분	200	187	268	226	148	122

기업가치 지표 *IFRS 별도 기준
항목	2012	2013	2014	2015	2016	2017.2Q
주가(최고/저)(천원)	7.9/3.5	5.5/2.8	6.1/3.3	9.8/3.1	5.6/3.1	—/—
PER(최고/저)(배)	38.9/17.2	—/—	6.4/3.5	—/—	—/—	—/—
PBR(최고/저)(배)	2.3/1.0	1.7/0.8	1.5/0.8	2.9/0.9	2.4/1.3	2.4/1.5
EV/EBITDA(배)	4.1		5.8			
EPS(원)	209	-328	967	-478	-1,314	-375
BPS(원)	3,588	3,458	4,248	3,404	2,355	1,990
CFPS(원)	354	-240	1,075	-306	-1,132	-280
DPS(원)			130			
EBITDAPS(원)	737	-249	1,072	-292	-965	-194

재무 비율
<단위 : %>

연도	영업이익률	순이익률	부채비율	차입금비율	ROA	ROE	유보율	자기자본비율	EBITDA마진율
2016	-38.4	-43.9	181.2	154.9	-21.3	-52.5	370.9	35.6	-32.3
2015	-9.9	-10.2	124.4	94.3	-7.1	-14.3	580.7	44.6	-6.2
2014	14.1	14.2	82.5	56.8	15.0	28.2	749.2	54.8	15.7
2013	-9.8	-9.5	86.2	62.6	-6.4	-10.6	591.7	53.7	-7.2

제일기획 (A030000)
Cheil Worldwide

업 종 : 미디어		시 장 : 거래소	
신용 등급 : (Bond) AA (CP) —		기업 규모 : 시가총액 대형주	
홈 페 이 지 : www.cheil.co.kr		연 락 처 : 02)3780-2114	
본 사 : 서울시 용산구 이태원로 222 제일기획			

설 립 일 1973.01.17	종업원수 1,229명	대표이사 임대기	
상 장 일 1998.02.11	감사의견 적정 (삼일)	계 열	
결 산 월 12월	보통주 11,504만주	종속회사수 97개사	
액 면 가 200원	우 선 주	구 상 호	

주주구성 (지분율,%)		출자관계 (지분율,%)		주요경쟁사 (외형,%)	
삼성전자	25.2	수원삼성축구단	100.0	제일기획	100
국민연금공단	8.2	SVIC12호신기술사업투자조합	99.0	CJ E&M	48
(외국인)	32.4	SVIC34호신기술사업투자조합	99.0	CJ CGV	44

매출구성		비용구성		수출비중	
광고물제작 등	76.2	매출원가율	69.1	수출	—
뉴미디어 등	18.9	판관비율	26.2	내수	—
전파매체	2.8				

회사 개요
광고주의 니즈에 적합한 미디어, 전략, 크리에이티브, 디지털 등 통합적인 광고 서비스를 제공. 삼성 계열사가 주력 광고주이며, 미국과 유럽, 신흥시장에 걸쳐 전 세계 43개국 52개 네트워크를 구축하고 있음. 2009년 이후 영국 BMB, 미국 TBG, 중국 OTC를 인수했고, 2012년 미국 매키니, 중국 브라보, 2015년 영국 아이리스를 추가 인수. 2016년에는 영국의 B2B 마케팅 전문기업을, 금년에는 캐나다 컨설팅 회사를 인수함.

실적 분석
2017년 2분기 매출액은 정체했지만, 효율적인 판매관리비 운영으로 영업이익은 예상을 뛰어넘는 실적을 기록함. 지역별로는 유럽, 중남미, 인도 등지의 성장세가 이어지는 가운데, 부진했던 북미와 중국이 2분기 들어 다소 턴어닝하는 모습임. 특히 중국은 평타이를 중심으로 비계열 광고물량이 늘기 시작했고 삼성전자 대형물량이 확대됨. 중국 사드보복에도 불구하고 갤럭시노트8 출시와 평창동계올림픽 등 잇단 호재로 올해 최고 영업이익 달성이 가능할 전망임.

현금 흐름
<단위 : 억원>

항목	2016	2017.2Q
영업활동	1,141	433
투자활동	-474	-517
재무활동	-461	-357
순현금흐름	203	-507
기말현금	3,726	3,219

시장 대비 수익률

결산 실적
<단위 : 억원>

항목	2012	2013	2014	2015	2016	2017
매출액	23,650	27,093	26,663	28,067	32,326	
영업이익	1,264	1,300	1,268	1,272	1,495	
당기순이익	995	1,023	1,020	817	906	

분기 실적 *IFRS 별도 기준
<단위 : 억원>

항목	2016.1Q	2016.2Q	2016.3Q	2016.4Q	2017.1Q	2017.2Q
매출액	6,594	8,199	7,809	9,725	6,746	8,25
영업이익	224	438	288	545	233	52
당기순이익	144	287	255	221	164	38

재무 상태 *IFRS 별도 기준
<단위 : 억원>

항목	2012	2013	2014	2015	2016	2017.2Q
총자산	19,947	17,045	18,439	18,669	21,514	20,23
유형자산	1,143	1,134	1,008	943	1,028	1,01
무형자산	991	1,537	1,505	2,291	1,693	1,65
유가증권	590	636	156	100	110	88
총부채	12,955	10,360	9,612	10,665	13,751	12,39
총차입금	39	132	184	270	195	19
자본금	230	230	230	230	230	23
총자본	6,992	6,686	8,827	8,003	7,763	7,83
지배주주지분	6,807	6,625	8,785	7,859	7,630	7,75

기업가치 지표
항목	2012	2013	2014	2015	2016	2017.2Q
주가(최고/저)(천원)	23.4/16.5	27.2/19.8	27.1/15.1	24.2/15.9	22.2/14.5	—/—
PER(최고/저)(배)	29.6/20.9	32.8/23.9	31.7/17.7	36.2/23.8	29.5/19.2	—/—
PBR(최고/저)(배)	3.4/2.4	3.6/2.6	3.2/1.8	2.7/1.8	2.5/1.6	2.1/1.
EV/EBITDA(배)	13.5	18.3	9.5	12.3	7.6	—/—
EPS(원)	817	857	883	691	767	47
BPS(원)	7,020	7,816	8,704	9,289	9,090	9,20
CFPS(원)	975	1,096	1,175	1,032	1,099	52
DPS(원)				300	300	
EBITDAPS(원)	1,256	1,369	1,394	1,447	1,632	80

재무 비율
<단위 : %>

연도	영업이익률	순이익률	부채비율	차입금비율	ROA	ROE	유보율	자기자본비율	EBITDA마진율
2016	4.6	2.8	177.1	2.5	4.5	11.4	4,445.2	36.1	5.
2015	4.5	2.9	133.3	3.4	4.4	9.6	4,544.7	42.9	5.
2014	4.8	3.8	108.9	2.1	5.8	13.2	4,252.2	47.9	6.
2013	4.8	3.8	155.0	2.0	5.5	14.7	3,807.9	39.2	5.

제일바이오 (A052670)
CheilBio

업　종 : 제약　　　　　　　　시　장 : KOSDAQ
신용등급 : (Bond) —　(CP) —　　기업규모 : 중견
홈 페 이 지 : www.cheilbio.com　　연 락 처 : 031)494-8226
본　　사 : 경기도 안산시 단원구 산단로83번길 131 (목내동)

설 립 일	1977.05.04	종 업 원 수	66명	대 표 이 사	심광경
상 장 일	2002.01.15	감 사 의 견	적정 (인덕)	계 속 회 사 열	
결 산 기	12월	보 통 주	1,500만주	종 속 회 사 수	
액 면 가	500원	우 선 주		구 상 호	

주주구성 (지분율,%)		출자관계 (지분율,%)		주요경쟁사 (외형,%)	
심광경	24.7			제일바이오	100
푸르덴셜 자산운용	1.8			녹원씨이아이	11
(외국인)	4.2			KPX생명과학	121

매출구성		비용구성		수출비중	
기능성첨가제(제품)	38.1	매출원가율	81.5	수출	16.0
치료제 및 기타(제품)	25.1	판관비율	16.2	내수	84.0
상품	23.4				

회사 개요

동사는 동물의약품 전문회사로서 1977년 1월에 설립되어 2002년 1월 코스닥시장에 상장됨. 동물 의약품 및 방역 등 환경사업 전문업체로서 축산업이 전방산업임. 국내 동물 의약품시장은 특허를 보유한 다국적 기업으로부터 국내 업체가 원재료를 조달하여 가공 판매하는 특성을 보임. 이로 인해 실질적인 수입 의존도가 매우 높은 편임. 2017년 상반기 기준 상품 매출액은 25.8억원으로 전체 매출액 대비 17.4%를 차지하고 있음.

실적 분석

동사의 2017년 2분기 누적 매출액은 전년 동기 대비 18.1% 감소한 147.7억원에 그침. 매출원가는 21.8% 감소하여 매출총이익은 전년 동기 대비 2.4% 감소한 33.5억원을 기록함. 인건비의 감소로 판관비는 전년 동기 대비 3.3% 감소한 25.4억원을 기록함. 그 결과 영업이익은 8.1억원으로 전년 동기 대비 0.6% 증가함. 당기순이익은 전년 동기 대비 8.2% 감소한 8.0억원을 달성함.

현금 흐름　*IFRS 별도 기준　〈단위 : 억원〉

항목	2016	2017.2Q
영업활동	21	26
투자활동	3	-0
재무활동	-17	-29
순현금흐름	8	-4
기말현금	23	23

결산 실적　〈단위 : 억원〉

항목	2012	2013	2014	2015	2016	2017
매출액	369	384	395	350	358	
영업이익	9	3	10	10	8	
당기순이익	10	4	10	10	10	

분기 실적　*IFRS 별도 기준　〈단위 : 억원〉

항목	2016.1Q	2016.2Q	2016.3Q	2016.4Q	2017.1Q	2017.2Q
매출액	85	95	93	85	68	79
영업이익	1	7	7	-1	1	7
당기순이익	1	7	2	-1	1	6

재무 상태　*IFRS 별도 기준　〈단위 : 억원〉

항목	2012	2013	2014	2015	2016	2017.2Q
총자산	235	234	238	393	382	355
유형자산	54	52	59	61	67	58
무형자산	0	0	0	1	0	0
유가증권	14	16	0	0	5	10
총부채	73	70	65	60	40	29
총차입금	17	25	19	28	11	6
자본금	48	48	48	75	75	75
총자본	162	164	172	333	342	326
지배주주지분	162	164	172	333	342	326

기업가치 지표　*IFRS 별도 기준

항목	2012	2013	2014	2015	2016	2017.2Q
주가(최고/저)(천원)	1.6/1.1	3.7/1.3	5.1/2.2	6.8/3.5	6.5/4.4	—/—
PER(최고/저)(배)	16.7/11.5	111.3/39.3	57.4/25.4	96.7/50.1	95.9/64.8	—/—
PBR(최고/저)(배)	1.1/0.7	2.4/0.9	3.2/1.4	3.1/1.6	2.8/1.9	2.0/1.6
EV/EBITDA(배)	12.7	40.2	41.4	43.3	41.6	—/—
EPS(원)	95	33	89	70	68	53
BPS(원)	1,689	1,703	1,793	2,223	2,282	2,335
CFPS(원)	133	73	138	104	94	66
DPS(원)	30	—	—	—	—	—
EBITDAPS(원)	116	62	144	120	81	67

재무 비율　〈단위 : % 〉

연도	영업이익률	순이익률	부채비율	차입금비율	ROA	ROE	유보율	자기자본비율	EBITDA마진율
2016	2.3	2.8	11.6	3.1	2.6	3.0	356.4	89.6	3.4
2015	3.0	2.4	18.0	8.3	2.7	3.4	344.6	84.8	4.1
2014	2.6	2.4	38.0	11.1	4.1	5.7	258.6	72.4	3.5
2013	0.7	0.9	42.9	15.4	1.5	2.2	240.7	70.0	1.6

제일약품 (A271980)
JEIL PHARMACEUTICAL COLTD

업　종 : 제약　　　　　　　　시　장 : 거래소
신용등급 : (Bond) —　(CP) —　　기업규모 : —
홈 페 이 지 : www.jeilpharm.co.kr　　연 락 처 : 02)549-7451
본　　사 : 서울시 서초구 사평대로 343 (반포동, 제일약품사옥)

설 립 일	2017.06.01	종 업 원 수	960명	대 표 이 사	성석제
상 장 일	2017.07.17	감 사 의 견	검토 (한영)	계 속 회 사 열	
결 산 기	12월	보 통 주	1,050만주	종 속 회 사 수	
액 면 가	500원	우 선 주		구 상 호	

주주구성 (지분율,%)		출자관계 (지분율,%)		주요경쟁사 (외형,%)	
한승수	27.3			제일약품	
한응수	6.9			녹십자	
(외국인)	7.1			녹십자홀딩스	

매출구성		비용구성		수출비중	
		매출원가율	0.0	수출	7.0
		판관비율	0.0	내수	93.0

회사 개요

동사는 2017년 6월 1일에 제일파마홀딩스 주식회사(구, 제일약품 주식회사)로부터 인적 분할되어 설립된 분할신설회사로 2017년 7월 17일에 발행주식을 한국거래소에 재상장함. 한국화이자와 제휴로 비아그라정 등의 품목을 도입하고, 제네릭으로는 앨러지성비염 치료제 나조크린 나잘스프레이, 고혈압치료제 텔미듀오정, 전립선비대증 치료제 하루론디정 등의 제품을 지속적으로 출시함.

실적 분석

동사의 2017년 2분기 누적 매출액은 529.6억원을 기록함. 상품 매출이 390.2억원으로 전체 매출의 73.7%를 차지함. 제품 매출은 138.2억원으로 26.1%임. 수출 금액은 38.7억원으로 전체 매출의 7.3%임. 매출원가는 423.6억원으로 매출원가율이 80.0%임. 연구개발비용은 23.2억원으로 전체 매출의 4.4%임. 영업이익은 3.9억원으로 수익성이 부진함.

현금 흐름　*IFRS 별도 기준　〈단위 : 억원〉

항목	2016	2017.2Q
영업활동		-18
투자활동		-4
재무활동		-9
순현금흐름		-30
기말현금		102

결산 실적　*IFRS 별도 기준　〈단위 : 억원〉

항목	2012	2013	2014	2015	2016	2017
매출액						
영업이익						
당기순이익						

분기 실적　*IFRS 별도 기준　〈단위 : 억원〉

항목	2016.1Q	2016.2Q	2016.3Q	2016.4Q	2017.1Q	2017.2Q
매출액						530
영업이익						4
당기순이익						2

재무 상태　*IFRS 별도 기준　〈단위 : 억원〉

항목	2012	2013	2014	2015	2016	2017.2Q
총자산	—	—	—	—	—	4,012
유형자산	—	—	—	—	—	1,022
무형자산	—	—	—	—	—	42
유가증권	—	—	—	—	—	0
총부채	—	—	—	—	—	2,265
총차입금	—	—	—	—	—	456
자본금	—	—	—	—	—	53
총자본	—	—	—	—	—	1,747
지배주주지분	—	—	—	—	—	1,747

기업가치 지표　*IFRS 별도 기준

항목	2012	2013	2014	2015	2016	2017.2Q
주가(최고/저)(천원)	—/—	—/—	—/—	—/—	—/—	—/—
PER(최고/저)(배)	0.0/0.0	0.0/0.0	0.0/0.0	0.0/0.0	0.0/0.0	—/—
PBR(최고/저)(배)	0.0/0.0	0.0/0.0	0.0/0.0	0.0/0.0	0.0/0.0	0.0/0.0
EV/EBITDA(배)	0.0	0.0	0.0	0.0	0.0	0.0
EPS(원)	—	—	—	—	—	21
BPS(원)	—	—	—	—	—	16,630
CFPS(원)	—	—	—	—	—	79
DPS(원)	—	—	—	—	—	—
EBITDAPS(원)	—	—	—	—	—	96

재무 비율　〈단위 : % 〉

연도	영업이익률	순이익률	부채비율	차입금비율	ROA	ROE	유보율	자기자본비율	EBITDA마진율
2016	0.0	0.0	0.0	0.0	0.0	0.0	0.0	0.0	0.0
2015	0.0	0.0	0.0	0.0	0.0	0.0	0.0	0.0	0.0
2014	0.0	0.0	0.0	0.0	0.0	0.0	0.0	0.0	0.0
2013	0.0	0.0	0.0	0.0	0.0	0.0	0.0	0.0	0.0

제일연마공업 (A001560)
Cheil Grinding Wheel Ind

업 종 : 금속 및 광물		시 장 : 거래소	
신용등급 : (Bond) — (CP) —		기업규모 : 시가총액 소형주	
홈 페 이 지 : www.grinding.co.kr		연 락 처 : 054)285-8401	
본 사 : 경북 포항시 남구 대송로101번길 34(장흥동)			

설 립 일 1974.12.27	종 업 원 수 83명	대 표 이 사 오유인,오현수(각자대표)
상 장 일 2005.12.09	감 사 의 견 적정 (안경)	계 열
결 산 기 12월	보 통 주 1,000만주	종속회사수 5개사
액 면 가 500원	우 선 주	구 상 호

주주구성 (지분율,%)		출자관계 (지분율,%)		주요경쟁사 (외형,%)	
오유인	38.6	제일연마	100		
오현수	7.7	서원	287		
(외국인)	4.0	일진다이아	125		

매출구성		비용구성		수출비중	
레지노이드 연마석	72.5	매출원가율	81.9	수출	22.0
비트리파이드 연마석	21.8	판관비율	13.3	내수	78.0
CBN 연마석	4.9				

회사 개요
1955년 11월 공업용 연마지석을 생산 및 판매하기 위하여 설립됨. 연결대상종속회사로는 국내의 금성연마공업을 포함하여 미국, 중국, 인도네시아 등에 총 5개사가 있음. 주요 생산품인 레지노이드 연마지석은 기초소재산업, 비트리파이드 연마지석은 자동차, 선박, 항공기산업과, 정밀가공분야에, CBN(초지립) 연마지석은 고정밀 연삭이 필요한 작업처에 주로 사용됨. 포스코, 현대중공업, 현대미포조선 등에 제품을 납품함.

실적 분석
2012년 이래로 꾸준히 연마지석의 단가계약을 체결 중임. 2017년 2분기까지의 연결기준 영업이익은 31.4억원으로 전년동기 25.4억원에 비해 소폭 증가함. 철강, 조선 등의 수요처 여건 개선 영향임. 주요 원재료인 A, WA, GC의 가격은 전기 대비 소폭 하락하였음. 비영업부문에서 소폭 적자가 발생하여, 당기순이익은 전년 동기 대비 19.2% 감소한 22.0억원 시현함. 2016년 03월 기준으로 오현수 대표이사를 추가 선임하였음.

현금 흐름 〈단위 : 억원〉
항목	2016	2017.2Q
영업활동	121	36
투자활동	-6	-43
재무활동	-48	-34
순현금흐름	67	-42
기말현금	193	151

시장 대비 수익률

결산 실적 〈단위 : 억원〉
항목	2012	2013	2014	2015	2016	2017
매출액	861	859	882	866	864	—
영업이익	67	51	69	41	42	—
당기순이익	72	67	65	26	47	—

분기 실적 〈단위 : 억원〉
항목	2016.1Q	2016.2Q	2016.3Q	2016.4Q	2017.1Q	2017.2Q
매출액	209	220	210	225	204	204
영업이익	31	19	16	1	17	14
당기순이익	9	18	15	5	13	9

재무 상태 〈단위 : 억원〉
항목	2012	2013	2014	2015	2016	2017.2Q
총자산	979	901	966	974	984	965
유형자산	302	302	296	284	277	289
무형자산	30	30	28	24	23	21
유가증권	181	57	44	38	46	48
총부채	221	279	311	306	280	251
총차입금	111	156	178	197	162	133
자본금	50	50	50	50	50	50
총자본	758	622	655	668	704	714
지배주주지분	757	622	655	667	703	713

기업가치 지표
항목	2012	2013	2014	2015	2016	2017.2Q
주가(최고/저)(천원)	4.8/4.1	6.0/4.7	7.9/5.6	13.2/6.3	7.7/5.6	—/—
PER(최고/저)(배)	7.6/6.5	9.9/7.8	12.8/9.2	52.4/25.1	17.1/12.3	—/—
PBR(최고/저)(배)	0.7/0.6	0.8/0.7	1.0/0.7	1.7/0.8	0.9/0.7	0.7/0.7
EV/EBITDA(배)	4.7	8.2	8.3	10.5	7.3	—
EPS(원)	725	664	650	264	466	218
BPS(원)	7,572	7,864	8,197	8,320	8,675	8,778
CFPS(원)	1,085	1,054	1,046	646	815	367
DPS(원)	160	200	200	160	160	—
EBITDAPS(원)	1,032	902	1,082	795	766	463

재무 비율 〈단위 : %〉
연도	영업이익률	순이익률	부채비율	차입금비율	ROA	ROE	유보율	자기자본비율	EBITDA마진율
2016	4.8	5.4	39.7	23.0	4.8	6.8	1,635.0	71.6	8.9
2015	4.8	3.0	45.8	29.5	2.7	4.0	1,563.9	68.6	9.2
2014	7.8	7.4	47.5	27.2	7.0	10.2	1,539.5	67.8	12.3
2013	6.0	7.7	44.8	25.1	7.1	9.6	1,472.9	69.1	10.5

제일제강공업 (A023440)
Jeilsteel MFG

업 종 : 금속 및 광물		시 장 : KOSDAQ	
신용등급 : (Bond) — (CP) —		기업규모 : 중견	
홈 페 이 지 : www.jeilsteel.co.kr		연 락 처 : 031)499-0771	
본 사 : 경기도 안산시 단원구 시화로 60, 301 (성곡동, 시화공단4다)			

설 립 일 1964.07.18	종 업 원 수 34명	대 표 이 사 김홍택
상 장 일 1994.10.07	감 사 의 견 적정 (한영)	계 열
결 산 기 12월	보 통 주 2,603만주	종속회사수
액 면 가 500원	우 선 주	구 상 호

주주구성 (지분율,%)		출자관계 (지분율,%)		주요경쟁사 (외형,%)	
최준석	14.7	강서청과	19.5	제일제강	100
양해준	3.7			경남스틸	701
(외국인)	1.1			부국철강	370

매출구성		비용구성		수출비중	
이형철근(상품)	87.4	매출원가율	91.8	수출	0.0
연강선재(제품)	12.6	판관비율	7.3	내수	100.0

회사 개요
동사는 1964년 설립되어 연강선재, BIC이형철근, 보통철선을 제조 판매하는 철강재 제조 회사임. 동사는 단일품목으로 이형철근의 한계를 극복하기 위해 2012년부터 연강소재를 생산함. 연강선재는 탄소함량이 0.22% 이하인 저탄소강으로 옷걸이, 못, 철망, 스프링 등과 같은 생활용품에서부터 건축 및 토목자재용 소재로 널리 활용되는 동사의 주력 제품임. 동사는 다함, 진스틸 등과 3.1억원 규모의 물품 대금청구와 관련 1심 소송을 진행 중임.

실적 분석
동사는 2017년 상반기 매출액이 142.9억원으로 전년 동기 대비 17.5% 감소했고, 영업이익은 7.9억원으로 전년 동기 7.1억원 적자에서 흑자전환함. 동사는 매출원가를 매출보다 큰 폭으로 줄이고, 인건비 등 판매관리비를 큰 폭으로 줄여 흑자전환에 성공함. 수요 부진이 지속돼 시화공단 내 공장의 가동률은 21.4%에 그침. 비영업부문에선 2.3억원 손실이 나 적자가 지속됐고, 당기순이익은 6.1억원을 기록함.

현금 흐름 *IFRS 별도 기준 〈단위 : 억원〉
항목	2016	2017.2Q
영업활동	78	35
투자활동	48	9
재무활동	-113	-74
순현금흐름	13	-30
기말현금	61	31

시장 대비 수익률

결산 실적 〈단위 : 억원〉
항목	2012	2013	2014	2015	2016	2017
매출액	84	494	420	457	379	—
영업이익	-29	-76	2	-45	3	—
당기순이익	-9	-79	-46	-62	-11	—

분기 실적 *IFRS 별도 기준 〈단위 : 억원〉
항목	2016.1Q	2016.2Q	2016.3Q	2016.4Q	2017.1Q	2017.2Q
매출액	77	96	95	111	89	5
영업이익	-14	2	3	8	8	—
당기순이익	-16	4	2	-0	10	—

재무 상태 *IFRS 별도 기준 〈단위 : 억원〉
항목	2012	2013	2014	2015	2016	2017.2Q
총자산	1,115	1,129	1,102	1,070	948	88
유형자산	711	707	691	675	642	63
무형자산	9	9	9	4	1	
유가증권						
총부채	661	704	633	550	373	30
총차입금	536	613	505	447	269	19
자본금	50	51	70	110	130	13
총자본	454	426	470	520	575	58
지배주주지분	454	426	470	520	575	58

기업가치 지표 *IFRS 별도 기준
항목	2012	2013	2014	2015	2016	2017.2Q
주가(최고/저)(천원)	3.9/2.3	4.8/2.2	3.0/1.7	5.4/1.4	3.9/1.6	—/—
PER(최고/저)(배)	—/—	—/—	—/—	—/—	—/—	—/—
PBR(최고/저)(배)	0.9/0.6	1.3/0.6	1.0/0.6	2.3/0.6	1.8/0.7	0.7/0.
EV/EBITDA(배)			24.3		18.7	—
EPS(원)	-74	-684	-320	-339	-47	2
BPS(원)	4,763	4,203	3,353	2,362	2,210	2,23
CFPS(원)	32	-519	-136	-182	76	7
DPS(원)						
EBITDAPS(원)	-169	-490	235	-91	137	8

재무 비율 〈단위 : %〉
연도	영업이익률	순이익률	부채비율	차입금비율	ROA	ROE	유보율	자기자본비율	EBITDA마진율
2016	0.9	-2.9	64.8	46.8	-1.1	-2.0	342.1	60.7	8.
2015	-9.9	-13.5	105.8	86.0	-5.7	-12.5	372.4	48.6	3.
2014	0.5	-11.0	134.6	107.5	-4.1	-10.3	570.7	42.6	7.
2013	-15.5	-16.1	165.4	144.0	-7.1	-18.0	740.5	37.7	8.

제일테크노스 (A038010)
JEIL TECHNOS

업　　　종 : 건축자재		시　　　장 : KOSDAQ	
신용등급 : (Bond) — 　　(CP) —		기업규모 : 중견	
홈페이지 : www.jeil21c.co.kr		연 락 처 : (054)278-2841	
본　　　사 : 경북 포항시 남구 장흥로39번길 7			

설 립 일 1971.03.04	종 업 원 수 169명	대 표 이 사 나주영	
상 장 일 2000.01.11	감 사 의 견 적정 (삼일)	계　　　열	
결 산 기 12월	보 통 주 900만주	종속회사수 1개사	
액 면 가 500원	우 선 주	구 상 호	

주주구성 (지분율,%)		출자관계 (지분율,%)		주요경쟁사 (외형,%)	
나주영	34.8	제이아이테크	42.0	제일테크노스	100
		매일방송		이건홀딩스	112
(외국인)	1.2	채널에이		덕신하우징	84

매출구성		비용구성		수출비중	
일체형 DECK	46.7	매출원가율	86.0	수출	—
STEEL CUTTING	21.7	판관비율	10.8	내수	—
합성 DECK	15.3				

회사 개요
동사는 대형고층건물의 시공시 H-Beam위에 설치하는 바닥재료인 DECK PLATE, 강판의 발청을 보호하기 위한 PAINTING 작업인 SHOT BLAST, 조선용 후판을 거래처의요청에 따라 절단가공하는 STEEL CUTTING, 설비를 제작 납품하는 PLANT 등을 하고 있음. 특히 Deck Plate에서 국내 10개 업체가 경쟁 관계에 있으며, 동사가 시장점유율 선두권을 유지하고 있음.

실적 분석
동사의 연결기준 2017년 2분기 누적 매출액은 791.5억원으로 전년동기 대비 15.7% 증가하였음. 원가율이 소폭 증가하였으나 영업이익은 11.9% 증가한 31.6억원을 기록했으며 당기순이익은 27.5% 증가한 21.8억원을 시현함. 매출의 40% 이상을 차지하는 DECK PLATE는 최근 동종업계 기업이 경쟁적으로 설비투자가 확대하며 저가 수주경쟁이 예상됨. 동사는 CAP DECK의 거래처 다변화 노력으로 수주실적을 개선 중임.

현금 흐름 〈단위 : 억원〉
항목	2016	2017.2Q
영업활동	13	9
투자활동	-32	-12
재무활동	-2	-8
순현금흐름	-19	-14
기말현금	76	62

시장 대비 수익률

결산 실적 〈단위 : 억원〉
항목	2012	2013	2014	2015	2016	2017
매출액	1,378	1,358	1,462	1,436	1,446	—
영업이익	50	37	99	67	45	—
당기순이익	20	46	51	47	22	—

분기 실적 〈단위 : 억원〉
항목	2016.1Q	2016.2Q	2016.3Q	2016.4Q	2017.1Q	2017.2Q
매출액	303	381	351	412	360	431
영업이익	16	12	0	17	7	25
당기순이익	10	7	-2	7	3	19

재무 상태 〈단위 : 억원〉
항목	2012	2013	2014	2015	2016	2017.2Q
총자산	1,024	1,221	1,390	1,447	1,486	1,496
유형자산	675	821	952	961	937	919
무형자산	10	10	14	17	17	17
유가증권	27	28	15	14	24	31
총부채	686	837	772	796	821	815
총차입금	461	568	487	540	547	544
자본금	45	45	45	45	45	45
총자본	338	383	618	651	666	681
지배주주지분	338	383	618	651	666	681

기업가치 지표
항목	2012	2013	2014	2015	2016	2017.2Q
주가(최고/저)(천원)	2.2/1.2	1.8/1.3	4.9/1.7	5.4/2.9	8.3/3.3	—/—
PER(최고/저)(배)	10.3/5.7	3.8/2.7	9.1/3.1	10.8/5.7	33.9/13.5	—/—
PBR(최고/저)(배)	0.6/0.3	0.4/0.3	0.8/0.3	0.8/0.4	1.1/0.4	0.9/0.6
EV/EBITDA(배)	5.0	7.0	4.9	6.0	10.2	
EPS(원)	227	510	562	517	248	242
BPS(원)	39,683	44,685	68,657	7,305	7,523	7,690
CFPS(원)	8,117	11,378	11,893	1,157	856	544
DPS(원)	100	100	800	80	60	
EBITDAPS(원)	11,360	10,394	17,236	1,381	1,111	654

재무 비율 〈단위 : % 〉
연도	영업이익률	순이익률	부채비율	차입금비율	ROA	ROE	유보율	자기자본비율	EBITDA마진율
2016	3.1	1.5	123.3	82.2	1.5	3.4	1,404.6	44.8	6.9
2015	4.6	3.2	122.4	83.1	3.3	7.3	1,360.9	45.0	8.7
2014	6.8	3.5	124.9	78.8	3.9	10.1	1,273.1	44.5	10.6
2013	2.7	3.4	218.5	148.1	1.7	12.7	793.7	31.4	6.9

제일파마홀딩스 (A002620)
JEIL PHARMA HOLDINGS

업　　　종 : 제약		시　　　장 : 거래소	
신용등급 : (Bond) — 　　(CP) —		기업규모 : 시가총액 중형주	
홈페이지 : www.jeilpharm.co.kr		연 락 처 : 02)549-7451	
본　　　사 : 서울시 서초구 사평대로 343			

설 립 일 1959.03.07	종 업 원 수 37명	대 표 이 사 한상철	
상 장 일 1988.01.20	감 사 의 견 적정 (삼정)	계　　　열	
결 산 기 12월	보 통 주 435만주	종속회사수 2개사	
액 면 가 500원	우 선 주	구 상 호	

주주구성 (지분율,%)		출자관계 (지분율,%)		주요경쟁사 (외형,%)	
한승수	27.3	제일약오	50.0	제일파마홀딩스	100
한승수	6.9	한국오츠카제약	22.5	녹십자	194
(외국인)	7.8	제일약품	14.2	녹십자홀딩스	219

매출구성		비용구성		수출비중	
쎄레브렉스 캡슐 외	42.2	매출원가율	78.1	수출	—
리피토 정	22.2	판관비율	20.4	내수	—
[제품]기타	15.6				

회사 개요
동사는 6월 1일(분할기일)로 분할존속인 제일파마홀딩스와 분할신설회사인 제일약품으로 인적분할하였음. 투자, 브랜드수수료, 경영자문수수료, 임대수익 등 지주회사 사업을 영위하고 있음. 동사의 명칭은 분할전 제일약품주식회사에서 분할하여 지주사업을 영위하는 제일파마홀딩스(주)로 변경됨. 종속법인으로 제일헬스사이언스(주)와 제일앤파트너스(주)가 있으며, 동사의 지분율은 각각 80% 및 100%이며 비상장임.

실적 분석
동사의 2017년 연결 기준 2분기 누적 매출액은 183.9억원으로 전년 동기 대비 3.2% 감소함. 매출원가는 10.3% 감소하여 매출총이익은 9.5% 증가함. 경상개발비와 광고선전비는 감소하였으나 인건비가 65.0% 증가하여 판관비는 전년 동기 대비 37.7% 증가함. 그 결과 영업이익은 전년 대비 58.1% 감소하며 8.4억원에 그침. 중단영업당기순이익 5,177.6억원의 영향으로 당기순이익은 5,191.8억원으로 크게 증가함.

현금 흐름 〈단위 : 억원〉
항목	2016	2017.2Q
영업활동	114	95
투자활동	-299	-29
재무활동	348	-237
순현금흐름	165	-171
기말현금	300	130

시장 대비 수익률

결산 실적 〈단위 : 억원〉
항목	2012	2013	2014	2015	2016	2017
매출액	4,268	4,520	5,127	5,947	6,173	—
영업이익	63	14	86	131	94	—
당기순이익	112	5	21	98	79	—

분기 실적 〈단위 : 억원〉
항목	2016.1Q	2016.2Q	2016.3Q	2016.4Q	2017.1Q	2017.2Q
매출액	1,550	92	—	—	1,608	88
영업이익	14	13	—	—	18	2
당기순이익	19	31	—	—	10	5,182

재무 상태 〈단위 : 억원〉
항목	2012	2013	2014	2015	2016	2017.2Q
총자산	3,908	3,961	4,096	4,452	4,920	1,996
유형자산	1,050	985	933	921	1,152	51
무형자산	38	40	53	48	44	0
유가증권	31	29	22	29	34	969
총부채	1,494	1,585	1,744	2,038	2,399	274
총차입금	281	140	156	263	570	8
자본금	74	74	74	74	74	22
총자본	2,414	2,376	2,352	2,414	2,521	1,722
지배주주지분	2,414	2,376	2,352	2,414	2,489	1,685

기업가치 지표
항목	2012	2013	2014	2015	2016	2017.2Q
주가(최고/저)(천원)	21.2/12.4	17.3/12.4	30.6/13.0	41.7/18.2	137/34.5	—/—
PER(최고/저)(배)	19.7/11.6	369.4/266.4	150.9/64.3	44.0/19.2	178.5/45.0	—/—
PBR(최고/저)(배)	0.9/0.5	0.7/0.5	1.3/0.6	1.7/0.7	5.4/1.4	1.6/1.1
EV/EBITDA(배)	15.2	19.4	19.0	26.9	71.9	
EPS(원)	752	33	141	657	531	38,879
BPS(원)	16,570	16,517	16,358	16,984	17,493	39,530
CFPS(원)	1,193	596	716	1,227	1,049	39,138
DPS(원)	60	40	60	60	70	
EBITDAPS(원)	866	656	1,151	1,455	1,147	322

재무 비율 〈단위 : % 〉
연도	영업이익률	순이익률	부채비율	차입금비율	ROA	ROE	유보율	자기자본비율	EBITDA마진율
2016	1.5	1.3	95.2	22.6	1.7	3.2	3,398.6	51.2	2.8
2015	2.2	1.6	84.4	10.9	2.3	4.1	3,296.8	54.2	3.6
2014	1.7	0.4	74.1	6.6	0.5	0.9	3,171.6	57.4	3.3
2013	0.3	0.1	66.7	5.9	0.1	0.2	3,203.4	60.0	2.2

제일홀딩스 (A003380)
JEIL HOLDINGS CO

업 종 : 식료품		시 장 : KOSDAQ	
신용등급 : (Bond) — (CP) —		기업규모 : 중견	
홈페이지 : www.harimgroup.com		연 락 처 : 063)861-4597	
본 사 : 전북 익산시 고봉로 228, 금강빌딩 1층			

설 립 일 1950.04.01	종 업 원 수 13명	대 표 이 사 민동기
상 장 일 2017.06.30	감사의견 적정 (삼정)	계 열
결 산 기 12월	보 통 주 7,072만주	종속회사수 79개사
액 면 가 100원	우 선 주	구 상 호

주주구성 (지분율,%)
김홍국	29.7
한국인베스트먼트	26.4
(외국인)	1.2

출자관계 (지분율,%)
참트레이딩	100.0
디디에프앤비	100.0
하림유통	100.0

주요경쟁사 (외형,%)
제일홀딩스	100
하림홀딩스	16
CJ프레시웨이	38

매출구성
식육부문	41.8
사료부문	38.5
양돈부문	19.7

비용구성
매출원가율	78.8
판관비율	14.0

수출비중
수출	—
내수	—

회사 개요
동사는 자회사로부터의 배당, 상표권 사용료 등을 주 수입원으로 하는 순수지주회사. 17년 상반기 현재 하림 등 총 79개의 종속회사를 보유. 주력인 닭고기 산업은 1983년 농림수산식품부의 가축계열화사업 시행으로 인해 급성장하기 시작함. 2017년 국내 닭고기 생산량은 사육 및 도계 마릿수 증가로 2016년보다 1.7% 증가한 60만9천톤으로 전망됨.

실적 분석
동사의 2017년 상반기 연결기준 누적 매출액은 3조4,427.6억원으로 전년 동기 대비 15% 증가함. 매출이 증가하면서 매출원가와 판관비는 늘었지만 고정비용이 감소함으로써 영업이익은 전년 동기 대비 7.6% 증가한 2,609억원을 시현함. 비영업손익 부문에서 막대한 금융손실이 발생함. 이에 따라 당기순이익은 전년 동기 대비 19.4% 감소한 1,808.1억원을 기록함.

현금 흐름 〈단위 : 억원〉
항목	2016	2017.2Q
영업활동	5,241	2,364
투자활동	-4,023	-1,771
재무활동	-3,996	4,229
순현금흐름	-2,705	4,717
기말현금	5,165	9,882

결산 실적 〈단위 : 억원〉
항목	2012	2013	2014	2015	2016	2017
매출액	33,031	36,855	39,192	51,131	61,965	—
영업이익	940	1,329	2,289	3,512	4,507	—
당기순이익	791	1,346	1,125	1,744	3,718	—

분기 실적 〈단위 : 억원〉
항목	2016.1Q	2016.2Q	2016.3Q	2016.4Q	2017.1Q	2017.2Q
매출액	14,685	15,256	—	—	15,735	18,693
영업이익	1,058	1,368	—	—	1,037	1,572
당기순이익	1,293	932	—	—	907	902

재무 상태 〈단위 : 억원〉
항목	2012	2013	2014	2015	2016	2017.2Q
총자산	29,630	27,710	34,802	68,863	70,681	76,020
유형자산	9,943	10,511	12,018	36,015	43,396	43,548
무형자산	856	900	805	3,886	3,936	3,912
유가증권	271	400	451	584	443	376
총부채	19,939	16,555	22,482	49,823	47,536	48,146
총차입금	14,969	11,076	16,550	40,357	39,056	38,925
자본금	251	251	251	254	50	71
총자본	9,692	11,155	12,320	19,040	23,144	27,874
지배주주지분	5,013	5,888	6,270	7,996	8,083	12,523

기업가치 지표
항목	2012	2013	2014	2015	2016	2017.2Q
주가(최고/저)(천원)	—/—	—/—	—/—	—/—	—/—	—/—
PER(최고/저)(배)	0.0/0.0	0.0/0.0	0.0/0.0	0.0/0.0	0.0/0.0	—/—
PBR(최고/저)(배)	0.0/0.0	0.0/0.0	0.0/0.0	0.0/0.0	0.0/0.0	1.1/1.1
EV/EBITDA(배)	9.1	6.3	4.4	7.6	7.0	
EPS(원)	350	1,220	855	1,256	3,473	1,711
BPS(원)	156,658	174,451	182,073	213,625	16,058	17,709
CFPS(원)	15,533	23,724	21,354	42,080	8,019	4,330
DPS(원)						
EBITDAPS(원)	32,369	38,115	58,461	98,890	13,500	7,710

재무 비율 〈단위 : % 〉
연도	영업이익률	순이익률	부채비율	차입금비율	ROA	ROE	유보율	자기자본비율	EBITDA마진율
2016	7.3	6.0	205.4	168.8	5.3	21.8	15,958.1	32.8	11.0
2015	6.9	3.4	261.7	212.0	3.4	8.8	4,172.5	27.7	9.8
2014	5.8	2.9	182.5	134.3	3.6	7.0	3,541.5	35.4	7.5
2013	3.6	3.7	148.4	99.3	4.7	11.1	3,389.0	40.3	5.2

제주반도체 (A080220)
Jeju Semiconductor

업 종 : 휴대폰 및 관련부품		시 장 : KOSDAQ	
신용등급 : (Bond) — (CP) —		기업규모 : 중견	
홈페이지 : www.jeju-semi.com		연 락 처 : 064)740-1700	
본 사 : 제주도 제주시 청사1길 18-4 제주상공회의소 2층			

설 립 일 2000.04.04	종 업 원 수 70명	대 표 이 사 박성식,조형섭(각자대표)
상 장 일 2005.02.01	감사의견 적정 (안진)	계 열
결 산 기 12월	보 통 주 2,507만주	종속회사수 2개사
액 면 가 500원	우 선 주	구 상 호 EMLSI

주주구성 (지분율,%)
박성식	11.2
Hsun Chieh Investment Co., Ltd	6.6
(외국인)	7.8

출자관계 (지분율,%)
저지에코밸리	100.0
램스웨이	99.0
EST	19.0

주요경쟁사 (외형,%)
제주반도체	100
성우전자	305
한일진공	35

매출구성
NAND MCP	62.0
디램(DRAM)	14.0
에스램(SRAM) 외	8.9

비용구성
매출원가율	79.5
판관비율	19.7

수출비중
수출	94.0
내수	6.0

회사 개요
동사는 대한민국 상법에 근거하여 "반도체, 정보통신에 관한 제품을 설계, 제조 및 이를 판매하는 사업 등"을 영위할 목적으로 2000년 04월 04일에 설립됨. 연결회사의 사업분야는 반도체사업부와 에너지사업부로 구분됨. 반도체사업부는 회사가 설립된 때로부터 영위한 주요 사업으로 휴대폰 등 모바일 응용기기에 적용되는 메모리 반도체를 개발, 제조하여 이를 판매. 에너지사업부는 사업 부진으로 정리 중에 있음.

실적 분석
동사의 2017년 상반기 연결기준 매출은 469.9억원으로 전년 동기 대비 80.1% 증가함. 이는 최근 전방산업 전반의 활황과 디램, 낸드플래시의 공급부족이 다양한 낸드 MCP 제품들의 매출 증가로 이어진 것에 기인함. 하지만 영업이익은 매출원가 증가로 6.7억원을 기록함. 2014년 하반기에 런칭한 에너지사업부는 사업의 부진이 향후 매출에 대한 실적 계획이 없으며, 사업을 정리하는 수순을 밟고 있음.

현금 흐름 〈단위 : 억원〉
항목	2016	2017.2Q
영업활동	35	-97
투자활동	-44	129
재무활동	-4	-65
순현금흐름	-10	-37
기말현금	87	50

결산 실적 〈단위 : 억원〉
항목	2012	2013	2014	2015	2016	2017
매출액	287	140	333	577	566	—
영업이익	-28	-71	-71	11	5	—
당기순이익	-102	-97	-1	-6	-8	—

분기 실적 〈단위 : 억원〉
항목	2016.1Q	2016.2Q	2016.3Q	2016.4Q	2017.1Q	2017.2Q
매출액	146	114	126	179	199	27
영업이익	9	-7	4	-1	5	2
당기순이익	7	-14	9	-11	-7	2

재무 상태 〈단위 : 억원〉
항목	2012	2013	2014	2015	2016	2017.2Q
총자산	539	554	615	862	875	87
유형자산	39	30	42	36	19	2
무형자산	10	3	2	2	2	
유가증권	38	26	23	16	30	3
총부채	46	158	213	475	497	41
총차입금	16	101	116	383	397	25
자본금	119	119	119	119	119	12
총자본	493	396	402	387	378	46
지배주주지분	492	395	401	386	378	46

기업가치 지표
항목	2012	2013	2014	2015	2016	2017.2Q
주가(최고/저)(천원)	10.1/2.9	9.6/3.3	4.3/2.5	9.9/2.6	6.8/3.2	—/—
PER(최고/저)(배)	—/—	—/—	—/—	—/—	—/—	—/—
PBR(최고/저)(배)	4.8/1.4	5.6/2.0	2.5/1.4	6.0/1.5	4.2/2.0	2.5/1
EV/EBITDA(배)				34.5	45.7	
EPS(원)	-457	-416	-5	-26	-32	5
BPS(원)	2,115	1,701	1,727	1,664	1,629	1,85
CFPS(원)	-410	-351	77	79	50	8
DPS(원)						
EBITDAPS(원)	-76	-239	-220	152	102	5

재무 비율 〈단위 : % 〉
연도	영업이익률	순이익률	부채비율	차입금비율	ROA	ROE	유보율	자기자본비율	EBITDA마진율
2016	0.8	-1.4	131.6	105.2	-0.9	-2.0	221.6	43.2	4
2015	1.9	-1.1	122.7	99.0	-0.8	-1.5	228.5	44.9	6.
2014	-21.3	-0.3	53.0	28.9	-0.2	-0.3	241.0	65.4	-15.
2013	-50.8	-69.7	40.0	25.7	-17.8	-22.0	235.9	71.4	-40

제주은행 (A006220)
Jeju Bank

업 종 : 상업은행		시 장 : 거래소	
신용등급 : (Bond) AA+ (CP) —		기업규모 : 시가총액 소형주	
홈 페 이 지 : www.e-jejubank.com		연 락 처 : 064)720-0200	
본 사 : 제주도 제주시 오현길 90번지 (이도일동)			

설 립 일	1969.03.20	종 업 원 수	457명	대 표 이 사	이동대
상 장 일	1972.12.28	감사의견	적정(안진)	계 열	
결 산 기	12월	보 통 주	2,213만주	종속회사수	8개사
액 면 가	5,000원	우 선 주		구 상 호	

주주구성 (지분율,%)		출자관계 (지분율,%)		주요경쟁사 (외형,%)	
신한금융지주회사	68.9	제주미술관	10.0	제주은행	100
국민연금공단	11.8	청정서귀포	4.0	BNK금융지주	2,042
(외국인)	1.5	제주국제컨벤션센터	0.6	DGB금융지주	1,091

수익구성		비용구성		수출비중	
환전업무 및 해외송금업무	0.0	이자비용	36.8	수출	—
신탁보수	0.0	파생상품손실	0.0	내수	—
대출금이자 등	0.0	판관비	43.0		

회사 개요
1969년 설립된 동사는 1972년 유가증권시장에 상장된 제주 기반의 은행임. 대출 외에 카드, 환, 방카슈랑스, 수익증권 판매, 유가증권 운용, 신탁 등 광범위한 금융 업무 영위 중임. 2017년 2분기 기준 원화예수금은 4조 5,058억원, 양도성예금증서 1,044억원, 외화예수금 185억원 등 총 4조 7,939억원의 수신고를 보임. 또한, 원화대출금 4조 3,525억원, 외화대출금 42억원 등 총 4조 4,598억원의 여신을 취급함.

실적 분석
동사의 2017년 2분기 기준 누적 영업이익은 199.8억원으로 전년 동기(174.1억원) 대비 14.8% 증가함. 당기순이익은 155.4억원을 기록하며 전년보다 21억원 늘어남. 이자이익과 수수료이익이 각각 전년 동기 대비 83.3억원, 14억원 증가한 덕분. 동사는 제주지역의 영업기반을 강화해 이 지역의 시장점유율을 증대시키고, 핵심고객 증대 및 크로스마케팅을 강화하여 안정적인 수익기반을 창출하고자 노력 중임.

현금 흐름 〈단위 : 억원〉
항목	2016	2017.2Q
영업활동	-968	342
투자활동	-730	-581
재무활동	875	49
순현금흐름	-821	-195
기말현금	595	400

시장 대비 수익률

결산 실적 〈단위 : 억원〉
항목	2012	2013	2014	2015	2016	2017
이자수익	1,693	1,488	1,405	1,370	1,594	—
영업이익	308	251	176	254	312	—
당기순이익	230	205	139	194	252	—

분기 실적 〈단위 : 억원〉
항목	2016.1Q	2016.2Q	2016.3Q	2016.4Q	2017.1Q	2017.2Q
이자수익	374	395	409	417	418	436
영업이익	76	98	48	89	102	97
당기순이익	61	74	36	81	83	72

재무 상태 〈단위 : 억원〉
항목	2012	2013	2014	2015	2016	2017.2Q
총자산	31,467	31,960	34,757	44,646	51,848	54,114
유형자산	303	338	357	371	392	384
무형자산	25	36	38	52	68	67
유가증권	6,078	5,997	5,342	5,252	5,895	6,444
총부채	28,688	29,040	31,702	41,466	48,492	50,648
총차입금	2,434	1,633	1,370	1,593	2,522	2,566
자본금	1,106	1,106	1,106	1,106	1,106	1,106
총자본	2,779	2,921	3,055	3,180	3,357	3,466
지배주주지분	2,779	2,921	3,055	3,180	3,357	3,466

기업가치 지표
항목	2012	2013	2014	2015	2016	2017.2Q
주가(최고/저)(천원)	4.9/4.0	5.5/4.2	8.2/5.1	12.4/6.7	9.9/6.7	—/—
PER(최고/저)(배)	5.1/4.1	6.3/4.7	13.5/8.5	14.4/7.8	8.8/6.0	—/—
PBR(최고/저)(배)	0.4/0.3	0.4/0.3	0.6/0.4	0.9/0.5	0.7/0.5	0.5/0.5
PSR(최고/저)(배)	0/0	0/0	0/0	0/0	1/1	—/—
EPS(원)	1,041	926	626	877	1,137	
BPS(원)	12,558	13,200	13,805	14,371	15,168	15,661
CFPS(원)	1,172	1,067	816	1,107	1,397	837
DPS(원)	50	100	100	100	100	
EBITDAPS(원)	1,392	1,135	794	1,149	1,410	903

재무 비율 〈단위 : % 〉
연도	계속사업 이익률	순 이익률	부채 비율	차입금 비율	ROA	ROE	유보율	자기자본 비율	총자산 증가율
2016	20.6	15.8	1,444.7	75.1	0.5	7.7	203.4	6.5	16.1
2015	18.1	14.2	1,303.9	50.1	0.5	6.2	187.4	7.1	28.5
2014	12.7	9.9	1,037.8	44.9	0.4	4.6	176.1	8.8	8.8
2013	17.5	13.8	994.2	55.9	0.7	7.2	164.0	9.1	1.6

제주항공 (A089590)
JEJUAIR CO

업 종 : 항공운수		시 장 : 거래소	
신용등급 : (Bond) — (CP) —		기업규모 : 시가총액 중형주	
홈 페 이 지 : www.jejuair.net		연 락 처 : 070)7420-1000	
본 사 : 제주도 제주시 신대로 64 (연동건설공제회관3층)			

설 립 일	2005.01.25	종 업 원 수	2,138명	대 표 이 사	안용찬,최규남
상 장 일	2015.11.06	감사의견	적정(한영)	계 열	애경
결 산 기	12월	보 통 주	2,636만주	종속회사수	1개사
액 면 가	5,000원	우 선 주		구 상 호	

주주구성 (지분율,%)		출자관계 (지분율,%)		주요경쟁사 (외형,%)	
AK홀딩스	56.9	모두락	100.0	제주항공	100
제주특별자치도청	7.6	샤프테크닉스케이	12.4	대한항공	1,569
(외국인)	10.6			한진칼	133

매출구성		비용구성		수출비중	
여객수입	97.0	매출원가율	80.5	수출	—
기타수입	2.4	판매비율	11.7	내수	—
화물수입	0.6				

회사 개요
애경그룹 계열의 저가항공사로서 최대주주는 AK홀딩스임. 2005년 8월 정기항공운송사업 및 노선건설 면허를 취득하고, 국내 및 국제항공 여객운송업을 영위하고 있음. 국내 저가항공사는 동사를 포함하여 총 6개사가 영업 중이며, 항공기 보유대수와 탑승객수 기준으로 동사가 가장 큰 외형을 보유. 국내선 탑승객 점유율은 전체 14.7% 수준. 지난해 국내선에서 453만여명, 국제선에서 413만여명을 운송함.

실적 분석
국내외 여행수요 증가와 저가항공사의 점유 확대로 동사의 2017년 2분기 누적 매출액은 전년동기 대비 39.7% 증가한 4,682억원을 기록함. 영업이익과 당기순이익도 전년동기 대비 각각 167.3%, 94.4% 증가하여 수익성 개선에도 성공. 해외 판매 채널의 직영화와 방한외국인 유치를 위한 다양한 마케팅 활동 진행 중.

현금 흐름 〈단위 : 억원〉
항목	2016	2017.2Q
영업활동	1,102	937
투자활동	-618	-1,312
재무활동	-73	80
순현금흐름	424	-331
기말현금	1,682	1,351

시장 대비 수익률

결산 실적 〈단위 : 억원〉
항목	2012	2013	2014	2015	2016	2017
매출액	3,412	4,341	5,106	6,081	7,476	—
영업이익	22	170	295	514	584	—
당기순이익	53	197	320	472	530	—

분기 실적 〈단위 : 억원〉
항목	2016.1Q	2016.2Q	2016.3Q	2016.4Q	2017.1Q	2017.2Q
매출액	1,732	1,621			2,402	2,280
영업이익	156	6			272	162
당기순이익	120	46			170	153

재무 상태 〈단위 : 억원〉
항목	2012	2013	2014	2015	2016	2017.2Q
총자산	1,225	1,809	2,637	4,777	6,003	6,934
유형자산	437	404	316	412	589	1,252
무형자산	13	19		116	119	132
유가증권	2				653	467
총부채	893	1,319	1,836	2,459	3,284	4,031
총차입금	68		30	243	203	426
자본금	1,100	1,100	1,100	1,295	1,315	1,318
총자본	332	490	801	2,318	2,719	2,903
지배주주지분	332	490	801	2,318	2,719	2,903

기업가치 지표
항목	2012	2013	2014	2015	2016	2017.2Q
주가(최고/저)(천원)	—/—	—/—	33.6/7.1	60.9/28.3	40.1/24.7	—/—
PER(최고/저)(배)	0.0/0.0	0.0/0.0	23.8/5.0	30.5/14.2	20.1/12.3	—/—
PBR(최고/저)(배)	0.0/0.0	0.0/0.0	9.5/2.0	7.0/3.3	4.0/2.4	3.6/2.2
EV/EBITDA(배)			14.8	12.9	4.6	
EPS(원)	239	893	1,454	2,054	2,038	1,228
BPS(원)	1,511	2,228	3,639	8,948	10,342	11,061
CFPS(원)	420	1,246	1,836	2,479	2,580	1,688
DPS(원)				400	500	
EBITDAPS(원)	279	1,127	1,723	2,664	2,789	2,110

재무 비율 〈단위 : % 〉
연도	영업 이익률	순 이익률	부채 비율	차입금 비율	ROA	ROE	유보율	자기자본 비율	EBITDA 마진율
2016	7.8	7.1	120.8	7.5	9.8	21.0	106.8	45.3	9.7
2015	8.5	7.8	106.1	10.5	12.7	30.2	79.0	48.5	10.1
2014	5.8	6.3	일부잠식	일부잠식	14.4	49.6	-27.2	30.4	7.4
2013	3.9	4.5	일부잠식	일부잠식		-55.4	27.1	5.7

젠큐릭스 (A229000)
Gencurix

업 종 : 의료 장비 및 서비스		시 장 : KONEX	
신용등급 : (Bond) — (CP) —		기업규모 :	
홈 페 이 지 : www.gencurix.com		연 락 처 : (070)7508-2340	
본 사 : 서울시 구로구 디지털로 242, 9층 908~910호			

설 립 일	2011.09.21	종업원수	40명	대표이사	조상래
상 장 일	2015.10.27	감사의견	적정 (대주)	계 열	
결 산 기	12월	보통주		종속회사수	
액 면 가	—	우선주		구 상 사	

주주구성 (지분율,%)
조상래	22.4
김국향	8.4

출자관계 (지분율,%)
엔젠바이오	50.2

주요경쟁사 (외형,%)
젠큐릭스	100
메디아나	9,112
유비케어	11,646

매출구성
의료기기도매(상품)	99.8
BRACA KIT제조용역(용역)	0.2

비용구성
매출원가율	96.3
판관비율	1353.4

수출비중
수출	0.0
내수	100.0

회사 개요
동사는 2011년 9월 22일 설립하였으며, 2015년 10월 27일에 코넥스시장에 상장됨. 분자진단 및 동반진단 제품의 생산을 전문적으로 수행하는 벤처기업으로서 각종 질병의 진단, 치료, 경과, 처치, 예방 또는 건강증진을 목적으로 하는 의료기기 개발 사업을 영위함. 특히 체외진단용 의료기기의 연구, 개발, 제조 및 판매와 관련된 서비스를 제공함. 빠르게 성장 중인 체외진단 시장은 2017년 626억 달러 규모로 추산됨.

실적 분석
동사의 2016년 매출액은 5.9억원으로 전년 대비 소폭 증가함. 영업손실 79.1억원, 당기순손실 88.2억원으로 아직 수익을 내지 못하고 있음. 특허권이 확보된 12개 유전자를 선별하여 GenesWellTM BAT Kit를 제작하였고, 식약처 인허가 추진을 통해 2015년 4월 제조 품목허가(식약처, Class II)를 획득함. 2016년 6월 운영자금 조달 목적으로 100억원 규모의 제3자배정유상증자를 실행함.

현금 흐름
*IFRS 별도 기준 〈단위 : 억원〉
항목	2016	2017.2Q
영업활동	-58	
투자활동	-17	
재무활동	100	
순현금흐름	25	
기말현금	64	

시장 대비 수익률

결산 실적
〈단위 : 억원〉
항목	2012	2013	2014	2015	2016	2017
매출액	—	—	—	6	6	—
영업이익	-2	-6	-18	-40	-79	—
당기순이익	-1	-6	-18	-40	-88	—

분기 실적
*IFRS 별도 기준 〈단위 : 억원〉
항목	2016.1Q	2016.2Q	2016.3Q	2016.4Q	2017.1Q	2017.2Q
매출액						
영업이익						
당기순이익						

재무 상태
*IFRS 별도 기준 〈단위 : 억원〉
항목	2012	2013	2014	2015	2016	2017.2Q
총자산	15	16	32	92	119	
유형자산	0	2	7	8	9	
무형자산	10	10	14	22	24	
유가증권						
총부채	1	7	10	26	10	
총차입금		4	8	6	6	
자본금	12	12	14	20	23	
총자본	14	9	23	66	109	
지배주주지분	14	9	23	66	109	

기업가치 지표
*IFRS 별도 기준
항목	2012	2013	2014	2015	2016	2017.2Q
주가(최고/저)(천원)	#VALUE!	—/—	—/—	—/—	—/—	—/—
PER(최고/저)(배)	0.0/0.0	0.0/0.0	0.0/0.0	—/—	—/—	—/—
PBR(최고/저)(배)	0.0/0.0	0.0/0.0	0.0/0.0	12.1/9.4	8.5/5.3	0.0/0.0
EV/EBITDA(배)	—	—	—	—	—	—
EPS(원)	-55	-244	-711	-1,216	-2,055	
BPS(원)	626	382	791	1,687	2,359	
CFPS(원)	-55	-229	-597	-1,077	-1,928	
DPS(원)	—	—	—	—	—	
EBITDAPS(원)	-80	-233	-568	-1,069	-1,716	

재무 비율
〈단위 : % 〉
연도	영업이익률	순이익률	부채비율	차입금비율	ROA	ROE	유보율	자기자본비율	EBITDA마진율
2016	-1,349.7	-1,505.2	9.4	5.0	-83.4	-100.7	371.9	91.4	-1,256.6
2015	-684.4	-689.2	39.2	8.3	-64.0	-89.9	237.4	71.8	-605.9
2014	0.0	0.0	44.0	34.0	-76.0	-116.4	58.3	69.5	0.0
2013	0.0	0.0	일부잠식	일부잠식	-36.3	-48.4	-23.6	56.7	0.0

젬백스앤카엘 (A082270)
GemVax&KAEL

업 종 : 반도체 및 관련장비		시 장 : KOSDAQ	
신용등급 : (Bond) — (CP) —		기업규모 : 중견	
홈 페 이 지 : www.kael.co.kr		연 락 처 : (042)931-6287	
본 사 : 대전시 유성구 테크노11로 58 (탑립동)			

설 립 일	1998.03.10	종업원수	141명	대표이사	김상재,송형곤
상 장 일	2005.06.24	감사의견	적정 (정일)	계 열	
결 산 기	12월	보통주	3,059만주	종속회사수	3개사
액 면 가	500원	우선주		구 상 사	3개사

주주구성 (지분율,%)
젬앤컴퍼니	9.5
KB자산운용	3.6
(외국인)	3.8

출자관계 (지분율,%)
화련젬백스	100.0
킹스맨	37.9
젬백스테크놀러지	20.0

주요경쟁사 (외형,%)
젬백스	100
지스마트글로벌	83
케이씨텍	447

매출구성
CA Filter	73.9
media	21.5
환경제품	2.9

비용구성
매출원가율	85.2
판관비율	31.0

수출비중
수출	44.0
내수	56.0

회사 개요
동사는 반도체와 디스플레이용 코팅수지 제조업체임. 본업이 반도체 소재업임에도 100% 지분을 가진 자회사 카엘젬백스가 췌장암 항암백신을 개발하고 있다는 점에서 바이오 종목으로 분류됨. 자회사의 지분인수를 통해 확보하게된 항암백신인 GV1001은 현재 췌장암 임상 3상 시험을 진행하고 있으며, 폐암 또한 임상 3상을 진행하고 있고 간암과 혈액암 그리고 흑색종의 경우 임상 2상이 완료된 보편적인 암백신임.

실적 분석
동사의 2017년 2분기 연결 기준 매출액은 전년동기 대비 10.3% 증가한 503억원을 기록. 외형확대와 원가율과 판관비 감소로 수익성은 크게 개선되어 20.1억원의 영업이익을 기록하며 흑자전환됨. 금융손실 증가에도 관련 기업투자손익이 늘면서 당기순이익 역시 14.8억원을 기록하며 흑자전환. 최근 김경희 대표의 사임으로 송형곤 신임대표를 선임하면서 김상재, 송형곤 각자대표 체재로 변경.

현금 흐름
〈단위 : 억원〉
항목	2016	2017.2Q
영업활동	-127	-73
투자활동	-643	-163
재무활동	662	401
순현금흐름	-108	93
기말현금	67	160

시장 대비 수익률

결산 실적
〈단위 : 억원〉
항목	2012	2013	2014	2015	2016	2017
매출액	318	665	1,011	751	1,091	
영업이익	-47	-106	-56	-28	-176	
당기순이익	-126	-33	-298	-95	-409	

분기 실적
〈단위 : 억원〉
항목	2016.1Q	2016.2Q	2016.3Q	2016.4Q	2017.1Q	2017.2Q
매출액	233	223	357	278	93	15
영업이익	-41	-48	-35	-51	-1	
당기순이익	-69	-63	-11	-266	-23	

재무 상태
〈단위 : 억원〉
항목	2012	2013	2014	2015	2016	2017.2Q
총자산	1,330	1,450	1,063	1,802	1,897	1,55
유형자산	240	257	238	239	266	16
무형자산	393	369	337	346	187	18
유가증권	3	135	62	218	166	8
총부채	717	784	624	811	893	73
총차입금	562	669	482	702	729	64
자본금	125	129	135	146	153	15
총자본	613	666	439	992	1,004	81
지배주주지분	448	434	106	477	534	81

기업가치 지표
항목	2012	2013	2014	2015	2016	2017.2Q
주가(최고/저)(천원)	47.9/31.2	47.8/10.8	26.1/11.2	43.8/15.4	24.0/11.0	—/
PER(최고/저)(배)	—/—	964.7/217.0	—/—	—/—	—/—	—/
PBR(최고/저)(배)	26.5/17.3	26.8/6.0	20.3/8.7	17.8/6.2	9.5/4.4	5.3/4
EV/EBITDA(배)	—	—	346.7	—	—	
EPS(원)	-372	50	-1,187	-86	-696	
BPS(원)	1,806	1,782	1,284	2,463	2,531	2,74
CFPS(원)	-255	224	-1,028	87	-476	
DPS(원)	—	—	—	—	—	
EBITDAPS(원)	-76	-243	-47	76	-365	12

재무 비율
〈단위 : % 〉
연도	영업이익률	순이익률	부채비율	차입금비율	ROA	ROE	유보율	자기자본비율	EBITDA마진율
2016	-16.1	-37.4	89.0	72.7	-22.1	-41.4	406.1	52.9	-10
2015	-3.7	-12.7	81.7	70.8	-6.6	-8.4	392.6	55.0	2
2014	-5.5	-29.5	141.9	109.8	-23.8	-118.3	156.8	41.3	-1
2013	-15.9	-5.0	117.8	100.6	-2.4	2.8	256.4	45.9	4

젬백스테크놀러지 (A041590)
GemVax Technology

업 종 : 휴대폰 및 관련부품		시 장 : KOSDAQ	
신용등급 : (Bond) — (CP) —		기업규모 : 중견	
홈페이지 : www.gemvaxtechnology.com		연 락 처 : 042)620-8000	
본 사 : 대전시 유성구 테크노1로 30 (관평동)			

설 립 일 1998.12.28	종 업 원 수 31명	대 표 이 사 김상제,서영운(각자대표이사)	
상 장 일 2002.10.18	감사의견 적정 (대주)	계 열	
결 산 기 12월	보 통 주 3,371만주	종속회사수 3개사	
액 면 가 500원	우 선 주	구 상 호 GemTech	

주주구성 (지분율,%)		출자관계 (지분율,%)		주요경쟁사 (외형,%)	
젬백스앤카엘	19.1	디케이앤파트너스	100.0	젬백스테크놀러지	100
강상진	1.5	라프리마	51.0	에스맥	173
(외국인)	0.7	필링크	14.6	이라이콤	379

매출구성		비용구성		수출비중	
휴대폰용 LCD외(제품)	97.1	매출원가율	91.4	수출	15.0
MODULE개발 등(기타)	2.9	판관비율	22.7	내수	85.0
LCD 등(상품)	0.1				

회사 개요

동사는 1998년 설립되어 2002년에 코스닥 시장에 상장된 중소형 LCD 모듈 제조회사. 이 분야의 오래된 기술력을 바탕으로 국내외 유선 정보통신기기 제조업체와 제품개발 초기단계부터 공동개발에 참여하고 있으며, 디스플레이 구동기술을 다각화하여 유무선 정보통신기기제조업체 및 소비자의 기호에 맞는 제품을 생산할 수 있는 토탈 솔루션을 제공하는 업체임. LCD모듈 제조업체인 에치엔에이치전자를 계열사로 두고 있음.

실적 분석

2017년 상반기 매출은 423억원으로 전년대비 20.3% 증가, 영업이익은 7억원으로 흑자 전환, 당기순손실은 10.8억원으로 적자지속. 전방산업인 LCD 산업 경기 둔화에도 불구하고 대형 TV 시장 확대, 중소형 LCD 시장에서 점유율 증가로 견조한 외형 성장세를 시현. 영업이익은 외형 증가, 고정비 부담 감소로 흑자 시현. 2017년 2월에 필링크의 최대주주 지위를 확보, 또한 필링크가 크리스F&C를 인수,IT 및 패션 유통사업 진출.

현금 흐름 〈단위 : 억원〉

항목	2016	2017.2Q
영업활동	-70	91
투자활동	-295	-220
재무활동	314	160
순현금흐름	-52	31
기말현금	26	55

시장 대비 수익률

결산 실적 〈단위 : 억원〉

항목	2012	2013	2014	2015	2016	2017
매출액	726	545	751	448	807	—
영업이익	35	18	61	-52	-114	—
당기순이익	55	13	27	-84	-237	—

분기 실적 〈단위 : 억원〉

항목	2016.1Q	2016.2Q	2016.3Q	2016.4Q	2017.1Q	2017.2Q
매출액	187	164	237	219	258	165
영업이익	-16	-37	-39	-22	7	-3
당기순이익	-29	-45	-54	-109	4	-8

재무 상태 〈단위 : 억원〉

항목	2012	2013	2014	2015	2016	2017.2Q
총자산	364	584	548	1,203	1,210	1,513
유형자산	113	137	127	136	128	118
무형자산	11	11	11	80	41	40
유가증권	35		148	384	252	230
총부채	148	296	198	611	731	965
총차입금	62	251	140	522	609	684
자본금	81	86	104	129	151	161
총자본	216	287	350	591	479	548
지배주주지분	216	287	350	585	475	541

기업가치 지표

항목	2012	2013	2014	2015	2016	2017.2Q
주가(최고/저)(천원)	1.9/1.2	7.2/1.6	3.3/2.2	16.6/2.2	9.5/3.4	—/—
PER(최고/저)(배)	5.5/3.6	90.4/20.2	24.1/15.8	—/—	—/—	—/—
PBR(최고/저)(배)	1.3/0.9	4.2/0.9	1.9/1.3	7.2/1.0	5.9/2.1	2.9/2.0
EV/EBITDA(배)	3.7	8.2	6.2			
EPS(원)	339	80	138	-326	-805	-27
BPS(원)	1,406	1,736	1,734	2,315	1,607	1,709
CFPS(원)	424	194	245	-224	-689	19
DPS(원)						
EBITDAPS(원)	302	222	416	-107	-279	69

재무 비율 〈단위 : % 〉

연도	영업이익률	순이익률	부채비율	차입금비율	ROA	ROE	유보율	자기자본비율	EBITDA마진율
2016	-14.1	-29.4	152.7	127.2	-19.7	-43.8	221.5	39.6	-10.0
2015	-11.6	-18.8	103.4	88.4	-9.6	-17.3	362.9	49.2	-5.9
2014	8.2	3.7	56.6	40.1	4.8	8.6	246.9	63.9	11.0
2013	3.4	2.5	103.2	87.5	2.8	5.4	247.2	49.2	6.9

조광아이엘아이 (A044060)
Jokwang ILI

업 종 : 기계		시 장 : KOSDAQ	
신용등급 : (Bond) — (CP) —		기업규모 : 중견	
홈페이지 : www.jokwang.co.kr		연 락 처 : 055)360-0200	
본 사 : 경남 양산시 산막공단북10길 37 (산막동)			

설 립 일 1994.05.31	종 업 원 수 112명	대 표 이 사 임만수	
상 장 일 2000.12.30	감사의견 적정 (부원)	계 열	
결 산 기 12월	보 통 주 989만주	종속회사수 1개사	
액 면 가 500원	우 선 주	구 상 호	

주주구성 (지분율,%)		출자관계 (지분율,%)		주요경쟁사 (외형,%)	
임만수	19.4	청도조광특수밸브	100.0	조광ILI	100
임창수	10.1			에이테크솔루션	935
(외국인)	0.7			디에스티로봇	184

매출구성		비용구성		수출비중	
안전밸브(제품)	71.1	매출원가율	58.1	수출	15.0
스팀트랩(제품)	8.4	판관비율	27.9	내수	85.0
감압밸브(제품)	7.3				

회사 개요

동사는 산업용 특수밸브 제조업의 단일사업 부문만을 영위하고 있는 특수밸브 전문 생산업체로, 창립초기부터 성장기까지는 경상도 지역으로의 판매시장에 편중되어 있었으나, 최근 전국적으로 수요대상을 목표로 국내 29개 대리점망을 구축하여 영업력을 강화하고 있음. 국외로는 동남아를 비롯한 수출파트너를 발굴해 IMF상황을 맞이한 일시적인 매출감소를 제외하면 매년 매출이 점진적으로 늘어나고 있음. 주력제품 안전밸브는 점유율에 있어서 국내 상위를 점하고 있음.

실적 분석

동사의 2017년 2/4분기 연결기준 누적매출액은 96.0억원으로 전년동기 대비 12.0% 감소했음. 외형축소에도 불구하고 매출원가 및 판관비가 전년동기 대비 각각 17.1%, 18.6% 감소함에 따라 영업이익은 전년동기 5.6억원에서 10.7억원으로 92.9% 증가했음. 그러나 비영업부문에서 2.6억원의 손실을 기록하면 적자전환됨에 따라 이익폭이 축소되어 전년동기 대비 28.7% 감소한 7.1억원의 당기순이익을 시현하는데 그침.

현금 흐름 〈단위 : 억원〉

항목	2016	2017.2Q
영업활동	87	14
투자활동	29	-17
재무활동	-47	-63
순현금흐름	72	-67
기말현금	110	43

시장 대비 수익률

결산 실적 〈단위 : 억원〉

항목	2012	2013	2014	2015	2016	2017
매출액	226	208	267	313	245	—
영업이익	27	23	59	84	34	—
당기순이익	8	22	47	76	35	—

분기 실적 〈단위 : 억원〉

항목	2016.1Q	2016.2Q	2016.3Q	2016.4Q	2017.1Q	2017.2Q
매출액	42	68	66	70	45	51
영업이익	-2	7	16	13	4	7
당기순이익	2	8	12	13	-0	7

재무 상태 〈단위 : 억원〉

항목	2012	2013	2014	2015	2016	2017.2Q
총자산	420	437	538	652	618	557
유형자산	187	185	285	267	310	304
무형자산	3	3	3	3	3	7
유가증권	70	80	50	36	58	68
총부채	115	116	180	231	133	71
총차입금	42	45	96	154	75	20
자본금	41	41	41	41	49	49
총자본	306	321	358	421	486	486
지배주주지분	306	321	358	421	486	486

기업가치 지표

항목	2012	2013	2014	2015	2016	2017.2Q
주가(최고/저)(천원)	3.9/2.1	2.7/2.1	3.0/2.2	4.7/2.4	7.6/3.7	—/—
PER(최고/저)(배)	46.3/24.5	10.8/8.6	5.6/4.2	5.3/2.7	19.3/9.5	—/—
PBR(최고/저)(배)	1.2/0.6	0.8/0.6	0.7/0.6	1.0/0.5	1.6/0.8	1.5/0.9
EV/EBITDA(배)	7.1	6.5	4.2	5.1	13.7	
EPS(원)	94	268	570	918	399	71
BPS(원)	3,712	3,892	4,322	5,079	4,914	4,913
CFPS(원)	171	331	636	973	494	114
DPS(원)	80	80	80	80	80	151
EBITDAPS(원)	406	339	786	1,071	486	

재무 비율 〈단위 : % 〉

연도	영업이익률	순이익률	부채비율	차입금비율	ROA	ROE	유보율	자기자본비율	EBITDA마진율
2016	14.0	14.4	27.3	15.5	5.5	7.8	882.8	78.6	17.5
2015	26.9	24.3	54.8	36.6	12.8	19.5	915.8	64.6	28.4
2014	22.3	17.7	50.2	26.8	9.7	13.9	764.3	66.6	24.3
2013	10.9	10.6	36.2	14.0	5.2	7.1	678.5	73.4	13.4

조광페인트 (A004910)
Chokwang Paint

업 종: 건축자재		시 장: 거래소	
신용등급: (Bond) — (CP) —		기업규모: 시가총액 소형주	
홈 페이지: www.ckpc.co.kr		연 락 처: 051)304-7701	
본 사: 부산시 사상구 삼덕로5번길 148 (삼락동)			

설 립 일 1967.01.16	종 업 원 수 459명	대 표 이 사 이대은,문해진	
상 장 일 1976.12.27	감 사 의 견 적정 (한영)	계 열	
결 산 기 12월	보 통 주 1,280만주	종 속 회 사 수 1개사	
액 면 가 500원	우 선 주	구 상 호	

주주구성 (지분율,%)
양성아	17.8
양은아	5.8
(외국인)	4.1

출자관계 (지분율,%)
조광요턴	50.0
KNN	3.7
CHOKWANGVINACO.,LTD	100.0

주요경쟁사 (외형,%)
조광페인트	100
노루홀딩스	366
삼화페인트	256

매출구성
[제품]기타	46.0
우레탄	24.9
원료 외	14.3

비용구성
매출원가율	77.5
판관비율	13.6

수출비중
수출	9.0
내수	91.0

회사 개요
동사는 1967년 설립되어 일반용 도료와 관련 제품을 제조 및 판매하고 있음. 동사는 노르웨이의 도료업체인 요턴과 합작회사인 조광요턴을 50%씩 출자해 부산 강서구 외국인투자지역에 2009년 공장을 설립했음. 시장점유율 4.5%로 KCC와 노루페인트 등에 이어 국내 업체 가운데 매출규모로 5위 수준임. 주요 고객으로 LG하우시스와 연합철강 등이 있으며 베트남에도 현지법인과 생산공장을 두고 있음.

실적 분석
동사의 2017년 반기 매출액은 987.5억원으로 전년동기 대비 7.7% 증가하였으나, 영업이익은 50.5억원으로 전년동기 대비 45.7% 감소하였음. 바닥방수, UV전기전자재료, 점접착제 및 플라스틱 분야에서 안정된 성장세를 보였으나, 다만 원가율 상승 여파로 영업수익성이 크게 하락한 모습. 비영업손익 또한 크게 악화되어 당기순이익은 지난해 같은 기간 대비 59.1% 감소한 58.5억원 시현하는데 그침.

현금 흐름
<단위 : 억원>
항목	2016	2017.2Q
영업활동	182	150
투자활동	-66	-104
재무활동	-107	-6
순현금흐름	10	37
기말현금	37	73

시장 대비 수익률

결산 실적
<단위 : 억원>
항목	2012	2013	2014	2015	2016	2017
매출액	1,730	1,846	1,938	1,895	1,887	—
영업이익	71	102	164	183	167	—
당기순이익	128	117	168	193	182	—

분기 실적
<단위 : 억원>
항목	2016.1Q	2016.2Q	2016.3Q	2016.4Q	2017.1Q	2017.2Q
매출액	425	493	461	509	463	525
영업이익	32	61	40	34	26	24
당기순이익	66	77	29	10	26	32

재무 상태
<단위 : 억원>
항목	2012	2013	2014	2015	2016	2017.2Q
총자산	2,176	2,264	2,416	2,408	2,524	2,556
유형자산	816	832	963	969	1,007	1,038
무형자산	23	23	23	23	23	24
유가증권	48	48	64	79	99	99
총부채	905	898	914	747	691	712
총차입금	504	446	445	285	204	240
자본금	64	64	64	64	64	64
총자본	1,271	1,367	1,503	1,661	1,833	1,844
지배주주지분	1,271	1,367	1,503	1,661	1,833	1,844

기업가치 지표
항목	2012	2013	2014	2015	2016	2017.2Q
주가(최고/저)(천원)	11.6/2.9	6.8/3.7	10.7/5.8	26.1/10.8	13.9/10.4	—/—
PER(최고/저)(배)	13.4/3.3	8.2/4.5	8.7/4.7	18.2/7.5	10.1/7.6	—/—
PBR(최고/저)(배)	1.3/0.3	0.7/0.4	0.9/0.5	2.0/0.8	1.0/0.7	0.8/0.7
EV/EBITDA(배)	11.2	10.2	9.8	9.8	8.8	8.4
EPS(원)	996	918	1,309	1,508	1,422	457
BPS(원)	10,589	11,336	12,398	13,634	14,976	15,068
CFPS(원)	1,138	1,079	1,489	1,697	1,616	551
DPS(원)	180	200	200	250	400	—
EBITDAPS(원)	695	960	1,458	1,620	1,495	489

재무 비율
<단위 : %>
연도	영업이익률	순이익률	부채비율	차입금비율	ROA	ROE	유보율	자기자본비율	EBITDA마진율
2016	8.8	9.7	37.7	11.1	7.4	10.4	2,895.2	72.6	10.1
2015	9.7	10.2	45.0	17.2	8.0	12.2	2,626.7	69.0	10.9
2014	8.5	8.7	60.8	29.6	7.2	11.7	2,379.6	62.2	9.6
2013	5.5	6.4	65.7	32.6	5.3	8.9	2,167.2	60.4	6.7

조광피혁 (A004700)
Chokwang Leather

업 종: 섬유 및 의복		시 장: 거래소	
신용등급: (Bond) — (CP) —		기업규모: 시가총액 소형주	
홈 페이지: www.chokwang.co.kr		연 락 처: 043)270-5316	
본 사: 충북 청주시 흥덕구 공단로126번길 97 (송정동, 공단2브럭)			

설 립 일 1966.08.03	종 업 원 수 196명	대 표 이 사 강광석	
상 장 일 1977.05.27	감 사 의 견 적정 (청진)	계 열	
결 산 기 12월	보 통 주 665만주	종 속 회 사 수 1개사	
액 면 가 5,000원	우 선 주	구 상 호	

주주구성 (지분율,%)
박영옥	11.1
이연석	10.9
(외국인)	1.0

출자관계 (지분율,%)
삼양통상	6.1
청주방송	3.0
광주신세계	2.5

주요경쟁사 (외형,%)
조광피혁	100
일신방직	241
에프티이앤이	23

매출구성
F/G,M/C외	97.9
부산물	2.1
자재등	0.0

비용구성
매출원가율	80.3
판관비율	6.3

수출비중
수출	44.0
내수	56.0

회사 개요
동사는 피혁원단만을 전문으로 제조하는 피혁 전문업체임. 가죽원단, 자동차 시트 재단품이 전체 매출액의 98.65%를 차지함. 대부분의 원자재를 해외에서 수입함으로 국제 원자재 가격의 동향에 따라 수익성이 크게 좌우됨. 최근에는 중국 및 동남아시아 업체들의 저가 제품이 가죽원단 시장을 공략하고 있으나, 국내 업체들은 앞선 기술력으로 급속한 잠식을 막아 내고 있음. 매출액 대비 연구개발비율은 0.4%임.

실적 분석
동사의 2017년 상반기 매출액은 971.5억원으로 전년 대비 6.8% 감소함. 영업이익은 151.3억원으로 10.8% 증가함. 당기순이익은 130.9억원으로 16.2% 증가함. 국내 완성차 업체의 신차 출시와 원자재 가격의 하락 반전이 긍정적인 요인임. 핸드백, 신발 관련 시장은 주문 감소로 어려움을 겪고 있음. 품질 향상과 고부가가치 고품질의 신제품 개발에 역점을 두고, 완제품 생산업체와 긴밀한 협조체계를 구축함.

현금 흐름
<단위 : 억원>
항목	2016	2017.2Q
영업활동	206	162
투자활동	-117	-176
재무활동	-24	-3
순현금흐름	67	-17
기말현금	211	194

시장 대비 수익률

결산 실적
<단위 : 억원>
항목	2012	2013	2014	2015	2016	2017
매출액	1,939	1,897	1,982	1,819	1,986	—
영업이익	43	93	80	74	266	—
당기순이익	61	110	79	75	216	—

분기 실적
<단위 : 억원>
항목	2016.1Q	2016.2Q	2016.3Q	2016.4Q	2017.1Q	2017.2Q
매출액	521	522	507	436	472	499
영업이익	63	74	83	46	69	82
당기순이익	54	59	58	46	54	77

재무 상태
<단위 : 억원>
항목	2012	2013	2014	2015	2016	2017.2Q
총자산	1,790	1,930	2,037	1,969	2,266	2,387
유형자산	246	242	250	236	246	246
무형자산	2	2	2	2	2	2
유가증권	185	314	546	599	774	946
총부채	392	415	333	197	215	197
총차입금	208	228	139	23	2	2
자본금	342	342	342	342	342	342
총자본	1,398	1,515	1,704	1,771	2,052	2,191
지배주주지분	1,398	1,515	1,704	1,771	2,052	2,191

기업가치 지표
항목	2012	2013	2014	2015	2016	2017.2Q
주가(최고/저)(천원)	19.9/10.4	39.3/19.4	138/37.4	149/33.2	54.2/30.3	—/—
PER(최고/저)(배)	21.6/11.4	23.8/11.7	116.6/31.7	132.5/29.6	16.7/9.3	—/—
PBR(최고/저)(배)	0.9/0.5	1.6/0.8	5.0/1.4	5.2/1.2	1.6/0.9	1.2/1.1
EV/EBITDA(배)	16.6	20.6	84.7	26.3	8.9	4.7
EPS(원)	919	1,656	1,184	1,125	3,254	1,961
BPS(원)	23,240	24,994	27,835	28,796	33,016	35,147
CFPS(원)	1,344	1,993	1,560	1,530	3,695	2,217
DPS(원)					100	—
EBITDAPS(원)	1,071	1,740	1,587	1,519	4,440	2,524

재무 비율
<단위 : %>
연도	영업이익률	순이익률	부채비율	차입금비율	ROA	ROE	유보율	자기자본비율	EBITDA마진율
2016	13.4	10.9	10.5	0.1	10.2	11.3	541.0	90.5	14
2015	4.1	4.1	11.2	1.3	3.7	4.3	459.1	90.0	5
2014	4.1	4.0	19.6	8.2	4.0	4.9	440.5	83.6	5
2013	4.9	5.8	27.4	15.1	5.9	7.6	385.3	78.5	5

조비 (A001550)
Chobi

업 종 : 화학	시 장 : 거래소
신용등급 : (Bond) — (CP) —	기업규모 : 시가총액 소형주
홈 페 이 지 : www.chobi.co.kr	연 락 처 : (02)3488-5840
본 사 : 서울시 서초구 효령로77길 28 동오빌딩 (서초동 1337-4)	

설 립 일	1955.11.15	종업원수	102명	대표이사	이병일,이병만
상 장 일	1976.12.28	감사의견	적정 (정진)	계 열	
결 산 기	12월	보 통 주	461만주	종속회사수	
액 면 가	5,000원	우 선 주		구 상 호	

주주구성 (지분율,%)		출자관계 (지분율,%)		주요경쟁사 (외형,%)	
경농	68.9	파이오니아	6.1	조비	100
서영실업	2.7	울산방송	4.0	진양화학	98
(외국인)	0.1			원풍	127

매출구성		비용구성		수출비중	
복합비료 외	73.5	매출원가율	76.3	수출	0.0
유기질/상토 외	15.8	판관비율	19.7	내수	100.0
원재료	10.7				

회사 개요
동사는 과학적 토양검정을 통해 공급되는 친환경 맞춤 비료와 완효성 비료 등을 생산할 수 있는 공정을 갖춘 비료전문메이커로서 100여개 품목의 복합비료를 생산하여 농협 및 대리점을 통하여 판매하고 있음. 비료산업은 천연가스 산유국이나 인광석, 염화칼리 등 주요 원료 생산국을 제외하고는 국내수급을 안정적으로 유지하기 위한 내수 충당목적의 사업임. 원자재를 수입에 의존하고 있어 국제 경쟁력이 약하며, 원자재 가격 변동에 영향을 많이 받음.

실적 분석
동사의 2017년 상반기 매출액은 463억원으로 전년동기 대비 2.8% 증가함. 복합비료와 유기질 비료 부문 모두 매출이 늘었으나 판관비 증가로 영업이익은 지난해 같은 기간보다 1.6% 늘어난 47.7억원을 기록함. 동사 매출의 90% 이상이 복합비료 제조 판매 분야이며, '단한번' 브랜드를 보유하고 있음. 그 외 '혼합유기질511' 등 친환경 농법에 사용되는 유기질 비료분야 사업도 영위하고 있음.

현금 흐름 *IFRS 별도 기준 〈단위 : 억원〉
항목	2016	2017.2Q
영업활동	81	-75
투자활동	-87	-26
재무활동	-6	162
순현금흐름	-12	61
기말현금	3	64

결산 실적 〈단위 : 억원〉
항목	2012	2013	2014	2015	2016	2017
매출액	485	614	548	588	591	
영업이익	-27	39	9	36	23	
당기순이익	-64	12	-23	15	9	

분기 실적 *IFRS 별도 기준 〈단위 : 억원〉
항목	2016.1Q	2016.2Q	2016.3Q	2016.4Q	2017.1Q	2017.2Q
매출액	139	311	74	66	150	313
영업이익	5	42	-14	-10	8	39
당기순이익	1	34	-13	-13	12	35

재무 상태 *IFRS 별도 기준 〈단위 : 억원〉
항목	2012	2013	2014	2015	2016	2017.2Q
총자산	809	814	833	867	887	1,092
유형자산	385	385	398	395	478	501
무형자산	3	2	3	3	1	1
유가증권	12	12	12	12	12	12
총부채	663	507	548	553	511	646
총차입금	545	383	398	401	353	491
자본금	128	196	196	196	230	230
총자본	146	307	284	313	376	446
지배주주지분	146	307	284	313	376	446

기업가치 지표 *IFRS 별도 기준
항목	2012	2013	2014	2015	2016	2017.2Q
주가(최고/저)(천원)	18.4/8.7	17.1/10.9	14.5/10.6	18.1/10.6	17.7/11.6	—/—
PER(최고/저)(배)	—/—	49.9/31.7	—/—	48.1/28.1	88.7/58.1	1.5/1.3
PBR(최고/저)(배)	3.2/1.5	2.2/1.4	2.0/1.5	2.3/1.3	2.1/1.4	1.5/1.3
EV/EBITDA(배)		18.4	61.2	21.2	31.6	
EPS(원)	-3,956	343	-574	376	199	1,006
BPS(원)	5,706	7,825	7,244	7,977	8,563	9,671
CFPS(원)	-3,612	502	-441	510	314	1,090
DPS(원)						
EBITDAPS(원)	-1,305	1,290	357	1,063	648	1,119

재무 비율 〈단위 : % 〉
연도	영업이익률	순이익률	부채비율	차입금비율	ROA	ROE	유보율	자기자본비율	EBITDA마진율
2016	4.0	1.5	136.0	93.9	1.0	2.5	71.3	42.4	4.8
2015	6.2	2.5	176.7	128.1	1.7	4.9	59.6	36.1	7.1
2014	1.6	-4.1	192.8	140.0	-2.7	-7.6	44.9	34.2	2.6
2013	6.4	1.9	164.9	124.6	1.5	5.2	56.5	37.8	7.3

조선내화 (A000480)
Chosun Refractories

업 종 : 금속 및 광물	시 장 : 거래소
신용등급 : (Bond) — (CP) —	기업규모 : 시가총액 중형주
홈 페 이 지 : www.chosunref.co.kr	연 락 처 : (061)798-8114
본 사 : 전남 광양시 산업로 55 (태인동 1657-9)	

설 립 일	1947.05.15	종업원수	571명	대표이사	김해봉
상 장 일	1978.06.30	감사의견	적정 (삼일)	계 열	
결 산 기	12월	보 통 주	400만주	종속회사수	9개사
액 면 가	5,000원	우 선 주		구 상 호	

주주구성 (지분율,%)		출자관계 (지분율,%)		주요경쟁사 (외형,%)	
이인옥	19.3	화인테크	100.0	조선내화	100
이화일	17.6	안산포항내화	57.1	세아홀딩스	565
(외국인)	0.1	대한소결금속	51.0	제닉스	1

매출구성		비용구성		수출비중	
부정형	35.1	매출원가율	85.6	수출	—
자동차 부품	27.4	판관비율	9.4	내수	—
정형	21.8				

회사 개요
동사는 1947년 조선내화학공업주식회사로 설립돼 제철, 제강, 유리, 시멘트 및 기타 요로 내화물을 제조판매하고 있으며 내화물 구입 및 판매사업, 내화물 관련 원재료 구입, 무역 및 일체의 부대사업, 폐기물 처리시설 및 환경관련 부대사업, 부동산에 대한 투자임대관리 매매 및 개발와 관한 사업, 내화물의 제조도급 및 하청과 축로 사업, 내화공업의 기술용역 등 사업 경영상 필요한 사업에 투자 등을 영위하고 있음. 11개 자회사 보유

실적 분석
동사의 2017년 2분기기준 누적 매출액은 전년동기대비 -0.5% 소폭 변동한 3,544.7억원을 기록하였음. 이는 중국으로부터의 수입이 증가함으로서 공급과잉이 일어나 가동율 하락 등이 반영한 것에 기인함. 이에 따라 전년동기대비 영업이익은 133.4억원을 달성, -33.7% 크게 하락하였음. 그러나 비영업손익이 크게 상승하여 전년동기대비 당기순이익은 184억원을 기록하였음.

현금 흐름 〈단위 : 억원〉
항목	2016	2017.2Q
영업활동	908	206
투자활동	-687	-119
재무활동	-139	-18
순현금흐름	81	63
기말현금	372	435

결산 실적 〈단위 : 억원〉
항목	2012	2013	2014	2015	2016	2017
매출액	8,356	8,482	7,578	7,283	7,145	
영업이익	469	502	555	259	360	
당기순이익	370	424	487	171	187	

분기 실적 〈단위 : 억원〉
항목	2016.1Q	2016.2Q	2016.3Q	2016.4Q	2017.1Q	2017.2Q
매출액	1,800	1,762	1,730	1,854	1,759	1,786
영업이익	110	91	98	61	103	31
당기순이익	-25	74	77	61	45	139

재무 상태 〈단위 : 억원〉
항목	2012	2013	2014	2015	2016	2017.2Q
총자산	11,673	11,331	11,109	9,037	9,702	9,726
유형자산	4,618	4,707	4,486	3,774	3,638	3,555
무형자산	447	444	435	91	85	64
유가증권	2,279	2,271	2,074	1,477	1,852	2,174
총부채	5,302	4,946	4,605	3,024	3,360	3,218
총차입금	2,539	2,421	2,178	1,203	1,241	1,913
자본금	200	200	200	200	200	200
총자본	6,370	6,385	6,504	6,013	6,342	6,508
지배주주지분	5,367	5,415	5,479	5,128	5,429	5,564

기업가치 지표
항목	2012	2013	2014	2015	2016	2017.2Q
주가(최고/저)(천원)	53.9/46.8	73.4/50.5	120/66.8	114/77.2	90.5/77.2	—/—
PER(최고/저)(배)	8.0/6.9	9.4/6.4	12.9/7.2	31.9/21.5	27.8/23.7	—/—
PBR(최고/저)(배)	0.5/0.4	0.6/0.4	1.0/0.5	1.0/0.7	0.7/0.6	0.7/0.6
EV/EBITDA(배)	6.7	6.7	7.8	7.8	7.2	
EPS(원)	8,473	9,270	10,479	3,904	3,388	3,144
BPS(원)	136,015	137,217	138,817	130,042	137,564	139,109
CFPS(원)	17,146	18,646	20,354	12,748	11,362	6,819
DPS(원)	3,500	4,000	4,000	4,000	3,500	
EBITDAPS(원)	20,388	21,915	23,739	15,310	16,976	7,011

재무 비율 〈단위 : % 〉
연도	영업이익률	순이익률	부채비율	차입금비율	ROA	ROE	유보율	자기자본비율	EBITDA마진율
2016	5.0	2.6	53.0	19.6	2.0	2.6	2,651.3	65.4	9.5
2015	3.6	2.4	50.3	20.0	1.7	2.9	2,500.9	66.5	8.4
2014	7.3	6.4	70.8	33.5	4.3	7.7	2,676.4	58.6	12.5
2013	5.9	5.0	77.5	37.9	3.7	6.9	2,644.3	56.4	10.3

조선선재 (A120030)
CHOSUN WELDING POHANG

업 종 : 금속 및 광물		시 장 : 거래소	
신용등급 : (Bond) — (CP) —		기업규모 : 시가총액 소형주	
홈 페 이 지 : www.chosunwelding.com		연 락 처 : (054)285-8221	
본 사 : 경북 포항시 남구 괴동로 43 (장흥동)			

설 립 일 2010.01.01	종 업 원 수 128명	대 표 이 사 장원영	
상 장 일 2010.02.19	감 사 의 견 적정 (가율)	계 열	
결 산 기 12월	보 통 주 126만주	종속회사수	
액 면 가 500원	우 선 주	구 상 호	

주주구성 (지분율,%)		출자관계 (지분율,%)		주요경쟁사 (외형,%)	
CS홀딩스	45.3	조선선재	100		
신영자산운용	7.7	서원	393		
(외국인)	3.8	일진다이아	172		

매출구성		비용구성		수출비중	
용접재료 등	100.0	매출원가율	64.3	수출	—
		판관비율	8.5	내수	—

회사 개요
동사는 용접재료 생산 및 판매 등을 영위할 목적으로 2010년 1월 1일부로 CS홀딩스주식회사로부터 인적분할을 통해서 신설법인으로 설립됨. 피복용접재료 시장은 동사를 포함해 국내 업체가 전체의 90% 이상을 점유하고 있고, 동사는 국내 내수시장의 70%를 차지하는 업계 선두 업체임. 특히 원자력 발전소용 용접재료에서 국내 업체보다 우위를 점하고 있음. 동사는 CS홀딩스 기업집단의 6개 계열사 중 하나임.

실적 분석
동사의 2017년 연결 기준 2분기 매출액은 333.2억원으로 전년동기 대비 4.6% 증가하였고 그에 따라 매출원가도 10.1% 증가하여 영업이익은 전년동기 대비 소폭 감소한 86.1억원을 시현함. 생산성 향상을 통한 원가절감과 원자재 가격 안정에도 영업이익률이 소폭 감소함. 비영업부문에서도 5.8억원의 이익이 발생하여 당기순이익은 75.1억원으로 전년동기 대비 5.4% 감소함.

현금 흐름 *IFRS 별도 기준
〈단위 : 억원〉

항목	2016	2017.2Q
영업활동	143	84
투자활동	-163	25
재무활동	-14	-45
순현금흐름	-34	65
기말현금	351	416

시장 대비 수익률

결산 실적
〈단위 : 억원〉

항목	2012	2013	2014	2015	2016	2017
매출액	734	722	709	663	631	
영업이익	102	112	158	176	172	
당기순이익	75	91	129	146	145	

분기 실적 *IFRS 별도 기준
〈단위 : 억원〉

항목	2016.1Q	2016.2Q	2016.3Q	2016.4Q	2017.1Q	2017.2Q
매출액	154	164	147	165	176	157
영업이익	43	49	37	42	47	39
당기순이익	38	41	30	35	41	34

재무 상태 *IFRS 별도 기준
〈단위 : 억원〉

항목	2012	2013	2014	2015	2016	2017.2Q
총자산	502	603	743	890	1,009	1,030
유형자산	107	107	106	96	98	98
무형자산	0	0	0	0	0	0
유가증권	0	0	0	0	0	0
총부채	100	119	134	137	130	126
총차입금			23	24	25	31
자본금	6	6	6	6	6	6
총자본	401	484	609	753	879	904
지배주주지분	401	484	609	753	879	904

기업가치 지표 *IFRS 별도 기준

항목	2012	2013	2014	2015	2016	2017.2Q
주가(최고/저)(천원)	49.7/31.0	50.5/31.0	70.9/36.3	85.8/59.4	72.6/57.5	—/—
PER(최고/저)(배)	8.5/5.3	7.1/4.4	7.1/3.6	7.6/5.2	6.3/5.1	—/—
PBR(최고/저)(배)	1.6/1.0	1.3/0.8	1.5/0.8	1.5/1.0	1.0/0.8	1.1/0.9
EV/EBITDA(배)	2.8		1.8	2.6	1.5	1.3
EPS(원)	5,948	7,240	10,241	11,578	11,500	5,973
BPS(원)	31,888	38,963	49,088	60,551	71,687	76,240
CFPS(원)	6,344	7,589	10,618	11,977	11,931	6,178
DPS(원)					1,500	
EBITDAPS(원)	8,529	9,251	12,934	14,408	14,088	7,049

재무 비율
〈단위 : %〉

연도	영업이익률	순이익률	부채비율	차입금비율	ROA	ROE	유보율	자기자본비율	EBITDA마진율
2016	27.2	22.9	14.8	2.9	15.2	17.7	14,237.4	87.1	28.1
2015	26.6	22.0	18.3	3.3	17.8	21.4	12,010.2	84.6	27.3
2014	22.3	18.2	22.0	3.7	19.2	23.6	9,717.7	81.9	23.3
2013	15.5	12.6	24.6	0.0	16.5	20.6	7,692.5	80.3	16.1

조아제약 (A034940)
CHOA PHARMACEURICAL

업 종 : 제약		시 장 : KOSDAQ	
신용등급 : (Bond) — (CP) —		기업규모 : 중견	
홈 페 이 지 : www.choa.co.kr		연 락 처 : (02)6670-9200	
본 사 : 서울시 영등포구 당산로2길 12 에이스테크노타워 101호			

설 립 일 1996.03.15	종 업 원 수 268명	대 표 이 사 조성환,조성배(각자대표)	
상 장 일 1999.07.29	감 사 의 견 적정 (삼일)	계 열	
결 산 기 12월	보 통 주 2,831만주	종속회사수 1개사	
액 면 가 500원	우 선 주	구 상 호	

주주구성 (지분율,%)		출자관계 (지분율,%)		주요경쟁사 (외형,%)	
조원기	17.5	케어몰	45.0	조아제약	100
한국증권금융	4.0	에프엔에이취넷	45.0	대한뉴팜	197
(외국인)	1.5	팬바이오텍	30.0	메지온	16

매출구성		비용구성		수출비중	
기타제품	45.1	매출원가율	51.7	수출	—
훼마틴군 외	33.4	판관비율	48.3	내수	—
조아바이톤군	8.0				

회사 개요
동사는 1988년 삼강제약사를 인수해 의약품 제조 및 판매업을 주 목적으로 설립되어 1994년 경남 함안에 생산 공장을 신축하고 1995년 상호 변경이 이루어짐. 동사에서는 조아바이톤, 헤포스, 가레오, 훼마틴, 잘크톤 등 총 200여 가지의 의약품 및 건강기능식품을 생산, 공급하고있음. 전국적 체인망을 갖고 있는 약국 프랜차이즈인 메디팜을 자회사로 두고 있는데, 이는 일반의약품 위주의 제약회사로서의 강점이 될 수 있음.

실적 분석
동사의 2017년 2분기 연결 기준 누적 매출액은 전년 동기 대비 4.2% 증가한 279.9억원을 기록하였음. 매출원가는 3.8% 증가하고 그쳐 매출총이익은 4.6% 증가한 138.6억원임. 그러나 판매비와관리비가 전년 동기 대비 7.0% 증가하여 139.9억원 기록함. 그 결과 영업이익은 1.3억원의 적자를 시현함. 비영업손익의 흑자전환으로 당기순이익은 2.2억원을 기록함.

현금 흐름
〈단위 : 억원〉

항목	2016	2017.2Q
영업활동	9	-10
투자활동	-19	9
재무활동	-6	-9
순현금흐름	-15	-10
기말현금	27	16

시장 대비 수익률

결산 실적
〈단위 : 억원〉

항목	2012	2013	2014	2015	2016	2017
매출액	423	439	431	501	556	
영업이익	10	16	-40	1	-0	
당기순이익	15	18	-41	9	1	

분기 실적
〈단위 : 억원〉

항목	2016.1Q	2016.2Q	2016.3Q	2016.4Q	2017.1Q	2017.2Q
매출액	129	140	137	150	132	148
영업이익	0	-0	1	-3	-7	6
당기순이익	1	-0	1	-1	-4	7

재무 상태
〈단위 : 억원〉

항목	2012	2013	2014	2015	2016	2017.2Q
총자산	653	708	740	743	751	749
유형자산	158	158	201	205	215	205
무형자산	6	5	3	3	5	4
유가증권	29	34	34	25	30	29
총부채	163	202	280	272	280	276
총차입금	54	120	132	137	132	129
자본금	142	142	142	142	142	142
총자본	490	506	461	472	471	473
지배주주지분	495	512	467	479	478	482

기업가치 지표

항목	2012	2013	2014	2015	2016	2017.2Q
주가(최고/저)(천원)	7.9/4.0	4.8/2.9	4.5/3.4	6.0/3.5	8.1/4.0	—/—
PER(최고/저)(배)	155.7/79.6	75.2/46.0	—/—	167.9/97.8	1,405.3/696.6	—/—
PBR(최고/저)(배)	4.5/2.3	2.7/1.6	2.7/2.1	3.6/2.1	4.8/2.4	3.1/2.4
EV/EBITDA(배)	53.0	27.1		62.2	68.0	—/—
EPS(원)	51	64	-144	36	6	11
BPS(원)	1,750	1,808	1,650	1,690	1,690	1,701
CFPS(원)	97	114	-87	103	75	11
DPS(원)						
EBITDAPS(원)	81	109	-86	72	69	-5

재무 비율
〈단위 : %〉

연도	영업이익률	순이익률	부채비율	차입금비율	ROA	ROE	유보율	자기자본비율	EBITDA마진율
2016	0.0	0.2	59.6	28.1	0.2	0.3	238.0	62.7	3.5
2015	0.3	1.9	57.7	29.0	1.3	2.1	238.1	63.4	4.1
2014	-9.4	-9.6	60.7	28.7	-5.7	-8.3	230.0	62.2	-5.6
2013	3.6	4.0	39.9	13.9	2.6	3.6	261.6	71.5	7.0

조이맥스 (A101730)
Joymax

업 종 : 게임 소프트웨어		시 장 : KOSDAQ		
신용등급 : (Bond) — (CP) —		기업규모 : 중견		
홈페이지 : www.joymax.co.kr		연 락 처 : 02)420-8854		
본 사 : 경기도 성남시 분당구 대왕판교로 644번길 49 (삼평동) 위메이드타워 5층				

설 립 일	1997.04.10	종 업 원 수	49명	대 표 이 사	이길형
상 장 일	2009.06.03	감 사 의 견	적정 (한영)	계	열
결 산 기	12월	보 통 주	851만주	종속회사수	3개사
액 면 가	500원	우 선 주	—	구 상 호	

주주구성 (지분율,%)		출자관계 (지분율,%)		주요경쟁사 (외형,%)	
위메이드엔터테인먼트	33.3	조이맥스	100		
이길형	11.4	엔터메이트	64		
(외국인)	1.1	엠게임	97		

매출구성		비용구성		수출비중	
SNG게임	56.0	매출원가율	0.0	수출	9.0
미드코어게임	16.0	판관비율	112.9	내수	91.0
캐주얼게임	13.2				

회사 개요
1997년 4월 설립된 온라인 및 모바일게임 개발 회사로 2009년 코스닥시장에 상장. 모바일게임 54.27%, 온라인게임 38.56%, 기타 7.18%로 매출 구성됨. 대표 게임으로는 온라인게임 실크로드, 로스트사가와 모바일게임 에브리타운, 아틀란스리온, 윈드러너, 캔디팡 등이 존재. 주요 개발자회사로 아이오엔터, 피버스튜디오, 리니웍스 등 존재. 2014년 4월 편입된 자회사를 통해 소셜 네트워크 게임의 출시에 따른 매출 성장이 기대됨.

실적 분석
2017년 상반기 연결기준 매출은 전기대비 0.8% 증가한 156.4억원임. 기존 인기 게임들의 꾸준한 업데이트로 비교적 안정적인 매출을 유지했음. 영업손실 40.0억원, 당기순손실 38.9억원을 시현하며 전년동기 대비 적자폭이 확대됨. 최근 모바일게임 <에어로 스트라이크>와 <마이 리틀 셰프>를 포함해, 자회사 플레로게임즈에서 개발한 에브리타운 IP 기반 퍼즐게임 <에브리타운 스윗> 출시함.

현금 흐름		〈단위 : 억원〉
항목	2016	2017.2Q
영업활동	-30	-46
투자활동	-60	57
재무활동	-0	-9
순현금흐름	-88	9
기말현금	211	220

시장 대비 수익률

결산 실적					〈단위 : 억원〉	
항목	2012	2013	2014	2015	2016	2017
매출액	276	514	305	303	315	
영업이익	-16	181	-47	-79	-41	
당기순이익	-48	146	-40	-213	-17	

분기 실적					〈단위 : 억원〉	
항목	2016.1Q	2016.2Q	2016.3Q	2016.4Q	2017.1Q	2017.2Q
매출액	80	75	77	83	71	85
영업이익	-9	-12	-7	-12	-12	-23
당기순이익	-5	-12	-18	18	-26	-12

재무 상태					〈단위 : 억원〉	
항목	2012	2013	2014	2015	2016	2017.2Q
총자산	1,081	1,196	1,080	957	921	890
유형자산	51	48	47	40	40	39
무형자산	345	324	311	108	95	90
유가증권	65	79	100	61	61	61
총부채	82	105	89	205	186	191
총차입금	—	—	—	139	120	131
자본금	35	35	43	43	43	43
총자본	999	1,091	991	752	735	699
지배주주지분	954	969	931	719	701	671

기업가치 지표						
항목	2012	2013	2014	2015	2016	2017.2Q
주가(최고/저)(천원)	44.6/13.8	55.8/21.4	39.1/21.2	30.8/13.2	13.9/6.9	—/—
PER(최고/저)(배)	—/—	55.0/21.1	—/—	—/—	—/—	1.2/0.8
PBR(최고/저)(배)	3.1/1.0	3.7/1.4	3.1/1.7	3.1/1.3	1.4/0.7	1.0/0.7
EV/EBITDA(배)	102.4	5.8				
EPS(원)	-577	1,014	-549	-2,404	-206	-376
BPS(원)	14,539	14,938	12,460	9,945	9,652	9,290
CFPS(원)	-151	1,539	-59	-2,007	3	-294
DPS(원)						
EBITDAPS(원)	195	3,096	-116	-530	-267	-388

재무 비율								〈단위 : %〉	
연도	영업이익률	순이익률	부채비율	차입금비율	ROA	ROE	유보율	자기자본비율	EBITDA마진율
2016	-12.9	-5.5	25.3	16.3	-1.8	-2.5	1,830.5	79.8	-7.2
2015	-26.1	-70.3	27.3	18.5	-20.9	-24.8	1,889.1	78.6	-14.9
2014	-15.4	-13.0	9.0	0.0	-3.5	-4.5	2,392.0	91.8	-3.0
2013	35.2	28.5	9.6	0.0	12.9	7.4	2,887.6	91.2	42.4

조이시티 (A067000)
JoyCity

업 종 : 게임 소프트웨어		시 장 : KOSDAQ		
신용등급 : (Bond) — (CP) —		기업규모 : 벤처		
홈페이지 : www.joycity.com		연 락 처 : 031)789-6500		
본 사 : 경기도 성남시 분당구 분당로 55 (서현동, 분당퍼스트타워)				

설 립 일	1994.05.30	종 업 원 수	302명	대 표 이 사	조성원
상 장 일	2008.05.30	감 사 의 견	적정 (삼일)	계	열
결 산 기	12월	보 통 주	1,178만주	종속회사수	6개사
액 면 가	500원	우 선 주	—	구 상 호	JCE

주주구성 (지분율,%)		출자관계 (지분율,%)		주요경쟁사 (외형,%)	
엔드림	15.9	고도플레이	100.0	조이시티	100
디자인통	9.9	트리플더블	60.5	넥슨지티	84
(외국인)	0.6	화이트아웃	23.7	위메이드	149

매출구성		비용구성		수출비중	
모바일게임	65.7	매출원가율	0.0	수출	78.0
온라인게임	34.3	판관비율	95.8	내수	22.0
기타	0.1				

회사 개요
동사는 1994년 설립된 온라인게임의 개발 및 퍼블리싱 기업으로 2008년 코스닥 시장에 상장함. 온라인 스포츠게임 "프리스타일 시리즈"를 비롯하여, 전략시뮬레이션 전쟁게임, 보드게임, RPG, 캐주얼, 수팅 등 다양한 장르의 모바일 게임을 서비스함. 총 6개의 비상장 계열회사를 종속회사로 두고 있음. 매출비중은 온라인게임 33.41%, 모바일게임 66.51%, 기타 매출 0.08%로 이루어져 있으며 해외매출의 비중이 약 78.5% 수준임.

실적 분석
동사의 2017년 2분기 누적 매출액은 전년동기대비 7.1% 감소한 390.7억원을 기록함. 광고선전비 증가의 영향으로 영업비용이 증가하였으며, 2분기 누적 영업손실은 39.1억원으로 전년동기대비 적자전환함. 당기순손실 역시 70.5억원을 기록하며 적자전환함. 기존 주요 라인업인 '주사위의 신'이 중국 현지 판호 취득을 마친 상태로 3분기 출시가 예정되어 있어 향후 실적 성장에 기여할 것으로 기대됨.

현금 흐름		〈단위 : 억원〉
항목	2016	2017.2Q
영업활동	60	-19
투자활동	20	4
재무활동	-177	0
순현금흐름	-98	-5
기말현금	122	113

시장 대비 수익률

결산 실적					〈단위 : 억원〉	
항목	2012	2013	2014	2015	2016	2017
매출액	630	375	465	575	725	
영업이익	82	-10	56	83	31	
당기순이익	78	-93	34	11	-53	

분기 실적					〈단위 : 억원〉	
항목	2016.1Q	2016.2Q	2016.3Q	2016.4Q	2017.1Q	2017.2Q
매출액	240	180	155	150	194	196
영업이익	25	11	10	-15	-10	-29
당기순이익	6	2	2	-63	-40	-31

재무 상태					〈단위 : 억원〉	
항목	2012	2013	2014	2015	2016	2017.2Q
총자산	822	754	728	767	588	578
유형자산	21	21	17	13	12	12
무형자산	66	34	65	66	62	79
유가증권	1	1	14	16	40	52
총부채	141	147	164	85	135	194
총차입금	5	—	—	0	—	2
자본금	58	59	59	59	59	59
총자본	681	607	565	682	453	385
지배주주지분	681	607	565	682	453	383

기업가치 지표						
항목	2012	2013	2014	2015	2016	2017.2Q
주가(최고/저)(천원)	45.3/15.0	21.5/13.4	31.7/16.4	36.8/20.4	33.0/17.9	—/—
PER(최고/저)(배)	67.5/22.3	—/—	108.9/56.3	402.5/222.9	—/—	—/—
PBR(최고/저)(배)	7.7/2.5	4.1/2.6	5.6/2.9	5.8/3.2	5.6/3.0	5.0/3.1
EV/EBITDA(배)	12.6	169.4	26.3	27.5	37.3	
EPS(원)	675	-798	291	91	-453	-598
BPS(원)	5,922	5,186	5,627	6,364	5,947	5,354
CFPS(원)	916	-618	470	333	-202	-598
DPS(원)	100					
EBITDAPS(원)	954	97	651	947	512	-331

재무 비율								〈단위 : %〉	
연도	영업이익률	순이익률	부채비율	차입금비율	ROA	ROE	유보율	자기자본비율	EBITDA마진율
2016	4.2	-7.4	29.9	0.0	-7.9	-9.4	1,089.4	77.0	8.3
2015	14.5	1.9	12.5	0.0	1.7	1.7	1,172.9	88.9	19.4
2014	12.0	7.4	29.0	0.0	4.6	5.9	1,025.3	77.5	16.5
2013	-2.6	-24.9	24.2	0.0	-11.8	-14.5	937.1	80.5	3.0

조일알미늄 (A018470)
Choil Aluminum

업　　종 : 금속 및 광물		시　　장 : 거래소	
신용등급 : (Bond) —　(CP) —		기업규모 : 시가총액 소형주	
홈페이지 : www.choial.co.kr		연 락 처 : (053)856-5252	
본　　사 : 경북 경산시 진량읍 공단6로 98			

설 립 일	1985.09.19	종 업 원 수	383명	대 표 이 사	이영호
상 장 일	1988.11.22	감 사 의 견	적정 (안경)	계　　　열	
결 산 기	12월	보 통 주	6,960만주	종속회사수	
액 면 가	500원	우 선 주		구 상 호	

주주구성 (지분율,%)		출자관계 (지분율,%)		주요경쟁사 (외형,%)	
이영호	27.4	엠에스상호저축은행 5.7		조일알미늄	100
조광	22.8			고려아연	2,139
(외국인)	5.8			포스코켐텍	409

매출구성		비용구성		수출비중	
알미늄판	100.0	매출원가율	96.5	수출	19.0
알미늄판 임가공	0.0	판관비율	4.2	내수	81.0

회사 개요
동사는 알미늄판 제조·판매를 주요한 사업목적으로 1985년 7월에 설립되었으며, 알미늄판을 제조하여 국내외에 판매하고 있음. 동사의 주요사업인 알미늄 압연 산업은 대규모 자본을 필요로 하며 기술의 축적과 경험이 필요한 진입 장벽이 매우 높은 산업으로 동사를 비롯한 노벨리스코리아, 대호에이엘, 대창에이티 등 소수기업이 시장을 과점하고 있음. 판매단가는 LME 알루미늄 가격에 연동됨.

실적 분석
동사의 2017년도 2분기 누적 매출액은 1,432.3억원으로 전년동기 대비 7.7% 증가하였으나, 매출물량은 전년동기 대비 3.5% 감소함. 전년동기 대비 인도네시아 지역의 매출이 제외됨. 순이익은 0.2억원으로 전반기 자사수증이익의 영향으로 전년동기 대비 99.9% 감소함. 동사의 강점인 소량 다품종 생산과 단납기를 통해 시장에 탄력적으로 대응하기 위해 노력 중임.

현금 흐름 *IFRS 별도 기준 〈단위 : 억원〉

항목	2016	2017.2Q
영업활동	-159	21
투자활동	-58	-50
재무활동	166	6
순현금흐름	-50	-22
기말현금	249	227

시장 대비 수익률

결산 실적 〈단위 : 억원〉

항목	2012	2013	2014	2015	2016	2017
매출액	3,590	3,262	3,090	2,718	2,734	—
영업이익	61	26	-41	-54	-20	—
당기순이익	89	25	-20	-57	331	—

분기 실적 *IFRS 별도 기준 〈단위 : 억원〉

항목	2016.1Q	2016.2Q	2016.3Q	2016.4Q	2017.1Q	2017.2Q
매출액	662	668	604	800	756	676
영업이익	14	-3	-9	-21	22	-9
당기순이익	356	-2	-11	-12	10	-9

재무 상태 *IFRS 별도 기준 〈단위 : 억원〉

항목	2012	2013	2014	2015	2016	2017.2Q
총자산	2,504	2,588	2,848	2,755	3,239	3,239
유형자산	870	915	1,167	1,374	1,331	1,331
무형자산	5	5	11	10	9	9
유가증권	12	12	14	16	16	16
총부채	790	861	1,145	1,105	1,266	1,276
총차입금	399	534	759	824	1,001	1,018
자본금	348	348	348	348	348	348
총자본	1,714	1,727	1,703	1,650	1,973	1,963
지배주주지분	1,714	1,727	1,703	1,650	1,973	1,963

기업가치 지표 *IFRS 별도 기준

항목	2012	2013	2014	2015	2016	2017.2Q
주가(최고/저)(천원)	1.8/0.8	1.3/0.9	1.3/0.9	2.8/1.0	2.4/1.3	—/—
PER(최고/저)(배)	14.7/6.6	37.1/25.3	—/—	—/—	5.1/2.9	—/—
PBR(최고/저)(배)	0.8/0.4	0.5/0.4	0.5/0.4	1.2/0.4	0.9/0.5	0.6/0.5
EV/EBITDA(배)	6.7	10.0	78.8	1,621.8	26.3	—/—
EPS(원)	128	36	-28	-82	476	0
BPS(원)	2,462	2,481	2,447	2,371	2,835	2,820
CFPS(원)	237	115	50	-2	607	71
DPS(원)	20	15	—	15	15	—
EBITDAPS(원)	195	116	20	2	103	89

재무 비율 〈단위 : % 〉

연도	영업이익률	순이익률	부채비율	차입금비율	ROA	ROE	유보율	자기자본비율	EBITDA마진율
2016	-0.7	12.1	64.2	50.7	11.1	18.3	467.1	60.9	2.6
2015	-2.0	-2.1	67.0	49.9	-2.0	-3.4	374.2	59.9	0.1
2014	-1.3	-0.6	67.2	44.6	-0.7	-1.2	389.4	59.8	0.4
2013	0.8	0.8	49.9	31.0	1.0	1.5	396.2	66.7	2.5

조흥 (A002600)
Choheung

업　　종 : 식료품		시　　장 : 거래소	
신용등급 : (Bond) —　(CP) —		기업규모 : 시가총액 소형주	
홈페이지 : www.choheung.co.kr		연 락 처 : (031)310-7000	
본　　사 : 경기도 안산시 단원구 시화로 38 (성곡동)			

설 립 일	1959.02.11	종 업 원 수	197명	대 표 이 사	유익제
상 장 일	1976.12.23	감 사 의 견	적정 (이현)	계　　　열	
결 산 기	12월	보 통 주	60만주	종속회사수	
액 면 가	5,000원	우 선 주		구 상 호	

주주구성 (지분율,%)		출자관계 (지분율,%)		주요경쟁사 (외형,%)	
오뚜기	30.0			조흥	100
함영준	7.0			SPC삼립	1,442
				서울식품	34

매출구성		비용구성		수출비중	
이스트,빵크림,치즈 등	74.6	매출원가율	82.7	수출	0.0
치즈 등	25.2	판관비율	8.4	내수	100.0
임대료외	0.2				

회사 개요
동사는 1959년 기초화학물을 제조 판매하는 목적으로 설립하였으나, 화학제품의 생산을 중단한 뒤 현재는 (주)오뚜기임. 제빵원료 및 치즈가공사업은 외식산업의 성장과 젊은층의 서구화된 식생활에 따라 지속적 성장 추세임. 2016년 1분기 치즈사업부분의 시장점유율은 23%로 추정됨.

실적 분석
동사의 2017년 상반기 매출액은 788.5억원으로 전년동기 대비 29.6% 증가함. 이는 치즈제품 및 냉동피자의 판매 증가의 영향. 매출 증가와 원가절감으로 인해 영업이익은 102.8억원으로 전년동기 대비 98.2% 증가됨. 소비자의 소비패턴이 다양화, 고급화 되어 가고 있는 추세. 판촉활동의 강화 및 소비자의 욕구를 충족시킬 수 있는 맛에 대한 기초적인 연구와 생산성향상을 위한 기술개발에 노력한다면 지속적이고 안정적인 발전이 기대됨.

현금 흐름 *IFRS 별도 기준 〈단위 : 억원〉

항목	2016	2017.2Q
영업활동	71	48
투자활동	-90	-49
재무활동	49	-64
순현금흐름	30	-65
기말현금	232	167

시장 대비 수익률

결산 실적 〈단위 : 억원〉

항목	2012	2013	2014	2015	2016	2017
매출액	962	996	1,127	1,132	1,297	—
영업이익	65	56	72	66	115	—
당기순이익	79	46	53	66	81	—

분기 실적 *IFRS 별도 기준 〈단위 : 억원〉

항목	2016.1Q	2016.2Q	2016.3Q	2016.4Q	2017.1Q	2017.2Q
매출액	297	312	334	355	404	38
영업이익	34	17	30	33	56	4
당기순이익	29	14	30	9	51	3

재무 상태 *IFRS 별도 기준 〈단위 : 억원〉

항목	2012	2013	2014	2015	2016	2017.2Q
총자산	1,266	1,180	1,306	1,490	1,635	1,69
유형자산	526	503	507	515	586	64
무형자산	6	6	6	6	4	
유가증권	3	2	2	2	0	
총부채	322	206	289	422	503	50
총차입금	260	128	185	289	367	34
자본금	30	30	30	30	30	3
총자본	944	975	1,017	1,068	1,132	1,18
지배주주지분	944	975	1,017	1,068	1,132	1,18

기업가치 지표 *IFRS 별도 기준

항목	2012	2013	2014	2015	2016	2017.2Q
주가(최고/저)(천원)	73.5/54.5	112/67.3	114/76.8	265/95.1	199/139	—/—
PER(최고/저)(배)	6.3/4.7	15.9/9.6	13.8/9.4	25.0/9.0	15.2/10.5	—/—
PBR(최고/저)(배)	0.5/0.4	0.8/0.5	0.7/0.5	1.6/0.6	1.1/0.8	2.2/0
EV/EBITDA(배)	4.6	4.0	4.4	8.5	6.6	—/—
EPS(원)	13,116	7,657	8,792	11,063	13,533	13,80
BPS(원)	157,286	162,441	169,429	177,946	188,612	197,38
CFPS(원)	16,807	12,856	13,168	15,192	18,067	16,38
DPS(원)	2,500	1,500	2,500	2,500	5,000	
EBITDAPS(원)	14,490	14,550	16,312	15,099	23,746	19,71

재무 비율 〈단위 : % 〉

연도	영업이익률	순이익률	부채비율	차입금비율	ROA	ROE	유보율	자기자본비율	EBITDA마진율
2016	8.9	6.3	44.4	32.4	5.2	7.4	3,672.2	69.2	11.
2015	5.8	5.9	39.6	27.0	4.8	6.4	3,458.9	71.7	8
2014	6.4	4.7	28.5	18.2	4.2	5.3	3,288.6	77.9	8
2013	5.6	4.6	21.1	13.1	3.8	4.8	3,148.8	82.6	8

종근당 (A185750)
Chong Kun Dang Pharmaceutical

업 종 : 제약		시 장 : 거래소	
신용등급 : (Bond) — (CP) —		기업규모 : 시가총액 중형주	
홈 페 이 지 : www.ckdpharm.com		연 락 처 : 02)2194-0300	
본 사 : 서울시 서대문구 충정로 8 (충정로 3가) 종근당빌딩			

설 립 일 2013.11.05	종 업 원 수 1,936명	대 표 이 사 김영주	
상 장 일 2013.12.06	감 사 의 견 적정 (한영)	계 열	
결 산 기 12월	보 통 주 941만주	종속회사수	
액 면 가 2,500원	우 선 주	구 상 호	

주주구성 (지분율,%)		출자관계 (지분율,%)		주요경쟁사 (외형,%)	
종근당홀딩스	20.2	씨앤비인터내셔널	10.0	종근당	100
국민연금공단	14.2	한국능률협회컨설팅	4.9	에스티팜	24
(외국인)	11.6	TV조선대성산생투자조합	2.4	휴젤	15

매출구성		비용구성		수출비중	
기타	67.4	매출원가율	59.7	수출	5.0
자누비아	12.8	판관비율	32.9	내수	95.0
리피로우 외	8.5				

회사 개요
종근당은 2013년 11월 2일을 분할기준일로 투자사업부문을 담당하는 존속법인 종근당홀딩스와 의약품사업부문을 담당하는 신설회사인 동사로 인적분할되어 설립됨. 동사는 2013년 12월 6일에 한국거래소 유가증권시장에 재상장됨. 동사의 2016년도 연구개발비용은 1021억원으로 전체 매출의 12.2%를 차지함. 연구인력 및 R&D 투자비용을 점차 증가시켜 나아갈 예정임.

실적 분석
2017년 반기 매출액은 4,207.1억원으로 전년 매출 4,076.4억원 대비 3.2% 증가하였으며, 영업이익은 331.0억원을 기록, 전년동기 188.3억원 대비 75.8% 증가함. 동사 대표제품인 리피로우, 텔미누보, 타크로벨 등 기존 제품의 성장과 2016년 도입한 자누비아, 글리아티린 등이 매출성장에 기여하였으며, 지속 성장을 위한 R&D 투자 확대에도 불구하고 영업이익은 증가하였음. 기존 대표제품과 신제품의 꾸준한 성장으로 수익성이 기

현금 흐름 *IFRS 별도 기준 〈단위 : 억원〉

항목	2016	2017.2Q
영업활동	578	296
투자활동	-434	-84
재무활동	-56	-103
순현금흐름	89	108
기말현금	217	325

시장 대비 수익률

결산 실적 〈단위 : 억원〉

항목	2012	2013	2014	2015	2016	2017
매출액	—	863	5,441	5,925	8,320	
영업이익	—	75	539	427	612	
당기순이익	—	44	352	-68	409	

분기 실적 *IFRS 별도 기준 〈단위 : 억원〉

항목	2016.1Q	2016.2Q	2016.3Q	2016.4Q	2017.1Q	2017.2Q
매출액	2,019	2,057	2,047	2,197	2,097	2,110
영업이익	83	106	222	202	168	163
당기순이익	56	73	149	132	114	112

재무 상태 *IFRS 별도 기준 〈단위 : 억원〉

항목	2012	2013	2014	2015	2016	2017.2Q
총자산		5,220	5,738	5,763	6,417	6,420
유형자산		2,147	2,152	2,280	2,447	2,410
무형자산		178	161	158	149	144
유가증권		74	159	111	99	129
총부채		2,238	2,423	2,617	2,874	2,719
총차입금		1,246	1,246	1,246	1,246	1,228
자본금		235	235	235	235	235
총자본		2,981	3,314	3,146	3,543	3,701
지배주주지분		2,981	3,314	3,146	3,543	3,701

기업가치 지표 *IFRS 별도 기준

항목	2012	2013	2014	2015	2016	2017.2Q
주가(최고/저)(천원)	—/—	70.6/62.3	77.9/61.7	101/53.9	167/89.7	—/—
PER(최고/저)(배)	0.0/0.0	155.3/137.0	21.4/17.0	—	38.7/20.8	3.2/2.5
PBR(최고/저)(배)	0.0/0.0	2.3/2.0	2.3/1.8	3.1/1.6	4.5/2.4	—/—
EV/EBITDA(배)	0.0	69.3	9.2	15.5	12.8	—/—
EPS(원)	—	469	3,736	-720	4,352	2,408
BPS(원)	—	31,726	35,267	33,473	37,691	39,375
CFPS(원)	—	818	5,920	1,690	6,895	3,623
DPS(원)	—	300	800	600	900	4,732
EBITDAPS(원)	—	1,150	7,916	6,949	9,053	

재무 비율 〈단위 : % 〉

연도	영업이익률	순이익률	부채비율	차입금비율	ROA	ROE	유보율	자기자본비율	EBITDA마진율
2016	7.4	4.9	81.1	35.2	6.7	12.2	1,407.6	55.2	10.2
2015	7.2	-1.1	83.2	39.6	-1.2	-2.1	1,238.9	54.6	11.0
2014	9.9	6.5	73.1	37.6	6.4	11.2	1,310.7	57.1	13.7
2013	8.7	5.1	75.1	41.8	0.9	1.5	1,169.0	57.1	12.5

종근당바이오 (A063160)
CKD Bio

업 종 : 제약		시 장 : 거래소	
신용등급 : (Bond) — (CP) —		기업규모 : 시가총액 소형주	
홈 페 이 지 : www.ckdbio.com		연 락 처 : 02)2194-0555	
본 사 : 서울시 서대문구 충정로 8 (충정로 3가)			

설 립 일 2001.11.13	종 업 원 수 303명	대 표 이 사 이정진	
상 장 일 2001.12.11	감 사 의 견 적정 (안진)	계 열	
결 산 기 12월	보 통 주 523만주	종속회사수	
액 면 가 2,500원	우 선 주	구 상 호	

주주구성 (지분율,%)		출자관계 (지분율,%)		주요경쟁사 (외형,%)	
종근당홀딩스	36.6			종근당바이오	100
국민연금공단	5.0			테라젠이텍스	90
(외국인)	6.4			삼성제약	43

매출구성		비용구성		수출비중	
Potassium Clavulanate	37.7	매출원가율	76.7	수출	82.0
기타	24.8	판관비율	13.1	내수	18.0
Rifampicin	18.6				

회사 개요
동사는 2001년 종근당에서 분할 신설되어 항생제 및 면역억제제 등의 원료의약품을 생산하여 국내외 제약회사에 공급하고 있음. 또한 완제의약품을 국내외에서 구입하여 수출 및 국내공급하고 있으며 국내제약회사의 완제약품 등의 무역대리업무 등을 수행하고 있음. Potassium Clavulanate, DMCT, Rifampicin 등 항생제 원료가 주요 생산 품목임.

실적 분석
동사의 2017년 연결기준 2분기 누적 매출액은 606.3억원으로 전년동기 대비 7.4% 증가함. 반면 원자재 가격상승의 영향으로 원가율이 악화되어 매출총이익이 20.4% 감소하였음. 영업이익은 원가율의 큰 폭 증가 및 판관비의 증가에 따라 42.3억원을 시현하며 전년동기 대비 대폭 축소되었음(-55.6%). 당기순이익 또한 45.7억원을 시현하며 전년동기 대비 27.3% 하락을 기록하였음.

현금 흐름 *IFRS 별도 기준 〈단위 : 억원〉

항목	2016	2017.2Q
영업활동	155	79
투자활동	-111	-52
재무활동	1	-4
순현금흐름	45	25
기말현금	149	175

시장 대비 수익률

결산 실적 〈단위 : 억원〉

항목	2012	2013	2014	2015	2016	2017
매출액	1,138	1,004	1,064	1,067	1,130	
영업이익	88	19	-26	80	116	
당기순이익	71	17	-11	67	94	

분기 실적 *IFRS 별도 기준 〈단위 : 억원〉

항목	2016.1Q	2016.2Q	2016.3Q	2016.4Q	2017.1Q	2017.2Q
매출액	288	277	294	271	300	306
영업이익	46	34	25	11	20	22
당기순이익	32	31	13	18	22	24

재무 상태 *IFRS 별도 기준 〈단위 : 억원〉

항목	2012	2013	2014	2015	2016	2017.2Q
총자산	1,854	1,755	1,651	1,706	1,809	1,834
유형자산	1,041	966	899	911	928	935
무형자산	1	1	1	0	0	8
유가증권	0	0	0	0	0	0
총부채	613	516	432	433	457	457
총차입금	287	172	103	86	116	128
자본금	131	131	131	131	131	131
총자본	1,241	1,239	1,218	1,274	1,352	1,376
지배주주지분	1,241	1,239	1,218	1,274	1,352	1,376

기업가치 지표 *IFRS 별도 기준

항목	2012	2013	2014	2015	2016	2017.2Q
주가(최고/저)(천원)	16.5/7.9	17.5/11.3	27.4/12.0	40.3/17.5	31.8/20.4	—/—
PER(최고/저)(배)	13.0/6.3	57.4/37.1	—	32.6/14.2	17.9/11.5	—/—
PBR(최고/저)(배)	0.7/0.4	0.8/0.5	1.2/0.5	1.7/0.7	1.2/0.8	0.9/0.8
EV/EBITDA(배)	3.7	6.6	13.1	7.5	5.7	—/—
EPS(원)	1,358	317	-211	1,272	1,804	874
BPS(원)	24,054	24,001	23,613	24,671	26,160	26,632
CFPS(원)	3,566	2,557	1,972	3,357	3,524	1,755
DPS(원)	350	100	100	350	400	
EBITDAPS(원)	3,891	2,612	1,678	3,623	3,942	1,691

재무 비율 〈단위 : % 〉

연도	영업이익률	순이익률	부채비율	차입금비율	ROA	ROE	유보율	자기자본비율	EBITDA마진율
2016	10.3	8.4	33.9	8.6	5.4	7.2	946.4	74.7	18.2
2015	7.5	6.2	34.0	6.7	4.0	5.3	886.8	74.6	17.8
2014	-2.5	-1.0	35.5	8.4	-0.7	-0.9	844.5	73.8	8.3
2013	1.9	1.7	41.7	13.9	0.9	1.3	860.1	70.6	13.6

종근당홀딩스 (A001630)
Chong Kun Dang Holdings

업 종 : 제약			시 장 : 거래소	
신용등급 : (Bond) — (CP) —			기업규모 : 시가총액 소형주	
홈페이지 : www.ckd-holdings.com			연 락 처 : 02)6373-0600	
본 사 : 서울시 서대문구 충정로 8 종근당빌딩				

설 립 일 1956.01.10	종 업 원 수 17명	대 표 이 사 이병건
상 장 일 1976.06.30	감사의견 적정 (한영)	계 열
결 산 기 12월	보 통 주 501만주	종속회사수 8개사
액 면 가 2,500원	우 선 주	구 상 호 종근당

주주구성 (지분율,%)		출자관계 (지분율,%)		주요경쟁사 (외형,%)	
이장한	33.7	벨컴	91.0	종근당홀딩스	100
국민연금공단	8.3	종근당산업	58.0	삼진제약	71
(외국인)	7.7	CKD창업투자	56.0	이연제약	36

매출구성		비용구성		수출비중	
오메가3, 홍삼, 유산균, 비타민 등	24.2	매출원가율	69.5	수출	—
Potassium Clavulanate 외	22.1	판관비율	23.7	내수	—
[원료/완제 의약품]기타	21.8				

회사 개요
동사는 투자사업부문을 담당하는 종근당홀딩스(존속법인)와 의약사업부문의 종근당(신설법인)으로 2013년 11월 인적분할을 통해 지주회사 체제로 전환했음. 분할전회사인 종근당이 보유한 자회사 및 관계회사 지분을 계속 유지하게 됨. 주요 자회사는 원료의약품 전문업체인 경보제약(지분율 39.5%)과 종근당바이오(36.6%)가 있음. 완제의약품 전문 업체인 종근당의 지분은 20.2% 보유하고 있음.

실적 분석
동사의 2017년 2분기 연결 기준 누적 매출액은 전년 동기 대비 59.9% 증가한 2,212.8억원임. 매출총이익은 782.9억원으로 76.9% 증가함. 인건비와 광고선전비 등의 증가로 판관비도 전년 동기 대비 78.4% 증가했음. 영업이익은 199.2억원으로 전년 동기 대비 72.6% 증가하였음. 비영업손익도 증가하여 당기순이익은 전년 동기 대비 89.6% 신장한 318.8억원을 시현하였음.

현금 흐름 〈단위 : 억원〉

항목	2016	2017.2Q
영업활동	194	167
투자활동	-252	-334
재무활동	-51	-51
순현금흐름	19	-219
기말현금	793	574

시장 대비 수익률

결산 실적 〈단위 : 억원〉

항목	2012	2013	2014	2015	2016	2017
매출액	5,808	5,606	1,814	2,218	3,357	—
영업이익	798	824	307	282	231	—
당기순이익	374	4,236	133	306	429	—

분기 실적 〈단위 : 억원〉

항목	2016.1Q	2016.2Q	2016.3Q	2016.4Q	2017.1Q	2017.2Q
매출액	672	712	1,012	961	1,050	1,163
영업이익	70	45	66	49	91	109
당기순이익	98	71	169	91	213	106

재무 상태 〈단위 : 억원〉

항목	2012	2013	2014	2015	2016	2017.2Q
총자산	7,080	2,775	3,027	5,010	7,057	7,842
유형자산	2,521	439	554	835	1,859	2,607
무형자산	200	36	45	48	280	271
유가증권	258	750	318	382	222	270
총부채	3,234	922	1,142	1,198	1,576	1,864
총차입금	1,862	363	570	493	621	732
자본금	326	91	91	112	125	125
총자본	3,847	1,853	1,885	3,812	5,480	5,977
지배주주지분	3,583	1,488	1,580	2,929	3,604	3,839

기업가치 지표

항목	2012	2013	2014	2015	2016	2017.2Q
주가(최고/저)(천원)	25.1/8.6	51.5/23.2	79.8/39.4	141/54.2	133/59.9	—/—
PER(최고/저)(배)	11.3/3.9	1.6/0.7	32.1/15.9	40.0/15.4	21.8/9.8	—/—
PBR(최고/저)(배)	1.0/0.3	1.3/0.6	1.9/0.9	2.2/0.8	1.9/0.8	1.1/0.7
EV/EBITDA(배)	6.2	1.6	6.7	14.5	12.4	
EPS(원)	2,453	35,899	2,598	3,646	6,227	4,571
BPS(원)	28,554	42,448	44,979	66,689	73,078	76,629
CFPS(원)	3,916	37,729	4,602	5,748	9,756	6,917
DPS(원)	700	1,700	700	1,200	1,400	—
EBITDAPS(원)	7,580	8,948	10,443	8,859	8,406	6,322

재무 비율 〈단위 : % 〉

연도	영업이익률	순이익률	부채비율	차입금비율	ROA	ROE	유보율	자기자본비율	EBITDA마진율
2016	6.9	12.8	28.8	11.3	7.1	9.0	2,823.1	77.7	11.8
2015	12.7	13.8	31.4	12.9	7.6	6.8	2,567.6	76.1	16.7
2014	16.9	7.3	60.6	30.2	4.6	6.2	1,699.1	62.3	21.0
2013	14.7	75.6	49.8	19.6	86.0	164.0	1,597.9	66.8	18.5

좋은사람들 (A033340)
GOODPEOPLE

업 종 : 섬유 및 의복			시 장 : KOSDAQ	
신용등급 : (Bond) — (CP) —			기업규모 : 중견	
홈페이지 : www.gpin.co.kr			연 락 처 : 02)320-6600	
본 사 : 서울시 마포구 양화로 162, 삼성생명동교동빌딩				

설 립 일 1993.05.01	종 업 원 수 391명	대 표 이 사 윤우환
상 장 일 1997.11.03	감사의견 적정 (세일)	계 열
결 산 기 12월	보 통 주 2,641만주	종속회사수 3개사
액 면 가 500원	우 선 주	구 상 호

주주구성 (지분율,%)		출자관계 (지분율,%)		주요경쟁사 (외형,%)	
염덕희	12.0	좋은사람들개성1공장	100.0	좋은사람들	100
지앤지인베스트	8.0	GoodPeople(CAMBODIA)Co.ltd	100.0	우노앤컴퍼니	31
(외국인)	2.4	고비이상해상무	100.0	아즈텍WB	42

매출구성		비용구성		수출비중	
남여 내의류	100.0	매출원가율	56.3	수출	1.0
		판관비율	47.0	내수	99.0

회사 개요
동사는 보디가드, 섹시쿠키, 예스, 리바이스 등의 브랜드를 운영하고 있음. 국내 내의 시장의 상위 5위사가 75% 내외의 점유율을 차지함. 브랜드 차별화 및 로드샵을 통해 점진적인 매출 확대를 추진중임. 2011년 캄보디아 소재 생산공장 설립 및 홍콩 판매법인 신설로 원가 절감 및 수익성 개선에 주력함. 2012년에는 SPA브랜드 퍼스트올로로 출시해 활발한 매장 전개를 진행하고 있음.

실적 분석
동사의 2017년 상반기 매출액은 632.2억원으로 전년 대비 0.4% 증가. 영업이익은 4.4억원으로 흑자전환함. 당기순이익은 적자지속함. 사물인터넷(IoT) 융복합 '스마트이너웨어'를 개발해 상용화 중에 있음. 고기능성 제품은 물론 액티브 시니어, B2B 사업을 적극 확대할 예정임. 2016년 개성공단 가동이 중단되면서 필리핀, 베트남 등 새로운 생산기지를 개발함.

현금 흐름 〈단위 : 억원〉

항목	2016	2017.2Q
영업활동	54	-23
투자활동	-16	3
재무활동	0	-1
순현금흐름	35	-23
기말현금	117	94

시장 대비 수익률

결산 실적 〈단위 : 억원〉

항목	2012	2013	2014	2015	2016	2017
매출액	1,371	1,462	1,355	1,240	1,266	—
영업이익	30	7	24	12	-42	—
당기순이익	16	8	16	10	-42	—

분기 실적 〈단위 : 억원〉

항목	2016.1Q	2016.2Q	2016.3Q	2016.4Q	2017.1Q	2017.2Q
매출액	308	322	341	295	305	328
영업이익	-4	-21	-4	-12	-2	6
당기순이익	23	-50	-5	-10	-1	1

재무 상태 〈단위 : 억원〉

항목	2012	2013	2014	2015	2016	2017.2Q
총자산	1,173	1,167	1,154	1,143	1,114	1,107
유형자산	172	160	148	149	105	101
무형자산	31	38	39	40	35	35
유가증권	0	0	0	0	0	0
총부채	377	346	321	296	302	297
총차입금	177	159	132	98	98	97
자본금	122	128	129	132	132	132
총자본	796	821	833	847	811	810
지배주주지분	797	821	833	847	811	810

기업가치 지표

항목	2012	2013	2014	2015	2016	2017.2Q
주가(최고/저)(천원)	2.4/1.3	1.8/1.3	1.6/1.2	3.4/1.3	3.2/1.9	—/—
PER(최고/저)(배)	37.4/20.2	56.1/40.7	26.5/19.2	89.4/34.6	—/—	—/—
PBR(최고/저)(배)	0.7/0.4	0.6/0.4	0.5/0.4	1.0/0.4	1.0/0.6	1.0/0.7
EV/EBITDA(배)	7.8	11.3	6.7	14.8		
EPS(원)	67	33	61	38	-158	-0
BPS(원)	3,372	3,317	3,345	3,311	3,177	3,171
CFPS(원)	213	170	198	158	—	45
DPS(원)	20	—	10	—	-60	—
EBITDAPS(원)	269	164	230	166	-59	62

재무 비율 〈단위 : % 〉

연도	영업이익률	순이익률	부채비율	차입금비율	ROA	ROE	유보율	자기자본비율	EBITDA마진율
2016	-3.3	-3.3	37.3	12.1	-3.7	-5.0	535.4	72.9	-1.2
2015	1.0	0.8	35.0	11.6	0.9	1.2	562.1	74.1	3.5
2014	1.8	1.2	38.5	15.9	1.4	1.9	569.1	72.2	4.4
2013	0.5	0.6	42.1	19.3	0.7	1.0	563.5	70.4	2.9

주노콜렉션 (A221670)
JUNO COLLECTION COLTD

업　　　종 : 섬유 및 의복		시　　　장 : KONEX	
신용등급 : (Bond) — 　(CP) —		기업규모 : —	
홈 페 이 지 : www.laorh.com		연 락 처 : 031)970-2955	
본　　　사 : 경기도 고양시 덕양구 지도로 44 주노빌딩 2,3,4층(토당동)			

설 립 일 2009.06.23	종 업 원 수 명	대 표 이 사 김용	
상 장 일 2017.06.27	감 사 의 견 적정 (대주)	계　　　열	
결 산 기 12월	보 통 주	종속회사수	
액 면 가	우 선 주	구 상 호	

주주구성 (지분율,%)
김용	46.9
세미티에스	42.9

출자관계 (지분율,%)
CONGTYTHNNJUNOCOLLECTION	100.0

주요경쟁사 (외형,%)
주노콜렉션	100
와이브러드	357
패션플랫폼	232

매출구성
가방	100.0

비용구성
매출원가율	78.4
판관비율	14.8

수출비중
수출	—
내수	—

회사 개요
동사는 핸드백 제조 수출 사업과 국내 유통사업을 영위할 목적으로 2009년 설립. 2017년 6월 코넥스 시장에 상장. 국내 패션 핸드백 시장의 점유율은 매출액 기준 0.51% 수준으로 추정됨. 동사는 2012년 베트남 공장을 설립한 뒤 2014년부터 본격적인 내수 유통 사업 시작. 20만~40만원대의 가격대로 가방을 출시, 홈쇼핑에도 진출. 잘모이, 카바스 토리에, 장 루이 쉐렐 등의 브랜드가 있음.

실적 분석
동사는 2016년 238.6억원의 매출액을 올림. 영업이익은 16.3억원, 당기순이익은 9.7억원임. 동사의 제조 수출 사업은 OEM과 ODM으로 고객사 100%가 일본회사인 일본 수출 사업임. 2015년부터 신규 사업으로 자체 브랜드 제품을 생산·판매하고 있음. 총 매출 중 OEM, ODM 방식의 수출이 80%, OBM 방식으로 진행하는 국내 유통 사업이 20%를 차지함.

현금 흐름 *IFRS 별도 기준 〈단위 : 억원〉
항목	2016	2017.2Q
영업활동	17	
투자활동	-3	
재무활동	-2	
순현금흐름	12	
기말현금	14	

결산 실적 〈단위 : 억원〉
항목	2012	2013	2014	2015	2016	2017
매출액	—	—	195	185	239	—
영업이익	—	—	7	14	16	—
당기순이익	—	—	2	6	9	—

분기 실적 *IFRS 별도 기준 〈단위 : 억원〉
항목	2016.1Q	2016.2Q	2016.3Q	2016.4Q	2017.1Q	2017.2Q
매출액					58	
영업이익					11	
당기순이익					9	

재무 상태 *IFRS 별도 기준 〈단위 : 억원〉
항목	2012	2013	2014	2015	2016	2017.2Q
총자산	—	—	125	124	151	
유형자산	—	—	3	2	19	
무형자산	—	—	1	1	1	
유가증권	—	—	14	14	14	
총부채	—	—	93	86	89	
총차입금	—	—	79	79	78	
자본금	—	—	4	4		
총자본	—	—	32	38	61	
지배주주지분	—	—	32	38	61	

기업가치 지표 *IFRS 별도 기준
항목	2012	2013	2014	2015	2016	2017.2Q
주가(최고/저)(천원)	—/—	—/—	—/—	—/—	—/—	—/—
PER(최고/저)(배)	0.0/0.0	0.0/0.0	0.0/0.0	0.0/0.0	0.0/0.0	0.0/0.0
PBR(최고/저)(배)	0.0/0.0	0.0/0.0	0.0/0.0	0.0/0.0	0.0/0.0	0.0/0.0
EV/EBITDA(배)	0.0	0.0	6.1	4.4	3.2	
EPS(원)	—	—	176	448	436	
BPS(원)	—	—	91,485	109,412	77,270	
CFPS(원)	—	—	11,127	23,005	20,209	
DPS(원)	—	—				
EBITDAPS(원)	—	—	24,814	45,927	32,103	

재무 비율 〈단위 : % 〉
연도	영업이익률	순이익률	부채비율	차입금비율	ROA	ROE	유보율	자기자본비율	EBITDA마진율
2016	6.9	4.1	145.9	127.1	7.1	19.5	672.7	40.7	7.5
2015	7.7	3.4	224.7	205.2	5.0	17.9	994.1	30.8	8.7
2014	3.7	1.3	290.5	246.1	0.0	0.0	814.9	25.6	4.5
2013	0.0	0.0			0.0	0.0			

주성엔지니어링 (A036930)
Jusung Engineering

업　　　종 : 반도체 및 관련장비		시　　　장 : KOSDAQ	
신용등급 : (Bond) — 　(CP) —		기업규모 : 우량	
홈 페 이 지 : www.jseng.com		연 락 처 : 031)760-7000	
본　　　사 : 경기도 광주시 오포읍 오포로 240			

설 립 일 1995.04.13	종 업 원 수 417명	대 표 이 사 황철주	
상 장 일 1999.12.16	감 사 의 견 적정 (한영)	계　　　열	
결 산 기 12월	보 통 주 4,825만주	종속회사수 4개사	
액 면 가 500원	우 선 주	구 상 호	

주주구성 (지분율,%)
황철주	24.2
Grantham, Mayo, Van Otterloo & Co. LLC (GMO)	3.0
(외국인)	16.1

출자관계 (지분율,%)
파이오텍	10.6
소프트에피	8.4
제이티비씨	0.6

주요경쟁사 (외형,%)
주성엔지니어링	100
지스마트글로벌	34
케이씨텍	182

매출구성
디스플레이 장비 (상품및제품)	49.8
반도체 장비 (상품및제품)	41.7
태양전지 장비 (상품및제품)	8.4

비용구성
매출원가율	59.0
판관비율	27.0

수출비중
수출	40.0
내수	60.0

회사 개요
동사는 1993년에 설립된 현재 반도체 제조장비, 디스플레이 제조장비, 태양전지 제조장비, LED 및 OLED 제조장비 사업을 영위하고 있음. 동사는 반도체와 디스플레이, 태양전지 등에 공통으로 적용되는 증착(CVD)장비를 생산하는 업체임. 매출 비중은 2017년 기준 반도체 40.8%, 디스플레이 55.5%, 태양전지 3.7%임. 동사는 미국, 독일, 대만, 중국 등에 현지법인을 종속회사로 두고 있음.

실적 분석
동사는 2017년 상반기 누적 매출액이 1525.1억원으로 전년 동기 대비 23.1% 증가했고, 영업이익은 255.9억원으로 전년 동기에 비해 47.8% 증가했음. 동사는 세계 최초로 Oxide TFT 용 TSD CVD(ALD) 장비를 개발하는 등 OLED 신규라인 투자와 반도체 시장의 수요회복 등에 힘입어 경기도 광주 공장의 가동률이 148.2%에 달하는 등 성장세를 보임. 태양전지 부문 매출은 부진을 이어가고 있음.

현금 흐름 〈단위 : 억원〉
항목	2016	2017.2Q
영업활동	447	223
투자활동	-45	-84
재무활동	-381	-204
순현금흐름	19	-64
기말현금	315	251

결산 실적 〈단위 : 억원〉
항목	2012	2013	2014	2015	2016	2017
매출액	800	1,537	1,420	1,756	2,680	—
영업이익	-838	10	96	153	377	—
당기순이익	-1,103	-363	-211	77	326	—

분기 실적 〈단위 : 억원〉
항목	2016.1Q	2016.2Q	2016.3Q	2016.4Q	2017.1Q	2017.2Q
매출액	543	696	630	811	761	764
영업이익	80	93	83	121	126	130
당기순이익	68	67	67	124	139	134

재무 상태 〈단위 : 억원〉
항목	2012	2013	2014	2015	2016	2017.2Q
총자산	4,075	3,709	3,033	3,077	3,275	3,176
유형자산	1,334	1,339	1,402	1,328	1,285	1,372
무형자산	74	71	128	147	122	118
유가증권	649	427	224	188	89	50
총부채	2,763	2,727	1,963	1,935	1,798	1,440
총차입금	2,234	2,065	1,442	943	395	186
자본금	206	206	241	241	241	241
총자본	1,312	982	1,070	1,142	1,477	1,736
지배주주지분	1,302	982	1,070	1,141	1,477	1,736

기업가치 지표
항목	2012	2013	2014	2015	2016	2017.2Q
주가(최고/저)(천원)	12.1/4.0	7.1/4.4	5.8/2.8	8.1/3.2	11.3/7.1	—/—
PER(최고/저)(배)	—/—	—/—	—/—	50.8/20.1	16.7/10.4	—/—
PBR(최고/저)(배)	3.9/1.3	3.1/1.9	2.6/1.3	3.4/1.4	3.7/2.3	3.8/2.7
EV/EBITDA(배)	—	37.7	14.2	17.3	10.2	
EPS(원)	-2,990	-855	-466	160	3,062	3,599
BPS(원)	3,157	2,381	2,218	2,365	3,062	3,599
CFPS(원)	-2,750	-641	-227	376	926	676
DPS(원)	—	—				
EBITDAPS(원)	-2,015		264	451	533	1,031	641

재무 비율 〈단위 : % 〉
연도	영업이익률	순이익률	부채비율	차입금비율	ROA	ROE	유보율	자기자본비율	EBITDA마진율
2016	14.1	12.2	121.7	26.7	10.3	24.9	512.4	45.1	18.6
2015	8.7	4.4	169.4	82.5	2.5	7.0	373.1	37.1	14.6
2014	6.7	-14.8	183.4	134.7	-6.3	-20.5	343.6	35.3	14.4
2013	0.7	-23.6	277.6	210.3	-9.3	-31.8	376.2	26.5	7.1

주연테크 (A044380)
Jooyontech

업 종 : 컴퓨터 및 주변기기	시 장 : 거래소
신용등급 : (Bond) — (CP) —	기업규모 : 시가총액 소형주
홈 페 이 지 : www.jooyon.co.kr	연 락 처 : 070)7600-3206
본 사 : 서울시 마포구 양화로 134 (서교동) 5층	

설 립 일 1988.05.10	종 업 원 수 124명	대 표 이 사	김희라
상 장 일 2006.11.15	감 사 의 견 적정 (대성)	계	열
결 산 기 12월	보 통 주 6,377만주	종속회사수 1개사	
액 면 가 100원	우 선 주	구 상 호	

주주구성 (지분율,%)		출자관계 (지분율,%)		주요경쟁사 (외형,%)	
화평홀딩스	15.5	주연글로시스	71.2	주연테크	100
김상범	4.7	주연전자	35.0	딜리	78
(외국인)	0.3	주연와이제이엠	30.5	청호컴넷	173

매출구성		비용구성		수출비중	
PC본체	85.7	매출원가율	81.8	수출	0.0
PC용 모니터외	14.3	판관비율	17.4	내수	100.0
가맹점외	0.0				

회사 개요
동사는 1988년 설립되어 PC완제품 제조 및 유통, 수출입업 등의 사업을 영위하고 있음. 530여개의 전문대리점과 TV홈쇼핑, 양판점, 할인점, 인터넷쇼핑몰 등 일반 소비자들이 접할 수 있는 모든 유통채널을 확보하여 접근성을 높임. 또한 2010년 9월부터 출시되는 전 제품에 대해 건무상 A/S를 실행하고 있으며, 직영체제로 연중무휴콜센터를 운영하는 등 적극적으로 시장에 대응하고 있음.

실적 분석
동사의 2017년 2분기 누적매출액은 252.2억원으로 전년 동기 대비 3% 증가함. 매출 증가에도 원가율 증가와 판관비가 크게 늘면서 영업손실은 44.3억원을 기록하며 적자전환됨. 영업실적의 부진으로 당기순이익도 42.9억원의 손실을 시현하며 적자전환함. 최근 와이제이엠게임즈와의 합작법인 주연YJM을 통해 VR(가상현실) PC방 '브리즈'(VRIZ) 홍대 본점을 오픈하고 VR사업에 전격 진출함.

현금 흐름 〈단위 : 억원〉

항목	2016	2017.2Q
영업활동	-19	-85
투자활동	-263	14
재무활동	230	45
순현금흐름	-52	-33
기말현금	81	49

시장 대비 수익률

결산 실적 〈단위 : 억원〉

항목	2012	2013	2014	2015	2016	2017
매출액	747	602	428	520	497	
영업이익	-25	-20	-17	-54	4	
당기순이익	-20	-13	-11	-53	9	

분기 실적 〈단위 : 억원〉

항목	2016.1Q	2016.2Q	2016.3Q	2016.4Q	2017.1Q	2017.2Q
매출액	135	110			148	105
영업이익	3	3			-27	-18
당기순이익	6	4			-29	-14

재무 상태 〈단위 : 억원〉

항목	2012	2013	2014	2015	2016	2017.2Q
총자산	347	322	306	285	505	478
유형자산	2	1	3	3	4	11
무형자산	3	3	3	2	23	27
유가증권	2	2	2	5	44	96
총부채	71	59	56	86	176	133
총차입금	—	—	—	—	109	69
자본금	43	43	43	43	58	63
총자본	276	263	251	198	329	345
지배주주지분	276	263	251	198	328	334

기업가치 지표

항목	2012	2013	2014	2015	2016	2017.2Q
주가(최고/저)(천원)	1.4/0.4	1.2/0.5	0.8/0.4	1.4/0.5	1.9/0.9	—/—
PER(최고/저)(배)	—/—	—/—	—/—	—/—	107.8/47.6	—/—
PBR(최고/저)(배)	2.0/0.5	1.8/0.7	1.2/0.6	2.8/0.9	3.1/1.4	2.6/1.6
EV/EBITDA(배)					102.5	—/—
EPS(원)	-46	-30	-26	-123	18	-60
BPS(원)	708	677	649	526	612	578
CFPS(원)	-42	-28	-23	-120	21	-57
DPS(원)	—	—	—	—	—	—
EBITDAPS(원)	-56	-44	-37	-123	10	-68

재무 비율 〈단위 : % 〉

연도	영업이익률	순이익률	부채비율	차입금비율	ROA	ROE	유보율	자기자본비율	EBITDA마진율
2016	0.8	1.8	53.3	33.0	2.3	3.5	512.3	65.2	1.1
2015	-10.4	-10.2	43.6	0.0	-17.9	-23.6	426.3	69.6	-10.2
2014	-4.0	-2.6	22.2	0.0	-3.5	-4.3	548.7	81.9	-3.7
2013	-3.3	-2.1	22.5	0.0	-3.9	-4.8	577.4	81.6	-3.1

줌인터넷 (A229480)
ZUM internet

업 종 : 인터넷 서비스	시 장 : KONEX
신용등급 : (Bond) — (CP) —	기업규모 : —
홈 페 이 지 : www.zuminternet.com	연 락 처 : 02)583-4640
본 사 : 서울시 서초구 반포대로 3, 7층 (서초동, 이스트빌딩)	

설 립 일 2009.06.10	종 업 원 수 158명	대 표 이 사	김우승
상 장 일 2016.06.10	감 사 의 견 적정 (삼정)	계	열
결 산 기 12월	보 통 주	종속회사수	
액 면 가 —	우 선 주	구 상 호	

주주구성 (지분율,%)		출자관계 (지분율,%)		주요경쟁사 (외형,%)	
이스트소프트	71.1			줌인터넷	100
스카이에이크제4호 0901사모투자전문회사	9.0				

매출구성		비용구성		수출비중	
검색(용역)	56.5	매출원가율	76.4	수출	—
쇼핑 광고(용역)	23.7	판관비율	15.8	내수	—
디스플레이(용역)	19.6				

회사 개요
2009년 6월 10일 주식회사 이스트엠에스로 설립되어 2011년 10월 5일 주식회사 이스트인터넷과 합병하면서 상호를 주식회사 줌인터넷으로 변경함. 2016년 6월 10일 코넥스시장에 상장함. 인터넷 포털 사이트인 "줌닷컴(zum.com)"의 운영을 통해 검색, 뉴스, 커뮤니티, 쇼핑, 블로그 등 다양한 인터넷 기반의 서비스를 제공하고 있으며, 해당 서비스를 기반으로 온라인 광고상품을 판매하고 있음.

실적 분석
동사의 2016년 매출액은 192.9억원으로 전년 대비 19.5% 증가함. 영업이익은 15억원 기록, 당기순이익은 15.3억원 기록하며 흑자 지속. 2017년 8월 한국거래소로부터 코스닥 이전상장 예비심사 미승인 통보를 받음. 미승인 사유는 영업활동이 모회사인 이스트소프트에 과도하게 의존하고 있다는 것임. 연내 심사 재청구 대신 2018년에 코스닥 이전 상장을 다시 청구하는 것으로 내부 논의 진행 중.

현금 흐름 *IFRS 별도 기준 〈단위 : 억원〉

항목	2016	2017.2Q
영업활동	11	—
투자활동	-23	—
재무활동	7	—
순현금흐름	-4	—
기말현금	6	—

시장 대비 수익률

결산 실적 〈단위 : 억원〉

항목	2012	2013	2014	2015	2016	2017
매출액	—	100	152	161	193	—
영업이익	—	-11	2	15	15	—
당기순이익	—	-18	1	15	15	—

분기 실적 *IFRS 별도 기준 〈단위 : 억원〉

항목	2016.1Q	2016.2Q	2016.3Q	2016.4Q	2017.1Q	2017.2Q
매출액	—	—	—	—	—	—
영업이익	—	—	—	—	—	—
당기순이익	—	—	—	—	—	—

재무 상태 *IFRS 별도 기준 〈단위 : 억원〉

항목	2012	2013	2014	2015	2016	2017.2Q
총자산	—	65	69	68	77	—
유형자산	—	28	30	25	22	—
무형자산	—	4	3	3	2	—
유가증권	—	—	—	—	—	—
총부채	—	163	106	101	21	—
총차입금	—	115	50	50	—	—
자본금	—	35	45	45	53	—
총자본	—	-99	-37	-33	56	—
지배주주지분	—	-99	-37	-33	56	—

기업가치 지표 *IFRS 별도 기준

항목	2012	2013	2014	2015	2016	2017.2Q
주가(최고/저)(천원)	—/—	—/—	—/—	—/—	—/—	—/—
PER(최고/저)(배)	0.0/0.0	0.0/0.0	0.0/0.0	0.0/0.0	46.7/15.9	—/—
PBR(최고/저)(배)	0.0/0.0	0.0/0.0	0.0/0.0	0.0/0.0	13.0/4.4	0.0/0.0
EV/EBITDA(배)	0.0			2.0	16.9	—/—
EPS(원)		-238	-197	8	146	—
BPS(원)		-1,199	-360	-321	528	—
CFPS(원)		-152	-89	119	255	—
DPS(원)		—	—	—	—	—
EBITDAPS(원)		-66	-11	126	253	—

재무 비율 〈단위 : % 〉

연도	영업이익률	순이익률	부채비율	차입금비율	ROA	ROE	유보율	자기자본비율	EBITDA마진율
2016	7.8	7.9	38.2	0.0	21.0	전기잠식	5.6	72.4	13.6
2015	1.0	0.5	완전잠식	완전잠식	1.2	잠식지속	-173.0	-48.2	8.0
2014	-7.0	-11.6	완전잠식	완전잠식	-26.5	잠식지속	-182.0	-53.5	-0.7
2013	0.0	-19.7	완전잠식	완전잠식			-382.6	-153.2	-5.4

중국원양자원 (A900050)
CHINA OCEAN RESOURCES CO

업 종 : 식료품	시 장 : 거래소
신용등급 : (Bond) — (CP) —	기업규모 :
홈 페 이 지 : www.chinaocean.co.kr	연 락 처 : 86-591-87271297
본 사 : Suites 3701-10, 37/F, Jardine House, 1 Connaught Place, Central Hong Kong	

설 립 일 2007.08.27	종업원수 10명	대표이사 장화리	
상 장 일 2009.05.22	감사의견 거절(활화실명) (신한)	계 열	
결 산 기 12월	보 통 주 9,786만주	종속회사수	
액 면 가	우 선 주	구 상 호	

주주구성 (지분율,%)		출자관계 (지분율,%)		주요경쟁사 (외형,%)	
(홍콩)중윤투자집단유한공사	24.1	복건성연강원양어업유한공사	100.0	중국원양자원	100
OCEAN AMPLE OVERSEAS LIMITED	8.8	복건성연강원동어업유한공사	100.0	오뚜기	1,786
(외국인)	0.7	연강신의안수산유한공사	100.0	농심	1,969

매출구성		비용구성		수출비중	
		매출원가율	210.8	수출	—
		판관비율	29.6	내수	—

회사 개요
중국에 소재한 자회사 복건성연강현원양어업유한공사의 한국거래소 상장을 위해 2007년 홍콩에 설립된 역외지주회사임. 전통적인 투망 기법이 아닌 수심 별로 특정 어종을 목표로 하여 조업하는 주낙기법을 쓰고 있음. 조업 어종들이 유사 해역에서 수심 별로 조업 및 분포하는 형태를 띠고 있음. 동사는 수산물가공업 및 수산물 양식업 등의 사업을 추가적으로 진출할 구상을 가지고 있음.

실적 분석
동사의 2017년 연결기준 1분기 누적매출액은 26.3억원으로 전년동기 271.2억원 대비 90.3% 감소함. 매출감소율에 비해 매출원가율 및 판관비 감소율이 이에 미치지 못함에 따라 영업손실 규모가 확대됨. 영업손실 규모는 전년동기 430.0억원에서 469.6억원으로 증가함. 비영업부문에서도 16.2억원의 손실을 기록함에 따라 적자폭이 확대되어 485.8억원의 당기순손실을 기록하며 적자를 지속했음.

현금 흐름 〈단위 : 억원〉
항목	2016	2017.2Q
영업활동	518	—
투자활동	-2,003	—
재무활동	1,484	—
순현금흐름	-0	—
기말현금	0	—

결산 실적 〈단위 : 억원〉
항목	2012	2013	2014	2015	2016	2017
매출액	1,696	1,680	255	1,149	1,126	—
영업이익	941	865	-1,026	-173	-1,580	—
당기순이익	835	800	-942	-835	-2,262	—

분기 실적 〈단위 : 억원〉
항목	2016.1Q	2016.2Q	2016.3Q	2016.4Q	2017.1Q	2017.2Q
매출액	271	17	529	309	26	—
영업이익	-430	-646	-480	-24	-470	—
당기순이익	-430	-646	-480	-705	-486	—

재무 상태 〈단위 : 억원〉
항목	2012	2013	2014	2015	2016	2017.2Q
총자산	4,766	5,578	5,011	5,592	4,945	—
유형자산	3,675	3,655	4,204	4,501	4,586	—
무형자산	413	422	430	438	99	—
유가증권	—	—	—	—	—	—
총부채	794	635	511	1,654	2,442	—
총차입금	364	191	—	89	556	—
자본금	104	104	1,501	1,818	2,849	—
총자본	3,972	4,943	4,500	3,937	2,502	—
지배주주지분	3,972	4,920	4,483	3,938	2,502	—

기업가치 지표
항목	2012	2013	2014	2015	2016	2017.2Q
주가(최고/저)(천원)	#VALUE!	—/—	—/—	—/—	—/—	—/—
PER(최고/저)(배)	5.4/2.1	4.5/2.0		1.7/0.9	2.1/0.6	0.0/0.0
PBR(최고/저)(배)	1.1/0.4	0.7/0.3	2.7/0.2	1.7/0.0	2.1/0.6	0.0/0.0
EV/EBITDA(배)	2.1	2.9				
EPS(원)	1,113	1,052	-1,205	-880	-2,217	
BPS(원)	5,290	6,424	4,765	4,024	1,957	
CFPS(원)	1,223	1,181	-1,062	-762	-1,777	
DPS(원)						
EBITDAPS(원)	1,210	1,120	-1,175	-64	-1,109	

재무 비율 〈단위 : % 〉
연도	영업이익률	순이익률	부채비율	차입금비율	ROA	ROE	유보율	자기자본비율	EBITDA마진율
2016	-140.4	-200.9	일부잠식	일부잠식	-42.9	-70.2	-12.2	50.6	-100.5
2015	-15.0	-72.7	42.0	2.3	-15.8	-19.8	116.6	70.4	-5.3
2014	-402.1	-369.5	11.4	0.0	-17.8	-19.9	198.7	89.8	-358.3
2013	51.5	47.6	12.8	3.9	15.5	17.9	4,620.4	88.6	50.4

중소기업은행 (A024110)
Industrial Bank Of Korea

업 종 : 상업은행	시 장 : 거래소
신용등급 : (Bond) AAA (CP) —	기업규모 : 시가총액 대형주
홈 페 이 지 : www.ibk.co.kr	연 락 처 : 02)729-6114
본 사 : 서울시 중구 을지로 79 (을지로 2가 50), 중소기업은행본점건물	

설 립 일 1961.08.01	종업원수 12,703명	대표이사 Kim,Do-jin	
상 장 일 2003.12.24	감사의견 적정 (삼일)	계 열	
결 산 기 12월	보 통 주 55,998만주	종속회사수 65개사	
액 면 가 5,000원	우 선 주 9,797만주	구 상 호	

주주구성 (지분율,%)		출자관계 (지분율,%)		주요경쟁사 (외형,%)	
기획재정부	51.8	아이비케이캐피탈	100.0	기업은행	100
국민연금공단	9.2	아이비케이연금보험	100.0	신한지주	144
(외국인)	19.5	아이비케이저축은행	100.0	KB금융	129

수익구성		비용구성		수출비중	
예수금,외국환, 신탁업무	0.0	이자비용	21.1	수출	—
		파생상품손실	1.3	내수	—
		판관비	15.7		

회사 개요
동사는 중소기업대출 특화 전문은행으로 중소기업대출 점유율이 22.8%로 1위 자리를 유지함. 자회사로는 캐피탈, 증권, 자산운용 등이 있음. 순이자마진(NIM)은 2017년 2분기 기준 1.94%를 기록함. 2016년 9월, 비대면 전용상품 i-ONE 놀이터예금과 IBK평생설계 증여신탁의 판매를 개시함. 또한, 2016 아시아투데이 선정 금융대상, 은행 및 저축은행 부문 리스크관리 최우수상을 수상한 바 있음.

실적 분석
2017년 2분기 연결기준 누적 순이익은 전년동기 대비 6.8% 증가한 2조5,444억원을 기록함. 중소기업대출 증가를 중심으로 상대적으로 높은 대출증가율을 보임. 순이자마진(NIM)은 전분기 대비 2bp 상승한 1.94%, 순영업이익은 전년 대비 20.6% 증가한 1조532억원을 달성함. 당기순이익은 7995억원을 기록, 전년 6673억원 대비 19.8% 개선됨.

현금 흐름 〈단위 : 억원〉
항목	2016	2017.2Q
영업활동	-40,981	-7,505
투자활동	-12,191	-31,915
재무활동	54,346	36,801
순현금흐름	1,743	-2,776
기말현금	28,638	25,862

결산 실적 〈단위 : 억원〉
항목	2012	2013	2014	2015	2016	2017
이자수익	94,754	86,941	85,975	79,866	77,789	—
영업이익	16,123	11,424	13,883	14,997	15,326	—
당기순이익	11,813	8,542	10,320	11,506	11,646	—

분기 실적 〈단위 : 억원〉
항목	2016.1Q	2016.2Q	2016.3Q	2016.4Q	2017.1Q	2017.2Q
이자수익	19,469	19,480	19,375	19,466	19,339	19,874
영업이익	4,813	3,920	3,805	2,788	5,781	4,751
당기순이익	3,777	2,896	2,821	2,151	4,394	3,601

재무 상태 〈단위 : 억원〉
항목	2012	2013	2014	2015	2016	2017.2Q
총자산	1,982,703	2,125,828	2,197,608	2,398,428	2,568,514	2,668,903
유형자산	15,098	15,052	15,086	14,844	18,209	18,312
무형자산	1,601	2,475	3,372	2,584	2,405	—
유가증권	330,603	347,565	345,619	368,601	371,314	413,827
총부채	1,843,311	1,981,537	2,041,145	2,225,490	2,388,040	2,479,496
총차입금	951,648	1,042,717	1,053,565	1,118,048	1,175,336	1,212,290
자본금	32,199	32,408	32,559	32,719	32,898	32,898
총자본	139,392	144,291	156,463	172,938	180,474	189,407
지배주주지분	138,653	143,499	155,623	172,030	179,500	188,399

기업가치 지표
항목	2012	2013	2014	2015	2016	2017.2Q
주가(최고/저)(천원)	12.3/9.4	11.7/9.5	16.4/10.8	14.7/11.6	13.4/10.3	—/—
PER(최고/저)(배)	7.3/5.5	9.3/7.6	10.6/6.9	8.3/6.5	7.2/5.6	—/—
PBR(최고/저)(배)	0.7/0.5	0.6/0.5	0.8/0.5	0.6/0.5	0.5/0.4	0.5/0.4
PSR(최고/저)(배)	0/0	0/0	0/0		1/1	
EPS(원)	1,998	1,429	1,719	1,902	1,917	
BPS(원)	21,531	22,603	23,898	26,289	27,282	28,634
CFPS(원)	2,289	1,748	2,029	2,224	2,220	1,336
DPS(원)	400	330	430	450	480	
EBITDAPS(원)	2,729	1,924	2,324	2,495	2,538	1,601

재무 비율 〈단위 : % 〉
연도	계속사업이익률	순이익률	부채비율	차입금비율	ROA	ROE	유보율	자기자본비율	총자산증가율
2016	19.5	15.0	1,323.2	651.3	0.5	6.6	445.6	7.0	7.1
2015	18.4	14.4	1,286.9	646.5	0.5	7.0	425.8	7.2	9.1
2014	15.6	12.0	1,304.6	673.4	0.5	6.9	378.0	7.1	3.4
2013	13.1	9.8	1,373.3	722.7	0.4	6.0	352.1	6.8	7.2

중앙백신연구소 (A072020)
Choong Ang Vaccine Laboratory

업 종 : 제약		시 장 : KOSDAQ	
신용 등급 : (Bond) — (CP) —		기업규모 : 벤처	
홈 페 이 지 : www.cavac.co.kr		연 락 처 : 042)870-0526	
본 사 : 대전시 유성구 유성대로 1476-37			

설 립 일	1994.10.04	종 업 원 수	150명	대 표 이 사	윤인중
상 장 일	2003.10.31	감 사 의 견	적정 (영앤진)	계 열	
결 산 기	12월	보 통 주	732만주	종속회사수	
액 면 가	500원	우 선 주		구 상 회	

주주구성 (지분율,%)
윤인중	34.8
김필봉	4.8
(외국인)	4.3

출자관계 (지분율,%)
한수양돈연구회	33.0
에스브이씨	19.0
한수약품	2.0

주요경쟁사 (외형,%)
중앙백신	100
테라젠이텍스	267
삼성제약	127

매출구성
양돈백신	46.1
구제역	24.3
조류백신	13.4

비용구성
매출원가율	55.5
판관비율	26.1

수출비중
수출	23.0
내수	77.0

회사 개요
동사는 2003년 7월 코스닥시장에 상장된 동물약품 전문 제조업체로 동물 백신의 생산 판매를 주력으로 하고 있으며 사료첨가제, 구충제 등의 판매도 하고 있음. 가축 종류에 따라 양돈백신, 포율샷 가금백신, 캐니숀 애 견백신, 보비샷 축우백신 등의 동물 백신을 제조 판매하고 있음. 상반기 최대 매출 품목은 양돈 백신으로 81.2억원의 매출을 기록함. 상반기 수출은 25.5억원임.

실적 분석
동사의 2017년 2분기 누적 매출액은 전년 동기 대비 20.7% 감소한 151.9억원을 기록함. 수이샷 양돈 백신과 포율샷 가금 백신, 애견 백신의 매출이 증가하였기 때문임. 판매비와 관리비는 5.8% 증가하여 영업이익은 전년 동기 대비 29.9% 감소한 21.8억원을 기록함. 비영업이익이 흑자를 기록했으나 당기순이익은 23% 감소한 19.3억원을 기록함.

현금 흐름 *IFRS 별도 기준 〈단위 : 억원〉
항목	2016	2017.2Q
영업활동	77	21
투자활동	-80	-53
재무활동	58	-4
순현금흐름	57	-37
기말현금	145	108

시장 대비 수익률

결산 실적 〈단위 : 억원〉
항목	2012	2013	2014	2015	2016	2017
매출액	193	243	296	346	379	
영업이익	44	51	55	36	70	
당기순이익	44	44	43	33	62	

분기 실적 *IFRS 별도 기준 〈단위 : 억원〉
항목	2016.1Q	2016.2Q	2016.3Q	2016.4Q	2017.1Q	2017.2Q
매출액	102	90	90	98	77	75
영업이익	17	14	20	19	13	8
당기순이익	11	14	17	20	7	12

재무 상태 *IFRS 별도 기준 〈단위 : 억원〉
항목	2012	2013	2014	2015	2016	2017.2Q
총자산	508	570	606	621	735	747
유형자산	292	306	309	301	339	372
무형자산	8	11	13	13	11	10
유가증권	47	10	3	3	3	3
총부채	67	89	86	72	132	127
총차입금	27	31	35	4	66	66
자본금	37	37	37	37	37	37
총자본	441	481	520	549	604	619
지배주주지분	441	481	520	549	604	619

기업가치 지표 *IFRS 별도 기준
항목	2012	2013	2014	2015	2016	2017.2Q
주가(최고/저)(천원)	15.6/10.7	14.8/10.7	19.3/11.1	23.9/13.4	39.6/14.3	—/—
PER(최고/저)(배)	26.5/18.3	24.6/17.8	33.3/19.1	54.0/30.4	46.7/16.9	—/—
PBR(최고/저)(배)	2.6/1.8	2.3/1.6	2.8/1.6	3.2/1.8	4.8/1.7	2.9/2.1
EV/EBITDA(배)	13.1	9.6	12.3	14.3	16.6	
EPS(원)	597	608	585	445	848	263
BPS(원)	6,027	6,574	7,102	7,497	8,247	8,460
CFPS(원)	882	1,073	1,006	942	1,256	503
DPS(원)	50	50	50	50	50	—
EBITDAPS(원)	889	1,161	1,177	994	1,363	537

재무 비율 〈단위 : % 〉
연도	영업이익률	순이익률	부채비율	차입금비율	ROA	ROE	유보율	자기자본비율	EBITDA마진율
2016	18.4	16.4	21.8	10.9	9.2	10.8	1,549.3	82.1	26.3
2015	10.5	9.4	13.2	0.7	5.3	6.1	1,399.5	88.4	21.0
2014	18.7	14.5	16.6	6.7	7.3	8.6	1,320.5	85.8	29.1
2013	20.9	18.3	18.5	6.5	8.3	9.7	1,214.8	84.4	34.9

중앙에너비스 (A000440)
Joong Ang Enervis

업 종 : 석유 및 가스		시 장 : KOSDAQ	
신용 등급 : (Bond) — (CP) —		기업규모 : 중견	
홈 페 이 지 : www.enervis.co.kr		연 락 처 : 070)8707-4500	
본 사 : 서울시 용산구 한남대로 82 (한남동)			

설 립 일	1946.10.01	종 업 원 수	101명	대 표 이 사	한상열,한상은(각자대표이사)
상 장 일	1993.03.24	감 사 의 견	적정 (우덕)	계 열	
결 산 기	12월	보 통 주	125만주	종속회사수	1개사
액 면 가	2,500원	우 선 주		구 상 회	

주주구성 (지분율,%)
한상열	17.1
한상은	16.9

출자관계 (지분율,%)
에너비스솔라	100.0

주요경쟁사 (외형,%)
중앙에너비스	100
아이이	13
흥구석유	157

매출구성
일반유, LPG	73.8
산업용, 생활용 세제등	24.9
임대수입외	1.3

비용구성
매출원가율	76.4
판관비율	21.3

수출비중
수출	0.0
내수	100.0

회사 개요
동사는 석유류 판매업을 주요 사업으로 영위함. 1972년 12월 SK에너지주식회사와 대리점 계약을 맺고 휘발유. 경유. 등유 등의 일반유와 LPG를 매입하여 서울, 경기, 인천지역의 직영 사업장을 판매망으로 하는 도·소매업을 하고 있으며. 직영 사업장의 경우 인근의 고정 거래처와 통행차량에 대해 석유제품을 공급하고 있음. 합성세제를 제조 판매하는 대성씨앤에스를 연결대상 종속회사로 두고 있음.

실적 분석
동사의 2017년 2분기 연결기준 매출액은 333.7억원으로 전년동기 대비 0.7% 증가함. 매출 정체 및 고정비 증가로 영업이익 역시 3.2억원을 기록하며 전년동기 대비 32.8% 감소함. 실적부진에도 비영업수지는 개선되어 당기순이익은 176.9% 증가한 11.1억원을 기록. 정부의 환경규제 정책강화와·난방용 등유의 수요 감소 등 우호적인지 않은 영업환경에서 수익성이 정체되는 모습임.

현금 흐름 〈단위 : 억원〉
항목	2016	2017.2Q
영업활동	34	19
투자활동	1	10
재무활동	-18	-25
순현금흐름	17	4
기말현금	23	27

시장 대비 수익률

결산 실적 〈단위 : 억원〉
항목	2012	2013	2014	2015	2016	2017
매출액	1,052	864	1,014	904	916	
영업이익	27	25	27	21	21	
당기순이익	18	18	28	12	14	

분기 실적 〈단위 : 억원〉
항목	2016.1Q	2016.2Q	2016.3Q	2016.4Q	2017.1Q	2017.2Q
매출액	216	169	243	287	221	16
영업이익	3	3	10	6	2	
당기순이익	2	2	6	3	1	

재무 상태 〈단위 : 억원〉
항목	2012	2013	2014	2015	2016	2017.2Q
총자산	580	580	743	774	775	76
유형자산	416	404	485	539	527	45
무형자산	19	21	24	23	22	2
유가증권	0	1	2	1	1	
총부채	138	131	242	267	268	25
총차입금	104	113	182	195	190	14
자본금	31	31	31	31	31	3
총자본	442	449	501	507	508	51
지배주주지분	442	449	459	462	461	46

기업가치 지표
항목	2012	2013	2014	2015	2016	2017.2Q
주가(최고/저)(천원)	20.1/13.0	22.2/14.5	24.8/17.5	36.1/21.4	32.1/26.3	—/—
PER(최고/저)(배)	15.9/10.2	17.5/11.4	12.8/9.0	54.2/32.4	38.8/31.8	—/—
PBR(최고/저)(배)	0.6/0.4	0.6/0.4	0.6/0.5	0.9/0.5	0.8/0.6	0.8/0
EV/EBITDA(배)	10.4		10.8	12.8	14.6	14.9
EPS(원)	1,484	1,432	2,114	696	849	83
BPS(원)	40,217	40,967	42,385	42,667	42,910	43,14
CFPS(원)	2,090	2,122	3,345	2,175	2,384	1,25
DPS(원)	800	800	800	800	800	
EBITDAPS(원)	2,813	2,735	3,360	3,193	3,226	68

재무 비율 〈단위 : % 〉
연도	영업이익률	순이익률	부채비율	차입금비율	ROA	ROE	유보율	자기자본비율	EBITDA마진율
2016	2.3	1.5	52.7	37.4	1.8	2.3	1,616.4	65.5	4
2015	2.3	1.3	52.6	38.5	1.6	1.9	1,606.7	65.5	4
2014	2.6	2.8	48.2	36.4	4.3	5.8	1,595.4	67.5	4
2013	3.0	2.1	29.3	25.2	3.1	4.0	1,538.7	77.4	4

중앙오션 (A054180)
ChoongAng Ocean

업 종 : 조선		시 장 : KOSDAQ	
신용등급 : (Bond) — (CP) —		기업규모 : 중견	
홈 페 이 지 : www.c-ocean.co.kr		연 락 처 : 02)3218-9500	
본 사 : 서울시 영등포구 여의나루로 71, 1202 (동화빌딩 12층)			

설 립 일 1999.01.26	종 업 원 수 59명	대 표 이 사 전병철	
상 장 일 2001.09.19	감 사 의 견 적정 (성도)	계 열	
결 산 기 06월	보 통 주 2,186만주	종속회사수	
액 면 가 500원	우 선 주	구 상 호	

주주구성 (지분율,%)		출자관계 (지분율,%)		주요경쟁사 (외형,%)	
전병철	36.1	씨엠지	100.0	중앙오션	100
한아름	11.6			STX중공업	2,599
				삼영이엔씨	224

매출구성		비용구성		수출비중	
조선기자재(선박블록제작)	97.2	매출원가율	82.7	수출	0.0
기타	2.8	판관비율	7.6	내수	100.0

회사 개요

동사는 씨오텍이라는 상호로 1998년 소프트웨어 개발 및 공급을 목적으로 설립되어 2001년 코스닥 시장에 상장되었으나, 매출 안정성 저하로 2010년에 조선기자재 사업을 영위하는 중앙오션과 합병하여 중앙오션으로 사명을 변경하고 초대형 선박의 선수, 선미, 프로펠라보스, 엔진룸 등의 블록제작을 주요 사업으로 영위하고 있음. 현대중공업 및 현대미포조선의 1차 협력업체임. 당기중 산업용 전동기 기업 씨엠지를 소규모 합병함.

실적 분석

동사의 당기('16.07~'17.06) 매출액은 감사전 내부자료 기준으로 160.3억원으로 전년동기 대비 17.9% 감소하였으며 영업이익도 전년동기 18.8억원에서 -0.2억원으로 크게 감소했고 당기순이익은 10.3억원 적자로 전환됨. 당기중 유형자산재평가손실이 발생하며 기타비용이 크게 증가했기 때문. Omani-Korea Company, 북경진트로음유한공사를 계열회사로 보유하고 있으나 매출과 수익은 없음.

현금 흐름 〈단위 : 억원〉

항목	2016	2017.3Q
영업활동	18	—
투자활동	-4	—
재무활동	-9	—
순현금흐름	6	—
기말현금	19	—

시장 대비 수익률

결산 실적 〈단위 : 억원〉

항목	2012	2013	2014	2015	2016	2017
매출액	273	204	203	178	195	160
영업이익	36	23	25	12	19	-2
당기순이익	-68	59	17	36	10	-57

분기 실적 〈단위 : 억원〉

항목	2016.2Q	2016.3Q	2016.4Q	2017.1Q	2017.2Q	2017.3Q
매출액	58	—	—	—	53	—
영업이익	8	—	—	—	1	—
당기순이익	3	—	—	—	-16	—

재무 상태 〈단위 : 억원〉

항목	2012	2013	2014	2015	2016	2017.3Q
총자산	484	464	451	477	475	—
유형자산	407	402	398	427	421	—
무형자산	0	0	0	0	0	—
유가증권	2	1	1	0	0	—
총부채	389	310	280	269	258	—
총차입금	270	244	218	242	233	—
자본금	109	109	109	109	109	—
총자본	95	154	171	207	217	—
지배주주지분	95	154	171	207	217	—

기업가치 지표

항목	2012	2013	2014	2015	2016	2017.3Q
주가(최고/저)(천원)	2.2/0.7	1.3/0.4	1.6/0.9	2.9/0.8	4.0/1.8	—/—
PER(최고/저)(배)	—/—	5.0/1.3	21.1/11.2	17.7/4.8	83.5/38.6	—/—
PBR(최고/저)(배)	5.0/1.5	1.9/0.5	2.1/1.1	3.1/0.8	4.0/1.8	0.0/0.0
EV/EBITDA(배)	12.0	17.0	12.6	32.9	31.9	
EPS(원)	-309	270	77	165	47	
BPS(원)	434	707	783	949	993	
CFPS(원)	-281	296	110	203	91	
DPS(원)						
EBITDAPS(원)	194	133	146	94	129	

재무 비율 〈단위 : %〉

연도	영업이익률	순이익률	부채비율	차입금비율	ROA	ROE	유보율	자기자본비율	EBITDA마진율
2016	9.6	5.3	118.9	107.6	2.2	4.9	98.6	45.7	14.5
2015	6.9	20.3	129.7	116.6	7.8	19.1	89.9	43.5	11.5
2014	12.2	8.3	163.8	127.5	3.7	10.4	56.6	37.9	15.7
2013	11.5	28.9	200.7	158.1	12.5	47.4	41.4	33.3	14.3

지노믹트리 (A228760)
Genomictree

업 종 : 의료 장비 및 서비스		시 장 : KONEX	
신용등급 : (Bond) — (CP) —		기업규모 : —	
홈 페 이 지 : www.genomictree.com		연 락 처 : 042)861-4551	
본 사 : 대전시 유성구 테크노10로 44-6			

설 립 일 2000.10.06	종 업 원 수 16명	대 표 이 사 안성환	
상 장 일 2016.07.19	감 사 의 견 적정 (삼덕)	계 열	
결 산 기 12월	보 통 주	종속회사수	
액 면 가	우 선 주	구 상 호	

주주구성 (지분율,%)		출자관계 (지분율,%)		주요경쟁사 (외형,%)	
안성환	25.5	이바이오젠	16.7	지노믹트리	100
산은캐피탈	10.8			나노바이오시스	293
				엑세스바이오	5,928

매출구성		비용구성		수출비중	
유전체분석	100.0	매출원가율	83.7	수출	4.0
		판관비율	252.4	내수	96.0

회사 개요

동사는 2016년 7월에 코넥스 시장에 상장된 기업으로, 분자진단 사업을 영위하고 있음. 신규 DNA 바이오마커를 이용한 암 분자진단을 핵심사업으로 하여, 분자유전진단과 유전체분석 사업을 추진하고 있음. 분자진단 제품인 EarlyTectTM-GI SDC2를 개발하고, 국내 최초로 한국식품의약품안전처로부터 품목허가를 받았음. 2016년 10월에 대장암 진단용 종양관련유전자검사시약(GT-CRC-1)의 확증 임상시험 승인을 받음.

실적 분석

동사의 2016년 매출액은 5.5억원으로 전년 10.5억원과 비교해 대폭 감소함. 원가율과 판관비율 상승으로 영업손실 13억원이 발생하면서 적자폭이 확대됨. 현재 분변을 이용한 대장암 분자진단 제품, 소변을 이용한 방광암 분자진단 제품 및 혈액을 이용한 폐암 분자진단 제품의 임상시험을 실시 예정임. 유럽 시장 진출을 위해 ISO13485 인증을 획득하였으며, 대장암 조기진단용 제품의 등록을 추진 중임.

현금 흐름 *IFRS 별도 기준 〈단위 : 억원〉

항목	2016	2017.2Q
영업활동	-7	—
투자활동	20	—
재무활동	-0	—
순현금흐름	12	—
기말현금	13	—

시장 대비 수익률

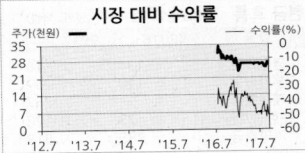

결산 실적 〈단위 : 억원〉

항목	2012	2013	2014	2015	2016	2017
매출액		12			5	
영업이익		-1	-3	-8	-13	
당기순이익			-16	-8	-21	

분기 실적 *IFRS 별도 기준 〈단위 : 억원〉

항목	2016.1Q	2016.2Q	2016.3Q	2016.4Q	2017.1Q	2017.2Q
매출액		0				
영업이익		-3				
당기순이익		-3				

재무 상태 *IFRS 별도 기준 〈단위 : 억원〉

항목	2012	2013	2014	2015	2016	2017.2Q
총자산		41	49	66	55	—
유형자산		16	16	24	6	—
무형자산		2	2	4	1	—
유가증권		1	1	1	1	—
총부채		22	21	17	20	—
총차입금		11	9	5	8	—
자본금		9	11	12	12	—
총자본		19	28	48	35	—
지배주주지분		19	28	48	35	—

기업가치 지표 *IFRS 별도 기준

항목	2012	2013	2014	2015	2016	2017.2Q
주가(최고/저)(천원)	—/—	—/—	—/—	—/—	—/—	—/—
PER(최고/저)(배)	0.0/0.0	0.0/0.0	0.0/0.0	0.0/0.0	0.0/0.0	0.0/0.0
PBR(최고/저)(배)	0.0/0.0	0.0/0.0	0.0/0.0	0.0/0.0	24.3/15.5	0.0/0.0
EV/EBITDA(배)	0.0					
EPS(원)		0	-733	-358	-894	
BPS(원)		10,287	12,717	2,101	1,517	
CFPS(원)		305	-6,951	-301	-843	
DPS(원)						
EBITDAPS(원)		-488	-1,203	-290	-511	

재무 비율 〈단위 : %〉

연도	영업이익률	순이익률	부채비율	차입금비율	ROA	ROE	유보율	자기자본비율	EBITDA마진율
2016	-236.1	-375.8	57.3	23.0	-34.1	-49.4	203.3	63.6	-214.8
2015	-73.1	-75.5	36.1	10.3	-13.8	-20.8	320.2	73.5	-61.2
2014	-31.2	-144.7	75.8	32.4	-35.7	-68.8	154.3	56.9	-23.8
2013	-12.3		116.8	58.5		0.0	105.7	46.1	-7.6

지니뮤직 (A043610)
GENIE Music

업 종 : 인터넷 서비스		시 장 : KOSDAQ	
신용등급 : (Bond) — (CP) —		기업규모 : 우량	
홈페이지 : www.ktmusic.co.kr		연락처 : 02)3282-2600	
본 사 : 서울시 강남구 영동대로106길 17			

설 립 일 1991.02.07	종업원수 189명	대표이사 김훈배	
상 장 일 2000.07.13	감사의견 적정 (안진)	계 열	
결 산 기 12월	보 통 주 4,919만주	종속회사수	
액 면 가 500원	우 선 주	구 상 호 KT뮤직	

주주구성 (지분율,%)		출자관계 (지분율,%)		주요경쟁사 (외형,%)	
케이티	45.3	KT음악컨텐츠투자조합1호	50.0	지니뮤직	100
LG유플러스	15.0	오스카이엔티	49.0	NAVER	3,615
(외국인)	0.2			카카오	1,316

매출구성		비용구성		수출비중	
음악사업매출	92.6	매출원가율	0.0	수출	—
기타매출	7.5	판관비율	95.6	내수	—

회사 개요
동사는 1991년 설립된 KT의 계열사로 음악 콘텐츠의 제작, 유통 및 유무선 인터넷 기반 음악사업을 주요사업으로 하고 있음. 2013년 6월 KMP홀딩스를 흡수합병함. 동사의 음악 서비스 '올레뮤직'은 2012년 기준 디지털 음악서비스 시장에서 4위를 차지하고 있고 있으며, 기존 스마트폰 어플리케이션의 지속적인 업그레이드와 모바일 환경에서의 다양한 서비스 모델 개발을 추진하고 있음.

실적 분석
동사의 2017년 2분기 누적 매출액은 온라인 음원 스트리밍 시장 성장세의 영향으로 전년동기대비 42.9% 증가한 725.6억원을 기록함. 판매비와관리비는 인건비 및 광고선전비가 증가함에 따라 전년동기대비 21.8% 증가한 177.2억원을 기록함. 2분기 누적 영업손실은 저작권 사용료 징수규정 개정에 따른 일회성 비용의 영향으로 4.4억원을 기록하며 적자전환함. 당기순이익은 전년동기대비 95.2% 감소한 1.2억원을 시현함.

현금 흐름
*IFRS 별도 기준 〈단위 : 억원〉

항목	2016	2017.2Q
영업활동	134	18
투자활동	-110	-257
재무활동	—	267
순현금흐름	23	28
기말현금	285	313

시장 대비 수익률

결산 실적
〈단위 : 억원〉

항목	2012	2013	2014	2015	2016	2017
매출액	314	508	863	892	1,113	—
영업이익	6	-22	75	19	49	—
당기순이익	-21	-51	32	34	82	—

분기 실적
*IFRS 별도 기준 〈단위 : 억원〉

항목	2016.1Q	2016.2Q	2016.3Q	2016.4Q	2017.1Q	2017.2Q
매출액	239	269	279	327	338	388
영업이익	19	5	12	13	9	-13
당기순이익	20	5	15	43	10	-9

재무 상태
*IFRS 별도 기준 〈단위 : 억원〉

항목	2012	2013	2014	2015	2016	2017.2Q
총자산	730	830	834	905	1,101	1,412
유형자산	30	24	22	19	14	14
무형자산	211	169	107	98	85	78
유가증권	3	2	2	104	156	5
총부채	331	483	271	308	420	463
총차입금	176	184				
자본금	181	181	209	209	209	246
총자본	400	347	563	598	681	949
지배주주지분	400	347	563	598	681	949

기업가치 지표
*IFRS 별도 기준

항목	2012	2013	2014	2015	2016	2017.2Q
주가(최고/저)(천원)	3.8/1.9	5.6/2.8	9.2/2.9	6.8/3.9	4.8/3.1	—/—
PER(최고/저)(배)	—/—	—/—	118.1/37.1	84.2/48.4	24.4/15.6	—/—
PBR(최고/저)(배)	3.5/1.7	5.8/2.9	6.8/2.1	4.8/2.7	3.0/1.9	3.6/1.7
EV/EBITDA(배)	29.4	63.7	18.1	29.4	11.9	—
EPS(원)	-70	-141	77	81	197	3
BPS(원)	1,105	959	1,347	1,429	1,629	1,929
CFPS(원)	32	-40	144	146	265	32
DPS(원)	—	—	—	—	—	—
EBITDAPS(원)	121	40	246	112	185	19

재무 비율
〈단위 : %〉

연도	영업이익률	순이익률	부채비율	차입금비율	ROA	ROE	유보율	자기자본비율	EBITDA마진율
2016	4.4	7.4	61.6	0.0	8.2	12.9	225.9	61.9	7.0
2015	2.2	3.8	51.5	0.0	3.9	5.8	185.8	66.0	5.2
2014	8.7	3.8	48.1	0.0	3.9	7.1	169.4	67.5	11.9
2013	-4.3	-10.0	139.1	52.9	-6.5	-13.6	91.9	41.8	2.9

지니언스 (A263860)
GENIANS

업 종 : 일반 소프트웨어		시 장 : KOSDAQ	
신용등급 : (Bond) — (CP) —		기업규모 : 벤처	
홈페이지 : www.genians.co.kr		연락처 : 031)422-3823	
본 사 : 경기도 안양시 동안구 시민대로 361, 803호			

설 립 일 2005.01.06	종업원수 명	대표이사 이동범	
상 장 일 2017.08.02	감사의견 적정 (삼정)	계 열	
결 산 기 12월	보 통 주 485만주	종속회사수	
액 면 가 500원	우 선 주	구 상 호	

주주구성 (지분율,%)		출자관계 (지분율,%)		주요경쟁사 (외형,%)	
이동범	28.8			지니언스	100
프리미어 Growth-M&A 투자조합	10.0			이글루시큐리티	282
				포시에스	68

매출구성		비용구성		수출비중	
지니안 NAC H/W	60.5	매출원가율	44.6	수출	0.0
지니안 NAC S/W	28.0	판관비율	36.9	내수	100.0
용역매출	9.3				

회사 개요
2005년 설립된 보안 솔루션 기업으로 2017년 8월 코스닥 시장에 상장하였으며, 동사는 클라우드 NAC 서비스 선두주자로 2017년 2월 세계 최대규모 보안행사인 RSA컨퍼런스를 통해서 클라우드 기반 지니안 NAC를 출시하고 글로벌 서비스를 시작하였음. 네트워크 접근제어(NAC) 분야 점유율 1위 기업으로 2016년 지니언스의 시장점유율은 46% 수준임. 자회사인 지니어스 미국법인을 통해 북미, 남미, 유럽지역 영업활동 전개 중임.

실적 분석
동사의 2016년 매출액은 전년대비 33.2% 증가한 206.1억원을 기록함. 영업이익은 38.1억원, 당기순이익은 32.6억원을 시현함. 2017년 6월 '지니안 NAC 클라우드'를 출시했으며 8월말기준 20개국 80여개 기업 사용자를 확보함. 동사는 향후 성장을 위한 동력으로 IoT를 준비 중이며, 글로벌 제조기업과 에너지 기업에서 스마트팩토리 및 IoT를 위한 보안사업을 시범서비스로 진행 중임. 사업 영역 확대에 따른 실적 성장 기대됨.

현금 흐름
〈단위 : 억원〉

항목	2016	2017.2Q
영업활동	51	—
투자활동	-7	—
재무활동	-15	—
순현금흐름	30	—
기말현금	58	—

시장 대비 수익률

결산 실적
〈단위 : 억원〉

항목	2012	2013	2014	2015	2016	2017
매출액	90	90	126	155	206	—
영업이익	5	5	20	36	38	—
당기순이익	5	4	20	30	33	—

분기 실적
〈단위 : 억원〉

항목	2016.1Q	2016.2Q	2016.3Q	2016.4Q	2017.1Q	2017.2Q
매출액	27				38	
영업이익	-6				3	
당기순이익	-5				3	

재무 상태
〈단위 : 억원〉

항목	2012	2013	2014	2015	2016	2017.2Q
총자산	128	132	157	247	268	
유형자산	24	25	24	23	27	
무형자산	0	1	1	7	12	
유가증권		1	1	2	2	
총부채	78	77	84	148	70	
총차입금	31	29	31	82	5	
자본금	5	5	5	5	6	
총자본	51	55	73	99	197	
지배주주지분	51	55	73	99	197	

기업가치 지표

항목	2012	2013	2014	2015	2016	2017.2Q
주가(최고/저)(천원)	—/—	—/—	—/—	—/—	—/—	—/—
PER(최고/저)(배)	0.0/0.0	0.0/0.0	0.0/0.0	0.0/0.0	0.0/0.0	—/—
PBR(최고/저)(배)	0.0/0.0	0.0/0.0	0.0/0.0	0.0/0.0	0.0/0.0	0.0/0.0
EV/EBITDA(배)	0.8	1.0				
EPS(원)	160	129	613	899	941	
BPS(원)	50,538	54,618	73,211	79,301	15,785	
CFPS(원)	7,271	5,604	21,526	28,764	2,764	
DPS(원)						
EBITDAPS(원)	7,429	6,329	22,362	34,023	3,204	

재무 비율
〈단위 : %〉

연도	영업이익률	순이익률	부채비율	차입금비율	ROA	ROE	유보율	자기자본비율	EBITDA마진율
2016	18.5	15.8	35.6	2.5	12.7	22.0	3,057.0	73.8	19
2015	23.0	19.2	149.7	83.1	—	—	1,882.5	40.1	24
2014	16.2	15.5	115.0	42.8	13.6	30.7	1,364.2	46.5	17
2013	5.4	4.6	140.9	53.5	3.2	7.8	992.4	41.5	5

지디 (A155960)
Global Display

업 종 : 디스플레이 및 관련부품   시 장 : KOSDAQ
신용등급 : (Bond) — (CP) —   기업규모 : 벤처
홈 페 이 지 : www.g-display.com   연 락 처 : 070)7435-3721
본 사 : 충북 청주시 흥덕구 대신로 146번길 174(송정동)

설 립 일 2005.06.21	종 업 원 수 158명	대 표 이 사 신원호	
상 장 일 2013.02.13	감 사 의 견 적정 (삼일)	계 열	
결 산 기 12월	보 통 주 1,819만주	종속회사수 2개사	
액 면 가 500원	우 선 주	구 상 호	

주주구성 (지분율,%)
엘리시움	28.5
엘리시움	27.0
(외국인)	2.2

출자관계 (지분율,%)
지디플러스	99.5
패러머티리얼즈	40.6
에이치엠알	23.5

주요경쟁사 (외형,%)
지디	100
우리이앤엘	457
우리조명	4,855

매출구성
Slimming 및 ITO코팅(용역)	100.0

비용구성
매출원가율	114.7
판관비율	18.8

수출비중
수출	0.0
내수	100.0

회사 개요
동사는 디스플레이 패널(LCD)의 두께를 얇게 가공하는 Slimming 및 ITO Coating이 주력 사업부문임. LCD 또는 OLED 패널 제조사로부터 합착패널을 제공받아 패널의 박형화 제조공정을 거친 후 다시 고객사로 납품하는 임가공형태의 사업을 하고 있음. 국내 제조사 삼성디스플레이와 LG디스플레이 등과 협력관계를 형성하고 있으며, 사업의 특성인 보안이슈, 제한적인 고객군으로 인해 대형 단일 고객사와 거래할 수 밖에 없는 특성을 가짐

실적 분석
동사의 2017년 2분기 연결기준 매출액은 95.3억원으로 전년 대비 46.7% 감소함. 매출 감소에도 고정비 부담이 지속되면서 영업손실은 48.7억원을 기록하며 전년동기 대비 적자폭이 소폭 개선됨. 영업실적 정체로 당기순이익도 78.7억원의 손실 기록하며 적자전환. 전기 순이익과의 차이는 에이치엠알을 부분 매각하여 발생된 중단영업이익이 실적에 반영된 영향에 따른 것임

현금 흐름 〈단위 : 억원〉
항목	2016	2017.2Q
영업활동	54	-19
투자활동	-141	-6
재무활동	79	-11
순현금흐름	-7	-37
기말현금	259	222

시장 대비 수익률 (주가(천원) / 수익률(%))

결산 실적 〈단위 : 억원〉
항목	2012	2013	2014	2015	2016	2017
매출액	854	902	723	486	322	
영업이익	338	248	27	-68	-108	
당기순이익	280	238	14	-194	-146	

분기 실적 〈단위 : 억원〉
항목	2016.1Q	2016.2Q	2016.3Q	2016.4Q	2017.1Q	2017.2Q
매출액	107	72	69	74	54	41
영업이익	-25	-34	-28	-21	-24	-25
당기순이익	42	-23	-25	-140	-21	-57

재무 상태 〈단위 : 억원〉
항목	2012	2013	2014	2015	2016	2017.2Q
총자산	882	1,450	1,603	1,387	1,248	1,146
유형자산	471	969	995	818	614	537
무형자산	7	12	63	9	6	8
유가증권	19	38	81	104	122	114
총부채	278	191	331	322	323	288
총차입금	119	55	224	259	254	238
자본금	48	60	91	91	91	91
총자본	603	1,259	1,272	1,065	925	858
지배주주지분	603	1,259	1,258	1,065	924	853

기업가치 지표
항목	2012	2013	2014	2015	2016	2017.2Q
주가(최고/저)(천원)	—/—	17.5/11.2	12.4/5.9	7.4/3.4	5.4/2.9	—/—
PER(최고/저)(배)	0.0/0.0	13.3/8.5	128.7/61.6	—/—	—/—	1.1/0.6
PBR(최고/저)(배)	0.0/0.0	2.6/1.6	1.8/0.9	1.3/0.6	1.1/0.6	1.1/0.6
EV/EBITDA(배)	—	—	5.9	4.8	3.8	13.4
EPS(원)	1,986	1,351	98	-991	-807	-432
BPS(원)	6,327	10,496	6,949	5,869	5,077	4,688
CFPS(원)	3,750	2,960	1,071	101	84	-196
DPS(원)	150	200	100			
EBITDAPS(원)	4,370	3,049	1,126	714	296	-32

재무 비율 〈단위 : % 〉
연도	영업이익률	순이익률	부채비율	차입금비율	ROA	ROE	유보율	자기자본비율	EBITDA마진율
2016	-33.5	-45.5	34.9	27.5	-11.1	-14.7	915.3	74.1	16.7
2015	-14.1	-39.9	30.2	24.3	-13.0	-15.5	1,073.8	76.8	26.7
2014	3.8	1.9	26.1	17.6	0.9	1.4	1,289.9	79.3	28.1
2013	27.5	26.4	15.1	4.4	20.4	25.6	1,999.2	86.9	39.7

지란지교시큐리티 (A208350)
Jiransecurity

업 종 : 일반 소프트웨어   시 장 : KOSDAQ
신용등급 : (Bond) — (CP) —   기업규모 : 벤처
홈 페 이 지 : www.jiransecurity.com   연 락 처 : 02)569-6110
본 사 : 서울시 강남구 역삼로 542 5층 502호(대치동, 신사제2빌딩)

설 립 일 2014.09.30	종 업 원 수 137명	대 표 이 사 윤두식	
상 장 일 2014.12.24	감 사 의 견 적정 (이촌)	계 열	
결 산 기 12월	보 통 주 3,485만주	종속회사수	
액 면 가 100원	우 선 주 372만주	구 상 호 케이비제5호스팩	

주주구성 (지분율,%)
지란지교	56.1
프리미어성장전략엠앤에이사모투자합자회사	10.7
(외국인)	0.4

출자관계 (지분율,%)
쏘마	20.0
모니터랩	12.0

주요경쟁사 (외형,%)
지란지교시큐리티	100
라온시큐어	84
알서포트	108

매출구성
SpamSniper(APT)	30.3
상품매출	27.8
OfficeHard	16.3

비용구성
매출원가율	50.0
판관비율	36.0

수출비중
수출	4.0
내수	96.0

회사 개요
동사는 1994년 설립된 지란지교소프트 보안 사업본부에서 2014년 1월 지란지교시큐리티라는 이름으로 분사하였으며 케이비제5호 기업인수목적회사와 합병을 통해 2016년 9월 9일 코스닥시장에 상장함. 2000년 국내 정보 보안 시장 규모는 2,000억원에 불과했으나 현재는 약 2조원 규모로 성장하였음. 동사는 일본 외에도 미국 시장과 싱가포르/인도네시아/말레이시아/베트남 등 동남아시아 시장, 스웨덴을 거점으로 한 유럽 시장 진출을 시도중임

실적 분석
동사의 2017년 2분기기준 누적 매출액은 전년동기대비 7.2% 상승한 100.7억원을 기록하였음. 비용면에서 전년동기대비 매출원가는 증가 하였으며 인건비도 증가, 광고선전비가 감소 하였고 기타판매비와관리비는 증가함. 이와 같이 상승한 매출액 대비 비용증가가 높아 그에 따라 전년동기대비 영업이익은 -1.2억원으로 적자전환하였음. 최종적으로 전년동기대비 당기순이익은 적자전환하여 -0.3억원을 기록함.

현금 흐름 *IFRS 별도 기준 〈단위 : 억원〉
항목	2016	2017.2Q
영업활동	4	9
투자활동	-17	25
재무활동	2	21
순현금흐름	-12	55
기말현금	50	105

시장 대비 수익률 (주가(천원) / 수익률(%)) *IFRS 별도 기준

결산 실적 〈단위 : 억원〉
항목	2012	2013	2014	2015	2016	2017
매출액			96	155	199	
영업이익			14	31	28	
당기순이익			7	25	-19	

분기 실적 *IFRS 별도 기준 〈단위 : 억원〉
항목	2016.1Q	2016.2Q	2016.3Q	2016.4Q	2017.1Q	2017.2Q
매출액	46	48	31	74	43	58
영업이익	9	8	-7	18	-3	1
당기순이익	8	8	-52	16	-2	1

재무 상태 *IFRS 별도 기준 〈단위 : 억원〉
항목	2012	2013	2014	2015	2016	2017.2Q
총자산			71	115	281	306
유형자산			3	3	5	5
무형자산			3	8	5	5
유가증권				0	47	16
총부채			51	35	73	79
총차입금			31		22	30
자본금			10	20	32	35
총자본			20	80	208	227
지배주주지분			20	80	208	227

기업가치 지표 *IFRS 별도 기준
항목	2012	2013	2014	2015	2016	2017.2Q
주가(최고/저)(천원)			2.2/2.2	3.1/2.2	2.5/1.7	
PER(최고/저)(배)	0.0/0.0	0.0/0.0	92.4/92.1	34.9/24.4	—/—	—/—
PBR(최고/저)(배)	0.0/0.0	0.0/0.0	31.0/30.9	12.7/8.9	3.9/2.7	2.9/2.3
EV/EBITDA(배)		0.0	4.8	1.3	13.0	
EPS(원)			24	90	-59	-1
BPS(원)			852	3,431	642	651
CFPS(원)			708	1,233	-46	3
DPS(원)					17	
EBITDAPS(원)			1,072	1,486	98	0

재무 비율 〈단위 : % 〉
연도	영업이익률	순이익률	부채비율	차입금비율	ROA	ROE	유보율	자기자본비율	EBITDA마진율
2016	14.0	-9.6	35.0	10.6	-9.7	-13.3	542.1	74.1	16.1
2015	20.2	16.3	43.5	0.0	27.3	50.8	193.8	69.7	22.4
2014	15.0	6.9	257.2	154.7	0.0	0.0	98.8	28.0	24.0
2013	0.0	0.0	0.0	0.0	0.0	0.0	0.0	0.0	0.0

지성이씨에스 (A138290)
ZISUNG ECS CO

업 종 : 건설	시 장 : KONEX
신용등급 : (Bond) — (CP) —	기업규모 : —
홈 페 이 지 : www.zisung.co.kr	연 락 처 : 02)517-1148
본 사 : 경기도 남양주시 별내3로 340, 4층 403-1(별내동, 천보프라자)	

설 립 일 2002.04.18	종 업 원 수 42명	대 표 이 사 윤남식
상 장 일 2015.11.30	감 사 의 견 적정 (삼덕)	계 열
결 산 기 12월	보 통 주	종속회사수
액 면 가 —	우 선 주	구 상 호

주주구성 (지분율,%)		출자관계 (지분율,%)		주요경쟁사 (외형,%)	
윤남식	18.3	지성에스엔씨	100.0	지성이씨에스	100
박재만	15.7	지성특수건설	100.0	엄지하우스	316
				청광종건	498

매출구성		비용구성		수출비중	
사면보강사업	44.8	매출원가율	80.0	수출	0.0
건축공사업	42.9	판관비율	11.3	내수	100.0
토목공사업	11.4				

회사 개요
동사는 2002년 4월 18일 설립되었으며 사면보강사업과 관급공사업, 자체개발사업(마크타워 : 소형오피스텔 및 도시형생활주택 브랜드)등 크게 3가지의 사업을 영위하고 있다. 건설업의 경우 2013년 말 기준 건설협회 등록약 10,000여개의 업체가 건설시장에 존재한다. 2016년 기준 전체 매출액에서 사면보강사업이 44.84%, 건축공사업이 42.93% 토목공사업이 11.41%를 차지함.

실적.분석
코넥스 상장 기업인 동사의 2016년 매출액은 재무제표기준 245.7억원으로 전년 동기 대비 31.24% 증가했으며, 영업이익은 21.4억원을 시현하였음. 동사는 전년대비 매출액 증가율(31.24%)보다 영업이익 증가율(-21.96%)이 낮으며 현금은 정기예금과 영업이익의 감소로 인하여 순현금 보유 또한 감소한 것으로 나타나고 있음. 최종적으로 동사의 당기순이익은 18.2억원을 기록, 전년보다 33.7% 감소하였음.

현금 흐름
*IFRS 별도 기준 〈단위 : 억원〉

항목	2016	2017.2Q
영업활동	-42	
투자활동	-7	
재무활동	19	
순현금흐름	-30	
기말현금	15	

시장 대비 수익률

결산 실적
〈단위 : 억원〉

항목	2012	2013	2014	2015	2016	2017
매출액	151	148	184	187	246	
영업이익	12	6	16	27	21	
당기순이익	14	3	14	27	18	

분기 실적
*IFRS 별도 기준 〈단위 : 억원〉

항목	2016.1Q	2016.2Q	2016.3Q	2016.4Q	2017.1Q	2017.2Q
매출액	—	—	—	—	—	—
영업이익	—	—	—	—	—	—
당기순이익	—	—	—	—	—	—

재무 상태
*IFRS 별도 기준 〈단위 : 억원〉

항목	2012	2013	2014	2015	2016	2017.2Q
총자산	135	153	154	186	232	
유형자산	26	25	24	36	35	
무형자산	3	2	1	0	0	
유가증권	6	20	20	20	28	
총부채	39	55	44	61	90	
총차입금	11	19	16	20	39	
자본금	24	24	24	24	24	
총자본	96	98	110	125	142	
지배주주지분	96	98	110	125	142	

기업가치 지표
*IFRS 별도 기준

항목	2012	2013	2014	2015	2016	2017.2Q
주가(최고/저)(천원)	—/—	—/—	—/—	7.6/6.5	14.4/2.5	—/—
PER(최고/저)(배)	0.0/0.0	0.0/0.0	0.0/0.0	6.6/5.7	18.8/3.2	—/—
PBR(최고/저)(배)	0.0/0.0	0.0/0.0	0.0/0.0	1.4/1.2	2.3/0.4	0.0/0.0
EV/EBITDA(배)	—	—	—	—	9.1	—
EPS(원)	575	147	607	1,168	774	
BPS(원)	4,117	4,186	4,716	5,697	6,420	
CFPS(원)	683	246	687	1,234	815	
DPS(원)				80	80	
EBITDAPS(원)	616	349	757	1,232	951	

재무 비율
〈단위 : % 〉

연도	영업이익률	순이익률	부채비율	차입금비율	ROA	ROE	유보율	자기자본비율	EBITDA마진율
2016	8.7	7.4	63.0	27.3	8.7	13.6	542.1	61.4	9.1
2015	14.7	14.7	49.0	16.0	16.2	23.4	469.7	67.1	15.5
2014	8.6	7.8	39.7	14.6	9.3	13.8	371.6	71.6	9.7
2013	4.0	2.3	56.4	20.0	2.4	3.6	318.6	64.0	5.5

지스마트글로벌 (A114570)
G-SMATT GLOBAL

업 종 : 반도체 및 관련장비	시 장 : KOSDAQ
신용등급 : (Bond) — (CP) —	기업규모 : 우량
홈 페 이 지 : www.niceseti.com, www.g-smattg	연 락 처 : (070)4896-5047
본 사 : 서울시 강남구 역삼로 556, 2층, 4층, 5층(대치동, 서울아카데미빌딩)	

설 립 일 2000.05.26	종 업 원 수 113명	대 표 이 사 이기성
상 장 일 2010.02.04	감 사 의 견 적정 (세림)	계 열
결 산 기 12월	보 통 주 2,043만주	종속회사수
액 면 가 500원	우 선 주	구 상 호 에스이티아이

주주구성 (지분율,%)		출자관계 (지분율,%)		주요경쟁사 (외형,%)	
지스마트	20.0	디지펀아트협회	33.3	지스마트글로벌	100
조형섭	1.6	평택시민축구단	25.0	케이씨텍	541
(외국인)	2.1	GSmattTechCo.LTD.	100.0	젬백스	121

매출구성		비용구성		수출비중	
[상품]LED전광유리	65.0	매출원가율	65.0	수출	14.0
[제품]PKG	19.9	판관비율	13.6	내수	86.0
[로열티]LED전광유리	11.1				

회사 개요
동사는 2000년에 설립되어 비메모리 반도체의 일종인 CMOS 이미지 센서의 개발과 판매를 전문으로 하는 팹리스(Fabless)업체로 주로 카메라폰과 노트북에 사용되는 2만 5천 화소급부터 2백만 화소급 제품까지의 이미지센서 판매 사업을 영위함. 2014년 1월에 사업다각화를 위하여 LED 투명 전광유리(SMART GLASS) 도소매업을 사업목적에 추가하여 매출 증대를 도모하고 있음.

실적 분석
동사의 2017년 2분기 매출액은 전년대비 17.6%성장한 436.8억원을 기록함. 매출 성장은 SMART GLASS의 판매 증가에 기인함. 매출액 증가에 따른 고정비부담 완화로 영업이익 105.2억원, 당기순이익 60.4억원을 시현함. 관련기업투자손실과 외환손실로 비영업손익은 적자를 보임. 당반기 제품별 매출비중은 이미지센서 4%, SMART GLASS 96%로 구성됨. 동사는 당분기 중 120억원 규모의 전환사채를 발행함.

현금 흐름
*IFRS 별도 기준 〈단위 : 억원〉

항목	2016	2017.2Q
영업활동	-99	-154
투자활동	-13	-17
재무활동	88	172
순현금흐름	-24	1
기말현금	58	58

시장 대비 수익률

결산 실적
〈단위 : 억원〉

항목	2012	2013	2014	2015	2016	2017
매출액	418	257	262	471	902	
영업이익	3	-35	21	81	192	
당기순이익	-48	-52	12	102	133	

분기 실적
*IFRS 별도 기준 〈단위 : 억원〉

항목	2016.1Q	2016.2Q	2016.3Q	2016.4Q	2017.1Q	2017.2Q
매출액	120	251	241	289	144	29
영업이익	21	65	65	41	30	7
당기순이익	26	64	57	-14	21	3

재무 상태
*IFRS 별도 기준 〈단위 : 억원〉

항목	2012	2013	2014	2015	2016	2017.2Q
총자산	292	343	343	882	1,150	1,36
유형자산	11	7	27	11	10	1
무형자산	43	33	46	152	128	12
유가증권	—	—	13	101	107	11
총부채	107	183	102	241	277	33
총차입금	64	73	28	187	192	22
자본금	57	62	80	91	99	10
총자본	184	160	240	641	873	1,03
지배주주지분	184	160	240	641	873	1,03

기업가치 지표
*IFRS 별도 기준

항목	2012	2013	2014	2015	2016	2017.2Q
주가(최고/저)(천원)	3.0/1.2	3.8/1.7	5.2/2.2	30.1/4.5	35.5/14.3	—/—
PER(최고/저)(배)	—/—	—/—	65.6/27.6	50.9/7.6	52.3/21.0	—/—
PBR(최고/저)(배)	1.9/0.8	3.0/1.3	3.5/1.5	8.5/1.3	8.0/3.2	3.1/2
EV/EBITDA(배)	11.3	—	19.8	42.6	14.4	
EPS(원)	-576	-438	79	593	679	29
BPS(원)	1,605	1,297	1,510	3,529	4,414	5,06
CFPS(원)	-299	-317	180	716	760	34
DPS(원)						
EBITDAPS(원)	324	-172	239	591	1,062	56

재무 비율
〈단위 : % 〉

연도	영업이익률	순이익률	부채비율	차입금비율	ROA	ROE	유보율	자기자본비율	EBITDA마진율
2016	21.3	14.8	31.8	22.0	13.1	17.6	782.7	75.9	23
2015	17.1	21.7	37.5	29.2	16.7	23.2	605.8	72.7	21
2014	8.0	4.7	42.5	11.6	3.6	6.1	201.9	70.2	13
2013	-13.6	-20.1	114.4	45.5	-16.2	-29.9	159.5	46.7	-5

지알티 (A900290)
Great Rich Technologies

종 목: 용기 및 포장		시 장: KOSDAQ	
신용등급: (Bond) — (CP) —		기업규모:	
홈페이지: 0		연 락 처: 852-3645-8129	
본 사: Room 01, 21/F, Prosper Commercial Building, 9 Yin Chong Street, Kowloon, Hong Kong			

설 립 일	2012.09.11	종 업 원 수	587명	대 표 이 사	주영남
상 장 일	2016.10.25	감 사 의 견	적정 (이촌)	계 열	
결 산 기	06월	보 통 주	6,738만주	종 속 회 사 수	
액 면 가		우 선 주		구 상 호	

주주구성 (지분율,%)		출자관계 (지분율,%)		주요경쟁사 (외형,%)	
주영남	38.3	강소준휘광전과기유한공사	100.0	GRT	100
CDIB Capital Asia Partners L.P.	12.2	강음통리광전과기유한공사	100.0	한진피앤씨	55
(외국인)	0.8			율촌화학	270

매출구성		비용구성		수출비중	
광학보호필름	53.3	매출원가율	65.4	수출	—
포장필름	40.3	판관비율	4.9	내수	—
블루라이트 필름	5.8				

회사 개요

동사는 해외상장을 목적으로 2012년 09월 11일 홍콩지주회사인 "그레이트리치과기유한공사(Great Rich Technologies Limited)"를 설립하였다. 동사는 TFT-LCD 광학막, TFT-LCD 광학보호막, 기능성박막재료(표면보호막) 및 기타플라스틱제품, 전자제품의연구, 개발, 제조, 가공, 플라스틱입자, 철물 및 배전교류설비, 방직원료의 판매, 각종상품 및 기술의 수출입업무 및 수출입무대리 주력 사업임.

실적 분석

동사의 연결기준 2017년 1분기 매출액은 1,632.2억원으로 전년동기 대비 29.5% 성장을 기록하였다. 반면 판관비의 대폭증가(109.8억원, 전년동기 대비 85.1%증가)에 따라 영업이익은 전년동기 대비 16.9% 증가한 432.1억원을 기록하였음. 당기순이익 역시 영업이익 증가와 비영업손실의 적자폭 축소에 힘입어 전년동기 대비 50.5% 성장한 352.6억원을 기록하였음.

현금 흐름		〈단위 : 억원〉
항목	2016	2017.3Q
영업활동	441	402
투자활동	-682	-218
재무활동	397	740
순현금흐름	156	928
기말현금	981	1,874

시장 대비 수익률

결산 실적						〈단위 : 억원〉
항목	2012	2013	2014	2015	2016	2017
매출액	—	—	—	1,534	1,645	—
영업이익	—	—	—	484	488	—
당기순이익	—	—	—	358	350	—

분기 실적						〈단위 : 억원〉
항목	2016.2Q	2016.3Q	2016.4Q	2017.1Q	2017.2Q	2017.3Q
매출액	425	394	379	472	630	570
영업이익	117	110	117	140	169	134
당기순이익	73	83	115	113	141	108

재무 상태						〈단위 : 억원〉
항목	2012	2013	2014	2015	2016	2017.3Q
총자산	—	—	—	1,783	2,649	3,805
유형자산	—	—	—	474	1,205	1,284
무형자산	—	—	—	0	0	—
유가증권	—	—	—	—	—	1
총부채	—	—	—	1,067	960	996
총차입금	—	—	—	843	701	694
자본금	—	—	—	—	500	1,297
총자본	—	—	—	716	1,689	2,809
지배주주지분	—	—	—	716	1,689	2,809

기업가치 지표						
항목	2012	2013	2014	2015	2016	2017.3Q
주가(최고/저)(천원)	#VALUE!	—/—	—/—	—/—	—/—	—/—
PER(최고/저)(배)	0.0/0.0	0.0/0.0	0.0/0.0	0.0/0.0	0.0/0.0	1.9/0.9
PBR(최고/저)(배)	0.0/0.0	0.0/0.0	0.0/0.0	0.0/0.0	0.0/0.0	—
EV/EBITDA(배)	—	—	—	—	—	—
EPS(원)	—	—	—	1,626,518,909	1,394	585
BPS(원)	—	—	—	715,985,110	3,378	4,169
CFPS(원)	—	—	—	688,957,768	1,506	695
DPS(원)	—	—	—	—	—	—
EBITDAPS(원)	—	—	—	914,165,232	2,055	827

재무 비율									〈단위 : %〉
연도	영업이익률	순이익률	부채비율	차입금비율	ROA	ROE	유보율	자기자본비율	EBITDA마진율
2016	29.7	21.3	56.8	41.5	15.8	29.1	237.6	63.8	31.4
2015	31.6	23.3	149.1	117.7	0.0	0.0	511,417,835.7	40.2	33.4
2014	0.0	0.0	0.0	0.0	0.0	0.0	0.0	0.0	0.0
2013	0.0	0.0	0.0	0.0	0.0	0.0	0.0	0.0	0.0

지어소프트 (A051160)
GAEASOFT

업 종: 도소매		시 장: KOSDAQ	
신용등급: (Bond) — (CP) —		기업규모: 중견	
홈페이지: www.gaeasoft.co.kr		연 락 처: 02)2155-5100	
본 사: 서울시 서초구 강남대로 327, 대륭서초타워 12,13층			

설 립 일	1998.08.13	종 업 원 수	210명	대 표 이 사	김영준
상 장 일	2002.05.15	감 사 의 견	적정 (이촌)	계 열	
결 산 기	12월	보 통 주	1,308만주	종 속 회 사 수	2개사
액 면 가	500원	우 선 주		구 상 호	디지털오션

주주구성 (지분율,%)		출자관계 (지분율,%)		주요경쟁사 (외형,%)	
김영준	10.8	우리네트웍스	79.4	지어소프트	100
김수철	10.5	우리인베스트먼트	53.7	피씨디렉트	261
(외국인)	3.1	와이티엔디엠비	9.8	부방	323

매출구성		비용구성		수출비중	
상품매출	49.8	매출원가율	87.8	수출	0.0
모바일 서비스 및 모바일솔루션/플랫폼	35.5	판관비율	14.0	내수	100.0
온라인 광고	14.6				

회사 개요

동사는 1998년에 설립되어 1) 유무선 시스템 개발, 운영, 유지보수 및 마케팅 등 IT 전 영역의 대한 토탈 서비스를 제공하는 IT서비스부문과 2) 온/오프라인,모바일,SNS 광고&마케팅 등 온라인을 중심으로 한 통합 마케팅 커뮤니케이션서비스를 제공하는 미디어사업부문, 3) 농,수산물 직거래를 통한 유기농마켓을 영위하는 유통부문의 사업을 영위하고 있음. 동사의 종속회사로는 우리네트웍스와 우리인베스트먼트가 있음.

실적 분석

동사는 2017년 상반기 누적 매출액이 558.9억원으로 전년 동기 대비 80.9% 증가했고, 영업이익은 4.3억원으로 전년 동기 5.2억원 적자에서 흑자전환함. 동사는 2016년도에 시작된 유통부문의 사업이 성장하면서 매출이 크게 늘었음. 매출에서 유기농식품 판매가 차지하는 비중은 64.9%이고, IT서비스가 24.9%, 디지털 온라인 광고대행이 10.2%임. 동사는 2016년말 200.1억원의 유동부채를 171.8억원으로 줄이는 부채절감함.

현금 흐름		〈단위 : 억원〉
항목	2016	2017.2Q
영업활동	37	-12
투자활동	-29	-4
재무활동	21	7
순현금흐름	28	-18
기말현금	36	18

시장 대비 수익률

결산 실적						〈단위 : 억원〉
항목	2012	2013	2014	2015	2016	2017
매출액	397	372	362	382	796	—
영업이익	-29	-60	-7	-6	-15	—
당기순이익	0	-55	-24	-23	-72	—

분기 실적						〈단위 : 억원〉
항목	2016.1Q	2016.2Q	2016.3Q	2016.4Q	2017.1Q	2017.2Q
매출액	123	191	204	278	261	298
영업이익	1	-6	-10	0	-3	7
당기순이익	-0	-12	-14	-46	-3	5

재무 상태						〈단위 : 억원〉
항목	2012	2013	2014	2015	2016	2017.2Q
총자산	302	322	278	263	286	260
유형자산	8	5	5	17	17	18
무형자산	27	6	24	23	20	17
유가증권	22	39	30	17	8	8
총부채	117	165	145	133	211	187
총차입금	10	15	14	23	33	42
자본금	61	61	61	61	64	64
총자본	185	157	133	130	75	73
지배주주지분	185	164	119	104	65	64

기업가치 지표						
항목	2012	2013	2014	2015	2016	2017.2Q
주가(최고/저)(천원)	1.7/1.2	1.5/0.9	1.1/0.7	2.2/0.7	3.6/1.4	—/—
PER(최고/저)(배)	984.5/688.9	—/—	—/—	—/—	—/—	—/—
PBR(최고/저)(배)	1.1/0.8	1.3/0.8	1.1/0.7	2.5/0.8	7.0/2.7	4.6/2.7
EV/EBITDA(배)	—	—	77.2	65.2	175.8	—
EPS(원)	2	-426	-145	-139	-432	2
BPS(원)	1,522	1,124	977	857	510	502
CFPS(원)	91	-340	-76	-60	-304	71
DPS(원)	—	—	—	12	12	102
EBITDAPS(원)	-149	-406	12	32	12	—

재무 비율									〈단위 : %〉
연도	영업이익률	순이익률	부채비율	차입금비율	ROA	ROE	유보율	자기자본비율	EBITDA마진율
2016	-1.9	-9.0	279.8	44.1	-26.2	-65.3	2.0	26.3	0.2
2015	-1.5	-6.0	102.4	17.3	-8.5	-15.2	71.4	49.4	1.0
2014	-1.9	-6.6	108.9	9.5	-8.0	-13.8	95.5	47.9	0.4
2013	-16.1	-14.7	105.3	9.3	-17.5	-32.2	124.8	48.7	-13.3

지에스 (A078930)
GS Holdings

업 종 : 석유 및 가스
신용등급 : (Bond) AA-　(CP) A1
홈 페 이 지 : www.gs.co.kr
본 사 : 서울시 강남구 논현로 508, GS타워 23층
시 장 : 거래소
기업규모 : 시가총액 대형주
연 락 처 : 02)2005-8143

설 립 일	2004.07.01	종 업 원 수	26명	대 표 이 사	허창수,정택근(각자대표이사)
상 장 일	2004.08.05	감 사 의 견	적정 (삼일)	계　 열	
결 산 기	12월	보 통 주	9,292만주	종속회사수	50개사
액 면 가	5,000원	우 선 주	178만주	구 상 호	

주주구성 (지분율,%)
국민연금공단	10.4
신영자산운용	5.9
(외국인)	20.6

출자관계 (지분율,%)
GS에너지	100.0
GS스포츠	100.0
GS이앤알	89.9

주요경쟁사 (외형,%)
GS	100
SK	621
SK이노베이션	294

매출구성
기타(정유)	28.7
파라자일렌 외	28.6
경유	23.6

비용구성
| 매출원가율 | 76.3 |
| 판관비율 | 10.7 |

수출비중
| 수출 | — |
| 내수 | — |

회사 개요
동사는 2004년 LG를 인적분할하여 설립된 회사임. GS에너지, GS리테일, GS홈쇼핑, GS스포츠 등 관련 자회사를 두고 있음. 이중 GS에너지는 GS가 보유하고 있던 GS칼텍스 주식 전부를 물적 분할해 설립한 중간 사업지주회사임. GS칼텍스가 영위하던 자원개발, 가스&파워, 녹색성장 사업 등을 주로 함. 또 자회사 GS칼텍스를 통해 정유, 석유화학, 윤활기유 사업 등에서도 경쟁력을 확보하고 있음.

실적 분석
동사의 연결기준 2017년 2분기 누적매출액은 77,736.9억원으로 전년동기 대비 21.6% 증가하였음. 판관비 증가에도 불구 전년동기 대비 25% 증가한 10,374.4억원의 영업이익을 시현하였음. 비영업 부문에서 적자가 지속되기는 하였으나 그 폭이 감소하고 외형성장과 원가율 개선 등으로 인해 당기순이익은 전년동기 대비 33% 증가한 5,993.9억원을 시현하였음.

현금 흐름　〈단위 : 억원〉
항목	2016	2017.2Q
영업활동	8,517	7,974
투자활동	-5,236	-6,295
재무활동	-3,363	1,280
순현금흐름	-29	2,952
기말현금	5,038	7,990

시장 대비 수익률

결산 실적　〈단위 : 억원〉
항목	2012	2013	2014	2015	2016	2017
매출액	97,157	95,832	108,661	121,795	134,624	—
영업이익	6,843	5,521	-343	16,043	17,542	—
당기순이익	5,729	4,352	-3,207	5,093	9,233	—

분기 실적　〈단위 : 억원〉
항목	2016.1Q	2016.2Q	2016.3Q	2016.4Q	2017.1Q	2017.2Q
매출액	30,672	33,251	33,434	37,267	39,181	38,556
영업이익	3,284	5,016	4,162	5,081	6,456	3,919
당기순이익	1,641	2,865	1,819	2,908	4,349	1,645

재무 상태　〈단위 : 억원〉
항목	2012	2013	2014	2015	2016	2017.2Q
총자산	127,124	126,363	150,728	190,230	203,412	210,046
유형자산	24,468	22,828	42,426	69,443	78,655	81,740
무형자산	5,492	5,913	12,003	19,353	18,901	18,477
유가증권	2,104	1,302	1,781	957	1,436	1,708
총부채	55,394	52,117	78,549	109,252	114,209	117,678
총차입금	38,684	35,825	58,859	84,441	85,535	89,091
자본금	4,735	4,735	4,735	4,735	4,735	4,735
총자본	71,730	74,245	72,179	80,979	89,203	92,368
지배주주지분	63,429	65,744	59,069	63,209	69,642	73,506

기업가치 지표
항목	2012	2013	2014	2015	2016	2017.2Q
주가(최고/저)(천원)	66.1/44.5	67.7/44.0	51.7/36.0	49.4/35.6	58.2/45.6	—/—
PER(최고/저)(배)	14.4/9.7	20.0/13.0	—/—	10.1/7.3	7.0/5.5	—/—
PBR(최고/저)(배)	1.1/0.8	1.1/0.7	0.9/0.6	0.8/0.6	0.8/0.6	1.0/0.7
EV/EBITDA(배)	14.9	15.4		8.9	8.4	—/—
EPS(원)	5,217	3,778	-3,663	5,198	8,508	5,653
BPS(원)	66,984	69,429	62,381	66,752	73,546	77,626
CFPS(원)	5,217	3,778	-3,663	5,198	8,508	5,653
DPS(원)	1,350	1,350	1,200	1,500	1,600	
EBITDAPS(원)	7,226	5,830	-362	16,941	18,524	10,955

재무 비율　〈단위 : %〉
연도	영업이익률	순이익률	부채비율	차입금비율	ROA	ROE	유보율	자기자본비율	EBITDA마진율
2016	13.0	6.9	128.0	95.9	4.7	12.1	1,370.9	43.9	13.0
2015	13.2	4.2	134.9	104.3	3.0	8.1	1,235.1	42.6	13.2
2014	-0.3	-3.0	108.8	81.6	-2.3	-5.6	1,147.6	47.9	-0.3
2013	5.8	4.5	70.2	48.3	3.4	5.5	1,288.6	58.8	5.8

지에스건설 (A006360)
GS Engineering & Construction

업 종 : 건설
신용등급 : (Bond) A-　(CP) A2-
홈 페 이 지 : www.gsenc.com
본 사 : 서울시 종로구 종로33 그랑서울
시 장 : 거래소
기업규모 : 시가총액 중형주
연 락 처 : 02)2154-1112

설 립 일	1969.12.19	종 업 원 수	7,247명	대 표 이 사	허창수,임병용(각자대표이사)
상 장 일	1981.08.03	감 사 의 견	적정 (한영)	계　 열	
결 산 기	12월	보 통 주	7,168만주	종속회사수	47개사
액 면 가	5,000원	우 선 주	—	구 상 호	

주주구성 (지분율,%)
허창수	10.8
국민연금공단	10.4
(외국인)	12.0

출자관계 (지분율,%)
자이오엔엠	100.0
비에스엠	100.0
지에스텍	100.0

주요경쟁사 (외형,%)
GS건설	100
현대건설	171
현대산업	43

매출구성
해외도급공사(공사)	44.9
건축(공사)	33.4
기타	10.6

비용구성
| 매출원가율 | 95.6 |
| 판관비율 | 3.1 |

수출비중
| 수출 | — |
| 내수 | — |

회사 개요
동사는 토목과 건축, 주택신축판매, 석유정제설비 등을 설치하는 플랜트, 전력 및 해외종합건설업 등을 주요 사업으로 영위하고 있음. 지에스 계열에 속해있고 국내 계열회사 69개, 해외 계열회사 109개를 두고 있음. 동사는 과거 GS칼텍스정유 등 풍부한 계열사 플랜트 공사 경험을 축적해 특히 정유 및 석유화학 플랜트 공사에서 높은 수준의 수주 경쟁력을 보유함.

실적 분석
동사의 2017년 2분기기준 누적 매출액은 전년동기대비 6.5% 상승한 56,953억원을 기록하였음. 비용면에서 전년동기대비 매출원가는 증가 하였으며 인건비도 증가, 광고선전비도 증가, 기타판매비와관리비도 마찬가지로 증가함. 이와 같이 상승한 매출액 만큼 비용금도 있었으나 매출액의 더 큰 상승에 힘입어 그에 따라 전년동기대비 영업이익은 1,449.2억원으로 179.9% 크게 상승하였음.

현금 흐름　〈단위 : 억원〉
항목	2016	2017.2Q
영업활동	812	-881
투자활동	-2,487	-1,705
재무활동	782	709
순현금흐름	-723	-2,004
기말현금	23,563	21,559

시장 대비 수익률

결산 실적　〈단위 : 억원〉
항목	2012	2013	2014	2015	2016	2017
매출액	95,686	95,658	94,876	105,726	110,356	—
영업이익	1,761	-9,355	512	1,221	1,430	—
당기순이익	950	-8,273	-225	295	-204	—

분기 실적　〈단위 : 억원〉
항목	2016.1Q	2016.2Q	2016.3Q	2016.4Q	2017.1Q	2017.2Q
매출액	26,391	27,064	25,747	31,154	27,009	29,944
영업이익	291	227	384	528	590	860
당기순이익	78	77	-187	-173	-674	103

재무 상태　〈단위 : 억원〉
항목	2012	2013	2014	2015	2016	2017.2Q
총자산	117,760	124,273	130,947	130,055	133,766	133,529
유형자산	22,539	22,429	24,560	13,385	9,781	9,479
무형자산	2,214	1,949	1,700	1,446	1,936	2,214
유가증권	3,077	2,913	5,105	3,555	4,025	4,624
총부채	78,475	92,680	95,131	96,575	100,234	100,129
총차입금	27,961	45,464	41,972	37,052	36,432	38,426
자본금	2,550	2,550	2,550	3,550	3,550	3,572
총자본	39,285	31,593	35,816	33,480	33,532	33,400
지배주주지분	36,282	28,640	32,709	32,843	32,788	32,649

기업가치 지표
항목	2012	2013	2014	2015	2016	2017.2Q
주가(최고/저)(천원)	101/43.7	55.3/24.6	40.0/23.2	36.7/19.2	31.5/19.0	—/—
PER(최고/저)(배)	62.4/27.1	—/—	—/—	99.8/52.2	—/—	—/—
PBR(최고/저)(배)	1.5/0.6	1.0/0.4	0.9/0.5	0.8/0.4	0.7/0.4	0.7/0.6
EV/EBITDA(배)	14.6		26.7	10.3	12.7	—/—
EPS(원)	1,623	-15,574	-652	367	-363	-832
BPS(원)	72,626	57,641	47,136	47,324	47,247	46,759
CFPS(원)	3,743	-14,152	570	1,542	591	-419
DPS(원)	250					
EBITDAPS(원)	5,503	-16,255	2,033	2,895	2,968	2,442

재무 비율　〈단위 : %〉
연도	영업이익률	순이익률	부채비율	차입금비율	ROA	ROE	유보율	자기자본비율	EBITDA마진율
2016	1.3	-0.2	298.9	108.7	-0.2	-0.8	844.9	25.1	1.9
2015	1.2	0.3	288.5	110.7	0.2	0.8	846.5	25.7	1.9
2014	0.5	-0.2	265.6	117.2	-0.2	-1.3	842.7	27.4	1.4
2013	-9.8	-8.7	293.4	143.9	-6.8	-25.5	1,052.8	25.4	-8.7

지에스글로벌 (A001250)
GS Global

업　　종 : 무역		시　　장 : 거래소	
신용등급 : (Bond) A- (CP) —		기업규모 : 시가총액 소형주	
홈페이지 : www.gsgcorp.com		연 락 처 : 02)2005-5300	
주　　소 : 서울시 강남구 논현로 508, GS타워 10층			

설 립 일	1954.07.31	종업원수	240명	대 표 이 사	허세홍
상 장 일	1976.06.26	감사의견	적정 (안진)	계　　열	
결 산 기	12월	보 통 주	8,253만주	종속회사수	16개사
액 면 가	2,500원	우 선 주		구 상 호	

주주구성 (지분율,%)		출자관계 (지분율,%)		주요경쟁사 (외형,%)	
GS	50.7	GS엔텍	92.0	GS글로벌	100
트러스톤자산운용	1.1	피엘에스	90.0	포스코대우	646
(외국인)	5.0	지앤씨인터렉티브	23.0	LG상사	469

매출구성		비용구성		수출비중	
철강재 등	103.8	매출원가율	95.9	수출	—
혼다 엔진 등	8.6	판관비율	2.7	내수	—
Heat Exchanger,HRSG 등	8.5				

회사 개요
1954년 금성산업으로 최초 설립된 후, 1975년에 쌍용과 상호가 변경되었으며, 1976년에 유가증권시장에 상장됨. 2009년 GS로 대주주가 변경되고, 지에스글로벌로 사명이 변경됨. 동사는 크게 산업재 부문과 수입유통 부문 사업을 영위하고 있음. 산업재 부문에는 철강속속, 석유화학, 시멘트 및 석탄, 자원개발 부문이 있으며 수입유통 부문에는 혼다 엔진 수입, 수입자동차PDI 서비스 부문이 있음. 매출의 대부분을 산업재 수출이 차지함.

실적 분석
2017년 2분기 누적 연결기준 매출액은 전년동기 대비 36.4% 증가한 1조6,173.8억원을 시현하였고, 매출 증가에 따라 매출총이익은 33.7% 증가한 752.9억원을 시현하였고, 영업이익은 전년동기 대비 60.3% 증가한 271.7억원을 시현함. 이로 인해 70.2억원의 비영업손실에도 불구하고 당기순이익은 169.6억원으로 전년동기 대비 45.2% 증가함. 해외 자원개발 등 신성장동력 확보를 위한 투자를 적극 추진함.

현금 흐름 〈단위 : 억원〉
항목	2016	2017.2Q
영업활동	850	820
투자활동	-1,671	-243
재무활동	774	-261
순현금흐름	-17	317
기말현금	492	808

시장 대비 수익률

결산 실적 〈단위 : 억원〉
항목	2012	2013	2014	2015	2016	2017
매출액	31,027	24,012	27,700	22,620	25,538	
영업이익	280	137	234	289	364	
당기순이익	237	196	70	-467	161	

분기 실적 〈단위 : 억원〉
항목	2016.1Q	2016.2Q	2016.3Q	2016.4Q	2017.1Q	2017.2Q
매출액	5,675	6,182	5,974	7,707	8,119	8,054
영업이익	57	112	77	117	121	151
당기순이익	57	60	53	-9	99	71

재무 상태 〈단위 : 억원〉
항목	2012	2013	2014	2015	2016	2017.2Q
총자산	11,440	7,003	8,566	8,007	13,264	12,660
유형자산	3,702	866	1,071	1,071	4,234	4,147
무형자산	791	298	315	312	922	909
유가증권	76	133	179	81	109	296
총부채	8,711	4,436	6,049	5,980	9,722	8,898
총차입금	5,548	2,170	3,356	3,915	5,906	5,571
자본금	563	563	563	563	2,063	2,063
총자본	2,730	2,567	2,517	2,027	3,543	3,763
지배주주지분	2,354	2,522	2,506	2,018	3,126	3,561

기업가치 지표
항목	2012	2013	2014	2015	2016	2017.2Q
주가(최고/저)(천원)	10.4/7.0	8.3/6.0	6.9/5.6	6.4/3.9	4.2/2.2	—/—
PER(최고/저)(배)	13.6/9.1	11.5/8.2	24.9/20.2	—/—	15.5/8.2	—/—
PBR(최고/저)(배)	1.2/0.8	0.9/0.6	0.7/0.6	0.8/0.5	1.1/0.6	0.9/0.7
EV/EBITDA(배)	24.6	14.3	13.9	10.3	13.1	
EPS(원)	797	745	282	-1,825	272	189
BPS(원)	10,476	11,224	11,152	8,987	3,796	4,323
CFPS(원)	1,035	1,301	829	-1,362	740	323
DPS(원)	125	125	125			
EBITDAPS(원)	1,372	1,064	1,547	1,993	1,103	463

재무 비율 〈단위 : % 〉
연도	영업이익률	순이익률	부채비율	차입금비율	ROA	ROE	유보율	자기자본비율	EBITDA마진율
2016	1.4	0.6	274.4	166.7	1.5	6.1	51.8	26.7	2.5
2015	1.3	-2.1	295.0	193.1	-5.6	-20.6	259.5	25.3	2.0
2014	0.8	0.3	240.3	133.3	0.9	2.9	346.1	29.4	2.0
2013	0.6	0.8	172.8	84.5	2.1	7.8	348.9	36.7	1.0

지에스리테일 (A007070)
GS Retail

업　　종 : 도소매		시　　장 : 거래소	
신용등급 : (Bond) AA (CP) A1		기업규모 : 시가총액 대형주	
홈페이지 : www.gsretail.com		연 락 처 : 02)2006-3111	
주　　소 : 서울시 강남구 논현로 508GS타워(역삼동 679)			

설 립 일	1971.02.13	종업원수	11,029명	대 표 이 사	허연수
상 장 일	2011.12.23	감사의견	적정 (삼정)	계　　열	
결 산 기	12월	보 통 주	7,700만주	종속회사수	7개사
액 면 가	1,000원	우 선 주		구 상 호	

주주구성 (지분율,%)		출자관계 (지분율,%)		주요경쟁사 (외형,%)	
GS	65.8	지에스넷비전	100.0	GS리테일	100
국민연금공단	6.0	후레시서브	100.0	BGF리테일	68
(외국인)	19.5	파르나스호텔	67.6	이마트	200

매출구성		비용구성		수출비중	
㈜GS리테일(편의점)-상품	62.5	매출원가율	81.3	수출	—
㈜GS리테일(슈퍼마켓)-상품	18.5	판관비율	15.8	내수	—
㈜GS리테일(편의점)-상품외	12.4				

회사 개요
동사는 2002년 LG수퍼와 LG백화점을 통합하고서 2004년 LG그룹의 계열분리에 따라 최대주주가 GS홀딩스로 변동되었고, 2005년 현재의 GS리테일로 상호를 변경한 이후 편의점사업(GS25), 수퍼마켓(GS수퍼마켓)사업을 영위하여 옴. 2015년 8월 관광호텔업을 영위하는 파르나스호텔을 종속회사로 편입됐고, 주식 교환을 통해 BGF리테일로부터 택배업체 씨브이에스넷(주)의 주식 32.44%를 추가 취득 완료함.

실적 분석
동사의 2017년 상반기 매출액은 3조9,341.8억원으로 전년 동기에 비해 12.7% 증가했으나, 영업이익은 792.0억원으로 전년 동기 943.5억원에 비해 16.1% 감소함. 동사는 2017년 2분기말 기준 1만 1776개의 편의점과 279개의 슈퍼마켓을 운영 중임. 편의점 부문에서는 매출과 영업이익이 지속 성장 중이나, 슈퍼마켓 부문의 영업적자 폭이 커졌고, 파르나스호텔의 이익 규모가 줄어듦.

현금 흐름 〈단위 : 억원〉
항목	2016	2017.2Q
영업활동	4,345	1,931
투자활동	78	-2,566
재무활동	-4,635	1,294
순현금흐름	-213	658
기말현금	440	1,098

시장 대비 수익률

결산 실적 〈단위 : 억원〉
항목	2012	2013	2014	2015	2016	2017
매출액	43,776	47,086	49,624	62,731	74,020	
영업이익	1,405	1,550	1,433	2,258	2,181	
당기순이익	1,235	1,190	1,113	1,662	2,735	

분기 실적 〈단위 : 억원〉
항목	2016.1Q	2016.2Q	2016.3Q	2016.4Q	2017.1Q	2017.2Q
매출액	16,403	18,509	19,873	19,235	18,458	20,884
영업이익	265	679	853	384	261	531
당기순이익	189	501	637	1,407	235	412

재무 상태 〈단위 : 억원〉
항목	2012	2013	2014	2015	2016	2017.2Q
총자산	29,138	28,801	29,201	47,355	47,214	49,943
유형자산	7,486	7,069	7,488	20,953	22,824	23,400
무형자산	1,305	1,504	1,491	1,632	1,553	1,662
유가증권	605	696	706	246	430	1,069
총부채	13,894	12,655	12,385	25,765	23,638	26,618
총차입금	7,524	5,981	5,003	11,969	8,190	10,877
자본금	770	770	770	770	770	770
총자본	15,245	16,146	16,815	21,590	23,575	23,325
지배주주지분	15,245	16,146	16,815	17,926	19,898	19,668

기업가치 지표
항목	2012	2013	2014	2015	2016	2017.2Q
주가(최고/저)(천원)	31.7/18.6	31.2/24.4	27.0/19.2	64.2/23.7	64.1/43.7	—/—
PER(최고/저)(배)	21.7/12.7	21.9/17.1	19.9/14.2	31.3/11.6	18.4/12.6	—/—
PBR(최고/저)(배)	1.8/1.0	1.6/1.3	1.3/0.9	2.9/1.1	2.5/1.7	2.3/1.8
EV/EBITDA(배)	8.8	7.1	6.3	13.1	10.1	
EPS(원)	1,603	1,546	1,445	2,133	3,562	843
BPS(원)	19,798	20,969	21,838	23,281	25,842	25,543
CFPS(원)	3,587	3,779	3,788	4,717	6,601	2,519
DPS(원)	400	450	600	850	1,100	
EBITDAPS(원)	3,808	4,247	4,204	5,517	5,871	2,705

재무 비율 〈단위 : % 〉
연도	영업이익률	순이익률	부채비율	차입금비율	ROA	ROE	유보율	자기자본비율	EBITDA마진율
2016	3.0	3.7	100.3	34.7	5.8	14.5	2,484.2	49.9	6.1
2015	3.6	2.7	119.3	55.4	4.3	9.5	2,228.1	45.6	6.8
2014	2.9	2.2	73.7	29.8	3.8	6.8	2,083.8	57.6	6.5
2013	3.3	2.5	78.4	37.0	4.1	7.6	1,996.9	56.1	6.9

지에스이 (A053050)
GSE

업　종 : 가스	시　장 : KOSDAQ
신용등급 : (Bond) — (CP) —	기업규모 : 중견
홈페이지 : www.yesgse.com	연 락 처 : 055)850-0120
본　사 : 경남 사천시 사천읍 구암두문로 412-30	

설 립 일 1989.04.21	종 업 원 수 71명	대 표 이 사 유석형	
상 장 일 2001.09.22	감 사 의 견 적정 (청남)	계 열	
결 산 기 12월	보 통 주 2,997만주	종속회사수	
액 면 가 500원	우 선 주 —	구 상 호	

주주구성 (지분율,%)		출자관계 (지분율,%)		주요경쟁사 (외형,%)	
서경산업	33.3	설비건설공제조합		지에스이	100
유수언	11.3	전문건설공제조합		에스코	1,009
(외국인)	1.0			대성에너지	709

매출구성		비용구성		수출비중	
도시가스(LNG,CNG)	99.2	매출원가율	78.6	수출	0.0
기타수익2	0.8	판관비율	14.5	내수	100.0

회사 개요

동사는 도시가스공급사업을 주요사업으로 영위하고 있음. 공급권역은 경상남도 진주, 사천, 함양, 하동, 거창 등임. 함양군, 하동군, 거창군은 2009년 4월 공급권역으로 지정됨. 따라서 경상남도내 공급권역이 10.6%에서 31.5%로 확대됨. 2004년부터는 정부의 CNG버스 보급사업에 동참하여 현재 2곳의 CNG차량충전소를 운영중임. 공격적인 영업과 투자로 공급권역내 도시가스 수요개발에 힘쓴 결과 연평균 10% 이상의 수요가수 증가율을 유지.

실적 분석

동사의 2017년 2분기 매출액은 전년동기 대비 0.2% 감소한 611.6억원을 기록함. 판관비의 소폭 증가와 원가율의 개선으로 인해 영업이익은 55.7억원을 시현하며 전년동기 대비 0.3% 소폭 증가함. 비영업손실은 0.3억원으로 전년동기대비 적자전환에 따라 당기순이익은 1.6% 줄어든 44.6억원을 기록함. 우리나라의 계절적 특성으로 인한 계절간 수요격차가 큼.

현금 흐름 *IFRS 별도 기준 〈단위 : 억원〉

항목	2016	2017.2Q
영업활동	113	75
투자활동	-100	-33
재무활동	-29	-2
순현금흐름	-16	39
기말현금	17	56

시장 대비 수익률

결산 실적 〈단위 : 억원〉

항목	2012	2013	2014	2015	2016	2017
매출액	1,177	1,393	1,444	1,231	1,042	—
영업이익	57	59	59	69	73	—
당기순이익	38	39	40	52	57	—

분기 실적 *IFRS 별도 기준 〈단위 : 억원〉

항목	2016.1Q	2016.2Q	2016.3Q	2016.4Q	2017.1Q	2017.2Q
매출액	425	188	132	297	411	201
영업이익	37	18	0	18	37	19
당기순이익	29	16	-1	13	29	16

재무 상태 *IFRS 별도 기준 〈단위 : 억원〉

항목	2012	2013	2014	2015	2016	2017.2Q
총자산	1,190	1,360	1,371	1,311	1,353	1,284
유형자산	903	980	1,006	1,026	1,082	1,098
무형자산	4	4	4	6	8	8
유가증권	5	16	14	11	2	2
총부채	762	893	892	803	802	662
총차입금	320	364	328	289	279	246
자본금	139	139	141	141	143	153
총자본	428	468	479	508	550	622
지배주주지분	428	468	479	508	550	622

기업가치 지표 *IFRS 별도 기준

항목	2012	2013	2014	2015	2016	2017.2Q
주가(최고/저)(천원)	1.8/1.2	1.8/1.4	1.8/1.3	2.1/1.5	2.4/1.8	—/—
PER(최고/저)(배)	16.0/10.7	14.8/11.2	14.2/10.6	11.8/8.9	12.0/9.0	—/—
PBR(최고/저)(배)	1.0/0.7	0.9/0.7	0.9/0.7	0.9/0.7	1.0/0.7	0.9/0.7
EV/EBITDA(배)	8.1	7.4	7.9	7.1	7.2	—/—
EPS(원)	141	144	145	189	204	154
BPS(원)	2,164	2,308	2,329	2,435	2,535	2,613
CFPS(원)	279	297	307	355	376	241
DPS(원)	80	80	85	100	60	—
EBITDAPS(원)	349	362	376	418	433	279

재무 비율 〈단위 : % 〉

연도	영업이익률	순이익률	부채비율	차입금비율	ROA	ROE	유보율	자기자본비율	EBITDA마진율
2016	7.0	5.4	145.7	50.6	4.3	10.7	396.1	40.7	11.5
2015	5.6	4.2	158.0	56.9	3.9	10.5	376.1	38.8	9.3
2014	4.1	2.7	186.2	68.5	2.9	8.4	355.4	34.9	7.1
2013	4.2	2.8	191.0	77.9	3.1	8.8	351.3	34.4	7.2

지에스홈쇼핑 (A028150)
GS Home Shopping

업　종 : 온라인쇼핑	시　장 : KOSDAQ
신용등급 : (Bond) — (CP) —	기업규모 : 우량
홈페이지 : company.gsshop.co.kr	연 락 처 : 02)2007-4153
본　사 : 서울시 영등포구 선유로 75 GS 강서타워	

설 립 일 1994.12.23	종 업 원 수 1,023명	대 표 이 사 허태수	
상 장 일 2000.01.13	감 사 의 견 적정 (삼정)	계 열	
결 산 기 12월	보 통 주 656만주	종속회사수 6개사	
액 면 가 5,000원	우 선 주 —	구 상 호	

주주구성 (지분율,%)		출자관계 (지분율,%)		주요경쟁사 (외형,%)	
GS	36.1	GS텔레서비스	100.0	GS홈쇼핑	100
The Baupost Group, L.L.C.	5.0	에이플러스비	96.8	현대홈쇼핑	88
(외국인)	38.7	텐바이텐	80.0	CJ오쇼핑	201

매출구성		비용구성		수출비중	
수수료매출(기타)	69.5	매출원가율	12.9	수출	2.0
기타 외	16.5	판관비율	75.6	내수	98.0
상품매출(상품)	14.1				

회사 개요

동사는 1994년 설립돼 홈쇼핑프로그램 공급·기획·제작, 상품 유통, 인터넷 및 카탈로그를 통한 통신판매 등의 사업을 영위하고 있음. 1995년 홈쇼핑 TV 방송을 시작했으며 2000년 상장돼 코스닥 시장에서 매매가 가능해짐. GS텔레서비스, 텐바이텐 등을 연결대상 종속회사로 보유함. 2017년 신규시스템 구축과 노후장비 교체를 위해 총 9.1억원을 투자할 계획임.

실적 분석

동사의 2017년 상반기 연결기준 누적 매출액은 5503.7억원으로 전년도 동기 대비 0.3% 증가함. 판매비와 관리비가 소폭 상승했으나 매출원가가 33.1% 줄어 영업이익은 25.1% 증가한 725.3억원을 시현함. 그러나 130억원이었던 비영업 이익이 적자로 전환됨. 당기순손실은 적자가 지속됐으나 적자폭은 556.4억원에서 465.1억원으로 감소함.

현금 흐름 〈단위 : 억원〉

항목	2016	2017.2Q
영업활동	1,922	501
투자활동	-1,549	351
재무활동	-481	-512
순현금흐름	-108	338
기말현금	1,766	2,103

시장 대비 수익률

결산 실적 〈단위 : 억원〉

항목	2012	2013	2014	2015	2016	2017
매출액	10,164	10,491	10,855	11,224	10,978	—
영업이익	1,351	1,537	1,373	1,057	1,264	—
당기순이익	1,066	1,218	1,145	784	1,058	—

분기 실적 〈단위 : 억원〉

항목	2016.1Q	2016.2Q	2016.3Q	2016.4Q	2017.1Q	2017.2Q
매출액	2,818	2,668	2,580	2,912	2,786	2,718
영업이익	316	264	234	450	427	298
당기순이익	351	206	145	357	271	194

재무 상태 〈단위 : 억원〉

항목	2012	2013	2014	2015	2016	2017.2Q
총자산	10,558	11,793	12,956	12,372	13,594	13,211
유형자산	773	1,046	1,626	1,938	2,054	2,167
무형자산	210	451	539	589	469	416
유가증권	458	408	564	876	926	941
총부채	3,732	3,954	4,173	3,217	3,839	3,553
총차입금		16	16	4	32	33
자본금	328	328	328	328	328	328
총자본	6,826	7,838	8,783	9,156	9,756	9,658
지배주주지분	6,826	7,830	8,774	9,149	9,747	9,650

기업가치 지표

항목	2012	2013	2014	2015	2016	2017.2Q
주가(최고/저)(천원)	136/77.6	276/134	277/168	237/150	189/149	—/—
PER(최고/저)(배)	9.4/5.5	16.5/8.1	17.7/10.7	21.3/13.5	12.2/9.6	—/—
PBR(최고/저)(배)	1.4/0.8	2.5/1.2	2.2/1.4	1.8/1.1	1.3/1.0	1.6/1.0
EV/EBITDA(배)	2.4	7.7	4.2	3.5	2.5	—/—
EPS(원)	16,246	18,597	17,427	11,987	16,114	7,102
BPS(원)	107,806	123,130	138,114	144,567	156,531	156,359
CFPS(원)	17,757	20,393	19,896	15,564	19,859	8,893
DPS(원)	3,000	3,500	7,700	5,200	7,000	—
EBITDAPS(원)	22,092	25,224	23,394	19,683	23,005	12,843

재무 비율 〈단위 : % 〉

연도	영업이익률	순이익률	부채비율	차입금비율	ROA	ROE	유보율	자기자본비율	EBITDA마진율
2016	11.5	9.6	39.4	0.3	8.2	11.2	3,030.6	71.8	13.8
2015	9.4	7.0	35.1	0.0	6.2	8.8	2,791.3	74.0	11.5
2014	12.7	10.5	47.5	0.2	9.3	13.8	2,662.3	67.8	14.1
2013	14.7	11.6	50.4	0.2	10.9	16.7	2,362.6	66.5	15.8

지에이치신소재 (A130500)
GH Advanced Materials

종 목: 자동차부품		시 장: KOSDAQ	
용 등 급: (Bond) — (CP) —		기업규모: 중견	
페 이 지: http://www.gumho-nt.com/		연 락 처: (054)460-8100	
주 소: 경북 구미시 1공단로4길 141-54			

설 립 일 2001.12.07	총 업 원 수 84명	대 표 이 사 강경순
상 장 일 2013.08.02	감 사 의 견 적정 (삼일)	계 열
결 산 기 12월	보 통 주 1,100만주	종속회사수 1개사
액 면 가 500원	우 선 주	구 상 호

주주구성 (지분율,%)		출자관계 (지분율,%)		주요경쟁사 (외형,%)	
넵브이에이치코리아	28.8	동남테크	14.0	GH신소재	100
브이피코리아	15.8			구영테크	269
(외국인)	2.5			티에이치엔	534

매출구성		비용구성		수출비중	
PU Foam 외	37.3	매출원가율	86.3	수출	3.0
ISO Dash (한국)	20.7	판관비율	9.4	내수	97.0
Floor Carpet (한국)	14.7				

회사 개요

동사는 1979년 삼창석유화학공업사로 설립됨. 2011년 금호엔티로 상호를 변경하고 법인 전환함. 부직포 및 펠트 제조업을 주요 사업으로 영위함. 구미 공장에서는 부직포 사업을, 경주공장에서는 외부 소음 차단 및 차 실내의 분위기, 안락성을 높이기 위한 목적으로 장착되는 자동차 헤드라이너(천정재)에 적용되는 소재인 PU Form 사업을 담당함. 주력 제품은 니들 펀치 방식의 부직포임. 완성차업체의 1차 납품업체에 판매됨.

실적 분석

동사의 2017년 2분기 누적 매출액은 278억원으로 전년동기 대비 0.5% 감소함. 매출원가는 245억원으로 전년동기 대비 소폭 증가함. 따라서 매출총이익과 영업이익은 33.1억원, 9.7억원으로 전년동기 대비 19.2%, 39.4% 감소함. 또한 당기순이익은 10.8억원으로 전년동기 대비 23.8% 감소함. 동사는 해외 현지 자동차용 부직포 공장(인도)를 통해 해외 시장에서의 판매 비중을 높여갈 예정임.

현금 흐름	〈단위 : 억원〉	
항목	2016	2017.2Q
영업활동	44	29
투자활동	-31	-11
재무활동	23	87
순현금흐름	35	106
기말현금	83	188

시장 대비 수익률

결산 실적					〈단위 : 억원〉	
항목	2012	2013	2014	2015	2016	2017
매출액	505	531	515	561	550	—
영업이익	40	25	7	19	23	—
당기순이익	30	16	12	21	24	—

분기 실적					〈단위 : 억원〉	
항목	2016.1Q	2016.2Q	2016.3Q	2016.4Q	2017.1Q	2017.2Q
매출액	137	142	124	147	136	142
영업이익	6	10	7	-0	5	5
당기순이익	6	8	5	5	4	7

재무 상태					〈단위 : 억원〉	
항목	2012	2013	2014	2015	2016	2017.2Q
총자산	384	455	462	429	474	615
유형자산	155	145	145	138	149	197
무형자산	1	1	0	0	0	0
유가증권	1	0	0	0	0	0
총부채	205	194	192	143	169	157
총차입금	82	72	64	10	41	18
자본금	23	35	35	35	35	55
총자본	179	261	270	286	305	459
지배주주지분	179	261	270	286	305	459

기업가치 지표						
항목	2012	2013	2014	2015	2016	2017.2Q
주가(최고/저)(천원)	—/—	8.7/3.2	4.1/2.3	5.8/2.3	6.4/3.3	—/—
PER(최고/저)(배)	0.0/0.0	33.1/12.2	26.5/15.0	19.9/7.9	18.8/9.7	—/—
PBR(최고/저)(배)	0.0/0.0	2.5/0.9	1.1/0.6	1.5/0.6	1.5/0.8	1.3/0.9
EV/EBITDA(배)	1.2	7.7	10.1	10.2	8.3	—/—
EPS(원)	642	282	164	302	349	124
BPS(원)	3,888	3,734	3,856	4,087	4,358	4,171
CFPS(원)	968	555	352	478	530	201
DPS(원)	—	50	75	90	90	—
EBITDAPS(원)	1,205	712	283	454	513	188

재무 비율								〈단위 : % 〉
연도	영업이익률	순이익률	부채비율	차입금비율	ROA	ROE	유보율	자기자본비율	EBITDA마진율
2016	4.2	4.4	55.4	13.3	5.4	8.3	771.5	64.4	6.5
2015	3.5	3.8	50.0	3.5	4.8	7.6	717.4	66.7	5.7
2014	1.3	2.2	71.2	23.8	2.5	4.3	671.2	58.4	3.9
2013	4.7	3.0	74.1	27.6	3.8	7.2	646.8	57.4	7.5

지엔씨에너지 (A119850)
GnCenergy

업 종: 전기장비		시 장: KOSDAQ	
신용등급: (Bond) — (CP) —		기업규모: 벤처	
홈페이지: www.gncenergy.co.kr		연 락 처: (02)2164-9200	
본 사: 서울시 영등포구 양산로 43 우림이비지센터 911,912호(양평동3가)			

설 립 일 1993.06.23	총 업 원 수 71명	대 표 이 사 안병철
상 장 일 2013.10.02	감 사 의 견 적정 (대주)	계 열
결 산 기 12월	보 통 주 826만주	종속회사수
액 면 가 500원	우 선 주	구 상 호

주주구성 (지분율,%)		출자관계 (지분율,%)		주요경쟁사 (외형,%)	
안병철	33.5			지엔씨에너지	100
09-5KB벤처조합	3.6			서울전자통신	77
(외국인)	2.1			비츠로테크	89

매출구성		비용구성		수출비중	
디젤엔진발전기	96.0	매출원가율	87.4	수출	3.0
바이오가스발전기(바이오가스열병합 포함)	3.6	판관비율	3.3	내수	97.0
열병합발전기	0.4				

회사 개요

동사의 영업부문은 디젤엔진 발전사업 (97.3%), 소형열병합 발전사업(1.0%), 바이오가스 발전사업(1.4%)으로 구성되어 있음. 현재 회사의 주력사업부는 디젤엔진 비상 발전사업에 해당함. 동사가 미래의 수익창출을 위한 신성장동력으로 육성하고 있는 바이오가스 발전은 미래 지향적인 신재생 에너지 사업으로 국산화 연구와 실증사업을 완료 후 상업운전에 돌입하였으며, 환경부로부터 녹색기술인증을 획득하여 타사와 비교하여 기술경쟁력을 보유함.

실적 분석

동사 연결기준 2017년 2분기 매출액은 전년동기 대비 19.3% 감소한 396.5억원을 기록하였음. 매출의 대폭 감소로 인한 원가부담 증가에 따라 영업이익은 전년동기 대비 50% 감소한 22.4억원을 기록하였음. 비영업손익이 전년동기 대비 흑자 전환 했음에도 불구하고 매출과 영업이익이 감소함에 따라 당기순이익 또한 전년동기 대비 18.6% 감소한 22.9억원을 기록하며 수익성 악화됨.

현금 흐름	*IFRS 별도 기준	〈단위 : 억원〉
항목	2016	2017.2Q
영업활동	56	162
투자활동	29	-63
재무활동	39	-75
순현금흐름	124	25
기말현금	162	186

시장 대비 수익률

결산 실적					〈단위 : 억원〉	
항목	2012	2013	2014	2015	2016	2017
매출액	605	685	724	1,103	1,164	—
영업이익	41	58	53	92	108	—
당기순이익	37	44	42	64	69	—

분기 실적	*IFRS 별도 기준				〈단위 : 억원〉	
항목	2016.1Q	2016.2Q	2016.3Q	2016.4Q	2017.1Q	2017.2Q
매출액	299	192	253	421	198	198
영업이익	24	21	32	32	15	7
당기순이익	10	18	24	17	16	7

재무 상태	*IFRS 별도 기준				〈단위 : 억원〉	
항목	2012	2013	2014	2015	2016	2017.2Q
총자산	613	653	807	888	980	944
유형자산	157	210	211	225	225	239
무형자산	3	2	2	1	1	1
유가증권	10	42	45	52	56	84
총부채	390	251	297	321	373	322
총차입금	280	182	201	176	255	189
자본금	16	28	43	43	43	43
총자본	223	402	510	567	607	621
지배주주지분	223	402	510	567	607	621

기업가치 지표	*IFRS 별도 기준					
항목	2012	2013	2014	2015	2016	2017.2Q
주가(최고/저)(천원)	—/—	10.2/4.4	11.3/5.9	10.7/6.6	8.4/6.5	—/—
PER(최고/저)(배)	0.0/0.0	14.0/6.1	22.3/11.7	14.7/9.1	10.5/8.1	—/—
PBR(최고/저)(배)	0.0/0.0	1.9/0.8	1.9/0.8	1.6/1.0	1.1/0.9	1.3/1.1
EV/EBITDA(배)	4.5	8.1	10.7	7.7	6.4	—/—
EPS(원)	618	761	525	746	811	277
BPS(원)	4,950	7,159	6,172	6,915	7,644	7,815
CFPS(원)	863	1,107	627	867	953	358
DPS(원)	—	50	70	80	120	—
EBITDAPS(원)	976	1,426	761	1,195	1,411	353

재무 비율								〈단위 : % 〉
연도	영업이익률	순이익률	부채비율	차입금비율	ROA	ROE	유보율	자기자본비율	EBITDA마진율
2016	9.3	5.9	61.6	42.0	7.4	11.8	1,375.2	61.9	10.3
2015	8.3	5.8	56.7	31.0	7.5	11.9	1,283.0	63.8	9.3
2014	7.3	5.8	58.4	39.4	5.7	9.2	1,134.4	63.2	8.4
2013	8.5	6.4	62.6	45.3	6.9	13.6	1,329.9	61.5	9.6

지엔코 (A065060)
GNCO

업 종 : 섬유 및 의복		시 장 : KOSDAQ	
신용 등급 : (Bond) — (CP) —		기업 규모 : 중견	
홈 페 이 지 : www.gnco.co.kr		연 락 처 : 02)2185-8500	
본 사 : 서울시 송파구 동남로4길 41(문정동)			

설 립 일 1997.05.31	종 업 원 수 170명	대 표 이 사 김석주,장지혁(각자대표이사)
상 장 일 2002.05.24	감 사 의 견 적정 (신정)	계 열
결 산 기 12월	보 통 주 9,801만주	종속회사수 4개사
액 면 가 500원	우 선 주	구 상 호

주주구성 (지분율,%)		출자관계 (지분율,%)		주요경쟁사 (외형,%)	
큐로컴	30.3	큐로모터스	100.0	지엔코	100
케이파트너스	2.7	큐로베스티스	100.0	데코앤이	45
(외국인)	2.0	큐로트레이더스	49.1	동일방직	675

매출구성		비용구성		수출비중	
감성 컴퍼터블 캐주얼	63.9	매출원가율	41.9	수출	52.0
남성 어반캐릭터캐주얼	26.3	판관비율	57.2	내수	48.0
투자	8.3				

회사 개요
동사는 캐주얼 의류 전문 업체로 1997년에 설립되어 2002년에 코스닥시장에 상장됨. 컴퍼터블 감성캐주얼 브랜드인 Thursday Island, 남성 어반캐릭터캐주얼 T.I For Me과 기타 라운드무트 등의 의류 브랜드를 보유하고 있음. 연결대상 종속회사로는 무역 회사인 지엔코국제무역유한공사와 의류사업을 영위하는 큐로베스티스, 투자 기업인 큐캐피탈파트너스, 자동차 판매회사 큐로모터스 등 4개사가 있음.

실적 분석
2017년 반기 기준 큐로컴 등이 지분 15.01%를 소유한 최대주주임. 당반기 기준 매출액은 경기 침체 등의 영향으로 전년동기 대비 4.5% 증가한 622.9억원을 시현함. 그러나 원가와 판관비 증가로 당반기 영업이익은 전년동기 7.9억원 흑자에서 적자전환한 27.4억원의 손실을 시현함. 금융관련 손실과 투자기업 손실이 발생하면서 비영업손익에선 33.1억원의 적자를 시현하여 당기순손실은 55.3억원에 이름.

현금 흐름 〈단위 : 억원〉

항목	2016	2017.2Q
영업활동	5	65
투자활동	-246	-44
재무활동	257	40
순현금흐름	16	62
기말현금	92	154

시장 대비 수익률

결산 실적 〈단위 : 억원〉

항목	2012	2013	2014	2015	2016	2017
매출액	1,310	1,320	1,295	1,239	1,218	—
영업이익	125	87	38	-0	11	—
당기순이익	44	13	-90	4	-59	—

분기 실적 〈단위 : 억원〉

항목	2016.1Q	2016.2Q	2016.3Q	2016.4Q	2017.1Q	2017.2Q
매출액	291	305	246	376	287	336
영업이익	7	1	-11	14	-24	-3
당기순이익	-9	-6	-34	-10	-37	-18

재무 상태 〈단위 : 억원〉

항목	2012	2013	2014	2015	2016	2017.2Q
총자산	1,477	2,045	2,080	2,173	2,367	2,392
유형자산	209	260	257	250	257	257
무형자산	17	119	118	102	98	99
유가증권	8	135	245	221	177	116
총부채	523	701	817	771	580	622
총차입금	311	506	603	617	417	445
자본금	213	227	227	265	398	399
총자본	954	1,344	1,264	1,403	1,787	1,770
지배주주지분	954	1,004	928	1,017	1,368	1,343

기업가치 지표

항목	2012	2013	2014	2015	2016	2017.2Q
주가 (최고/저)(천원)	4.0/2.2	2.7/1.2	1.6/1.1	1.7/0.9	9.0/1.4	—/—
PER (최고/저)(배)	38.6/21.3	97.8/43.8	—/—	64.6/34.8	—/—	—/—
PBR (최고/저)(배)	1.8/1.0	1.2/0.6	0.8/0.5	0.9/0.5	5.2/0.8	5.1/1.1
EV/EBITDA(배)	5.5	8.7	17.1	45.6	139.7	—/—
EPS(원)	104	28	-181	26	-81	-44
BPS(원)	2,252	2,216	2,049	1,976	1,739	1,694
CFPS(원)	160	104	-106	92	-33	-21
DPS(원)	—	—	—	—	—	—
EBITDAPS(원)	353	281	160	65	62	-11

재무 비율 〈단위 : % 〉

연도	영업이익률	순이익률	부채비율	차입금비율	ROA	ROE	유보율	자기자본비율	EBITDA마진율
2016	0.9	-4.8	32.4	23.4	-2.6	-5.0	247.8	75.5	3.8
2015	0.0	0.0	54.9	44.0	0.0	1.4	295.2	64.5	2.8
2014	3.0	-6.9	64.6	47.7	-4.4	-8.5	309.9	60.7	5.6
2013	6.6	1.0	52.2	37.6	0.7	1.2	343.2	65.7	9.1

지엘팜텍 (A204840)
GL Pharm Tech

업 종 : 제약		시 장 : KOSDAQ	
신용 등급 : (Bond) — (CP) —		기업 규모 : 신성장	
홈 페 이 지 : www.glpt.co.kr		연 락 처 : 031)739-5220	
본 사 : 경기도 성남시 중원구 사기막골로 137, 중앙인더스피아 5차 714호			

설 립 일 2014.07.29	종 업 원 수 29명	대 표 이 사 왕훈식
상 장 일 2014.11.20	감 사 의 견 적정 (삼일)	계 열
결 산 기 12월	보 통 주 3,072만주	종속회사수
액 면 가 100원	우 선 주	구 상 호 IBKS제2호스팩

주주구성 (지분율,%)		출자관계 (지분율,%)		주요경쟁사 (외형,%)	
케이씨텍	11.0			지엘팜텍	100
진바이오텍	7.4			동아에스티	12,091
(외국인)	0.3			녹십자	25,839

매출구성		비용구성		수출비중	
기술이전료 등	29.9	매출원가율	102.2	수출	0.0
지소렌징	27.7	판관비율	57.5	내수	100.0
경상기술료	27.2				

회사 개요
2002년 8월 1일에 설립되었으며, 아이비케이에스제2호기업인수목적 주식회사와 2016년 9월 22일 합병을 완료한 후 사명을 지엘팜텍(주)로 변경함. 의약품 연구개발업, 의약품 제조 및 판매업, 의약품 생산업, 식품 연구개발업 등을 영위하고 있음. 2017년 상반기 기준 매출 비중은 지소렌징 51.5%, 경상기술료 33.0%, 기술이전료 15.5% 임.

실적 분석
동사의 2017년 2분기 누적 매출액은 전년동기 대비 59.9% 감소한 8.7억원으로 부진하였음. 매출감소에도 불구하고 매출원가가 9.5% 증가하여 매출총이익은 14.5억원의 적자를 기록함. 인건비 증가 등으로 판매비와관리비도 전년 동기 대비 36.8% 증가한 14.3억원을 기록함. 그 결과 영업이익은 28.8억원의 적자로 적자가 지속되고 있음. 당기순이익도 28.4억원의 적자로 외형과 수익성 모두 부진함.

현금 흐름 *IFRS 별도 기준 〈단위 : 억원〉

항목	2016	2017.2Q
영업활동	-42	-13
투자활동	57	11
재무활동	-17	-3
순현금흐름	-2	-5
기말현금	6	1

시장 대비 수익률

결산 실적 〈단위 : 억원〉

항목	2012	2013	2014	2015	2016	2017
매출액	40	—	73	65	46	—
영업이익	1	—	3	9	-28	—
당기순이익	1	—	3	13	-55	—

분기 실적 *IFRS 별도 기준 〈단위 : 억원〉

항목	2016.1Q	2016.2Q	2016.3Q	2016.4Q	2017.1Q	2017.2Q
매출액	9	13	8	17	3	—
영업이익	-8	-2	-15	-3	-16	-1
당기순이익	-5	-5	-41	-4	-16	-1

재무 상태 *IFRS 별도 기준 〈단위 : 억원〉

항목	2012	2013	2014	2015	2016	2017.2Q
총자산	59		53	89	124	9
유형자산	9		10	13	14	2
무형자산	3		1	1	1	
유가증권	17		0	37	74	5
총부채	23		63	62	38	3
총차입금	17		34	30	12	6
자본금	12		9	23	30	3
총자본	36		-10	27	86	6
지배주주지분	36		-10	27	86	6

기업가치 지표 *IFRS 별도 기준

항목	2012	2013	2014	2015	2016	2017.2Q
주가 (최고/저)(천원)	—/—		2.6/2.5	3.8/2.5	9.2/2.2	—/—
PER (최고/저)(배)	0.0/0.0	0.0/0.0	209.3/207.1	88.7/59.4	—/—	—/—
PBR (최고/저)(배)	0.0/0.0	0.0/0.0	-67.1/-66.4	38.9/26.0	32.5/7.6	20.9/11
EV/EBITDA(배)	0.1	0.0	25.3	6.1	—	—
EPS(원)	0		12	43	-194	-9
BPS(원)	16,512		-4,423	1,224	284	20
CFPS(원)	1,275		1,927	686	-185	-8
DPS(원)	—		—	—	—	—
EBITDAPS(원)	1,888		2,004	608	-88	-8

재무 비율 〈단위 : % 〉

연도	영업이익률	순이익률	부채비율	차입금비율	ROA	ROE	유보율	자기자본비율	EBITDA마진율
2016	-59.6	-118.5	44.2	23.3	-51.8	-97.6	183.6	69.4	-53.
2015	14.5	16.7	228.8	112.4	15.3	전기잠식	16.0	30.4	17.
2014	4.5	4.2	완전잠식	완전잠식	0.0	0.0	-205.0	-18.2	6.
2013	0.0	0.0	0.0	0.0	0.0	0.0	0.0	0.0	0.0

ㅈ

지엠비코리아 (A013870)
GMB Korea

종 목 : 자동차부품		시 장 : 거래소	
신용등급 : (Bond) — (CP) —		기업규모 : 시가총액 소형주	
홈페이지 : www.gmb.co.kr		연 락 처 : 055)263-2131	
본 사 : 경남 창원시 성산구 웅남로 618			

설 립 일	1979.03.20	종업원수	689명	대표이사	변종문
상 장 일	2012.11.20	감사의견	적정 (안진)	계	열
결 산 기	12월	보통주	1,907만주	종속회사수	6개사
액 면 가	500원	우선주		구 상 호	

주주구성 (지분율,%)
GMB CORP.	54.4
구봉집	2.0
(외국인)	61.7

출자관계 (지분율,%)
삼현	10.0
GMBAutomotive (NANTONG)	100.0
GMBRomaniaAutoIndustrySRL	100.0

주요경쟁사 (외형,%)
지엠비코리아	100
영화금속	32
엠에스오토텍	151

매출구성
Transmission Parts	41.8
Engine Parts	39.0
Chassis Parts	27.1

비용구성
매출원가율	85.0
판관비율	10.1

수출비중
수출	59.0
내수	41.0

회사 개요
동사는 1979년에 자동차부품 및 기계공구류의 제조·가공 및 판매를 목적으로 설립되었으며, 1982년 체결된 일본GMB와의 합작투자계약에 의거 외국인투자촉진법에 의한 외국인투자기업으로 기획재정부에 등록하고, 상호를 한국GMB공업주식회사에서 지엠비코리아 주식회사로 변경함. 기술/제품개발, 경쟁력 강화를 통한 매출 7,000억 비전을 제시함(WIND 7000). 미국과 중국의 자동차 산업 성장을 견인할 전망으로 동사의 성장이 기대됨

실적 분석
2017년 2분기 매출액은 2,403.8억원으로 전년동기 대비 2.8% 감소하였음. 매출원가와 판관비는 전년 동기와 비슷했지만 영업이익은 20.2% 감소하였음. 2017년 수출은 세계 자동차 시장 성장률 둔화, 미국 보호무역 기조 확산, 금리인상, 해외생산 비중 지속적 증가 등의 부정적 요인이 존재. 하지만 전년도 부진으로 인한 기저효과와 신흥시장 경기 회복세, 한-중미 6개국 FTA체결 등의 개선 요인도 존재함.

현금 흐름 〈단위 : 억원〉
항목	2016	2017.2Q
영업활동	419	203
투자활동	-335	-187
재무활동	-95	6
순현금흐름	-11	13
기말현금	143	156

시장 대비 수익률

결산 실적 〈단위 : 억원〉
항목	2012	2013	2014	2015	2016	2017
매출액	4,366	4,628	4,594	4,675	4,951	—
영업이익	227	251	192	169	243	—
당기순이익	141	199	175	120	195	—

분기 실적 〈단위 : 억원〉
항목	2016.1Q	2016.2Q	2016.3Q	2016.4Q	2017.1Q	2017.2Q
매출액	1,207	1,267	1,133	1,345	1,232	1,172
영업이익	65	61	26	91	67	34
당기순이익	59	33	11	93	47	38

재무 상태 〈단위 : 억원〉
항목	2012	2013	2014	2015	2016	2017.2Q
총자산	3,541	3,780	4,308	4,594	4,663	4,624
유형자산	1,551	1,699	2,076	2,214	2,245	2,239
무형자산	5	9	11	19	23	30
유가증권	0	0	11	11	11	14
총부채	1,815	1,835	2,223	2,451	2,374	2,292
총차입금	781	738	1,106	1,335	1,281	1,286
자본금	95	95	95	95	95	95
총자본	1,726	1,945	2,085	2,143	2,290	2,332
지배주주지분	1,695	1,890	2,020	2,076	2,218	2,260

기업가치 지표
항목	2012	2013	2014	2015	2016	2017.2Q
주가(최고/저)(천원)	5.2/4.5	8.8/4.4	8.2/5.5	6.5/4.6	5.4/3.9	—/—
PER(최고/저)(배)	7.1/6.2	9.5/4.7	9.9/6.7	11.1/7.6	5.6/4.1	0.5/0.4
PBR(최고/저)(배)	0.7/0.6	1.0/0.5	0.9/0.6	0.6/0.4	0.5/0.4	0.5/0.4
EV/EBITDA(배)	4.4	5.2	5.7	5.4	4.4	—/—
EPS(원)	823	1,029	902	618	983	436
BPS(원)	8,885	9,909	10,593	10,884	11,628	11,848
CFPS(원)	1,656	1,856	1,839	1,777	2,264	1,094
DPS(원)	120	170	200	120	150	
EBITDAPS(원)	2,171	2,143	1,943	2,046	2,556	1,186

재무 비율 〈단위 : % 〉
연도	영업이익률	순이익률	부채비율	차입금비율	ROA	ROE	유보율	자기자본비율	EBITDA마진율
2016	4.9	3.9	103.7	55.9	4.2	8.7	2,225.7	49.1	9.8
2015	3.6	2.6	114.4	62.3	2.7	5.8	2,076.7	46.7	8.4
2014	4.2	3.8	106.6	53.1	4.3	8.8	2,018.6	48.4	8.1
2013	5.4	4.3	94.4	38.0	5.4	11.0	1,881.8	51.5	8.8

지엠알머티리얼즈 (A032860)
GMR Materials

업 종 : 금속 및 광물		시 장 : KOSDAQ	
신용등급 : (Bond) — (CP) —		기업규모 : 중견	
홈페이지 : www.gmrmaterials.com		연 락 처 : 041)533-8449	
본 사 : 충남 아산시 인주면 인주산단로 65			

설 립 일	1986.01.01	종업원수	19명	대표이사	김동은
상 장 일	1997.07.04	감사의견	적정 (안세)	계	열
결 산 기	12월	보통주	6,376만주	종속회사수	2개사
액 면 가	500원	우선주		구 상 호	스틸앤리소시즈

주주구성 (지분율,%)
지엠알코리아	18.8
철강자원협동조합	12.6

출자관계 (지분율,%)

주요경쟁사 (외형,%)
GMR 머티리얼즈	100
황금에스티	337
금강철강	243

매출구성
철스크랩(상품및제품)	100.0

비용구성
매출원가율	93.4
판관비율	8.6

수출비중
수출	97.0
내수	3.0

회사 개요
동사는 1985년에 설립되어 철스크랩의 가공 및 재활용 제품 생산을 중심으로 하는 금속 및 비금속 원료재생사업을 영위하고 있음. 종속회사로는 도원철강, GMR MATERIALS, INC. 등 국내외 2개사가 있음. 동사는 2015년 6월 서울중앙지방법원에서 회생계획인가를 받았고, 2016년 1월 인수합병 우선협상상대로 GMR컨소시엄과 투자계약을 체결했고, 4월에 회생채권 변제를 완료해 회생절차를 종결함.

실적 분석
동사는 2017년 상반기 누적 매출액이 533.0억원으로 전년 동기에 비해 110.8% 증가했고, 영업이익은 5.0억원 적자에서 흑자전환함. 동사는 매출의 절반 이상을 차지하던 내수 부문에서 상반기 18.5억원 매출에 그친 반면 수출 부문에서 514.5억원을 판매해 부진한 내수를 상쇄함. 수출 대비 내수 비중이 2016년 44.9대 55.1에서 2017년 96.5대 3.5로 바뀜.

현금 흐름 〈단위 : 억원〉
항목	2016	2017.2Q
영업활동	-93	-15
투자활동	14	38
재무활동	103	-7
순현금흐름	24	15
기말현금	32	47

시장 대비 수익률

결산 실적 〈단위 : 억원〉
항목	2012	2013	2014	2015	2016	2017
매출액	1,821	1,972	827	553	669	—
영업이익	-25	14	-6	-1	-13	—
당기순이익	-139	-34	-508	-436	-63	—

분기 실적 〈단위 : 억원〉
항목	2016.1Q	2016.2Q	2016.3Q	2016.4Q	2017.1Q	2017.2Q
매출액	98	155	192	223	241	292
영업이익	-1	-0	-2	-9	6	-1
당기순이익	-15	-7	-1	-42	4	-2

재무 상태 〈단위 : 억원〉
항목	2012	2013	2014	2015	2016	2017.2Q
총자산	1,061	1,418	869	313	392	387
유형자산	356	382	314	2	40	42
무형자산	6		1	0	0	0
유가증권			17	15	22	22
총부채	855	968	818	481	169	142
총차입금	645	684	629	434	135	109
자본금	124	314	376	85	300	319
총자본	206	450	52	-168	223	244
지배주주지분	206	450	52	-168	223	244

기업가치 지표
항목	2012	2013	2014	2015	2016	2017.2Q
주가(최고/저)(천원)	104/33.1	39.0/19.3	43.2/10.6	11.5/4.1	4.4/0.8	—/—
PER(최고/저)(배)	—/—	—/—	—/—	—/—	—/—	—/—
PBR(최고/저)(배)	0.5/0.2	0.2/0.1	1.7/0.4	-0.7/-0.3	10.5/1.8	2.7/1.5
EV/EBITDA(배)	—/—	39.2	70.7	50.7	—/—	—/—
EPS(원)	-122,247	-22,837	-182,512	-74,191	-126	4
BPS(원)	954	765	109	-805	423	431
CFPS(원)	-529	-44	-731	-3,584	-124	5
DPS(원)						
EBITDAPS(원)	-53	90	20	134	-23	9

재무 비율 〈단위 : % 〉
연도	영업이익률	순이익률	부채비율	차입금비율	ROA	ROE	유보율	자기자본비율	EBITDA마진율
2016	-1.9	-9.5	일부잠식	일부잠식	-17.9	전기잠식	-15.4	56.9	-1.8
2015	0.3	-78.7	완전잠식	완전잠식	-73.7	당기잠식	-260.9	-53.6	2.9
2014	-0.7	-61.5	일부잠식	일부잠식	-44.5	-202.7	-78.2	5.9	1.6
2013	0.7	-1.7	215.0	151.9	-2.8	-10.4	53.1	31.7	1.6

807

지엠피 (A018290)
GMP

업 종 : 용기 및 포장		시 장 : KOSDAQ	
신용등급 : (Bond) — (CP) —		기업규모 : 벤처	
홈페이지 : www.gmp.co.kr		연 락 처 : 031)943-4600	
본 사 : 경기도 파주시 산업단지길 139 (문발동)			

설 립 일 1986.11.07	종 업 원 수 181명	대 표 이 사 박종갑,김양평(공동대표이사)	
상 장 일 1994.09.07	감 사 의 견 적정 (안진)	계 열	
결 산 기 12월	보 통 주 2,082만주	종속회사수 1개사	
액 면 가 500원	우 선 주 —	구 상 호	

주주구성 (지분율,%)		출자관계 (지분율,%)		주요경쟁사 (외형,%)	
박종갑	10.8	곤센	30.0	지엠피	100
강창영	5.8			원림	207
(외국인)	2.3			한국팩키지	144

매출구성		비용구성		수출비중	
바인딩기계외	56.5	매출원가율	99.0	수출	0.0
라미네이팅기계	43.5	판관비율	22.1	내수	100.0

회사 개요
동사는 1986년 설립된 라미네이팅 기계 전문 회사로서 사진, 문서, 신분증, 여권 등 각종 보존서류의 장기보존과 위변조 및 훼손방지를 목적으로 하는 라미네이팅 관련 기계와 필름을 제조판매하는 업체임. 전세계 100개국 이상에 수출 중임. 동사의 매출비중은 라미네이팅 필름 62.1%, 기계 37.9%로 구성됨. 다양한 두께의 코팅물을 라미네이팅 할 수 있는 자동 라미네이터에 관한 특허 보유하고 있음.

실적 분석
동사의 2017년 2/4분기 연결기준 누적매출액은 328.0억원임. 매출원가는 235.2억원으로 약 70% 수준의 원가율을 기록하고 있음. 판매비와 관리비는 68.3억원으로 기타판매비와 관리비 및 인건비가 대부분을 차지하고 있음. 이에 따라 24.5억원의 영업이익을 시현했음. 그러나 비영업부문에서 27.9억원의 손실을 시현함으로 인해 이익폭이 축소되어 7.8억원의 당기순손실을 시현하며 적자전환되었음

현금 흐름 〈단위 : 억원〉

항목	2016	2017.2Q
영업활동	2	-46
투자활동	-103	-25
재무활동	117	62
순현금흐름	15	43
기말현금	15	59

시장 대비 수익률

결산 실적 〈단위 : 억원〉

항목	2012	2013	2014	2015	2016	2017
매출액	540	526	538	470	411	
영업이익	-46	17	4	-125	-87	
당기순이익	-10	12	-36	-240	-146	

분기 실적 〈단위 : 억원〉

항목	2016.1Q	2016.2Q	2016.3Q	2016.4Q	2017.1Q	2017.2Q
매출액	—	106	—	—	175	153
영업이익	—	8	—	—	31	-6
당기순이익	—	2	—	—	27	-34

재무 상태 〈단위 : 억원〉

항목	2012	2013	2014	2015	2016	2017.2Q
총자산	789	788	796	624	621	802
유형자산	322	312	301	285	273	330
무형자산	21	22	27	31	35	100
유가증권	0	0	0	0	0	0
총부채	569	554	602	461	287	285
총차입금	433	412	436	312	141	134
자본금	307	307	307	206	87	101
총자본	219	233	194	164	334	517
지배주주지분	219	233	194	164	334	396

기업가치 지표

항목	2012	2013	2014	2015	2016	2017.2Q
주가(최고/저)(천원)	30.7/2.9	14.9/6.4	14.1/9.2	10.5/4.9	8.1/3.2	—/—
PER(최고/저)(배)	—/—	61.2/26.5	—/—	—/—	—/—	—/—
PBR(최고/저)(배)	6.2/0.6	2.8/1.2	3.2/2.1	6.4/3.0	4.2/1.7	2.8/2.1
EV/EBITDA(배)	—	21.1	31.2	—	—	—
EPS(원)	-201	243	-748	-4,917	-1,121	-95
BPS(원)	391	414	351	398	1,918	1,953
CFPS(원)	21	51	-26	-1,088	-958	-56
DPS(원)	—	—	—	—	—	—
EBITDAPS(원)	-38	60	40	-519	-506	160

재무 비율 〈단위 : % 〉

연도	영업이익률	순이익률	부채비율	차입금비율	ROA	ROE	유보율	자기자본비율	EBITDA마진율
2016	-21.1	-35.4	85.8	42.3	-23.4	-58.5	283.7	53.8	-16.0
2015	-26.6	-51.1	일부잠식	일부잠식	-33.8	-134.3	-20.4	26.2	-22.4
2014	0.8	-6.7	일부잠식	일부잠식	-4.6	-17.0	-29.8	24.4	4.6
2013	3.3	2.2	일부잠식	일부잠식	1.5	5.2	-17.1	29.6	7.0

지오씨 (A135160)
GOC

업 종 : 통신장비		시 장 : KONEX	
신용등급 : (Bond) — (CP) —		기업규모 : —	
홈페이지 : www.goc2001.com		연 락 처 : 062)973-6114	
본 사 : 광주시 북구 첨단벤처로 60번길 10			

설 립 일 2001.03.02	종 업 원 수 104명	대 표 이 사 박인철	
상 장 일 2015.12.28	감 사 의 견 적정 (신한)	계 열	
결 산 기 12월	보 통 주 —	종속회사수	
액 면 가 —	우 선 주 —	구 상 호 글로벌광통신	

주주구성 (지분율,%)		출자관계 (지분율,%)		주요경쟁사 (외형,%)	
박인철	110.8	피큐브	36.9	지오씨	100
박미정	2.4	GOCI	99.0	라이트론	103
		INTIGOC	75.0	서화정보통신	32

매출구성		비용구성		수출비중	
광섬유 케이블	90.8	매출원가율	77.5	수출	61.0
기타	9.2	판관비율	16.2	내수	39.0

회사 개요
동사는 2001년 3월 2일 광섬유 케이블 제조, 개발, 판매를 목적으로 설립되었으며 본사는 광주광역시에 소재하고있음. 광케이블은 노동, 기술집약적인 산업으로 신규업체의 시장진입이 여타산업에 비해 불리한 산업으로 경기에 큰 영향을 받음. 세계 경제불황에 의해 부동산시장 및 건설경기가 동반 하락할 경우 동사의 영업에 악영향을 초래할 가능성이 존재함. 2015년 반기 기준 매출액의 26.3%가 인도네시아 사업에서 발생함.

실적 분석
회사 사명을 2016년 9월에 글로벌광통신에서 지오씨로 변경함. 2016년 연간 매출은 404.7억원으로 전년대비 20.1% 증가, 영업이익은 25.9억원으로 전년대비 23.8% 증가함. 당기순이익은 18.3억원으로 전년대비 2.5% 증가를 시현함. 동사는 높은 수준의 케이블 구조, 설계 피복 및 보강 재료의 선정과 공정 기술력을 기반으로 국내 시장에서 지배적인 제품력을 보유하고 있음지속적인 모니터링 기능을 제공하기 위한 다양한 분석 개발 추진

현금 흐름 *IFRS 별도 기준 〈단위 : 억원〉

항목	2016	2017.2Q
영업활동	-15	—
투자활동	-22	—
재무활동	35	—
순현금흐름	-2	—
기말현금	9	—

시장 대비 수익률

결산 실적 〈단위 : 억원〉

항목	2012	2013	2014	2015	2016	2017
매출액	190	271	287	337	405	
영업이익	-41	23	20	21	26	
당기순이익	-35	11	14	18	18	

분기 실적 *IFRS 별도 기준 〈단위 : 억원〉

항목	2016.1Q	2016.2Q	2016.3Q	2016.4Q	2017.1Q	2017.2Q
매출액	—	—	—	—	—	—
영업이익	—	—	—	—	—	—
당기순이익	—	—	—	—	—	—

재무 상태 *IFRS 별도 기준 〈단위 : 억원〉

항목	2012	2013	2014	2015	2016	2017.2Q
총자산	189	231	333	378	426	
유형자산	73	80	71	66	88	
무형자산	0	0	0	0	0	
유가증권	7	21	52	54	50	
총부채	150	168	239	261	276	
총차입금	125	119	168	164	186	
자본금	14	14	15	16	17	
총자본	39	63	94	117	150	
지배주주지분	39	63	94	117	150	

기업가치 지표 *IFRS 별도 기준

항목	2012	2013	2014	2015	2016	2017.2Q
주가(최고/저)(천원)	—/—	—/—	—/—	5.0/5.0	10.5/4.4	—/—
PER(최고/저)(배)	0.0/0.0	0.0/0.0	0.0/0.0	7.8/7.8	17.0/7.2	—/—
PBR(최고/저)(배)	0.0/0.0	0.0/0.0	0.0/0.0	1.2/1.2	2.2/0.9	0.0/0.
EV/EBITDA(배)	—	2.6	4.7	9.4	10.8	—
EPS(원)	-714	229	410	319	310	
BPS(원)	1,420	2,311	3,162	3,677	4,318	
CFPS(원)	-635	1,035	1,131	823	748	
DPS(원)	—	—	—	—	—	
EBITDAPS(원)	-862	1,449	1,085	919	976	

재무 비율 〈단위 : % 〉

연도	영업이익률	순이익률	부채비율	차입금비율	ROA	ROE	유보율	자기자본비율	EBITDA마진율
2016	6.4	4.5	184.0	124.2	4.6	13.7	763.6	35.2	8.
2015	6.2	5.3	223.8	140.6	5.0	17.0	635.5	30.9	8.
2014	6.9	7.4	254.5	178.9	7.5	27.0	532.5	28.2	11.
2013	8.3	4.2	266.2	188.7	5.4	22.4	362.2	27.3	14.

지코 (A010580)
Jico

<table>
<tr><td>업　종 : 자동차부품</td><td></td></tr>
</table>

업　종 : 자동차부품	시　장 : 거래소
신용등급 : (Bond) —　　(CP) —	기업규모 : 시가총액 소형주
페이지 : www.jico21.com	연　락　처 : 041)529-7714
주　소 : 충남 아산시 도고면 도고면로 48-15	

설　립　일	1975.04.11	종 업 원 수	118명	대 표 이 사	인귀승
상　장　일	1994.12.27	감 사 의 견	적정 (한영)	계　　　열	
결　산　기	12월	보　통　주	4,500만주	종 속 회 사 수	
액　면　가	500원	우　선　주	514만주	구　상　호	

주주구성 (지분율,%)		출자관계 (지분율,%)		주요경쟁사 (외형,%)	
코다코	17.4	정일금속	19.0	지코	100
맨하탄에셋	5.3	일정금속	18.3	디젠스	155
(외국인)	0.5	고용지코코리아	15.6	광진윈텍	137

매출구성		비용구성		수출비중	
W/PUMP	62.3	매출원가율	102.5	수출	65.0
AUTO PART	14.9	판관비율	3.3	내수	35.0
TCCM	8.9				

회사 개요

동사는 자동차 부품제조 전문회사로서 Water Pump, Front Case, Auto Part, AL Cylinder Head 등 자동차 엔진 및 미션계통의 제품을 생산하여 국내 완성차 업체 및 부품 전문기업(현대자동차, 기아자동차, 현대모비스 등)에 공급하고 있음. 원재료로는 알루미늄과 베어링이 주로 사용되며 위 원재료는 환율에 영향을 받음. 국내 알루미늄 가격과 연동되어 원재료 가격이 변동됨

실적 분석

동사의 2017년 2분기 기준 누적 매출액은 전년동기대비 6.2% 감소한 370.1억원을 기록하였음. 비용면에서 전년동기대비 매출원가는 감소 하였으며 인건비는 증가 하였고 기타 판매비와관리비도 마찬가지로 증가함. 그에 따라 매출액 하락 등에 의해 전년동기대비 영업이익은 10.8억원으로 적자지속하였음. 전년동기대비 당기순이익은 적자지속하여 -21.3억원을 기록함.

현금 흐름 *IFRS 별도 기준　〈단위 : 억원〉

항목	2016	2017.2Q
영업활동	29	1
투자활동	-3	-20
재무활동	-13	50
순현금흐름	12	31
기말현금	18	49

시장 대비 수익률

결산 실적　〈단위 : 억원〉

항목	2012	2013	2014	2015	2016	2017
매출액	887	912	924	871	772	—
영업이익	-61	-22	-8	1	-44	—
당기순이익	-26	-22	-15	-30	-55	—

분기 실적 *IFRS 별도 기준　〈단위 : 억원〉

항목	2016.1Q	2016.2Q	2016.3Q	2016.4Q	2017.1Q	2017.2Q
매출액	196	198	172	206	194	176
영업이익	-3	-12	-11	-19	-3	-8
당기순이익	-6	-18	-14	-17	-9	-12

재무 상태 *IFRS 별도 기준　〈단위 : 억원〉

항목	2012	2013	2014	2015	2016	2017.2Q
총자산	641	786	729	643	604	611
유형자산	369	466	441	441	419	411
무형자산	7	8	10	7	6	5
유가증권	5	0	6	2	2	2
총부채	455	610	568	504	427	385
총차입금	235	315	336	327	219	203
자본금	139	139	139	139	220	251
총자본	186	176	161	139	177	226
지배주주지분	186	176	161	139	177	226

기업가치 지표 *IFRS 별도 기준

항목	2012	2013	2014	2015	2016	2017.2Q
주가(최고/저)(천원)	0.8/0.5	0.7/0.4	0.5/0.4	1.0/0.4	1.6/0.6	—/—
PER(최고/저)(배)	—/—	—/—	—/—	—/—	—/—	—/—
PBR(최고/저)(배)	1.3/0.8	1.1/0.8	1.0/0.7	2.1/1.0	4.0/1.5	3.1/2.0
EV/EBITDA(배)		72.4	20.1	17.6		
EPS(원)	-83	-71	-50	-98	-157	-47
BPS(원)	672	637	583	501	402	450
CFPS(원)	-2	20	53	-1	-66	-14
DPS(원)						
EBITDAPS(원)	-129	21	80	111	-36	10

재무 비율　〈단위 : % 〉

연도	영업이익률	순이익률	부채비율	차입금비율	ROA	ROE	유보율	자기자본비율	EBITDA마진율
2016	-5.8	-7.1	일부잠식	일부잠식	-8.8	-34.8	-19.6	29.3	-1.6
2015	0.1	-3.5	363.7	235.7	-4.4	-20.1	0.3	21.6	3.5
2014	-0.9	-1.7	351.9	208.3	-2.0	-9.2	16.7	22.1	2.4
2013	-2.4	-2.4	346.4	178.7	-3.1	-12.2	27.3	22.4	0.7

지투알 (A035000)
GⅡR

업　종 : 미디어	시　장 : 거래소
신용등급 : (Bond) —　　(CP) —	기업규모 : 시가총액 소형주
홈페이지 : www.g2rgroup.com	연　락　처 : 02)705-2700
주　소 : 서울시 마포구 마포대로 155 LG마포빌딩 15층	

설　립　일	1984.05.31	종 업 원 수	76명	대 표 이 사	김종립
상　장　일	1999.08.11	감 사 의 견	적정 (삼정)	계　　　열	
결　산　기	12월	보　통　주	1,657만주	종 속 회 사 수	13개사
액　면　가	1,000원	우　선　주		구　상　호	GⅡR

주주구성 (지분율,%)		출자관계 (지분율,%)		주요경쟁사 (외형,%)	
엘지	35.0	에이치에스애드	100.0	지투알	100
Cavendish Square Holdings B.V.	29.9	엘베스트	100.0	디지틀조선	10
(외국인)	31.6	NH투자증권	0.1	비덴트	6

매출구성		비용구성		수출비중	
[[광고대행사]에이치에스애드]제작매출액 등(기	58.6	매출원가율	64.6	수출	—
[[광고대행사]GⅡR America]제작매출액 등(기타)	16.8	판관비율	30.6	내수	—
기타	12.7				

회사 개요

동사는 1984년 LG그룹의 계열사인 LG애드로 설립돼 2004년 8월 자회사에 대한 투자 및 경영자문 등의 사업을 영위하는 지투알과 광고사업을 맡는 엘지애드로 분할됨. 동사는 의사결정권 절반 이상을 소유한 종속회사가 에이치에스애드, 엘베스트 등 13개사임. 종속회사가 영위하는 사업은 모두 광고업이며, 경영관리용역수익 및 배당수익 등을 영업수익의 원천으로 하고 있음. 광고시장 부진에도 불구하고 글로벌 부문의 지속적인 성장을 보이고 있음.

실적 분석

동사의 2017년 2분기 매출액은 2,062.8억원으로 전년대비 16.1% 증가. 영업손실과 당기순손실은 각 34.2억원과 48.3억원을 기록하며 적자전환. 이는 ·전통적인 계절적 비수기와 함께 국내외 정치/경제 여건의 불안정으로 인한 저성장 때문이 원인으로 보임 동사는 국내 광고 시장에서의 성장 한계를 극복하기 위하여 글로벌 사업을 확대중이며 11개 해외법인, 18개 지점/사무소의 해외 네트워크를 통해 업무영역 확장 및 역량 강화를 꾀하는 중

현금 흐름　〈단위 : 억원〉

항목	2016	2017.2Q
영업활동	136	-37
투자활동	-140	-46
재무활동	-38	70
순현금흐름	-56	-21
기말현금	484	463

시장 대비 수익률

결산 실적　〈단위 : 억원〉

항목	2012	2013	2014	2015	2016	2017
매출액	3,358	3,491	3,856	4,793	4,080	—
영업이익	151	161	128	138	196	—
당기순이익	123	124	95	116	149	—

분기 실적　〈단위 : 억원〉

항목	2016.1Q	2016.2Q	2016.3Q	2016.4Q	2017.1Q	2017.2Q
매출액	870	907	945	1,358	817	1,245
영업이익	-30	46	12	168	-35	1
당기순이익	-41	47	11	133	-54	5

재무 상태　〈단위 : 억원〉

항목	2012	2013	2014	2015	2016	2017.2Q
총자산	3,639	4,085	3,984	4,828	5,071	4,605
유형자산	38	35	35	39	38	43
무형자산	117	115	118	117	119	123
유가증권	32	24	29	27	25	30
총부채	2,507	2,869	2,731	3,479	3,610	3,231
총차입금	27	127	38	107	49	159
자본금	176	176	176	176	176	176
총자본	1,132	1,217	1,254	1,349	1,461	1,374
지배주주지분	1,129	1,209	1,254	1,349	1,461	1,374

기업가치 지표

항목	2012	2013	2014	2015	2016	2017.2Q
주가(최고/저)(천원)	7.9/5.5	8.2/5.9	7.7/7.0	11.0/6.4	9.4/7.5	—/—
PER(최고/저)(배)	12.1/8.6	12.6/9.1	14.3/12.9	16.6/9.6	10.8/8.6	—/—
PBR(최고/저)(배)	1.2/0.9	1.2/0.9	1.1/0.9	1.4/0.8	1.1/0.8	1.2/0.9
EV/EBITDA(배)	2.1	2.8	3.2	3.6	1.9	
EPS(원)	741	722	584	700	902	-291
BPS(원)	7,243	7,726	7,996	8,572	9,245	8,722
CFPS(원)	869	870	739	859	1,064	-205
DPS(원)	200	200	200	200	250	
EBITDAPS(원)	1,040	1,122	930	992	1,345	-120

재무 비율　〈단위 : % 〉

연도	영업이익률	순이익률	부채비율	차입금비율	ROA	ROE	유보율	자기자본비율	EBITDA마진율
2016	4.8	3.7	247.1	3.4	3.0	10.6	771.7	28.8	5.5
2015	2.9	2.4	257.9	7.9	2.6	8.9	708.2	27.9	3.4
2014	3.3	2.5	217.8	3.1	2.4	7.9	653.9	31.5	4.0
2013	4.6	3.6	235.8	10.5	3.2	10.2	628.5	29.8	5.3

지트리비앤티 (A115450)
G-treeBNT

업 종 : 일반 소프트웨어	시 장 : KOSDAQ
신용등급 : (Bond) — (CP) —	기업규모 : 중견
홈페이지 : www.gtreebnt.com	연 락 처 : 031)786-7800
본 사 : 경기도 성남시 분당구 정자일로 248, 파크뷰타워 22층	

설 립 일 2000.06.07	종 업 원 수 88명	대 표 이 사 양원석
상 장 일 2010.03.26	감사의견 적정 (한영)	계 열
결 산 기 12월	보 통 주 2,308만주	종속회사수 5개사
액 면 가 500원	우 선 주	구 상 호 디지털아리아

주주구성 (지분율,%)		출자관계 (지분율,%)		주요경쟁사 (외형,%)	
유양디앤유	16.2	지트리파마슈티컬	100.0	지트리비앤티	100
인터베스트글로벌제약펀드	4.7	한국영재에듀	51.0	더존비즈온	998
(외국인)	4.0	Oblato,Inc	100.0	안랩	807

매출구성		비용구성		수출비중	
펌프(기타)	56.2	매출원가율	81.4	수출	19.0
모터(기타)	25.5	판관비율	41.4	내수	81.0
트랜스(기타)	10.4				

회사 개요
2014년 3월 미국 RegeneRx와 신약공동개발을 체결하며 바이오/제약 사업에 진출하며 지트리비앤티로 사명을 변경. 안구건조증 치료제 신약(RGN-259)의 미국 2차 임상3상 진행 중. 2017년 7월 27일 마지막 환자에 대한 투약을 마쳤으며 9월 내에 결과가 발표될 예정임. 이외에도 신경영양성각막염 치료제 1차 임상 3상을 완료했고, 교모세포증 치료제 임상 2상을 진행 중임.

실적 분석
동사의 2017년 2분기 누적 매출액은 전년동기대비 7.5% 감소한 80.9억원을 기록함. 2분기 누적 영업손실은 20.3억원을 기록해 적자 폭이 확대되었음. 당기순손실 역시 26.3억원을 기록, 적자 폭이 확대됨. 2017년 9월 안구건조증 치료제(RGN-259)의 미국 2차 임상3상 발표를 앞두고 있으며 9월 임상 발표 이후 RGN-259의 라이센싱 아웃이 구체화되면 동사의 기업가치에 긍정적인 영향을 끼칠 것으로 기대됨.

현금 흐름 〈단위 : 억원〉
항목	2016	2017.2Q
영업활동	-27	-56
투자활동	-65	-54
재무활동	77	95
순현금흐름	-15	-15
기말현금	43	27

시장 대비 수익률

결산 실적 〈단위 : 억원〉
항목	2012	2013	2014	2015	2016	2017
매출액	593	209	176	168	177	—
영업이익	-9	-18	-9	-31	-40	—
당기순이익	-54	-39	-16	-43	-54	—

분기 실적 〈단위 : 억원〉
항목	2016.1Q	2016.2Q	2016.3Q	2016.4Q	2017.1Q	2017.2Q
매출액	48	40	43	47	42	39
영업이익	-7	-8	-9	-17	-11	-9
당기순이익	-10	-9	-11	-23	-18	-8

재무 상태 〈단위 : 억원〉
항목	2012	2013	2014	2015	2016	2017.2Q
총자산	543	367	585	503	516	561
유형자산	113	102	100	97	95	94
무형자산	129	97	6	126	250	313
유가증권	0	0	31	107	75	60
총부채	402	263	360	169	147	137
총차입금	268	213	85	124	103	97
자본금	50	50	95	101	111	115
총자본	141	104	225	335	370	425
지배주주지분	138	101	223	301	339	396

기업가치 지표
항목	2012	2013	2014	2015	2016	2017.2Q
주가(최고/저)(천원)	7.2/2.0	3.6/1.9	4.2/2.1	17.4/2.9	24.8/13.7	—/—
PER(최고/저)(배)	—/—	—/—	—/—	—/—	—/—	—/—
PBR(최고/저)(배)	4.8/1.4	3.1/1.6	3.0/1.5	10.4/1.7	14.5/8.0	9.9/8.3
EV/EBITDA(배)	711.6					
EPS(원)	-521	-329	-88	-212	-235	-110
BPS(원)	1,806	1,410	1,381	1,673	1,706	1,884
CFPS(원)	-529	-326	-53	-187	-214	-90
DPS(원)						
EBITDAPS(원)	8	-112	-13	-130	-161	-69

재무 비율 〈단위 : %〉
연도	영업이익률	순이익률	부채비율	차입금비율	ROA	ROE	유보율	자기자본비율	EBITDA마진율
2016	-22.8	-30.5	39.7	27.9	-10.6	-16.3	241.3	71.6	-20.1
2015	-18.7	-25.7	50.4	37.0	-7.9	-16.4	234.6	66.5	-15.7
2014	-5.0	-8.8	159.9	37.8	-3.3	-9.9	176.2	38.5	-1.4
2013	-8.7	-18.9	253.5	205.0	-8.7	-32.9	182.0	28.3	-5.3

지티지웰니스 (A219750)
GTG Wellness

업 종 : 의료 장비 및 서비스	시 장 : KONEX
신용등급 : (Bond) — (CP) —	기업규모 : —
홈페이지 : www.gtgwellness.co.kr	연 락 처 : 031)702-4418
본 사 : 경기도 용인시 수지구 신수로 767 (동천동, 분당수지유타워 지식산업센터)	

설 립 일 1999.02.12	종 업 원 수 64명	대 표 이 사 김태현
상 장 일 2015.06.17	감사의견 적정 (한영)	계 열
결 산 기 12월	보 통 주	종속회사수
액 면 가	우 선 주	구 상 호

주주구성 (지분율,%)		출자관계 (지분율,%)		주요경쟁사 (외형,%)	
김태현	63.3	지티지코리아	100.0	지티지웰니스	100
SBH-성장사다리 코넥스 활성화펀드	11.5	GTGWELLNESSSDNBHD.	100.0	메디아나	250
				유비케어	320

매출구성		비용구성		수출비중	
[제품]개인용 미용기기 및 솔루션	49.8	매출원가율	46.8	수출	48.0
[제품]전문가용 의료기기	28.4	판관비율	44.7	내수	52.0
[상품]전문가용 의료기기	12.6				

회사 개요
동사는 1999년 설립돼 피부미용 의료기기 관련 사업을 영위하고 있으며, 2015년 6월 17일에 코넥스시장에 상장됨. 1999년 해외영업 독점계약을 시작으로 2007년부터 레이저 의료기기를 OEM방식으로 개발, 본격적인 미용 의료기기 해외 판매를 시작함. 2013년부터 미용 의료기기의 직접 제조를 위해 자체 제조라인 및 기술연구소를 설립함. 2015년엔 소모품 판매 규모 확대 및 홈케어, 에스테틱용 장비, 기능성 화장품을 출시함.

실적 분석
동사의 2016년 누적매출액은 213.4억원으로 전년 대비 98.8% 증가함. 영업이익은 18.2억원으로 전년보다 104.1% 늘었고, 당기순이익은 487.3% 증가한 13.5억원을 기록. 의료기기, 뷰티케어 및 홈케어 장비 판매에 이어 이들에 필요한 소모품 매출이 늘어나면서 수익성이 크게 개선됨. 에스테틱 산업 트렌드 변화로 인한 장비 교체 수요 증가로 매출이 확대될 것으로 기대됨.

현금 흐름 *IFRS 별도 기준 〈단위 : 억원〉
항목	2016	2017.2Q
영업활동	-6	
투자활동	-46	
재무활동	64	
순현금흐름	12	
기말현금	47	

시장 대비 수익률

결산 실적 〈단위 : 억원〉
항목	2012	2013	2014	2015	2016	2017
매출액	97	91	66	108	213	—
영업이익	5	5	-2	11	18	—
당기순이익	3	2	0	10	13	—

분기 실적 *IFRS 별도 기준 〈단위 : 억원〉
항목	2016.1Q	2016.2Q	2016.3Q	2016.4Q	2017.1Q	2017.2Q
매출액	—	—	—	—	—	—
영업이익	—	—	—	—	—	—
당기순이익	—	—	—	—	—	—

재무 상태 *IFRS 별도 기준 〈단위 : 억원〉
항목	2012	2013	2014	2015	2016	2017.2Q
총자산	36	73	69	145	220	
유형자산	0	6	10	10	37	
무형자산	1	0	0	3	8	
유가증권						
총부채	21	53	49	49	161	
총차입금	12	19	24	26	142	
자본금	3	3	3	9	9	
총자본	15	20	20	96	58	
지배주주지분	15	20	20	96	58	

기업가치 지표 *IFRS 별도 기준
항목	2012	2013	2014	2015	2016	2017.2Q
주가(최고/저)(천원)	—/—	—/—	—/—	31.0/10.6	35.5/24.7	—/—
PER(최고/저)(배)	0.0/0.0		0.0/0.0	47.5/16.2	65.1/45.2	—/—
PBR(최고/저)(배)	0.0/0.0		0.0/0.0	5.8/2.0	10.9/7.5	0.0/0.0
EV/EBITDA(배)	2.3		2.9	31.6	30.5	
EPS(원)	1,241	616	27	653	545	
BPS(원)	308,909	79,256	80,599	5,359	3,267	
CFPS(원)	73,185	37,502	4,588	804	716	
DPS(원)						
EBITDAPS(원)	102,310	72,122	-5,199	874	1,035	

재무 비율 〈단위 : %〉
연도	영업이익률	순이익률	부채비율	차입금비율	ROA	ROE	유보율	자기자본비율	EBITDA마진율
2016	8.5	6.3	285.1	248.5	7.4	17.7	631.7	26.0	10.
2015	10.0	9.0	51.7	26.8	9.1	16.7	971.8	65.9	12
2014	-3.2	0.5	243.0	108.4	0.5	1.7	706.0	29.2	-2
2013	5.5	2.6	269.7	96.8	4.3	13.4	692.6	27.1	5.

진도 (A088790)
Jindo

종　　목 : 섬유 및 의복　　　　　　　　　　시　　　장 : 거래소
용 등 급 : (Bond) —　　(CP) —　　　　　기 업 규 모 : 시가총액 소형주
페 이 지 : www.jindofn.co.kr　　　　　　　연 락 처 : 02)850-8263
사　　　: 서울시 금천구 가산디지털 1로 75 (가산동)

설 립 일	2006.03.03	종 업 원 수	247명	대 표 이 사	임영준
상 장 일	2006.03.28	감 사 의 견	적정 (대현)	계	열
결 산 기	12월	보 통 주	1,245만주	종속회사수	2개사
액 면 가	500원	우 선 주	2만주	구 상 호	

주주구성 (지분율,%)		출자관계 (지분율,%)		주요경쟁사 (외형,%)	
임오파트너스	40.7	진도유통	100.0	진도	100
신영자산운용	10.3	BEIJINGJINDOFASHION	100.0	대한방직	200
(외국인)	0.7			전방	163

매출구성		비용구성		수출비중	
[모피]모피외	49.2	매출원가율	55.7	수출	0.0
[골레베]모피외	32.3	판관비율	35.4	내수	100.0
[우바]우본외	9.7				

회사 개요

동사는 2006년 인적분할을 통해 설립된 국내 모피시장 1위 기업임. 국내 모피판매가 허용된 1988년 9월 이후 모피 시장에서 최고 브랜드로 인정받고 있는 진도모피를 비롯해 젊은 계층을 겨냥한 엘페, 우본 브랜드인 우바 및 홈쇼핑 브랜드인 골레베 등의 브랜드를 보유하고 있음. 백화점에 편중된 유통망 구조를 효과적으로 개편하고, 온라인 쇼핑몰, 아울렛 부문으로 나서고 있음. 2005년 중국시장에도 진출했음.

실적 분석

이상고온과 중국 내수시장 침체로 여성용 기성의류인 우바와 홈쇼핑용 중저가 모피의류인 골레베의 판매가 부진하였으나, 백화점용 진도모피의 판매가 호조세를 나타내어 2017년 상반기 매출액은 전년동기 대비 7.4% 증가함. 고부가 제품의 판매비중 증가와 원재료 가격 하락의 영향으로 당기순이익은 40.1억원을 기록하며 수익성이 큰 폭으로 개선됨. 개별소비세 인하로 모피에 대한 국내수요가 회복되고, 중국인의 수요도 빠르게 증가하고 있음.

현금 흐름 〈단위 : 억원〉

항목	2016	2017.2Q
영업활동	109	126
투자활동	-1	-31
재무활동	-99	-113
순현금흐름	9	-17
기말현금	84	66

시장 대비 수익률

결산 실적 〈단위 : 억원〉

항목	2012	2013	2014	2015	2016	2017
매출액	1,605	1,526	1,209	1,217	1,230	—
영업이익	102	63	49	52	109	—
당기순이익	-49	2	76	33	83	—

분기 실적 〈단위 : 억원〉

항목	2016.1Q	2016.2Q	2016.3Q	2016.4Q	2017.1Q	2017.2Q
매출액	350	115	259	505	365	135
영업이익	38	-2	21	53	46	-4
당기순이익	29	-1	19	36	42	-2

재무 상태 〈단위 : 억원〉

항목	2012	2013	2014	2015	2016	2017.2Q
총자산	1,913	1,837	1,565	1,508	1,493	1,358
유형자산	492	485	447	333	330	336
무형자산	3	3	3	0	0	0
유가증권	0	0	0	0	0	0
총부채	1,235	1,156	808	619	538	387
총차입금	861	763	646	436	361	274
자본금	50	50	50	62	62	62
총자본	678	682	757	890	956	971
지배주주지분	678	682	757	890	956	971

기업가치 지표

항목	2012	2013	2014	2015	2016	2017.2Q
주가(최고/저)(천원)	6.1/3.8	4.4/3.0	3.9/2.8	6.3/2.9	7.5/4.1	—/—
PER(최고/저)(배)	—/—	228.1/152.6	5.5/4.0	22.5/10.3	11.7/6.3	—/—
PBR(최고/저)(배)	1.0/0.6	0.7/0.5	0.6/0.4	0.9/0.4	1.0/0.6	0.8/0.6
EV/EBITDA(배)	10.8		14.4	15.4	16.4	8.2
EPS(원)	-492	21	759	299	667	322
BPS(원)	6,752	6,788	7,544	7,138	7,668	7,788
CFPS(원)	-344	156	861	376	728	349
DPS(원)				150	200	
EBITDAPS(원)	1,166	762	592	550	939	362

재무 비율 〈단위 : %〉

연도	영업이익률	순이익률	부채비율	차입금비율	ROA	ROE	유보율	자기자본비율	EBITDA마진율
2016	8.9	6.8	56.3	37.8	5.5	9.0	1,433.6	64.0	9.5
2015	4.2	2.7	69.5	49.0	2.1	4.0	1,327.6	59.0	4.9
2014	4.1	6.3	106.6	85.3	4.5	10.6	1,408.9	48.4	4.9
2013	4.1	0.1	169.6	112.0	0.1	0.3	1,257.6	37.1	5.0

진로발효 (A018120)
Jinro Distillers

업　　종 : 음료　　　　　　　　　　　　　시　　　장 : KOSDAQ
신용등급 : (Bond) —　　(CP) —　　　　　기 업 규 모 : 우량
홈 페 이 지 : www.jrdcl.com　　　　　　　연 락 처 : 031)491-2675
본　　사 : 경기도 안산시 단원구 별망로 594

설 립 일	1984.12.31	종 업 원 수	51명	대 표 이 사	김종식
상 장 일	1993.12.29	감 사 의 견	적정 (인덕)	계	열
결 산 기	12월	보 통 주	752만주	종속회사수	1개사
액 면 가	500원	우 선 주		구 상 호	

주주구성 (지분율,%)		출자관계 (지분율,%)		주요경쟁사 (외형,%)	
서태선	27.4	안동소주일품	49.6	진로발효	100
장진이	18.3	서안주정	18.0	국순당	80
(외국인)	10.1	대한주정판매	17.6	풍국주정	111

매출구성		비용구성		수출비중	
발효주정	56.7	매출원가율	72.3	수출	0.0
알코올소독제	37.8	판관비율	3.0	내수	100.0
정제주정	5.5				

회사 개요

동사는 소주의 원료가 되는 발효주정과 정제주정을 생산, 판매하고 있으며 부수적으로 주정소비 촉진을 위해 알코올소독제(크린콜 등)를 생산 판매하고 있음. 매출비중은 발효 및 정제주정을 하는 주정사업이 94%, 기타 알콜소독제가 6%를 차지함. 국내 경쟁업체 10개사 중 최대생산 설비를 보유하고 있으며 2015년 기준 시장점유율은 16.4%로 시장점유율 1위 업체임.

실적 분석

동사의 2017년 상반기 연결기준 누적 매출액은 478.3억원으로 전년 동기 대비 4.7% 상승함. 매출은 소폭 늘었지만 매출원가 부담이 늘고 판관비 또한 증가하면서 영업이익은 전년 동기 대비 25.1% 감소한 95억원을 기록함. 비영업손익 부문에서 금융 등 이익이 증가했지만 영업이익이 대폭 줄어든 탓에 당기순이익은 전년 동기 대비 22.5% 감소한 79.7억원을 시현함.

현금 흐름 〈단위 : 억원〉

항목	2016	2017.2Q
영업활동	162	134
투자활동	-134	-4
재무활동	-72	-103
순현금흐름	-35	31
기말현금	9	39

시장 대비 수익률

결산 실적 〈단위 : 억원〉

항목	2012	2013	2014	2015	2016	2017
매출액	806	816	857	887	868	—
영업이익	129	183	194	217	214	—
당기순이익	155	141	163	176	181	—

분기 실적 〈단위 : 억원〉

항목	2016.1Q	2016.2Q	2016.3Q	2016.4Q	2017.1Q	2017.2Q
매출액	222	235	174	237	212	267
영업이익	54	73	41	47	22	73
당기순이익	44	58	33	45	21	58

재무 상태 〈단위 : 억원〉

항목	2012	2013	2014	2015	2016	2017.2Q
총자산	625	659	781	919	1,011	1,046
유형자산	176	179	169	162	228	229
무형자산	40	25	31	31	31	26
유가증권	31	31	29	33	33	33
총부채	131	99	140	176	163	210
총차입금	48	34	59	75	75	60
자본금	40	40	40	40	40	40
총자본	494	560	642	743	847	836
지배주주지분	494	560	642	743	837	825

기업가치 지표

항목	2012	2013	2014	2015	2016	2017.2Q
주가(최고/저)(천원)	10.9/8.6	20.0/10.5	30.0/17.8	47.3/25.5	33.2/29.3	—/—
PER(최고/저)(배)	7.1/5.6	12.4/6.5	15.4/9.1	21.7/11.7	14.5/12.8	—/—
PBR(최고/저)(배)	2.1/1.7	3.1/1.6	3.9/2.3	5.1/2.8	3.1/2.7	3.1/2.7
EV/EBITDA(배)	6.3	8.2	9.8	9.7	8.7	7.4
EPS(원)	1,924	1,876	2,164	2,336	2,384	1,054
BPS(원)	6,573	7,446	8,531	9,878	11,123	10,969
CFPS(원)	2,088	2,060	2,354	2,524	2,596	1,205
DPS(원)	1,000	1,000	1,000	1,100	1,210	
EBITDAPS(원)	1,774	2,621	2,771	3,066	3,062	1,413

재무 비율 〈단위 : %〉

연도	영업이익률	순이익률	부채비율	차입금비율	ROA	ROE	유보율	자기자본비율	EBITDA마진율
2016	24.7	20.8	19.3	8.9	18.7	22.7	2,000.3	83.8	26.5
2015	24.4	19.8	23.6	8.0	20.7	25.4	1,765.3	80.9	26.0
2014	22.7	19.0	21.8	9.2	22.6	27.1	1,510.9	82.1	24.3
2013	22.5	17.3	17.7	6.1	22.0	26.8	1,306.0	85.0	24.2

진매트릭스 (A109820)
GENEMATRIX

업 종 : 바이오		시 장 : KOSDAQ	
신용등급 : (Bond) — (CP) —		기업규모 : 신성장	
홈페이지 : www.genematrix.net		연 락 처 : (031)628-2000	
본 사 : 경기도 성남시 분당구 대왕판교로 700 (삼평동, 코리아바이오파크 7~8층)			

설 립 일 2000.12.07	종업원수 36명	대표이사 김수옥	
상 장 일 2009.11.06	감사의견 적정 (삼일)	계 열	
결 산 기 12월	보 통 주 1,022만주	종속회사수 1개사	
액 면 가 500원	우 선 주	구 상 호	

주주구성 (지분율,%)		출자관계 (지분율,%)		주요경쟁사 (외형,%)	
김수옥	9.3	에치비아이 53.8		진매트릭스	100
KB지식재산투자조합	7.1			에이씨티	494
(외국인)	0.4			듀켐바이오	518

매출구성		비용구성		수출비중	
PapilloTyper등(제품)	52.7	매출원가율	62.0	수출	6.0
생화학 및 래피드(제품)	23.5	판관비율	116.4	내수	94.0
의료장비 등 (상품)	15.9				

회사 개요
동사는 생물공학을 통한 항암, 항바이러스, 항생물질 등의 의약품 개발, DNA변이 연구를 통한 진단제 개발을 목적으로 2000년 12월 7일에 설립됨. 현재 진단, 의료기기, 천연물을 포함한 신약과 친환경과 관련된 기술 및 제품을 연구개발, 제조, 판매함. 동사는 2011년 2월 종속회사인 에치비아이의 지분 53.77%를 인수해 계열회사로 편입함. RFMP 원천기술을 보유해 기술료 수익을 창출하고 있음.

실적 분석
동사의 2017년 2분기기준 누적 매출액은 전년동기 25.8억원 대비 3.6% 하락한 24.9억원을 기록하였음. 비용면에서 전년동기대비 매출원가는 감소 하였으며 인건비도 크게 감소, 기타판매비와관리비는 증가함. 그에 따라 매출액 하락 등에 의해 전년동기대비 영업이익은 -7.9억원으로 적자지속하였음. 최종적으로 전년동기대비 당기순이익은 적자지속하여 -8억원을 기록함.

현금 흐름 〈단위 : 억원〉
항목	2016	2017.2Q
영업활동	-4	-13
투자활동	-23	9
재무활동	2	0
순현금흐름	-25	-3
기말현금	12	9

시장 대비 수익률

결산 실적 〈단위 : 억원〉
항목	2012	2013	2014	2015	2016	2017
매출액	81	73	67	53	51	—
영업이익	-12	-14	-13	-22	-40	—
당기순이익	-25	-14	-11	-24	-41	—

분기 실적 〈단위 : 억원〉
항목	2016.1Q	2016.2Q	2016.3Q	2016.4Q	2017.1Q	2017.2Q
매출액	14	12	12	13	12	13
영업이익	-5	-5	-4	-27	-5	-3
당기순이익	-5	-6	-5	-25	-5	-3

재무 상태 〈단위 : 억원〉
항목	2012	2013	2014	2015	2016	2017.2Q
총자산	203	197	171	208	193	184
유형자산	76	73	70	67	67	66
무형자산	7	6	6	2	1	1
유가증권	0	0	0	—	—	—
총부채	64	69	52	107	57	56
총차입금	41	42	37	92	41	41
자본금	21	21	42	42	51	51
총자본	139	128	119	100	136	128
지배주주지분	125	113	102	87	125	118

기업가치 지표
항목	2012	2013	2014	2015	2016	2017.2Q
주가(최고/저)(천원)	3.9/2.2	5.5/1.5	5.0/1.7	4.7/2.5	7.7/2.8	—/—
PER(최고/저)(배)	—/—	—/—	—/—	—/—	—/—	—/—
PBR(최고/저)(배)	2.5/1.5	3.9/1.1	3.9/1.3	4.6/2.4	6.3/2.3	4.7/3.1
EV/EBITDA(배)						
EPS(원)	-274	-177	-133	-239	-371	-67
BPS(원)	3,023	2,751	1,269	1,024	1,222	1,155
CFPS(원)	-402	-207	-63	-179	-333	-50
DPS(원)						
EBITDAPS(원)	-137	-189	-87	-195	-353	-61

재무 비율 〈단위 : % 〉
연도	영업이익률	순이익률	부채비율	차입금비율	ROA	ROE	유보율	자기자본비율	EBITDA마진율
2016	-78.4	-80.4	42.1	30.1	-20.4	-35.7	144.4	70.4	-70.7
2015	-40.7	-44.9	107.1	91.7	-12.6	-21.4	104.8	48.3	-31.1
2014	-19.8	-16.7	43.4	31.1	-6.1	-10.5	153.8	69.7	-11.0
2013	-19.4	-19.8	54.0	32.9	-7.2	-12.6	450.2	65.0	-11.1

진바이오텍 (A086060)
GeneBioTech

업 종 : 제약		시 장 : KOSDAQ	
신용등급 : (Bond) — (CP) —		기업규모 : 중견	
홈페이지 : www.genebiotech.co.kr		연 락 처 : (041)853-9961	
본 사 : 충남 공주시 계룡면 신원사로 166			

설 립 일 2000.03.15	종업원수 36명	대표이사 이찬호	
상 장 일 2006.04.28	감사의견 적정 (신우)	계 열	
결 산 기 12월	보 통 주 861만주	종속회사수 2개사	
액 면 가 500원	우 선 주	구 상 호	

주주구성 (지분율,%)		출자관계 (지분율,%)		주요경쟁사 (외형,%)	
이찬호	28.1	다원케미칼 100.0		진바이오텍	100
현대동양농식품사모투자전문회사	4.6	지엘팜텍 7.5		한국비엔씨	22
(외국인)	1.0	Nutraferma Inc.		이-글 벳	52

매출구성		비용구성		수출비중	
동물약품	47.0	매출원가율	80.9	수출	—
기능성사료첨가제(한국)	37.6	판관비율	12.9	내수	—
기능성사료첨가제(미국)	15.4				

회사 개요
동사는 유익 미생물을 이용한 기능성 사료첨가제의 제조, 판매 등을 주 영업 목적으로 2000년 설립되어 2006년 코스닥시장에 상장됨. 유익한 미생물을 이용하여 천연적이며 친환경적인 사료 원료 및 첨가제를 제조하여 배합사료 공장 및 농가에 공급하고 있음. 미국 현지법인인 Nutraferma Inc.를 계열회사로 두고 있음. 주요 제품으로는 기능성 펩타이드, 환경개선생균제, 항생제 대체제, 바이오스타치 등이 있음.

실적 분석
동사가 영위하는 사업의 전방산업이라 할 수 있는 축산분야는 생산 측면에서 변동폭이 적고 소비의 비중이 증가하고 있는 매우 안정적인 시장을 이루고 있음. 축산물의 소비는 단기적인 경기변동에 의존하지 않고, 사료의 고급화 흐름에 따라 매출액은 오히려 안정적인 증가세를 유지함. 2017년도 반기 연결기준 매출액은 전년동기 대비 1.7% 증가한 278.8억원이며, 효율적 비용 통제로 영업이익 67.9%, 순이익 84.5% 증가함.

현금 흐름 〈단위 : 억원〉
항목	2016	2017.2Q
영업활동	53	21
투자활동	2	-36
재무활동	-26	-4
순현금흐름	29	-20
기말현금	87	67

시장 대비 수익률

결산 실적 〈단위 : 억원〉
항목	2012	2013	2014	2015	2016	2017
매출액	589	550	516	523	556	—
영업이익	13	2	10	11	34	—
당기순이익	-1	-8	1	6	25	—

분기 실적 〈단위 : 억원〉
항목	2016.1Q	2016.2Q	2016.3Q	2016.4Q	2017.1Q	2017.2Q
매출액	135	140	140	142	131	14
영업이익	6	9	11	8	7	
당기순이익	3	9	5	9	3	

재무 상태 〈단위 : 억원〉
항목	2012	2013	2014	2015	2016	2017.2Q
총자산	458	484	473	492	592	58
유형자산	214	203	198	200	201	19
무형자산	9	9	9	9	9	
유가증권	6	6	6	6	94	
총부채	245	253	239	226	226	21
총차입금	188	188	170	148	121	
자본금	31	34	35	42	43	
총자본	213	231	234	266	365	37
지배주주지분	203	231	244	288	390	39

기업가치 지표
항목	2012	2013	2014	2015	2016	2017.2Q
주가(최고/저)(천원)	3.6/2.1	5.8/2.4	3.6/2.4	5.2/2.8	10.3/3.9	—/—
PER(최고/저)(배)	39.1/22.5	194.9/78.6	23.2/15.7	24.1/13.1	32.7/12.3	—/—
PBR(최고/저)(배)	1.1/0.6	1.8/0.7	1.1/0.7	1.5/0.8	2.3/0.9	1.4/1.
EV/EBITDA(배)	11.5	16.0	11.2	16.3	9.1	
EPS(원)	98	31	160	220	318	2
BPS(원)	3,401	3,398	3,477	3,455	4,532	4,6
CFPS(원)	323	254	369	410	494	5
DPS(원)	30	30	30	30	30	
EBITDAPS(원)	433	248	357	327	576	3

재무 비율 〈단위 : % 〉
연도	영업이익률	순이익률	부채비율	차입금비율	ROA	ROE	유보율	자기자본비율	EBITDA마진율
2016	6.2	4.6	61.9	33.0	4.7	8.1	806.4	61.8	8
2015	2.0	1.1	84.8	55.8	1.2	6.4	590.9	54.1	4
2014	2.0	0.3	102.1	72.6	0.3	4.6	595.4	49.5	4
2013	0.4	-1.5	109.3	81.6	0.9	0.9	579.6	47.8	3

진성티이씨 (A036890)
Jinsung TEC

업 종 : 기계	시 장 : KOSDAQ
신용등급 : (Bond) — (CP) —	기업규모 : 우량
홈 페 이 지 : www.jinsungtec.com	연 락 처 : 031)658-0100
본 사 : 경기도 평택시 세교산단로 3 (세교동)	

설 립 일	1982.04.28	종 업 원 수	212명	대 표 이 사	윤우석,윤성수(공동대표이사)
상 장 일	2000.07.07	감 사 의 견	적정 (삼일)	계	열
결 산 기	12월	보 통 주	2,248만주	종속회사수	5개사
액 면 가	500원	우 선 주		구 상 호	

주주구성 (지분율,%)		출자관계 (지분율,%)		주요경쟁사 (외형,%)	
윤우석	15.1	진성씨에이치	100.0	진성티이씨	100
윤성수	11.2	JINSUNGAMERICACORP	100.0	SIMPAC	150
(외국인)	2.8			영풍정밀	34

매출구성		비용구성		수출비중	
Roller류	100.0	매출원가율	83.1	수출	37.0
		판관비율	10.5	내수	63.0

회사 개요
1975년 설립된 동사는 건설중장비 등을 받쳐주는 하부주행체 중에서 상부 Roller, 하부 Roller, Front Idler(또는 Idler) 및 Sprocket 등의 제품을 생산, 판매하고 있음. 매출의 37.2%는 수출을 통해, 62.8%는 내수에서 거둬들임. 진성씨에이치, 진성산업유한공사 등을 연결대상 속회사로 보유하고 있음. 계열회사는 모두 비상장법인임.

실적 분석
2017년 상반기 연결기준 동사의 누적매출은 1123.7억원임. 전년도 같은 기간 매출인 914.8억원에 비해 22.8% 성장함. 매출원가 21.2% 증가하고 판매비와 관리비 또한 8.7% 늘었으나 매출 성장이 이를 상회함. 이에 영업이익은 61.3억원에서 65.7% 증가한 101.5억원을 기록함. 비영업부문은 적자로 돌아섰으나 당기순이익은 소폭 상승한 59.6억원을 기록함.

현금 흐름		〈단위 : 억원〉
항목	2016	2017.2Q
영업활동	27	25
투자활동	4	-32
재무활동	-4	23
순현금흐름	27	16
기말현금	129	144

시장 대비 수익률

결산 실적 〈단위 : 억원〉
항목	2012	2013	2014	2015	2016	2017
매출액	1,784	1,682	1,864	1,773	1,778	
영업이익	102	82	153	149	115	
당기순이익	43	21	97	128	99	

분기 실적 〈단위 : 억원〉
항목	2016.1Q	2016.2Q	2016.3Q	2016.4Q	2017.1Q	2017.2Q
매출액	462	453	424	440	539	584
영업이익	30	31	30	23	51	51
당기순이익	20	36	6	37	18	42

재무 상태 〈단위 : 억원〉
항목	2012	2013	2014	2015	2016	2017.2Q
총자산	2,223	1,628	1,681	1,697	1,692	1,755
유형자산	619	648	661	662	632	615
무형자산	14	16	18	1	21	20
유가증권	3		3	1	1	
총부채	1,573	1,001	966	830	698	748
총차입금	1,430	772	720	605	450	418
자본금	100	100	100	106	112	112
총자본	650	627	715	867	994	1,007
지배주주지분	650	627	715	867	994	1,007

기업가치 지표
항목	2012	2013	2014	2015	2016	2017.2Q
주가(최고/저)(천원)	11.4/6.3	9.1/4.5	7.3/4.6	7.8/4.4	8.8/4.8	—/—
PER(최고/저)(배)	55.3/30.5	94.3/46.2	16.2/10.2	13.4/7.6	20.1/11.0	—/—
PBR(최고/저)(배)	3.5/1.9	2.7/1.3	1.9/1.2	1.7/1.0	1.7/0.9	1.8/1.3
EV/EBITDA(배)	19.0	13.2	8.3		7.3	13.1
EPS(원)	227	105	484	603	441	265
BPS(원)	3,588	3,680	4,128	4,763	5,127	5,183
CFPS(원)	471	346	750	875	692	394
DPS(원)	100	100	120	150	160	—
EBITDAPS(원)	779	649	1,033	975	762	

재무 비율 〈단위 : % 〉
연도	영업이익률	순이익률	부채비율	차입금비율	ROA	ROE	유보율	자기자본비율	EBITDA마진율
2016	6.5	5.6	70.2	45.3	5.9	10.7	925.4	58.8	9.6
2015	8.4	7.2	95.7	69.8	7.6	16.2	852.7	51.1	11.7
2014	8.2	5.2	135.0	100.6	5.9	14.4	725.6	42.6	11.1
2013	4.9	1.3	159.6	123.1	1.1	3.3	636.1	38.5	7.7

진양산업 (A003780)
Chin Yang Industry

업 종 : 화학	시 장 : 거래소
신용등급 : (Bond) — (CP) —	기업규모 : 시가총액 소형주
홈 페 이 지 : www.cyc1963.com	연 락 처 : 055)382-8981
본 사 : 경남 양산시 유산공단7길 42-1	

설 립 일	1963.07.18	종 업 원 수	54명	대 표 이 사	임규호
상 장 일	1973.06.26	감 사 의 견	적정 (삼화)	계	열
결 산 기	12월	보 통 주	1,300만주	종속회사수	1개사
액 면 가	500원	우 선 주		구 상 호	

주주구성 (지분율,%)		출자관계 (지분율,%)		주요경쟁사 (외형,%)	
진양홀딩스	51.0	VINAFOAM	100.0	진양산업	100
머스트투자자문	3.5			한솔씨앤피	131
(외국인)	1.9			WISCOM	317

매출구성		비용구성		수출비중	
PU Foam	99.2	매출원가율	76.1	수출	0.0
임대	0.8	판관비율	11.7	내수	100.0

회사 개요
원료 상태의 플라스틱 재료를 가공 처리하여 다양한 형태와 용도로 제조한 폴리우레탄 폼을 생산, 판매하는 플라스틱발포성형 업체임. 동사가 생산하고 있는 연질 슬라브폼은 자동차 내장재, 신발, 침구류, 전자, 첨단 산업 등에서 중간소재로 사용되고 있음. 2016년말 기준 진양홀딩스, 진양화학, 진양폴리우레탄, KPX홀딩스, KPX케미칼 등 주력 사업 관련 계열사를 보유하고 있음. 2016년 하반기에 50억원을 투자하여 생산공장을 증축함.

실적 분석
자동차, 신발 등 전방산업의 부진으로 플라스틱발포성형 제품의 주문이 감소하여 2017년 상반기 매출액은 전년동기 대비 소폭 감소한 212.2억원을 기록함. 주요 원재료의 가격상승으로 인한 원가율 악화로 인건비 등 판관비 축소에도 불구하고 영업이익은 60.0% 줄어듦. 수요부진과 국내업체 간의 과당경쟁으로 어려움이 있으나, 독자적인 고부가 제품 개발과 다양화, 생산성 향상 등으로 실적을 유지해 나갈 계획임.

현금 흐름		〈단위 : 억원〉
항목	2016	2017.2Q
영업활동	48	19
투자활동	-32	-30
재무활동	-26	1
순현금흐름	-9	-11
기말현금	25	14

시장 대비 수익률

결산 실적 〈단위 : 억원〉
항목	2012	2013	2014	2015	2016	2017
매출액	364	362	385	437	424	
영업이익	36	38	41	70	52	
당기순이익	30	29	30	53	13	

분기 실적 〈단위 : 억원〉
항목	2016.1Q	2016.2Q	2016.3Q	2016.4Q	2017.1Q	2017.2Q
매출액	108	105	97	114	103	109
영업이익	16	16	8	12	6	5
당기순이익	14	2	6	-8	6	5

재무 상태 〈단위 : 억원〉
항목	2012	2013	2014	2015	2016	2017.2Q
총자산	318	388	394	431	466	439
유형자산	141	140	142	151	235	239
무형자산	10	10	10	5	10	10
유가증권	2			5		
총부채	65	65	65	65	112	91
총차입금	18	10			10	26
자본금	50	65	65	65	65	65
총자본	253	322	332	365	354	348
지배주주지분	253	322	332	365	354	348

기업가치 지표
항목	2012	2013	2014	2015	2016	2017.2Q
주가(최고/저)(천원)	2.1/1.4	2.1/1.6	2.7/1.9	2.9/2.2	7.2/2.7	—/—
PER(최고/저)(배)	9.9/6.4	10.5/8.5	13.6/9.4	8.0/6.1	73.1/27.8	—/—
PBR(최고/저)(배)	1.2/0.8	1.0/0.8	1.3/0.9	1.2/0.9	2.8/1.1	1.7/1.3
EV/EBITDA(배)	4.8		6.4	6.6	9.4	
EPS(원)	294	244	234	409	103	96
BPS(원)	2,530	2,480	2,555	2,809	2,726	2,675
CFPS(원)	341	282	276	460	160	141
DPS(원)	200	150	150	200	175	—
EBITDAPS(원)	407	360	361	587	455	143

재무 비율 〈단위 : % 〉
연도	영업이익률	순이익률	부채비율	차입금비율	ROA	ROE	유보율	자기자본비율	EBITDA마진율
2016	12.2	3.2	31.5	2.2	3.0	3.7	445.1	76.0	14.0
2015	15.9	12.2	17.9	1.7	12.9	15.2	461.9	84.8	17.5
2014	10.8	7.9	18.7	2.6	7.8	9.3	411.1	84.2	12.2
2013	10.6	8.1	20.3	3.1	8.3	10.1	396.1	83.1	11.9

진양제약 (A007370)
JIN YANG PHARMACEUTICAL CO

업 종 : 제약		시 장 : KOSDAQ	
신용등급 : (Bond) — (CP) —		기업규모 : 중견	
홈 페 이 지 : www.jinyangpharm.com		연 락 처 : 02)3470-0300	
본 사 : 서울시 서초구 효령로 231			

설 립 일 1978.06.07	종업원수 205명	대표이사 최재준	
상 장 일 2000.07.15	감사의견 적정 (삼경)	계 열	
결 산 기 12월	보 통 주 1,200만주	종속회사수	
액 면 가 500원	우 선 주	구 상 호	

주주구성 (지분율,%)		출자관계 (지분율,%)		주요경쟁사 (외형,%)	
최재준	24.5	한국피엠지제약	5.5	진양제약	100
한국증권금융	3.9	이담	2.7	녹원씨아이	11
(외국인)	1.9	원주기업도시	2.0	KPX생명과학	120

매출구성		비용구성		수출비중	
크리빅스정 등	37.3	매출원가율	52.2	수출	1.0
기타제품 외	27.6	판관비율	75.4	내수	99.0
에스졸정 등	15.2				

회사 개요
동사는 1971년 설립되어 2000년 7월 코스닥 시장에 상장되었음. 의약품 제조 및 판매(수출입 포함)를 지배적 사업부문으로 영위하고 있으며, 순환계, 소화기계, 중추신경계 치료제 등을 주력으로 하고 있음. 대표 품목으로는 순환계 치료제인 '크리빅스정'과 소화기관 용약인 '리베라', 기타 대사성 의약품인 '미아 릴징'이 있음. 제품 매출액은 전체의 80% 이상을 차지하며 견고한 구조를 지니고 있음.

실적 분석
동사의 2017년 상반기 연결기준 매출액은 214.9억원으로 전년 대비 28.5% 증가하였음. 타사 경력직 영업사원을 대거 확충하면서 거래처가 늘면서 영업이익은 5억원을 기록하며 흑자전환함. 인건비가 21.8%증가하였으나 매출원가율이 개선되면서 이익구조는 양호한 흐름을 보임. 당기순이익도 4.1억원으로 흑자전환함. 정부의 약가 규제에도 불구하고 1분기에 이어 상반기에도 양호한 실적을 거둠.

현금 흐름 *IFRS 별도 기준 〈단위 : 억원〉

항목	2016	2017.2Q
영업활동	-0	10
투자활동	-26	-21
재무활동	-12	14
순현금흐름	-39	2
기말현금	1	3

시장 대비 수익률

결산 실적 〈단위 : 억원〉

항목	2012	2013	2014	2015	2016	2017
매출액	371	402	452	401	361	—
영업이익	40	49	61	-11	-100	—
당기순이익	25	42	40	-10	-91	—

분기 실적 *IFRS 별도 기준 〈단위 : 억원〉

항목	2016.1Q	2016.2Q	2016.3Q	2016.4Q	2017.1Q	2017.2Q
매출액	59	109	95	99	106	109
영업이익	-25	4	-4	-75	2	3
당기순이익	-18	2	-2	-73	0	4

재무 상태 *IFRS 별도 기준 〈단위 : 억원〉

항목	2012	2013	2014	2015	2016	2017.2Q
총자산	696	741	767	869	768	777
유형자산	193	193	210	352	389	394
무형자산	11	23	20	20	18	18
유가증권	63	34	21	17	15	15
총부채	131	151	152	277	276	293
총차입금			20	163	148	172
자본금	60	60	60	60	60	60
총자본	564	590	615	592	491	484
지배주주지분	564	590	615	592	491	484

기업가치 지표 *IFRS 별도 기준

항목	2012	2013	2014	2015	2016	2017.2Q
주가(최고/저)(천원)	4.5/2.2	4.2/2.8	4.4/2.9	9.9/3.9	7.6/4.0	—/—
PER(최고/저)(배)	24.2/11.8	13.2/8.8	14.1/9.4	—/—	—/—	—/—
PBR(최고/저)(배)	1.1/0.5	0.9/0.6	0.9/0.6	2.0/0.8	1.8/0.9	1.2/0.9
EV/EBITDA(배)	5.6	3.2	5.3			
EPS(원)	211	349	334	-84	-758	34
BPS(원)	4,874	5,086	5,374	5,187	4,351	4,291
CFPS(원)	300	432	414	2	-624	123
DPS(원)	100	100	100	100	100	—
EBITDAPS(원)	423	490	590	-3	-697	131

재무 비율 〈단위 : % 〉

연도	영업이익률	순이익률	부채비율	차입금비율	ROA	ROE	유보율	자기자본비율	EBITDA마진율
2016	-27.6	-25.2	56.2	30.0	-11.1	-16.8	770.3	64.0	-23.2
2015	-2.7	-2.5	46.9	27.5	-1.2	-1.7	937.4	68.1	-0.1
2014	13.5	8.9	24.7	3.3	5.3	6.7	974.7	80.2	15.7
2013	12.1	10.4	25.6	0.5	6.0	7.3	917.3	79.6	14.6

진양폴리우레탄 (A010640)
CHIN YANG POLY-URETHANE COLTD

업 종 : 화학		시 장 : 거래소	
신용등급 : (Bond) — (CP) —		기업규모 : 시가총액 소형주	
홈 페 이 지 : www.chinyangpoly.kr		연 락 처 : 031)657-2545	
본 사 : 경기도 평택시 세교산단로 85번지 (세교동)			

설 립 일 1975.06.07	종업원수 37명	대표이사 임규호,조영태(각자대표이사)	
상 장 일 1989.09.30	감사의견 적정 (대주)	계 열	
결 산 기 12월	보 통 주 1,000만주	종속회사수	
액 면 가 500원	우 선 주	구 상 호	

주주구성 (지분율,%)		출자관계 (지분율,%)		주요경쟁사 (외형,%)	
진양홀딩스	49.9			진양폴리	100
김성진	3.0				189
(외국인)	0.3			씨앗	127

매출구성		비용구성		수출비중	
Foamtex, 메모리품	83.0	매출원가율	87.3	수출	0.0
원자재	17.0	판관비율	13.5	내수	100.0

회사 개요
동사는 1975년에 설립되어 1989년 9월에 상장한 상장회사로서 폴리우레탄 제품의 제조, 판매 등을 주 영업목적으로 하고 있음. 계열자회사인 진양산업 및 진양화학과 더불어 각 회사의 투자사업부문을 인적분할함과 동시에 합병하여 진양홀딩스를 설립하는 분할합병을 실시하였으며, 회사명을 현재와 같이 변경함. 폴리우레탄품이 전체 매출의 100%를 차지하고 있으며 시장점유율은 9%를 유지하고 있음.

실적 분석
동사의 2017년 상반기 매출액은 105.6억원으로 전년동기 대비 30.9% 증가함. 고정비의 증가로 영업손실은 4.8억원으로 적자지속 중임. 공장화재와 관련된 보험금의 감소로 비영업이익 폭이 축소됨에 따라 당기순이익은 8.4억원으로 전년동기 대비 76.6% 감소됨. 고급소재의 개발과 자동차, 공업용 수요처의 적극적인 영업활동과 해외시장 수출을 적극적으로 추진하고 있음.

현금 흐름 *IFRS 별도 기준 〈단위 : 억원〉

항목	2016	2017.2Q
영업활동	-3	-0
투자활동	-139	-0
재무활동	137	1
순현금흐름	-5	0
기말현금	1	1

시장 대비 수익률

결산 실적 〈단위 : 억원〉

항목	2012	2013	2014	2015	2016	2017
매출액	217	216	223	190	173	—
영업이익	17	17	9	6	-2	—
당기순이익	13	13	5	-38	70	—

분기 실적 *IFRS 별도 기준 〈단위 : 억원〉

항목	2016.1Q	2016.2Q	2016.3Q	2016.4Q	2017.1Q	2017.2Q
매출액	38	43	41	52	49	57
영업이익	-5	1	2	-2	-2	-3
당기순이익	-4	40	1	33	11	-3

재무 상태 *IFRS 별도 기준 〈단위 : 억원〉

항목	2012	2013	2014	2015	2016	2017.2Q
총자산	239	235	220	196	348	34
유형자산	154	151	151	156	291	29
무형자산	0	0	0	0	0	
유가증권	—	—	—	—	—	
총부채	67	71	63	89	172	16
총차입금	21	26	20	1	47	3
자본금	50	50	50	50	50	
총자본	172	165	157	107	176	18
지배주주지분	172	165	157	107	176	18

기업가치 지표 *IFRS 별도 기준

항목	2012	2013	2014	2015	2016	2017.2Q
주가(최고/저)(천원)	1.8/1.2	2.3/1.7	3.9/2.2	4.0/2.5	2.8/2.3	—/—
PER(최고/저)(배)	17.3/12.2	20.5/14.9	74.5/42.1	—/—	4.0/3.4	—/—
PBR(최고/저)(배)	1.3/0.9	1.6/1.2	2.6/1.5	3.7/2.4	1.6/1.3	1.4/1
EV/EBITDA(배)	8.8	11.3	20.5	24.4	132.3	
EPS(원)	127	127	55	-379	701	8
BPS(원)	1,719	1,646	1,575	1,068	1,764	1,84
CFPS(원)	164	164	93	-345	737	
DPS(원)	175	125	125	25	—	
EBITDAPS(원)	208	203	126	92	21	

재무 비율 〈단위 : % 〉

연도	영업이익률	순이익률	부채비율	차입금비율	ROA	ROE	유보율	자기자본비율	EBITDA마진율
2016	-0.9	40.5	97.5	26.7	25.7	49.5	252.9	50.6	1.
2015	3.1	-19.9	83.7	0.7	-18.2	-28.7	113.7	54.5	4.
2014	3.9	2.5	39.9	12.4	2.4	3.4	214.9	71.5	5.
2013	7.7	5.9	42.9	16.1	5.6	7.6	229.1	70.0	5.

진양홀딩스 (A100250)
Chinyang Holdings

업 종 : 자동차부품	시 장 : 거래소
신용등급 : (Bond) — (CP) —	기업규모 : 시가총액 소형주
홈 페 이 지 : www.cyholdings.kr	연 락 처 : 051)809-8813
본 사 : 부산시 부산진구 시민공원로 20번길 8 (부암동)	

설 립 일	2008.01.07	종업원수	3명	대 표 이 사	양규모,임규호,양준영
상 장 일	2008.02.15	감사의견	적정 (삼화)	계	열
결 산 기	12월	보 통 주	5,590만주	종속회사수	10개사
액 면 가	500원	우 선 주		구 상 호	

주주구성 (지분율,%)		출자관계 (지분율,%)		주요경쟁사 (외형,%)	
KPX홀딩스	41.2	진양물산	100.0	진양홀딩스	100
삼락상사	13.7	진양AMC	100.0	대원산업	317
(외국인)	4.4	진양폼테크	100.0	대유에이텍	393

매출구성		비용구성		수출비중	
배당금수익(기타)	68.5	매출원가율	80.8	수출	—
TDI(상품)	27.7	판관비율	10.6	내수	—
경영자문수익(기타)	2.1				

회사 개요

동사는 지주회사로 배당수익, 브랜드 수익, 경영자문 수익 등을 주된 영업활동으로 영위하고 있음. 2015년 6월 말 기준 진양사업, 진양화학, 진양폴리우레탄 등 9개의 자회사를 두고 있음. '진양' 브랜드를 사용하고 있는 계열회사 7개로부터 매출의 0.15%를 브랜드사용료로, 경영자문을 제공하는 계열회사 9개로부터 매출의 0.1%를 경영자문료로 받고 있음. 상품수출의 경우 원부자재를 구입하여 가공하지 않고 수출대행업체에 상품으로 판매함.

실적 분석

동사의 2017년 2분기 누적 매출액은 전년동기 대비 9.3% 증가한 1,348.1억원을 기록함. 판관비가 소폭 감소하였으나, 영업이익은 원가율의 증가로 인해 14.8% 감소한 106.2억원을 기록함. 비영업부문에서 34.9억원의 이익이 발생하며 당기순이익은 111.2억원을 시현하였음. 자동차부품의 수요 증가, 폴리우레탄 부문의 매출증가가 이뤄지고 있으며, 지주 부문의 실적이 개선될 전망임.

현금 흐름 〈단위 : 억원〉

항목	2016	2017.2Q
영업활동	198	206
투자활동	-263	-74
재무활동	35	-100
순현금흐름	-29	31
기말현금	133	163

시장 대비 수익률

결산 실적 〈단위 : 억원〉

항목	2012	2013	2014	2015	2016	2017
매출액	2,662	2,661	2,736	2,609	2,597	—
영업이익	186	223	226	234	224	—
당기순이익	109	244	215	55	348	—

분기 실적 〈단위 : 억원〉

항목	2016.1Q	2016.2Q	2016.3Q	2016.4Q	2017.1Q	2017.2Q
매출액	578	656	624	740	661	687
영업이익	43	81	41	59	40	67
당기순이익	31	239	42	35	53	58

재무 상태 〈단위 : 억원〉

항목	2012	2013	2014	2015	2016	2017.2Q
총자산	5,078	5,282	5,339	5,366	5,543	5,506
유형자산	2,250	2,178	2,177	2,175	2,390	2,376
무형자산	71	62	67	69	61	58
유가증권	672	635	632	768	656	694
총부채	1,549	1,611	1,571	1,684	1,605	1,534
총차입금	256	253	237	349	367	334
자본금	279	279	279	279	279	279
총자본	3,529	3,671	3,769	3,683	3,938	3,972
지배주주지분	2,777	2,887	2,959	2,910	3,015	3,037

기업가치 지표

항목	2012	2013	2014	2015	2016	2017.2Q
주가(최고/저)(천원)	1.7/1.0	1.8/1.2	5.0/1.7	4.4/3.3	3.7/2.9	—/—
PER(최고/저)(배)	28.7/16.8	7.0/4.7	21.5/7.2	31.5/23.6	13.3/10.2	0.6/0.6
PBR(최고/저)(배)	0.5/0.3	0.4/0.3	1.1/0.4	0.9/0.7	0.7/0.6	0.6/0.6
EV/EBITDA(배)	4.4	4.7	8.7	8.1	8.1	—/—
EPS(원)	78	314	263	153	295	114
BPS(원)	5,001	5,196	5,325	5,237	5,425	5,465
CFPS(원)	242	466	442	286	426	193
DPS(원)	110	135	165	140	140	
EBITDAPS(원)	496	551	555	552	532	269

재무 비율 〈단위 : % 〉

연도	영업이익률	순이익률	부채비율	차입금비율	ROA	ROE	유보율	자기자본비율	EBITDA마진율
2016	8.6	13.4	40.8	9.3	6.4	5.6	985.0	71.0	11.5
2015	9.0	2.1	45.7	9.5	1.0	2.9	947.4	68.6	11.8
2014	8.3	7.9	41.7	6.3	4.1	5.8	965.0	70.6	11.3
2013	8.4	9.2	43.9	6.9	4.7	8.6	939.2	69.5	11.6

진양화학 (A051630)
ChinYang Chemical

업 종 : 화학	시 장 : 거래소
신용등급 : (Bond) — (CP) —	기업규모 : 시가총액 소형주
홈 페 이 지 : www.chinyang.co.kr	연 락 처 : 052)278-0701
본 사 : 울산시 남구 장생포로 93 (여천동)	

설 립 일	2001.01.03	종업원수	97명	대 표 이 사	김상용
상 장 일	2001.01.29	감사의견	적정 (삼화)	계	열
결 산 기	12월	보 통 주	1,200만주	종속회사수	
액 면 가	500원	우 선 주		구 상 호	

주주구성 (지분율,%)		출자관계 (지분율,%)		주요경쟁사 (외형,%)	
진양홀딩스	65.4			진양화학	100
				조비	103
(외국인)	0.7			원풍	130

매출구성		비용구성		수출비중	
바닥재 레자류(제품)	91.4	매출원가율	86.3	수출	25.0
바닥재 레자류(상품)	8.6	판관비율	11.5	내수	75.0

회사 개요

동사는 PVC 바닥재 전문 제조업체로서, 2001년 진양으로부터 분할 설립됨. KPX케미칼, 진양홀딩스 등과 함께 KPX홀딩스의 계열회사임. 국내 바닥재류 시장에서 5% 가량의 점유율을 보이고 있음. 수출은 전체 매출의 24% 가량을 차지함. 목질계 바닥재의 시장규모가 보합세를 보이고 있는 반면, PVC 바닥재는 제품의 친환경화로 인한 인식 개선의 효과와 전월세 거래량의 증가로 인해 수요가 반등할 것으로 예상됨.

실적 분석

동사의 2017년 상반기 누적매출액은 244.6억원으로 전년동기 대비 14.4% 감소함. 판매부진의 영향으로 영업손실 4.4억원을 기록하면서 적자전환함. 당기순손실도 2.8억원으로 적자전환함. LG하우시스, 한화, KCC 등 대기업이 대부분 시장을 점유하고 있는 국내 바닥재 시장에서 동사는 신제품 및 신소재 개발에 적극적으로 나서는 한편 브랜드 홍보를 위해서 각종 매체 광고 등을 추진 중임.

현금 흐름 *IFRS 별도 기준 〈단위 : 억원〉

항목	2016	2017.2Q
영업활동	19	20
투자활동	-21	-2
재무활동	-12	-9
순현금흐름	-14	9
기말현금	3	12

시장 대비 수익률

결산 실적 〈단위 : 억원〉

항목	2012	2013	2014	2015	2016	2017
매출액	644	703	793	708	576	—
영업이익	32	51	61	29	13	—
당기순이익	25	36	52	26	13	—

분기 실적 *IFRS 별도 기준 〈단위 : 억원〉

항목	2016.1Q	2016.2Q	2016.3Q	2016.4Q	2017.1Q	2017.2Q
매출액	136	149	142	148	125	119
영업이익	2	7	-1	5	-1	-4
당기순이익	2	7	-0	4	-0	-2

재무 상태 *IFRS 별도 기준 〈단위 : 억원〉

항목	2012	2013	2014	2015	2016	2017.2Q
총자산	406	443	460	425	433	414
유형자산	277	278	281	278	272	269
무형자산	11	14	16	17	16	15
유가증권						
총부채	151	170	161	123	127	120
총차입금	3	1	1	1	1	0
자본금	60	60	60	60	60	60
총자본	254	273	299	302	306	294
지배주주지분	254	273	299	302	306	294

기업가치 지표 *IFRS 별도 기준

항목	2012	2013	2014	2015	2016	2017.2Q
주가(최고/저)(천원)	1.6/1.1	1.8/1.4	4.4/1.7	5.4/2.9	7.6/3.0	—/—
PER(최고/저)(배)	9.9/6.6	7.2/5.6	11.2/4.5	26.6/14.1	70.4/27.8	—/—
PBR(최고/저)(배)	1.0/0.7	0.9/0.7	2.0/0.8	2.3/1.2	3.0/1.2	1.6/1.2
EV/EBITDA(배)	4.5	3.3	6.2	9.4	16.9	—/—
EPS(원)	210	298	437	214	109	-23
BPS(원)	2,119	2,277	2,491	2,516	2,549	2,450
CFPS(원)	292	376	523	305	211	27
DPS(원)	100	185	215	125	75	
EBITDAPS(원)	346	503	590	329	209	13

재무 비율 〈단위 : % 〉

연도	영업이익률	순이익률	부채비율	차입금비율	ROA	ROE	유보율	자기자본비율	EBITDA마진율
2016	2.2	2.3	41.4	0.2	3.1	4.3	409.8	70.7	4.4
2015	4.0	3.6	40.9	0.2	5.8	8.5	403.2	71.1	5.6
2014	7.6	6.6	54.0	0.2	11.6	18.3	398.2	64.9	8.9
2013	7.3	5.1	62.3	0.2	8.4	13.6	355.4	61.6	8.6

진원생명과학 (A011000)
GeneOne Life Science

업 종 : 바이오		시 장 : 거래소	
신용등급 : (Bond) — (CP) —		기업규모 : 시가총액 소형주	
홈페이지 : www.genels.com		연 락 처 : (02)527-0600	
본 사 : 서울시 강남구 테헤란로 223, 역삼동 큰길타워 1903호			

설 립 일 1976.01.27	종 업 원 수 31명	대 표 이 사 박영근	
상 장 일 1987.11.16	감사의견 적정 (대주)	계 열	
결 산 기 12월	보 통 주 1,617만주	종속회사수 2개사	
액 면 가 1,000원	우 선 주	구 상 호 VGX인터	

주주구성 (지분율,%)
VGX Pharmaceuticals, Inc.	10.2
박영근	2.9
(외국인)	11.8

출자관계 (지분율,%)
VGXI,Inc	100.0
DongiLInterlining,Ltd	100.0
INOVIOPharmaceuticals,Inc	0.1

주요경쟁사 (외형,%)
진원생명과학	100
코아스템	57
제노포커스	22

매출구성
심지(제품)	41.0
Plasmid(기타)	40.1
상품, 자수사(상품)	16.4

비용구성
매출원가율	74.2
판관비율	70.4

수출비중
수출	85.0
내수	15.0

회사 개요
동사는 바이오의약품 사업을 영위하며 바이오의약품 CMO사업과 플라스미드 DNA기반 신약개발사업으로 구분됨. 바이오의약품 CMO사업은 임상시험에 필요한 유전자치료제 및 DNA백신의 원료인 국제규격(cGMP) 플라스미드 DNA 제품을 2008년 6월 미국에 설립한 현지법인인 VGXI, Inc.에서 생산하여 판매 중임. 동사는 DNA백신사업 및 유전체 기반 맞춤형 치료제 등 신약개발사업을 추진 중임.

실적 분석
동사의 2017년 2분기기준 누적 매출액은 전년동기대비 -12.7% 하락한 132.2억원을 기록하였음. 비용면에서 전년동기대비 매출원가는 감소 하였으며 인건비는 증가 하였고 광고선전비도 증가, 기타판매비와관리비도 마찬가지로 증가함. 그에 따라 매출액 하락 등에 의해 전년동기대비 영업이익은 -119.4억원으로 적자지속하였음. 최종적으로 전년동기대비 당기순이익은 적자지속하여 -129.6억원을 기록함.

현금 흐름 〈단위 : 억원〉
항목	2016	2017.2Q
영업활동	-66	-52
투자활동	-79	-3
재무활동	252	-2
순현금흐름	111	-61
기말현금	208	147

시장 대비 수익률

결산 실적 〈단위 : 억원〉
항목	2012	2013	2014	2015	2016	2017
매출액	194	207	246	284	314	—
영업이익	-84	-63	-64	-36	-140	—
당기순이익	-89	-84	-65	14	-156	—

분기 실적 〈단위 : 억원〉
항목	2016.1Q	2016.2Q	2016.3Q	2016.4Q	2017.1Q	2017.2Q
매출액	73	79	73	90	67	65
영업이익	-12	-51	-37	-40	-43	-77
당기순이익	-12	-52	-47	-45	-50	-79

재무 상태 〈단위 : 억원〉
항목	2012	2013	2014	2015	2016	2017.2Q
총자산	400	318	408	477	657	566
유형자산	19	14	17	30	43	39
무형자산	71	59	49	43	42	41
유가증권	5	12	11	11	14	7
총부채	132	81	60	83	298	300
총차입금	106	27	8	12	221	231
자본금	102	112	156	161	162	162
총자본	267	237	347	394	359	266
지배주주지분	267	237	347	394	359	266

기업가치 지표
항목	2012	2013	2014	2015	2016	2017.2Q
주가(최고/저)(천원)	8.7/4.1	9.0/4.6	15.1/4.2	22.8/6.1	21.1/10.5	—/—
PER(최고/저)(배)	—/—	—/—	—/—	258.6/69.5	—/—	—/—
PBR(최고/저)(배)	3.7/1.8	4.7/2.4	6.3/1.8	8.8/2.4	8.9/4.4	6.8/5.2
EV/EBITDA(배)						
EPS(원)	-712	-632	-456	88	-968	-802
BPS(원)	569	467	476	2,599	2,367	1,791
CFPS(원)	-134	-119	-68	158	-897	-766
DPS(원)						
EBITDAPS(원)	-125	-81	-67	-156	-798	-703

재무 비율 〈단위 : %〉
연도	영업이익률	순이익률	부채비율	차입금비율	ROA	ROE	유보율	자기자본비율	EBITDA마진율
2016	-44.6	-49.7	83.2	61.6	-27.5	-41.4	136.7	54.6	-41.0
2015	-12.8	5.0	20.9	3.0	3.2	3.8	159.9	82.7	-8.8
2014	-26.1	-26.4	17.4	2.4	-17.9	-22.2	137.8	85.2	-19.5
2013	-30.6	-40.5	11.4	11.4	-23.0	-33.2	133.4	74.5	-21.4

진흥기업 (A002780)
ChinHung International

업 종 : 건설		시 장 : 거래소	
신용등급 : (Bond) BB (CP) —		기업규모 : 시가총액 소형주	
홈페이지 : www.chinhung.co.kr		연 락 처 : (032)432-0658	
본 사 : 인천시 연수구 컨벤시아대로 69, 송도밀레니엄 807호			

설 립 일 1959.09.03	종 업 원 수 217명	대 표 이 사 김동우	
상 장 일 1977.06.25	감사의견 적정 (안진)	계 열	
결 산 기 12월	보 통 주 14,535만주	종속회사수 1개사	
액 면 가 500원	우 선 주 115만주	구 상 호	

주주구성 (지분율,%)
효성	48.6
우리은행	25.5
(외국인)	0.0

출자관계 (지분율,%)
희망꿈나무	23.6
대한	19.4
김포학교관리	17.7

주요경쟁사 (외형,%)
진흥기업	100
아이에스동서	267
태영건설	318

매출구성
건축공사(민간)	69.6
토목공사(관급)	18.0
건축공사(관급)	12.4

비용구성
매출원가율	89.3
판관비율	1.5

수출비중
수출	0.0
내수	100.0

회사 개요
동사는 중견 종합건설업체임. 2002년부터 호황을 누리기 시작한 국내 주택시장에 초점을 맞춰 '진흥 더블파크'브랜드를 성공적으로 런칭하고, 공격적인 주택수주에 나섬. 또한 2008년에는 효성그룹에 인수되면서 도약을 위한 발판을 마련하게 되었음. 그러나 글로벌 금융위기 후 재무구조와 실적 악화로 인해 현재 워크아웃 진행 중임. 2017년 상반기 말 현재 채권자가 워크아웃 기간연장에 반대의사를 낸 효력정지 가처분 신청을 법원이 받아들임.

실적 분석
동사의 연결기준 2017년 2분기 누적 매출액은 전년동기 대비 13% 감소한 2,631.8억원을 기록하는데 그침. 외형축소에도 불구하고 판관비가 크게 증가하였으며 이에 따라 전년동기 대비 영업이익은 30% 감소한 138.3억원을 기록함. 금융손익 실 축소 등 비영업 부문에서 적자폭이 축소된 덕분에 동사의 당기순이익은 79.1억원을 기록, 흑자전환에 성공하였음.

현금 흐름 〈단위 : 억원〉
항목	2016	2017.2Q
영업활동	-428	20
투자활동	684	-39
재무활동	-149	369
순현금흐름	107	350
기말현금	233	583

시장 대비 수익률

결산 실적 〈단위 : 억원〉
항목	2012	2013	2014	2015	2016	2017
매출액	4,668	4,796	6,381	7,278	6,466	—
영업이익	-153	-30	220	95	595	—
당기순이익	-857	-724	-176	-428	-752	—

분기 실적 〈단위 : 억원〉
항목	2016.1Q	2016.2Q	2016.3Q	2016.4Q	2017.1Q	2017.2Q
매출액	1,408	1,619	1,605	1,834	1,091	1,54
영업이익	90	108	211	187	78	6
당기순이익	-29	-36	6	-693	51	2

재무 상태 〈단위 : 억원〉
항목	2012	2013	2014	2015	2016	2017.2Q
총자산	5,402	4,878	4,421	5,305	3,021	3,39
유형자산	47	45	42	42	41	4
무형자산	12	11	10	9	9	
유가증권	400	360	356	1,202	330	31
총부채	4,339	4,527	3,322	4,646	3,121	2,78
총차입금	1,662	1,666	559	504	328	24
자본금	2,251	473	623	769	769	73
총자본	1,063	351	1,099	659	-100	61
지배주주지분	1,063	351	1,099	659	-100	61

기업가치 지표
항목	2012	2013	2014	2015	2016	2017.2Q
주가(최고/저)(천원)	8.3/1.6	3.4/1.2	1.7/1.2	3.9/1.4	2.8/1.7	—/—
PER(최고/저)(배)	—/—	—/—	—/—	—/—	—/—	—/—
PBR(최고/저)(배)	5.2/1.0	6.4/2.3	1.4/1.0	6.4/2.2	-29.9/-17.8	7.8/4
EV/EBITDA(배)			6.7	31.2	5.5	—
EPS(원)	-2,019	-1,428	-346	-524	-917	6
BPS(원)	237	372	882	429	-65	41
CFPS(원)	-236	-761	-182	-278	-487	
DPS(원)						
EBITDAPS(원)	-40	-27	236	64	389	1

재무 비율 〈단위 : %〉
연도	영업이익률	순이익률	부채비율	차입금비율	ROA	ROE	유보율	자기자본비율	EBITDA마진율
2016	9.2	-11.6	완전잠식	완전잠식	-18.1	당기잠식	-112.9	-3.3	9
2015	1.3	-5.9	일부잠식	일부잠식	-8.8	-48.7	-14.2	12.4	1
2014	3.4	-2.8	302.4	50.9	-3.8	-24.2	76.4	24.9	3
2013	-0.6	-15.1	일부잠식	일부잠식	-14.1	-102.4	-25.6	7.2	-0

차바이오텍 (A085660)
Chabiotech

종 목 : 의료 장비 및 서비스		시 장 : KOSDAQ	
용 등 급 : (Bond) — (CP) —		기업규모 : 중견	
페이지 : www.chabio.com		연 락 처 : (02)3015-5000	
사 : 서울시 강남구 도산대로 442 청담동 피엔폴루스 3층			

설 립 일 2002.11.06	종 업 원 수 155명	대 표 이 사 최종수,이영욱(공동대표)	
상 장 일 2005.12.27	감 사 의 견 적정 (삼정)	계 열	
결 산 기 12월	보 통 주 5,058만주	종 속 회 사 수 24개사	
객 면 가 500원	우 선 주	구 상 호 차바이오앤	

주주구성 (지분율,%)		출자관계 (지분율,%)		주요경쟁사 (외형,%)	
차광렬	5.9	서울CRO	88.3	차바이오텍	100
케이에이치그린	4.9	차메디텍	72.6	인바디	18
(외국인)	3.8	차헬스케어	64.7	바디텍메드	12

매출구성		비용구성		수출비중	
의료서비스	54.3	매출원가율	66.3	수출	—
기타매출	23.2	판관비율	24.9	내수	—
화장품/화장품원료 등	8.8				

회사 개요

2002년 휴대폰용 카메라렌즈 및 렌즈모듈 개발/제조를 주 영업목적으로 설립된 동사는 2009년 2월 차바이오텍과 합병해 제대혈 보관 및 공여, 줄기세포연구, 세포치료제 개발 등의 사업에 진출하였으며, 2010년 1월 핸슨바이오텍과 합병해 의료기기사업및 성장인자관련사업에도 진출했다. 2011년 5월 국내 최초로 배아줄기세포 실명 치료제 임상시험을 식약청으로부터 승인을 받았음. 차헬스케어, CMG제약, 차메디텍이 주요 종속회사임.

실적 분석

동사의 2017년 2분기기준 누적 매출액은 전년동기대비 15% 하락한 1,843.9억원을 기록했음. 비용면에서 전년동기대비 매출원가는 감소 하였으며 인건비는 증가 하였고 광고선전비도 증가, 기타판매비와관리비도 마찬가지로 증가함. 그에 따라 매출액 하락 등에 의해 전년동기대비 영업이익은 -74.2억원으로 적자전환하였음. 최종적으로 전년동기대비 당기순이익은 적자전환하여 -69.9억원을 기록함.

현금 흐름 〈단위 : 억원〉

항목	2016	2017.2Q
영업활동	443	111
투자활동	-1,548	-597
재무활동	784	54
순현금흐름	-304	-466
기말현금	1,339	873

시장 대비 수익률

결산 실적 〈단위 : 억원〉

항목	2012	2013	2014	2015	2016	2017
매출액	4,785	3,868	3,453	3,938	4,493	—
영업이익	394	272	117	176	398	—
당기순이익	234	259	29	-129	274	—

분기 실적 〈단위 : 억원〉

항목	2016.1Q	2016.2Q	2016.3Q	2016.4Q	2017.1Q	2017.2Q
매출액	1,076	1,093	1,065	1,259	930	914
영업이익	95	150	57	96	-27	-47
당기순이익	95	64	10	106	-32	-38

재무 상태 〈단위 : 억원〉

항목	2012	2013	2014	2015	2016	2017.2Q
총자산	5,259	6,855	6,209	6,448	7,689	7,598
유형자산	1,304	1,385	1,305	1,435	1,592	1,644
무형자산	695	621	580	503	535	575
유가증권	45	233	122	50	628	680
총부채	1,903	1,731	1,834	1,983	3,901	3,067
총차입금	506	244	235	410	2,233	1,439
자본금	323	343	251	252	253	253
총자본	3,357	5,123	4,375	4,466	3,789	4,530
지배주주지분	3,073	3,838	2,972	2,901	2,863	2,844

기업가치 지표

항목	2012	2013	2014	2015	2016	2017.2Q
주가(최고/저)(천원)	15.1/8.9	15.3/10.4	18.9/10.4	19.2/12.6	17.0/11.3	—/—
PER(최고/저)(배)	39.8/23.5	40.3/27.3	—/—	—/—	50.9/33.7	—/—
PBR(최고/저)(배)	3.1/1.8	2.7/1.8	3.1/1.7	3.3/2.1	2.9/1.9	2.4/2.0
EV/EBITDA(배)	8.9	11.3	20.4	19.3	11.5	—
EPS(원)	378	380	-76	-297	334	-158
BPS(원)	4,871	5,712	6,038	5,900	5,815	5,777
CFPS(원)	659	735	230	20	637	-30
DPS(원)						
EBITDAPS(원)	890	761	512	668	1,090	-18

재무 비율 〈단위 : % 〉

연도	영업이익률	순이익률	부채비율	차입금비율	ROA	ROE	유보율	자기자본비율	EBITDA마진율
2016	8.9	6.1	103.0	58.9	3.9	5.9	1,063.0	49.3	12.3
2015	4.5	-3.3	44.4	9.2	-2.0	-5.1	1,080.0	69.3	8.5
2014	3.4	0.8	41.9	5.4	0.4	-1.3	1,107.6	70.5	8.4
2013	7.0	6.7	33.8	4.8	4.3	7.4	1,042.4	74.7	13.2

차이나그레이트 (A900040)
CHINA GREAT STAR INTERNATIONAL

업 종 : 섬유 및 의복		시 장 : KOSDAQ	
신용등급 : (Bond) — (CP) —		기업규모 :	
홈페이지 : www.chinagreatstar.co.kr		연 락 처 : +86-595-8673-2222	
본 사 : Grand Pavilion, Hibiscus Way, 802 West Bay Road, P.O. Box 31119, KY1-1205, Cayman Islands			

설 립 일 2008.05.30	종 업 원 수 5명	대 표 이 사 우여우즈	
상 장 일 2009.05.29	감 사 의 견 적정 (다산)	계 열	
결 산 기 12월	보 통 주 12,587만주	종 속 회 사 수 7개사	
액 면 가 —	우 선 주	구 상 호	

주주구성 (지분율,%)		출자관계 (지분율,%)		주요경쟁사 (외형,%)	
Wu you zhi	37.1	홍싱워딩카	100.0	차이나그레이트	100
김주호	6.5	워딩카경공업	100.0	제이에코퍼레이션	33
(외국인)	44.9	워딩카신발재료	100.0	SG세계물산	53

매출구성		비용구성		수출비중	
		매출원가율	76.1	수출	—
		판관비율	11.2	내수	—

회사 개요

동사는 캐주얼 신발과 의류를 생산, 판매하는 자회사들을 코스닥시장에 상장시키기 위해 2008년 설립된 역외지주회사임. 2009년 코스닥 시장에 상장됨. 현재 3개 자회사(홍싱워딩카, 워딩카경공업, 워딩카신발재료)와 4개의 손자회사(취엔저우콰이부, 워딩카무역, 워딩카연구, 워딩카상무)를 소유하고 있음. 자회사 중 대부분 매출은 홍싱워딩카에서 발생하고 있으며, 다른 자회사의 경우 신규상품 개발 및 디자인과 의류 상품의 매출 등 업무를 담당함.

실적 분석

동사의 2017년 반기 매출액은 2,645.1억원으로 전년동기 대비 20% 축소됨. 매출 축소와 2500여 매장에 대한 리모델링 공사비 지급에 따라 판관비가 증가하여 당반기에 148.1억원의 영업손실이 발생하여 전년동기 492.3억원 대비 적자전환함. 금융손실 등으로 비영업손익면에서 46억원의 적자를 시현하여 당기순이익은 당반기 160.6억원의 손실을 시현했는데, 전년동기 359.4억원 대비 큰 폭으로 적자전환한 실적임.

현금 흐름 〈단위 : 억원〉

항목	2016	2017.2Q
영업활동	682	-936
투자활동	18	4
재무활동	-15	-8
순현금흐름	700	-939
기말현금	3,528	2,478

시장 대비 수익률

결산 실적 〈단위 : 억원〉

항목	2012	2013	2014	2015	2016	2017
매출액	4,914	5,502	5,870	6,191	5,783	—
영업이익	704	777	801	819	736	—
당기순이익	515	609	204	749	549	—

분기 실적 〈단위 : 억원〉

항목	2016.1Q	2016.2Q	2016.3Q	2016.4Q	2017.1Q	2017.2Q
매출액	1,709	1,622	1,266	1,186	1,419	1,239
영업이익	267	230	141	98	221	-367
당기순이익	185	177	93	94	139	-298

재무 상태 〈단위 : 억원〉

항목	2012	2013	2014	2015	2016	2017.2Q
총자산	3,533	4,139	5,347	5,930	6,155	5,418
유형자산	412	370	340	310	262	237
무형자산						
유가증권						
총부채	1,040	1,019	1,959	1,289	1,156	738
총차입금			859	288	257	293
자본금	118	119	121	140	134	143
총자본	2,493	3,121	3,389	4,641	4,999	4,679
지배주주지분	2,493	3,121	3,389	4,641	4,999	4,679

기업가치 지표

항목	2012	2013	2014	2015	2016	2017.2Q
주가(최고/저)(천원)	—/—	—/—	—/—	—/—	—/—	—/—
PER(최고/저)(배)	3.4/2.3	3.1/2.2	21.0/7.6	5.3/3.0	4.6/2.5	—/—
PBR(최고/저)(배)	0.7/0.5	0.6/0.4	1.3/0.5	0.9/0.5	0.5/0.3	0.4/0.4
EV/EBITDA(배)	0.9	0.6	1.9			
EPS(원)	468	554	186	595	436	-128
BPS(원)	2,493	3,121	3,389	4,056	4,369	3,718
CFPS(원)	548	626	240	686	511	-114
DPS(원)						
EBITDAPS(원)	737	826	837	747	673	-104

재무 비율 〈단위 : % 〉

연도	영업이익률	순이익률	부채비율	차입금비율	ROA	ROE	유보율	자기자본비율	EBITDA마진율
2016	12.7	9.5	23.1	5.2	9.1	11.4	3,630.4	81.2	13.3
2015	13.2	12.1	27.8	6.2	13.3	18.7	3,223.2	78.3	13.8
2014	13.6	3.5	57.8	25.3	4.3	6.3	2,691.4	63.4	14.3
2013	14.1	11.1	32.6	0.0	15.9	21.7	2,517.1	75.4	15.0

차이나하오란 (A900090)
China Hao Ran Recycling

업　　종 : 종이 및 목재　　　　　　　　시　　장 : KOSDAQ
신용등급 : (Bond) —　　(CP) —　　　기업규모 :
홈페이지 : www.china-haoran.com　　연락처 : +852-2533-3618
본　　사 : Suite 3201, Jardine House, 1 Connaught Place Central, Hong Kong

설 립 일 2009.07.15	종 업 원 수 3명	대 표 이 사 장하오롱
상 장 일 2010.02.05	감 사 의 견 적정 (이촌)	계　　　　열
결 산 기 12월	보 통 주 9,400만주	종 속 회 사 수 5개사
액 면 가 —	우 선 주	구 상 호

주주구성 (지분율,%)		출자관계 (지분율,%)		주요경쟁사 (외형,%)	
Zhang Hao Rong	22.9	장인신하오제지	100.0	차이나하오란	100
Lu Li	4.5	신하오싱가폴	100.0	무림페이퍼	274
(외국인)	34.1	상치우신롱제지	100.0	페이퍼코리아	102

매출구성		비용구성		수출비중	
		매출원가율	88.1	수출	—
		판관비율	3.0	내수	—

회사 개요
동사는 중국 소재 종속기업을 지배하는 것을 주된 사업목적으로 홍콩에 설립된 회사임. 동사 자회사들은 고급코팅백판지, 포커지, 백색카드지의 생산과 원료재생용지의 회수, 분류, 판매를 하는 업체들임. 사업부문별로는 제지사업부문과 제지의 원료인 펄프를 생산하는 펄프사업부문, 재생펄프의 원료인 원료용지를 공급하고 동사가 이용할 수 없는 원료용지를 외부로 판매하는 원료용지 재생사업 부문으로 나뉨.

실적 분석
동사의 2017년도 2분기 연결기준 누적 매출액은 2,117.9억원으로 전년동기 대비 13.2% 증가함. 영업이익은 165.6억원을 기록하며 전년동기 대비 24.6% 성장함. 향후 중국 내수경제의 지속적인 성장세로 백판지 및 원료용지 수요 증가, 식품 포장지용 백색카드지 수요 증가하며 매출 성장 전망. 매출 성장에 따른 고정비 부담의 완화와 고지 및 펄프 가격의 안정세 등으로 수익성 역시 개선될 것으로 보임.

현금 흐름 〈단위 : 억원〉

항목	2016	2017.2Q
영업활동	378	161
투자활동	14	42
재무활동	77	-146
순현금흐름	469	57
기말현금	881	911

시장 대비 수익률

결산 실적 〈단위 : 억원〉

항목	2012	2013	2014	2015	2016	2017
매출액	4,434	3,359	3,485	4,077	4,125	—
영업이익	333	248	305	333	368	—
당기순이익	222	139	169	193	236	—

분기 실적 〈단위 : 억원〉

항목	2016.1Q	2016.2Q	2016.3Q	2016.4Q	2017.1Q	2017.2Q
매출액	819	1,065	1,088	1,153	895	1,231
영업이익	62	80	105	122	49	139
당기순이익	37	45	67	87	16	103

재무 상태 〈단위 : 억원〉

항목	2012	2013	2014	2015	2016	2017.2Q
총자산	2,814	3,290	4,121	3,903	4,030	3,866
유형자산	969	1,148	1,279	1,355	1,244	1,236
무형자산	—	—	—	—	—	—
유가증권	—	—	—	—	—	—
총부채	1,179	1,502	1,955	1,491	1,469	1,264
총차입금	700	1,098	1,584	938	958	800
자본금	61	61	701	714	685	664
총자본	1,634	1,788	2,165	2,412	2,561	2,602
지배주주지분	1,645	1,791	2,158	2,391	2,523	2,558

기업가치 지표

항목	2012	2013	2014	2015	2016	2017.2Q
주가(최고/저)(천원)	#VALUE!	—/—	—/—	—/—	—/—	—/—
PER(최고/저)(배)	5.5/2.4	5.8/3.6	11.2/3.3	11.1/5.7	5.1/3.0	—/—
PBR(최고/저)(배)	0.7/0.3	0.4/0.3	1.0/0.3	0.8/0.4	0.5/0.3	0.3/0.2
EV/EBITDA(배)	2.8	4.3	6.0	3.4	1.3	—
EPS(원)	488	300	347	334	404	205
BPS(원)	4,113	4,477	3,995	4,428	4,673	4,737
CFPS(원)	624	439	516	502	567	286
DPS(원)	—	—	—	—	—	—
EBITDAPS(원)	791	612	753	730	840	387

재무 비율 〈단위 : % 〉

연도	영업이익률	순이익률	부채비율	차입금비율	ROA	ROE	유보율	자기자본비율	EBITDA마진율
2016	8.9	5.7	57.4	37.4	6.0	8.9	268.1	63.6	11.0
2015	8.2	4.7	61.8	38.9	4.8	7.9	234.8	61.8	9.7
2014	8.8	4.9	90.3	73.2	4.6	8.0	207.7	52.6	9.9
2013	7.4	4.2	84.0	61.4	4.6	7.6	2,819.1	54.4	7.3

참엔지니어링 (A009310)
Charm Engineering

업　　종 : 디스플레이 및 관련부품　　　시　　장 : 거래소
신용등급 : (Bond) —　　(CP) —　　　기업규모 : 시가총액 소형주
홈페이지 : www.charmeng.com　　　연락처 : 031)330-8500
본　　사 : 경기도 용인시 처인구 남사면 형제로 5

설 립 일 1973.10.04	종 업 원 수 304명	대 표 이 사 김인한
상 장 일 1987.11.12	감 사 의 견 적정 (삼일)	계　　　　열
결 산 기 12월	보 통 주 4,919만주	종 속 회 사 수 9개사
액 면 가 500원	우 선 주	구 상 호

주주구성 (지분율,%)		출자관계 (지분율,%)		주요경쟁사 (외형,%)	
김인한	14.5	참앤씨디벨롭먼트	100.0	참엔지니어링	100
휴넥스젠홀딩스	9.3	참스틸엔지	100.0	우리아티아이	830
(외국인)	4.1	디씨티파트너스	68.3	유테크	15

매출구성		비용구성		수출비중	
Laser Repair	59.1	매출원가율	64.7	수출	43.0
상호저축은행업	38.3	판관비율	20.4	내수	57.0
아파트 분양 등	1.5				

회사 개요
동사는 디스플레이 및 반도체 장비 제조업을 영위하고 있으며, FPD 사업부문과 반도체 사업부문으로 구분됨. AMOLED 등 신규패널의 대형 패널 확산으로 시장규모의 급성장이 예상되며, LCD장비와 AMOLED 관련 주요 장비를 보유와 설비투자에 대한 수혜가 있을 것으로 기대됨. 현재 반도체 기술을 다변화하여 TSV 관련 장비에 대한 독자적인 기술을 개발 중임.

실적 분석
동사의 2017년 상반기 연결기준 누적 매출액은 전년 동기 대비 49.3% 증가한 1410.5억원을 시현함. 영업이익 또한 2배 이상 증가하고 판관비도 확대되면서 영업이익은 전년 동기 대비 오히려 41.2% 감소한 142.6억원을 시현함. 비영업손익 부문에서도 금융손실은 감소했지만 외환손실이 대폭 증가하면서 당기순이익은 105.7억원으로 전년 동기 대비 30.5% 감소함.

현금 흐름 〈단위 : 억원〉

항목	2016	2017.2Q
영업활동	-251	62
투자활동	214	113
재무활동	38	-21
순현금흐름	1	154
기말현금	406	560

시장 대비 수익률

결산 실적 〈단위 : 억원〉

항목	2012	2013	2014	2015	2016	2017
매출액	989	1,359	1,130	1,969	1,848	—
영업이익	-132	117	-141	168	275	—
당기순이익	-199	128	-314	-175	130	—

분기 실적 〈단위 : 억원〉

항목	2016.1Q	2016.2Q	2016.3Q	2016.4Q	2017.1Q	2017.2Q
매출액	560	384	395	508	755	65
영업이익	112	130	34	-2	90	5
당기순이익	62	90	-8	-14	41	6

재무 상태 〈단위 : 억원〉

항목	2012	2013	2014	2015	2016	2017.2Q
총자산	4,839	5,334	5,663	6,433	6,870	7,33
유형자산	692	803	869	586	550	53
무형자산	246	293	256	217	202	18
유가증권	382	193	360	263	106	14
총부채	3,974	4,393	5,297	6,182	6,334	6,7
총차입금	902	776	766	669	517	52
자본금	167	167	167	206	250	25
총자본	865	941	366	251	536	61
지배주주지분	791	833	308	216	427	48

기업가치 지표

항목	2012	2013	2014	2015	2016	2017.2Q
주가(최고/저)(천원)	7.5/3.6	6.4/3.6	4.4/2.4	2.9/2.9	3.6/2.4	—/
PER(최고/저)(배)	—/—	29.3/16.6	—/—	—/—	29.5/20.0	—/
PBR(최고/저)(배)	2.7/1.3	2.2/1.3	3.4/1.8	3.5/3.5	3.5/2.4	2.5/2
EV/EBITDA(배)	—	—	—	—	0.2	—
EPS(원)	-632	219	-990	-509	122	16
BPS(원)	2,755	2,881	1,299	821	1,029	1,16
CFPS(원)	-527	356	-851	-370	227	2
DPS(원)	—	—	—	—	—	
EBITDAPS(원)	-299	497	-295	644	669	34

재무 비율 〈단위 : % 〉

연도	영업이익률	순이익률	부채비율	차입금비율	ROA	ROE	유보율	자기자본비율	EBITDA마진
2016	14.9	7.0	1,181.8	96.6	2.0	18.5	102.3	7.8	17
2015	8.5	-8.9	2,459.0	266.2	-2.9	-64.5	60.8	3.9	10
2014	-12.5	-27.8	1,447.5	209.3	-5.7	-56.6	153.1	6.5	-8
2013	8.6	9.4	466.9	82.5	2.5	8.8	461.5	17.6	11

참좋은레저 (A094850)
Very Good Leisure

종 목 : 레저용품	시 장 : KOSDAQ
용 등 급 : (Bond) — (CP) —	기업규모 : 우량
페 이 지 : www.verygoodleisure.com	연 락 처 : 02)3014-4013
사 : 서울시 중구 서소문로 135 (서소문동, 연호빌딩 10층)	

설 립 일 2007.02.20	종 업 원 수 348명	대 표 이 사 이상호	
상 장 일 2007.04.30	감 사 의 견 적정 (삼일)	계 열	
결 산 기 12월	보 통 주 1,400만주	종속회사수	
액 면 가 500원	우 선 주	구 상 호 참좋은레저	

주주구성 (지분율,%)		출자관계 (지분율,%)		주요경쟁사 (외형,%)	
삼천리자전거	38.6	참좋은여행	100		
박영옥	10.0	삼천리자전거	194		
(외국인)	2.2	엔에스엔	26		

매출구성		비용구성		수출비중	
여행알선수입(기타)	53.3	매출원가율	33.9	수출	0.0
상품(자전거 및 부품)(상품)	22.2	판관비율	54.6	내수	100.0
제품(자전거)(제품)	19.2				

회사 개요

고급자전거, 자전거용 부품 등을 판매하는 자전거사업과 여행패키지, 항공권 등을 판매하는 여행사업을 영위하고 있음. 일반 생활자전거를 위주로 판매하는 삼천리자전거로부터 2007년 2월 인적분할한 기업임. 주요제품으로는 CELLO, BLACKCAT, GT 등의 완성자전거와 MOOTS, BBB 등의 용부품 등이 있음. 동사의 매출구성은 자전거 사업과 여행 사업이 거의 반반씩을 차지함. 수출보단 내수시장 판매에 주력하고 있음.

실적 분석

동사의 2017년 2분기 누적 매출액은 405.9억원으로 전년동기 대비 3.0% 감소함. 매출액의 감소에도 불구하고 매출원가의 감소로 영업이익은 67.4억원으로 전년동기 대비 8.1% 증가함. 당기순이익은 56.6억원으로 전년동기 대비 6.8% 증가함. 동사의 매출은 여행알선수입 53.3%, 자전거 및 부품(상품) 22.2%, 자전거(제품), 항공권판매수수료 등 3.6%, 기타 1.7%로 구성됨.

현금 흐름   *IFRS 별도 기준   〈단위 : 억원〉

항목	2016	2017.2Q
영업활동	209	26
투자활동	-183	-42
재무활동	131	46
순현금흐름	157	30
기말현금	207	238

결산 실적   〈단위 : 억원〉

항목	2012	2013	2014	2015	2016	2017
매출액	619	713	755	792	735	—
영업이익	32	58	61	65	85	—
당기순이익	88	50	34	58	69	—

분기 실적   *IFRS 별도 기준   〈단위 : 억원〉

항목	2016.1Q	2016.2Q	2016.3Q	2016.4Q	2017.1Q	2017.2Q
매출액	215	203	193	123	182	224
영업이익	32	30	41	-18	28	39
당기순이익	26	27	36	-20	24	33

재무 상태   *IFRS 별도 기준   〈단위 : 억원〉

항목	2012	2013	2014	2015	2016	2017.2Q
총자산	872	869	989	1,123	1,458	1,618
유형자산	42	35	24	24	31	33
무형자산	10	10	23	28	33	35
유가증권	10	0	0	0	59	59
총부채	366	330	435	538	825	950
총차입금	200	152	193	248	401	590
자본금	70	70	70	70	70	70
총자본	506	539	554	585	632	667
지배주주지분	506	539	554	585	632	667

기업가치 지표   *IFRS 별도 기준

항목	2012	2013	2014	2015	2016	2017.2Q
주가(최고/저)(천원)	5.8/4.1	11.0/5.1	10.6/7.8	16.2/8.3	10.6/7.5	—/—
PER(최고/저)(배)	10.0/7.1	32.5/15.0	45.9/33.9	40.5/20.7	21.9/15.6	—/—
PBR(최고/저)(배)	1.7/1.2	3.0/1.4	2.8/2.1	3.9/2.0	2.3/1.7	2.4/1.7
EV/EBITDA(배)	17.6	19.2	18.9	22.1	12.9	
EPS(원)	626	356	241	412	493	404
BPS(원)	3,628	3,862	3,969	4,253	4,650	4,901
CFPS(원)	663	433	282	459	574	451
DPS(원)	100	100	100	100	150	
EBITDAPS(원)	266	494	477	508	687	528

재무 비율   〈단위 : % 〉

연도	영업이익률	순이익률	부채비율	차입금비율	ROA	ROE	유보율	자기자본비율	EBITDA 마진율
2016	11.6	9.4	130.6	63.5	5.4	11.4	830.0	43.4	13.1
2015	8.2	7.3	92.0	42.3	5.5	10.1	750.5	52.1	9.0
2014	8.1	4.5	78.6	34.9	3.6	6.2	693.8	56.0	8.8
2013	8.2	7.0	61.3	28.2	5.7	9.5	672.5	62.0	9.7

창해에탄올 (A004650)
Changhae Ethanol

업 종 : 음료	시 장 : KOSDAQ
신용등급 : (Bond) (CP) —	기업규모 : 우량
홈 페 이 지 : www.chethanol.com	연 락 처 : 063)214-7800
사 : 전북 전주시 덕진구 원만성로 15	

설 립 일 1966.06.16	종 업 원 수 65명	대 표 이 사 임성우,서상국	
상 장 일 2014.07.30	감 사 의 견 적정 (신한)	계 열	
결 산 기 12월	보 통 주 919만주	종속회사수 7개사	
액 면 가 500원	우 선 주	구 상 호	

주주구성 (지분율,%)		출자관계 (지분율,%)		주요경쟁사 (외형,%)	
임성우	15.9	창해이엔지	100.0	창해에탄올	100
삼성자산운용	3.7	보해양조	31.0	롯데칠성	1,115
(외국인)	1.5	CHANGHAEVIETNAMJSC	100.0	하이트진로	889

매출구성		비용구성		수출비중	
보해양조 소주 등	49.6	매출원가율	67.8	수출	6.0
창해에탄올 발효주정	16.9	판관비율	28.5	내수	94.0
창해에탄올 정제주정	12.9				

회사 개요

동사는 주요 사업 주정 제조, 부수 사업으로 사료 및 임대업을 함. 주요 계열사 보해양조는 소주를 비롯해 과실주, 탁주 등을 제조, 판매하고 있음. 주정의 국내 시장에는 총 10개의 생산업체가 있으며, 이 중 1위 사업자 진로발효와 함께 동사가 전체 주정 생산량의 30% 이상을 차지하고 있음. 연간 총 생산량은 약 165.4만 드럼임. 정부의 제조면허제 방식을 통한 주정업은 진입장벽이 높아 기존 사업자의 안정적 운영이 장점임.

실적 분석

동사의 2017년도 2분기 연결기준 누적 매출액은 1,099억원으로 전년동기 대비 4.7% 증가함. 반면 매출원가가 증가로 영업이익은 27.3% 감소한 47.7억원에 그침. 주류식품 사업부인 보해양조의 매출 비중이 46%로 가장 크며, 당기 전라주정이 연결대상범위에서 변동이 있었음. 2017년 3월 임세주 브랜드 캠페인 전개와 1월 보해골드 재출시로 부라더#소다에 이은 새로운 매출 증대를 기대함.

현금 흐름   〈단위 : 억원〉

항목	2016	2017.2Q
영업활동	88	301
투자활동	-989	-145
재무활동	776	-202
순현금흐름	-104	-48
기말현금	144	78

결산 실적   〈단위 : 억원〉

항목	2012	2013	2014	2015	2016	2017
매출액	1,245	1,362	2,352	2,275	2,126	—
영업이익	26	87	217	224	78	—
당기순이익	-190	198	121	149	-28	—

분기 실적   〈단위 : 억원〉

항목	2016.1Q	2016.2Q	2016.3Q	2016.4Q	2017.1Q	2017.2Q
매출액	557	492	575	502	547	552
영업이익	37	29	17	-4	0	47
당기순이익	26	20	7	-81	-13	32

재무 상태   〈단위 : 억원〉

항목	2012	2013	2014	2015	2016	2017.2Q
총자산	1,216	2,916	3,113	3,437	4,145	4,082
유형자산	308	1,216	1,227	1,466	1,803	1,802
무형자산	30	59	56	55	578	574
유가증권	136	90	153	141	135	136
총부채	567	1,936	1,653	1,540	2,264	2,230
총차입금	402	1,280	900	722	1,613	1,551
자본금	27	27	33	39	42	46
총자본	649	980	1,460	1,897	1,881	1,852
지배주주지분	540	690	941	1,152	1,141	1,102

기업가치 지표

항목	2012	2013	2014	2015	2016	2017.2Q
주가(최고/저)(천원)	—/—	—/—	18.0/11.0	40.3/14.8	25.8/18.8	—/—
PER(최고/저)(배)	0.0/0.0	0.0/0.0	12.9/7.9	28.3/10.4	130.9/95.5	—/—
PBR(최고/저)(배)	0.0/0.0	0.0/0.0	1.3/0.8	2.9/1.1	1.9/1.4	1.6/1.4
EV/EBITDA(배)	4.1	9.3	6.7	8.2	17.5	
EPS(원)	-3,008	4,643	1,506	1,493	202	105
BPS(원)	10,999	15,115	14,550	14,659	13,826	12,273
CFPS(원)	-2,000	5,944	3,664	3,181	1,872	997
DPS(원)			500	500	500	
EBITDAPS(원)	1,491	2,939	5,853	4,590	2,610	1,424

재무 비율   〈단위 : % 〉

연도	영업이익률	순이익률	부채비율	차입금비율	ROA	ROE	유보율	자기자본비율	EBITDA 마진율
2016	3.7	-1.3	120.4	85.8	-0.7	1.5	2,665.3	45.4	10.2
2015	9.8	6.6	81.2	38.1	4.6	11.0	2,831.7	55.2	15.6
2014	9.2	5.2	113.2	61.7	4.0	10.8	2,810.0	46.9	14.6
2013	6.4	14.5	197.6	130.6	9.6	40.2	2,923.1	33.6	11.5

처음앤씨 (A111820)
Cheoum & C

업　　종 : 인터넷 서비스		시　　장 : KOSDAQ	
신용등급 : (Bond) ― (CP) ―		기업규모 : 중견	
홈페이지 : www.mp1.co.kr		연 락 처 : 02)6950-9500	
본　　사 : 서울시 광진구 광나루로56길 85 프라임센터 35층			

설 립 일	2006.12.19	종업원수	63명	대표이사	이기건
상 장 일	2010.06.18	감사의견	적정 (신한)	계 열	
결 산 기	12월	보 통 주	1,929만주	종속회사수	2개사
액 면 가	500원	우 선 주		구 상 호	

주주구성 (지분율,%)		출자관계 (지분율,%)		주요경쟁사 (외형,%)	
씨피씨쏘씨에이츠 유한회사	11.9	큰빛	100.0	처음앤씨	100
CHINA ESAT GOLD COLLECTION INVESTMENT LIMITED	10.2	성은창신(북경)과기유한공사	100.0	KG이니시스	1,653
(외국인)	10.3			NHN한국사이버결제	642

매출구성		비용구성		수출비중	
B2B 공동구매(공동구매,구매대행 상품 및 기타	86.9	매출원가율	73.1	수출	7.0
B2B 전자결제(전자결제 중개 수수료 매출)	8.3	판관비율	24.2	내수	93.0
기타 서비스(용역 및 기타 매출)	4.9				

회사 개요
동사는 2006년 설립된 B2B 전자결제 중개서비스를 목적 사업으로 영위하는 기업임. 2009년 4월 '이엠투넷트웍스'에서 '처음앤씨'로 상호를 변경하였으며, 약 64,000개의 회원사를 보유한 시장점유율 1위 업체임. 주요사업은 에스크로 B2B e-Marketplace사업으로 이는 결제형 B2B e-MP, 담보형 B2B e-MP, 구매대행형 및 공동구매로 구분되며, 부문별 매출 비중은 B2B e-MP 사업 13.15%, 구매대행 86.8%임.

실적 분석
동사의 2017년 2분기기준 누적 매출액은 전년동기대비 13.8% 하락한 182.8억원을 기록. 비용면에서 전년동기대비 매출원가는 크게 감소 하였으며 인건비는 증가 했고 광고선전비도 크게 증가, 기타판매비와관리비는 감소함. 하락 폭을 줄이기 위해 매출원가 절감 노력을 기울였으나 그에 따라 매출액 하락 등에 의해 전년동기대비 영업이익은 10.8억원으로 -5.7% 하락하였음. 최종적으로 전년동기대비 당기순이익은 크게 하락하여 7.2억원을 기록함.

현금 흐름		〈단위 : 억원〉
항목	2016	2017.2Q
영업활동	-334	20
투자활동	-36	-6
재무활동	261	41
순현금흐름	-110	56
기말현금	64	119

시장 대비 수익률

결산 실적						〈단위 : 억원〉
항목	2012	2013	2014	2015	2016	2017
매출액	656	667	488	435	424	―
영업이익	42	62	5	11	12	―
당기순이익	35	22	6	-4	3	―

분기 실적						〈단위 : 억원〉
항목	2016.1Q	2016.2Q	2016.3Q	2016.4Q	2017.1Q	2017.2Q
매출액	94	118	97	115	104	79
영업이익	2	10	3	-3	11	-0
당기순이익	3	7	3	-9	8	-1

재무 상태						〈단위 : 억원〉
항목	2012	2013	2014	2015	2016	2017.2Q
총자산	423	582	575	609	880	924
유형자산	2	2	31	29	30	29
무형자산	2	6	12	11	10	9
유가증권	37	22	76	40	61	68
총부채	106	219	182	94	81	112
총차입금	67	173	157	60	44	78
자본금	27	29	34	52	96	96
총자본	318	363	393	515	799	812
지배주주지분	318	363	393	515	799	812

기업가치 지표						
항목	2012	2013	2014	2015	2016	2017.2Q
주가(최고/저)(천원)	4.5/2.2	6.4/3.2	5.9/3.7	12.8/4.0	10.6/6.0	―/―
PER(최고/저)(배)	12.0/5.9	30.8/15.5	118.6/73.4	―	685.7/384.5	―/―
PBR(최고/저)(배)	1.4/0.7	1.8/0.9	1.7/1.1	3.7/1.2	2.5/1.4	2.2/1.7
EV/EBITDA(배)	7.4	7.2	55.9	64.1	67.8	
EPS(원)	400	216	50	-31	16	38
BPS(원)	6,114	6,439	6,065	5,218	4,202	4,213
CFPS(원)	736	404	122	-22	25	42
DPS(원)	210	260	200			
EBITDAPS(원)	879	1,111	106	147	71	60

재무 비율									〈단위 : % 〉
연도	영업이익률	순이익률	부채비율	차입금비율	ROA	ROE	유보율	자기자본비율	EBITDA마진율
2016	2.7	0.7	10.2	5.5	0.4	0.4	740.3	90.7	3.1
2015	2.6	-1.0	18.3	11.7	-0.7	-0.9	943.5	84.5	3.0
2014	1.0	1.2	46.4	39.9	1.0	1.6	1,113.1	68.3	1.5
2013	9.3	3.3	60.3	48.0	4.4	6.4	1,187.8	62.4	9.5

천일고속 (A000650)
Chunil Express

업　　종 : 육상운수		시　　장 : 거래소	
신용등급 : (Bond) ― (CP) ―		기업규모 : 시가총액 소형주	
홈페이지 : www.chunilexpress.com		연 락 처 : 051)254-5086~7	
본　　사 : 부산시 동구 중앙대로 168 (초량동)			

설 립 일	1949.09.30	종업원수	406명	대표이사	박도현
상 장 일	1977.06.23	감사의견	적정 (동원)	계 열	
결 산 기	12월	보 통 주	143만주	종속회사수	
액 면 가	5,000원	우 선 주		구 상 호	

주주구성 (지분율,%)		출자관계 (지분율,%)		주요경쟁사 (외형,%)	
박도현	45.0			천일고속	100
박주현	37.2			현대글로비스	26,262
(외국인)	0.2			CJ대한통운	10,412

매출구성		비용구성		수출비중	
여객운송	98.0	매출원가율	82.1	수출	0.0
임대	2.1	판관비율	16.1	내수	100.0

회사 개요
동사는 1949년에 설립 후 1977년 기업을 공개함. 고속버스 40개 노선에 185대를 투입해 여객운송업을 영위하고 있음. 고속버스 차량대수 시장점유율은 약 9.7%임. 사업부문은 매출액의 97.4%를 차지하는 운송사업부와 매출액의 2.6%를 차지하는 임대사업부로 나뉨. 전국을 영업장으로 하고 있으나 시장은 제한됨. 인터넷을 이용해 승차권을 예약·발권할 수 있도록 시스템을 개편하는 등 서비스 개선을 위한 노력을 지속해나가고 있음.

실적 분석
동사의 2017년 상반기 연결기준 매출액은 275.2억원임. 이는 전년도 같은 기간에 비해 4.5% 감소한 수준임. 매출은 감소하며 매출원가는 2.1% 증가, 판관비가 21.5억원으로 전년동기 대비 3.5% 감소함. 이에 전년도 동기 13.8억원을 기록했던 영업이익이 적자로 전환됨. 당기순이익도 11.6% 감소한 25.8억원을 기록하는 데 그침. 승객 수가 거의 고정돼 산업 성장성 자체가 정체되어 있는 상황임.

현금 흐름		*IFRS 별도 기준 〈단위 : 억원〉
항목	2016	2017.2Q
영업활동	52	41
투자활동	64	24
재무활동	-128	-35
순현금흐름	-12	31
기말현금	23	54

시장 대비 수익률

결산 실적						〈단위 : 억원〉
항목	2012	2013	2014	2015	2016	2017
매출액	553	571	602	589	584	―
영업이익	-5	13	26	28	11	―
당기순이익	18	59	48	46	25	―

분기 실적						*IFRS 별도 기준 〈단위 : 억원〉
항목	2016.1Q	2016.2Q	2016.3Q	2016.4Q	2017.1Q	2017.2Q
매출액	145	144	150	146	139	1
영업이익	7	6	4	-7	-2	1
당기순이익	9	20	6	-10	11	1

재무 상태						*IFRS 별도 기준 〈단위 : 억원〉
항목	2012	2013	2014	2015	2016	2017.2Q
총자산	572	603	623	631	525	5
유형자산	104	112	143	152	137	1
무형자산	6	6	7	7	7	
유가증권	74	74	74	74	74	
총부채	161	158	160	139	137	
총차입금						
자본금	71	71	71	71	71	
총자본	412	446	463	492	389	2
지배주주지분	412	446	463	492	389	2

기업가치 지표						*IFRS 별도 기준
항목	2012	2013	2014	2015	2016	2017.2Q
주가(최고/저)(천원)	34.2/20.3	48.5/21.8	46.4/27.1	104/39.9	116/55.0	―/―
PER(최고/저)(배)	33.2/19.7	14.6/6.6	17.0/10.0	39.8/15.2	73.2/35.9	―
PBR(최고/저)(배)	1.5/0.9	1.9/0.9	1.8/1.0	3.7/1.4	4.7/2.3	5.4/4
EV/EBITDA(배)	9.9	10.3	10.4	15.1	32.1	
EPS(원)	1,275	4,116	3,365	3,238	1,749	1,8
BPS(원)	28,862	31,241	32,418	34,463	27,238	21,0
CFPS(원)	3,036	5,812	5,117	5,108	3,587	2
DPS(원)				6,000	8,000	
EBITDAPS(원)	1,406	2,631	3,593	3,845	2,594	8

재무 비율									〈단위 : % 〉
연도	영업이익률	순이익률	부채비율	차입금비율	ROA	ROE	유보율	자기자본비율	EBITDA마진율
2016	1.9	4.3	35.2	0.0	4.3	5.7	444.8	74.0	6
2015	4.8	7.9	28.2	0.0	7.4	9.7	589.3	78.0	8
2014	4.4	8.0	34.6	0.0	7.8	10.6	548.4	74.3	8
2013	2.3	10.3	35.4	0.0	10.0	13.7	524.8	73.9	6

청광종합건설 (A140290)
CHUNGKWANG CONSTRUCTION

종 목 : 건설		시 장 : KONEX	
용 등 급 : (Bond) — (CP) —		기업규모 :	
홈 페 이 지 : www.chungkwang.co.kr		연 락 처 : 02)3461-3600	
본 사 : 서울시 강남구 언주로 550 청광빌딩			

설 립 일 2006.11.20	종 업 원 수 60명	대 표 이 사 허숭	
상 장 일 2013.12.20	감 사 의 견 적정 (삼정)	계 열	
결 산 기 12월	보 통 주	종 속 회 사 수	
액 면 가	우 선 주	구 상 호	

주주구성 (지분율,%)		출자관계 (지분율,%)		주요경쟁사 (외형,%)	
청광건설	85.3	서울학교사랑	12.1	청광종건	100
		푸른동산	11.6	엄지하우스	63
		반올림교육삼호	10.5	포워드컴퍼니스	5

매출구성		비용구성		수출비중	
자체공사(공사)	74.6	매출원가율	77.2	수출	0.0
국내도급공사 (건축)	21.6	판관비율	13.1	내수	100.0
국내도급공사 (토목)	3.2				

회사 개요

동사는 2006년 11월에 설립되어 관공서, 민자/민수, FED, IDIQ, 토목, 주택/오피스텔 등의 다양한 사업을 영위하는 종합건설회사임. 동사는 2015년 말 기준 시공능력평가에서 전체 건설회사 중 213위에 위치하고 있으며, 관급공사 위주의 안정적 매출처를 보유하고 있음. 사업부문별 매출 구성을 보면 2016년 기준 자체사업과 민간도급, 민간투자사업(BTL) 순으로 각각 74.6%, 14.9%, 4.1%를 차지.

실적 분석

코넥스 상장 기업인 동사의 연결기준 2016년 매출액은 전년보다 42% 증가한 1,224.4억원을 기록해 큰 폭의 외형 성장세를 나타냄. 매출원가 부담이 줄어들어 매출총이익은 169.9% 증가한 278.6억원을 기록하였음. 전년 35.6억원 수준이었던 영업이익은 2016년 118.8억원으로 증가하였음. 다만 금융손실 등 비영업 부문에서 손실이 지속되었으며 최종적으로 동사의 2016년 당기순이익은 13억원 증가한 30.1억원을 시현하는 데 그침.

현금 흐름　*IFRS 별도 기준　〈단위 : 억원〉

항목	2016	2017.2Q
영업활동	338	
투자활동	29	
재무활동	-386	
순현금흐름	-20	
기말현금	30	

시장 대비 수익률

결산 실적　〈단위 : 억원〉

항목	2012	2013	2014	2015	2016	2017
매출액	529	706	730	862	1,224	
영업이익	45	54	34	36	119	
당기순이익	26	39	22	14	30	

분기 실적　*IFRS 별도 기준　〈단위 : 억원〉

항목	2016.1Q	2016.2Q	2016.3Q	2016.4Q	2017.1Q	2017.2Q
매출액	—	—	—	—	—	—
영업이익	—	—	—	—	—	—
당기순이익	—	—	—	—	—	—

재무 상태　*IFRS 별도 기준　〈단위 : 억원〉

항목	2012	2013	2014	2015	2016	2017.2Q
총자산	504	519	440	1,169	696	
유형자산	0	0	1	1	1	
무형자산	19	—	—	—	—	
유가증권	38	34	31	35	30	
총부채	321	284	171	881	378	
총차입금	129	52	93	513	128	
자본금	50	50	53	53	53	
총자본	183	236	269	287	318	
지배주주지분	183	236	269	287	318	

기업가치 지표　*IFRS 별도 기준

항목	2012	2013	2014	2015	2016	2017.2Q
주가(최고/저)(천원)	—/—	1.9/1.8	2.8/1.4	2.6/1.0	2.9/1.0	—/—
PER(최고/저)(배)	0.0/0.0	4.4/4.3	11.8/5.9	15.5/5.9	9.9/3.4	0.0/0.0
PBR(최고/저)(배)	0.0/0.0	0.8/0.8	1.1/0.6	1.0/0.4	1.0/0.3	—/—
EV/EBITDA(배)	0.9	1.9	5.3	17.6	2.2	—/—
EPS(원)	259	423	238	168	292	
BPS(원)	36,620	2,356	2,502	2,672	2,960	
CFPS(원)	5,764	427	241	171	295	
DPS(원)	—	—	—	—	—	
EBITDAPS(원)	9,599	513	289	294	1,084	

재무 비율　〈단위 : % 〉

연도	영업이익률	순이익률	부채비율	차입금비율	ROA	ROE	유보율	자기자본비율	EBITDA마진율
2016	9.7	2.5	169.9	84.1	2.9	10.4	474.7	37.1	9.8
2015	4.1	2.0	361.3	224.9	1.9	6.5	420.3	21.7	4.2
2014	4.7	3.1	110.5	77.2	3.8	9.2	385.4	47.5	4.8
2013	7.7	5.6	175.7	70.4			351.0	36.3	7.9

청담러닝 (A096240)
Chungdahm Learning

업 종 : 교육		시 장 : KOSDAQ	
신용등급 : (Bond) — (CP) —		기업규모 : 중견	
홈 페 이 지 : company.chungdahm.com		연 락 처 : 02)3429-9407	
본 사 : 서울시 강남구 영동대로 731 신영빌딩 15층			

설 립 일 2002.06.05	종 업 원 수 546명	대 표 이 사 김영화	
상 장 일 2008.06.27	감 사 의 견 적정 (삼일)	계 열	
결 산 기 12월	보 통 주 704만주	종 속 회 사 수 7개사	
액 면 가 500원	우 선 주	구 상 호	

주주구성 (지분율,%)		출자관계 (지분율,%)		주요경쟁사 (외형,%)	
김영화	13.0	유테카	49.0	청담러닝	100
김혜련	7.2	외교	38.5	메가스터디교육	124
(외국인)	2.6	청담글로벌러닝	19.0	정상제이엘에스	59

매출구성		비용구성		수출비중	
수강료(용역)	37.5	매출원가율	0.0	수출	0.0
온라인(용역)	32.0	판관비율	96.2	내수	100.0
교재(제품)	21.0				

회사 개요

동사는 교육 전문 기업으로 오프라인 학원을 직영 및 가맹 형태로 운영하는 학원사업부문과 콘텐츠 사업부문, 스마트러닝 기반의 스마트클래스 사업부문 등 크게 세 가지로 사업을 분류할 수 있음. 씨엠에스에듀, 진에듀, 상상과창조 등을 연결대상 종속회사로 보유하고 있음. 학원사업의 경우 청담어학원, April어학원, 청담아이가르텐 등의 브랜드를 직영 및 가맹 형태로 운영 중임.

실적 분석

2017년 상반기 연결 기준 동사는 매출 780.9억원을 시현함. 전년도 같은 기간 매출인 747.0억원에서 4.5% 성장함. 인건비 증가 등으로 인해 판매비와 관리비가 3.3% 증가했으나 매출성장이 이를 상회함. 이에 영업이익은 전년 동기 80.5억원에서 15% 성장한 92.5억원을 기록했음. 비영업부문은 손실폭이 커졌으나 당기순이익은 11.1% 증가한 54.7억원을 기록함.

현금 흐름　〈단위 : 억원〉

항목	2016	2017.2Q
영업활동	154	77
투자활동	-530	-66
재무활동	333	-28
순현금흐름	-38	-23
기말현금	145	122

시장 대비 수익률

결산 실적　〈단위 : 억원〉

항목	2012	2013	2014	2015	2016	2017
매출액	1,192	1,253	1,305	1,355	1,411	
영업이익	145	159	113	69	53	
당기순이익	111	91	85	10	-171	

분기 실적　〈단위 : 억원〉

항목	2016.1Q	2016.2Q	2016.3Q	2016.4Q	2017.1Q	2017.2Q
매출액	389	358	343	320	407	374
영업이익	48	32	21	-48	56	37
당기순이익	35	15	9	-229	37	17

재무 상태　〈단위 : 억원〉

항목	2012	2013	2014	2015	2016	2017.2Q
총자산	984	1,219	1,208	1,254	1,492	1,476
유형자산	49	109	150	124	369	227
무형자산	280	308	391	367	318	290
유가증권	95	112	91	97	158	112
총부채	336	545	621	697	699	609
총차입금	25	245	231	292	448	456
자본금	31	31	31	31	34	35
총자본	648	674	587	557	793	866
지배주주지분	627	660	553	497	582	605

기업가치 지표

항목	2012	2013	2014	2015	2016	2017.2Q
주가(최고/저)(천원)	13.1/8.3	13.3/9.4	12.4/9.4	13.3/8.8	28.3/10.6	—/—
PER(최고/저)(배)	9.3/5.9	12.6/8.9	23.0/17.4	—/—	—/—	—/—
PBR(최고/저)(배)	1.5/0.9	1.3/0.9	1.3/1.0	1.5/1.0	2.9/1.1	1.9/1.5
EV/EBITDA(배)	4.1	3.4	3.9	3.7	9.1	—/—
EPS(원)	1,834	1,331	642	-206	-3,059	390
BPS(원)	11,672	12,629	11,058	10,137	10,305	10,422
CFPS(원)	2,750	2,297	2,348	1,923	-1,157	390
DPS(원)	500	500	800	800	800	
EBITDAPS(원)	3,242	3,522	3,530	3,237	2,712	1,341

재무 비율　〈단위 : % 〉

연도	영업이익률	순이익률	부채비율	차입금비율	ROA	ROE	유보율	자기자본비율	EBITDA마진율
2016	3.8	-12.1	88.2	56.5	-12.5	-37.3	1,960.9	53.1	12.6
2015	5.1	0.8	125.1	52.4	0.8	-2.4	1,927.4	44.4	14.8
2014	8.7	6.5	105.9	39.5	7.0	6.6	2,111.6	48.6	16.8
2013	12.7	7.3	81.0	36.4	8.3	12.9	2,425.8	55.3	17.5

청보산업 (A013720)
Cheong Bo Industrial

업 종 : 자동차부품		시 장 : KOSDAQ	
신용등급 : (Bond) — (CP) —		기업규모 : 중견	
홈 페 이 지 : www.cheongbo.co.kr		연 락 처 : (032)816-3550	
본 사 : 인천시 남동구 남동대로 208 남동공단2단지 71BL 16LT			

설 립 일	1979.01.01	종 업 원 수	104명	대 표 이 사	안상욱
상 장 일	1993.12.29	감 사 의 견	적정 (인일)	계 열	
결 산 기	12월	보 통 주	797만주	종속회사수	
액 면 가	500원	우 선 주		구 상 수	

주주구성 (지분율,%)		출자관계 (지분율,%)		주요경쟁사 (외형,%)	
박순이	10.2	한국자동차기계공업협동조합		청보산업	100
안상욱	8.8	한국주물공업조합		디젠스	574
(외국인)	1.4			광진윈텍	506

매출구성		비용구성		수출비중	
HOUSING	29.9	매출원가율	87.3	수출	60.0
TAPPET	29.4	판관비율	12.2	내수	40.0
LEVER 외	16.2				

회사 개요
동사는 자동차 부품, 주물 제조업 등을 목적으로 1978년 설립됨. 동사는 자동차 엔진 부품, 미션 부품을 제조해 완성차 업체에 납품하는 부품 소재 전문 기업임. 현대기아, 메르세데스-벤츠, 한국GM, 두산인프라코어, 미쓰비시, 푸조 등 안정적인 거래처를 확보함. 동사 생산품목 대부분은 선진국으로부터의 선진 부품을 독자기술로 국산화한 제품임. 최근 개발된 베어링저널은 다임러벤츠를 통해 전세계 시장 진출을 준비 중임.

실적 분석
동사의 2017년 2분기기준 누적 매출액은 전년동기대비 16.6% 상승한 118.4억원을 기록하였음. 비용면에서 전년동기대비 매출원가는 증가 했으며 인건비는 감소 하였고 기타 판매비와관리비는 증가함. 위와 같이 상승한 매출액 대비 비용증가가 높아 그에 따라 전년동기대비 영업이익은 0.2억원으로 -57.1% 크게 하락하였음. 최종적으로 전년동기대비 당기순이익은 적자전환하여 -1억원을 기록함.

현금 흐름 *IFRS 별도 기준 〈단위 : 억원〉

항목	2016	2017.2Q
영업활동	11	11
투자활동	-11	-4
재무활동	5	-14
순현금흐름	2	-6
기말현금	20	13

결산 실적 〈단위 : 억원〉

항목	2012	2013	2014	2015	2016	2017
매출액	239	247	245	211	209	—
영업이익	11	8	8	5	1	—
당기순이익	17	9	6	3	3	—

분기 실적 *IFRS 별도 기준 〈단위 : 억원〉

항목	2016.1Q	2016.2Q	2016.3Q	2016.4Q	2017.1Q	2017.2Q
매출액	49	52	52	55	55	63
영업이익	-2	3	-2	3	-2	2
당기순이익	-1	4	-1	2	-4	3

재무 상태 *IFRS 별도 기준 〈단위 : 억원〉

항목	2012	2013	2014	2015	2016	2017.2Q
총자산	324	359	354	356	367	356
유형자산	195	244	241	263	255	246
무형자산	2	2	2	2	2	2
유가증권	2	1	1	0	0	0
총부채	169	195	189	173	164	152
총차입금	125	148	137	125	115	98
자본금	30	30	30	35	39	40
총자본	155	163	165	183	203	204
지배주주지분	155	163	165	183	203	204

기업가치 지표 *IFRS 별도 기준

항목	2012	2013	2014	2015	2016	2017.2Q
주가(최고/저)(천원)	4.6/1.5	3.2/1.7	2.4/1.7	3.5/1.8	4.6/2.6	—/—
PER(최고/저)(배)	17.4/5.8	23.5/12.2	26.3/18.7	65.9/34.0	135.4/76.6	—/—
PBR(최고/저)(배)	1.9/0.6	1.2/0.6	0.9/0.6	1.3/0.7	1.7/1.0	2.1/1.1
EV/EBITDA(배)	9.8	8.2	7.1	11.3	17.0	—
EPS(원)	286	145	93	53	34	-12
BPS(원)	2,640	2,770	2,794	2,707	2,653	2,610
CFPS(원)	551	465	466	387	320	147
DPS(원)	50	50	50	25	—	—
EBITDAPS(원)	443	447	513	419	300	162

재무 비율 〈단위 : %〉

연도	영업이익률	순이익률	부채비율	차입금비율	ROA	ROE	유보율	자기자본비율	EBITDA마진율
2016	0.5	1.2	80.7	56.7	0.7	1.3	430.7	55.4	10.8
2015	2.6	1.6	94.2	68.2	1.0	2.0	441.4	51.5	13.0
2014	3.5	2.3	114.7	83.3	1.6	3.4	458.8	46.6	12.6
2013	3.1	3.5	119.7	90.4	2.4	5.5	454.0	45.5	10.9

청호컴넷 (A012600)
ChungHo Comnet

업 종 : 컴퓨터 및 주변기기		시 장 : 거래소	
신용등급 : (Bond) — (CP) —		기업규모 : 시가총액 소형주	
홈 페 이 지 : www.chunghocomnet.com		연 락 처 : 02)3670-7700	
본 사 : 서울시 강남구 도산대로 318			

설 립 일	1977.10.13	종 업 원 수	92명	대 표 이 사	지창배,이경우(각자대표이사)
상 장 일	1990.07.10	감 사 의 견	적정 (한길)	계 열	
결 산 기	12월	보 통 주	838만주	종속회사수	12개사
액 면 가	5,000원	우 선 주		구 상 수	

주주구성 (지분율,%)		출자관계 (지분율,%)		주요경쟁사 (외형,%)	
청호엔터프라이스	15.5	청호메카트로닉스	100.0	청호컴넷	100
글로리1호조합	9.9	청호에스엔지호남	100.0	빅솔론	102
(외국인)	18.5	청호에스엔지경남	100.0	메디프론	15

매출구성		비용구성		수출비중	
내연기관용 필터	32.9	매출원가율	86.0	수출	10.0
Art-9100외	28.1	판관비율	20.6	내수	90.0
기기 A/S 용역수수료	17.7				

회사 개요
1977년 10월 현금자동입출금기의 제조, 판매 목적으로 설립된 동사는 1990년 한국거래소 유가증권 시장에 상장됨. 동사는 18개 종속 계열회사를 두고 있고, 이 중에는 각 지역의 기기를 유치 및 수리하는 업체들이 포함됨. 금융자동화기기(ATM) 시장에 최초주자로 진입한 이후 국내 금융권 시장변화가 급변한 시점에 동사는 FKM을 인수해 국내 모든 은행권에 안정적인 대고객 서비스를 제공 중임.

실적 분석
동사의 2017년 연결기준 상반기 매출액은 225.3억원으로 전년동기 대비 19% 감소함. 고정비 감소에도 영업손실은 36억원으로 적자지속됨. 금융권의 지점 축소 및 인터넷 거래 비중이 증가하면서 주력 제품(ATM) 매출 정체가 부담으로 작용. 동사는 최근 핀테크 4차 산업에 대한 관심이 증가하고 있는 만큼 이에 부합하는 혁신적 ATM 개발을 통해 4차산업 혁명 트렌드에 대응해 나갈 전망. 인터넷 전문 은행 대상으로 영업 확대 목표임.

현금 흐름 〈단위 : 억원〉

항목	2016	2017.2Q
영업활동	-23	-53
투자활동	-185	39
재무활동	215	13
순현금흐름	7	-1
기말현금	19	17

결산 실적 〈단위 : 억원〉

항목	2012	2013	2014	2015	2016	2017
매출액	733	1,009	957	890	858	—
영업이익	-119	-201	-97	-58	-57	—
당기순이익	82	-340	-146	-162	-161	—

분기 실적 〈단위 : 억원〉

항목	2016.1Q	2016.2Q	2016.3Q	2016.4Q	2017.1Q	2017.2Q
매출액	216	131	171	339	162	13
영업이익	-10	-22	-29	4	-22	13
당기순이익	-19	-31	-33	-79	-30	11

재무 상태 〈단위 : 억원〉

항목	2012	2013	2014	2015	2016	2017.2Q
총자산	1,154	1,193	968	747	792	79
유형자산	190	417	403	325	316	25
무형자산	138	250	207	141	108	1
유가증권	34	19	12	12	33	1
총부채	315	679	602	481	449	40
총차입금	205	495	462	341	328	32
자본금	305	305	305	364	419	41
총자본	839	514	366	266	344	38
지배주주지분	836	512	364	265	299	38

기업가치 지표

항목	2012	2013	2014	2015	2016	2017.2Q
주가(최고/저)(천원)	7.0/3.2	7.9/3.5	5.4/2.9	8.4/3.0	9.1/4.4	—/—
PER(최고/저)(배)	5.3/2.4	—/—	—/—	—/—	—/—	—/—
PBR(최고/저)(배)	0.5/0.2	0.8/0.4	0.8/0.4	1.8/0.7	2.1/1.0	0.9/0.
EV/EBITDA(배)						
EPS(원)	1,317	-5,599	-2,392	-2,319	-2,041	1,01
BPS(원)	14,853	9,541	7,119	4,618	4,412	5,43
CFPS(원)	2,023	-4,558	-1,564	-1,694	-1,658	1,13
DPS(원)						
EBITDAPS(원)	-1,243	-2,258	-762	-212	-328	-31

재무 비율 〈단위 : %〉

연도	영업이익률	순이익률	부채비율	차입금비율	ROA	ROE	유보율	자기자본비율	EBITDA마진율
2016	-6.6	-18.8	일부잠식	일부잠식	-21.0	-57.7	-11.8	43.4	-3.
2015	-6.6	-18.2	일부잠식	일부잠식	-18.9	-51.4	-7.7	35.7	-1.
2014	-10.2	-15.3	164.7	126.4	-13.5	-33.3	42.4	37.8	-4.
2013	-20.0	-33.7	132.2	96.4	-29.0	-50.7	90.8	43.1	-13.

체시스 (A033250)
Chasys

종 목 : 자동차부품		시 장 : 거래소	
신용등급 : (Bond) — (CP) —		기업규모 : 시가총액 소형주	
홈페이지 : www.chasys.com		연 락 처 : 053)851-8511	
본 사 : 경북 경산시 진량읍 일연로 528			

설 립 일	1989.08.03	종 업 원 수	170명	대 표 이 사	이명곤,김성광(각자대표이사)
상 장 일	1999.08.11	감 사 의 견	적정 (삼정)	계	열
결 산 기	06월	보 통 주	2,400만주	종 속 회 사 수	
액 면 가	500원	우 선 주		구 상 호	

주주구성 (지분율,%)		출자관계 (지분율,%)		주요경쟁사 (외형,%)	
엠에스에이치씨	21.9			체시스	100
이명곤	17.6			팬스타엔터프라이즈 *	54
(외국인)	1.3			두올산업	75

매출구성		비용구성		수출비중	
AXLE	39.4	매출원가율	88.9	수출	—
CROSS MBR	27.7	판관비율	7.8	내수	—
ARM	18.9				

회사 개요
동사의 주요 시장은 자동차 회사로 전량 주문 생산에 의해 생산, 공급하고 있으며 전제품이 단독개발品으로 구성되어 있음. 부품업체의 경쟁력은 설비 및 공정개선, 숙련도 등을 통해 확보되는 생산기술상의 비교우위와 핵심요소로서의 설계능력이 중요함. 동사는 자동차 샤시 부분의 설계능력을 보유하여 Concept Car 개발시점부터 자동차 메이커와 함께 개발에 들어감.

실적 분석
동사는 6월 결산법인임. 제 28기 3분기 누적 매출액은 398억원으로 전년동기 대비 소폭 증가함. 높은 원가율이 지속되어 영업손실 27억원이 발생되었고 당기순손실이 지속되고 있는 상황임. 2017년 자동차산업의 내수는 상반기 노후 경유차 교체 세제지원에도 불구하고 개별소비세 인하 정책종료에 따른 기저효과, 경제 성장률 둔화로 인한 민간 소비심리 위축이 예상됨.

현금 흐름 〈단위 : 억원〉

항목	2016	2017.3Q
영업활동	54	-40
투자활동	-24	-49
재무활동	29	49
순현금흐름	59	-40
기말현금	66	27

시장 대비 수익률

결산 실적 〈단위 : 억원〉

항목	2012	2013	2014	2015	2016	2017
매출액	1,095	984	746	587	522	—
영업이익	61	21	-39	-30	17	—
당기순이익	47	-1	-75	-46	-4	—

분기 실적 〈단위 : 억원〉

항목	2016.2Q	2016.3Q	2016.4Q	2017.1Q	2017.2Q	2017.3Q
매출액	133	132	137	115	149	135
영업이익	1	9	15	-12	-3	-12
당기순이익	-15	3	11	-27	6	-29

재무 상태 * 〈단위 : 억원〉

항목	2012	2013	2014	2015	2016	2017.3Q
총자산	917	946	891	864	911	962
유형자산	459	484	530	553	537	565
무형자산	25	20	17	13	7	7
유가증권	34	34	34	30	23	17
총부채	586	624	639	613	572	676
총차입금	275	308	423	433	366	415
자본금	83	83	83	83	120	120
총자본	332	323	252	250	339	286
지배주주지분	332	323	252	250	339	286

기업가치 지표

항목	2012	2013	2014	2015	2016	2017.3Q
주가(최고/저)(천원)	1.5/1.0	2.1/1.1	1.8/1.1	1.7/0.7	3.9/1.0	—/—
PER(최고/저)(배)	7.0/4.7	—/—	—/—	—/—	—/—	2.0/1.0
PBR(최고/저)(배)	1.0/0.7	1.3/0.7	1.5/0.9	1.4/0.6	2.8/0.7	
EV/EBITDA(배)	4.7	6.8	31.1	30.0	10.5	
EPS(원)	229	-6	-364	-226	-19	-207
BPS(원)	2,000	1,945	1,518	1,509	1,411	1,193
CFPS(원)	573	307	-100	26	223	-33
DPS(원)	50	20				
EBITDAPS(원)	656	441	116	125	319	61

재무 비율 〈단위 : % 〉

연도	영업이익률	순이익률	부채비율	차입금비율	ROA	ROE	유보율	자기자본비율	EBITDA마진율
2016	3.3	-0.8	168.9	108.0	-0.5	-1.5	182.2	37.2	13.8
2015	-5.1	-7.9	244.9	172.8	-5.3	-18.4	201.8	29.0	3.5
2014	-5.2	-10.0	253.5	168.1	-8.1	-26.0	203.7	28.3	2.6
2013	2.1	-0.1	193.2	95.5	-0.1	-0.4	289.1	34.1	7.4

초록뱀미디어 (A047820)
Chorokbaem Media

업 종 : 미디어		시 장 : KOSDAQ	
신용등급 : (Bond) — (CP) —		기업규모 : 중견	
홈페이지 : www.chorokbaem.com		연 락 처 : 02)6925-7000	
본 사 : 서울시 강남구 언주로148길 19 청호빌딩 4층			

설 립 일	1998.05.26	종 업 원 수	15명	대 표 이 사	김상헌,조형진(각자대표이사)
상 장 일	2002.12.20	감 사 의 견	적정 (이현)	계	열
결 산 기	12월	보 통 주	6,183만주	종 속 회 사 수	4개사
액 면 가	500원	우 선 주		구 상 호	

주주구성 (지분율,%)		출자관계 (지분율,%)		주요경쟁사 (외형,%)	
DMG (Hong Kong) Group Limited	13.9			초록뱀	100
아이오케이컴퍼니	12.7			YG PLUS	66
(외국인)	20.4			씨그널엔터테인먼트그룹	23

매출구성		비용구성		수출비중	
방영수입	81.9	매출원가율	85.1	수출	6.0
매니지먼트매출	6.1	판관비율	7.6	내수	94.0
판권수입	4.6				

회사 개요
동사는 TV드라마 제작을 중심으로 하는 컨텐츠 제작사업과 드라마 컨텐츠를 기반으로 하는 각종 부가사업(OST, 컬러링, 캐릭터상품, 테마파크 개발)을 영위함. 향후 드라마 제작 사업계획의 기본방향은 인적자원(연출가, 작가, 기획PD)과 작가 및 연기자 양성을 바탕으로 자체제작 역량을 강화하고 해외판권 확보, SPC설립 등을 통한 제작투자 확보 및 제작비 절감으로 수익성 개선을 목표함.

실적 분석
동사의 2017년 2분기 누적 연결기준 매출액은 전년대비 2.7% 감소한 324.8억원에 그침. 이는 비중이 높은 방송프로그램사업의 실적 부진에 기인함. 외형 축소에 따른 원가부담으로 영업손실 4.6억원을 보이며 적자전환하였으나 비영업손익 개선에 따라 당기순이익은 4.8억원을 보이며 흑자전환함. 동사는 중국 DMG그룹과 일본 소넷과 긴밀한 협력관계를 유지하고 있어 방송영상 콘텐츠 제작에 새로운 비즈니스 기회로 작용할 것으로 기대.

현금 흐름 〈단위 : 억원〉

항목	2016	2017.2Q
영업활동	67	46
투자활동	28	-37
재무활동	-46	-2
순현금흐름	53	8
기말현금	130	138

시장 대비 수익률

결산 실적 〈단위 : 억원〉

항목	2012	2013	2014	2015	2016	2017
매출액	293	226	256	248	1,059	—
영업이익	16	-19	-21	-23	77	—
당기순이익	15	-24	-20	-6	49	—

분기 실적 〈단위 : 억원〉

항목	2016.1Q	2016.2Q	2016.3Q	2016.4Q	2017.1Q	2017.2Q
매출액	130	203	306	420	198	127
영업이익	2	2	36	38	5	-9
당기순이익	-11	-21	21	60	7	-2

재무 상태 〈단위 : 억원〉

항목	2012	2013	2014	2015	2016	2017.2Q
총자산	279	251	269	1,141	1,242	1,186
유형자산	1	1	1	4	6	5
무형자산	48	44	52	378	315	304
유가증권			3	21	116	303
총부채	17	15	53	500	519	271
총차입금	—		29	428	394	188
자본금	128	128	128	246	247	309
총자본	262	236	216	642	723	915
지배주주지분	258	232	213	636	717	909

기업가치 지표

항목	2012	2013	2014	2015	2016	2017.2Q
주가(최고/저)(천원)	3.6/1.9	2.1/1.1	3.2/1.0	6.1/2.0	4.8/1.8	—/—
PER(최고/저)(배)	62.4/33.1	—/—	—/—	—/—	48.6/17.8	1.4/1.0
PBR(최고/저)(배)	3.6/1.9	2.4/1.2	3.8/1.2	4.8/1.6	3.3/1.2	
EV/EBITDA(배)	21.5				12.2	
EPS(원)	57	-92	-79	-18	98	8
BPS(원)	1,006	908	831	1,291	1,448	1,471
CFPS(원)	67	-91	-78	-17	115	14
DPS(원)						
EBITDAPS(원)	71	-72	-82	-66	173	-1

재무 비율 〈단위 : % 〉

연도	영업이익률	순이익률	부채비율	차입금비율	ROA	ROE	유보율	자기자본비율	EBITDA마진율
2016	7.3	4.6	71.9	54.5	4.1	7.2	189.7	58.2	8.1
2015	-9.4	-2.5	77.9	66.8	-0.9	-1.5	158.3	56.2	-9.3
2014	-8.4	-7.9	24.4	13.6	-7.8	-9.1	66.2	80.4	-8.2
2013	-8.3	-10.4	6.5	0.0	-8.9	-9.7	81.5	93.9	-8.2

칩스앤미디어 (A094360)
Chips&Media

업 종 : 반도체 및 관련장비	시 장 : KOSDAQ
신용등급 : (Bond) — (CP) —	기업규모 : 벤처
홈 페 이 지 : www.chipsnmedia.com	연 락 처 : 02)568-3767
본 사 : 서울시 강남구 삼성로 85길 26, 브이앤에스 11~13층	

설 립 일 2003.03.06	종업원수 69명	대표이사 김상현
상 장 일 2013.10.29	감사의견 적정 (신한)	계 열
결 산 기 12월	보 통 주 741만주	종속회사수 1개사
액 면 가 500원	우 선 주	구 상 호

주주구성 (지분율,%)		출자관계 (지분율,%)		주요경쟁사 (외형,%)	
텔레칩스	34.5	비트리	16.7	칩스앤미디어	100
한국증권금융	3.1	심매반도체유한공사	100.0	에이디테크놀로지	166
(외국인)	0.4			제너셈	130

매출구성		비용구성		수출비중	
라이선스	49.3	매출원가율	0.0	수출	97.0
로열티	46.6	판관비율	79.5	내수	3.0
용역	4.1				

회사 개요

동사는 2003년에 설립된 반도체 설계자산 전문업체임. 반도체 설계자산은 "반도체 IP" 또는 간단하게 "IP"라고 통칭하며, 동사의 주요 사업 영역은 "비디오 IP" 기술 분야이며, 비디오 IP는 멀티미디어 반도체 칩 설계도의 일부로, 칩 내부 면적을 차지하여 동영상을 녹화하거나 재생시키는 기능을 담당하는 기술임. 동사는 이 분야 국내 1위 업체임. 수익구조는 라이선스 수수료, 로열티 수수료, 용역 수수료로 구성됨.

실적 분석

동사는 2017년 상반기 누적 매출액이 42.7억원으로 전년 동기 대비 25.7% 감소했고, 영업손실은 11.0억원으로 전년 동기 6.8억원에서 적자전환함. 동사는 비디오 IP 라이선스와 로열티 수입이 모두 줄어들며 매출이 줄었고, 인건비 등 판매관리비는 오히려 늘어나면서 적자를 기록함. 동사는 비영업부문에서도 손실이 발생했고, 전년 동기 9.3억원의 당기순이익이 적자로 전환해 16.5억원의 손실을 기록함.

현금 흐름 〈단위 : 억원〉

항목	2016	2017.2Q
영업활동	39	-17
투자활동	-48	8
재무활동	3	-3
순현금흐름	-5	-12
기말현금	45	32

시장 대비 수익률

결산 실적 〈단위 : 억원〉

항목	2012	2013	2014	2015	2016	2017
매출액	89	100	108	120	137	
영업이익	9	13	20	23	28	
당기순이익	5	7	25	29	36	

분기 실적 〈단위 : 억원〉

항목	2016.1Q	2016.2Q	2016.3Q	2016.4Q	2017.1Q	2017.2Q
매출액	30	28	35	45	28	15
영업이익	5	1	10	11	2	-13
당기순이익	7	2	5	21	-4	-12

재무 상태 〈단위 : 억원〉

항목	2012	2013	2014	2015	2016	2017.2Q
총자산	170	178	194	276	316	288
유형자산	3	3	3	5	6	4
무형자산	5	8	11	14	10	9
유가증권	3	4	7	9	20	35
총부채	47	46	38	22	24	15
총차입금	31	33	21			
자본금	15	15	15	19	38	38
총자본	123	132	156	254	292	273
지배주주지분	123	132	156	254	292	273

기업가치 지표

항목	2012	2013	2014	2015	2016	2017.2Q
주가(최고/저)(천원)	—/—	2.2/1.6	2.1/1.4	7.9/1.4	15.4/4.3	—/—
PER(최고/저)(배)	0.0/0.0	17.4/12.5	4.9/3.3	17.1/3.1	30.9/8.6	—/—
PBR(최고/저)(배)	0.0/0.0	1.0/0.7	0.8/0.5	2.2/0.4	3.8/1.1	4.0/2.5
EV/EBITDA(배)		2.7	0.1	8.5	22.8	
EPS(원)	87	129	452	480	501	-224
BPS(원)	4,255	4,562	5,544	7,370	4,034	3,683
CFPS(원)	278	370	1,068	1,178	604	-177
DPS(원)					170	
EBITDAPS(원)	411	560	896	992	498	-103

재무 비율 〈단위 : % 〉

연도	영업이익률	순이익률	부채비율	차입금비율	ROA	ROE	유보율	자기자본비율	EBITDA마진율
2016	20.5	26.0	8.4	0.0	12.0	13.0	676.1	92.3	25.8
2015	19.5	24.2	8.8	0.0	12.4	14.2	1,260.6	91.9	25.1
2014	18.8	23.3	24.1	13.2	13.5	17.5	938.0	80.6	23.5
2013	12.7	7.2	35.1	24.8	4.2	5.7	772.7	74.0	16.1

카스 (A016920)
CAS

업 종 : 기계	시 장 : KOSDAQ
신용등급 : (Bond) — (CP) —	기업규모 :
홈 페 이 지 : www.cas.co.kr	연 락 처 : 031)820-1100
본 사 : 경기도 양주시 광적면 그루고개로 262	

설 립 일 1983.04.19	종업원수 328명	대표이사 김태인
상 장 일 1990.01.04	감사의견 적정 (한영)	계 열
결 산 기 12월	보 통 주 1,617만주	종속회사수 5개사
액 면 가 500원	우 선 주	구 상 호

주주구성 (지분율,%)		출자관계 (지분율,%)		주요경쟁사 (외형,%)	
김동진	25.9	CASZHEJIANG	100.0	카스	100
레이블코리아	13.6	CASSHANGHAI	100.0	맥스로텍	30
(외국인)	0.3	CAS.S.A	100.0	에너토크	20

매출구성		비용구성		수출비중	
산업용전자저울등	45.5	매출원가율	71.5	수출	—
상업용 전자저울	43.1	판관비율	26.4	내수	—
로드셀	11.4				

회사 개요

동사는 전자저울과 로드셀 제조와 판매를 주요사업으로 영위하고 있음. 1983년 설립되어 1989년 코스닥시장에 상장함. 'CAS SHANGHAI', 'CAS JAPAN' 등 5개의 연결대상 종속회사를 보유하고 있음. 미국 법인은 부동산 임대업을 영위함. 국내 전자저울 시장의 약 70%를 점유함. 향후 사업영역을 다각화하기 위해 의료기기 판매업을 추가할 예정임.

실적 분석

2017년 연결기준 동사는 매출액 681.7억원을 기록함. 이는 전년도 같은 기간 매출인 625.9억원 대비 8.9% 증가한 금액임. 매출원가율 5.9% 증가했지만 매출이 성장하고 판매비와 관리비는 소폭 감소해 영업이익은 전년 동기 10.9억원에서 306.6% 증가한 44.2억원을 시현함. 비영업부문 적자는 8.3억원에서 26.1억원으로 늘었지만 당기순이익은 2.3억원에서 16.8억원으로 크게 상승함.

현금 흐름 〈단위 : 억원〉

항목	2016	2017.2Q
영업활동	143	-11
투자활동	31	1
재무활동	-120	-25
순현금흐름	54	-35
기말현금	96	61

시장 대비 수익률

결산 실적 〈단위 : 억원〉

항목	2012	2013	2014	2015	2016	2017
매출액	1,217	1,239	1,312	1,277	1,316	
영업이익	48	39	-24	8	28	
당기순이익	11	10	-58	-29		

분기 실적 〈단위 : 억원〉

항목	2016.1Q	2016.2Q	2016.3Q	2016.4Q	2017.1Q	2017.2Q
매출액	303	323	323	368	328	354
영업이익	5	6	15	3	22	22
당기순이익	3	-0	5	-36	22	9

재무 상태 * 〈단위 : 억원〉

항목	2012	2013	2014	2015	2016	2017.2Q
총자산	1,133	1,174	1,309	1,304	1,217	1,175
유형자산	238	271	388	394	373	362
무형자산	34	37	33	46	52	53
유가증권	7	8	6	7	1	1
총부채	727	768	931	957	896	853
총차입금	540	551	662	668	558	528
자본금	81	81	81	81	81	81
총자본	406	406	378	347	321	322
지배주주지분	406	406	378	347	321	322

기업가치 지표

항목	2012	2013	2014	2015	2016	2017.2Q
주가(최고/저)(천원)	2.3/1.2	2.7/1.7	2.5/1.7	1.9/1.6	2.7/1.6	—/—
PER(최고/저)(배)	36.0/19.6	44.8/28.3	—/—	—/—	—/—	—/—
PBR(최고/저)(배)	1.0/0.5	1.1/0.7	1.1/0.8	0.9/0.7	1.4/0.8	1.2/0.9
EV/EBITDA(배)	10.2	14.2		28.3	16.6	
EPS(원)	70	64	-356	-131	-177	104
BPS(원)	2,565	2,566	2,396	2,202	2,040	2,049
CFPS(원)	178	169	-220	6	-48	166
DPS(원)	50	50	25	25		
EBITDAPS(원)	404	349	-12	188	303	335

재무 비율 〈단위 : % 〉

연도	영업이익률	순이익률	부채비율	차입금비율	ROA	ROE	유보율	자기자본비율	EBITDA마진율
2016	2.1	-2.2	279.4	174.0	-2.3	-8.6	307.9	26.4	3.7
2015	0.7	-1.7	275.9	192.4	-1.6	-5.9	340.4	26.6	2.4
2014	-1.8	-4.4	246.0	175.1	-4.6	-14.7	379.3	28.9	-0.2
2013	3.2	0.8	189.2	135.7	0.9	2.6	413.2	34.6	4.6

카이노스메드 (A220250)
KAINOS MEDICINE

업　　종 : 제약		시　　장 : KONEX	
신용등급 : (Bond) —　(CP) —		기업규모 :	
홈페이지 : www.kainosmedicine.com		연 락 처 : 02)567-7419	
본　　사 : 경기도 성남시 분당구 대왕판교로712번길 16 한국파스퇴르연구소 4층			

설 립 일	2007.06.15	종 업 원 수	19명	대 표 이 사	이기섭
상 장 일	2015.09.10	감 사 의 견	적정 (송강)	계　　열	
결 산 기	12월	보 통 주		종속회사수	
액 면 가	—	우 선 주		구 상 호	

주주구성 (지분율,%)		출자관계 (지분율,%)		주요경쟁사 (외형,%)	
이기섭	18.4			카이노스메드	100
이애주	6.7			명문제약	6,582
				유유제약	3,314

매출구성		비용구성		수출비중	
기술이전	100.0	매출원가율	3.5	수출	100.0
		판관비율	215.7	내수	0.0

회사 개요
동사는 2007년 설립되어 2015년 9월 코넥스 시장에 상장됨. 합성신약 연구 개발 목적으로 설립되어 의약화학(medicinal chemistry)을 기반으로 합성신약을 연구, 개발하고 있음. 적정 개발 단계에서 신약 후보 물질의 기술 수출을 통한 단계적 수익 창출을 주요 사업으로 영위하고 있음. 주요 사업 분야는 항암제, 항바이러스제, 비만당뇨치료제 분야를 중심으로 신약 개발 후보 물질 창출에 전념하고 있음.

실적 분석
동사는 코넥스 상장 기업으로 분기보고서 공시 의무가 없음. 동사의 2016년 매출액은 21.6억원으로 전년 3.6억원 대비 크게 증가함. 매출원가는 0.8억원으로 매출총이익은 20.9억원을 기록하였음. 영업이익은 25.7억원의 적자이며 당기순이익도 적자 상태임. 연구 중인 프로젝트의 목표 시장을 질환별로 분류해보면 에피제네틱스 항암제, 항바이러스(에이즈치료제), 대사질환(비만당뇨치료제) 분야임.

현금 흐름 *IFRS 별도 기준 〈단위 : 억원〉

항목	2016	2017.2Q
영업활동	-24	-1
투자활동	-1	-1
재무활동	7	0
순현금흐름	-17	-2
기말현금	3	1

시장 대비 수익률

결산 실적 〈단위 : 억원〉

항목	2012	2013	2014	2015	2016	2017
매출액	0	1		4	22	
영업이익	-47	-24	-22	-22	-26	
당기순이익	-94	-58	-25	-29	-25	

분기 실적 *IFRS 별도 기준 〈단위 : 억원〉

항목	2016.1Q	2016.2Q	2016.3Q	2016.4Q	2017.1Q	2017.2Q
매출액	—	—	—	—	—	—
영업이익	—	—	—	—	—	—
당기순이익	—	—	—	—	—	—

재무 상태 *IFRS 별도 기준 〈단위 : 억원〉

항목	2012	2013	2014	2015	2016	2017.2Q
총자산	96	22	14	30	12	
유형자산	3	0	0	4	1	
무형자산	72	4	4	0	5	
유가증권						
총부채	47	7	82	9	15	
총차입금			76	5	12	
자본금	49	52	44	58	58	
총자본	49	15	-68	21	-3	
지배주주지분	49	15	-68	21	-3	

기업가치 지표 *IFRS 별도 기준

항목	2012	2013	2014	2015	2016	2017.2Q
주가(최고/저)(천원)	—/—	—/—	—/—	13.0/6.8	10.3/5.2	—/—
PER(최고/저)(배)	0.0/0.0	0.0/0.0	0.0/0.0	72.6/38.0	-406.6/-205.3	0.0/0.0
PBR(최고/저)(배)	0.0/0.0	0.0/0.0	0.0/0.0			—/—
EV/EBITDA(배)						
EPS(원)	-993	-573	-235	-252	-211	
BPS(원)	502	147	-631	179	-25	
CFPS(원)	-980		-562	-234	-251	-210
DPS(원)						
EBITDAPS(원)	-482	-228	-202	-193	-216	

재무 비율 〈단위 : % 〉

연도	영업이익률	순이익률	부채비율	차입금비율	ROA	ROE	유보율	자기자본비율	EBITDA마진율
2016	-119.2	-115.6	완전잠식	완전잠식	-119.3	당기잠식	-105.1	-24.6	-118.4
2015	-618.9	-802.9	일부잠식	일부잠식	-130.6	전기잠식	-63.8	71.3	-616.1
2014	-1,486.4	-1,725.4	완전잠식	완전잠식	-255.0		-478.0	-1,481.9	
2013	-2,417.3	-5,800.0	일부잠식	0.0	-97.9	-180.0	-70.7	69.5	-2,307.3

카카오 (A035720)
Kakao

업　　종 : 인터넷 서비스		시　　장 : 거래소	
신용등급 : (Bond) AA-　(CP) A1		기업규모 :	
홈페이지 : www.kakaocorp.com		연 락 처 : 1577-3321, 1577-37	
본　　사 : 제주도 제주시 첨단로 242 (영평동)			

설 립 일	1995.02.16	종 업 원 수	2,689명	대 표 이 사	임지훈
상 장 일	1999.11.06	감 사 의 견	적정 (삼일)	계　　열	
결 산 기	12월	보 통 주	6,779만주	종속회사수	64개사
액 면 가	500원	우 선 주		구 상 호	다음카카오

주주구성 (지분율,%)		출자관계 (지분율,%)		주요경쟁사 (외형,%)	
김범수	18.5	카카오게임즈홀딩스	100.0	카카오	100
케이큐브홀딩스	14.7	카카오인베스트먼트	100.0	NAVER	275
(외국인)	25.2	카카오프렌즈	100.0	KTH	14

매출구성		비용구성		수출비중	
게임(기타)	47.9	매출원가율	0.0	수출	—
광고(기타)	36.5	판관비율	92.1	내수	—
기타	15.6				

회사 개요
동사는 1995년 다음커뮤니케이션으로 설립되었으며 카카오와 합병 후, 2015년 9월 주식회사 카카오로 상호 변경함. 국내 1위 메신저 카카오톡, 국내 1위 SNS 카카오스토리를 포함, 다양한 모바일 서비스를 제공하고 있으며 모바일 게임·광고·커머스·컨텐츠 등의 서비스를 연계해 수익을 창출함. 또한, 카카오택시 등 O2O 서비스와 다음 포털 사이트를 기반으로 한 온라인 광고 상품 판매사업을 영위하고 있음. 최근 인공지능 사업에 적극 투자 중.

실적 분석
동사의 2017년 2분기 누적 매출액은 전년동기 대비 47.4% 증가한 9,122.3억원을 기록함. 인건비와 광고선전비 증가로 전체 판매비와 관리비는 전년 동기 대비 45.2% 증가한 8,292.6억원을 기록함. 비용 증가에도 불구하고 더 큰 폭의 매출액 성장에 힘입어 영업이익은 전년동기 대비 73.9% 성장한 829.7억원을 시현함. 당기순이익은 전년 동기 대비 176.9% 증가한 669.9억원을 기록하며 큰 폭으로 성장.

현금 흐름 〈단위 : 억원〉

항목	2016	2017.2Q
영업활동	3,328	2,216
투자활동	-10,192	-2,748
재무활동	9,273	1,616
순현금흐름	2,445	1,029
기말현금	6,416	7,446

시장 대비 수익률

결산 실적 〈단위 : 억원〉

항목	2012	2013	2014	2015	2016	2017
매출액	4,534	2,108	4,989	9,322	14,642	
영업이익	1,018	659	1,764	886	1,161	
당기순이익	766	614	1,498	788	655	

분기 실적 〈단위 : 억원〉

항목	2016.1Q	2016.2Q	2016.3Q	2016.4Q	2017.1Q	2017.2Q
매출액	2,425	3,765	3,914	4,538	4,438	4,684
영업이익	211	266	303	382	383	446
당기순이익	109	132	136	276	545	125

재무 상태 〈단위 : 억원〉

항목	2012	2013	2014	2015	2016	2017.2Q
총자산	6,119	2,172	27,680	31,885	54,841	58,101
유형자산	1,012	203	1,969	2,191	2,539	2,670
무형자산	739	14	16,890	18,556	37,332	37,136
유가증권	229		253	311	932	2,082
총부채	919	399	3,048	6,030	17,812	18,179
총차입금	1			3	2,303	10,072	9,784
자본금	68	210	291	301	339	339
총자본	5,199	1,773	24,632	25,855	37,029	39,922
지배주주지분	5,153	1,773	24,546	25,524	34,325	36,178

기업가치 지표

항목	2012	2013	2014	2015	2016	2017.2Q
주가(최고/저)(천원)	129/81.5	108/76.9	176/68.4	157/100	120/71.2	—/—
PER(최고/저)(배)	23.5/14.9	24.3/17.4	29.1/11.3	124.5/79.4	137.6/81.9	—/—
PBR(최고/저)(배)	3.5/2.2	8.4/6.0	4.2/1.6	3.7/2.4	2.4/1.4	2.1/1.4
EV/EBITDA(배)	7.0	13.9	9.2	39.3	24.4	—/—
EPS(원)	5,656	4,532	6,117	1,269	874	960
BPS(원)	38,158	13,072	42,651	42,485	50,777	53,387
CFPS(원)	8,310	5,029	7,057	2,534	2,598	1,889
DPS(원)	1,110	1,133	173	167	148	
EBITDAPS(원)	10,199	5,357	8,129	2,751	3,484	2,154

재무 비율 〈단위 : % 〉

연도	영업이익률	순이익률	부채비율	차입금비율	ROA	ROE	유보율	자기자본비율	EBITDA마진율
2016	7.9	4.5	48.1	27.2	1.5	1.9	10,040.4	67.5	15.7
2015	9.5	8.5	23.3	8.9	2.6	3.0	8,382.9	81.1	17.6
2014	35.4	30.0	12.4	0.0	10.0	11.4	8,415.6	89.0	40.0
2013	31.2	29.1	22.5	0.0	14.8	17.7	744.2	81.6	34.4

카테아 (A026260)
CATEA COLTD

업 종 : 바이오		시 장 : KOSDAQ	
신용 등급 : (Bond) — (CP) —		기 업 규 모 :	
홈 페 이 지 : www.idn.co.kr		연 락 처 : 02)546-6200	
본 사 : 서울시 강남구 언주로 620 (논현동, 현대인텔렉스빌딩 8층)			

설 립 일 1990.06.27	종 업 원 수 54명	대 표 이 사 정명기
상 장 일 1996.08.27	감 사 의 견 적정 (동서)	계 열
결 산 기 12월	보 통 주 5,834만주	종속회사수 6개사
액 면 가 500원	우 선 주	구 상 호 보타바이오

주주구성 (지분율,%)		출자관계 (지분율,%)		주요경쟁사 (외형,%)	
(유)우민	12.1	보수서간원	100.0	카테아	100
유한회사 우민	7.3	인스피아	100.0	바이오니아	71
(외국인)	0.0	라이센스맥스	100.0	이수앱지스	62

매출구성		비용구성		수출비중	
건강기능식품외	51.7	매출원가율	37.4	수출	0.0
통신 서비스,용역,임대수익	48.3	판관비율	105.6	내수	100.0

회사 개요
동사는 2014년 11월 사업목적 변경과 상호변경을 의결하여 바이오 제약사업과 산업안전솔루션 사업, 인터넷서비스 및 통신사업을 주요사업으로 영위함. 2015년 7월 화장품유통사업을 위한 (주)드림스킨코리아 와 (주)카바라인의 지분을 취득하여 종속회사로 편입. 매출구조는 바이오 사업부문이 대부분을 차지하며 통신서비스 등 기타부문과 인터넷키워드 부문이 나머지를 차지하고 있음.

실적 분석
동사의 2017년 상반기 누적매출액은 83.6억원으로 전년동기 대비 13.7% 감소함. 매출원가와 판관비가 각각 35.2%, 0.5% 줄면서 영업손실 폭이 67.3억원에서 64.2억원으로 소폭 감소함. 비영업손실은 87.9억원에서 29.6억원으로 줄었고, 당기순손실도 155.2억원으로 93억원으로 적자폭이 감소함. 당뇨환자 심혈관 기능 개선 2상 임상시험을 추진 중임.

현금 흐름 〈단위 : 억원〉

항목	2016	2017.2Q
영업활동	-161	-114
투자활동	-145	10
재무활동	292	134
순현금흐름	-14	30
기말현금	8	38

결산 실적 〈단위 : 억원〉

항목	2012	2013	2014	2015	2016	2017
매출액	92	77	67	240	306	—
영업이익	-37	-4	-36	-46	-132	—
당기순이익	-129	-23	-79	-213	-495	—

분기 실적 〈단위 : 억원〉

항목	2016.1Q	2016.2Q	2016.3Q	2016.4Q	2017.1Q	2017.2Q
매출액	56	41	122	87	66	18
영업이익	-10	-57	-20	-45	-27	-38
당기순이익	-23	-132	-7	-333	-41	-52

재무 상태 〈단위 : 억원〉

항목	2012	2013	2014	2015	2016	2017.2Q
총자산	134	118	220	420	392	415
유형자산	25	18	14	44	24	12
무형자산	16	18	6	60	116	117
유가증권	20	12	60	39	12	11
총부채	107	42	41	287	370	262
총차입금	55	15	11	210	250	193
자본금	178	53	107	122	177	274
총자본	27	75	179	133	21	153
지배주주지분	22	70	171	139	17	154

기업가치 지표

항목	2012	2013	2014	2015	2016	2017.2Q
주가(최고/저)(천원)	8.5/3.1	5.4/0.6	5.5/0.8	14.9/3.4	9.1/1.2	—/—
PER(최고/저)(배)	—/—	—/—	—/—	—/—	—/—	—/—
PBR(최고/저)(배)	13.4/4.9	8.2/0.9	6.9/1.0	26.0/6.0	184.8/24.5	6.1/3.3
EV/EBITDA(배)		10.2				
EPS(원)	-5,084	-527	-592	-706	-1,709	-203
BPS(원)	63	664	797	572	49	282
CFPS(원)	-473	-361	-542	-607	-1,664	-195
DPS(원)						
EBITDAPS(원)	-111	72	-226	-96	-425	-148

재무 비율 〈단위 : %〉

연도	영업이익률	순이익률	부채비율	차입금비율	ROA	ROE	유보율	자기자본비율	EBITDA마진율
2016	-43.0	-161.6	일부잠식	일부잠식	-122.0	-611.0	-90.1	5.5	-38.9
2015	-19.2	-88.7	215.8	158.0	-66.6	-107.7	14.4	31.7	-9.4
2014	-53.8	-117.6	22.8	6.0	-46.7	-64.2	59.3	81.4	-44.0
2013	-5.6	-30.2	55.7	19.9	-18.5	-52.1	32.8	64.2	4.3

카프로 (A006380)
Capro

업 종 : 화학		시 장 : 거래소	
신용 등급 : (Bond) — (CP) —		기 업 규 모 : 시가총액 소형주	
홈 페 이 지 : www.hcccapro.co.kr		연 락 처 : 02)399-1200	
본 사 : 서울시 중구 을지로 51 교원내외빌딩 14F			

설 립 일 1969.12.30	종 업 원 수 251명	대 표 이 사 박승언
상 장 일 1974.05.28	감 사 의 견 적정 (삼일)	계 열
결 산 기 12월	보 통 주 4,000만주	종속회사수
액 면 가 500원	우 선 주	구 상 호

주주구성 (지분율,%)		출자관계 (지분율,%)		주요경쟁사 (외형,%)	
효성	11.7			카프로	100
코오롱인더스트리	9.6			경인양행	80
(외국인)	1.8			한국알콜	55

매출구성		비용구성		수출비중	
카프로락탐 유안비료	92.9	매출원가율	102.1	수출	51.0
기타품목	7.1	판관비율	2.5	내수	49.0

회사 개요
동사는 1969년 설립돼 나일론의 원료인 카프로락탐 및 기타 화학제품을 생산하고 있음. 카프로락탐은 나일론 섬유나 수지를 제조하는 원료로 국내에서는 동사가 독점적으로 생산 중임. 나일론 제조 업체 등 국내 총수요의 약 70%를 동사가 공급하고 있으며, 나머지 물량은 수입으로 대체됨. 또한 국내 최대 유안비료 생산업체로서 전체 물량의 80% 이상을 수출하고, 나머지는 농업용, 원료용, 공업용으로 국내에 판매하고 있음.

실적 분석
2분기 들어 카프로락탐 가격의 조정이 지속되었지만, 글로벌 카프로락탐 제조업체들의 공장가동 중단과 폐쇄에 따른 수급개선으로 대규모 실적 턴어라운드가 가능할 전망임. 2017년 상반기 매출액은 전년동기의 2배 이상으로 급증하였으며, 원재료인 벤젠의 가격 하락에 따른 원가율 개선으로 영업이익과 당기순이익도 각각 81.2억원과 44.0억원의 흑자로 전환됨. 최근 주총에서 1대 주주인 효성과 경영진 간의 분쟁이 있었음.

현금 흐름 *IFRS 별도 기준 〈단위 : 억원〉

항목	2016	2017.2Q
영업활동	-571	171
투자활동	146	150
재무활동	230	-288
순현금흐름	-194	32
기말현금	79	111

결산 실적 〈단위 : 억원〉

항목	2012	2013	2014	2015	2016	2017
매출액	9,566	7,718	3,915	2,150	3,455	—
영업이익	-240	-1,127	-1,014	-483	-160	—
당기순이익	-192	-892	-792	-61	-76	—

분기 실적 *IFRS 별도 기준 〈단위 : 억원〉

항목	2016.1Q	2016.2Q	2016.3Q	2016.4Q	2017.1Q	2017.2Q
매출액	554	758	945	1,198	1,589	1,14
영업이익	-145	-35	10	10	175	7
당기순이익	-105	12	4	13	120	-7

재무 상태 *IFRS 별도 기준 〈단위 : 억원〉

항목	2012	2013	2014	2015	2016	2017.2Q
총자산	7,346	6,434	4,984	4,374	4,739	4,25
유형자산	3,450	3,261	2,973	2,663	2,295	2,20
무형자산	21	19	17	15	13	1
유가증권	176	199	216	0	0	
총부채	2,776	2,847	2,169	1,771	2,219	1,69
총차입금	1,028	1,802	1,703	1,300	1,223	93
자본금	200	200	200	200	200	20
총자본	4,570	3,587	2,815	2,602	2,519	2,56
지배주주지분	4,570	3,587	2,815	2,602	2,519	2,56

기업가치 지표 *IFRS 별도 기준

항목	2012	2013	2014	2015	2016	2017.2Q
주가(최고/저)(천원)	29.3/10.3	13.0/5.8	6.2/2.5	4.7/2.3	6.8/2.2	—/—
PER(최고/저)(배)	—/—	—/—	—/—	—/—	—/—	—/—
PBR(최고/저)(배)	2.6/0.9	1.5/0.7	0.9/0.4	0.7/0.4	1.1/0.4	1.4/0.
EV/EBITDA(배)	116.2				33.4	
EPS(원)	-481	-2,229	-1,980	-151	-191	11
BPS(원)	11,425	8,969	7,037	6,505	6,298	6,40
CFPS(원)	229	-1,520	-1,249	582	479	439
DPS(원)	250					
EBITDAPS(원)	110	-2,109	-1,805	-474	270	532

재무 비율 〈단위 : %〉

연도	영업이익률	순이익률	부채비율	차입금비율	ROA	ROE	유보율	자기자본비율	EBITDA마진율
2016	-4.6	-2.2	88.1	48.5	-1.7	-3.0	1,159.7	53.2	3.1
2015	-22.5	-2.8	68.1	50.0	-1.3	-2.2	1,201.1	59.5	-8.8
2014	-25.9	-20.2	77.1	60.5	-13.9	-24.7	1,307.4	56.5	-18.4
2013	-14.6	-11.6	79.4	50.2	-12.9	-21.9	1,693.7	55.8	-6.3

캐로스 (A260490)
CAROS CO

업　　　종 : 내구소비재		시　　　장 : KONEX	
신용등급 : (Bond) —　　(CP) —		기업규모 : —	
홈 페 이 지 : www.caros.co.kr		연 락 처 : 031)612-3000	
본　　　사 : 경기도 이천시 마장면 둔터로 40			

설 립 일 2009.03.02	종 업 원 수 40명	대 표 이 사 유영민	
상 장 일 2016.12.23	감 사 의 견 적정 (한빛)	계　　　열	
결 산 기 12월	보 통 주	종 속 회 사 수	
액 면 가	우 선 주	구 상 호	

주주구성 (지분율,%)		출자관계 (지분율,%)		주요경쟁사 (외형,%)	
유영민	55.0			캐로스	100
임재균	7.7			PN풍년	1,261
				파세코	1,688

매출구성		비용구성		수출비중	
눈꽃빙수기	75.6	매출원가율	92.3	수출	—
온풍기	10.3	판관비율	36.2	내수	—
정수기	9.2				

회사 개요
동사는 생활가전 및 상업용 기계장비를 제조, 판매 등을 영위할 목적으로 2009년 3월 2일에 설립됨. 설립초기에는 가정용 냉온정수기를 ODM의 형식으로 직접 개발, 제조하여 홈쇼핑렌탈판매 업체에 주로 공급하였음. 2014년에 우유눈꽃빙수기를 개발해 양산함. 동사의 제품은 한샘, 에넥스, 현대 등에 공급되어 CJ홈쇼핑, GS홈쇼핑, 롯데홈쇼핑 등에서 판매가 이뤄지며 초창기 냉온정수기 렌탈 시장의 대중화에 공헌함.

실적 분석
동사는 2016년 연결 기준으로 매출 60.4억원, 영업손실 17.2억원, 당기순이익 4.6억원을 기록함. 이는 전년 대비 매출은 21억원 감소한 수치이며 영업손실은 전년 9억원에서 적자폭이 확대됨. 자산총계는 112억원으로 전년(158억원) 대비 46억원 감소함. 부채총계는 103억원으로 전년(140억원) 대비 37억원 감소함. 자본총계는 9억원으로 전년(18억원) 대비 9억원 감소함.

현금 흐름　*IFRS 별도 기준　〈단위 : 억원〉

항목	2016	2017.2Q
영업활동	-11	
투자활동	26	
재무활동	-15	
순현금흐름	-0	
기말현금	0	

시장 대비 수익률

결산 실적　〈단위 : 억원〉

항목	2012	2013	2014	2015	2016	2017
매출액	—	63	77	81	60	—
영업이익	—	-4	13	-9	-17	—
당기순이익	—	-7	6	-14	5	—

분기 실적　*IFRS 별도 기준

항목	2016.1Q	2016.2Q	2016.3Q	2016.4Q	2017.1Q	2017.2Q
매출액	—	—	—	—	—	—
영업이익	—	—	—	—	—	—
당기순이익	—	—	—	—	—	—

재무 상태　*IFRS 별도 기준

항목	2012	2013	2014	2015	2016	2017.2Q
총자산	—	146	171	158	112	
유형자산	—	93	98	81	50	
무형자산	—	3	5	6	7	
유가증권	—	—	—	—	—	
총부채	—	117	136	140	103	
총차입금	—	96	99	94	75	
자본금	—	6	6	6	9	
총자본	—	29	35	18	9	
지배주주지분	—	29	35	18	9	

기업가치 지표　*IFRS 별도 기준

항목	2012	2013	2014	2015	2016	2017.2Q
주가(최고/저)(천원)	#VALUE!	—/—	—/—	—/—	—/—	—/—
PER(최고/저)(배)	0.0/0.0	0.0/0.0	0.0/0.0	0.0/0.0	15.8/9.5	0.0/0.0
PBR(최고/저)(배)	0.0/0.0	0.0/0.0	0.0/0.0	0.0/0.0	11.3/6.8	—
EV/EBITDA(배)	0.0		6.0			
EPS(원)	—	-593	462	-1,165	364	
BPS(원)	—	23,481	28,097	14,626	510	
CFPS(원)	—	-3,981	7,351	-7,842	772	
DPS(원)	—					
EBITDAPS(원)	—	-1,672	12,979	-3,357	-943	

재무 비율　〈단위 : % 〉

연도	영업이익률	순이익률	부채비율	차입금비율	ROA	ROE	유보율	자기자본비율	EBITDA마진율
2016	-28.5	7.7	1,110.7	809.1	3.4	33.9	1.9	8.3	-19.9
2015	-10.9	-17.7	773.9	518.4	-8.8	-54.5	192.5	11.4	-5.1
2014	16.5	7.4	391.6	283.8	3.6	17.9	461.9	20.3	20.9
2013	-7.2	-11.7	401.6	331.4			369.6	19.9	-3.3

캐스텍코리아 (A071850)
CASTEC KOREA COLTD

업　　　종 : 자동차부품		시　　　장 : KOSDAQ	
신용등급 : (Bond) —　　(CP) —		기업규모 : 우량	
홈 페 이 지 : www.castec.co.kr		연 락 처 : 051)974-4222	
본　　　사 : 부산시 사상구 학장로 63번길 24			

설 립 일 1998.12.23	종 업 원 수 361명	대 표 이 사 윤상원	
상 장 일 2014.05.27	감 사 의 견 적정 (한영)	계　　　열	
결 산 기 12월	보 통 주 1,237만주	종 속 회 사 수 5개사	
액 면 가 500원	우 선 주	구 상 호	

주주구성 (지분율,%)		출자관계 (지분율,%)		주요경쟁사 (외형,%)	
윤상원	14.0	소주과태과기유한공사	100.0	캐스텍코리아	100
신영자산운용	4.8	CASTECVINACO.,LTD	100.0	삼보모터스	377
(외국인)	0.6	진황도과태공업	100.0	트루윈	15

매출구성		비용구성		수출비중	
자동차 터보부품(주물소재 및 가공/부품조립)	64.5	매출원가율	85.8	수출	—
기타 자동차 부품	17.9	판관비율	8.1	내수	—
전자 Comp.부품(Scroll & Rotary Comp.)	12.7				

회사 개요
동사는 1998년 12월에 전자제품 및 자동차의 부품을 주물공정을 통해 생산하는 것을 목적으로 하여 설립함. 주요 사업으로 주물제조 및 판매업, 주물기술 컨설팅, 주조 설비 제조, 판매업, 절삭 가공업, 임대업을 영위함. 동사에서 생산되는 주제품은 자동차 터보 부품 외에 자동차용 Comp부품, 전자 Comp부품, 기타 자동차 부품, Pump and Motor 부품으로 구분할 수 있음.

실적 분석
동사의 2017년 2분기 연결기준 누적 매출액은 1,064억원으로 전년동기 대비 9.7% 감소. 주 매출원인 자동차 터보차저 및 에어컨 Compressor 부품의 매출이 소폭 감소한 것이 주 원인. 영업이익은 45.1억원을 기록하면서 55.8% 감소. 당기순이익 역시 50% 감소한 35.7억원을 기록. 북미향 수출 물량 감소와 판가 하락으로 부진을 기록했으나 베트남 공장 통한 단가 경쟁력 확보를 시도.

현금 흐름　〈단위 : 억원〉

항목	2016	2017.2Q
영업활동	240	-16
투자활동	-281	-87
재무활동	44	192
순현금흐름	14	89
기말현금	58	147

시장 대비 수익률

결산 실적　〈단위 : 억원〉

항목	2012	2013	2014	2015	2016	2017
매출액	1,879	2,018	2,032	2,179	2,266	—
영업이익	133	136	141	156	137	—
당기순이익	68	95	76	98	74	—

분기 실적

항목	2016.1Q	2016.2Q	2016.3Q	2016.4Q	2017.1Q	2017.2Q
매출액	583	595	517	572	550	514
영업이익	49	53	28	7	25	20
당기순이익	37	35	5	-2	4	32

재무 상태

항목	2012	2013	2014	2015	2016	2017.2Q
총자산	1,848	2,008	2,089	2,295	2,434	2,581
유형자산	881	986	1,063	1,131	1,278	1,260
무형자산	60	54	51	48	40	37
유가증권	2	2	2	0	0	10
총부채	1,172	1,244	1,113	1,245	1,343	1,491
총차입금	834	855	732	784	866	1,076
자본금	40	49	62	62	62	62
총자본	675	764	976	1,050	1,091	1,090
지배주주지분	675	764	976	1,050	1,091	1,090

기업가치 지표

항목	2012	2013	2014	2015	2016	2017.2Q
주가(최고/저)(천원)	—/—	—/—	11.0/6.3	8.4/5.9	7.2/5.5	—/—
PER(최고/저)(배)	0.0/0.0	0.0/0.0	17.5/9.8	11.0/7.7	12.3/9.3	—/—
PBR(최고/저)(배)	0.0/0.0	0.0/0.0	1.5/0.8	1.0/0.7	0.8/0.6	0.7/0.6
EV/EBITDA(배)	3.3	3.5	6.2	6.2	6.4	—
EPS(원)	714	967	670	795	600	288
BPS(원)	8,439	7,802	7,999	8,644	8,971	8,962
CFPS(원)	2,195	1,975	1,512	1,558	1,439	732
DPS(원)			120	130	130	
EBITDAPS(원)	3,020	2,393	2,079	2,024	1,946	809

재무 비율　〈단위 : % 〉

연도	영업이익률	순이익률	부채비율	차입금비율	ROA	ROE	유보율	자기자본비율	EBITDA마진율
2016	6.1	3.3	123.1	79.3	3.1	6.9	1,694.1	44.8	10.6
2015	7.2	4.5	118.5	74.6	4.5	9.7	1,628.8	45.8	11.5
2014	7.0	3.8	114.0	75.0	3.7	8.8	1,499.8	46.7	11.7
2013	6.7	4.7	162.7	111.9	4.9	13.2	1,460.4	38.1	11.6

캠시스 (A050110)
CammSys

업 종 : 휴대폰 및 관련부품		시 장 : KOSDAQ	
신용등급 : (Bond) BB- (CP) —		기업규모 : 중견	
홈 페 이 지 : www.cammsys.net		연 락 처 : 070)4680-2509	
본 사 : 인천시 연수구 벤처로100번길 26 (송도동)			

설 립 일 1993.02.01	종 업 원 수 193명	대 표 이 사 박영태	
상 장 일 2001.05.05	감 사 의 견 적정 (삼정)	계 열	
결 산 월 12월	보 통 주 5,774만주	종속회사수 5개사	
액 면 가 500원	우 선 주	구 상 수	

주주구성 (지분율,%)		출자관계 (지분율,%)		주요경쟁사 (외형,%)	
권현진	10.6	엔제너스	100.0	캠시스	100
권영천	8.9	토프엔터테인먼트	100.0	세코닉스	85
(외국인)	1.2	베프스	92.7	엠씨넥스	113

매출구성		비용구성		수출비중	
휴 대 폰 카메라모듈	98.6	매출원가율	95.0	수출	99.0
블랙박스	1.4	판관비율	9.9	내수	1.0

회사 개요
동사는 1993년 설립 이후 반도체 생산용장비 제조를 시작으로 현재는 휴대폰 카메라모듈 제조 및 관련 원재료, 상품 도소매 판매사업을 영위하고 있음. 해외시장 개척에 주력함으로써 고부가가치를 창출하고 있음. 국내 경쟁사로는 삼성전기, 삼성광통신 등이 있으며, 기술력과 영업망, 고객대응력을 바탕으로 비교우위를 점하고 있음. 휴대폰의 500만 화소 이상급 채택이 늘어남에 따라, 전문개발인력을 보유한 동사의 시장지배력 증대가 기대됨.

실적 분석
2017년 반기 연결기준 매출액은 1,978.9억원으로 전년대비 18.6% 증가, 영업이익은 24.9억원으로 흑자전환. 비영업손익 적자전환 영향으로 당기순이익은 -29.1억원으로 적자지속함. CM사업부문 성장하였으나, 전장·IT 사업 매출 소폭 축소. 전방산업인 스마트폰 시장의 경쟁심화와 하드웨어 경쟁 지양으로 주요 제품의 매출 둔화되고, 평균판매가격의 하락으로 수익성이 부진. 동사는 외형 정체를 벗어나기 위해 신규 거래선 확보에 노력 중.

현금 흐름 〈단위 : 억원〉
항목	2016	2017.2Q
영업활동	159	12
투자활동	-137	-166
재무활동	-15	108
순현금흐름	9	-56
기말현금	255	199

시장 대비 수익률

결산 실적 〈단위 : 억원〉
항목	2012	2013	2014	2015	2016	2017
매출액	2,563	3,809	3,962	4,223	3,658	—
영업이익	61	260	191	79	-177	—
당기순이익	-52	102	34	9	-281	—

분기 실적 〈단위 : 억원〉
항목	2016.1Q	2016.2Q	2016.3Q	2016.4Q	2017.1Q	2017.2Q
매출액	872	796	938	1,052	888	1,091
영업이익	-22	-103	0	-52	6	19
당기순이익	-29	-138	1	-115	-61	32

재무 상태 〈단위 : 억원〉
항목	2012	2013	2014	2015	2016	2017.2Q
총자산	1,577	2,254	2,430	2,583	2,555	2,775
유형자산	598	790	973	1,103	1,030	1,070
무형자산	29	43	65	89	158	169
유가증권	152	29	47	46	3	3
총부채	854	1,376	1,500	1,592	1,664	1,844
총차입금	548	686	947	1,042	802	808
자본금	191	210	210	216	262	281
총자본	723	878	930	991	891	931
지배주주지분	723	874	920	977	877	919

기업가치 지표
항목	2012	2013	2014	2015	2016	2017.2Q
주가(최고/저)(천원)	2.4/1.4	4.1/2.0	3.2/1.4	2.3/1.4	4.4/2.1	—/—
PER(최고/저)(배)	—/—	16.4/7.8	42.8/18.4	193.1/116.5	—/—	—/—
PBR(최고/저)(배)	1.2/0.7	2.0/1.0	1.4/0.6	1.0/0.6	2.6/1.3	2.2/1.5
EV/EBITDA(배)	9.3	4.3	5.1	8.9	—	—
EPS(원)	-135	256	75	12	-532	-50
BPS(원)	1,970	2,111	2,226	2,278	1,673	1,637
CFPS(원)	-28	418	262	285	-252	91
DPS(원)		30				
EBITDAPS(원)	267	804	643	455	-60	187

재무 비율 〈단위 : %〉
연도	영업이익률	순이익률	부채비율	차입금비율	ROA	ROE	유보율	자기자본비율	EBITDA마진율
2016	-4.8	-7.7	186.6	90.0	-10.9	-29.9	234.6	34.9	-0.9
2015	1.9	0.2	160.6	105.2	0.4	0.6	355.5	38.4	4.6
2014	4.8	0.9	161.2	101.7	1.5	3.5	345.3	38.3	6.8
2013	6.8	2.7	156.8	78.1	5.3	13.0	322.2	39.0	8.6

컬러레이 (A900310)
Coloray International Investment

업 종 : 개인생활용품		시 장 : KOSDAQ	
신용등급 : (Bond) — (CP) —		기업규모 :	
홈 페 이 지 : www.coloray.com		연 락 처 : 86)572-883218	
본 사 : Room 1501, 15/F, SPA Centre, 53-55 Lockhart Road, Wanchai, Hong Kong			

설 립 일 2013.10.14	종 업 원 수 108명	대 표 이 사 쥐중비아오	
상 장 일 2017.08.10	감 사 의 견 적정 (이촌)	계 열	
결 산 월 12월	보 통 주 5,400만주	종속회사수 2개사	
액 면 가	우 선 주	구 상 수	

주주구성 (지분율,%)		출자관계 (지분율,%)		주요경쟁사 (외형,%)	
ZHUO ZHONGBIAO	53.3	컬러레이홀딩스	100.0	컬러레이	100
		저장컬러레이과기발전유한공사	100.0	코스온	206
(외국인)	3.7	더칭커커신소재과기	100.0	케어젠	116

매출구성		비용구성		수출비중	
기타시리즈 진주안료	43.5	매출원가율	31.5	수출	—
간섭효과 진주안료시리즈	29.6	판관비율	10.7	내수	—
실버화이트 진주안료시리즈	16.2				

회사 개요
동사는 2008년 설립된 중국의 화장품용 진주광택안료를 연구/개발, 생산/판매하는 기업으로 주력 사업 법인은 중국 저장성 후저우시에 위치한 저장카이서리과기발전유한회사임. 2011년 본격 양산을 시작으로 2013년 미국 코보, 이탈리아 인터코스와 협력 관계 구축, 로레알, 에스티로더 등 글로벌 화장품 브랜드에 공급을 개시했으며 P&G, 유니레버 및 중국 로컬 기업 등과 글로벌 네트워크 구축함.

실적 분석
동사는 2015년 국가급 하이테크기업으로 선정되는 등 높은 기술력을 인정받고 있으며 특히 변색 시리즈, 컬러 시리즈 등 고부가가치 제품의 비중 확대가 매우 긍정적임. 2분기 매출액은 전년동기 160.1억원 대비 45.4% 증가한 232.9억원, 영업이익은 52.8% 증가한 138.6억원을 기록함. 당기순이익 또한 56.2% 상승한 116.3억원을 기록함. 코스닥 시장 상장과 신규설비 증설을 통해 장기적으로도 성장이 지속될 것으로 기대됨.

현금 흐름 〈단위 : 억원〉
항목	2016	2017.2Q
영업활동	163	137
투자활동	-12	-28
재무활동	-11	
순현금흐름	140	109
기말현금	188	284

시장 대비 수익률

결산 실적 〈단위 : 억원〉
항목	2012	2013	2014	2015	2016	2017
매출액				278	403	—
영업이익				141	233	—
당기순이익				110	199	—

분기 실적 〈단위 : 억원〉
항목	2016.1Q	2016.2Q	2016.3Q	2016.4Q	2017.1Q	2017.2Q
매출액	69	92			111	12
영업이익	37	54			67	7
당기순이익	30	45			57	6

재무 상태 〈단위 : 억원〉
항목	2012	2013	2014	2015	2016	2017.2Q
총자산				328	535	62□
유형자산				111	112	12□
무형자산						
유가증권						
총부채				164	107	10□
총차입금				127	57	5□
자본금				0	62	5□
총자본				164	429	51□
지배주주지분				164	429	51□

기업가치 지표
항목	2012	2013	2014	2015	2016	2017.2Q
주가(최고/저)(천원)	—/—	—/—	—/—	—/—	—/—	—/—
PER(최고/저)(배)	0.0/0.0	0.0/0.0	0.0/0.0	0.0/0.0	0.0/0.0	—/—
PBR(최고/저)(배)	0.0/0.0	0.0/0.0	0.0/0.0	0.0/0.0	0.0/0.0	0.0/0.0
EV/EBITDA(배)	0.0	0.0	0.0	0.5	0.4	—
EPS(원)						
BPS(원)						
CFPS(원)						
DPS(원)						
EBITDAPS(원)						

재무 비율 〈단위 : %〉
연도	영업이익률	순이익률	부채비율	차입금비율	ROA	ROE	유보율	자기자본비율	EBITDA마진율
2016	57.8	49.4	24.9	13.3	46.1	67.2	590.6	80.0	61.□
2015	50.7	39.7	100.2	77.5	0.0	0.0	1,168,377.5	49.9	55.□
2014	0.0	0.0			0.0	0.0			
2013	0.0	0.0			0.0	0.0			

컴투스 (A078340)
Com2uS

종 목 : 게임 소프트웨어		시 장 : KOSDAQ	
용 등 급 : (Bond) —		기업 규모 : 우량	
페 이 지 : www.com2us.com		연 락 처 : 02)6292-6000	
주 소 : 서울시 금천구 가산디지털1로 131 BYC하이시티 A동			

설 립 일	1998.07.31	종 업 원 수	737명	대 표 이 사	송병준
상 장 일	2007.07.06	감 사 의 견	적정 (안진)	계	열
결 산 기	12월	보 통 주	1,287만주	종속회사수	3개사
액 면 가	500원	우 선 주		구 상 호	

주주구성 (지분율,%)		출자관계 (지분율,%)		주요경쟁사 (외형,%)	
게임빌	24.5	미래창조펀드5і6Creative Mobile	20.0	컴투스	100
KB자산운용	23.7	클래게임즈	18.2	엔씨소프트	192
(외국인)	27.4	게임빌컴투스플랫폼	16.5	NHN엔터테인먼트	167

매출구성		비용구성		수출비중	
모바일게임 (서머너즈 위, 낚시의 신 등)	99.7	매출원가율	10.0	수출	88.0
기타 (골프스타 등)	0.4	판관비율	52.5	내수	12.0

회사 개요	실적 분석
1998년 설립된 모바일게임 개발사. 2007년 코스닥 시장에 등록. 대표게임으로 홈런배틀, 타이니팜, 슬라이스닷, 골프스타 등이 있으며 2013년 동종업계인 게임빌이 최대주주가 되며 시너지 효과 발생. 15년 7월 추가주식매수로 24%이상 지분 보유하며 한솥밥을 먹게 됨. 게임시장의 서머너즈위와 북미 유럽 진출과 M&A를 통한 수익처 다각화 추진하며 내부 게임 개발과 외부 라인 확대에 집중.	동사의 2017년 연결기준 상반기 매출액은 전년동기 대비 4.6% 감소한 2,496.6억원을 기록. 매출원가율 상승, 인건비 등의 증가로 영업이익은 990.5억원으로 8.6% 감소, 당기순이익도 742.1억원으로 12.1% 감소. 해외에서 지속된 서머너즈위의 인기로 해외 매출이 80% 이상을 차지하며 견조한 매출을 유지했지만 단일게임리스크가 큰 상황. 액티비전과 손잡은 후 스카이랜더스 IP 활용 게임 등으로 리스크를 줄이는 것이 관건.

현금 흐름 〈단위 : 억원〉

항목	2016	2017.2Q
영업활동	1,560	611
투자활동	-1,314	-779
재무활동	-196	-161
순현금흐름	52	-331
기말현금	900	569

시장 대비 수익률

결산 실적 〈단위 : 억원〉

항목	2012	2013	2014	2015	2016	2017
매출액	769	814	2,347	4,335	5,130	—
영업이익	161	77	1,012	1,659	1,920	—
당기순이익	205	193	792	1,258	1,518	—

분기 실적 〈단위 : 억원〉

항목	2016.1Q	2016.2Q	2016.3Q	2016.4Q	2017.1Q	2017.2Q
매출액	1,351	1,266	1,181	1,332	1,203	1,294
영업이익	598	486	411	424	501	490
당기순이익	464	380	309	364	367	375

재무 상태 〈단위 : 억원〉

항목	2012	2013	2014	2015	2016	2017.2Q
총자산	1,004	1,183	2,497	5,821	7,120	7,596
유형자산	41	34	29	34	26	28
무형자산	20	26	23	29	26	27
유가증권	211	229	1,245	2,747	2,865	3,395
총부채	93	104	391	731	770	672
총차입금			0			
자본금	50	50	64	64	64	64
총자본	911	1,079	2,106	5,090	6,350	6,924
지배주주지분	911	1,078	2,106	5,090	6,350	6,924

기업가치 지표

항목	2012	2013	2014	2015	2016	2017.2Q
주가(최고/저)(천원)	63.9/15.9	51.5/16.2	170/19.4	178/98.3	143/77.3	—/—
PER(최고/저)(배)	35.6/8.9	30.1/9.5	24.4/2.8	17.0/9.4	12.3/6.7	—/—
PBR(최고/저)(배)	7.7/1.9	5.2/1.7	9.1/1.0	4.5/2.5	2.8/1.5	2.4/1.5
EV/EBITDA(배)	24.7		20.2	11.9	6.4	2.8
EPS(원)	1,822	1,741	7,059	10,599	11,796	5,768
BPS(원)	9,419	11,112	21,185	39,844	51,150	55,427
CFPS(원)	2,263	2,191	8,119	10,869	12,043	5,871
DPS(원)					1,400	
EBITDAPS(원)	1,827	1,020	10,295	14,248	15,168	7,802

재무 비율 〈단위 : % 〉

연도	영업이익률	순이익률	부채비율	차입금비율	ROA	ROE	유보율	자기자본비율	EBITDA마진율
2016	37.4	29.6	12.1	0.0	23.5	26.5	10,130.0	89.2	38.0
2015	38.3	29.0	14.4	0.0	30.3	35.0	7,868.9	87.4	39.0
2014	43.1	33.8	18.6	0.0	43.1	49.8	4,137.0	84.3	44.3
2013	9.5	23.8	9.6	0.0	17.7	19.6	2,122.5	91.2	12.7

케미메디 (A205290)
KEMIMEDI CO

업 종 : 제약		시 장 : KONEX	
신용 등급 : (Bond) — (CP) —		기업 규모 : —	
홈 페 이 지 : www.wellcan.co.kr		연 락 처 : 02)3443-9252	
본 사 : 경북 안동시 풍산읍 산업단지2길 5, 2층(약용작물개발센터)			

설 립 일	2008.07.02	종 업 원 수	17명	대 표 이 사	최건섭
상 장 일	2017.01.13	감 사 의 견	적정 (삼정)	계	열
결 산 기	12월	보 통 주		종속회사수	
액 면 가	—	우 선 주		구 상 호	

주주구성 (지분율,%)		출자관계 (지분율,%)		주요경쟁사 (외형,%)	
금경수	9.1			케미메디	100
열앤에스농식품6차산업화투자조합	5.1			서울제약	343
				하이텍팜	410

매출구성		비용구성		수출비중	
닌자블랜더	47.1	매출원가율	65.2	수출	0.0
기타	20.6	판관비율	48.8	내수	100.0
스피루리나	17.2				

회사 개요	실적 분석
동사는 신약 연구 개발 등을 영위할 목적으로 2008년 7월에 설립됨. 2017년 1월 코넥스 시장에 신규 상장됨. 중증 난치성 질환에 대한 합성 신약 및 천연물 신약 개발과 건강기능식품(개별인정형) 및 원료를 연구·개발하고 제조 판매하는 양·한방 융합 바이오 연구개발 기업. 창업 이래 양·한방 대학병원과 정부출연 연구소, 산학연과 공동 연구 기반을 구축하였으며, 꾸준한 연구 활동을 통해 독창적인 기술플랫폼을 확보한 약학 연구개발 업체임.	동사의 2016년 매출액은 133.9억원을 기록함. 생활용품/주방가전 매출이 79.1억원으로 59.1%의 비중을 차지하고 있음. 매출원가는 87.3억원, 판매비와관리비는 65.3억원을 기록하여 영업이익은 18.7억원의 적자임. 알러지성 비염(임상2상), 항우울증(임상2상), 남성불임(GLP 독성시험), 췌장염치료제(GLP 독성시험) 등 천연물신약 및 배뇨개선, 전립선 등 갱년기증상 분야의 건강기능식품 분야의 신제품을 개발(공동개발)하고 있음.

현금 흐름 *IFRS 별도 기준 〈단위 : 억원〉

항목	2016	2017.2Q
영업활동	28	—
투자활동	-62	—
재무활동	6	—
순현금흐름	-28	—
기말현금	14	—

시장 대비 수익률

결산 실적 〈단위 : 억원〉

항목	2012	2013	2014	2015	2016	2017
매출액	—	21	—	221	134	—
영업이익	—	-3	-33	-39	-19	—
당기순이익	—	-13	-40	-47	-44	—

분기 실적 *IFRS 별도 기준 〈단위 : 억원〉

항목	2016.1Q	2016.2Q	2016.3Q	2016.4Q	2017.1Q	2017.2Q
매출액	54	52	17	11	—	—
영업이익	2	-3	-10	-10	—	—
당기순이익	4	-2	-10	-35	—	—

재무 상태 *IFRS 별도 기준 〈단위 : 억원〉

항목	2012	2013	2014	2015	2016	2017.2Q
총자산	—	27	86	151	114	—
유형자산	—	1	1	3	5	—
무형자산	—	1	1	1	1	—
유가증권	—	4			20	—
총부채	—	43	99	67	50	—
총차입금	—	33	84	59	44	—
자본금	—	18	23	33	38	—
총자본	—	-16	-13	84	64	—
지배주주지분	—	-16	-13	84	64	—

기업가치 지표 *IFRS 별도 기준

항목	2012	2013	2014	2015	2016	2017.2Q
주가(최고/저)(천원)	—/—	—/—	—/—	—/—	—/—	—/—
PER(최고/저)(배)	0.0/0.0	0.0/0.0	0.0/0.0	0.0/0.0	0.0/0.0	—/—
PBR(최고/저)(배)	0.0/0.0	0.0/0.0	0.0/0.0	0.0/0.0	0.0/0.0	0.0/0.0
EV/EBITDA(배)	0.0					
EPS(원)	—	-368	-952	-785	-612	
BPS(원)	—	-452	-270	1,256	854	
CFPS(원)	—	-368	-939	-769	-598	
DPS(원)						
EBITDAPS(원)	—	-84	-779	-635	-245	

재무 비율 *IFRS 별도 기준 〈단위 : % 〉

연도	영업이익률	순이익률	부채비율	차입금비율	ROA	ROE	유보율	자기자본비율	EBITDA마진율
2016	-14.0	-33.1	77.5	68.7	-33.5	-60.0	70.9	56.3	-13.2
2015	-17.5	-21.1	80.3	70.4	-39.5	전기잠식	151.3	55.5	-17.1
2014	-33.8	-40.7	완전잠식	완전잠식	-70.5	잠식지속	-153.9	-14.7	-33.3
2013	-14.4	-63.1	완전잠식	완전잠식	-190.4	완전잠식	-60.5	-14.4	

ㅋ

케어젠 (A214370)
CAREGEN CO

업　　　종 : 개인생활용품　　　시　　　장 : KOSDAQ
신용등급 : (Bond) —　　(CP) —　　기업규모 : 벤처
홈페이지 : www.caregen.co.kr　　연　락　처 : 031)420-9241
본　　　사 : 경기도 안양시 동안구 엘에스로91번길 46-38(호계동)

설 립 일 2001.08.23	총 업 원 수 124명	대 표 이 사 정용지
상 장 일 2015.11.17	감 사 의 견 적정 (삼정)	계　　　열
결 산 일 12월	보 통 주 1,074만주	종속회사수 3개사
액 면 가 500원	우 선 주	구 상 호

주주구성 (지분율,%)		출자관계 (지분율,%)		주요경쟁사 (외형,%)	
정용지	62.9	케어젠코리아	51.0	케어젠	100
김은미	0.3	LG화학		콜마비앤에이치	547
(외국인)	5.2	한국콜마		에이블씨엔씨	928

매출구성		비용구성		수출비중	
안면미용	39.7	매출원가율	17.4	수출	—
효능원료	17.5	판관비율	27.8	내수	—
기능성 화장품	15.2				

회사 개요
동사는 2001년 8월 23일에 설립된 성장인자와 바이오미메틱 펩타이드 기술을 바탕으로 한 피부 미용 전문기업임. 동사는 테라피제품을 전문테라피제품, 홈케어제품으로 분류를 하며 이 중 필러를 이용하는 전문 테라피(안면 미용, 탈모 두피, 바디 비만) 매출 비중이 57.8%로 가장 높으며 홈케어와 효능 원료 비중은 각각 34.8%, 6.1%임. 동사의 수출 비중은 90% 이상으로 내수보다는 해외 시장을 타겟으로 하고 있음.

실적 분석
동사의 2017년 2분기기준 누적 매출액은 전년동기대비 16.2% 상승한 278.3억원을 기록. 비용면에서 전년동기대비 매출원가는 증가 하였으며 인건비도 증가, 광고선전비도 증가, 기타판매비와관리비도 마찬가지로 증가함. 이와 같이 상승한 매출액 만큼 비용증가도 있었으나 매출액의 더큰 상승에 힘입어 그에 따라 전년동기대비 영업이익은 149.5억원으로 8.9% 상승하였음. 그러나 전년동기대비 당기순이익은 120.9억원으로 소폭 감소함.

현금 흐름　〈단위 : 억원〉
항목	2016	2017.2Q
영업활동	137	69
투자활동	-269	146
재무활동	-353	-160
순현금흐름	-464	32
기말현금	705	737

시장 대비 수익률

결산 실적　〈단위 : 억원〉
항목	2012	2013	2014	2015	2016	2017
매출액	183	212	286	364	468	—
영업이익	79	87	160	205	257	—
당기순이익	84	83	142	193	228	—

분기 실적　〈단위 : 억원〉
항목	2016.1Q	2016.2Q	2016.3Q	2016.4Q	2017.1Q	2017.2Q
매출액	83	156	71	158	101	178
영업이익	35	102	21	99	46	103
당기순이익	36	87	11	94	16	104

재무 상태　〈단위 : 억원〉
항목	2012	2013	2014	2015	2016	2017.2Q
총자산	501	450	631	2,565	2,491	2,425
유형자산	156	160	150	238	264	287
무형자산	5	12	13	12	12	13
유가증권	222	113	89	583	319	222
총부채	89	62	67	76	104	98
총차입금	0	0	1			
자본금	15	15	15	54	54	54
총자본	412	388	564	2,489	2,388	2,327
지배주주지분	412	388	564	2,489	2,341	2,284

기업가치 지표
항목	2012	2013	2014	2015	2016	2017.2Q
주가 (최고/저)(천원)	—/—	—/—	—/—	113/85.1	142/60.7	—/—
PER(최고/저)(배)	0.0/0.0	0.0/0.0	0.0/0.0	56.5/42.4	67.6/28.9	-/-
PBR(최고/저)(배)	0.0/0.0	0.0/0.0	0.0/0.0	5.0/3.8	5.8/2.5	3.2/2.4
EV/EBITDA(배)	—	—	—	41.1	25.9	-/-
EPS(원)	928	926	1,570	2,065	2,144	1,141
BPS(원)	13,738	12,940	18,627	23,237	24,991	24,955
CFPS(원)	3,017	3,072	5,011	2,184	2,300	1,231
DPS(원)				600	1,000	
EBITDAPS(원)	2,867	3,206	5,610	2,322	2,554	1,485

재무 비율　〈단위 : %〉
연도	영업이익률	순이익률	부채비율	차입금비율	ROA	ROE	유보율	자기자본비율	EBITDA마진율
2016	54.8	48.6	4.4	0.0	9.0	9.5	4,898.1	95.8	58.4
2015	56.4	52.9	3.1	0.0	12.0	12.6	4,547.5	97.0	59.4
2014	55.8	49.5	11.9	0.2	26.2	29.7	3,625.3	89.4	59.0
2013	41.2	39.3	16.0	0.0	17.5	20.8	2,487.9	86.2	45.3

케이디건설 (A044180)
KD Construction

업　　　종 : 건설　　　시　　　장 : KOSDAQ
신용등급 : (Bond) —　　(CP) —　　기업규모 : 벤처
홈페이지 : www.kdcon.co.kr　　연　락　처 : 031)706-8577
본　　　사 : 경기도 안산시 단원구 광덕서로 102, 406-3호

설 립 일 1976.08.06	총 업 원 수 42명	대 표 이 사 구정회
상 장 일 2000.11.04	감 사 의 견 적정 (대현)	계　　　열
결 산 일 12월	보 통 주 35,569만주	종속회사수 3개사
액 면 가 100원	우 선 주	구 상 호 케이디건설

주주구성 (지분율,%)		출자관계 (지분율,%)		주요경쟁사 (외형,%)	
KD기술투자	6.8	디와이	95.7	KD건설	100
아이벤처투자	0.5	국제건설	64.2	범양건영	294
(외국인)	0.1	시재도시개발	54.1	한국종합기술	538

매출구성		비용구성		수출비중	
아파트	62.6	매출원가율	82.5	수출	25.0
주거용 오피스텔, 상가, 아파트	22.9	판관비율	12.4	내수	75.0
가전 및 Display 금형 등의 틀 제작	13.9				

회사 개요
동사는 플라스틱 사출금형의 틀이 되는 몰드베이스 생산업과, 주거용 오피스텔 및 상가 등의 건설사업을 영위하고 있음. 1980년 3월 국내 최초로 몰드베이스 국산화에 성공하였음. 2000년 11월 코스닥시장에 상장되었으며, 건설분야에 진출하면서 2015년 3월 국제디와이에서 케이디건설로 상호를 변경함. 현재 대주주는 국제실업이며, 연결대상 종속회사는 위해성진급형유한공사, 디와이, 시재도시개발 등 3개사를 보유하고 있음.

실적 분석
동사의 2017년 반기 연결 매출액은 51.9억원으로 전년동기 대비 74.7% 급감하였는데, 몰드베이스 분야는 전년동기 대비 매출가는 증가하였으나 건설사업부 매출이 크게 감소하였기 때문. 국내 금형시장이 하향세를 보임에 따라 몰드베이스 분야 매출 성장도 둔화됨. 매출감소에 따른 원가 부담으로 반기 영업손실 68.2억원을 시현하며 전년동기 대비 적자전환되었고 반기순이익도 83.6억원을 시현하여 적자 확대됨.

현금 흐름　〈단위 : 억원〉
항목	2016	2017.2Q
영업활동	-209	-33
투자활동	-29	-47
재무활동	255	54
순현금흐름	17	-27
기말현금	37	11

시장 대비 수익률

결산 실적　〈단위 : 억원〉
항목	2012	2013	2014	2015	2016	2017
매출액	125	224	226	287	371	—
영업이익	7	-18	-46	11	19	—
당기순이익	-199	-70	-56	3	3	—

분기 실적　〈단위 : 억원〉
항목	2016.1Q	2016.2Q	2016.3Q	2016.4Q	2017.1Q	2017.2Q
매출액	81	124	80	86	14	3
영업이익	-6	15	4	6	-28	-4
당기순이익	-7	2	1	7	-30	-5

재무 상태　〈단위 : 억원〉
항목	2012	2013	2014	2015	2016	2017.2Q
총자산	237	232	268	376	595	66
유형자산	80	83	77	97	125	12
무형자산	0	0	0	1	1	1
유가증권	6	0	8	9	9	
총부채	142	165	129	209	203	34
총차입금	7	27	82	83	131	29
자본금	88	36	136	152	252	25
총자본	96	67	139	167	393	32
지배주주지분	118	67	139	168	393	32

기업가치 지표
항목	2012	2013	2014	2015	2016	2017.2Q
주가 (최고/저)(천원)	1.0/0.2	0.5/0.1	0.2/0.1	0.3/0.1	0.3/0.2	—/—
PER(최고/저)(배)	—/—	—/—	—/—	166.2/52.3	183.3/92.0	-/-
PBR(최고/저)(배)	3.3/0.7	3.7/0.7	2.0/0.9	3.1/1.0	2.1/1.0	4.8/1.
EV/EBITDA(배)	6.3		20.9	22.1		
EPS(원)	-459	-151	-58	2	2	-3
BPS(원)	134	187	103	110	156	12
CFPS(원)	-199	-174	-58	6	4	-3
DPS(원)						
EBITDAPS(원)	21	-25	-48	12	12	-2

재무 비율　〈단위 : %〉
연도	영업이익률	순이익률	부채비율	차입금비율	ROA	ROE	유보율	자기자본비율	EBITDA마진율
2016	5.1	0.9	51.7	33.3	0.7	1.2	55.6	65.9	6.
2015	3.9	1.1	124.7	49.5	1.0	2.0	10.1	44.5	6.
2014	-20.6	-24.7	93.2	59.2	-22.3	-53.6	2.6	51.8	-18.
2013	-8.1	-31.1	246.9	40.3	-29.7	-70.3	87.0	28.8	-3.

케이디켐 (A221980)
KDCHEM CO

업 종 : 화학   시 장 : KOSDAQ
신용등급 : (Bond) — (CP) —   기업규모 : 중견
홈 페 이 지 : www.kdchem.co.kr   연 락 처 : 043)543-8420
본 사 : 충북 보은군 보은읍 매화구인로 345

설 립 일	1986.07.18	종 업 원 수	41명	대 표 이 사	민남규
상 장 일	2015.11.19	감 사 의 견	적정 (한주)	계	열
결 산 기	12월	보 통 주	403만주	종 속 회 사 수	1개사
액 면 가	500원	우 선 주		구 상 호	

주주구성 (지분율,%)		출자관계 (지분율,%)		주요경쟁사 (외형,%)	
민남규	47.6	자강산업	25.0	케이디켐	100
자강산업	13.9	제이케이머티리얼즈	10.8	KPX그린케미칼	511
(외국인)	0.6	산동KDC화학유한공사	100.0	세우글로벌	89

매출구성		비용구성		수출비중	
유기액상안정제	64.2	매출원가율	71.5	수출	32.0
상품매출	30.0	판관비율	11.6	내수	68.0
기타안정제	5.9				

회사 개요

동사는 1986년 7월 18일에 한국대협화성으로 설립되어 2008년 6월 회사명을 케이디켐으로 변경하였으며 PVC 안정제(플라스틱 첨가제)의 제조 및 판매를 목적으로 하고 있음. PVC안정제는 크게 분말형태의 납계안정제, Ca-Zn 등 금속 석검계 분말안정제, 액상형태의 유기Tin계안정제와 유기액상안정제로 구분되며, 동사는 유기액상안정제 생산에 주력하고 있음. 최근 친환경이 유행하면서 유기액상안정제 시장도 친환경적으로 빠르게 전환 중임.

실적 분석

동사의 2017년 2분기기준 누적 매출액은 전년동기대비 4.9% 상승한 250.2억원을 기록하였음. 비용면에서 전년동기대비 매출원가는 증가 했으나 인건비도 증가, 광고선전비도 크게 증가, 기타판매비와관리비도 마찬가지로 증가함. 이와 같이 상승한 매출액 대비 비용증가가 높아 그에 따라 전년동기대비 영업이익은 34.8억으로 -13.4% 하락하였음. 최종적으로 전년동기대비 당기순이익은 크게 하락하여 29.6억원을 기록함.

현금 흐름 〈단위 : 억원〉

항목	2016	2017.2Q
영업활동	34	26
투자활동	-33	-2
재무활동	-19	-24
순현금흐름	-19	0
기말현금	58	58

시장 대비 수익률

결산 실적 〈단위 : 억원〉

항목	2012	2013	2014	2015	2016	2017
매출액	407	442	433	459	477	—
영업이익	46	42	62	71	81	—
당기순이익	28	34	54	63	82	—

분기 실적 〈단위 : 억원〉

항목	2016.1Q	2016.2Q	2016.3Q	2016.4Q	2017.1Q	2017.2Q
매출액	113	126	117	121	119	131
영업이익	18	22	18	16	16	19
당기순이익	20	21	19	22	19	11

재무 상태 〈단위 : 억원〉

항목	2012	2013	2014	2015	2016	2017.2Q
총자산	390	422	427	651	713	715
유형자산	87	85	79	78	105	112
무형자산	—	—	2	1	1	1
유가증권	—	—	—	—	—	50
총부채	153	151	107	69	74	69
총차입금	108	98	61	19	21	19
자본금	4	4	4	20	20	20
총자본	237	271	320	583	640	646
지배주주지분	237	271	320	583	640	646

기업가치 지표

항목	2012	2013	2014	2015	2016	2017.2Q
주가(최고/저)(천원)	—/—	—/—	—/—	13.4/11.3	20.5/12.9	—/—
PER(최고/저)(배)	0.0/0.0	0.0/0.0	0.0/0.0	4.7/3.9	10.4/6.5	1.1/1.0
PBR(최고/저)(배)	0.0/0.0	0.0/0.0	0.0/0.0	1.0/0.8	1.3/0.8	1.1/1.0
EV/EBITDA(배)	1.9	1.8	0.8	4.0	5.9	—
EPS(원)	3,584	4,281	6,801	3,075	2,037	733
BPS(원)	300,237	34,281	40,501	14,442	15,850	16,005
CFPS(원)	47,289	4,935	7,436	3,323	2,151	799
DPS(원)					500	
EBITDAPS(원)	69,125	5,953	8,469	3,712	2,109	929

재무 비율 〈단위 : % 〉

연도	영업이익률	순이익률	부채비율	차입금비율	ROA	ROE	유보율	자기자본비율	EBITDA마진율
2016	16.9	17.2	11.6	3.3	12.1	13.5	3,070.0	89.6	17.8
2015	15.5	13.8	11.8	3.3	11.7	14.0	2,788.4	89.5	16.6
2014	14.3	12.4	33.3	18.9	12.7	18.2	8,000.3	75.0	15.5
2013	9.5	7.7	55.7	36.1	8.3	13.3	6,756.2	64.2	10.7

케이맥 (A043290)
Korea Materials & Analysis

업 종 : 디스플레이 및 관련부품   시 장 : KOSDAQ
신용등급 : (Bond) — (CP) —   기업규모 : 벤처
홈 페 이 지 : www.kmac.com   연 락 처 : 042)930-3800
본 사 : 대전시 유성구 테크노8로 33(용산동)

설 립 일	1996.11.01	종 업 원 수	276명	대 표 이 사	이재원
상 장 일	2011.10.25	감 사 의 견	적정 (신한)	계	열
결 산 기	12월	보 통 주	684만주	종 속 회 사 수	3개사
액 면 가	500원	우 선 주		구 상 호	

주주구성 (지분율,%)		출자관계 (지분율,%)		주요경쟁사 (외형,%)	
에이치비콥	19.0	수젠텍	6.1	케이맥	100
에이치비테크놀러지	7.6	케이맥바이오센터		한국컴퓨터	263
(외국인)				와이엠씨	137

매출구성		비용구성		수출비중	
FPD 검사장비	88.4	매출원가율	60.9	수출	36.0
상품	4.6	판관비율	25.8	내수	64.0
바이오/의료 진단기기	3.6				

회사 개요

동사는 광학측정의 원천기술 및 설계기술, Mechatronics 기술, Nano 계측, S/W 기술 및 기타 이화학 관련 분석/측정 기술을 기반으로 하는 산업용 초정밀 분석, 측정장비를 제조·판매하는 업체임. 동사는 사업다각화를 위해 FPD 산업, 바이오 및 의료진단 산업, 분석기기 산업에 진출하고 있음. 동사는 최근 DNA칩에 쓰이는 핵심기술 2건의 특허를 취득하였음. 이로 인해 DNA칩을 필두로 세계 바이오 시장 공략을 계획함.

실적 분석

2017년 반기 연결기준 매출액은 전년동기 대비 138.2% 증가한 499.2억원, 영업이익은 83.3% 감소한 4.7억원을 기록함. 외형 성장에도 매출원가와 판관비 증가로 영업이익 급감. 주요제품인 FPD 박막두께 측정기는 장비공정 중 마지막 단계인 검사 모듈화 공정에 사용되는 장비로 OLED 시장 급성장에 따른 수혜를 받을 것으로 전망. 바이오 진단기기 주요고객사는 LG생명과학, 아휘롱이 있음.

현금 흐름 〈단위 : 억원〉

항목	2016	2017.2Q
영업활동	-41	48
투자활동	8	60
재무활동	79	-48
순현금흐름	46	60
기말현금	54	114

시장 대비 수익률

결산 실적 〈단위 : 억원〉

항목	2012	2013	2014	2015	2016	2017
매출액	210	449	274	440	895	—
영업이익	-33	62	29	29	119	—
당기순이익	-27	42	-46	27	97	—

분기 실적 〈단위 : 억원〉

항목	2016.1Q	2016.2Q	2016.3Q	2016.4Q	2017.1Q	2017.2Q
매출액	30	181	180	504	237	268
영업이익	-32	50	24	77	21	-24
당기순이익	-22	34	23	62	11	-34

재무 상태 〈단위 : 억원〉

항목	2012	2013	2014	2015	2016	2017.2Q
총자산	608	709	668	737	1,058	906
유형자산	193	241	247	235	231	145
무형자산	114	142	136	135	97	53
유가증권	2	2	0	0	1	44
총부채	247	317	323	366	474	341
총차입금	196	239	250	291	258	197
자본금	32	34	34	34	34	34
총자본	361	391	345	371	583	565
지배주주지분	361	391	345	371	584	565

기업가치 지표

항목	2012	2013	2014	2015	2016	2017.2Q
주가(최고/저)(천원)	22.0/8.1	14.0/7.3	10.3/5.3	12.8/5.3	23.0/7.6	—/—
PER(최고/저)(배)		22.6/11.8		32.3/13.3	16.1/5.3	2.9/2.2
PBR(최고/저)(배)	3.5/1.3	2.1/1.1	1.7/0.9	2.0/0.8	2.7/0.9	
EV/EBITDA(배)		10.1		13.4	11.2	—
EPS(원)	-426	619	-674	395	1,422	-340
BPS(원)	6,275	6,648	5,974	6,356	8,537	8,264
CFPS(원)	-52	1,015	-258	863	1,990	-140
DPS(원)						
EBITDAPS(원)	-143	1,315	-438	893	2,307	269

재무 비율 〈단위 : % 〉

연도	영업이익률	순이익률	부채비율	차입금비율	ROA	ROE	유보율	자기자본비율	EBITDA마진율
2016	13.3	10.9	81.3	44.2	10.8	20.4	1,607.3	55.2	17.6
2015	6.6	6.1	98.8	78.6	3.8	7.6	1,171.5	50.3	13.9
2014	-21.3	-16.8	93.6	72.5	-6.7	-12.5	1,094.7	51.7	-10.9
2013	13.9	9.3	81.2	61.0	6.4	11.2	1,229.7	55.2	19.9

케이비금융지주 (A105560)
KB Financial Group

업 종 : 상업은행		시 장 : 거래소	
신용등급 : (Bond) AAA (CP) A1		기업규모 : 시가총액 대형주	
홈 페 이 지 : www.kbfg.com		연 락 처 : 02)2073-7114	
본 사 : 서울시 중구 남대문로 84(을지로2가)			

설 립 일	2008.09.29	종업원수	160명	대표이사	윤종규
상 장 일	2008.10.10	감사의견	적정 (삼일)	계 열	
결 산 기	12월	보 통 주	41,811만주	종속회사수	221개사
액 면 가	5,000원	우 선 주		구 상 호	

주주구성 (지분율,%)
국민연금공단	10.3
Citibank(DR)	6.4
(외국인)	68.4

출자관계 (지분율,%)
KB국민은행	100.0
KB증권	100.0
KB국민카드	100.0

주요경쟁사 (외형,%)
KB금융	100
신한지주	112
하나금융지주	84

수익구성
비용구성
이자비용	15.3
파생상품손실	0.0
판관비	22.1

수출비중
수출	—
내수	—

회사 개요
동사는 2008년 9월 국민은행, KB부동산신탁, KB인베스트먼트(구, KB창업투자), KB신용정보, KB데이터시스템, KB자산운용, KB선물, KB투자증권의 포괄적 주식이전을 통해 설립됨. 2008년 유가증권시장에 상장됨. 항아리형 인력구조, 획일화된 영업점 창구배치 및 영업채널, 노후화된 업무프로세스 등을 개선해 조직 및 경영 효율성 제고 방안을 추진함.

실적 분석
동사는 2017년 2분기 연결기준으로 9,901억원, 상반기 누적으로 1조8,602억원의 순이익을 냈음. 2분기 순이익은 전년동기보다 70.6% 늘었으며 2분기 지주 출범 이후 최대 수준임. 상반기 순이익은 전년동기보다 65.3% 증가하였음. 동사가 2017년 2분기 역대 최대 실적을 기록한 것은 KB손해보험 실적 연결과 염가매수차익 1210억원 인식, 특수채권 회수 등 거액대손 충당금 650억원 환입한 효과임.

현금 흐름
<단위 : 억원>
항목	2016	2017.2Q
영업활동	11,250	-50,082
투자활동	-44,385	-24,366
재무활동	31,813	66,212
순현금흐름	-431	-7,805
기말현금	74,148	66,343

시장 대비 수익률

결산 실적
<단위 : 억원>
항목	2012	2013	2014	2015	2016	2017
이자수익	142,101	123,569	116,353	103,758	100,219	—
영업이익	24,322	20,270	19,591	18,211	16,769	—
당기순이익	17,401	12,747	14,151	17,273	21,902	—

분기 실적
<단위 : 억원>
항목	2016.1Q	2016.2Q	2016.3Q	2016.4Q	2017.1Q	2017.2Q
이자수익	24,663	24,646	24,816	26,094	26,038	28,350
영업이익	6,679	6,250	7,214	-3,374	8,868	11,161
당기순이익	5,542	5,954	5,774	4,631	8,876	10,047

재무 상태
<단위 : 억원>
항목	2012	2013	2014	2015	2016	2017.2Q
총자산	2,857,511	2,921,676	3,083,557	3,290,655	3,756,737	4,222,494
유형자산	31,004	30,608	30,830	32,874	36,273	42,266
무형자산	2,835	2,376	2,044	3,899	27,679	27,679
유가증권	458,345	439,319	452,164	495,129	716,446	908,979
총부채	2,609,879	2,661,853	2,808,430	3,001,627	3,444,123	3,893,714
총차입금	402,357	411,409	450,652	488,413	612,435	677,488
자본금	19,318	19,318	19,318	19,318	20,906	20,906
총자본	247,631	259,823	275,127	289,027	312,614	328,780
지배주주지분	245,686	259,823	273,151	286,806	309,980	325,712

기업가치 지표
항목	2012	2013	2014	2015	2016	2017.2Q
주가(최고/저)(천원)	40.5/29.7	40.2/29.8	39.8/31.6	39.6/32.0	43.3/27.5	—/—
PER(최고/저)(배)	10.0/7.4	13.4/9.9	11.9/9.4	9.5/7.5	8.1/5.2	—/—
PBR(최고/저)(배)	0.7/0.5	0.7/0.5	0.6/0.5	0.6/0.5	0.6/0.4	0.7/0.5
PSR(최고/저)(배)	0/0	0/0			2/1	—/—
EPS(원)	4,480	3,291	3,626	4,396	5,458	
BPS(원)	63,591	67,250	70,700	74,234	75,865	79,817
CFPS(원)	5,330	4,034	4,302	5,062	6,195	4,988
DPS(원)	600	500	780	980	1,250	
EBITDAPS(원)	6,295	5,246	5,071	4,714	4,270	4,791

재무 비율
<단위 : % >
연도	계속사업이익률	순이익률	부채비율	차입금비율	ROA	ROE	유보율	자기자본비율	총자산증가율
2016	26.2	21.9	1,101.7	195.9	0.6	7.2	1,417.3	8.3	14.2
2015	20.9	16.7	1,038.5	169.0	0.5	6.1	1,384.7	8.8	6.7
2014	16.3	12.2	1,020.8	163.8	0.5	5.3	1,314.0	8.9	5.5
2013	14.7	10.3	1,024.5	158.3	0.4	5.0	1,245.0	8.9	2.3

케이비오토시스 (A024120)
KB Autosys

업 종 : 자동차부품		시 장 : KOSDAQ	
신용등급 : (Bond) — (CP) —		기업규모 : 우량	
홈 페 이 지 : www.kbautosys.com		연 락 처 : 041)537-5345	
본 사 : 충남 아산시 음봉면 아산온천로 528-24			

설 립 일	1985.10.14	종업원수	260명	대표이사	김신완
상 장 일	1994.12.07	감사의견	적정 (삼정)	계 열	
결 산 기	12월	보 통 주	1,150만주	종속회사수	3개사
액 면 가	500원	우 선 주		구 상 호	

주주구성 (지분율,%)
F-M MOTORPARTS LIMITED	33.6
김용웅	19.2
(외국인)	68.4

출자관계 (지분율,%)
KBAutosys(Zhangjiagang)Co.,Ltd.	100.0
KBAutosysIndiaPrivateLimited	100.0
KBAutosys(Beijing)Co.,Ltd	100.0

주요경쟁사 (외형,%)
KB오토시스	100
우수AMS	144
대성엘텍	219

매출구성
[제품 OEM/AM]자동차BRAKEPADS&LINING	95.5
[상품/제품 국내外 매출]자동차BRAKEPADS&LINING	4.5

비용구성
매출원가율	84.1
판관비율	4.9

수출비중
수출	31.0
내수	69.0

회사 개요
동사는 브레이크 패드(마찰채)의 제조 및 판매를 주요 사업으로 영위하고 있으며, 자동차 산업을 전방산업으로 하고 있음. 마찰재시장의 낮은 진입장벽으로 인해 다수의 소수업체들이 참여하고 있음. 브레이크 패드(마찰재) 제조업의 매출액이 총매출액의 90% 이상을 차지함. 해외 시장에서는 2014년부터 만도 및 TRW를 통한 GM에 D2XX Program PAD를 공급하는 계약을 2011년에 체결해 2014년부터 양산됨.

실적 분석
동사의 2017년도 연결기준 2분기 매출액은 전년동기 대비 5% 감소한 768억원을 기록함. 영업이익은 전년동기 대비 15% 증가한 76.4억원을 시현함. 해외시장에서 인도법인을 포함한 현지법인을 활용해 매출 신장을 계획하고 있음. 내수 시장에서 2016년 출시되는 신규 차종에 적용하기 위해 OEM/AM업체에 대해 기술개발 및 마케팅 활동을 강화함과 동시에 기존 적용 차종에 대한 납품량을 증가시킬 계획이 있음.

현금 흐름
<단위 : 억원>
항목	2016	2017.2Q
영업활동	216	107
투자활동	-166	-47
재무활동	-47	-40
순현금흐름	3	20
기말현금	67	88

시장 대비 수익률

결산 실적
<단위 : 억원>
항목	2012	2013	2014	2015	2016	2017
매출액	1,285	1,288	1,155	1,295	1,674	—
영업이익	65	76	60	87	185	—
당기순이익	40	42	36	54	143	—

분기 실적
<단위 : 억원>
항목	2016.1Q	2016.2Q	2016.3Q	2016.4Q	2017.1Q	2017.2Q
매출액	395	414	402	462	389	380
영업이익	31	36	38	81	39	37
당기순이익	25	23	15	79	15	36

재무 상태
<단위 : 억원>
항목	2012	2013	2014	2015	2016	2017.2Q
총자산	1,045	1,151	1,157	1,272	1,419	1,389
유형자산	539	597	643	667	766	784
무형자산	29	28	31	31	20	19
유가증권	1	1	1	1	1	1
총부채	481	561	543	623	653	609
총차입금	317	338	388	416	392	382
자본금	58	58	58	58	58	58
총자본	563	590	614	650	766	781
지배주주지분	563	590	614	650	766	781

기업가치 지표
항목	2012	2013	2014	2015	2016	2017.2Q
주가(최고/저)(천원)	5.3/3.2	5.0/3.6	4.3/3.4	6.0/3.4	8.5/5.0	—/—
PER(최고/저)(배)	17.9/10.9	16.0/11.4	15.6/12.3	13.8/7.8	7.1/4.2	—/—
PBR(최고/저)(배)	1.3/0.8	1.1/0.8	0.9/0.7	1.3/0.8	1.3/0.8	1.4/1.0
EV/EBITDA(배)	5.9	5.5	6.2	6.5	4.5	—/—
EPS(원)	352	363	311	470	1,241	441
BPS(원)	4,897	5,133	5,342	5,650	6,665	6,789
CFPS(원)	901	891	889	1,106	1,972	795
DPS(원)	120	125	180	200	300	
EBITDAPS(원)	1,115	1,190	1,100	1,393	2,341	1,019

재무 비율
<단위 : % >
연도	영업이익률	순이익률	부채비율	차입금비율	ROA	ROE	유보율	자기자본비율	EBITDA마진율
2016	11.1	8.5	85.2	51.1	10.6	20.2	1,233.0	54.0	16.1
2015	6.7	4.2	95.8	64.1	4.5	8.6	1,030.0	51.1	12.4
2014	5.2	3.1	88.4	63.2	3.1	5.9	968.4	53.1	11.0
2013	5.9	3.2	95.0	57.2	3.8	7.3	926.7	51.3	10.6

케이사인 (A192250)
KSIGN

<table>
<tr><td>종　　목 : IT 서비스</td><td>시　　장 : KOSDAQ</td></tr>
<tr><td>신용등급 : (Bond) —　　(CP) —</td><td>기업규모 : 벤처</td></tr>
<tr><td>홈 페 이 지 : www.ksign.com</td><td>연 락 처 : 02)564-0182</td></tr>
<tr><td colspan="2">본　　사 : 서울시 강남구 논현로64길 18 경풍빌딩 3, 4, 5층</td></tr>
</table>

설 립 일	2013.12.26	종 업 원 수	105명	대 표 이 사	최승락
상 장 일	2014.04.28	감 사 의 견	적정 (이촌)	계　　열	
결 산 기	12월	보 통 주	6,148만주	종 속 회 사 수	3개사
액 면 가	100원	우 선 주		구 상 호	케이비제2호스팩

주주구성 (지분율,%)		출자관계 (지분율,%)		주요경쟁사 (외형,%)	
최승락	28.3	에스씨테크원	98.6	케이사인	100
구자동	5.1	지란지교시큐리티	2.9	유엔젤	94
(외국인)	1.3	AllthatsoftJAPAN	79.0	아이크래프트	248

매출구성		비용구성		수출비중	
SecureDB	69.7	매출원가율	0.0	수출	0.0
기타	20.9	판관비율	83.2	내수	100.0
PKI	6.1				

회사 개요
개인정보보호 솔루션 기업인 케이사인은 '케이비제2호기업인수목적(스팩)'의 과의 합병 이후 2014년 11월에 상장함. 케이사인은 현재 삼성그룹 DB 암호화 표준기업으로 선정됐고 LG그룹, SK그룹, 롯데, 농심 등을 고객사로 보유하고 있음. KTB투자증권과 한국투자증권, 한화생명 등 금융기관도 상당수 확보. 개정된 개인정보보호법에서는 주민번호를 유출하거나 암호화를 통해 안전하게 보관하지 않았을 경우 최대 5억 원까지 과징금을 부과하도록 함.

실적 분석
지속된 개인정보 유출 등에 따른 보안시장 중요성이 부각되며 Secure DB 등 동사의 주요 제품 수요가 확대되고 있으나 2017년 상반기에는 매출액이 역성장함. 전년동기 대비 4.4% 감소하여 136.1억원을 기록함. DB암호화 부문 매출이 급감한 데에서 기인함. 영업이익은 전년동기 26.0억원에서 9.1억원을 기록한 16.9억원의 이익을 기록함. 2016년 10월 운영자금 조달 목적으로 200억원 규모의 전환사채를 발행함.

현금 흐름 〈단위 : 억원〉
항목	2016	2017.2Q
영업활동	9	21
투자활동	-73	-97
재무활동	184	-13
순현금흐름	121	-90
기말현금	301	210

시장 대비 수익률

결산 실적 〈단위 : 억원〉
항목	2012	2013	2014	2015	2016	2017
매출액	193	207	261	315	321	—
영업이익	51	54	70	86	54	—
당기순이익	47	50	9	78	50	—

분기 실적 〈단위 : 억원〉
항목	2016.1Q	2016.2Q	2016.3Q	2016.4Q	2017.1Q	2017.2Q
매출액	71	71	36	143	52	84
영업이익	8	18	7	21	3	14
당기순이익	10	17	3	15	3	16

재무 상태 〈단위 : 억원〉
항목	2012	2013	2014	2015	2016	2017.2Q
총자산	200	257	455	536	776	769
유형자산	6	7	10	11	11	12
무형자산	14	19	40	69	90	136
유가증권	0	0	43	67	69	57
총부채	67	71	66	54	245	237
총차입금	30	32	27		190	193
자본금	25	27	59	64	61	61
총자본	133	186	389	482	531	532
지배주주지분	133	185	389	472	519	521

기업가치 지표
항목	2012	2013	2014	2015	2016	2017.2Q
주가(최고/저)(천원)	—/—	—/—	2.6/1.8	3.7/2.2	2.9/2.1	—/—
PER(최고/저)(배)	0.0/0.0	0.0/0.0	157.3/107.8	29.5/17.2	35.7/25.4	2.8/2.1
PBR(최고/저)(배)	0.0/0.0	0.0/0.0	4.0/2.7	4.9/2.9	3.5/2.5	—/—
EV/EBITDA(배)	—	—	15.7	15.2	17.3	—/—
EPS(원)	87	89	17	128	83	33
BPS(원)	2,512	3,345	664	768	844	848
CFPS(원)	991	1,022	29	145	109	51
DPS(원)			25	30	20	—
EBITDAPS(원)	1,059	1,090	134	158	114	45

재무 비율 〈단위 : %〉
연도	영업이익률	순이익률	부채비율	차입금비율	ROA	ROE	유보율	자기자본비율	EBITDA마진율
2016	16.8	15.6	46.2	35.8	7.7	10.3	744.0	68.4	21.9
2015	27.3	24.7	11.3	0.0	15.7	18.2	668.2	89.9	30.6
2014	26.7	3.4	16.9	6.9	2.5	3.4	563.9	85.6	29.3
2013	26.2	24.3	38.4	17.4	22.0	31.7	594.2	72.3	29.0

케이씨그린홀딩스 (A009440)
KC Green Holdings

<table>
<tr><td>업　　종 : 상업서비스</td><td>시　　장 : 거래소</td></tr>
<tr><td>신용등급 : (Bond) —　　(CP) —</td><td>기업규모 : 시가총액 소형주</td></tr>
<tr><td>홈 페 이 지 : www.kcgreenholdings.com</td><td>연 락 처 : 02)320-6114</td></tr>
<tr><td colspan="2">본　　사 : 서울시 마포구 상암산로 34 디지털큐브 12층</td></tr>
</table>

설 립 일	1973.11.27	종 업 원 수	27명	대 표 이 사	이태영
상 장 일	1994.11.05	감 사 의 견	적정 (참)	계　　열	
결 산 기	12월	보 통 주	2,243만주	종 속 회 사 수	21개사
액 면 가	500원	우 선 주		구 상 호	

주주구성 (지분율,%)		출자관계 (지분율,%)		주요경쟁사 (외형,%)	
이태영	31.6	KC환경건설	100.0	KC그린홀딩스	100
산연	8.9	KC에코물류	100.0	퍼스텍	39
(외국인)	3.4	KC솔라에너지	100.0	빅텍	10

매출구성		비용구성		수출비중	
투자사업부문(기타)	100.0	매출원가율	81.8	수출	—
		판관비율	11.6	내수	—

회사 개요
1973년 한국코트렐공업으로 출발한 동사는 2010년 1월 기업분할을 통해 제조사업부문과 투자사업부문을 분리, 지주회사로 전환함. 동사는 국내를 비롯한 미국, 중국, 영국, 베트남, 인도 등 세계 각지에 위치한 관계사 간의 효과적인 네트워크를 통해 대기오염방지플랜트, 환경서비스(폐기물 소각, 재활용), 신재생에너지(태양광발전소), 친환경조사사업을 영위함.

실적 분석
동사의 2017년 상반기 매출액은 전년 동기 대비 4.7% 감소한 1811.1억원을 기록함. 비용 면에서 전년 동기 대비 매출원가는 감소하였으며 인건비는 증가했으며 기타판매비와 관리비도 마찬가지로 증가함. 그에 따라 매출액 하락 등에 의해 영업이익은 87.8억원으로 전년 대비 32.4% 감소함. 최종적으로 전년동기대비 당기순이익은 크게 하락하여 59.3억원을 기록함.

현금 흐름 〈단위 : 억원〉
항목	2016	2017.2Q
영업활동	350	62
투자활동	-410	305
재무활동	9	-8
순현금흐름	-50	357
기말현금	361	718

시장 대비 수익률

결산 실적 〈단위 : 억원〉
항목	2012	2013	2014	2015	2016	2017
매출액	5,026	4,873	3,841	3,777	3,914	—
영업이익	465	209	178	161	259	—
당기순이익	383	145	0	134	67	—

분기 실적 〈단위 : 억원〉
항목	2016.1Q	2016.2Q	2016.3Q	2016.4Q	2017.1Q	2017.2Q
매출액	998	903	901	1,111	931	880
영업이익	74	56	55	74	29	59
당기순이익	57	36	34	-59	45	14

재무 상태 〈단위 : 억원〉
항목	2012	2013	2014	2015	2016	2017.2Q
총자산	4,853	4,299	4,375	4,503	4,628	5,210
유형자산	1,528	1,347	1,465	1,693	1,795	1,776
무형자산	345	360	359	383	384	369
유가증권	39	73	70	90	63	35
총부채	2,931	2,179	2,434	2,545	2,544	2,762
총차입금	903	676	852	892	977	1,051
자본금	112	112	112	112	112	112
총자본	1,922	2,120	1,941	1,958	2,083	2,448
지배주주지분	1,318	1,473	1,453	1,539	1,580	1,630

기업가치 지표
항목	2012	2013	2014	2015	2016	2017.2Q
주가(최고/저)(천원)	2.9/1.8	11.3/2.6	11.8/5.0	12.5/6.5	8.8/6.8	—/—
PER(최고/저)(배)	2.9/1.8	28.7/6.6	110.9/47.0	21.0/11.0	43.0/33.3	—/—
PBR(최고/저)(배)	0.5/0.3	1.8/0.4	1.9/0.8	1.8/1.0	1.3/1.0	1.1/0.9
EV/EBITDA(배)	2.2		5.0	10.5	9.6	6.6
EPS(원)	1,057	413	109	606	208	202
BPS(원)	6,046	6,630	6,542	6,922	7,108	7,328
CFPS(원)	1,904	1,371	654	1,213	918	540
DPS(원)	70	100	50	80	100	—
EBITDAPS(원)	2,919	1,888	1,338	1,325	1,863	730

재무 비율 〈단위 : %〉
연도	영업이익률	순이익률	부채비율	차입금비율	ROA	ROE	유보율	자기자본비율	EBITDA마진율
2016	6.6	1.7	122.1	46.9	1.5	3.0	1,321.6	45.0	10.7
2015	4.3	3.6	130.0	45.6	3.0	9.1	1,284.5	43.5	7.9
2014	4.6	0.0	125.4	43.8	0.0	1.7	1,208.4	44.4	7.8
2013	4.3	3.0	102.8	31.9	3.0	6.6	1,226.0	49.3	8.7

케이씨산업 (A112190)
KC INDUSTRY COLTD

업　　종 : 건축소재　　　　　　　시　　장 : KONEX
신용등급 : (Bond) ―　　(CP) ―　　기업규모 :
홈 페 이 지 : www.kccond.co.kr　　연 락 처 : 031)883-8684
본　　사 : 경기도 여주시 가남읍 가남로 465

설 립 일	1995.12.21	종 업 원 수	74명	대 표 이 사	이강주
상 장 일	2016.05.31	감 사 의 견	적정 (한울)	계 열	
결 산 기	12월	보 통 주		종속회사수	
액 면 가		우 선 주		구 상 호	

주주구성 (지분율,%)		출자관계 (지분율,%)		주요경쟁사 (외형,%)	
이강주	16.3			케이씨산업	100
박광노	14.2				

매출구성		비용구성		수출비중	
PC BOX(제조)	49.8	매출원가율	88.9	수출	0.0
방음벽 기초	17.0	판관비율	5.8	내수	100.0
PC BOX(공사)	17.0				

회사 개요
동사는 1995년 12월 21일 건설자재 생산·판매업을 목적으로 주식회사 토암산업으로 설립되었으며, 이후 전문건설업인 상하수도 설비공사, 철근콘크리트 및 토공사종목을 추가하였고 2015년 4월 상호를 주식회사 케이씨산업으로 변경하였음. 동사는 현재 콘크리트관 및 기타구조용 콘크리트제품 제조업을 주요사업으로 영위하고 있음. 토목·건축분야 프리캐스트 공법에 사용되는 PC제품을 전문적으로 생산·시공하고, 특수(특허공법) 토공사를 전문으로 함.

실적 분석
코넥스 상장기업인 동사의 2016년 매출액은 520.0억원으로 전년 553.9억원보다 6.12% 감소함. 영업이익은 전년보다 33.1억원(10.8%) 감소한 27.4억원을 기록함. 영업외수익 또한 대폭 줄어들며 당기순이익은 4.4억원을 기록, 전년 25.5억원보다 대폭 감소하였음. 동사는 향후 PC제품 시장의 증대와 도심지 개착공사의 어려움으로 비굴착 공법인 DSM공법의 활용이 기대됨.

현금 흐름 *IFRS 별도 기준 〈단위 : 억원〉
항목	2016	2017.2Q
영업활동	4	―
투자활동	-9	―
재무활동	-5	―
순현금흐름	-10	―
기말현금	9	―

시장 대비 수익률

결산 실적 〈단위 : 억원〉
항목	2012	2013	2014	2015	2016	2017
매출액	406	327	333	.554	520	
영업이익	2	2	20	31	27	
당기순이익	-451	-32	36	25	4	

분기 실적 *IFRS 별도 기준 〈단위 : 억원〉
항목	2016.1Q	2016.2Q	2016.3Q	2016.4Q	2017.1Q	2017.2Q
매출액	105	―	―	―	―	―
영업이익	1	―	―	―	―	―
당기순이익	1	―	―	―	―	―

재무 상태 *IFRS 별도 기준 〈단위 : 억원〉
항목	2012	2013	2014	2015	2016	2017.2Q
총자산	329	305	270	237	326	
유동자산	129	129	24	48	42	
무형자산	0	0	0	4	4	
유가증권	8	13	14	14	14	
총부채	333	291	264	180	264	
총차입금		71	28	36	55	
자본금	28	28	15	25	25	
총자본	-4	14	6	57	62	
지배주주지분	-4	14	6	57	62	

기업가치 지표 *IFRS 별도 기준
항목	2012	2013	2014	2015	2016	2017.2Q
주가(최고/저)(천원)	―/―	―/―	―/―	―/―	5.0/1.9	―/―
PER(최고/저)(배)	0.0/0.0	0.0/0.0	0.0/0.0	0.0/0.0	57.0/21.9	―/―
PBR(최고/저)(배)	0.0/0.0	0.0/0.0	0.0/0.0	0.0/0.0	4.1/1.6	0.0/0.0
EV/EBITDA(배)	―	9.0	0.4	0.3	7.1	―
EPS(원)	-284,480	-3,475	2,948	752	88	
BPS(원)	-79	246	208	1,137	1,228	
CFPS(원)	-46,758	-497	1,621	949	281	
DPS(원)						
EBITDAPS(원)	911	126	944	1,103	740	

재무 비율 〈단위 : % 〉
연도	영업이익률	순이익률	부채비율	차입금비율	ROA	ROE	유보율	자기자본비율	EBITDA마진율
2016	5.3	0.8	427.7	89.3	1.6	7.4	145.6	19.0	7.1
2015	5.6	4.6	316.3	64.0	10.1	80.7	127.5	24.0	6.8
2014	5.9	10.8	일부잠식	일부잠식	12.6	361.4	-58.5	2.4	6.9
2013	0.7	-9.8	일부잠식	일부잠식	-10.1	전기잠식	-50.9	4.5	2.1

케이씨씨 (A002380)
KCC

업　　종 : 건축자재　　　　　　　시　　장 : 거래소
신용등급 : (Bond) AA　　(CP) A1　　기업규모 : 시가총액 대형주
홈 페 이 지 : www.kccworld.co.kr　　연 락 처 : 02)3480-5000
본　　사 : 서울시 서초구 사평대로 344

설 립 일	1958.08.12	종 업 원 수	5,175명	대 표 이 사	정몽진,정몽익
상 장 일	1973.06.25	감 사 의 견	적정 (삼정)	계 열	
결 산 기	12월	보 통 주	1,056만주	종속회사수	17개사
액 면 가	5,000원	우 선 주		구 상 호	

주주구성 (지분율,%)		출자관계 (지분율,%)		주요경쟁사 (외형,%)	
정몽진	18.1	KCS	100.0	KCC	100
국민연금공단	12.3	KCT	100.0	LG하우시스	84
(외국인)	19.0	Basildon	100.0	벽산	13

매출구성		비용구성		수출비중	
건축 내외장재,자동차용 유리외	34.4	매출원가율	73.4	수출	―
건축용, 자동차용, 선박용 외	26.7	판관비율	17.3	내수	―
부자재 외	19.4				

회사 개요
동사의 국내 최대의 도료 생산업체로서 자동차용, 선박용, 공업용, 건축용, 중방식용 등 다양한 분야에 적용할 수 있는 제품 포트폴리오를 구축하여 최고의 품질로 생산 공급하고 있음. 사업구조는 건자재부문, 도료부문, 기타부문으로 구성되어 있으며, 건자재부문 사업은 유리, PVC 등이 있으며, 도료부문 사업은 자동차용 도료, 선박용 도료 등으로 구분됨. 또한 기타부문 사업은 유·무기 실리콘, 홈씨씨 등 유통사업으로 구분되어 있음.

실적 분석
동사의 연결기준 2017년 2분기 누적 매출액은 1조8,132.6억원으로 전년동기 대비 7% 증가. 원가부담이 늘어나면서 매출총이익은 4.8%, 영업이익은 14.5% 감소한 1,632.4억원을 기록함. 최근 주택 및 상업용 건축물을 중심으로 건축투자가 증가세를 보이고 있어 동사 건축자재 수요 증가가 예상되나 주택담보대출 규제 강화, 가계부채 증가, 부동산 경기 과열에 대한 우려 등의 요인으로 작용할 수 있음.

현금 흐름 〈단위 : 억원〉
항목	2016	2017.2Q
영업활동	4,311	2,173
투자활동	-4,980	-2,731
재무활동	2,019	164
순현금흐름	1,438	-378
기말현금	5,883	5,505

시장 대비 수익률

결산 실적 〈단위 : 억원〉
항목	2012	2013	2014	2015	2016	2017
매출액	32,462	32,330	33,998	34,144	34,905	
영업이익	1,989	2,317	2,734	3,092	3,266	
당기순이익	4,463	2,490	3,267	1,851	1,530	

분기 실적 〈단위 : 억원〉
항목	2016.1Q	2016.2Q	2016.3Q	2016.4Q	2017.1Q	2017.2Q
매출액	7,866	9,087	8,574	9,378	8,430	9,70
영업이익	857	1,052	990	367	712	92
당기순이익	587	604	631	-293	341	70

재무 상태 〈단위 : 억원〉
항목	2012	2013	2014	2015	2016	2017.2Q
총자산	68,240	70,517	86,545	86,684	91,624	100,93
유형자산	27,089	26,274	25,630	25,147	25,725	26,97
무형자산	332	331	317	413	401	39
유가증권	19,265	18,516	29,173	30,946	31,584	39,70
총부채	18,621	19,585	24,252	27,998	31,954	35,2
총차입금	8,614	9,953	10,495	16,497	20,078	21,16
자본금	563	563	563	564	564	56
총자본	49,619	50,933	62,293	58,687	59,669	65,71
지배주주지분	49,297	50,610	61,970	58,579	59,560	65,60

기업가치 지표
항목	2012	2013	2014	2015	2016	2017.2Q
주가(최고/저)(천원)	333/228	443/257	685/429	563/342	432/354	―/
PER(최고/저)(배)	8.8/6.0	20.4/11.8	23.5/14.8	33.9/20.5	30.8/24.9	―/
PBR(최고/저)(배)	0.8/0.5	1.0/0.6	1.2/0.8	1.0/0.6	0.8/0.6	0.7/0
EV/EBITDA(배)	10.0	13.5	12.7	11.6	9.4	―
EPS(원)	42,265	23,558	30,964	17,443	14,430	9,84
BPS(원)	480,284	492,764	600,744	566,549	575,837	633,13
CFPS(원)	57,838	38,519	45,662	32,989	33,688	19,73
DPS(원)	8,000	8,000	9,000	9,000	9,000	
EBITDAPS(원)	34,485	36,990	40,686	44,930	50,194	25,35

재무 비율 〈단위 : %〉
연도	영업이익률	순이익률	부채비율	차입금비율	ROA	ROE	유보율	자기자본비율	EBITDA마진
2016	9.4	4.4	53.6	33.7	1.7	2.6	10,671.4	65.1	15
2015	9.1	5.4	47.7	28.1	2.1	3.1	10,497.5	67.7	13
2014	8.0	9.6	38.9	16.9	4.2	5.8	11,134.8	72.0	12
2013	7.2	7.7	38.5	19.5	3.6	5.0	9,115.4	72.2	12

ㅋ

케이씨씨건설 (A021320)
KCC Engineering & Construction

종 목 : 건설	시 장 : KOSDAQ
신용등급 : (Bond) A- (CP) A2-	기업규모 : 중견
페이지 : www.kccworld.net	연 락 처 : 02)513-5500
본 사 : 서울시 서초구 강남대로 587 (잠원동)	

설 립 일 1989.01.27	종 업 원 수 997명	대 표 이 사 정몽열,윤희영
상 장 일 2001.08.09	감 사 의 견 적정 (삼정)	계 열
결 산 기 12월	보 통 주 2,140만주	종속회사수 1개사
액 면 가 5,000원	우 선 주	구 상 호

주주구성 (지분율,%)		출자관계 (지분율,%)		주요경쟁사 (외형,%)	
케이씨씨	36.0	대산컴플렉스개발	80.0	KCC건설	100
정몽열	30.0	화랑관사비티엘주식회사	25.8	서희건설	96
(외국인)	2.0	블루아일랜드자산관리	24.7	고려개발	56

매출구성		비용구성		수출비중	
건 축	74.0	매출원가율	91.8	수출	—
토 목	21.4	판관비율	5.1	내수	—
분 양	4.6				

회사 개요
동사는 1989년 (주)금강에서 건설부문을 분리하여 설립되고, 2016년도 시공능력평가순위 25위의 KCC그룹 계열 건설사임. 인력자원과 기술개발, 품질관리를 통해 축적된 기술로 지하철, 고속도로 등 토목건설 및 호텔, 병원 등 건축물을 국내외에 건립하고 있음. 동사의 2016년의 부문별 매출은 건축 71.97%, 토목18.6%, 분양 9.48%로 구성됨. 전년동기 대비 분양사업 비중이 소폭 늘어남.

실적 분석
동사의 연결기준 2017년 2분기 누적매출액은 6,687.2억원을 기록, 전년동기 대비 38.3% 대폭 증가하였음. 매출원가율은 전년과 유사한 수준이나 판관비가 3.5% 감소하였으며 이에 따라 영업이익은 전년동기 대비 125.2% 증가한 519.2억원을 시현함. 금융손실, 외환손실 등 비영업 부문 적자가 확대되었으나 영업이익의 증가폭이 컸던 관계로 당기순이익은 전년동기 대비 85.2% 증가한 191.1억원을 기록함.

현금 흐름		〈단위 : 억원〉
항목	2016	2017.2Q
영업활동	56	923
투자활동	99	-848
재무활동	-110	-394
순현금흐름	46	-320
기말현금	1,247	928

시장 대비 수익률

결산 실적
항목	2012	2013	2014	2015	2016	2017
매출액	12,748	10,650	10,003	9,696	11,207	—
영업이익	110	-521	10	-936	352	—
당기순이익	85	-1,412	10	-853	166	—

분기 실적
항목	2016.1Q	2016.2Q	2016.3Q	2016.4Q	2017.1Q	2017.2Q
매출액	2,314	2,522	2,986	3,386	3,165	3,522
영업이익	114	117	71	50	169	350
당기순이익	84	19	57	6	137	55

재무 상태
항목	2012	2013	2014	2015	2016	2017.2Q
총자산	10,800	11,178	11,300	8,381	9,028	9,227
유형자산	324	279	68	39	36	29
무형자산	72	66	61	55	49	50
유가증권	628	636	623	529	408	363
총부채	6,575	8,377	7,441	5,392	5,927	5,959
총차입금	3,168	5,011	4,199	3,051	2,898	2,556
자본금	290	290	1,070	1,070	1,070	1,070
총자본	4,225	2,800	3,858	2,989	3,100	3,267
지배주주지분	4,219	2,799	3,861	2,990	3,102	3,269

기업가치 지표
항목	2012	2013	2014	2015	2016	2017.2Q
주가(최고/저)(천원)	20.0/12.3	15.2/11.3	13.9/7.2	11.4/6.9	12.9/6.9	—/—
PER(최고/저)(배)	17.7/10.9	—/—	152.7/79.1	—/—	16.8/9.0	—/—
PBR(최고/저)(배)	0.3/0.2	0.4/0.3	0.8/0.4	0.8/0.5	0.9/0.5	0.7/0.5
EV/EBITDA(배)	18.4		57.3		7.2	—/—
EPS(원)	1,203	-20,624	95	-3,984	778	893
BPS(원)	72,744	48,262	18,041	13,972	14,493	15,274
CFPS(원)	2,666	-23,055	495	-3,818	883	940
DPS(원)	500		250		100	
EBITDAPS(원)	3,145	-7,768	467	-4,206	1,749	2,473

재무 비율
〈단위 : %〉
연도	영업이익률	순이익률	부채비율	차입금비율	ROA	ROE	유보율	자기자본비율	EBITDA마진율
2016	3.1	1.5	191.2	93.5	1.9	5.5	189.9	34.3	3.3
2015	-9.7	-8.8	180.4	102.1	-8.7	-24.9	179.4	35.7	-9.3
2014	0.1	0.1	192.9	108.8	0.1	0.4	260.8	34.2	0.7
2013	-4.9	-13.3	299.2	178.9	-12.9	-40.1	865.3	25.1	-4.2

케이씨아이 (A036670)
KCI

업 종 : 가정생활용품	시 장 : KOSDAQ
신용등급 : (Bond) — (CP) —	기업규모 : 중견
홈페이지 : www.kciltd.com	연 락 처 : 041)660-7900
본 사 : 충남 서산시 대산읍 대죽1로 221	

설 립 일 1991.07.13	종 업 원 수 130명	대 표 이 사 윤재구,윤광호
상 장 일 2000.12.23	감 사 의 견 적정 (한경)	계 열
결 산 기 12월	보 통 주 1,127만주	종속회사수
액 면 가 500원	우 선 주	구 상 호

주주구성 (지분율,%)		출자관계 (지분율,%)		주요경쟁사 (외형,%)	
윤영호	20.6	오엔오케미칼	49.0	KCI	100
윤광호	8.9	비오스케미컬	10.0	LG생활건강	13,754
(외국인)	0.8	KCIJapan	45.0	모나리자	274

매출구성		비용구성		수출비중	
POLYMER	34.5	매출원가율	65.2	수출	—
계면활성제	32.2	판관비율	16.2	내수	—
기타	19.1				

회사 개요
동사는 생활화학 전문기업으로서 샴푸와 린스의 고급첨가물로 쓰이는 폴리머와 계면활성제 등을 주로 생산함. 제품 특성상 타업종에 비하여 경기변동에 상대적으로 덜 민감함. 경기침체에도 불구하고 2010년 이후 지속적인 외형성장과 흑자기조를 이어오고 있음. 다국적기업인 P&G, 로레알, 유니레버사 등과 지속적으로 거래하고 있음. 중국,인도, 아프리카 등 신흥시장 형성으로 향후 수요 전망도 안정적인 편임.

실적 분석
동사의 2017년도 2/4분기 누적매출액은 235.0억원으로 전년동기 대비 12.3% 증가하였음. 외형확대에도 불구하고 매출원가 및 판관비가 각각 29.8%, 23.4% 증가함에 따라 영업이익은 전년동기 46.7억원에서 26.2억원으로 감소했음. 한편 비영업부문에서는 2.3억원의 이익을 시현했음. 이에 따라 당기순이익은 전년동기 38.9억원에서 23.5억원으로 39.5% 감소했음.

현금 흐름	*IFRS 별도 기준	〈단위 : 억원〉
항목	2016	2017.2Q
영업활동	12	19
투자활동	-41	1
재무활동	-6	1
순현금흐름	-35	21
기말현금	40	61

시장 대비 수익률

결산 실적
항목	2012	2013	2014	2015	2016	2017
매출액	300	333	392	387	443	—
영업이익	22	24	33	64	82	—
당기순이익	19	23	33	55	67	—

분기 실적
*IFRS 별도 기준
항목	2016.1Q	2016.2Q	2016.3Q	2016.4Q	2017.1Q	2017.2Q
매출액	94	115	111	123	118	117
영업이익	22	25	15	20	12	14
당기순이익	16	23	9	19	9	15

재무 상태
*IFRS 별도 기준
항목	2012	2013	2014	2015	2016	2017.2Q
총자산	530	542	562	556	604	619
유형자산	325	322	299	280	281	275
무형자산	7	9	6	6	5	5
유가증권	2	0	2	3	6	—
총부채	195	166	159	114	134	145
총차입금	182	144	124	79	93	107
자본금	55	55	56	56	56	56
총자본	335	376	403	442	470	474
지배주주지분	335	376	403	442	470	474

기업가치 지표
*IFRS 별도 기준
항목	2012	2013	2014	2015	2016	2017.2Q
주가(최고/저)(천원)	3.2/1.9	8.9/2.4	15.5/6.5	15.6/6.8	10.7/7.7	—/—
PER(최고/저)(배)	20.5/12.2	46.5/12.4	55.6/23.3	33.5/14.5	18.3/13.1	—/—
PBR(최고/저)(배)	1.1/0.7	2.8/0.8	4.5/1.9	4.0/1.7	2.4/1.7	1.9/1.7
EV/EBITDA(배)	8.8	20.8	13.3	12.5	9.2	—/—
EPS(원)	171	203	293	484	597	209
BPS(원)	3,210	3,350	3,612	4,067	4,537	4,574
CFPS(원)	419	473	573	711	779	291
DPS(원)	50	75	90	130	180	
EBITDAPS(원)	452	483	573	796	911	315

재무 비율
〈단위 : % 〉
연도	영업이익률	순이익률	부채비율	차입금비율	ROA	ROE	유보율	자기자본비율	EBITDA마진율
2016	18.6	15.2	28.5	19.7	11.6	14.8	807.5	77.8	23.2
2015	16.6	14.1	25.9	17.9	9.8	12.9	713.3	79.4	23.2
2014	8.5	8.4	39.3	30.6	6.0	8.5	631.5	71.8	16.5
2013	7.2	6.9	44.2	38.4	4.3	6.5	586.5	69.3	16.4

케이씨에스 (A115500)
Korea Computer & Systems

업　　종 : IT 서비스　　　　　　시　　장 : KOSDAQ
신용등급 : (Bond) —　　(CP) —　　기업규모 : 중견
홈페이지 : www.kcins.co.kr　　　연락처 : 02)6377-5221
본　　사 : 경북 구미시 3공단1로 284 (임수동)

설립일	2002.12.06	종업원수	55명	대표이사	이규현
상장일	2010.04.14	감사의견	적정 (삼정)	계 열	
결산기	12월	보통주	1,200만주	종속회사수	
액면가	500원	우선주		구 상 호	

주주구성 (지분율,%)		출자관계 (지분율,%)		주요경쟁사 (외형,%)	
한국컴퓨터지주	70.0	소프트웨어공제조합	0.1	케이씨에스	100
이규현	0.5	정보통신공제조합		동부	793
(외국인)	1.5	사이버넷		엑셈	107

매출구성		비용구성		수출비중	
H/W (NSK 외)	36.8	매출원가율	86.6	수출	0.0
용역 및 유지보수	33.2	판관비율	9.1	내수	100.0
S/W (Solution 외)	30.0				

회사 개요
동사는 금융기관에 사용되는 중대형 서버 등의 제조·판매 및 유지보수를 목적으로 사업을 영위하고 있음. 핵심사업은 크게 Nonstop SI, Enterprise Solution, 철도 및 도로 교통 인프라 사업, KIOSK 단말 사업 4가지로 구분. 국내 신용카드 승인시스템 시장의 70%이상을 점유하고 있으며, 버스운행정보시스템과 단말기 구축사업의 경우 전국 지자체에 공급을 하고 있는 가운데 여전히 국내 BIT 설치율이 낮아 시장성은 높은 상황임.

실적 분석
동사의 2017년 상반기 연결기준 누적 매출액은 81.3억원으로 전년 동기 대비 13.8% 증가함. 매출이 늘면서 매출원가와 판관비 부담 또한 증가했지만 매출 증가에 따른 고정비용 감소효과로 인해 영업이익은 0.9억원으로 전년 대비 흑자전환에 성공함. 비영업손익 부문에서도 흑자 규모가 늘어나면서 당기순이익은 1.8억원으로 전년 동기 대비 흑자전환함.

현금 흐름　　*IFRS 별도 기준　　〈단위 : 억원〉

항목	2016	2017.2Q
영업활동	12	14
투자활동	50	-23
재무활동	-8	-8
순현금흐름	54	-17
기말현금	127	110

시장 대비 수익률

결산 실적　　〈단위 : 억원〉

항목	2012	2013	2014	2015	2016	2017
매출액	243	235	241	202	258	—
영업이익	28	20	27	10	11	—
당기순이익	18	14	24	10	10	—

분기 실적　　*IFRS 별도 기준　　〈단위 : 억원〉

항목	2016.1Q	2016.2Q	2016.3Q	2016.4Q	2017.1Q	2017.2Q
매출액	25	46	68	119	43	38
영업이익	-2	2	2	11	0	0
당기순이익	-1	0	2	9	1	0

재무 상태　　*IFRS 별도 기준　　〈단위 : 억원〉

항목	2012	2013	2014	2015	2016	2017.2Q
총자산	204	220	249	224	275	267
유형자산	1	1	17	17	16	39
무형자산	6	2	2	2	2	2
유가증권	6	2	2	52	2	2
총부채	34	46	67	48	97	96
총차입금						
자본금	60	60	60	60	60	60
총자본	171	173	182	176	177	170
지배주주지분	171	173	182	176	177	170

기업가치 지표　　*IFRS 별도 기준

항목	2012	2013	2014	2015	2016	2017.2Q
주가(최고/저)(천원)	6.5/1.0	4.0/1.9	3.6/2.0	5.3/2.6	6.4/3.7	—/—
PER(최고/저)(배)	51.8/7.6	38.8/17.9	19.5/10.7	67.7/33.7	75.4/42.9	—/—
PBR(최고/저)(배)	5.4/0.8	3.1/1.5	2.6/1.4	3.7/1.9	4.4/2.5	6.1/3.4
EV/EBITDA(배)	8.2	6.3	6.5	30.8	42.5	—
EPS(원)	148	117	199	81	86	15
BPS(원)	1,423	1,446	1,515	1,464	1,476	1,420
CFPS(원)	154	122	205	88	92	19
DPS(원)	100	100	140	70	70	—
EBITDAPS(원)	235	168	231	91	100	11

재무 비율　　〈단위 : % 〉

연도	영업이익률	순이익률	부채비율	차입금비율	ROA	ROE	유보율	자기자본비율	EBITDA마진율
2016	4.4	4.0	55.0	0.0	4.2	5.9	195.2	64.5	4.7
2015	5.0	4.8	27.3	0.0	4.1	5.4	192.8	78.5	5.4
2014	11.2	9.9	37.0	0.0	10.2	13.5	202.9	73.0	11.5
2013	8.4	5.9	26.7	0.0	6.6	8.2	189.1	78.9	8.6

케이씨코트렐 (A119650)
KC Cottrell

업　　종 : 상업서비스　　　　　　시　　장 : 거래소
신용등급 : (Bond) —　　(CP) —　　기업규모 : 시가총액 소형주
홈페이지 : www.kc-cottrell.com　　연락처 : 02)320-6114
본　　사 : 서울시 마포구 상암산로 34 디지털큐브 12층

설립일	2010.01.06	종업원수	205명	대표이사	서동영
상장일	2010.01.29	감사의견	적정 (참)	계 열	
결산기	12월	보통주	1,300만주	종속회사수	5개사
액면가	500원	우선주		구 상 호	

주주구성 (지분율,%)		출자관계 (지분율,%)		주요경쟁사 (외형,%)	
KC그린홀딩스	35.0	부산신호태양광발전		KC코트렐	100
국민연금기금	2.9	자본재공제조합		인선이엔티	76
(외국인)	2.2	제이앤티씨톤티어창업투자조합		C&S자산관리	121

매출구성		비용구성		수출비중	
분진처리설비(제품)	36.5	매출원가율	86.9	수출	46.0
GAS처리설비(제품)	34.1	판관비율	9.8	내수	54.0
기타	29.5				

회사 개요
동사는 2010년 케이씨그린홀딩스로부터 인적분할을 통해 신설됨. 사업군별로 보면 발전소, 제철소, 시멘트 공장 등에서 발생되는 미세먼지를 포집, 제거하는 장치인 전기집진기를 주력상품으로 하는 분진처리부문과 화석연료를 사용하는 시설에서 발생하는 황, 질소산화물을 제거하는 설비를 생산하는 가스처리설비사업부문, 태양광 등의 설비를 생산하는 신재생에너지 사업부문이 있음.

실적 분석
동사의 2017년 2분기 연결기준 누적매출액은 846.4억원으로 전년 동기 대비 5.6% 증가함. 영업손실은 20.3억원으로 적자전환함. 당기순이익은 28.0억원으로 전년 동기 대비 대폭 증가함. 환경플랜트 사업 부문에서는 2016년 베트남 프로젝트를 수주하는 등 해외 매출 비중이 높게 나타나고 있음. 신재생에너지 사업부문에서는 해외 태양광 시장 진출을 위해 해외 관계사들과의 네트워크를 이용하여 전략적 입찰 참여에 적극 나선다는 계획임.

현금 흐름　　*IFRS 별도 기준　　〈단위 : 억원〉

항목	2016	2017.2Q
영업활동	119	-38
투자활동	-66	-6
재무활동	63	52
순현금흐름	116	7
기말현금	164	170

시장 대비 수익률

결산 실적　　〈단위 : 억원〉

항목	2012	2013	2014	2015	2016	2017
매출액	3,321	2,909	2,097	1,868	1,793	—
영업이익	147	7	-63	-87	60	—
당기순이익	164	38	-76	-68	9	—

분기 실적　　*IFRS 별도 기준　　〈단위 : 억원〉

항목	2016.1Q	2016.2Q	2016.3Q	2016.4Q	2017.1Q	2017.2Q
매출액	431	370	410	581	470	37
영업이익	6	5	19	30	-11	
당기순이익	5	-5	14	-5	31	

재무 상태　　*IFRS 별도 기준　　〈단위 : 억원〉

항목	2012	2013	2014	2015	2016	2017.2Q
총자산	2,355	1,637	1,707	1,467	1,535	1,69
유형자산	387	315	363	365	358	36
무형자산	5	21	21	22	28	2
유가증권	25	25	25	26	24	2
총부채	1,623	919	1,104	907	832	96
총차입금	157	111	136	101	66	
자본금	50	50	50	50	65	6
총자본	731	718	603	561	703	72
지배주주지분	731	718	603	555	690	71

기업가치 지표

항목	2012	2013	2014	2015	2016	2017.2Q
주가(최고/저)(천원)	10.9/7.1	13.2/7.8	10.4/5.2	10.0/5.6	6.9/4.6	—/—
PER(최고/저)(배)	7.5/4.9	37.0/21.7	—/—	—/—	91.3/60.9	—/—
PBR(최고/저)(배)	1.7/1.1	2.0/1.2	1.8/0.9	1.9/1.1	1.3/0.9	1.2/1
EV/EBITDA(배)	4.4	48.5			9.5	—
EPS(원)	1,562	363	-729	-630	76	22
BPS(원)	7,313	7,182	6,032	5,550	5,305	5,49
CFPS(원)	1,806	488	-655	-553	170	26
DPS(원)	470	100			40	
EBITDAPS(원)	1,635	180	-525	-764	602	-11

재무 비율　　〈단위 : % 〉

연도	영업이익률	순이익률	부채비율	차입금비율	ROA	ROE	유보율	자기자본비율	EBITDA마진율
2016	3.3	0.5	118.3	9.4	0.6	1.4	961.0	45.8	4
2015	-4.7	-3.6	161.7	18.0	-4.3	-11.4	1,010.0	38.2	-4
2014	-3.0	-3.7	183.0	22.6	-4.6	-11.6	1,106.4	35.3	-2
2013	0.3	1.3	127.9	15.5	1.9	5.3	1,336.4	43.9	4

ㅋ

케이씨텍 (A029460)
KCTech

종 목 : 반도체 및 관련장비	시 장 : 거래소
용 등 급 : (Bond) — (CP) —	기업규모 : 시가총액 중형주
페이지 : www.kctech.com	연 락 처 : 031)670-8900
사 : 경기도 안성시 미양면 제2공단2길 39	

설 립 일 1987.02.16	종 업 원 수 571명	대 표 이 사 고석태,주재동,최동규(각자대표이사)
상 장 일 1997.11.25	감사의견 적정 (삼정)	계 열
결 산 기 12월	보 통 주 3,339만주	종속회사수 9개사
액 면 가 500원	우 선 주	구 상 호

주주구성 (지분율,%)		출자관계 (지분율,%)		주요경쟁사 (외형,%)	
고석태	33.7	케이씨아이앤에스	100.0	케이씨텍	100
KB자산운용	8.5	케이피씨	58.1	지스마트글로벌	18
(외국인)	13.6	케이씨이앤씨	57.2	젬백스	22

매출구성		비용구성		수출비중	
반도체부문	46.8	매출원가율	76.1	수출	24.0
공사매출부문	30.1	판관비율	12.8	내수	76.0
디스플레이부문	26.6				

회사 개요
동사는 반도체 및 디스플레이 제조를 위한 공용용 장비 및 소재를 생산, 판매함. 반도체 제조장비 산업은 반도체 소자업체에 대한 의존도가 매우 높고, 소자업체의 설비투자계획에 따라 국내외 반도체 제조장비 시장이 형성됨. 소자업체의 설비투자에 따라 매출액이 유동적인 모습을 보이는 상황임. 디스플레이 시장은 스마트폰, 태블릿PC 시장상황과 동행함. 또한 중국 정부의 투자 정책으로 중국 시장을 둘러싸고 치열하게 경쟁함.

실적 분석
동사의 영위하는 사업부문이 고르게 성장하며 2017년 2분기 누적 매출액은 117.4% 증가함. 최근 스마트폰 및 스마트TV를 비롯한 IT기기에 반도체 채택이 증가하고 있음. 또한, 최근 국내뿐만 아니라 중국 투자 업계에서도 반도체 및 디스플레이 산업에 대한 투자 확대를 준비 함에 따라 해당 산업도 크게 성장할 것으로 예상됨. 산업의 성장에 맞추어 지속적인 기술개발이 주요한 경쟁 요소임.

현금 흐름 〈단위 : 억원〉
항목	2016	2017.2Q
영업활동	296	115
투자활동	-190	-108
재무활동	-129	-78
순현금흐름	-18	-69
기말현금	355	286

시장 대비 수익률

결산 실적 〈단위 : 억원〉
항목	2012	2013	2014	2015	2016	2017
매출액	1,716	2,841	3,570	4,355	4,875	—
영업이익	89	309	312	537	541	—
당기순이익	112	262	256	457	511	—

분기 실적 〈단위 : 억원〉
항목	2016.1Q	2016.2Q	2016.3Q	2016.4Q	2017.1Q	2017.2Q
매출액	897	938	1,315	1,725	1,864	2,124
영업이익	120	132	119	170	163	219
당기순이익	129	124	105	155	210	194

재무 상태 〈단위 : 억원〉
항목	2012	2013	2014	2015	2016	2017.2Q
총자산	2,383	3,059	3,524	4,039	4,729	5,224
유형자산	573	630	654	755	1,081	1,188
무형자산	88	96	87	80	72	70
유가증권	85	58	67	70	34	40
총부채	305	655	897	1,010	1,328	1,564
총차입금	—	—	36	28	81	116
자본금	167	167	167	167	167	167
총자본	2,078	2,404	2,627	3,029	3,401	3,660
지배주주지분	1,992	2,215	2,440	2,832	3,165	3,393

기업가치 지표
항목	2012	2013	2014	2015	2016	2017.2Q
주가(최고/저)(천원)	5.7/3.3	5.5/3.5	8.4/4.9	14.1/7.1	18.0/10.3	—/—
PER(최고/저)(배)	17.7/10.3	7.4/4.8	11.3/6.5	11.3/5.7	12.6/7.2	—/—
PBR(최고/저)(배)	1.0/0.6	0.9/0.6	1.2/0.7	1.7/0.8	1.8/1.0	2.3/1.2
EV/EBITDA(배)	4.7	2.9	4.8	4.5	7.3	—
EPS(원)	338	778	771	1,284	1,436	1,108
BPS(원)	6,024	6,778	7,486	8,675	9,955	10,933
CFPS(원)	558	1,004	1,018	1,549	1,739	1,301
DPS(원)	20	70	100	150	150	—
EBITDAPS(원)	485	1,152	1,181	1,874	1,923	1,337

재무 비율 〈단위 : % 〉
연도	영업이익률	순이익률	부채비율	차입금비율	ROA	ROE	유보율	자기자본비율	EBITDA마진율
2016	11.1	10.5	39.1	2.4	11.7	16.0	1,890.9	71.9	13.2
2015	12.3	10.5	33.4	0.9	12.1	16.3	1,634.9	75.0	14.4
2014	8.7	7.2	34.2	1.4	7.8	11.1	1,397.1	74.5	11.1
2013	10.9	9.2	27.3	0.0	9.6	12.4	1,255.5	78.6	13.5

케이씨티 (A089150)
Korea Computer Terminal

업 종 : 컴퓨터 및 주변기기	시 장 : KOSDAQ
신용등급 : (Bond) — (CP) —	기업규모 : 중견
홈페이지 : www.kctinc.co.kr	연 락 처 : 031)2961949
본 사 : 경기도 수원시 권선구 일월천로4번길 7-10 (구운동)	

설 립 일 2002.12.14	종 업 원 수 57명	대 표 이 사 이호성
상 장 일 2006.12.13	감사의견 적정 (삼정)	계 열
결 산 기 12월	보 통 주 1,715만주	종속회사수
액 면 가 500원	우 선 주	구 상 호 한국컴퓨터

주주구성 (지분율,%)		출자관계 (지분율,%)		주요경쟁사 (외형,%)	
한국컴퓨터지주	63.3	제이티비씨	0.9	케이씨티	100
한국증권금융	4.0	소프트웨어공제조합	0.5	빅솔론	335
(외국인)	1.1			메디프론	50

매출구성		비용구성		수출비중	
자동화기기	39.6	매출원가율	78.0	수출	2.0
용역	39.3	판관비율	13.3	내수	98.0
단말시스템	21.1				

회사 개요
동사는 각종 금융 단말시스템 솔루션 및 금융 자동화기기 솔루션을 국내 금융 고객에게 공급하고 있으며, 국내사업장을 두고 있는 금융기관 및 한국마사회와 국민체육진흥공단 등의 공공부문이 주된 고객임. 금융단말기, 자동화기기, 유지보수 등의 용역 부문의 사업분야를 보유. 매출처 다변화를 위해 기존 고객인 은행권에 대하여는 기존 제품 및 신규 개발제품의 판로를 더욱 확대하고 제2금융권인 증권, 보험 등의 고객확대를 위한 지속적 영업노력을 모색.

실적 분석
2017년 상반기 매출은 136억원으로 전년대비 44.1% 증가, 영업이익은 14.2억원으로 전년대비 201.4% 증가, 당기순이익은 10.4억원으로 전년대비 308% 증가 시현. 금융시장의 자동화 솔루션 시스템 확대 및 신규 거래선 개척으로 높은 매출 증가세 시현. 고정비 부담 감소 및 원가개선 효과로 수익성도 호전. 금융단말 시스템 및 솔루션 수요 확대가 이익개선에 크게 기여.

현금 흐름 *IFRS 별도 기준 〈단위 : 억원〉
항목	2016	2017.2Q
영업활동	3	-20
투자활동	5	0
재무활동	-20	-10
순현금흐름	-12	-30
기말현금	78	48

시장 대비 수익률

결산 실적 〈단위 : 억원〉
항목	2012	2013	2014	2015	2016	2017
매출액	549	486	400	374	262	—
영업이익	61	36	9	13	23	—
당기순이익	42	24	23	12	16	—

분기 실적 *IFRS 별도 기준 〈단위 : 억원〉
항목	2016.1Q	2016.2Q	2016.3Q	2016.4Q	2017.1Q	2017.2Q
매출액	56	39	81	86	80	56
영업이익	8	-0	4	13	9	5
당기순이익	3	-1	2	11	6	4

재무 상태 *IFRS 별도 기준 〈단위 : 억원〉
항목	2012	2013	2014	2015	2016	2017.2Q
총자산	509	480	466	651	634	632
유형자산	5	11	23	19	18	17
무형자산	3	2	1	1	0	0
유가증권	55	65	52	49	43	43
총부채	134	89	72	266	243	241
총차입금	—	—	—	140	130	130
자본금	86	86	86	86	86	86
총자본	376	391	394	385	391	391
지배주주지분	376	391	394	385	391	391

기업가치 지표 *IFRS 별도 기준
항목	2012	2013	2014	2015	2016	2017.2Q
주가(최고/저)(천원)	3.4/1.1	3.2/1.6	2.6/2.0	3.1/1.9	4.5/2.2	—/—
PER(최고/저)(배)	17.3/5.4	26.2/12.6	21.4/16.6	45.1/27.7	50.4/25.1	—/—
PBR(최고/저)(배)	1.9/0.6	1.6/0.8	1.2/1.0	1.4/0.9	2.0/1.0	2.1/1.3
EV/EBITDA(배)	2.6	6.9	3.8	27.5	27.9	—
EPS(원)	245	141	132	70	90	61
BPS(원)	2,190	2,282	2,297	2,243	2,278	2,279
CFPS(원)	272	167	174	100	119	68
DPS(원)	150	120	120	60	60	—
EBITDAPS(원)	382	236	93	107	160	89

재무 비율 〈단위 : % 〉
연도	영업이익률	순이익률	부채비율	차입금비율	ROA	ROE	유보율	자기자본비율	EBITDA마진율
2016	8.6	5.9	62.2	33.3	2.4	4.0	355.6	61.7	10.5
2015	3.6	3.2	69.2	36.4	2.2	3.1	348.5	59.1	4.9
2014	2.2	5.7	18.2	0.0	4.8	5.8	359.4	84.6	4.0
2013	7.4	5.0	22.7	0.0	4.9	6.3	356.5	81.5	8.3

케이씨티시 (A009070)
KCTC

업　　종 : 육상운수		시　　장 : 거래소	
신용등급 : (Bond) — 　(CP) —		기업규모 : 시가총액 소형주	
홈페이지 : www.kctc.co.kr		연 락 처 : 02)310-0700	
본　　사 : 서울시 중구 남대문로 63, 한진빌딩 16층			

설 립 일 1973.07.20	종업원수 361명	대 표 이 사 이준환	
상 장 일 1978.09.29	감사의견 적정 (삼일)	계　　열	
결 산 기 12월	보 통 주 3,000만주	종속회사수 8개사	
액 면 가 500원	우 선 주	구 상 주	

주주구성 (지분율,%)		출자관계 (지분율,%)		주요경쟁사 (외형,%)	
양재원	12.3	고려홀딩스	100.0	KCTC	100
이동혁	8.5	고려사일로	100.0	동양고속	44
(외국인)	0.4	고려종합국제운송	98.8	W홀딩컴퍼니	5

매출구성		비용구성		수출비중	
운송	43.4	매출원가율	84.2	수출	0.0
소화물	26.3	판관비율	11.9	내수	100.0
하역	16.9				

회사 개요
동사는 컨테이너터미널 사업,항만하역,운송, 보관,중량사업,소화물사업등을 영위하는 종합물류기업으로서 1973년 설립됨. 1978년 한국거래소 승인을 받아 상장됨. 고려종합국제운송, 고려기공, 케이엔로지스틱스 등을 연결대상 종속회사로 보유함. 운송, 항만하역, CY/CFS, 국제물류 주선업 등이 주요 사업임. 시장점유율은 운송 부문 5.6%, 하역 부문 2.9%, 보관 부문 14%임.

실적 분석
2017년 상반기 연결기준 동사는 매출 1,854.1억원을 시현함. 이는 전년도 같은 기간 매출인 1,796.3억원 대비 3.2% 성장한 금액임. 매출이 소폭 상승했으나 매출원가가 5.8% 늘어나 영업이익은 전년 동기 85.7억원 대비 30.2% 축소된 59.8억원을 기록함. 비영업부문도 32.3억원의 손실을 기록함. 적자전환됨. 이에 당기순이익은 67.6억원에서 16.6억원으로 75.4% 감소함.

현금 흐름 〈단위 : 억원〉
항목	2016	2017.2Q
영업활동	158	77
투자활동	6	-14
재무활동	-306	-43
순현금흐름	-141	19
기말현금	173	193

시장 대비 수익률

결산 실적 〈단위 : 억원〉
항목	2012	2013	2014	2015	2016	2017
매출액	3,372	3,758	3,561	3,570	3,498	—
영업이익	167	195	153	134	137	—
당기순이익	0	41	171	91	82	—

분기 실적 〈단위 : 억원〉
항목	2016.1Q	2016.2Q	2016.3Q	2016.4Q	2017.1Q	2017.2Q
매출액	845	951	838	864	950	904
영업이익	32	54	27	24	24	35
당기순이익	26	41	-2	17	2	14

재무 상태 〈단위 : 억원〉
항목	2012	2013	2014	2015	2016	2017.2Q
총자산	2,976	3,041	3,336	3,636	3,421	3,371
유형자산	1,463	1,554	1,859	2,144	2,134	2,150
무형자산	164	154	142	59	65	63
유가증권	177	162	130	131	52	44
총부채	1,488	1,518	1,686	1,915	1,636	1,582
총차입금	834	903	1,063	1,309	1,013	1,110
자본금	150	150	150	150	150	150
총자본	1,488	1,523	1,650	1,720	1,785	1,789
지배주주지분	1,446	1,463	1,631	1,703	1,769	1,773

기업가치 지표
항목	2012	2013	2014	2015	2016	2017.2Q
주가(최고/저)(천원)	2.3/1.3	2.1/1.4	3.7/1.8	4.5/2.7	3.8/2.9	—/—
PER(최고/저)(배)	—/—	21.8/14.6	6.9/3.3	15.4/9.5	14.0/10.7	—/—
PBR(최고/저)(배)	0.5/0.3	0.5/0.3	0.7/0.3	0.8/0.5	0.6/0.5	0.6/0.5
EV/EBITDA(배)	4.6	4.0	6.9	8.7	8.1	—/—
EPS(원)	-23	100	553	295	271	56
BPS(원)	48,243	48,835	5,447	5,688	5,906	5,921
CFPS(원)	1,900	3,372	798	553	550	56
DPS(원)	250	250	30	35	35	—
EBITDAPS(원)	7,706	8,873	754	704	735	199

재무 비율 〈단위 : %〉
연도	영업이익률	순이익률	부채비율	차입금비율	ROA	ROE	유보율	자기자본비율	EBITDA마진율
2016	3.9	2.4	91.6	56.7	2.3	4.7	1,081.2	52.2	6.3
2015	3.8	2.5	111.3	76.1	2.6	5.3	1,037.6	47.3	5.9
2014	4.3	4.8	102.2	64.5	5.4	10.7	989.5	49.5	6.4
2013	5.2	1.1	99.7	59.3	1.4	2.1	876.7	50.1	7.1

케이씨피드 (A025880)
KC Feed

업　　종 : 식료품		시　　장 : KOSDAQ	
신용등급 : (Bond) — 　(CP) —		기업규모 : 중견	
홈페이지 : www.kcfeed.co.kr		연 락 처 : 054)332-6511~9	
본　　사 : 경북 영천시 금호읍 금호로 320			

설 립 일 1970.05.06	종업원수 62명	대 표 이 사 정한식,김희철(각자대표이사)	
상 장 일 1995.07.07	감사의견 적정 (다산)	계　　열	
결 산 기 12월	보 통 주 1,615만주	종속회사수 3개사	
액 면 가 500원	우 선 주	구 상 주	

주주구성 (지분율,%)		출자관계 (지분율,%)		주요경쟁사 (외형,%)	
정한식	20.5	케이씨대부파이낸스	100.0	케이씨피드	100
정혜욱	3.6	케이씨프레쉬	96.0	고려산업	213
(외국인)	10.2	케이씨팜	84.7	대주산업	105

매출구성		비용구성		수출비중	
배합사료 양계용	65.5	매출원가율	85.5	수출	0.0
배합사료 양돈용	22.7	판관비율	12.2	내수	100.0
배합사료 축우용	9.6				

회사 개요
동사는 1970년 경북축산주식회사로 설립되어 가축, 가금용 배합사료의 제조 및 판매를 주업으로 하고 있으며, 1995년 경축으로 사명을 변경하고 동년 코스닥시장에 상장된후 2007년 상호를 케이씨피드로 변경함. 주 사업인 배합사료 외에 주요 고객인 농가에 대한 대부업, 계란 판매업 등을 영위하기 위해 케이씨팜(농장운영), 케이씨프레쉬(계란가공), 케이씨대부파이낸스(금융) 3개의 종속회사를 두고 있음.

실적 분석
동사의 2017년 2/4분기 연결기준 누적매출액은 396.0억원으로 전년동기 대비 2.1% 감소했음. 매출원가와 판관비가 전년동기 대비 각각 0.3%, 8.2% 감소했음에도 불구하고 외형축소의 영향으로 인해 영업이익은 전년 동기 15.5억원에서 11.9억원으로 23.1% 감소했음. 그러나 4.0억원의 외환이익을 시현하는 등 비영업부문에서 8.4억원의 이익을 시현함에 따라 당기순이익은 전년동기 대비 29.4% 증가한 14.3억원을 기록했음.

현금 흐름 〈단위 : 억원〉
항목	2016	2017.2Q
영업활동	24	1
투자활동	14	57
재무활동	60	-11
순현금흐름	100	43
기말현금	171	214

시장 대비 수익률

결산 실적 〈단위 : 억원〉
항목	2012	2013	2014	2015	2016	2017
매출액	924	1,018	929	834	808	—
영업이익	21	21	-11	-4	19	—
당기순이익	21	3	-30	-21	8	—

분기 실적 〈단위 : 억원〉
항목	2016.1Q	2016.2Q	2016.3Q	2016.4Q	2017.1Q	2017.2Q
매출액	210	194	191	212	206	19
영업이익	7	9	3	1	6	
당기순이익	5	6	4	-7	12	

재무 상태 〈단위 : 억원〉
항목	2012	2013	2014	2015	2016	2017.2Q
총자산	1,100	1,050	1,231	997	1,063	1,06
유형자산	315	335	324	311	311	30
무형자산	4	4	4	4	4	
유가증권	0	0	0	0	0	
총부채	611	556	766	556	542	53
총차입금	485	465	649	466	464	45
자본금	60	62	62	62	81	8
총자본	490	495	466	441	521	53
지배주주지분	489	494	467	443	523	53.

기업가치 지표
항목	2012	2013	2014	2015	2016	2017.2Q
주가(최고/저)(천원)	6.8/1.6	4.2/1.8	2.5/1.3	3.3/1.4	6.2/1.9	—/—
PER(최고/저)(배)	39.9/9.1	120.6/51.3	—/—	—/—	116.6/35.8	—/—
PBR(최고/저)(배)	1.9/0.4	1.2/0.5	0.7/0.4	1.0/0.4	1.9/0.6	1.8/0.7
EV/EBITDA(배)	19.2	15.8	50.5	44.4	29.3	—/—
EPS(원)	183	36	-201	-153	54	8
BPS(원)	4,121	4,020	3,795	3,606	3,269	3,32
CFPS(원)	282	157	-56	2	192	15
DPS(원)	45	40	25	35	35	—
EBITDAPS(원)	262	293	79	139	268	13

재무 비율 〈단위 : %〉
연도	영업이익률	순이익률	부채비율	차입금비율	ROA	ROE	유보율	자기자본비율	EBITDA마진율
2016	2.4	0.9	104.0	89.0	0.7	1.6	553.8	49.0	4.9
2015	-0.5	-2.6	125.9	105.6	-1.9	-4.6	621.2	44.3	2.1
2014	-1.2	-3.2	164.5	139.4	-2.6	-5.7	659.0	37.8	1.1
2013	2.1	0.3	112.4	94.1	0.3	1.0	703.9	47.1	3.3

케이아이에스씨오홀딩스 (A001940)
KISCO Holdings

업 종 : 금속 및 광물		시 장 : 거래소	
신용등급 : (Bond) — (CP) —		기업규모 : 시가총액 소형주	
홈 페 이 지 : www.kiscoholdings.co.kr		연 락 처 : 055)260-0500	
본 사 : 경남 창원시 성산구 공단로103번길 12			

설 립 일	1957.02.19	종 업 원 수	19명	대 표 이 사	장세홍,문종인(각자대표)
상 장 일	1989.11.13	감 사 의 견	적정 (삼일)	계 열	
결 산 기	12월	보 통 주	370만주	종 속 회 사 수	3개사
액 면 가	5,000원	우 선 주		구 상 호	

주주구성 (지분율,%)		출자관계 (지분율,%)		주요경쟁사 (외형,%)	
장세홍	35.0	대흥산업	88.7	KISCO홀딩스	100
한국투자밸류자산운용	10.9	환영철강공업	83.5	풍산홀딩스	28
(외국인)	8.6*	한국철강	40.8	한국주철관	37

매출구성		비용구성		수출비중	
[철강]철 근	50.9	매출원가율	85.7	수출	—
[제강/압연]철 근	34.7	판관비율	6.1	내수	—
[철강]단조강	8.4				

회사 개요

동사는 다른 회사의 주식을 소유함으로써 그 회사를 지배하는 것을 목적으로 하는 지주회사로 종속기업으로는 철강제조부문의 한국철강, 환영철강공업과 대흥산업 (와이어로프제조), 서륭(섬유판매) 등이 있음. 주요 전방산업은 철강부문의 경우 건설업, 와이어로프는 자동차, 섬유는 의류산업 등임. 지주회사의 영업수익은 배당금수익과 용역수익(경영관리 용역 및 기타용역) 등으로 구성되고 연결매출액의 99% 이상이 철강부문이 차지하고 있음.

실적 분석

동사의 2017년 연결기준 상반기 매출액은 5,848.3억원으로 전년동기 대비 13.8% 증가함. 이는 주요 자회사인 한국철강의 실적이 견조한 가운데 환영철강, 영흥철강의 실적 개선 영향으로 추정됨. 판관비는 감소했으나, 매출원가의 증가로 영업이익은 589.6억원으로 전년동기대비와 비슷한 실적을 시현함. 반면 법인세비용의 증가로 당기순이익은 524.6억원으로 전년동기 대비 소폭 감소됨.

현금 흐름 〈단위 : 억원〉

항목	2016	2017.2Q
영업활동	1,150	763
투자활동	-985	-3
재무활동	-72	-93
순현금흐름	93	668
기말현금	992	1,660

결산 실적 〈단위 : 억원〉

항목	2012	2013	2014	2015	2016	2017
매출액	15,726	13,276	11,594	10,875	10,581	—
영업이익	351	73	68	904	871	—
당기순이익	462	200	149	780	779	—

분기 실적 〈단위 : 억원〉

항목	2016.1Q	2016.2Q	2016.3Q	2016.4Q	2017.1Q	2017.2Q
매출액	2,230	2,908	2,591	2,852	2,691	3,158
영업이익	142	444	134	151	186	404
당기순이익	175	377	133	94	173	352

재무 상태 〈단위 : 억원〉

항목	2012	2013	2014	2015	2016	2017.2Q
총자산	13,987	13,774	13,797	14,071	14,940	15,576
유형자산	6,148	5,979	5,811	5,646	5,431	5,347
무형자산	36	35	43	43	40	38
유가증권	212	1,513	1,944	2,965	3,474	4,369
총부채	2,793	2,418	2,503	2,051	2,200	2,386
총차입금	369	103	154	13	33	32
자본금	185	185	185	185	185	185
총자본	11,194	11,356	11,294	12,020	12,740	13,190
지배주주지분	6,502	6,627	6,559	7,048	7,494	7,804

기업가치 지표

항목	2012	2013	2014	2015	2016	2017.2Q
주가(최고/저)(천원)	35.6/30.0	45.8/30.9	51.5/37.4	75.7/44.5	69.0/53.5	—/—
PER(최고/저)(배)	4.8/4.0	14.3/9.7	39.2/28.5	6.6/3.9	5.6/4.4	0.4/0.3
PBR(최고/저)(배)	0.2/0.2	0.3/0.2	0.3/0.2	0.4/0.2	0.3/0.3	0.0/0.0
EV/EBITDA(배)	4.7	8.1	9.8	2.6	1.9	—/—
EPS(원)	8,215	3,426	1,378	11,825	12,414	8,925
BPS(원)	176,775	180,160	178,317	191,532	203,609	211,988
CFPS(원)	18,734	13,595	11,276	21,413	21,844	8,925
DPS(원)	900	900	900	900	900	15,955
EBITDAPS(원)	20,030	12,140	11,746	34,040	32,989	

재무 비율 〈단위 : %〉

연도	영업이익률	순이익률	부채비율	차입금비율	ROA	ROE	유보율	자기자본비율	EBITDA마진율
2016	8.2	7.4	17.3	0.3	5.4	6.3	3,972.2	85.3	11.5
2015	8.3	7.2	17.1	0.1	5.6	6.4	3,730.7	85.4	11.6
2014	0.6	1.3	22.2	1.4	1.1	0.8	3,466.3	81.9	3.7
2013	0.6	1.5	21.3	0.9	1.4	1.2	3,503.2	82.4	3.4

케이아이엔엑스 (A093320)
KINX

업 종 : 인터넷 서비스		시 장 : KOSDAQ	
신용등급 : (Bond) — (CP) —		기업규모 : 중견	
홈 페 이 지 : www.kinx.net		연 락 처 : 02)526-0900	
본 사 : 서울시 서초구 서초대로 396 21층 (서초동, 강남빌딩)			

설 립 일	2000.06.17	종 업 원 수	101명	대 표 이 사	이선영
상 장 일	2011.02.08	감 사 의 견	적정 (대주)	계 열	
결 산 기	12월	보 통 주	488만주	종 속 회 사 수	3개사
액 면 가	500원	우 선 주		구 상 호	

주주구성 (지분율,%)		출자관계 (지분율,%)		주요경쟁사 (외형,%)	
가비아	36.3			케이아이엔엑스	100
한국투자밸류자산운용	8.7			이크레더블	71
(외국인)	6.1			가비아	231

매출구성		비용구성		수출비중	
서비스(용역)	99.0	매출원가율	54.0	수출	14.0
상품(상품)	1.0	판관비율	28.4	내수	86.0

회사 개요

동사는 인터넷 연동 및 인터넷 회선 접속 서비스의 제공과 관련하여 전기통신사업법 제4조에 의해 기간통신사업자의 전기통신회선설비 등을 제공하여 기간통신역무를 제공하는 별정통신사업자임. 동 법에 의해 IDC 사업자로서 부가통신사업자로도 등록되어 있음. 동사가 보유한 통신인프라는 국가의 기간통신망의 한 부분으로서, 정보통신기반보호법 제8조에 의해 주요정보통신기반시설로 지정되어 있음.

실적 분석

동사의 2017년 2분기 누적 매출액은 전년동기대비 0.9% 감소한 220억원을 기록함. 인건비와 광고선전비 증가의 영향으로 판매관리비는 전년동기대비 증가하였으며 이에 따라 영업이익은 전년동기대비 8.8% 감소한 40.4억원을 기록함. 비영업손익은 관련기업투자손실이 지속되고 외환손실이 지속됨에 따라 적자를 지속함. 당기순이익은 전년동기 대비 14.6% 감소한 33.5억원을 기록함. 향후 자회사를 통한 클라우드 서비스 매출 확대 기대됨.

현금 흐름 〈단위 : 억원〉

항목	2016	2017.2Q
영업활동	112	33
투자활동	-83	14
재무활동	-6	-6
순현금흐름	28	37
기말현금	136	173

결산 실적 〈단위 : 억원〉

항목	2012	2013	2014	2015	2016	2017
매출액	272	306	365	421	442	—
영업이익	53	54	63	71	78	—
당기순이익	44	56	45	45	63	—

분기 실적 〈단위 : 억원〉

항목	2016.1Q	2016.2Q	2016.3Q	2016.4Q	2017.1Q	2017.2Q
매출액	110	112	113	107	107	113
영업이익	21	23	24	10	20	21
당기순이익	17	22	19	5	14	21

재무 상태 〈단위 : 억원〉

항목	2012	2013	2014	2015	2016	2017.2Q
총자산	367	424	478	524	602	612
유형자산	103	106	111	111	102	103
무형자산	27	34	54	36	15	16
유가증권	13	20	46	86	26	26
총부채	23	26	27	31	52	34
총차입금						
자본금	24	24	24	24	24	24
총자본	345	398	450	493	550	578
지배주주지분	340	390	438	480	533	559

기업가치 지표

항목	2012	2013	2014	2015	2016	2017.2Q
주가(최고/저)(천원)	19.5/7.2	18.4/10.1	18.0/11.4	18.7/12.5	18.1/13.0	—/—
PER(최고/저)(배)	24.0/8.9	19.2/10.5	17.4/11.0	20.3/13.6	15.4/11.1	1.3/1.2
PBR(최고/저)(배)	2.8/1.0	2.3/1.3	2.0/1.3	1.9/1.3	1.7/1.2	1.3/1.2
EV/EBITDA(배)	6.6	5.2	5.5	5.6	3.8	—/—
EPS(원)	832	984	1,055	934	1,182	656
BPS(원)	7,236	8,195	9,173	10,006	11,091	11,630
CFPS(원)	1,255	1,433	1,582	1,548	1,747	915
DPS(원)	—	80	80	100	120	1,087
EBITDAPS(원)	1,521	1,563	1,819	2,069	2,163	

재무 비율 〈단위 : %〉

연도	영업이익률	순이익률	부채비율	차입금비율	ROA	ROE	유보율	자기자본비율	EBITDA마진율
2016	17.7	14.3	9.5	0.0	11.2	11.4	2,118.2	91.3	23.9
2015	16.9	10.8	6.2	0.0	9.1	9.9	1,901.3	94.1	24.0
2014	17.2	12.5	6.1	0.0	12.5	12.4	1,734.6	94.3	24.2
2013	17.7	16.8	6.5	0.0	13.0	13.1	1,539.1	93.9	24.8

케이알모터스 (A000040)
KR Motors

업 종 : 자동차	시 장 : 거래소
신용등급 : (Bond) B- (CP) —	기업규모 : 시가총액 소형주
홈페이지 : www.krmotors.com	연 락 처 : 055)282-7011
본 사 : 경남 창원시 성산구 완암로 28 (성산동)	

설 립 일	1917.09.17	종 업 원 수	126명	대 표 이 사	성상용,서정민(각자대표이사)
상 장 일	1976.05.25	감 사 의 견	적정 (대주)	계	열	
결 산 기	12월	보 통 주	18,777만주	종속회사수	4개사
액 면 가	500원	우 선 주		구 상 호	S&T모터스

주주구성 (지분율,%)
코라오홀딩스	23.6
오세영	18.4
(외국인)	11.1

출자관계 (지분율,%)
KR글로벌네트웍스	100.0
아이티앤티	100.0
KRMAmerica,LLc	100.0

주요경쟁사 (외형,%)
KR모터스	100
현대차	106,949
기아차	60,199

매출구성
이륜차	69.7
부품	30.3

비용구성
매출원가율	90.7
판관비율	17.9

수출비중
수출	30.0
내수	70.0

회사 개요
사업분야는 이륜차의 제조 및 판매로 국내 유일하게 250cc급 이상 700cc급까지의 고배기량 엔진 자체보유 메이커로서 경쟁이 치열한 125cc이하의 국내시장보다는 250cc급 이상의 고배기량 모터사이클 중심의 수출위주 마케팅 전략을 펴나가고 있으며, 차세대 성장동력인 친환경 전기이륜차의 개발로 경쟁에서 우위를 점할 것으로 전망됨. 시장점유율은 판매대수기준 내수점유율 35%를 기록하고 있음.

실적 분석
주력시장인 유럽이 재정위기를 겪으며 대형 배기량 이륜차의 침체는 지속되고 있음. 동사의 2017년 2분기 누적 매출액은 205.2억원으로 전년동기 대비 58.6% 감소하였으며 영업손실 67.8억원, 당기순손실 102.7억원을 기록하며 적자 상태를 지속함. 중국 제남시에 합작기업을 설립함. 연산 30만대 규모의 공장을 건설하여 생산, 판매를 진행할 예정. 현지 맞춤형 신기종의 본격 개발공급과 해외시장 개척, 제품 경쟁력 강화에 매진할 계획임.

현금 흐름 〈단위 : 억원〉
항목	2016	2017.2Q
영업활동	-94	2
투자활동	129	-13
재무활동	-6	-49
순현금흐름	32	-64
기말현금	150	86

시장 대비 수익률

결산 실적 〈단위 : 억원〉
항목	2012	2013	2014	2015	2016	2017
매출액	979	996	808	832	876	—
영업이익	-62	-35	-113	-156	-75	—
당기순이익	-82	-66	-126	-161	-100	—

분기 실적 〈단위 : 억원〉
항목	2016.1Q	2016.2Q	2016.3Q	2016.4Q	2017.1Q	2017.2Q
매출액	198	297	258	123	96	109
영업이익	-27	9	8	-64	-13	-58
당기순이익	-35	3	-19	-50	-42	-60

재무 상태 〈단위 : 억원〉
항목	2012	2013	2014	2015	2016	2017.2Q
총자산	1,193	1,169	1,370	1,582	1,495	1,368
유형자산	558	564	640	664	589	578
무형자산	15	6	46	84	117	123
유가증권	0	0	0	0	0	0
총부채	585	596	911	898	861	835
총차입금	104	106	567	611	624	584
자본금	597	597	597	877	881	887
총자본	608	573	459	684	634	533
지배주주지분	636	573	459	684	591	493

기업가치 지표
항목	2012	2013	2014	2015	2016	2017.2Q
주가(최고/저)(천원)	1.1/0.5	0.6/0.4	1.5/0.4	1.6/0.9	1.3/0.8	—/—
PER(최고/저)(배)	—/—	—/—	—/—	—/—	—/—	—/—
PBR(최고/저)(배)	2.1/0.9	1.2/0.9	3.8/1.1	4.1/2.3	3.9/2.3	3.4/2.6
EV/EBITDA(배)		7,085.4				
EPS(원)	-62	-52	-105	-92	-57	-56
BPS(원)	533	480	385	390	335	278
CFPS(원)	-32	-23	-82	-74	-39	-47
DPS(원)						
EBITDAPS(원)	-22		-71	-71	-25	-29

재무 비율 〈단위 : %〉
연도	영업이익률	순이익률	부채비율	차입금비율	ROA	ROE	유보율	자기자본비율	EBITDA마진율
2016	-8.6	-11.4	일부잠식	일부잠식	-6.5	-15.7	-32.9	42.4	-5.0
2015	-18.7	-19.4	일부잠식	일부잠식	-10.9	-28.2	-22.0	43.2	-15.0
2014	-14.0	-15.6	일부잠식	일부잠식	-9.9	-24.4	-23.0	33.5	-10.5
2013	-3.5	-6.6	일부잠식	일부잠식	-5.6	-10.3	-3.9	49.0	0.0

케이에스에스해운 (A044450)
KSS LINE

업 종 : 해상운수	시 장 : 거래소
신용등급 : (Bond) — (CP) —	기업규모 : 시가총액 소형주
홈페이지 : www.kssline.com	연 락 처 : 02)3702-2700
본 사 : 서울시 종로구 인사동길 12 대일빌딩 8층	

설 립 일	1984.06.27	종 업 원 수	287명	대 표 이 사	이대성
상 장 일	2007.10.26	감 사 의 견	적정 (삼덕)	계	열	
결 산 기	12월	보 통 주	2,319만주	종속회사수	2개사
액 면 가	500원	우 선 주		구 상 호	

주주구성 (지분율,%)
박종규	21.5
브이아이피투자자문	12.8
(외국인)	6.1

출자관계 (지분율,%)
케이에스에스마린	100.0
울산마리타임	29.5
FAREASTVENTURA	75.0

주요경쟁사 (외형,%)
KSS해운	100
팬오션	1,328
흥아해운	589

매출구성
LPG, NH₃, VCM,ETHYLENE 등 GAS 화물	78.1
MEG, BZ, CUMENE 등 CHEMICAL 화물	21.9

비용구성
매출원가율	70.0
판관비율	6.9

수출비중
수출	—
내수	—

회사 개요
동사는 1984년 한국특수선이라는 명칭으로 설립되어 2007년 유가증권시장에 상장된 업체로 해상 운송서비스의 생산과 판매를 업으로 하고 있음. 케이에스에스마린, FAR EAST VENTURA를 연결대상 종속회사로 보유함. 매출 비중은 가스선 사업부문 81%, 케미칼선 사업부문 18.8%, 기타 사업부문 0.2%으로 구성됨. 주요고객사는 한화케미칼, SK네트웍스 등이 있음.

실적 분석
동사의 2017년 상반기 연결기준 매출액은 전년 동기 대비 15.6% 증가한 807.2억원을 기록. 매출원가가 13% 오르고 판매비와 관리비 또한 소폭 상승했으나 매출 상승폭이 이를 상회해 영업이익은 193.3억원을 시현함. 이는 전년도 같은 기간에 비해 29% 증가한 금액임. 비영업부문은 적자가 지속됐으나 손실폭은 줄어듬. 이에 힘입어 당기순이익은 112.5억원을 기록하며 흑자전환함.

현금 흐름 〈단위 : 억원〉
항목	2016	2017.2Q
영업활동	420	306
투자활동	-144	-75
재무활동	-192	-65
순현금흐름	84	167
기말현금	150	317

시장 대비 수익률

결산 실적 〈단위 : 억원〉
항목	2012	2013	2014	2015	2016	*2017
매출액	1,122	1,187	1,375	1,435	1,411	—
영업이익	123	190	220	297	326	—
당기순이익	129	264	210	231	133	—

분기 실적 〈단위 : 억원〉
항목	2016.1Q	2016.2Q	2016.3Q	2016.4Q	2017.1Q	2017.2Q
매출액	364	335	339	374	381	42
영업이익	79	71	83	93	70	12
당기순이익	43	-67	39	118	24	8

재무 상태 〈단위 : 억원〉
항목	2012	2013	2014	2015	2016	2017.2Q
총자산	3,091	3,391	4,949	5,457	6,480	8,75
유형자산	2,753	3,097	4,565	5,101	6,129	8,21
무형자산	5	5	4	4	4	
유가증권	9	4	13	16	1	
총부채	1,718	1,783	3,106	3,336	4,120	6,45
총차입금	1,519	1,590	2,871	3,060	3,875	6,20
자본금	58	58	58	58	116	11
총자본	1,373	1,608	1,843	2,121	2,360	2,30
지배주주지분	1,369	1,604	1,843	2,121	2,360	2,30

기업가치 지표
항목	2012	2013	2014	2015	2016	2017.2Q
주가(최고/저)(천원)	4.2/1.7	6.2/3.6	7.6/5.6	9.1/5.6	8.8/6.8	—/—
PER(최고/저)(배)	8.1/3.4	5.8/3.4	8.8/6.5	9.5/5.8	15.8/12.1	—/—
PBR(최고/저)(배)	0.8/0.3	1.0/0.6	1.0/0.7	1.0/0.6	0.9/0.7	0.9/0.
EV/EBITDA(배)	9.7	8.9	10.6	9.5	9.8	
EPS(원)	553	1,135	907	998	571	48
BPS(원)	11,901	13,836	15,986	18,906	10,235	9,99
CFPS(원)	2,221	3,511	3,371	3,831	1,622	1,14
DPS(원)	90	130	200	260	170	
EBITDAPS(원)	2,180	2,885	3,458	4,399	2,458	1,49

재무 비율 〈단위 : %〉
연도	영업이익률	순이익률	부채비율	차입금비율	ROA	ROE	유보율	자기자본비율	EBITDA마진율
2016	23.1	9.4	174.6	164.2	2.2	5.9	1,947.1	36.4	40.
2015	20.7	16.1	157.2	144.3	4.5	11.7	3,681.2	38.9	35.
2014	16.0	15.3	168.5	155.7	5.0	12.2	3,097.2	37.3	29.
2013	16.1	22.2	110.9	98.9	8.1	17.7	2,667.2	47.4	28

케이에스피 (A073010)
KSP

업　　종 : 조선	시　　장 : KOSDAQ
신용등급 : (Bond) ―　　(CP) ―	기업규모 : ―
홈 페 이 지 : www.kspvalve.co.kr	연 락 처 : 051)979-5732
본　　사 : 부산시 강서구 녹산산단381로 86번길 43	

설 립 일	2000.06.28	종 업 원 수	83명	대 표 이 사	류흥목
상 장 일	2004.12.17	감 사 의 견	적정(성도)	계　　　열	
결 산 기	12월	보 통 주	754만주	종속회사수	
액 면 가	500원	우 선 주		구 상 호	

주주구성 (지분율,%)		출자관계 (지분율,%)		주요경쟁사 (외형,%)	
한국공작기계	17.8	한국공작기계	18.1	케이에스피	100
국민연금(06~24세담보)신고기업구조조정조합	4.2	한국정기공업	7.1	현진소재	660
(외국인)	0.4			대창솔루션	188

매출구성		비용구성		수출비중	
대형(저속)엔진밸브	31.2	매출원가율	118.6	수출	25.0
상품 외	26.7	판관비율	16.8	내수	75.0
콘로드등	17.5				

회사 개요

1991년 한국특수용접공업사로 설립되어 1994년부터 현재 주력사업인 선박용엔진밸브사업을 시작, 2000년 사명을 케이에스피로 전환했음. 동사는 전체 매출의 60% 이상을 차지하는 엔진부품 사업 이외에 형단조, 특수용접인 F/W 사업 등을 영위하고 있음. 동사의 주된 판매처는 국내외 조선소와 엔진 제조 업체임. 연간 생산량의 40% 이상을 대우조선해양과 현대중공업 중장비 부품으로 납품하고 있음. 한국공작기계가 최대주주로 지분 18% 보유 중임.

실적 분석

전방산업인 조선업의 부진으로 주력 사업인 엔진부품과 형단조 사업부문은 물론 F/W사업부의 수주도 줄어들어 상반기 매출액은 전년동기의 절반 수준으로 감소함. 외형급감에 따른 고정비용 부담으로 영업이익은 적자를 지속함. 최대주주인 한국공작기계가 지분매각을 진행 중이며, 매출채권 이외의 채권에서 453.9억원 규모의 손상차손이 발생하여 매매거래가 중지됨. 최근 전경영진이 배임혐의로 피소됨. 대주주 감자 및 출자전환을 통한 회생절차를 진행 중임.

현금 흐름 *IFRS 별도 기준 〈단위 : 억원〉

항목	2016	2017.2Q
영업활동	19	25
투자활동	-54	30
재무활동	31	-44
순현금흐름	-3	11
기말현금	14	25

시장 대비 수익률

결산 실적 〈단위 : 억원〉

항목	2012	2013	2014	2015	2016	2017
매출액	501	380	369	403	262	
영업이익	9	4	-11	-17	-93	
당기순이익	4	16	-9	-25	-602	

분기 실적 *IFRS 별도 기준 〈단위 : 억원〉

항목	2016.1Q	2016.2Q	2016.3Q	2016.4Q	2017.1Q	2017.2Q
매출액	72	90	58	42	37	44
영업이익	2	-31	-28	-36	-5	-2
당기순이익	1	-375	-117	-111	42	-15

재무 상태 *IFRS 별도 기준 〈단위 : 억원〉

항목	2012	2013	2014	2015	2016	2017.2Q
총자산	844	862	1,122	1,112	575	500
유형자산	279	299	287	298	299	293
무형자산	25	26	27	23	13	5
유가증권	0		16	0		
총부채	158	158	429	444	478	352
총차입금	14	12	307	306	285	37
자본금	47	47	47	47	47	38
총자본	686	703	693	668	97	148
지배주주지분	686	703	693	668	97	148

기업가치 지표 *IFRS 별도 기준

항목	2012	2013	2014	2015	2016	2017.2Q
주가(최고/저)(천원)	4.9/3.0	3.5/2.6	2.9/1.6	3.1/1.7	4.9/2.0	―/―
PER(최고/저)(배)	78.4/48.5	14.4/10.7	―/―	―/―	2.8/1.1	1.7/1.7
PBR(최고/저)(배)	0.5/0.3	0.3/0.2	0.3/0.2	0.3/0.2	2.8/1.1	1.7/1.7
EV/EBITDA(배)	10.3		7.4	29.3	144.5	
EPS(원)	62	244	-130	-385	-9,172	376
BPS(원)	7,475	7,656	7,553	7,287	1,239	2,220
CFPS(원)	250	384	140	-57	-6,187	481
DPS(원)					-796	14
EBITDAPS(원)	302	256	113	29		

재무 비율 〈단위 : % 〉

연도	영업이익률	순이익률	부채비율	차입금비율	ROA	ROE	유보율	자기자본비율	EBITDA마진율
2016	-35.4	-229.7	491.8	293.4	-71.3	-157.2	147.8	16.9	-28.7
2015	-4.2	-6.3	66.4	45.9	-2.3	-3.7	1,357.4	60.1	0.7
2014	-3.0	-2.3	61.9	44.3	-0.9	-1.2	1,410.5	61.8	2.9
2013	1.0	4.2	22.5	1.8	1.9	2.3	1,431.3	81.6	6.4

케이에이치바텍 (A060720)
KHVATEC

업　　종 : 휴대폰 및 관련부품	시　　장 : KOSDAQ
신용등급 : (Bond) ―　　(CP) ―	기업규모 : 우량
홈 페 이 지 : www.khvatec.com	연 락 처 : 054)465-0630
본　　사 : 경북 구미시 1공단로10길 53-12	

설 립 일	1992.11.23	종 업 원 수	402명	대 표 이 사	남광희
상 장 일	2002.05.21	감 사 의 견	적정(한영)	계　　　열	
결 산 기	12월	보 통 주	2,000만주	종속회사수	4개사
액 면 가	500원	우 선 주		구 상 호	

주주구성 (지분율,%)		출자관계 (지분율,%)		주요경쟁사 (외형,%)	
남광희	15.7	KH엘텍	100.0	KH바텍	100
김종숙	9.5	KH리빙텍	78.8	블루콤	63
(외국인)	4.5	KHV(천진)정밀제조	100.0	서원인텍	95

매출구성		비용구성		수출비중	
알루미늄 캐스팅	77.0	매출원가율	96.3	수출	85.0
기타	7.5	판관비율	7.7	내수	15.0
FPCB	7.1				

회사 개요

동사는 1992년 설립돼 비철금속을 이용해 휴대폰, 노트북 등에 사용되는 외장 및 내장재, 조립모듈 제작을 주된 사업으로 하고 있으며, FPCB, LED조명 등의 제조를 함께 영위하고 있음. 정밀기구가 매출의 95% 이상을 차지하고, 특히 마그네슘 캐스팅은 2013년에만 6,244억원의 매출을 기록해 전체 매출의 76%를 차지했음. 동사는 FPCB를 생산, 판매하는 KH엘텍과 LED조명사업을 영위하는 KH라이텍을 두고 있음.

실적 분석

동사의 2017년 반기 매출액은 1,995.6억원으로 전년동기대비 5.6% 증가. 매출원가 큰 폭으로 증가하며 영업이익은 적자지속하며 -223.5억원을 기록함. ADC(Anodizable Die casitng)를 채택한 국내 거래선 메탈 케이스 모델 생산이 1분기부터 본격화, 국내 공장 구조조정 및 대규모 적자 지속적으로 발생할 것으로 예상. 2017년 비용구조 효율화 노력으로 수익성 회복에 주력할 것.

현금 흐름 〈단위 : 억원〉

항목	2016	2017.2Q
영업활동	327	-137
투자활동	-536	425
재무활동	-107	18
순현금흐름	-323	290
기말현금	460	749

시장 대비 수익률

결산 실적 〈단위 : 억원〉

항목	2012	2013	2014	2015	2016	2017
매출액	3,559	8,242	5,900	7,379	3,782	
영업이익	77	668	350	312	-153	
당기순이익	-32	572	249	199	-185	

분기 실적 〈단위 : 억원〉

항목	2016.1Q	2016.2Q	2016.3Q	2016.4Q	2017.1Q	2017.2Q
매출액	1,042	848	966	926	1,173	822
영업이익	-17	-83	-25	-28	-104	-119
당기순이익	-26	-78	-52	-29	-144	-130

재무 상태 〈단위 : 억원〉

항목	2012	2013	2014	2015	2016	2017.2Q
총자산	4,043	4,441	5,763	4,554	4,146	3,730
유형자산	1,676	1,858	2,001	2,368	2,101	1,977
무형자산	63	70	83	115	103	90
유가증권	1					
총부채	2,159	1,988	3,099	1,735	1,637	1,521
총차입금	1,147	1,152	966	852	832	818
자본금	80	80	80	100	100	100
총자본	1,884	2,453	2,664	2,818	2,508	2,209
지배주주지분	1,884	2,445	2,668	2,831	2,514	2,215

기업가치 지표

항목	2012	2013	2014	2015	2016	2017.2Q
주가(최고/저)(천원)	11.7/4.0	22.8/10.7	32.9/11.3	36.0/13.7	19.6/10.4	―/―
PER(최고/저)(배)	―/―	8.2/3.9	25.7/8.9	35.3/13.4	―/―	―/―
PBR(최고/저)(배)	1.3/0.4	1.9/0.9	2.5/0.9	2.5/1.0	1.5/0.8	1.3/1.0
EV/EBITDA(배)	13.3	4.7	10.8	6.0	18.7	
EPS(원)	-160	2,907	1,309	1,043	-899	-1,366
BPS(원)	12,233	15,740	17,135	14,534	13,127	11,794
CFPS(원)	571	4,877	2,978	2,353	553	-678
DPS(원)		370	500	300	50	
EBITDAPS(원)	1,251	5,422	3,532	2,869	685	-430

재무 비율 〈단위 : % 〉

연도	영업이익률	순이익률	부채비율	차입금비율	ROA	ROE	유보율	자기자본비율	EBITDA마진율
2016	-4.1	-4.9	65.3	33.2	-4.3	-6.7	2,525.4	60.5	3.6
2015	4.5	2.7	61.6	30.2	3.9	7.6	2,806.8	61.9	7.8
2014	5.9	4.2	116.3	36.3	4.9	10.2	3,326.9	46.2	9.6
2013	8.1	6.9	81.0	47.0	13.5	26.9	3,048.0	55.2	10.5

케이엔더블유 (A105330)
KNW

업　　종 : 자동차부품		시　　장 : KOSDAQ	
신용등급 : (Bond) — (CP) —		기업규모 : 벤처	
홈페이지 : www.knwkorea.com		연 락 처 : 031)950-0200	
본　　사 : 경기도 파주시 문산읍 돈유3로 51			

설 립 일 2001.01.12	종 업 원 수 96명	대 표 이 사 오원석	
상 장 일 2009.09.29	감 사 의 견 적정 (이촌)	계　　　열	
결 산 기 12월	보 통 주 566만주	종속회사수 6개사	
액 면 가 500원	우 선 주	구 상 호	

주주구성 (지분율,%)		출자관계 (지분율,%)		주요경쟁사 (외형,%)	
오원석	22.1	케이글라스	67.0	케이엔더블유	100
오범석	17.7	북경특가기기령부건	100.0	풍강	127
(외국인)	0.1	KNWVietnam	100.0	크린앤사이언스	88

매출구성		비용구성		수출비중	
[제품]자동차 내장재	68.3	매출원가율	85.0	수출	58.0
[제품]DOF, GLP모듈 등	31.0	판관비율	15.2	내수	42.0
[상품]POP라벨 등	0.7				

회사 개요
동사는 2001년 설립된 디스플레이 부품 소재 제조 및 유통 업체로 2008년 (주)케이엔더블유로 상호를 변경하고 2009년 코스닥 상장함. 동사는 Display Frameless Filter 제작에 필요한 재료, 소재 제작에 필요한 중간 소재 및 기능성 필름의 기능 및 외관을 보호하는 부품 소재 사업과 태양광 모듈 보호용 Sheet등을 주 생산 품목으로 사업을 영위. 전자부품소재 31.7%, 자동차 부품 소재 68.3% 등으로 매출 구성

실적 분석
동사의 연결 재무제표 기준 2017년 2분기 누적 매출액은 전년 동기 336억원 대비 30.3% 증가한 437.7억원 기록. 매출액은 증가한 가운데 매출원가율 부담이 크게 증대되며 영업 손실 7.1억원을 기록, 전년 동기 2.3억원 대비 적자전환함. 같은 기간 당기순손실 10.8억원을 기록하며 전년 동기 대비 적자전환함. 원가율 확대로 수익성 악화가 지속되고 있음.

현금 흐름 〈단위 : 억원〉
항목	2016	2017.2Q
영업활동	19	14
투자활동	-20	-4
재무활동	-9	3
순현금흐름	-9	13
기말현금	93	106

시장 대비 수익률

결산 실적 〈단위 : 억원〉
항목	2012	2013	2014	2015	2016	2017
매출액	386	651	716	648	680	—
영업이익	-24	1	39	16	-1	—
당기순이익	-23	-8	32	8	-7	—

분기 실적 〈단위 : 억원〉
항목	2016.1Q	2016.2Q	2016.3Q	2016.4Q	2017.1Q	2017.2Q
매출액	174	161	165	179	218	219
영업이익	2	0	-3	-1	-8	1
당기순이익	1	-0	-4	-3	-8	-3

재무 상태 〈단위 : 억원〉
항목	2012	2013	2014	2015	2016	2017.2Q
총자산	517	517	630	653	682	654
유형자산	266	257	245	274	262	246
무형자산	4	3	3	3	3	3
유가증권	9					
총부채	187	182	214	232	272	263
총차입금	115	106	99	120	111	114
자본금	22	24	28	28	28	28
총자본	331	335	416	421	410	391
지배주주지분	331	335	416	420	411	391

기업가치 지표
항목	2012	2013	2014	2015	2016	2017.2Q
주가(최고/저)(천원)	5.5/3.4	7.3/3.9	9.9/5.4	7.2/4.4	10.9/5.7	—/—
PER(최고/저)(배)	—/—	—/—	15.9/8.8	46.8/29.0	—/—	—/—
PBR(최고/저)(배)	0.7/0.5	1.0/0.5	1.3/0.7	0.9/0.6	1.5/0.8	1.2/0.8
EV/EBITDA(배)		10.8	3.7	7.8	14.1	
EPS(원)	-525	-166	631	153	-104	-180
BPS(원)	7,831	7,365	7,496	7,577	7,404	7,065
CFPS(원)	-135	397	1,157	652	446	86
DPS(원)	—	—	100	—	—	—
EBITDAPS(원)	-156	577	1,297	787	528	142

재무 비율 〈단위 : % 〉
연도	영업이익률	순이익률	부채비율	차입금비율	ROA	ROE	유보율	자기자본비율	EBITDA마진율
2016	-0.2	-1.0	66.2	27.0	-1.0	-1.4	1,380.8	60.2	4.4
2015	2.5	1.2	55.0	28.4	1.3	2.1	1,415.4	64.5	6.9
2014	5.5	4.5	51.4	23.7	5.6	8.5	1,399.3	66.0	9.2
2013	0.1	-1.2	54.3	31.6	-1.5	-2.3	1,373.0	64.8	4.1

케이엔엔 (A058400)
KOREA NEW NETWORK

업　　종 : 미디어		시　　장 : KOSDAQ	
신용등급 : (Bond) — (CP) —		기업규모 : 우량	
홈페이지 : www.knn.co.kr		연 락 처 : 051)850-9230	
본　　사 : 부산시 해운대구 센텀서로 30 케이엔엔타워			

설 립 일 1994.09.07	종 업 원 수 128명	대 표 이 사 강병중,이성림(각자대표이사)	
상 장 일 2010.11.03	감 사 의 견 적정 (안경)	계　　　열	
결 산 기 12월	보 통 주 13,243만주	종속회사수 2개사	
액 면 가 500원	우 선 주	구 상 호	

주주구성 (지분율,%)		출자관계 (지분율,%)		주요경쟁사 (외형,%)	
넥센	39.3	케이엔엔디앤씨	100.0	KNN	100
태영건설	6.3	iKNN	69.6	지투알	660
		BGV	50.0	디지틀조선	63

매출구성		비용구성		수출비중	
협찬사업	58.0	매출원가율	68.7	수출	0.0
방송광고(TV)	30.5	판관비율	21.7	내수	100.0
방송광고(Radio)	8.2				

회사 개요
1994년 9월에 설립된 회사로 2005년 7월 방송위원회로부터 부산, 경남지역 민영방송 광역권 사업자로 선정되고 2006년 5월에 현재의 케이엔엔으로 사명 변경함. 방송법에 근거하여 지상파 TV, 라디오 방송, 광고 사업을 주된 사업으로 하고 있으며, 지상파 콘텐츠의 판매 및 전시, 공연사업 등 문화사업 비중도 점차 확대하고 있음. iKNN, iKNN/경남을 연결대상 종속회사로 보유하고 있으며 동사의 최대주주는 넥센임.

실적 분석
TV 및 라디오 방송광고수입이 42.3%, 협찬사업 50.5%, 기타 임대사업 7.2%의 매출으로 구성된 동사의 2017년 2/4분기 연결기준 누적 매출액은 전년동기 대비 0.4% 증가한 272.2억원임. 판관비가 전년동기 대비 16.0% 증가했으나 외형성장과 원가율 개선으로 인해 영업이익은 전년동기 대비 45.7% 증가했음. 비영업부문에서도 28.3억원의 이익을 시현함에 따라 이익폭이 확대되며 당기순이익은 전년동기 대비 43.6%증가함

현금 흐름 〈단위 : 억원〉
항목	2016	2017.2Q
영업활동	123	105
투자활동	-51	-24
재무활동	-37	-22
순현금흐름	35	58
기말현금	111	170

시장 대비 수익률

결산 실적 〈단위 : 억원〉
항목	2012	2013	2014	2015	2016	2017
매출액	587	588	591	627	618	—
영업이익	78	35	74	83	59	—
당기순이익	262	119	56	69	69	—

분기 실적 〈단위 : 억원〉
항목	2016.1Q	2016.2Q	2016.3Q	2016.4Q	2017.1Q	2017.2Q
매출액	106	165	119	228	113	159
영업이익	9	33	-5	22	15	46
당기순이익	11	38	2	18	17	54

재무 상태 〈단위 : 억원〉
항목	2012	2013	2014	2015	2016	2017.2Q
총자산	1,892	1,818	1,846	1,899	1,985	1,983
유형자산	1,060	858	829	865	791	772
무형자산	10	10	10	10	10	10
유가증권	133	141	236	307	285	326
총부채	278	128	129	150	203	152
총차입금	1	0	0	0	0	0
자본금	662	662	662	662	662	662
총자본	1,614	1,690	1,717	1,749	1,782	1,831
지배주주지분	1,610	1,686	1,714	1,746	1,778	1,828

기업가치 지표
항목	2012	2013	2014	2015	2016	2017.2Q
주가(최고/저)(천원)	0.7/0.5	0.9/0.6	0.7/0.7	0.8/0.7	1.4/0.7	—/—
PER(최고/저)(배)	3.9/3.1	11.1/7.8	18.7/17.0	15.3/13.6	27.5/13.4	—/—
PBR(최고/저)(배)	0.6/0.5	0.8/0.6	0.6/0.6	0.6/0.5	1.1/0.5	1.1/0.7
EV/EBITDA(배)	6.5	7.9	5.3	5.4	11.3	
EPS(원)	197	90	43	52	52	53
BPS(원)	12,159	12,731	12,940	13,187	1,343	1,380
CFPS(원)	2,223	1,260	775	873	89	70
DPS(원)	300	250	250	250	20	
EBITDAPS(원)	840	623	907	972	82	64

재무 비율 〈단위 : % 〉
연도	영업이익률	순이익률	부채비율	차입금비율	ROA	ROE	유보율	자기자본비율	EBITDA마진율
2016	9.6	11.2	11.4	0.0	3.6	3.9	168.6	89.8	17.5
2015	13.2	11.0	8.6	0.0	3.7	4.0	163.7	92.1	20.5
2014	12.5	9.5	7.5	0.0	3.1	3.3	158.8	93.0	20.3
2013	5.9	20.3	7.6	0.0	6.4	7.2	154.6	93.0	14.0

케이엘넷 (A039420)
KL-Net

종 목 : IT 서비스	시 장 : KOSDAQ
신용 등급 : (Bond) — (CP) —	기업규모 : 중견
홈 페 이 지 : www.klnet.co.kr	연 락 처 : 02)538-7227
본 사 : 서울시 강남구 역삼로 153, 케이엘넷빌딩 3층 (역삼동)	

설 립 일 1994.03.30	종 업 원 수 176명	대 표 이 사 강병구,정지원(각자대표이사)	
상 장 일 2002.02.28	감 사 의 견 적정 (대주)	계 열	
결 산 기 12월	보 통 주 2,415만주	종 속 회 사 수 2개사	
액 면 가 500원	우 선 주	구 상 호	

주주구성 (지분율,%)		출자관계 (지분율,%)		주요경쟁사 (외형,%)	
정지원	22.9	해양물류정보연구소	100.0	케이엘넷	100
창명해운	4.7	케이씨넷	14.7	쌍용정보통신	626
(외국인)	1.8	한국해양조사협회	3.2	바른테크놀로지	75

매출구성		비용구성		수출비중	
EDI	50.9	매출원가율	84.3	수출	0.0
SI	26.2	판관비율	11.6	내수	100.0
SM	21.3				

회사 개요
동사는 1994년 물류비 절감을 통한 국가경쟁력 강화를 목적으로 물류관련 기관과 기업들이 공동 출자하여 설립된 회사로, 전자문서교계서비스를 기반으로 정보시스템 구축(SI)과 IT컨설팅, 물류솔루션 개발·판매, IT 아웃소싱 수행 등 물류분야의 토탈 U- IT서비스를 제공하고 있는 글로벌 물류IT 전문기업임. 국내외 IT 시장이 전반적으로 줄어들 것으로 예상되면서 동사 IT 사업도 위축될 전망.

실적 분석
동사의 2017년 연결기준 2분기 누적 매출액은 175.3억원으로 전년 동기 대비 22.5% 증가했음. 매출 증가에 따른 고정비 비용 증가에도 영업이익은 22억원으로 전년 동기 대비 무려 462.8% 대폭 증가함. 영업이익이 대폭 늘어나면서 비영업손실 3.2억원이 발생했음에도 불구하고 당기순이익은 17.6억원으로 전년 동기 대비 283.8% 증가. 매출은 소폭 증가한 반면, 원가절감으로 수익성은 크게 개선되고 있음.

현금 흐름 〈단위 : 억원〉
항목	2016	2017.2Q
영업활동	33	21
투자활동	-18	-27
재무활동	-4	-5
순현금흐름	10	-10
기말현금	63	52

시장 대비 수익률

결산 실적 〈단위 : 억원〉
항목	2012	2013	2014	2015	2016	2017
매출액	338	350	357	340	351	—
영업이익	12	9	26	29	14	—
당기순이익	-5	24	26	16	15	—

분기 실적 〈단위 : 억원〉
항목	2016.1Q	2016.2Q	2016.3Q	2016.4Q	2017.1Q	2017.2Q
매출액	65	79	82	126	76	100
영업이익	2	2	-4	14	11	11
당기순이익	1	3	-3	15	11	11

재무 상태 〈단위 : 억원〉
항목	2012	2013	2014	2015	2016	2017.2Q
총자산	383	372	368	381	404	410
유형자산	176	173	154	149	143	136
무형자산	11	11	14	16	16	20
유가증권	7	14	16	16	16	26
총부채	122	107	81	75	89	77
총차입금			0			
자본금	121	121	121	121	121	121
총자본	260	265	287	306	315	334
지배주주지분	260	265	281	306	315	334

기업가치 지표
항목	2012	2013	2014	2015	2016	2017.2Q
주가(최고/저)(천원)	3.4/1.7	2.2/1.4	2.9/1.4	3.1/1.7	3.7/2.1	—/—
PER(최고/저)(배)	—/—	39.2/24.9	26.9/13.4	31.3/17.2	56.5/32.5	2.2/1.8
PBR(최고/저)(배)	3.1/1.5	1.9/1.2	2.3/1.2	2.4/1.3	2.7/1.6	
EV/EBITDA(배)	14.0	9.4	11.3	11.8	18.1	
EPS(원)	-21	57	109	102	67	73
BPS(원)	1,122	1,190	1,257	1,358	1,399	1,475
CFPS(원)	49	147	205	203	166	117
DPS(원)		25		15	20	
EBITDAPS(원)	120	127	205	204	159	135

재무 비율 〈단위 : % 〉
연도	영업이익률	순이익률	부채비율	차입금비율	ROA	ROE	유보율	자기자본비율	EBITDA마진율
2016	4.1	4.6	28.2	0.0	4.1	5.2	179.7	78.0	10.9
2015	8.6	7.2	24.7	0.0	6.6	8.4	171.6	80.2	15.7
2014	7.4	7.4	28.4	0.1	7.1	9.6	151.4	77.9	13.9
2013	2.6	3.9	40.2		3.7	3.5	137.9	71.3	8.8

케이엠 (A083550)
KM

업 종 : 반도체 및 관련장비	시 장 : KOSDAQ
신용 등급 : (Bond) — (CP) —	기업규모 : 우량
홈 페 이 지 : www.kmbiz.com	연 락 처 : 033)333-6660
본 사 : 강원도 평창군 평창읍 농공단지길 23-21	

설 립 일 1989.09.28	종 업 원 수 211명	대 표 이 사 신병순	
상 장 일 2005.12.19	감 사 의 견 적정 (이촌)	계 열	
결 산 기 12월	보 통 주 987만주	종 속 회 사 수 6개사	
액 면 가 500원	우 선 주	구 상 호	

주주구성 (지분율,%)		출자관계 (지분율,%)		주요경쟁사 (외형,%)	
신병순	25.1	동산	57.5	케이엠	100
한국증권금융	4.2	케이엠헬스케어	32.8	매커스	62
(외국인)	4.1	우진무과기	100.0	엑시콘	41

매출구성		비용구성		수출비중	
기타 제품 외	74.3	매출원가율	83.1	수출	17.0
KM-4000 x외	18.4	판관비율	13.6	내수	83.0
KM PVC GLOVE 외	2.7				

회사 개요
동사는 수입에 의존해 오던 청정(크린룸) 용품을 국산화하여 생산 및 판매하고 있음. 현재 ESD CLASS 10 GLOVE는 미국 OAK사와 세계 시장을 양분하고 있으며, 한국에서는 완전 독점 생산, 공급하고 있음. 동사는 또한 태양전지 사업 부문을 영위하고 있으나, 2011년 하반기부터 냉각된 태양광시장의 영향으로 동사의 태양전지사업부문에 어려움이 예상되고 있음.

실적 분석
동사의 2017년 2분기 연결 기준 누적 매출은 538.8억원으로 전년동기대비 0.3% 증가하였으나, 원가율의 소폭 개선과 판관비의 감소로 영업이익은 전년동기 대비 126.7% 증가한 26.8억원을 기록함. 산업용품과 Cleanroom Glove의 매출 감소에 따라 실적이 악화됨. 그러나 법인세비용의 감소와 고정비의 감소로 인해 당기순이익은 전년동기 대비 178.5% 증가한 28.7억원을 시현함.

현금 흐름 〈단위 : 억원〉
항목	2016	2017.2Q
영업활동	75	51
투자활동	-69	-50
재무활동	-71	-45
순현금흐름	-57	-38
기말현금	152	114

시장 대비 수익률

결산 실적 〈단위 : 억원〉
항목	2012	2013	2014	2015	2016	2017
매출액	1,143	1,233	1,145	1,162	1,096	—
영업이익	23	35	24	64	36	—
당기순이익	28	22	31	68	34	—

분기 실적 〈단위 : 억원〉
항목	2016.1Q	2016.2Q	2016.3Q	2016.4Q	2017.1Q	2017.2Q
매출액	289	249	269	290	259	280
영업이익	9	3	9	16	10	17
당기순이익	6	4	7	17	8	20

재무 상태 〈단위 : 억원〉
항목	2012	2013	2014	2015	2016	2017.2Q
총자산	1,017	1,010	976	1,031	975	975
유형자산	321	308	302	290	281	346
무형자산	11	12	12	22	20	16
유가증권	1	0	1	0	0	
총부채	402	379	321	314	241	229
총차입금	223	207	171	134	88	65
자본금	49	49	49	49	49	49
총자본	614	631	655	717	735	746
지배주주지분	577	593	614	673	702	720

기업가치 지표
항목	2012	2013	2014	2015	2016	2017.2Q
주가(최고/저)(천원)	3.3/2.3	4.0/2.4	6.1/2.8	8.9/3.6	7.3/5.3	—/—
PER(최고/저)(배)	15.1/10.7	18.7/11.4	21.7/10.0	13.6/5.4	20.0/14.5	—/—
PBR(최고/저)(배)	0.6/0.4	0.7/0.4	1.0/0.4	1.3/0.5	1.0/0.7	0.8/0.7
EV/EBITDA(배)	5.3	5.5	7.4	5.6	7.2	
EPS(원)	233	226	290	669	367	292
BPS(원)	6,187	6,353	6,564	7,174	7,468	7,587
CFPS(원)	745	508	568	1,000	721	461
DPS(원)	30	50	70	100	35	
EBITDAPS(원)	746	642	523	978	721	440

재무 비율 〈단위 : % 〉
연도	영업이익률	순이익률	부채비율	차입금비율	ROA	ROE	유보율	자기자본비율	EBITDA마진율
2016	3.3	3.1	32.8	12.0	3.4	5.3	1,393.6	75.3	6.4
2015	5.5	5.8	43.7	18.7	6.8	10.3	1,334.9	69.6	8.2
2014	2.1	2.7	49.1	26.2	3.1	4.7	1,212.8	67.1	4.5
2013	2.9	1.8	60.1	32.9	2.2	3.8	1,170.5	62.5	5.1

케이엠더블유 (A032500)
KMW

업 종 : 통신장비	시 장 : KOSDAQ
신용등급 : (Bond) — (CP) —	기업규모 : 중견
홈 페 이 지 : www.kmw.co.kr	연 락 처 : 031)370-8600
본 사 : 경기도 화성시 영천로 183-19	

설 립 일 1994.10.05	종 업 원 수 451명	대 표 이 사 김덕용
상 장 일 2000.03.12	감 사 의 견 적정 (진일)	계 열
결 산 기 12월	보 통 주 1,610만주	종속회사수 11개사
액 면 가 500원	우 선 주	구 상 호

주주구성 (지분율,%)		출자관계 (지분율,%)		주요경쟁사 (외형,%)	
김덕용	35.6	닛시	100.0	케이엠더블유	100
김찬경	5.1	BMS코리아	100.0	유비쿼스홀딩스	57
(외국인)	1.6	케이피티	100.0	웨이브일렉트로	21

매출구성		비용구성		수출비중	
FILTER 外(제품)	49.9	매출원가율	76.7	수출	92.0
RRH 류(제품)	19.5	판관비율	30.2	내수	8.0
LED(제품)	19.1				

회사 개요
1991년에 설립된 동사는 무선통신사업 관련 RF 부품산업에서 핵심 기술을 보유한 업체로 이동통신 장비를 제조, 판매하고 있음. 동사는 고성능 앰프, 초소형기지국(RRH), 세계 최초로 개발한 Black hole filter 등을 성공적으로 제조화해 지난 2년간 큰 폭의 성장을 기록함. 동사는 안테나 및 RF 설계기술과 LED조명기술을 융합하여 차별화된 조명제품을 개발하여 사업을 추진 중임. 2015년 결산 기준 RF부문에서 매출의 86% 발생.

실적 분석
동사의 2017년 상반기 매출은 1,233억원으로 전년대비 11.8% 증가, 영업이익은 60억원으로 전년대비 흑자전환, 당기순이익은 21.5억원으로 전년대비 69.5 감소. 국내 이동통신 시장은 위축된 상황이나 5G 관련 초기 인프라 수요 증가, 거래선 다변화에 힘입어 매출 증가와 영업이익 흑자 시현. 동사는 2017년 8월에 자사주 133만주 처분, 떠린 180억원 사채 발생으로 운영자금 등으로 사용 예정

현금 흐름 〈단위 : 억원〉
항목	2016	2017.2Q
영업활동	137	2
투자활동	768	-23
재무활동	-803	1
순현금흐름	98	-31
기말현금	242	211

시장 대비 수익률

결산 실적 〈단위 : 억원〉
항목	2012	2013	2014	2015	2016	2017
매출액	2,925	3,179	2,107	2,198	2,105	—
영업이익	417	435	-189	-449	-145	—
당기순이익	375	399	-125	-478	37	—

분기 실적 〈단위 : 억원〉
항목	2016.1Q	2016.2Q	2016.3Q	2016.4Q	2017.1Q	2017.2Q
매출액	708	395	400	602	683	550
영업이익	18	-86	-43	-34	57	3
당기순이익	190	-120	25	-58	36	-14

재무 상태 〈단위 : 억원〉
항목	2012	2013	2014	2015	2016	2017.2Q
총자산	2,351	2,509	2,955	3,206	2,083	2,191
유형자산	923	1,107	1,239	1,241	848	798
무형자산	31	32	33	46	43	44
유가증권	7	5	10	6	6	6
총부채	1,871	1,639	1,936	2,609	1,627	1,741
총차입금	1,237	1,085	1,365	1,626	877	880
자본금	81	81	81	81	81	81
총자본	480	870	1,019	597	456	450
지배주주지분	462	845	847	423	456	450

기업가치 지표
항목	2012	2013	2014	2015	2016	2017.2Q
주가(최고/저)(천원)	13.7/5.0	27.8/12.2	19.4/10.0	18.2/6.2	11.4/6.4	—/—
PER(최고/저)(배)	6.0/2.2	11.4/5.0	—/—	—/—	46.6/26.2	—/—
PBR(최고/저)(배)	3.6/1.3	4.5/2.0	3.1/1.6	5.1/1.8	3.0/1.7	4.8/2.1
EV/EBITDA(배)	6.3	6.8			717.8	—/—
EPS(원)	2,268	2,435	-824	-2,976	244	133
BPS(원)	3,804	6,182	6,192	3,560	3,763	3,729
CFPS(원)	2,895	3,009	-169	-2,133	1,161	483
DPS(원)						
EBITDAPS(원)	3,214	3,274	-521	-1,945	16	722

재무 비율 〈단위 : %〉
연도	영업이익률	순이익률	부채비율	차입금비율	ROA	ROE	유보율	자기자본비율	EBITDA마진율
2016	-6.9	1.8	357.2	192.5	1.4	9.0	652.7	21.9	0.1
2015	-20.4	-21.8	437.1	272.4	-15.5	-75.5	611.9	18.6	-14.2
2014	-9.0	-5.9	190.1	134.0	-4.6	-15.7	1,138.4	34.5	-4.0
2013	13.7	12.6	188.5	124.7	16.4	60.0	1,136.4	34.7	16.6

케이엠에이치 (A122450)
KMH

업 종 : 미디어	시 장 : KOSDAQ
신용등급 : (Bond) — (CP) —	기업규모 : 중견
홈 페 이 지 : www.ikmh.co.kr	연 락 처 : 02)2647-1255
본 사 : 서울시 양천구 목동서로 201 KT정보전산센터 7층	

설 립 일 2000.10.19	종 업 원 수 78명	대 표 이 사 한찬수
상 장 일 2011.05.25	감 사 의 견 적정 (신우)	계 열
결 산 기 12월	보 통 주 1,347만주	종속회사수 21개사
액 면 가 500원	우 선 주	구 상 호

주주구성 (지분율,%)		출자관계 (지분율,%)		주요경쟁사 (외형,%)	
최상주	19.8	에프앤에이치	24.0	KMH	100
KB자산운용	19.7	스카이라이프티비	7.1	지투알	256
(외국인)	3.0	프론티어앤에이	5.0	디지틀조선	25

매출구성		비용구성		수출비중	
송출부문[미디어윈] 外	26.2	매출원가율	56.1	수출	—
주요종속회사((주)케이엠에이치하이텍)	21.9	판관비율	27.1	내수	—
주요종속회사((주)아시아경제)	20.0				

회사 개요
동사는 2000년 10월 채널사용사업을 목적으로 설립되어, 현재는 방송송출 및 전문 채널사용사업을 고유 사업으로 하고, 2011년 5월 25일부로 코스닥에 상장된 회사임. 주요 종속 회사는 채널사용사업을 주력으로 하는 엠앤씨넷미디어, 신문제조업을 주로 하는 아시아경제신문사, 인터넷 서비스업 및 금융정보제공업을 영위하는 팍스넷 등이 있음. 종속회사들의 시너지를 통해 뉴스, 경제 콘텐츠 경쟁력을 확보 중임.

실적 분석
동사의 2017년 2분기 누적매출액은 전년동기 대비 47.8% 증가한 997.5억원을 기록하였음. 외형이 확대됨에 따라 영업이익 또한 36.3% 증가한 173.7억원을 기록함. 비영업부문의 실적이 전년동기 대비 크게 감소하면서 당기순이익은 전년동기 대비 35.9% 감소한 229.4억원에 그침. 최근 영국 BBC어스와 전략적 제휴를 맺고 다큐멘터리 채널 '다큐어'을 신규 론칭함

현금 흐름 〈단위 : 억원〉
항목	2016	2017.2Q
영업활동	402	184
투자활동	-257	-279
재무활동	-103	88
순현금흐름	43	-7
기말현금	533	526

시장 대비 수익률

결산 실적 〈단위 : 억원〉
항목	2012	2013	2014	2015	2016	2017
매출액	620	894	1,147	989	1,595	—
영업이익	121	123	172	188	268	—
당기순이익	109	84	110	109	356	—

분기 실적 〈단위 : 억원〉
항목	2016.1Q	2016.2Q	2016.3Q	2016.4Q	2017.1Q	2017.2Q
매출액	225	450	455	465	401	59
영업이익	35	93	75	66	43	13
당기순이익	23	335	45	-46	118	11

재무 상태 〈단위 : 억원〉
항목	2012	2013	2014	2015	2016	2017.2Q
총자산	1,064	1,251	1,326	1,695	3,934	5,01
유형자산	232	217	216	186	2,096	3,25
무형자산	136	164	196	233	261	23
유가증권	39	83	43	30	186	22
총부채	377	380	346	301	1,168	1,43
총차입금	223	210	183	98	580	65
자본금	64	64	64	67	67	6
총자본	687	871	980	1,394	2,766	3,58
지배주주지분	722	739	827	997	1,209	1,24

기업가치 지표
항목	2012	2013	2014	2015	2016	2017.2Q
주가(최고/저)(천원)	8.4/6.2	11.4/7.6	9.9/7.9	14.7/9.1	10.0/7.6	—/—
PER(최고/저)(배)	10.1/7.4	17.8/11.9	13.9/11.1	21.0/13.0	5.6/4.2	—/—
PBR(최고/저)(배)	1.5/1.1	2.0/1.3	1.5/1.2	1.9/1.2	1.1/0.8	1.1/0.
EV/EBITDA(배)	4.8	4.3	4.1	4.1	7.0	—/—
EPS(원)	839	640	713	699	1,787	98
BPS(원)	5,653	5,783	6,483	7,614	9,205	9,49
CFPS(원)	1,234	1,123	1,231	1,205	2,511	1,68
DPS(원)						
EBITDAPS(원)	1,349	1,450	1,865	1,926	2,717	1,68

재무 비율 〈단위 : %〉
연도	영업이익률	순이익률	부채비율	차입금비율	ROA	ROE	유보율	자기자본비율	EBITDA마진율
2016	16.8	22.3	42.2	21.0	12.7	21.8	1,741.1	70.3	23.
2015	19.0	11.0	21.6	7.1	7.2	10.1	1,422.8	82.3	25.
2014	15.0	9.6	35.3	18.6	8.6	11.6	1,196.5	73.9	20.
2013	13.8	9.4	43.7	24.1	7.2	11.2	1,056.6	69.6	20.

케이엠에이치하이텍 (A052900)
KMH HITECH COLTD

종 목 : 반도체 및 관련장비	시 장 : KOSDAQ
신용등급 : (Bond) — (CP) —	기업규모 : 중견
홈 페 이 지 : www.kmhhitech.com	연 락 처 : 041)539-6114
본 사 : 충남 아산시 음봉면 연암율금로 330	

설 립 일 1997.03.05	종 업 원 수 133명	대 표 이 사 심현섭
상 장 일 2005.01.18	감사의견 적정 (우략)	계 열
결 산 기 12월	보 통 주 4,679만주	종속회사수 3개사
액 면 가 500원	우 선 주	구 상 호

주주구성 (지분율,%)		출자관계 (지분율,%)		주요경쟁사 (외형,%)	
케이엠에이치	18.6	에프앤에이치	24.0	KMH하이텍	100
대은디브이피	2.1	케이엠에이치신라레저	17.6	KEC	486
(외국인)	2.1	매일방송	0.1	싸이맥스	156

매출구성		비용구성		수출비중	
(반도체재료)IC-Tray, Module-Tray 등	53.0	매출원가율	77.1	수출	79.0
(SSD)SSD Case, Turnkey Box	37.0	판관비율	19.0	내수	21.0
해외 장비	10.0				

회사 개요

동사는 반도체 재료 및 장비 전문기업으로서, 재료 부문이 전체매출의 70% 가량을 차지하고 있음. 재료 부문에서는 반도체 패키징용 IC-Tray 등 주로 후공정재료를 생산하고 있음. 현재 전공정 부문에 진입하고자 노력하여 일부 성과 보임. 제조장비 부문에서는 반도체칩 제조 공정인 전공정에 사용되는 장비 중 하나인 Slurry 공급장치와 세정장치 등의 장비를 생산 중임. 2014년 들어 수출비중이 확대되며 전체 매출의 절반 이상을 차지함.

실적 분석

동사의 2017년 2분기 연결 기준 매출액은 258.4억원으로 전년동기 대비 21% 증가했다. 외형 확대에도 원가부담이 늘면서 영업이익은 오히려 74.5% 감소한 1.8억원에 그침. 비영업수지의 개선에도 당기순이익 역시 전년동기대비 55.8% 감소한 2.3억원을 시현. 높은 원가율로 인해 수익성이 좋지 못한 사업군을 단계적으로 축소 진행 중에 있음. 공정개발 및 투자확대 등 자구노력을 통하여 손익구조 개선 노력 중

현금 흐름 〈단위 : 억원〉

항목	2016	2017.2Q
영업활동	58	-14
투자활동	-98	-54
재무활동	94	40
순현금흐름	53	-28
기말현금	92	65

시장 대비 수익률

결산 실적 〈단위 : 억원〉

항목	2012	2013	2014	2015	2016	2017
매출액	775	724	733	592	469	—
영업이익	-23	3	46	6	18	—
당기순이익	-67	-265	13	2	19	—

분기 실적 〈단위 : 억원〉

항목	2016.1Q	2016.2Q	2016.3Q	2016.4Q	2017.1Q	2017.2Q
매출액	99	115	119	137	125	133
영업이익	0	7	7	5	4	-2
당기순이익	2	4	4	10	-9	11

재무 상태 〈단위 : 억원〉

항목	2012	2013	2014	2015	2016	2017.2Q
총자산	757	687	544	497	634	663
유형자산	441	281	250	242	256	215
무형자산	11	11	13	7	6	2
유가증권	11	31	31	31	108	191
총부채	428	623	184	126	149	135
총차입금	253	457	94	72	71	67
자본금	55	62	180	180	219	234
총자본	329	64	361	371	485	528
지배주주지분	329	64	361	371	485	528

기업가치 지표

항목	2012	2013	2014	2015	2016	2017.2Q
주가(최고/저)(천원)	6.4/4.1	7.2/3.4	4.4/0.9	3.6/1.2	2.4/1.2	—/—
PER(최고/저)(배)	—	—	35.3/7.2	237.6/82.7	54.7/26.5	—
PBR(최고/저)(배)	2.5/1.6	10.1/4.8	3.9/0.8	3.1/1.1	2.0/1.0	1.6/1.1
EV/EBITDA(배)	29.4	16.5	5.8	22.7	13.9	—
EPS(원)	-539	-1,857	124	15	44	5
BPS(원)	3,014	836	1,110	1,137	1,198	1,213
CFPS(원)	-143	-1,772	265	87	111	33
DPS(원)	—	—	—	—	—	—
EBITDAPS(원)	270	429	358	89	109	32

재무 비율 〈단위 : %〉

연도	영업이익률	순이익률	부채비율	차입금비율	ROA	ROE	유보율	자기자본비율	EBITDA마진율
2016	3.9	4.1	30.7	14.7	3.4	4.5	139.7	76.5	10.0
2015	1.1	0.9	34.1	19.4	1.1	1.5	127.4	74.6	5.4
2014	6.3	3.6	51.0	26.1	4.3	5.4	121.9	66.2	10.4
2013	0.4	-36.5	967.2	708.9	-36.7	-134.5	67.3	9.4	7.2

케이엠제약 (A237720)
KM PHARMACY

업 종 : 개인생활용품	시 장 : KONEX
신용등급 : (Bond) — (CP) —	기업규모 : —
홈 페 이 지 : www.kmkmp.com	연 락 처 : 031)683-1749
본 사 : 경기도 평택시 포승읍 평택항로 268번길 121	

설 립 일 2001.06.01	종 업 원 수 56명	대 표 이 사 강일모
상 장 일 2016.02.24	감사의견 적정 (삼정)	계 열
결 산 기 03월	보 통 주	종속회사수
액 면 가	우 선 주	구 상 호

주주구성 (지분율,%)		출자관계 (지분율,%)		주요경쟁사 (외형,%)	
강일모	62.3			케이엠제약	100
에스티제이클라버스 제2기술조합 제이호	9.9			유니더스	87
				하우동천	64

매출구성		비용구성		수출비중	
구강제품(치약)	32.7	매출원가율	66.2	수출	30.0
구강제품(칫솔)	24.8	판관비율	20.4	내수	70.0
화장품(샴푸 등)	22.2				

회사 개요

동사의 핵심사업인 구강위생용품 사업의 주제품군은 치약, 칫솔, 구강청결제등 생활필수품으로서 일상생활에서 사용하는 세정용품과 스타일링 제품으로 샴푸, 바디워시, 비누, 세탁세제, 섬유유연제, 주방세제 등의 필수 소비재를 포함하고 있음. 아이코닉스와의 캐릭터 라이센스를 통한 캐릭터 제품화하여 유, 아동용 전문 구강제품을 생산하며 진입장벽이 높은 생활용품시장의 니치마켓을 공략하고 있음.

실적 분석

3월이 결산월인 동사의 2017년 3월 말 기준 매출액이 전년동기 대비 9.5% 증가한 176.0억원을 시현했으나, 영업이익과 순이익은 감소함. 매출의 주요 증가 원인은 뽀로로 제품군의 중국시장 판매량 증가와 바디제품, 모이스쳐크림 등으로 분류되는 화장품 부문에서의 매출시현에 있음. 특히 동사의 제품 포트폴리오 구성에서 기타 부문이 크게 늘어난 것을 확인할 수 있는데 이것은 화장품 제품군의 매출 성장과 밀접한 연관이 있음.

현금 흐름 *IFRS 별도 기준 〈단위 : 억원〉

항목	2016	2017.1Q
영업활동	7	—
투자활동	-8	—
재무활동	51	—
순현금흐름	50	—
기말현금	57	—

시장 대비 수익률

결산 실적 〈단위 : 억원〉

항목	2012	2013	2014	2015	2016	2017
매출액	67	73	83	161	176	—
영업이익	10	10	17	31	24	—
당기순이익	10	6	12	22	18	—

분기 실적 *IFRS 별도 기준 〈단위 : 억원〉

항목	2015.4Q	2016.1Q	2016.2Q	2016.3Q	2016.4Q	2017.1Q
매출액						
영업이익						
당기순이익						

재무 상태 *IFRS 별도 기준 〈단위 : 억원〉

항목	2012	2013	2014	2015	2016	2017.1Q
총자산	94	93	106	149	222	—
유형자산	52	52	57	84	83	—
무형자산		0	0	0	0	—
유가증권						—
총부채	70	64	64	82	88	—
총차입금	61	55	51	60	62	—
자본금	2	2	2	2	135	—
총자본	24	29	42	68	135	—
지배주주지분	24	29	42	68	135	—

기업가치 지표 *IFRS 별도 기준

항목	2012	2013	2014	2015	2016	2017.1Q
주가(최고/저)(천원)	—/—	—/—	—/—	—/—	—/—	—/—
PER(최고/저)(배)	0.0/0.0	0.0/0.0	0.0/0.0	33.4/9.1	62.2/27.9	0.0/0.0
PBR(최고/저)(배)	0.0/0.0	0.0/0.0	0.0/0.0	11.1/3.0	9.2/4.1	0.0/0.0
EV/EBITDA(배)	4.6	4.2	2.4	32.4	24.5	—
EPS(원)	337	303	603	1,109	885	—
BPS(원)	59,150	71,765	103,818	3,348	6,004	—
CFPS(원)	20,950	20,063	35,293	1,234	1,035	—
DPS(원)	—	—	—	—	—	—
EBITDAPS(원)	28,625	30,332	46,898	1,690	1,308	—

재무 비율 〈단위 : %〉

연도	영업이익률	순이익률	부채비율	차입금비율	ROA	ROE	유보율	자기자본비율	EBITDA마진율
2016	13.4	10.2	65.1	45.7	9.7	17.8	5,903.9	60.6	15.1
2015	19.5	13.8	120.7	88.6	17.4	40.7	3,247.9	45.3	21.1
2014	20.0	14.5	155.1	122.7	—	—	1,976.4	39.2	22.5
2013	13.8	8.2	223.8	191.9	6.5	23.1	1,335.3	30.9	16.5

케이이씨 (A092220)
KEC

업 종 : 반도체 및 관련장비	시 장 : 거래소
신용등급 : (Bond) — (CP) —	기업규모 : 시가총액 소형주
홈페이지 : www.kec.co.kr	연락처 : 02)2025-5000
본 사 : 서울시 서초구 마방로 10길 5	

설 립 일 2006.09.12	종 업 원 수 607명	대 표 이 사 황창섭
상 장 일 2006.10.16	감 사 의 견 적정 (삼정)	계 열
결 산 기 12월	보 통 주 10,235만주	종속회사수 2개사
액 면 가 500원	우 선 주	구 상 호

주주구성 (지분율,%)		출자관계 (지분율,%)		주요경쟁사 (외형,%)	
한국전자홀딩스	30.3	WUXIKECSEMICONDUCTORCO.,LTD	100.0	KEC	100
곽정기	1.2	KECTHAILANDCO.,LTD	78.0	KMH하이텍	21
(외국인)	4.5			싸이맥스	32

매출구성		비용구성		수출비중	
TR외(제품)	99.7	매출원가율	85.2	수출	77.0
설비(상품)	0.3	판관비율	13.1	내수	23.0

회사 개요
동사는 트랜지스터 생산, 판매업체로 2006년에 투자부문은 KEC홀딩스로, 사업부문은 동사로 분할 설립되었다. 주력제품은 SSTR(Small Signal Transistor)로 낮은 전력 소비를 필요로 하는 모바일 기기에 사용되는 전자부품임. SSTR 부문에서는 2011년 기준, 동사가 Rohm, ON SEMI, INFINEON, NXP에 이은 세계5위의 업체이나, 2~5위간 차이는 근소함. 연결대상 종속회사로 태국과 중국에 법인 4개사를 보유.

실적 분석
동사의 2017년 연결기준 2분기 누적 매출액은 1,145.8원으로 전년동기 대비 3.9% 증가. 비용부담이 다소 완화되어 수익성이 증가함. 최근 스마트폰 및 스마트TV를 비롯한 IT기기에 반도체 채택이 증가하는 추세. 또한, 최근 국내뿐만 아니라 중국 정부 및 업계에서도 반도체 및 디스플레이 산업에 대한 투자 확대를 준비 함에 따라 해당 산업도 크게 성장할 것으로 예상됨.

현금 흐름 〈단위 : 억원〉

항목	2016	2017.2Q
영업활동	310	84
투자활동	-291	25
재무활동	71	-165
순현금흐름	90	-55
기말현금	155	100

시장 대비 수익률

결산 실적 〈단위 : 억원〉

항목	2012	2013	2014	2015	2016	2017
매출액	2,623	2,598	2,199	2,091	2,277	—
영업이익	-229	-75	31	49	40	—
당기순이익	-527	-280	32	5	1	—

분기 실적 〈단위 : 억원〉

항목	2016.1Q	2016.2Q	2016.3Q	2016.4Q	2017.1Q	2017.2Q
매출액	583	520	551	623	559	587
영업이익	40	-27	17	10	23	19
당기순이익	21	-5	0	-16	12	24

재무 상태 〈단위 : 억원〉

항목	2012	2013	2014	2015	2016	2017.2Q
총자산	4,094	3,762	3,466	3,405	3,831	3,667
유형자산	2,398	2,001	1,802	1,674	2,025	1,978
무형자산	32	22	20	20	19	15
유가증권	0	0	—	—	9	9
총부채	2,547	2,203	1,953	1,895	1,809	1,597
총차입금	2,033	1,647	1,406	1,394	1,255	1,060
자본금	952	295	295	295	445	455
총자본	1,546	1,559	1,514	1,510	2,022	2,070
지배주주지분	1,488	1,497	1,471	1,467	1,972	2,016

기업가치 지표

항목	2012	2013	2014	2015	2016	2017.2Q
주가(최고/저)(천원)	5.7/2.9	3.0/0.6	2.2/0.6	1.5/0.9	1.3/0.8	—/—
PER(최고/저)(배)	—/—	—/—	28.2/7.5	110.1/65.5	341.8/220.6	—/—
PBR(최고/저)(배)	1.0/0.5	1.3/0.3	1.0/0.3	0.7/0.4	0.6/0.4	0.5/0.4
EV/EBITDA(배)	26.1	9.6	8.4	8.8	10.3	—/—
EPS(원)	-2,785	-914	78	13	4	35
BPS(원)	781	2,536	2,490	2,485	2,215	2,217
CFPS(원)	-137	-14	450	323	192	109
DPS(원)	—	—	—	—	—	—
EBITDAPS(원)	74	755	414	390	241	120

재무 비율 〈단위 : %〉

연도	영업이익률	순이익률	부채비율	차입금비율	ROA	ROE	유보율	자기자본비율	EBITDA마진율
2016	1.8	0.0	89.5	62.1	0.0	0.2	342.9	52.8	8.1
2015	2.3	0.3	125.5	92.3	0.2	0.6	397.0	44.4	11.0
2014	1.4	1.5	129.0	92.9	0.9	3.5	398.1	43.7	11.1
2013	-2.9	-10.8	141.3	105.7	-7.1	-19.4	407.2	41.4	8.1

케이제이프리텍 (A083470)
KJPretech

업 종 : 휴대폰 및 관련부품	시 장 : KOSDAQ
신용등급 : (Bond) — (CP) —	기업규모 : 우량
홈페이지 : www.kjpretech.com	연락처 : 031)230-6902
본 사 : 경기도 화성시 반월남길 77	

설 립 일 1999.09.30	종 업 원 수 136명	대 표 이 사 남정석
상 장 일 2008.09.18	감 사 의 견 적정 (신승)	계 열
결 산 기 12월	보 통 주 2,127만주	종속회사수 4개사
액 면 가 500원	우 선 주	구 상 호

주주구성 (지분율,%)		출자관계 (지분율,%)		주요경쟁사 (외형,%)	
마누스파트너스	9.9	케이파워인베스트먼트	45.6	KJ프리텍	100
에스티투자조합	9.4	동양네트웍스		디스플레이텍	72
(외국인)	0.4	KJPretechAsiaHoldings(H.K.)	100.0	육일씨엔에쓰	35

매출구성		비용구성		수출비중	
BLU(상품)	83.0	매출원가율	87.2	수출	60.0
금형(제품)	6.9	판관비율	14.4	내수	40.0
기술이전료(기타)	4.5				

회사 개요
동사는 1999년 일본 쥬켄 공업 계약사로 출발하여 현재 초정밀부품제조를 위한 금형제작, 초정밀부품 제조 및 중소형 백라이트유닛(BLU)를 제조하는 기업으로 주로 샤프와 LG 디스플레이에 납품하고 있음. 6년간에 걸쳐 개발한 LCD 백라이트 유닛 자동화 조립·검사 장비가 신성장동력이 될 전망임. 홍콩 및 중국 등지에 총 4개의 연결대상 종속회사를 보유하고 있음. 최근 장외거래를 통해 최대주주가 된 마누스파트너스에 150억원어치의 CB를 발행함.

실적 분석
금형과 정밀 부문의 부진과 주력사업인 백라이트유닛의 수출 감소로 2017년 상반기 매출액은 전년동기 대비 6.6% 감소. 인건비 연구개발비 등 판관비를 20.5%% 축소하여 영업이익은 소폭의 흑자로 전환됨. 외환관련손실이 높았으나, 주식성분이익으로 순이익은 36.2억원을 기록함. 투자자산 처분을 통한 재무구조 개선을 위해 동양네트웍스 주식 815만주를 163억원에 전량 매각했음. 이번 지분 매각으로 67억원 가량의 양도차익이 발생함.

현금 흐름 〈단위 : 억원〉

항목	2016	2017.2Q
영업활동	-14	-6
투자활동	-65	-34
재무활동	82	54
순현금흐름	3	10
기말현금	86	96

시장 대비 수익률

결산 실적 〈단위 : 억원〉

항목	2012	2013	2014	2015	2016	2017
매출액	898	1,200	1,307	1,138	1,244	—
영업이익	58	2	88	49	-20	—
당기순이익	28	4	85	47	-31	—

분기 실적 〈단위 : 억원〉

항목	2016.1Q	2016.2Q	2016.3Q	2016.4Q	2017.1Q	2017.2Q
매출액	302	321	275	347	311	27
영업이익	1	-4	-17	1	3	—
당기순이익	-9	-8	-33	17	-28	6

재무 상태 〈단위 : 억원〉

항목	2012	2013	2014	2015	2016	2017.2Q
총자산	598	721	899	929	1,035	1,07
유형자산	240	250	250	277	253	24
무형자산	17	23	14	34	34	3
유가증권	3	16	61	37	39	3
총부채	357	408	451	464	568	54
총차입금	196	219	202	261	305	34
자본금	70	87	97	97	105	10
총자본	241	314	448	466	467	52
지배주주지분	241	314	448	466	467	52

기업가치 지표

항목	2012	2013	2014	2015	2016	2017.2Q
주가(최고/저)(천원)	2.9/1.2	3.1/1.8	2.9/1.7	3.5/2.2	10.0/2.1	—/—
PER(최고/저)(배)	13.4/5.5	111.6/63.0	6.0/3.6	14.5/8.9	—/—	—/—
PBR(최고/저)(배)	1.7/0.7	1.7/1.0	1.2/0.7	1.5/0.9	4.5/1.0	1.9/1.
EV/EBITDA(배)	5.3	12.4	3.5	6.8	34.6	—/—
EPS(원)	217	28	476	245	-149	17
BPS(원)	1,730	1,795	2,312	2,403	2,222	2,48
CFPS(원)	495	255	702	468	60	26
DPS(원)	—	—	—	—	—	
EBITDAPS(원)	729	240	719	477	116	9

재무 비율 〈단위 : %〉

연도	영업이익률	순이익률	부채비율	차입금비율	ROA	ROE	유보율	자기자본비율	EBITDA마진율
2016	-1.6	-2.5	121.6	65.3	-3.2	-6.7	344.5	45.1	
2015	4.3	4.2	99.6	56.0	5.2	10.4	380.5	50.1	8.
2014	6.8	6.5	100.7	45.2	10.5	22.4	362.3	49.8	9.
2013	0.2	0.4	130.0	69.8	0.7	1.6	259.0	43.5	3.

케이지모빌리언스 (A046440)
KGMobilians

업 종 : 인터넷 서비스		시 장 : KOSDAQ	
신용등급 : (Bond) — (CP) —		기업규모 : 우량	
홈 페 이 지 : www.mobilians.co.kr		연 락 처 : 02)2192-2000	
본 사 : 경기도 성남시 분당구 대왕판교로 660 유스페이스1 A동 5층(삼평동)			

설 립 일 2000.03.17	종 업 원 수 144명	대 표 이 사 곽재선	
상 장 일 2004.12.14	감 사 의 견 적정 (삼경)	계 열	
결 산 기 12월	보 통 주 2,971만주	종속회사수	
액 면 가 500원	우 선 주	구 상 호	

주주구성 (지분율,%)	출자관계 (지분율,%)	주요경쟁사 (외형,%)
케이지이니시스 47.8	KG패스원 1.0	KG모빌리언스 100
한국증권금융 2.5	케이지아이티뱅크 1.0	KG이니시스 513
(외국인) 4.5	스룩 1.0	NHN한국사이버결제 199

매출구성	비용구성	수출비중
휴대폰 결제 등 77.6	매출원가율 54.7	수출 0.0
선불카드 외 9.0	판관비율 28.4	내수 100.0
공연사업 및 기타 5.3		

회사 개요
2000년 3월에 설립된 유무선전화결제서비스 업체로 국내 시장 점유율 1위임. 경쟁사인 다날과 함께 국내 시장의 90% 이상을 과점하고 있음. 온라인 휴대폰결제를 중심으로 ARS, Phone-bill결제, 계좌이체, 선불카드, 상품권 결제라는 다양한 결제수단을 서비스하고 있음. 기타 사업으로는 MOTP, 휴대폰 본인 확인 서비스를 영위하고 있으며, 신규사업으로 오프라인 휴대폰 소액결제(M-Tic)을 서비스하고 있음.

실적 분석
동사의 2017년 2분기 누적 매출액은 전자결제시장 확대의 영향으로 전년동기대비 12.2% 증가한 756.1억원을 기록하였음. 인건비와 기타판매비와관리비 증가의 영향으로 2분기 누적 판매비와 관리비는 전년동기대비 34.4% 증가함. 2분기 누적 영업이익은 130.2억원으로 전년동기대비 0.5% 증가하는데에 그쳐 매출액보다 낮은 성장세를 기록함. 당기순이익은 전년동기대비 13.1% 증가한 88.5억원을 기록함.

현금 흐름 〈단위 : 억원〉
항목	2016	2017.2Q
영업활동	-48	157
투자활동	-93	-157
재무활동	349	358
순현금흐름	208	388
기말현금	223	612

시장 대비 수익률

결산 실적 〈단위 : 억원〉
항목	2012	2013	2014	2015	2016	2017
매출액	950	1,186	1,484	1,729	1,367	—
영업이익	151	204	252	253	230	—
당기순이익	157	89	150	79	108	—

분기 실적 〈단위 : 억원〉
항목	2016.1Q	2016.2Q	2016.3Q	2016.4Q	2017.1Q	2017.2Q
매출액	356	318	329	364	331	425
영업이익	65	64	63	38	68	62
당기순이익	45	34	45	-15	48	41

재무 상태 〈단위 : 억원〉
항목	2012	2013	2014	2015	2016	2017.2Q
총자산	2,629	2,788	3,121	3,859	3,783	4,585
유형자산	208	204	220	229	200	603
무형자산	37	41	38	43	59	232
유가증권	22	12	20	17	112	3
총부채	1,644	1,688	1,884	2,471	2,317	2,455
총차입금	506	673	869	1,054	1,516	692
자본금	93	93	94	104	104	149
총자본	985	1,099	1,237	1,388	1,466	2,130
지배주주지분	985	1,099	1,237	1,388	1,466	2,016

기업가치 지표
항목	2012	2013	2014	2015	2016	2017.2Q
주가(최고/저)(천원)	13.2/3.4	15.3/8.1	15.2/9.3	20.1/10.7	12.6/7.6	—/—
PER(최고/저)(배)	16.6/4.3	33.7/17.9	20.0/12.2	53.7/28.5	24.7/14.9	1.2/0.9
PBR(최고/저)(배)	2.6/0.7	2.7/1.4	2.4/1.5	2.9/1.5	2.5/1.5	1.9/1.5
EV/EBITDA(배)	14.8	11.6	13.4	14.5	12.5	—/—
EPS(원)	845	480	797	387	522	344
BPS(원)	5,369	5,986	6,621	7,264	7,643	7,180
CFPS(원)	918	552	884	498	648	449
DPS(원)	100	125	150	150	200	—
EBITDAPS(원)	883	1,169	1,428	1,356	1,238	612

재무 비율 〈단위 : % 〉
연도	영업이익률	순이익률	부채비율	차입금비율	ROA	ROE	유보율	자기자본비율	EBITDA마진율
2016	16.9	7.9	158.0	103.4	2.8	7.6	1,428.6	38.8	18.8
2015	14.6	4.6	178.1	76.0	2.3	6.0	1,352.9	36.0	15.9
2014	17.0	10.1	152.4	70.3	5.1	12.8	1,224.2	39.6	18.1
2013	17.2	7.5	153.6	61.2	3.3	9.5	1,097.1	39.4	18.3

케이지이니시스 (A035600)
KGINICIS

업 종 : 인터넷 서비스		시 장 : KOSDAQ	
신용등급 : (Bond) — (CP) —		기업규모 : 우량	
홈 페 이 지 : www.inicis.com		연 락 처 : 1588-4954	
본 사 : 경기도 성남시 분당구 대왕판교로 660 유스페이스1 A동 5층			

설 립 일 1998.11.03	종 업 원 수 203명	대 표 이 사 곽재선	
상 장 일 2002.11.20	감 사 의 견 적정 (한영)	계 열	
결 산 기 12월	보 통 주 2,659만주	종속회사수 3개사	
액 면 가 500원	우 선 주	구 상 호	

주주구성 (지분율,%)	출자관계 (지분율,%)	주요경쟁사 (외형,%)
KG케미칼 30.8	KG로지스 100.0	KG이니시스 100
케이지 10.7	KG올앳 60.0	NHN한국사이버결제 39
(외국인) 5.7	KG모빌리언스 47.0	KG모빌리언스 19

매출구성	비용구성	수출비중
수수료매출(기타) 65.1	매출원가율 83.2	수출 —
운송매출(기타) 31.2	판관비율 12.6	내수 —
용역매출(용역) 2.8		

회사 개요
동사는 전자지불결제서비스(PG)를 주 사업으로 영위하고 있으며, 종속회사는 케이지모빌리언스, 케이지로지스 등 3개사임. 사업부문은 전자지불결제대행서비스 및 유통망의 주요한 용역한 상품권 사업부문인 전자상거래 및 유통, 화물알선, 화물 운송업 사업부문인 운송업으로 나뉨. 신규사업은 오프라인 휴대폰소액결제(M-Tic)과 무인 상품권 발권기 사업(터치페이), 모바일 선불카드 사업 등임.

실적 분석
최근 모바일 결제가 증가하는 추세로 동사의 모바일 결제 솔루션인 이니페이 모바일, KPAY, WPAY 등이 그 영역을 확장함에 따라 동사의 2017년 2분기기준 누적 매출액은 전년동기대비 42.3% 상승한 4,581.1억원을 기록하였음. 그러나 비용면에서 매출원가 및 인건비등이 증가하여 전년동기대비 영업이익은 116.2억원으로 -30.3% 크게 하락하였음. 그러나 비영업손익의 흑자전환으로 전년동기대비 당기순이익은 135.1억원을 기록함.

현금 흐름 〈단위 : 억원〉
항목	2016	2017.2Q
영업활동	1,182	981
투자활동	-865	-515
재무활동	80	-437
순현금흐름	561	112
기말현금	749	861

시장 대비 수익률

결산 실적 〈단위 : 억원〉
항목	2012	2013	2014	2015	2016	2017
매출액	3,101	4,158	5,478	6,969	7,010	—
영업이익	306	360	398	200	295	—
당기순이익	326	216	257	34	136	—

분기 실적 〈단위 : 억원〉
항목	2016.1Q	2016.2Q	2016.3Q	2016.4Q	2017.1Q	2017.2Q
매출액	1,602	1,618	1,715	2,076	2,148	2,433
영업이익	82	85	105	23	84	32
당기순이익	46	66	77	-52	117	18

재무 상태 〈단위 : 억원〉
항목	2012	2013	2014	2015	2016	2017.2Q
총자산	4,466	5,253	5,623	6,112	7,360	8,813
유형자산	260	366	382	442	463	1,152
무형자산	219	231	225	303	564	871
유가증권	152	242	416	557	931	971
총부채	2,513	3,099	3,275	3,861	4,785	5,810
총차입금	506	1,016	1,227	1,606	2,235	2,322
자본금	127	127	129	133	133	133
총자본	1,953	2,153	2,348	2,250	2,574	3,003
지배주주지분	1,426	1,565	1,694	1,563	1,769	1,815

기업가치 지표
항목	2012	2013	2014	2015	2016	2017.2Q
주가(최고/저)(천원)	14.5/5.3	21.6/11.1	19.6/10.0	26.7/13.7	16.9/11.2	—/—
PER(최고/저)(배)	16.5/6.0	34.3/17.7	29.4/15.0	—/—	56.5/37.5	—/—
PBR(최고/저)(배)	2.7/1.0	3.6/1.9	3.0/1.5	4.1/2.1	2.5/1.7	1.9/1.5
EV/EBITDA(배)	8.5	10.8	11.7	22.0	12.1	—/—
EPS(원)	943	664	695	-33	304	371
BPS(원)	5,714	6,260	6,930	6,805	6,808	6,979
CFPS(원)	1,035	774	856	207	598	632
DPS(원)	125	150	200	995	250	—
EBITDAPS(원)	1,294	1,527	1,720	1,404	698	

재무 비율 〈단위 : % 〉
연도	영업이익률	순이익률	부채비율	차입금비율	ROA	ROE	유보율	자기자본비율	EBITDA마진율
2016	4.2	1.9	185.9	86.8	2.0	4.9	1,261.6	35.0	5.3
2015	2.9	0.5	171.6	71.4	0.6	-0.5	1,261.1	36.8	3.8
2014	7.3	4.7	139.5	52.3	4.7	10.9	1,286.1	41.8	8.0
2013	8.7	5.2	143.9	47.2	4.5	11.3	1,152.0	41.0	9.3

케이지이티에스 (A151860)
KG Eco Technology Services

업 종 : 에너지 시설 및 서비스		시 장 : KOSDAQ	
신용 등 급 : (Bond) — (CP) —		기업규모 : 우량	
홈 페 이 지 : www.kgets.co.kr		연 락 처 : 031)488-1121	
본 사 : 경기도 시흥시 소망공원로 5 정왕동			

설 립 일 1999.10.29	종 업 원 수 144명	대 표 이 사 엄기민	
상 장 일 2013.07.24	감 사 의 견 적정 (삼경)	계 열	
결 산 기 12월	보 통 주 3,600만주	종속회사수	
액 면 가 500원	우 선 주	구 상 호	

주주구성 (지분율,%)
케이지	41.3
신영자산운용	9.3
(외국인)	5.2

출자관계 (지분율,%)
이데일리	37.4
KG써닝라이프	21.7
KG네트웍스	11.0

주요경쟁사 (외형,%)
KG ETS	100
파루	111
에코바이오	21

매출구성
증기	34.1
기타	24.2
폐기물	22.0

비용구성
매출원가율	83.8
판관비율	4.3

수출비중
수출	19.0
내수	81.0

회사 개요
동사는 1999년 프랑스의 세계적 폐기물 처리 업체인 Veolia의 투자로 설립되었으며, 2010년 4월 KG가 Veolia와 Teris의 지분을 100% 인수하면서 KG그룹에 편입됨. 동사가 소속된 기업집단 KG그룹엔 KG이니시스, KG모빌리언스, KG케미칼을 비롯한 상장사와 KG엘로우캡, 이데일리, KG제로인, KG패스원, KG상사 등의 비상장사가 있음. 동사는 2011년 KG에너지와 합병하여 KG에코서비스코리아에서 사명을 변경함.

실적 분석
동사의 2017년 2분기기준 누적 매출액은 전년동기대비 15.3% 상승한 548억원을 기록하였음. 비용면에서 전년동기대비 매출원가는 증가 하였으며 인건비는 거의 동일 하였으며 광고선전비는 증가 하였고 기타판매비와관리비도 마찬가지로 증가함. 이와 같이 상승한 매출액 만큼 비용증가도 있었으나 매출액의 더 큰 상승에 힘입어 그에 따라 전년동기대비 영업이익은 78.2억원으로 28.1% 상승하였음. 최종적으로 당기순이익은 상승하여 66.8억원 시현함.

현금 흐름 *IFRS 별도 기준
〈단위 : 억원〉
항목	2016	2017.2Q
영업활동	213	89
투자활동	-117	-56
재무활동	-74	-8
순현금흐름	22	24
기말현금	42	67

시장 대비 수익률

결산 실적
〈단위 : 억원〉
항목	2012	2013	2014	2015	2016	2017
매출액	940	1,008	1,057	928	954	—
영업이익	156	187	213	128	114	—
당기순이익	98	124	162	202	49	—

분기 실적 *IFRS 별도 기준
〈단위 : 억원〉
항목	2016.1Q	2016.2Q	2016.3Q	2016.4Q	2017.1Q	2017.2Q
매출액	239	237	214	264	281	267
영업이익	34	27	22	32	47	31
당기순이익	21	26	17	-15	40	27

재무 상태 *IFRS 별도 기준
〈단위 : 억원〉
항목	2012	2013	2014	2015	2016	2017.2Q
총자산	1,651	1,702	1,695	1,936	1,949	1,984
유형자산	1,075	1,071	1,094	1,083	1,008	989
무형자산	1	1	2	2	2	1
유가증권	55	0	55	33	181	181
총부채	871	640	497	567	565	568
총차입금	628	372	249	359	318	346
자본금	180	201	201	201	201	201
총자본	780	1,062	1,198	1,369	1,384	1,415
지배주주지분	780	1,062	1,198	1,369	1,384	1,415

기업가치 지표 *IFRS 별도 기준
항목	2012	2013	2014	2015	2016	2017.2Q
주가(최고/저)(천원)	—/—	5.1/4.1	5.7/4.2	6.4/2.7	4.0/2.5	—/—
PER(최고/저)(배)	0.0/0.0	14.7/11.8	13.7/10.0	12.1/5.1	29.7/18.9	—/—
PBR(최고/저)(배)	0.0/0.0	1.9/1.5	1.8/1.3	1.8/0.8	1.1/0.7	1.1/0.8
EV/EBITDA(배)	2.4	7.5	6.9	6.9	7.6	—/—
EPS(원)	280	378	450	562	137	185
BPS(원)	2,573	2,951	3,372	3,833	3,864	3,951
CFPS(원)	494	590	687	802	379	302
DPS(원)		50	100	100	100	—
EBITDAPS(원)	650	753	829	595	559	334

재무 비율
〈단위 : % 〉
연도	영업이익률	순이익률	부채비율	차입금비율	ROA	ROE	유보율	자기자본비율	EBITDA마진율
2016	12.0	5.2	40.8	23.0	2.5	3.6	593.7	71.0	21.1
2015	13.8	21.8	41.4	26.2	11.2	15.8	588.1	70.7	23.1
2014	20.2	15.3	41.4	20.8	9.4	14.3	504.6	70.7	28.2
2013	18.5	12.3	36.8	36.8	7.2	13.4	434.9	61.6	26.3

케이지케미칼 (A001390)
KG Chemical

업 종 : 화학		시 장 : 거래소	
신용 등 급 : (Bond) — (CP) —		기업규모 : 시가총액 소형주	
홈 페 이 지 : www.kgchem.co.kr		연 락 처 : 052)231-1840	
본 사 : 울산시 울주군 온산읍 당월로 322			

설 립 일 1954.12.31	종 업 원 수 213명	대 표 이 사 곽재선,신영기(각자대표이사)	
상 장 일 1989.08.25	감 사 의 견 적정 (삼정)	계 열	
결 산 기 12월	보 통 주 1,175만주	종속회사수 2개사	
액 면 가 5,000원	우 선 주	구 상 호	

주주구성 (지분율,%)
곽재선	19.0
세일기공	7.7
(외국인)	8.8

출자관계 (지분율,%)
케이지	81.5
KG에너켐	60.0
KG이니시스	30.8

주요경쟁사 (외형,%)
KG케미칼	100
경인양행	27
한국알콜	18

매출구성
PG	44.4
택배	21.2
스팀,용역 외	18.8

비용구성
매출원가율	79.6
판관비율	15.2

수출비중
수출	—
내수	—

회사 개요
동사는 화학, 에너지, 물류, 전자결제, 미디어 및 금융 사업부문을 영위하고 있으며, 주력 분야는 화학 부문으로 복합비료, 가리질비료, 인산질 비료 등을 생산함. 판매처는 농협중앙회, 단위농협 등임. 국내 비료시장에서 동사 시장 점유율은 2016년 말 기준 약 8%임. 자회사인 KG이니시스는 전자결제 1위 업체로, 모바일 결제 솔루션인 이니페이 모바일을 통하여 그 영역을 확장하고 있음.

실적 분석
동사의 2017년 2분기 연결기준 누적매출액은 6,335.6억원으로 전년동기 대비 26.9% 증가함. 매출 확대에도 원가부담이 상승하며 영업이익은 전년동기 대비 14.3% 감소. 미디어, 금융부문을 제외한 전 사업분야에서 매출의 주춤한 모습을 보이며, 전자결제 부분의 실적 개선이 전체 실적을 견인함. 최근 2차 전지 양극활물질의 원료인 고순도 황산니켈을 생산하는 에너켐의 지분 41%을 인수하여 2차전지 핵심소재 산업에 진출함.

현금 흐름
〈단위 : 억원〉
항목	2016	2017.2Q
영업활동	757	883
투자활동	-764	-611
재무활동	613	-218
순현금흐름	607	54
기말현금	986	1,040

시장 대비 수익률

결산 실적
〈단위 : 억원〉
항목	2012	2013	2014	2015	2016	2017
매출액	8,495	8,506	8,776	10,145	10,314	—
영업이익	431	590	710	454	533	—
당기순이익	310	230	407	419	283	—

분기 실적
〈단위 : 억원〉
항목	2016.1Q	2016.2Q	2016.3Q	2016.4Q	2017.1Q	2017.2Q
매출액	2,377	2,616	2,458	2,863	2,976	3,360
영업이익	135	172	163	63	142	121
당기순이익	75	188	100	-80	145	68

재무 상태
〈단위 : 억원〉
항목	2012	2013	2014	2015	2016	2017.2Q
총자산	10,115	9,111	9,289	11,425	12,635	14,331
유형자산	1,962	1,901	1,920	3,668	3,557	4,569
무형자산	1,441	1,290	1,284	1,355	1,613	1,924
유가증권	100	218	394	522	934	984
총부채	6,741	4,989	4,958	6,784	7,533	8,745
총차입금	3,791	2,263	2,362	3,888	4,390	4,710
자본금	558	558	566	597	602	602
총자본	3,374	4,123	4,332	4,640	5,102	5,586
지배주주지분	1,788	1,990	1,979	1,984	2,078	2,071

기업가치 지표
항목	2012	2013	2014	2015	2016	2017.2Q
주가(최고/저)(천원)	10.5/6.4	17.4/9.7	19.0/12.0	24.7/14.0	15.7/12.5	—/—
PER(최고/저)(배)	18.2/10.9	46.8/26.2	16.8/10.7	17.4/9.9	14.4/11.4	—/—
PBR(최고/저)(배)	0.7/0.4	1.0/0.6	1.1/0.7	1.4/0.8	0.8/0.7	0.8/0.7
EV/EBITDA(배)	8.4	5.9	5.7	11.1	9.0	—/—
EPS(원)	666	420	1,207	1,488	1,117	501
BPS(원)	17,761	19,649	19,244	18,244	19,061	19,001
CFPS(원)	2,298	2,011	2,853	3,287	3,278	1,825
DPS(원)	150	1,000	350	350	350	—
EBITDAPS(원)	5,655	7,110	8,201	5,805	6,798	3,596

재무 비율
〈단위 : % 〉
연도	영업이익률	순이익률	부채비율	차입금비율	ROA	ROE	유보율	자기자본비율	EBITDA마진율
2016	5.2	2.8	147.7	86.1	2.4	6.3	266.6	40.4	7.6
2015	4.5	4.1	146.2	83.8	4.0	8.5	250.8	40.6	6.5
2014	8.1	4.6	114.5	54.5	4.4	6.6	269.2	46.6	10.1
2013	6.9	2.7	121.0	54.9	2.4	6.4	276.7	45.3	8.9

케이지피 (A109070)
KOREA GREEN PAPER MFG

종 목 : 종이 및 목재		시 장 : 거래소	
용 등 급 : (Bond) — (CP) —		기업 규모 : 시가총액 소형주	
페 이 지 : www.k-paper.kr		연 락 처 : 070)4858-4652	
사 : 경기도 용인시 처인구 이동면 백옥대로 563			

설 립 일	2009.02.25	종 업 원 수	95명	대 표 이 사	최우식,곽종윤
상 장 일	2009.03.17	감 사 의 견	한정(감사범위제한)(대상)	계 열	
결 산 기	12월	보 통 주	658만주	종 속 회 사 수	5개사
액 면 가	500원	우 선 주		구 상 호	

주주구성 (지분율,%)		출자관계 (지분율,%)		주요경쟁사 (외형,%)	
더블유글로벌3호조합	3.6	위너테크놀러지	100.0	KGP	100
제이피에셋투자	1.9	알에프윈도우	45.9	한창제지	423
(외국인)	2.0	엔비어스	5.4	영풍제지	190

매출구성		비용구성		수출비중	
크라프트지(시멘트,비료,벽지등)	95.3	매출원가율	107.9	수출	7.0
과실봉지(과실봉지)	4.7	판관비율	11.5	내수	93.0

회사 개요

1977년 온양펄프로 설립된 동사는 2009년 이앤페이퍼로부터 분할됨. 그 해 3월 코스피 가함. 동사는 각종 지류의 제조 및 판매업을 주 사업으로 영위하고 있음. 주요 원재료인 화학펄프의 해외의존도가 80% 이상으로 상당히 높은 편이며, 무림피앤피를 통한 조달분(10%)을 제외한 나머지는 전량 수입에 의존하고 있음. 크라프트지 국내수요 20만 가운데 약 15%를 점유하고 있음.

실적 분석

동사의 2017년 2분기 연결기준 누적매출액은 446.0억원으로 전년 동기 대비 93.1% 증가함. 영업손실과 당기순손실은 각각 72.9억원, 73.0억원을 기록하며 적자폭이 확대됨. 매출총이익은 전년 동기 대비 흑자전환에 성공했으나, 인건비와 기타판관비가 크게 증가하며 적자폭이 확대됨. 동사는 다양한 생산설비 보유로 다품종 소량생산 체제가 가능하며 특수지 산업의 집중화를 통한 경쟁력을 극대화 하고 있음.

현금 흐름		〈단위 : 억원〉
항목	2016	2017.2Q
영업활동	-24	-19
투자활동	26	-51
재무활동	40	-3
순현금흐름	62	-73
기말현금	86	13

결산 실적						〈단위 : 억원〉
항목	2012	2013	2014	2015	2016	2017
매출액	910	564	504	480	460	—
영업이익	-43	-13	-17	-28	-89	—
당기순이익	-106	-90	-48	-56	-163	—

분기 실적						〈단위 : 억원〉
항목	2016.1Q	2016.2Q	2016.3Q	2016.4Q	2017.1Q	2017.2Q
매출액	115	116			209	237
영업이익	-15	-25			-26	-47
당기순이익	-21	-28			-30	-42

재무 상태						〈단위 : 억원〉
항목	2012	2013	2014	2015	2016	2017.2Q
총자산	1,057	745	675	683	786	765
유형자산	440	416	393	378	175	166
무형자산					79	78
유가증권				31	12	36
총부채	912	689	620	561	560	617
총차입금	590	516	477	392	324	335
자본금	224	67	99	189	321	329
총자본	145	56	55	121	226	148
지배주주지분	145	56	55	121	130	62

기업가치 지표						
항목	2012	2013	2014	2015	2016	2017.2Q
주가(최고/저)(천원)	0.8/0.4	0.5/0.4	0.8/0.4	3.0/0.5	2.6/0.7	—/—
PER(최고/저)(배)	—/—	—/—	—/—	—/—	—/—	—/—
PBR(최고/저)(배)	1.0/0.5	1.9/1.3	4.0/2.2	11.2/1.9	14.1/3.8	9.9/3.8
EV/EBITDA(배)		53.8	117.8			
EPS(원)	-6,152	-5,265	-2,524	-1,423	-3,640	-776
BPS(원)	3,241	415	275	322	202	95
CFPS(원)	-1,759	-495	-170	-93	-313	-43
DPS(원)						
EBITDAPS(원)	-361	80	39	-15	-147	-77

재무 비율									〈단위 : %〉
연도	영업이익률	순이익률	부채비율	차입금비율	ROA	ROE	유보율	자기자본비율	EBITDA마진율
2016	-19.3	-35.5	일부잠식	일부잠식	-22.2	-130.2	-59.7	28.8	-14.3
2015	-5.9	-11.8	일부잠식	일부잠식	-8.3	-64.1	-35.6	17.8	-1.2
2014	-3.4	-9.6	일부잠식	일부잠식	-6.8	-87.6	-44.9	8.1	1.2
2013	-2.4	-16.0	일부잠식	일부잠식	-10.0	-90.3	-17.1	7.5	1.9

케이티 (A030200)
KT

업 종 : 무선통신		시 장 : 거래소	
신용등급 : (Bond) AAA (CP) A1		기업 규모 : 시가총액 대형주	
홈페이지 : www.kt.com		연 락 처 : 031)727-0114	
본 사 : 경기도 성남시 분당구 불정로 90 (정자동)			

설 립 일	1981.12.10	종 업 원 수	23,551명	대 표 이 사	황창규
상 장 일	1989.12.27	감 사 의 견	적정 (삼일)	계 열	
결 산 기	12월	보 통 주	26,111만주	종 속 회 사 수	48개사
액 면 가	5,000원	우 선 주		구 상 호	

주주구성 (지분율,%)		출자관계 (지분율,%)		주요경쟁사 (외형,%)	
Citibank(DR)	27.0	케이티에스테이트	100.0	KT	100
국민연금공단	11.0	케이티샛	100.0	SK텔레콤	75
(외국인)	49.0	케이티엠모바일	100.0	LG유플러스	50

매출구성		비용구성		수출비중	
서비스의 제공(기타)	86.7	매출원가율	0.0	수출	—
재화의 판매(기타)	13.4	판관비율	93.7	내수	—

회사 개요

동사는 국내 최대 통신사업자 중 하나로 초고속인터넷, 시내전화(구내, ISDN, DID포함), 이동전화, IPTV 등 다양한 사업을 영위하고 있음. 비씨카드, 지니뮤직, 케이티파워텔, 케이티서브마린, 케이티텔레캅, 케이티씨에스 등을 연결대상 종속회사로 보유하고 있음. 해외 연결대상 종속회사로는 비씨카드과학기술(상해) 유한공사, KB TO 등이 있음. 다양한 사업과 높은 진입장벽으로 인해 안정적으로 사업을 운영 중임.

실적 분석

동사의 2017년 연결기준 상반기 누적매출은 11조 4,541.5억원으로 전년 동기 대비 2.3% 성장함. 판매비와 관리비가 소폭 상승했으나 매출 성장이 이를 상회해 영업이익은 8,120.8억원에서 6.4% 증가한 8,642.7%을 시현함. 금융손실폭이 증가해 비영업부문 손실 폭이 커졌지만 당기순이익은 전년도 같은 기간 대비 2.6% 성장한 4,824.2억원을 기록함.

현금 흐름		〈단위 : 억원〉
항목	2016	2017.2Q
영업활동	47,708	18,735
투자활동	-34,853	-14,926
재무활동	-9,433	-16,235
순현금흐름	3,408	-12,438
기말현금	29,003	16,565

결산 실적						〈단위 : 억원〉
항목	2012	2013	2014	2015	2016	2017
매출액	238,564	238,106	223,117	222,812	227,437	—
영업이익	12,092	8,393	-4,066	12,929	14,400	—
당기순이익	11,054	-603	-9,662	6,313	7,978	—

분기 실적						〈단위 : 억원〉
항목	2016.1Q	2016.2Q	2016.3Q	2016.4Q	2017.1Q	2017.2Q
매출액	55,150	56,776	55,299	60,211	56,117	58,425
영업이익	3,851	4,270	4,016	2,263	4,170	4,473
당기순이익	2,151	2,552	2,345	930	2,243	2,581

재무 상태						〈단위 : 억원〉
항목	2012	2013	2014	2015	2016	2017.2Q
총자산	345,579	348,465	337,755	293,412	305,877	278,255
유형자산	158,064	163,870	164,682	144,789	143,121	134,097
무형자산	32,136	38,274	35,440	25,998	30,228	29,516
유가증권	6,644	10,094	8,276	5,919	9,753	10,831
총부채	213,399	219,816	219,852	171,757	177,930	147,711
총차입금	116,196	117,924	130,846	89,384	84,102	66,483
자본금	15,645	15,645	15,645	15,645	15,645	15,645
총자본	132,180	128,649	117,903	121,655	127,948	130,544
지배주주지분	123,092	117,552	103,410	108,451	114,419	116,816

기업가치 지표						
항목	2012	2013	2014	2015	2016	2017.2Q
주가(최고/저)(천원)	35.1/24.5	38.1/27.9	35.2/27.1	30.9/27.2	32.4/25.7	—/—
PER(최고/저)(배)	9.9/6.9	—/—	—/—	15.2/13.3	12.2/9.7	—/—
PBR(최고/저)(배)	0.8/0.6	0.8/0.6	0.9/0.7	0.7/0.6	0.7/0.6	—/—
EV/EBITDA(배)	4.1	3.9	5.7	3.0	2.8	—/—
EPS(원)	4,006	-622	-4,040	2,118	2,723	1,620
BPS(원)	50,707	48,552	42,921	44,851	47,113	48,030
CFPS(원)	16,698	13,245	10,722	16,058	15,827	8,233
DPS(원)	2,000	800		500	800	
EBITDAPS(원)	17,322	17,081	13,206	18,892	18,618	9,923

재무 비율									〈단위 : %〉
연도	영업이익률	순이익률	부채비율	차입금비율	ROA	ROE	유보율	자기자본비율	EBITDA마진율
2016	6.3	3.5	139.1	65.7	2.7	6.4	686.3	41.8	21.4
2015	5.8	2.8	141.2	73.5	2.0	5.2	648.6	41.5	22.1
2014	-1.8	-4.3	186.5	111.0	-2.8	-9.6	616.4	34.9	15.5
2013	3.5	-0.3	170.9	91.7	-0.2	-1.4	710.3	36.9	18.7

ㅋ

케이티비투자증권 (A030210)
KTB Investment & Securities

업   종 : 증권
신용등급 : (Bond) A-　　(CP) A2-
홈 페 이 지 : www.ktb.co.kr
본　　　사 : 서울시 영등포구 여의대로 66 KTB빌딩

시　　장 : 거래소
기업규모 : 시가총액 소형주
연 락 처 : 02)2184-2000

설 립 일	1981.05.01	종업원수	390명	대표이사	권성문,이병철,최석종
상 장 일	1996.10.20	감사의견	적정 (삼정)	계　　열	
결 산 기	12월	보 통 주	6,031만주	종속회사수	10개사
액 면 가	5,000원	우 선 주	1,028만주	구 상 호	

주주구성 (지분율,%)
권성문	22.0
이병철	16.4
(외국인)	8.9

출자관계 (지분율,%)
KTB네트워크	100.0
KTB신용정보	100.0
KTB자산운용	98.6

주요경쟁사 (외형,%)
KTB투자증권	100
부국증권	56
유화증권	9

수익구성
금융상품 관련이익	44.2
수수료수익	35.7
이자수익	17.1

비용구성
이자비용	7.9
파생상품손실	0.0
판관비	69.5

수출비중
수출	—
내수	—

회사 개요
동사는 1981년 한국기술개발주식회사로 설립되어 1996년 유가증권시장에 상장한 금융투자회사임. 주요 사업은 PEF 투자와 함께 IB업무, 기관투자자 중심의 홀세일 투자중개업과 장내파생상품 및 채권의 투자매매업을 중심으로 금융투자업무를 영위하고 있으며, 투자중개업에 있어 일반 투자자 대상의 리테일 부문까지 업무 영역을 확대하고 있음. 2017년 1분기말 현재 KTB자산운용 등 10개 연결자회사를 보유하고 있음.

실적 분석
동사의 2017년 2분기 누적 연결기준 영업수익 1,559억원, 영업이익 223억원을 기록. 기존 IB 영업부문 외에 대체투자 및 중소기업 Mezzanine 투자를 확대하는 수익 다변화를 추진하고, Wholesale시장의 해외상품 확대를 통하여 신시장 및 신상품에 대한 수익 기반을 구축하는 등 차별화된 역량을 강화하고자 노력중. 앞으로는 중소기업특화 금융투자회사로서 중소/중견기업 금융에 특화된 계열사 간 협업을 통하여 새로운 수익 모델을 제시.

현금 흐름 〈단위 : 억원〉
항목	2016	2017.2Q
영업활동	-1,496	-1,619
투자활동	169	96
재무활동	2,158	2,354
순현금흐름	831	831
기말현금	2,618	3,449

시장 대비 수익률

결산 실적 〈단위 : 억원〉
항목	2012	2013	2014	2015	2016	2017
순영업손익	2,219	1,260	1,601	1,579	1,917	—
영업이익	193	-367	78	100	287	—
당기순이익	129	-404	-534	315	364	—

분기 실적 〈단위 : 억원〉
항목	2016.1Q	2016.2Q	2016.3Q	2016.4Q	2017.1Q	2017.2Q
순영업손익	370	520	454	572	464	671
영업이익	22	111	18	136	55	168
당기순이익	83	103	27	151	24	149

재무 상태 〈단위 : 억원〉
항목	2012	2013	2014	2015	2016	2017.2Q
총자산	19,601	8,938	10,438	10,204	13,596	23,201
유형자산	219	192	218	190	124	124
무형자산	269	232	169	168	135	127
유가증권	9,936	2,949	3,708	2,877	4,179	5,810
총부채	14,809	4,638	6,661	5,992	9,017	18,444
총차입금	11,452	3,242	4,755	4,331	6,415	8,751
자본금	3,530	3,530	3,530	3,530	3,530	3,530
총자본	4,792	4,300	3,777	4,212	4,579	4,757
지배주주지분	4,742	4,263	3,763	4,204	4,540	4,699

기업가치 지표
항목	2012	2013	2014	2015	2016	2017.2Q
주가(최고/저)(천원)	3.8/1.8	4.2/2.0	2.8/1.8	4.9/1.7	3.2/1.9	—/—
PER(최고/저)(배)	19.9/9.4	—/—	—/—	9.9/3.4	5.7/3.4	—/—
PBR(최고/저)(배)	0.6/0.3	0.7/0.3	0.5/0.3	0.8/0.3	0.5/0.3	0.6/0.4
PSR(최고/저)(배)	0/0	0/0	0/0	0/0	1/1	—/—
EPS(원)	191	-631	-795	492	569	
BPS(원)	6,808	6,113	5,404	6,029	6,431	6,657
CFPS(원)	299	-542	-695	565	634	271
DPS(원)						
EBITDAPS(원)	303	-575	122	157	451	316

재무 비율 〈단위 : % 〉
연도	계속사업이익률	순이익률	부채비율	차입금비율	ROA	ROE	유보율	자기자본비율	총자산증가율
2016	20.3	19.0	196.9	140.1	3.1	8.3	28.6	33.7	33.2
2015	22.7	19.9	142.3	102.8	3.1	7.9	20.6	41.3	-2.2
2014	-30.9	-33.4	176.4	125.9	-5.5	-12.6	8.1	36.2	-46.8
2013	-32.4	-32.1	107.9	75.4	-2.8	-8.9	22.3	48.1	-54.4

케이티서브마린 (A060370)
KT Submarine

업   종 : 건설
신용등급 : (Bond) —　　(CP) —
홈 페 이 지 : www.ktsubmarine.co.kr
본　　　사 : 부산시 해운대구 송정광어골로 42 kt 송정타워 6층

시　　장 : KOSDAQ
기업규모 : 우량
연 락 처 : 051)709-3312

설 립 일	1995.04.17	종업원수	73명	대표이사	윤차현
상 장 일	2002.02.01	감사의견	적정 (안진)	계　　열	
결 산 기	12월	보 통 주	2,190만주	종속회사수	
액 면 가	1,000원	우 선 주		구 상 호	

주주구성 (지분율,%)
케이티	36.9
한국증권금융	4.4
(외국인)	2.8

출자관계 (지분율,%)

주요경쟁사 (외형,%)
KT서브마린	100
남광토건	219
계룡건설	2,333

매출구성
건설공사(공사)	79.9
유지보수(기타)	13.8
기타	6.3

비용구성
매출원가율	85.0
판관비율	5.3

수출비중
수출	—
내수	—

회사 개요
동사는 국제통신 및 초고속정보통신망의 주요 전송로인 해저케이블의 건설과 유지보수, 도서간을 연결하는 해저전력케이블의 건설 및 유지보수사업을 영위하는 업체임. 사업다각화의 일환으로 해양 Offshore 사업, 해양심층수 취수관설치사업, 해양구조물사업, 신재생에너지사업 등에 지속적으로 진출하고 있음. 특히 서해안 해상풍력단지 조성과 국내 지자체, 서남해안 지역 해상풍력단지 건설 프로젝트의 전력 연계계통 해저케이블공사 사업에 진출을 추진하고 있음.

실적 분석
동사의 연결기준 2017년 2분기 누적 매출액은 전년동기 대비 20.8% 감소한 365.8억원을 기록하였음. 또한 원가율이 소폭 개선되면서 매출총이익 감소폭은 6.2%에 그침. 다만 판관비 부담이 증가하면서 영업이익은 9.4% 감소한 57.3억원을 시현하는데 그침. 비영업부문에선 금융손실이 발생하였으나 전체적으로 흑자 전환에 성공하였고 최종적으로 전년동기 대비 13.4% 증가한 51.5억원의 당기순이익을 기록하였음.

현금 흐름 *IFRS 별도 기준 〈단위 : 억원〉
항목	2016	2017.2Q
영업활동	101	184
투자활동	-85	-19
재무활동	-44	-95
순현금흐름	-29	71
기말현금	4	76

시장 대비 수익률

결산 실적 〈단위 : 억원〉
항목	2012	2013	2014	2015	2016	2017
매출액	689	826	767	664	840	—
영업이익	99	82	108	62	81	—
당기순이익	80	61	90	41	51	—

분기 실적 *IFRS 별도 기준 〈단위 : 억원〉
항목	2016.1Q	2016.2Q	2016.3Q	2016.4Q	2017.1Q	2017.2Q
매출액	249	212	190	187	130	236
영업이익	48	15	3	14	5	53
당기순이익	41	4	-2	13	13	38

재무 상태 *IFRS 별도 기준 〈단위 : 억원〉
항목	2012	2013	2014	2015	2016	2017.2Q
총자산	1,098	1,158	1,119	1,603	1,570	1,533
유형자산	719	661	655	1,322	1,285	1,239
무형자산	10	9	11	8	8	8
유가증권				3	3	3
총부채	250	274	165	635	556	477
총차입금	127	23		367	342	245
자본금	219	219	219	219	219	219
총자본	848	883	954	968	1,014	1,056
지배주주지분	848	883	954	968	1,014	1,056

기업가치 지표 *IFRS 별도 기준
항목	2012	2013	2014	2015	2016	2017.2Q
주가(최고/저)(천원)	3.4/2.3	5.2/2.4	7.2/3.8	6.3/3.8	6.2/4.5	—/—
PER(최고/저)(배)	10.4/6.9	20.0/9.3	18.3/9.5	33.8/20.3	26.9/19.5	—/—
PBR(최고/저)(배)	1.0/0.6	1.4/0.6	1.7/0.9	1.4/0.9	1.3/1.0	1.1/1.0
EV/EBITDA(배)	4.1		4.7		11.2	6.9
EPS(원)	363	281	412	189	235	235
BPS(원)	19,765	4,117	4,440	4,503	4,714	4,903
CFPS(원)	3,251	589	715	532	807	528
DPS(원)	500	117	120	50	50	
EBITDAPS(원)	3,698	682	795	625	941	554

재무 비율 〈단위 : % 〉
연도	영업이익률	순이익률	부채비율	차입금비율	ROA	ROE	유보율	자기자본비율	EBITDA마진율
2016	9.6	6.1	54.8	33.7	3.2	5.2	371.4	64.6	24.5
2015	9.3	6.2	65.6	38.0	3.1	4.3	350.3	60.4	20.6
2014	14.1	11.8	17.2	0.0	7.9	9.8	344.0	85.3	22.7
2013	9.9	7.4	31.1	2.6	5.5	7.1	311.7	76.3	18.1

케이티스 (A058860)
ktis

업 종 : 상업서비스		시 장 : 거래소	
신용등급 : (Bond) — (CP) —		기업규모 : 시가총액 소형주	
홈 페 이 지 : www.ktis.co.kr		연 락 처 : 02)3215-2058	
본 사 : 서울시 영등포구 여의대로 14, KT빌딩 10층			

설 립 일 2001.06.27	종 업 원 수 8,578명	대 표 이 사 박형출	
상 장 일 2010.12.17	감 사 의 견 적정 (삼일)	계 열	
결 산 기 12월	보 통 주 3,480만주	종속회사수	
액 면 가 500원	우 선 주	구 상 호	

주주구성 (지분율,%)
케이티	29.3
KB자산운용	4.5
(외국인)	4.9

출자관계 (지분율,%)
지엔텔(티이지엔씨피엔씨티정부솔루션주신푸디서비스)	18.1
케이티씨에스	11.6
케이티스포츠	6.0

주요경쟁사 (외형,%)
케이티스	100
쎄트렉아이	8
한국전자금융	49

매출구성
업무위탁용역수익	46.6
유통사업수익	24.7
컨택센터사업수익	17.0

비용구성
| 매출원가율 | 0.0 |
| 판관비율 | 97.0 |

수출비중
| 수출 | 0.0 |
| 내수 | 100.0 |

회사 개요
2001년 KT의 114번호안내서비스 사업이 분사하여 설립되었으며, KT고객센터, 114전화번호안내, 지역광고(우선번호안내서비스) 및 컨택센터, 유통사업 등을 영위함. 컨택센터 서비스 시장의 아웃소싱 총 시장규모는 10조원으로 추정됨. KT 유무선 신상품 판매 사업자로 유무선 모두 KT 가입자 기준 각각 약 1%의 시장 점유율을 보이고 있음. 외국인 대상 내국세 환급 사업인 KT TAX리펀드 서비스도 제공하고 있음.

실적 분석
동사의 2017년 상반기 매출액은 2,164.1억원으로 전년동기대비 2.3% 증가. 영업이익은 판관비 상승으로 전년동기대비 28.6% 감소한 50억원을 기록함. 114 번호안내 수요의 지속 감소 및 컨택센터 시장 경쟁심화와 함께 모바일 상품을 중심으로 한 유통사업의 부진이 외형 감소의 배경임. 외국인 관광객 대상 내국세 환급사업은 관광산업 활성화 및 이용률 증가로 이 부분의 지속적인 성장이 전망됨.

현금 흐름 *IFRS 별도 기준 〈단위 : 억원〉
항목	2016	2017.2Q
영업활동	69	141
투자활동	-135	169
재무활동	23	16
순현금흐름	-43	327
기말현금	145	472

결산 실적 〈단위 : 억원〉
항목	2012	2013	2014	2015	2016	2017
매출액	3,886	3,877	4,507	4,611	4,367	—
영업이익	205	172	81	62	132	—
당기순이익	183	138	94	150	100	—

분기 실적 *IFRS 별도 기준 〈단위 : 억원〉
항목	2016.1Q	2016.2Q	2016.3Q	2016.4Q	2017.1Q	2017.2Q
매출액	1,030	1,085	1,088	1,165	1,079	1,085
영업이익	49	21	39	23	35	15
당기순이익	37	20	20	22	29	14

재무 상태 *IFRS 별도 기준 〈단위 : 억원〉
항목	2012	2013	2014	2015	2016	2017.2Q
총자산	1,775	1,816	2,162	2,113	2,214	2,363
유형자산	61	37	46	572	576	583
무형자산	77	96	115	94	94	95
유가증권	105	151	177	174	141	135
총부채	532	500	683	555	641	773
총차입금	9	—	—	—	—	418
자본금	174	174	174	174	174	174
총자본	1,244	1,316	1,480	1,558	1,573	1,590
지배주주지분	1,244	1,316	1,480	1,558	1,573	1,590

기업가치 지표 *IFRS 별도 기준
항목	2012	2013	2014	2015	2016	2017.2Q
주가(최고/저)(천원)	3.0/2.0	4.9/2.9	5.0/3.2	8.3/3.1	5.1/3.4	—/—
PER(최고/저)(배)	6.5/4.4	13.6/7.9	19.9/12.8	20.0/7.4	18.3/12.1	—/—
PBR(최고/저)(배)	0.9/0.6	1.3/0.8	1.3/0.8	1.9/0.7	1.1/0.8	0.8/0.7
EV/EBITDA(배)	1.1	4.6	5.7	13.8	5.3	—
EPS(원)	525	397	270	432	287	124
BPS(원)	3,912	4,120	4,252	4,564	4,625	4,674
CFPS(원)	634	501	363	542	397	178
DPS(원)	100	120	120	100	80	—
EBITDAPS(원)	697	597	325	289	488	198

재무 비율 〈단위 : % 〉
연도	영업이익률	순이익률	부채비율	차입금비율	ROA	ROE	유보율	자기자본비율	EBITDA마진율
2016	3.0	2.3	40.8	0.0	4.6	6.4	825.1	71.1	3.9
2015	1.4	3.3	35.6	0.0	7.0	9.9	812.7	73.7	2.2
2014	1.8	2.1	46.1	0.0	4.7	6.7	750.4	68.4	2.5
2013	4.4	3.6	38.0	0.0	7.7	10.8	724.0	72.5	5.4

케이티스카이라이프 (A053210)
KT Skylife

업 종 : 미디어		시 장 : 거래소	
신용등급 : (Bond) AA- (CP) —		기업규모 : 시가총액 중형주	
홈 페 이 지 : www.ktskylife.co.kr		연 락 처 : 02)2003-3000	
본 사 : 서울시 마포구 매봉산로 75 DDMC 빌딩 8, 9층			

설 립 일 2001.01.12	종 업 원 수 328명	대 표 이 사 이남기	
상 장 일 2011.06.03	감 사 의 견 적정 (안진)	계 열	
결 산 기 12월	보 통 주 4,782만주	종속회사수 1개사	
액 면 가 2,500원	우 선 주	구 상 호	

주주구성 (지분율,%)
케이티	50.0
KBS한국방송	6.8
(외국인)	16.9

출자관계 (지분율,%)
스카이라이프티브이	77.7
케이티스포츠	18.0
엠비씨넷	10.0

주요경쟁사 (외형,%)
스카이라이프	100
에스엠	53
와이지엔터테인먼트	48

매출구성
| 서비스 용역 | 100.0 |

비용구성
| 매출원가율 | 0.0 |
| 판관비율 | 87.9 |

수출비중
| 수출 | 0.0 |
| 내수 | 100.0 |

회사 개요
동사는 디지털 기술을 기반으로 한 수백 개의 채널 서비스, 위성의 특징인 동시성과 광역성을 이용한 전국 동일 방송 실시, 쌍방향 커뮤니케이션을 통한 데이터방송 서비스, PPV 서비스, 전문 오디오 채널 서비스 등을 실시하는 다채널 디지털 위성방송국임. 2000년 12월 19일 위성방송 사업권을 획득한 이후 디지털 시장과 아날로그 시장 전체 기준 2017년 6월말 현재 33.57백만명의 가입자를 유지하고 있음.

실적 분석
동사의 2017년 연결기준 상반기 매출액은 3,299.6억원으로 전년동기 수준을 유지했으나 판관비 증가로 영업이익은 439.7억원을 기록하며 17.2% 감소. 비영업이익도 감소하며 당기순이익은 335.6억원을 기록하며 21.2%감소 함. 동사는 IPTV와의 경쟁 심화에 따라 수신료수익 감소가 이기도 했으나 오락전문 skyENT와 반려동물 채널인 skyPetpark, 문화예술중심의 skyA&C를 론칭하며 UHD채널 확대로 고객수요 충족노력.

현금 흐름 〈단위 : 억원〉
항목	2016	2017.2Q
영업활동	1,593	332
투자활동	-2,144	-396
재무활동	-166	-197
순현금흐름	-717	-261
기말현금	680	418

결산 실적 〈단위 : 억원〉
항목	2012	2013	2014	2015	2016	2017
매출액	5,665	6,234	6,528	6,610	6,651	—
영업이익	658	1,021	792	996	806	—
당기순이익	556	731	552	730	689	—

분기 실적 〈단위 : 억원〉
항목	2016.1Q	2016.2Q	2016.3Q	2016.4Q	2017.1Q	2017.2Q
매출액	1,576	1,722	1,710	1,642	1,622	1,678
영업이익	248	284	175	100	250	190
당기순이익	205	220	142	121	180	155

재무 상태 〈단위 : 억원〉
항목	2012	2013	2014	2015	2016	2017.2Q
총자산	6,373	6,822	6,830	7,113	7,779	7,442
유형자산	2,486	2,912	3,115	3,110	2,984	2,917
무형자산	549	567	582	643	647	669
유가증권	612	1,476	461	252	1,453	1,174
총부채	2,884	2,736	2,463	2,179	2,315	1,858
총차입금	868	864	837	646	639	640
자본금	1,195	1,196	1,196	1,196	1,196	1,196
총자본	3,489	4,086	4,367	4,934	5,465	5,584
지배주주지분	3,450	4,049	4,328	4,893	5,419	5,540

기업가치 지표 〈단위 : 억원〉
항목	2012	2013	2014	2015	2016	2017.2Q
주가(최고/저)(천원)	31.4/15.9	39.4/23.8	28.8/17.3	22.9/14.5	18.1/13.8	—/—
PER(최고/저)(배)	29.2/14.8	27.8/16.8	26.6/15.9	15.7/10.0	12.9/9.8	1.5/1.4
PBR(최고/저)(배)	4.8/2.4	5.0/3.0	3.3/2.0	2.3/1.5	1.6/1.2	—/—
EV/EBITDA(배)	11.7	7.6	4.3	3.7	3.8	—
EPS(원)	1,174	1,533	1,151	1,521	1,436	706
BPS(원)	7,220	8,589	9,207	10,388	11,488	11,742
CFPS(원)	2,511	3,065	2,937	3,527	3,504	1,738
DPS(원)	350	455	350	350	415	—
EBITDAPS(원)	2,717	3,668	3,441	4,089	3,754	1,951

재무 비율 〈단위 : % 〉
연도	영업이익률	순이익률	부채비율	차입금비율	ROA	ROE	유보율	자기자본비율	EBITDA마진율
2016	12.1	10.4	42.4	11.7	9.3	13.3	359.5	70.3	27.0
2015	15.1	11.0	44.2	13.1	10.5	15.8	315.5	69.4	29.6
2014	12.1	8.5	56.4	19.2	8.1	13.1	268.3	63.9	25.2
2013	16.4	11.7	67.0	21.1	11.1	19.6	243.6	59.9	28.1

케이티씨에스 (A058850)
ktcs

업　　종 : 상업서비스	시　　장 : 거래소
신용등급 : (Bond) —　　(CP) —	기업규모 : 시가총액 소형주
홈 페 이 지 : www.ktcs.co.kr	연 락 처 : 042)604-5133, 5134
본　　사 : 대전시 서구 갈마로 160 (괴정동)	

설 립 일 2001.07.02	종 업 원 수 9,742명	대 표 이 사 남규택	
상 장 일 2010.09.16	감 사 의 견 적정 (삼일)	계　　열	
결 산 기 12월	보 통 주 4,269만주	종속회사수	
액 면 가 500원	우 선 주	구 상 호	

주주구성 (지분율,%)
케이티스	11.6
케이티하이텔	11.3
(외국인)	6.9

출자관계 (지분율,%)
후후앤컴퍼니	100.0
케이티커머스	81.0
케이티스포츠	6.0

주요경쟁사 (외형,%)
KTcs	100
양지사	5
한국코퍼레이션	16

매출구성
B2B매출	51.0
고객서비스수익	21.5
유통사업수익	10.7

비용구성
매출원가율	0.0
판관비율	99.1

수출비중
수출	0.0
내수	100.0

회사 개요
동사는 2001년 6월 케이티의 114번호안내 서비스 사업이 분사해 설립됨. kt 컨택센터, 오픈마켓 컨택센터, 114사업, 유통사업 등을 주요사업으로 영위함. 2009년 10월 21일자로 사명을 '한국인포데이터 주식회사'에서 '주식회사 케이티씨에스'로 변경함. 동 시장은 금융, 병원 등을 중심으로 향후 5% 수준 지속 성장할 것으로 보임. 현재 컨택센터 시장점유율은 업계 5위권 수준으로 판단됨.

실적 분석
동사의 2017년 2분기기준 누적 매출액은 전년동기대비 4,134.9억원 대비 3.3% 하락한 3,998.5억원을 기록하였음. 인건비는 감소하였고 광고선전비는 증가 하였고 기타판매비와관리비는 감소함. 그에 따라 매출액 하락 등에 의해 전년동기대비 영업이익은 48.7억원으로 56.5% 상승하였음. 최종적으로 전년동기대비 당기순이익은 상승하여 42.4억원을 기록함.

현금 흐름 〈단위 : 억원〉
항목	2016	2017.2Q
영업활동	93	91
투자활동	-30	-22
재무활동	-43	-37
순현금흐름	20	32
기말현금	495	527

시장 대비 수익률

결산 실적 〈단위 : 억원〉
항목	2012	2013	2014	2015	2016	2017
매출액	3,842	3,962	5,947	10,658	9,537	
영업이익	207	179	177	164	88	
당기순이익	177	125	133	135	79	

분기 실적 〈단위 : 억원〉
항목	2016.1Q	2016.2Q	2016.3Q	2016.4Q	2017.1Q	2017.2Q
매출액	1,851	2,284	2,224	3,178	1,754	2,244
영업이익	3	28	9	48	10	39
당기순이익	7	27	12	33	6	37

재무 상태 〈단위 : 억원〉
항목	2012	2013	2014	2015	2016	2017.2Q
총자산	1,811	1,801	3,037	3,470	3,228	2,713
유형자산	144	133	157	186	188	186
무형자산	58	70	104	101	92	93
유가증권	189	116	114	145	74	63
총부채	585	572	1,562	1,944	1,666	1,159
총차입금	2	3	2	3	2	2
자본금	238	238	238	238	238	238
총자본	1,227	1,229	1,475	1,526	1,561	1,555
지배주주지분	1,227	1,229	1,433	1,474	1,507	1,504

기업가치 지표
항목	2012	2013	2014	2015	2016	2017.2Q
주가(최고/저)(천원)	2.0/1.6	3.3/1.9	3.2/2.3	4.4/2.5	3.2/2.2	—/—
PER(최고/저)(배)	6.2/5.0	13.9/7.8	12.1/8.6	16.2/9.3	18.2/12.9	—/—
PBR(최고/저)(배)	0.8/0.6	1.2/0.7	1.1/0.8	1.3/0.8	0.9/0.6	0.8/0.7
EV/EBITDA(배)	0.9	4.3	3.7	3.7	3.3	
EPS(원)	386	275	298	292	179	100
BPS(원)	2,983	3,077	3,357	3,531	3,608	3,601
CFPS(원)	414	309	363	388	273	144
DPS(원)	100	120	120	100	80	
EBITDAPS(원)	480	425	472	479	300	159

재무 비율 〈단위 : % 〉
연도	영업이익률	순이익률	부채비율	차입금비율	ROA	ROE	유보율	자기자본비율	EBITDA마진율
2016	0.9	0.8	106.7	0.1	2.4	5.1	546.0	48.4	1.3
2015	1.5	1.3	127.3	0.2	4.2	8.6	532.2	44.0	1.9
2014	3.0	2.2	105.9	0.1	5.5	9.7	501.0	48.6	3.4
2013	4.5	3.2	46.6	0.2	6.9	10.2	489.6	68.2	4.9

케이티앤지 (A033780)
KT&G

업　　종 : 담배	시　　장 : 거래소
신용등급 : (Bond) —　　(CP) —	기업규모 : 시가총액 대형주
홈 페 이 지 : www.ktng.com	연 락 처 : 042)939-5000
본　　사 : 대전시 대덕구 벚꽃길 71	

설 립 일 1987.04.01	종 업 원 수 4,084명	대 표 이 사 Baek,Bok-In	
상 장 일 1999.10.08	감 사 의 견 적정 (삼정)	계　　열	
결 산 기 12월	보 통 주 13,729만주	종속회사수 14개사	
액 면 가 5,000원	우 선 주	구 상 호	

주주구성 (지분율,%)
국민연금공단	9.1
중소기업은행	6.9
(외국인)	53.3

출자관계 (지분율,%)
한국인삼공사	100.0
케이지씨예본	100.0
상상스테이	100.0

주요경쟁사 (외형,%)
KT&G	100

매출구성
궐련(제조담배)-에쎄, 레종, 더원 등	90.0
분양수익	4.6
향캡슐 외	2.4

비용구성
매출원가율	39.9
판관비율	27.5

수출비중
수출	33.0
내수	67.0

회사 개요
동사는 1987년 4월 한국전매공사로 설립됐으며, 정부의 공기업 민영화 방침에 따라 민영화됨. 담배의 제조와 판매를 주사업으로 하고 있으며, 국내는 물론 중동/중앙아 및 러시아 등 60여개국에 수출을 하고 있음. 레종카페,라보르기니, 모히또 더블 등의 차별적인 제품 출시, 에쎄 센스의 슬림 담배 시장 성공적 런칭 등에 힘입어 국내 시장 점유율 59.5%로 1위를 유지하고 있음. 매출 비중은 담배 약 93.6%, 기타 6.4% 등으로 구성됨.

실적 분석
경고그림 의무화 및 궐련형 전자담배 출시 등 시장축소에도 불구하고 동사의 2017년 2분기기준 누적 매출액은 전년동기대비 7.4% 상승한 23,404.5억원을 기록하였음. 매출액의 상승에 힘입어 전년동기대비 영업이익은 7,819.1억원 대비 5.8% 상승하였음. 향후 새로운 시장 중심으로 판매량을 증가시키고 고가 제품을 활성화 시켜 수익이 점진적으로 성장할 것이라 기대하고 있음.

현금 흐름 〈단위 : 억원〉
항목	2016	2017.2Q
영업활동	14,978	1,913
투자활동	-7,026	5,036
재무활동	-4,884	-5,430
순현금흐름	3,046	1,481
기말현금	8,508	9,988

시장 대비 수익률

결산 실적 〈단위 : 억원〉
항목	2012	2013	2014	2015	2016	2017
매출액	39,847	38,217	41,129	41,698	45,033	—
영업이익	10,359	10,133	11,719	13,659	14,701	—
당기순이익	7,251	5,593	8,138	10,322	12,260	—

분기 실적 〈단위 : 억원〉
항목	2016.1Q	2016.2Q	2016.3Q	2016.4Q	2017.1Q	2017.2Q
매출액	10,913	10,881	12,202	11,036	11,787	11,617
영업이익	3,930	3,459	4,263	3,049	3,955	3,865
당기순이익	2,847	2,856	2,499	4,058	2,352	2,747

재무 상태 〈단위 : 억원〉
항목	2012	2013	2014	2015	2016	2017.2Q
총자산	67,960	70,750	74,187	86,734	98,126	91,640
유형자산	16,314	16,223	17,534	17,898	16,019	16,469
무형자산	2,468	2,326	1,549	1,054	1,049	1,027
유가증권	9,141	2,966	3,268	3,647	3,866	4,245
총부채	16,015	17,095	17,106	23,979	26,943	20,112
총차입금	2,044	2,183	2,809	3,363	2,621	1,649
자본금	9,550	9,550	9,550	9,550	9,550	9,550
총자본	51,944	53,655	57,081	62,755	71,183	71,527
지배주주지분	50,909	52,750	56,306	62,089	70,457	70,951

기업가치 지표
항목	2012	2013	2014	2015	2016	2017.2Q
주가(최고/저)(천원)	76.1/58.7	69.6/61.5	93.2/65.8	111/71.2	132/93.7	—/—
PER(최고/저)(배)	17.1/13.2	19.5/17.2	17.3/12.2	15.7/10.1	15.3/10.8	—/—
PBR(최고/저)(배)	2.3/1.8	2.0/1.8	2.4/1.7	2.5/1.6	2.6/1.8	2.2/1.8
EV/EBITDA(배)	8.5	8.0	7.3	8.5	7.2	—/—
EPS(원)	5,376	4,157	6,013	7,544	8,968	3,706
BPS(원)	39,550	40,891	43,481	47,679	53,709	54,069
CFPS(원)	6,675	5,448	7,194	8,723	10,120	4,280
DPS(원)	3,200	3,200	3,400	3,400	3,600	
EBITDAPS(원)	8,845	8,673	9,716	11,128	11,860	6,269

재무 비율 〈단위 : % 〉
연도	영업이익률	순이익률	부채비율	차입금비율	ROA	ROE	유보율	자기자본비율	EBITDA마진율
2016	32.7	27.2	37.9	3.7	13.3	18.6	672.2	72.5	36.2
2015	32.8	24.8	38.2	5.4	12.8	17.5	585.5	72.4	36.6
2014	28.5	19.8	30.0	4.9	11.2	15.1	525.1	76.9	32.4
2013	26.5	14.6	31.9	4.1	8.1	11.0	487.9	75.8	31.2

케이티하이텔 (A036030)
KT Hitel

업 종 : 인터넷 서비스		시 장 : KOSDAQ	
신용등급 : (Bond) — (CP) —		기업규모 : 우량	
홈 페 이 지 : www.kthcorp.com		연 락 처 : 1588-5668	
주 소 : 서울시 동작구 보라매로5길 23 삼성보라매옴니타워			

설 립 일 1991.12.09	종 업 원 수 694명	대 표 이 사 오세영
상 장 일 1999.12.16	감 사 의 견 적정(안진)	계 열
결 산 기 12월	보 통 주 3,572만주	종속회사수
액 면 가 1,000원	우 선 주	구 상 호

주주구성 (지분율,%)		출자관계 (지분율,%)		주요경쟁사 (외형,%)	
케이티	63.7	ISUkth콘텐츠투자조합	38.8	KTH	100
케이티스	3.4	케이티씨에스	11.3	NAVER	2,024
(외국인)	1.8	리틀빅픽쳐스	7.7	카카오	737

매출구성		비용구성		수출비중	
T-커머스(K쇼핑)	36.9	매출원가율	92.1	수출	—
ICT플랫폼	34.7	판관비율	4.8	내수	—
콘텐츠 유통	28.4				

회사 개요
동사는 1991년에 설립된 KT그룹 계열의 인터넷포탈 업체임. 주요 사업은 IPTV, 스마트TV, 아이패드 등 스마트디바이스 기반을 중심으로 영화, 영상, 교육 등의 컨텐츠를 제공하고 있으며 통화 연결음 '링고', GIS 등 KT그룹의 에코시스템 구축을 위한 플랫폼 및 영상사업을 영위하고 있음. 아울러 최근 국내 최초로 데이터방송 T커머스 채널 'K쇼핑'을 오픈하여 T커머스 시장을 선도하고 있음.

실적 분석
인터넷상의 최종 소비자층에서 발생되는 영화, 애니메이션 등의 컨텐츠 부문, K쇼핑의 T커머스 부문이 성장하여 동사의 2017년 2분기 누적 매출액은 1,092억원으로 전년동기 대비 19.7% 증가함. 최근에 T커머스 사업권을 보유한 사업자들이 증가함. 신규사업자의 유입은 오히려 T커머스를 홈쇼핑과 다른 새로운 산업으로 자리잡고 시장을 키우는데 긍정적인 자극을 줄 것으로 기대.

현금 흐름   *IFRS 별도 기준   〈단위 : 억원〉

항목	2016	2017.2Q
영업활동	290	60
투자활동	-332	-136
재무활동	—	—
순현금흐름	-42	-76
기말현금	295	219

시장 대비 수익률

결산 실적   〈단위 : 억원〉

항목	2012	2013	2014	2015	2016	2017
매출액	4,434	5,800	1,361	1,605	1,987	
영업이익	-52	70	69	53	63	
당기순이익	-89	36	122	73	43	

분기 실적   *IFRS 별도 기준   〈단위 : 억원〉

항목	2016.1Q	2016.2Q	2016.3Q	2016.4Q	2017.1Q	2017.2Q
매출액	443	470	472	603	544	548
영업이익	13	11	18	20	13	13
당기순이익	14	-10	13	26	5	12

재무 상태   *IFRS 별도 기준   〈단위 : 억원〉

항목	2012	2013	2014	2015	2016	2017.2Q
총자산	1,905	2,937	2,270	2,358	2,492	2,437
유형자산	212	184	167	163	172	171
무형자산	170	188	254	279	257	251
유가증권	686	752	634	290	290	326
총부채	316	1,026	314	339	469	389
총차입금						
자본금	345	357	357	357	357	357
총자본	1,589	1,910	1,956	2,018	2,023	2,048
지배주주지분	1,589	1,910	1,956	2,018	2,023	2,048

기업가치 지표   *IFRS 별도 기준

항목	2012	2013	2014	2015	2016	2017.2Q
주가(최고/저)(천원)	9.3/5.0	11.9/7.2	9.6/7.1	14.8/7.6	9.3/6.1	—/—
PER(최고/저)(배)	—/—	117.6/71.0	28.0/20.8	72.8/37.4	76.9/50.7	1.3/1.1
PBR(최고/저)(배)	2.0/1.1	2.2/1.3	1.8/1.3	2.6/1.3	1.6/1.1	1.1
EV/EBITDA(배)	38.4	13.7	8.3	8.0	5.0	—/—
EPS(원)	-306	101	342	203	120	59
BPS(원)	4,605	5,348	5,476	5,651	5,663	5,734
CFPS(원)	126	592	887	893	821	377
DPS(원)						
EBITDAPS(원)	217	553	739	840	875	383

재무 비율   〈단위 : % 〉

연도	영업이익률	순이익률	부채비율	차입금비율	ROA	ROE	유보율	자기자본비율	EBITDA마진율
2016	3.2	2.2	23.2	0.0	1.8	2.1	466.3	81.2	15.7
2015	3.3	4.5	16.8	0.0	3.1	3.7	465.1	85.6	18.7
2014	5.1	9.0	16.1	0.0	4.7	6.4	447.6	86.2	19.4
2013	1.2	0.6	53.7	0.0	1.3	1.9	425.3	65.1	4.2

케이프 (A064820)
CAPE INDUSTREIS

업 종 : 조선		시 장 : KOSDAQ	
신용등급 : (Bond) — (CP) —		기업규모 : 중견	
홈 페 이 지 : www.cape.co.kr		연 락 처 : 055/370-1234	
주 소 : 경남 양산시 상북면 양산대로 1303			

설 립 일 1983.12.26	종 업 원 수 130명	대 표 이 사 정형석
상 장 일 2007.05.29	감 사 의 견 적정(세림)	계 열
결 산 기 12월	보 통 주 2,290만주	종속회사수 10개사
액 면 가 500원	우 선 주	구 상 호 소셜미디어99

주주구성 (지분율,%)		출자관계 (지분율,%)		주요경쟁사 (외형,%)	
김종호	17.1	케이프인베스트먼트	100.0	케이프	100
백수영	9.6	소셜인어스	71.7	에스앤더블유	35
(외국인)	0.3	이니티움2016	28.4	인화정공	78

매출구성		비용구성		수출비중	
실린더 라이너	90.1	매출원가율	68.3	수출	30.0
창고 및 부지임대	6.8	판관비율	26.7	내수	70.0
기타 부산물 판매	2.2				

회사 개요
동사는 엔진 부품 대리점 사업을 목적으로 설립. 주요 사업은 신규선박에 장착되는 엔진의 실린더라이너 생산 및 교체용 실린더라이너를 생산하고 있음. 실린더라이너는 5~7년 주기로 교환을 필요로 하는 소모품이나 조선업황에 따라 영향을 많이 받는 구조임. 동사의 주요 종속회사인 LIG투자증권(주)은 금융업무 및 부수업무를 주요사업으로 하고 있음. 매출구성은 실린더 제조부문 100.0% 등으로 구성됨.

실적 분석
동사의 2017년 상반기 연결기준 매출액은 1,100.4억원으로 전년대비 10배 이상 증가하였음. 이에 따라 매출총이익 규모가 큰폭으로 증가했으며, 영업이익도 101.4억원으로 흑자전환함. 반면 이자비용과 환손실로 비영업손실 52.4억원을 기록하며 91.7% 감소. 조선 업황 불황으로 인해 선박 신규 발주 물량이 감소한 전년에 대한 기저효과 및 조선업 구조조정이 이어지며 개선흐름을 보이며 매출액이 크게 증가.

현금 흐름   〈단위 : 억원〉

항목	2016	2017.2Q
영업활동	301	-3,507
투자활동	-873	26
재무활동	754	3,917
순현금흐름	183	436
기말현금	220	656

시장 대비 수익률

결산 실적   〈단위 : 억원〉

항목	2012	2013	2014	2015	2016	2017
매출액	258	181	224	193	1,221	
영업이익	4	-44	-47	-34	61	
당기순이익	23	-150	2	-29	78	

분기 실적   〈단위 : 억원〉

항목	2016.1Q	2016.2Q	2016.3Q	2016.4Q	2017.1Q	2017.2Q
매출액	42	60	481	638	497	604
영업이익	-13	3	51	19	21	80
당기순이익	-16	329	59	-293	-4	30

재무 상태   〈단위 : 억원〉

항목	2012	2013	2014	2015	2016	2017.2Q
총자산	1,844	1,955	1,598	1,554	14,698	25,099
유형자산	790	749	722	688	935	938
무형자산	99	63	55	54	83	85
유가증권	261	274	75	87	9,992	9,929
총부채	796	1,051	686	664	13,079	23,416
총차입금	734	1,000	621	616	4,618	2,848
자본금	45	45	91	93	93	109
총자본	1,048	904	911	890	1,619	1,682
지배주주지분	1,035	891	906	887	1,254	1,315

기업가치 지표

항목	2012	2013	2014	2015	2016	2017.2Q
주가(최고/저)(천원)	3.5/2.0	2.6/1.9	2.5/1.6	4.1/1.7	3.9/1.9	—/—
PER(최고/저)(배)	24.8/14.4	—/—	78.3/51.6	—/—	10.3/5.0	0.6/0.4
PBR(최고/저)(배)	0.6/0.3	0.5/0.4	0.5/0.3	0.8/0.4	0.6/0.3	0.6/0.4
EV/EBITDA(배)	12.8			217.0		
EPS(원)	140	-819	32	-146	374	58
BPS(원)	11,678	10,079	5,040	4,876	6,856	6,081
CFPS(원)	745	-1,191	234	58	577	151
DPS(원)						
EBITDAPS(원)	512	-57	-56	21	533	556

재무 비율   〈단위 : % 〉

연도	영업이익률	순이익률	부채비율	차입금비율	ROA	ROE	유보율	자기자본비율	EBITDA마진율
2016	5.0	6.4	807.8	285.3	1.0	6.5	1,271.2	11.0	8.1
2015	-17.5	-15.2	74.6	69.2	-1.9	-3.0	875.1	57.3	2.0
2014	-21.1	0.7	75.3	68.1	0.1	0.7	908.0	57.0	-4.6
2013	-24.2	-83.3	116.3	110.6	-7.9	-15.1	1,915.9	46.2	-2.8

케이피에스 (A256940)
KPS

업 종 : 디스플레이 및 관련부품		시 장 : KOSDAQ	
신용등급 : (Bond) — (CP) —		기업규모 : 벤처	
홈페이지 : www.kpscorp.co.kr		연 락 처 : 031)8041-5400	
본 사 : 경기도 화성시 동탄면 동탄산단10길 52			

설 립 일	2000.09.04	종업원수	63명	대표이사	김정호
상 장 일	2016.12.21	감사의견	적정 (삼일)	계 열	
결 산 기	12월	보 통 주	427만주	종속회사수	
액 면 가	500원	우 선 주		구 상 호	

주주구성 (지분율,%)
송준호	17.6
김정호	10.3
(외국인)	0.3

출자관계 (지분율,%)
케이피에스	100
엘디티	44
디이엔티	259

매출구성
OLED 메탈 마스크 인장기	95.9
정밀 Stage	3.8
기타제품	0.2

비용구성
매출원가율	65.2
판관비율	19.3

수출비중
수출	61.0
내수	39.0

회사 개요
2000년 9월 설립된 동사는 산업용 자동화 장비의 설계, 제작, 설치 용역 등을 주요 사업으로 영위하고 있다. 동사는 디스플레이 패널업체를 대상으로 OLED(Organic Light Emitting Diode) 공정에서 유기물의 진공 증착 공정과 관련하여 모바일용 분할 메탈 마스크를 처짐이 없도록 프레임에 인장, 고정하는 장비를 개발 및 공급하는 사업을 진행 중.

실적 분석
동사의 2017년 상반기 연결기준 누적 매출액은 142억원으로 전년 동기 대비 338.3% 증가함. 매출이 큰 폭으로 늘면서 매출원가와 판관비도 늘었지만 매출증가에 따른 고정비용 감소효과로 인해 영업이익은 42.6억원으로 전년 동기 대비 큰 폭으로 늘어나며 흑자전환함. 비영업손익 부문에서 외환과 금융손실로 인해 적자를 기록했지만 영업이익 증가폭이 커 당기순이익은 25.4억원으로 흑자전환함.

현금 흐름 *IFRS 별도 기준
〈단위 : 억원〉
항목	2016	2017.2Q
영업활동	16	60
투자활동	-10	-28
재무활동	19	-42
순현금흐름	25	-11
기말현금	25	14

시장 대비 수익률

결산 실적
〈단위 : 억원〉
항목	2012	2013	2014	2015	2016	2017
매출액	—	71	109	86	175	
영업이익	—	-13	-9	-9	27	
당기순이익	—	-15	9	-9	26	

분기 실적 *IFRS 별도 기준
〈단위 : 억원〉
항목	2016.1Q	2016.2Q	2016.3Q	2016.4Q	2017.1Q	2017.2Q
매출액	—	—	—	—	—	47
영업이익	—	—	—	—	—	8
당기순이익	—	—	—	—	—	9

재무 상태 *IFRS 별도 기준
〈단위 : 억원〉
항목	2012	2013	2014	2015	2016	2017.2Q
총자산		96	125	129	271	255
유형자산		65	62	62	57	55
무형자산		4	8	8	7	7
유가증권			0	0	0	0
총부채		80	99	112	208	142
총차입금		63	63	85	143	77
자본금		12	12	12	15	16
총자본		16	26	17	62	113
지배주주지분		16	26	17	62	113

기업가치 지표 *IFRS 별도 기준
〈단위 : 천원〉
항목	2012	2013	2014	2015	2016	2017.2Q
주가(최고/저)(천원)	#VALUE!	—/—	—/—	—/—	—/—	—/—
PER(최고/저)(배)	0.0/0.0	0.0/0.0	0.0/0.0	0.0/0.0	8.9/6.8	—/—
PBR(최고/저)(배)	0.0/0.0	0.0/0.0	0.0/0.0	0.0/0.0	4.1/3.1	4.6/1.8
EV/EBITDA(배)	0.0		4.5		8.3	
EPS(원)		-620	232	-373	993	805
BPS(원)		681	1,057	684	2,137	3,582
CFPS(원)		-539	454	-20	1,428	905
DPS(원)						
EBITDAPS(원)		-449	582	-8	1,493	1,449

재무 비율
〈단위 : %〉
연도	영업이익률	순이익률	부채비율	차입금비율	ROA	ROE	유보율	자기자본비율	EBITDA마진율
2016	15.5	14.6	332.9	228.1	12.8	64.5	327.3	23.1	21.9
2015	-10.3	-10.6	672.5	510.6	-7.2	-42.8	36.8	13.0	-0.2
2014	8.0	5.1	383.3	245.7	5.0	26.5	111.3	20.7	12.8
2013	-17.8	-20.8	491.9	391.4	0.0	0.0	36.1	16.9	-15.1

케이피에프 (A024880)
Korea Parts & Fasteners

업 종 : 기계		시 장 : KOSDAQ	
신용등급 : (Bond) — (CP) —		기업규모 : 중견	
홈페이지 : www.kpf-global.com		연 락 처 : 031)8038-9700	
본 사 : 경기도 성남시 분당구 운중로 136 판교송현타워			

설 립 일	1963.10.31	종업원수	442명	대표이사	도성득
상 장 일	1994.12.29	감사의견	적정 (삼일)	계 열	
결 산 기	12월	보 통 주	1,489만주	종속회사수	3개사
액 면 가	500원	우 선 주		구 상 호	

주주구성 (지분율,%)
티엠씨	43.2
국민연금공단	4.0
(외국인)	0.4

출자관계 (지분율,%)
KNPENERGY	51.0
케이피에프글로벌	50.0
디에스정밀부품	40.0

주요경쟁사 (외형,%)
케이피에프	100
대경기계	56
비에이치아이	92

매출구성
제품(볼트,너트,단조품)	95.7
상품(볼트,너트,단조품)	2.4
임대료 등	1.9

비용구성
매출원가율	86.6
판관비율	9.0

수출비중
수출	57.0
내수	43.0

회사 개요
동사는 1963년 설립 이후 1994년 상장돼 코스닥 시장에서 거래되고 있다. 건설, 산업기계, 플랜트, 중장비 등에 쓰이는 산업용 화스너와 베어링부품, 기어류 등 자동차용 단조부품을 생산해 판매하는 사업을 영위하고 있음. 사업부별 매출은 화스너 47%, 자동차부품 53%로 구성됨. 베트남과 중국 등지에 자회사를 두고 있고, 미국, 독일, 중국 등엔 영업사무소를 보유하고 있음.

실적 분석
동사의 2017년 상반기 연결기준 매출액은 전년 동기 1,711.4억원 대비 7.4% 증가한 1,837.3억원을 시현함. 외형은 성장했으나 매출원가가 8.8% 증가하고 판매비와 관리비도 9.8%증가해 영업이익은 75.1억원을 시현하는 데 그침. 이는 전년 동기 93.5억원에서 19.7% 감소한 금액. 비영업부문 적자도 계속돼 당기순이익은 전년도 69.4억원에서 23.2% 축소된 53.3억원을 기록.

현금 흐름
〈단위 : 억원〉
항목	2016	2017.2Q
영업활동	178	7
투자활동	-11	-262
재무활동	45	125
순현금흐름	212	-131
기말현금	263	132

시장 대비 수익률

결산 실적
〈단위 : 억원〉
항목	2012	2013	2014	2015	2016	2017
매출액	3,083	3,176	3,137	3,291	3,402	
영업이익	128	165	103	166	147	
당기순이익	33	29	-234	110	44	

분기 실적
〈단위 : 억원〉
항목	2016.1Q	2016.2Q	2016.3Q	2016.4Q	2017.1Q	2017.2Q
매출액	825	886	811	880	915	922
영업이익	40	54	30	24	40	35
당기순이익	34	36	8	-33	25	28

재무 상태
〈단위 : 억원〉
항목	2012	2013	2014	2015	2016	2017.2Q
총자산	3,303	3,747	3,668	3,804	3,959	4,095
유형자산	1,201	1,354	1,361	1,376	1,370	1,252
무형자산	70	24	24	28	23	23
유가증권	33	174	157	313	2	633
총부채	1,842	2,250	2,428	2,537	2,637	2,770
총차입금	1,418	1,747	2,008	2,087	2,174	2,319
자본금	74	74	74	74	74	74
총자본	1,460	1,498	1,241	1,267	1,321	1,325
지배주주지분	1,460	1,498	1,241	1,267	1,321	1,325

기업가치 지표
〈단위 : 천원〉
항목	2012	2013	2014	2015	2016	2017.2Q
주가(최고/저)(천원)	10.2/5.5	9.8/5.2	6.1/3.1	4.9/3.3	5.2/3.4	—/—
PER(최고/저)(배)	42.3/22.9	56.9/30.1	—/—	7.0/4.7	18.1/11.6	—/—
PBR(최고/저)(배)	1.2/0.6	1.0/0.5	0.8/0.4	0.6/0.4	0.6/0.4	0.6/0.5
EV/EBITDA(배)	12.6	8.9	9.9	-8.1	8.0	
EPS(원)	274	193	-1,573	741	298	358
BPS(원)	9,923	10,173	8,433	8,619	9,053	9,218
CFPS(원)	885	792	-852	1,521	1,085	762
DPS(원)	150	120	100	150	150	
EBITDAPS(원)	1,684	1,708	1,415	1,895	1,775	909

재무 비율
〈단위 : %〉
연도	영업이익률	순이익률	부채비율	차입금비율	ROA	ROE	유보율	자기자본비율	EBITDA마진율
2016	4.3	1.3	199.6	164.5	1.1	3.4	1,710.5	33.4	7.8
2015	5.0	3.4	200.2	164.7	3.0	8.8	1,623.9	33.3	8.6
2014	3.3	-7.5	195.6	161.8	-6.3	-17.1	1,586.6	33.8	6.7
2013	5.2	0.9	150.2	116.7	0.8	1.9	1,934.7	40.0	8.0

케이피엑스그린케미칼 (A083420)
KPX Green Chemical

업 종 : 화학		시 장 : 거래소	
신용등급 : (Bond) — (CP) —		기업규모 : 시가총액 소형주	
홈 페 이 지 : www.kpxgc.com		연 락 처 : 041)661-5000	
주 소 : 충남 서산시 대산읍 독곶2로 103			

설 립 일	2003.01.01	종 업 원 수	142명	대 표 이 사	양준화
상 장 일	2005.10.20	감 사 의 견	적정 (서우)	계 열	
결 산 기	12월	보 통 주	2,000만주	종 속 회 사 수	
액 면 가	500원	우 선 주		구 상 호	

주주구성 (지분율,%)		출자관계 (지분율,%)		주요경쟁사 (외형,%)	
KPX홀딩스	23.8	KPX그린케미칼	100		
건덕상사	16.7	세우글로벌	17		
(외국인)	2.3	대정화금	25		

매출구성		비용구성		수출비중	
계면활성제 외 (제품)	99.3	매출원가율	94.6	수출	50.0
상품	0.7	판관비율	3.8	내수	50.0

회사 개요
동사는 비이온계면활성제인 Ethoxylates(EOA)와 Ethanolamines(ETA) 및 Polycarbonates 중간원료인 Dimethyl Carbonate(DMC)를 전문으로 생산하는 기능성 화학제품 제조회사임. EOA ETA는 콘크리트 혼화제에 주로 사용되는 계면활성제로 내진빌딩, 원자력발전소 등 시공 시 사용비중이 확대되고 있으며, DMC는 자동차 IT에 사용되는 PC의 원료임.

실적 분석
동사의 2017년 상반기 누적매출액은 1,230.5억원으로 전년동기대비 4% 증가함. 비용측면에서 매출원가와 판관비가 각각 4.2%, 3.7% 늘면서 영업이익은 전년동기보다 7.2% 감소한 16.3억원을 기록함. 동사는 다품종 소량 생산에 적합한 생산시설을 갖추고 있어 경쟁업체들이 생산하지 못하는 특수 Grade 제품에 대한 연구개발 집중을 통해 부가가치가 높은 특수 Grade의 비중을 지속적으로 확대하고 있음.

현금 흐름 *IFRS 별도 기준 〈단위 : 억원〉

항목	2016	2017.2Q
영업활동	155	41
투자활동	-88	-3
재무활동	-41	-17
순현금흐름	26	20
기말현금	57	77

시장 대비 수익률

결산 실적 〈단위 : 억원〉

항목	2012	2013	2014	2015	2016	2017
매출액	2,172	2,430	2,516	2,199	2,436	
영업이익	141	117	142	30	41	
당기순이익	117	107	130	35	24	

분기 실적 *IFRS 별도 기준

항목	2016.1Q	2016.2Q	2016.3Q	2016.4Q	2017.1Q	2017.2Q
매출액	585	598	615	638	625	606
영업이익	6	11	14	9	12	4
당기순이익	3	8	10	9	9	1

재무 상태 *IFRS 별도 기준 〈단위 : 억원〉

항목	2012	2013	2014	2015	2016	2017.2Q
총자산	1,587	1,621	1,964	2,186	2,064	2,033
유형자산	820	818	1,242	1,406	1,267	1,211
무형자산	14	32	46	58	57	54
유가증권	94	115	52	62	43	21
총부채	601	558	806	1,026	909	891
총차입금	230	140	312	545	535	540
자본금	100	100	100	100	100	100
총자본	986	1,062	1,158	1,159	1,155	1,142
지배주주지분	986	1,062	1,158	1,159	1,155	1,142

기업가치 지표 *IFRS 별도 기준

항목	2012	2013	2014	2015	2016	2017.2Q
주가(최고/저)(천원)	3.9/2.3	4.4/3.5	5.6/3.9	5.3/3.2	4.4/3.4	—/—
PER(최고/저)(배)	8.1/5.1	10.1/7.8	10.1/7.2	34.2/20.4	34.1/26.0	0.8/0.7
PBR(최고/저)(배)	1.0/0.6	1.0/0.8	1.1/0.8	1.0/0.6	0.9/0.7	—/—
EV/EBITDA(배)	4.3	3.9	4.9	6.6	5.6	—/—
EPS(원)	585	535	649	177	144	53
BPS(원)	4,928	5,311	5,791	5,797	5,775	5,711
CFPS(원)	1,024	1,026	1,246	917	1,061	525
DPS(원)	150	150	160	160	160	553
EBITDAPS(원)	1,142	1,077	1,307	892	1,120	

재무 비율 〈단위 : % 〉

연도	영업이익률	순이익률	부채비율	차입금비율	ROA	ROE	유보율	자기자본비율	EBITDA마진율
2016	1.7	1.2	78.7	46.3	1.4	2.5	1,055.0	56.0	9.2
2015	1.4	1.6	88.5	47.0	1.7	3.1	1,059.4	53.0	8.1
2014	5.7	5.2	69.6	27.0	7.2	11.7	1,058.2	59.0	10.4
2013	4.8	4.4	52.6	13.2	6.7	10.5	962.1	65.5	8.9

케이피엑스라이프사이언스 (A114450)
KPX LIFESCIENCE

업 종 : 제약		시 장 : KOSDAQ	
신용등급 : (Bond) — (CP) —		기업규모 : 중견	
홈 페 이 지 : www.kpxls.com		연 락 처 : 061)688-4600	
주 소 : 전남 여수시 여수산단2로 84 (화치동)			

설 립 일	2005.04.01	종 업 원 수	63명	대 표 이 사	양준영,최수동(각자대표이사)
상 장 일	2009.12.22	감 사 의 견	적정 (안진)	계 열	
결 산 기	12월	보 통 주	1,500만주	종 속 회 사 수	
액 면 가	500원	우 선 주		구 상 호	

주주구성 (지분율,%)		출자관계 (지분율,%)		주요경쟁사 (외형,%)	
KPX홀딩스	63.3	KPX생명과학	100		
최수동	0.1	녹원씨아이	9		
(외국인)	0.7	바이오씨앤디	0		

매출구성		비용구성		수출비중	
AMZ	42.2	매출원가율	82.9	수출	97.0
CCIM	17.0	판관비율	5.4	내수	3.0
기타	16.0				

회사 개요
동사는 원료의약 및 의약품 중간체 제조 부문의 사업을 영위하며 견고한 성장세를 유지하고 있음. 국내 최초로 피페라실린계 항생제의 중간체인 EDP-CL 을 개발하여 세계적인 제약회사에지난 17년간 지속적으로 공급하였으며, 합성공장으로서는 국내 최초로 미국 FDA 승인을 받음. 제품은 수출이 대부분을 차지하고 있으며, 주요제품으로는 AMZ, CCIM, EDP-CL이 있음.

실적 분석
주 매출원인 AMZ, CCIM 등의 수출확대로 동사의 2017년 상반기 매출액은 전년동기 대비 1% 증가한 214.2억원을 시현함. 외형 유지에도 원가부담이 늘면서 영업이익은 전년동기 대비 27.0% 감소한 20.7억원을 기록. 전년동기 대비 외환손실이 다소 감소했고, 금융수익이 늘면서 비영업수지는 크게 개선되었으나, 영업실적 부진으로 당기순이익은 전년동기 대비 4.7% 감소한 19.8억원에 그침.

현금 흐름 *IFRS 별도 기준 〈단위 : 억원〉

항목	2016	2017.2Q
영업활동	71	59
투자활동	-46	-31
재무활동	10	-38
순현금흐름	37	-11
기말현금	71	60

시장 대비 수익률

결산 실적 〈단위 : 억원〉

항목	2012	2013	2014	2015	2016	2017
매출액	542	345	371	455	433	
영업이익	31	-19	-18	55	50	
당기순이익	24	-13	-11	55	61	

분기 실적 *IFRS 별도 기준

항목	2016.1Q	2016.2Q	2016.3Q	2016.4Q	2017.1Q	2017.2Q
매출액	86	126	137	84	114	100
영업이익	11	18	16	5	19	2
당기순이익	10	11	15	19	17	3

재무 상태 *IFRS 별도 기준 〈단위 : 억원〉

항목	2012	2013	2014	2015	2016	2017.2Q
총자산	747	721	664	671	771	761
유형자산	291	356	336	313	293	294
무형자산	15	17	8	7	9	10
유가증권	130	114	71	121	65	85
총부채	139	200	149	103	154	123
총차입금	70	115	104	67	78	40
자본금	75	75	75	75	75	75
총자본	609	521	515	569	617	638
지배주주지분	609	521	515	569	617	638

기업가치 지표 *IFRS 별도 기준

항목	2012	2013	2014	2015	2016	2017.2Q
주가(최고/저)(천원)	3.9/2.3	5.1/3.0	3.5/2.5	5.0/2.4	8.2/3.9	—/—
PER(최고/저)(배)	27.0/16.7	—/—	14.2/6.9	28.0/13.3	1.2/1.0	
PBR(최고/저)(배)	1.1/0.7	1.5/0.9	1.0/0.8	1.3/0.7	2.0/1.0	—/—
EV/EBITDA(배)	7.3	60.5	43.3	7.2	6.2	—/—
EPS(원)	162	-87	-71	359	300	132
BPS(원)	4,058	3,474	3,435	3,793	4,111	4,252
CFPS(원)	383	95	105	558	528	244
DPS(원)	600			569	564	251
EBITDAPS(원)	431	55	54	569		

재무 비율 〈단위 : % 〉

연도	영업이익률	순이익률	부채비율	차입금비율	ROA	ROE	유보율	자기자본비율	EBITDA마진율
2016	11.6	10.4	25.0	12.7	6.3	7.6	722.2	80.0	19.5
2015	12.2	11.8	18.0	11.9	8.1	9.9	658.6	84.7	18.8
2014	-4.9	-2.9	28.9	20.1	-1.5	-2.1	587.1	77.6	2.2
2013	-5.6	-3.8	38.4	22.0	-1.8	-2.3	594.9	72.3	2.4

케이피엑스케미칼 (A025000)
KPX CHEMICAL

업 종 : 화학	시 장 : 거래소
신 용 등 급 : (Bond) — (CP) —	기업규모 : 시가총액 소형주
홈 페 이 지 : www.kpxchemical.com	연 락 처 : 02)2014-4000
본 사 : 서울시 마포구 마포대로 137 KPX빌딩 17층	

설 립 일	1974.07.01	종 업 원 수	295명
상 장 일	1994.12.27	대 표 이 사	양춘영,김문영(각자대표이사)
결 산 기	12월	감 사 의 견	적정 (안진)
액 면 가	5,000원	보 통 주	484만주
		우 선 주	

계 열 :
종속회사수 : 3개사
구 상 호 :

주주구성 (지분율,%)
KPX홀딩스	43.9
Toyota Tsusho Corporation	10.1
(외국인)	32.6

출자관계 (지분율,%)
KPX케미칼	100
후성	30
유니드	114

주요경쟁사 (외형,%)

매출구성
PPG, PU-RESIN, CHEMICAL	89.2
상품	10.8

비용구성
매출원가율	86.3
판관비율	6.9

수출비중
수출	—
내수	—

회사 개요
동사는 1974년 유기화학제품 및 화공약품의 제조와 판매 등을 주영업목적으로 설립됐으며, 폴리프로필렌글리콜과 전자재료의 제조 및 판매업을 목적사업으로 하고 있음. 주요 사업으로는 우레탄 사업, 전자재료 사업을 영위하고 있음. 전량 수입에 의존하던 폴리프로필렌글리콜을 최초로 국산화해 국내에 공급했으며, 시장점유율 1위를 고수하고 있음. 내수와 수출의 비율은 61:38 정도임.

실적 분석
동사의 2017년 상반기 누적 매출액은 3,423.1억원으로 전년동기대비 11.6% 증가함. 하지만 매출원가가 16.1%, 판관비가 14.6% 늘면서 영업이익은 전년동기보다 34% 감소한 176.4억원을 기록함. 비영업손익은 3.1억원으로 24.2억원으로 증가했으나, 당기순이익은 전년동기대비 26.6% 감소한 150억원을 기록함. 최근 불에 잘타지 않는 난연성 판넬용 POLYOL을 개발하여 상업화하였고, 환경친화제품 개발에 박차를 가하고 있음.

현금 흐름 〈단위 : 억원〉
항목	2016	2017.2Q
영업활동	636	153
투자활동	-120	-27
재무활동	-196	-80
순현금흐름	325	34
기말현금	623	657

시장 대비 수익률

결산 실적 〈단위 : 억원〉
항목	2012	2013	2014	2015	2016	2017
매출액	7,620	7,815	8,267	7,439	6,474	—
영업이익	473	335	451	488	443	—
당기순이익	370	255	409	356	341	—

분기 실적 〈단위 : 억원〉
항목	2016.1Q	2016.2Q	2016.3Q	2016.4Q	2017.1Q	2017.2Q
매출액	1,387	1,679	1,609	1,798	1,712	1,712
영업이익	130	137	97	78	84	92
당기순이익	98	106	88	48	63	87

재무 상태 〈단위 : 억원〉
항목	2012	2013	2014	2015	2016	2017.2Q
총자산	4,504	4,717	5,121	5,076	5,320	5,383
유형자산	1,003	1,003	1,088	1,247	1,308	1,371
무형자산	38	149	156	87	64	63
유가증권	794	1,130	1,122	1,172	1,097	1,031
총부채	1,132	1,224	1,296	1,010	1,020	1,055
총차입금	358	474	522	412	316	359
자본금	242	242	242	242	242	242
총자본	3,372	3,492	3,825	4,066	4,300	4,328
지배주주지분	3,323	3,441	3,764	3,985	4,216	4,241

기업가치 지표
항목	2012	2013	2014	2015	2016	2017.2Q
주가(최고/저)(천원)	49.7/37.3	67.0/38.9	62.0/50.8	58.7/44.5	65.2/42.1	—/—
PER(최고/저)(배)	7.9/5.9	14.7/8.5	8.4/6.8	9.1/6.8	9.9/6.5	—/—
PBR(최고/저)(배)	0.9/0.7	1.1/0.6	0.9/0.7	0.8/0.6	0.8/0.5	0.8/0.7
EV/EBITDA(배)	3.0	6.3	3.9	2.7	2.9	
EPS(원)	7,603	5,190	8,243	6,968	6,782	2,986
BPS(원)	68,667	71,094	77,767	82,337	87,108	88,694
CFPS(원)	9,848	7,504	10,558	10,345	9,967	4,525
DPS(원)	3,000	1,500	1,750	1,750	2,000	—
EBITDAPS(원)	12,025	9,225	11,642	13,468	12,336	5,183

재무 비율 〈단위 : % 〉
연도	영업이익률	순이익률	부채비율	차입금비율	ROA	ROE	유보율	자기자본비율	EBITDA마진율
2016	6.8	5.3	23.7	7.4	6.6	8.0	1,642.2	80.8	9.2
2015	6.6	4.8	24.8	10.1	7.0	8.7	1,546.7	80.1	8.8
2014	5.5	5.0	33.9	13.6	8.3	11.1	1,455.4	74.7	6.8
2013	4.3	3.3	35.1	13.6	5.5	7.4	1,321.9	74.1	5.7

케이피엑스홀딩스 (A092230)
KPX Holdings

업 종 : 화학	시 장 : 거래소
신 용 등 급 : (Bond) — (CP) —	기업규모 : 시가총액 소형주
홈 페 이 지 : www.kpxholdings.com	연 락 처 : 02)2014-4150
본 사 : 서울시 마포구 마포대로 137 (공덕동) KPX빌딩 19층	

설 립 일	2006.09.01	종 업 원 수	14명
상 장 일	2006.10.12	대 표 이 사	양규모,양준영
결 산 기	12월	감 사 의 견	적정 (안진)
액 면 가	5,000원	보 통 주	422만주
		우 선 주	

계 열 :
종속회사수 : 8개사
구 상 호 :

주주구성 (지분율,%)
Toyota Tsusho Corporation	24.9
양규모	19.6
(외국인)	31.5

출자관계 (지분율,%)
KPX글로벌	100.0
KPX개발	100.0
KPX라이프사이언스	63.3

주요경쟁사 (외형,%)
KPX홀딩스	100
후성	20
유니드	79

매출구성
PPG, PU RESIN, CHEMICAL	61.8
계면활성제 등	25.9
상품	7.5

비용구성
매출원가율	88.1
판관비율	6.0

수출비중
수출	—
내수	—

회사 개요
동사는 2006년 9월 한국폴리올, 한국회인케미칼의 투자사업 부분을 각각 분할 합병하여 설립된 지주회사로 KPX케미칼, KPX화인케미칼, KPX그린케미칼, KPX라이프사이언스, 진양홀딩스 등 4개 상장회사와 KPX개발, KPX인더스트리 등 2개 비상장회사의 사업내용을 지배하는 것을 주된 사업으로 하고 있음. 주력 분야인 우레탄사업 외 사업포트폴리오를 친환경케미칼, 엔지니어링 플라스틱, 의약품 중간재 등으로 다각화하고 있음.

실적 분석
동사의 2017년 상반기 연결기준 누적매출액은 4,885.2억원으로 전년동기대비 9.1% 증가함. 영업이익은 전년동기보다 30% 줄어든 231.3억원을 기록함. 종속회사인 KPX CHEMICAL(NANJING)과 2006년 12월 기술계약 체결, 동사가 보유한 우레탄용 포리올의 제조와 응용에 관한 노하우를 통한 매출액의 일정 부분을 로열티 수입으로 얻음.

현금 흐름 〈단위 : 억원〉
항목	2016	2017.2Q
영업활동	1,003	305
투자활동	-367	-18
재무활동	-206	-143
순현금흐름	439	132
기말현금	880	1,012

시장 대비 수익률

결산 실적 〈단위 : 억원〉
항목	2012	2013	2014	2015	2016	2017
매출액	13,190	10,521	11,067	10,140	9,376	—
영업이익	577	483	612	615	558	—
당기순이익	428	62	381	615	534	—

분기 실적 〈단위 : 억원〉
항목	2016.1Q	2016.2Q	2016.3Q	2016.4Q	2017.1Q	2017.2Q
매출액	2,068	2,410	2,371	2,528	2,458	2,427
영업이익	155	175	133	95	124	108
당기순이익	130	195	120	89	110	129

재무 상태 〈단위 : 억원〉
항목	2012	2013	2014	2015	2016	2017.2Q
총자산	12,249	11,802	11,540	11,712	12,099	12,150
유형자산	3,683	3,595	3,327	3,644	3,661	3,683
무형자산	129	234	241	185	165	161
유가증권	2,025	2,253	2,330	2,411	2,169	2,048
총부채	3,406	3,209	2,952	2,726	2,736	2,688
총차입금	1,468	1,410	1,442	1,559	1,517	1,491
자본금	211	211	211	211	211	211
총자본	8,843	8,593	8,588	8,986	9,362	9,461
지배주주지분	5,197	5,166	5,378	5,570	5,779	5,860

기업가치 지표
항목	2012	2013	2014	2015	2016	2017.2Q
주가(최고/저)(천원)	37.7/32.5	45.1/33.2	75.9/39.9	79.8/54.1	65.9/52.1	—/—
PER(최고/저)(배)	10.6/9.2	32.3/24.0	12.8/6.8	10.7/7.2	9.7/7.8	—/—
PBR(최고/저)(배)	0.4/0.3	0.4/0.3	0.7/0.3	0.4/0.4	0.5/0.4	0.5/0.4
EV/EBITDA(배)	5.1	6.0	5.8	5.4	5.1	
EPS(원)	4,321	1,605	6,493	8,050	7,000	3,168
BPS(원)	124,443	123,691	128,703	133,251	138,216	140,127
CFPS(원)	12,618	10,184	14,806	16,438	16,216	7,870
DPS(원)	2,500	2,050	2,100	2,100	2,100	—
EBITDAPS(원)	21,954	20,006	22,799	22,953	22,427	10,177

재무 비율 〈단위 : % 〉
연도	영업이익률	순이익률	부채비율	차입금비율	ROA	ROE	유보율	자기자본비율	EBITDA마진율
2016	6.0	5.7	29.2	16.2	4.5	5.2	2,664.3	77.4	10.1
2015	6.1	6.1	30.3	17.4	5.3	6.2	2,565.0	76.7	9.6
2014	5.5	3.4	34.4	16.8	3.3	5.2	2,474.1	74.4	8.7
2013	4.6	0.6	37.4	16.4	0.5	1.3	2,373.8	72.8	8.0

케이피엠테크 (A042040)
KPMTECH

업 종 : 화학		시 장 : KOSDAQ
신용등급 : (Bond) B- (CP) —		기업규모 : 중견
홈 페 이 지 : www.kpmtech.co.kr		연 락 처 : 031)489-4100
본 사 : 경기도 안산시 단원구 산단로 163번길 122		

설 립 일 1978.12.28	종 업 원 수 81명	대 표 이 사 이청균	
상 장 일 2002.12.20	감 사 의 견 적정 (신정)	계 열	
결 산 기 12월	보 통 주 6,374만주	종속회사수 2개사	
액 면 가 100원	우 선 주	구 상 호	

주주구성 (지분율,%)		출자관계 (지분율,%)		주요경쟁사 (외형,%)	
텔콘홀딩스	21.5	케이피엠인베스트먼트	100.0	케이피엠테크	100
텔콘	21.2	하나켐텍	100.0	바이온	127
(외국인)	0.2	중원제약	21.7	리켐	162

매출구성		비용구성		수출비중	
[제품]PCB 도금장치,ABS 도금장치	48.7	매출원가율	97.1	수출	43.0
[제품]PCB 약품,기능성도금,약품 및 일반장식약	38.0	판관비율	20.5	내수	57.0
[상품]PCB 약품,기능성도금,약품 및 일반장식약	13.2				

회사 개요
동사는 주로 수입에 의존하던 도금약품의 국산화를 목적으로 1978년 설립된 기업으로, 도금화학약품 및 전자동 도금장치의 약품 및 도금설비 기계장치 생산을 주요사업으로 영위함. 또한 신규사업인 항균섬유산업 그리고 반도체(TSV)산업도 시작함. 동사는 국내 표면처리업계에서는 최고의 위치를 유지하고 있으며, 세계시장에서는 일본, 독일, 대만 업체들과 경쟁하고 있음. 가격 및 품질에 따른 국내시장 점유율은 더욱 증가할 것으로 예상됨.

실적 분석
동사의 2017년 상반기 연결기준 누적매출액은 167.6억원으로 전년동기 대비 41.4% 증가함. 매출확대와 함께 매출원가와 판관비가 전년동기보다 각각 25.5%, 105.6% 늘면서 영업손실은 20.1억원으로 적자지속함. 비영업손실이 1.3억원으로 31.6억원으로 증가하면서 당기순손실도 42.2억원으로 적자폭이 늘어남. 나노공정 개발 5년만에 살균 기능의 반영구적인 항균 방취 공정을 개발해 향후 성장성이 기대됨.

현금 흐름 〈단위 : 억원〉

항목	2016	2017.2Q
영업활동	-56	-6
투자활동	-346	-223
재무활동	509	151
순현금흐름	104	-79
기말현금	113	34

시장 대비 수익률

결산 실적 〈단위 : 억원〉

항목	2012	2013	2014	2015	2016	2017
매출액	487	209	391	481	219	—
영업이익	-106	-82	26	-21	-39	—
당기순이익	-209	-135	40	20	-31	—

분기 실적 〈단위 : 억원〉

항목	2016.1Q	2016.2Q	2016.3Q	2016.4Q	2017.1Q	2017.2Q
매출액	44	75	32	68	66	102
영업이익	-8	-13	-13	-5	-18	-2
당기순이익	-8	-14	1	-10	-23	-19

재무 상태 〈단위 : 억원〉

항목	2012	2013	2014	2015	2016	2017.2Q
총자산	852	370	505	355	833	920
유형자산	324	153	141	134	128	124
무형자산	17	9	4	1	1	1
유가증권	1	0	0	0	383	612
총부채	846	350	439	271	369	463
총차입금	603	251	204	199	266	396
자본금	71	24	40	40	56	56
총자본	5	20	66	84	464	457
지배주주지분	5	23	70	89	464	457

기업가치 지표

항목	2012	2013	2014	2015	2016	2017.2Q
주가(최고/저)(천원)	14.2/5.9	9.8/1.7	2.5/1.7	9.1/1.8	21.8/4.2	—/—
PER(최고/저)(배)	—/—	—/—	4.6/3.0	35.2/7.0	—/—	—/—
PBR(최고/저)(배)	18.1/7.5	20.3/3.5	2.9/1.9	8.2/1.6	5.2/1.0	3.7/3.0
EV/EBITDA(배)			6.3			
EPS(원)	-882	-568	109	52	-69	-76
BPS(원)	262	486	873	1,107	4,176	812
CFPS(원)	-1,171	-2,170	750	413	-243	-68
DPS(원)	—	—	—	—	—	—
EBITDAPS(원)	-447	-1,052	559	-111	-335	-28

재무 비율 〈단위 : % 〉

연도	영업이익률	순이익률	부채비율	차입금비율	ROA	ROE	유보율	자기자본비율	EBITDA마진율
2016	-17.6	-13.9	79.6	57.3	-5.1	-11.1	735.2	55.7	-13.5
2015	-4.4	4.2	322.9	237.3	4.6	26.1	121.4	23.7	-1.8
2014	6.6	10.2	665.3	309.3	9.1	85.9	74.6	13.1	10.5
2013	-39.3	-64.8	일부잠식	일부잠식	-22.2	-949.7	-2.8	5.3	-24.0

케이피티유 (A054410)
Korea Plasma Technology U

업 종 : 금속 및 광물		시 장 : KOSDAQ
신용등급 : (Bond) — (CP) —		기업규모 : 벤처
홈 페 이 지 : www.kpt4u.com		연 락 처 : 031)831-3000
본 사 : 경기도 화성시 정남면 괘랑2길 1		

설 립 일 1995.08.09	종 업 원 수 56명	대 표 이 사 임훈	
상 장 일 2002.04.25	감 사 의 견 적정 (신성)	계 열	
결 산 기 12월	보 통 주 506만주	종속회사수 1개사	
액 면 가 500원	우 선 주	구 상 호	

주주구성 (지분율,%)		출자관계 (지분율,%)		주요경쟁사 (외형,%)	
알루텍	50.4	알루코	19.6	케이피티	100
이원준	4.9			포스링크	39
(외국인)	1.0			피제이메탈	466

매출구성		비용구성		수출비중	
기타	40.8	매출원가율	85.2	수출	10.0
열처리(제품)	22.6	판관비율	11.4	내수	90.0
압출금형가공(제품)	19.9				

회사 개요
동사는 금속의 열처리 및 표면처리 사업을 주업종으로, 압출금형 및 프레스금형 제작, LCD 패널 생산, 공구강 및 건축자재 등의 판매 사업을 영위함. 1988년 12월 30일 금형열처리업 영위를 목적으로 개인기업 '장안종합열처리'를 개업한 후, 1995년 8월 9일 법인전환하였음. 관계사인 동양강철, 현대알미늄비나가 주요 매출처임. '동양강철', '고강알루미늄' 등 13의 계열회사를 보유하고 있음.

실적 분석
동업계는 철계 및 비철계를 포함하는 모든 금속을 취급하는 업종이 연계되어 있음으로 일부 업종의 경기침체현상에 따라 매출변동이 심각하게 나타나는 타업계와는 달리 꾸준한 매출을 유지할 수 있는 것이 본업계의 특징임. 동사의 2017년 반기 매출액은 전년동기 3.9% 증가한 110.9억원이며 원가 및 판관비 상승으로 인하여 영업이익은 소폭 감소한 5.8억원을 시현함. 비영업손익이 증가하면서 순이익은 19.7% 증가한 39.3억원임.

현금 흐름 〈단위 : 억원〉

항목	2016	2017.2Q
영업활동	39	11
투자활동	19	-65
재무활동	-34	33
순현금흐름	24	-22
기말현금	26	4

시장 대비 수익률

결산 실적 〈단위 : 억원〉

항목	2012	2013	2014	2015	2016	2017
매출액	170	220	202	224	213	—
영업이익	15	18	12	18	7	—
당기순이익	-19	4	25	48	37	—

분기 실적 〈단위 : 억원〉

항목	2016.1Q	2016.2Q	2016.3Q	2016.4Q	2017.1Q	2017.2Q
매출액	52	55	—	—	56	55
영업이익	2	4	—	—	2	4
당기순이익	14	18	—	—	26	13

재무 상태 〈단위 : 억원〉

항목	2012	2013	2014	2015	2016	2017.2Q
총자산	501	539	580	570	595	665
유형자산	85	96	110	108	114	143
무형자산	0	0	0	0	1	1
유가증권	0	0	0	0	0	0
총부채	288	320	358	314	311	347
총차입금	210	243	270	232	209	246
자본금	25	25	25	25	25	25
총자본	213	219	222	256	284	318
지배주주지분	213	219	222	256	284	317

기업가치 지표

항목	2012	2013	2014	2015	2016	2017.2Q
주가(최고/저)(천원)	5.4/2.4	4.8/2.6	3.4/2.4	14.8/2.5	11.3/7.7	—/—
PER(최고/저)(배)	—/—	62.3/33.4	6.8/4.8	15.9/2.7	15.6/10.6	—/—
PBR(최고/저)(배)	1.3/0.6	1.1/0.6	0.8/0.5	3.0/0.5	2.0/1.4	2.0/1.1
EV/EBITDA(배)	15.0	14.3	19.5	31.9	48.7	
EPS(원)	-372	77	503	942	731	775
BPS(원)	4,204	4,336	4,397	5,055	5,617	6,259
CFPS(원)	-273	159	613	1,071	851	846
DPS(원)	—	—	—	50	50	—
EBITDAPS(원)	390	437	338	478	263	186

재무 비율 〈단위 : % 〉

연도	영업이익률	순이익률	부채비율	차입금비율	ROA	ROE	유보율	자기자본비율	EBITDA마진율
2016	3.4	17.4	109.3	73.4	6.4	13.7	1,023.5	47.8	6.2
2015	7.9	21.3	122.7	90.8	8.3	19.9	911.0	44.9	10.8
2014	5.7	12.6	160.8	121.4	4.6	11.5	779.3	38.4	8.5
2013	8.2	1.8	145.9	110.7	0.8	1.8	767.2	40.7	10.0

켐온 (A217600)
CHEMON

업 종 : 바이오		시 장 : KOSDAQ	
신용등급 : (Bond) — (CP) —		기업규모 : 중견	
홈페이지 : www.chemon.co.kr		연 락 처 : 031)888-6634	
본 사 : 경기도 수원시 영통구 광교로 147 경기바이오센타			

설 립 일 2015.03.26	종 업 원 수 138명	대 표 이 사 송시환	
상 장 일 2015.06.26	감 사 의 견 적정 (한길)	계 열	
결 산 월 12월	보 통 주 6,236만주	종속회사수	
액 면 가 100원	우 선 주	구 상 호 이베스트스팩2호	

주주구성 (지분율,%)
코아스템	54.3
송시환	1.8
(외국인)	0.0

출자관계 (지분율,%)
켐온	100
바이오톡스텍	152
팬젠	10

주요경쟁사 (외형,%)

매출구성

비용구성
매출원가율	67.8
판관비율	18.3

수출비중
수출	0.0
내수	100.0

회사 개요
동사는 줄기세포 바이오벤처 코아스템의 계열사로 17년 3월 스팩기업에서 제조업으로 합병 신규상장한 기업임. 2000년 창업 당시 비임상시험 대행 뿐 아니라 신약연구개발 경험을 살려 임상시험 전략 수립. 비임상CRO 전문기관으로 전방산업인 생명공학산업(제약/바이오산업 등) 시장의 성장과 연관성이 높음. 주요 고객은 제약사, 바이오벤처, 그외 대학 및 병원 등으로 이루어져있음. 제약사의 신약개발에 따른 용역의뢰가 매출의 큰 부분을 차지하고 있음.

실적 분석
동사의 2017년도 2분기 연결기준 매출액은 86.9억원으로 전년대비 18.2% 증가. 영업이익 또한 13.2억원을 기록하여 전년대비 38.6% 증가함. 다만 당기순손실은 8.1억원으로 적자전환. 동사 주요 매출 부문은 비임상이며 안전성, 유효성, 기타로 구분할 수 있음. 이중 안전성이 약 88.8% 정도 비율을 차지하고 있으며, 향후 유효성 평가 시장을 확대할 예정임.

현금 흐름 *IFRS 별도 기준 〈단위 : 억원〉
항목	2016	2017.2Q
영업활동	25	-17
투자활동	-107	-25
재무활동	112	-0
순현금흐름	31	-42
기말현금	74	32

결산 실적 〈단위 : 억원〉
항목	2012	2013	2014	2015	2016	2017
매출액	—	—	133	146	154	—
영업이익	—	—	21	31	21	—
당기순이익	—	—	16	25	17	—

분기 실적 *IFRS 별도 기준 〈단위 : 억원〉
항목	2016.1Q	2016.2Q	2016.3Q	2016.4Q	2017.1Q	2017.2Q
매출액	34	40	—	—	44	43
영업이익	7	3	—	—	9	4
당기순이익	5	2	—	—	-8	-0

재무 상태 *IFRS 별도 기준 〈단위 : 억원〉
항목	2012	2013	2014	2015	2016	2017.2Q
총자산			153	185	312	399
유형자산			86	88	130	172
무형자산			1	1	1	2
유가증권						
총부채			49	56	45	61
총차입금						11
자본금			35	36	43	62
총자본			104	130	268	338
지배주주지분			104	130	268	338

기업가치 지표 *IFRS 별도 기준
항목	2012	2013	2014	2015	2016	2017.2Q
주가(최고/저)(천원)	—/—	—/—	—/—	2.3/2.0	2.0/1.9	—/—
PER(최고/저)(배)	0.0/0.0	0.0/0.0	0.0/0.0	46.4/40.7	66.5/64.0	—/—
PBR(최고/저)(배)	0.0/0.0	0.0/0.0	0.0/0.0	9.0/7.9	4.7/4.5	3.5/2.3
EV/EBITDA(배)	0.0	0.0		2.5	0.3	
EPS(원)	—	—	30	49	30	-13
BPS(원)	—	—	1,466	1,824	3,135	657
CFPS(원)	—	—	315	465	331	-5
DPS(원)	—	—				
EBITDAPS(원)	—	—	391	548	385	29

재무 비율 〈단위 : %〉
연도	영업이익률	순이익률	부채비율	차입금비율	ROA	ROE	유보율	자기자본비율	EBITDA마진율
2016	13.9	11.2	16.7	0.0	6.9	8.7	527.0	85.7	19.4
2015	21.3	17.3	42.8	0.0	14.9	21.6	264.8	70.0	26.7
2014	15.8	11.7	47.0	0.0		19.3	193.3	68.0	20.9
2013	0.0	0.0	0.0	0.0	0.0	0.0	0.0	0.0	0.0

켐트로닉스 (A089010)
Chemtronics

업 종 : 화학		시 장 : KOSDAQ	
신용등급 : (Bond) — (CP) —		기업규모 : 중견	
홈페이지 : www.chemtronics.co.kr		연 락 처 : 044)868-3011	
본 사 : 세종시 전동면 배일길 31			

설 립 일 1997.04.01	종 업 원 수 310명	대 표 이 사 김보균	
상 장 일 2007.01.17	감 사 의 견 적정 (대성)	계 열	
결 산 월 12월	보 통 주 1,243만주	종속회사수 7개사	
액 면 가 500원	우 선 주	구 상 호	

주주구성 (지분율,%)
김보균	15.9
김응수	5.4
(외국인)	4.2

출자관계 (지분율,%)
협진전선	100.0
에이치에스솔라	60.0
CHEMTROVINA	100.0

주요경쟁사 (외형,%)
켐트로닉스	100
동남합성	42
엔피케이	27

매출구성
Glycol류, TG(제품)	45.2
PBA, 하네스, 무선충전(제품)	31.0
Solvent류(상품)	22.3

비용구성
매출원가율	91.3
판관비율	8.4

수출비중
수출	51.0
내수	49.0

회사 개요
동사는 터치센서IC, 터치보드, EMC를 생산하는 전자사업, 공업용 유기화학 Solvent를 생산하는 화학사업의 2가지 사업부문을 영위하는 업체임. 다양하고 안정적인 사업 포트폴리오를 통해 삼성전자, LG전자, 동진쎄미켐, KCC, 삼화페인트 등 글로벌 우량회사를 주요 고객사로 보유하고 있으며, 천진협진전자, 에이치에스솔라 등 6개의 종속회사를 보유 중임. 무선충전 관련 제품을 통한 성장을 모색하고 있음.

실적 분석
동사의 2017년 상반기 매출액은 1,359.3억원으로 전년동기 대비 13.9% 증가함. 외형 확대에도 원가 및 판관비 부담이 늘면서 영업이익은 84.8억원의 손실을 시현하며 적자 시현함. 당기순이익 역시 91.6억원의 손실을 시현하며 적자지속. 영업실적의 부진은 중국 법인 채권 대손상각 30억원, 재고자산 평가손실 80억원 등 일회성 비용이 반영된 것에 기인함. 각국 사업부와 베트남 LED 부문 매출 확대가 기대됨.

현금 흐름 *IFRS 별도 기준 〈단위 : 억원〉
항목	2016	2017.2Q
영업활동	268	-26
투자활동	-193	-100
재무활동	-105	129
순현금흐름	-30	10
기말현금	92	92

결산 실적 〈단위 : 억원〉
항목	2012	2013	2014	2015	2016	2017
매출액	2,498	3,148	2,787	2,656	2,461	
영업이익	149	233	-28	-31	6	
당기순이익	138	209	-46	-91	-59	

분기 실적 *IFRS 별도 기준 〈단위 : 억원〉
항목	2016.1Q	2016.2Q	2016.3Q	2016.4Q	2017.1Q	2017.2Q
매출액	612	582	624	643	676	68.
영업이익	-14	2	14	4	11	-9
당기순이익	-13	-24	-2	-20	1	-92

재무 상태 〈단위 : 억원〉
항목	2012	2013	2014	2015	2016	2017.2Q
총자산	1,832	2,190	2,228	2,349	2,264	2,340
유형자산	725	1,049	1,109	1,079	1,142	1,116
무형자산	32	36	35	84	108	116
유가증권	14	24	13	4		
총부채	1,079	1,251	1,373	1,557	1,490	1,604
총차입금	812	913	1,117	1,325	1,240	1,280
자본금	40	42	44	47	51	59
총자본	753	939	855	792	774	742
지배주주지분	751	937	852	788	771	738

기업가치 지표
항목	2012	2013	2014	2015	2016	2017.2Q
주가(최고/저)(천원)	13.2/6.3	21.1/11.9	17.1/5.8	12.0/4.4	8.4/4.7	—/—
PER(최고/저)(배)	9.7/4.7	10.9/6.2	—/—	—/—	—/—	—/—
PBR(최고/저)(배)	1.9/0.9	2.3/1.3	2.0/0.7	1.5/0.6	1.1/0.6	1.3/0.9
EV/EBITDA(배)	8.0	8.1	16.2	15.6	13.2	
EPS(원)	1,409	1,967	-437	-858	-559	-783
BPS(원)	9,619	11,802	10,314	9,160	8,187	6,809
CFPS(원)	2,877	3,758	1,080	651	854	-150
DPS(원)	265	425	25	50	25	
EBITDAPS(원)	3,009	4,055	1,289	1,302	1,499	-86

재무 비율 〈단위 : %〉
연도	영업이익률	순이익률	부채비율	차입금비율	ROA	ROE	유보율	자기자본비율	EBITDA마진율
2016	0.2	-2.4	192.4	160.2	-2.6	-7.7	1,537.5	34.2	6.2
2015	-1.2	-3.4	196.8	167.4	-4.0	-11.2	1,732.1	33.7	4.6
2014	-1.0	-1.7	160.7	130.7	-2.1	-5.2	1,962.8	38.4	4.7
2013	7.4	6.6	133.2	97.2	10.4	24.7	2,260.3	42.9	10.8

코나아이 (A052400)
KONA I

업 종 : 전자 장비 및 기기	시 장 : KOSDAQ
신용등급 : (Bond) — (CP) —	기업규모 : 우량
홈 페 이 지 : www.konai.co.kr	연 락 처 : 02)2168-7500
주 소 : 서울시 영등포구 은행로 3 (여의도동, 익스콘벤처타워 8층)	

설 립 일 1998.03.11	종 업 원 수 213명	대 표 이 사 조정일
상 장 일 2001.10.11	감 사 의 견 적정 (삼일)	계 열
결 산 기 12월	보 통 주 1,556만주	종속회사수 7개사
액 면 가 500원	우 선 주	구 상 호

주주구성 (지분율,%)		출자관계 (지분율,%)		주요경쟁사 (외형,%)	
조정일	24.8	코나씨	59.0	코나아이	100
Wasatch Advisors, Inc.	4.9	듀얼아이	25.0	아트라스BX	471
(외국인)	3.2	코나엠	14.3	녹십자셀	24

매출구성		비용구성		수출비중	
COB외(COB, 스마트카드 외)	49.5	매출원가율	75.4	수출	48.0
스마트카드(KONA카드, 콤비카드, 통신카드)	49.0	판관비율	29.6	내수	52.0
수수료 (교통,유통,유지보수료 외)	1.5				

회사 개요
코나아이와 종속회사는 스마트카드 관련 토털 솔루션을 제공함. 스마트카드의 핵심기술인 자바(JAVA) 오픈 플랫폼 기반의 IC Chip OS를 자체 개발, 제조, 및 판매하고 있음. 최근에는 신성장 동력으로 EMV(IC카드 국제기술 표준)기반 세계 최초 개방형 충전식 모바일 결제 플랫폼 '코나머니'를 출시하며 인증, 결제 플랫폼과 솔루션 사업을 추진하고 있음.

실적 분석
2017년 상반기 연결기준 동사는 매출 500.4억원을 시현함. 이는 전년 동기 대비 21.9% 축소된 금액임. 매출원가가 16.7% 줄었으나 매출이 축소되고 판매비와 관리비가 8.1% 증가해 전년 같은 기간 38억원을 기록한 영업이익은 -39.5억원을 기록하며 적자로 전환됨. 비영업부문도 적자폭이 -5.2억원에서 -29.3억원으로 확대됨.이에 당기순이익 역시 -58.8억원을 기록하며 적자로 돌아섰음.

현금 흐름		〈단위 : 억원〉
항목	2016	2017.2Q
영업활동	313	97
투자활동	-104	-71
재무활동	-266	-50
순현금흐름	-43	-47
기말현금	886	839

시장 대비 수익률

결산 실적						〈단위 : 억원〉
항목	2012	2013	2014	2015	2016	2017
매출액	1,381	1,718	2,142	2,167	1,179	—
영업이익	252	257	298	361	-58	—
당기순이익	189	214	260	292	-4	—

분기 실적						〈단위 : 억원〉
항목	2016.1Q	2016.2Q	2016.3Q	2016.4Q	2017.1Q	2017.2Q
매출액	325	316	267	271	230	270
영업이익	24	14	-25	-72	-42	2
당기순이익	22	9	-64	29	-66	7

재무 상태						〈단위 : 억원〉
항목	2012	2013	2014	2015	2016	2017.2Q
총자산	1,954	2,554	3,065	2,898	2,534	2,419
유형자산	371	356	338	206	181	173
무형자산	361	420	493	525	524	537
유가증권	112	92	170	66	64	71
총부채	879	1,157	1,264	792	672	617
총차입금	634	855	744	566	535	485
자본금	49	53	78	78	78	78
총자본	1,076	1,397	1,801	2,106	1,862	1,803
지배주주지분	1,059	1,379	1,781	2,019	1,767	1,705

기업가치 지표						〈단위 : 억원〉
항목	2012	2013	2014	2015	2016	2017.2Q
주가(최고/저)(천원)	16.5/9.9	30.2/15.1	35.3/22.0	48.2/28.2	33.5/12.0	—/—
PER(최고/저)(배)	11.4/6.8	20.0/10.0	20.8/13.0	26.2/15.4	—/—	1.0/0.8
PBR(최고/저)(배)	2.0/1.2	3.0/1.5	3.1/1.9	3.7/2.2	2.6/0.9	1.0/0.8
EV/EBITDA(배)	7.3	10.0	12.7	10.4	34.8	
EPS(원)	1,489	1,547	1,725	1,854	-78	-392
BPS(원)	11,153	13,224	11,588	13,124	12,719	12,323
CFPS(원)	2,724	2,841	2,463	2,602	589	-92
DPS(원)	200	200	250	250		
EBITDAPS(원)	3,423	3,263	2,735	3,071	292	96

재무 비율									〈단위 : % 〉
연도	영업이익률	순이익률	부채비율	차입금비율	ROA	ROE	유보율	자기자본비율	EBITDA마진율
2016	-5.0	-0.4	36.1	28.7	-0.2	-0.6	2,443.8	73.5	3.9
2015	16.7	13.5	37.6	26.9	9.8	15.2	2,524.7	72.7	22.1
2014	13.9	12.1	70.2	41.3	9.3	16.3	2,217.7	58.8	19.1
2013	15.0	12.5	82.9	61.2	9.5	17.5	2,544.8	54.7	20.1

코닉글로리 (A094860)
KORNICGLORYCO

업 종 : 일반 소프트웨어	시 장 : KOSDAQ
신용등급 : (Bond) — (CP) —	기업규모 : 벤처
홈 페 이 지 : www.kornicglory.co.kr	연 락 처 : 02)3476-4200
주 소 : 서울시 강남구 학동로 155, 3, 4층 (논현동, 원영빌딩)	

설 립 일 2007.02.20	종 업 원 수 51명	대 표 이 사 조명제
상 장 일 2007.04.16	감 사 의 견 적정 (길인)	계 열
결 산 기 12월	보 통 주 4,765만주	종속회사수 1개사
액 면 가 100원	우 선 주	구 상 호

주주구성 (지분율,%)		출자관계 (지분율,%)		주요경쟁사 (외형,%)	
조명제	11.7	본아글로리	100.0	코닉글로리	100
임재인	3.7	네오플랜트	45.3	포시에스	132
(외국인)	0.7	시큐리티존	30.0	한컴시큐어	136

매출구성		비용구성		수출비중	
제품, 용역 (TESS TMS, AIRTMS)	98.1	매출원가율	49.7	수출	2.0
상품 (순수자아 아토더마 등)	1.9	판관비율	42.7	내수	98.0

회사 개요
동사는 보안솔루션, 네트워크 솔루션, SI사업을 주요사업으로 영위하고 있음. 보안솔루션은 인터넷 기반 및 스마트기기 사용자의 폭발적인 증가에 따라 정보보호의 중요성에 대한 인식 및 수요가 증가하고 있어 경기변동의 영향이 적은 편이며 네트워크 솔루션사업도 IT 설비투자에 따라 수요가 변동됨. 한편 판매방식은 직판과 리셀러를 통한 두가지 매출로 구분되며 직판의 비중이 더 높은 편임.

실적 분석
외부침입의 탐지 및 차단하는 유무선 보안솔루션이 주력인 동사의 2017년 상반기 연결기준 매출은 전년동기 대비 6.8% 감소한 40.2억원을 시현함. 매출축소의 영향으로 매출원가가 전년동기 대비 16.7% 감소했으나, 판관비가 11.9% 증가함에 따라 3.5억원의 영업손실을 기록하며 적자를 지속했음. 비영업부문에서 소폭의 이익을 시현함에 따라 적자폭이 감소해, 3.5억원의 당기순손실을 기록했음. 전년동기에 이어 적자가 지속되고 있음.

현금 흐름		〈단위 : 억원〉
항목	2016	2017.2Q
영업활동	17	3
투자활동	-12	-12
재무활동	-5	25
순현금흐름	-0	17
기말현금	29	46

시장 대비 수익률

결산 실적						〈단위 : 억원〉
항목	2012	2013	2014	2015	2016	2017
매출액	247	416	346	124	107	—
영업이익	15	-18	-58	-28	8	—
당기순이익	-28	-124	-182	-34	7	—

분기 실적						〈단위 : 억원〉
항목	2016.1Q	2016.2Q	2016.3Q	2016.4Q	2017.1Q	2017.2Q
매출액	17	26	—	—	16	24
영업이익	-5	3	—	—	-5	2
당기순이익	-4	3	—	—	-5	2

재무 상태						〈단위 : 억원〉
항목	2012	2013	2014	2015	2016	2017.2Q
총자산	433	416	303	154	156	175
유형자산	22	17	11	5	5	8
무형자산	91	94	61	59	61	62
유가증권	0	21	4	4	4	4
총부채	167	192	183	45	38	34
총차입금	95	81	49	13	9	9
자본금	83	121	201	45	45	48
총자본	267	224	120	110	118	140
지배주주지분	267	224	120	110	118	140

기업가치 지표						〈단위 : 억원〉
항목	2012	2013	2014	2015	2016	2017.2Q
주가(최고/저)(천원)	3.7/2.2	2.3/0.8	0.9/0.4	1.5/0.3	1.3/0.6	—/—
PER(최고/저)(배)	—/—	—/—	—/—	—/—	84.0/40.8	—/—
PBR(최고/저)(배)	2.7/1.6	2.7/0.9	3.1/1.5	5.9/1.1	4.8/2.3	3.4/2.7
EV/EBITDA(배)	24.7				19.0	
EPS(원)	-162	-512	-582	-81	15	-7
BPS(원)	1,611	931	300	248	266	296
CFPS(원)	-136	-477	-531	-46	38	2
DPS(원)						
EBITDAPS(원)	155	-12	-136	-33	41	2

재무 비율									〈단위 : % 〉
연도	영업이익률	순이익률	부채비율	차입금비율	ROA	ROE	유보율	자기자본비율	EBITDA마진율
2016	7.6	6.3	32.1	8.0	4.4	5.9	166.4	75.7	17.1
2015	-22.6	-27.2	40.6	11.4	-14.8	-29.4	147.6	71.1	-11.0
2014	-16.9	-52.7	일부잠식	일부잠식	-50.7	-105.8	-40.0	39.6	-12.3
2013	-4.3	-29.8	85.4	36.0	-29.2	-50.5	86.3	53.9	-0.6

코다코 (A046070)
KODACO CO

업 종 : 자동차부품		시 장 : KOSDAQ	
신용등급 : (Bond) — (CP) —		기업규모 : 우량	
홈 페 이 지 : www.kodaco.co.kr		연 락 처 : 041)411-3100	
본 사 : 충남 천안시 서북구 입장면 신대길 8			

설 립 일	1997.02.14	종 업 원 수	369명	대 표 이 사	인귀승
상 장 일	2000.12.15	감 사 의 견	적정 (도원)	계 열	
결 산 기	12월	보 통 주	3,906만주	종속회사수	3개사
액 면 가	500원	우 선 주		구 상 호	

주주구성 (지분율,%)		출자관계 (지분율,%)		주요경쟁사 (외형,%)	
인귀승	12.1	코다코글로벌	66.7	코다코	100
	10.5	앤케이디씨	25.2	아진산업	177
(외국인)	1.8	지코	17.4	에이엔피	36

매출구성		비용구성		수출비중	
변속부문	38.6	매출원가율	81.4	수출	66.0
엔진부문	24.2	판관비율	11.5	내수	34.0
공조부문	18.8				

회사 개요
동사는 1997년 설립된 회사로 크게 다이캐스팅 자동차부품 및 무선통신기기를 제조함. 동사는 'Stop&Start' 시스템용 어큐뮬레이터 사업과, 미래전략사업의 일환으로 전기자동차용 부품산업 분야에서 배터리히터하우징 등을 생산중. 한라비스테온 공조와 LG전자, 현대파워텍등 다수 업체에 전기차와 자동차 경량화 관련 부품을 납품하고 있음. 2017년까지 멕시코 차 부품공장을 준공할 것을 발표하였음. 전기차 및 경량화 추세에 따라 상승세임.

실적 분석
동사의 2017년 2분기기준 누적 매출액은 전년동기대비 6% 상승한 1,479.3억원을 기록하였음. 비용면에서 전년동기대비 매출원가는 증가 했으며 인건비도 증가, 기타판매비와 관리비도 마찬가지로 증가함. 그에 따라 매출액 하락 등에 의해 전년동기대비 영업이익은 73.3억원으로 -27.8% 크게 하락하였음. 최종적으로 전년동기대비 당기순이익은 하락하여 44.9억원을 기록함.

현금 흐름
〈단위 : 억원〉

항목	2016	2017.2Q
영업활동	359	-101
투자활동	-557	-451
재무활동	444	388
순현금흐름	245	-142
기말현금	289	147

시장 대비 수익률

결산 실적
〈단위 : 억원〉

항목	2012	2013	2014	2015	2016	2017
매출액	2,099	2,250	2,421	2,651	2,864	—
영업이익	113	137	173	182	205	—
당기순이익	31	54	52	61	108	—

분기 실적
〈단위 : 억원〉

항목	2016.1Q	2016.2Q	2016.3Q	2016.4Q	2017.1Q	2017.2Q
매출액	696	699	712	756	847	633
영업이익	59	42	56	48	64	9
당기순이익	31	18	4	54	43	2

재무 상태
〈단위 : 억원〉

항목	2012	2013	2014	2015	2016	2017.2Q
총자산	2,088	2,515	2,872	3,173	3,834	4,186
유형자산	1,288	1,593	1,787	1,958	2,234	2,444
무형자산	14	17	6	11	30	28
유가증권	0	0	0	1	0	0
총부채	1,605	1,911	2,169	2,335	2,709	2,924
총차입금	1,379	1,560	1,768	1,985	2,265	2,543
자본금	105	124	141	146	182	195
총자본	483	603	703	838	1,124	1,263
지배주주지분	484	603	703	782	1,055	1,184

기업가치 지표

항목	2012	2013	2014	2015	2016	2017.2Q
주가(최고/저)(천원)	2.9/1.8	2.9/1.9	3.0/1.9	4.7/2.2	4.4/2.9	—/—
PER(최고/저)(배)	15.2/9.7	12.4/8.4	16.9/11.1	24.7/11.2	16.8/11.0	—/—
PBR(최고/저)(배)	1.3/0.8	1.2/0.8	1.2/0.8	1.8/0.8	1.5/1.0	1.2/1.0
EV/EBITDA(배)	6.9	6.7	6.4	8.3	7.1	—
EPS(원)	203	247	184	198	269	93
BPS(원)	2,404	2,510	2,567	2,748	2,952	3,077
CFPS(원)	966	987	871	942	935	469
DPS(원)		50	50	55	50	
EBITDAPS(원)	1,408	1,380	1,308	1,369	1,231	563

재무 비율
〈단위 : % 〉

연도	영업이익률	순이익률	부채비율	차입금비율	ROA	ROE	유보율	자기자본비율	EBITDA마진율
2016	7.2	3.8	241.0	201.5	3.1	10.6	490.3	29.3	15.6
2015	6.9	2.3	278.7	236.9	2.0	7.7	449.6	26.4	15.0
2014	7.2	2.2	308.3	251.3	1.9	7.9	413.3	24.5	15.1
2013	6.1	2.4	316.8	258.6	2.4	9.7	402.0	24.0	13.2

코데즈컴바인 (A047770)
Codes Combine

업 종 : 섬유 및 의복		시 장 : KOSDAQ	
신용등급 : (Bond) — (CP) —		기업규모 : 중견	
홈 페 이 지 : www.codes-combine.co.kr		연 락 처 : 02)6361-2423	
본 사 : 서울시 강남구 강남대로 574, 4층 전기공사공제조합회관			

설 립 일	1995.08.16	종 업 원 수	38명	대 표 이 사	김보선,송영탁(각자대표)
상 장 일	2001.09.05	감 사 의 견	적정 (신승)	계 열	
결 산 기	12월	보 통 주	3,784만주	종속회사수	2개사
액 면 가	500원	우 선 주		구 상 호	

주주구성 (지분율,%)		출자관계 (지분율,%)		주요경쟁사 (외형,%)	
코튼클럽	60.0	씨앤씨로우	100.0	코데즈컴바인	100
박지민	0.1	제이앤지산	45.0	영원무역	12,252
(외국인)	0.5	정글시스템	24.0	한세실업	9,473

매출구성		비용구성		수출비중	
codes combine innerwear	69.5	매출원가율	69.2	수출	—
codes combine for women/men	19.3	판관비율	22.7	내수	—
basic+ by codes combine	5.8				

회사 개요
동사는 1995년 설립돼 2001년 코스닥에 상장함. 2015년 회생절차 개시 이후 1년여만에 종결. 2002년 코데즈컴바인이란 브랜드를 론칭한 이후 토탈 패밀리 브랜드를 구축해 왔음. 코데즈 컴바인은 젊고 세련되며 개성있는 브랜드로 자리잡음. 성인 의복과 속옷(이너웨어) 사업부로 나뉨. 매출 비중은 이너웨어 사업이 58.7%를 차지함. 이너웨어 브랜드는 'JOCKEY'임.

실적 분석
동사의 2017년 상반기 매출액은 102.5억원으로 전년 대비 76.8% 증가함. 영업이익은 13.4억원으로 전년 대비 295.4% 증가. 당기순이익은 13.4억원으로 106.8% 증가. 백화점, 대리점, 온라인 패션 쇼핑몰, 홈쇼핑 등 유통시장을 더욱 세분화해 영업력을 확보하고 매출 개선을 위해 노력중임. 브랜드 인지도, SPA 패션브랜드 확장, 계절성 반영 등을 통해 시장에 탄력적으로 대응한다는 계획임.

현금 흐름
〈단위 : 억원〉

항목	2016	2017.2Q
영업활동	20	-2
투자활동	16	-5
재무활동	-14	-0
순현금흐름	22	-8
기말현금	44	36

시장 대비 수익률

결산 실적
〈단위 : 억원〉

항목	2012	2013	2014	2015	2016	2017
매출액	1,996	1,513	1,032	176	163	—
영업이익	-80	-169	-299	-213	13	—
당기순이익	-157	-196	-238	-124	15	—

분기 실적
〈단위 : 억원〉

항목	2016.1Q	2016.2Q	2016.3Q	2016.4Q	2017.1Q	2017.2Q
매출액	17	41	47	59	40	63
영업이익	0	3	2	7	5	8
당기순이익	2	5	3	6	5	8

재무 상태
〈단위 : 억원〉

항목	2012	2013	2014	2015	2016	2017.2Q
총자산	1,764	1,332	710	291	290	317
유형자산	245	226	183	120	118	121
무형자산	12	2	1	—	—	—
유가증권	24	2	—	2	2	2
총부채	1,276	1,040	658	71	51	62
총차입금	541	468	217	30	14	14
자본금	251	254	254	189	189	189
총자본	488	292	52	221	239	255
지배주주지분	472	276	64	238	256	271

기업가치 지표

항목	2012	2013	2014	2015	2016	2017.2Q
주가(최고/저)(천원)	1.8/0.8	1.9/0.7	0.8/0.4	49.5/19.7	151/2.9	—/—
PER(최고/저)(배)	—/—	—/—	—/—	—/—	—/—	—/—
PBR(최고/저)(배)	0.1/0.1	0.2/0.1	0.4/0.2	78.7/31.3	3,854.3/73.6	6.0/4.3
EV/EBITDA(배)					223.7/4.3	
					77.4	
EPS(원)	-413,953	-515,549	-622,025	-811	39	36
BPS(원)	955	543	126	629	675	717
CFPS(원)	-230	-312	-393	-720	47	39
DPS(원)						
EBITDAPS(원)	-76	-257	-513	-1,371	43	39

재무 비율
〈단위 : % 〉

연도	영업이익률	순이익률	부채비율	차입금비율	ROA	ROE	유보율	자기자본비율	EBITDA마진율
2016	8.1	9.1	21.5	5.8	5.1	6.0	35.1	82.3	10.0
2015	-120.6	-70.2	31.9	13.4	-24.7	-78.2	25.8	75.8	-113.0
2014	-29.0	-23.1	일부잠식	일부잠식	-23.3	-140.5	-74.9	7.4	-25.2
2013	-11.2	-13.0	356.7	160.6	-12.7	-52.7	8.6	21.9	-8.6

코디 (A080530)
KODI

업 종 : 개인생활용품			시 장 : KOSDAQ	
신용등급 : (Bond) — (CP) —			기업규모 : —	
홈 페 이 지 : www.kodi-corp.com			연 락 처 : 031)322-7788	
본 사 : 경기도 용인시 기흥구 중부대로 200 (영덕동)				

설 립 일	1999.02.13	종업원수	166명	대 표 이 사	박차웅
상 장 일	2010.01.05	감사의견	적정 (영앤진)	계 열	
결 산 기	12월	보 통 주	1,784만주	종속회사	3개사
액 면 가	500원	우 선 주		구 상 호	코디에스

주주구성 (지분율,%)		출자관계 (지분율,%)		주요경쟁사 (외형,%)	
플러스대체투자전문투자형사모혼합자산제1호	10.0	파로스백신	50.9	코디	100
엠케이파시픽홀딩스	6.6	테크노프로브코리아	50.0	에프앤리퍼블릭	514
(외국인)	1.3	펨토팹바이오메드	6.9	한국화장품제조	610

매출구성		비용구성		수출비중	
코스메틱	42.4	매출원가율	79.8	수출	2.0
디바이스솔루션	32.1	판관비율	67.3	내수	98.0
반도체	25.0				

회사 개요
디스플레이부문에서 UHD를 포함한 Display 패널의 행상도와 휘도를 검사하는 장치 Probe Unit과 LED Chip의 회로가 설계대로 제작되었는지를 검사하는 Probe Card 를 생산하며, 에너지부문에서 전기차 완속/급속 충전기 제조 및 산업용 배터리 판매 사업을 영위하고 있음. 연결대상 종속회사로는 반도체 장비를 제조하는 코디엠(2015.12 코스닥시장 상장), 디스플레이 검사장치를 제조하는 코디에스전자(쑤저우)유한회사 등이 있음.

실적 분석
동사의 2017년 상반기 연결기준 누적매출액은 73.7억원으로 전년동기 대비 32.4% 감소함. 비용 측면에서 판관비가 오히려 35.7% 늘면서 영업손실은 45.2억원으로 적자지속함. 당기순손실도 52.3억원으로 적자폭이 커짐. 최근 마린코스메틱스를 인수, 화장품 사업으로 영역을 확장하면서 수익원 다변화를 위해 노력중에 있음. 화장품은 필수 소비재로 자리잡고 있어 향후 지속성장 가능한 산업분야로 손꼽히고 있음.

현금 흐름 〈단위 : 억원〉

항목	2016	2017.2Q
영업활동	-71	-39
투자활동	-125	-141
재무활동	178	125
순현금흐름	-29	-77
기말현금	110	33

시장 대비 수익률

결산 실적 〈단위 : 억원〉

항목	2012	2013	2014	2015	2016	2017
매출액	391	439	537	103	106	—
영업이익	-70	11	10	-45	-50	—
당기순이익	-74	-2	7	-36	-123	—

분기 실적 〈단위 : 억원〉

항목	2016.1Q	2016.2Q	2016.3Q	2016.4Q	2017.1Q	2017.2Q
매출액	13	79	83	-68	55	28
영업이익	-6	-11	-27	-6	-8	-31
당기순이익	-20	-14	120	-209	-15	-35

재무 상태 〈단위 : 억원〉

항목	2012	2013	2014	2015	2016	2017.2Q
총자산	599	732	719	637	806	937
유형자산	240	231	234	211	257	290
무형자산	73	52	40	39	106	180
유가증권	17	30	38	24	232	120
총부채	355	448	369	239	387	431
총차입금	306	335	224	192	328	390
자본금	46	52	60	60	80	89
총자본	245	284	350	398	419	505
지배주주지분	232	276	334	308	392	409

기업가치 지표

항목	2012	2013	2014	2015	2016	2017.2Q
주가(최고/저)(천원)	6.8/2.6	6.2/2.6	5.2/2.8	5.3/2.5	7.0/3.3	—/—
PER(최고/저)(배)	—/—	462.8/195.7	2,091.4/1,110.1	—/—	—/—	2.4/1.4
PBR(최고/저)(배)	2.5/1.0	2.2/0.9	1.8/0.9	2.0/0.9	2.8/1.3	—/—
EV/EBITDA(배)		23.7	17.3			
EPS(원)	-688	13	2	-408	-785	-318
BPS(원)	2,740	2,844	2,949	2,673	2,553	2,372
CFPS(원)	-431	200	163	-265	-714	-287
DPS(원)						
EBITDAPS(원)	-506	303	244	-227	-276	-226

재무 비율 〈단위 : % 〉

연도	영업이익률	순이익률	부채비율	차입금비율	ROA	ROE	유보율	자기자본비율	EBITDA마진율
2016	-47.1	-115.7	92.3	78.1	-17.1	-32.4	410.5	52.0	-37.6
2015	-43.4	-35.3	60.2	48.4	-5.4	-15.3	446.8	62.4	-26.5
2014	1.8	1.3	105.4	64.0	1.0	0.1	489.9	48.7	5.3
2013	2.5	-0.5	157.3	117.9	-0.3	-0.1	468.8	38.9	6.5

코디엠 (A224060)
KODI-M COLTD

업 종 : 반도체 및 관련장비			시 장 : KOSDAQ	
신용등급 : (Bond) — (CP) —			기업규모 : 중견	
홈 페 이 지 : www.kodi-m.com			연 락 처 : 041)620-9000	
본 사 : 충남 천안시 서북구 백석공단2길 62 (백석동)				

설 립 일	1999.07.27	종업원수	112명	대 표 이 사	문용배
상 장 일	2015.12.29	감사의견	적정 (한영)	계 열	
결 산 기	12월	보 통 주	8,512만주	종속회사	5개사
액 면 가	100원	우 선 주		구 상 호	

주주구성 (지분율,%)		출자관계 (지분율,%)		주요경쟁사 (외형,%)	
케이바이오 투자조합	12.5			코디엠	100
에디지2014-2소타트업투자조합	3.3			에이티세미콘	202
(외국인)	1.0			에이티테크놀러지	11

매출구성		비용구성		수출비중	
[디스플레이]HP/CP	57.0	매출원가율	96.8	수출	0.0
[반도체]세정장비	19.6	판관비율	12.2	내수	100.0
[반도체]도포·현상장비	16.1				

회사 개요
동사는 반도체 장비, LCD 장비 및 유기발광다이오드 장비의 제조/판매 등을 주 사업목적으로 1999년 7월 27일에 설립되었음. 2013년 3월 25일자로 사명을 오엠프티 주식회사에서 주식회사 코디엠으로 변경하였음. 동사의 주력제품인 반도체, 디스플레이 장비의 경우 주로 삼성전자의 자회사인 세메스와 삼성디스플레이에 판매하고 있음. 의료부분의 신사업라인을 구축하면서 미용 및 의료기기 매출을 확대코자 함.

실적 분석
동사의 2017년 연결기준 상반기 매출액은 338.7억원을 기록하며 크게 증가했으나 판관비가 큰 폭 증가하여 영업손실은 27.4억원을 기록하며 적자지속 함. 당기순손실 또한 54.1억원을 기록하며 적자지속하며 그 폭이 더욱 확대 되었음. 디스플레이 및 반도체 업 부진으로 바이오 부문 확대를 위해 외국계 제약사 출신의 사내이사로 영입하며 시장확대 본격화. 최근 퓨처메디신의 주식을 취득하며 신약개발로 이익 개선을 꾀하고 있음.

현금 흐름 〈단위 : 억원〉

항목	2016	2017.2Q
영업활동	-79	-24
투자활동	-274	-69
재무활동	428	37
순현금흐름	75	-56
기말현금	113	57

시장 대비 수익률

결산 실적 〈단위 : 억원〉

항목	2012	2013	2014	2015	2016	2017
매출액	234	255	381	467	443	—
영업이익	-27	-5	19	20	-40	—
당기순이익	-31	-10	19	15	-54	—

분기 실적 〈단위 : 억원〉

항목	2016.1Q	2016.2Q	2016.3Q	2016.4Q	2017.1Q	2017.2Q
매출액	20	67	—	—	164	174
영업이익	-12	-7	—	—	-27	-1
당기순이익	-11	-6	—	—	-35	-19

재무 상태 〈단위 : 억원〉

항목	2012	2013	2014	2015	2016	2017.2Q
총자산	154	202	263	201	682	651
유형자산	42	39	37	41	52	52
무형자산	2		*		14	15
유가증권					37	83
총부채	117	175	216	78	523	394
총차입금	91	85	84	41	410	316
자본금	12	12	12	19	68	85
총자본	37	27	47	123	159	257
지배주주지분	37	27	47	123	158	238

기업가치 지표

항목	2012	2013	2014	2015	2016	2017.2Q
주가(최고/저)(천원)	—/—	—/—	—/—	0.5/0.4	3.6/0.5	—/—
PER(최고/저)(배)	0.0/0.0	0.0/0.0	0.0/0.0	14.0/10.8	—/—	7.8/4.6
PBR(최고/저)(배)	0.0/0.0	0.0/0.0	0.0/0.0	2.5/1.9	15.3/2.3	—/—
EV/EBITDA(배)			345.6	3.4	11.8	
EPS(원)	-86	-28	53	38	-92	-61
BPS(원)	15,412	11,438	19,478	3,238	235	279
CFPS(원)	-7,532	-1,805	10,345	804	-79	-55
DPS(원)						
EBITDAPS(원)	-5,717	102	10,342	1,017	-55	-26

재무 비율 〈단위 : % 〉

연도	영업이익률	순이익률	부채비율	차입금비율	ROA	ROE	유보율	자기자본비율	EBITDA마진율
2016	-8.9	-12.2	329.3	258.0	-12.3	-38.5	134.7	23.3	-7.3
2015	4.3	3.2	63.5	38.5	6.3	17.3	547.5	61.2	5.7
2014	5.0	5.0	462.6	179.2	8.2	51.6	289.6	17.8	6.5
2013	-2.1	-3.9	636.1	310.8	-5.6	-30.8	128.8	13.6	0.1

코라오홀딩스 (A900140)
Kolao Holdings

업　　종 : 자동차
신용등급 : (Bond) —　(CP) —
홈페이지 : www.kolaoholdings.com
본　　사 : Capital Tower, 23 Singha Rd, Nongbone village, Saysettha dis, Vientiane, Lao P.D.R

시　　장 : 거래소
기업규모 : —
연락처 : —

설 립 일	2009.06.16	종업원수	3,477명	대표이사	오세영
상 장 일	2010.11.30	감사의견	적정 (안진)	계	열
결 산 기	12월	보 통 주	4,787만주	종속회사수	11개사
액 면 가	—	우 선 주	—	구 상 호	

주주구성 (지분율,%)		출자관계 (지분율,%)		주요경쟁사 (외형,%)	
오세영	44.4	케이엔모터스	25.0	코라오홀딩스	100
흥국생명보험	11.5	KBKOLAOLEASINGCo.,LTD	20.0	현대차	23,870
(외국인)	11.8			기아차	13,436

매출구성		비용구성		수출비중	
자동차	73.9	매출원가율	80.1	수출	—
오토바이	18.8	판관비율	14.7	내수	—
부품 및 소모품	6.0				

회사 개요
동사는 2009년 종속회사 코라오디벨로핑을 유가증권시장에 상장하기 위해 설립된 역외 지주회사임. 코라오디벨로핑은 라오스에 신차 판매, 중고차 제조 판매, 오토바이 제조 판매 AS 등을 주력으로 하고 있음. 동사는 현대차, 기아차, 체리차 등과 계약을 체결해 라오스에서 완성 자동차 판매함. 자체 브랜드(DAEHAN) 상용트럭, 픽업트럭 진출, 자동차 할부금융 사업, 미얀마 캄보디아를 포함한 주변국으로의 사업 확대 등을 향후 신사업으로 보고 있음.

실적 분석
동사의 2017년 연결기준 상반기 매출액은 1,683.0억원으로 전년 동기보다 16.9% 하락. 영업이익은 22.8억원으로 83.1% 감소, 당기순이익은 153.3억원으로 34.6% 감소. 주력 판매시장인 라오스 내에서 시장수요 증가율 둔화와 경쟁심화라는 이중고를 겪으며 해결책으로 지난 2015년 파키스탄, 베트남 등 신규 해외시장 진출로 성장동력을 마련하겠다고 발표한 바 있으나 부진을 지속.

현금 흐름
〈단위 : 억원〉

항목	2016	2017.2Q
영업활동	36	51
투자활동	-157	-109
재무활동	58	240
순현금흐름	-61	181
기말현금	81	258

시장 대비 수익률

결산 실적
〈단위 : 억원〉

항목	2012	2013	2014	2015	2016	2017
매출액	2,759	3,345	3,800	4,445	3,923	—
영업이익	294	338	395	477	564	—
당기순이익	292	277	420	469	416	—

분기 실적
〈단위 : 억원〉

항목	2016.1Q	2016.2Q	2016.3Q	2016.4Q	2017.1Q	2017.2Q
매출액	1,059	982	948	934	891	801
영업이익	122	212	125	105	173	100
당기순이익	81	154	65	115	113	41

재무 상태
〈단위 : 억원〉

항목	2012	2013	2014	2015	2016	2017.2Q
총자산	1,426	3,426	4,575	6,002	6,901	6,678
유형자산	200	413	684	854	875	803
무형자산	0	29	59	48	101	96
유가증권	—	—	364	120	172	162
총부채	274	704	1,389	2,149	2,520	2,438
총차입금	114	445	1,045	1,513	1,670	1,921
자본금	103	119	132	140	145	136
총자본	1,152	2,722	3,186	3,853	4,381	4,240
지배주주지분	1,152	2,717	3,183	3,858	4,399	4,254

기업가치 지표

항목	2012	2013	2014	2015	2016	2017.2Q
주가(최고/저)(천원)	#VALUE!	—/—	—/—	—/—	—/—	—/—
PER(최고/저)(배)	29.3/10.6	50.0/26.4	31.7/17.1	23.4/9.6	13.3/8.0	—/—
PBR(최고/저)(배)	7.4/2.7	5.6/3.0	4.1/2.2	2.8/1.2	1.3/0.8	0.9/0.6
EV/EBITDA(배)	24.1	34.0	24.3	15.0	17.2	
EPS(원)	683	638	884	994	898	334
BPS(원)	3,001	6,016	6,847	8,288	9,433	9,115
CFPS(원)	794	725	980	1,152	1,107	444
DPS(원)						
EBITDAPS(원)	798	873	852	859	638	158

재무 비율
〈단위 : % 〉

연도	영업이익률	순이익률	부채비율	차입금비율	ROA	ROE	유보율	자기자본비율	EBITDA마진율
2016	14.4	10.6	57.5	38.1	6.5	10.4	3,022.3	63.5	7.8
2015	10.7	10.5	55.8	39.3	8.9	13.5	2,728.7	64.2	9.3
2014	10.4	11.1	43.6	32.8	10.5	14.3	2,391.5	69.6	10.7
2013	10.1	8.3	25.9	16.3	11.4	14.3	2,180.2	79.5	10.7

코렌 (A078650)
KOLEN

업　　종 : 휴대폰 및 관련부품
신용등급 : (Bond) —　(CP) —
홈페이지 : www.kolen.com
본　　사 : 경기도 성남시 중원구 둔촌대로 449

시　　장 : KOSDAQ
기업규모 : 중견
연락처 : 031)740-6800

설 립 일	1999.11.03	종업원수	337명	대표이사	이종진
상 장 일	2010.10.22	감사의견	적정 (삼정)	계	열
결 산 기	12월	보 통 주	1,407만주	종속회사수	2개사
액 면 가	500원	우 선 주	—	구 상 호	

주주구성 (지분율,%)		출자관계 (지분율,%)		주요경쟁사 (외형,%)	
이종진	10.6	GBPLENCorporation	100.0	코렌	100
이종영	4.1	영성고려광학	100.0	디지탈옵틱	68
(외국인)	0.3			바이오로그디바이스	74

매출구성		비용구성		수출비중	
LENS ASSY	96.4	매출원가율	94.3	수출	42.0
HOLDER	2.6	판관비율	15.3	내수	58.0
기타	0.7				

회사 개요
동사는 이미지센서용 카메라렌즈를 제조 및 판매하고 있음. 휴대폰용 카메라 렌즈 사업 부문에서 삼성전자 및 LG전자 모두 동사의 제품을 채택하고 있으며, 지문인식기 시장에서 슈프리마에 대한 납품선점을 하고 있음. 터치패널 사업과 관련하여 팬택향 휴대폰용 터치패널 2개 모델을 완료하여 성공적인 시장 진입을 완료하였음. 차량용, CCTV, 의료용 카메라 렌즈 모듈을 신규사업으로 진행중임.

실적 분석
2017년 상반기 매출은 404억원으로 전년대비 22.2% 감소, 영업이익은 -32.9억원으로 전년대비 적자전환, 당기순이익은 -87.3억원으로 적자지속. 국내 전략 거래선의 스마트폰 사업은 정상화되었으나 출하량 증가가 제한적인 가운데 경쟁업체간의 경쟁심화, 단가하락의 영향으로 수익성은 부진. 다만 2017년 듀얼 카메라 수요 증가로 렌즈 수요는 전년대비 증가할 것으로 추정되는 가운데 국내 전략 거래선내에서 점유율 증가가 중요한 역할을 기대.

현금 흐름
〈단위 : 억원〉

항목	2016	2017.2Q
영업활동	101	-12
투자활동	-53	124
재무활동	-51	-117
순현금흐름	-3	-4
기말현금	21	2

시장 대비 수익률

결산 실적
〈단위 : 억원〉

항목	2012	2013	2014	2015	2016	2017
매출액	865	1,290	813	870	930	—
영업이익	38	146	-68	-38	-89	—
당기순이익	20	93	-73	-133	-156	—

분기 실적
〈단위 : 억원〉

항목	2016.1Q	2016.2Q	2016.3Q	2016.4Q	2017.1Q	2017.2Q
매출액	280	239	234	178	176	228
영업이익	23	-9	-22	-82	-35	2
당기순이익	5	-18	-41	-102	-53	-34

재무 상태
〈단위 : 억원〉

항목	2012	2013	2014	2015	2016	2017.2Q
총자산	1,030	1,224	1,272	1,302	1,142	914
유형자산	531	782	790	869	803	598
무형자산	79	52	46	27	17	10
유가증권	6	5	5	2	1	1
총부채	759	842	939	1,049	902	756
총차입금	503	647	770	810	620	482
자본금	38	38	43	50	69	70
총자본	271	382	332	253	240	158
지배주주지분	271	382	332	253	240	158

기업가치 지표

항목	2012	2013	2014	2015	2016	2017.2Q
주가(최고/저)(천원)	5.4/2.0	9.2/4.6	7.5/2.9	5.7/2.5	8.9/3.0	—/—
PER(최고/저)(배)	15.7/5.8	6.9/3.4	—/—	—/—	—/—	—/—
PBR(최고/저)(배)	1.4/0.5	1.7/0.8	1.7/0.7	2.0/0.9	4.5/1.5	4.3/2.2
EV/EBITDA(배)	5.3	3.9	12.7	11.6	19.5	
EPS(원)	301	1,170	-852	-1,296	-1,340	-620
BPS(원)	3,658	5,052	3,942	2,555	1,737	1,120
CFPS(원)	2,218	3,012	914	246	-57	-73
DPS(원)						
EBITDAPS(원)	2,489	3,713	974	1,210	515	313

재무 비율
〈단위 : % 〉

연도	영업이익률	순이익률	부채비율	차입금비율	ROA	ROE	유보율	자기자본비율	EBITDA마진율
2016	-9.6	-16.8	375.9	258.2	-12.8	-63.2	247.3	21.0	6.4
2015	-4.4	-15.3	414.7	320.2	-10.4	-45.6	411.0	19.4	13.7
2014	-8.4	-9.0	282.6	231.7	-5.8	-20.4	688.4	26.1	9.8
2013	11.3	7.2	220.1	169.3	8.4	28.3	910.5	31.2	21.8

코렌텍 (A104540)
Corentec

업　　종 : 의료장비 및 서비스		시　　장 : KOSDAQ	
신용등급 : (Bond) — 　(CP) —		기업규모 : 신성장	
홈페이지 : www.corentec.com		연 락 처 : 041)585-7114	
본　　사 : 충남 천안시 서북구 입장면 영산홍1길 12			

설 립 일 2000.05.30	종 업 원 수 164명	대 표 이 사 선두훈,홍성택
상 장 일 2013.03.05	감 사 의 견 적정 (안진)	계　　　　열
결 산 월 12월	보 통 주 994만주	종속회사수 2개사
액 면 가 500원	우 선 주	구 상 호

주주구성 (지분율,%)		출자관계 (지분율,%)		주요경쟁사 (외형,%)	
정성이	7.3	주식회사인스텍	27.9	코렌텍	100
현대와이	7.2	CORENTECAMERICA	100.0	제이브이엠	273
(외국인)	1.4	CORENTEC(H.K.)LIMITED	100.0	엘앤케이바이오	96

매출구성		비용구성		수출비중	
THR(제품)	48.8	매출원가율	41.1	수출	36.0
TKR(제품)	47.3	판관비율	54.6	내수	64.0
SPINE(제품)	2.4				

회사 개요
동사는 인공관절 등 정형용 임플란트 제품을 생산하여 전국의 병원에 자체 브랜드로 공급중임. 국내 인공관절 시장은 2009년 이전까지는 Zimmer, Stryker, DePuy 등 다국적 기업이 지배하는 시장이었으나, 2011년 하반기부터 동사가 국내시장 점유율 1위를 차지했으며, 2012년 이후에는 2위와 격차를 크게 벌리며 1위를 유지함. 터키, 이란, 미얀마, 이탈리아, 수단, 몽고, 베트남, 미국 등에 수출을 하고 있음.

실적 분석
동사의 2017년 상반기 누적매출액은 197.3억원으로 전년동기 대비 9.5% 증가함. 비용측면에서 매출원가율과 판관비가 각각 10.5%, 11.5% 상승하면서 영업이익은 전년동기보다 16.4% 줄어든 8.7억원을 기록함. 당기순이익도 1.4억원으로 79.4% 감소함. 국내 인공관절 점유율 1위인 동사는 해외시장 개척과 인공관절 제품 라인업 확장, 생체구조형 관절 모듈의 개발을 통해서 지속적인 실적 개선이 기대됨.

현금 흐름 〈단위 : 억원〉
항목	2016	2017.2Q
영업활동	28	21
투자활동	-162	-98
재무활동	235	19
순현금흐름	102	-57
기말현금	200	143

시장 대비 수익률

결산 실적 〈단위 : 억원〉
항목	2012	2013	2014	2015	2016	2017
매출액	234	262	266	303	360	—
영업이익	17	17	-2	10	16	—
당기순이익	5	33	-15	-9	12	—

분기 실적 〈단위 : 억원〉
항목	2016.1Q	2016.2Q	2016.3Q	2016.4Q	2017.1Q	2017.2Q
매출액	91	89	79	101	103	95
영업이익	6	5	1	5	6	2
당기순이익	3	4	-5	10	-1	2

재무 상태 〈단위 : 억원〉
항목	2012	2013	2014	2015	2016	2017.2Q
총자산	388	602	705	715	970	1,034
유형자산	94	104	137	149	200	213
무형자산	70	73	84	98	110	188
유가증권	—	10	5	5	5	—
총부채	187	157	222	153	353	402
총차입금	107	77	139	63	242	246
자본금	34	41	42	48	49	50
총자본	201	445	483	563	617	632
지배주주지분	201	445	483	563	617	632

기업가치 지표
항목	2012	2013	2014	2015	2016	2017.2Q
주가(최고/저)(천원)	16.2/10.7	25.7/13.8	21.4/13.7	21.6/14.1	18.2/12.6	—/—
PER(최고/저)(배)	220.6/144.8	61.2/32.9	—/—	—/—	147.3/102.2	—/—
PBR(최고/저)(배)	5.5/3.6	4.8/2.6	3.8/2.4	3.7/2.4	2.9/2.0	2.4/2.0
EV/EBITDA(배)	30.0	28.7	48.7	27.7	22.6	—/
EPS(원)	74	420	-178	-90	123	14
BPS(원)	2,947	5,409	5,695	5,870	6,303	6,357
CFPS(원)	457	778	225	332	593	297
DPS(원)						
EBITDAPS(원)	636	570	379	523	630	371

재무 비율 〈단위 : % 〉
연도	영업이익률	순이익률	부채비율	차입금비율	ROA	ROE	유보율	자기자본비율	EBITDA마진율
2016	4.4	3.3	57.2	39.3	1.4	2.0	1,160.6	63.6	17.1
2015	3.2	-2.8	27.1	11.2	-1.2	-1.6	1,074.0	78.7	16.5
2014	-0.8	-5.5	46.0	28.7	-2.2	-3.2	1,038.9	68.5	11.8
2013	6.4	12.8	35.4	17.2	6.8	10.4	981.9	73.9	17.4

코리아나화장품 (A027050)
COREANA COSMETICS CO

업　　종 : 개인생활용품		시　　장 : KOSDAQ	
신용등급 : (Bond) — 　(CP) —		기업규모 : 중견	
홈페이지 : www.coreana.com		연 락 처 : 041)560-9900	
본　　사 : 충남 천안시 서북구 성거읍 삼곡2길 6			

설 립 일 1988.11.15	종 업 원 수 357명	대 표 이 사 유학수
상 장 일 1999.12.01	감 사 의 견 적정 (삼일)	계　　　　열
결 산 월 12월	보 통 주 4,000만주	종속회사수 2개사
액 면 가 500원	우 선 주	구 상 호

주주구성 (지분율,%)		출자관계 (지분율,%)		주요경쟁사 (외형,%)	
LABORATORIES DE BIOLOGIE VEGETALE YVES ROCHER	5.0	아트피아	63.2	코리아나	100
유민수	4.9	이노이브코리아	32.2	네오팜	34
(외국인)	3.9	비오코스	20.2	보령메디앙스	110

매출구성		비용구성		수출비중	
기초	54.9	매출원가율	42.5	수출	61.0
기타	31.2	판관비율	54.2	내수	39.0
색조	5.2				

회사 개요
동사는 1988년에 설립된 기초화장품과 색조화장품 등을 생산·판매하는 종합화장품회사로 라비다(구.코리아나), 자인, 세니떼, 비취가인, 텐세컨즈 등의 브랜드를 보유하고 있는 기업. 화장품 시장은 아모레퍼시픽, LG생활건강, 더페이스샵, 에이블씨엔씨, 동사 등이 상위권을 유지하고 있는 상황. 연결대상 종속기업으로는 코리아나천진유한공사, ㈜아트피아 등 2개사가 있음.

실적 분석
동사는 당반기에 수출 66.8억원, 내수 540.8억원, 피부관리샵 등 매출 21.2억원을 시현하여 전년동기 669.7억원 대비 6.1% 줄어든 628.8억원의 매출을 시현함. 연결기업이던 (주)코비스코퍼레이션은 2016년 3월 청산이 종료됨에 따라 연결대상에서 제외됨. 매출 감소에 따른 비용 부담으로 당반기 영업이익은 전년동기 35.4억원 대비 65.7% 축소된 12.2억원을, 당기순이익은 60.2% 줄어든 13.7억원을 각각 시현함.

현금 흐름 〈단위 : 억원〉
항목	2016	2017.2Q
영업활동	59	25
투자활동	-24	-12
재무활동	-51	-9
순현금흐름	-16	3
기말현금	56	59

시장 대비 수익률

결산 실적 〈단위 : 억원〉
항목	2012	2013	2014	2015	2016	2017
매출액	977	957	1,011	1,365	1,240	—
영업이익	-15	-10	-50	64	40	—
당기순이익	113	3	-57	62	41	—

분기 실적 〈단위 : 억원〉
항목	2016.1Q	2016.2Q	2016.3Q	2016.4Q	2017.1Q	2017.2Q
매출액	330	339	265	306	308	321
영업이익	10	26	3	2	4	8
당기순이익	10	25	-2	8	3	11

재무 상태 〈단위 : 억원〉
항목	2012	2013	2014	2015	2016	2017.2Q
총자산	973	1,132	1,144	1,216	1,185	1,205
유형자산	503	609	622	656	668	671
무형자산	30	25	27	24	24	24
유가증권	15	15	14	14	14	14
총부채	248	407	485	425	376	414
총차입금	21	164	219	142	113	144
자본금	200	200	200	200	200	200
총자본	726	725	660	791	810	790
지배주주지분	729	728	662	794	813	794

기업가치 지표
항목	2012	2013	2014	2015	2016	2017.2Q
주가(최고/저)(천원)	2.5/0.9	2.2/1.2	3.9/1.3	16.8/2.7	11.4/5.3	—/—
PER(최고/저)(배)	8.9/3.4	323.5/179.8	—/—	109.3/17.6	111.8/52.4	—/—
PBR(최고/저)(배)	1.2/0.4	1.0/0.6	2.0/0.7	7.5/1.2	4.9/2.3	3.3/2.2
EV/EBITDA(배)	29.3	27.3	—/	44.0	34.8	—/
EPS(원)	281	7	-143	156	102	35
BPS(원)	2,146	2,144	1,978	2,284	2,332	2,320
CFPS(원)	369	90	-52	245	190	82
DPS(원)				50	50	
EBITDAPS(원)	52	57	-35	250	187	77

재무 비율 〈단위 : % 〉
연도	영업이익률	순이익률	부채비율	차입금비율	ROA	ROE	유보율	자기자본비율	EBITDA마진율
2016	3.2	3.3	46.4	14.0	3.4	5.1	366.4	68.3	6.0
2015	4.7	4.6	53.8	17.9	5.3	8.6	356.8	65.0	7.3
2014	-5.0	-5.7	73.5	33.2	-5.0	-8.2	295.6	57.6	-1.4
2013	-1.1	0.3	56.2	22.6	0.3	0.4	328.8	64.0	2.4

ㅋ

코리아써키트 (A007810)
KOREA CIRCUIT COLTD

업　　종 : 전자 장비 및 기기	시　　장 : 거래소
신용등급 : (Bond) ― 　(CP) ―	기업규모 : 시가총액 소형주
홈페이지 : www.kcg.co.kr	연 락 처 : 031)491-3061
본　　사 : 경기도 안산시 단원구 강촌로 139번길 9	

설 립 일 1972.04.11	종 업 원 수 620명	대 표 이 사 박형건,장세준
상 장 일 1985.09.09	감 사 의 견 적정 (한영)	계　　　열
결 산 기 12월	보 통 주 2,362만주	종 속 회 사 수 1개사
액 면 가 500원	우 선 주 375만주	구 상 호

주주구성 (지분율,%)
영풍	36.1
시그네틱스	9.5
(외국인)	4.3

출자관계 (지분율,%)
테라닉스	50.1
인터플렉스	31.8
INTERFLEXVINACO.,LTD.	15.0

주요경쟁사 (외형,%)
코리아써키트	100
에코프로	31
자화전자	55

매출구성
PCB	86.4
특수 PCB	12.9
임대 외	1.5

비용구성
매출원가율	94.2
판관비율	2.9

수출비중
수출	86.0
내수	14.0

회사 개요
동사는 전자제품의 핵심부품인 PCB 전문 생산업체로 이동통신기기, 메모리 모듈, LCD 등에 사용하는 PCB와 반도체 Package용 PCB 등을 생산하여 국내외 전자업체에 판매 중임. 국내 PCB산업은 일본, 미국의 첨단 제품과 대만, 중국 및 동남아시아 범용제품으로 양분되는 시장에서 일본의 선진 기술과 중국 및 동남아시아의 저가공세를 받고 있어 어려운 상황임.

실적 분석
갤럭시S8 판매가 증가하면서 주기판 매출이 증가하고 반도체PCB의 거래 다변화 및 고부가 상품 비중 증가로 동사 2017년 2분기기준 누적 매출액은 전년동기대비 7.7% 상승한 2,971.1억원을 기록하였음. 그러나 매출원가율 상승과 인건비 상승등으로 전년동기대비 영업이익은 83.7억원으로 -37.4% 크게 하락하였음. 향후 주기판(HDI) 시장에서 기술 개발등의 적극적 대응으로 수익을 견인할 것이라 기대함.

현금 흐름 〈단위 : 억원〉
항목	2016	2017.2Q
영업활동	148	160
투자활동	-369	-342
재무활동	-5	41
순현금흐름	-226	-141
기말현금	468	327

시장 대비 수익률

결산 실적 〈단위 : 억원〉
항목	2012	2013	2014	2015	2016	2017
매출액	5,195	5,471	5,532	5,643	5,453	
영업이익	443	468	326	470	160	
당기순이익	418	340	47	74	-42	

분기 실적 〈단위 : 억원〉
항목	2016.1Q	2016.2Q	2016.3Q	2016.4Q	2017.1Q	2017.2Q
매출액	1,407	1,352	1,284	1,410	1,485	1,486
영업이익	106	28	0	26	45	39
당기순이익	11	-7	8	-53	11	48

재무 상태 〈단위 : 억원〉
항목	2012	2013	2014	2015	2016	2017.2Q
총자산	4,623	5,512	5,426	5,270	5,205	5,371
유형자산	1,848	2,127	2,192	2,119	1,951	2,102
무형자산	5	4	5	8	8	8
유가증권	305	328	318	284	275	300
총부채	1,756	1,551	1,451	1,282	1,296	1,419
총차입금	779	484	354	356	379	448
자본금	108	137	137	137	137	137
총자본	2,867	3,961	3,974	3,988	3,909	3,952
지배주주지분	2,582	3,617	3,591	3,584	3,483	3,481

기업가치 지표
항목	2012	2013	2014	2015	2016	2017.2Q
주가(최고/저)(천원)	21.8/6.9	20.4/10.4	13.6/7.2	14.5/7.8	12.2/7.7	―/―
PER(최고/저)(배)	13.4/4.2	18.0/9.2	704.0/371.6	102.2/54.6	―/―	―/―
PBR(최고/저)(배)	2.0/0.6	1.6/0.8	1.1/0.6	1.1/0.6	1.0/0.6	1.4/0.8
EV/EBITDA(배)	6.7	4.2	4.3	2.9	5.6	―
EPS(원)	1,688	1,176	20	145	-248	83
BPS(원)	11,900	13,216	13,119	13,095	12,727	12,719
CFPS(원)	3,093	2,696	1,538	1,826	1,218	733
DPS(원)	―	100	100	100	100	―
EBITDAPS(원)	3,388	3,373	2,709	3,401	2,052	955

재무 비율 〈단위 : %〉
연도	영업이익률	순이익률	부채비율	차입금비율	ROA	ROE	유보율	자기자본비율	EBITDA마진율
2016	2.9	-0.8	33.2	9.7	-0.8	-1.9	2,445.5	75.1	10.3
2015	8.3	1.3	32.2	8.9	1.4	1.1	2,518.9	75.7	16.5
2014	5.9	0.8	36.5	8.9	0.9	0.6	2,523.9	73.3	13.4
2013	8.6	6.2	39.2	12.2	6.9	9.2	2,543.2	71.9	15.6

코리아에스이 (A101670)
KOREASE

업　　종 : 건축자재	시　　장 : KOSDAQ
신용등급 : (Bond) ― 　(CP) ―	기업규모 : 벤처
홈페이지 : www.korease.co.kr	연 락 처 : 031)766-4822
본　　사 : 경기도 광주시 오포읍 오포안로 46-10	

설 립 일 1995.01.27	종 업 원 수 49명	대 표 이 사 남홍기
상 장 일 2008.07.15	감 사 의 견 적정 (대주)	계　　　열
결 산 기 12월	보 통 주 1,890만주	종 속 회 사 수 1개사
액 면 가 200원	우 선 주	구 상 호

주주구성 (지분율,%)
에스이	25.4
남진기	6.8
(외국인)	27.7

출자관계 (지분율,%)
아즈텍	50.5

주요경쟁사 (외형,%)
코리아에스이	100
이건홀딩스	1,107
덕신하우징	828

매출구성
PAP 옹벽공사	41.3
교량공사	20.3
타이케이블 외	19.0

비용구성
매출원가율	66.7
판관비율	27.0

수출비중
수출	0.0
내수	100.0

회사 개요
동사는 일본의 SE사와 기술제휴로 국내에 영구앵커, 타이케이블, 교량용케이블, PAP옹벽공법, 케이슨등고리등의 신 제품을 출시하여 영구적인 사면안정공법을 보급하고 있음. 주력 제품에 해당하는 SEEE 영구앵커, 타이케이블, 케이슨들고리, 교량용 케이블은 주로, 교량, 철도, 해운, 항만 등 SOC 건설시에 필수적인 건축자재로 정부의 SOC 예산집행의 특성상 3분기 이후에 매출이 집중됨. 2012년 4월 당진공장을 취득하여 설비 확장을 모색함.

실적 분석
동사의 연결기준 2017년 2분기 누적 매출액은 전년동기 대비 4.8% 감소한 59.8억원을 기록하였음. 공사매출은 PAP패널 및 교량케이블을 직접 시공하여 매출한 것이며 분양공사는 다세대주택을 시공하여 분양하였음. 원가상승으로 수익성이 악화되어 영업손실이 지속되고 있음. 수주잔고는 교량용케이블 시공 19억, SA-NET수주잔고가 4억, PAP패널 및 PAP 옹벽공사 수주잔고가 61억원, 기타공사 2억 합계 수주잔고가 86억원임.

현금 흐름 〈단위 : 억원〉
항목	2016	2017.2Q
영업활동	15	13
투자활동	21	2
재무활동	-16	-7
순현금흐름	20	-14
기말현금	71	57

시장 대비 수익률

결산 실적 〈단위 : 억원〉
항목	2012	2013	2014	2015	2016	2017
매출액	150	153	101	136	147	
영업이익	13	16	-3	9	9	
당기순이익	19	12	5	10	9	

분기 실적 〈단위 : 억원〉
항목	2016.1Q	2016.2Q	2016.3Q	2016.4Q	2017.1Q	2017.2Q
매출액	―	42	―	―	―	4
영업이익	―	5	―	―	―	
당기순이익	―	5	―	―	―	4

재무 상태 〈단위 : 억원〉
항목	2012	2013	2014	2015	2016	2017.2Q
총자산	324	328	323	331	323	41
유형자산	89	88	100	98	94	18
무형자산	4	4	4	1	1	
유가증권	29	19	35	36	14	1
총부채	35	32	27	28	24	8
총차입금						
자본금	38	38	38	38	38	
총자본	289	296	296	303	298	38
지배주주지분	289	296	296	303	298	33

기업가치 지표
항목	2012	2013	2014	2015	2016	2017.2Q
주가(최고/저)(천원)	1.2/0.8	1.2/0.8	1.0/0.8	1.9/0.8	3.6/1.5	―/―
PER(최고/저)(배)	13.6/8.5	19.6/14.0	42.5/32.7	38.3/15.4	76.9/30.9	―/―
PBR(최고/저)(배)	0.8/0.5	0.8/0.5	0.6/0.5	1.1/0.5	2.1/0.9	1.6/1.
EV/EBITDA(배)	6.5	5.0	13.7	14.7	18.1	―
EPS(원)	101	64	25	51	48	20
BPS(원)	4,103	4,197	4,185	4,286	1,726	1,89
CFPS(원)	292	193	159	239	97	22
DPS(원)	80	80	30	60	40	
EBITDAPS(원)	218	241	58	226	98	-2

재무 비율 〈단위 : %〉
연도	영업이익률	순이익률	부채비율	차입금비율	ROA	ROE	유보율	자기자본비율	EBITDA마진율
2016	6.3	6.2	8.2	0.0	2.8	3.0	762.8	92.4	12.
2015	6.4	7.1	9.2	0.0	3.0	3.2	757.2	91.6	12.
2014	-3.0	4.6	9.3	0.0	1.4	1.6	737.0	91.5	4.
2013	10.3	8.0	10.8	0.0	3.7	4.2	739.3	90.3	11.

코리아에프티 (A123410)
KOREA FUEL-TECH

업 종 : 자동차부품		시 장 : KOSDAQ	
신용등급 : (Bond) — (CP) —		기업규모 : 우량	
홈페이지 : www.kftec.com		연 락 처 : 070)7093-1500	
본 사 : 경기도 안성시 원곡면 섬바위길 23			

설 립 일	2010.02.24	종업원수	545명	대 표 이 사	오원석
상 장 일	2010.08.27	감사의견	적정 (안진)	계 열	
결 산 기	12월	보 통 주	2,784만주	종속회사수	5개사
액 면 가	100원	우 선 주		구 상 호	

주주구성 (지분율,%)		출자관계 (지분율,%)		주요경쟁사 (외형,%)	
S.I.S SRL	34.9	KFTP	100.0	코리아에프티	100
김재년	16.1	KFTI	100.0	삼원강재	73
(외국인)	1.6	BKFTC	87.5	코프라	35

매출구성		비용구성		수출비중	
CANISTER	43.8	매출원가율	83.0	수출	69.0
FILLER NECK	29.3	판관비율	12.5	내수	31.0
의장부품	24.8				

회사 개요
동사는 1996년 7월 데이코코리아(주)로 설립된 가공전문 부품업체로, 연료계통부품과 의장부품을 생산함. 주요 거래처로는 현대 기아차, GM, 르노 등이 있음. 동사는 2011년 말 해외 법인의 설비 투자가 완료되면서 2012년부터 본격적으로 글로벌 완성차 업체에 납품을 하게 됨. 연결대상 종속법인으로는 중국, 인도, 폴란드, 슬로바키아 소재의 해외 법인 5개를 보유함.

실적 분석
동사의 2017년 상반기 연결기준 매출액은 1,780.5억원으로 전년동기 대비 5.1% 감소한 실적을 시현함. 매출감소와 판관비 상승으로 영업이익은 전년동기 108.2억원 대비 75.8% 축소된 26.2억원을 시현하였음. 비영업손익면에서는 환율변동 영향으로 14.6억원의 이익이 발생하였고 당기순이익은 전년동기 80.2억원 대비 68.9% 축소된 25억원을 시현함.

현금 흐름 〈단위 : 억원〉

항목	2016	2017.2Q
영업활동	199	85
투자활동	-383	-187
재무활동	156	58
순현금흐름	-36	-47
기말현금	159	112

시장 대비 수익률

결산 실적 〈단위 : 억원〉

항목	2012	2013	2014	2015	2016	2017
매출액	2,404	2,622	2,759	3,106	3,667	—
영업이익	177	233	234	138	164	—
당기순이익	180	181	183	153	125	—

분기 실적 〈단위 : 억원〉

항목	2016.1Q	2016.2Q	2016.3Q	2016.4Q	2017.1Q	2017.2Q
매출액	924	953	840	950	994	787
영업이익	50	59	2	55	35	-9
당기순이익	39	41	5	41	15	10

재무 상태 〈단위 : 억원〉

항목	2012	2013	2014	2015	2016	2017.2Q
총자산	1,780	2,009	2,363	2,689	3,041	3,076
유형자산	605	798	1,025	1,155	1,366	1,499
무형자산	61	67	78	82	86	89
유가증권	1	3	3	3	3	3
총부채	1,005	1,061	1,266	1,487	1,786	1,833
총차입금	542	581	619	619	804	907
자본금	27	28	28	28	28	28
총자본	775	948	1,096	1,202	1,255	1,242
지배주주지분	732	900	1,041	1,141	1,191	1,179

기업가치 지표

항목	2012	2013	2014	2015	2016	2017.2Q
주가(최고/저)(천원)	4.0/2.3	5.3/2.3	6.9/4.6	6.6/3.8	5.0/3.3	—/—
PER(최고/저)(배)	7.5/4.2	9.5/4.1	12.2/8.2	13.7/7.8	12.8/8.3	—/—
PBR(최고/저)(배)	1.6/0.9	1.7/0.7	2.0/1.3	1.7/1.0	1.2/0.8	1.5/1.1
EV/EBITDA(배)	3.8	5.0	6.1	6.1	6.5	—
EPS(원)	627	612	605	506	403	86
BPS(원)	2,938	3,355	3,740	4,100	4,276	4,235
CFPS(원)	968	1,023	1,017	958	934	395
DPS(원)	150	120	130	110	110	—
EBITDAPS(원)	991	1,252	1,251	949	1,121	403

재무 비율 〈단위 : % 〉

연도	영업이익률	순이익률	부채비율	차입금비율	ROA	ROE	유보율	자기자본비율	EBITDA마진율
2016	4.5	3.4	142.3	64.1	4.4	9.6	4,176.4	41.3	8.5
2015	4.5	4.9	123.7	51.5	6.1	12.9	3,999.9	44.7	8.5
2014	8.5	6.6	115.5	56.5	8.4	17.4	3,640.1	46.4	12.6
2013	8.9	6.9	111.9	61.4	9.6	20.8	3,255.0	47.2	13.2

코리아오토글라스 (A152330)
KOREA AUTO GLASS CO

업 종 : 자동차부품		시 장 : 거래소	
신용등급 : (Bond) — (CP) —		기업규모 : 시가총액 중형주	
홈페이지 : kac.kccworld.co.kr		연 락 처 : 044)860-5000	
본 사 : 세종시 전의면 산단길 134			

설 립 일	2000.08.30	종업원수	643명	대 표 이 사	우종철
상 장 일	2015.12.29	감사의견	적정 (삼정)	계 열	
결 산 기	12월	보 통 주	2,000만주	종속회사수	
액 면 가	5,000원	우 선 주		구 상 호	

주주구성 (지분율,%)		출자관계 (지분율,%)		주요경쟁사 (외형,%)	
정몽익	25.0			코리아오토글라스	100
케이씨씨	19.9			한라홀딩스	227
				세방전지	218

매출구성		비용구성		수출비중	
접합유리	55.8	매출원가율	78.8	수출	51.0
강화유리(제품)	43.4	판관비율	10.5	내수	49.0
강화유리(상품)	0.5				

회사 개요
동사는 KCC와 일본 AGC의 합작으로 2000년 8월 설립되어 자동차용 안전유리 제조, 판매, 수출업을 영위하고 있음. 2017년 1분기 기준 고객 비중은 현대차 33.23%, 기아차 29.04%, 현대글로비스 11.89%, 한국GM 11.63%임. 강화유리는 동사의 매출에서 40.86%를 차지하고 있으며 접합유리는 58.17%를 차지함. 동사는 국내 납품 위주에서 2009년 유럽, 2010년 미국, 러시아 생산거점으로 공급 확대중에 있음.

실적 분석
콘크리트 파일 부문의 매출액 증가가 눈에 띄게 증가한 가운데, 동사의 2017년 2분기 연결기준 매출액은 2,568.9억원으로 전년동기 대비 13.4% 증가하였음. 로열티 감소로 매출원가가 줄어들며 영업이익은 전년 동기대비 28.3% 증가한 363.8억원을 시현함. 지속적인 신제품 개발로 소비자 수요를 창출하고, 신규 수출국 개발 및 시장 다변화를 위한 판매 전략을 추진함으로써 매출 증대에 노력중임.

현금 흐름 *IFRS 별도 기준 〈단위 : 억원〉

항목	2016	2017.2Q
영업활동	451	730
투자활동	-876	-101
재무활동	459	-220
순현금흐름	35	409
기말현금	126	605

시장 대비 수익률

결산 실적 〈단위 : 억원〉

항목	2012	2013	2014	2015	2016	2017
매출액	3,904	3,900	4,297	4,371	4,402	—
영업이익	303	222	296	359	470	—
당기순이익	269	182	275	334	422	—

분기 실적 *IFRS 별도 기준 〈단위 : 억원〉

항목	2016.1Q	2016.2Q	2016.3Q	2016.4Q	2017.1Q	2017.2Q
매출액	1,126	1,138	938	1,185	1,280	1,289
영업이익	142	141	69	115	171	193
당기순이익	122	120	60	119	139	133

재무 상태 *IFRS 별도 기준 〈단위 : 억원〉

항목	2012	2013	2014	2015	2016	2017.2Q
총자산	3,601	3,612	3,740	3,918	4,600	4,799
유형자산	2,413	2,291	2,333	2,381	2,210	2,697
무형자산	18	19	17	23	21	238
유가증권	0	1	1	3	11	26
총부채	1,470	1,497	1,554	1,539	1,808	1,814
총차입금	640	345	281	141	620	480
자본금	1,000	1,000	1,000	1,000	1,000	1,000
총자본	2,131	2,114	2,186	2,379	2,792	2,985
지배주주지분	2,131	2,114	2,186	2,379	2,792	2,985

기업가치 지표 *IFRS 별도 기준

항목	2012	2013	2014	2015	2016	2017.2Q
주가(최고/저)(천원)	—/—	—/—	—/—	15.2/13.3	23.2/14.0	—/—
PER(최고/저)(배)	0.0/0.0	0.0/0.0	0.0/0.0	9.4/8.2	11.3/6.8	—/—
PBR(최고/저)(배)	0.0/0.0	0.0/0.0	0.0/0.0	1.3/1.1	1.7/1.0	1.4/1.1
EV/EBITDA(배)	1.2	0.7	0.5	5.2	5.2	—
EPS(원)	1,344	911	1,376	1,669	2,101	1,363
BPS(원)	10,656	10,572	10,930	11,895	13,958	14,925
CFPS(원)	2,359	2,099	2,576	2,922	3,329	2,000
DPS(원)				100	400	—
EBITDAPS(원)	2,531	2,300	2,682	3,046	3,566	2,456

재무 비율 〈단위 : % 〉

연도	영업이익률	순이익률	부채비율	차입금비율	ROA	ROE	유보율	자기자본비율	EBITDA마진율
2016	10.7	9.6	73.3	22.2	9.6	16.3	179.3	57.7	16.3
2015	8.2	7.6	64.7	5.9	8.7	14.6	137.9	60.7	13.9
2014	6.9	6.4	71.1	12.8	7.5	12.8	118.6	58.5	12.5
2013	5.7	4.7	70.8	16.3	5.1	8.6	111.4	58.5	11.8

코리안리재보험 (A003690)
Korean Reinsurance

업 종 : 보험
신용등급 : (Bond) — (CP) —
홈 페 이 지 : www.koreanre.co.kr
본 사 : 서울시 종로구 종로5길 68(수송동) 코리안리빌딩

시 장 : 거래소
기업규모 : 시가총액 중형주
연 락 처 : 02)3702-6000

설 립 일	1963.03.19	종 업 원 수	323명	대 표 이 사	원종규
상 장 일	1969.12.22	감 사 의 견	적정 (한영)	계 열	
결 산 기	12월	보 통 주	12,037만주	종속회사수	2개사
액 면 가	500원	우 선 주		구 상 호	

주주구성 (지분율,%)		출자관계 (지분율,%)		주요경쟁사 (외형,%)	
한국투자밸류자산운용	6.9	VIG제31호PEF	11.9	코리안리	100
국민연금공단	6.4	Ramayana	10.0	메리츠화재	90
(외국인)	37.7	LibertyInsuranceBerhad	10.0	동양생명	91

수익구성		비용구성		수출비중	
[손해보험]장기	24.8	책임준비금전입	3.6	수출	—
[손해보험]특종	22.4	보험금비용	56.5	내수	—
[손해보험]외국수재	21.8	사업비	13.5		

회사 개요
1963년 대한손해보험공사로 설립된 동사는 1978년 주식회사로 전환해 2002년 현재의 사명으로 변경함. 동사가 영위하는 재보험업은 보험회사가 인수한 계약의 일부를 다른 보험회사에 넘기는 것으로 '보험을 위한 보험'이라고 불림. 재보험은 기업 고객이 창출하는 개인고객 위주의 원수보험 시장보다 경기변동에 대한 민감도가 상대적으로 낮음. 동사의 연결대상 종속회사는 홍콩과 영국의 현지법인 2개사임.

실적 분석
동사의 2017년도 상반기 연결기준 영업이익은 1,796억원으로 전년동기 대비 증가하였음. 보험료수익, 수입경비, 금융상품투자수익 등 영업수익의 증가가 있었음. 인수능력 제공, 해외 재보험 네트워크를 기반으로 한 국내 시장 안정화를 지속적으로 도모함. 장기수재 보험료는 여전히 10%대의 성장을 유지하는 중이며 해외 수재 손해율 또한 관리되면서 대규모 손실 리스크가 축소되고 있는 중으로 파악됨.

현금 흐름 〈단위 : 억원〉
항목	2016	2017.2Q
영업활동	4,171	2,810
투자활동	-3,692	-2,709
재무활동	-504	-424
순현금흐름	-27	-322
기말현금	1,936	1,614

시장 대비 수익률

결산 실적 〈단위 : 억원〉
항목	2012	2013	2014	2015	2016	2017
보험료수익	56,455	45,664	59,895	63,844	66,845	—
영업이익	1,865	1,646	1,584	2,453	2,072	
당기순이익	1,412	1,239	1,175	1,865	1,600	

분기 실적 〈단위 : 억원〉
항목	2016.1Q	2016.2Q	2016.3Q	2016.4Q	2017.1Q	2017.2Q
보험료수익	15,842	17,827	16,336	16,841	16,943	18,752
영업이익	628	813	401	231	524	1,272
당기순이익	474	617	303	206	395	964

재무 상태 〈단위 : 억원〉
항목	2012	2013	2014	2015	2016	2017.2Q
총자산	73,061	76,200	84,639	89,785	95,811	97,266
유형자산	794	794	826	809	811	800
무형자산	159	160	365	288	233	199
유가증권	25,635	27,297	32,413	39,293	42,873	42,485
총부채	58,933	61,691	66,249	69,617	74,695	75,272
총차입금						
자본금	591	591	602	602	602	602
총자본	14,128	14,509	18,390	20,168	21,116	21,993
지배주주지분	14,128	14,509	18,390	20,168	21,116	21,993

기업가치 지표
항목	2012	2013	2014	2015	2016	2017.2Q
주가(최고/저)(천원)	12.3/8.6	11.7/9.1	11.1/9.0	14.2/9.5	13.7/10.9	—/—
PER(최고/저)(배)	11.6/8.1	12.2/9.5	12.2/9.9	9.7/6.5	10.6/8.4	—/—
PBR(최고/저)(배)	1.1/0.8	1.0/0.8	0.8/0.6	0.9/0.6	0.8/0.6	0.7/0.6
PSR(최고/저)(배)	0/0	0/0	0/0	0/0	0/0	0/0
EPS(원)	1,173	1,029	976	1,549	1,330	
BPS(원)	12,260	12,583	15,571	17,048	17,836	18,565
CFPS(원)	1,214	1,063	1,016	1,624	1,407	1,170
DPS(원)	250	185	225	350	325	
EBITDAPS(원)	1,579	1,393	1,316	2,038	1,722	1,492

재무 비율 〈단위 : %〉
연도	계속사업이익률	순이익률	부채비율	차입금비율	ROA	ROE	유보율	자기자본비율	총자산증가율
2016	3.1	2.4	353.7	0.0	1.7	7.8	3,467.2	22.0	6.7
2015	3.8	2.9	345.2	0.0	2.1	9.7	3,309.6	22.5	6.1
2014	2.6	2.0	360.3	0.0	1.5	7.1	3,014.2	21.7	15.9
2013	3.6	2.7	425.2	0.0	1.7	8.7	2,416.6	19.0	4.3

코맥스 (A036690)
Commax

업 종 : 보안장비
신용등급 : (Bond) — (CP) —
홈 페 이 지 : www.commax.com
본 사 : 경기도 성남시 중원구 둔촌대로 494 (상대원동)

시 장 : KOSDAQ
기업규모 : 중견
연 락 처 : 031)731-8791

설 립 일	1976.12.03	종 업 원 수	207명	대 표 이 사	변봉덕
상 장 일	2000.01.18	감 사 의 견	적정 (신정)	계 열	
결 산 기	12월	보 통 주	1,400만주	종속회사수	2개사
액 면 가	500원	우 선 주		구 상 호	

주주구성 (지분율,%)		출자관계 (지분율,%)		주요경쟁사 (외형,%)	
변봉덕	24.0	코맥스벤처러스	70.0	코맥스	100
변우석	8.3	이니셜티	11.8	코콤	86
(외국인)	2.7	SK텔레콤		슈프리마	32

매출구성		비용구성		수출비중	
홈네트워크(제품)	46.9	매출원가율	76.5	수출	28.0
비디오폰(제품)	34.2	판관비율	14.7	내수	72.0
인터폰(제품)	12.4				

회사 개요
홈오토메이션과 홈네트워크의 원천기술인 원격제어 기술, 자동화 기술, 통합제어 기술을 자체 개발한 세계 3위의 스마트홈 전문기업임. 주요 제품 및 서비스는 인터폰, 비디오폰, 홈 오토메이션 및 홈 네트워크 시스템, CCTV 시스템, 디지털도어락 등이 있으며, 현재 세계 120개 국가로 수출하고 있음. 스마트홈과 시큐리티를 연동하는 융복합 솔루션과 사람, 사물, 공간이 함께 어우러진 IoT 솔루션 부문에 향후 집중 투자할 계획임.

실적 분석
동사의 2017년 상반기 매출액은 646.6억원으로 전년동기 대비 0.3% 늘어난 실적을 기록함. 매출원가가 1.8% 감소한 반면 총매출이익은 7.4% 늘어난 155.6억원을 시현함. 그러나 경상개발비의 증가로 영업이익은 전년동기 대비 소폭 감소한 46.0억원을 기록했음. 비영업부문 이익 2.4억원이 더해졌으며 당기순이익은 전년 대비 소폭 감소한 36.1억원을 시현하였음.

현금 흐름 〈단위 : 억원〉
항목	2016	2017.2Q
영업활동	118	26
투자활동	-22	-21
재무활동	-27	-26
순현금흐름	66	-24
기말현금	94	70

시장 대비 수익률

결산 실적 〈단위 : 억원〉
항목	2012	2013	2014	2015	2016	2017
매출액	885	1,012	1,096	1,143	1,318	
영업이익	89	97	75	73	116	
당기순이익	51	77	45	58	90	

분기 실적 〈단위 : 억원〉
항목	2016.1Q	2016.2Q	2016.3Q	2016.4Q	2017.1Q	2017.2Q
매출액	299	346	303	370	317	33
영업이익	15	34	21	46	19	
당기순이익	11	25	18	36	17	2

재무 상태 〈단위 : 억원〉
항목	2012	2013	2014	2015	2016	2017.2Q
총자산	773	835	857	891	968	97
유형자산	242	246	249	249	254	26
무형자산	32	33	40	39	40	3
유가증권	18	17	17	15	10	1
총부채	426	425	415	399	395	37
총차입금	268	194	130	97	87	6
자본금	66	66	66	67	69	7
총자본	347	410	442	493	573	60
지배주주지분	346	408	441	491	570	59

기업가치 지표
항목	2012	2013	2014	2015	2016	2017.2Q
주가(최고/저)(천원)	3.2/1.6	3.3/2.3	5.6/2.4	6.8/4.3	6.8/4.4	—/—
PER(최고/저)(배)	9.9/4.8	6.4/4.4	18.1/7.7	16.8/10.5	10.8/6.9	—/—
PBR(최고/저)(배)	1.4/0.7	1.2/0.8	1.8/0.8	1.9/1.2	1.7/1.1	1.9/1
EV/EBITDA(배)	5.8	4.9	9.9	10.5	6.7	—
EPS(원)	364	548	318	413	637	26
BPS(원)	2,716	3,190	3,435	3,738	4,245	4,36
CFPS(원)	468	662	435	570	783	33
DPS(원)	100	100	60	60	60	
EBITDAPS(원)	760	814	665	684	977	40

재무 비율 〈단위 : %〉
연도	영업이익률	순이익률	부채비율	차입금비율	ROA	ROE	유보율	자기자본비율	EBITDA마진율
2016	8.8	6.8	69.0	15.3	9.7	16.8	749.1	59.2	10
2015	6.4	5.1	80.9	19.7	6.7	12.4	647.6	55.3	8
2014	6.8	4.1	94.0	29.3	5.3	10.5	586.9	51.6	8
2013	9.6	7.6	103.8	47.2	9.5	20.4	538.0	49.1	10

코메론 (A049430)
Komelon

종 목 : 기계	시 장 : KOSDAQ
신용등급 : (Bond) — (CP) —	기업규모 : 우량
홈페이지 : www.komelon.co.kr	연 락 처 : 051)290-3100
본 사 : 부산시 사하구 장평로 73 (장림동)	

설 립 일 1983.01.25	종 업 원 수 104명	대 표 이 사 강동현
상 장 일 2000.12.30	감 사 의 견 적정 (한울)	계 열
결 산 기 12월	보 통 주 905만주	종속회사수 3개사
액 면 가 500원	우 선 주	구 상 호

주주구성 (지분율,%)		출자관계 (지분율,%)		주요경쟁사 (외형,%)	
강동현	38.1	시몬스아이케이	100.0	코메론	100
시너지아이비투자	5.4	오셀라	5.4	신진에스엠	72
(외국인)	6.4	기계공업협동조합외		동양산업	545

매출구성		비용구성		수출비중	
STEEL POCKET TAPE,STEEL LONG TAPE 등	76.1	매출원가율	58.8	수출	62.0
PISTON HOUSING 외	11.6	판관비율	19.9	내수	38.0
특수강, 스텐강	6.6				

회사 개요
동사는 줄자사업, 압연사업, 자동차부품사업을 주력으로 하는 기업임. 1963년 설립돼 2001년 한국거래소 코스닥시장에 상장함. 중국에 위치한 청도정도공구유한공사, 미국에 위치한 KOMELON USA와 SIMMONS USA, 부산에 위치한 시몬스아이케이㈜식회사 등을 연결대상 종속회사로 보유하고 있음. 매출의 62.4%는 수출에서, 37.6%는 내수시장에서 나옴.

실적 분석
2017년 연결기준 동사는 매출 376.7억원을 시현함. 전년도 같은 기간 매출액인 359.1억원에서 4.9% 증가한 금액임. 매출원가가 소폭 증가했으나 판매비와 관리비가 소폭 감소하고 매출이 증가해 영업이익은 22.1% 성장한 99.6억원을 기록함. 그러나 금융손익과 외환손익이 적자로 전환되며 비영업부문이 적자로 돌아섬. 이로 인해 당기순이익은 2.5% 감소한 68억원을 기록하는 데 그침.

현금 흐름 〈단위 : 억원〉
항목	2016	2017.2Q
영업활동	173	70
투자활동	-132	8
재무활동	68	-31
순현금흐름	104	40
기말현금	184	224

시장 대비 수익률

결산 실적 〈단위 : 억원〉
항목	2012	2013	2014	2015	2016	2017
매출액	647	573	620	679	689	
영업이익	74	75	100	134	147	
당기순이익	71	51	79	122	127	

분기 실적 〈단위 : 억원〉
항목	2016.1Q	2016.2Q	2016.3Q	2016.4Q	2017.1Q	2017.2Q
매출액	178	181	173	157	174	203
영업이익	43	38	46	19	41	59
당기순이익	32	38	28	29	21	47

재무 상태 〈단위 : 억원〉
항목	2012	2013	2014	2015	2016	2017.2Q
총자산	957	1,025	1,104	1,165	1,367	1,401
유형자산	236	207	206	195	187	187
무형자산	37	35	37	36	34	34
유가증권	106	116	198	304	314	426
총부채	180	198	213	159	242	229
총차입금	84	87	114	39	118	102
자본금	45	45	45	45	45	45
총자본	776	828	891	1,006	1,125	1,172
지배주주지분	776	828	891	1,006	1,125	1,172

기업가치 지표
항목	2012	2013	2014	2015	2016	2017.2Q
주가(최고/저)(천원)	5.5/3.0	4.4/3.1	6.9/3.1	11.9/5.6	12.0/7.0	—/—
PER(최고/저)(배)	7.6/4.2	8.3/5.8	8.2/3.8	9.0/4.3	8.7/5.0	0.9/0.7
PBR(최고/저)(배)	0.7/0.4	0.5/0.4	0.7/0.3	1.1/0.5	1.0/0.6	0.9/0.7
EV/EBITDA(배)	1.8	0.7	0.4	2.5	2.6	3.1	—/—
EPS(원)	779	569	874	1,349	1,409	751
BPS(원)	8,630	9,198	9,899	11,168	12,487	13,003
CFPS(원)	999	835	835	1,150	1,646	890
DPS(원)	65	50	150	120	160	
EBITDAPS(원)	1,035	1,092	1,378	1,773	1,897	1,239

재무 비율 〈단위 : %〉
연도	영업이익률	순이익률	부채비율	차입금비율	ROA	ROE	유보율	자기자본비율	EBITDA마진율
2016	21.3	18.5	21.5	10.5	10.1	12.0	2,397.4	82.3	24.9
2015	19.7	18.0	15.8	3.9	10.8	12.9	2,133.6	86.3	23.6
2014	16.1	12.7	23.9	12.8	7.4	9.2	1,879.8	80.7	20.1
2013	13.1	9.0	23.9	10.5	5.2	6.4	1,739.5	80.7	17.3

코미코 (A183300)
KoMiCo

업 종 : 반도체 및 관련장비	시 장 : KOSDAQ
신용등급 : (Bond) — (CP) —	기업규모 : 벤처
홈페이지 : www.komico.com	연 락 처 : 031)8056-5800
본 사 : 경기도 안성시 모산로 8	

설 립 일 2013.08.13	종 업 원 수 332명	대 표 이 사 김태룡
상 장 일 2017.03.23	감 사 의 견 적정 (대경)	계 열
결 산 기 12월	보 통 주 808만주	종속회사수 4개사
액 면 가 500원	우 선 주	구 상 호

주주구성 (지분율,%)		출자관계 (지분율,%)		주요경쟁사 (외형,%)	
미코	43.3			코미코	100
케이엠씨홀딩스	15.5			SKC 솔믹스	101
(외국인)	4.7			프로텍	101

매출구성		비용구성		수출비중	
세정	49.2	매출원가율	54.1	수출	2.0
코팅	37.8	판관비율	27.0	내수	98.0
상품 부품	8.7				

회사 개요
동사는 2013년 주식회사 코미코에서 물적분할을 통해 신설된 회사임. 존속회사 미코(주식회사 미코)의 반도체 부품 세정, 코팅 사업부문의 독립성과 전문성을 극대화하는 것을 목적으로 함. 20년전 국내 최초의 세정, 코팅 전문 서비스 제공을 사업화하여, 최적의 솔루션을 제시함. 한국, 미국, 중국, 대만, 싱가포르 등 반도체 최고 국가에서 Major 고객에게 서비스를 제공하며, 각지에 현지법인을 설립하여 네트워크 확장 가능성을 보유하고 있음.

실적 분석
동사의 2017년도 2분기 연결기준 누적 매출액은 565.4억원으로 전년동기 대비 21.5% 증가함. 국내외 해외법인에서 모두 매출 증가하며 안정적 수익 유지. 신규사업으로 반도체, 태양광, 디스플레이 산업부문의 정밀 세정과 특수 코팅, 반도체 부품 판매사업을 추진 중에 있음. 관련 기술 진행을 위해 약 17억원을 투자, 2017년 6월 생산라인 건설을 완료함.

현금 흐름 〈단위 : 억원〉
항목	2016	2017.2Q
영업활동	153	82
투자활동	-36	-50
재무활동	-40	56
순현금흐름	68	80
기말현금	250	331

시장 대비 수익률

결산 실적 〈단위 : 억원〉
항목	2012	2013	2014	2015	2016	2017
매출액	—	287	706	842	940	
영업이익	—	12	72	141	177	
당기순이익	—	2	22	74	108	

분기 실적 〈단위 : 억원〉
항목	2016.1Q	2016.2Q	2016.3Q	2016.4Q	2017.1Q	2017.2Q
매출액	232	233	226	248	266	299
영업이익	40	46	42	49	49	71
당기순이익	21	32	25	30	31	49

재무 상태 〈단위 : 억원〉
항목	2012	2013	2014	2015	2016	2017.2Q
총자산	—	656	767	827	932	1,085
유형자산	—	383	435	435	436	449
무형자산	—	3	4	4	3	4
유가증권	—					
총부채	—	437	520	505	530	514
총차입금	—	320	380	313	307	256
자본금	—	35	35	35	35	40
총자본	—	219	247	322	402	571
지배주주지분	—	205	232	304	381	549

기업가치 지표
항목	2012	2013	2014	2015	2016	2017.2Q
주가(최고/저)(천원)	—/—	—/—	—/—	—/—	—/—	—/—
PER(최고/저)(배)	0.0/0.0	0.0/0.0	0.0/0.0	0.0/0.0	0.0/0.0	—/—
PBR(최고/저)(배)	0.0/0.0	0.0/0.0	0.0/0.0	0.0/0.0	0.0/0.0	3.7/2.4
EV/EBITDA(배)	0.0	10.1	2.5			—/—
EPS(원)	—	28	297	1,022	1,515	1,023
BPS(원)	—	2,932	3,311	4,343	5,446	6,796
CFPS(원)	—	197	837	1,691	2,143	1,312
DPS(원)	—				462	
EBITDAPS(원)	—	348	1,566	2,677	3,161	1,864

재무 비율 〈단위 : %〉
연도	영업이익률	순이익률	부채비율	차입금비율	ROA	ROE	유보율	자기자본비율	EBITDA마진율
2016	18.9	11.5	132.0	76.4	12.2	31.0	989.3	43.1	23.5
2015	16.7	8.8	156.9	97.1	9.3	26.7	768.7	38.9	22.3
2014	10.2	3.2	210.8	154.2	3.1	9.5	562.1	32.2	15.5
2013	4.3	0.8	199.5	146.0	1.0	0.0	486.5	33.4	8.5

코미팜 (A041960)
Komipharm International

업　　종 : 제약	시　　장 : KOSDAQ
신용등급 : (Bond) — 　(CP) —	기업규모 : 벤처
홈페이지 : www.komipharm.com	연 락 처 : 031)498-6104
본　　사 : 경기도 시흥시 경제로 17 (정왕동)	

설 립 일	1972.09.21	종 업 원 수	165명
상 장 일	2001.10.19	감 사 의 견	적정 (삼덕)
결 산 기	12월	보 통 주	5,475만주
액 면 가	100원	우 선 주	—

대 표 이 사	양용진,문성철(각자대표이사)
계　　열	
종속회사수	2개사
구 상 호	

주주구성 (지분율,%)
양용진	29.5
황부연	5.7
(외국인)	2.6

출자관계 (지분율,%)
K.I.A,Inc.	100.0
K.I.AU,Pty.Ltd	72.3
Kominox,Inc.	40.0

주요경쟁사 (외형,%)
코미팜	100
한미사이언스	1,768
한미약품	2,345

매출구성
기타	55.4
돼지구제역예방백신(백신)	23.3
돼지PCV2예방유전자재조합백신(백신)	10.4

비용구성
매출원가율	70.9
판관비율	27.5

수출비중
수출	41.0
내수	59.0

회사 개요
동사는 1972년 9월 설립되었으며 2001년 10월 코스닥시장에 상장됨. 동물용 백신 등 동물약품을 생산 판매하고 임상병리검사 분석 대행 서비스업을 영위하고 있음. 동물의약품 사업 부문이외에 신규 사업으로 항암제 및 암성통증 치료제인 코미녹스(KML001)를 개발하고 있음. 2016년 8월 호주에서 코미녹스의 판매 허가를 받음.2016년 기준 연구개발비용은 25.6억원으로 매출액 대비 6.6%를 차지함.

실적 분석
동사의 2017년 2분기기준 누적 매출액은 전년동기대비 1.3% 소폭 변동한 189.5억원을 기록하였음. 비용면에서 전년동기대비 매출원가는 증가 했으며 인건비도 증가, 광고선전비는 감소 하였고 기타판매비와관리비는 증가함. 그에 따라 매출액 하락 등에 의해 전년동기대비 영업이익은 1억원으로 -86.2% 크게 하락하였음. 최종적으로 전년동기대비 당기순이익은 크게 하락하여 0.2억원을 기록함.

현금 흐름 〈단위 : 억원〉
항목	2016	2017.2Q
영업활동	12	-13
투자활동	-66	-19
재무활동	190	30
순현금흐름	140	-1
기말현금	268	268

결산 실적 〈단위 : 억원〉
항목	2012	2013	2014	2015	2016	2017
매출액	221	265	345	364	376	—
영업이익	7	5	2	-6	6	—
당기순이익	10	-1	-21	-65	1	—

분기 실적 〈단위 : 억원〉
항목	2016.1Q	2016.2Q	2016.3Q	2016.4Q	2017.1Q	2017.2Q
매출액	89	103	77	107	83	96
영업이익	2	6	-0	-1	3	-2
당기순이익	7	3	-8	-0	0	-0

재무 상태 〈단위 : 억원〉
항목	2012	2013	2014	2015	2016	2017.2Q
총자산	770	1,088	1,244	1,334	1,498	1,528
유형자산	311	550	612	661	720	713
무형자산	61	98	155	190	209	219
유가증권	2	102	102	52	2	2
총부채	364	641	712	573	505	529
총차입금	318	538	642	486	453	481
자본금	50	—	52	54	55	55
총자본	406	447	532	761	993	999
지배주주지분	406	447	532	761	932	937

기업가치 지표
항목	2012	2013	2014	2015	2016	2017.2Q
주가(최고/저)(천원)	11.5/7.5	12.2/6.6	11.0/7.3	54.7/8.5	50.2/26.0	—/—
PER(최고/저)(배)	568.5/370.8	—/—	—/—	—/—	9,454.1/4,896.6	—/—
PBR(최고/저)(배)	13.6/8.9	13.2/7.2	10.4/6.9	38.8/6.0	29.4/15.2	23.3/17.2
EV/EBITDA(배)	287.1	274.2	234.9	1,031.5	491.4	—
EPS(원)	20	-2	-42	-124	5	—
BPS(원)	846	923	1,062	1,408	1,711	1,720
CFPS(원)	36	19	-4	-74	66	32
DPS(원)	—	—	—	—	—	—
EBITDAPS(원)	30	30	42	39	72	34

재무 비율 〈단위 : % 〉
연도	영업이익률	순이익률	부채비율	차입금비율	ROA	ROE	유보율	자기자본비율	EBITDA마진율
2016	1.6	0.4	50.9	45.7	0.2	0.3	1,610.6	66.3	10.5
2015	-1.6	-18.0	75.2	63.9	-5.1	-10.1	1,308.2	57.1	5.7
2014	0.5	-6.2	134.0	120.7	-1.8	-4.4	961.9	42.7	6.2
2013	1.8	-0.3	143.3	120.2	-0.1	-0.2	822.7	41.1	5.8

코센 (A009730)
KOSSEN

업　　종 : 금속 및 광물	시　　장 : KOSDAQ
신용등급 : (Bond) — 　(CP) —	기업규모 : 중견
홈페이지 : www.kossen.co.kr	연 락 처 : 063)584-6464
본　　사 : 전북 부안군 행안면 부안농공단지길 29	

설 립 일	1974.03.25	종 업 원 수	79명
상 장 일	1990.07.27	감 사 의 견	적정 (위드)
결 산 기	12월	보 통 주	4,010만주
액 면 가	500원	우 선 주	—

대 표 이 사	이제원,박형채(각자대표이사)
계　　열	
종속회사수	1개사
구 상 호	DS제강

주주구성 (지분율,%)
이제원	22.3
한완선	0.9
(외국인)	0.4

출자관계 (지분율,%)
이티에이치	39.8
IZENENERJI	35.0
올돌목	30.0

주요경쟁사 (외형,%)
코센	100
NI스틸	212
EG	272

매출구성
스테인리스강관(제품)	86.6
STS PIPE 외(기타)	13.4

비용구성
매출원가율	101.0
판관비율	11.0

수출비중
수출	4.0
내수	96.0

회사 개요
1974년 설립되어 스테인리스 강관사업, 태양광/풍력 발전사업 및 CNG차량 개조사업을 영위하고 있음. 배관용 조선기자재 사업은 2012년에 통폐합 후 사업을 중단함. 강관사업은 산업전반의 경기 동향과 밀접한 관계가 있으며, 특히 건설, 조선, 플랜트 산업의 경기와 밀접한 연관이 있음. CNG차량 개조사업은 석유 대신 천연가스를 사용하는 엔진으로 개조하는 사업으로서 대기오염 문제 해결 및 유류비 절감 수단으로 확산 중임.

실적 분석
스테인레스 강관 제품의 판매 호조와 가격 인상으로 2017년 상반기 매출액은 전년동기 대비 13.7% 증가한 283.1억원을 달성함. 외형 증가에 따른 고정비용 부담 완화로 영업이익은 6.3억원의 흑자로 전환됨. 신사업 자금 확보를 위해 태양광발전사업을 하는 코센케이에이치 주식 179만주(약 37억원)를 KDB인프라자산운용이 운영하는 펀드에 양도함. 주식과 부동산 처분으로 약 65억원의 이익이 발생하여 당기순이익은 58.6억원으로 급증함.

현금 흐름 〈단위 : 억원〉
항목	2016	2017.2Q
영업활동	29	-18
투자활동	-65	48
재무활동	36	5
순현금흐름	0	36
기말현금	5	40

결산 실적 〈단위 : 억원〉
항목	2012	2013	2014	2015	2016	2017
매출액	575	548	606	578	539	—
영업이익	-32	18	8	17	-65	—
당기순이익	-71	9	12	15	-88	—

분기 실적 〈단위 : 억원〉
항목	2016.1Q	2016.2Q	2016.3Q	2016.4Q	2017.1Q	2017.2Q
매출액	119	131	238	53	150	133
영업이익	-8	-11	-6	-39	6	6
당기순이익	-9	-15	-9	-55	4	55

재무 상태 〈단위 : 억원〉
항목	2012	2013	2014	2015	2016	2017.2Q
총자산	479	550	641	589	600	689
유형자산	98	105	136	99	89	85
무형자산	—	—	5	5	—	—
유가증권	—	—	12	27	27	67
총부채	353	355	404	344	363	379
총차입금	179	153	219	243	213	208
자본금	123	157	166	167	187	192
총자본	126	195	237	245	238	310
지배주주지분	126	195	234	245	238	310

기업가치 지표
항목	2012	2013	2014	2015	2016	2017.2Q
주가(최고/저)(천원)	1.8/0.6	1.5/1.0	1.6/1.0	2.1/1.1	2.5/1.1	—/—
PER(최고/저)(배)	—/—	54.3/36.1	37.5/23.9	61.6/33.7	—/—	—/—
PBR(최고/저)(배)	3.5/1.1	2.4/1.6	2.3/1.5	2.9/1.6	4.0/1.7	2.3/1.7
EV/EBITDA(배)	—	16.4	28.6	25.2	—	—
EPS(원)	-293	28	43	34	-235	152
BPS(원)	514	622	705	732	635	805
CFPS(원)	-240	61	77	65	-208	165
DPS(원)	—	—	—	—	—	—
EBITDAPS(원)	-81	90	94	81	-146	29

재무 비율 〈단위 : % 〉
연도	영업이익률	순이익률	부채비율	차입금비율	ROA	ROE	유보율	자기자본비율	EBITDA마진율
2016	-12.0	-16.3	152.6	89.5	-14.8	-36.4	27.0	39.6	-10.1
2015	2.9	1.9	140.3	99.3	1.8	4.7	46.5	41.6	4.7
2014	1.3	2.0	170.7	92.4	2.0	6.6	40.9	37.0	3.2
2013	3.3	1.6	181.7	78.4	1.6	5.4	24.5	35.5	5.2

코셋 (A189350)
Coset

종 목: 통신장비		시 장: KONEX	
용 등 급: (Bond) — (CP) —		기업규모: —	
페 이 지: www.coset.com		연 락 처: 062)975-8811	
사: 광주시 북구 첨단벤처로 60번길 39(대촌동)			

설 립 일 1999.10.11	종 업 원 수 104명	대 표 이 사 오치형,주관종	
상 장 일 2013.12.24	감 사 의 견 적정 (대주)	계 열	
결 산 기 12월	보 통 주	종속회사수	
액 면 가 —	우 선 주	구 상 호	

주주구성 (지분율,%)
오치형	41.3
3S PHOTONICS	19.5

출자관계 (지분율,%)
CSLaserLimitedLiabilityPartnership	50.0

주요경쟁사 (외형,%)
코셋	100
옵티시스	158
텔레필드	398

매출구성
Pump LD	100.0

비용구성
매출원가율	68.8
판관비율	28.4

수출비중
수출	—
내수	—

회사 개요
1999년에 설립된 동사는 광통신에 사용되는 증폭기(Pump LD Module)를 Bonding & Packaging 하는 업체로 2013년 12월에 코넥스 시장에 상장됨. 동사의 주력 제품인 Pump LD(Laser Diode)는 광통신의 EDFA (Erbium-Doped Fiber Amplifier,어븀이 도핑된 광선로 증폭기)에 적용되어 손실된 광신호 복구에 사용되는 제품으로 광통신에 필수적 부품으로 자리잡고 있음

실적 분석
2016년 연간 매출은 108억원, 영업이익은 3억원, 당기순이익은 9.9억원을 시현함. 광섬유 레이저 펌핑용 High Power Pump LD 모듈을 자체적으로 개발하여 현재 50W 수준의 시제품을 완성하였으며, 현재 100W급의 펌프레이저 모듈을 개발하고 있음. 또한 기타 의료용 Tunable Laser(OCT용-Optical Coherent Tomography), Short Pulse Laser에 대한 신규 제품 개발 추진

현금 흐름 *IFRS 별도 기준 〈단위 : 억원〉
항목	2016	2017.2Q
영업활동	-7	—
투자활동	-11	—
재무활동	—	—
순현금흐름	-18	—
기말현금	4	—

결산 실적 〈단위 : 억원〉
항목	2012	2013	2014	2015	2016	2017
매출액	87	98	82	84	108	
영업이익	11	18	-39	4	3	
당기순이익	13	16	-28	9	10	

분기 실적 *IFRS 별도 기준 〈단위 : 억원〉
항목	2016.1Q	2016.2Q	2016.3Q	2016.4Q	2017.1Q	2017.2Q
매출액	—	—	—	—	—	—
영업이익	—	—	—	—	—	—
당기순이익	—	—	—	—	—	—

재무 상태 *IFRS 별도 기준 〈단위 : 억원〉
항목	2012	2013	2014	2015	2016	2017.2Q
총자산	106	131	145	147	164	—
유형자산	40	65	69	68	68	—
무형자산	0	0	0	0	0	—
유가증권	0	0	—	—	—	—
총부채	9	11	54	46	50	—
총차입금			40	30	30	—
자본금	20	20	20	20	20	—
총자본	98	120	91	101	113	—
지배주주지분	98	120	91	101	113	—

기업가치 지표 *IFRS 별도 기준
항목	2012	2013	2014	2015	2016	2017.2Q
주가 (최고/저)(천원)	—/—	2.4/2.4	4.5/2.3	5.5/2.2	3.6/0.9	—/—
PER(최고/저)(배)	0.0/0.0	6.0/6.0	—/—	23.9/9.7	14.3/3.6	—/—
PBR(최고/저)(배)	0.0/0.0	0.8/0.8	2.0/1.0	2.2/0.9	1.3/0.3	0.0/0.0
EV/EBITDA(배)		4.1		13.1	17.5	—
EPS(원)	332	409	-711	230	248	
BPS(원)	2,438	2,990	2,280	2,532	2,831	
CFPS(원)	410	500	-578	334	355	
DPS(원)						
EBITDAPS(원)	364	549	-847	210	182	

재무 비율 〈단위 : % 〉
연도	영업이익률	순이익률	부채비율	차입금비율	ROA	ROE	유보율	자기자본비율	EBITDA마진율
2016	2.8	9.2	44.4	26.5	6.4	9.3	466.1	69.3	6.7
2015	5.0	11.0	45.1	29.6	6.3	9.6	406.5	68.9	10.0
2014	-47.8	-34.7	58.8	43.9	-20.6	-27.0	355.9	63.0	-41.3
2013	18.7	16.7	9.5	0.0	13.8	15.1	498.1	91.4	22.5

코스맥스 (A192820)
COSMAX

업 종: 개인생활용품		시 장: 거래소	
신용등급: (Bond) — (CP) —		기업규모: 시가총액 중형주	
홈페이지: www.cosmax.com		연 락 처: 031)359-0300	
사: 경기도 화성시 향남읍 제약공단 1길27, 2길 46			

설 립 일 1992.11.12	종 업 원 수 811명	대 표 이 사 이경수,김재천	
상 장 일 2014.04.07	감 사 의 견 적정 (삼덕)	계 열	
결 산 기 12월	보 통 주 1,005만주	종속회사수 8개사	
액 면 가 500원	우 선 주	구 상 호	

주주구성 (지분율,%)
코스맥스비티아이	25.7
국민연금공단	9.5
(외국인)	27.1

출자관계 (지분율,%)
코스맥스닷랩	100.0
코스맥스향남원	90.0
코스맥스아이큐어	51.0

주요경쟁사 (외형,%)
코스맥스	100
아모레퍼시픽	746
아모레G	885

매출구성
색조제품류	53.1
기초제품류	34.0
기타	10.2

비용구성
매출원가율	84.4
판관비율	8.7

수출비중
수출	—
내수	—

회사 개요
기존 코스맥스는 2014년 4월 인적분할을 통해 코스맥스비티아이와 동사로 각각 재상장 및 신규상장함. 분할 후 종속법인인 코스맥스비티아이는 지주회사 역할을 수행할 예정으로 화장품을 제외한 건강기능식품 사업을 영위하는 코스맥스바이오 등이 코스맥스비티아이로 자회사로 편입될 예정임. 사업회사인 동사는 본사 화장품 ODM 및 화장품 관련 국내외 법인을 모두 보유하게 됨.

실적 분석
동사의 2017년 반기 연결기준 매출액 규모는 전년 동기 대비 21.6% 증가한 4,514.1억원을 기록했음. 인건비, 광고선전비 등의 판관비가 증가했음. 원가율 또한 동반 증가하면서 영업이익은 전년 동기 대비 24.1% 감소한 323.3억원을 기록했음. 비영업부문에서 금융손실 39.0억원, 외환손실 21.4억원이 더해지면서 비영업손실 45.6억원이 발생했으며 당기순이익은 전년 동기 대비 36.7% 감소한 120.3억원을 시현함.

현금 흐름 〈단위 : 억원〉
항목	2016	2017.2Q
영업활동	235	-26
투자활동	-975	-658
재무활동	1,249	261
순현금흐름	511	-424
기말현금	683	259

결산 실적 〈단위 : 억원〉
항목	2012	2013	2014	2015	2016	2017
매출액	—	—	3,340	5,333	7,570	
영업이익	—	—	243	359	526	
당기순이익	—	—	158	189	314	

분기 실적 〈단위 : 억원〉
항목	2016.1Q	2016.2Q	2016.3Q	2016.4Q	2017.1Q	2017.2Q
매출액	1,735	1,977	1,861	1,997	2,191	2,323
영업이익	131	182	119	95	94	143
당기순이익	86	104	60	65	25	95

재무 상태 〈단위 : 억원〉
항목	2012	2013	2014	2015	2016	2017.2Q
총자산	—	—	3,257	4,389	6,659	7,121
유형자산	—	—	1,324	1,626	2,359	2,838
무형자산	—	—	33	54	56	60
유가증권	—	—	29	29	112	141
총부채	—	—	2,452	3,424	4,586	5,038
총차입금	—	—	1,450	2,106	2,497	3,341
자본금	—	—	45	45	50	50
총자본	—	—	805	965	2,073	2,083
지배주주지분	—	—	808	979	2,109	2,133

기업가치 지표
항목	2012	2013	2014	2015	2016	2017.2Q
주가 (최고/저)(천원)	—/—	—/—	127/64.4	222/95.6	190/96.5	—/—
PER(최고/저)(배)	0.0/0.0	0.0/0.0	72.1/36.4	97.9/42.1	51.0/25.9	—/—
PBR(최고/저)(배)	0.0/0.0	0.0/0.0	14.8/7.5	21.2/9.1	9.1/4.6	7.5/5.2
EV/EBITDA(배)	0.0	0.0	33.2	40.9	24.1	—
EPS(원)	—	—	1,798	2,301	3,759	1,389
BPS(원)	—	—	9,003	10,900	21,013	21,253
CFPS(원)	—	—	2,577	3,375	5,115	2,168
DPS(원)	—	—	500	700	1,000	
EBITDAPS(원)	—	—	3,436	5,007	7,042	3,140

재무 비율 〈단위 : % 〉
연도	영업이익률	순이익률	부채비율	차입금비율	ROA	ROE	유보율	자기자본비율	EBITDA마진율
2016	7.0	4.2	221.2	120.5	5.7	22.5	4,102.6	31.1	8.6
2015	6.7	3.5	354.8	218.2	4.9	23.8	2,080.0	22.0	8.5
2014	7.3	4.7	304.4	180.1	0.0	0.0	1,700.6	24.7	9.3
2013	0.0	0.0	0.0	0.0	0.0	0.0	0.0	0.0	0.0

코스맥스비티아이 (A044820)
COSMAX BTI

업　　종 : 식료품		시　　장 : 거래소	
신용등급 : (Bond) — (CP) —		기업규모 : 시가총액 소형주	
홈페이지 : www.cosmaxbti.com		연 락 처 : 031)789-3000	
본　　사 : 경기도 성남시 분당구 판교로 255, F동 6층 601호			

설 립 일	1992.11.12	종업원수	111명	대표이사	이경수
상 장 일	2002.02.07	감사의견	적정 (삼덕)	계 열	
결 산 기	12월	보 통 주	960만주	종속회사수	13개사
액 면 가	500원	우 선 주		구 상 호	코스맥스

주주구성 (지분율,%)		출자관계 (지분율,%)		주요경쟁사 (외형,%)	
이경수	32.4	싸이칸아이티티	100.0	코스맥스비티아이	100
서성석	20.6	코스맥스파마	100.0	뉴트리바이오텍	45
(외국인)	6.5	코스맥스바이오	62.5	넥스트BT	28

매출구성		비용구성		수출비중	
[건강기능식품사업]기타	63.7	매출원가율	76.5	수출	—
[기타사업]기타	19.1	판관비율	16.0	내수	—
면역력	7.5				

회사 개요
동사는 코스맥스 계열 자회사들의 지주회사 역할을 하는 업체로서, 코스맥스바이오, 생명의나무에프엔비, 뉴트리바이오텍, 쓰리아플즈코스메틱스 등의 연결자회사 보유하고 있음. 2014년 3월 ODM 사업을 중심으로 화장품 제조 부문을 담당하는 코스맥스로부터 인적분할로 설립 및 재상장됐으며, 2014년 8월 코스맥스 계열 자회사들을 거느리는 지주회사 체제로 전환을 완료함.

실적 분석
동사의 2017년 2분기 누적 연결기준 매출액은 전년대비 4.5% 성장한 1,388.8억원을 기록함. 매출액 성장에도 원가율이 악화된 결과 영업이익은 39.0억원을 보이며 전년대비 66.9% 감소함. 금융손실의 증가와 관계기업 투자손익의 축소 등으로 비영업손실이 발생하며 당기순이익은 25.9억원에 그침. 매출 비중이 높은 건강기능식품의 낮은 수익성이 연결손익 악화에 영향을 주고 있어 이의 수익성 개선이 시급한 것으로 판단됨.

현금 흐름 〈단위 : 억원〉

항목	2016	2017.2Q
영업활동	128	87
투자활동	-656	-508
재무활동	739	578
순현금흐름	209	159
기말현금	336	494

시장 대비 수익률

결산 실적 〈단위 : 억원〉

항목	2012	2013	2014	2015	2016	2017
매출액	3,126	641	1,359	1,999	2,669	—
영업이익	261	30	72	113	202	—
당기순이익	223	244	159	103	245	—

분기 실적 〈단위 : 억원〉

항목	2016.1Q	2016.2Q	2016.3Q	2016.4Q	2017.1Q	2017.2Q
매출액	625	704	697	643	665	724
영업이익	51	67	70	14	19	20
당기순이익	45	76	50	73	-6	32

재무 상태 〈단위 : 억원〉

항목	2012	2013	2014	2015	2016	2017.2Q
총자산	2,417	3,079	4,056	5,446	6,707	7,342
유형자산	1,025	1,274	849	1,734	2,346	2,779
무형자산	43	91	192	194	246	251
유가증권	65	34	9	9	35	42
총부채	1,617	2,056	1,300	2,192	3,241	3,862
총차입금	952	1,204	879	1,545	2,295	2,875
자본금	68	68	48	48	48	48
총자본	800	1,023	2,756	3,254	3,466	3,480
지배주주지분	772	949	2,603	2,793	2,902	2,911

기업가치 지표

항목	2012	2013	2014	2015	2016	2017.2Q
주가(최고/저)(천원)	54.4/15.0	56.9/38.8	66.1/38.7	102.4/44.6	78.0/28.4	—/—
PER(최고/저)(배)	37.1/10.2	36.0/24.5	39.5/23.2	123.6/53.9	49.0/17.9	—/—
PBR(최고/저)(배)	9.8/2.7	8.3/5.6	2.5/1.4	3.5/1.5	2.6/1.0	1.3/1.0
EV/EBITDA(배)	20.9	71.0	40.9	44.2	20.2	—/—
EPS(원)	1,507	1,613	1,693	833	1,599	255
BPS(원)	5,726	7,023	27,148	29,120	30,259	30,347
CFPS(원)	1,936	2,207	2,403	1,563	2,645	909
DPS(원)	270	330	240	130	200	—
EBITDAPS(원)	2,350	812	1,608	1,902	3,145	1,061

재무 비율 〈단위 : %〉

연도	영업이익률	순이익률	부채비율	차입금비율	ROA	ROE	유보율	자기자본비율	EBITDA마진율
2016	7.6	9.2	93.5	66.2	4.0	5.4	5,951.8	51.7	11.3
2015	5.6	5.2	67.4	47.5	2.2	3.0	5,724.1	59.8	9.1
2014	5.3	11.7	47.2	31.9	4.5	7.6	5,329.7	67.9	9.5
2013	4.6	38.0	201.0	117.7	8.9	25.5	1,304.7	33.2	17.2

코스메카코리아 (A241710)
COSMECCA KOREA CO

업　　종 : 개인생활용품		시　　장 : KOSDAQ	
신용등급 : (Bond) — (CP) —		기업규모 : 중견	
홈페이지 : www.cosmecca.com		연 락 처 : 043)535-7161	
본　　사 : 충북 음성군 대소면 대금로 196번길 17-12			

설 립 일	1999.10.05	종업원수	470명	대표이사	조임래,박은희(공동대표)
상 장 일	2016.10.28	감사의견	적정 (한영)	계 열	
결 산 기	12월	보 통 주	534만주	종속회사수	5개사
액 면 가	500원	우 선 주		구 상 호	

주주구성 (지분율,%)		출자관계 (지분율,%)		주요경쟁사 (외형,%)	
박은희	25.2	씨엠글로벌	100.0	코스메카코리아	100
조임래	7.7	엔돌핀코스메틱	100.0	한국콜마	404
(외국인)	16.7	COSMECCASUZHOU,LTD	100.0	아모레퍼시픽	3,418

매출구성		비용구성		수출비중	
프리미엄스네일톤업크림 외	63.9	매출원가율	78.7	수출	37.0
퓨어라이트쿠션 외	35.4	판관비율	13.3	내수	63.0
에이에이씨아이디얼앰플파운데이션	0.7				

회사 개요
동사는 1999년 10월에 설립되어 화장품 주문자 표시 제조 및 판매, 개발 등을 영위하는 업체로 2016년 10월 KOSDAQ 시장에 상장함. 현재 국내외 생산판매법인을 보유하고 있으며 연결대상 종속회사는 엔돌핀코스메틱 등 5개사를 보유하고 있음. 주요 취급 품목은 기초, 색조, 기능성, 어린이용, 헤어, 바디케어, 방향용 화장품용 제품류와 의약외품류 등임.

실적 분석
동사의 2017년 2분기 누적 연결기준 매출액은 전년대비 29.3% 급증한 1,004.3억원을 기록함. 외형 성장에도 원가율은 안정되어 수익성은 전년동기와 유사한 수준을 보임. 외형 성장의 효과로 영업이익 100.6억원, 당기순이익 84.0억원을 보이며 이익 규모는 크게 증가함. 동사는 올해 기존 중국지역 수출 증가 외에 신규 납품을 시작한 글로벌 고객사향 매출 증가를 기대하고 있음.

현금 흐름 〈단위 : 억원〉

항목	2016	2017.2Q
영업활동	44	43
투자활동	-132	-130
재무활동	555	-1
순현금흐름	468	-88
기말현금	500	412

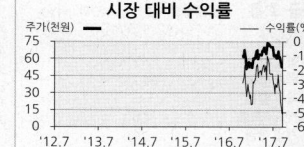
시장 대비 수익률

결산 실적 〈단위 : 억원〉

항목	2012	2013	2014	2015	2016	2017
매출액	643	629	683	991	1,652	—
영업이익	32	19	25	64	131	—
당기순이익	28	11	14	50	115	—

분기 실적 〈단위 : 억원〉

항목	2016.1Q	2016.2Q	2016.3Q	2016.4Q	2017.1Q	2017.2Q
매출액	341	435			506	498
영업이익	34	40			48	52
당기순이익	28	40			35	48

재무 상태 〈단위 : 억원〉

항목	2012	2013	2014	2015	2016	2017.2Q
총자산	364	401	510	699	1,430	1,480
유형자산	176	215	255	259	379	452
무형자산	0	1	3	7	7	7
유가증권	0	0	13	15	17	1
총부채	228	260	329	470	382	361
총차입금	118	143	173	181	24	21
자본금	20	20	20	20	27	27
총자본	136	140	180	229	1,048	1,120
지배주주지분	136	140	180	229	1,048	1,120

기업가치 지표

항목	2012	2013	2014	2015	2016	2017.2Q
주가(최고/저)(천원)	—/—	—/—	—/—	—/—	—/—	—/—
PER(최고/저)(배)	0.0/0.0	0.0/0.0	0.0/0.0	0.0/0.0	25.1/18.1	—/—
PBR(최고/저)(배)	0.0/0.0	0.0/0.0	0.0/0.0	0.0/0.0	3.5/2.5	3.6/2.1
EV/EBITDA(배)	1.5	3.2	2.9	1.4	15.7	—
EPS(원)	915	263	339	1,257	2,701	1,572
BPS(원)	33,894	35,051	45,080	57,163	19,633	20,983
CFPS(원)	15,053	7,441	8,533	18,685	3,340	1,903
DPS(원)						
EBITDAPS(원)	16,506	9,510	11,378	22,085	3,721	2,213

재무 비율 〈단위 : %〉

연도	영업이익률	순이익률	부채비율	차입금비율	ROA	ROE	유보율	자기자본비율	EBITDA마진율
2016	8.0	7.0	36.4	2.3	10.8	18.0	3,826.6	73.3	9.
2015	6.4	5.1	205.7	79.1	8.3	24.6	1,043.3	32.7	8.
2014	3.7	2.0	182.7	95.7	—	—	801.6	35.4	6.
2013	3.0	1.7	185.7	102.2	2.8	7.6	601.0	35.0	6.

코스모신소재 (A005070)
Cosmo Advanced Materials & Technology

업　　종 : 컴퓨터 및 주변기기		시　　장 : 거래소	
신용등급 : (Bond) — 　(CP) —		기업규모 : 시가총액 소형주	
홈페이지 : www.cosmoamt.com		연 락 처 : 043)850-1114	
본　　사 : 충북 충주시 충주호로 36 (목행동)			

설 립 일 1967.05.16	종 업 원 수 289명	대 표 이 사 홍동환,허경수
상 장 일 1987.09.28	감사의견 적정 (예일)	계　　열
결 산 월 12월	보 통 주 1,588만주	종속회사수
액 면 가 5,000원	우 선 주	구 상 호

주주구성 (지분율,%)		출자관계 (지분율,%)		주요경쟁사 (외형,%)	
코스모화학	35.2	코스모신소재	100		
현대캐피탈	4.3	잉크테크	39		
(외국인)	0.3	미래테크놀로지	12		

매출구성		비용구성		수출비중	
TONER, LCO 등	64.1	매출원가율	92.3	수출	92.0
기능성필름 등	36.0	판관비율	5.0	내수	8.0

회사 개요
동사는 1967년 설립되어 기능성필름(이형필름, 점착필름, 인슐레이션필름)과 2차전지용 양극활물질, 토너, 토너용 자성체 등을 제조 판매하는 사업을 영위하고 있음. 또한 2차전지용 양극활물질과 토너를 생산하고 있음. 동사는 2010년에 GS그룹에 인수되어 법률상 GS그룹에 속한 계열회사이었으나, 독점규제 및 공정거래에 관한 법률시행령 제3조의2 제1항에 의거 2015년 7월 22일자로 상호출자 제한기업집단 'GS' 에서 분리됨.

실적 분석
동사의 2017년 상반기 매출은 1,406억원으로 전년대비 59.9% 증가, 영업이익은 54.1억원으로 전년대비 133.8% 증가, 당기순이익은 28.9억원으로 전년대비 흑자전환 시현. 2차전지용 양극활물질 수요 증가, 해외 거래선 다변화 힘입어 매출, 이익이 큰 폭으로 증가 시현. 전기차 시장이 빠르게 확대되면서 배터리 관련주에 관심 증대. 중국은 내년부터 전기차 의무생산제도가 시행될 예정, 유럽에도 친환경차로의 전환에 가속화 예상.

현금 흐름	*IFRS 별도 기준	〈단위 : 억원〉
항목	2016	2017.2Q
영업활동	107	-29
투자활동	5	-43
재무활동	-90	18
순현금증감	22	-55
기말현금	69	15

시장 대비 수익률

결산 실적					〈단위 : 억원〉	
항목	2012	2013	2014	2015	2016	2017
매출액	1,291	1,533	1,493	1,334	1,903	—
영업이익	-107	-33	-132	-70	50	—
당기순이익	-149	-86	-233	-247	14	—

분기 실적	*IFRS 별도 기준				〈단위 : 억원〉	
항목	2016.1Q	2016.2Q	2016.3Q	2016.4Q	2017.1Q	2017.2Q
매출액	397	483	505	518	626	780
영업이익	11	13	14	13	20	34
당기순이익	-5	1	1	16	19	10

재무 상태	*IFRS 별도 기준				〈단위 : 억원〉	
항목	2012	2013	2014	2015	2016	2017.2Q
총자산	2,339	2,741	2,652	2,226	2,297	2,371
유형자산	1,860	2,061	2,028	1,439	1,382	1,408
무형자산	18	19	18	13	4	7
유가증권	5	44	40	2		1
총부채	1,458	1,744	1,930	1,739	1,783	1,828
총차입금	1,178	1,388	1,437	1,337	1,265	1,291
자본금	699	749	749	749	754	754
총자본	880	997	722	487	514	542
지배주주지분	880	997	722	487	514	542

기업가치 지표	*IFRS 별도 기준					
항목	2012	2013	2014	2015	2016	2017.2Q
주가(최고/저)(천원)	8.1/4.1	7.3/3.8	7.8/2.7	3.9/2.2	6.4/2.0	—/—
PER(최고/저)(배)	—/—	—/—	—/—	—/—	68.9/22.1	—/—
PBR(최고/저)(배)	1.3/0.7	1.1/0.6	1.6/0.6	1.2/0.7	1.9/0.6	2.2/1.2
EV/EBITDA(배)		55.7		90.4	15.2	
EPS(원)	-1,069	-600	-1,556	-1,649	92	192
BPS(원)	6,295	6,652	4,816	3,246	3,407	3,598
CFPS(원)	-596	-104	-985	-1,056	624	454
DPS(원)						
EBITDAPS(원)	-290	267	-312	124	867	621

재무 비율							〈단위 : % 〉	
연도	영업이익률	순이익률	부채비율	차입금비율	ROA	ROE	유보율	자기자본비율	EBITDA마진율
2016	2.7	0.7	일부잠식	일부잠식	0.6	2.8	-31.9	22.4	6.8
2015	-5.3	-18.5	일부잠식	일부잠식	-10.1	-40.9	-35.1	21.9	1.4
2014	-8.9	-15.6	일부잠식	일부잠식	-8.7	-27.1	-3.7	27.2	-3.1
2013	-2.1	-5.6	175.0	139.2	-3.4	-9.2	33.0	36.4	2.5

코스모화학 (A005420)
Cosmo Chemical

업　　종 : 화학		시　　장 : 거래소	
신용등급 : (Bond) — 　(CP) —		기업규모 : 시가총액 소형주	
홈페이지 : www.cosmochem.co.kr		연 락 처 : 052)231-6700	
본　　사 : 서울시 서초구 반포대로 43 코스모빌딩 5층			

설 립 일 1968.02.12	종 업 원 수 180명	대 표 이 사 성준경,할계경(각자대표이사)
상 장 일 1987.07.23	감사의견 적정 (이현)	계　　열
결 산 월 12월	보 통 주 1,496만주	종속회사수 2개사
액 면 가 5,000원	우 선 주	구 상 호

주주구성 (지분율,%)		출자관계 (지분율,%)		주요경쟁사 (외형,%)	
코스모턴여라운드 유한회사	30.2	코스모촉매	74.6	코스모화학	100
허경수	4.4	코스모신소재	39.0	한솔씨앤피	19
(외국인)	1.7			WISCOM	47

매출구성		비용구성		수출비중	
이산화티타늄 (아나타제,루타일)	87.2	매출원가율	94.9	수출	59.0
부산물 등	12.9	판관비율	10.0	내수	41.0

회사 개요
동사는 1968년 산화티타늄 제조판매업을 목적으로 설립되어 현재 국내 유일의 이산화티타늄(아나타제 생산, 루타일 수입) 및 황산코발트 제조업체임. 2016년 3월 효율적 경영을 위한 구조조정의 일환으로 인천공장을 매각해 현재는 온산공장의 연간 30,000톤 생산능력을 보유하고 있음. 코스모화학의 무기업인 코스모그룹은 GS그룹의 방계회사로 코스모그룹 허경수 회장은 허창수 GS그룹 회장과 사촌 관계임.

실적 분석
동사의 2017년 상반기 누적 매출액은 1,885.7억원으로 전년동기대비 33.3% 증가함. 비용 면에서 매출원가는 25.4% 증가한 1,650.8억원을 기록했으나, 판관비는 123.3억원으로 21.2% 감소함. 매출 확대에 따라 영업이익은 111.6억원, 당기순이익도 203.8억원을 기록하며 흑자전환에 성공함. 고부가치제품인 KA-300등 다양한 스펙의 제품들로 다변화된 시장수요에 대처하고자 노력 중임.

현금 흐름		〈단위 : 억원〉
항목	2016	2017.2Q
영업활동	-168	-134
투자활동	1,036	123
재무활동	-843	76
순현금증감	24	64
기말현금	72	136

시장 대비 수익률

결산 실적					〈단위 : 억원〉	
항목	2012	2013	2014	2015	2016	2017
매출액	3,092	3,154	2,818	2,500	2,865	—
영업이익	-51	-141	-361	-392	-140	—
당기순이익	-263	-58	-564	-1,219	-725	—

분기 실적					〈단위 : 억원〉	
항목	2016.1Q	2016.2Q	2016.3Q	2016.4Q	2017.1Q	2017.2Q
매출액	687	727	736	715	852	1,033
영업이익	-3	-56	-49	-32	48	63
당기순이익	-49	-123	-169	-384	25	178

재무 상태					〈단위 : 억원〉	
항목	2012	2013	2014	2015	2016	2017.2Q
총자산	7,168	7,642	8,089	6,305	4,781	4,911
유형자산	5,277	5,686	6,271	4,169	3,426	3,458
무형자산	47	50	43	22	13	45
유가증권	66	105	74	6	3	14
총부채	4,298	4,597	5,382	4,761	3,726	3,633
총차입금	3,239	3,446	3,419	3,097	2,322	2,429
자본금	655	655	655	666	666	666
총자본	2,869	3,044	2,707	1,544	1,055	1,278
지배주주지분	2,359	2,438	2,268	1,248	741	942

기업가치 지표						
항목	2012	2013	2014	2015	2016	2017.2Q
주가(최고/저)(천원)	19.8/7.8	11.9/6.5	8.2/4.6	7.1/4.4	5.5/3.8	—/—
PER(최고/저)(배)	—/—	—/—	—/—	—/—	—/—	—/—
PBR(최고/저)(배)	1.1/0.4	0.6/0.4	0.5/0.3	0.8/0.5	1.0/0.7	1.6/0.6
EV/EBITDA(배)	23.3	37.2			73.6	
EPS(원)	-1,347	-40	-3,225	-8,059	-5,504	1,397
BPS(원)	18,015	18,622	17,325	9,379	5,574	7,082
CFPS(원)	546	1,980	-1,143	-5,872	-4,141	2,177
DPS(원)						
EBITDAPS(원)	1,505	947	-677	-773	314	1,618

재무 비율							〈단위 : % 〉	
연도	영업이익률	순이익률	부채비율	차입금비율	ROA	ROE	유보율	자기자본비율	EBITDA마진율
2016	-4.9	-25.3	353.3	220.2	-13.1	-73.7	11.5	22.1	1.5
2015	-15.7	-48.8	308.3	200.5	-16.9	-60.8	87.6	24.5	-4.1
2014	-12.8	-20.0	198.8	126.3	-7.2	-18.0	246.5	33.5	-3.2
2013	-4.5	-1.8	151.0	113.2	-0.8	-0.2	272.4	39.8	3.9

ㅋ

코스온 (A069110)
COSON

업 종 : 개인생활용품	시 장 : KOSDAQ
신용등급 : (Bond) — (CP) —	기업규모 : 우량
홈페이지 : www.coson.co.kr	연 락 처 : 02)3454-0276
본 사 : 서울시 강남구 영동대로 333, 6층 (대치동, 일동빌딩)	

설 립 일	1999.12.07	종 업 원 수	232명	대 표 이 사	이동건
상 장 일	2003.10.14	감 사 의 견	적정 (대주)	계 열	
결 산 기	12월	보 통 주	1,809만주	종속회사수	1개사
액 면 가	500원	우 선 주	69만주	구 상 호	3H

주주구성 (지분율,%)		출자관계 (지분율,%)		주요경쟁사 (외형,%)	
이동건	13.9	덴파레코스메틱	100.0	코스온	100
우국환	4.1	마루온	60.0	케어젠	56
(외국인)	1.2	빌라쥬11팩토리	49.0	콜마비앤에이치	308

매출구성		비용구성		수출비중	
색조화장품	56.1	매출원가율	74.6	수출	13.0
기초화장품	41.7	판관비율	15.7	내수	87.0
화장품	1.8				

회사 개요
동사는 1999년 디지털 영상저장장치 DVR 시스템 제조 및 도소매업을 영위할 목적으로 설립됨. 2012년 아모레퍼시픽 연구원 출신이 동사를 인수하면서 코스온으로 사명이 변경됨. 지난해 비화장품 부문을 정리하고 올해부터 화장품 사업에 집중하고 있음. 얼마 전 CGMP급 화장품 생산공장을 경기도 오산에 건립했음. 생산능력은 생산이 기준으로 400~500억원 규모임. OEM보다 ODM에 주력하고 국내보다 해외에 집중할 계획임.

실적 분석
동사의 2017년도 2분기 누적 매출액은 493.8억원으로 전년동기 대비 18.8% 증가함. 매출은 색조화장품 58.4%, 기초화장품 40.8%, 기타 등으로 구성됨. 화장품 제품의 매출은 중국지역에서 발생함. 해외 판매의 경우 동남아 및 중국, 일본 등의 현지 화장품 업체와의 제휴를 통해 판매 기획 중임. 중국현지 광저우에 환마그룹과 합작 현지법인을 설립해 본격적인 양산 중임.

현금 흐름 〈단위 : 억원〉
항목	2016	2017.2Q
영업활동	-136	-64
투자활동	-94	-142
재무활동	151	182
순현금흐름	-78	-25
기말현금	75	50

시장 대비 수익률

결산 실적 〈단위 : 억원〉
항목	2012	2013	2014	2015	2016	2017
매출액	196	106	265	619	831	
영업이익	1	-4	22	69	81	
당기순이익	2	-27	5	45	68	

분기 실적 〈단위 : 억원〉
항목	2016.1Q	2016.2Q	2016.3Q	2016.4Q	2017.1Q	2017.2Q
매출액	207	209	200	214	229	264
영업이익	19	19	18	24	21	21
당기순이익	13	14	16	26	14	16

재무 상태 〈단위 : 억원〉
항목	2012	2013	2014	2015	2016	2017.2Q
총자산	124	231	405	740	1,018	1,205
유형자산	3	86	107	152	220	248
무형자산	0	3	2	2	5	6
유가증권	0	0	32	54	54	126
총부채	48	129	170	233	405	493
총차입금	46	112	119	115	249	345
자본금	67	69	80	89	91	94
총자본	76	102	236	507	613	712
지배주주지분	76	102	236	507	603	702

기업가치 지표
항목	2012	2013	2014	2015	2016	2017.2Q
주가(최고/저)(천원)	6.1/1.7	7.3/4.9	16.9/5.4	41.5/13.2	23.3/10.7	—/—
PER(최고/저)(배)	457.9/128.9	—/—	488.8/154.7	154.0/49.0	60.8/28.0	4.0/2.8
PBR(최고/저)(배)	10.4/2.9	10.0/6.7	11.4/3.6	14.6/4.6	6.9/3.2	4.0/2.8
EV/EBITDA(배)	470.4		65.6	45.7	22.4	
EPS(원)	13	-198	35	270	382	158
BPS(원)	589	735	1,477	2,850	3,373	3,795
CFPS(원)	16	-186	86	344	500	231
DPS(원)						
EBITDAPS(원)	10	-16	192	485	565	296

재무 비율 〈단위 : %〉
연도	영업이익률	순이익률	부채비율	차입금비율	ROA	ROE	유보율	자기자본비율	EBITDA마진율
2016	9.7	8.2	66.1	40.6	7.7	12.4	574.6	60.2	12.3
2015	11.2	7.3	46.0	22.7	7.9	12.2	470.0	68.5	13.2
2014	8.2	2.0	72.0	50.4	1.7	3.2	195.4	58.2	11.2
2013	-3.6	-25.2	127.1	110.4	-15.0	-30.1	47.0	44.0	-2.1

코아스 (A071950)
KOAS CO

업 종 : 내구소비재	시 장 : 거래소
신용등급 : (Bond) — (CP) —	기업규모 : 시가총액 소형주
홈페이지 : www.ikoas.com	연 락 처 : 02)2163-6000
본 사 : 서울시 영등포구 선유로52길 17	

설 립 일	1992.07.24	종 업 원 수	317명	대 표 이 사	노재근
상 장 일	2005.08.04	감 사 의 견	적정 (안진)	계 열	
결 산 기	12월	보 통 주	3,091만주	종속회사수	2개사
액 면 가	500원	우 선 주		구 상 호	

주주구성 (지분율,%)		출자관계 (지분율,%)		주요경쟁사 (외형,%)	
노재근	18.2	매일방송		코아스	100
노형우	6.6	전문건설공제조합		한국가구	59
(외국인)	1.3	서울경인금속가구조합		YW	30

매출구성		비용구성		수출비중	
기타	29.9	매출원가율	67.6	수출	5.0
의자	27.0	판관비율	36.0	내수	95.0
판넬 외	16.9				

회사 개요
1992년 설립된 사무용가구 전문생산업체로 밀레니엄, 후레코, 넥시스, D-MOLO, U-Plex 등의 사무용 가구와 학생용 책, 걸상인 스칼라, 임원용인 클라리스를 생산중. 전국에 170여개의 대리점을 운영중인데 200개로 확대를 추진중임. 사무용가구는 퍼시스, 리바트, 보루네오가구와 동사가 4대 메이저업체인데 2012년 기준으로 동사는 18.34%의 시장을 점유중임. 향후 동사는 교육용 가구시장 확대를 추진중임.

실적 분석
불확실한 경제환경에도 불구하고 동사의 2017년 2분기기준 누적 매출액은 전년동기 대비 20% 상승한 570.9억원을 기록함. 상승한 매출액 만큼 비용도 전반적으로 증가함. 이와 같이 비용증가도 있었으나 매출액의 큰 상승에 힘입어 전년동기대비 영업이익은 11억원으로 흑자전환하였음. 최종적으로 전년동기대비 당기순이익은 흑자전환하여 4.3억원을 기록함. 전자교구재 중심으로 교육시장을 공략하고 수출에 적극적이므로 수익 성장이 기대됨.

현금 흐름 〈단위 : 억원〉
항목	2016	2017.2Q
영업활동	-20	-40
투자활동	-37	-46
재무활동	-2	14
순현금흐름	-59	-73
기말현금	80	8

시장 대비 수익률

결산 실적 〈단위 : 억원〉
항목	2012	2013	2014	2015	2016	2017
매출액	767	882	989	965	971	
영업이익	26	4	21	-78	-35	
당기순이익	3	-81	6	-109	-77	

분기 실적 〈단위 : 억원〉
항목	2016.1Q	2016.2Q	2016.3Q	2016.4Q	2017.1Q	2017.2Q
매출액	265	211	217	279	325	24
영업이익	2	-13	2	-27	12	
당기순이익	1	-30	1	-49	7	

재무 상태 〈단위 : 억원〉
항목	2012	2013	2014	2015	2016	2017.2Q
총자산	1,034	986	1,010	894	769	80
유형자산	196	263	264	282	317	34
무형자산	14	11	12	11	8	
유가증권	7	1	1	6	6	
총부채	612	607	603	586	523	55
총차입금	338	286	251	246	224	24
자본금	113	133	143	148	155	15
총자본	422	379	407	308	246	24
지배주주지분	422	379	407	308	246	24

기업가치 지표
항목	2012	2013	2014	2015	2016	2017.2Q
주가(최고/저)(천원)	1.9/0.8	1.9/0.8	2.1/1.2	3.9/1.7	2.7/1.4	—/—
PER(최고/저)(배)	118.8/52.0	—/—	100.2/55.7	—/—	—/—	—/—
PBR(최고/저)(배)	1.0/0.4	1.3/0.6	1.5/0.8	3.8/1.7	3.4/1.7	2.3/1.8
EV/EBITDA(배)	13.0		29.0	19.5		
EPS(원)	16	-337	21	-366	-250	1
BPS(원)	1,866	1,424	1,423	1,041	797	79
CFPS(원)	86	-267	79	-304	-185	5
DPS(원)						
EBITDAPS(원)	192	85	131	-204	-49	7

재무 비율 〈단위 : %〉
연도	영업이익률	순이익률	부채비율	차입금비율	ROA	ROE	유보율	자기자본비율	EBITDA마진율
2016	-3.6	-7.9	212.3	90.9	-9.3	-27.6	59.4	32.0	-1.
2015	-8.1	-11.3	190.4	80.0	-11.4	-30.2	108.1	34.4	-6.
2014	2.1	0.6	148.4	61.8	0.6	1.5	184.5	40.3	3.8
2013	0.4	-9.2	160.2	75.6	-8.0	-20.2	184.8	38.4	2.

코아스템 (A166480)
CORESTEM

업 종 : 바이오	시 장 : KOSDAQ
신용등급 : (Bond) — (CP) —	기업규모 : 신성장
홈 페 이 지 : www.corestem.com	연 락 처 : 02)497-3711
본 사 : 경기도 성남시 분당구 판교로 255번길 24 (삼평동)	

설 립 일	2003.12.29	종 업 원 수	53명	대 표 이 사	김경숙
상 장 일	2015.06.26	감 사 의 견	적정 (삼덕)	계 열	
결 산 기	12월	보 통 주	1,572만주	종 속 회 사 수	2개사
액 면 가	500원	우 선 주		구 상 호	

주주구성 (지분율,%)		출자관계 (지분율,%)		주요경쟁사 (외형,%)	
김경숙	22.5	코아스템	100		
서울글로벌바이오메디칼클러스터조성펀드	7.3	진원생명과학	175		
(외국인)	0.6	제노포커스	39		

매출구성		비용구성		수출비중	
R&D서비스	85.7	매출원가율	71.0	수출	0.0
루푸스 치료제, 기타 연구용역	7.9	판관비율	38.1	내수	100.0
뉴로나타-알®	6.5				

회사 개요
동사는 줄기세포기술을 기반으로 희귀/난치성질환에 대한 새로운 줄기세포 치료제를 개발, 생산 및 판매함. 동사는 전세계에서 5번째로 줄기세포치료제의 상용화에 성공하여 2005년 2월말부터 환자에게 투약을 개시했으며, 또 희귀/난치성 질환 등에 대한 줄기세포치료제를 신규로 개발하고 있고, 2세대(차세대) 줄기세포치료제에 대한 기초연구와 공정자동화기술의 연구 및 개발을 진행 중임.

실적 분석
동사의 2017년 상반기 누적매출액은 101.2억원으로 전년동기대비 26.6% 증가함. 매출 확대에 힘입어 영업손실은 6.4억원으로 적자폭이 줄어듬. 반면 일회성으로 합병비용의 발생으로 비영업손실 12.3억원이 발생해 당기순손실은 19.1억원으로 적자폭이 커짐. 동사는 세포배양플라스크 및 이를 구비한 세포배양장치와 관련한 특허를 출원함. 특허 기술로 자동화 세포 공정 확립에 활용할 수 있음.

현금 흐름		〈단위 : 억원〉
항목	2016	2017.2Q
영업활동	35	-41
투자활동	-247	-11
재무활동	112	13
순현금흐름	-100	-39
기말현금	83	44

시장 대비 수익률

결산 실적						〈단위 : 억원〉
항목	2012	2013	2014	2015	2016	2017
매출액	0	37	130	186	180	
영업이익	-16	-24	-18	14	-16	
당기순이익	-14	-34	-63	-12	-12	

분기 실적						〈단위 : 억원〉
항목	2016.1Q	2016.2Q	2016.3Q	2016.4Q	2017.1Q	2017.2Q
매출액	35	45	52	48	51	50
영업이익	-8	-8	11	-11	1	-7
당기순이익	-6	-3	9	-11	-12	-7

재무 상태						〈단위 : 억원〉
항목	2012	2013	2014	2015	2016	2017.2Q
총자산	80	308	360	750	857	934
유형자산	13	83	114	126	170	214
무형자산	2	60	58	57	55	55
유가증권	—	—	—	227	381	255
총부채	106	250	203	79	—	97
총차입금	79	192	137	—	—	11
자본금	29	39	56	79	79	79
총자본	-26	59	157	671	778	837
지배주주지분	-26	24	115	630	667	681

기업가치 지표						
항목	2012	2013	2014	2015	2016	2017.2Q
주가(최고/저)(천원)	—/—	—/—	—/—	45.4/18.5	23.1/10.0	—/—
PER(최고/저)(배)	0.0/0.0	0.0/0.0	0.0/0.0	11.3/4.6	5.4/2.4	2.8/2.1
PBR(최고/저)(배)	0.0/0.0	0.0/0.0	0.0/0.0	11.3/4.6		
EV/EBITDA(배)				111.5		
EPS(원)	-227	-503	-771	-35	-106	-96
BPS(원)	-3,437	2,047	877	4,011	4,245	4,330
CFPS(원)	-1,828	-3,453	-665	39	-31	-55
DPS(원)						-0
EBITDAPS(원)	-2,238	-2,198	-99	168	-28	

재무 비율								〈단위 : %〉
연도	영업이익률	순이익률	부채비율	차입금비율	ROA	ROE	유보율	자기자본비율	EBITDA마진율
2016	-9.0	-6.8	10.2	0.0	-1.5	-2.6	749.1	90.8	-2.5
2015	7.4	1.5	11.7	0.0	0.5	-1.4	702.2	89.5	13.1
2014	-13.9	-48.7	129.8	87.4	-18.9	-97.8	105.3	43.5	-6.7
2013	-65.8	-93.9	424.1	326.8	-17.7	전기잠식	-38.9	19.1	-56.1

코아시아홀딩스 (A045970)
CoAsia Holdings

업 종 : 전자 장비 및 기기	시 장 : KOSDAQ
신용등급 : (Bond) B (CP) —	기업규모 : 중견
홈 페 이 지 : www.coasiaholdings.com	연 락 처 : 032)500-1713
본 사 : 인천시 남동구 남동서로 193 (고잔동)	

설 립 일	1993.05.25	종 업 원 수	16명	대 표 이 사	이회준
상 장 일	2000.08.03	감 사 의 견	적정 (안진)	계 열	
결 산 기	12월	보 통 주	1,696만주	종 속 회 사 수	12개사
액 면 가	500원	우 선 주		구 상 호	비에스이

주주구성 (지분율,%)		출자관계 (지분율,%)		주요경쟁사 (외형,%)	
이회준	36.7	비에스이	100.0	코아시아홀딩스	100
박진수	11.0	이츠웰	82.6	옵트론텍	35
(외국인)	13.8	한국미래기술	60.0	에스씨디	34

매출구성		비용구성		수출비중	
카메라모듈	53.2	매출원가율	84.2	수출	—
SPK	30.2	판관비율	12.4	내수	—
MIC	9.6				

회사 개요
동사는 지주회사로 휴대폰에 주로 쓰이는 소형 마이크(ECM, Si-MEMS, Digital MIC)분야와 스피커분야에서 세계적인 기술력과 인지도를 가지고 있는 비에스이를 자회사로 두고 있음. 이어 2007년 발광다이오드(LED) Packaging과 관련 제품을 제조 하는 이츠웰을 자회사로 편입했으며 2015년 휴대폰용 카메라모듈 제품을 제조하는 에이치엔티일렉트로닉스를 자회사로 편입함.

실적 분석
2017년 상반기 연결기준 동사 매출은 전년동기 대비 1.2% 성장한 2,003.7억원임. 매출은 증가했으나 매출원가가 0.8% 증가하고 인건비 증가 등으로 인해 판매비와 관리비 또한 5.9% 상승함. 이에 영업이익은 전년도 같은 기간에 비해 4.7% 감소한 92.7억원을 기록하는 데 그침. 비영업부문은 적자가 지속됐으나 손실폭은 작아짐. 이에 당기순이익은 전년 동기 2.6억원에서 크게 증가한 19.3억원을 기록함.

현금 흐름		〈단위 : 억원〉
항목	2016	2017.2Q
영업활동	391	-36
투자활동	-214	-155
재무활동	-334	117
순현금흐름	-92	-82
기말현금	485	403

시장 대비 수익률

결산 실적						〈단위 : 억원〉
항목	2012	2013	2014	2015	2016	2017
매출액	2,327	2,876	2,562	2,776	3,961	
영업이익	38	1	-168	59	136	
당기순이익	58	-30	-224	9	-19	

분기 실적						〈단위 : 억원〉
항목	2016.1Q	2016.2Q	2016.3Q	2016.4Q	2017.1Q	2017.2Q
매출액	1,047	934	988	992	1,044	960
영업이익	47	50	42	-3	46	10
당기순이익	6	-3	2	-23	9	10

재무 상태						〈단위 : 억원〉
항목	2012	2013	2014	2015	2016	2017.2Q
총자산	2,382	2,727	2,420	3,517	3,255	3,321
유형자산	637	785	827	1,267	1,234	1,240
무형자산	31	30	2	276	278	279
유가증권	3	0	4	1	1	31
총부채	1,359	1,726	1,559	2,255	1,828	1,864
총차입금	926	1,210	1,212	1,614	1,253	1,316
자본금	66	66	66	66	80	85
총자본	1,023	1,001	861	1,262	1,427	1,457
지배주주지분	1,004	965	757	928	960	985

기업가치 지표						
항목	2012	2013	2014	2015	2016	2017.2Q
주가(최고/저)(천원)	8.2/3.7	9.8/4.0	6.5/3.9	10.3/4.3	9.2/6.0	—/—
PER(최고/저)(배)	21.7/9.7			1.5/0.6	1.5/1.0	1.2/1.0
PBR(최고/저)(배)	1.1/0.5	1.3/0.6	1.1/0.7	11.4	6.5	
EV/EBITDA(배)	12.0	13.5				
EPS(원)	378	-350	-1,768	-88	-442	61
BPS(원)	7,591	7,299	5,747	7,051	6,020	5,836
CFPS(원)	883	297	-712	1,080	726	575
DPS(원)						
EBITDAPS(원)	789	656	-213	1,610	2,014	1,061

재무 비율								〈단위 : %〉
연도	영업이익률	순이익률	부채비율	차입금비율	ROA	ROE	유보율	자기자본비율	EBITDA마진율
2016	3.4	-0.5	128.2	87.8	-0.6	-7.5	1,103.9	43.8	8.2
2015	2.1	0.3	178.7	127.9	0.3	-1.4	1,310.3	35.9	7.7
2014	-6.6	-8.7	181.2	140.8	-8.7	-27.2	1,049.3	35.6	-1.1
2013	0.0	-1.0	172.4	120.9	-1.2	-4.7	1,359.8	36.7	3.0

코엔텍 (A029960)
Korea Environment Technology

업 종 : 상업서비스		시 장 : KOSDAQ
신용등급 : (Bond) — (CP) —		기업규모 : 벤처
홈 페 이 지 : www.koentec.co.kr		연 락 처 : 052)228-7300
본 사 : 울산시 남구 용잠로 328 (용잠동)		

설 립 일 1993.07.16	종 업 원 수 71명	대 표 이 사 이민석
상 장 일 2004.06.18	감 사 의 견 적정 (안진)	계 열
결 산 기 12월	보 통 주 5,000만주	종 속 회 사 수 2개사
액 면 가 500원	우 선 주	구 상 호

주주구성 (지분율,%)		출자관계 (지분율,%)		주요경쟁사 (외형,%)	
그린에너지홀딩스유한회사	40.4	용신환경개발	100.0	코엔텍	100
현대자동차	4.4	한텍		인선이엔티	246
(외국인)	9.0			C&S자산관리	394

매출구성		비용구성		수출비중	
소각처리	41.6	매출원가율	62.3	수출	0.0
스팀판매	37.4	판관비율	9.6	내수	100.0
매립처리	21.0				

회사 개요
동사는 1993년 설립된 산업체 폐기물 중간처리업, 폐기물 최종처리업, 유틸리티 공급사업 등을 주요 사업으로 하고 있음. 조선, 자동차 및 중화학 공업이 위치한 울산지역과 경북의 구미공단 등 배출업체의 가동률에 따라 계절적 변동의 영향을 받으며 정기 보수 기간에는 평월 대비 약 10% 정도 발생량이 증가하고 휴가철은 감소하는 것으로 나타남. 산업폐기물 처리산업은 과점적 성격의 산업으로 경쟁업체의 진입이 상당히 어려움.

실적 분석
지정외폐기물, 지정폐기물 및 건설폐기물등의 사업장 폐기물은 지속적으로 증가하고 있으며 환경보전 문제가 대두되고 있는 현상에 맞물려 동사의 2017년 2분기기준 누적 매출액은 전년동기대비 25.2% 상승한 316.5억원을 기록하였음. 이런 상승에 힘입어 전년동기대비 영업이익은 82억원으로 12.5% 상승하였음. 환경산업의 지속적인 성장이 향후 동사의 수익을 견인할 것이라 보고 있음.

현금 흐름 〈단위 : 억원〉
항목	2016	2017.2Q
영업활동	218	133
투자활동	-87	-22
재무활동	106	-12
순현금흐름	237	98
기말현금	289	387

시장 대비 수익률

결산 실적 〈단위 : 억원〉
항목	2012	2013	2014	2015	2016	2017
매출액	380	388	416	423	551	—
영업이익	103	88	107	95	155	—
당기순이익	97	90	98	83	147	—

분기 실적 〈단위 : 억원〉
항목	2016.1Q	2016.2Q	2016.3Q	2016.4Q	2017.1Q	2017.2Q
매출액	126	127	139	159	154	162
영업이익	39	34	40	42	43	39
당기순이익	32	28	33	54	36	40

재무 상태 〈단위 : 억원〉
항목	2012	2013	2014	2015	2016	2017.2Q
총자산	838	931	1,045	1,306	1,539	1,602
유형자산	465	481	607	925	911	872
무형자산	53	53	53	53	55	53
유가증권	4	34	34	24	21	3
총부채	109	111	144	333	433	432
총차입금				150	269	269
자본금	250	250	250	250	250	250
총자본	729	820	901	972	1,106	1,170
지배주주지분	729	820	901	972	1,106	1,170

기업가치 지표
항목	2012	2013	2014	2015	2016	2017.2Q
주가(최고/저)(천원)	3.6/1.8	2.4/1.9	4.2/2.0	3.7/2.4	2.9/2.1	—/—
PER(최고/저)(배)	19.4/9.5	13.6/10.9	21.9/10.2	22.4/14.7	10.0/7.3	—/—
PBR(최고/저)(배)	2.6/1.3	1.5/1.2	2.4/1.1	1.9/1.3	1.3/1.0	1.9/1.1
EV/EBITDA(배)	5.3	6.4	7.2	9.3	6.0	
EPS(원)	193	180	197	167	294	152
BPS(원)	1,460	1,642	1,804	1,946	2,214	2,342
CFPS(원)	297	283	301	248	430	260
DPS(원)	—	25	25	25	25	
EBITDAPS(원)	310	279	318	290	445	272

재무 비율 〈단위 : % 〉
연도	영업이익률	순이익률	부채비율	차입금비율	ROA	ROE	유보율	자기자본비율	EBITDA마진율
2016	28.1	26.7	39.1	24.3	10.4	14.2	342.9	71.9	40.4
2015	22.4	19.7	34.3	15.4	7.1	8.9	289.3	74.5	31.9
2014	25.8	23.7	16.0	0.0	10.0	11.4	260.9	86.2	38.2
2013	22.7	23.2	13.5	0.0	10.2	11.6	228.4	88.1	36.0

코오롱 (A002020)
Kolon

업 종 : 복합 산업		시 장 : 거래소
신용등급 : (Bond) — (CP) —		기업규모 : 시가총액 중형주
홈 페 이 지 : www.kolon.com		연 락 처 : 02)3677-3111
본 사 : 경기도 과천시 코오롱로 11, 코오롱타워		

설 립 일 1957.04.12	종 업 원 수 98명	대 표 이 사 이웅열,안병덕
상 장 일 1975.06.23	감 사 의 견 적정 (한영)	계 열
결 산 기 12월	보 통 주 1,206만주	종 속 회 사 수 18개사
액 면 가 5,000원	우 선 주 108만주	구 상 호

주주구성 (지분율,%)		출자관계 (지분율,%)		주요경쟁사 (외형,%)	
이웅열	47.4	코오롱글로벌(상장)·전환상환우선주	100.0	코오롱	100
국민연금공단	6.1	코오롱오토모티브(비상장)	100.0	SK네트웍스	469
(외국인)	8.9	코오롱엘에스아이(비상장)	100.0	대상홀딩스	84

매출구성		비용구성		수출비중	
HW/SW 유통	73.7	매출원가율	88.4	수출	—
용역/시스템 구축	26.3	판관비율	8.1	내수	—

회사 개요
동사는 국내 최초로 나일론 섬유를 생산하는 기업으로 설립되어 2009년 인적분할을 통해 지주회사로 전환되었음. 연결대상 회사들이 영위하는 사업으로는 종합건설, 하수 및 폐수 처리, 전자제품 제조, 시스템소프트웨어 개발, 폐기물처리 등이 있음. 매출구성은 유통사업 45.4%, 건설사업 34.6%, IT사업 9.6%, 지주사업 2.7%, 환경사업 1.9%, 제약사업부문 2.4%, 기타사업 3.5% 등으로 이루어짐.

실적 분석
동사의 2017년 상반기 연결기준 누적 매출액은 2조 455.8억원으로 전년 동기 대비 14.3% 증가함. 매출은 크게 늘었지만 매출원가와 판매비와 관리비 또한 큰 폭으로 늘며 영업이익은 전년 동기 대비 21.5% 감소한 611.5억원을 시현함. 비영업손익 부분에서 금융손실이 확대되면서 적자폭이 더욱 늘어남. 이에 따른 당기순이익은 전년 동기 대비 38.4% 감소한 261.8억원을 기록함.

현금 흐름 〈단위 : 억원〉
항목	2016	2017.2Q
영업활동	1,370	144
투자활동	-968	-355
재무활동	-518	515
순현금흐름	-116	277
기말현금	1,009	1,286

시장 대비 수익률

결산 실적 〈단위 : 억원〉
항목	2012	2013	2014	2015	2016	2017
매출액	47,771	44,277	36,199	35,908	39,369	—
영업이익	433	769	955	290	1,369	—
당기순이익	-120	-849	206	-758	284	—

분기 실적 〈단위 : 억원〉
항목	2016.1Q	2016.2Q	2016.3Q	2016.4Q	2017.1Q	2017.2Q
매출액	7,941	9,956	9,435	12,036	9,282	11,174
영업이익	371	408	325	264	284	328
당기순이익	268	157	108	-249	123	139

재무 상태 〈단위 : 억원〉
항목	2012	2013	2014	2015	2016	2017.2Q
총자산	39,173	37,756	35,784	32,918	33,336	34,157
유형자산	3,311	6,081	6,119	4,635	4,559	4,625
무형자산	1,970	2,142	1,985	1,983	1,561	1,515
유가증권	1,379	1,601	1,207	1,098	843	932
총부채	30,063	29,481	26,576	24,863	25,023	26,638
총차입금	15,740	15,821	14,590	12,488	12,635	14,299
자본금	657	657	657	657	657	657
총자본	9,110	8,274	9,208	8,055	8,313	7,518
지배주주지분	7,157	6,512	6,390	5,709	6,003	5,940

기업가치 지표
항목	2012	2013	2014	2015	2016	2017.2Q
주가(최고/저)(천원)	25.6/14.2	25.2/15.1	30.8/15.1	89.4/22.1	78.1/49.3	—/—
PER(최고/저)(배)	108.7/60.4	—/—	41.3/20.2	—/—	50.6/31.9	—/—
PBR(최고/저)(배)	0.5/0.3	0.5/0.3	0.4/0.2	2.1/0.5	1.7/1.1	1.8/1.2
EV/EBITDA(배)	21.2	15.3	14.6	37.2	12.5	
EPS(원)	258	-3,385	775	-4,873	1,557	1,572
BPS(원)	54,480	49,570	48,642	43,439	45,691	45,211
CFPS(원)	2,514	-871	3,114	-2,479	3,698	2,688
DPS(원)	500	500	500	500	500	
EBITDAPS(원)	5,551	8,369	9,606	4,601	12,558	5,770

재무 비율 〈단위 : % 〉
연도	영업이익률	순이익률	부채비율	차입금비율	ROA	ROE	유보율	자기자본비율	EBITDA마진율
2016	3.5	0.7	301.0	152.0	0.9	3.5	813.8	24.9	4.2
2015	0.8	-2.1	308.7	155.0	-2.2	-10.6	769.2	24.5	1.7
2014	2.6	0.6	288.6	158.5	0.6	1.6	872.8	25.7	3.5
2013	1.7	-1.9	356.3	191.2	-2.2	-6.5	891.4	21.9	2.5

코오롱글로벌 (A003070)
KOLONGLOBAL

업 종 : 건설		시 장 : 거래소	
신용등급 : (Bond) — (CP) A3		기업규모 : 시가총액 소형주	
홈 페 이 지 : www.kolonglobal.com		연 락 처 : 02)3677-5114	
본 사 : 경기도 과천시 코오롱로 11			

설 립 일	1960.12.28	종 업 원 수	2,789명	대·표·이·사	윤창운
상 장 일	1978.09.15	감 사 의 견	적정 (안진)	계 열	
결 산 기	12월	보 통 주	2,505만주	종속회사수	5개사
액 면 가	5,000원	우 선 주	31만주	구 상 호	

주주구성 (지분율,%)		출자관계 (지분율,%)		주요경쟁사 (외형,%)	
코오롱	75.2	네이처브리지	100.0	코오롱글로벌	100
KB자산운용	4.2	코오롱오토플랫폼	100.0	이테크건설	37
(외국인)	1.9	코오롱하우스비젼	100.0	아이콘트롤스	6

매출구성		비용구성		수출비중	
건설, 주택, 토목 등(기타)	47.6	매출원가율	90.8	수출	13.0
수입 자동차 판매(상품)	29.0	판관비율	7.3	내수	87.0
철강재, 화학재, 산업소재 등(상품)	21.6				

회사 개요
동사는 1960년에 설립되어 1978년 9월에 한국거래소가 개설된 유가증권시장에 상장하였으며 1982년에 상호를 코오롱건설(주)로 변경하였고, 2011년에 코오롱글로벌 주식회사로 상호를 변경함. 현재 토목, 건축, 주택, 플랜트, 환경공사 등을 국내 및 해외에서 영위하는 건설부문과 철강 및 산업자재 등을 수입하는 무역부문, 수입자동차 판매를 목적으로 하는 유통서비스 부문 등으로 사업이 다각화되어 있음.

실적 분석
동사의 연결기준 2017년 2분기 누적매출액은 전년동기 대비 19.5% 성장한 1조 6,914.5억원을 기록함. 매출비중이 높은 건설 부문 매출의 고른 성장이 매출액 증가를 견인함. 인건비, 경상개발비 증가 영향에도 전년동기 대비 9.3% 증가한 282.8억원을 시현. 최종적으로 62.3억원의 당기순이익을 시현함. 사업부문별 매출비중은 건설 45.8%, 무역 20.7%, 자동차 판매 32.4% 및 기타 등으로 구성됨.

현금 흐름 〈단위 : 억원〉

항목	2016	2017.2Q
영업활동	979	-84
투자활동	-649	-153
재무활동	-294	516
순현금흐름	29	280
기말현금	667	947

시장 대비 수익률

결산 실적 〈단위 : 억원〉

항목	2012	2013	2014	2015	2016	2017
매출액	40,597	36,628	28,243	30,291	31,851	—
영업이익	-136	218	78	421	607	—
당기순이익	-233	-760	214	-254	61	—

분기 실적 〈단위 : 억원〉

항목	2016.1Q	2016.2Q	2016.3Q	2016.4Q	2017.1Q	2017.2Q
매출액	6,221	7,932	7,509	10,188	7,598	9,317
영업이익	119	140	147	201	133	149
당기순이익	15	1	1	45	11	51

재무 상태 〈단위 : 억원〉

항목	2012	2013	2014	2015	2016	2017.2Q
총자산	27,614	24,400	22,181	19,797	20,837	21,468
유형자산	2,408	5,279	5,340	4,163	3,917	3,751
무형자산	1,051	1,196	986	1,016	973	980
유가증권	1,109	1,178	1,039	938	813	902
총부채	23,164	20,465	17,136	15,420	16,475	17,090
총차입금	10,881	9,598	7,920	5,934	6,134	6,737
자본금	4,188	4,188	1,058	1,058	1,061	1,061
총자본	4,450	3,935	5,044	4,376	4,362	4,378
지배주주지분	4,251	3,737	4,850	4,376	4,362	4,378

기업가치 지표

항목	2012	2013	2014	2015	2016	2017.2Q
주가(최고/저)(천원)	30.0/14.6	23.1/14.2	16.3/6.2	24.9/6.5	17.9/10.6	—/—
PER(최고/저)(배)	—/—	—/—	12.6/4.8	—/—	62.0/36.8	0.7/0.5
PBR(최고/저)(배)	1.1/0.5	1.0/0.6	0.7/0.3	1.2/0.3	0.9/0.5	0.7/0.5
EV/EBITDA(배)		29.6	38.7	12.7	9.1	
EPS(원)	-1,395	-4,556	1,312	-1,211	292	296
BPS(원)	5,429	4,470	23,127	20,908	20,837	20,908
CFPS(원)	-145	-759	2,041	-604	973	676
DPS(원)					150	
EBITDAPS(원)	-31	406	1,181	2,615	3,567	1,724

재무 비율 〈단위 : % 〉

연도	영업이익률	순이익률	부채비율	차입금비율	ROA	ROE	유보율	자기자본비율	EBITDA마진율
2016	1.9	0.2	377.7	140.6	0.3	1.4	313.3	20.9	2.4
2015	1.4	-0.8	352.4	135.6	-1.2	-5.5	314.7	22.1	1.8
2014	0.3	0.8	339.7	157.0	0.9	5.3	358.8	22.7	0.7
2013	0.6	-2.1	일부잠식	일부잠식	-2.9	-18.9	-10.8	16.1	0.9

코오롱생명과학 (A102940)
KOLON LIFE SCIENCE

업 종 : 제약		시 장 : KOSDAQ	
신용등급 : (Bond) — (CP) —		기업규모 : 우량	
홈 페 이 지 : www.kolonls.co.kr		연 락 처 : 02)3677-4150	
본 사 : 경기도 과천시 코오롱로 13 (별양동, 코오롱타워별관7층)			

설 립 일	2000.04.21	종 업 원 수	471명	대·표·이·사	이우석
상 장 일	2009.04.07	감 사 의 견	적정 (한영)	계 열	
결 산 기	12월	보 통 주	761만주	종속회사수	
액 면 가	500원	우 선 주		구 상 호	

주주구성 (지분율,%)		출자관계 (지분율,%)		주요경쟁사 (외형,%)	
코오롱	20.3	TissueGene,Inc	14.4	코오롱생명과학	100
이웅열	14.4	KOLONCHINA(HK)COMPANYLIMITED	2.4	녹십자	757
(외국인)	4.9			녹십자홀딩스	856

매출구성		비용구성		수출비중	
환경사업(항균제, 수처리제 등)	44.6	매출원가율	69.3	수출	73.0
의약사업(원료의약, 의약중간체 등)	38.2	판관비율	19.0	내수	27.0
바이오사업(기술 수출)	17.2				

회사 개요
동사는 원료의약, 의약중간체, 항균제, 화학소재, 수처리제 등의 생산/판매 및 바이오신약 연구개발 등을 영위할 목적으로 2000년 4월 설립되었으며 2009년 4월 코스닥시장에 상장됨. 미래성장동력으로 의약사업과 환경사업(환경소재, 워터솔루션)에서 축적된 연구개발력과 경험을 바이오신약사업으로 확대하고 있음. 2017년 7월 골관절염 치료제 '티슈진-C'(제품명 인보사)의 식품의약품안전처 국내 품목 허가를 획득함.

실적 분석
동사의 2017년 2분기 누적 매출액은 545.9억원으로 전년 동기 대비 18.6% 감소함. 원료의약, 의약 중간체 등 의약사업 부문의 매출이 감소했기 때문임. 매출 감소로 매출총이익도 전년 동기 대비 19.9% 감소함. 인건비와 경상개발비의 증가로 판관비는 오히려 전년 동기 대비 20.4% 증가함. 그 결과 영업이익은 4.3억원의 적자를 나타냄. 영업적자로 인해 당기순이익은 9.9억원으로 전년 동기 대비 77.6% 감소함.

현금 흐름 *IFRS 별도 기준 〈단위 : 억원〉

항목	2016	2017.2Q
영업활동	281	-84
투자활동	-172	-197
재무활동	996	-97
순현금흐름	1,107	-378
기말현금	1,377	1,000

시장 대비 수익률

결산 실적 〈단위 : 억원〉

항목	2012	2013	2014	2015	2016	2017
매출액	1,413	1,396	1,306	1,212	1,583	—
영업이익	223	183	94	19	185	—
당기순이익	189	172	59	8	127	—

분기 실적 *IFRS 별도 기준 〈단위 : 억원〉

항목	2016.1Q	2016.2Q	2016.3Q	2016.4Q	2017.1Q	2017.2Q
매출액	309	361	296	616	256	290
영업이익	27	34	29	94	-1	-3
당기순이익	21	23	24	58	3	7

재무 상태 *IFRS 별도 기준 〈단위 : 억원〉

항목	2012	2013	2014	2015	2016	2017.2Q
총자산	1,923	2,069	2,089	2,286	3,546	3,382
유형자산	1,040	1,083	1,131	1,167	1,256	1,354
무형자산	51	63	108	134	148	155
유가증권	44	44	147	147	147	147
총부채	856	833	727	932	948	790
총차입금	600	617	561	752	624	549
자본금	26	26	33	33	38	38
총자본	1,067	1,236	1,362	1,354	2,598	2,592
지배주주지분	1,067	1,236	1,362	1,354	2,598	2,592

기업가치 지표 *IFRS 별도 기준

항목	2012	2013	2014	2015	2016	2017.2Q
주가(최고/저)(천원)	79.4/28.0	73.5/49.5	64.0/44.2	271/40.7	223/109	—/—
PER(최고/저)(배)	24.9/8.8	27.5/18.5	73.3/50.6	2,326.7/349.0	128.3/62.7	5.6/3.1
PBR(최고/저)(배)	4.8/1.7	3.9/2.6	3.2/2.2	13.7/2.1	6.6/3.2	
EV/EBITDA(배)	17.7	17.5	20.3	120.6	29.3	
EPS(원)	3,240	2,694	879	1,177	1,745	131
BPS(원)	20,773	23,466	20,405	20,295	34,180	34,100
CFPS(원)	4,798	4,674	2,339	1,500	3,051	759
DPS(원)	750	120	200	100	200	
EBITDAPS(원)	5,515	4,887	2,883	1,706	3,849	572

재무 비율 〈단위 : % 〉

연도	영업이익률	순이익률	부채비율	차입금비율	ROA	ROE	유보율	자기자본비율	EBITDA마진율
2016	11.7	8.0	36.5	24.0	4.3	6.4	6,736.0	73.3	17.7
2015	1.8	0.7	68.8	55.5	0.4	0.6	3,959.1	59.2	9.4
2014	7.2	4.5	53.4	41.2	2.8	4.6	3,981.0	65.2	14.4
2013	13.1	12.3	67.4	49.9	8.6	15.0	4,593.1	59.8	18.2

코오롱인더스트리 (A120110)
KOLON INDUSTRIES

업　　종 : 화학		시　　장 : 거래소	
신용등급 : (Bond) A　　(CP) A2		기업규모 : 시가총액 중형주	
홈 페 이 지 : www.kolonindustries.com		연 락 처 : 02)3677-3114	
본　　사 : 경기도 과천시 코오롱로 11 (별양동) 코오롱타워			

설 립 일	2010.01.05	종 업 원 수	3,707명	대 표 이 사	이웅열,박동문,안태환
상 장 일	2010.02.01	감 사 의 견	적정 (삼정)	계 열	
결 산 기	12월	보 통 주	2,515만주	종속회사수	40개사
액 면 가	5,000원	우 선 주	277만주	구 상 호	

주주구성 (지분율,%)
코오롱	32.2
국민연금공단	13.3
(외국인)	19.9

출자관계 (지분율,%)
코오롱에버레이	100.0
케이에프엔티	100.0
셀빅개발	100.0

주요경쟁사 (외형,%)
코오롱인더	100
LG화학	453
한화케미칼	203

매출구성
산업자재군(기타)	38.1
패션군(기타)	24.9
화학소재군(기타)	17.9

비용구성
매출원가율	71.9
판관비율	22.0

수출비중
수출	42.0
내수	58.0

회사 개요
코오롱의 제조사업부문이 2009년 분할돼 설립된 동사와 종속회사는 자동차소재 등을 생산하고 있는 산업자재군, 종합화학제품을 생산하고 있는 화학소재군, 필름, 전자재료 및 IT용 소재를 생산하고 있는 필름/전자재료군, 패션 및 아웃도어 제품의 생산 및 판매를 담당하고 있는 패션군, 의류소재군 등의 5개 사업군으로 나뉨. 동사의 연결대상 종속회사는 총 31개임. 동사가 소속된 코오롱그룹은 국내 37개 계열사와 해외 23개 법인을 두고 있음.

실적 분석
동사의 2017년 2분기 누적 연결기준 매출액은 2조2,738.6원으로 전년동기 수준을 유지함. 영업이익은 999.2억원으로 전년보다 39% 줄었고, 비영업손익의 흑자전환에도 당기순이익은 33.7% 감소한 796.6억원을 기록. 원료가 상승에 따른 판가 반영 지연 및 석유수지 미반응 물질 매출 감소 등의 영향으로 매출이 정체됨. 산업자재 호조, 필름 턴어라운드 및 기타/의류소재 부문 적자 축소로 성장성이 기대됨.

현금 흐름 〈단위 : 억원〉
항목	2016	2017.2Q
영업활동	3,396	989
투자활동	-2,618	-2,325
재무활동	-185	720
순현금흐름	536	-664
기말현금	1,472	807

시장 대비 수익률

결산 실적 〈단위 : 억원〉
항목	2012	2013	2014	2015	2016	2017
매출액	53,130	52,615	53,377	48,565	45,622	—
영업이익	2,940	2,316	1,688	2,805	2,767	—
당기순이익	1,711	1,137	396	-1,451	1,760	—

분기 실적 〈단위 : 억원〉
항목	2016.1Q	2016.2Q	2016.3Q	2016.4Q	2017.1Q	2017.2Q
매출액	11,505	11,342	10,373	12,403	11,501	11,237
영업이익	862	775	481	649	458	541
당기순이익	559	643	295	262	222	574

재무 상태 〈단위 : 억원〉
항목	2012	2013	2014	2015	2016	2017.2Q
총자산	46,283	47,199	47,492	49,861	52,491	53,762
유형자산	19,527	21,136	21,510	21,529	22,023	23,204
무형자산	1,274	1,249	1,601	1,970	1,918	1,890
유가증권	1,845	1,395	1,121	1,413	2,193	2,659
총부채	27,457	27,743	27,401	30,217	31,239	31,772
총차입금	17,565	18,316	18,447	18,846	19,254	20,473
자본금	1,391	1,393	1,394	1,394	1,396	1,396
총자본	18,826	19,456	20,091	19,644	21,253	21,990
지배주주지분	17,534	18,175	18,844	18,320	19,810	20,575

기업가치 지표
항목	2012	2013	2014	2015	2016	2017.2Q
주가(최고/저)(천원)	75.4/48.2	62.6/43.9	71.4/40.9	72.3/44.4	90.3/53.5	—/—
PER(최고/저)(배)	13.3/8.5	16.3/11.4	48.7/27.9	—/—	15.0/8.9	—/—
PBR(최고/저)(배)	1.2/0.8	0.9/0.7	1.1/0.6	1.1/0.7	1.3/0.8	1.1/0.9
EV/EBITDA(배)	6.9	7.7	8.7	7.3	8.0	—
EPS(원)	6,010	4,008	1,517	-5,177	6,102	2,968
BPS(원)	67,989	70,208	67,609	65,694	70,954	73,693
CFPS(원)	12,200	10,555	8,391	1,777	13,221	6,559
DPS(원)	900	600	500	500	1,100	—
EBITDAPS(원)	16,755	14,871	12,932	17,013	17,039	7,170

재무 비율 〈단위 : %〉
연도	영업이익률	순이익률	부채비율	차입금비율	ROA	ROE	유보율	자기자본비율	EBITDA마진율
2016	6.1	3.9	147.0	90.6	3.4	8.9	1,319.1	40.5	10.4
2015	5.8	-3.0	153.8	95.9	-3.0	-7.8	1,213.9	39.4	9.8
2014	3.2	0.7	136.4	91.8	0.8	2.3	1,252.2	42.3	6.8
2013	4.4	2.2	142.6	94.1	2.4	6.3	1,304.2	41.2	7.9

코오롱패션머티리얼 (A144620)
Kolon Fashion Material

업　　종 : 화학		시　　장 : 거래소	
신용등급 : (Bond) —　　(CP) —		기업규모 : 시가총액 소형주	
홈 페 이 지 : www.kolonfm.com		연 락 처 : 02)3677-3745	
본　　사 : 경기도 과천시 코오롱로 13 코오롱타워 별관 8층			

설 립 일	2008.03.03	종 업 원 수	354명	대 표 이 사	최석순
상 장 일	2012.04.05	감 사 의 견	적정 (삼정)	계 열	
결 산 기	12월	보 통 주	4,500만주	종속회사수	
액 면 가	1,000원	우 선 주	—	구 상 호	

주주구성 (지분율,%)
코오롱인더스트리	66.7
코오롱패션머티리얼우리사주조합	5.0
(외국인)	1.0

출자관계 (지분율,%)
나노포라	49.0
KOLONCHINA	2.4

주요경쟁사 (외형,%)
코오롱머티리얼	100
씨큐브	11
원익큐브	61

매출구성
폴리에스터	50.4
나일론	28.9
우븐	18.5

비용구성
매출원가율	93.1
판관비율	7.6

수출비중
수출	58.0
내수	42.0

회사 개요
동사는 화학섬유의 제조, 판매 및 염색가공을 주요 사업으로 영위하고 있으며, 경기도 과천시에 본사를 두고 경상북도 김천, 구미 및 대구에 제조시설을 가지고 있음. 동사는 합성섬유의 생산에서 기능성 원단의 제조 판매에 이르는 섬유소재의 일관 사업 체제를 구축해 사업을 영위하고 있음. 2016년 기준 국내 화섬업체 중 나일론은 점유율이 24%로 2위이며 폴리에스터는 10%의 점유율로 5위의 생산 규모를 가지고 있음.

실적 분석
동사의 2017년 상반기 매출액은 1,895.1억원으로 전년 동기 대비 5.4% 증가하였음. 원가율 악화와 판관비 증가로 인해 영업이익은 전년 동기 대비 적자전환하며 165.3억 손실을 기록하였음. 당기순손실은 영업이익 및 비영업이익 부문의 적자지속으로 인해 186.0억원을 기록하였음. 전년 동기 대비 적자전환을 한 이유는 중국발 원사 수급 불균형과 내수 아웃도어 소비 시장 위축 등에 기인함.

현금 흐름　*IFRS 별도 기준 〈단위 : 억원〉
항목	2016	2017.2Q
영업활동	-42	-3
투자활동	254	-33
재무활동	-193	36
순현금흐름	17	-2
기말현금	25	24

시장 대비 수익률

결산 실적 〈단위 : 억원〉
항목	2012	2013	2014	2015	2016	2017
매출액	5,440	5,469	4,797	3,728	3,389	—
영업이익	17	112	-68	-77	-25	—
당기순이익	33	82	-100	-95	25	—

분기 실적　*IFRS 별도 기준 〈단위 : 억원〉
항목	2016.1Q	2016.2Q	2016.3Q	2016.4Q	2017.1Q	2017.2Q
매출액	908	889	740	852	965	930
영업이익	5	12	-38	-4	-93	-72
당기순이익	1	13	-39	49	-105	-81

재무 상태　*IFRS 별도 기준 〈단위 : 억원〉
항목	2012	2013	2014	2015	2016	2017.2Q
총자산	2,942	3,024	2,947	3,035	2,882	2,770
유형자산	1,068	1,291	1,356	1,183	1,082	1,072
무형자산	153	149	159	196	195	191
유가증권	206	178	175	180	176	181
총부채	951	975	1,014	1,199	1,027	1,103
총차입금	101	102	302	568	395	444
자본금	450	450	450	450	450	450
총자본	1,991	2,049	1,932	1,836	1,855	1,667
지배주주지분	1,991	2,049	1,932	1,836	1,855	1,667

기업가치 지표　*IFRS 별도 기준
항목	2012	2013	2014	2015	2016	2017.2Q
주가(최고/저)(천원)	25.6/9.5	15.5/9.8	15.6/8.7	12.1/8.7	10.3/7.3	—/—
PER(최고/저)(배)	66.8/24.7	17.5/11.0	—/—	—/—	37.7/27.0	—/—
PBR(최고/저)(배)	1.2/0.4	0.7/0.4	0.7/0.4	0.6/0.4	0.5/0.4	0.7/0.5
EV/EBITDA(배)	14.0	7.6	—	—	31.8	—
EPS(원)	79	182	-222	-211	55	-413
BPS(원)	22,127	22,763	21,470	20,403	20,613	3,705
CFPS(원)	938	1,449	-473	-374	998	-345
DPS(원)	100	200	—	—	100	—
EBITDAPS(원)	742	1,778	-119	-178	452	-299

재무 비율 〈단위 : %〉
연도	영업이익률	순이익률	부채비율	차입금비율	ROA	ROE	유보율	자기자본비율	EBITDA마진율
2016	-0.7	0.7	55.3	21.3	0.8	1.3	312.3	64.4	1.4
2015	-2.1	-2.6	65.3	31.0	-3.2	-5.0	308.1	60.5	-0.4
2014	-1.4	-2.1	52.5	15.6	-3.3	-5.0	329.4	65.6	-0.2
2013	2.0	1.5	47.6	5.0	2.8	4.1	355.3	67.8	3.5

코오롱플라스틱 (A138490)
KOLON PLASTICS

업 종: 화학	시 장: 거래소
신용등급: (Bond) — (CP) —	기업규모: 시가총액 소형주
홈페이지: www.kolonplastics.com	연락처: (054)420-8371
주 소: 경북 김천시 공단3길 64 (응명동)	

설 립 일 1996.03.15	종업원수 289명	대표이사 장희구
상 장 일 2011.06.15	감사의견 적정 (한영)	계 열
결 산 기 12월	보통주 3,800만주	종속회사수 1개사
액 면 가 1,000원	우선주	구 상 호

주주구성 (지분율,%)		출자관계 (지분율,%)		주요경쟁사 (외형,%)	
코오롱인더스트리	66.7	코오롱바스프이노폴	50.0	코오롱플라스틱	100
코오롱플라스틱우리사주조합	3.8	KolonPlastics(BEIJING),INC	90.0	휴켐스	251
(외국인)	0.8	KOLONCHINA(HK)COMPANYLIMITED	2.4	송원산업	291

매출구성		비용구성		수출비중	
Compound 제품	55.7	매출원가율	81.9	수출	45.0
POM	44.3	판관비율	10.6	내수	55.0

회사 개요
동사는 엔지니어링 플라스틱의 제조, 가공, 판매업을 영위함. 구조용 및 기계 부품에 적합한 고성능 엔지니어링 플라스틱은 일반 범용 플라스틱에 비해 내열성과 인장강도, 굴곡탄성률 등에서 우수한 물적 특성을 가짐. 동사는 엔지니어링 플라스틱 중 폴리아미드(PA), 폴리옥시메틸렌(POM) 등을 생산, 판매함. 2011년 이후 엔지니어링 플라스틱 시장이 연평균 5%씩 성장하고 있음.

실적 분석
동사의 2017년 연결기준 상반기 매출액은 1,290.7억원으로 전년동기 대비 5.3% 증가하였음. 영업이익은 판관비의 증가(전년동기 대비 11.2% 상승)와 원가부담 증가에 따라 92.1억원을 기록하며 전년동기 대비 23.6% 감소하였음. 반면, 비영업손익의 흑자전환하여, 당기순이익은 92.8억원으로 전년동기 대비 2.9% 증가하였음. 영업이익 감소 원인은 매출원가 증가에 따른 원가율 악화와 판관비용의 증가인 것으로 보임.

현금 흐름 〈단위 : 억원〉

항목	2016	2017.2Q
영업활동	382	268
투자활동	-712	-363
재무활동	439	119
순현금흐름	112	21
기말현금	173	194

시장 대비 수익률

결산 실적 〈단위 : 억원〉

항목	2012	2013	2014	2015	2016	2017
매출액	2,301	2,229	2,453	2,504	2,384	
영업이익	102	13	60	142	179	
당기순이익	78	-31	18	90	177	

분기 실적 〈단위 : 억원〉

항목	2016.1Q	2016.2Q	2016.3Q	2016.4Q	2017.1Q	2017.2Q
매출액	601	625	561	596	626	664
영업이익	58	63	50	9	37	59
당기순이익	43	48	54	33	31	66

재무 상태 〈단위 : 억원〉

항목	2012	2013	2014	2015	2016	2017.2Q
총자산	2,085	2,196	2,143	2,086	3,083	3,310
유형자산	1,181	1,164	1,159	1,108	1,411	1,430
무형자산	33	33	46	68	75	76
유가증권	12	12	12	14	16	19
총부채	1,151	1,310	1,237	1,111	1,335	1,441
총차입금	786	951	867	745	615	749
자본금	290	290	290	290	380	380
총자본	934	885	905	975	1,748	1,869
지배주주지분	934	885	905	974	1,747	1,868

기업가치 지표

항목	2012	2013	2014	2015	2016	2017.2Q
주가(최고/저)(천원)	8.2/4.6	5.4/3.7	5.4/3.6	8.3/4.4	9.4/5.9	—/—
PER(최고/저)(배)	33.0/18.5	—/—	92.0/62.0	28.4/15.1	18.5/11.6	—/—
PBR(최고/저)(배)	2.8/1.5	1.9/1.3	1.8/1.2	2.6/1.4	2.1/1.3	1.6/1.2
EV/EBITDA(배)	11.9	20.4	14.5	11.6	10.7	
EPS(원)	261	-106	60	301	516	244
BPS(원)	3,220	3,051	3,119	3,358	4,596	4,915
CFPS(원)	593	199	381	644	795	398
DPS(원)	50		50	75	100	
EBITDAPS(원)	675	351	525	825	803	396

재무 비율 〈단위 : %〉

연도	영업이익률	순이익률	부채비율	차입금비율	ROA	ROE	유보율	자기자본비율	EBITDA마진율
2016	7.5	7.4	76.4	35.2	6.8	13.0	359.6	56.7	11.5
2015	5.7	3.6	113.9	76.4	4.3	9.5	235.8	46.7	9.6
2014	2.4	0.8	136.7	95.8	0.9	2.0	211.9	42.3	6.2
2013	0.6	-1.4	148.0	107.5	-1.5	-3.5	205.1	40.3	4.6

코웨이 (A021240)
Coway

업 종: 내구소비재	시 장: 거래소
신용등급: (Bond) — (CP) A2+	기업규모: 시가총액 대형주
홈페이지: www.coway.co.kr	연락처: (041)850-7800
주 소: 충남 공주시 유구읍 유구마곡사로 136-23	

설 립 일 1989.05.02	종업원수 4,817명	대표이사 LeeHaesun
상 장 일 1996.09.02	감사의견 적정 (한영)	계 열
결 산 기 12월	보통주 7,482만주	종속회사수 6개사
액 면 가 500원	우선주	구 상 호 웅진코웨이

주주구성 (지분율,%)		출자관계 (지분율,%)		주요경쟁사 (외형,%)	
코웨이홀딩스	26.8	코웨이엔텍	100.0	코웨이	100
Government of Singapore Investment Corporation Pte Ltd	7.3	포천맑은물	70.0	쿠쿠전자	30
(외국인)	58.9	아카데미인프라	7.8	경동나비엔	25

매출구성		비용구성		수출비중	
정수기군	38.1	매출원가율	34.2	수출	—
연결 종속회사 매출액(렌탈) 외	30.1	판관비율	51.6	내수	—
비데군	12.3				

회사 개요
동사의 주요 사업분야는 정수기, 비데, 공기청정기, 연수기 등을 주력으로 하는 환경가전 사업으로 국내 뿐 아니라 해외로도 판매를 확대하고 있음. 2010년에 화장품 사업에 진출하여 방문판매 중심의 고기능성 프리미엄 화장품을 판매하고 있음. 2011년에는 매트리스 사업을 시작하여 렌탈판매 방식을 시장에 도입함. 사모펀드인 엠비케이파트너스의 경영권인수로 웅진그룹으로 부터 분리됨.

실적 분석
동사의 2017년 연결 기준 반기 매출액은 1조 2,336억원으로 전년동기 대비 4.7% 증가하였으며, 원가율 하락 및 판관비 증가로 영업이익은 전년동기 대비 78.4% 증가함. 니켈 검출 정수기 파문으로 얼음정수기 11만대를 전량 환불 및 폐기처리하고, 이와 관련한 해약률 상승과 계정감소 등으로 일시적인 매출액이 감소했지만 지난해 8월 이후 점진적으로 회복세를 보이고 있으며, 마케팅 확대를 바탕으로 수익성 또한 개선되고 있음.

현금 흐름 〈단위 : 억원〉

항목	2016	2017.2Q
영업활동	4,693	3,293
투자활동	-4,709	-2,169
재무활동	-483	-574
순현금흐름	-500	543
기말현금	663	1,206

시장 대비 수익률

결산 실적 〈단위 : 억원〉

항목	2012	2013	2014	2015	2016	2017
매출액	19,928	21,183	21,603	23,152	23,763	
영업이익	2,261	3,390	3,644	4,633	3,388	
당기순이익	940	2,451	2,497	3,431	2,433	

분기 실적 〈단위 : 억원〉

항목	2016.1Q	2016.2Q	2016.3Q	2016.4Q	2017.1Q	2017.2Q
매출액	6,237	5,550	5,835	6,141	6,102	6,234
영업이익	1,236	118	1,070	964	1,209	1,206
당기순이익	952	28	677	777	754	952

재무 상태 〈단위 : 억원〉

항목	2012	2013	2014	2015	2016	2017.2Q
총자산	17,551	16,679	16,216	17,754	19,677	21,246
유형자산	6,304	6,383	6,752	6,995	6,694	6,851
무형자산	1,837	1,768	1,706	1,688	1,830	1,828
유가증권	25	25	24	24	25	25
총부채	9,700	7,270	5,822	5,372	7,844	11,016
총차입금	5,943	3,419	1,655	881	3,519	6,424
자본금	407	407	407	407	407	407
총자본	7,851	9,409	10,394	12,382	11,833	10,230
지배주주지분	7,851	9,409	10,385	12,374	11,828	10,227

기업가치 지표

항목	2012	2013	2014	2015	2016	2017.2Q
주가(최고/저)(천원)	38.0/25.9	59.6/37.2	85.0/56.8	96.9/72.5	107/77.2	—/—
PER(최고/저)(배)	36.4/24.7	21.1/13.7	29.2/19.6	23.7/17.7	35.7/25.7	—/—
PBR(최고/저)(배)	3.9/2.7	4.9/3.2	6.3/4.2	6.0/4.5	6.3/4.5	7.6/5.8
EV/EBITDA(배)	9.7	9.7	11.3	9.3	12.2	
EPS(원)	1,219	3,178	3,238	4,449	3,167	2,251
BPS(원)	11,354	13,535	15,146	17,654	17,891	14,674
CFPS(원)	3,600	5,748	6,007	7,401	6,198	3,784
DPS(원)		2,710	2,000	2,800	3,200	
EBITDAPS(원)	5,313	6,966	7,495	8,960	7,435	4,716

재무 비율 〈단위 : %〉

연도	영업이익률	순이익률	부채비율	차입금비율	ROA	ROE	유보율	자기자본비율	EBITDA마진율
2016	14.3	10.2	66.3	29.7	13.0	20.1	3,260.7	60.1	24.1
2015	20.0	14.8	43.4	7.1	20.2	30.2	3,248.4	69.7	29.9
2014	16.9	11.6	56.0	15.9	15.2	25.2	2,772.8	64.1	26.8
2013	16.0	11.6	77.3	36.3	14.3	28.4	2,467.3	56.4	25.4

코웰패션 (A033290)
COWELL FASHION

업 종 : 전자 장비 및 기기	시 장 : KOSDAQ
신용등급 : (Bond) — (CP) —	기업규모 : 우량
홈 페 이 지 : www.cowellfashion.co.kr	연 락 처 : 031)8060-0775
본 사 : 경기도 수원시 영통구 신원로 270 (원천동)	

설 립 일 1974.06.11	종 업 원 수 387명	대 표 이 사 최용석,임종민
상 장 일 1997.10.13	감 사 의 견 적정 (대주)	계 열
결 산 기 12월	보 통 주 9,100만주	종속회사수 4개사
액 면 가 500원	우 선 주	구 상 호 필코전자

주주구성 (지분율,%)
대명화학	57.0
이순섭	13.6
(외국인)	6.7

출자관계 (지분율,%)
씨에프크리에이티브	100.0
씨에프에이	222
씨에프코스메틱스	49.0

주요경쟁사 (외형,%)
코웰패션	100
아트라스BX	222
녹십자셀	11

매출구성
내의류및 잡화(기타)	64.5
콘덴서 (상품및제품)	19.8
기타	13.7

비용구성
매출원가율	48.4
판관비율	37.8

수출비중
수출	38.0
내수	62.0

회사 개요
동사의 사업은 콘덴서와 저항기 등 전자부품을 제조해 판매하는 전자사업 부문과 내의류, 양말 등 의류를 제조해 판매하는 패션사업 부문으로 나뉨. 부대사업으로 부동산 매매와 임대업, 관리임영업, 산업용 장비 임대업, 홍보물 제작업, 인터넷방송용 프로그램 제작 및 공급업 등도 영위함. 영성필코전자, 씨에프에이, 씨에프코스메틱스, 씨에프크리에이티브를 연결대상 종속회사로 보유하고 있음.

실적 분석
2017년 상반기 연결기준 동사는 매출 1480.4억원을 시현함. 전년 동기 매출 대비 32.6% 증가한 금액임. 매출원가가 19.8% 증가하고 판매비와 관리비가 30.1% 증가했으나 매출성장이 이를 상회함. 이에 영업이익은 전년 동기 대비 83.6% 성장한 287.6억원을 시현함. 비영업부문도 흑자로 돌아서 당기순이익은 86.7% 증가한 209.8억원을 기록함.

현금 흐름 〈단위 : 억원〉
항목	2016	2017.2Q
영업활동	348	176
투자활동	-75	-25
재무활동	-139	-139
순현금흐름	195	12
기말현금	278	290

시장 대비 수익률

결산 실적 〈단위 : 억원〉
항목	2012	2013	2014	2015	2016	2017
매출액	525	466	492	1,615	2,497	—
영업이익	-15	-41	-24	170	345	—
당기순이익	-43	113	-73	104	220	—

분기 실적 〈단위 : 억원〉
항목	2016.1Q	2016.2Q	2016.3Q	2016.4Q	2017.1Q	2017.2Q
매출액	571	545	574	807	721	759
영업이익	78	79	64	124	135	153
당기순이익	61	52	50	57	95	114

재무 상태 〈단위 : 억원〉
항목	2012	2013	2014	2015	2016	2017.2Q
총자산	2,350	1,268	1,091	1,821	2,085	2,110
유형자산	1,138	641	603	711	666	681
무형자산	129	2	2	5	5	6
유가증권	69	103	223	130	120	117
총부채	1,092	423	311	645	733	618
총차입금	852	342	233	413	389	323
자본금	138	138	144	465	465	465
총자본	1,258	844	780	1,176	1,352	1,492
지배주주지분	692	844	780	1,161	1,312	1,446

기업가치 지표
항목	2012	2013	2014	2015	2016	2017.2Q
주가(최고/저)(천원)	1.7/1.0	1.6/1.0	1.4/0.9	3.7/0.9	3.7/2.7	—/—
PER(최고/저)(배)	—/—	—/—	—/—	30.2/7.3	17.4/12.3	—/—
PBR(최고/저)(배)	0.7/0.4	0.5/0.3	0.5/0.3	3.0/0.7	2.6/1.8	2.6/1.9
EV/EBITDA(배)	10.2	5.5	16.4	14.3	7.7	
EPS(원)	-406	-22	-258	124	215	212
BPS(원)	2,517	3,070	2,701	1,247	1,456	1,621
CFPS(원)	89	504	-84	170	251	221
DPS(원)						
EBITDAPS(원)	442	376	90	266	407	321

재무 비율 〈단위 : % 〉
연도	영업이익률	순이익률	부채비율	차입금비율	ROA	ROE	유보율	자기자본비율	EBITDA마진율
2016	13.8	8.8	54.2	28.8	11.3	16.2	191.3	64.9	15.2
2015	10.6	6.5	54.8	35.1	7.2	9.9	149.4	64.6	12.7
2014	-4.8	-14.7	39.8	29.9	-6.2	-8.9	440.2	71.5	5.1
2013	-8.8	24.2	50.1	40.5	6.2	-0.8	514.1	66.6	22.2

코위버 (A056360)
Communication Weaver

업 종 : 통신장비	시 장 : KOSDAQ
신용등급 : (Bond) — (CP) —	기업규모 : 우량
홈 페 이 지 : www.coweaver.co.kr	연 락 처 : 02)3140-3300
본 사 : 서울시 마포구 동교로19길 12 (서교동)	

설 립 일 2000.02.18	종 업 원 수 132명	대 표 이 사 황인환
상 장 일 2001.11.24	감 사 의 견 적정 (세일)	계 열
결 산 기 12월	보 통 주 980만주	종속회사수 2개사
액 면 가 500원	우 선 주	구 상 호

주주구성 (지분율,%)
황인환	16.8
김근식	9.7
(외국인)	2.8

출자관계 (지분율,%)
위버브릿지	100.0
모비리안	100.0

주요경쟁사 (외형,%)
코위버	100
콘텍시스템	284
오이솔루션	136

매출구성
MSPP	28.5
WDM	24.8
PTN	18.7

비용구성
매출원가율	67.2
판관비율	24.0

수출비중
수출	35.0
내수	65.0

회사 개요
유선 광전송장비 개발 및 제조 등을 주요 사업으로 영위하고 있으며, KT, LGU+, SK브로드밴드, SK C&C, 도로공사 등 국내 메이저 통신사업자 및 주요 공공기관을 거래선으로 확보하고 있음. 주력 제품인 MSPP가 전체 매출액에서 약 25%를 차지하고 있음. 또한 17년 부터는 과거 내수중심의 매출구성에서 WDM 제품에 대한 해외매출이 발생하며 해외시장의 활로를 넓힘.

실적 분석
동사의 2017년 연결기준 상반기 매출은 215.6억원으로 전년대비 10.2% 증가하고 영업이익은 23.4억원으로 흑자전환함. 광전송장비 제조에 사용되는 주요 원재료인 IC, 반도체 Chip 중 PMC Chip 등의 원가 절감 노력을 통해 매출액 9% 이상 감소하고 서버, 방송장치, PON 제품 도입을 통하여 매출증대를 꾀하면서 영업이익 흑자전환을 이룸. 사모투자전문회사에서 관계기업 손실을 제외하고는 재무상태 개선 중.

현금 흐름 〈단위 : 억원〉
항목	2016	2017.2Q
영업활동	48	12
투자활동	-12	-77
재무활동	33	24
순현금흐름	69	-41
기말현금	271	230

시장 대비 수익률

결산 실적 〈단위 : 억원〉
항목	2012	2013	2014	2015	2016	2017
매출액	453	614	587	600	587	—
영업이익	18	48	72	62	52	—
당기순이익	29	63	75	93	66	—

분기 실적 〈단위 : 억원〉
항목	2016.1Q	2016.2Q	2016.3Q	2016.4Q	2017.1Q	2017.2Q
매출액	63	133	122	269	38	177
영업이익	-6	6	11	42	-22	46
당기순이익	-8	11	10	54	-23	36

재무 상태 〈단위 : 억원〉
항목	2012	2013	2014	2015	2016	2017.2Q
총자산	678	806	851	1,020	1,146	1,096
유형자산	152	148	148	148	146	247
무형자산	51	53	43	36	27	23
유가증권	5	5	47	45	62	15
총부채	78	149	130	193	262	206
총차입금	24	30	30	30	70	100
자본금	49	49	49	49	49	49
총자본	600	657	720	827	884	890
지배주주지분	600	657	720	827	884	890

기업가치 지표
항목	2012	2013	2014	2015	2016	2017.2Q
주가(최고/저)(천원)	3.2/1.5	4.6/2.8	4.7/3.2	7.0/4.3	5.9/4.7	—/—
PER(최고/저)(배)	12.1/5.7	7.9/4.8	6.6/4.4	7.6/4.7	8.8/7.1	—/—
PBR(최고/저)(배)	0.6/0.3	0.7/0.4	0.7/0.4	0.8/0.5	0.7/0.5	0.8/0.6
EV/EBITDA(배)	9.1	5.0	4.6	3.6	5.0	
EPS(원)	295	643	767	948	676	129
BPS(원)	6,409	6,996	7,641	8,574	9,162	9,221
CFPS(원)	452	772	910	1,093	807	193
DPS(원)	60	100	130	100	70	
EBITDAPS(원)	337	623	875	779	661	303

재무 비율 〈단위 : % 〉
연도	영업이익률	순이익률	부채비율	차입금비율	ROA	ROE	유보율	자기자본비율	EBITDA마진율
2016	8.8	11.3	29.7	7.9	6.1	7.7	1,732.3	77.1	11.0
2015	10.4	15.5	23.4	3.7	9.9	12.0	1,614.8	81.1	12.7
2014	12.2	12.8	18.1	4.2	9.1	10.9	1,428.3	84.7	14.6
2013	7.9	10.3	22.7	4.6	8.5	10.0	1,299.2	81.5	9.9

코이즈 (A121850)
KOYJ CO

업 종 : 디스플레이 및 관련부품	시 장 : KOSDAQ
신용등급 : (Bond) — (CP) —	기업규모 : 벤처
홈페이지 : www.koyj.co.kr	연 락 처 : 070)8255-6405
본 사 : 충북 충주시 대소원면 첨단산업로 146	

설 립 일 2006.02.16	종 업 원 수 92명	대 표 이 사 조재형
상 장 일 2012.09.27	감 사 의 견 적정(삼정)	계 열
결 산 기 12월	보 통 주 1,053만주	종속회사수 2개사
액 면 가 500원	우 선 주	구 상 호

주주구성 (지분율,%)		출자관계 (지분율,%)		주요경쟁사 (외형,%)	
조재형	37.4	중경고일지광전유한공사		코이즈	100
최연주	14.0	남경고일지광전유한공사		우리이티아이	4,877
(외국인)	1.4			유테크	90

매출구성		비용구성		수출비중	
광학코팅	61.3	매출원가율	82.5	수출	21.0
도광판	35.4	판관비율	15.0	내수	79.0
상품매출	1.4				

회사 개요
동사는 2006년에 설립된 보호필름 제조 및 LCD의 부품인 백라이트유닛(BLU)의 구성 요소인 광학필름의 코팅과 도광판 제조 기업으로, 2012년 9월에 코스닥시장에 신규상장됨. 광학필름 중에서도 프리즘시트 백코팅(후면코팅) 위주로 사업을 영위하고 있으며, 자체적으로 원료를 구입하여 직접 필름 원단의 성질별로 코팅액을 조액함으로써 생산 원가 및 품질에서 우위를 보유함.

실적 분석
동사의 2017년 2분기기준 누계 매출액은 전년동기대비 2.8% 소폭 변동한 155.8억원을 기록하였음. 비용면에서 전년동기대비 매출원가는 증가 하였으며 인건비는 감소 하였고 기타판매비와관리비는 증가함. 그에 따라 매출액 하락 등에 의해 전년동기대비 영업이익은 -17.2억원으로 적자전환하였음. 최종적으로 전년동기대비 당기순이익은 적자전환하여 -23억원을 기록함.

현금 흐름 〈단위 : 억원〉

항목	2016	2017.2Q
영업활동	-7	-3
투자활동	63	-18
재무활동	-49	11
순현금흐름	7	-10
기말현금	62	52

시장 대비 수익률

결산 실적 〈단위 : 억원〉

항목	2012	2013	2014	2015	2016	2017
매출액	355	241	279	260	314	—
영업이익	80	-1	-1	-15	8	—
당기순이익	51	-7	-5	-24	15	—

분기 실적 〈단위 : 억원〉

항목	2016.1Q	2016.2Q	2016.3Q	2016.4Q	2017.1Q	2017.2Q
매출액	93	68	75	79	86	70
영업이익	1	2	-2	7	-6	-12
당기순이익	2	4	-10	19	-16	-7

재무 상태 〈단위 : 억원〉

항목	2012	2013	2014	2015	2016	2017.2Q
총자산	459	591	575	580	549	536
유형자산	213	288	327	329	233	222
무형자산	17	19	21	17	16	15
유가증권	—					
총부채	138	288	278	307	251	257
총차입금	83	234	242	261	198	210
자본금	33	33	33	48	50	50
총자본	321	303	297	273	298	279
지배주주지분	321	303	297	273	298	279

기업가치 지표

항목	2012	2013	2014	2015	2016	2017.2Q
주가(최고/저)(천원)	8.3/4.6	9.9/3.3	3.9/1.8	5.6/1.9	9.2/3.9	—/—
PER(최고/저)(배)	13.4/7.6	—/—	—/—	—/—	61.0/26.1	3.0/1.2
PBR(최고/저)(배)	2.5/1.4	3.0/1.0	1.2/0.6	1.9/0.7	2.9/1.3	0.9/0.3
EV/EBITDA(배)	7.4	14.9	12.1	44.4	16.8	
EPS(원)	624	-72	-48	-252	153	-231
BPS(원)	4,900	4,894	4,839	3,023	3,198	2,948
CFPS(원)	1,278	311	383	57	442	-95
DPS(원)	150				55	
EBITDAPS(원)	1,776	405	432	155	370	-37

재무 비율 〈단위 : % 〉

연도	영업이익률	순이익률	부채비율	차입금비율	ROA	ROE	유보율	자기자본비율	EBITDA마진율
2016	2.5	4.8	84.3	66.4	2.7	5.2	539.7	54.3	11.5
2015	-5.8	-9.4	112.2	95.4	-4.2	-8.6	504.5	47.1	5.8
2014	-0.5	-1.7	93.6	81.3	-0.8	-1.6	867.7	51.6	10.2
2013	-0.4	-2.9	95.3	77.2	-1.3	-2.2	878.8	51.2	11.0

코콤 (A015710)
Kocom

업 종 : 보안장비	시 장 : KOSDAQ
신용등급 : (Bond) — (CP) —	기업규모 : 우량
홈페이지 : www.kocom.co.kr	연 락 처 : 02)6675-2135
본 사 : 경기도 부천시 원미구 원미로 177번길 21(원미동 8-3)	

설 립 일 1976.06.01	종 업 원 수 145명	대 표 이 사 고성욱
상 장 일 1997.08.12	감 사 의 견 적정(안진)	계 열
결 산 기 12월	보 통 주 1,753만주	종속회사수 1개사
액 면 가 500원	우 선 주	구 상 호

주주구성 (지분율,%)		출자관계 (지분율,%)		주요경쟁사 (외형,%)	
한세전자	16.9	코콤하이엠	70.0	코콤	100
고성욱	16.3	KOCOMSDNBHD	9.1	슈프리마	37
(외국인)	1.2	KOCOMTECH(M)SDNBHD	9.1	현대통신	77

매출구성		비용구성		수출비중	
스마트 홈 시스템(IoT/홈 네트워크 시스템 등)	85.0	매출원가율	72.5	수출	7.0
기타	9.4	판관비율	19.7	내수	93.0
LED조명	3.9				

회사 개요
2011년에 설립된 동사는 네트워크 통신기기, 디지털카메라, 비디오폰, 인터폰, LED조명기기 등의 판매를 주사업으로 하고 있음. 사업부문은 크게 주택설비 사업부문, CCTV사업부문, 솔루션 사업부문, LED조명사업부문, 부가통신 사업부문으로 나뉨. 동사는 스마트 홈시스템 부문에서 국내 30~35%의 시장점유율을 차지하고 있을 것으로 추정됨. 매출 비중은 스마트홈시스템이 약 70%, 인터폰과 LED가 10% 상회, CCTV 및 기타가 나머지.

실적 분석
동사의 2017년 2분기 기준 누계 매출액은 전년 동기(503.3억원) 대비 31.7% 상승한 662.8억원을 기록함. 매출원가가 36.4% 증가했고 판관비도 소폭 증가해 비용 지출이 늘었지만 외형성장에 힘입어 영업이익 개선. 동사 영업이익은 전년 대비 42.6% 늘어난 65.6억원을 시현. 최종적으로 당기순이익은 전년 동기(32.9억원) 대비 72.1% 상승한 56.6억원을 달성함.

현금 흐름 〈단위 : 억원〉

항목	2016	2017.2Q
영업활동	48	70
투자활동	-61	-15
재무활동	-17	-27
순현금흐름	-29	28
기말현금	15	43

시장 대비 수익률

결산 실적 〈단위 : 억원〉

항목	2012	2013	2014	2015	2016	2017
매출액	833	952	1,035	1,108	1,139	—
영업이익	57	50	96	98	88	—
당기순이익	34	30	58	72	72	—

분기 실적 〈단위 : 억원〉

항목	2016.1Q	2016.2Q	2016.3Q	2016.4Q	2017.1Q	2017.2Q
매출액	227	277	268	367	324	339
영업이익	21	24	26	16	30	36
당기순이익	13	20	19	20	26	31

재무 상태 〈단위 : 억원〉

항목	2012	2013	2014	2015	2016	2017.2Q
총자산	1,019	1,115	1,059	1,101	1,178	1,243
유형자산	253	255	252	250	302	299
무형자산	24	20	20	16	14	14
유가증권	13	4	4	4	4	4
총부채	336	409	303	212	237	271
총차입금	151	160	112		3	0
자본금	88	88	88	88	88	88
총자본	683	706	756	889	940	972
지배주주지분	681	706	755	889	940	972

기업가치 지표

항목	2012	2013	2014	2015	2016	2017.2Q
주가(최고/저)(천원)	3.6/1.7	3.8/2.4	9.8/2.6	21.2/8.9	13.4/8.0	—/—
PER(최고/저)(배)	19.9/9.4	22.2/13.7	30.4/8.1	52.3/22.0	33.0/19.7	1.7/1.4
PBR(최고/저)(배)	0.9/0.4	0.9/0.6	2.2/0.6	4.2/1.8	2.5/1.5	
EV/EBITDA(배)	9.0	10.0	15.7	20.3	16.7	
EPS(원)	197	183	331	416	412	323
BPS(원)	4,168	4,312	4,593	5,243	5,538	5,720
CFPS(원)	248	254	412	488	478	357
DPS(원)	50	50	100	125	150	
EBITDAPS(원)	379	358	631		634	408

재무 비율 〈단위 : % 〉

연도	영업이익률	순이익률	부채비율	차입금비율	ROA	ROE	유보율	자기자본비율	EBITDA마진율
2016	7.8	6.3	25.2	0.3	6.3	7.9	1,007.7	79.9	8.8
2015	8.9	6.5	23.9	0.1	6.7	8.9	948.6	80.7	10.0
2014	9.3	5.6	40.1	14.8	5.3	7.9	818.7	71.4	10.7
2013	5.3	3.2	57.8	22.6	2.8	4.6	762.3	63.4	6.6

코텍 (A052330)
Kortek

업   종 : 디스플레이 및 관련부품
신용등급 : (Bond) —   (CP) —
홈 페 이 지 : www.kortek.co.kr
본   사 : 인천시 연수구 벤처로 24번길 26 (송도동)

시   장 : KOSDAQ
기업규모 : 우량
연 락 처 : 032)860-3000

설 립 일	1987.03.06	종 업 원 수	405명	대 표 이 사	김영달
상 장 일	2001.06.27	감 사 의 견	적정 (한울)	계 열	
결 산 기	12월	보 통 주	1,557만주	종속회사수	
액 면 가	500원	우 선 주		구 상 호	

주주구성 (지분율,%)		출자관계 (지분율,%)		주요경쟁사 (외형,%)	
아이디스홀딩스	33.0	KORTEKCorpUSA	98.0	코텍	100
베어링자산운용	5.8			HB테크놀러지	91
(외국인)	23.0			동아엘텍	73

매출구성		비용구성		수출비중	
TFT-LCD 모니터	96.4	매출원가율	75.8	수출	97.0
AS 외	3.6	판관비율	14.3	내수	3.0

회사 개요
현재 동사의 양대 사업축은 카지노용 모니터와 PID(Public Information Display)사업이라 할 수 있음. 카지노 모니터는 세계 시장 점유율의 50% 이상 차지하고 있음. 의료용 모니터 등 특수 목적용 모니터는 신규 사업으로 동사는 지멘스, GE 공급하는 초음파 진단기 시장에 진출함. 특수용 디스플레이는 현재 항공, 군사 분야에 집중적으로 연구개발이 진행되고 있으며 2017년 창립30주년을 맞아 새로운 도약을 계획중임.

실적 분석
동사의 2017년 2분기 누적 매출액은 전년대비 2.1% 성장한 1,296.2억원을 기록함. 매출액 성장은 산업용 LCD 모니터 판매량 증가에 기인하나 제품 판매가격의 인상을 상회하는 LCD 패널 등 원자재 가격 상승으로 원가율이 악화됨. 이러한 원가율 악화로 영업이익은 109.3억원을 기록하며 수익성이 하락함. 외환손실이 반영된 당기순이익도 70.7억원에 그치며 전년대비 감소함.

현금 흐름
*IFRS 별도 기준   〈단위 : 억원〉

항목	2016	2017.2Q
영업활동	200	248
투자활동	-116	-161
재무활동	-85	-45
순현금흐름	2	41
기말현금	591	632

시장 대비 수익률

결산 실적
〈단위 : 억원〉

항목	2012	2013	2014	2015	2016	2017
매출액	1,603	1,698	1,488	2,420	2,980	—
영업이익	206	207	55	263	293	—
당기순이익	175	174	63	232	377	—

분기 실적
*IFRS 별도 기준   〈단위 : 억원〉

항목	2016.1Q	2016.2Q	2016.3Q	2016.4Q	2017.1Q	2017.2Q
매출액	521	748	813	897	572	724
영업이익	63	60	93	76	45	64
당기순이익	35	67	146	129	-2	72

재무 상태
*IFRS 별도 기준   〈단위 : 억원〉

항목	2012	2013	2014	2015	2016	2017.2Q
총자산	1,711	1,839	1,823	2,354	2,758	2,872
유형자산	441	440	429	428	447	454
무형자산	38	47	56	54	41	41
유가증권	90	79	101	70	53	38
총부채	214	195	172	226	328	408
총차입금	22	11	—	—	2	2
자본금	64	65	65	78	78	78
총자본	1,497	1,645	1,651	2,128	2,430	2,464
지배주주지분	1,497	1,645	1,651	2,128	2,430	2,464

기업가치 지표
*IFRS 별도 기준

항목	2012	2013	2014	2015	2016	2017.2Q
주가(최고/저)(천원)	11.5/8.6	16.4/10.0	14.4/8.8	15.3/9.8	14.3/10.3	—/—
PER(최고/저)(배)	9.6/7.2	13.6/8.3	32.3/19.7	9.4/6.1	6.0/4.4	—/—
PBR(최고/저)(배)	1.1/0.8	1.4/0.9	1.2/0.7	1.1/0.7	0.9/0.7	1.0/0.8
EV/EBITDA(배)	4.9	6.5	13.0	4.0	4.3	—
EPS(원)	1,327	1,307	475	1,694	2,424	454
BPS(원)	11,628	12,673	12,951	13,965	16,166	16,386
CFPS(원)	1,545	1,507	660	1,846	2,554	527
DPS(원)	250	250	200	250	300	—
EBITDAPS(원)	1,792	1,768	595	2,073	2,010	775

재무 비율
〈단위 : % 〉

연도	영업이익률	순이익률	부채비율	차입금비율	ROA	ROE	유보율	자기자본비율	EBITDA마진율
2016	9.8	12.7	13.5	0.1	14.8	16.6	3,133.2	88.1	10.5
2015	10.9	9.6	10.6	0.0	11.1	12.3	2,693.1	90.4	11.7
2014	3.7	4.3	10.4	0.0	3.5	3.8	2,490.1	90.5	5.2
2013	12.2	10.2	11.8	0.7	9.8	11.1	2,434.6	89.4	13.5

코프라 (A126600)
KOPLA

업   종 : 자동차부품
신용등급 : (Bond) —   (CP) —
홈 페 이 지 : www.kopla.com
본   사 : 경기도 화성시 장안면 상두원길 142

시   장 : KOSDAQ
기업규모 : 우량
연 락 처 : 031)499-2195

설 립 일	1997.10.13	종 업 원 수	107명	대 표 이 사	한상용
상 장 일	2010.11.12	감 사 의 견	적정 (삼일)	계 열	
결 산 기	12월	보 통 주	2,112만주	종속회사수	3개사
액 면 가	500원	우 선 주		구 상 호	

주주구성 (지분율,%)		출자관계 (지분율,%)		주요경쟁사 (외형,%)	
한상용	17.1			코프라	100
조인선	11.4			삼원강재	206
(외국인)	0.7			쌍용머티리얼	82

매출구성		비용구성		수출비중	
PA66	49.1	매출원가율	80.2	수출	26.0
PP	22.6	판관비율	9.0	내수	74.0
PA6	22.2				

회사 개요
동사는 고기능성 폴리머 소재를 생산·판매하는 사업을 영위하고 있음. 사업부문으로는 자동차분야, 전기전자분야, 기타 분야등이 있으며 전산업의 발전과 밀접하게 연관되어 있음. 특히 자동차분야가 80% 이상의 매출비중을 차지하고 있어 자동차 산업의 발전 및 자동차 관련 고기능성 폴리모 소재와의 연관성이 큼. 최근 중국에 신규 컴파운드 공장투자를 결정하였으며, 플라스틱 사출업체들에게 PA 컴파운드 칩을 공급할 예정임.

실적 분석
2017년 상반기 매출액은 661.9억원을 기록하면서 전년동기 대비 3.1% 증가함. 그러나 원가율이 더 크게 증가함에 따라 영업이익은 전년동기 대비 33% 감소한 51.8억원을 기록하였고, 당기순익은 40.1% 감소한 39억원을 시현함. 금속을 대신한 고기능성 폴리머 소재(칩)의 수요 및 중요성이 지속적으로 증가하고 있으며 이를 통해 매출 증대를 기대 중국 공장투자로 성장성 확보하였으며, 관련 산업의 성장에 따른 수혜가 기대됨.

현금 흐름
〈단위 : 억원〉

항목	2016	2017.2Q
영업활동	66	11
투자활동	-62	-60
재무활동	9	47
순현금흐름	12	-2
기말현금	49	47

시장 대비 수익률

결산 실적
〈단위 : 억원〉

항목	2012	2013	2014	2015	2016	2017
매출액	884	913	1,053	1,158	1,301	—
영업이익	71	93	104	125	141	—
당기순이익	60	71	86	105	123	—

분기 실적
〈단위 : 억원〉

항목	2016.1Q	2016.2Q	2016.3Q	2016.4Q	2017.1Q	2017.2Q
매출액	314	329	296	363	353	—
영업이익	40	37	32	32	33	—
당기순이익	34	31	25	33	16	—

재무 상태
〈단위 : 억원〉

항목	2012	2013	2014	2015	2016	2017.2Q
총자산	538	658	839	1,072	1,247	1,40
유형자산	167	170	299	322	329	33
무형자산	5	7	7	8	8	
유가증권	1	51	101	281	304	35
총부채	147	195	285	306	369	43
총차입금	78	102	162	183	211	20
자본금	44	44	44	49	49	
총자본	391	463	554	766	878	96
지배주주지분	391	463	554	766	878	96

기업가치 지표

항목	2012	2013	2014	2015	2016	2017.2Q
주가(최고/저)(천원)	7.1/3.7	13.0/5.2	11.7/7.0	19.8/10.6	18.3/13.0	—/
PER(최고/저)(배)	10.9/5.7	16.6/6.7	12.3/7.3	17.8/9.6	14.7/10.4	—/
PBR(최고/저)(배)	1.7/0.9	2.6/1.0	1.9/1.2	2.6/1.4	2.1/1.5	1.6/1
EV/EBITDA(배)	7.4	5.9	8.8	10.8	7.5	—
EPS(원)	344	409	492	567	631	19
BPS(원)	4,496	5,318	6,257	7,861	9,005	9,16
CFPS(원)	802	950	1,157	1,367	1,506	51
DPS(원)	80	100	150	150	150	—
EBITDAPS(원)	929	1,200	1,361	1,589	1,694	64

재무 비율
〈단위 : % 〉

연도	영업이익률	순이익률	부채비율	차입금비율	ROA	ROE	유보율	자기자본비율	EBITDA마진율
2016	10.9	9.5	42.0	24.1	10.6	15.0	1,701.1	70.4	12
2015	10.8	9.1	39.9	23.9	11.0	15.9	1,472.2	71.5	12
2014	9.9	8.2	51.4	29.2	11.5	17.0	1,151.3	66.1	11
2013	10.2	7.8	42.2	22.1	11.9	16.7	963.6	70.3	11

콜마비앤에이치 (A200130)
Kolmar BNH

업　　　종 : 개인생활용품		시　　　장 : KOSDAQ	
신용등급 : (Bond) — (CP) —		기업규모 : 우량	
홈페이지 : www.kolmarbnh.co.kr		연 락 처 : 044)860-4200	
본　　　사 : 대전시 유성구 테크노3로 22 (관평동)			

설 립 일 2014.04.22	종 업 원 수 192명	대 표 이 사 백인영,정화영(각자대표이사)
상 장 일 2014.07.23	감 사 의 견 적정 (삼일)	계 열
결 산 기 12월	보 통 주 2,954만주	종속회사수 3개사
액 면 가 500원	우 선 주	구 상 호 미래에셋제2호스팩

주주구성 (지분율,%)		출자관계 (지분율,%)		주요경쟁사 (외형,%)	
한국콜마홀딩스	50.2	근오농림	75.0	콜마비앤에이치	100
한국원자력연구원	12.0	에치엔지	60.9	케어젠	18
(외국인)	3.0	선앤원코스메틱	40.0	에이블씨엔씨	170

매출구성		비용구성		수출비중	
헤모힘 외	47.4	매출원가율	82.5	수출	12.0
스킨케어 6 시스템 외	42.9	판관비율	3.4	내수	88.0
치약세트 외	7.0				

회사 개요
동사는 소재 연구개발 전문기업으로 천연물을 이용하여 건강기능식품, 화장품 생산에 사용되는 원료를 직접 개발하여 ODM/OEM 형유 통업체에게 제품을 공급하는 2001년 한국원자력연구원과 기술이전 협약을 체결하고 2004년 한국원자력연구원과 한국콜마가 공동출자를 통해 설립됨. 2015년 매출액 기준 건강기능식품이 약 55%, 화장품이 45%를 차지함. 동사는 미래에셋제2호스팩과 합병이 완료되어 2015년 2월 우회 상장됨.

실적 분석
동사의 2017년 2분기 매출액은 전년동기 대비 37.6% 늘어난 1,807억원을 기록. 매출총이익은 16.2% 늘었으며 판매비와관리비는 전년 대비 26.8% 늘어난 53.9억원을 기록함. 영업이익은 224.6억원을 시현했으며 이는 전년 대비 14.0% 성장한 수치임. 비영업부문에서 112억원의 이익을 시현하며 당기순이익은 전년 동기 대비 75.5%증가한 285.6억원을 시현함. 건강기능식품 부문의 매출규모 및 수익성이 개선되고 있음.

현금 흐름 〈단위 : 억원〉

항목	2016	2017.2Q
영업활동	213	266
투자활동	-206	-87
재무활동	41	-34
순현금흐름	48	146
기말현금	170	316

결산 실적 〈단위 : 억원〉

항목	2012	2013	2014	2015	2016	2017
매출액	883	939	1,739	2,362	2,560	—
영업이익	118	130	228	344	362	—
당기순이익	100	98	210	12	297	—

분기 실적 〈단위 : 억원〉

항목	2016.1Q	2016.2Q	2016.3Q	2016.4Q	2017.1Q	2017.2Q
매출액	635	678	592	655	701	1,106
영업이익	94	103	79	86	105	120
당기순이익	80	83	84	51	89	197

재무 상태 〈단위 : 억원〉

항목	2012	2013	2014	2015	2016	2017.2Q
총자산	537	606	920	1,271	1,587	2,477
유형자산	220	269	386	395	489	771
무형자산	1	6	4	4	3	163
유가증권	53	52	122	351	369	376
총부채	244	209	314	261	299	882
총차입금	77	55	55	6	70	149
자본금	24	24	65	74	148	148
총자본	293	398	606	1,009	1,287	1,595
지배주주지분	293	388	591	996	1,271	1,514

기업가치 지표

항목	2012	2013	2014	2015	2016	2017.2Q
주가(최고/저)(천원)	—/—	—/—	32.3/10.7	46.2/26.4	42.5/15.2	—/—
PER(최고/저)(배)	0.0/0.0	0.0/0.0	44.9/14.9	1,218.1/696.3	42.6/15.2	—/—
PBR(최고/저)(배)	0.0/0.0	0.0/0.0	15.9/5.3	13.8/7.9	9.9/3.6	4.6/3.1
EV/EBITDA(배)	—	—	2.5	30.0	13.0	—
EPS(원)	391	340	725	38	1,006	949
BPS(원)	62,268	82,434	125,748	6,750	4,307	5,129
CFPS(원)	25,465	22,878	47,426	204	1,078	1,000
DPS(원)				125	130	—
EBITDAPS(원)	29,644	29,643	51,289	2,459	1,298	812

재무 비율 〈단위 : % 〉

연도	영업이익률	순이익률	부채비율	차입금비율	ROA	ROE	유보율	자기자본비율	EBITDA마진율
2016	14.1	11.6	23.3	5.4	20.8	26.2	761.4	81.1	15.0
2015	14.6	0.5	25.9	0.6	1.1	1.4	1,250.0	79.4	15.4
2014	13.1	12.1	51.7	9.1	27.5	42.9	804.9	65.9	13.9
2013	13.9	10.5	52.5	13.8	17.2	28.9	1,548.7	65.6	14.9

콤텍시스템 (A031820)
Comtec Systems

업　　　종 : 통신장비		시　　　장 : 거래소	
신용등급 : (Bond) — (CP) —		기업규모 : 시가총액 소형주	
홈페이지 : www.comtec.co.kr		연 락 처 : 02)3289-0114	
본　　　사 : 서울시 영등포구 가마산로 343			

설 립 일 1983.08.18	종 업 원 수 395명	대 표 이 사 남석우
상 장 일 1997.01.09	감 사 의 견 적정 (대주)	계 열
결 산 기 12월	보 통 주 3,185만주	종속회사수 1개사
액 면 가 500원	우 선 주	구 상 호

주주구성 (지분율,%)		출자관계 (지분율,%)		주요경쟁사 (외형,%)	
남석우	15.9	에스에스산업	67.4	콤텍시스템	100
남진우	7.0	알파인기술투자	38.4	오이솔루션	48
(외국인)	2.1	콤텍정보통신	29.5	아이즈비전	96

매출구성		비용구성		수출비중	
LAN부문/WAN부문	79.5	매출원가율	89.3	수출	1.0
용역 및 장비임대	19.9	판관비율	9.8	내수	99.0
섬유 보강재	0.6				

회사 개요
동사는 전통적으로 공공시장 및 금융권 네트워크통합 장비 및 솔루션 사업에서 경쟁력을 지니고 있으며 최근 SI를 포함한 토탈 서비스 전문기업으로의 전환을 이루고 있음. SW산업진흥법에 따라 대기업이 빠진 공공시장에서 성장을 이룩함. 보안사업의 경우 지식정보 보안컨설팅 전문업체 지정을 추진 등의 전략 솔루션을 추가로 발굴하여 통합서비스 전문기업으로서의 성장동력을 마련.

실적 분석
동사의 2017년 2/4분기 연결기준 누적매출액은 598.3억원으로 전년동기 대비 8.1% 증가했음. 외형증가와 원가율 하락으로 인해 매출총이익 또한 큰 폭으로 증가했음. 판관비는 전년동기 대비 소폭 감소해 4.1억원의 영업이익을 시현하며 흑자전환되었음. 그러나 비영업부문에서 10.2억원의 손실을 기록해 이익폭이 축소되어 7.5억원의 당기순손실을 기록하며 적자를 지속하였음.

현금 흐름 〈단위 : 억원〉

항목	2016	2017.2Q
영업활동	111	-19
투자활동	-19	-19
재무활동	-16	-21
순현금흐름	76	-39
기말현금	305	265

결산 실적 〈단위 : 억원〉

항목	2012	2013	2014	2015	2016	2017
매출액	1,604	1,817	1,861	1,463	1,669	—
영업이익	8	-10	-51	7	15	—
당기순이익	67	22	-34	18	40	—

분기 실적 〈단위 : 억원〉

항목	2016.1Q	2016.2Q	2016.3Q	2016.4Q	2017.1Q	2017.2Q
매출액	258	296	288	827	201	397
영업이익	1	-38	7	46	-9	14
당기순이익	-7	-39	6	81	-18	11

재무 상태 〈단위 : 억원〉

항목	2012	2013	2014	2015	2016	2017.2Q
총자산	1,197	1,198	1,169	1,078	1,303	976
유형자산	47	52	94	77	79	73
무형자산	22	20	20	20	22	21
유가증권	38	52	23	37	38	33
총부채	646	640	658	538	732	410
총차입금	16	26	20	40	27	6
자본금	159	159	159	159	159	159
총자본	551	558	510	540	571	566
지배주주지분	542	550	503	533	564	558

기업가치 지표

항목	2012	2013	2014	2015	2016	2017.2Q
주가(최고/저)(천원)	1.6/0.7	1.5/1.0	1.8/1.1	2.7/1.0	2.9/1.3	—/—
PER(최고/저)(배)	8.0/3.7	22.2/14.1		50.0/18.5	23.1/9.9	1.1/0.8
PBR(최고/저)(배)	1.0/0.5	0.9/0.6	1.2/0.7	1.6/0.6	1.7/0.7	
EV/EBITDA(배)	1.6			22.4	4.3	
EPS(원)	211	71	-106	55	128	-25
BPS(원)	1,703	1,727	1,578	1,672	1,770	1,752
CFPS(원)	234	95	-73	110	184	1
DPS(원)	30	30				40
EBITDAPS(원)	47	-9	-129	77	105	

재무 비율 〈단위 : % 〉

연도	영업이익률	순이익률	부채비율	차입금비율	ROA	ROE	유보율	자기자본비율	EBITDA마진율
2016	0.9	2.4	128.1	4.6	3.4	7.4	253.9	43.8	2.0
2015	0.5	1.2	99.5	7.5	1.6	3.4	234.4	50.1	1.7
2014	-2.8	-1.8	129.0	3.9	-2.9	-6.4	215.6	43.7	-2.2
2013	-0.6	1.2	114.8	4.7	1.8	4.2	245.4	46.6	-0.2

쿠첸 (A225650)
Cuchen

업　종 : 내구소비재	시　　장 : KOSDAQ
신용등급 : (Bond) — 　(CP) —	기업규모 : 우량
홈페이지 : www.cuchen.com	연락처 : 02)2008-7272
주　소 : 서울시 강남구 삼성로 528 부방빌딩	

설　립　일 2015.08.04	종 업 원 수 295명	대 표 이 사	이대희,이재성
상　장　일 2015.09.04	감 사 의 견 적정 (삼정)	계　　　　열	
결　산　기 12월	보　통　주 1,069만주	종속회사수	
액　면　가 500원	우　선　주 —	구　상　도	

주주구성 (지분율,%)		출자관계 (지분율,%)		주요경쟁사 (외형,%)	
부방	44.7	쿠첸	100	쿠첸	100
이중희	12.7	코웨이	872	코웨이	872
(외국인)	1.5	쿠쿠전자	263	쿠쿠전자	263

매출구성		비용구성		수출비중	
IH압력밥솥	51.8	매출원가율	59.9	수출	4.0
열판압력밥솥	18.8	판관비율	36.5	내수	96.0
전기렌지	13.0				

회사 개요
동사는 2009년 리홈쿠첸 내 전기밥솥 사업부로 설립되어, 2015년 8월을 기일로 리홈쿠첸에서 전기밥솥 및 전기레인지 등 생활가전사업을 주력으로 한 리빙사업부로 분할됨. 기존 대기업 위주의 시장에서 최근 쿠첸을 비롯 쿠쿠전자 등이 전기밥솥 시장의 대부분을 차지하는 과점 형태를 보이고 있음. 2016년 기준 쿠쿠전자와의 점유는 65:35 정도로 다소 열위에 있으나, 지속적인 개발과 브랜드 관리를 통해 점차 차이를 줄여가고 있음.

실적 분석
동사의 2017년 상반기 연결 기준 매출과 영업이익은 1,179.0억원, -51.1억원을 기록함. 각각 전년동기 대비 11.5% 감소, 적자전환함. IH압력밥솥, 열판압력밥솥 부문이 역성장함. 2013년 27억원에 불과했던 전기레인지 매출은 2016년에는 354.0억원으로 증가하였으나 2017년에는 성장세가 둔화됨. 동사는 신제품 출시를 통해 교체수요 확대, 프리미엄 시장 점유율을 높인다는 계획임.

현금 흐름 *IFRS 별도 기준   〈단위 : 억원〉

항목	2016	2017.2Q
영업활동	43	-31
투자활동	-136	-15
재무활동	—	43
순현금흐름	-93	-2
기말현금	6	4

결산 실적   〈단위 : 억원〉

항목	2012	2013	2014	2015	2016	2017
매출액	—	—	—	1,058	2,726	—
영업이익	—	—	—	22	98	—
당기순이익	—	—	—	16	65	—

분기 실적   *IFRS 별도 기준   〈단위 : 억원〉

항목	2016.1Q	2016.2Q	2016.3Q	2016.4Q	2017.1Q	2017.2Q
매출액	695	637	690	704	686	493
영업이익	35	-0	18	45	7	-58
당기순이익	27	-10	16	32	6	-54

재무 상태   *IFRS 별도 기준   〈단위 : 억원〉

항목	2012	2013	2014	2015	2016	2017.2Q
총자산	—	—	—	978	1,064	993
유형자산	—	—	—	324	292	283
무형자산	—	—	—	7	6	32
유가증권	—	—	—	20	39	10
총부채	—	—	—	372	402	380
총차입금	—	—	—	—	—	43
자본금	—	—	—	53	53	53
총자본	—	—	—	606	663	613
지배주주지분	—	—	—	606	663	613

기업가치 지표   *IFRS 별도 기준

항목	2012	2013	2014	2015	2016	2017.2Q
주가(최고/저)(천원)	#VALUE!	—/—	—/—	—/—	—/—	—/—
PER(최고/저)(배)	0.0/0.0	0.0/0.0	0.0/0.0	199.5/120.7	34.0/16.3	—/—
PBR(최고/저)(배)	0.0/0.0	0.0/0.0	0.0/0.0	5.4/3.2	3.3/1.6	2.1/1.7
EV/EBITDA(배)	0.0	0.0	0.0	45.7	7.1	—/—
EPS(원)	—	—	—	153	607	-449
BPS(원)	—	—	—	5,686	6,216	5,751
CFPS(원)	—	—	—	360	1,132	-297
DPS(원)	—	—	—	—	—	—
EBITDAPS(원)	—	—	—	409	1,442	-327

재무 비율   〈단위 : % 〉

연도	영업이익률	순이익률	부채비율	차입금비율	ROA	ROE	유보율	자기자본비율	EBITDA마진율
2016	3.6	2.4	60.6	0.0	6.4	10.2	1,143.1	62.3	5.7
2015	2.0	1.5	61.4	0.0			1,037.2	62.0	4.1
2014	0.0	0.0	0.0	0.0	0.0	0.0	0.0	0.0	0.0
2013	0.0	0.0	0.0	0.0	0.0	0.0	0.0	0.0	0.0

쿠쿠전자 (A192400)
CUCKOO ELECTRONICS CO

업　종 : 내구소비재	시　　장 : 거래소
신용등급 : (Bond) — 　(CP) —	기업규모 : 시가총액 중형주
홈페이지 : www.cuckoo.co.kr	연락처 : 055)380-0700
주　소 : 경남 양산시 유산공단2길 14 (교동)	

설　립　일 1978.11.15	종 업 원 수 1,181명	대 표 이 사	구본학
상　장　일 2014.08.06	감 사 의 견 적정 (안경)	계　　　　열	
결　산　기 12월	보　통　주 980만주	종속회사수 6개사	
액　면　가 500원	우　선　주 —	구　상　도	

주주구성 (지분율,%)		출자관계 (지분율,%)		주요경쟁사 (외형,%)	
구본학	33.1	엔탑	42.2	쿠쿠전자	100
구본진	14.4	가야개발	13.5	코웨이	332
(외국인)	7.9	케이엔엔	2.3	경동나비엔	81

매출구성		비용구성		수출비중	
IH압력밥솥	44.1	매출원가율	54.1	수출	12.0
정수기 등	31.2	판관비율	32.6	내수	88.0
열판압력밥솥	16.6				

회사 개요
동사는 전기 밥솥·전기 압력 밥솥, 웰빙 쿠커·청국장 발효기·전기 그릴·식기 건조기·전기 주전자·보온 포트·믹서기 등의 주방 가전, 청소기·공기 청정기·비데 등의 생활 가전을 생산하는 회사로, 구매력이 높고 트렌드에 민감한 1~2인 가구가 늘어나면서 국내 소형 생활 가전 시장이 꾸준히 성장하는 것은 동사에 기회요인임. 2014년 8월 6일 유가증권시장에 상장했음.

실적 분석
동사의 2017년 2분기 연결 기준 누적매출과 영업이익은 3,565.7억원, 425.1억원으로 전년 동기 대비 각각 0.4%, 14.6% 감소함. 세 영업손실은 23.4억원으로 전년동기대비 적자전환하였으며 그에 따라 당기순이익은 327.5억원을 시현함. 렌탈부문 매출은 가전부문에 비해 뚜렷한 계절성 없이 성장세를 지속하고 있음. IH압력밥솥이 신제품 판매효과로 외형 상치에 부합하였으나 판관비의 증가로 영업이익은 감소함.

현금 흐름   〈단위 : 억원〉

항목	2016	2017.2Q
영업활동	15	37
투자활동	-144	203
재무활동	108	-292
순현금흐름	-26	-53
기말현금	482	429

결산 실적   〈단위 : 억원〉

항목	2012	2013	2014	2015	2016	2017
매출액	3,067	5,088	5,667	6,675	7,167	—
영업이익	336	685	786	916	954	—
당기순이익	289	574	907	746	801	—

분기 실적   〈단위 : 억원〉

항목	2016.1Q	2016.2Q	2016.3Q	2016.4Q	2017.1Q	2017.2Q
매출액	1,946	1,636	1,760	1,826	1,900	1,66
영업이익	275	223	238	218	272	15
당기순이익	236	186	187	192	207	12

재무 상태   〈단위 : 억원〉

항목	2012	2013	2014	2015	2016	2017.2Q
총자산	3,952	4,559	5,533	6,210	7,148	7,13
유형자산	748	897	1,199	1,531	1,922	2,22
무형자산	31	29	38	45	44	4
유가증권	252	358	780	1,472	1,546	1,43
총부채	778	967	1,124	1,148	1,475	1,40
총차입금	25	29	32	1	1	
자본금	49	49	49	49	49	4
총자본	3,174	3,592	4,410	5,062	5,673	5,73
지배주주지분	3,174	3,592	4,410	5,053	5,641	5,69

기업가치 지표

항목	2012	2013	2014	2015	2016	2017.2Q
주가(최고/저)(천원)	—/—	—/—	228/168	299/158	238/122	—/—
PER(최고/저)(배)	0.0/0.0	0.0/0.0	25.7/18.9	40.6/21.4	29.5/15.1	—/—
PBR(최고/저)(배)	0.0/0.0	0.0/0.0	4.5/3.3	5.2/2.8	3.7/1.9	2.6/1.
EV/EBITDA(배)			14.7	17.7	8.3	—/—
EPS(원)	6,849	5,859	9,255	7,611	8,272	3,18
BPS(원)	401,007	443,612	52,489	59,047	65,635	66,17
CFPS(원)	74,977	82,728	12,152	10,228	12,099	5,31
DPS(원)	—	—	1,500	2,100	3,100	—
EBITDAPS(원)	86,165	93,973	10,912	11,964	13,559	6,46

재무 비율   〈단위 : % 〉

연도	영업이익률	순이익률	부채비율	차입금비율	ROA	ROE	유보율	자기자본비율	EBITDA마진율
2016	13.3	11.2	26.0	0.0	12.0	15.2	13,026.9	79.4	18.6
2015	13.7	11.2	22.7	0.0	12.7	15.8	11,709.5	81.5	17.6
2014	13.9	16.0	25.5	0.7	18.0	22.7	10,397.9	79.7	18.9
2013	13.5	11.3	26.9	0.8	13.5	17.0	8,772.2	78.8	18.5

큐렉소 (A060280)
CUREXO

업　　종 : 식료품　　　　　　시　　장 : KOSDAQ
신용등급 : (Bond) —　(CP) —　기업규모 : 중견
홈페이지 : www.curexo.com　연락처 : 02)3446-0663
주　　소 : 서울시 서초구 강남대로 577 (잠원동, 4층)

설 립 일	1992.02.29	종 업 원 수	28명	대 표 이 사	이재준
상 장 일	2002.06.18	감 사 의 견	적정 (신성)	계　열	
결 산 기	12월	보 통 주	2,892만주	종 속 회 사 수	
액 면 가	500원	우 선 주		구 상 호	

주주구성 (지분율,%)
한국야쿠르트	41.2
현대중공업	7.3
(외국인)	1.0

출자관계 (지분율,%)
ThinkSurgical,Inc.	33.3

주요경쟁사 (외형,%)
큐렉소	100
오뚜기	6,689
농심	7,375

매출구성
라면원재료 및 발효유 원재료(상품)	82.7
ROBODOC 소모품 및 기타 의료기기(상품)	14.8
ROBODOC(제품)	1.5

비용구성
매출원가율	84.6
판관비율	149.7

수출비중
수출	—
내수	—

회사 개요
동사는 1992년 설립돼 2002년 코스닥 시장에 상장함. 사업 부문은 의료기기를 제조, 판매하고 있는 의료기기 부문, 식품 원료를 수입해 판매하고 있는 무역 부문으로 나뉨. 해외 종속회사인 Think Surgical, Inc.가 의료기기 부문을 영위중임. 의료기기 부문은 정형외과 수술로봇 로보닥 및 임플란트 등 기타 의료기기를 제조, 판매하며 무역사업부의 상품은 팜유와 치커리식이섬유, 냉동가당난황이 매출액의 60% 이상을 차지함.

실적 분석
동사의 2017년 상반기 연결기준 누적 매출액은 160.6억원으로 전년 동기 대비 14.8% 증가함. 매출이 늘면서 매출원가도 증가했지만 판매비와 관리비는 오히려 감소하면서 영업이익은 0.3억원으로 전년 동기 대비 큰 폭으로 늘면서 흑자전환에 성공함. 비영업손익 부문에서 관련기업 투자 손실이 크게 발생하면서 당기순손실은 87.7억원으로 전년 동기 대비 적자가 지속됨.

현금 흐름 〈단위 : 억원〉
항목	2016	2017.2Q
영업활동	-392	
투자활동	-28	
재무활동	468	
순현금흐름	-148	
기말현금	35	

결산 실적 〈단위 : 억원〉
항목	2012	2013	2014	2015	2016	2017
매출액	243	311	261	275	301	
영업이익	-142	-134	-210	-246	-404	
당기순이익	-182	-146	-223	-250	-14	

분기 실적 〈단위 : 억원〉
항목	2016.1Q	2016.2Q	2016.3Q	2016.4Q	2017.1Q	2017.2Q
매출액	66	74	74	87		
영업이익	-103	-107	-111	-82		
당기순이익	-104	-108	-110	309		

재무 상태 〈단위 : 억원〉
항목	2012	2013	2014	2015	2016	2017.2Q
총자산	514	395	403	586	782	
유형자산	19	20	29	35	6	
무형자산	56	54	51	120	20	
유가증권			—			
총부채	19	45	264	64	52	
총차입금	1	21	220	30	30	
자본금	135	135	135	135	135	
총자본	495	351	139	522	731	
지배주주지분	378	304	191	335	731	

기업가치 지표
항목	'2012	2013	2014	2015	2016	2017.2Q
주가(최고/저)(천원)	10.9/6.1	6.2/3.7	5.3/3.8	8.9/4.7	8.0/4.5	—/—
PER(최고/저)(배)	—/—	—/—	—/—	—/—	—/—	0.0/0.0
PBR(최고/저)(배)	7.6/4.2	5.3/3.1	7.1/5.2	7.0/3.6	2.9/1.6	
EV/EBITDA(배)						
EPS(원)	-527	-277	-403	-349	-51	
BPS(원)	1,436	1,162	741	1,276	2,744	
CFPS(원)	-503	-248	-355	-278	67	
DPS(원)						
EBITDAPS(원)	-549	-469	-732	-843	-1,380	

재무 비율 〈단위 : % 〉
연도	영업이익률	순이익률	부채비율	차입금비율	ROA	ROE	유보율	자기자본비율	EBITDA마진율
2016	-134.4	-4.6	7.1	4.1	-2.0	-2.6	448.8	93.4	-123.7
2015	-89.5	-90.9	12.3	5.8	-50.6	-35.7	155.2	89.0	-82.5
2014	-80.4	-85.2	189.3	157.7	-55.8	-43.8	48.3	34.6	-75.5
2013	-43.2	-46.9	12.7	6.0	-32.1	-21.9	132.4	88.7	-40.7

큐로컴 (A040350)
Curocom

업　　종 : IT 서비스　　　　시　　장 : KOSDAQ
신용등급 : (Bond) —　(CP) —　기업규모 : 벤처
홈페이지 : www.curocom.com　연락처 : 02)2141-3000
주　　소 : 서울시 강남구 테헤란로77길 7(삼성동, 동원빌딩 4층)

설 립 일	1997.04.24	종 업 원 수	31명	대 표 이 사	조중기
상 장 일	2001.12.29	감 사 의 견	적정 (신정)	계　열	
결 산 기	12월	보 통 주	10,195만주	종 속 회사 수	5개사
액 면 가	500원	우 선 주		구 상 호	

주주구성 (지분율,%)
큐로홀딩스	9.0
케이파트너스	8.1
(외국인)	0.9

출자관계 (지분율,%)
스마젠	64.8
큐로트레이더스	50.4
큐로에프앤비	49.1

주요경쟁사 (외형,%)
큐로컴	100
삼성에스디에스	43,088
포스코 ICT	4,566

매출구성
S/W 개발, 유지보수	59.8
컴퓨터 및 주변기기	40.2

비용구성
매출원가율	83.6
판관비율	43.3

수출비중
수출	0.0
내수	100.0

회사 개요
금융기관을 대상으로 한 금융컨설팅과 소프트웨어를 개발하여 공급하는 금융전문 IT업체임. 2005년 6월 Banking Solution 업계의 Leader인 에프엔에스닷컴과의 합병으로 솔루션을 보유한 SI업체로 출발함. 금융전문 IT업체로서 다수의 은행 및 제2금융권에 코아뱅킹 솔루션 BANCS 프레임워크와 BANCS Package를 공급하고 있음. 연결대상 회사로 AIDS백신 및 C형 간염 백신 개발하는 스마젠과 커피 체인점업체 등이 있음

실적 분석
동사의 2017년 2/4분기 연결기준 누적 매출액은 57.2억원으로 전년동기 대비 51.7% 감소. 매출원가와 판관비가 전년동기 대비 각각 52.9%, 4.8% 감소했음에도 외형축소의 영향으로 29.9억원의 영업손실을 기록하며 적자를 지속함. 비영업부문에서도 9.6억원의 손실을 기록함에 따라 손실폭이 확대되어 42.9억원의 당기순손실을 기록하며 적자를 지속함.

현금 흐름 〈단위 : 억원〉
항목	2016	2017.2Q
영업활동	-28	-34
투자활동	102	-30
재무활동	373	-4
순현금흐름	447	-60
기말현금	457	397

결산 실적 〈단위 : 억원〉
항목	2012	2013	2014	2015	2016	2017
매출액	183	222	213	224	190	
영업이익	-77	-52	-56	-49	-51	
당기순이익	-92	-63	-62	266	-231	

분기 실적 〈단위 : 억원〉
항목	2016.1Q	2016.2Q	2016.3Q	2016.4Q	2017.1Q	2017.2Q
매출액	61	57	38	34	29	28
영업이익	-13	-11	-15	-12	-17	-13
당기순이익	-81	-95	-19	-36	-17	-26

재무 상태 〈단위 : 억원〉
항목	2012	2013	2014	2015	2016	2017.2Q
총자산	649	620	614	919	1,105	1,048
유형자산	5	4	3	2	1	2
무형자산	103	138	156	149	182	185
유가증권	1	1	1	109	1	1
총부채	236	105	112	109	353	327
총차입금	176	48	40	47	263	257
자본금	387	436	441	460	465	468
총자본	413	516	502	809	751	720
지배주주지분	449	526	496	830	661	645

기업가치 지표
항목	2012	2013	2014	2015	2016	2017.2Q
주가(최고/저)(천원)	5.4/2.1	2.8/1.0	1.5/0.9	2.4/1.0	4.9/1.3	—/—
PER(최고/저)(배)				7.5/3.2		
PBR(최고/저)(배)	9.3/3.7	4.6/1.6	2.6/1.6	2.7/1.1	6.8/1.8	4.9/3.2
EV/EBITDA(배)						
EPS(원)	-67	-39	569	909	716	694
BPS(원)	587	609	566	324	-220	-30
CFPS(원)	-58	-36	-40			
DPS(원)						
EBITDAPS(원)	-90		-60	-52	-53	-32

재무 비율 〈단위 : % 〉
연도	영업이익률	순이익률	부채비율	차입금비율	ROA	ROE	유보율	자기자본비율	EBITDA마진율
2016	-26.9	-121.8	47.0	35.0	-22.9	-27.7	43.2	68.0	-25.9
2015	-22.0	118.5	13.5	5.8	34.7	44.2	81.7	88.1	-21.1
2014	-26.3	-29.2	22.4	8.0	-10.1	-7.2	13.8	81.7	-25.6
2013	-23.3	-28.3	20.3	9.4	-9.9	-6.6	21.7	83.1	-22.0

큐로홀딩스 (A051780)
CUROHOLDINGS

업 종 : 미디어		시 장 : KOSDAQ	
신용등급 : (Bond) — (CP) —		기업규모 : 중견	
홈페이지 : www.curoholdings.com		연 락 처 : 02)2141-3000	
본 사 : 서울시 강남구 테헤란로77길 7(삼성동, 동원빌딩4층)			

설 립 일 1987.12.29	종 업 원 수 63명	대 표 이 사 조중기			
상 장 일 2001.06.14	감 사 의 견 적정 (신정)	계 열			
결 산 기 12월	보 통 주 6,019만주	종속회사수 6개사			
액 면 가 500원	우 선 주	구 상 호			

주주구성 (지분율,%)		출자관계 (지분율,%)		주요경쟁사 (외형,%)	
권경훈	3.2	피아이엔터테인먼트	100.0	큐로홀딩스	100
큐캐피탈파트너스	3.2	열음엔터테인먼트	99.8	화이브라더스코리아	199
(외국인)	0.2	큐로웍스	60.0	YG PLUS	482

매출구성		비용구성		수출비중	
영화, 드라마, 출연료, 모바일게임 외	59.3	매출원가율	150.9	수출	—
커피 및 커피머신	36.3	판관비율	56.7	내수	—
Oil and Gas	4.4				

회사 개요

동사는 1987년 설립되어 반도체 장비 및 부품의 제조, 커피 및 커피 관련 제품의 판매를 주된 사업으로 영위 중임. 반도체 부문은 해외 주고객사의 파산 영향으로 2009년부터 급감하였으나, 새로운 거래처를 지속적으로 개척 중임. 2009년부터는 신규사업으로 커피유통 사업을 시작, 이탈리아 커피브랜드인 일리로부터 커피 제품을 수입하여 호텔, 백화점 및 직영매장에 공급 판매 중임. 자원개발업체 Curocom Energy를 종속회사로 두고 있음.

실적 분석

커피사업부문은 유통업체간의 경쟁이 심화되고, 직영매장의 축소로 매출이 상당히 감소하였으나 엔터테인먼트부문의 종속회사 편입으로 동사의 2017년 2분기 누적매출액은 36.4% 감소한 60.7억원을 기록하였음. 매출원가율이 개선되었지만 판관비가 전년동기 대비 31.6% 증가하였으며 이에 따라 23.2억원의 영업손실이 발생하였음. 최종적으로 동사는 42.5억원의 당기순손실이 발생하였으며 적자가 지속됨.

현금 흐름　〈단위 : 억원〉

항목	2016	2017.2Q
영업활동	-56	-36
투자활동	-96	3
재무활동	132	25
순현금흐름	-7	-7
기말현금	24	17

시장 대비 수익률

결산 실적　〈단위 : 억원〉

항목	2012	2013	2014	2015	2016	2017
매출액	170	157	131	148	146	
영업이익	-14	4	-1	-3	-157	
당기순이익	-66	-35	-30	22	-171	

분기 실적　〈단위 : 억원〉

항목	2016.1Q	2016.2Q	2016.3Q	2016.4Q	2017.1Q	2017.2Q
매출액	57	38	23	27	30	30
영업이익	-0	-16	-11	-130	-15	-8
당기순이익	-13	-32	-27	-99	-30	-13

재무 상태　〈단위 : 억원〉

항목	2012	2013	2014	2015	2016	2017.2Q
총자산	834	764	768	922	913	872
유형자산	59	12	7	8	57	52
무형자산	445	450	457	495	435	405
유가증권	3	3	3	53	60	51
총부채	651	580	446	285	199	220
총차입금	553	507	394	266	156	176
자본금	97	107	113	189	301	301
총자본	183	183	322	637	714	652
지배주주지분	183	183	153	440	535	481

기업가치 지표

항목	2012	2013	2014	2015	2016	2017.2Q
주가(최고/저)(천원)	4.9/2.2	2.6/1.0	1.4/0.6	3.0/0.7	3.2/1.6	—/—
PER(최고/저)(배)	—/—	—/—	—/—	77.4/17.2	—/—	—/—
PBR(최고/저)(배)	4.1/1.8	2.4/0.9	1.6/0.7	2.3/0.5	3.3/1.6	3.3/1.2
EV/EBITDA(배)		32.0	40.5	105.5		
EPS(원)	-341	-173	-139	39	-208	-63
BPS(원)	1,213	1,104	908	1,304	976	886
CFPS(원)	-275	-80	-55	98	-52	-58
DPS(원)						
EBITDAPS(원)	-6	111	81	49	-109	-33

재무 비율　〈단위 : % 〉

연도	영업이익률	순이익률	부채비율	차입금비율	ROA	ROE	유보율	자기자본비율	EBITDA마진율
2016	-107.7	-117.3	27.9	21.9	-18.7	-25.2	95.1	78.2	-44.4
2015	-1.9	14.8	44.7	41.8	2.6	3.6	160.9	69.1	9.1
2014	-0.6	-23.0	138.4	122.2	-4.0	-18.0	81.6	42.0	13.4
2013	2.3	-22.0	316.6	276.6	-4.3	-18.9	120.7	24.0	14.1

큐리언트 (A115180)
Qurient

업 종 : 제약		시 장 : KOSDAQ	
신용등급 : (Bond) — (CP) —		기업규모 : 신성장	
홈페이지 : www.qurient.com		연 락 처 : 031)8060-1600	
본 사 : 경기도 성남시 분당구 판교로 242, C동 8층			

설 립 일 2008.07.02	종 업 원 수 18명	대 표 이 사 남기연			
상 장 일 2016.02.29	감 사 의 견 적정 (삼일)	계 열			
결 산 기 12월	보 통 주 757만주	종속회사수			
액 면 가 500원	우 선 주	구 상 호			

주주구성 (지분율,%)		출자관계 (지분율,%)		주요경쟁사 (외형,%)	
한국파스퇴르연구소	12.9			큐리언트	
한화자산운용	5.0			알보젠코리아	
(외국인)	5.7			유나이티드제약	

매출구성		비용구성		수출비중	
약제내성결핵치료제	100.0	매출원가율	0.0	수출	—
		판관비율	0.0	내수	—

회사 개요

동사는 의약품 연구 개발을 주요 사업으로 2008년 7월 설립, 2016년 2월 코스닥시장에 상장. 개발 단계 프로그램으로 약제내성 결핵 치료제 Q203, 아토피성 피부염 치료제 Q301, 항암면역/내성암 치료제 Q701이 있음. 연구단계 프로그램인 5LO 저해 천식 치료제, CDK7 저해 항암제가 주요 포트폴리오임. Q203은 미국 FDA 임상 1상 진행, Q301은 미국 FDA 임상 2A상을 완료함.

실적 분석

동사의 2017년 2분기 누적 매출은 발생하지 않았음. 의약품 연구 개발을 주요 사업으로 하기에 기술 수출이 이루어지지 않으면 매출이 발생하지 않는 구조임. 인건비와 경상개발비가 감소하여 판관비는 전년 동기 대비 8.1% 감소한 54.5억원임. 그 결과 영업이익도 54.5억원의 적자를 기록함. 당기순이익도 51.7억원의 적자로 적자가 지속되고 있음. 기술 수출이 이루어져야만실적 개선이 가능함.

현금 흐름　*IFRS 별도 기준　〈단위 : 억원〉

항목	2016	2017.2Q
영업활동	-105	-58
투자활동	-16	23
재무활동	324	14
순현금흐름	204	-22
기말현금	237	215

시장 대비 수익률

결산 실적　〈단위 : 억원〉

항목	2012	2013	2014	2015	2016	2017
매출액	—	—	2	—	—	
영업이익	—	-43	-66	-82	-111	
당기순이익	—	-48	-107	-93	-105	

분기 실적　*IFRS 별도 기준　〈단위 : 억원〉

항목	2016.1Q	2016.2Q	2016.3Q	2016.4Q	2017.1Q	2017.2Q
매출액	—	—	—	—	—	—
영업이익	-27	-33	-23	-28	-25	-2
당기순이익	-26	-31	-22	-27	-24	-2

재무 상태　*IFRS 별도 기준　〈단위 : 억원〉

항목	2012	2013	2014	2015	2016	2017.2Q
총자산		24	114	39	262	22
유형자산		1	3	2	1	
무형자산		1		0	1	1
유가증권		10				
총부채		134	331	10	19	1
총차입금		126	323			
자본금		9	9	28	36	3
총자본		-110	-217	29	243	20
지배주주지분		-110	-217	29	243	20

기업가치 지표　*IFRS 별도 기준

항목	2012	2013	2014	2015	2016	2017.2Q
주가(최고/저)(천원)	—/—	—/—	—/—	—/—	58.3/29.8	—/—
PER(최고/저)(배)	0.0/0.0	0.0/0.0	0.0/0.0	0.0/0.0	—/—	—/—
PBR(최고/저)(배)	0.0/0.0	0.0/0.0	0.0/0.0	0.0/0.0	17.3/8.9	14.0/7.4
EV/EBITDA(배)	0.0					
EPS(원)		-1,958	-3,385	-1,969	-1,507	-70
BPS(원)		-6,466	-8,141	514	3,369	2,77
CFPS(원)		-3,088	-4,719	-1,939	-1,491	
DPS(원)						
EBITDAPS(원)		-2,776	-2,915	-1,712	-1,568	-73

재무 비율　〈단위 : % 〉

연도	영업이익률	순이익률	부채비율	차입금비율	ROA	ROE	유보율	자기자본비율	EBITDA마진율
2016	0.0	0.0	7.8	0.0	-70.0	-77.4	573.8	92.8	0.
2015	0.0	0.0	33.3	0.0	-121.7	전기잠식	2.8	75.0	0.
2014	-3,087.1	-4,973.2	완전잠식	완전잠식	-154.3	잠식지속	-2,478.1	-189.7	-3,047.
2013	0.0	0.0	완전잠식	완전잠식	0.0	0.0	-1,301.9	-448.2	0.

큐브스 (A065560)
Cubes

업　종: 제약　　　　　　　　　　　　시　장: KOSDAQ
신용등급: (Bond) —　(CP) —　　　　기업규모:
홈페이지: www.cubes.net　　　　　　연락처: 02)2025-6500
본　사: 서울시 금천구 가산디지털 1로 165 가산비지니스센터 13층

설 립 일	1987.05.07	종업원수	19명	대표이사	정상훈,안성호(각자대표이사)
상 장 일	2003.06.28	감사의견	—(삼덕)	계 열	
결 산 기	12월	보통주	1,051만주	종속회사수	2개사
액 면 가	500원	우선주		구 상 호	큐브스

주주구성 (지분율,%)
모우	14.7
정상훈	9.0
(외국인)	0.2

출자관계 (지분율,%)
녹원씨엔아이	100.0
다인클린텍	100.0
씨에이치큐	100.0

주요경쟁사 (외형,%)
녹원씨아이	100
KPX생명과학	1,117
바이오씨앤디	4

매출구성
유통 상품 필터	61.3
유통 상품 제약(의약품)	16.6
LED 조명기기	11.8

비용구성
매출원가율	81.8
판관비율	78.7

수출비중
수출	8.0
내수	92.0

회사 개요
동사는 1987년 5월 캐드캠 시스템 사업을 주사업목적으로 설립되었음. 현재는 지리정보산업(GIS) 및 시스템개발업, GIS S/W 판매 및 솔루션 구축, 인터넷 지도 서비스를 주요사업으로 영위하고 있음. 2003년 7월 코스닥 시장에 상장됨. 2015년 사업부문 구조조정을 통하여 유통 부문(제약), 솔루션 부문(GIS,지리정보) 및 LED 부문으로 사업부로 재편함. 2016년 4월 신규사업으로 산업용 마이크로 필터를 서브원에 공급하는 사업을 진행.

실적 분석
동사의 2017년 2분기 매출액은 전년 대비 16.9% 감소한 23.8억원에 그침. 유통, 솔루션, LED사업 부문 모두 매출이 감소하였음. 매출이 감소로 매출총이익 또한 전년 대비 15.7% 감소함. 판매비와 관리비는 전년 대비 0.5% 증가하였으며 영업손실 9.4억원을 시현하며 적자지속함. 영업이익의 부진과 비영업손실로 당기순이익도 21.0억원의 적자를 지속하며 부진한 모습임.

현금 흐름　〈단위 : 억원〉
항목	2016	2017.2Q
영업활동	-19	-312
투자활동	-48	-84
재무활동	60	396
순현금흐름	-7	0
기말현금	3	3

시장 대비 수익률

결산 실적　〈단위 : 억원〉
항목	2012	2013	2014	2015	2016	2017
매출액	277	151	33	73	39	—
영업이익	-16	-36	-34	5	-23	—
당기순이익	-47	-56	-50	-138	-110	—

분기 실적　〈단위 : 억원〉
항목	2016.1Q	2016.2Q	2016.3Q	2016.4Q	2017.1Q	2017.2Q
매출액	12	17	6	4	10	13
영업이익	-4	-5	-5	-10	-4	-4
당기순이익	-6	-14	-5	-85	-4	-17

재무 상태　〈단위 : 억원〉
항목	2012	2013	2014	2015	2016	2017.2Q
총자산	193	127	219	248	111	493
유형자산	44	34	31	130	1	1
무형자산	10	7	51	4	33	32
유가증권	9	8	10	12	12	13
총부채	109	68	93	65	14	127
총차입금	55	31	54	37	9	119
자본금	58	65	103	120	136	53
총자본	85	59	127	183	97	366
지배주주지분	79	59	121	121	97	366

기업가치 지표
항목	2012	2013	2014	2015	2016	2017.2Q
주가(최고/저)(천원)	4.0/1.4	3.5/1.6	3.2/1.1	7.9/1.6	4.3/2.5	—/—
PER(최고/저)(배)	—/—	—/—	—/—	—/—	—/—	—/—
PBR(최고/저)(배)	5.5/1.9	7.0/3.1	5.2/1.8	16.2/3.3	12.3/7.3	3.1/2.0
EV/EBITDA(배)				128.1		
EPS(원)	-2,177	-1,885	-1,370	-2,417	-1,673	-276
BPS(원)	753	524	635	508	362	3,489
CFPS(원)	-461	-425	-301	-585	-408	-265
DPS(원)				40		-113
EBITDAPS(원)	-87	-251	-209		-79	

재무 비율　〈단위 : % 〉
연도	영업이익률	순이익률	부채비율	차입금비율	ROA	ROE	유보율	자기자본비율	EBITDA마진율
2016	-60.5	-284.6	일부잠식	일부잠식	-61.4	-101.0	-27.7	87.4	-53.6
2015	6.2	-188.7	35.8	20.2	-59.2	-112.9	1.6	73.6	12.3
2014	-105.2	-154.6	73.4	42.9	-29.1	-52.1	27.1	57.8	-87.7
2013	-23.7	-37.4	일부잠식	일부잠식	-35.3	-82.6	4.9	46.4	-20.0

큐브엔터테인먼트 (A182360)
CUBE ENTERTAINMENT

업　종: 미디어　　　　　　　　　　시　장: KOSDAQ
신용등급: (Bond) —　(CP) —　　　　기업규모: 중견
홈페이지: www.cubeent.co.kr　　　　연락처: 02)3445-1045
본　사: 서울시 성동구 아차산로 83 (성수동) F2빌딩 7층

설 립 일	2013.07.25	종업원수	70명	대표이사	신대남
상 장 일	2013.11.21	감사의견	적정(삼일)	계 열	
결 산 기	12월	보통주	2,657만주	종속회사수	2개사
액 면 가	100원	우선주		구 상 호	우리스팩2호

주주구성 (지분율,%)
아이에이치큐	30.6
홍승성	14.6
(외국인)	0.3

출자관계 (지분율,%)
스타라인엔터테인먼트	100.0
CUBEENTERTAINMENTJAPANCo.,ltd	100.0

주요경쟁사 (외형,%)
큐브엔터	100
티비씨	199
오리콤	832

매출구성
기타	35.7
음원(제품)	20.6
행사(용역)	19.0

비용구성
매출원가율	105.5
판관비율	23.8

수출비중
수출	24.0
내수	76.0

회사 개요
동사는 음반제작, 부직어컨텐츠 제작, 연기자매니지먼트, 콘서트, 신인 아티스트 발굴등을 주로 하는 종합엔터테인먼트 회사임. 대표적인 아티스트로는 비, 비스트, 지나, 비투비 등 아이돌 가수 등이 있음. 기존 아티스트의 콘서트·신규 앨범 판매에 매출이 큰 영향을 받음. 동사를 포함한 2016년 앨범 판매량 상위 10개 제작사의 전체 판매량 중 점유율은 2016년 72%에 달하는데, 5년 전 62%와 비교해 증가세를 보이고 있음.

실적 분석
동사의 연결기준 2017년 2분기 누적매출액은 전년동기 대비 7.2% 증가한 97.5억원을 기록하였음. 또한 원가율이 개선되었으며 판매비와 관리비가 전년동기 대비 4% 감소하였음에도 불구하고 매출총이익은 8.0억원에 그쳤으며 이에 따라 9.8억원의 영업손실을 기록하였음. 최종적으로 동사는 6.7억원의 당기순손실을 기록하였으며 전년동기에 이어 적자가 지속되었음.

현금 흐름　〈단위 : 억원〉
항목	2016	2017.2Q
영업활동	-68	23
투자활동	-22	-7
재무활동	2	-1
순현금흐름	-88	15
기말현금	44	59

시장 대비 수익률

결산 실적　〈단위 : 억원〉
항목	2012	2013	2014	2015	2016	2017
매출액	244	226	194	224	195	—
영업이익	2	24	15	7	-57	—
당기순이익	1	17	10	-57	-52	—

분기 실적　〈단위 : 억원〉
항목	2016.1Q	2016.2Q	2016.3Q	2016.4Q	2017.1Q	2017.2Q
매출액	41	50	60	44	47	51
영업이익	0	-17	-4	-36	-9	-0
당기순이익	0	-15	-4	-33	-7	1

재무 상태　〈단위 : 억원〉
항목	2012	2013	2014	2015	2016	2017.2Q
총자산	105	109	119	276	215	218
유형자산	10	9	7	5	13	12
무형자산	1	1	1	0	9	7
유가증권				56	55	55
총부채	66	52	52	68	42	58
총차입금						
자본금	1	1	18	26	27	27
총자본	39	57	67	209	172	161
지배주주지분	39	57	67	209	172	161

기업가치 지표
항목	2012	2013	2014	2015	2016	2017.2Q
주가(최고/저)(천원)	—/—	2.1/2.1	2.5/2.1	4.0/1.9	4.8/1.9	—/—
PER(최고/저)(배)	0.0/0.0	30.3/29.7	62.5/50.6	—/—	—/—	—/—
PBR(최고/저)(배)	0.0/0.0	9.2/9.1	9.5/7.7	4.9/2.3	7.4/2.9	4.1/2.9
EV/EBITDA(배)		3.8	6.1	40.0		
EPS(원)	1	69	41	-223	-195	-25
BPS(원)	218,856	315,833	1,279	815	648	604
CFPS(원)	14,404	114,389	257	-211	-173	-11
DPS(원)						
EBITDAPS(원)	26,011	148,744	356	40	-192	-23

재무 비율　〈단위 : % 〉
연도	영업이익률	순이익률	부채비율	차입금비율	ROA	ROE	유보율	자기자본비율	EBITDA마진율
2016	-29.3	-26.6	24.7	0.0	-21.1	-27.2	548.1	80.2	-26.2
2015	3.2	-25.5	32.6	4.0	-28.9	-41.5	714.8	75.4	4.6
2014	7.9	5.3	78.2	0.0	8.9	16.5	269.5	56.1	9.6
2013	10.4	7.7	91.8	0.0	16.2	36.1	6,216.7	52.1	11.9

큐에스아이 (A066310)
QSI

<table>
<tr><td>업　　종 : 반도체 및 관련장비</td><td>시　　장 : KOSDAQ</td></tr>
<tr><td>신용등급 : (Bond) —　　(CP) —</td><td>기업규모 : 벤처</td></tr>
<tr><td>홈페이지 : www.qsilaser.com</td><td>연 락 처 : (041)410-5000</td></tr>
<tr><td>본　　사 : 충남 천안시 서북구 성거읍 천흥8길 17</td><td></td></tr>
</table>

설 립 일	2000.07.07	종 업 원 수	128명	대 표 이 사	이청대
상 장 일	2006.11.24	감 사 의 견	적정 (한울)	계	열
결 산 기	12월	보 통 주	828만주	종속회사수	1개사
액 면 가	500원	우 선 주		구 상 호	

주주구성 (지분율,%)
삼화양행	29.8
이청대	4.6
(외국인)	2.6

출자관계 (지분율,%)
에스티라이트	
Quintec	100.0

주요경쟁사 (외형,%)
큐에스아이	100
KEC	1,034
KMH하이텍	213

매출구성
Power Tool	33.0
기타제품	24.6
Laser Beam Printer	21.1

비용구성
매출원가율	74.2
판관비율	21.7

수출비중
수출	93.0
내수	7.0

회사 개요
동사 및 종속회사는 반도체 레이저, 광반도체 관련 제품 등의 제조, 판매 등을 주요사업으로 영위중임. 설립초기부터 반도체 레이저 관련 기술력을 축적해 다양한 Application에 장착되는 제품을 생산 공급함. 동사 및 종속회사가 주요 제조, 판매하는 Laser Diode의 현황으로는 Power Tools은 21.1%, BarCode Scanner는 18.9%, Laser Beam printer은 26.5%를 차지함.

실적 분석
동사의 2017년 2분기 연결 기준 누적 매출액은 111.9억원으로 전년동기 대비 5.5% 감소. 영업이익과 당기순이익도 각 9.1억원과 7.7억원을 기록하며 전년동기 대비 25.7%, 40.5% 축소하며 수익성 부진. 이는 신제품인 고출력 LD 매출액 감소, 주력 제품인 PT, BSC 등 LD 매출액 감소가 외형축소에 영향을 미친것으로 보이며 고가제품의 판매 및 주력제품의 수요가 감소하면서 매출액과 영업이익이 동시에 하락함.

현금 흐름 〈단위 : 억원〉
항목	2016	2017.2Q
영업활동	24	11
투자활동	-0	-12
재무활동	2	-1
순현금흐름	25	-6
기말현금	119	113

시장 대비 수익률

결산 실적 〈단위 : 억원〉
항목	2012	2013	2014	2015	2016	2017
매출액	267	256	242	255	220	
영업이익	26	37	35	14	9	
당기순이익	20	37	32	14	14	

분기 실적 〈단위 : 억원〉
항목	2016.1Q	2016.2Q	2016.3Q	2016.4Q	2017.1Q	2017.2Q
매출액	58	61	53	49	56	56
영업이익	6	7	1	-4	6	4
당기순이익	4	9	-5	7	1	7

재무 상태 〈단위 : 억원〉
항목	2012	2013	2014	2015	2016	2017.2Q
총자산	489	536	569	557	555	556
유형자산	137	165	163	154	154	147
무형자산	25	29	30	33	33	33
유가증권	55	110	108	129	114	129
총부채	44	53	59	35	28	23
총차입금	3	3	6	2	2	—
자본금	41	41	41	41	41	41
총자본	445	483	510	522	528	533
지배주주지분	445	483	510	522	528	533

기업가치 지표
항목	2012	2013	2014	2015	2016	2017.2Q
주가(최고/저)(천원)	8.2/4.1	7.6/4.9	7.0/4.6	7.0/4.9	10.8/5.6	—/—
PER(최고/저)(배)	34.3/17.0	17.2/11.1	18.3/12.1	42.0/29.8	62.7/32.6	—/—
PBR(최고/저)(배)	1.6/0.8	1.3/0.9	1.1/0.8	1.1/0.8	1.7/0.9	1.5/1.2
EV/EBITDA(배)	9.2	5.4	4.0	9.0	15.8	—/—
EPS(원)	244	449	385	167	171	93
BPS(원)	5,379	5,829	6,170	6,324	6,407	6,472
CFPS(원)	385	675	616	445	479	254
DPS(원)	—	50		50		
EBITDAPS(원)	455	674	651	447	415	271

재무 비율 〈단위 : %〉
연도	영업이익률	순이익률	부채비율	차입금비율	ROA	ROE	유보율	자기자본비율	EBITDA마진율
2016	4.1	6.4	5.2	0.4	2.6	2.7	1,181.3	95.1	15.6
2015	5.5	5.4	6.8	0.5	2.5	2.7	1,164.8	93.7	14.5
2014	14.4	13.2	11.5	1.1	5.8	6.4	1,134.1	89.7	22.3
2013	14.5	14.5	11.1	0.6	7.3	8.0	1,065.8	90.0	21.8

큐엠씨 (A136660)
QMC

<table>
<tr><td>업　　종 : 반도체 및 관련장비</td><td>시　　장 : KONEX</td></tr>
<tr><td>신용등급 : (Bond) —　　(CP) —</td><td>기업규모 : </td></tr>
<tr><td>홈페이지 : www.iqmc.co.kr</td><td>연 락 처 : (031)427-0710</td></tr>
<tr><td>본　　사 : 경기도 안양시 동안구 흥안대로 439번길 55 (관양동, QMC)</td><td></td></tr>
</table>

설 립 일	2003.07.29	종 업 원 수	78명	대 표 이 사	유병소
상 장 일	2014.07.01	감 사 의 견	적정 (동남)	계	열
결 산 기	12월	보 통 주		종속회사수	
액 면 가	—	우 선 주		구 상 호	

주주구성 (지분율,%)
유병소	49.6
한국투자 해외진출 Platform 펀드	12.4

출자관계 (지분율,%)
쿤산호인기	100.0
상하이비소테크놀로지유한책임회사	33.3

주요경쟁사 (외형,%)
큐엠씨	
제이티	
성우테크론	

매출구성
Processing System	38.9
Handler	34.9
Tester	19.3

비용구성
매출원가율	0.0
판관비율	0.0

수출비중
수출	30.0
내수	70.0

회사 개요
동사는 2003년 7월에 설립되었으며, LED, 반도체 및 에프피디(FPD) 제조에 필요한 공정장비 제조를 주된 사업으로 영위하고 있음. 제품은 LED, 반도체, FPD 등 제조공정에서 사용되는 Processing System(공정장비), Tester(검사장비), Handler(이송장비)로 크게 구분되고 있으며, 제품별 매출 비중은 각각 73%, 23%, 4%를 차지하고 있음. 국내판매는 100% 영업그룹을 통한 직접판매방식을 유지함

실적 분석
동사의 2016년 연결 기준 매출과 영업손실, 당기순손실은 111억원, 37억원, 40억원으로 전년 대비 각각 47.7%, 68.5%, 70.3% 증가함. 핵심고객의 설비투자가 확대되어, 매출이 증가했으나 장기체화재공품의 시가평가로 인해 매출원가가 상승하여 영업손실과 당기순손실이 발생함. 자산총계는 117억원, 부채총계 109억원, 자본총계 8억원을 기록함.

현금 흐름 *IFRS 별도 기준 〈단위 : 억원〉
항목	2016	2017.2Q
영업활동		
투자활동		
재무활동		
순현금흐름		
기말현금		

시장 대비 수익률

결산 실적 〈단위 : 억원〉
항목	2012	2013	2014	2015	2016	2017
매출액	161	123	137	—	—	—
영업이익	1	8	-22	—	—	—
당기순이익	1	4	-41	—	—	—

분기 실적 *IFRS 별도 기준 〈단위 : 억원〉
항목	2016.1Q	2016.2Q	2016.3Q	2016.4Q	2017.1Q	2017.2Q
매출액	—	—	—	—	—	—
영업이익	—	—	—	—	—	—
당기순이익	—	—	—	—	—	—

재무 상태 *IFRS 별도 기준 〈단위 : 억원〉
항목	2012	2013	2014	2015	2016	2017.2Q
총자산	390	401	371	—	—	—
유형자산	92	104	117	—	—	—
무형자산	18	25	23	—	—	—
유가증권				—	—	—
총부채	168	211	218	—	—	—
총차입금	123	157	171	—	—	—
자본금	4	4	4	—	—	—
총자본	222	191	153	—	—	—
지배주주지분	222	191	153	—	—	—

기업가치 지표 *IFRS 별도 기준
항목	2012	2013	2014	2015	2016	2017.2Q
주가(최고/저)(천원)	—/—	—/—	20.0/10.8	20.0/3.2	21.2/0.8	—/—
PER(최고/저)(배)	0.0/0.0	0.0/0.0	—/—	0.0/0.0	0.0/0.0	—/—
PBR(최고/저)(배)	0.0/0.0	0.0/0.0	0.8/0.4	0.0/0.0	0.0/0.0	0.0/0.0
EV/EBITDA(배)	10.6	7.2		0.0	0.0	—/—
EPS(원)	164	498	-4,647			
BPS(원)	29,275	30,922	26,688			
CFPS(원)	604	1,295	-3,471			
DPS(원)						
EBITDAPS(원)	571	1,728	-1,347			

재무 비율 〈단위 : %〉
연도	영업이익률	순이익률	부채비율	차입금비율	ROA	ROE	유보율	자기자본비율	EBITDA마진율
2016	0.0	0.0	0.0	0.0	0.0	0.0	0.0	0.0	0.0
2015	0.0	0.0	0.0	0.0	0.0	0.0	0.0	0.0	0.0
2014	-16.4	-30.3	142.6	111.9	-10.7	-24.1	5,237.7	41.2	-8.8
2013	6.7	3.6	110.6	82.6	1.1	2.2	6,084.5	47.5	12.5

큐캐피탈파트너스 (A016600)
Q Capital Partners

업 종 : 창업투자 및 종금		시 장 : KOSDAQ	
신용등급 : (Bond) — (CP) —		기업규모 : 중견	
홈 페 이 지 : www.qcapital.co.kr		연 락 처 : 02)538-2411~2	
본 사 : 서울시 강남구 테헤란로 306, 11층 (역삼동, 카이트타워)			

설 립 일 1982.12.17	종 업 원 수 27명	대 표 이 사 김동준	
상 장 일 1993.06.21	감 사 의 견 적정 (신정)	계 열	
결 산 기 12월	보 통 주 13,410만주	종속회사수	
액 면 가 500원	우 선 주	구 상 호	

주주구성 (지분율,%)		출자관계 (지분율,%)		주요경쟁사 (외형,%)	
지엔코	52.1	에이트웍스	24.6	큐캐피탈	100
큐캐피탈홀딩스	3.5	KHE	21.6	대성창투	107
(외국인)	2.1	에이피코리아네트	12.5	에이티넘인베스트	137

수익구성		비용구성		수출비중	
투자조합운용수익	64.2	이자비용	5.4	수출	—
기타수익	32.4	파생상품손실		내수	—
여신성금융자산수익	2.9	판관비	55.0		

회사 개요
동사는 신기술사업금융회사로서, 신기술사업을 영위하는 중소기업을 대상으로 투자, 융자, 리스, 팩토링, 지급보증 등 다양한 업무를 취급하고 있음. 신기술사업금융회사는 업무영역이 투자 제한적 투자대여에 국한되어 있는 창업투자회사와는 달리 다양한 업무를 취급할 수 있음. 투자주식 등 투자자산 처분이익과 펀드운용을 통하여 발생하는 관리보수, 기업구조조정 및 M&A 업무수행을 통하여 발생하는 수수료 등이 동사의 주요 수익원임.

실적 분석
동사의 2017년 2분기 기준 누적 영업수익은 99.6억원을 기록해 전년 동기 47.7억원 대비 108.8% 증가함. 영업이익 역시 22.1억원으로 전년 동기 5.2억원에서 대폭 상승. 지분법이익 증가가 영업이익 개선의 원인. 자금 운용액은 전년 762.3억원에서 올 2분기 831.7억원까지 확대됨. 동사 당기순이익은 5.7억원을 시현함. 전년 동기 1.9억원보다 크게 개선된 수치.

현금 흐름 *IFRS 별도 기준   〈단위 : 억원〉

항목	2016	2017.2Q
영업활동	5	23
투자활동	0	-1
재무활동	-4	56
순현금흐름	2	77
기말현금	3	80

시장 대비 수익률

결산 실적   〈단위 : 억원〉

항목	2012	2013	2014	2015	2016	2017
순영업손익	85	59	64	26	97	—
영업이익	34	8	6	-32	39	—
당기순이익	22	6	-13	-29	27	—

분기 실적 *IFRS 별도 기준   〈단위 : 억원〉

항목	2016.1Q	2016.2Q	2016.3Q	2016.4Q	2017.1Q	2017.2Q
순영업손익	17	17	11	52	32	25
영업이익	3	3	-2	37	16	6
당기순이익	-0	2	-2	28	10	-5

재무 상태 *IFRS 별도 기준   〈단위 : 억원〉

항목	2012	2013	2014	2015	2016	2017.2Q
총자산	685	626	717	743	762	832
유형자산	0	0	3	1	2	2
무형자산	5	20	20	5	5	5
유가증권	0	4	24	65	25	21
총부채	141	82	179	167	149	206
총차입금	120	64	134	139	118	167
자본금	399	399	399	454	471	471
총자본	544	545	538	576	614	626
지배주주지분	544	545	538	576	614	626

기업가치 지표 *IFRS 별도 기준

항목	2012	2013	2014	2015	2016	2017.2Q
주가(최고/저)(천원)	0.8/0.4	0.8/0.5	0.5/0.3	0.8/0.3	2.0/0.5	—/—
PER(최고/저)(배)	30.1/15.5	97.7/60.9	—	—	68.0/16.4	2.6/1.1
PBR(최고/저)(배)	1.2/0.6	1.1/0.7	0.7/0.4	1.2/0.5	3.0/0.7	—
PSR(최고/저)(배)	8/4	10/6	6/4	25/10	19/5	—
EPS(원)	28	8	-16	-36	29	6
BPS(원)	704	704	696	653	669	682
CFPS(원)	28	8	-15	-35	30	7
DPS(원)	14				43	23
EBITDAPS(원)	43	10	7	-40		

재무 비율   〈단위 : % 〉

연도	계속사업이익률	순이익률	부채비율	차입금비율	ROA	ROE	유보율	자기자본비율	총자산증가율
2016	39.3	28.2	24.3	19.3	3.6	4.6	33.8	80.5	2.6
2015	-130.3	-110.2	29.1	24.2	-3.9	-5.1	30.6	77.5	3.5
2014	-30.3	-19.7	33.4	24.9	-1.9	-2.3	39.1	75.0	14.5
2013	13.5	10.5	15.0	11.8	0.9	1.1	40.8	87.0	-8.6

크라운제과 (A264900)
CORWN CONFECTIONERY COLTD

업 종 : 식료품		시 장 : 거래소	
신용등급 : (Bond) — (CP) —		기업규모 : 중견	
홈 페 이 지 : www.crown.co.kr		연 락 처 : 02)791-9133	
본 사 : 서울시 용산구 한강대로72길 3			

설 립 일 2017.03.02	종 업 원 수 1,419명	대 표 이 사 장완수	
상 장 일 2017.04.11	감 사 의 견 검토 (삼정)	계 열	
결 산 기 12월	보 통 주 1,252만주	종속회사수	
액 면 가 200원	우 선 주 77만주	구 상 호	

주주구성 (지분율,%)		출자관계 (지분율,%)		주요경쟁사 (외형,%)	
두라푸드	24.1			크라운제과	
윤영달	20.3			크라운해태홀딩스	
(외국인)	3.9			CJ제일제당	

매출구성		비용구성		수출비중	
		매출원가율	0.0	수출	—
		판관비율	0.0	내수	—

회사 개요
해태제과와 별도 법인으로 운영하고 있으나 영업 담당을 통합하고 영업망을 공유하고 있어 시너지효과가 발생함. 국내 제과 시장은 현재 1위 기업인 롯데제과를 중심으로 오리온, 해태제과 등 메이커 4사에 의한 시장 점유가 절대적임. 최근 들어 대형 할인점 중심의 유통구조와 외국 브랜드의 증가, 외식산업의 성장, 웰빙 트랜드의 확대 및 중소제과업체의 성장 등으로 경쟁은 더욱 치열해지는 상황.

실적 분석
동사는 기존 크라운제과가 분할하면서 신설된 신규법인으로 존속법인은 크라운해태홀딩스임. 4월 11일 분할 후 신규 상장되면서 신설법인인 동사는 이제 제과사업만을 하는 법인으로 제과산업의 경쟁 이슈, 또한 수익성 회복에 대한 측정이 필요함. 신설법인인 동사의 2017년 반기 기준 누적 매출액은 1,415.9억원, 당기순이익은 73.5억원으로 앞으로의 수익 창출 여부를 기대하게 함.

현금 흐름 *IFRS 별도 기준   〈단위 : 억원〉

항목	2016	2017.2Q
영업활동	—	266
투자활동	—	-47
재무활동	—	-218
순현금흐름	—	2
기말현금	—	41

시장 대비 수익률

결산 실적 *IFRS 별도 기준   〈단위 : 억원〉

항목	2012	2013	2014	2015	2016	2017
매출액	—	—	—	—	—	—
영업이익	—	—	—	—	—	—
당기순이익	—	—	—	—	—	—

분기 실적 *IFRS 별도 기준   〈단위 : 억원〉

항목	2016.1Q	2016.2Q	2016.3Q	2016.4Q	2017.1Q	2017.2Q
매출액	—	—	—	—	388	1,028
영업이익	—	—	—	—	40	73
당기순이익	—	—	—	—	28	46

재무 상태 *IFRS 별도 기준   〈단위 : 억원〉

항목	2012	2013	2014	2015	2016	2017.2Q
총자산						3,170
유형자산						2,004
무형자산						8
유가증권						
총부채						2,006
총차입금						1,048
자본금						27
총자본						1,163
지배주주지분						1,163

기업가치 지표 *IFRS 별도 기준

항목	2012	2013	2014	2015	2016	2017.2Q
주가(최고/저)(천원)	—/—	—/—	—/—	—/—	—/—	—/—
PER(최고/저)(배)	0.0/0.0	0.0/0.0	0.0/0.0	0.0/0.0	0.0/0.0	2.8/2.1
PBR(최고/저)(배)	0.0/0.0	0.0/0.0	0.0/0.0	0.0/0.0	0.0/0.0	—
EV/EBITDA(배)	0.0	0.0	0.0	0.0	0.0	—
EPS(원)						564
BPS(원)						8,763
CFPS(원)						798
DPS(원)						—
EBITDAPS(원)						1,107

재무 비율   〈단위 : % 〉

연도	영업이익률	순이익률	부채비율	차입금비율	ROA	ROE	유보율	자기자본비율	EBITDA마진율
2016	0.0	0.0	0.0	0.0	0.0	0.0	0.0	0.0	0.0
2015	0.0	0.0	0.0	0.0	0.0	0.0	0.0	0.0	0.0
2014	0.0	0.0	0.0	0.0	0.0	0.0	0.0	0.0	0.0
2013	0.0	0.0	0.0	0.0	0.0	0.0	0.0	0.0	0.0

크라운해태홀딩스 (A005740)
CROWNHAITAI Holdings

업　　종 : 식료품	시　　장 : 거래소
신용등급 : (Bond) A　　(CP) —	기업규모 : 시가총액 중형주
홈페이지 : www.crown.co.kr	연락처 : 02)791-9133
본　　사 : 서울시 용산구 한강대로 72길 3 (남영동)	

설립일 1968.09.18	종업원수 52명	대표이사	윤석빈
상장일 1976.06.30	감사의견 적정 (삼정)	계　　열	
결산기 12월	보통주 973만주	종속회사수 9개사	
액면가 500원	우선주 60만주	구상호 크라운제과	

주주구성 (지분율,%)
두라푸드	24.1
윤영달	20.3
(외국인)	5.8

출자관계 (지분율,%)
해성농림	95.4
씨에이치테크	66.7
해태제과식품	65.8

주요경쟁사 (외형,%)
크라운해태홀딩스	100
CJ제일제당	1,225
롯데제과	189

매출구성
[(주)크라운해태홀딩스][제품]과자류	86.2
[(주)크라운해태홀딩스][상품]과자류	14.9
[(주)크라운해태홀딩스][용역위탁판매]용역	3.4

비용구성
매출원가율	61.0
판관비율	33.4

수출비중
수출	—
내수	—

회사 개요
해태제과 별도 법인으로 운영하고 있으나 영업 담당을 통합하고 영업망을 공유하고 있어 시너지효과가 발생함. 국내 제과 시장은 현재 1위 기업인 롯데제과를 중심으로 오리온, 해태제과 등 메이저 4사에 의한 시장 점유가 절대적임. 최근 들어 대형 할인점 중심의 유통구조와 외국 브랜드의 증가, 외식산업의 성장, 웰빙 트랜드의 확대 및 중소제과업체의 성장 등으로 경쟁은 더욱 치열해지는 상황.

실적 분석
동사의 2017년 상반기 매출액은 4,799.0억원으로 전년 동기 대비 20.2% 감소함. 식품 사업부문의 인적분할로 인한 외형 축소. 매출 감소, 원가율 상승으로 영업이익은 전년 동기 대비 34.8% 감소함. 비영업손익 부분에서 일회성이익은 제과사업부문 인적분할 관련 분배자산집단처분손익이 1,617.2억원 인식되어 당기순이익은 1,724.7억원을 기록함. 9월에 유상증자 예정.

현금 흐름
〈단위 : 억원〉
항목	2016	2017.2Q
영업활동	821	175
투자활동	-665	-284
재무활동	-146	-88
순현금흐름	10	-197
기말현금	357	161

시장 대비 수익률

결산 실적
〈단위 : 억원〉
항목	2012	2013	2014	2015	2016	2017
매출액	11,345	11,183	10,841	12,040	11,888	—
영업이익	756	697	628	874	659	—
당기순이익	383	200	238	432	446	—

분기 실적
〈단위 : 억원〉
항목	2016.1Q	2016.2Q	2016.3Q	2016.4Q	2017.1Q	2017.2Q
매출액	2,902	3,108	3,057	2,821	2,571	2,228
영업이익	134	225	221	79	123	111
당기순이익	70	135	127	113	1,654	71

재무 상태
〈단위 : 억원〉
항목	2012	2013	2014	2015	2016	2017.2Q
총자산	10,880	10,918	10,898	11,216	11,778	9,297
유형자산	5,567	5,434	5,516	5,740	6,011	4,398
무형자산	1,907	1,920	1,982	1,992	1,993	1,985
유가증권	109	123	45	45	42	110
총부채	8,524	8,510	8,251	8,181	7,729	6,164
총차입금	5,323	5,180	4,977	4,706	4,152	3,359
자본금	78	78	78	78	78	52
총자본	2,356	2,408	2,647	3,035	4,049	3,133
지배주주지분	1,883	1,987	2,221	2,593	2,964	1,972

기업가치 지표
항목	2012	2013	2014	2015	2016	2017.2Q
주가(최고/저)(천원)	20.6/14.6	27.6/19.3	34.4/18.2	88.0/18.5	63.9/27.9	—/—
PER(최고/저)(배)	5.3/3.7	13.0/9.1	12.7/6.7	17.9/3.8	14.9/6.5	—/—
PBR(최고/저)(배)	0.9/0.7	1.2/0.8	1.3/0.7	2.8/0.6	1.8/0.8	2.1/0.8
EV/EBITDA(배)	8.3	9.5	8.4	10.7	9.1	—/—
EPS(원)	2,144	1,158	1,480	2,653	2,309	14,013
BPS(원)	122,510	129,084	144,013	167,743	19,128	19,295
CFPS(원)	40,220	30,946	35,301	48,345	4,550	15,279
DPS(원)	1,000	1,000	1,000	2,000	200	—
EBITDAPS(원)	67,120	63,909	60,625	77,704	6,455	3,202

재무 비율
〈단위 : % 〉
연도	영업이익률	순이익률	부채비율	차입금비율	ROA	ROE	유보율	자기자본비율	EBITDA마진율
2016	5.6	3.8	190.9	102.6	3.9	13.0	3,725.6	34.4	8.5
2015	7.3	3.6	269.6	155.1	3.9	17.2	3,254.9	27.1	10.1
2014	5.8	2.2	311.7	188.0	2.2	11.0	2,780.3	24.3	8.8
2013	6.2	1.8	353.4	215.1	1.8	9.4	2,481.7	22.1	8.9

크레아플래닛 (A058530)
CREAPLANET COLTD

업　　종 : 전자 장비 및 기기	시　　장 : KOSDAQ
신용등급 : (Bond) —　　(CP) —	기업규모 : 중견
홈페이지 : www.equisnzaroo.com	연락처 : 031)495-8262
본　　사 : 경기도 안산시 단원구 번영로 39(성곡동,728-3), 시화공단4바 204호	

설립일 1994.01.25	종업원수 90명	대표이사	윤강혁
상장일 2002.02.05	감사의견 적정 (삼영)	계　　열	
결산기 12월	보통주 3,694만주	종속회사수 3개사	
액면가 500원	우선주 —	구상호	

주주구성 (지분율,%)
트라이던트	5.4
얼라이브투자조합	4.7
(외국인)	3.7

출자관계 (지분율,%)
제이케이인터내셔날	51.0
에이피유트레이딩	50.0
바이칼네이처	40.9

주요경쟁사 (외형,%)
크레아플래닛	100
써니전자	35
광전자	286

매출구성
화장품 판매	51.2
의류및신발 판매	28.7
X-ray drill M/C 외	8.8

비용구성
매출원가율	69.7
판관비율	23.8

수출비중
수출	50.0
내수	50.0

회사 개요
동사는 PCB(인쇄회로기판)자동화기계 제조, 스포츠의류 및 화장품 유통 사업 등을 주사업으로 영위하고 있음. 1994년 1월에 설립되어, 2002년 2월에 코스닥 시장에 상장됨. 거산산업, 남영기계, 일본의 모토로닉스와 쇼다, 이태리의 세달, 미국의 PEIRGIAMCOMI와 DIS, 대만의 양천 등이 대표적인 경쟁사로 꼽힘. 한송과기유한공사, 제이케이인터내셔날, 에이피유트레이딩, 바이칼네이처를 연결대상 종속회사로 보유함.

실적 분석
2017년 상반기 동사는 매출 362.3억원을 시현함. 전년 동기 매출액인 148.5억원 대비 143.9% 증가한 금액임. 매출이 늘었으나 매출원가가 206.5% 증가하고 인건비 증가 등으로 인해 판매비와관리비 역시 75.5% 증가함. 이에 영업이익은 -20.8억원을 기록하며 적자로 돌아섰음. 비영업부문도 적자폭이 확대됨. 이에 전년 동기 0.8억원을 기록한 당기순이익 역시 -36.9억원을 기록하며 적자로 돌아섰음.

현금 흐름
〈단위 : 억원〉
항목	2016	2017.2Q
영업활동	-123	-31
투자활동	-156	-108
재무활동	268	121
순현금흐름	-10	-18
기말현금	27	9

시장 대비 수익률

결산 실적
〈단위 : 억원〉
항목	2012	2013	2014	2015	2016	2017
매출액	216	248	225	233	598	—
영업이익	14	19	3	10	39	—
당기순이익	-36	-28	4	1	—	—

분기 실적
〈단위 : 억원〉
항목	2016.1Q	2016.2Q	2016.3Q	2016.4Q	2017.1Q	2017.2Q
매출액	85	64	152	297	209	153
영업이익	2	-1	2	36	4	-24
당기순이익	-1	-1	-0	0	4	-39

재무 상태
〈단위 : 억원〉
항목	2012	2013	2014	2015	2016	2017.2Q
총자산	387	412	428	507	947	1,076
유형자산	100	101	98	98	126	97
무형자산	9	18	15	17	48	53
유가증권	2	1	0	4	8	103
총부채	213	219	221	218	436	604
총차입금	154	159	153	134	320	446
자본금	117	121	137	155	173	175
총자본	174	193	208	289	511	472
지배주주지분	171	190	205	289	474	429

기업가치 지표
항목	2012	2013	2014	2015	2016	2017.2Q
주가(최고/저)(천원)	3.9/1.7	2.2/1.3	1.9/1.4	6.0/1.4	6.4/3.4	—/—
PER(최고/저)(배)	—/—	72.7/43.7	—/—	431.2/104.4	—/—	—/—
PBR(최고/저)(배)	5.2/2.3	2.8/1.7	2.6/1.8	6.3/1.5	4.6/2.5	3.4/2.5
EV/EBITDA(배)	24.5	19.5	48.5	91.8	26.6	—/—
EPS(원)	-160	31	-110	14	-35	-97
BPS(원)	737	794	754	942	1,377	1,228
CFPS(원)	-130	60	-81	39	34	-85
DPS(원)	—	—	—	—	—	—
EBITDAPS(원)	93	111	40	58	189	-48

재무 비율
〈단위 : % 〉
연도	영업이익률	순이익률	부채비율	차입금비율	ROA	ROE	유보율	자기자본비율	EBITDA마진율
2016	6.6	0.1	85.4	62.6	0.1	-3.0	175.3	53.9	10.3
2015	4.1	0.4	75.2	46.2	0.9	1.7	88.3	57.1	7.4
2014	1.3	-12.4	106.1	73.6	-6.7	-14.1	50.9	48.5	4.5
2013	7.9	2.9	113.1	82.5	1.8	4.0	58.9	46.9	10.6

크로넥스 (A215570)
CRONEX CO

업 종 : 바이오		시 장 : KONEX	
신용등급 : (Bond) — (CP) —		기업규모 : —	
홈 페 이 지 : www.cronex.co.kr		연 락 처 : 031)352-7669	
본 사 : 경기도 화성시 팔탄면 주석로778번길 55			

설 립 일	2012.05.01	종 업 원 수	13명	대 표 이 사	손영준
상 장 일	2015.12.28	감 사 의 견	적정 (한미)	계 열	
결 산 기	12월	보 통 주		종속회사수	
액 면 가	—	우 선 주		구 상 호	

주주구성 (지분율,%)
손영준	46.0
이영길	15.0

출자관계 (지분율,%)
(빈칸)

주요경쟁사 (외형,%)
크로넥스	100
진매트릭스	350
메디젠휴먼케어	112

매출구성
연구개발용역(용역)	90.0
미니피그(제품)	9.1
생체조직(제품)	0.9

비용구성
매출원가율	109.7
판관비율	60.5

수출비중
수출	—
내수	—

회사 개요
동사는 2012년 5월 14일 설립된 의학 및 약학연구개발업, 비임상 시험 관련사업, 연구용 실험동물 생산 및 관련 사업을 주된 사업으로 영위하는 벤처중소기업으로 2015년 12월에 코넥스 시장에 상장됨. 동사가 속해있는 CRO산업은 의약품, 세포치료제, 유전자치료제, 화학물질 등 인간의 건강과 안전에 관계되는 모든 물질을 연구함. 세포, 동물 등을 이용한 효능과 인체의 유해성을 평가하는 바이오산업의 인프라산업임.

실적 분석
동사의 2016년 누적매출액은 14.5억원, 매출원가는 15.9억원임. 매출원가가 15.9억원으로 전년 대비 원가 부담이 증가하면서 영업손실이 10.2억원으로 적자폭이 확대됨. 당기순손실도 10.8억원으로 전년 3.1억원보다 크게 증가함. 동사는 다우진유전자연구소와 전북대 육종사업단의 연구지원 하에 유전자 판별기법 및 계통 특이성 판독기법을 개발하여 특허출원을 진행 중임.

현금 흐름 *IFRS 별도 기준 〈단위 : 억원〉
항목	2016	2017.2Q
영업활동	-5	
투자활동	1	
재무활동	39	
순현금흐름	36	
기말현금	36	

시장 대비 수익률

결산 실적 〈단위 : 억원〉
항목	2012	2013	2014	2015	2016	2017
매출액	2	8	10	11	15	
영업이익	-0	0	1	-3	-10	
당기순이익	-0	0	1	-3	-11	

분기 실적 *IFRS 별도 기준 〈단위 : 억원〉
항목	2016.1Q	2016.2Q	2016.3Q	2016.4Q	2017.1Q	2017.2Q
매출액	—	—	—	—	—	—
영업이익	—	—	—	—	—	—
당기순이익	—	—	—	—	—	—

재무 상태 *IFRS 별도 기준 〈단위 : 억원〉
항목	2012	2013	2014	2015	2016	2017.2Q
총자산	4	5	11	50	78	
유형자산	3	1	1	34	30	
무형자산		1	2	4	4	
유가증권						
총부채		1	4	26	24	
총차입금	2		2	23	22	
자본금	2	5	5	6	53	
총자본	2	4	7	24	53	
지배주주지분	2	4	7	24	53	

기업가치 지표 *IFRS 별도 기준
항목	2012	2013	2014	2015	2016	2017.2Q
주가(최고/저)(천원)	—/—	—/—	—/—	18.0/16.8	20.4/13.9	—/—
PER(최고/저)(배)	0.0/0.0	0.0/0.0	0.0/0.0	9.3/8.7	5.7/3.9	0.0/0.0
PBR(최고/저)(배)	0.0/0.0	0.0/0.0	0.0/0.0			
EV/EBITDA(배)						
EPS(원)	-68	28	106	-284	-806	
BPS(원)	86	86	722	1,927	3,566	
CFPS(원)	-14	39	190	-98	-232	
DPS(원)						
EBITDAPS(원)	-13	40	186	-45	-185	

재무 비율 〈단위 : % 〉
연도	영업이익률	순이익률	부채비율	차입금비율	ROA	ROE	유보율	자기자본비율	EBITDA마진율
2016	-70.2	-74.6	45.9	41.9	-17.0	-28.0	613.1	68.6	-17.1
2015	-22.8	-27.9	108.0	95.5	-10.0	-19.7	285.4	48.1	-4.5
2014	9.5	9.8	59.2	28.3	12.1	18.2	44.4	62.8	17.3
2013	2.4	2.1	일부잠식	일부잠식	3.5	5.9	-13.6	74.3	14.5

크로바하이텍 (A043590)
Clover Hitech

업 종 : 전자 장비 및 기기		시 장 : KOSDAQ	
신용등급 : (Bond) — (CP) —		기업규모 : 중견	
홈 페 이 지 : www.cloverhitech.com		연 락 처 : 043)267-6587	
본 사 : 충북 청주시 흥덕구 월명로55번길 57			

설 립 일	1974.10.23	종 업 원 수	138명	대 표 이 사	송한준
상 장 일	2001.12.12	감 사 의 견	적정 (평진)	계 열	
결 산 기	12월	보 통 주	1,300만주	종속회사수	3개사
액 면 가	500원	우 선 주		구 상 호	

주주구성 (지분율,%)
송한준	27.0
The Three Kingdoms Korea Fund, Inc	4.3
(외국인)	0.4

출자관계 (지분율,%)
문등크로바전자유한공사	100.0
산동크로바전자유한공사	100.0
동관크로바전자유한공사	100.0

주요경쟁사 (외형,%)
크로바하이텍	100
S&K폴리텍	105
대동전자	69

매출구성
TRANS/COIL	71.5
HDD	16.6
IC Design & PKG	10.7

비용구성
매출원가율	86.9
판관비율	10.2

수출비중
수출	57.0
내수	43.0

회사 개요
동사는 IT 전자부품 전문기업으로 디지털 디스플레이 전원부품공급장치 생산을 시작으로 사업을 시작함. 반도체설계 Display Drive IC Design사업과 반도체후공정 Drive IC Packaging사업, HDD사업과 전원공급 부품인 Transformer & Coil사업을 전원사업으로 운영하고 있음. 2017년 기준 매출 비중은 트랜스포머 및 코일이 45.1%, IC Design과 PKG가 19.52%, HDD 20.26%임.

실적 분석
동사의 연결기준 2017년 2분기 매출액은 280.9억원으로 전년동기 대비 2.0% 증가하였음. TRANS/COIL 품목의 중국 내 매출이 전년보다 증가하였고 환율변동 및 판매가격 변동도 매출 증가에 영향을 미침. 영업이익은 4.7억원을 기록, 전년 동기대비 소폭 감소함. 매출비중이 가장 큰 전원사업부는 기존 고객 요구에 부합할 수 있도록 연구개발과 영업관리에 힘쓰고 있음. 전년 발생한 비영업부문의 적자가 해소되며 당기순이익은 흑자전환함.

현금 흐름 〈단위 : 억원〉
항목	2016	2017.2Q
영업활동	50	16
투자활동	18	-19
재무활동	-49	-13
순현금흐름	19	-17
기말현금	109	93

시장 대비 수익률

결산 실적 〈단위 : 억원〉
항목	2012	2013	2014	2015	2016	2017
매출액	938	661	629	579	602	
영업이익	41	-56	-34	-26	18	
당기순이익	45	-21	-34	-35	-3	

분기 실적 〈단위 : 억원〉
항목	2016.1Q	2016.2Q	2016.3Q	2016.4Q	2017.1Q	2017.2Q
매출액	130	145	173	154	133	148
영업이익	1	5	6	6	2	3
당기순이익	-8	-14	12	6	5	-2

재무 상태 〈단위 : 억원〉
항목	2012	2013	2014	2015	2016	2017.2Q
총자산	767	730	692	667	644	626
유형자산	445	392	348	317	288	283
무형자산	12	9		7	5	4
유가증권	2					
총부채	366	327	320	333	306	285
총차입금	215	202	207	228	194	177
자본금	65	65	65	65	65	65
총자본	401	403	372	334	338	341
지배주주지분	401	403	372	334	338	341

기업가치 지표
항목	2012	2013	2014	2015	2016	2017.2Q
주가(최고/저)(천원)	7.0/3.6	9.2/4.1	5.4/2.3	5.9/3.0	4.8/3.1	—/—
PER(최고/저)(배)	19.9/10.3	—/—	—/—	—/—	—/—	—/—
PBR(최고/저)(배)	2.2/1.1	3.0/1.3	1.9/0.8	2.3/1.1	1.8/1.2	1.5/1.3
EV/EBITDA(배)	9.1	81.9	18.5	24.3	9.1	
EPS(원)	349	-165	-261	-269	-20	24
BPS(원)	3,155	3,100	2,861	2,599	2,673	2,700
CFPS(원)	810	335	203	99	302	162
DPS(원)						
EBITDAPS(원)	775	66	199	168	457	173

재무 비율 〈단위 : % 〉
연도	영업이익률	순이익률	부채비율	차입금비율	ROA	ROE	유보율	자기자본비율	EBITDA마진율
2016	2.9	-0.4	90.7	57.5	-0.4	-0.8	434.5	52.4	9.9
2015	-4.5	-6.1	99.5	68.1	-5.2	-9.9	419.8	50.1	3.8
2014	-5.5	-5.4	86.1	55.6	-4.8	-8.8	472.2	53.7	4.1
2013	-8.6	-3.3	81.2	50.0	-2.9	-5.3	520.0	55.2	1.3

크루셜텍 (A114120)
Crucialtec

업 종 : 휴대폰 및 관련부품		시 장 : KOSDAQ	
신용등급 : (Bond) — (CP) —		기업규모 : 벤처	
홈페이지 : www.crucialtec.com		연 락 처 : 031)8060-3000	
본 사 : 경기도 성남시 분당구 판교로 255번길 62 크루셜텍 빌딩			

설 립 일	2001.04.20	종 업 원 수	175명	대 표 이 사	안건준,김종빈
상 장 일	2010.07.21	감 사 의 견	적정 (신한)	계 열	
결 산 기	12월	보 통 주	5,854만주	종속회사수	3개사
액 면 가	500원	우 선 주		구 상 호	

주주구성 (지분율,%)
안건준	15.6
유영선	2.7
(외국인)	0.8

출자관계 (지분율,%)
바이오페이	50.0
엠엔지솔루션	34.3
캔버스바이오	33.3

주요경쟁사 (외형,%)
크루셜텍	100
삼성전자	63,077
영풍	829

매출구성
바이오메트릭트랙패드	90.9
PL 렌즈	5.6
기타	3.3

비용구성
매출원가율	83.2
판관비율	14.2

수출비중
수출	—
내수	—

회사 개요
동사는 휴대기기 입력장치 전문기업으로 2001년에 설립됨. 동사는 스마트폰의 입력장치인 옵티컬트랙패드 제품의 원천특허를 확보하여 세계 최초로 상용화하였음. 매출의 상당부분을 차지하는 옵티컬트랙패드의 정전식 터치스크린의 단점을 보완하는 기능으로 모바일기기 니치마켓에 집중하고, 휴대폰 이외에 리모컨, 카메라, 모니터, 노트북 등 입력장치를 필요로 하는 다양한 가전기기에까지 그 적용분야를 넓혀서 신규 시장 창출함.

실적 분석
동사의 2017년 연결기준 2분기 누적 매출액은 898.8억원을 기록, 전년동기 대비 46.5% 감소함. 매출이 급감하여 영업손실 및 당기순손실을 기록함. 16년 말부터 중국 내 OFilm 같은 지문인식모듈 제조사의 등장으로 경쟁상황이 어려워지며 시장점유율이 하락함. 중화권 세트업체들도 오인식 물이 낮은 동사의 제품에 우호적이므로 이를 바탕으로 점유율 회복이 관건임.

현금 흐름 〈단위 : 억원〉
항목	2016	2017.2Q
영업활동	-225	-122
투자활동	-142	-264
재무활동	329	345
순현금흐름	-41	-41
기말현금	58	17

시장 대비 수익률

결산 실적 〈단위 : 억원〉
항목	2012	2013	2014	2015	2016	2017
매출액	2,803	4,175	734	2,625	3,200	—
영업이익	-82	-158	-238	143	83	—
당기순이익	-111	-187	-347	96	3	—

분기 실적 〈단위 : 억원〉
항목	2016.1Q	2016.2Q	2016.3Q	2016.4Q	2017.1Q	2017.2Q
매출액	800	878	926	596	433	466
영업이익	46	51	5	-19	-78	-70
당기순이익	36	46	-38	-19	-40	-54

재무 상태 〈단위 : 억원〉
항목	2012	2013	2014	2015	2016	2017.2Q
총자산	2,895	3,556	3,446	2,894	2,863	3,195
유형자산	986	1,289	1,395	504	508	491
무형자산	105	195	106	79	103	92
유가증권	186	57	76	59	51	56
총부채	1,732	2,464	2,531	1,919	1,813	1,847
총차입금	1,273	1,667	1,807	1,098	1,341	1,193
자본금	118	118	124	141	143	293
총자본	1,163	1,091	915	975	1,050	1,349
지배주주지분	983	809	567	976	1,051	1,350

기업가치 지표
항목	2012	2013	2014	2015	2016	2017.2Q
주가(최고/저)(천원)	17.1/6.5	17.7/8.2	15.2/6.0	17.0/9.1	15.6/6.7	—/—
PER(최고/저)(배)	—/—	—/—	—/—	46.1/24.7	1,483.2/636.1	—/—
PBR(최고/저)(배)	3.6/1.4	4.8/2.2	6.2/2.4	4.6/2.5	3.9/1.7	2.4/1.5
EV/EBITDA(배)	312.4			21.0	22.7	
EPS(원)	-329	-645	-1,041	228	7	-436
BPS(원)	4,404	3,436	2,282	3,452	3,723	2,330
CFPS(원)	-98	-441	-951	739	258	-365
DPS(원)						
EBITDAPS(원)	48	-145	-393	905	540	-260

재무 비율 〈단위 : % 〉
연도	영업이익률	순이익률	부채비율	차입금비율	ROA	ROE	유보율	자기자본비율	EBITDA마진율
2016	2.6	0.1	172.7	127.7	0.1	0.3	644.6	36.7	4.8
2015	5.5	3.7	196.8	112.6	3.0	12.5	590.3	33.7	9.7
2014	-32.5	-47.3	276.4	197.4	-9.9	-53.9	356.5	26.6	-12.8
2013	-3.8	-4.5	225.8	152.7	-5.8	-25.4	587.2	30.7	-0.8

크리스탈신소재 (A900250)
China Crystal New Material Holdings

업 종 : 화학		시 장 : KOSDAQ	
신용등급 : (Bond) — (CP) —		기업규모 :	
홈페이지 : www.crystalnewmaterial.com		연 락 처 : 86-510-68171266	
본 사 : Artemis House, 75 Fort Street, George Town, P.O. Box 31493, Grand Cayman KY1-1206 Cayman			

설 립 일	2012.02.23	종 업 원 수	179명	대 표 이 사	다이쟈룽
상 장 일	2016.01.28	감 사 의 견	적정 (신한)	계 열	
결 산 기	12월	보 통 주	6,778만주	종속회사수	3개사
액 면 가 :		우 선 주		구 상 호	

주주구성 (지분율,%)
Dai Jia Long	38.5
KD8 Value Private Equity Fund VII	15.5
(외국인)	43.8

출자관계 (지분율,%)
장인루이자	100.0
장인유쟈	100.0
홍콩중운	100.0

주요경쟁사 (외형,%)
크리스탈신소재	100
한국카본	396
NPC	581

매출구성
합성운모 파우더	44.4
합성운모 플레이크	18.4
천연운모 테이프	15.6

비용구성
매출원가율	40.3
판관비율	10.1

수출비중
수출	—
내수	—

회사 개요
동사는 중국계 소재기업으로 2016년 1월 28일 코스닥 시장에 상장됨. 2008년 글로벌 화학기업 머크와의 기술협력을 바탕으로 천연운모 대체 신소재인 합성운모의 양산에 세계 최초로 성공함. 합성운모 기술의 표준과 시장의 확대를 선도하고 있음. 2014년 생산량(5,162.3톤, 38.5% 시장 점유)을 기준으로 동사는 세계 합성운모시장에서 최대 합성운모파우더 생산업체임. 또한 동사의 합성운모 제품은 장쑤성 중소기업 전문특별신소재 인증을 획득하였음.

실적 분석
동사의 2017년도 2분기 매출액은 전년동기 대비 4.3% 증가한 324.7억원을 시현. 영업이익은 163.1억원을 기록하여 전년동기 대비 9.9% 상승, 당기순이익은 136.4억원을 기록하여 전년동기 대비 8% 증가하며 수익성 개선. 현재 중국 등 신흥국 글로벌 산업이 꾸준히 발전되고 있음. 이는 세계 철연재료 시장이 향후 지속적 성장을 하는데 중요한 동력이므로 호실적 전망.

현금 흐름 〈단위 : 억원〉
항목	2016	2017.2Q
영업활동	269	119
투자활동	-29	-54
재무활동	230	-24
순현금흐름	470	41
기말현금	1,339	1,338

시장 대비 수익률

결산 실적 〈단위 : 억원〉
항목	2012	2013	2014	2015	2016	2017
매출액	292	442	541	644	650	—
영업이익		234	234	307	322	—
당기순이익	102	193	197	264	263	—

분기 실적 〈단위 : 억원〉
항목	2016.1Q	2016.2Q	2016.3Q	2016.4Q	2017.1Q	2017.2Q
매출액	135	178	174	163	132	194
영업이익	63	86	91	82	64	100
당기순이익	54	73	76	59	53	84

재무 상태 〈단위 : 억원〉
항목	2012	2013	2014	2015	2016	2017.2Q
총자산	609	967	1,446	1,801	2,239	2,310
유형자산	145	238	228	607	594	621
무형자산	30	30	31	59	55	53
유가증권						
총부채	83	171	138	204	215	237
총차입금	52	70	53	78	75	72
자본금	218	238	294	299	343	367
총자본	525	795	1,309	1,598	2,024	2,073
지배주주지분	525	795	1,309	1,598	2,024	2,073

기업가치 지표
항목	2012	2013	2014	2015	2016	2017.2Q
주가(최고/저)(천원)	—/—	—/—	—/—	—/—	—/—	—/—
PER(최고/저)(배)	0.0/0.0	0.0/0.0	0.0/0.0	0.0/0.0	10.9/6.5	—/—
PBR(최고/저)(배)	0.0/0.0	0.0/0.0	0.0/0.0	0.0/0.0	1.4/0.9	1.2/0.9
EV/EBITDA(배)					3.2	
EPS(원)	237	425	417	462	392	201
BPS(원)	1,340	1,879	2,524	3,081	3,284	3,058
CFPS(원)	271	486	496	542	461	216
DPS(원)						
EBITDAPS(원)	409	585	583	625	560	255

재무 비율 〈단위 : % 〉
연도	영업이익률	순이익률	부채비율	차입금비율	ROA	ROE	유보율	자기자본비율	EBITDA마진율
2016	49.6	40.4	10.6	3.7	13.0	14.5	490.8	90.4	52.5
2015	47.6	40.9	12.7	4.9	16.2	18.1	433.9	88.7	50.3
2014	43.3	36.4	10.5	4.1	—/		345.5	90.5	46.3
2013	53.0	43.7	21.6	8.8	24.6	29.3	233.6	82.3	54.8

크리스탈지노믹스 (A083790)
CrystalGenomics

업 종 : 바이오		시 장 : KOSDAQ	
신용등급 : (Bond) — (CP) —		기업규모 : 신성장	
홈 페 이 지 : www.crystalgenomics.com		연 락 처 : (031)628-2700	
본 사 : 경기도 성남시 분당구 대왕판교로 700, 삼평동 코리아바이오파크 A동 5층			

설 립 일 2000.07.07	종 업 원 수 55명	대 표 이 사 조중명	
상 장 일 2006.01.06	감사의견 적정 (신우)	계 열	
결 산 기 12월	보 통 주 2,590만주	종속회사수 1개사	
액 면 가 500원	우 선 주 123만주	구 상 호	

주주구성 (지분율,%)		출자관계 (지분율,%)		주요경쟁사 (외형,%)	
조중명	10.0	크리스탈생명과학	36.2	크리스탈	100
양대식	6.5	화일약품	23.1	쎌바이오텍	401
(외국인)	2.6	CGPharmaceuticals,Inc	100.0	파마리서치프로덕트	316

매출구성		비용구성		수출비중	
의약품제조	31.2	매출원가율	33.4	수출	9.0
임상시험분석	28.1	판관비율	94.7	내수	91.0
신약 판매	24.5				

회사 개요
동사는 질환 표적 단백질의 규명 기술과 이 구조를 기반으로 고유 선도물질을 발굴하는 기술 및 개발후보를 발굴하는 세계적인 경쟁력의 기반기술을 구축하여, 개발 후보를 지속적으로 창출하고 있음. 2015년 12월 31일 현재 차세대 관절염 진통소염제(아셀렉스)는 식약처 신약승인을 받아 2015년 7월에 동아ST와 국내독점판매계약을 체결하고 2015년 9월부터전국 종합병원 및 대학병원, 클리닉 등에 공급하고 있음.

실적 분석
동사의 2017년 2분기 기준 매출액은 67.1억원으로 전년동기 대비 37.3% 감소했음. 매출의 감소에 따라 매출총이익도 크게 감소하였으며, 기타 판관비의 증가로 44.9억원의 영업손실을 기록했음. 다만, 비영업부문에서도 적자폭을 확대하며, 39.6억원의 당기순손실을 시현하여 적자전환함. 연구를 통해 저산소증 특허물질들을 여러 유망한 선도화합물들에 대한 특허출원을 수행함.

현금 흐름 〈단위 : 억원〉

항목	2016	2017.2Q
영업활동	-55	-9
투자활동	-16	-102
재무활동	59	167
순현금흐름	-11	51
기말현금	237	288

시장 대비 수익률

결산 실적 〈단위 : 억원〉

항목	2012	2013	2014	2015	2016	2017
매출액	37	48	45	61	145	
영업이익	-72	-60	-72	-40	-41	
당기순이익	-118	-114	-119	-48	-38	

분기 실적 〈단위 : 억원〉

항목	2016.1Q	2016.2Q	2016.3Q	2016.4Q	2017.1Q	2017.2Q
매출액	46	61	35	3	35	32
영업이익	-4	5	-4	-38	-17	-28
당기순이익	14	-5	-3	-44	-19	-23

재무 상태 〈단위 : 억원〉

항목	2012	2013	2014	2015	2016	2017.2Q
총자산	547	888	1,061	1,273	1,287	1,251
유형자산	119	139	131	240	245	139
무형자산	96	70	52	74	70	42
유가증권	66	21	15	27	17	145
총부채	323	526	510	536	454	287
총차입금	277	455	429	390	339	213
자본금	88	97	113	123	129	136
총자본	224	362	550	736	833	964
지배주주지분	224	362	550	719	832	964

기업가치 지표

항목	2012	2013	2014	2015	2016	2017.2Q
주가(최고/저)(천원)	9.6/6.0	13.1/7.2	17.9/9.0	21.1/10.6	36.5/13.6	—/—
PER(최고/저)(배)	—/—	—/—	—/—	—/—	—/—	—/—
PBR(최고/저)(배)	7.6/4.8	7.0/3.9	7.4/3.7	7.2/3.6	11.3/4.2	5.1/3.9
EV/EBITDA(배)						
EPS(원)	-670	-628	-556	-204	-85	-152
BPS(원)	1,271	1,870	2,436	2,935	3,214	3,551
CFPS(원)	-576	-551	-493	-148	-19	-130
DPS(원)						-150
EBITDAPS(원)	-316	-255	-274	-112	-93	

재무 비율 〈단위 : % 〉

연도	영업이익률	순이익률	부채비율	차입금비율	ROA	ROE	유보율	자기자본비율	EBITDA마진율
2016	-28.1	-25.9	54.5	40.7	-2.9	-2.8	542.7	64.7	-16.5
2015	-65.1	-79.0	72.9	52.9	-4.2	-7.6	487.0	57.9	-43.6
2014	-159.4	-263.1	92.7	77.9	-12.3	-26.2	387.2	51.9	-129.4
2013	-125.9	-237.8	145.5	125.7	-15.9	-39.0	274.0	40.7	-96.7

크린앤사이언스 (A045520)
Clean & Science

업 종 : 자동차부품		시 장 : KOSDAQ	
신용등급 : (Bond) — (CP) —		기업규모 : 중견	
홈 페 이 지 : www.cands.co.kr		연 락 처 : (02)550-0800	
본 사 : 서울시 강남구 영동대로 511, 무역회관 903-1호 (삼성동, 무역회관)			

설 립 일 1979.12.31	종 업 원 수 155명	대 표 이 사 곽규범	
상 장 일 2000.12.05	감사의견 적정 (다산)	계 열	
결 산 기 12월	보 통 주 650만주	종속회사수 2개사	
액 면 가 500원	우 선 주	구 상 호	

주주구성 (지분율,%)		출자관계 (지분율,%)		주요경쟁사 (외형,%)	
최재원	13.9	한국여과기공업협동조합	3.5	크린앤사이언스	100
델타피디에스	11.0	한국부직포공업협동조합	1.5	케이엔더블유	113
(외국인)	3.7	CLEANANDSCIENCECHINACO.,LTD	100.0	풍강	144

매출구성		비용구성		수출비중	
자동차용	49.3	매출원가율	77.4	수출	33.0
Filter	26.6	판관비율	15.3	내수	67.0
상품	12.0				

회사 개요
동사는 1973년 설립된 후, 자동차용 여과지, 산업용 여과지를 비롯한 여과지 사업부문, 공조용 여과소재를 바탕으로 한 M.B사업, 가정용 및 산업용 필터와 관련한 필터사업부문을 영위하고 있음. 특히 주력사업인 자동차용 여과지 부문의 경우 자동차 OE업체에 지속적으로 제품을 공급함으로써 안정적 매출 기반 구축함. 기후변화에 따른 미세먼지 관련 산업의 수혜로 안정적 매출 신장이 예상. 미국법인 및 중국법인설립이후 판로 다양화 진행중임

실적 분석
동사의 연결기준 2017년 2분기 누적매출액은 전년대비 큰폭 증가한 376.9억원을 시현하였으나, 영업이익은 106.3%증가한 36.9억원을 시현하였고, 비영업부문 적자에도 불구하고 당기순이익은 전년 대비 큰폭 증가한 28.7억원을 기록함. 최근 기후변화에 따른 미세먼지 이슈가 부각되어, 관련 산업인 여과지에 대한 관심이 증가함에 따라 향후 수요증가를 통한 지속적인 성장이 예상되며, 여과지 사업의 연료비 절감 및 환율상승에 따른 수혜예상

현금 흐름 〈단위 : 억원〉

항목	2016	2017.2Q
영업활동	63	26
투자활동	-59	-23
재무활동	9	5
순현금흐름	14	8
기말현금	43	50

시장 대비 수익률

결산 실적 〈단위 : 억원〉

항목	2012	2013	2014	2015	2016	2017
매출액	471	542	562	595	600	
영업이익	17	20	27	42	44	
당기순이익	13	13	22	36	36	

분기 실적 〈단위 : 억원〉

항목	2016.1Q	2016.2Q	2016.3Q	2016.4Q	2017.1Q	2017.2Q
매출액	131	136	144	189	173	204
영업이익	8	10	9	16	15	22
당기순이익	9	10	5	12	11	18

재무 상태 〈단위 : 억원〉

항목	2012	2013	2014	2015	2016	2017.2Q
총자산	389	396	393	436	506	571
유형자산	109	98	88	120	117	146
무형자산	6	4	7	0	7	6
유가증권	0	0	0	0	0	0
총부채	212	205	178	201	238	274
총차입금	127	119	102	119	126	126
자본금	37	37	37	37	37	37
총자본	177	191	215	235	268	298
지배주주지분	177	191	215	235	268	298

기업가치 지표

항목	2012	2013	2014	2015	2016	2017.2Q
주가(최고/저)(천원)	5.9/2.3	5.3/3.2	4.6/3.4	7.3/3.8	7.7/4.6	—/—
PER(최고/저)(배)	30.4/12.1	26.0/15.5	13.7/10.1	13.3/7.0	14.0/8.3	2.9/1.2
PBR(최고/저)(배)	2.2/0.9	1.8/1.1	1.4/1.0	1.9/1.0	1.8/1.1	
EV/EBITDA(배)	10.1	8.9	6.9	6.6	7.0	
EPS(원)	193	205	336	550	553	442
BPS(원)	2,726	2,946	3,305	3,791	4,303	4,759
CFPS(원)	469	474	602	780	769	553
DPS(원)						
EBITDAPS(원)	543	573	683	880	886	679

재무 비율 〈단위 : % 〉

연도	영업이익률	순이익률	부채비율	차입금비율	ROA	ROE	유보율	자기자본비율	EBITDA마진율
2016	7.3	6.0	88.9	47.1	7.6	14.3	666.3	52.9	9.6
2015	7.1	6.0	85.7	50.5	8.6	15.9	575.1	53.9	9.6
2014	4.8	3.9	82.9	47.6	5.5	10.7	488.6	54.7	7.9
2013	3.6	2.5	107.0	61.9	3.4	7.2	424.6	48.3	6.9

클리오 (A237880)
CLIO Cosmetics

업 종 : 개인생활용품	시 장 : KOSDAQ
신용등급 : (Bond) — (CP) —	기업규모 : 중견
홈페이지 : www.clio.co.kr	연락처 : 02)514-0056
본 사 : 서울시 강남구 압구정로30길 62 (신사동)	

설 립 일 1997.05.31	종업원수 274명	대표이사 한현옥
상 장 일 2016.11.09	감사의견 적정 (삼일)	계 열
결 산 기 12월	보 통 주 1,695만주	종속회사수 1개사
액 면 가 500원	우 선 주 250만주	구 상 호

주주구성 (지분율,%)		출자관계 (지분율,%)		주요경쟁사 (외형,%)	
한현옥	60.6	상해클리오(화장품)	100.0	클리오	100
BEAUTIFUL COLOR PTE. LTD	8.2	광주공아클리오화장품	40.0	한국콜마	345
(외국인)	17.0			아모레퍼시픽	2,916

매출구성		비용구성		수출비중	
베이스 메이크업	36.7	매출원가율	37.1	수출	33.0
포인트 메이크업 아이	20.3	판관비율	49.6	내수	67.0
포인트 메이크업 립	19.6				

회사 개요
동사는 색조화장품을 전문적으로 제조, 판매할 목적으로 1997년 5월 31일 설립됨. 화장품 및 화장도구 수입/수출, 화장품 화장도구의 판매 및 유통사업 추진, 화장품 매장의 개설 및 체인망 형성, 통신판매업 등을 주요 목적사업으로 하고 있음. 2016년 9월말 기준 클리오(상해) 화장품 유한공사와 고아구공아 클리오 화장품유한회사를 관계회사로 두고 있음. 2016년 기말 기준 자본금은 84.3억원임.

실적 분석
동사의 2017년도 2분기 연결기준 누적 매출액은 980.4억원으로 전년동기 대비 8.6% 증가함. 매출증대에 비해 고정비가 크게 증가하여 영업이익은 전년동기 대비 61% 감소한 60.2억원을 시현. 판관비 증가는 경상연구개발비 증가(2,025%)의 영향이 큼. 향후 성장이 예상되는 더마 화장품 및 남성용 화장품으로 사업을 확대하기 위해 뉴브랜드를 개발 준비 중임.

현금 흐름 〈단위 : 억원〉
항목	2016	2017.2Q
영업활동	43	-80
투자활동	-1,169	-225
재무활동	1,515	-60
순현금흐름	391	-366
기말현금	545	179

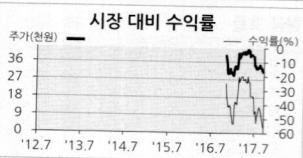

시장 대비 수익률

결산 실적 〈단위 : 억원〉
항목	2012	2013	2014	2015	2016	2017
매출액	282	336	425	1,071	1,936	—
영업이익	31	17	7	225	257	—
당기순이익	21	10	6	177	208	—

분기 실적 〈단위 : 억원〉
항목	2016.1Q	2016.2Q	2016.3Q	2016.4Q	2017.1Q	2017.2Q
매출액	458	445	—	—	573	408
영업이익	112	42	—	—	59	2
당기순이익	88	31	—	—	44	24

재무 상태 〈단위 : 억원〉
항목	2012	2013	2014	2015	2016	2017.2Q
총자산	139	202	282	614	2,410	2,307
유형자산	2	4	28	220	240	271
무형자산	5	14	14	14	16	18
유가증권	11	5			984	551
총부채	60	114	192	349	1,000	872
총차입금		50	105		567	551
자본금	4	8	8	8	84	85
총자본	79	88	90	265	1,410	1,436
지배주주지분	79	88	90	265	1,410	1,436

기업가치 지표
항목	2012	2013	2014	2015	2016	2017.2Q
주가(최고/저)(천원)	#VALUE!	—/—	—/—	—/—	—/—	—/—
PER(최고/저)(배)	0.0/0.0	0.0/0.0	0.0/0.0	0.0/0.0	31.5/23.3	—
PBR(최고/저)(배)	0.0/0.0	0.0/0.0	0.0/0.0	0.0/0.0	5.1/3.8	5.6/3.7
EV/EBITDA(배)		1.0	2.6		14.9	—
EPS(원)	198	83	42	1,229	1,301	362
BPS(원)	98,920	55,021	56,230	165,555	8,053	7,628
CFPS(원)	28,993	11,265	10,236	119,412	1,440	437
DPS(원)					600	
EBITDAPS(원)	41,219	17,190	10,530	149,757	1,745	400

재무 비율 〈단위 : % 〉
연도	영업이익률	순이익률	부채비율	차입금비율	ROA	ROE	유보율	자기자본비율	EBITDA마진율
2016	13.3	10.8	70.9	40.2	13.8	24.9	1,616.9	58.5	14.4
2015	21.1	16.5	131.8	0.0	39.5	99.7	3,211.1	43.1	22.4
2014	1.5	1.4	213.9	116.7	—	—	1,024.6	31.9	4.0
2013	5.1	2.9	129.9	56.8	5.6	11.4	1,000.4	43.5	6.6

키움증권 (A039490)
Kiwoom Securities

업 종 : 증권	시 장 : 거래소
신용등급 : (Bond) AA- (CP) A1	기업규모 : 시가총액 중형주
홈페이지 : www.kiwoom.com	연락처 : 02)3787-5000
본 사 : 서울시 영등포구 여의나루로4길 18 여의도동, 키움파이낸스스퀘어빌딩	

설 립 일 2000.01.31	종업원수 592명	대표이사 권용원
상 장 일 2004.04.23	감사의견 적정 (한영)	계 열
결 산 기 12월	보 통 주 2,210만주	종속회사수 29개사
액 면 가 5,000원	우 선 주	구 상 호

주주구성 (지분율,%)		출자관계 (지분율,%)		주요경쟁사 (외형,%)	
다우기술	47.7	키움투자자산운용	100.0	키움증권	100
국민연금공단	10.5	키움저축은행	100.0	유안타증권	65
(외국인)	24.8	키움YES저축은행	100.0	대신증권	94

수익구성		비용구성		수출비중	
수수료수익	30.2	이자비용	7.9	수출	—
금융상품 관련이익	28.1	파생상품손실	19.4	내수	—
파생상품거래이익	16.9	판관비	34.1		

회사 개요
동사는 2000년도에 설립된 국내 최초의 온라인 종합증권사로 투자매매업, 투자중개업, 투자일임업, 투자자문업을 영위함. 온라인 브로커리지에 강점을 가진 종합 금융투자회사로, 지점이 없는 온라인 증권사로 대고객 접점 확보가 어렵다는 점이 단점으로 지적되었으나 비대면 계좌 개설 서비스 등을 통하여 경쟁력 강화 중. 저비용 사업구조와 국내 최대 온라인 고객을 기반으로 10년 이상 주식위탁매매 시장점유율 1위를 유지 중임.

실적 분석
동사의 2017년 2분기 당기순이익(지배)은 728억원으로 전년 동기 대비 87.1% 증가하였음. 시장 컨센서스를 크게 상회하는 실적을 기록하였음. PI 부문 주식 관련이익이 356억원 발생한 것이 주요 원인. 개인 비중 감소로 전체 MS는 하락했으나 개인 MS는 25.1%로 견고하며 개인 약정금액은 증가하면서 전체 브로커리지 수익이 증가. IB수익 증가는 금융자문, 회사채 인수 등 DCM 수익 증가했기 때문.

현금 흐름 〈단위 : 억원〉
항목	2016	2017.2Q
영업활동	-4,020	1,660
투자활동	-5,647	-1,612
재무활동	9,802	1,043
순현금흐름	157	1,055
기말현금	1,388	2,443

시장 대비 수익률

결산 실적 〈단위 : 억원〉
항목	2012	2013	2014	2015	2016	2017
순영업손익	2,291	1,886	3,006	4,663	4,735	—
영업이익	628	535	1,010	2,414	2,307	—
당기순이익	503	360	761	1,900	1,802	—

분기 실적 〈단위 : 억원〉
항목	2016.1Q	2016.2Q	2016.3Q	2016.4Q	2017.1Q	2017.2Q
순영업손익	1,254	1,105	1,129	1,247	1,395	1,561
영업이익	694	475	538	600	786	879
당기순이익	505	390	431	476	607	725

재무 상태 〈단위 : 억원〉
항목	2012	2013	2014	2015	2016	2017.2Q
총자산	41,991	42,246	47,149	61,522	88,571	105,871
유형자산	325	441	807	775	855	959
무형자산	338	631	608	604	479	425
유가증권	5,583	7,042	5,492	14,096	29,869	29,175
총부채	33,385	33,694	37,911	50,424	76,090	90,917
총차입금	3,230	3,763	6,652	8,908	20,238	21,611
자본금	1,105	1,105	1,105	1,105	1,105	1,105
총자본	8,606	8,552	9,238	11,098	12,480	14,954
지배주주지분	8,367	8,489	9,171	11,031	12,437	14,716

기업가치 지표
항목	2012	2013	2014	2015	2016	2017.2Q
주가(최고/저)(천원)	73.1/50.3	67.5/48.1	53.6/40.1	82.4/45.2	80.3/49.6	—/—
PER(최고/저)(배)	32.6/22.5	42.6/30.3	16.2/12.1	9.8/5.4	10.0/6.2	—/—
PBR(최고/저)(배)	2.0/1.4	1.8/1.3	1.3/1.0	1.7/0.9	1.4/0.9	1.4/1.1
PSR(최고/저)(배)	0/0	0/0	0/0	0/0	4/2	—
EPS(원)	2,329	1,640	3,420	8,585	8,142	—
BPS(원)	37,861	38,413	41,500	49,913	56,278	66,587
CFPS(원)	3,097	2,385	4,662	9,869	9,474	6,695
DPS(원)	450	350	450	700	850	
EBITDAPS(원)	2,840	2,423	4,569	10,925	10,439	7,535

재무 비율 〈단위 : % 〉
연도	계속사업이익률	순이익률	부채비율	차입금비율	ROA	ROE	유보율	자기자본비율	총자산증가율
2016	49.8	38.1	609.7	162.2	2.4	15.3	1,025.6	14.1	44.0
2015	53.5	40.7	454.3	80.3	3.5	18.8	898.3	18.0	30.5
2014	32.5	25.3	410.4	72.0	1.7	8.6	730.0	19.6	12.3
2013	28.4	19.1	394.0	44.0	0.9	4.3	668.3	20.2	0.6

키위미디어그룹 (A012170)
Kiwi Media Group

업 종 : 해상운수		시 장 : 거래소		
신용등급 : (Bond) — (CP) —		기업규모 : 시가총액 소형주		
홈 페 이 지 : www.kiwimediagroup.com		연 락 처 : 02)1544-0332		
본 사 : 서울시 강남구 언주로 729 8층(논현동, 마스터스빌딩)				

설 립 일 1977.04.21	종업원수 65명	대표이사 정철웅			
상 장 일 1989.12.20	감사의견 적정(안진)	계 열			
결 산 기 12월	보 통 주 15,071만주	종속회사 3개사			
액 면 가 500원	우 선 주	구 상 호 키스톤글로벌			

주주구성 (지분율,%)		출자관계 (지분율,%)		주요경쟁사 (외형,%)	
Chung Christopher Young	3.2	아시아젠티브이	59.7	키위미디어그룹	100
키위컴퍼니	2.9	폴루스1호조합	34.5	흥아해운	14,370
(외국인)	0.4	사람엔터테인먼트	20.0	인터지스	8,041

매출구성		비용구성		수출비중	
석탄	93.9	매출원가율	97.5	수출	56.0
청바지 외	6.1	판관비율	110.3	내수	44.0

회사 개요
1977년 설립된 동사는 석탄사업, 콘텐츠사업, 영화사업, 브랜드유통사업을 영위하고 있음. 미국 KIWI MEDIA GROUP USA INC., 범죄도시문화산업전문회사를 연결대상 종속회사로 보유하고 있음. 석탄사업 부문의 경우 미국 "키스톤인더스트리"사와 아시아지역 총판권을 계약하여 국내에서 영업활동을 하고 있음. 브랜드유통부문에선 데님 브랜드 씨위의 국내 단독 스토어를 오픈하는 등 사업영역을 확장하는 중.

실적 분석
동사는 2017년 상반기 연결기준 매출액 54억원을 시현함. 전년도 같은 기간 매출액 18.8억원에 비해 187.6% 성장한 금액임. 외형은 두 배 가까이 성장했으나 매출원가, 판매비와 관리비가 각각 105%, 102.9%씩 증가하여 인해 영업손실은 23.5억원에서 32.1억원으로 적자폭이 커짐. 2016년 상반기 32.3억원의 적자를 기록한 당기순손실 역시 적자폭이 57.4억원으로 커짐.

현금 흐름 〈단위 : 억원〉
항목	2016	2017.2Q
영업활동	-38	-68
투자활동	-89	-133
재무활동	107	203
순현금흐름	-20	9
기말현금	12	21

시장 대비 수익률

결산 실적 〈단위 : 억원〉
항목	2012	2013	2014	2015	2016	2017
매출액	621	181	150	179	58	
영업이익	-23	-153	-67	-31	-62	
당기순이익	-57	-321	-111	-96	-96	

분기 실적 〈단위 : 억원〉
항목	2016.1Q	2016.2Q	2016.3Q	2016.4Q	2017.1Q	2017.2Q
매출액	36	6	—	—	—	41
영업이익	-12	-14	—	—	—	-11
당기순이익	-15	-18	—	—	—	-42

재무 상태 〈단위 : 억원〉
항목	2012	2013	2014	2015	2016	2017.2Q
총자산	514	1,165	1,347	1,356	952	1,140
유형자산	4	537	596	644	6	13
무형자산	5	351	371	354	1	56
유가증권	6	12	95	55	101	245
총부채	192	701	856	788	236	413
총차입금	174	424	569	625	186	310
자본금	137	254	359	449	686	704
총자본	322	465	492	569	716	728
지배주주지분	322	388	423	491	716	719

기업가치 지표
항목	2012	2013	2014	2015	2016	2017.2Q
주가(최고/저)(천원)	5.2/1.8	3.5/0.5	2.1/0.4	2.1/0.6	2.1/0.7	—/—
PER(최고/저)(배)	—/—	—/—	—/—	—/—	—/—	—/—
PBR(최고/저)(배)	4.4/1.5	4.5/0.6	3.5/0.7	3.8/1.1	4.0/1.3	2.3/2.0
EV/EBITDA(배)						
EPS(원)	-215	-738	-173	-108	-74	-39
BPS(원)	1,177	762	589	547	522	511
CFPS(원)	-176	-711	-144	-84	-73	-38
DPS(원)						
EBITDAPS(원)	-45	-338	-85	-10	-47	-22

재무 비율 〈단위 : % 〉
연도	영업이익률	순이익률	부채비율	차입금비율	ROA	ROE	유보율	자기자본비율	EBITDA마진율
2016	-107.8	-166.7	32.9	25.9	-8.4	-16.0	4.4	75.2	-105.4
2015	-17.4	-53.5	138.5	109.9	-7.1	-21.2	9.4	41.9	-5.1
2014	-44.8	-74.5	174.1	115.9	-8.9	-25.1	17.8	36.5	-33.5
2013	-84.5	-177.4	150.8	91.3	-38.2	-87.0	52.5	39.9	-78.3

키이스트 (A054780)
Keyeast

업 종 : 미디어		시 장 : KOSDAQ		
신용등급 : (Bond) — (CP) —		기업규모 : 중견		
홈 페 이 지 : www.keyeast.co.kr		연 락 처 : 02)3444-2002		
본 사 : 서울시 강남구 영동대로 96길 26 5층 (삼성동)				

설 립 일 1996.10.08	종업원수 50명	대표이사 신필순,배성웅(각자대표이사)			
상 장 일 2003.11.14	감사의견 적정(신우)	계 열			
결 산 기 12월	보 통 주 7,745만주	종속회사 3개사			
액 면 가 100원	우 선 주	구 상 호			

주주구성 (지분율,%)		출자관계 (지분율,%)		주요경쟁사 (외형,%)	
배용준	25.1	콘텐츠와이	70.0	키이스트	100
Fox Video Limited	6.2	콘텐츠케이	69.3	덱스터	34
(외국인)	9.2	버디필름	49.0	SBS콘텐츠허브	276

매출구성		비용구성		수출비중	
용역(기타) 해외엔터테인먼트	32.3	매출원가율	84.1	수출	69.0
제품(용역) 해외엔터테인먼트	25.5	판관비율	16.3	내수	31.0
용역(용역) 매니지먼트	24.6				

회사 개요
동사는 1996년 10월 설립되어, 2003년 11월에 코스닥 시장에 상장됨. 연예인, 아티스트 등의 매니지먼트 사업을 기반으로 영상콘텐츠 제작 및 음반 제작 유통, 각종 엔터테인먼트 파생 상품의 머천다이징과 라이센싱 등을 주요 사업으로 영위하고 있음. 2008년 드라마 및 애니메이션의 기획과 제작을 발표하며 21세기 지식기반서비스 산업의 핵심으로 평가되는 콘텐츠 시장에 진출함.

실적 분석
동사의 2017년 2분기 누적 연결기준 매출액은 전년대비 20.7% 성장한 544.4억원을 기록함. 매출액 성장은 주로 해외엔터테인먼트 사업부문의 호조에 기인함. 매출액 성장에도 판관비는 통제되어 영업이익 11.1억원, 당기순이익 7.7억원을 보임으로 순이익은 흑자전환에 성공함. 사업부문별 실적 현황은 드라마제작 매출은 유지, 매니지먼트 사업은 축소되었으며 해외엔터테인먼트 부문은 전년대비 대폭 성장함.

현금 흐름 〈단위 : 억원〉
항목	2016	2017.2Q
영업활동	93	109
투자활동	-176	-93
재무활동	126	1
순현금흐름	52	20
기말현금	230	250

시장 대비 수익률

결산 실적 〈단위 : 억원〉
항목	2012	2013	2014	2015	2016	2017
매출액	304	695	889	1,062	932	
영업이익	28	-56	79	77	-3	
당기순이익	35	-66	67	60	-69	

분기 실적 〈단위 : 억원〉
항목	2016.1Q	2016.2Q	2016.3Q	2016.4Q	2017.1Q	2017.2Q
매출액	225	226	224	258	214	331
영업이익	9	-1	13	-24	-2	14
당기순이익	2	-5	9	-75	-4	12

재무 상태 〈단위 : 억원〉
항목	2012	2013	2014	2015	2016	2017.2Q
총자산	717	520	843	962	1,107	1,184
유형자산	17	20	21	25	34	33
무형자산	43	18	270	286	314	315
유가증권	74	88	45	40	40	40
총부채	271	188	239	246	289	363
총차입금	12	—	17	10	10	10
자본금	69	69	76	77	77	77
총자본	447	332	605	716	818	821
지배주주지분	240	201	419	490	507	504

기업가치 지표
항목	2012	2013	2014	2015	2016	2017.2Q
주가(최고/저)(천원)	1.6/0.6	1.9/1.0	4.1/1.2	6.3/2.6	3.7/2.2	—/—
PER(최고/저)(배)	29.0/10.9	—/—	52.4/15.1	132.4/53.4	5.7/3.4	4.3/3.3
PBR(최고/저)(배)	4.7/1.8	6.6/3.5	7.5/2.2	10.0/4.0	3.4	
EV/EBITDA(배)	23.1		12.5	14.2	10.6	
EPS(원)	56	-39	79	48	-84	650
BPS(원)	1,740	290	552	633	654	158
CFPS(원)	327	-21	171	188	154	
DPS(원)						
EBITDAPS(원)	260	-63	201	242	234	173

재무 비율 〈단위 : % 〉
연도	영업이익률	순이익률	부채비율	차입금비율	ROA	ROE	유보율	자기자본비율	EBITDA마진율
2016	-0.3	-7.4	35.3	1.3	-6.7	-13.1	554.0	73.9	19.5
2015	7.3	5.7	34.3	1.4	6.7	8.0	532.8	74.4	17.4
2014	8.9	7.5	39.4	2.8	9.8	18.5	451.6	71.7	16.3
2013	-8.0	-9.5	56.8	0.0	-10.7	-12.2	190.5	63.8	-6.2

타이거일렉 (A219130)
TigerElec

업 종 : 반도체 및 관련장비	시 장 : KOSDAQ
신용등급 : (Bond) — (CP) —	기업규모 : 중견
홈페이지 : www.tigerelec.com	연 락 처 : (032)579-4100
본 사 : 인천시 남구 염전로187번길 33	

설 립 일	2000.07.28	종업원수	169명	대표이사	이경섭
상 장 일	2015.09.25	감사의견	적정 (한미)	계 열	
결 산 기	12월	보통주	631만주	종속회사수	
액 면 가	500원	우선주		구 상 호	

주주구성 (지분율,%)		출자관계 (지분율,%)		주요경쟁사 (외형,%)	
티에스이	43.7	타이거일렉	100		
이경섭	11.4	에이티세미콘	319		
(외국인)	4.9	코디엠	158		

매출구성		비용구성		수출비중	
PROBE CARD	34.3	매출원가율	86.6	수출	35.0
LOAD BOARD	30.6	판관비율	9.3	내수	65.0
SOCKET BOARD	18.1				

회사 개요
동사는 인쇄회로기판 전문업체로서 매출구성은 Probe Card 37.68%, Socket Board 19.69%, Load Board 26.33%이 대표적임. 동사가 고안한 반자동 리벳용 크램핑 장치를 사용하고, 신뢰성이 중요한 도금공정에서 동사가 자체 설계 및 제작한 도금금라인을 설치하는 등 꾸준한 공정개발을 진행중임. 15년 4분기에 같은 인쇄회로기판 제조 전문기업인 울트라텍을 흡수합병하였음.

실적 분석
동사의 2017년 반기 누적 매출액과 영업이익은 전년 대비 각각 24.2%, 811.9% 증가한 167.9억원, 27.7억원을 기록함. 마진율 높은 Probe Card 부문의 매출비중이 증가하였으며, Load/일반 Board 부문 매출 또한 증가하며 외형성장. 가장 큰 비중을 차지하는 매출처인 모회사 티에스이향 매출비중은 줄고 해외 매출처가 확대되며 고객사 다변화가 진행 중에 있음.

현금 흐름 *IFRS 별도 기준 〈단위 : 억원〉

항목	2016	2017.2Q
영업활동	16	30
투자활동	-71	31
재무활동	-28	-1
순현금흐름	-83	61
기말현금	38	99

시장 대비 수익률

결산 실적 〈단위 : 억원〉

항목	2012	2013	2014	2015	2016	2017
매출액	211	218	259	269	280	
영업이익	41	20	35	30	11	
당기순이익	38	21	28	23	9	

분기 실적 *IFRS 별도 기준 〈단위 : 억원〉

항목	2016.1Q	2016.2Q	2016.3Q	2016.4Q	2017.1Q	2017.2Q
매출액	67	68	72	73	78	90
영업이익	-1	4	6	3	12	16
당기순이익	-1	4	3	3	8	13

재무 상태 *IFRS 별도 기준 〈단위 : 억원〉

항목	2012	2013	2014	2015	2016	2017.2Q
총자산	244	281	304	419	400	431
유형자산	139	137	143	170	180	178
무형자산				5	5	5
유가증권	0	0				
총부채	103	114	110	74	43	53
총차입금	71	82	66	28		
자본금	20	20	20	32	32	32
총자본	141	167	194	345	357	377
지배주주지분	141	167	194	345	357	377

기업가치 지표 *IFRS 별도 기준

항목	2012	2013	2014	2015	2016	2017.2Q
주가(최고/저)(천원)	—/—	—/—	—/—	7.4/4.9	7.1/4.2	—/—
PER(최고/저)(배)	0.0/0.0	0.0/0.0	0.0/0.0	16.4/10.8	49.5/29.6	—/—
PBR(최고/저)(배)	0.0/0.0	0.0/0.0	0.0/0.0	1.4/0.9	1.3/0.8	1.6/0.8
EV/EBITDA(배)	0.6	0.7	0.4	4.9	9.1	
EPS(원)	8,173	461	588	454	143	330
BPS(원)	35,243	36,454	42,289	5,460	5,648	5,978
CFPS(원)	104,384	7,173	8,729	822	458	502
DPS(원)						
EBITDAPS(원)	112,367	6,845	10,015	966	495	611

재무 비율 〈단위 : % 〉

연도	영업이익률	순이익률	부채비율	차입금비율	ROA	ROE	유보율	자기자본비율	EBITDA마진율
2016	4.1	3.2	12.2	0.0	2.2	2.6	1,029.6	89.2	11.2
2015	11.2	8.5	21.5	8.2	6.1	8.5	991.9	82.3	18.1
2014	13.5	10.7	72.1	49.3	8.6	15.4	871.3	58.1	19.9
2013	9.0	9.6	88.1	67.5	7.5	13.6	733.7	53.2	14.8

탑엔지니어링 (A065130)
Top Engineering

업 종 : 디스플레이 및 관련부품	시 장 : KOSDAQ
신용등급 : (Bond) — (CP) —	기업규모 : 우량
홈페이지 : www.topengnet.com	연 락 처 : (054)482-0342
본 사 : 경북 구미시 고아읍 농공단지길 53-17	

설 립 일	1993.11.13	종업원수	318명	대표이사	김원남,류도현(공동)
상 장 일	2003.01.25	감사의견	적정 (삼정)	계 열	
결 산 기	12월	보통주	1,598만주	종속회사수	5개사
액 면 가	500원	우선주		구 상 호	

주주구성 (지분율,%)		출자관계 (지분율,%)		주요경쟁사 (외형,%)	
김원남	13.0	탑인터큐브	100.0	탑엔지니어링	100
파워로직스	7.0	탑중앙연구소	100.0	APS홀딩스	345
(외국인)	5.2	탑프리시젼	100.0	DMS	155

매출구성		비용구성		수출비중	
Dispenser, GCS, Array Tester 등	79.9	매출원가율	70.3	수출	39.0
기타	12.4	판관비율	18.5	내수	61.0
구매대행	4.0				

회사 개요
동사는 LCD, OLED, LED 및 반도체 장비를 생산하는 공정장비 제조 전문기업임. 계열회사를 통해 부품과 신소재 관련 제품으로 사업영역을 확장하고 있음. 연결대상 종속회사는 탑인터큐브, 탑나노시스 등이 있음. LCD 장비인 디스펜서는 약 60%의 높은 점유율로 1위를 차지하고 있음. GCS & Array Tester도 국내 패널 업체에 2009년부터 공급을 시작하면서 경쟁력 있는 장비 포트폴리오를 갖추기 시작함.

실적 분석
동사의 2017년 반기 매출액은 1,006억원으로 전년동기 대비 31.5% 증가함. 판관비 증가에도 불구하고 건조한 외형 확대와 원가율 하락 영향으로 수익성 또한 상승하는 모습. 영업이익은 146.2억원을 시현하며 전년동기 대비 144.6% 증가함. 경상수지는 외완손실이 비교적 큰 규모로 발생하였음에도 불구하고 영업이익손이 개선되어 전년동기 대비 234.8% 증가한 118.9억원의 당기순이익을 시현하는 등 수익성 한층 강화된 모습.

현금 흐름 *IFRS 별도 기준 〈단위 : 억원〉

항목	2016	2017.2Q
영업활동	-11	56
투자활동	-87	-82
재무활동	-65	-28
순현금흐름	-163	-54
기말현금	69	15

시장 대비 수익률

결산 실적 〈단위 : 억원〉

항목	2012	2013	2014	2015	2016	2017
매출액	641	760	1,038	1,375	1,610	
영업이익	25	37	47	165	180	
당기순이익	25	25	22	106	104	

분기 실적 〈단위 : 억원〉

항목	2016.1Q	2016.2Q	2016.3Q	2016.4Q	2017.1Q	2017.2Q
매출액	389	376	331	514	452	554
영업이익	33	27	39	81	48	98
당기순이익	18	18	41	28	27	92

재무 상태 〈단위 : 억원〉

항목	2012	2013	2014	2015	2016	2017.2Q
총자산	1,963	1,946	1,925	2,236	2,222	2,352
유형자산	418	471	372	385	428	429
무형자산	112	183	159	96	32	36
유가증권	137	161	132	130	178	221
총부채	765	662	610	792	671	715
총차입금	491	345	285	290	232	230
자본금	78	78	78	83	83	83
총자본	1,197	1,284	1,315	1,444	1,551	1,637
지배주주지분	1,171	1,271	1,307	1,442	1,550	1,636

기업가치 지표

항목	2012	2013	2014	2015	2016	2017.2Q
주가(최고/저)(천원)	6.6/4.2	6.4/4.1	4.7/3.7	7.0/4.1	7.7/5.1	—/—
PER(최고/저)(배)	29.3/18.7	27.4/17.4	26.2/20.4	10.1/5.8	11.9/7.9	—/—
PBR(최고/저)(배)	0.8/0.5	0.8/0.5	0.5/0.4	0.8/0.5	0.8/0.5	0.7/0.6
EV/EBITDA(배)	24.0	11.8	8.4	4.4	5.5	—
EPS(원)	229	238	183	708	653	744
BPS(원)	8,377	8,586	8,851	9,126	9,802	10,402
CFPS(원)	394	428	460	975	905	853
DPS(원)					100	
EBITDAPS(원)	335	436	592	1,335	1,378	1,024

재무 비율 〈단위 : % 〉

연도	영업이익률	순이익률	부채비율	차입금비율	ROA	ROE	유보율	자기자본비율	EBITDA마진율
2016	11.2	6.5	43.3	15.0	4.7	7.0	1,781.3	69.8	13.7
2015	12.0	7.7	54.9	20.1	5.1	8.0	1,651.5	64.6	15.1
2014	4.5	2.2	46.3	21.7	1.2	2.1	1,593.6	68.3	8.5
2013	4.8	3.2	51.5	26.8	1.3	2.9	1,543.0	66.0	8.5

태경산업 (A015890)
Taekyung Industrial

<table>
<tr><td>업 종 : 복합 산업</td><td rowspan="3">시 장 : 거래소
기업규모 : 시가총액 소형주
연 락 처 : 031)206-0071</td></tr>
<tr><td>신용등급 : (Bond) —　　(CP) —</td></tr>
<tr><td>홈페이지 : www.taekyung.co.kr</td></tr>
<tr><td colspan="2">본 사 : 경기도 수원시 영통구 신원로 53</td></tr>
</table>

설 립 일	1982.02.15	종 업 원 수	228명
상 장 일	1995.12.30	감 사 의 견	적정 (대주)
결 산 기	12월	보 통 주	2,923만주
액 면 가	500원	우 선 주	

대 표 이 사	김해련,문희철/(각자대표이사)
계 열	
종 속 회 사 수	9개사
구 상 호	

주주구성 (지분율,%)		출자관계 (지분율,%)		주요경쟁사 (외형,%)	
김해련	23.3	경인에코화학	100.0	태경산업	100
태경화학	19.9	남영전구	55.3	SK네트웍스	4,151
(외국인)	3.5	태경에프앤지	51.1	코오롱	885

매출구성		비용구성		수출비중	
석회,중질탄산칼슘	33.2	매출원가율	78.2	수출	—
합금철 외	27.9	판관비율	19.1	내수	—
산화아연등	13.6				

회사 개요
동사는 1982년 한록식품으로 설립되었으며, 1988년 카바이드 제조업종을 추가하며 회사 명칭을 태경산업으로 변경한 후, 1996년 1월 상장함. 동사 외 9개의 계열회사를 가지고 있으며, 주요 사업부분으로 합금철제조, 석회제조, 탄산가스 제조판매, 전구생산판매, 아연 사업부 고속도로휴게소, 기타사업 부문을 영위중임. 석회제조, 고속도로휴게소, 탄산가스, 전구사업의 경우 안정적인 수요 기반을 갖추고 있음.

실적 분석
동사의 2017년 상반기 연결기준 누적 매출액은 2,865.3억원으로 전년 동기 대비 40.3% 감소함. 매출이 증가하면서 매출원가와 판관비 또한 증가했지만 고정비용 감소효과로 인해 영업이익은 전년 동기 대비 143.4% 증가한 121.1억원을 시현함. 비영업손익 부문에서 금융손실이 크게 발생했지만 워낙 영업이익이 큰 폭으로 증가하면서 당기순이익은 전년 동기 대비 무려 2714.4% 증가한 72.9억원을 시현함.

현금 흐름　　〈단위 : 억원〉

항목	2016	2017.2Q
영업활동	174	265
투자활동	-266	-123
재무활동	253	-76
순현금흐름	161	64
기말현금	355	420

시장 대비 수익률

결산 실적　　〈단위 : 억원〉

항목	2012	2013	2014	2015	2016	2017
매출액	4,068	4,458	4,077	3,539	4,447	
영업이익	229	157	153	-33	122	
당기순이익	246	76	73	-83	44	

분기 실적　　〈단위 : 억원〉

항목	2016.1Q	2016.2Q	2016.3Q	2016.4Q	2017.1Q	2017.2Q
매출액	991	1,052	1,122	1,282	1,459	1,406
영업이익	15	35	42	30	51	70
당기순이익	-6	9	33	8	18	55

재무 상태　　〈단위 : 억원〉

항목	2012	2013	2014	2015	2016	2017.2Q
총자산	4,288	4,351	4,313	4,670	4,984	4,998
유형자산	1,692	1,769	1,878	2,334	2,391	2,347
무형자산	217	142	152	244	219	214
유가증권	101	91	89	97	102	104
총부채	1,527	1,534	1,612	2,097	2,358	2,366
총차입금	759	859	818	1,407	1,618	1,616
자본금	146	146	146	146	146	146
총자본	2,760	2,817	2,701	2,574	2,626	2,632
지배주주지분	2,044	2,054	1,943	1,819	1,768	1,775

기업가치 지표

항목	2012	2013	2014	2015	2016	2017.2Q
주가(최고/저)(천원)	3.0/2.4	4.7/2.9	5.9/4.2	6.5/5.3	5.4/4.5	—/—
PER(최고/저)(배)	5.9/4.7	66.2/41.4	54.2/39.0	—/—	66.2/55.0	0.9/0.8
PBR(최고/저)(배)	0.5/0.4	0.8/0.5	1.0/0.7	1.1/0.9	0.9/0.8	0.9/0.8
EV/EBITDA(배)	4.6	6.9	7.7	22.3	10.1	
EPS(원)	606	80	119	-357	84	197
BPS(원)	6,993	7,027	6,647	6,223	6,047	6,072
CFPS(원)	1,240	765	831	313	850	607
DPS(원)	150	150	150	180	200	—
EBITDAPS(원)	1,419	1,222	1,235	558	1,184	825

재무 비율　　〈단위 : % 〉

연도	영업이익률	순이익률	부채비율	차입금비율	ROA	ROE	유보율	자기자본비율	EBITDA마진율
2016	2.8	1.0	89.8	61.6	0.9	1.4	1,109.4	52.7	7.8
2015	-0.9	-2.3	81.5	54.7	-1.9	-5.5	1,144.6	55.1	4.6
2014	3.7	1.8	59.7	30.3	1.7	1.7	1,229.4	62.6	8.0
2013	3.5	1.7	54.5	30.5	1.8	1.1	1,305.4	64.7	8.0

태경화학 (A006890)
TaeKyung Chemical

<table>
<tr><td>업 종 : 화학</td><td rowspan="4">시 장 : 거래소
기업규모 : 시가총액 소형주
연 락 처 : 02)3661-8011</td></tr>
<tr><td>신용등급 : (Bond) —　　(CP) —</td></tr>
<tr><td>홈페이지 : www.taekyungchem.co.kr</td></tr>
<tr><td>본 사 : 서울시 강서구 공항대로 467 (등촌동)</td></tr>
</table>

설 립 일	1970.11.11	종 업 원 수	97명
상 장 일	2003.01.28	감 사 의 견	적정 (삼덕)
결 산 기	12월	보 통 주	1,160만주
액 면 가	500원	우 선 주	

대 표 이 사	이의근
계 열	
종 속 회 사 수	2개사
구 상 호	

주주구성 (지분율,%)		출자관계 (지분율,%)		주요경쟁사 (외형,%)	
백광소재	40.0	태경그린가스	100.0	태경화학	100
태경산업	16.4	태경가스기술	100.0	코오롱머티리얼	660
(외국인)	0.6	태경산업	19.9	씨큐브	74

매출구성		비용구성		수출비중	
(상품)일반가스外	37.4	매출원가율	70.8	수출	8.0
액체탄산	32.3	판관비율	21.8	내수	92.0
드라이아이스	18.5				

회사 개요
동사의 주요 생산제품은 액체탄산, 드라이아이스, 수산화마그네슘 및 액상소석회 등으로 액체탄산 및 드라이아이스 등의 제조, 판매를 영위할 목적으로 1970년에 설립됨. 매출은 생산 및 매출형태에 따라 탄산가스 사업부문과 환경사업부문으로 크게 구분됨. 주력 사업은 탄산가스사업으로 전체 매출의 88.9%를 차지함. 7개 원료 공급처에 의한 4개의 액체탄산 제조공장을 운영하고 있음.

실적 분석
동사의 2017년 상반기 연결기준 누적매출액은 245.9억원으로 전년동기 대비 1.3% 증가함. 매출원가가 전년동기보다 5.5% 증가하면서 영업이익은 28.7% 줄어든 11.5%억원을 기록함. 비영업손익이 늘면서 당기순이익은 3% 증가한 21.6억원을 기록함. 향후 국내외에서 식품료, 의료 및 농업용 탄산가스의 수요가 늘어날 것으로 예상되어 회사의 주 수입원 중 하나인 탄산가스는 점진적인 매출의 증대로 이어질 것을 기대하고 있음.

현금 흐름　　〈단위 : 억원〉

항목	2016	2017.2Q
영업활동	48	46
투자활동	-14	-13
재무활동	-27	-27
순현금흐름	6	6
기말현금	49	55

시장 대비 수익률

결산 실적　　〈단위 : 억원〉

항목	2012	2013	2014	2015	2016	2017
매출액	558	519	540	509	513	
영업이익	69	61	63	51	38	
당기순이익	72	42	61	54	38	

분기 실적　　〈단위 : 억원〉

항목	2016.1Q	2016.2Q	2016.3Q	2016.4Q	2017.1Q	2017.2Q
매출액	123	120	136	135	122	123
영업이익	11	5	10	12	5	6
당기순이익	18	3	7	10	16	5

재무 상태　　〈단위 : 억원〉

항목	2012	2013	2014	2015	2016	2017.2Q
총자산	902	1,013	1,131	1,179	1,131	1,138
유형자산	252	268	394	476	480	476
무형자산	6	4	4	4	4	4
유가증권	224	288	339	422	333	362
총부채	128	147	184	202	175	156
총차입금	20	20	10	50	40	30
자본금	58	58	58	58	58	58
총자본	773	866	947	977	956	983
지배주주지분	773	866	947	977	956	983

기업가치 지표

항목	2012	2013	2014	2015	2016	2017.2Q
주가(최고/저)(천원)	4.7/2.8	5.3/3.7	6.8/4.5	7.7/5.1	6.8/4.9	—/—
PER(최고/저)(배)	8.8/5.2	16.5/11.3	13.9/9.3	17.6/11.6	21.2/15.2	—/—
PBR(최고/저)(배)	0.8/0.5	0.8/0.6	0.9/0.6	1.0/0.6	0.9/0.6	0.7/0.6
EV/EBITDA(배)	3.3		4.8	5.3	10.1	9.8
EPS(원)	621	359	526	463	329	186
BPS(원)	6,666	7,464	8,161	8,424	8,244	8,471
CFPS(원)	808	557	732	668	534	289
DPS(원)	150	150	150	150	150	202
EBITDAPS(원)	782	727	744	642	529	

재무 비율　　〈단위 : % 〉

연도	영업이익률	순이익률	부채비율	차입금비율	ROA	ROE	유보율	자기자본비율	EBITDA마진율
2016	7.3	7.4	18.3	4.2	3.3	4.0	1,548.9	84.6	12.0
2015	10.0	10.5	20.7	5.1	4.6	5.6	1,584.7	82.9	14.6
2014	11.6	11.3	19.5	1.1	5.7	6.7	1,532.1	83.7	16.0
2013	11.8	8.0	17.0	2.3	4.4	5.1	1,392.8	85.5	16.3

태광 (A023160)
TAE KWANG

업 종 : 기계		시 장 : KOSDAQ	
신용등급 : (Bond) — (CP) —		기업규모 : 우량	
홈 페 이 지 : www.tkbend.co.kr		연 락 처 : 051)970-6617	
본 사 : 부산시 강서구 녹산산업대로 117-12 (송정동)			

설 립 일	1982.09.01	종업원수	395명	대표이사	윤성덕
상 장 일	1994.09.07	감사의견	적정 (성도)	계 열	
결 산 기	12월	보 통 주	2,650만주	종속회사수	
액 면 가	500원	우 선 주		구 상 호	

주주구성 (지분율,%)
대신인터내셔날	25.0
윤성덕	8.6
(외국인)	16.7

출자관계 (지분율,%)
시너지파트너스	16.0
매일물류	0.7
부산면세점	0.7

주요경쟁사 (외형,%)
태광	100
와이지-원	137
삼익THK	103

매출구성
ELBOW,TEE,REDUCER, 기타	100.0

비용구성
매출원가율	89.8
판관비율	8.7

수출비중
수출	71.0
내수	29.0

회사 개요
동사는 1982년 8월 1일에 태광벤드공업주식회사로 설립되어 1994년 9월 7일 기업공개를 실시함. 각종 배관자재, 관이음쇠류 제조 및 판매, 발전기부품 판매업 등의 사업을 영위하고 있음. 국가 기간산업 경기와 설비투자의 비중에 따라 수익 규모가 변동하는 특성이 있음. 유럽의 Tectubi, Tecnoforge, 국내 성광벤드 등이 경쟁사. 매출의 72.06%는 수출에서, 28.94%는 국내 판매에서 거둬들임.

실적 분석
동사의 2017년 상반기 연결기준 누적 매출액은 993.1억원을 시현함. 전년도 같은 기간 매출액 1,224.0억원 대비 18.9% 축소됨. 매출원가가 18.8% 감소하고 판매비와 관리비 역시 소폭 줄었으나 매출액 감소로 인해 영업이익은 19.5억원을 기록하는 데 그침. 이는 전년도 동기 영업이익 47.2억원에 비해 58.8% 축소된 금액. 지난해 같은 기간 55.2억원이었던 당기순이익은 적자전환됨.

현금 흐름 *IFRS 별도 기준
〈단위 : 억원〉
항목	2016	2017.2Q
영업활동	418	65
투자활동	-133	-136
재무활동	-26	-13
순현금흐름	268	-79
기말현금	627	548

시장 대비 수익률

결산 실적
〈단위 : 억원〉
항목	2012	2013	2014	2015	2016	2017
매출액	3,569	3,108	2,716	2,745	2,448	—
영업이익	469	348	121	179	37	—
당기순이익	339	285	88	159	79	—

분기 실적 *IFRS 별도 기준
〈단위 : 억원〉
항목	2016.1Q	2016.2Q	2016.3Q	2016.4Q	2017.1Q	2017.2Q
매출액	594	630	596	628	489	504
영업이익	5	42	2	-12	12	8
당기순이익	18	37	-36	12	-55	40

재무 상태 *IFRS 별도 기준
〈단위 : 억원〉
항목	2012	2013	2014	2015	2016	2017.2Q
총자산	4,494	4,686	4,666	4,798	4,747	4,664
유형자산	1,294	1,463	1,440	1,432	1,393	1,390
무형자산	7	12	12	11	11	11
유가증권	92	146	124	149	183	282
총부채	625	543	536	507	394	339
총차입금	1	0	3			
자본금	121	125	129	133	133	133
총자본	3,869	4,143	4,130	4,292	4,353	4,325
지배주주지분	3,869	4,143	4,130	4,292	4,353	4,325

기업가치 지표 *IFRS 별도 기준
항목	2012	2013	2014	2015	2016	2017.2Q
주가(최고/저)(천원)	28.9/18.2	25.2/19.6	20.8/10.7	11.5/8.4	11.8/8.0	—/—
PER(최고/저)(배)	23.0/14.5	23.8/18.5	63.4/32.7	19.5/14.2	39.7/26.8	—/—
PBR(최고/저)(배)	2.0/1.3	1.6/1.3	1.3/0.7	0.7/0.5	0.7/0.5	0.6/0.5
EV/EBITDA(배)	9.5	12.4	14.9	8.1	14.5	—/—
EPS(원)	1,278	1,077	334	599	299	-58
BPS(원)	16,130	16,762	16,473	16,619	16,850	16,744
CFPS(원)	1,594	1,368	565	814	508	39
DPS(원)	15	15	15	100	50	
EBITDAPS(원)	2,133	1,620	691	890	347	171

재무 비율
〈단위 : %〉
연도	영업이익률	순이익률	부채비율	차입금비율	ROA	ROE	유보율	자기자본비율	EBITDA마진율
2016	1.5	3.2	9.1	0.0	1.7	1.8	3,269.9	91.7	3.8
2015	6.5	5.8	11.8	0.0	3.4	3.8	3,223.8	89.4	8.6
2014	4.5	3.3	13.0	0.1	1.9	2.1	3,194.5	88.5	6.6
2013	11.2	9.2	13.1	0.0	6.2	7.1	3,252.5	88.4	13.0

태광산업 (A003240)
Taekwang Industrial

업 종 : 화학		시 장 : 거래소	
신용등급 : (Bond) — (CP) —		기업규모 : 시가총액 중형주	
홈 페 이 지 : www.taekwang.co.kr		연 락 처 : 02)3406-0300	
본 사 : 서울시 중구 동호로 310 (장충동2가)			

설 립 일	1961.09.15	종업원수	1,378명	대표이사	홍현민
상 장 일	1975.12.27	감사의견	적정 (삼정)	계 열	
결 산 기	12월	보 통 주	111만주	종속회사수	10개사
액 면 가	5,000원	우 선 주		구 상 호	

주주구성 (지분율,%)
이호진	15.8
티시스	11.2
(외국인)	10.2

출자관계 (지분율,%)
세광패션	100.0
한국케이블텔레콤	91.6
쇼핑엔티	71.8

주요경쟁사 (외형,%)
태광산업	100
롯데케미칼	495
대한유화	60

매출구성
석유화학제품	43.1
방송	19.7
화섬사	16.6

비용구성
매출원가율	63.5
판관비율	30.5

수출비중
수출	—
내수	—

회사 개요
동사는 1961년 설립돼 1975년 유가증권시장에 상장됨. 태광그룹 핵심 계열사인 동사의 주요 사업은 PTA, 프로필렌, AN 등을 생산하는 석유화학부문과 원사 및 직물 등을 생산하는 섬유부문, 기타 임대 사업으로 구성돼 있음. 종속회사를 통해 종합유선방송 등 방송통신업을 영위하고 있음. 태광산업, 대한화섬, 세광패션 등이 섬유 및 석유화학부문 계열회사이며, 티브로드, 한국케이블텔레콤 등이 방송통신 부문 계열회사임.

실적 분석
동사의 2017년 상반기 연결기준 누적 매출액은 1조 4,221.5억원으로 전년동기 대비 6.6% 증가함. 같은 기간 영업이익은 73.2% 늘어난 1,145.2억원을 기록했고, 당기순이익도 1,099.1억원으로 전년동기보다 228.4% 증가함. 동사는 국내 최초로 탄소섬유 상업 생산을 시작했으나, 일본의 도레이, 미쓰비시레이온 등에 밀려 세계시장점유율은 한자릿수에 불과함. 최근 자동차용 탄소섬유 개발에 매진하고 있음.

현금 흐름
〈단위 : 억원〉
항목	2016	2017.2Q
영업활동	3,461	1,780
투자활동	-3,064	-2,197
재무활동	-999	-283
순현금흐름	-570	-700
기말현금	3,221	2,521

시장 대비 수익률

결산 실적
〈단위 : 억원〉
항목	2012	2013	2014	2015	2016	2017
매출액	37,152	35,134	31,622	28,044	26,711	—
영업이익	1,754	1,686	1,495	1,598	1,601	—
당기순이익	1,155	1,139	1,228	1,046	445	—

분기 실적
〈단위 : 억원〉
항목	2016.1Q	2016.2Q	2016.3Q	2016.4Q	2017.1Q	2017.2Q
매출액	6,577	6,769	6,503	6,862	7,121	7,100
영업이익	308	353	321	619	586	560
당기순이익	145	190	76	35	536	563

재무 상태
〈단위 : 억원〉
항목	2012	2013	2014	2015	2016	2017.2Q
총자산	38,803	39,950	38,796	38,249	38,223	39,831
유형자산	13,483	12,719	12,439	12,016	10,227	9,606
무형자산	6,012	6,627	6,600	6,581	6,595	6,608
유가증권	1,766	1,664	1,843	1,747	1,685	2,721
총부채	12,968	12,912	10,265	8,748	8,451	8,595
총차입금	6,162	6,001	4,309	2,132	1,213	972
자본금	56	56	56	56	56	56
총자본	25,835	27,038	28,531	29,501	29,772	31,235
지배주주지분	23,209	24,548	24,823	25,396	25,427	26,784

기업가치 지표
항목	2012	2013	2014	2015	2016	2017.2Q
주가(최고/저)(천원)	1,357/762	1,302/892	1,419/1,118	1,383/1,055	1,065/812	—/—
PER(최고/저)(배)	45.9/25.8	19.1/13.1	21.6/17.0	20.6/15.7	83.1/63.3	—/—
PBR(최고/저)(배)	0.6/0.3	0.6/0.4	0.6/0.5	0.6/0.4	0.4/0.3	0.5/0.3
EV/EBITDA(배)	3.4	4.3	4.5	3.3	2.3	—/—
EPS(원)	29,789	68,616	66,136	67,395	12,841	82,990
BPS(원)	2,241,506	2,366,388	2,472,019	2,523,468	2,526,210	2,648,131
CFPS(원)	215,783	259,370	231,202	240,268	181,529	157,949
DPS(원)	1,750	1,750	1,250	1,750	1,750	
EBITDAPS(원)	343,503	342,183	299,349	316,398	312,499	177,810

재무 비율
〈단위 : %〉
연도	영업이익률	순이익률	부채비율	차입금비율	ROA	ROE	유보율	자기자본비율	EBITDA마진율
2016	6.0	1.7	28.4	4.1	1.2	0.6	50,424.2	77.9	13.0
2015	5.7	3.7	29.7	7.2	2.7	3.0	50,369.4	77.1	12.6
2014	4.7	3.9	36.0	15.1	3.1	3.0	49,340.4	73.5	10.5
2013	4.8	3.2	47.8	22.2	2.9	3.2	47,227.8	67.7	10.8

태림포장 (A011280)
Tailim Packaging

종 목 : 용기 및 포장		시 장 : 거래소	
용 등 급 : (Bond) — (CP) —		기 업 규 모 : 시가총액 소형주	
페 이 지 : www.tailim.com		연 락 처 : 031)499-3333	
사 : 경기도 시흥시 공단1대로 379번안길 74			

설 립 일 1976.04.12	종 업 원 수 1,045명	대 표 이 사 김영식
상 장 일 1988.12.20	감 사 의 견 적정 (삼정)	계 열
결 산 기 12월	보 통 주 7,081만주	종 속 회 사 수 3개사
액 면 가 500원	우 선 주	구 상 호

주주구성 (지분율,%)		출자관계 (지분율,%)		주요경쟁사 (외형,%)	
트리니티원	58.9	동림로지스틱	100.0	태림포장	100
월산	9.9	비코	95.7	율촌화학	117
(외국인)	0.7	동원페이퍼	50.2	한진피앤씨	24

매출구성		비용구성		수출비중	
상자(제품)	34.5	매출원가율	87.1	수출	2.0
원단	30.2	판관비율	10.5	내수	98.0
상자(상품)	14.4				

회사 개요
동사는 1976년 설립돼 골판지 원단과 상자를 생산하고 있으며 상장사인 동일제지와 비상장사인 태성산업, 월산, 동일팩키지 등 총 15개의 계열회사 보유. 동사의 매출비중은 골판지 상자가 약 60%, 골판지 원단이 약 40%를 차지. 동사의 시장점유율은 2~3%대를 유지하고 있음. 국내 1인당 골판지 소비량은 선진국에 비해 크게 적으나, 전자상거래와 홈쇼핑 등의 증가로 포장 수요가 늘어날 것으로 전망됨.

실적 분석
골판지원지, 골판지상자 판매 증가로 2017년 상반기 매출액은 전년동기 대비 47.8% 증가한 2,638.4억원을 기록함. 매출 증가에도 불구하고 원가율 1.0%p 상승, 판관비 58.8% 증가로 영업이익은 전년동기 대비 50.8% 감소한 18.5억원에 그침. 인건비 증가와 더불어 운반비, 지급수수료 등이 크게 증가함. 금융손실 등을 반영한 당기순이익은 9.4억원으로 전년동기 대비 급감함.

현금 흐름 〈단위 : 억원〉

항목	2016	2017.2Q
영업활동	33	278
투자활동	108	27
재무활동	-176	-326
순현금흐름	-36	-20
기말현금	43	22

시장 대비 수익률

결산 실적 〈단위 : 억원〉

항목	2012	2013	2014	2015	2016	2017
매출액	3,914	3,669	3,520	3,504	3,779	
영업이익	298	146	159	20	90	
당기순이익	341	142	179	-123	-584	

분기 실적 〈단위 : 억원〉

항목	2016.1Q	2016.2Q	2016.3Q	2016.4Q	2017.1Q	2017.2Q
매출액	880	905	969	1,025	1,299	1,339
영업이익	10	28	47	6	2	17
당기순이익	-55	84	88	-700	5	4

재무 상태 〈단위 : 억원〉

항목	2012	2013	2014	2015	2016	2017.2Q
총자산	5,376	5,681	5,628	6,220	7,288	6,298
유형자산	2,312	2,550	2,584	3,137	4,646	4,532
무형자산	21	20	21	214	118	117
유가증권	71	89	64	83	43	60
총부채	1,929	2,042	1,835	2,480	4,157	3,181
총차입금	1,087	1,203	998	1,682	2,436	2,333
자본금	354	354	354	354	354	354
총자본	3,447	3,639	3,793	3,740	3,131	3,117
지배주주지분	3,447	3,639	3,793	3,694	3,109	3,101

기업가치 지표

항목	2012	2013	2014	2015	2016	2017.2Q
주가(최고/저)(천원)	2.0/1.2	3.5/1.8	2.5/1.8	4.5/2.1	3.5/2.8	—/—
PER(최고/저)(배)	4.4/2.7	18.2/9.5	10.3/7.4	—/—	—/—	—/—
PBR(최고/저)(배)	0.4/0.3	0.7/0.4	0.5/0.4	0.9/0.4	0.8/0.6	0.7/0.6
EV/EBITDA(배)	6.0	10.3	8.7	23.2	17.5	
EPS(원)	482	200	253	-115	-792	23
BPS(원)	4,883	5,140	5,357	5,217	4,390	4,417
CFPS(원)	625	361	436	93	-545	194
DPS(원)	25	25	30	8	8	
EBITDAPS(원)	564	366	408	236	375	198

재무 비율 〈단위 : % 〉

연도	영업이익률	순이익률	부채비율	차입금비율	ROA	ROE	유보율	자기자본비율	EBITDA마진율
2016	2.4	-15.5	132.8	77.8	-8.6	-16.5	778.1	43.0	7.0
2015	0.6	-3.5	66.3	45.0	-2.1	-2.2	943.4	60.1	4.8
2014	4.5	5.1	48.4	26.3	3.2	4.8	971.4	67.4	8.2
2013	4.0	3.9	56.1	33.1	2.6	4.0	928.0	64.1	7.1

태양 (A053620)
TAEYANG

업 종 : 가정생활용품		시 장 : KOSDAQ	
신용 등급 : (Bond) — (CP) —		기 업 규 모 : 우량	
홈 페 이 지 : www.taeyangsun.co.kr		연 락 처 : 041)621-9810	
사 : 충남 천안시 서북구 업성1길 27			

설 립 일 1989.10.14	종 업 원 수 256명	대 표 이 사 현창수
상 장 일 2001.07.18	감 사 의 견 적정 (세일)	계 열
결 산 기 12월	보 통 주 860만주	종 속 회 사 수 1개사
액 면 가 500원	우 선 주	구 상 호 태양산업

주주구성 (지분율,%)		출자관계 (지분율,%)		주요경쟁사 (외형,%)	
현창수	23.6	에이치앤파워	10.0	태양	100
현정은	11.6	세안	8.9	LG생활건강	4,113
(외국인)	0.9	에스앤피코리아보험중개	5.0	모나리자	82

매출구성		비용구성		수출비중	
부탄가스외	69.4	매출원가율	79.0	수출	—
살충제외	30.6	판관비율	8.4	내수	—

회사 개요
동사는 관(분사용관, 식료, 기타 유사관) 및 가스충전 제조판매업, 무역업 등을 영위할 목적으로 1989년 10월 14일에 설립됨. 동사의 주요사업은 크게 휴대용 부탄가스 사업과 에어졸 사업으로 구분됨. 썬연료로 대표되는 휴대용 부탄가스 사업 분야에서 국내 시장점유율 70%, 세계시장점유율 60%를 차지하고 있으며, 에어졸 부문에서도 국내 1위 업체임. '승일'과 '세안', '삼원산업' 등 동사를 포함한 6개의 계열회사를 보유하고 있음.

실적 분석
동사는 2017년 상반기 연결기준 매출 795.3억원을 시현함. 전년 동기 대비 2% 증가했음. 그러나 판매비와 관리비가 증가해 영업이익은 19.1% 감소함. 당기순이익 역시 전년 같은 기간에 비해 42.3% 축소됨. 연료관 부문에선 수출 지역을 늘리며 해외 시장을 확대해나가는 중이며 에어졸 부문 역시 일본에 집중됐던 수요가 타 국가로 확대되고 있는 만큼 성장 여력은 있음.

현금 흐름 〈단위 : 억원〉

항목	2016	2017.2Q
영업활동	108	-5
투자활동	0	79
재무활동	-1	-42
순현금흐름	122	18
기말현금	373	391

시장 대비 수익률

결산 실적 〈단위 : 억원〉

항목	2012	2013	2014	2015	2016	2017
매출액	1,874	2,072	2,071	1,455	1,482	—
영업이익	78	93	89	16	186	—
당기순이익	79	81	76	33	128	—

분기 실적 〈단위 : 억원〉

항목	2016.1Q	2016.2Q	2016.3Q	2016.4Q	2017.1Q	2017.2Q
매출액	400	380	333	369	419	376
영업이익	42	54	47	43	48	29
당기순이익	42	35	28	24	18	26

재무 상태 〈단위 : 억원〉

항목	2012	2013	2014	2015	2016	2017.2Q
총자산	1,569	1,626	1,651	1,922	1,930	1,875
유형자산	702	698	679	1,121	1,080	968
무형자산	17	10	6	5	4	4
유가증권	24	34	34	34	9	8
총부채	417	401	357	592	474	392
총차입금	22	11	10	123	122	121
자본금	43	43	43	43	43	43
총자본	1,153	1,226	1,295	1,329	1,456	1,484
지배주주지분	1,153	1,226	1,295	1,329	1,456	1,484

기업가치 지표

항목	2012	2013	2014	2015	2016	2017.2Q
주가(최고/저)(천원)	6.1/4.9	8.6/5.3	10.9/7.4	13.0/7.9	13.6/8.6	—/—
PER(최고/저)(배)	7.0/5.6	9.4/5.8	12.5/8.5	34.4/20.9	9.3/5.8	—/—
PBR(최고/저)(배)	0.5/0.4	0.6/0.4	0.7/0.5	0.8/0.5	0.8/0.5	0.7/0.6
EV/EBITDA(배)	1.8	3.1	3.4	16.0	3.2	—/—
EPS(원)	913	937	885	385	1,494	515
BPS(원)	13,649	14,497	15,299	15,703	17,171	17,496
CFPS(원)	1,311	1,373	1,267	713	2,182	859
DPS(원)	100	100			190	
EBITDAPS(원)	1,299	1,523	1,416	516	2,847	1,246

재무 비율 〈단위 : % 〉

연도	영업이익률	순이익률	부채비율	차입금비율	ROA	ROE	유보율	자기자본비율	EBITDA마진율
2016	12.5	8.7	32.6	8.4	6.7	9.2	3,334.2	75.4	16.5
2015	1.1	2.3	44.6	9.2	1.9	2.5	3,040.6	69.2	3.1
2014	4.3	3.7	27.6	0.8	4.6	6.0	2,959.9	78.4	5.9
2013	4.5	3.9	32.7	0.9	5.1	6.8	2,799.4	75.4	6.3

태양금속공업 (A004100)
Taeyang Metal Industrial

업 종 : 자동차부품		시 장 : 거래소	
신용등급 : (Bond) — (CP) —		기업규모 : 시가총액 소형주	
홈페이지 : www.taeyangmetal.com		연락처 : 031)490-5500	
본 사 : 경기도 안산시 단원구 해봉로 212 (성곡동)			

설 립 일 1964.12.24	종 업 원 수 642명	대 표 이 사	한우삼 한하워드청(각자대표이사)
상 장 일 1976.05.25	감 사 의 견 적정 (신우)	계 열	
결 산 기 12월	보 통 주 3,670만주	종속회사수 5개사	
액 면 가 500원	우 선 주 330만주	구 상 호	

주주구성 (지분율,%)		출자관계 (지분율,%)		주요경쟁사 (외형,%)	
한우삼	38.3	프라이맥스	72.5	태양금속	100
노회현	7.6	썬테크	19.8	우수AMS	51
(외국인)	0.6			KB오토시스	35

매출구성		비용구성		수출비중	
자동차용 및 전자부품용 냉간단조제품	96.5	매출원가율	87.9	수출	52.0
냉간단조용 선재	3.5	판관비율	8.8	내수	48.0

회사 개요
동사는 자동차 및 전자부품용 냉간단조제품과 관련 부품을 생산, 판매하는 지배적 단일사업부문으로 운영되고 있음. 생산은 고객주문 생산으로 주문에 맞춰 다품종 소량 생산방식으로 이루어짐. 냉간단조제품의 주요 수요처는 자동차 산업으로, 현대차, 기아차, 한국GM, 쌍용차 등 주요 자동차 및 부품회사에 제품을 공급함. 단조제품의 제조를 위한 신공법 및 신소재를 개발하고 향후 사업 모색 진행 중임.

실적 분석
동사의 2017년 2분기 연결기준 누적 실적은 매출액 2,361.7억원, 영업이익 52.4억원으로 전년동기대비 각각 3.3%, 46.9% 감소함. 이는 사드 등에 따른 최근 중국과의 갈등의 영향 및 원화강세에 따른 완성차 업체의 매출감소, 부분자재 단가 인상으로 인한 원가 상승, 외화환산손실의 증가에 기인함. 향후 인도법인 등 일부 주요 해외법인의 실적 개선으로 수익성이 개선될 것으로 기대.

현금 흐름 〈단위 : 억원〉

항목	2016	2017.2Q
영업활동	181	61
투자활동	-122	-76
재무활동	-23	96
순현금흐름	22	88
기말현금	113	201

시장 대비 수익률

결산 실적 〈단위 : 억원〉

항목	2012	2013	2014	2015	2016	2017
매출액	4,333	4,605	4,754	4,824	4,770	—
영업이익	147	147	124	131	156	—
당기순이익	16	15	67	40	96	—

분기 실적 〈단위 : 억원〉

항목	2016.1Q	2016.2Q	2016.3Q	2016.4Q	2017.1Q	2017.2Q
매출액	1,255	1,187	1,095	1,233	1,193	1,168
영업이익	72	27	14	44	29	23
당기순이익	44	10	-25	68	-9	29

재무 상태 〈단위 : 억원〉

항목	2012	2013	2014	2015	2016	2017.2Q
총자산	4,046	3,645	3,644	3,701	3,731	3,773
유형자산	1,698	1,647	1,604	1,667	1,681	1,690
무형자산	24	37	38	38	37	37
유가증권	4		13	13	13	14
.총부채	3,139	2,721	2,651	2,695	2,652	2,690
총차입금	1,538	1,486	1,412	1,486	1,475	1,584
자본금	200	200	200	200	200	200
총자본	908	924	993	1,007	1,078	1,083
지배주주지분	902	918	987	1,000	1,072	1,076

기업가치 지표

항목	2012	2013	2014	2015	2016	2017.2Q
주가(최고/저)(천원)	0.8/0.6	1.0/0.6	1.2/0.7	2.7/0.9	2.6/1.3	—/—
PER(최고/저)(배)	22.9/15.7	29.8/17.6	7.5/4.0	28.3/9.7	10.8/5.3	—/—
PBR(최고/저)(배)	0.4/0.3	0.5/0.3	0.5/0.3	1.1/0.4	1.0/0.5	1.1/0.7
EV/EBITDA(배)	6.9	6.2	6.3	7.9	8.7	—
EPS(원)	39	37	167	98	241	50
BPS(원)	22,676	23,075	24,808	2,513	2,693	2,703
CFPS(원)	2,908	3,483	5,238	446	517	198
DPS(원)	150	150	150	15	20	—
EBITDAPS(원)	6,188	6,779	6,668	676	667	279

재무 비율 〈단위 : %〉

연도	영업이익률	순이익률	부채비율	차입금비율	ROA	ROE	유보율	자기자본비율	EBITDA마진율
2016	3.3	2.0	246.0	136.8	2.6	9.3	438.5	28.9	5.6
2015	2.7	0.8	267.7	147.6	1.1	3.9	402.6	27.2	5.6
2014	2.6	1.4	266.9	142.1	1.8	7.0	396.2	27.3	5.6
2013	3.2	0.3	294.5	160.8	0.4	1.6	361.5	25.4	5.9

태양기계 (A116100)
Sun Machinery

업 종 : 자동차부품		시 장 : KONEX	
신용등급 : (Bond) — (CP) —		기업규모 :	
홈페이지 : www.sun-mc.co.kr		연락처 : 031)354-9150	
본 사 : 경기도 화성시 팔탄면 푸른들판로 843-24			

설 립 일 1990.05.01	종 업 원 수 85명	대 표 이 사 박창엽	
상 장 일 2013.07.01	감 사 의 견 적정 (삼덕)	계 열	
결 산 기 12월	보 통 주	종속회사수	
액 면 가	우 선 주	구 상 호	

주주구성 (지분율,%)		출자관계 (지분율,%)		주요경쟁사 (외형,%)	
박창엽	33.4	두원정공	43.8	태양기계	100
유금영	5.8			대동금속	201
				한중엔시에스	239

매출구성		비용구성		수출비중	
기타제품	73.5	매출원가율	90.3	수출	32.0
EGR하우징 등	18.9	판관비율	7.1	내수	68.0
스테빌라이저 캡 마운팅	5.6				

회사 개요
동사는 디젤엔진 배기가스 재순환장치(EGR)하우징 생산, 수출 및 상용차 중 섀시 부문 주요 부품인 유압식 파워브레이크 제동장치 어셈블리 등을 생산하는 회사로 1990년 설립됨. 최근 동사가 주력하는 사업은 EGR 하우징의 생산, 해외로의 수출이며, 부가적인 사업으로 의료기기 수입, 판매가 있음. 동사는 소재 생산기술부터 모듈조립 기술영역까지의 공정개발능력을 토대로 특정부문의 특화된 부품 사업 등에 강점을 보임.

실적 분석
동사의 2016년 연결기준 누적 매출액은 303억원을 기록. 영업이익은 8억원을 기록하였으며, 당기순이익은 2.8억원을 각각 기록하였음. 국내외 완성차 업체의 생산량이 감소하면서 외형이 축소한 것으로 분석됨. 대부분 완성차 완성차 및 부품 모듈업체의 주문에 의한 OEM 판매를 하고 있음. 완성차 비중(33%)이 가장 높음. 향후 전방산업의 업황이 회복될 경우 실적 또한 상승곡선을 그릴 것으로 판단됨.

현금 흐름 *IFRS 별도 기준 〈단위 : 억원〉

항목	2016	2017.2Q
영업활동	26	—
투자활동	-51	—
재무활동	22	—
순현금흐름	-3	—
기말현금	26	—

시장 대비 수익률

결산 실적 〈단위 : 억원〉

항목	2012	2013	2014	2015	2016	2017
매출액	307	331	348	330	303	—
영업이익	23	24	2	11	8	—
당기순이익	12	14	-5	4	3	—

분기 실적 *IFRS 별도 기준 〈단위 : 억원〉

항목	2016.1Q	2016.2Q	2016.3Q	2016.4Q	2017.1Q	2017.2Q
매출액	—	—	—	—	—	—
영업이익	—	—	—	—	—	—
당기순이익	—	—	—	—	—	—

재무 상태 *IFRS 별도 기준 〈단위 : 억원〉

항목	2012	2013	2014	2015	2016	2017.2Q
총자산	338	374	349	386	417	—
유형자산	177	192	199	216	211	—
무형자산	36	37	37	38	-38	—
유가증권	4	4	1	3	2	—
.총부채	215	230	211	235	265	—
총차입금	184	185	171	193	218	—
자본금	31	31	31	31	31	—
총자본	122	145	138	151	152	—
지배주주지분	122	145	138	151	152	—

기업가치 지표 *IFRS 별도 기준

항목	2012	2013	2014	2015	2016	2017.2Q
주가(최고/저)(천원)	—/—	4.4/1.9	4.6/3.4	4.4/2.7	4.8/2.9	—/—
PER(최고/저)(배)	0.0/0.0	20.7/9.2	—/—	76.7/46.4	106.2/64.3	—/—
PBR(최고/저)(배)	0.0/0.0	1.9/0.9	2.1/1.5	1.9/1.1	2.0/1.2	0.0/0.
EV/EBITDA(배)	3.9	9.7	18.6	10.5	14.1	—
EPS(원)	198	218	-73	59	45	—
BPS(원)	1,961	2,321	2,218	2,418	2,439	—
CFPS(원)	462	526	261	399	417	—
DPS(원)	30	30	30	25	25	—
EBITDAPS(원)	631	687	369	510	500	—

재무 비율 〈단위 : %〉

연도	영업이익률	순이익률	부채비율	차입금비율	ROA	ROE	유보율	자기자본비율	EBITDA마진율
2016	2.6	0.9	174.1	143.5	0.7	1.9	387.8	36.5	10.
2015	3.2	1.1	156.2	128.0	1.0	2.5	383.7	39.0	9.
2014	0.6	-1.3	152.3	123.6	-1.3	-3.2	343.6	39.6	6.
2013	7.2	4.1	158.5	127.5	3.8	10.2	364.2	38.7	13.

태양씨앤엘 (A072520)
TAE YANG C&L COLTD

업 종 : 휴대폰 및 관련부품			시 장 : KOSDAQ	
신용등급 : (Bond) — (CP) —			기업규모 :	
홈페이지 : www.ty-cnl.com			연 락 처 : 053)665-8816	
본 사 : 대구시 달서구 성서4차첨단로 146, 10블럭 3로트				

설 립 일 1989.07.01	종업원수 71명	대표이사 방현균,강덕신	
상 장 일 2004.10.29	감사의견 적정 (한길)	계 열	
결 산 기 12월	보 통 주 4,295만주	종속회사수 2개사	
액 면 가 100원	우 선 주	구 상 호	

주주구성 (지분율,%)		출자관계 (지분율,%)		주요경쟁사 (외형,%)	
아이피에스글로벌성장31호조합	13.4	브릿지랜드	80.0	태양씨앤엘	100
정규용	8.3	TYEV	100.0	디스플레이텍	211
(외국인)	0.1			육일씨엔에쓰	102

매출구성		비용구성		수출비중	
가전 및 PC 사업부 제품	49.5	매출원가율	90.7	수출	47.0
윈도우사업부 제품, 기타	31.2	판관비율	21.6	내수	53.0
엔터사업부 용역	11.6				

회사 개요
동사는 1989년 설립되어 산업용 인쇄 및 명판 제조업 및 소재 표면 처리업, 전자부품 제조업을 주사업으로 하고 있고, 터치윈도우, 멀티컬러필름, 아크릴윈도우 등 휴대폰 부품이 매출의 100%를 차지함. 동사의 강화유리와 터치스크린 기술은 보다 나은 터치감과 디스플레이 디자인을 구현하는데 강점이 있음. 또한, (주)다이아몬드쉬 인수하여 엔터테인먼트 사업 진출을 통한 매출구조 및 재무구조 개선을 도모하고 있음.

실적 분석
동사의 2017년 상반기 누적 매출액은 196억원으로 전년대비 13.6% 증가, 영업이익은 41.3억원으로 적자지속, 당기순이익은 -145.1억원으로 적자지속. 전방산업의 부진과 주요 시장에서 기술평준화, 경쟁업체간의 가격 경쟁으로 수익성 개선은 지연. 이익구조 개선을 위해 모바일 TSP 사업 부문을 영업양도. 모바일 TSP 사업부 관련 자산은 매각처리하고 언테테인먼트 등 신규 주력사업을 통한 수익성 증대정책을 펼칠 전망.

현금 흐름 〈단위 : 억원〉

항목	2016	2017.2Q
영업활동	-129	2
투자활동	-115	-32
재무활동	174	15
순현금흐름	-72	-14
기말현금	29	15

시장 대비 수익률

결산 실적 〈단위 : 억원〉

항목	2012	2013	2014	2015	2016	2017
매출액	2,260	2,324	1,335	430	424	—
영업이익	69	-42	-310	-76	-52	—
당기순이익	19	-21	-340	-337	-106	—

분기 실적 〈단위 : 억원〉

항목	2016.1Q	2016.2Q	2016.3Q	2016.4Q	2017.1Q	2017.2Q
매출액	143	73	114	94	113	108
영업이익	1	-10	-21	-23	4	-42
당기순이익	-29	-44	-22	-11	-7	-131

재무 상태 〈단위 : 억원〉

항목	2012	2013	2014	2015	2016	2017.2Q
총자산	1,282	1,222	938	633	608	598
유형자산	515	514	549	300	273	374
무형자산	21	16	17	1	63	94
유가증권						
총부채	729	701	697	537	344	498
총차입금	387	376	427	332	274	349
자본금	38	38	38	100	42	43
총자본	553	522	241	96	264	99
지배주주지분	553	522	241	96	264	99

기업가치 지표

항목	2012	2013	2014	2015	2016	2017.2Q
주가(최고/저)(천원)	12.3/7.8	14.5/8.3	8.4/1.6	3.9/1.5	2.5/0.8	—/—
PER(최고/저)(배)	52.8/33.6	—/—	—/—	—/—	—/—	—/—
PBR(최고/저)(배)	1.8/1.2	2.3/1.3	2.8/0.5	7.4/2.8	3.8/1.2	6.4/4.2
EV/EBITDA(배)	11.0	35.7				
EPS(원)	233	-258	-4,100	-3,855	-391	-344
BPS(원)	7,377	7,038	3,351	531	651	254
CFPS(원)	975	706	-3,566	-3,177	-285	-237
DPS(원)	—	—	—	—	—	—
EBITDAPS(원)	1,637	434	-3,172	-191	-86	8

재무 비율 〈단위 : % 〉

연도	영업이익률	순이익률	부채비율	차입금비율	ROA	ROE	유보율	자기자본비율	EBITDA마진율
2016	-12.3	-25.0	130.2	103.7	-17.0	-58.7	551.1	43.5	-5.5
2015	-17.7	-78.4	일부잠식	일부잠식	-42.9	-199.6	6.3	15.2	-3.9
2014	-23.3	-25.5	288.6	177.1	-31.5	-89.1	570.3	25.7	-17.8
2013	-1.8	-0.9	134.3	72.0	-1.7	-4.0	1,307.6	42.7	1.4

태영건설 (A009410)
Taeyoung Engineering & Construction

업 종 : 건설		시 장 : 거래소	
신용등급 : (Bond) A- (CP) A2-		기업규모 : 시가총액 중형주	
홈페이지 : www.taeyoung.com		연 락 처 : 031)910-6999	
본 사 : 경기도 고양시 일산동구 정발산로 24			

설 립 일 1973.11.20	종업원수 1,204명	대표이사 윤석민,이재규(각자대표)	
상 장 일 1989.11.13	감사의견 적정 (안진)	계 열	
결 산 기 12월	보 통 주 7,640만주	종속회사수 26개사	
액 면 가 500원	우 선 주 256만주	구 상 호	

주주구성 (지분율,%)		출자관계 (지분율,%)		주요경쟁사 (외형,%)	
윤석민	27.1	대구남부에이엠씨	100.0	태영건설	100
국민연금공단	12.6	포천바이오에너지	100.0	아이에스동서	84
(외국인)	7.3	블루원	87.7	동원개발	26

매출구성		비용구성		수출비중	
토목환경, 플랜트, 건축, 주택건설	52.9	매출원가율	87.0	수출	2.0
방송채널사용사업,방송광고사업,방송콘텐츠사업	24.5	판관비율	8.3	내수	98.0
수처리 및 폐기물처리, 폐기물에너지 등	18.3				

회사 개요
동사는 종합 건설업체로 토목 환경 건설, 건축 주택 건설, 플랜트 건설, 해외 건설사업, 레저 사업, 임대업 등을 영위. SBS, SBS미디어홀딩스, SBS콘텐츠허브, SBS플러스 등의 상장사를 포함한 40여 개의 계열사를 보유하고 있으며 주요 매출원은 공사수입금, 분양수입금, 골프장수입금 등임. 2016년 결산기준 방송사업과 환경사업의 매출액 비중이 늘며 경기변동에 따른 탄력적인 사업부문별 매출액구성의 특성을 지님

실적 분석
동사의 2017년 연결기준 상반기 매출액은 1조3,837.5억원을 기록하며 전년동기 대비 55.8% 증가하고 영업이익은 1,292.3억원을 기록하며 1,000% 이상 증가. 당기순이익은 977.1억원으로 흑자전환의 쾌거를 이룸. 태영건설은 지난해 창원, 전주, 광명 등 3개 사업지에서 아파트 분양을 실시하며 높은 매출을 기록. 올해에도 하남, 세종시, 과천 등에서 민간 참여형 주택건설 사업으로 매출 발생해 이익구조는 더욱 개선될 전망.

현금 흐름 〈단위 : 억원〉

항목	2016	2017.2Q
영업활동	-1,013	1,999
투자활동	-711	2,551
재무활동	1,875	-1,608
순현금흐름	151	2,938
기말현금	3,388	6,326

시장 대비 수익률

결산 실적 〈단위 : 억원〉

항목	2012	2013	2014	2015	2016	2017
매출액	22,802	21,804	18,750	18,835	20,593	—
영업이익	1,116	899	183	568	971	—
당기순이익	914	386	-575	166	18	—

분기 실적 〈단위 : 억원〉

항목	2016.1Q	2016.2Q	2016.3Q	2016.4Q	2017.1Q	2017.2Q
매출액	4,108	4,773	4,965	6,747	5,795	8,043
영업이익	-7	109	332	537	377	915
당기순이익	-260	-53	48	283	339	638

재무 상태 〈단위 : 억원〉

항목	2012	2013	2014	2015	2016	2017.2Q
총자산	30,144	29,942	28,790	30,113	34,893	48,423
유형자산	9,148	9,205	9,527	9,732	9,689	9,771
무형자산	1,446	1,380	1,626	1,602	1,538	1,771
유가증권	2,935	2,854	2,530	2,721	2,647	3,522
총부채	17,813	17,313	16,458	17,472	22,280	34,318
총차입금	6,495	6,390	6,783	7,718	10,563	13,433
자본금	395	395	395	395	395	395
총자본	12,332	12,629	12,332	12,641	12,614	14,105
지배주주지분	8,633	8,728	8,311	8,481	8,272	9,454

기업가치 지표

항목	2012	2013	2014	2015	2016	2017.2Q
주가(최고/저)(천원)	6.1/4.0	6.9/5.2	6.8/4.0	7.0/4.8	6.5/4.5	—/—
PER(최고/저)(배)	7.6/5.0	45.2/34.5	—/—	359.1/247.2	3,394.9/2,320.6	0.7/0.4
PBR(최고/저)(배)	0.5/0.4	0.6/0.5	0.6/0.4	0.6/0.4	0.6/0.4	
EV/EBITDA(배)	7.4	8.1	14.3	9.7	8.4	
EPS(원)	816	151	-881	19	2	1,108
BPS(원)	11,594	11,715	10,924	11,140	10,875	12,372
CFPS(원)	1,300	774	-170	734	872	1,538
DPS(원)	100					
EBITDAPS(원)	1,896	1,760	942	1,435	2,100	2,066

재무 비율 〈단위 : % 〉

연도	영업이익률	순이익률	부채비율	차입금비율	ROA	ROE	유보율	자기자본비율	EBITDA마진율
2016	4.7	0.1	176.6	83.7	0.1	0.0	2,075.0	36.2	8.1
2015	3.0	0.9	138.2	61.1	0.6	0.2	2,128.0	42.0	6.0
2014	1.0	-3.1	133.5	55.0	-2.0	-8.2	2,084.8	42.8	4.0
2013	4.1	1.8	137.1	50.6	1.3	1.4	2,243.0	42.2	6.4

태웅 (A044490)
Taewoong

업 종 : 에너지 시설 및 서비스		시 장 : KOSDAQ	
신용등급 : (Bond) — (CP) —		기업규모 : 우량	
홈페이지 : www.taewoong.com		연 락 처 : 051)329-5000	
본 사 : 부산시 강서구 녹산산단27로 67 (송정동)			

설 립 일	1987.06.19	종업원수	479명	대표이사	최승식
상 장 일	2001.10.25	감사의견	적정 (안경)	계 열	
결 산 기	12월	보통주	2,001만주	종속회사수	
액 면 가	500원	우선주		구상호	

주주구성 (지분율,%)		출자관계 (지분율,%)		주요경쟁사 (외형,%)	
태웅홀딩스	27.2	가야개발	13.5	태웅	100
허용도	19.9	부산면세점	6.7	한전기술	157
(외국인)	3.5	아시아드컨트리클럽	5.3	동국S&C	119

매출구성		비용구성		수출비중	
풍력설비	58.0	매출원가율	83.7	수출	73.0
산업플랜트용	18.2	판관비율	12.3	내수	27.0
산업기계용SLAB 등	15.8				

회사 개요
1981년 설립돼 풍력발전, 플랜트산업, 조선업, 발전, 산업기계 등 수요산업에 소요되는 핵심 단조부품을 생산, 공급하는 자유형단조 사업을 영위하고 있음. 현재 단조산업은 세계적으로 구조조정중에 있으나 동사는 비교적 양호한 실적을 유지하고 있음. 2016년 결산 기준 풍력발전용 제품이 전체 매출의 58.0%를 차지해 가장 큰 비중을 차지하고, 플랜트, 산업기계, 조선&선박엔진용, 발전 순으로 매출 비중이 높으며, 조선업 침체에 영향을 받음

실적 분석
동사의 연결기준 2017년 2분기 누적매출액은 전년동기 대비 23.8% 감소한 1,361.0억원을 기록하였음. 주요원재료인 탄소강 및 스텐레스강의 가격이 하락세에 있어 매출총이익은 28.6% 감소하였음. 영업이익은 전년동기 대비 75.8% 감소하여 17.7억원을 시현함. 수출위주로 구성된 매출 구조와 외화표시 자산이 많아 환율 변동에 민감하며 최종적으로 당기순이익은 대폭 감소한 26.6억원을 기록함

현금 흐름 *IFRS 별도 기준 〈단위 : 억원〉

항목	2016	2017.2Q
영업활동	522	-42
투자활동	-1,714	-752
재무활동	1,368	646
순현금흐름	179	-150
기말현금	635	485

시장 대비 수익률

결산 실적 〈단위 : 억원〉

항목	2012	2013	2014	2015	2016	2017
매출액	4,215	4,101	4,115	3,653	3,220	—
영업이익	103	102	83	61	129	—
당기순이익	83	59	70	78	140	—

분기 실적 *IFRS 별도 기준 〈단위 : 억원〉

항목	2016.1Q	2016.2Q	2016.3Q	2016.4Q	2017.1Q	2017.2Q
매출액	907	880	680	753	653	708
영업이익	33	40	54	2	35	-17
당기순이익	53	48	14	25	12	15

재무 상태 *IFRS 별도 기준 〈단위 : 억원〉

항목	2012	2013	2014	2015	2016	2017.2Q
총자산	6,643	6,493	7,641	8,602	9,769	10,166
유형자산	2,262	2,244	3,532	4,983	6,128	6,037
무형자산	7	7	7	6	6	4
유가증권	85	85	85	105	81	93
총부채	2,004	1,470	1,891	2,782	3,426	3,798
총차입금	1,041	313	492	1,104	2,096	2,716
자본금	83	91	91	91	100	100
총자본	4,639	5,023	5,750	5,820	6,343	6,368
지배주주지분	4,639	5,023	5,750	5,820	6,343	6,368

기업가치 지표 *IFRS 별도 기준

항목	2012	2013	2014	2015	2016	2017.2Q
주가(최고/저)(천원)	37.6/17.3	33.5/18.2	30.2/15.3	20.2/13.9	30.5/12.7	—/—
PER(최고/저)(배)	75.2/34.5	97.3/52.9	78.5/39.8	47.0/32.4	39.9/16.6	—/—
PBR(최고/저)(배)	1.4/0.6	1.2/0.7	1.0/0.5	0.6/0.4	1.0/0.4	1.0/0.7
EV/EBITDA(배)	10.9	17.9	9.3	14.6	15.8	—/—
EPS(원)	500	344	385	429	764	133
BPS(원)	27,929	27,653	31,651	32,038	31,701	31,831
CFPS(원)	1,245	1,032	1,016	1,060	1,648	901
DPS(원)	—	—	—	—	—	—
EBITDAPS(원)	1,364	1,279	1,089	966	1,592	856

재무 비율 〈단위 : %〉

연도	영업이익률	순이익률	부채비율	차입금비율	ROA	ROE	유보율	자기자본비율	EBITDA마진율
2016	4.0	4.3	54.0	33.1	1.5	2.3	6,240.3	64.9	9.0
2015	1.7	2.1	47.8	19.0	1.0	1.4	6,307.6	67.7	4.8
2014	2.0	1.7	32.9	8.6	1.0	1.3	6,230.3	75.3	4.8
2013	2.5	1.4	29.3	6.2	0.9	1.2	5,430.6	77.4	5.4

태원물산 (A001420)
Taewonmulsan

업 종 : 자동차부품		시 장 : 거래소	
신용등급 : (Bond) — (CP) —		기업규모 : 시가총액 소형주	
홈페이지 : www.twms.co.kr		연 락 처 : 02)555-4301	
본 사 : 서울시 강남구 테헤란로 86길 14 (대치동)			

설 립 일	1955.01.11	종업원수	59명	대표이사	남기영
상 장 일	1975.06.24	감사의견	적정 (신한)	계 열	
결 산 기	12월	보통주	760만주	종속회사수	
액 면 가	500원	우선주		구상호	

주주구성 (지분율,%)		출자관계 (지분율,%)		주요경쟁사 (외형,%)	
강백영	8.4			태원물산	100
남기영	8.4			디젠스	377
(외국인)	2.6			광진윈텍	333

매출구성		비용구성		수출비중	
워터펌프	44.2	매출원가율	90.1	수출	55.0
GearShift 류	19.4	판관비율	5.3	내수	45.0
기타자동차부품	14.7				

회사 개요
동사는 1955년 설립된 석고 전문 기업으로서 자동차부품사업과 석고사업을 주력으로 영위중임. 석고 부문에서는 시멘트 원료인 인산정제 석고와 기타 건축자재를 생산하며, 자동차부품 제조부문에서는 자동차 부품인 워터펌프, Gear Shift 류, 기타 자동차부품을 생산하고 있음. 자동차부품 부문의 워터펌프 및 기타 자동차부품은 전량 한국GM에 납품되며, 일부 차종을 제외한 대부분의 차종에 동사의 제품이 사용되고 있음.

실적 분석
동사의 2017년 2분기 매출액은 141.5억원으로 전년동기 대비 16.9% 감소한 부진한 외형을 시현하였으며, 원가율 개선에도 불구하고 판관비 증가가 영향으로 수익성 하락한 모습을 시현하며 1.4억원의 영업이익을 시현하는데 그침. 영업수익성 하락에 따라 당기순이익 또한 전년동기 대비 부진한 상황. 인산정제 석고 및 건축자재부문의 부진과 Gear Shift류를 제외한 자동차부품(특히 워터펌프)의 매출 감소가 부진한 실적의 주 원인임.

현금 흐름 *IFRS 별도 기준 〈단위 : 억원〉

항목	2016	2017.2Q
영업활동	39	-10
투자활동	-6	-1
재무활동	-14	-12
순현금흐름	19	-23
기말현금	36	13

시장 대비 수익률

결산 실적 〈단위 : 억원〉

항목	2012	2013	2014	2015	2016	2017
매출액	446	381	316	305	318	—
영업이익	9	16	6	2	15	—
당기순이익	14	20	8	7	14	—

분기 실적 *IFRS 별도 기준 〈단위 : 억원〉

항목	2016.1Q	2016.2Q	2016.3Q	2016.4Q	2017.1Q	2017.2Q
매출액	79	91	73	75	72	6
영업이익	-1	8	3	5	-1	
당기순이익	0	7	3	4		

재무 상태 *IFRS 별도 기준 〈단위 : 억원〉

항목	2012	2013	2014	2015	2016	2017.2Q
총자산	451	424	424	437	447	41
유형자산	157	161	180	179	171	16
무형자산	1	1	0	0	0	
유가증권	9	9	11	12	15	1
총부채	156	115	111	119	122	9
총차입금			25	28	21	1
자본금	36	36	38	38	38	3
총자본	295	309	314	318	325	32
지배주주지분	295	309	314	318	325	32

기업가치 지표 *IFRS 별도 기준

항목	2012	2013	2014	2015	2016	2017.2Q
주가(최고/저)(천원)	3.2/1.5	2.3/1.8	2.6/2.1	4.7/2.2	7.7/2.9	—/—
PER(최고/저)(배)	19.3/9.4	9.8/7.8	26.0/20.9	55.4/25.5	42.0/15.8	—/—
PBR(최고/저)(배)	0.9/0.5	0.6/0.5	0.7/0.5	1.2/0.5	1.8/0.7	2.0/1.
EV/EBITDA(배)	1.0	1.8	5.2	15.5	7.8	—/—
EPS(원)	191	259	107	89	188	4
BPS(원)	4,176	4,368	4,233	4,284	4,376	4,32
CFPS(원)	263	336	170	186	284	9
DPS(원)	100	84	80	90	100	
EBITDAPS(원)	194	291	139	129	290	6

재무 비율 〈단위 : %〉

연도	영업이익률	순이익률	부채비율	차입금비율	ROA	ROE	유보율	자기자본비율	EBITDA마진율
2016	4.7	4.5	37.7	6.5	3.2	4.5	775.2	72.6	6.9
2015	0.8	2.2	37.4	8.8	1.6	2.1	756.7	72.8	3.2
2014	1.9	2.6	35.3	8.0	1.9	2.6	746.6	73.9	4.3
2013	4.3	5.2	37.2	0.0	4.5	6.5	773.5	72.9	5.4

태평양물산 (A007980)
Pan-Pacific

업 종 : 섬유 및 의복		시 장 : 거래소	
신용등급 : (Bond) BB+ (CP) —		기업규모 : 시가총액 소형주	
홈 페 이 지 : www.panpacific.co.kr		연 락 처 : 02)3494-9000	
본 사 : 서울시 구로구 디지털로31길 12 (구로동)			

설 립 일 1972.06.30	종 업 원 수 681명	대 표 이 사 임석원	
상 장 일 1994.12.05	감 사 의 견 적정 (안진)	계 열	
결 산 기 12월	보 통 주 4,696만주	종속회사수 24개사	
액 면 가 500원	우 선 주	구 상 호	

주주구성 (지분율,%)		출자관계 (지분율,%)		주요경쟁사 (외형,%)	
임석원	22.1	와이즈퍼시픽주식회사	100.0	태평양물산	100
미래에셋자산운용투자자문	7.4	보니오즈주식회사	100.0	TBH글로벌	84
(외국인)	1.1	나디아퍼시픽주식회사	100.0	F&F	51

매출구성		비용구성		수출비중	
자켓류, 팬츠류, 코트류	104.2	매출원가율	91.6	수출	—
D/DOWN, G/DOWN	16.6	판관비율	14.0	내수	—
쌀가루 외	3.9				

회사 개요
동사는 1972년 설립돼 수출입업, 의류 제조 및 판매업 등을 영위하고 있음. 1994년 유가증권시장에 상장됨. 현재 동사는 경기 안산시에 본사를 두고 의류, 우모 및 쌀을 가공하고 있음. 섬유의류 제조를 위해 베트남, 인도네시아, 미얀마 등에 생산기지를 구축해 놓음. OEM 수준에서 ODM 서비스로 질적 향상을 꾀하고 있음. 2004년 국내 최초로 현대식 쇄 시설을 도입해 습식 쌀가구를 생산하고 있음. 2010년부터 부동산 임대업도 시작함.

실적 분석
동사의 2017년 2분기기준 누적 매출액은 전년동기대비 -3.1% 하락한 3,783.6억원을 기록하였음. 비용면에서 전년동기대비 매출원가는 감소 하였으며 인건비는 증가 하였고 광고선전비는 거의 동일 하였고 기타판매비와관리비는 감소함. 매출액은 하락하였으나 매출원가의 절감이 커 그에 따라 매출액 하락 등에 의해 전년동기대비 영업이익은 27.5억원으로 흑자전환하였음. 최종적으로 전년동기대비 당기순이익은 흑자전환하여 31.1억원을 기록함.

현금 흐름 〈단위 : 억원〉

항목	2016	2017.2Q
영업활동	389	-565
투자활동	-134	-78
재무활동	-61	465
순현금흐름	196	-198
기말현금	370	172

시장 대비 수익률

결산 실적 〈단위 : 억원〉

항목	2012	2013	2014	2015	2016	2017
매출액	5,933	8,184	7,989	8,426	8,647	
영업이익	81	219	234	183	-486	
당기순이익	7	32	11	-173	-533	

분기 실적 〈단위 : 억원〉

항목	2016.1Q	2016.2Q	2016.3Q	2016.4Q	2017.1Q	2017.2Q
매출액	1,828	2,077	2,949	1,793	1,843	1,940
영업이익	-35	-120	-298	-33	8	19
당기순이익	-24	-152	-229	-128	63	-32

재무 상태 〈단위 : 억원〉

항목	2012	2013	2014	2015	2016	2017.2Q
총자산	4,966	5,672	6,019	6,112	5,537	6,400
유형자산	784	887	1,044	1,296	1,558	1,498
무형자산	154	146	140	135	106	94
유가증권	6	3	0	11	11	11
총부채	3,612	4,061	4,340	4,554	4,405	5,157
총차입금	2,493	2,921	3,112	3,506	3,407	3,704
자본금	120	184	196	199	216	235
총자본	1,354	1,611	1,679	1,559	1,133	1,243
지배주주지분	1,338	1,594	1,659	1,537	1,107	1,219

기업가치 지표

항목	2012	2013	2014	2015	2016	2017.2Q
주가(최고/저)(천원)	2.4/1.3	4.3/2.1	7.2/2.5	7.3/3.9	5.7/2.9	—/—
PER(최고/저)(배)	56.8/29.7	56.3/28.2	499.5/172.1	—/—	—/—	—/—
PBR(최고/저)(배)	0.5/0.3	1.0/0.5	1.7/0.6	1.9/1.0	2.1/1.1	1.7/1.3
EV/EBITDA(배)	18.2	11.9	15.6	16.5	—	—
EPS(원)	44	78	15	-445	-1,342	64
BPS(원)	57,842	4,467	4,310	3,954	2,635	2,666
CFPS(원)	4,163	399	275	-149	-1,010	214
DPS(원)	450	37	25	20	—	—
EBITDAPS(원)	6,979	1,028	871	760	-883	210

재무 비율 〈단위 : %〉

연도	영업이익률	순이익률	부채비율	차입금비율	ROA	ROE	유보율	자기자본비율	EBITDA마진율
2016	-5.6	-6.2	388.9	300.9	-9.2	-40.6	427.0	20.5	-4.1
2015	2.2	-2.1	292.1	224.9	-2.9	-11.0	690.9	25.5	3.6
2014	2.9	0.1	258.6	185.4	0.2	0.3	762.1	27.9	4.2
2013	2.7	0.4	252.1	181.3	0.6	1.6	793.5	28.4	3.9

테고사이언스 (A191420)
Tego Science

업 종 : 바이오		시 장 : KOSDAQ	
신용등급 : (Bond) — (CP) —		기업규모 : 벤처	
홈 페 이 지 : www.tegoscience.com		연 락 처 : 02)818-2900	
본 사 : 서울시 금천구 가산디지털 2로 115 대륭테크노타운3차 101,102호			

설 립 일 2001.03.20	종 업 원 수 41명	대 표 이 사 전세화	
상 장 일 2014.11.06	감 사 의 견 적정 (삼정)	계 열	
결 산 기 12월	보 통 주 373만주	종속회사수 1개사	
액 면 가 500원	우 선 주	구 상 호	

주주구성 (지분율,%)		출자관계 (지분율,%)		주요경쟁사 (외형,%)	
전세화	37.3			테고사이언스	100
전재욱	5.4			바이오니아	260
(외국인)	0.8			이수앱지스	228

매출구성		비용구성		수출비중	
[제품]세포 치료제	96.3	매출원가율	18.8	수출	0.0
[용역]기타	2.0	판관비율	53.2	내수	100.0
[제품]3차원배양 피부모델	1.7				

회사 개요
동사는 2001년 3월 20일 세포치료제의 개발, 제조 및 판매 등을 목적으로 설립됐으며, 배양피부, 배양각막의 제조 및 판매사업, 기타 세포배양과 관련된 기술개발, 판매 및 용역사업을 목적사업으로 영위하고 있음. 자기 유래 피부세포치료제, 동종유래 피부세포치료제 및 3차원 배양피부모델을 제조, 판매하고 있으며 매출구성은 2017년 2분기 기준 세포치료제 93.7%, 3차원배양 피부모델 1.3%, 기타 용역 5.0%로 구성됨.

실적 분석
동사의 2017년 2분기 연결기준 누적매출액은 기타 부문의 매출이 크게 늘어나며 전년 동기 대비 5.7% 증가한 41.9억원을 기록, 영업이익은 전년 동기 대비 10.5% 감소한 7.7억원을 시현함. 하지만 비영업손익이 적자전환하며 당기순손실은 25.3억원을 기록, 적자전환함. 새로운 분야의 기초연구로 사업영역 확대를 꾀하고, 기존제품의 시장점유율 상승, 새로운 제품의 시장진입 가속화를 위해 노력 중임.

현금 흐름 〈단위 : 억원〉

항목	2016	2017.2Q
영업활동	24	8
투자활동	-152	-23
재무활동	162	0
순현금흐름	33	-15
기말현금	42	27

시장 대비 수익률

결산 실적 〈단위 : 억원〉

항목	2012	2013	2014	2015	2016	2017
매출액	64	63	67	75	83	
영업이익	19	18	17	14	23	
당기순이익	17	16	15	15	8	

분기 실적 〈단위 : 억원〉

항목	2016.1Q	2016.2Q	2016.3Q	2016.4Q	2017.1Q	2017.2Q
매출액	18	22	23	21	20	22
영업이익	3	6	8	6	3	4
당기순이익	3	6	7	-8	3	-28

재무 상태 〈단위 : 억원〉

항목	2012	2013	2014	2015	2016	2017.2Q
총자산	157	158	244	258	446	465
유형자산	20	23	33	71	89	118
무형자산		1	3	6	11	12
유가증권	32	42	96	95	91	96
총부채	37	22	5	6	186	229
총차입금	15	16			179	222
자본금	15	15	19	19	19	19
총자본	120	136	239	252	261	236
지배주주지분	120	136	239	252	260	235

기업가치 지표

항목	2012	2013	2014	2015	2016	2017.2Q
주가(최고/저)(천원)	—/—	—/—	39.8/20.0	46.3/20.9	79.1/22.7	—/—
PER(최고/저)(배)	0.0/0.0	0.0/0.0	84.4/42.3	116.4/52.5	379.5/108.7	—/—
PBR(최고/저)(배)	0.0/0.0	0.0/0.0	6.2/3.1	6.8/3.1	11.3/3.2	14.1/7.1
EV/EBITDA(배)	—	—	43.4	53.6	68.9	—
EPS(원)	570	530	473	398	208	-679
BPS(원)	3,988	4,519	6,460	6,808	7,016	6,355
CFPS(원)	637	612	560	479	278	-648
DPS(원)			50			
EBITDAPS(원)	695	686	613	451	700	239

재무 비율 〈단위 : %〉

연도	영업이익률	순이익률	부채비율	차입금비율	ROA	ROE	유보율	자기자본비율	EBITDA마진율
2016	28.0	9.0	71.3	68.5	2.1	3.0	1,303.3	58.4	31.1
2015	18.3	19.7	2.2		5.9	6.0	1,261.6	97.9	22.3
2014	25.3	22.8	2.0		7.6	8.2	1,192.0	98.1	29.5
2013	28.9	25.3	16.1	11.9	10.1	12.5	803.8	86.1	32.8

테라세미콘 (A123100)
TERA SEMICON

업　　종 : 디스플레이 및 관련부품	시　　장 : KOSDAQ
신용등급 : (Bond) —　　(CP) —	기업규모 : 우량
홈페이지 : www.terasemicon.com	연 락 처 : 031)831-2500
본　　사 : 경기도 화성시 동탄면 경기동로 267-24	

설 립 일 2002.03.12	종 업 원 수 327명	대 표 이 사	이재경
상 장 일 2011.11.01	감사의견 적정 (한영)	계	열
결 산 기 12월	보 통 주 1,130만주	종속회사수 2개사	
액 면 가 500원	우 선 주	구 상 호	

주주구성 (지분율,%)		출자관계 (지분율,%)		주요경쟁사 (외형,%)	
원익홀딩스	25.1	서안테라반도체		테라세미콘	100
신한비엔피파리바자산운용	7.5	쿤산테라디스플레이		APS홀딩스	322
(외국인)	12.5			덕산네오룩스	25

매출구성		비용구성		수출비중	
디스플레이 장비, 반도체 장비	96.5	매출원가율	74.6	수출	25.0
기타매출	3.5	판관비율	10.4	내수	75.0

회사 개요
동사는 2002년 설립 이후 2011년에 상장했음. 반도체, 디스플레이, 태양전지 제조를 위한 장비, 재료, 부품의 제조 및 판매를 주된 사업으로 하고 반도체 공정에 적용되는 열처리 장비를 개발하여 삼성전자에 공급하고 있음. 주력장비인 열처리 장비를 삼성전자에 공급하며 국산화를 달성했으며 기술적 난이도가 높은 하이엔드 장비군으로 로드맵을 확대하고 있음. 반도체의 경우 차세대 공정으로 전환되면서 기존 수준을 뛰어넘는 매출 향상이 기대됨.

실적 분석
동사의 2017년 상반기 연결기준 누적 매출액은 2,236.5억원으로 전년 동기 대비 443.3% 증가함. 매출이 급속도로 늘면서 매출원가와 판관비도 증가했지만 매출의 큰 성장으로 고정비용 감소효과가 나타남. 이에 영업이익은 전년 동기 대비 1,034.4% 증가한 397억원을 시현함. 비영업손익 부문에서 적자가 확대됐지만 영업이익 증가로 인해 당기순이익은 전년동기 대비 1,521.1% 증가한 287.6억원을 시현함.

현금 흐름 〈단위 : 억원〉
항목	2016	2017.2Q
영업활동	383	124
투자활동	-404	-70
재무활동	3	-17
순현금흐름	-16	33
기말현금	119	153

시장 대비 수익률

결산 실적 〈단위 : 억원〉
항목	2012	2013	2014	2015	2016	2017
매출액	768	501	716	1,067	1,724	—
영업이익	101	15	48	42	259	—
당기순이익	87	12	30	25	195	—

분기 실적 〈단위 : 억원〉
항목	2016.1Q	2016.2Q	2016.3Q	2016.4Q	2017.1Q	2017.2Q
매출액	164	247	379	933	1,144	1,093
영업이익	24	11	107	117	222	175
당기순이익	10	8	61	116	151	137

재무 상태 〈단위 : 억원〉
항목	2012	2013	2014	2015	2016	2017.2Q
총자산	952	929	1,099	1,138	1,910	2,288
유형자산	268	262	260	243	268	272
무형자산	27	29	30	29	30	34
유가증권	118	223	383	378	779	816
총부채	343	350	486	487	727	834
총차입금	219	244	272	303		
자본금	48	49	50	50	57	57
총자본	609	579	613	651	1,183	1,454
지배주주지분	609	579	613	651	1,183	1,454

기업가치 지표
항목	2012	2013	2014	2015	2016	2017.2Q
주가(최고/저)(천원)	34.7/13.5	22.8/11.6	21.1/12.9	24.2/13.2	28.8/20.4	—/—
PER(최고/저)(배)	33.5/13.0	492.0/251.4	69.1/42.3	98.7/54.0	16.8/11.9	—/—
PBR(최고/저)(배)	5.6/2.2	3.7/1.9	3.2/2.0	3.6/2.0	2.7/1.9	2.7/1.8
EV/EBITDA(배)	11.7	36.7	22.7	29.4	7.8	—/—
EPS(원)	1,041	47	307	246	1,724	2,544
BPS(원)	6,283	6,263	6,542	6,778	10,612	13,008
CFPS(원)	1,332	295	561	505	1,949	2,649
DPS(원)	—	—	—	—	150	—
EBITDAPS(원)	1,508	402	740	676	2,519	3,617

재무 비율 〈단위 : %〉
연도	영업이익률	순이익률	부채비율	차입금비율	ROA	ROE	유보율	자기자본비율	EBITDA 마진율
2016	15.0	11.3	61.4	0.0	12.8	21.3	2,022.5	62.0	16.5
2015	3.9	2.3	74.8	46.6	2.2	3.9	1,255.5	57.2	6.4
2014	6.7	4.3	79.2	44.3	3.0	5.1	1,208.5	55.8	10.3
2013	3.0	0.9	60.4	42.1	0.5	0.8	1,152.6	62.3	7.8

테라셈 (A182690)
TerraSem

업　　종 : 전자 장비 및 기기	시　　장 : KOSDAQ
신용등급 : (Bond) —　　(CP) —	기업규모 : 중견
홈페이지 : www.terrasem.com	연 락 처 : 043)240-8100
본　　사 : 충북 청주시 청원구 오창읍 과학산업5로 9	

설 립 일 2000.06.30	종 업 원 수 88명	대 표 이 사	서성기
상 장 일 2013.10.11	감사의견 적정 (다산)	계	열
결 산 기 12월	보 통 주 1,397만주	종속회사수	
액 면 가 500원	우 선 주	구 상 호	

주주구성 (지분율,%)		출자관계 (지분율,%)		주요경쟁사 (외형,%)	
서성기	49.3			테라셈	100
고정환	3.8			광전자	979
(외국인)	0.7			대동전자	238

매출구성		비용구성		수출비중	
CCM	42.9	매출원가율	103.6	수출	35.0
CLCC	31.3	판관비율	21.0	내수	65.0
PLCC	13.5				

회사 개요
동사는 보안용 및 자동차용 카메라에 사용되는 이미지센서를 패키징하는 기업으로 세라믹 소재의 CLCC, 플라스틱 소재의 PLCC, EMC 소재의 PDIP 등을 모두 소화할 수 있는 생산설비 및 공정기술을 보유하고 있음. 이미지센서 패키지 공정에서 중요한 부분인 글라스 Sealing 공정상 동사는 UV Epoxy를 활용하여 생산성 및 제품 신뢰도를 증가시키고 있고, 이와 관련한 지적재산권을 바탕으로 진입장벽을 구축하고 있음.

실적 분석
모든 부문에서의 판매량 감소와 단가 하락으로 2017년 상반기 매출액은 전년동기의 1/3 수준으로 급감했으며, 영업이익과 당기순이익도도 적자를 지속하고 있음. 이미지센서의 적용범위가 넓어지면서 다양한 분야의 산업에서 수요가 빠르게 늘어나고 있으며, 특히 자동차용 이미지 센서 시장은 CAGR 36.0%로 높은 성장이 예상됨. 장기적으로 CLCC와 PLCC의 장점을 절충할 수 있는 신규 방식의 패키징 공정법을 개발하고 있음.

현금 흐름 *IFRS 별도 기준 〈단위 : 억원〉
항목	2016	2017.2Q
영업활동	9	-20
투자활동	-16	-5
재무활동	-12	—
순현금흐름	-19	-15
기말현금	51	36

시장 대비 수익률

결산 실적 〈단위 : 억원〉
항목	2012	2013	2014	2015	2016	2017
매출액	242	324	279	466	175	—
영업이익	40	66	48	16	-43	—
당기순이익	27	51	41	20	-44	—

분기 실적 *IFRS 별도 기준 〈단위 : 억원〉
항목	2016.1Q	2016.2Q	2016.3Q	2016.4Q	2017.1Q	2017.2Q
매출액	69	42	22	42	18	22
영업이익	-11	-11	-12	-9	-10	-15
당기순이익	-10	-9	-13	-12	-11	-15

재무 상태 *IFRS 별도 기준 〈단위 : 억원〉
항목	2012	2013	2014	2015	2016	2017.2Q
총자산	153	200	236	276	180	156
유형자산	73	77	81	88	72	69
무형자산	0	1	1	2	1	1
유가증권	1	0		3	10	
총부채	122	77	24	60	16	17
총차입금	97	49				
자본금	109	61	70	70	70	70
총자본	32	123	213	217	165	139
지배주주지분	32	123	213	217	165	139

기업가치 지표 *IFRS 별도 기준
항목	2012	2013	2014	2015	2016	2017.2Q
주가(최고/저)(천원)	—/—	5.0/2.7	5.1/2.4	4.7/2.4	4.0/2.7	—/—
PER(최고/저)(배)	0.0/0.0	11.5/6.2	16.2/7.4	33.0/17.2	—/—	—/—
PBR(최고/저)(배)	0.0/0.0	5.1/2.8	3.5/1.6	2.9/1.5	3.1/2.1	2.9/2.1
EV/EBITDA(배)	1.7		8.6	4.5	16.8	
EPS(원)	251	451	326	143	-314	-188
BPS(원)	1,446	1,014	1,524	1,622	1,286	1,102
CFPS(원)	1,573	518	408	236	-212	-140
DPS(원)			50	50		
EBITDAPS(원)	2,137	654	465	208	-206	-130

재무 비율 〈단위 : %〉
연도	영업이익률	순이익률	부채비율	차입금비율	ROA	ROE	유보율	자기자본비율	EBITDA 마진율
2016	-24.7	-25.1	9.7	0.0	-19.2	-23.0	157.2	91.2	-16.5
2015	3.5	4.3	27.6	0.0	7.8	9.3	224.4	78.4	6.2
2014	17.1	14.6	11.1	0.0	18.6	24.2	204.7	90.0	20.8
2013	20.4	15.7	62.7	39.9	28.7	65.8	102.8	61.5	22.7

테라젠이텍스 (A066700)
Theragen Etex

업　　종 : 제약	시　　장 : KOSDAQ
신용등급 : (Bond) — (CP) —	기업규모 : 중견
홈페이지 : www.thera-gen.com	연 락 처 : 070/4609-5549
본　　사 : 경기도 안산시 단원구 산단로68번길 58(초지동)	

설 립 일 1990.09.27	종업원수 288명	대표이사 고진업,류병환,황태순
상 장 일 2004.05.27	감사의견 적정 (삼정)	계　　열
결 산 기 12월	보 통 주 2,910만주	종속회사 4개사
액 면 가 500원	우 선 주	구 상 호

주주구성 (지분율,%)		출자관계 (지분율,%)		주요경쟁사 (외형,%)	
유한양행	8.6	테라젠헬스케어	100.0	테라젠이텍스	100
김성진	3.6	지놈케어	63.4	삼성제약	48
(외국인)	1.5	리드팜	59.8	대한약품	138

매출구성		비용구성		수출비중	
전문의약품등	34.6	매출원가율	69.3	수출	6.0
오라클러캡슐,자쿠텍스정 외	33.4	판관비율	29.4	내수	94.0
유전체 분석 서비스	12.8				

회사 개요
LCD용 관련장비, 시스템의 제조 및 판매업과 바이오 사업 및 제약사업을 영위하고 있으며, 종속회사로 의약품 유통회사인 리드팜을 보유하고 있음. 동사는 최근 유전체 해독 및 생명정보기술을 이용한 '맞춤의학 유전체정보 분석서비스'를 상용화하기 위해 테라젠 바이오 연구소에서 유전체 분석 및 개발 중임. 이를 통해 향후 병원 및 검진센터에 관련정보 서비스를 제공하여 시장입지를 강화할 계획임.

실적 분석
동사의 연결기준 2017년 상반기 매출액은 전년동기 대비 4.8% 증가한 503.2억원을 시현. 원가율 상승, 판관비 증가로 영업이익은 적자전환하여 11.9억원의 손실을 기록함. 사업부문별로 살펴보면, 제약부문은 매출액이 2.4% 증가하여 410.5억원, 영업이익은 74.1% 감소하여 8.8억원을 기록함. 헬스케어 및 유전체분석 사업 부문은 R&D 비용 발생으로 적자지속 중이나 매출은 16.5% 증가하여 92.7억원을 시현함.

현금 흐름 〈단위 : 억원〉
항목	2016	2017.2Q
영업활동	-84	-41
투자활동	-118	-25
재무활동	211	40
순현금흐름	9	-27
기말현금	65	37

시장 대비 수익률

결산 실적 〈단위 : 억원〉
항목	2012	2013	2014	2015	2016	2017
매출액	793	907	897	989	1,013	—
영업이익	-73	24	15	25	13	—
당기순이익	-90	15	16	-85	20	—

분기 실적 〈단위 : 억원〉
항목	2016.1Q	2016.2Q	2016.3Q	2016.4Q	2017.1Q	2017.2Q
매출액	251	229	231	302	232	271
영업이익	5	3	4	1	-6	-6
당기순이익	8	4	6	1	-6	-2

재무 상태 〈단위 : 억원〉
항목	2012	2013	2014	2015	2016	2017.2Q
총자산	1,138	1,210	1,257	1,379	1,410	1,429
유형자산	304	314	313	372	450	455
무형자산	38	30	22	53	26	22
유가증권	17	6	11	14	96	94
총부채	421	413	437	620	619	582
총차입금	198	153	159	191	361	335
자본금	136	139	139	139	139	145
총자본	718	797	820	759	790	848
지배주주지분	664	740	762	688	721	780

기업가치 지표
항목	2012	2013	2014	2015	2016	2017.2Q
주가(최고/저)(천원)	9.6/6.2	12.3/5.9	8.3/4.0	13.0/4.1	7.8/5.0	—/—
PER(최고/저)(배)	—/—	254.3/121.4	143.7/69.0	5.1/1.6	97.2/62.3	—/—
PBR(최고/저)(배)	3.7/2.4	4.5/2.1	2.9/1.4	5.1/1.6	2.9/1.9	2.4/1.9
EV/EBITDA(배)		30.2	29.8	38.6	53.1	
EPS(원)	-370	48	58	-294	80	-24
BPS(원)	2,575	2,753	2,830	2,538	2,654	2,764
CFPS(원)	-244	171	168	-195	166	25
DPS(원)						
EBITDAPS(원)	-172	210	164	188	133	8

재무 비율 〈단위 : % 〉
연도	영업이익률	순이익률	부채비율	차입금비율	ROA	ROE	유보율	자기자본비율	EBITDA마진율
2016	1.3	2.0	78.4	45.6	1.5	3.2	430.8	56.1	3.7
2015	2.5	-8.6	81.7	25.2	-6.5	-11.3	407.6	55.0	5.3
2014	1.7	1.8	53.3	19.4	1.3	2.1	466.0	65.2	5.5
2013	2.6	1.6	51.8	19.2	1.2	1.9	450.7	65.9	6.4

테스 (A095610)
TES

업　　종 : 반도체 및 관련장비	시　　장 : KOSDAQ
신용등급 : (Bond) — (CP) —	기업규모 : 우량
홈페이지 : www.hites.co.kr	연 락 처 : 031/323-2552
본　　사 : 경기도 용인시 처인구 양지면 중부대로 2374-36	

설 립 일 2002.09.19	종업원수 270명	대표이사 주숭일,이재호(각자대표이사)
상 장 일 2008.05.20	감사의견 적정 (삼화)	계　　열
결 산 기 12월	보 통 주 1,968만주	종속회사 2개사
액 면 가 500원	우 선 주	구 상 호

주주구성 (지분율,%)		출자관계 (지분율,%)		주요경쟁사 (외형,%)	
주숭일	19.5	티앤머티리얼스	94.3	테스	100
국민연금공단	7.2	애강그린텍	41.9	이엔에프테크놀로지	187
(외국인)	23.0	이엠아이티	28.6	원익홀딩스	165

매출구성		비용구성		수출비중	
반도체 및 디스플레이, LED 장비 등	90.1	매출원가율	73.1	수출	7.0
원부자재 등	9.9	판관비율	6.6	내수	93.0

회사 개요
동사는 반도체 장비의 제조 및 개조사업을 영위하기 위해 2002년에 설립됨. 반도체 장비 중에서도 전공정 핵심장비인 CVD와 ETCH장비 제조를 주력으로 영위하고 있음. 2010년도부터 가스방식의 Dry Etcher장비의 개발에 성공하며 건식기상식각 장비 시장에 진입했고, 2012년도엔 여러 공정을 동시에 수행하는 복합장비(Hybrid System) 양산에 성공함. 2013년은 반도체 전공정 장비인 LPCVD와 새로운 PECVD의 양산에 성공함.

실적 분석
동사는 2017년 상반기 누적 매출액과 영업이익이 1698.4억원, 465.1억원으로 전년 동기 대비 110.5%, 183.3% 증가했음. 동사는 반도체 호황으로 삼성전자, SK하이닉스 등의 업체가 투자를 늘리면서 매출이 2배 이상으로 급증함. 동사는 2017년 9월 1일 삼성전자에 136억원 규모의 반도체 제조장비를 두 달 동안 공급한다고 공시함. 동사는 2017년 8월 막의 균일성을 향상시키는 반도체 관련 특허 취득을 공시함.

현금 흐름 〈단위 : 억원〉
항목	2016	2017.2Q
영업활동	225	412
투자활동	-222	-309
재무활동	168	-3
순현금흐름	171	100
기말현금	283	383

시장 대비 수익률

결산 실적 〈단위 : 억원〉
항목	2012	2013	2014	2015	2016	2017
매출액	704	671	1,097	1,003	1,789	—
영업이익	13	62	163	95	364	—
당기순이익	16	50	147	125	313	—

분기 실적 〈단위 : 억원〉
항목	2016.1Q	2016.2Q	2016.3Q	2016.4Q	2017.1Q	2017.2Q
매출액	457	350	413	569	638	1,060
영업이익	103	61	91	108	158	308
당기순이익	93	54	86	79	158	215

재무 상태 〈단위 : 억원〉
항목	2012	2013	2014	2015	2016	2017.2Q
총자산	996	916	1,106	1,206	1,848	2,355
유형자산	207	203	211	223	335	334
무형자산	121	95	86	87	100	104
유가증권	112	108	354	351	411	733
총부채	424	273	266	265	367	530
총차입금	114	134	95	120	51	68
자본금	48	48	51	51	97	98
총자본	571	642	840	942	1,482	1,825
지배주주지분	571	642	839	941	1,481	1,825

기업가치 지표
항목	2012	2013	2014	2015	2016	2017.2Q
주가(최고/저)(천원)	5.9/3.2	8.3/2.8	11.3/6.3	13.9/6.9	26.8/8.3	—/—
PER(최고/저)(배)	58.0/31.4	26.1/8.8	12.1/6.8	18.2/9.1	15.3/4.8	—/—
PBR(최고/저)(배)	1.6/0.9	2.0/0.7	2.2/1.2	2.4/1.2	3.5/1.1	3.2/2.3
EV/EBITDA(배)	8.0	11.2	7.3	10.2	11.3	
EPS(원)	106	332	954	781	1,754	1,914
BPS(원)	6,056	6,795	8,171	9,145	7,636	9,276
CFPS(원)	545	903	1,925	1,587	2,001	2,040
DPS(원)		80	160	210	220	2,510
EBITDAPS(원)	511	1,032	2,088	1,288	2,284	

재무 비율 〈단위 : % 〉
연도	영업이익률	순이익률	부채비율	차입금비율	ROA	ROE	유보율	자기자본비율	EBITDA마진율
2016	20.3	17.5	24.8	3.4	20.5	25.9	1,427.1	80.2	22.8
2015	9.5	12.4	28.1	12.7	10.8	14.1	1,728.9	78.1	13.2
2014	14.9	13.4	31.7	11.3	14.5	19.9	1,534.2	75.9	18.8
2013	9.3	7.4	42.6	20.8	5.2	8.2	1,259.0	70.1	14.8

테스나 (A131970)
TESNA

업　종 : 반도체 및 관련장비　　　시　　장 : KOSDAQ
신용등급 : (Bond) —　　(CP) —　　기업규모 : 벤처
홈페이지 : www.tesna.co.kr　　　연 락 처 : 031)646-8500
본　　사 : 경기도 평택시 산단로 16번길 72(모곡동)

설 립 일	2002.09.06	종 업 원 수	223명	대 표 이 사	이종도
상 장 일	2013.10.22	감 사 의 견	적정 (한올)	계　　　열	
결 산 기	12월	보 통 주	685만주	종속회사수	
액 면 가	500원	우 선 주		구 상 사	

주주구성 (지분율,%)		출자관계 (지분율,%)		주요경쟁사 (외형,%)	
이종도	21.6			테스나	100
이종웅	4.6			매커스	224
(외국인)	3.9			엑시콘	149

매출구성		비용구성		수출비중	
Wafer Test	85.6	매출원가율	100.0	수출	78.0
PKG Test	14.4	판관비율	4.6	내수	22.0
기타	0.0				

회사 개요
동사는 2002년 설립된 시스템 반도체 테스트 전문업체로 웨이퍼 테스트를 주력 사업으로 영위하고 있음. 동사는 삼성전자와 SK하이닉스를 비롯해 국내 다수의 팹리스 업체들을 매출처로 확보하고 있으며, 테스트 제품군 역시 성장성이 높은 SoC를 비롯하여 CIS, Smart Card IC, MCU 등 다변화된 제품 포트폴리오로 구성되어 있어 사업의 안정성을 확보하고 있음.

실적 분석
동사의 2017년도 2분기 누적 매출액은 221.4억원으로 전년동기 대비 50.9% 증가함. 주요 품목인 웨이퍼 테스트와 패키징 테스트 모두 매출 증가함. 이에 따라 순이익은 35.2억원으로 흑자전환함. 현재 영위하고 있는 시스템 반도체 사업 이외에 신규사업 진행 내용은 없음. 메모리와 시스템반도체의 수요 증가에 따라 테스트 사업의 지속적인 매출이 발생할 것으로 예상됨.

현금 흐름 *IFRS 별도 기준 〈단위 : 억원〉

항목	2016	2017.2Q
영업활동	127	112
투자활동	-33	-116
재무활동	-85	14
순현금흐름	9	10
기말현금	150	160

시장 대비 수익률

결산 실적 〈단위 : 억원〉

항목	2012	2013	2014	2015	2016	2017
매출액	553	678	478	338	303	
영업이익	108	160	77	-33	-14	
당기순이익	79	109	47	-42	7	

분기 실적 *IFRS 별도 기준 〈단위 : 억원〉

항목	2016.1Q	2016.2Q	2016.3Q	2016.4Q	2017.1Q	2017.2Q
매출액	75	72	76	80	97	124
영업이익	-8	-7	-2	3	10	26
당기순이익	-4	-2	6	7	12	23

재무 상태 *IFRS 별도 기준 〈단위 : 억원〉

항목	2012	2013	2014	2015	2016	2017.2Q
총자산	1,029	1,109	997	830	782	817
유형자산	794	720	638	524	456	471
무형자산	0	0				
유가증권		5		15	15	20
총부채	636	525	368	249	198	198
총차입금	554	425	289	197	139	153
자본금	31	34	34	34	34	34
총자본	393	584	629	581	585	619
지배주주지분	393	584	629	581	585	619

기업가치 지표 *IFRS 별도 기준

항목	2012	2013	2014	2015	2016	2017.2Q
주가(최고/저)(천원)	—/—	12.7/8.8	18.8/9.1	26.5/8.5	14.5/7.6	—/—
PER(최고/저)(배)	0.0/0.0	7.5/5.2	27.4/13.4	—/—	134.2/70.7	—/—
PBR(최고/저)(배)	0.0/0.0	1.5/1.0	2.0/1.0	3.1/1.0	1.7/0.9	2.4/1.4
EV/EBITDA(배)	1.6	2.3	5.0	4.9	7.4	—/—
EPS(원)	1,296	1,738	685	-612	108	513
BPS(원)	6,475	8,744	9,279	8,569	8,753	9,251
CFPS(원)	4,280	4,946	3,509	1,908	2,143	1,575
DPS(원)		170	120			
EBITDAPS(원)	4,751	5,763	3,943	2,035	1,829	1,599

재무 비율 〈단위 : % 〉

연도	영업이익률	순이익률	부채비율	차입금비율	ROA	ROE	유보율	자기자본비율	EBITDA마진율
2016	-4.7	2.4	33.8	23.8	0.9	1.3	1,650.5	74.8	41.4
2015	-9.8	-12.4	42.9	33.9	-4.6	-6.9	1,613.9	70.0	41.2
2014	16.0	9.8	58.5	45.9	4.5	7.7	1,755.8	63.1	56.5
2013	23.7	16.1	89.9	72.7	10.2	22.3	1,648.9	52.7	53.4

테크윙 (A089030)
TECHWING

업　종 : 반도체 및 관련장비　　　시　　장 : KOSDAQ
신용등급 : (Bond) —　　(CP) —　　기업규모 : 우량
홈페이지 : www.techwing.co.kr　　　연 락 처 : 031)379-8000
본　　사 : 경기도 화성시 동탄면 동탄산단6길 37

설 립 일	2002.08.01	종 업 원 수	405명	대 표 이 사	나윤성
상 장 일	2011.11.11	감 사 의 견	적정 (대주)	계　　　열	
결 산 기	12월	보 통 주	1,808만주	종속회사수	6개사
액 면 가	500원	우 선 주		구 상 사	

주주구성 (지분율,%)		출자관계 (지분율,%)		주요경쟁사 (외형,%)	
나윤성	13.5	케이클라이스크라이스테크기술표준협회 등	98.7	테크윙	100
가치투자자문	11.0	이엔씨테크놀로지	59.7	이엔에프테크놀로지	235
(외국인)	7.0	나노에이스	50.0	원익홀딩스	208

매출구성		비용구성		수출비중	
[반도체검사장비]Handler	63.0	매출원가율	63.7	수출	70.0
[반도체검사장비]C.O.K	20.0	판관비율	20.0	내수	30.0
[반도체검사장비]기타(Board류 등)	11.5				

회사 개요
동사는 2002년 설립되어 2011년 11월에 코스닥에 상장된 기업임. 반도체 테스트 핸들러의 설계, 제조, 판매를 주사업으로 영위함. 반도체 테스트 핸들러는 반도체 후공정 중 한 단계인 Final Test 공정에서 주검사장치인 테스터에 반도체 소자를 이송하고, 테스트 온도환경을 제공하며, 테스터의 검사결과에 따라 양품과 불량품을 자동으로 분류하는 매우 중요한 검사장비임.

실적 분석
동사의 2017년도 연결기준 상반기 매출액은 761.3억원으로 전년동기 대비 7.5% 감소함. 주요 품목인 반도체 테스트 핸들러의 증가로 영업이익은 123.7억원으로 전년동기 대비 36.4% 감소함. 반면 영업외부문의 흑자전환됨에따라 당기순이익은 150.4억원으로 전년동기 대비 대폭 증가함. 하반기는 동사 자체 실적도 상반기보다 증가할 것이며, 자회사 실적까지 더하면 상당폭의 실적 증가를 예상함.

현금 흐름 〈단위 : 억원〉

항목	2016	2017.2Q
영업활동	-8	101
투자활동	-482	-124
재무활동	414	49
순현금흐름	-76	26
기말현금	65	91

시장 대비 수익률

결산 실적 〈단위 : 억원〉

항목	2012	2013	2014	2015	2016	2017
매출액	911	918	1,124	1,360	1,420	
영업이익	119	95	119	233	231	
당기순이익	107	89	74	167	146	

분기 실적 〈단위 : 억원〉

항목	2016.1Q	2016.2Q	2016.3Q	2016.4Q	2017.1Q	2017.2Q
매출액	321	502	328	269	308	453
영업이익	67	127	48	-12	34	90
당기순이익	81	65	116	-116	121	30

재무 상태 〈단위 : 억원〉

항목	2012	2013	2014	2015	2016	2017.2Q
총자산	1,195	1,499	1,735	2,116	2,676	3,059
유형자산	437	696	694	846	1,196	1,281
무형자산	82	141	140	171	184	186
유가증권	14	34	30		44	44
총부채	618	851	987	1,149	1,602	1,890
총차입금	423	623	664	909	1,345	1,441
자본금	83	83	87	87	91	91
총자본	577	648	748	967	1,074	1,169
지배주주지분	577	647	748	967	1,095	1,174

기업가치 지표

항목	2012	2013	2014	2015	2016	2017.2Q
주가(최고/저)(천원)	8.3/4.5	7.9/4.8	8.3/5.5	12.4/7.6	15.0/8.0	—/—
PER(최고/저)(배)	14.2/7.7	15.8/9.7	18.5/12.2	13.3/8.2	18.1/9.7	—/—
PBR(최고/저)(배)	2.4/1.3	2.0/1.2	1.9/1.3	2.3/1.4	2.4/1.3	2.1/1.6
EV/EBITDA(배)	8.7	13.2	11.8	8.4	13.2	—/—
EPS(원)	647	541	478	969	842	788
BPS(원)	3,793	4,281	4,672	5,594	6,378	6,893
CFPS(원)	821	737	736	1,236	1,131	965
DPS(원)	110	120	200	220	220	
EBITDAPS(원)	899	773	981	1,614	1,604	860

재무 비율 〈단위 : % 〉

연도	영업이익률	순이익률	부채비율	차입금비율	ROA	ROE	유보율	자기자본비율	EBITDA마진율
2016	16.3	10.3	149.2	125.2	6.1	14.3	1,166.7	40.1	19.8
2015	17.1	12.3	118.9	94.1	8.7	19.5	1,010.6	45.7	20.5
2014	10.6	6.6	131.9	88.8	4.6	11.3	827.6	43.1	14.4
2013	10.3	9.8	131.2	96.1	6.4	14.6	749.6	43.3	13.3

텍셀네트컴 (A038540)
Texcell-Netcom

업　　종 : 소비자 금융		시　　장 : KOSDAQ	
신용등급 : (Bond) —	(CP) —	기업규모 : 우량	
페이지 : www.texcell-netcom.co.kr		연 락 처 : 02)2167-8500	
본　　사 : 서울시 금천구 가산디지털2로 123, 월드메르디앙벤처센터2차 13층			

설 립 일 1989.02.23	종 업 원 수 225명	대 표 이 사 김진수,유준원(각자대표이사)	
상 장 일 2000.08.18	감 사 의 견 적정 (중앙)	계　　열　열	
결 산 기 12월	유 통 주 4,679만주	종속회사수 9개사	
액 면 가 1,000원	우 선 주	구 상 호	

주주구성 (지분율,%)		출자관계 (지분율,%)		주요경쟁사 (외형,%)	
유준원	22.8	세종저축은행	100.0	텍셀네트컴	100
김수경	6.4	공평저축은행	100.0	아주캐피탈	75
(외국인)	1.9	한중네트웍스	100.0	삼성카드	989

매출구성		비용구성		수출비중	
금융서비스	60.4	매출원가율	66.0	수출	—
네트워크통합솔루션	19.3	판관비율	9.3	내수	—
통신공사등 외	9.1				

회사 개요
동사는 계전기, 전자부품 등의 제조 및 판매할 목적으로 1989년 청원전자(주) 상호로 설립된 후 (주)텍셀네트컴으로 상호 변경됨. 연결대상 종속회사로는 세종상호, 공평저축은행, 한중선박기계 등 9개가 있음. 동사는 금융업(저축은행), 네트워크시스템 설계 및 유지보수, 조선 자동화 설비 등의 사업을 영위하며 매출 비중은 각각 76.7%, 22.4%, 0.3%임.

실적 분석
동사의 2017년 상반기 누적 매출액은 2,170.1억원으로 전년 동기 대비 92.5% 증가했고, 영업이익은 567.4억원으로 전년 동기에 비해 97.4% 증가하였음. 동사는 기존 사업인 OPC드럼제조부문에서 제품이 발생하지 않았으나, 저축은행 부문에서 영업수익이 크게 증가해 매출 신장을 견인함. 매출 신장에도 불구하고 판매관리비는 전년 동기보다 8.7% 감소해 수익성이 개선됨. 동사는 대전, 충청지역의 여신, 수신 각 2위 규모의 저축은행임.

현금 흐름		〈단위 : 억원〉
항목	2016	2017.2Q
영업활동	-3,319	-2,618
투자활동	1,323	-121
재무활동	2,667	2,288
순현금흐름	670	-451
기말현금	1,165	714

시장 대비 수익률

결산 실적					〈단위 : 억원〉	
항목	2012	2013	2014	2015	2016	2017
매출액	842	980	2,031	1,714	2,839	—
영업이익	22	68	238	271	702	—
당기순이익	26	103	207	316	673	—

분기 실적					〈단위 : 억원〉	
항목	2016.1Q	2016.2Q	2016.3Q	2016.4Q	2017.1Q	2017.2Q
매출액	510	618	516	1,195	838	1,333
영업이익	81	206	168	246	218	349
당기순이익	78	184	204	208	174	291

재무 상태					〈단위 : 억원〉	
항목	2012	2013	2014	2015	2016	2017.2Q
총자산	4,042	4,220	4,675	7,634	14,359	16,748
유형자산	82	82	112	355	280	273
무형자산	407	412	458	362	516	510
유가증권	281	473	63	78	186	251
총부채	3,385	3,442	3,697	6,109	12,414	14,371
총차입금	255	214	28	173	25	31
자본금	464	464	464	468	468	468
총자본	657	778	978	1,526	1,945	2,377
지배주주지분	660	778	979	1,311	1,945	2,377

기업가치 지표						
항목	2012	2013	2014	2015	2016	2017.2Q
주가(최고/저)(천원)	2.2/1.0	1.8/0.9	5.1/1.8	5.3/3.0	7.7/3.2	—/—
PER(최고/저)(배)	26.5/12.0	7.9/4.2	11.4/4.0	7.8/4.5	5.3/2.2	—/—
PBR(최고/저)(배)	1.5/0.7	1.1/0.6	2.4/0.8	1.9/1.1	1.8/0.7	1.9/1.3
EV/EBITDA(배)	8.0	4.8	6.5	4.5	2.6	—/—
EPS(원)	84	225	447	678	1,452	994
BPS(원)	721	838	1,054	1,401	4,256	5,245
CFPS(원)	53	124	241	370	1,538	1,023
DPS(원)						
EBITDAPS(원)	45	85	274	321	1,587	1,242

재무 비율								〈단위 : % 〉	
연도	영업이익률	순이익률	부채비율	차입금비율	ROA	ROE	유보율	자기자본비율	EBITDA마진율
2016	24.7	23.7	638.2	1.3	6.1	41.7	325.6	13.6	26.2
2015	15.8	18.4	400.4	11.3	5.1	27.7	180.2	20.0	17.5
2014	11.7	10.2	378.1	2.9	4.7	23.6	110.7	20.9	12.5
2013	7.0	10.5	442.5	27.6	2.5	14.5	67.5	18.4	8.1

텔레칩스 (A054450)
Telechips

업　　종 : 반도체 및 관련장비		시　　장 : KOSDAQ	
신용등급 : (Bond) —	(CP) —	기업규모 : 우량	
홈페이지 : www.telechips.com		연 락 처 : 02)3443-6792	
본　　사 : 서울시 송파구 올림픽로35다길 42 (신천동, 루터회관 19~23층)			

설 립 일 1999.10.29	종 업 원 수 272명	대 표 이 사 이장규	
상 장 일 2004.12.10	감 사 의 견 적정 (신한)	계　　열　열	
결 산 기 12월	유 통 주 1,063만주	종속회사수 4개사	
액 면 가 500원	우 선 주	구 상 호	

주주구성 (지분율,%)		출자관계 (지분율,%)		주요경쟁사 (외형,%)	
이장규	22.2	티에스디반도체	100.0	텔레칩스	100
국민연금공단	13.5	칩스앤미디어	34.5	엘비세미콘	134
(외국인)	2.0	TELECHIPSUSALIMITED	100.0	에스엔텍	66

매출구성		비용구성		수출비중	
DMP	91.2	매출원가율	57.4	수출	—
모바일 TV 수신칩	5.9	판관비율	36.0	내수	—
기타 제품매출 등	2.9				

회사 개요
동사는 스마트 기기(테블릿PC, 스마트 TV Box등)에 적용되는 Application Processor 및 오디오/카메라/비디오 등 멀티미디어 기능을 지원하는 Digital Media Processor를 생산하는 기업임. 이와 같은 디지털컨버전스 제품은 젊은층이 가장 큰 수요층이기에 젊은 세대의 구매유인이 많이 발생하는 연말연초에 수요가 집중되는 계절적 특성이 있음.

실적 분석
동사의 2017년 2/4분기 누적 매출액은 Digital Media Processor의 내수 및 수출시장이 개선됨에 따라 전년동기 대비 15.4% 증가한 562.0억원을 시현함. 판관비가 전년동기 대비 16.6% 감소하였으나 매출원가 상승률이 매출액 상승률을 크게 초과함에 따라 영업이익은 전년동기 31.6억원에서 10.5억원으로 66.9% 감소했음. 비영업 부문에서도 6.4억원의 손실을 시현함에 따라 이익폭은 더욱 축소되었음.

현금 흐름		〈단위 : 억원〉
항목	2016	2017.2Q
영업활동	129	-13
투자활동	-125	17
재무활동	3	-11
순현금흐름	7	-7
기말현금	72	64

시장 대비 수익률

결산 실적					〈단위 : 억원〉	
항목	2012	2013	2014	2015	2016	2017
매출액	740	740	753	821	1,010	—
영업이익	-19	-79	17	46	66	—
당기순이익	7	-173	14	20	105	—

분기 실적					〈단위 : 억원〉	
항목	2016.1Q	2016.2Q	2016.3Q	2016.4Q	2017.1Q	2017.2Q
매출액	253	234	242	281	271	291
영업이익	17	15	14	21	9	2
당기순이익	21	19	14	52	3	1

재무 상태					〈단위 : 억원〉	
항목	2012	2013	2014	2015	2016	2017.2Q
총자산	1,091	909	955	998	1,141	1,139
유형자산	42	38	37	37	41	40
무형자산	134	60	61	137	203	178
유가증권	14	0	32	37	38	240
총부채	227	221	264	294	337	340
총차입금						
자본금	53	53	53	53	53	53
총자본	863	688	691	705	805	798
지배주주지분	863	688	691	705	805	798

기업가치 지표						
항목	2012	2013	2014	2015	2016	2017.2Q
주가(최고/저)(천원)	6.5/4.0	6.1/3.6	5.8/3.2	9.9/4.6	12.3/8.0	—/—
PER(최고/저)(배)	102.7/63.0	—/—	44.3/24.6	53.2/25.0	12.5/8.1	—/—
PBR(최고/저)(배)	0.8/0.5	0.8/0.5	0.8/0.4	1.3/0.6	1.5/1.0	1.7/1.2
EV/EBITDA(배)	1.1	0.5	1.6	9.1	7.0	—/—
EPS(원)	66	-1,633	134	190	989	34
BPS(원)	9,083	7,433	7,443	7,571	8,513	8,452
CFPS(원)	818	-591	746	512	1,466	510
DPS(원)	50		70	80	130	
EBITDAPS(원)	574	296	772	752	1,101	575

재무 비율								〈단위 : % 〉	
연도	영업이익률	순이익률	부채비율	차입금비율	ROA	ROE	유보율	자기자본비율	EBITDA마진율
2016	6.6	10.4	41.8	0.0	9.8	13.9	1,602.7	70.5	11.6
2015	5.6	2.5	41.7	0.0	2.1	2.9	1,414.1	70.6	9.7
2014	2.3	1.9	38.2	0.0	1.5	2.1	1,388.7	72.4	10.9
2013	-10.7	-23.4	32.1	0.0	-17.3	-22.3	1,386.6	75.7	4.2

텔레필드 (A091440)
Telefield

업 종 : 통신장비		시 장 : KOSDAQ	
신용등급 : (Bond) — (CP) —		기업규모 : 벤처	
홈 페 이 지 : www.telefield.com		연 락 처 : (031)730-5900	
본 사 : 경기도 성남시 분당구 판교로 255, E동 301호 (삼평동, 판교이노밸리)			

설 립 일 2000.09.20	총 업 원 수 124명	대 표 이 사 박노택
상 장 일 2008.02.01	감 사 의 견 적정 (대주)	계 열
결 산 기 12월	보 통 주 696만주	종속회사수 1개사
액 면 가 500원	우 선 주	구 상 호

주주구성 (지분율,%)		출자관계 (지분율,%)		주요경쟁사 (외형,%)	
박노택	25.9	썬웨이브텍	60.0	텔레필드	100
노병진	4.7			옵티시스	40
(외국인)	0.7			이그잭스	107

매출구성		비용구성		수출비중	
MSPP 광전송장비 등	41.4	매출원가율	76.6	수출	0.0
대용량MSPP 광전송장비	28.3	판관비율	27.3	내수	100.0
공사 및 유지보수	12.6				

회사 개요
동사는 광전송장비를 연구개발 및 제조, 판매하고 있으며 그 영역 중에서 다양한 신호와 접속을 제어하는 접속망과 기술의 연계성이 높고 상대적 고수익 사업인 백본망 시장에 집중하고 있음. 백본망은 기간전송 백본망과 인터넷백본망으로 분류되며 동사의 향후 매출증대를 위해 전략적으로 접근하고 있는 시장임. 기업전용회선 가입자들의 트래픽 개선에 따른 장비고도화, IPTV서비스에 따른 전송장치의 성능향상을 위한 투자 진행.

실적 분석
2017년 상반기 매출은 118억원으로 전년대비 39.1% 감소, 영업이익은 -25.7억원으로 적자지속, 당기순이익은 -24.7억원으로 적자지속 시현. 국내 시장의 수요 부진과 경쟁 심화로 외형은 전년대비 감소, 고정비 증가, 판관비 부담 영향으로 수익성은 부진. 2017년 3월에 대구광역시 자가통신망 구축 관련과 17억원의 공급 계약을 체결하는 등 통신망 사업 확대시에 매출 증가 기대. KT와 PTN 기간망 대용량장비 공급업체 선정됨

현금 흐름 〈단위 : 억원〉

항목	2016	2017.2Q
영업활동	-6	27
투자활동	-18	-24
재무활동	65	-11
순현금흐름	42	-8
기말현금	57	49

시장 대비 수익률

결산 실적 〈단위 : 억원〉

항목	2012	2013	2014	2015	2016	2017
매출액	270	280	436	374	431	—
영업이익	17	6	29	9	-17	—
당기순이익	9	3	22	8	-26	—

분기 실적 〈단위 : 억원〉

항목	2016.1Q	2016.2Q	2016.3Q	2016.4Q	2017.1Q	2017.2Q
매출액	77	117	—	—	47	71
영업이익	-10	3	—	—	-8	-18
당기순이익	-11	2	—	—	-10	-15

재무 상태 〈단위 : 억원〉

항목	2012	2013	2014	2015	2016	2017.2Q
총자산	380	416	454	491	552	447
유형자산	42	40	42	40	37	38
무형자산	70	70	49	34	50	56
유가증권	0	0	0	0	0	0
총부채	144	178	193	219	303	222
총차입금	80	80	119	79	198	182
자본금	35	35	35	35	35	35
총자본	236	239	261	271	249	224
지배주주지분	236	239	261	271	245	223

기업가치 지표

항목	2012	2013	2014	2015	2016	2017.2Q
주가(최고/저)(천원)	3.3/1.2	2.6/1.5	3.0/1.9	6.6/2.0	5.6/3.7	—/—
PER(최고/저)(배)	25.5/9.0	55.0/31.9	9.5/6.0	58.9/18.3	—/—	—/—
PBR(최고/저)(배)	1.0/0.3	0.7/0.4	0.8/0.5	1.6/0.5	1.6/1.0	1.4/1.1
EV/EBITDA(배)	3.9	6.8	5.0	12.3	—	—
EPS(원)	130	47	317	111	-379	-318
BPS(원)	3,518	3,565	3,882	4,021	3,642	3,324
CFPS(원)	388	331	683	382	-153	-190
DPS(원)						
EBITDAPS(원)	495	371	781	399	-17	-241

재무 비율 〈단위 : % 〉

연도	영업이익률	순이익률	부채비율	차입금비율	ROA	ROE	유보율	자기자본비율	EBITDA마진율
2016	-3.9	-6.1	121.6	79.6	-5.1	-10.2	628.4	45.1	-0.3
2015	2.4	2.1	80.8	29.1	1.6	2.9	704.2	55.3	7.4
2014	6.6	5.1	74.0	45.7	5.1	8.8	676.5	57.5	12.5
2013	2.2	1.2	74.4	33.5	0.8	1.4	613.0	57.3	9.2

텔코웨어 (A078000)
Telcoware

업 종 : 일반 소프트웨어		시 장 : 거래소	
신용등급 : (Bond) — (CP) —		기업규모 : 시가총액 소형주	
홈 페 이 지 : www.telcoware.com		연 락 처 : (02)2105-9800	
본 사 : 서울시 서초구 법원로 3길 20-7 (서초동)			

설 립 일 2000.01.11	총 업 원 수 192명	대 표 이 사 금한태
상 장 일 2004.07.20	감 사 의 견 적정 (삼일)	계 열
결 산 기 12월	보 통 주 970만주	종속회사수 1개사
액 면 가 500원	우 선 주	구 상 호

주주구성 (지분율,%)		출자관계 (지분율,%)		주요경쟁사 (외형,%)	
금한태	21.4	엠텔로	23.7	텔코웨어	100
텔코인	6.1	유디스	20.0	한컴MDS	367
(외국인)	1.4	텔코인	9.5	이니텍	566

매출구성		비용구성		수출비중	
무선데이터	78.1	매출원가율	59.5	수출	0.0
음성핵심망	21.2	판관비율	29.2	내수	100.0
기타	0.8				

회사 개요
동사는 2000년 1월 정보통신 소프트웨어 개발을 주요 사업목적으로 설립되어 2004년 유가증권 시장에 상장됨. 이동통신망에서 통신서비스를 가능하게 하는 음성핵심망 솔루션, 무선데이터 솔루션, 요소기술, Access Network 등 이동통신 코어망을 이용한 부가서비스를 제공하며, 주요 고객은 SKT로 매출비중은 약 85~90%임. '엠텔로', '텔코인', '티스트림'과 해외법인 1개, 총 4개의 계열회사를 두고 있음.

실적 분석
2017년 반기 연결기준 매출액은 174.7억원으로 전년대비 소폭 증가함(+0.6%). 영업이익 또한 흑자전환한 24억원 시현. 2016년 일시적으로 둔화되었던 음성핵심망(HLR) 부문의 실적이 정상화 되면서 영업이익 회복. HLR, IMS는 모바일 통신을 함에 있어 인프라 솔루션 성격의 사업으로 매년 업데이트 및 유지보수 수요가 발생하고 있어 사업구조가 매우 안정적.

현금 흐름 〈단위 : 억원〉

항목	2016	2017.2Q
영업활동	46	-59
투자활동	148	-179
재무활동	-37	-28
순현금흐름	157	-266
기말현금	453	187

시장 대비 수익률

결산 실적 〈단위 : 억원〉

항목	2012	2013	2014	2015	2016	2017
매출액	623	658	506	594	409	—
영업이익	72	131	80	84	46	—
당기순이익	68	108	76	78	45	—

분기 실적 〈단위 : 억원〉

항목	2016.1Q	2016.2Q	2016.3Q	2016.4Q	2017.1Q	2017.2Q
매출액	63	111	102	133	62	113
영업이익	-18	10	14	40	-5	29
당기순이익	-17	9	16	37	-3	27

재무 상태 〈단위 : 억원〉

항목	2012	2013	2014	2015	2016	2017.2Q
총자산	1,104	1,274	1,155	1,196	1,160	1,131
유형자산	173	232	247	243	237	235
무형자산	102	88	87	74	74	62
유가증권	46	46		51	82	82
총부채	246	309	153	151	107	81
총차입금	15	13	20	18	10	11
자본금	50	50	50	50	50	50
총자본	858	965	1,002	1,045	1,053	1,050
지배주주지분	858	965	1,002	1,045	1,053	1,050

기업가치 지표

항목	2012	2013	2014	2015	2016	2017.2Q
주가(최고/저)(천원)	9.4/5.6	10.7/7.3	15.0/9.9	15.0/10.7	13.4/10.6	—/—
PER(최고/저)(배)	16.3/10.0	11.6/8.0	21.9/14.4	20.4/14.5	30.1/23.9	—/—
PBR(최고/저)(배)	0.9/0.6	1.0/0.7	1.2/0.8	1.2/0.8	1.0/0.8	0.9/0.8
EV/EBITDA(배)	6.3	2.7	6.7	6.7	6.5	—
EPS(원)	698	1,117	784	802	464	250
BPS(원)	12,520	13,421	13,799	14,248	14,327	14,293
CFPS(원)	968	1,350	943	930	627	367
DPS(원)	400	650	600	660	500	
EBITDAPS(원)	1,010	1,583	985	1,027	638	364

재무 비율 〈단위 : % 〉

연도	영업이익률	순이익률	부채비율	차입금비율	ROA	ROE	유보율	자기자본비율	EBITDA마진율
2016	11.3	11.0	10.2	1.0	3.8	4.3	2,665.5	90.8	15.2
2015	14.2	13.1	14.4	1.8	6.6	7.6	2,650.5	87.4	16.8
2014	15.8	15.0	15.3	2.0	6.3	7.7	2,563.6	86.7	18.9
2013	19.9	16.5	32.1	1.4	9.1	11.9	2,490.7	75.7	23.4

텔콘 (A200230)
TELCON

업 종 : 통신장비		시 장 : KOSDAQ	
신용등급 : (Bond) — (CP) —		기업규모 : 중견	
홈 페 이 지 : www.telcon.co.kr		연 락 처 : 031)370-8502	
본 사 : 경기도 용인시 기흥구 동탄기흥로 684			

설 립 일	1999.01.08	종 업 원 수	95명	대 표 이 사	김백선
상 장 일	2014.11.24	감 사 의 견	적정(세일)	계 열	
결 산 기	12월	보 통 주	7,206만주	종 속 회 사 수	6개사
액 면 가	100원	우 선 주		구 상 호	

주주구성 (지분율,%)		출자관계 (지분율,%)		주요경쟁사 (외형,%)	
엠마우스생명과학	9.2	텔콘파트너스	100.0	텔콘	100
텔콘홀딩스	8.9	텔콘제약	81.3	디티앤씨	135
(외국인)	0.1	중원제약	78.3	다산네트웍스	747

매출구성		비용구성		수출비중	
RF부문 기타	25.9	매출원가율	89.7	수출	31.0
CABLE ASS'Y	25.6	판관비율	34.2	내수	69.0
CONNECTOR	22.4				

회사 개요
동사는 1999년 1월 8일에 설립되어 기타 무선 통신장비제조에 쓰이는 커넥터와 케이블 어셈블리 등의 제조를 주요 사업으로 영위하고 있음. 향후 광전복합 커넥터 외 광Cable Ass'Y 공급을 통한 광 솔루션 업체로 도약하는 데 중점을 두고 있음. 동사는 현재 연결대상 종속회사로서 무선통신장비를 제조 및 판매하는 덕통전자가 있으며, 텔콘제약과 중원제약이 신규 연결되어 제약 및 바이오산업으로 사업 확장함.

실적 분석
동사의 2017년 2분기 연결기준 누적매출액은 246.1억원으로 전년 동기 대비 114.7% 증가함. RF부문의 매출이 증가하고, 제약·바이오 부문의 신규연결로 전체 매출은 증가했지만, 제약 바이오 부문의 매출원가 상승과 투자비용이 증가하여 영업손실은 29.5억원을 기록, 적자지속했고, 당기순이익 또한 적자지속함. POI, 인빌딩 외 광 사업장 확대와 5G시장 관련 개발, 신규연결 부문 실적 개선을 통해 매출 증대 노력중임.

현금 흐름		〈단위 : 억원〉
항목	2016	2017.2Q
영업활동	-40	-65
투자활동	-510	-689
재무활동	477	731
순현금흐름	-72	-24
기말현금	108	84

시장 대비 수익률

결산 실적
〈단위 : 억원〉

항목	2012	2013	2014	2015	2016	2017
매출액	352	466	588	285	298	
영업이익	56	99	81	-3	-71	
당기순이익	45	79	67	0	-38	

분기 실적
〈단위 : 억원〉

항목	2016.1Q	2016.2Q	2016.3Q	2016.4Q	2017.1Q	2017.2Q
매출액	63	52	71	113	133	113
영업이익	-6	-16	-27	-22	-7	-23
당기순이익	-5	-4	18	-46	-24	-89

재무 상태
〈단위 : 억원〉

항목	2012	2013	2014	2015	2016	2017.2Q
총자산	223	322	478	482	1,253	1,909
유형자산	5	12	17	15	72	152
무형자산	0	2	3	3	372	741
유가증권	3		10	69	47	107
총부채	74	97	45	42	361	763
총차입금	25	32	11		242	642
자본금	13	20	25	25	58	65
총자본	149	225	432	440	892	1,146
지배주주지분	149	225	432	440	667	912

기업가치 지표

항목	2012	2013	2014	2015	2016	2017.2Q
주가(최고/저)(천원)	—/—	—/—	1.4/1.0	1.7/0.7	8.4/1.2	—/—
PER(최고/저)(배)	0.0/0.0	0.0/0.0	8.3/6.3	238.3/95.2	—	5.6/2.6
PBR(최고/저)(배)	0.0/0.0	0.0/0.0	1.6/1.2	1.9/0.8	7.3/1.0	—
EV/EBITDA(배)	—	—	4.3	140.9	—	—
EPS(원)	179	234	163	7	-50	-188
BPS(원)	5,979	5,627	8,604	8,760	1,149	1,408
CFPS(원)	1,867	2,410	1,732	177	—	-174
DPS(원)					—	—
EBITDAPS(원)	2,315	2,995	2,052	51	-108	-36

재무 비율
〈단위 : %〉

연도	영업이익률	순이익률	부채비율	차입금비율	ROA	ROE	유보율	자기자본비율	EBITDA마진율
2016	-23.9	-12.6	40.4	27.2	-4.3	-4.8	1,048.9	71.2	-19.4
2015	-1.0	1.2	9.5	0.0	0.7	0.8	1,652.0	91.4	0.9
2014	13.7	11.5	10.5	2.6	16.9	20.5	1,620.8	90.5	14.5
2013	21.1	16.9	43.1	14.3	29.0	42.1	1,025.3	69.9	21.6

토니모리 (A214420)
TONYMOLY CO

업 종 : 개인생활용품		시 장 : 거래소	
신용등급 : (Bond) — (CP) —		기업규모 : 시가총액 중형주	
홈 페 이 지 : www.etonymoly.com		연 락 처 : 02)593-3191	
본 사 : 서울시 서초구 방배로 180 토니모리빌딩(방배동)			

설 립 일	2006.07.26	종 업 원 수	180명	대 표 이 사	배해동
상 장 일	2015.07.10	감 사 의 견	적정(대주)	계 열	
결 산 기	12월	보 통 주	1,764만주	종 속 회 사 수	6개사
액 면 가	200원	우 선 주		구 상 호	

주주구성 (지분율,%)		출자관계 (지분율,%)		주요경쟁사 (외형,%)	
배해동	32.1	메가코스	100.0	토니모리	100
정숙인	17.0	메가코스바이오	100.0	케어젠	20
(외국인)	3.9	태극제약	34.0	콜마비앤에이치	110

매출구성		비용구성		수출비중	
포인트 메이크업	24.6	매출원가율	46.7	수출	20.0
스킨케어 베이직	22.5	판관비율	45.8	내수	80.0
기타제품	19.8				

회사 개요
동사는 현재 생활 용품 및 화장품 등의 포장재 중 Plastic Pump Dispenser 와 Plastic Hand Trigger Sprayer 제조 판매 사업을 영위하고 있으며, 보유한 기술을 바탕으로 식음료·의료용 포장재 제품 개발을 위해 연구 개발을 진행 중임. 동사의 전방산업인 국내외 화장품, 생활용품 시장은 지난 10년 동안 연평균 약 5~6%의 꾸준한 성장세를 유지함. 2015년 7월 10일 유가증권시장에 상장함.

실적 분석
동사의 2017년 상반기 연결기준 누적매출액은 1,116.5억원으로 전년동기 대비 4.3% 감소함. 매출 부진과 판관비 상승으로 영업이익은 전년동기보다 72.7% 줄어든 22.8억원을 기록함. 저가형 화장품 시장에서 경쟁 강화에도 불구 브랜드 경쟁력과 제품 차별화 전략으로 경기침체에도 꾸준한 성장 달성하였으나 사드배치 문제 등 중국의 한류금지령으로 인한 매출 부진이 이어지고 있음.

현금 흐름		〈단위 : 억원〉
항목	2016	2017.2Q
영업활동	15	-112
투자활동	-6	-394
재무활동	-36	175
순현금흐름	-27	-340
기말현금	413	73

시장 대비 수익률

결산 실적
〈단위 : 억원〉

항목	2012	2013	2014	2015	2016	2017
매출액	1,506	1,700	2,051	2,199	2,331	
영업이익	150	149	149	174	176	
당기순이익	127	139	116	134	129	

분기 실적
〈단위 : 억원〉

항목	2016.1Q	2016.2Q	2016.3Q	2016.4Q	2017.1Q	2017.2Q
매출액	595	571	597	568	622	494
영업이익	54	29	70	23	19	4
당기순이익	40	23	42	24	1	1

재무 상태
〈단위 : 억원〉

항목	2012	2013	2014	2015	2016	2017.2Q
총자산	610	800	973	1,556	1,819	1,844
유형자산	191	216	301	279	368	571
무형자산	6		11	26	88	93
유가증권			5	10	31	99
총부채	401	419	477	386	548	617
총차입금	61	45	100	40	40	249
자본금	20	20	20	24	35	35
총자본	209	381	496	1,170	1,271	1,227
지배주주지분	209	381	496	1,170	1,271	1,227

기업가치 지표

항목	2012	2013	2014	2015	2016	2017.2Q
주가(최고/저)(천원)	—/—	—/—	—/—	46.2/24.3	37.3/18.6	—/—
PER(최고/저)(배)	0.0/0.0	0.0/0.0	0.0/0.0	57.0/29.9	51.5/25.7	3.3/2.8
PBR(최고/저)(배)	0.0/0.0	0.0/0.0	0.0/0.0	7.1/3.7	5.2/2.6	—
EV/EBITDA(배)	—	—	—	20.3	18.8	—
EPS(원)	845	927	774	825	731	14
BPS(원)	52,140	95,351	124,063	9,950	7,208	6,958
CFPS(원)	35,147	37,133	31,970	1,361	817	14
DPS(원)				300	230	129
EBITDAPS(원)	40,974	39,527	40,109	1,730	1,085	—

재무 비율
〈단위 : %〉

연도	영업이익률	순이익률	부채비율	차입금비율	ROA	ROE	유보율	자기자본비율	EBITDA마진율
2016	7.6	5.5	43.1	3.2	7.7	10.6	3,504.0	69.9	8.2
2015	7.9	6.1	33.0	3.4	10.6	16.1	4,875.2	75.2	8.5
2014	7.3	5.7	96.2	20.2	13.1	26.5	2,381.3	51.0	7.8
2013	8.8	8.2	109.8	11.9			1,807.0	47.7	9.3

토박스코리아 (A215480)
TOEBOX KOREA

업 종 : 섬유 및 의복	시 장 : KOSDAQ
신용등급 : (Bond) — (CP) —	기업규모 : 중견
홈페이지 : www.toebox.co.kr	연락처 : 02)6101-3639
본 사 : 서울시 구로구 디지털로34길 43 코오롱싸이언스밸리 1차 606호	

설 립 일 2015.02.24	종업원수 30명	대표이사 이선근	
상 장 일 2015.05.13	감사의견 적정 (태영)	계 열	
결 산 기 12월	보통주 3,625만주	종속회사수	
액 면 가 100원	우 선 주	구 상 호 대우SBI스팩1호	

주주구성 (지분율,%)
이선근	21.9
슈퍼홀릭	21.4
(외국인)	18.9

출자관계 (지분율,%)
GoldenEagle&ToeboxCo.,Ltd	34.0

주요경쟁사 (외형,%)
토박스코리아	100
와이오엠	61
진도	517

매출구성
비용구성
매출원가율	42.3
판관비율	40.6

수출비중
수출	—
내수	—

회사 개요
대우에스비아이기업인수목적1호(주)가 (주)토박스코리아와 2017년 4월 19일 합병하여 상호가 변경됨. (주)토박스코리아는 2015년에 설립. 신발,의류,스포츠용품 등 도소매업, 프랜차이즈업, 부동산 임대업 및 매매업을 영위함. 주요 제품은 유아동 신발로 30여개의 프리미엄 키즈 브랜드를 판매하고 있음. 롯데, 현대, 신세계 등 국내 주요 백화점 25개점과 쇼핑몰 6개점 등에 입점해있음.

실적 분석
동사는 대우에스비아이기업인수목적1호(주)가 (주)토박스코리아와 2017년 4월 19일 합병하여 상호가 변경된 법인. 2017년 상반기 매출액은 전년동기 대비 88.0% 증가한 203.5억원을 기록. 영업이익은 전년동기 15.4억원에서 큰 폭으로 증가한 45.9억원을 시현함. 출산율 하락에도 불구하고 국내 유아용품 시장규모는 꾸준히 상승 중. 향후 성장 가능성은 양호한 것으로 판단됨.

현금 흐름 *IFRS 별도 기준
<단위 : 억원>
항목	2016	2017.2Q
영업활동	2	31
투자활동	-11	46
재무활동	14	8
순현금흐름	6	85
기말현금	18	103

시장 대비 수익률

결산 실적
<단위 : 억원>
항목	2012	2013	2014	2015	2016	2017
매출액	—	—	43	124	238	—
영업이익	—	—	2	22	41	—
당기순이익	—	—	1	19	30	—

분기 실적 *IFRS 별도 기준
<단위 : 억원>
항목	2016.1Q	2016.2Q	2016.3Q	2016.4Q	2017.1Q	2017.2Q
매출액	—	70	—	—	—	114
영업이익	—	13	—	—	—	26
당기순이익	—	11	—	—	—	-7

재무 상태 *IFRS 별도 기준
<단위 : 억원>
항목	2012	2013	2014	2015	2016	2017.2Q
총자산	—	—	23	86	126	233
유형자산	—	—	2	5	8	9
무형자산	—	—	—	—	0	0
유가증권	—	—	—	—	—	—
총부채	—	—	25	66	24	37
총차입금	—	—	14	34	—	7
자본금	—	—	1	1	6	18
총자본	—	—	-2	20	103	196
지배주주지분	—	—	-2	20	103	196

기업가치 지표 *IFRS 별도 기준
항목	2012	2013	2014	2015	2016	2017.2Q
주가(최고/저)(천원)	—/—	—/—	—/—	4.7/2.0	2.6/2.0	—/—
PER(최고/저)(배)	0.0/0.0	0.0/0.0	0.0/0.0	27.3/11.6	14.3/10.6	—/—
PBR(최고/저)(배)	0.0/0.0	0.0/0.0	0.0/0.0	32.3/13.8	4.7/3.5	5.6/1.9
EV/EBITDA(배)	0.0	0.0	5.5	4.2	1.3	—/—
EPS(원)	—	—	9	86	93	50
BPS(원)	—	—	-19,907	41,711	161,931	1,079
CFPS(원)	—	—	9,251	51,635	56,292	58
DPS(원)	—	—	—	—	—	—
EBITDAPS(원)	—	—	23,035	59,173	74,128	262

재무 비율
<단위 : % >
연도	영업이익률	순이익률	부채비율	차입금비율	ROA	ROE	유보율	자기자본비율	EBITDA마진율
2016	17.1	12.8	23.0	—	28.6	49.5	1,519.3	81.3	17.8
2015	17.3	15.1	327.3	169.8	34.3	전기잠식	317.1	23.4	18.0
2014	4.5	1.2	완전잠식	완전잠식	—	—	-299.1	-8.9	5.4
2013	0.0	0.0	0.0	0.0	—	—	—	—	0.0

토비스 (A051360)
Tovis

업 종 : 디스플레이 및 관련부품	시 장 : KOSDAQ
신용등급 : (Bond) — (CP) —	기업규모 : 우량
홈페이지 : www.tovism.com	연락처 : 032)712-5100
본 사 : 인천시 연수구 갯벌로 92	

설 립 일 1998.09.08	종업원수 267명	대표이사 김용범,하희조	
상 장 일 2004.11.19	감사의견 적정 (도원)	계 열	
결 산 기 12월	보통주 1,672만주	종속회사수 3개사	
액 면 가 500원	우 선 주	구 상 호	

주주구성 (지분율,%)
김용범	8.5
카이투자자문	6.3
(외국인)	6.7

출자관계 (지분율,%)
동관터비스	100.0
나노티오에스	97.2
해피스토어	36.0

주요경쟁사 (외형,%)
토비스	100
루멘스	89
넥스트아이	9

매출구성
TFT-LCD모듈(기타)	72.9
산업용모니터(기타)	27.1

비용구성
매출원가율	83.0
판관비율	11.8

수출비중
수출	99.0
내수	1.0

회사 개요
동사는 디스플레이 전문 기업으로서 카지노 Gaming, Amusement, Public Information Display 기기 등에 사용되는 산업용 모니터와 시장 규모가 큰 휴대폰, Tablet PC, MP4 플레이어, 디지털카메라, 네비게이션, 전장용 Display 등에 사용되는 TFT-LCD 모듈 및 모바일용 터치패널을 주로 생산함. 수출이 전체 매출의 대부분을 차지함.

실적 분석
동사의 2017년 2분기기준 누적 매출액은 전년동기대비 50% 상승한 2,927.1억원을 기록하였음. 비용면에서 전년동기대비 매출원가는 증가 하였으며 인건비는 감소 하였고 기타판매비와관리비는 증가함. 이와 같이 상승한 매출액 만큼 비용증가도 있었으나 매출액의 더 큰 상승에 힘입어 그에 따라 전년동기대비 영업이익은 155.7억원으로 13.4% 상승하였음. 최종적으로 전년동기대비 당기순이익은 상승하여 121.4억원을 기록함.

현금 흐름
<단위 : 억원>
항목	2016	2017.2Q
영업활동	64	63
투자활동	-258	-11
재무활동	97	-23
순현금흐름	-97	30
기말현금	92	96

시장 대비 수익률

결산 실적
<단위 : 억원>
항목	2012	2013	2014	2015	2016	2017
매출액	3,594	4,808	6,095	4,628	4,545	—
영업이익	88	174	533	312	235	—
당기순이익	67	104	380	244	162	—

분기 실적
<단위 : 억원>
항목	2016.1Q	2016.2Q	2016.3Q	2016.4Q	2017.1Q	2017.2Q
매출액	835	1,116	1,244	1,349	1,421	1,506
영업이익	49	89	63	35	53	103
당기순이익	26	64	62	9	43	79

재무 상태
<단위 : 억원>
항목	2012	2013	2014	2015	2016	2017.2Q
총자산	1,333	1,620	2,420	2,288	2,887	2,918
유형자산	247	373	421	698	774	733
무형자산	49	85	64	134	129	117
유가증권	19	10	8	—	26	27
총부채	762	809	1,242	830	1,337	1,276
총차입금	345	339	257	406	572	550
자본금	67	84	84	84	84	84
총자본	571	811	1,178	1,458	1,550	1,643
지배주주지분	567	809	1,176	1,456	1,551	1,643

기업가치 지표
항목	2012	2013	2014	2015	2016	2017.2Q
주가(최고/저)(천원)	6.3/3.9	9.7/4.2	17.4/5.1	18.9/7.1	10.4/7.2	—/—
PER(최고/저)(배)	13.1/8.1	15.5/6.8	8.0/2.4	13.5/5.0	10.9/7.5	—/—
PBR(최고/저)(배)	1.4/0.9	2.0/0.9	2.5/0.7	2.3/0.8	1.1/0.8	1.0/0.8
EV/EBITDA(배)	6.7	5.3	4.7	4.0	5.4	—/—
EPS(원)	521	667	2,286	1,462	974	725
BPS(원)	4,741	5,144	7,305	8,768	9,535	10,087
CFPS(원)	825	1,096	2,764	2,010	1,637	1,104
DPS(원)	50	100	160	200	160	—
EBITDAPS(원)	965	1,539	3,667	2,415	2,067	1,311

재무 비율
<단위 : % >
연도	영업이익률	순이익률	부채비율	차입금비율	ROA	ROE	유보율	자기자본비율	EBITDA마진율
2016	5.2	3.6	86.2	36.9	6.3	10.8	1,807.1	53.7	7.6
2015	6.7	5.3	57.0	27.9	10.4	18.6	1,653.7	63.7	8.7
2014	8.7	6.2	105.5	21.8	18.8	38.5	1,361.1	48.7	10.1
2013	3.6	2.2	99.7	41.8	6.9	15.2	928.8	50.1	5.0

토탈소프트뱅크 (A045340)
Total Soft Bank

업 종 : 운송인프라		시 장 : KOSDAQ	
신용등급 : (Bond) — (CP) —		기업규모 : 벤처	
홈페이지 : www.tsb.co.kr		연 락 처 : 070)4733-1000	
본 사 : 부산시 해운대구 반송로 513번길 66-39 (석대동)			

설 립 일 1989.01.14	종업원수 96명	대 표 이 사 최장수	
상 장 일 2002.07.12	감사의견 적정(한영)	계 열	
결 산 기 12월	보 통 주 856만주	종속회사수	
액 면 가 500원	우 선 주	구 상 호	

주주구성 (지분율,%)		출자관계 (지분율,%)		주요경쟁사 (외형,%)	
최장수	29.8	PITCo.,Ltd	50.0	토탈소프트	100
대한투자신탁운용	2.3	TSC,LLC		서호전기	630
(외국인)	1.0			아이지스시스템	398

매출구성		비용구성		수출비중	
CATOS	67.5	매출원가율	55.2	수출	95.0
E-learning	11.9	판관비율	36.2	내수	5.0
CASP	7.7				

회사 개요
동사는 컨테이너 터미널 운영시스템, 선박 탑재용 컴퓨터, 선사용 양적하시스템, 항만 커뮤니티 시스템, 다목적터미널운영시스템 개발을 주요사업으로 영위하고 있음. 수직제품군을 보유하여 시스템의 유연성과 고객지원이 가능하고, 특히 동사 CATOS는 타 기업의 제품에 비해 기능면에서 최적화 및 자동화된 Solution이라는 장점으로 경쟁 우위를 점하고 있음. 매출의 90% 이상이 해외에서 나옴.

실적 분석
2017년 상반기 연결기준 동사의 매출은 47.1억원으로 전년도 동기 매출액인 40.6억원에서 16.2% 성장함. 매출원가가 13.1% 증가하고 인건비 상승으로 인해 판매비와 관리비 또한 늘었으나 매출 상승이 이를 상회해 영업이익이 크게 성장함. 전년도 같은 기간 0.9억원에서 3.6억원까지 끌어올림. 비영업부문은 적자로 돌아섰으나 당기순이익은 1.4억원에서 43.9% 성장한 2.1억원을 기록함.

현금 흐름 *IFRS 별도 기준   〈단위 : 억원〉

항목	2016	2017.2Q
영업활동	-5	-1
투자활동	-11	4
재무활동	17	-1
순현금흐름	1	1
기말현금	22	23

시장 대비 수익률

결산 실적   〈단위 : 억원〉

항목	2012	2013	2014	2015	2016	2017
매출액	101	78	76	64	94	
영업이익	-19	-24	5	-14	8	
당기순이익	-29	-39	4	-11	10	

분기 실적 *IFRS 별도 기준   〈단위 : 억원〉

항목	2016.1Q	2016.2Q	2016.3Q	2016.4Q	2017.1Q	2017.2Q
매출액	18	23	26	28	23	24
영업이익	-1	2	6	1	3	1
당기순이익	-2	3	4	5	1	1

재무 상태 *IFRS 별도 기준   〈단위 : 억원〉

항목	2012	2013	2014	2015	2016	2017.2Q
총자산	151	104	135	130	159	160
유형자산	23	40	71	75	93	92
무형자산	33	9	12	11	—	8
유가증권	—	—	—	—	—	—
총부채	63	54	79	81	100	99
총차입금	10	10	30	30	48	48
자본금	43	43	43	43	43	43
총자본	88	50	56	49	59	61
지배주주지분	88	50	56	49	59	61

기업가치 지표 *IFRS 별도 기준   〈단위 : 억원〉

항목	2012	2013	2014	2015	2016	2017.2Q
주가(최고/저)(천원)	4.7/1.5	2.7/1.2	2.2/1.3	3.1/1.5	5.8/2.0	—/—
PER(최고/저)(배)	—/—	—/—	52.4/29.3	—/—	47.8/16.2	5.8/3.9
PBR(최고/저)(배)	4.6/1.5	4.7/2.1	3.4/1.9	5.4/2.6	8.4/2.8	—
EV/EBITDA(배)	—	—	14.6	—	26.3	—
EPS(원)	-340	-451	43	-134	121	24
BPS(원)	1,028	584	654	573	694	718
CFPS(원)	-187	-335	81	-69	184	56
DPS(원)	—	—	—	—	—	74
EBITDAPS(원)	-71	-164	99	-100	158	—

재무 비율   〈단위 : % 〉

연도	영업이익률	순이익률	부채비율	차입금비율	ROA	ROE	유보율	자기자본비율	EBITDA마진율
2016	8.7	11.0	167.6	80.1	7.2	19.2	38.8	37.4	14.3
2015	-22.2	-18.0	165.5	61.2	-8.7	-21.8	14.5	37.7	-13.5
2014	6.9	4.9	141.3	53.6	3.1	6.9	30.8	41.5	11.2
2013	-30.8	-49.6	109.0	20.0	-30.3	-55.9	16.7	47.9	-18.1

토필드 (A057880)
Topfield

업 종 : 셋톱 박스		시 장 : KOSDAQ	
신용등급 : (Bond) — (CP) —		기업규모 : 중견	
홈페이지 : www.topfield.co.kr		연 락 처 : 031)778-0800	
본 사 : 경기도 성남시 분당구 정자일로 23, 토필드빌딩			

설 립 일 1998.05.06	종업원수 21명	대 표 이 사 서문동군,오성록각자대표	
상 장 일 2003.12.29	감사의견 적정(이촌)	계 열	
결 산 기 12월	보 통 주 1,788만주	종속회사수 5개사	
액 면 가 500원	우 선 주	구 상 호	

주주구성 (지분율,%)		출자관계 (지분율,%)		주요경쟁사 (외형,%)	
네오바이오1호투자조합	12.7	토필드인터내셔널	100.0	토필드	100
글로밴스	9.7	웨이투비	100.0	가온미디어	2,295
(외국인)	0.2	TopfieldEuropeGmbH	100.0	휴맥스	7,093

매출구성		비용구성		수출비중	
디지털 STB 및 PVR (토필드)	100.0	매출원가율	73.2	수출	—
		판관비율	53.4	내수	—

회사 개요
동사는 셋톱박스 제조를 영위할 목적으로 1998년 설립된 업체로 디지털 셋톱박스와 PVR은 기본적으로 TV 시청을 위한 기본도구임. 세계 디지털 셋톱박스 시장은 유럽을 중심으로 규모가 커지고 있는데, 국내뿐만 아니라 중국, 대만 업체들의 저가 공세로 가격경쟁이 치열해지고 있음. 국외 3개 종속회사를 포함하고 있으며, 상반기 중 Topfield(Thailand)는 지배력이 인정되어 종속기업으로 분류되었고 기존 국내의 헬리오시스템은 폐업, 청산함

실적 분석
동사의 2017년 2분기 매출액은 91.7억원으로 전년동기 대비 42.8% 증가함. 매출 확대에도 원가 및 판관비 부담 증가로 영업이익은 적자폭이 확대됨. 여기에 금융손실이 더해지며 당기순손실 역시 43.3억원을 시현하며 적자폭이 확대됨. 4사업연도 연속 영업손실 발생사유 해소에 이어 정기 주주총회 미개최로 인한 재무제표 미승인 사유가 해소됨에 따라 관리종목에서 해제됨

현금 흐름   〈단위 : 억원〉

항목	2016	2017.2Q
영업활동	-45	10
투자활동	-38	-29
재무활동	80	20
순현금흐름	-3	0
기말현금	49	49

시장 대비 수익률

결산 실적   〈단위 : 억원〉

항목	2012	2013	2014	2015	2016	2017
매출액	541	312	155	217	190	
영업이익	-66	-40	-274	-79	-51	
당기순이익	-137	-30	-386	-114	-59	

분기 실적   〈단위 : 억원〉

항목	2016.1Q	2016.2Q	2016.3Q	2016.4Q	2017.1Q	2017.2Q
매출액	27	37	59	67	55	37
영업이익	-6	-15	-2	-27	3	-47
당기순이익	-2	-12	-4	-41	-21	-22

재무 상태   〈단위 : 억원〉

항목	2012	2013	2014	2015	2016	2017.2Q
총자산	1,004	934	531	439	447	432
유형자산	186	182	136	134	92	73
무형자산	12	22	16	—	3	3
유가증권	—	—	—	—	23	27
총부채	251	215	175	185	177	206
총차입금	150	138	118	120	130	153
자본금	66	66	66	66	80	80
총자본	752	719	356	254	270	226
지배주주지분	754	722	360	275	293	249

기업가치 지표   〈단위 : 억원〉

항목	2012	2013	2014	2015	2016	2017.2Q
주가(최고/저)(천원)	2.8/1.7	2.7/1.7	2.1/1.2	2.3/1.4	6.0/1.5	—/—
PER(최고/저)(배)	—/—	—/—	—/—	—/—	—/—	—/—
PBR(최고/저)(배)	0.5/0.3	0.5/0.3	0.7/0.4	1.0/0.6	2.9/0.7	2.5/1.6
EV/EBITDA(배)	—	—	—	—	—	—
EPS(원)	-1,024	-222	-2,908	-729	-401	-269
BPS(원)	5,994	5,749	3,014	2,375	2,078	1,804
CFPS(원)	-955	-155	-2,846	-680	-370	-256
DPS(원)	—	—	—	—	—	—
EBITDAPS(원)	-434	-233	-2,009	-547	-314	-261

재무 비율   〈단위 : % 〉

연도	영업이익률	순이익률	부채비율	차입금비율	ROA	ROE	유보율	자기자본비율	EBITDA마진율
2016	-26.6	-31.2	65.3	48.0	-13.4	-20.7	315.6	60.5	-24.2
2015	-36.4	-52.8	73.0	47.3	-23.6	-30.4	374.9	57.8	-33.4
2014	-176.5	-248.4	49.1	33.1	-52.7	-71.2	502.7	67.1	-171.2
2013	-12.8	-9.7	29.9	19.2	-3.1	-4.0	1,049.8	77.0	-9.9

톱텍 (A108230)
TOPTEC

업 종 : 디스플레이 및 관련부품		시 장 : KOSDAQ	
신용등급 : (Bond) — (CP) —		기업규모 : 우량	
홈 페 이 지 : www.toptec.co.kr		연 락 처 : 054)472-1100	
본 사 : 경북 구미시 산동면 산호대로 1105-65			

설 립 일 1996.06.20	종 업 원 수 448명	대 표 이 사 이재환	
상 장 일 2009.09.15	감사의견 적정 (경신)	계 열	
결 산 기 12월	보 통 주 3,608만주	종속회사수 3개사	
액 면 가 500원	우 선 주	구 상 호	

주주구성 (지분율,%)		출자관계 (지분율,%)		주요경쟁사 (외형,%)	
이재환	29.9	레몬	100.0	톱텍	100
방인복	9.1	티앤솔라	81.8	LG디스플레이	6,750
(외국인)	5.5			에스에프에이	336

매출구성		비용구성		수출비중	
FA사업	75.9	매출원가율	86.7	수출	91.0
나노사업	23.6	판관비율	2.6	내수	9.0
태양광사업	0.5				

회사 개요
동사는 1996년 설립된 디스플레이용 공장 자동화 업체임. 공장자동화 산업 전문기업으로 FA설비의 국산화 및 개발을 통해 디스플레이 제조 장비사업, 2차전지 제조 장비사업, 자동차부품 제조장비사업, 반도체 제조 장비사업, 신성장동력 사업군인 태양광 관련 사업, 나노섬유 양산 제조장비 사업, 레이저 관련사업부분, 종이상자 자동접이기 사업부문, 2차전지용 나노분리막 사업부분을 보유함.

실적 분석
동사의 2017년 상반기 연결기준 누적 매출액은 8971.8억원으로 전년 동기 대비 무려 645% 증가함. 매출이 급증하면서 매출원가와 판관비 등도 대폭 늘었지만 워낙 매출 증가에 따른 고정비 감소 효과가 커 영업이익은 전년 동기 대비 878.6% 증가한 1501.2억원을 시현함. 비영업손익 부문에서도 흑자 전환에 성공하면서 당기순이익은 1176.6억원으로 전년 동기 대비 무려 1063.9% 증가함.

현금 흐름 〈단위 : 억원〉

항목	2016	2017.2Q
영업활동	621	1,898
투자활동	159	142
재무활동	350	686
순현금흐름	1,131	2,688
기말현금	1,285	3,973

시장 대비 수익률

결산 실적 〈단위 : 억원〉

항목	2012	2013	2014	2015	2016	2017
매출액	1,483	2,271	1,647	2,306	3,927	—
영업이익	101	195	142	195	420	—
당기순이익	83	110	67	126	259	—

분기 실적 〈단위 : 억원〉

항목	2016.1Q	2016.2Q	2016.3Q	2016.4Q	2017.1Q	2017.2Q
매출액	515	690	902	1,820	3,058	5,914
영업이익	34	125	46	215	444	1,057
당기순이익	24	77	24	134	258	919

재무 상태 〈단위 : 억원〉

항목	2012	2013	2014	2015	2016	2017.2Q
총자산	1,636	2,265	2,102	2,091	4,707	7,974
유형자산	442	533	683	667	850	845
무형자산	24	22	18	12	10	10
유가증권	49	3	33	7	8	58
총부채	636	1,170	983	606	2,823	4,968
총차입금	209	565	486	201	461	1,272
자본금	79	81	81	89	182	182
총자본	1,000	1,095	1,118	1,485	1,885	3,006
지배주주지분	1,000	1,095	1,118	1,485	1,890	3,012

기업가치 지표

항목	2012	2013	2014	2015	2016	2017.2Q
주가 (최고/저) (천원)	9.6/6.0	9.4/6.7	7.1/5.4	17.7/5.9	23.3/12.0	—/—
PER (최고/저) (배)	37.7/23.8	28.7/20.2	35.7/27.0	48.7/16.4	32.5/16.8	—/—
PBR (최고/저) (배)	3.1/2.0	2.9/2.0	2.1/1.6	4.1/1.4	4.4/2.3	3.9/2.6
EV/EBITDA (배)	21.2	9.0	10.6	18.3	16.1	—/—
EPS (원)	261	340	204	367	716	3,262
BPS (원)	6,367	6,718	6,976	8,675	5,240	8,348
CFPS (원)	629	792	581	934	809	3,302
DPS (원)	10	150	100	150	150	—
EBITDAPS (원)	742	1,297	1,025	1,325	1,255	4,201

재무 비율 〈단위 : % 〉

연도	영업이익률	순이익률	부채비율	차입금비율	ROA	ROE	유보율	자기자본비율	EBITDA마진율
2016	10.7	6.6	149.8	24.4	7.6	15.3	940.1	40.0	11.6
2015	8.5	5.5	40.8	13.5	6.0	9.7	1,635.0	71.0	10.0
2014	8.6	4.1	87.9	43.5	3.1	6.1	1,343.8	53.2	10.5
2013	8.6	4.8	106.8	51.6	5.6	10.6	1,290.4	48.4	9.5

투비소프트 (A079970)
TOBESOFT

업 종 : 일반 소프트웨어		시 장 : KOSDAQ	
신용등급 : (Bond) — (CP) —		기업규모 : 벤처	
홈 페 이 지 : www.tobesoft.com		연 락 처 : 02)2140-7700	
본 사 : 서울시 강남구 봉은사로 617 2~5층(삼성동, 인탑스빌딩)			

설 립 일 2000.07.10	종 업 원 수 267명	대 표 이 사 이홍구,조상원(각자대표이사)	
상 장 일 2010.06.01	감사의견 적정 (한영)	계 열	
결 산 기 12월	보 통 주 1,754만주	종속회사수 5개사	
액 면 가 500원	우 선 주	구 상 호	

주주구성 (지분율,%)		출자관계 (지분율,%)		주요경쟁사 (외형,%)	
피스티스파트너스	9.3	에스에프에이치	49.7	투비소프트	100
엘피스 제1호투자조합	3.8	케이앤그룹	39.0	한컴MDS	384
(외국인)	1.2	디시지	32.0	이니텍	591

매출구성		비용구성		수출비중	
기업용 소프트웨어 개발 및 공급(단일 사업)	100.0	매출원가율	52.6	수출	—
		판관비율	40.9	내수	—

회사 개요
개발자용 소프트웨어 판매 및 관련 컨설팅을 주요사업으로 영위하고 있음. 기업에서 사용하는 대고객 서비스 화면이나 인사, 회계, 재무, 물류시스템 등의 UI를 개발하기 위한 개발툴 소프트웨어인 마이플랫폼(MiPlatform), 엑스플랫폼(XPLATFORM)이 주력 제품이며, 기업 업무시스템 소프트웨어 매출이 전체 매출의 100%를 차지함. 주요 경쟁업체로는 쉬프트정보통신, 컴스퀘어 등이 있음.

실적 분석
동사의 2017년 2분기 누적 매출액은 전년동기대비 2.6% 감소한 174.3억원을 기록함. 매출원가와 경상개발비 및 판매관리비 감소에 따라 영업이익은 전년동기대비 47.8% 증가한 18.5억원을 기록함. 당기순이익은 1.3억원으로 전년동기 흑자전환함. 2017년 6월 핀테크 및 사물인터넷 관련 계열사 엔비레즈와의 주식교환을 완료, 100% 자회사로 편입하였으며 이후 엔비레즈의 실적은 투비소프트에 모두 반영됨.

현금 흐름 〈단위 : 억원〉

항목	2016	2017.2Q
영업활동	4	31
투자활동	-389	-46
재무활동	418	24
순현금흐름	34	9
기말현금	83	91

시장 대비 수익률

결산 실적 〈단위 : 억원〉

항목	2012	2013	2014	2015	2016	2017
매출액	288	291	315	319	392	—
영업이익	31	35	23	11	26	—
당기순이익	31	24	18	-5	—	

분기 실적 〈단위 : 억원〉

항목	2016.1Q	2016.2Q	2016.3Q	2016.4Q	2017.1Q	2017.2Q
매출액	69	110	105	107	78	96
영업이익	-10	19	-6	23	12	7
당기순이익	-10	2	-10	12	-11	12

재무 상태 〈단위 : 억원〉

항목	2012	2013	2014	2015	2016	2017.2Q
총자산	247	334	329	359	787	1,119
유형자산	7	9	7	9	9	30
무형자산	34	31	89	100	112	452
유가증권	9	38	15	9	47	74
총부채	50	103	60	65	371	431
총차입금		45			300	349
자본금	18	35	38	40	69	88
총자본	197	232	269	294	416	687
지배주주지분	197	232	269	294	416	685

기업가치 지표

항목	2012	2013	2014	2015	2016	2017.2Q
주가 (최고/저) (천원)	2.9/1.7	4.4/1.9	5.0/3.4	10.1/3.6	11.7/6.1	—/—
PER (최고/저) (배)	8.9/5.4	13.9/5.9	21.3/14.8	56.3/19.8	—/—	—/—
PBR (최고/저) (배)	1.4/0.9	1.8/0.8	1.9/1.3	3.6/1.3	3.6/1.9	1.9/1.5
EV/EBITDA (배)	3.8	6.0	8.1	30.1	25.6	—
EPS (원)	335	324	236	180	-36	9
BPS (원)	5,635	3,306	3,528	3,666	3,278	4,104
CFPS (원)	1,277	645	564	423	70	40
DPS (원)	—	70	45	—	70	—
EBITDAPS (원)	1,261	718	550	326	295	159

재무 비율 〈단위 : % 〉

연도	영업이익률	순이익률	부채비율	차입금비율	ROA	ROE	유보율	자기자본비율	EBITDA마진율
2016	6.5	-1.2	89.2	72.1	-0.9	-1.4	555.7	52.9	10.2
2015	3.4	5.8	22.1	0.0	5.4	6.6	633.3	81.9	8.0
2014	7.3	7.6	22.4	0.0	7.2	9.6	605.6	81.7	13.3
2013	12.2	10.4	44.3	19.6	10.5	14.2	561.3	69.3	17.3

투원글로벌 (A066410)
TO-WIN Global

업 종 : 미디어		시 장 : KOSDAQ	
신용등급 : (Bond) — (CP) —		기업규모 : 중견	
홈 페 이 지 : www.towin-global.com		연 락 처 : 02)3452-5079	
본 사 : 서울시 강남구 논현로75길 10 (역삼동, 영창빌딩 5층)			

설 립 일	1999.02.05	종 업 원 수	38명	대 표 이 사	양범준
상 장 일	2003.12.19	감 사 의 견	적정 (대주)	계 열	
결 산 기	12월	보 통 주	6,167만주	종 속 회 사 수	
액 면 가	500원	우 선 주		구 상 호	캔들미디어

주주구성 (지분율,%)		출자관계 (지분율,%)	주요경쟁사 (외형,%)	
투원문화투자	50.1		투원글로벌	100
투원인베스트먼트홀딩스	10.1		한국경제TV	419
(외국인)	55.2		iMBC	374

매출구성		비용구성		수출비중	
용역수입(문자서비스)	40.2	매출원가율	74.7	수출	0.0
컨텐츠매출(부가판권)	25.3	판관비율	50.3	내수	100.0
극장매출(영화상영및기타)	16.5				

회사 개요
동사는 IPTV, 케이블방송, 스마트TV, 아이패드 등 스마트디바이스 기반으로 영화, 영상, 교육 등의 컨텐츠를 제공하는 업체로, 온라인 콘텐츠 유통의 필수 기술인 필터링 기술을 자체 보유하고 있음. 2010년 모바일콘텐츠 회사 스카이온을 흡수합병하여 대량문자 발송 및 벨소리 다운로드 등 모바일 서비스 업을 영위함. 2014년 4월 세종메가박스와 경주롯데시나마를 통해 영화상영업 사업 진출. 2017년 3월 사명을 투원글로벌로 변경함.

실적 분석
동사는 2017년 반기에 수출과 내수판매 모두 축소되면서 전년동기 대비 29.7% 감소한 69.1억원의 매출을 시현함. 그러나 매출원가가 크게 감소하고 판관비 통제로 영업이익은 전년동기 43.6억원 적자 대비 큰 폭으로 개선된 3.4억원의 이익을 시현함. 비영업손익 면에서는 1.2억원의 이익이 발생하여 당반기 순이익은 전년동기 43.4억원 적자 대비 흑자전환한 4.6억원의 흑자를 시현함.

현금 흐름	*IFRS 별도 기준		〈단위 : 억원〉
항목	2016	2017.2Q	
영업활동	12	-8	
투자활동	-30	-1	
재무활동	—	—	
순현금흐름	-18	-10	
기말현금	16	6	

시장 대비 수익률

결산 실적					〈단위 : 억원〉	
항목	2012	2013	2014	2015	2016	2017
매출액	141	158	217	261	180	—
영업이익	-63	6	11	10	-45	—
당기순이익	-77	-38	12	10	-97	—

분기 실적	*IFRS 별도 기준					
항목	2016.1Q	2016.2Q	2016.3Q	2016.4Q	2017.1Q	2017.2Q
매출액	58	41	39	42	32	37
영업이익	-4	-40	0	-2	2	2
당기순이익	-4	-39	0	-54	2	3

재무 상태	*IFRS 별도 기준				〈단위 : 억원〉	
항목	2012	2013	2014	2015	2016	2017.2Q
총자산	297	247	334	332	238	236
유형자산	7	8	46	41	35	34
무형자산	157	134	130	130	99	99
유가증권	8	9	19	16	37	34
총부채	46	35	36	25	30	26
총차입금	—	—	—	—	—	—
자본금	264	264	308	308	308	308
총자본	251	213	298	307	208	210
지배주주지분	251	213	298	307	208	210

기업가치 지표	*IFRS 별도 기준					
항목	2012	2013	2014	2015	2016	2017.2Q
주가(최고/저)(천원)	2.4/0.6	1.3/0.8	1.0/0.7	1.7/0.7	3.2/0.9	—/—
PER(최고/저)(배)			49.9/34.8	105.6/46.5		—/—
PBR(최고/저)(배)	5.0/1.4	3.3/2.0	2.1/1.5	3.3/1.5	9.5/2.6	5.2/3.0
EV/EBITDA(배)		24.8	18.8	33.5		—
EPS(원)	-172	-72	21	16	-157	7
BPS(원)	474	402	483	498	337	341
CFPS(원)	-162	-55	39	32	-144	12
DPS(원)						
EBITDAPS(원)	-132	28	44	33	-60	10

재무 비율								〈단위 : %〉	
연도	영업이익률	순이익률	부채비율	차입금비율	ROA	ROE	유보율	자기자본비율	EBITDA마진율
2016	-25.0	-53.9	일부잠식	0.0	-34.0	-37.6	-32.7	87.4	-20.7
2015	3.9	3.7	일부잠식	0.0	2.9	3.2	-0.5	92.4	7.9
2014	5.2	5.6	일부잠식	0.0	4.2	4.8	-3.4	89.3	10.3
2013	3.8	-24.2	일부잠식	0.0	-14.1	-16.5	-19.6	86.0	9.5

툴젠 (A199800)
ToolGen

업 종 : 바이오		시 장 : KONEX	
신용등급 : (Bond) — (CP) —		기업규모 :	
홈 페 이 지 : www.toolgen.com		연 락 처 : 02)873-8168	
본 사 : 서울시 금천구 가산디지털1로 219 (가산동) 벽산디지털밸리 6차 1204~1206호			

설 립 일	1999.10.08	종 업 원 수	30명	대 표 이 사	김종문
상 장 일	2014.06.25	감 사 의 견	적정 (한미)	계 열	
결 산 기	12월	보 통 주		종 속 회 사 수	
액 면 가	—	우 선 주		구 상 호	

주주구성 (지분율,%)		출자관계 (지분율,%)	주요경쟁사 (외형,%)	
김진수	21.4		툴젠	100
미래창조L8선도기업투자펀드20호	14.0		팬젠	95
			랩지노믹스	1,562

매출구성		비용구성		수출비중	
RGEN서비스	36.4	매출원가율	42.7	수출	100.0
RGEN제품	20.9	판관비율	234.6	내수	0.0
사용료수입 외	15.4				

회사 개요
동사는 1999년에 설립된 유전체교정기술 전문기업으로 유전체교정의 핵심도구인 유전자가위를 이용해 유전체를 교정한 배양 세포 및 실험동물을 생산, 판매하는 사업을 영위하고 있음. 2014년 7월 코넥스 시장에 상장됨. 동사는 일본의 유전자치료 전문기업인 GTRI와 유전병 치료제 개발을 위한 기술협력협약을 맺음. 동사는 미국, 일본, 대만, 독일, 싱가포르 등에 유전자가위, 유전자교정제품 등을 수출하며 수출 비중이 전체의 34%를 차지함.

실적 분석
동사의 2016년 누적 매출액은 15.4억원으로 전년 대비 27.2% 감소함. 판관비가 36.1억원으로 전년보다 137.5% 크게 늘면서 영업손실 27.3억원을 기록해 적자폭이 확대됨. 유전체 정보분석 시장은 국내시장 규모가 해외시장의 2.2%에 불과해 해외시장 공략에 집중하고 있음. 동사가 경쟁력을 갖고 있는 3세대 유전자가위기술은 사업화 초기 단계로 아직 연구용 시장을 중심으로 형성되어 있으나, 향후 산업 및 치료용으로 수요가 증가할 전망임.

현금 흐름	*IFRS 별도 기준		〈단위 : 억원〉
항목	2016	2017.2Q	
영업활동	-34	—	
투자활동	-64	—	
재무활동	100	—	
순현금흐름	3	—	
기말현금	10	—	

시장 대비 수익률

결산 실적					〈단위 : 억원〉	
항목	2012	2013	2014	2015	2016	2017
매출액	6	11	15	21	15	—
영업이익	1	1	2	-2	-27	—
당기순이익	1	1	1	-51	-30	—

분기 실적	*IFRS 별도 기준					
항목	2016.1Q	2016.2Q	2016.3Q	2016.4Q	2017.1Q	2017.2Q
매출액	—	—	—	—	—	—
영업이익	—	—	—	—	—	—
당기순이익	—	—	—	—	—	—

재무 상태	*IFRS 별도 기준				〈단위 : 억원〉	
항목	2012	2013	2014	2015	2016	2017.2Q
총자산	27	30	64	111	183	—
유형자산	6	8	17	13	18	—
무형자산	6	9	8	7	2	—
유가증권						—
총부채	4	6	26	16	14	—
총차입금			20	8	8	—
자본금	23	23	24	27	29	—
총자본	23	24	38	96	169	—
지배주주지분	23	24	38	96	169	—

기업가치 지표	*IFRS 별도 기준					
항목	2012	2013	2014	2015	2016	2017.2Q
주가(최고/저)(천원)	—/—	—/—	6.5/2.4	31.5/3.9	37.0/16.7	—/—
PER(최고/저)(배)	0.0/0.0	0.0/0.0	203.4/75.1	—/—	—/—	—/—
PBR(최고/저)(배)	0.0/0.0	0.0/0.0	8.4/3.1	17.8/2.2	12.7/5.8	0.0/0.0
EV/EBITDA(배)			54.0			
EPS(원)	22	19	32	-964	-548	
BPS(원)	506	526	774	1,767	2,906	
CFPS(원)	42	42	65	-931	-517	
DPS(원)						
EBITDAPS(원)	34	36	67	-8	-466	

재무 비율								〈단위 : %〉	
연도	영업이익률	순이익률	부채비율	차입금비율	ROA	ROE	유보율	자기자본비율	EBITDA마진율
2016	-177.4	-195.9	8.3	4.7	-20.5	-22.8	481.2	92.4	-166.3
2015	-10.2	-243.2	16.3	8.4	-58.8	-77.2	253.4	86.0	-1.9
2014	10.4	9.8	70.1	53.8			54.7	58.8	20.5
2013	5.2	8.0	23.5		3.0	3.7	5.1	80.9	15.1

트레이스 (A052290)
Trais

업 종 : 휴대폰 및 관련부품		시 장 : KOSDAQ	
신용 등급 : (Bond) B- (CP) —		기업규모 : 중견	
홈 페 이 지 : www.trais.co.kr		연 락 처 : 031)499-8960	
본 사 : 경기도 안산시 단원구 별망로25번길 24			

설 립 일	1995.01.19	대 표 이 사	이광구
상 장 일	2001.05.25	감 사 의 견	적정 (대현)	계 열
결 산 기	12월	보 통 주	5,041만주	종속회사수 2개사
액 면 가	500원	우 선 주	—	구 상 호

주주구성 (지분율,%)
김홍채	3.1
김홍채	2.0
(외국인)	1.0

출자관계 (지분율,%)
시우엘케이	100.0
제이아이리더스	100.0

주요경쟁사 (외형,%)
트레이스	100
에스파	950
젬백스테크놀러지	550

매출구성
터치스크린모듈	81.7
컴퓨터 주변기기	11.3
후레쉬 광모듈	7.0

비용구성
매출원가율	74.8
판관비율	31.8

수출비중
수출	30.0
내수	70.0

회사 개요
동사는 미들웨어 사업, IT모듈 사업, LED 조명체 사업 등을 영위 중임. 건교부, 행정자치부, 대법원 등의 프로젝트에서 동사의 미들웨어가 도입된 바 있음. 휴대폰 카메라용 광모듈과 터치스크린모듈 부문은 LG전자와 팬택이 주요 거래처임. 소프트웨어 및 하드웨어 개발업체 시우엘케이 등을 자회사로 두고 있음. 전체 매출의 절반 가량을 수출이 차지함. 최근 미국 산호세에 현지법인을 설립하여 글로벌 시장 공략을 가속화하고 있음.

실적 분석
2017년 상반기 매출은 16.7억원으로 전년대비 85.3% 감소, 영업이익은 -35.2억원으로 적자전환, 당기순이익은 -110.3억원으로 적자전환. 국내 전략 거래선의 스마트폰 사업 부진 영향으로 매출이 큰 폭으로 감소, 고정비 증가 영향으로 적자전환. 동사는 미래 첨단기술을 주력 매출군으로 하는 전문단기술 기업으로 새 모듈를 추진할 계획임을 밝힘. 실적 개선을 위해서는 신규 사업의 매출 성장 추이가 중요함.

현금 흐름 〈단위 : 억원〉
항목	2016	2017.2Q
영업활동	-111	1
투자활동	-24	-16
재무활동	127	75
순현금흐름	-9	61
기말현금	8	69

시장 대비 수익률

결산 실적 〈단위 : 억원〉
항목	2012	2013	2014	2015	2016	2017
매출액	307	549	315	353	147	—
영업이익	7	-48	-157	-87	-10	—
당기순이익	-56	-126	-192	-137	-66	—

분기 실적 〈단위 : 억원〉
항목	2016.1Q	2016.2Q	2016.3Q	2016.4Q	2017.1Q	2017.2Q
매출액	70	44	11	22	10	6
영업이익	0	23	-14	-19	-12	-23
당기순이익	-6	15	-23	-51	-21	-90

재무 상태 〈단위 : 억원〉
항목	2012	2013	2014	2015	2016	2017.2Q
총자산	790	766	770	670	653	613
유형자산	199	202	196	165	131	111
무형자산	160	143	118	115	78	77
유가증권	2	2	2	2	3	3
총부채	450	494	512	358	274	301
총차입금	347	433	383	254	243	279
자본금	96	103	143	189	223	231
총자본	340	272	259	313	379	311
지배주주지분	340	272	259	313	379	311

기업가치 지표
항목	2012	2013	2014	2015	2016	2017.2Q
주가(최고/저)(천원)	5.8/2.6	4.1/2.2	3.4/1.8	4.0/2.6	3.1/1.7	—/—
PER(최고/저)(배)	—/—	—/—	—/—	—/—	—/—	—/—
PBR(최고/저)(배)	3.3/1.5	3.1/1.6	3.7/2.0	4.9/3.1	3.6/2.1	3.9/2.6
EV/EBITDA(배)	33.6	—	—	—	42.7	—
EPS(원)	-311	-644	-731	-382	-153	-239
BPS(원)	1,778	1,323	909	826	853	675
CFPS(원)	-192	-463	-587	-259	-70	-210
DPS(원)	—	—	—	—	—	—
EBITDAPS(원)	156	-65	-452	-120	60	-47

재무 비율 〈단위 : % 〉
연도	영업이익률	순이익률	부채비율	차입금비율	ROA	ROE	유보율	자기자본비율	EBITDA마진율
2016	-6.5	-44.8	72.2	64.2	-9.9	-19.0	70.6	58.1	17.7
2015	-24.7	-38.7	114.4	81.2	-19.0	-47.8	65.2	46.7	-12.2
2014	-49.7	-60.8	197.8	148.1	-25.0	-72.3	81.8	33.6	-37.6
2013	-8.8	-23.0	181.3	159.1	-16.2	-41.2	164.6	35.6	-2.3

트루윈 (A105550)
Truwin

업 종 : 자동차부품		시 장 : KOSDAQ	
신용 등급 : (Bond) — (CP) —		기업규모 : 중견	
홈 페 이 지 : www.truwin.co.kr		연 락 처 : 042)612-5000	
본 사 : 대전시 유성구 엑스포로 385			

설 립 일	2006.05.12	종 업 원 수	148명	대 표 이 사	남용현
상 장 일	2014.07.11	감 사 의 견	—(도원)	계 열	
결 산 기	12월	보 통 주	966만주	총속회사수	
액 면 가	500원	우 선 주	—	구 상 호	

주주구성 (지분율,%)
남용현	29.4
박회원	10.5
(외국인)	0.3

출자관계 (지분율,%)
대덕벤처드림타운	30.0
시리우스	28.0
다모아텍	20.0

주요경쟁사 (외형,%)
트루윈	100
삼보모터스	2,570
인지컨트롤스	1,878

매출구성
AVN	43.1
기타	19.0
Solenoid	13.1

비용구성
매출원가율	94.9
판관비율	22.2

수출비중
수출	9.0
내수	91.0

회사 개요
동사는 2006년 자동차용 변위센서 생산을 목적으로 설립되었으며 2014년 코스닥시장에 상장됨. 센서 전문기업으로 인쇄전자기술, 전자기응용기술, 카메라 및 이미지센서 기술을 보유하고 있음. 자동차에 필수로 들어가는 엑셀, 브레이크, 엔진에 적용된 센서를 개발, 제조함. 동사에서 제조한 자동차용 센서는 완성차업체에 공급되는 모듈의 부품으로 1차 협력사에 공급됨. 국내 자동차부품 회사 중 센서를 직접 생산하는 곳은 동사가 유일함.

실적 분석
동사의 2017년 2분기 누적 매출액은 전년대비 5.0% 성장한 166.6억원을 기록함. 매출액은 성장하였으나 120%에 육박하는 높은 원가율이 유지되고 있어 영업손실 31.9억원, 당기순손실 56.6억원을 보이며 적자규모가 증가함. 동사는 당반기 결산일 이후 '16년도 재감사보고서상 주권의 상장폐지 사유를 해소(감사의견 적정)함에 따라 주권의 상장유지가 결정되어 거래정지가 해제됨을 공시함.

현금 흐름 *IFRS 별도 기준 〈단위 : 억원〉
항목	2016	2017.2Q
영업활동	5	39
투자활동	-154	6
재무활동	149	-11
순현금흐름	0	34
기말현금	7	41

시장 대비 수익률

결산 실적 〈단위 : 억원〉
항목	2012	2013	2014	2015	2016	2017
매출액	224	510	362	322	332	—
영업이익	13	88	30	-31	-57	—
당기순이익	8	78	22	-38	-100	—

분기 실적 *IFRS 별도 기준 〈단위 : 억원〉
항목	2016.1Q	2016.2Q	2016.3Q	2016.4Q	2017.1Q	2017.2Q
매출액	89	77	106	60	117	74
영업이익	-7	-6	-6	-42	-9	16
당기순이익	-8	-3	-3	-85	-14	-5

재무 상태 *IFRS 별도 기준 〈단위 : 억원〉
항목	2012	2013	2014	2015	2016	2017.2Q
총자산	301	442	531	749	871	696
유형자산	152	197	234	512	379	369
무형자산	30	26	24	18	5	5
유가증권	2	2	3	3	3	3
총부채	254	317	215	423	565	531
총차입금	233	273	190	394	459	434
자본금	26	26	37	41	48	48
총자본	47	125	316	326	306	164
지배주주지분	47	125	316	326	306	164

기업가치 지표 *IFRS 별도 기준
항목	2012	2013	2014	2015	2016	2017.2Q
주가(최고/저)(천원)	—/—	—/—	15.4/5.4	10.7/5.9	12.5/6.2	—/—
PER(최고/저)(배)	0.0/0.0	0.0/0.0	46.9/16.5	—/—	—/—	—/—
PBR(최고/저)(배)	0.0/0.0	0.0/0.0	3.6/1.3	2.7/1.5	3.7/1.8	4.9/3.1
EV/EBITDA(배)	5.2	—	1.7	9.5	80.3	—
EPS(원)	129	1,306	329	-500	-1,087	-586
BPS(원)	796	2,102	4,249	3,954	3,372	1,907
CFPS(원)	584	2,213	734	72	-494	-368
DPS(원)	—	—	25	—	—	—
EBITDAPS(원)	682	2,390	846	161	-25	-112

재무 비율 〈단위 : % 〉
연도	영업이익률	순이익률	부채비율	차입금비율	ROA	ROE	유보율	자기자본비율	EBITDA마진율
2016	-17.1	-30.0	184.6	149.9	-12.3	-31.6	574.5	35.1	-0.7
2015	-9.7	-11.8	129.8	121.0	-5.9	-11.8	690.8	43.5	3.8
2014	8.2	6.1	68.0	60.1	4.6	10.1	749.7	59.5	15.8
2013	17.3	15.2	253.4	218.9	20.9	90.1	389.9	28.3	27.8

특수건설 (A026150)
Tuksu Engineering & Construction

종 목 : 건설		시 장 : KOSDAQ		
용 등 급 : (Bond) — (CP) —		기업규모 : 중견		
페 이 지 : www.tuksu.co.kr		연 락 처 : 02)590-6400		
본 사 : 서울시 서초구 효령로 358 (서초동)				

설 립 일 1971.05.31	종 업 원 수 250명	대 표 이 사 김중현	
상 장 일 1997.08.06	감사의견 적정 (진일)	계 열	
결 산 기 12월	보 통 주 999만주	종속회사수	
액 면 가 500원	우 선 주	구 상 호	

주주구성 (지분율,%)		출자관계 (지분율,%)		주요경쟁사 (외형,%)	
김중현	19.9	특수건설	100		
김도현	12.7	삼일기업공사	20		
(외국인)	1.5	신원종합개발	84		

매출구성		비용구성		수출비중	
토 목 (국내도급공사)	77.1	매출원가율	94.4	수출	—
토 목 (해외도급공사)	15.8	판관비율	5.1	내수	—
제품	6.6				

회사 개요

동사는 철도 및 도로 지하횡단구조물 비개착 시공, 대구경 교량기초시공, 쉴드터널 시공과 산업플랜트 제작 등을 주요사업으로 영위함. 건설부문에서는 서해대교, 광안대교, 싱가폴 고속도로 지하구간 및 지하철 등을 시공하였으며, 충공업부문에서는 자동차공장의 도장라인 제작과 포스코 등의 산업플랜트 제작 등을 통한 수익창출을 하고 있음. 베트남, 싱가폴 등 해외시장을 개척하여 글로벌 기업으로써의 성장 기반을 다져가고 있음.

실적 분석

동사의 2017년 2분기 누적 매출액은 전년보다 13% 감소한 652.5억원을 시현함. 외형 축소와 고정비 부담으로 매출총이익은 40.4억원을 보이며 전년대비 29.6% 감소함. 또한 판관비가 전년동기 대비 6.2% 증가하여 영업이익은 1.5억원으로 면 적자 수준을 보임. 비영업손실 0.2억원을 시현하며 적자지속 하였음에도 당기순이익은 2.9억원을 기록, 전년동기 대비 흑자전환함.

현금 흐름 *IFRS 별도 기준 〈단위 : 억원〉

항목	2016	2017.2Q
영업활동	-74	64
투자활동	27	15
재무활동	39	-32
순현금흐름	-7	47
기말현금	89	136

시장 대비 수익률

결산 실적 〈단위 : 억원〉

항목	2012	2013	2014	2015	2016	2017
매출액	1,451	1,673	1,535	1,248	1,381	—
영업이익	5	-48	-130	56	7	—
당기순이익	15	-39	14	-22	-69	—

분기 실적 *IFRS 별도 기준 〈단위 : 억원〉

항목	2016.1Q	2016.2Q	2016.3Q	2016.4Q	2017.1Q	2017.2Q
매출액	368	382	345	287	344	308
영업이익	-8	29	-14	-0	9	-7
당기순이익	34	-20	-12	-72	3	-5

재무 상태 *IFRS 별도 기준 〈단위 : 억원〉

항목	2012	2013	2014	2015	2016	2017.2Q
총자산	1,463	1,503	1,388	1,254	1,180	1,232
유형자산	333	300	272	244	118	124
무형자산	3	3	3	3	2	4
유가증권	56	58	58	63	66	65
총부채	675	773	647	537	540	591
총차입금	242	365	280	141	181	156
자본금	50	50	50	50	50	50
총자본	787	730	741	716	640	641
지배주주지분	787	730	741	716	640	641

기업가치 지표 *IFRS 별도 기준

항목	2012	2013	2014	2015	2016	2017.2Q
주가(최고/저)(천원)	7.6/2.8	5.3/3.7	5.2/2.8	5.7/2.8	6.5/3.1	—/—
PER(최고/저)(배)	51.1/18.8	—/—	36.0/19.5	—/—	1.0/0.5	1.0/0.7
PBR(최고/저)(배)	1.0/0.4	0.7/0.5	0.7/0.4	0.8/0.4	1.0/0.5	1.0/0.7
EV/EBITDA(배)	13.6			4.2	14.3	—/—
EPS(원)	151	-389	144	-218	-694	29
BPS(원)	7,878	7,308	7,413	7,166	6,404	6,415
CFPS(원)	547	-7	494	148	-377	161
DPS(원)	50					
EBITDAPS(원)	449	-99	-955	928	383	147

재무 비율 〈단위 : % 〉

연도	영업이익률	순이익률	부채비율	차입금비율	ROA	ROE	유보율	자기자본비율	EBITDA마진율
2016	0.5	-5.0	84.3	28.2	-5.7	-10.2	1,180.7	54.3	2.8
2015	4.5	-1.8	75.0	19.7	-1.7	-3.0	1,333.2	57.1	7.4
2014	-8.5	0.9	87.4	37.9	1.0	1.9	1,382.6	53.4	-6.2
2013	-2.9	-2.3	105.8	49.9	-2.6	-5.1	1,361.7	48.6	-0.6

티비씨 (A033830)
Taegu Broadcasting

업 종 : 미디어		시 장 : KOSDAQ	
신용등급 : (Bond) — (CP) —		기업규모 : 중견	
홈페이지 : www.tbc.co.kr		연 락 처 : 053)760-1900	
본 사 : 대구시 수성구 동대구로 23			

설 립 일 1994.10.07	종 업 원 수 125명	대 표 이 사 최진민,김정길	
상 장 일 2010.11.29	감사의견 적정 (경신)	계 열	
결 산 기 12월	보 통 주 10,000만주	종속회사수 1개사	
액 면 가 500원	우 선 주	구 상 호 대구방송	

주주구성 (지분율,%)		출자관계 (지분율,%)		주요경쟁사 (외형,%)	
나노켐	13.1	티비시엔비	100.0	티비씨	100
귀뚜라미	12.3	아이앤티김	50.0	오리콤	417
		한국민영방송연합	11.1	이매진아시아	83

매출구성		비용구성		수출비중	
TV,FM 광고 수익	45.5	매출원가율	74.3	수출	0.0
행사, 외식 사업 수익 등	38.6	판관비율	21.0	내수	100.0
프로그램 판매, DMB	8.8				

회사 개요

동사는 대구광역시의 민영방송사로 SBS와 제휴, 네트워크 프로그램으로 약 70%를 편성하고, 자체적으로 30%를 편성 방송하고 있음. 동사의 주요매출은 TV/라디오 광고 수익으로 전체 수익의 약 50%를 차지하고 있음. 광고 수익에 대한 의존도를 낮추기 위해 문화공연 사업을 확대하고 있어 이를 통해 수익구조 안정화 모색 중. 2015년 말 광고비 기준 1.09%의 시장점유율을 나타내고 있음.

실적 분석

동사의 2017년 반기 영업수익은 173.7억원을 기록하며 전년동기 대비 4.6% 증가하였음. 추가적으로 원가율 하락하여 전년동기 대비 큰 폭으로 증가한 10.3억원의 영업이익 시현함. 당기순이익 또한 전년동기 대비 131.9% 증가한 13.2억원을 시현함. 타 지역 민방에 비해 문화공연 수익사업에 강점을 발휘하여 약 10년간의 문화사업 경험을 바탕으로 대형 공연사업을 성공적으로 수행하며 수익구조의 다변화를 꾀하고 있음.

현금 흐름 〈단위 : 억원〉

항목	2016	2017.2Q
영업활동	22	91
투자활동	11	-65
재무활동	-16	-18
순현금흐름	17	8
기말현금	24	32

시장 대비 수익률

결산 실적 〈단위 : 억원〉

항목	2012	2013	2014	2015	2016	2017
매출액	363	335	352	411	388	—
영업이익	26	20	21	20	18	—
당기순이익	43	36	33	36	27	—

분기 실적 〈단위 : 억원〉

항목	2016.1Q	2016.2Q	2016.3Q	2016.4Q	2017.1Q	2017.2Q
매출액	73	93	75	148	72	102
영업이익	-4	5	-7	24	0	10
당기순이익	-1	6	-2	25	3	10

재무 상태 〈단위 : 억원〉

항목	2012	2013	2014	2015	2016	2017.2Q
총자산	998	1,020	1,042	1,082	1,105	1,112
유형자산	220	231	217	202	214	245
무형자산	9	9	8	4	3	3
유가증권	594	630	684	623	607	670
총부채	53	45	50	75	86	86
총차입금	15	14	16	20	45	34
자본금	500	500	500	500	500	500
총자본	945	975	992	1,007	1,019	1,026
지배주주지분	945	975	992	1,007	1,019	1,026

기업가치 지표

항목	2012	2013	2014	2015	2016	2017.2Q
주가(최고/저)(천원)	6.1/5.0	5.7/4.9	5.5/5.0	7.2/5.2	8.5/6.2	—/—
PER(최고/저)(배)	15.9/13.1	17.4/14.9	17.6/16.0	20.6/14.9	32.6/23.8	—/—
PBR(최고/저)(배)	0.7/0.6	0.6/0.5	0.6/0.5	0.7/0.5	0.8/0.6	1.1/0.7
EV/EBITDA(배)				1.8	5.8	—/—
EPS(원)	43	36	33	36	27	13
BPS(원)	9,656	9,958	10,132	10,377	10,571	1,064
CFPS(원)	848	602	611	637	451	21
DPS(원)	60	200	150	150	100	
EBITDAPS(원)	677	438	488	474	368	18

재무 비율 〈단위 : % 〉

연도	영업이익률	순이익률	부채비율	차입금비율	ROA	ROE	유보율	자기자본비율	EBITDA마진율
2016	4.7	6.8	8.4	4.4	2.4	2.6	111.4	92.2	9.5
2015	4.9	8.8	7.4	2.0	3.3	3.4	107.5	93.1	11.5
2014	5.9	9.4	5.1	1.7	3.2	3.4	102.6	95.2	13.9
2013	5.9	10.8	4.6	1.4	3.6	3.8	99.2	95.6	13.1

티비에이치글로벌 (A084870)
TBH GLOBAL COLTD

업 종 : 섬유 및 의복		시 장 : 거래소	
신용 등급 : (Bond) — (CP) —		기업규모 : 시가총액 소형주	
홈 페 이 지 : www.tbhglobal.co.kr		연 락 처 : 02)2058-3800	
본 사 : 서울시 강남구 봉은사로 456 베이직하우스빌딩(삼성동)			

설 립 일	2001.01.01	종 업 원 수	339명	대 표 이 사	우종완
상 장 일	2005.12.19	감 사 의 견	적정 (삼정)	계 열	
결 산 기	12월	보 통 주	2,086만주	종속회사수	3개사
액 면 가	500원	우 선 주		구 상 호	

주주구성 (지분율,%)		출자관계 (지분율,%)		주요경쟁사 (외형,%)	
우종완	19.6	이제	15.4	TBH글로벌	100
우한곤	12.4	TBHHONGKONGLIMITED	86.0	F&F	61
(외국인)	11.0			태평양물산	120

매출구성		비용구성		수출비중	
[패션사업]캐주얼 및 남성복	99.8	매출원가율	33.6	수출	0.0
[기타사업]기타매출	1.0	판관비율	64.6	내수	100.0
[임대사업]임대료 수익	0.1				

회사 개요
동사는 한국과 중국에서 패션사업을 영위하고 있음. 패션제품의 디자인과 유통망 전개는 대부분 자체적으로 수행하고 있으며, 모든 생산은 아웃소싱으로 이루어지고 있음. 2016년 말 기준 한국에서는 7개의 자체브랜드를 두꺼움, 백화점, 쇼핑몰 및 상설 할인점 등에서 판매하고 있으며, 변화하는 패션시장에 대응하기 위하여 수익성이 낮은 라이선스 브랜드 다반과 자체브랜드인 겸비의 철수 완료와 함께 신규 브랜드인 마크릭과 스펠로를 론칭하였음.

실적 분석
2017년 반기 누적 매출액은 3,298.4억원으로 전년동기대비 5.7% 감소, 영업이익은 116.5억원으로 101.7% 증가하였음. 원가율 개선에 따른 실적 개선. 비효율 대형점 폐점과 동시에 일반매장 오픈을 진행하며 전체 매장수 는 330개로 증가하였으며, 직영점 철수와 임직원 수 감소로 고정비 축소 진행함. 하반기 성수기 진입 시 작년대비 큰 폭의 실적 개선이 가능할 것.

현금 흐름 〈단위 : 억원〉
항목	2016	2017.2Q
영업활동	280	546
투자활동	-50	-291
재무활동	-109	-17
순현금흐름	116	225
기말현금	438	663

시장 대비 수익률

결산 실적 〈단위 : 억원〉
항목	2012	2013	2014	2015	2016	2017
매출액	5,211	5,552	5,498	6,597	7,222	—
영업이익	280	524	280	-53	124	—
당기순이익	164	403	242	-98	3	—

분기 실적 〈단위 : 억원〉
항목	2016.1Q	2016.2Q	2016.3Q	2016.4Q	2017.1Q	2017.2Q
매출액	2,041	1,457	1,275	2,450	1,896	1,402
영업이익	114	-56	-101	168	112	4
당기순이익	72	-47	-70	48	81	1

재무 상태 〈단위 : 억원〉
항목	2012	2013	2014	2015	2016	2017.2Q
총자산	4,296	4,457	5,238	5,873	5,609	5,344
유형자산	1,096	1,039	1,225	1,258	1,175	1,212
무형자산	21	21	42	39	38	32
유가증권	6	21	6	18	3	3
총부채	2,300	2,083	2,520	3,233	3,120	2,887
총차입금	773	497	350	686	580	566
자본금	104	104	104	104	104	104
자본총	1,995	2,374	2,718	2,640	2,489	2,458
지배주주지분	1,851	2,192	2,496	2,239	2,074	2,043

기업가치 지표
항목	2012	2013	2014	2015	2016	2017.2Q
주가(최고/저)(천원)	21.9/10.6	23.6/13.7	28.1/13.2	23.3/8.8	12.9/7.5	—/—
PER(최고/저)(배)	31.7/15.3	13.4/7.8	28.4/13.3	—/—	—/—	—/—
PBR(최고/저)(배)	2.5/1.2	2.2/1.3	2.4/1.1	2.2/0.8	1.3/0.8	1.1/0.8
EV/EBITDA(배)	6.2	6.4	5.8	8.1	4.3	—/—
EPS(원)	693	1,759	990	-606	-139	339
BPS(원)	8,876	10,511	11,967	10,737	9,942	9,796
CFPS(원)	2,091	2,994	2,162	1,280	1,888	1,153
DPS(원)		50				
EBITDAPS(원)	2,741	3,745	2,515	1,632	2,621	1,372

재무 비율 〈단위 : % 〉
연도	영업이익률	순이익률	부채비율	차입금비율	ROA	ROE	유보율	자기자본비율	EBITDA마진율
2016	1.7	0.0	125.3	23.3	0.1	-1.4	1,888.5	44.4	7.6
2015	-0.8	-1.5	122.5	26.0	-1.8	-5.3	2,047.5	45.0	5.2
2014	5.1	4.4	92.7	12.9	5.0	8.8	2,293.4	51.9	9.5
2013	9.4	7.3	87.7	20.9	9.2	18.2	2,002.2	53.3	14.1

티씨씨동양 (A002710)
TCC Steel

업 종 : 금속 및 광물		시 장 : 거래소	
신용 등급 : (Bond) — (CP) —		기업규모 : 시가총액 소형주	
홈 페 이 지 : www.tccsteel.com		연 락 처 : 054)285-3311	
본 사 : 경북 포항시 남구 괴동로 100 (장흥동)			

설 립 일	1959.07.16	종 업 원 수	274명	대 표 이 사	손봉락,조석희(각자대표)
상 장 일	1984.12.21	감 사 의 견	적정 (한영)	계 열	
결 산 기	12월	보 통 주	2,234만주	종속회사수	5개사
액 면 가	1,000원	우 선 주		구 상 호	

주주구성 (지분율,%)		출자관계 (지분율,%)		주요경쟁사 (외형,%)	
손봉락	18.9	TAC	100.0	TCC동양	100
티씨씨통상	13.0	TCC강판	100.0	대양금속	33
(외국인)	1.1	TCC한진	100.0	SIMPAC Metal	31

매출구성		비용구성		수출비중	
전기주석도금강판,전해크롬산처리강판 등	99.8	매출원가율	90.7	수출	63.0
수입임대료	0.2	판관비율	5.9	내수	37.0
임가공 및 설비수출(PLANT) 등	0.0				

회사 개요
동사는 전기주석도금강판 등 표면처리강판의 제조와 판매업 등을 영위할 목적으로 1959년 7월 16일에 설립되었음. 또한 회사의 주식은 1984년 12월 21일 유가증권시장에 상장되었음. 연결기업은 전략적 영업단위인 4개의 보고부문(표면처리강판, 부동산임대, 관이음쇠, 기타)을 가지고 있으며, 전략적 영업단위들은 서로 다른 생산품과 용역을 제공하며 각 영업 단위별로 요구되는 기술과 마케팅 전략이 다르므로 분리되어 운영되고 있음.

실적 분석
동사의 2017년 2분기 연결기준 누적 매출과 영업이익은 2,003.6억원, 40.2억원으로 전년동기 대비 각각 15.9%, 45.0% 감소함. 임대사업부문 일부가 중단영업으로 분류되며 매출이 크게 감소함. 그러나 표면처리강판 부문이 식품관 및 에어로졸 등의 수요증가, 레저활동 증가에 따른 캔용기 선호현상으로 매출을 유지하고 있음. 이 부문의 신흥개발국 수요와 자동차 제작에 쓰이는 강판의 국내외 수요 증가로 안정적인 성장세 기대중임.

현금 흐름 〈단위 : 억원〉
항목	2016	2017.2Q
영업활동	-353	-132
투자활동	880	7
재무활동	-543	131
순현금흐름	-15	7
기말현금	89	96

시장 대비 수익률

결산 실적 〈단위 : 억원〉
항목	2012	2013	2014	2015	2016	2017
매출액	5,013	5,008	4,855	4,961	4,445	—
영업이익	59	-77	109	159	154	—
당기순이익	1	-200	-158	-1,102	169	—

분기 실적 〈단위 : 억원〉
항목	2016.1Q	2016.2Q	2016.3Q	2016.4Q	2017.1Q	2017.2Q
매출액	1,175	1,208	1,044	1,017	982	1,022
영업이익	30	43	14	65	13	27
당기순이익	51	27	3	88	11	7

재무 상태 〈단위 : 억원〉
항목	2012	2013	2014	2015	2016	2017.2Q
총자산	5,470	5,437	5,510	3,764	2,829	2,981
유형자산	1,438	1,566	1,516	719	647	630
무형자산	43	67	65	57	59	59
유가증권	353	367	344	268	355	366
총부채	3,210	3,380	3,620	2,904	1,796	1,962
총차입금	2,276	2,554	2,807	1,683	1,172	1,346
자본금	170	180	190	223	223	223
총자본	2,260	2,057	1,890	860	1,033	1,019
지배주주지분	2,248	2,042	1,879	856	1,030	1,016

기업가치 지표
항목	2012	2013	2014	2015	2016	2017.2Q
주가(최고/저)(천원)	4.6/3.4	4.0/2.9	3.6/2.5	3.5/1.8	3.0/1.9	—/—
PER(최고/저)(배)	611.1/451.2	—/—	—/—	—/—	3.9/2.5	—/—
PBR(최고/저)(배)	0.4/0.3	0.4/0.3	0.4/0.3	0.9/0.4	0.6/0.4	0.6/0.5
EV/EBITDA(배)	18.4	60.5	13.0	7.7	7.5	—/—
EPS(원)	8	-949	-756	-5,364	760	81
BPS(원)	13,543	11,647	10,177	4,077	4,853	4,790
CFPS(원)	550	-351	-78	-4,844	1,045	208
DPS(원)	184	110	107			
EBITDAPS(원)	890	273	1,289	1,300	973	306

재무 비율 〈단위 : % 〉
연도	영업이익률	순이익률	부채비율	차입금비율	ROA	ROE	유보율	자기자본비율	EBITDA마진율
2016	3.5	3.8	173.8	113.4	5.1	18.0	385.3	36.5	4.9
2015	3.2	-22.2	337.6	195.7	-23.8	-80.1	307.7	22.9	5.4
2014	2.2	-3.3	191.5	148.5	-2.9	-7.7	917.7	34.3	5.0
2013	-1.6	-3.9	164.3	124.2	-3.7	-8.9	1,064.7	37.8	1.0

티씨엠생명과학 (A228180)
TCM BIOSCIENCES

업 종 : 의료 장비 및 서비스		시 장 : KONEX	
신용등급 : (Bond) — (CP) —		기업규모 :	
홈 페 이 지 : www.tcm-s.co.kr		연 락 처 : 031)698-3041	
주 소 : 경기도 성남시 분당구 판교로 228번길 15, 3동 3층			

설 립 일	2009.08.03	종 업 원 수	30명	대 표 이 사	박영철
상 장 일	2015.10.22	감 사 의 견	적정 (삼일)	계 열	
결 산 기	12월	보 통 주		종 속 회 사 수	
액 면 가		우 선 주		구 상 호	한국티씨엠

주주구성 (지분율,%)		출자관계 (지분율,%)		주요경쟁사 (외형,%)	
박영철	11.0	ANTRIABIO	2.5	티씨엠생명과학	100
...Bridge Asian Mid market Opportunity Fund II.LP.	8.0			비트컴퓨터	2,042
				하이로닉	889

매출구성		비용구성		수출비중	
제품, 상품, 기타	53.1	매출원가율	69.9	수출	0.0
진단서비스	47.0	판관비율	154.3	내수	100.0

회사 개요	실적 분석
동사는 2009년 설립돼 현재 체외진단 서비스 사업을 영위하고 있음. 조직, 세포 및 분자(유전자) 분야에서의 체외진단 서비스를 제공하며, 이를 통해 축적된 경험을 바탕으로 체외진단 의료기기의 개발, 유전자분석 기법의 적용 및 새로운 진단 기법의 개발과 분석 효율 및 방법론적 개선을 수행하고 있음. 동사는 매출의 100%를 내수시장에 의존하고 있으며 향후 인도네시아 등 개발도상국 시장 진출 기회를 엿보고 있는 상태임.	동사는 코넥스 상장 기업으로 분기보고서 공시 의무가 없음. 동사의 2016년 누적매출액은 17.4억원으로 전년 12.4억원 대비 40.3% 증가함. 매출원가와 판관비의 급격한 증가로 영업손실 21.6억원이 발생해 적자폭이 커짐. 비영업손익 25.8억원으로 당기순이익 4.2억원을 기록해 흑자전환함. 동사는 분자진단 분야에서의 진단 서비스를 위한 제품 개발뿐만 아니라 세포병리진단, 분자진단 분야에서의 신규 제품 개발을 진행 중임.

현금 흐름 *IFRS 별도 기준 〈단위 : 억원〉

항목	2016	2017.2Q
영업활동	-11	—
투자활동	-49	—
재무활동	65	—
순현금흐름	5	—
기말현금	191	—

시장 대비 수익률

결산 실적 〈단위 : 억원〉

항목	2012	2013	2014	2015	2016	2017
매출액	8	6	8	12	17	
영업이익	0	0	0	-7	-22	
당기순이익	0	0	1	-3	4	

분기 실적 *IFRS 별도 기준 〈단위 : 억원〉

항목	2016.1Q	2016.2Q	2016.3Q	2016.4Q	2017.1Q	2017.2Q
매출액	—	—	—	—	—	—
영업이익	—	—	—	—	—	—
당기순이익	—	—	—	—	—	—

재무 상태 *IFRS 별도 기준 〈단위 : 억원〉

항목	2012	2013	2014	2015	2016	2017.2Q
총자산	8	8	54	246	307	
유형자산	4	4	35	37	37	
무형자산				3	2	
유가증권					39	
총부채	3	2	23	78	256	
총차입금			19	70	232	
자본금	4	4	6	12	10	
총자본	6	6	31	167	51	
지배주주지분	6	6	31	167	51	

기업가치 지표 *IFRS 별도 기준

항목	2012	2013	2014	2015	2016	2017.2Q
주가(최고/저)(천원)	#VALUE!	—/—	—/—	—/—	—/—	—/—
PER(최고/저)(배)	0.0/0.0	0.0/0.0	0.0/0.0	—/—	125.9/68.4	—/—
PBR(최고/저)(배)	0.0/0.0	0.0/0.0	0.0/0.0	2.9/2.0	10.4/5.7	0.0/0.0
EV/EBITDA(배)	—	—	11.0	—	—	—
EPS(원)	125	18	86	-144	175	
BPS(원)	7,434	7,613	26,839	68,986	2,108	
CFPS(원)	1,846	179	1,828	-101	293	
DPS(원)						
EBITDAPS(원)	1,958	195	1,340	-2,104	-774	

재무 비율 〈단위 : % 〉

연도	영업이익률	순이익률	부채비율	차입금비율	ROA	ROE	유보율	자기자본비율	EBITDA마진율
2016	-124.2	24.3	500.6	454.9	1.5	3.9	409.1	16.7	-107.8
2015	-53.8	-22.5	47.0	42.0	-1.9	-2.8	1,279.7	68.1	-32.8
2014	4.3	10.0	74.5	60.5	2.7	4.5	436.8	57.3	15.5
2013	2.8	2.6	32.6		1.7	2.4	52.3	75.4	2.8

티씨케이 (A064760)
Tokai Carbon Korea

업 종 : 반도체 및 관련장비		시 장 : KOSDAQ	
신용등급 : (Bond) — (CP) —		기업규모 : 우량	
홈 페 이 지 : www.tck.co.kr		연 락 처 : 031)677-0277	
주 소 : 경기도 안성시 미양면 개정산업단지로 71			

설 립 일	1996.08.07	종 업 원 수	266명	대 표 이 사	쯔지마사후미,박영순(각자대표)
상 장 일	2003.08.18	감 사 의 견	적정 (삼일)	계 열	
결 산 기	12월	보 통 주	1,168만주	종 속 회 사 수	
액 면 가	500원	우 선 주		구 상 호	

주주구성 (지분율,%)		출자관계 (지분율,%)		주요경쟁사 (외형,%)	
도카이카본주식회사	35.4			티씨케이	100
케이씨텍	28.3			지스마트글로벌	101
(외국인)	38.5			케이씨텍	545

매출구성		비용구성		수출비중	
반도체 공정 부품	74.6	매출원가율	57.0	수출	46.0
반도체용 고순도 흑연제품	9.4	판관비율	12.3	내수	54.0
LED 및 반도체 부품 외	8.0				

회사 개요	실적 분석
동사는 1996년 한국도카이카본(주)으로 설립되어 반도체, 태양전지를 만드는 장비의 부품으로 사용되는 인조흑연(graphite)과 국내 유일하게 국산화에 성공한 LED Chip 생산용 Susceptor, 반도체 장비용 SiC-Ring, SiC-Wafer 등을 제조·판매하고 있음. 2001년 상호를 티씨케이로 변경했고, 2003년 코스닥 시장에 상장함. 최대주주는 1918년에 설립된 일본업체 도카이카본으로 지분율 35.4%임.	동사는 2017년 상반기 누적 매출액과 영업이익이 전년 동기 대비 각각 26.8%, 38.6% 증가한 559.0억원, 192.6억원을 기록함. 동사는 전방산업인 반도체 호황에 힘입어 반도체 공정부품의 판매호조를 보임. 반도체 공정에 사용되는 Solid Sic의 수주잔고가 229.1억원으로 당분간은 실적 호조세를 이어갈 것으로 보임. 매출 신장에도 불구하고 인건비가 전년 동기보다 감소하는 등 판매관리비를 통제하면서 수익성을 개선함.

현금 흐름 *IFRS 별도 기준 〈단위 : 억원〉

항목	2016	2017.2Q
영업활동	249	35
투자활동	-285	-23
재무활동	1	0
순현금흐름	-35	12
기말현금	55	67

시장 대비 수익률

결산 실적 〈단위 : 억원〉

항목	2012	2013	2014	2015	2016	2017
매출액	488	351	452	619	894	
영업이익	80	35	71	161	274	
당기순이익	68	19	47	132	227	

분기 실적 *IFRS 별도 기준 〈단위 : 억원〉

항목	2016.1Q	2016.2Q	2016.3Q	2016.4Q	2017.1Q	2017.2Q
매출액	212	229	236	218	244	315
영업이익	64	75	76	60	75	118
당기순이익	51	59	60	58	60	93

재무 상태 *IFRS 별도 기준 〈단위 : 억원〉

항목	2012	2013	2014	2015	2016	2017.2Q
총자산	863	841	911	1,034	1,315	1,398
유형자산	508	468	393	451	638	633
무형자산	14	9	8	7	6	6
유가증권	1	1	1	0	0	0
총부채	89	61	88	94	175	164
총차입금					2	67
자본금	58	58	58	58	58	58
총자본	774	779	823	940	1,140	1,234
지배주주지분	774	779	823	940	1,140	1,234

기업가치 지표 *IFRS 별도 기준

항목	2012	2013	2014	2015	2016	2017.2Q
주가(최고/저)(천원)	16.2/6.1	11.2/6.9	11.3/6.7	26.6/7.9	43.7/25.7	—/—
PER(최고/저)(배)	29.6/11.1	71.4/43.9	28.9/17.2	24.2/7.2	22.8/13.4	—/—
PBR(최고/저)(배)	2.6/1.0	1.8/1.1	1.7/1.0	3.4/1.0	4.6/2.7	4.1/2.8
EV/EBITDA(배)	6.2	8.7	6.3	12.6	10.0	—
EPS(원)	583	164	407	1,128	1,948	1,308
BPS(원)	6,632	6,676	7,048	8,056	9,763	10,572
CFPS(원)	969	593	840	1,597	2,494	1,674
DPS(원)	120	35	120	240	500	
EBITDAPS(원)	1,070	727	1,037	1,847	2,895	2,015

재무 비율 〈단위 : % 〉

연도	영업이익률	순이익률	부채비율	차입금비율	ROA	ROE	유보율	자기자본비율	EBITDA마진율
2016	30.7	25.4	15.4	0.2	19.4	21.9	1,852.7	86.7	37.8
2015	26.0	21.3	10.0	0.0	13.5	14.9	1,511.1	91.0	34.8
2014	15.6	10.5	10.7	0.1	5.4	5.9	1,309.6	90.4	26.8
2013	9.9	5.5	7.9	0.1	2.2	2.5	1,235.2	92.7	24.2

티에스이 (A131290)
TSE CO

업　　　종 : 반도체 및 관련장비		시　　장 : KOSDAQ	
신용등급 : (Bond) ─ (CP) ─		기업규모 : 중견	
홈페이지 : www.tse21.com		연락처 : 041)581-9955	
본　　　사 : 충남 천안시 서북구 직산읍 군서1길 189			

설 립 일 1995.08.31	종 업 원 수 400명	대 표 이 사 권상준,김철호	
상 장 일 2011.01.05	감 사 의 견 적정 (삼일)	계　　　열	
결 산 기 12월	보 통 주 1,106만주	종속회사수 7개사	
액 면 가 500원	우 선 주 ─	구 상 호 ─	

주주구성 (지분율,%)
권상준	36.0
김철호	30.4
(외국인)	0.8

출자관계 (지분율,%)
에이엘티	7.9
파미	5.0
SVIC30호신기술사업투자조합	2.0

주요경쟁사 (외형,%)
티에스이	100
엘비세미콘	107
에스엔텍	53

매출구성
Interface Board	54.7
Probe Card	30.0
LED 검사장비	15.0

비용구성
매출원가율	91.0
판관비율	19.0

수출비중
수출	22.0
내수	78.0

회사 개요
동사는 반도체 및 LED 검사장비 전문(PCB) 기업으로써, 반도체 제조공정 중 전 공정(Fabrication)이 완료된 웨이퍼(Wafer) 상태에서의 Test를 위한 핵심부품인 Probe Card, 후 공정의 최종 검사단계에서의 핵심 역할을 하는 Interface Board, LED의 전기적/광학적 특성을 검사하기 위한 Total Test Solution을 생산 및 판매하고 있다.

실적 분석
소비자가전 확대 및 모바일 확산, 4차 산업혁명 등으로 시장이 신규창출되어 수요가 급속히 증가하고 있음. 이에 따라 동사 2017년 2분기기준 누적 매출액은 전년동기대비 52.8% 상승한 895억원을 기록하였음. 전년동기대비 영업이익은 122.9억원으로 흑자전환하였음. 최종적으로 전년동기대비 당기순이익은 흑자전환하여 106억원을 기록함. 계속적인 연구개발로 경쟁력을 유지하여 성장할 것이라 기대함.

현금 흐름 〈단위 : 억원〉
항목	2016	2017.2Q
영업활동	117	73
투자활동	-187	-11
재무활동	-43	26
순현금흐름	-113	87
기말현금	105	193

시장 대비 수익률

결산 실적 〈단위 : 억원〉
항목	2012	2013	2014	2015	2016	2017
매출액	987	1,107	1,456	1,322	1,267	─
영업이익	56	32	93	5	-127	─
당기순이익	40	-6	76	24	-138	─

분기 실적 〈단위 : 억원〉
항목	2016.1Q	2016.2Q	2016.3Q	2016.4Q	2017.1Q	2017.2Q
매출액	283	303	351	330	428	467
영업이익	-59	-5	-30	-33	59	64
당기순이익	-61	-0	-44	-32	41	65

재무 상태 〈단위 : 억원〉
항목	2012	2013	2014	2015	2016	2017.2Q
총자산	1,705	1,707	1,794	1,930	1,893	1,992
유형자산	727	672	636	607	670	736
무형자산	130	126	119	148	130	134
유가증권	58	50	47	64	71	─
총부채	415	457	467	382	465	451
총차입금	267	287	251	197	185	211
자본금	54	54	54	55	55	55
총자본	1,290	1,250	1,327	1,548	1,428	1,541
지배주주지분	1,218	1,174	1,242	1,317	1,189	1,282

기업가치 지표
항목	2012	2013	2014	2015	2016	2017.2Q
주가(최고/저)(천원)	16.5/6.8	10.5/7.0	12.9/7.0	19.3/9.5	12.8/7.2	─/─
PER(최고/저)(배)	46.2/19.1	─/─	21.8/11.8	113.0/55.4	─/─	─/─
PBR(최고/저)(배)	1.4/0.6	0.9/0.6	1.1/0.6	1.5/0.8	1.1/0.6	1.1/0.7
EV/EBITDA(배)	3.5	5.1	4.2	8.5	81.9	─
EPS(원)	356	-44	592	171	-1,300	788
BPS(원)	11,454	11,422	12,039	12,525	11,651	12,497
CFPS(원)	1,843	1,413	2,083	1,572	-51	1,402
DPS(원)	─	─	─	─	─	─
EBITDAPS(원)	1,999	1,747	2,346	1,448	106	1,726

재무 비율 〈단위 : % 〉
연도	영업이익률	순이익률	부채비율	차입금비율	ROA	ROE	유보율	자기자본비율	EBITDA마진율
2016	-10.0	-10.9	32.5	12.9	-7.2	-11.5	2,230.1	75.5	0.9
2015	0.4	1.8	24.7	12.7	1.3	1.5	2,404.9	80.2	12.1
2014	6.4	5.2	35.2	18.9	4.3	5.3	2,307.8	74.0	17.5
2013	2.9	-0.5	36.6	22.9	-0.3	-0.4	2,184.4	73.2	17.2

티에스인베스트먼트 (A246690)
TSInvestment

업　　　종 : 창업투자 및 종금		시　　장 : KOSDAQ	
신용등급 : (Bond) ─ (CP) ─		기업규모 : 중견	
홈페이지 : www.tsinvestment.co.kr		연락처 : 02)6250-5700	
본　　　사 : 서울시 강남구 선릉로 531, 3층 302호			

설 립 일 2008.02.28	종 업 원 수 8명	대 표 이 사 김웅	
상 장 일 2016.12.15	감 사 의 견 적정 (삼일)	계　　　열	
결 산 기 12월	보 통 주 2,242만주	종속회사수 ─	
액 면 가 500원	우 선 주 ─	구 상 호 ─	

주주구성 (지분율,%)
김웅	25.1
봄비홀딩스	21.7
(외국인)	0.1

출자관계 (지분율,%)

주요경쟁사 (외형,%)
티에스인베스트먼트	100
SBI인베스트먼트	420
우리종금	4,470

수익구성
수수료수익	87.9
금융상품 관련이익	10.9
이자수익	1.1

비용구성
이자비용	2.5
투자및금융비	0.0
판관비	0.0

수출비중
수출	─
내수	─

회사 개요
동사는 중소기업창업투자회사로서 벤처캐피탈 사업을 영위하고 있음. 2008년 2월 14일에 설립됐으며 2016년 12월 15일자로 코스닥시장에 상장됨. 동사는 1986년 제정된 '중소기업창업지원법'에 근거하여 회사의 사업을 영위하고 있으며, '벤처기업육성에 관한 특별조치법'에 의거해 벤처기업에 대한 투자를 하고 있음. 회사가 영위하는 목적사업은 벤처기업투자, 창업투자조합의 결성 및 업무의 집행, 해외기술의 알선 등임.

실적 분석
동사의 2017년 상반기 영업수익은 29.6억원으로 이중 수수료 수익이 23.9억, 자산평가액이 2.3억원임. 영업수익이 전년동기 23.4억원 대비 26.8% 증가하였으며, 영업이익은 전년동기 대비 21.7% 증가한 12.7억원을 시현하였음. 당기순이익은 소폭 감소한 10.0억원을 시현하였음. 자산이 크게 증가하였으며, 이는 2016년 12월 코스닥 시장에 상장으로 공모자금을 받았기 때문임.

현금 흐름 *IFRS 별도 기준 〈단위 : 억원〉
항목	2016	2017.2Q
영업활동	-3	-16
투자활동	1	─
재무활동	68	120
순현금흐름	66	74
기말현금	92	166

시장 대비 수익률

결산 실적 〈단위 : 억원〉
항목	2012	2013	2014	2015	2016	2017
영업수익	─	─	61	60	40	─
영업이익	─	─	28	33	14	─
당기순이익	─	─	23	25	14	─

분기 실적 *IFRS 별도 기준 〈단위 : 억원〉
항목	2016.1Q	2016.2Q	2016.3Q	2016.4Q	2017.1Q	2017.2Q
영업수익	11	12	14	3	13	17
영업이익	5	5	3	-4	5	8
당기순이익	4	4	6	-3	4	6

재무 상태 *IFRS 별도 기준 〈단위 : 억원〉
항목	2012	2013	2014	2015	2016	2017.2Q
총자산	─	─	122	139	216	351
유형자산	─	─	1	1	1	1
무형자산	─	─	3	1	1	1
유가증권	─	─	─	─	─	─
총부채	─	─	38	28	─	122
총차입금	─	─	─	─	─	─
자본금	─	─	70	70	112	112
총자본	─	─	84	111	208	229
지배주주지분	─	─	84	111	208	229

기업가치 지표 *IFRS 별도 기준
항목	2012	2013	2014	2015	2016	2017.2Q
주가(최고/저)(천원)	─/─	─/─	─/─	─/─	─/─	─/─
PER(최고/저)(배)	0.0/0.0	0.0/0.0	0.0/0.0	0.0/0.0	62.9/31.9	─/─
PBR(최고/저)(배)	0.0/0.0	0.0/0.0	0.0/0.0	0.0/0.0	4.1/2.1	6.1/2.5
PSR(최고/저)(배)	0/0	0/0	0/0	0/0	16/8	─/─
EPS(원)	─	─	115	141	60	45
BPS(원)	─	─	422	644	927	1,022
CFPS(원)	─	─	117	144	62	46
DPS(원)	─	─	─	─	─	─
EBITDAPS(원)	─	─	141	185	77	57

재무 비율 〈단위 : % 〉
연도	계속사업이익률	순이익률	부채비율	차입금비율	ROA	ROE	유보율	자기자본비율	총자산증가율
2016	33.8	26.2	4.1	0.0	5.9	6.6	85.4	96.1	55.6
2015	54.6	42.1	25.4	0.0	19.3	25.8	58.4	79.8	13.9
2014	45.8	37.5	44.5	0.0	20.7	20.7	69.2	69.2	0.0
2013	─	─	─	─	─	─	─	─	0.0

티에이치엔 (A019180)
THN

업 종 : 자동차부품		시 장 : 거래소	
신용등급 : (Bond) — (CP) —		기업규모 : 시가총액 소형주	
홈 페 이 지 : www.th-net.co.kr		연 락 처 : 053)583-3001	
본 사 : 대구시 달서구 갈산동 성서로71길 43 (갈산동)			

설 립 일 1986.07.23	종 업 원 수 392명	대 표 이 사 채석,양혁욱(각자대표이사)	
상 장 일 1996.07.31	감 사 의 견 적정 (신한)	계 열	
결 산 기 12월	보 통 주 1,800만주	종속회사 5개사	
액 면 가 500원	우 선 주	구 상 호	

주주구성 (지분율,%)		출자관계 (지분율,%)		주요경쟁사 (외형,%)	
채석	20.9	코렌텍 3.7		티에이치엔	100
채철	20.5			구영테크	50
(외국인)	1.0			GH신소재	19

매출구성		비용구성		수출비중	
WIRE HARNESS(제품)	97.2	매출원가율	86.1	수출	71.0
WIRE HARNESS(용역)	1.9	판관비율	10.3	내수	29.0
기타	0.9				

회사 개요
동사는 1986년 동해전장이란 이름으로 설립됨. 1996년 유가증권 시장에 상장됨. 와이어하네스를 주제품으로 자동차 부품 산업에 진출함. 계열사는 지아이티, 대영전장 등 12개임. 현대기아차로부터 기술력을 인정받아 기술5스타를 획득하기도 함. 2004년 자동차 진단 토탈 솔루션을 제공하는 벤처회사 지아이티를 인수해 시너지를 내고 있음. 생산기지 다변화를 통한 고객사 납품 능력 제고를 통해 경기 침체를 극복할 계획임.

실적 분석
동사의 2017년 2분기기준 누적 매출액은 전년동기대비 8.2% 상승한 1,618.1억원을 기록하였음. 비용면에서 전년동기대비 매출원가는 증가 하였으며 인건비도 증가, 기타판매비와관리비도 마찬가지로 증가함. 이와 같이 상승한 매출액 만큼 비용증가도 있었으나 매출액의 더 큰 상승에 힘입어 그에 따라 전년동기대비 영업이익은 52억원으로 0.7% 상승 하였음. 그러나 비영업손익의 적자전환으로 전년동기대비 당기순이익은 21.6억원을 기록함.

현금 흐름 〈단위 : 억원〉

항목	2016	2017.2Q
영업활동	-19	86
투자활동	-186	-19
재무활동	44	-11
순현금흐름	-150	51
기말현금	136	187

시장 대비 수익률

결산 실적 〈단위 : 억원〉

항목	2012	2013	2014	2015	2016	2017
매출액	1,629	2,255	2,293	2,762	2,938	
영업이익	-123	-206	7	60	105	
당기순이익	-101	-267	-77	-43	152	

분기 실적 〈단위 : 억원〉

항목	2016.1Q	2016.2Q	2016.3Q	2016.4Q	2017.1Q	2017.2Q
매출액	736	759	650	792	807	811
영업이익	21	31	19	34	23	30
당기순이익	46	69	-31	68	4	18

재무 상태 〈단위 : 억원〉

항목	2012	2013	2014	2015	2016	2017.2Q
총자산	1,709	2,053	2,086	1,977	2,006	2,049
유형자산	522	628	631	697	766	771
무형자산	11	13	8	6	10	12
유가증권	189	253	224	192	227	189
총부채	1,311	1,854	1,994	1,758	1,644	1,662
총차입금	709	864	1,025	593	776	811
자본금	90	90	90	90	90	90
총자본	397	199	92	219	361	387
지배주주지분	381	198	107	254	358	382

기업가치 지표

항목	2012	2013	2014	2015	2016	2017.2Q
주가(최고/저)(천원)	2.1/1.2	2.0/1.2	1.5/1.2	2.0/1.2	3.7/1.6	—/—
PER(최고/저)(배)	—/—	—/—	—/—	—/—	4.5/1.9	—/—
PBR(최고/저)(배)	0.9/0.5	1.5/0.9	1.7/1.4	1.2/0.7	1.9/0.8	1.2/0.9
EV/EBITDA(배)			16.0	5.1	5.8	—
EPS(원)	-467	-1,300	-327	-42	830	113
BPS(원)	2,477	1,462	956	1,770	1,991	2,124
CFPS(원)	-298	-1,022	11	267	1,189	281
DPS(원)	40	40	20	60	55	457
EBITDAPS(원)	-517	-864	373	644	940	

재무 비율 〈단위 : % 〉

연도	영업이익률	순이익률	부채비율	차입금비율	ROA	ROE	유보율	자기자본비율	EBITDA마진율
2016	3.6	5.2	455.2	214.8	7.7	48.8	298.2	18.0	5.8
2015	2.2	-1.5	801.8	270.5	-2.1	-4.2	253.9	11.1	4.2
2014	0.3	-3.4	2,162.0	1,111.6	-3.5	-38.5	91.2	4.4	2.9
2013	-9.1	-11.8	933.4	435.1	-14.2	-80.8	192.5	9.7	-6.9

티엘아이 (A062860)
Tli

업 종 : 디스플레이 및 관련부품		시 장 : KOSDAQ	
신용등급 : (Bond) — (CP) —		기업규모 : 중견	
홈 페 이 지 : www.tli.co.kr		연 락 처 : 031)784-6800	
본 사 : 경기도 성남시 중원구 양현로 405번길 12 티엘아이빌딩 7~10층			

설 립 일 1998.10.28	종 업 원 수 147명	대 표 이 사 김달수,신윤홍,송윤석	
상 장 일 2006.07.25	감 사 의 견 적정 (대현)	계 열	
결 산 기 12월	보 통 주 987만주	종속회사 1개사	
액 면 가 500원	우 선 주 16만주	구 상 호	

주주구성 (지분율,%)		출자관계 (지분율,%)		주요경쟁사 (외형,%)	
김달수	10.5	센소니아	58.6	티엘아이	100
한국증권금융	3.7	스카이라벨/크글로벌로봇/비트세트/스마트이온센서	49.0	우리이티아이	1,981
(외국인)	2.7	티더블유메디칼	32.0	유테크	37

매출구성		비용구성		수출비중	
Timing Controller	79.8	매출원가율	71.0	수출	—
LCD Driver IC	17.0	판관비율	30.3	내수	—
임대료 외	3.2				

회사 개요
동사는 1998년 설립한 후, LCD패널의 핵심부품인 Timing Controller와 LCD driver IC 등 시스템 반도체 설계업을 주요 사업으로 영위함. 특히 Timing Controller는 LCD 패널의 핵심 IC로서 LG디스플레이 등 안정적인 수요처를 보유하고 있음. 자회사로는 SK하이닉스를 주 고객으로 하여 반도체 패키지, 테스트슈업 등 반도체 후공정 사업을 영위하는 윈팩과 센서/ROIC를 주력으로 하는 센소니아 등이 있음.

실적 분석
TV의 다면적화로 동사의 주력제품인 Timing Controller의 출하량이 크게 감소함에 따라 2017년 상반기 매출액은 전년동기 대비 8.2% 감소한 355.3억원을 나타냄. 웨이퍼 가격 하락으로 원가율이 개선되어 영업이익은 5.8억원의 흑자로 전환됨. 관계사에 대한 지분법손실도 줄어듬. 주요 고객사인 LG디스플레이가 대규모 투자를 계획하고 있어 수혜가 기대됨. 윈팩의 지분매각 및 유상증자 등 경영정상화를 위한 다양한 방안을 검토 중임.

현금 흐름 〈단위 : 억원〉

항목	2016	2017.2Q
영업활동	74	13
투자활동	-87	48
재무활동	-9	-42
순현금흐름	-22	19
기말현금	122	141

시장 대비 수익률

결산 실적 〈단위 : 억원〉

항목	2012	2013	2014	2015	2016	2017
매출액	1,298	1,160	1,334	1,328	774	
영업이익	115	-50	71	29	-10	
당기순이익	67	-109	-14	-27	-5	

분기 실적 〈단위 : 억원〉

항목	2016.1Q	2016.2Q	2016.3Q	2016.4Q	2017.1Q	2017.2Q
매출액	195	192	190	197	173	183
영업이익	-2	-6	-9	6	6	-1
당기순이익	-6	-30	26	5	1	-5

재무 상태 〈단위 : 억원〉

항목	2012	2013	2014	2015	2016	2017.2Q
총자산	1,868	1,882	1,959	1,859	1,196	1,148
유형자산	1,047	1,023	1,045	951	309	339
무형자산	148	134	110	85	49	46
유가증권	23	13	20	80	52	24
총부채	679	573	666	560	114	108
총차입금	479	409	443	363		
자본금	41	49	49	49	49	49
총자본	1,189	1,308	1,292	1,299	1,082	1,040
지배주주지분	975	1,063	1,055	1,064	1,051	1,006

기업가치 지표

항목	2012	2013	2014	2015	2016	2017.2Q
주가(최고/저)(천원)	7.6/4.8	11.0/6.5	10.3/6.3	9.1/6.3	8.4/5.5	—/—
PER(최고/저)(배)	14.6/9.1	—/—	72.4/44.6	68.9/48.1	—/—	—/—
PBR(최고/저)(배)	0.7/0.4	1.1/0.6	1.0/0.6	0.9/0.6	0.8/0.5	0.7/0.5
EV/EBITDA(배)	3.1	6.7	4.5	5.1	11.3	—
EPS(원)	546	-503	148	136	-105	-63
BPS(원)	11,825	10,634	10,794	10,951	10,892	10,719
CFPS(원)	2,928	1,703	1,777	1,719	229	87
DPS(원)				100	100	
EBITDAPS(원)	3,767	1,694	2,338	1,871	231	207

재무 비율 〈단위 : % 〉

연도	영업이익률	순이익률	부채비율	차입금비율	ROA	ROE	유보율	자기자본비율	EBITDA마진율
2016	-1.3	-0.6	10.5	—	-0.3	-1.0	2,114.3	90.5	3.0
2015	2.2	-2.0	43.2	27.9	-1.4	-2.5	2,126.4	69.9	14.1
2014	5.3	-1.1	51.6	34.3	-0.8	-1.4	2,094.5	66.0	17.5
2013	-4.3	-9.4	43.8	31.3	-5.8	-4.8	2,061.9	69.5	14.2

티웨이홀딩스 (A004870)
T'way Holdingsorporation

업 종 : 항공운수		시 장 : 거래소	
신용등급 : (Bond) — (CP) —		기업규모 : 시가총액 소형주	
홈페이지 : www.twayholdings.com		연 락 처 : 02)2056-9800	
본 사 : 서울시 성동구 아차산로 153 7층 (성수동 2가, 예림출판문화센터 7층)			

설 립 일 1945.10.10	종업원수 1,304명	대표이사 황정현	
상 장 일 1977.06.30	감사의견 적정 (두레)	계 열	
결 산 기 12월	보 통 주 6,909만주	종속회사수 1개사	
액 면 가 500원	우 선 주	구 상 호 포켓게임즈	

주주구성 (지분율,%)
예림당	53.4	
라이브플렉스	3.9	
(외국인)	5.0	

출자관계 (지분율,%)
바이테리얼즈	45.8
샤프테크닉스케이	29.2
글로페이베스텍컴	19.4

주요경쟁사 (외형,%)
티웨이홀딩스	100
대한항공	2,848
한진칼	241

매출구성
반도체	78.8
PHC파일	20.9
기타 제품	0.3

비용구성
매출원가율	87.1
판관비율	9.4

수출비중
수출	—
내수	—

회사 개요
동사는 1945년 태화고무공업사로 설립됐으며 1977년 상장됨. PHC파일 사업 부문을 운영 중이며 2014년 반도체 회사(한국화전)를 합병해 반도체 패키징 사업 부문도 영위. 테마파크 사업부문은 2013년 물적분할 후 신규회사 설립해 전문성, 책임경영 강화. 동사의 종속회사는 국내외 항공운송업을 영위하는 티웨이항공 1개사. 티웨이항공은 동사 연결기준 매출의 약 90%를 차지.

실적 분석
행정복합도시, 혁신도시, 기업도시 등 지역균형개발사업의 본격시행과 도심재개발사업, 공공 SOC 투자 등 정책적 건설 수요 확대로 건설경기가 회복됨에 따라 동사 2017년 2분기기준 누적 매출은 전년동기대비 51.1% 상승한 2,756.6억원을 기록하였음. 상승한 매출액 만큼 비용증가도 있었으나 매출액의 더 큰 상승에 힘입어 전년동기대비 영업이익은 196.6억원으로 606.1% 크게 상승하였음. 내진설계의무화로 수요 증가가 예상됨.

현금 흐름 〈단위 : 억원〉
항목	2016	2017.2Q
영업활동	392	565
투자활동	-324	-519
재무활동	-104	—
순현금흐름	-34	46
기말현금	265	311

시장 대비 수익률

결산 실적 〈단위 : 억원〉
항목	2012	2013	2014	2015	2016	2017
매출액	52	1,326	2,362	2,889	4,119	—
영업이익	-11	30	80	41	142	—
당기순이익	-30	54	72	27	36	—

분기 실적 〈단위 : 억원〉
항목	2016.1Q	2016.2Q	2016.3Q	2016.4Q	2017.1Q	2017.2Q
매출액	925	900	1,235	1,059	1,433	1,324
영업이익	73	-45	169	-55	150	46
당기순이익	67	-54	154	-131	139	39

재무 상태 〈단위 : 억원〉
항목	2012	2013	2014	2015	2016	2017.2Q
총자산	243	749	1,155	1,467	1,756	2,391
유형자산	147	200	283	339	343	387
무형자산	17	314	323	360	359	358
유가증권	0	0	0	10	52	40
총부채	60	462	747	1,033	1,264	1,664
총차입금		94	202	212	172	111
자본금	51	76	79	79	81	345
총자본	183	287	408	434	492	727
지배주주지분	183	283	393	415	473	672

기업가치 지표
항목	2012	2013	2014	2015	2016	2017.2Q
주가(최고/저)(천원)	3.6/1.8	3.5/1.6	11.1/2.7	17.3/6.9	11.8/5.2	—/—
PER(최고/저)(배)	—/—	10.0/4.8	29.6/7.1	121.6/48.3	58.1/25.6	—/—
PBR(최고/저)(배)	2.0/1.0	1.9/0.9	4.5/1.1	6.6/2.6	4.0/1.8	4.6/1.7
EV/EBITDA(배)		8.0	12.8	8.6	3.6	—/—
EPS(원)	-109	86	94	36	51	206
BPS(원)	1,793	1,863	2,492	2,631	2,909	973
CFPS(원)	-300	562	715	680	830	289
DPS(원)						
EBITDAPS(원)	-29	460	844	796	1,503	367

재무 비율 〈단위 : % 〉
연도	영업이익률	순이익률	부채비율	차입금비율	ROA	ROE	유보율	자기자본비율	EBITDA마진율
2016	3.5	0.9	257.2	34.9	2.2	7.4	481.8	28.0	5.9
2015	1.4	0.9	238.1	48.7	2.1	5.5	426.2	29.6	4.4
2014	3.4	3.1	183.3	49.5	7.6	17.5	398.5	35.3	5.6
2013	2.2	4.1	160.9	32.8	10.9	17.9	272.7	38.3	4.2

티제이미디어 (A032540)
TJ MEDIA

업 종 : 레저용품		시 장 : KOSDAQ	
신용등급 : (Bond) — (CP) —		기업규모 : 중견	
홈페이지 : www.tjmedia.co.kr		연 락 처 : 02)3663-4700	
본 사 : 서울시 강서구 화곡로64길 23 (등촌동)			

설 립 일 1991.04.18	종업원수 236명	대표이사 윤재환	
상 장 일 1997.04.16	감사의견 적정 (대주)	계 열	
결 산 기 12월	보 통 주 1,393만주	종속회사수 4개사	
액 면 가 500원	우 선 주	구 상 호	

주주구성 (지분율,%)
김우영	21.0	
윤나라	19.4	
(외국인)	1.2	

출자관계 (지분율,%)
TJ커뮤니케이션	99.0
알키미	40.0
DreamS.A.S	100.0

주요경쟁사 (외형,%)
TJ미디어	100
삼익악기	268
볼빅	40

매출구성
노래반주기(제품)	32.7
전자인덱스(제품)	25.6
앰프외 기타(제품)	24.1

비용구성
매출원가율	76.4
판관비율	23.2

수출비중
수출	45.0
내수	55.0

회사 개요
동사는 1991년 설립돼 20여년간 국내 노래반주기 시장을 선도해 왔으며, 이를 바탕으로 일본을 비롯하여 미주, 동남아 등 해외시장을 개척하고 있음. 노래반주기 사업을 기반으로 노래반주기 부문, 음악콘텐츠 부문, 전자목차본 부문 및 음원 IC부문 등 4개 부문으로 안정적인 사업영역을 구축하고 있음. 국내 노래반주기 시장은 동사와 경쟁업체인 금영이 시장을 양분하고 있음.

실적 분석
동사의 2017년 상반기 연결기준 매출액은 411.7억원으로 전년동기 대비 22.4% 증가했음. 영업이익과 당기순이익도 각각 11.2억원, 9.1억원을 기록하며 흑자 전환함. 동사는 피드백 캔슬러 기능과 퍼펙트 싱어 기능 등 노래방기기에 소비자의 편의와 재미를 위한 다양한 기능을 추가하고 점주의 편리한 매장 집계를 돕는 기능을 더해 소비자는 물론 동전노래방 점주로부터 높은 선호도를 보이며 동전노래방시장을 선점하고 있음.

현금 흐름 〈단위 : 억원〉
항목	2016	2017.2Q
영업활동	-34	39
투자활동	62	-8
재무활동	-10	-11
순현금흐름	17	20
기말현금	88	108

시장 대비 수익률

결산 실적 〈단위 : 억원〉
항목	2012	2013	2014	2015	2016	2017
매출액	789	732	580	717	779	—
영업이익	49	4	-9	17	3	—
당기순이익	4	-2	20	20	3	—

분기 실적 〈단위 : 억원〉
항목	2016.1Q	2016.2Q	2016.3Q	2016.4Q	2017.1Q	2017.2Q
매출액	149	187	188	255	193	219
영업이익	-3	-3	1	8	5	6
당기순이익	-1	-3	3	13	3	6

재무 상태 〈단위 : 억원〉
항목	2012	2013	2014	2015	2016	2017.2Q
총자산	977	960	924	947	962	970
유형자산	471	479	472	453	446	445
무형자산	23	30	27	28	46	46
유가증권	4	7	7	28	46	46
총부채	175	144	127	136	163	169
총차입금	12	17	17	7	11	9
자본금	66	70	70	70	70	70
총자본	802	816	797	811	799	801
지배주주지분	805	820	801	815	803	804

기업가치 지표
항목	2012	2013	2014	2015	2016	2017.2Q
주가(최고/저)(천원)	3.5/2.3	3.8/2.6	3.1/2.3	4.0/2.3	4.5/3.5	—/—
PER(최고/저)(배)	11.9/8.0	100.1/67.0	—/—	28.2/16.5	74.3/57.3	—/—
PBR(최고/저)(배)	0.6/0.4	0.7/0.5	0.4/0.4	0.7/0.4	0.8/0.6	1.0/0.7
EV/EBITDA(배)	4.8	10.8	15.0	9.5	20.8	1.0/0.7
EPS(원)	325	40	-16	147	62	65
BPS(원)	6,081	5,883	5,746	5,847	5,763	5,774
CFPS(원)	444	185		308	222	143
DPS(원)	130	80		100	60	
EBITDAPS(원)	494	172	99	285	180	158

재무 비율 〈단위 : % 〉
연도	영업이익률	순이익률	부채비율	차입금비율	ROA	ROE	유보율	자기자본비율	EBITDA마진율
2016	0.4	1.1	20.4	1.4	0.9	1.1	1,052.7	83.0	3.2
2015	2.4	2.9	16.8	0.9	2.2	2.5	1,069.3	85.6	3.2
2014	-1.5	-0.4	16.0	2.2	-0.2	-0.3	1,049.3	86.2	5.5
2013	0.5	1.1	17.7	2.0	0.7	0.7	1,076.6	85.0	2.4

티케이씨 (A191600)
TKC COLTD

종 목 : 전자 장비 및 기기		시 장 : KONEX	
용 등 급 : (Bond) — (CP) —		기업규모 :	
페 이 지 : www.e-tkc.com		연 락 처 : 032)818-6440	
본 사 : 인천시 남동구 남동서로269번길 4			

설 립 일 2002.03.26	종 업 원 수 136명	대 표 이 사 김상봉	
상 장 일 2016.08.05	감 사 의 견 적정 (세일)	계 열	
결 산 기 12월	보 통 주	종속회사수	
액 면 가 —	우 선 주	구 상 호	

주주구성 (지분율,%)		출자관계 (지분율,%)		주요경쟁사 (외형,%)	
김상봉	100.0	티케이씨	100		
		이수페타시스	2,195		
		에코프로	675		

매출구성		비용구성		수출비중	
기타	45.0	매출원가율	81.8	수출	28.0
오디오(제품)	42.7	판관비율	14.0	내수	72.0
정션박스(제품)	12.3				

회사 개요

동사는 PCB 중 AUTO MOTIVE 관련 PCB 제품을 주로 제작 및 국내외 자동차부품업체를 주 고객사로 PCB 기판을 공급하고 있음. 현대자동차, 기아자동차, 크라이슬러, 스바루 등에 전장용 PCB를 공급하며, 용도별로 크게 오디오, 정션박스, 시트워머, 공조기, 브레이크계열 등 여러용도로 고객사에 납품하고 있음. 전기차 시장 확대에 부응하기 위해 전기차 관련 PCB 제품 생산을 확대할 계획임.

실적 분석

동사는 코넥스 상장 법인임. 2016년 매출액은 252.4억원으로 전년도 매출 257.1억원 대비 소폭 감소함. 2016년 영업이익은 10.6억원을 시현함. 전년도 영업이익인 16.7억원에서 36.4% 감소함. 법인세비용이 감소했으나 외형이 축소되고 영업이익 역시 하락하며 당기순이익 역시 축소됨. 전년도 31.4억원에서 46.1% 감소한 금액인 11.5억원을 기록함.

현금 흐름 *IFRS 별도 기준 〈단위 : 억원〉

항목	2016	2017.2Q
영업활동	14	
투자활동	-21	
재무활동	17	
순현금흐름	10	
기말현금	16	

시장 대비 수익률

결산 실적 〈단위 : 억원〉

항목	2012	2013	2014	2015	2016	2017
매출액	151		136	258	252	—
영업이익	-7	-0	13	22	11	—
당기순이익	-14	33	22	26	12	—

분기 실적 *IFRS 별도 기준 〈단위 : 억원〉

항목	2016.1Q	2016.2Q	2016.3Q	2016.4Q	2017.1Q	2017.2Q
매출액						
영업이익						
당기순이익						

재무 상태 *IFRS 별도 기준 〈단위 : 억원〉

항목	2012	2013	2014	2015	2016	2017.2Q
총자산	123	119	164	243	270	
유형자산	70		83	130	143	
무형자산	0		0	0	0	
유가증권						
총부채	136	78	100	153	162	
총차입금		78	61	74	91	
자본금	5	8	93	13	13	
총자본	-13	41	64	90	108	
지배주주지분	-13	41	64	90	108	

기업가치 지표 *IFRS 별도 기준

항목	2012	2013	2014	2015	2016	2017.2Q
주가(최고/저)(천원)	—/—	—/—	—/—	—/—	8.0/4.1	—/—
PER(최고/저)(배)	0.0/0.0	0.0/0.0	0.0/0.0	0.0/0.0	18.1/9.3	—/—
PBR(최고/저)(배)	0.0/0.0	0.0/0.0	0.0/0.0	0.0/0.0	1.9/1.0	0.0/0.0
EV/EBITDA(배)			2.5	2.2	10.9	
EPS(원)	-855	1,001	77	499	443	
BPS(원)	-13,320	2,428	10,303	34,496	4,146	
CFPS(원)	-9,678	16,260	1,576	6,134	1,030	
DPS(원)						
EBITDAPS(원)	-2,323	-6	1,065	5,366	996	

재무 비율 〈단위 : % 〉

연도	영업이익률	순이익률	부채비율	차입금비율	ROA	ROE	유보율	자기자본비율	EBITDA마진율
2016	4.2	4.6	150.4	84.8	4.5	11.7	729.1	39.9	10.3
2015	8.5	10.0	171.1	82.3	12.7	33.7	589.9	36.9	10.8
2014	9.7	16.5	일부잠식	일부잠식	15.8	42.5	106.1	39.0	14.1
2013	0.0	0.0	187.2	187.2	27.7	전기잠식	418.0	34.8	

티케이케미칼 (A104480)
TK CHEMICAL

업 종 : 화학		시 장 : KOSDAQ	
신용등급 : (Bond) — (CP) —		기업규모 : 우량	
홈페이지 : www.tkchemi.co.kr		연 락 처 : 053)252-4177	
본 사 : 대구시 북구 원대로 128, 연우빌딩 3층			

설 립 일 2007.11.09	종 업 원 수 701명	대 표 이 사 김해규	
상 장 일 2011.04.26	감 사 의 견 적정 (안진)	계 열	
결 산 기 12월	보 통 주 9,090만주	종속회사수	
액 면 가 500원	우 선 주	구 상 호	

주주구성 (지분율,%)		출자관계 (지분율,%)		주요경쟁사 (외형,%)	
에스엠티케미칼	32.9	우방건설산업	38.5	티케이케미칼	100
티케이케미칼홀딩스	13.8	케이엘홀딩스이호	37.7	한국카본	42
(외국인)	3.5	케이엘홀딩스	37.2	NPC	62

매출구성		비용구성		수출비중	
PET -Chip폴리에스터 원사스판덱스 원사	84.8	매출원가율	94.6	수출	45.0
아파트	15.2	판관비율	4.3	내수	55.0

회사 개요

동사는 합성섬유 및 그 원료와 관련 화학제품의 제조 판매 등을 목적으로 2007년 설립된 화학 소재 전문 기업임. 2008년 동국무역의 화학사업부문을 영업양수 받아 현재까지 영위 중임. 사업 다각화를 위해 2014년 2월 시행사로서 건설업에 진출, 우방 아이유렐이라는 브랜드로 아파트 분양 사업을 추진 중임. 남선알미늄, 대한해운, 우방건설 등과 함께 SM그룹 계열사임.

실적 분석

동사의 2017년 연결기준 상반기 매출액은 3,652.9억원으로 전년 대비 17% 증가. 그러나 매출원가와 판관비의 증가로 영업이익은 50.9억원으로 근소한 증가치를 기록. 부동산 경기가 개선을 보이며 하이플러스카드와 우방건설산업의 지분법 이익 증가 덕분에 당기순이익은 전년보다 109.1% 증가하며 126.5억원을 기록함. 최근 대한상선과 우방건설산업을 합병해 재무구조개선을 추진 중.

현금 흐름 *IFRS 별도 기준 〈단위 : 억원〉

항목	2016	2017.2Q
영업활동	104	461
투자활동	-710	-77
재무활동	592	-264
순현금흐름	-14	120
기말현금	14	134

시장 대비 수익률

결산 실적 〈단위 : 억원〉

항목	2012	2013	2014	2015	2016	2017
매출액	8,528	8,480	7,598	6,590	6,124	—
영업이익	-137	3	159	90	69	—
당기순이익	-285	116	111	122	77	—

분기 실적 *IFRS 별도 기준 〈단위 : 억원〉

항목	2016.1Q	2016.2Q	2016.3Q	2016.4Q	2017.1Q	2017.2Q
매출액	1,583	1,538	1,311	1,692	1,879	1,774
영업이익	24	27	4	14	20	31
당기순이익	39	21	35	-19	90	36

재무 상태 *IFRS 별도 기준 〈단위 : 억원〉

항목	2012	2013	2014	2015	2016	2017.2Q
총자산	4,740	5,327	5,711	5,507	6,428	6,391
유형자산	2,221	2,144	1,930	1,532	2,011	1,928
무형자산	14	14	8	15	10	8
유가증권	22	12	12	11	12	12
총부채	2,848	3,343	3,586	3,139	3,956	3,859
총차입금	1,759	1,743	2,152	1,928	2,595	2,405
자본금	450	450	450	454	454	454
총자본	1,892	1,985	2,125	2,368	2,472	2,532
지배주주지분	1,892	1,985	2,125	2,368	2,472	2,532

기업가치 지표 *IFRS 별도 기준

항목	2012	2013	2014	2015	2016	2017.2Q
주가(최고/저)(천원)	3.3/1.6	2.0/1.3	2.6/1.7	3.4/1.8	2.4/1.8	—/—
PER(최고/저)(배)	15.4/10.4	21.1/14.1	25.5/13.2	28.2/20.7	—/—	
PBR(최고/저)(배)	1.5/0.7	0.9/0.6	1.1/0.7	1.3/0.7	0.9/0.6	0.9/0.6
EV/EBITDA(배)	27.3	13.2	9.6	12.3	20.2	
EPS(원)	-317	129	124	135	85	139
BPS(원)	2,213	2,316	2,472	2,715	2,830	2,895
CFPS(원)	-53	396	375	380	243	219
DPS(원)						
EBITDAPS(원)	112	271	428	345	234	136

재무 비율 〈단위 : % 〉

연도	영업이익률	순이익률	부채비율	차입금비율	ROA	ROE	유보율	자기자본비율	EBITDA마진율
2016	1.1	1.3	160.0	105.0	1.3	3.2	465.9	38.5	3.5
2015	1.4	1.9	132.6	81.4	2.2	5.4	443.0	43.0	4.8
2014	2.1	1.5	168.8	101.3	2.0	5.4	394.4	37.2	5.1
2013	0.0	1.4	168.4	87.8	2.3	6.0	363.3	37.3	2.9

티플랙스 (A081150)
Tplex

업　　종 : 금속 및 광물		시　　장 : KOSDAQ	
신용등급 : (Bond) — 　(CP) —		기업규모 : 중견	
홈 페 이 지 : www.tplex.co.kr		연 락 처 : 031)488-8800	
본　　사 : 경기도 안산시 단원구 엠티브이1로 75 (목내동)			

설 립 일 1991.12.13	종 업 원 수 46명	대 표 이 사 김영국	
상 장 일 2009.04.23	감 사 의 견 적정 (선진)	계　　　열	
결 산 기 12월	보 통 주 2,212만주	종 속 회 사 수	
액 면 가 500원	우 선 주	구 상 호	

주주구성 (지분율,%)		출자관계 (지분율,%)		주요경쟁사 (외형,%)	
김영국	15.4			티플랙스	100
김태수	7.5			하이스틸	148
(외국인)	2.9			한국주강	26

매출구성		비용구성		수출비중	
스테인리스, 희소금속	92.0	매출원가율	91.3	수출	0.0
스테인리스	7.5	판관비율	4.9	내수	100.0
컨설팅	0.5				

회사 개요
동사는 1991년에 설립된 스테인리스 봉강 절삭가공 및 후판 전문업체임. 포스코특수강으로부터 원재료인 스테인리스 봉강을 조달받아, 기계, 선박, 플랜트, 반도체 등 전방산업에 필요한 부품소재를 공급하고 있으며, 후판사업에도 진출하여 석유화학, LNG, 담수화설비 등에 산업용 소재를 공급하고 있음. 스테인리스 봉강 절삭 가공분야에서는 국내 최대의 그 기업이며 안산에 공장을 두고 800여개에 이르는 판매처를 확보하고 있음.

실적 분석
2017년 반기 기준 동사의 연결대상종속회사는 없음. 희귀금속판매 기업인 (주)티플랙스엠텍은 전기에 흡수합병하고, 그레파트너스 지분은 전량 매각하여 연결대상에서 제외됨. 당반기 매출액은 전년동기 대비 25.6% 늘어난 590.2억원을 시현함. 매출 증가에 따라 영업이익은 전년동기 19.9억원 대비 23.6% 늘어난 24.6억원을 시현하였음. 당기순이익은 전년동기 9.8억원 대비 103.2% 증가한 20억원을 시현함.

현금 흐름　〈단위 : 억원〉

항목	2016	2017.2Q
영업활동	-7	—
투자활동	-20	—
재무활동	31	—
순현금흐름	5	—
기말현금	49	—

시장 대비 수익률

결산 실적　〈단위 : 억원〉

항목	2012	2013	2014	2015	2016	2017
매출액	1,213	1,098	1,028	932	1,004	—
영업이익	52	41	44	29	38	—
당기순이익	27	6	16	8	14	—

분기 실적　〈단위 : 억원〉

항목	2016.1Q	2016.2Q	2016.3Q	2016.4Q	2017.1Q	2017.2Q
매출액	221	249	252	282	—	—
영업이익	9	11	7	11	—	—
당기순이익	5	5	3	1	—	—

재무 상태　〈단위 : 억원〉

항목	2012	2013	2014	2015	2016	2017.2Q
총자산	1,350	1,428	1,158	1,243	1,292	—
유형자산	613	620	502	658	649	—
무형자산	11	11	14	10	7	—
유가증권	32	11	9	7	—	—
총부채	819	890	610	557	535	—
총차입금	750	786	531	464	429	—
자본금	84	84	84	84	107	—
총자본	531	538	548	686	757	—
지배주주지분	522	529	537	677	757	—

기업가치 지표

항목	2012	2013	2014	2015	2016	2017.2Q
주가(최고/저)(천원)	2.5/1.8	2.0/1.4	1.9/1.3	1.8/1.3	3.0/1.4	—/—
PER(최고/저)(배)	16.9/12.2	59.6/42.5	23.5/16.6	28.6/21.0	39.7/18.8	—/—
PBR(최고/저)(배)	0.9/0.6	0.7/0.5	0.6/0.4	0.5/0.3	0.8/0.4	0.0/0.0
EV/EBITDA(배)	16.5	18.8	11.7	15.7	15.6	—
EPS(원)	157	35	82	66	75	—
BPS(원)	3,102	3,143	3,191	4,023	3,524	—
CFPS(원)	223	103	184	165	169	—
DPS(원)	20	—	20	25	20	—
EBITDAPS(원)	391	311	366	272	299	—

재무 비율　〈단위 : %〉

연도	영업이익률	순이익률	부채비율	차입금비율	ROA	ROE	유보율	자기자본비율	EBITDA마진율
2016	3.8	1.4	70.6	56.6	1.1	1.9	604.8	58.6	5.5
2015	3.1	0.8	81.2	67.7	0.7	1.8	704.6	55.2	4.9
2014	4.3	1.6	111.2	96.8	1.3	2.6	538.1	47.4	6.0
2013	3.7	0.6	165.5	146.1	0.5	1.1	528.5	37.7	4.8

티피씨 (A130740)
TPC

업　　종 : 자동차부품		시　　장 : KOSDAQ	
신용등급 : (Bond) — 　(CP) —		기업규모 : 중견	
홈 페 이 지 : www.tc21.co.kr		연 락 처 : 053)850-8319	
본　　사 : 경북 경산시 진량읍 일연로 574			

설 립 일 1999.01.01	종 업 원 수 163명	대 표 이 사 이정훈	
상 장 일 2011.01.28	감 사 의 견 적정 (안세)	계　　　열	
결 산 기 12월	보 통 주 945만주	종 속 회 사 수 1개사	
액 면 가 500원	우 선 주	구 상 호	

주주구성 (지분율,%)		출자관계 (지분율,%)		주요경쟁사 (외형,%)	
이정훈	25.3	티에스피	100.0	티피씨글로벌	100
이헌	25.2	신영제일호사모투자전문회사	29.0	케이엔더블유	125
(외국인)	1.2			풍강	159

매출구성		비용구성		수출비중	
인발(방진)류	44.9	매출원가율	82.9	수출	—
FILLER NECK류	19.4	판관비율	10.0	내수	—
PIPE ASS'Y 외	17.6				

회사 개요
1998년 설립된 동사는 자동차부품용 인발강관의 제조, 판매를 사업목적으로 1998년 설립됨. 정밀인발튜브와 자동차 연료 및 냉각수 이송계통의 튜브 등 수종의 자동차부품용 인발강관 및 부분품을 제조, 판매함. 강관소재 생산에서 자동차부품생산까지 연관산업의 수직계열화를 달성함. 현대기아차, 한국GM, 르노삼성 등에 동사 제품이 들어감. 매출의 85.8%는 내수에서, 14.1%는 수출에서 나옴.

실적 분석
2017년 상반기 연결기준 동사 매출은 270.8억원임. 전년도 같은 기간 매출액은 260.8억원에서 3.8% 성장한 금액임. 외형은 성장했으나 매출원가가 216억원에서 229.6억원으로 6.3% 증가하고 판매비와 관리비 또한 16.6% 상승함. 이에 영업이익은 전년 동기 19.7억원에서 39.7% 감소한 11.9억원을 기록하는 데 그침. 비영업부문 수익도 감소해 당기순이익은 42.7% 감소한 14.2억원을 시현함.

현금 흐름　〈단위 : 억원〉

항목	2016	2017.2Q
영업활동	27	17
투자활동	-160	-7
재무활동	156	-29
순현금흐름	24	-19
기말현금	77	58

시장 대비 수익률

결산 실적　〈단위 : 억원〉

항목	2012	2013	2014	2015	2016	2017
매출액	446	445	493	508	544	—
영업이익	27	16	20	32	39	—
당기순이익	37	15	32	40	47	—

분기 실적　〈단위 : 억원〉

항목	2016.1Q	2016.2Q	2016.3Q	2016.4Q	2017.1Q	2017.2Q
매출액	132	128	127	156	134	1
영업이익	9	10	6	13	4	
당기순이익	13	12	10	13		1

재무 상태　〈단위 : 억원〉

항목	2012	2013	2014	2015	2016	2017.2Q
총자산	523	548	580	604	822	79
유형자산	180	187	183	187	298	29
무형자산	6	6	6	6	6	
유가증권	122	114	210	204	233	24
총부채	128	143	151	140	293	25
총차입금	61	67	64	55	184	16
자본금	47	47	47	47	47	4
총자본	395	405	429	465	529	53
지배주주지분	395	405	429	465	529	53

기업가치 지표

항목	2012	2013	2014	2015	2016	2017.2Q
주가(최고/저)(천원)	8.3/2.4	3.7/2.4	3.2/2.4	3.8/2.4	5.2/3.0	—/—
PER(최고/저)(배)	21.9/6.3	23.4/15.0	9.9/7.3	9.3/5.9	10.6/6.0	—/—
PBR(최고/저)(배)	2.1/0.6	0.9/0.6	0.7/0.5	0.8/0.5	1.0/0.5	0.8/0.
EV/EBITDA(배)	5.7	7.4	6.5	6.1	8.1	—
EPS(원)	394	162	336	420	501	15
BPS(원)	4,177	4,329	4,693	5,113	5,598	5,68
CFPS(원)	476	261	442	532	629	23
DPS(원)	30	—	20	40	50	
EBITDAPS(원)	364	266	319	456	536	20

재무 비율　〈단위 : %〉

연도	영업이익률	순이익률	부채비율	차입금비율	ROA	ROE	유보율	자기자본비율	EBITDA마진율
2016	7.1	8.7	55.5	34.8	6.6	9.5	1,019.7	64.3	8.
2015	6.4	7.8	30.1	11.8	6.7	8.9	922.6	76.9	9.
2014	4.1	6.4	35.2	14.9	5.6	7.6	838.7	74.0	6.
2013	3.6	3.5	35.3	16.6	2.9	3.8	765.9	73.9	5.

티피씨메카트로닉스 (A048770)
TPC Mechatronics

업 종 : 기계		시 장 : KOSDAQ	
신용등급 : (Bond) — (CP) —		기업규모 :	
홈 페 이 지 : www.tpcpage.co.kr		연 락 처 : 032)580-0055	
본 사 : 인천시 서구 갑문2로 39(오류동) 단해창도클러스터			

설 립 일 1979.01.23	종 업 원 수 362명	대 표 이 사 엄주섭,엄재윤	
상 장 일 2000.12.30	감 사 의 견 적정 (천지)	계 열	
결 산 기 12월	보 통 주 1,290만주	종 속 회 사 수 9개사	
액 면 가 500원	우 선 주	구 상 호	

주주구성 (지분율,%)		출자관계 (지분율,%)		주요경쟁사 (외형,%)	
엄재윤	18.8	시아오뉴스	100.0	TPC	100
엄재웅	15.3	케이에스티	80.0	대경기계	207
(외국인)	1.0	나노모션테크놀로지	76.0	비에이치아이	339

매출구성		비용구성		수출비중	
액츄에이터, 방향제어기기, FRL, 약세사리 등	75.8	매출원가율	84.3	수출	—
직교로봇, 리니어모터, 리니어로봇등	20.6	판관비율	17.8	내수	—
협동로봇, 원재료 가공, 전자상거래,언론,출판등	2.4				

회사 개요
생산 자동화기계의 핵심부품인 공압기기 전문생산업체로 1979년에 설립되어 업력이 30년이 넘은 전문업체임. 국내 공압기기 시장규모는 내수기준 6,000억원으로 추정되는데 동사는 약 15%의 시장을 점유하고 있음. 국내 자동화기계 관련 M&A와 해외 판매 및 생산법인 설립으로 13개의 회사에 지분을 투자하고 있음. 1천만 달러 이상 투자한 중국법인과 리니어모션 등 신규사업 부문의 성장성이 주목됨.

실적 분석
2017년 2분기 연결기준 누적 매출액은 전년동기대비 21% 증가한 502억원을 기록함. 영업이익은 흑자전환하며 20억원을 기록. 3D프린팅 부문을 제외한 전 부문 매출이 증가한 결과. 비영업손익 적자지속에도 외형성장에 힘입어 당기순이익은 흑자전환한 13.9억원을 기록함. 주 매출원인 공압 부문의 지속적인 수출 증대가 기대되고 있음. 모션 부문의 경우 높은 국내 시장 수입의존도 타겟팅해 시장 확대를 도모할 예정.

현금 흐름 〈단위 : 억원〉
항목	2016	2017.2Q
영업활동	-3	38
투자활동	-6	-10
재무활동	35	-35
순현금흐름	25	-8
기말현금	78	71

시장 대비 수익률

결산 실적 〈단위 : 억원〉
항목	2012	2013	2014	2015	2016	2017
매출액	769	794	786	867	923	
영업이익	27	27	10	-27	-20	-45
당기순이익	11	20	24	-30	-40	

분기 실적 〈단위 : 억원〉
항목	2016.1Q	2016.2Q	2016.3Q	2016.4Q	2017.1Q	2017.2Q
매출액	198	217	221	287	233	269
영업이익	-9	-5	4	-8	6	13
당기순이익	-10	-6	3	-33	5	9

재무 상태 〈단위 : 억원〉
항목	2012	2013	2014	2015	2016	2017.2Q
총자산	697	818	871	827	885	944
유형자산	184	248	281	274	257	342
무형자산	34	33	29	26	20	18
유가증권	5	0	4	4	4	5
총부채	418	530	554	599	715	695
총차입금	185	219	249	302	339	303
자본금	65	65	65	65	65	65
총자본	279	288	318	228	170	249
지배주주지분	272	282	310	219	160	238

기업가치 지표
항목	2012	2013	2014	2015	2016	2017.2Q
주가(최고/저)(천원)	6.2/2.4	3.9/1.8	12.5/6.4	9.3/4.8	9.6/4.3	—/—
PER(최고/저)(배)	47.8/18.8	25.1/11.4	67.3/34.6	—/—	7.8/3.5	5.0/3.4
PBR(최고/저)(배)	3.0/1.2	1.8/0.8	5.3/2.7	5.5/2.8	—/—	
EV/EBITDA(배)	9.7	13.5	44.6	8,116.9		
EPS(원)	134	158	187	-236	-362	100
BPS(원)	2,112	2,185	2,399	1,699	1,238	1,844
CFPS(원)	283	288	342	-79	-209	187
DPS(원)	25	25	25	25	25	241
EBITDAPS(원)	361	339	228	-52	1	

재무 비율 〈단위 : %〉
연도	영업이익률	순이익률	부채비율	차입금비율	ROA	ROE	유보율	자기자본비율	EBITDA마진율
2016	-2.1	-4.9	420.5	199.1	-5.3	-24.6	147.6	19.2	0.0
2015	-3.1	-3.4	262.4	132.3	-3.5	-11.5	239.7	27.6	-0.8
2014	1.2	3.1	174.4	78.5	2.8	8.2	379.9	36.5	3.7
2013	3.4	2.5	184.4	76.0	2.6	7.4	336.9	35.2	5.5

틸론 (A217880)
TILON

업 종 : IT 서비스		시 장 : KONEX	
신용등급 : (Bond) — (CP) —		기업규모 :	
홈 페 이 지 : www.tilon.co.kr		연 락 처 : 02)2627-9005	
본 사 : 서울시 구로구 디지털로 288 대륭포스트타워 1차 1602호			

설 립 일 2001.08.08	종 업 원 수 35명	대 표 이 사 최백준	
상 장 일 2015.05.28	감 사 의 견 적정 (대현)	계 열	
결 산 기 12월	보 통 주	종 속 회 사 수	
액 면 가	우 선 주	구 상 호	

주주구성 (지분율,%)		출자관계 (지분율,%)		주요경쟁사 (외형,%)	
최백준	61.3	에이치아이컴즈	100.0	틸론	100
이우승	6.8	틸론테크놀로지	70.0	쌍용정보통신	3,065
				케이엘넷	490

매출구성		비용구성		수출비중	
Dstation(제품)	77.2	매출원가율	48.2	수출	0.0
서버 등(상품)	14.1	판관비율	47.6	내수	100.0
유지보수 등(기타)	6.5				

회사 개요
동사는 소프트웨어 개발/공급, 컴퓨터시스템 제조/판매, 토탈 솔루션 개발 및 공급업을 주업으로 하고 있으며 2001년 8월 8일에 설립됐음. 주력 사업영업은 기업이나 공공기관 등에서 도입할 수 있는 Private Cloud 사업과 개인이나 중소기업이 종량제 형식으로 사용한 내역에 대해서만 가하는 클라우드 시스템을 활용할 수 있는 Public Cloud사업임. 동사는 클라우드 로봇, 클라우드 TV 및 클라우드 PC 사업 등에 진출하고 있음.

실적 분석
동사는 코넥스 상장 기업으로 반기와 분기 기준 실적 공개 의무가 없음. 동사의 2016년 연결기준 연간 누적 매출액은 71.6억원으로 전년 동기(53.3억원) 대비 30% 이상 증가함. 매출이 증가하면서 고정비용 감소 효과로 인해 영업이익은 3억원으로 전년 동기(영업손실 13.5억원) 대비 흑자전환에 성공함. 비영업손익 부문서 소폭 적자가 발생했지만 영업이익이 늘면서 당기순이익은 1.4억원으로 전년 동기(당기순손실 15.3억원) 대비 흑자전환.

현금 흐름 *IFRS 별도 기준 〈단위 : 억원〉
항목	2016	2017.2Q
영업활동	1	
투자활동	-17	
재무활동	21	
순현금흐름	4	
기말현금	12	

시장 대비 수익률

결산 실적 〈단위 : 억원〉
항목	2012	2013	2014	2015	2016	2017
매출액	30	50	55	53	72	
영업이익	-20	4	3	-13	3	
당기순이익	-3	2	1	-15	1	

분기 실적 *IFRS 별도 기준 〈단위 : 억원〉
항목	2016.1Q	2016.2Q	2016.3Q	2016.4Q	2017.1Q	2017.2Q
매출액						
영업이익						
당기순이익						

재무 상태 *IFRS 별도 기준 〈단위 : 억원〉
항목	2012	2013	2014	2015	2016	2017.2Q
총자산	55	85	82	86	127	
유형자산	16	15	14	33	27	
무형자산	18	16	17	11	13	
유가증권			0	3		
총부채	59	67	62	59	78	
총차입금	40	44	40	43	41	
자본금	11	11	11	20	21	
총자본	-4	18	20	27	49	
지배주주지분	-4	18	20	27	49	

기업가치 지표 *IFRS 별도 기준
항목	2012	2013	2014	2015	2016	2017.2Q
주가(최고/저)(천원)	—/—	—/—	—/—	16.3/6.1	18.9/5.7	—/—
PER(최고/저)(배)	0.0/0.0	0.0/0.0	0.0/0.0	493.8/147.6		
PBR(최고/저)(배)	0.0/0.0	0.0/0.0	0.0/0.0	21.5/8.0	14.5/4.3	0.0/0.0
EV/EBITDA(배)			3.2	27.2		
EPS(원)	-111	91	57	-539	38	
BPS(원)	528	958	1,037	760	1,305	
CFPS(원)	323	722	575	-106	396	
DPS(원)						
EBITDAPS(원)	-472	843	637	-43	440	

재무 비율 〈단위 : %〉
연도	영업이익률	순이익률	부채비율	차입금비율	ROA	ROE	유보율	자기자본비율	EBITDA마진율
2016	4.2	1.9	157.5	82.6	1.3	3.6	138.9	38.8	22.1
2015	-25.3	-28.7	217.2	159.6	-18.2	-64.9	38.4	31.5	-2.3
2014	4.7	2.7	310.3	200.3	1.8	7.9	75.4	24.4	20.3
2013	8.3	4.4	362.4	239.2	3.2	전기잠식	62.1	21.6	27.1

팀스 (A134790)
Teems

업   종 : 내구소비재
신용등급 : (Bond) —　　(CP) —
홈 페 이 지 : www.teems.co.kr
본　　　사 : 충북 음성군 감곡면 음성로 2568번길 33

시　　　장 : 거래소
기 업 규 모 : 시가총액 소형주
연 락 처 : 02)443-1815

설 립 일	2010.12.16	종 업 원 수	6명	대 표 이 사	대표이사이상배
상 장 일	2011.01.25	감 사 의 견	적정 (삼덕)	계 열	
결 산 기	12월	보 통 주	200만주	종속회사수	
액 면 가	500원	우 선 주		구 상 호	

주주구성 (지분율,%)		출자관계 (지분율,%)		주요경쟁사 (외형,%)	
일룸	40.6			팀스	100
바로스	15.2			한국가구	578
(외국인)	1.3			코아스	977

매출구성		비용구성		수출비중	
교육용 가구	100.0	매출원가율	102.0	수출	0.0
		판관비율	2.2	내수	100.0

회사 개요
동사는 2010년에 가구업체 퍼시스에서 인적분할해 설립된 교육용가구 제조업체임. 동사는 기존의 노동집약적이며 획일화된 디자인 중심의 교육용 가구 제조 분야에서, 고품질의 사무가구 시장의 리딩 컴퍼니의 경험을 바탕으로 생산 자동화를 통한 고품질과 차별화된 디자인으로 교육용 가구시장의 트랜드를 바꾸고 있음. 계열회사는 퍼시스를 비롯해 시디즈, 일룸, 바로스 등 동사를 포함한 5개임. 연 3천억원 정도로 추정되는 국내 교육용가구 시장에서 1위업체임.

실적 분석
동사는 2017년 상반기 매출액이 78.4억원으로 전년 동기에 비해 54.7% 증가했고, 영업손실은 1.4억원을 기록해 전년 동기 3.3억원에서 적자폭이 줄었음. 동사는 주요 원재료인 PB의 가격이 전년 동기 25만 4049원/㎡에서 26만 6205원으로 인상된 것으로 보임. 이에 따라 매출액은 동일한 78.4억원을 기록함. 당기순이익은 2.3억원을 기록함. 동사는 외부 금융기관들로부터의 차입이 없는 무차입경영을 하고 있음.

현금 흐름
*IFRS 별도 기준　　〈단위 : 억원〉

항목	2016	2017.2Q
영업활동	8	3
투자활동	-10	-0
재무활동	—	3
순현금흐름	-2	3
기말현금	10	13

시장 대비 수익률

결산 실적
〈단위 : 억원〉

항목	2012	2013	2014	2015	2016	2017
매출액	819	235	108	67	99	—
영업이익	34	-9	-5	-12	-4	—
당기순이익	35	-3	1	-5	1	—

분기 실적
*IFRS 별도 기준　　〈단위 : 억원〉

항목	2016.1Q	2016.2Q	2016.3Q	2016.4Q	2017.1Q	2017.2Q
매출액	31	19	22	27	51	27
영업이익	-2	-1	1	-2	1	-3
당기순이익	-1	0	2	-0	1	-1

재무 상태
*IFRS 별도 기준　　〈단위 : 억원〉

항목	2012	2013	2014	2015	2016	2017.2Q
총자산	352	238	230	226	230	229
유형자산	32	27	18	17	16	16
무형자산	5	5	5	5	5	5
유가증권	100	80	0	40	90	90
총부채	102	16	12	12	15	12
총차입금						
자본금	10	10	10	10	10	10
총자본	250	223	218	214	216	217
지배주주지분	250	223	218	214	216	217

기업가치 지표
*IFRS 별도 기준

항목	2012	2013	2014	2015	2016	2017.2Q
주가(최고/저)(천원)	18.3/8.8	19.6/10.4	14.5/11.1	23.8/12.3	31.1/14.8	—/—
PER(최고/저)(배)	10.4/5.0	—/—	303.4/233.0	—/—	463.2/220.8	—/—
PBR(최고/저)(배)	1.4/0.7	1.5/0.8	1.1/0.9	1.9/1.0	2.5/1.2	2.1/1.4
EV/EBITDA(배)	1.9					—/—
EPS(원)	1,772	-133	48	-251	67	114
BPS(원)	13,049	12,730	12,772	12,575	12,647	12,726
CFPS(원)	1,946	32	197	-185	100	129
DPS(원)	200				100	
EBITDAPS(원)	1,852	-293	-95	-511	-177	-53

재무 비율
〈단위 : % 〉

연도	영업이익률	순이익률	부채비율	차입금비율	ROA	ROE	유보율	자기자본비율	EBITDA마진율
2016	-4.2	1.4	6.8	0.0	0.6	0.6	2,429.3	93.7	-3.6
2015	-17.2	-7.5	5.6	0.0	-2.2	-2.3	2,414.9	94.7	-15.2
2014	-4.5	0.9	5.5	0.0	0.4	0.4	2,454.4	94.8	-1.8
2013	-3.9	-1.1	7.0	0.0	-0.9	-1.1	2,446.0	93.5	-2.5

팅크웨어 (A084730)
THINKWARE

업   종 : 자동차부품
신용등급 : (Bond) —　　(CP) —
홈 페 이 지 : www.thinkware.co.kr
본　　　사 : 경기도 성남시 분당구 판교역로 240, 삼환하이펙스 A동 9층

시　　　장 : KOSDAQ
기 업 규 모 : 중견
연 락 처 : 02)589-9135

설 립 일	1997.03.26	종 업 원 수	415명	대 표 이 사	이흥복
상 장 일	2006.05.19	감 사 의 견	적정 (한영)	계 열	
결 산 기	12월	보 통 주	1,043만주	종속회사수	5개사
액 면 가	500원	우 선 주		구 상 호	

주주구성 (지분율,%)		출자관계 (지분율,%)		주요경쟁사 (외형,%)	
유비벨록스	23.1	엠아이워스	100.0	팅크웨어	100
KB자산운용	7.6	팅크웨어모바일	80.4	미동앤씨네마	16
(외국인)	5.6	비글	48.5	이에스브이	18

매출구성		비용구성		수출비중	
블랙박스	68.2	매출원가율	67.8	수출	7.0
내비게이션	19.0	판관비율	29.3	내수	93.0
Tablet PC, 액세서리 등	7.0				

회사 개요
동사는 '아이나비' 제품 중심으로, 내비게이션 시장에 Total Solution(PND, 매립형, 통신형 내비게이션 및 S/W)을 제공하고 있으며, LBS시장에 블랙박스 및 통신사항 위치지반서비스 등을 공급하고 있는 기업임. 최근 무선 인터넷 기능이 탑재된 내비게이션들이 출시되면서 스마트 기기와 접목을 시도해 인터넷 사용 및 교통관련 정보의 실시간 업데이트가 가능한 통신형 내비게이션을 출시하고 통신형 위치기반서비스를 시작함.

실적 분석
동사의 2017년 2분기 누적 매출액은 992.9억원으로 전년동기 대비 11.4% 증가했음. 주요 지자체에서는 사업용 차량에 대한 보조금 지급을 통해 블랙박스 설치를 유도하고 있으며, 상용차에 대한 블랙박스 설치가 의무화됨에 따라 블랙박스 사업 부문의 수혜가 예상됨. 특히, 올해 7월부터 대형 버스 및 화물차에 대한 차선이탈경보(LDWS) 장치 의무 장착이 시행됨.

현금 흐름
〈단위 : 억원〉

항목	2016	2017.2Q
영업활동	262	34
투자활동	-180	-103
재무활동	-21	7
순현금흐름	61	-63
기말현금	348	285

시장 대비 수익률

결산 실적
〈단위 : 억원〉

항목	2012	2013	2014	2015	2016	2017
매출액	1,793	1,774	1,595	1,513	1,850	—
영업이익	51	14	44	31	55	—
당기순이익	47	-27	10	9	21	—

분기 실적
*IFRS 별도 기준　　〈단위 : 억원〉

항목	2016.1Q	2016.2Q	2016.3Q	2016.4Q	2017.1Q	2017.2Q
매출액	433	458	468	491	504	489
영업이익	8	6	18	23	20	22
당기순이익	3	3	6	9	6	34

재무 상태
*IFRS 별도 기준　　〈단위 : 억원〉

항목	2012	2013	2014	2015	2016	2017.2Q
총자산	1,630	2,080	1,977	1,990	2,071	2,096
유형자산	203	449	429	417	482	479
무형자산	209	214	198	263	240	226
유가증권	237	125	36	64	68	98
총부채	600	1,059	946	743	720	643
총차입금	297	698	669	503	403	352
자본금	40	40	40	49	49	52
총자본	1,031	1,021	1,031	1,246	1,351	1,452
지배주주지분	1,031	1,021	1,031	1,245	1,342	1,445

기업가치 지표

항목	2012	2013	2014	2015	2016	2017.2Q
주가(최고/저)(천원)	23.6/11.9	18.7/8.3	10.2/6.7	20.4/7.9	16.9/9.8	—/—
PER(최고/저)(배)	39.8/20.0	—/—	85.5/56.2	213.2/82.3	74.6/43.5	—/—
PBR(최고/저)(배)	1.5/0.8	1.2/0.5	0.6/0.4	1.4/0.5	1.1/0.7	0.8/0.7
EV/EBITDA(배)	12.3	10.8	8.4	11.1	7.5	—/—
EPS(원)	592	-340	119	95	226	430
BPS(원)	15,853	15,729	15,851	14,790	14,968	15,229
CFPS(원)	1,490	810		1,146	952	826
DPS(원)					1,143	
EBITDAPS(원)	1,538	1,325	1,577	1,181	1,476	821

재무 비율
〈단위 : % 〉

연도	영업이익률	순이익률	부채비율	차입금비율	ROA	ROE	유보율	자기자본비율	EBITDA마진율
2016	3.0	1.1	53.3	29.8	1.0	1.7	2,893.6	65.3	7.8
2015	2.1	0.6	59.6	40.4	0.5	0.8	2,858.1	62.6	7.5
2014	2.8	0.6	91.8	64.9	0.6	0.9	3,070.2	52.1	7.9
2013	0.8	-1.5	103.8	68.4	-1.5	-2.7	3,045.9	49.1	6.0

파나진 (A046210)
Panagene

업 종 : 의료 장비 및 서비스	시 장 : KOSDAQ
신용등급 : (Bond) — (CP) —	기 업 규 모 : 중견
홈 페 이 지 : www.panagene.com	연 락 처 : 042)861-9295
본 사 : 대전시 유성구 테크노10로 54	

설 립 일	1976.07.01	종 업 원 수	60명	대 표 이 사	김성기
상 장 일	2000.08.16	감사의견	적정 (우리)	계	열
결 산 기	12월	보 통 주	3,194만주	종속회사수	
액 면 가	500원	우 선 주		구 상 호	

주주구성 (지분율,%)		출자관계 (지분율,%)		주요경쟁사 (외형,%)	
김성기	12.8	파나진	100		
박준곤	9.5	엑세스바이오	467		
(외국인)	0.6	나노엔텍	319		

매출구성		비용구성		수출비중	
유전자키트(제품)	52.1	매출원가율	36.4	수출	35.0
PNA(기타)	38.5	판관비율	74.4	내수	65.0
상품(상품)	8.7				

회사 개요
동사는 2001년 "새로운 소재와 기술개발을 통해서 분자진단의 새로운 장을 열자"는 포부를 가진 과학자들이 모여 설립됐으며, 2008년10월 합병을 통해 코스닥 시장에 상장됨. 동사의 주력사업은 분자진단시약인 PNA의 개발및 판매임. 동사의 HPV진단용 PNA칩은 국내 시장에서 높은 시장점유율을 차지하고 있음. 2015년부터는 RAF 단백질을 선택적으로 억제하는 표적 항암신약에 대한 임상시험도 진행 중임.

실적 분석
동사의 2017년 2분기 누적 매출액은 전년대비 16.3% 성장한 36.7억원을 기록함. 매출성장은 PNA소재 및 진단제품 매출 확대에 기인함. 다만 제품개발 및 출시에 필요한 연구 및 임상시험 비용 등이 증가하면서 높은 원가율이 유지되고 있어 영업손실 13.1억원; 당기순손실 17.2억원을 보이며 적자를 지속함. 동사는 매출 목표를 달성하기 위해 글로벌 우수 판매대리점을 확충하고 브랜드 가치 향상을 추진중임.

현금 흐름   *IFRS 별도 기준   〈단위 : 억원〉

항목	2016	2017.2Q
영업활동	-11	46
투자활동	-62	-45
재무활동	75	-8
순현금흐름	2	-7
기말현금	26	19

시장 대비 수익률

결산 실적   〈단위 : 억원〉

항목	2012	2013	2014	2015	2016	2017
매출액	32	42	50	59	70	—
영업이익	-23	-36	-9	-2	-7	—
당기순이익	-73	-48	-22	-4	-16	—

분기 실적   *IFRS 별도 기준   〈단위 : 억원〉

항목	2016.1Q	2016.2Q	2016.3Q	2016.4Q	2017.1Q	2017.2Q
매출액	15	17	17	21	16	20
영업이익	-6	-2	-2	2	3	-4
당기순이익	-9	-4	-6	3	-13	-4

재무 상태   *IFRS 별도 기준   〈단위 : 억원〉

항목	2012	2013	2014	2015	2016	2017.2Q
총자산	255	251	244	256	330	361
유형자산	84	43	42	41	51	63
무형자산	82	90	87	88	98	101
유가증권	—	—	—	—	—	—
총부채	166	162	155	167	119	78
총차입금	147	131	139	152	99	
자본금	124	134	134	134	148	160
총자본	89	89	89	89	211	283
지배주주지분	89	89	89	89	211	283

기업가치 지표   *IFRS 별도 기준   〈단위 : 원〉

항목	2012	2013	2014	2015	2016	2017.2Q
주가(최고/저)(천원)	11.9/4.5	5.2/2.7	6.2/2.7	6.0/3.8	8.3/4.5	—/—
PER(최고/저)(배)	—/—	—/—	—/—	—/—	—/—	—/—
PBR(최고/저)(배)	33.1/12.5	15.5/8.1	18.7/8.2	18.1/11.4	11.7/6.3	7.9/6.7
EV/EBITDA(배)			865.3	109.1	2,565.9	
EPS(원)	-296	-184	-82	-23	-54	-54
BPS(원)	359	332	332	332	711	886
CFPS(원)	-254	-149	-41	15	-25	-29
DPS(원)	—	—	—	—	—	—
EBITDAPS(원)	-52	-103	4	44	3	-16

재무 비율   〈단위 : % 〉

연도	영업이익률	순이익률	부채비율	차입금비율	ROA	ROE	유보율	자기자본비율	EBITDA마진율
2016	-10.8	-22.4	56.5	47.1	-5.3	-10.4	42.2	63.9	1.1
2015	2.7	-10.6	일부잠식	일부잠식	-2.5	-7.1	-33.6	34.7	19.9
2014	-18.8	-43.8	일부잠식	일부잠식	-8.8	-24.7	-33.6	36.4	3.1
2013	-84.4	-113.0	일부잠식	일부잠식	-18.8	-53.4	-33.5	35.5	-63.1

파라다이스 (A034230)
Paradise

업 종 : 호텔 및 레저	시 장 : KOSDAQ
신용등급 : (Bond) AA- (CP) —	기 업 규 모 : 우량
홈 페 이 지 : www.paradise.co.kr	연 락 처 : 02)2277-0190
본 사 : 서울시 중구 동호로 268	

설 립 일	1972.04.27	종 업 원 수	1,511명	대 표 이 사	박병룡
상 장 일	2002.10.31	감사의견	적정 (삼일)	계	열
결 산 기	12월	보 통 주	9,094만주	종속회사수	4개사
액 면 가	500원	우 선 주		구 상 호	

주주구성 (지분율,%)		출자관계 (지분율,%)		주요경쟁사 (외형,%)	
파라다이스글로벌	37.9	파라다이스호텔부산(우선주)	100.0	파라다이스	100
JF Asset Management Limited	4.9	파라다이스호텔부산(보통주)	69.5	강원랜드	244
(외국인)	3.5	파라다이스세가사미	55.0	호텔신라	535

매출구성		비용구성		수출비중	
카지노	86.8	매출원가율	80.1	수출	—
호텔	11.0	판관비율	10.5	내수	—
기타	2.2				

회사 개요
동사는 주력 사업인 카지노사업을 비롯하여 호텔, 기타 등 3개 사업부문을 영위하고 있음. 2017년 2분기 기준 전체 매출의 84.8%를 카지노 사업이 차지하고 있음. 2016년 기준 국내 전체 외국인 전용 카지노 입장객의 27.2%를 차지. 2017년 상반기 전체 입장객은 38만 5,374명 중 중국인 입장객이 전체의 47.5%, 일본이 21.9%, 그 외 기타 국적의 입장객이 30.6%를 차지하고 있음.

실적 분석
동사의 2017년 2분기 누적 매출액은 전년 동기 대비 18.4% 감소한 2,832.2억원을 기록함. 핵심 수익원이었던 중국인 고객 칩 구매액이 급감한 탓. 외형 축소로 매출총이익이 69.5% 감소한데 이어 판관비는 71.1% 급증하면서 350.1억원의 영업손실을 기록해 적자전환함. 상반기 기준 차입금이 8,785억원으로 전년보다 3,000억원 가까이 늘어나며 재무구조 악화. 당기순손실은 284.9억원을 기록하며 적자전환.

현금 흐름   〈단위 : 억원〉

항목	2016	2017.2Q
영업활동	1,122	-479
투자활동	-4,991	-875
재무활동	2,302	1,459
순현금흐름	-1,565	103
기말현금	1,823	1,925

시장 대비 수익률

결산 실적   〈단위 : 억원〉

항목	2012	2013	2014	2015	2016	2017
매출액	5,185	6,215	6,762	6,154	6,949	—
영업이익	898	1,323	790	583	658	—
당기순이익	798	1,077	1,058	718	576	—

분기 실적   〈단위 : 억원〉

항목	2016.1Q	2016.2Q	2016.3Q	2016.4Q	2017.1Q	2017.2Q
매출액	1,570	1,890	1,752	1,736	1,424	1,399
영업이익	153	328	109	67	-77	-273
당기순이익	158	270	104	44	13	-298

재무 상태   〈단위 : 억원〉

항목	2012	2013	2014	2015	2016	2017.2Q
총자산	10,366	12,300	16,019	19,939	23,080	24,137
유형자산	4,835	4,836	5,501	8,309	13,370	15,221
무형자산	228	1,893	1,865	2,799	2,851	2,933
유가증권	195	194	297	546	151	248
총부채	3,087	3,404	4,237	7,074	9,984	11,591
총차입금	912	821	804	4,433	7,102	8,807
자본금	470	470	470	470	470	470
총자본	7,280	8,896	11,782	12,865	13,097	12,546
지배주주지분	6,331	7,306	10,104	10,227	10,441	10,059

기업가치 지표   〈단위 : 원〉

항목	2012	2013	2014	2015	2016	2017.2Q
주가(최고/저)(천원)	19.2/7.1	25.6/15.4	38.0/22.1	30.9/16.6	18.0/11.8	—/—
PER(최고/저)(배)	25.7/9.6	24.9/15.0	38.4/22.3	45.0/24.3	30.4/19.9	1.5/1.1
PBR(최고/저)(배)	2.8/1.1	3.3/2.0	3.6/2.1	2.8/1.5	1.6/1.0	
EV/EBITDA(배)	13.9		15.4	17.3	19.3	16.6
EPS(원)	822	1,113	1,060	717	606	-125
BPS(원)	7,419	8,492	11,302	11,533	11,768	11,348
CFPS(원)	968	1,306	1,306	1,020	963	148
DPS(원)	200	350	600	375	300	—
EBITDAPS(원)	1,134	1,647	1,116	944	1,080	-112

재무 비율   〈단위 : % 〉

연도	영업이익률	순이익률	부채비율	차입금비율	ROA	ROE	유보율	자기자본비율	EBITDA마진율
2016	9.5	8.3	76.2	54.2	2.7	5.3	2,175.6	56.7	14.1
2015	9.5	11.7	55.0	34.5	4.0	6.4	2,130.0	64.5	14.0
2014	11.7	15.7	36.0	6.8	7.5	11.1	2,085.3	73.6	15.0
2013	21.3	17.3	38.3	9.2	9.5	14.8	1,542.0	72.3	24.1

파라텍 (A033540)
Paratech

업 종 : 기계	시 장 : KOSDAQ
신용등급 : (Bond) — (CP) —	기업규모 : 우량
홈 페 이 지 : www.paratech.co.kr	연 락 처 : 032)675-2287~8
본 사 : 경기도 부천시 원미구 길주로 425번길 30-21	

설 립 일 1973.06.08	종 업 원 수 207명	대 표 이 사	오선영,안계환(각자대표)
상 장 일 1997.12.26	감 사 의 견 적정 (삼정)	계 열	
결 산 기 12월	보 통 주 1,667만주	종속회사수 2개사	
액 면 가 500원	우 선 주	구 상 호	

주주구성 (지분율,%)
베이스에이치디	80.5
JF Asset Management Limited	7.3
(외국인)	0.6

출자관계 (지분율,%)
레데코	60.0
펜타솔루션	30.0
극동정밀	29.9

주요경쟁사 (외형,%)
파라텍	100
대경기계	84
비에이치아이	138

매출구성
소화설비공사시공	69.0
스프링클러헤드류	10.5
CPVC파이프 외	9.1

비용구성
매출원가율	92.5
판관비율	5.1

수출비중
수출	2.0
내수	98.0

회사 개요
동사는 1973년 설립돼 1997년 코스닥시장에 상장한 소방설비 전문기업임. 2016년말 현재 레데코, FESCO JAPAN 등 2개의 연결자회사를 보유함. 당분기 기준 사업부문별 매출비중은 소방설비시공 69%, 소방기구제조 도매 31%로 구성됨. 소방기구사업은 CPVC와 자동식 소화기 및 ECARO GAS 팩케이지 등 신제품의 판매, 시공부문에서는 반도체 및 LCD에 편중된 매출을 주거용 및 일반 건축물 등으로 제품 다각화를 추진중임.

실적 분석
경기부양 등에 힘입어 설비투자와 건설투자가 활발하게 증가세를 보여 왔으며, 민간소비도 완만하게 증가하여 설비시공 매출액이 증가함에 따라 동사의 2017년 2분기누적 매출액은 전년동기대비 84.5% 상승한 1,516.1억원을 기록하였다. 그에 따라 전년동기대비 영업이익은 55.1억원으로 20.1% 상승하였음. 향후 해외공급처 확대로 수익이 더욱 개선될 것이라 기대함.

현금 흐름 〈단위 : 억원〉
항목	2016	2017.2Q
영업활동	-228	-82
투자활동	-21	17
재무활동	67	64
순현금흐름	-182	-1
기말현금	5	4

시장 대비 수익률

결산 실적 〈단위 : 억원〉
항목	2012	2013	2014	2015	2016	2017
매출액	914	1,087	1,321	1,482	2,269	—
영업이익	8	60	70	46	55	—
당기순이익	6	46	56	28	34	—

분기 실적 〈단위 : 억원〉
항목	2016.1Q	2016.2Q	2016.3Q	2016.4Q	2017.1Q	2017.2Q
매출액	382	440	606	841	804	712
영업이익	29	17	25	-17	33	22
당기순이익	25	12	18	-21	25	62

재무 상태 〈단위 : 억원〉
항목	2012	2013	2014	2015	2016	2017.2Q
총자산	829	935	1,101	1,003	1,438	1,530
유형자산	332	325	264	163	174	39
무형자산	9	9	7	7	6	5
유가증권	15	12	17	6	6	5
총부채	208	269	400	276	703	713
총차입금	1	0	0	0	86	155
자본금	56	56	56	56	56	56
총자본	621	667	702	727	735	817
지배주주지분	612	654	686	726	735	817

기업가치 지표
항목	2012	2013	2014	2015	2016	2017.2Q
주가(최고/저)(천원)	3.3/2.4	2.9/2.4	6.5/2.7	7.1/4.3	9.0/5.5	—/—
PER(최고/저)(배)	102.6/72.9	8.0/6.4	14.4/6.1	29.1/17.7	29.2/17.9	—/—
PBR(최고/저)(배)	0.6/0.5	0.5/0.4	1.1/0.5	1.1/0.7	1.3/0.8	1.0/0.9
EV/EBITDA(배)	10.7	3.8	5.4	8.4	14.1	—/—
EPS(원)	23	260	315	167	210	525
BPS(원)	5,577	5,959	6,374	6,644	6,786	7,471
CFPS(원)	133	501	583	328	389	812
DPS(원)	10	40	50	54	53	—
EBITDAPS(원)	167	655	742	489	565	526

재무 비율 〈단위 : %〉
연도	영업이익률	순이익률	부채비율	차입금비율	ROA	ROE	유보율	자기자본비율	EBITDA마진율
2016	2.4	1.5	95.7	11.7	2.8	4.8	1,257.1	51.1	2.8
2015	3.1	1.9	37.9	0.0	2.7	3.9	1,228.8	72.5	3.7
2014	5.3	4.2	57.0	0.0	5.5	7.8	1,174.8	63.7	6.3
2013	5.6	4.2	40.3	0.1	5.2	6.9	1,091.7	71.3	6.7

파루 (A043200)
Paru

업 종 : 에너지 시설 및 서비스	시 장 : KOSDAQ
신용등급 : (Bond) B (CP) —	기업규모 : 우량
홈 페 이 지 : www.paru.co.kr	연 락 처 : 061)755-5114
본 사 : 전남 순천시 서면 산단4길 12	

설 립 일 1995.08.28	종 업 원 수 148명	대 표 이 사	강문식
상 장 일 2000.07.08	감 사 의 견 적정 (정동)	계 열	
결 산 기 12월	보 통 주 2,923만주	종속회사수 3개사	
액 면 가 500원	우 선 주	구 상 호	

주주구성 (지분율,%)
지본	5.1
강문식	2.4
(외국인)	0.8

출자관계 (지분율,%)
태인태양광발전소	100.0
순천시신환경에너지타운	49.0
엔지니어링공제조합	

주요경쟁사 (외형,%)
파루	100
KG ETS	90
에코바이오	19

매출구성
태양광 추적장치	94.6
운반차	1.6
LED	1.3

비용구성
매출원가율	65.7
판관비율	29.6

수출비중
수출	4.0
내수	96.0

회사 개요
동사는 1993년에 설립되어 2000년에 코스닥시장에 상장하였고, 2002년 태인테크주식회사에서 현재의 사명으로 상호를 변경함. 신재생에너지사업(태양광사업), LED조명사업, 생물환경산업(농기계, 손세정제 외)을 영위하고 있음. 매출구성은 태양광 80.25%, 위생환경 14.95%, LED 4.82%로 구성됨. 연결대상 종속법인으로는 동사가 지분 100%를 투자하여 태양광발전을 주요사업으로 영위하는 태인태양광발전소를 보유함.

실적 분석
동사의 2017년 연결기준 2/4분기 누적매출액은 전년동기 대비 82.2% 감소한 150.7억원을 기록함. 매출감소로 인해 매출원가 및 판관비가 전년동기 대비 각각 74.4%, 64.2% 감소했음으로 63.4억원의 영업손실을 기록하며 적자전환되었음. 비영업부문에서도 44.8억원의 손실을 기록하며 적자를 지속함에 따라 적자폭은 더욱 확대되어 108.4억원의 당기순손실을 시현하며 적자전환되었음.

현금 흐름 〈단위 : 억원〉
항목	2016	2017.2Q
영업활동	-118	-92
투자활동	-77	92
재무활동	243	-185
순현금흐름	174	-187
기말현금	326	139

시장 대비 수익률

결산 실적 〈단위 : 억원〉
항목	2012	2013	2014	2015	2016	2017
매출액	389	374	579	1,266	1,057	—
영업이익	-39	11	38	98	50	—
당기순이익	-62	-26	2	97	33	—

분기 실적 〈단위 : 억원〉
항목	2016.1Q	2016.2Q	2016.3Q	2016.4Q	2017.1Q	2017.2Q
매출액	412	433	122	90	67	84
영업이익	46	46	11	-52	-44	-20
당기순이익	40	30	5	-42	-63	-46

재무 상태 〈단위 : 억원〉
항목	2012	2013	2014	2015	2016	2017.2Q
총자산	426	573	719	987	1,100	830
유형자산	221	247	253	259	290	285
무형자산	28	15	15	16	16	16
유가증권	9	10	10	10	23	22
총부채	263	420	399	539	280	119
총차입금	211	301	233	188	170	18
자본금	31	31	87	87	138	128
총자본	163	153	320	448	820	711
지배주주지분	163	153	320	448	785	695

기업가치 지표
항목	2012	2013	2014	2015	2016	2017.2Q
주가(최고/저)(천원)	5.4/0.8	3.1/1.0	4.5/1.8	5.7/2.7	5.4/3.7	—/—
PER(최고/저)(배)	—/—	—/—	377.0/154.8	11.7/5.6	32.1/21.6	—/—
PBR(최고/저)(배)	3.9/0.6	2.4/0.8	2.7/1.1	2.5/1.2	1.9/1.3	1.6/1.3
EV/EBITDA(배)		16.0	15.1	7.1	11.9	—/—
EPS(원)	-514	-212	12	492	169	-332
BPS(원)	2,760	2,603	1,871	2,606	2,866	2,537
CFPS(원)	-768	-186		116	647	—
DPS(원)					251	-288
EBITDAPS(원)	-375	426	374	653	288	-186

재무 비율 〈단위 : %〉
연도	영업이익률	순이익률	부채비율	차입금비율	ROA	ROE	유보율	자기자본비율	EBITDA마진율
2016	4.8	3.1	34.2	20.8	3.1	6.7	473.2	74.5	6.6
2015	7.8	7.7	120.3	42.0	11.4	25.3	421.2	45.4	9.0
2014	6.6	0.3	124.7	72.8	0.3	0.8	274.1	44.5	9.0
2013	3.0	-7.0	274.4	196.5	-5.3	-16.6	420.5	26.7	7.0

파마리서치프로덕트 (A214450)
PHARMA RESEARCH PRODUCTS

업 종 : 바이오		시 장 : KOSDAQ	
신용등급 : (Bond) — (CP) —		기업규모 : 벤처	
홈 페 이 지 : www.pr-products.co.kr		연 락 처 : 033)645-7640	
본 사 : 강원도 강릉시 과학단지로 77-19 (대전동)			

설 립 일 2001.03.03	종 업 원 수 106명	대 표 이 사 정상수,안원준(각자대표이사)	
상 장 일 2015.07.24	감사의견 적정 (삼덕)	계 열	
결 산 기 12월	보 통 주 947만주	종속회사수 2개사	
액 면 가 500원	우 선 주	구 상 호	

주주구성 (지분율,%)	출자관계 (지분율,%)	주요경쟁사 (외형,%)
정상수 41.1	한국오므론헬스케어 24.5	파마리서치프로덕트 100
김익수 6.4	ADI인터네셔날	쎌바이오텍 127
(외국인) 1.6	현대중공업	엔지켐생명과학 48

매출구성	비용구성	수출비중
자닥신, 에이티피 외 35.0	매출원가율 32.9	수출 33.0
리쥬비넥스, 리쥬란, 디셀 외 29.3	판관비율 36.4	내수 67.0
플라센텍스 27.0		

회사 개요
동사는 해양바이오 의약신소재인 PDRN/PN 제조 기술을 확보하고, 해당 소재를 기반으로 한 의약품, 의료기기 및 기타 헬스케어 제품을 생산, 판매하는 재생과학 전문회사임. PDRN 및 PN은 그 안전성과 유효성이 확인된 재생의학원료로 그 조성은 증대하여 확인된 생식세포에서 분리된 DNA분절체임. 연어의 생식세포에서 추출한 DNA를 특화된 규격으로 분리, 정제하고, 약효를 가지는 특정 절편으로 규격화해 의약품 및 의료기기의 원재료로 사용하고 있음

실적 분석
동사의 2017년 연결기준 상반기 매출액은 251.5억원을 기록하며 전년동기 대비 5.4% 증가. 영업이익은 90.5억원으로 16.4% 증가하고 당기순이익은 82.0억원을 기록하며 전년동기 대비 6.8% 감소. 영업이익은 제약업계의 경쟁강화로 전년동기 대비 감소했으나 최근 생산시설을 증대하여 해외 수요 대응 및 제품 생산량 확대를 준비. 또한 최근 신제품 코스메틱 브랜드 '리쥬란® 힐러'를 출시하며 적극적인 마케팅 활동을 펼침

현금 흐름
〈단위 : 억원〉

항목	2016	2017.2Q
영업활동	82	31
투자활동	-10	47
재무활동	-46	-56
순현금흐름	28	17
기말현금	176	194

시장 대비 수익률

결산 실적
〈단위 : 억원〉

항목	2012	2013	2014	2015	2016	2017
매출액	119	178	248	375	460	
영업이익	30	72	114	161	141	
당기순이익	24	57	98	129	138	

분기 실적
〈단위 : 억원〉

항목	2016.1Q	2016.2Q	2016.3Q	2016.4Q	2017.1Q	2017.2Q
매출액	118	120	110	111	124	127
영업이익	36	41	47	16	52	38
당기순이익	41	47	43	8	45	37

재무 상태
〈단위 : 억원〉

항목	2012	2013	2014	2015	2016	2017.2Q
총자산	174	245	444	1,693	1,793	1,821
유형자산	60	91	210	204	208	204
무형자산		7	16	16	42	42
유가증권		1	1	264	618	545
총부채	53	96	196	126	69	68
총차입금	22	69	147	54		
자본금	9	9	30	46	47	47
총자본	121	149	248	1,567	1,725	1,753
지배주주지분	121	149	248	1,567	1,716	1,747

기업가치 지표

항목	2012	2013	2014	2015	2016	2017.2Q
주가(최고/저)(천원)	—/—	—/—	—/—	113/61.5	82.1/39.1	—/—
PER(최고/저)(배)	0.0/0.0	0.0/0.0	0.0/0.0	73.7/40.0	56.3/26.8	2.3/1.7
PBR(최고/저)(배)	0.0/0.0	0.0/0.0	0.0/0.0	6.9/3.8	4.5/2.1	
EV/EBITDA(배)			0.4	32.2	17.9	
EPS(원)	455	815	1,255	1,554	1,469	884
BPS(원)	6,441	7,520	3,388	16,559	18,416	18,978
CFPS(원)	1,654	3,061	1,363	1,678	1,590	948
DPS(원)				200	300	1,021
EBITDAPS(원)	2,036	3,841	1,729	2,066	1,611	

재무 비율
〈단위 : % 〉

연도	영업이익률	순이익률	부채비율	차입금비율	ROA	ROE	유보율	자기자본비율	EBITDA마진율
2016	30.7	30.1	4.0	0.0	7.9	8.5	3,583.1	96.2	33.2
2015	43.0	34.4	8.0	3.5	12.1	14.2	3,320.7	92.6	45.7
2014	46.1	35.7	79.2	59.4	25.7	44.5	724.2	55.8	49.2
2013	40.6	31.9	64.2	45.9			1,656.2	60.9	42.9

파미셀 (A005690)
Pharmicell

업 종 : 바이오		시 장 : 거래소	
신용등급 : (Bond) — (CP) —		기업규모 : 시가총액 소형주	
홈 페 이 지 : www.pharmicell.com		연 락 처 : 02)3496-0114	
본 사 : 서울시 강남구 언주로 874, 7층(신사동, 쌍봉빌딩)			

설 립 일 1968.08.20	종 업 원 수 123명	대 표 이 사 김현수,김성래	
상 장 일 1988.05.20	감사의견 적정 (신승)	계 열	
결 산 기 12월	보 통 주 5,841만주	종속회사수	
액 면 가 500원	우 선 주	구 상 호	

주주구성 (지분율,%)	출자관계 (지분율,%)	주요경쟁사 (외형,%)
김현수 9.2		파미셀 100
코어비트 5.5		테고사이언스 30
(외국인) 3.2		마크로젠 327

매출구성	비용구성	수출비중
뉴클레오시드 34.5	매출원가율 63.3	수출 25.0
화장품 외 23.2	판관비율 43.4	내수 75.0
난연제 19.4		

회사 개요
동사는 세계 최초의 줄기세포치료제(하티셀 그램-에이엠아이)를 개발한 바이오 제약 전문기업이며 2개의 사업부(바이오제약사업부, 바이오케미컬사업부)를 두고 있음. 바이오제약사업부는 줄기세포치료제 개발을 핵심사업으로 하며, 성체줄기세포 보관사업도 수행하고 있음. 바이오케미컬사업부는 2012년 원료의약품 등의 정밀화학 제품을 생산하는 아이디비켐㈜을 자회사로 인수한 후 2013년 3월 합병을 통해 신설된 사업부임.

실적 분석
전세계적으로 재생이 불가능하다고 여겨진 난치병 및 불치병에 대한 치료 대안으로 줄기세포치료제에 대한 개발이 활발히 진행되고 있음. 세계 줄기세포시장은 2013년 400억달러 규모를 형성한 후 연평균 성장율 24.1%로 꾸준히 확대될 것으로 전망되고 있으며 2018년에는 1,177억달러 규모로 확대될 것으로 전망되고 있음. 동사의 2017년 반기 연결기준 매출액은 전년동기 대비 7.8% 감소한 124.7억원이며, 순손실 28.1억을 시현하여 적자폭이 확대됨

현금 흐름
*IFRS 별도 기준 〈단위 : 억원〉

항목	2016	2017.2Q
영업활동	10	7
투자활동	-44	-25
재무활동	10	1
순현금흐름	-23	-17
기말현금	119	102

시장 대비 수익률

결산 실적
〈단위 : 억원〉

항목	2012	2013	2014	2015	2016	2017
매출액	111	334	202	252	278	
영업이익	-140	-76	-84	-55	-19	
당기순이익	-176	-257	-288	-64	-7	

분기 실적
*IFRS 별도 기준 〈단위 : 억원〉

항목	2016.1Q	2016.2Q	2016.3Q	2016.4Q	2017.1Q	2017.2Q
매출액	71	65	80	63	55	69
영업이익	-5	-8	2	-8	-9	-17
당기순이익	-8	-8	7	-3	-12	-16

재무 상태
*IFRS 별도 기준 〈단위 : 억원〉

항목	2012	2013	2014	2015	2016	2017.2Q
총자산	1,308	994	988	1,021	1,020	995
유형자산	56	57	45	95	114	118
무형자산	762	766	604	602	588	582
유가증권				50		
총부채	283	169	154	108	74	76
총차입금	254	88	90	30		
자본금	209	217	263	286	292	292
총자본	1,025	824	834	913	946	919
지배주주지분	1,025	824	834	913	946	919

기업가치 지표
*IFRS 별도 기준

항목	2012	2013	2014	2015	2016	2017.2Q
주가(최고/저)(천원)	12.9/4.8	5.4/3.4	5.1/2.8	7.3/3.1	7.4/4.1	—/—
PER(최고/저)(배)	—/—	—/—	—/—	—/—	—/—	—/—
PBR(최고/저)(배)	5.3/1.9	2.8/1.8	3.2/1.8	4.6/1.9	4.5/2.5	3.4/2.5
EV/EBITDA(배)	-432	-608	-619	-114	191.8 -12	-48
EPS(원)	-432	-608	-619	-114	-12	-48
BPS(원)	2,451	1,902	1,586	1,598	1,622	1,575
CFPS(원)	-360	-523	-559	-68	46	-20
DPS(원)						
EBITDAPS(원)	-270	-96	-121	-53	25	-16

재무 비율
〈단위 : % 〉

연도	영업이익률	순이익률	부채비율	차입금비율	ROA	ROE	유보율	자기자본비율	EBITDA마진율
2016	-6.7	-2.4	7.8	0.0	-0.7	-0.7	224.5	92.8	5.3
2015	-22.0	-25.4	11.8	3.3	-6.4	-7.3	219.6	89.5	-11.7
2014	-41.8	-142.7	18.5	10.8	-29.0	-34.7	217.2	84.4	-27.9
2013	-22.9	-76.9	20.6	10.7	-21.8	-27.9	280.5	82.9	-12.1

파버나인 (A177830)
PAVONINE CO

업 종 : 금속 및 광물		시 장 : KOSDAQ	
신용 등급 : (Bond) — (CP) —		기업규모 : 벤처	
홈 페 이 지 : www.pavonine.net		연 락 처 : 032)814-6900	
본 사 : 인천시 남동구 호구포로 33 남동공단 157블럭 4로트			

설 립 일 1997.07.04	종 업 원 수 426명	대 표 이 사 이제훈	
상 장 일 2014.08.04	감 사 의 견 적정 (삼덕)	계 열	
결 산 기 12월	보 통 주 1,071만주	종속회사수 2개사	
액 면 가 500원	우 선 주	구 상 호	

주주구성 (지분율,%)		출자관계 (지분율,%)		주요경쟁사 (외형,%)	
이제훈	20.7	파버나인코리아	19.7	파버나인	100
오종철	14.2	자드미디어웍스	2.9	나라케이아이씨	71
(외국인)	1.4	PavonineAsiaPte.Ltd	100.0	대호에이엘	153

매출구성		비용구성		수출비중	
[TV 관련]TV프레임, 스탠드	56.6	매출원가율	87.5	수출	—
[생활가전외]가전제품 내외장재 등	26.9	판관비율	8.2	내수	—
[의료기기]X-ray 기기 등	11.2				

회사 개요
동사는 알루미늄 소재 가공을 통해 프리미엄 TV, 의료기기, 가전제품용 알루미늄 소재 가공 및 외관 제품을 제조하는 업체임. 1997년 설립되어 2014년 8월 코스닥시장에 상장함. 2001년 삼성과의 알루미늄 소재 가공제품 협력사 등록을 시작으로 삼성전자의 Sole Vendor 체제를 유지. 2016년 기준으로 전체 글로벌 TV판매 수량에서 동사가 납품하는 프레임의 수량 대비 전체 시장점유율을 추산할 경우 약 0.31%에 달함

실적 분석
동사의 2017년도 2분기 연결기준 누적매출액은 전년대비 52.1% 증가한 521.8억원을 시현. 영업이익과 당기순이익 또한 각 31.3억원, 20.6억원을 시현하여 전년대비 190.2%, 23.9%의 큰 성장을 이룸. 2016년 기준으로 글로벌 TV 판매 수량에서 50인치 이상 대형 TV 판매수량을 기준으로 한 동사의 TV 외관제품(프레임 기준)의 시장점유율은 약 0.95%에 달함. 알루미늄 소재의 수요는 지속될 것으로 보여 호실적 유지 예상

현금 흐름 〈단위 : 억원〉

항목	2016	2017.2Q
영업활동	82	3
투자활동	-142	-91
재무활동	66	52
순현금흐름	6	-37
기말현금	73	36

시장 대비 수익률

결산 실적 〈단위 : 억원〉

항목	2012	2013	2014	2015	2016	2017
매출액	464	1,198	850	517	770	—
영업이익	46	94	53	-46	33	—
당기순이익	29	67	48	-53	35	—

분기 실적 〈단위 : 억원〉

항목	2016.1Q	2016.2Q	2016.3Q	2016.4Q	2017.1Q	2017.2Q
매출액	135	208	221	206	272	250
영업이익	-16	26	20	2	22	9
당기순이익	-13	30	14	4	15	6

재무 상태 〈단위 : 억원〉

항목	2012	2013	2014	2015	2016	2017.2Q
총자산	586	597	764	851	1,027	1,103
유형자산	411	441	511	618	718	766
무형자산	—	3	4	4	28	27
유가증권	18	14	15	16	14	14
총부채	376	320	220	357	499	558
총차입금	331	222	113	267	333	382
자본금	15	15	27	27	27	54
총자본	210	277	543	494	528	545
지배주주지분	210	277	543	494	528	545

기업가치 지표

항목	2012	2013	2014	2015	2016	2017.2Q
주가(최고/저)(천원)	—/—	—/—	6.0/3.5	6.6/2.6	5.2/2.8	—/—
PER(최고/저)(배)	0.0/0.0	0.0/0.0	10.6/6.1	—/—	16.0/8.5	—/—
PBR(최고/저)(배)	0.0/0.0	0.0/0.0	1.2/0.7	1.4/0.6	1.1/0.6	1.4/1.0
EV/EBITDA(배)	4.4	1.7	4.9		10.1	
EPS(원)	490	1,120	568	-499	327	192
BPS(원)	110,379	7,278	10,142	9,222	9,857	5,089
CFPS(원)	26,364	3,138	1,833	-207	1,505	465
DPS(원)						
EBITDAPS(원)	35,248	4,041	1,941	-74	1,467	564

재무 비율 〈단위 : %〉

연도	영업이익률	순이익률	부채비율	차입금비율	ROA	ROE	유보율	자기자본비율	EBITDA마진율
2016	4.3	4.6	94.5	63.0	3.7	6.9	1,871.4	51.4	10.2
2015	-9.0	-10.3	72.3	54.1	-6.6	-10.3	1,744.4	58.1	-0.8
2014	6.2	5.6	40.6	20.9	7.0	11.6	1,928.5	71.1	10.2
2013	7.8	5.6	115.5	80.1	11.3	27.3	1,779.0	46.4	10.1

파세코 (A037070)
Paseco

업 종 : 내구소비재		시 장 : KOSDAQ	
신용 등급 : (Bond) — (CP) —		기업규모 : 중견	
홈 페 이 지 : www.paseco.co.kr		연 락 처 : 031)492-8341	
본 사 : 경기도 안산시 단원구 원시로 248 (원시동)			

설 립 일 1986.08.01	종 업 원 수 253명	대 표 이 사 유일한	
상 장 일 1999.12.23	감 사 의 견 적정 (안진)	계 열	
결 산 기 12월	보 통 주 1,400만주	종속회사수	
액 면 가 500원	우 선 주	구 상 호	

주주구성 (지분율,%)		출자관계 (지분율,%)		주요경쟁사 (외형,%)	
유일한	31.6	이원정보기술	10.7	파세코	100
유정한	30.1			PN풍년	75
(외국인)	1.2			행남생활건강	28

매출구성		비용구성		수출비중	
석유스토브	34.6	매출원가율	78.6	수출	13.0
기타	31.8	판관비율	18.5	내수	87.0
가스쿡탑	18.5				

회사 개요
동사는 1986년 8월 설립돼 석유스토브 수출 및 빌트인 가전제품 제조, 판매업을 주요 사업으로 영위함. 대표 제품인 심지식 석유난로 및 산업용 열풍기는 세계적으로 품질을 인정받고 있으며, 캠핑기기, 제습기, 모스클린 등 다양한 제품을 생산, 판매함. 국내 최대의 빌트인가전기기 제조업체로 삼성전자, 한샘 등 대기업과 ODM방식을 통한 매출을 실현하고 있음.

실적 분석
동사의 2017년도 2분기 누적 매출액은 415.6억원으로 전년동기 대비 21.3% 증가함. 고정비 증가로 영업이익은 적자지속함. 빌트인 시장 확대에 따라 자가 Brand 영업 확대를 추진 중이며, 건설회사 단납 및 틈새시장을 공략하며, 셋트 제품 등을 통해 시장 확대에 주력할 예정임. 또한 OEM 공급을 지속적으로 추진, 기존 B2B 사업 위주에서 B2C 사업으로도 확장할 계획임.

현금 흐름 *IFRS 별도 기준 〈단위 : 억원〉

항목	2016	2017.2Q
영업활동	30	-46
투자활동	-11	-14
재무활동	11	25
순현금흐름	31	-36
기말현금	76	40

시장 대비 수익률

결산 실적 〈단위 : 억원〉

항목	2012	2013	2014	2015	2016	2017
매출액	1,049	1,271	1,381	1,214	1,020	—
영업이익	51	103	83	75	30	—
당기순이익	41	75	60	59	28	—

분기 실적 *IFRS 별도 기준 〈단위 : 억원〉

항목	2016.1Q	2016.2Q	2016.3Q	2016.4Q	2017.1Q	2017.2Q
매출액	137	206	392	285	151	264
영업이익	-12	-5	25	21	-19	
당기순이익	-9	-2	27	12	-12	

재무 상태 *IFRS 별도 기준 〈단위 : 억원〉

항목	2012	2013	2014	2015	2016	2017.2Q
총자산	940	975	985	909	946	1,03
유형자산	591	569	582	575	558	54
무형자산	27	26	25	19	16	1
유가증권	3	5	2	6	2	
총부채	442	380	360	242	274	40
총차입금	274	159	179	76	111	15
자본금	66	66	66	66	66	6
총자본	498	595	625	667	672	63
지배주주지분	498	595	625	667	672	63

기업가치 지표 *IFRS 별도 기준

항목	2012	2013	2014	2015	2016	2017.2Q
주가(최고/저)(천원)	2.2/1.6	5.0/1.8	9.9/3.8	8.9/4.9	8.0/4.3	—/—
PER(최고/저)(배)	8.9/6.5	10.5/3.8	25.2/9.8	22.7/12.5	40.5/21.7	—/—
PBR(최고/저)(배)	0.7/0.5	1.3/0.5	2.4/0.9	2.0/1.1	1.7/0.9	1.5/1.
EV/EBITDA(배)	5.5	4.8	7.1	6.3	11.0	
EPS(원)	291	536	428	420	203	-8
BPS(원)	4,028	4,513	4,738	5,059	5,094	4,53
CFPS(원)	660	955	830	826	570	6
DPS(원)	100	150	150	170	230	
EBITDAPS(원)	735	1,169	1,008	945	579	2

재무 비율 〈단위 : %〉

연도	영업이익률	순이익률	부채비율	차입금비율	ROA	ROE	유보율	자기자본비율	EBITDA마진율
2016	2.9	2.8	40.7	16.6	3.1	4.3	918.8	71.1	7.5
2015	6.2	4.9	36.2	11.3	6.2	9.1	911.9	73.4	10.3
2014	6.1	4.3	57.7	28.7	6.1	9.8	847.6	63.4	9.6
2013	8.1	5.9	63.8	26.7	7.8	13.7	802.6	61.0	12

파수닷컴 (A150900)
FASOOCOM

업 종 : 일반 소프트웨어	시 장 : KOSDAQ
신용등급 : (Bond) — (CP) —	기업규모 : 벤처
홈 페 이 지 : www.fasoo.com	연 락 처 : 02)300-9000
본 사 : 서울시 마포구 월드컵북로 396, 누리꿈스퀘어비즈니스센터 17층	

설 립 일 2000.06.08	종 업 원 수 278명	대 표 이 사 조규곤
상 장 일 2013.10.18	감 사 의 견 적정 (대주)	계 열
결 산 기 12월	보 통 주 814만주	종 속 회 사 수 2개사
액 면 가 500원	우 선 주	구 상 호

주주구성 (지분율,%)
조규곤	25.6
산은캐피탈	4.5
(외국인)	2.5

출자관계 (지분율,%)
디지털페이지	100.0
마이창고	7.0
Fasoo,Inc.	100.0

주요경쟁사 (외형,%)
파수닷컴	100
인프라웨어	62
피노텍	51

매출구성
데이타보안	57.2
기타	27.4
소프트웨어보안	15.4

비용구성
매출원가율	64.0
판관비율	72.5

수출비중
수출	2.0
내수	98.0

회사 개요
2000년 6월 설립된 소프트웨어 보안 분야 사업 영위하는 회사. 2015년 기준 국내 DRM 시장의 파수닷컴의 시장점유율은 30.5%. 2017년 2분기 기준 매출 비중은 데이타보안 49%, 소프트웨어보안 21%, 정보보호컨설팅 5%, 기타 25%로 구성됨. 기업 문서 보안 솔루션 및 서비스, 전자책 DRM 솔루션을 주로 개발. E-DRM은 보안분야에서 유일하게 외산업체가 국내 진입 못하고, 국내업체만 진출하고 있음.

실적 분석
동사의 2017년 2분기 누적 매출액은 전년동기대비 33.4% 증가한 109.3억원을 기록함. 영업적자가 지속되었으나 매출규모 증가에 따라 2분기 누적 영업손실은 전년동기대비 절반 수준으로 감소한 25.7억원을 기록함. 2분기 누적 당기순손실은 28억원으로 적자 지속되고 있으나 적자 폭은 축소됨. 국내 데이타보안 시장의 주요 경쟁 회사는 마크애니와 소프트캠프가 있음. 하반기 애플리케이션 보안 플랫폼 라인업 출시를 통한 실적 성장 기대됨.

현금 흐름 〈단위 : 억원〉
항목	2016	2017.2Q
영업활동	-10	-21
투자활동	-62	-21
재무활동	60	42
순현금흐름	-11	63
기말현금	63	63

시장 대비 수익률

결산 실적 〈단위 : 억원〉
항목	2012	2013	2014	2015	2016	2017
매출액	203	214	231	253	214	
영업이익	40	14	16	3	-78	
당기순이익	43	18	22	9	-121	

분기 실적 〈단위 : 억원〉
항목	2016.1Q	2016.2Q	2016.3Q	2016.4Q	2017.1Q	2017.2Q
매출액	37	45	*59	74	51	58
영업이익	-29	-21	-7	-22	-18	-8
당기순이익	-29	-22	-8	-63	-20	-8

재무 상태 〈단위 : 억원〉
항목	2012	2013	2014	2015	2016	2017.2Q
총자산	219	314	330	411	383	367
유형자산	8	8	11	15	12	10
무형자산	46	50	66	100	127	137
유가증권	1	1	11	2	6	5
총부채	84	74	79	149	249	259
총차입금	42	20	20	74	148	189
자본금	31	40	40	40	41	41
총자본	135	240	251	261	134	108
지배주주지분	135	240	251	261	134	108

기업가치 지표
항목	2012	2013	2014	2015	2016	2017.2Q
주가(최고/저)(천원)	—/—	6.8/4.6	13.9/5.2	12.4/7.5	9.1/6.1	—/—
PER(최고/저)(배)	0.0/0.0	25.4/17.4	51.4/19.2	118.3/71.7	—	4.2/3.1
PBR(최고/저)(배)	0.0/0.0	2.3/1.6	4.4/1.6	3.8/2.3	5.0/3.3	—
EV/EBITDA(배)	0.3	10.9	27.4	28.8	—	—
EPS(원)	711	272	273	106	-1,495	-344
BPS(원)	2,191	3,015	3,205	3,302	1,837	1,520
CFPS(원)	965	541	473	351	-1,213	-209
DPS(원)		50	50	50		
EBITDAPS(원)	904	483	404	278	-680	-180

재무 비율 〈단위 : %〉
연도	영업이익률	순이익률	부채비율	차입금비율	ROA	ROE	유보율	자기자본비율	EBITDA마진율
2016	-36.4	-56.6	185.6	110.7	-30.6	-61.4	267.4	35.0	-25.8
2015	1.0	3.4	57.2	28.1	2.3	3.3	560.4	63.6	8.9
2014	7.0	9.4	31.4	8.0	6.8	8.9	540.9	76.1	14.0
2013	6.7	8.5	30.9	8.4	6.8	9.6	503.0	76.5	15.0

파워로직스 (A047310)
PowerLogics

업 종 : 전자 장비 및 기기	시 장 : KOSDAQ
신용등급 : (Bond) — (CP) —	기업규모 : 우량
홈 페 이 지 : www.powerlogics.co.kr	연 락 처 : 043)219-5608
본 사 : 충북 청원군 옥산면 과학산업4로 163	

설 립 일 1997.09.03	종 업 원 수 348명	대 표 이 사 김원남
상 장 일 2003.07.25	감 사 의 견 적정 (삼덕)	계 열
결 산 기 12월	보 통 주 3,429만주	종 속 회 사 수 8개사
액 면 가 500원	우 선 주	구 상 호

주주구성 (지분율,%)
탑엔지니어링	22.4
탑프리시전	3.0
(외국인)	10.7

출자관계 (지분율,%)
탑머티리얼즈	68.7
엘엔에스벤쳐캐피탈	14.7
엔코	8.0

주요경쟁사 (외형,%)
파워로직스	100
써니전자	4
광전자	31

매출구성
CM	64.9
PCM	16.5
SM	15.6

비용구성
매출원가율	91.5
판관비율	6.2

수출비중
수출	87.0
내수	13.0

회사 개요
동사는 PCM(Power Circuit Module)과 SM(Smart Module)이 주요 제품이었으나 최근에는 CM(Camera Module)이 전체 매출에서 차지하는 비중이 64.4%로 가장 높은 상황임. PCM과 SM은 스마트폰과 태블릿에서 자동차로 사업영역 확대 중에 있음. CM은 저화소 중심에서 점차 고화소로 사업영역 확대 중. PCM은 시장이 점차 위축되고 있는 상황이어서 차후 BSM 시장으로 사업영역 확대가 필요함.

실적 분석
동사의 2017년 2분기기준 누적 매출액은 전년동기대비 32.2% 상승한 3,426.8억원을 기록하였음. 비용면에서 전년동기대비 매출원가는 증가 하였으며 인건비는 감소 하였고 기타판매비와관리비는 증가함. 이와 같이 상승한 매출액 만큼 매출증가도 있었으나 매출액의 더 큰 상승에 힘입어 그에 따라 전년동기대비 영업이익은 75.7억원으로 103.6% 크게 상승하였음. 최종적으로 전년동기대비 당기순이익은 흑자전환하여 51.8억원을 기록함.

현금 흐름 〈단위 : 억원〉
항목	2016	2017.2Q
영업활동	396	54
투자활동	-167	-161
재무활동	-94	-126
순현금흐름	137	-234
기말현금	438	203

시장 대비 수익률

결산 실적 〈단위 : 억원〉
항목	2012	2013	2014	2015	2016	2017
매출액	5,117	5,358	5,523	5,814	5,455	
영업이익	96	18	116	94	127	
당기순이익	172	37	48	32	48	

분기 실적 〈단위 : 억원〉
항목	2016.1Q	2016.2Q	2016.3Q	2016.4Q	2017.1Q	2017.2Q
매출액	1,332	1,261	1,303	1,559	1,607	1,820
영업이익	14	23	9	83	4	72
당기순이익	-21	9	-24	85	-21	73

재무 상태 〈단위 : 억원〉
항목	2012	2013	2014	2015	2016	2017.2Q
총자산	2,600	2,652	2,784	2,904	3,048	3,161
유형자산	910	1,063	1,092	1,209	1,119	1,121
무형자산	24	22	32	147	127	109
유가증권	78	67	57	145	151	155
총부채	1,424	1,494	1,554	1,418	1,544	1,569
총차입금	763	765	702	724	638	453
자본금	144	144	144	161	163	171
총자본	1,176	1,158	1,230	1,486	1,504	1,593
지배주주지분	1,108	1,158	1,234	1,401	1,463	1,557

기업가치 지표
항목	2012	2013	2014	2015	2016	2017.2Q
주가(최고/저)(천원)	5.5/3.4	7.3/4.0	4.8/2.8	5.0/3.0	4.9/3.1	—/—
PER(최고/저)(배)	9.1/5.6	52.1/28.5	27.8/15.9	31.9/18.9	23.6/14.9	—
PBR(최고/저)(배)	1.4/0.9	1.8/1.0	1.1/0.6	1.1/0.7	1.1/0.7	1.3/0.9
EV/EBITDA(배)	8.3	12.9	5.9	6.6	4.4	—
EPS(원)	604	141	174	158	208	170
BPS(원)	3,911	4,085	4,351	4,421	4,568	4,611
CFPS(원)	1,045	565	556	780	852	499
DPS(원)						
EBITDAPS(원)	778	487	791	938	1,043	557

재무 비율 〈단위 : %〉
연도	영업이익률	순이익률	부채비율	차입금비율	ROA	ROE	유보율	자기자본비율	EBITDA마진율
2016	2.3	0.9	102.7	42.4	1.6	4.6	800.5	49.4	6.1
2015	1.6	0.6	95.4	48.7	1.1	3.6	771.4	51.2	4.8
2014	2.1	0.9	126.3	57.1	1.8	4.1	756.2	44.2	4.1
2013	0.3	0.7	129.1	66.1	1.4	3.5	703.8	43.7	2.6

파이오링크 (A170790)
Piolink

업 종 : 통신장비	시 장 : KOSDAQ
신용등급 : (Bond) — (CP) —	기업규모 : 벤처
홈 페 이 지 : www.piolink.com	연 락 처 : 02)2025-6900
본 사 : 서울시 금천구 가산디지털2로 98 IT캐슬 1동 401호	

설 립 일 2000.07.26	종 업 원 수 169명	대 표 이 사 조영철	
상 장 일 2013.08.01	감 사 의 견 적정 (삼일)	계 열	
결 산 기 12월	보 통 주 686만주	종속회사수 2개사	
액 면 가 500원	우 선 주	구 상 호	

주주구성 (지분율,%)		출자관계 (지분율,%)		주요경쟁사 (외형,%)	
엔에이치엔엔터테인먼트	29.0	나임네트웍스	57.0	파이오링크	100
조영철	9.5	위드네트웍스	32.0	콤텍시스템	466
(외국인)	0.3	시큐레이어	20.0	오이솔루션	223

매출구성		비용구성		수출비중	
ADC	52.0	매출원가율	53.0	수출	—
기타매출	22.8	판관비율	45.0	내수	—
보안 스위치	21.9				

회사 개요

동사는 2000년 7월 애플리케이션 네트워킹 및 웹보안 관련 기술 개발 등을 목적으로 설립됨. 애플리케이션 네트워크 장비, 보안장비, 클라우드 컴퓨팅 인프라 장비 산업의 부품 제조 및 판매를 주된 사업으로 영위함. 동사가 영위하고 있는 데이터센터 최적화 솔루션 시장에서, 리드웨어와 시장점유율은 1위를 유지하고 있음. NHN엔터테인먼트에서 2015년 오픈한 토스트 클라우드 데이터센터에 대한 운영서비스 제공.

실적 분석

동사의 2017년 2분기 매출은 92억원으로 전년대비 42.9% 감소함. 매출액 감소에 따른 고정비 부담으로 영업손실은 24.9억원, 당기순손실은 12.3억원으로 적자를 지속함. 국내 인터넷 사업 확대 및 모바일 결제 비중이 증가하면서 보안 관련 수요 증가는 긍정적으로 평가. 또한 국내외적으로 데이터 센터 투자가 진행되는 점도 향후 매출 증가에 기여할 것으로 전망.

현금 흐름 〈단위 : 억원〉

항목	2016	2017.2Q
영업활동	20	18
투자활동	-29	-42
재무활동	-16	-14
순현금흐름	-25	-37
기말현금	137	100

시장 대비 수익률

결산 실적 〈단위 : 억원〉

항목	2012	2013	2014	2015	2016	2017
매출액	202	155	237	227	358	—
영업이익	40	-2	17	-23	7	—
당기순이익	49	8	23	-29	-22	—

분기 실적 〈단위 : 억원〉

항목	2016.1Q	2016.2Q	2016.3Q	2016.4Q	2017.1Q	2017.2Q
매출액	92	69	87	111	44	48
영업이익	7	-11	-4	15	-13	-12
당기순이익	5	-11	-5	15	-15	2

재무 상태 〈단위 : 억원〉

항목	2012	2013	2014	2015	2016	2017.2Q
총자산	231	373	388	528	480	478
유형자산	24	24	30	33	30	40
무형자산	11	15	24	35	31	32
유가증권	—	—	2	13	4	41
총부채	77	111	104	125	117	138
총차입금	19	11	10	11	12	11
자본금	20	26	26	34	34	34
총자본	154	261	284	403	364	340
지배주주지분	154	262	283	402	367	348

기업가치 지표

항목	2012	2013	2014	2015	2016	2017.2Q
주가(최고/저)(천원)	—/—	18.4/9.9	19.6/8.9	21.6/8.4	9.8/6.5	—/—
PER(최고/저)(배)	0.0/0.0	88.8/47.9	43.1/19.6	—/—	—/—	—/—
PBR(최고/저)(배)	0.0/0.0	3.7/2.0	3.7/1.7	3.7/1.4	1.8/1.2	1.5/1.2
EV/EBITDA(배)		74.8	24.7		14.7	
EPS(원)	1,240	210	457	-415	-259	-105
BPS(원)	3,902	5,091	5,359	5,856	5,602	5,517
CFPS(원)	1,351	338	601	-257	-59	5,517
DPS(원)		80	60			
EBITDAPS(원)	1,136	94	475	-204	302	-270

재무 비율 〈단위 : % 〉

연도	영업이익률	순이익률	부채비율	차입금비율	ROA	ROE	유보율	자기자본비율	EBITDA마진율
2016	2.0	-6.2	32.1	3.3	-4.4	-4.6	1,020.4	75.7	5.8
2015	-10.3	-12.7	30.9	2.7	-6.3	-7.8	1,071.3	76.4	-5.8
2014	7.2	9.8	36.8	3.5	6.1	8.7	971.7	73.1	10.4
2013	-1.0	5.3	42.6	4.2	2.7	4.5	918.3	70.1	2.7

파인디앤씨 (A049120)
FineDNC

업 종 : 디스플레이 및 관련부품	시 장 : KOSDAQ
신용등급 : (Bond) — (CP) —	기업규모 : 중견
홈 페 이 지 : www.finednc.com	연 락 처 : 041)538-9000
본 사 : 충남 아산시 음봉면 연암산로 169	

설 립 일 1999.03.19	종 업 원 수 203명	대 표 이 사 홍성천	
상 장 일 2001.07.12	감 사 의 견 적정 (한신)	계 열	
결 산 기 12월	보 통 주 2,221만주	종속회사수 3개사	
액 면 가 500원	우 선 주	구 상 호	

주주구성 (지분율,%)		출자관계 (지분율,%)		주요경쟁사 (외형,%)	
홍성천	17.4	주현이엔지	100.0	파인디앤씨	100
손명완	3.3	UILTD	100.0	디이엔티	26
(외국인)	0.1	FINEDNCSLOVAKIA,s.r.o.	74.5	이엘피	17

매출구성		비용구성		수출비중	
BOTTOM CHASSIS(해외)	61.6	매출원가율	92.7	수출	17.0
기 타	19.0	판관비율	6.7	내수	83.0
TOP CHASSIS(국내)	10.2				

회사 개요

동사는 1992년 설립된 액정표시 장치 전문업체로서, LCD TV, 모니터, 노트북용 TOP-CHASSIS, BOTTOM-CHASSIS와 자체 광능력이 없는 TFT-LCD의 형광조명반사장치인 LAMP REFLECTOR를 제조함. 노트북, 데스크탑, LCD TV의 내부 뒷부분에 장착되어 안정화 기능을 하는 BOTTOM CHASSIS 매출이 전체의 64.6% 가량을 차지함. 중국 및 슬로바키아에 현지 법인을 두고 있음.

실적 분석

동사의 2017년 반기 매출액은 851.5억원으로 전년동기 대비 6.8% 감소한 상황. 외형 축소 및 원가율 하락 영향으로 수익성은 다소 악화된 상황. 영업이익은 2.9억원 시현하며 전년동기 대비 약 30% 감소함. 반면 비영업손익 개선으로 순손실 폭은 크게 축소된 모습. 직전분기와 견주어 매출 하락세 시현하고 있으며, 원가율 관리를 통한 수익성 제고 노력이 시급한 상황. 기본적으로 고정비 부담이 너무 큰 모습.

현금 흐름 〈단위 : 억원〉

항목	2016	2017.2Q
영업활동	62	5
투자활동	-263	-159
재무활동	228	111
순현금흐름	29	-43
기말현금	52	9

시장 대비 수익률

결산 실적 〈단위 : 억원〉

항목	2012	2013	2014	2015	2016	2017
매출액	1,471	1,605	2,072	1,685	1,777	—
영업이익	-19	-24	90	16	12	—
당기순이익	-18	-150	21	3	-51	—

분기 실적 〈단위 : 억원〉

항목	2016.1Q	2016.2Q	2016.3Q	2016.4Q	2017.1Q	2017.2Q
매출액	435	479	349	513	424	427
영업이익	-15	19	11	-3	2	1
당기순이익	-18	-10	29	-52	-13	-1

재무 상태 〈단위 : 억원〉

항목	2012	2013	2014	2015	2016	2017.2Q
총자산	1,311	1,242	1,052	1,014	1,273	1,270
유형자산	405	305	280	301	439	510
무형자산	129	115	121	104	42	30
유가증권	33	49	2	32	39	32
총부채	672	704	466	437	723	761
총차입금	375	312	222	170	368	433
자본금	59	89	93	93	94	94
총자본	639	538	586	577	550	509
지배주주지분	639	538	586	577	550	509

기업가치 지표

항목	2012	2013	2014	2015	2016	2017.2Q
주가(최고/저)(천원)	3.3/2.2	2.4/0.8	2.0/0.8	2.2/1.1	9.6/1.4	—/—
PER(최고/저)(배)	—/—	—/—	17.4/7.1	120.6/59.7	—/—	—/—
PBR(최고/저)(배)	0.7/0.5	0.7/0.3	0.7/0.3	0.7/0.4	3.2/0.5	3.5/1.0
EV/EBITDA(배)	11.8	10.8	3.6	7.2	29.7	
EPS(원)	-140	-1,026	121	19	-272	-75
BPS(원)	5,444	3,072	3,194	3,145	2,968	2,751
CFPS(원)	428	-639	410	267	21	117
DPS(원)	25		25	40	25	
EBITDAPS(원)	418	223	796	336	356	207

재무 비율 〈단위 : % 〉

연도	영업이익률	순이익률	부채비율	차입금비율	ROA	ROE	유보율	자기자본비율	EBITDA마진율
2016	0.7	-2.9	131.5	66.9	-4.4	-9.0	493.6	43.2	3.7
2015	1.0	0.2	75.8	29.4	0.3	0.6	529.0	56.9	3.7
2014	4.4	1.0	79.5	37.9	1.9	3.8	538.7	55.7	6.8
2013	-1.5	-9.3	131.0	58.0	-11.8	-25.5	514.4	43.3	2.0

파인디지털 (A038950)
Finedigital

종 목 : 자동차부품	시 장 : KOSDAQ
신용등급 : (Bond) — (CP) —	기업규모 : 우량
홈 페 이 지 : www.finedigital.com	연 락 처 : 031)788-8738
본 사 : 경기도 성남시 분당구 성남대로925번길 41, 파인벤처빌딩 7층, 8층	

설 립 일 1992.10.20	종 업 원 수 160명	대 표 이 사 김용훈	
상 장 일 2000.04.22	감 사 의 견 적정 (신한)	계 열	
결 산 기 12월	보 통 주 1,020만주	종속회사수 3개사	
액 면 가 500원	우 선 주	구 상 호	

주주구성 (지분율,%)
박상환	13.6
김용훈	12.2
(외국인)	2.0

출자관계 (지분율,%)
파인서비스	99.9
맵퍼스	90.3
위트콤	66.7

주요경쟁사 (외형,%)
파인디지털	100
미동앤씨네마	37
팅크웨어	237

매출구성
(제품)내비게이션, 블랙박스, RF 감시장치 등	56.8
(상품서비스)내비게이션, 블랙박스	41.4
(임대)본사(분당), 방배동 사옥	1.8

비용구성
매출원가율	64.1
판관비율	40.7

수출비중
수출	1.0
내수	99.0

회사 개요
동사와 계열사는 내비게이션, 블랙박스, 이동통신장비 제조업체임. 2011년 2월 이탈리아의 자동차 부품 제조사인 마그네티 마렐리와 내비게이션 공급과 관련한 LOI(의향서)를 체결, 해외시장 공략에 박차를 가함. 세계적인 자동차 메이커 부품 공급사를 통해 유럽 시장에 안정적으로 진출할 수 있는 기반을 마련함. 이동통신장비 산업은 장비의 신뢰성 및 안정성이 중요하기 때문에 관련 분야에 대한 전문 기술 및 운영 노하우가 가장 중요한 경쟁요소임.

실적 분석
동사의 2017년 2분기 기준 누적 매출액은 전년동기대비 4.6% 하락한 341.7억원을 기록함. 비용면에서 전년동기대비 매출원가는 감소 하였으며 인건비는 증가 하였고 광고선전비도 증가, 기타판매비와관리비도 마찬가지로 증가함. 그에 따라 매출액 하락 등에 의해 전년동기대비 영업이익은 -28.4억원으로 적자지속하였음. 최종적으로 전년동기대비 당기순이익은 적자지속하며 -21.1억원을 기록함.

현금 흐름 〈단위 : 억원〉
항목	2016	2017.2Q
영업활동	-67	7
투자활동	77	76
재무활동	-29	-4
순현금흐름	-20	79
기말현금	89	168

시장 대비 수익률

결산 실적 〈단위 : 억원〉
항목	2012	2013	2014	2015	2016	2017
매출액	998	983	958	831	780	—
영업이익	106	80	70	-14	-37	—
당기순이익	109	70	93	90	2	—

분기 실적 〈단위 : 억원〉
항목	2016.1Q	2016.2Q	2016.3Q	2016.4Q	2017.1Q	2017.2Q
매출액	174	184	209	212	167	175
영업이익	-17	-11	-11	3	-24	-5
당기순이익	-11	-8	-7	28	-18	-11

재무 상태 〈단위 : 억원〉
항목	2012	2013	2014	2015	2016	2017.2Q
총자산	1,007	1,060	1,151	1,105	1,068	1,098
유형자산	44	46	46	46	45	44
무형자산	33	28	25	26	26	24
유가증권	94	104	103	95	76	91
총부채	208	155	156	128	118	170
총차입금	26	—				
자본금	50	51	51	51	51	51
총자본	799	906	994	977	950	928
지배주주지분	778	879	967	951	921	901

기업가치 지표
항목	2012	2013	2014	2015	2016	2017.2Q
주가(최고/저)(천원)	7.4/2.7	10.3/4.9	8.7/4.9	8.2/5.0	7.2/4.5	—/—
PER(최고/저)(배)	7.3/2.7	16.5/7.8	10.0/5.6	93.2/57.1	—/—	0.7/0.6
PBR(최고/저)(배)	0.9/0.3	1.2/0.6	0.9/0.5	0.9/0.5	0.7/0.5	0.7/0.6
EV/EBITDA(배)	3.3	0.9	1.6			—/—
EPS(원)	1,077	661	908	90	-2	-188
BPS(원)	8,387	9,171	10,003	9,837	9,744	9,532
CFPS(원)	1,218	796	1,033	214	125	-127
DPS(원)	100	100	100	100	50	-218
EBITDAPS(원)	1,202	928	812	-9	-235	

재무 비율 〈단위 : % 〉
연도	영업이익률	순이익률	부채비율	차입금비율	ROA	ROE	유보율	자기자본비율	EBITDA마진율
2016	-4.7	0.3	12.4	0.0	0.2	0.0	1,848.8	89.0	-3.1
2015	-1.6	1.1	13.1	0.0	0.8	1.0	1,867.4	88.4	-0.1
2014	7.3	9.7	15.7	0.0	6.8	10.0	1,900.5	86.4	8.6
2013	8.2	7.2	17.1	0.0	6.4	8.1	1,734.3	85.4	9.6

파인테크닉스 (A106240)
FINETECHNIX

업 종 : 디스플레이 및 관련부품	시 장 : KOSDAQ
신용등급 : (Bond) — (CP) —	기업규모 : 우량
홈 페 이 지 : www.finetechnix.com	연 락 처 : 031)463-8888
본 사 : 경기도 안양시 만안구 덕천로 38	

설 립 일 2009.01.05	종 업 원 수 270명	대 표 이 사 최정혁	
상 장 일 2009.03.16	감 사 의 견 적정 (삼일)	계 열	
결 산 기 12월	보 통 주 3,349만주	종속회사수 12개사	
액 면 가 500원	우 선 주	구 상 호	

주주구성 (지분율,%)
홍성천	27.2
유진투자증권	4.7
(외국인)	1.1

출자관계 (지분율,%)
에스씨엘이디	100.0
에프엠에스	100.0
디피에스	66.7

주요경쟁사 (외형,%)
파인테크닉스	100
오성엘에스티	21
제이스텍	70

매출구성
모바일용 부품	51.5
LED 조명, LED 스탠드	21.9
휴대폰 내외장부품	19.3

비용구성
매출원가율	86.2
판관비율	13.5

수출비중
수출	27.0
내수	73.0

회사 개요
동사는 휴대폰 부품제조 및 LED조명, LED 스탠드 제조 및 판매를 주 사업으로 영위함. TFT-LCD 부문의 매출이 전체 매출의 70% 이상을 점유하고 있으며, 연결대상 종속회사로 LED 조명 판매업을 영위하는 '디피에스', '에스씨 엘이디', 'FINE TECHNIX PHIL'S INC.' 등 11개의 연결대상 종속회사를 보유하고 있음. 전방산업인 LCD, LED시장의 성장 및 확대로 안정적인 수요가 기대됨.

실적 분석
동사의 2017년 상반기 연결기준 누적 매출액은 982.1억원으로 전년 동기 대비 13.4% 감소함. 매출이 감소하면서 매출원가와 판관비도 줄었지만 매출 감소에 따른 고정비용 상승 효과로 인해 영업이익은 전년 동기 대비 18.9% 감소한 17.5억원을 시현함. 비영업손익 부문에서도 금융과 외환 손실로 인한 적자가 지속됐지만 법인세 비용 부담이 줄면서 당기순이익은 11억원으로 흑자전환함.

현금 흐름 〈단위 : 억원〉
항목	2016	2017.2Q
영업활동	-97	-17
투자활동	56	-33
재무활동	-87	-14
순현금흐름	-97	-64
기말현금	100	36

시장 대비 수익률

결산 실적 〈단위 : 억원〉
항목	2012	2013	2014	2015	2016	2017
매출액	4,299	3,143	3,653	1,664	2,163	—
영업이익	265	-107	181	77	6	—
당기순이익	158	-237	135	47	10	—

분기 실적 〈단위 : 억원〉
항목	2016.1Q	2016.2Q	2016.3Q	2016.4Q	2017.1Q	2017.2Q
매출액	450	685	526	503	464	518
영업이익	33	-12	-12	-4	6	14
당기순이익	10	-57	43	13	12	18

재무 상태 〈단위 : 억원〉
항목	2012	2013	2014	2015	2016	2017.2Q
총자산	3,395	3,272	3,281	3,262	2,512	2,403
유형자산	1,151	1,385	1,312	1,217	737	702
무형자산	31	46	66	90	59	63
유가증권	28	10	2	16	19	133
총부채	2,405	2,368	2,078	2,003	1,205	1,128
총차입금	1,599	1,672	1,332	1,368	757	753
자본금	82	110	157	161	167	167
총자본	990	904	1,203	1,258	1,307	1,274
지배주주지분	628	571	911	984	1,034	1,012

기업가치 지표
항목	2012	2013	2014	2015	2016	2017.2Q
주가(최고/저)(천원)	6.3/3.3	4.3/1.5	3.0/1.7	5.3/2.2	5.3/2.7	—/—
PER(최고/저)(배)	16.2/8.4	—/—	5.5/3.1	28.3/11.9	145.5/73.0	1.2/0.9
PBR(최고/저)(배)	1.8/0.9	1.7/0.6	1.1/0.6	1.8/0.7	1.7/0.9	1.2/0.9
EV/EBITDA(배)	3.8	15.3	5.0	7.7	10.7	—/—
EPS(원)	397	-872	560	192	37	14
BPS(원)	3,809	2,608	2,911	3,068	3,096	3,028
CFPS(원)	1,921	281	1,424	878	559	158
DPS(원)	25			25	25	—
EBITDAPS(원)	3,106	629	1,520	927	541	196

재무 비율 〈단위 : % 〉
연도	영업이익률	순이익률	부채비율	차입금비율	ROA	ROE	유보율	자기자본비율	EBITDA마진율
2016	0.3	0.5	92.2	57.9	0.3	1.2	519.1	52.0	8.3
2015	4.7	2.8	159.2	108.7	1.4	6.5	513.5	38.6	17.9
2014	5.0	3.7	172.7	110.7	4.1	20.8	482.2	36.7	11.5
2013	-3.4	-7.6	262.1	185.1	-7.1	-29.6	421.6	27.6	4.1

파인텍 (A131760)
FINETEK CO

업 종 : 디스플레이 및 관련부품		시 장 : KOSDAQ	
신용등급 : (Bond) — (CP) —		기업규모 : 중견	
홈 페 이 지 : www.ifinetek.com		연 락 처 : 031)900-9700	
본 사 : 경기도 고양시 일산동구 일산로 138 (백석동, 일산테크노타운) A동 324호			

설 립 일	2008.11.19	종 업 원 수	164명	대 표 이 사	강원일
상 장 일	2015.08.17	감 사 의 견	적정 (안진)	계 열	
결 산 기	12월	보 통 주	1,024만주	종속회사수	4개사
액 면 가	500원	우 선 주		구 상 호	

주주구성 (지분율,%)		출자관계 (지분율,%)		주요경쟁사 (외형,%)	
강원일	20.0	트랜스링크캐피탈코리아	16.7	파인텍	100
김성민	5.1	이엔에이치	10.5	리드	23
(외국인)	0.5	트루삼글로벌	7.4	상보	99

매출구성		비용구성		수출비중	
BLU(Back Light Unit)	43.5	매출원가율	94.1	수출	100.0
INLINE	36.8	판관비율	11.2	내수	0.0
LCD Module	9.2				

회사 개요
동사는 휴대기기에 적용되는 BLU, LCD Module, TSP, TSP Sensor 등의 부품을 설계, 제조하는 디스플레이 전문 기업. BLU를 제조판매하는 4개의 해외법인을 연결종속회사로 보유. 주요 경쟁업체는 이라이콤, KJ프리텍, 금호전기. 삼성전자와 Japan Display 등 글로벌 IT기업을 매출처로 확보하고 있음. 2016년 8월 AMOLED 장비 업체인 세광테크를 인수함.

실적 분석
동사의 2017년 상반기 연결기준 매출액은 1,224.3억원으로 전년동기 284.8억원에서 939.5억원 증가함. 이는 세광테크㈜의 지분 취득으로 연결종속회사가 증가해 장비사업부 매출이 307.6억원 계상된 것과 BLU사업부문의 전년도 부진으로 인한 기저효과에 기인함. 영업적자는 62.4억원으로 전년동기 대비 적자폭이 축소됨. 사업부문별로는 BLU사업부가 영업적자 79.9억원, 장비사업부가 17.5억원의 영업이익을 시현함.

현금 흐름 〈단위 : 억원〉
항목	2016	2017.2Q
영업활동	-187	-87
투자활동	-282	-28
재무활동	403	108
순현금흐름	-67	-5
기말현금	57	52

시장 대비 수익률

결산 실적 〈단위 : 억원〉
항목	2012	2013	2014	2015	2016	2017
매출액	1,264	1,508	2,108	2,054	1,537	—
영업이익	-2	81	93	114	-82	—
당기순이익	1	43	58	30	-74	—

분기 실적 〈단위 : 억원〉
항목	2016.1Q	2016.2Q	2016.3Q	2016.4Q	2017.1Q	2017.2Q
매출액	203	81	370	882	715	509
영업이익	-50	-45	-9	21	-28	-34
당기순이익	-53	-53	-27	59	-47	-40

재무 상태 〈단위 : 억원〉
항목	2012	2013	2014	2015	2016	2017.2Q
총자산	575	1,018	1,091	1,076	2,196	1,832
유형자산	171	266	369	365	531	517
무형자산	10	23	34	49	263	249
유가증권	1	2	0	26	20	11
총부채	534	876	894	593	1,727	1,327
총차입금	291	440	567	364	899	847
자본금	14	20	20	31	36	48
총자본	41	142	197	483	469	505
지배주주지분	41	142	197	483	469	505

기업가치 지표
항목	2012	2013	2014	2015	2016	2017.2Q
주가(최고/저)(천원)	—/—	—/—	—/—	15.9/7.0	10.0/4.6	—/—
PER(최고/저)(배)	0.0/0.0	0.0/0.0	0.0/0.0	33.0/14.4	—/—	—/—
PBR(최고/저)(배)	0.0/0.0	0.0/0.0	0.0/0.0	2.3/1.0	1.7/0.8	2.1/1.3
EV/EBITDA(배)	9.4	2.9	2.9	4.2	—/—	—/—
EPS(원)	24	972	1,265	482	-970	-914
BPS(원)	1,176	3,471	4,800	7,686	6,648	5,464
CFPS(원)	739	2,267	2,621	1,540	-46	-401
DPS(원)	—	—	—	—	—	—
EBITDAPS(원)	650	3,200	3,475	3,051	-89	-137

재무 비율 〈단위 : % 〉
연도	영업이익률	순이익률	부채비율	차입금비율	ROA	ROE	유보율	자기자본비율	EBITDA마진율
2016	-5.3	-4.8	368.3	191.7	-4.5	-16.6	1,229.6	21.4	-0.4
2015	5.6	1.5	122.8	75.3	2.8	44.9	1,437.2	44.9	8.3
2014	4.4	2.8	454.2	288.3	5.5	34.4	909.3	18.0	6.8
2013	5.4	2.9	615.4	309.3	5.5	47.3	629.9	14.0	8.5

파크시스템스 (A140860)
Park Systems

업 종 : 전자 장비 및 기기		시 장 : KOSDAQ	
신용등급 : (Bond) — (CP) —		기업규모 : 신성장	
홈 페 이 지 : www.parkafm.co.kr		연 락 처 : 031)546-6800	
본 사 : 경기도 수원시 영통구 광교로 109 (이의동,나노소자특화팹센터4층)			

설 립 일	1997.04.03	종 업 원 수	103명	대 표 이 사	박상일
상 장 일	2015.12.17	감 사 의 견	적정 (다산)	계 열	
결 산 기	12월	보 통 주	654만주	종속회사수	4개사
액 면 가	500원	우 선 주		구 상 호	

주주구성 (지분율,%)		출자관계 (지분율,%)		주요경쟁사 (외형,%)	
박상일	34.5	ParkSystemsInc.	100.0	파크시스템스	100
JAFCO ASIA TECHNOLOGY FUND IV	1.8	ParkSystemsJapanInc	100.0	엔에스	121
(외국인)	1.5	ParkSystemsEuropeGmbH	100.0	아비코전자	330

매출구성		비용구성		수출비중	
산업용장비 (산업용 나노계측장비)	61.8	매출원가율	36.0	수출	78.0
연구용장비 (연구용 나노계측장비)	33.7	판관비율	49.8	내수	22.0
기타 (연구/산업용 액세서리, 서비스 등)	4.5				

회사 개요
동사는 원자현미경(AFM)을 개발/생산/판매하는 나노계측기기 전문 기업임. 해외 수출을 확대하기 위하여 미국 캘리포니아 주 산타클라라 지역과 일본 도쿄지역에 현지 판매법인으로써 자회사를 운영하고 있으며, 싱가폴에 동남아시아 판매지원을 위한 현지법인을 자회사로 운영하고 있음. 원자현미경은 소재, 화학, 제약, 생명공학, 전자, 반도체 등 여러 산업분야에 걸쳐 나노 과학기술 연구에 광범위하게 활용도가 높아지고 있는 추세임.

실적 분석
동사의 2017년 2분기 누적 연결기준 매출액은 전년대비 6.4% 감소한 81.6억원에 그침. 매출액 감소와 판관비 급증으로 원가율이 대폭 상승하여 영업손실 21.6억원, 당기순손실 25.0억원을 보이며 적자전환함. 향후 주요 반도체 업체들의 8"/12" 웨이퍼 측정을 위한 동사의 전자현미경 도입 협상 결과와 디스플레이 업체들의 자동원자현미경 도입 여부에 따라 실적 흐름의 방향성이 결정될 전망임.

현금 흐름 〈단위 : 억원〉
항목	2016	2017.2Q
영업활동	2	9
투자활동	-4	18
재무활동	-1	-3
순현금흐름	-2	24
기말현금	50	74

시장 대비 수익률

결산 실적 〈단위 : 억원〉
항목	2012	2013	2014	2015	2016	2017
매출액	209	163	153	200	245	—
영업이익	11	-12	-2	24	35	—
당기순이익	3	-16	-8	36	37	—

분기 실적 〈단위 : 억원〉
항목	2016.1Q	2016.2Q	2016.3Q	2016.4Q	2017.1Q	2017.2Q
매출액	42	45	30	127	29	53
영업이익	1	-2	-10	46	-20	-2
당기순이익	-0	-0	-11	48	-27	-2

재무 상태 〈단위 : 억원〉
항목	2012	2013	2014	2015	2016	2017.2Q
총자산	183	170	177	255	322	275
유형자산	17	17	6	5	14	14
무형자산	0	0	0	0	0	0
유가증권	0	0	0	0	6	6
총부채	97	102	121	29	58	40
총차입금	57	72	87	0	0	0
자본금	24	24	24	32	33	33
총자본	86	68	56	226	264	235
지배주주지분	86	68	56	226	264	235

기업가치 지표
항목	2012	2013	2014	2015	2016	2017.2Q
주가(최고/저)(천원)	—/—	—/—	—/—	9.0/7.4	19.7/9.3	—/—
PER(최고/저)(배)	0.0/0.0	0.0/0.0	0.0/0.0	13.5/11.3	34.6/16.3	—/—
PBR(최고/저)(배)	0.0/0.0	0.0/0.0	0.0/0.0	2.6/2.1	4.9/2.3	—/—
EV/EBITDA(배)	1.3		23.1	18.8	28.6	7.0/4.7
EPS(원)	59	-303	-153	667	572	-383
BPS(원)	1,629	1,277	1,052	3,515	4,049	3,604
CFPS(원)	206	-190	-92	700	614	-355
DPS(원)	—	—	—	—	50	—
EBITDAPS(원)	353	-107	28	470	574	-303

재무 비율 〈단위 : % 〉
연도	영업이익률	순이익률	부채비율	차입금비율	ROA	ROE	유보율	자기자본비율	EBITDA마진율
2016	14.2	15.2	22.0	0.0	12.9	15.2	709.8	82.0	15.3
2015	11.8	18.1	12.9	0.0	16.7	25.6	602.9	88.6	12.7
2014	-1.2	-5.4	215.1	154.8	-4.7	-13.2	132.1	31.7	1.0
2013	-7.2	-9.9	149.2	105.9	-9.2	-21.0	181.7	40.1	-3.5

파트론 (A091700)
PARTRON

종 목 : 휴대폰 및 관련부품		시 장 : KOSDAQ	
용 등 급 : (Bond) — (CP) —		기업규모 : 우량	
페 이 지 : www.partron.co.kr		연 락 처 : 031)201-7700	
사 : 경기도 화성시 삼성1로2길 22			

설 립 일	2003.01.28	종 업 원 수	481명	대 표 이 사	김종구,김종태
상 장 일	2006.12.13	감 사 의 견	적정 (삼덕)	계 열	
결 산 기	12월	보 통 주	5,416만주	종속회사수	4개사
액 면 가	500원	우 선 주	—	구 상 호	

주주구성 (지분율,%)		출자관계 (지분율,%)		주요경쟁사 (외형,%)	
김종구	13.9	엘컴텍	57.6	파트론	100
박명애	4.7	옵티맥	52.2	삼성전자	25,507
(외국인)	19.3	씨알지테크놀로지	36.7	영풍	335

매출구성		비용구성		수출비중	
휴대폰용 부품 (카메라모듈, 안테나, 수정진동기	82.2	매출원가율	86.6	수출	79.0
휴대폰용 부품 (카메라모듈, 안테나 등)	17.8	판관비율	8.6	내수	21.0

회사 개요

동사는 2003년에 설립되어, 휴대폰 및 이동통신시스템에 채용되는 핵심부품을 제조 및 판매하는 기업임. 주요제품으로는 카메라모듈, 수정디바이스, 안테나, 유전체필터, 아이솔레이터 및 통신부처는 국내외 핸드셋업체 및 통신시스템업체, 그리고 가전업체 등임. 또한 기존사업과의 기술 및 설비공유를 통해 광마우스, 센서류, 진동모터, 마이크, RF모듈 등의 신규사업을 준비하고 있음.

실적 분석

동사의 2017년 2분기 연결기준 매출액은 3,999.5억원으로 전년동기 대비 10% 감소. 영업이익과 당기순이익 또한 각 18.2억원, 2.4억원을 기록하며 전년동기 대비 각 94.2%, 98.9% 감소함. 시장 성숙기 진입에 따른 경쟁심화와 폰 제조사들의 기술이 상향 평준화 되며 치열한 경쟁을 하고 있는 것이 원인으로 보임. 신흥 시장도 성장률이 정체중임. 2017년도에도 셋트 업체간 치열한 경쟁이 예상됨.

현금 흐름 〈단위 : 억원〉

항목	2016	2017.2Q
영업활동	776	-61
투자활동	-472	-298
재무활동	-215	255
순현금흐름	90	-109
기말현금	302	193

시장 대비 수익률

결산 실적 〈단위 : 억원〉

항목	2012	2013	2014	2015	2016	2017
매출액	8,731	10,995	7,698	8,058	7,914	—
영업이익	912	1,349	662	588	382	—
당기순이익	713	1,104	494	456	283	—

분기 실적 〈단위 : 억원〉

항목	2016.1Q	2016.2Q	2016.3Q	2016.4Q	2017.1Q	2017.2Q
매출액	2,481	1,964	1,768	1,702	1,802	2,198
영업이익	207	107	26	42	-29	47
당기순이익	151	75	4	53	-35	37

재무 상태 〈단위 : 억원〉

항목	2012	2013	2014	2015	2016	2017.2Q
총자산	4,357	5,621	5,147	5,096	5,062	5,504
유형자산	1,817	2,862	2,664	2,897	2,779	2,686
무형자산	171	132	187	204	221	224
유가증권	92	61	76	84	94	150
총부채	2,379	2,586	1,788	1,470	1,211	1,851
총차입금	847	1,466	1,010	592	395	902
자본금	194	271	271	271	271	271
총자본	1,978	3,035	3,360	3,626	3,851	3,653
지배주주지분	1,946	2,849	3,100	3,259	3,385	3,162

기업가치 지표

항목	2012	2013	2014	2015	2016	2017.2Q
주가(최고/저)(천원)	13.1/5.8	23.6/12.4	14.4/7.2	14.5/6.5	12.2/8.1	—/—
PER(최고/저)(배)	10.7/4.8	13.1/6.9	17.2/8.6	20.7/9.2	30.8/20.6	—/—
PBR(최고/저)(배)	3.9/1.8	4.9/2.6	2.6/1.3	2.4/1.1	1.9/1.3	2.0/1.6
EV/EBITDA(배)	7.0	5.1	7.0	5.7	6.7	—
EPS(원)	1,333	1,956	894	735	402	-34
BPS(원)	5,078	5,298	5,856	6,309	6,521	6,110
CFPS(원)	2,504	2,739	1,574	1,594	1,372	-34
DPS(원)	300	300	250	250	200	—
EBITDAPS(원)	2,993	3,273	1,903	1,944	1,676	34

재무 비율 〈단위 : % 〉

연도	영업이익률	순이익률	부채비율	차입금비율	ROA	ROE	유보율	자기자본비율	EBITDA마진율
2016	4.8	3.6	31.4	10.3	5.6	6.6	1,204.2	76.1	11.5
2015	7.3	5.7	40.5	16.3	8.9	12.5	1,161.9	71.2	13.1
2014	8.6	6.4	53.2	30.1	9.2	16.3	1,071.2	65.3	13.4
2013	12.3	10.0	85.2	48.3	22.1	44.2	959.6	54.0	16.1

파티게임즈 (A194510)
PATI Games

업 종 : 게임 소프트웨어		시 장 : KOSDAQ	
신용등급 : (Bond) — (CP) —		기업규모 : 중견	
홈페이지 : www.patigames.com		연 락 처 : 02)6005-0985	
본 사 : 서울시 강남구 테헤란로79길 6 3~5층(삼성동, 제이에스타워)			

설 립 일	2011.01.05	종 업 원 수	74명	대 표 이 사	김용훈,이기재
상 장 일	2014.11.21	감 사 의 견	적정 (삼정)	계 열	
결 산 기	12월	보 통 주	2,423만주	종속회사수	4개사
액 면 가	500원	우 선 주	36만주	구 상 호	

주주구성 (지분율,%)		출자관계 (지분율,%)		주요경쟁사 (외형,%)	
모다	49.8	다다소프트	100.0	파티게임즈	100
신밧드인베스트먼트	3.4	스프링캠프컨텐츠투자조합1호	99.0	한빛소프트	98
(외국인)	2.8	곰즈게임스튜디오	55.6	바른손이앤에이	132

매출구성		비용구성		수출비중	
모바일게임(아이러브커피, 아이러브파스타 등)	80.4	매출원가율	0.0	수출	25.0
웹게임(아이러브커피, 카지노스타)	19.3	판관비율	127.4	내수	75.0
기타매출(SD건담 콘텐츠 개발)	0.3				

회사 개요

동사는 소프트웨어 개발과 공급 및 게임퍼블리싱사업을 영위하고 있으며 2011년에 설립되어 2012년 아이러브커피, 2014년 아이러브파스타의 성공으로 코스닥시장에 상장함. 동사는 소셜 카지노 게임사 제작 및 서비스 회사인 다다소프트와 투자 및 경영컨설팅을 사업목적으로 하는 핀인베스트먼트를 연결자회사로 보유하고 있음. 2017년 5월 주식회사 모다 외 2인으로 최대주주가 변경됨.

실적 분석

동사의 2017년 2분기 누적 연결기준 영업수익은 전년대비 42.7% 성장한 156.1억원을 기록함. 영업비용의 증가폭은 영업수익 대비 적었으나 여전히 원가율이 100%를 상회하고 있어 영업손실 20.1억원을 기록하며 적자를 지속함. 또한 한 금융비용 등에 의한 비영업손익도 적자전환하여 당기순손실 규모는 전년 대비 확대됨. 동사는 상반기 결산일 이후 각각 400억원 규모의 전환사채와 신주인수권부사채를 발행함.

현금 흐름 〈단위 : 억원〉

항목	2016	2017.2Q
영업활동	-57	-19
투자활동	-120	-918
재무활동	4	902
순현금흐름	-171	-36
기말현금	101	65

시장 대비 수익률

결산 실적 〈단위 : 억원〉

항목	2012	2013	2014	2015	2016	2017
매출액	179	270	249	235	314	—
영업이익	70	91	3	-63	-86	—
당기순이익	69	87	9	-144	-217	—

분기 실적 〈단위 : 억원〉

항목	2016.1Q	2016.2Q	2016.3Q	2016.4Q	2017.1Q	2017.2Q
매출액	58	52	108	97	84	73
영업이익	-13	-17	-31	-25	-9	-11
당기순이익	-14	-2	-34	-167	0	-58

재무 상태 〈단위 : 억원〉

항목	2012	2013	2014	2015	2016	2017.2Q
총자산	164	206	447	849	680	1,512
유형자산	1	6	7	8	7	5
무형자산	1	2	20	253	147	114
유가증권		2	15	36	139	1,221
총부채	94	49	131	154	182	165
총차입금	18	25	93	103	109	114
자본금	1	15	23	60	61	121
총자본	70	157	316	696	498	1,347
지배주주지분	70	157	316	696	492	1,344

기업가치 지표

항목	2012	2013	2014	2015	2016	2017.2Q
주가(최고/저)(천원)	—/—	—/—	35.8/21.6	39.2/11.6	13.6/6.6	—/—
PER(최고/저)(배)	0.0/0.0	0.0/0.0	147.7/89.0	—/—	—/—	—/—
PBR(최고/저)(배)	0.0/0.0	0.0/0.0	5.4/3.3	7.0/2.1	3.5/1.7	2.8/1.6
EV/EBITDA(배)	—	—	123.8	—	—	—
EPS(원)	1,022	1,214	121	-1,384	-1,718	-342
BPS(원)	271,819	4,369	6,620	5,597	3,935	5,465
CFPS(원)	287,143	2,462	379	-1,193	-1,569	-283
DPS(원)						
EBITDAPS(원)	294,025	2,569	207	-416	-543	-68

재무 비율 〈단위 : % 〉

연도	영업이익률	순이익률	부채비율	차입금비율	ROA	ROE	유보율	자기자본비율	EBITDA마진율
2016	-27.4	-69.0	36.6	22.0	-28.4	-36.1	709.9	73.2	-21.6
2015	-26.7	-61.0	22.1	14.8	-22.2	-28.4	1,052.2	81.9	-18.3
2014	1.1	3.7	41.6	29.3	2.9	4.0	1,275.3	70.6	3.2
2013	33.8	32.4	31.1	15.9	47.2	76.9	922.4	76.3	34.2

팍스넷 (A038160)
Paxnet

업 종 : IT 서비스		시 장 : KOSDAQ	
신용 등급 : (Bond) — (CP) —		기업 규모 : 중견	
홈 페 이 지 : www.paxnet.moneta.co.kr		연 락 처 : 02)2638-1801	
본 사 : 서울시 양천구 목동서로 201 (목동, 23층 케이티정보전산센터)			

설 립 일	1999.05.18	종 업 원 수	83명	대 표 이 사	김익수
상 장 일	2016.08.01	감 사 의 견	적정 (신우)	계 열	
결 산 기	12월	보 통 주	1,108만주	종속회사수	
액 면 가	500원	우 선 주		구 상 호	

주주구성 (지분율,%)
파빌리온프라이빗에쿼티	44.4
김준기	0.2
(외국인)	0.6

출자관계 (지분율,%)
팍스넷	100
에프앤가이드	44
바른테크놀로지	119

주요경쟁사 (외형,%)

매출구성
금융솔루션 사업	57.1
증권정보 사업	26.0
광고 사업	14.0

비용구성
매출원가율	0.0
판관비율	82.6

수출비중
수출	0.0
내수	100.0

회사 개요
동사는 1999년 5월 18일에 인터넷 서비스업, 금융정보제공업 및 소프트웨어 개발업 등을 영위할 목적으로 설립. 현재 누적 가입자 기준 650만 회원을 보유한 국내 1위 종합 금융 포탈로 증권 및 재테크 서비스를 제공. 동사 증권서비스는 정보중심의 콘텐츠 영역과 회원간의 관계를 기반으로 한 커뮤니티 영역으로 구성. 뉴스 및 시세, 투자전략을 중심으로 투자자에게 각종 정보 제공. 2016년 8월 코스닥 시장 신규 상장함.

실적 분석
동사의 2017년 상반기 연결기준 누적 매출액은 95.1억원으로 전년 동기 대비 17% 감소함. 매출이 줄면서 고정비용 증가효과로 인해 영업이익은 전년 동기 대비 62.3% 감소한 9.3억원을 시현함. 비영업손익 부문에서 흑자 규모가 다소 늘었지만 영업이익이 대폭 줄어들면서 당기순이익은 전년 동기 대비 49.5% 감소한 10.9억원을 기록함. 매출 감소에 따라 이익 또한 감소 추세.

현금 흐름 *IFRS 별도 기준
〈단위 : 억원〉
항목	2016	2017.2Q
영업활동	44	10
투자활동	-96	-39
재무활동	144	0
순현금흐름	92	-29
기말현금	218	189

시장 대비 수익률

결산 실적
〈단위 : 억원〉
항목	2012	2013	2014	2015	2016	2017
매출액	342	217	186	206	222	—
영업이익	-6	9	34	46	39	—
당기순이익	-2	-15	23	46	36	—

분기 실적 *IFRS 별도 기준
〈단위 : 억원〉
항목	2016.1Q	2016.2Q	2016.3Q	2016.4Q	2017.1Q	2017.2Q
매출액	55	59	58	50	47	49
영업이익	12	12	8	6	5	5
당기순이익	11	11	7	7	5	6

재무 상태 *IFRS 별도 기준
〈단위 : 억원〉
항목	2012	2013	2014	2015	2016	2017.2Q
총자산	314	275	263	298	475	490
유형자산	24	16	23	4	4	3
무형자산	15	16	14	30	1	1
유가증권	21	1	1	1	25	22
					26	122
총부채	92	69	57	56	53	58
총차입금	—	—	—	—	—	—
자본금	47	47	41	41	55	55
총자본	222	207	206	242	421	433
지배주주지분	222	207	206	242	421	433

기업가치 지표 *IFRS 별도 기준
항목	2012	2013	2014	2015	2016	2017.2Q
주가(최고/저)(천원)	—/—	—/—	—/—	5.6/2.5	12.6/4.1	—/—
PER(최고/저)(배)	0.0/0.0	0.0/0.0	0.0/0.0	12.6/5.7	33.1/10.7	—/—
PBR(최고/저)(배)	0.0/0.0	0.0/0.0	0.0/0.0	1.9/0.9	3.3/1.1	2.7/1.6
EV/EBITDA(배)				3.6	10.3	
EPS(원)	-17	-160	244	441	380	99
BPS(원)	2,375	2,209	2,502	2,942	3,804	3,907
CFPS(원)	153	-10	377	538	457	126
DPS(원)						
EBITDAPS(원)	106	250	505	660	487	111

재무 비율
〈단위 : % 〉
연도	영업이익률	순이익률	부채비율	차입금비율	ROA	ROE	유보율	자기자본비율	EBITDA마진율
2016	17.4	16.2	12.7	0.0	9.3	10.8	660.7	88.8	20.7
2015	22.5	17.6	23.3	0.0	12.9	16.2	488.4	81.1	26.4
2014	18.5	12.1	27.7	0.0	8.4	11.0	400.5	78.3	25.1
2013	4.3	-6.9	33.2	0.0	-5.1	-7.0	341.7	75.1	10.8

판도라티비 (A202960)
PANDORA TV COLTD

업 종 : 미디어		시 장 : KONEX	
신용 등급 : (Bond) — (CP) —		기업 규모 :	
홈 페 이 지 : www.pandora.tv		연 락 처 : (070)4484-7100	
본 사 : 경기도 성남시 분당구 대왕판교로644번길 49 DTC타워 11층(삼평동, DTC타워)			

설 립 일	1999.01.29	종 업 원 수	94명	대 표 이 사	김경익
상 장 일	2014.08.11	감 사 의 견	적정 (한미)	계 열	
결 산 기	12월	보 통 주		종속회사수	
액 면 가		우 선 주		구 상 호	

주주구성 (지분율,%)
DCM V, L.P.	17.7
김경익	14.2

출자관계 (지분율,%)
몬스터	100.0
희일커뮤니케이션	100.0
카카오대구경북센터	100.0

주요경쟁사 (외형,%)
판도라티비	100
래몽래인	105
제이웨이	55

매출구성
프리즘 등	50.5
판도라TV, KM플레이어 등	47.0
기타	2.6

비용구성
매출원가율	59.9
판관비율	38.4

수출비중
수출	30.0
내수	70.0

회사 개요
동사는 1999년 1월 29일 설립되어 인터넷 매체를 통해 UCC (User Created Contents)를 다루는 뉴미디어 회사로서, 동영상을 통한 광고, 유료 디지털 콘텐츠와 인터넷과 모바일을 통한 UCC 콘텐츠 공급을 주 사업으로 하고 있음. 설립 이후 현재까지 동영상 미디어 사업을 전개하고 있으며, UCC 동영상 플랫폼인 판도라TV와 멀티 미디어 플레이어인 KM 플레이어를 서비스하고 있음.

실적 분석
코넥스 상장 기업인 동사는 2016년 연결기준으로 매출액 135.2억원으로 전기 104.2억원 대비 약 29.7% 상승하였으며, 영업이익 2.3억원, 최종적으로 당기순이익 4.4억원을 기록하였음. 이는 전년도 메르스 여파 등으로 침체되었던 영업환경이 개선되고, 광고 네트워크 상품인 '프리즘'의 시장정착과 꾸준한 성장에 기인하며, 또한 기업인수에 따른 종속기업의 매출 일부가 포함되어 있음.

현금 흐름 *IFRS 별도 기준
〈단위 : 억원〉
항목	2016	2017.2Q
영업활동	18	—
투자활동	-72	—
재무활동	56	—
순현금흐름	2	—
기말현금	24	—

시장 대비 수익률

결산 실적
〈단위 : 억원〉
항목	2012	2013	2014	2015	2016	2017
매출액	103	110	116	104	135	—
영업이익	10	16	17	-5	2	—
당기순이익	5	9	12	-16	4	—

분기 실적 *IFRS 별도 기준
〈단위 : 억원〉
항목	2016.1Q	2016.2Q	2016.3Q	2016.4Q	2017.1Q	2017.2Q
매출액						
영업이익						
당기순이익						

재무 상태 *IFRS 별도 기준
〈단위 : 억원〉
항목	2012	2013	2014	2015	2016	2017.2Q
총자산	81	101	139	137	208	—
유형자산	4	5	6	6	8	—
무형자산	15	27	41	47	55	—
유가증권	19	16	2	6	6	—
총부채	95	108	68	78	114	—
총차입금	66	82	54	54	83	—
자본금	42	4	54	54	57	—
총자본	-14	-7	71	59	94	—
지배주주지분	-14	-7	71	59	94	—

기업가치 지표 *IFRS 별도 기준
항목	2012	2013	2014	2015	2016	2017.2Q
주가(최고/저)(천원)	—/—	—/—	6.4/4.3	11.8/1.8	6.0/2.0	—/—
PER(최고/저)(배)	0.0/0.0	0.0/0.0	50.0/33.3	—/—	228.7/76.9	—/—
PBR(최고/저)(배)	0.0/0.0	0.0/0.0	9.5/6.3	21.4/3.3	7.1/2.4	0.0/0.0
EV/EBITDA(배)	3.7	3.0	7.0	76.2	22.7	
EPS(원)	57	111	128	-139	26	
BPS(원)	-157	-72	672	553	835	
CFPS(원)	127	183	220	-59	123	
DPS(원)						
EBITDAPS(원)	194	267	276		123	

재무 비율
〈단위 : % 〉
연도	영업이익률	순이익률	부채비율	차입금비율	ROA	ROE	유보율	자기자본비율	EBITDA마진율
2016	1.7	3.2	190.5	125.2	2.1	6.6	70.2	34.4	10.1
2015	-5.2	-15.1	132.2	90.7	-11.4	-23.8	9.9	43.1	3.2
2014	14.9	10.4	94.5	82.7	10.0	전기잠식	34.3	51.4	22.4
2013	14.7	8.4	완전잠식	완전잠식			-114.4	-6.8	20.1

판타지오 (A032800)
Fantagio

종 목 : 미디어		시 장 : KOSDAQ	
신용등급 : (Bond) — (CP) —		기업규모 : 중견	
페 이 지 : www.fantagio.kr		연 락 처 : 02)3452-6100	
본 사 : 서울시 서초구 매헌로8길 39 (양재동, 희경재단빌딩디동 4층)			

설 립 일 1991.01.08	종 업 원 수 138명	대 표 이 사 위이지에,나병준
상 장 일 1997.06.26	감 사 의 견 적정 (이현)	계 열
결 산 기 12월	보 통 주 7,270만주	종속회사수 4개사
액 면 가 500원	우 선 주	구 상 호 에듀컴퍼니

주주구성 (지분율,%)		출자관계 (지분율,%)		주요경쟁사 (외형,%)	
골드파이낸스코리아	50.1	자연과에너지	100.0	판타지오	100
나병준	6.2	판타지오뮤직	95.0	한국경제TV	347
(외국인)	2.6	판타지오픽처스		투원글로벌	83

매출구성		비용구성		수출비중	
연예인 매니지먼트, 영화 드라마제작, 음반제작	71.2	매출원가율	92.9	수출	2.0
수강료,검사료,가맹비 등	26.8	판관비율	23.9	내수	98.0
홍삼,오디농축액 등	1.9				

회사 개요	실적 분석
동사가 영위하고 있는 사업은 엔터테인먼트 사업, 교육사업으로 구성되어 있음. 엔터테인 먼트사업부문은 역삼지점을 중심으로 연결대 상종속회사인 ㈜판타지오 뮤직, ㈜판타지오 픽처스, ㈜솔리드씨엔엠, 그리고 Fantagio China, Ltd.에서 배우 매니지먼트, 영화·드라 마 제작, 음반제작 등의 엔터테인먼트 사업을 주요 사업으로 영위. 교육사업부문은 본사를 중심으로 영재교육 학원 운영사업과 영재교 육 프랜차이즈가맹사업을 주요 사업으로 영 위하고 있음.	동사의 연결기준 2017년 2분기 누적매출액 은 90.1억원으로 전년동기 113.6억원 대비 23.5억원 감소함. 같은 기간 인건비와 감가상 각비 등 판관비는 오히려 늘었으며 이에 따라 22.2억원의 영업손실과 7.5억원의 당기순손 실을 기록, 적자가 지속되었음. 동사는 기획· 제작·배우 출연을 일원화 할 경우, 작품 성공 에 따른 투자수익에서 배우 출연으로 인한 출 연료 수입까지 얻을 수 있어 수익성 개선 기 대.

현금 흐름		〈단위 : 억원〉
항목	2016	2017.2Q
영업활동	-24	-14
투자활동	-6	-17
재무활동	-4	26
순현금흐름	-35	-5
기말현금	23	18

시장 대비 수익률

결산 실적						〈단위 : 억원〉
항목	2012	2013	2014	2015	2016	2017
매출액	98	101	126	231	217	—
영업이익	-7	-22	-42	9	-36	—
당기순이익	-16	-43	-271	10	-38	—

분기 실적						〈단위 : 억원〉
항목	2016.1Q	2016.2Q	2016.3Q	2016.4Q	2017.1Q	2017.2Q
매출액	75	38	63	41	44	46
영업이익	-8	-9	-7	-13	-7	-15
당기순이익	-8	-12	4	-21	9	-16

재무 상태						〈단위 : 억원〉
항목	2012	2013	2014	2015	2016	2017.2Q
총자산	254	204	386	413	356	337
유형자산	25	28	34	25	41	31
무형자산	34	18	187	188	184	191
유가증권	—		19	18	15	15
총부채	81	74	149	161	137	108
총차입금	32	30	51	47	37	17
자본금	118	118	244	247	250	250
총자본	172	130	238	252	220	229
지배주주지분	167	134	251	271	245	238

기업가치 지표						
항목	2012	2013	2014	2015	2016	2017.2Q
주가(최고/저)(천원)	4.2/0.7	1.4/0.6	2.4/0.6	1.4/0.9	3.2/1.0	—/—
PER(최고/저)(배)	—/—	—/—	—/—	44.8/30.2	—/—	—/—
PBR(최고/저)(배)	5.9/1.0	2.5/1.0	4.1/1.0	2.2/1.5	5.7/1.8	3.4/2.1
EV/EBITDA(배)				29.6		
EPS(원)	-56	-142	-883	30	-63	-13
BPS(원)	708	566	582	620	566	553
CFPS(원)	-34	-113	-849	46	-42	-6
DPS(원)						
EBITDAPS(원)	-8	-64	-106	34	-53	-38

재무 비율									〈단위 : % 〉
연도	영업이익률	순이익률	부채비율	차입금비율	ROA	ROE	유보율	자기자본비율	EBITDA마진율
2016	-16.8	-17.3	일부잠식	일부잠식	-9.8	-12.2	13.2	61.7	-12.1
2015	3.8	4.3	64.0	18.7	2.5	5.7	25.2	61.0	7.3
2014	-33.1	-216.2	일부잠식	일부잠식	-92.0	-136.2	18.3	61.5	-25.1
2013	-21.6	-42.0	57.3	23.5	-18.6	-22.3	13.2	63.6	-14.8

팜스웰바이오 (A043090)
PharmswellBio

업 종 : 제약		시 장 : KOSDAQ	
신용등급 : (Bond) — (CP) —		기업규모 : 벤처	
홈페이지 : www.pharmswell.com		연 락 처 : 02)569-7610	
본 사 : 서울시 금천구 디지털로 10길 9 (가산동, 하이힐빌딩)			

설 립 일 1987.04.16	종 업 원 수 24명	대 표 이 사 추연우,장영진
상 장 일 2001.09.19	감 사 의 견 적정 (신승)	계 열
결 산 기 12월	보 통 주 2,466만주	종속회사수
액 면 가 500원	우 선 주	구 상 호

주주구성 (지분율,%)		출자관계 (지분율,%)		주요경쟁사 (외형,%)	
디올제약	4.9			팜스웰바이오	100
골든브릿지투자증권	3.8			하이텍팜	349
(외국인)	0.9			우리들제약	455

매출구성		비용구성		수출비중	
기타상품	85.2	매출원가율	79.9	수출	0.0
PPC-GS-1	8.2	판관비율	35.7	내수	100.0
GTC-GO-1 등	3.5				

회사 개요	실적 분석
동사는 1987년 4월 설립되어 의약품원료의 제조 및 판매를 주요 사업으로 하고 있으며 2001년 10월 코스닥시장에 상장됨. 2014년 에너지 사업부분을 신설하여 2014년 11월 석 유수출입업을 등록하고 2015년 1분기부터 본격적인 경유유통사업 매출이 발생함. 그 러나 국제유가 하락, 환율의 급격한 변동 등 대외 변수로 인하여 사업 손실을 기록하여 2015년 12월 체결하였던 계약을 해지 및 사 업을 중단함.	동사의 2017년 2분기 누적 매출액은 전년 동 기 대비 8.8% 감소한 77.6억원을 기록하였 음. 매출원가는 11.3% 감소한 60.3억원을 기록하여 매출총이익은 17.3억원으로 전년 대비 0.8% 증가함. 인건비의 감소로 판 관비는 전년 동기 대비 24.2% 감소한 20.7 억원임. 그 결과 영업손실은 3.4억원을 기록 하며 적자지속함. 당기순이익도 0.4억원의 적자임.

현금 흐름 *IFRS 별도 기준		〈단위 : 억원〉
항목	2016	2017.2Q
영업활동	-23	-10
투자활동	-21	-9
재무활동	8	47
순현금흐름	-36	28
기말현금	32	60

시장 대비 수익률

결산 실적						〈단위 : 억원〉
항목	2012	2013	2014	2015	2016	2017
매출액	225	214	207	189	157	—
영업이익	13	7	-17	1	-25	—
당기순이익	-16	4	-92	-41	—	

분기 실적 *IFRS 별도 기준						〈단위 : 억원〉
항목	2016.1Q	2016.2Q	2016.3Q	2016.4Q	2017.1Q	2017.2Q
매출액	41	44	40	32	38	40
영업이익	-6	-4	-7	-7	-1	-3
당기순이익	-8	-4	-10	-19	-1	1

재무 상태 *IFRS 별도 기준						〈단위 : 억원〉
항목	2012	2013	2014	2015	2016	2017.2Q
총자산	231	203	222	229	196	236
유형자산	81	65	2	2	3	3
무형자산	12	14	16	12	7	7
유가증권	1	1	1	1	21	21
총부채	141	109	130	143	98	86
총차입금	90	73	94	106	65	61
자본금	97	97	100	114	120	123
총자본	90	94	93	86	98	149
지배주주지분	90	94	93	86	98	149

기업가치 지표 *IFRS 별도 기준						
항목	2012	2013	2014	2015	2016	2017.2Q
주가(최고/저)(천원)	1.5/0.8	2.1/1.0	4.8/1.0	8.6/2.8	5.6/3.1	—/—
PER(최고/저)(배)	—/—	117.1/53.6	—/—	—/—	—/—	—/—
PBR(최고/저)(배)	1.2/0.7	1.7/0.8	4.0/0.8	8.4/2.7	5.5/3.0	7.3/5.2
EV/EBITDA(배)	13.7	26.3		345.7		
EPS(원)	-319	18	-82	-423	-176	-2
BPS(원)	1,211	1,229	1,194	1,021	1,017	606
CFPS(원)	-299	23	-74	-416	-168	-2
DPS(원)						
EBITDAPS(원)	96	45	-9	13	-97	-10

재무 비율									〈단위 : % 〉
연도	영업이익률	순이익률	부채비율	차입금비율	ROA	ROE	유보율	자기자본비율	EBITDA마진율
2016	-15.7	-26.4	일부잠식	일부잠식	-19.5	-45.0	103.4	50.0	-14.5
2015	0.7	-48.7	일부잠식	일부잠식	-40.7	-102.0	104.1	37.5	1.5
2014	-8.4	-7.8	일부잠식	일부잠식	-7.6	-17.0	140.3	41.7	-7.6
2013	3.2	0.7	일부잠식	일부잠식	1.7	1.7	147.7	46.2	3.7

팜스코 (A036580)
FARMSCO

업　　종 : 식료품　　　　　　　　　시　　　　장 : 거래소
신용등급 : (Bond) —　　(CP) —　　기업규모 : 시가총액 중형주
홈페이지 : www.farmsco.com　　　　연 락 처 : 031)677-5770
본　　사 : 경기도 안성시 미양면 제2공단4길 33

설 립 일	1999.10.01	종 업 원 수	392명	대 표 이 사	정학상,김홍국
상 장 일	1999.10.25	감 사 의 견	적정 (한영)	계 열	
결 산 기	12월	보 통 주	3,673만주	종속회사수	9개사
액 면 가	500원	우 선 주		구 상 호	

주주구성 (지분율,%)		출자관계 (지분율,%)		주요경쟁사 (외형,%)	
제일홀딩스	56.3	산과들에프앤씨	100.0	팜스코	100
국민연금공단	6.8	하이포크	100.0	이지바이오	148
(외국인)	6.1	산과들에프앤비	100.0	대한제당	133

매출구성		비용구성		수출비중	
[사료/팜스코]양계사료 외	30.8	매출원가율	84.2	수출	0.0
[사료/팜스코]양돈사료	23.4	판관비율	11.4	내수	100.0
[신선육/팜스코]부산물 등	23.0				

회사 개요
동사는 하림그룹의 양돈용 배합사료 및 축산계열화사업을 주요 사업영역으로 담당, 계열사인 선진 등과 경쟁관계. 사료부문(매출비중 64%)은 영업이익기여도 60% 수준으로 안정적인 캐시카우 역할, 향후 성장동력인 수직계열화를 중심으로 축산농가의 구조조정 및 경쟁력 강화를 도모하고 있음. 2015년부터 정부의 축산농가에 대한 지원이 금지됨에 따라 축산농가의 대형화,수직계열화를 통한 산업구조의 재편이 필요에 따라 동사의 영업기반에 영향을 미칠 것임.

실적 분석
동사의 2017년 2분기기준 누적 매출액은 전년동기대비 10.6% 상승한 5,123.1억원을 기록하였음. 비용면에서 전년동기대비 매출원가는 증가 하였으며 인건비도 증가, 광고선전비는 감소 하였고 기타판매비와관리비는 증가함. 이와 같이 영업비용 만큼 비용증가도 있었으나 매출액의 더 큰 상승에 힘입어 그에 따라 전년동기대비 영업이익은 329.3억원으로 12.8% 상승하였음. 최종적으로 전년동기대비 당기순이익은 상승하여 326.2억원을 기록함.

현금 흐름 〈단위 : 억원〉
항목	2016	2017.2Q
영업활동	343	450
투자활동	1,039	10
재무활동	-1,592	-94
순현금흐름	-203	329
기말현금	361	690

시장 대비 수익률

결산 실적 〈단위 : 억원〉
항목	2012	2013	2014	2015	2016	2017
매출액	6,656	7,467	8,357	8,671	9,476	—
영업이익	189	52	283	356	423	—
당기순이익	258	90	105	107	265	—

분기 실적 〈단위 : 억원〉
항목	2016.1Q	2016.2Q	2016.3Q	2016.4Q	2017.1Q	2017.2Q
매출액	2,202	2,430	2,333	2,511	2,378	2,745
영업이익	81	211	115	17	116	213
당기순이익	87	129	167	-119	170	157

재무 상태 〈단위 : 억원〉
항목	2012	2013	2014	2015	2016	2017.2Q
총자산	5,632	5,648	7,275	7,761	6,631	6,986
유형자산	1,571	1,878	2,290	2,656	2,979	3,077
무형자산	47	46	47	48	125	151
유가증권	115	164	135	214	204	208
총부채	3,364	3,275	4,622	5,104	3,691	3,823
총차입금	2,636	2,332	3,661	3,943	2,560	2,606
자본금	184	184	184	184	184	184
총자본	2,269	2,373	2,652	2,658	2,940	3,163
지배주주지분	2,266	2,377	2,668	2,681	2,904	3,125

기업가치 지표
항목	2012	2013	2014	2015	2016	2017.2Q
주가(최고/저)(천원)	5.3/3.2	9.3/3.9	16.6/8.5	21.9/12.2	15.9/11.2	—/—
PER(최고/저)(배)	7.4/4.4	35.5/15.1	52.7/26.9	73.8/41.0	22.0/15.5	—/—
PBR(최고/저)(배)	0.8/0.5	1.4/0.6	2.3/1.2	3.0/1.7	2.0/1.4	1.6/1.3
EV/EBITDA(배)	12.0	43.8	17.6	17.1	11.4	—/—
EPS(원)	722	263	318	300	727	885
BPS(원)	6,379	6,681	7,346	7,326	7,935	8,677
CFPS(원)	850	417	504	580	1,072	1,076
DPS(원)					100	
EBITDAPS(원)	644	296	958	1,249	1,499	1,088

재무 비율 〈단위 : %〉
연도	영업이익률	순이익률	부채비율	차입금비율	ROA	ROE	유보율	자기자본비율	EBITDA마진율
2016	4.5	2.8	125.5	87.1	3.7	9.6	1,487.0	44.3	5.8
2015	4.1	1.2	192.0	148.4	1.4	4.1	1,365.3	34.2	5.3
2014	3.4	1.3	174.3	138.1	1.6	4.6	1,369.2	36.5	4.2
2013	0.7	1.2	138.0	98.3	1.6	4.2	1,236.2	42.0	1.5

팜스토리 (A027710)
FARMSTORY CO

업　　종 : 식료품　　　　　　　　　시　　　　장 : KOSDAQ
신용등급 : (Bond) —　　(CP) —　　기업규모 : 우량
홈페이지 : www.dodrambnf.co.kr　　연 락 처 : 02)501-1648
본　　사 : 서울시 강남구 강남대로 310(역삼동,유니온센터) 3층

설 립 일	1991.04.17	종 업 원 수	320명	대 표 이 사	편명식
상 장 일	1996.06.06	감 사 의 견	적정 (신우)	계 열	
결 산 기	12월	보 통 주	8,835만주	종속회사수	10개사
액 면 가	500원	우 선 주		구 상 호	

주주구성 (지분율,%)		출자관계 (지분율,%)		주요경쟁사 (외형,%)	
이지바이오시스템	58.2			팜스토리	100
케이디비에이앤엘그로사모투자전문회사	2.9			팜스코	105
(외국인)	4.6			이지바이오	156

매출구성		비용구성		수출비중	
사료사업부(FB) 배합사료	53.8	매출원가율	88.5	수출	0.0
가금사업부(PB) 닭고기 등	20.4	판관비율	8.9	내수	100.0
육가공사업부(LB) 지육 등	14.8				

회사 개요
동사는 양돈 배합사료 전문회사와 축산물 유통사업을 영위하는 회사로 사료사업부, 도축제품제조 및 판매를 하는 육가공사업부, 육계를 취급하는 가금사업부로 나뉨. 2014년말 팜스월드와 마니커F&G를 연결 자회사로 편입, 양돈 수평계열화, 양돈 및 양계의 수직계열화를 모두 달성함. 원료의 대부분이 수입에 의존하기 때문에 환율변동에 영향을 받으나 경기가 불황일 경우에도 소비는 꾸준한 특징을 가짐.

실적 분석
동사의 2017년도 2분기 연결기준 누적 매출액은 4,141.5억원으로 전년동기 대비 6.8% 감소함. 반면 고정비 개선을 통해 영업이익은 전년동기 대비 13.5% 증가한 156.6억원을 기록. 매출구성은 배합사료 등 사료사업부 55.9%, 지육 등 육가공사업부 30.1%, 닭고기, 오리 등 가금사업부 13.5% 등임. 주요 수익원인 사료사업부는 전산관리 강화 등 기존 거래선 수익창출에 지속적인 노력 중임.

현금 흐름 〈단위 : 억원〉
항목	2016	2017.2Q
영업활동	899	181
투자활동	168	-141
재무활동	-1,392	217
순현금흐름	-326	257
기말현금	232	489

시장 대비 수익률

결산 실적 〈단위 : 억원〉
항목	2012	2013	2014	2015	2016	2017
매출액	10,643	10,446	10,239	10,626	9,005	—
영업이익	236	158	240	239	236	—
당기순이익	166	56	-33	18	129	—

분기 실적 〈단위 : 억원〉
항목	2016.1Q	2016.2Q	2016.3Q	2016.4Q	2017.1Q	2017.2Q
매출액	2,217	2,227	2,197	2,365	2,085	2,05
영업이익	38	100	96	2	64	9
당기순이익	39	53	94	-58	14	6

재무 상태 〈단위 : 억원〉
항목	2012	2013	2014	2015	2016	2017.2Q
총자산	7,504	7,222	7,635	7,630	6,640	6,18
유형자산	2,157	2,221	2,259	1,945	1,862	1,34
무형자산	394	398	266	212	115	2
유가증권	18	28	22	36	49	3
총부채	6,113	5,806	6,597	6,262	4,971	4,50
총차입금	4,731	4,555	5,441	5,217	3,695	3,47
자본금	419	419	419	419	460	46
총자본	1,391	1,417	1,037	1,368	1,669	1,68
지배주주지분	1,124	1,185	992	1,066	1,377	1,51

기업가치 지표
항목	2012	2013	2014	2015	2016	2017.2Q
주가(최고/저)(천원)	1.4/0.8	1.7/1.0	2.2/1.1	2.2/1.1	1.8/1.1	—/—
PER(최고/저)(배)	7.4/4.3	16.8/10.2	864.6/449.8	61.6/30.4	10.4/6.1	—/—
PBR(최고/저)(배)	1.1/0.6	1.2/0.7	1.8/0.9	1.7/0.8	1.2/0.7	0.9/0.
EV/EBITDA(배)	13.9	18.1	14.8	15.0	14.0	—/—
EPS(원)	200	103	3	36	177	8
BPS(원)	1,413	1,490	1,249	1,341	1,570	1,72
CFPS(원)	324	229	149	191	289	13
DPS(원)		25	25			
EBITDAPS(원)	418	323	446	453	379	22

재무 비율 〈단위 : %〉
연도	영업이익률	순이익률	부채비율	차입금비율	ROA	ROE	유보율	자기자본비율	EBITDA마진율
2016	2.6	1.4	297.8	221.4	1.8	12.8	201.7	25.1	3.
2015	2.3	0.2	457.7	381.3	0.2	2.8	156.7	17.9	3.
2014	2.3	-0.3	636.0	524.5	-0.5	0.2	139.0	13.6	3.
2013	1.5	0.5	409.8	321.5	0.8	7.2	185.2	19.6	3.

패션플랫폼 (A256090)
Fashion Platform COLTD

업   종 : 섬유 및 의복
신용등급 : (Bond) — (CP) —
홈 페 이 지 : www.renomalady.com
본   사 : 서울시 강남구 논현로28길 9(도곡동, 유진빌딩 3층)

시   장 : KONEX
기업규모 :
연 락 처 : 02)573-1250

설 립 일 2009.06.29	종 업 원 수 47명	대 표 이 사 박원희	
상 장 일 2016.12.20	감 사 의 견 적정 (신우)	계 열	
결 산 기 12월	보 통 주	종속회사수	
액 면 가	우 선 주	구 상 호	

주주구성 (지분율,%)		출자관계 (지분율,%)		주요경쟁사 (외형,%)	
메이븐에프씨	49.8	패션플랫폼	100		
박원희	13.8	국동	356		
		방림	272		

매출구성		비용구성		수출비중	
레노마레이디	70.9	매출원가율	40.2	수출	—
보니스팍스	28.7	판관비율	48.2	내수	—
기타매출	0.4				

회사 개요
동사는 여성용 의류 제조 및 판매를 영위하는 업체로 레노마레이디와 보니스팍스 브랜드를 운영 중임. 레노마레이디는 30~40대 후반 여성을 타겟으로 삼은 브랜드로 젊은 감각, 합리적 가격대 등을 지향함. 보니스팍스는 20대 후반~40대 초반의 여성을 대상으로 자유로운 감각을 지향하는 브랜드임. 매출 1, 2위 제품인 레노마레이디와 보니스팍스의 매출 비율은 86.7%, 12.8%임.

실적 분석
동사의 2016년 매출액은 554.4억원임. 2014년 이어 205.8억원, 2015년 357.5억원으로 이어 큰 폭의 성장임. 영업이익은 66.4억원으로 전년 대비 두 배 이상 늘음. 당기순이익은 51.7억원임. 큰 폭으로 개선됨. 인건비, 고정비 등 비용 절감 차원에서 숙련된 직원을 채용하기보다 의류별 전문성을 갖춘 외주가공업체에 전량 생산을 맡기다 보니 수익성이 늘었음.

현금 흐름 *IFRS 별도 기준 〈단위 : 억원〉
항목	2016	2017.2Q
영업활동	23	
투자활동	-12	
재무활동	-8	
순현금흐름	3	
기말현금	25	

시장 대비 수익률

결산 실적 〈단위 : 억원〉
항목	2012	2013	2014	2015	2016	2017
매출액	—	153	206	290	554	—
영업이익	—	9	20	33	65	—
당기순이익	—	7	16	26	50	—

분기 실적 *IFRS 별도 기준 〈단위 : 억원〉
항목	2016.1Q	2016.2Q	2016.3Q	2016.4Q	2017.1Q	2017.2Q
매출액	—	—	—	—	—	—
영업이익	—	—	—	—	—	—
당기순이익	—	—	—	—	—	—

재무 상태 *IFRS 별도 기준 〈단위 : 억원〉
항목	2012	2013	2014	2015	2016	2017.2Q
총자산	—	100	124	191	276	—
유형자산	—	6	5	12	15	—
무형자산	—					
유가증권	—					
총부채	—	65	73	114	137	—
총차입금	—	27	27	42	25	—
자본금	—	20		20	22	—
총자본	—	35	51	77	139	—
지배주주지분	—	35	51	77	139	—

기업가치 지표 *IFRS 별도 기준
항목	2012	2013	2014	2015	2016	2017.2Q
주가(최고/저)(천원)	#VALUE!	—/—	—/—	—/—	8.2/4.7	—/—
PER(최고/저)(배)	0.0/0.0	0.0/0.0	0.0/0.0	0.0/0.0	3.2/1.8	0.0/0.0
PBR(최고/저)(배)	0.0/0.0	0.0/0.0	0.0/0.0	0.0/0.0	4.2	—/—
EV/EBITDA(배)	0.0	1.5	0.5	0.6		
EPS(원)	—	163	406	646	1,239	
BPS(원)	—	8,688	12,749	19,207	3,202	
CFPS(원)	—	2,126	4,580	7,142	1,335	
DPS(원)	—					
EBITDAPS(원)	—	2,847	5,591	9,033	1,688	

재무 비율 〈단위 : % 〉
연도	영업이익률	순이익률	부채비율	차입금비율	ROA	ROE	유보율	자기자본비율	EBITDA마진율
2016	11.6	9.1	98.2	18.0	21.5	46.5	540.3	50.5	12.3
2015	11.5	8.9	148.8	54.5	16.4	40.4	284.2	40.2	12.5
2014	9.9	7.9	144.0	52.9	14.5	37.9	155.0	41.0	10.9
2013	6.1		187.9	77.8			73.8	34.7	7.4

팬스타엔터프라이즈 (A054300)
Panstar Enterprise

업   종 : 자동차부품
신용등급 : (Bond) — (CP) —
홈 페 이 지 : www.panstar-enterprise.com
본   사 : 부산시 중구 해관로 30 팬스타크루즈프라자

시   장 : KOSDAQ
기업규모 : 벤처
연 락 처 : 1577-3520

설 립 일 1995.11.21	종 업 원 수 99명	대 표 이 사 김현겸,최영학(각자대표)	
상 장 일 2001.12.22	감 사 의 견 적정 (원지)	계 열	
결 산 기 12월	보 통 주 2,752만주	종속회사수	
액 면 가 500원	우 선 주	구 상 호 헤스본	

주주구성 (지분율,%)		출자관계 (지분율,%)		주요경쟁사 (외형,%)	
김현겸	9.4	오션윈블로벌코리아	43.9	팬스타엔터프라이즈	100
팬스타라인닷컴	6.9	리얼헤스본	40.0	두올산업	139
(외국인)	0.6	팬스타라이너스	38.0	체시스	186

매출구성		비용구성		수출비중	
유공압정비기기	80.0	매출원가율	86.1	수출	48.0
전자제어 및 환경정비기기	8.8	판관비율	22.4	내수	52.0
전자제어정비기기	8.3				

회사 개요
동사는 1991년 설립 이래 20여년간 자동차 정비기기 사업을 영위해오고 있음. 자동차 정비기기는 유공압기술을 바탕으로 한 유공압정비기기기와 얼라이먼트 등의 전자제어 정비기기로 제품군이 구분됨. 본사는 부산에 소재하고 있으며, 공장은 인천에 소재하고 있음. 2015년에 상호를 헤스본 주식회사에서 주식회사 팬스타엔터프라이즈로 변경함. 연결대상 종속회사는 없으나 팬스타그룹에 5개의 계열사가 소속되어 있음.

실적 분석
2017년 반기 기준 동사는 전년동기 대비 43.8% 증가한 177.4억원의 매출 실적을 시현함. 신규사업인 여객운송 및 선박용선 매출이 증가했기 때문. 매출 확대에 힘입어 영업이익이 전년동기 1.9억원을 시현한 데 비해 641.5% 증가한 14.4억원의 이익을 시현함. 금융손실, 외환손실 등 비영업손익면에서 5.9억원의 적자를 시현하였고 당기순이익은 8.5억원을 시현함.

현금 흐름 *IFRS 별도 기준 〈단위 : 억원〉
항목	2016	2017.2Q
영업활동	-1	7
투자활동	-81	29
재무활동	59	-38
순현금흐름	-23	-3
기말현금	36	33

시장 대비 수익률

결산 실적 〈단위 : 억원〉
항목	2012	2013	2014	2015	2016	2017
매출액	336	251	246	242	281	—
영업이익	13	-16	3	-2	-24	—
당기순이익	-8	-48	-8	-8	-34	—

분기 실적 *IFRS 별도 기준 〈단위 : 억원〉
항목	2016.1Q	2016.2Q	2016.3Q	2016.4Q	2017.1Q	2017.2Q
매출액	56	68	70	88	85	92
영업이익	-4	6	-6	-20	7	8
당기순이익	-6	-0	-9	-19	1	7

재무 상태 *IFRS 별도 기준 〈단위 : 억원〉
항목	2012	2013	2014	2015	2016	2017.2Q
총자산	265	234	193	391	421	397
유형자산	25	19	23	23	83	80
무형자산	1	1	1	0	1	1
유가증권	32	0	0	0	—	—
총부채	205	181	137	159	217	183
총차입금	141	135	94	117	171	135
자본금	42	76	85	136	136	138
총자본	60	53	56	233	204	214
지배주주지분	60	53	56	233	204	214

기업가치 지표 *IFRS 별도 기준
항목	2012	2013	2014	2015	2016	2017.2Q
주가(최고/저)(천원)	3.7/1.3	1.5/0.6	3.9/0.5	4.3/1.3	3.0/1.5	—/—
PER(최고/저)(배)	—/—	—/—	—/—	—/—	—/—	2.2/1.5
PBR(최고/저)(배)	4.7/1.7	4.0/1.5	11.0/1.4	5.0/1.4	3.9/2.0	—/—
EV/EBITDA(배)	6.3		103.4	448.5		
EPS(원)	-135	-505	-50	-40	-124	31
BPS(원)	773	386	360	873	768	795
CFPS(원)	-82	-475	-32	-25	-102	49
DPS(원)						
EBITDAPS(원)	274	-135	39	5	-66	70

재무 비율 〈단위 : % 〉
연도	영업이익률	순이익률	부채비율	차입금비율	ROA	ROE	유보율	자기자본비율	EBITDA마진율
2016	-8.5	-12.0	106.3	83.8	-8.3	-15.4	53.7	48.5	-6.4
2015	-0.8	-3.1	68.3	50.4	-2.6	-5.3	74.6	59.4	0.4
2014	1.4	-3.2	일부잠식	일부잠식	-3.7	-14.5	-28.0	29.2	2.5
2013	-6.3	-19.2	일부잠식	일부잠식	-19.3	-84.6	-22.8	22.8	-5.1

팬엔터테인먼트 (A068050)
Pan Entertainment

업 종 : 미디어		시 장 : KOSDAQ	
신용등급 : (Bond) — (CP) —		기업규모 : 중견	
홈페이지 : www.thepan.co.kr		연락처 : 02)380-2100	
본 사 : 서울시 마포구 월드컵북로58길 10 (상암동, 더 팬)			

설 립 일 1998.04.03	총 업 원 수 37명	대 표 이 사 박영석
상 장 일 2006.07.07	감사의견 적정 (우리)	계 열
결 산 기 12월	보통주 1,013만주	종속회사수 3개사
액 면 가 500원	우 선 주	구 상 호

주주구성 (지분율,%)		출자관계 (지분율,%)		주요경쟁사 (외형,%)	
박영석	24.0	팬스타즈컴퍼니	100.0	팬엔터테인먼트	100
한국증권금융	3.9	팁스위원회	61.0	에프엔씨애드컬쳐	32
(외국인)	0.8	빅아이엔터테인먼트	60.0	빅텐츠	106

매출구성		비용구성		수출비중	
드라마	88.1	매출원가율	87.8	수출	19.0
임대	6.7	판관비율	6.5	내수	81.0
OST, 앨범	2.7				

회사 개요
동사는 1998년 4월 3일 설립되어 방송영상 물제작 및 음반제작을 주요사업으로 영위하고 있음. 또한 2006년 3월 23일에 코스닥시장 상장을 승인받아 회사의 주식이 2006년 7월 7일자로 상장되어 코스닥시장에서 매매가 개시되고 있음. 사업부문별 비중은 드라마가 88%로 가장 높은 비중을 차지하고 있으며, 건물임대(8%), 음반/음원(1.6%) 등으로 구성되어 있음.

실적 분석
동사의 연결기준 2017년 2분기 매출액은 181.6억원으로 전년동기 대비 22.4% 증가하였음. 매출원가가 상승해 매출총이익은 적자전환, 판관비 절감 노력에도 불구하고 11.7억원의 영업손실이 발생함. 동사의 당기순손실은 15.5억원으로 적자가 지속됨. 현재 중국 온라인 동영상 플랫폼 업체들이 한류 드라마 전송권 확보 경쟁 중이며 향후 회사의 매출 및 수요가 확대될 것으로 기대함.

현금 흐름 〈단위 : 억원〉
항목	2016	2017.2Q
영업활동	-38	1
투자활동	9	2
재무활동	23	21
순현금흐름	-6	24
기말현금	17	41

시장 대비 수익률

결산 실적 〈단위 : 억원〉
항목	2012	2013	2014	2015	2016	2017
매출액	377	271	343	210	353	—
영업이익	17	-2	8	-43	20	—
당기순이익	1	-23	3	-70	6	—

분기 실적 〈단위 : 억원〉
항목	2016.1Q	2016.2Q	2016.3Q	2016.4Q	2017.1Q	2017.2Q
매출액	86	62	127	78	56	125
영업이익	2	-10	18	10	0	-12
당기순이익	1	-9	19	-4	7	-22

재무 상태 〈단위 : 억원〉
항목	2012	2013	2014	2015	2016	2017.2Q
총자산	676	683	703	667	700	709
유형자산	428	426	418	428	421	417
무형자산	7	8	6	5	5	10
유가증권	7	60	88	45	51	41
총부채	281	265	282	293	298	322
총차입금	220	205	218	225	226	247
자본금	43	46	46	47	51	51
총자본	395	418	421	374	402	387
지배주주지분	394	418	421	374	402	387

기업가치 지표
항목	2012	2013	2014	2015	2016	2017.2Q
주가(최고/저)(천원)	7.3/3.6	5.2/2.3	8.2/2.4	12.3/4.8	9.4/4.2	—/—
PER(최고/저)(배)	368.7/180.8	—	286.6/82.5	—/—	140.3/63.3	—/—
PBR(최고/저)(배)	1.6/0.8	1.1/0.5	1.8/0.5	3.1/1.2	2.4/1.1	1.4/1.1
EV/EBITDA(배)	22.2	96.7	41.8		25.0	—
EPS(원)	20	-247	28	-757	67	-153
BPS(원)	4,545	4,519	4,550	3,965	3,972	3,820
CFPS(원)	143	-183	122	-675	144	-115
DPS(원)						
EBITDAPS(원)	365	46	176	-379	282	-78

재무 비율 〈단위 : %〉
연도	영업이익률	순이익률	부채비율	차입금비율	ROA	ROE	유보율	자기자본비율	EBITDA마진율
2016	5.7	1.7	74.1	56.2	0.9	1.7	694.5	57.5	7.9
2015	-20.4	-33.5	78.2	60.1	-10.3	-17.7	693.0	56.1	-16.8
2014	2.2	0.8	67.0	51.8	0.4	0.6	809.9	59.9	4.7
2013	-0.6	-8.6	63.3	49.0	-3.4	-5.6	803.7	61.2	1.5

팬오션 (A028670)
Pan Ocean

업 종 : 해상운수		시 장 : 거래소	
신용등급 : (Bond) A- (CP) —		기업규모 : 시가총액 대형주	
홈페이지 : www.panocean.com		연락처 : 02)316-5114	
본 사 : 서울시 종로구 종로5길 7, Tower8			

설 립 일 1966.05.28	총 업 원 수 993명	대 표 이 사 김홍국, 추성엽(각자대표이사)
상 장 일 2007.09.21	감사의견 적정 (삼일)	계 열
결 산 기 12월	보통주 53,448만주	종속회사수 13개사
액 면 가 1,000원	우 선 주	구 상 호 STX팬오션

주주구성 (지분율,%)		출자관계 (치분율,%)		주요경쟁사 (외형,%)	
제일홀딩스	50.9	포스에스엠	100.0	팬오션	100
포세이돈2014(유)	7.6	예그리나	45.0	흥아해운	44
(외국인)	8.9	부산크로스독	20.0	대한해운	29

매출구성		비용구성		수출비중	
철광석, 석탄, 곡물 등	73.9	매출원가율	88.1	수출	—
곡물사업	12.5	판관비율	3.0	내수	—
원유 및 원유제품	9.3				

회사 개요
동사는 해상화물운송 등을 사업목적으로 1966년 설립됨. 2005년 싱가포르 증권거래소에, 2007년 한국거래소 유가증권시장에 주식을 상장함. 해운업과 곡물사업을 주요 사업으로 영위하고 있음. 주식회사 포스에스엠 등을 연결대상 종속회사로 보유함. 미국, 중국 등지에 비상장 해외법인도 보유하고 있음. 매출액 비중은 해운업 81%, 곡물사업 14%, 기타 5%로 구성됨.

실적 분석
동사의 2017년 상반기 연결기준 매출액은 1조1554.2억원으로 전년도 같은 기간 대비 29% 증가함. 매출원가가 31.9% 증가하고 판매비와 관리비도 소폭 올랐지만 매출액 증가폭이 이를 상회해 영업이익은 전년 동기 대비 10.8% 성장한 897.2억원을 시현함. 그러나 비영업부문에서 손실이 발생해 당기순이익은 전년도 동기 993.5억원에서 47.8% 감소한 518.6억원을 시현하는 데 그침.

현금 흐름 〈단위 : 억원〉
항목	2016	2017.2Q
영업활동	2,510	865
투자활동	-924	-1,061
재무활동	-1,979	-240
순현금흐름	-331	-573
기말현금	2,451	1,877

시장 대비 수익률

결산 실적 〈단위 : 억원〉
항목	2012	2013	2014	2015	2016	2017
매출액	54,178	26,820	16,456	18,193	18,740	—
영업이익	-2,117	-2,221	2,160	2,294	1,679	—
당기순이익	-4,640	-19,097	7,861	455	971	—

분기 실적 〈단위 : 억원〉
항목	2016.1Q	2016.2Q	2016.3Q	2016.4Q	2017.1Q	2017.2Q
매출액	4,525	4,430	4,658	5,126	5,229	6,32
영업이익	398	412	368	501	409	48
당기순이익	756	238	275	-297	319	20

재무 상태 〈단위 : 억원〉
항목	2012	2013	2014	2015	2016	2017.2Q
총자산	71,502	48,801	45,579	43,143	43,306	41,73
유형자산	54,136	39,698	35,212	36,404	36,780	34,90
무형자산	334	92	56	85	103	10
유가증권	1,351	832	246	14	80	48
총부채	53,712	46,392	31,353	18,828	17,648	17,09
총차입금	45,596	27,209	25,426	15,222	15,211	14,32
자본금	2,059	1,209	2,145	5,244	5,344	5,34
총자본	17,789	2,409	14,226	24,314	25,659	24,64
지배주주지분	17,703	2,327	14,213	24,062	25,407	24,41

기업가치 지표
항목	2012	2013	2014	2015	2016	2017.2Q
주가(최고/저)(천원)	127/42.2	91.6/11.4	11.4/3.6	5.4/3.4	4.3/2.9	—/—
PER(최고/저)(배)	—/—	—/—	1.9/0.6	43.6/26.9	23.5/15.6	—/—
PBR(최고/저)(배)	0.5/0.2	37.9/4.7	1.4/0.4	1.2/0.7	0.9/0.6	1.2/0.8
EV/EBITDA(배)			6.6	8.1	10.1	—
EPS(원)	-63,189	-159,155	6,070	125	184	9
BPS(원)	8,715	1,927	6,625	4,588	4,754	4,56
CFPS(원)	-1,358	-113,139	5,824	572	502	25
DPS(원)						
EBITDAPS(원)	-126	-895	2,311	1,076	633	32

재무 비율 〈단위 : %〉
연도	영업이익률	순이익률	부채비율	차입금비율	ROA	ROE	유보율	자기자본비율	EBITDA마진율
2016	9.0	5.2	68.8	59.3	2.3	4.0	375.4	59.3	18.0
2015	12.6	2.5	77.4	62.6	1.0	2.4	358.8	56.4	21.6
2014	13.1	47.8	220.4	178.7	16.7	95.1	562.5	31.2	22.8
2013	-8.3	-71.2	1,925.7	1,129.4	-31.8	-190.7	92.7	4.9	-8.8

팬젠 (A222110)
Pangen Biotech

업 종 : 바이오		* 시 장 : KOSDAQ	
신용등급 : (Bond) — (CP) —		기업규모 : 신성장	
홈 페 이 지 : www.pangen.com		연 락 처 : 031)733-9165	
주 소 : 경기도 수원시 영통구 신원로 306, 2동 4층(원천동, 영통이노플렉스)			

설 립 일	2010.01.11	종 업 원 수	53명	대 표 이 사	김영부,윤재승
상 장 일	2016.03.11	감 사 의 견	적정(한올)	계 열	
결 산 기	12월	보 통 주	962만주	종 속 회 사 수	
액 면 가	500원	우 선 주		구 상 호	

주주구성 (지분율,%)		출자관계 (지분율,%)		주요경쟁사 (외형,%)	
김영부	12.9	팬젠	100		
윤재승	9.4	랩지노믹스	1,647		
(외국인)	10.2	툴젠	105		

매출구성		비용구성		수출비중	
위탁생산(CMO)	54.1	매출원가율	253.1	수출	6.0
생산세포주 및 공정 기술이전	26.6	판관비율	344.4	내수	94.0
로열티	11.4				

회사 개요
동사는 1999년 설립 이후 2006년 삼성정밀화학 바이오 사업부문 및 기술인력을 인수하고 2010년에 분할 재설립된 바이오시밀러 의약품의 개발 및 제조 전문업체임. 원천기술인 PanGen CHO-TECH™과 바이오의약품 제품화 기술을 보유하고 있으며 2016년 3월 코스닥 시장에 상장함. 현재 바이오시밀러 EPO 제품이 가장 빠른 임상 3상 시험 중임. PanGen CHO-TECH™는 CHO세포에 특화된 단백질 발현기술임.

실적 분석
동사의 2017년 2분기 매출액은 전년대비 105.95% 증가한 13.0억원을 기록함. 아직 본격적인 매출이 발생하지 않은 상황에서 높은 고정비 부담이 이어지고 있어 영업손실 19.7억원, 당기순손실 18.5억원을 보이며 적자를 지속하였으나 적자규모는 축소됨. 동사는 당반기 결산일 이후 PanGen CHO-TECH 원천기술을 이용한 중국과 국내(일동제약) 거래선과의 용역개발 계약 체결을 공시함.

현금 흐름	*IFRS 별도 기준	〈단위 : 억원〉
항목	2016	2017.2Q
영업활동	-43	-27
투자활동	-91	-8
재무활동	261	13
순현금흐름	126	-23
기말현금	136	113

결산 실적					〈단위 : 억원〉	
항목	2012	2013	2014	2015	2016	2017
매출액	27	32	34	37	15	
영업이익	-11	-5	-20	-20	-73	
당기순이익	-18	-14	-21	-26	-51	

분기 실적	*IFRS 별도 기준				〈단위 : 억원〉	
항목	2016.1Q	2016.2Q	2016.3Q	2016.4Q	2017.1Q	2017.2Q
매출액	4	6	4	4	4	9
영업이익	-14	-24	-20	-15	-11	-9
당기순이익	-16	-8	-20	-8	-11	-8

재무 상태	*IFRS 별도 기준				〈단위 : 억원〉	
항목	2012	2013	2014	2015	2016	2017.2Q
총자산	102	115	169	159	374	365
유형자산	56	58	54	49	53	54
무형자산	15	26	42	58	78	82
유가증권	—	—	—	—	—	—
총부채	98	102	87	93	21	18
총차입금	92	89	73	77	—	—
자본금	11	11	14	30	45	47
총자본	4	13	82	66	353	348
지배주주지분	4	13	82	66	353	348

기업가치 지표	*IFRS 별도 기준					
항목	2012	2013	2014	2015	2016	2017.2Q
주가(최고/저)(천원)	—/—	—/—	—/—	—/—	24.5/16.0	—/—
PER(최고/저)(배)	0.0/0.0	0.0/0.0	0.0/0.0	0.0/0.0	—	4.8/3.4
PBR(최고/저)(배)	0.0/0.0	0.0/0.0	0.0/0.0	0.0/0.0	6.3/4.1	—
EV/EBITDA(배)	—	—	—	—	24.2	—
EPS(원)	-389	-273	-337	-384	-599	-200
BPS(원)	180	524	2,442	946	3,902	3,730
CFPS(원)	-418	-196	-364	-231	-466	-151
DPS(원)	—	—	—	—	—	—
EBITDAPS(원)	-133	142	-332	-141	-717	-164

재무 비율								〈단위 : % 〉	
연도	영업이익률	순이익률	부채비율	차입금비율	ROA	ROE	유보율	자기자본비율	EBITDA마진율
2016	-497.5	-350.7	5.9	0.0	-19.2	-24.5	680.4	94.4	-419.4
2015	-54.2	-70.7	142.3	116.6	-16.1	-35.7	119.4	41.3	-25.9
2014	-59.4	-62.4	105.5	89.4	-15.0	-44.5	469.0	48.7	-30.8
2013	-16.2	-42.6	774.1	697.6	—	16.5	11.4	11.4	11.1

퍼스텍 (A010820)
Firstec

업 종 : 상업서비스		시 장 : 거래소	
신용등급 : (Bond) — (CP) —		기업규모 : 시가총액 소형주	
홈 페 이 지 : www.firsteccom.co.kr		연 락 처 : 055)212-1606	
주 소 : 경남 창원시 성산구 남면로 485			

설 립 일	1975.09.25	종 업 원 수	415명	대 표 이 사	김근수,전용우
상 장 일	1989.05.10	감 사 의 견	적정(삼일)	계 열	
결 산 기	12월	보 통 주	4,676만주	종 속 회 사 수	1개사
액 면 가	500원	우 선 주		구 상 호	

주주구성 (지분율,%)		출자관계 (지분율,%)		주요경쟁사 (외형,%)	
김근수	27.3	한텍	3.4	퍼스텍	100
김용민	18.3	트래닛	2.3	KC그린홀딩스	259
(외국인)	0.1	한국방위산업진흥회	1.7	빅텍	25

매출구성		비용구성		수출비중	
무기 및 총포탄 제조업(방위산업)	98.9	매출원가율	93.3	수출	0.0
보안서비스 개발	1.1	판관비율	6.4	내수	100.0

회사 개요
동사는 무기 제조업 및 보안서비스 제품을 생산, 판매하고 있으며, 방위사업과 시스템사업을 영위하는 업체임. 방위산업 부문이 전체 매출의 98% 이상 차지함. 차세대 주력분야인 항공 분야에서 한국형 중형헬기 UH-60을 시작으로 항공우주 사업으로 확장함. 2015년 오스트리아의 엔진 전문 업체와 엔전 국산화 및 후속 개발을 위한 양해각서 체결함. 방위시장의 점유율은 20위권임. 다만 얼굴인식 시장에서는 1위를 달림.

실적 분석
동사의 2017년 상반기 매출액은 719.6억원으로 전년 동기 대비 14.1% 증가함. 영업이익은 9.3억원으로 23.6% 증가함. 당기순이익 역시 23억원을 기록하며 전년 동기 대비 큰 폭 증가함. 동사는 무인 항공 시스템의 선두 주자인 유콘시스템을 인수해 소형 무인기 사업과 무인 전투체계 사업의 기술력 확보에 나서고 있음. 비행체를 원격으로 통제하고 실시간 데이터를 전송받아 분석하는 지상통제장비를 개발해 신시장 개발을 기대됨.

현금 흐름		〈단위 : 억원〉
항목	2016	2017.2Q
영업활동	54	30
투자활동	-48	-16
재무활동	37	-29
순현금흐름	43	-14
기말현금	52	37

결산 실적					〈단위 : 억원〉	
항목	2012	2013	2014	2015	2016	2017
매출액	915	1,088	1,156	1,388	1,513	
영업이익	20	21	28	19	5	
당기순이익	26	17	16	20	-4	

분기 실적					〈단위 : 억원〉	
항목	2016.1Q	2016.2Q	2016.3Q	2016.4Q	2017.1Q	2017.2Q
매출액	275	355	302	581	342	378
영업이익	0	7	-4	1	1	8
당기순이익	-3	3	-4	0	2	21

재무 상태					〈단위 : 억원〉	
항목	2012	2013	2014	2015	2016	2017.2Q
총자산	1,321	1,476	2,000	2,036	2,023	2,128
유형자산	471	465	518	·510	515	509
무형자산	101	110	148	176	178	176
유가증권	23	62	72	86	91	104
총부채	635	807	1,293	1,305	1,277	1,321
총차입금	167	211	295	452	491	463
자본금	234	234	234	234	234	234
총자본	686	668	707	732	747	807
지배주주지분	686	668	649	672	686	747

기업가치 지표						
항목	2012	2013	2014	2015	2016	2017.2Q
주가(최고/저)(천원)	2.5/1.6	2.5/1.6	2.4/1.8	6.7/1.9	5.9/3.3	—/—
PER(최고/저)(배)	46.9/30.7	68.9/45.5	81.9/59.2	128.1/36.3	—	—/—
PBR(최고/저)(배)	1.8/1.2	1.8/1.2	1.8/1.3	4.7/1.3	4.0/2.2	3.0/2.3
EV/EBITDA(배)	20.4	21.1	20.5	55.7	45.5	—
EPS(원)	55	37	30	52	-11	51
BPS(원)	1,471	1,432	1,390	1,440	1,469	1,599
CFPS(원)	110	98	99	125	86	51
DPS(원)	30	25	25	—	—	—
EBITDAPS(원)	97	105	128	-113	106	20

재무 비율								〈단위 : % 〉	
연도	영업이익률	순이익률	부채비율	차입금비율	ROA	ROE	유보율	자기자본비율	EBITDA마진율
2016	0.3	-0.2	170.9	65.8	-0.2	-0.7	193.8	36.9	3.3
2015	1.3	1.4	178.3	61.8	1.3	3.7	188.0	35.9	3.8
2014	2.4	1.4	182.8	41.7	0.9	2.2	178.0	35.4	5.2
2013	1.9	1.6	120.8	31.6	1.2	2.5	186.4	45.3	4.5

퍼시스 (A016800)
Fursys

업 종 : 내구소비재	시 장 : 거래소
신용등급 : (Bond) — (CP) —	기업규모 : 시가총액 중형주
홈페이지 : www.fursys.com	연 락 처 : 02)443-9999
본 사 : 서울시 송파구 오금로 311 (오금동)	

설 립 일 1983.03.11	종 업 원 수 327명	대 표 이 사 이종태,배상돈
상 장 일 1996.12.03	감 사 의 견 적정 (삼덕)	계 열
결 산 기 12월	보 통 주 1,150만주	종속회사수
액 면 가 1,000원	우 선 주	구 상 호

주주구성 (지분율,%)
시디즈 30.8
손동창 16.7
(외국인) 25.8

출자관계 (지분율,%)
퍼시스 100
한샘 835
현대리바트 318

주요경쟁사 (외형,%)

매출구성
사무용 가구 제품(내수) 47.4
사무용 가구 상품(내수) 35.9
사무용 가구 상품(수출) 11.1

비용구성
매출원가율 75.3
판관비율 17.4

수출비중
수출 13.0
내수 87.0

회사 개요
동사는 1983년 설립되어 사무용 가구 생산에만 주력해 국내 사무가구 1위 지위를 유지하고 있음. 국내 사무가구 시장은 1조원 정도로 추정되며 점유율은 2016년 실적 기준으로 동사(56.3%), 코아스(23.2%), 리바트(17.6%), 보루네오(2.8%)순임. 동사는 최대주주이자 비상장사 시디즈를 비롯해 상장사 팀스, 비상장사 일룸, 바로스 등 동사 포함 5개의 계열사가 있음.

실적 분석
동사는 2017년 상반기 매출액이 1448.7억원으로 전년 동기 대비 22.5% 증가했고, 영업이익은 161.9억원으로 전년 동기에 비해 89.3% 증가했음. 동사는 내수 부문의 판매가 호조세를 보이면서 안성공장과 충주공장의 가동률이 81% 이상을 기록하고 있고, 실적도 전반적으로 개선됨. 비영업손익은 외화부문 손실에도 불구하고 40.1억원을 기록해 당기순이익은 155.9억원으로 전년 동기보다 34% 증가했음.

현금 흐름 *IFRS 별도 기준 〈단위 : 억원〉
항목	2016	2017.2Q
영업활동	238	156
투자활동	-309	77
재무활동	-91	-73
순현금흐름	-150	130
기말현금	749	879

시장 대비 수익률

결산 실적 〈단위 : 억원〉
항목	2012	2013	2014	2015	2016	2017
매출액	2,220	2,171	2,199	2,436	2,316	—
영업이익	239	179	204	237	168	—
당기순이익	294	207	248	300	232	—

분기 실적 *IFRS 별도 기준 〈단위 : 억원〉
항목	2016.1Q	2016.2Q	2016.3Q	2016.4Q	2017.1Q	2017.2Q
매출액	641	541	494	640	767	682
영업이익	40	45	22	61	91	71
당기순이익	62	53	20	96	56	99

재무 상태 *IFRS 별도 기준 〈단위 : 억원〉
항목	2012	2013	2014	2015	2016	2017.2Q
총자산	3,423	3,487	3,747	4,015	4,165	4,259
유형자산	1,250	1,203	1,167	1,131	1,097	1,099
무형자산	10	10	27	27	40	40
유가증권	76	317	771	1,024	986	909
총부채	388	394	458	481	483	479
총차입금	—	—	—	—	—	—
자본금	143	143	143	143	143	143
총자본	3,035	3,093	3,289	3,534	3,682	3,780
지배주주지분	3,035	3,093	3,289	3,534	3,682	3,780

기업가치 지표 *IFRS 별도 기준
항목	2012	2013	2014	2015	2016	2017.2Q
주가(최고/저)(천원)	31.2/22.0	30.5/23.1	34.8/26.7	37.2/28.1	37.2/31.5	—/—
PER(최고/저)(배)	13.6/9.6	18.4/13.9	17.2/13.2	14.6/11.2	18.8/16.0	—/—
PBR(최고/저)(배)	1.2/0.8	1.1/0.8	1.1/0.9	1.1/0.8	1.0/0.9	0.9/0.8
EV/EBITDA(배)	4.3	9.1	9.5	10.6	10.8	—/—
EPS(원)	2,557	1,804	2,152	2,608	2,016	1,355
BPS(원)	30,375	31,632	33,283	35,340	36,832	37,752
CFPS(원)	3,057	2,312	2,662	3,121	2,490	1,594
DPS(원)	700	700	700	700	700	
EBITDAPS(원)	2,580	2,066	2,283	2,574	1,935	1,646

재무 비율 〈단위 : % 〉
연도	영업이익률	순이익률	부채비율	차입금비율	ROA	ROE	유보율	자기자본비율	EBITDA마진율
2016	7.3	10.0	13.1	0.0	5.7	6.4	2,862.0	88.4	9.6
2015	9.7	12.3	13.6	0.0	7.7	8.8	2,742.0	88.0	12.2
2014	9.3	11.3	13.9	0.0	6.8	7.8	2,576.6	87.8	11.9
2013	8.3	9.6	12.7	0.0	6.0	6.8	2,443.9	88.7	10.9

퍼시픽바이오 (A060900)
Pacific Bio

업 종 : 에너지 시설 및 서비스	시 장 : KOSDAQ
신용등급 : (Bond) — (CP) —	기업규모 : 중견
홈페이지 : www.pacificbio.co.kr	연 락 처 : 02)6917-5300
본 사 : 서울시 중구 소월로 10, 26층(남대문로5가, 단암빌딩)	

설 립 일 1997.02.28	종 업 원 수 37명	대 표 이 사 정필묵
상 장 일 2002.09.09	감 사 의 견 적정 (대성)	계 열
결 산 기 12월	보 통 주 3,618만주	종속회사수
액 면 가 100원	우 선 주 4,261만주	구 상 호 엘 에너지

주주구성 (지분율,%)
김태일 7.9
글로벌통상 7.5
(외국인) 0.2

출자관계 (지분율,%)

주요경쟁사 (외형,%)
퍼시픽바이오 100
에스에프씨 143
제이씨케미칼 467

매출구성
바이오중유 57.5
시스템 냉난방기 설치 시공 42.5

비용구성
매출원가율 94.6
판관비율 4.3

수출비중
수출 —
내수 —

회사 개요
동사는 1997년 설립되어 2002년 코스닥에 상장하였으며 시스템 냉난방기 및 환기 공조 시스템 설치공사,바이오 중유 및 일반중유 제조, 판매업 등을 주요사업으로 영위함. 2015년 플랜트건설, 기계설비공사업을 영위하는 자회사 정진공영을 매각하였으며 시스템에어컨부문 또한 신규거래를 중단한 상태라 현재는 에너지정제사업을 주로 영위하고 있음. 매출비중은 석유정제사업부문 100% 등으로 구성됨.

실적 분석
동사의 연결기준 2017년 2분기 누적매출액은 170.8억원으로 전년동기 대비 43.3% 크게 증가하였음. 외형 증가에도 불구하고 원가율이 소폭 악화되고 판관비 부담이 늘어나면서 10.0억원의 영업손실이 발생, 적자전환하였음. 비영업부문에서도 적자가 지속되고 있으며 최종적으로 20.9억원의 당기순손실이 발생, 적자지속됨. 그동안 누적되었던 부실경영이 해소되었고 신재생에너지공급 의무화 제도에 따라 바이오중유의 중장기적 업황 전망은 긍정적임.

현금 흐름 *IFRS 별도 기준 〈단위 : 억원〉
항목	2016	2017.2Q
영업활동	-68	-29
투자활동	-14	-2
재무활동	76	32
순현금흐름	-6	1
기말현금	—	—

시장 대비 수익률

결산 실적 〈단위 : 억원〉
항목	2012	2013	2014	2015	2016	2017
매출액	473	1,373	1,141	146	332	—
영업이익	5	-21	-231	-64	4	—
당기순이익	12	-166	-449	-77	-24	—

분기 실적 *IFRS 별도 기준 〈단위 : 억원〉
항목	2016.1Q	2016.2Q	2016.3Q	2016.4Q	2017.1Q	2017.2Q
매출액	57	62	67	146	117	54
영업이익	-8	-2	6	4	4	-14
당기순이익	-10	-20	-1	7	-0	-21

재무 상태 *IFRS 별도 기준 〈단위 : 억원〉
항목	2012	2013	2014	2015	2016	2017.2Q
총자산	463	593	238	182	243	251
유형자산	2	41	41	50	65	68
무형자산	4	2	20	17	19	18
유가증권	28	2	3	3	3	3
총부채	309	439	474	48	127	122
총차입금	220	350	325	35	102	103
자본금	121	161	203	75	75	77
총자본	154	155	-237	134	116	130
지배주주지분	154	155	-237	134	116	130

기업가치 지표 *IFRS 별도 기준
항목	2012	2013	2014	2015	2016	2017.2Q
주가(최고/저)(천원)	3.3/2.3	3.3/1.4	2.6/1.0	1.9/1.3	1.3/1.3	—/—
PER(최고/저)(배)	53.8/38.3	—/—	—/—	—/—	—/—	—/—
PBR(최고/저)(배)	4.8/3.4	6.5/2.8	-4.2/-1.5	85.1/55.2	12.3/12.3	11.5/8.7
EV/EBITDA(배)				16.4/10.6	56.5	
EPS(원)	92	-693	-2,157	34	-32	-27
BPS(원)	637	481	-584	889	153	165
CFPS(원)	60	-428	-1,342	159	-25	-23
DPS(원)						
EBITDAPS(원)	-34	-134	-220	130	12	-9

재무 비율 〈단위 : % 〉
연도	영업이익률	순이익률	부채비율	차입금비율	ROA	ROE	유보율	자기자본비율	EBITDA마진율
2016	1.1	-7.2	109.8	88.0	-11.2	-19.1	55.1	47.7	2.7
2015	-43.8	-53.0	35.7	25.9	-19.5	전기잠식	80.0	73.7	-40.2
2014	-20.2	-39.4	완전잠식	완전잠식	-57.4	당기잠식	-212.1	-38.8	-19.6
2013	-1.5	-12.1	일부잠식	일부잠식	-17.4	-123.3	-31.9	12.2	-0.5

펄어비스 (A263750)
PearlAbyss

업 종 : 게임 소프트웨어	시 장 : KOSDAQ
신용등급 : (Bond) — (CP) —	기 업 규 모 : 중견
홈 페 이 지 : www.pearlabyss.com	연 락 처 : 031)476-8583
본 사 : 경기도 안양시 동안구 시민대로327번길 24(관양동,아리온테크놀로지) 2~5층	

설 립 일 2010.09.10	종 업 원 수 명	대 표 이 사 정경인	
상 장 일 2017.09.14	감 사 의 견 적정 (삼정)	계 열	
결 산 기 06월	보 통 주 1,207만주	종 속 회 사 수	
액 면 가 500원	우 선 주	구 상 호	

주주구성 (지분율,%)	출자관계 (지분율,%)	주요경쟁사 (외형,%)
김대일 45.9	PearlAbyssTaiwan 100.0	펄어비스 100
펄어비스 8.3	넷텐션 100.0	엠게임 33
(외국인) 2.7	RedfoxGames 20.0	파티게임즈 34

매출구성	비용구성	수출비중
검은사막 100.0	매출원가율 0.0	수출 74.0
	판관비율 16.5	내수 26.0

회사 개요
동사는 2010년 9월 10일 설립된 게임 개발 및 퍼블리싱 전문 업체로 9월 14일 코스닥 시장에 상장함. 주력 타이틀은 PC 온라인 게임 검은사막으로 동사 매출의 100%임. 과거 게임 개발에만 집중하여 게임 유통은 권역별 주요 퍼블리셔에게 위탁해왔으나 자체 엔진기술을 기반으로 제작된 PC MMORPG 게임 검은사막이 히트를 하며 큰 성과를 거둠. 2년에 걸쳐 개발한 자체 게임 엔진인 'Black Desert Engine'도 강점.

실적 분석
동사의 개발 게임인 검은사막은 향후에도 해외 확장을 지속할 전망임. 이미 북미/유럽, 일본 등 국산 MMORPG 불모지에서도 탁월한 성과를 기록하고 있으며, 출시했던 대부분의 시장에서 흥행을 기록해왔다는 점에서 향후 다른 시장에서의 추가적 성과가 예상됨. 검은사막의 중국 퍼블리셔는 스네일게임즈로 한 차례 퍼블리셔와의 역사적으로 국산 MMORPG의 중국시장 성과가 좋았고, 검은사막이 이미 해외 시장에서 검증 받은 IP라는 점에서 귀추가 주목될 전망.

현금 흐름   *IFRS 별도 기준   〈단위 : 억원〉

항목	2016	2017.3Q
영업활동	228	222
투자활동	-12	-33
재무활동	—	-44
순현금흐름	220	136
기말현금	313	449

시장 대비 수익률

주가(천원) ■   수익률(%)

(그래프: '12.7 '13.7 '14.7 '15.7 '16.7 '17.7)

결산 실적   〈단위 : 억원〉

항목	2012	2013	2014	2015	2016	2017
매출액	—	—	—	217	337	927
영업이익	—	—	—	120	281	596
당기순이익	—	—	—	102	244	509

분기 실적   *IFRS 별도 기준   〈단위 : 억원〉

항목	2016.2Q	2016.3Q	2016.4Q	2017.1Q	2017.2Q	2017.3Q
매출액	—	—	—	—	—	—
영업이익	—	—	—	—	—	—
당기순이익	—	—	—	—	—	—

재무 상태   *IFRS 별도 기준   〈단위 : 억원〉

항목	2012	2013	2014	2015	2016	2017.3Q
총자산	—	—	—	193	443	697
유형자산	—	—	—	8	15	18
무형자산	—	—	—	4	1	7
유가증권	—	—	—			
총부채	—	—	—	234	227	140
총차입금	—	—	—	66	60	1
자본금	—	—	—	3	4	51
총자본	—	—	—	-41	216	557
지배주주지분	—	—	—	-41	216	557

기업가치 지표   *IFRS 별도 기준

항목	2012	2013	2014	2015	2016	2017.3Q
주가(최고/저)(천원)	#VALUE!	—/—	—/—	—/—	—/—	—/—
PER(최고/저)(배)	0.0/0.0	0.0/0.0	0.0/0.0	0.0/0.0	0.0/0.0	—/—
PBR(최고/저)(배)	0.0/0.0	0.0/0.0	0.0/0.0	0.0/0.0	0.0/0.0	—/—
EV/EBITDA(배)	0.0	0.0	0.0	0.0	0.0	0.0
EPS(원)	—	—	—	996	2,379	2,856
BPS(원)	—	—	—	-4,415	23,178	5,844
CFPS(원)	—	—	—	11,634	26,592	2,922
DPS(원)	—	—	—			
EBITDAPS(원)	—	—	—	13,518	30,553	3,494

재무 비율   〈단위 : % 〉

연도	영업이익률	순이익률	부채비율	차입금비율	ROA	ROE	유보율	자기자본비율	EBITDA마진율
2016	83.5	72.5	105.0	27.6	76.8	전기잠식	5,750.9	48.8	84.6
2015	55.2	47.1	완전잠식	완전잠식	0.0	0.0	-1,278.3	-21.4	58.1
2014	0.0	0.0	0.0	0.0	0.0	0.0	0.0	0.0	0.0
2013	0.0	0.0	0.0	0.0	0.0	0.0	0.0	0.0	0.0

페이퍼코리아 (A001020)
PaperCorea

업 종 : 종이 및 목재	시 장 : 거래소
신용등급 : (Bond) B- (CP) —	기 업 규 모 : 시가총액 소형주
홈 페 이 지 : www.papercorea.co.kr	연 락 처 : 063)440-5000
본 사 : 전북 군산시 구암로 50	

설 립 일 1953.06.06	종 업 원 수 192명	대 표 이 사 박건표	
상 장 일 1976.06.26	감 사 의 견 적정 (삼정)	계 열	
결 산 기 12월	보 통 주 2,244만주	종 속 회 사 수 7개사	
액 면 가 500원	우 선 주	구 상 호	

주주구성 (지분율,%)	출자관계 (지분율,%)	주요경쟁사 (외형,%)
버추얼텍 1.6	디오션시티퍼스트 100.0	페이퍼코리아 100
페이퍼코리아우리사주조합 0.2	나투라개발 100.0	무림페이퍼 268
(외국인) 1.3	디오션시티쓰리 100.0	이건산업 69

매출구성	비용구성	수출비중
신문용지등(내수) 49.7	매출원가율 95.9	수출 18.0
용지 20.5	판관비율 9.4	내수 82.0
중질지등 15.1		

회사 개요
1944년에 설립된 동사는 신문용지를 전문 생산하는 업체임. 설립 초기 주요 사업은 합판 제조업, 제재업, 기타 목재가공업이었으나 1970년대 이후 신문용지 사업에 진출해 사세를 확장함. 주요 계열사로는 나투라개발, 나투라미디어, 디오션시티퍼스트 등이 있음. 생산제품은 신문사, 인쇄소 및 실수요처에 직접 판매하거나 대리점, 지류유통 도소매업체, 수출에이전트를 경유해 판매. 국내 주요 매출처는 조선일보, 동아일보, 매일경제 등이 있음.

실적 분석
동사의 2017년 2분기기준 누적 매출액은 전년동기대비 59.3% 상승한 2,727.6억원을 기록하였음. 늘어난 매출만큼 비용면에서 전년동기대비 매출원가, 인건비 및 광고선전비도 증가함. 매출액 상승에도 불구, 비용 증가에 따라 전년동기대비 영업이익은 -100억원으로 적자지속이긴 하나 그 폭을 줄여가고 있음. 신문용지 감소 지속 등의 부진은 판가 정상화를 진행함으로서 정상화 하고 있으며 병행생산 운용등의 효율 강화로 수익 개선이 기대되고 있음.

현금 흐름   〈단위 : 억원〉

항목	2016	2017.2Q
영업활동	-322	596
투자활동	-69	-144
재무활동	211	-342
순현금흐름	-179	110
기말현금	143	254

시장 대비 수익률

주가(천원) ■   수익률(%)

(그래프: '12.7 '13.7 '14.7 '15.7 '16.7 '17.7)

결산 실적   〈단위 : 억원〉

항목	2012	2013	2014	2015	2016	2017
매출액	2,555	2,659	2,506	2,448	4,219	—
영업이익	192	17	-116	-464	-223	—
당기순이익	32	-101	-243	-593	-371	—

분기 실적   〈단위 : 억원〉

항목	2016.1Q	2016.2Q	2016.3Q	2016.4Q	2017.1Q	2017.2Q
매출액	877	836	1,368	1,138	1,317	1,411
영업이익	-58	-97	123	-191	-84	-7
당기순이익	-86	-125	69	-228	-89	-54

재무 상태   〈단위 : 억원〉

항목	2012	2013	2014	2015	2016	2017.2Q
총자산	4,348	4,533	5,046	5,547	5,419	5,703
유형자산	2,838	3,007	3,081	3,126	3,074	3,236
무형자산	46	49	41	40	37	37
유가증권	82	81	53	64	16	15
총부채	3,118	3,405	3,427	4,371	4,232	4,666
총차입금	2,419	2,701	2,511	3,024	2,880	2,541
자본금	511	531	642	753	1,122	1,122
총자본	1,230	1,129	1,619	1,176	1,187	1,037
지배주주지분	1,200	1,098	1,599	1,157	1,166	1,017

기업가치 지표

항목	2012	2013	2014	2015	2016	2017.2Q
주가(최고/저)(천원)	1.0/0.4	1.2/0.6	0.9/0.5	1.2/0.7	0.9/0.5	—/—
PER(최고/저)(배)	3.3/1.5	—/—	—/—	—/—	—/—	—/—
PBR(최고/저)(배)	0.1/0.0	0.1/0.1	0.1/0.0	0.2/0.1	0.2/0.1	0.1/0.1
EV/EBITDA(배)	12.1					
EPS(원)	296	-973	-1,848	-4,150	-2,129	-667
BPS(원)	1,187	1,046	1,256	777	526	459
CFPS(원)	87	-38	-138	-379	-134	-37
DPS(원)						
EBITDAPS(원)	244	79	-38	-286	-49	-15

재무 비율   〈단위 : % 〉

연도	영업이익률	순이익률	부채비율	차입금비율	ROA	ROE	유보율	자기자본비율	EBITDA마진율
2016	-5.3	-8.8	356.4	242.5	-6.8	-32.0	5.2	21.9	-2.0
2015	-19.0	-24.2	371.6	257.1	-11.2	-43.1	55.5	21.2	-16.2
2014	-4.6	-9.7	211.6	155.0	-5.1	-18.1	151.2	32.1	-1.9
2013	0.6	-3.8	301.7	239.3	-2.3	-9.2	109.2	24.9	3.1

펩트론 (A087010)
Peptron

업 종 : 바이오		시 장 : KOSDAQ	
신용등급 : (Bond) — (CP) —		기업규모 : 신성장	
홈페이지 : www.peptron.co.kr		연락처 : 042)360-8880	
본 사 : 대전시 유성구 유성대로1628번길 37-24			

설 립 일	1997.11.21	종업원수	56명	대표이사	최호일
상 장 일	2015.07.22	감사의견	적정(삼덕)	계 열	
결 산 기	12월	보통주	734만주	종속회사수	
액 면 가	500원	우선주	23만주	구 상 호	

주주구성 (지분율,%)
최호일	9.8
2011 KoFC-KVIC-SV 일자리창출펀드2호	3.1
(외국인)	2.3

출자관계 (지분율,%)
펩트론	100
테고사이언스	266
파미셀	889

매출구성
펩타이드소재	55.1
원료의약품	28.4
약효지속성의약품	13.6

비용구성
매출원가율	61.0
판관비율	152.9

수출비중
수출	4.0
내수	96.0

회사 개요
동사는 1997년 11월 설립 이후 펩타이드(peptide) 공학 및 약효지속화 기술을 바탕으로 약효지속성 의약품의 설계와 제조기술 개발, 펩타이드의 합성기술 개발과 신물질 발굴 등을 수행하고 있음. 2015년 7월 코스닥에 상장됨. 주요 파이프라인은 크게 전립선암 치료제, 말단비대증 치료제, 2형 당뇨병치료제, 퇴행성신경질환 치료제 등으로 구분. 매출 비중은 펩타이드 제품이 53.7%, 약효지속성의 약품 21.6%, 원료의약품 19.3% 등임.

실적 분석
동사의 2017년 상반기 연결기준 누적매출액은 10.9억원으로 전년동기대비 25.3% 감소함. 판관비가 23.2% 늘면서 영업손실은 23.8억원을 기록해 적자폭이 확대됨. 당기순손실 또한 24.3억원으로 적자폭이 늘어남. 당뇨치료 해외 임상 추진을 비롯해 미국 메사추세츠대와 FDA 연구과제 공동 수행 등 R&D 사업을 활발히 추진하며 이익 전환으로 기회를 노리는 중.

현금 흐름 ▪IFRS 별도 기준 〈단위 : 억원〉
항목	2016	2017.2Q
영업활동	-27	-21
투자활동	-334	14
재무활동	392	0
순현금흐름	29	-7
기말현금	35	28

시장 대비 수익률

결산 실적 〈단위 : 억원〉
항목	2012	2013	2014	2015	2016	2017
매출액	31	31	25	28	31	—
영업이익	-13	-19	-26	-29	-36	—
당기순이익	-26	-21	-30	-27	-32	—

분기 실적 ▪IFRS 별도 기준 〈단위 : 억원〉
항목	2016.1Q	2016.2Q	2016.3Q	2016.4Q	2017.1Q	2017.2Q
매출액	7	8	8	9	5	6
영업이익	-9	-8	-8	-11	-13	-11
당기순이익	-8	-8	-7	-9	-12	-12

재무 상태 ▪IFRS 별도 기준 〈단위 : 억원〉
항목	2012	2013	2014	2015	2016	2017.2Q
총자산	158	67	116	217	579	555
유형자산	44	44	47	47	71	156
무형자산	90	14	13	12	12	12
유가증권	—	0	46	136	125	73
총부채	105	110	44	44	47	46
총차입금	81	80	23	22	20	20
자본금	18	18	28	33	37	38
총자본	53	-43	72	172	532	509
지배주주지분	53	-43	72	172	532	509

기업가치 지표 ▪IFRS 별도 기준
항목	2012	2013	2014	2015	2016	2017.2Q
주가(최고/저)(천원)	—/—	—/—	—/—	72.5/36.8	73.0/32.8	—/—
PER(최고/저)(배)	0.0/0.0	0.0/0.0	0.0/0.0	—/—	—/—	—/—
PBR(최고/저)(배)	0.0/0.0	0.0/0.0	0.0/0.0	27.4/13.9	10.1/4.6	8.1/5.3
EV/EBITDA(배)						
EPS(원)	-721	-574	-556	-452	-450	-327
BPS(원)	1,487	-1,207	1,269	2,650	7,200	6,727
CFPS(원)	-401	-417	-450	-353	-365	-290
DPS(원)						
EBITDAPS(원)	-53	-383	-370	-372	-418	-283

재무 비율 〈단위 : %〉
연도	영업이익률	순이익률	부채비율	차입금비율	ROA	ROE	유보율	자기자본비율	EBITDA마진율
2016	-113.9	-101.9	8.8	3.8	-8.0	-9.1	1,339.9	91.9	-94.6
2015	-101.3	-97.1	25.7	12.8	-16.4	-22.4	430.1	79.6	-80.1
2014	-105.1	-122.7	61.2	31.6	-33.4	전기잠식	153.7	62.0	-81.8
2013	-62.4	-66.4	완전잠식	완전잠식		-341.4	-64.8		-44.3

평화산업 (A090080)
Pyung Hwa Industrial

업 종 : 자동차부품		시 장 : 거래소	
신용등급 : (Bond) — (CP) —		기업규모 : 시가총액 소형주	
홈페이지 : www.ph.co.kr		연락처 : 053)610-7000	
본 사 : 대구시 달성군 논공읍 논공로 597			

설 립 일	2006.05.02	종업원수	883명	대표이사	김종석,김동관
상 장 일	2006.06.02	감사의견	적정(삼일)	계 열	
결 산 기	12월	보통주	3,740만주	종속회사수	2개사
액 면 가	500원	우선주		구 상 호	

주주구성 (지분율,%)
평화홀딩스	73.3
김종석	7.2
(외국인)	1.9

출자관계 (지분율,%)
서일	100.0
PyungHwaAmericaInc	100.0
천진평화기차배건	50.0

주요경쟁사 (외형,%)
평화산업	100
우수AMS	74
KB오토시스	51

매출구성
방진제품	52.2
호스제품	44.3
특수차량부품	3.6

비용구성
매출원가율	93.9
판관비율	6.0

수출비중
수출	37.0
내수	63.0

회사 개요
동사는 자동차 및 일반산업 전문 부품제조업체로서 차량용 호스제품, 기타 고무관련 제품 및 방위산업용 특수차량의 부품 등을 생산하여 국내 완성차메이커인 현대,기아,한국GM 등과 방위산업체에 공급하고 있음. 주요 제품으로는 자동차의 연료공급장치, 냉각장치, 조향장치, 제동장치, 냉난방장치 등에 들어가는 배관형태의 제품들임. 제품의 원재료는 계열회사인 평화씨엠비, 평화기공 외 다수의 업체에서 매입하고 있음.

실적 분석
노후 경유차 교체 세제지원에도 불구하고, 개별소비세 인하 정책 종료에 따른 기저효과, 경제성장률 둔화로 인한 민간 소비 심리 위축 등으로 동사의 2017년 2분기기준 누적 매출액은 전년동기대비 0.6% 소폭 변동한 1,665.5억원을 기록하였음. 매출액 대비 매출원가도 상승하여 전년동기대비 영업이익은 -44억원으로 적자지속하였음. 최종적으로 전년동기대비 당기순이익은 적자전환하여 -7.9억원을 기록함.

현금 흐름 〈단위 : 억원〉
항목	2016	2017.2Q
영업활동	178	-50
투자활동	-172	15
재무활동	-21	127
순현금흐름	-16	93
기말현금	5	97

시장 대비 수익률

결산 실적 〈단위 : 억원〉
항목	2012	2013	2014	2015	2016	2017
매출액	1,285	1,347	2,392	3,200	3,270	—
영업이익	23	8	-6	6	5	—
당기순이익	-23	10	-22	29	11	—

분기 실적 〈단위 : 억원〉
항목	2016.1Q	2016.2Q	2016.3Q	2016.4Q	2017.1Q	2017.2Q
매출액	801	854	743	872	829	837
영업이익	-31	22	-9	25	-24	-20
당기순이익	-25	30	-5	16	-24	18

재무 상태 〈단위 : 억원〉
항목	2012	2013	2014	2015	2016	2017.2Q
총자산	698	682	1,612	1,643	1,651	1,829
유형자산	78	85	667	675	724	724
무형자산	4	7	16	13	8	9
유가증권	4	2	170	167	170	175
총부채	522	498	1,047	1,047	1,062	1,230
총차입금	183	182	490	495	476	749
자본금	80	80	187	187	187	187
총자본	175	184	565	596	588	598
지배주주지분	170	184	565	596	588	598

기업가치 지표
항목	2012	2013	2014	2015	2016	2017.2Q
주가(최고/저)(천원)	3.7/1.3	2.3/1.4	1.6/1.1	2.0/1.1	2.2/1.4	—/—
PER(최고/저)(배)	—/—	41.5/24.3	—/—	26.9/15.7	50.3/31.7	—/—
PBR(최고/저)(배)	3.8/1.3	2.2/1.3	1.1/0.8	1.3/0.8	1.5/0.9	1.2/1.0
EV/EBITDA(배)	6.5	7.4	10.7	9.8	10.0	
EPS(원)	-139	61	-74	77	46	-21
BPS(원)	1,065	1,148	1,518	1,601	1,580	1,606
CFPS(원)	60	247	238	382	344	122
DPS(원)		50		50	50	
EBITDAPS(원)	343	235	293	322	312	26

재무 비율 〈단위 : %〉
연도	영업이익률	순이익률	부채비율	차입금비율	ROA	ROE	유보율	자기자본비율	EBITDA마진율
2016	0.2	0.5	180.5	81.0	1.0	2.9	216.0	35.6	3.6
2015	0.2	0.9	175.6	83.0	1.8	5.0	220.1	36.3	3.8
2014	-0.2	-0.9	185.4	86.7	-2.0	-4.0	203.7	35.1	3.7
2013	0.6	0.8	271.0	99.2	1.5	5.5	129.7	27.0	2.8

평화정공 (A043370)
Pyeong Hwa Automotive

업 종 : 자동차부품	시 장 : KOSDAQ
신용등급 : (Bond) — (CP) —	기업규모 : 우량
홈페이지 : www.phakr.com	연 락 처 : (053)350-6311
본 사 : 대구시 달서구 성서4차 첨단로 392 (대천동 1032번지)	

설 립 일	1985.04.11	종 업 원 수	671명	대 표 이 사	김상태,이재승(각자대표이사)
상 장 일	2001.12.01	감사의견	적정 (예일)	계 열	
결 산 기	12월	보 통 주	2,100만주	종속회사수	10개사
액 면 가	500원	우 선 주		구 상 호	

주주구성 (지분율,%)
평화크랏치공업	39.1
피에이치아이	12.5
(외국인)	17.5

출자관계 (지분율,%)
에이에스티	100.0
PHAE&E	100.0
에스엔텍	100.0

주요경쟁사 (외형,%)
평화정공	100
서연	261
DRB동일	50

매출구성
LATCH ASS'Y류	31.3
D/MODULE ASS'Y류	31.0
HINGE ASS'Y류	18.8

비용구성
매출원가율	86.1
판관비율	8.2

수출비중
수출	—
내수	

회사 개요
동사는 Door Latch, Hinge, Striker, Module 등의 Door System 부품업체로 동종업계 국내 최고의 경쟁력 및 시장점유율 1위 업체임. 현대차, 기아차 등 국내 완성차 업체들과 GM, Arvinmeritor 등의 해외업체에 주로 공급하고 있음. 내년 피에이치씨 잔여 지분 매각에 따른 추가 현금유입은 긍정적임. 올해 상반기말 순현금은 약 250억원이며, 내년까지 피에이치씨 잔여주식 10만6000주를 처분해야 함. 중국시장 경쟁심화를 고려할 때 과거 수준의 수익성 회복은 단기적으로 어려워 보임.

실적 분석
현대차그룹 중국 가동률 부진 등에 따른 중국법인 실적 악화로 2017년 상반기 부진한 실적을 나타냄. 인도법인을 제외한 모든 법인에서 매출액이 감소함.

현금 흐름 〈단위 : 억원〉
항목	2016	2017.2Q
영업활동	821	174
투자활동	-190	477
재무활동	-258	-401
순현금흐름	365	225
기말현금	1,000	1,225

시장 대비 수익률

결산 실적 〈단위 : 억원〉
항목	2012	2013	2014	2015	2016	2017
매출액	8,828	9,986	10,568	11,491	12,225	
영업이익	569	687	509	49	697	
당기순이익	384	474	393	74	533	

분기 실적 〈단위 : 억원〉
항목	2016.1Q	2016.2Q	2016.3Q	2016.4Q	2017.1Q	2017.2Q
매출액	2,914	3,130	2,743	3,438	2,828	2,484
영업이익	131	168	85	312	62	-7
당기순이익	88	108	19	318	618	-8

재무 상태 〈단위 : 억원〉
항목	2012	2013	2014	2015	2016	2017.2Q
총자산	6,405	7,138	7,902	8,850	9,143	8,752
유형자산	2,119	2,405	2,607	3,018	2,770	2,889
무형자산	149	150	142	140	138	152
유가증권	597	627	660	696	948	518
총부채	3,025	3,315	3,725	4,638	4,309	3,714
총차입금	1,080	1,295	1,586	1,816	1,594	1,261
자본금	105	105	105	105	105	105
총자본	3,380	3,823	4,177	4,212	4,834	5,038
지배주주지분	3,380	3,823	4,177	4,212	4,834	5,038

기업가치 지표
항목	2012	2013	2014	2015	2016	2017.2Q
주가(최고/저)(천원)	18.6/13.6	24.9/13.1	24.0/15.5	17.9/10.2	13.7/10.7	—/—
PER(최고/저)(배)	10.7/7.8	11.4/6.0	13.2/8.5	52.2/29.7	5.5/4.3	0.7/0.5
PBR(최고/저)(배)	1.2/0.9	1.4/0.7	1.2/0.8	0.9/0.5	0.6/0.5	0.7/0.5
EV/EBITDA(배)	4.5	4.9	5.1	7.0	2.4	
EPS(원)	1,826	2,256	1,872	351	2,538	2,905
BPS(원)	16,097	18,203	19,892	20,056	23,017	23,989
CFPS(원)	3,496	4,234	4,060	2,940	5,258	4,282
DPS(원)	140	140	140	140	150	1,640
EBITDAPS(원)	4,382	5,247	4,612	2,823	6,037	

재무 비율 〈단위 : %〉
연도	영업이익률	순이익률	부채비율	차입금비율	ROA	ROE	유보율	자기자본비율	EBITDA마진율
2016	5.7	4.4	89.2	33.0	5.9	11.8	4,503.4	52.9	10.4
2015	0.4	0.6	110.1	43.1	0.9	1.8	3,911.3	47.6	5.2
2014	4.8	3.7	89.2	38.0	5.2	9.8	3,878.5	52.9	9.2
2013	6.9	4.7	86.7	33.9	7.0	13.2	3,540.7	53.6	11.0

평화홀딩스 (A010770)
Pyung Hwa Holdings

업 종 : 자동차부품	시 장 : 거래소
신용등급 : (Bond) — (CP) —	기업규모 : 시가총액 소형주
홈페이지 : www.ph.co.kr	연 락 처 : (053)610-8500
본 사 : 대구시 달성군 논공읍 논공로 597	

설 립 일	1950.10.30	종 업 원 수	105명	대 표 이 사	김종석,김동관
상 장 일	1986.03.31	감사의견	적정 (삼일)	계 열	
결 산 기	12월	보 통 주	1,463만주	종속회사수	12개사
액 면 가	500원	우 선 주		구 상 호	

주주구성 (지분율,%)
김종석	27.1
김주영	25.3
(외국인)	15.5

출자관계 (지분율,%)
평화이엔지	96.6
평화기공	95.0
평화기술연구원	80.0

주요경쟁사 (외형,%)
평화홀딩스	100
오리엔트정공	12
대우부품	9

매출구성
방진제품	52.2
호스제품	44.3
특수차량부품	3.6

비용구성
매출원가율	89.1
판관비율	8.2

수출비중
수출	—
내수	

회사 개요
동사는 성장동인 확보와 경영효율 제고를 위해 2006년 5월 투자부문을 존속법인으로 하는 지주회사와 제조부문을 신설법인으로 하는 인적분할을 통해 지주회사로 전환됨. 현재 자동차부품 제조업체인 파부코, 평화산업, 평화오일씰공업, 평화기공, 평화씨엠비, 평화이엔지를 자회사로 두고 있음. 지주회사의 영업수익은 용역수익(전산용역 및 기타용역)과 배당금수익 등으로 구성됨.

실적 분석
동사의 2017년 2분기 누적매출액은 전년 동기 대비 8.3% 감소한 2,671.4억원을 시현함. 매출의 감소에 더해 원가율과 판관비는 소폭 증가하면서 영업손실은 57억원으로 적자전환. 금융손익 및 관련기업투자손익의 개선으로 비영업수지가 흑자를 기록했음에도 당기순이익은 9억원을 시현하며 큰 폭 감소. 종속회사의 합병으로 생산설비, 기술 및 경영자원의 통합을 통한 시너지 효과 기대됨.

현금 흐름 〈단위 : 억원〉
항목	2016	2017.2Q
영업활동	334	-176
투자활동	-339	-158
재무활동	14	645
순현금흐름	9	309
기말현금	175	484

시장 대비 수익률

결산 실적 〈단위 : 억원〉
항목	2012	2013	2014	2015	2016	2017
매출액	5,706	5,704	5,613	5,742	5,909	
영업이익	110	96	39	53	161	
당기순이익	-36	55	-153	11	69	

분기 실적 〈단위 : 억원〉
항목	2016.1Q	2016.2Q	2016.3Q	2016.4Q	2017.1Q	2017.2Q
매출액	1,350	1,564	1,351	1,645	1,405	1,266
영업이익	5	67	20	69	-33	-24
당기순이익	-7	37	-2	41	-5	15

재무 상태 〈단위 : 억원〉
항목	2012	2013	2014	2015	2016	2017.2Q
총자산	5,663	5,632	4,524	4,547	4,552	5,156
유형자산	1,649	1,501	1,437	1,446	1,521	1,539
무형자산	62	60	52	36	57	56
유가증권	1,245	1,181	747	582	557	752
총부채	3,931	3,937	2,940	2,969	2,975	3,526
총차입금	2,956	2,887	1,904	1,814	1,836	2,499
자본금	73	73	73	73	73	73
총자본	1,732	1,695	1,584	1,579	1,577	1,630
지배주주지분	1,484	1,473	1,378	1,370	1,376	1,430

기업가치 지표
항목	2012	2013	2014	2015	2016	2017.2Q
주가(최고/저)(천원)	2.9/2.2	2.8/2.2	3.1/2.6	3.8/2.7	4.1/2.9	—/—
PER(최고/저)(배)	—/—	15.4/12.3	—/—	111.5/79.0	10.4/7.3	0.4/0.4
PBR(최고/저)(배)	0.3/0.3	0.3/0.3	0.4/0.3	0.4/0.3	0.5/0.3	0.4/0.4
EV/EBITDA(배)	6.1	6.8	7.5	7.3	6.0	
EPS(원)	-228	208	-933	36	411	114
BPS(원)	10,227	10,146	9,496	9,446	9,482	9,854
CFPS(원)	2,031	2,239	987	1,846	2,044	910
DPS(원)	100	100	100	100	150	405
EBITDAPS(원)	3,010	2,687	2,190	2,175	2,736	

재무 비율 〈단위 : %〉
연도	영업이익률	순이익률	부채비율	차입금비율	ROA	ROE	유보율	자기자본비율	EBITDA마진율
2016	2.7	1.2	188.7	116.4	1.5	4.4	1,796.5	34.6	6.8
2015	0.9	0.2	188.1	114.9	0.3	0.4	1,789.2	34.7	5.5
2014	0.7	-2.7	185.6	120.2	-3.0	-9.6	1,799.2	35.0	5.7
2013	1.7	0.9	232.3	170.3	1.0	2.1	1,929.3	30.1	6.9

포메탈 (A119500)
FORMETAL

업 종 : 기계		시 장 : KOSDAQ	
신용등급 : (Bond) — (CP) —		기업규모 : 중견	
홈페이지 : www.formetal.co.kr		연 락 처 : 041)670-6200	
본 사 : 충남 서산시 지곡면 무장산업로 229-7			

설 립 일 1969.10.15	종 업 원 수 134명	대 표 이 사 오세원,오호석(각자대표이사)
상 장 일 2010.09.17	감 사 의 견 적정 (삼일)	계 열
결 산 기 12월	보 통 주 1,202만주	종속회사수
액 면 가 500원	우 선 주	구 상 호

주주구성 (지분율,%)
오세원	13.7
오호석	11.7

출자관계 (지분율,%)
포메탈	100
디케이락	113
서암기계공업	69

주요경쟁사 (외형,%)

매출구성
스핀들, 너클, 요크, Arm, 커넥팅로드, 캠샤프트	31.3
베어링, 밸브류, 보넷 등	29.4
샤프트, 홀드 플랜지 등	17.7

비용구성
매출원가율	86.0
판관비율	8.9

수출비중
수출	25.0
내수	75.0

회사 개요
동사는 1969년에 창업한 47여년 전통의 단조종합경밀기계부품 생산 회사임. 처음엔 자유단조품 만으로 시작했지만 현재는 각종 특수 단조설비를 구비하고 자유단조품 외에 형단조품, 복합 단조품, 중공단조품, 링 등의 단조품을 생산하고 있음. 단조공법을 사용하면서도 난해한 형상의 기계부품을 생산해내는 뛰어난 기술력이 강점. 그러나 원가경쟁력은 약하다는 단점이 있음.

실적 분석
2017년 연결기준 동사의 2분기 매출은 273.1억원으로 전년도 동기 대비 25.6% 증가함. 매출원가율이 감소하고 판매비와 관리비의 소폭 상승에 힘입어 영업이익은 전년도 대비 124.5% 증가한 16.9억원을 시현함. 비영업부문은 0.1억원의 이익을 기록하며 흑자 전환함. 전년도 6.1억원을 기록했던 당기순이익은 15.1억원을 시현함. 이는 전년도 대비 149% 증가한 금액임.

현금 흐름
*IFRS 별도 기준
〈단위 : 억원〉
항목	2016	2017.2Q
영업활동	31	19
투자활동	-9	-20
재무활동	-24	-7
순현금흐름	-2	-7
기말현금	25	18

시장 대비 수익률

결산 실적
〈단위 : 억원〉
항목	2012	2013	2014	2015	2016	2017
매출액	518	524	514	449	458	—
영업이익	6	6	8	6	24	—
당기순이익	45	14	4	6	19	—

분기 실적
*IFRS 별도 기준
〈단위 : 억원〉
항목	2016.1Q	2016.2Q	2016.3Q	2016.4Q	2017.1Q	2017.2Q
매출액	107	110	113	128	129	144
영업이익	2	5	5	11	8	9
당기순이익	2	4	8	8	8	8

재무 상태
*IFRS 별도 기준
〈단위 : 억원〉
항목	2012	2013	2014	2015	2016	2017.2Q
총자산	600	602	597	551	551	580
유형자산	360	368	367	365	380	394
무형자산	4	3	1	1	0	0
유가증권	13	14	9	4	3	3
총부채	229	226	220	166	149	168
총차입금	138	118	110	80	57	54
자본금	60	60	60	60	60	60
총자본	371	376	377	385	402	413
지배주주지분	371	376	377	385	402	413

기업가치 지표
*IFRS 별도 기준
항목	2012	2013	2014	2015	2016	2017.2Q
주가(최고/저)(천원)	9.9/3.7	5.4/3.8	4.0/2.6	3.7/2.2	6.1/2.8	—/—
PER(최고/저)(배)	27.6/10.3	48.9/34.4	112.2/72.3	52.2/31.6	39.2/17.7	—/—
PBR(최고/저)(배)	3.4/1.3	1.8/1.2	1.3/0.8	1.2/0.7	1.8/0.8	1.3/1.1
EV/EBITDA(배)	44.3	26.8	17.1	20.4	13.6	—
EPS(원)	377	116	37	72	157	126
BPS(원)	3,088	3,208	3,219	3,286	3,411	3,497
CFPS(원)	449	233	166	201	289	194
DPS(원)	50	40	30	30	40	—
EBITDAPS(원)	123	169	193	175	329	209

재무 비율
〈단위 : % 〉
연도	영업이익률	순이익률	부채비율	차입금비율	ROA	ROE	유보율	자기자본비율	EBITDA마진율
2016	5.2	4.1	37.0	14.1	3.4	4.8	582.1	73.0	8.6
2015	1.2	1.9	43.2	20.7	1.5	2.3	557.2	69.9	4.7
2014	1.5	0.9	58.3	29.1	0.7	1.2	543.8	63.2	4.5
2013	1.2	2.7	60.0	31.4	2.3	3.7	541.6	62.5	3.9

포비스티앤씨 (A016670)
Pobis TNC

업 종 : 일반 소프트웨어		시 장 : KOSDAQ	
신용등급 : (Bond) — (CP) —		기업규모 : 중견	
홈페이지 : www.pobis.co.kr		연 락 처 : 02)2046-9315	
본 사 : 서울시 강남구 언주로 726 두산빌딩 11층			

설 립 일 1982.12.30	종 업 원 수 98명	대 표 이 사 남궁정,이혁수(각자대표이사)
상 장 일 1993.04.21	감 사 의 견 적정 (우리)	계 열
결 산 기 12월	보 통 주 4,008만주	종속회사수 1개사
액 면 가 500원	우 선 주	구 상 호

주주구성 (지분율,%)
미래아이앤지	16.5
한국증권금융	4.3
(외국인)	1.5

출자관계 (지분율,%)

주요경쟁사 (외형,%)
포비스티앤씨	100
한컴MDS	134
이니텍	207

매출구성
소프트웨어 사업부문	98.2
컨텐츠사업부문	1.6
기타 사업부문	0.2

비용구성
매출원가율	88.3
판관비율	9.8

수출비중
수출	—
내수	—

회사 개요
동사는 한국 마이크로소프트의 교육용 총판으로 국내 모든 교육기관에 소프트웨어 공급. 1975년 삼미그룹 전산실로 발족해 1982년 삼미전산 설립후 1993년 코스닥 상장됨. 2015년 한국마이크로소프트 국내 공공용 총판인 (주)테크그룹을 계열사로 편입, 디모아와 더불어 총 2개의 연결자회사 보유. (주)지니키즈는 2016년 7월 지분100% 매각으로 연결대상 제외. 2016년 말 기준 사업부문별, 매출비중은 소프트웨어부문이 99% 수준을 차지함.

실적 분석
동사의 2017년 2분기 누적 매출액은 전년동기대비 7.4% 감소한 597.1억원을 기록함. 판매비와 관리비는 감소하였으나 시장 경쟁 심화로 인해 원가율이 하락, 전년 동기 대비 11.7% 감소한 21.6억원의 영업이익을 시현함. 실적 감소의 원인은 교육용 소프트웨어 시장의 경쟁 심화에 기인. 향후 MS클라우드 서비스를 기반으로 다양한 제품 및 솔루션을 접목하고 클라우드 플랫폼 기반의 새로운 서비스를 개발할 계획임.

현금 흐름
〈단위 : 억원〉
항목	2016	2017.2Q
영업활동	-70	13
투자활동	-149	-19
재무활동	100	—
순현금흐름	-119	-6
기말현금	302	296

시장 대비 수익률

결산 실적
〈단위 : 억원〉
항목	2012	2013	2014	2015	2016	2017
매출액	960	1,039	1,118	1,236	1,121	—
영업이익	67	89	100	97	21	—
당기순이익	36	61	84	26	22	—

분기 실적
〈단위 : 억원〉
항목	2016.1Q	2016.2Q	2016.3Q	2016.4Q	2017.1Q	2017.2Q
매출액	269	375	189	287	279	318
영업이익	8	16	-8	4	7	15
당기순이익	6	14	3	-2	7	14

재무 상태
〈단위 : 억원〉
항목	2012	2013	2014	2015	2016	2017.2Q
총자산	522	632	732	865	835	888
유형자산	3	19	7	6	5	4
무형자산	10	13	11	5	5	4
유가증권	10	7	11	11	146	113
총부채	256	296	270	358	257	303
총차입금	25	12	5	—	30	30
자본금	178	178	200	199	200	200
총자본	265	337	463	507	578	585
지배주주지분	253	313	436	486	574	581

기업가치 지표
항목	2012	2013	2014	2015	2016	2017.2Q
주가(최고/저)(천원)	2.0/1.0	1.7/1.2	2.8/1.4	4.0/1.7	3.9/2.2	—/—
PER(최고/저)(배)	19.4/9.8	10.1/7.0	13.2/6.6	58.3/25.2	69.8/39.7	—/—
PBR(최고/저)(배)	2.1/1.1	1.6/1.1	2.2/1.1	3.1/1.3	2.7/1.5	2.3/1.2
EV/EBITDA(배)	4.9	3.9	4.2	7.6	34.9	—
EPS(원)	100	167	213	69	56	51
BPS(원)	914	1,081	1,271	1,313	1,433	1,449
CFPS(원)	104	179	221	—	—	—
DPS(원)	—	—	—	77	62	53
EBITDAPS(원)	193	262	273	253	60	57

재무 비율
〈단위 : % 〉
연도	영업이익률	순이익률	부채비율	차입금비율	ROA	ROE	유보율	자기자본비율	EBITDA마진율
2016	1.9	2.0	44.4	5.2	2.6	4.2	186.7	69.3	2.1
2015	7.9	2.1	70.7	0.0	3.3	5.9	162.6	58.6	8.2
2014	9.0	7.5	58.3	1.0	12.2	21.6	154.3	63.2	9.3
2013	8.6	5.9	87.8	3.6	10.7	21.0	116.1	53.3	5.4

포스링크 (A056730)
Fourth-Link

업　　　종 : 금속 및 광물		시　　장 : KOSDAQ	
신용등급 : (Bond) ─　(CP) ─		기업규모 : 벤처	
홈페이지 : www.fourthlink.co.kr		연 락 처 : 031)724-2039	
본　　　사 : 경기도 성남시 분당구 대왕판교로 660 유스페이스 1A동 9층,10층			

설 립 일 1996.12.02	총 업 원 수 26명	대 표 이 사 조준영
상 장 일 2001.12.20	감 사 의 견 적정 (삼화)	계　　　열
결 산 기 12월	보 통 주 2,431만주	종 속 회 사 수 1개사
액 면 가 500원	우 선 주	구 상 호 아큐픽스

주주구성 (지분율,%)		출자관계 (지분율,%)		주요경쟁사 (외형,%)	
SUPERB ALLAINCE LIMITED	13.7	써트온	100.0	포스링크	100
TALAW LIMITED	4.4	웨이브인	30.0	피제이메탈	1,192
(외국인)	17.7	가을마루	0.0	이구산업	2,369

매출구성		비용구성		수출비중	
전력발전용 등(기타)	57.5	매출원가율	85.3	수출	0.0
철도통신 및 국가정보통신망 외(용역)	42.5	판관비율	68.2	내수	100.0
레저보트 등(기타)	0.0				

회사 개요

동사는 1996년에 설립되어 시스템사업, 부동산사업, 자원사업을 영위 중임. 1) 시스템사업은 철도 전송장비와 네트워크 통합 장비 등을 설치, 유지보수하는 사업이고, 2) 부동산사업은 상가의 분양과 임대, 3) 자원사업은 유연탄 트레이딩을 전문적으로 하는 사업인데 2016년 하반기부터 비중을 축소하고 있음. 종속회사로는 블록체인 및 암호화폐거래소 개발업체인 써트온이 있음. 2017년 1월 최대주주가 슈퍼 얼라인스 리미티드로 변경됨.

실적 분석

동사는 2017년 상반기 누적 매출액이 67.1억원으로 전년 동기 대비 0.9% 증가했고, 영업이익은 전년 동기 1.0억원 적자에서 흑자로 전환함. 동사는 유연탄 트레이딩사업, 철도통신 등 시스템 용역 부문의 매출이 부진했으나, 부동산 분양 및 임대 부문에서 65.1억원의 매출이 발생했음. 동사는 2017년 8월 250억원 규모의 유상증자 계획을 공시함. 동사의 부채는 전년말 260.2억원에서 2분기말 438.0억원으로 증가함.

현금 흐름
〈단위 : 억원〉

항목	2016	2017.2Q
영업활동	-40	-133
투자활동	-79	-92
재무활동	93	317
순현금흐름	-25	92
기말현금	0	92

시장 대비 수익률

결산 실적
〈단위 : 억원〉

항목	2012	2013	2014	2015	2016	2017
매출액	193	114	47	188	83	
영업이익	-24	-45	-16	11	-45	
당기순이익	-40	-178	-69	-103	-80	

분기 실적
〈단위 : 억원〉

항목	2016.1Q	2016.2Q	2016.3Q	2016.4Q	2017.1Q	2017.2Q
매출액	─	20	─	─	─	40
영업이익	─	-4	─	─	─	-0
당기순이익	─	-14	─	─	─	-19

재무 상태
〈단위 : 억원〉

항목	2012	2013	2014	2015	2016	2017.2Q
총자산	499	367	315	377	413	673
유형자산	199	196	180	171	167	165
무형자산	63	59	65	17	6	48
유가증권	20	3	3	2	19	34
총부채	223	270	232	200	260	438
총차입금	204	229	202	177	214	337
자본금	96	97	135	218	40	58
총자본	276	97	83	178	153	235
지배주주지분	276	97	83	178	153	235

기업가치 지표

항목	2012	2013	2014	2015	2016	2017.2Q
주가(최고/저)(천원)	4.6/1.4	1.7/0.8	1.6/0.5	2.8/0.8	2.5/0.5	─/─
PER(최고/저)(배)	─/─	─/─	─/─	─/─	─/─	─/─
PBR(최고/저)(배)	3.0/0.9	2.2/1.0	6.4/1.8	8.2/2.4	9.4/2.1	3.0/1.8
EV/EBITDA(배)				74.1		
EPS(원)	-575	-2,562	-796	-904	-520	-158
BPS(원)	2,013	1,017	307	408	1,911	2,045
CFPS(원)	-137	-868	-224	-287	-983	-298
DPS(원)						33
EBITDAPS(원)	-54	-176	-19	48	-520	

재무 비율
〈단위 : % 〉

연도	영업이익률	순이익률	부채비율	차입금비율	ROA	ROE	유보율	자기자본비율	EBITDA마진율
2016	-53.5	-96.4	169.9	139.4	-20.3	-48.6	282.1	37.1	-48.2
2015	6.0	-54.6	일부잠식	일부잠식	-29.7	-78.9	-18.5	47.1	8.6
2014	-33.2	-145.6	일부잠식	일부잠식	-20.1	-76.1	-38.6	26.4	-10.4
2013	-39.6	-156.7	277.4	235.6	-41.1	-95.4	103.4	26.5	-29.7

포스코 (A005490)
POSCO

업　　　종 : 금속 및 광물		시　　장 : 거래소	
신용등급 : (Bond) AA+　(CP) ─		기업규모 : 시가총액 대형주	
홈페이지 : www.posco.co.kr		연 락 처 : 054)220-0114	
본　　　사 : 경북 포항시 남구 동해안로 6261			

설 립 일 1968.03.25	총 업 원 수 16,867명	대 표 이 사 권오준,오인환,최정우
상 장 일 1988.06.10	감 사 의 견 적정 (삼정)	계　　　열
결 산 기 12월	보 통 주 8,719만주	종 속 회 사 수 182개사
액 면 가 5,000원	우 선 주	구 상 호

주주구성 (지분율,%)		출자관계 (지분율,%)		주요경쟁사 (외형,%)	
국민연금공단	11.1	순천에코트랜스	100.0	POSCO	100
The Bank of-New York(DR)	10.6	포스코경영연구원	100.0	현대제철	31
(외국인)	55.6	포스코에이앤씨건축사사무소	100.0	세아베스틸	5

매출구성		비용구성		수출비중	
스테인레스 외	36.1	매출원가율	87.4	수출	─
철강/금속	17.8	판관비율	7.2	내수	─
냉연	17.6				

회사 개요

동사는 열연, 냉연, 스테인리스 등 철강재를 단일 사업장 규모로서 세계 최대 규모인 포항제철소와 광양제철소에서 생산하고 있음. 현재 영위하는 사업 부문에는 크게 철강, 무역, 건설 및 기타 부문이 있으며, 철강 부문이 매출의 51%, 무역 31%, 건설 13%, 기타부문이 5%를 차지하고 있음. 동사의 2016년 3분기 누적 연결 기준 조강 생산량은 3,132만톤, 국내 시장점유율은 54.8%를 차지하고 있으며, 평균가동률은 87.8% 수준임.

실적 분석

동사의 2017년 연결 기준 반기 매출과 영업이익은 30조 216억원, 2조 3,441억원으로 전년동기 대비 각각 18.6%, 75.2% 증가함. 철강부문 판매단가 상승 및 건설경기 개선으로 매출이 상승하였으며, 원재료가 하락으로 원가율이 크게 개선되어 수익성 또한 향상된 모습. 외환손실 및 순이자비용 감소 등으로 영업손익 또한 개선되어 당기순이익 또한 지난해 같은 기간 대비 169.6% 증가한 1조 5,069억원을 시현함.

현금 흐름
〈단위 : 억원〉

항목	2016	2017.2Q
영업활동	52,694	16,619
투자활동	-37,546	-7,966
재무활동	-39,510	-3,984
순현금흐름	-24,236	4,494
기말현금	24,476	28,970

시장 대비 수익률

결산 실적
〈단위 : 억원〉

항목	2012	2013	2014	2015	2016	2017
매출액	636,042	618,646	650,984	581,923	530,835	
영업이익	36,531	29,961	32,135	24,100	28,443	
당기순이익	23,856	13,552	5,567	-962	10,482	

분기 실적
〈단위 : 억원〉

항목	2016.1Q	2016.2Q	2016.3Q	2016.4Q	2017.1Q	2017.2Q
매출액	124,612	128,574	127,476	150,174	150,772	149,444
영업이익	6,598	6,785	10,343	4,717	13,650	9,791
당기순이익	3,384	2,205	4,755	137	9,769	5,301

재무 상태
〈단위 : 억원〉

항목	2012	2013	2014	2015	2016	2017.2Q
총자산	792,659	844,554	852,522	804,088	797,630	795,084
유형자산	322,764	357,601	352,412	345,229	337,703	328,434
무형자산	56,624	59,298	68,055	64,058	60,887	60,924
유가증권	39,490	41,702	24,373	22,331	25,174	26,481
총부채	368,364	386,334	399,608	353,385	339,246	326,162
총차입금	251,809	266,960	276,777	255,183	230,505	226,426
자본금	4,824	4,824	4,824	4,824	4,824	4,824
총자본	424,294	458,220	452,914	450,702	458,384	468,921
지배주주지분	394,541	420,460	415,874	412,353	423,734	431,202

기업가치 지표

항목	2012	2013	2014	2015	2016	2017.2Q
주가(최고/저)(천원)	360/263	323/254	324/243	266/150	273/149	─/─
PER(최고/저)(배)	15.0/10.9	23.5/18.5	50.3/38.0	140.2/78.2	18.1/10.0	─/─
PBR(최고/저)(배)	0.9/0.6	0.7/0.6	0.7/0.6	0.6/0.3	0.6/0.3	0.6/0.5
EV/EBITDA(배)	8.3	9.1	7.7	6.2	6.7	
EPS(원)	28,239	15,787	7,181	2,072	15,637	15,642
BPS(원)	479,953	500,364	494,591	490,547	503,596	512,158
CFPS(원)	57,644	46,589	44,326	38,984	52,498	34,482
DPS(원)	8,000	8,000	8,000	8,000	8,000	
EBITDAPS(원)	71,305	65,167	74,003	64,554	69,485	45,726

재무 비율
〈단위 : % 〉

연도	영업이익률	순이익률	부채비율	차입금비율	ROA	ROE	유보율	자기자본비율	EBITDA마진율
2016	5.4	2.0	74.0	50.3	1.3	3.3	9,001.7	57.5	11.4
2015	4.1	-0.2	78.4	56.6	-0.1	-0.4	8,765.9	56.1	9.7
2014	4.9	0.9	88.2	61.1	0.7	1.5	8,839.0	53.1	9.9
2013	4.8	2.2	84.3	58.3	1.7	3.4	8,943.3	54.3	9.2

포스코강판 (A058430)
POSCO Coated & Color Steel

업　　　종 : 금속 및 광물　　　　시　　　장 : 거래소
신용등급 : (Bond) —　　(CP) —　　기업규모 : 시가총액 소형주
홈페이지 : www.poscocnc.com　　연락처 : (054)280-6114
본　　　사 : 경북 포항시 남구 철강로 173 (장흥동)

설 립 일	1988.02.15	총 업 원 수	370명	대 표 이 사	전중선
상 장 일	2002.08.06	감 사 의 견	적정 (한영)	계　　　열	
결 산 기	12월	보 통 주	600만주	종속회사수	1개사
액 면 가	5,000원	우 선 주		구 상 호	

주주구성 (지분율,%)
포스코	56.9
신영자산운용	15.9
(외국인)	9.0

출자관계 (지분율,%)
우진철강	10.0
엔투비	0.6
MyanmarPOSCOC&Co.,Ltd.	70.0

주요경쟁사 (외형,%)
포스코강판	100
세아특수강	84
유성티엔에스	55

매출구성
컬러강판	49.3
도금강판	48.1
부산물 등	2.6

비용구성
매출원가율	87.1
판관비율	7.8

수출비중
수출	50.0
내수	50.0

회사 개요
동사는 1988년에 설립된 표면처리강판 제조 전문기업으로서 최대주주(지분율 56.9%)인 포스코로부터 소재를 안정적으로 공급 받아 아연도금강판, 알루미늄아연합금 도금강판, 알루미늄도금강판, 컬러강판 등을 제조하고 있음. 동사는 건축용판넬이나 가전재로 사용되는 컬러강판과 자동차머플러, 가전용 파이프, 건축내외장재로 사용되는 도금강판이 매출에서 차지하는 비중이 각각 50.8%, 47.0%임.

실적 분석
동사는 2017년 상반기 매출액 4,544.8억원으로 전년 동기에 비해 18.1% 증가했으나, 영업이익은 129.9억원으로 35% 감소했음. 컬러강판의 수요증대로 매출이 신장됐으나, 컬러강판의 원소재인 아연도금강판의 가격이 2016년 톤당 86.5만원에서 104.6만원으로 인상됨. 인건비 등 판매관리비를 줄였으나 높아진 원가 부담으로 수익성 악화를 피하지 못함. 동사는 2018년 9월까지 390억원을 투자해 컬러강판 생산능력을 확대할 계획임.

현금 흐름 〈단위 : 억원〉
항목	2016	2017.2Q
영업활동	407	-90
투자활동	193	-42
재무활동	-655	114
순현금흐름	-55	-18
기말현금	142	123

시장 대비 수익률

결산 실적 〈단위 : 억원〉
항목	2012	2013	2014	2015	2016	2017
매출액	8,535	8,212	8,026	8,016	7,980	—
영업이익	-14	26	82	231	411	—
당기순이익	-474	-52	-23	78	314	—

분기 실적 〈단위 : 억원〉
항목	2016.1Q	2016.2Q	2016.3Q	2016.4Q	2017.1Q	2017.2Q
매출액	1,948	1,900	1,922	2,210	2,246	2,299
영업이익	95	105	114	97	111	19
당기순이익	67	84	104	58	87	6

재무 상태 〈단위 : 억원〉
항목	2012	2013	2014	2015	2016	2017.2Q
총자산	4,689	4,516	4,386	4,319	4,058	4,337
유형자산	1,859	1,729	1,768	1,659	1,400	1,369
무형자산	77	88	81	62	56	55
유가증권	3	3	3	3	3	3
총부채	2,947	2,801	2,704	2,562	2,008	2,265
총차입금	1,390	1,495	1,465	1,464	861	1,036
자본금	300	300	300	300	300	300
총자본	1,742	1,715	1,682	1,757	2,050	2,072
지배주주지분	1,742	1,695	1,663	1,753	2,043	2,069

기업가치 지표
항목	2012	2013	2014	2015	2016	2017.2Q
주가(최고/저)(천원)	20.4/13.4	14.8/12.4	16.7/12.2	18.3/12.2	31.9/16.7	—/—
PER(최고/저)(배)	—/—	—/—	—/—	12.5/8.3	6.4/3.3	—/—
PBR(최고/저)(배)	0.8/0.5	0.6/0.5	0.7/0.5	0.7/0.5	1.0/0.5	1.2/0.8
EV/EBITDA(배)	14.2	11.2	8.5	5.7	4.4	—/—
EPS(원)	-7,907	-862	-362	1,573	5,186	1,607
BPS(원)	29,032	28,258	27,722	29,222	34,051	34,486
CFPS(원)	-4,984	2,097	2,735	4,634	7,934	3,006
DPS(원)				750	1,000	
EBITDAPS(원)	2,688	3,400	4,458	6,916	9,592	3,564

재무 비율 〈단위 : %〉
연도	영업이익률	순이익률	부채비율	차입금비율	ROA	ROE	유보율	자기자본비율	EBITDA마진율
2016	5.2	3.9	98.0	42.0	7.5	16.4	581.0	50.5	7.2
2015	2.9	1.0	145.9	83.3	1.8	5.5	484.5	40.7	5.2
2014	1.0	-0.3	160.8	87.1	-0.5	-1.3	454.4	38.4	3.3
2013	0.3	-0.6	163.4	87.1	-1.1	-3.0	465.2	38.0	2.5

포스코대우 (A047050)
POSCO DAEWOO

업　　　종 : 무역　　　　　　시　　　장 : 거래소
신용등급 : (Bond) A+　　(CP) —　　기업규모 : 시가총액 대형주
홈페이지 : www.posco-daewoo.com　　연락처 : (02)759-2114
본　　　사 : 서울시 중구 통일로 10

설 립 일	2000.12.27	총 업 원 수	1,906명	대 표 이 사	김영상
상 장 일	2001.03.23	감 사 의 견	적정 (한영)	계　　　열	
결 산 기	12월	보 통 주	12,338만주	종속회사수	29개사
액 면 가	5,000원	우 선 주		구 상 호	대우인터내셔널

주주구성 (지분율,%)
포스코	62.9
국민연금공단	5.0
(외국인)	13.0

출자관계 (지분율,%)
포항에스알디씨	51.0
블루오션기업재무안정제1호사모투자전문회사	27.5
한미에이디엠	16.7

주요경쟁사 (외형,%)
포스코대우	100
LG상사	73
현대상사	22

매출구성
철강/금속/화학/물자/자동차부품/기계 등(기타)	62.9
철강/비철 (상품)	28.2
자동차부품/기계 (상품)	12.3

비용구성
매출원가율	93.1
판관비율	5.0

수출비중
수출	—
내수	—

회사 개요
동사는 2000년 대우의 무역부문의 인적분할을 통해 설립되었으며, 2010년 포스코집단에 인수됨. 철강, 금속, 자동차부품 등의 무역 부문과 천연가스, 니켈, 구리, 유연탄 등의 자원개발 부문, 그리고 자동차시트, 유통 등의 제조 및 기타 부문을 영위하고 있는 국내 제 1의 종합상사임. 포스코 피인수 이후 건설, 플랜트, 자원개발 등에서의 시너지가 확산되고 있으며, 포스코의 국내외 철강제품 물량 취급이 확대가 예상되고 있음.

실적 분석
동사의 2017년 상반기 연결기준 누적매출액은 113,452.7억원으로 전년동기 대비 46.8% 증가함. 영업이익은 전년동기보다 15.2% 늘어난 2,071.6억원을 기록함. 우려했던 무역부문 충당금이 발생하지 않았고 충당금 환입과 해외법인의 추가이익 발생으로 실적 정상화. 3분기 이후 유가 상승, 4분기 가스 발견에 따른 가스전 자산 가치 증액이 예상됨. 해외법인과 무역 영업이익 이익 정상화로 향후 실적 개선될 전망.

현금 흐름 〈단위 : 억원〉
항목	2016	2017.2Q
영업활동	8,074	-2,214
투자활동	-1,974	-674
재무활동	-6,615	4,512
순현금흐름	-509	1,554
기말현금	1,737	3,291

시장 대비 수익률

결산 실적 〈단위 : 억원〉
항목	2012	2013	2014	2015	2016	2017
매출액	173,201	171,086	204,078	175,269	164,921	—
영업이익	1,397	1,589	3,761	3,688	3,181	—
당기순이익	2,155	1,330	1,764	1,086	1,222	—

분기 실적 〈단위 : 억원〉
항목	2016.1Q	2016.2Q	2016.3Q	2016.4Q	2017.1Q	2017.2Q
매출액	38,830	38,431	38,365	49,294	52,245	61,20
영업이익	977	822	664	719	1,103	96
당기순이익	667	538	188	-170	920	19

재무 상태 〈단위 : 억원〉
항목	2012	2013	2014	2015	2016	2017.2Q
총자산	74,656	82,686	93,409	80,433	82,888	97,86
유형자산	6,137	6,383	5,825	6,256	6,661	10,40
무형자산	13,663	16,398	17,281	17,446	16,629	16,70
유가증권	1,112	1,071	1,052	1,292	1,412	1,05
총부채	52,765	60,384	69,661	56,221	57,851	69,86
총차입금	35,141	40,116	50,936	41,291	36,188	46,41
자본금	5,694	5,694	5,694	5,694	5,694	6,16
총자본	21,891	22,302	23,747	24,212	25,037	28,00
지배주주지분	21,879	22,275	23,785	24,417	25,158	28,04

기업가치 지표
항목	2012	2013	2014	2015	2016	2017.2Q
주가(최고/저)(천원)	40.7/25.1	39.1/29.1	39.7/27.9	29.9/15.4	28.5/11.9	—/—
PER(최고/저)(배)	23.6/14.6	34.6/25.7	26.1/18.4	27.7/14.3	29.7/12.4	—/—
PBR(최고/저)(배)	2.3/1.4	2.1/1.6	2.0/1.4	1.5/0.8	1.3/0.6	1.3/1.
EV/EBITDA(배)	44.1	41.7	17.0	10.4	13.2	—/—
EPS(원)	1,860	1,214	1,620	1,132	977	93
BPS(원)	19,213	19,561	20,887	21,442	22,093	22,73
CFPS(원)	2,158	1,605	2,610	2,638	2,438	1,78
DPS(원)	300	300	500	500	500	
EBITDAPS(원)	1,524	1,787	4,292	4,744	4,255	2,56

재무 비율 〈단위 : %〉
연도	영업이익률	순이익률	부채비율	차입금비율	ROA	ROE	유보율	자기자본비율	EBITDA마진율
2016	1.9	0.7	231.1	144.5	1.5	4.5	341.9	30.2	2.
2015	2.1	0.6	232.2	170.5	1.3	5.4	328.8	30.1	3.
2014	1.8	0.9	293.3	214.5	2.0	8.0	317.7	25.4	2.
2013	0.9	0.8	270.8	179.9	1.7	6.3	291.2	27.0	1.

포스코아이씨티 (A022100)
POSCO ICT

종 목: IT 서비스		시 장: KOSDAQ	
신용등급: (Bond) — (CP) A2+		기업규모: 우량	
페이지: www.poscoict.co.kr		연 락 처: 054)280-1114	
본 사: 경북 포항시 남구 호동로 68			

설 립 일 1989.11.15	종 업 원 수 2,383명	대 표 이 사 최두환	
상 장 일 2000.11.18	감 사 의 견 적정 (삼일)	계 열	
결 산 기 12월	보 통 주 15,203만주	종 속 회 사 수 4개사	
액 면 가 500원	우 선 주	구 상 호	

주주구성 (지분율,%)		출자관계 (지분율,%)		주요경쟁사 (외형,%)	
포스코	65.4	이노밸리	28.8	포스코 ICT	100
(학)포항공과대학교	0.9	가평양평지킴이	19.8	삼성에스디에스	944
(외국인)	2.6	제주전기자동차서비스	19.8	큐로컴	2

매출구성		비용구성		수출비중	
엔지니어링	46.7	매출원가율	86.4	수출	9.0
기간시스템 개발 및 운영	36.5	판관비율	7.6	내수	91.0
시스템 유지보수 등	11.0				

회사 개요

동사는 포스코 그룹의 IT서비스와 시스템 엔지니어링 서비스를 공급하는 기업. 최근 LED조명, 스마트그리드, 클라우드 컴퓨팅 등 신성장 사업을 위해 다양한 노력을 병행하는 중. 특히 그룹 내 계열사나 협력업체와 함께 기술 및 사업협력을 통한 동반성장을 도모하고, 글로벌 기업들과도 협력하여 국내는 물론 해외시장 개척과 함께 사업역량 강화를 위해 적극 노력중임. Smart X솔루션, 스마트 팩토리 및 ESS기반 마이크로그리드 등의 신규 사업 추진중.

실적 분석

동사의 2017년 2분기 매출액은 4,456.2억원으로 전년 동기 대비 7.3% 증가함. 매출총이익 역시 13.1% 증가했으며 영업이익률 또한 개선됨. 영업이익은 272.7억원으로 전년 동기 대비 39% 성장. 전기차 충전 인프라 사업 부문의 선두주자이며 안정적 사업 현금흐름이 신사업을 뒷받침하고 있어 향후 실적성장에 대한 전망이 밝음. 공장 및 자원탐사현장 등에 자사의 스마트 플랫폼을 기반으로 한 여러 서비스 개발 추진 중

현금 흐름 〈단위 : 억원〉

항목	2016	2017.2Q
영업활동	481	-40
투자활동	-306	-131
재무활동	-276	-50
순현금흐름	-97	-218
기말현금	712	494

시장 대비 수익률

결산 실적 〈단위 : 억원〉

항목	2012	2013	2014	2015	2016	2017
매출액	11,284	12,070	9,699	8,405	8,669	—
영업이익	305	659	564	140	522	—
당기순이익	117	225	239	-563	376	—

분기 실적 〈단위 : 억원〉

항목	2016.1Q	2016.2Q	2016.3Q	2016.4Q	2017.1Q	2017.2Q
매출액	1,996	2,159	1,926	2,588	2,301	2,155
영업이익	93	104	120	206	165	107
당기순이익	154	59	66	97	179	102

재무 상태 〈단위 : 억원〉

항목	2012	2013	2014	2015	2016	2017.2Q
총자산	9,084	8,426	8,244	6,939	6,622	6,314
유형자산	1,906	1,894	1,724	1,594	1,506	1,505
무형자산	1,408	1,410	1,290	325	257	237
유가증권	539	422	439	404	326	323
총부채	6,588	4,740	4,364	3,625	2,874	2,417
총차입금	2,391	1,456	1,522	548	518	393
자본금	685	760	760	760	760	760
총자본	2,497	3,686	3,880	3,315	3,748	3,898
지배주주지분	2,445	3,660	3,871	3,353	3,742	3,891

기업가치 지표

항목	2012	2013	2014	2015	2016	2017.2Q
주가(최고/저)(천원)	9.3/6.0	9.6/6.7	9.1/5.0	6.1/4.5	6.6/4.2	—/—
PER(최고/저)(배)	91.1/58.9	54.8/38.2	54.8/30.1	—/—	27.3/17.4	—/—
PBR(최고/저)(배)	5.4/3.5	4.1/2.9	3.6/2.0	2.8/2.1	2.7/1.7	3.1/2.2
EV/EBITDA(배)	18.0	10.7	8.7	14.7	10.6	—
EPS(원)	105	180	169	-339	243	184
BPS(원)	1,792	2,415	2,554	2,213	2,469	2,567
CFPS(원)	423	524	467	-99	429	268
DPS(원)	25	50	50		50	
EBITDAPS(원)	540	818	669	331	530	264

재무 비율 〈단위 : %〉

연도	영업이익률	순이익률	부채비율	차입금비율	ROA	ROE	유보율	자기자본비율	EBITDA마진율
2016	6.0	4.3	76.7	13.8	5.5	10.4	393.8	56.6	9.3
2015	1.7	-6.7	109.4	16.5	-7.4	-14.3	342.6	47.8	6.0
2014	5.8	2.5	112.5	39.2	2.9	6.8	410.7	47.1	10.5
2013	5.5	1.9	128.6	39.5	2.6	8.2	383.0	43.8	9.4

포스코엠텍 (A009520)
POSCO M-TECH

업 종: 금속 및 광물		시 장: KOSDAQ	
신용등급: (Bond) — (CP) —		기업규모: 중견	
홈페이지: www.poscomtech.com		연 락 처: 054)280-8114	
본 사: 경북 포항시 남구 형산강북로 131 (효자동)			

설 립 일 1973.12.27	종 업 원 수 1,112명	대 표 이 사 이희명	
상 장 일 1997.07.30	감 사 의 견 적정 (삼일)	계 열	
결 산 기 12월	보 통 주 4,164만주	종 속 회 사 수	
액 면 가 500원	우 선 주	구 상 호	

주주구성 (지분율,%)		출자관계 (지분율,%)		주요경쟁사 (외형,%)	
포스코	48.9			포스코엠텍	100
(학)포항공과대학교	4.7			동양철관	49
(외국인)	2.5			휴스틸	137

매출구성		비용구성		수출비중	
포장작업	55.7	매출원가율	89.7	수출	6.0
페로실리콘공장위탁운영 외	16.3	판관비율	5.1	내수	94.0
펠레트	15.4				

회사 개요

동사는 1973년 포스코 철강제품 포장을 목적으로 하는 삼정강업주식회사로 시작해 1977년 5월 알루미늄 탈산제 공장을 준공하여, 포스코에 공급하는 철강부원료제사로서의 발판을 마련함. 2012년부터는 철강제품 포장 및 탈산제 공급 뿐 아니라 포스코 마그네슘공장 위탁운영을 통해 위탁운영에 대한 노하우를 장기간 축적하여 현재는 포스코 페로실리콘, 페로망간, Fe말공장을 추가 위탁운영하고 있음. 주력 제품은 알루미늄 탈산제와 몰리브덴 브리켓임.

실적 분석

2017년 1분기에는 중국의 중소 철강사 통폐합에 따라 공급과잉 이슈가 축소되었고, 세계적 원재료 및 유가의 가격은 상승세로 돌아서며 영업실적이 호전됨. 그러나 2분기에는 엔지니어링 매출 감소와 인고트, 팔레트 등 원재료 가격 상승으로 원가가 악화되어 수익성이 둔화되며 부진한 실적을 나타냄. 우수한 재무구조를 보유하고 있는 동사는 철강 포장재 및 탈산제 공급, POSCO의 합금철 공장 위탁운영으로 안정적인 실적을 유지할 수 있을 것으로 판단됨.

현금 흐름 〈단위 : 억원〉

항목	2016	2017.2Q
영업활동	326	—
투자활동	-132	—
재무활동	-432	—
순현금흐름	-238	—
기말현금	33	—

시장 대비 수익률

결산 실적 〈단위 : 억원〉

항목	2012	2013	2014	2015	2016	2017
매출액	9,588	6,995	4,462	3,665	2,665	—
영업이익	158	45	-246	82	140	—
당기순이익	84	-153	-1,054	262	31	—

분기 실적 〈단위 : 억원〉

항목	2016.1Q	2016.2Q	2016.3Q	2016.4Q	2017.1Q	2017.2Q
매출액	636	716	665	648	617	—
영업이익	41	36	43	20	35	—
당기순이익	31	22	30	-52	20	—

재무 상태 〈단위 : 억원〉

항목	2012	2013	2014	2015	2016	2017.2Q
총자산	4,370	4,085	2,910	2,040	1,615	—
유형자산	912	1,139	808	276	204	—
무형자산	140	107	26	14	8	—
유가증권	203	153	154	37	2	—
총부채	2,667	2,493	2,402	1,272	847	—
총차입금	1,893	2,011	1,910	938	531	—
자본금	208	208	208	208	208	—
총자본	1,703	1,592	507	768	768	—
지배주주지분	1,633	1,499	473	768	768	—

기업가치 지표

항목	2012	2013	2014	2015	2016	2017.2Q
주가(최고/저)(천원)	12.0/5.6	11.1/5.6	6.4/2.6	3.2/2.1	3.2/2.1	—/—
PER(최고/저)(배)	56.5/26.2	—/—	—/—	4.7/3.1	42.6/28.6	—/—
PBR(최고/저)(배)	3.2/1.5	3.2/1.6	5.8/2.4	1.8/1.2	1.7/1.2	0.0/0.0
EV/EBITDA(배)	29.7	43.5	—	8.5	7.0	—
EPS(원)	221	-317	-2,384	696	75	—
BPS(원)	3,921	3,601	1,136	1,844	1,845	—
CFPS(원)	340	-194	-2,136	856	173	—
DPS(원)	75	50		50	25	—
EBITDAPS(원)	497	231	-344	358	434	—

재무 비율 〈단위 : %〉

연도	영업이익률	순이익률	부채비율	차입금비율	ROA	ROE	유보율	자기자본비율	EBITDA마진율
2016	5.2	1.2	110.2	69.2	1.7	4.1	269.0	47.6	6.8
2015	2.2	7.1	165.7	122.1	10.6	46.7	268.9	37.6	4.1
2014	-5.5	-23.6	473.5	376.5	-30.2	-100.6	127.2	17.4	-3.2
2013	0.6	-2.2	156.6	126.4	-3.6	-8.4	620.2	39.0	1.4

포스코켐텍 (A003670)
POSCO CHEMTECH

업　　종 : 금속 및 광물
신용등급 : (Bond) AA-　　(CP) —
홈 페 이 지 : www.poscochemtech.com
본　　사 : 경북 포항시 남구 신항로 110 (주)포스코켐텍

시　　장 : KOSDAQ
기업규모 : 우량
연 락 처 : 054)290-0224

설 립 일	1971.05.13	종업원수	1,253명
상 장 일	2001.10.19	감사의견	적정 (삼일)
결 산 기	12월	보 통 주	5,907만주
액 면 가	500원	우 선 주	

대 표 이 사 이영훈
계　　열
종속회사수 2개사
구 상 호

주주구성 (지분율,%)
포스코	60.0
(학)포항공과대학교	5.0
(외국인)	7.7

출자관계 (지분율,%)
PT.KPCC	80.0
피엠씨텍	60.0
PT.IPCR	30.0

주요경쟁사 (외형,%)
포스코켐텍	100
고려아연	523
나노신소재	4

매출구성
생석회, 음극재, 화성품 가공 및 판매 등	63.5
내화물 제조 및 산업용로재 정비	36.6

비용구성
매출원가율	87.4
판관비율	5.0

수출비중
수출	—
내수	—

회사 개요
동사는 내화물의 시공 및 보수, 각종 공업로의 설계, 제작 및 판매, 석회제품 등의 제조 및 판매 등을 목적으로 1971년 설립되었으며, 1994년에 염기성내화물의 제조와 판매 등의 사업을 주목적으로 설립된 삼화화성을 흡수합병함. 동사는 기업집단 포스코 그룹의 계열사로 기업집단에 소속된 회사는 총 46개임. 동사는 국내 내화물 시장에서 약 20%(2015년 기준)의 점유율을 차지하고 있음.

실적 분석
동사의 2017년 연결 기준 반기 매출액은 5,799억원으로 전년동기 대비 5.6% 증가하였으며, 원가부담 축소 및 판관비 증가 억제 노력 등으로 수익성은 한층 강화된 모습. 영업이익은 전년동기 대비 85.7% 증가한 575.5억원을 시현하였으며, 비영업손익의 개선 영향으로 당기순이익 또한 867% 증가한 405.8억원 시현함. 신규사업으로 수입에 의존하던 이차전지음극재 국산화 추진중에 있음.

현금 흐름
<단위 : 억원>
항목	2016	2017.2Q
영업활동	851	193
투자활동	-1,063	-85
재무활동	-223	-204
순현금흐름	-433	-96
기말현금	1,178	1,083

시장 대비 수익률

결산 실적
<단위 : 억원>
항목	2012	2013	2014	2015	2016	2017
매출액	12,957	13,299	13,711	12,212	11,177	—
영업이익	921	743	950	560	853	—
당기순이익	754	580	733	322	445	—

분기 실적
<단위 : 억원>
항목	2016.1Q	2016.2Q	2016.3Q	2016.4Q	2017.1Q	2017.2Q
매출액	2,780	2,712	2,818	2,867	2,859	2,941
영업이익	123	187	232	311	305	270
당기순이익	30	12	183	221	230	176

재무 상태
<단위 : 억원>
항목	2012	2013	2014	2015	2016	2017.2Q
총자산	5,404	6,304	7,216	7,175	7,239	7,286
유형자산	1,166	1,144	1,360	1,449	1,367	1,410
무형자산	75	113	103	86	66	67
유가증권	71	71	71	53	57	53
총부채	1,421	1,780	2,068	1,793	1,545	1,382
총차입금	66	391	624	597	371	323
자본금	295	295	295	295	295	295
총자본	3,983	4,524	5,148	5,382	5,694	5,904
지배주주지분	3,937	4,436	5,050	5,302	5,625	5,838

기업가치 지표
항목	2012	2013	2014	2015	2016	2017.2Q
주가(최고/저)(천원)	17.0/10.9	13.0/9.8	15.5/11.7	14.6/10.1	13.4/9.4	—/—
PER(최고/저)(배)	14.3/9.2	14.0/10.5	13.3/10.0	26.0/18.0	18.6/13.0	—/—
PBR(최고/저)(배)	2.8/1.8	1.9/1.4	1.9/1.4	1.7/1.2	1.4/1.0	1.6/1.2
EV/EBITDA(배)	6.3	7.4	6.9	10.0	5.4	—/—
EPS(원)	1,279	994	1,230	585	740	686
BPS(원)	66,653	75,101	85,488	8,976	9,523	9,884
CFPS(원)	14,722	12,095	14,702	831	985	803
DPS(원)	1,500	1,500	1,750	200	300	
EBITDAPS(원)	17,520	14,727	18,481	1,194	1,690	1,091

재무 비율
<단위 : % >
연도	영업이익률	순이익률	부채비율	차입금비율	ROA	ROE	유보율	자기자본비율	EBITDA마진율
2016	7.6	4.0	27.1	6.5	6.2	8.0	1,804.7	78.7	8.9
2015	4.6	2.6	33.3	11.1	4.5	6.7	1,695.2	75.0	5.8
2014	6.9	5.4	40.2	12.1	10.8	15.3	1,609.8	71.3	8.0
2013	5.6	4.4	39.3	8.7	9.9	14.0	1,402.0	71.8	6.5

포시에스 (A189690)
FORCS

업　　종 : 일반 소프트웨어
신용등급 : (Bond) —　　(CP) —
홈 페 이 지 : www.forcs.com
본　　사 : 서울시 강남구 언주로30길 39 SEI타워 17층

시　　장 : KOSDAQ
기업규모 : 벤처
연 락 처 : 02)828-1400

설 립 일	2008.07.23	종업원수	118명
상 장 일	2015.02.11	감사의견	적정 (한신)
결 산 기	06월	보 통 주	684만주
액 면 가	500원	우 선 주	

대 표 이 사 조종민,박미경
계　　열
종속회사수
구 상 호

주주구성 (지분율,%)
조종민	41.8
박미경	7.5
(외국인)	0.9

출자관계 (지분율,%)
FORCSSingapore	100.0
FORCSJapan	80.0
BuddyinteractiveCompanyLimited	17.2

주요경쟁사 (외형,%)
포시에스	100
한컴시큐어	103
이글루시큐리티	415

매출구성
OZ Report(제품)	77.2
OZ e-Form(제품)	22.8

비용구성
매출원가율	16.9
판관비율	52.4

수출비중
수출	6.0
내수	94.0

회사 개요
동사는 웹과 모바일에서 사용 가능한 기업용 전자문서 솔루션 업체로 대법원, 국세청, 신한은행 등 신인도 높은 거래처를 확보하고 있음. 자체기술로 개발한 리포팅 솔루션 '오즈 리포트'와 전자문서솔루션 '오즈 e폼' 등이 주력 제품임. 2002년 코스닥 시장에 상장했다가 2008년 우회상장을 추진하던 '미리넷'에 경영권을 매각함. 이후 미리넷은 경영 악화로 상장 폐지됐고, 미리넷 자회사로 있던 지분을 전 경영진이 다시 취득하여 재상장함.

실적 분석
동사는 6월말 결산 법인이며, 연결 기준 2017년 03월 말까지 누적 연결기준으로 88억원의 매출액을 시현함. 전년 동기 대비 매출액은 감소하였으나 판관비는 소폭 증가하면서 영업이익은 전년 동기 58.3% 감소한 8.5억원을 시현함. 당기순이익은 전년 동기대비 59.8% 감소한 9.1억원을 시현함. 몽골 및 싱가포르 시장에 적극적으로 진출을 시도하고 있으며 애플과의 공동 마케팅을 통해 일본 진출 진행 중.

현금 흐름
<단위 : 억원>
항목	2016	2017.3Q
영업활동	42	28
투자활동	19	-53
재무활동	-24	-6
순현금흐름	36	-31
기말현금	86	54

시장 대비 수익률

결산 실적
<단위 : 억원>
항목	2012	2013	2014	2015	2016	2017
매출액	105	121	128	131	140	128
영업이익	41	49	41	42	43	20
당기순이익	36	44	41	50	43	21

분기 실적
<단위 : 억원>
항목	2016.2Q	2016.3Q	2016.4Q	2017.1Q	2017.2Q	2017.3Q
매출액	50	24	45	24	43	22
영업이익	23	0	24	-1	15	-6
당기순이익	23	1	20	-0	15	-6

재무 상태
<단위 : 억원>
항목	2012	2013	2014	2015	2016	2017.3Q
총자산	103	148	247	416	432	431
유형자산	0	1	2	2	2	258
무형자산	0	1	2	12	15	19
유가증권	0	0	0	0	0	0
총부채		12	11	16	14	0
총차입금						
자본금	20	20	24	31	33	34
총자본	95	136	236	400	419	421
지배주주지분	95	136	236	400	419	421

기업가치 지표
항목	2012	2013	2014	2015	2016	2017.3Q
주가(최고/저)(천원)	—/—	—/—	—/—	13.4/7.2	8.5/5.9	8.3/6.4
PER(최고/저)(배)	0.0/0.0	0.0/0.0	0.0/0.0	16.3/8.7	14.0/9.6	—/—
PBR(최고/저)(배)	0.0/0.0	0.0/0.0	0.0/0.0	2.4/1.3	1.4/0.9	—/—
EV/EBITDA(배)	—	—	—	6.9	4.7	1.3/1.0
EPS(원)	908	1,015	835	854	623	133
BPS(원)	2,389	3,428	4,838	6,463	6,716	6,445
CFPS(원)	1,011	1,138	934	954	702	169
DPS(원)				125	125	
EBITDAPS(원)	1,145	1,250	926	788	708	160

재무 비율
<단위 : % >
연도	영업이익률	순이익률	부채비율	차입금비율	ROA	ROE	유보율	자기자본비율	EBITDA마진율
2016	30.7	30.3	3.3	0.0	10.0	10.4	1,243.2	96.8	33.0
2015	31.8	38.4	4.0	0.0	15.2	16.0	1,192.7	96.2	32.4
2014	32.0	32.3	4.9	0.0	21.0	22.3	867.7	95.4	32.5
2013	40.1	36.4	9.2	0.0			585.7	91.6	40.8

포워드컴퍼니스 (A042940)
Forward Companies

종 목 : 건설		시 장 : KOSDAQ	
신용등급 : (Bond) — (CP) —		기업규모 : —	
페이지 : www.leneco.com		연 락 처 : 031)995-7800	
본 사 : 경기도 파주시 조리읍 정문로 1			

설 립 일 1979.06.21	종 업 원 수 32명	대 표 이 사 신동걸
상 장 일 2000.10.06	감사의견 적정 (우리)	계 열
결 산 기 12월	보 통 주 2,845만주	종속회사수 1개사
액 면 가 500원	우 선 주	구 상 호 르네코

주주구성 (지분율,%)		출자관계 (지분율,%)		주요경쟁사 (외형,%)	
씨지아이홀딩스	15.8	포워드컴퍼니스	100		
스카디홀딩스	11.6	엄지하우스	1,313		
(외국인)	0.2	청광종건	2,072		

매출구성		비용구성		수출비중	
건축(민간)	96.6	매출원가율	112.3	수출	—
건축(관급)	3.4	판관비율	86.3	내수	—

회사 개요
동사는 ITS, 전기, 기계설비, 홈네트워크, 정보통신망구축업을 주요사업으로 하며, 국내 주요 건설사 및 각 지방경찰청 등을 대상으로 영업활동을 진행하고 있음. ITS 구축은 대부분 국가주도로 이루어지기 때문에 안정적인 사업이 가능하다는 특징이 있음. 전기, 기계설비 공사분야의 비중이 매출의 약 80%를 차지하고 있음. 신규사업으로 LCD 및 LED사업을 추진하기 위하여 2010년 아이디에스 지분 25%를 취득함.

실적 분석
동사의 연결 기준 2017년 반기 매출액은 계속되는 수주 부진으로 인해 전년동기 대비 10.3% 감소한 35.5억원을 기록함. 반면, 외형 축소에도 불구하고 원가율 하락 및 판관비 증가 억제 노력으로 전년동기 대비 적자 축소된 14.9억원의 영업손실을 시현함. 당기순이익 역시 적자 지속되고 있으나 손실 폭은 비교적 큰 폭으로 감소한 상황. 단기간내 급격한 실적회복 어려울 전망. 원가부담 완화 및 비용구조 개선 시급한 상황.

현금 흐름		〈단위 : 억원〉
항목	2016	2017.2Q
영업활동	7	-33
투자활동	-51	-24
재무활동	117	90
순현금흐름	72	32
기말현금	75	107

시장 대비 수익률

결산 실적						〈단위 : 억원〉
항목	2012	2013	2014	2015	2016	2017
매출액	212	167	223	255	59	—
영업이익	-89	-69	-45	1	-58	—
당기순이익	-215	7	-66	-29	-76	—

분기 실적						〈단위 : 억원〉
항목	2016.1Q	2016.2Q	2016.3Q	2016.4Q	2017.1Q	2017.2Q
매출액	35	5	—	—	10	26
영업이익	-8	-15	—	—	-10	-5
당기순이익	-8	-29	—	—	-7	-11

재무 상태						〈단위 : 억원〉
항목	2012	2013	2014	2015	2016	2017.2Q
총자산	304	279	221	146	206	290
유형자산	15	13	12	12	13	1
무형자산	1	5	0	0	0	0
유가증권	10	10	14	11	11	11
총부채	212	153	151	75	181	192
총차입금	142	72	39	46	132	140
자본금	76	91	101	65	73	103
총자본	91	126	69	71	26	98
지배주주지분	91	126	69	71	26	98

기업가치 지표						
항목	2012	2013	2014	2015	2016	2017.2Q
주가(최고/저)(천원)	8.9/2.3	2.9/1.1	5.8/1.0	2.2/0.9	3.2/1.0	—/—
PER(최고/저)(배)		36.3/13.5				—/—
PBR(최고/저)(배)	6.6/1.7	1.9/0.7	8.4/1.5	4.1/1.6	18.4/5.4	4.9/3.1
EV/EBITDA(배)				112.7		
EPS(원)	-4,256	79	-720	-248	-588	-123
BPS(원)	669	743	344	551	176	475
CFPS(원)	-2,112	47	-354	-242	-580	-123
DPS(원)						
EBITDAPS(원)	-867	-398	-239	16	-443	-101

재무 비율								〈단위 : % 〉
연도	영업이익률	순이익률	부채비율	차입금비율	ROA	ROE	유보율	자기자본비율	EBITDA마진율
2016	-98.6	-128.5	일부잠식	일부잠식	-43.2	-156.7	-64.8	12.5	-96.8
2015	0.5	-11.5	104.9	64.3	-16.0	-41.6	10.2	48.8	0.7
2014	-20.3	-29.8	일부잠식	일부잠식	-26.6	-68.1	-31.1	31.4	-19.8
2013	-41.2	4.0	122.0	57.4	2.3	6.1	48.5	45.1	-40.4

포인트엔지니어링 (A176560)
Point Engineering

업 종 : 디스플레이 및 관련부품		시 장 : KONEX	
신용등급 : (Bond) — (CP) —		기업규모 : —	
홈페이지 : www.pointeng.co.kr		연 락 처 : 041)546-5131	
본 사 : 충남 아산시 둔포면 아산밸리로 89			

설 립 일 1998.05.21	종 업 원 수 명	대 표 이 사 안범모
상 장 일 2017.08.14	감사의견 적정 (안진)	계 열
결 산 기 12월	보 통 주	종속회사수
액 면 가 —	우 선 주	구 상 호

주주구성 (지분율,%)		출자관계 (지분율,%)		주요경쟁사 (외형,%)	
안범모	36.0	포에스텍	35.2	포인트엔지니어링	100
김명숙	14.8			인베니아	484
				신화인터텍	689

매출구성		비용구성		수출비중	
DIFFUSER	45.7	매출원가율	74.4	수출	62.0
SUSCEPTOR	29.9	판관비율	12.4	내수	38.0
기타	13.6				

회사 개요
동사는 산업장비에 응용되는 AI 전기전자 부품을 제조하는 업체로, TFT-LCD 및 반도체 공정에 사용되는 공정장비의 핵심부품을 제작, 가공 및 표면처리를 중점사업으로 성장하고 있는 표면처리 전문기술 업체임. 기존의 산업에서 응용하는 알루미늄 양극산화기술(Anodizing)과는 다른 차별화 기술을 통해 업계 선두를 유지하고 있음. 최근에는 알루미늄 양극산화 기술을 이용한 다공성 양극산화피막을 이용하여 맴브레인 등의 사업을 창출하고 있음.

실적 분석
동사의 매출에서 가장 큰 비율을 차지하는 부분은 DIFFUSER(알루미늄 코팅처리) 부분이며 매출액은 107억원으로 전체의 약 34%를 차지하고 있음. 두번째는 SUSCEPTOR(알루미늄 코팅처리) 부분으로 매출액은 약 33%를 차지함. 기타부분을 포함 매출총계는 312억원으로 안정적인 성장을 기록하고 있음. 모바일 시장의 확장에 따라 향후 관련시장이 꾸준히 성장할 것으로 기대하고 있음.

현금 흐름	*IFRS 별도 기준	〈단위 : 억원〉
항목	2016	2017.2Q
영업활동	65	—
투자활동	-78	—
재무활동	43	—
순현금흐름	30	—
기말현금	58	—

시장 대비 수익률

결산 실적						〈단위 : 억원〉
항목	2012	2013	2014	2015	2016	2017
매출액	167	196	214	222	313	—
영업이익	7	14	8	16	42	—
당기순이익	2	10	25	19	32	—

분기 실적						*IFRS 별도 기준 〈단위 : 억원〉
항목	2016.1Q	2016.2Q	2016.3Q	2016.4Q	2017.1Q	2017.2Q
매출액					117	
영업이익					31	
당기순이익					22	

재무 상태						*IFRS 별도 기준 〈단위 : 억원〉
항목	2012	2013	2014	2015	2016	2017.2Q
총자산	368	387	368	392	485	
유형자산	234	179	189	184	240	
무형자산	15	16	20	20	36	
유가증권		3	3			
총부채	160	164	142	148	218	
총차입금	143	143	120	120	162	
자본금	12	12	12	12	12	
총자본	208	223	226	244	266	
지배주주지분	208	223	226	244	266	

기업가치 지표						*IFRS 별도 기준
항목	2012	2013	2014	2015	2016	2017.2Q
주가(최고/저)(천원)	—/—	—/—	—/—	—/—	—/—	—/—
PER(최고/저)(배)	0.0/0.0	0.0/0.0	0.0/0.0	0.0/0.0	0.0/0.0	—/—
PBR(최고/저)(배)	0.0/0.0	0.0/0.0	0.0/0.0	0.0/0.0	0.0/0.0	0.0/0.0
EV/EBITDA(배)	2.6	1.9	2.5	2.0	1.4	
EPS(원)	98	412	1,061	775	1,313	
BPS(원)	8,818	9,287	9,397	10,172	11,069	
CFPS(원)	1,222	1,457	2,116	1,709	2,396	
DPS(원)						
EBITDAPS(원)	1,424	1,641	1,375	1,599	2,813	

재무 비율								〈단위 : % 〉
연도	영업이익률	순이익률	부채비율	차입금비율	ROA	ROE	유보율	자기자본비율	EBITDA마진율
2016	13.3	10.1	82.6	61.0	7.2	12.4	2,113.8	54.8	21.6
2015	7.2	8.4	60.7	49.2	4.9	7.9	1,934.4	62.2	17.3
2014	3.6	11.9	63.0	53.2	6.8	11.4	1,779.3	61.4	15.4
2013	7.3	5.0	73.7	64.3	2.6	4.6	1,757.4	57.6	20.1

포티스 (A141020)
Fortis

업 종	온라인쇼핑	시 장	KOSDAQ
신용등급	(Bond) — (CP) —	기업규모	—
홈페이지	www.fortis.co.kr	연락처	(031)709-1407
본 사	경기도 성남시 분당구 성남대로779번길 17, 포티스빌딩 4층		

설 립 일	2006.09.01	종업원수	44명	대표이사	정상훈,조재훈(각자대표이사)
상 장 일	2013.01.29	감사의견	적정 (송강)	계 열	
결 산 기	12월	보통주	3,717만주	종속회사수	3개사
액 면 가	500원	우선주		구상호	

주주구성 (지분율,%)		출자관계 (지분율,%)		주요경쟁사 (외형,%)	
조재훈	11.3	온비즈아이	100.0	포티스	100
DYNASOURCE HOLDINGS LTD	3.7	에이에스아이컴퍼니	85.7	일양약품	523
(외국인)	4.2	에이원코스	26.1	코미팜	75

매출구성		비용구성		수출비중	
전자상거래 등(상품매출액)	98.6	매출원가율	89.2	수출	0.0
기타매출액(임대수수료 등)	1.4	판관비율	14.8	내수	100.0

회사 개요

2006년 설립돼 2013년 코스닥증권시장에 상장한 동사는 정보통신분야 컨설팅 서비스업, 무역업 및 무역대리점업, 통신판매업, 전자상거래업, 부동산 매매 및 임대업, 소프트웨어 개발 및 공급업 등을 영위함. 독일 호펜하임에 위치한 센톰박스 판매사업을 영위하는 FORTIS EUROPE GmbH, 서울에 위치한 의료기기 유통업체 에이에스아이컴퍼니, 창업 경영컨설팅 등을 영위하는 주식회사 온비즈아이를 연결대상 종속회사로 보유하고 있음.

실적 분석

2017년 상반기 연결기준 동사는 매출 253억원을 시현함. 전년도 같은 기간 매출인 277.4억원에서 8.8% 감소함. 외형은 축소됐으나 매출원가가 11.5% 줄어들고 판매비와 관리비 또한 인건비 절감 등으로 인해 31.3% 감소함. 이에 영업이익은 흑자로 돌아서 10.9억원을 기록함. 비영업부문은 적자가 지속되나 손실 폭은 줄어들었음. 이에 당기순이익은 흑자로 돌아서 2.9억원을 시현함.

현금 흐름 〈단위 : 억원〉

항목	2016	2017.2Q
영업활동	-104	16
투자활동	-196	-7
재무활동	229	10
순현금흐름	-72	19
기말현금	2	20

시장 대비 수익률

결산 실적 〈단위 : 억원〉

항목	2012	2013	2014	2015	2016	2017
매출액	508	165	121	483	501	
영업이익	43	-60	-70	-40	-20	
당기순이익	37	-46	-82	-127	-227	

분기 실적 〈단위 : 억원〉

항목	2016.1Q	2016.2Q	2016.3Q	2016.4Q	2017.1Q	2017.2Q
매출액	174	103	120	103	155	98
영업이익	-1	-2	1	-18	5	6
당기순이익	-12	-43	-29	-143	2	1

재무 상태 〈단위 : 억원〉

항목	2012	2013	2014	2015	2016	2017.2Q
총자산	311	285	354	328	288	297
유형자산	84	83	81	88	76	85
무형자산	28	33	26	39	17	15
유가증권	3	3	6	10	32	47
총부채	163	139	131	210	227	204
총차입금	101	100	97	92	156	144
자본금	19	25	99	99	117	128
총자본	148	146	223	118	61	94
지배주주지분	148	146	224	118	62	94

기업가치 지표

항목	2012	2013	2014	2015	2016	2017.2Q
주가(최고/저)(천원)	—/—	3.3/1.7	6.6/1.6	14.9/4.7	7.2/2.8	—/—
PER(최고/저)(배)	0.0/0.0	—/—	—/—	—/—	—/—	—/—
PBR(최고/저)(배)	0.0/0.0	2.2/1.1	5.8/1.4	25.0/7.9	27.2/10.5	8.5/2.7
EV/EBITDA(배)	1.5					
EPS(원)	496	-465	-592	-621	-1,056	13
BPS(원)	3,954	2,936	1,129	597	266	368
CFPS(원)	1,264	-663	-507	-590	-1,037	16
DPS(원)						
EBITDAPS(원)	1,431	-952	-441	-171	-76	47

재무 비율 〈단위 : %〉

연도	영업이익률	순이익률	부채비율	차입금비율	ROA	ROE	유보율	자기자본비율	EBITDA마진율
2016	-4.0	-45.3	일부잠식	일부잠식	-73.6	-247.1	-46.8	21.3	-3.2
2015	-8.3	-26.2	177.2	77.9	-37.1	-72.0	19.3	36.1	-7.0
2014	-58.0	-67.8	58.5	43.6	-25.7	-42.8	125.9	63.1	-48.6
2013	-36.2	-27.6	94.9	68.7	-15.3	-31.0	487.1	51.3	-28.3

폭스브레인 (A039230)
Foxbrain

업 종	디스플레이 및 관련부품	시 장	KOSDAQ
신용등급	(Bond) — (CP) —	기업규모	중견
홈페이지	www.foxbrain.co.kr	연락처	(02)3282-1900
본 사	서울시 금천구 디지털로9길 99, 309호(가산동, 스타밸리)		

설 립 일	1996.06.19	종업원수	106명	대표이사	이주석,김동욱
상 장 일	2000.06.22	감사의견	적정 (삼정)	계 열	
결 산 기	12월	보통주	4,175만주	종속회사수	2개사
액 면 가	500원	우선주		구상호	솔브레인이엔지

주주구성 (지분율,%)		출자관계 (지분율,%)		주요경쟁사 (외형,%)	
준파투자조합	9.2	폭스디스플레이	100.0	폭스브레인	100
한국투자밸류자산운용	3.9	FoxbrainHKLimited.	100.0	사파이어테크놀로지	40
(외국인)	0.7			쎄미시스코	35

매출구성		비용구성		수출비중	
디스플레이검사장비(PROBE STATION 외)(제품)	71.0	매출원가율	98.2	수출	58.0
디스플레이검사장치(PROBE UNIT)(제품)	22.0	판관비율	37.1	내수	42.0
└임대/MC 외주 외(기타)	7.0				

회사 개요

동사는 반도체 및 디스플레이 패널의 검사 장비 및 검사장치를 제조하는 기업임. 검사장비로는 Probe Station(LCD 화상 점등 자동 검사장비), 검사장치로는 Probe Card (반도체 웨이퍼 검사장치), Probe Unit(LCD 화상 점등검사장치)의 제품을 제조하고 있음. 전세계적으로 메모리, 비메모리 관련 프로브카드 업체들은 한국과 미국, 일본, 유럽, 대만 등을 포함하여 약 40개사로 추정됨.

실적 분석

동사의 2017년 상반기 연결기준 누적 매출액은 377.7억원으로 전년 동기 대비 60% 증가함. 매출이 늘면서 매출원가와 판관비도 증가했지만 고정비용 감소효과로 인해 영업이익은 19.3억원으로 전년 동기 대비 흑자전환에 성공함. 비영업손익 부문에서 외환손실 등으로 인해 적자가 지속됐지만 영업이익 증가 폭이 커 당기순이익은 6.3억원으로 전년 동기 대비 흑자전환함.

현금 흐름 〈단위 : 억원〉

항목	2016	2017.2Q
영업활동	-107	-88
투자활동	429	1
재무활동	-211	12
순현금흐름	111	-75
기말현금	154	79

시장 대비 수익률

결산 실적 〈단위 : 억원〉

항목	2012	2013	2014	2015	2016	2017
매출액	544	483	706	505	353	
영업이익	-56	16	18	-15	-125	
당기순이익	-166	3	5	-14	-236	

분기 실적 〈단위 : 억원〉

항목	2016.1Q	2016.2Q	2016.3Q	2016.4Q	2017.1Q	2017.2Q
매출액	157	80	84	33	153	224
영업이익	-9	-18	-23	-75	12	7
당기순이익	-24	-36	-13	-163	-5	11

재무 상태 〈단위 : 억원〉

항목	2012	2013	2014	2015	2016	2017.2Q
총자산	857	904	966	1,054	389	439
유형자산	465	465	461	464	8	6
무형자산	7	4	4	8	0	0
유가증권	9	—	—	—	2	2
총부채	509	552	608	689	245	277
총차입금	366	370	379	391	57	57
자본금	182	182	182	182	182	185
총자본	348	352	357	366	144	162
지배주주지분	348	352	357	367	144	162

기업가치 지표

항목	2012	2013	2014	2015	2016	2017.2Q
주가(최고/저)(천원)	1.5/0.8	1.2/0.8	1.3/0.8	1.5/0.9	3.7/1.1	—/—
PER(최고/저)(배)	—/—	164.8/107.4	91.4/55.0	—/—	—/—	—/—
PBR(최고/저)(배)	1.5/0.8	1.2/0.8	1.3/0.8	—/—	9.3/2.9	7.2/4.5
EV/EBITDA(배)		22.9	25.2			
EPS(원)	-456	7	14	-13	-614	17
BPS(원)	955	968	981	1,009	395	438
CFPS(원)	-372	40	47	26	-580	21
DPS(원)						
EBITDAPS(원)	-71	78	81	-3	-308	57

재무 비율 〈단위 : %〉

연도	영업이익률	순이익률	부채비율	차입금비율	ROA	ROE	유보율	자기자본비율	EBITDA마진율
2016	-35.3	-66.9	일부잠식	일부잠식	-32.7	-87.4	-21.0	37.0	-31.8
2015	-3.0	-0.3	188.3	106.9	-0.2	-1.3	101.7	34.7	-0.2
2014	2.5	0.7	170.1	106.0	0.5	1.4	96.3	37.0	4.2
2013	3.4	0.6	156.6	105.0	0.3	0.8	93.5	39.0	5.9

푸드웰 (A005670)
FOODWELL

업 종 : 식료품	시 장 : KOSDAQ
신용등급 : (Bond) — (CP) —	기업규모 : 중견
홈페이지 : www.foodwell.com	연락처 : 053)580-2430
본 사 : 대구시 달서구 성서로 121	

설 립 일	1968.08.09	종 업 원 수	176명	대 표 이 사	성기준,성민겸
상 장 일	1993.12.07	감 사 의 견	적정(안경)	계 열	
결 산 기	12월	보 통 주	800만주	종속회사수	2개사
액 면 가	500원	우 선 주		구 상 호	

주주구성 (지분율,%)
성민겸	10.0
(사)경화회	8.4
(외국인)	1.1

출자관계 (지분율,%)
푸르온	49.0
청도푸드웰	100.0

주요경쟁사 (외형,%)
푸드웰	100
SPC삼립	1,728
조흥	120

매출구성
잼/시럽	25.7
음료제품	22.0
기타제품	20.5

비용구성
매출원가율	86.8
판관비율	9.7

수출비중
수출	—
내수	—

회사 개요
깐밤, 딸기시럽, 만두제품 등 과실가공제품을 생산하여 일본 등지에 수출하고 있으며, 국내 식품회사에 납품함. 국내시장은 주로 중간제품과 OEM 및 임가공 제품을 생산하기 때문에 납품업체의 매출에 의해 영향을 받으며, 전체 매출액의 23% 가량을 일본에 수출하고 있어 일본 경기 및 엔화 환율에도 매우 민감함. 깐밤(수출)은 약 30%, 딸기시럽류는 약 35%의 시장을 점유하고 있는 것으로 추정됨.

실적 분석
동사의 2017년 상반기 연결기준 누적 매출액은 543.4억원으로 전년 동기 대비 5.6% 증가함. 매출이 증가하면서 고정 비용 감소효과로 인해 매출원가가 늘었음에도 불구하고 영업이익은 전년 동기 대비 8.2% 증가한 21.6억원을 시현함. 비영업손익 부문에서 금융손실과 외환손실이 늘어나면서 당기순이익은 11.6억원으로 전년 동기 대비 6.3% 감소함. 매출은 소폭 늘었지만 순이익은 감소 중임.

현금 흐름 〈단위 : 억원〉
항목	2016	2017.2Q
영업활동	75	58
투자활동	-274	-18
재무활동	178	-68
순현금흐름	-20	-29
기말현금	40	11

시장 대비 수익률

결산 실적 〈단위 : 억원〉
항목	2012	2013	2014	2015	2016	2017
매출액	987	948	952	1,028	1,082	
영업이익	48	46	38	40	38	
당기순이익	14	13	21	19	22	

분기 실적 〈단위 : 억원〉
항목	2016.1Q	2016.2Q	2016.3Q	2016.4Q	2017.1Q	2017.2Q
매출액	239	275	267	301	257	286
영업이익	8	12	-1	19	8	12
당기순이익	5	7	-3	12	4	8

재무 상태 〈단위 : 억원〉
항목	2012	2013	2014	2015	2016	2017.2Q
총자산	969	968	1,010	1,114	1,305	1,254
유형자산	534	512	504	598	798	785
무형자산	38	31	32	32	31	30
유가증권	1	1	1	1	1	1
총부채	534	525	551	645	829	781
총차입금	378	354	363	428	627	574
자본금	20	40	40	40	40	40
총자본	435	443	459	469	476	472
지배주주지분	426	429	433	432	434	432

기업가치 지표
항목	2012	2013	2014	2015	2016	2017.2Q
주가(최고/저)(천원)	2.9/1.3	2.7/1.6	2.8/1.9	15.8/2.6	8.2/4.2	—/—
PER(최고/저)(배)	21.9/9.9	24.9/14.5	24.9/16.7	208.2/34.1	43.0/22.0	1.4/1.0
PBR(최고/저)(배)	0.6/0.3	0.5/0.3	0.6/0.4	3.0/0.5	1.5/0.8	—/—
EV/EBITDA(배)	6.1	6.5	7.2	10.8	15.4	
EPS(원)	152	117	120	78	192	135
BPS(원)	10,639	5,365	5,417	5,399	5,427	5,412
CFPS(원)	1,223	588	610	549	707	450
DPS(원)	150	75	75	75	75	
EBITDAPS(원)	2,116	1,043	972	970	984	585

재무 비율 〈단위 : % 〉
연도	영업이익률	순이익률	부채비율	차입금비율	ROA	ROE	유보율	자기자본비율	EBITDA마진율
2016	3.5	2.0	174.2	131.7	1.8	3.6	985.4	36.5	7.3
2015	3.9	1.9	137.4	91.2	1.8	1.4	979.8	42.1	7.6
2014	4.0	2.2	119.9	79.0	2.1	2.2	983.5	45.5	8.2
2013	4.8	1.4	118.5	79.9	1.4	2.2	973.0	45.8	8.8

푸른기술 (A094940)
PULOON TECHNOLOGY

업 종 : 컴퓨터 및 주변기기	시 장 : KOSDAQ
신용등급 : (Bond) — (CP) —	기업규모 : 벤처
홈페이지 : www.puloon.co.kr	연락처 : 02)6959-4700
본 사 : 서울시 서초구 효령로 60길 23-10 (주)푸른빌딩 2층	

설 립 일	1997.07.24	종 업 원 수	111명	대 표 이 사	함현철
상 장 일	2007.09.14	감 사 의 견	적정(삼화)	계 열	
결 산 기	12월	보 통 주	657만주	종속회사수	
액 면 가	500원	우 선 주		구 상 호	

주주구성 (지분율,%)
함현철	15.7
나용철	6.6
(외국인)	1.1

출자관계 (지분율,%)
푸른에스엠	100.0
국제시스템산업	22.7
Puloon Technology India Private Limited	99.9

주요경쟁사 (외형,%)
푸른기술	100
딜리	203
청호컴넷	451

매출구성
지폐방출기 외	47.8
자재 외	32.7
게이트시스템 외	14.1

비용구성
매출원가율	80.9
판관비율	17.8

수출비중
수출	57.0
내수	43.0

회사 개요
동사는 1997년 설립되어 무인자동단말기 사업을 영위하고 있음. 동사가 제작, 공급하는 단말기는 현금수표의 입출금, 통장정리, 공과금 수납 등을 하는 금융자동화기기(매출비중 50%), 철도나 지하철 승차권자동발매기, 교통카드충전기 등의 역무자동화기기(14.0%), 경마장 창구에서 베팅처리와 당첨금 환급처리를 담당하는 마권발매기, 로또 및 스포츠토토 발매기 등의 특수단말시스템(5%) 등으로 이루어짐.

실적 분석
동사의 2017년 연결기준 상반기 매출액은 81.7억원으로 전년대비 25.8% 감소했으며 영업이익은 0.9억원으로 80.2% 감소. 이에 따라 당기순이익 역시 3.6억원으로 43.2% 감소. 최근 인천공항 자동출입국심사대 납품 계약건과 워싱턴 WMATA AFC GATE 주요 모듈 공급건을 체결하면서 이익률 부진을 타개할 수 있을지 관건. 그 밖에도 글로벌 인식기, 지능형 경량 로봇, 스피드게이트 등의 사업 다각화 추진으로 매출액 개선 중.

현금 흐름 *IFRS 별도 기준 〈단위 : 억원〉
항목	2016	2017.2Q
영업활동	9	4
투자활동	7	-15
재무활동	-1	13
순현금흐름	16	1
기말현금	31	32

시장 대비 수익률

결산 실적 〈단위 : 억원〉
항목	2012	2013	2014	2015	2016	2017
매출액	278	282	151	145	190	
영업이익	25	18	-21	-16	2	
당기순이익	29	26	-16	-11	4	

분기 실적 *IFRS 별도 기준 〈단위 : 억원〉
항목	2016.1Q	2016.2Q	2016.3Q	2016.4Q	2017.1Q	2017.2Q
매출액	54	56	38	42	39	42
영업이익	4	0	-1	-1	1	0
당기순이익	4	0	-1	-3	2	2

재무 상태 *IFRS 별도 기준 〈단위 : 억원〉
항목	2012	2013	2014	2015	2016	2017.2Q
총자산	321	341	290	299	290	313
유형자산	77	101	98	94	94	94
무형자산	8	9	11	17	16	19
유가증권	13	13	18	20	14	2
총부채	97	95	64	84	70	77
총차입금	22	32	32	32	37	37
자본금	20	20	20	20	28	33
총자본	224	245	226	215	219	236
지배주주지분	224	245	226	215	219	236

기업가치 지표 *IFRS 별도 기준
항목	2012	2013	2014	2015	2016	2017.2Q
주가(최고/저)(천원)	5.6/2.3	5.5/3.1	4.3/2.5	17.4/2.5	10.2/4.7	—/—
PER(최고/저)(배)	11.5/4.6	12.3/6.9	—/—	—/—	132.9/61.1	—/—
PBR(최고/저)(배)	1.2/0.5	1.1/0.6	0.9/0.5	3.7/0.5	2.1/1.0	1.9/1.3
EV/EBITDA(배)	2.8	4.3			46.9	
EPS(원)	447	398	-237	-164	66	54
BPS(원)	6,786	7,269	6,784	6,520	4,797	4,212
CFPS(원)	957	804	-205	-101	165	98
DPS(원)	150	150			132	
EBITDAPS(원)	877	617	-327	-218	132	57

재무 비율 〈단위 : % 〉
연도	영업이익률	순이익률	부채비율	차입금비율	ROA	ROE	유보율	자기자본비율	EBITDA마진율
2016	1.3	2.3	32.1	17.0	1.5	2.0	859.4	75.7	3.9
2015	-10.8	-7.5	38.9	14.9	-3.7	-4.9	1,203.9	72.0	-6.2
2014	-13.6	-10.3	28.2	14.1	-4.9	-6.6	1,256.8	78.0	-8.9
2013	6.6	9.4	38.9	13.0	7.9	11.2	1,353.7	72.0	8.9

푸른저축은행 (A007330)
Pureun Mutual Savings Bank

업 종 : 상호저축은행	시 장 : KOSDAQ
신용등급 : (Bond) — (CP) —	기업규모 : 우량
홈페이지 : www.prsb.co.kr	연 락 처 : 02)545-9000
본 사 : 서울시 서초구 강남대로 581 (잠원동 28-1) 푸른빌딩	

설 립 일 1971.06.17	종업원수 138명	대 표 이 사 송명구,구혜원(각자대표이사)
상 장 일 1993.12.07	감사의견 적정 (한영)	계 열
결 산 기 12월	보 통 주 1,508만주	종속회사수
액 면 가 1,000원	우 선 주	구 상 호

주주구성 (지분율,%)
주신홍	17.2
푸른에프앤디	14.7
(외국인)	1.4

출자관계 (지분율,%)
푸른저축은행	100

주요경쟁사 (외형,%)

수익구성
이자수익	69.8
대출채권평가 및 처분이익	25.5
유가증권평가 및 처분이익	3.2

비용구성
이자비용	37.4
대출채권손실	0.0
판관비	46.4

수출비중
수출	—
내수	—

회사 개요
1972년 8월 제정된 상호저축은행법에 의하여 설립된 제2금융기관으로, 1971년 6월 '협성상호신용금고'로 출발. 예금과 대출을 주 동사의 수신은 전기대비 892억원 감소한 6,934억원, 여신은 408억원 증가한 8,461억원임. 중금리 신용대출, 시중은행과의 연계 대출, P2P 대출 등으로 시장 확대 가능성 큼.

실적 분석
동사의 2017년 2분기 기준 누적 영업이익은 전년 동기(146억원) 대비 23.3% 증가한 180억원을 기록함. 순이자이익이 51억원 늘어난 반면 순수수료이익은 72억원 감소함. 영업부문 제외한 기타부문 이익이 전년보다 줄어들며 당기 순이익 역시 소폭 감소한 136억원을 기록함. 동사의 서울지역 업계 기준 점유율은 여신 3.17%, 수신 2.64% 수준으로 전년대비 소폭 하락함.

현금 흐름 *GAAP 개별 기준
〈단위 : 억원〉
항목	2016	2017.2Q
영업활동	-55	86
투자활동	-30	-36
재무활동	-24	-61
순현금흐름	-110	-10
기말현금	15	15

시장 대비 수익률

결산 실적 *GAAP 개별 기준
〈단위 : 억원〉
항목	2012	2013	2014	2015	2016	2017
영업수익	—	—	—	—	642	—
영업이익	—	—	—	—	283	—
당기순이익	—	—	—	—	261	—

분기 실적 *GAAP 개별 기준
〈단위 : 억원〉
항목	2016.1Q	2016.2Q	2016.3Q	2016.4Q	2017.1Q	2017.2Q
영업수익	193	130	162	154	152	197
영업이익	94	50	78	61	65	114
당기순이익	65	90	62	43	49	87

재무 상태 *GAAP 개별 기준
〈단위 : 억원〉
항목	2012	2013	2014	2015	2016	2017.2Q
총자산	10,984	9,534	8,782	9,443	10,561	9,494
유형자산	654	649	645	644	283	282
무형자산	1	1	2	1	18	19
유가증권	48	44	114	145	43	39
총부채	9,433	7,979	6,971	7,542	8,405	7,258
총차입금						
자본금	151	151	151	151	151	151
총자본	1,551	1,555	1,811	1,901	2,155	2,236
지배주주지분						

기업가치 지표 *GAAP 개별 기준
〈단위 : 원〉
항목	2012	2013	2014	2015	2016	2017.2Q
주가(최고/저)(천원)	3.2/2.7	4.0/2.2	3.0/2.3	6.3/2.6	5.9/4.7	—/—
PER(최고/저)(배)	—/—	127.48/99.21	4.26/1.77	860/5.85	3.70/2.98	—/—
PBR(최고/저)(배)	0.42/0.24	0.31/0.24	0.57/0.24	0.53/0.36	0.44/0.35	0.55/0.36
PSR(최고/저)(배)	1/0	1/1	2/1	3/2	2/1	—
EPS(원)	-882	27	1,681	814	1,726	907
BPS(원)	10,819	10,846	12,530	13,117	14,689	15,216
CFPS(원)	1,181	953	717	884	2,294	653
DPS(원)	—	—	300	200	500	—
EBITDAPS(원)	—	—	—	—	—	—

재무 비율
〈단위 : % 〉
연도	계속사업이익률	순이익률	부채비율	차입금비율	ROA	ROE	유보율	자기자본비율	총자산증가율
2016	54.2	40.6	389.0		2.5	12.1	1,384.1	20.5	
2015	—	—	—		—	—	—	—	
2014	—	—	—		—	—	—	—	
2013	—	—	—		—	—	—	—	

풀무원 (A017810)
Pulmuone

업 종 : 식료품	시 장 : 거래소
신용등급 : (Bond) A- (CP) —	기업규모 : 시가총액 중형주
홈페이지 : www.pulmuone.co.kr	연 락 처 : 043)879-4500
본 사 : 충북 음성군 대소면 삼양로 730-27	

설 립 일 1984.05.31	종업원수 347명	대 표 이 사 남승우,이효율
상 장 일 1995.09.06	감사의견 적정 (삼일)	계 열
결 산 기 12월	보 통 주 381만주	종속회사수 28개사
액 면 가 5,000원	우 선 주	구 상 호 풀무원홀딩스

주주구성 (지분율,%)
남승우	57.3
국민연금공단	12.4
(외국인)	0.8

출자관계 (지분율,%)
이씨엠디	100.0
풀무원건강생활	100.0
로하스아카데미	100.0

주요경쟁사 (외형,%)
풀무원	100
동서	25
롯데푸드	87

매출구성
내부거래 매출 등 외	49.9
위탁급식용 식자재(급식)	16.3
공항, 터미널, 휴게소, 리조트, 복합몰 등	12.0

비용구성
매출원가율	73.4
판관비율	24.8

수출비중
수출	—
내수	—

회사 개요
동사는 1984년 풀무원효소식품으로 설립돼 1995년 풀무원으로 상호를 변경함. 2008년 인적분할을 통해 지주회사로 사업을 영위하고 있음. 두부, 나물, 계란, 면 등에서 차별화를 꾀하고 있으나 두부 제품 등은 2015년 2월 동반성장위원회의 중소기업 적합업종 재지정으로 시장 점유율을 소폭 감소함. 나물은 개당 단가가 낮은 필수 식재이지만 가격 경쟁이 치열해 수익성 높지 않음. 계란 시장도 경쟁 심화가 예상됨.

실적 분석
동사의 2017년 상반기 연결기준 누적 매출액은 1조 897.6억원으로 전년 동기 대비 13% 증가함. 매출이 늘면서 매출원가와 판관비도 상승했지만 고정비용 감소효과로 인해 영업이익은 전년 동기 대비 68.7% 증가한 177.1억원을 시현함. 비영업손익 부문에서 흑자전환에 성공하면서 당기순이익은 119.5억원으로 전년 동기 대비 흑자 전환했음. 매출이 큰 폭으로 늘면서 수익성이 조금씩 좋아지고 있음.

현금 흐름
〈단위 : 억원〉
항목	2016	2017.2Q
영업활동	564	124
투자활동	-1,487	-423
재무활동	323	185
순현금흐름	-600	-113
기말현금	862	749

시장 대비 수익률

결산 실적
〈단위 : 억원〉
항목	2012	2013	2014	2015	2016	2017
매출액	14,579	15,217	16,781	18,465	20,307	—
영업이익	409	464	533	395	379	—
당기순이익	101	-120	505	122	100	—

분기 실적
〈단위 : 억원〉
항목	2016.1Q	2016.2Q	2016.3Q	2016.4Q	2017.1Q	2017.2Q
매출액	4,597	5,049	5,260	5,401	5,292	5,605
영업이익	9	96	87	187	44	133
당기순이익	-23	-33	75	81	-14	133

재무 상태
〈단위 : 억원〉
항목	2012	2013	2014	2015	2016	2017.2Q
총자산	10,255	9,814	10,536	9,760	10,614	10,955
유형자산	4,127	4,257	4,593	4,744	5,224	5,583
무형자산	405	242	247	236	492	551
유가증권	1,802	1,489	1,096	144	131	229
총부채	7,364	7,091	7,189	6,456	6,951	7,193
총차입금	5,241	4,624	4,018	3,395	3,467	3,752
자본금	190	190	190	190	190	190
총자본	2,892	2,723	3,347	3,304	3,662	3,762
지배주주지분	2,263	2,132	2,613	2,896	2,602	2,665

기업가치 지표
〈단위 : 원〉
항목	2012	2013	2014	2015	2016	2017.2Q
주가(최고/저)(천원)	47.1/29.2	67.5/45.9	156/62.5	261/98.7	202/118	—/—
PER(최고/저)(배)	19.2/11.9	—	11.0/4.4	49.5/18.8	41.6/24.3	—/—
PBR(최고/저)(배)	0.8/0.5	1.2/0.8	2.3/0.9	3.4/1.3	2.9/1.7	—/—
EV/EBITDA(배)	5.9	5.5	5.5	9.5	8.9	2.1/1.8
EPS(원)	2,600	-1,654	14,445	5,334	4,882	4,339
BPS(원)	60,884	57,436	69,713	77,138	69,414	71,081
CFPS(원)	15,319	11,911	29,023	20,663	21,414	12,942
DPS(원)	1,020	1,020	1,020	1,020	1,020	—
EBITDAPS(원)	23,469	25,755	28,561	25,708	26,494	13,252

재무 비율
〈단위 : % 〉
연도	영업이익률	순이익률	부채비율	차입금비율	ROA	ROE	유보율	자기자본비율	EBITDA마진율
2016	1.9	0.5	189.8	94.7	1.0	6.8	1,288.3	34.5	5.0
2015	2.1	0.7	195.4	102.8	1.2	7.4	1,442.8	33.9	4.5
2014	3.2	3.0	214.8	120.0	5.0	23.2	1,294.3	31.8	6.5
2013	3.1	-0.8	260.4	169.8	-1.0	-2.9	1,048.7	27.8	6.5

풍강 (A093380)
Pungkang

종 목 : 자동차부품		시 장 : KOSDAQ	
신용등급 : (Bond) — (CP) —		기업규모 : 중견	
홈 페 이 지 : www.pungkang.com		연 락 처 : 031)359-3600	
본 사 : 경기도 화성시 우정읍 남양만로 745			

설 립 일 1974.09.10	종 업 원 수 252명	대 표 이 사 김진용
상 장 일 2007.06.01	감 사 의 견 적정 (성도)	계 열
결 산 기 08월	보 통 주 988만주	종속회사수
액 면 가 500원	우 선 주	구 상 호

주주구성 (지분율,%)
김진용	29.5
김창덕	12.1
(외국인)	0.8

출자관계 (지분율,%)
피케이메카트로닉스	50.0
SPM AUTOPARTS S.A.DEC.V.	35.0

주요경쟁사 (외형,%)
풍강	100
케이엔더블유	79
크린앤사이언스	69

매출구성
HEX NUT외	32.3
WELD NUT(용접너트)	25.4
WHEEL NUT	20.0

비용구성
매출원가율	86.9
판관비율	10.3

수출비중
수출	7.0
내수	93.0

회사 개요
동사는 넛트, 볼트, 스크류의 제조, 판매 및 수출입업을 주 사업내용으로 설립됨. 현재 완성차업체의 자동차조립용 부품을 주 수요산업으로 영위함. 국내 완성차업체인 현대, 기아, 한국지엠, 르노삼성, 타타대우, 쌍용차에 직접 공급하고 있으며 일본 닛산자동차 라인과 완성차 1차 협력업체에도 공급하고 있음. 시장점유율은 4.9%로 태양금속공업, 진합, 케이피에프 등에 이어 국내 7위를 차지하고 있음. 최대주주가 김진용 대표로 변경됨

실적 분석
8월 결산법인인 동사의 3분기 매출액은 소폭 감소한 632.5억원을 시현하였으며, 영업이익은 대폭 증가한 24.4억을 시현하였다. 당기순이익 역시 전년 동기 대비 크게 증가한 20.5억원을 기록함. 완성차 생산 감소, 글로벌메이커 발주 감소 등의 영향으로 매출이 줄면서 수익성이 악화됨. 동사는 해외시장을 성장의 교두보로 확보하기 위하여 다양한 방법과 경로를 통하여 마케팅 활동을 전개하고 있음.

현금 흐름 〈단위 : 억원〉
항목	2016	2017.3Q
영업활동	1	81
투자활동	-86	-32
재무활동	87	-46
순현금흐름	2	3
기말현금	15	17

시장 대비 수익률

결산 실적 〈단위 : 억원〉
항목	2012	2013	2014	2015	2016	2017
매출액	876	883	916	894	863	—
영업이익	48	31	35	15	24	—
당기순이익	59	48	45	29	19	—

분기 실적 〈단위 : 억원〉
항목	2016.2Q	2016.3Q	2016.4Q	2017.1Q	2017.2Q	2017.3Q
매출액	215	221	207	211	214	207
영업이익	4	13	10	9	7	7
당기순이익	4	14	3	9	9	7

재무 상태 〈단위 : 억원〉
항목	2012	2013	2014	2015	2016	2017.3Q
총자산	710	785	851	869	913	895
유형자산	332	387	430	444	494	495
무형자산	8	7	9	8	7	6
유가증권	1	1	1	23	16	11
총부채	255	260	288	289	328	295
총차입금	121	105	126	118	213	174
자본금	43	49	49	49	49	49
총자본	455	525	562	580	585	600
지배주주지분	455	525	562	580	585	599

기업가치 지표
항목	2012	2013	2014	2015	2016	2017.3Q
주가(최고/저)(천원)	3.1/1.8	3.0/2.3	3.3/2.3	3.5/2.4	5.2/3.0	—/—
PER(최고/저)(배)	5.2/3.0	6.3/4.7	7.9/5.5	12.3/8.6	28.4/16.8	0.9/0.6
PBR(최고/저)(배)	0.7/0.4	0.6/0.5	0.6/0.4	0.6/0.4	0.9/0.5	0.9/0.6
EV/EBITDA(배)	4.9	5.7	6.2	7.3	8.7	—/—
EPS(원)	692	536	459	299	188	208
BPS(원)	5,405	5,415	5,783	5,966	6,018	6,162
CFPS(원)	1,021	844	784	784	713	538
DPS(원)	100	90	80	80	70	
EBITDAPS(원)	887	655	683	562	684	577

재무 비율 〈단위 : % 〉
연도	영업이익률	순이익률	부채비율	차입금비율	ROA	ROE	유보율	자기자본비율	EBITDA마진율
2016	2.8	2.2	56.0	36.3	2.1	3.2	1,103.5	64.1	7.8
2015	1.6	3.3	49.8	20.3	3.4	5.2	1,093.1	66.8	6.2
2014	3.9	4.9	51.3	22.5	5.5	8.4	1,056.7	66.1	7.4
2013	3.5	5.5	49.5	20.1	6.5	9.9	983.0	66.9	6.7

풍국주정공업 (A023900)
PUNGGUK ETHANOL INDUSTRIAL

업 종 : 음료		시 장 : KOSDAQ	
신용등급 : (Bond) — (CP) —		기업규모 : 우량	
홈 페 이 지 : www.pungguk.com		연 락 처 : 053)583-2071	
본 사 : 대구시 달서구 성서로 72			

설 립 일 1954.02.27	종 업 원 수 38명	대 표 이 사 이한용,김규호(각자대표이사)
상 장 일 1994.11.23	감 사 의 견 적정 (안진)	계 열
결 산 기 12월	보 통 주 1,260만주	종속회사수 2개사
액 면 가 500원	우 선 주	구 상 호

주주구성 (지분율,%)
이한용	42.0
박순여	13.3
(외국인)	0.9

출자관계 (지분율,%)
에스디지	56.4
선도산업	50.0
서안주정	11.4

주요경쟁사 (외형,%)
풍국주정	100
진로발효	90
국순당	72

매출구성
주정외	50.4
탄산가스	25.4
수소외	24.2

비용구성
매출원가율	73.0
판관비율	15.1

수출비중
수출	0.0
내수	100.0

회사 개요
동사는 소주의 원료로 사용되는 주정생산업체로 안정적인 수요를 바탕으로 거의 과점적 지위를 누리고 있음. 주정 제조 및 판매, 탄산가스나 수소가스 제조 및 판매, 건조주정박 제조 및 판매를 주요 사업으로 영위하고 있으며, 동사의 계열사로는 선도산업(산업용탄산가스), 에스디지(수소가스)가 있음. 현재 10개의 주정사가 전국에 각 지역별로 고르게 분포되어 있음.

실적 분석
동사의 2017년 상반기 연결기준 누적 매출액은 532.1억원으로 전년 동기 대비 11% 증가함. 매출이 늘었지만 매출 원가 또한 크게 늘면서 영업이익은 전년 동기 대비 17.2% 감소한 50.4억원을 시현함. 비영업손익 부문에서 1회성 이익이 발생하면서 당기순이익은 전년 동기 대비 81.1% 증가한 93.1억원을 기록함. 매출이 늘면서 순이익 또한 크게 증가했음.

현금 흐름 〈단위 : 억원〉
항목	2016	2017.2Q
영업활동	128	53
투자활동	-188	-79
재무활동	56	-21
순현금흐름	-3	-48
기말현금	100	52

시장 대비 수익률

결산 실적 〈단위 : 억원〉
항목	2012	2013	2014	2015	2016	2017
매출액	918	1,003	1,078	1,015	968	—
영업이익	71	104	86	103	115	—
당기순이익	58	83	69	81	94	—

분기 실적 〈단위 : 억원〉
항목	2016.1Q	2016.2Q	2016.3Q	2016.4Q	2017.1Q	2017.2Q
매출액	243	237	233	255	254	279
영업이익	32	29	24	30	27	23
당기순이익	29	22	18	25	27	66

재무 상태 〈단위 : 억원〉
항목	2012	2013	2014	2015	2016	2017.2Q
총자산	1,165	1,225	1,288	1,387	1,520	1,585
유형자산	411	383	399	448	520	513
무형자산	44	45	45	45	33	33
유가증권	25	24	35	41	41	42
총부채	227	214	230	268	340	332
총차입금	90	67	57	92	182	195
자본금	42	42	42	42	63	63
총자본	938	1,011	1,057	1,119	1,180	1,254
지배주주지분	850	914	953	1,010	1,067	1,137

기업가치 지표
항목	2012	2013	2014	2015	2016	2017.2Q
주가(최고/저)(천원)	3.1/2.6	4.5/2.8	8.2/4.4	9.6/5.9	8.9/6.1	—/—
PER(최고/저)(배)	9.7/8.1	8.2/5.4	17.7/9.4	16.2/10.1	12.4/8.5	—/—
PBR(최고/저)(배)	0.5/0.4	0.7/0.4	1.2/0.6	1.2/0.8	1.1/0.7	0.8/0.7
EV/EBITDA(배)	4.4	4.2	6.0	5.7	5.6	—/—
EPS(원)	359	577	490	607	713	711
BPS(원)	10,123	10,876	11,341	12,022	8,466	9,022
CFPS(원)	1,146	1,533	1,428	1,518	1,150	965
DPS(원)	125	250	250	300	260	
EBITDAPS(원)	1,456	1,901	1,716	1,839	1,351	654

재무 비율 〈단위 : % 〉
연도	영업이익률	순이익률	부채비율	차입금비율	ROA	ROE	유보율	자기자본비율	EBITDA마진율
2016	11.9	9.7	28.9	15.4	6.5	8.7	1,593.1	77.6	17.6
2015	10.2	8.0	23.9	8.2	6.1	7.8	2,304.4	80.7	15.2
2014	8.0	6.4	21.8	5.4	5.5	6.6	2,168.2	82.1	13.4
2013	10.3	8.3	21.2	6.7	6.9	8.3	2,075.1	82.5	15.9

풍산 (A103140)
POONGSAN

업　　종 : 금속 및 광물　　　　시　　　장 : 거래소
신용등급 : (Bond) A　　(CP) A2　　기업규모 : 시가총액 중형주
홈페이지 : www.poongsan.co.kr　　연 락 처 : 031)650-7500
본　　사 : 경기도 평택시 포승읍 평택항로156번길 134

설 립 일	2008.07.04	종 업 원 수	3,554명	대 표 이 사	류진,최한명
상 장 일	2008.07.30	감 사 의 견	적정 (한영)	계 열	
결 산 기	12월	보 통 주	2,802만주	종속회사수	12개사
액 면 가	5,000원	우 선 주		구 상 호	

주주구성 (지분율,%)		출자관계 (지분율,%)		주요경쟁사 (외형,%)	
풍산홀딩스	36.0	풍산FNS	100.0	풍산	100
국민연금공단	13.5	PNT	60.0	POSCO	1,875
(외국인)	24.1	엘아이지풍산프로테크	40.0	현대제철	589

매출구성		비용구성		수출비중	
판 · 대(반도체소재 포함)	40.1	매출원가율	86.9	수출	55.0
군용탄, 스포츠탄	39.9	판관비율	5.4	내수	45.0
소전	8.3				

회사 개요
1968년에 설립된 동사는 사업부문이 비철금속 소재(동 및 동합금 판/대, 관, 봉/선, 소전 등)와 방산제품(탄)의 제조, 판매로 나뉨. 주요 종속회사로는 PMX와 Siam풍산으로 각각 미국과 태국지역의 생산, 판매를 담당하고 있음. 동사는 국내법인 7개, 해외법인 10개, 총 17개의 계열회사를 두고 있음. 전방산업이 IT, 자동차, 반도체, 건설분야로 확대됨에 따라 수요가 점진적으로 늘고 있음. 원자재 가격 변동에 따라 수익성이 좌우됨.

실적 분석
주력 제품인 동 판/대 제품이 자동차, IT 분야의 견조한 수요로 인하여 판매량이 증대되었고 건설 등 수요산업의 침체 지속에도 압출제품인 봉,선 제품의 판매증대가 있었음. 이에 따라 동사 2017년 2분기(2)분기 누적 매출액은 전년동기대비 6.2% 상승한 14,064.6억원을 기록하였고 전년동기대비 영업이익은 1,414.6억원으로 42.7% 상승하였음. 최종적으로 전년동기대비 당기순이익은 상승하여 1,086.5억원을 기록하였음.

현금 흐름　〈단위 : 억원〉

항목	2016	2017.2Q
영업활동	2,463	1,235
투자활동	-1,008	-307
재무활동	-1,287	-766
순현금흐름	197	128
기말현금	733	861

시장 대비 수익률

결산 실적　〈단위 : 억원〉

항목	2012	2013	2014	2015	2016	2017
매출액	29,003	30,220	30,003	28,197	28,318	—
영업이익	1,278	1,331	1,276	1,111	2,178	—
당기순이익	617	605	737	517	1,377	—

분기 실적　〈단위 : 억원〉

항목	2016.1Q	2016.2Q	2016.3Q	2016.4Q	2017.1Q	2017.2Q
매출액	6,138	7,101	6,969	8,109	7,073	6,991
영업이익	393	598	586	601	817	598
당기순이익	228	406	374	369	565	522

재무 상태　〈단위 : 억원〉

항목	2012	2013	2014	2015	2016	2017.2Q
총자산	26,332	26,841	28,591	26,076	27,149	27,627
유형자산	11,079	11,350	11,597	11,752	11,856	11,547
무형자산	265	256	241	200	194	178
유가증권	92	95	74	72	84	87
총부채	16,658	16,917	18,107	15,146	14,801	14,486
총차입금	12,963	13,172	13,613	11,297	10,183	9,259
자본금	1,401	1,401	1,401	1,401	1,401	1,401
총자본	9,674	9,924	10,484	10,930	12,348	13,141
지배주주지분	9,650	9,902	10,464	10,910	12,328	13,120

기업가치 지표

항목	2012	2013	2014	2015	2016	2017.2Q
주가(최고/저)(천원)	33.3/20.9	31.6/20.4	31.0/23.0	30.7/21.7	43.8/22.4	—/—
PER(최고/저)(배)	16.6/10.4	15.8/10.2	12.5/9.3	17.3/12.2	9.1/4.6	—/—
PBR(최고/저)(배)	1.1/0.7	1.0/0.6	0.9/0.7	0.8/0.6	1.0/0.5	1.0/0.8
EV/EBITDA(배)	12.0	10.6	10.0	9.6	6.9	—/—
EPS(원)	2,199	2,155	2,626	1,841	4,910	3,874
BPS(원)	34,441	35,340	37,344	38,936	43,995	46,822
CFPS(원)	4,184	4,390	5,288	4,728	7,911	5,439
DPS(원)	450	450	600	500	700	
EBITDAPS(원)	6,546	6,985	7,214	6,850	10,773	6,613

재무 비율　〈단위 : %〉

연도	영업이익률	순이익률	부채비율	차입금비율	ROA	ROE	유보율	자기자본비율	EBITDA마진율
2016	7.7	4.9	119.9	82.5	5.2	11.8	779.9	45.5	10.7
2015	3.9	1.8	138.6	103.4	1.9	4.8	678.7	41.9	6.8
2014	4.3	2.5	172.7	129.9	2.7	7.2	646.9	36.7	6.7
2013	4.4	2.0	170.5	132.7	2.3	6.2	606.8	37.0	6.5

풍산홀딩스 (A005810)
Poongsan Holdings

업　　종 : 금속 및 광물　　　　시　　　장 : 거래소
신용등급 : (Bond) —　　(CP) —　　기업규모 : 시가총액 중형주
홈페이지 : www.poongsanhc.co.kr　　연 락 처 : 032)556-4424
본　　사 : 인천시 계양구 아나지로 156 효성동 (주)풍산홀딩스

설 립 일	1968.10.22	종 업 원 수	351명	대 표 이 사	류진,최한명
상 장 일	1988.07.28	감 사 의 견	적정 (한영)	계 열	
결 산 기	12월	보 통 주	784만주	종속회사수	4개사
액 면 가	5,000원	우 선 주		구 상 호	

주주구성 (지분율,%)		출자관계 (지분율,%)		주요경쟁사 (외형,%)	
류진	34.9	풍산메탈서비스	100.0	풍산홀딩스	100
한국투자밸류자산운용	9.3	풍산특수금속	95.0	한국주철관	130
(외국인)	9.3	풍산화동양행	75.0	KISCO홀딩스	356

매출구성		비용구성		수출비중	
[㈜풍산]판 · 대(반도체소재 포함)	26.8	매출원가율	70.8	수출	—
[㈜풍산]군용탄, 스포츠탄	26.6	판관비율	6.8	내수	—
[㈜풍산]소전 외	25.1				

회사 개요
동사는 1968년에 설립되어 2008년 독점규제및공정거래에관한법률상의 지주회사로 전환함. 동사는 지주회사로 다른 회사의 주식을 소유함으로써 그 회사를 지배하는 것을 목적으로 함. 동사는 상장회사인 (주)풍산을 비롯해 국내 9개 계열회사와 해외 10개의 계열회사를 두고 있음. 동사는 주요 자회사인 (주)풍산의 지분 35.98%를 보유하고 있고, 여타 계열회사들의 지분은 모두 50% 이상을 보유함. 연결대상 종속회사는 풍산특수금속 등 총 4개임.

실적 분석
동사의 2017년 상반기 매출액은 1,545.1억원으로 전년 동기 대비 20.5% 증가함. 매출액 증가액에 비해 매출원가와 판매관리비는 소폭으로 늘어 영업이익은 469.9억원으로 전년 동기에 비해 44.9% 증가함. 풍산특수금속과 해외 계열사 등 동사의 종속회사들의 실적 개선이 이끌었음. 동사는 시장규모가 국내 1조5천억원, 해외 40조원 규모인 커넥터용 합금 개발을 진행 중임.

현금 흐름　〈단위 : 억원〉

항목	2016	2017.2Q
영업활동	204	-16
투자활동	-39	-167
재무활동	-3	44
순현금흐름	162	-140
기말현금	289	149

시장 대비 수익률

결산 실적　〈단위 : 억원〉

항목	2012	2013	2014	2015	2016	2017
매출액	2,296	2,772	2,731	2,721	2,976	—
영업이익	394	387	425	356	665	—
당기순이익	379	350	449	360	612	—

분기 실적　〈단위 : 억원〉

항목	2016.1Q	2016.2Q	2016.3Q	2016.4Q	2017.1Q	2017.2Q
매출액	554	729	774	919	758	787
영업이익	113	212	183	158	236	234
당기순이익	105	194	166	146	235	219

재무 상태　〈단위 : 억원〉

항목	2012	2013	2014	2015	2016	2017.2Q
총자산	6,008	6,311	6,770	6,985	7,627	8,007
유형자산	1,207	1,216	1,300	1,374	1,382	1,436
무형자산	60	48	60	70	69	69
유가증권	40	86	42	31	11	11
총부채	994	1,089	1,198	1,118	1,193	1,243
총차입금	371	381	407	396	397	436
자본금	452	452	452	452	452	452
총자본	5,014	5,222	5,573	5,868	6,434	6,764
지배주주지분	4,916	5,126	5,470	5,760	6,333	6,662

기업가치 지표

항목	2012	2013	2014	2015	2016	2017.2Q
주가(최고/저)(천원)	24.1/17.0	27.2/19.9	44.4/26.1	45.1/35.4	48.5/36.4	—/—
PER(최고/저)(배)	5.9/4.2	6.7/5.0	8.6/5.0	10.5/8.3	6.4/4.8	—/—
PBR(최고/저)(배)	0.4/0.3	0.4/0.3	0.7/0.4	0.6/0.5	0.6/0.4	0.6/0.5
EV/EBITDA(배)	3.5	4.5	6.2	7.2	4.7	—
EPS(원)	4,773	4,488	5,654	4,544	7,769	5,773
BPS(원)	66,431	69,106	73,504	77,203	84,511	88,709
CFPS(원)	5,402	5,168	5,322	5,322	8,604	6,217
DPS(원)	1,000	1,000	1,200	1,200	1,400	
EBITDAPS(원)	5,659	5,625	6,111	5,321	9,325	6,442

재무 비율　〈단위 : %〉

연도	영업이익률	순이익률	부채비율	차입금비율	ROA	ROE	유보율	자기자본비율	EBITDA마진율
2016	22.4	20.6	18.5	6.2	8.4	10.1	1,365.7	84.4	24.6
2015	13.1	13.3	19.1	6.8	5.2	6.3	1,239.0	84.0	15.3
2014	15.6	16.5	21.5	7.3	6.9	8.4	1,174.8	82.3	17.5
2013	14.0	12.6	20.9	7.3	5.7	7.0	1,098.6	82.7	15.9

퓨전데이타 (A195440)
Fusion Data

업 종 : IT 서비스		시 장 : KOSDAQ	
신용등급 : (Bond) — (CP) —		기업규모 : 벤처	
홈페이지 : www.fusiondata.co.kr		연 락 처 : 02)547-7688	
본 사 : 서울시 강남구 논현로 515 아승빌딩 6층			

설 립 일 2001.06.01	종 업 원 수 134명	대 표 이 사 이종명
상 장 일 2016.12.21	감사의견 적정(한영)	계 열
결 산 기 12월	보 통 주 336만주	종속회사수
액 면 가 500원	우 선 주	구 상 호

주주구성 (지분율,%)		출자관계 (지분율,%)		주요경쟁사 (외형,%)	
이종명	39.6	퓨전데이타	100		
산은캐피탈	7.9	이루온	186		
(외국인)	0.6	케이사인	114		

매출구성		비용구성		수출비중	
가상화 솔루션	82.3	매출원가율	69.2	수출	—
보안 시스템 등	13.7	판관비율	15.6	내수	—
유지보수 등	4.1				

회사 개요
동사는 2001년 6월 1일에 설립돼 시스템 통합, 소프트웨어 개발 및 공급을 주요사업으로 영위하고 있음. 2016년 12월 21일 코스닥에 상장했으며 현재 가상화 분야에서 입지를 강화하고 있음. 클라우드 시장에서 사업영역 확대를 추진. 동사는 오픈 소스 기반의 국산 가상화 솔루션을 제공하고 있으며 사용자에 최적화 된 UI, 각종 자동화 시스템을 통해 관리 효율성 극대화.

실적 분석
동사의 2017년 상반기 연결기준 누적 매출액은 64.6억원으로 전년 동기 대비 49.4% 감소함. 매출이 줄면서 매출원가도 줄었지만 판매비와 관리비는 오히려 늘면서 영업손실은 15.1억원으로 전년 동기 대비 적자전환함. 비영업손익 부문에서도 적자가 지속되면서 당기순손실은 14.8억원으로 전년 동기 대비 적자전환함. 매출이 큰 폭으로 줄면서 수익성도 악화되고 있음.

현금 흐름 *IFRS 별도 기준 〈단위 : 억원〉		
항목	2016	2017.2Q
영업활동	-42	-58
투자활동	-1	-12
재무활동	111	-2
순현금흐름	68	-72
기말현금	86	15

시장 대비 수익률

결산 실적 〈단위 : 억원〉					
항목	2012	2013	2014	2015	2016	2017
매출액	—	—	168	188	282	—
영업이익	—	—	-5	49	43	—
당기순이익	—	—	-1	28	8	—

분기 실적 *IFRS 별도 기준 〈단위 : 억원〉					
항목	2016.1Q	2016.2Q	2016.3Q	2016.4Q	2017.1Q	2017.2Q
매출액	19	109	86	69	33	32
영업이익	-3	20	22	5	4	-19
당기순이익	-2	15	16	-21	4	-18

재무 상태 *IFRS 별도 기준 〈단위 : 억원〉					
항목	2012	2013	2014	2015	2016	2017.2Q
총자산	—	—	100	166	307	277
유형자산	—	—	11	9	7	7
무형자산	—	—	4	8	7	18
유가증권	—	—	1	1	1	1
총부채	—	—	100	138	131	105
총차입금	—	—	59	62	45	45
자본금	—	—	10	10	15	17
총자본	—	—	-0	28	176	172
지배주주지분	—	—	-0	28	176	172

기업가치 지표 *IFRS 별도 기준					
항목	2012	2013	2014	2015	2016	2017.2Q
주가(최고/저)(천원)	—/—	—/—	—/—	—/—	20.3/16.3	—/—
PER(최고/저)(배)	0.0/0.0	0.0/0.0	0.0/0.0	0.0/0.0	57.1/45.8	—/—
PBR(최고/저)(배)	0.0/0.0	0.0/0.0	0.0/0.0	3.9/3.1	4.1/2.7	
EV/EBITDA(배)	0.0		0.0	0.8	10.0	
EPS(원)	—	—	-51	1,186	355	-441
BPS(원)	—	—	-20	1,186	5,238	5,112
CFPS(원)	—	—	193	1,322	501	-378
DPS(원)	—	—				
EBITDAPS(원)	—	—	-1,484	2,247	1,952	-388

재무 비율 〈단위 : % 〉							
연도	영업이익률	순이익률	부채비율	차입금비율	ROA	ROE	유보율	자기자본비율	EBITDA마진율
2016	15.2	3.0	74.4	32.4	3.6	8.3	1,062.9	57.4	16.5
2015	26.2	14.7	499.7	222.8	20.8	전기잠식	176.7	16.7	27.9
2014	-3.0	-0.7	완전잠식	완전잠식	0.0	0.0	-100.5	-0.1	-2.1
2013	—	—	0.0	0.0	0.0	0.0	0.0	0.0	—

퓨처스트림네트웍스 (A214270)
Futurestream Networks

업 종 : 미디어		시 장 : KOSDAQ	
신용등급 : (Bond) — (CP) —		기업규모 : 중견	
홈페이지 : www.fsn.co.kr, www.futurestrea		연 락 처 : 1544-8867	
본 사 : 서울시 강남구 역삼로8길 15, (홍우빌딩,7층)			

설 립 일 2015.01.19	종 업 원 수 93명	대 표 이 사 신창균
상 장 일 2015.03.25	감사의견 적정(삼정)	계 열
결 산 기 12월	보 통 주 4,798만주	종속회사수 4개사
액 면 가 100원	우 선 주	구 상 호 케이비제7호스팩

주주구성 (지분율,%)		출자관계 (지분율,%)		주요경쟁사 (외형,%)	
옐로디지털마케팅	51.2	애드맥스	100.0	퓨처스트림네트웍스	100
신창균	12.1	FSNASIAPte.Ltd	100.0	에코마케팅	51
(외국인)	0.2			나스미디어	215

매출구성		비용구성		수출비중	
카울리	64.1	매출원가율	59.5	수출	26.0
파트너CPI	33.0	판관비율	35.5	내수	74.0
기타	2.6				

회사 개요
동사는 스마트폰이나 태블릿과 같은 모바일 디바이스에서 사용가능한 다수의 앱과 웹을 묶어서 대규모 광고 집행이 가능한 매체로 만들고 여기에 광고주의 광고를 연결해주는 플랫폼 서비스인 모바일 애드네트워크를 주 사업으로 영위하고 있음. 국내외 모바일 광고 및 마케팅을 대행하는 비상장법인을 포함한 총 91개의 계열 회사가 있으며, 2016년 9월 케이비제7호기업인수목적 회사와의 합병을 통해 국내시장에 상장함.

실적 분석
동사의 연결기준 2017년 2분기 매출액은 162.1억원으로 전년동기 대비 8.1% 증가하였음. 반면 영업이익은 판관비의 상승 (전년동기 대비 36.7% 증가)에 따라 수익성이 악화되면서 전년동기 대비 적자전환하며 1.9억원 손실을 기록하였음. 판관비의 증가는 인권비와 경상개발비, 기타판관비의 증가에 기인함. 당기순손실은 영업이익의 감소로 인해 전년동기 대비 적자전환하며 2억원의 손실을 기록하였음.

현금 흐름 〈단위 : 억원〉		
항목	2016	2017.2Q
영업활동	9	12
투자활동	7	81
재무활동	2	7
순현금흐름	19	100
기말현금	33	132

시장 대비 수익률

결산 실적 〈단위 : 억원〉					
항목	2012	2013	2014	2015	2016	2017
매출액	80	124	257	242	325	—
영업이익	-10	-6	59	24	16	—
당기순이익	-12	-21	71	22	-69	—

분기 실적 〈단위 : 억원〉					
항목	2016.1Q	2016.2Q	2016.3Q	2016.4Q	2017.1Q	2017.2Q
매출액	75	75	87	88	66	96
영업이익	8	4	7	7	-3	1
당기순이익	2	4	-82	7	-3	2

재무 상태 〈단위 : 억원〉					
항목	2012	2013	2014	2015	2016	2017.2Q
총자산	40	43	133	167	285	298
유형자산	2	2	1	3	2	2
무형자산			0	5	29	27
유가증권						1
총부채	38	133	46	53	60	59
총차입금	25	104	12			8
자본금	1		9	35	46	48
총자본	1	-90	87	114	225	239
지배주주지분	1	-90	87	114	225	238

기업가치 지표					
항목	2012	2013	2014	2015	2016	2017.2Q
주가(최고/저)(천원)	—/—	—/—	—/—	4.5/3.0	4.0/1.4	—/—
PER(최고/저)(배)	0.0/0.0	0.0/0.0	0.0/0.0	95.0/63.6	—/—	—/—
PBR(최고/저)(배)	0.0/0.0	0.0/0.0	0.0/0.0	18.1/12.1	8.1/2.7	5.5/3.8
EV/EBITDA(배)			0.0	2.1	49.9	
EPS(원)	-47	-78	222	48	-152	-4
BPS(원)	89	-6,044	5,022	327	493	496
CFPS(원)	-1,070	-1,347	4,651	66	-147	-2
DPS(원)						
EBITDAPS(원)	-882	-390	3,915	73		-2

재무 비율 〈단위 : % 〉							
연도	영업이익률	순이익률	부채비율	차입금비율	ROA	ROE	유보율	자기자본비율	EBITDA마진율
2016	5.0	-21.1	26.7	3.8	-30.4	-40.8	392.9	78.9	5.7
2015	9.9	9.0	46.5		14.5	21.6	227.4	68.3	10.4
2014	23.0	27.4	52.7	13.8	80.2	전기잠식	904.5	65.5	23.3
2013	-5.2	-16.8	완전잠식	완전잠식	—	-1,907.1	-210.4	-4.7	

퓨처켐 (A220100)
FutureChem

업 종 : 제약		시 장 : KOSDAQ	
신용등급 : (Bond) — (CP) —		기업규모 : 신성장	
홈 페 이 지 : www.futurechem.co.kr		연 락 처 : 02)497-3114	
본 사 : 서울시 성동구 연무장3길 21(성수동2가, 2층)			

설 립 일	2001.08.13	종업원수	47명	대표이사	지대윤
상 장 일	2015.08.13	감사의견	적정 (현대)	계 열	
결 산 기	12월	보 통 주	562만주	종속회사수	
액 면 가	500원	우 선 주		구 상 호	

주주구성 (지분율,%)		출자관계 (지분율,%)		주요경쟁사 (외형,%)	
박영자	9.9			퓨처켐	100
지대윤	9.8			한국비엔씨	766
(외국인)	2.2			이-글 벳	1,775

매출구성		비용구성		수출비중	
방사성의약품(제품)	68.4	매출원가율	182.1	수출	8.0
합성시약 및 전구체(상품)	25.8	판관비율	156.9	내수	92.0
합성시약 및 전구체(상품)	5.5				

회사 개요
동사는 진단용 PET 방사성 의약품과 같은 방사성 의약품 생산에 필요한 전구체 화합물을 제조 판매하는 사업을 시작으로 2001년 8월에 설립되었음. 2015년 8월 코넥스 시장상장됨. 방사성 동위원소인 F-18을 이용한 표지 기술 및 파킨슨병, 폐암 진단을 위한 제품 등을 생산 판매하고 있음. PET 촬영을 위한 제품인 FP-CIT, FLT 등을 주로 생산하며 이는 파킨슨병 등의 진단을 위한 시약으로 사용됨.

실적 분석
동사의 2017년 2분기 매출액은 9.8억원을 시현하여 전년대비 27% 증가함. 그러나 영업손실과 당기순손실은 각 20.4억원, 18.1억원을 기록하여 적자지속. 동사는 2017년 중소기업기술혁신개발사업 글로벌스타벤처육성R&D과제를 선정하여 전립선암 진단을 위한 PSMA-표적 PET 방사성의약품을 개발하고 임상시험 완료와 품목허가를 취득함으로써 전립선암 진단을 위한 신약을 출시하고자 함.

현금 흐름
*IFRS 별도 기준 〈단위 : 억원〉

항목	2016	2017.2Q
영업활동	-22	-16
투자활동	-66	-127
재무활동	207	-10
순현금흐름	119	-154
기말현금	174	21

시장 대비 수익률

결산 실적
〈단위 : 억원〉

항목	2012	2013	2014	2015	2016	2017
매출액	7	6	7	14	16	—
영업이익	-1	-1	-9	-23	-39	—
당기순이익	-1	0	-39	-245	-273	—

분기 실적
*IFRS 별도 기준 〈단위 : 억원〉

항목	2016.1Q	2016.2Q	2016.3Q	2016.4Q	2017.1Q	2017.2Q
매출액	3	4			4	6
영업이익	-11	-7			-11	-9
당기순이익	-62	-74			-9	-9

재무 상태
*IFRS 별도 기준 〈단위 : 억원〉

항목	2012	2013	2014	2015	2016	2017.2Q
총자산	10	33	118	158	331	305
유형자산	3	1	41	21	21	26
무형자산		3	6	10	11	11
유가증권	1	1		10		148
총부채	9	11	156	329	16	7
총차입금		5	149	321		
자본금	5	6	5	13	28	28
총자본	1	21	-38	-171	315	298
지배주주지분	1	21	-38	-171	315	298

기업가치 지표
*IFRS 별도 기준 〈단위 : 억원〉

항목	2012	2013	2014	2015	2016	2017.2Q
주가(최고/저)(천원)	—/—	—/—	—/—	24.7/14.2	31.5/9.1	—/—
PER(최고/저)(배)	0.0/0.0	0.0/0.0	0.0/0.0	—/—	—/—	—/—
PBR(최고/저)(배)	0.0/0.0	0.0/0.0	0.0/0.0	-5.0/-2.9	5.6/1.6	2.8/1.5
EV/EBITDA(배)	—	—	—	—	—	—
EPS(원)	-45	6	-1,441	-7,242	-6,527	-323
BPS(원)	115	1,661	-2,287	-4,915	5,609	5,301
CFPS(원)	-36	55	-2,738	-7,130	-6,374	-258
DPS(원)						
EBITDAPS(원)	-14	59	-529	-581	-776	-298

재무 비율
〈단위 : % 〉

연도	영업이익률	순이익률	부채비율	차입금비율	ROA	ROE	유보율	자기자본비율	EBITDA마진율
2016	-239.0	-1,678.8	5.0	3.2	-111.6	전기잠식	1,021.8	95.2	-199.6
2015	-162.3	-1,695.5	완전잠식	완전잠식	-177.8	잠식지속	-1,432.2	-108.4	-136.1
2014	-128.7	-555.7	완전잠식	완전잠식			-833.1	-32.1	-101.2
2013	3.1	2.3	53.5	47.4	0.7	1.3	232.2	65.2	11.7

프럼파스트 (A035200)
PlumbFast

업 종 : 건축자재		시 장 : KOSDAQ	
신용등급 : (Bond) — (CP) —		기업규모 : 벤처	
홈 페 이 지 : www.plumbfast.co.kr		연 락 처 : 044)865-9681	
본 사 : 대전시 중구 동서대로 1187(태평동)			

설 립 일	1992.06.24	종업원수	86명	대표이사	원재희
상 장 일	2001.12.28	감사의견	적정 (신우)	계 열	
결 산 기	12월	보 통 주	804만주	종속회사수	2개사
액 면 가	500원	우 선 주		구 상 호	

주주구성 (지분율,%)		출자관계 (지분율,%)		주요경쟁사 (외형,%)	
원재희	24.7	홈앤플러스	47.0	프럼파스트	100
Morgan Stanley & co. International Limited	3.9	랑팡동양관재	100.0	이건홀딩스	359
(외국인)	1.8			덕신하우징	268

매출구성		비용구성		수출비중	
PB파이프	35.2	매출원가율	80.5	수출	6.0
PB이음관 등	34.5	판관비율	10.6	내수	94.0
PPF파이프 등	29.4				

회사 개요
동사는 중국의 1개의 종속회사를 포함하여 총 2개의 회사로 구성된 옥내 배관재 중 PB 배관재 및 관련제품을 주로 생산하는 전문기업임. PB파이프 및 이음관의 매출비중이 전체 매출의 약 68%를 차지고 원재료를 전량 일본에서 직수입하므로 환율변동에 따른 가격경쟁력이 영향을 받음. 배관재 산업은 건설경기 및 신규주택 건설에 대한 정부정책에 따라 많은 영향을 받는 산업임.

실적 분석
동사의 연결기준 2017년 2분기 누적매출액은 전년동기 대비 25.4% 증가한 264.1억원을 기록함. 배관자재 PB등의 수출과 내수 모두 크게 증가한 영향. 매출원가율이 개선되고 판관비가 크게 증가하지 않아 영업이익 또한 전년동기 대비 128.8% 증가한 31.3억원을 시현남. 건설경기가 살아나고 신규주택 건설이 증가하여 이로 인한 수혜가 컸음. 신제품 개발 및 제품의 다양화를 위해 노력 중.

현금 흐름
〈단위 : 억원〉

항목	2016	2017.2Q
영업활동	3	22
투자활동	-2	-9
재무활동	-7	11
순현금흐름	6	25
기말현금	28	53

시장 대비 수익률

결산 실적
〈단위 : 억원〉

항목	2012	2013	2014	2015	2016	2017
매출액	426	471	444	386	453	—
영업이익	20	38	34	24	40	—
당기순이익	13	29	26	29	32	—

분기 실적
〈단위 : 억원〉

항목	2016.1Q	2016.2Q	2016.3Q	2016.4Q	2017.1Q	2017.2Q
매출액	87	124	107	136	134	130
영업이익	1	12	12	15	12	19
당기순이익	1	10	9	13	6	18

재무 상태
〈단위 : 억원〉

항목	2012	2013	2014	2015	2016	2017.2Q
총자산	329	372	382	364	392	425
유형자산	114	110	107	89	87	86
무형자산	1	1	1	2	2	4
유가증권			2	0	0	0
총부채	135	157	140	98	101	96
총차입금	97	109	84	47	45	39
자본금	31	31	31	31	37	40
총자본	194	215	242	266	291	329
지배주주지분	194	215	242	266	291	327

기업가치 지표
〈단위 : 억원〉

항목	2012	2013	2014	2015	2016	2017.2Q
주가(최고/저)(천원)	5.3/1.4	2.3/1.5	5.1/2.1	3.7/2.2	8.1/2.8	—/—
PER(최고/저)(배)	34.9/9.2	6.6/4.5	17.1/6.8	10.5/6.4	20.6/7.2	—/—
PBR(최고/저)(배)	2.3/0.6	0.9/0.6	1.8/0.7	1.1/0.7	2.2/0.8	2.0/1.1
EV/EBITDA(배)	6.8	5.9	5.8	8.6	13.2	—
EPS(원)	161	364	321	365	399	306
BPS(원)	3,144	3,626	4,061	4,454	4,076	4,067
CFPS(원)	431	663	611	648	556	355
DPS(원)			100	100		
EBITDAPS(원)	542	811	750	559	669	438

재무 비율
〈단위 : % 〉

연도	영업이익률	순이익률	부채비율	차입금비율	ROA	ROE	유보율	자기자본비율	EBITDA마진율
2016	8.9	7.1	34.7	15.6	8.5	11.5	715.2	74.3	10.8
2015	6.2	7.6	36.7	17.6	7.9	11.6	790.9	73.2	8.9
2014	7.7	5.8	57.8	34.5	6.9	11.3	712.3	63.4	10.4
2013	8.2	6.2	72.7	50.4	14.3	625.2	57.9	10.6	

프로스테믹스 (A203690)
PROSTEMICS CO

업　　종: 바이오	시　　장: KOSDAQ
신용등급: (Bond) —　(CP) —	기업규모: 벤처
홈페이지: www.prostemics.com	연 락 처: 02)545-2520
본　　사: 서울시 강남구 언주로 708 (논현동,경원빌딩)	

설 립 일 2014.06.25	종업원수 77명	대표이사 이원종	
상 장 일 2014.09.30	감사의견 적정 (삼일)	계　　열	
결 산 기 12월	보 통 주 4,517만주	종속회사수 1개사	
액 면 가 100원	우 선 주	구 상 호 케이비제3호스팩	

주주구성 (지분율,%)
산성앨엔에스	30.3
한국산업은행	5.9
(외국인)	1.2

출자관계 (지분율,%)
프로스테믹스	100
씨па트	520
내츄럴엔도텍	46

주요경쟁사 (외형,%)

매출구성
[화장품&줄기세포배양용용제품] OEM 매출	71.6
[화장품&줄기세포배양용용제품] 기타	21.4
임대	7.0

비용구성
매출원가율	21.9
판관비율	49.1

수출비중
수출	53.0
내수	47.0

회사 개요
세포 치료제를 연구하는 바이오 기업인 동사는 KB제3호스팩(203690)과의 합병을 통해 2015년 10월 1일 코스닥 시장에 상장. 줄기세포 배양액 생산 원천기술을 가지고 있는 동사는 시장에서 줄기세포 배양액을 활용하는 줄기세포 유래 단백질 응용 기술 향후 성장 가능성이 높을 것으로 기대되고 있음. 동사는 최근 8년간 미국, 일본 등의 의료시장에 병원용 화장품 공급을 통해 총 700만 달러 이상의 수출 실적을 올리고 있음.

실적 분석
동사의 연결 재무제표 기준 2017년 반기 기준 매출액은 전년 동기 70.4억원 대비 45.0% 감소한 38.7억원 기록. 매출부진으로 영업손실 10.5억원 순손실 9.0억원을 시현하며 적자전환함. OEM 사업 부문에서 완제품 대신 원료 납품으로 바뀌면서 실적에 부정적인 영향이 반영된 것으로 보임. 플라즈마 미용 기기 (두피·피부용) 발매가 본격화될 예정이고 의료용 기기 개발도 진행 중에 있음.

현금 흐름 〈단위 : 억원〉
항목	2016	2017.2Q
영업활동	59	-8
투자활동	-91	5
재무활동	2	1
순현금흐름	-30	-4
기말현금	36	33

시장 대비 수익률

결산 실적 〈단위 : 억원〉
항목	2012	2013	2014	2015	2016	2017
매출액	49	101	105	148	142	—
영업이익	1	16	36	61	41	—
당기순이익	-4	24	29	-85	43	—

분기 실적 〈단위 : 억원〉
항목	2016.1Q	2016.2Q	2016.3Q	2016.4Q	2017.1Q	2017.2Q
매출액	33	37	40	32	19	19
영업이익	12	10	12	7	-5	-6
당기순이익	10	11	13	9	7	-9

재무 상태 〈단위 : 억원〉
항목	2012	2013	2014	2015	2016	2017.2Q
총자산	66	66	155	433	471	450
유형자산	8	9	12	74	114	113
무형자산	7	5	4	6	9	10
유가증권	12		48	238	47	26
총부채	32	17	44	39	22	17
총차입금	27	10	27	16		
자본금	54	54	55	43	45	45
총자본	34	49	110	394	449	433
지배주주지분	34	49	110	394	449	433

기업가치 지표
항목	2012	2013	2014	2015	2016	2017.2Q
주가(최고/저)(천원)	—/—	—/—	4.1/4.0	11.0/3.5	7.3/3.6	—/—
PER(최고/저)(배)	0.0/0.0	0.0/0.0	56.2/54.8	—	76.5/37.2	5.1/3.8
PBR(최고/저)(배)	0.0/0.0	0.0/0.0	14.9/14.5	12.1/3.9	7.4/3.6	—/—
EV/EBITDA(배)	3.6		0.2	4.2	23.7	32.0
EPS(원)	-11	63	73	-207	95	-20
BPS(원)	315	456	900	908	993	960
CFPS(원)	-1	251	278	-194	117	-6
DPS(원)						
EBITDAPS(원)	49	176	342	162	112	-10

재무 비율 〈단위 : %〉
연도	영업이익률	순이익률	부채비율	차입금비율	ROA	ROE	유보율	자기자본비율	EBITDA마진율
2016	28.9	30.5	4.9	0.0	9.6	10.2	893.2	95.3	35.7
2015	41.1	-57.4	9.9	4.1	-29.0	-33.8	807.6	91.0	44.8
2014	34.9	27.6	40.2	24.1	26.3	36.3	100.5	71.3	38.7
2013	15.7	23.7	일부잠식	일부잠식		-8.8	74.6	18.8	

프로텍 (A053610)
Protec

업　　종: 반도체 및 관련장비	시　　장: KOSDAQ
신용등급: (Bond) —　(CP) —	기업규모: 우량
홈페이지: www.protec21.co.kr	연 락 처: 031)470-0700
본　　사: 경기도 안양시 동안구 시민대로327번길 11-14 (관양동)	

설 립 일 1997.09.01	종업원수 236명	대표이사 최승환	
상 장 일 2001.08.07	감사의견 적정 (지암)	계　　열	
결 산 기 12월	보 통 주 946만주	종속회사수 6개사	
액 면 가 500원	우 선 주	구 상 호	

주주구성 (지분율,%)
최승환	33.1
엘파텍	7.0
(외국인)	5.2

출자관계 (지분율,%)
프로텍에이엔이	100.0
피에스	100.0
그로티	51.6

주요경쟁사 (외형,%)
프로텍	100
SKC 솔믹스	100
유니트론텍	156

매출구성
Dispenser M/C	52.6
기타장비 및 부품	38.0
공압실린더	8.5

비용구성
매출원가율	69.5
판관비율	14.7

수출비중
수출	48.0
내수	52.0

회사 개요
동사는 1997년 반도체장비 및 자동화공압부품의 제조를 목적으로 설립됨. 사업부문은 반도체 제조용 장비 등을 생산하는 시스템사업부가 있으며, 뉴메틱사업부에서 부품사업도 진행 중임. 연결대상 종속법인으로는 일본 소재의 반도체 제조용 기계제조회사인 MINAMI와 소프트웨어 회사 스트라토아이티 등 6개사를 보유함. 주요 고객은 삼성전자, 앰코테크놀러지, 고려반도체시스템 등이 있음.

실적 분석
동사의 2017년 2분기 연결기준 누적 매출액은 569.2억원으로 전년동기 대비 29.6% 증가함. Dispenser M/C 품목의 매출이 전년동기 대비 76.6% 증가하여 가장 큰 매출 성장을 냄. 매출증가에 힘입어 영업이익은 전년동기 대비 116.0% 증가한 110.4억원을 시현 기존 주력제품인 디스펜서 장비 관련 연구개발뿐만 아니라, LED제조장비 기술개발에 노력 중임.

현금 흐름 〈단위 : 억원〉
항목	2016	2017.2Q
영업활동	190	-49
투자활동	-41	27
재무활동	-55	130
순현금흐름	97	102
기말현금	199	302

시장 대비 수익률

결산 실적 〈단위 : 억원〉
항목	2012	2013	2014	2015	2016	2017
매출액	811	661	925	751	948	—
영업이익	178	93	167	123	150	—
당기순이익	150	74	149	107	123	—

분기 실적 〈단위 : 억원〉
항목	2016.1Q	2016.2Q	2016.3Q	2016.4Q	2017.1Q	2017.2Q
매출액	203	236	238	271	292	277
영업이익	15	36	39	61	56	54
당기순이익	10	31	22	61	63	49

재무 상태 〈단위 : 억원〉
항목	2012	2013	2014	2015	2016	2017.2Q
총자산	901	1,065	1,239	1,361	1,491	1,805
유형자산	472	496	534	793	811	805
무형자산	40	37	35	40	38	37
유가증권	6		5	11	9	7
총부채	122	224	259	282	278	494
총차입금		134	164	184	129	247
자본금	45	45	45	45	47	47
총자본	778	841	980	1,080	1,213	1,311
지배주주지분	778	841	976	1,069	1,204	1,308

기업가치 지표
항목	2012	2013	2014	2015	2016	2017.2Q
주가(최고/저)(천원)	8.9/6.2	11.3/7.0	9.9/7.6	10.3/7.4	13.5/7.5	—/—
PER(최고/저)(배)	5.8/4.0	14.6/9.1	6.3/4.8	8.9/6.4	9.6/5.3	—/—
PBR(최고/저)(배)	1.1/0.8	1.3/0.8	1.0/0.7	0.9/0.6	1.1/0.6	1.2/0.8
EV/EBITDA(배)	3.8	6.2	3.4	6.0	5.7	—/—
EPS(원)	1,667	823	1,650	1,191	1,431	1,248
BPS(원)	8,683	9,374	10,881	11,917	13,058	14,072
CFPS(원)	1,762	936	1,763	1,322	1,661	1,363
DPS(원)	150	80	160	150	150	
EBITDAPS(원)	2,078	1,145	1,963	1,499	1,860	1,288

재무 비율 〈단위 : %〉
연도	영업이익률	순이익률	부채비율	차입금비율	ROA	ROE	유보율	자기자본비율	EBITDA마진율
2016	15.8	13.0	22.9	10.7	8.6	11.6	2,511.7	81.4	18.0
2015	16.4	14.3	26.1	17.0	8.3	10.5	2,283.4	79.3	18.0
2014	18.0	16.1	26.4	16.7	12.9	16.3	2,076.3	79.1	19.1
2013	14.1	11.2	26.7	16.0	7.5	9.2	1,774.7	79.0	15.6

프리엠스 (A053160)
Freems

업 종 : 기계		시 장 : KOSDAQ	
신용등급 : (Bond) — (CP) —		기업규모 : 중견	
홈페이지 : www.freems.co.kr		연 락 처 : 032)679-1477	
본 사 : 경기도 부천시 오정구 삼작로178번길 14(내동)			

설 립 일	1989.11.28	종 업 원 수	86명	대 표 이 사	박흥식
상 장 일	2001.10.18	감 사 의 견	적정 (정진)	계 열	
결 산 기	12월	보 통 주	600만주	종속회사수	2개사
액 면 가	500원	우 선 주		구 상	

주주구성 (지분율,%)		출자관계 (지분율,%)		주요경쟁사 (외형,%)	
주도식	33.3	프리엠스	100		
박흥식	14.0	우진플라임	1,127		
(외국인)	2.7		896		

매출구성		비용구성		수출비중	
HHI 건설중장비HARNESS	33.2	매출원가율	79.4	수출	—
현대중공업	22.3	판관비율	17.1	내수	—
DIC 건설중장비 HARNESS	21.9				

회사 개요
1989년에 설립된 건설용 중장비 전장품과 자동제어기기 제조 및 판매사임. 2001년에 코스닥시장에 상장하였으며 경기도 부천시에 본사와 공장을 두고 있음. 건설용 중장비를 제조하는 전장 사업부문과 소량 다품종 양산품을 생산하는 기계제어사업부문을 영위 중이며, 중국 웨이하이로 위해선중전자장배유한공사와 위해부선전자장배유한공사 등 2개의 자회사를 가지고 있음. 또한 금융단말기를 OEM 생산방식으로 제조, 납품하고 있음

실적 분석
동사의 2017년 반기 연결기준 매출액은 146.2 억원으로 전년동기 대비 38.0% 증가하였으며, 영업이익 및 당기순이익의 실적은 각각 5.4억과 6.2억을 시현함. 매출호조에도 불구하고 매출원가가 전년비 44.7% 상승하면서 순이익은 전년동기 대비 44.3% 감소함. 경기불황의 탈출 및 신흥국가의 개발 등이 가시화 될 경우 건설용 중장비의 꾸준한 증가 수요가 발생할 것으로 기대됨.

현금 흐름		〈단위 : 억원〉
항목	2016	2017.2Q
영업활동	23	-8
투자활동	-64	66
재무활동	45	-2
순현금흐름	3	56
기말현금	22	78

시장 대비 수익률

결산 실적						〈단위 : 억원〉
항목	2012	2013	2014	2015	2016	2017
매출액	386	352	299	245	203	—
영업이익	32	27	20	14	7	—
당기순이익	31	26	21	17	16	—

분기 실적						〈단위 : 억원〉
항목	2016.1Q	2016.2Q	2016.3Q	2016.4Q	2017.1Q	2017.2Q
매출액	54	52	39	58	70	76
영업이익	2	2	0	3	3	3
당기순이익	3	8	2	3	3	4

재무 상태						〈단위 : 억원〉
항목	2012	2013	2014	2015	2016	2017.2Q
총자산	356	366	378	382	470	471
유형자산	126	126	124	123	86	86
무형자산	9	9	3	4	7	7
유가증권	15	28	24	13	4	5
총부채	56	40	36	27	49	42
총차입금	10	4	3	0	—	1
자본금	30	30	30	30	30	30
총자본	300	326	341	356	421	429
지배주주지분	300	326	341	356	421	429

기업가치 지표						
항목	2012	2013	2014	2015	2016	2017.2Q
주가(최고/저)(천원)	6.4/2.4	4.5/3.0	4.0/3.2	7.0/3.4	14.6/4.3	—/—
PER(최고/저)(배)	13.2/5.1	10.7/7.1	11.8/9.5	25.0/12.1	53.6/15.9	—/—
PBR(최고/저)(배)	1.2/0.5	0.8/0.5	0.7/0.5	1.1/0.5	2.0/0.6	1.5/0.8
EV/EBITDA(배)	1.3	1.9	0.7	7.5	35.8	
EPS(원)	510	441	353	282	274	103
BPS(원)	5,448	5,872	6,134	6,372	7,285	7,408
CFPS(원)	555	490	397	322	309	120
DPS(원)	50	50	50	50	50	
EBITDAPS(원)	570	495	380	278	153	108

재무 비율									〈단위 : % 〉
연도	영업이익률	순이익률	부채비율	차입금비율	ROA	ROE	유보율	자기자본비율	EBITDA마진율
2016	3.5	8.1	11.5	0.0	3.9	4.2	1,357.0	89.7	4.5
2015	5.8	6.9	7.5	0.1	4.5	4.9	1,174.4	93.1	6.8
2014	6.7	7.1	10.6	0.8	5.7	6.3	1,126.9	90.4	7.6
2013	7.6	7.5	12.3	1.1	7.3	8.5	1,074.5	89.1	8.4

플랜티넷 (A075130)
Plantynet

업 종 : 인터넷 서비스		시 장 : KOSDAQ	
신용등급 : (Bond) — (CP) —		기업규모 : 벤처	
홈페이지 : www.plantynet.com		연 락 처 : 070)4489-7000	
본 사 : 경기도 성남시 분당구 대왕판교로670 유스페이스2 A동 6층			

설 립 일	2000.06.01	종 업 원 수	79명	대 표 이 사	김태주
상 장 일	2005.06.10	감 사 의 견	적정 (한울)	계 열	
결 산 기	12월	보 통 주	896만주	종속회사수	5개사
액 면 가	500원	우 선 주		구 상	

주주구성 (지분율,%)		출자관계 (지분율,%)		주요경쟁사 (외형,%)	
김태주	20.0	모아진	100.0	플랜티넷	100
현창룡	6.7	에이앤지모즈	100.0	이크레더블	113
(외국인)	2.6	알바트로스인베스트먼트	61.4	가비아	367

매출구성		비용구성		수출비중	
유해콘텐츠차단서비스, 매장음악영상	61.8	매출원가율	0.0	수출	11.0
유해콘텐츠차단서비스 및 관련 용역	21.9	판관비율	85.1	내수	89.0
디지털매거진/디지털음원, 영상관련 콘텐츠유통	9.8				

회사 개요
동사는 유해사이트 차단서비스와 매장 배경음악 등 미디어콘텐츠 서비스 사업을 주로 영위하고 있음. 유무선전자잡지 콘텐츠 개발 및 유통 회사 모아진, 온라인 음악 교육 콘텐츠 개발업체 케이노트온라인, 창투사인 알바트로스인베스트먼트 등을 자회사로 두고 있음. 주요 매출원은 유해사이트 차단 부문으로, KT와 SK브로드밴드 등 국내외 주요 통신사업자와 제휴하여 간단한 방법으로 유해 사이트를 차단하는 서비스를 제공 중임.

실적 분석
유해콘텐츠차단서비스 신규계약 수주와 신규 서비스 출시, 디지털사이니지 신규계약 등 본사 주요 사업부문은 꾸준한 실적을 달성하였으나, 자회사 벤처캐피탈인 알바트로스인베스트먼트의 수익이 급감함에 따라 2017년 상반기 전체 영업수익은 전년동기 대비 25.6% 감소함. 해외 자회사의 배당수익, 알바트로스인베스트먼트의 펀드 청산효과로 2분기는 전분기 대비 수익과 이익 모두 증가함. 대전교육청의 교육정보화 역기능 예방시스템 구축 계약을 신규 수주함.

현금 흐름		〈단위 : 억원〉
항목	2016	2017.2Q
영업활동	30	28
투자활동	-28	-2
재무활동	-20	-15
순현금흐름	-18	11
기말현금	121	132

시장 대비 수익률

결산 실적						〈단위 : 억원〉
항목	2012	2013	2014	2015	2016	2017
매출액	255	285	233	248	278	—
영업이익	30	35	16	27	42	—
당기순이익	73	51	7	38	31	—

분기 실적						〈단위 : 억원〉
항목	2016.1Q	2016.2Q	2016.3Q	2016.4Q	2017.1Q	2017.2Q
매출액	100	51	63	65	52	59
영업이익	27	6	6	4	2	9
당기순이익	13	3	4	11	2	8

재무 상태						〈단위 : 억원〉
항목	2012	2013	2014	2015	2016	2017.2Q
총자산	783	820	792	837	830	825
유형자산	147	153	135	130	123	118
무형자산	44	43	38	24	25	25
유가증권	145	161	160	157	162	165
총부채	72	63	61	79	65	65
총차입금	28	15	24	25	21	19
자본금	45	45	45	45	45	45
총자본	710	757	731	758	764	760
지배주주지분	669	717	688	693	702	698

기업가치 지표						
항목	2012	2013	2014	2015	2016	2017.2Q
주가(최고/저)(천원)	14.7/4.8	14.4/7.5	8.6/5.2	6.5/4.2	7.8/5.5	—/—
PER(최고/저)(배)	21.1/6.8	29.3/15.4	160.6/96.9	38.0/24.5	27.3/19.4	—/—
PBR(최고/저)(배)	2.0/0.7	1.9/1.0	1.1/0.7	0.8/0.5	0.9/0.7	0.9/0.8
EV/EBITDA(배)	23.0	11.3	10.4	7.7	7.4	
EPS(원)	798	547	58	180	292	105
BPS(원)	8,235	8,490	8,265	8,378	8,478	8,433
CFPS(원)	988	729	265	390	497	201
DPS(원)	330	330	150	150	150	—
EBITDAPS(원)	525	576	383	507	669	241

재무 비율									〈단위 : % 〉
연도	영업이익률	순이익률	부채비율	차입금비율	ROA	ROE	유보율	자기자본비율	EBITDA마진율
2016	14.9	11.2	8.5	2.8	3.7	3.8	1,595.6	92.2	21.5
2015	10.7	15.4	10.5	3.3	4.7	2.3	1,575.5	90.5	18.3
2014	6.8	3.1	8.3	3.3	0.9	0.7	1,552.9	92.4	14.7
2013	12.4	18.1	8.3	2.0	6.5	7.1	1,597.9	92.4	18.1

플럼라인생명과학 (A222670)
Plumbline Life Scienes

종 목 : 바이오	시 장 : KONEX
용등급 : (Bond) — (CP) —	기업규모 : —
페이지 : www.plumblinels.com	연 락 처 : 031)400-3857
사 : 경기도 안산시 상록구 한양대학로 55, 511호	

설 립 일 2014.01.02	종 업 원 수 9명	대 표 이 사 김앤토니경태	
상 장 일 2015.07.28	감 사 의 견 적정 (한영)	계 열	
결 산 기 12월	보 통 주	종 속 회 사 수	
액 면 가	우 선 주	구 상 호	

주주구성 (지분율,%)	출자관계 (지분율,%)	주요경쟁사 (외형,%)
Kim Anthony Kyungtae 34.3	PlumblineLifeSciences,U.S.A.,inc. 100.0	플럼라인생명과학
VGX Pharmaceuticals, Inc. 19.6		진매트릭스
		메디젠휴먼케어

매출구성	비용구성		수출비중	
	매출원가율	0.0	수출	—
	판관비율	0.0	내수	—

회사 개요
동사는 바이오 기술 기반 동물의약품 전문회사로, 반려동물 의약품을 전문으로 개발, 생산하는 업체임. 동사의 주력제품 후보인 강아지 암 반혈 치료제 PLS-D1000은 전 세계에서 압도적인 비중을 차지하고 있는 미국시장에서 임상 진행 중임. 돼지 DNA 의약품은 전 세계에서 소고기와 더불어 가장 소비가 많이 되는 돼지건강증진제는 축산 의약품 승인 기준이 가장 높기 때문에 다른 나라에서도 판매가 원활할 것으로 예상됨.

실적 분석
2016년 영업손실은 22.6억원, 당기순손실은 31.8억원을 기록. 매출이 발생하지 않은 상태이나 향후 전망은 긍정적임. 동사의 강아지 암약성 치료제인 PLS-D1000은 2017년 미국 FDA 승인을 목표로 하고 있으며, 같은 해부터 미국 현지 판매를 예상하고 있음. 돼지건강진제는 축산 의약품 승인 기준이 가장 높은 호주와 뉴질랜드에서 이미 승인을 획득했기 때문에 다른 나라에서도 판매가 원활할 것으로 예상됨.

현금 흐름 *IFRS 별도 기준 〈단위 : 억원〉

항목	2016	2017.2Q
영업활동	-32	
투자활동	-11	
재무활동	2	
순현금흐름	-41	
기말현금	13	

결산 실적 *IFRS 별도 기준 〈단위 : 억원〉

항목	2012	2013	2014	2015	2016	2017
매출액	—	—	—	—	—	—
영업이익	—	—	-6	-23	-23	—
당기순이익	—	—	-8	-70	-32	—

분기 실적 *IFRS 별도 기준

항목	2016.1Q	2016.2Q	2016.3Q	2016.4Q	2017.1Q	2017.2Q
매출액						
영업이익						
당기순이익						

재무 상태 *IFRS 별도 기준

항목	2012	2013	2014	2015	2016	2017.2Q
총자산			32	60	22	
유형자산			0	1		
무형자산			27			
유가증권						
총부채			22	13	3	
총차입금			11	11		
자본금			5	12	12	
총자본			10	47	40	
지배주주지분			10	47	40	

기업가치 지표 *IFRS 별도 기준

항목	2012	2013	2014	2015	2016	2017.2Q
주가(최고/저)(천원)	—/—	—/—	—/—	34.0/13.6	18.4/10.0	—/—
PER(최고/저)(배)	0.0/0.0	0.0/0.0	0.0/0.0	—/—	—/—	0.0/0.0
PBR(최고/저)(배)	0.0/0.0	0.0/0.0	0.0/0.0	17.0/6.8	22.2/12.0	—/—
EV/EBITDA(배)	0.0	0.0	0.0			—/—
EPS(원)				-565	-3,404	-1,356
BPS(원)				992	2,000	829
CFPS(원)				-580	-3,227	-1,351
DPS(원)						
EBITDAPS(원)				-380	-922	-957

재무 비율 〈단위 : % 〉

연도	영업이익률	순이익률	부채비율	차입금비율	ROA	ROE	유보율	자기자본비율	EBITDA마진율
2016	0.0	0.0	14.8	0.0	-77.0	-95.8	65.8	87.1	0.0
2015	0.0	0.0	28.5	24.1	-152.9	-246.9	299.9	77.8	0.0
2014	0.0	0.0	217.1	110.4	0.0	0.0	98.4	31.5	0.0
2013	0.0	0.0	0.0	0.0	0.0	0.0	0.0	0.0	0.0

플레이위드 (A023770)
PLAYWITH

업 종 : 게임 소프트웨어	시 장 : KOSDAQ
신용등급 : (Bond) — (CP) —	기업규모 : 중견
홈 페 이 지 : www.playwith.co.kr	연 락 처 : 031)724-2400
본 사 : 경기도 성남시 분당구 판교로 256번길 25 판교태크노밸리 C3-7 동 9층	

설 립 일 1984.07.25	종 업 원 수 38명	대 표 이 사 김학준	
상 장 일 1994.11.07	감 사 의 견 적정 (한울)	계 열	
결 산 기 12월	보 통 주 308만주	종 속 회 사 수	
액 면 가 500원	우 선 주	구 상 호 YNK코리아	

주주구성 (지분율,%)	출자관계 (지분율,%)	주요경쟁사 (외형,%)
드림아크 21.6		플레이위드 100
황금가지 3.8		엔터메이트 172
(외국인) 0.1		엠게임 258

매출구성	비용구성		수출비중	
[국내]온라인게임(용역) 78.3	매출원가율	40.7	수출	38.0
[해외]온라인게임(용역) 21.7	판관비율	39.6	내수	62.0

회사 개요
피혁제품 및 캐쥬얼화를 제조하다가 2001년 와이앤케이를 흡수합병한 이후 게임소프트웨어 개발을 주요사업으로 영위. '로한', '씰온라인', '로한오리진' 등 총 3개의 게임을 퍼블리싱하여 국내외에 서비스 중. 개인과 PC방을 대상으로 IP단위 정액제와 정량제 상품을 판매하고 있으며, 일부 게임의 경우 게임에 사용되는 아이템을 판매하고 있음. 매출비중은 국내가 약 62%, 해외가 38%를 차지함. 해외에서는 현재 5개 국가에서 서비스되고 있음.

실적 분석
PC게임 '로한 오리진'의 인기와 온라인게임의 국내외 판매 호조세로 2017년 2분기 누적 매출액은 전년 동기 대비 2.8% 성장한 51.4억원을 기록. 광고선전비가 전년 동기 대비 89% 급감, 전체 판매비와 관리비는 전년 동기 대비 2.7% 감소함. 그러나 매출원가의 증가로 인해 2분기 누적 영업이익은 전년 동기 대비 33.7% 감소한 5.5억원을 기록함. 2분기 당기순손실은 비영업손익 전자전환에 따라 3.4억원을 기록하며 적자전환함.

현금 흐름 *IFRS 별도 기준 〈단위 : 억원〉

항목	2016	2017.2Q
영업활동	11	-17
투자활동	-50	-16
재무활동	51	28
순현금흐름	12	-5
기말현금	21	16

결산 실적 〈단위 : 억원〉

항목	2012	2013	2014	2015	2016	2017
매출액	176	138	79	87	118	
영업이익	-36	-22	5	17	23	
당기순이익	-106	-101	21	9	20	

분기 실적 *IFRS 별도 기준 〈단위 : 억원〉

항목	2016.1Q	2016.2Q	2016.3Q	2016.4Q	2017.1Q	2017.2Q
매출액	24	26	39	29	26	26
영업이익	5	3	11	4	4	2
당기순이익	-4	27	5	-8	-4	2

재무 상태 *IFRS 별도 기준 〈단위 : 억원〉

항목	2012	2013	2014	2015	2016	2017.2Q
총자산	839	802	749	787	865	893
유형자산	4	7	2	3	1	1
무형자산	3	14	4	19	39	51
유가증권						
총부채	756	781	709	731	757	782
총차입금	39	40		24	46	71
자본금	45	54	14	15	15	15
총자본	82	21	40	56	109	111
지배주주지분	82	21	40	56	109	111

기업가치 지표 *IFRS 별도 기준

항목	2012	2013	2014	2015	2016	2017.2Q
주가(최고/저)(천원)	21.1/10.3	11.6/4.2	10.5/2.2	21.2/5.5	14.4/9.0	—/—
PER(최고/저)(배)	—/—	—/—	12.7/2.6	66.8/17.3	21.7/13.6	—/—
PBR(최고/저)(배)	4.6/2.3	11.7/4.2	7.4/1.6	10.9/2.8	4.1/2.6	3.0/2.5
EV/EBITDA(배)			14.4	13.5	8.3	
EPS(원)	-7,924	-4,931	825	317	663	-110
BPS(원)	915	199	1,406	1,944	3,538	3,618
CFPS(원)	-1,454	-898	1,013	485	933	80
DPS(원)						
EBITDAPS(원)	-262	-66	394	757	1,030	368

재무 비율 〈단위 : % 〉

연도	영업이익률	순이익률	부채비율	차입금비율	ROA	ROE	유보율	자기자본비율	EBITDA마진율
2016	19.8	17.3	696.7	42.0	2.5	24.8	607.6	12.6	26.8
2015	19.5	10.5	1,312.3	43.5	1.2	19.0	288.7	7.1	25.1
2014	6.5	26.2	1,760.8	0.0	2.7	87.4	181.3	5.4	12.5
2013	-16.2	-73.0	일부잠식	일부잠식	-11.9	-194.0	-84.9	2.6	-9.6

플렉스파워에이더블유에스 (A266870)
Flex Power Aws

업 종 : 개인생활용품		시 장 : KONEX	
신용등급 : (Bond) — (CP) —		기업규모 : —	
홈 페 이 지 : www.flexpower.co.kr		연 락 처 : 02)500-8088	
본 사 : 서울시 강남구 논현로 641 논현동대우아이빌 힐타운 2층			

설 립 일 2014.11.24	종 업 원 수 명	대 표 이 사 박인철	
상 장 일 2017.04.24	감 사 의 견 적정 (삼덕)	계 열	
결 산 기 12월	보 통 주	종속회사수	
액 면 가 —	우 선 주	구 상 호	

주주구성 (지분율,%)		출자관계 (지분율,%)		주요경쟁사 (외형,%)	
박인철	41.5			플렉스파워에이더블유에스	100
박성임	12.0			미애부	1,471
				한국화장품	3,961

매출구성		비용구성		수출비중	
리커버리크림	97.5	매출원가율	36.8	수출	1.0
기타 상품	2.5	판관비율	35.9	내수	99.0

회사 개요
동사는 "파스 및 기타 근육이완제/물리치료/마사지"등을 대체할 수 있는 바르는 스포츠 크림을 판매하는 회사로써, 스포츠분야에서 사용하는 통증완화, 근육이완등의 연고제품을 판매함. 주요제품은 리커버리크림으로써, 염증치료 및 체온 상승, 관절 움직임을 돕는 크림 제품을 판매함. 주요 매출 구성은 리커버리크림 93.57%, 선블럭젤등 기타 제품 6.43%로 이루어져 있음.

실적 분석
동사의 2016년 결산 기준 매출액은 40.6억 원으로써, 전년 10.6억원 대비 대폭 상승한 수치임. 매출 총이익 역시 전년 1.3억원 대비 크게 상승한 25.6억원을 시현하며 이익률이 대폭 상승하였음. 이에 따라, 영업이익과 당기순이익은 각각 11.1억원, 9억원으로 전년 적자 대비 흑자전환에 성공하였음. 마사지 크림 및 통증완화 관련 완제의약품 시장의 규모가 지속적으로 성장하고 있으며, 스포츠 크림의 유통채널 확대 및 다변화 시도 중임.

현금 흐름 *IFRS 별도 기준 〈단위 : 억원〉

항목	2016	2017.2Q
영업활동	7	—
투자활동	-2	—
재무활동	37	—
순현금흐름	43	—
기말현금	43	—

결산 실적 〈단위 : 억원〉

항목	2012	2013	2014	2015	2016	2017
매출액	—	—	—	11	41	—
영업이익	—	—	—	-1	11	—
당기순이익	—	—	—	-1	9	—

분기 실적 *IFRS 별도 기준 〈단위 : 억원〉

항목	2016.1Q	2016.2Q	2016.3Q	2016.4Q	2017.1Q	2017.2Q
매출액	—	—	—	—	—	—
영업이익	—	—	—	—	—	—
당기순이익	—	—	—	—	—	—

재무 상태 *IFRS 별도 기준 〈단위 : 억원〉

항목	2012	2013	2014	2015	2016	2017.2Q
총자산	—	—	—	3	72	—
유동자산	—	—	—	2	—	—
무형자산	—	—	—	2	8	—
유가증권	—	—	—	—	—	—
총부채	—	—	—	3	10	—
총차입금	—	—	—	3	6	—
자본금	—	—	—	—	27	—
총자본	—	—	—	-1	61	—
지배주주지분	—	—	—	-1	61	—

기업가치 지표 *IFRS 별도 기준

항목	2012	2013	2014	2015	2016	2017.2Q
주가(최고/저)(천원)	#VALUE!	—/—	—/—	—/—	—/—	—/—
PER(최고/저)(배)	0.0/0.0	0.0/0.0	0.0/0.0	0.0/0.0	0.0/0.0	—/—
PBR(최고/저)(배)	0.0/0.0	0.0/0.0	0.0/0.0	0.0/0.0	0.0/0.0	0.0/0.0
EV/EBITDA(배)	0.0	0.0	0.0	0.0	0.0	—
EPS(원)	—	—	—	-893	1,072	—
BPS(원)	—	—	—	-5,328	11,332	—
CFPS(원)	—	—	—	-3,942	12,170	—
DPS(원)	—	—	—	—	—	—
EBITDAPS(원)	—	—	—	-3,943	14,618	—

재무 비율 〈단위 : %〉

연도	영업이익률	순이익률	부채비율	차입금비율	ROA	ROE	유보율	자기자본비율	EBITDA마진율
2016	27.3	22.2	16.8	9.4	24.2	전기잠식	126.7	85.7	30.3
2015	-8.3	-8.3	완전잠식	완전잠식	0.0	0.0	-206.4	-19.8	-3.7
2014	0.0	0.0	0.0	0.0	0.0	0.0	0.0	0.0	0.0
2013	0.0	0.0	0.0	0.0	0.0	0.0	0.0	0.0	0.0

피노텍 (A150440)
Finotek

업 종 : 일반 소프트웨어		시 장 : KONEX	
신용등급 : (Bond) — (CP) —		기업규모 : —	
홈 페 이 지 : www.finotek.co.kr		연 락 처 : 02)522-3558	
본 사 : 서울시 서초구 양재천로9길 1 3층(양재동,용두빌딩)			

설 립 일 2008.11.13	종 업 원 수 82명	대 표 이 사 김우섭,유용환(각자대표이사)	
상 장 일 2014.12.05	감 사 의 견 적정 (삼영)	계 열	
결 산 기 12월	보 통 주	종속회사수	
액 면 가 —	우 선 주	구 상 호 엘스트로	

주주구성 (지분율,%)		출자관계 (지분율,%)		주요경쟁사 (외형,%)	
김우섭	22.0			피노텍	100
장덕수	5.4			인프라웨어	12
				SGA솔루션즈	454

매출구성		비용구성		수출비중	
SI(용역)	71.4	매출원가율	77.5	수출	0.0
비대면실명확인솔루션(용역)	17.5	판관비율	43.5	내수	100.0
유지보수 등(용역)	9.2				

회사 개요
동사는 2008년 11월 13일에 소프트웨어 개발 및 공급, 시스템통합(SI), 프로그램 개발 및 컨설팅, 시스템 ASP 서비스 등 IT서비스를 주 사업으로 설립되었음. 현재는 소프트웨어 산업의 IT서비스 분야 중 법률 관련 IT서비스를 제공하고 있음. 지난해 코스닥 이전상장 예비심사 미승인 통보를 받았으나, 2017년 5월 기술특례상장을 위한 기술성 평가를 통과함. 동사의 '비대면 금융거래' 관련 기술들이 높은 점수를 받았기 때문임.

실적 분석
동사의 2016년 연간 매출액은 109.1억원을 기록해 전년 대비 61.6% 증가함. 영업손실은 22.9억원을 기록하며 적자가 지속됨. 자산총계, 부채총계, 자본총계는 각각 86.8억원, 39.3억원, 44.7억원을 기록함. 독일 자회사 '피노텍유럽'을 중심으로 해외시장 진출에 박차를 가할 예정임. 로봇카운슬링 서비스와 비대면 본인 인증 서비스에 대한 영업도 유럽시장에서 진행할 계획으로 향후 실적 성장이 기대됨.

현금 흐름 *IFRS 별도 기준 〈단위 : 억원〉

항목	2016	2017.2Q
영업활동	-26	—
투자활동	-10	—
재무활동	37	—
순현금흐름	1	—
기말현금	23	—

결산 실적 〈단위 : 억원〉

항목	2012	2013	2014	2015	2016	2017
매출액	12	6	27	63	109	—
영업이익	-7	-16	-15	-19	-23	—
당기순이익	-9	-17	-24	-15	-24	—

분기 실적 *IFRS 별도 기준 〈단위 : 억원〉

항목	2016.1Q	2016.2Q	2016.3Q	2016.4Q	2017.1Q	2017.2Q
매출액	—	—	—	—	—	—
영업이익	—	—	—	—	—	—
당기순이익	—	—	—	—	—	—

재무 상태 *IFRS 별도 기준 〈단위 : 억원〉

항목	2012	2013	2014	2015	2016	2017.2Q
총자산	26	24	45	80	87	—
유동자산	0	0	1	1	2	—
무형자산	5	8	15	29	38	—
유가증권	5	—	1	11	9	—
총부채	8	12	39	38	39	—
총차입금	3	8	31	5	13	—
자본금	27	32	35	43	45	—
총자본	17	11	5	42	48	—
지배주주지분	17	11	5	42	48	—

기업가치 지표 *IFRS 별도 기준

항목	2012	2013	2014	2015	2016	2017.2Q
주가(최고/저)(천원)	—/—	—/—	5.0/3.4	15.0/3.8	15.4/6.4	—/—
PER(최고/저)(배)	0.0/0.0	0.0/0.0	—/—	—/—	—/—	—/—
PBR(최고/저)(배)	0.0/0.0	0.0/0.0	67.3/46.2	30.4/7.8	29.0/12.1	0.0/0.
EV/EBITDA(배)	—	—	—	—	—	—
EPS(원)	-217	-312	-360	-177	-277	—
BPS(원)	326	174	74	492	531	—
CFPS(원)	-199	-287	-324	-114	-243	—
DPS(원)	—	—	—	—	—	—
EBITDAPS(원)	-165	-280	-190	-165	-228	—

재무 비율 〈단위 : %〉

연도	영업이익률	순이익률	부채비율	차입금비율	ROA	ROE	유보율	자기자본비율	EBITDA마진율
2016	-21.0	-22.2	82.8	27.7	-29.0	-54.2	6.3	54.7	-18.
2015	-30.7	-23.8	일부잠식	일부잠식	-24.0	-63.4	-1.7	52.3	-22.
2014	-54.1	-86.3	일부잠식	일부잠식	-69.5	-289.1	-85.3	11.6	-45.
2013	-282.8	-289.9	일부잠식	일부잠식	-68.5	-118.2	-65.1	47.3	-259.

피델릭스 (A032580)
Fidelix

종 목: 휴대폰 및 관련부품		시 장: KOSDAQ	
신용등급: (Bond) — (CP) —		기업규모: 벤처	
홈페이지: www.fidelix.co.kr		연 락 처: 031)785-3500	
본 사: 경기도 성남시 분당구 백현로 93(수내동, 후너스빌딩 6층)			

설 립 일	1990.08.20	종 업 원 수	76명	대 표 이 사	안승한
상 장 일	1997.04.22	감 사 의 견	적정(대성)	계 열	
결 산 기	12월	보 통 주	2,057만주	종속회사수	
액 면 가	500원	우 선 주		구 상 호	

주주구성 (지분율,%)		출자관계 (지분율,%)		주요경쟁사 (외형,%)	
Dosilicon Co.,LTD.	25.3			피델릭스	100
국민연금02-2KTB벤처조합	3.0			알에프세미	114
(외국인)	25.9			인포마크	113

매출구성		비용구성		수출비중	
반도체	99.5	매출원가율	86.3	수출	96.0
반도체매출 외	0.5	판관비율	19.5	내수	4.0

회사 개요
동사는 1990년 설립된 메모리 반도체 생산기업으로, 주력 제품은 Memory 반도체 중 저전력을 요구하는 모바일폰 등에 사용되는 PSRAM 및 LP-SDRAM/DDR임. 국내 대형 휴대전화 제조사가 최근 출시한 스마트폰에 모바일D램을 공급하기 시작함. 모바일D램 적용범위가 피처폰에서 스마트폰으로 확대되는 등 최근 성과가 잇따르면서 매출상승과 함께 수익성 개선속도가 빠를 것으로 예상됨.

실적 분석
전방산업의 경쟁이 심화됨에 따라 관련 주요 장비의 내수 및 수출이 모두 부진함. 반도체메모리 제품의 판매가 하락으로 동사의 2017년 2분기 누적매출액은 전년동기 대비 17.2% 감소한 241.8억원을 기록. 외형 축소에도 원가율이 개선되자 영업이익은 소폭 개선됨. 외환손실에 따른 비영업수지 적자로 당기순이익은 1.6억원의 손실을 시현하며 적자전환. 중국정부의 반도체 투자 확대 정책에 따라 중국동심반도체유한공사 지분을 보유한 동사의 수혜 기대.

현금 흐름	*IFRS 별도 기준	〈단위 : 억원〉
항목	2016	2017.2Q
영업활동	4	-16
투자활동	-22	-43
재무활동	14	32
순현금흐름	-4	-27
기말현금	35	7

시장 대비 수익률

결산 실적 〈단위 : 억원〉
항목	2012	2013	2014	2015	2016	2017
매출액	933	875	781	656	565	—
영업이익	45	72	17	-19	-33	—
당기순이익	22	47	3	-62	-92	—

분기 실적 *IFRS 별도 기준 〈단위 : 억원〉
항목	2016.1Q	2016.2Q	2016.3Q	2016.4Q	2017.1Q	2017.2Q
매출액	132	160	156	117	108	134
영업이익	1	-0	2	-36	-4	6
당기순이익	1	0	-0	-93	-7	6

재무 상태 *IFRS 별도 기준 〈단위 : 억원〉
항목	2012	2013	2014	2015	2016	2017.2Q
총자산	509	592	688	546	479	488
유형자산	24	28	34	19	13	14
무형자산	103	111	150	137	86	85
유가증권	21	11	11	2	1	0
총부채	210	237	336	213	238	248
총차입금	100	100	160	130	144	175
자본금	91	91	91	103	103	103
총자본	298	355	351	333	241	241
지배주주지분	298	355	351	333	241	241

기업가치 지표 *IFRS 별도 기준
항목	2012	2013	2014	2015	2016	2017.2Q
주가(최고/저)(천원)	2.1/1.6	4.5/1.8	3.0/1.4	5.5/1.7	4.0/2.2	—/—
PER(최고/저)(배)	17.0/12.7	15.7/6.5	201.7/94.8	—/—	—/—	—/—
PBR(최고/저)(배)	1.3/1.0	2.3/1.0	1.6/0.7	3.4/1.0	3.4/1.8	2.7/1.9
EV/EBITDA(배)	5.0	3.9	7.2	24.0	48.3	—/—
EPS(원)	129	289	15	-317	-448	-8
BPS(원)	1,638	1,945	1,927	1,623	1,174	1,174
CFPS(원)	328	499	248	-61	-227	78
DPS(원)	30	30				
EBITDAPS(원)	455	632	327	156	60	93

재무 비율 〈단위 : % 〉
연도	영업이익률	순이익률	부채비율	차입금비율	ROA	ROE	유보율	자기자본비율	EBITDA마진율
2016	-5.8	-16.3	99.1	59.8	-18.0	-32.1	134.9	50.2	2.2
2015	-3.0	-9.4	64.0	39.0	-10.0	-18.0	224.7	61.0	4.6
2014	2.2	0.4	95.7	45.7	0.4	1.2	286.9	51.1	7.7
2013	8.2	5.4	68.6	28.7	8.6	15.0	282.8	59.3	12.6

피시피아비아이티 (A258250)
PCPIA BIT

업 종: IT 서비스		시 장: KONEX	
신용등급: (Bond) — (CP) —		기업규모: —	
홈페이지: www.pcpia21.co.kr		연 락 처: 042)822-9482	
본 사: 대전시 유성구 유성대로 579-4(구암동)			

설 립 일	2001.08.02	종 업 원 수	15명	대 표 이 사	김회율
상 장 일	2016.12.13	감 사 의 견	적정(신승)	계 열	
결 산 기	12월	보 통 주		종속회사수	
액 면 가		우 선 주		구 상 호	

주주구성 (지분율,%)		출자관계 (지분율,%)		주요경쟁사 (외형,%)	
김회율	37.8	랩바이오	100.0	피시피아비아이티	100
정혜광	15.2			바른테크놀로지	351
				쌍용정보통신	2,917

매출구성		비용구성		수출비중	
분석시스템	54.3	매출원가율	79.2	수출	—
소모품류	16.8	판관비율	12.6	내수	—
시뮬레이터	12.9				

회사 개요
2002년 08월 02일에 설립된 동사는 15년간 병원 진료시스템, 전자차트 개발, 시뮬레이터 제작 및 유지보수에서 축적된 정보기술(IT)의 기반위에 생명공학(BT) 분야를 접목한 BIT융합 비즈니스 모델을 구축. 신규시장 개척을 위해 매년 매출 20% 성장, 매출대비 연구개발에 20%를 투자하고 있음. 국내 바이오 분석기기 제어특허를 비롯해 국내특허 등록 2건, 출원 2건, 해외 출원 1건, 서비스 4건, 프로그램 3건 등 지적재산 보유.

실적 분석
동사는 코넥스 상장 기업으로 반기와 분기 기준 실적 공개 의무가 없음. 동사의 2016년 연결기준 연간 누적 매출액은 75.3억원으로 전년 동기(69.8억원) 대비 소폭 증가함. 매출 증가에 따라 고정비용 감소 효과로 인해 영업이익은 6.2억원으로 전년 동기(3.3억원) 대비 큰 폭으로 늘어남. 당기순이익은 5.9억원으로 전년 동기(2.5억원) 대비 2배 이상 증가함.

현금 흐름	*IFRS 별도 기준	〈단위 : 억원〉
항목	2016	2017.2Q
영업활동	6	—
투자활동	-11	—
재무활동	5	—
순현금흐름	-0	—
기말현금	2	—

시장 대비 수익률

결산 실적 〈단위 : 억원〉
항목	2012	2013	2014	2015	2016	2017
매출액	—	54	53	70	75	—
영업이익	—	4	1	3	6	—
당기순이익	—	4	3	6	6	—

분기 실적 *IFRS 별도 기준 〈단위 : 억원〉
항목	2016.1Q	2016.2Q	2016.3Q	2016.4Q	2017.1Q	2017.2Q
매출액	—	—	—	—	—	—
영업이익	—	—	—	—	—	—
당기순이익	—	—	—	—	—	—

재무 상태 *IFRS 별도 기준 〈단위 : 억원〉
항목	2012	2013	2014	2015	2016	2017.2Q
총자산	—	36	35	46	58	—
유형자산	—	13	10	17	24	—
무형자산	—	0	1	1	1	—
유가증권	—					—
총부채	—	10	19	27	26	—
총차입금	—	9	16	24	22	—
자본금	—	14	14	14	18	—
총자본	—	26	16	19	31	—
지배주주지분	—	26	16	19	31	—

기업가치 지표 *IFRS 별도 기준
항목	2012	2013	2014	2015	2016	2017.2Q
주가(최고/저)(천원)	—/—	—/—	—/—	—/—	—/—	—/—
PER(최고/저)(배)	0.0/0.0	0.0/0.0	0.0/0.0	0.0/0.0	36.2/18.1	—/—
PBR(최고/저)(배)	0.0/0.0	0.0/0.0	0.0/0.0	0.0/0.0	7.4/3.7	0.0/0.0
EV/EBITDA(배)	0.0	1.9	2.9	3.6	24.5	—/—
EPS(원)	—	112	6	86	172	—
BPS(원)	—	18,400	11,427	13,216	869	—
CFPS(원)	—	3,045	2,861	3,631	280	—
DPS(원)	—					—
EBITDAPS(원)	—	3,267	3,602	4,247	289	—

재무 비율 〈단위 : % 〉
연도	영업이익률	순이익률	부채비율	차입금비율	ROA	ROE	유보율	자기자본비율	EBITDA마진율
2016	8.3	7.9	84.6	71.6	11.4	23.8	73.8	54.2	12.7
2015	4.8	3.6	148.1	130.0	6.2	14.5	32.2	40.3	8.5
2014	2.3	0.3	117.9	99.8	0.5	0.8	14.3	45.9	9.5
2013	6.6	6.0	39.2	35.7	8.0	84.0	71.9	8.4	

피씨디렉트 (A051380)
PC Direct

업 종 : 도소매		시 장 : KOSDAQ	
신용등급 : (Bond) — (CP) —		기업규모 : 중견	
홈페이지 : www.pcdirect.co.kr		연 락 처 : 02)785-3001	
본 사 : 서울시 용산구 원효로 138 8층 (원효로3가, 청진빌딩)			

설 립 일 1998.09.01	종 업 원 수 76명	대 표 이 사 서대식	
상 장 일 2002.02.01	감 사 의 견 적정 (위드)	계 열	
결 산 기 12월	보 통 주 754만주	종속회사수	
액 면 가 500원	우 선 주	구 상 호	

주주구성 (지분율,%)
서대식	16.2
송승호	12.4
(외국인)	0.1

출자관계 (지분율,%)
피씨디렉트	100
부방	123
대명코퍼레이션	104

주요경쟁사 (외형,%)

매출구성
프로세서 (상품)	51.2
스토리지 (상품)	31.7
마더보드 (M/B)(상품)	11.9

비용구성
매출원가율	95.0
판관비율	3.7

수출비중
수출	2.0
내수	98.0

회사 개요
동사는 1989년에 설립된 컴퓨터 하드웨어 및 소프트웨어 유통업체로, PC, 모바일, 디지털 기기 등에 사용되는 IT 하드웨어 및 마이크로 소프트社의 OS, Server 제품 등의 유통사업을 영위함. Intel의 CPU, Mobile CPU 제품, Server 제품, SSD제품의 국내총판권 등을 보유. 제휴를 통해 Foxconn, GIGABYTE, Parrot, ADATA, OCZ Storage Solutions社의 제품군을 판매하고 있음.

실적 분석
동사의 연결대상 종속기업은 없으며, 당반기 매출액은 1,109.3억원으로 전년동기 대비 8% 성장한 실적을 시현함. 프로세서, 스토리지 등의 판매실적이 향상되었기 때문. 원가와 판관비율이 높은 편이나 매출 증가에 힘입어 당반기 영업이익은 19.4억원을 시현하며 전년동기 12.2억 대비 58.3% 증가하였음. 순이익도 19.4억원을 시현하며 전년동기 7.3억원에서 크게 증가함. SSD, Server, IoT 관련 제품 등 신규품목 영업 확대중임.

현금 흐름 *IFRS 별도 기준 〈단위 : 억원〉
항목	2016	2017.2Q
영업활동	-5	-16
투자활동	0	-3
재무활동	7	-6
순현금흐름	2	-26
기말현금	59	34

시장 대비 수익률

결산 실적 〈단위 : 억원〉
항목	2012	2013	2014	2015	2016	2017
매출액	1,774	1,501	1,741	1,977	2,081	—
영업이익	13	-33	4	15	28	—
당기순이익	14	-28	-2	1	13	—

분기 실적 *IFRS 별도 기준 〈단위 : 억원〉
항목	2016.1Q	2016.2Q	2016.3Q	2016.4Q	2017.1Q	2017.2Q
매출액	550	477	474	581	606	503
영업이익	9	3	3	13	10	9
당기순이익	6	1	5	0	13	6

재무 상태 *IFRS 별도 기준 〈단위 : 억원〉
항목	2012	2013	2014	2015	2016	2017.2Q
총자산	307	384	480	485	497	495
유형자산	1	2	1	1	2	2
무형자산	1	1	3	4	4	4
유가증권	0	0	—	—	—	—
총부채	125	154	252	251	226	207
총차입금	21	49	71	103	91	87
자본금	19	35	35	35	38	38
총자본	182	231	228	234	271	288
지배주주지분	182	231	228	234	271	288

기업가치 지표 *IFRS 별도 기준
항목	2012	2013	2014	2015	2016	2017.2Q
주가(최고/저)(천원)	2.7/1.8	8.2/2.0	4.4/2.2	5.5/2.4	6.3/3.7	—/—
PER(최고/저)(배)	8.5/5.7	—/—	—/—	223.0/97.5	36.4/21.6	—/—
PBR(최고/저)(배)	0.7/0.4	2.5/0.6	1.4/0.7	1.6/0.7	1.8/1.0	1.2/1.0
EV/EBITDA(배)	0.0		48.2	22.9	11.6	
EPS(원)	319	-552	-27	25	173	258
BPS(원)	4,726	3,332	3,290	3,377	3,591	3,819
CFPS(원)	380	-539	-17	34	183	263
DPS(원)	30				20	
EBITDAPS(원)	348	-651	69	220	389	263

재무 비율 〈단위 : % 〉
연도	영업이익률	순이익률	부채비율	차입금비율	ROA	ROE	유보율	자기자본비율	EBITDA마진율
2016	1.3	0.6	83.6	33.5	2.6	5.0	618.3	54.5	1.4
2015	0.7	0.1	107.6	43.9	0.4	0.7	575.4	48.2	0.8
2014	0.2	-0.1	110.8	31.4	-0.4	-0.8	558.0	47.5	0.3
2013	-2.2	-1.8	66.8	21.4	-8.0	-13.4	566.4	60.0	-2.2

피씨엘 (A241820)
PCL

업 종 : 의료 장비 및 서비스		시 장 : KOSDAQ	
신용등급 : (Bond) — (CP) —		기업규모 : 신성장	
홈페이지 : www.pclchip.com		연 락 처 : 070)4673-3433	
본 사 : 서울시 금천구 디지털로9길 99 (가산동, 스타밸리) 701호			

설 립 일 2008.02.12	종 업 원 수 38명	대 표 이 사 김소연	
상 장 일 2017.02.23	감 사 의 견 적정 (안진)	계 열	
결 산 기 12월	보 통 주 892만주	종속회사수	
액 면 가 500원	우 선 주	구 상 호	

주주구성 (지분율,%)
김소연	34.9
서울글로벌바이오메디칼성장형펀드-자펀드	2.6
(외국인)	0.2

출자관계 (지분율,%)

주요경쟁사 (외형,%)
피씨엘	100
원익	11,002
루트로닉	14,346

매출구성
플랫폼서비스(SolB reagent)	48.4
플랫폼서비스 R&D Service(SD-ID)	28.8
혈액선별 스크리닝 제품(Hi3-1 등)	22.8

비용구성
매출원가율	44.3
판관비율	460.4

수출비중
수출	69.0
내수	31.0

회사 개요
다중 체외진단 전문기업안 동사는 2008년 2월 설립돼 3차원 SG Cap™ 고민감도 원천기술을 바탕으로 세계 최초로 고위험군 바이러스, 다중진단 임상에 성공함. 고민감도, 저비용, 고효율 다중진단 플랫폼 기술을 바탕으로 혈액선별 진단제품 개발 및 공급, POCT 제품 개발 및 공급, 플랫폼서비스 사업을 영위하고 있음. 2017년 2월 코스닥 시장에 신규 상장함.

실적 분석
동사의 2017년 2분기 기준 매출액은 2.1억원으로 전년동기 대비 1,020.4%로 큰 폭으로 증가함. 매출원가의 동반상승에도 불구하고 매출총이익은 0.8억원으로 965.2% 증가함. 매출액의 증가에도 불구하고 영업손실은 19.9억원, 당기순손실은 19.1억원으로 적자가 지속됨. 원천기술인 SG cap 기술을 기반으로 혈액진단 제품인 Hi 시리즈 제품 외에도 POCT 기반의 influenza 그리고 Cancer6(암) 등의 제품을 연구중임.

현금 흐름 *IFRS 별도 기준 〈단위 : 억원〉
항목	2016	2017.2Q
영업활동	-25	-18
투자활동	-48	-82
재무활동	47	108
순현금흐름	-26	8
기말현금	16	24

시장 대비 수익률

결산 실적 〈단위 : 억원〉
항목	2012	2013	2014	2015	2016	2017
매출액	—	6	1	2	6	—
영업이익	—	-3	-11	-14	-24	—
당기순이익	—	-3	-9	-19	-23	—

분기 실적 *IFRS 별도 기준 〈단위 : 억원〉
항목	2016.1Q	2016.2Q	2016.3Q	2016.4Q	2017.1Q	2017.2Q
매출액	0	2	1	1	1	1
영업이익	-5	-6	-7	-6	-7	-13
당기순이익	-5	-6	-7	-6	-7	-12

재무 상태 *IFRS 별도 기준 〈단위 : 억원〉
항목	2012	2013	2014	2015	2016	2017.2Q
총자산	—	93	68	66	89	178
유형자산	—	13	14	20	22	27
무형자산	—	16	0	1	1	1
유가증권	—	—	29	2	45	121
총부채	—	6	81	16	14	5
총차입금	—	26	71	10	9	—
자본금	—	—	8	5	17	45
총자본	—	8	5	17	37	173
지배주주지분	—	67	-13	50	75	173

기업가치 지표 *IFRS 별도 기준
항목	2012	2013	2014	2015	2016	2017.2Q
주가(최고/저)(천원)	—/—	—/—	—/—	—/—	—/—	—/—
PER(최고/저)(배)	0.0/0.0	0.0/0.0	0.0/0.0	0.0/0.0	0.0/0.0	—/—
PBR(최고/저)(배)	0.0/0.0	0.0/0.0	0.0/0.0	0.0/0.0	0.0/0.0	—/—
EV/EBITDA(배)	0.0	0.0	0.0	0.0	0.0	5.1/3.2
EPS(원)		-73	-184	-393	-332	-225
BPS(원)		4,070	-785	1,447	1,012	1,944
CFPS(원)		-228	-459	-678	-318	-213
DPS(원)						
EBITDAPS(원)		-223	-622	-491	-324	-221

재무 비율 〈단위 : % 〉
연도	영업이익률	순이익률	부채비율	차입금비율	ROA	ROE	유보율	자기자본비율	EBITDA마진율
2016	-404.7	-397.6	19.3	12.1	-30.2	-37.6	102.3	83.8	-387.6
2015	-560.4	-767.1	31.9	20.1	-27.9	전기잠식	189.4	75.9	-540.0
2014	-786.7	-599.7	완전잠식	완전잠식		-357.2		-18.9	-714.3
2013	-51.7	-52.8	39.6	22.1	0.0	완전잠식	713.9	71.6	-44.1

피앤씨테크 (A237750)
PNC Technologies

업 종 : 전기장비		시 장 : KOSDAQ	
신용등급 : (Bond) — (CP) —		기업규모 : 벤처	
페이지 : www.pnctech.co.kr		연 락 처 : 031)452-5791	
본 사 : 경기도 안양시 동안구 전파로104번길 62 (호계동)			

설 립 일	1999.03.04	종업원수	64명	대표이사	조광식
상 장 일	2016.07.04	감사의견	적정 (삼일)	계	열
결 산 기	12월	보통주	650만주	종속회사수	
액 면 가	500원	우선주		구 상 호	

주주구성 (지분율,%)		출자관계 (지분율,%)		주요경쟁사 (외형,%)	
광명전기	29.6	광명에스지	12.4	피앤씨테크	100
조광식	8.0			LS산전	7,885
(외국인)	0.8			대한전선	4,895

매출구성		비용구성		수출비중	
배전자동화단말장치	60.9	매출원가율	69.2	수출	25.0
디지털보호계전기	12.2	판관비율	10.5	내수	75.0
개폐기	11.2				

회사 개요
동사는 1999년 설립된 전력계통의 배전분야에서 정전을 최소화하고, 안전한 전력을 공급하기 위한 디지털전력기기를 생산하는 전력IT 전문기업임. 광명전기에 소속된 회사임. 국내 시장을 기준히 확보하여 고객의 굳은 신뢰성을 기반으로 현재 동남아를 비롯한 인도, 중동, 동유럽, 남미 등지에 수출함. 주요 제품은 배전자동화 단말장치, 디지털보호계전기, 개폐기 등이 있음.

실적 분석
동사의 2017년 2분기 누적 매출액은 175.6억원으로 전년동기 대비 14.2% 증가하였음. 매출액 증가율을 상회하는 매출원가 증가율과 판관비 상승 등의 높은 비용부담으로 영업이익은 29.3% 감소하는 모습을 보임 동사의 고장점 표정장치는 국내 국철구간의 모든 노선에 걸쳐서 설치되어 있고 전체 구간의 약 58%에 해당됨. 2017년에는 현장의 요구 사항을 반영한 업그레이드된 장치 개발을 계획하고 있음.

현금 흐름	*IFRS 별도 기준		〈단위 : 억원〉
항목	2016	2017.2Q	
영업활동	38	45	
투자활동	-249	-27	
재무활동	259	—	
순현금흐름	50	18	
기말현금	133	150	

시장 대비 수익률

결산 실적					〈단위 : 억원〉
항목	2012	2013	2014	2015	2016	2017
매출액	220	123	180	239	281	
영업이익	15	6	21	56	57	
당기순이익	8	11	17	49	50	

분기 실적	*IFRS 별도 기준				〈단위 : 억원〉
항목	2016.1Q	2016.2Q	2016.3Q	2016.4Q	2017.1Q	2017.2Q
매출액	44	110	68	59	64	112
영업이익	13	29	9	6	15	15
당기순이익	11	25	5	10	8	15

재무 상태	*IFRS 별도 기준				〈단위 : 억원〉
항목	2012	2013	2014	2015	2016	2017.2Q
총자산	237	195	213	270	579	634
유형자산	91	46	45	48	56	64
무형자산	2	2	3	3	2	3
유가증권	1	1	1	1	21	25
총부채	109	56	58	67	67	99
총차입금	27	10	6	5	5	5
자본금	20	20	20	20	32	32
총자본	128	139	155	203	512	535
지배주주지분	128	139	155	203	512	535

기업가치 지표	*IFRS 별도 기준				
항목	2012	2013	2014	2015	2016	2017.2Q
주가(최고/저)(천원)	#VALUE!	—/—	—/—	—/—	—/—	—/—
PER(최고/저)(배)	0.0/0.0	0.0/0.0	0.0/0.0	0.0/0.0	12.5/8.1	—/—
PBR(최고/저)(배)	0.0/0.0	0.0/0.0	0.0/0.0	0.0/0.0	1.5/1.0	1.3/1.0
EV/EBITDA(배)					3.4	—/—
EPS(원)	198	278	433	1,254	963	348
BPS(원)	32,843	35,708	3,976	5,214	7,878	8,240
CFPS(원)	3,129	3,721	495	1,310	1,013	377
DPS(원)	—	—	—	—	—	—
EBITDAPS(원)	5,004	2,561	609	1,483	1,137	488

재무 비율								〈단위 : % 〉
연도	영업이익률	순이익률	부채비율	차입금비율	ROA	ROE	유보율	자기자본비율	EBITDA마진율
2016	20.3	17.9	13.1	1.0	11.9	14.1	1,475.5	88.4	21.2
2015	23.2	20.4	32.8	2.5	20.3	27.3	942.8	75.3	24.2
2014	11.9	9.4	37.3	3.9	—	—	695.1	72.8	13.2
2013	5.1	8.8	40.0	7.2	5.0	8.1	614.2	71.5	8.1

피앤이솔루션 (A131390)
PNE SOLUTION

업 종 : 전자 장비 및 기기		시 장 : KOSDAQ	
신용등급 : (Bond) — (CP) —		기업규모 : 벤처	
홈페이지 : www.pnesolution.com		연 락 처 : 031)299-0100	
본 사 : 경기도 수원시 권선구 산업로 185 (고색동)			

설 립 일	2004.03.16	종업원수	161명	대표이사	정대택,김용율(각자대표이사)
상 장 일	2011.09.27	감사의견	적정 (이촌)	계	열
결 산 기	12월	보통주	1,428만주	종속회사수	1개사
액 면 가	500원	우선주		구 상 호	

주주구성 (지분율,%)		출자관계 (지분율,%)		주요경쟁사 (외형,%)	
정대택	36.5	피앤이이노텍	100.0	피앤이솔루션	100
한국증권금융	4.1	와이즈웍스	35.0	써니전자	44
(외국인)	0.4	피앤이시스템즈	35.0	광전자	365

매출구성		비용구성		수출비중	
포메이션 장비 외	80.8	매출원가율	76.9	수출	24.0
PCR	12.1	판관비율	14.6	내수	76.0
기타매출	3.7				

회사 개요
동사는 전지충·방전기와 전원공급장치의 제조 및 판매를 주된 사업으로 영위함. 2009년부터는 삼성SDI에 장비를 공급하기 시작하였으며, SK이노베이션에도 장비를 공급하는 등 거래선을 확대하고 있음. 2차 전지 후공정 관련 장비와 연구개발용 장비, 발전소 여자기용 PCR 및 산업용 정류기 등 전력변환장치의 개발과 생산에 주력하고 있으며 향후 해외 시장을 적극적으로 개척할 예정임.

실적 분석
동사의 2017년 반기 연결기준 매출액과 영업이익은 전년 대비 각각 46.9%, 69.5% 증가한 213.2억원, 18.1억원을 기록. 2차전지 장비, EV 충전인프라 외 부문 매출이 전년대비 증가한 영향임. EV 충전인프라 외 부문의 경우 매출이 폭발적으로 증가함. 중대형 2차 전지 후공정 장비 및 연구개발용 장비 국내 시장 선도하고 있으며 2차전지 업체들의 생산 설비 증설에 따른 수혜가 예상됨.

현금 흐름			〈단위 : 억원〉
항목	2016	2017.2Q	
영업활동	-1	1	
투자활동	-9	-17	
재무활동	7	-0	
순현금흐름	-31	-16	
기말현금	112	96	

시장 대비 수익률

결산 실적					〈단위 : 억원〉
항목	2012	2013	2014	2015	2016	2017
매출액	475	380	324	442	468	—
영업이익	50	9	-13	20	.40	—
당기순이익	52	12	3	10	48	—

분기 실적					〈단위 : 억원〉
항목	2016.1Q	2016.2Q	2016.3Q	2016.4Q	2017.1Q	2017.2Q
매출액	68	77	133	190	103	110
영업이익	4	7	9	20	14	5
당기순이익	9	5	9	26	10	7

재무 상태					〈단위 : 억원〉
항목	2012	2013	2014	2015	2016	2017.2Q
총자산	601	506	502	624	799	950
유형자산	174	237	250	242	262	263
무형자산	13	11	8	4	18	19
유가증권	4	11	5	23	11	11
총부채	232	116	117	202	333	476
총차입금	13	—	—	1	—	5
자본금	36	36	36	71	71	71
총자본	369	390	385	422	466	474
지배주주지분	369	390	385	416	461	470

기업가치 지표					
항목	2012	2013	2014	2015	2016	2017.2Q
주가(최고/저)(천원)	5.7/2.9	5.6/3.2	4.8/2.3	10.3/2.2	10.4/4.5	—/—
PER(최고/저)(배)	15.9/8.1	67.4/37.9	195.3/93.6	70.7/15.3	30.7/13.4	—/—
PBR(최고/저)(배)	2.2/1.1	2.1/1.2	1.7/0.8	3.5/0.8	3.2/1.4	2.4/1.6
EV/EBITDA(배)	5.1	29.7		45.7	15.4	—/—
EPS(원)	362	83	24	145	339	121
BPS(원)	5,304	5,466	5,507	2,914	3,258	3,378
CFPS(원)	834	280	174	206	384	145
DPS(원)	60	—	—	—	—	—
EBITDAPS(원)	810	235	-61	198	323	151

재무 비율								〈단위 : % 〉
연도	영업이익률	순이익률	부채비율	차입금비율	ROA	ROE	유보율	자기자본비율	EBITDA마진율
2016	8.5	10.4	71.5	0.0	6.8	11.0	551.5	58.3	9.9
2015	4.4	4.5	48.0	0.3	3.6	5.2	482.8	67.6	6.4
2014	-4.1	1.1	30.5	0.0	0.7	0.9	1,001.3	76.6	-1.4
2013	2.3	3.1	29.7	0.0	2.2	3.1	993.3	77.1	4.4

피에스엠씨 (A024850)
PSMC

업 종 : 반도체 및 관련장비	시 장 : KOSDAQ
신용등급 : (Bond) — (CP) —	기업규모 : 중견
홈 페 이 지 : www.psmc.kr	연 락 처 : 031)522-3700
본 사 : 경기도 화성시 향남읍 발안공단로 4길 16 (구문천리 928)	

설 립 일 1978.06.16	종 업 원 수 260명	대 표 이 사 강대균
상 장 일 2001.01.11	감 사 의 견 적정 (신한)	계 열
결 산 기 03월	보 통 주 3,873만주	종속회사수 1개사
액 면 가 500원	우 선 주	구 상 호

주주구성 (지분율,%)
Richard & Company	11.5
(유)에프앤티	6.5
(외국인)	3.7

출자관계 (지분율,%)
PSMCPHILIPPINES,Inc	100.0

주요경쟁사 (외형,%)
피에스엠씨	100
네패스신소재	172
에이디칩스	238

매출구성
리드프레임	63.8
전자부품, 금형, scrap, 상품 등	36.2

비용구성
매출원가율	106.9
판관비율	14.1

수출비중
수출	84.0
내수	16.0

회사 개요
동사는 1978년에 설립된 반도체부품 제조회사로, 1994년 협회중개시장에 등록하였다가 취소된바 있으며, 2001년 코스닥시장에 재등록함. 동사는 반도체의 전기도선 역할과 반도체를 지지해 주는 버팀대 역할을 하는 반도체 구조재료인 리드프레임을 주종으로 생산하고 있음. 세계 10위권의 점유율을 유지해왔으나 현재는 규모를 축소하고 지속적인 수익창출에 집중함. 현재 계열회사는 필리핀 소재의 PSMC PHILIPPINES, Inc.1개사만 보유함.

실적 분석
동사는 2016년 11월 15일 임시주주총회를 통해 결산기를 2017부터 3월말 결산기로 변경함. 따라서 2017년 1분기는 2017년 4월 1일부터 6월 30일까지이며, 전년동기는 직전 연도 동일기간임. 당분기 매출액은 120.6억원으로 전년동기 대비 118.2억원 대비 증가한 실적을 시현함. 영업이익은 전년동기 18억원 손실에서 흑자전환한 2.7억원을 시현함. 당기순이익도 흑자전환하며 7.4억원의 실적을 시현함.

현금 흐름 〈단위 : 억원〉
항목	2016	2017.1Q
영업활동	-5	2
투자활동	54	-2
재무활동	-33	-8
순현금흐름	16	-8
기말현금	52	47

시장 대비 수익률

결산 실적 〈단위 : 억원〉
항목	2012	2013	2014	2015	2016	2017
매출액	949	955	806	500	409	—
영업이익	19	16	-23	-88	-86	—
당기순이익	-32	-45	-46	-118	-33	—

분기 실적 〈단위 : 억원〉
항목	2015.4Q	2016.1Q	2016.2Q	2016.3Q	2016.4Q	2017.1Q
매출액	96	94	118	91	105	121
영업이익	-29	-19	-18	-26	-23	3
당기순이익	-33	-8	-16	-3	-6	7

재무 상태 〈단위 : 억원〉
항목	2012	2013	2014	2015	2016	2017.1Q
총자산	701	661	626	477	409	#N/A
유형자산	248	223	204	170	133	#N/A
무형자산						
유가증권	0	3	0	0	0	117
총부채	279	271	279	231	187	0
총차입금	111	95	72	90	61	55
자본금	179	189	189	194	194	194
총자본	422	390	347	247	223	204
지배주주지분	422	390	347	247	223	204

기업가치 지표
항목	2012	2013	2014	2015	2016	2017.1Q
주가(최고/저)(천원)	1.5/0.4	0.7/0.4	0.5/0.3	1.5/0.3	1.2/0.5	—/—
PER(최고/저)(배)	—/—	—/—	—/—	—/—	—/—	—/—
PBR(최고/저)(배)	1.3/0.3	0.7/0.4	0.6/0.4	2.4/0.5	2.0/0.8	1.2/1.0
EV/EBITDA(배)	1.3	2.4	4.4			
EPS(원)	-38	-124	-122	-306	-85	19
BPS(원)	1,178	1,030	918	637	575	528
CFPS(원)	113	-13	-21	-230	-11	32
DPS(원)						
EBITDAPS(원)	204	154	41	-153	-148	20

재무 비율 〈단위 : % 〉
연도	영업이익률	순이익률	부채비율	차입금비율	ROA	ROE	유보율	자기자본비율	EBITDA마진율
2016	-21.0	-8.0	83.9	27.3	-7.4	-14.0	15.1	54.4	-14.1
2015	-17.6	-23.5	93.6	36.7	-21.3	-39.6	27.4	51.7	-11.8
2014	-2.9	-5.8	80.3	20.8	-7.2	-12.6	83.6	55.5	1.9
2013	1.6	-4.8	69.6	24.3	-6.7	-11.2	106.0	59.0	5.9

피에스케이 (A031980)
PSK

업 종 : 반도체 및 관련장비	시 장 : KOSDAQ
신용등급 : (Bond) — (CP) —	기업규모 : 우량
홈 페 이 지 : www.psk-inc.com	연 락 처 : 031)660-8700
본 사 : 경기도 화성시 삼성1로4길 48 (석우동)	

설 립 일 1990.06.11	종 업 원 수 264명	대 표 이 사 박경수
상 장 일 1997.01.07	감 사 의 견 적정 (삼일)	계 열
결 산 기 12월	보 통 주 2,033만주	종속회사수 4개사
액 면 가 500원	우 선 주	구 상 호

주주구성 (지분율,%)
금영	32.1
CDIB Capital Investment (Korea) Corp.	4.2
(외국인)	4.2

출자관계 (지분율,%)
디엠비마케팅연구소	100.0
유원미디어	28.0
SVIC18호신기술사업투자조합	28.0

주요경쟁사 (외형,%)
피에스케이	100
덕산하이메탈	26
미래산업	14

매출구성
Post etch treatment 류 외	78.7
부품 및 용역수수료 외	21.3

비용구성
매출원가율	55.8
판관비율	28.7

수출비중
수출	41.0
내수	59.0

회사 개요
동사는 1990년에 설립된 반도체 제조장비를 제조하는 업체로 주력장비인 Dry-Strip이 세계시장에서 37%의 점유율을 기록하며 1위를 유지함. 동사는 금영 등 비상장 계열사 7개사를 두고 있고, 삼성전자 외에도 마이크론, 난야, TSMC, 차터드 등의 해외업체와도 거래하고 있음. 동사는 Etch의 신장비인 Etch Back System과 에너지 절감형 장비인 Power Device 제조용 Etcher 등으로 신규사업을 확대하고 있음.

실적 분석
동사의 2017년 2/4분기 연결기준 누적매출액은 1,409.1억원으로 전년동기 대비 87.8% 증가했음. 외형성장으로 인해 매출원가 및 판관비가 전년동기 대비 각각 89.7%, 22.3% 증가했음에도 영업이익은 전년동기 대비 206.3% 증가한 358.7억원을 시현했음. 그러나 비영업부문에서 45.1억원의 손실을 기록해 이익 폭이 축소되며 당기순이익은 전년동기 대비 82.7% 증가한 227.0억원을 시현했음.

현금 흐름 〈단위 : 억원〉
항목	2016	2017.2Q
영업활동	375	20
투자활동	-161	156
재무활동	-41	-51
순현금흐름	174	122
기말현금	465	588

시장 대비 수익률

결산 실적 〈단위 : 억원〉
항목	2012	2013	2014	2015	2016	2017
매출액	844	1,291	1,486	1,384	1,631	—
영업이익	87	210	175	167	253	—
당기순이익	116	169	108	136	196	—

분기 실적 〈단위 : 억원〉
항목	2016.1Q	2016.2Q	2016.3Q	2016.4Q	2017.1Q	2017.2Q
매출액	235	515	434	447	560	849
영업이익	7	110	86	50	125	233
당기순이익	6	118	50	22	86	141

재무 상태 〈단위 : 억원〉
항목	2012	2013	2014	2015	2016	2017.2Q
총자산	1,572	1,898	1,986	2,066	2,355	2,651
유형자산	216	220	246	292	258	252
무형자산	336	317	308	327	258	235
유가증권	244	237	311	408	474	410
총부채	230	373	287	237	365	498
총차입금	7					
자본금	99	101	102	102	102	102
총자본	1,342	1,525	1,699	1,828	1,989	2,153
지배주주지분	1,342	1,525	1,699	1,828	1,989	2,153

기업가치 지표
항목	2012	2013	2014	2015	2016	2017.2Q
주가(최고/저)(천원)	6.5/3.3	10.4/3.9	14.1/9.1	14.0/8.5	14.9/7.6	—/—
PER(최고/저)(배)	11.9/6.1	13.0/4.9	27.9/18.1	21.8/13.3	15.7/8.1	—/—
PBR(최고/저)(배)	1.0/0.5	1.5/0.5	1.8/1.2	1.6/1.0	1.6/0.8	1.9/1.1
EV/EBITDA(배)	2.6	5.3	11.1	5.0	5.3	—
EPS(원)	582	847	531	670	966	1,117
BPS(원)	6,854	7,626	8,358	8,992	9,783	10,591
CFPS(원)	693	974	662	848	1,211	1,253
DPS(원)		100	200	200	250	
EBITDAPS(원)	547	1,184	993	999	1,491	1,900

재무 비율 〈단위 : % 〉
연도	영업이익률	순이익률	부채비율	차입금비율	ROA	ROE	유보율	자기자본비율	EBITDA마진율
2016	15.5	12.0	18.4	0.0	8.9	10.3	1,856.6	84.5	18.6
2015	12.1	9.8	13.0	0.0	6.7	7.7	1,698.3	88.5	14.7
2014	11.8	7.3	16.9	0.0	5.6	6.7	1,571.6	85.6	13.6
2013	16.3	13.1	24.5	0.0	11.8	11.8	1,425.1	80.3	18.3

피에스텍 (A002230)
PS Tec

종 목 : 전기장비		시 장 : KOSDAQ	
용 등 급 : (Bond) — (CP) —		기업규모 : 중견	
페이지 : www.pstec.co.kr		연 락 처 : 02)3408-1790	
사 : 서울시 성동구 왕십리로 46 (성수동1가)			

설 립 일 1957.12.12	종 업 원 수 129명	대 표 이 사 김형민
상 장 일 1991.01.04	감 사 의 견 적정 (대주)	계 열
결 산 기 12월	보 통 주 1,884만주	종속회사수 1개사
액 면 가 500원	우 선 주	구 상 호

주주구성 (지분율,%)		출자관계 (지분율,%)		주요경쟁사 (외형,%)	
풍성	46.9	풍성홀딩스 100.0		피에스텍	100
	4.8			삼영전자	424
(외국인)	5.7			일진전기	1,337

매출구성		비용구성		수출비중	
전력량계 등	82.9	매출원가율	80.2	수출	0.0
하우징 외	17.1	판관비율	10.9	내수	100.0

회사 개요
동사는 전력기기 사업부문과 자동차부품 사업을 영위하고 있으며 자동차용 전장기기 및 계기류 제조 판매사업을 영위하고 있음. AMR System 부문과 Digital EM이 결합됨으로써 전력 공급자와 수요자 모두의 요구사양을 충족시킬 수 있는 고부가가치제품이 될 것으로 예상됨. 자동차부품 사업은 철저한 구조조정에 따른 특화 및 전문 시스템화가 절대적 요소로 부각됨.

실적 분석
동사의 2017년 2분기 누적 연결기준 매출액은 365.6억원으로 전년동기 대비 대폭 증가함. 지난 19일 발표된 국정 5개년 계획에서도 전력수요관리를 위해 AMI 전국 설치를 2020년까지 완료하겠다고 다시 한번 발표하였음. 현재 AMI 구축사업은 목표치인 2,200만호 중 350만호가 진행되었으며, 목표달성을 위해서는 기존 발주의 2배 규모인 연간 450만호의 발주가 필요할 것. 때문에 향후 수주 속도는 가팔라질 것.

현금 흐름 〈단위 : 억원〉

항목	2016	2017.2Q
영업활동	-5	12
투자활동	-717	24
재무활동	32	-9
순현금흐름	-690	28
기말현금	96	124

시장 대비 수익률

결산 실적 〈단위 : 억원〉

항목	2012	2013	2014	2015	2016	2017
매출액	260	393	425	561	507	
영업이익	-6	5	45	89	45	
당기순이익	78	246	44	93	44	

분기 실적 〈단위 : 억원〉

항목	2016.1Q	2016.2Q	2016.3Q	2016.4Q	2017.1Q	2017.2Q
매출액	116	136	130	126	148	217
영업이익	10	12	14	9	10	27
당기순이익	12	14	15	3	17	26

재무 상태 〈단위 : 억원〉

항목	2012	2013	2014	2015	2016	2017.2Q
총자산	1,004	1,339	1,172	1,375	1,456	1,524
유형자산	33	31	35	97	115	125
무형자산	7	7	8	13	17	16
유가증권	68	92	136	304	497	501
총부채	253	325	75	101	147	185
총차입금	100	82	—	28	70	75
자본금	70	73	79	94	94	94
총자본	750	1,015	1,097	1,274	1,309	1,339
지배주주지분	750	1,015	1,097	1,274	1,309	1,339

기업가치 지표

항목	2012	2013	2014	2015	2016	2017.2Q
주가(최고/저)(천원)	5.5/2.7	6.5/3.2	5.4/3.4	8.5/4.0	6.9/5.1	—/—
PER(최고/저)(배)	10.5/5.2	3.9/1.9	19.3/12.3	16.6/7.7	29.7/22.0	—/—
PBR(최고/저)(배)	1.1/0.5	1.0/0.5	0.8/0.5	1.3/0.6	1.0/0.7	0.8/0.7
EV/EBITDA(배)	548.4			4.4	5.4	—/
EPS(원)	556	1,723	287	526	237	229
BPS(원)	5,395	7,020	6,970	6,849	7,039	7,199
CFPS(원)	605	1,760	312	548	271	256
DPS(원)	50	50	50	50	75	
EBITDAPS(원)	5	74	317	525	275	224

재무 비율 〈단위 : % 〉

연도	영업이익률	순이익률	부채비율	차입금비율	ROA	ROE	유보율	자기자본비율	EBITDA마진율
2016	8.9	8.8	11.2	5.4	3.1	3.4	1,307.8	89.9	10.2
2015	15.8	16.6	7.9	2.2	7.3	7.8	1,269.8	92.7	16.5
2014	10.5	10.3	6.9	0.0	3.6	4.2	1,294.0	93.6	11.4
2013	1.4	62.7	32.0	8.1	21.0	27.9	1,304.0	75.8	2.7

피엔아이시스템 (A242350)
PNI System COLTD

업 종 : 미디어		시 장 : KONEX	
신용등급 : (Bond) — (CP) —		기업규모 :	
홈페이지 : www.pnisys.com		연 락 처 : 070)8610-5333	
본 사 : 제주도 제주시 첨단로 245-2			

설 립 일 2004.07.06	종 업 원 수 59명	대 표 이 사 신재충
상 장 일 2016.12.22	감 사 의 견 적정 (정현)	계 열
결 산 기 12월	보 통 주	종속회사수
액 면 가	우 선 주	구 상 호

주주구성 (지분율,%)		출자관계 (지분율,%)	주요경쟁사 (외형,%)	
신재충	20.8		피엔아이시스템	100
디에스자산운용	17.0		제이웨이	114
			래몽래인	216

매출구성		비용구성		수출비중	
3D 애니메이션 제작(용역)	60.8	매출원가율	5.2	수출	—
기타	12.5	판관비율	93.8	내수	—
국외 3D 애니메이션 제작(용역)	9.8				

회사 개요
2004년 07월 설립된 동사는 3D 애니메이션 사업과 3D VR 관련 제품 및 콘텐츠 사업을 영위하고 있음. 2014년 애니메이션 산업의 사업체 수는 350개로 2012년부터 2014년까지 연평균 1.3% 증가하였으며, 애니메이션 제작업을 영위하는 사업체 역시 매년 약 290개 수준을 유지하고 있음. 국내 애니메이션 수출시장 규모는 마이너스 성장을 보인 2012년과 2013년과는 달리 성장세로 돌아서 2015년 1조 3,386억원을 기록함.

실적 분석
코넥스 상장 기업인 동사의 영업수익은 전년보다 59% 늘어난 65.8억원을 기록함. 이에 따라 영업비용이 대폭 늘었으며 영업이익은 0.63억원을 기록하였음. 최종적으로 동사는 55.6억의 당기순손실을 기록, 적자전환하였음. 비영업 부문에서도 56.2억원의 손실이 발생함. 동사의 영업수익에서 가장 큰 비중을 차지하는 부문은 3D애니메이션 및 디지털콘텐츠제작이며 2016년 전체 매출의 75.2%를 차지함.

현금 흐름 *IFRS 별도 기준 〈단위 : 억원〉

항목	2016	2017.2Q
영업활동	10	
투자활동	-104	
재무활동	92	
순현금흐름	-2	
기말현금		

시장 대비 수익률

결산 실적 〈단위 : 억원〉

항목	2012	2013	2014	2015	2016	2017
매출액	27	37	41	41	66	
영업이익	0	4	6	8	1	
당기순이익	2	3	4	5	-56	

분기 실적 *IFRS 별도 기준 〈단위 : 억원〉

항목	2016.1Q	2016.2Q	2016.3Q	2016.4Q	2017.1Q	2017.2Q
매출액						
영업이익						
당기순이익						

재무 상태 *IFRS 별도 기준 〈단위 : 억원〉

항목	2012	2013	2014	2015	2016	2017.2Q
총자산	47	66	80	89	133	
유형자산	19	25	26	22	51	
무형자산	12	26	43	55	18	
유가증권			1	1	1	
총부채	26	37	47	55	79	
총차입금	22	31	41	49	57	
자본금	3	3	3	3	20	
총자본	22	29	33	34	54	
지배주주지분	22	29	33	34	54	

기업가치 지표 *IFRS 별도 기준

항목	2012	2013	2014	2015	2016	2017.2Q
주가(최고/저)(천원)	—/—	—/—	—/—	—/—	—/—	—/—
PER(최고/저)(배)	0.0/0.0	0.0/0.0	0.0/0.0	0.0/0.0	0.0/0.0	—/—
PBR(최고/저)(배)	0.0/0.0	0.0/0.0	0.0/0.0	0.0/0.0	6.6/4.1	0.0/—
EV/EBITDA(배)	43.3	2.8	5.1	3.1	22.7	
EPS(원)	68	145	173	206	-1,627	
BPS(원)	36,039	47,856	54,768	56,311	1,333	
CFPS(원)	2,714	14,452	10,864	21,107	-1,255	
DPS(원)						
EBITDAPS(원)	572	15,637	13,401	26,099	391	

재무 비율 〈단위 : % 〉

연도	영업이익률	순이익률	부채비율	차입금비율	ROA	ROE	유보율	자기자본비율	EBITDA마진율
2016	1.0	-84.5	145.4	105.6	-50.1	-126.5	166.6	40.8	20.3
2015	19.2	11.9	164.2	144.3	5.9	14.8	1,026.2	37.9	37.8
2014	13.9	10.2	142.6	125.3	5.7	13.5	995.4	41.2	19.8
2013	11.3	9.4	130.2	106.9	6.1	13.8	857.1	43.4	25.2

피엔에이치테크 (A239890)
P&H TECH

업　　종 : 디스플레이 및 관련부품		시　　장 : KONEX	
신용등급 : (Bond) ― 　　(CP) ―		기업규모 : ―	
홈페이지 : www.phtech.co.kr		연 락 처 : 031)8021-1890	
본　　사 : 경기도 용인시 기흥구 동백중앙로16번길 16-25, 804호(중동, 대우프론티어밸리1단지)			

설 립 일	2009.09.24	종 업 원 수	25명	대 표 이 사	현서용
상 장 일	2016.08.16	감 사 의 견	적정 (신정)	계　　　열	
결 산 기	12월	보 통 주		종속회사수	
액 면 가		우 선 주		구 상 호	

주주구성 (지분율,%)		출자관계 (지분율,%)		주요경쟁사 (외형,%)	
현서용	74.6	피엔에이치테크	100		
박갑환	18.6	덕산네오룩스	910		
		스킨앤스킨	824		

매출구성		비용구성		수출비중	
Pd 촉매	37.5	매출원가율	91.5	수출	1.0
기타	32.4	판관비율	52.4	내수	99.0
OLED 완성체	21.4				

회사 개요
동사는 2009년 8월 24일에 설립되어 유기전자 재료 사업을 영위하고 있으며, 주로 OLED용 소재, 중간체 및 OLED소재 합성에 필요한 촉매 등을 제조판매하고 있다. 동사의 시장점유율은 미미한 수준이나, 다년간의 연구개발을 통해 현재까지 약 100개의 특허를 출원했으며 2,000종이 넘는소재의 분자구조 모델링, 300건이 넘는 실제합성 경험을 통해 방대한 데이터베이스를 구축하고 있다.

실적 분석
동사는 코넥스 상장 기업으로 반기와 분기 기준 실적 공개 의무가 없음. 동사의 2016년 연결기준 연간 누적 매출액은 46.5억원으로 전년 동기 대비 39.3% 증가함. 매출은 증가했지만 매출원가 상승과 판매비와 관리비 부담 증가로 인해 영업손실은 20.5억원으로 전년 대비 적자 지속됐으며 적자 규모는 확대됨. 비영업손익 부문에서 손실이 소폭 감소했음에도 당기순손실 21.3억원으로 전년 동기 대비 적자 규모가 크게 늘어남.

현금 흐름 *IFRS 별도 기준
〈단위 : 억원〉

항목	2016	2017.2Q
영업활동	-22	
투자활동	-17	
재무활동	38	
순현금흐름	-1	
기말현금	2	

시장 대비 수익률

결산 실적
〈단위 : 억원〉

항목	2012	2013	2014	2015	2016	2017
매출액	―	30	27	33	47	―
영업이익	―	-9	-9	-20	―	
당기순이익	―	-4	-13	-14	-21	―

분기 실적 *IFRS 별도 기준
〈단위 : 억원〉

항목	2016.1Q	2016.2Q	2016.3Q	2016.4Q	2017.1Q	2017.2Q
매출액						
영업이익						
당기순이익						

재무 상태 *IFRS 별도 기준
〈단위 : 억원〉

항목	2012	2013	2014	2015	2016	2017.2Q
총자산		67	90	106	116	
유형자산		35	57	82	77	
무형자산		1	1	1	1	
유가증권						
총부채		55	90	75	75	
총차입금		51	84	68	67	
자본금		10	10	13	15	
총자본		13	-0	31	41	
지배주주지분		13	-0	31	41	

기업가치 지표 *IFRS 별도 기준

항목	2012	2013	2014	2015	2016	2017.2Q
주가(최고/저)(천원)	#VALUE!	―/―	―/―	―/―	―/―	―/―
PER(최고/저)(배)	0.0/0.0	0.0/0.0	0.0/0.0	0.0/0.0	―/―	―/―
PBR(최고/저)(배)	0.0/0.0	0.0/0.0	0.0/0.0	0.0/0.0	6.3/6.1	0.0/0.0
EV/EBITDA(배)	0.0				―/―	―/―
EPS(원)	―	-191	-613	-672	-917	
BPS(원)	―	4,762	-103	11,682	1,356	
CFPS(원)	―	-1,490	-3,515	-3,589	-663	
DPS(원)	―					
EBITDAPS(원)		-335	-2,039	-1,797	-625	

재무 비율
〈단위 : % 〉

연도	영업이익률	순이익률	부채비율	차입금비율	ROA	ROE	유보율	자기자본비율	EBITDA마진율
2016	-44.0	-45.9	183.3	162.3	-19.2	-59.4	171.2	35.3	-31.2
2015	-27.3	-41.5	242.9	221.3	-14.2	전기잠식	133.6	29.2	-14.2
2014	-32.0	-46.2	완전잠식	완전잠식	-16.1	당기잠식	-102.7	-0.3	-19.7
2013	0.0	-13.1	435.8	408.6	0.0	0.0	25.8	18.7	-2.9

피엔티 (A137400)
PEOPLE & TECHNOLOGY

업　　종 : 전자 장비 및 기기		시　　장 : KOSDAQ	
신용등급 : (Bond) ― 　　(CP) ―		기업규모 : 벤처	
홈페이지 : www.epnt.co.kr		연 락 처 : 054)469-6905	
본　　사 : 경북 구미시 1공단로 86-69(공단동)			

설 립 일	2003.12.30	종 업 원 수	231명	대 표 이 사	김준섭
상 장 일	2012.07.06	감 사 의 견	적정 (경신)	계　　　열	
결 산 기	12월	보 통 주	793만주	종속회사수	2개사
액 면 가	500원	우 선 주		구 상 호	

주주구성 (지분율,%)		출자관계 (지분율,%)		주요경쟁사 (외형,%)	
김준섭	22.4	나노기술	50.7	피엔티	100
한국산업은행	4.7	섬서인과기계설비	100.0	엔에스	27
(외국인)	4.3			파크시스템스	23

매출구성		비용구성		수출비중	
(2차전지사업부)SRS 외	65.7	매출원가율	79.4	수출	79.0
(소재사업부)PDL 외	28.4	판관비율	13.7	내수	21.0
(정밀자동화사업부)ISM외	5.8				

회사 개요
동사는 2003년 설립되어, 2012년 7월 코스닥시장에 상장된 기업으로, Roll to Roll 기술을 바탕으로 IT용 소재, 2차전지의 음극 및 분리막 소재, Copper 등의 코팅 및 슬리터 장비의 제작 판매를 주요 사업으로 영위하고 있음. 최대주주는 김준섭 대표이사로 23.4%의 지분을 보유하고 있으며, 연결대상 종속회사로는 중국소재의 특수기계 제조회사인 섬서인과기계설비(유)와 디스플레이 제조기업인 (주)나노기술이 있음.

실적 분석
동사는 2017년 반기에 전년동기 대비 18.4% 확대된 640.2억원의 매출을 시현함. 경기침체에 따른 투자감소로 국내 매출액에 전기 대비 감소하였으나, 중국내 전기차 관련 투자가 활성화되면서 관련 중국업체 및 중국에 투자를 확대하는 기업의 매출액이 크게 증가함. 매출확대 영향으로 영업이익은 전기 36.8억원에서 44.3% 확대된 53.1억원을 시현함. 외환손실 영향으로 비영업손익 18.8억원 적자가 발생하여 반기순이익은 20억원을 시현함.

현금 흐름
〈단위 : 억원〉

항목	2016	2017.2Q
영업활동	-17	-45
투자활동	-56	2
재무활동	64	53
순현금흐름	-9	9
기말현금	48	57

시장 대비 수익률

결산 실적
〈단위 : 억원〉

항목	2012	2013	2014	2015	2016	2017
매출액	547	827	1,057	913	1,085	―
영업이익	65	46	88	-2	75	
당기순이익	50	33	61	-2	29	

분기 실적
〈단위 : 억원〉

항목	2016.1Q	2016.2Q	2016.3Q	2016.4Q	2017.1Q	2017.2Q
매출액	161	379	193	352	313	328
영업이익	18	18	20	18	33	20
당기순이익	10	15	13	-9	1	19

재무 상태
〈단위 : 억원〉

항목	2012	2013	2014	2015	2016	2017.2Q
총자산	784	729	881	1,018	1,535	2,046
유형자산	190	110	155	255	430	431
무형자산	7	11	8	7	26	25
유가증권	106	182	182	202	102	77
총부채	317	248	334	480	1,012	1,490
총차입금	17	15	110	239	370	458
자본금	38	38	38	38	38	38
총자본	467	480	547	538	523	556
지배주주지분	467	480	547	538	554	595

기업가치 지표

항목	2012	2013	2014	2015	2016	2017.2Q
주가(최고/저)(천원)	9.6/5.6	11.8/6.0	8.7/6.3	11.9/6.7	14.7/8.7	―/―
PER(최고/저)(배)	13.1/7.6	27.2/13.8	10.9/7.9	―/―	38.5/22.9	―/―
PBR(최고/저)(배)	1.6/1.0	1.9/1.0	1.2/0.9	1.7/0.9	2.0/1.2	1.8/1.2
EV/EBITDA(배)	5.3	7.3	5.0	64.5	11.1	
EPS(원)	766	437	808	-31	381	380
BPS(원)	6,146	6,385	7,321	7,191	7,472	8,019
CFPS(원)	846	519	928	173	601	616
DPS(원)	200		100			
EBITDAPS(원)	1,089	687	1,280	178	1,203	934

재무 비율
〈단위 : % 〉

연도	영업이익률	순이익률	부채비율	차입금비율	ROA	ROE	유보율	자기자본비율	EBITDA마진율
2016	6.9	2.7	193.3	70.8	2.3	5.3	1,394.5	34.1	8.6
2015	-0.2	-0.3	89.2	44.4	-0.3	-0.4	1,338.2	52.9	1.5
2014	8.3	5.8	61.1	20.1	7.6	12.0	1,364.2	62.1	9.2
2013	5.6	4.0	51.7	3.1	4.4	7.0	1,176.9	65.9	6.3

피엔풍년 (A024940)
Pnpoongnyun

종 목 : 내구소비재		시 장 : KOSDAQ	
용등급 : (Bond) — (CP) —		기업규모 : 벤처	
페이지 : www.pn.co.kr		연 락 처 : 031)491-2965	
사 : 경기도 안산시 단원구 별망로 620			

설 립 일	1974.11.17	종 업 원 수	190명	대 표 이 사	유재원
상 장 일	1995.01.04	감 사 의 견	적정 (가립)	계	열
결 산 기	12월	보 통 주	1,000만주	종 속 회 사 수	
액 면 가	500원	우 선 주		구 상 호	

주주구성 (지분율,%)		출자관계 (지분율,%)		주요경쟁사 (외형,%)	
유재원	31.4			PN풍년	100
클래드	9.3			파세코	134
(외국인)	0.3			행남생활건강	37

매출구성		비용구성		수출비중	
압력솥외(제품)	56.0	매출원가율	72.3	수출	6.0
압력솥외(상품)	41.9	판관비율	24.8	내수	94.0
부품	2.1				

회사 개요
동사는 1954년 세광알미늄공업사로 설립된 이후 2009년 피엔풍년으로 사명을 변경하고 종합주방기사를 지향하고 있음. 동사는 주방제품 중 압력솥과 냄비, 프라이팬 등을 주로 생산하고 있음. 동사가 실적자료 등으로 추정한 결과 주력제품인 기물압력솥 시장에서 76% 정도의 점유율을 차지하고 있음. 압력솥 시장에서 주물과 전기솥은 과점이고, 그 외 판체와 스텐압력솥 시장은 다수의 업체가 경쟁하고 있음.

실적 분석
동사는 2017년 상반기 누적 매출액이 338.1억원으로 전년 동기에 비해 5.0% 감소했고, 영업이익은 6.5억원으로 전년 동기 9.0억원에서 2.5억원 감소했음. 동사의 매출원가는 전년 동기에 비해 7.2% 감소하나, 판매관리비가 3.8% 증가해 영업이익이 줄어들었음. 비영업부문에선 0.7억원의 손실이 발생했음, 당기순이익은 1.9억원으로 전년 동기 7.3억원에서 5.4억원 감소함. 동사의 제품을 생산하는 안산공장의 가동률은 93.7%임.

현금 흐름 *IFRS 별도 기준 〈단위 : 억원〉

항목	2016	2017.2Q
영업활동	27	-10
투자활동	-95	73
재무활동	26	-17
순현금흐름	-42	45
기말현금	48	93

시장 대비 수익률

결산 실적 〈단위 : 억원〉

항목	2012	2013	2014	2015	2016	2017
매출액	617	741	746	745	761	
영업이익	7	10	14	19	22	
당기순이익	8	10	11	13	18	

분기 실적 *IFRS 별도 기준 〈단위 : 억원〉

항목	2016.1Q	2016.2Q	2016.3Q	2016.4Q	2017.1Q	2017.2Q
매출액	196	160	202	203	181	157
영업이익	2	5	7	6	4	2
당기순이익	1	6	5	5	3	-1

재무 상태 *IFRS 별도 기준 〈단위 : 억원〉

항목	2012	2013	2014	2015	2016	2017.2Q
총자산	429	453	437	446	514	457
유형자산	169	167	160	149	144	141
무형자산	7	6	6	6		
유가증권	—	—	—	—		
총부채	161	178	153	152	204	148
총차입금	66	67	58	52	80	66
자본금	50	50	50	50	50	50
총자본	268	275	283	294	309	309
지배주주지분	268	275	283	294	309	309

기업가치 지표 *IFRS 별도 기준

항목	2012	2013	2014	2015	2016	2017.2Q
주가(최고/저)(천원)	1.8/1.0	1.7/1.2	6.2/1.4	6.3/3.1	4.4/2.7	—/—
PER(최고/저)(배)	24.8/14.4	18.6/13.1	59.7/13.3	48.5/23.6	25.2/15.7	1.1/1.0
PBR(최고/저)(배)	0.7/0.4	0.7/0.5	2.2/0.5	2.2/1.1	1.4/0.9	1.0/0.9
EV/EBITDA(배)	5.4	4.9	9.2	10.7	6.4	—
EPS(원)	76	98	106	132	175	19
BPS(원)	2,700	2,752	2,853	2,961	3,113	3,108
CFPS(원)	225	259	269	296	330	90
DPS(원)	25	25	25	25	25	137
EBITDAPS(원)	221	262	305	351	371	62

재무 비율 〈단위 : % 〉

연도	영업이익률	순이익률	부채비율	차입금비율	ROA	ROE	유보율	자기자본비율	EBITDA마진율
2016	2.9	2.3	66.0	25.8	3.7	5.8	522.6	60.3	4.9
2015	2.5	1.8	51.5	17.6	3.0	4.6	492.2	66.0	4.7
2014	1.9	1.4	54.1	20.4	2.4	3.8	470.5	64.9	4.1
2013	1.4	1.3	64.8	24.3	2.3	3.6	450.3	60.7	3.5

피엠디아카데미 (A144740)
PMD ACADEMY CORP

업 종 : 교육		시 장 : KONEX	
신용등급 : (Bond) — (CP) —		기업규모 :	
홈페이지 : www.pmd.co.kr		연 락 처 : 070)7602-5096	
본 사 : 서울시 마포구 양화로 78, 3층(서교빌딩)			

설 립 일	2008.08.14	종 업 원 수	74명	대 표 이 사	유준철
상 장 일	2013.07.01	감 사 의 견	한정(불확실성) (삼여)	계	열
결 산 기	12월	보 통 주		종 속 회 사 수	
액 면 가		우 선 주		구 상 호	

주주구성 (지분율,%)		출자관계 (지분율,%)		주요경쟁사 (외형,%)	
유준철	36.7			피엠디아카데미	100
KB자산운용	8.2			유비온	194
					81

매출구성		비용구성		수출비중	
프라임MD	85.7	매출원가율	147.5	수출	0.0
프라임PEET	9.5	판관비율	41.9	내수	100.0
PMD북스	4.8				

회사 개요
동사는 코넥스 상장 기업으로 학원 운영 및 온라인 교육사업을 영위하는 업체임. 주요 사업으로는 성인교육분야 중에서 의·치의학전문대학원 및 약학대학입시를 위한 강의서비스를 제공하고 있음. 2012년말부터 기존 학원의 콘텐츠 및 강사들을 연관해 시너지와 경쟁력을 확보할 수 있는 의·치대 입시 및 자연계열 논술사업에 신규 진출하였고, 2014년 부터 최상위 자연계열입시 종합학원으로 영역을 확장함.

실적 분석
가장 최근 공개된 전자공시 정보에 따르면 2016년 매출은 104.5억원임. 이는 전년도 대비 66.3% 줄어든 금액임. 외형 축소에 이어 수익성도 악화됨. 영업이익은 32.5억원에서 93.5억원의 손실을 기록하며 적자로 돌아섰음. 당기순이익은 2015년 12.4억원에서 102.6억원의 손실을 기록하며 역시 적자로 돌아섰음. 대형 경쟁사의 스타강사 마케팅과 저가정책을 펼친 게 동사가 부진한 원인으로 파악됨.

현금 흐름 *IFRS 별도 기준 〈단위 : 억원〉

항목	2016	2017.2Q
영업활동	-88	
투자활동	16	
재무활동	76	
순현금흐름	4	
기말현금	6	

시장 대비 수익률

결산 실적 〈단위 : 억원〉

항목	2012	2013	2014	2015	2016	2017
매출액	300	289	301	310	104	
영업이익	22	22	18	33	-93	
당기순이익	16	14	3	21	-103	

분기 실적 *IFRS 별도 기준 〈단위 : 억원〉

항목	2016.1Q	2016.2Q	2016.3Q	2016.4Q	2017.1Q	2017.2Q
매출액	—	—	—	—	—	—
영업이익	—	—	—	—	—	—
당기순이익	—	—	—	—	—	—

재무 상태 *IFRS 별도 기준 〈단위 : 억원〉

항목	2012	2013	2014	2015	2016	2017.2Q
총자산	183	180	216	146	109	
유형자산	43	30	20	18	22	
무형자산	2	33	29	15		
유가증권	—	7	—	—		
총부채	105	83	121	61	127	
총차입금	19	5	14	89		
자본금	12	13	13	13	13	
총자본	78	96	94	85	-18	
지배주주지분	78	96	94	85	-18	

기업가치 지표 *IFRS 별도 기준

항목	2012	2013	2014	2015	2016	2017.2Q
주가(최고/저)(천원)	—/—	8.4/5.8	7.4/6.1	9.1/2.9	5.7/1.2	—/—
PER(최고/저)(배)	0.0/0.0	15.4/10.7	57.2/47.4	10.1/3.2	—/—	0.0/0.0
PBR(최고/저)(배)	0.0/0.0	2.3/1.6	2.0/1.7	2.1/0.7	-6.2/-1.3	
EV/EBITDA(배)	0.2	2.6	1.8	1.3	—	
EPS(원)	673	560	129	899	-5,257	
BPS(원)	3,274	3,687	3,616	4,344	-913	
CFPS(원)	1,242	1,133	902	1,570	-4,581	
DPS(원)	5	200				
EBITDAPS(원)	1,475	1,422	1,466	2,038	-4,115	

재무 비율 〈단위 : % 〉

연도	영업이익률	순이익률	부채비율	차입금비율	ROA	ROE	유보율	자기자본비율	EBITDA마진율
2016	-89.5	-98.2	완전잠식	완전잠식	-80.3	당기잠식	-236.3	-16.3	-76.8
2015	10.5	6.9	72.4	16.3	11.8	23.9	548.8	58.0	15.6
2014	6.0	1.1	128.1	5.3	1.7	3.5	623.1	43.8	12.7
2013	7.4	4.9	86.7	5.2	7.8	16.3	637.4	53.6	12.5

피제이메탈 (A128660)
PJ METAL

업　　종 : 금속 및 광물		시　　장 : KOSDAQ	
신용등급 : (Bond) — 　　(CP) —		기업규모 : 중견	
홈페이지 : www.pjmetal.co.kr		연락처 : 02)555-4451	
본　　사 : 서울시 강남구 테헤란로 81길 13 삼성동 동원빌딩 11층			

설 립 일 2010.06.30	종 업 원 수 81명	대 표 이 사 원경연	
상 장 일 2010.12.13	감 사 의 견 적정 (삼일)	계　　열	
결 산 기 12월	보 통 주 2,480만주	종속회사수	
액 면 가 500원	우 선 주	구 상 호	

주주구성 (지분율,%)		출자관계 (지분율,%)		주요경쟁사 (외형,%)	
풍전비철	45.9			피제이메탈	100
송동춘	14.3			포스링크	8
(외국인)	1.5			이구산업	199

매출구성		비용구성		수출비중	
탈산제	72.3	매출원가율	96.8	수출	4.0
기타	27.1	판관비율	1.7	내수	96.0
조재제	0.6				

회사 개요
동사는 비철금속 제조 및 판매업 등을 영위할 목적으로 2010년 5월 알덱스(주)의 주주총회 결의에 따라 2010년 6월 인적분할에 의하여 설립되었음. 알루미늄산업의 업종은 크게 압연, 압출, 합금(주물사 포함), 탈산제 등으로 구분할 수 있음. 동사는 그 중에서 탈산제를 생산, 물량의 대부분을 POSCO 광양제철소의 부 원료로 공급하고 있음. 탈산제는 알루미늄 제강 공정시 과포화된 산소를 제거하는데 필수적인 부원료로 사용됨.

실적 분석
알루미늄 가격이 상승하고 신규 사업의 실적이 성장해감에 따른 영향으로 동사의 2017년 2분기기준 누적 매출액은 전년동기대비 68.3% 상승한 712.3억원을 기록하였음. 그에 따라 전년동기대비 영업이익은 32.4억원으로 3042.1% 크게 상승하였음. 최종적으로 전년동기대비 당기순이익은 크게 상승하여 29.7억원을 기록함. 우호적인 전방산업의 영향으로 지속적인 수익 성장이 기대됨.

현금 흐름　*IFRS 별도 기준　〈단위 : 억원〉
항목	2016	2017.2Q
영업활동	-76	-29
투자활동	-17	19
재무활동	92	6
순현금흐름	-1	-4
기말현금	9	4

시장 대비 수익률

결산 실적　〈단위 : 억원〉
항목	2012	2013	2014	2015	2016	2017
매출액	1,183	1,218	1,158	1,019	994	—
영업이익	58	38	78	77	15	—
당기순이익	44	23	46	52	24	—

분기 실적　*IFRS 별도 기준　〈단위 : 억원〉
항목	2016.1Q	2016.2Q	2016.3Q	2016.4Q	2017.1Q	2017.2Q
매출액	171	252	254	317	370	342
영업이익	7	-5	3	10	18	14
당기순이익	14	-4	11	2	21	9

재무 상태　*IFRS 별도 기준　〈단위 : 억원〉
항목	2012	2013	2014	2015	2016	2017.2Q
총자산	535	537	534	578	741	736
유형자산	221	205	206	266	258	253
무형자산	20	20	20	20	15	15
유가증권	1		1			
총부채	299	293	256	252	368	356
총차입금	239	225	197	219	290	332
자본금	109	109	110	110	124	124
총자본	236	244	278	327	373	381
지배주주지분	236	244	278	327	373	381

기업가치 지표　*IFRS 별도 기준
항목	2012	2013	2014	2015	2016	2017.2Q
주가(최고/저)(천원)	2.4/1.2	2.2/1.4	1.8/1.4	2.2/1.6	2.1/1.5	—/—
PER(최고/저)(배)	14.9/7.5	24.5/15.0	9.7/7.5	10.4/7.4	22.0/16.0	—/—
PBR(최고/저)(배)	2.6/1.3	2.2/1.4	1.5/1.2	1.6/1.2	1.4/1.1	1.5/1.2
EV/EBITDA(배)	9.1	11.0	6.7	7.3	20.4	—/—
EPS(원)	201	108	210	235	99	120
BPS(원)	1,145	1,192	1,332	1,487	1,505	1,534
CFPS(원)	310	165	271	297	183	164
DPS(원)	75	75	90	100	90	—
EBITDAPS(원)	377	232	418	403	145	175

재무 비율　〈단위 : % 〉
연도	영업이익률	순이익률	부채비율	차입금비율	ROA	ROE	유보율	자기자본비율	EBITDA마진율
2016	1.5	2.4	98.5	77.7	3.6	6.8	201.0	50.4	3.5
2015	7.6	5.1	77.0	67.1	9.3	17.1	197.3	56.5	7.9
2014	6.7	4.0	92.3	71.1	8.5	17.5	166.4	52.0	7.9
2013	3.1	1.9	120.0	92.2	4.4	9.8	138.4	45.5	4.1

피제이전자 (A006140)
PJ Electronics

업　　종 : 의료 장비 및 서비스		시　　장 : KOSDAQ	
신용등급 : (Bond) — 　　(CP) —		기업규모 : 우량	
홈페이지 : www.pjems.co.kr		연락처 : 032)326-7000	
본　　사 : 경기도 부천시 오정구 삼작로 22 부천테크노파크 101동 601호			

설 립 일 1969.07.18	종 업 원 수 249명	대 표 이 사 김명욱	
상 장 일 1993.12.07	감 사 의 견 적정 (대성)	계　　열	
결 산 기 12월	보 통 주 1,000만주	종속회사수	
액 면 가 500원	우 선 주	구 상 호	

주주구성 (지분율,%)		출자관계 (지분율,%)		주요경쟁사 (외형,%)	
김재석	35.6			피제이전자	100
신영자산운용	4.7			루트로닉	80
(외국인)	0.6			인피니트헬스케어	67

매출구성		비용구성		수출비중	
초음파진단기외	91.0	매출원가율	92.1	수출	77.0
SMD	6.4	판관비율	1.2	내수	23.0
임대	2.5				

회사 개요
동사는 1969년 설립된 전자 제품 생산업체로 1993년 코스닥 시장에 상장됨. GE BRAND로 국내외에 판매되는 초음파 진단기를 전문 생산 하여 한국지이초음파에 공급 하고 있음. 에스원에 출입통제 및 보안기기등의 생산을 의뢰받아 공급하고 있음. 최근 사무 자동화정보 보 보안 강화에 따른 통제 SYSTEM 수요가 증가함에 따라 보안기기부문의 영역이 점차 확대되고 있음.

실적 분석
동사의 2017년 2분기 연결기준 매출액은 484.9억원으로 전년동기 대비 2.4% 감소함. 반면 영업이익과 당기순이익은 각 37.7억원과 31.2억원을 시현하며 전년동기 대비 수익성 개선. 동사는 자동차부품제조업에서 전 자제품 및 부품으로 주 생산품을 변경한 이후로 성장성과 안정성을 두루 취할수 있도록 자체상품과 수탁 가공품의 품목과 비율을 적절히 조절중임.

현금 흐름　*IFRS 별도 기준　〈단위:억원〉
항목	2016	2017.2Q
영업활동	32	42
투자활동	12	-37
재무활동	-42	-9
순현금흐름	2	-4
기말현금	9	4

시장 대비 수익률

결산 실적　〈단위 : 억원〉
항목	2012	2013	2014	2015	2016	2017
매출액	1,113	1,132	1,047	1,048	1,060	—
영업이익	115	109	74	70	71	—
당기순이익	95	93	66	63	77	—

분기 실적　*IFRS 별도 기준　〈단위 : 억원〉
항목	2016.1Q	2016.2Q	2016.3Q	2016.4Q	2017.1Q	2017.2Q
매출액	243	254	261	302	226	259
영업이익	15	16	16	23	21	17
당기순이익	13	15	16	33	17	14

재무 상태　*IFRS 별도 기준　〈단위 : 억원〉
항목	2012	2013	2014	2015	2016	2017.2Q
총자산	962	1,008	991	1,094	1,149	1,178
유형자산	201	196	216	230	241	263
무형자산	3	3	3	3	3	3
유가증권	18	18	19	16	6	6
총부채	215	183	119	179	179	201
총차입금	60	30		20		15
자본금	50	50	50	50	50	50
총자본	747	825	872	915	970	977
지배주주지분	747	825	872	915	970	977

기업가치 지표　*IFRS 별도 기준
항목	2012	2013	2014	2015	2016	2017.2Q
주가(최고/저)(천원)	6.7/2.5	13.6/6.3	10.5/6.2	11.5/6.3	9.6/6.4	—/—
PER(최고/저)(배)	8.0/3.0	16.4/7.6	17.2/10.2	19.4/10.6	12.9/8.5	—/—
PBR(최고/저)(배)	1.0/0.4	1.8/0.9	1.3/0.8	1.3/0.7	1.0/0.7	0.9/0.8
EV/EBITDA(배)	5.4	7.4	5.5	6.0	6.1	—/—
EPS(원)	955	927	664	632	772	312
BPS(원)	7,467	8,250	8,725	9,150	9,704	9,774
CFPS(원)	1,137	1,131	898	876	1,041	451
DPS(원)	150	200	200	220	242	—
EBITDAPS(원)	1,334	1,299	970	944	976	515

재무 비율　〈단위 : % 〉
연도	영업이익률	순이익률	부채비율	차입금비율	ROA	ROE	유보율	자기자본비율	EBITDA마진율
2016	6.7	7.3	18.4	0.0	6.9	8.2	1,840.9	84.4	9.2
2015	6.7	6.0	19.6	2.2	6.1	7.1	1,730.1	83.6	9.0
2014	7.0	6.3	13.6	0.0	6.6	7.8	1,644.9	88.0	9.3
2013	9.7	8.2	22.1	3.6	9.5	11.8	1,550.0	81.9	11.5

픽셀플러스 (A087600)
Pixelplus

업 종 : 반도체 및 관련장비	시 장 : KOSDAQ
신용등급 : (Bond) — (CP) —	기업규모 : 우량
홈 페 이 지 : www.pixelplus.com	연 락 처 : 031)888-5300
본 사 : 경기도 수원시 영통구 광교로 105(이의동, 경기알앤디비센터6층)	

설 립 일 2000.04.12	종 업 원 수 130명	대 표 이 사 이서규	
상 장 일 2015.06.12	감 사 의 견 적정 (삼정)	계 열	
결 산 기 12월	보 통 주 817만주	종 속 회 사 수	
액 면 가 500원	우 선 주	구 상 호	

주주구성 (지분율,%)		출자관계 (지분율,%)		주요경쟁사 (외형,%)	
이서규	23.4	제이엑스파트너스	33.1	픽셀플러스	100
	6.8	크리스아이디	19.8	유니테스트	159
		홍국셀렉트단기채사모증권투자신탁		에스앤에스텍	74

매출구성		비용구성		수출비중	
아날로그 이미지센서	81.5	매출원가율	81.7	수출	84.0
디지털 이미지센서	15.7	판관비율	28.5	내수	16.0
기타	2.8				

회사 개요
동사는 2000년 이미지센서 및 카메라모듈 개발, 제조 및 공급을 목적으로 설립됨. 동사는 CMOS 이미지센서의 설계를 전문으로 하는 Fabless회사이며, CMOS 이미지 센서의 웨이퍼 및 패키지 공정을 위탁 제조하여 판매하는 반도체 설계 전문 회사임. 신규사업은 IP 카메라용 Camera SoC로 개발 진행 중임. 수출비중이 90% 이상이고, 보안 카메라 이미지센서 세계시장 점유율은 2014년 32.5%로 1위를 기록함.

실적 분석
동사는 2017년 상반기 매출액이 285.1억원으로 전년 동기 대비 26.3% 감소하였고, 영업손실은 64.1억원으로 전년 동기 35.0억원 적자에서 적자폭이 확대됨. 동사는 보안용 이미지센서 세계 시장에서 차지하는 비중이 2014년 45.0%에서 2016년 14.3%로 감소하는 등 경쟁이 치열해지고 있고, 차량용 이미지 센서의 점유율도 낮아지고 있음. 경쟁 격화로 판매량이 줄어든데다 제품 가격도 낮아져 수익성도 동반 악화됨.

현금 흐름 〈단위 : 억원〉

항목	2016	2017.2Q
영업활동	8	—
투자활동	180	—
재무활동	-111	—
순현금흐름	82	—
기말현금	224	—

시장 대비 수익률

결산 실적 〈단위 : 억원〉

항목	2012	2013	2014	2015	2016	2017
매출액	980	1,494	1,239	1,062	734	—
영업이익	309	464	218	93	-74	—
당기순이익	326	379	200	114	-68	—

분기 실적 〈단위 : 억원〉

항목	2016.1Q	2016.2Q	2016.3Q	2016.4Q	2017.1Q	2017.2Q
매출액	201	186	183	165	—	—
영업이익	-35	0	-15	-24	—	—
당기순이익	-34	-10	-17	-7	—	—

재무 상태 〈단위 : 억원〉

항목	2012	2013	2014	2015	2016	2017.2Q
총자산	550	1,025	1,116	1,260	1,097	
유형자산	10	13	16	18	12	
무형자산	12	21	73	76	62	
유가증권	20	75	50	81	86	
총부채	91	187	106	61	78	
총차입금				0		
자본금	39	39	39	41	41	
총자본	459	838	1,011	1,200	1,019	
지배주주지분	459	838	1,011	1,198	1,019	

기업가치 지표

항목	2012	2013	2014	2015	2016	2017.2Q
주가(최고/저)(천원)	—/—	—/—	—/—	37.2/14.8	23.9/13.1	—/—
PER(최고/저)(배)	0.0/0.0	0.0/0.0	0.0/0.0	26.3/10.5	1.7/0.9	—/—
PBR(최고/저)(배)	0.0/0.0	0.0/0.0	0.0/0.0	2.5/1.0	1.7/0.9	0.0/0.0
EV/EBITDA(배)				4.5		
EPS(원)	4,403	4,883	2,570	1,436	-832	
BPS(원)	5,912	10,790	13,016	15,058	14,134	
CFPS(원)	4,479	4,990	2,716	1,734	-551	
DPS(원)				100	100	
EBITDAPS(원)	4,250	6,084	2,952	1,458	-629	

재무 비율 〈단위 : % 〉

연도	영업이익률	순이익률	부채비율	차입금비율	ROA	ROE	유보율	자기자본비율	EBITDA마진율
2016	-10.1	-9.3	7.7	0.0	-5.8	-6.1	2,726.8	92.9	-7.0
2015	8.7	10.7	5.0	0.0	9.6	10.4	2,911.6	95.2	11.0
2014	17.6	16.1	10.4	0.0	18.6	21.6	2,503.2	90.6	18.5
2013	31.1	25.4	22.3	0.0	48.2	58.5	2,058.0	81.8	31.6

필룩스 (A033180)
Feelux

업 종 : 가정생활용품	시 장 : 거래소
신용등급 : (Bond) — (CP) —	기업규모 : 시가총액 소형주
홈 페 이 지 : www.feelux.com	연 락 처 : 070)7780-8000
본 사 : 경기도 양주시 광적면 광적로 235-48	

설 립 일 1983.12.01	종 업 원 수 164명	대 표 이 사 한종희	
상 장 일 1997.09.30	감 사 의 견 적정 (중앙)	계 열	
결 산 기 12월	보 통 주 3,102만주	종 속 회 사 수 15개사	
액 면 가 500원	우 선 주	구 상 호	

주주구성 (지분율,%)		출자관계 (지분율,%)		주요경쟁사 (외형,%)	
블루커넬	13.9	씨비아이엔씨	100.0	필룩스	100
코멕스아이엔씨	3.0	필룩스리츠	100.0	LG생활건강	5,654
(외국인)	2.3	지에스엘에이	100.0	모나리자	113

매출구성		비용구성		수출비중	
트랜스포머 라인필터	55.3	매출원가율	65.3	수출	36.0
LED 제품 및 일반형광제품	49.9	판관비율	24.9	내수	64.0
공사수익, 용역	11.5				

회사 개요
동사는 LED 감성조명 및 문화 컨텐츠 사업, 트랜스포머, 라인필터, 인덕터 등을 생산하는 부품사업, 페라이트코어, 비드를 생산하는 소재사업, 전동 모터형 커튼을 생산하는 커튼 사업, 홈네트워크 사업을 영위하고 있음. 1984년 '보암산업 주식회사'로 설립되고, 2000년 '필룩스'로 상호를 변경. 1997년 코스닥시장에 상장된 후 2001년 유가증권시장에 이전 상장함.

실적 분석
2017년 상반기 동사의 연결기준 매출액은 556억원으로 전년도 같은 기간 대비 20.9% 성장함. 매출원가가 14.1% 증가하고 인건비 등이 상승해 판매비와 관리비 또한 29.1% 증가함. 그러나 매출성장이 이를 상회해 영업이익은 전년 동기 37.1억원에서 47.9% 증가한 54.9억원을 시현함. 비영업부문 손실은 늘었으나 당기순이익은 15억원에서 33.1억원으로 120% 증가함.

현금 흐름 〈단위 : 억원〉

항목	2016	2017.2Q
영업활동	-69	18
투자활동	-194	-48
재무활동	341	-69
순현금흐름	79	-100
기말현금	153	53

시장 대비 수익률

결산 실적 〈단위 : 억원〉

항목	2012	2013	2014	2015	2016	2017
매출액	947	973	1,034	948	1,078	—
영업이익	53	66	73	48	106	—
당기순이익	35	44	52	31	59	—

분기 실적 〈단위 : 억원〉

항목	2016.1Q	2016.2Q	2016.3Q	2016.4Q	2017.1Q	2017.2Q
매출액	239	221	308	310	264	292
영업이익	16	22	34	35	22	33
당기순이익	9	6	26	17	13	20

재무 상태 〈단위 : 억원〉

항목	2012	2013	2014	2015	2016	2017.2Q
총자산	886	950	1,010	1,045	1,656	1,868
유형자산	273	289	351	422	381	634
무형자산	7	12	19	20	24	41
유가증권	1	1	1	0	35	39
총부채	319	345	355	374	861	903
총차입금	166	148	133	183	586	603
자본금	128	128	128	128	131	155
총자본	567	605	655	671	794	965
지배주주지분	567	605	655	671	762	933

기업가치 지표

항목	2012	2013	2014	2015	2016	2017.2Q
주가(최고/저)(천원)	1.6/1.0	1.9/1.1	2.4/1.5	3.1/1.8	5.4/2.0	—/—
PER(최고/저)(배)	12.5/7.5	11.9/7.1	12.0/7.6	26.3/15.2	25.6/9.5	—/—
PBR(최고/저)(배)	0.8/0.5	0.9/0.5	1.0/0.6	1.2/0.7	1.9/0.7	1.5/1.1
EV/EBITDA(배)	5.8	5.2	6.3	9.5	9.8	
EPS(원)	139	172	207	121	218	111
BPS(원)	2,241	2,390	2,590	2,652	2,951	3,061
CFPS(원)	227	263	333	213	316	162
DPS(원)	30	35	40		78	
EBITDAPS(원)	299	353	417	283	516	232

재무 비율 〈단위 : % 〉

연도	영업이익률	순이익률	부채비율	차입금비율	ROA	ROE	유보율	자기자본비율	EBITDA마진율
2016	9.8	5.4	108.4	73.7	4.3	7.7	483.3	48.0	12.2
2015	5.1	3.2	55.8	27.3	3.0	4.6	424.1	64.2	7.5
2014	7.1	5.1	54.1	20.3	5.3	8.3	411.9	64.9	10.2
2013	6.8	4.5	57.0	24.4	4.8	7.4	372.4	63.7	9.2

필링크 (A064800)
Feelingk

업 종 : 에너지 시설 및 서비스	시 장 : KOSDAQ
신용등급 : (Bond) — (CP) —	기업규모 : 중견
홈페이지 : www.feelingk.com	연 락 처 : 02)2102-7300
본 사 : 서울시 영등포구 영등포로 272 필링크타워10층	

설 립 일 2000.04.06	종업원수 65명	대표이사 김상재,서영운	
상 장 일 2002.08.13	감사의견 적정(삼일)	계 열	
결 산 기 12월	보 통 주 5,239만주	종속회사수 7개사	
액 면 가 100원	우 선 주	구 상 호	

주주구성 (지분율,%)
젬백스테크놀러지	13.9
스톤브릿지유니온	7.8
(외국인)	1.0

출자관계 (지분율,%)
지니키즈	100.0
에프엘케이아이앤비이	100.0
필링크아이	100.0

주요경쟁사 (외형,%)
필링크	100
한솔신텍	485
S&TC	767

매출구성
응용솔루션(용역)	54.2
유지보수/운영(용역)	34.6
SMSC/LMSC(용역)	5.0

비용구성
매출원가율	84.0
판관비율	21.0

수출비중
수출	2.0
내수	98.0

회사 개요
동사는 무선인터넷서비스 전문기업으로 주요 사업으로는 무선 인터넷 기반 인프라에서포털, 각종 서비스 다운로드 및 전송 인프라 등을 가능케하는 사업, 이통사의 다양한 인프라 및 서비스 플랫폼에 대한 SI 운영 및 유지보수 사업, B2B 대상의 ASP 사업 등을 수행하고 있음. 최근에는 골프웨어 제조사인 크리스에프앤씨를 인수하며 사업다각화 추진. 17년 3월 최대주주가 젬벡스로 변경되는 이슈 발생.

실적 분석
동사의 연결기준 2017년 2분기 누적매출액은 359.3억원으로 전년동기 대비 90.2% 증가함. 영업이익은 전년동기 18.8억원보다 185% 증가한 53.6억원을 기록했으며 당기순이익 역시 30.2% 증가해 22.3억원을 시현함. 최근에는 UMEC을 인수해 사물인터넷사업, 에너지인프라솔루션 사업으로 진출하며 빌딩에너지관리시스템 사업을 확대. IP 푸시솔루션 개발 및 문자메시지 기술에도 진출, 골프웨어 제조업체를 인수하며 사업 다각화.

현금 흐름
〈단위 : 억원〉
항목	2016	2017.2Q
영업활동	-16	12
투자활동	-98	-1,591
재무활동	285	1,458
순현금흐름	171	-121
기말현금	278	157

시장 대비 수익률

결산 실적
〈단위 : 억원〉
항목	2012	2013	2014	2015	2016	2017
매출액	357	284	206	159	331	—
영업이익	-17	-9	1	-4	-17	—
당기순이익	-15	-29	-33	12	-1	—

분기 실적
〈단위 : 억원〉
항목	2016.1Q	2016.2Q	2016.3Q	2016.4Q	2017.1Q	2017.2Q
매출액	33	156	60	82	36	323
영업이익	-2	20	-13	-22	-10	64
당기순이익	1	16	-2	-17	-9	31

재무 상태
〈단위 : 억원〉
항목	2012	2013	2014	2015	2016	2017.2Q
총자산	406	345	306	397	736	3,349
유형자산	90	87	82	70	69	404
무형자산	78	53	13	8	43	1,187
유가증권	5	4	8	81	7	205
총부채	80	51	60	139	336	2,142
총차입금	3	5		103	284	1,708
자본금	36	36	36	36	37	51
총자본	326	294	246	258	400	1,207
지배주주지분	306	278	247	258	387	819

기업가치 지표
항목	2012	2013	2014	2015	2016	2017.2Q
주가(최고/저)(천원)	1.3/0.8	1.3/0.8	1.0/0.8	3.8/0.9	7.2/2.7	—/—
PER(최고/저)(배)	—/—	—/—	—/—	128.9/28.6	1,217.6/453.4	—/—
PBR(최고/저)(배)	1.3/0.8	1.4/0.8	1.1/0.9	4.1/0.9	6.3/2.4	2.9/1.8
EV/EBITDA(배)	359.4	50.9	17.3	314.3		
EPS(원)	-34	-71	-41	30	6	17
BPS(원)	5,132	4,736	4,527	4,675	1,135	1,688
CFPS(원)	81	-166	-39	242	34	27
DPS(원)	30	30	50	—	—	—
EBITDAPS(원)	11	66	183	41	-17	129

재무 비율
〈단위 : %〉
연도	영업이익률	순이익률	부채비율	차입금비율	ROA	ROE	유보율	자기자본비율	EBITDA마진율
2016	-5.1	-0.4	84.1	71.1	-0.2	0.7	1,035.3	54.3	-1.9
2015	-2.4	7.3	54.0	40.0	3.3	4.2	835.0	64.9	1.8
2014	0.5	-15.8	24.6	3.1	-10.0	-5.6	805.4	80.3	6.3
2013	-3.1	-10.1	17.3	1.7	-7.7	-8.6	847.1	85.3	1.6

필옵틱스 (A161580)
PHILOPTICS CO

업 종 : 디스플레이 및 관련부품	시 장 : KOSDAQ
신용등급 : (Bond) — (CP) —	기업규모 : 벤처
홈페이지 : www.philoptics.com	연 락 처 : 031)292-8321
본 사 : 경기도 수원시 권선구 산업로156번길 17	

설 립 일 2008.02.05	종업원수 388명	대표이사 한기수	
상 장 일 2017.06.01	감사의견 적정(삼일)	계 열	
결 산 기 12월	보 통 주 582만주	종속회사수 3개사	
액 면 가 500원	우 선 주	구 상 호	

주주구성 (지분율,%)
한기수	33.7
에스브이아이씨2호신기술사업투자조합	4.1
(외국인)	2.1

출자관계 (지분율,%)

주요경쟁사 (외형,%)
필옵틱스	100
AP시스템	
덕산네오룩스	23

매출구성
OLED 레이저 장비	88.3
2차전지 레이저 장비	5.3
장비개조용역 및 부품판매	5.2

비용구성
매출원가율	84.5
판관비율	7.0

수출비중
수출	36.0
내수	64.0

회사 개요
동사는 2008년 2월 설립되었으며 2017년 6월 1일에 상장함. 인쇄 회로 기판(PCB) 관련 장비 및 디스플레이 공정용 부품, 소재 장비를 판매하고있음. 주요 제품으로는 OLED용 레이저 커팅장비, 리프트오프(LLO)장비 등이 있음. 자동차용 2차전지 공정용 노칭 장비와 업계 최초로 개발한 DI 노광기, 발광다이오드(LED) 노광기 등 제품도 주문생산방식으로 만들고 있음.

실적 분석
동사의 2017년 2분기기준 누적 매출액은 전년동기대비 311% 이상 크게 상승한 1,922.9억원을 기록함. 비용면에서 전년동기대비 매출원가는 크게 증가 하였으며 인건비도 증가, 기타판매비와관리비도 마찬가지로 증가함. 이와 같이 상승한 매출액 만큼 비용증가도 있었으나 매출액의 더 큰 상승에 힘입어 그에 따라 전년동기대비 영업이익은 190억원으로 흑자전환하였으며 최종적으로 전년동기대비 당기순이익은 흑자전환하여 157.1억원을 기록함.

현금 흐름
〈단위 : 억원〉
항목	2016	2017.2Q
영업활동	145	65
투자활동	-80	-218
재무활동	62	525
순현금흐름	127	375
기말현금	186	561

시장 대비 수익률
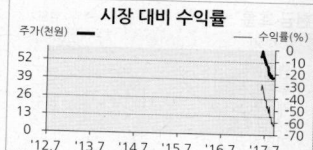

결산 실적
〈단위 : 억원〉
항목	2012	2013	2014	2015	2016	2017
매출액	400	1,091	294	608	1,828	—
영업이익	62	198	-116	-82	156	—
당기순이익	59	171	-96	-68	153	—

분기 실적
〈단위 : 억원〉
항목	2016.1Q	2016.2Q	2016.3Q	2016.4Q	2017.1Q	2017.2Q
매출액	—	323	—	—	—	1,012
영업이익	—	-2	—	—	—	100
당기순이익	—	-4	—	—	—	84

재무 상태
〈단위 : 억원〉
항목	2012	2013	2014	2015	2016	2017.2Q
총자산	345	547	521	469	1,158	1,925
유형자산	100	233	268	249	293	492
무형자산	35	33	19	34	41	43
유가증권				2	2	
총부채	218	243	302	314	844	909
총차입금	48	118	211	270	361	295
자본금	23	23	23	23	23	29
총자본	127	304	219	156	314	1,016
지배주주지분	121	299	217	156	312	1,012

기업가치 지표
항목	2012	2013	2014	2015	2016	2017.2Q
주가(최고/저)(천원)	—/—	—/—	—/—	—/—	—/—	—/—
PER(최고/저)(배)	0.0/0.0	0.0/0.0	0.0/0.0	0.0/0.0	0.0/0.0	—/—
PBR(최고/저)(배)	0.0/0.0	0.0/0.0	0.0/0.0	0.0/0.0	0.0/0.0	3.5/3.1
EV/EBITDA(배)	0.5				1.0	
EPS(원)	1,245	3,770	-2,036	-1,435	3,290	3,207
BPS(원)	2,641	6,533	4,738	3,403	6,750	17,411
CFPS(원)	1,410	4,046	-1,514	-865	3,878	3,207
DPS(원)	—	—	—	—	—	—
EBITDAPS(원)	1,548	4,615	-2,005	-1,230	3,983	3,922

재무 비율
〈단위 : %〉
연도	영업이익률	순이익률	부채비율	차입금비율	ROA	ROE	유보율	자기자본비율	EBITDA마진율
2016	8.5	8.4	269.2	115.1	18.9	64.8	1,250.0	27.1	10.0
2015	-13.5	-11.2	201.7	173.3	-13.7	-35.3	580.5	33.2	-9.3
2014	-39.3	-32.6	137.7	96.5	-18.0	-36.1	847.7	42.1	-31.1
2013	18.2	15.7	79.9	39.0	38.3	82.2	1,206.6	55.6	19.3

하나금융지주 (A086790)
Hana Financial Group

종 목 : 상업은행		시 장 : 거래소	
용 등 급 : (Bond) AAA (CP) —		기업규모 : 시가총액 대형주	
페 이 지 : www.hanafn.com		연 락 처 : 02)2002-1110	
본 사 : 서울시 중구 을지로 55 (을지로2가)			

설 립 일	2005.12.01	종 업 원 수	80명	대 표 이 사	김정태
상 장 일	2005.12.12	감 사 의 견	적정 (한영)	계 열	
결 산 기	12월	보 통 주	29,600만주	종 속 회 사 수	77개사
액 면 가	5,000원	우 선 주		구 상 호	

주주구성 (지분율,%)		출자관계 (지분율,%)		주요경쟁사 (외형,%)	
국민연금공단	9.7	KEB하나은행	100.0	하나금융지주	100
EUROPACIFIC GROWTH FUND	4.6	하나금융투자	100.0	신한지주	134
(외국인)	73.5	하나생명보험	100.0	KB금융	120

수익구성		비용구성		수출비중	
		이자비용	11.3	수출	—
		파생상품손실	0.4	내수	—
		판관비	12.4		

회사 개요
동사는 2005년 12월 1일 설립된 금융지주회사임. 주요 종속회사로는 2015년 9월 1일 하나은행과 외환은행의 통합으로 출범한 총자산 기준 국내 1위의 KEB하나은행을 비롯, 하나금융투자, 하나카드, 하나생명보험, 하나캐피탈 등이 있음. 이 중 KEB하나은행은 PB와 FX에 강점을 지니고 있으며, 향후 본격적인 통합 시너지 창출로 인한 실적 개선이 기대됨.

실적 분석
동사는 2017년 상반기 연결기준 영업이익 1조3200억원, 당기순이익 1조770억원을 기록함. 영업이익은 전년동기 대비 34.18% 증가했고 당기순이익도 30.5% 늘었음. 순이자이익과 순수수료이익 증대가 상반기 호실적의 배경이며 동사의 이익 대부분을 차지하는 순이자이익은 상반기 2조4498억원으로 전년동기(2조3123억원)보다 5.9% 증가하였음. 이자 수익이 지난해보다 1.9% 증가한 데다 이자 비용이 2.8% 감소한 영향이 컸음.

현금 흐름
〈단위 : 억원〉

항목	2016	2017.2Q
영업활동	34,354	17,195
투자활동	-15,753	-61,352
재무활동	-13,217	25,130
순현금흐름	6,863	-19,172
기말현금	89,204	70,033

시장 대비 수익률

결산 실적
〈단위 : 억원〉

항목	2012	2013	2014	2015	2016	2017
이자수익	114,332	105,349	100,929	90,379	83,818	—
영업이익	20,174	11,650	12,434	10,105	16,141	—
당기순이익	17,292	9,930	9,798	9,543	13,997	—

분기 실적
〈단위 : 억원〉

항목	2016.1Q	2016.2Q	2016.3Q	2016.4Q	2017.1Q	2017.2Q
이자수익	21,467	20,894	20,462	20,995	21,193	22,000
영업이익	5,619	4,218	6,186	118	6,231	6,969
당기순이익	4,495	3,754	4,672	1,076	5,134	5,637

재무 상태
〈단위 : 억원〉

항목	2012	2013	2014	2015	2016	2017.2Q
총자산	2,849,151	2,951,886	3,155,482	3,269,127	3,481,775	3,490,449
유형자산	27,003	26,885	27,593	28,736	30,032	32,394
무형자산	15,620	13,773	11,785	10,121	9,271	8,267
유가증권	437,470	461,907	525,864	573,318	605,802	660,885
총부채	2,645,727	2,742,990	2,936,546	3,039,410	3,247,875	3,247,652
총차입금	547,944	522,532	525,721	522,106	523,374	542,539
자본금	12,152	14,495	14,495	14,800	14,800	14,800
총자본	203,424	208,896	218,936	229,717	233,900	242,797
지배주주지분	157,243	199,320	211,273	221,497	224,877	233,433

기업가치 지표

항목	2012	2013	2014	2015	2016	2017.2Q
주가(최고/저)(천원)	40.3/27.4	40.3/29.1	40.3/29.0	31.6/22.4	33.4/18.8	—/—
PER(최고/저)(배)	6.7/4.6	13.1/9.5	13.6/9.7	10.9/7.6	7.7/4.4	0.6/0.4
PBR(최고/저)(배)	0.7/0.5	0.6/0.5	0.6/0.4	0.5/0.3	0.5/0.3	—/—
PSR(최고/저)(배)	0/0	0/0	0/0	0/0	1/1	—/—
EPS(원)	6,672	3,361	3,235	3,093	4,495	78,862
BPS(원)	65,026	69,343	72,879	74,829	75,971	4,348
CFPS(원)	8,546	5,159	4,858	4,707	6,148	
DPS(원)	450	400	600	650	1,350	4,460
EBITDAPS(원)	8,300	4,193	4,289	3,435	5,453	

재무 비율
〈단위 : % 〉

연도	계속사업이익률	순이익률	부채비율	차입금비율	ROA	ROE	유보율	자기자본비율	총자산증가율
2016	21.7	16.7	1,388.6	223.8	0.4	6.0	1,419.4	6.7	6.5
2015	13.2	10.6	1,323.1	227.3	0.3	4.2	1,396.6	7.0	3.6
2014	12.4	9.7	1,341.3	240.1	0.3	4.5	1,357.6	6.9	6.9
2013	12.1	9.4	1,313.1	250.1	0.3	5.2	1,286.9	7.1	3.6

하나마이크론 (A067310)
Hana Micron

업 종 : 반도체 및 관련장비		시 장 : KOSDAQ	
신용 등 급 : (Bond) — (CP) —		기업규모 : 중견	
홈 페 이 지 : www.hanamicron.co.kr		연 락 처 : 041)539-1011	
본 사 : 충남 아산시 음봉면 연암율금로 77			

설 립 일	2001.08.23	종 업 원 수	848명	대 표 이 사	한호창
상 장 일	2005.10.11	감 사 의 견	적정 (안진)	계 열	
결 산 기	12월	보 통 주	2,237만주	종 속 회 사 수	8개사
액 면 가	500원	우 선 주		구 상 호	

주주구성 (지분율,%)		출자관계 (지분율,%)		주요경쟁사 (외형,%)	
최창호	24.4	하나마이크론태양광	100.0	하나마이크론	100
알리안츠글로벌인베스터스자산운용	4.4	이노메이트	79.8	오디텍	22
(외국인)	4.3	이피웍스	51.2	윈팩	14

매출구성		비용구성		수출비중	
비메모리반도체	36.6	매출원가율	90.1	수출	72.0
메모리반도체	35.8	판관비율	17.0	내수	28.0
Cathode	11.7				

회사 개요
동사는 반도체 산업의 BACK-END 분야인 반도체 조립 및 TEST 제품을 주력으로 생산하고 있으며, 업계선두의 반도체 패키징 기술을 보유하고 있는 전문엔지니어들로 구성되어 있는 반도체 패키징 전문업체임. 패키징사업의 주요 수요자로는 삼성전자, 하이닉스반도체 등이 있음. 동사는 양사 모두로부터 기술, 품질, 납기, 원가에 대한 우월성을 인정 받아 그 수주량 및 수주제품군이 지속적으로 증가하고 있음.

실적 분석
동사의 2017년 연결기준 상반기 매출액은 1,569.2억원으로 전년동기 대비 60% 증가함. 이는 업황 호조에 따른 PKG 물량 증가에 기인함. 고정비 감소의 영향으로 영업이익 또한 78.6억원으로 흑자전환함. 동사는 올해 지속되는 수주 및 매출 확대로 실적 턴어라운드가 가능할 전망이며, 주력하고 있는 지문인식 PKG와 3D 낸드 플래시 메모리 사업 역시 성장이 기대돼 하반기 경영도 순항할 예정임.

현금 흐름
〈단위 : 억원〉

항목	2016	2017.2Q
영업활동	330	-74
투자활동	-299	-411
재무활동	27	553
순현금흐름	55	68
기말현금	91	159

시장 대비 수익률

결산 실적
〈단위 : 억원〉

항목	2012	2013	2014	2015	2016	2017
매출액	2,588	2,781	2,945	2,862	2,523	—
영업이익	-73	-55	238	164	-180	—
당기순이익	-100	-193	82	45	-245	—

분기 실적
〈단위 : 억원〉

항목	2016.1Q	2016.2Q	2016.3Q	2016.4Q	2017.1Q	2017.2Q
매출액	437	543	748	794	732	838
영업이익	-62	-32	40	-125	28	50
당기순이익	-70	-45	8	-139	8	29

재무 상태
〈단위 : 억원〉

항목	2012	2013	2014	2015	2016	2017.2Q
총자산	3,104	3,681	3,850	3,948	4,085	4,581
유형자산	2,197	2,499	2,720	2,744	2,615	2,800
무형자산	45	54	45	36	42	43
유가증권	59	42	12	10	24	25
총부채	1,721	2,425	2,452	2,474	2,682	2,906
총차입금	1,459	2,111	1,992	2,166	2,052	2,339
자본금	112	112	112	112	112	112
총자본	1,383	1,256	1,397	1,474	1,403	1,675
지배주주지분	1,383	1,172	1,316	1,375	1,206	1,247

기업가치 지표

항목	2012	2013	2014	2015	2016	2017.2Q
주가(최고/저)(천원)	12.1/5.2	8.2/5.2	10.7/5.0	11.8/5.3	7.4/4.2	—/—
PER(최고/저)(배)	—/—	—/—	28.9/13.6	98.6/44.2	—/—	1.1/0.9
PBR(최고/저)(배)	1.9/0.8	1.5/1.0	1.8/0.8	1.9/0.9	1.3/0.8	—/—
EV/EBITDA(배)	11.9	10.5	8.1	7.4	28.7	—/—
EPS(원)	-460	-902	377	121	-1,250	17
BPS(원)	6,411	5,468	6,158	6,229	5,521	5,702
CFPS(원)	1,064	741	1,657	1,450	68	707
DPS(원)			100	50		
EBITDAPS(원)	1,186	1,399	2,345	2,062	516	1,041

재무 비율
〈단위 : % 〉

연도	영업이익률	순이익률	부채비율	차입금비율	ROA	ROE	유보율	자기자본비율	EBITDA마진율
2016	-7.1	-9.7	191.2	146.2	-6.1	-21.7	1,004.3	34.3	4.6
2015	5.7	1.6	167.8	146.9	1.1	2.0	1,145.9	37.3	16.1
2014	8.1	2.8	175.5	142.5	2.2	6.8	1,131.7	36.3	17.8
2013	-2.0	-6.9	193.1	168.1	-5.7	-15.8	993.5	34.1	11.3

하나머티리얼즈 (A166090)
Hana Materials

업 종 : 반도체 및 관련장비		시 장 : KOSDAQ	
신용 등급 : (Bond) — (CP) —		기업규모 : 중견	
홈 페 이 지 : www.hanamts.com		연 락 처 : 041)410-1029	
본 사 : 충남 천안시 서북구 3공단 3로 42			

설 립 일	2007.01.23	종 업 원 수	312명	대 표 이 사	서원교
상 장 일	2017.04.28	감 사 의 견	적정 (삼정)	계 열	
결 산 기	12월	보 통 주	947만주	종속회사수	
액 면 가	500원	우 선 주		구 상 호	

주주구성 (지분율,%)		출자관계 (지분율,%)		주요경쟁사 (외형,%)	
하나마이크론	33.9			하나머티리얼즈	100
도쿄일렉트론	12.2			원익머트리얼즈	286
(외국인)	12.5			유진테크	230

매출구성		비용구성		수출비중	
		매출원가율	71.0	수출	35.0
		판관비율	10.9	내수	65.0

회사 개요
동사는 2007년 1월 23일 설립되어 2013년 4월 3일 회사상호를 하나실리콘에서 하나머티리얼즈로 변경함. 반도체 제조공정에 사용되는 실리콘(Si Silicon)과 실리콘카바이드(SiC) 소재의 일렉트로드(Electrode)와 링(Ring)과 반도체/디스플레이 제조공정용 특수가스 제조 및 판매를 주요사업으로 하는 동사는 2017년 4월 28일에 한국거래소 코스닥 시장에 상장됨.

실적 분석
실리콘 부품 납품이 본격화 되면서 동사의 2017년 2분기기준 누적 매출액은 전년동기 대비 54.1% 상승한 411.7억원을 기록하였음. 상승한 매출액 만큼 비용증가도 있었으나 매출액의 더 큰 상승에 힘입어 전년동기대비 영업이익은 77.9억원으로 88.7% 상승하였음. 실리콘 키바이드 부품 사업에 대한 설비 확충이 완료되어감에 따라 향후 수익의 지속적인 성장이 기대됨.

현금 흐름   *IFRS 별도 기준   〈단위 : 억원〉

항목	2016	2017.2Q
영업활동	153	111
투자활동	-79	-275
재무활동	-49	252
순현금흐름	25	88
기말현금	44	132

시장 대비 수익률

결산 실적   〈단위 : 억원〉

항목	2012	2013	2014	2015	2016	2017
매출액	401	404	317	527	613	—
영업이익	88	62	39	99	111	—
당기순이익	51	21	15	76	90	—

분기 실적   *IFRS 별도 기준   〈단위 : 억원〉

항목	2016.1Q	2016.2Q	2016.3Q	2016.4Q	2017.1Q	2017.2Q
매출액	130	137	—	—	197	215
영업이익	23	19	—	—	39	39
당기순이익	21	13	—	—	30	37

재무 상태   *IFRS 별도 기준   〈단위 : 억원〉

항목	2012	2013	2014	2015	2016	2017.2Q
총자산	554	584	464	674	727	1,075
유형자산	332	304	281	424	436	641
무형자산	9	12	11	12	26	31
유가증권						
총부채	390	401	263	355	310	355
총차입금	362	375	239	294	235	255
자본금	31	31	31	36	37	47
총자본	164	183	201	319	417	719
지배주주지분	164	183	201	319	417	719

기업가치 지표   *IFRS 별도 기준

항목	2012	2013	2014	2015	2016	2017.2Q
주가(최고/저)(천원)	—/—	—/—	—/—	—/—	—/—	—/—
PER(최고/저)(배)	0.0/0.0	0.0/0.0	0.0/0.0	0.0/0.0	0.0/0.0	—/—
PBR(최고/저)(배)	0.0/0.0	0.0/0.0	0.0/0.0	0.0/0.0	0.0/0.0	2.9/2.0
EV/EBITDA(배)	2.5	3.0	2.8	1.8	1.1	
EPS(원)	617	267	202	1,016	1,207	814
BPS(원)	1,943	2,440	2,920	4,047	5,592	7,601
CFPS(원)	1,227	976	761	1,663	1,970	1,187
DPS(원)						
EBITDAPS(원)	1,672	1,509	1,086	1,971	2,252	1,319

재무 비율   〈단위 : % 〉

연도	영업이익률	순이익률	부채비율	차입금비율	ROA	ROE	유보율	자기자본비율	EBITDA마진율
2016	18.2	14.7	74.3	56.3	12.9	24.5	1,018.4	57.4	27.5
2015	18.8	14.4	111.1	91.9	13.4	29.2	779.5	47.4	28.0
2014	12.3	4.7	130.5	118.5	2.9	7.8	542.7	43.4	25.3
2013	15.3	5.1	219.1	204.9	3.6	11.9	495.8	31.3	28.9

하나투어 (A039130)
HANATOUR SERVICE

업 종 : 호텔 및 레저		시 장 : 거래소	
신용 등급 : (Bond) A (CP) —		기업규모 : 시가총액 중형주	
홈 페 이 지 : hanatour.com		연 락 처 : 02)2127-1000	
본 사 : 서울시 종로구 인사동5길 41 (주)하나투어			

설 립 일	1993.10.25	종 업 원 수	2,552명	대 표 이 사	박상환,김진국(각자대표)
상 장 일	2000.11.17	감 사 의 견	적정 (안진)	계 열	
결 산 기	12월	보 통 주	1,162만주	종속회사수	34개사
액 면 가	500원	우 선 주		구 상 호	

주주구성 (지분율,%)		출자관계 (지분율,%)		주요경쟁사 (외형,%)	
국민연금공단	10.0	마크호텔	100.0	하나투어	100
박상환	7.8	하나투어아이티씨	100.0	롯데관광개발	8
(외국인)	25.3	하나투어투자운용	100.0	모두투어	40

매출구성		비용구성		수출비중	
여행알선서비스	73.7	매출원가율	0.0	수출	—
면세점	15.0	판관비율	96.5	내수	—
여객자동차 운수업 외	5.2				

회사 개요
동사는 전세계 20만개 여행상품을 전국 8,000여개의 협력여행사, 온라인포털, 쇼핑몰 등의 다양한 유통채널을 통해 판매하는 종합 여행 홀세일러임. 안정적인 영업네트워크를 구축하고 있고, 국내시장점유율 22.7%의 1위 여행사로서 풍부한 항공좌석의 확보, 전세계 해외지사를 통한 호텔, 식당 등의 확보가 가능하게 됨으로써 경쟁력 있는 가격대의 여행상품을 공급하고 있음. 저가 항공사들이 좌석 공급을 확대하고 있어 우호적인 사업환경이 펼쳐지고 있음

실적 분석
출국자수가 전년동기 대비 16.5% 늘어나는 등 해외여행 수요가 증가하여 2017년 2/4분기 연결기준 누적 매출액은 전년동기 대비 15.7% 증가한 3,339.4억원을 시현함. 매출 증가로 인해 영업판관비가 전년동기 대비 13.1% 증가했음에도 영업이익은 전년동기 대비 123.5% 증가하였음. 비영업부문에서는 28.6억원의 손실을 시현했으나, 외형성장으로 인해 12.6억원의 당기순이익을 기록하며 흑자전환하였음.

현금 흐름   〈단위 : 억원〉

항목	2016	2017.2Q
영업활동	269	11
투자활동	67	-218
재무활동	-250	64
순현금흐름	96	-149
기말현금	1,560	1,411

시장 대비 수익률

결산 실적   〈단위 : 억원〉

항목	2012	2013	2014	2015	2016	2017
매출액	3,079	3,527	3,855	4,594	5,955	—
영업이익	396	404	404	447	209	—
당기순이익	374	361	354	342	75	—

분기 실적   〈단위 : 억원〉

항목	2016.1Q	2016.2Q	2016.3Q	2016.4Q	2017.1Q	2017.2Q
매출액	1,490	1,397	1,600	1,469	1,713	1,626
영업이익	96	-28	104	38	103	48
당기순이익	38	-56	66	27	49	-37

재무 상태   〈단위 : 억원〉

항목	2012	2013	2014	2015	2016	2017.2Q
총자산	3,524	3,765	4,374	5,044	5,202	5,327
유형자산	286	348	463	593	918	874
무형자산	105	112	123	169	159	158
유가증권	54	55	89	66	76	
총부채	1,726	1,839	2,494	2,871	3,082	3,296
총차입금	137	82	193	305	202	355
자본금	58	58	58	58	58	58
총자본	1,798	1,926	1,880	2,173	2,121	2,032
지배주주지분	1,625	1,862	1,803	1,969	1,895	1,822

기업가치 지표

항목	2012	2013	2014	2015	2016	2017.2Q
주가(최고/저)(천원)	62.4/30.9	75.2/53.8	76.4/58.1	181/74.2	110/60.6	—/—
PER(최고/저)(배)	22.3/11.2	27.5/19.8	27.9/21.4	68.6/28.3	163.4/89.3	—/—
PBR(최고/저)(배)	4.5/2.3	4.7/3.4	4.3/3.3	9.4/3.9	5.9/3.2	5.3/3.4
EV/EBITDA(배)	11.9	12.8	14.8	21.4	16.3	
EPS(원)	3,039	2,923	2,879	2,732	692	206
BPS(원)	14,962	17,131	18,727	20,021	19,237	18,608
CFPS(원)	3,593	3,372	3,494	3,583	2,198	1,086
DPS(원)	1,000	1,100	1,300	1,500	1,500	
EBITDAPS(원)	3,962	3,923	4,098	4,703	3,308	2,184

재무 비율   〈단위 : % 〉

연도	영업이익률	순이익률	부채비율	차입금비율	ROA	ROE	유보율	자기자본비율	EBITDA마진율
2016	3.5	1.3	145.3	9.5	1.5	4.2	3,747.4	40.8	6.5
2015	9.7	7.4	132.1	14.0	7.3	16.8	3,904.1	43.1	11.9
2014	10.5	9.2	132.7	10.3	8.7	18.3	3,645.4	43.0	12.4
2013	11.4	10.2	95.5	4.3	9.9	19.5	3,327.4	51.2	12.9

하림 (A136480)
HARIM

업 종 : 식료품	시 장 : KOSDAQ
신용등급 : (Bond) — (CP) —	기업규모 : 우량
홈 페 이 지 : www.harim.com	연 락 처 : 063)860-2114
본 사 : 전북 익산시 망성면 망성로 14	

설 립 일 2011.01.04	종 업 원 수 2,097명	대 표 이 사	김홍국,이문용,여강수(각자대표)
상 장 일 2011.05.02	감 사 의 견 적정 (삼정)	계	열
결 산 기 12월	보 통 주 5,395만주	종 속 회 사 수	1개사
액 면 가 500원	우 선 주	구 상 호	

주주구성 (지분율,%)
제일홀딩스	47.9
신영증권	6.3
(외국인)	9.0

출자관계 (지분율,%)
HBC	90.0
HARIMUSA	33.1

주요경쟁사 (외형,%)
하림	100
CJ프레시웨이	282
신세계푸드	129

매출구성
하림 닭고기 (KS 표시)	72.6
삼계탕,치킨너겟	17.0
육계 外	4.3

비용구성
매출원가율	81.0
판관비율	16.6

수출비중
수출	0.0
내수	100.0

회사 개요
동사는 1990년 설립돼 하림닭고기, 하림너겟, 하림사료 등의 브랜드를 가진 국내 닭고기 업체로서 시장점유율 1위임. 종란의 생산에서부터 부화, 사료생산, 사육, 가공 및 유통까지 각 단계를 수직 통합하여 운영함. 병아리, 사료, 약품 등을 600여개 농장에 제공하고 육계를 공급받는 방식으로 운영됨. 기업형으로 관리하며 위생이나 품질이 높으며 생산원가가 낮은 편임. 연결대상 종속회사는 HBC가 있음.

실적 분석
동사의 2017년 2분기 연결기준 매출액은 4,479.2억원으로 전년동기 대비 21.4% 증가. 원종계 수입 감소효과와 함께 폭염으로 인해 육계가격이 호조를 보이면서 매출확대에 기여. 곡물가격 역시 하향 안정화되면서 영업이익은 243.7억원으로 큼폭 개선됨. 2분기 깜짝 실적 속에서 생닭 출하가격과 관련한 공정위의 담합조사와 살충제 계란 파동에 따른 닭고기 매출의 영향 등 악재도 공존하는 모습

현금 흐름 〈단위 : 억원〉
항목	2016	2017.2Q
영업활동	1,081	274
투자활동	321	-444
재무활동	-1,533	274
순현금흐름	-131	104
기말현금	298	402

결산 실적 〈단위 : 억원〉
항목	2012	2013	2014	2015	2016	2017
매출액	7,476	7,890	7,545	7,952	8,260	—
영업이익	-127	114	-12	50	204	—
당기순이익	48	155	-50	-32	191	—

분기 실적 〈단위 : 억원〉
항목	2016.1Q	2016.2Q	2016.3Q	2016.4Q	2017.1Q	2017.2Q
매출액	1,693	1,997	2,520	2,050	1,878	2,601
영업이익	-49	99	164	-10	30	213
당기순이익	-15	71	164	-28	43	184

재무 상태 〈단위 : 억원〉
항목	2012	2013	2014	2015	2016	2017.2Q
총자산	5,407	4,810	5,389	5,832	4,611	5,407
유형자산	2,367	2,402	2,345	2,338	2,262	2,499
무형자산	23	30	25	19	16	14
유가증권	18	17	17	32	35	28
총부채	3,477	2,743	3,364	3,921	2,516	3,120
총차입금	2,715	1,932	2,581	3,128	1,597	1,891
자본금	270	270	270	270	270	270
총자본	1,930	2,067	2,025	1,911	2,095	2,287
지배주주지분	1,930	2,067	2,025	1,921	2,094	2,285

기업가치 지표
항목	2012	2013	2014	2015	2016	2017.2Q
주가(최고/저)(천원)	5.4/2.4	5.6/2.7	6.7/3.4	5.5/3.7	5.5/3.7	—/—
PER(최고/저)(배)	61.6/27.2	19.6/9.4	—	1.6/1.1	15.7/10.7	1.5/1.1
PBR(최고/저)(배)	1.5/0.7	1.5/0.7	1.8/0.9	1.6/1.1	1.4/1.0	—/—
EV/EBITDA(배)	163.4	13.5	21.0	15.7	9.3	—
EPS(원)	89	288	-92	-60	355	421
BPS(원)	3,579	3,833	3,754	3,561	3,881	4,236
CFPS(원)	365	654	295	345	50	795
DPS(원)					50	825
EBITDAPS(원)	42	578	365	497	775	

재무 비율 〈단위 : % 〉
연도	영업이익률	순이익률	부채비율	차입금비율	ROA	ROE	유보율	자기자본비율	EBITDA마진율
2016	2.5	2.3	120.1	76.2	3.7	9.6	676.2	45.4	5.1
2015	0.6	-0.4	205.2	163.7	-0.6	-1.6	612.1	32.8	3.4
2014	-0.2	-0.7	166.1	127.4	-1.0	-2.4	650.7	37.6	2.6
2013	1.5	2.0	132.7		3.0	7.8	666.6	43.0	4.0

하림홀딩스 (A024660)
Harim Holdings

업 종 : 식료품	시 장 : KOSDAQ
신용등급 : (Bond) — (CP) —	기업규모 : 우량
홈 페 이 지 : www.harimgroup.com	연 락 처 : 063)861-4597
본 사 : 전북 익산시 고봉로 228	

설 립 일 1990.10.11	종 업 원 수 15명	대 표 이 사	김홍국
상 장 일 1997.07.30	감 사 의 견 적정 (삼정)	계	열
결 산 기 12월	보 통 주 8,916만주	종 속 회 사 수	26개사
액 면 가 500원	우 선 주	구 상 호	

주주구성 (지분율,%)
제일홀딩스	68.1
한국투자밸류자산운용	2.2
(외국인)	2.6

출자관계 (지분율,%)
그린바이텍	100.0
맥시칸	100.0
선진FS	94.1

주요경쟁사 (외형,%)
하림홀딩스	100
CJ프레시웨이	233
신세계푸드	107

매출구성
유통업	44.8
사료	27.7
가금	15.7

비용구성
매출원가율	50.4
판관비율	38.3

수출비중
수출	—
내수	—

회사 개요
동사는 2011년 1월 인적분할을 통해 지주회사와 식품 제조 사업부문을 분할하고 (주)하림홀딩스로 상호를 변경하며 순수 지주회사로 사업을 영위하고 있음. 2017년 6월말 기준 (주)엔에스쇼핑, (주)그린바이텍, (주)주원산오리, 한강씨엠(주)을 포함하여 총 26개 종속회사를 거느리고 있음. 배당수익, 상표권 사용수익, 임대수익 등으로 영업수익이 구성되어 있음.

실적 분석
2017년 반기 매출액은 4,787.5억원으로 전년동기대비 7.4% 증가하였으며, 영업이익은 전년동기대비 14.7% 감소한 509.9억원을 기록. 사료, 유통, 양돈 부문 외형 성장. 지주회사 부문 매출 또한 증가. 그러나 육가공부문 선진FS와 선진햄 2개사 매각으로 영업이익 감소. 핵심 자회사에 대한 지배력을 강화, 사업을 원활하게 추진하여 기업가치를 증대시키고자 노력 중. 양재동 소재의 토지를 물류.유통.첨단산업 융복합단지로 재정비 예정.

현금 흐름 〈단위 : 억원〉
항목	2016	2017.2Q
영업활동	915	462
투자활동	-5,365	-344
재무활동	2,935	-78
순현금흐름	-1,516	198
기말현금	1,354	1,553

결산 실적 〈단위 : 억원〉
항목	2012	2013	2014	2015	2016	2017
매출액	2,028	8,290	8,307	8,963	9,982	—
영업이익	-30	806	1,038	1,207	1,123	—
당기순이익	-414	659	658	901	619	—

분기 실적 〈단위 : 억원〉
항목	2016.1Q	2016.2Q	2016.3Q	2016.4Q	2017.1Q	2017.2Q
매출액	2,317	2,296	2,480	2,889	2,431	2,531
영업이익	281	319	300	222	302	209
당기순이익	213	246	195	-35	194	142

재무 상태 〈단위 : 억원〉
항목	2012	2013	2014	2015	2016	2017.2Q
총자산	7,859	8,364	9,438	8,798	12,547	12,833
유형자산	2,621	2,778	3,111	3,165	8,114	8,330
무형자산	154	190	171	406	409	373
유가증권	147	142	138	110	81	76
총부채	3,971	3,962	4,539	3,383	6,542	6,786
총차입금	2,466	2,294	2,415	1,493	4,517	4,690
자본금	446	446	446	446	446	446
총자본	3,888	4,402	4,898	5,415	6,006	6,047
지배주주지분	2,468	2,745	2,958	3,362	3,650	3,664

기업가치 지표
항목	2012	2013	2014	2015	2016	2017.2Q
주가(최고/저)(천원)	2.7/1.6	4.9/1.6	6.7/3.9	6.5/4.2	5.5/3.8	—/—
PER(최고/저)(배)	—/—	15.0/5.0	29.4/17.2	12.0/7.8	15.2/10.5	—/—
PBR(최고/저)(배)	1.0/0.6	1.6/0.5	2.0/1.2	1.7/1.1	1.3/0.9	1.2/1.0
EV/EBITDA(배)	89.0	—	4.3	2.9	6.3	—
EPS(원)	-976	329	231	547	366	231
BPS(원)	2,838	3,149	3,388	3,841	4,164	4,179
CFPS(원)	-849	564	468	808	654	405
DPS(원)					50	
EBITDAPS(원)	55	1,138	1,401	1,615	1,548	746

재무 비율 〈단위 : % 〉
연도	영업이익률	순이익률	부채비율	차입금비율	ROA	ROE	유보율	자기자본비율	EBITDA마진율
2016	11.3	6.2	108.9	75.2	5.8	9.3	732.9	47.9	13.8
2015	13.5	10.1	62.5	27.6	9.9	15.5	668.2	61.6	16.1
2014	12.5	7.9	92.7	49.3	7.4	7.2	577.6	51.9	15.0
2013	9.7	8.0	90.0	52.1	8.1	-11.3	529.8	52.6	12.2

하우동천 (A233990)
HAUDONGCHUN

업 종 : 개인생활용품	시 장 : KONEX
신용 등급 : (Bond) — (CP) —	기업규모 : —
홈 페이지 : www.hudc.co.kr	연 락 처 : 070)8952-5702
본 사 : 서울시 서초구 사임당로 32, 2층(서초동, 재우빌딩)	

설 립 일 2013.03.21	종 업 원 수 34명	대 표 이 사 최원석	
상 장 일 2015.12.29	감 사 의 견 적정 (삼일)	계 열	
결 산 기 12월	보 통 주	종속회사수	
액 면 가 —	우 선 주 —	구 상 호	

주주구성 (지분율,%)
최원석	62.6
성장사다리펀드엔에이지스타트업투자조합	4.5

출자관계 (지분율,%)
프리먼스	100.0

주요경쟁사 (외형,%)
하우동천	100
유니더스	136
케이엠제약	156

매출구성
여성청결제(질경이)	100.0

비용구성
매출원가율	9.6
판관비율	85.5

수출비중
수출	1.0
내수	99.0

회사 개요
동사는 2013년 3월 21일에 설립되었으며 영위하고 있는 사업으로는 화장품/의약품/건강식품의 제조 및 도/소매임. 동사가 영위하고 있는 주력 사업은 소금 및 당 배합물을 유효성분으로 함유하는 여성청결제로 화장품 시장 중 여성청결제 시장을 목표시장으로 하고 있음. 주력 제품인 '질경이'는 질내 염증 예방 및 치료를 목표로 하는 여성청결제 제품으로써 여성 헬스케어 시장을 목표로 하고 있음.

실적 분석
동사의 2016년 매출액은 113.0억원으로 전년 대비 93.7% 급증했음. 매출총이익은 전년 대비 85.3% 늘어난 102.1억원을 기록했음. 판매비와 관리비가 전년 대비 118.4% 늘어나 영업이익은 전년·대비 49.3% 줄어든 5.5억원을 기록함. 비영업부문에서 손실 142.7억원을 기록하면서 당기순이익은 -137.5억원. 전년에 이어 적자를 지속하는 모습.

현금 흐름 *IFRS 별도 기준 〈단위 : 억원〉
항목	2016	2017.2Q
영업활동	0	
투자활동	-52	
재무활동	3	
순현금흐름	-49	
기말현금	9	

시장 대비 수익률

결산 실적 〈단위 : 억원〉
항목	2012	2013	2014	2015	2016	2017
매출액	—	12	19	58	113	—
영업이익	—	3	1	10	6	—
당기순이익	—	3	1	7	-138	—

분기 실적 *IFRS 별도 기준 〈단위 : 억원〉
항목	2016.1Q	2016.2Q	2016.3Q	2016.4Q	2017.1Q	2017.2Q
매출액	—	—	—	—	—	—
영업이익	—	—	—	—	—	—
당기순이익	—	—	—	—	—	—

재무 상태 *IFRS 별도 기준 〈단위 : 억원〉
항목	2012	2013	2014	2015	2016	2017.2Q
총자산	—	10	14	81	92	—
유형자산	—	0	4	6	48	—
무형자산	—	1	1	10	9	—
유가증권	—					—
총부채	—	5	1	20	22	—
총차입금	—	4	7	15	18	—
자본금	—	1	1	13	13	—
총자본	—	4	4	61	70	—
지배주주지분	—	4	4	61	70	—

기업가치 지표 *IFRS 별도 기준
항목	2012	2013	2014	2015	2016	2017.2Q
주가(최고/저)(천원)	#VALUE!	—/—	—/—	—/—	—/—	—/—
PER(최고/저)(배)	0.0/0.0	0.0/0.0	0.0/0.0	13.2/11.5	—/—	—/—
PBR(최고/저)(배)	0.0/0.0	0.0/0.0	0.0/0.0	7.3/6.3	23.3/7.3	0.0/0.0
EV/EBITDA(배)	0.0		1.7	24.8	120.0	
EPS(원)	—	306	86	251	-1,023	
BPS(원)	—	406	432	454	518	
CFPS(원)	—	330	125	308	-996	
DPS(원)	—					
EBITDAPS(원)	—	365	116	402	69	

재무 비율 〈단위 : % 〉
연도	영업이익률	순이익률	부채비율	차입금비율	ROA	ROE	유보율	자기자본비율	EBITDA마진율
2016	4.9	-121.7	31.7	26.0	-158.9	-210.6	417.9	76.0	8.1
2015	17.6	12.8	33.5	24.7	15.6	22.8	353.9	74.9	20.5
2014	4.1	4.6	219.9	165.2	7.4	20.5	331.6	31.3	6.1
2013	28.7	25.8	134.4	94.4	0.0	0.0	305.8	42.7	30.7

하이로닉 (A149980)
Hironic

업 종 : 의료 장비 및 서비스	시 장 : KOSDAQ
신용 등급 : (Bond) — (CP) —	기업규모 : 벤처
홈 페이지 : www.hironic.com	연 락 처 : 031)698-4900
본 사 : 경기도 용인시 수지구 신수로 767 19층(동천동, 분당수지U-TOWER)	

설 립 일 2007.12.11	종 업 원 수 95명	대 표 이 사 이진우	
상 장 일 2013.07.01	감 사 의 견 적정 (한울)	계 열	
결 산 기 12월	보 통 주 1,409만주	종속회사수 2개사	
액 면 가 100원	우 선 주 —	구 상 호	

주주구성 (지분율,%)
이진우	26.2
이은숙	18.6
(외국인)	1.4

출자관계 (지분율,%)
하이로닉코리아	99.0
아띠베뷰티	86.0
슈프리마인베스트먼트	8.0

주요경쟁사 (외형,%)
하이로닉	100
비트컴퓨터	230
우리들휴브레인	73

매출구성
제품매출	95.1
상품매출	4.7
기타매출	0.2

비용구성
매출원가율	35.8
판관비율	62.0

수출비중
수출	—
내수	—

회사 개요
동사는 피부, 미용 관련 의료기기를 제조, 판매, 수출하는 벤처기업으로 지속적인 R&D 투자와 지적재산권(특허 및 인증) 확보를 통해 기업경쟁력 강화, 피부미용 의료기기의 차별화된 비즈니스 구축을 목표로 하고 있음. 동사의 제품은 피부 및 성형외과 등 메디컬 에스테틱 치료가 가능한 병원 위주로 판매되고 있으며 유럽, 중동, 남미 등 해외로도 활발히 수출되고 있음.

실적 분석
동사의 2017년 2분기기준 누적 매출액은 전년동기대비 1.5% 소폭 변동한 86.9억원을 기록하였음. 매출액은 소폭 변동하였으나 인건비 및 관리비 절감으로 전년동기대비 영업이익은 11.2억원을 달성, 60.7% 상승하였음. 그러나 비영업손익의 적자전환으로 전년동기대비 당기순이익은 4.4억원을 기록함. 의료기기시장은 고령화 및 기대수명 증가, 안티에이징 관심 등으로 시장전망이 밝은 편이므로 향후 성장이 전망되고 있음.

현금 흐름 〈단위 : 억원〉
항목	2016	2017.2Q
영업활동	5	-8
투자활동	-6	-9
재무활동	-19	15
순현금흐름	-20	-2
기말현금	16	14

시장 대비 수익률

결산 실적 〈단위 : 억원〉
항목	2012	2013	2014	2015	2016	2017
매출액	113	134	228	179	155	—
영업이익	28	36	76	21	3	—
당기순이익	26	31	64	28	6	—

분기 실적 〈단위 : 억원〉
항목	2016.1Q	2016.2Q	2016.3Q	2016.4Q	2017.1Q	2017.2Q
매출액	43	42	32	37	47	40
영업이익	5	2	-2	-1	9	2
당기순이익	5	3	-9	8	-1	6

재무 상태 〈단위 : 억원〉
항목	2012	2013	2014	2015	2016	2017.2Q
총자산	63	94	534	459	447	464
유형자산	4	7	12	83	107	107
무형자산		1	1	4	5	4
유가증권			1	10	16	21
총부채	15	14	65	19	19	53
총차입금	6		35			36
자본금	10		14	14	14	14
총자본	49	79	469	440	428	412
지배주주지분	49	79	469	439	428	412

기업가치 지표
항목	2012	2013	2014	2015	2016	2017.2Q
주가(최고/저)(천원)	—/—	3.4/1.9	18.3/3.0	29.8/10.7	15.6/6.3	—/—
PER(최고/저)(배)	—/—	11.0/6.0	31.4/5.1	147.6/53.1	304.8/124.1	—/—
PBR(최고/저)(배)	0.0/0.0	4.3/2.4	5.5/0.9	8.6/3.1	4.3/1.8	2.2/1.6
EV/EBITDA(배)		9.2	27.2	60.6	85.6	
EPS(원)	264	310	586	203	51	33
BPS(원)	2,445	3,973	16,892	3,499	3,593	3,620
CFPS(원)	1,338	1,589	3,012	230	95	59
DPS(원)	25	25		70	50	
EBITDAPS(원)	1,426	1,857	3,558	177	68	105

재무 비율 〈단위 : % 〉
연도	영업이익률	순이익률	부채비율	차입금비율	ROA	ROE	유보율	자기자본비율	EBITDA마진율
2016	2.2	3.9	4.4	0.0	1.3	1.7	3,492.5	95.8	6.2
2015	11.7	15.8	4.3	0.0	5.7	6.2	3,398.9	95.9	13.8
2014	33.5	28.3	13.9	7.5	20.6	23.5	3,278.3	87.8	34.3
2013	27.3	23.1	17.8	0.0	39.4	48.2	694.6	84.9	27.7

하이록코리아 (A013030)
Hy-Lok

종 목 : 기계		시 장 : KOSDAQ	
용 등 급 : (Bond) — (CP) —		기업 규모 : 우량	
페이지 : www.hy-lok.com		연 락 처 : (051)970-0800	
본 사 : 부산시 강서구 녹산산단27로 97			

설 립 일	1978.03.18	종 업 원 수	568명	대 표 이 사	문휴건,문창환각자대표이사
상 장 일	1989.12.15	감 사 의 견	적정 (삼일)	계 열	
결 산 기	12월	보 통 주	1,361만주	종 속 회 사 수	5개사
액 면 가	500원	우 선 주		구 상 호	

주주구성 (지분율,%)		출자관계 (지분율,%)		주요경쟁사 (외형,%)	
문휴건	15.7	협동정공	60.0	하이록코리아	100
문영훈	15.0	협동사	50.0	두산중공업	7,844
(외국인)	46.9	하이록단조	30.0	현대엘리베이	993

매출구성		비용구성		수출비중	
Hy-Lok Valve	37.6	매출원가율	68.6	수출	42.0
기타	27.5	판관비율	10.4	내수	58.0
Hy-Lok Fitting	24.5				

회사 개요
동사는 관이음쇠 및 밸브 제조와 판매를 목적으로 1977년 설립됨. 석유화학, 조선, 발전, 반도체, 철도차량 등 다양한 사업영역에 진출해있음. 도금과 금속 가공업을 영위하는 협동사를 비롯해 4개의 종속회사를 두고 있음. 주요 제품 중 Hy-Lok Fitting이 매출의 25.8%, Bite Type Fitting 6.1%, Pipe Fitting 2.3%, Hy-Lok Valve 41.0%, 모듈과 기타 상품이 24.8%를 차지함.

실적 분석
동사는 2017년 2/4분기 연결기준 누적매출액은 952.5억원으로 전년동기 대비 6.4% 증가했음. 매출원가와 판매비와 관리비가 전년동기 대비 각각 7.4%, 9.0% 증가했으나 외형성장으로 인해 영업이익은 전년동기 대비 1.9% 증가한 193.8억원을 시현함. 그러나 비영업부문에서 2.6억원의 손실을 기록함에 따라 이익폭이 축소되며 당기순이익은 전년동기 대비 3.7% 감소한 144.9억원 시현에 그침.

현금 흐름 〈단위 : 억원〉

항목	2016	2017.2Q
영업활동	229	232
투자활동	-293	19
재무활동	-56	-56
순현금흐름	-115	194
기말현금	174	368

시장 대비 수익률

결산 실적 〈단위 : 억원〉

항목	2012	2013	2014	2015	2016	2017
매출액	1,879	1,876	1,930	2,092	1,771	—
영업이익	417	428	490	536	373	—
당기순이익	295	334	382	432	302	—

분기 실적 〈단위 : 억원〉

항목	2016.1Q	2016.2Q	2016.3Q	2016.4Q	2017.1Q	2017.2Q
매출액	440	455	409	468	470	483
영업이익	92	98	81	102	99	95
당기순이익	75	76	36	116	43	102

재무 상태 〈단위 : 억원〉

항목	2012	2013	2014	2015	2016	2017.2Q
총자산	2,484	2,759	3,055	3,352	3,533	3,754
유형자산	731	700	696	789	780	851
무형자산	67	83	84	81	72	125
유가증권	6	6	6	5	5	1,027
총부채	615	594	567	498	445	501
총차입금	330	280	200	150	150	170
자본금	68	68	68	68	68	68
총자본	1,869	2,164	2,489	2,854	3,089	3,253
지배주주지분	1,846	2,135	2,455	2,818	3,055	3,184

기업가치 지표

항목	2012	2013	2014	2015	2016	2017.2Q
주가(최고/저)(천원)	21.9/15.3	26.7/17.8	34.5/23.6	37.6/21.0	28.9/19.8	—/—
PER(최고/저)(배)	11.1/7.8	11.8/7.9	13.0/8.9	12.3/6.9	13.3/9.1	—/—
PBR(최고/저)(배)	1.7/1.2	1.8/1.2	2.0/1.4	1.9/1.1	1.3/0.9	1.1/0.8
EV/EBITDA(배)	5.7	6.7	6.9	4.2	4.4	—
EPS(원)	2,123	2,401	2,780	3,152	2,219	1,072
BPS(원)	13,558	15,682	18,034	20,702	22,443	23,393
CFPS(원)	2,402	2,687	3,064	3,453	2,535	1,072
DPS(원)	250	350	400	400	400	—
EBITDAPS(원)	3,341	3,429	3,883	4,238	3,053	1,423

재무 비율 〈단위 : % 〉

연도	영업이익률	순이익률	부채비율	차입금비율	ROA	ROE	유보율	자기자본비율	EBITDA마진율
2016	21.0	17.1	14.4	4.9	8.8	10.3	4,388.6	87.4	23.5
2015	25.6	20.7	17.5	5.3	13.5	16.3	4,040.5	85.1	27.6
2014	25.4	19.8	22.8	8.0	13.2	16.5	3,506.9	81.5	27.4
2013	22.8	17.8	27.5	12.9	12.7	16.4	3,036.4	78.5	24.9

하이비전시스템 (A126700)
HyVISION SYSTEM

업 종 : 휴대폰 및 관련부품		시 장 : KOSDAQ	
신용등급 : (Bond) — (CP) —		기업 규모 : 우량	
홈페이지 : www.hyvision.co.kr		연 락 처 : (031)735-1573	
본 사 : 경기도 성남시 중원구 사기막골로 58(상대원동)			

설 립 일	2010.04.08	종 업 원 수	222명	대 표 이 사	최두원
상 장 일	2010.09.10	감 사 의 견	적정 (다산)	계 열	
결 산 기	12월	보 통 주	1,494만주	종 속 회 사 수	2개사
액 면 가	500원	우 선 주		구 상 호	

주주구성 (지분율,%)		출자관계 (지분율,%)		주요경쟁사 (외형,%)	
최두원	15.2	아이알브이테크	100.0	하이비전시스템	100
나금옥	4.2	준성하이테크	44.9	세코닉스	403
(외국인)	7.1	퓨런티어	25.8	엠씨넥스	532

매출구성		비용구성		수출비중	
CCM자동화 검사장비:HVT-305 시리즈 등	53.2	매출원가율	65.3	수출	—
영상평가장치 및 기타:HyIMAGE Pro V-시리즈 등	46.8	판관비율	28.6	내수	—

회사 개요
동사는 기업인수목적법인으로 설립되어 2012년1월30일 하이비전시스템과 합병함. 동사는 휴대폰에 탑재되는 카메라모듈(CCM) 제조 공정 중 렌즈포커싱 등을 포함한 검사공정에 대한 자동화 장비를 개발하는 사업을 영위. 휴대폰 카메라가 고화소화되면서 오토포커싱, 광학줌 등 다양한 기능들이 추가됨에 따라, 자동화 장비의 수요는 최근 2년 간 급증하였고, 현재 LG이노텍 등 세계적인 카메라 모듈 업체에 장비를 납품 중임.

실적 분석
동사의 2017년 2분기 누적 매출은 481.8억원으로 전년동기 대비 71.6% 증가, 판관비의 소폭 상승에도 영업이익은 48.2억원으로 전년동기 대비 760.1% 증가, 순이익은 43.9억원으로 전년동기 대비 흑자전환함. 전방산업인 휴대폰 경기의 회복 영향으로 카메라모듈의 화소 수 상향, OIS 채택 등에도 관련 장비의 매출 증가. 2017년 듀얼카메라 및 보급형 모델의 화소 상향으로 매출, 이익 상승세는 지속될 것으로 예상됨.

현금 흐름 〈단위 : 억원〉

항목	2016	2017.2Q
영업활동	146	-232
투자활동	-176	177
재무활동	-27	-24
순현금흐름	-47	-81
기말현금	121	40

시장 대비 수익률

결산 실적 〈단위 : 억원〉

항목	2012	2013	2014	2015	2016	2017
매출액	836	683	623	877	775	—
영업이익	193	109	62	67	47	—
당기순이익	148	109	72	94	46	—

분기 실적 〈단위 : 억원〉

항목	2016.1Q	2016.2Q	2016.3Q	2016.4Q	2017.1Q	2017.2Q
매출액	142	138	240	255	139	343
영업이익	3	3	33	8	1	47
당기순이익	1	17	18	10	-2	46

재무 상태 〈단위 : 억원〉

항목	2012	2013	2014	2015	2016	2017.2Q
총자산	730	723	788	888	993	1,149
유형자산	111	117	120	127	120	140
무형자산	5	4	15	80	42	28
유가증권	52	281	222	98	267	67
총부채	177	86	116	126	197	341
총차입금	0	0	16	16	—	9
자본금	32	70	75	75	75	75
총자본	553	637	673	762	796	808
지배주주지분	553	637	673	758	796	808

기업가치 지표

항목	2012	2013	2014	2015	2016	2017.2Q
주가(최고/저)(천원)	10.4/7.2	19.2/8.3	11.2/5.3	13.8/7.7	10.9/6.6	—/—
PER(최고/저)(배)	9.1/6.3	25.2/10.8	22.8/10.8	22.0/12.2	32.3/19.6	—/—
PBR(최고/저)(배)	2.4/1.7	4.1/1.8	2.3/1.1	2.5/1.4	1.9/1.2	2.1/1.2
EV/EBITDA(배)	4.8	9.9	17.0	15.7	10.8	—
EPS(원)	1,171	782	495	634	339	294
BPS(원)	1,749	4,807	4,926	5,535	5,789	6,067
CFPS(원)	480	819	539	710	504	358
DPS(원)	—	110	50	50	20	—
EBITDAPS(원)	620	823	471	523	477	387

재무 비율 〈단위 : % 〉

연도	영업이익률	순이익률	부채비율	차입금비율	ROA	ROE	유보율	자기자본비율	EBITDA마진율
2016	6.0	6.0	24.7	0.0	4.9	6.5	1,057.9	80.2	9.2
2015	7.6	10.7	16.5	2.1	11.2	13.3	1,007.1	85.8	8.9
2014	9.9	11.5	17.2	2.4	9.5	11.0	885.1	85.4	10.9
2013	16.0	16.0	13.5	3.1	15.0	18.3	861.4	88.2	16.8

하이셈 (A200470)
HISEM CO

업　　종 : 반도체 및 관련장비		시　　장 : KOSDAQ	
신용등급 : (Bond) — 　　(CP) —		기업규모 : 중견	
홈페이지 : www.hisem.co.kr		연 락 처 : 031)8046-1700	
본　　사 : 경기도 안성시 일죽면 서동대로 7280-26			

설 립 일 2007.06.20	종 업 원 수 93명	대 표 이 사 장성호
상 장 일 2014.12.26	감사의견 적정 (삼정)	계　열
결 산 기 12월	보 통 주 1,755만주	종속회사수
액 면 가 500원	우 선 주	구 상 호

주주구성 (지분율,%)
팬아시아세미컨덕터서비스	25.4
우리기술투자	3.5
(외국인)	4.3

출자관계 (지분율,%)
하이셈	100
아진엑스텍	111
로체시스템즈	623

주요경쟁사 (외형,%)

매출구성
임가공 반도체 테스트	98.0
제조 저장장치 Primero	2.0

비용구성
매출원가율	108.8
판관비율	12.9

수출비중
수출	77.0
내수	23.0

회사 개요
동사는 2007년 06월 20일에 반도체 제조 관련 테스트 및 엔지니어링 서비스를 주요 사업 목적으로 설립되었으며, 현재 반도체 후공정 중 테스트 외주사업 및 Nand Flash 및 관련 응용제품을 제조, 판매하는 사업을 진행하고 있음. 동사의 매출 비중의 98%를 차지하고 있는 메모리 반도체 테스트 산업은 에이티세미콘, 원팩 등 4개사가 영위하고 있는 과점시장에 해당함. 15년 부터 저장장치 사업으로 확장함.

실적 분석
동사의 2017년 연결기준 상반기 매출액은 100.5억원으로 전년동기 대비 43.6% 증가. 매출의 급등에도 불구하고 매출원가는 전년동기 대비 6% 감소해 영업이익은 4.8억원을 기록하며 흑자전환. 법인세비용 감소로 당기순이익 역시 3.5억원으로 흑자전환. 지난 2월 하이셈공동지주였던 동진세미켐, 주성엔지니어링, 케이씨텍이 팬아시아세미컨덕터에게 지분을 매도한 이후 SK하이닉스 외주물량이 증가하면서 매출 상승.

현금 흐름
*IFRS 별도 기준 〈단위 : 억원〉
항목	2016	2017.2Q
영업활동	47	17
투자활동	9	-43
재무활동	-40	104
순현금흐름	17	77
기말현금	38	115

시장 대비 수익률

결산 실적
〈단위 : 억원〉
항목	2012	2013	2014	2015	2016	2017
매출액	317	324	315	216	159	—
영업이익	0	38	23	-42	-34	—
당기순이익	-23	21	30	-21	-37	—

분기 실적
*IFRS 별도 기준 〈단위 : 억원〉
항목	2016.1Q	2016.2Q	2016.3Q	2016.4Q	2017.1Q	2017.2Q
매출액	34	36	38	51	48	52
영업이익	-18	-12	-7	3	-1	5
당기순이익	-14	-21	-3	1	-1	4

재무 상태
*IFRS 별도 기준 〈단위 : 억원〉
항목	2012	2013	2014	2015	2016	2017.2Q
총자산	760	695	639	572	494	691
유형자산	655	566	430	351	272	422
무형자산	1	1	1	1	1	1
유가증권			0	0	0	0
총부채	412	326	177	133	92	286
총차입금	350	291	158	118	78	182
자본금	195	195	88	88	88	88
총자본	347	369	461	439	402	405
지배주주지분	347	369	461	439	402	405

기업가치 지표
*IFRS 별도 기준
항목	2012	2013	2014	2015	2016	2017.2Q
주가(최고/저)(천원)	—/—	—/—	2.2/2.1	2.4/1.5	3.2/1.8	—/—
PER(최고/저)(배)	0.0/0.0	0.0/0.0	9.9/9.2	—/—	—/—	—/—
PBR(최고/저)(배)	0.0/0.0	0.0/0.0	0.8/0.8	1.0/0.6	1.4/0.8	2.2/1.3
EV/EBITDA(배)	1.6	1.1	2.2	3.9	10.2	
EPS(원)	-179	163	225	-121	-210	20
BPS(원)	8,910	9,461	2,627	2,500	2,289	2,309
CFPS(원)	4,256	4,489	1,296	476	223	201
DPS(원)						
EBITDAPS(원)	4,856	4,920	1,247	360	237	209

재무 비율
〈단위 : % 〉
연도	영업이익률	순이익률	부채비율	차입금비율	ROA	ROE	유보율	자기자본비율	EBITDA마진율
2016	-21.7	-23.2	23.0	19.5	-6.9	-8.8	357.8	81.3	26.2
2015	-19.2	-9.8	30.3	27.0	-3.5	-4.7	399.9	76.8	29.2
2014	7.4	9.4	38.5	34.3	4.4	7.1	425.5	72.2	52.1
2013	11.8	6.6	88.3	79.0	2.9	5.9	89.2	53.1	59.3

하이스틸 (A071090)
Histeel

업　　종 : 금속 및 광물		시　　장 : 거래소	
신용등급 : (Bond) — 　　(CP) —		기업규모 : 시가총액 소형주	
홈페이지 : www.histeel.co.kr		연 락 처 : 041)357-8511~4	
본　　사 : 충남 당진시 송악읍 부곡공단 4길 28-252			

설 립 일 2003.01.01	종 업 원 수 219명	대 표 이 사 엄정근
상 장 일 2003.02.17	감사의견 적정 (이현)	계　열
결 산 기 12월	보 통 주 200만주	종속회사수
액 면 가 5,000원	우 선 주	구 상 호

주주구성 (지분율,%)
한일철강	15.2
엄정근	10.1
(외국인)	0.3

출자관계 (지분율,%)
한일철강	
현대제철	
동부라이텍	

주요경쟁사 (외형,%)
하이스틸	100
한국주강	18
티플랙스	67

매출구성
강관(제품)	89.5
강관(상품)	10.5
강관(임가공)	0.0

비용구성
매출원가율	86.6
판관비율	8.7

수출비중
수출	42.0
내수	58.0

회사 개요
동사는 2003년 강관 등을 생산, 판매할 목적으로 2003년 1월 1일에 한일철강(주)로부터 인적분할하여 설립됨. 동사는 계열회사로 한일철강이 있고, 강음한일강철유한공사가 있고, 한일철강이 하이스틸과 강음한일강철유한공사의 지분을 각각 15.23%, 60% 보유하고 있음. 동사는 국내 강관 시장에서 매출 기준으로 세아제강, 휴스틸에 이은 3위 업체임. 동사는 2016년 9월 당진2공장을 신설하였고, 2017년 1월 인천2공장 매각을 완료함.

실적 분석
동사는 2017년 상반기 누적 매출액은 865.1억원으로 전년 동기 대비 30.0% 증가했고, 영업이익은 30.1억원으로 전년 동기 대비 26.1% 감소했음. 국내 강관시장은 전방산업인 자동차, 조선 분야 업황이 크게 개선되지 않았지만, 전년보다 수출물량을 늘리며 매출이 신장됨. 반면 원재료 핫코일 가격이 톤당 2016년 48만 1507만원에서 66만 6629원으로 인상되면서 수익성이 악화됨. 비영업손익 흑자전환으로 당기순이익 51.1억원임.

현금 흐름
*IFRS 별도 기준 〈단위 : 억원〉
항목	2016	2017.2Q
영업활동	66	2
투자활동	-134	55
재무활동	83	-9
순현금흐름	16	48
기말현금	103	151

시장 대비 수익률

결산 실적
〈단위 : 억원〉
항목	2012	2013	2014	2015	2016	2017
매출액	2,614	1,737	1,908	1,329	1,489	—
영업이익	58	0	31	-72	71	—
당기순이익	21	-25	-5	-85	39	—

분기 실적
*IFRS 별도 기준 〈단위 : 억원〉
항목	2016.1Q	2016.2Q	2016.3Q	2016.4Q	2017.1Q	2017.2Q
매출액	328	338	352	472	436	42
영업이익	18	23	15	15	28	
당기순이익	11	17	1	10	45	

재무 상태
*IFRS 별도 기준 〈단위 : 억원〉
항목	2012	2013	2014	2015	2016	2017.2Q
총자산	2,514	2,495	2,486	2,272	2,430	2,71
유형자산	1,613	1,575	1,545	1,552	1,531	1,51
무형자산	3	3	3	3	3	
유가증권	15	12	18	15	6	
총부채	1,159	1,173	1,173	1,051	1,170	1,38
총차입금	752	777	724	695	780	77
자본금	100	100	100	100	100	10
총자본	1,355	1,321	1,313	1,221	1,259	1,32
지배주주지분	1,355	1,321	1,313	1,221	1,259	1,32

기업가치 지표
*IFRS 별도 기준
항목	2012	2013	2014	2015	2016	2017.2Q
주가(최고/저)(천원)	49.6/20.2	31.9/17.5	21.6/14.9	30.7/15.6	26.5/14.9	—/—
PER(최고/저)(배)	37.9/15.4	—/—	—/—	13.7/7.7	—/—	
PBR(최고/저)(배)	0.8/0.3	0.5/0.3	0.3/0.2	0.5/0.3	0.4/0.2	0.4/0.
EV/EBITDA(배)	11.6	23.0	12.6		9.0	
EPS(원)	1,360	-1,252	-239	-4,237	1,949	2,55
BPS(원)	67,767	66,074	65,657	61,052	62,982	66,38
CFPS(원)	4,089	950	1,934	-2,108	4,113	3,74
DPS(원)	350	100	150		150	
EBITDAPS(원)	6,489	2,212	3,712	-1,450	5,699	2,69

재무 비율
〈단위 : % 〉
연도	영업이익률	순이익률	부채비율	차입금비율	ROA	ROE	유보율	자기자본비율	EBITDA마진율
2016	4.8	2.6	92.9	61.9	1.7	3.1	1,159.6	51.8	7.
2015	-5.4	-6.4	86.1	57.0	-3.6	-6.7	1,121.1	53.7	-2.
2014	1.6	-0.3	89.4	55.2	-0.2	-0.4	1,213.1	52.8	3.
2013	0.0	-1.4	88.8	58.8	-1.0	-1.9	1,221.5	53.0	2.

하이즈항공 (A221840)
HIZEAERO

종 목 : 운송인프라		시 장 : KOSDAQ	
용 등 급 : (Bond) — (CP) —		기업규모 : 중견	
페이지 : www.hizeaero.com		연 락 처 : 055)850-8800	
사 : 경남 사천시 사남면 공단5로 24			

설 립 일	2001.11.16	종 업 원 수	523명	대 표 이 사	하상헌
상 장 일	2015.11.25	감 사 의 견	적정 (한영)	계 열	
결 산 기	12월	보 통 주	1,770만주	종속회사수	
액 면 가	500원	우 선 주		구 상 호	

주주구성 (지분율,%)		출자관계 (지분율,%)		주요경쟁사 (외형,%)	
하상헌	37.5	하이즈항공	100		
B제미니신성장펀드16호	4.7	동방	1,750		
(외국인)	2.9	서호전기	181		

매출구성		비용구성		수출비중	
조립사업부 제품	72.6	매출원가율	93.8	수출	26.0
부품사업부 제품	27.4	판관비율	11.1	내수	74.0

회사 개요

동사는 2001년 11월 설립된 항공기 부품 개발, 생산, 조립 등 항공기종합부품기업임. 2015년 코스닥 시장에 상장함. 주로 후방 동체와 날개구조물 등을 생산하고 있으며 미국 보잉의 1차 협력업체로서 B787기 센터윙박스를 독점공급하고 있음. B787 섹션 48은 듀얼 소스로 동사를 비롯해 두 기업만이 공급함. 3787 주익 및 B737 꼬리날개의 주요 기계가공부품을 수주 후 개발 및 양산 진행 중임.

실적 분석

동사의 2017년 2분기 매출액은 189.2억원으로 전년.대비 21.9% 증가함. 영업이익은 3.8억원으로 전년동기 대비 85.4% 증가함. 당기순이익은 1.8억원으로 전년동기 대비 25% 감소함. 동사의 매출액 증가는 중국 및 일본 주요항공기부품 제조회사들과의 계약 체결로 인한 것으로 보임. 동사는 해외시장 진출에 박차를 가하고자 중국 톈진 공장 설립을 추진 중이며 이를 위해 주요 고객사인 BTC와 MOU를 체결하는 등 꾸준한 고객관리 중.

현금 흐름 ·IFRS 별도 기준· 〈단위 : 억원〉

항목	2016	2017.2Q
영업활동	-28	-0
투자활동	-171	-24
재무활동	51	1
순현금흐름	-148	-23
기말현금	27	4

시장 대비 수익률

결산 실적 〈단위 : 억원〉

항목	2012	2013	2014	2015	2016	2017
매출액	205	299	313	308	329	—
영업이익	14	23	50	46	-16	—
당기순이익	14	21	31	34	-33	—

분기 실적 ·IFRS 별도 기준· 〈단위 : 억원〉

항목	2016.1Q	2016.2Q	2016.3Q	2016.4Q	2017.1Q	2017.2Q
매출액	71	84	70	103	87	102
영업이익	1	1	-12	-6	2	2
당기순이익	1	1	-10	-25	-2	3

재무 상태 ·IFRS 별도 기준· 〈단위 : 억원〉

항목	2012	2013	2014	2015	2016	2017.2Q
총자산	275	436	501	1,245	1,275	1,275
유형자산	152	268	337	487	708	736
무형자산	12	13	8	29	34	37
유가증권	—	—	1	2	3	3
총부채	169	374	400	421	518	547
총차입금	136	321	347	363	441	472
자본금	27	20	53	87	88	88
총자본	106	63	101	824	757	729
지배주주지분	106	63	101	824	757	729

기업가치 지표 ·IFRS 별도 기준·

항목	2012	2013	2014	2015	2016	2017.2Q
주가(최고/저)(천원)	—/—	—/—	—/—	18.0/13.5	15.5/6.8	—/—
PER(최고/저)(배)	0.0/0.0	0.0/0.0	0.0/0.0	75.0/56.4	—/—	—/—
PBR(최고/저)(배)	0.0/0.0	0.0/0.0	0.0/0.0	3.8/2.9	3.5/1.5	2.1/1.5
EV/EBITDA(배)	3.9		6.1	3.5	36.5	86.9
EPS(원)	106	161	233	239	-185	10
BPS(원)	2,035	1,220	735	4,734	4,453	4,463
CFPS(원)	425	655	359	388	1	118
DPS(원)	—	—	—	—	—	—
EBITDAPS(원)	421	676	502	467	94	129

재무 비율 〈단위 : % 〉

연도	영업이익률	순이익률	부채비율	차입금비율	ROA	ROE	유보율	자기자본비율	EBITDA마진율
2016	-4.9	-9.9	68.4	58.2	-2.6	-4.1	790.5	59.4	5.1
2015	14.8	11.2	51.0	44.0	3.9	7.4	846.7	66.2	21.8
2014	16.0	9.9	397.8	344.6	6.6	38.1	93.2	20.1	21.4
2013	7.5	7.2	597.8	514.0			225.1	14.3	12.1

하이텍팜 (A106190)
HIGH TECH PHARM

업 종 : 제약		시 장 : KOSDAQ	
신용등급 : (Bond) — (CP) —		기업규모 : 우량	
홈페이지 : www.htpharm.com		연 락 처 : 043)883-0012	
본 사 : 충북 음성군 대소면 신대로 280			

설 립 일	1998.09.01	종 업 원 수	85명	대 표 이 사	김정수
상 장 일	2010.07.28	감 사 의 견	적정 (안진)	계 열	
결 산 기	12월	보 통 주	709만주	종속회사수	
액 면 가	500원	우 선 주		구 상 호	

주주구성 (지분율,%)		출자관계 (지분율,%)		주요경쟁사 (외형,%)	
ACS DOBFAR s.p.a	39.6	하이텍팜	100		
김정수	5.6	우리들제약	130		
(외국인)	41.0	화일약품	203		

매출구성		비용구성		수출비중	
카바페넴계	83.5	매출원가율	86.6	수출	100.0
세팔로스포린계	16.5	판관비율	3.9	내수	0.0
기타	0.1				

회사 개요

동사는 1998년 설립된 후 2010년에 코스닥 상장된 업체임. 동사는 주사제용 항생제 원료 의약품을 생산하여 국내 및 해외에 수출하고 있으며, 주요 제품은 카바페넴 계열 항생제인 주사제용 무균이미페넴/실라스타틴과 세팔로스포린 계열 항생제인 무균세프트리악손이 있음. 특히 주사제용 무균이미페넴/실라스타틴은 발매이후 남미, 유럽, 아시아등의 국가에서 품질과 가격경쟁력을 유지하고 있음.

실적 분석

동사의 2017년도 상반기 매출액은 330억원으로 전년동기 대비 13.8% 증가함. 반면 고정비 증가로 영업이익은 19.7억원으로 전년동기 대비 26.8% 감소함. 동사는 다양한 카바페넴계 항생제의 생산기술 확보에 역량을 집중하고 있음. 신제품 생산을 위한 신공장이 2016년 11월 완공이 되었으며, 식약청 및 Eu-GMP, 미국 FDA 등 신공장 생산 품목의 매출을 발생시키기 위해 임직원 모두 전력을 다하여 인허가 작업을 진행중임.

현금 흐름 ·IFRS 별도 기준· 〈단위 : 억원〉

항목	2016	2017.2Q
영업활동	14	12
투자활동	-135	-56
재무활동	-11	-11
순현금흐름	-129	-55
기말현금	101	46

시장 대비 수익률

결산 실적 〈단위 : 억원〉

항목	2012	2013	2014	2015	2016	2017
매출액	539	652	569	481	548	—
영업이익	106	123	79	54	52	—
당기순이익	74	105	78	65	53	—

분기 실적 ·IFRS 별도 기준· 〈단위 : 억원〉

항목	2016.1Q	2016.2Q	2016.3Q	2016.4Q	2017.1Q	2017.2Q
매출액	153	137	93	165	145	185
영업이익	10	17	8	17	11	8
당기순이익	10	20	-2	25	1	11

재무 상태 ·IFRS 별도 기준· 〈단위 : 억원〉

항목	2012	2013	2014	2015	2016	2017.2Q
총자산	848	956	1,066	1,114	1,183	1,173
유형자산	240	237	322	505	728	790
무형자산						
유가증권		35	25	20	4	
총부채	78	97	145	142	171	160
총차입금		33	6	7	7	
자본금	35	35	35	35	35	35
총자본	771	858	921	972	1,012	1,013
지배주주지분	771	858	921	972	1,012	1,013

기업가치 지표 ·IFRS 별도 기준·

항목	2012	2013	2014	2015	2016	2017.2Q
주가(최고/저)(천원)	26.0/11.1	17.3/11.8	15.7/12.5	19.9/12.8	17.3/13.7	—/—
PER(최고/저)(배)	26.7/11.4	12.4/8.4	14.8/11.8	22.0/14.1	23.4/18.5	—/—
PBR(최고/저)(배)	2.6/1.1	1.5/1.0	1.3/1.0	1.5/1.0	1.2/1.0	1.0/0.9
EV/EBITDA(배)	6.1	4.1	6.6	11.5	16.4	
EPS(원)	1,047	1,475	1,105	923	745	171
BPS(원)	10,871	12,108	12,987	13,712	14,273	14,296
CFPS(원)	1,207	1,628	1,235	1,037	841	210
DPS(원)	200	250	250	150	150	—
EBITDAPS(원)	1,657	1,885	1,242	876	827	316

재무 비율 〈단위 : % 〉

연도	영업이익률	순이익률	부채비율	차입금비율	ROA	ROE	유보율	자기자본비율	EBITDA마진율
2016	9.4	9.6	16.9	0.7	4.6	5.3	2,754.6	85.5	10.7
2015	11.2	13.6	14.6	0.7	6.0	6.9	2,642.5	87.2	12.9
2014	13.9	13.8	15.8	3.6	7.8	8.8	2,497.5	86.4	15.5
2013	18.8	16.0	11.4		11.6	12.8	2,321.5	89.8	20.5

하이트론씨스템즈 (A019490)
Hitron Systems

업 종 : 보안장비		시 장 : 거래소	
신용등급 : (Bond) — (CP) —		기업규모 : 시가총액 소형주	
홈페이지 : www.hitron.co.kr		연 락 처 : 031)670-9100	
본 사 : 경기도 안성시 삼죽면 서동대로 5953-85			

설 립 일 1986.11.10	종업원수 160명	대표이사 최영덕
상 장 일 1998.11.04	감사의견 적정(한영)	계 열
결 산 기 12월	보 통 주 553만주	종속회사수 2개사
액 면 가 2,500원	우 선 주	구 상 호

주주구성 (지분율,%)		출자관계 (지분율,%)		주요경쟁사 (외형,%)	
한세희	18.8	하이트론	100		
최영덕	15.2	아이디스홀딩스	1,073		
(외국인)	1.0	아이디스	315		

매출구성		비용구성		수출비중	
[씨큐리티]CAMERA	54.3	매출원가율	95.1	수출	47.0
[정보통신]기타	19.3	판관비율	24.3	내수	53.0
[정보통신]SI	12.9				

회사 개요
주력사업으로 보안장비 사업을 25년 이상 영위하고 있으며, 카메라, DVR, 모니터, 컨트롤러 등 보안장비 Full Line-up을 보유하고 있는 종합 씨큐리티 업체. 중고가, 고품질 시장에 주력하였으나, 최근에는 저가시장에도 진출을 추진함. 국내에서는 도시철도, 철만, 교도소 등 관공서가 주요 영업대상이며, 해외의 보안 SI업체들과도 거래관계를 유지하고 있음. 최근 유동성 확보를 위해 서울 수서 소재 토지와 건물을 150억원에 매각함.

실적 분석
동사의 2017년 2분기기준 누적 매출액은 전년동기대비 -8.9% 하락한 177.4억원을 기록하였음. 비용면에서 전년동기대비 매출원가는 크게 감소 하였으며 인건비는 증가 하였고 광고선전비도 증가, 기타판매비와관리비는 감소함. 하락 폭을 줄이기 위해 매출원가 절감 노력을 기울였고 그에 따라 매출액 하락 등에 의해 전년동기대비 영업이익은 -29.4억원으로 적자지속하였음. 최종적으로 전년동기대비 당기순이익은 적자전환하여 -25억원을 기록함.

현금 흐름 〈단위 : 억원〉
항목	2016	2017.2Q
영업활동	-89	-76
투자활동	79	24
재무활동	18	35
순현금흐름	9	-17
기말현금	29	12

시장 대비 수익률

결산 실적 〈단위 : 억원〉
항목	2012	2013	2014	2015	2016	2017
매출액	1,169	968	722	545	411	—
영업이익	-21	-57	-55	-59	-80	—
당기순이익	2	-64	-62	-58	30	—

분기 실적 〈단위 : 억원〉
항목	2016.1Q	2016.2Q	2016.3Q	2016.4Q	2017.1Q	2017.2Q
매출액	89	106	77	140	110	67
영업이익	-20	-38	-23	2	0	-30
당기순이익	-22	79	-25	-2	7	-32

재무 상태 〈단위 : 억원〉
항목	2012	2013	2014	2015	2016	2017.2Q
총자산	877	731	618	548	639	637
유형자산	267	258	246	240	207	202
무형자산	2	2	2	2	2	2
유가증권	9	6	6	6	6	5
총부채	302	229	179	161	197	221
총차입금	8	1	3	31	35	70
자본금	138	138	138	138	138	138
총자본	575	502	439	387	442	415
지배주주지분	575	502	439	387	442	415

기업가치 지표
항목	2012	2013	2014	2015	2016	2017.2Q
주가(최고/저)(천원)	7.7/4.7	10.1/5.1	6.8/4.6	9.0/4.5	12.1/4.9	—/—
PER(최고/저)(배)	182.3/110.9	—/—	—/—	—/—	22.2/8.9	—/—
PBR(최고/저)(배)	0.6/0.4	0.8/0.4	0.6/0.4	0.9/0.5	1.2/0.5	0.6/0.5
EV/EBITDA(배)						
EPS(원)	42	-1,156	-1,124	-1,055	545	-452
BPS(원)	13,106	11,928	10,788	9,841	10,111	9,631
CFPS(원)	379	-832	-842	-805	796	-332
DPS(원)						
EBITDAPS(원)	-57	-713	-708	-810	-1,197	-411

재무 비율 〈단위 : %〉
연도	영업이익률	순이익률	부채비율	차입금비율	ROA	ROE	유보율	자기자본비율	EBITDA마진율
2016	-19.5	7.3	44.6	7.9	5.1	7.3	304.4	69.2	-16.1
2015	-10.8	-10.7	41.7	8.1	-10.0	-14.1	293.7	70.6	-8.2
2014	-7.6	-8.6	40.7	0.8	-9.2	-13.2	331.5	71.1	-5.4
2013	-5.9	-6.6	45.6	0.2	-8.0	-11.9	377.1	68.7	-4.1

하이트진로 (A000080)
HITEJINRO CO

업 종 : 음료		시 장 : 거래소	
신용등급 : (Bond) — (CP) —		기업규모 : 시가총액 중형주	
홈페이지 : www.hitejinro.com		연 락 처 : 02)3219-0114	
본 사 : 서울시 강남구 영동대로 714			

설 립 일 1954.06.15	종업원수 3,045명	대표이사 김인규
상 장 일 2009.10.19	감사의견 적정(한영)	계 열
결 산 기 12월	보 통 주 7,013만주	종속회사수 15개사
액 면 가 5,000원	우 선 주 113만주	구 상 호

주주구성 (지분율,%)		출자관계 (지분율,%)		주요경쟁사 (외형,%)	
하이트진로홀딩스	50.9	JinroInc	100.0	하이트진로	100
국민연금공단	5.0	히이트진로산업	100.0	롯데칠성	125
(외국인)	18.9	하이트진로음료	100.0	무학	14

매출구성		비용구성		수출비중	
[제품]참이슬 등	50.0	매출원가율	56.4	수출	5.0
하이트	27.3	판관비율	37.0	내수	95.0
[상품]참이슬 등 외	8.4				

회사 개요
1924년에 설립된 주류 제조 판매기업으로, 2003년 상장폐지 되었다가 2009년에 유가증권시장에 재상장하였으며, 2011년 9월 하이트-진로간 합병에 의해 하이트진로로became 국내시장 최대의 주류업체가 됨. 소주분야에서는 '참이슬'이 절대적인 시장지배력을 가지고 있으며, 맥주분야는 OB맥주와 국내시장을 양분하고 있음. 위스키, 수입맥주, 와인 부문을 담당하고 있는 하이스코트를 흡수합병하고, 2013년 11월에는 보배를 흡수 합병함.

실적 분석
동사의 2017년 2분기기준 누적 매출액은 전년동기대비 -0.6% 소폭 변동한 9,047.3억원을 기록하였음. 비용면에서 전년동기대비 매출원가는 증가 했으며 인건비도 증가, 광고선전비는 감소 하였고 기타판매비와관리비도 소폭감소함. 그에 따라 매출액 하락 등에 의해 전년동기대비 영업이익은 76억원으로 -86.1% 크게 하락하였음. 최종적으로 전년동기대비 당기순이익은 적자전환하여 -73.3억원을 기록함.

현금 흐름 〈단위 : 억원〉
항목	2016	2017.2Q
영업활동	1,921	548
투자활동	-859	-417
재무활동	-1,098	-743
순현금흐름	1	-628
기말현금	1,585	957

결산 실적 〈단위 : 억원〉
항목	2012	2013	2014	2015	2016	2017
매출액	20,346	18,975	18,723	19,075	18,902	—
영업이익	1,672	1,611	937	1,340	1,240	—
당기순이익	1,035	791	213	534	384	—

분기 실적 〈단위 : 억원〉
항목	2016.1Q	2016.2Q	2016.3Q	2016.4Q	2017.1Q	2017.2Q
매출액	4,093	5,005	4,894	4,910	4,134	4,91
영업이익	272	276	277	415	-274	35
당기순이익	61	101	83	138	-212	13

재무 상태 〈단위 : 억원〉
항목	2012	2013	2014	2015	2016	2017.2Q
총자산	35,187	35,531	34,224	34,605	34,011	32,71
유형자산	21,878	23,380	22,832	22,415	21,036	20,83
무형자산	2,209	2,272	2,222	2,129	2,055	2,02
유가증권	430	251	139	132	171	15
총부채	21,096	21,700	20,944	21,359	21,092	20,52
총차입금	13,626	13,114	11,740	11,220	10,900	10,95
자본금	3,656	3,688	3,688	3,688	3,688	3,68
총자본	14,091	13,831	13,279	13,246	12,919	12,19
지배주주지분	14,086	13,826	13,275	13,241	12,912	12,18

기업가치 지표
항목	2012	2013	2014	2015	2016	2017.2Q
주가(최고/저)(천원)	27.0/16.1	29.4/17.9	23.9/18.0	22.9/19.0	30.2/19.5	—/
PER(최고/저)(배)	22.8/13.7	31.4/19.1	91.2/68.9	33.3/27.7	58.5/37.7	—/
PBR(최고/저)(배)	1.5/0.9	1.7/1.0	1.4/1.0	1.3/1.1	1.6/1.1	1.3/1
EV/EBITDA(배)	11.8	10.0	12.8	10.3	11.0	
EPS(원)	1,465	1,117	297	748	539	-10
BPS(원)	21,685	21,121	19,705	19,657	19,195	18,18
CFPS(원)	3,188	2,831	2,019	2,430	2,204	63
DPS(원)	1,250	1,100	1,000	1,000	900	
EBITDAPS(원)	4,090	3,992	3,037	3,563	3,406	94

재무 비율 〈단위 : %〉
연도	영업이익률	순이익률	부채비율	차입금비율	ROA	ROE	유보율	자기자본비율	EBITD마진율
2016	6.6	2.0	163.3	84.4	1.1	2.9	270.9	38.0	12
2015	7.0	2.8	161.3	84.7	1.6	4.0	279.8	38.3	13
2014	5.0	1.1	157.7	88.4	0.6	1.6	280.7	38.8	11
2013	8.5	4.2	156.9	94.8	2.2	5.7	308.1	38.9	14

하이트진로홀딩스 (A000140)
HITEJINRO HOLDINGS

업 종 : 음료		시 장 : 거래소	
용 등 급 : (Bond) A- (CP) A2-		기 업 규 모 : 시가총액 소형주	
홈 페 이 지 : www.hitejinroholdings.com		연 락 처 : 02)520-3115	
주 소 : 서울시 강남구 영동대로 714 (청담동)			

설 립 일	1933.08.09	종 업 원 수	9명	대 표 이 사	김인규
상 장 일	1973.09.19	감 사 의 견	적정 (한영)	계 열	
결 산 기	12월	보 통 주	2,321만주	종속회사수	17개사
액 면 가	5,000원	우 선 주	47만주	구 상 호	

주주구성 (지분율,%)		출자관계 (지분율,%)		주요경쟁사 (외형,%)	
박문덕	30.3	진로소주	100.0	하이트진로홀딩스	100
서영이앤티	27.7	하이트진로	50.9	롯데칠성	125
(외국인)	5.1	세왕금속공업	21.5	보해양조	6

매출구성		비용구성		수출비중	
[하이트진로(주)]소주 등	51.5	매출원가율	56.2	수출	—
[하이트진로(주)]맥주 등	39.1	판관비율	36.8	내수	열
하이트진로음료(주)]먹는샘물PET 외	3.5				

회사 개요
동사는 1933년 8월 9일에 맥주의 제조, 판매 등을 주 영업목적으로 하여 설립되었으며, 1973년 9월에 한국거래소 유가증권시장에 상장함. 2008년 7월 1일자로 인적분할 방식에 의해 주류사업부문 등을 분할신설법인인 하이트진로주로 포괄이전하면서, 자회사 지주부출을 통한 지주회사 체제로 전환하고 하이트진로 외 16개의 종속기업을 지배. '16년 초에는 재무구조개선을 위해 하이트진로메탄올 지분 매각.

실적 분석
동사의 2017년 연결기준 상반기 매출액은 9,005.9억원으로 전년동기 대비 2.1% 감소함. 영업이익은 77.6% 감소한 134.0억원을 기록하고, 비영업손실은 216.5억원, 금융손실은 305.5억원으로 적자를 지속하며 112.6억원의 당기순손실을 기록. 하이트진로의 맥주부문 매출 부진으로 영업이익이 지속적으로 감소한 것과 회사채 발행으로 인한 이자비용증가로 손익구조가 악화됨.

현금 흐름 〈단위 : 억원〉
항목	2016	2017.2Q
영업활동	1,739	465
투자활동	-89	-405
재무활동	-1,558	-804
순현금흐름	129	-762
기말현금	1,857	1,095

시장 대비 수익률

결산 실적 〈단위 : 억원〉
항목	2012	2013	2014	2015	2016	2017
매출액	20,817	19,429	18,897	19,271	18,954	—
영업이익	1,840	1,679	1,081	1,459	1,329	—
당기순이익	633	-518	-1,011	447	463	—

분기 실적 〈단위 : 억원〉
항목	2016.1Q	2016.2Q	2016.3Q	2016.4Q	2017.1Q	2017.2Q
매출액	4,138	5,058	4,874	4,885	4,113	4,892
영업이익	288	309	313	419	-243	377
당기순이익	3	234	363	-137	-232	120

재무 상태 〈단위 : 억원〉
항목	2012	2013	2014	2015	2016	2017.2Q
총자산	44,436	42,622	40,180	40,688	39,671	38,262
유형자산	23,709	23,354	22,823	22,434	20,974	20,786
무형자산	9,149	8,927	7,798	7,747	7,386	7,381
유가증권	497	333	277	249	261	232
총부채	30,936	30,239	29,238	29,573	27,636	26,725
총차입금	22,378	21,501	19,978	19,404	17,467	17,180
자본금	1,184	1,184	1,184	1,184	1,184	1,184
총자본	13,500	12,383	10,942	11,115	12,035	11,538
지배주주지분	6,977	5,831	4,794	4,953	5,313	5,151

기업가치 지표
항목	2012	2013	2014	2015	2016	2017.2Q
주가(최고/저)(천원)	15.8/7.8	16.8/9.8	13.8/10.2	18.5/11.1	17.0/11.0	—/—
PER(최고/저)(배)	24.8/12.2	—/—	—/—	24.6/14.7	14.6/9.5	0.5/0.4
PBR(최고/저)(배)	0.5/0.3	0.6/0.4	0.6/0.4	0.8/0.5	0.7/0.4	0.5/0.4
EV/EBITDA(배)	10.5	10.4	10.4	12.5	10.3	10.1
EPS(원)	715	-2,393	-4,949	775	1,179	-392
BPS(원)	33,723	28,887	24,522	25,196	26,680	25,995
CFPS(원)	5,787	2,600	70	5,675	6,070	1,992
DPS(원)	350	350	450	200	200	—
EBITDAPS(원)	12,841	12,084	9,584	11,060	10,505	2,951

재무 비율 〈단위 : % 〉
연도	영업이익률	순이익률	부채비율	차입금비율	ROA	ROE	유보율	자기자본비율	EBITDA마진율
2016	7.0	2.4	229.6	145.1	1.2	5.4	433.6	30.3	13.1
2015	7.6	2.3	266.1	174.6	1.1	3.8	403.9	27.3	13.6
2014	5.7	-5.4	267.2	182.6	-2.4	-22.1	390.4	27.2	12.0
2013	8.6	-2.7	244.2	173.6	-1.2	-8.9	477.7	29.1	14.7

하츠 (A066130)
Haatz

업 종 : 건축자재		시 장 : KOSDAQ	
신 용 등 급 : (Bond) — (CP) —		기 업 규 모 : 우량	
홈 페 이 지 : www.haatz.co.kr		연 락 처 : 031)370-7500	
주 소 : 경기도 평택시 진위면 동부대로 202			

설 립 일	1988.10.10	종 업 원 수	207명	대 표 이 사	김성식
상 장 일	2003.02.05	감 사 의 견	적정 (대영)	계 열	
결 산 기	12월	보 통 주	1,280만주	종속회사수	
액 면 가	500원	우 선 주		구 상 호	

주주구성 (지분율,%)		출자관계 (지분율,%)		주요경쟁사 (외형,%)	
벽산	46.3	그린인프라	19.5	하츠	100
한가람투자자문	5.2	인희	11.6	스페코	96
(외국인)	3.9	디지엔스	4.0	원하이텍	73

매출구성		비용구성		수출비중	
후드 제품	43.3	매출원가율	76.5	수출	0.0
환기 공사수익	20.7	판관비율	18.5	내수	100.0
빌트인기기 상품	20.0				

회사 개요
동사는 1988년에 설립되고 2003년에 코스닥 시장에 상장된 레인지후드 및 빌트인기기 제조 판매 업체로 후드업계 1위의 시장점유율을 차지하고 있음. 제품군 중 중견 주방가구사에 주로 납품하는 상고가 레인지후드와 소형 빌트인기기 제품은 시장점유율이 높은 편임. 계열사로는 (주)벽산, (주)벽산페인트, (주)인희, 벽산엘티씨엔터프라이즈(주), 인주로지스(주) 등 5개사가 있으며 연결대상 종속법인은 없음.

실적 분석
동사의 매출형태는 후드 등 제품제조판매분야와, 빌트인기기등 상품판매분야, 환기시스템 공사분야로 구분됨. 동사는 주택공급 확대 영향으로 2017년 반기에 전년 동기 대비 24.4% 증가한 490.4억원의 매출을 시현함. 매출 증가에 따른 원가부담 축소로 영업이익은 전년 동기 11.3억원 대비 증가한 28.8억원을 시현함. 비영업손익에서 1.1억원의 흑자가 발생하여 당기순이익은 23.3억원을 시현, 전년 동기 13.3억원 대비 크게 증가함.

현금 흐름 *IFRS 별도 기준 〈단위 : 억원〉
항목	2016	2017.2Q
영업활동	-10	33
투자활동	-13	34
재무활동	-4	-6
순현금흐름	-27	61
기말현금	132	193

시장 대비 수익률

결산 실적 〈단위 : 억원〉
항목	2012	2013	2014	2015	2016	2017
매출액	714	661	761	816	882	—
영업이익	-24	-1	37	45	44	—
당기순이익	-31	34	40	41		—

분기 실적 *IFRS 별도 기준 〈단위 : 억원〉
항목	2016.1Q	2016.2Q	2016.3Q	2016.4Q	2017.1Q	2017.2Q
매출액	175	220	220	268	234	256
영업이익	1	11	13	20	14	15
당기순이익	2	11	12	16	12	11

재무 상태 *IFRS 별도 기준 〈단위 : 억원〉
항목	2012	2013	2014	2015	2016	2017.2Q
총자산	808	803	823	873	929	955
유형자산	229	226	225	218	223	224
무형자산	27	16	13	8	8	11
유가증권	35	73	24	88	62	55
총부채	113	121	113	130	155	157
총차입금	3	24	1			
자본금	64	64	64	64	64	64
총자본	695	682	710	743	775	798
지배주주지분	695	682	710	743	775	798

기업가치 지표 *IFRS 별도 기준
항목	2012	2013	2014	2015	2016	2017.2Q
주가(최고/저)(천원)	10.7/2.6	4.9/2.0	6.2/3.3	15.6/4.1	6.9/4.9	—/—
PER(최고/저)(배)			23.6/12.5	51.2/13.6	21.6/15.5	—/—
PBR(최고/저)(배)	2.0/0.5	0.9/0.4	1.1/0.6	2.7/0.7	1.1/0.8	1.0/0.8
EV/EBITDA(배)		12.9	5.0	5.7	7.6	
EPS(원)	-239	-84	266	310	320	182
BPS(원)	5,467	5,363	5,578	5,833	6,081	6,264
CFPS(원)	-103	75	442	473	425	228
DPS(원)	30	30	30	30	50	—
EBITDAPS(원)	-52	154	468	513	448	271

재무 비율 〈단위 : % 〉
연도	영업이익률	순이익률	부채비율	차입금비율	ROA	ROE	유보율	자기자본비율	EBITDA마진율
2016	4.9	4.6	20.0		4.5	5.4	1,116.2	83.4	6.5
2015	5.5	4.9	17.5		4.7	5.5	1,066.6	85.1	8.1
2014	4.9	4.5	15.9	0.1	4.2	4.9	1,015.6	86.3	7.9
2013	-0.1	-1.6	17.8	3.6	-1.3	-1.6	972.5	84.9	3.0

한국 (A050540)
HANKOOK

업　　종 : 상업서비스　　　　　　　　시　　장 : KOSDAQ
신용등급 : (Bond) —　　(CP) —　　　기업규모 : 중견
홈페이지 : www.mpc.co.kr　　　　　　연락처 : 02)3401-4114
본　　사 : 서울시 강남구 광평로 280 로즈데일빌딩 9층

설 립 일	1991.07.24	종 업 원 수	4,112명	대 표 이 사	김현경,김용빈(각자대표이사)
상 장 일	2005.12.12	감 사 의 견	적정 (안진)	계 열	
결 산 기	12월	보 통 주	2,812만주	종속회사수	
액 면 가	500원	우 선 주		구 상 호	엠피씨

주주구성 (지분율,%)		출자관계 (지분율,%)		주요경쟁사 (외형,%)	
한국홀딩스(29654)	21.1	한울정보기술	40.0	한국코퍼레이션	100
한국테크놀로지	6.9	유에스에이앤앤어쏘시에이츠	33.3	양지사	34
(외국인)	0.1	유에스케이프로퍼티홀딩스	17.7	KTcs	634

매출구성		비용구성		수출비중	
CRM 서비스	92.4	매출원가율	89.8	수출	0.0
CRM 솔루션	7.0	판관비율	9.4	내수	100.0
ASP	0.5				

회사 개요
1991년 설립된 동사는 컨택센터 기반의 CRM 서비스와 CRM 솔루션 사업을 영위하는 컨택센터 종합서비스 전문기업임. 가장 최근연도 기준 CRM 서비스 부문의 매출은 전체 매출의 약 95.5%를 차지하고 있으며, CRM 솔루션 부문 매출이 4.4%, 기타 사업이 0.1%를 차지함. 2017년 3월 기업 이미지 제고 및 브랜드 가치 향상을 위해 사명을 한국코퍼레이션으로 바꿈.

실적 분석
동사의 2017년 상반기 매출액은 682.6억원으로 전년 동기 대비 1.4% 감소함. 영업이익은 2.1억원으로 전년 대비 74.1% 감소함. 당기순이익은 42.6억원으로 흑자전환함. 컨택센터는 작은 실수가 막대한 기업 이미지 실추와 금전적 손실을 야기할 수 있어 운영 및 관리 노하우와 시스템 안정성 등 높은 기술적 수준이 요구됨. 현재 공공기관과의 추가계약을 준비 중이며 의료기관 컨택센터 등 신규 서비스분야 영역 확대를 준비 중.

현금 흐름 〈단위 : 억원〉

항목	2016	2017.2Q
영업활동	19	—
투자활동	130	—
재무활동	-166	—
순현금흐름	-17	—
기말현금	4	—

시장 대비 수익률

결산 실적 〈단위 : 억원〉

항목	2012	2013	2014	2015	2016	2017
매출액	1,402	1,314	1,388	1,346	1,505	
영업이익	32	20	7	-29	12	
당기순이익	32	-130	3	-109	-202	

분기 실적 〈단위 : 억원〉

항목	2016.1Q	2016.2Q	2016.3Q	2016.4Q	2017.1Q	2017.2Q
매출액	369	367	378	392	—	—
영업이익	4	5	7	-4	—	—
당기순이익	-1	-7	3	-197	—	—

재무 상태 〈단위 : 억원〉

항목	2012	2013	2014	2015	2016	2017.2Q
총자산	783	854	827	882	507	
유형자산	85	256	107	155	67	
무형자산	14	20	21	18	26	
유가증권	62	62	35	78	80	
총부채	256	456	427	556	373	
총차입금	61	226	242	348	146	
자본금	101	101	101	101	103	
총자본	526	399	400	326	134	
지배주주지분	526	399	400	326	134	

기업가치 지표

항목	2012	2013	2014	2015	2016	2017.2Q
주가(최고/저)(천원)	3.7/2.0	2.7/2.0	2.4/1.8	9.0/1.8	6.1/4.2	—/—
PER(최고/저)(배)	23.1/12.6	—/—	150.1/115.9	—/—	—/—	—/—
PBR(최고/저)(배)	1.3/0.7	1.2/0.9	1.1/0.8	5.3/1.1	8.3/5.7	0.0/0.0
EV/EBITDA(배)	10.0	16.0	23.5		34.8	
EPS(원)	159	-641	16	-537	-993	
BPS(원)	2,819	2,190	2,199	1,685	731	
CFPS(원)	267	-546	108	-446	-900	
DPS(원)						
EBITDAPS(원)	268	196	128	-52	152	

재무 비율 〈단위 : % 〉

연도	영업이익률	순이익률	부채비율	차입금비율	ROA	ROE	유보율	자기자본비율	EBITDA마진율
2016	0.8	-13.5	278.6	109.2	-29.1	-88.0	46.1	26.4	2.1
2015	-2.2	-8.1	170.7	106.9	-12.8	-30.0	237.0	36.9	-0.8
2014	0.5	0.2	106.6	60.5	0.4	0.8	339.9	48.4	1.9
2013	1.6	-9.9	114.3	56.7	-15.9	-28.1	338.1	46.7	3.0

한국가구 (A004590)
Hankook Furniture

업　　종 : 내구소비재　　　　　　　　시　　장 : KOSDAQ
신용등급 : (Bond) —　　(CP) —　　　기업규모 : 중견
홈페이지 : www.koreafurniture.com　　연락처 : 02)2600-7000
본　　사 : 서울시 강남구 학동로 120 (논현동, 한국가구)

설 립 일	1966.05.20	종 업 원 수	60명	대 표 이 사	최훈학
상 장 일	1993.06.03	감 사 의 견	적정 (대주)	계 열	
결 산 기	12월	보 통 주	150만주	종속회사수	1개사
액 면 가	1,000원	우 선 주		구 상 호	

주주구성 (지분율,%)		출자관계 (지분율,%)		주요경쟁사 (외형,%)	
최훈학	33.7	제원인터내쇼날	100.0	한국가구	100
최현주	12.0	옥방가기	50.0	코아스	169
(외국인)	0.4	페트라자산운용	18.9	YW	51

매출구성		비용구성		수출비중	
소파	34.6	매출원가율	66.6	수출	0.0
식탁 식탁의자외	31.6	판관비율	20.3	내수	100.0
특판 및 기타 소품 및 주문가구, 임대 외	15.9				

회사 개요
동사는 1966년 설립된 이래 가정용 가구를 중심으로 사무용, 특판용 가구를 제조 및 수입 판매하는 사업을 영위하고 있고, 제과/제빵용 원료를 수입판매하는 제원인터내쇼날을 종속회사로 두고 있음. 국내 가구산업은 70년대 중반이후 건설업계 호황과 생활패턴의 변화로 내수시장 규모가 확대됨 최근 발표된 한국주택가구협동조합 자료에서는 국내 가구 시장 규모를 대략 10조 8000억원으로 추정하고 있음.

실적 분석
동사의 2017년 상반기 매출액은 262.8억원으로 전년 동기에 비해 1.8% 증가함. 반면 매출원가는 166.9억원으로 전년 동기에 비해 1.9%가 감소해 수익성이 좋아짐. 영업이익은 37.4억원으로 전년 동기 30.4억원에 비해 23.2% 증가함. 동사는 가구부문에서 매출 47.1억원, 영업손실 0.2억원을 기록함. 손실이 났으나 전년 동기 영업손실 6.3억원에 비해 수익성 개선됨. 식품부문은 매출 216.4억원, 영업이익 37.6억원임.

현금 흐름 〈단위 : 억원〉

항목	2016	2017.2Q
영업활동	43	24
투자활동	-6	1
재무활동	-10	-9
순현금흐름	27	17
기말현금	138	154

시장 대비 수익률

결산 실적 〈단위 : 억원〉

항목	2012	2013	2014	2015	2016	2017
매출액	391	405	462	482	575	
영업이익	39	35	61	69	75	
당기순이익	34	27	52	60	57	

분기 실적 〈단위 : 억원〉

항목	2016.1Q	2016.2Q	2016.3Q	2016.4Q	2017.1Q	2017.2Q
매출액	124	134	134	183	134	12
영업이익	16	14	16	28	19	1
당기순이익	11	11	11	23	12	1

재무 상태 〈단위 : 억원〉

항목	2012	2013	2014	2015	2016	2017.2Q
총자산	858	828	872	925	997	98
유형자산	351	346	344	340	347	34
무형자산	143	140	139	139	138	13
유가증권	37	22	23	44	35	3
총부채	205	154	151	150	178	14
총차입금	83	42	40	42	45	4
자본금	15	15	15	15	15	1
총자본	653	673	721	774	819	84
지배주주지분	653	673	721	774	819	84

기업가치 지표

항목	2012	2013	2014	2015	2016	2017.2Q
주가(최고/저)(천원)	10.0/7.9	15.1/9.6	25.9/11.6	80.9/19.8	55.5/33.3	—/—
PER(최고/저)(배)	5.2/4.1	9.0/5.7	8.1/3.6	21.0/5.1	14.8/8.9	—/—
PBR(최고/저)(배)	0.3/0.2	0.4/0.2	0.6/0.3	1.6/0.4	1.0/0.6	0.8/0.
EV/EBITDA(배)	3.1	4.5	3.8	8.2	6.6	—
EPS(원)	2,258	1,832	3,456	4,014	3,829	1,94
BPS(원)	43,552	44,877	48,049	51,627	54,607	55,99
CFPS(원)	2,683	2,284	3,915	4,463	4,261	2,17
DPS(원)	650	200	750	850	950	
EBITDAPS(원)	3,045	2,768	4,510	5,083	5,419	2,72

재무 비율 〈단위 : % 〉

연도	영업이익률	순이익률	부채비율	차입금비율	ROA	ROE	유보율	자기자본비율	EBITDA마진율
2016	13.0	10.0	21.8	5.5	6.0	7.2	5,360.7	82.1	14.
2015	14.4	12.5	19.4	5.5	6.7	8.1	5,062.7	83.7	15.
2014	13.2	11.2	20.9	5.5	6.1	7.4	4,704.9	82.7	14.
2013	8.6	6.8	22.9	6.3	3.3	4.1	4,387.7	81.3	10.

한국가스공사 (A036460)
Korea Gas

종　목 : 가스		시　　장 : 거래소	
용 등 급 : (Bond) AAA　(CP) A1		기업 규모 : 시가총액 대형주	
페 이 지 : www.kogas.or.kr		연 락 처 : 053)670-0114	
사 : 대구시 동구 첨단로120 (신서동)			

설 립 일 1983.08.18	종 업 원 수 3,719명	대 표 이 사 안완기
상 장 일 1999.12.15	감 사 의 견 적정 (삼일)	계 　　열
결 산 기 12월	보 통 주 9,231만주	종 속 회 사 수 21개사
액 면 가 5,000원	우 선 주	구 상 호

주주구성 (지분율,%)		출자관계 (지분율,%)		주요경쟁사 (외형,%)	
기획재정부	26.2	한국가스기술공사	100.0	한국가스공사	100
한국전력공사	20.5	케이씨엘엔지테크	50.2	서울가스	6
(외국인)	10.5	코리아엘엔지트레이딩	28.0	삼천리	15

매출구성		비용구성		수출비중	
도시가스 및 발전용 천연가스 등	95.6	매출원가율	93.7	수출	4.0
공사 및 용역 서비스	3.6	판관비율	2.0	내수	96.0
원유,가스	2.2				

회사 개요
동사는 천연가스 도입 및 판매사업부문을 주요사업으로 함. 도매사업자인 한국가스공사는 천연가스 수급운영을 독자적으로 담당하고 있음. 2015년 국내 천연가스 소비량 중 자가소비 목적으로 천연가스를 직접 수입하는 물량을 제외하고는 판매하는 천연가스 물량이 시장점유율 100%를 차지하고 있음. 1987년 천연가스 공급 개시 이후 천연가스 판매는 연평균 10.9%의 증가세를 보이며, 도시가스용 천연가스 판매는 20.6%로 높은 증가세를 보임.

실적 분석
동사의 2017년 상반기 연결기준 누적매출액은 11조7,440억원으로 전년동기 대비 3.9% 증가함. 매출원가율 5.2% 상승하면서 영업이익은 전년동기보다 10.7% 줄어든 7,924.7억원을 기록함. 당기순이익은 2,413.8억원으로 40.4% 감소함. 동사는 공사 및 용역 서비스 부문 신규사업으로 해외 LNG설비 시장 진출 확대 및 국내 정비사업의 활로 개척 등을 추진하고 있음.

현금 흐름 〈단위 : 억원〉

항목	2016	2017.2Q
영업활동	47,693	30,056
투자활동	-20,789	-7,819
재무활동	-23,766	-10,098
순현금흐름	3,455	11,812
기말현금	4,835	16,647

시장 대비 수익률

결산 실적 〈단위 : 억원〉

항목	2012	2013	2014	2015	2016	2017
매출액	350,313	380,627	372,849	260,527	211,081	—
영업이익	12,667	14,882	10,719	10,078	9,176	—
당기순이익	3,620	-2,036	4,472	3,192	-6,736	—

분기 실적 〈단위 : 억원〉

항목	2016.1Q	2016.2Q	2016.3Q	2016.4Q	2017.1Q	2017.2Q
매출액	77,646	35,368	36,282	61,786	77,182	40,258
영업이익	8,941	-64	-1,897	2,197	8,267	-342
당기순이익	5,113	-1,063	-2,979	-7,807	5,001	-2,587

재무 상태 〈단위 : 억원〉

항목	2012	2013	2014	2015	2016	2017.2Q
총자산	406,217	436,664	467,720	423,853	399,278	388,223
유형자산	195,830	224,576	250,321	264,555	260,424	264,170
무형자산	24,066	20,753	22,342	25,209	24,157	22,619
유가증권	834	3,083	4,953	4,259	3,151	3,167
총부채	322,528	347,336	370,476	323,284	305,413	292,793
총차입금	271,606	295,098	311,697	285,143	262,581	254,681
자본금	3,864	4,616	4,616	4,616	4,616	4,616
총자본	83,690	89,328	97,244	100,569	93,865	95,430
지배주주지분	83,783	89,328	97,244	100,569	92,737	94,322

기업가치 지표

항목	2012	2013	2014	2015	2016	2017.2Q
주가(최고/저)(천원)	80.6/33.5	78.5/45.9	70.4/48.6	51.8/35.3	49.3/31.5	—/—
PER(최고/저)(배)	18.3/7.6	—/—	14.7/10.1	15.0/10.3	—/—	—/—
PBR(최고/저)(배)	0.8/0.3	0.8/0.5	0.7/0.5	0.5/0.3	0.5/0.3	0.5/0.4
EV/EBITDA(배)	14.1	13.6	16.0	13.5	11.9	—
EPS(원)	4,550	-2,430	4,845	3,458	-7,302	2,583
BPS(원)	109,734	97,876	106,451	110,053	101,569	103,286
CFPS(원)	18,414	11,157	17,273	18,047	10,216	11,836
DPS(원)	1,640		250	170		—
EBITDAPS(원)	30,059	31,603	24,040	25,507	27,459	17,837

재무 비율 〈단위 : %〉

연도	영업이익률	순이익률	부채비율	차입금비율	ROA	ROE	유보율	자기자본비율	EBITDA마진율
2016	4.4	-3.2	325.4	279.7	-1.6	-7.0	1,931.4	23.5	12.0
2015	3.9	1.2	321.5	283.5	0.7	3.2	2,101.1	23.7	9.0
2014	2.9	1.2	381.0	320.5	1.0	4.8	2,029.0	20.8	6.0
2013	3.9	-0.5	388.3	330.4	-0.5	-2.3	1,857.5	20.5	6.9

한국경제티브이 (A039340)
Korea Business News

업　종 : 미디어		시　　장 : KOSDAQ	
신용 등급 : (Bond) —　(CP) —		기업 규모 : 우량	
홈 페 이 지 : www.wowtv.co.kr		연 락 처 : 02)6676-0000	
사 : 서울시 영등포구 버드나루로 84, 제일빌딩 11층			

설 립 일 1999.08.31	종 업 원 수 195명	대 표 이 사 송재조
상 장 일 2004.07.30	감 사 의 견 적정 (삼일)	계 　　열
결 산 기 12월	보 통 주 2,300만주	종 속 회 사 수 2개사
액 면 가 500원	우 선 주	구 상 호

주주구성 (지분율,%)		출자관계 (지분율,%)		주요경쟁사 (외형,%)	
한국경제신문	37.8	와우에스앤에프	100.0	한국경제TV	100
박영옥	11.8	와우미디어콘텐츠	100.0	투윈글로벌	24
(외국인)	1.8	코리아엔터테인먼트미디어	42.9	iMBC	89

매출구성		비용구성		수출비중	
인터넷수입	44.0	매출원가율	0.0	수출	0.0
광고협찬수입	33.6	판관비율	80.9	내수	100.0
기타부대수입	15.7				

회사 개요
동사는 방송법에 근거 1999년 8월 설립되었으며 2004년 7월 코스닥 시장에 상장함. 2000년 1월부터 인터넷방송을 통하여 증권정보를 장중 8시간 실시간 제공하였고 2000년 9월 케이블 방송 진출, 2001년말 디지털위성방송에 참여함. 이후 2005년 방송통신위원회 데이터방송 DP등록, 2010년 지상파DMB 개국, 2011년부터 티빙Tving 등 N스크린서비스와 IPTV 송출 등 서비스 영역을 확대해함.

실적 분석
동사의 2017년 연결기준 2분기 누적 매출액은 전년동기 396.0억원 대비 18.8% 감소한 321.5억원을 시현하는데 그침. 판관비가 전년동기 대비 14.8% 감소하였음에도 영업이익은 32.5% 감소한 61.4억원을 시현하는데 그침. 직접투자 확대와 박스권 장세로 종목 중요도가 높아지면서 개인투자자의 증권정보 수요가 증가하고 있어 실적 증대가 기대됨. 동사는 최종적으로 전년대비 대비 25.8% 감소한 60.9억원의 당기순이익을 실현함.

현금 흐름 〈단위 : 억원〉

항목	2016	2017.2Q
영업활동	62	46
투자활동	-57	-58
재무활동	-13	-18
순현금흐름	-9	-31
기말현금	53	22

시장 대비 수익률

결산 실적 〈단위 : 억원〉

항목	2012	2013	2014	2015	2016	2017
매출액	661	555	584	722	753	—
영업이익	65	21	51	115	144	—
당기순이익	44	8	23	91	120	—

분기 실적 〈단위 : 억원〉

항목	2016.1Q	2016.2Q	2016.3Q	2016.4Q	2017.1Q	2017.2Q
매출액	195	201	179	178	157	164
영업이익	47	-44	27	26	29	32
당기순이익	45	37	21	17	32	29

재무 상태 〈단위 : 억원〉

항목	2012	2013	2014	2015	2016	2017.2Q
총자산	741	732	795	958	986	1,019
유형자산	51	49	29	22	25	24
무형자산	32	29	11	7	5	6
유가증권	191	149	119	131	103	132
총부채	98	100	155	226	153	137
총차입금	12	5	31			
자본금	115	115	115	115	115	115
총자본	643	632	641	732	832	883
지배주주지분	643	632	641	732	832	883

기업가치 지표

항목	2012	2013	2014	2015	2016	2017.2Q
주가(최고/저)(천원)	2.1/1.5	1.9/1.6	2.8/1.7	4.0/2.0	6.9/2.8	—/—
PER(최고/저)(배)	12.2/8.8	60.9/49.1	29.3/17.9	10.4/5.2	13.4/5.4	—/—
PBR(최고/저)(배)	0.8/0.6	0.7/0.6	1.0/0.6	1.3/0.6	1.9/0.8	1.3/1.0
EV/EBITDA(배)	3.4	7.6	5.8	3.2	3.9	—
EPS(원)	192	34	100	396	524	265
BPS(원)	2,918	2,873	2,909	3,307	3,744	3,961
CFPS(원)	291	145	208	468	576	290
DPS(원)	50	40	50	60	80	—
EBITDAPS(원)	384	204	328	571	678	292

재무 비율 〈단위 : %〉

연도	영업이익률	순이익률	부채비율	차입금비율	ROA	ROE	유보율	자기자본비율	EBITDA마진율
2016	19.1	16.0	18.4	0.0	12.4	15.4	648.8	84.4	20.7
2015	15.9	12.6	30.8	0.0	10.4	13.3	561.4	76.4	18.2
2014	8.7	4.0	24.1	4.8	3.0	3.6	481.9	80.6	12.9
2013	3.9	1.4	15.8	0.8	1.1	1.2	474.6	86.4	8.5

한국공항 (A005430)
KOREA AIRPORT SERVICE COLTD

업 종 : 항공운수		시 장 : 거래소	
신용등급 : (Bond) — (CP) —		기업규모 : 시가총액 소형주	
홈페이지 : www.kas.co.kr		연 락 처 : 02)2660-3114	
본 사 : 서울시 강서구 양천로 13			

설 립 일 1968.02.20	종 업 원 수 3,039명	대 표 이 사 강영식
상 장 일 1976.12.28	감 사 의 견 적정 (안진)	계 열
결 산 기 12월	보 통 주 317만주	종속회사수 1개사
액 면 가 5,000원	우 선 주	구 상 호

주주구성 (지분율,%)		출자관계 (지분율,%)		주요경쟁사 (외형,%)	
대한항공	59.5	에어코리아	100.0	한국공항	100
국민연금공단	4.8	엔투비	3.1	대한항공	2,482
(외국인)	5.6	채널에이	1.5	한진칼	210

매출구성		비용구성		수출비중	
항공기지상 조업 외	77.8	매출원가율	88.8	수출	0.0
항공기용역 외	6.4	판관비율	5.5	내수	100.0
기내용품세탁 외	6.3				

회사 개요
동사는 1968년 2월 20일에 설립되어 1976년 12월 23일에 주식을 상장한 공개법인으로 항공기 지상조업, 항공기 지상조업용 장비 대여 및 항공화물 하역 등의 용역사업, 광업(석회석), 농축산업, 먹는샘물 제조 및 판매업 등을 영위하고 있음. 매출은 항공수보조 81.2%, 제품판매 6.1%, 기타사업 6.6%로 구성됨. 국내 항공운수보조 시장의 약 50%를 점유하고 있음.

실적 분석
동사는 2017년 상반기 연결기준 매출 2,347.1억원을 시현함. 이는 전년 동기 매출액 233.1억원 대비 0.6% 성장한 금액임. 매출이 소폭 상승하고 판매비와 관리비가 7.1% 줄었으나 매출원가는 1.9% 증가한 2,096.1억원을 기록함. 영업이익은 전년도 같은 기간 142억원에서 10.3% 축소된 127.3억원을 시현함. 비영업부문은 적자가 지속됐으나 손실폭은 줄어들, 당기순이익은 5.4% 증가한 103.2억원 시현.

현금 흐름
〈단위 : 억원〉

항목	2016	2017.2Q
영업활동	407	278
투자활동	-236	-141
재무활동	-185	-16
순현금흐름	-14	120
기말현금	198	318

시장 대비 수익률

결산 실적
〈단위 : 억원〉

항목	2012	2013	2014	2015	2016	2017
매출액	4,263	4,217	4,382	4,557	4,726	—
영업이익	187	82	134	154	268	—
당기순이익	14	-115	280	88	174	—

분기 실적
〈단위 : 억원〉

항목	2016.1Q	2016.2Q	2016.3Q	2016.4Q	2017.1Q	2017.2Q
매출액	1,169	1,165	1,227	1,166	1,121	1,226
영업이익	67	75	81	44	36	91
당기순이익	39	59	53	24	18	85

재무 상태
〈단위 : 억원〉

항목	2012	2013	2014	2015	2016	2017.2Q
총자산	3,731	3,719	3,880	3,814	3,734	3,920
유형자산	1,231	1,461	1,503	1,533	1,739	1,747
무형자산	36	37	74	71	50	48
유가증권	1,009	849	501	184	153	193
총부채	1,363	1,281	1,223	1,128	916	989
총차입금	486	442	292	200	39	40
자본금	158	158	158	158	158	158
총자본	2,368	2,437	2,658	2,686	2,818	2,931
지배주주지분	2,368	2,437	2,658	2,686	2,818	2,931

기업가치 지표

항목	2012	2013	2014	2015	2016	2017.2Q
주가(최고/저)(천원)	33.3/24.2	26.7/18.2	43.4/21.6	47.0/26.5	48.7/27.7	—/—
PER(최고/저)(배)	79.8/57.9	—/—	5.1/2.6	17.4/9.8	8.9/5.1	—/—
PBR(최고/저)(배)	0.5/0.4	0.4/0.3	0.5/0.3	0.6/0.3	0.6/0.3	0.5/0.4
EV/EBITDA(배)	2.4	3.5	4.9	1.5	1.9	—/—
EPS(원)	453	-3,618	8,846	2,789	5,507	3,260
BPS(원)	74,898	77,077	84,041	84,923	89,101	92,675
CFPS(원)	5,436	-16	12,794	7,160	10,226	5,840
DPS(원)	500	500	500	500	500	—
EBITDAPS(원)	10,878	6,183	8,191	9,231	13,180	6,601

재무 비율
〈단위 : %〉

연도	영업이익률	순이익률	부채비율	차입금비율	ROA	ROE	유보율	자기자본비율	EBITDA마진율
2016	5.7	3.7	32.5	1.4	4.6	6.3	1,682.0	75.5	8.8
2015	3.4	1.9	42.0	7.4	2.3	3.3	1,598.5	70.4	6.4
2014	3.1	6.4	46.0	11.0	7.4	11.0	1,580.8	68.5	5.9
2013	1.9	-2.7	52.6	18.1	-3.1	-4.8	1,441.5	65.5	4.6

한국기업평가 (A034950)
Korea Ratings

업 종 : 상업서비스		시 장 : KOSDAQ	
신용등급 : (Bond) — (CP) —		기업규모 : 중견	
홈페이지 : www.korearatings.com		연 락 처 : 02)358-5500	
본 사 : 서울시 영등포구 의사당대로 97, 교보증권빌딩 7층			

설 립 일 1983.12.29	종 업 원 수 166명	대 표 이 사 김기범
상 장 일 2002.02.07	감 사 의 견 적정 (안진)	계 열
결 산 기 12월	보 통 주 454만주	종속회사수 2개사
액 면 가 5,000원	우 선 주	구 상 호

주주구성 (지분율,%)		출자관계 (지분율,%)		주요경쟁사 (외형,%)	
Fitch Ratings., Ltd	73.6	이크레더블	64.5	한국기업평가	100
Jacaranda N.V.	5.3	코리아크레딧뷰로	12.4	아이마켓코리아	4,578
(외국인)	84.3			NICE평가정보	465

매출구성		비용구성		수출비중	
신용평가(기타)	62.5	매출원가율	0.0	수출	0.0
사업가치평가(기타)	35.5	판관비율	71.8	내수	100.0
정보사업(기타)	2.0				

회사 개요
동사는 신용평가, 특수평가, 정보사업을 주력으로 하는 신용평가업체로 2007년 세계 3대 신용평가기관인 피치가 최대주주가 됨에 따라 대외신인도 제고 및 글로벌 스탠더드화를 추진함. SOC 시설 등 대형 사업에 대한 프로젝트 파이낸스 분야에서 많은 업무수행경험을 가지고 있음. 금융투자협회(KOFIA)에서 실시한 신용평가기관 평가에서 정량평가 및 정성평가 양 부문 모두 1위를 차지함.

실적 분석
동사의 2017년 2/4분기 연결기준 누적매출액은 484.3억원으로 전년동기 대비 11.8% 증가함. 영업이익은 196.8억원으로 18.6% 증가함. 당기순이익은 154.5억원으로 18.2% 증가함. 지방자치단체의 재정 건전화를 위한 지자체 평가, 지방정부의 특정 사업수익연계 채권, 신용파생상품 및 금리연계채권, 채권형 펀드의 펀드신용도 평가 등 신규 상품 도입이 빠르게 추진될 것으로 보임.

현금 흐름
〈단위 : 억원〉

항목	2016	2017.2Q
영업활동	165	174
투자활동	-65	-36
재무활동	-87	-109
순현금흐름	14	29
기말현금	115	144

시장 대비 수익률

결산 실적
〈단위 : 억원〉

항목	2012	2013	2014	2015	2016	2017
매출액	674	644	614	665	743	—
영업이익	183	163	162	158	209	—
당기순이익	171	143	138	133	169	—

분기 실적
〈단위 : 억원〉

항목	2016.1Q	2016.2Q	2016.3Q	2016.4Q	2017.1Q	2017.2Q
매출액	152	281	160	150	175	31?
영업이익	32	134	37	7	44	15?
당기순이익	28	102	31	7	38	11?

재무 상태
〈단위 : 억원〉

항목	2012	2013	2014	2015	2016	2017.2Q
총자산	1,041	1,058	1,096	1,165	1,227	1,33?
유형자산	37	37	41	48	48	4?
무형자산	34	42	26	28	26	2?
유가증권	69	82	66	75	66	6?
총부채	247	213	218	239	225	29?
총차입금						
자본금	245	245	245	245	245	24?
총자본	794	844	878	926	1,002	1,04?
지배주주지분	709	750	773	811	869	90?

기업가치 지표

항목	2012	2013	2014	2015	2016	2017.2Q
주가(최고/저)(천원)	26.3/14.4	33.7/27.5	37.6/30.8	48.1/33.1	49.0/37.8	—/—
PER(최고/저)(배)	9.8/5.5	14.5/12.1	16.7/13.6	22.1/15.4	17.4/13.5	—/—
PBR(최고/저)(배)	2.0/1.1	2.3/1.9	2.4/2.0	2.8/1.9	2.6/2.0	2.4/2.0
EV/EBITDA(배)	4.2	6.5	6.6	9.3	5.0	—/—
EPS(원)	3,322	2,688	2,544	2,324	2,943	2,67?
BPS(원)	16,121	17,013	17,539	18,365	19,647	20,41?
CFPS(원)	3,498	2,862	2,722	2,558	3,220	2,81?
DPS(원)	2,197	1,778	1,682	1,537	1,947	—
EBITDAPS(원)	4,216	3,758	3,739	3,716	4,886	4,47?

재무 비율
〈단위 : %〉

연도	영업이익률	순이익률	부채비율	차입금비율	ROA	ROE	유보율	자기자본비율	EBITDA마진율
2016	28.2	22.7	22.5	0.0	14.1	15.9	264.8	81.6	29.4
2015	23.8	20.0	25.8	0.0	11.8	13.3	241.0	79.5	25.4
2014	26.4	22.5	24.8	0.0	12.8	15.2	225.7	80.1	27.2
2013	25.3	22.2	25.3	0.0	14.1	17.7	215.9	79.8	26.5

한국내화 (A010040)
Korea Refractories

업 종 : 금속 및 광물		시 장 : 거래소	
신용등급 : (Bond) — (CP) —		기업규모 : 시가총액 소형주	
홈 페 이 지 : www.fskrc.co.kr		연 락 처 : 041)359-2200	
본 사 : 충남 당진시 송산면 무수들길 370			

설 립 일	1976.03.13	종 업 원 수	614명	대 표 이 사	김상배,김용민(각자대표)
상 장 일	2000.10.16	감 사 의 견	적정(삼정)	계	열
결 산 기	12월	보 통 주	2,286만주	종 속 회 사 수	
액 면 가	500원	우 선 주		구 상 호	

주주구성 (지분율,%)		출자관계 (지분율,%)		주요경쟁사 (외형,%)	
김근수	21.7	케이앤엑스	50.0	한국내화	100
후성에이치디에스	18.7	일광이앤씨	28.0	서원	96
(외국인)	1.1	영구신동내화재료유한공사	24.0	일진다이아	42

매출구성		비용구성		수출비중	
내화물(정형,부정형)	55.6	매출원가율	88.7	수출	0.0
산업로 및 고로	25.0	판관비율	7.6	내수	100.0
알루미늄합금 및 탈산제	19.4				

회사 개요
동사는 1973년에 설립된 종합내화물 회사임. 내화물은 고온에서 연화(軟化)가 안되고 고온,고열에 견뎌내는 물질로서 1300℃이상의 열처리를 하는 모든 공업에 사용되는 세라믹스로 현대제철을 포함한 현대 계열회사를 거래처로 하고 있음. 내화물 시장은 과점으로 포스코엠텍과 조선내화와 포스코에, 동사가 현대제철에 주로 납품하는 구조임. 내화물 시장에서 동사의 점유율은 2016년 기준으로 11.7%임.

실적 분석
동사는 2017년 상반기 누적 매출액이 1,330.9억원으로 전년 동기에 비해 12% 증가했고, 영업이익은 65.6억원으로 전년 동기 대비 52.4% 증가함. 동사는 내화물사업부와 산업로 및 고로의 설계 및 시공, 정비 등을 맡는 건설사업부의 실적이 개선되면서 매출이 늘었고, 주요 원재료값의 상승에도 생산 효율화로 매출원가의 인상폭을 제한함. 매출증가와 판매관리비 인상율이 매출증가보다 하회해 수익성이 개선됨.

현금 흐름 *IFRS 별도 기준 〈단위 : 억원〉

항목	2016	2017.2Q
영업활동	81	-106
투자활동	-52	27
재무활동	-25	87
순현금흐름	4	8
기말현금	6	14

시장 대비 수익률

결산 실적 〈단위 : 억원〉

항목	2012	2013	2014	2015	2016	2017
매출액	2,523	2,671	2,628	2,676	2,584	—
영업이익	146	164	137	74	96	—
당기순이익	108	71	72	57	57	—

분기 실적 *IFRS 별도 기준 〈단위 : 억원〉

항목	2016.1Q	2016.2Q	2016.3Q	2016.4Q	2017.1Q	2017.2Q
매출액	593	595	672	724	673	658
영업이익	15	28	34	19	24	42
당기순이익	7	15	16	20	14	79

재무 상태 *IFRS 별도 기준 〈단위 : 억원〉

항목	2012	2013	2014	2015	2016	2017.2Q
총자산	1,851	1,974	1,984	2,012	2,056	2,233
유형자산	798	880	866	858	808	784
무형자산	18	13	11	10	10	10
유가증권	5	66	72	113	105	105
총부채	923	1,008	991	998	976	1,044
총차입금	465	556	471	430	415	507
자본금	114	114	114	114	114	114
총자본	928	967	993	1,015	1,080	1,189
지배주주지분	928	967	993	1,015	1,080	1,189

기업가치 지표 *IFRS 별도 기준

항목	2012	2013	2014	2015	2016	2017.2Q
주가(최고/저)(천원)	3.8/2.8	3.9/3.0	4.8/2.9	4.7/2.9	3.5/2.7	—/—
PER(최고/저)(배)	7.5/5.4	13.1/10.1	16.1/9.8	21.2/13.0	14.0/10.8	0.6/0.5
PBR(최고/저)(배)	1.0/0.7	0.9/0.7	1.1/0.7	1.0/0.6	0.7/0.5	0.6/0.5
EV/EBITDA(배)	6.0	6.2	6.1	8.4	6.9	—/—
EPS(원)	548	311	313	227	251	404
BPS(원)	4,330	4,499	4,615	4,708	4,996	5,471
CFPS(원)	806	553	577	494	519	534
DPS(원)	50	50	50	50	25	417
EBITDAPS(원)	998	958	864	593	688	

재무 비율 〈단위 : % 〉

연도	영업이익률	순이익률	부채비율	차입금비율	ROA	ROE	유보율	자기자본비율	EBITDA마진율
2016	3.7	2.2	90.3	38.4	2.8	5.5	899.1	52.6	6.1
2015	2.8	1.9	98.4	42.4	2.6	5.2	841.6	50.4	5.1
2014	5.2	2.7	99.8	47.4	3.6	7.3	822.9	50.1	7.5
2013	6.1	2.7	104.2	57.5	3.7	7.5	799.9	49.0	8.2

한국단자공업 (A025540)
Korea Electric Terminal

업 종 : 자동차부품		시 장 : 거래소	
신용등급 : (Bond) — (CP) —		기업규모 : 시가총액 중형주	
홈 페 이 지 : www.ket.com		연 락 처 : 032)814-9981	
본 사 : 인천시 연수구 갯벌로 38(송도동)			

설 립 일	1973.04.20	종 업 원 수	1,203명	대 표 이 사	이창원
상 장 일	1996.10.16	감 사 의 견	적정(삼정)	계	열
결 산 기	12월	보 통 주	1,042만주	종 속 회 사 수	6개사
액 면 가	500원	우 선 주		구 상 호	

주주구성 (지분율,%)		출자관계 (지분율,%)		주요경쟁사 (외형,%)	
국민연금공단	12.9	케이티솔루션	100.0	한국단자	100
이창원	12.8	경원산업	100.0	현대모비스	5,357
(외국인)	22.7	경원전자	100.0	한온시스템	799

매출구성		비용구성		수출비중	
[자동차]커넥터	55.1	매출원가율	79.9	수출	27.0
[자동차]자동차용 기타	16.1	판관비율	7.5	내수	73.0
[전 자]커넥터	10.4				

회사 개요
동사는 자동차, 전자 및 전기, 전장모듈 및 무선모듈 등의 제조에 사용되는 커넥터와 자동차 부품, 전장모듈부품 및 무선모듈부품, LED 부품 등을 제조, 판매하는 사업은 영위함. 7개의 계열회사를 보유하고 있으며, '케이티인터내쇼날', '경원전자' 등 총 6개의 연결대상 종속회사를 보유하고 있음. 동사가 생산하는 커넥터는 자동차 완성품 업체인 현대자동차, 기아자동차 등의 1차 전장업체와 가전 업체인 삼성전자, LG전자 등에 납품하고 있음.

실적 분석
자동차용 커넥터와 고부가가치 부품의 판매비중이 확대되면서 동사의 2017년 상반기 매출액은 전년동기 대비 8.4% 증가. 외형확대에도 철강 부담이 늘면서 영업이익은 전년 동기 대비 5.3% 감소한 419.5억원을 시현. 수출부문에서의 고성장에 반해 내수부문에서는 역 성장을 보여 성장률이 둔화된 모습. 중국과 북미 등 지역에서 전기차·하이브리드 자동차에 사용되는 커넥터의 수요가 증가하고 있어 실적 성장이 기대됨.

현금 흐름 〈단위 : 억원〉

항목	2016	2017.2Q
영업활동	1,489	103
투자활동	-1,067	-479
재무활동	-130	-62
순현금흐름	290	-446
기말현금	678	232

시장 대비 수익률

결산 실적 〈단위 : 억원〉

항목	2012	2013	2014	2015	2016	2017
매출액	4,829	5,660	6,045	6,613	7,142	—
영업이익	471	525	684	827	904	—
당기순이익	299	430	575	689	672	—

분기 실적 〈단위 : 억원〉

항목	2016.1Q	2016.2Q	2016.3Q	2016.4Q	2017.1Q	2017.2Q
매출액	1,751	1,725	1,684	1,983	1,929	1,841
영업이익	230	212	214	247	222	198
당기순이익	171	168	147	186	153	170

재무 상태 〈단위 : 억원〉

항목	2012	2013	2014	2015	2016	2017.2Q
총자산	4,985	5,721	6,467	7,039	8,218	8,313
유형자산	2,276	2,615	3,091	3,235	3,267	3,447
무형자산	103	101	150	173	137	132
유가증권	452	772	841	818	1,380	1,077
총부채	1,028	1,338	1,477	1,442	2,074	1,828
총차입금	74	67	92	94	34	18
자본금	52	52	52	52	52	52
총자본	3,957	4,383	4,990	5,596	6,144	6,485
지배주주지분	3,957	4,383	4,990	5,596	6,144	6,485

기업가치 지표

항목	2012	2013	2014	2015	2016	2017.2Q
주가(최고/저)(천원)	28.2/19.2	42.3/26.3	66.6/37.3	111/57.0	101/68.5	—/—
PER(최고/저)(배)	10.3/7.0	10.6/6.6	12.3/6.9	17.0/8.8	15.8/10.7	—/—
PBR(최고/저)(배)	0.8/0.5	1.0/0.7	1.4/0.8	2.1/1.1	1.7/1.2	1.2/1.1
EV/EBITDA(배)	3.3	4.2	6.2	7.5	4.9	—/—
EPS(원)	2,872	4,130	5,525	6,614	6,452	3,101
BPS(원)	37,995	42,081	47,909	53,734	58,993	62,266
CFPS(원)	5,575	7,248	8,937	10,603	10,550	5,368
DPS(원)	300	350	450	600	700	
EBITDAPS(원)	7,229	8,161	9,976	11,926	12,778	6,294

재무 비율 〈단위 : % 〉

연도	영업이익률	순이익률	부채비율	차입금비율	ROA	ROE	유보율	자기자본비율	EBITDA마진율
2016	12.7	9.4	33.8	0.6	8.8	11.5	11,698.5	74.8	18.6
2015	12.5	10.4	25.8	1.7	10.2	13.0	10,646.8	79.5	18.8
2014	11.3	9.5	29.6	1.8	9.4	12.3	9,481.8	77.2	17.2
2013	9.3	7.6	30.5	1.5	8.0	10.3	8,316.3	76.6	15.0

한국맥널티 (A222980)
Mcnulty Korea

업 종 : 식료품		시 장 : KOSDAQ	
신용등급 : (Bond) — (CP) —		기업규모 : 벤처	
홈페이지 : www.mcnultykorea.co.kr		연 락 처 : 041)582-0233	
본 사 : 충남 천안시 서북구 성환읍 연암율금로 42			

설 립 일	1997.12.19	종 업 원 수	148명	대 표 이 사	이은정
상 장 일	2015.12.23	감 사 의 견	적정 (삼덕)	계 열	
결 산 기	12월	보 통 주	498만주	종속회사수	
액 면 가	500원	우 선 주		구 상 호	

주주구성 (지분율,%)		출자관계 (지분율,%)		주요경쟁사 (외형,%)	
이은정	35.2	SHANDONG MCNULTY TRADING CO.,LTD	100.0	한국맥널티	100
고한준	33.6			뉴트리바이오텍	372
(외국인)	0.6			코스맥스비티아이	821

매출구성		비용구성		수출비중	
제품(커피)	73.5	매출원가율	67.8	수출	—
제품(제약)	22.9	판관비율	20.8	내수	—
기타(제약)	2.8				

회사 개요
동사는 1997년 12월 19일에 설립되어 커피 제조 및 가공, 제약사업을 영위하고 있으며 현재 국내 원두커피 시장점유율 1위 업체임. 2006년 제약사업을 출범하며 사업을 확장하였고, 2014년 10월 1일로 커피 및 제약 사업을 영위할 존속법인인 한국맥널티와 부동산 임대사업부문을 영위할 신설법인인 맥널티에 셋으로 분할하였음. 동사의 매출구성은 커피매출 74%, 제약매출 26%임.

실적 분석
동사의 2017년 연결기준 상반기 매출액은 167.7억원으로 전년동기 대비 5.6% 증가함. 이는 제품군 및 거래선 다변화의 영향임. 매출원가 및 판관비의 증가로 영업이익은 13.7억원으로 전년동기 대비 33.1% 감소함. 동사는 오랫동안 축적된 노하우에 극저온 초미세 공법이 더해진 커피 사업은 새로운 라인업이 지속적으로 구축되며 꾸준한 실적 성장세를 유지할 것으로 전망함.

현금 흐름 〈단위 : 억원〉

항목	2016	2017.2Q
영업활동	35	17
투자활동	-89	-23
재무활동	-2	2
순현금흐름	-55	-6
기말현금	76	70

시장 대비 수익률

결산 실적 〈단위 : 억원〉

항목	2012	2013	2014	2015	2016	2017
매출액	152	155	197	271	325	—
영업이익	12	18	6	28	37	—
당기순이익	12	10	56	23	27	—

분기 실적 〈단위 : 억원〉

항목	2016.1Q	2016.2Q	2016.3Q	2016.4Q	2017.1Q	2017.2Q
매출액	82	76	80	86	85	82
영업이익	9	12	5	12	9	5
당기순이익	7	4	4	12	7	4

재무 상태 〈단위 : 억원〉

항목	2012	2013	2014	2015	2016	2017.2Q
총자산	200	256	224	352	378	395
유형자산	119	171	106	120	164	176
무형자산	0	0	0	1	1	2
유가증권	—	—	—	—	—	—
총부채	118	164	124	97	102	115
총차입금	48	87	76	49	52	60
자본금	10	10	8	25	25	25
총자본	82	92	100	255	276	279
지배주주지분	82	92	100	255	276	279

기업가치 지표

항목	2012	2013	2014	2015	2016	2017.2Q
주가 (최고/저)(천원)	—/—	—/—	—/—	13.5/11.9	26.7/12.4	—/—
PER (최고/저)(배)	0.0/0.0	0.0/0.0	0.0/0.0	21.0/18.7	48.7/22.7	—/—
PBR (최고/저)(배)	0.0/0.0	0.0/0.0	0.0/0.0	2.7/2.4	4.8/2.3	2.8/2.2
EV/EBITDA(배)	0.7	1.9	1.7	14.1	11.9	—
EPS(원)	258	216	1,328	650	552	224
BPS(원)	41,134	46,002	66,470	5,124	5,553	5,616
CFPS(원)	9,331	8,907	39,443	1,006	829	377
DPS(원)				100	130	
EBITDAPS(원)	9,383	12,877	12,616	1,129	1,023	429

재무 비율 〈단위 : %〉

연도	영업이익률	순이익률	부채비율	차입금비율	ROA	ROE	유보율	자기자본비율	EBITDA마진율
2016	11.4	8.5	36.8	18.8	7.5	10.3	1,010.5	73.1	15.7
2015	10.2	8.6	38.2	19.1	8.1	13.1	924.9	72.4	14.9
2014	2.9	28.4	124.5	75.8	—	—	1,229.4	44.6	12.0
2013	11.4	6.3	178.4	94.2	4.3	11.2	820.0	35.9	16.6

한국비엔씨 (A226610)
BNC Korea

업 종 : 제약		시 장 : KONEX	
신용등급 : (Bond) — (CP) —		기업규모 : 벤처	
홈페이지 : www.bnckorea.co.kr		연 락 처 : (070)7116-0059	
본 사 : 대구시 달서구 성서공단로11길 62, 대구테크노파크 벤처공장1호관 405호			

설 립 일	2007.08.01	종 업 원 수	73명	대 표 이 사	최완규
상 장 일	2015.12.18	감 사 의 견	적정 (바른)	계 열	
결 산 기	12월	보 통 주		종속회사수	
액 면 가		우 선 주		구 상 호	

주주구성 (지분율,%)		출자관계 (지분율,%)		주요경쟁사 (외형,%)	
최완규	36.9			한국비엔씨	100
2010 KIF·프리미어 투자조합	5.3			이-글 벳	232
				삼일제약	777

매출구성		비용구성		수출비중	
HA필러 군(제품)	62.9	매출원가율	37.6	수출	28.0
유착방지제 군(제품)	20.3	판관비율	51.9	내수	72.0
콜라겐창상피복재 군(제품)	15.4				

회사 개요
동사는 더말필러(Dermal Filler), 창상피복재 등을 개발, 생산하는 의료기기제조업체로 2007년 8월 설립되었으며 2015년 12월 코넥스시장에 상장됨. 동사의 주요 제품으로는 히알루론산을 이용한 HA필러인 '큐젤', 유착방지제 '하이배리', 콜라겐을 이용한 콜라겐흡수성 창상피복재 '젠티큐'가 있음. 2016년 매출 비중은 필러군 62.9%, 창상피복재군 20.3%임. 2016년 수출 금액은 34.6억원으로 매출 비중은 27.8%임.

실적 분석
동사의 2016년 매출액은 124.5억원으로 내수 비중은 72.2%임. 매출원가는 46.8억원을 기록하여매출총이익 77.7억원을 시현함. 매출총이익률은 62.4%임. 인건비 23.8억원 등 판매비와관리비는 64.6억원으로 매출액 대비 51.9%임. 그 결과 영업이익률 10.5%를 달성함. 비영업손익의 적자로 당기순이익은 5.1억원에 그침.

현금 흐름 *IFRS 별도 기준 〈단위 : 억원〉

항목	2016	2017.2Q
영업활동	12	—
투자활동	-44	—
재무활동	21	—
순현금흐름	-11	—
기말현금	53	—

시장 대비 수익률

결산 실적 〈단위 : 억원〉

항목	2012	2013	2014	2015	2016	2017
매출액	23	43	63	106	124	—
영업이익	3	9	13	15	13	—
당기순이익	3	9	12	14	5	—

분기 실적 *IFRS 별도 기준 〈단위 : 억원〉

항목	2016.1Q	2016.2Q	2016.3Q	2016.4Q	2017.1Q	2017.2Q
매출액						
영업이익						
당기순이익						

재무 상태 *IFRS 별도 기준 〈단위 : 억원〉

항목	2012	2013	2014	2015	2016	2017.2Q
총자산	40	44	79	163	205	—
유형자산	6	7	10	16	55	—
무형자산	11	7	7	7	7	—
유가증권	—	—	—	—	—	—
총부채	23	19	31	35	125	—
총차입금	6	8	23	18	104	—
자본금	13	13	14	34	29	—
총자본	17	26	48	128	79	—
지배주주지분	17	26	48	128	79	—

기업가치 지표 *IFRS 별도 기준

항목	2012	2013	2014	2015	2016	2017.2Q
주가 (최고/저)(천원)	—/—	—/—	—/—	—/—	—/—	—/—
PER (최고/저)(배)	0.0/0.0	0.0/0.0	0.0/0.0	36.6/28.8	186.8/98.1	—/—
PBR (최고/저)(배)	0.0/0.0	0.0/0.0	0.0/0.0	5.0/3.9	12.1/6.4	0.0/0.0
EV/EBITDA(배)	0.4	0.4	1.1	17.7	25.9	—
EPS(원)	65	168	226	257	75	—
BPS(원)	638	957	1,712	1,880	1,166	—
CFPS(원)	236	462	584	369	181	—
DPS(원)						
EBITDAPS(원)	236	495	618	392	298	—

재무 비율 〈단위 : %〉

연도	영업이익률	순이익률	부채비율	차입금비율	ROA	ROE	유보율	자기자본비율	EBITDA마진율
2016	10.5	4.1	158.4	131.8	2.8	5.0	174.9	38.7	16.3
2015	14.5	13.3	27.4	14.4	11.7	16.2	276.0	78.5	20.3
2014	19.7	18.3	66.0	48.7	18.8	31.7	242.4	60.3	26.6
2013	21.8	19.7	73.3	30.5	20.2	40.0	91.4	57.7	30.6

한국석유공업 (A004090)
Korea Petroleum Industrial

종 목 : 건축소재			시 장 : 거래소	
신용등급 : (Bond) — (CP) —			기업규모 : 시가총액 소형주	
홈 페 이 지 : www.koreapetroleum.com			연 락 처 : 02)799-3114	
본 사 : 서울시 용산구 이촌로 166				

설 립 일	1964.12.11	종 업 원 수	164명	대 표 이 사	강승모,김병집(각자대표이사)
상 장 일	1977.06.25	감사의견	적정(도원)	계 열	
결 산 기	12월	보 통 주	66만주	종속회사수	12개사
액 면 가	5,000원	우 선 주		구 상 호	

주주구성 (지분율,%)		출자관계 (지분율,%)		주요경쟁사 (외형,%)	
강승모	32.3	케이피한석유화	100.0	한국석유	100
권신정	6.5	케이피한석화학	100.0	보광산업	12
(외국인)	0.8	극동씨엠씨	100.0	일신석재	10

매출구성		비용구성		수출비중	
아스팔트-상품	31.4	매출원가율	85.8	수출	18.0
케미칼-상품	29.9	판관비율	10.0	내수	82.0
합성수지-상품	19.3				

회사 개요
동사는 아스팔트 가공 및 판매 등을 영위할 목적으로 1964년 설립되었으며, 2003년부터 아스콘 제조 및 판매업을 사업 목적에 추가하여 사업 다각화를 위해 노력하고 있음. 케이피한석유화, 케이피한석화학 등 11개의 종속회사를 보유하고 있음. 2016년 기준 블론아스팔트 부문에서 70%, 솔벤트 부문에서 11%의 시장 점유율을 기록하고 있음. 동사의 제품은 건설경기 및 계절적 경기변화 등에 따라 등락하는 특성이 있음.

실적 분석
동사의 2017년 2분기기준 누적 매출액은 전년동기대비 8.8% 상승한 2,079.5억원을 기록함. 비용면에서 전년동기대비 매출원가는 증가 했으며 인건비도 증가, 광고선전비는 크게 감소 하였고 기타판매비와관리비도 마찬가지로 감소함. 그에 따라 매출액 하락 등에 의해 전년동기대비 영업이익은 62.8억원으로 -26.4% 크게 하락하였음. 그러나 비영업손익의 크게 상승으로 전년동기대비 당기순이익은 72.9억원을 기록함.

현금 흐름 〈단위 : 억원〉

항목	2016	2017.2Q
영업활동	52	45
투자활동	-49	-119
재무활동	-15	108
순현금흐름	-8	31
기말현금	72	103

시장 대비 수익률

결산 실적 〈단위 : 억원〉

항목	2012	2013	2014	2015	2016	2017
매출액	3,693	3,988	3,793	3,888	4,027	—
영업이익	77	109	104	182	169	—
당기순이익	38	77	67	145	118	—

분기 실적 〈단위 : 억원〉

항목	2016.1Q	2016.2Q	2016.3Q	2016.4Q	2017.1Q	2017.2Q
매출액	879	1,033	988	1,126	962	1,118
영업이익	22	64	40	43	25	38
당기순이익	16	50	21	32	22	51

재무 상태 〈단위 : 억원〉

항목	2012	2013	2014	2015	2016	2017.2Q
총자산	2,159	2,300	2,310	2,402	2,622	2,833
유형자산	1,157	1,125	1,127	1,143	1,290	1,333
무형자산	36	34	36	58	53	118
유가증권	32	40	47	36	27	19
총부채	1,120	1,189	1,138	1,110	1,232	1,385
총차입금	714	618	601	520	637	751
자본금	33	33	33	33	33	33
총자본	1,038	1,111	1,172	1,292	1,390	1,448
지배주주지분	1,038	1,110	1,172	1,293	1,393	1,450

기업가치 지표

항목	2012	2013	2014	2015	2016	2017.2Q
주가(최고/저)(천원)	36.0/25.8	47.7/29.7	81.3/45.3	119/64.8	137/91.2	—/—
PER(최고/저)(배)	6.7/4.8	4.3/2.7	8.3/4.6	5.4/3.0	7.6/5.1	—/—
PBR(최고/저)(배)	0.3/0.2	0.3/0.2	0.5/0.3	0.6/0.3	0.7/0.4	0.5/0.5
EV/EBITDA(배)	9.3	7.0	7.9	5.3	6.2	—/—
EPS(원)	5,830	11,732	10,191	22,504	18,277	10,937
BPS(원)	158,371	169,465	178,801	197,369	212,575	221,263
CFPS(원)	8,703	14,817	13,608	26,159	22,999	13,529
DPS(원)	750	1,000	1,000	1,300	1,500	—
EBITDAPS(원)	14,569	19,667	19,225	31,364	30,496	12,180

재무 비율 〈단위 : % 〉

연도	영업이익률	순이익률	부채비율	차입금비율	ROA	ROE	유보율	자기자본비율	EBITDA마진율
2016	4.2	2.9	88.7	45.8	4.7	8.9	4,151.5	53.0	5.0
2015	4.7	3.7	85.9	40.3	6.2	12.0	3,847.4	53.8	5.3
2014	2.7	1.8	97.1	51.3	2.9	5.9	3,476.0	50.7	3.3
2013	2.7	1.9	107.0	55.6	3.5	7.2	3,289.3	48.3	3.2

한국선재 (A025550)
Hankuk Steel Wire

업 종 : 금속 및 광물			시 장 : KOSDAQ	
신용등급 : (Bond) — (CP) —			기업규모 : 우량	
홈 페 이 지 : www.ehansun.co.kr			연 락 처 : 051)200-4400	
본 사 : 부산시 사하구 하신번영로 27				

설 립 일	1990.07.01	종 업 원 수	184명	대 표 이 사	이명호,이계훈(각자대표)
상 장 일	1995.06.19	감사의견	적정(안정)	계 열	
결 산 기	12월	보 통 주	2,452만주	종속회사수	1개사
액 면 가	500원	우 선 주		구 상 호	

주주구성 (지분율,%)		출자관계 (지분율,%)		주요경쟁사 (외형,%)	
이계훈	26.1	한선엔지니어링	93.2	한국선재	100
금제	5.6	금제	30.0	황금에스티	147
(외국인)	0.9			GMR 머티리얼즈	44

매출구성		비용구성		수출비중	
(1차 철강산업)상품	60.3	매출원가율	85.9	수출	13.0
(1차 철강산업)아연도금철선등	21.4	판관비율	9.7	내수	87.0
(1차 철강산업)스테인리스강선	10.4				

회사 개요
동사는 선재류(아연도금철선, 스테인리스강선) 제조가공 및 판매를 영위할 목적으로 1990년에 설립된. 동사는 실적자료를 바탕으로 한 국내 시장점유율이 아연도금철선 부문 1위, 스테인리스강선 4위, 철강재 부문 5위의 지위를 유지하고 있음. 동사는 종속회사로 튜브피팅 및 밸브 생산,판매하는 한선엔지니어링과 화물운송알선 사업을 영위하는 금제를 두고 있음. 종속회사 한선엔지니어링은 2017년 6월 27일에 전환사채 30억원을 발행함.

실적 분석
동사는 2017년 2분기 누적 매출액이 817.6억원으로 전년 동기 대비 20.8% 증가했고, 영업이익은 33.0억원으로 전년 동기에 비해 25.3% 감소했음. 동사는 원재료인 연강강선재, 스테인리스 선재의 가격이 오르며 매출원가가 매출보다 높은 증가율을 기록했으며 국산 아연도금철선의 수입량 증가 등으로 경쟁이 격화돼 높아진 원가를 제품가격에 충분히 반영하지 못함. 판매관리비 역시 증가하며 수익성이 악화됨.

현금 흐름 〈단위 : 억원〉

항목	2016	2017.2Q
영업활동	34	-40
투자활동	-224	-30
재무활동	147	28
순현금흐름	-42	-42
기말현금	67	26

시장 대비 수익률

결산 실적 〈단위 : 억원〉

항목	2012	2013	2014	2015	2016	2017
매출액	2,047	1,692	1,555	1,422	1,534	—
영업이익	58	45	57	28	67	—
당기순이익	55	36	28	49	25	—

분기 실적 〈단위 : 억원〉

항목	2016.1Q	2016.2Q	2016.3Q	2016.4Q	2017.1Q	2017.2Q
매출액	307	370	382	475	383	435
영업이익	10	34	8	15	23	10
당기순이익	4	4	2	-3	17	3

재무 상태 〈단위 : 억원〉

항목	2012	2013	2014	2015	2016	2017.2Q
총자산	1,651	1,587	1,564	1,508	1,664	1,781
유형자산	675	630	626	642	662	680
무형자산	4	8	5	4	3	4
유가증권	1	0	0	52	50	55
총부채	947	839	787	685	844	959
총차입금	720	675	655	559	722	789
자본금	120	123	123	123	123	123
총자본	704	748	776	823	820	822
지배주주지분	704	748	776	820	820	818

기업가치 지표

항목	2012	2013	2014	2015	2016	2017.2Q
주가(최고/저)(천원)	3.5/1.9	2.2/1.7	2.0/1.5	4.3/1.6	5.7/2.9	—/—
PER(최고/저)(배)	16.8/9.3	16.5/12.5	19.1/14.9	22.1/8.5	57.5/29.1	—/—
PBR(최고/저)(배)	1.3/0.7	0.8/0.6	0.7/0.5	1.3/0.5	1.7/0.9	1.1/0.9
EV/EBITDA(배)	14.2	14.4	11.8	29.1	15.6	—/—
EPS(원)	230	149	115	201	102	81
BPS(원)	3,043	3,164	3,280	3,468	3,437	3,429
CFPS(원)	341	257	210	302	210	140
DPS(원)			100	100	100	—
EBITDAPS(원)	354	293	326	216	383	194

재무 비율 〈단위 : % 〉

연도	영업이익률	순이익률	부채비율	차입금비율	ROA	ROE	유보율	자기자본비율	EBITDA마진율
2016	4.4	1.6	103.0	88.1	1.6	3.0	587.4	49.3	6.1
2015	2.0	3.5	83.3	68.0	3.1	6.2	593.6	54.6	3.7
2014	3.6	1.8	101.4	84.4	1.8	3.7	555.9	49.7	5.1
2013	2.7	2.1	112.1	90.3	2.2	5.0	532.7	47.1	4.2

한국수출포장공업 (A002200)
Korea Export Packaging Ind

업 종 : 용기 및 포장		시 장 : 거래소	
신용등급 : (Bond) — (CP) —		기업규모 : 시가총액 소형주	
홈페이지 : www.keppack.co.kr		연락처 : 02)525-2981	
본 사 : 서울시 서초구 서초중앙로63 리더스빌딩 4층			

설 립 일 1957.11.21	종업원수 316명	대표이사 허용삼,허정훈(각자대표이사)
상 장 일 1974.06.28	감사의견 적정 (대주)	계 열
결 산 기 12월	보 통 주 400만주	종속회사수 1개사
액 면 가 5,000원	우 선 주	구 상 호

주주구성 (지분율,%)		출자관계 (지분율,%)		주요경쟁사 (외형,%)	
허정훈	35.9	한수팩	100.0	수출포장	100
신영자산운용	6.5	대양코리아	13.1	삼영화학	50
(외국인)	4.4	한국골판지공장공업협동조합	7.0	한국팩키지	26

매출구성		비용구성		수출비중	
상 자	72.6	매출원가율	86.6	수출	0.0
원 단	27.1	판관비율	12.0	내수	100.0
골판지원지	0.3				

회사 개요
동사는 오산공장의 골판지용 원지 제조 사업과 안성, 양산, 대전 공장의 골판지가공(상자 및 원단) 판매로 이루어지는 골판지용지 일관생산 전문업체로 동사 이외에 1개의 계열회사를 가지고 있음. 한수팩은 골판지 상자 및 부속품을 생산하는 지함업체로 동사에서 골판지 원단을 전량 구입하여 골판지 상자를 제조하여 공급하고 있음. 현재 동사가 보유한 한수팩의 지분율은 100%를 나타냄. 그 밖에 부동산매매 및 임대업, 수출입업을 영위하고 있음.

실적 분석
동사의 2017년 2분기 누적 연결기준 매출액은 전년동기대비 10% 증가한 1,204억원을 기록하였음. 비용면에서 전년동기대비 매출원가는 증가 하였으며 인건비는 감소, 광고선전비는 감소 하였고 기타판매비와관리비는 증가 하였음. 이에 따라 전년동기대비 영업손실은 -21.1억원으로 적자전환하였음. 최종적으로 전년동기대비 당기순이익은 적자규모가 증가한 -16.3억원을 기록함.

현금 흐름 〈단위 : 억원〉
항목	2016	2017.2Q
영업활동	139	-14
투자활동	-110	-40
재무활동	-25	33
순현금흐름	4	-21
기말현금	86	64

시장 대비 수익률

결산 실적 〈단위 : 억원〉
항목	2012	2013	2014	2015	2016	2017
매출액	2,603	2,366	2,315	2,307	2,283	—
영업이익	373	155	141	27	31	—
당기순이익	260	112	113	-2	-2	—

분기 실적 〈단위 : 억원〉
항목	2016.1Q	2016.2Q	2016.3Q	2016.4Q	2017.1Q	2017.2Q
매출액	537	558	594	594	591	613
영업이익	-8	19	-3	6	-19	-2
당기순이익	6	-12	-2	6	-18	2

재무 상태 〈단위 : 억원〉
항목	2012	2013	2014	2015	2016	2017.2Q
총자산	2,693	2,800	2,925	3,010	2,997	2,974
유형자산	1,976	2,106	2,275	2,160	2,076	2,052
무형자산	14	14	14	14	15	15
유가증권	22	23	23	22	27	28
총부채	580	605	642	751	756	769
총차입금	161	229	272	258	253	306
자본금	200	200	200	200	200	200
총자본	2,113	2,195	2,284	2,259	2,241	2,205
지배주주지분	2,113	2,195	2,284	2,259	2,241	2,205

기업가치 지표
항목	2012	2013	2014	2015	2016	2017.2Q
주가(최고/저)(천원)	15.9/10.3	25.5/15.5	23.5/17.5	26.8/17.9	21.0/16.7	—/—
PER(최고/저)(배)	2.8/1.8	10.0/6.1	9.0/6.7	—/—	—/—	—/—
PBR(최고/저)(배)	0.4/0.2	0.5/0.3	0.4/0.3	0.5/0.3	0.4/0.3	0.3/0.3
EV/EBITDA(배)	1.6	4.3	5.0	7.2	6.0	—
EPS(원)	6,492	2,794	2,814	-60	-52	-406
BPS(원)	52,820	54,864	57,088	56,475	56,026	55,133
CFPS(원)	8,734	4,864	5,077	2,648	2,863	1,062
DPS(원)	750	500	500	500	500	—
EBITDAPS(원)	11,566	5,954	5,799	3,382	3,682	941

재무 비율 〈단위 : %〉
연도	영업이익률	순이익률	부채비율	차입금비율	ROA	ROE	유보율	자기자본비율	EBITDA마진율
2016	1.3	-0.1	33.7	11.3	-0.1	-0.1	1,020.5	74.8	6.5
2015	1.2	-0.1	33.3	11.4	-0.1	-0.1	1,029.5	75.0	5.9
2014	6.1	4.9	28.1	11.9	3.9	5.0	1,041.8	78.1	10.0
2013	6.6	4.7	27.6	10.4	4.1	5.2	997.3	78.4	10.1

한국쉘석유 (A002960)
Hankook Shell Oil

업 종 : 화학		시 장 : 거래소	
신용등급 : (Bond) — (CP) —		기업규모 : 시가총액 중형주	
홈페이지 : www.shell.co.kr		연락처 : 051)620-5133	
본 사 : 부산시 남구 신선로 250 (용당동)			

설 립 일 1960.07.05	종업원수 111명	대표이사 강진원
상 장 일 1988.08.10	감사의견 적정 (삼일)	계 열
결 산 기 12월	보 통 주 130만주	종속회사수
액 면 가 5,000원	우 선 주	구 상 호

주주구성 (지분율,%)		출자관계 (지분율,%)		주요경쟁사 (외형,%)	
Shell Petroleum N.V	53.9			한국쉘석유	100
FID Low Priced Stock Fund	4.4			남해화학	520
(외국인)	65.7			동성코퍼레이션	404

매출구성		비용구성		수출비중	
[제품]윤활유	76.7	매출원가율	64.4	수출	28.0
[상품]윤활유,그리스	15.9	판관비율	19.0	내수	72.0
[제품]그리스	6.8				

회사 개요
동사는 1960년 7월 5일에 설립되었으며, 윤활유, 그리스의 제조 및 판매사업을 영위하고 있음. 주력 제품인 윤활유의 경우 그 특성상 일정기간 사용 후에 교체해야 하는 소모성 제품에 속하기 때문에 자동차 산업의 경기 또는 제조업의 가동률과 밀접한 관계를 갖고 있음. 국내 윤활유 시장은 정체된 상황이나, 윤활유 품질 향상 및 제조업의 해외 이전 및 감소 영향으로 향후에도 수요의 증가를 기대하기 어려울 것으로 전망됨.

실적 분석
동사의 2017년 상반기 연결기준 누적 매출액은 1064.5억원으로 전년동기 1097.7억원 대비 3% 감소함. 매출 감소와 판관비 증가로 영업이익은 전년동기 대비 21.3% 줄어든 145.1억원을 기록함. 비영업손익도 소폭 감소하면서 당기순이익은 전년동기보다 21% 줄어든 117.7억원을 기록함. 국내외 완만한 경기회복세에 힘입어 향후 동사의 실적은 긍정적으로 개선될 것으로 기대됨.

현금 흐름 *IFRS 별도 기준 〈단위 : 억원〉
항목	2016	2017.2Q
영업활동	300	95
투자활동	-107	98
재무활동	-260	-221
순현금흐름	-66	-28
기말현금	113	85

시장 대비 수익률

결산 실적 〈단위 : 억원〉
항목	2012	2013	2014	2015	2016	2017
매출액	2,785	2,468	2,387	2,238	2,109	—
영업이익	387	360	331	391	351	—
당기순이익	312	296	269	312	272	—

분기 실적 *IFRS 별도 기준 〈단위 : 억원〉
항목	2016.1Q	2016.2Q	2016.3Q	2016.4Q	2017.1Q	2017.2Q
매출액	535	562	512	499	529	53
영업이익	88	96	75	92	73	7
당기순이익	74	75	53	70	60	5

재무 상태 *IFRS 별도 기준 〈단위 : 억원〉
항목	2012	2013	2014	2015	2016	2017.2Q
총자산	1,167	1,228	1,151	1,265	1,230	1,14
유형자산	112	119	118	124	132	13
무형자산	10	15	15	14	14	1
유가증권	0	0	0			
총부채	307	328	245	297	257	27
총차입금						
자본금	70	70	70	70	70	7
총자본	860	900	906	969	973	87
지배주주지분	860	900	906	969	973	87

기업가치 지표 *IFRS 별도 기준
항목	2012	2013	2014	2015	2016	2017.2Q
주가(최고/저)(천원)	208/158	446/207	526/324	494/372	480/419	—/—
PER(최고/저)(배)	10.7/8.5	23.1/10.8	28.7/17.8	22.3/16.9	23.9/20.8	—/—
PBR(최고/저)(배)	3.9/3.1	7.6/3.5	8.5/5.3	7.2/5.4	6.7/5.8	6.5/5.9
EV/EBITDA(배)	7.3	15.3	14.2	13.9	14.3	—
EPS(원)	23,977	22,775	20,711	24,010	20,956	9,054
BPS(원)	66,129	69,257	69,679	74,503	74,861	66,916
CFPS(원)	24,758	23,597	21,633	24,909	21,909	9,564
DPS(원)	20,000	20,000	19,000	20,000	19,000	—
EBITDAPS(원)	30,525	28,544	26,371	30,958	27,937	11,672

재무 비율 〈단위 : %〉
연도	영업이익률	순이익률	부채비율	차입금비율	ROA	ROE	유보율	자기자본비율	EBITDA마진율
2016	16.6	12.9	26.4	0.0	21.8	28.1	1,290.3	79.1	17.2
2015	17.5	14.0	30.7	0.0	25.8	33.3	1,283.6	76.5	18.0
2014	13.9	11.3	27.0	0.0	22.6	29.8	1,194.0	78.7	14.4
2013	14.6	12.0	36.4	0.0	24.7	33.6	1,186.2	73.3	15.0

한국알콜산업 (A017890)
Korea Alcohol Industrial

종 목 : 화학		시 장 : KOSDAQ	
용 등 급 : (Bond) — (CP) —		기업규모 : 우량	
페 이 지 : www.ka.co.kr		연 락 처 : 031)881-8000	
본 사 : 경기도 용인시 기흥구 탑실로35번길 14 (공세동)			

설 립 일	1984.07.27	종 업 원 수	162명	대 표 이 사	지용석,주성호,감상우(각자대표이사)
상 장 일	1992.08.04	감 사 의 견	적정 (세일)	계 열	
결 산 기	12월	보 통 주	2,161만주	종속회사수	1개사
액 면 가	500원	우 선 주		구 상 호	

주주구성 (지분율,%)		출자관계 (지분율,%)		주요경쟁사 (외형,%)	
케이씨엔에이	33.5	서안주정	10.1	한국알콜	100
한국투자밸류자산운용	7.5	케이씨엔에이	9.9	경인양행	146
(외국인)	8.5	대한주정판매	8.1	카프로	183

매출구성		비용구성		수출비중	
초산에틸	29.1	매출원가율	81.0	수출	2.0
합성주정 외	23.1	판관비율	8.8	내수	98.0
정제주정	22.0				

회사 개요
동사는 합성에탄올, 무수에탄올, 아세트알데히드, 초산에틸, 초산부틸, 에틸아민과 정제주정 등의 제조 및 판매 사업을 영위하고 있음. 부동산 임대업을 영위하는 'SOOSAN CORPORATION'이 연결대상 종속회사임. 상장사 '이엔에프테크놀로지'와 비상장사 3개사를 계열회사로 보유하고 있음. 동사는 수익구조는 원재료 가격과 밀접하게 연관되어 있어 원재료의 안정적인 조달에 힘쓰고 있음.

실적 분석
동사의 2017년 상반기 누적매출액은 980.7억원으로 전년동기대비 3.4% 증가함. 매출 확대에도 불구하고 매출원가율, 판관비 증가로 영업이익은 전년동기보다 24.8% 감소한 88.4억원을 기록함. 동사 주정 부문은 전방산업인 소주 시장의 수요 변동이 크지 않아 원가절감 요인 발생 유무가 중요. 주요 원재료인 조주정, 변성주정 등의 원가가 상승하여 수익성이 하락했음.

현금 흐름 〈단위 : 억원〉

항목	2016	2017.2Q
영업활동	439	-143
투자활동	-26	120
재무활동	-146	-11
순현금흐름	275	-49
기말현금	563	514

시장 대비 수익률

결산 실적 〈단위 : 억원〉

항목	2012	2013	2014	2015	2016	2017
매출액	2,073	1,943	1,863	1,908	1,886	—
영업이익	69	65	129	152	194	—
당기순이익	82	55	116	182	301	—

분기 실적 〈단위 : 억원〉

항목	2016.1Q	2016.2Q	2016.3Q	2016.4Q	2017.1Q	2017.2Q
매출액	470	478	470	468	474	507
영업이익	60	57	54	22	44	44
당기순이익	60	157	56	28	44	44

재무 상태 〈단위 : 억원〉

항목	2012	2013	2014	2015	2016	2017.2Q
총자산	2,409	2,439	2,579	2,651	3,059	2,896
유형자산	381	331	327	393	368	373
무형자산	36	34	34	26	38	44
유가증권	41	36	35	38	38	40
총부채	692	667	679	562	670	435
총차입금	431	462	418	243	111	103
자본금	108	108	108	108	108	108
총자본	1,717	1,772	1,900	2,089	2,388	2,461
지배주주지분	1,717	1,772	1,900	2,089	2,388	2,461

기업가치 지표

항목	2012	2013	2014	2015	2016	2017.2Q
주가(최고/저)(천원)	4.6/3.0	4.4/3.1	5.9/3.8	11.0/4.5	11.1/5.9	—/—
PER(최고/저)(배)	12.4/8.2	17.8/12.6	11.3/7.3	13.2/5.5	8.0/4.3	0.8/0.7
PBR(최고/저)(배)	0.6/0.4	0.5/0.4	0.7/0.4	1.1/0.5	1.0/0.5	—/—
EV/EBITDA(배)	8.3	7.6	5.9	6.4	5.5	—
EPS(원)	380	255	538	842	1,393	480
BPS(원)	8,167	8,432	9,027	9,902	11,285	11,622
CFPS(원)	684	593	873	1,196	1,729	676
DPS(원)	—	—	50	50	50	605
EBITDAPS(원)	622	639	933	1,059	1,233	

재무 비율 〈단위 : % 〉

연도	영업이익률	순이익률	부채비율	차입금비율	ROA	ROE	유보율	자기자본비율	EBITDA마진율
2016	10.3	16.0	28.1	4.6	10.5	13.4	2,157.0	78.1	14.1
2015	8.0	9.5	26.9	11.6	7.0	9.1	1,880.4	78.8	12.0
2014	6.9	6.2	35.7	22.0	4.6	6.3	1,705.4	73.7	10.8
2013	3.3	2.8	37.6	26.1	2.3	3.2	1,586.3	72.7	7.1

한국유나이티드제약 (A033270)
Korea United Pharm

업 종 : 제약		시 장 : 거래소	
신용등급 : (Bond) — (CP) —		기업규모 : 시가총액 소형주	
홈 페 이 지 : www.kup.co.kr		연 락 처 : 044)862-5030	
본 사 : 세종시 전동면 노장공단길 25-23			

설 립 일	1987.12.03	종 업 원 수	827명	대 표 이 사	강덕영
상 장 일	1999.10.29	감 사 의 견	적정 (한영)	계 열	
결 산 기	12월	보 통 주	1,621만주	종속회사수	
액 면 가	500원	우 선 주		구 상 호	

주주구성 (지분율,%)		출자관계 (지분율,%)		주요경쟁사 (외형,%)	
강덕영	28.0	케일럽멀티랩	45.0	유나이티드제약	100
국민연금공단	5.0	유나이디드인터팜	44.4	알보젠코리아	102
(외국인)	19.2	매일방송		큐리언트	

매출구성		비용구성		수출비중	
실로스탄	43.6	매출원가율	45.3	수출	11.0
클란자	18.2	판관비율	39.4	내수	89.0
뉴부틴	14.7				

회사 개요
동사는 의약품 제조 및 판매 등을 영위할 목적으로 1987년 12월 설립되어 1999년 11월 코스닥시장에 상장됨. 2007년 10월 유가증권시장으로 이전 상장됨. 동사는 매출액 대비 높은 연구개발 투자와 그 결과물인 개량신약을 경쟁우위 요소로 갖고 있음. 또한 글로벌제약사 및 바이어와의 계약을 통한 기술수출 및 해외임상을 통해 유럽, 중동, 아프리카 등의 진출을 통한 해외수출 전략을 목표로 하고 있음.

실적 분석
개량신약의 매출비중이 꾸준히 확대되고 있는 것에 힘입어 동사의 2017년 2분기기준 누적 매출액은 전년동기대비 12.6% 상승한 968.1억원을 기록하였음. 비용증가가 일부 있었으나 매출액의 큰 상승에 힘입어 전년동기대비 영업이익은 136.9억원으로 4% 상승하였음. 최종적으로 전년동기대비 당기순이익은 상승하여 115.9억원을 기록함. 개량신약의 매출비중이 계속 높아짐에 따라 지속적인 수익성장이 기대됨.

현금 흐름 ●IFRS 별도 기준 〈단위 : 억원〉

항목	2016	2017.2Q
영업활동	300	63
투자활동	-140	-19
재무활동	-211	-79
순현금흐름	-45	-39
기말현금	184	145

시장 대비 수익률

결산 실적 〈단위 : 억원〉

항목	2012	2013	2014	2015	2016	2017
매출액	1,348	1,369	1,552	1,620	1,769	—
영업이익	198	148	220	229	271	—
당기순이익	164	122	185	217	195	—

분기 실적 ●IFRS 별도 기준 〈단위 : 억원〉

항목	2016.1Q	2016.2Q	2016.3Q	2016.4Q	2017.1Q	2017.2Q
매출액	441	419	447	462	471	497
영업이익	76	56	64	75	66	71
당기순이익	70	17	44	64	49	67

재무 상태 ●IFRS 별도 기준 〈단위 : 억원〉

항목	2012	2013	2014	2015	2016	2017.2Q
총자산	1,879	1,922	2,171	2,305	2,342	2,385
유형자산	595	653	670	766	773	846
무형자산	23	23	36	44	55	61
유가증권	9	10	10	10	9	9
총부채	538	518	553	585	568	531
총차입금	232	238	248	279	212	172
자본금	77	77	81	81	81	81
총자본	1,340	1,404	1,618	1,720	1,774	1,853
지배주주지분	1,340	1,404	1,618	1,720	1,774	1,853

기업가치 지표 ●IFRS 별도 기준

항목	2012	2013	2014	2015	2016	2017.2Q
주가(최고/저)(천원)	9.1/4.7	15.8/8.2	14.4/8.7	27.4/13.2	22.2/16.2	—/—
PER(최고/저)(배)	9.1/4.7	24.8/12.9	13.1/7.9	21.0/10.2	18.7/13.6	1.7/1.3
PBR(최고/저)(배)	1.1/0.6	1.8/1.0	1.5/0.9	2.5/1.2	1.8/1.3	1.7/1.3
EV/EBITDA(배)	5.4	4.7	6.8	9.1	8.1	—
EPS(원)	1,064	667	1,148	1,340	1,204	715
BPS(원)	8,656	9,242	10,154	11,300	12,312	12,803
CFPS(원)	1,373	1,078	1,592	1,748	1,659	936
DPS(원)	120	50	200	220	250	
EBITDAPS(원)	1,595	1,380	1,810	1,822	2,128	1,066

재무 비율 〈단위 : % 〉

연도	영업이익률	순이익률	부채비율	차입금비율	ROA	ROE	유보율	자기자본비율	EBITDA마진율
2016	15.3	11.0	32.0	12.0	8.4	11.2	2,362.5	75.7	19.5
2015	14.1	13.4	34.0	16.2	9.7	13.0	2,160.0	74.6	18.8
2014	14.2	11.9	34.2	15.3	9.0	12.1	1,930.7	74.5	18.8
2013	10.8	8.9	36.8	16.8	6.4	8.9	1,761.7	73.1	15.4

한국유리공업 (A002000)
HANKUK GLASS INDUSTRIES

업　　종 : 건축자재		시　　장 : 거래소	
신용등급 : (Bond) — 　(CP) —		기업규모 : 시가총액 소형주	
홈페이지 : www.hanglas.co.kr		연락처 : 02)3706-9114	
본　　사 : 서울시 강남구 테헤란로 211(역삼동) 한국고등교육재단빌딩 10층			

설 립 일	1957.03.25	종업원수	301명	대표이사	이용성
상 장 일	1969.06.27	감사의견	적정 (삼일)	계　　열	
결 산 기	12월	보 통 주	1,008만주	종속회사수	2개사
액 면 가	5,000원	우 선 주	45만주	구 상 호	

주주구성 (지분율,%)
SOFIAG	44.5
Northeast Asia Investments Pte. Ltd.	34.5
(외국인)	80.7

출자관계 (지분율,%)
한국하니소	100.0
한국세큐리트	49.9
한국능률협회컨설팅	3.5

주요경쟁사 (외형,%)
한국유리	100
KCC	1,056
LG하우시스	886

매출구성
맑은, 색, 무늬, 가공유리 원부자재료	84.6
유리섬유	15.4

비용구성
매출원가율	81.6
판관비율	15.7

수출비중
수출	1.0
내수	99.0

회사 개요
동사는 각종 건축용 및 자동차용 원판유리를 생산하는 유리 전문업체로 1957년 설립되었음. 현재 시장점유율은 약 35% 전후 수준을 유지하고 있음. 단열성 고기능 유리인 로이유리를 비롯한 코팅유리 시장에서는 선도기업으로서 약 60% 대의 시장 점유율을 유지 중. 2014년부터는 아파트를 중심으로한 국내 건축시장이 활성화되면서 판유리 시장 공급이 높은 성장세를 나타냄.

실적 분석
동사의 연결기준 2017년 2분기 누적매출액은 1,639.1억원으로 전년동기 대비 소폭 (2.2%) 증가함. 매출원가율 개선과 더불어 판관비가 대폭 감소(전년동기 대비 17.8% 감소)하면서 영업이익은 87.6억원을 기록, 흑자전환에 성공함. 비영업수익이 개선되면서 최종적으로 당기순이익은 543.9억원을 기록하였음. 동사는 2016년 제조원가 절감에 성공했지만 시장 경쟁으로 국내 판유리 판매가격을 하락하고 있는 상황.

현금 흐름 〈단위 : 억원〉
항목	2016	2017.2Q
영업활동	422	285
투자활동	14	485
재무활동	-136	-180
순현금흐름	299	589
기말현금	814	1,403

시장 대비 수익률

결산 실적 〈단위 : 억원〉
항목	2012	2013	2014	2015	2016	2017
매출액	3,509	3,299	3,268	2,980	3,306	—
영업이익	-501	-250	135	92	89	—
당기순이익	-619	-285	286	397	265	—

분기 실적 〈단위 : 억원〉
항목	2016.1Q	2016.2Q	2016.3Q	2016.4Q	2017.1Q	2017.2Q
매출액	771	833	785	918	802	837
영업이익	-20	17	27	64	41	46
당기순이익	-122	123	192	71	61	483

재무 상태 〈단위 : 억원〉
항목	2012	2013	2014	2015	2016	2017.2Q
총자산	6,575	6,329	6,463	6,785	7,107	7,274
유형자산	2,805	2,696	2,327	2,548	2,003	1,943
무형자산	36	35	32	31	50	48
유가증권	131	193	18	424	403	404
총부채	1,352	1,365	1,211	1,146	1,342	1,088
총차입금	123	120	95	53		36
자본금	699	699	699	699	699	699
총자본	5,223	4,965	5,252	5,639	5,765	6,186
지배주주지분	5,144	4,887	5,175	5,559	5,678	6,096

기업가치 지표
항목	2012	2013	2014	2015	2016	2017.2Q
주가(최고/저)(천원)	26.5/20.1	20.7/14.6	27.7/15.0	36.3/22.2	28.7/21.9	—/—
PER(최고/저)(배)	—/—	—/—	10.8/5.8	10.3/6.3	12.2/9.3	—/—
PBR(최고/저)(배)	0.6/0.4	0.5/0.3	0.6/0.3	0.7/0.5	0.6/0.4	0.7/0.4
EV/EBITDA(배)			6.0	7.8	7.0	
EPS(원)	-5,883	-2,687	2,738	3,748	2,417	5,083
BPS(원)	48,830	46,387	49,125	52,773	53,899	57,869
CFPS(원)	-3,932	-903	4,463	5,354	4,068	5,917
DPS(원)			100	775	775	
EBITDAPS(원)	-2,805	-587	3,011	2,475	2,491	1,664

재무 비율 〈단위 : %〉
연도	영업이익률	순이익률	부채비율	차입금비율	ROA	ROE	유보율	자기자본비율	EBITDA마진율
2016	2.7	8.0	23.3	0.1	3.8	4.5	712.5	81.1	7.9
2015	3.1	13.3	20.3	1.0	6.0	7.4	695.5	83.1	8.8
2014	4.2	8.8	23.1	1.8	4.5	5.7	640.5	81.3	9.7
2013	-7.6	-8.6	27.5	2.4	-4.4	-5.6	599.3	78.4	-1.9

한국자산신탁 (A123890)
Korea Asset In Trust

업　　종 : 부동산		시　　장 : 거래소	
신용등급 : (Bond) — 　(CP) —		기업규모 : 시가총액 중형주	
홈페이지 : www.kait.com		연락처 : 02)2112-6300	
본　　사 : 서울시 강남구 테헤란로 306 (역삼동, 카이트타워)			

설 립 일	2001.03.20	종업원수	167명	대표이사	김규철
상 장 일	2016.07.13	감사의견	적정 (삼정)	계　　열	
결 산 기	12월	보 통 주	9,350만주	종속회사수	4개사
액 면 가	500원	우 선 주		구 상 호	

주주구성 (지분율,%)
엠디엠	38.3
문주현	15.0
(외국인)	5.8

출자관계 (지분율,%)
한국자산캐피탈	100.0
카이트제1호위탁관리부동산투자회사	100.0
한국자산에셋운용	40.0

주요경쟁사 (외형,%)
한국자산신탁	100
한국토지신탁	130
SK디앤디	203

수익구성
수수료수익	81.9
이자수익	16.3
배당금수익	1.0

비용구성
이자비용	6.2
투자및금융비	0.0
판관비	0.0

수출비중
수출	—
내수	—

회사 개요
동사는 2001년 3월 20일 설립됐으며, 주요 사업으로 부동산 신탁업을 영위 중. 2016년 6월 30일 기준 부동산신탁회사는 동사를 비롯해 11개사. 동사는 부동산신탁, 부동산 금융 및 부동산 개발 회사를 하나의 그룹사로 두어 부동산 관련 업무를 일원화하고 있음. 영업수익의 큰 부분이 점차 확대되는 추세이며, 영업수익이 지속적으로 증가할 것으로 기대됨. 또한 도시정비사업, 기업형민간임대주택사업(뉴스테이)을 신규사업으로 추진 중에 있음

실적 분석
동사의 연결기준 2017년 2분기 누적 영업수익은 996.9억원으로 전년동기 588.4억원 대비 69.4% 증가하였음. 영업 이익 역시 778.0억원으로 전년동기 대비 2배 가까이 증가. 2016년 기준 신탁 수주시장에서 21%의 점유율을 차지하고 있으며, 매출액의 큰 부분을 차지하는 토지신탁 부문의 실적이 상승세에 있으며, 담보신탁부문의 수익도 상승세를 유지 중임.

현금 흐름 〈단위 : 억원〉
항목	2016	2017.2Q
영업활동	-1,024	-360
투자활동	-444	481
재무활동	1,218	395
순현금흐름	-250	516
기말현금	106	622

시장 대비 수익률

결산 실적 〈단위 : 억원〉
항목	2012	2013	2014	2015	2016	2017
영업수익	408	403	680	954	1,365	—
영업이익	184	188	335	584	962	—
당기순이익	131	137	238	422	732	—

분기 실적 〈단위 : 억원〉
항목	2016.1Q	2016.2Q	2016.3Q	2016.4Q	2017.1Q	2017.2Q
영업수익	267	322	366	411	486	511
영업이익	185	214	261	302	369	409
당기순이익	141	164	198	229	274	312

재무 상태 〈단위 : 억원〉
항목	2012	2013	2014	2015	2016	2017.2Q
총자산	1,937	2,222	2,854	3,507	5,676	6,691
유형자산	4	7	9	14	11	11
무형자산	10		20	24	24	24
유가증권						
총부채	680	820	1,048	1,170	1,506	2,112
총차입금						
자본금	269	269	355	367	425	468
총자본	1,256	1,401	1,806	2,337	4,170	4,579
지배주주지분	1,256	1,401	1,806	2,308	4,137	4,545

기업가치 지표
항목	2012	2013	2014	2015	2016	2017.2Q
주가(최고/저)(천원)	—/—	—/—	—/—	—/—	9.0/6.7	—/—
PER(최고/저)(배)	0.0/0.0	0.0/0.0	0.0/0.0	0.0/0.0	11.0/8.2	—/—
PBR(최고/저)(배)	0.0/0.0	0.0/0.0	0.0/0.0	0.0/0.0	2.1/1.6	2.0/1.6
PSR(최고/저)(배)	0/0	0/0	0/0	0/0	6/4	—/—
EPS(원)	221	232	401	538	837	—
BPS(원)	46,627	52,005	50,869	62,820	4,867	4,909
CFPS(원)	4,999	5,204	8,940	11,962		626
DPS(원)					250	
EBITDAPS(원)	6,811	6,977	12,427	16,345	1,216	832

재무 비율 〈단위 : %〉
연도	계속사업이익률	순이익률	부채비율	차입금비율	ROA	ROE	유보율	자기자본비율	총자산증가율
2016	70.3	53.6	36.1	0.0	15.9	22.6	873.5	73.5	61.9
2015	59.6	44.2	50.1	0.0	13.3	20.6	528.2	66.6	22.9
2014	46.1	35.0	58.0	0.0	9.4	14.8	408.7	63.3	28.5
2013	44.2	34.1	58.5	0.0	6.9	10.3	420.1	63.1	14.7

한국전력공사 (A015760)
Korea Electric Power

종 목 : 전력		시 장 : 거래소	
용 등 급 : (Bond) AAA (CP) A1		기업규모 : 시가총액 대형주	
페 이 지 : www.kepco.co.kr		연 락 처 : 061)345-3114	
본 사 : 전남 나주시 전력로 55			

설 립 일	1961.07.01	종업원수	21,610명	대표이사	조환익
상 장 일	1989.05.30	감사의견	적정(삼정)	계 열	
결 산 기	12월	보 통 주	64,196만주	종속회사수	
액 면 가	5,000원	우 선 주		구 상 호	

주주구성 (지분율,%)		출자관계 (지분율,%)		주요경쟁사 (외형,%)	
한국산업은행	32.9	한국지역난방공사	19.6	한국전력	100
정부	18.2	한전KPS	14.2	한전KPS	2
(외국인)	31.7	한국실리콘	10.4	지역난방공사	3

매출구성		비용구성		수출비중	
전 기(전기판매 사업부분)	62.8	매출원가율	75.7	수출	0.0
전 기(화력발전 사업부문)-한국남동발전(주) 외	15.9	판관비율	4.4	내수	100.0
전 기(원자력발전 사업부문)	11.6				

회사 개요
동사는 전력자원의 개발, 발전, 송전, 변전, 배전 및 이와 관련되는 영업, 연구 및 기술개발, 투자/출연, 보유부동산 활용사업 및 기타 정부로부터 위탁 받은 사업 등을 영위하는 전력회사임. 사업부분은 전기판매사업부분/원자력발전부문, 화력발전부문, 기타부문으로 구분됨. 신규 사업으로 체코/슬로바키아, 베트남 등 원자력발전사업과 베트남 해외발전사업을 진행 중에 있음.

실적 분석
동사의 2017년 2/4분기 연결기준 누적매출액은 28조 721.5억원으로 전년동기 대비 3.1% 감소했음. 외형축소에도 매출원가와 판관비가 전년동기 대비 각각 14.1%, 7.4% 증가함에 따라 영업이익은 2조 3,096.8억원으로 전년동기 대비 63.4% 감소했음. 비영업부문에서도 3,369.0억원의 손실을 기록하며 적자를 지속함에 따라 이익폭이 축소되어 당기순이익은 전년동기 대비 69.0% 감소한 1조 2,589.5억원을 기록함.

현금 흐름 〈단위 : 억원〉
항목	2016	2017.2Q
영업활동	164,451	49,762
투자활동	-95,705	-68,073
재무활동	-76,375	22,894
순현금흐름	-7,317	4,316
기말현금	30,514	34,829

시장 대비 수익률

결산 실적 〈단위 : 억원〉
항목	2012	2013	2014	2015	2016	2017
매출액	494,215	540,378	574,749	589,577	601,904	—
영업이익	-8,179	15,190	57,876	113,467	120,016	—
당기순이익	-30,780	1,743	27,990	134,164	71,483	—

분기 실적 〈단위 : 억원〉
항목	2016.1Q	2016.2Q	2016.3Q	2016.4Q	2017.1Q	2017.2Q
매출액	156,853	132,754	159,435	152,861	151,466	129,255
영업이익	36,053	27,045	44,242	12,676	14,632	8,465
당기순이익	21,628	17,678	29,382	2,795	9,000	3,589

재무 상태 〈단위 : 억원〉
항목	2012	2013	2014	2015	2016	2017.2Q
총자산	1,461,528	1,555,273	1,637,083	1,752,574	1,778,370	1,799,382
유형자산	1,223,761	1,296,376	1,358,125	1,413,614	1,457,431	1,486,463
무형자산	8,838	8,132	8,236	8,584	9,834	11,767
유가증권	11,434	12,591	7,188	5,881	10,180	9,287
총부채	950,886	1,040,766	1,088,833	1,073,149	1,047,865	1,070,682
총차입금	548,558	624,824	639,316	595,794	543,191	543,627
자본금	32,098	32,098	32,098	32,098	32,098	32,098
총자본	510,642	514,507	548,250	679,425	730,505	728,700
지배주주지분	498,888	502,597	536,013	666,345	717,237	715,298

기업가치 지표
항목	2012	2013	2014	2015	2016	2017.2Q
주가(최고/저)(천원)	27.1/19.1	31.0/22.1	44.1/29.8	48.1/35.3	60.3/41.4	—/—
PER(최고/저)(배)	—/—	372.8/265.8	11.8/8.0	2.6/1.9	5.7/3.9	0.4/0.4
PBR(최고/저)(배)	0.4/0.3	0.4/0.3	0.6/0.4	0.5/0.4	0.6/0.4	0.4/0.4
EV/EBITDA(배)	11.8	9.4	6.6	4.3	3.7	—/—
EPS(원)	-4,933	93	4,185	20,701	10,980	1,860
BPS(원)	78,868	79,446	83,496	103,798	111,725	111,423
CFPS(원)	5,966	11,609	16,450	33,694	24,938	9,378
DPS(원)		90	500	3,100	1,980	
EBITDAPS(원)	9,625	13,881	21,280	30,669	32,654	11,116

재무 비율 〈단위 : % 〉
연도	영업이익률	순이익률	부채비율	차입금비율	ROA	ROE	유보율	자기자본비율	EBITDA마진율
2016	19.9	11.9	143.4	74.4	4.1	10.2	2,134.5	41.1	34.8
2015	19.3	22.8	158.0	87.7	7.9	22.1	1,976.0	38.8	33.4
2014	10.1	4.9	198.6	116.6	1.8	5.2	1,569.9	33.5	23.8
2013	2.8	0.3	202.3	121.4	0.1	0.3	1,488.9	33.1	16.5

한국전력기술 (A052690)
KEPCO Engineering & Construction

업 종 : 에너지 시설 및 서비스		시 장 : 거래소	
신용등급 : (Bond) — (CP) —		기업규모 : 시가총액 중형주	
홈페이지 : www.kepco-enc.com		연 락 처 : 054)421-3114	
본 사 : 경북 김천시 혁신로 269 (율곡동)			

설 립 일	1975.10.01	종업원수	2,241명	대표이사	박구원
상 장 일	2009.12.14	감사의견	적정(삼정)	계 열	
결 산 기	12월	보 통 주	3,822만주	종속회사수	
액 면 가	200원	우 선 주		구 상 호	

주주구성 (지분율,%)		출자관계 (지분율,%)		주요경쟁사 (외형,%)	
한국전력공사	65.8	디에스파워	12.1	한전기술	100
국민연금공단	6.1	켑코우데	2.4	동국S&C	76
(외국인)	1.4			씨에스윈드	62

매출구성		비용구성		수출비중	
[원자력]용역매출(용역)	56.7	매출원가율	63.2	수출	24.0
[플랜트]용역매출(용역)	21.6	판관비율	35.7	내수	76.0
[원자로설계]용역매출(용역)	14.4				

회사 개요
동사는 발전소 및 플랜트 관련 엔지니어링 업체로서 원자력 및 수력발전소의 설계, 발전설비 O&M, 플랜트 건설 사업 및 PM/CM 사업 등을 영위하고 있음. 원자력발전소 설계사업의 경우 국내사업은 한국수력원자력이 발주하는 국내원자력발전소의 설계 및 엔지니어링을 독점하고 있으며 미국, 중국 등 해외 원자력발전소 설계사업도 기술인력 지원 형태로 참여하고 있음. 동사는 매출액의 11~12%를 연구개발에 사용해오고 있음.

실적 분석
동사의 연결기준 2017년 2분기 누적매출액은 전년동기 대비 10.2% 감소한 2,210.0억원을 기록했음. 외형축소에 불구하고 매출원가는 4.6% 상승하였으며 이는 당반기 영업이익(54.7억원)이 86.2% 대폭 감소하는 결과를 발생시킴. 이에 따라 동사의 당기순이익은 58.5억원에 그쳤으며 이는 전년동기 대비 83.8% 감소한 금액임. 동사의 당반기 매출구성은 플랜트 21.6%, 원자력 62.5%, 원자로설계 15.9% 등으로 구성됨.

현금 흐름 *IFRS 별도 기준 〈단위 : 억원〉
항목	2016	2017.2Q
영업활동	187	690
투자활동	-76	-67
재무활동	-42	-360
순현금흐름	62	264
기말현금	215	478

시장 대비 수익률

결산 실적 〈단위 : 억원〉
항목	2012	2013	2014	2015	2016	2017
매출액	7,856	7,555	8,419	6,576	5,060	—
영업이익	1,531	338	666	347	59	—
당기순이익	1,343	344	548	310	178	—

분기 실적 *IFRS 별도 기준 〈단위 : 억원〉
항목	2016.1Q	2016.2Q	2016.3Q	2016.4Q	2017.1Q	2017.2Q
매출액	1,180	1,280	1,022	1,578	1,022	1,188
영업이익	141	255	-16	-320	-16	71
당기순이익	127	234	-49	-135	14	44

재무 상태 *IFRS 별도 기준 〈단위 : 억원〉
항목	2012	2013	2014	2015	2016	2017.2Q
총자산	8,619	7,605	7,776	8,552	7,866	7,757
유형자산	998	1,500	2,902	3,378	3,281	3,209
무형자산	418	398	427	462	573	638
유가증권	22	20	21	18	10	10
총부채	4,359	3,785	3,705	4,384	3,647	3,502
총차입금	53	74	39	884	918	600
자본금	76	76	76	76	76	76
총자본	4,260	3,820	4,071	4,168	4,219	4,255
지배주주지분	4,260	3,820	4,071	4,168	4,219	4,255

기업가치 지표 *IFRS 별도 기준
항목	2012	2013	2014	2015	2016	2017.2Q
주가(최고/저)(천원)	114/52.8	92.7/52.5	68.1/45.4	51.3/22.6	35.3/22.8	—/—
PER(최고/저)(배)	34.2/15.9	105.9/60.0	48.6/32.4	63.8/28.1	76.2/49.3	—/—
PBR(최고/저)(배)	10.8/5.0	9.4/5.3	6.4/4.3	4.6/2.0	3.1/2.0	2.5/1.6
EV/EBITDA(배)	14.2	45.9	24.4	27.7	38.0	—/—
EPS(원)	3,514	901	1,433	812	466	153
BPS(원)	11,145	10,142	10,922	11,174	11,309	11,403
CFPS(원)	3,787	1,201	1,715	1,215	979	405
DPS(원)	1,932	406	575	200	110	
EBITDAPS(원)	4,280	1,185	2,024	1,310	669	396

재무 비율 〈단위 : % 〉
연도	영업이익률	순이익률	부채비율	차입금비율	ROA	ROE	유보율	자기자본비율	EBITDA마진율
2016	1.2	3.5	86.4	21.8	2.2	4.2	5,554.4	53.6	5.1
2015	5.3	4.7	105.2	21.2	3.8	7.5	5,487.2	48.7	7.6
2014	7.9	6.5	91.0	1.0	7.1	13.9	5,360.9	52.4	9.2
2013	4.5	4.6	99.1	1.9	4.2	8.5	4,971.1	50.2	6.0

한국전자금융 (A063570)
NICE Total Cash Management

업　　종 : 상업서비스	시　　장 : KOSDAQ
신용등급 : (Bond) —　　(CP) —	기업규모 : 우량
홈페이지 : www.nicetcm.co.kr	연락처 : 02)2122-5400
본　　사 : 서울시 마포구 마포대로 217 (아현동, 크레디트센터 빌딩)	

설 립 일	2000.01.11	종 업 원 수	446명	대 표 이 사	구자성
상 장 일	2006.07.14	감 사 의 견	적정 (안진)	계　　열	
결 산 기	12월	보 통 주	2,602만주	종 속 회 사 수	3개사
액 면 가	500원	우 선 주		구 상 호	

주주구성 (지분율,%)
한국신용정보	47.0
FID Low Priced Stock Fund	5.3
(외국인)	11.3

출자관계 (지분율,%)
NICE씨엠에스	90.0
오케이포스	72.4
무노스	60.0

주요경쟁사 (외형,%)
한국전자금융	100
쎄트렉아이	16
나이스디앤비	16

매출구성
금융/VAN/무인자동화기기 등	64.1
결제장비사업	30.5
현금 수송 등	12.2

비용구성
매출원가율	28.2
판관비율	64.6

수출비중
수출	3.0
내수	97.0

회사 개요
동사는 금융 및 밴(VAN) 사업, 이와 관련되는 부수사업과 현금수송사업, 포스(POS) 및 결제장비 관련 사업 등을 영위함. 금융, VAN 사업에는 금융기관이 보유한 ATM 관리를 대행해주는 ATM관리사업과 회사가 보유한 CD기로 예금인출 등의 금융서비스를 제공하는 CD VAN사업 등이 포함되어 있음. ATM 관리사업의 시장 점유율은 57%가량으로 추정됨. CD VAN사업의 시장 점유율은 21% 내외로 추정됨.

실적 분석
동사의 2017년 상반기 매출액은 1112.3억원으로 전년 동기 대비 0.9% 증가함. 영업이익은 91.7억원으로 전년 대비 15.4% 증가함, 당기순이익은 71.9억원으로 전년 대비 6.2% 증가함. 동사는 8월 비지에프핑링크의 발행주식 50%를 3억 8500만원에 양수함. 동사는 그룹 내 신용카드 VAN사와의 협업을 통해 전국지사망을 활용할 수 있는 POS사업을 전개할 계획임.

현금 흐름 〈단위 : 억원〉
항목	2016	2017.2Q
영업활동	253	109
투자활동	-144	-107
재무활동	235	189
순현금흐름	344	191
기말현금	1,057	1,248

시장 대비 수익률

결산 실적 〈단위 : 억원〉
항목	2012	2013	2014	2015	2016	2017
매출액	1,269	1,379	1,402	1,525	2,155	—
영업이익	84	83	87	123	155	—
당기순이익	38	54	148	94	132	—

분기 실적 〈단위 : 억원〉
항목	2016.1Q	2016.2Q	2016.3Q	2016.4Q	2017.1Q	2017.2Q
매출액	550	553	520	533	529	584
영업이익	27	52	45	30	37	55
당기순이익	14	54	35	30	31	41

재무 상태 〈단위 : 억원〉
항목	2012	2013	2014	2015	2016	2017.2Q
총자산	1,290	1,311	1,298	1,869	2,218	2,547
유형자산	409	358	362	432	443	476
무형자산	59	27	17	303	294	308
유가증권	105	157	5	9	50	54
총부채	523	456	401	826	1,053	1,332
총차입금	344	250	230	543	807	1,014
자본금	130	130	130	130	130	130
총자본	767	854	896	1,043	1,165	1,215
지배주주지분	757	843	892	970	1,081	1,130

기업가치 지표
항목	2012	2013	2014	2015	2016	2017.2Q
주가(최고/저)(천원)	2.4/1.5	2.1/1.8	3.3/2.0	11.6/2.5	8.2/5.1	—/—
PER(최고/저)(배)	17.5/11.2	10.8/8.9	6.1/3.7	32.6/7.0	16.3/10.1	—/—
PBR(최고/저)(배)	0.9/0.6	0.7/0.6	1.0/0.6	3.2/0.7	2.0/1.2	2.2/1.4
EV/EBITDA(배)	1.9	1.4	1.2	5.6	4.1	—/—
EPS(원)	151	212	567	366	511	271
BPS(원)	2,910	3,240	3,428	3,730	4,156	4,345
CFPS(원)	706	791	1,141	979	1,225	662
DPS(원)	40	50	55	70	80	—
EBITDAPS(원)	878	898	909	1,086	1,309	744

재무 비율 〈단위 : %〉
연도	영업이익률	순이익률	부채비율	차입금비율	ROA	ROE	유보율	자기자본비율	EBITDA마진율
2016	7.2	6.1	90.4	69.3	6.5	13.0	731.2	52.5	15.8
2015	8.1	6.2	79.2	52.1	5.9	10.2	646.0	55.8	18.5
2014	6.2	10.5	44.8	25.7	11.3	17.0	585.5	69.1	16.9
2013	6.0	3.9	53.4	29.3	4.2	6.9	548.0	65.2	16.9

한국전자인증 (A041460)
KOREA ELECTRONIC CERTIFICATION AUTHORITY

업　　종 : 상업서비스	시　　장 : KOSDAQ
신용등급 : (Bond) —　　(CP) —	기업규모 : 중견
홈페이지 : www.crosscert.com	연락처 : 02)3019-5641
본　　사 : 서울시 서초구 서초대로 320 하림인터내셔널빌딩 7층	

설 립 일	1999.03.26	종 업 원 수	86명	대 표 이 사	신홍식
상 장 일	2010.11.19	감 사 의 견	적정 (우리)	계　　열	
결 산 기	12월	보 통 주	2,146만주	종 속 회 사 수	2개사
액 면 가	500원	우 선 주		구 상 호	

주주구성 (지분율,%)
신홍식	13.8
VeriSign, Inc.	6.4
(외국인)	1.8

출자관계 (지분율,%)
COSMOTOWN,INC	99.9
AIBRAIN,INC	97.1

주요경쟁사 (외형,%)
한국전자인증	100
쎄트렉아이	130
한국전자금융	810

매출구성
공인인증서비스	60.0
글로벌인증서비스	26.7
인증솔루션 및 기타 제품	13.3

비용구성
매출원가율	0.0
판관비율	80.7

수출비중
수출	—
내수	—

회사 개요
동사는 1999년 설립돼 공인인증서 서비스 사업, 글로벌 인증 서비스 사업, 보안서버 인증 서비스 사업, 인증서비스 아웃소싱 사업, 인증솔루션 사업, 글로벌 도메인등록, 인공지능 로보틱스 사업 등을 주요사업으로 영위함. 2016년 말 기준 국내 법인용 범용 공인인증서 시장에서 약 30% 내외의 시장 점유율 차지함. 개인용 범용 공인인증서 시장에서는 전체 시장의 15%를 차지함.

실적 분석
동사의 2017년 2분기기준 누적 매출액은 전년동기 130.9억원 대비 2% 소폭 변동한 133.5억원을 기록하였음. 인건비는 감소 하였고 광고선전비도 감소, 기타판매비와관리비는 증가함. 그에 따라 매출액 하락에 등에 의해 전년동기대비 영업이익은 28.1억원으로 1.9% 상승하였음. 그러나 비영업손익의 적자지속으로 전년동기대비 당기순이익은 18.2억원을 기록함.

현금 흐름 〈단위 : 억원〉
항목	2016	2017.2Q
영업활동	56	19
투자활동	-10	-11
재무활동	-6	-8
순현금흐름	44	-4
기말현금	204	200

시장 대비 수익률

결산 실적 〈단위 : 억원〉
항목	2012	2013	2014	2015	2016	2017
매출액	218	234	244	252	266	—
영업이익	44	39	36	45	51	—
당기순이익	40	34	31	35	47	—

분기 실적 〈단위 : 억원〉
항목	2016.1Q	2016.2Q	2016.3Q	2016.4Q	2017.1Q	2017.2Q
매출액	66	65	64	71	66	67
영업이익	14	14	11	13	14	14
당기순이익	12	7	18	11	10	8

재무 상태 〈단위 : 억원〉
항목	2012	2013	2014	2015	2016	2017.2Q
총자산	338	356	388	421	462	464
유형자산	7	9	10	7	6	6
무형자산	22	18	29	26	12	12
유가증권	—	—	—	—	—	—
총부채	118	122	129	146	146	141
총차입금				8		
자본금	107	107	107	107	107	107
총자본	220	234	259	274	317	323
지배주주지분	220	234	258	273	315	321

기업가치 지표
항목	2012	2013	2014	2015	2016	2017.2Q
주가(최고/저)(천원)	3.1/1.3	3.7/2.2	5.2/2.5	11.8/3.5	11.5/5.0	—/—
PER(최고/저)(배)	17.8/7.4	24.2/14.6	36.6/17.4	73.8/22.1	51.6/22.4	—/—
PBR(최고/저)(배)	2.8/1.2	2.9/1.8	3.7/1.8	7.6/2.3	6.5/2.8	4.4/3.4
EV/EBITDA(배)	5.4	6.0	12.3	28.9	16.0	—/—
EPS(원)	186	158	145	162	224	86
BPS(원)	1,189	1,315	1,434	1,574	1,765	1,794
CFPS(원)	237	211	194	217	266	100
DPS(원)	33	38	39	42	46	—
EBITDAPS(원)	257	234	216	264	281	145

재무 비율 〈단위 : %〉
연도	영업이익률	순이익률	부채비율	차입금비율	ROA	ROE	유보율	자기자본비율	EBITDA마진율
2016	19.3	17.8	46.0	0.1	10.7	16.3	253.1	68.5	22.7
2015	17.8	13.7	53.3	2.9	8.6	13.1	214.8	65.2	22.5
2014	14.6	12.7	49.8	0.0	8.4	12.6	186.9	66.7	19.0
2013	16.6	14.5	52.1	0.0	9.8	14.9	163.1	65.8	21.5

한국전자홀딩스 (A006200)
KEC Holdings

- 종 목 : 반도체 및 관련장비
- 신용등급 : (Bond) — (CP) —
- 페이지 : www.kecholdings.co.kr
- 회 사 : 서울시 서초구 마방로 10길 5
- 시 장 : 거래소
- 기업규모 : 시가총액 소형주
- 연 락 처 : 02)3497-5535

설 립 일 1969.09.09	종 업 원 수 24명	대 표 이 사 박명덕	
상 장 일 1979.11.30	감 사 의 견 적정 (삼정)	계 열	
결 산 기 12월	우 선 주 4,680만주	종속회사수 8개사	
액 면 가 500원	구 상 호		

주주구성 (지분율,%)		출자관계 (지분율,%)		주요경쟁사 (외형,%)	
곽정소	21.3	케이씨앰코	100.0	한국전자홀딩스	100
중경고자	6.6	티에스피에스	100.0	GST	65
(외국인)	2.3	케이이씨디바이스	100.0	다우인큐브	18

매출구성		비용구성		수출비중	
판매(기타)	126.4	매출원가율	88.8	수출	—
서비스(기타)	9.9	판관비율	12.8	내수	—
제조(기타)	-36.2				

회사 개요
동사는 1969년 설립되어 반도체 부품 제조 및 판매를 주요 사업으로 영위하고 있음. 2006년 인적분할을 통하여 지주회사로 전환하고 자회사로 케이씨, 케이씨앰코, 케이씨씨디바이스 등을 두고 있음. 동사는 자회사에 대한 배당, 경영컨설팅 및 임대료, 전산수수료 수입이 주 수입원임. 동사는 2017년 6월 30일 통계청의 표준산업분류개정에 따라 과학 및 기술서비스업에서 금융 및 보험업으로 업종 코드를 변경한다고 공시함.

실적 분석
동사는 2017년 상반기 매출액이 709.4억원으로 전년 동기에 비해 8.7% 증가했고, 영업손실은 13.5억원으로 전년 동기 22.3억원에서 적자폭이 줄었으나 적자가 지속되고 있음. 동사는 판매관리비의 증가율을 전년 동기에 비해 0.1%로 줄이며 수익성을 개선함. 비영업부문에서 외환손실이 흑자로 전환하고 관련기업투자 등 관련손익이 늘면서 당기순이익이 10.9억원을 기록함. 이는 전년 동기 40.2억원 적자에서 흑자전환한 것임.

현금 흐름 〈단위 : 억원〉		
항목	2016	2017.2Q
영업활동	-180	5
투자활동	411	-141
재무활동	-83	2
순현금흐름	148	-134
기말현금	262	128

시장 대비 수익률

결산 실적 〈단위 : 억원〉					
항목	2012	2013	2014	2015	2016	2017
매출액	2,465	2,382	1,895	1,324	1,394	—
영업이익	-180	-41	-3	-23	-22	—
당기순이익	-361	-83	11	-83	-130	—

분기 실적 〈단위 : 억원〉					
항목	2016.1Q	2016.2Q	2016.3Q	2016.4Q	2017.1Q	2017.2Q
매출액	324	329	396	346	349	360
영업이익	-18	-5	-23	24	-9	-5
당기순이익	-19	-21	-21	-69	-0	11

재무 상태 〈단위 : 억원〉					
항목	2012	2013	2014	2015	2016	2017.2Q
총자산	2,436	2,349	1,983	2,172	1,794	1,773
유형자산	236	210	184	222	2	2
무형자산	15	15	10	9	9	8
유가증권	125	6	1	82	85	86
총부채	1,118	1,133	776	977	620	598
총차입금	294	329	111	92	24	26
자본금	135	140	143	234	234	234
총자본	1,318	1,216	1,206	1,196	1,173	1,175
지배주주지분	1,317	1,217	1,208	1,198	1,178	1,178

기업가치 지표					
항목	2012	2013	2014	2015	2016	2017.2Q
주가(최고/저)(천원)	1.8/0.8	1.3/0.6	1.4/0.7	1.5/0.8	1.3/0.8	—/—
PER(최고/저)(배)	—/—	—/—	43.5/21.1	—/—	—/—	—/—
PBR(최고/저)(배)	0.5/0.2	0.4/0.2	0.4/0.2	0.6/0.3	0.5/0.3	0.4/0.3
EV/EBITDA(배)						
EPS(원)	-1,050	-232	32	-201	-275	21
BPS(원)	5,119	4,603	4,470	2,708	2,664	2,665
CFPS(원)	-1,220	-179	122	-162	-243	22
DPS(원)						
EBITDAPS(원)	-552	-35	69	-16	-15	-28

재무 비율 〈단위 : %〉								
연도	영업이익률	순이익률	부채비율	차입금비율	ROA	ROE	유보율	자기자본비율	EBITDA마진율
2016	-1.6	-9.3	52.9	2.1	-6.6	-10.8	432.7	65.4	-0.5
2015	-1.7	-6.3	81.7	7.7	-4.0	-6.9	441.5	55.0	-0.5
2014	-0.2	0.6	64.4	9.2	0.5	1.0	793.9	60.8	1.0
2013	-1.7	-3.5	93.2	14.3	-3.5	-6.4	820.6	51.8	-0.4

한국전파기지국 (A065530)
KRTnet

- 업 종 : 무선통신
- 신용등급 : (Bond) — (CP) —
- 홈페이지 : www.krtnet.co.kr
- 본 사 : 서울시 송파구 백제고분로 478, 순창빌딩 5층
- 시 장 : KOSDAQ
- 기업규모 : 우량
- 연 락 처 : 02)2077-3154

설 립 일 1996.12.30	종 업 원 수 127명	대 표 이 사 장석하,김창곤(각자대표이사)	
상 장 일 2002.05.25	감 사 의 견 적정 (세일)	계 열	
결 산 기 12월	우 선 주 529만주	종속회사수	
액 면 가 5,000원	구 상 호		

주주구성 (지분율,%)		출자관계 (지분율,%)		주요경쟁사 (외형,%)	
장석하	31.0			전파기지국	100
장병권	18.9			SK텔레콤	18,628
(외국인)	0.4			KT	24,788

매출구성		비용구성		수출비중	
기지국사용료유지보수	61.0	매출원가율	85.9	수출	0.0
통신시설구축	39.0	판관비율	3.2	내수	100.0

회사 개요
동사는 무선기지국 전문업체로서 지상, 지하철 및 각종 터널 구간의 공용무선기지국을 시공하고, 이에 대한 운용 및 유지보수 사업을 영위함. 매출의 57%는 기지국 사용료에서, 42%는 통신시설에서 발생되고 있음. 이동통신 기지국 공용화 사업은 정부의 적극적인 정책지원이 있으며 공용기지국(중계망) 구축시장은 통신 및 방송인프라구축 수요에 영향을 받을 수 있으나, 지하철·도로·터널건설에 따라 발생하는 음영지역을 해소하기 위한 기지국 소요는 증가세임.

실적 분석
2017년 상반기 연결기준 동사는 매출 429.4억원을 기록함. 전년도 동기 매출인 518.9억원에 비해 17.2% 감소함. 매출원가가 15.7% 감소했으나 매출이 줄고 인건비 상승으로 인해 판매비와 관리비가 8.1% 증가함. 이로 인해 전년도 같은 기간 64.1억원을 기록했던 영업이익이 2017년 상반기엔 33.4% 감소한 42.7억원을 시현하는 데 그침. 당기순이익 역시 29.7% 하락한 31.7억원을 기록함.

현금 흐름 *IFRS 별도 기준 〈단위 : 억원〉		
항목	2016	2017.2Q
영업활동	170	114
투자활동	-72	-16
재무활동	-267	-108
순현금흐름	-168	-11
기말현금	205	194

시장 대비 수익률

결산 실적 〈단위 : 억원〉					
항목	2012	2013	2014	2015	2016	2017
매출액	1,350	1,080	1,661	1,199	918	—
영업이익	99	110	205	118	100	—
당기순이익	97	80	146	82	66	—

분기 실적 *IFRS 별도 기준 〈단위 : 억원〉					
항목	2016.1Q	2016.2Q	2016.3Q	2016.4Q	2017.1Q	2017.2Q
매출액	308	207	193	209	238	186
영업이익	33	31	4	31	26	16
당기순이익	23	22	1	23	20	12

재무 상태 *IFRS 별도 기준 〈단위 : 억원〉					
항목	2012	2013	2014	2015	2016	2017.2Q
총자산	1,893	1,876	2,170	1,890	1,443	1,451
유형자산	905	1,099	1,279	1,151	992	904
무형자산	10	8	3	5	11	11
유가증권	9	9	9	9	9	9
총부채	1,337	1,267	1,442	1,106	647	662
총차입금	620	709	576	442	232	163
자본금	264	264	264	264	264	264
총자본	556	609	728	784	796	788
지배주주지분	556	609	728	784	796	788

기업가치 지표 *IFRS 별도 기준					
항목	2012	2013	2014	2015	2016	2017.2Q
주가(최고/저)(천원)	8.0/4.9	11.3/7.3	21.3/8.7	21.8/13.0	16.5/12.4	—/—
PER(최고/저)(배)	5.3/3.3	8.6/5.5	8.5/3.5	15.1/9.0	13.1/9.8	—/—
PBR(최고/저)(배)	0.9/0.6	1.1/0.7	1.7/0.7	1.6/0.9	1.1/0.8	1.1/0.9
EV/EBITDA(배)	2.9	3.1	2.6	2.3	2.6	—
EPS(원)	1,835	1,518	2,755	1,544	1,297	600
BPS(원)	10,511	11,520	13,779	14,825	15,623	15,742
CFPS(원)	4,917	5,033	6,811	6,029	5,543	2,621
DPS(원)	500	500	500	500	500	—
EBITDAPS(원)	4,961	5,596	7,937	6,719	6,135	2,828

재무 비율 〈단위 : %〉								
연도	영업이익률	순이익률	부채비율	차입금비율	ROA	ROE	유보율	자기자본비율	EBITDA마진율
2016	10.9	7.5	81.3	29.1	4.1	8.7	212.5	55.2	35.4
2015	9.9	6.8	141.1	56.4	4.0	10.8	196.5	41.5	29.6
2014	12.4	8.8	197.9	79.1	7.2	21.8	175.6	33.6	25.3
2013	10.2	7.4	208.0	116.4	4.3	13.8	130.4	32.5	27.4

한국정밀기계 (A101680)
HNK MACHINE TOOL

업 종 : 기계	시 장 : KOSDAQ
신용등급 : (Bond) — (CP) —	기업규모 :
홈페이지 : www.hnkkorea.com	연락처 : 070)7019-6500
본 사 : 경남 함안군 법수면 윤외공단길 83-1	

설 립 일 1988.04.21	종업원수 254명	대표이사 하종식
상 장 일 2009.05.19	감사의견 적정 (삼덕)	계 열
결 산 기 12월	보 통 주 840만주	종속회사수
액 면 가 500원	우 선 주	구 상 호

주주구성 (지분율,%)		출자관계 (지분율,%)		주요경쟁사 (외형,%)	
하종식	26.5	한국카이코	40.0	한국정밀기계	100
한국주강	13.1	한국주강	26.4	맥스로텍	174
(외국인)	0.4	한국중기계	25.0	카스	572

매출구성		비용구성		수출비중	
공작기계	69.3	매출원가율	108.7	수출	63.0
a/s 등	30.7	판관비율	23.1	내수	37.0

회사 개요
동사는 1998년 설립됐으며 공작기계와 산업기계 제조 및 판매를 주요 사업으로 영위하고 있음. 상장사인 한국주강과 비상장사인 한국중기계, 비상장사인 한국카이코를 계열사로 보유하고 있음. 동사 주력제품인 대형공작기계 시장은 동사와 한국공작기계가 과점체제를 이루고 있음. 두산인프라코어 역시 주요 경쟁사로 꼽힘. 동사의 주요 납품처로는 두산중공업, 두산엔진 등이 있음.

실적 분석
2017년 상반기 연결기준 동사 매출은 113.4억원임. 전년 동기 대비 3.6% 증가한 금액임. 매출이 성장하고 전년도 같은 기간 107.2억원이었던 매출원가가 5.9% 하락해 100.9억원을 기록함. 그러나 판매비와 관리비가 57% 증가함. 이에 영업손실이 25.4억원에서 31억원으로 늘며 적자폭이 확대됨. 비영업부문은 적자가 지속됨. 이에 당기순이익 역시 적자가 지속됨.

현금 흐름 *IFRS 별도 기준 〈단위 : 억원〉

항목	2016	2017.2Q
영업활동	3	-9
투자활동	6	-9
재무활동	-15	-6
순현금흐름	-10	-6
기말현금	33	27

시장 대비 수익률

결산 실적 〈단위 : 억원〉

항목	2012	2013	2014	2015	2016	2017
매출액	1,002	481	598	356	230	—
영업이익	2	-30	-157	-166	-73	—
당기순이익	22	-36	-115	-131	-212	—

분기 실적 *IFRS 별도 기준 〈단위 : 억원〉

항목	2016.1Q	2016.2Q	2016.3Q	2016.4Q	2017.1Q	2017.2Q
매출액	35	75	54	67	29	84
영업이익	-17	-8	-18	-29	-13	-18
당기순이익	-17	-26	-22	-148	-15	-76

재무 상태 *IFRS 별도 기준 〈단위 : 억원〉

항목	2012	2013	2014	2015	2016	2017.2Q
총자산	2,144	1,985	1,846	1,590	1,371	1,362
유형자산	182	177	164	151	135	133
무형자산	47	57	65	65	27	32
유가증권	154	105	73	83	105	93
총부채	569	464	465	319	284	381
총차입금	295	258	255	207	176	166
자본금	42	42	42	42	42	42
총자본	1,575	1,520	1,381	1,271	1,086	981
지배주주지분	1,575	1,520	1,381	1,271	1,086	981

기업가치 지표 *IFRS 별도 기준

항목	2012	2013	2014	2015	2016	2017.2Q
주가(최고/저)(천원)	22.2/8.5	14.6/7.9	12.2/5.3	7.2/3.7	4.9/3.4	—/—
PER(최고/저)(배)	83.4/31.9	—/—	—/—	—/—	—/—	—/—
PBR(최고/저)(배)	1.2/0.5	0.8/0.4	0.7/0.3	0.5/0.3	0.4/0.3	0.4/0.3
EV/EBITDA(배)	29.7					
EPS(원)	266	-433	-1,364	-1,560	-2,526	-1,089
BPS(원)	18,746	18,097	16,438	15,132	12,933	11,683
CFPS(원)	594	-119	-1,098	-1,201	-2,189	-1,026
DPS(원)						
EBITDAPS(원)	346	-41	-1,598	-1,617	-533	-306

재무 비율 〈단위 : % 〉

연도	영업이익률	순이익률	부채비율	차입금비율	ROA	ROE	유보율	자기자본비율	EBITDA마진율
2016	-31.8	-92.3	26.2	16.2	-14.3	-18.0	2,486.6	79.3	-19.5
2015	-46.7	-36.8	25.1	16.3	-7.6	-9.9	2,926.4	80.0	-38.2
2014	-26.2	-19.2	33.7	18.4	-6.0	-7.9	3,187.7	74.8	-22.5
2013	-6.2	-7.6	30.5	17.0	-1.8	-2.4	3,519.3	76.6	-0.7

한국정보공학 (A039740)
Korea Information Engineering Services

업 종 : 도소매	시 장 : KOSDAQ
신용등급 : (Bond) — (CP) —	기업규모 : 중견
홈페이지 : www.kies.co.kr	연락처 : 031)789-8690
본 사 : 경기도 성남시 분당구 황새울로359번길 7	

설 립 일 1990.12.10	종업원수 87명	대표이사 이세복
상 장 일 2000.07.06	감사의견 적정 (한미)	계 열
결 산 기 12월	보 통 주 802만주	종속회사수 5개사
액 면 가 500원	우 선 주	구 상 호

주주구성 (지분율,%)		출자관계 (지분율,%)		주요경쟁사 (외형,%)	
유용석	43.8	화이텍인베스트먼트	100.0	한국정보공학	100
허령	4.6	알엑스바이크	86.2	부방	200
(외국인)	0.4	네모커머스	78.1	대명코퍼레이션	169

매출구성		비용구성		수출비중	
상품매출	89.8	매출원가율	92.6	수출	—
운송서비스	5.5	판관비율	10.9	내수	—
기타	2.8				

회사 개요
동사는 한국HP, EMC, 애플 등의 국내 총판으로 서버, 스토리지, 컴퓨터 등의 전산장비 유통사업을 영위하고 있는 IT하드웨어 유통 업체. 부속적으로 시스템용역과 임대사업을 영위하고 있음. 동사의 주요 매출은 IT하드웨어 유통사업에서 발생하고 있음. 11개의 계열회사를 보유하고 있으며, 연결대상 종속회사로는 '화이텍인베스트먼트', '네모커머스', '알엑스바이크' 등을 보유하고 있음.

실적 분석
연결재무제표 기준 2017년 상반기 매출액은 전년동기 대비 31.4% 증가한 755.7억원을 기록함. 영업이익은 3.2억원으로 흑자전환하였으나 14.0억원의 당기순손실을 기록함. 동사는 HP 이외에도 EMC(2010년7월), 애플(2011년4월) 등과도 총판계약을 체결한 이후, 물품선을 다변화하고 있으며, 비용절감을 통한 수익성 개선 노력을 하고 있음. 화이텍인베스트먼트와 네모커머스는 각각 당기순이익 6.3억원, -4.3억원을 기록.

현금 흐름 〈단위 : 억원〉

항목	2016	2017.2Q
영업활동	-68	16
투자활동	23	-0
재무활동	-6	16
순현금흐름	-51	31
기말현금	44	76

시장 대비 수익률

결산 실적 〈단위 : 억원〉

항목	2012	2013	2014	2015	2016	2017
매출액	1,770	1,671	1,548	1,567	1,285	—
영업이익	8	13	9	19	-45	—
당기순이익	2	6	-7	5	-112	—

분기 실적 *IFRS 별도 기준 〈단위 : 억원〉

항목	2016.1Q	2016.2Q	2016.3Q	2016.4Q	2017.1Q	2017.2Q
매출액	293	282	330	380	282	47
영업이익	-8	-4	6	-39	-1	
당기순이익	-10	0	-6	-95	-11	

재무 상태 〈단위 : 억원〉

항목	2012	2013	2014	2015	2016	2017.2Q
총자산	1,093	1,047	1,050	1,022	852	99
유형자산	45	44	63	73	100	9
무형자산	117	91	77	69	39	3
유가증권	64	79	82	78	49	3
총부채	510	435	433	403	349	50
총차입금	238	180	161	103	98	10
자본금	40	40	40	40	40	4
총자본	583	612	617	619	503	49
지배주주지분	582	601	605	617	500	48

기업가치 지표

항목	2012	2013	2014	2015	2016	2017.2Q
주가(최고/저)(천원)	8.9/2.6	5.7/2.8	4.7/3.3	9.1/3.3	8.1/5.0	—/—
PER(최고/저)(배)	284.0/81.4	77.4/38.2	—/—	95.1/34.7	—/—	—/—
PBR(최고/저)(배)	1.2/0.4	0.8/0.4	0.6/0.4	1.2/0.4	1.3/0.8	1.1/0.
EV/EBITDA(배)	9.8	7.8	7.8	15.5		
EPS(원)	31	73	-67	96	-1,396	-15
BPS(원)	7,259	7,493	7,544	7,692	6,240	6,03
CFPS(원)	387	473	373	353	-1,143	
DPS(원)						
EBITDAPS(원)	457	567	554	488	-314	13

재무 비율 〈단위 : % 〉

연도	영업이익률	순이익률	부채비율	차입금비율	ROA	ROE	유보율	자기자본비율	EBITDA마진율
2016	-3.5	-8.7	69.5	19.5	-11.9	-20.0	1,148.0	59.0	2.
2015	1.2	0.3	65.2	16.6	0.5	1.3	1,438.3	60.5	2.
2014	0.6	-0.5	70.1	26.0	-0.7	-0.9	1,408.7	58.8	2.
2013	0.8	0.3	71.2	32.6	0.5	1.0	1,398.6	58.4	2.

한국정보인증 (A053300)
KOREA INFORMATION CERTIFICATE AUTHORITYORPORATED

종 목 : 일반 소프트웨어		시 장 : KOSDAQ	
용등급 : (Bond) — (CP) —		기업규모 : 중견	
페이지 : www.sgco.kr		연 락 처 : 1577-8787	
사 : 경기도 성남시 분당구 판교로 242 판교디지털파크(PDC) C동 5층			

설 립 일 1999.07.02	종 업 원 수 64명	대 표 이 사 김상준	
상 장 일 2014.02.04	감 사 의 견 적정 (한영)	계 열	
결 산 기 12월	보 통 주 3,117만주	종 속 회 사 수 1개사	
액 면 가 500원	우 선 주	구 상 호	

주주구성 (지분율,%)		출자관계 (지분율,%)		주요경쟁사 (외형,%)	
다우기술	31.2	에스지서비스	100.0	한국정보인증	100
엘지전자	6.4	키움프라이빗에쿼티	20.0	더존비즈온	506
(외국인)	1.1	에이쓰리	18.4	안랩	409

매출구성		비용구성		수출비중	
인증서	81.1	매출원가율	0.0	수출	1.0
솔루션	9.9	판관비율	80.1	내수	99.0
기타	9.0				

회사 개요
동사는 1999년 7월에 설립되었고 국내 최초의 공인인증기관으로서 공인인증서의 발급, 개발 및 판매, SSL(웹보안서버) 판매, #메일(공인전자주소) 중계사업 등을 영위하고 있음. 동사의 주요 사업부문인 공인인증과 PKI솔루션은 각각 매출 실적의 82.5%와 7.5%의 비중을 차지하였음. 정보보안에 대한 사회적 관심이 높아짐에 따라 국내 정보보안산업의 시장 규모도 크게 증가할 것으로 전강됨.

실적 분석
동사의 2017년 2분기 누적 매출액은 전년동기대비 2.8% 증가한 179억원을 기록함. 판매비와 관리비는 전년동기대비 소폭 증가하였으며 영업이익은 전년동기대비 15.2% 증가한 44억원을 기록함. 그러나 관련기업투자손실의 영향으로 당기순이익은 전년동기대비 31.1% 감소한 22.1억원을 기록함. 동사는 FIDO 인증 사업 공략을 강화하고 핀테크 사업을 확대하고 있어 향후 지속적인 수익 상승이 기대됨.

금 흐름 〈단위 : 억원〉

항목	2016	2017.2Q
영업활동	95	44
투자활동	-79	-189
재무활동	153	-16
순현금흐름	169	-161
기말현금	224	63

시장 대비 수익률

산 실적 〈단위 : 억원〉

항목	2012	2013	2014	2015	2016	2017
매출액	320	293	295	324	349	—
영업이익	45	47	42	55	70	—
당기순이익	40	40	37	50	59	—

기 실적 〈단위 : 억원〉

항목	2016.1Q	2016.2Q	2016.3Q	2016.4Q	2017.1Q	2017.2Q
매출액	87	87	86	89	88	91
영업이익	19	19	20	11	21	23
당기순이익	17	15	17	10	18	4

무 상태 〈단위 : 억원〉

항목	2012	2013	2014	2015	2016	2017.2Q
총자산	409	460	589	658	880	897
유형자산	67	95	107	94	82	76
무형자산	43	39	46	58	52	49
유가증권	4	4	4	4	44	197
총부채	138	146	158	175	184	190
총차입금						
자본금	108	108	135	135	156	156
총자본	272	314	432	482	696	707
지배주주지분	270	312	432	482	696	707

업가치 지표

항목	2012	2013	2014	2015	2016	2017.2Q
가(최고/저)(천원)	—/—	—/—	5.5/3.0	18.2/3.3	10.5/5.1	—/—
ER(최고/저)(배)	0.0/0.0	0.0/0.0	42.0/22.7	103.7/18.8	50.9/24.9	—/—
BR(최고/저)(배)	0.0/0.0	0.0/0.0	3.7/2.0	10.7/2.0	4.7/2.3	3.2/2.6
EV/EBITDA(배)	—	—	9.4	32.3	12.9	—
EPS(원)	177	179	135	177	208	71
BPS(원)	1,259	1,454	1,606	1,789	2,234	2,269
CFPS(원)	272	279	224	277	292	104
DPS(원)			30	30	35	50
EBITDAPS(원)	295	310	241	297	331	175

무 비율 〈단위 : % 〉

연도	영업이익률	순이익률	부채비율	차입금비율	ROA	ROE	유보율	자기자본비율	EBITDA마진율
2016	19.9	16.8	26.4	0.0	7.6	9.9	346.9	79.1	26.7
2015	17.1	15.4	36.3	0.0	8.0	10.9	257.9	73.4	24.7
2014	14.3	12.7	36.6	0.0	7.1	10.1	221.3	73.2	21.8
2013	16.0	13.7	46.7	0.0	9.3	13.8	190.7	68.2	22.8

한국정보통신 (A025770)
Korea Information & Communications

업 종 : 상업서비스		시 장 : KOSDAQ	
신용등급 : (Bond) — (CP) —		기업규모 : 우량	
홈페이지 : www.kicc.co.kr		연 락 처 : 02)368-0700	
본 사 : 서울시 중구 세종대로 39 대한서울상공회의소 7층			

설 립 일 1986.05.09	종 업 원 수 251명	대 표 이 사 권순배	
상 장 일 1998.01.20	감 사 의 견 적정 (한영)	계 열	
결 산 기 12월	보 통 주 3,881만주	종 속 회 사 수 1개사	
액 면 가 500원	우 선 주	구 상 호	

주주구성 (지분율,%)		출자관계 (지분율,%)		주요경쟁사 (외형,%)	
DE WEY & CIE SA	25.6	서울투자파트너스	100.0	한국정보통신	100
박헌서	20.8	한국정보통신서비스	37.0	한국항공우주	876
(외국인)	62.2	이노렌딩랩	20.0	에스원	544

매출구성		비용구성		수출비중	
CCMS, DDC, DSC 등 용역	95.7	매출원가율	82.8	수출	2.0
신용카드 단말기	4.3	판관비율	6.4	내수	98.0

회사 개요
동사는 카드단말기, 포스(POS) 시스템이 설치된 100만 가맹점 네트워크와 카드사, 은행, 정유사, 포인트 제공사 등과 대외 인터페이스 및 이들을 연결하는 밴(VAN) 시스템을 통해 부가가치를 창출하는 차별화된 서비스를 제공하는 금융VAN 사업자임. VAN사업자 가운데 유일하게 자체 기술연구소를 보유하고 있음. 동사의 연결대상 종속회사인 서울투자파트너스는 창업투자 전문회사임. 전문 투자 인력 7명을 보유하고 있음.

실적 분석
전반적인 경기침체에도 불구하고, 소비자의 카드 결제 혜택이 확대됨에 따라 신용결제 문화가 정착되어 신용결제 비중은 꾸준히 증가하고 있는 추세임. 이에 따라 동사 2017년 2분기기준 누적 매출액은 전년동기대비 10.5% 상승한 1,806.8억원을 기록하였음. 그러나 매출원가도 그만큼 증가하여 전년동기대비 영업이익은 211.7억원으로 -8.1% 하락하였음. 최종적으로 전년동기대비 당기순이익은 하락하여 151.4억원을 기록함.

현금 흐름 〈단위 : 억원〉

항목	2016	2017.2Q
영업활동	503	350
투자활동	-449	-337
재무활동	-30	-18
순현금흐름	23	-5
기말현금	120	115

시장 대비 수익률

결산 실적 〈단위 : 억원〉

항목	2012	2013	2014	2015	2016	2017
매출액	1,844	2,068	2,271	2,716	3,364	—
영업이익	177	238	244	324	362	—
당기순이익	83	162	159	221	280	—

분기 실적 〈단위 : 억원〉

항목	2016.1Q	2016.2Q	2016.3Q	2016.4Q	2017.1Q	2017.2Q
매출액	783	851	892	838	863	944
영업이익	1.17	114	108	24	103	109
당기순이익	91	94	81	15	76	75

재무 상태 〈단위 : 억원〉

항목	2012	2013	2014	2015	2016	2017.2Q
총자산	1,301	1,526	1,778	2,080	2,376	2,528
유형자산	310	331	306	304	282	254
무형자산	29	32	32	25	24	24
유가증권	13	12	29	31	81	79
총부채	637	703	795	885	906	924
총차입금	202	181	172	170	140	140
자본금	194	194	194	194	194	194
총자본	664	823	983	1,195	1,471	1,604
지배주주지분	664	823	983	1,195	1,471	1,604

기업가치 지표

항목	2012	2013	2014	2015	2016	2017.2Q
주가(최고/저)(천원)	6.2/2.9	5.8/3.4	10.8/4.2	23.1/8.0	14.2/9.9	—/—
PER(최고/저)(배)	28.6/13.5	13.8/8.1	26.3/10.2	40.5/14.1	19.6/13.7	—/—
PBR(최고/저)(배)	3.6/1.7	2.7/1.6	4.3/1.7	7.5/2.6	3.7/2.6	2.8/2.4
EV/EBITDA(배)	3.7	3.6	6.0	9.1	6.3	—
EPS(원)	215	417	410	569	721	390
BPS(원)	1,712	2,120	2,533	3,080	3,789	4,179
CFPS(원)	638	818	950	1,049	1,216	619
DPS(원)						
EBITDAPS(원)	878	1,015	1,169	1,315	1,428	774

재무 비율 〈단위 : % 〉

연도	영업이익률	순이익률	부채비율	차입금비율	ROA	ROE	유보율	자기자본비율	EBITDA마진율
2016	10.8	8.3	61.6	9.5	12.6	21.0	657.8	61.9	16.5
2015	11.9	8.1	74.0	14.2	11.5	20.3	516.0	57.5	18.8
2014	10.8	7.0	80.9	17.5	9.6	17.6	406.6	55.3	20.0
2013	11.5	7.8	85.5	22.0	11.5	21.8	324.0	53.9	19.1

한국제지 (A002300)
Hankuk Paper Mfg

업 종 : 종이 및 목재		시 장 : 거래소	
신용등급 : (Bond) —	(CP) —	기업규모 : 시가총액 소형주	
홈페이지 : www.hankukpaper.com		연 락 처 : 02)3475-7200	
본 사 : 서울시 강남구 테헤란로 504, 해성빌딩 19층			

설 립 일 1958.02.25	종업원수 515명	대표이사 이복진	
상 장 일 1971.06.23	감사의견 적정 (한영)	계 열	
결 산 기 12월	보 통 주 500만주	종속회사수 4개사	
액 면 가 5,000원	우 선 주	구 상 호	

주주구성 (지분율,%)		출자관계 (지분율,%)		주요경쟁사 (외형,%)	
단재완	19.7	오미아한국케미칼	49.0	한국제지	100
한국투자밸류자산운용	14.6	한국팩키지	40.0	깨끗한나라	108
(외국인)	7.3	HK특수지상사	19.6	선창산업	84

매출구성		비용구성		수출비중	
비도공지(제품)	55.2	매출원가율	86.8	수출	29.0
도공지(상품)	42.2	판관비율	9.4	내수	71.0
도공지(제품)	2.6				

회사 개요
동사는 백상지 및 아트지 등 인쇄용지 제조 및 판매를 영위할 목적으로 1958년 설립됨. 인쇄용지 제조산업은 대표적인 기간산업으로 산업의 특성상 주요 원재료 중 펄프는 해외에서 수입하고 있음. 동사의 종속회사로는 식품용 포장용지를 제조하는 한국팩키지와 화학 강소성 공장에서 특수지를 제조하는 국일제지 등이 있음. 인쇄용지 생산능력은 연간 60만톤으로 내수 판매량 1위임.

실적 분석
동사의 2017년 2분기 연결기준 누적 매출액은 전년 동기 수준을 유지하고 있음. 국내외 경기침체에 따른 소비 둔화, 수출경기회복 지연, 판매경쟁 심화 등 다양한 악조건으로 인해 영업이익 및 당기순이익은 각각 13.5%, 15.2% 감소함. 수익성을 개선시킴. 영업환경이 호전되기까지는 상당한 시간이 필요할 것으로 예상되며 중국 내 고부가가치 특수지 시장을 통하여 성장을 도모함.

현금 흐름 〈단위 : 억원〉

항목	2016	2017.2Q
영업활동	269	126
투자활동	-144	-112
재무활동	-142	110
순현금흐름	-15	121
기말현금	123	243

시장 대비 수익률

결산 실적 〈단위 : 억원〉

항목	2012	2013	2014	2015	2016	2017
매출액	6,880	7,272	6,601	6,552	6,527	—
영업이익	72	76	77	169	249	—
당기순이익	116	84	52	97	168	—

분기 실적 〈단위 : 억원〉

항목	2016.1Q	2016.2Q	2016.3Q	2016.4Q	2017.1Q	2017.2Q
매출액	1,580	1,649	1,613	1,685	1,654	1,642
영업이익	19	68	69	93	29	46
당기순이익	38	57	82	-9	53	28

재무 상태 〈단위 : 억원〉

항목	2012	2013	2014	2015	2016	2017.2Q
총자산	6,526	7,065	6,728	7,199	7,305	7,425
유형자산	3,542	3,925	3,796	3,699	3,620	3,603
무형자산	15	34	31	106	66	64
유가증권	13	12	10	17	16	214
총부채	1,555	2,025	1,687	2,076	2,075	2,157
총차입금	665	925	731	1,138	1,062	1,312
자본금	250	250	250	250	250	250
총자본	4,971	5,039	5,041	5,124	5,230	5,268
지배주주지분	4,734	4,815	4,819	4,882	5,000	5,032

기업가치 지표

항목	2012	2013	2014	2015	2016	2017.2Q
주가(최고/저)(천원)	20.9/16.2	27.9/19.8	32.4/23.1	38.0/27.8	34.1/27.3	—/—
PER(최고/저)(배)	10.2/7.9	15.7/11.1	30.4/21.7	21.2/15.5	9.9/7.9	—/—
PBR(최고/저)(배)	0.2/0.2	0.3/0.2	0.4/0.3	0.4/0.3	0.4/0.3	0.3/0.3
EV/EBITDA(배)	5.4	7.1	7.1	7.6	5.4	—
EPS(원)	2,236	1,887	1,114	1,853	3,530	1,410
BPS(원)	95,031	96,670	96,754	98,054	100,393	101,024
CFPS(원)	5,574	5,924	5,237	6,001	7,738	3,541
DPS(원)	450	450	350	450	600	
EBITDAPS(원)	4,776	5,551	5,655	7,534	9,174	3,622

재무 비율 〈단위 : %〉

연도	영업이익률	순이익률	부채비율	차입금비율	ROA	ROE	유보율	자기자본비율	EBITDA마진율
2016	3.8	2.6	39.7	20.3	2.3	3.6	1,907.9	71.6	7.0
2015	2.6	1.5	40.5	22.2	1.4	1.9	1,861.9	71.2	5.8
2014	1.2	0.8	33.5	14.5	0.8	1.2	1,835.1	74.9	4.3
2013	1.0	1.2	40.2	18.4	1.2	2.0	1,833.4	71.3	3.8

한국종합기술 (A023350)
Korea Engineering Consultants

업 종 : 건설		시 장 : 거래소	
신용등급 : (Bond) —	(CP) —	기업규모 : 시가총액 소형주	
홈페이지 : www.kecc.co.kr		연 락 처 : 031)735-4555	
본 사 : 경기도 성남시 중원구 산성대로476번길 6 (금광동)			

설 립 일 1963.03.09	종업원수 1,176명	대표이사 이인제	
상 장 일 2011.04.28	감사의견 적정 (삼일)	계 열	
결 산 기 12월	보 통 주 1,095만주	종속회사	
액 면 가 500원	우 선 주	구 상 호	

주주구성 (지분율,%)		출자관계 (지분율,%)		주요경쟁사 (외형,%)	
한진중공업홀딩스	67.1	건설기술용역공제조합	4.0	한국종합기술	100
		엔지니어링공제조합	2.3	범양건영	55
(외국인)	1.7			까뮤이앤씨	70

매출구성		비용구성		수출비중	
[설계]환경 외	31.8	매출원가율	88.7	수출	5.0
시공	25.4	판관비율	9.2	내수	95.0
감리	21.9				

회사 개요
동사는 한진중공업 계열의 토목 엔지니어링 전문업체로 발주처가 정부기관 위주로 형성되어 있어 정부의 사회간접자본 확충 정책에 영향을 받음. 도화엔지니어링, 삼안, 유신에 이어 국내 4위권의 시장점유율을 유지하고 있음. 환경신기술 및 건설신기술 그리고 특허 3건을 취득한 바이오리액터 기술(쓰레기 매립장 가스 증산기술)을 활용한 매립가스자원화사업에도 적극 참여하여 녹색 환경사업에서 경쟁사와는 차별화된 성과를 올리고 있음.

실적 분석
동사의 2017년 2분기기준 누적 매출액은 전년동기대비 -6.6% 하락한 969.6억원을 기록하였음. 비용면에서 전년동기대비 매출원가는 감소 하였으며 인건비는 증가 했고 기타 판매비와관리비도 마찬가지로 증가함. 그에 따라 매출액 하락 등에 의해 전년동기대비 영업이익은 8.6억원으로 -78.1% 크게 하락하였음. 최종적으로 전년동기대비 당기순이익은 크게 하락하여 0.2억원을 기록함.

현금 흐름 *IFRS 별도 기준 〈단위 : 억원〉

항목	2016	2017.2Q
영업활동	17	24
투자활동	-27	-2
재무활동	-41	-36
순현금흐름	-51	-14
기말현금	124	110

시장 대비 수익률

결산 실적 〈단위 : 억원〉

항목	2012	2013	2014	2015	2016	2017
매출액	1,808	1,710	1,644	1,840	1,994	—
영업이익	50	51	44	35	42	—
당기순이익	13	54	29	12	31	—

분기 실적 *IFRS 별도 기준 〈단위 : 억원〉

항목	2016.1Q	2016.2Q	2016.3Q	2016.4Q	2017.1Q	2017.2Q
매출액	510	528	398	558	538	43
영업이익	14	25	6	-3	5	
당기순이익	13	18	3	-4	1	

재무 상태 *IFRS 별도 기준 〈단위 : 억원〉

항목	2012	2013	2014	2015	2016	2017.2Q
총자산	1,856	2,078	2,256	2,256	2,424	2,34
유형자산	403	691	740	721	717	71
무형자산	36	35	35	34	33	3
유가증권	245	149	149	155	157	16
총부채	665	848	1,029	1,043	1,200	1,12
총차입금		176	400	393	363	1,12
자본금	55	55	55	55	55	5
총자본	1,191	1,230	1,227	1,214	1,224	1,21
지배주주지분	1,191	1,230	1,227	1,214	1,224	1,21

기업가치 지표 *IFRS 별도 기준

항목	2012	2013	2014	2015	2016	2017.2Q
주가(최고/저)(천원)	8.6/3.6	7.3/4.3	7.3/4.4	6.5/4.4	6.7/4.8	—/—
PER(최고/저)(배)	78.6/33.2	15.9/9.3	29.1/17.5	62.1/42.5	24.5/17.5	—/—
PBR(최고/저)(배)	0.9/0.4	0.7/0.4	0.7/0.4	0.6/0.4	0.6/0.4	1.1/0.
EV/EBITDA(배)	3.8	6.1	11.1	13.4	13.5	—
EPS(원)	121	495	265	108	280	
BPS(원)	10,881	11,233	11,209	11,086	11,178	11,12
CFPS(원)	190	558	422	303	470	9
DPS(원)	100	100	100	100	100	
EBITDAPS(원)	527	525	554	515	577	17

재무 비율 〈단위 : %〉

연도	영업이익률	순이익률	부채비율	차입금비율	ROA	ROE	유보율	자기자본비율	EBITDA마진율
2016	2.1	1.5	98.1	29.6	1.3	2.5	2,135.7	50.5	3.
2015	1.9	0.6	85.9	32.3	0.5	1.0	2,117.3	53.8	3.
2014	2.7	1.8	83.8	32.6	1.3	2.4	2,141.8	54.4	3.
2013	3.0	3.2	69.0	14.3	2.8	4.5	2,146.7	59.2	3.

한국주강 (A025890)
HanKook Steel

종 목 : 금속 및 광물		시 장 : 거래소	
용 등 급 : (Bond) — (CP) —		기업규모 : 시가총액 소형주	
페 이 지 : www.hascokorea.co.kr		연 락 처 : 055)585-7001	
사 : 경남 함안군 군북면 장백로 228			

설 립 일 1987.08.26	종 업 원 수 71명	대 표 이 사 하종식,하만규	
상 장 일 1997.07.18	감 사 의 견 적정 (삼덕)	계 열	
결 산 기 12월	보 통 주 1,131만주	종속회사수	
액 면 가 500원	우 선 주	구 상 호	

주주구성 (지분율,%)
한국정밀기계	26.4
한국홀딩스	16.1
(외국인)	0.3

출자관계 (지분율,%)
한국스틸	50.0
한국중기계	25.0
한국정밀기계	13.0

주요경쟁사 (외형,%)
한국주강	100
하이스틸	562
티플랙스	379

매출구성
주강품(기타)	62.7
압축분철(기타)	36.7
상품(상품)	0.3

비용구성
매출원가율	92.2
판관비율	8.6

수출비중
수출	2.0
내수	98.0

회사 개요
동사는 1986년 설립된 주물강과 주물철 등을 제조하는 업체임. 주물강은 조선, 산업플랜트, 광산기계, 발전설비 등에 사용되고, 주물철은 중장비, 공작기계, 산업기계 등에 사용됨. 동사는 상장사인 한국정밀기계를 비롯해 비상장사인 한국스틸, 한국중기계 등 동사를 포함 4개 계열회사를 두고 있음. 국내 시장에서 주강품을 생산하는 업체는 약 500여개며 단위중량 5톤 이상의 대형제품 생산업체는 두산중공업에 이어 동사가 업계 2위임.

실적 분석
동사는 2017년 상반기 매출액이 154.9억원으로 전년 동기 대비 2.0% 증가했고, 영업손실은 6.5억원으로 전년 동기 7.6억원 흑자에서 적자로 전환함. 동사는 주요 원재료인 고철 가격의 상승으로 매출원가의 증가분이 매출 증가 폭(3.1억원)을 상회하는 16.5억원이었음. 이로 인해 수익성이 악화되었음. 비영업부문에서도 18.2억원의 손실을 기록해 당기순이익이 19.7억원을 기록함.

현금 흐름
*IFRS 별도 기준 〈단위 : 억원〉
항목	2016	2017.2Q
영업활동	27	16
투자활동	-40	-9
재무활동	-13	6
순현금흐름	-13	6
기말현금	7	13

시장 대비 수익률

결산 실적
〈단위 : 억원〉
항목	2012	2013	2014	2015	2016	2017
매출액	468	351	378	337	265	—
영업이익	2	-25	2	17	-2	—
당기순이익	47	13	-21	14	-36	—

분기 실적
*IFRS 별도 기준 〈단위 : 억원〉
항목	2016.1Q	2016.2Q	2016.3Q	2016.4Q	2017.1Q	2017.2Q
매출액	70	81	51	62	79	76
영업이익	3	4	-6	-4	-2	-4
당기순이익	3	-12	-7	-20	-1	-19

재무 상태
*IFRS 별도 기준 〈단위 : 억원〉
항목	2012	2013	2014	2015	2016	2017.2Q
총자산	761	782	757	704	648	621
유형자산	94	83	78	77	73	55
무형자산	3	1	0	0	0	0
유가증권	124	118	65	43	47	45
총부채	48	54	93	43	21	16
총차입금	—	—	50	—	—	—
자본금	57	57	57	57	57	57
총자본	713	728	665	661	627	605
지배주주지분	713	728	665	661	627	605

기업가치 지표
*IFRS 별도 기준
항목	2012	2013	2014	2015	2016	2017.2Q
주가(최고/저)(천원)	6.2/2.8	4.3/3.4	3.6/2.4	3.6/2.3	3.8/2.6	—/—
PER(최고/저)(배)	14.8/6.7	36.0/28.7	—/—	29.7/19.3	—/—	—/—
PBR(최고/저)(배)	1.0/0.4	0.7/0.5	0.6/0.4	0.6/0.4	0.7/0.5	0.7/0.5
EV/EBITDA(배)	8.6		7.2	3.6	29.8	—/—
EPS(원)	418	119	-186	120	-321	-174
BPS(원)	6,387	6,520	5,960	5,928	5,626	5,434
CFPS(원)	538	232	-86	193	-275	-154
DPS(원)						—
EBITDAPS(원)	139	-103	114	225	28	-37

재무 비율
〈단위 : % 〉
연도	영업이익률	순이익률	부채비율	차입금비율	ROA	ROE	유보율	자기자본비율	EBITDA마진율
2016	-0.8	-13.7	3.4	0.0	-5.4	-5.6	1,025.1	96.7	1.2
2015	5.1	4.0	6.5	0.0	1.9	2.1	1,085.7	93.9	7.6
2014	0.4	-5.6	13.9	7.5	-2.7	-3.0	1,092.0	87.8	3.4
2013	-7.0	3.8	7.4	0.0	1.7	1.9	1,204.0	93.1	-3.3

한국주철관공업 (A000970)
Korea Cast Iron Pipe Ind

업 종 : 금속 및 광물		시 장 : 거래소	
신용 등 급 : (Bond) — (CP) —		기업규모 : 시가총액 소형주	
홈 페 이 지 : www.kcip.co.kr		연 락 처 : 051)291-5481	
본 사 : 부산시 사하구 을숙도대로 525			

설 립 일 1953.04.27	종 업 원 수 211명	대 표 이 사 흥동국,김길출,김태형	
상 장 일 1969.12.12	감 사 의 견 적정 (신한)	계 열	
결 산 기 03월	보 통 주 2,280만주	종속회사수 4개사	
액 면 가 500원	우 선 주	구 상 호	

주주구성 (지분율,%)
김길출	12.7
마천캐스트	12.3
(외국인)	1.3

출자관계 (지분율,%)
에이스스틸	100.0
진방스틸	100.0
한방강재	100.0

주요경쟁사 (외형,%)
한국주철관	100
풍산홀딩스	77
KISCO홀딩스	273

매출구성
주철관	82.8
기타(화장품)	9.4
강관	7.8

비용구성
매출원가율	76.1
판관비율	17.3

수출비중
수출	3.0
내수	97.0

회사 개요
1953년 4월 설립되어 상하수도용 주철관 및 각종 강관을 생산하였음. 1963년 현재의 상호로 변경함. 1968년 국내 최초로 덕타일주철관을 생산하며, 1969년 유가증권 시장에 상장됨. 강관제조기업인 진방스틸코리아와 한국강재, 화장품 제조기업인 엔프라니를 계열사로 두고 있음. 상수도관 시장은 크게 강관, 주철관, PVC관, PE관 및 기타 군소관종 등의 시장으로 구분됨. 사업개시 후 6년만에 홀리카 브랜드샵 전국 60여개점으로 확대.

실적 분석
동사의 2017년 1분기 연결 기준 매출과 영업이익은 1,089.5억원, 46.1억원으로 전년 동기 대비 각각 14.1% 증가, 34.6% 감소함. 판관비 감소에도 불구하고 매출원가의 증가폭이 매출 증가 폭을 압도함. 동사의 계열사 중 화장품 생산판매 업체인 엔프라니㈜는 185.9억원으로 매출이 급감하며 당기순손실 기록함. 주철관 부문 시장점유율은 73%으로 압도적임.

현금 흐름
〈단위 : 억원〉
항목	2016	2017.1Q
영업활동	206	84
투자활동	-35	9
재무활동	-216	9
순현금흐름	-49	106
기말현금	290	396

시장 대비 수익률

결산 실적
〈단위 : 억원〉
항목	2012	2013	2014	2015	2016	2017
매출액	3,270	3,265	3,155	3,333	3,873	—
영업이익	72	65	103	131	253	—
당기순이익	49	51	103	149	249	—

분기 실적
〈단위 : 억원〉
항목	2015.4Q	2016.1Q	2016.2Q	2016.3Q	2016.4Q	2017.1Q
매출액	706	955	805	1,132	981	1,090
영업이익	27	71	27	71	84	46
당기순이익	30	72	38	57	83	45

재무 상태
〈단위 : 억원〉
항목	2012	2013	2014	2015	2016	2017.1Q
총자산	3,332	3,194	3,007	3,234	3,347	#N/A
유형자산	1,284	1,262	1,239	1,359	1,372	#N/A
무형자산	101	94	101	106	106	1,364
유가증권	191	233	301	260	140	107
총부채	1,147	1,002	764	880	796	140
총차입금	402	518	284	307	121	132
자본금	120	120	120	120	120	120
총자본	2,184	2,191	2,244	2,354	2,551	2,596
지배주주지분	2,164	2,174	2,200	2,286	2,478	2,523

기업가치 지표
항목	2012	2013	2014	2015	2016	2017.1Q
주가(최고/저)(천원)	3.8/2.7	4.1/3.2	17.9/3.6	23.0/9.2	13.1/8.8	10.7/9.0
PER(최고/저)(배)	14.3/10.1	18.4/14.3	56.5/11.4	43.8/17.6	12.5/8.5	—/—
PBR(최고/저)(배)	0.5/0.3	0.5/0.4	1.9/0.4	2.4/0.9	1.2/0.8	1.0/0.8
EV/EBITDA(배)	5.5	6.2	19.2	11.2	5.4	—/—
EPS(원)	304	243	331	544	1,070	199
BPS(원)	9,611	9,657	9,770	10,146	10,988	11,187
CFPS(원)	725	663	726	904	1,489	300
DPS(원)	175	150	125	150	200	—
EBITDAPS(원)	736	705	849	937	1,529	303

재무 비율
〈단위 : % 〉
연도	영업이익률	순이익률	부채비율	차입금비율	ROA	ROE	유보율	자기자본비율	EBITDA마진율
2016	6.5	6.4	31.2	4.7	7.6	10.3	1,987.7	76.2	9.0
2015	3.9	4.5	37.4	13.1	4.8	5.5	1,827.8	72.8	6.4
2014	3.3	3.3	34.1	12.7	3.3	3.5	1,756.3	74.6	6.1
2013	2.0	1.6	45.8	23.7	1.6	2.6	1,734.8	68.6	4.9

한국지역난방공사 (A071320)
Korea District Heating

업　　　종 : 전력		시　　　장 : 거래소	
신용등급 : (Bond) — 　(CP) —		기업규모 : 시가총액 중형주	
홈페이지 : www.kdhc.co.kr		연 락 처 : 031)780-4114	
본　　　사 : 경기도 성남시 분당구 분당로 368			

설 립 일	1985.11.01	종업원수	1,743명
상 장 일	2010.01.29	감사의견	적정 (한영)
결 산 기	12월	보 통 주	1,158만주
액 면 가	5,000원	우 선 주	
대표이사	김경원		
계 열			
종속회사수			
구 상 호			

주주구성 (지분율,%)
지식경제부	34.6
한국전력공사	19.6
(외국인)	4.9

출자관계 (지분율,%)
한국지역난방기술	50.0
휴세스	49.0
서남바이오에너지	39.0

주요경쟁사 (외형,%)
지역난방공사	100
한국전력	3,500
한전KPS	71

매출구성
주택용(열)	47.9
발전사업(전기)	38.7
업무용열	6.2

비용구성
매출원가율	86.1
판관비율	4.5

수출비중
수출	0.0
내수	100.0

회사 개요
동사는 지역난방사업, 지역냉방사업, 전력사업, 신·재생에너지사업 및 구역형집단에너지사업등을 영위하고 있으며, 세종신도시, 광주전남혁신도시, 화성동탄2지구, 평택국제화계획지구 등에 신규사업을 추진하고 있음. 2015년 기준 동사의 난방시장 점유율은 54.8%임. 신규사업자들이 난방 시장에 꾸준히 진출하고 있으나 동사는 상대적으로 저렴한 가격에 난방을 공급해 우위에 있음.

실적 분석
2017년 상반기 연결기준 동사는 매출 9,869.9억원을 시현함. 전년도 같은 기간 매출인 1조121.4억원에 비해 2.5% 축소된 금액임. 매출이 감소한 데 이어 매출원가가 2.8% 증가하고 인건비 상승으로 판매비와 관리비 역시 11.7% 증가함. 이에 동사의 영업이익은 전년도 같은 기간 1690.2억원에서 30.6% 감소한 1,172.6억원을 기록함. 비영업부문 적자 또한 지속돼 당기순이익은 전년 동기 대비 29.4% 축소됨.

현금 흐름　*IFRS 별도 기준
〈단위 : 억원〉
항목	2016	2017.2Q
영업활동	3,125	3,571
투자활동	-4,774	-2,878
재무활동	1,665	1,752
순현금흐름	16	2,444
기말현금	54	2,499

시장 대비 수익률

결산 실적
〈단위 : 억원〉
항목	2012	2013	2014	2015	2016	2017
매출액	28,096	28,786	23,691	20,019	17,199	—
영업이익	2,437	2,297	856	2,099	1,617	—
당기순이익	1,450	1,158	663	1,158	1,267	—

분기 실적　*IFRS 별도 기준
〈단위 : 억원〉
항목	2016.1Q	2016.2Q	2016.3Q	2016.4Q	2017.1Q	2017.2Q
매출액	7,694	2,428	2,047	5,031	7,287	2,583
영업이익	1,766	-76	-481	407	1,188	-15
당기순이익	1,220	-162	-298	507	837	-90

재무 상태　*IFRS 별도 기준
〈단위 : 억원〉
항목	2012	2013	2014	2015	2016	2017.2Q
총자산	45,120	50,079	47,416	48,438	51,338	53,389
유형자산	36,952	42,098	39,528	42,095	45,364	47,031
무형자산	326	540	293	329	456	818
유가증권	0	0	0	0	0	0
총부채	29,603	34,074	31,084	31,222	33,288	35,032
총차입금	22,366	25,455	21,543	21,900	23,994	26,190
자본금	579	579	579	579	579	579
총자본	15,518	16,005	16,331	17,217	18,050	18,358
지배주주지분	15,518	16,005	16,331	17,217	18,050	18,358

기업가치 지표　*IFRS 별도 기준
항목	2012	2013	2014	2015	2016	2017.2Q
주가(최고/저)(천원)	65.7/37.9	89.1/62.4	72.3/47.5	75.0/44.4	73.2/53.3	—/—
PER(최고/저)(배)	6.3/3.6	10.7/7.5	14.7/9.6	8.4/5.0	7.1/5.1	—/—
PBR(최고/저)(배)	0.6/0.4	0.8/0.5	0.6/0.4	0.6/0.3	0.5/0.4	0.5/0.4
EV/EBITDA(배)	7.4	8.1	9.6	7.2	9.1	—
EPS(원)	13,219	9,998	5,726	10,003	10,943	6,453
BPS(원)	134,017	138,230	141,046	148,691	155,889	158,546
CFPS(원)	28,743	28,828	23,477	25,886	27,130	14,720
DPS(원)	3,750	2,990	2,110	3,620	3,800	—
EBITDAPS(원)	35,487	37,260	25,140	34,014	30,148	18,394

재무 비율
〈단위 : % 〉
연도	영업이익률	순이익률	부채비율	차입금비율	ROA	ROE	유보율	자기자본비율	EBITDA마진율
2016	9.4	7.4	184.4	132.9	2.5	7.2	3,017.8	35.2	20.3
2015	10.5	5.8	181.4	127.2	2.4	6.9	2,873.8	35.5	19.7
2014	3.6	2.8	190.3	131.9	1.4	4.1	2,720.9	34.4	12.3
2013	8.0	4.0	212.9	159.0	2.3	7.4	2,663.7	32.0	15.6

한국철강 (A104700)
KISCO

업　　　종 : 금속 및 광물		시　　　장 : 거래소	
신용등급 : (Bond) A 　(CP) —		기업규모 : 시가총액 중형주	
홈페이지 : www.kisco.co.kr		연 락 처 : 055)260-0500	
본　　　사 : 경남 창원시 성산구 공단로103번길 12			

설 립 일	2008.09.03	종업원수	550명
상 장 일	2008.09.29	감사의견	적정 (삼일)
결 산 기	12월	보 통 주	921만주
액 면 가	5,000원	우 선 주	
대표이사	장세홍,조완제		
계 열			
종속회사수			
구 상 호			

주주구성 (지분율,%)
KISCO홀딩스	40.8
신금순	14.1
(외국인)	18.2

출자관계 (지분율,%)
BNK금융지주	0.4
STX중공업	0.2
교보생명보험	0.1

주요경쟁사 (외형,%)
한국철강	100
세아홀딩스	608
제낙스	1

매출구성
철근	81.4
단조강	13.5
INGOT 外	2.7

비용구성
매출원가율	86.0
판관비율	6.0

수출비중
수출	4.0
내수	96.0

회사 개요
동사의 최대주주 키스코홀딩스는 1957년 한국철강이란 이름으로 설립되었고, 2008년 9월 인적분할해 투자사업부문을 키스코홀딩스로 사명을 변경하고, 신설법인을 동사인 한국철강으로 물적분할함. 키스코홀딩스에 소속된 기업은 영흥철강, 라보상사, 서륭 등 총 19개임. 동사는 경남 창원의 공장에서 철근, 단조강, 파이프를 생산하고 있고, 2017년 2분기 기준 매출에서 철근이 차지하는 비중이 86.7%이고, 국내 철근시장에서 동사의 점유율은 9.2%임.

실적 분석
동사는 2017년 상반기 매출액이 3,494.4억원으로 전년 동기 대비 9.8% 증가했으나, 영업이익은 285.9억원으로 전년 동기 대비 23.5% 감소했음. 동사는 원재료인 고철의 가격이 인상되며 원가율이 높아져, 인건비 등 판매관리비를 전년 동기보다 15.0% 감소했는데도 수익성이 악화됨. 비영업손익은 51.4억원, 당기순이익은 258.4억원을 기록함. 동사는 2018년 1월 31일까지인 조달청에 납품할 철근 수주잔액이 497억원임.

현금 흐름　*IFRS 별도 기준
〈단위 : 억원〉
항목	2016	2017.2Q
영업활동	780	502
투자활동	-383	78
재무활동	-83	-83
순현금흐름	314	497
기말현금	757	1,254

시장 대비 수익률

결산 실적
〈단위 : 억원〉
항목	2012	2013	2014	2015	2016	2017
매출액	9,870	8,211	7,471	6,845	6,634	—
영업이익	145	13	125	651	530	—
당기순이익	185	94	180	536	465	—

분기 실적　*IFRS 별도 기준
〈단위 : 억원〉
항목	2016.1Q	2016.2Q	2016.3Q	2016.4Q	2017.1Q	2017.2Q
매출액	1,400	1,782	1,633	1,818	1,613	1,881
영업이익	108	265	76	82	82	203
당기순이익	108	223	72	63	76	182

재무 상태　*IFRS 별도 기준
〈단위 : 억원〉
항목	2012	2013	2014	2015	2016	2017.2Q
총자산	9,368	9,072	9,020	8,966	9,418	9,717
유형자산	4,431	4,337	4,237	4,250	4,094	4,005
무형자산	12	9	9	9	9	7
유가증권	211	247	222	153	155	—
총부채	2,560	2,205	2,111	1,678	1,728	1,833
총차입금	261	39	132			
자본금	461	461	461	461	461	461
총자본	6,808	6,867	6,908	7,288	7,689	7,884
지배주주지분	6,808	6,867	6,908	7,288	7,689	7,884

기업가치 지표　*IFRS 별도 기준
항목	2012	2013	2014	2015	2016	2017.2Q
주가(최고/저)(천원)	28.5/17.3	26.7/20.9	31.3/22.1	61.5/27.6	51.3/34.7	—/—
PER(최고/저)(배)	16.3/9.9	29.2/22.9	17.3/12.2	11.1/5.0	10.4/7.0	—/—
PBR(최고/저)(배)	0.4/0.3	0.4/0.3	0.5/0.3	0.8/0.4	0.6/0.4	0.5/0.4
EV/EBITDA(배)	3.5	3.7	3.6	1.8	1.0	—/—
EPS(원)	2,007	1,020	1,953	5,822	5,054	2,805
BPS(원)	73,939	74,580	75,026	79,151	83,508	85,603
CFPS(원)	4,868	3,821	4,647	8,539	7,791	2,805
DPS(원)	900	900	900	900	900	—
EBITDAPS(원)	4,435	2,947	4,047	9,789	8,497	3,100

재무 비율
〈단위 : % 〉
연도	영업이익률	순이익률	부채비율	차입금비율	ROA	ROE	유보율	자기자본비율	EBITDA마진율
2016	8.0	7.0	22.5	0.0	5.1	6.2	1,570.2	81.7	11.8
2015	9.5	7.8	23.0	0.0	6.0	7.6	1,483.0	81.3	13.2
2014	1.7	2.4	30.6	1.9	2.0	2.6	1,400.5	76.6	5.0
2013	0.2	1.1	32.1	0.6	1.0	1.4	1,391.6	75.7	3.3

한국카본 (A017960)
HANKUK Carbon

종 목 : 화학	시 장 : 거래소
용 등 급 : (Bond) — (CP) —	기업규모 : 시가총액 소형주
페 이 지 : www.hcarbon.com	연 락 처 : 055)350-8888
사 : 경남 밀양시 부북면 춘화로 85	

설 립 일 1984.09.17	종 업 원 수 479명	대 표 이 사 조문수	
상 장 일 1995.06.09	감 사 의 견 적정 (성산)	계 열	
결 산 기 12월	보 통 주 4,396만주	종속회사수 1개사	
액 면 가 500원	우 선 주	구 상 호	

주주구성 (지분율,%)		출자관계 (지분율,%)		주요경쟁사 (외형,%)	
조문수	17.9	에이치씨네트웍스	100.0	한국카본	100
MITSUI & CO.,LTD.	9.6	한국복합소재	45.4	NPC	147
(외국인)	16.6	그리드스페이스	38.9	애경유화	337

매출구성		비용구성		수출비중	
MCCL 절연적층물 LNG 보냉재 GP D/F외	89.6	매출원가율	80.6	수출	74.0
카본시트	10.4	판관비율	9.0	내수	26.0

회사 개요
1984년 설립된 동사는 낚시대 재료인 카본시트를 생산했으나 LNG가스 수요 증대로 LNG운반선의 핵심부품인 단열판넬과 바닥장식재의 필수 재료인 글래스페이퍼를 생산, 납품하고 있음. LNG운반선용 단열판넬사업은 2008년 금융위기 이후 조선경기 침체로 신조발주가 주춤했으나 중국, 인도 등 신흥개발국의 에너지 다변화 정책 및 미국의 셰일가스 개발에 의해 LNG선 신규 발주가 늘면서 지속적인 성장세를 이어가는 중임.

실적 분석
동사의 2017년 상반기 연결기준 누적매출액은 1,198.9억원으로 전년동기 대비 15.2% 감소함. 영업이익은 전년동기보다 38.1% 줄어든 98.9억원을 기록함. 대규모 LNG프로젝트가 본격화로 진행되고 있으며, LNG 관련 선박 발주 활성화로 향후 매출성장이 기대됨. 자동차 부품/소재의 경량화가 중시되고 있으며, 탄소섬유 등의 복합소재를 이용한 경량화 소재시장이 성장할 것으로 예상돼 긍정적임.

현금 흐름 〈단위 : 억원〉
항목	2016	2017.2Q
영업활동	600	-7
투자활동	-267	168
재무활동	168	-51
순현금흐름	538	118
기말현금	1,140	1,258

시장 대비 수익률

결산 실적 〈단위 : 억원〉
항목	2012	2013	2014	2015	2016	2017
매출액	1,633	2,408	2,311	2,425	2,576	—
영업이익	118	263	233	255	269	—
당기순이익	60	148	-197	227	165	—

분기 실적 〈단위 : 억원〉
항목	2016.1Q	2016.2Q	2016.3Q	2016.4Q	2017.1Q	2017.2Q
매출액	575	838	495	668	599	600
영업이익	55	104	41	68	43	56
당기순이익	58	84	37	-15	74	46

재무 상태 〈단위 : 억원〉
항목	2012	2013	2014	2015	2016	2017.2Q
총자산	2,905	2,969	3,433	3,474	3,895	3,817
유형자산	645	641	713	726	798	848
무형자산	130	114	110	103	94	85
유가증권	93	57	92	64	16	68
총부채	693	629	611	655	734	597
총차입금	260	96	118	146	177	138
자본금	188	188	205	205	220	220
총자본	2,213	2,340	2,822	2,819	3,160	3,219
지배주주지분	2,213	2,340	2,822	2,819	3,160	3,219

기업가치 지표
항목	2012	2013	2014	2015	2016	2017.2Q
주가(최고/저)(천원)	8.0/4.5	8.6/5.8	8.3/4.7	8.4/5.0	7.5/5.6	—/—
PER(최고/저)(배)	46.2/26.4	23.5/15.9	17.1/9.8	15.9/9.4	20.1/15.1	0.9/0.8
PBR(최고/저)(배)	1.4/0.8	1.4/1.0	1.2/0.7	1.2/0.7	1.0/0.8	—/—
EV/EBITDA(배)	12.6	6.8	4.1	5.8	3.3	—/—
EPS(원)	187	394	515	553	379	275
BPS(원)	6,267	6,606	6,884	7,333	7,608	7,742
CFPS(원)	416	560	560	686	718	349
DPS(원)	70	100	120	130	130	300
EBITDAPS(원)	597	864	778	787	766	

재무 비율 〈단위 : %〉
연도	영업이익률	순이익률	부채비율	차입금비율	ROA	ROE	유보율	자기자본비율	EBITDA마진율
2016	10.4	6.4	23.2	5.6	4.5	5.5	1,421.6	81.1	12.9
2015	10.5	9.4	23.3	5.2	6.6	8.0	1,366.6	81.1	13.3
2014	10.1	8.5	21.6	4.2	6.2	7.6	1,276.9	82.2	12.9
2013	10.9	6.2	26.9	4.1	5.1	6.5	1,221.1	78.8	13.5

한국캐피탈 (A023760)
Han Kook Capital

업 종 : 소비자 금융	시 장 : KOSDAQ
신용등급 : (Bond) A- (CP) A2-	기업규모 : 우량
홈페이지 : www.hankookcapital.co.kr	연 락 처 : 042)488-8000
본 사 : 대전시 서구 둔산로 81 (둔산동 1305)	

설 립 일 1989.11.22	종 업 원 수 126명	대 표 이 사 이상춘	
상 장 일 1994.11.07	감 사 의 견 적정 (삼정)	계 열	
결 산 기 12월	보 통 주 16,821만주	종속회사수	
액 면 가 500원	우 선 주	구 상 호	

주주구성 (지분율,%)		출자관계 (지분율,%)		주요경쟁사 (외형,%)	
군인공제회	79.6			한국캐피탈	100
이상춘	0.1			삼성카드	9,524
(외국인)	0.3				748

수익구성		비용구성		수출비중	
이자수익	89.5	이자비용	41.8	수출	—
금융상품 관련이익	4.3	파생상품손실	0.0	내수	—
수수료수익	2.6	판관비	18.3		

회사 개요
동사는 1989년 설립되어, 2002년 경남리스금융(주)를 흡수합병해 여신전문금융업법에 근거해 할부금융업, 시설대여업 및 신기술사업금융업을 금융위원회에 등록하여 사업을 영위하고 있음. 동사의 최대주주는 79.6%의 지분을 보유하고 있는 군인공제회임. 동사는 장비나 설비 등을 대신 취득해 대여해주는 리스 사업의 규모를 지속적으로 확대하고 있음. 리스 시장 점유율이 2010년 0.3%에서 2016년 3.5%로 증가함.

실적 분석
동사는 2017년 상반기 누적 매출액이 459.7억원으로 전년 동기 483.3억원에서 전년 동기 대비 4.9% 감소했고, 영업이익은 35.2억원으로 전년 동기 99.5억원에서 64.6% 감소했음. 동사는 리스부문, 대출부문 등의 사업에서 거의 전년보다 영업이 부진했으며, 순이자손익이 218.7억원으로 전년 동기 268.5억원보다 줄었고, 종업원인건비와 기타일반관리비 등의 비용이 증가하면서 수익성이 악화됨.

현금 흐름 *IFRS 별도 기준 〈단위 : 억원〉
항목	2016	2017.2Q
영업활동	-298	431
투자활동	-435	-269
재무활동	904	596
순현금흐름	171	758
기말현금	786	1,544

시장 대비 수익률

결산 실적 〈단위 : 억원〉
항목	2012	2013	2014	2015	2016	2017
순영업손익	288	210	257	309	295	—
영업이익	161	97	101	160	144	—
당기순이익	112	75	79	121	104	—

분기 실적 *IFRS 별도 기준 〈단위 : 억원〉
항목	2016.1Q	2016.2Q	2016.3Q	2016.4Q	2017.1Q	2017.2Q
순영업손익	95	78	91	32	56	55
영업이익	58	41	51	-6	18	17
당기순이익	45	27	38	-7	13	19

재무 상태 *IFRS 별도 기준 〈단위 : 억원〉
항목	2012	2013	2014	2015	2016	2017.2Q
총자산	10,990	11,648	12,290	13,681	14,733	15,302
유형자산	13	11	21	22	22	23
무형자산	21	23	21	19	18	18
유가증권	60	88	40	347	727	809
총부채	9,529	10,150	10,729	11,773	12,750	13,320
총차입금	7,966	8,244	8,662	9,547	10,505	11,116
자본금	610	610	610	841	841	841
총자본	1,460	1,498	1,561	1,908	1,983	1,982
지배주주지분	1,460	1,498	1,561	1,908	1,983	1,982

기업가치 지표 *IFRS 별도 기준
항목	2012	2013	2014	2015	2016	2017.2Q
주가(최고/저)(천원)	0.7/0.5	0.6/0.6	0.6/0.6	0.8/0.6	0.9/0.7	—/—
PER(최고/저)(배)	8.8/5.7	11.5/10.0	10.9/9.4	10.3/7.0	15.5/11.0	—/—
PBR(최고/저)(배)	0.7/0.4	0.6/0.5	0.5/0.5	0.8/0.5	0.8/0.6	0.7/0.6
PSR(최고/저)(배)	3/2	4/4	3/3	4/3	5/4	—/—
EPS(원)	92	61	65	85	62	19
BPS(원)	1,213	1,244	1,296	1,146	1,191	1,190
CFPS(원)	103	66	71	90	65	20
DPS(원)	40	25	20	26	20	—
EBITDAPS(원)	132	80	83	111	86	21

재무 비율 〈단위 : %〉
연도	계속사업이익률	순이익률	부채비율	차입금비율	ROA	ROE	유보율	자기자본비율	총자산증가율
2016	46.8	35.1	643.1	529.8	0.7	5.3	138.1	13.5	7.7
2015	50.5	39.2	617.0	500.4	0.9	7.0	129.2	14.0	11.3
2014	39.5	30.8	687.2	554.8	0.7	5.2	159.2	12.7	11.8
2013	46.6	35.5	677.4	550.2	0.7	5.0	148.9	12.9	6.0

한국컴퓨터 (A054040)
Korea Computer

업　　종 : 디스플레이 및 관련부품	시　　장 : KOSDAQ
신용등급 : (Bond) —　(CP) —	기업규모 : 우량
홈페이지 : www.kci.co.kr	연락처 : 041)589-3320
본　　사 : 경북 구미시 임수로 24	

설립일 1994.09.12	종업원수 218명	대표이사 강창귀
상장일 2002.01.05	감사의견 적정 (삼일)	계　　열
결산기 12월	보통주 1,607만주	종속회사수 2개사
액면가 500원	우선주	구상호 한국트로닉스

주주구성 (지분율,%)
한국컴퓨터지주	42.1
성진특수잉크	4.3
(외국인)	3.3

출자관계 (지분율,%)
KCIVINACO.,LTD	100.0
PACOMINTERNATIONAL,INC	100.0

주요경쟁사 (외형,%)
한국컴퓨터	100
케이마	38
와이엠씨	52

매출구성
LCD(LCD-TV, Tablet-PC 등) Module용 부품	70.7
LED-SMT(LCD-TV, Tablet-PC 등) 제품	13.9
INVERTER	13.6

비용구성
매출원가율	95.2
판관비율	1.6

수출비중
수출	69.0
내수	31.0

회사 개요
동사는 토탈 제조 시스템을 갖춘 업체로서 세트 업계의 아웃소싱 확대정책에 가장 적합한 EMS서비스 회사임. 지속중인 전자산업의 성장과 독립정, 분사형 중소EMS업체의 꾸준한 출현으로 제조분야에서의 EMS 규모는 매년 증가하고 있음. 동사 주요 제품은 LCD 모듈용 부품과 이동통신 단말기 핵심 부품인 모바일 디스플레이 모듈, 노트북, 태블릿PC용 LED-SMT 제품. 주요 고객은 삼성디스플레이, 디스플레이테크, LS산전, 멜파스 등임.

실적 분석
동사의 2017년 상반기 연결기준 누적 매출액은 1041.7억원으로 전년 동기 대비 2.4% 감소함. 매출은 줄었지만 매출원가와 판관비는 오히려 증가하면서 영업손실은 26.6억원으로 전년 동기 대비 적자전환함. 비영업손익 부문에서 흑자 규모가 늘었지만 영업이익이 대폭 줄면서 당기순손실은 31.1억원으로 적자전환함. 매출 감소에 따른 수익성 악화가 심화되고 있음.

현금 흐름
〈단위 : 억원〉
항목	2016	2017.2Q
영업활동	69	51
투자활동	-306	-79
재무활동	27	82
순현금흐름	-206	53
기말현금	130	184

시장 대비 수익률

결산 실적
〈단위 : 억원〉
항목	2012	2013	2014	2015	2016	2017
매출액	4,232	4,099	3,633	2,959	2,356	—
영업이익	75	155	83	90	74	—
당기순이익	61	122	71	81	69	—

분기 실적
〈단위 : 억원〉
항목	2016.1Q	2016.2Q	2016.3Q	2016.4Q	2017.1Q	2017.2Q
매출액	590	478	610	679	590	452
영업이익	23	12	15	24	5	-31
당기순이익	15	15	10	29	1	-32

재무 상태
〈단위 : 억원〉
항목	2012	2013	2014	2015	2016	2017.2Q
총자산	1,068	1,064	1,091	1,066	1,168	1,318
유형자산	349	321	379	310	347	448
무형자산	5	7	5	4	4	5
유가증권	7	7		51	451	431
총부채	370	261	240	144	197	401
총차입금	—	—	33	13	62	160
자본금	80	80	80	80	80	80
총자본	698	803	850	922	971	917
지배주주지분	698	803	850	922	971	917

기업가치 지표
항목	2012	2013	2014	2015	2016	2017.2Q
주가(최고/저)(천원)	3.0/2.0	4.5/2.3	5.0/2.7	3.8/2.6	6.4/3.1	—/—
PER(최고/저)(배)	9.3/6.2	6.6/3.5	12.2/6.7	8.1/5.4	14.8/7.3	—/—
PBR(최고/저)(배)	0.8/0.5	1.0/0.5	1.0/0.6	0.7/0.5	1.0/0.5	1.1/0.8
EV/EBITDA(배)	1.8	1.6	0.7		4.4	—/—
EPS(원)	382	762	444	502	428	-194
BPS(원)	4,529	5,182	5,478	5,904	6,211	5,873
CFPS(원)	697	1,114	833	829	682	-4
DPS(원)	120	130	120	130	130	—
EBITDAPS(원)	780	1,314	908	884	717	24

재무 비율
〈단위 : % 〉
연도	영업이익률	순이익률	부채비율	차입금비율	ROA	ROE	유보율	자기자본비율	EBITDA마진율
2016	3.2	2.9	20.3	6.4	6.2	7.3	1,142.2	83.2	4.9
2015	3.0	2.7	15.6	1.5	7.5	9.1	1,080.9	86.5	4.8
2014	2.3	2.0	28.3	3.9	6.6	8.6	995.6	78.0	4.0
2013	3.8	3.0	32.5	—	11.5	16.3	936.4	75.5	5.2

한국콜마 (A161890)
KOLMAR KOREA CO

업　　종 : 개인생활용품	시　　장 : 거래소
신용등급 : (Bond) A　(CP) —	기업규모 : 시가총액 중형주
홈페이지 : www.kolmar.co.kr	연락처 : 044)862-8490
본　　사 : 세종시 전의면 덕고개길 12-11	

설립일 2012.10.02	종업원수 1,035명	대표이사 윤상현,강학희,최학배
상장일 2012.10.19	감사의견 적정 (서일)	계　　열
결산기 12월	보통주 2,110만주	종속회사수 5개사
액면가 500원	우선주	구상호

주주구성 (지분율,%)
한국콜마홀딩스	22.4
국민연금공단	9.3
(외국인)	47.9

출자관계 (지분율,%)
한국화장품공업협동조합	12.9
미래에셋캐피탈스제9호사모투자합자	1.9
Seokoh,Inc	100.0

주요경쟁사 (외형,%)
한국콜마	100
아모레퍼시픽	846
아모레G	1,003

매출구성
슈퍼아쿠아맥스컴비네이션수분크림 외	51.8
잇치페이스트 외	22.1
알로에수딩젤 외	14.8

비용구성
매출원가율	77.0
판관비율	12.0

수출비중
수출	—
내수	—

회사 개요
동사는 2012년 10월에 한국콜마홀딩스주식회사의 화장품 사업부문과 제약사업부문이 인적분할하여 설립한 분할신설회사로서 화장품 및 제약품의 주문자 표시 제조 및 판매 등을 사업으로 영위함. 주요주주는 한국콜마홀딩스와 일본콜마이며, 동사 제품은 국내 유명 브랜드 대부분에 납품되고 있음. 연결대상 종속회사로는 중국과 미국, 캐나다 소재의 화장품 제조회사 및 미국현지법인 인수를 위한 특수목적회사 등 5개사가 있음.

실적 분석
동사의 2017년 반기 연결기준 매출실적은 4,084.6억원으로 전기 대비 27% 증가하였음. 당기중 캐나다 소재 화장품 제조기업인 CSR Cosmetic Solutions Inc 지분을 추가로 인수하며 연결대상이 늘었기 때문. 영업이익은 375.7억원으로 전년동기 대비 3.7% 축소되었고 순이익도 3.2%% 감소한 287.6억원을 시현함. 화장품 ODM/OEM시장은 브랜드샵 성장으로 동사가 업계 선도적 시장점유율을 보유함.

현금 흐름
〈단위 : 억원〉
항목	2016	2017.2Q
영업활동	382	51
투자활동	-213	-1,568
재무활동	106	1,372
순현금흐름	107	-143
기말현금	269	126

시장 대비 수익률

결산 실적
〈단위 : 억원〉
항목	2012	2013	2014	2015	2016	2017
매출액	1,778	2,822	4,613	5,358	6,675	—
영업이익	140	197	468	607	734	—
당기순이익	120	141	328	455	532	—

분기 실적
〈단위 : 억원〉
항목	2016.1Q	2016.2Q	2016.3Q	2016.4Q	2017.1Q	2017.2Q
매출액	1,486	1,730	1,602	1,856	2,014	2,071
영업이익	175	215	155	189	206	170
당기순이익	133	164	97	138	157	131

재무 상태
〈단위 : 억원〉
항목	2012	2013	2014	2015	2016	2017.2Q
총자산	2,300	2,949	3,364	3,443	4,929	6,600
유형자산	762	901	1,214	1,458	1,849	2,139
무형자산	35	39	40	96	405	617
유가증권	0	0	10	251	11	988
총부채	1,322	1,811	1,566	1,236	2,052	3,501
총차입금	638	1,160	696	290	634	2,049
자본금	97	97	106	106	106	106
총자본	978	1,139	1,798	2,207	2,877	3,099
지배주주지분	978	1,139	1,798	2,207	2,699	2,804

기업가치 지표
항목	2012	2013	2014	2015	2016	2017.2Q
주가(최고/저)(천원)	34.9/24.2	33.6/19.9	63.2/26.9	113/43.4	107/61.8	—/—
PER(최고/저)(배)	57.5/39.9	47.0/27.9	38.9/16.6	52.7/20.3	42.7/24.7	—/—
PBR(최고/저)(배)	7.0/4.9	5.8/3.4	7.5/3.2	10.9/4.2	8.4/4.9	—/—
EV/EBITDA(배)	40.5	22.8	17.1	28.2	16.9	6.8/4.5
EPS(원)	614	722	1,641	2,155	2,516	1,315
BPS(원)	5,020	5,846	8,521	10,459	12,790	13,291
CFPS(원)	756	954	1,991	2,612	3,077	1,757
DPS(원)	105	105	160	200	250	—
EBITDAPS(원)	863	1,242	2,693	3,335	4,041	2,223

재무 비율
〈단위 : % 〉
연도	영업이익률	순이익률	부채비율	차입금비율	ROA	ROE	유보율	자기자본비율	EBITDA마진율
2016	11.0	8.0	71.3	22.0	12.7	21.6	2,458.0	58.4	12.8
2015	11.3	8.5	56.0	13.1	13.4	22.7	1,991.8	64.1	13.1
2014	10.2	7.1	87.1	38.7	10.4	22.3	1,604.2	53.5	11.7
2013	7.0	5.0	159.0	101.9	5.4	13.3	1,069.1	38.6	8.6

한국콜마홀딩스 (A024720)
KOREA KOLMAR HOLDINGS

종 목: 개인생활용품		시 장: 거래소	
용 등 급: (Bond) — (CP) —		기 업 규 모: 시가총액 중형주	
페 이 지: www.kolmar.co.kr		연 락 처: 044)862-1057	
본 사: 세종시 전의면 덕고개길 12-11			

설 립 일	1990.05.15	종 업 원 수	69명	대 표 이 사	윤동한,안병준,김병묵
상 장 일	2002.04.09	감 사 의 견	적정 (서일)	계 열	
결 산 기	12월	보 통 주	1,675만주	종 속 회 사 수	8개사
액 면 가	500원	우 선 주		구 상 호	한국콜마

주주구성 (지분율,%)		출자관계 (지분율,%)		주요경쟁사 (외형,%)	
윤동한	30.2	씨엔아이개발	77.9	한국콜마홀딩스	100
윤상현	18.7	콜마파마	77.1	아모레퍼시픽	1,708
(외국인)	17.4	콜마비앤에이치	56.2	아모레G	2,027

매출구성		비용구성		수출비중	
용역수익	49.1	매출원가율	75.5	수출	—
상표권수익	21.9	판관비율	9.8	내수	—
배당수익	11.4				

회사 개요
동사는 1990년 설립됐으며 2012년 한국콜마홀딩스와 한국콜마가 인적분할하면서 변경상장됨. 동사는 주력 계열사인 한국콜마 외 15개사의 계열사를 가지고 있음. 한국콜마를 제외하면 모두 비상장사임. 동사는 투자 부문을 담당하며 주력 계열사인 한국콜마가 화장품, 제약 사업을 영위함. 자회사로부터 받는 상표권사용수익, 경영관리수수료, 지분법이익, 배당금 및 임대료 등이 주 수입원.

실적 분석
동사의 2017년 2분기기준 누적 매출액은 전년동기대비 26.3% 상승한 2,105.1억원을 기록하였음. 비용면에서 전년동기대비 매출원가는 증가 하였으며 인건비도 증가, 광고선전비도 증가, 기타판매비와관리비도 마찬가지로 증가함. 이와 같이 상승한 매출액 만큼 비용증가도 있었으나 매출액의 더 큰 상승에 힘입어 그에 따라 전년동기대비 영업이익은 294.5억원으로 14% 상승하였음. 최종적으로 전년동기대비 당기순이익은 상승하여 366.7억원을 기록함

현금 흐름		〈단위 : 억원〉	
항목	2016	2017.2Q
영업활동	253	360
투자활동	-407	-125
재무활동	222	-43
순현금흐름	68	184
기말현금	266	449

결산 실적
〈단위 : 억원〉

항목	2012	2013	2014	2015	2016	2017
매출액	1,066	1,323	2,225	2,996	3,304	—
영업이익	137	193	327	542	612	—
당기순이익	229	127	274	10	510	—

분기 실적
〈단위 : 억원〉

항목	2016.1Q	2016.2Q	2016.3Q	2016.4Q	2017.1Q	2017.2Q
매출액	805	862	780	858	912	1,193
영업이익	156	176	128	151	174	289
당기순이익	116	211	52	131	122	244

재무 상태
〈단위 : 억원〉

항목	2012	2013	2014	2015	2016	2017.2Q
총자산	2,669	2,806	3,782	4,995	5,676	6,707
유형자산	506	553	705	836	913	1,209
무형자산	61	59	48	45	47	209
유가증권	105	74	145	1,502	1,230	1,093
총부채	827	830	1,487	2,317	2,485	3,122
총차입금	514	524	1,022	1,893	2,090	2,225
자본금	82	82	82	84	84	84
총자본	1,842	1,976	2,295	2,678	3,191	3,586
지배주주지분	1,702	1,788	1,988	2,151	2,528	2,699

기업가치 지표

항목	2012	2013	2014	2015	2016	2017.2Q
주가(최고)(저)(천원)	18.6/4.2	16.8/9.8	55.3/13.8	88.9/42.2	64.4/26.4	—/—
PER(최고/저)(배)	20.0/4.5	31.7/18.4	46.9/11.7	—/—	29.6/12.1	—/—
PBR(최고/저)(배)	1.8/0.4	1.6/0.9	4.6/1.1	7.0/3.3	4.3/1.8	2.4/1.5
EV/EBITDA(배)	17.3	12.5	23.7	22.9	12.7	—
EPS(원)	940	535	1,190	-44	2,188	1,371
BPS(원)	10,424	10,947	12,173	12,881	15,133	16,153
CFPS(원)	1,185	741	1,440	229	2,493	1,563
DPS(원)	65	65	100	125	155	—
EBITDAPS(원)	864	1,294	1,940	2,966	3,215	1,951

재무 비율
〈단위 : % 〉

연도	영업이익률	순이익률	부채비율	차입금비율	ROA	ROE	유보율	자기자본비율	EBITDA마진율
2016	18.5	15.4	77.9	65.5	9.6	15.7	2,926.6	56.2	16.3
2015	18.1	0.4	86.5	70.7	0.2	-0.4	2,476.2	53.6	16.6
2014	14.7	12.3	64.8	44.5	8.3	10.3	2,334.5	60.7	14.3
2013	14.6	9.6	42.0	26.5	4.6	5.0	2,089.5	70.4	16.0

한국큐빅 (A021650)
Cubic Korea

업 종: 자동차부품		시 장: KOSDAQ	
신용등급: (Bond) — (CP) —		기 업 규 모: 중견	
홈 페 이 지: www.cubic.co.kr		연 락 처: 031)491-5325	
본 사: 경기도 안산시 단원구 살막길 39 (신길동)			

설 립 일	1989.05.13	종 업 원 수	141명	대 표 이 사	오봉균
상 장 일	2003.01.22	감 사 의 견	적정 (신한)	계 열	
결 산 기	12월	보 통 주	989만주	종 속 회 사 수	1개사
액 면 가	500원	우 선 주		구 상 호	

주주구성 (지분율,%)		출자관계 (지분율,%)		주요경쟁사 (외형,%)	
삼영무역	17.3	삼신화학공업	100.0	한국큐빅	100
이재원	10.8			부산주공	146
(외국인)	11.9			팬스타엔터프라이즈	23

매출구성		비용구성		수출비중	
(주)한국큐빅 /곡면표면처리	100.0	매출원가율	90.8	수출	0.0
		판관비율	6.7	내수	100.0

회사 개요
동사는 1989년에 Curl-fit 공법을 이용한 곡면표면처리업 등을 주 영업목적으로 설립되었으며, 2003년 1월 코스닥시장에 상장하였음. CURL-FIT이란, 일정한 무늬가 인쇄되어 있는 특수한 폴리비닐알콜 필름을 수면 위에 띄우고 이 위에 사출물을 담금으로써 수면 위에 용해되어 있는 인쇄잉크가 수압에 의해 사출물에 전사 되도록 하는 특수 표면처리 방법으로, 자동차 내장 표면처리 및 가전제품 외장케이스 표면처리에 사용되고 있음.

실적 분석
동사의 2017년 연결기준 상반기 매출액은 전년동기 대비 33.3% 증가한 754억원을 시현함. 고정비 증가에도 불구하고 영업이익은 33.2억원을 기록하며 큰 폭으로 증가함. 비영업부문의 적자폭이 확대됐음에도 불구하고 당기순이익은 18.3억원으로 전년동기 대비 93.8% 증가함. 점진적인 경기 회복에 따른 곡면 표면 처리부문의 견조한 수주 표면처리 확보 및 자동차 부품 판매업을 영위하는 자회사의 매출 확대를 통해 외형 성장세를 이어갈 전망임.

현금 흐름		〈단위 : 억원〉	
항목	2016	2017.2Q
영업활동	82	15
투자활동	-49	-82
재무활동	-33	117
순현금흐름	-0	49
기말현금	64	113

결산 실적
〈단위 : 억원〉

항목	2012	2013	2014	2015	2016	2017
매출액	1,031	991	948	1,101	1,229	—
영업이익	40	24	29	41	31	—
당기순이익	23	5	28	21	19	—

분기 실적
〈단위 : 억원〉

항목	2016.1Q	2016.2Q	2016.3Q	2016.4Q	2017.1Q	2017.2Q
매출액	276	289	300	363	347	407
영업이익	6	6	7	12	15	19
당기순이익	5	5	2	8	2	16

재무 상태
〈단위 : 억원〉

항목	2012	2013	2014	2015	2016	2017.2Q
총자산	915	882	949	969	1,054	1,168
유형자산	393	417	437	426	425	475
무형자산	78	65	45	34	32	32
유가증권	63	55	27	28	23	23
총부채	563	525	584	589	662	761
총차입금	217	225	271	253	225	338
자본금	49	49	49	49	49	49
총자본	352	358	364	379	391	407
지배주주지분	352	358	364	379	391	407

기업가치 지표

항목	2012	2013	2014	2015	2016	2017.2Q
주가(최고)(저)(천원)	3.0/2.1	2.8/2.0	3.6/2.0	4.3/2.5	6.5/3.4	—/—
PER(최고/저)(배)	13.9/9.5	62.2/44.3	13.2/7.2	20.8/12.3	33.9/17.8	—/—
PBR(최고/저)(배)	0.9/0.6	0.8/0.6	1.0/0.6	1.1/0.7	1.6/0.9	1.4/0.9
EV/EBITDA(배)	5.5	6.2	6.3	6.2	6.5	—
EPS(원)	237	47	288	210	192	185
BPS(원)	3,574	3,631	3,698	3,852	3,973	4,134
CFPS(원)	567	483	713	717	758	492
DPS(원)	75	50	50	50	25	—
EBITDAPS(원)	732	676	715	925	877	643

재무 비율
〈단위 : % 〉

연도	영업이익률	순이익률	부채비율	차입금비율	ROA	ROE	유보율	자기자본비율	EBITDA마진율
2016	2.5	1.6	169.2	57.5	1.9	4.9	694.5	37.2	7.1
2015	3.8	1.9	155.3	66.7	2.2	5.6	670.3	39.2	8.3
2014	3.0	3.0	160.4	74.3	3.1	7.9	639.7	38.4	7.5
2013	2.4	0.5	146.8	62.9	0.5	1.3	626.2	40.5	6.7

한국타이어 (A161390)
HANKOOK TIRE

업 종 : 자동차부품		시 장 : 거래소	
신용 등 급 : (Bond) AA (CP) —		기업 규모 : 시가총액 대형주	
홈 페 이 지 : kr.hankooktire.com		연 락 처 : 02)2222-1000	
본 사 : 서울시 강남구 테헤란로 133 (역삼동)			

설 립 일 2012.09.01	종 업 원 수 6,762명	대 표 이 사 서승화	
상 장 일 2012.10.04	감 사 의 견 적정 (삼일)	계 열	
결 산 기 12월	보 통 주 12,388만주	종속회사수 43개사	
액 면 가 500원	우 선 주	구 상 호	

주주구성 (지분율,%)		출자관계 (지분율,%)		주요경쟁사 (외형,%)	
한국타이어월드와이드	25.2	한국동그라미파트너스	100.0	한국타이어	100
조양래	10.5	대화산기	95.0	한국타이어월드와이드	10
(외국인)	41.2	엠케이테크놀로지	50.1	넥센타이어	29

매출구성		비용구성		수출비중	
타이어, 튜브 등(제품)	98.6	매출원가율	61.1	수출	80.0
밧데리 등(상품)	1.2	판관비율	22.3	내수	20.0
기타 및 내부조정	0.1				

회사 개요
동사는 2012년 9월 한국타이어월드와이드의 타이어 부문이 인적분할돼 설립됨. 2012년 유가증권 시장에 상장됨. 타이어 제조, 판매를 하는 타이어부문과 일반기계, 금형을 제조 판매하는 기타 사업부문으로 나뉨. 타이어부문에선 국내 시장점유율 1위(40% 이상)를 차지함. 글로벌에서도 세계 시장 점유율 7위를 유지하고 있음. 국내 타이어 시장은 교환 시장 및 OEM(완성차 납품) 시장으로 구분됨. OEM에 비해 교환 시장이 수익성이 좋음.

실적 분석
자동차 수출 확대 및 시계 시장 수요 증가로 실적 향상이 기대되고 있음. 동사의 연결 재무제표 기준 2017년 반기 매출액은 전년 3조 3,534.7억원에서 1.4% 감소한 3조 3,060억원임. 매출 규모가 축소되고 원가율 상승하면서 영업이익은 전년동기 대비 22.2% 감소한 4,368.6억원을 나타냄. 순이익 역시 24.8% 감소한 3,473.2억원을 기록함.

현금 흐름 〈단위 : 억원〉

항목	2016	2017.2Q
영업활동	12,176	1,735
투자활동	-7,395	-1,700
재무활동	-6,500	1,012
순현금흐름	-1,720	954
기말현금	4,653	5,607

시장 대비 수익률

결산 실적 〈단위 : 억원〉

항목	2012	2013	2014	2015	2016	2017
매출액	23,172	70,692	66,808	64,282	66,218	—
영업이익	3,086	10,310	10,316	8,850	11,032	—
당기순이익	2,310	7,350	6,993	6,565	8,791	—

분기 실적 〈단위 : 억원〉

항목	2016.1Q	2016.2Q	2016.3Q	2016.4Q	2017.1Q	2017.2Q
매출액	16,260	17,274	16,576	16,106	16,392	16,669
영업이익	2,511	3,103	3,026	2,392	2,322	2,046
당기순이익	1,967	2,652	2,076	2,097	1,675	1,799

재무 상태 〈단위 : 억원〉

항목	2012	2013	2014	2015	2016	2017.2Q
총자산	71,825	77,767	83,201	94,961	96,220	98,563
유형자산	35,716	34,980	40,204	44,940	46,993	44,869
무형자산	1,166	1,248	1,321	1,428	1,462	2,077
유가증권	28	31	35	36	38	40
총부채	39,610	38,526	38,036	43,553	36,605	36,387
총차입금	28,175	25,785	24,237	28,957	23,285	24,251
자본금	619	619	619	619	619	619
총자본	32,215	39,241	45,165	51,408	59,615	62,175
지배주주지분	32,121	39,175	45,110	51,344	59,494	62,054

기업가치 지표

항목	2012	2013	2014	2015	2016	2017.2Q
주가(최고/저)(천원)	48.5/38.6	64.1/41.9	63.6/47.2	53.2/35.1	62.8/42.2	—/—
PER(최고/저)(배)	27.0/21.5	11.1/7.3	11.5/8.6	10.2/6.7	9.0/6.0	—/—
PBR(최고/저)(배)	1.9/1.6	2.1/1.4	1.8/1.3	1.3/0.9	1.3/0.9	1.3/1.1
EV/EBITDA(배)	18.0	6.2	5.3	5.9	5.5	—
EPS(원)	1,869	5,957	5,654	5,291	7,046	2,769
BPS(원)	25,939	31,634	36,424	41,457	48,036	50,103
CFPS(원)	2,961	9,291	9,117	8,995	11,105	4,943
DPS(원)	400	400	400	400	400	—
EBITDAPS(원)	3,582	11,657	11,791	10,848	12,965	5,701

재무 비율 〈단위 : %〉

연도	영업이익률	순이익률	부채비율	차입금비율	ROA	ROE	유보율	자기자본비율	EBITDA마진율
2016	16.7	13.3	61.4	39.1	9.2	15.8	9,507.2	62.0	24.3
2015	13.8	10.2	84.7	56.3	7.4	13.6	8,191.3	54.1	20.9
2014	15.4	10.5	84.2	53.7	8.7	16.6	7,184.9	54.3	21.9
2013	14.6	10.4	98.2	65.7	9.8	20.7	6,226.7	50.5	20.4

한국타이어월드와이드 (A000240)
Hankook Tire WorldWide

업 종 : 자동차부품		시 장 : 거래소	
신용 등 급 : (Bond) — (CP) —		기업 규모 : 시가총액 중형주	
홈 페 이 지 : kr.hankooktire.com		연 락 처 : 02)2222-1000	
본 사 : 서울시 강남구 테헤란로 133 한국타이어빌딩			

설 립 일 1941.05.10	종 업 원 수 215명	대 표 이 사 조양래,조현식(각자대표이사)	
상 장 일 1968.12.27	감 사 의 견 적정 (삼일)	계 열	
결 산 기 12월	보 통 주 9,302만주	종속회사수 6개사	
액 면 가 500원	우 선 주	구 상 호 한국타이어	

주주구성 (지분율,%)		출자관계 (지분율,%)		주요경쟁사 (외형,%)	
조양래	23.6	에이치케이오토모티브	100.0	한국타이어월드와이드	100
조현식	19.3	아트라스비엑스	31.1	한국타이어	960
(외국인)	8.7			넥센타이어	275

매출구성		비용구성		수출비중	
배터리	61.0	매출원가율	50.2	수출	—
지분법이익	27.9	판관비율	11.9	내수	—
상표수익	6.9				

회사 개요
동사는 1941년 5월 설립되어 1968년 유가증권시장에 상장됨. 2012년 한국타이어와 분할하면서 사업부문을 한국타이어에 넘겨주고 동사는 지주회사 역할을 함. 타이어 제조 판매, 축전기, 기계, 금형 등 제조 판매 등을 바탕으로 한 자회사 전문성 제고와 성장 잠재력 강화를 통해 기업가치 극대화를 목표로 함. 한국타이어 등의 경영자문 용역매출, 임대사업 수익, 상표권 사용수익, 지분법이익 등이 주요 수익원임.

실적 분석
동사의 2017년 2분기 연결 누적매출액은 전년 대비 47.5% 증가한 3988.7억원임. 그러나 영업이익과 당기순이익이 각 전년동기 대비 21.1%, 25% 감소하며 수익성 악화. 이는 정치 불안과 글로벌 유가 하락세 속에 원자재 가격과 환율이 상승하자, 대규모 산업 구조조정에 내수 경기가 침체된 것이 원인이며, 대외적으로는 영국의 브렉시트, 미국 대선 등 굵직한 이벤트들이 글로벌 경영환경을 더욱 어렵게 한 것이 간접적 이유로 보임.

현금 흐름 〈단위 : 억원〉

항목	2016	2017.2Q
영업활동	858	764
투자활동	749	-535
재무활동	-605	-304
순현금흐름	1,007	-75
기말현금	2,257	2,181

시장 대비 수익률

결산 실적 〈단위 : 억원〉

항목	2012	2013	2014	2015	2016	2017
매출액	393	1,535	2,293	2,236	6,900	—
영업이익	136	1,196	1,882	1,816	2,616	—
당기순이익	32,772	1,602	1,838	1,727	2,695	—

분기 실적 〈단위 : 억원〉

항목	2016.1Q	2016.2Q	2016.3Q	2016.4Q	2017.1Q	2017.2Q
매출액	637	2,067	2,092	2,104	1,956	2,03
영업이익	542	841	788	445	507	50
당기순이익	534	769	742	649	445	53

재무 상태 〈단위 : 억원〉

항목	2012	2013	2014	2015	2016	2017.2Q
총자산	9,743	23,532	25,064	26,669	30,975	31,61
유형자산	315	312	303	291	1,508	1,52
무형자산	51	57	64	90	343	33
유가증권	2,969	237	207	226	531	1,13
총부채	1,491	818	913	1,003	2,281	2,29
총차입금		4		27	295	27
자본금	142	465	465	465	465	46
총자본	8,253	22,713	24,151	25,666	28,694	29,31
지배주주지분	8,253	22,713	24,151	25,666	28,034	28,61

기업가치 지표

항목	2012	2013	2014	2015	2016	2017.2Q
주가(최고/저)(천원)	22.1/12.7	25.1/14.9	23.7/18.7	24.9/15.0	23.8/16.6	—/—
PER(최고/저)(배)	0.8/0.5	10.0/5.9	12.4/9.9	13.8/8.4	8.6/6.0	—/—
PBR(최고/저)(배)	0.8/0.5	1.1/0.6	0.9/0.8	0.9/0.6	0.8/0.6	0.8/
EV/EBITDA(배)	0.4	13.5	9.7	6.5	5.3	—
EPS(원)	29,372	2,667	1,976	1,857	2,812	1,00
BPS(원)	29,537	24,537	26,083	27,712	30,257	30,88
CFPS(원)	31,595	2,710	2,005	1,885	3,008	1,1
DPS(원)	400	300	300	300	300	—
EBITDAPS(원)	2,345	2,034	2,052	1,980	3,009	1,27

재무 비율 〈단위 : %〉

연도	영업이익률	순이익률	부채비율	차입금비율	ROA	ROE	유보율	자기자본비율	EBITDA마진율
2016	37.9	39.1	8.0	1.0	9.4	9.7	5,951.4	92.6	40.
2015	81.2	77.2	3.9	0.1	6.7	6.9	5,442.3	96.2	82.
2014	82.1	80.2	3.8		7.6	7.9	5,116.5	96.4	83.
2013	77.9	104.3	3.6		9.6	10.3	4,807.4	96.5	79.

한국테크놀로지 (A053590)
HANKOOK Technology

종 목: 에너지 시설 및 서비스		시 장: KOSDAQ	
용 등 급: (Bond) — (CP) —		기업규모: 벤처	
페 이 지: www.myht.co.kr		연 락 처: 02)2106-7500	
사: 서울시 서초구 강남대로 581 (잠원동, 푸른빌딩)			

설 립 일 1997.07.22	종 업 원 수 73명	대 표 이 사 김용빈
상 장 일 2001.08.10	감 사 의 견 적정 (한길)	계 열
결 산 기 12월	보 통 주 3,986만주	종속회사수
액 면 가 500원	우 선 주 4만주	구 상 호

주주구성 (지분율,%)		출자관계 (지분율,%)		주요경쟁사 (외형,%)	
한국코퍼레이션	16.3	한국바이오매스	100.0	한국테크놀로지	100
이디	14.7	신동에너콤	26.4	S&TC	5,674
(외국인)	0.4	글로벌제주개발	25.0	신성이엔지	4,851

매출구성		비용구성		수출비중	
통합관제 시스템 설치공사(제품)	45.3	매출원가율	113.2	수출	0.0
건조설비 운영 및 정비(용역)	35.5	판관비율	187.4	내수	100.0
의류(상품)	19.0				

회사 개요

동사는 1997년 전기 및 전자부품 등의 제조를 목적으로 설립되어 현재는 석탄 업그레이드 사업, 슬러지 연료화 사업 등을 주로 영위 중임. 의류 사업도 영위 중인데, 국내 판매권을 바탕으로 의류 및 잡화 브랜드를 유통 판매 중임. 석탄 업그레이드란, 고수분 저등급 석탄을 건조시켜 적정한 수분함량을 유지할 수 있도록 함으로써 석탄의 연소효율을 향상시키는 것으로서 이러한 건조 설비의 매출이 동사 매출의 90% 이상을 차지함.

실적 분석

동사의 2017년 반기 매출액은 11.9억원으로 전년동기 대비 44.8% 감소함. 주력부문인 재열증기건조설비의 매출 급감으로 고정비 부담 지속되면서 적자상태 지속되고 있음. 반면 판관비 부담 감소 영향으로 영업손실은 전년동기 대비 감소한 상황. 당기순손실 또한 39억원으로 적자상태 유지. 수년간 대규모 적자가 누적되어 재무구조 약화된 상태임. 보다 고정적이고 안정적인 수익원 확보 노력이 요구될 전망임.

현금 흐름 〈IFRS 별도 기준〉 〈단위 : 억원〉

항목	2016	2017.2Q
영업활동	-50	-1
투자활동	-100	-97
재무활동	97	115
순현금흐름	-53	17
기말현금	5	22

결산 실적 〈단위 : 억원〉

항목	2012	2013	2014	2015	2016	2017
매출액	57	62	209	72	45	
영업이익	-65	-84	14	-129	-90	
당기순이익	-88	-95	10	-247	-105	

분기 실적 〈IFRS 별도 기준〉 〈단위 : 억원〉

항목	2016.1Q	2016.2Q	2016.3Q	2016.4Q	2017.1Q	2017.2Q
매출액	6	15	9	14	5	7
영업이익	-22	-19	-24	-26	-20	-16
당기순이익	-26	-23	-22	-33	-22	-17

재무 상태 〈IFRS 별도 기준〉 〈단위 : 억원〉

항목	2012	2013	2014	2015	2016	2017.2Q
총자산	476	337	368	375	390	499
유형자산	14	13	4	36	29	25
무형자산	10	34	42	17	15	17
유가증권	92	94	97	97	109	110
총부채	169	121	118	234	131	271
총차입금	1	25	44	190	85	195
자본금	128	128	136	168	199	199
총자본	307	216	250	141	258	228
지배주주지분	307	216	250	141	258	228

기업가치 지표 〈IFRS 별도 기준〉

항목	2012	2013	2014	2015	2016	2017.2Q
주가(최고/저)(천원)	2.8/1.5	2.7/1.2	1.8/1.0	5.6/1.4	4.8/2.8	—/—
PER(최고/저)(배)	—/—	—/—	46.5/25.1	—/—	—/—	—/—
PBR(최고/저)(배)	2.3/1.3	3.2/1.4	2.0/1.1	13.4/3.4	7.3/4.4	6.2/3.7
EV/EBITDA(배)			17.5			
EPS(원)	-394	-371	40	-764	-278	-98
BPS(원)	1,201	843	919	420	648	573
CFPS(원)	-382	-358	57	-750	-250	-85
DPS(원)						
EBITDAPS(원)	-282	-316	70	-385	-210	-78

재무 비율 〈단위 : % 〉

연도	영업이익률	순이익률	부채비율	차입금비율	ROA	ROE	유보율	자기자본비율	EBITDA마진율
2016	-200.6	-234.2	50.9	33.0	-27.4	-52.6	29.5	66.3	-176.7
2015	-179.3	-343.0	일부잠식	일부잠식	-66.5	-126.4	-15.9	37.6	-172.7
2014	6.5	4.9	47.0	17.7	2.9	4.4	83.9	68.0	8.6
2013	-135.0	-152.5	56.3	11.7	-23.4	-36.3	68.6	64.0	-129.7

한국토지신탁 (A034830)
Korea Real Estate Investment & Trust

업 종: 부동산		시 장: 거래소	
신용등급: (Bond) A (CP) A2		기업규모: 시가총액 중형주	
홈 페 이 지: www.koreit.co.kr		연 락 처: 02)3451-1100	
사: 서울시 강남구 테헤란로 309			

설 립 일 1996.04.04	종 업 원 수 184명	대 표 이 사 김두석
상 장 일 2001.05.22	감 사 의 견 적정 (한영)	계 열
결 산 기 12월	보 통 주 25,249만주	종속회사수 21개사
액 면 가 1,000원	우 선 주	구 상 호

주주구성 (지분율,%)		출자관계 (지분율,%)		주요경쟁사 (외형,%)	
리딩밸류일호유한회사	34.1	코레이트투자운용	100.0	한국토지신탁	100
KB자산운용	14.5		87.0	SK디앤디	155
(외국인)	7.1	코레이트자산운용	68.9	해성산업	7

수익구성		비용구성		수출비중	
수수료수익	71.3	이자비용	11.7	수출	0.0
이자수익	19.5	투자및금융비	0.0	내수	100.0
배당금수익	5.9	판관비	0.0		

회사 개요

동사는 구 신탁업법에 근거하여 부동산신탁업을 영위할 목적으로 1996년 설립됨. 부동산 개발을 중심으로 하는 토지신탁사업과 담보신탁, 관리신탁, 처분신탁, 분양관리신탁, 대리사무 등의 비토지신탁사업, REITs, 투자사업, 해외사업 등을 수행함. 영업수익 기준 시장점유율 수위 업체로 업계 최대 자본금과 인적자원을 바탕으로 차입형 토지신탁 부문에서 강점을 보유하고 있음. 2016년 기준 시장 점유율 21%를 기록하고 있음.

실적 분석

동사의 2017년도 상반기 영업수익은 신탁보수로 인한 수수료 수익이 크게 증가하여 1,214.9억원을 기록함. 이자비용 증가에도 기타 영업비용 감소 등으로 영업이익은 833.3억원이 발생함. 법인세비용 차감전 순이익은 1,317.8억원, 당기순이익은 1,008.3억원으로 전년동기 대비 790.1억원 증가하였음. 동사의 영업수익 증가한 주요원인은 수수료 수익의 증가임. 이는 차입형토지신탁의 수주물량 증가에 기인함.

현금 흐름 〈단위 : 억원〉

항목	2016	2017.2Q
영업활동	-1,249	141
투자활동	-497	108
재무활동	1,727	483
순현금흐름	-19	733
기말현금	211	944

결산 실적 〈단위 : 억원〉

항목	2012	2013	2014	2015	2016	2017
영업수익	1,176	1,658	1,433	1,385	1,780	—
영업이익	594	677	808	890	1,140	—
당기순이익	476	518	599	682	859	—

분기 실적 〈단위 : 억원〉

항목	2016.1Q	2016.2Q	2016.3Q	2016.4Q	2017.1Q	2017.2Q
영업수익	475	380	415	511	544	671
영업이익	268	246	301	325	371	462
당기순이익	214	187	234	224	286	713

재무 상태 〈단위 : 억원〉

항목	2012	2013	2014	2015	2016	2017.2Q
총자산	5,756	5,564	5,175	6,534	9,296	10,818
유형자산	5	3	5	8	15	12
무형자산	24	15	15	33	145	147
유가증권						
총부채	2,525	1,733	868	1,672	3,634	4,304
총차입금						
자본금	2,525	2,525	2,525	2,525	2,525	2,525
총자본	3,230	3,831	4,307	4,862	5,662	6,514
지배주주지분	3,205	3,804	4,280	4,862	5,632	6,480

기업가치 지표

항목	2012	2013	2014	2015	2016	2017.2Q
주가(최고/저)(천원)	1.4/0.7	1.9/1.1	3.6/1.6	4.2/2.5	3.9/2.6	—/—
PER(최고/저)(배)	7.8/4.1	10.1/5.8	16.1/7.0	16.2/9.8	11.8/7.9	—/—
PBR(최고/저)(배)	1.1/0.6	1.4/0.8	2.2/1.0	2.2/1.3	1.8/1.2	1.4/1.0
PSR(최고/저)(배)	3/2	3/2	7/3	8/5	6/4	—/—
EPS(원)	188	205	237	270	340	—
BPS(원)	1,301	1,531	1,743	1,973	2,278	2,614
CFPS(원)	192	208	240	271	342	399
DPS(원)		30	40	60	75	—
EBITDAPS(원)	235	268	320	352	451	330

재무 비율 〈단위 : % 〉

연도	계속사업이익률	순이익률	부채비율	차입금비율	ROA	ROE	유보율	자기자본비율	총자산증가율
2016	63.6	48.3	64.2	0.0	10.9	16.4	127.8	60.9	42.3
2015	64.7	49.2	34.4	0.0	11.7	14.9	97.3	74.4	26.3
2014	56.0	41.8	20.1	0.0	11.2	14.8	74.3	83.2	-7.0
2013	41.0	31.2	45.2	0.0	9.2	14.7	53.1	68.9	-3.3

한국투자금융지주 (A071050)
Korea Investment Holdings

업 종 : 증권		시 장 : 거래소	
신용등급 : (Bond) AA- (CP) A1		기업규모 : 시가총액 대형주	
홈 페 이 지 : www.koreaholdings.com		연 락 처 : 02)3276-6400	
본 사 : 서울시 영등포구 의사당대로 88			

설 립 일 2003.01.11	종업원수 45명	대표이사 김남구	
상 장 일 2003.07.21	감사의견 적정 (삼정)	계 열	
결 산 기 12월	보 통 주 5,573만주	종속회사수 27개사	
액 면 가 5,000원	우 선 주 586만주	구 상 호	

주주구성 (지분율,%)		출자관계 (지분율,%)		주요경쟁사 (외형,%)	
김남구	20.2	한국투자증권	100.0	한국금융지주	100
국민연금공단	9.1	한국투자저축은행	100.0	미래에셋대우	107
(외국인)	38.8	한국투자캐피탈	100.0	삼성증권	107

수익구성		비용구성		수출비중	
		이자비용	5.9	수출	—
		파생상품손실	49.0	내수	—
		판관비	12.8		

회사 개요
국내 유일의 투자은행 중심의 금융지주회사로 증권, 자산운용, PEF, 저축은행 등의 다변화된 사업모델을 보유하고 있으며, 자회사로부터의 배당금 수입이 주 수입원임. 다양한 전략적 채널을 보유하고 있으며, 업계 최고의 역량을 보유한 투자금융 계열사들을 보유하고 있음. 한국투자증권과 자산운용 업을 영위하는 한국투자신탁운용, 한국투자밸류자산운용을 주력 자회사로 보유하고 있으며, 운용성과를 기반으로 금융상품의 질적 측면 경쟁을 높여가고 있음.

실적 분석
동사의 2017년 2분기 당기순이익(연결기준)은 1,246억원으로 전분기대비 13.6% 감소했고, 전년동기에 비해서는 144% 증가하였음. 비록 전분기대비 이익이 감소하기는 했지만 주요 자회사인 한국투자증권의 손익 증가가 눈에 띄며, 자회사의 이익 변동성을 고려한다면 양호한 수준으로 판단됨. 2017년 2분기 별도기준 한국투자증권의 당기순이익은 1,220억원으로 14.8% 감소했지만, 전년동기에 비해서는 154.5% 증가하였음.

현금 흐름 〈단위 : 억원〉

항목	2016	2017.2Q
영업활동	-255	-21,477
투자활동	-21,421	8,596
재무활동	21,086	14,347
순현금흐름	-573	1,515
기말현금	6,426	7,941

시장 대비 수익률

결산 실적 〈단위 : 억원〉

항목	2012	2013	2014	2015	2016	2017
이자수익	7,079	4,754	6,789	7,133	7,412	—
영업이익	2,407	784	3,269	3,845	3,619	—
당기순이익	1,891	586	2,392	3,243	2,711	—

분기 실적 〈단위 : 억원〉

항목	2016.1Q	2016.2Q	2016.3Q	2016.4Q	2017.1Q	2017.2Q
이자수익	1,803	1,856	1,872	1,882	1,950	2,100
영업이익	897	764	1,149	809	1,966	1,722
당기순이익	802	511	876	522	1,442	1,246

재무 상태 〈단위 : 억원〉

항목	2012	2013	2014	2015	2016	2017.2Q
총자산	207,813	212,156	253,444	315,211	373,182	410,609
유형자산	3,437	3,258	3,194	3,096	3,053	3,079
무형자산	1,021	938	821	687	682	744
유가증권	142,623	135,355	142,386	181,716	220,334	228,563
총부채	181,280	185,493	224,841	283,502	338,187	372,277
총차입금	96,864	100,472	109,401	133,350	162,426	177,570
자본금	3,079	3,079	3,079	3,079	3,079	3,079
총자본	26,534	26,663	28,603	31,708	34,995	38,332
지배주주지분	26,407	26,625	28,597	31,702	33,778	37,226

기업가치 지표

항목	2012	2013	2014	2015	2016	2017.2Q
주가(최고/저)(천원)	43.5/29.7	45.1/35.2	54.6/33.9	70.4/44.8	47.1/38.3	—/—
PER(최고/저)(배)	13.6/9.3	45.1/35.2	13.4/8.3	12.6/8.0	9.6/7.8	—/—
PBR(최고/저)(배)	1.1/0.7	1.1/0.8	1.2/0.8	1.4/0.9	0.9/0.7	1.2/0.7
PSR(최고/저)(배)	0.7/0.0	0.0/0.0	0.0/0.0	0.0/0.0	4/3	0.0
EPS(원)	3,395	1,054	4,293	5,820	5,020	
BPS(원)	43,694	44,047	47,250	52,291	55,663	61,261
CFPS(원)	4,105	1,528	4,895	6,394	5,591	4,497
DPS(원)	600	200	700	1,000	800	
EBITDAPS(원)	4,320	1,406	5,867	6,900	6,494	5,988

재무 비율 〈단위 : % 〉

연도	계속사업이익률	순이익률	부채비율	차입금비율	ROA	ROE	유보율	자기자본비율	총자산증가율
2016	49.4	36.6	966.4	464.1	0.8	8.5	1,013.3	9.4	18.4
2015	58.5	45.5	894.1	420.6	1.1	10.8	945.8	10.1	24.4
2014	47.6	35.2	786.1	382.5	1.0	8.7	845.0	11.3	22.0
2013	16.2	12.3	695.7	376.8	0.3	2.2	780.9	12.6	2.1

한국특수형강 (A007280)
Korea Steel Shapes

업 종 : 금속 및 광물		시 장 : 거래소	
신용등급 : (Bond) — (CP) —		기업규모 : 시가총액 소형주	
홈 페 이 지 : www.ekosco.com		연 락 처 : 051)323-2611	
본 사 : 부산시 사상구 장인로 77번길 52 (학장동)			

설 립 일 1971.05.18	종업원수 379명	대표이사 -	
상 장 일 1989.11.13	감사의견 적정 (신우)	계 열	
결 산 기 12월	보 통 주 1,802만주	종속회사수	
액 면 가 500원	우 선 주	구 상 호	

주주구성 (지분율,%)		출자관계 (지분율,%)		주요경쟁사 (외형,%)	
유비제구자유동화전문유한회사	18.4	진일인터내셔널INC	14.0	한국특수형강	10
우리은행	4.2	한국철강		세아베스틸로	1
(외국인)	0.4	KISCO홀딩스		신화실업	2

매출구성		비용구성		수출비중	
형강	56.6	매출원가율	95.5	수출	4.
봉강	25.3	판관비율	6.5	내수	96.
BILLET	16.4				

회사 개요
동사는 1971년 설립되어 철강제품의 제조 및 판매를 영위하고 있음. 2015년 11월 기업회생절차개시신청을 한 뒤 12월 회생절차개시가 결정된 이후 2016년 9월 회생계획안을 부산지방법원으로부터 인가를 받았음. 동사는 고철을 주원료로 하여 BILLET 및 봉형강 제품을 생산하고 전방산업인 건설·조선·자동차·기계 산업의 영향을 받음. 동사의 매출 비중은 2017년 2분기 기준 형강 46.2%, 봉강 24.2%, BILLET 27.9%임.

실적 분석
동사는 2017년 상반기 매출액이 1,567.2억원으로 전년 동기에 비해 10.6% 증가했으나, 매출원가가 1463.2억원으로 전년 동기에 비해 14.4% 증가하면서 영업이익은 29.7억원으로 전년에 비해 35.1% 감소했음. 동사는 원재료인 고철의 가격이 상승한데다 중국산 저가 철강재, 엔저 영향으로 일본산 철강까지 국내 수입되며 경쟁이 격화되면서 수익성이 악화됨. 동사는 당기순이익은 90.8억원으로 전년 동기 4.5억원 적자에서 흑자전환함.

현금 흐름 *IFRS 별도 기준 〈단위 : 억원〉

항목	2016	2017.2Q
영업활동	69	-52
투자활동	35	116
재무활동	-3	-124
순현금흐름	101	-60
기말현금	220	161

시장 대비 수익률

결산 실적 *IFRS 별도 기준 〈단위 : 억원〉

항목	2012	2013	2014	2015	2016	2017
매출액	6,476	5,633	4,332	2,803	2,472	—
영업이익	85	1	16	-197	-49	—
당기순이익	35	-110	-202	-547	41	—

분기 실적 *IFRS 별도 기준 〈단위 : 억원〉

항목	2016.1Q	2016.2Q	2016.3Q	2016.4Q	2017.1Q	2017.2Q
매출액	721	697	689	366	742	8
영업이익	2	44	-37	-57	27	
당기순이익	-22	17	209	-164	21	

재무 상태 *IFRS 별도 기준 〈단위 : 억원〉

항목	2012	2013	2014	2015	2016	2017.2Q
총자산	5,538	5,329	5,007	3,803	3,556	3,5
유형자산	3,129	2,962	2,871	2,468	2,127	2,0
무형자산	9	9	9	9	9	
유가증권	85	79	95	128	127	
총부채	4,337	4,258	4,122	3,412	2,968	2,9
총차입금	3,206	2,737	3,360	2,754	2,717	2,5
자본금	50	50	50	50	90	
총자본	1,201	1,071	885	391	589	6
지배주주지분	1,201	1,071	885	391	589	6

기업가치 지표 *IFRS 별도 기준

항목	2012	2013	2014	2015	2016	2017.2
주가(최고/저)(천원)	7.0/4.8	5.3/4.5	5.0/3.2	4.4/1.6	2.8/1.3	
PER(최고/저)(배)	5.0/3.4	—/—	—/—	—/—	5.1/1.7	
PBR(최고/저)(배)	0.1/0.1	0.1/0.1	0.1/0.1	0.3/0.1	0.9/0.3	1.0/
EV/EBITDA(배)	11.3	13.7	16.2		33.2	
EPS(원)	1,083	-3,451	-6,305	-17,094	554	5
BPS(원)	120,088	107,125	88,493	3,906	3,266	3,3
CFPS(원)	22,929	8,528	-1,504	-3,714	2,404	
DPS(원)	750	300	250			
EBITDAPS(원)	27,977	19,637	20,294	-208	1,183	1

재무 비율 〈단위 : % 〉

연도	영업이익률	순이익률	부채비율	차입금비율	ROA	ROE	유보율	자기자본비율	EBITDA 마진
2016	-2.0	1.6	504.3	461.7	1.1	8.3	553.1	16.6	
2015	-7.0	-19.5	873.6	705.2	-12.4	-85.8	681.1	10.3	
2014	0.4	-4.7	465.8	379.7	-3.9	-20.6	1,669.9	17.7	
2013	0.0	-2.0	397.5	255.5	-2.0	-9.7	2,042.5	20.1	

한국팩키지 (A037230)
Hankuk Package

업　　종 : 용기 및 포장	시　　장 : KOSDAQ
신용등급 : (Bond) — 　(CP) —	기업규모 : 중견
홈페이지 : www.hkpak.co.kr	연락처 : 031)365-8500
주　　소 : 경기도 안산시 단원구 해안로 227	

설립일 1993.11.08	종업원수 94명	대표이사 단재완,이명신
상장일 1999.12.10	감사의견 적정 (한영)	계　열
결산기 12월	보통주 2,500만주	종속회사수
액면가 500원	우선주	구상호

주주구성 (지분율,%)		출자관계 (지분율,%)	주요경쟁사 (외형,%)	
한국제지	40.0		한국팩키지	100
단재완	12.0		수출포장	386
(외국인)	0.4		삼영화학	192

매출구성		비용구성		수출비중	
카톤팩(제품)	100.0	매출원가율	83.8	수출	37.0
기타	0.0	판관비율	9.4	내수	63.0

회사 개요

동사는 1993년 한국제지로부터 분사하여 설립된 이후, 우유나 쥬스 액체포장용기인 카톤팩 제조와 판매업을 주요 사업으로 영위하고 있음. Elopak社와의 전략적 제휴를 통해 신기술 도입 및 고부가가치 혁신제품 생산으로 제품 차별화와 다양화 시도 중이며, 일본을 비롯한 APA(아시아, 태평양 및 호주) 지역 14개 국가로 확장하고 있음. 이후 친환경 자동포장시스템인 Parcel 포장설비를 국내 최초로 도입하는 등 수출 비중을 높이고 있음.

실적 분석

동사의 2017년 연결기준 2분기 누적 매출액은 전년동기 대비 4.8% 감소한 279.9억원을 기록함. 영업이익은 매출 감소에 따라 전년동기 대비 33.2% 감소한 14.1억원을 시현함. 매출감소에 따라 당기순이익 또한 전년동기 대비 16.8% 감소한 15.3억원을 기록함. 친환경포장용기 제조기로서 품질경쟁력 확보 및 시장 확대를 위한 영업력 강화로 인해 수익성이 개선되는 모습을 기대하고 있음.

현금 흐름　*IFRS 별도 기준　〈단위 : 억원〉

항목	2016	2017.2Q
영업활동	19	13
투자활동	-48	-47
재무활동	40	4
순현금호름	11	-41
기말현금	66	25

시장 대비 수익률

결산 실적　〈단위 : 억원〉

항목	2012	2013	2014	2015	2016	2017
매출액	514	492	489	559	591	—
영업이익	0	-24	-6	11	40	—
당기순이익	6	-18	-7	7	31	—

분기 실적　*IFRS 별도 기준　〈단위 : 억원〉

항목	2016.1Q	2016.2Q	2016.3Q	2016.4Q	2017.1Q	2017.2Q
매출액	141	153	151	146	128	152
영업이익	9	12	9	10	5	9
당기순이익	9	10	12	1	5	7

재무 상태　*IFRS 별도 기준　〈단위 : 억원〉

항목	2012	2013	2014	2015	2016	2017.2Q
총자산	496	501	474	498	535	531
유형자산	137	126	120	121	129	132
무형자산	4	4	4	3	3	3
유가증권	—	—	2	3	3	3
총부채	101	127	105	126	137	125
총차입금	15	24	28	37	86	95
자본금	125	125	125	125	125	125
총자본	395	374	369	373	398	406
지배주주지분	395	374	369	373	398	406

기업가치 지표　*IFRS 별도 기준

항목	2012	2013	2014	2015	2016	2017.2Q
주가(최고/저)(천원)	1.8/1.0	1.4/0.9	1.3/0.9	1.9/0.9	4.7/1.3	—/—
PER(최고/저)(배)	75.9/43.3	—/—	—/—	67.1/32.0	38.4/11.0	—/—
PBR(최고/저)(배)	1.2/0.7	1.0/0.6	0.9/0.6	1.3/0.6	3.0/0.9	3.1/1.4
EV/EBITDA(배)	7.7		13.3	14.6	20.7	—/—
EPS(원)	25	-72	-26	29	123	61
BPS(원)	1,580	1,496	1,476	1,491	1,594	1,625
CFPS(원)	124	-8	25	72	171	87
DPS(원)	15		15	20	30	
EBITDAPS(원)	101	-31	26	89	208	82

재무 비율　〈단위 : % 〉

연도	영업이익률	순이익률	부채비율	차입금비율	ROA	ROE	유보율	자기자본비율	EBITDA마진율
2016	6.8	5.2	34.3	21.5	6.0	8.0	218.8	74.5	8.8
2015	2.0	1.3	33.7	9.9	1.5	1.9	198.2	74.8	4.0
2014	-1.3	-1.4	28.5	7.7	-1.4	-1.8	195.2	77.8	1.3
2013	-4.9	-3.7	34.1	6.4	-3.6	-4.7	199.3	74.6	-1.6

한국프랜지공업 (A010100)
KOREA FLANGE CO

업　　종 : 자동차부품	시　　장 : 거래소
신용등급 : (Bond) — 　(CP) —	기업규모 : 시가총액 소형주
홈페이지 : www.kofco.com	연락처 : 052)233-5511
주　　소 : 울산시 동구 미포1길 2 (동부동)	

설립일 1974.07.15	종업원수 539명	대표이사 강호돈
상장일 1987.10.02	감사의견 적정 (이현)	계　열
결산기 12월	보통주 609만주	종속회사수 8개사
액면가 5,000원	우선주	구상호

주주구성 (지분율,%)		출자관계 (지분율,%)		주요경쟁사 (외형,%)	
김윤수	23.5	오토메탈글로벌	100.0	한국프랜지	100
김용석	11.2	울산방송	30.0	영화금속	14
(외국인)	4.5	서한워너터보시스템즈	29.0	엠에스오토텍	65

매출구성		비용구성		수출비중	
승용(F/AXLE ASS'Y)등	69.4	매출원가율	94.7	수출	47.0
H/SHAFT	23.6	판관비율	4.4	내수	53.0
비철프랜지 외	3.5				

회사 개요

동사는 자동차 부품, 프랜지, 산업기계, 철구조물, 탱크류, 열교환기 제조, 판매업 등을 영위할 목적으로 1974년 설립되었음. 1987년 유가증권 시장에 상장됨. 제동, 구동장치 등 생산중인 대부분의 자동차 부품을 현대차, 기아차, 현대모비스 등에 납품하고 있음. 매출은 차부품 94.7%, 브랜드 3.4%, 산업기계 0.4%, 기타 등으로 구성되어 있음.

실적 분석

세계경제의 침체로 국내 자동차시장도 개별 소비세 인하 연장 및 신차출시에도 불구하고 판매가 소폭 감소하였음. 또한 프랜지 공급업체 간의 가격경쟁이 더욱 심화되어 프랜지 물량, 산기(조선관련) 매출이 감소함. 이에 따라 2017년 반기 매출은 전년대비 13.2% 감소한 5,203.5억원, 영업손실은 4.9억원으로 적자전환 하였으며, 당기순손실은 역시 12.2억원 발생하며 적자전환함.

현금 흐름　〈단위 : 억원〉

항목	2016	2017.2Q
영업활동	402	134
투자활동	-351	-98
재무활동	211	-94
순현금호름	268	-89
기말현금	440	351

시장 대비 수익률

결산 실적　〈단위 : 억원〉

항목	2012	2013	2014	2015	2016	2017
매출액	9,542	9,692	9,730	11,325	11,564	—
영업이익	203	167	67	118	114	—
당기순이익	129	95	24	143	130	—

분기 실적　〈단위 : 억원〉

항목	2016.1Q	2016.2Q	2016.3Q	2016.4Q	2017.1Q	2017.2Q
매출액	2,906	3,086	2,621	2,951	2,731	2,472
영업이익	25	55	-25	58	-0	-5
당기순이익	31	74	-28	54	-10	-3

재무 상태　〈단위 : 억원〉

항목	2012	2013	2014	2015	2016	2017.2Q
총자산	6,145	6,118	6,567	7,171	7,330	7,018
유형자산	1,855	1,971	2,288	2,539	2,675	2,640
무형자산	79	71	73	76	75	75
유가증권	291	265	310	315	309	317
총부채	3,586	3,465	3,938	4,416	4,443	4,171
총차입금	1,428	1,236	1,756	1,809	2,095	2,022
자본금	305	305	305	305	305	305
총자본	2,559	2,653	2,629	2,754	2,887	2,846
지배주주지분	2,047	2,122	2,079	2,182	2,319	2,296

기업가치 지표

항목	2012	2013	2014	2015	2016	2017.2Q
주가(최고/저)(천원)	14.8/11.0	14.7/11.0	25.0/11.1	18.5/13.3	17.5/11.5	—/—
PER(최고/저)(배)	10.1/7.5	13.6/10.2	2,429.4/1,082.9	9.5/6.8	8.4/5.5	—/—
PBR(최고/저)(배)	0.5/0.3	0.4/0.3	0.8/0.3	0.5/0.4	0.5/0.3	0.4/0.3
EV/EBITDA(배)	5.6	5.0	8.9	6.8	6.8	
EPS(원)	1,547	1,138	11	1,981	2,126	-7
BPS(원)	33,619	34,844	34,132	35,826	38,077	37,705
CFPS(원)	4,994	4,894	4,168	6,786	6,928	2,464
DPS(원)		250	250		250	
EBITDAPS(원)	6,786	6,491	5,250	6,738	6,669	2,390

재무 비율　〈단위 : % 〉

연도	영업이익률	순이익률	부채비율	차입금비율	ROA	ROE	유보율	자기자본비율	EBITDA마진율
2016	1.0	1.1	153.9	72.5	1.8	5.8	661.6	39.4	3.5
2015	1.0	1.3	160.4	65.7	2.1	5.7	616.5	38.4	3.6
2014	0.7	0.3	149.8	66.8	0.4	0.0	582.6	40.0	3.3
2013	1.7	1.0	130.6	46.6	1.6	3.3	596.9	43.4	4.1

ㅎ

한국항공우주산업 (A047810)
KOREA AEROSPACE INDUSTRIES

업 종	상업서비스		시 장	거래소
신용등급	(Bond) AA- (CP) A1		기업규모	시가총액 대형주
홈페이지	www.koreaaero.com		연락처	055)851-1000
본 사	경남 사천시 사남면 공단1로 78			

설 립 일	1999.12.14	종 업 원 수 4,124명	대표이사 하성용
상 장 일	2011.06.30	감 사 의 견 적정(삼일)	계 열
결 산 기	12월	보 통 주 9,748만주	종속회사수 1개사
액 면 가	5,000원	우 선 주	구 상 호

주주구성 (지분율,%)
한국수출입은행	26.4
국민연금공단	8.0
(외국인)	20.3

출자관계 (지분율,%)

주요경쟁사 (외형,%)
한국항공우주	100
에스원	62
한화테크윈	119

매출구성
T-50계열	36.7
기체부품 등	36.1
KUH계열	20.3

비용구성
매출원가율	84.5
판관비율	4.6

수출비중
수출	62.0
내수	38.0

회사 개요
동사는 1999년 항공기 부품, 완제기 제조 및 판매를 목적으로 설립된 국내 대표 방위산업 체임. 방위산업 특성상 군수사업은 특정 무기체계에 대한 군의 확정소요를 기반으로 하는 장기 계약사업으로 각 사업 및 품목별 국내 시장점유율은 거의 100%임. 동사의 사업구조물 수출하는 민수사업도 민항기 시장 성장 및 생산량 증가에 따라 시장 규모가 점진적으로 커질 것으로 전망됨.

실적 분석
동사의 2017년 2분기 연결기준 누적매출액은 1조 1,323.8억원으로 전년 동기 대비 19.7% 감소함. 판관비가 전년 동기 대비 크게 증가하여 영업손실이 273.3억원을 기록, 적자전환함. 한국형 고등훈련기(T-50) 수출과 에어버스 등 보잉사 납품을 지속하고 있음. 동사는 KF-X 한국형 전투기 개발 사업을 비롯해 소형 무장 헬기, 민수 헬기, 우주사업 등의 사업도 추진 및 수행하고 있음.

현금 흐름
〈단위 : 억원〉
항목	2016	2017.2Q
영업활동	1,875	-1,321
투자활동	-1,730	-816
재무활동	282	1,842
순현금흐름	428	-296
기말현금	536	240

시장 대비 수익률

결산 실적
〈단위 : 억원〉
항목	2012	2013	2014	2015	2016	2017
매출액	15,346	19,833	23,286	30,397	29,463	—
영업이익	1,258	707	1,893	3,797	3,201	—
당기순이익	740	365	1,324	2,592	2,648	—

분기 실적
〈단위 : 억원〉
항목	2016.1Q	2016.2Q	2016.3Q	2016.4Q	2017.1Q	2017.2Q
매출액	7,106	7,222	8,015	7,121	7,118	5,451
영업이익	812	1,017	941	431	977	-383
당기순이익	753	739	464	692	371	-152

재무 상태
〈단위 : 억원〉
항목	2012	2013	2014	2015	2016	2017.2Q
총자산	18,925	19,515	21,090	28,082	29,808	29,089
유형자산	4,017	4,937	4,945	5,069	5,221	5,383
무형자산	2,203	2,071	2,145	2,299	2,460	2,747
유가증권	193	201	206	239	271	285
총부채	10,052	10,473	11,082	15,937	15,353	15,727
총차입금	3,173	2,771	3,645	4,509	5,447	7,504
자본금	4,874	4,874	4,874	4,874	4,874	4,874
총자본	8,873	9,042	10,007	12,144	14,456	13,362
지배주주지분	8,876	9,042	10,007	12,144	14,456	13,362

기업가치 지표
항목	2012	2013	2014	2015	2016	2017.2Q
주가(최고/저)(천원)	37.9/23.3	30.0/21.7	42.6/26.9	102/37.5	85.5/58.3	—/—
PER(최고/저)(배)	51.8/31.8	83.1/60.1	32.0/20.2	38.9/14.3	31.8/21.7	—/—
PBR(최고/저)(배)	4.3/2.7	3.3/2.4	4.2/2.7	8.3/3.1	5.8/4.0	5.2/4.0
EV/EBITDA(배)	14.5	19.5	15.4	17.1	16.5	
EPS(원)	760	372	1,358	2,659	2,717	-443
BPS(원)	9,106	9,276	10,266	12,459	14,830	13,708
CFPS(원)	1,312	1,176	2,215	3,579	3,787	-17
DPS(원)	200	200	250	400	680	
EBITDAPS(원)	1,842	1,530	2,799	4,815	4,354	145

재무 비율
〈단위 : % 〉
연도	영업이익률	순이익률	부채비율	차입금비율	ROA	ROE	유보율	자기자본비율	EBITDA마진율
2016	10.9	9.0	106.2	37.7	9.2	19.9	196.6	48.5	14.4
2015	12.5	8.5	131.2	37.1	10.5	23.4	149.2	43.3	15.4
2014	8.1	5.7	110.8	36.4	6.5	13.9	105.3	47.5	11.7
2013	3.6	1.8	115.8	30.7	1.9	4.1	85.5	46.3	7.5

한국화장품 (A123690)
Hankook Cosmetics

업 종	개인생활용품		시 장	거래소
신용등급	(Bond) — (CP) —		기업규모	시가총액 소형주
홈페이지	www.ihkcos.co.kr		연락처	02)724-3114
본 사	서울시 종로구 청계천로 35 (서린동)			

설 립 일	2010.05.03	종 업 원 수 101명	대표이사 이용준
상 장 일	2010.06.01	감 사 의 견 적정(삼덕)	계 열
결 산 기	12월	보 통 주 1,607만주	종속회사수 1개사
액 면 가	500원	우 선 주	구 상 호

주주구성 (지분율,%)
한국화장품제조	20.0
임충헌	11.5
(외국인)	2.5

출자관계 (지분율,%)

주요경쟁사 (외형,%)
한국화장품	100
코리아나	77
네오팜	26

매출구성
기초 외	98.5
임대 외	1.6

비용구성
매출원가율	44.6
판관비율	45.7

수출비중
수출	12.0
내수	88.0

회사 개요
동사는 화장품의 판매를 영위하며, 기초 화장품과 색조화장품을 비롯 700여 종류를 판매하는 종합화장품 회사임. 한국화장품제조의 화장품판매 및 부동산임대 사업부문이 인적분할되어 2010년 5월에 설립됨. 화장품 산업은 고객의 소득 및 소비 수준에 민감한 영향을 받으며 현재는 자연주의, 한방, 남성 등의 화장품 시장이 확대되고 있으며 소비자층이 다양해지고 있음. 최근 동사는 화장품판매업체인 주식회사 더샘인터내셔널을 주요 종속회사로 편입함.

실적 분석
동사의 2017년 상반기 연결기준 누적매출액은 898.8억원으로 전년동기대비 21.6% 증가함. 자회사 브랜드샵 관련 매출 증가의 영향임. 비용측면에서 매출원가 및 판관비가 각각 25.6%, 9.5% 상승했음에도 불구하고 매출 확대에 힘입어 영업이익은 전년동기보다 67% 늘어난 108억원을 기록함. 동사는 유통질서확립을 통한 특약점 손익개선 및 적극적 현장밀착영업을 실시하는 한편 차별화된 신제품개발 육성을 통한 리딩품목육성을 위해 노력 중임.

현금 흐름
〈단위 : 억원〉
항목	2016	2017.2Q
영업활동	182	-40
투자활동	-172	47
재무활동	—	—
순현금흐름	9	7
기말현금	25	33

시장 대비 수익률

결산 실적
〈단위 : 억원〉
항목	2012	2013	2014	2015	2016	2017
매출액	730	687	763	984	1,608	—
영업이익	-166	-131	-109	-55	157	—
당기순이익	-199	-162	263	-91	146	—

분기 실적
〈단위 : 억원〉
항목	2016.1Q	2016.2Q	2016.3Q	2016.4Q	2017.1Q	2017.2Q
매출액	334	406	399	470	510	388
영업이익	12	52	42	51	91	17
당기순이익	14	53	40	39	69	8

재무 상태
〈단위 : 억원〉
항목	2012	2013	2014	2015	2016	2017.2Q
총자산	1,136	1,089	912	729	993	979
유형자산	304	277	160	146	186	195
무형자산	46	43	27	32	32	33
유가증권	36	24	12	11	2	2
총부채	735	850	408	314	436	345
총차입금	452	530	2	2	2	2
자본금	80	80	80	80	80	80
총자본	401	239	504	415	557	634
지배주주지분	401	239	504	415	557	634

기업가치 지표
항목	2012	2013	2014	2015	2016	2017.2Q
주가(최고/저)(천원)	3.5/1.7	2.7/1.5	7.6/1.4	19.7/4.5	17.3/8.8	—/—
PER(최고/저)(배)	—/—	—/—	4.6/0.9	—/—	19.0/9.7	—/—
PBR(최고/저)(배)	1.4/0.7	1.8/1.0	2.4/0.4	7.6/1.8	5.0/2.5	5.7/2.9
EV/EBITDA(배)					8.9	
EPS(원)	-1,241	-1,007	1,639	-564	910	483
BPS(원)	2,496	1,487	3,139	2,582	3,466	3,949
CFPS(원)	-1,053	-813	1,823	-355	1,148	624
DPS(원)						
EBITDAPS(원)	-848	-622	-494	-131	1,216	813

재무 비율
〈단위 : % 〉
연도	영업이익률	순이익률	부채비율	차입금비율	ROA	ROE	유보율	자기자본비율	EBITDA마진율
2016	9.8	9.1	78.3	0.4	17.0	30.1	593.3	56.1	12.2
2015	-5.5	-9.2	75.7	0.6	-11.0	-19.7	416.3	56.9	-2.1
2014	-14.3	34.5	80.9	0.5	26.3	70.9	527.9	55.3	-10.4
2013	-19.1	-23.6	355.8	221.7	-14.5	-50.6	197.5	21.9	-14.6

한국화장품제조 (A003350)
Hankook Cosmetics Manufacturing

종 목 : 개인생활용품	시 장 : 거래소
신용등급 : (Bond) — (CP) —	기업규모 : 시가총액 소형주
홈 페 이 지 : www.hkcosm.com	연 락 처 : 02)724-3710
본 사 : 서울시 종로구 청계천로 35 (서린동)	

설 립 일 1962.03.21	종 업 원 수 177명	대 표 이 사 임충현,이용준	
상 장 일 1978.02.06	감 사 의 견 적정 (삼덕)	계 열	
결 산 기 12월	보 통 주 453만주	종속회사수	
액 면 가 500원	우 선 주	구 상 호	

주주구성 (지분율,%)
임충현	11.5
김숙자	11.2
(외국인)	0.8

출자관계 (지분율,%)
한국화장품제조	100
코리아나	191
네오팜	65

주요경쟁사 (외형,%)
(see 출자관계)

매출구성
[제품]기 초 외	98.4
부재료 외	1.0
[상품]기 초 외	0.7

비용구성
매출원가율	79.5
판관비율	10.8

수출비중
수출	1.0
내수	99.0

회사 개요
동사는 화장품 OEM 및 ODM 전문업체. 화장품 산업은 경기침체에도 불구하고 2017년까지 약 7%의 성장을 시현할 것으로 전망. 현재 국내 화장품 산업은 성숙기에 접어 든 것으로 보임. 동사는 인적분할 이후 '화장품전문 제조업체'로 새롭게 탈바꿈하면서 생산체계 재정비, 지속적인 연구활동을 통한 제품력 향상 등 새로운 성장동력을 만들기 위한 투자 진행중.

실적 분석
동사의 2017년 2분기기준 누적 매출액은 전년동기대비 15.9% 상승한 380.7억원을 기록하였음. 비용면에서 전년동기대비 매출원가는 증가 했으며 인건비도 증가, 광고선전비는 크게 감소 하였고 기타판매비와관리비는 증가함. 그에 따라 매출액 하락 등에 의해 전년동기대비 영업이익은 36억원으로 -19.5% 하락하였음. 최종적으로 전년동기대비 당기순이익은 하락하여 49.6억원을 기록함.

현금 흐름 *IFRS 별도 기준 〈단위 : 억원〉
항목	2016	2017.2Q
영업활동	110	-5
투자활동	-146	-5
재무활동	40	5
순현금흐름	4	4
기말현금	4	7

결산 실적 〈단위 : 억원〉
항목	2012	2013	2014	2015	2016	2017
매출액	313	311	355	455	649	—
영업이익	-6	-1	20	48	63	—
당기순이익	-63	-23	78	94	96	—

분기 실적 *IFRS 별도 기준 〈단위 : 억원〉
항목	2016.1Q	2016.2Q	2016.3Q	2016.4Q	2017.1Q	2017.2Q
매출액	133	196	176	145	161	220
영업이익	20	25	18	0	12	24
당기순이익	18	32	24	22	24	25

재무 상태 *IFRS 별도 기준 〈단위 : 억원〉
항목	2012	2013	2014	2015	2016	2017.2Q
총자산	377	404	469	502	666	765
유형자산	123	122	125	127	154	157
무형자산	1	1	1	1	2	3
유가증권		1	1	1	0	0
총부채	101	150	137	155	226	278
총차입금	40	70	70	63	102	111
자본금	23	23	23	23	23	23
총자본	277	254	331	347	440	486
지배주주지분	277	254	331	347	440	486

기업가치 지표 *IFRS 별도 기준
항목	2012	2013	2014	2015	2016	2017.2Q
주가(최고/저)(천원)	7.7/3.4	4.9/3.1	13.8/3.2	59.9/8.0	40.5/26.3	—/—
PER(최고/저)(배)	—/—	—/—	8.1/1.9	137.2/18.4	19.1/12.4	—/—
PBR(최고/저)(배)	1.2/0.5	0.8/0.5	1.8/0.4	7.5/1.0	4.1/2.6	3.1/2.3
EV/EBITDA(배)		39.1	15.5	27.1	15.9	
EPS(원)	-1,385	-517	1,723	438	2,122	1,094
BPS(원)	6,427	5,937	7,634	7,987	10,034	11,048
CFPS(원)	-1,261	-389	1,859	602	2,343	1,232
DPS(원)					100	
EBITDAPS(원)	-11	108	578	1,233	1,610	931

재무 비율 〈단위 : % 〉
연도	영업이익률	순이익률	부채비율	차입금비율	ROA	ROE	유보율	자기자본비율	EBITDA 마진율
2016	9.7	14.8	51.4	23.2	16.5	24.4	1,906.7	66.1	11.2
2015	10.7	4.4	44.5	18.0	4.1	5.9	1,497.5	69.2	12.3
2014	5.6	22.0	41.5	21.1	17.9	26.7	1,426.8	70.7	7.4
2013	-0.3	-7.5	58.8	27.5	-6.0	-8.8	1,087.4	63.0	1.6

한글과컴퓨터 (A030520)
Hancom

업 종 : 일반 소프트웨어	시 장 : KOSDAQ
신용등급 : (Bond) — (CP) —	기업규모 : 우량
홈 페 이 지 : www.hancom.com	연 락 처 : 031)627-7000
본 사 : 경기도 성남시 분당구 대왕판교로 644번길 49 한컴타워 10층	

설 립 일 1990.10.09	종 업 원 수 414명	대 표 이 사 김상철,이원필(각자대표이사)	
상 장 일 1996.09.24	감 사 의 견 적정 (한영)	계 열	
결 산 기 12월	보 통 주 2,308만주	종속회사수 15개사	
액 면 가 500원	우 선 주	구 상 호	

주주구성 (지분율,%)
소프트포럼	13.5
김정실	7.4
(외국인)	14.7

출자관계 (지분율,%)
한컴보노플레이	100.0
한컴핀테크	99.0
한컴씽크프리	98.0

주요경쟁사 (외형,%)
한글과컴퓨터	100
더존비즈온	175
안랩	141

매출구성
오피스 제품 등	90.1
웹오피스 등	9.9
클라우딩펀딩	0.1

비용구성
매출원가율	7.4
판관비율	63.9

수출비중
수출	13.0
내수	87.0

회사 개요
동사는 1990년에 설립된 국내 최초 한국어워드 소프트웨어 개발업체로 한컴오피스 소프트웨어를 중심으로 하는 오피스SW부문과 씽크프리 모바일 및 씽크프리 서버 등을 중심으로 하는 모바일솔루션부문으로 구성됨. 2016년 1월에는 오피스 하나만으로 다른 오피스 SW에서 작성된 문서까지 편집하고, 위하는 장소에서 자유롭게 업무를 보고, 작성된 문서를 세계 각국의 언어로 번역할 수 있는 한컴오피스 네오를 출시함.

실적 분석
동사의 2017년도 2분기연결기준 매출액은 전년동기 대비 7.1% 늘어난 554.9억원을 기록함. 이는 주력 사업인 오피스SW 사업부문에서 '한컴오피스' 및 '이지포토' 제품 매출로 구성되며 동사 총매출의 약 93%를 차지하고 있음. 이는 공공 및 교육시장의 신규채널 발굴 노력과 기업시장에 대한 적극적인 영업으로 인한 매출확대의 결과로 보임. 영업이익과 당기순이익도 전년동기 대비 13.7%, 31.8% 증가하며 수익성 확대.

현금 흐름 〈단위 : 억원〉
항목	2016	2017.2Q
영업활동	204	180
투자활동	-97	-24
재무활동	-53	-46
순현금흐름	60	165
기말현금	277	441

결산 실적 〈단위 : 억원〉
항목	2012	2013	2014	2015	2016	2017
매출액	656	685	758	849	1,012	—
영업이익	248	239	275	279	290	—
당기순이익	125	191	201	234	153	—

분기 실적 〈단위 : 억원〉
항목	2016.1Q	2016.2Q	2016.3Q	2016.4Q	2017.1Q	2017.2Q
매출액	253	265	240	255	268	287
영업이익	77	94	64	56	94	100
당기순이익	62	47	34	7	71	72

재무 상태 〈단위 : 억원〉
항목	2012	2013	2014	2015	2016	2017.2Q
총자산	1,386	1,530	1,731	2,141	2,286	2,388
유형자산	33	31	67	36	34	31
무형자산	175	244	226	550	553	563
유가증권	13	11	7	5	4	4
총부채	133	131	234	361	425	422
총차입금			75	154	216	226
자본금	122	122	122	122	122	122
총자본	1,253	1,399	1,497	1,780	1,862	1,966
지배주주지분	1,254	1,399	1,498	1,516	1,586	1,684

기업가치 지표
항목	2012	2013	2014	2015	2016	2017.2Q
주가(최고/저)(천원)	20.1/9.0	21.3/12.8	26.0/17.7	25.6/16.6	22.9/15.4	—/—
PER(최고/저)(배)	39.1/17.7	27.1/16.3	31.2/21.3	25.4/16.4	35.9/24.2	—/—
PBR(최고/저)(배)	3.7/1.7	3.6/2.2	3.9/2.7	3.6/2.4	3.1/2.1	2.3/1.9
EV/EBITDA(배)	15.2	13.7	12.2	15.3	10.2	
EPS(원)	541	826	870	1,040	646	609
BPS(원)	5,693	6,282	6,940	7,273	7,537	7,959
CFPS(원)	699	1,056	1,196	1,362	1,016	753
DPS(원)	250	200	260	400	200	
EBITDAPS(원)	1,230	1,267	1,517	1,531	1,629	985

재무 비율 〈단위 : % 〉
연도	영업이익률	순이익률	부채비율	차입금비율	ROA	ROE	유보율	자기자본비율	EBITDA 마진율
2016	28.7	15.1	22.8	11.6	9.6	9.6	1,325.7	81.4	37.1
2015	32.9	27.5	20.3	8.7	12.1	15.9	1,275.8	83.1	41.6
2014	36.2	26.5	15.6	5.0	12.3	13.9	1,212.7	86.5	46.2
2013	34.9	27.8	9.4	0.0	13.1	14.4	1,088.3	91.4	42.7

한네트 (A052600)
Hannet

업 종 : 상업서비스		시 장 : KOSDAQ	
신용등급 : (Bond) — (CP) —		기업규모 : 중견	
홈 페 이 지 : www.hannet.net		연 락 처 : 02)2125-6000	
본 사 : 서울시 마포구 독막로 281 (대흥동)			

설 립 일 1997.04.15	종 업 원 수 65명	대 표 이 사 김선종
상 장 일 2001.06.27	감사의견 적정 (삼일)	계 열
결 산 기 12월	보 통 주 1,156만주	종속회사
액 면 가 500원	우 선 주	구 상 호

주주구성 (지분율,%)	출자관계 (지분율,%)	주요경쟁사 (외형,%)
한국컴퓨터지주 45.1 한국증권금융 4.5 (외국인) 5.0	제이티비씨 1.0	한네트 100 아이씨케이 85 SCI평가정보 122

매출구성	비용구성	수출비중
CD-VAN, 키오스크 판매 등 99.0 임대수익 등 1.0	매출원가율 80.4 판관비율 6.8	수출 0.0 내수 100.0

회사 개요
동사는 1990년 한국컴퓨터 밴(VAN) 사업부로 출발해 민간업체로서는 국내 최초로 점외 현금자동인출기를 설치함. 1997년 4월 VAN 사업을 목적으로 한국컴퓨터에서 별도법인으로 독립함. 지하철역, 대형 유통점, 편의점, 휴게소 등 공공장소를 중심으로 현금자동지급기를 설치함으로써 꾸준한 증가세를 유지함. 매출은 CD-VAN, 티켓발권기 판매 등을 통한 부가통신부문과 건물임대 등의 기타 사업부문에서 발생함.

실적 분석
동사의 2017년 상반기 매출액은 138.6억원으로 전년 대비 2.6% 감소함. 영업이익은 14.1억원으로 34.5% 감소함. 당기순이익은 8.3억원으로 41.7% 감소함. 부가통신사업, 기타 사업 부문 모두 매출이 감소한 영향. 주요 장소의 인프라를 확보해 경쟁 우위를 선점한 선두업체로서 규모나 역량 면에서의 차이로 인해 향후 지속적인 우위를 점할 수 있음. 경기 회복에 대한 기대, 신용불량자 감소 등으로 서비스 이용자 늘 것으로 전망됨.

현금 흐름 *IFRS 별도 기준 〈단위 : 억원〉

항목	2016	2017.2Q
영업활동	78	26
투자활동	-22	-17
재무활동	-46	-10
순현금흐름	9	-2
기말현금	443	441

시장 대비 수익률

결산 실적 〈단위 : 억원〉

항목	2012	2013	2014	2015	2016	2017
매출액	271	283	277	282	288	—
영업이익	21	38	39	33	37	—
당기순이익	5	16	22	20	24	—

분기 실적 *IFRS 별도 기준 〈단위 : 억원〉

항목	2016.1Q	2016.2Q	2016.3Q	2016.4Q	2017.1Q	2017.2Q
매출액	69	73	73	73	66	72
영업이익	8	13	10	6	7	7
당기순이익	6	9	6	4	4	4

재무 상태 *IFRS 별도 기준 〈단위 : 억원〉

항목	2012	2013	2014	2015	2016	2017.2Q
총자산	462	562	624	711	697	690
유형자산	139	156	160	171	157	150
무형자산	3	2	1	1	1	1
유가증권	57	54	41	44	37	37
총부채	139	217	270	351	327	326
총차입금	20	175	224	298	266	270
자본금	58	58	58	58	58	58
총자본	323	346	354	360	370	365
지배주주지분	323	346	354	360	370	365

기업가치 지표 *IFRS 별도 기준

항목	2012	2013	2014	2015	2016	2017.2Q
주가(최고/저)(천원)	2.4/1.3	2.1/1.5	2.3/1.9	4.5/2.1	5.4/2.8	—/—
PER(최고/저)(배)	64.3/36.5	17.4/12.8	13.6/11.2	27.4/12.8	27.0/13.9	—/—
PBR(최고/저)(배)	1.1/0.6	0.8/0.6	0.9/0.7	1.6/0.7	1.7/0.9	1.6/1.2
EV/EBITDA(배)	0.8	1.2	1.5	3.2	4.7	—/—
EPS(원)	46	138	193	176	206	72
BPS(원)	2,793	2,989	3,061	3,111	3,202	3,154
CFPS(원)	376	501	563	549	591	254
DPS(원)	100	110	120	120	120	—
EBITDAPS(원)	513	689	707	661	705	305

재무 비율 〈단위 : %〉

연도	영업이익률	순이익률	부채비율	차입금비율	ROA	ROE	유보율	자기자본비율	EBITDA마진율
2016	12.8	8.3	88.2	71.9	3.4	6.5	540.4	53.1	28.2
2015	11.8	7.2	97.6	83.0	3.1	5.7	522.2	50.6	27.1
2014	14.1	8.0	76.2	63.2	3.8	6.4	512.2	56.8	29.5
2013	13.4	5.7	62.7	50.8	3.1	4.8	497.8	61.5	28.2

한농화성 (A011500)
Hannong Chemicals

업 종 : 화학		시 장 : 거래소	
신용등급 : (Bond) — (CP) —		기업규모 : 시가총액 소형주	
홈 페 이 지 : www.hannong.co.kr		연 락 처 : 063)462-2455	
본 사 : 전북 군산시 외항1길 24			

설 립 일 1976.07.10	종 업 원 수 164명	대 표 이 사 김응상,경상호(각자대표)
상 장 일 2003.01.09	감사의견 적정 (한영)	계 열
결 산 기 12월	보 통 주 1,564만주	종속회사
액 면 가 500원	우 선 주	구 상 호

주주구성 (지분율,%)	출자관계 (지분율,%)	주요경쟁사 (외형,%)
김응상 35.1 FID SRS INTRINSIC OPP FND 8.2 (외국인) 11.4	경산 40.0 경산씨앤엘 19.0	한농화성 100 한솔씨앤피 27 WISCOM 66

매출구성	비용구성	수출비중
[제품]계면활성제 (EOA) 59.8 [제품]글리콜에테르 (GE) 28.5 [제품]특수산업용유화제 (EM) 8.7	매출원가율 90.5 판관비율 5.5	수출 14.0 내수 86.0

회사 개요
동사는 설립 초기 농업용 화학원재료 제품만을 제조하였으나, 연구개발을 지속적으로 실시하여 글리콜에테르와 계면활성제, 특수산업용유화제 등 다양한 정밀화학제품을 생산하는 기업으로 성장함. 고부가가치의 신제품 개발노력으로 FM, 글라임 등 첨단 화학제품의 비중을 점차 높여가고 있음. 계면활성제 산업은 정밀화학의 한 분야로서 알콜, 지방산, 아민, EO 등을 주원료로 사용함. 주요 판매처는 엘지화학, 켐트로닉스, 롯데케미칼 등임.

실적 분석
동사의 2017년 상반기 누적매출액은 1,170.9억원으로 전년동기 대비 19.8% 증가함. 원가 상승과 판관비 증가로 영업이익은 37.7% 감소한 26.9억원을 기록함. 반도체 및 디스플레이 산업의 설비투자 확대로 동사의 글리콜에테르에 대한 수요가 증가할 것으로 기대됨. 전사적 자원관리 시스템을 통해 모든 자료를 데이터 베이스화하면서 대금 회수, 가격 데이터를 가지고 업체별 차별화된 전략으로 영업정책을 수립하고 있음.

현금 흐름 *IFRS 별도 기준 〈단위 : 억원〉

항목	2016	2017.2Q
영업활동	99	85
투자활동	-75	-98
재무활동	-24	35
순현금흐름	-0	22
기말현금	33	55

시장 대비 수익률

결산 실적 〈단위 : 억원〉

항목	2012	2013	2014	2015	2016	2017
매출액	2,112	2,244	2,178	2,010	2,050	—
영업이익	98	81	82	81	82	—
당기순이익	87	78	78	85	88	—

분기 실적 *IFRS 별도 기준 〈단위 : 억원〉

항목	2016.1Q	2016.2Q	2016.3Q	2016.4Q	2017.1Q	2017.2Q
매출액	475	502	497	575	635	53
영업이익	22	21	10	29	19	
당기순이익	17	25	4	42	11	1

재무 상태 *IFRS 별도 기준 〈단위 : 억원〉

항목	2012	2013	2014	2015	2016	2017.2Q
총자산	1,289	1,309	1,490	1,405	1,571	1,60
유형자산	457	503	634	615	623	60
무형자산	9	10	6	6	6	
유가증권	5	5	6	12	5	
총부채	549	501	621	464	555	57
총차입금	351	263	386	273	264	31
자본금	78	78	78	78	78	
총자본	740	808	869	940	1,015	1,02
지배주주지분	740	808	869	940	1,015	1,02

기업가치 지표 *IFRS 별도 기준

항목	2012	2013	2014	2015	2016	2017.2Q
주가(최고/저)(천원)	3.3/2.2	5.1/2.9	5.2/3.3	4.4/3.3	6.9/3.5	—/—
PER(최고/저)(배)	6.6/4.3	11.2/6.4	11.1/7.2	8.5/6.4	12.6/6.4	—/—
PBR(최고/저)(배)	0.8/0.5	1.1/0.6	1.0/0.6	0.8/0.6	1.1/0.6	1.0/0.
EV/EBITDA(배)	5.4	5.9	6.4	5.3	7.9	—/—
EPS(원)	558	499	498	542	561	18
BPS(원)	4,774	5,209	5,601	6,056	6,535	6,60
CFPS(원)	899	800	875	976	991	38
DPS(원)	90	80	90	100	110	—
EBITDAPS(원)	967	822	899	954	955	37

재무 비율 〈단위 : %〉

연도	영업이익률	순이익률	부채비율	차입금비율	ROA	ROE	유보율	자기자본비율	EBITDA마진율
2016	4.0	4.3	54.7	26.1	5.9	9.0	1,206.9	64.6	7.
2015	4.1	4.2	49.4	29.1	5.9	9.4	1,111.2	66.9	7.
2014	3.7	3.6	71.4	44.4	5.6	9.3	1,020.1	58.3	7.
2013	3.6	3.5	62.1	32.5	6.0	10.1	941.7	61.7	5.

한독 (A002390)
Handok

업 종 : 제약	시 장 : 거래소
신용등급 : (Bond) BBB+ (CP) —	기업규모 : 시가총액 소형주
홈 페 이 지 : www.handok.co.kr	연 락 처 : 02)527-5114
본 사 : 서울시 강남구 테헤란로 132	

설 립 일 1954.04.27	종 업 원 수 901명	대 표 이 사	김영진,김철준
상 장 일 1976.06.30	감 사 의 견 적정 (삼일)	계 열	
결 산 기 12월	보 통 주 1,259만주	종 속 회 사 수	2개사
액 면 가 500원	우 선 주	구 상 호	한독약품

주주구성 (지분율,%)
와이앤에스인터내셔날	19.2
김영진	14.9
(외국인)	10.0

출자관계 (지분율,%)
TheravaluesCorporation	67.9
한독칼로스메디칼	51.0
한독테바	49.0

주요경쟁사 (외형,%)
한독	100
신풍제약	49
광동제약	267

매출구성
솔리리스 외	47.6
BEP III외	14.9
기타(상품)	13.2

비용구성
매출원가율	67.8
판관비율	31.3

수출비중
수출	5.0
내수	95.0

회사 개요
일반의약품 생산업체로 주력 의약품으로는 당뇨병치료제인 아마릴, 고혈압치료제인 테베텐, 트라이핀, 트렌탈, 일반의약품인 훼스탈, 케토톱이 있음. 의약품 이외에 의료기기, 건강기능식품, 유전자분석사업 등으로 사업다각화를 추진함. 2016년에는 미국 기능성 식품 시장, 진단의료기기 개발, 국내 OTC 비강세정 시장, 컨슈머헬스사업 및 희귀질환 시장 진출 등 다양한 신규 사업을 진행함.

실적 분석
동사의 2017년 2분기 누적 연결기준 매출액은 전년대비 9.7% 성장한 2,115.0억원을 기록함. 원가율은 소폭 악화되어 외형 성장에도 불구하고 영업이익은 2.7억원에 그쳤으며 비영업손실 확대로 64.9억원의 당기순손실을 보이며 적자규모가 확대됨. 비영업손실의 확대는 관련기업투자손실에 기인함. 당반기 사업부문별 매출비중은 의약품 75.82%, 진단기기 및 시약 16.11%, 컨슈머헬스 2.61%, 용역 4.58% 등으로 구성됨.

현금 흐름 〈단위 : 억원〉
항목	2016	2017.2Q
영업활동	-85	-62
투자활동	-638	-11
재무활동	731	48
순현금흐름	8	-25
기말현금	119	93

시장 대비 수익률

결산 실적 〈단위 : 억원〉
항목	2012	2013	2014	2015	2016	2017
매출액	3,146	3,279	3,483	3,584	3,961	
영업이익	86	75	103	62	36	
당기순이익	58	123	15	-18	-74	

분기 실적 〈단위 : 억원〉
항목	2016.1Q	2016.2Q	2016.3Q	2016.4Q	2017.1Q	2017.2Q
매출액	912	1,016	1,004	1,029	1,051	1,064
영업이익	2	6	13	16	13	-11
당기순이익	0	-37	-21	-17	-33	-32

재무 상태 〈단위 : 억원〉
항목	2012	2013	2014	2015	2016	2017.2Q
총자산	4,364	4,735	5,155	5,306	6,228	6,234
유형자산	1,337	1,328	1,334	1,384	1,545	1,494
무형자산	209	188	683	691	982	974
유가증권	431	267	18	24	25	40
총부채	1,491	1,793	2,077	2,269	3,336	3,429
총차입금	422	563	890	998	1,831	1,903
자본금	58	58	63	63	63	63
총자본	2,873	2,943	3,078	3,037	2,893	2,805
지배주주지분	2,873	2,943	3,078	2,985	2,809	2,730

기업가치 지표
항목	2012	2013	2014	2015	2016	2017.2Q
주가(최고/저)(천원)	28.9/9.8	22.7/13.1	26.9/16.0	41.8/18.6	42.4/22.4	—/—
PER(최고/저)(배)	61.2/20.9	22.4/12.9	228.9/136.5	—/—	1.9/1.0	1.3/1.0
PBR(최고/저)(배)	1.2/0.4	0.9/0.5	1.1/0.7	1.8/0.8	1.9/1.0	—/—
EV/EBITDA(배)	13.7	13.5	14.2	22.7	27.7	
EPS(원)	488	1,041	119	-134	-512	-453
BPS(원)	24,763	25,369	24,642	23,904	22,506	21,884
CFPS(원)	1,485	2,015	1,178	991	662	196
DPS(원)	150	200	150	100	125	
EBITDAPS(원)	1,729	1,597	1,893	1,619	1,463	671

재무 비율 〈단위 : % 〉
연도	영업이익률	순이익률	부채비율	차입금비율	ROA	ROE	유보율	자기자본비율	EBITDA마진율
2016	0.9	-1.9	115.3	63.3	-1.3	-2.2	4,401.3	46.4	4.7
2015	1.7	-0.5	74.7	32.9	-0.3	-0.6	4,680.9	57.2	5.7
2014	3.0	0.4	67.5	28.9	0.3	0.5	4,828.5	59.7	6.7
2013	2.3	3.8	60.9	19.1	2.7	4.2	4,973.7	62.2	5.7

한라 (A014790)
Halla

업 종 : 건설	시 장 : 거래소
신용등급 : (Bond) BBB (CP) A3	기업규모 : 시가총액 소형주
홈 페 이 지 : www.halla.co.kr	연 락 처 : 02)3434-5114
본 사 : 서울시 송파구 올림픽로 289 (신천동)	

설 립 일 1980.05.02	종 업 원 수 1,070명	대 표 이 사	정몽원,박철홍
상 장 일 1994.07.13	감 사 의 견 적정 (삼일)	계 열	
결 산 기 12월	보 통 주 3,649만주	종 속 회 사 수	18개사
액 면 가 5,000원	우 선 주 1,017만주	구 상 호	한라건설

주주구성 (지분율,%)
정몽원	18.2
한라홀딩스	16.9
(외국인)	3.1

출자관계 (지분율,%)
케이에코로지스	100.0
한라엔컴	100.0
한라세라지오	100.0

주요경쟁사 (외형,%)
한라	100
국보디자인	11
화성산업	27

매출구성
자체분양사업(기타)	29.2
기타	27.2
레미콘(기타)	16.8

비용구성
매출원가율	86.4
판관비율	8.4

수출비중
수출	—
내수	—

회사 개요
동사는 1980년 5월 2일에 설립, 1994년 상장된 종합건설업체로 국내외 토목공사, 건축공사, 주택건설공사 등 건설업을 영위하고 있음. 연결대상 종속회사들은 목포신항만운영, 한라(천진)방지산개발유한공사, 한라엔컴 등이 있으며 해외(중국) 부동산개발업, 항만시설운영업 등을 영위하고 있음. 건설업은 기본적으로 수주산업이기 때문에 정부의 사회간접시설에 대한 투자규모, 타 산업의 경제활동에 민감하게 반응함.

실적 분석
동사의 연결기준 2017년 2분기 누적매출액은 9,291.9억원으로 전년동기 대비 7.2% 증가함. 원가율이 다소 낮아졌지만 주택사업부문의 매출 증가와 판관비 절감 노력에 따라 같은 기간 영업이익과 당기순이익이 큰 폭으로 증가함. 영업이익은 41.9% 증가한 686.5억원, 당기순이익은 2배 이상 증가한 230.7억원을 시현함. 다만 새 정부의 부동산 정책 방향에 영향을 받을 것으로 보임.

현금 흐름 〈단위 : 억원〉
항목	2016	2017.2Q
영업활동	2,080	-159
투자활동	572	-1,169
재무활동	-3,051	1,168
순현금흐름	-398	-159
기말현금	820	661

시장 대비 수익률

결산 실적 〈단위 : 억원〉
항목	2012	2013	2014	2015	2016	2017
매출액	19,863	20,027	19,033	18,553	18,318	
영업이익	-1,965	-2,507	372	310	955	
당기순이익	-2,343	-4,587	-1,586	-1,144	102	

분기 실적 〈단위 : 억원〉
항목	2016.1Q	2016.2Q	2016.3Q	2016.4Q	2017.1Q	2017.2Q
매출액	4,183	4,485	4,215	5,436	4,206	5,086
영업이익	246	237	208	263	277	409
당기순이익	72	34	30	-35	83	147

재무 상태 〈단위 : 억원〉
항목	2012	2013	2014	2015	2016	2017.2Q
총자산	31,497	26,234	20,848	22,854	20,739	21,294
유형자산	4,688	2,752	2,674	6,421	6,704	7,387
무형자산	443	704	295	295	265	252
유가증권	2,884	1,755	3,012	2,029	2,565	2,571
총부채	24,726	20,183	16,369	19,622	17,221	17,570
총차입금	14,908	12,468	9,260	9,815	6,340	7,609
자본금	1,370	2,097	2,129	2,183	2,333	2,333
총자본	6,771	6,051	4,478	3,233	3,518	3,724
지배주주지분	7,058	5,938	4,381	3,132	3,420	3,625

기업가치 지표
항목	2012	2013	2014	2015	2016	2017.2Q
주가(최고/저)(천원)	15.6/7.3	8.7/4.5	8.4/4.8	7.2/3.1	5.4/3.6	—/—
PER(최고/저)(배)	—/—	—/—	—/—	—/—	23.4/15.7	—/—
PBR(최고/저)(배)	0.6/0.3	0.6/0.3	0.8/0.5	1.0/0.4	0.7/0.5	0.7/0.5
EV/EBITDA(배)	—/—	—/—	15.5	18.0	4.7	
EPS(원)	-7,857	-12,085	-3,741	-2,616	231	491
BPS(원)	25,751	14,158	10,287	7,173	7,329	7,782
CFPS(원)	-7,530	-11,723	-3,423	-2,295	466	600
DPS(원)	150					
EBITDAPS(원)	-6,950	-6,285	1,203	1,030	2,342	1,580

재무 비율 〈단위 : % 〉
연도	영업이익률	순이익률	부채비율	차입금비율	ROA	ROE	유보율	자기자본비율	EBITDA마진율
2016	5.2	0.6	489.5	180.2	0.5	3.2	46.6	17.0	5.8
2015	1.7	-6.2	607.0	303.6	-5.2	-30.4	43.5	14.1	2.4
2014	2.0	-8.3	365.5	206.8	-6.7	-30.5	105.7	21.5	2.7
2013	-12.5	-22.9	333.6	206.1	-15.9	-70.2	183.2	23.1	-11.8

한라아이엠에스 (A092460)
Hanla IMS

업 종 : 조선
신용등급 : (Bond) — (CP) —
홈 페 이 지 : www.hanlaims.com
본 사 : 부산시 강서구 화전산단 1로 115 (화전동)

시 장 : KOSDAQ
기업규모 : 벤처
연 락 처 : 051)601-7000

설 립 일 1995.07.13	종업원수 152명	대 표 이 사 지석준,김영구
상 장 일 2007.05.22	감사의견 적정 (안경)	계 열
결 산 기 12월	보 통 주 1,065만주	종속회사수 1개사
액 면 가 500원	우 선 주	구 상 호

주주구성 (지분율,%)	출자관계 (지분율,%)	주요경쟁사 (외형,%)
김영구 21.8	한라엠티 53.9	한라IMS 100
국민연금공단 3.1	블루싸이언스 31.4	STX중공업 980
	한라선박기전유한공사 100.0	삼영이엔씨 84

매출구성	비용구성	수출비중
선용원격 자동측정 시스템 33.3	매출원가율 69.4	수출 53.0
일반경보 및 측정장치 26.7	판관비율 24.9	내수 47.0
벨브원격자동 개폐시스템 17.5		

회사 개요
동사는 선용 레벨측정시스템 및 장치 제조와 선박계선 계류 조타장비를 주요 사업으로 영위함. 주요 제품으로는 선용 원격자동 측정시스템, 경보시스템, 선박 및 산업용 측정 제어장치등이 있으며 내구성, 내식성, 안전성에 대한 확실한 품질보장이 요구되는 제품들임. 장기 개발과제인 해수정화장치의 제품개발에 착수하여 2015년 5월8일 해양수산부 최종승인을 취득하였음.

실적 분석
글로벌시장의 경기침체에 따라 동사의 2017년도 연결기준 상반기 매출액은 167.6억원으로 전년동기 대비 24.9% 감소함. 고정비 감소에도 불구하고 매출영향으로 영업손실은 8.7억원으로 적자전환됨. 반면 비영업이익은 큰 폭으로 증가하였으나, 당기순이익은 4억원으로 전년동기 대비 70.1% 감소함. 동사는 한국해양과학기술원 부설 선박해양플랜트연구소와 40억 규모의 심해수조 조류펌프설비 제작 및 설치 공급계약을 체결함.

현금 흐름 〈단위 : 억원〉

항목	2016	2017.2Q
영업활동	41	-10
투자활동	-48	-27
재무활동	-19	52
순현금흐름	-26	15
기말현금	92	108

결산 실적 〈단위 : 억원〉

항목	2012	2013	2014	2015	2016	2017
매출액	388	346	421	471	425	—
영업이익	5	-16	22	42	24	—
당기순이익	27	10	43	57	35	—

분기 실적 〈단위 : 억원〉

항목	2016.1Q	2016.2Q	2016.3Q	2016.4Q	2017.1Q	2017.2Q
매출액	113	110	90	112	80	87
영업이익	-4	13	5	10	-3	-6
당기순이익	-3	17	6	16	4	1

재무 상태 〈단위 : 억원〉

항목	2012	2013	2014	2015	2016	2017.2Q
총자산	712	816	862	923	913	969
유형자산	181	203	202	289	282	293
무형자산	28	29	28	27	24	23
유가증권	130	180	204	233	268	269
총부채	177	268	276	266	219	254
총차입금	121	225	221	211	175	214
자본금	45	45	46	49	50	53
총자본	535	549	586	658	694	716
지배주주지분	535	549	586	658	694	716

기업가치 지표

항목	2012	2013	2014	2015	2016	2017.2Q
주가(최고/저)(천원)	8.9/3.7	4.7/3.3	6.1/4.1	8.9/5.0	18.3/5.4	—/—
PER(최고/저)(배)	30.2/12.6	41.9/29.4	13.4/9.0	15.3/8.5	52.5/15.5	—/—
PBR(최고/저)(배)	1.5/0.6	0.8/0.6	1.0/0.7	1.3/0.7	2.6/0.8	1.7/1.0
EV/EBITDA(배)	12.5		8.2	9.2	20.8	—
EPS(원)	305	116	472	595	351	39
BPS(원)	5,946	6,110	6,497	6,877	7,051	6,908
CFPS(원)	425	276	613	740	488	97
DPS(원)			50	100	60	
EBITDAPS(원)	181	-15	382	586	382	-26

재무 비율 〈단위 : % 〉

연도	영업이익률	순이익률	부채비율	차입금비율	ROA	ROE	유보율	자기자본비율	EBITDA마진율
2016	5.7	8.2	31.5	25.2	3.8	5.2	1,310.1	76.1	8.9
2015	9.0	12.1	40.4	32.1	6.4	9.2	1,275.3	71.2	11.9
2014	5.2	10.2	47.0	37.7	5.1	7.5	1,199.4	68.0	8.2
2013	-4.6	3.0	48.8	41.1	1.4	1.9	1,122.0	67.2	-0.4

한라홀딩스 (A060980)
Halla Holdings

업 종 : 자동차부품
신용등급 : (Bond) — (CP) —
홈 페 이 지 : www.hallaholdings.com
본 사 : 경기도 용인시 기흥구 기흥단지로 46

시 장 : 거래소
기업규모 : 시가총액 중형주
연 락 처 : 031)280-4640

설 립 일 1999.11.27	종업원수 289명	대 표 이 사 임기영,황용importance(각자대표이사)
상 장 일 2010.05.19	감사의견 적정 (삼일)	계 열
결 산 기 12월	보 통 주 1,080만주	종속회사수 10개사
액 면 가 5,000원	우 선 주	구 상 호 만도

주주구성 (지분율,%)	출자관계 (지분율,%)	주요경쟁사 (외형,%)
정몽원 23.4	한라우선주 100.0	한라홀딩스 100
국민연금공단 13.4	제이제이한라 100.0	세방전지 96
(외국인) 9.6	위코 100.0	에스엘 162

매출구성	비용구성	수출비중
자동차부품 유통/물류 81.9	매출원가율 79.1	수출 —
자동차(소경)부품 18.0	판관비율 9.3	내수 —
상품, 샘플 0.1		

회사 개요
동사는 1999년 11월 27일에 설립되었으며, 2014년 9월 1일 동사와 만도로 인적분할을 통해 지주회사로 전환하였으며 별도의 사업을 영위하지 않는 순수지주회사의 성격을 취하고 있음. 동사는 2014년 9월30일 현재, 공정거래법 기준 동사를 포함 총 23개의 계열회사를 두고 있으며 해외계열사 41개 회사를 포함하여 총64개의 계열회사를 두고 있음.

실적 분석
계열회사인 한라, 만도등의 성장에 힘입어 동사 2017년 2분기기준 누적 매출액은 전년동기대비 22.6% 상승한 4,784.4억원을 기록하였음. 비용면에서 전년동기대비 매출원가는 증가 하였으며 인건비도 증가, 광고선전비도 크게 증가하였으나 상대적으로 매출액 상승이 더 크므로 그에 따라 전년동기대비 영업이익은 526.8억원으로 20.9% 상승하였음. 최종적으로 전년동기대비 당기순이익은 상승하여 579.5억원을 기록했음.

현금 흐름 〈단위 : 억원〉

항목	2016	2017.2Q
영업활동	859	349
투자활동	-105	575
재무활동	-1,214	-327
순현금흐름	-453	575
기말현금	1,043	1,617

결산 실적 〈단위 : 억원〉

항목	2012	2013	2014	2015	2016	2017
매출액	50,593	9,288	9,187	8,921	10,012	—
영업이익	2,559	305	497	960	1,159	—
당기순이익	1,621	1,777	10,815	797	804	—

분기 실적 〈단위 : 억원〉

항목	2016.1Q	2016.2Q	2016.3Q	2016.4Q	2017.1Q	2017.2Q
매출액	1,805	2,098	2,526	3,583	2,289	2,49
영업이익	187	248	245	478	250	27
당기순이익	139	275	93	298	144	43

재무 상태 〈단위 : 억원〉

항목	2012	2013	2014	2015	2016	2017.2Q
총자산	40,347	50,771	16,794	16,060	19,140	18,57
유형자산	16,644	17,850	1,297	1,348	3,368	2,41
무형자산	1,046	1,274	232	461	487	39
유가증권	971	4,099	4,249	2,849	162	11
총부채	24,674	33,584	7,343	6,633	9,575	8,98
총차입금	10,679	18,851	5,363	4,885	6,855	6,45
자본금	911	911	551	551	551	55
총자본	15,674	17,187	9,452	9,427	9,565	9,59
지배주주지분	15,052	16,531	9,165	9,097	9,196	9,59

기업가치 지표

항목	2012	2013	2014	2015	2016	2017.2Q
주가(최고/저)(천원)	87.6/52.6	64.6/32.3	76.1/49.3	70.6/43.9	76.9/50.4	—/—
PER(최고/저)(배)	10.4/6.3	6.9/3.5	1.1/0.7	10.6/6.6	11.3/7.4	—/—
PBR(최고/저)(배)	1.1/0.7	0.7/0.4	0.9/0.6	0.9/0.5	0.9/0.6	0.8/0.
EV/EBITDA(배)	7.5	14.3	5.8	9.8	9.6	—
EPS(원)	8,954	9,852	72,059	6,959	6,975	5,28
BPS(원)	85,456	93,225	85,531	84,903	85,822	89,48
CFPS(원)	18,262	20,934	81,934	8,162	8,429	5,88
DPS(원)	1,000	1,200	500	1,200	1,250	
EBITDAPS(원)	23,359	12,772	13,196	10,087	12,183	5,47

재무 비율 〈단위 : % 〉

연도	영업이익률	순이익률	부채비율	차입금비율	ROA	ROE	유보율	자기자본비율	EBITDA마진율
2016	11.6	8.0	100.1	71.7	4.6	8.2	1,583.0	50.0	13
2015	10.8	8.9	70.4	51.8	4.9	8.2	1,565.0	58.7	12
2014	5.4	117.7	77.7	56.7	32.0	84.0	1,577.3	56.3	21
2013	3.3	19.1	195.4	109.7	3.9	11.3	1,742.6	33.9	4

한미글로벌건축사사무소 (A053690)
HanmiGlobal

업 종 : 건설		시 장 : 거래소
신용등급 : (Bond) — (CP) —		기업규모 : 시가총액 소형주
홈 페 이 지 : www.hmglobal.com		연 락 처 : (070)7118-1000
본 사 : 서울시 강남구 테헤란로87길 36 도심공항타워 9층		

설 립 일 1996.06.18	종 업 원 수 708명	대 표 이 사 윤요현,박서영
상 장 일 2009.06.23	감 사 의 견 적정(삼일)	계 열
결 산 기 12월	보 통 주 1,086만주	종속회사수 12개사
액 면 가 500원	우 선 주	구 상 호

주주구성 (지분율,%)
국민연금공단	13.4
김종훈	10.5
(외국인)	3.5

출자관계 (지분율,%)
천안제삼사이언스컴플렉스	15.1
피닉스에이엠씨자산관리회사	2.8
엔지니어링공제조합	0.2

주요경쟁사 (외형,%)
한미글로벌	100
국보디자인	119
한라	1,084

매출구성
용역형CM	95.8
책임형CM(시공)	4.2

비용구성
매출원가율	65.6
판관비율	28.8

수출비중
수출	20.0
내수	80.0

회사 개요
동사는 1996년 국내최초의 건설사업관리(CM) 전문회사로 설립된 이후, 용역형 CM 및 책임형 CM 사업을 영위하고 있음. 국내 매출비중이 매우 높으나 미국 엔지니어링 업체인 OTAK, Inc.와 친환경 컨설팅 업체인 에코시안을 인수하여 선진인력 pool, 시스템 및 정보력 등의 시너지 효과 확보, 신도시개발 및 인프라설계, 친환경 CM사업으로의 영역을 확대하면서 글로벌 CM업체로 도약을 준비하고 있음.

실적 분석
동사의 연결기준 2017년 2분기 누적매출액은 920.4억원으로 전년동기 대비 16% 증가한 견조한 성장세를 보임. 원가율이 개선돼 매출총이익 역시 18.3% 증가하였으나 인건비 등 판관비가 증가하며 영업이익은 0.4% 증가한 53.1억원을 시현하는데 그침. 비영업부문에서 이익이 발생하였으며 전년동기 대비 16.3% 증가한 49.6억원의 당기순이익이 발생 세계 각지의 글로벌기업들과 전략적 제휴 및 인수합병(M&A)을 추진하며 외연 확대 중.

현금 흐름 〈단위 : 억원〉
항목	2016	2017.2Q
영업활동	-265	67
투자활동	13	20
재무활동	179	25
순현금흐름	-80	116
기말현금	149	266

시장 대비 수익률

결산 실적 〈단위 : 억원〉
항목	2012	2013	2014	2015	2016	2017
매출액	2,072	1,825	1,654	1,668	1,691	—
영업이익	50	83	103	123	94	—
당기순이익	42	61	73	67	90	—

분기 실적 〈단위 : 억원〉
항목	2016.1Q	2016.2Q	2016.3Q	2016.4Q	2017.1Q	2017.2Q
매출액	410	384	390	507	447	473
영업이익	33	20	20	28	28	26
당기순이익	30	13	31	16	31	18

재무 상태 〈단위 : 억원〉
항목	2012	2013	2014	2015	2016	2017.2Q
총자산	1,408	1,414	1,537	1,247	1,493	1,616
유형자산	31	36	44	41	43	42
무형자산	74	72	90	93	96	166
유가증권	21	20	23	117	103	214
총부채	917	877	935	423	508	615
총차입금	505	553	595	129	230	329
자본금	36	36	37	49	54	54
총자본	491	537	601	824	985	1,001
지배주주지분	511	545	601	817	979	949

기업가치 지표
항목	2012	2013	2014	2015	2016	2017.2Q
주가(최고/저)(천원)	9.9/5.7	7.2/5.6	8.3/6.2	15.6/7.5	13.2/8.2	—/—
PER(최고/저)(배)	18.8/10.8	9.5/7.4	8.8/6.6	22.3/10.7	15.9/9.9	1.2/0.9
PBR(최고/저)(배)	1.4/0.8	0.9/0.7	1.0/0.7	1.8/0.9	1.4/0.8	1.2/0.9
EV/EBITDA(배)	9.8	6.3	6.3	5.4	7.1	—/—
EPS(원)	604	847	1,017	740	857	422
BPS(원)	8,107	8,583	9,112	9,279	10,067	9,799
CFPS(원)	763	980	1,171	881	988	523
DPS(원)	200	200	250	250	300	
EBITDAPS(원)	858	1,303	1,596	1,503	1,018	590

재무 비율 〈단위 : % 〉
연도	영업이익률	순이익률	부채비율	차입금비율	ROA	ROE	유보율	자기자본비율	EBITDA마진율
2016	5.6	5.3	51.5	23.4	6.6	10.2	1,913.5	66.0	6.4
2015	7.4	4.0	51.4	15.7	4.9	9.5	1,755.8	66.1	8.2
2014	6.3	4.4	155.6	99.0	5.0	12.7	1,722.4	39.1	6.9
2013	4.6	3.3	163.4	103.0	4.3	11.4	1,616.5	38.0	5.1

한미반도체 (A042700)
Hanmi Semiconductor

업 종 : 반도체 및 관련장비		시 장 : 거래소
신용등급 : (Bond) — (CP) —		기업규모 : 시가총액 중형주
홈 페 이 지 : www.hanmisemi.com		연 락 처 : 032)571-9100
본 사 : 인천시 서구 가좌로30번길 14(가좌동)		

설 립 일 1980.12.24	종 업 원 수 546명	대 표 이 사 곽동신
상 장 일 2005.07.22	감 사 의 견 적정(삼정)	계 열
결 산 기 12월	보 통 주 6,358만주	종속회사수 1개사
액 면 가 200원	우 선 주	구 상 호

주주구성 (지분율,%)
곽동신	27.1
곽노권	7.1
(외국인)	7.2

출자관계 (지분율,%)
신호모터스	49.0
한미네트웍스	49.0
한미인터내셔널	40.0

주요경쟁사 (외형,%)
한미반도체	100
지스마트글로벌	54
케이씨텍	293

매출구성
반도체 제조용 장비外	85.1
Mold(금형), Conversion Kit등	14.9

비용구성
매출원가율	55.0
판관비율	21.8

수출비중
수출	87.0
내수	13.0

회사 개요
동사는 반도체 초정밀금형 및 반도체 자동화 장비의 제조 및 판매업 등을 영위할 목적으로 1980년에 설립됐으며 2005년에 유가증권시장에 상장됨. 설립 이래 반도체 제조용 초정밀 금형 및 장비를 자체적으로 개발하여 국내외 유수의 반도체 소자업체 및 패키징업체에 공급해오고 있음. 최근에는 태양광 장비, LED 장비, PCB 응용장비, 레이저응용장비 및 비전응용장비 등 첨단 IT산업용 장비도 개발, 생산하고 있음.

실적 분석
동사의 2017년 2/4분기 매출규모는 951.9억원으로 전년동기 대비 0.4% 증가에 그침. 이에 따라 영업이익도 전년동기 대비 0.3% 증가한 256.3억원을 시현함. 그러나 비영업부문에서 138.9원의 손실을 시현함에 따라 당기순이익은 전년동기 대비 49.2% 감소한 88.4억원을 시현하는데 그쳤음. 매출과 비용은 전년동기와 유사한 수준을 보였으나 비영업부문에서 높은 손실을 기록함으로 인해 수익성이 저하됨.

현금 흐름 〈단위 : 억원〉
항목	2016	2017.2Q
영업활동	400	9
투자활동	-309	246
재무활동	211	-296
순현금흐름	327	-59
기말현금	686	627

시장 대비 수익률

결산 실적 〈단위 : 억원〉
항목	2012	2013	2014	2015	2016	2017
매출액	1,734	1,915	1,923	1,178	1,663	—
영업이익	212	135	491	227	386	—
당기순이익	244	112	298	218	314	—

분기 실적 〈단위 : 억원〉
항목	2016.1Q	2016.2Q	2016.3Q	2016.4Q	2017.1Q	2017.2Q
매출액	516	432	359	356	341	611
영업이익	159	96	74	56	68	188
당기순이익	117	57	41	99	16	73

재무 상태 〈단위 : 억원〉
항목	2012	2013	2014	2015	2016	2017.2Q
총자산	2,310	2,407	2,483	2,256	2,850	2,773
유형자산	583	772	511	503	526	522
무형자산	30	31	31	29	29	29
유가증권	56	48	48	59	30	30
총부채	480	580	433	316	756	896
총차입금	62	242			392	497
자본금	127	127	127	127	127	127
총자본	1,830	1,827	2,050	1,940	2,093	1,877
지배주주지분	1,814	1,811	2,050	1,940	2,093	1,877

기업가치 지표
항목	2012	2013	2014	2015	2016	2017.2Q
주가(최고/저)(천원)	6.4/3.8	11.2/6.2	16.3/8.9	17.1/9.0	16.8/11.4	—/—
PER(최고/저)(배)	8.1/4.9	29.5/16.3	15.4/8.4	21.5/11.3	14.0/9.5	—/—
PBR(최고/저)(배)	1.1/0.6	1.7/1.0	2.1/1.2	2.0/1.1	1.8/1.2	2.3/1.5
EV/EBITDA(배)	5.1	14.3	6.9	10.3	7.8	—/—
EPS(원)	391	176	471	343	495	139
BPS(원)	7,565	7,554	8,616	9,022	9,784	3,882
CFPS(원)	1,165	639	1,392	1,037	1,421	178
DPS(원)	500	500	500	500	500	
EBITDAPS(원)	1,021	729	2,145	1,074	1,701	442

재무 비율 〈단위 : % 〉
연도	영업이익률	순이익률	부채비율	차입금비율	ROA	ROE	유보율	자기자본비율	EBITDA마진율
2016	23.2	18.9	36.1	18.7	12.3	15.6	1,856.7	73.5	26.0
2015	19.3	18.5	16.3	0.0	9.2	10.9	1,704.5	86.0	23.2
2014	25.5	15.5	21.1	0.0	12.2	15.5	1,623.2	82.6	28.4
2013	7.0	5.8	31.8	13.3	4.7	6.2	1,410.7	75.9	9.7

한미사이언스 (A008930)
Hanmi Science

업　　종 : 제약　　　　　　　　　　　　　시　　장 : 거래소
신용등급 : (Bond) —　　(CP) —　　　　기업규모 : 시가총액 대형주
홈페이지 : www.hanmiscience.co.kr　　연 락 처 : 031)350-5600
본　　사 : 경기도 화성시 팔탄면 무하로 214 한미약품(주) 팔탄공단

설 립 일	1973.06.15	종 업 원 수	78명	대 표 이 사	임종윤
상 장 일	1988.06.20	감사의견	적정 (삼일)	계 열	
결 산 기	12월	보 통 주	6,228만주	종속회사수	5개사
액 면 가	500원	우 선 주		구 상 호	

주주구성 (지분율,%)		출자관계 (지분율,%)		주요경쟁사 (외형,%)	
임성기	34.2	토모큐브	10.0	한미사이언스	100
신동국	12.1	연합뉴스TV	0.8	한미약품	133
(외국인)	2.4			유한양행	199

매출구성		비용구성		수출비중	
의약품도매(기타)	95.6	매출원가율	0.0	수출	—
지주(기타)	4.0	판관비율	97.7	내수	—
기타	0.4				

회사 개요
동사는 2011년 5월 지주회사로 전환을 승인받았음. 동사는 한미약품(주)와 (주)제이브이엠, 온라인팜(주), (주)에르무루스, 일본한미약품(주), Hanmi Europe Ltd., 한미(중국)유한공사를 자회사로 두고 있음. 동사의 2017년 2분기 연결기준 누적 수익은 기술수출 수익 2.2%, 특허권 및 상표권 수익 1.5%, 임대료 및 수수료 수익 3.7%, 제품매출 0.3%, 상품매출 92.2%로 구성되어 있음.

실적 분석
동사의 2017년 2분기 연결기준 누적 매출액은 3,209.1억원으로 전년 동기 대비 4.4% 감소함. 매출 감소로 매출총이익도 전년 동기 대비 15.2% 감소함. 인건비가 13.9% 증가하여 판관비는 9.8% 증가함. 그 결과 영업이익은 93.3억원으로 전년 동기 대비 55.2% 감소함. 당기순이익도 영업이익 감소에 따라 전년 동기 대비 57.9% 감소한 159.7억원에 그침.

현금 흐름 〈단위 : 억원〉

항목	2016	2017.2Q
영업활동	765	-366
투자활동	-237	-68
재무활동	-449	-8
순현금흐름	82	-454
기말현금	1,025	571

시장 대비 수익률

결산 실적 〈단위 : 억원〉

항목	2012	2013	2014	2015	2016	2017
매출액	202	2,204	5,329	7,766	6,653	—
영업이익	132	112	175	2,164	287	—
당기순이익	125	96	219	1,774	79	—

분기 실적 〈단위 : 억원〉

항목	2016.1Q	2016.2Q	2016.3Q	2016.4Q	2017.1Q	2017.2Q
매출액	1,709	1,647	1,670	1,627	1,578	1,631
영업이익	285	153	92	-244	96	121
당기순이익	176	203	55	-355	65	95

재무 상태 〈단위 : 억원〉

항목	2012	2013	2014	2015	2016	2017.2Q
총자산	4,854	5,798	7,428	9,320	9,692	9,326
유형자산	153	194	235	248	277	279
무형자산	27	38	52	72	85	130
유가증권	635	696	583	100	15	72
총부채	915	1,708	3,251	3,478	3,217	2,707
총차입금	172	172	700	400	250	447
자본금	248	260	273	286	291	311
총자본	3,939	4,091	4,177	5,842	6,476	6,619
지배주주지분	3,927	4,079	4,161	5,837	6,453	6,592

기업가치 지표

항목	2012	2013	2014	2015	2016	2017.2Q
주가(최고/저)(천원)	6.3/2.6	14.2/6.0	17.3/10.6	168/13.5	159/55.3	—/—
PER(최고/저)(배)	31.6/13.0	93.0/38.9	50.8/31.0	58.9/4.7	1,250.2/433.9	—/—
PBR(최고/저)(배)	1.0/0.4	2.1/0.9	2.5/1.5	17.5/1.4	15.1/5.2	9.2/4.8
EV/EBITDA(배)	78.3	88.9	87.5	50.1	190.8	—/—
EPS(원)	200	154	342	2,866	127	255
BPS(원)	8,280	8,193	7,967	10,532	11,302	10,814
CFPS(원)	269	205	416	3,157	191	291
DPS(원)				500		
EBITDAPS(원)	102	152	195	2,607	313	185

재무 비율 〈단위 : %〉

연도	영업이익률	순이익률	부채비율	차입금비율	ROA	ROE	유보율	자기자본비율	EBITDA마진율
2016	4.3	1.2	49.7	3.9	0.8	1.3	2,160.4	66.8	2.8
2015	27.9	22.9	59.5	6.9	21.2	35.7	2,006.4	62.7	19.2
2014	3.3	4.1	77.8	16.8	3.3	5.2	1,493.4	56.2	2.0
2013	5.1	4.4	41.7	4.2	1.8	2.4	1,538.6	70.6	3.6

한미약품 (A128940)
Hanmi Pharm

업　　종 : 제약　　　　　　　　　　　　　시　　장 : 거래소
신용등급 : (Bond) A+　　(CP) —　　　기업규모 : 시가총액 대형주
홈페이지 : www.hanmi.co.kr　　　　　연 락 처 : 031)350-5600
본　　사 : 경기도 화성시 팔탄면 무하로 214

설 립 일	2010.07.05	종 업 원 수	2,127명	대 표 이 사	우종수,권세창
상 장 일	2010.07.30	감사의견	적정 (삼일)	계 열	
결 산 기	12월	보 통 주	1,116만주	종속회사수	2개사
액 면 가	2,500원	우 선 주		구 상 호	

주주구성 (지분율,%)		출자관계 (지분율,%)		주요경쟁사 (외형,%)	
한미사이언스	41.4	제네웰	4.1	한미약품	100
신동국	7.7	이매진	1.9	한미사이언스	75
(외국인)	10.2	매일방송	0.1	유한양행	150

매출구성		비용구성		수출비중	
아모잘탄	31.5	매출원가율	47.8	수출	—
로수젯 외	26.9	판관비율	49.2	내수	—
에소메졸	14.1				

회사 개요
동사는 의약품 제조 및 판매를 주 목적사업으로 하고 있으며, 주요 제품으로는 고혈압치료제 '아모디핀', 복합고혈압치료제 '아모잘탄', 역류성식도염치료제 '에소메졸' 등이 있음. 2011년 4월 Kinex사의 다중표적항암치료제 KX01에 대한 인라이센싱 및 아시아 판권을 획득하는 등 주요 다국적제약사와의 업무제휴가 지속적으로 추진되고 있음. 동사의 매출구조는 의약품이 75%, 원료의약품이 10%, 해외의약품이 25% 수준임.

실적 분석
동사의 2017년 2분기기준 누적 매출액은 전년동기대비 -7% 하락한 4,563.7억원을 기록하였음. 과당경쟁 등으로 인해 매출이 소폭 감소하였으나 비용면에서 매출원가가 감소하였고 인건비 및 광고선전비도 크게 감소하였으므로 그에 따라 전년동기대비 영업이익은 529.1억원으로 82.7% 상승하였음. 인구고령화, 이머징마켓의 수요 증가 등으로 제약시장은 꾸준히 성장하고 있으므로 향후 지속적인 수익 성장이 기대되고 있음.

현금 흐름 〈단위 : 억원〉

항목	2016	2017.2Q
영업활동	4,193	-597
투자활동	-3,614	-249
재무활동	-631	432
순현금흐름	-80	-470
기말현금	1,304	834

시장 대비 수익률

결산 실적 〈단위 : 억원〉

항목	2012	2013	2014	2015	2016	2017
매출액	6,740	7,301	7,613	13,175	8,827	—
영업이익	481	619	345	2,118	268	—
당기순이익	288	505	433	1,621	303	—

분기 실적 〈단위 : 억원〉

항목	2016.1Q	2016.2Q	2016.3Q	2016.4Q	2017.1Q	2017.2Q
매출액	2,564	2,345	2,197	1,721	2,335	2,22
영업이익	226	64	138	-160	314	21
당기순이익	410	214	63	-383	246	12

재무 상태 〈단위 : 억원〉

항목	2012	2013	2014	2015	2016	2017.2Q
총자산	8,356	8,809	10,333	17,226	15,970	15,39
유형자산	2,568	2,594	3,279	4,157	5,989	7,03
무형자산	781	800	879	672	401	45
유가증권	600	663	492	423	286	1,26
총부채	4,262	4,180	4,441	9,778	8,625	7,79
총차입금	3,137	2,809	2,722	3,676	3,322	4,37
자본금	197	207	244	256	261	26
총자본	4,093	4,629	5,892	7,448	7,345	7,60
지배주주지분	3,624	4,094	5,275	6,749	6,595	6,81

기업가치 지표

항목	2012	2013	2014	2015	2016	2017.2Q
주가(최고/저)(천원)	101/39.6	146/91.9	121/70.2	775/88.2	732/285	—/—
PER(최고/저)(배)	45.9/18.1	34.4/21.6	37.8/22.0	56.2/6.4	350.4/136.3	—/—
PBR(최고/저)(배)	2.9/1.1	3.7/2.3	2.6/1.5	12.8/1.5	12.2/4.8	6.8/4.
EV/EBITDA(배)	15.6	14.4	21.4	30.0	49.8	6.8/4.
EPS(원)	2,196	4,261	3,208	13,835	2,089	2,81
BPS(원)	46,062	49,584	54,308	66,182	64,086	62,42
CFPS(원)	7,119	8,576	6,304	19,996	5,960	4,31
DPS(원)				2,000		
EBITDAPS(원)	10,353	10,745	6,195	25,602	6,290	6,24

재무 비율 〈단위 : %〉

연도	영업이익률	순이익률	부채비율	차입금비율	ROA	ROE	유보율	자기자본비율	EBITDA마진율
2016	3.0	3.4	117.4	45.2	1.8	3.5	2,463.4	46.0	7.
2015	16.1	12.3	131.3	49.4	11.8	25.7	2,547.3	43.2	19.
2014	4.5	5.7	75.4	46.2	7.6	8.2	2,072.3	57.0	7.
2013	8.5	6.9	90.3	60.7	5.9	11.4	1,883.4	52.6	12.

한빛소프트 (A047080)
HANBIT SOFT

종 목 : 게임 소프트웨어		시 장 : KOSDAQ	
용 등 급 : (Bond) — (CP) —		기 업 규 모 : 중견	
페이지 : www.hanbitsoft.co.kr		연 락 처 : (070)4050-8000	
사 : 서울시 금천구 가산디지털1로 186 제이플라츠빌딩 3층			

설 립 일 1999.01.06	종 업 원 수 85명	대 표 이 사 김유라	
상 장 일 2001.12.30	감 사 의 견 적정 (한미)	계 열	
결 산 기 12월	보 통 주 2,478만주	종속회사수 2개사	
액 면 가 500원	우 선 주	구 상 호	

주주구성 (지분율,%)		출자관계 (지분율,%)		주요경쟁사 (외형,%)	
I쓰리엔터테인먼트	35.2	한빛드론	100.0	한빛소프트	100
김영만	6.1	IMC게임즈	27.7	파티게임즈	102
(외국인)	1.3	유니온미디어엔콘텐츠투자조합		바른손이앤에이	136

매출구성		비용구성		수출비중	
게임사업(온라인/모바일)	95.7	매출원가율	74.6	수출	51.0
기타	4.3	판관비율	41.7	내수	49.0

회사 개요
동사는 게임 소프트웨어 개발 전문 업체로서 게임포털사이트인 한빛온을 통해 그라나도 에스파다, 오디션 잉글리시, 위드, 에이카, 헬게이트, 오디션, 오디션2, 삼국지천, FCM 등 온라인 게임 서비스 중임. 2013년 이어또를 시작으로 2014년에는 FC매니저 모바일 2014, 미소스 영웅전 등 모바일 게임 서비스 사업도 영위 중임. 2015년에는 '천지를 베다'와 '런데이' 서비를 시작함.

실적 분석
동사의 2017년 반기 매출액은 206.1억원으로 전년동기 대비 38.3% 증가한 양호한 외형을 기록함. 원가율 하락 및 판관비 비중 감소 영향으로 지난해와 같은 기간 대비 손실 폭 크게 축소된 4.2억원의 영업손실 시현함. 경상수지는 비영업수지 크게 개선되어 28.2억원의 당기순이익 시현하며 흑자전환에 성공. 국내 게임 시장 경쟁 심화에 따라 해외 등 신시장 개척에 더욱 주력해야 할 전망임.

금 흐름		〈단위 : 억원〉
항목	2016	2017.2Q
영업활동	-26	-29
투자활동	40	18
재무활동	-1	-2
순현금흐름	15	-14
기말현금	40	26

시장 대비 수익률

산 실적					〈단위 : 억원〉	
항목	2012	2013	2014	2015	2016	2017
매출액	402	295	263	221	307	—
영업이익	8	7	8	-5	-50	—
당기순이익	-2	-3	-11	-33	-73	—

기 실적					〈단위 : 억원〉	
항목	2016.1Q	2016.2Q	2016.3Q	2016.4Q	2017.1Q	2017.2Q
매출액	75	74	79	79	96	110
영업이익	-4	-14	-6	-26	-4	0
당기순이익	-13	-14	-23	-23	-15	43

무 상태					〈단위 : 억원〉	
항목	2012	2013	2014	2015	2016	2017.2Q
총자산	437	347	295	408	398	419
유형자산	19	10	5	3	3	3
무형자산	65	17	7	2	3	4
유가증권	13	1	0	37	36	30
총부채	247	171	112	233	194	187
총차입금	64	47	23	141	50	72
자본금	110	110	116	116	124	124
총자본	189	176	183	175	204	232
지배주주지분	180	171	178	172	203	232

업가치 지표						〈단위〉
항목	2012	2013	2014	2015	2016	2017.2Q
가(최고/저)(천원)	2.7/1.5	2.2/1.6	8.5/1.7	13.5/5.9	11.0/4.1	—/—
ER(최고/저)(배)	—/—	—/—	—/—	—/—	—/—	—/—
BR(최고/저)(배)	3.3/1.8	2.8/2.0	11.0/2.2	18.1/7.9	13.4/5.0	7.3/4.5
V/EBITDA(배)	6.1	10.1	47.3			
EPS(원)	-23	-12	-51	-136	-285	117
BPS(원)	821	781	772	742	819	936
CFPS(원)	217	132	33	-124	-277	120
DPS(원)						
EBITDAPS(원)	277	175	121	-12	-195	-14

무 비율								〈단위 : %〉
연도	영업이익률	순이익률	부채비율	차입금비율	ROA	ROE	유보율	자기자본비율	EBITDA마진율
016	-16.3	-23.7	95.4	24.4	-18.1	-37.7	63.8	51.2	-15.7
015	-2.5	-15.0	133.6	81.0	-9.5	-18.0	48.5	42.8	-1.2
014	3.2	-4.4	61.4	12.8	-3.6	-6.7	54.4	62.0	10.5
013	2.2	-1.1	97.3	26.5	-0.8	-1.5	56.2	50.7	13.0

한샘 (A009240)
Hanssem

업 종 : 내구소비재		시 장 : 거래소	
신용등급 : (Bond) A+ (CP) A1		기 업 규 모 : 시가총액 대형주	
페이지 : www.hanssem.com		연 락 처 : (031)496-1110	
본 사 : 경기도 안산시 단원구 번영2로 144			

설 립 일 1973.09.12	종 업 원 수 2,905명	대 표 이 사 최양하	
상 장 일 2002.07.10	감 사 의 견 적정 (삼일)	계 열	
결 산 기 12월	보 통 주 2,353만주	종속회사수 8개사	
액 면 가 1,000원	우 선 주	구 상 호	

주주구성 (지분율,%)		출자관계 (지분율,%)		주요경쟁사 (외형,%)	
조창걸	15.5	한샘서비스원	100.0	한샘	100
한샘드부연구재단	5.5	한샘서비스투	100.0	현대리바트	38
(외국인)	28.7	한마음	100.0	퍼시스	12

매출구성		비용구성		수출비중	
[가정용]가정용 가구/부엌	79.0	매출원가율	69.0	수출	0.0
[특판/기타]부엌/자재용 등	21.0	판관비율	22.7	내수	100.0

회사 개요
1970년 부엌가구 전문회사로 출발한 동사는 현재 부엌, 침실, 거실, 욕실 등 주택의 각 공간에 가구와 기기, 소품, 조명, 패브릭 등을 제공하는 토탈 홈 인테리어 기업으로 성장함. 신규사업으로 토탈홈 인테리어 패키지 제공을 위한 리모델링 사업을 영위함. 2016년 4월 중국 시장에 진출하기 위해 300억원을 출자해 가구제조 및 판매를 담당할 한샘(중국)가구유한공사를 설립함. 계열사로는 한샘이펙스, 한샘서비스원 등 8개사를 보유하고 있음.

실적 분석
동사의 2017년 연결기준 상반기 매출액은 1조164.3억원으로 전년동기 대비 15.1% 증가함. 동사는 인테리어 사업부문의 직매장 및 온라인 매출 증대, 부엌 사업부문의 대리점 매출 및 리하우스 유통채널로 매출이 증가함. 매출 증가에 힘입어 영업이익 또한 661.6억원으로 전년동기 대비 7.8% 증가함. 동사는 온라인-오프라인 유통채널을 통해 판매 창구를 다각화하고 특히 리하우스매장을 신성장동력으로 삼아 성장세를 유지한다는 전략임.

현금 흐름		〈단위 : 억원〉
항목	2016	2017.2Q
영업활동	1,540	234
투자활동	-534	-1,489
재무활동	-201	191
순현금흐름	815	-1,089
기말현금	1,501	412

시장 대비 수익률

결산 실적					〈단위 : 억원〉	
항목	2012	2013	2014	2015	2016	2017
매출액	7,832	10,069	13,250	17,105	19,345	—
영업이익	472	798	1,104	1,467	1,596	—
당기순이익	395	614	867	1,147	1,275	—

분기 실적					〈단위 : 억원〉	
항목	2016.1Q	2016.2Q	2016.3Q	2016.4Q	2017.1Q	2017.2Q
매출액	4,309	4,523	4,937	5,576	5,131	5,033
영업이익	303	310	422	560	390	271
당기순이익	242	258	342	434	307	197

재무 상태					〈단위 : 억원〉	
항목	2012	2013	2014	2015	2016	2017.2Q
총자산	3,768	5,062	5,440	7,688	8,994	9,517
유형자산	1,104	1,324	1,821	2,076	2,206	4,005
무형자산	69	65	60	70	107	144
유가증권	191	175	92	98	190	1,294
총부채	1,619	2,419	2,060	3,337	3,579	4,821
총차입금	268	270	189	224	200	1,591
자본금	235	235	235	235	235	235
총자본	2,149	2,643	3,380	4,352	5,415	4,696
지배주주지분	2,147	2,641	3,379	4,351	5,414	4,695

기업가치 지표						〈단위〉
항목	2012	2013	2014	2015	2016	2017.2Q
주가(최고/저)(천원)	23.7/14.9	49.5/17.1	143/48.8	334/117	302/141	—/—
PER(최고/저)(배)	15.1/9.5	19.3/6.8	39.4/13.5	69.2/24.3	56.1/26.2	—/—
PBR(최고/저)(배)	2.2/1.4	3.8/1.3	8.8/3.0	16.3/5.7	12.1/5.6	8.9/6.8
EV/EBITDA(배)	7.1	12.3	22.0	33.2	25.1	—/—
EPS(원)	1,677	2,607	3,682	4,872	5,419	2,144
BPS(원)	11,346	13,424	16,557	20,688	25,206	26,385
CFPS(원)	1,986	2,948	4,060	5,316	6,029	2,485
DPS(원)	600	700	850	1,000	1,100	
EBITDAPS(원)	2,316	3,733	5,069	6,679	7,391	3,152

재무 비율								〈단위 : %〉
연도	영업이익률	순이익률	부채비율	차입금비율	ROA	ROE	유보율	자기자본비율	EBITDA마진율
2016	8.3	6.6	66.1	3.7	15.3	26.1	2,420.6	60.2	9.0
2015	8.6	6.7	76.7	5.1	17.5	29.7	1,968.8	56.6	9.2
2014	8.3	6.5	60.9	5.6	16.5	28.8	1,555.7	62.1	9.0
2013	7.9	6.1	91.5	10.2	13.9	25.6	1,242.4	52.2	8.7

한섬 (A020000)
HANDSOME

업 종 : 섬유 및 의복		시 장 : 거래소	
신용 등급 : (Bond) — (CP) A1		기 업 규 모 : 시가총액 중형주	
홈 페 이 지 : www.thehandsome.com		연 락 처 : 02)3416-2000	
본 사 : 서울시 강남구 도산대로 523 (청담동)			

설 립 일 1987.05.25	종 업 원 수 1,023명	대 표 이 사 김형종	
상 장 일 1996.07.03	감 사 의 견 적정 (삼일)	계 열	
결 산 기 12월	보 통 주 2,463만주	종 속 회 사 수 5개사	
액 면 가 500원	우 선 주	구 상 호	

주주구성 (지분율,%)		출자관계 (지분율,%)		주요경쟁사 (외형,%)	
현대홈쇼핑	34.6	현대지앤에프	100.0	한섬	100
국민연금공단	13.6	한섬글로벌	100.0	영원무역	281
(외국인)	17.2	인터내셔날퍼블리싱	50.0	한세실업	217

매출구성		비용구성		수출비중	
제품	83.4	매출원가율	43.5	수출	—
상품	16.1	판관비율	46.4	내수	—
수수료	0.5				

회사 개요
동사는 1987년 설립된 패션의류 전문기업임. 7개 고급 의류 브랜드인 시스템, 타임, 마인, SJSJ, 타임 옴므, 시스템 옴므를 대도시 중심 지역 위주로 유통 중임. 동사는 최초 잡화 전문 브랜드인 데크(DECKE)를 출시하고 20~40대를 공략하고 있음. 수입브랜드 의류 역시 독점판매 형태로 판매하고 있음. 국내에서 LANVIN 브랜드의 제조 및 판매는 2019년 6월까지임.

실적 분석
동사의 2017년 상반기 매출액은 5,450.9억원으로 전년 동기 대비 70.9% 증가함. 영업이익은 392.9억원으로 22.5% 증가함. 당기순이익은 344.4억원으로 23.1% 증가함. 브랜드별로 타임, 마인 등 국내 제품 브랜드들이 전년 동기 대비 크게 성장했고, 수익 위주의 질 경영을 고수하며 백화점의 할인 행사, 변칙 판촉 권유 등 각종 압력에도 마케팅 원칙을 지키지 않으면 응하지 않는 원칙 경영을 펼친 결과로 보임.

현금 흐름
<단위 : 억원>

항목	2016	2017.2Q
영업활동	180	208
투자활동	-443	-1,224
재무활동	219	1,135
순현금흐름	-45	121
기말현금	133	255

시장 대비 수익률

결산 실적
<단위 : 억원>

항목	2012	2013	2014	2015	2016	2017
매출액	4,964	4,708	5,100	6,168	7,120	—
영업이익	710	504	510	661	720	—
당기순이익	641	408	364	729	565	—

분기 실적
<단위 : 억원>

항목	2016.1Q	2016.2Q	2016.3Q	2016.4Q	2017.1Q	2017.2Q
매출액	1,736	1,452	1,472	2,460	2,445	3,006
영업이익	240	81	133	267	275	118
당기순이익	192	88	110	175	248	96

재무 상태
<단위 : 억원>

항목	2012	2013	2014	2015	2016	2017.2Q
총자산	8,738	10,024	10,482	9,575	10,380	12,268
유형자산	2,518	4,337	4,323	2,548	2,770	3,599
무형자산	25	25	13	34	31	377
유가증권	170	205	213	1,577	1,528	125
총부채	1,144	2,071	2,236	1,261	1,577	3,186
총차입금	343	1,149	1,225	114	384	1,658
자본금	123	123	123	123	123	123
총자본	7,594	7,953	8,247	8,314	8,803	9,082
지배주주지분	6,961	7,351	7,657	8,314	8,803	9,082

기업가치 지표

항목	2012	2013	2014	2015	2016	2017.2Q
주가(최고/저)(천원)	37.0/21.0	31.9/23.9	33.9/23.4	41.5/27.2	44.0/34.7	—/—
PER(최고/저)(배)	15.0/8.5	18.5/13.9	22.8/15.7	14.0/9.2	19.3/15.2	—/—
PBR(최고/저)(배)	1.3/0.8	1.1/0.8	1.1/0.8	1.2/0.8	1.2/1.0	0.9/0.7
EV/EBITDA(배)	8.4	13.5	12.6	9.8	8.2	—/—
EPS(원)	2,576	1,782	1,527	3,020	2,293	1,398
BPS(원)	29,165	30,749	31,990	34,656	36,644	37,775
CFPS(원)	2,912	2,346	2,333	3,776	2,972	1,987
DPS(원)	300	300	300	300	300	—
EBITDAPS(원)	3,220	2,608	2,877	3,440	3,603	2,184

재무 비율
<단위 : % >

연도	영업이익률	순이익률	부채비율	차입금비율	ROA	ROE	유보율	자기자본비율	EBITDA마진율
2016	10.1	7.9	17.9	4.4	5.7	6.6	7,228.9	84.8	12.5
2015	10.7	11.8	15.2	1.4	7.3	9.3	6,831.2	86.8	13.7
2014	10.0	7.1	27.1	14.9	3.6	5.0	6,298.0	78.7	13.9
2013	10.7	8.7	26.0	14.5	4.4	6.1	6,049.7	79.3	13.6

한성기업 (A003680)
Hansung Enterprise

업 종 : 식료품		시 장 : 거래소	
신용 등급 : (Bond) — (CP) B+		기 업 규 모 : 시가총액 소형주	
홈 페 이 지 : www.hsep.com		연 락 처 : 051)410-7100	
본 사 : 부산시 영도구 태종로 63 (대교동1가)			

설 립 일 1963.03.14	종 업 원 수 617명	대 표 이 사 임우근,임준호(각자대표)	
상 장 일 1989.01.26	감 사 의 견 적정 (삼정)	계 열	
결 산 기 12월	보 통 주 548만주	종 속 회 사 수	
액 면 가 5,000원	우 선 주	구 상 호	

주주구성 (지분율,%)		출자관계 (지분율,%)		주요경쟁사 (외형,%)	
극동수산	19.9	한성크린텍	38.2	한성기업	100
임우근	18.9	한성식품	37.0	사조대림	297
(외국인)	0.2	이에스에너지	25.0	사조씨푸드	101

매출구성		비용구성		수출비중	
수산가공품	38.9	매출원가율	83.2	수출	16.0
참치/명태외	36.5	판관비율	14.3	내수	84.0
육가공품	17.1				

회사 개요
수산업을 모태로 설립된 동사는 국내 최초 북태평양에서 조업을 시작으로 1991년 냉동식품, 1997년 육가공식품 생산을 사업 영업을 지속적으로 확대하고 있음. 주요 생산품은 한성 게맛살과 크래미등이며 식품 안정성을 위해 HACCP인증을 받아 최고의 식품위생관리 시스템을 구축하고 온라인 쇼핑몰등 유통구조 다변화에 힘쓰고 있음. 한편 연결대상 종속회사로는 한성식품, 한성수산식품, 뉴본이 있음.

실적 분석
동사의 2017년 상반기 연결기준 누적 매출액은 1,484.2억원으로 전년 동기 대비 6.9% 증가함. 매출이 급격히 늘면서 매출원가와 판관비는 늘었지만 영업이익은 전년 동기 대비 17.4% 늘어난 31.7억원을 시현함. 비영업손익 부문에서 금융손실이 증가했지만 영업이익이 큰 폭으로 늘면서 당기순이익은 전년 동기 대비 70% 증가한 11.7억원을 기록함..

현금 흐름
*IFRS 별도 기준   <단위 : 억원>

항목	2016	2017.2Q
영업활동	-27	57
투자활동	38	15
재무활동	-18	-50
순현금흐름	-7	22
기말현금	46	68

시장 대비 수익률

결산 실적
<단위 : 억원>

항목	2012	2013	2014	2015	2016	2017
매출액	2,730	2,837	2,872	2,915	3,207	—
영업이익	64	34	14	47	79	—
당기순이익	40	24	-122	24	-0	—

분기 실적
*IFRS 별도 기준   <단위 : 억원>

항목	2016.1Q	2016.2Q	2016.3Q	2016.4Q	2017.1Q	2017.2Q
매출액	628	760	787	1,032	696	788
영업이익	11	16	17	35	16	16
당기순이익	2	4	5	-13	5	7

재무 상태
*IFRS 별도 기준   <단위 : 억원>

항목	2012	2013	2014	2015	2016	2017.2Q
총자산	1,644	1,930	2,136	2,146	2,309	2,378
유형자산	489	624	811	661	649	637
무형자산	8	9	10	6	6	5
유가증권	22	18	18	18	3	3
총부채	1,027	1,292	1,590	1,612	1,778	1,836
총차입금	600	815	1,064	1,119	1,152	1,125
자본금	274	274	274	274	274	274
총자본	617	638	546	534	530	542
지배주주지분	617	638	546	534	530	542

기업가치 지표
*IFRS 별도 기준

항목	2012	2013	2014	2015	2016	2017.2Q
주가(최고/저)(천원)	14.5/7.8	9.5/5.8	8.0/5.9	11.3/5.9	11.2/7.4	—/—
PER(최고/저)(배)	21.3/11.5	24.4/14.9	—	25.6/13.5	—/—	—/—
PBR(최고/저)(배)	1.2/0.7	0.8/0.5	0.8/0.6	1.1/0.6	1.1/0.7	0.8/0.7
EV/EBITDA(배)	9.9	18.7	22.8	19.3	13.9	—/—
EPS(원)	679	389	-2,236	439	-9	213
BPS(원)	11,996	12,384	10,696	10,484	10,416	10,629
CFPS(원)	1,235	846	-1,451	1,004	537	488
DPS(원)	—	—	—	—	—	—
EBITDAPS(원)	1,653	1,028	1,040	1,428	1,981	854

재무 비율
<단위 : % >

연도	영업이익률	순이익률	부채비율	차입금비율	ROA	ROE	유보율	자기자본비율	EBITDA마진율
2016	2.5	0.0	335.2	217.2	0.0	-0.1	108.3	23.0	3.4
2015	1.6	0.8	301.7	209.4	1.1	4.6	109.7	24.9	2.7
2014	0.5	-4.3	291.3	195.0	-5.8	-21.0	101.8	25.6	2.0
2013	1.2	0.9	206.9	132.8	1.1	3.7	151.1	32.6	2.6

한세실업 (A105630)
HANSAE

업 종 : 섬유 및 의복		시 장 : 거래소	
신용등급 : (Bond) — (CP) —		기업규모 : 시가총액 중형주	
페이지 : www.hansae.com		연 락 처 : 02)3779-0779	
본 사 : 서울시 영등포구 은행로 29 (정우빌딩 5층)			

설 립 일	2009.01.06	종 업 원 수	585명	대 표 이 사	이용백,김익환
상 장 일	2009.03.20	감 사 의 견	적정 (삼일)	계 열	
결 산 기	12월	보 통 주	4,000만주	총속회사수	20개사
액 면 가	500원	우 선 주		구 상 호	

주주구성 (지분율,%)
한세예스24홀딩스	42.0
국민연금공단	10.5
(외국인)	4.5

출자관계 (지분율,%)
칼라앤터치	100.0
엠케이트렌드	50.0
HansaeVietnamCo.,Ltd	100.0

주요경쟁사 (외형,%)
한세실업	100
코데즈컴바인	1
영원무역	129

매출구성
봉제품(제품)	91.7
HANSAE VIETNAM CO., LTD(기타)	6.1
엠케이트렌드 (*4)(기타)	4.8

비용구성
매출원가율	80.6
판관비율	14.1

수출비중
수출	—
내수	—

회사 개요
동사는 2009년 한세예스24홀딩스와 인적분할을 통해 설립된 회사로 2009년 유가증권시장에 재상장됨. 미국의 바이어로부터 주문을 받아 OEM 및 ODM 방식으로 수출하는 수출 전문 기업임. 주요 바이어로는 Abercrombie & Fitch, AMERICAN EAGLE, GAP, HOLLISTER 등이 있으며 품목은 셔츠 의류 및 스웨터 셔츠 의류 및 니트복 정장 등임. 원사의 외주가공, 해외 현지법인을 통한 의류 생산 및 미국 등으로 수출하는 방식을 채용함.

실적 분석
동사의 2017년 2분기 누적 연결기준 매출액은 전년대비 14.2% 성장한 7,874.7억원을 기록함. 매출원가율은 개선되었으나 대규모 수수료 지급에 따른 판관비의 급증으로 영업이익은 170.4억원에 그치며 전년대비 대폭 감소함. 외환관련이익 등이 반영된 당기순이익은 192.3억원을 시현함. 동사는 자체 디자인 개발과 신소재 원단개발 및 유행원단의 흐름을 파악하여 수익성을 확보하기 위해 노력 중임.

금 흐름 〈단위 : 억원〉
항목	2016	2017.2Q
영업활동	569	209
투자활동	-503	-1,074
재무활동	421	-444
순현금흐름	518	-1,328
기말현금	1,925	598

시장 대비 수익률

산 실적 〈단위 : 억원〉
항목	2012	2013	2014	2015	2016	2017
매출액	11,296	12,387	13,132	15,865	15,477	
영업이익	631	602	931	1,424	816	
당기순이익	526	424	616	1,036	460	

기 실적 〈단위 : 억원〉
항목	2016.1Q	2016.2Q	2016.3Q	2016.4Q	2017.1Q	2017.2Q
매출액	3,593	3,301	4,176	4,407	3,865	4,010
영업이익	212	190	271	143	40	130
당기순이익	164	131	261	-96	127	66

무 상태 〈단위 : 억원〉
항목	2012	2013	2014	2015	2016	2017.2Q
총자산	5,857	6,824	7,832	9,922	12,707	12,059
유형자산	773	947	1,144	1,076	1,894	1,857
무형자산	74	82	74	31	732	721
유가증권	1,863	1,773	3,163	3,566	2,256	3,611
총부채	3,514	4,103	4,523	5,666	7,071	6,577
총차입금	2,444	2,925	3,228	4,234	5,248	5,009
자본금	200	200	200	200	200	200
총자본	2,344	2,721	3,309	4,256	5,636	5,482
지배주주지분	2,343	2,721	3,309	4,256	4,502	4,471

업가치 지표
항목	2012	2013	2014	2015	2016	2017.2Q
주가(최고/저)(천원)	17.7/6.0	19.7/12.9	41.5/18.1	62.9/33.6	64.5/20.3	—/—
PER(최고/저)(배)	14.0/4.7	19.1/12.5	27.5/12.0	24.8/13.2	55.7/17.5	—/—
PBR(최고/저)(배)	3.1/1.1	3.0/2.0	5.1/2.2	6.0/3.2	5.7/1.8	2.5/1.9
EV/EBITDA(배)	10.1	12.2	16.0	14.5	14.2	
EPS(원)	1,316	1,065	1,544	2,586	1,174	397
BPS(원)	5,856	6,802	8,273	10,640	11,499	11,593
CFPS(원)	1,570	1,363	1,924	3,012	1,586	686
DPS(원)	120	150	200	250	330	—
EBITDAPS(원)	1,831	1,802	2,708	3,985	2,452	716

무 비율 〈단위 : % 〉
년도	영업이익률	순이익률	부채비율	차입금비율	ROA	ROE	유보율	자기자본비율	EBITDA마진율
016	5.3	3.0	125.5	93.1	4.1	10.7	2,199.7	44.4	6.3
015	9.0	6.5	133.1	99.5	11.7	27.3	2,028.0	42.9	10.1
014	7.1	4.7	136.7	97.6	8.4	20.5	1,554.6	42.3	8.3
013	4.9	3.4	150.8	107.5	6.7	16.8	1,260.4	39.9	5.8

한세예스투포홀딩스 (A016450)
Hansae Yes24 Holdings

업 종 : 섬유 및 의복		시 장 : 거래소	
신용등급 : (Bond) — (CP) —		기업규모 : 시가총액 중형주	
홈페이지 : www.hansaeyes24.com		연 락 처 : 02)3779-0800	
본 사 : 서울시 영등포구 은행로 11 일신빌딩 6층			

설 립 일	1982.11.18	종 업 원 수	20명	대 표 이 사	김동녕,김기호각자대표이사
상 장 일	2000.01.06	감 사 의 견	적정 (삼일)	계 열	
결 산 기	12월	보 통 주	4,000만주	총속회사수	32개사
액 면 가	500원	우 선 주		구 상 호	

주주구성 (지분율,%)
김석환	26.0
김익환	20.8
(외국인)	2.6

출자관계 (지분율,%)
동아출판	100.0
에프알제이	88.6
한세드림	88.0

주요경쟁사 (외형,%)
한세예스24홀딩스	100
LF	68
신세계인터내셔날	46

매출구성
상품판매	94.7
상품판매수수료율	2.1
배너,검색광고등	1.8

비용구성
매출원가율	76.5
판관비율	19.6

수출비중
수출	—
내수	—

회사 개요
동사는 2009년 1월 한세예스24홀딩스주식회사와 인적분할을 통해 설립된 회사임. 미국의 유명 바이어로부터 주문을 받아 OEM 및 ODM 방식으로 수출하는 수출 전문 기업임. 주요 바이어로는 타겟, 올드 네이비, 갭, 월마트, 나이키, H&M 등임. 대부분 셔츠 및 니트, 숙녀복정장, 캐주얼 의류 등임. 주 수익원은 자회사의 지분에 대한 배당 수익, 이자수익, 유상증자, 자체 신용 또는 보유 자회사 지분 활용 등임.

실적 분석
동사의 2017년 연결기준 상반기 매출액은 1조1,497.4억원으로 전년동기 대비 12.8% 증가함. 고정비 증가로 영업이익은 299.4억원으로 전년동기 대비 26% 감소함. 반면 외환관련이익의 큰 폭의 증가에도 불구하고 당기순이익은 256.5억원으로 전년동기 대비 8.1% 감소함. 동사는 미얀마 진출의 교두보를 확보하기 위해 2013년과 2014년 공장을 한 개씩 인수했으며, 최근 중미 지역의 아이티에 5000여명 고용 규모의 공장을 세움.

현금 흐름 〈단위 : 억원〉
항목	2016	2017.2Q
영업활동	843	316
투자활동	-672	-1,500
재무활동	569	-296
순현금흐름	770	-1,500
기말현금	2,378	878

시장 대비 수익률

결산 실적 〈단위 : 억원〉
항목	2012	2013	2014	2015	2016	2017
매출액	14,710	15,712	17,284	20,860	22,400	
영업이익	693	629	1,137	1,628	861	
당기순이익	577	457	778	1,121	421	

분기 실적 〈단위 : 억원〉
항목	2016.1Q	2016.2Q	2016.3Q	2016.4Q	2017.1Q	2017.2Q
매출액	5,384	4,831	5,842	6,342	5,870	5,628
영업이익	228	177	263	193	148	151
당기순이익	169	110	233	-91	207	49

재무 상태 〈단위 : 억원〉
항목	2012	2013	2014	2015	2016	2017.2Q
총자산	7,774	8,735	11,213	14,361	17,406	16,744
유형자산	1,196	1,419	2,168	2,257	3,085	3,063
무형자산	380	383	666	703	1,409	1,403
유가증권	2,074	2,592	3,453	3,864	2,976	4,183
총부채	4,458	5,015	6,751	8,869	10,606	10,067
총차입금	2,580	3,036	4,222	5,791	6,968	6,890
자본금	159	200	200	200	200	200
총자본	3,317	3,719	4,463	5,492	6,800	6,677
지배주주지분	1,652	1,821	2,154	2,635	2,649	2,657

기업가치 지표
항목	2012	2013	2014	2015	2016	2017.2Q
주가(최고/저)(천원)	6.9/3.5	6.6/4.4	14.5/5.2	30.6/10.5	26.5/8.2	—/—
PER(최고/저)(배)	12.4/6.2	14.2/9.6	17.1/6.1	23.6/8.1	69.4/21.4	—/—
PBR(최고/저)(배)	1.8/0.9	1.5/1.0	2.8/1.0	4.7/1.6	4.1/1.3	1.7/1.3
EV/EBITDA(배)	5.3	6.6	6.8	8.1	9.6	—/—
EPS(원)	589	482	872	1,323	388	303
BPS(원)	5,203	4,553	5,386	6,588	6,633	6,739
CFPS(원)	1,130	842	1,427	2,184	1,328	821
DPS(원)	80	80	100	120	160	—
EBITDAPS(원)	2,571	1,932	3,398	4,931	3,093	1,266

재무 비율 〈단위 : % 〉
연도	영업이익률	순이익률	부채비율	차입금비율	ROA	ROE	유보율	자기자본비율	EBITDA마진율
2016	3.8	1.9	156.0	102.5	2.7	5.9	1,226.6	39.1	5.5
2015	7.8	5.4	161.5	105.4	8.8	22.1	1,217.7	38.2	9.5
2014	6.6	4.5	151.3	94.6	7.8	17.6	977.2	39.8	7.9
2013	4.0	2.9	134.9	81.6	5.5	11.1	810.6	42.6	4.9

한솔넥스지 (A081970)
Hansol NexG

업 종 : 일반 소프트웨어		시 장 : KOSDAQ	
신용등급 : (Bond) — (CP) —		기업규모 : 중견	
홈페이지 : www.hansolnexg.com		연 락 처 : 02)6005-3000	
본 사 : 서울시 마포구 월드컵북로 396, 16층(상암동, 누리꿈스퀘어 비즈니스타워)			

설 립 일 2001.10.24	종업원수 152명	대표이사	김종룡
상 장 일 2007.08.20	감사의견 적정 (안진)	계 열	
결 산 기 12월	보통주 576만주	종속회사수	
액 면 가 500원	우 선 주	구 상 호	넥스지

주주구성 (지분율,%)
이앤엠	18.8
위드윈투자조합11호	17.4
(외국인)	0.2

출자관계 (지분율,%)
지니언스	6.6

주요경쟁사 (외형,%)
한솔넥스지	100
네이블	87
한컴지엠디	60

매출구성
[제품]VAAN, Nex25	42.3
[제품]VForce시리즈, NexG FW 시리즈	41.4
[상품]DDos제품외	8.4

비용구성
매출원가율	60.9
판관비율	40.7

수출비중
수출	7.0
내수	93.0

회사 개요
동사는 VPN(가상사설망)을 활용한 보안관제 서비스와 보안솔루션 제품 개발 및 공급을 목적으로 2001년 10월에 설립됨. 2007년 8월 코스닥 시장 상장. 2013년 최대주주는 누리텔레콤에서 한솔인티큐브와 솔라시아로 변경되면서 한솔그룹 계열사로 편입. 주요 제품으로는 VPN(가상사설망)제품 VForce시리즈와 UTM(통합위협관리)제품, 차세대방화벽인 NexG FW, 통합보안관제서비스 등이 있으며, 콤텍시스템, 롯데정보통신 등이 주요 고객임.

실적 분석
동사의 2017년 2분기 누적 매출액은 전년동기대비 0.8% 감소한 108.9원을 기록함. 매출원가가 큰 폭으로 감소했으며 인건비와 경상개발비 감소의 영향으로 판매관리비 역시 감소하였음. 2분기 누적 영업이익은 0.1억원으로 전년동기대비 흑자전환함. 당기순이익 역시 1.0억원을 시현하며 전년동기대비 흑자전환함. 2017년 하반기 동사가 지분 8%를 보유하고 있는 지니언스의 상장이 예정되어 있으며 5배 이상의 투자이익이 기대됨.

현금 흐름
*IFRS 별도 기준 〈단위 : 억원〉
항목	2016	2017.2Q
영업활동	28	22
투자활동	-4	-2
재무활동	-5	-1
순현금흐름	-19	23
기말현금	147	169

시장 대비 수익률

결산 실적
〈단위 : 억원〉
항목	2012	2013	2014	2015	2016	2017
매출액	186	179	219	229	250	
영업이익	25	12	9	3	-4	
당기순이익	27	15	10	4	5	

분기 실적
*IFRS 별도 기준 〈단위 : 억원〉
항목	2016.1Q	2016.2Q	2016.3Q	2016.4Q	2017.1Q	2017.2Q
매출액	50	59	63	77	53	56
영업이익	-3	-6	1	3	-2	2
당기순이익	-1	-4	2	8	-1	2

재무 상태
*IFRS 별도 기준 〈단위 : 억원〉
항목	2012	2013	2014	2015	2016	2017.2Q
총자산	354	356	390	383	388	411
유형자산	82	23	21	32	25	21
무형자산	7	25	30	32	30	28
유가증권	36	23	13	15	18	40
총부채	32	22	46	33	31	36
총차입금						18
자본금	29	29	29	29	29	29
총자본	322	334	344	350	356	375
지배주주지분	322	334	344	350	356	375

기업가치 지표
*IFRS 별도 기준
항목	2012	2013	2014	2015	2016	2017.2Q
주가(최고/저)(천원)	6.9/3.1	7.8/3.3	5.4/3.3	5.8/3.7	6.1/4.1	—/—
PER(최고/저)(배)	15.2/6.8	31.4/13.3	30.1/18.2	75.2/48.4	76.3/52.1	—/—
PBR(최고/저)(배)	1.3/0.6	1.4/0.6	0.9/0.6	1.0/0.6	1.0/0.7	2.1/0.8
EV/EBITDA(배)	1.8	3.4	3.3	5.9	12.6	—/—
EPS(원)	461	252	180	77	80	17
BPS(원)	5,589	5,796	5,965	6,073	6,184	6,510
CFPS(원)	666	461	399	396	402	179
DPS(원)	—	20	20	20	—	—
EBITDAPS(원)	634	422	369	374	251	164

재무 비율
〈단위 : % 〉
연도	영업이익률	순이익률	부채비율	차입금비율	ROA	ROE	유보율	자기자본비율	EBITDA마진율
2016	-1.6	1.8	8.8	5.2	1.2	1.3	1,136.8	91.9	5.8
2015	1.4	1.9	9.4	0.0	1.3	1.3	1,114.6	91.4	9.4
2014	3.9	4.7	13.4	0.0	2.8	3.1	1,093.1	88.2	9.7
2013	6.9	8.1	6.7	0.0	4.1	4.7	1,059.3	93.8	13.6

한솔로지스틱스 (A009180)
Hansol Logistics

업 종 : 육상운수		시 장 : 거래소	
신용등급 : (Bond) — (CP) —		기업규모 : 시가총액 소형주	
홈페이지 : www.hansollogistics.com		연 락 처 : 02)3287-7400	
본 사 : 서울시 중구 을지로 100 파인애비뉴 B동 22층			

설 립 일 1973.08.14	종업원수 278명	대표이사	민병규
상 장 일 1989.11.13	감사의견 적정 (안진)	계 열	
결 산 기 12월	보통주 1,648만주	종속회사수 5개사	
액 면 가 500원	우 선 주	구 상 호	한솔CSN

주주구성 (지분율,%)
한솔홀딩스	21.8
한솔CSN우리사주조합	6.2
(외국인)	5.6

출자관계 (지분율,%)
한솔로지스틱스씨에스씨엠	100.0
한솔로지스틱스티에스씨엠	100.0
HANSOLLOGISTICSMALAYSIASdn.Bhd.	100.0

주요경쟁사 (외형,%)
한솔로지스틱스	100
KCTC	9
동양고속	4

매출구성
운송하역보관(기타)	100.0

비용구성
매출원가율	93.6
판관비율	5.1

수출비중
수출	19.
내수	81.

회사 개요
동사는 2014년 기준 업계 7위권의 업체로 국내 TPL(운송, 보관, 하역)서비스, 국제TPL(해상, 항공, 국제복합운송)서비스, e-Logistice 서비스를 제공하는 종합물류 서비스(TPL) 사업을 영위하고 있음. 동사의 종속법인은 말레이시아, 멕시코, 미국에 위치하고 고객사 해외현지 법인의 판매, 조달, 창고운영 등의 종합 물류관리 서비스를 제공하고 있음.

실적 분석
동사의 2017년 상반기 매출액은 1,841억원으로 전년동기 대비 2.6% 감소함. 반면, 판매비 감소 및 원가부담 축소로 영업이익 31.3억원 시현하며 지난해 같은기간 대비 27.5% 증가함. 동사의 물류사업은 한솔그룹 계열물류 통합서비스를 시작으로 제지산업의 물류공동화를 이루어 냄. 물류부문은 제3자 물류업체를 지향하고 있으며, 정보시스템과 글로벌 네트워크를 기반으로 물류기획에서 운영, 관리까지 원스톱 물류서비스 제공을 목표로 진행중.

현금 흐름
〈단위 : 억원〉
항목	2016	2017.2Q
영업활동	28	40
투자활동	-26	-32
재무활동	1	1
순현금흐름	5	9
기말현금	28	37

시장 대비 수익률

결산 실적
〈단위 : 억원〉
항목	2012	2013	2014	2015	2016	2017
매출액	4,347	4,624	3,894	3,749	3,847	
영업이익	120	88	26	6	51	
당기순이익	54	-27	10	562	36	

분기 실적
항목	2016.1Q	2016.2Q	2016.3Q	2016.4Q	2017.1Q	2017.2Q
매출액	936	954	969	988	966	8
영업이익	12	13	20	6	16	
당기순이익	10	9	15	2	14	

재무 상태
〈단위 : 억원〉
항목	2012	2013	2014	2015	2016	2017.2Q
총자산	2,048	1,859	1,787	902	979	9
유형자산	121	113	126	99	110	
무형자산	63	53	57	76	68	
유가증권	433	537	546	7	32	
총부채	990	790	714	498	539	4
총차입금	296	103		3		
자본금	246	246	246	88	88	
총자본	1,057	1,069	1,073	404	440	
지배주주지분	1,057	1,069	1,073	404	440	

기업가치 지표
항목	2012	2013	2014	2015	2016	2017.2Q
주가(최고/저)(천원)	4.7/1.4	5.2/2.5	3.5/2.4	5.7/2.3	3.5/2.5	—/
PER(최고/저)(배)	42.6/13.2	—/—	168.1/114.1	3.3/1.3	15.9/11.2	—/
PBR(최고/저)(배)	2.2/0.7	2.4/1.2	1.6/1.1	2.4/1.0	1.3/0.9	1.0/
EV/EBITDA(배)	9.5	7.6	16.7	14.7	5.2	—/
EPS(원)	113	-56	21	1,751	221	1
BPS(원)	2,204	2,227	2,236	2,456	2,674	2,82
CFPS(원)	246	59	80	1,843	412	2
DPS(원)	20	20	20	20	20	
EBITDAPS(원)	383	297	113	111	498	

재무 비율
〈단위 : % 〉
연도	영업이익률	순이익률	부채비율	차입금비율	ROA	ROE	유보율	자기자본비율	EBITDA마진율
2016	1.3	0.9	122.3	0.0	3.9	8.6	398.4	45.0	
2015	0.2	15.0	123.1	0.0	41.8	76.1	357.7	44.8	
2014	0.7	0.3	66.5	0.3	0.6	1.0	336.2	60.1	
2013	1.9	-0.6	74.0	9.7	-1.4	-2.5	334.5	57.5	

한솔시큐어 (A070300)
Hansol Secure

업 종 : 휴대폰 및 관련부품		시 장 : KOSDAQ	
신용등급 : (Bond) — (CP) —		기업규모 : 중견	
홈 페 이 지 : www.hansolsecure.com		연 락 처 : 02)2082-0777	
본 사 : 서울시 구로구 디지털로 306, 대륭포스트타워2차 508호			

설 립 일	2000.09.15	종 업 원 수	61명	대 표 이 사	박상진
상 장 일	2010.06.07	감사의견	적정 (안진)	계 열	
결 산 기	12월	보 통 주	737만주	종속회사수	
액 면 가	500원	우 선 주		구 상 호	

주주구성 (지분율,%)		출자관계 (지분율,%)		주요경쟁사 (외형,%)	
한솔인티큐브	27.2	한솔넥스지	18.4	한솔시큐어	100
Giesecke+Devient Mobile Security GmbH	16.3	티모넷	1.6	피델릭스	346
(외국인)	17.6	큐레이소프트		알에프세미	393

매출구성		비용구성		수출비중	
스마트 카드	75.3	매출원가율	62.9	수출	6.0
용역	18.0	판관비율	56.1	내수	94.0
상품	6.5				

회사 개요

국내 1위 USIM 공급업체로서 휴대전화 등에 사용되는 USIM을 비롯한 신용카드 등 금융 보안영역에 사용되는 IC칩, 모바일 결제가 가능한 핀테크 솔루션 등을 제공하고 있음. 2006년 올인원칩 형태의 Combi-USIM 상용화에 성공하여 국내 3G이동시장에서 USIM칩의 국산화를 이루었으며, 현재는 SKT 및 KT향 4G LTE NFC-USIM사업을 진행 중임. 최근 독일의 글로벌 스마트카드 업체인 G+D와 자본 및 사업제휴 계약을 체결함.

실적 분석

그룹의 지주회사체제 전환작업을 마무리하기 위해 동사가 보유한 한솔넥스지 주식 106만주를 133억원에 매각하면서 매각 차익이 70억원 이상 발생함. 매각 대금은 현재 독일 G+D사와 추진 중인 임베디드심(eSIM)·사물인터넷(IoT) 보안 사업에 사용할 것으로 보임. 상반기에는 사업구조 안정화와 유심 공급물량 증가에도 불구하고 유심의 가격 하락으로 매출액이 전년동기 대비 소폭 감소했으며, 원가율 악화로 영업이익의 적자폭은 확대됨.

현금 흐름   *IFRS 별도 기준   〈단위 : 억원〉

항목	2016	2017.2Q
영업활동	-33	7
투자활동	-2	-1
재무활동	9	66
순현금흐름	-27	100
기말현금	13	114

시장 대비 수익률

결산 실적   〈단위 : 억원〉

항목	2012	2013	2014	2015	2016	2017
매출액	130	189	106	164	163	—
영업이익	-19	13	-40	5	-31	—
당기순이익	-5	21	-29	21	-78	—

분기 실적   *IFRS 별도 기준   〈단위 : 억원〉

항목	2016.1Q	2016.2Q	2016.3Q	2016.4Q	2017.1Q	2017.2Q
매출액	33	41	54	36	40	32
영업이익	-3	2	5	-37	0	-9
당기순이익	-2	2	2	-84	-1	-4

재무 상태   *IFRS 별도 기준   〈단위 : 억원〉

항목	2012	2013	2014	2015	2016	2017.2Q
총자산	240	259	238	265	179	320
유형자산	9	12	10	8	7	7
무형자산	22	18	16	13	10	9
유가증권	14	15	15	3	60	2
총부채	25	22	31	43	37	45
총차입금	4	—			10	
자본금	31	31	31		31	37
총자본	215	236	207	222	141	274
지배주주지분	215	236	207	222	141	274

기업가치 지표   *IFRS 별도 기준

항목	2012	2013	2014	2015	2016	2017.2Q
주가(최고/저)(천원)	7.3/2.9	7.7/3.4	5.5/2.9	11.8/3.1	8.9/5.7	—/—
PER(최고/저)(배)	—/—	23.1/10.2		34.6/9.2	3.9/2.5	1.8/1.5
PBR(최고/저)(배)	2.1/0.9	2.0/0.9	1.6/0.9	3.3/0.9		
EV/EBITDA(배)		13.6		30.8		
EPS(원)	-85	338	-469	342	-1,272	39
BPS(원)	3,484	3,834	3,349	3,596	2,292	3,725
CFPS(원)	76	464	-337	454	-1,175	71
DPS(원)	—	20		20		
EBITDAPS(원)	-149	339	-513	197	-405	-98

재무 비율   〈단위 : %〉

연도	영업이익률	순이익률	부채비율	차입금비율	ROA	ROE	유보율	자기자본비율	EBITDA마진율
2016	-19.0	-48.0	26.5	7.1	-35.3	-43.2	358.4	79.0	-15.3
2015	3.2	12.9	19.6	0.0	8.4	9.8	619.1	83.6	7.4
2014	-37.7	-27.4	15.2	0.0	-11.7	-13.1	569.8	86.8	-29.9
2013	7.0	11.1	9.4	0.0	8.4	9.2	666.7	91.4	11.1

한솔신텍 (A099660)
Hansol SeenTec

업 종 : 에너지 시설 및 서비스		시 장 : KOSDAQ	
신용등급 : (Bond) — (CP) —		기업규모 : 중견	
홈 페 이 지 : www.hansolseentec.com		연 락 처 : 055)210-7000	
본 사 : 경남 창원시 성산구 중앙대로 64, 1501 (상남동, 신텍타워)			

설 립 일	2001.02.16	종 업 원 수	292명	대 표 이 사	최두회
상 장 일	2009.04.30	감사의견	적정 (한영)	계 열	
결 산 기	12월	보 통 주	6,399만주	종속회사수	4개사
액 면 가	500원	우 선 주		구 상 호	신텍

주주구성 (지분율,%)		출자관계 (지분율,%)		주요경쟁사 (외형,%)	
한솔홀딩스	36.8	동경화공기	80.0	한솔신텍	100
알리안츠글로벌인베스터스자산운용	0.9	자본재공제조합	1.0	S&TC	158
(외국인)	0.7	엔지니어링공제조합	0.6	신성이엔지	135

매출구성		비용구성		수출비중	
발전설비	78.1	매출원가율	84.0	수출	25.0
산업설비외	20.4	판관비율	9.7	내수	75.0
용역매출	1.5				

회사 개요

동사는 발전산업용 보일러, 파워 및 환경플랜트 엔지니어링 등을 제조 판매를 영위할 목적으로 2001년 2월 16일에 설립. 발전설비, 화공설비 및 기타 산업설비로 구분된다. 발전설비의 경우는 열교환기 및 압력용기 등을 제조함. 신규사업으로 신재생 에너지 설비와 해양플랜트 사업에 주목을 하고 있는데 신재생에너지 사업은 기존 에너지 사업의 연장선 상에서 쉽게 시장에 진입할 수 있는 장점이 있음.

실적 분석

동사의 2017년 연결기준 상반기 매출액은 전년대비 11.5% 증가한 632.2억원을 기록하면서 증가가 시현. 매출은 증가했으나 매출원가가 큰 폭 증가해 영업손실은 24.0억원을 기록하며 적자전환, 당기순이익도 적자전환해 -52.2억원을 기록. 부실감사 손배소송으로부터 패소 확정과 현대엔지니어링으로부터 146억원 규모의 우즈베키스탄 보일러사업 관련 낙찰통지(LOA) 취소 공시 등 부정적 이슈와 함께 부진 지속.

현금 흐름   〈단위 : 억원〉

항목	2016	2017.2Q
영업활동	53	-112
투자활동	-25	-9
재무활동	2	44
순현금흐름	31	-83
기말현금	139	56

시장 대비 수익률

결산 실적   〈단위 : 억원〉

항목	2012	2013	2014	2015	2016	2017
매출액	1,177	2,235	1,271	1,307	1,607	—
영업이익	-87	-53	-253	96	101	—
당기순이익	109	-143	-340	9	20	—

분기 실적   〈단위 : 억원〉

항목	2016.1Q	2016.2Q	2016.3Q	2016.4Q	2017.1Q	2017.2Q
매출액	247	320	442	598	246	386
영업이익	28	29	42	2	5	-29
당기순이익	2	9		6	-9	-43

재무 상태   〈단위 : 억원〉

항목	2012	2013	2014	2015	2016	2017.2Q
총자산	1,853	2,266	1,728	2,251	2,325	2,094
유형자산	713	781	730	716	687	657
무형자산	15	55	62	49	34	52
유가증권	15	11	11	34	61	64
총부채	1,458	1,784	1,424	1,622	1,493	1,301
총차입금	905	1,290	869	939	765	802
자본금	48	78	133	252	320	320
총자본	395	482	304	630	832	794
지배주주지분	393	481	302	624	831	793

기업가치 지표

항목	2012	2013	2014	2015	2016	2017.2Q
주가(최고/저)(천원)	8.0/3.8	8.5/3.9	5.2/1.4	2.3/1.2	3.0/1.7	—/—
PER(최고/저)(배)	12.0/5.6	—/—	—/—	108.9/56.4	81.1/46.7	—/—
PBR(최고/저)(배)	3.3/1.5	3.5/1.6	4.9/1.3	1.9/1.0	2.2/1.3	1.6/1.0
EV/EBITDA(배)			14.0		12.3	
EPS(원)	671	-723	-1,528	22	36	-81
BPS(원)	4,192	3,147	1,181	1,271	1,318	1,258
CFPS(원)	1,395	-731	-1,478	137	118	-81
DPS(원)	—					
EBITDAPS(원)	-642	-145	-1,045	349	263	-38

재무 비율   〈단위 : %〉

연도	영업이익률	순이익률	부채비율	차입금비율	ROA	ROE	유보율	자기자본비율	EBITDA마진율
2016	6.3	1.2	179.3	91.9	0.9	2.8	163.7	35.8	9.2
2015	7.3	0.7	257.5	149.2	0.5	2.0	154.2	28.0	10.9
2014	-19.9	-26.7	468.4	285.9	-17.0	-86.5	136.1	17.6	-16.3
2013	-2.4	-6.4	370.3	267.7	-32.5	-32.5	529.5	21.3	-1.0

한솔씨앤피 (A221610)
Hansol CNP

업 종 : 화학	시 장 : KOSDAQ
신용등급 : (Bond) — (CP) —	기업규모 : 중견
홈페이지 : www.hansolcnp.com	연 락 처 : 031)364-7400
본 사 : 경기도 안산시 단원구 강촌로 203	

설 립 일 2000.07.10	종업원수 103명	대표이사 김화주	
상 장 일 2016.01.27	감사의견 적정(삼정)	계 열	
결 산 기 12월	보 통 주 399만주	종속회사수 3개사	
액 면 가 500원	우 선 주 —	구 상 호	

주주구성 (지분율,%)		출자관계 (지분율,%)		주요경쟁사 (외형,%)	
한솔케미칼	50.1	HansolCNPVinaCo.,LTd.	100.0	한솔씨앤피	100
(외국인)	13.4	Tianjin C&P Chemical Co.,LTd	100.0	WISCOM	243
	0.7	HansolCNPIndiaPvt.LTd.	99.0	진양산업	77

매출구성		비용구성		수출비중	
코팅재	98.0	매출원가율	68.8	수출	—
운송용역	1.2	판관비율	20.0	내수	—
원재료	0.8				

회사 개요
동사는 1996년 설립되어 모바일 및 기타 IT 기기 등에 사용되는 도료의 생산 및 판매를 주요사업으로 영위하고 있음. 주요 매출 품목은 휴대폰, 테블릿 등 모바일 IT 기기의 외장에 사용되는 기능성 특수 도료임. 도료는 유동상태로 물체의 표면에 도포하여 엷은 막을 형성, 고화함으로서 그 물체를 보호하고 외관을 아름답게 하는 제품임. 연결대상 종속회사로는 중국 천진, 베트남, 인도 소재의 현지법인 3개사가 있음.

실적 분석
동사는 2017년 반기에 연결기준 매출액 242.1억원에 영업이익 12.8억원을 달성함. 이는 전년 동기 대비하여 매출액은 17.9%, 영업이익은 61.7% 각각 감소한 수치임. 매출감소와 판관비 증가로 수익성 악화됨. 영업이익 축소로 당기순이익도 전년동기 대비 줄어든 8.3억원을 시현함. 중국에서는 관련 시장이 위축되고 있으나, 인도시장은 자체 수요 증가와 저가폰 생산기지로 부각되면서 시장이 확대되어 인도법인의 본격적인 매출 시현이 예상됨.

현금 흐름
<small>〈단위 : 억원〉</small>

항목	2016	2017.2Q
영업활동	84	5
투자활동	-17	-12
재무활동	54	-21
순현금흐름	121	-34
기말현금	163	129

시장 대비 수익률

결산 실적
<small>〈단위 : 억원〉</small>

항목	2012	2013	2014	2015	2016	2017
매출액	205	391	509	584	554	—
영업이익	6	24	44	41	62	—
당기순이익	-1	6	37	30	54	—

분기 실적
<small>〈단위 : 억원〉</small>

항목	2016.1Q	2016.2Q	2016.3Q	2016.4Q	2017.1Q	2017.2Q
매출액	163	132	125	134	127	115
영업이익	22	11	21	7	9	4
당기순이익	16	16	15	6	7	1

재무 상태
<small>〈단위 : 억원〉</small>

항목	2012	2013	2014	2015	2016	2017.2Q
총자산	233	298	444	464	573	526
유형자산	45	63	70	106	112	113
무형자산	14	12	20	32	14	12
유가증권					3	3
총부채	159	218	326	273	184	155
총차입금	84	121	159	135	40	38
자본금	10	10	10	13	20	20
총자본	74	80	118	191	389	371
지배주주지분	74	80	118	191	389	371

기업가치 지표

항목	2012	2013	2014	2015	2016	2017.2Q
주가(최고/저)(천원)	—/—	—/—	—/—	—/—	26.7/10.9	—/—
PER(최고/저)(배)	0.0/0.0	0.0/0.0	0.0/0.0	0.0/0.0	18.8/7.7	—/—
PBR(최고/저)(배)	0.0/0.0	0.0/0.0	0.0/0.0	0.0/0.0	2.8/1.2	1.6/1.3
EV/EBITDA(배)	7.3	3.3	2.4	1.3	5.5	—/—
EPS(원)	-37	288	1,824	1,458	1,475	207
BPS(원)	29,160	31,762	46,481	7,534	9,745	9,291
CFPS(원)	1,657	5,226	18,403	2,173	1,949	413
DPS(원)				500	500	
EBITDAPS(원)	4,202	12,251	20,983	2,694	2,164	528

재무 비율
<small>〈단위 : % 〉</small>

연도	영업이익률	순이익률	부채비율	차입금비율	ROA	ROE	유보율	자기자본비율	EBITDA마진율
2016	11.2	9.7	47.3	10.4	10.4	18.6	1,849.0	67.9	14.3
2015	7.0	5.1	142.9	70.6	6.6	19.4	1,406.9	41.2	9.5
2014	8.7	7.4	277.0	134.8	10.1	37.8	1,077.5	26.5	10.5
2013	6.1	1.5	270.6	150.8	2.2	7.7	704.6	27.0	7.9

한솔인티큐브 (A070590)
Hansol Inticube

업 종 : IT 서비스	시 장 : KOSDAQ
신용등급 : (Bond) — (CP) —	기업규모 : 중견
홈페이지 : www.hansolinticube.com	연 락 처 : 02)6005-3000
본 사 : 서울시 마포구 월드컵북로 396, 누리꿈스퀘어비즈니스타워 14층	

설 립 일 2003.12.16	종업원수 248명	대표이사 박상준	
상 장 일 2004.01.08	감사의견 적정(안진)	계 열	
결 산 기 12월	보 통 주 1,388만주	종속회사수	
액 면 가 500원	우 선 주 —	구 상 호	

주주구성 (지분율,%)		출자관계 (지분율,%)		주요경쟁사 (외형,%)	
한솔홀딩스	22.2	한솔시큐어	27.2	한솔인티큐브	100
조현승	9.9	한솔넥스지	20.2	민앤지	64
(외국인)	2.0	오디언소리	5.9	인성정보	398

매출구성		비용구성		수출비중	
컨택센터/CRM 外	85.3	매출원가율	73.9	수출	0.0
SMSC,WAP G/W 등	14.7	판관비율	25.9	내수	100.0

회사 개요
동사는 2003년 주식회사 로커스의 사업부분이 인적분할된 회사로 CRM 기반 컨택센터/CRM, 무선인터넷 솔루션 등과 같은 대고객 통신서비스 분야의 특화된 시스템의 통합 및 솔루션 공급을 주된 사업으로 영위함. 전세계 컨택센터 솔루션 시장 업계 1위인 여러 공급 업체들과 partnership을 맺음과 동시에 소프트웨어 기반의 솔루션들을 국내 환경에 맞게 자체 개발함으로써 모든 컨택센터 관련 솔루션을 보유하고 있는 국내 유일의 SI업체임.

실적 분석
동사의 2017년 연결기준 반기 매출액은 201.8억원으로 전년동기 대비 27% 감소함. 주력사업인 CRM사업부문의 부진에 기인함. 다만, 외형 축소와 판관비 부담 증가에도 불구하고 원가율 하락 영향으로 영업손실은 전년동기 대비 대폭 증가한 27.1억원 시현함. 비영업부문에서는 금융손실 축소 및 관련기업 투자이익 발생으로 개선된 모습. 따라서 당기순이익은 적자 지속중이나 전년동기 대비 규모 축소된 12.6억원의 순손실 시현함.

현금 흐름
*IFRS 별도 기준 <small>〈단위 : 억원〉</small>

항목	2016	2017.2Q
영업활동	-36	137
투자활동	-6	-1
재무활동	41	-111
순현금흐름	-0	24
기말현금	14	27

시장 대비 수익률

결산 실적
<small>〈단위 : 억원〉</small>

항목	2012	2013	2014	2015	2016	2017
매출액	569	674	648	709	634	—
영업이익	-27	26	31	43	2	—
당기순이익	26	20	15	36	-50	—

분기 실적
*IFRS 별도 기준 <small>〈단위 : 억원〉</small>

항목	2016.1Q	2016.2Q	2016.3Q	2016.4Q	2017.1Q	2017.2Q
매출액	108	168	175	183	99	103
영업이익	-18	-4	19	-12	-17	-10
당기순이익	-16	-5	6	-35	-10	-3

재무 상태
*IFRS 별도 기준 <small>〈단위 : 억원〉</small>

항목	2012	2013	2014	2015	2016	2017.2Q
총자산	405	581	619	684	669	458
유형자산	19	19	17	16	15	15
무형자산	23	32	23	25	20	20
유가증권	4	4	5	6	3	3
총부채	161	305	339	373	404	191
총차입금	36	126	141	122	166	55
자본금	69	69	69	69	69	69
총자본	244	277	280	310	265	267
지배주주지분	244	277	280	310	265	267

기업가치 지표
*IFRS 별도 기준

항목	2012	2013	2014	2015	2016	2017.2Q
주가(최고/저)(천원)	1.9/1.1	2.1/1.2	2.6/1.7	3.1/2.0	3.8/2.1	—/—
PER(최고/저)(배)	—/—	15.1/8.8	25.1/15.8	12.0/7.5	—/—	—/—
PBR(최고/저)(배)	1.1/0.7	1.1/0.6	1.1/0.8	1.4/0.9	2.0/1.1	1.9/1.3
EV/EBITDA(배)		10.3	11.2	8.7	68.9	—/—
EPS(원)	-179	142	108	264	-360	-91
BPS(원)	1,772	2,005	2,027	2,250	1,908	1,925
CFPS(원)	-109	229	160	314	-313	-73
DPS(원)		30	30	30		
EBITDAPS(원)	-132	253	278	362	60	-178

재무 비율
<small>〈단위 : % 〉</small>

연도	영업이익률	순이익률	부채비율	차입금비율	ROA	ROE	유보율	자기자본비율	EBITDA마진율
2016	0.3	-7.9	152.6	62.7	-7.4	-17.3	281.6	39.6	1.3
2015	6.1	5.1	120.4	39.2	5.6	12.4	349.9	45.4	7.0
2014	4.8	2.3	121.4	50.4	2.5	5.4	305.5	45.2	5.9
2013	3.9	2.9	110.2	45.6	3.9	7.4	301.1	47.6	5.7

한솔제지 (A213500)
Hansol Paper

종 목 : 종이 및 목재
용 등 급 : (Bond) A (CP) A2
페 이 지 : www.hansolpaper.co.kr
본 사 : 서울시 중구 을지로 100 (을지로2가, 파인애비뉴 B동)
시 장 : 거래소
기 업 규 모 : 시가총액 중형주
연 락 처 : 02)3287-6040

설 립 일	2015.01.02	종 업 원 수	1,012명	대 표 이 사	이상훈
상 장 일	2015.01.26	감 사 의 견	적정 (삼정)	계 열	
결 산 기	12월	보 통 주	2,380만주	종속회사수	21개사
액 면 가	5,000원	우 선 주	만주	구 상 호	

주주구성 (지분율,%)		출자관계 (지분율,%)		주요경쟁사 (외형,%)	
한솔홀딩스	30.5	아트페이퍼	19.9	한솔제지	100
KB자산운용	13.9	에이치피컨버팅	19.9	동화기업	45
(외국인)	13.7	펜타코프	16.7	깨끗한나라	46

매출구성		비용구성		수출비중	
인쇄용지, 특수지	66.5	매출원가율	77.6	수출	53.0
산업용지,기타	33.5	판관비율	14.4	내수	47.0

회사 개요

동사는 2015년 1월 1일 기준 구 한솔제지가 인적분할되어 존속회사 한솔홀딩스(투자부문)와 더불어 분할된 신설회사임. 인쇄용지, 산업용지, 특수지 등의 제조사업을 영위하고 있으며, 인쇄용지와 산업용지 부문에서 생산량 기준 국내 1위의 지위를 확보하고 있음. 국내 제지산업은 구조상 대규모 장치산업이고 투자비가 많이 드는 대신 원재료와 고정비 비중이 큼. 동사의 수익성에 영향을 미치는 요인은 제품가격 및 펄프가격 동향임.

실적 분석

동사의 연결기준 2017년 2분기 누적매출액은 8,383.2억원으로 전년동기 7,677.6억원 대비 9.2% 증가하였음. 외형 확대에도 불구하고 원재료 가격 상승 및 환율등으로 인하여 원가율이 상승하였으며 이에 매출총이익은 11.3% 감소함. 이에 따라 영업이익은 32.5% 감소한 474.0억원을 시현함. 다만 전년동기 269.7억원의 비영업손실이 올 상반기 170.1억원으로 흑자전환하였고 이에 따라 522.5억원의 당기순이익을 기록함.

현금 흐름 〈단위 : 억원〉

항목	2016	2017.2Q
영업활동	1,598	168
투자활동	-503	-72
재무활동	-1,090	321
순현금흐름	5	412
기말현금	91	503

시장 대비 수익률

결산 실적 〈단위 : 억원〉

항목	2012	2013	2014	2015	2016	2017
매출액	—	—	—	15,117	15,305	—
영업이익	—	—	—	750	1,221	—
당기순이익	—	—	—	221	426	—

분기 실적 〈단위 : 억원〉

항목	2016.1Q	2016.2Q	2016.3Q	2016.4Q	2017.1Q	2017.2Q
매출액	3,836	3,842	3,750	3,878	3,960	4,423
영업이익	280	422	317	202	197	277
당기순이익	149	160	225	-108	194	84

재무 상태 〈단위 : 억원〉

항목	2012	2013	2014	2015	2016	2017.2Q
총자산	—	—	—	14,454	14,131	18,305
유형자산	—	—	—	9,737	9,343	11,530
무형자산	—	—	—	570	531	599
유가증권	—	—	—	32	15	54
총부채	—	—	—	10,936	9,661	12,702
총차입금	—	—	—	8,505	6,903	10,060
자본금	—	—	—	827	1,007	1,190
총자본	—	—	—	3,517	4,470	5,603
지배주주지분	—	—	—	3,342	4,313	5,446

기업가치 지표

항목	2012	2013	2014	2015	2016	2017.2Q
주가(최고/저)(천원)	—/—	—/—	—/—	22.0/15.0	23.9/17.8	—/—
PER(최고/저)(배)	0.0/0.0	0.0/0.0	0.0/0.0	16.6/11.3	10.7/8.0	0.9/0.8
PBR(최고/저)(배)	0.0/0.0	0.0/0.0	0.0/0.0	1.2/0.8	1.2/0.9	0.8
EV/EBITDA(배)	0.0	0.0	0.0	8.7	5.8	—/—
EPS(원)	—	—	—	1,421	2,337	2,309
BPS(원)	—	—	—	20,218	21,422	22,900
CFPS(원)	—	—	—	5,283	6,054	4,082
DPS(원)	—	—	—	500	700	—
EBITDAPS(원)	—	—	—	8,365	10,411	3,874

재무 비율 〈단위 : %〉

연도	영업이익률	순이익률	부채비율	차입금비율	ROA	ROE	유보율	자기자본비율	EBITDA마진율
2016	8.0	2.8	216.1	154.4	3.0	11.1	328.5	31.6	12.4
2015	5.0	1.5	311.0	241.8	0.0	0.0	304.4	24.3	9.2
2014	0.0	0.0	0.0	0.0	0.0	0.0	0.0	0.0	0.0
2013	0.0	0.0	0.0	0.0	0.0	0.0	0.0	0.0	0.0

한솔케미칼 (A014680)
Hansol Chemical

업 종 : 화학
신 용 등 급 : (Bond) A- (CP) —
홈 페 이 지 : www.hansolchemical.com
본 사 : 서울시 강남구 테헤란로 513 K Tower 7F / 8F
시 장 : 거래소
기 업 규 모 : 시가총액 중형주
연 락 처 : 02)2152-2399

설 립 일	1980.03.13	종 업 원 수	424명	대 표 이 사	박원환
상 장 일	1989.05.20	감 사 의 견	적정 (삼정)	계 열	
결 산 기	12월	보 통 주	1,130만주	종속회사수	5개사
액 면 가	5,000원	우 선 주		구 상 호	

주주구성 (지분율,%)		출자관계 (지분율,%)		주요경쟁사 (외형,%)	
조동혁	14.5	한솔씨앤피	50.1	한솔케미칼	100
국민연금공단	12.7	테이팩스	49.5	롯데케미칼	2,872
(외국인)	12.6	삼영순화	49.0	대한유화	347

매출구성		비용구성		수출비중	
정밀화학(*)	34.0	매출원가율	69.9	수출	15.0
전자소재-(주)테이팩스 외	24.1	판관비율	12.3	내수	85.0
전자소재(제품)	17.2				

회사 개요

동사는 1980년에 설립됐으며 제지 및 섬유, 반도체 등에 사용되는 과산화수소를 시작으로 라텍스, 요소수지, 고분자응집제, 차아황산소다 및 기타 화공 약품을 제조 개발하고 있음. 국내 시장점유율은 라텍스 44%, 차아황산소다 65%, BPO 65%, PAM 19%임. 동사는 한솔그룹에 속해있으며 한솔그룹은 국내 19개사, 해외 42개사 총 61개사의 계열사를 보유하고 있음.

실적 분석

동사의 2017년 상반기 누적 매출액은 2,567.0억원으로 전년동기 대비 23.6% 증가함. 매출원가율과 판관비율 증가 등 비용 증가에도 불구하고 매출확대에 힘입어 영업이익은 전년동기보다 1.6% 늘어난 417.8억원을 기록함. 반도체 및 디스플레이 등의 전자재료와 합성기술을 바탕으로한 정밀화학 분야에서 신규사업 진출을 검토 중임. IT소재분야로 진출할 수 있는 기반 확보에도 적극적으로 나서고 있음.

현금 흐름 〈단위 : 억원〉

항목	2016	2017.2Q
영업활동	926	418
투자활동	-1,424	-436
재무활동	625	249
순현금흐름	205	223
기말현금	267	490

시장 대비 수익률

결산 실적 〈단위 : 억원〉

항목	2012	2013	2014	2015	2016	2017
매출액	3,189	3,170	3,361	3,680	4,604	—
영업이익	268	277	282	490	821	—
당기순이익	361	203	214	343	589	—

분기 실적 〈단위 : 억원〉

항목	2016.1Q	2016.2Q	2016.3Q	2016.4Q	2017.1Q	2017.2Q
매출액	1,000	1,077	1,302	1,224	1,337	1,230
영업이익	198	213	261	150	235	183
당기순이익	211	108	191	79	163	145

재무 상태 〈단위 : 억원〉

항목	2012	2013	2014	2015	2016	2017.2Q
총자산	3,587	4,280	4,744	5,210	6,997	7,513
유형자산	1,925	2,626	2,901	3,308	3,984	3,893
무형자산	158	193	189	178	779	768
유가증권	106	130	120	192	155	155
총부채	1,771	2,295	2,611	2,743	3,586	3,921
총차입금	1,160	1,565	1,799	1,982	2,502	2,887
자본금	565	565	565	565	565	565
총자본	1,816	1,985	2,132	2,468	3,411	3,592
지배주주지분	1,813	1,982	2,129	2,420	2,824	2,993

기업가치 지표

항목	2012	2013	2014	2015	2016	2017.2Q
주가(최고/저)(천원)	24.6/14.8	27.5/20.9	38.4/24.7	99.0/39.5	91.2/51.5	—/—
PER(최고/저)(배)	8.3/5.0	16.2/12.4	20.8/13.6	33.6/13.4	18.7/10.6	—/—
PBR(최고/저)(배)	1.6/1.0	1.6/1.3	2.1/1.4	4.7/1.9	3.7/2.1	3.3/2.6
EV/EBITDA(배)	10.1	11.2	12.8	12.5	11.2	—/—
EPS(원)	3,195	1,797	1,897	3,023	4,942	2,533
BPS(원)	16,231	17,725	19,033	21,608	25,179	26,680
CFPS(원)	4,115	2,974	3,614	5,002	7,327	3,997
DPS(원)	500	500	600	800	1,000	—
EBITDAPS(원)	3,291	3,634	4,287	6,317	9,657	5,163

재무 비율 〈단위 : %〉

연도	영업이익률	순이익률	부채비율	차입금비율	ROA	ROE	유보율	자기자본비율	EBITDA마진율
2016	17.8	12.8	105.1	73.4	9.7	21.3	403.6	48.8	23.7
2015	13.3	9.3	111.1	80.3	6.9	15.0	332.2	47.4	19.4
2014	8.4	6.4	122.5	84.4	4.8	10.4	280.7	45.0	14.2
2013	8.8	6.4	115.6	78.8	5.2	10.7	254.5	46.4	13.0

한솔테크닉스 (A004710)
Hansol Technics

업 종 : 휴대폰 및 관련부품		시 장 : 거래소	
신용등급 : (Bond) BBB (CP) —		기업규모 : 시가총액 중형주	
홈페이지 : www.hansoltechnics.com		연 락 처 : 02)3287-7902	
본 사 : 서울시 중구 을지로 100			

설 립 일	1966.08.30	종업원수	776명	대표이사	이상용
상 장 일	1988.07.06	감사의견	적정 (안진)	계 열	
결 산 기	12월	보통주	2,211만주	종속회사수	5개사
액 면 가	5,000원	우선주		구 상 호	

주주구성 (지분율,%)		출자관계 (지분율,%)		주요경쟁사 (외형,%)	
한솔홀딩스	20.0	한솔베트남	100.0	한솔테크닉스	100
국민연금공단	5.7	한솔테크닉스태국	100.0	파트론	98
(외국인)	11.2	한솔테크닉스미국	100.0	삼성전자	24,995

매출구성		비용구성		수출비중	
[제품]휴대폰	42.8	매출원가율	89.9	수출	81.0
[상품]파워보드	23.0	판관비율	7.2	내수	19.0
[제품]솔라모듈	21.2				

회사 개요
동사는 1966년에 설립되어 국내외 LCD TV의 핵심부품인 파워모듈, BLU 및 LED Chip을 제조하기 위한 LED 잉곳/웨이퍼, 태양광 발전을 위한 모듈 생산등을 주 영업목적으로 운영. BLU, 파워모듈 산업은 TV 고급화, 차별화 및 수요에 적기 대응할 수 있는 탄력적인 시스템 구축. 원재료 수급 안정성과 소비 패턴 변화에 대한 대응 정도가 주요 경쟁 요소. 향후 색 재현성, 저전력을 앞세운 LED TV를 중심으로 수요 증대 예상됨.

실적 분석
2017년 반기 연결기준 매출액은 전년동기 대비 13% 증가한 4,322.9억원을 시현. 영업이익은 전년동기 대비 18.3% 증가한 130.9억원을 기록. 비영업손실이 42.4억원 발생하며 적자지속하였으나 당기순이익은 73.7억원을 기록하며 전년동기 대비 20.8% 증가. 동사는 UHD TV 등 특화된 고급, 고부가가치 모델 중심 생산을 통해 전자 부품 사업을 안정적으로 운영 중임. 휴대폰 충전기용 파워 등 제품군 확대를 통하여 매출 확대 예정

현금 흐름 〈단위 : 억원〉

항목	2016	2017.2Q
영업활동	274	123
투자활동	-77	-119
재무활동	-68	34
순현금흐름	129	37
기말현금	371	408

시장 대비 수익률

결산 실적 〈단위 : 억원〉

항목	2012	2013	2014	2015	2016	2017
매출액	5,588	5,109	5,678	6,523	8,076	—
영업이익	-378	-88	86	165	232	—
당기순이익	-885	-251	-153	286	-462	—

분기 실적 〈단위 : 억원〉

항목	2016.1Q	2016.2Q	2016.3Q	2016.4Q	2017.1Q	2017.2Q
매출액	1,908	1,918	2,179	2,071	2,075	2,248
영업이익	56	55	79	43	61	69
당기순이익	30	31	51	-574	36	37

재무 상태 〈단위 : 억원〉

항목	2012	2013	2014	2015	2016	2017.2Q
총자산	4,201	4,223	4,084	5,412	5,115	5,445
유형자산	2,434	2,313	2,195	2,870	2,314	2,302
무형자산	343	333	259	838	690	679
유가증권	2	41	32	4		
총부채	2,742	2,520	2,068	2,828	2,963	3,343
총차입금	2,119	1,850	1,415	1,940	1,875	1,987
자본금	578	810	1,053	1,105	1,105	1,105
총자본	1,460	1,703	2,015	2,584	2,152	2,101
지배주주지분	1,458	1,700	2,012	2,491	2,043	2,099

기업가치 지표

항목	2012	2013	2014	2015	2016	2017.2Q
주가(최고/저)(천원)	22.8/8.8	27.3/12.6	22.9/10.6	29.9/13.3	27.8/13.5	—/—
PER(최고/저)(배)	—/—	—/—	—/—	23.0/10.2	—/—	—/—
PBR(최고/저)(배)	1.7/0.7	2.3/1.1	2.1/1.0	2.4/1.1	2.7/1.3	1.6/1.4
EV/EBITDA(배)		35.9	13.5	18.1	9.4	—/—
EPS(원)	-6,972	-1,547	-890	1,299	-2,154	334
BPS(원)	14,956	12,180	10,851	12,498	10,474	10,725
CFPS(원)	-5,550	-121	529	2,624	-800	905
DPS(원)						
EBITDAPS(원)	-1,085	907	1,916	2,091	2,405	1,163

재무 비율 〈단위 : %〉

연도	영업이익률	순이익률	부채비율	차입금비율	ROA	ROE	유보율	자기자본비율	EBITDA마진율
2016	2.9	-5.7	137.7	87.1	-8.8	-21.0	109.5	42.1	6.6
2015	2.5	4.4	109.4	75.1	6.0	12.4	150.0	47.8	6.9
2014	1.5	-2.7	102.6	70.2	-3.7	-8.3	117.0	49.4	5.8
2013	-1.7	-4.9	147.9	108.6	-6.0	-16.0	143.6	40.3	2.8

한솔피엔에스 (A010420)
HansolPNS

업 종 : 종이 및 목재		시 장 : 거래소	
신용등급 : (Bond) — (CP) A3		기업규모 : 시가총액 소형주	
홈페이지 : www.hansolpns.com		연 락 처 : 02)772-5100	
본 사 : 서울시 중구 퇴계로 213 (충무로4가) 일흥빌딩 5층			

설 립 일	1975.02.04	종업원수	204명	대표이사	정병채
상 장 일	1989.05.31	감사의견	적정 (삼정)	계 열	
결 산 기	12월	보통주	2,049만주	종속회사수	
액 면 가	500원	우선주		구 상 호	

주주구성 (지분율,%)		출자관계 (지분율,%)		주요경쟁사 (외형,%)	
한솔홀딩스	46.1	마더비	19.9	한솔PNS	100
한국증권금융	4.0	웹서브웨이	19.0	세하	68
(외국인)	5.4	스포츠러버	15.4	신풍제지	55

매출구성		비용구성		수출비중	
인쇄용지등	90.1	매출원가율	93.0	수출	0.0
시스템 유지보수	10.0	판관비율	6.4	내수	100.0

회사 개요
동사는 1975년 광림전자로 설립 후 1989년 상장됨. 1995년 한솔그룹에 인수되며 한솔텔레컴으로 사명 변경. 이후 2008년 신규 패키징 사업을 추진하면서 한솔피엔에스로 사명을 바꿈. 동사의 사업부문은 한솔그룹 및 일부 공공기관을 대상으로 ITO 서비스를 제공하는 IT서비스부문과 인쇄용지, 신문용지, 특수지 등 국내 모든 종류 종이를 공급하는 지류유통 부문으로 나뉨. 지류유통사업이 전체 매출의 약 90%를 차지하고 있음.

실적 분석
동사의 2017년 2분기 누적 매출액은 1,058.2억원으로 전년 동기(1100.1억원) 대비 소폭 감소함. 단 매출원가와 판관비가 감소하며 영업이익은 오히려 증가. 전년 13.8억원보다 7.7% 늘어난 14.8억원을 시현. 비영업부문의 이자비용이 줄어들고 관련기업 투자부문에서 흑자전환하며 당기순이익 개선. 지난해 보다 3.8억원 오른 9.8억원의 당기순이익을 달성함.

현금 흐름 *IFRS 별도 기준 〈단위 : 억원〉

항목	2016	2017.2Q
영업활동	39	16
투자활동	6	-15
재무활동	-12	-4
순현금흐름	32	-3
기말현금	184	181

시장 대비 수익률

결산 실적 〈단위 : 억원〉

항목	2012	2013	2014	2015	2016	2017
매출액	1,702	2,260	2,656	2,428	2,341	—
영업이익	-9	44	41	16	13	—
당기순이익	5	17	26	20	8	—

분기 실적 *IFRS 별도 기준 〈단위 : 억원〉

항목	2016.1Q	2016.2Q	2016.3Q	2016.4Q	2017.1Q	2017.2Q
매출액	608	492	586	656	570	48
영업이익	5	6	-7	9	9	
당기순이익	1	5	5	-3	8	

재무 상태 *IFRS 별도 기준 〈단위 : 억원〉

항목	2012	2013	2014	2015	2016	2017.2Q
총자산	992	1,305	1,148	1,133	1,025	87
유형자산	101	37	30	31	27	6
무형자산	25	27	22	16	14	1
유가증권	15	14	15	18	11	
총부채	628	908	734	700	693	54
총차입금	320	7	2			
자본금	130	138	138	138	102	10.
총자본	363	397	413	433	331	33.
지배주주지분	363	397	413	433	331	33.

기업가치 지표 *IFRS 별도 기준

항목	2012	2013	2014	2015	2016	2017.2Q
주가(최고/저)(천원)	1.3/0.9	2.4/1.0	1.8/1.3	2.0/1.1	2.9/1.4	—/—
PER(최고/저)(배)	77.8/52.0	39.1/15.8	19.0/13.5	27.3/16.0	93.2/44.6	—/—
PBR(최고/저)(배)	1.0/0.7	1.7/0.7	1.2/0.9	1.3/0.7	1.8/0.9	1.7/1.
EV/EBITDA(배)	23.5	6.1	4.0	10.0	9.6	—
EPS(원)	17	63	95	73	31	4
BPS(원)	1,395	1,437	1,498	1,571	1,618	1,65
CFPS(원)	93	115	145	122	81	7
DPS(원)	15	15	15	15	15	
EBITDAPS(원)	41	217	198	107	100	9

재무 비율 〈단위 : %〉

연도	영업이익률	순이익률	부채비율	차입금비율	ROA	ROE	유보율	자기자본비율	EBITDA마진율
2016	0.5	0.3	209.2	0.0	0.7	2.1	223.5	32.4	1.
2015	0.7	0.8	161.4	0.5	1.8	4.7	214.2	38.3	1.
2014	1.5	1.0	177.6	1.8	2.1	6.5	199.6	36.0	2.
2013	2.0	0.8	229.1	17.7	1.5	4.5	187.5	30.4	2.

한솔홀딩스 (A004150)
Hansol Holdings

종 목 : 복합 산업	시 장 : 거래소	
신용등급 : (Bond) A- (CP) —	기업규모 : 시가총액 소형주	
홈페이지 : www.hansol.com	연 락 처 : 02)3287-6875	
본 사 : 서울시 중구 을지로 100 파인애비뉴 B동 24층		

설 립 일 1965.01.19	종 업 원 수 29명	대 표 이 사 이재희	
상 장 일 1972.05.17	감사의견 적정 (삼정)	계 열	
결 산 기 12월	보 통 주 4,636만주	종속회사수 19개사	
액 면 가 5,000원	우 선 주	구 상 호 한솔제지	

주주구성 (지분율,%)

조동길	8.9
이인희	5.5
(외국인)	12.8

출자관계 (지분율,%)

한솔페이퍼텍	99.9
한솔EME	98.3
한솔개발	91.4

주요경쟁사 (외형,%)

한솔홀딩스	100
대상홀딩스	418
SK네트웍스	2,323

매출구성

인쇄용지등 외	42.6
인쇄용지, 특수지	26.7
백판지 등	13.4

비용구성

매출원가율	82.6
판관비율	9.5

수출비중

수출	—
내수	—

회사 개요

동사는 2015년 1월 투자부문과 사업부문을 인적분할의 방법으로 분할, 분할되는 회사가 영위하는 일반제지 사업 중 인쇄용지, 산업용지, 특수지 제조 및 판매 및 해외 지류 도소매 사업 등의 사업부문과 투자사업부문을 분리 담당. 동사와 연결 종속회사는 지류 제조 판매업 (한솔제지, 한솔아트원제지), 골판지 제조업 (한솔페이퍼텍), 지류도소매업(한솔피엔에스 지류유통부문), IT서비스(한솔피엔에스, 한솔인티큐브), 관광단지업(한솔개발)로 구성.

실적 분석

동사의 2017년 상반기 연결기준 누적 매출액은 3,840.6억원으로 전년 동기 대비 9.3% 증가함. 매출은 늘었지만 매출원가가 큰 폭으로 증가했고 판관비 또한 소폭 늘어나면서 영업이익은 전년 대비 47.2% 감소한 171.3억원을 기록함. 비영업손익 부문에서 손실이 감소하면서 당기순이익은 165.5억원으로 전년 동기 대비 흑자 전환에 성공함. 관련기업 투자 손익 부문이 증가한데 따른 순이익이 증가했음.

현금 흐름 〈단위 : 억원〉

항목	2016	2017.2Q
영업활동	1,066	206
투자활동	-762	455
재무활동	-314	-709
순현금흐름	-51	-89
기말현금	535	446

시장 대비 수익률

결산 실적 〈단위 : 억원〉

항목	2012	2013	2014	2015	2016	2017
매출액	18,597	7,427	7,806	5,540	7,946	—
영업이익	1,164	324	509	435	623	—
당기순이익	228	83	-522	-106	-77	—

분기 실적 〈단위 : 억원〉

항목	2016.1Q	2016.2Q	2016.3Q	2016.4Q	2017.1Q	2017.2Q
매출액	1,686	1,827	2,526	1,907	1,815	2,026
영업이익	188	136	193	117	117	55
당기순이익	156	-176	45	-102	90	75

재무 상태 〈단위 : 억원〉

항목	2012	2013	2014	2015	2016	2017.2Q
총자산	25,434	29,609	29,779	19,741	20,067	16,707
유형자산	17,705	20,770	11,387	12,050	9,190	9,197
무형자산	96	321	156	505	267	273
유가증권	424	760	661	762	183	192
총부채	17,516	21,491	25,317	14,056	13,856	10,443
총차입금		11,340	11,343	3,492	4,807	2,194	2,042
자본금	2,181	2,181	2,181	1,930	2,318	2,318
총자본	7,918	8,119	4,463	5,686	6,211	6,264
지배주주지분	7,550	7,386	3,665	4,751	5,240	5,443

기업가치 지표

항목	2012	2013	2014	2015	2016	2017.2Q
주가(최고/저)(천원)	6.1/3.8	9.2/5.4	8.2/5.5	11.2/6.5	8.5/5.6	—/—
PER(최고/저)(배)	9.9/6.2	45.3/26.6	—/—	—/—	0.7/0.5	0.6/0.5
PBR(최고/저)(배)	0.4/0.2	0.6/0.3	0.9/0.6	0.9/0.5	0.7/0.5	—/—
EV/EBITDA(배)	6.3	13.9	5.8	8.7	5.1	—
EPS(원)	653	209	-873	-360	-89	414
BPS(원)	17,712	17,337	8,807	13,102	11,962	12,403
CFPS(원)	2,271	2,188	1,372	993	908	704
DPS(원)	300	300				659
EBITDAPS(원)	4,286	2,721	3,413	2,674	2,374	

재무 비율 〈단위 : %〉

연도	영업이익률	순이익률	부채비율	차입금비율	ROA	ROE	유보율	자기자본비율	EBITDA마진율
2016	7.9	-1.0	223.1	35.3	-0.4	-0.8	139.3	31.0	13.5
2015	7.9	-1.9	247.2	84.6	-0.4	-2.8	162.0	28.8	15.9
2014	6.5	-6.7	567.3	78.3	-1.8	-6.9	76.1	15.0	19.1
2013	4.4	1.1	264.7	139.7	0.3	1.2	246.8	27.4	16.0

한솔홈데코 (A025750)
Hansol Homedeco

업 종 : 종이 및 목재	시 장 : 거래소	
신용등급 : (Bond) BBB (CP) A3	기업규모 : 시가총액 소형주	
홈페이지 : www.hansolhomedeco.co.kr	연 락 처 : 02)3284-3883	
본 사 : 서울시 동작구 보라매로5길 15, 전문건설회관 27층		

설 립 일 1991.12.27	종 업 원 수 219명	대 표 이 사 이천현	
상 장 일 2003.11.04	감사의견 적정 (한영)	계 열	
결 산 기 12월	보 통 주 8,057만주	종속회사수 1개사	
액 면 가 1,000원	우 선 주	구 상 호	

주주구성 (지분율,%)

- 한솔제지	23.3
국민연금공단	4.7
(외국인)	4.9

출자관계 (지분율,%)

송윤화학	34.0

주요경쟁사 (외형,%)

한솔홈데코	100
깨끗한나라	300
한국제지	277

매출구성

목질판상재(제품)	34.3
마루판(제품)	29.9
마루판(상품) 외	18.7

비용구성

매출원가율	82.5
판관비율	11.9

수출비중

수출	1.0
내수	99.0

회사 개요

동사는 국내 중밀도 섬유판(MDF), 마루바닥재, 인테리어재 등을 생산, 판매를 영위하고 있으며 주택 및 리모델링산업이 전방산업으로 포진하고 있음. 국내 강화마루 시장은 소비자 성향이 고급화됨에 따라 향후 고성장세를 유지할 것으로 기대되며 동사의 강화마루 및 MDF시장점유율은 2016년 기준 각각 24%, 14%임. 강화마루의 목표시장은 아파트, 빌라, 오피스텔 이며, 영업지역은 수도권을 포함한 전국적으로 골고루 분포되어 있음.

실적 분석

동사의 2017년 2분기 기준 누적 매출액은 전년 동기 대비 8.6% 상승한 1,225.1억원을 기록했음. 전년 동기 대비 매출원가가 각각 8.7%, 11.0% 증가함. 이에 따라 영업이익은 전년보다 1.6% 증가한 65.5억원을 실현하는데 그침. 비영업 부문에서 적자전환하면서 당기순이익이 줄어듦. 금융부문 손실이 17.0억원을 기록한 탓. 당기순이익은 전년 동기 대비 10.3% 감소한 52.5억원을 달성함.

현금 흐름 〈단위 : 억원〉

항목	2016	2017.2Q
영업활동	159	63
투자활동	-109	-113
재무활동	-96	36
순현금흐름	-46	-14
기말현금	35	21

시장 대비 수익률

결산 실적 〈단위 : 억원〉

항목	2012	2013	2014	2015	2016	2017
매출액	1,892	2,340	2,353	2,415	2,354	—
영업이익	46	75	45	93	131	—
당기순이익	16	56	1	15	75	—

분기 실적 〈단위 : 억원〉

항목	2016.1Q	2016.2Q	2016.3Q	2016.4Q	2017.1Q	2017.2Q
매출액	537	591	578	647	575	650
영업이익	30	34	31	36	28	38
당기순이익	17	41	3	14	-18	70

재무 상태 〈단위 : 억원〉

항목	2012	2013	2014	2015	2016	2017.2Q
총자산	2,668	2,804	2,891	2,912	2,893	3,014
유형자산	1,579	1,609	1,675	1,629	1,603	1,648
무형자산	9	31	31	0	29	29
유가증권	0	0	0	0	2	3
총부채	1,553	1,561	1,586	1,573	1,466	1,484
총차입금	1,072	1,010	1,024	1,073	972	961
자본금	678	731	787	793	805	838
총자본	1,115	1,243	1,305	1,339	1,427	1,530
지배주주지분	1,115	1,243	1,305	1,339	1,427	1,530

기업가치 지표

항목	2012	2013	2014	2015	2016	2017.2Q
주가(최고/저)(천원)	1.4/1.0	1.9/1.1	2.6/1.4	2.2/1.4	2.0/1.4	—/—
PER(최고/저)(배)	48.8/35.5	22.8/13.6	3,889.3/2,089.1	111.2/71.7	20.2/14.6	0.9/0.8
PBR(최고/저)(배)	0.8/0.6	1.1/0.6	1.5/0.8	1.2/0.8	1.1/0.8	
EV/EBITDA(배)	14.2	13.7		11.8	9.6	
EPS(원)	29	83	1	20	97	65
BPS(원)	1,727	1,777	1,728	1,759	1,846	1,899
CFPS(원)	159	201	114	139	216	123
DPS(원)						
EBITDAPS(원)	212	229	173	242	288	139

재무 비율 〈단위 : %〉

연도	영업이익률	순이익률	부채비율	차입금비율	ROA	ROE	유보율	자기자본비율	EBITDA마진율
2016	5.6	3.2	102.7	68.1	2.6	5.4	77.3	49.3	9.5
2015	3.9	0.6	117.5	80.1	0.5	1.1	68.8	46.0	7.6
2014	1.9	0.0	121.5	78.5	0.0	0.0	65.8	45.2	5.6
2013	3.2	2.4	125.6	81.3	2.1	4.8	70.0	44.3	6.7

한스바이오메드 (A042520)
HANS BIOMED

업　　　종 : 바이오	시　　장 : KOSDAQ
신용등급 : (Bond) —　(CP) —	기업규모 : 벤처
홈페이지 : www.hansbiomed.com	연 락 처 : 02)466-2266
본　　　사 : 서울시 송파구 정의로8길 7	

설 립 일	1999.09.15	종업원수	160명
상 장 일	2009.10.09	감사의견	적정 (한미)
결 산 기	09월	보 통 주	986만주
액 면 가	500원	우 선 주	—
대 표 이 사	황호찬		
계 열			
종속회사수	2개사		
구 상 호			

주주구성 (지분율,%)
황호찬	23.1
파트너스제4호블라인드개인투자조합전문사모	6.7
(외국인)	10.9

출자관계 (지분율,%)
한스파마	57.3
HansBiomedUSA,Inc	100.0
ShanghaiHansbiomedCorp.	100.0

주요경쟁사 (외형,%)
한스바이오메드	100
코아스템	62
진원생명과학	108

매출구성
뼈이식 제품(SureFuse, ExFuse, SureOss, 등)	52.2
실리콘관련 제품(BellaGel, Scar Clinic 등)	22.4
기타	13.2

비용구성
매출원가율	53.8
판관비율	25.6

수출비중
수출	59.0
내수	41.0

회사 개요
동사는 인체이식용 피부와 뼈 이식재 및 실리콘제품 등의 제조와 판매를 목적으로 1999년 9월 15일 설립된 후 2009년 10월 코스닥시장에 상장됨. 화상, 교통사고, 일상생활에서 일어나는 사고로 인하여 발생하는 피부결손이나 뼈결손 등의 치료를 위한 인체조직 이식재와 유방암 및 기타 유전적인 요인으로 인한 유방재건에 사용되는 인체이식용 실리콘 보형물의 연구개발에 주력해 왔으며 이러한 인체조직과 실리콘제품을 제조, 판매하는 업체임.

실적 분석
동사의 2017년 상반기 누적 매출액은 294.9억원으로 전년동기대비 38.7% 증가함. 매출확대에 따라 매출원가와 판관비가 각각 47.2%, 24.1% 증가했음에도 불구하고, 영업이익은 전년동기보다 35.6% 늘어난 58.4억원을 기록함. 당기순이익도 60.4억원으로 전년동기 대비 63.1% 증가함. 창상피복재인 GPPS, 연골이식재인 PRC, 인체조직의 대체수복에 사용하는 생체재료 AlenFuse 등을 신규사업으로 추진 중임.

현금 흐름 〈단위 : 억원〉
항목	2016	2017.3Q
영업활동	-3	73
투자활동	-96	-114
재무활동	79	90
순현금흐름	-20	50
기말현금	19	69

시장 대비 수익률

결산 실적 〈단위 : 억원〉
항목	2012	2013	2014	2015	2016	2017
매출액	176	201	210	234	290	—
영업이익	31	39	39	51	60	—
당기순이익	25	34	35	49	48	—

분기 실적 〈단위 : 억원〉
항목	2016.2Q	2016.3Q	2016.4Q	2017.1Q	2017.2Q	2017.3Q
매출액	74	75	78	96	98	101
영업이익	15	13	17	20	21	17
당기순이익	13	11	11	31	18	12

재무 상태 〈단위 : 억원〉
항목	2012	2013	2014	2015	2016	2017.3Q
총자산	271	334	443	521	647	817
유형자산	57	127	247	284	364	481
무형자산	24	30	35	43	51	48
유가증권						0
총부채	30	41	50	90	172	290
총차입금				36	114	200
자본금	43	47	49	49	49	49
총자본	240	293	394	432	475	527
지배주주지분	240	293	394	432	468	516

기업가치 지표
항목	2012	2013	2014	2015	2016	2017.3Q
주가(최고/저)(천원)	7.3/2.7	18.3/6.3	20.3/12.1	27.5/14.2	23.7/15.4	—/—
PER(최고/저)(배)	24.5/8.9	50.0/17.1	57.0/33.9	55.8/28.9	50.8/32.9	—/—
PBR(최고/저)(배)	2.4/0.9	5.5/1.9	5.0/3.0	6.1/3.2	4.9/3.2	3.5/2.5
EV/EBITDA(배)	13.6	30.8	41.5	31.7	25.5	
EPS(원)	309	375	361	498	469	576
BPS(원)	3,180	3,441	4,143	4,525	4,896	5,382
CFPS(원)	376	462	427	583	581	709
DPS(원)	70	100	100	100	100	
EBITDAPS(원)	453	512	469	598	719	725

재무 비율 〈단위 : % 〉
연도	영업이익률	순이익률	부채비율	차입금비율	ROA	ROE	유보율	자기자본비율	EBITDA마진율
2016	20.6	16.4	36.2	23.9	8.2	10.3	879.3	73.4	24.4
2015	21.6	21.0	20.8	8.3	10.4	11.9	805.0	82.8	25.2
2014	18.6	16.9	12.6	0.0	9.0	10.2	728.6	88.8	21.6
2013	19.5	17.2	13.8	0.0	11.4	12.9	588.1	87.9	23.4

한신공영 (A004960)
Hanshin Construction

업　　　종 : 건설	시　　장 : 거래소
신용등급 : (Bond) BBB　(CP) A3	기업규모 : 시가총액 소형주
홈페이지 : www.hanshinc.com	연 락 처 : 031)334-8114
본　　　사 : 경기도 용인시 처인구 백암면 덕평로 82	

설 립 일	1967.02.24	종업원수	1,682명
상 장 일	1976.07.07	감사의견	적정 (삼정)
결 산 기	12월	보 통 주	1,072만주
액 면 가	5,000원	우 선 주	—만주
대 표 이 사	태기전,최문규		
계 열			
종속회사수	13개사		
구 상 호			

주주구성 (지분율,%)
코암시앤씨개발	39.7
한신공영우리사주조합	16.0
(외국인)	5.6

출자관계 (지분율,%)
드림파크개발	100.0
한신비엠	100.0
한신휴비스	100.0

주요경쟁사 (외형,%)
한신공영	100
이테크건설	67
아이콘트롤스	11

매출구성
건축(공사)	57.0
자체공사(공사)	22.0
토목(공사)	20.5

비용구성
매출원가율	92.6
판관비율	3.5

수출비중
수출	—
내수	—

회사 개요
동사는 1967년 2월 설립되었고, 1976년 신반포한신아파트 주택건설을 시작으로 건축, 토목, 전기 플랜트 사업 등을 영위하는 종합건설업체임. 1976년에 한국거래소에 주식을 상장하여 기업을 공개하였음. 1997년 5월 회사정리절차에 들어갔으며 2002년 11월 법정관리 종결. 이후 사업 정상화의 궤도에 오르며 2015년 국토교통부 공시 기준 시공능력 평가 28위 기록.

실적 분석
수도권 외곽 및 지방을 중심으로 주택가격 상승 및 분양물량 확대로 인한 미분양 적체 등 부정적인 요인이 점차 증가하고 있는 형국이나 기존 확보된 풍부한 수주물량에 힘입어 동사의 2017년 2분기기준 누적 매출액은 전년동기대비 15.7% 상승한 9,433.5억원을 기록하였음. 그에 따라 전년동기대비 영업이익은 452.9억원으로 59.2% 상승하였음. 2017년 총 4군데의 자체사업 분양을 계획중에 있음.

현금 흐름 〈단위 : 억원〉
항목	2016	2017.2Q
영업활동	737	-270
투자활동	-427	484
재무활동	163	1,401
순현금흐름	480	1,607
기말현금	1,981	3,588

시장 대비 수익률

결산 실적 〈단위 : 억원〉
항목	2012	2013	2014	2015	2016	2017
매출액	9,264	14,101	10,908	13,581	17,723	—
영업이익	355	573	-724	409	697	—
당기순이익	54	26	-1,069	222	267	—

분기 실적 〈단위 : 억원〉
항목	2016.1Q	2016.2Q	2016.3Q	2016.4Q	2017.1Q	2017.2Q
매출액	3,724	4,427	3,938	5,634	4,463	4,971
영업이익	153	132	170	243	204	249
당기순이익	65	50	50	102	178	167

재무 상태 〈단위 : 억원〉
항목	2012	2013	2014	2015	2016	2017.2Q
총자산	15,027	15,473	13,501	15,294	15,534	17,724
유형자산	76	109	106	735	861	813
무형자산	33	32	21	18	23	25
유가증권	424	630	707	753	735	752
총부채	11,706	12,520	11,597	12,960	12,853	14,626
총차입금	5,466	4,360	3,846	1,910	2,280	3,747
자본금	496	496	496	496	509	536
총자본	3,322	2,953	1,905	2,335	2,681	3,098
지배주주지분	3,244	2,856	1,859	2,284	2,629	3,047

기업가치 지표
항목	2012	2013	2014	2015	2016	2017.2Q
주가(최고/저)(천원)	8.9/6.0	14.2/6.5	16.1/9.5	30.5/12.4	23.0/15.3	—/—
PER(최고/저)(배)	16.7/11.1	66.8/30.5	—/—	14.9/6.1	9.0/6.0	—/—
PBR(최고/저)(배)	0.3/0.2	0.5/0.2	0.5/0.3	1.4/0.6	0.9/0.6	0.7/0.5
EV/EBITDA(배)	3.6	3.2		0.8	0.2	
EPS(원)	562	217	-10,589	2,076	2,607	3,234
BPS(원)	33,197	29,254	18,759	23,041	25,846	28,409
CFPS(원)	761	502	-10,500	2,161	2,676	3,269
DPS(원)	150	100			250	
EBITDAPS(원)	3,778	6,062	-7,214	4,207	6,921	4,257

재무 비율 〈단위 : % 〉
연도	영업이익률	순이익률	부채비율	차입금비율	ROA	ROE	유보율	자기자본비율	EBITDA마진율
2016	3.9	1.5	479.4	85.0	1.7	10.8	416.9	17.3	4.0
2015	3.0	1.6	555.1	81.8	1.5	9.9	360.8	15.3	3.1
2014	-6.6	-9.8	608.9	201.9	-7.4	-44.5	275.2	14.1	-6.6
2013	4.1	0.2	424.0	147.6	0.2	0.7	485.1	19.1	4.3

한신기계공업 (A011700)
HANSHIN Machinery

업 종: 기계		시 장: 거래소	
신용등급: (Bond) — (CP) —		기업규모: 시가총액 소형주	
홈 페 이 지: www.hanshin.co.kr		연 락 처: 031)491-3911	
본 사: 경기도 안산시 단원구 해봉로 330번길 23 (신길동)			

설 립 일 1969.09.08	종 업 원 수 95명	대 표 이 사 최영민	
상 장 일 1987.07.24	감 사 의 견 적정 (대성)	계 열	
결 산 기 12월	보 통 주 3,245만주	종속회사수 1개사	
액 면 가 500원	우 선 주	구 상 호	

주주구성 (지분율,%)
최영민	18.6
STERLING GRACE INTERNATIONAL LLC	8.5
(외국인)	20.9

출자관계 (지분율,%)
한신정공	40.0
래디오빌	14.4
엔토팜	1.7

주요경쟁사 (외형,%)
한신기계	100
로보스타	242
스맥	196

매출구성
Air Compressor	91.2
기계공구	8.8

비용구성
매출원가율	76.2
판관비율	9.9

수출비중
수출	12.0
내수	88.0

회사 개요
1969년 설립된 동사는 공기압축기 시장의 국내 1위업체로 국내에서 유일하게 Piston Type, Screw Type의 전 기종을 생산, 공급하고 있음. 제조부문 매출의 88.4%는 내수를 통해, 11.6%는 수출을 통해 거둬들임. 도매부문 매출은 내수 비율이 87.3%, 수출 비율이 12.7%임. 중국 청도에 위치한 청도한신콤프레셔기유한공사를 연결대상 종속회사로 보유하고 있음.

실적 분석
동사의 연결기준 2017년 상반기 매출액은 269.9억원으로 전년 동기 대비 3.3% 감소함. 매출은 축소된 반면 매출원가는 2.6% 증가해 영업이익이 전년도 같은 기간 36.2억원에서 24.4% 축소된 27.4억원에 그침. 2.7억원의 흑자를 기록한 비영업부문은 적자로 전환됨. 이에 당기순이익은 24.1억원에서 11.8% 감소한 21.2억원을 기록하는 데 그침.

현금 흐름 〈단위 : 억원〉
항목	2016	2017.2Q
영업활동	57	-23
투자활동	-59	40
재무활동	36	-21
순현금흐름	34	-5
기말현금	205	201

시장 대비 수익률

결산 실적 〈단위 : 억원〉
항목	2012	2013	2014	2015	2016	2017
매출액	682	706	653	627	627	—
영업이익	52	71	77	75	87	—
당기순이익	50	63	66	66	62	—

분기 실적 〈단위 : 억원〉
항목	2016.1Q	2016.2Q	2016.3Q	2016.4Q	2017.1Q	2017.2Q
매출액	124	155	154	195	116	153
영업이익	19	17	29	21	21	7
당기순이익	15	9	30	8	13	8

재무 상태 〈단위 : 억원〉
항목	2012	2013	2014	2015	2016	2017.2Q
총자산	742	834	874	920	951	892
유형자산	137	137	136	188	211	213
무형자산	11	11	9	9	6	6
유가증권			5	5	33	40
총부채	223	239	225	213	178	119
총차입금	36	26	4		2	2
자본금	162	162	162	162	162	162
총자본	519	595	649	706	773	773
지배주주지분	519	595	649	706	773	773

기업가치 지표
항목	2012	2013	2014	2015	2016	2017.2Q
주가(최고/저)(천원)	1.5/0.9	1.4/1.0	1.6/1.1	2.4/1.5	3.7/2.3	—/—
PER(최고/저)(배)	10.8/6.6	7.9/5.8	8.6/5.7	12.9/8.0	19.8/12.1	2.0/1.1
PBR(최고/저)(배)	1.0/0.6	0.8/0.6	0.9/0.6	1.1/0.7	1.6/1.0	—/—
EV/EBITDA(배)	5.4	2.4	2.8	6.7	7.3	—/—
EPS(원)	155	195	204	194	190	65
BPS(원)	1,648	1,884	2,051	2,224	2,394	2,393
CFPS(원)	163	203	212	203	199	71
DPS(원)	45	35	45	45	65	90
EBITDAPS(원)	170	227	245	239	277	

재무 비율 〈단위 : % 〉
연도	영업이익률	순이익률	부채비율	차입금비율	ROA	ROE	유보율	자기자본비율	EBITDA마진율
2016	13.8	9.8	23.1	0.3	6.6	8.3	378.9	81.3	14.3
2015	11.9	10.1	30.2	0.3	7.0	9.3	344.9	76.8	12.4
2014	11.8	10.2	34.6	0.6	7.7	10.7	310.2	74.3	12.2
2013	10.0	9.0	40.2		8.0	11.3	276.8	71.4	10.4

한양디지텍 (A078350)
Hanyang Digitech

업 종: 반도체 및 관련장비		시 장: KOSDAQ	
신용등급: (Bond) — (CP) —		기업규모: 중견	
홈 페 이 지: www.hanyangdgt.com		연 락 처: 031)695-5000	
본 사: 경기도 화성시 삼성1로 332-7			

설 립 일 2004.04.19	종 업 원 수 43명	대 표 이 사 김윤상	
상 장 일 2004.05.14	감 사 의 견 적정 (한영)	계 열	
결 산 기 12월	보 통 주 1,000만주	종속회사수 1개사	
액 면 가 500원	우 선 주	구 상 호	

주주구성 (지분율,%)
김형욱	32.3
홍옥생	12.0
(외국인)	2.3

출자관계 (지분율,%)
한양네비콤	25.3
유원미디어	0.8
중앙미디어네트워크	0.2

주요경쟁사 (외형,%)
한양디지텍	100
GST	103
다우인큐브	29

매출구성
메모리 모듈 외	94.8
VoIP 단말기	3.6
서비스, 임대	1.6

비용구성
매출원가율	90.5
판관비율	8.9

수출비중
수출	94.0
내수	6.0

회사 개요
2004년 4월 한양이엔지의 메모리모듈 제조사업부문을 인적분할하여 설립됨. 반도체 메모리 모듈을 삼성전자에 공급하고 있으며, 정보통신 관련 IP통신 제조사업을 진행하고 있음. 연결기업은 반도체 메모리 모듈 제조를 주사업으로 영위하며 2차전지 보호회로, 클라우드 네트워크 솔루션 및 인터넷 관련기기, VoIP 장비(인터넷 전화기, VoIP 어댑터 등)를 제조하고 있음. 최근 핵심 사업에 역량을 집중하기 위해 스마트모듈 분야 사업을 중단함.

실적 분석
2017년 2분기 매출은 397.3억원으로 전년 대비 21.8% 감소. 판관비의 감소에도 영업손실은 9.6억원을 기록하며 전년 대비 적자전환함. D램 가격하락과 중국 칭화그룹의 메모리시장 진출, 글로벌 반도체 시장의 역성장에 따라 매출이 감소함. 스마트폰향 메모리 탑재량 확대, DDR4 비중의 증가, 끊임없는 중국 시장의 성장 등에 힘입어 D램 메모리의 견조한 수급은 지속될 것. 원가율 개선을 통한 수익성 개선 필요함.

현금 흐름 〈단위 : 억원〉
항목	2016	2017.2Q
영업활동	5	-51
투자활동	-29	-6
재무활동	-20	-19
순현금흐름	-43	25
기말현금	50	75

시장 대비 수익률

결산 실적 〈단위 : 억원〉
항목	2012	2013	2014	2015	2016	2017
매출액	655	577	941	1,271	882	—
영업이익	-1	30	80	69	5	—
당기순이익	-31	19	60	44	-7	—

분기 실적 〈단위 : 억원〉
항목	2016.1Q	2016.2Q	2016.3Q	2016.4Q	2017.1Q	2017.2Q
매출액	284	224	186	187	187	210
영업이익	13	-6	-5	3	-6	-4
당기순이익	8	-9	-5	-2	-2	-4

재무 상태 〈단위 : 억원〉
항목	2012	2013	2014	2015	2016	2017.2Q
총자산	683	626	825	762	659	639
유형자산	237	185	214	249	247	227
무형자산	29	2	4	43	44	44
유가증권	7	4	2	1	1	1
총부채	348	274	411	304	223	219
총차입금	151	102	135	73	63	46
자본금	50	50	50	50	50	50
총자본	335	352	415	459	436	420
지배주주지분	335	352	415	459	436	420

기업가치 지표
항목	2012	2013	2014	2015	2016	2017.2Q
주가(최고/저)(천원)	6.3/2.9	4.2/1.9	3.2/1.9	9.4/3.1	5.9/3.4	—/—
PER(최고/저)(배)	—/—	22.2/10.3	5.3/3.2	21.4/7.1	—/—	1.1/0.9
PBR(최고/저)(배)	1.9/0.9	1.2/0.6	0.8/0.5	2.0/0.7	1.3/0.8	—/—
EV/EBITDA(배)	10.4	4.3	2.9	4.3	15.1	—/—
EPS(원)	-309	188	603	439	-69	-66
BPS(원)	3,345	3,517	4,147	4,613	4,459	4,333
CFPS(원)	140	539	799	665	158	50
DPS(원)						
EBITDAPS(원)	441	647	991	913	278	20

재무 비율 〈단위 : % 〉
연도	영업이익률	순이익률	부채비율	차입금비율	ROA	ROE	유보율	자기자본비율	EBITDA마진율
2016	0.6	-0.8	51.3	14.4	-1.0	-1.6	791.7	66.1	3.2
2015	5.4	3.5	66.2	15.8	5.5	10.1	822.5	60.2	7.2
2014	8.5	6.4	99.0	32.5	8.3	15.8	729.3	50.2	10.5
2013	5.1	3.3	78.0	29.0	2.9	5.5	603.5	56.2	11.2

한양이엔지 (A045100)
Hanyang ENG

업　　종 : 반도체 및 관련장비
신용등급 : (Bond) —　　(CP) —
홈 페 이 지 : www.hanyangeng.co.kr
본　　사 : 경기도 화성시 영통로26번길 72 (반월동)

시　　장 : KOSDAQ
기업규모 : 우량
연 락 처 : 031)695-0000

설 립 일	1988.07.11	종 업 원 수	749명	대 표 이 사	김형육,김범상
상 장 일	2000.08.31	감 사 의 견	적정 (안진)	계　　열	
결 산 기	12월	보 통 주	1,800만주	종속회사수	8개사
액 면 가	500원	우 선 주		구 상 호	

주주구성 (지분율,%)		출자관계 (지분율,%)		주요경쟁사 (외형,%)	
김형육	29.0	에이치씨엠	100.0	한양이엔지	100
홍옥생	10.1	씨티피코리아	49.0	원익머트리얼즈	33
(외국인)	4.1	누트파이브	45.0	유진테크	26

매출구성		비용구성		수출비중	
엔지니어링사업부	76.9	매출원가율	93.2	수출	12.0
장치사업부	23.1	판관비율	4.0	내수	88.0

회사 개요
동사는 1988년에 설립되어 반도체라인에 필수적인 UHP Piping 프로젝트를 사업화한 곳으로, Clean Room공사 및 유틸리티 시스템을 전문으로 하는 엔지니어링 회사로, 화학약품중앙공급장치(CCSS) 설계 및 시공에서 전문 기술을 보유하고 있음. IT부분 설비는 장치산업 특성상 진입장벽이 높아 동사를 포함한 4개의 업체가 초고순도 특수설비시장에 참여하고 있음. CCSS는 경쟁사인 에스티아이와 관련 시장을 양분하고 있음.

실적 분석
동사는 2017년 상반기 누적 매출액이 3320.4억원으로 전년 동기에 비해 65.4% 증가했고, 영업이익은 84.4억원으로 전년 동기에 비해 43.0% 감소함. 동사는 반도체 수요 증가로 매출이 늘었으나 원가율이 더 높아져 수익성이 오히려 악화됨. 비영업손익은 47.0억원으로 전년 동기 4.2억원 적자에서 흑자전환했고, 당기순이익은 전년 동기보다 30.1% 감소한 113.2억원을 기록함.

현금 흐름　　〈단위 : 억원〉
항목	2016	2017.2Q
영업활동	-79	-359
투자활동	-246	80
재무활동	-167	194
순현금흐름	-498	-89
기말현금	228	139

시장 대비 수익률

결산 실적　　〈단위 : 억원〉
항목	2012	2013	2014	2015	2016	2017
매출액	2,991	3,701	4,492	5,171	5,369	—
영업이익	122	192	249	259	151	—
당기순이익	76	142	182	430	527	—

분기 실적　　〈단위 : 억원〉
항목	2016.1Q	2016.2Q	2016.3Q	2016.4Q	2017.1Q	2017.2Q
매출액	993	1,015	1,519	1,842	1,721	1,600
영업이익	95	53	81	-79	54	31
당기순이익	108	54	437	-72	87	27

재무 상태　　〈단위 : 억원〉
항목	2012	2013	2014	2015	2016	2017.2Q
총자산	2,178	2,594	3,141	3,794	4,208	4,167
유형자산	377	400	509	796	598	755
무형자산	18	29	26	522	24	22
유가증권	72	71	47	51	45	45
총부채	1,145	1,436	1,809	1,965	2,053	1,997
총차입금	293	318	281	300	21	308
자본금	90	90	90	90	90	90
총자본	1,032	1,157	1,332	1,829	2,155	2,169
지배주주지분	1,033	1,158	1,326	1,721	2,154	2,169

기업가치 지표
항목	2012	2013	2014	2015	2016	2017.2Q
주가(최고/저)(천원)	8.2/4.5	7.6/4.1	7.4/5.4	14.8/7.0	15.2/9.7	—/—
PER(최고/저)(배)	21.0/11.6	10.0/5.4	7.6/5.6	6.4/3.1	5.3/3.4	—/—
PBR(최고/저)(배)	1.5/0.9	1.3/0.7	1.1/0.8	1.6/0.8	1.3/0.8	1.1/0.8
EV/EBITDA(배)	7.2	4.4	4.3	4.9	3.8	—
EPS(원)	425	820	1,031	2,399	2,907	629
BPS(원)	5,796	6,491	7,425	9,562	11,969	12,324
CFPS(원)	545	956	1,214	2,705	3,232	751
DPS(원)		120	150	200	250	—
EBITDAPS(원)	798	1,200	1,567	1,744	1,161	591

재무 비율　　〈단위 : % 〉
연도	영업이익률	순이익률	부채비율	차입금비율	ROA	ROE	유보율	자기자본비율	EBITDA마진율
2016	2.8	9.8	95.3	1.0	13.2	27.0	2,293.8	51.2	3.9
2015	5.0	8.3	107.5	16.4	12.4	28.3	1,812.5	48.2	6.1
2014	5.5	4.1	135.8	21.1	6.3	14.9	1,385.1	42.4	6.3
2013	5.2	3.8	124.1	27.5	5.9	13.5	1,198.3	44.6	5.8

한양증권 (A001750)
Hanyang Securities

업　　종 : 증권
신용등급 : (Bond) A　　(CP) —
홈 페 이 지 : www.hygood.co.kr
본　　사 : 서울시 영등포구 국제금융로 6길 7 (여의도동)

시　　장 : 거래소
기업규모 : 시가총액 소형주
연 락 처 : 02)3770-5000

설 립 일	1956.03.27	종 업 원 수	216명	대 표 이 사	정해영
상 장 일	1988.03.04	감 사 의 견	적정 (신한)	계　　열	
결 산 기	12월	보 통 주	1,273만주	종속회사수	
액 면 가	5,000원	우 선 주	53만주	구 상 호	

주주구성 (지분율,%)		출자관계 (지분율,%)		주요경쟁사 (외형,%)	
한양학원	16.3	액시스글로벌로쓰신기술조합	6.4	한양증권	100
백남관광	10.9	망포개발	5.0	부국증권	208
(외국인)	4.7	한국거래소	2.9	유화증권	32

수익구성		비용구성		수출비중	
금융상품 관련이익	79.4	이자비용	4.1	수출	—
수수료수익	10.6	파생상품손실	0.0	내수	—
이자수익	8.5	판관비	23.8		

회사 개요
동사는 1956년 설립된 중소형 증권사로 1988년 유가증권시장에 상장됨. 최대주주는 지분율 16.3%의 한양학원이며, 그밖에 한양재단 소속의 백남관광, 한양학원 이사장 등이 주요 주주로 구성되어 있음. 서울 등 수도권에 8개의 지점을 통해 영업 중이며, 시장 점유율은 낮으나 일정 수준의 수수료 수익을 유지하고 있음. 파생상품거래및평가이익이 전체 매출의 50% 이상을 차지하고 있으며, 그밖에 금융상품평가이익, 수수료수익 순으로 구성됨.

실적 분석
동사 2017년 2분기 세전이익은 47억원으로 전년동기대비 감소하였고, 세후 이익은 36억원을 기록하였음. 영업이익은 42억원으로 전년동기대비 감소함. 영업수익은 전년동기대비 감소하여 862억원을 기록함. 동사는 파생상품 관련 수수료 수익 의존도가 높은 상황으로 IB를 비롯한 신규 성장동력 마련이 시급한 상황인 것으로 판단됨. 현 시점에서 단기간 수익성 회복은 쉽지 않을 것으로 보임.

현금 흐름　　＊IFRS 별도 기준　　〈단위 : 억원〉
항목	2016	2017.2Q
영업활동	288	95
투자활동	-67	-14
재무활동	-224	-77
순현금흐름	-2	4
기말현금	32	36

시장 대비 수익률

결산 실적　　〈단위 : 억원〉
항목	2012	2013	2014	2015	2016	2017
순영업손익	500	489	411	560	514	—
영업이익	67	63	83	116	89	—
당기순이익	50	46	63	77	69	—

분기 실적　　＊IFRS 별도 기준　　〈단위 : 억원〉
항목	2016.1Q	2016.2Q	2016.3Q	2016.4Q	2017.1Q	2017.2Q
순영업손익	135	134	142	104	117	12
영업이익	33	24	28	4	17	2
당기순이익	28	18	24	-1	15	2

재무 상태　　＊IFRS 별도 기준　　〈단위 : 억원〉
항목	2012	2013	2014	2015	2016	2017.2Q
총자산	5,709	5,149	6,624	9,635	11,077	25,22.
유형자산	171	168	163	158	156	15.
무형자산	45	17	17	19	19	1.
유가증권	2,315	2,707	4,040	5,989	7,953	11,28.
총부채	3,079	2,589	4,027	7,009	8,395	22,56.
총차입금	162	1,354	2,124	4,071	3,850	7,59.
자본금	663	663	663	663	663	66.
총자본	2,630	2,561	2,598	2,626	2,683	2,66.
지배주주지분	2,630	2,561	2,598	2,626	2,683	2,66.

기업가치 지표　　＊IFRS 별도 기준
항목	2012	2013	2014	2015	2016	2017.2Q
주가(최고/저)(천원)	5.8/5.2	5.9/5.3	6.9/5.8	9.5/6.1	7.5/6.3	—/—
PER(최고/저)(배)	18.4/16.6	19.6/17.4	16.0/13.6	18.3/11.7	15.0/12.6	—/—
PBR(최고/저)(배)	0.4/0.3	0.4/0.3	0.4/0.3	0.5/0.3	0.4/0.3	0.4/0.
PSR(최고/저)(배)	2/2	2/2	2/2	3/2	2/2	—/—
EPS(원)	377	349	473	578	523	27.
BPS(원)	19,881	19,360	19,640	19,855	20,280	20,172
CFPS(원)	439	424	531	643	583	30.
DPS(원)	250	250	350	400	350	—
EBITDAPS(원)	503	476	628	877	669	32.

재무 비율　　〈단위 : % 〉
연도	계속사업이익률	순이익률	부채비율	차입금비율	ROA	ROE	유보율	자기자본비율	총자산증가율
2016	17.6	13.5	312.9	143.5	0.7	2.6	305.6	24.2	15.0
2015	18.1	13.7	266.9	155.0	0.9	2.9	297.1	27.3	87.1
2014	20.2	15.3	155.0	81.8	1.1	2.4	292.8	39.2	28.7
2013	12.4	9.5	101.1	52.9	0.8	1.8	287.2	49.7	-9.8

한온시스템 (A018880)
Hanon Systems

업 종 : 자동차부품		시 장 : 거래소	
신용등급 : (Bond) AA (CP) —		기업규모 : 시가총액 대형주	
홈 페 이 지 : www.hanonsystems.com		연 락 처 : 042)930-6114	
본 사 : 대전시 대덕구 신일서로 95 (신일동)			

설 립 일 1986.03.11	종업원수 2,184명	대 표 이 사 이인영(대표집행임원)	
상 장 일 1996.06.30	감사의견 적정 (삼일)	계 열	
결 산 기 12월	보 통 주 53,380만주	종속회사수 31개사	
액 면 가 100원	우 선 주	구 상 호 한라비스테온공조	

주주구성 (지분율,%)		출자관계 (지분율,%)		주요경쟁사 (외형,%)	
한앤코오토홀딩스1유한회사	50.5	HASI(구VASI)	100.0	한온시스템	100
한국타이어	19.5	HanonNetherlands	100.0	현대모비스	671
(외국인)	19.2	HanonThailand	100.0	현대위아	133

매출구성		비용구성		수출비중	
아시아	72.3	매출원가율	84.2	수출	—
유럽	43.8	판관비율	8.4	내수	—
미주	18.4				

회사 개요
동사는 1986년 자동차용 부품, 시스템, 전자전기 기계기구용 및 기타 산업용 부품, 시스템 제조, 판매, 공급을 목적으로 설립됨. 1996년 유가증권 시장에 상장됨. OEM 납품을 주로 하는 자동차 열 관리 시스템 단일품목 제조회사로서 대전공장, 평택공장, 울산공장 등 국내에 총 3개 공장이 가동됨. 중국, 북미, 유럽, 남아시아 등에도 진출해 있음. 자동차용 공조제품 시장에서 48%의 점유율을 확보하며 1위 업체의 위상을 공고히 함.

실적 분석
동사의 2017년 2분기기준 누적 매출액은 전년동기대비 -3.3% 하락한 28,222.8억원을 기록하였음. 비용면에서 매출원가는 감소 하였으나 인건비도 감소, 기타판매비와관리비도 마찬가지로 감소함. 매출액은 하락하였으나 매출원가의 절감이 커 그에 따라 매출액 하락 등에 의해 전년동기대비 영업이익은 2,298.7억원으로 15% 상승하였음. 최종적으로 전년동기대비 당기순이익은 상승하여 1,435.2억원을 기록함.

현금 흐름 〈단위 : 억원〉

항목	2016	2017.2Q
영업활동	3,892	2,383
투자활동	-4,519	-1,331
재무활동	483	354
순현금흐름	-220	1,360
기말현금	4,252	5,611

시장 대비 수익률

결산 실적 〈단위 : 억원〉

항목	2012	2013	2014	2015	2016	2017
매출액	36,531	51,894	54,549	55,581	57,037	—
영업이익	3,096	3,635	3,703	3,596	4,225	—
당기순이익	2,451	3,121	2,904	2,434	3,038	—

분기 실적 〈단위 : 억원〉

항목	2016.1Q	2016.2Q	2016.3Q	2016.4Q	2017.1Q	2017.2Q
매출액	14,281	14,908	12,831	15,017	14,490	13,733
영업이익	1,048	950	1,067	1,160	1,272	1,027
당기순이익	723	639	736	939	742	693

재무 상태 〈단위 : 억원〉

항목	2012	2013	2014	2015	2016	2017.2Q
총자산	22,362	29,539	32,400	34,594	38,597	39,522
유형자산	6,554	9,699	10,528	10,927	11,781	12,003
무형자산	1,540	1,560	1,718	2,074	3,503	3,824
유가증권	1	0		50	75	75
총부채	7,975	14,130	15,700	16,599	19,748	19,722
총차입금	837	3,130	4,176	4,105	6,768	7,722
자본금	534	534	534	534	534	534
총자본	14,387	15,409	16,700	17,994	18,849	19,800
지배주주지분	13,966	14,941	16,185	17,447	18,218	19,266

기업가치 지표

항목	2012	2013	2014	2015	2016	2017.2Q
주가(최고/저)(천원)	5.0/3.4	7.8/3.9	10.4/6.6	10.1/6.3	13.0/8.7	—/—
PER(최고/저)(배)	12.8/8.7	15.3/7.7	21.3/13.6	24.3/15.3	24.4/15.6	3.2/2.3
PBR(최고/저)(배)	2.1/1.4	3.0/1.5	3.6/2.3	3.2/2.0	3.9/2.6	3.2/2.3
EV/EBITDA(배)	5.3	7.9	9.8	10.4	9.5	—
EPS(원)	434	555	516	432	547	260
BPS(원)	13,082	13,995	15,160	16,342	3,424	3,609
CFPS(원)	3,223	4,293	4,129	3,788	896	443
DPS(원)	716	970	970	194	225	614
EBITDAPS(원)	3,953	4,922	5,018	4,997	1,140	

재무 비율 〈단위 : % 〉

연도	영업이익률	순이익률	부채비율	차입금비율	ROA	ROE	유보율	자기자본비율	EBITDA마진율
2016	7.4	5.3	104.8	35.9	8.3	16.4	3,323.7	48.8	10.7
2015	6.5	4.4	92.3	22.8	7.3	13.7	3,168.5	52.0	9.6
2014	6.8	5.3	94.0	25.0	9.4	17.7	2,932.1	51.5	9.9
2013	7.0	6.0	91.7	20.3	12.0	20.5	2,699.0	52.2	10.1

한올바이오파마 (A009420)
Hanall Biopharma

업 종 : 제약		시 장 : 거래소	
신용등급 : (Bond) — (CP) —		기업규모 : 시가총액 중형주	
홈 페 이 지 : www.hanall.co.kr		연 락 처 : 042)932-5997	
본 사 : 대전시 대덕구 상서당1길 43 (상서동)			

설 립 일 1973.11.20	종업원수 318명	대 표 이 사 박승국,윤재춘(공동대이사)	
상 장 일 1989.12.18	감사의견 적정 (삼정)	계 열	
결 산 기 12월	보 통 주 5,224만주	종속회사수 1개사	
액 면 가 500원	우 선 주	구 상 호	

주주구성 (지분율,%)		출자관계 (지분율,%)		주요경쟁사 (외형,%)	
대웅제약	29.7	ImmunoMET	14.3	한올바이오파마	100
김성욱	7.4	휴마시스	1.7	동아쏘시오홀딩스	876
(외국인)	2.3	HPI,INC.	100.0	JW중외제약	564

매출구성		비용구성		수출비중	
기 타(제품)	51.6	매출원가율	53.5	수출	1.0
토피로판주 외	15.4	판관비율	46.1	내수	99.0
기 타(상품)	14.1				

회사 개요
동사는 1973년 11월 항생제 등 의약품의 제조, 판매 등을 주 영업목적으로 설립되었으며, 1989년 12월 유가증권시장에 상장됨. 2015년 7월 대웅제약 계열사에 편입됨. 자회사 HPI, Inc.는 동사가 개발한 신약의 해외 임상 진행 및 라이센싱 아웃 업무를 수행하는 미국 현지법인임. 주요 제품은 내분비계 치료제 글루코다운OR정으로 2017년 상반기 매출 비중은 9.4%임. 주요 상품은 항생제 노르믹스정으로 매출 비중은 11.1%임.

실적 분석
동사의 2017년 2분기 연결기준 누적 매출액은 전년 동기 대비 2.6% 감소한 397.2억원을 나타냄. 의약품 상품 판매는 소폭 증가하였으나 탈모치료제인 헤어그로정과 수액제인 모리헤파민주 등 의약품 제품의 판매가 감소하였기 때문임. 경상개발비가 35.5% 증가하여 판관비는 전년 동기 대비 5.8% 증가함. 그 결과 영업이익은 적자 전환되었음. 영업적자로 인해 당기순이익도 0.8억원으로 큰 폭 감소함.

현금 흐름 〈단위 : 억원〉

항목	2016	2017.2Q
영업활동	40	44
투자활동	-108	-29
재무활동	71	3
순현금흐름	2	18
기말현금	95	113

시장 대비 수익률

결산 실적 〈단위 : 억원〉

항목	2012	2013	2014	2015	2016	2017
매출액	760	742	809	800	829	—
영업이익	-31	-130	8	-43	20	—
당기순이익	-29	-215	-127	-71	20	—

분기 실적 〈단위 : 억원〉

항목	2016.1Q	2016.2Q	2016.3Q	2016.4Q	2017.1Q	2017.2Q
매출액	216	206	208	199	191	206
영업이익	17	6	-11	9	-9	3
당기순이익	17	13	-5	-4	-4	5

재무 상태 〈단위 : 억원〉

항목	2012	2013	2014	2015	2016	2017.2Q
총자산	1,252	979	872	1,171	1,247	1,243
유형자산	105	122	119	122	138	134
무형자산	236	209	90	97	117	118
유가증권	20	7	12	6	92	112
총부채	465	382	414	219	204	195
총차입금	267	173	202			
자본금	206	209	209	258	261	261
총자본	787	596	458	952	1,044	1,047
지배주주지분	787	596	458	952	1,044	1,047

기업가치 지표

항목	2012	2013	2014	2015	2016	2017.2Q
주가(최고/저)(천원)	10.5/6.4	10.0/4.0	4.7/3.6	16.4/3.7	26.7/10.6	—/—
PER(최고/저)(배)	—/—	—/—	—/—	—/—	686.2/271.2	—/—
PBR(최고/저)(배)	5.4/3.3	6.6/2.6	3.9/3.0	8.5/1.9	12.9/5.1	7.3/5.5
EV/EBITDA(배)			54.3		250.8	
EPS(원)	-77	-516	-303	-154	39	2
BPS(원)	1,936	1,519	1,216	1,941	2,070	2,073
CFPS(원)	-32	-469	-249	-104	82	23
DPS(원)						
EBITDAPS(원)	-36	-265	74	-43	48	10

재무 비율 〈단위 : % 〉

연도	영업이익률	순이익률	부채비율	차입금비율	ROA	ROE	유보율	자기자본비율	EBITDA마진율
2016	0.3	2.4	19.5	0.0	1.7	2.0	314.1	83.7	3.0
2015	-5.4	-8.8	23.0	0.0	-6.9	-10.0	288.2	81.3	-2.5
2014	1.0	-15.7	90.3	44.1	-13.7	-24.0	143.1	52.6	3.8
2013	-17.5	-29.0	64.1	29.0	-19.3	-31.1	203.8	60.9	-14.9

한익스프레스 (A014130)
HanExpress

업 종 : 육상운수		시 장 : 거래소	
신용등급 : (Bond) — (CP) —		기업규모 : 시가총액 소형주	
홈페이지 : www.hanex.co.kr		연 락 처 : 070)4398-2787	
본 사 : 경기도 화성시 양감면 초록ې 103			

설 립 일 : 1979.05.15	종업원수 338명	대표이사 이재헌	
상 장 일 : 1989.07.25	감사의견 적정 (대명)	계 열	
결 산 기 : 12월	보통주 120만주	종속회사수 2개사	
액 면 가 : 5,000원	우선주	구 상 호	

주주구성 (지분율,%)
김영혜	25.8
이석환	25.6
(외국인)	3.3

출자관계 (지분율,%)
이앤알네트워크	33.3
한국교통자산운용	7.5
제주브루어리	4.6

주요경쟁사 (외형,%)
한익스프레스	100
현대글로비스	3,278
CJ대한통운	1,300

매출구성
국내운송	48.8
유통물류	36.7
국제물류	14.3

비용구성
매출원가율	96.7
판관비율	1.4

수출비중
수출	0.0
내수	100.0

회사 개요
1979년 삼희통운이란 이름으로 설립돼 1997년 한익스프레스로 상호를 변경함. 전국적 물류거점을 구축하고 육상화물운송과 국제운송주선, 3PL등을 주요한 사업으로 영위하고 있음. 특히 특수화물 운송에서는 국내 최고의 위치를 점유하고 있는 종합물류기업임. 중국과 말레이시아에 현지 법인을 두고 있음. 매출은 국내운송 46.6%, 유통물류 37.2%, 국제물류 16%, 창고보관 0.2%로 구성됨.

실적 분석
전세계적 경기불황과 내수부진의 장기화 추세가 지속되고 전반적인 수출입 물동량이 감소하였으나 동사의 2017년 2분기기준 누적 매출액은 전년동기대비 13.4% 상승한 2,542.3억원을 기록함. 그에 따라 전년동기대비 영업이익은 51억원으로 3.2% 상승하였음. 최종적으로 전년동기대비 당기순이익은 상승하여 41.2억원을 기록함. 향후 성장을 위해 신규물류부지등을 확보하고 공격적 투자전략을 세우고 있음.

현금 흐름
〈단위 : 억원〉

항목	2016	2017.2Q
영업활동	38	23
투자활동	-181	-120
재무활동	124	98
순현금흐름	-19	2
기말현금	24	26

시장 대비 수익률

결산 실적
〈단위 : 억원〉

항목	2012	2013	2014	2015	2016	2017
매출액	2,635	3,217	3,587	4,367	4,679	—
영업이익	77	85	78	110	89	—
당기순이익	53	59	184	79	54	—

분기 실적
〈단위 : 억원〉

항목	2016.1Q	2016.2Q	2016.3Q	2016.4Q	2017.1Q	2017.2Q
매출액	1,117	1,126	1,207	1,230	1,242	1,300
영업이익	29	21	36	4	26	25
당기순이익	9	21	25	-1	20	25

재무 상태
〈단위 : 억원〉

항목	2012	2013	2014	2015	2016	2017.2Q
총자산	780	854	948	1,317	1,468	1,659
유형자산	245	242	247	444	556	653
무형자산	17	17	12	12	26	26
유가증권	7	7	5	10	13	13
총부채	561	575	492	783	895	1,053
총차입금	194	240	120	303	436	542
자본금	60	60	60	60	60	60
총자본	219	279	456	534	573	605
지배주주지분	219	279	456	532	572	604

기업가치 지표

항목	2012	2013	2014	2015	2016	2017.2Q
주가(최고/저)(천원)	25.0/15.2	25.4/17.0	48.5/21.6	137/37.9	143/71.8	—/—
PER(최고/저)(배)	5.9/3.6	5.3/3.6	3.3/1.5	21.0/5.8	31.6/15.9	—/—
PBR(최고/저)(배)	1.4/0.9	1.1/0.8	1.3/0.6	3.1/0.9	3.0/1.5	1.5/1.1
EV/EBITDA(배)	4.2	4.3	5.4	-12.8	11.3	—/—
EPS(원)	4,391	4,925	15,292	6,631	4,568	3,413
BPS(원)	18,271	23,213	37,997	44,322	47,638	50,302
CFPS(원)	6,142	6,849	17,308	8,600	6,830	4,646
DPS(원)			500	700	700	
EBITDAPS(원)	8,170	8,972	8,533	11,107	9,698	5,486

재무 비율
〈단위 : % 〉

연도	영업이익률	순이익률	부채비율	차입금비율	ROA	ROE	유보율	자기자본비율	EBITDA마진율
2016	1.9	1.2	156.3	76.1	3.9	9.9	852.8	39.0	2.5
2015	2.5	1.8	146.7	56.8	9.9	16.1	786.4	40.5	3.1
2014	2.2	5.1	108.0	26.2	20.4	50.0	660.0	48.1	2.9
2013	2.6	1.8	206.5	86.1	7.2	23.7	364.3	32.6	3.4

한일네트웍스 (A046110)
HANIL NETWORKS

업 종 : IT 서비스		시 장 : KOSDAQ	
신용등급 : (Bond) — (CP) —		기업규모 : 중견	
홈페이지 : www.hanilnetworks.com		연 락 처 : 02)3466-9100	
본 사 : 서울시 강남구 강남대로 330 우덕빌딩 13층			

설 립 일 : 1998.08.26	종업원수 158명	대표이사 박지훈	
상 장 일 : 2006.01.20	감사의견 적정 (안진)	계 열	
결 산 기 : 12월	보통주 1,195만주	종속회사수 2개사	
액 면 가 : 500원	우선주	구 상 호 오늘과내일	

주주구성 (지분율,%)
한일시멘트	45.2
한국증권금융	4.4
(외국인)	2.3

출자관계 (지분율,%)
한일건재	100.0
에프앤센터	100.0
충원	24.0

주요경쟁사 (외형,%)
한일네트웍스	100
쌍용정보통신	179
케이엘넷	29

매출구성
서버 보안장비	59.5
CC서비스, ERP서비스	40.5

비용구성
매출원가율	92.2
판관비율	4.3

수출비중
수출	0.0
내수	100.0

회사 개요
동사는 한일시멘트그룹의 계열사로서 1998년 설립된 후, 애플리케이션 등을 임대하여 수익을 창출하는 ASP(Application Service Providing)와 IT장비유통사업을 영위하고 있음. ASP부문의 주요사업인 DSC사업의 경우 금융기관, 홈쇼핑업체, 제조/서비스 분야 등 50여 고객사의 서비스를 담당하고 있으며, 특히 보험분야에서는 국내에서 가장 큰 규모의 컨택센터 서비스를 제공하고 있음.

실적 분석
동사의 2017년 연결기준 상반기 매출액은 811.4억원으로 전년 동기 대비 61.5% 증가함. 매출이 늘면서 매출원가와 판관비도 늘었지만 고정비용 감소로 영업이익은 전년 동기 대비 174.1% 증가한 54.5억원을 시현함. 관계기업의 중원의 지분법이익이 늘어 비영업이익도 큰 폭 늘면서 당기순이익은 52.9억원으로 전년 동기 대비 큰 폭 늘어남. '융복합형 IT 비즈니스 모델'을 개발하면서 매출 확대를 꾀함.

현금 흐름
〈단위 : 억원〉

항목	2016	2017.2Q
영업활동	9	-1
투자활동	-71	-29
재무활동	96	12
순현금흐름	34	-19
기말현금	82	63

시장 대비 수익률

결산 실적
〈단위 : 억원〉

항목	2012	2013	2014	2015	2016	2017
매출액	885	858	881	897	1,224	—
영업이익	25	10	-39	25	43	—
당기순이익	20	13	-0	23	44	—

분기 실적
〈단위 : 억원〉

항목	2016.1Q	2016.2Q	2016.3Q	2016.4Q	2017.1Q	2017.2Q
매출액	235	268	317	405	365	447
영업이익	9	11	12	11	23	31
당기순이익	19	4	14	8	23	30

재무 상태
〈단위 : 억원〉

항목	2012	2013	2014	2015	2016	2017.2Q
총자산	438	504	520	482	740	812
유형자산	93	98	81	78	85	116
무형자산	3	6	12	5	18	18
유가증권	15	19	28	64	27	11
총부채	147	188	202	159	319	326
총차입금	24	30	5	70	81
자본금	56	60	60	60	60	60
총자본	291	317	319	323	421	486
지배주주지분	291	317	319	322	421	486

기업가치 지표

항목	2012	2013	2014	2015	2016	2017.2Q
주가(최고/저)(천원)	5.5/1.8	3.2/1.8	2.9/1.7	3.8/1.9	5.3/2.7	—/—
PER(최고/저)(배)	26.9/9.0	30.2/17.1	—/—	20.2/10.0	14.4/7.4	—/—
PBR(최고/저)(배)	2.0/0.7	1.1/0.6	1.0/0.6	1.3/0.6	1.5/0.8	1.3/1.1
EV/EBITDA(배)	3.1	3.8		5.4	7.1	—/—
EPS(원)	203	105	-3	190	371	442
BPS(원)	2,785	2,815	2,832	2,999	3,581	4,127
CFPS(원)	471	429		506	723	642
DPS(원)			315			
EBITDAPS(원)	493	406	-5	523	708	656

재무 비율
〈단위 : % 〉

연도	영업이익률	순이익률	부채비율	차입금비율	ROA	ROE	유보율	자기자본비율	EBITDA마진율
2016	3.5	3.6	75.9	16.6	7.3	11.9	616.3	56.9	6.9
2015	2.8	2.5	49.3	1.6	4.5	7.1	499.3	67.0	6.3
2014	-4.4	0.0	63.3	9.4	-0.1	-0.1	466.4	61.3	-0.1
2013	1.1	1.5	59.3	1.5	2.7	4.1	463.1	62.8	5.7

한일단조공업 (A024740)
Hanil Forging Industrial

종　　　목 : 자동차부품		시　　　장 : KOSDAQ	
용 등 급 : (Bond) — 　(CP) —		기업규모 : 중견	
페 이 지 : www.hifg.co.kr		연 락 처 : 055)282-3201	
사 : 경남 창원시 성산구 성주로 97번길 42			

설 립 일 1966.05.16	종 업 원 수 214명	대 표 이 사 권병호	
상 장 일 1996.11.29	감 사 의 견 적정 (한영)	계 열	
결 산 기 12월	보 통 주 1,671만주	종 속 회 사 수 1개사	
액 면 가 500원	우 선 주	구 상 호	

주주구성 (지분율,%)		출자관계 (지분율,%)		주요경쟁사 (외형,%)	
홍진산업	31.4	HANILFORGING (THAILAND)Co.,Ltd	85.6	한일단조	100
홍준석	9.9			팬스타엔터프라이즈	23
(외국인)	0.2			두올산업	32

매출구성		비용구성		수출비중	
LE SHAFT,SPINDLE류,HYPOID GEAR류등(제품)	59.3	매출원가율	88.7	수출	45.0
방산품(제품)	26.6	판관비율	7.2	내수	55.0
원재료(상품)	8.2				

회사 개요
첨단 정밀 자동차 부품인 Axle Shaft 및 Spindle류를 국내외에 공급하고 있으며, 방산산업분야의 유도탄 탄체, 탄두 및 중장비 부품, 조선·항공산업 부품 등을 생산하고 있음. 태국현지법인의 본격적인 매출 실현과 독자적인 생산 시스템을 통해 적극적인 마케팅 정책을 펼치고 있음. 국내 최초로 Radial Forging 설비를 도입하여 중대형 사이즈의 제품으로 전방산업 진출을 추진 중임

실적 분석
탄체 등 방산품의 수주는 증가하였으나, 국내 완성차업계의 판매 부진으로 인해 AXLE SHAFT류 등 동사의 부품공급도 줄어들어 2017년 2/4분기 누적 매출액은 전년동기 대비 2.9% 감소함. 판관비 증가에도 불구하고 제품의 공급단가 하락으로 원가율이 개선되어 영업이익은 0.7% 증가했음. 그러나 비영업부문에서 12.9억원의 손실을 시현함에 따라 이익폭이 축소되어 전년동기 대비 52.9% 감소한 6.4억원의 당기순이익을 시현하는데 그침.

금 흐름 〈단위 : 억원〉

항목	2016	2017.2Q
영업활동	140	-53
투자활동	-68	-78
재무활동	-82	139
순현금흐름	-7	9
기말현금	85	94

시장 대비 수익률

산 실적 〈단위 : 억원〉

항목	2012	2013	2014	2015	2016	2017
매출액	1,401	1,392	1,431	1,515	1,208	—
영업이익	28	46	44	64	50	—
당기순이익	-24	-41	-4	181	32	—

기 실적 〈단위 : 억원〉

항목	2016.1Q	2016.2Q	2016.3Q	2016.4Q	2017.1Q	2017.2Q
매출액	297	334	339	239	290	323
영업이익	3	14	15	16	8	10
당기순이익	1	13	-5	24	-4	10

무 상태 〈단위 : 억원〉

항목	2012	2013	2014	2015	2016	2017.2Q
총자산	2,109	2,029	2,068	2,037	2,012	2,193
유형자산	1,138	1,108	1,197	1,212	1,237	1,257
무형자산	16	16	16	19	17	18
유가증권	4	0	0	1	0	0
총부채	1,271	1,232	1,274	1,229	1,137	1,309
총차입금	1,032	959	1,037	991	922	1,065
자본금	66	66	66	66	74	76
총자본	837	797	794	807	875	884
지배주주지분	834	793	790	805	859	866

업가치 지표

항목	2012	2013	2014	2015	2016	2017.2Q
가(최고/저)(천원)	4.3/2.5	2.9/1.9	2.5/1.9	3.3/2.1	4.0/2.6	—/—
ER(최고/저)(배)	—/—	—/—	—/—	18.8/12.2	19.6/12.6	—/—
BR(최고/저)(배)	0.7/0.4	0.5/0.3	0.4/0.3	0.6/0.4	0.7/0.5	0.6/0.5
EV/EBITDA(배)	15.3	10.9	12.1	10.6	11.3	—/—
EPS(원)	-163	-278	-23	181	210	28
BPS(원)	6,374	6,059	6,038	6,156	5,850	5,711
CFPS(원)	264	170	426	657	659	246
DPS(원)	30	—	50	100	50	—
EBITDAPS(원)	641	798	780	963	793	337

무 비율 〈단위 : % 〉

연도	영업이익률	순이익률	부채비율	차입금비율	ROA	ROE	유보율	자기자본비율	EBITDA마진율
2016	4.1	2.7	129.5	105.3	1.6	3.6	1,069.9	43.5	9.5
2015	4.2	1.5	152.3	122.8	1.1	3.0	1,131.1	39.6	8.4
2014	3.0	-0.3	160.5	130.6	-0.2	-0.4	1,107.5	38.4	7.2
2013	3.3	-2.9	154.5	120.7	-2.0	-4.5	1,111.9	39.3	7.5

한일사료 (A005860)
HanilFeed

업　　　종 : 식료품		시　　　장 : KOSDAQ	
신용등급 : (Bond) — 　(CP) —		기업규모 : 중견	
홈 페 이 지 : www.hanilfeed.com		연 락 처 : 031)280-4025	
본 　　　사 : 경기도 용인시 기흥구 하갈로 127			

설 립 일 1968.11.26	종 업 원 수 79명	대 표 이 사 차상협	
상 장 일 1994.11.07	감 사 의 견 적정 (현대)	계 열	
결 산 기 12월	보 통 주 3,940만주	종 속 회 사 수 10개사	
액 면 가 500원	우 선 주	구 상 호	

주주구성 (지분율,%)		출자관계 (지분율,%)		주요경쟁사 (외형,%)	
차상협	13.9	케이미트	100.0	한일사료	100
최한순	13.2	한일에프에스	100.0	하림	266
(외국인)	0.8	에이티엔씨	23.9	동우팜투테이블	76

매출구성		비용구성		수출비중	
수입육외	67.4	매출원가율	89.1	수출	0.0
축우사료	23.2	판관비율	8.7	내수	100.0
양계사료	8.4				

회사 개요
동사는 1968년 설립되어 배합사료 생산, 공급을 주영업목적으로 함. 종속회사로 케이미트, 산동한일사료유유회공사등이 있으며, 연결회사의 주요사업부문은 사료부문과 정육유통부문으로 2015년 기준 전체 매출액의 약 99% 이상을 차지함. 동사의 주요 사업인 배합사료 시장의 경우 영위하는 업체가 40여개에 이를 정도로 경쟁이 심화되어 있으나 축산물 소비의 증가가 예상됨에 따라 사료산업 역시 완만한 성장이 가능할 것으로 전망되고 있음.

실적 분석
동사의 2017년 상반기 연결기준 누적 매출액은 1,488.6억원으로 전년 동기 대비 5.3% 감소함. 매출이 감소하면서 매출원가도 줄었지만 매출 감소효과가 커서 영업손실은 2.9억원으로 전년 동기 대비 적자전환함. 비영업손익 부문에서 외환손익이 크게 증가하면서 큰 폭의 흑자전환을 기록해 당기순이익은 전년 동기 대비 무려 93% 증가한 19.2억원을 시현함.

현금 흐름 〈단위 : 억원〉

항목	2016	2017.2Q
영업활동	244	82
투자활동	-46	-70
재무활동	-78	-148
순현금흐름	119	-136
기말현금	255	119

시장 대비 수익률

결산 실적 〈단위 : 억원〉

항목	2012	2013	2014	2015	2016	2017
매출액	2,414	2,463	2,374	2,779	3,100	—
영업이익	22	25	64	-96	66	—
당기순이익	44	10	40	-43	22	—

분기 실적 〈단위 : 억원〉

항목	2016.1Q	2016.2Q	2016.3Q	2016.4Q	2017.1Q	2017.2Q
매출액	799	772	770	759	779	710
영업이익	5	16	25	21	-19	16
당기순이익	5	5	43	-31	17	2

재무 상태 〈단위 : 억원〉

항목	2012	2013	2014	2015	2016	2017.2Q
총자산	1,486	1,427	1,549	1,828	1,882	1,722
유형자산	637	624	617	595	598	596
무형자산	6	6	6	5	4	9
유가증권	3	5	14	10	76	151
총부채	942	881	973	1,314	1,237	1,068
총차입금	743	691	755	1,085	992	854
자본금	160	160	160	160	197	197
총자본	543	546	576	514	645	654
지배주주지분	543	546	576	514	645	654

기업가치 지표

항목	2012	2013	2014	2015	2016	2017.2Q
주가(최고/저)(천원)	1.6/1.0	1.4/1.0	1.8/1.1	2.3/1.0	3.6/1.5	—/—
PER(최고/저)(배)	13.2/8.0	51.9/38.0	15.3/9.7	—/—	56.1/24.1	—/—
PBR(최고/저)(배)	1.1/0.6	0.9/0.7	1.1/0.7	1.6/0.7	2.2/1.0	1.7/1.2
EV/EBITDA(배)	18.8	19.0	11.5	—	19.6	—
EPS(원)	128	28	119	-126	65	49
BPS(원)	1,702	1,711	1,805	1,610	1,637	1,661
CFPS(원)	221	106	192	-72	123	75
DPS(원)	25	25	25	25	25	—
EBITDAPS(원)	155	153	267	-239	251	19

재무 비율 〈단위 : % 〉

연도	영업이익률	순이익률	부채비율	차입금비율	ROA	ROE	유보율	자기자본비율	EBITDA마진율
2016	2.1	0.7	191.8	153.8	1.2	3.8	227.5	34.3	2.8
2015	-3.5	-1.6	255.5	211.1	-2.5	-7.8	222.1	28.1	-2.7
2014	2.7	1.7	168.8	130.9	2.7	7.2	261.0	37.2	3.6
2013	1.0	0.4	161.3	126.5	0.7	1.8	242.1	38.3	2.0

한일시멘트 (A003300)
Hanil Cement

업 종 : 건축소재		시 장 : 거래소	
신용등급 : (Bond) A+ (CP) —		기업규모 : 시가총액 중형주	
홈 페 이 지 : www.hanil.com		연 락 처 : 02)531-7000	
본 사 : 서울시 강남구 강남대로 330 우덕빌딩			

설 립 일 1961.12.28	종업원수 610명	대표이사 허기호회장,곽의영사장(각각대표)	
상 장 일 1969.11.20	감사의견 적정(삼일)	계 열	
결 산 기 12월	보통주 755만주	종속회사수 7개사	
액 면 가 5,000원	우선주	구 상 호	

주주구성 (지분율,%)		출자관계 (지분율,%)		주요경쟁사 (외형,%)	
허기호	10.1	한일산업	98.5	한일시멘트	100
국민연금공단	7.2	AmassStarV.C.corp	98.4	쌍용양회	143
(외국인)	11.4	서울랜드	85.7	동양	31

매출구성		비용구성		수출비중	
레미콘	31.0	매출원가율	83.2	수출	0.0
시멘트	30.4	판관비율	9.7	내수	100.0
레미탈	20.1				

회사 개요
동사는 시멘트 및 그 2차 제품의 제조, 판매를 주요사업으로 영위 중임. 동사와 그 종속회사의 사업구성은 크게 시멘트 사업부문과 시멘트를 주원료로 2차제품을 생산하는 레미콘/레미탈 사업부문, 기타사업부문 등 4개 사업부문으로 구성되어 있음. 계열사 중 한일산업㈜는 레미콘·혼화제 생산판매업을, ㈜서울랜드는 과천시 서울랜드를 운영하고 있음. 동사는 국내외 총 22개 계열사를 보유하고 있으며 이중 상장된 회사는 현대시멘트㈜, 한일네트웍스㈜ 총 2개사임.

실적 분석
건설 투자 및 건설 수주 실적 증가, 정부의 SOC 예산 확대 등의 영향으로 동사의 연결기준 2017년 2분기 누적 매출액은 전년동기 대비 8.8% 증가한 7,287.3억원을 기록함. 판관비가 24% 증가하였음에도 영업이익은 48.1% 증가한 545.5억원을 기록, 대폭 증가하였음. 외환손실이 지속된 것 이외에는 비영업부문 이익도 증가하여 최종적으로 당기순이익은 29.5% 증가한 502.6억원을 기록하였음.

현금 흐름 〈단위 : 억원〉
항목	2016	2017.2Q
영업활동	405	122
투자활동	446	-2,780
재무활동	-573	1,647
순현금흐름	283	-1,009
기말현금	3,476	2,467

시장 대비 수익률

결산 실적 〈단위 : 억원〉
항목	2012	2013	2014	2015	2016	2017
매출액	11,327	12,676	13,213	13,773	14,412	—
영업이익	759	1,395	1,271	1,206	1,016	—
당기순이익	-706	831	952	649	838	—

분기 실적 〈단위 : 억원〉
항목	2016.1Q	2016.2Q	2016.3Q	2016.4Q	2017.1Q	2017.2Q
매출액	2,872	3,826	3,746	3,967	3,183	4,104
영업이익	-4	372	294	353	18	527
당기순이익	100	288	-182	632	56	446

재무 상태 〈단위 : 억원〉
항목	2012	2013	2014	2015	2016	2017.2Q
총자산	21,429	21,434	21,224	21,507	21,585	23,465
유형자산	11,116	10,799	10,751	9,879	8,918	8,917
무형자산	468	455	417	404	937	767
유가증권	1,808	1,585	1,931	2,432	1,584	4,638
총부채	8,717	8,148	6,820	6,820	6,304	7,699
총차입금	5,983	5,120	3,254	2,449	2,039	3,847
자본금	377	377	377	377	377	377
총자본	12,712	13,287	14,403	14,687	15,280	15,765
지배주주지분	12,187	12,812	13,862	14,328	14,845	15,288

기업가치 지표
항목	2012	2013	2014	2015	2016	2017.2Q
주가(최고/저)(천원)	48.2/26.1	84.5/43.9	149/81.7	182/96.1	117/69.6	—/—
PER(최고/저)(배)	—/—	8.5/4.4	12.8/7.1	24.6/13.0	11.2/6.6	—/—
PBR(최고/저)(배)	0.3/0.2	0.5/0.3	0.8/0.5	1.0/0.5	0.6/0.4	0.6/0.4
EV/EBITDA(배)	7.0	5.2	7.3	3.9	2.3	—
EPS(원)	-9,384	10,600	12,124	7,633	10,713	6,268
BPS(원)	165,311	174,628	188,850	195,021	201,876	207,746
CFPS(원)	-3,695	16,681	18,489	14,258	17,624	6,268
DPS(원)	1,000	1,400	1,500	1,500	1,600	—
EBITDAPS(원)	15,749	24,570	23,209	22,612	20,375	7,229

재무 비율 〈단위 : % 〉
연도	영업이익률	순이익률	부채비율	차입금비율	ROA	ROE	유보율	자기자본비율	EBITDA마진율
2016	7.1	5.8	41.3	13.3	3.9	5.5	3,937.5	70.8	10.7
2015	8.8	4.7	46.4	16.7	3.0	4.1	3,800.4	68.3	12.4
2014	9.6	7.2	47.4	22.6	4.5	6.9	3,677.0	67.9	13.3
2013	11.0	6.6	61.3	38.5	3.9	6.4	3,392.6	62.0	14.6

한일진공 (A123840)
HANIL VACUUM CO

업 종 : 휴대폰 및 관련부품		시 장 : KOSDAQ	
신용등급 : (Bond) — (CP) —		기업규모 : 벤처	
홈 페 이 지 : www.vacuum-coater.com		연 락 처 : 032)821-9300	
본 사 : 인천시 남동구 남동동로 183번길 30			

설 립 일 2010.03.23	종업원수 126명	대표이사 이희신,이청균	
상 장 일 2010.10.05	감사의견 적정(이촌)	계 열	
결 산 기 12월	보통주 3,469만주	종속회사수 3개사	
액 면 가 100원	우선주	구 상 호 키움스팩1호	

주주구성 (지분율,%)		출자관계 (지분율,%)		주요경쟁사 (외형,%)	
코스인베스트먼트	24.9	한일인베스트먼트	100.0	한일진공	100
크리스탈1호사모투자조합	6.5	동관한일진공기계	100.0	제주반도체	284
(외국인)	1.6			성우전자	866

매출구성		비용구성		수출비중	
스마트폰	58.3	매출원가율	77.6	수출	74.0
기타	36.8	판관비율	27.4	내수	26.0
일반광학	4.9				

회사 개요
동사의 사업부문은 제조와 투자부문으로 구별되며, 제조부문은 진공증착장비 개발, 생산, 판매이며, 투자부문은 창업투자 및 사모 투자전문회사로 창업자에 대한 투자 및 융자 등의 사업을 영위하고 있음. 종속회사로는 동관한일진공과 2016년 1월 설립된 한일인베스트먼트가 있음. 주요 제품으로는 휴대폰 Case 및 Window 코팅용 진공증착장비, 광학(렌즈) 및 휴대폰 카메라 렌즈/안경 코팅용 진공증착장비 등이 있음

실적 분석
2017년 상반기 매출은 138억원으로 전년대비 404% 증가, 영업이익은 -8억원으로 적자 지속, 당기순이익은 269.9억원으로 흑자전환 시현. 스마트폰 시장의 성장으로 인한 장비 수요 증가와 투자부문의 한일인베스트먼트 신설에 따른 새로운 수익이 발생할 것으로 예상됨. 해외 인프라 구축과 AR/AF 코팅 사업 추진 중임. 휴대폰 시장이 듀얼 카메라 전환되면서 관련 부문 매출 증가 기대

현금 흐름 〈단위 : 억원〉
항목	2016	2017.2Q
영업활동	-8	-11
투자활동	-350	-6
재무활동	271	129
순현금흐름	-86	111
기말현금	35	146

시장 대비 수익률

결산 실적 〈단위 : 억원〉
항목	2012	2013	2014	2015	2016	2017
매출액	416	420	127	261	199	—
영업이익	92	88	-21	42	-10	—
당기순이익	72	28	-9	60	14	—

분기 실적 〈단위 : 억원〉
항목	2016.1Q	2016.2Q	2016.3Q	2016.4Q	2017.1Q	2017.2Q
매출액	37	62	57	44	67	72
영업이익	-9	3	-3	-0	-4	-4
당기순이익	-5	4	34	-20	-7	277

재무 상태 〈단위 : 억원〉
항목	2012	2013	2014	2015	2016	2017.2Q
총자산	406	596	515	595	882	1,375
유형자산	146	159	150	151	326	323
무형자산	2	4	4	3	3	3
유가증권	0	25	105	95	371	720
총부채	233	145	77	82	343	483
총차입금	108	62	29	14	270	323
자본금	3	30	31	32	32	35
총자본	173	450	439	513	539	881
지배주주지분	173	450	439	513	537	881

기업가치 지표
항목	2012	2013	2014	2015	2016	2017.2Q
주가(최고/저)(천원)	2.3/2.1	3.0/1.9	2.1/0.8	2.7/0.9	5.6/2.1	—/—
PER(최고/저)(배)	9.9/9.0	32.7/21.3	—/—	14.6/5.1	125.0/47.6	—/—
PBR(최고/저)(배)	4.1/3.7	2.1/1.3	1.5/0.6	1.7/0.6	3.3/1.3	1.4/1.1
EV/EBITDA(배)	2.5	4.5	—	12.1	3,694.0	—
EPS(원)	240	95	-28	186	45	787
BPS(원)	345,692	1,500	1,446	1,619	1,680	2,568
CFPS(원)	159,239	132	4	216	77	811
DPS(원)		20		100		—
EBITDAPS(원)	199,499	329	-35	163	1	—

재무 비율 〈단위 : % 〉
연도	영업이익률	순이익률	부채비율	차입금비율	ROA	ROE	유보율	자기자본비율	EBITDA마진율
2016	-5.0	7.0	63.6	50.2	1.9	2.7	1,579.5	61.1	—
2015	16.3	22.8	16.0	2.7	10.7	12.5	1,519.3	86.2	19
2014	-16.3	-6.9	17.5	6.7	-1.6	-2.0	1,346.2	85.1	-8
2013	20.9	6.8	32.3	13.8	5.7	9.1	1,399.6	75.6	23

한일철강 (A002220)
Hanil Iron & Steel

종 목: 금속 및 광물	시 장: 거래소
용 등 급: (Bond) — (CP) —	기 업 규 모: 시가총액 소형주
페 이 지: www.hanilsteel.co.kr	연 락 처: 02)2267-6161
주 소: 서울시 중구 퇴계로27길 28 한영빌딩 9층	

설 립 일 1957.12.05	종 업 원 수 114명	대 표 이 사 엄정헌
상 장 일 1988.10.07	감 사 의 견 적정 (이하)	계 열
결 산 기 12월	보 통 주 204만주	종속회사수
액 면 가 5,000원	우 선 주	구 상 호

주주구성 (지분율,%)		출자관계 (지분율,%)		주요경쟁사 (외형,%)	
엄정헌	14.4	한일해운	80.0	한일철강	100
엄정근	8.6	하이스틸	15.2	경남스틸	102
(외국인)	0.7	강음한일강철유한공사	60.0	부국철강	54

매출구성		비용구성		수출비중	
철판(제품)	55.4	매출원가율	86.8	수출	0.0
철판,형강(상품)	35.3	판관비율	8.0	내수	100.0
COIL, SHOT	5.2				

회사 개요

동사는 1957년에 설립된 철강 판재류 및 강관류의 제조 및 판매업사임. 철강제품 제조 및 판매업을 주된 사업으로 영위하고 있으며, 취급품목은 철판류, 형강류, 기타(Coil철단가공, Shot Blast)로 구성되어 있음. 강관제조업 및 판매업사인 하이스틸과 강음한일강철유한회사를 종속회사로 두고 있으며 2008년 한일해운의 설립을 통하여 해상운송업에도 진출하였음.

실적 분석

2016년을 기점으로 시작된 중국발 공급과잉의 해소 및 철강가격의 지속적인 상승으로 인한 2017년 2/4분기 동사의 연결기준 누적매출액은 전년동기 대비 30.0% 증가한 1,555.8억원을 시현하였음. 그러나 매출원가 및 판관비의 증가로 전년동기 대비 28.8% 감소한 62.6억원의 영업이익을 시현함. 반면 비영업부문에서는 41.7억원의 이익을 기록함. 이에 따라 전년동기 대비 16.6% 증가한 95.8억원의 당기순이익을 시현함.

현금 흐름 ⟨단위 : 억원⟩

항목	2016	2017.2Q
영업활동	116	92
투자활동	358	0
재무활동	-456	22
순현금흐름	17	111
기말현금	171	282

시장 대비 수익률

결산 실적 ⟨단위 : 억원⟩

항목	2012	2013	2014	2015	2016	2017
매출액	4,139	3,150	3,167	2,444	2,597	—
영업이익	113	23	25	-130	134	—
당기순이익	-92	17	-49	-195	84	—

분기 실적 ⟨단위 : 억원⟩

항목	2016.1Q	2016.2Q	2016.3Q	2016.4Q	2017.1Q	2017.2Q
매출액	582	615	589	811	807	749
영업이익	31	57	12	34	51	10
당기순이익	39	43	22	-21	88	7

재무 상태 ⟨단위 : 억원⟩

항목	2012	2013	2014	2015	2016	2017.2Q
총자산	5,394	5,438	5,400	5,479	5,205	5,527
유형자산	2,422	2,360	2,319	2,532	2,504	2,477
무형자산	31	31	31	20	19	19
유가증권	16	11	17	14	4	2
총부채	2,595	2,638	2,666	2,946	2,592	2,807
총차입금	1,758	1,744	1,735	2,165	1,720	1,720
자본금	102	102	102	102	102	102
총자본	2,799	2,800	2,734	2,534	2,613	2,720
지배주주지분	1,618	1,655	1,613	1,491	1,541	1,593

기업가치 지표

항목	2012	2013	2014	2015	2016	2017.2Q
주가(최고/저)(천원)	16.4/11.1	17.1/11.5	20.4/13.2	28.4/14.3	25.3/16.5	—/—
PER(최고/저)(배)	—/—	9.5/6.4	—/—	—/—	9.9/6.4	—/—
PBR(최고/저)(배)	0.2/0.2	0.2/0.2	0.3/0.2	0.4/0.2	0.3/0.2	0.4/0.3
EV/EBITDA(배)	13.9	27.2	26.2	—	12.5	—
EPS(원)	-3,724	1,892	-2,088	-5,899	2,603	2,619
BPS(원)	80,952	82,888	80,763	74,754	77,220	79,739
CFPS(원)	606	5,647	1,606	-1,431	8,057	5,156
DPS(원)	250	400	150		350	
EBITDAPS(원)	9,870	4,905	4,913	-1,912	12,003	5,605

재무 비율 ⟨단위 : % ⟩

연도	영업이익률	순이익률	부채비율	차입금비율	ROA	ROE	유보율	자기자본비율	EBITDA마진율
2016	5.2	3.2	99.2	65.8	1.6	3.5	1,444.4	50.2	9.4
2015	-5.3	-8.0	116.3	85.4	-3.6	-7.8	1,395.1	46.2	-1.6
2014	0.8	-1.6	97.5	63.5	-0.9	-2.6	1,515.3	50.6	3.2
2013	0.7	0.5	94.2	62.3	0.3	2.4	1,557.8	51.5	3.2

한일화학공업 (A007770)
Hanil Chemical Ind

업 종: 화학	시 장: KOSDAQ
신용 등 급: (Bond) — (CP) —	기 업 규 모: 중견
홈 페 이 지: www.hanzinc.com	연 락 처: 031)362-8700
본 사: 경기도 시흥시 공단1대로 37	

설 립 일 1972.02.28	종 업 원 수 103명	대 표 이 사 대표이사사장윤성진
상 장 일 1992.09.07	감 사 의 견 적정 (대주)	계 열
결 산 기 12월	보 통 주 351만주	종속회사수 1개사
액 면 가 500원	우 선 주	구 상 호

주주구성 (지분율,%)		출자관계 (지분율,%)		주요경쟁사 (외형,%)	
윤성진	36.4	한일화공(곤산)유한공사	100.0	한일화학	100
김주한	8.3			진양화학	39
(외국인)	0.5			조비	40

매출구성		비용구성		수출비중	
아 연 화 외(제품)	67.8	매출원가율	93.2	수출	64.0
부산물 등	31.2	판관비율	3.7	내수	36.0
아 연 괴(원재료)	0.9				

회사 개요

동사의 주력사업부문인 아연화 산업은 고무공업, 도료, 세라믹, 요업, 사료, 화장품 등 다양한 산업의 기초원료로 사용됨. 아연화 시장에서 동사는 안정된 영업상의 지위와 우월한 품질보증능력을 바탕으로 지속적으로 업계 선두의 점유율을 유지하고 있음. 매출 비중은 아연화 67.82%, 부산물 31.24%, 아연괴 0.94% 임. 원자재인 아연괴의 가격이 런던 중금속시장 등에서 형성되기 때문에 환율 변동에 민감함.

실적 분석

동사의 2017년 2분기기준 누적 매출액은 전년동기대비 -5.2% 하락한 653.4억원을 기록하였음. 비용면에서 전년동기대비 매출원가는 감소 하였으며 인건비는 거의 동일 하였고 기타판매비와관리비는 감소함. 매출액은 하락하였으나 매출원가의 절감이 커 그에 따라 매출액 하락 등에 의해 전년동기대비 영업이익은 35.3억원으로 130.3% 크게 상승하였음. 최종적으로 전년동기대비 당기순이익은 크게 상승하여 24.3억원을 기록함.

현금 흐름 ⟨단위 : 억원⟩

항목	2016	2017.2Q
영업활동	-32	-34
투자활동	36	-2
재무활동	7	34
순현금흐름	7	-0
기말현금	55	54

시장 대비 수익률

결산 실적 ⟨단위 : 억원⟩

항목	2012	2013	2014	2015	2016	2017
매출액	998	1,036	1,106	1,072	1,468	—
영업이익	8	18	23	26	45	—
당기순이익	0	3	20	16	32	—

분기 실적 ⟨단위 : 억원⟩

항목	2016.1Q	2016.2Q	2016.3Q	2016.4Q	2017.1Q	2017.2Q
매출액	299	390	359	419	318	335
영업이익	1	14	-1	31	23	12
당기순이익	0	11	-8	29	14	11

재무 상태 ⟨단위 : 억원⟩

항목	2012	2013	2014	2015	2016	2017.2Q
총자산	1,039	1,037	1,036	1,110	1,187	1,198
유형자산	521	518	514	502	488	482
무형자산	15	14	14	14	10	10
유가증권	1	2	4	0	30	30
총부채	212	213	197	254	307	300
총차입금	79	72	66	76	88	128
자본금	18	18	18	18	18	18
총자본	827	824	839	856	881	898
지배주주지분	827	824	839	856	881	898

기업가치 지표

항목	2012	2013	2014	2015	2016	2017.2Q
주가(최고/저)(천원)	7.6/5.6	8.4/6.2	9.8/6.6	21.3/8.8	16.2/10.4	—/—
PER(최고/저)(배)	3,403.2/2,492.7	114.3/84.2	17.4/11.7	48.0/19.7	18.1/11.7	0.6/0.5
PBR(최고/저)(배)	0.4/0.3	0.4/0.3	0.4/0.3	0.9/0.4	0.7/0.4	0.6/0.5
EV/EBITDA(배)	10.9	6.6	8.0	8.2	8.0	—
EPS(원)	2	78	584	453	906	691
BPS(원)	23,670	23,599	24,004	24,375	25,087	25,594
CFPS(원)	406	456	1,016	898	1,329	897
DPS(원)	150	150	150	120	150	
EBITDAPS(원)	629	885	1,100	1,189	1,711	1,211

재무 비율 ⟨단위 : % ⟩

연도	영업이익률	순이익률	부채비율	차입금비율	ROA	ROE	유보율	자기자본비율	EBITDA마진율
2016	3.1	2.2	34.8	10.0	2.8	3.7	4,917.5	74.2	4.1
2015	2.4	1.5	29.7	8.8	1.5	1.9	4,775.0	77.1	3.9
2014	2.1	1.9	23.5	7.8	2.0	2.5	4,700.7	81.0	3.5
2013	1.7	0.3	25.8	8.7	0.3	0.3	4,619.7	79.5	3.0

한전산업개발 (A130660)
Korea Electronic Power Industrial Development

업 종 : 에너지 시설 및 서비스   시 장 : 거래소
신용등급 : (Bond) — (CP) —   기업규모 : 시가총액 소형주
홈페이지 : www.kepid.co.kr   연 락 처 : 02)2250-2700
본 사 : 서울시 중구 서소문로 115 한산빌딩

설 립 일 1990.04.11	종업원수 3,845명	대표이사 주북원	
상 장 일 2010.12.16	감사의견 적정 (삼정)	계 열	
결 산 기 12월	보통주 3,260만주	종속회사수 3개사	
액 면 가 500원	우선주	구 상호	

주주구성 (지분율,%)
한국자유총연맹	31.0
한국전력공사	29.0
(외국인)	1.5

출자관계 (지분율,%)
한산기전	100.0
HIS	100.0
PT.KepidTechnology	100.0

주요경쟁사 (외형,%)
한전산업	100
한전기술	163
동국S&C	124

매출구성
운전·탈황·회처리,정비, 기타 해외 사업 부분	64.5
검침,송달,단전,중계, 기타 인터넷빌링 등	24.1
ESCO, 바이오매스, 태양광(열)발전 등	11.5

비용구성
매출원가율	89.1
판관비율	6.0

수출비중
수출	2.0
내수	98.0

회사 개요
전기계기의 검침·송달, 발전설비 운전·정비 및 신재생에너지 관련사업 등을 영위하고 있음. 발전설비 운전사업은 전력수요량의 지속적인 증가에 대응하여 안정적 성장이 예상. 전기검침사업은 전력산업의 발달 및 생활수준 향상과 더불어 지속적으로 성장해 왔으나, 최근 한전의 전력산업 IT화 추진과 경쟁입찰 시행으로 경쟁이 심화됨. 매출비중은 발전사업이 약 65%, 검침사업이 약 25% 수준임. 한전이 보유하고 있는 동사 지분의 매각을 재추진할 예정임.

실적 분석
경쟁 심화로 검침 부문의 매출이 4.7% 줄어들었으나, 수주가 꾸준히 늘어난 발전설비 운전 및 정비 사업은 13.1% 성장하였음. 이에 따라 2017년 상반기 전체 매출액은 전년동기 대비 5.5% 증가한 1,602.7억원을 기록하였음. 저가수주로 검침부문의 수익성이 크게 악화되어 영업이익과 당기순이익은 각각 7.6%, 5.5% 감소함. 태양광 발전, 에너지저장장치 구축 등 신재생에너지 솔루션의 수주가 이어지고 있음.

현금 흐름 〈단위 : 억원〉
항목	2016	2017.2Q
영업활동	198	190
투자활동	-146	-112
재무활동	-40	-77
순현금흐름	8	-2
기말현금	168	166

시장 대비 수익률

결산 실적 〈단위 : 억원〉
항목	2012	2013	2014	2015	2016	2017
매출액	2,544	2,946	3,351	3,323	3,100	
영업이익	163	179	149	287	151	
당기순이익	56	99	-99	81	132	

분기 실적 〈단위 : 억원〉
항목	2016.1Q	2016.2Q	2016.3Q	2016.4Q	2017.1Q	2017.2Q
매출액	699	820	732	849	752	850
영업이익	73	106	88	-116	86	80
당기순이익	58	78	61	-64	65	63

재무 상태 〈단위 : 억원〉
항목	2012	2013	2014	2015	2016	2017.2Q
총자산	1,662	1,767	1,669	1,430	1,478	1,652
유형자산	416	469	242	149	144	136
무형자산	15	18	11	17	15	13
유가증권	2	13	25	26	48	36
총부채	994	985	1,149	807	823	953
총차입금	264	343	272	185	198	192
자본금	163	163	163	163	163	163
총자본	668	782	521	623	655	698
지배주주지분	593	708	601	623	655	698

기업가치 지표
항목	2012	2013	2014	2015	2016	2017.2Q
주가(최고/저)(천원)	6.3/4.3	4.8/3.2	6.8/3.6	6.1/3.7	6.2/4.2	—/—
PER(최고/저)(배)	34.3/23.1	17.9/12.0	408.1/218.4	26.1/16.1	15.9/10.9	—/—
PBR(최고/저)(배)	4.0/2.7	2.5/1.7	4.1/2.2	3.4/2.1	3.2/2.2	2.2/2.1
EV/EBITDA(배)	8.8	6.1	9.9	4.9	7.9	—
EPS(원)	215	308	18	251	405	394
BPS(원)	1,818	2,172	1,844	1,911	2,008	2,142
CFPS(원)	270	405	160	339	493	438
DPS(원)	27	198	134	169	218	—
EBITDAPS(원)	555	645	597	969	552	552

재무 비율 〈단위 : %〉
연도	영업이익률	순이익률	부채비율	차입금비율	ROA	ROE	유보율	자기자본비율	EBITDA마진율
2016	4.9	4.3	125.8	30.3	9.1	20.7	301.6	44.3	5.8
2015	8.6	2.4	129.6	29.7	5.2	13.4	282.2	43.6	9.5
2014	4.4	-3.0	220.7	52.2	-5.8	0.9	268.8	31.2	5.8
2013	6.1	3.4	126.0	43.9	5.8	15.4	334.5	44.3	7.1

한전케이피에스 (A051600)
KEPCO Plant Service & Engineering

업 종 : 전력   시 장 : 거래소
신용등급 : (Bond) AA (CP) —   기업규모 : 시가총액 대형주
홈페이지 : www.kps.co.kr   연 락 처 : 061)345-0114
본 사 : 전남 나주시 문화로 211 (빛가람동 377)

설 립 일 1984.03.27	종업원수 6,185명	대표이사 정의헌	
상 장 일 2007.12.14	감사의견 적정 (안진)	계 열	
결 산 기 12월	보통주 4,500만주	종속회사수 1개사	
액 면 가 200원	우선주	구 상호	

주주구성 (지분율,%)
한국전력공사	51.0
국민연금공단	7.2
(외국인)	23.9

출자관계 (지분율,%)
인천뉴파워	29.0
스마트파워	4.8
켑코우데	2.4

주요경쟁사 (외형,%)
한전KPS	100
한국전력	4,92
지역난방공사	141

매출구성
화력(공사)	40.2
원자력/양수(공사)	38.6
해외	8.1

비용구성
매출원가율	84.2
판관비율	7.1

수출비중
수출	
내수	

회사 개요
동사는 한국전력공사의 계열사로 발전설비 정비 전문회사임. 발전회사의 발전설비를 포함하여 국내 민자발전회사, 한국지역난방 열원공급설비, 산업단지 열병합설비 및 자가발전설비 등 국내외 플랜트 설비의 유지관리 사업에 참여하고 있음. 해외사업 부문을 신성장동력으로 모회사인 한전의 글로벌 성장전략에 따라 전력그룹 공동 해외진출에 참여하는 등 해외사업을 활발히 추진함.

실적 분석
동사의 2017년 2분기 누적 매출과 영업이익은 6,144억원, 953.2억원으로 전년동기 대비 각각 6.7%증가, 27.4% 증가함. 2020년까지 국내 발전 설비용량이 연평균 6.1% 증가하고 있고, 물가상승률 2~3% 수준의 정비단가 인상, 60~70%의 높은 시장점유율 유지 등으로 매출 확대가 지속되고 있음. 향후 중장기 노후 발전소 증가, 성능복구 수요 확대로 계획예방/개보수 정비 매출 확대가 기대됨.

현금 흐름 〈단위 : 억원〉
항목	2016	2017.2Q
영업활동	1,234	774
투자활동	798	-1,348
재무활동	-761	-306
순현금흐름	1,272	-883
기말현금	1,910	1,028

시장 대비 수익률

결산 실적 〈단위 : 억원〉
항목	2012	2013	2014	2015	2016	2017
매출액	10,066	11,258	10,855	11,797	12,231	
영업이익	1,422	1,840	2,158	1,752	1,058	
당기순이익	1,179	1,520	1,683	1,699	883	

분기 실적 〈단위 : 억원〉
항목	2016.1Q	2016.2Q	2016.3Q	2016.4Q	2017.1Q	2017.2Q
매출액	2,488	3,269	2,771	3,704	2,726	3,4
영업이익	265	483	299	10	362	59
당기순이익	237	384	244	18	294	48

재무 상태 〈단위 : 억원〉
항목	2012	2013	2014	2015	2016	2017.2Q
총자산	7,562	8,411	9,255	10,336	10,925	11,85
유형자산	2,691	3,137	3,454	3,720	3,953	4,09
무형자산	74	66	76	88	103	9
유가증권	23	25	31	31	27	2
총부채	2,247	2,190	2,275	2,473	3,027	3,57
총차입금	—	—	—	—	—	
자본금	90	90	90	90	90	
총자본	5,315	6,221	6,980	7,863	7,898	8,28
지배주주지분	5,315	6,221	6,980	7,863	7,898	8,28

기업가치 지표
항목	2012	2013	2014	2015	2016	2017.2Q
주가(최고/저)(천원)	56.2/33.4	55.2/46.2	91.6/49.7	128/74.3	98.3/52.6	—/
PER(최고/저)(배)	23.4/14.1	17.7/14.8	25.8/14.0	35.0/20.3	50.7/27.2	—/
PBR(최고/저)(배)	5.2/3.1	4.3/3.6	6.2/3.4	7.6/4.4	5.7/3.0	3.4/2
EV/EBITDA(배)	14.8	10.7	14.0	18.1	15.8	—
EPS(원)	2,620	3,379	3,740	3,776	1,962	1,73
BPS(원)	11,812	13,824	15,512	17,473	17,550	18,4
CFPS(원)	3,255	4,025	4,378	4,534	2,758	2,14
DPS(원)	1,440	1,520	1,670	1,690	680	
EBITDAPS(원)	3,796	4,735	5,433	4,650	3,147	2,52

재무 비율 〈단위 : %〉
연도	영업이익률	순이익률	부채비율	차입금비율	ROA	ROE	유보율	자기자본비율	EBITDA마진율
2016	8.7	7.2	38.3	0.0	8.3	11.2	8,675.2	72.3	11
2015	14.9	14.4	31.5	0.0	17.4	22.9	8,636.3	76.1	17
2014	19.9	15.5	32.6	0.0	19.1	25.5	7,655.8	75.4	22
2013	16.3	13.5	35.2	0.0	19.0	26.4	6,811.8	74.0	17

한중엔시에스 (A107640)
HanJung Natural Connectivity Systemco

업 종 : 자동차부품	시 장 : KONEX
신용등급 : (Bond) — (CP) —	기업규모 : —
홈 페 이 지 : www.hjncs.com	연 락 처 : 054)337-5050
주 소 : 경북 영천시 영천산단로 379(채신동)	

설 립 일 1995.08.31	종 업 원 수 338명	대 표 이 사 김환식
상 장 일 2013.12.10	감 사 의 견 적정 (삼일)	계 열
결 산 기 12월	보 통 주	종 속 회 사 수
액 면 가	우 선 주	구 상 호 한중

주주구성 (지분율,%)	출자관계 (지분율,%)	주요경쟁사 (외형,%)
김환식 47.5	HanjungAmerica 100.0	한중엔시에스 100
김환섭 26.9		태양기계 42
		대동금속 84

매출구성	비용구성	수출비중
배기시스템 39.0	매출원가율 87.7	수출 21.0
기타(자동차부품) 26.4	판관비율 11.6	내수 79.0
사출제품 외 18.2		

회사 개요

동사는 자동차 부품 제조, 판매 등의 목적으로 1995년 설립됨. 프레스가공품을 주 생산품으로 하며, 배기 시스템 부품인 테일 파이프 부품과 쉘, 브레이크 부품인 핸드 파킹 레버, 풋 파킹 브레이크 등과 램프 부품인 쉴드를 생산함. 에어백을 컨트롤하는 안전센서 모듈을 프레임에 장착한 WCS도 생산 중임. 완성차 업체를 기준으로 보면, 현대기아차가 80%, 한국지엠, 쌍용, 해외 수출이 20%를 차지함.

실적 분석

동사의 2016년 매출액은 725억원으로 전년도 643억원에 비해 12.8% 증가함. 영업이익은 5.2억원으로 38% 감소함. 당기순이익은 10.8억원으로 적자를 이어감. 현대기아차 2차 협력업체로 완성차 판매 실적에 큰 영향을 받음. 동사 부품이 장착되는 차종으로는 YF쏘나타, K5, K7 등이 있음. 태양광 발전사업과 층간소음 저감재 개발에도 뛰어들었음.

현금 흐름 *IFRS 별도 기준 〈단위 : 억원〉

항목	2016	2017.2Q
영업활동	0	—
투자활동	-74	—
재무활동	41	—
순현금흐름	-33	—
기말현금	5	—

시장 대비 수익률

결산 실적 〈단위 : 억원〉

항목	2012	2013	2014	2015	2016	2017
매출액	618	611		643	725	
영업이익	22	23		8	5	
당기순이익	14	9		-6	-11	

분기 실적 *IFRS 별도 기준 〈단위 : 억원〉

항목	2016.1Q	2016.2Q	2016.3Q	2016.4Q	2017.1Q	2017.2Q
매출액	—	—	—	—	—	—
영업이익	—	—	—	—	—	—
당기순이익	—	—	—	—	—	—

재무 상태 *IFRS 별도 기준 〈단위 : 억원〉

항목	2012	2013	2014	2015	2016	2017.2Q
총자산	628	606		831	863	
유형자산	294	303		406	444	
무형자산	3	8		11	14	
유가증권		5		1	1	
총부채	477	375		634	677	
총차입금	299	247		423	468	
자본금	19	28		19	19	
총자본	151	230		197	186	
지배주주지분	151	230		197	186	

기업가치 지표 *IFRS 별도 기준

항목	2012	2013	2014	2015	2016	2017.2Q
주가(최고/저)(천원)	—/—	4.3/3.8	4.3/3.5	4.3/0.9	8.1/0.8	—/—
PER(최고/저)(배)	0.0/0.0	29.2/25.8	0.0/0.0	—/—	—/—	—/—
PBR(최고/저)(배)	0.0/0.0	1.2/1.1	0.0/0.0	1.4/0.3	2.8/0.3	0.0/0.0
EV/EBITDA(배)	6.1	7.6	0.0	11.1	14.6	—/—
EPS(원)	268	147		-97	-165	
BPS(원)	2,870	3,492		2,987	2,907	
CFPS(원)	694	597		388	350	
DPS(원)						
EBITDAPS(원)	847	820		613	593	

재무 비율 〈단위 : % 〉

연도	영업이익률	순이익률	부채비율	차입금비율	ROA	ROE	유보율	자기자본비율	EBITDA마진율
2016	0.7	-1.5	363.2	251.2	-1.3	-5.6	906.4	21.6	5.4
2015	1.3	-1.0	321.7	214.9	0.0	0.0	964.2	23.7	6.3
2014	0.0	0.0	0.0	0.0	0.0	0.0	0.0	0.0	0.0
2013	3.8	1.5	163.3	107.3	1.5	4.9	707.1	38.0	8.4

한진 (A002320)
Hanjin Transportation

업 종 : 육상운수	시 장 : 거래소
신용등급 : (Bond) BBB+ (CP) —	기업규모 : 시가총액 중형주
홈 페 이 지 : www.hanjin.co.kr	연 락 처 : 02)728-5114
주 소 : 서울시 중구 남대문로 63 (남대문로2가)	

설 립 일 1958.03.10	종 업 원 수 1,513명	대 표 이 사 조양호,서용원
상 장 일 1974.08.12	감 사 의 견 적정 (삼일)	계 열
결 산 기 12월	보 통 주 1,197만주	종 속 회 사 수 16개사
액 면 가 5,000원	우 선 주	구 상 호

주주구성 (지분율,%)	출자관계 (지분율,%)	주요경쟁사 (외형,%)
한진칼 22.2	한진인천컨테이너터미널 100.0	한진 100
국민연금공단 7.4	평택컨테이너터미널 68.0	현대글로비스 869
(외국인) 13.6	한진부산컨테이너터미널 62.9	CJ대한통운 345

매출구성	비용구성	수출비중
택배, 창고 34.6	매출원가율 94.8	수출 0.0
트럭운송, 철송 21.7	판관비율 6.1	내수 100.0
하역 15.2		

회사 개요

동사는 1958년에 설립된 순수종합물류기업임. 육상운송 및 항만하역, 해운, 택배, 해외, 렌터카 사업 등을 주요사업으로 영위하고 있으며 약 18,000개 회사와 거래하고 있음. 사업부문은 육상, 하역, 해운, 물류창고, 국제특송, 택배, 렌터카 사업으로 구성됨. 주요사업 외에도 해외 구매대행 서비스, 정비 사업 등 연관 사업을 수행하며 시너지 효과를 창출하고 있음.

실적 분석

동사의 2017년 연결기준 상반기 매출액은 8,779.3억원으로 전년과 비슷한 실적을 기록함. 영업이익은 43억원으로 전년동기 대비 80.7% 감소함. 비영업손실의 적자폭이 확대되며, 당기순손실 또한 284.9억원으로 적자전환됨. 최근 택배사업 역량 개선을 위해 중부대전권물류터미널을 인수하고 해외배송대행 사업에 배송일 보장 서비스를 도입하는 등 실적개선을 위해 다양한 전략을 쓰고 있음.

현금 흐름 〈단위 : 억원〉

항목	2016	2017.2Q
영업활동	407	50
투자활동	367	639
재무활동	-840	-1,441
순현금흐름	-62	-763
기말현금	1,628	865

시장 대비 수익률

결산 실적 〈단위 : 억원〉

항목	2012	2013	2014	2015	2016	2017
매출액	14,374	14,996	15,328	16,417	17,648	
영업이익	375	402	526	411	-153	
당기순이익	-105	-84	418	987	376	

분기 실적 〈단위 : 억원〉

항목	2016.1Q	2016.2Q	2016.3Q	2016.4Q	2017.1Q	2017.2Q
매출액	4,364	4,471	4,362	4,452	4,330	4,450
영업이익	105	118	-305	-71	-63	106
당기순이익	-105	1,044	-421	-142	-110	-175

재무 상태 〈단위 : 억원〉

항목	2012	2013	2014	2015	2016	2017.2Q
총자산	18,587	18,074	19,559	25,037	25,376	24,448
유형자산	9,658	9,571	10,173	12,878	13,366	13,345
무형자산	201	201	193	4,673	4,648	4,587
유가증권	3,898	3,291	3,477	889	911	1,084
총부채	10,914	11,033	11,700	17,692	17,673	14,493
총차입금	7,647	7,663	8,196	13,282	13,257	10,331
자본금	599	599	599	599	599	599
총자본	7,673	7,041	7,859	7,345	7,703	9,955
지배주주지분	7,544	6,928	7,748	7,174	7,553	7,315

기업가치 지표

항목	2012	2013	2014	2015	2016	2017.2Q
주가(최고/저)(천원)	23.6/15.8	23.9/14.3	53.0/18.6	67.6/39.6	52.6/26.4	—/—
PER(최고/저)(배)	—/—	—/—	14.9/5.3	8.3/4.8	16.2/8.1	—/—
PBR(최고/저)(배)	0.4/0.3	0.4/0.3	0.8/0.3	1.2/0.7	0.8/0.4	0.6/0.4
EV/EBITDA(배)	13.1	12.0	14.8	20.5	29.1	—/—
EPS(원)	-842	-577	3,634	8,373	63,581	-2,407
BPS(원)	63,506	58,354	65,204	60,410	63,581	61,593
CFPS(원)	2,102	2,559	6,735	11,981	8,941	458
DPS(원)	400	250	400	400	400	3,224
EBITDAPS(원)	6,080	6,496	7,492	7,044	4,357	

재무 비율 〈단위 : % 〉

연도	영업이익률	순이익률	부채비율	차입금비율	ROA	ROE	유보율	자기자본비율	EBITDA마진율
2016	-0.9	2.1	229.4	172.1	1.5	5.4	1,171.6	30.4	3.0
2015	2.5	6.0	240.9	180.8	4.4	13.4	1,108.2	29.3	5.1
2014	3.4	2.7	148.9	104.3	2.2	5.9	1,204.1	40.2	5.9
2013	2.7	-0.6	156.7	108.8	-0.5	-1.0	1,067.1	39.0	5.2

한진중공업 (A097230)
Hanjin Heavy Industries & Constrution

업 종 : 조선		시 장 : 거래소	
신용등급 : (Bond) — (CP) —		기업규모 : 시가총액 중형주	
홈페이지 : www.hanjinsc.com		연락처 : 051)410-3114	
본 사 : 부산시 영도구 태종로 233			

설 립 일	2007.08.03	종업원수	2,292명	대표이사	안진규
상 장 일	2007.08.31	감사의견	적정 (안진)	계 열	
결 산 기	12월	보 통 주	10,605만주	종속회사수	5개사
액 면 가	5,000원	우 선 주		구 상 호	

주주구성 (지분율,%)		출자관계 (지분율,%)		주요경쟁사 (외형,%)	
한진중공업홀딩스	31.0	한진중티엠에스	100.0	한진중공업	100
한진중공업우리사주조합	5.0	인천북항운영	91.1	현대중공업	1,398
(외국인)	4.3	별내에너지	50.0	삼성중공업	370

매출구성		비용구성		수출비중	
컨테이너선, 유조선, 벌크선 등	46.3	매출원가율	97.9	수출	—
서비스협약(*), 부동산임대 등	18.6	판관비율	4.9	내수	—
공항, 오피스, 물류시설 등	13.6				

회사 개요
동사는 선박건조, 선박수리 및 건설업을 영위하고 있는 종합중공업 기업으로 2007년 8월 한진중공업홀딩스로부터 인적분할하여 설립됨. 동사는 부산 영도와 필리핀 수빅에 조선소를 운영 중이고, 선박수주 잔량을 기준으로 325.7만G/T로 국내 조선업체들 가운데 점유율 6.3%를 차지하고 있음. 동사는 도시가스 판매, 지역냉난방, 항만운영, 엔지니어링업, 골프경기장업 등을 영위하는 8개 계열회사가 있으며 종속회사는 5개사.

실적 분석
2017년 상반기 매출액은 1조1,361.2억원으로 전년동기 대비 25.1% 감소. 영업이익은 -503.8억원으로 적자지속. 영도조선소는 연간 4~5천억원의 수주가 예상되나 수빅조선소는 영업적자를 지속하고 있음. 자구계획안에 따라 2016년에는 3천억원 이상의 자산매각을 실현하였고, 2017년에는 1.1조원 규모의 자산매각이 계획되어있음. 2017은 현재까지 북항 배후부지(2,980억원 규모), 다대포공장(1,600억원)을 매각함.

현금 흐름
<단위 : 억원>

항목	2016	2017.2Q
영업활동	-372	2,521
투자활동	-854	51
재무활동	917	-2,270
순현금흐름	-242	284
기말현금	1,388	1,672

시장 대비 수익률

결산 실적
<단위 : 억원>

항목	2012	2013	2014	2015	2016	2017
매출액	25,493	25,293	25,203	30,636	28,133	—
영업이익	529	-696	-1,450	-2,234	-793	—
당기순이익	-532	-1,902	-2,998	-3,923	-3,344	—

분기 실적
<단위 : 억원>

항목	2016.1Q	2016.2Q	2016.3Q	2016.4Q	2017.1Q	2017.2Q
매출액	6,523	8,646	6,166	6,797	5,716	5,646
영업이익	-34	932	-28	-1,663	-209	-295
당기순이익	-221	813	-757	-3,180	-743	-620

재무 상태
<단위 : 억원>

항목	2012	2013	2014	2015	2016	2017.2Q
총자산	65,851	66,834	64,703	57,548	52,565	48,524
유형자산	29,015	28,082	27,036	27,355	24,041	19,574
무형자산	890	813	687	540	435	353
유가증권	1,905	2,165	2,505	1,974	1,657	1,703
총부채	48,696	50,444	48,972	45,767	43,613	41,184
총차입금	37,608	38,276	34,602	31,186	31,685	28,746
자본금	2,414	3,464	5,114	5,114	5,303	5,303
총자본	17,155	16,390	15,731	11,780	8,952	7,340
지배주주지분	17,134	16,373	15,738	11,788	8,959	7,346

기업가치 지표

항목	2012	2013	2014	2015	2016	2017.2Q
주가(최고/저)(천원)	19.4/9.0	12.9/6.5	13.0/4.2	7.1/3.5	4.6/2.9	—/—
PER(최고/저)(배)	—/—	—/—	—/—	—/—	—/—	—/—
PBR(최고/저)(배)	0.6/0.3	0.6/0.3	0.8/0.3	0.6/0.3	0.6/0.4	0.7/0.4
EV/EBITDA(배)	22.1	111.5			1,449.1	
EPS(원)	-989	-2,780	-3,594	-3,834	-3,215	-1,287
BPS(원)	35,513	23,651	15,399	11,538	8,461	6,940
CFPS(원)	1,198	-1,282	-2,417	-2,843	-2,430	-877
DPS(원)						
EBITDAPS(원)	3,388	547	-564	-1,192		-65

재무 비율
<단위 : % >

연도	영업이익률	순이익률	부채비율	차입금비율	ROA	ROE	유보율	자기자본비율	EBITDA마진율
2016	-2.8	-11.9	487.2	354.0	-6.1	-32.2	69.2	17.0	0.1
2015	-7.3	-12.8	388.5	264.7	-6.4	-28.5	130.8	20.5	-4.0
2014	-5.8	-11.9	311.3	220.0	-4.6	-18.6	208.0	24.3	-1.9
2013	-2.8	-7.5	307.8	233.5	-2.9	-11.3	373.0	24.5	1.4

한진중공업홀딩스 (A003480)
HANJIN HEAVY INDUSTRIES & CONSTRUCTION HOLDINGS

업 종 : 가스		시 장 : 거래소	
신용등급 : (Bond) — (CP) —		기업규모 : 시가총액 소형주	
홈페이지 : www.hhic-holdings.com		연락처 : 051)410-3114	
본 사 : 부산시 중구 충장대로 6 (중앙동 4가)			

설 립 일	1937.07.10	종업원수	7명	대표이사	조남호,심우찬
상 장 일	1956.03.03	감사의견	적정 (삼일)	계 열	
결 산 기	12월	보 통 주	2,953만주	종속회사수	7개사
액 면 가	5,000원	우 선 주		구 상 호	

주주구성 (지분율,%)		출자관계 (지분율,%)		주요경쟁사 (외형,%)	
조남호	46.5	대륜E&S	100.0	한진중공업홀딩스	100
신영자산운용	10.0	HACORINC	100.0	예스코	350
(외국인)	1.4	한일레저	100.0	대성에너지	246

매출구성		비용구성		수출비중	
컨테이너선, 유조선, 벌크선 등	46.3	매출원가율	85.9	수출	—
서비스협약(*), 부동산임대 등	18.6	판관비율	10.8	내수	—
공항, 오피스, 물류시설 등	13.6				

회사 개요
동사는 1937년 설립된 조선중공업주식회사가 모태임. 1989년 조선산업합리화 계획에 따라 한진계열기업에 양도돼 1990년 한진중공업으로 사명이 바뀜. 2007년 한진중공업에 사업부문을 인적분할하여 자회사 지분출자를 통한 지주사업 및 임대사업 부문을 영위하는 지주회사인 한진중공업홀딩스로 전환함. 종속회사는 도시가스공급업, 엔지니어링사업, 골프장사업, 발전전기업, 기내식음료사업을 영위하고 있음.

실적 분석
동사의 2017년 상반기 연결기준 매출액은 전년동기 대비 감소(-15.1%)한 1,462.1억원을 기록함. 골프장사업 과 엔지니어링사업의 외형이 축소된 결과임. 관계회사에 대한 지분법손실 인식으로 순이익 적자전환한 -591.8억원을 기록함. 동사는 안정적 수익원 확보 및 다각화를 위해 부동산 임대사업도 수행 중임. 또한 경영정상화를 위해 종속회사인 ㈜대륜E&S, ㈜대륜발전 및 별내에너지㈜를 매각하기로 결정함.

현금 흐름
<단위 : 억원>

항목	2016	2017.2Q
영업활동	256	517
투자활동	78	-97
재무활동	-433	-358
순현금흐름	-903	-747
기말현금	386	450

시장 대비 수익률

결산 실적
<단위 : 억원>

항목	2012	2013	2014	2015	2016	2017
매출액	11,395	11,984	15,201	2,752	3,000	—
영업이익	-10	-411	-797	-1,171	-978	—
당기순이익	-82	-817	-1,350	-1,643	-4,572	—

분기 실적
<단위 : 억원>

항목	2016.1Q	2016.2Q	2016.3Q	2016.4Q	2017.1Q	2017.2Q
매출액	738	985	466	811	760	703
영업이익	-46	288	-206	-1,014	-224	-231
당기순이익	-74	88	-2,120	-2,466	-197	-395

재무 상태
<단위 : 억원>

항목	2012	2013	2014	2015	2016	2017.2Q
총자산	23,153	25,315	27,222	25,858	21,100	19,388
유형자산	10,644	14,407	16,383	16,213	2,236	2,222
무형자산	179	178	196	198	8	7
유가증권	358	358	158	165	162	265
총부채	10,298	13,423	16,149	16,487	16,215	15,196
총차입금	4,691	8,072	9,942	10,598	629	512
자본금	1,551	1,551	1,551	1,551	1,551	1,551
총자본	12,855	11,892	11,073	9,371	4,884	4,192
지배주주지분	11,098	10,109	8,985	7,565	4,262	3,655

기업가치 지표

항목	2012	2013	2014	2015	2016	2017.2Q
주가(최고/저)(천원)	8.8/5.9	9.5/5.8	11.8/7.6	9.0/5.9	6.0/4.1	—/—
PER(최고/저)(배)	—/—	—/—	—/—	—/—	—/—	—/—
PBR(최고/저)(배)	0.3/0.2	0.3/0.2	0.4/0.3	0.3/0.2	0.4/0.3	0.5/0.3
EV/EBITDA(배)	16.5	24.0	19.2	20.1	3.5	
EPS(원)	-212	-2,670	-4,110	-4,671	-11,499	-1,720
BPS(원)	38,408	35,057	31,251	26,442	15,257	13,202
CFPS(원)	395	-1,884	-2,548	-2,836	-9,650	-786
DPS(원)	250	250	200			
EBITDAPS(원)	1,402	1,614	2,341	2,139	2,184	-609

재무 비율
<단위 : % >

연도	영업이익률	순이익률	부채비율	차입금비율	ROA	ROE	유보율	자기자본비율	EBITDA마진율
2016	-32.6	-152.4	332.0	12.9	-19.5	-57.4	190.4	23.2	21.5
2015	-42.6	-59.7	175.9	113.1	-6.2	-16.7	403.3	36.2	23.0
2014	-5.2	-8.9	145.8	89.8	-5.1	-12.7	494.8	40.7	4.6
2013	-3.4	-6.8	112.9	67.9	-3.4	-7.4	567.2	47.0	4.0

한진칼 (A180640)
HANJIN KAL

업 종 : 항공운수		시 장 : 거래소	
신용등급 : (Bond) BBB+ (CP) —		기업규모 : 시가총액 중형주	
홈페이지 : www.hanjinkal.co.kr		연 락 처 : 02)726-6166	
주 소 : 서울시 중구 소공로 88 (소공동)			

설 립 일	2013.08.01	종업원수	31명	대표이사	조양호,석태수
상 장 일	2013.09.16	감사의견	적정 (안진)	계 열	
결 산 기	12월	보 통 주	5,917만주	종속회사수	7개사
액 면 가	2,500원	우 선 주	54만주	구 상 호	

주주구성 (지분율,%)		출자관계 (지분율,%)		주요경쟁사 (외형,%)	
조양호	17.8	KAL호텔네트워크	100.0	한진칼	100
국민연금공단	10.8	제동레저	100.0	대한항공	1,184
(외국인)	6.1	진에어	100.0	아시아나항공	582

매출구성		비용구성		수출비중	
국내/국제여객	72.6	매출원가율	80.5	수출	—
객실	12.5	판관비율	9.5	내수	—
부동산임대	7.6				

회사 개요
동사는 2013년에 설립된 지주회사로서 대한항공, 한진, 칼호텔네트워크, 한진관광, 진에어 등 8개의 자회사를 두고 있음. 대한항공과 한진은 상장사이며 이 외 6개 사는 비상장기업임. 동사의 주 영업수익은 임대사업수익, 상표권사용수익 등으로 구성됨. 매출은 항공운송수입 76.9%, 호텔업 10.3%, 정보제공업 3.4%, 여행업 2.9%, 임대업 등 6.4%로 구성되어있음.

실적 분석
2017년 상반기 연결기준 동사 매출은 5,511.2억원으로 전년 동기 대비 20.3% 증가함. 매출원가가 19.5% 증가하고 인건비 상승 등으로 인해 판매비와 관리비 또한 7.2% 늘었으나 매출성장이 이를 상회함. 이 영업이익은 전년도 같은 기간 대비 40.3% 성장한 626.8억원을 기록함. 비영업 부문이 흑자전환함에 당기순이익 역시 흑자로 돌아서 1,011.4억원을 기록함.

현금 흐름 〈단위 : 억원〉
항목	2016	2017.2Q
영업활동	1,388	962
투자활동	-2,570	-1,290
재무활동	807	823
순현금흐름	-380	486
기말현금	832	1,318

시장 대비 수익률

결산 실적 〈단위 : 억원〉
항목	2012	2013	2014	2015	2016	2017
매출액	—	2,414	6,250	7,223	9,910	
영업이익		290	755	743	990	
당기순이익		162	2,993	-2,052	-3,964	

분기 실적 〈단위 : 억원〉
항목	2016.1Q	2016.2Q	2016.3Q	2016.4Q	2017.1Q	2017.2Q
매출액	2,446	2,134	2,939	2,391	2,963	2,548
영업이익	400	47	526	17	434	193
당기순이익	-427	-649	500	-3,388	1,731	-719

재무 상태 〈단위 : 억원〉
항목	2012	2013	2014	2015	2016	2017.2Q
총자산	—	14,252	24,168	23,150	20,620	23,030
유형자산		5,099	6,050	5,807	5,970	6,043
무형자산		80	102	90	69	62
유가증권		1,895	322	250	225	204
총부채		6,681	7,866	8,731	9,591	11,116
총차입금		4,826	4,971	5,203	6,172	7,385
자본금		722	1,325	1,333	1,493	1,493
총자본		7,571	16,302	14,419	11,030	11,913
지배주주지분		5,865	13,995	13,223	10,017	10,910

기업가치 지표
항목	2012	2013	2014	2015	2016	2017.2Q
주가(최고/저)(천원)	—/—	17.1/11.8	31.7/16.0	36.2/18.1	22.0/13.8	—/—
PER(최고/저)(배)	0.0/0.0	39.0/26.9	4.8/2.4	—/—	1.3/0.8	1.5/0.8
PBR(최고/저)(배)	0.0/0.0	0.8/0.6	1.2/0.6	1.5/0.7	1.3/0.8	
EV/EBITDA(배)	0.0	22.3	21.2	13.7	9.9	
EPS(원)		442	6,672	-4,028	-7,134	1,619
BPS(원)		20,765	26,650	24,804	16,778	18,273
CFPS(원)		707	7,423	-3,513	-6,504	1,974
DPS(원)			75	75		
EBITDAPS(원)		1,264	3,024	1,954	2,366	1,405

재무 비율 〈단위 : % 〉
연도	영업이익률	순이익률	부채비율	차입금비율	ROA	ROE	유보율	자기자본비율	EBITDA마진율
2016	10.0	-40.0	87.0	56.0	-18.1	-35.0	571.1	53.5	13.6
2015	10.3	-28.4	60.6	36.1	-8.7	-15.9	892.2	62.3	14.4
2014	12.1	47.9	48.3	30.5	15.6	21.9	966.0	67.5	15.6
2013	12.0	6.7	88.2	63.7	0.0	0.0	730.6	53.1	15.1

한진피앤씨 (A061460)
Hanjin P&C

업 종 : 용기 및 포장		시 장 : KOSDAQ	
신용등급 : (Bond) — (CP) —		기업규모 : 우량	
홈페이지 : www.hanjinpnc.com		연 락 처 : 041)850-3700	
주 소 : 충남 공주시 정안농공단지 74번길			

설 립 일	1989.10.04	종업원수	246명	대표이사	조겸근,김웅걸
상 장 일	2002.03.30	감사의견	적정 (다산)	계 열	
결 산 기	12월	보 통 주	8,395만주	종속회사수	
액 면 가	500원	우 선 주		구 상 호	

주주구성 (지분율,%)		출자관계 (지분율,%)		주요경쟁사 (외형,%)	
동원시스템즈	56.6			한진피앤씨	100
이환근	1.7			율촌화학	486
(외국인)	0.2			태림포장	414

매출구성		비용구성		수출비중	
LCD보호필름 및 자가점착필름(상품및제품)	40.2	매출원가율	86.0	수출	38.0
판지상자(상품및제품)	33.5	판관비율	6.5	내수	62.0
산업포장용랩(상품및제품)	11.2				

회사 개요
1989년에 설립된 산업용특수필름, 위생용필름, 판지상자의 제조 및 판매 기업임. 필름을 생산하는 수지 부문은 TFT-LCD보호필름이 주력 제품으로서 과거 수입에 의존하던 제품의 국산화에 성공함. 동사 필름은 유리기판 보호, 생리대 커버 등의 용도로 사용됨. 인쇄 부문은 각종 생활용품 등의 포장재로 사용되는 판지상자를 생산하며, 동사장은 삼보에이팩, 태양당인쇄 등 중소기업들이 고정적 매출처를 확보함.

실적 분석
동사의 2017년 반기 누적 매출액은 475.1억원으로 전년동기대비 9.6% 증가. 영업이익은 22.3% 증가한 42억원을 기록함. 산업포장용랩, LCD보호필름및 자가점착필름 매출이 증가하여 임대수익 상승하며 외형 성장. 화장품 제조판매업을 신규 사업으로 추진, 미국 PS Lifestyle 社와 브랜드 사용 계약을 체결. 해외 뷰티 시장 진입 및 국내 유통 채널별 총판 체제 운영으로 매출 증대를 기대

현금 흐름 *IFRS 별도 기준 〈단위 : 억원〉
항목	2016	2017.2Q
영업활동	22	36
투자활동	-35	-12
재무활동	-10	-30
순현금흐름	-23	-6
기말현금	19	13

시장 대비 수익률

결산 실적 〈단위 : 억원〉
항목	2012	2013	2014	2015	2016	2017
매출액	1,021	852	792	797	912	
영업이익	21	-36	28	50	68	
당기순이익	-165	-630	14	16	97	

분기 실적 *IFRS 별도 기준 〈단위 : 억원〉
항목	2016.1Q	2016.2Q	2016.3Q	2016.4Q	2017.1Q	2017.2Q
매출액	220	214	234	244	243	232
영업이익	20	14	10	24	19	23
당기순이익	15	7	2	73	10	20

재무 상태 *IFRS 별도 기준 〈단위 : 억원〉
항목	2012	2013	2014	2015	2016	2017.2Q
총자산	1,576	1,215	1,206	1,221	1,233	1,201
유형자산	1,096	906	635	697	680	669
무형자산	90	35	19	13	11	9
유가증권	32	32	32	1	1	1
총부채	954	1,101	743	702	591	530
총차입금	755	840	535	440	390	360
자본금	121	121	402	412	420	420
총자본	623	115	463	518	642	671
지배주주지분	623	115	463	518	642	671

기업가치 지표 *IFRS 별도 기준
항목	2012	2013	2014	2015	2016	2017.2Q
주가(최고/저)(천원)	22.4/5.8	7.1/1.5	2.8/1.0	4.7/1.5	3.1/2.1	—/—
PER(최고/저)(배)	—/—	—/—	165.3/58.0	240.5/76.9	26.7/18.5	3.4/2.7
PBR(최고/저)(배)	8.7/2.3	15.0/3.1	4.9/1.7	7.4/2.4	4.1/2.8	
EV/EBITDA(배)	22.0	83.5	24.2	27.0	22.1	
EPS(원)	-736	-2,603	17	19	116	35
BPS(원)	2,570	473	576	629	764	799
CFPS(원)	-513	-2,408	69	72	172	63
DPS(원)			87	115	137	78
EBITDAPS(원)	316	47				

재무 비율 〈단위 : % 〉
연도	영업이익률	순이익률	부채비율	차입금비율	ROA	ROE	유보율	자기자본비율	EBITDA마진율
2016	7.5	10.7	92.1	60.8	7.9	16.8	52.9	52.1	12.6
2015	6.3	2.0	135.5	84.8	1.3	3.2	42.5	42.5	11.7
2014	3.5	1.7	160.3	115.5	1.1	4.7	15.2	38.4	8.8
2013	-4.2	-74.0	일부잠식	일부잠식	-45.2	-171.1	-5.4	9.4	1.4

한창 (A005110)
Hanchang

업 종 : 부동산		시 장 : 거래소	
신용등급 : (Bond) — (CP) —		기업규모 : 시가총액 소형주	
홈페이지 : www.hanchang.co.kr		연 락 처 : 02)850-6500	
본 사 : 부산시 연제구 중앙대로1043번길 50, 4층(연산동)			

설 립 일	1967.07.10	종 업 원 수	17명	대 표 이 사	최승환
상 장 일	1976.06.01	감 사 의 견	적정 (진일)	계 열	
결 산 기	12월	보 통 주	3,446만주	종속회사수	12개사
액 면 가	500원	우 선 주		구 상 호	

주주구성 (지분율,%)		출자관계 (지분율,%)		주요경쟁사 (외형,%)	
에이치제이에프앤아이	15.9			한창	100
씨아이티랜드	4.7			한국토지신탁	353
(외국인)	3.6			SK디앤디	548

매출구성		비용구성		수출비중	
유통부문	64.1	매출원가율	75.4	수출	—
기타	26.5	판관비율	23.0	내수	—
정보	9.4				

회사 개요
동사는 가스소화설비 전국 제조업체로 국내 시장 점유율 30% 이상 차지함. 주요 제품은 HFC-23 청정소화약제 가스소화설비 등임. 2016년 2월 호텔운영법인을 자회사로 두고 라마다호텔&스위트서울남대문 등을 위탁 운영하고 있음. 미국에서도 캘리포니아에 위치한 호텔을 인수한 뒤 독자 브랜드로 호텔을 운영하고 있으며, 연평균 10% 이상의 매출 성장률을 기록함.

실적 분석
동사의 연결기준 2017년 2분기 누적 매출액은 482.8억원으로 전년동기 대비 131.5% 증가함. 외형이 큰 폭으로 증가한데 비해 원가율 상승 영향으로 매출총이익은 40.4% 증가하는데 그침. 다만 판관비가 큰 폭으로 줄어든 덕분에 동사는 17.5억원의 영업이익을 기록. 흑자전환에 성공하였음. 비영업부문 이익은 큰 폭으로 줄어 손실을 면하는 정도에 그쳤으며 최종적으로 당기순이익은 80.1% 감소한 11.6억원에 그침.

현금 흐름 〈단위 : 억원〉
항목	2016	2017.2Q
영업활동	111	69
투자활동	-28	-115
재무활동	-128	81
순현금흐름	-46	35
기말현금	179	214

시장 대비 수익률

결산 실적 〈단위 : 억원〉
항목	2012	2013	2014	2015	2016	2017
매출액	168	225	169	172	505	
영업이익	12	21	19	-34	8	
당기순이익	11	9	19	-6	43	

분기 실적 〈단위 : 억원〉
항목	2016.1Q	2016.2Q	2016.3Q	2016.4Q	2017.1Q	2017.2Q
매출액	88	121	105	191	233	248
영업이익	-21	-1	9	21	3	13
당기순이익	-21	79	4	-19	4	8

재무 상태 〈단위 : 억원〉
항목	2012	2013	2014	2015	2016	2017.2Q
총자산	349	377	440	676	823	943
유형자산	62	111	94	101	4	62
무형자산	0	5	11	18	15	15
유가증권	13	1	4	3	8	7
총부채	135	154	197	336	436	558
총차입금	16	64	117	274	158	243
자본금	172	172	172	172	172	172
총자본	214	223	244	340	387	384
지배주주지분	214	223	245	354	396	383

기업가치 지표
항목	2012	2013	2014	2015	2016	2017.2Q
주가(최고/저)(천원)	1.0/0.3	0.8/0.4	1.4/0.4	5.2/1.2	7.2/3.5	—/—
PER(최고/저)(배)	32.2/9.8	30.3/16.6	24.3/7.3	221.0/52.7	59.3/28.5	—/—
PBR(최고/저)(배)	1.4/0.4	1.0/0.6	1.8/0.5	5.0/1.2	6.2/3.0	5.6/1.4
EV/EBITDA(배)	9.8	4.9	20.2	—	161.0	—
EPS(원)	31	25	59	24	123	5
BPS(원)	727	753	816	1,062	1,181	1,145
CFPS(원)	34	30	63	32	134	17
DPS(원)			15	16	21	—
EBITDAPS(원)	37	67	58	-89	35	63

재무 비율 〈단위 : %〉
연도	영업이익률	순이익률	부채비율	차입금비율	ROA	ROE	유보율	자기자본비율	EBITDA마진율
2016	1.6	8.6	112.7	40.8	5.8	11.3	136.3	47.0	7.1
2015	-19.5	-3.7	99.0	80.5	-1.1	2.7	112.4	50.3	-17.8
2014	11.1	11.1	80.7	48.0	4.6	8.7	63.3	55.3	11.9
2013	9.6	3.9	69.1	28.7	2.4	4.0	50.6	59.2	10.2

한창산업 (A079170)
Hanchang Industry

업 종 : 화학		시 장 : KOSDAQ	
신용등급 : (Bond) — (CP) —		기업규모 : 중견	
홈페이지 : www.hanchem.com		연 락 처 : 031)353-2970	
본 사 : 경기도 화성시 양감면 암소고개로 227-14			

설 립 일	1985.09.03	종 업 원 수	72명	대 표 이 사	강호익,강상균(각자대표)
상 장 일	2005.02.01	감 사 의 견	적정 (신우)	계 열	
결 산 기	12월	보 통 주	520만주	종속회사수	
액 면 가	500원	우 선 주		구 상 호	

주주구성 (지분율,%)		출자관계 (지분율,%)		주요경쟁사 (외형,%)	
강호익	16.7			한창산업	100
강상균	10.6			바이온	59
(외국인)	7.6			리켐	75

매출구성		비용구성		수출비중	
아연말	61.2	매출원가율	85.5	수출	37.0
LiBr	24.5	판관비율	7.3	내수	63.0
인산아연	7.1				

회사 개요
동사는 1985년 아연말, 인산아연 등의 제조, 판매 등을 주 영업목적으로 설립됨. 주요 생산품인 아연말과, 인산아연은 선박, 컨테이너, 철 구조물에 사용되는 중방식 도료(녹 방지용 페인트)의 제조업체에 기초 원료로 사용되고 있으며, LiBr은 흡수식 냉·온수기 흡수제로 중앙집중 냉난방장치에 사용됨. 전체 매출 중 아연말이 62.95 %, LiBr 24.84%, 인산아연 6.75 %, 제올라이트 0.2%, 기타 부문이 5.25 %를 차지함

실적 분석
동사의 2017년 반기 연결기준 매출액은 전년 동기 대비 33.9% 증가한 279.2억원 시현함. 큰 폭의 매출성장으로 인해 원가율 증가에도 불구하고 영업이익은 전년동기 대비 46.7% 증가한 20.6억원 시현함. 순이익 역시 87.3% 큰 폭으로 증가한 16.5억원 시현함. 동사는 선박, 컨테이너, 철 구조물 등 조선 방산업이 부진한 상황에서 해외수출 등 돌파구 마련에 힘쓰고 있음

현금 흐름 *IFRS 별도 기준 〈단위 : 억원〉
항목	2016	2017.2Q
영업활동	-11	-20
투자활동	-0	18
재무활동	-5	2
순현금흐름	-17	-0
기말현금	40	40

시장 대비 수익률

결산 실적 〈단위 : 억원〉
항목	2012	2013	2014	2015	2016	2017
매출액	572	524	472	478	475	
영업이익	-2	25	8	-14	35	
당기순이익	3	18	10	-17	20	

분기 실적 *IFRS 별도 기준 〈단위 : 억원〉
항목	2016.1Q	2016.2Q	2016.3Q	2016.4Q	2017.1Q	2017.2Q
매출액	99	109	110	157	136	144
영업이익	2	8	10	10	14	8
당기순이익	2	7	6	6	9	8

재무 상태 *IFRS 별도 기준 〈단위 : 억원〉
항목	2012	2013	2014	2015	2016	2017.2Q
총자산	581	571	585	538	557	575
유형자산	167	169	196	179	178	184
무형자산	11	8	8	7	5	5
유가증권	10	10	5	5	5	4
총부채	71	51	62	39	43	51
총차입금			1	2		10
자본금	26	26	26	26	26	26
총자본	510	519	522	498	514	524
지배주주지분	510	519	522	498	514	524

기업가치 지표 *IFRS 별도 기준
항목	2012	2013	2014	2015	2016	2017.2Q
주가(최고/저)(천원)	3.4/2.5	3.8/2.8	4.4/3.5	8.7/4.1	9.8/5.0	—/—
PER(최고/저)(배)	57.6/42.5	11.7/8.9	24.2/19.9	—/—	25.4/13.0	—/—
PBR(최고/저)(배)	0.4/0.3	0.4/0.3	0.5/0.4	0.9/0.4	1.0/0.5	0.9/0.6
EV/EBITDA(배)	5.6	2.3	6.8	—	8.9	—
EPS(원)	67	352	188	-319	390	317
BPS(원)	9,829	10,004	10,062	9,599	9,894	10,092
CFPS(원)	366	689	546	-46	538	399
DPS(원)	150	150	120	100	120	—
EBITDAPS(원)	262	812	520	-2	814	478

재무 비율 〈단위 : %〉
연도	영업이익률	순이익률	부채비율	차입금비율	ROA	ROE	유보율	자기자본비율	EBITDA마진율
2016	7.3	4.3	8.4	0.5	3.7	4.0	1,878.8	92.3	8.9
2015	-3.0	-3.5	7.9	0.1	-3.0	-3.3	1,819.9	92.7	0.1
2014	1.8	2.1	11.9	0.2	1.7	1.9	1,912.4	89.3	5.7
2013	4.7	3.5	9.9	0.0	3.1	3.6	1,900.8	91.0	4.5

한창제지 (A009460)
Hanchangpaper

종 목: 종이 및 목재		시 장: 거래소	
용 등 급: (Bond) — (CP) —		기업규모: 시가총액 소형주	
페 이 지: www.hanchangpaper.co.kr		연 락 처: 055)370-2000	
사: 경남 양산시 웅상대로 1564 (용당동)			

설 립 일	1973.12.06	종 업 원 수	220명	대 표 이 사	김길수
상 장 일	1987.12.23	감 사 의 견	적정(삼일)	계 열	
결 산 기	12월	보 통 주	5,967만주	총속회사수	
액 면 가	500원	우 선 주		구 상 호	

주주구성 (지분율,%)		출자관계 (지분율,%)		주요경쟁사 (외형,%)	
김승한	17.2	페리칸&플러스	25.0	한창제지	100
김준우	5.9	세정씨엔엠	10.0	영풍제지	45
(외국인)	3.6			국일제지	21

매출구성		비용구성		수출비중	
백판지	93.6	매출원가율	81.7	수출	40.0
지류	6.5	판관비율	11.0	내수	60.0

회사 개요

동사는 마닐라 판지 및 백판지의 제조 및 도매 등을 주요 사업으로 영위하고 있으며, 판지 제조업의 매출액이 총 매출액의 95% 가량을 차지하고 있음. 백판지 시장과 고급백판지 시장에서 판매량 기준으로 2015년 각각 6.6%, 31.7%의 시장점유를 기록하고 있으며 주요 경쟁사로는 한솔제지, 깨끗한나라 등이 있음. 제지업 중에서도 산업포장재 시장은 가격 탄력성이 비교적 낮아 시장규모는 친환경포장재 및 인터넷사업 활성화로 확대되는 추세임.

실적 분석

동사의 2017년 2분기 누적매출액은 1,009.5억원으로 전년동기 대비 2.8% 증가함. 외형 확대에도 원가율 및 판관비가 절감되면서 영업이익은 전년동기 대비 68.2% 증가한 91억원을 시현. 비영업손실은 증가했으나, 영업실적의 개선의 영향으로 당기순이익은 전년동기 대비 71.7% 증가한 62.6억원을 시현. 최근 케이티앤지와 연매출의 11%에 달하는 대규모의 재료품 구매계약을 체결함을 공시함.

현금 흐름 *IFRS 별도 기준 〈단위 : 억원〉

항목	2016	2017.2Q
영업활동	321	70
투자활동	-59	-44
재무활동	-95	-39
순현금흐름	169	-13
기말현금	205	192

시장 대비 수익률

결산 실적 〈단위 : 억원〉

항목	2012	2013	2014	2015	2016	2017
매출액	1,633	1,813	1,742	1,769	1,945	
영업이익	30	58	67	76	142	
당기순이익	6	-116	23	34	161	

분기 실적 *IFRS 별도 기준 〈단위 : 억원〉

항목	2016.1Q	2016.2Q	2016.3Q	2016.4Q	2017.1Q	2017.2Q
매출액	504	478	475	488	521	489
영업이익	25	30	39	49	49	42
당기순이익	13	24	25	100	29	34

재무 상태 *IFRS 별도 기준 〈단위 : 억원〉

항목	2012	2013	2014	2015	2016	2017.2Q
총자산	1,529	1,584	1,460	1,448	1,526	1,483
유형자산	909	866	871	820	776	771
무형자산	3	3	3	3	3	9
유가증권	0	0	0	1	1	1
총부채	1,042	1,213	1,066	1,021	939	834
총차입금	691	662	583	649	558	520
자본금	298	298	298	298	298	298
총자본	487	371	393	426	587	650
지배주주지분	487	371	393	426	587	650

기업가치 지표 *IFRS 별도 기준

항목	2012	2013	2014	2015	2016	2017.2Q
주가(최고/저)(천원)	1.0/0.5	0.8/0.5	0.7/0.6	1.3/0.6	1.5/0.9	—/—
PER(최고/저)(배)	90.7/48.4	—/—	18.5/15.0	23.5/11.1	5.5/3.3	—/—
PBR(최고/저)(배)	1.2/0.6	1.2/0.9	1.1/0.9	1.9/0.9	1.5/0.9	1.1/0.9
EV/EBITDA(배)	11.0	7.1	6.6	9.6	4.8	—/—
EPS(원)	11	-194	39	57	270	105
BPS(원)	817	622	659	715	984	1,089
CFPS(원)	109	-75	148	172	389	105
DPS(원)	—	—	—	—	—	—
EBITDAPS(원)	151	215	221	243	357	152

재무 비율 〈단위 : % 〉

연도	영업이익률	순이익률	부채비율	차입금비율	ROA	ROE	유보율	자기자본비율	EBITDA마진율
2016	7.3	8.3	160.0	95.0	10.9	31.8	96.8	38.5	10.9
2015	4.3	1.9	239.5	152.2	2.3	8.3	42.9	29.5	8.2
2014	3.9	1.4	271.1	148.3	1.5	6.1	31.8	27.0	7.6
2013	3.2	-6.4	326.8	178.2	-7.4	-27.0	24.4	23.4	7.1

한컴시큐어 (A054920)
Hancom Secure

업 종: 일반 소프트웨어		시 장: KOSDAQ	
신용등급: (Bond) — (CP) —		기업규모: 중견	
홈페이지: www.hsecure.co.kr		연 락 처: 031)622-6300	
본 사: 경기도 성남시 분당구 대왕판교로 644번길 49 한컴타워 9층			

설 립 일	1999.03.31	종 업 원 수	152명	대 표 이 사	이상현,김상철(각자대표이사)
상 장 일	2001.10.24	감 사 의 견	적정(동남)	계 열	
결 산 기	12월	보 통 주	1,258만주	총속회사수	
액 면 가	500원	우 선 주		구 상 호	소프트포럼

주주구성 (지분율,%)		출자관계 (지분율,%)		주요경쟁사 (외형,%)	
김상철	23.0	캐피탈익스프레스	33.0	한컴시큐어	100
김정실	8.6	한컴지엠디	32.3	포시에스	97
(외국인)	1.0	한글과컴퓨터	13.5	이글루시큐리티	401

매출구성		비용구성		수출비중	
PKI 제품	48.0	매출원가율	42.4	수출	0.0
모바일보안 제품 외	17.6	판관비율	54.1	내수	100.0
데이터 암호 제품	17.1				

회사 개요

동사는 보안인프라 제공 업체로 한글과컴퓨터, 한컴지엠디, APS코리아 등 23개의 계열사를 보유하고 있음. DB보안, 메일보안, 지불결제보안 등 암호인증 기술을 활용한 다양한 보안제품과, SSO, EAM 등의 암호인증 기술 기반의 응용 제품을 개발하고 있음. 홈네트워크 보안, DTV 보안, 모바일보안과 키보드보안, 피싱 등 통합 PC보안 제품도 공급함.

실적 분석

동사의 주요 매출원은 PKI(공개키기반구조)와 데이터암호를 기반으로 한 보안 솔루션임. 동사의 2017년 2분기 누적 매출액은 전년동기대비 21.6% 감소한 53억원을 기록함. 업황 호조에도 불구하고 시장 경쟁 심화로 인해 실적 부진이 지속되고 있음. 2분기 누적 영업손실은 17.6억원을 기록하며 전년동기대비 적자전환함. 당기순이익은 관련기업투자이익의 영향으로 적자로 돌아서지는 않았으나 전년동기대비 89.9% 크게 감소한 1억원을 기록함.

현금 흐름 *IFRS 별도 기준 〈단위 : 억원〉

항목	2016	2017.2Q
영업활동	29	-16
투자활동	2	-3
재무활동	-30	13
순현금흐름	1	-7
기말현금	28	22

시장 대비 수익률

결산 실적 〈단위 : 억원〉

항목	2012	2013	2014	2015	2016	2017
매출액	201	214	181	145	145	
영업이익	6	9	1	-9	5	
당기순이익	19	2	-4	-37	-1	

분기 실적 *IFRS 별도 기준 〈단위 : 억원〉

항목	2016.1Q	2016.2Q	2016.3Q	2016.4Q	2017.1Q	2017.2Q
매출액	32	36	29	48	20	33
영업이익	-1	2	1	3	-12	-6
당기순이익	8	0	1	-13	-3	4

재무 상태 *IFRS 별도 기준 〈단위 : 억원〉

항목	2012	2013	2014	2015	2016	2017.2Q
총자산	903	899	909	858	814	825
유형자산	8	7	4	4	5	4
무형자산	52	56	64	66	67	65
유가증권	5	0	1	0	0	0
총부채	398	354	376	373	313	318
총차입금	320	294	304	336	282	294
자본금	59	59	59	59	63	63
총자본	505	545	533	485	502	507
지배주주지분	505	545	533	485	502	507

기업가치 지표 *IFRS 별도 기준

항목	2012	2013	2014	2015	2016	2017.2Q
주가(최고/저)(천원)	3.3/1.8	6.4/2.6	4.9/2.7	4.3/2.9	5.0/3.1	—/—
PER(최고/저)(배)	20.3/10.7	343.8/136.8	—/—	—/—	—/—	—/—
PBR(최고/저)(배)	0.8/0.4	1.4/0.6	1.1/0.6	1.1/0.7	1.3/0.8	1.1/0.8
EV/EBITDA(배)	36.4	25.6	43.7	160.7	33.5	—/—
EPS(원)	164	19	-30	-314	-9	8
BPS(원)	4,269	4,604	4,504	4,095	4,011	4,026
CFPS(원)	241	121	76	-197	135	74
DPS(원)	—	—	—	—	—	—
EBITDAPS(원)	132	182	114	42	187	-74

재무 비율 〈단위 : % 〉

연도	영업이익률	순이익률	부채비율	차입금비율	ROA	ROE	유보율	자기자본비율	EBITDA마진율
2016	3.5	-0.8	62.3	56.2	-0.1	-0.2	702.1	61.6	15.5
2015	-6.2	-25.6	76.9	69.3	-4.2	-7.3	718.9	56.5	3.4
2014	0.5	-1.9	70.4	57.0	-0.4	-0.7	800.8	58.7	7.4
2013	4.4	1.0	64.9	53.9	0.2	0.4	820.9	60.6	10.1

한컴지엠디 (A077280)
Hancom GMD

업 종 : 일반 소프트웨어		시 장 : KOSDAQ	
신용등급 : (Bond) — (CP) —		기업규모 : 중견	
홈페이지 : www.hancomgmd.com		연 락 처 : 031)622-6111	
본 사 : 경기도 성남시 분당구 대왕판교로 644번길49 한컴타워5층			

설 립 일	1997.01.30	종업원수	45명	대표이사	김현수
상 장 일	2004.06.02	감사의견	적정 (한영)	계 열	
결 산 기	12월	보 통 주	1,123만주	종속회사수	2개사
액 면 가	500원	우 선 주		구 상 호	다원텍

주주구성 (지분율,%)
소프트포럼	32.3
네스테크	4.0
(외국인)	3.0

출자관계 (지분율,%)
두레콤	95.0
캐피탈익스프레스	65.9
에이티티알앤디	21.9

주요경쟁사 (외형,%)
한컴지엠디	100
네이블	144
엠로	181

매출구성
임대	56.9
포렌식	41.8
디지털 디바이스용IC	1.3

비용구성
매출원가율	63.4
판관비율	39.2

수출비중
수출	6.0
내수	94.0

회사 개요
동사는 모바일 포렌식 솔루션을 개발하여 국내외 국가수사기관 및 기업 감사팀에 공급하고 있으며, 디지털 디스플레이, 정보통신 분야에서 핵심 전자 부품인 비메모리반도체(ASIC)를 설계, 제작하여 국내외 전자 및 통신제품 제조업체들에게 공급하는 사업을 영위하고 있음. 동사의 2016년 기준 포렌식 MD시리즈의 국내 점유율은 80%로 전년과 동일함. 매출비중은 포렌식 42%, SOC 1%, 임대업 57%로 구성됨.

실적 분석
동사의 2017년 2분기기준 누적 매출액은 전년동기대비 18% 상승한 86.5억원을 기록하였음. 비용면에서 전년동기대비 매출원가는 감소 하였으며 인건비도 크게 감소, 기타판매비와관리비도 마찬가지로 감소함. 이처럼 매출액 상승과 더불어 비용절감에도 힘을 기울였음. 그에 따라 전년동기대비 영업이익은 13.4억원으로 흑자전환하였음. 최종적으로 전년동기대비 당기순이익은 흑자전환하여 14.8억원을 기록함.

현금 흐름 〈단위 : 억원〉
항목	2016	2017.2Q
영업활동	16	9
투자활동	27	-1
재무활동	-64	-20
순현금흐름	-21	-12
기말현금	46	34

시장 대비 수익률

결산 실적 〈단위 : 억원〉
항목	2012	2013	2014	2015	2016	2017
매출액	533	383	403	190	150	—
영업이익	-30	-34	45	-23	-4	—
당기순이익	-13	-47	-13	-30	-12	—

분기 실적 〈단위 : 억원〉
항목	2016.1Q	2016.2Q	2016.3Q	2016.4Q	2017.1Q	2017.2Q
매출액	28	46	45	32	34	53
영업이익	-7	5	2	-3	7	6
당기순이익	-5	4	2	-13	7	8

재무 상태 〈단위 : 억원〉
항목	2012	2013	2014	2015	2016	2017.2Q
총자산	940	908	860	820	744	743
유형자산	62	62	68	47	45	44
무형자산	15	12	12	52	45	42
유가증권	4	39	0	0	0	0
총부채	459	451	429	407	329	314
총차입금	353	344	327	270	202	185
자본금	53	53	53	53	56	56
총자본	482	457	431	413	414	429
지배주주지분	461	445	411	398	403	418

기업가치 지표
항목	2012	2013	2014	2015	2016	2017.2Q
주가(최고/저)(천원)	2.8/1.6	2.4/1.7	3.5/1.9	3.7/2.0	4.3/2.1	—/—
PER(최고/저)(배)	—/—	—/—	—/—	—/—	—/—	—/—
PBR(최고/저)(배)	0.6/0.3	0.5/0.4	0.8/0.4	0.9/0.5	1.1/0.6	0.9/0.7
EV/EBITDA(배)			9.7		40.6	
EPS(원)	-227	-391	-236	-240	-69	132
BPS(원)	4,790	4,640	4,322	3,972	3,821	3,954
CFPS(원)	-35	-199	-62	-56	78	200
DPS(원)						
EBITDAPS(원)	-92	-123	591	-29	110	188

재무 비율 〈단위 : %〉
연도	영업이익률	순이익률	부채비율	차입금비율	ROA	ROE	유보율	자기자본비율	EBITDA마진율
2016	-2.7	-8.0	79.6	48.7	-1.5	-1.9	664.1	55.7	7.9
2015	-12.0	-15.8	98.5	65.3	-3.6	-6.4	694.5	50.4	-1.6
2014	11.1	-3.3	99.5	76.0	-1.5	-5.9	764.4	50.1	15.7
2013	-8.8	-12.3	98.8	75.4	-5.1	-9.2	828.1	50.3	-3.4

한탑 (A002680)
Hantop

업 종 : 식료품		시 장 : KOSDAQ	
신용등급 : (Bond) — (CP) —		기업규모 : 중견	
홈페이지 : www.hantop.com		연 락 처 : 051)626-2841	
본 사 : 부산시 남구 용소로 101 (대연 3동 598 - 7)			

설 립 일	1959.06.26	종업원수	129명	대표이사	강신우
상 장 일	1995.07.07	감사의견	적정 (이촌)	계 열	
결 산 기	12월	보 통 주	2,080만주	종속회사수	5개사
액 면 가	500원	우 선 주		구 상 호	영남제분

주주구성 (지분율,%)
류지훈	42.0
한국교직원공제회	4.9
(외국인)	0.9

출자관계 (지분율,%)
에쓰비인베스트먼트	100.0
에쓰비	100.0
케이아이웍스	61.5

주요경쟁사 (외형,%)
한탑	100
고려산업	135
대주산업	66

매출구성
배합사료	41.2
소맥분	40.7
소맥피외	18.2

비용구성
매출원가율	85.1
판관비율	12.9

수출비중
수출	0.0
내수	100.0

회사 개요
동사의 매출은 제분부문과 사료부문이 유사한 비중으로 구성됨. 과점적 시장구조 및 성숙기에 접어든 업계 특성상 현재 제품의 가격이 가장 큰 경쟁요소이며, 원재료의 수입 의존도가 절대적인 상황으로 원재료 가격 및 수급동향에 민감한 영향을 받고 있음. 제분업은 식량산업의 기간산업적 특성으로 인해 시장의 규모는 일정하게 유지됨. 과점적 시장구조 및 성숙기에 접어든 업계 특성상 현재 제품의 가격이 가장 큰 경쟁요소임.

실적 분석
동사의 2017년 상반기 연결기준 누적 매출액은 621.7억원으로 전년 동기 대비 4.4% 소폭 감소함. 매출이 감소하면서 고정 비용이 증가하고 판매비와 관리비 또한 소폭 늘면서 영업손실은 6억원으로 적자 전환함. 비영업손익 부분에서 외환손익이 큰 폭으로 늘어 흑자전환에 성공. 당기순이익은 비영업손익 영향으로 전년 동기 대비 12.5% 증가한 4.2억원을 시현함.

현금 흐름 〈단위 : 억원〉
항목	2016	2017.2Q
영업활동	104	-3
투자활동	-24	-29
재무활동	-74	37
순현금흐름	6	4
기말현금	23	27

시장 대비 수익률

결산 실적 〈단위 : 억원〉
항목	2012	2013	2014	2015	2016	2017
매출액	1,056	1,081	1,104	1,252	1,281	—
영업이익	59	-2	-25	15	26	—
당기순이익	28	-33	-41	-17	8	—

분기 실적 〈단위 : 억원〉
항목	2016.1Q	2016.2Q	2016.3Q	2016.4Q	2017.1Q	2017.2Q
매출액	325	326	305	325	301	321
영업이익	0	10	5	11	-8	2
당기순이익	0	3	14	-10	7	-3

재무 상태 〈단위 : 억원〉
항목	2012	2013	2014	2015	2016	2017.2Q
총자산	1,532	1,283	1,346	1,295	1,224	1,279
유형자산	369	354	420	425	426	425
무형자산	33	27	25	25	24	23
유가증권	52	47	14	24	28	31
총부채	1,020	821	864	829	750	805
총차입금	903	700	756	730	672	705
자본금	104	104	104	104	104	104
총자본	512	463	482	466	474	474
지배주주지분	507	459	480	465	474	474

기업가치 지표
항목	2012	2013	2014	2015	2016	2017.2Q
주가(최고/저)(천원)	4.8/2.5	3.0/1.5	2.8/1.5	2.3/1.7	2.6/1.6	—/—
PER(최고/저)(배)	34.0/17.7	—/—	—/—	—/—	67.3/43.0	—/—
PBR(최고/저)(배)	1.9/1.0	1.3/0.7	1.2/0.6	1.0/0.7	1.1/0.7	1.2/0.
EV/EBITDA(배)	15.3	48.3		34.9	25.4	
EPS(원)	143	-150	-187	-77	38	2
BPS(원)	2,506	2,274	2,376	2,303	2,345	2,34
CFPS(원)	269	-47	-102	-6	115	5
DPS(원)	25					
EBITDAPS(원)	411	92	-37	143	203	

재무 비율 〈단위 : %〉
연도	영업이익률	순이익률	부채비율	차입금비율	ROA	ROE	유보율	자기자본비율	EBITDA마진율
2016	2.1	0.6	158.1	141.8	0.6	1.7	369.0	38.8	3
2015	1.2	-1.4	178.2	156.8	-1.3	-3.4	360.6	36.0	2
2014	-2.3	-3.7	179.3	156.9	-3.1	-8.3	375.2	35.8	-0.
2013	-0.2	-3.0	177.4	151.2	-2.3	-6.5	354.8	36.1	1.

한프 (A066110)
HANP

업 종 : 컴퓨터 및 주변기기	시 장 : KOSDAQ
신용등급 : (Bond) — (CP) —	기업규모 : 중견
홈페이지 : www.hanp.co.kr	연 락 처 : 043)536-7561
본 사 : 제주도 제주시 중앙로 217 제주벤처마루 606호	

설 립 일	1994.02.16	종 업 원 수	113명	대 표 이 사	김형남
상 장 일	2002.06.27	감 사 의 견	적정 (서우)	계 열	
결 산 기	12월	보 통 주	3,183만주	종속회사수	2개사
액 면 가	500원	우 선 주		구 상 호	백산OPC

주주구성 (지분율,%)
에스엘이노베이션스	25.4
모건산업	5.1
(외국인)	1.3

출자관계 (지분율,%)
백산OPCINC.	100.0
백산OPCGmbH	100.0
제주자산개발유한회사	20.0

주요경쟁사 (외형,%)
한프	100
잉크테크	402
미래테크놀로지	119

매출구성
OPC DRUM	85.4
CHIP 外	14.6

비용구성
매출원가율	87.8
판관비율	32.5

수출비중
수출	96.0
내수	4.0

회사 개요
동사는 1994년 설립되어 OPC Drum을 생산하는 업체로 Drum 뿐만 아니라 Roller, Chip, Blade 등 Cartridge 주요 핵심 부품을 세계최초로 SET화 하였음. 선진국을 중심으로 진행되어 온 환경보전 운동이 개발도상국과 후진국으로 확산되자 재생품사용 의무화 또는 권장하는 사회분위기에 따라 애프터마켓용 OPC Drum 산업의 성장이 기대됨. 2015년 6월 OPC Drum에 집중하기 위해 제조토너 사업부문 중단함.

실적 분석
2017년 상반기 매출은 76.3억원으로 전년대비 22.9% 감소, 영업이익은 -18.3억원으로 적자지속, 당기순이익은 -36.3억원으로 적자지속. 전방산업인 프린터 시장 위축으로 관련 제품 매출 감소, 고정비부담 증가로 수익성 개선은 지연. 외형 증가를 위한 신규 사업 및 매출 확대가 중요하다 판단. 글로벌 사물인터넷 시장 확대는 데이타 전송이 빈번해지면서 프린터 관련 수요 증가가 기대

현금 흐름 〈단위 : 억원〉
항목	2016	2017.2Q
영업활동	20	-16
투자활동	-433	-55
재무활동	423	110
순현금흐름	10	39
기말현금	13	52

시장 대비 수익률

결산 실적 〈단위 : 억원〉
항목	2012	2013	2014	2015	2016	2017
매출액	567	481	325	232	184	—
영업이익	-15	-60	-44	-2	-37	—
당기순이익	-18	-266	-115	81	-35	—

분기 실적 〈단위 : 억원〉
항목	2016.1Q	2016.2Q	2016.3Q	2016.4Q	2017.1Q	2017.2Q
매출액	51	48	38	47	39	37
영업이익	-2	-1	-12	-23	-10	-8
당기순이익	-1	-7	-18	-9	-14	-22

재무 상태 〈단위 : 억원〉
항목	2012	2013	2014	2015	2016	2017.2Q
총자산	785	652	569	472	858	935
유형자산	415	367	361	246	651	637
무형자산	15	12	9	6	4	9
유가증권	2					
총부채	397	527	529	187	411	456
총차입금	324	297	273	137	365	412
자본금	77	77	77	129	134	152
총자본	388	124	40	285	447	479
지배주주지분	388	124	40	285	447	479

기업가치 지표
항목	2012	2013	2014	2015	2016	2017.2Q
주가(최고/저)(천원)	2.7/1.7	2.8/1.2	2.2/1.1	3.0/1.2	7.7/1.5	—/—
PER(최고/저)(배)	—/—	—/—	—/—	5.5/2.3	—/—	—/—
PBR(최고/저)(배)	0.7/0.4	1.8/0.8	2.9/1.4	1.6/0.7	4.5/0.9	4.0/2.6
EV/EBITDA(배)	10.2	1,155.3	56.2	10.0		
EPS(원)	-169	-2,521	-1,094	546	-162	-120
BPS(원)	2,789	1,067	518	1,255	1,721	1,620
CFPS(원)	304	-1,344	-418	569	-22	-72
DPS(원)						
EBITDAPS(원)	322	3	52	181	-34	-13

재무 비율 〈단위 : % 〉
연도	영업이익률	순이익률	부채비율	차입금비율	ROA	ROE	유보율	자기자본비율	EBITDA마진율
2016	-20.3	-18.9	91.9	81.5	-5.2	-9.5	244.3	52.1	-3.9
2015	-1.1	34.7	65.5	48.2	15.5	49.6	150.9	60.4	16.7
2014	-13.4	-35.5	일부잠식	일부잠식	-18.9	-140.4	3.6	7.1	0.4
2013	-12.5	-55.3	424.3	238.9	-37.1	-103.9	113.3	19.1	2.1

한화 (A000880)
Hanwha

업 종 : 복합 산업	시 장 : 거래소
신용등급 : (Bond) A (CP) A2	기업규모 : 시가총액 대형주
홈페이지 : www.hanwhacorp.co.kr	연 락 처 : 02)729-1114
본 사 : 서울시 중구 청계천로 86 (장교동)24층	

설 립 일	1952.10.28	종 업 원 수	5,639명	대 표 이 사	최양수,이태종,김연철,이민석
상 장 일	1976.06.24	감 사 의 견	적정 (안진)	계 열	
결 산 기	12월	보 통 주	7,496만주	종속회사수	186개사
액 면 가	5,000원	우 선 주	2,295만주	구 상 호	

주주구성 (지분율,%)
김승연	22.7
국민연금공단	8.4
(외국인)	31.0

출자관계 (지분율,%)
캐스	100.0
한화건설	95.2
한화호텔앤드리조트	50.6

주요경쟁사 (외형,%)
한화	100
삼성물산	60
LG	23

매출구성
무역[도소매업] 외	40.4
생명보험[금융업]	32.7
손해보험[금융업]	11.7

비용구성
매출원가율	91.4
판관비율	5.1

수출비중
수출	—
내수	—

회사 개요
동사는 한화그룹의 지주회사로 1952년 10월 28일 설립됐으며, 산업용 화약사업, 방산사업, 기계항공사업 등을 영위하는 화약제조업과 주요 물품의 수출입 및 내수 영위하는 도소매업 등을 영위하고 있음. 종속회사로는 도소매업, 화학제조업, 건설업, 레저서비스업, 태양광사업, 금융업, 기타 업종을 영위하는 회사들의 지분을 보유하고 있음. 동사의 주력사업인 산업용 화약 및 방산부문은 국내 상위권으로 영업의 안정성이 매우 우수함.

실적 분석
동사의 2017년 상반기 누적 연결기준 매출액은 전년 동기 대비 8% 증가한 24조7,315.2억원을 기록함. 매출이 늘면서 매출원가는 늘었지만 판관비는 오히려 감소하면서 영업이익은 전년 동기 대비 무려 48.2% 증가한 1조4,220.7억원을 시현함. 비영업손익 부분에서도 금융손실 규모가 감소하고 외환손익이 증가하며 관련기업투자 이익이 큰 폭 늘면서 당기순이익은 전년 동기 대비 40.1% 증가한 1조 1,599.3억원을 기록.

현금 흐름 〈단위 : 억원〉
항목	2016	2017.2Q
영업활동	65,117	17,249
투자활동	-54,248	-11,812
재무활동	4,478	-18,475
순현금흐름	15,248	-13,260
기말현금	37,690	24,429

시장 대비 수익률

결산 실적 〈단위 : 억원〉
항목	2012	2013	2014	2015	2016	2017
매출액	356,520	387,250	374,568	413,763	471,202	—
영업이익	12,261	8,637	5,158	7,585	16,859	—
당기순이익	4,965	2,247	-1,630	1,205	12,887	—

분기 실적 〈단위 : 억원〉
항목	2016.1Q	2016.2Q	2016.3Q	2016.4Q	2017.1Q	2017.2Q
매출액	120,386	108,649	120,202	121,965	133,465	113,850
영업이익	4,108	5,488	6,596	668	6,458	7,762
당기순이익	4,000	4,281	3,705	901	6,162	5,437

재무 상태 〈단위 : 억원〉
항목	2012	2013	2014	2015	2016	2017.2Q
총자산	1,040,856	1,133,226	1,236,843	1,456,217	1,548,710	1,591,375
유형자산	103,217	104,598	105,911	121,864	120,876	121,707
무형자산	10,298	9,896	10,197	12,969	19,138	19,107
유가증권	379,881	439,679	519,960	653,552	683,464	707,440
총부채	934,997	1,025,467	1,115,690	1,319,760	1,406,431	1,432,868
총차입금	100,191	107,946	107,802	189,553	190,228	179,542
자본금	3,772	3,772	3,772	3,772	4,896	4,896
총자본	105,860	107,760	121,152	136,457	142,279	158,507
지배주주지분	42,806	43,001	43,583	41,545	44,081	48,683

기업가치 지표
항목	2012	2013	2014	2015	2016	2017.2Q
주가(최고/저)(천원)	35.8/24.0	38.5/26.7	35.7/22.8	49.3/25.4	38.8/29.7	—/—
PER(최고/저)(배)	10.1/6.8	23.6/16.4		6.5/5.0	1.0/0.7	
PBR(최고/저)(배)	0.7/0.5	0.7/0.5	0.6/0.4	0.9/0.5	0.9/0.7	1.0/0.7
EV/EBITDA(배)	—					
EPS(원)	3,799	1,723	-4,831	-3,778	6,087	4,971
BPS(원)	57,018	57,276	58,049	55,347	45,234	49,934
CFPS(원)	11,618	10,767	4,396	7,098	17,782	9,595
DPS(원)	450	400	500	500	32,566	19,148
EBITDAPS(원)	24,073	20,493	16,065	20,930		

재무 비율 〈단위 : % 〉
연도	영업이익률	순이익률	부채비율	차입금비율	ROA	ROE	유보율	자기자본비율	EBITDA마진율
2016	3.6	2.7	988.5	133.7	0.9	11.5	804.7	9.2	5.6
2015	1.8	0.3	967.2	138.9	-6.7	1,006.9	9.4	3.8	
2014	1.4	-0.4	920.9	89.0	-0.1	-8.4	1,061.0	9.8	3.2
2013	2.2	0.6	951.6	100.2	0.2	3.0	1,045.5	9.5	4.0

한화갤러리아타임월드 (A027390)
Hanwha Galleria Timeworld

업 종 : 백화점		시 장 : 거래소	
신용등급 : (Bond) A- (CP) —		기업규모 : 시가총액 소형주	
홈 페 이 지 : www.timeworld.co.kr		연 락 처 : (042)480-5000	
본 사 : 대전시 서구 대덕대로 211 (둔산동)			

설 립 일	1979.05.30	종 업 원 수	471명	대 표 이 사	황용득
상 장 일	1995.12.30	감 사 의 견	적정 (한영)	계	열
결 산 기	12월	보 통 주	600만주	종 속 회 사	
액 면 가	5,000원	우 선 주	—	구 상 호	한화타임월드

주주구성 (지분율,%)		출자관계 (지분율,%)		주요경쟁사 (외형,%)	
한화갤러리아	69.5	한화이글스	10.0	한화갤러리아타임월드	100
FID SRS INTRINSIC OPP FND	3.4	한화투자증권	4.8	롯데쇼핑	10,368
(외국인)	0.8	씨브이네트	4.1	현대백화점	643

매출구성		비용구성		수출비중	
[면세점]상품매출	52.4	매출원가율	28.3	수출	—
[백화점]상품매출	38.2	판관비율	76.1	내수	—
[백화점]기타매출액	9.4				

회사 개요
동사는 대전지역에서 두 개의 백화점 점포를 운영하는 업체로, 2000년 한화그룹에 인수되어 백화점 영업상호를 동양백화점 갤러리아 동백점 및 동양백화점 갤러리아타임월드점으로 변경하였음. 본점인 타임월드점은 직접 운영 중이며, 동백점은 한화갤러리에 임대 중임. 대전 지역 백화점 1위 시장점유율을 유지하고 있으며, 지난 2월에는 제주국제공항 출국장 면세사업자로 선정되고 최근에는 서울 63빌딩 면세 사업권을 확보함.

실적 분석
동사의 2017년 2분기기준 누적 매출액은 전년동기대비 14.4% 상승한 1,481.4억원을 기록하였음. 비용면에서 영업비용에 대한 지출이 컸기때문에 전년동기대비 영업이익은 -140.5억원으로 적자지속하고 있음. 최종적으로 전년동기대비 당기순이익은 적자지속하여 -111.6억원을 기록함. 중국관광객 둔화로 면세점 경쟁이 심화되어 이익이 줄었으나 적자사업을 정리하였으므로 향후 수익 개선이 기대됨.

현금 흐름 *IFRS 별도 기준 〈단위 : 억원〉

항목	2016	2017.2Q
영업활동	-386	-301
투자활동	-381	-4
재무활동	209	341
순현금흐름	-558	36
기말현금	27	63

시장 대비 수익률

결산 실적 〈단위 : 억원〉

항목	2012	2013	2014	2015	2016	2017
매출액	1,261	1,249	1,603	1,689	2,848	
영업이익	368	358	334	156	-123	
당기순이익	386	122	245	85	-187	

분기 실적 *IFRS 별도 기준 〈단위 : 억원〉

항목	2016.1Q	2016.2Q	2016.3Q	2016.4Q	2017.1Q	2017.2Q
매출액	575	720	738	815	789	693
영업이익	-15	-28	-70	-10	-48	-92
당기순이익	-21	-60	-84	-21	-33	-79

재무 상태 *IFRS 별도 기준 〈단위 : 억원〉

항목	2012	2013	2014	2015	2016	2017.2Q
총자산	3,597	3,765	4,085	5,118	4,840	4,883
유형자산	1,907	1,859	1,847	2,332	2,400	2,327
무형자산	19	19	19	19	17	17
유가증권	16	1,170	1,263	1,126	996	1,061
총부채	1,157	1,184	1,247	2,316	2,381	2,483
총차입금	—	—	—	660	952	1,310
자본금	300	300	300	300	300	300
총자본	2,439	2,581	2,838	2,802	2,459	2,400
지배주주지분	2,439	2,581	2,838	2,802	2,459	2,400

기업가치 지표 *IFRS 별도 기준

항목	2012	2013	2014	2015	2016	2017.2Q
주가 (최고/저)(천원)	19.4/15.8	36.6/18.5	78.6/28.9	198/53.8	94.6/33.2	—/—
PER (최고/저)(배)	3.3/2.7	19.0/9.6	19.8/7.3	140.9/38.3	—/—	—/—
PBR (최고/저)(배)	0.5/0.4	0.9/0.5	1.7/0.6	4.3/1.2	2.3/0.8	1.0/0.8
EV/EBITDA(배)	1.3	3.9	11.3	25.6	62.6	
EPS(원)	6,439	2,035	4,076	1,419	-3,109	-1,860
BPS(원)	40,963	43,313	47,603	47,002	41,283	40,296
CFPS(원)	8,005	3,327	5,137	2,703	-282	-308
DPS(원)	700	1,000	1,000	1,000		
EBITDAPS(원)	7,705	7,260	6,627	3,884	777	-789

재무 비율 〈단위 : %〉

연도	영업이익률	순이익률	부채비율	차입금비율	ROA	ROE	유보율	자기자본비율	EBITDA마진율
2016	-4.3	-6.6	96.8	38.7	-3.8	-7.1	725.7	50.8	1.6
2015	9.2	5.0	82.7	23.5	1.9	3.0	840.0	54.7	13.8
2014	20.8	15.3	43.9	—	6.2	9.0	852.1	69.5	24.8
2013	28.7	9.8	45.9	—	3.3	4.9	766.3	68.5	34.9

한화생명보험 (A088350)
HanWha Life Insurance

업 종 : 보험		시 장 : 거래소	
신용등급 : (Bond) — (CP) —		기업규모 : 시가총액 대형주	
홈 페 이 지 : www.hanwhalife.com		연 락 처 : 1588-6363	
본 사 : 서울시 영등포구 63로50 (여의도동 한화금융센터 63)			

설 립 일	1946.09.09	종 업 원 수	3,761명	대 표 이 사	차남규
상 장 일	2010.03.17	감 사 의 견	적정 (삼일)	계	열
결 산 기	12월	보 통 주	86,853만주	종 속 회 사 수	13개사
액 면 가	5,000원	우 선 주	—	구 상 호	대한생명

주주구성 (지분율,%)		출자관계 (지분율,%)		주요경쟁사 (외형,%)	
한화건설	25.1	한화자산운용	100.0	한화생명	100
한화	18.2	63시티	100.0	삼성생명	128
(외국인)	18.3	한화손해사정	100.0	삼성화재	143

수익구성		비용구성		수출비중	
장기	73.1	책임준비금전입	31.2	수출	—
자동차	17.0	보험금비용	38.4	내수	—
특종	6.4	사업비	6.0		

회사 개요
동사는 국내 최초 생명보험회사로 1946년 설립됨. 보험영업 부문에서는 시장점유율 증대를 통한 양적 성장과 기업가치 향상을 위한 질적 성장을 병행해서 추진하고 있음. 자산운용 부문에서는 금융시장 변동성 확대에 대응해 리스크 관리를 우선적으로 고려하면서 수익률 제고 노력을 강화하고 있음. 보험금지급능력평가에서 국내 3대 신용평가기관으로부터 최고 등급인 'AAA'를 7년 연속 획득함.

실적 분석
동사의 2017년 2분기 당기순이익은 전년동기 대비 90.1% 증가한 2,219억원으로 호실적을 기록. 예상보다 양호한 실적은 손해율이 73.2%로 하락함과 더불어 해외부동산 매각차익(380억원) 인식에 따라 운용자산이익률이 4%로 높은 수준을 기록한 것에 기인. 상반기 기준 주식에서의 미실현이익이 850억원에 달해 하반기 이익 평탄화에 기여 가능할 것으로 전망됨.

현금 흐름 〈단위 : 억원〉

항목	2016	2017.2Q
영업활동	40,878	12,696
투자활동	-38,235	-18,895
재무활동	-1,738	4,286
순현금흐름	920	-1,909
기말현금	8,515	6,605

시장 대비 수익률

결산 실적 〈단위 : 억원〉

항목	2012	2013	2014	2015	2016	2017
보험료수익	100,052	64,121	91,767	102,750	130,666	
영업이익	6,547	4,880	4,844	5,866	5,210	
당기순이익	5,133	3,551	4,051	5,300	8,451	

분기 실적 〈단위 : 억원〉

항목	2016.1Q	2016.2Q	2016.3Q	2016.4Q	2017.1Q	2017.2Q
보험료수익	32,158	24,043	37,227	37,237	38,740	37,069
영업이익	1,825	1,802	2,928	-1,345	2,817	4,038
당기순이익	1,394	5,558	2,172	-672	2,660	2,888

재무 상태 〈단위 : 억원〉

항목	2012	2013	2014	2015	2016	2017.2Q
총자산	778,745	823,715	921,262	995,302	1,193,811	1,237,072
유형자산	14,406	14,287	14,755	15,460	18,676	18,502
무형자산	982	1,016	967	1,043	14,366	13,817
유가증권	371,656	396,464	470,043	536,911	630,313	654,124
총부채	708,255	753,850	834,741	908,874	1,102,220	1,132,959
총차입금	239	730	1,737	1,983	4,350	3,922
자본금	43,427	43,427	43,427	43,427	43,427	43,427
총자본	70,490	69,865	86,522	86,428	91,592	104,113
지배주주지분	70,480	69,859	86,516	86,423	85,291	96,766

기업가치 지표

항목	2012	2013	2014	2015	2016	2017.2Q
주가 (최고/저)(천원)	7.5/5.6	7.2/5.9	8.2/6.0	8.3/7.0	7.2/5.5	—/—
PER (최고/저)(배)	13.8/10.2	18.6/15.4	18.6/13.5	14.0/11.9	7.9/6.0	—/—
PBR (최고/저)(배)	1.0/0.7	0.9/0.8	0.8/0.6	0.8/0.7	0.7/0.5	0.6/0.5
PSR (최고/저)(배)	0.0	0.0	0.0	0.0	0.0	0.0
EPS(원)	591	409	467	610	916	
BPS(원)	8,335	8,264	10,348	11,014	10,884	12,205
CFPS(원)	688	490	583	733	1,123	698
DPS(원)	150	130	180	180	80	
EBITDAPS(원)	754	562	558	675	600	789

재무 비율 〈단위 : %〉

연도	계속사업이익률	순이익률	부채비율	차입금비율	ROA	ROE	유보율	자기자본비율	총자산증가율
2016	7.7	6.5	1,203.4	4.8	0.8	9.3	117.7	7.7	19.9
2015	5.9	5.2	1,051.6	2.3	0.6	6.1	120.3	8.7	8.0
2014	5.7	4.4	964.8	2.0	0.5	5.2	107.0	9.4	18.3
2013	7.2	5.5	1,079.0	1.4	0.5	5.1	65.3	8.5	5.8

한화손해보험 (A000370)
Hanwha General Insurance

종 목 : 보험		시 장 : 거래소	
용 등 급 : (Bond) A+ (CP) —		기 업 규 모 : 시가총액 중형주	
페 이 지 : www.hwgeneralins.com		연 락 처 : 02)1566-8000	
사 : 서울시 영등포구 여의대로 56 (여의도동)			

설 립 일 1946.04.01	종 업 원 수 3,351명	대 표 이 사 박윤식	
상 장 일 1975.06.30	감 사 의 견 적정 (안진)	계 열	
결 산 기 12월	보 통 주 9,074만주	종속회사수 4개사	
액 면 가 5,000원	우 선 주	구 상 호	

주주구성 (지분율,%)
한화생명보험	53.8
MG손해보험	4.7
(외국인)	14.3

출자관계 (지분율,%)
한화글로벌사업화펀드	30.0
충남한화중소기업육성펀드	20.0
서울투자운용	15.0

주요경쟁사 (외형,%)
한화손해보험	100
메리츠화재	122
코리안리	135

수익구성
[손해보험]장기	73.1
[손해보험]자동차	17.0
[손해보험]특종	6.4

비용구성
책임준비금전입	20.9
보험금비용	28.2
사업비	8.9

수출비중
수출	—
내수	—

회사 개요
동사는 1946년 신동아화재보험으로 설립됨. 손해보험과 겸영가능한 자산운용 등을 영위하고 있음. 2002년 한화그룹에 편입됨. 국내 손해보험업계에는 13개 국내 원수보험사와 1개 재보험사(코리안리) 및 1개 보증보험 전업사(서울보증보험)가 있는데, 동사는 점유율 약 7%를 차지함. 최근 손해보험 시장은 자본시장통합법 시행, 생손보 교차판매 허용 등으로 경쟁이 더욱 심화되고 있음.

실적 분석
동사의 2분기 순이익은 564억원으로 전년대비 77.1% 증가, 전분기 대비 50.9% 증가함. 자동차보험 손해율은 78.3%로 전년 대비 5.6% 포인트 하락했고, 위험손해율은 92.2%로 전년 대비 2.6%포인트 하락하며 2분기 사상 최대이익을 시현함. 동사의 2분기 자동차보험 MS는 5.1%로 전분기 5.0% 대비 0.1%포인트 상승하였음. 상위사의 공격적인 자동차보험 영업으로 MS 축소가 우려되었지만, 동사는 차별화된 영업전략으로 대응.

금 흐름 〈단위 : 억원〉
항목	2016	2017.2Q
영업활동	5,161	4,361
투자활동	-5,748	-3,975
재무활동	811	-156
순현금흐름	225	231
기말현금	640	870

시장 대비 수익률

산 실적 〈단위 : 억원〉
항목	2012	2013	2014	2015	2016	2017
보험료수익	40,105	31,263	42,797	45,343	49,381	—
영업이익	321	-468	277	1,191	1,354	—
당기순이익	323	-417	129	958	1,116	—

기 실적 〈단위 : 억원〉
항목	2016.1Q	2016.2Q	2016.3Q	2016.4Q	2017.1Q	2017.2Q
보험료수익	11,836	12,354	12,478	12,713	12,868	13,249
영업이익	401	429	443	81	517	723
당기순이익	293	324	340	159	379	550

무 상태 〈단위 : 억원〉
항목	2012	2013	2014	2015	2016	2017.2Q
총자산	78,869	89,988	103,316	118,034	132,833	140,740
유형자산	3,046	2,968	3,007	3,023	3,046	3,042
무형자산	563	548	501	437	396	423
유가증권	31,688	38,806	47,220	52,817	56,141	61,544
총부채	74,075	84,522	97,366	109,425	123,989	130,750
총차입금	1,940	1,942	1,944	1,646	2,523	2,174
자본금	2,437	4,537	4,537	4,537	4,537	4,537
총자본	4,795	5,467	5,950	8,609	8,845	9,989
지배주주지분	4,795	5,467	5,950	8,609	8,845	9,989

업가치 지표
항목	2012	2013	2014	2015	2016	2017.2Q
가 (최고/저)(천원)	7.7/5.0	5.4/4.0	6.2/4.4	7.9/4.0	8.4/6.2	—/—
ER (최고/저)(배)	13.0/8.4	—/—	44.5/32.0	7.7/3.9	6.9/5.1	—/—
BR (최고/저)(배)	0.9/0.6	0.9/0.7	1.0/0.7	0.9/0.6	0.9/0.6	0.8/0.6
SR (최고/저)(배)	0/0	0/0	0/0	0/0	0/0	0/0
EPS(원)	608	-701	142	1,055	1,230	
BPS(원)	9,837	6,025	6,558	9,488	9,748	11,009
CFPS(원)	1,133	-411	420	1,340	1,501	1,165
DPS(원)	—	—	—	70	100	
EBITDAPS(원)	659	-788	306	1,313	1,492	1,366

무 비율 〈단위 : % 〉
연도	계속사업이익률	순이익률	부채비율	차입금비율	ROA	ROE	유보율	자기자본비율	총자산증가율
016	2.7	2.3	1,401.8	28.5	0.9	12.8	95.0	6.7	12.5
015	2.6	2.1	1,271.0	19.1	0.9	13.2	89.8	7.3	14.3
014	0.6	0.3	1,636.3	32.7	0.1	2.3	31.2	5.8	31.0
013	-1.6	-1.3	1,546.1	35.5	-0.5	-8.1	20.5	6.1	14.1

한화케미칼 (A009830)
Hanwha Chemical

업 종 : 화학		시 장 : 거래소	
신용등급 : (Bond) A+ (CP) A2+		기 업 규 모 : 시가총액 대형주	
홈페이지 : hcc.hanwha.co.kr		연 락 처 : 02)729-2700	
본 사 : 서울시 중구 청계천로 86 한화빌딩			

설 립 일 1974.04.27	종 업 원 수 2,455명	대 표 이 사 김창범	
상 장 일 1974.06.19	감 사 의 견 적정 (안진)	계 열	
결 산 기 12월	보 통 주 16,481만주	종속회사수 95개사	
액 면 가 5,000원	우 선 주 112만주	구 상 호	

주주구성 (지분율,%)
한화	36.1
국민연금공단	10.1
(외국인)	29.2

출자관계 (지분율,%)
한화갤러리아	100.0
한화첨단소재	100.0
한화도시개발	100.0

주요경쟁사 (외형,%)
한화케미칼	100
LG화학	223
금호석유	43

매출구성
태양광제품 등 [Hanwha Q CELLSGmbH 등] 외	31.5
셀, 모듈 등	25.0
가성소다, PVC 등	17.4

비용구성
매출원가율	77.9
판관비율	13.7

수출비중
수출	53.0
내수	47.0

회사 개요
동사는 PE및 PVC, 가성소다를 주력으로 하는 화학업체로 1974년 4월 설립된 한화그룹 계열사임. 연결 대상 종속회사를 통하여 플라스틱제품 제조업(한화첨단소재, 한화폴리드리머 등), 소매업(한화갤러리아, (주)한화갤러리아타임월드 등), 부동산업(한화도시개발 등), 태양광사업(SolarOne 등) 등의 사업을 영위하고 있음. 2014년 석유화학 분야의 경쟁력 강화와 성장 기반 확보를 위해 삼성종합화학 지분 26.85%를 취득하며 인수함.

실적 분석
동사의 2017년 연결기준 2분기 누적 매출액은 4조 6,769억원으로 전년 동기 대비 2.7% 증가함. 연결 대상 종속회사는 세이프가드(긴급수입제한조치) 조사를 개시했음. 만약 연말 결과 발표에서 중국과 미국의 관세가 증가가된다면 한화케미칼을 비롯한 국내 태양광 업체의 실적타격은 불가피함. 2016년 11월, 중국 상무부는 한국산 폴리실리콘에 대한 반덤핑 재조사를 착수한다고 발표. 또한 2017년 5월, 미국의 무역위원회는 세이프가드(긴급수입제한조치) 조사를 개시했음.

현금 흐름 〈단위 : 억원〉
항목	2016	2017.2Q
영업활동	11,206	4,933
투자활동	-4,463	-1,428
재무활동	-3,016	-4,233
순현금흐름	3,675	-889
기말현금	10,123	9,235

시장 대비 수익률

결산 실적 〈단위 : 억원〉
항목	2012	2013	2014	2015	2016	2017
매출액	69,622	78,636	80,553	80,370	92,588	—
영업이익	52	979	1,413	3,370	7,792	—
당기순이익	-1,121	-795	114	1,804	7,709	—

분기 실적 〈단위 : 억원〉
항목	2016.1Q	2016.2Q	2016.3Q	2016.4Q	2017.1Q	2017.2Q
매출액	21,637	23,922	23,856	23,173	21,913	24,855
영업이익	1,428	2,936	2,047	1,381	1,966	2,188
당기순이익	1,135	3,102	2,022	1,451	3,242	2,494

재무 상태 〈단위 : 억원〉
항목	2012	2013	2014	2015	2016	2017.2Q
총자산	124,067	128,071	125,970	138,526	138,179	135,516
유형자산	59,057	59,940	60,381	60,505	57,610	56,862
무형자산	5,312	4,710	4,685	4,408	4,262	4,212
유가증권	2,931	1,604	1,655	1,501	2,285	2,496
총부채	78,413	83,503	78,175	89,215	83,496	75,889
총차입금	51,265	55,297	49,670	50,458	48,478	45,204
자본금	7,070	7,070	8,153	8,153	8,297	8,297
총자본	45,654	44,567	47,795	49,312	54,683	59,627
지배주주지분	40,957	40,573	43,741	46,334	52,849	57,733

기업가치 지표
항목	2012	2013	2014	2015	2016	2017.2Q
주가 (최고/저)(천원)	31.2/15.3	23.3/15.1	21.5/10.4	27.4/10.7	28.4/22.2	—/—
PER (최고/저)(배)	156.0/76.4	411.4/266.1	60.6/29.3	24.0/9.4	6.3/4.9	—/—
PBR (최고/저)(배)	1.1/0.6	0.8/0.6	1.0/0.4	1.0/0.4	0.9/0.7	0.9/0.7
EV/EBITDA(배)	20.8	16.3	11.5	11.1	6.4	—
EPS(원)	211	59	366	1,162	4,596	3,361
BPS(원)	28,964	28,692	26,824	28,415	31,850	34,793
CFPS(원)	2,730	2,837	3,092	3,954	7,305	4,657
DPS(원)	250	150	150	150	350	
EBITDAPS(원)	2,556	3,476	3,638	4,873	7,451	3,800

재무 비율 〈단위 : % 〉
연도	영업이익률	순이익률	부채비율	차입금비율	ROA	ROE	유보율	자기자본비율	EBITDA마진율
2016	8.4	8.3	152.7	88.7	5.6	15.2	537.0	39.6	13.2
2015	4.2	2.2	180.9	102.3	1.4	4.2	468.3	35.6	9.8
2014	1.8	0.1	163.6	103.9	0.1	1.4	436.5	37.9	7.0
2013	1.2	-1.0	187.4	124.1	-0.6	-1.7	473.8	34.8	6.2

한화테크윈 (A012450)
HANWHA TECHWIN

업　　　종 : 상업서비스		시　　　장 : 거래소	
신용등급 : (Bond) AA- (CP) A1		기업규모 : 시가총액 대형주	
홈페이지 : www.hanwhatechwin.co.kr		연 락 처 : 055)260-2114	
본　　　사 : 경남 창원시 성산구 창원대로 1204 (성주동)			

설 립 일	1977.08.01	종 업 원 수	4,331명	대 표 이 사	ShinHyunWoo
상 장 일	1987.05.27	감사의견	적정 (삼일)	계 열	
결 산 기	12월	보 통 주	5,260만주	종속회사수	13개사
액 면 가	5,000원	우 선 주		구 상 호	삼성테크윈

주주구성 (지분율,%)
한화	32.7
국민연금공단	10.1
(외국인)	21.4

출자관계 (지분율,%)
한화디펜스	100.0
한화시스템	100.0
서머텍코리아	49.0

주요경쟁사 (외형,%)
한화테크윈	100
한국항공우주	84
에스원	52

매출구성
자주포, 탄약운반장갑차, 사격지휘차 등(기타)	41.6
항공기용 가스터빈 엔진 및 부품 등(기타)	29.9
CCTV, 저장장치,모니터 등(기타)	18.1

비용구성
매출원가율	79.6
판관비율	16.1

수출비중
수출	49.0
내수	51.0

회사 개요
동사는 고도의 정밀기계분야 핵심기술을 바탕으로 국내외에서 엔진부문의 파워시스템사업, 특수부문의 DS사업, 보안·정밀제어부문사업/MMS사업을 영위함. 각 부문에서 항공기 및 산업용 가스터빈 엔진, 자주포, 리드프레임, 침마운터 등을 생산·판매하고 있음. 2016년 5월 인수한 두산DST(현 한화디펜스)를 통해 장갑차, 대공, 유도 무기로 사업을 확장함. 유도 무기 탐색기, 항공전자분야 차세대 시현기 등 연구개발 투자를 하고 있음.

실적 분석
동사의 2017년 상반기 매출액은 전년 동기 대비 23.7% 상승한 1조 8,106.2억원을 기록함. 비용면에서 전년동기대비 매출원가는 증가하며 인건비와 광고선전비도 증가함. 기타판매비와 관리비 또한 증가함. 이와 같이 상승한 매출액 대비 비용 증가가 높아 영업이익은 344.1억원으로 전년 대비 54.9% 감소함. 최종적으로 전년동기대비 당기순이익은 크게 하락하여 274.7억원을 기록함.

현금 흐름 〈단위 : 억원〉
항목	2016	2017.2Q
영업활동	1,961	-1,280
투자활동	-7,183	-280
재무활동	6,379	302
순현금흐름	1,147	-1,255
기말현금	2,574	1,319

시장 대비 수익률

결산 실적 〈단위 : 억원〉
항목	2012	2013	2014	2015	2016	2017
매출액	29,347	26,298	26,156	26,134	35,189	
영업이익	1,560	960	79	-596	1,507	
당기순이익	1,313	1,330	-1,182	62	3,459	

분기 실적 〈단위 : 억원〉
항목	2016.1Q	2016.2Q	2016.3Q	2016.4Q	2017.1Q	2017.2Q
매출액	6,426	8,207	8,873	11,683	7,743	10,363
영업이익	317	445	440	305	112	232
당기순이익	1,962	313	294	889	102	173

재무 상태 〈단위 : 억원〉
항목	2012	2013	2014	2015	2016	2017.2Q
총자산	32,409	34,342	36,017	41,079	56,524	57,648
유형자산	6,585	6,457	5,338	8,449	13,601	13,732
무형자산	2,414	2,191	2,459	2,286	9,268	9,315
유가증권	2,879	3,042	5,052	11,170	7,627	6,284
총부채	16,633	17,294	19,587	18,628	33,117	34,659
총차입금	7,841	6,691	6,102	5,217	11,863	12,423
자본금	2,657	2,657	2,657	2,657	2,657	2,657
총자본	15,777	17,048	16,431	22,451	23,408	22,989
지배주주지분	15,756	17,032	16,412	22,434	23,390	22,974

기업가치 지표
항목	2012	2013	2014	2015	2016	2017.2Q
주가(최고/저)(천원)	77.8/51.6	69.3/52.3	58.9/23.5	39.8/21.1	67.7/31.0	—/—
PER(최고/저)(배)	32.4/21.5	28.3/21.3	—/—	371.8/197.3	10.4/4.8	—/—
PBR(최고/저)(배)	2.7/1.8	2.2/1.7	1.9/0.8	1.0/0.5	1.5/0.7	1.2/0.9
EV/EBITDA(배)	15.6	17.9	19.2	102.4	12.2	—
EPS(원)	2,466	2,494	-2,236	108	6,498	510
BPS(원)	29,659	32,059	30,891	42,224	44,025	43,677
CFPS(원)	4,030	4,137	-734	1,581	8,122	1,667
DPS(원)	500	500		300		
EBITDAPS(원)	4,501	3,450	1,650	352	4,461	1,806

재무 비율 〈단위 : %〉
연도	영업이익률	순이익률	부채비율	차입금비율	ROA	ROE	유보율	자기자본비율	EBITDA마진율
2016	4.3	9.8	141.5	50.7	7.1	15.1	780.5	41.4	6.7
2015	-2.3	0.2	83.0	23.2	0.2	0.3	744.5	54.7	0.7
2014	0.3	-4.5	119.2	37.1	-3.4	-7.1	517.8	45.6	3.4
2013	3.7	5.1	101.5	39.3	4.0	8.1	541.2	49.6	7.0

한화투자증권 (A003530)
Hanwha Investment&Securities

업　　　종 : 증권		시　　　장 : 거래소	
신용등급 : (Bond) A (CP) A2+		기업규모 : 시가총액 중형주	
홈페이지 : www.hanwhawm.com		연 락 처 : 02)3772-7000	
본　　　사 : 서울시 영등포구 여의대로 56 한화증권빌딩			

설 립 일	1962.07.19	종 업 원 수	1,004명	대 표 이 사	권희백
상 장 일	1986.11.25	감사의견	적정 (삼일)	계 열	
결 산 기	12월	보 통 주	17,244만주	종속회사수	23개사
액 면 가	5,000원	우 선 주	480만주	구 상 호	한화증권

주주구성 (지분율,%)
한화첨단소재	15.5
한화호텔앤드리조트	10.9
(외국인)	4.5

출자관계 (지분율,%)
바디프렌드렌탈제2호제3종우선주	95.0
바디프렌드렌탈제2호제2종우선주	95.0
바디프렌드렌탈제1호제1종우선주	95.0

주요경쟁사 (외형,%)
한화투자증권	100
SK증권	-2,259
현대차투자증권	-2,427

수익구성
파생상품거래이익	72.0
수수료수익	10.3
이자수익	7.5

비용구성
이자비용	2.5
파생상품손실	70.5
판관비	10.5

수출비중
수출	
내수	

회사 개요
한화그룹계열의 증권사로서 유가증권의 매매, 위탁매매, 중개, 주선, 대리, 회사채 지급보증업무, 유가증권의 인수, 매출, 모집 및 매출의 주선, 신용공여업무, 부동산 임대업무, 종합자산관리업무를 영위. 한화생명, 한화손해보험, 한화자산운용, 한화인베스트먼트, 한화저축은행과 함께 한화금융네트워크의 일원으로서 투자자의 다양한 needs를 충족시킬 수 있는 원스톱(One-stop)금융서비스체제를 갖추고 있음.

실적 분석
동사의 2017년 연결기준 영업수익은 8,533억원, 영업손익은 445억원을 각각 기록하였음. 이 기간 당기순이익은 358억원으로 전년 대비 흑자전환에 성공하였음. ELS 운용손익이 안정됨에 따라 Trading부문의 순영업수익이 전년동기 대비 흑자전환하였고, WM부문 및 IB부문의 순영업이익이 전년동기 대비 증가함으로써 흑자전환에 기여함. 동사는 수익성 중시 경영기조로 순이익 개선세가 이어질 것으로 판단됨.

현금 흐름 〈단위 : 억원〉
항목	2016	2017.2Q
영업활동	-7,356	-5,012
투자활동	2,168	-45
재무활동	3,678	5,020
순현금흐름	-1,510	-38
기말현금	716	678

시장 대비 수익률

결산 실적 〈단위 : 억원〉
항목	2012	2013	2014	2015	2016	2017
순영업손익	2,768	1,606	2,293	1,764	-75	
영업이익	-559	-623	125	-166	-1,929	
당기순이익	-731	-655	88	-123	-1,608	

분기 실적 〈단위 : 억원〉
항목	2016.1Q	2016.2Q	2016.3Q	2016.4Q	2017.1Q	2017.2Q
순영업손익	-444	-550	536	383	738	79
영업이익	-913	-1,001	61	-76	225	22
당기순이익	-659	-738	45	-256	175	18

재무 상태 〈단위 : 억원〉
항목	2012	2013	2014	2015	2016	2017.2Q
총자산	77,743	79,214	68,314	76,623	69,357	73,73
유형자산	1,379	1,331	1,290	1,247	129	12
무형자산	419	695	579	495	310	28
유가증권	54,307	50,356	44,762	49,035	41,517	42,95
총부채	69,491	71,617	60,618	68,797	61,206	64,87
총차입금	43,567	40,312	32,921	35,390	30,336	35,07
자본금	4,408	4,408	4,408	4,408	8,862	8,86
총자본	8,252	7,597	7,696	7,826	8,151	8,50
지배주주지분	8,225	7,571	7,676	7,805	8,134	8,48

기업가치 지표
항목	2012	2013	2014	2015	2016	2017.2Q
주가(최고/저)(천원)	4.1/3.0	3.7/2.7	4.0/2.8	6.1/3.1	3.3/2.0	—/—
PER(최고/저)(배)	—/—	—/—	39.1/27.1	—/—	—/—	—/—
PBR(최고/저)(배)	0.5/0.3	0.4/0.3	0.5/0.3	0.7/0.4	0.7/0.4	0.8/0.6
PSR(최고/저)(배)	0/0	0/0	0/0	0/0	-50/-30	—/—
EPS(원)	-781	-722	105	-135	-1,418	
BPS(원)	9,659	8,916	9,031	8,969	4,641	4,84
CFPS(원)	-576	-555	372	101	-1,262	24
DPS(원)			70			
EBITDAPS(원)	-634	-707	141	-189	-1,700	25

재무 비율 〈단위 : %〉
연도	계속사업이익률	순이익률	부채비율	차입금비율	ROA	ROE	유보율	자기자본비율	총자산증가율
2016	2,468.0	2,132.8	일부잠식	일부잠식	-2.2	-20.2	-7.2	11.8	0.9
2015	-6.2	-7.0	879.1	452.2	-0.2	-1.6	79.4	10.2	12.
2014	5.9	3.8	787.7	427.8	0.1	1.3	80.6	11.3	-12.
2013	-41.7	-40.8	942.6	530.6	-0.8	-8.3	78.3	9.6	1.9

해덕파워웨이 (A102210)
Haeduk Powerway

종 목 : 조선		시 장 : KOSDAQ	
용 등 급 : (Bond) — (CP) —		기업규모 : 우량	
페 이 지 : www.haedukpw.com		연 락 처 : 051)831-0101	
본 사 : 부산시 강서구 미음산단로 267(미음동)			

설 립 일 1992.04.13	종 업 원 수 104명	대 표 이 사 구재고
상 장 일 2009.05.21	감 사 의 견 적정 (신우)	계 열
결 산 기 12월	보 통 주 1,017만주	종 속 회 사 수 1개사
액 면 가 500원	우 선 주	구 상 호

주주구성 (지분율,%)		출자관계 (지분율,%)		주요경쟁사 (외형,%)	
구재고	51.3	세보테크	70.0	해덕파워웨이	100
신영자산운용	11.7	더퀸	50.0	STX중공업	403
(외국인)	0.5	대중공업(대련)	66.0	삼영이엔씨	35

매출구성		비용구성		수출비중	
RUDDER ASSEMBLY	100.0	매출원가율	85.8	수출	—
		판관비율	7.8	내수	—

회사 개요
동사는 선박의장품, 선박구성부품 등의 사업을 영위할 목적으로 1978년 설립됨. 동사의 주요 생산品목은 선박의 운항 방향을 조종하는 핵심 부품인 선박방향타(Rudder Assembly)로 해당 제품을 현대중공업, 현대미포조선, 한진중공업, STX조선해양, 룡성조선소, BMS 등 국내외 조선소에 납품하고 있음. 국내 중대형 조선소 및 해외 중대형 조선소가 동사의 주요 고객으로 매출의

실적 분석
세계조선시장의 전망이 그리 밝지 않은 상황에서 시작하였고 신규발주가 다소 개선되었다고 하나 아직 미흡한 수준에 있어, 2017년 반기 연결기준 매출액은 전년동기 대비 62.6% 감소한 267.9억을 나타냄. 매출원가는 전년동기 대비 64.7% 감소하였으며, 이는 판매가격의 일부하락이 있었으며, 2017년 상반기 기준 원가절감을 통한 단위당 제조원가의 하락이 판매가격의 하락 보다 일부 더 크게 나타난 것에 기인함. 영업이익과 순이익은 각각 53.1%, 64.9% 감소함

현금 흐름 〈단위 : 억원〉

항목	2016	2017.2Q
영업활동	316	48
투자활동	-346	31
재무활동	-32	-27
순현금흐름	-58	48
기말현금	116	164

시장 대비 수익률

결산 실적 〈단위 : 억원〉

항목	2012	2013	2014	2015	2016	2017
매출액	602	503	623	1,215	1,034	—
영업이익	87	37	87	144	66	—
당기순이익	84	46	38	96	23	—

분기 실적 〈단위 : 억원〉

항목	2016.1Q	2016.2Q	2016.3Q	2016.4Q	2017.1Q	2017.2Q
매출액	372	344	190	127	190	78
영업이익	40	-1	17	10	38	-19
당기순이익	20	2	9	-8	17	-10

재무 상태 〈단위 : 억원〉

항목	2012	2013	2014	2015	2016	2017.2Q
총자산	1,507	1,964	2,146	2,449	2,336	2,254
유형자산	344	335	338	646	652	641
무형자산	4	4	4	35	18	16
유가증권	107	180	958	113	145	1,060
총부채	517	892	1,082	1,240	1,113	1,034
총차입금	345	727	869	945	922	905
자본금	50	50	50	51	51	51
총자본	989	1,072	1,064	1,209	1,223	1,221
지배주주지분	989	1,072	1,064	1,150	1,158	1,155

기업가치 지표

항목	2012	2013	2014	2015	2016	2017.2Q
주가(최고/저)(천원)	7.7/4.6	8.1/5.5	8.2/5.8	9.6/6.2	7.0/5.2	—/—
PER(최고/저)(배)	10.0/6.0	19.2/13.1	22.5/16.0	12.8/8.3	41.9/31.2	0.6/0.5
PBR(최고/저)(배)	0.8/0.5	0.8/0.6	0.8/0.6	0.9/0.6	0.6/0.5	0.6/0.5
EV/EBITDA(배)	2.6	7.9	7.6	4.7	4.8	4.5
EPS(원)	844	461	386	771	169	62
BPS(원)	10,185	10,951	10,880	11,471	11,555	11,519
CFPS(원)	946	565	491	937	364	62
DPS(원)		250	200	100	100	
EBITDAPS(원)	977	482	980	1,594	843	188

재무 비율 〈단위 : % 〉

연도	영업이익률	순이익률	부채비율	차입금비율	ROA	ROE	유보율	자기자본비율	EBITDA마진율
2016	6.4	2.2	91.0	75.4	1.0	1.5	2,211.1	52.4	8.3
2015	11.9	7.9	102.6	78.1	4.2	7.0	2,194.1	49.4	13.2
2014	14.0	6.2	101.6	81.7	1.9	3.6	2,076.1	49.6	15.7
2013	7.5	9.1	83.3	67.9	2.6	4.5	2,090.2	54.6	9.5

해마로푸드서비스 (A220630)
Haimarrow Food Service

업 종 : 호텔 및 레저		시 장 : KOSDAQ	
신용등급 : (Bond) — (CP) —		기업규모 : 중견	
홈 페 이 지 : www.haimarrow.co.kr		연 락 처 : 02)418-8884	
본 사 : 서울시 강동구 성내동 성내로6길 11 삼원타워 2층			

설 립 일 2015.05.19	종 업 원 수 178명	대 표 이 사 정현식
상 장 일 2015.08.28	감 사 의 견 적정 (삼일)	계 열
결 산 기 12월	보 통 주 9,390만주	종 속 회 사 수 4개사
액 면 가 100원	우 선 주	구 상 호 케이티비스팩3호

주주구성 (지분율,%)		출자관계 (지분율,%)		주요경쟁사 (외형,%)	
정현식	63.7	슈가버블	100.0	해마로푸드서비스	100
전명일	3.4	해마로	20.0	MP그룹	75
(외국인)	2.7	대오	10.0	현대그린푸드	1,249

매출구성		비용구성		수출비중	
햄버거외	82.8	매출원가율	74.0	수출	0.0
계육가공품외	14.9	판관비율	17.6	내수	100.0
로열티매출 등	2.3				

회사 개요
동사는 '맘스터치'라는 브랜드로 프랜차이즈 사업을 영위하고 있으며, 동시에 관련된 가공식품/식자재 유통업을 영위하고 있음. 2004년 설립 이후 지속적인 성장을 수행하였으며, 2011년 이후 치킨과 버거를 동시에 판매하는 형식으로 가맹사업부문을 변화시켜 2017년 상반기 기준 가맹점 1061곳을 보유함. 유통사업부문은 선진화된 물류시스템을 이용하여 약 120개의 업체에 납품을 수행함. 매출구성은 프랜차이즈 유통 79.2% 등으로 이뤄짐.

실적 분석
동사의 연결기준 2017년 2분기 누적매출액은 1,136.8억원으로 전년동기 대비 19.9% 증가함. 원가율이 일부 개선되면서 매출총이익이 29.5% 증가했으나 급격한 판관비 증가로 영업이익은 전년동기 대비 37.1% 급감한 66.5억원을 시현함. 당기순이익 역시 34% 감소한 53.5억원을 기록함. 현재, 진천 제2공장을 가동 개시하면서 가맹점 목표 1,500개를 시도중에 있으며 수도권 중심의 신규 오픈을 통해 지속적인 매장 확대 추진함.

현금 흐름 〈단위 : 억원〉

항목	2016	2017.2Q
영업활동	192	72
투자활동	-143	-198
재무활동	151	-50
순현금흐름	200	-177
기말현금	219	43

시장 대비 수익률

결산 실적 〈단위 : 억원〉

항목	2012	2013	2014	2015	2016	2017
매출액	—	—	795	1,486	2,019	—
영업이익	—	—	67	88	169	—
당기순이익	—	—	54	60	89	—

분기 실적 〈단위 : 억원〉

항목	2016.1Q	2016.2Q	2016.3Q	2016.4Q	2017.1Q	2017.2Q
매출액	424	524	520	551	517	620
영업이익	58	48	17	46	37	29
당기순이익	48	33	-35	43	28	25

재무 상태 〈단위 : 억원〉

항목	2012	2013	2014	2015	2016	2017.2Q
총자산			264	454	749	793
유형자산			133	170	292	358
무형자산			1	9	49	
유가증권					3	22
총부채			186	300	317	292
총차입금			73	116	123	152
자본금			5	81	91	94
총자본			77	154	431	501
지배주주지분			77	154	431	501

기업가치 지표

항목	2012	2013	2014	2015	2016	2017.2Q
주가(최고/저)(천원)	—/—	—/—	—/—	2.6/2.4	3.2/1.5	—/—
PER(최고/저)(배)	0.0/0.0	0.0/0.0	0.0/0.0	37.3/34.2	32.3/15.3	—/—
PBR(최고/저)(배)	0.0/0.0	0.0/0.0	0.0/0.0	14.8/13.6	6.9/3.3	5.1/3.0
EV/EBITDA(배)			0.7	2.1	9.0	
EPS(원)			65	70	101	57
BPS(원)			70,339	4,129	473	534
CFPS(원)			51,414	1,881	118	69
DPS(원)					25	
EBITDAPS(원)			63,904	2,630	207	83

재무 비율 〈단위 : % 〉

연도	영업이익률	순이익률	부채비율	차입금비율	ROA	ROE	유보율	자기자본비율	EBITDA마진율
2016	8.4	4.4	73.5	28.5	14.9	30.5	372.9	57.6	9.1
2015	5.9	4.1	194.3	75.2	16.8	52.1	90.9	34.0	6.5
2014	8.5	6.8	240.7	94.9	0.0	0.0	1,306.8	29.4	8.9
2013	0.0	0.0	0.0	0.0	0.0	0.0	0.0	0.0	0.0

해성디에스 (A195870)
HAESUNG DS

업　　종 : 반도체 및 관련장비
신용등급 : (Bond) —　　　(CP) —
홈페이지 : www.haesungds.co.kr
본　　사 : 경남 창원시 성산구 웅남로 726

시　　장 : 거래소
기업규모 : 시가총액 소형주
연 락 처 : 070)4761-0000

설 립 일	2014.04.17	종 업 원 수	842명	대 표 이 사	조돈엽
상 장 일	2016.06.24	감사의견	적정 (삼일)	계 열	
결 산 기	12월	보 통 주	1,700만주	종속회사수	2개사
액 면 가	5,000원	우 선 주		구 상 호	

주주구성 (지분율,%)		출자관계 (지분율,%)		주요경쟁사 (외형,%)	
계양전기	9.6	해성테크놀로지	66.6	해성디에스	100
한국제지	7.0	해성바이오	66.6	티씨케이	32
(외국인)	0.8	소주해성디에스무역유한공사	100.0	지스마트글로벌	33

매출구성		비용구성		수출비중	
Package Subatrate,리드프레임 SLF/ ELF	100.0	매출원가율	82.1	수출	98.0
그래핀	0.0	판관비율	8.6	내수	2.0

회사 개요

동사는 반도체용 Package Substrate와 리드 프레임을 생산 및 판매하는 부품·소재 전문 회사임. 주요 제품은 BGA, FC-FBGA, IC, LED, QFN, LOC, TR, 그래핀 등으로 PC, Sever 등 메모리 반도체 패키징 재료 또는 모바일 기기 및 자동차 반도체 패키징 재료가 됨. 2014년 3월 6일 주식회사 엠디에스로 설립됐으며, 2014년 9월 1일 상호를 해성디에스 주식회사로 변경함.

실적 분석

부정적인 환율 동향과 주요 제품의 매출 부진이 있었지만 동사의 2017년 2분기기준 누계 매출액은 전년동기대비 14.6% 상승한 1,590.9억원을 기록하였음. 이에 따라 전년동기대비 영업이익은 194.7억원으로 17.5% 상승하였음. 자동차용 반도체 매출이 계속 증가하고 있고 안정적으로 해외 주요 고객들을 확보하고 있으므로 이에 따른 반사이익은 계속 지속될 것으로 보임.

현금 흐름　〈단위 : 억원〉

항목	2016	2017.2Q
영업활동	164	91
투자활동	-621	-165
재무활동	212	39
순현금흐름	-244	-34
기말현금	155	121

시장 대비 수익률

결산 실적　〈단위 : 억원〉

항목	2012	2013	2014	2015	2016	2017
매출액	—	—	1,652	2,460	2,762	—
영업이익	—	—	99	188	258	—
당기순이익	—	—	202	147	188	—

분기 실적　〈단위 : 억원〉

항목	2016.1Q	2016.2Q	2016.3Q	2016.4Q	2017.1Q	2017.2Q
매출액	671	718	692	682	774	817
영업이익	82	84	36	56	105	90
당기순이익	58	66	15	50	68	73

재무 상태　〈단위 : 억원〉

항목	2012	2013	2014	2015	2016	2017.2Q
총자산			2,164	2,292	2,510	2,710
유형자산			1,209	1,234	1,423	1,505
무형자산			11	14	26	30
유가증권						
총부채			1,128	1,102	896	999
총차입금			608	606	592	669
자본금			750	750	850	850
총자본			1,036	1,189	1,614	1,711
지배주주지분			1,036	1,189	1,611	1,709

기업가치 지표

항목	2012	2013	2014	2015	2016	2017.2Q
주가(최고/저)(천원)	—/—	—/—	—/—	—/—	16.1/9.4	—/—
PER(최고/저)(배)	0.0/0.0	0.0/0.0	0.0/0.0	0.0/0.0	14.0/8.2	—/—
PBR(최고/저)(배)	0.0/0.0	0.0/0.0	0.0/0.0	0.0/0.0	1.7/1.0	2.1/1.2
EV/EBITDA(배)	0.0	0.0	2.4	0.7	7.5	—
EPS(원)	—	—	1,977	979	1,175	828
BPS(원)	—	—	6,905	7,929	9,477	10,055
CFPS(원)	—	—	2,508	1,615	1,747	1,086
DPS(원)	—	—			250	
EBITDAPS(원)	—	—	1,501	1,889	2,181	1,404

재무 비율　〈단위 : % 〉

연도	영업이익률	순이익률	부채비율	차입금비율	ROA	ROE	유보율	자기자본비율	EBITDA마진율
2016	9.4	6.8	55.5	36.7	7.9	13.5	89.6	64.3	12.7
2015	7.6	6.0	92.7	51.0	6.6	13.2	58.6	51.9	11.5
2014	6.0	12.2	108.9	58.7	0.0	0.0	38.1	47.9	9.3
2013	0.0	0.0	0.0	0.0	0.0	0.0	0.0	0.0	0.0

해성산업 (A034810)
Haesung Industrial

업　　종 : 부동산
신용등급 : (Bond) —　　　(CP) —
홈페이지 : www.haesungind.co.kr
본　　사 : 서울시 강남구 테헤란로 504

시　　장 : KOSDAQ
기업규모 : 중견
연 락 처 : 02)528-1244

설 립 일	1954.02.05	종 업 원 수	66명	대 표 이 사	단재완,김인종(각자대표이사)
상 장 일	1999.03.26	감사의견	적정 (삼일)	계 열	
결 산 기	12월	보 통 주	978만주	종속회사수	
액 면 가	500원	우 선 주		구 상 호	

주주구성 (지분율,%)		출자관계 (지분율,%)		주요경쟁사 (외형,%)	
단재완	30.1	계양전기	8.9	해성산업	100
단우영	15.7	한국제지	5.6	한국토지신탁	1,470
(외국인)	0.7	해성디에스	1.0	SK디앤디	2,283

매출구성		비용구성		수출비중	
오피스빌딩임대	41.8	매출원가율	0.0	수출	0.0
오피스빌딩운영	35.5	판관비율	80.0	내수	100.0
오피스빌딩관리	22.7				

회사 개요

건물관리 용역업, 부동산 임대 및 매매업, 건물 부속주차장 운영업을 영위하는 업체임. 시설관리부문은 서울 도심의 해성빌딩, 성수빌딩, 해성빌딩에 대하여 관리용역을 수행하고 있으며, 3개의 오피스빌딩과 동해 창고, 아파트형공장 1개동의 상가에 대하여 임대사업을 수행 중에 있음. 빌딩관리를 전문용역업체로 이관하는 기업의 증가와 더불어 신규빌딩 또한 증가하고 있어 시장 확대 가능성은 상존함.

실적 분석

동사의 연결기준 2017년 2분기 누적매출액은 전년동기와 비슷한 60.9억원을 기록함. 외형에 비해 판관비가 더 증가하면서 같은 기간 영업이익은 12% 감소한 6.7억원을 시현하는 데 그침. 임대전용 오피스빌딩 아웃소싱 수요가 증가할 것으로 보여 시설관리시장 점차 확대될 것으로 예상. 2018년 6월 준공목표로 복합건물 신축 진행 중. 신축 건물의 호텔 부문 향후 220년간 임대 예정으로 연간 약 450억원의 임대수입 예상.

현금 흐름　*IFRS 별도 기준　〈단위 : 억원〉

항목	2016	2017.2Q
영업활동	17	9
투자활동	-41	25
재무활동	37	32
순현금흐름	13	67
기말현금	36	103

시장 대비 수익률

결산 실적　〈단위 : 억원〉

항목	2012	2013	2014	2015	2016	2017
매출액	127	130	130	124	121	—
영업이익	35	31	30	28	24	—
당기순이익	39	61	45	38	63	—

분기 실적　*IFRS 별도 기준　〈단위 : 억원〉

항목	2016.1Q	2016.2Q	2016.3Q	2016.4Q	2017.1Q	2017.2Q
매출액	30	30	31	30	31	30
영업이익	9	-2	10	7	3	4
당기순이익	15	26	7	7	4	8

재무 상태　*IFRS 별도 기준　〈단위 : 억원〉

항목	2012	2013	2014	2015	2016	2017.2Q
총자산	1,382	1,441	1,467	1,502	1,605	1,657
유형자산	722	725	725	737	824	906
무형자산	2	5	4	4	4	4
유가증권	7	4	6	60	60	61
총부채	136	140	131	141	193	243
총차입금					47	91
자본금	49	49	49	49	49	49
총자본	1,246	1,301	1,335	1,361	1,411	1,414
지배주주지분	1,246	1,301	1,335	1,361	1,411	1,414

기업가치 지표　*IFRS 별도 기준

항목	2012	2013	2014	2015	2016	2017.2Q
주가(최고/저)(천원)	36.8/22.7	54.7/30.9	86.9/20.2	33.1/18.9	22.0/12.4	—/—
PER(최고/저)(배)	94.3/58.4	89.9/50.8	191.0/44.3	87.2/49.8	34.6/19.5	—/—
PBR(최고/저)(배)	3.0/1.8	4.2/2.4	6.5/1.5	2.4/1.4	1.5/0.9	1.0/0.9
EV/EBITDA(배)	72.3	145.6	53.1	53.3	42.9	—
EPS(원)	399	620	464	385	642	154
BPS(원)	12,745	13,302	13,652	13,913	14,430	14,458
CFPS(원)	449	667	508	429	677	171
DPS(원)	100	100	100	100	125	
EBITDAPS(원)	406	366	354	328	283	85

재무 비율　〈단위 : % 〉

연도	영업이익률	순이익률	부채비율	차입금비율	ROA	ROE	유보율	자기자본비율	EBITDA마진율
2016	20.0	51.9	13.7	3.3	4.0	4.5	2,786.0	88.0	22.8
2015	22.4	30.4	10.4	3.3	2.5	2.8	2,682.7	90.6	25.9
2014	23.3	35.0	9.8		3.1	3.4	2,630.5	91.0	26.7
2013	24.1	46.8	10.8		4.3	4.8	2,560.4	90.3	27.6

해성옵틱스 (A076610)
Haesung Optics

업 종 : 휴대폰 및 관련부품		시 장 : KOSDAQ	
신용등급 : (Bond) — (CP) —		기업규모 : 벤처	
홈 페 이 지 : www.hso.co.kr		연 락 처 : 031)292-1555	
본 사 : 경기도 화성시 봉담읍 효행로 184번길 66			

설 립 일	2002.03.25	종 업 원 수	187명	대 표 이 사	이을성,이재선(각자대표이사)
상 장 일	2013.11.06	감 사 의 견	적정 (안진)	계 열	
결 산 기	12월	보 통 주	1,668만주	종속회사수	4개사
액 면 가	500원	우 선 주		구 상 호	

주주구성 (지분율,%)		출자관계 (지분율,%)		주요경쟁사 (외형,%)	
이을성	15.9	에이오스	70.7	해성옵틱스	100
이재선	8.2	엔텍로직	70.0	디지탈옵틱	17
(외국인)	1.1	해성비나	100.0	바이오로그디바이스	19

매출구성		비용구성		수출비중	
카메라 모듈	55.1	매출원가율	95.8	수출	97.0
AF엑츄에이터(VCM OIS)	35.9	판관비율	3.8	내수	3.0
LENS모듈	6.3				

회사 개요
동사는 전자제품 제조회사로서, 광학요소, 렌즈 제조 및 판매를 주요 사업으로 영위하고 있음. 주력제품은 휴대폰용 카메라렌즈이며 이 외에 휴대폰용 카메라모듈을 개발 판매함. 국내 사업장에서는 2012년 하반기부터 13M급 렌즈모듈을 국내 최초로 개발하여 2013년에는 본격적으로 양산 공급하고 있음. 카메라모듈들의 전 공정인 VCM공정 라인을 구축 완료하여 고화소급으로는 최초로 렌즈모듈에서 카메라모듈까지 일괄 생산할 수 있는 입지를 확보.

실적 분석
동사의 2017년 반기 연결기준 누적 매출액과 영업이익은 전년동기대비 각각 11.6% 증가, 적자 전환함 2,013.8억원, -76.4억원을 기록함. 중국향 제품 개발을 위한 수율안정화 비용 발생으로 인한 적자. 2분기부터 OIS를 탑재한 AF엑츄에이터의 수율 안정과 렌즈모듈 베트남 이전으로 수익성 향상이 본격화 될 것. 2018년에는 듀얼카메라 국내 본격은 물론 중국향 매출 확대 등으로 실적 성장할 것으로 전망.

현금 흐름 〈단위 : 억원〉
항목	2016	2017.2Q
영업활동	296	-261
투자활동	-302	-138
재무활동	108	267
순현금흐름	103	-132
기말현금	155	23

결산 실적 〈단위 : 억원〉
항목	2012	2013	2014	2015	2016	2017
매출액	633	1,695	1,823	2,844	3,672	—
영업이익	94	208	47	63	16	—
당기순이익	49	142	31	30	19	—

분기 실적 〈단위 : 억원〉
항목	2016.1Q	2016.2Q	2016.3Q	2016.4Q	2017.1Q	2017.2Q
매출액	896	908	911	956	1,056	958
영업이익	19	19	-12	-10	-77	0
당기순이익	15	24	-42	22	-142	8

재무 상태 〈단위 : 억원〉
항목	2012	2013	2014	2015	2016	2017.2Q
총자산	816	1,328	1,492	1,664	2,231	2,280
유형자산	435	654	834	884	1,017	1,188
무형자산	31	42	68	70	66	58
유가증권	2		19	64	77	30
총부채	690	724	848	955	1,495	1,693
총차입금	423	486	519	433	566	880
자본금	33	82	83	83	83	83
총자본	126	604	644	709	736	588
지배주주지분	126	604	642	707	732	584

기업가치 지표
항목	2012	2013	2014	2015	2016	2017.2Q
주가(최고/저)(천원)	—/—	7.0/5.4	9.4/4.1	7.3/4.3	5.9/3.9	—/—
PER(최고/저)(배)	0.0/0.0	4.8/3.7	51.3/22.3	42.3/24.9	50.9/33.7	—/—
PBR(최고/저)(배)	0.0/0.0	1.9/1.5	2.4/1.1	1.7/1.0	1.3/0.9	2.0/1.3
EV/EBITDA(배)	1.9	4.0	7.1	5.1	6.2	—/—
EPS(원)	702	1,494	188	176	117	-800
BPS(원)	9,846	3,688	3,971	4,361	4,432	3,545
CFPS(원)	9,766	2,629	1,075	1,249	1,183	-225
DPS(원)					100	
EBITDAPS(원)	13,683	3,328	1,173	1,450	1,163	117

재무 비율 〈단위 : %〉
연도	영업이익률	순이익률	부채비율	차입금비율	ROA	ROE	유보율	자기자본비율	EBITDA마진율
2016	0.4	0.5	203.0	76.9	1.0	2.7	786.4	33.0	5.3
2015	2.2	1.1	134.6	61.0	1.9	4.4	772.3	42.6	8.5
2014	2.6	1.7	131.7	80.7	2.2	4.9	694.2	43.2	10.5
2013	12.3	8.4	119.9	80.5	13.2	38.8	637.6	45.5	18.6

해태제과식품 (A101530)
Haitai Confectionery & Foods

업 종 : 식료품		시 장 : 거래소	
신용등급 : (Bond) — (CP) —		기업규모 : 시가총액 중형주	
홈 페 이 지 : www.ht.co.kr		연 락 처 : 041)622-5805	
본 사 : 충남 천안시 서북구 성거읍 천흥8길 67-26			

설 립 일	2001.07.11	종 업 원 수	2,386명	대 표 이 사	신정훈
상 장 일	2016.05.11	감 사 의 견	적정 (삼정)	계 열	
결 산 기	12월	보 통 주	2,912만주	종속회사수	4개사
액 면 가	500원	우 선 주		구 상 호	

주주구성 (지분율,%)		출자관계 (지분율,%)		주요경쟁사 (외형,%)	
크라운제과	60.0	빠라쪼	100.0	해태제과식품	100
신정훈	1.4	훼미리식품	92.7	CJ제일제당	1,837
(외국인)	0.5	아트밸리	60.0	롯데제과	284

매출구성		비용구성		수출비중	
과자류,아이스크림	63.4	매출원가율	60.7	수출	—
과자류,냉동식품	35.4	판관비율	34.9	내수	—
위탁판매용역	1.2				

회사 개요
동사는 과자, 아이스크림, 냉동식품등을 생산하며, 직영영업소등 전국적 영업조직망을 통해 다양한 유통경로로 최종소비자들에게 최상의 양질의 식품을 공급하고 있으며 해외시장 개척을 통해 글로벌 식품회사로 성장해가고 있음. 동사는 연양갱, 부라보콘, 고향만두, 홈런볼, 오예스, 에이스, 맛동산, 허니버터칩 등 국민들에게 사랑받는 제품을 보유하고 있음. 동사는 제과사업부문을 과자부문, 아이스크림부문, 식품사업부문, 수출부문으로 구분하여 관리하고 있음.

실적 분석
동사의 2017년 상반기 연결기준 누적 매출액은 3929.4억원으로 전년 대비 0.9% 감소함. 매출은 줄었지만 매출원가는 오히려 증가하면서 영업이익은 전년 동기 대비 23.9% 감소하여 149.4억원을 시현함. 비영업손익 부문에서 적자가 지속됐으나 적자 폭은 감소함. 다만 영업이익이 대폭 줄어들면서 당기순이익은 89.9억원으로 전년 동기 대비 1.7% 감소함.

현금 흐름 〈단위 : 억원〉
항목	2016	2017.2Q
영업활동	354	428
투자활동	-496	-223
재무활동	90	-226
순현금흐름	-52	-21
기말현금	144	123

결산 실적 〈단위 : 억원〉
항목	2012	2013	2014	2015	2016	2017
매출액	7,255	7,290	6,900	7,983	7,928	—
영업이익	442	321	246	469	352	—
당기순이익	214	81	43	169	255	—

분기 실적 〈단위 : 억원〉
항목	2016.1Q	2016.2Q	2016.3Q	2016.4Q	2017.1Q	2017.2Q
매출액	1,831	2,134	2,134	1,829	1,829	2,101
영업이익	54	142	157	-1	47	103
당기순이익	18	73	102	62	22	68

재무 상태 〈단위 : 억원〉
항목	2012	2013	2014	2015	2016	2017.2Q
총자산	6,905	7,148	7,207	7,482	7,963	8,474
유형자산	2,699	2,783	2,772	2,911	3,126	3,616
무형자산	1,895	1,909	1,972	1,983	1,983	1,982
유가증권	31	34	39	41	40	38
총부채	5,350	5,584	5,611	5,713	5,016	5,465
총차입금	3,249	3,395	3,398	3,362	2,657	2,956
자본금	102	107	107	119	146	146
총자본	1,555	1,565	1,597	1,769	2,947	3,009
지배주주지분	1,536	1,496	1,528	1,688	2,865	2,914

기업가치 지표
항목	2012	2013	2014	2015	2016	2017.2Q
주가(최고/저)(천원)	—/—	—/—	—/—	—/—	59.5/16.8	—/—
PER(최고/저)(배)	0.0/0.0	0.0/0.0	0.0/0.0	0.0/0.0	64.7/18.3	—/—
PBR(최고/저)(배)	0.0/0.0	0.0/0.0	0.0/0.0	0.0/0.0	5.3/1.5	1.9/1.6
EV/EBITDA(배)	5.1	6.5	7.3	4.7	12.7	—/—
EPS(원)	899	359	181	708	928	307
BPS(원)	7,207	8,175	8,309	10,646	11,296	11,465
CFPS(원)	1,620	1,150	1,043	1,641	1,889	768
DPS(원)					150	
EBITDAPS(원)	2,578	2,139	1,896	2,900	2,251	974

재무 비율 〈단위 : %〉
연도	영업이익률	순이익률	부채비율	차입금비율	ROA	ROE	유보율	자기자본비율	EBITDA마진율
2016	4.4	3.2	170.2	90.2	3.3	11.1	2,159.1	37.0	7.7
2015	5.9	2.1	323.0	190.1	2.3	10.5	2,029.2	23.6	8.7
2014	3.6	0.6	351.4	212.8	0.6	2.9	1,744.1	22.2	6.6
2013	4.4	1.1	356.8	217.0	1.2	5.6	1,714.2	21.9	7.0

핸디소프트 (A220180)
HANDYSOFT

업 종 : 일반 소프트웨어		시 장 : KOSDAQ	
신용등급 : (Bond) — (CP) —		기업규모 : 신성장	
홈페이지 : www.handysoft.co.kr		연 락 처 : (070)4483-9000	
본 사 : 경기도 성남시 분당구 대왕판교로644번길 49, 5층(삼평동, 다산타워)			

설 립 일	2009.11.01	종 업 원 수	186명	대 표 이 사	장인수
상 장 일	2015.06.29	감 사 의 견	적정 (한영)	계 열	
결 산 기	12월	보 통 주	746만주	종속회사수	2개사
액 면 가	500원	우 선 주		구 상 호	

주주구성 (지분율,%)
다산인베스트	26.8
다산네트웍스	17.6
(외국인)	0.1

출자관계 (지분율,%)
핸디카	90.0
지에이치소프트	59.6
다산카이스	50.0

주요경쟁사 (외형,%)
핸디소프트	100
인프라웨어	36
피노텍	30

매출구성
DASAN	48.5
HANDY Groupware BizFlow SW 관련 개발용역 등	34.4
유지보수	17.2

비용구성
매출원가율	68.6
판관비율	26.3

수출비중
수출	0.0
내수	100.0

회사 개요
다산에스엠씨에 피합병된 핸디소프트는 지난 2011년 코스닥 상장폐지 후 물적분할을 통해 자원개발업을 하는 핸디소프트홀딩스와 SW 사업을 하는 핸디소프트로 분할 신설됨. 이후 임직원들이 새 법인을 설립해 분할신설법인 핸디소프트의 SW사업부문을 양수하였음. 코넥스에 상장되어 있었으나 기업가치 제고 및 원활한 자금조달 유동성 확보를 위해 코스닥으로 이전 상장에 성공함.

실적 분석
동사의 2017년 반기 연결기준 매출액은 148.5억원으로 전년동기 대비 13.1% 감소함. 영업손실은 14.3억원으로 전년 대비 적자전환함. 당기순손실 역시 13.0억원을 기록하며 전년 대비 적자전환하였음. 진행률에서 인도기준으로의 수익인식기준 변경, SI사업 철수 완료 및 수익중심의 사업운영으로 인해 매출액이 감소함. SI사업 철수완료에 따른 판관비 감소 및 원가절감 노력을 통한 이익 개선이 기대됨.

현금 흐름 〈단위 : 억원〉
항목	2016	2017.2Q
영업활동	-4	-48
투자활동	-13	-242
재무활동	107	152
순현금흐름	91	-138
기말현금	213	75

시장 대비 수익률

결산 실적 〈단위 : 억원〉
항목	2012	2013	2014	2015	2016	2017
매출액	573	653	496	416	369	—
영업이익	13	-16	-20	32	19	—
당기순이익	19	-12	-52	51	15	—

분기 실적 〈단위 : 억원〉
항목	2016.1Q	2016.2Q	2016.3Q	2016.4Q	2017.1Q	2017.2Q
매출액	87	84			58	91
영업이익	1	13			-11	-3
당기순이익	1	10			-7	-6

재무 상태 〈단위 : 억원〉
항목	2012	2013	2014	2015	2016	2017.2Q
총자산	516	480	421	391	517	668
유형자산	5	13	10	3	3	4
무형자산	10	8	20	9	11	37
유가증권	67	80	3	3	3	3
총부채	252	218	352	152	156	316
총차입금	25	13	135	11	11	166
자본금	25	26	18	27	37	37
총자본	265	262	69	239	361	353
지배주주지분	265	262	69	239	361	349

기업가치 지표
항목	2012	2013	2014	2015	2016	2017.2Q
주가(최고/저)(천원)	—/—	—/—	—/—	11.8/2.9	13.5/4.2	—/—
PER(최고/저)(배)	0.0/0.0	0.0/0.0	0.0/0.0	11.9/2.9	50.5/15.8	—/—
PBR(최고/저)(배)	0.0/0.0	0.0/0.0	0.0/0.0	2.7/0.7	2.8/0.9	2.0/1.3
EV/EBITDA(배)				6.0	18.2	—/—
EPS(원)	531	-236	-1,016	990	268	-171
BPS(원)	5,284	5,113	1,336	4,375	4,843	4,674
CFPS(원)	703	-108	-866	1,058	308	-156
DPS(원)						
EBITDAPS(원)	540	-182	-229	690	370	-176

재무 비율 〈단위 : % 〉
연도	영업이익률	순이익률	부채비율	차입금비율	ROA	ROE	유보율	자기자본비율	EBITDA마진율
2016	5.1	4.1	43.2	3.1	3.4	5.1	868.5	69.8	5.7
2015	7.7	12.2	63.6	4.7	12.5	33.1	775.0	61.1	8.5
2014	-3.9	-10.5	513.9	196.4	—	—	271.1	16.3	-2.4
2013	-2.4	-1.9	83.1	5.0	-2.4	-4.6	922.7	54.6	-1.4

핸즈 (A143210)
Hands

업 종 : 자동차부품		시 장 : 거래소	
신용등급 : (Bond) — (CP) —		기업규모 : —	
홈페이지 : www.handscorp.co.kr		연 락 처 : (032)870-9600	
본 사 : 인천시 서구 가좌로37번길 50			

설 립 일	1972.03.03	종 업 원 수	1,486명	대 표 이 사	승현창
상 장 일	2016.12.02	감 사 의 견	적정 (안진)	계 열	
결 산 기	12월	보 통 주	2,186만주	종속회사수	3개사
액 면 가	500원	우 선 주		구 상 호	

주주구성 (지분율,%)
승현창	40.8
학산문화재단	14.2
(외국인)	1.0

출자관계 (지분율,%)
에이에스에이전주	4.7
채널에이	0.3

주요경쟁사 (외형,%)
핸즈코퍼레이션	100
S&T모티브	170
현대모비스	5,651

매출구성
알루미늄 휠(제품, 상품)	99.7
기타(부산물 등)	0.3

비용구성
매출원가율	83.4
판관비율	7.9

수출비중
수출	78.0
내수	22.0

회사 개요
동사는 1972년 3월 3일 동화합판 주식회사로 설립되어, 1975년 3월 24일 동화상협 주식회사, 2012년 9월 3일 핸즈코퍼레이션 주식회사로 사명을 변경. 동사는 자동차부품 제조업체로서 자동차용 알루미늄 휠을 전문으로 생산 중. 주로 주문자 상표 부착 생산(OEM)의 형태로 완성차 제조업체에 제품을 공급하고 있으며, 전방산업인 완성차의 수요 및 생산에 영향을 받음.

실적 분석
동사가 제조하는 승용차용 알루미늄 휠은 타이어와 함께 자동차와 땅을 연결하는 부품으로써 자동차의 중량을 분산 지지하고 엔진에서 발생하는 구동력을 타이어에 전달하는 역할을 함. 휠은 주행과 제동, 구동시에 발생하는 토크와 노면으로부터의 충격, 그리고 차량 회전 시 원심력에 의한 횡하중을 받는 부품이기 때문에 충격에 강한 성질의 소재인 알루미늄 합금이 주로 사용됨. 2017년 반기 매출액은 전년 동기 대비 6.6% 감소하여 영업이익 축소됨.

현금 흐름 〈단위 : 억원〉
항목	2016	2017.2Q
영업활동	817	173
투자활동	147	-106
재무활동	-418	36
순현금흐름	549	123
기말현금	769	892

시장 대비 수익률

결산 실적 〈단위 : 억원〉
항목	2012	2013	2014	2015	2016	2017
매출액	5,848	5,098	5,746	6,762	6,771	—
영업이익	129	66	-26	454	592	—
당기순이익	147	106	-24	183	347	—

분기 실적 〈단위 : 억원〉
항목	2016.1Q	2016.2Q	2016.3Q	2016.4Q	2017.1Q	2017.2Q
매출액	1,602	1,810			1,586	1,602
영업이익	106	233			79	151
당기순이익	63	114			63	77

재무 상태 〈단위 : 억원〉
항목	2012	2013	2014	2015	2016	2017.2Q
총자산	4,764	5,671	6,292	6,555	6,732	6,642
유형자산	1,907	2,901	3,223	3,228	3,008	2,921
무형자산	141	144	151	144	139	137
유가증권	309	228	30	14	34	52
총부채	3,665	3,932	4,669	4,665	3,686	3,497
총차입금	2,335	2,577	2,791	3,428	2,306	2,390
자본금	8	9	9	10	108	109
총자본	1,100	1,739	1,623	1,890	3,046	3,145
지배주주지분	1,100	1,739	1,623	1,890	3,046	3,145

기업가치 지표
항목	2012	2013	2014	2015	2016	2017.2Q
주가(최고/저)(천원)	—/—	—/—	—/—	—/—	9.5/8.0	—/—
PER(최고/저)(배)	0.0/0.0	0.0/0.0	0.0/0.0	0.0/0.0	4.6/3.9	—/—
PBR(최고/저)(배)	0.0/0.0	0.0/0.0	0.0/0.0	0.0/0.0	0.7/0.6	0.8/0.6
EV/EBITDA(배)	3.0	6.7	9.3	3.6	3.7	—/—
EPS(원)	1,237	798	-180	1,373	2,108	640
BPS(원)	1,335,674	1,843,373	1,720,145	1,827,616	14,071	14,383
CFPS(원)	622,904	376,457	275,113	545,337	4,182	1,405
DPS(원)					185	
EBITDAPS(원)	601,667	333,833	272,978	831,805	5,686	1,818

재무 비율 〈단위 : % 〉
연도	영업이익률	순이익률	부채비율	차입금비율	ROA	ROE	유보율	자기자본비율	EBITDA마진율
2016	8.8	5.1	121.0	75.7	5.2	14.1	2,714.3	45.2	13.7
2015	6.7	2.7	246.9	181.4	2.9	10.4	18,176.2	28.8	11.6
2014	-0.5	-0.4	287.7	172.0	-1.4	—	17,101.5	25.8	4.5
2013	1.3	2.1	226.1	148.2			18,333.7	30.7	6.2

행남생활건강 (A008800)
HAENGNAM HOUSEHOLD & HEALTH CARE

종 목 : 내구소비재		시 장 : KOSDAQ	
신용등급 : (Bond) — (CP) —		기업규모 : —	
홈페이지 : www.haengnam.co.kr		연 락 처 : 061)280-2000	
본 사 : 전남 목포시 고하대로795(연산동)			

설 립 일	1974.05.14	종업원수	86명	대표이사	정호열
상 장 일	1993.09.03	감사의견	—(삼덕)	계 열	
결 산 기	12월	보 통 주	10,679만주	종속회사수	
액 면 가	500원	우 선 주		구 상 호	행남자기

주주구성 (지분율,%)		출자관계 (지분율,%)		주요경쟁사 (외형,%)	
더미디어	17.4	와이에이치2호조합	100.0	행남생활건강	100
마크원인베스트먼트	15.6	크레이텍	40.0	코웨이	8,379
(외국인)	1.0	모디	32.9	쿠쿠전자	2,527

매출구성		비용구성		수출비중	
도자기외	73.5	매출원가율	91.5	수출	7.0
맛김	22.6	판관비율	22.7	내수	93.0
프랜트외	3.9				

회사 개요
동사는 1942년 설립되어 '본차이나'라는 브랜드로 널리 알려진 가정용 도자기 전문업체임. 도자기 시장은 봄, 가을에 성수기를 맞고 경기변동에 다소 민감한 편이나, 소득 수준 증가에 따라 플라스틱 용기 등을 대신해 도자기 등을 사용하고자 하는 수요는 꾸준히 증가하고 있음. 국내뿐만 아니라 미국, 이태리, 일본, 캐나다 등에 고정 거래처를 확보하고 있음. 동사의 국내 시장 점유율은 약 25% 수준임.

실적 분석
2017년 상반기 매출과 영업손실은 98.4억원, 22.5억원으로 매출은 34.7% 감소하고 영업이익은 적자지속 중. 매출 감소는 도자기 부문 매출 감소와 더불어 (주)모디, (주)예향 광주일보가 연결종속기업에서 제외되었기 때문. 도자기 부문은 전년동기 44.4억원이던 수출액이 6.8억원으로 급감하였고 일부 제품의 단가 하락이 있었음. 동사는 현재 단백질아미노산 제조사업을 신규사업으로 추진 중. 당해년도 약 100억원의 투자가 집행될 예정

현금 흐름 〈단위 : 억원〉

항목	2016	2017.2Q
영업활동	-3	4
투자활동	-227	-25
재무활동	226	19
순현금흐름	-4	-2
기말현금	3	1

시장 대비 수익률

결산 실적 〈단위 : 억원〉

항목	2012	2013	2014	2015	2016	2017
매출액	461	439	424	387	284	—
영업이익	-30	14	-25	-4	-40	—
당기순이익	7	10	-43	7	-189	—

분기 실적 〈단위 : 억원〉

항목	2016.1Q	2016.2Q	2016.3Q	2016.4Q	2017.1Q	2017.2Q
매출액	69	81	—	—	60	38
영업이익	-0	-2	—	—	-9	-14
당기순이익	3	-6	—	—	-13	-15

재무 상태 〈단위 : 억원〉

항목	2012	2013	2014	2015	2016	2017.2Q
총자산	615	639	587	778	510	535
유형자산	160	150	140	184	100	170
무형자산	4	4	1	143	1	0
유가증권	4	4	3	4	35	20
총부채	300	307	310	433	313	255
총차입금	198	216	206	315	251	188
자본금	302	302	302	312	344	411
총자본	315	332	277	345	197	280
지배주주지분	282	290	253	284	197	280

기업가치 지표

항목	2012	2013	2014	2015	2016	2017.2Q
주가(최고/저)(천원)	0.8/0.4	0.4/0.3	0.8/0.3	1.4/0.3	2.7/0.8	—/—
PER(최고/저)(배)	51.8/22.6	41.7/29.0	—/—	183.0/40.5	—/—	4.4/1.5
PBR(최고/저)(배)	1.7/0.7	0.8/0.6	1.9/0.6	3.0/0.7	9.4/2.7	4.5/1.5
EV/EBITDA(배)		17.3		79.9		—/—
EPS(원)	16	10	-56	7	-287	-34
BPS(원)	4,819	4,965	4,344	4,552	286	341
CFPS(원)	338	249	-430	188	-280	-32
DPS(원)						
EBITDAPS(원)	-313	378	-278	173	-54	-25

재무 비율 〈단위 : % 〉

연도	영업이익률	순이익률	부채비율	차입금비율	ROA	ROE	유보율	자기자본비율	EBITDA마진율
2016	-14.2	-66.7	일부잠식	일부잠식	-29.4	-79.5	-42.8	38.7	-12.6
2015	0.9	0.8	125.8	91.4	0.5	1.7	44.3	44.3	2.7
2014	-5.9	-10.1	일부잠식	일부잠식	-7.0	-12.5	-13.1	47.1	-4.0
2013	3.2	1.6	92.6	65.2	1.1	3.4	-0.7	51.9	5.2

헝셩그룹 (A900270)
HENG SHENG HOLDING GROUP

업 종 : 레저용품		시 장 : KOSDAQ	
신용등급 : (Bond) — (CP) —		기업규모 : —	
홈페이지 : www.hsfamilyent.com		연 락 처 : +86-595-85225128	
본 사 : ROOM 6, 3F., Llado Centre, 72-80 Hoi Yuen Road, Kwun Tong, Kowloon, Hong Kong			

설 립 일	1995.11.14	종업원수	명	대표이사	후이만킷
상 장 일	2016.08.18	감사의견	적정 (신한)	계 열	
결 산 기	12월	보 통 주	8,000만주	종속회사수	3개사
액 면 가	—	우 선 주		구 상 호	

주주구성 (지분율,%)		출자관계 (지분율,%)		주요경쟁사 (외형,%)	
후이만킷	41.0			형성그룹	100
후이메이야	16.7			손오공	65
(외국인)	71.7			오로라	72

매출구성		비용구성		수출비중	
플라스틱완구	46.3	매출원가율	71.9	수출	—
아동의류	23.5	판관비율	8.8	내수	—
봉제완구	20.3				

회사 개요
동사는 1992년 설립된 유아용품 완구 및 의류 전문 제조업체로 2014년 홍콩에 설립된 지주회사이며, 자회사로 진장형성완구유한회사(이하 형성완구)와 췐저우 JAZZIT 어패럴유한공사(이하 재즈래빗어패럴)를 두고 있음. 설립 초기에는 주로 OEM/ODM 방식의 봉제완구를 생산하다가, 최근에는 자체 브랜드 매출비중이 65%까지 확대되었고 생산 제품군도 아동복, 일회용 용기 등으로 다양화 하고 있음.

실적 분석
동사의 2017년 2분기기준 누적 매출액은 전년동기대비 3.3% 하락한 880.9억원을 기록하였음. 비용면에서 전년동기대비 매출원가는 감소 하였으며 인건비도 감소, 광고선전비도 감소, 기타판매비와관리비는 증가함. 그에 따라 매출액 하락 등에 의해 전년동기대비 영업이익은 169.9억원으로 -5.5% 하락하였음. 그러나 비영업손익의 크게 상승으로 전년동기대비 당기순이익은 138.2억원을 기록함.

현금 흐름 〈단위 : 억원〉

항목	2016	2017.2Q
영업활동	320	-9
투자활동	-11	-84
재무활동	696	-23
순현금흐름	1,020	47
기말현금	1,299	1,304

시장 대비 수익률

결산 실적 〈단위 : 억원〉

항목	2012	2013	2014	2015	2016	2017
매출액	—	—	1,883	2,024	1,992	—
영업이익	—	—	363	395	385	—
당기순이익	—	—	253	287	296	—

분기 실적 〈단위 : 억원〉

항목	2016.1Q	2016.2Q	2016.3Q	2016.4Q	2017.1Q	2017.2Q
매출액	375	542	640	436	377	508
영업이익	70	111	137	67	73	98
당기순이익	52	83	105	56	58	81

재무 상태 〈단위 : 억원〉

항목	2012	2013	2014	2015	2016	2017.2Q
총자산			1,415	1,721	2,693	2,753
유형자산			311	290	252	350
무형자산			1	1	1	1
유가증권					16	15
총부채			614	680	685	687
총차입금			455	431	409	374
자본금			21	22	722	699
총자본			801	1,041	2,008	2,066
지배주주지분			748	1,041	2,008	2,066

기업가치 지표

항목	2012	2013	2014	2015	2016	2017.2Q
주가(최고/저)(천원)	—/—	—/—	—/—	—/—	—/—	—/—
PER(최고/저)(배)	0.0/0.0	0.0/0.0	0.0/0.0	0.0/0.0	9.8/6.2	—/—
PBR(최고/저)(배)	0.0/0.0	0.0/0.0	0.0/0.0	0.0/0.0	1.7/1.1	1.4/1.0
EV/EBITDA(배)	0.0		1.0	0.3	3.4	
EPS(원)			969	469	437	173
BPS(원)			1,246	1,735	2,511	2,582
CFPS(원)			1,081	520	479	190
DPS(원)						
EBITDAPS(원)			1,506	709	609	229

재무 비율 〈단위 : % 〉

연도	영업이익률	순이익률	부채비율	차입금비율	ROA	ROE	유보율	자기자본비율	EBITDA마진율
2016	19.3	14.9	34.1	20.4	13.4	19.4	178.4	74.6	20.7
2015	19.5	14.2	65.4	41.4	18.3	31.4	4,733.7	60.5	21.0
2014	19.3	13.4	76.7	56.8	0.0	0.0	3,437.7	56.6	20.8
2013	0.0	0.0	0.0	0.0	0.0	0.0	0.0	0.0	0.0

현대건설 (A000720)
Hyundai Engineering & Construction

업 종 : 건설		시 장 : 거래소	
신용등급 : (Bond) AA-　(CP) —		기업규모 : 시가총액 대형주	
홈페이지 : www.hdec.kr		연 락 처 : 1577-7755	
본 사 : 서울시 종로구 율곡로 75 현대건설빌딩			

설 립 일 1950.01.10	종업원수 7,020명	대표이사 정수현
상 장 일 1984.12.22	감사의견 적정 (안진)	계 열
결 산 기 12월	보 통 주 11,136만주	종속회사수 30개사
액 면 가 5,000원	우 선 주 10만주	구 상 호

주주구성 (지분율,%)
현대자동차	21.0
국민연금공단	11.2
(외국인)	31.9

출자관계 (지분율,%)
현대스틸산업	100.0
현대도시개발	100.0
현대종합설계건축사사무소	84.8

주요경쟁사 (외형,%)
현대건설	100
현대산업	25
대림산업	52

매출구성
[플랜트/전력]현대건설,현대엔지니어링외(기타)	40.1
[인프라/환경]현대건설,HATCO외(기타)	39.3
[인프라/환경]현대건설,현대엔지니어링외(기타)	17.4

비용구성
매출원가율	89.7
판관비율	4.1

수출비중
수출	—
내수	—

회사 개요
동사는 토목과 건축 공사를 주 사업 영역으로 하며 1984년 유가증권시장에 상장됨. 건축 주택, 토목, 플랜트, 기타 등으로 사업 부문이 나뉨. 플랜트 매출이 가장 크고 건축, 토목 순임. 국내 부문에서 수주가 줄더라도 해외 대형 플랜트 수주가 지속돼 실적은 당분간 나쁘지 않을 전망. 해외 시장은 불확실성이 존재하나, CIS 지역 대규모 자원개발, 신흥국 인프라 투자 증가로 안정적 성장이 예상됨.

실적 분석
영업이익은 5,104.3억원을 기록하며 양호한 실적을 나타냄. 그러나 수익성 높은 신흥국 플랜트공사 매출 축소와 해외 저가 현장 추가 원가 투입으로 본사 해외원가율이 99.3%로 악화됨. 신흥국 공사 매출이 회복되기까지 시간이 필요한 상황. 2017년 매출액은 해외 부문 둔화로 전년 대비 소폭 감소할 전망. 주택 매출액 또한 2017년을 정점으로 점차 하락할 예정으로 해외의 매출 회복이 필요한 상황.

현금 흐름 〈단위 : 억원〉
항목	2016	2017.2Q
영업활동	10,865	4,721
투자활동	-7,752	-3,021
재무활동	-1,769	-1,890
순현금흐름	1,526	-1,073
기말현금	21,500	20,427

시장 대비 수익률

결산 실적 〈단위 : 억원〉
항목	2012	2013	2014	2015	2016	2017
매출액	133,248	138,520	172,765	192,332	188,250	
영업이익	7,604	7,041	8,292	10,893	11,590	
당기순이익	5,670	4,994	4,793	6,638	7,317	

분기 실적 〈단위 : 억원〉
항목	2016.1Q	2016.2Q	2016.3Q	2016.4Q	2017.1Q	2017.2Q
매출액	42,879	47,064	44,641	53,665	41,297	42,081
영업이익	2,072	2,965	2,751	3,802	2,286	2,664
당기순이익	869	1,894	1,356	3,197	439	2,047

재무 상태 〈단위 : 억원〉
항목	2012	2013	2014	2015	2016	2017.2Q
총자산	127,468	146,665	182,446	193,501	198,734	189,655
유형자산	11,440	16,382	17,106	17,542	14,981	14,645
무형자산	768	846	8,743	8,573	8,103	7,884
유가증권	6,613	5,038	5,456	5,397	5,669	3,885
총부채	79,909	95,323	114,573	119,595	117,488	107,381
총차입금	17,311	23,567	26,798	27,195	26,556	25,740
자본금	5,573	5,573	5,573	5,573	5,573	5,573
총자본	47,559	51,342	67,873	73,906	81,246	82,274
지배주주지분	45,485	48,226	52,915	57,203	63,290	63,929

기업가치 지표
항목	2012	2013	2014	2015	2016	2017.2Q
주가(최고/저)(천원)	80.9/53.2	70.3/51.5	62.7/39.1	57.2/27.3	44.3/27.0	—/—
PER(최고/저)(배)	18.7/12.3	18.7/13.7	22.0/13.7	15.6/7.4	8.7/5.3	—/—
PBR(최고/저)(배)	2.1/1.4	1.7/1.3	1.4/0.9	1.2/0.6	0.8/0.5	0.9/0.7
EV/EBITDA(배)	8.9	8.9	5.9	3.4	3.9	—
EPS(원)	4,575	3,957	2,972	3,777	5,133	1,495
BPS(원)	40,811	43,270	47,477	51,324	56,786	57,358
CFPS(원)	5,344	4,794	4,355	5,534	6,842	2,364
DPS(원)	500	500	500	500	500	
EBITDAPS(원)	7,592	7,154	8,822	11,531	12,107	5,448

재무 비율 〈단위 : % 〉
연도	영업이익률	순이익률	부채비율	차입금비율	ROA	ROE	유보율	자기자본비율	EBITDA마진율
2016	6.2	3.9	144.6	32.7	3.7	9.5	1,035.7	40.9	7.2
2015	5.7	3.5	161.8	36.8	3.5	7.7	926.5	38.2	6.7
2014	4.8	2.8	168.8	39.5	2.9	6.6	849.5	37.2	5.7
2013	5.1	3.6	185.7	45.9	3.6	9.4	765.4	35.0	5.8

현대건설기계 (A267270)
Hyundai Construction Equipment

업 종 : 기계		시 장 : 거래소	
신용등급 : (Bond) A-　(CP) —		기업규모 : —	
홈페이지 : www.hyundai-ce.com		연 락 처 : 02)746-7940	
본 사 : 서울시 종로구 율곡로 75			

설 립 일 2017.04.01	종업원수 1,336명	대표이사 공기영
상 장 일 2017.05.10	감사의견 적정 (삼정)	계 열
결 산 기 12월	보 통 주 358만주	종속회사수 2개사
액 면 가 5,000원	우 선 주	구 상 호

주주구성 (지분율,%)
현대로보틱스	32.1
국민연금공단	10.7
(외국인)	9.3

출자관계 (지분율,%)
Hyundai Heavy Industries Europe N.V.	100.0
Hyundai Construction Equipment Americas, Inc	100.0

주요경쟁사 (외형,%)
현대건설기계	
두산중공업	
현대엘리베이	

매출구성
매출원가율	0.0
판관비율	0.0

비용구성

수출비중
수출	74.0
내수	26.0

회사 개요
동사는 2017년 현대중공업으로부터 건설기계 사업부문의 경쟁력 강화를 목적으로 인적 분할된 신설회사임. 건설용/산업용/농업용 기계장비 및 관련부품의 제조 판매업, 수리업, 수입판매업, 중고장비매매업, 무역업 등의 사업을 영위하고 있음. 미국에 위치한 Hyundai Construction Equipment Americas., Inc와 벨기에에 위치한 Hyundai Heavy Industries Europe N.V.를 연결대상 종속회사로 보유함.

실적 분석
동사의 2017년 상반기 연결 기준 매출액은 6,832.2억원임. 영업이익은 357.9억원임. 비영업부문이 19.8억원의 손실을 기록해 당기순이익은 268.3억원을 시현함. 산업차량 시장은 2005년 대비 2015년 50% 이상 확대됐으며 향후에도 성장세를 지속할 것으로 파악됨. 건설기계 시장 역시 신흥국들의 도시화 진행에 힘입어 지속적인 수요가 발생할 전망임. 렌탈시장 역시 건설기계 업체들에게 새로운 시장으로 부상하고 있음.

현금 흐름 〈단위 : 억원〉
항목	2016	2017.2Q
영업활동	—	17
투자활동	—	-308
재무활동	—	-662
순현금흐름	—	-927
기말현금	—	2,031

시장 대비 수익률

결산 실적 〈단위 : 억원〉
항목	2012	2013	2014	2015	2016	2017
매출액	—	—	—	—	—	
영업이익	—	—	—	—	—	
당기순이익	—	—	—	—	—	

분기 실적 〈단위 : 억원〉
항목	2016.1Q	2016.2Q	2016.3Q	2016.4Q	2017.1Q	2017.2Q
매출액	—	—	—	—	—	6,83
영업이익	—	—	—	—	—	35
당기순이익	—	—	—	—	—	26

재무 상태 〈단위 : 억원〉
항목	2012	2013	2014	2015	2016	2017.2Q
총자산						18,62
유형자산						5,12
무형자산						1,05
유가증권						
총부채						10,81
총차입금						7,23
자본금						17
총자본						7,81
지배주주지분						7,81

기업가치 지표
항목	2012	2013	2014	2015	2016	2017.2Q
주가(최고/저)(천원)	—/—	—/—	—/—	—/—	—/—	—/—
PER(최고/저)(배)	0.0/0.0	0.0/0.0	0.0/0.0	0.0/0.0	0.0/0.0	—/—
PBR(최고/저)(배)	0.0/0.0	0.0/0.0	0.0/0.0	0.0/0.0	0.0/0.0	1.6/1.
EV/EBITDA(배)	0.0	0.0	0.0	0.0	0.0	
EPS(원)	—	—	—	—	—	7,48
BPS(원)	—	—	—	—	—	221,43
CFPS(원)	—	—	—	—	—	10,93
DPS(원)	—	—	—	—	—	
EBITDAPS(원)	—	—	—	—	—	13,43

재무 비율 〈단위 : % 〉
연도	영업이익률	순이익률	부채비율	차입금비율	ROA	ROE	유보율	자기자본비율	EBITDA마진율
2016	0.0	0.0	0.0	0.0	0.0	0.0	0.0	0.0	0.
2015	0.0	0.0	0.0	0.0	0.0	0.0	0.0	0.0	0.
2014	0.0	0.0	0.0	0.0	0.0	0.0	0.0	0.0	0.
2013	0.0	0.0	0.0	0.0	0.0	0.0	0.0	0.0	0.

현대공업 (A170030)
Hyundai Industrial

종 목: 자동차부품		시 장: KOSDAQ	
용 등 급: (Bond) — (CP) —		기업규모: 우량	
페 이 지: www.hdi21.co.kr		연 락 처: 052)276-1900	
사: 울산시 북구 매곡산업5길 28 (매곡동)			

설 립 일	1978.09.12	총 업 원 수	156명	대 표 이 사	강현석
상 장 일	2013.12.04	감 사 의 견	적정 (부원)	계 열	
결 산 기	12월	보 통 주	1,534만주	종 속 회 사 수	2개사
액 면 가	500원	우 선 주		구 상 호	

주주구성 (지분율,%)
강현석	31.8
강윤나	21.9
(외국인)	3.8

출자관계 (지분율,%)
황화현공기차부건유한공사	100.0
북경현공기차부건유한공사	100.0

주요경쟁사 (외형,%)
현대공업	100
삼성공조	40
에코플라스틱	513

매출구성
암레스트	38.0
셔트패드	36.5
헤드레스트	21.5

비용구성
매출원가율	85.0
판관비율	6.5

수출비중
수출	25.0
내수	75.0

회사 개요
동사는 1969년 현대공업사로 설립되어 1978년 9월 주식회사 현대공업으로 사명을 변경해 법인으로 전환 설립됨. 차량용 시트부품 등 자동차부품의 제조를 주요 사업목적으로 영위하고 있음. 동사가 속한 자동차부품 제조 관련 내장재 산업은 완성차 제조산업뿐만 아니라 자동차 부품제조산업을 포함한 자동차산업 전체를 전방산업으로하여 그 영향을 받음에 따라 자동차산업 전체 경기수준에 직접적인 영향을 받음.

실적 분석
동사의 2017년 2분기 연결기준 누적 매출액은 전년동기대비 13% 하락한 940.7억원을 기록함. 비용면에서 전년동기대비 매출원가는 감소, 판매비와관리비도 감소함. 매출액 하락의 영향으로 영업이익은 72.3억원으로 전년동기 대비 35% 감소함. 당기순이익은 전년동기 대비 감소하여 54.9억원을 기록함. 신규 시장 개척을 위해 해외영업에 적극 나서고 있으며 신규 수익원이 될 것.

현금 흐름 〈단위 : 억원〉
항목	2016	2017.2Q
영업활동	164	130
투자활동	-115	-45
재무활동	-6	-16
순현금흐름	40	60
기말현금	217	277

시장 대비 수익률

결산 실적 〈단위 : 억원〉
항목	2012	2013	2014	2015	2016	2017
매출액	1,072	1,539	1,804	1,980	2,132	—
영업이익	93	158	162	160	182	—
당기순이익	73	108	124	152	155	—

분기 실적 〈단위 : 억원〉
항목	2016.1Q	2016.2Q	2016.3Q	2016.4Q	2017.1Q	2017.2Q
매출액	511	566	427	628	463	478
영업이익	26	86	19	52	51	21
당기순이익	20	67	22	45	33	22

재무 상태 〈단위 : 억원〉
항목	2012	2013	2014	2015	2016	2017.2Q
총자산	579	849	1,098	1,272	1,469	1,395
유형자산	146	172	230	338	296	309
무형자산	8	8	11	10	10	13
유가증권	13	9	58	92	90	99
총부채	307	283	423	445	516	411
총차입금	43	6	2	—	—	—
자본금	37	50	50	77	77	77
총자본	272	566	675	827	953	984
지배주주지분	272	566	675	827	953	984

기업가치 지표
항목	2012	2013	2014	2015	2016	2017.2Q
주가(최고/저)(천원)	—/—	4.8/3.9	7.9/3.6	7.5/4.6	6.1/3.8	—/—
PER(최고/저)(배)	0.0/0.0	5.3/4.3	10.0/4.6	7.7/4.7	6.2/3.8	0.9/0.0
PBR(최고/저)(배)	0.0/0.0	1.3/1.1	1.8/0.8	1.4/0.9	1.0/0.6	0.9/—
EV/EBITDA(배)	0.1		2.1	3.8	3.8	2.3	—/—
EPS(원)	670	951	827	1,001	1,010	358
BPS(원)	3,727	5,661	6,716	5,404	6,217	6,435
CFPS(원)	1,176	1,626	1,397	1,131	1,169	438
DPS(원)		80	90	66	92	—
EBITDAPS(원)	1,439	2,294	1,777	1,189	1,348	551

재무 비율 〈단위 : %〉
연도	영업이익률	순이익률	부채비율	차입금비율	ROA	ROE	유보율	자기자본비율	EBITDA마진율
2016	8.5	7.3	54.1	0.0	11.3	17.4	1,143.3	64.9	9.7
2015	8.1	7.7	53.8	0.0	12.8	20.2	980.8	65.0	9.1
2014	9.0	6.9	62.7	0.4	12.8	20.0	1,243.3	61.5	9.9
2013	10.3	7.0	50.0	1.1	15.1	25.7	1,032.3	66.7	11.3

현대그린푸드 (A005440)
Hyundai Green Food

업 종: 호텔 및 레저		시 장: 거래소	
신용등급: (Bond) — (CP) A1		기업규모: 시가총액 중형주	
홈 페 이 지: www.hyundaigreenfood.com		연 락 처: 031)525-2233	
본 사: 경기도 용인시 수지구 문인로 30 (동천동)			

설 립 일	1968.02.27	총 업 원 수	4,525명	대 표 이 사	경지선,박홍진(각자대표이사)
상 장 일	1989.08.22	감 사 의 견	적정 (삼정)	계 열	
결 산 기	12월	보 통 주	9,770만주	종 속 회 사 수	12개사
액 면 가	500원	우 선 주		구 상 호	

주주구성 (지분율,%)
정교선	15.3
국민연금공단	13.0
(외국인)	10.4

출자관계 (지분율,%)
금강에이앤디	100.0
씨엔에스푸드시스템	100.0
현대H&S	100.0

주요경쟁사 (외형,%)
현대그린푸드	100

매출구성
단체급식 등	26.1
유니품 등	21.7
건설기계제조 등 외	21.1

비용구성
매출원가율	86.0
판관비율	9.8

수출비중
수출	12.0
내수	88.0

회사 개요
동사는 현대백화점그룹에 속한 회사로 식재, 푸드서비스, 유통, 급식, LED 사업, 법인 영업, 여행, 중장비, 기타 등 8개 부문 사업을 영위하고 있음. 매출 구성이 각 부문에 고루 분포됨. 외부 수익 외에 부문간 수익이 전체 6% 가량 차지. 여러 사업 부문 중 2017년 2분기 기준 수익이 가장 큰 사업은 푸드서비스임. 동사의 연결대상 종속회사는 총 23개임.

실적 분석
동사의 2017년 2분기 연결 기준 누적 매출액은 1억2,312억원으로 전년 동기 대비 1.8% 줄어듦. 단 비용면에서 매출원가가 소폭 감소하며 영업이익은 전년보다 5.2% 증가한 646.2억원을 기록함. 향후 현대백화점 신규 출점에 따른 수혜와 홈쇼핑용 전용 가정간편식(HMR) 브랜드 전개, 쿠웨이트 국영 정유회사 급식공급계약 등에 따른 매출 증대가 전망됨.

현금 흐름 〈단위 : 억원〉
항목	2016	2017.2Q
영업활동	1,773	528
투자활동	-1,001	-457
재무활동	-670	-94
순현금흐름	107	-9
기말현금	338	329

시장 대비 수익률

결산 실적 〈단위 : 억원〉
항목	2012	2013	2014	2015	2016	2017
매출액	15,566	17,628	19,659	21,128	25,217	—
영업이익	772	683	782	879	1,052	—
당기순이익	808	914	979	915	1,053	—

분기 실적 〈단위 : 억원〉
항목	2016.1Q	2016.2Q	2016.3Q	2016.4Q	2017.1Q	2017.2Q
매출액	6,314	6,225	5,347	7,331	6,137	6,175
영업이익	296	319	194	244	289	357
당기순이익	337	298	201	218	390	348

재무 상태 〈단위 : 억원〉
항목	2012	2013	2014	2015	2016	2017.2Q
총자산	17,990	19,221	18,830	19,541	21,817	22,625
유형자산	1,402	1,505	1,665	1,770	2,407	2,386
무형자산	1,209	1,323	1,326	1,350	1,655	1,645
유가증권	8,877	9,091	7,700	6,812	7,250	6,928
총부채	4,755	4,996	5,012	4,862	5,747	5,765
총차입금	347	292	155	115	333	478
자본금	489	489	489	489	489	489
총자본	13,234	14,225	13,817	14,679	16,071	16,860
지배주주지분	13,187	14,174	13,767	14,622	15,096	15,802

기업가치 지표
항목	2012	2013	2014	2015	2016	2017.2Q
주가(최고/저)(천원)	18.5/13.8	18.7/14.9	21.0/15.8	27.8/16.8	23.5/15.2	—/—
PER(최고/저)(배)	23.0/17.1	20.3/16.2	21.2/16.0	30.1/18.2	24.3/15.7	—/—
PBR(최고/저)(배)	1.3/1.0	1.2/1.0	1.4/1.1	1.8/1.1	1.5/0.9	1.1/0.9
EV/EBITDA(배)	16.5	17.5	17.3	21.2	10.1	—/—
EPS(원)	818	930	999	929	971	659
BPS(원)	14,272	15,275	14,851	15,725	16,211	16,934
CFPS(원)	935	1,066	1,146	1,116	1,247	790
DPS(원)	50	50	60	60	60	—
EBITDAPS(원)	907	835	947	1,086	1,353	793

재무 비율 〈단위 : %〉
연도	영업이익률	순이익률	부채비율	차입금비율	ROA	ROE	유보율	자기자본비율	EBITDA마진율
2016	4.2	4.2	35.8	2.1	5.1	6.4	3,142.2	73.7	5.2
2015	4.2	4.3	33.1	0.8	4.8	6.4	3,045.0	75.1	5.0
2014	4.0	5.0	36.3	1.1	5.2	7.0	2,870.2	73.4	4.7
2013	3.9	5.2	35.1	2.1	4.9	6.6	2,955.0	74.0	4.6

현대글로비스 (A086280)
HYUNDAI GLOVIS

업　　　종 : 육상운수		시　　장 : 거래소	
신용등급 : (Bond) AA　(CP) —		기업규모 : 시가총액 대형주	
홈페이지 : www.glovis.net		연 락 처 : 02)6191-9114	
본　　　사 : 서울시 강남구 테헤란로 301			

설 립 일 2001.02.22	종업원수 1,194명	대표이사 김경배	
상 장 일 2005.12.26	감사의견 적정 (한영)	계　열	
결 산 기 12월	보통주 3,750만주	종속회사수	
액 면 가 500원	우선주	구상호	

주주구성 (지분율,%)		출자관계 (지분,%)		주요경쟁사 (외형,%)	
정의선	23.3	루코로지스틱스	16.7	현대글로비스	100
Den Norske Amerikalinje AS	12.0	현대A&I	16.2	CJ대한통운	40
(외국인)	33.0	당진항만	12.9	한진	12

매출구성		비용구성		수출비중	
물류부문(기타)	48.4	매출원가율	92.8	수출	84.0
CKD부문(기타)	39.1	판관비율	2.5	내수	16.0
기타부문(기타)	12.5				

회사 개요
동사는 종합물류업과 유통판매업을 영위하고 있으며 현대자동차 그룹의 물류를 담당하고 있음. 그룹사의 대규모 물동량을 함께 취급하며 규모의 경제를 실현하고 있음. 이러한 규모의 경제 실현으로 타 물류회사와 차별화된 가격 메리트를 가지고 있으며 이를 통한 그룹사 이외의 제3자 물량 확보에도 도움이 되고 있음. 2016년 기준 주요 매출 구성은 물류부문 51%, CKD부문 36.8%, 기타부문 12.2%로 구성됨.

실적 분석
중고차 부문을 제외한 나머지 사업부가 모두 고르게 성장하며 동사의 2017년 연결기준 2분기 누적 매출액은 8조 1,661.5억원으로 전년동기 대비 7.4% 증가함. 동사는 중국 매출 비중이 낮아 현대/기아차의 극심한 침체에서 비켜 갈 수 있고 반면 인도, 러시아, 브라질 등 신흥 시장은 회복함에 따라 CKD 부품 수출과 해외 물류가 증가하고 있음. 동사는 완성차 업체들의 침체가 지속됨에도 불구하고 차별적인 성장세를 강화함.

현금 흐름 〈단위 : 억원〉
항목	2016	2017.2Q
영업활동	6,063	3,075
투자활동	-5,175	-2,164
재무활동	-1,852	-1,081
순현금흐름	-809	-272
기말현금	5,952	5,680

시장 대비 수익률

결산 실적 〈단위 : 억원〉
항목	2012	2013	2014	2015	2016	2017
매출액	117,460	128,613	139,220	146,712	153,406	
영업이익	6,137	6,369	6,446	6,980	7,288	
당기순이익	4,977	4,813	5,362	3,768	5,057	

분기 실적 〈단위 : 억원〉
항목	2016.1Q	2016.2Q	2016.3Q	2016.4Q	2017.2Q
매출액	37,628	38,388	38,192	39,198	39,773	41,889
영업이익	1,925	1,962	1,835	1,566	1,918	1,816
당기순이익	1,793	1,030	2,188	46	2,468	948

재무 상태 〈단위 : 억원〉
항목	2012	2013	2014	2015	2016	2017.2Q
총자산	42,578	50,692	61,962	74,785	79,675	82,894
유형자산	9,774	15,151	21,163	28,821	31,089	31,652
무형자산	367	393	391	724	701	672
유가증권	2,900	2,956	2,630	2,971	2,637	2,655
총부채	23,386	27,354	34,251	43,817	44,900	45,972
총차입금	10,908	13,809	16,736	18,902	18,861	18,543
자본금	188	188	188	188	188	188
총자본	19,193	23,338	27,711	30,968	34,774	36,922
지배주주지분	19,193	23,338	27,711	30,966	34,772	36,919

기업가치 지표
항목	2012	2013	2014	2015	2016	2017.2Q
주가(최고/저)(천원)	230/166	233/149	314/206	298/157	207/146	—/—
PER(최고/저)(배)	18.4/13.2	19.0/12.2	22.9/15.0	30.7/16.2	15.7/11.1	—/—
PBR(최고/저)(배)	4.8/3.4	3.9/2.5	4.4/2.9	3.7/2.0	2.3/1.6	1.7/1.4
EV/EBITDA(배)	12.7	13.0	15.9	9.7	7.4	
EPS(원)	13,271	12,834	14,300	10,052	13,483	9,108
BPS(원)	51,180	62,236	73,895	82,577	92,725	98,451
CFPS(원)	15,048	14,972	16,954	13,491	17,647	11,247
DPS(원)	1,500	1,500	2,000	3,000	3,000	
EBITDAPS(원)	18,143	19,122	19,844	22,053	23,598	12,095

재무 비율 〈단위 : % 〉
연도	영업이익률	순이익률	부채비율	차입금비율	ROA	ROE	유보율	자기자본비율	EBITDA마진율
2016	4.8	3.3	129.1	54.2	6.6	15.4	18,445.0	43.7	5.8
2015	4.8	2.6	141.5	61.0	5.5	12.9	16,415.3	41.4	5.6
2014	4.6	3.9	123.6	60.4	9.5	21.0	14,679.1	44.7	5.4
2013	5.0	3.7	117.2	59.2	10.3	22.6	12,347.1	46.0	5.6

현대로보틱스 (A267250)
HYUNDAI ROBOTICS COLTD

업　　　종 : 조선		시　　장 : 거래소	
신용등급 : (Bond) A-　(CP) A2-		기업규모 : —	
홈페이지 : www.hyundai-robotics.com		연 락 처 : 053)670-7000	
본　　　사 : 대구시 달성군 유가면 테크노순환로3길 50			

설 립 일 2017.04.03	종업원수 269명	대표이사 윤중근	
상 장 일 2017.05.10	감사의견 적정 (삼정)	계　열	
결 산 기 12월	보통주 1,629만주	종속회사수 11개사	
액 면 가 5,000원	우선주	구상호	

주주구성 (지분율,%)		출자관계 (지분,%)		주요경쟁사 (외형,%)	
정몽준	25.8	현대글로벌서비스	100.0	현대로보틱스	
국민연금공단	8.5	현대오일뱅크	91.1	현대중공업	
(외국인)	20.7	현대중공업	13.4	삼성중공업	

매출구성		비용구성		수출비중	
		매출원가율	0.0	수출	—
		판관비율	0.0	내수	—

회사 개요
현대로보틱스는 현대중공업에서 2017년 4월 1일 인적 분할 이후 현대중공업, 현대일렉트릭앤에너지시스템 및 현대건설기계 등 자회사 지분을 13.37% 소유하여 자회사간 경영위험 전이 해소, 독립적 의사결정 강화, 한정된 자원의 효율적 배분을 핵심역량 강화를 추진. 제조업용 로봇시장에 진출하며 지능화된 서비스형 로봇 개발에 집중. 또한 매출의 70% 이상이 해외로부터 발생함에 따라 환손실 및 무역 관련 위험에 노출. .

실적 분석
세계 안전규격 인증인 유럽 CE, 북미 NRTL, 러시아 Gost-R, Functional safety 인증, 방폭 인증 등을 획득하여 로봇 글로벌 사업에 대응하며 산업용로봇, 클린용로봇, 제어기, 로봇자동화시스템 등 다양한 분야의 시장으로 전문화된 상품을 공급하고 있음. 전방산업인 조선업, 자동차 산업, 디스플레이 산업의 부진에 영향을 받고 국내 전력산업과 전력기기가 시장환경에 리스크가 노출된 시장구조로 내수 부진 타개가 관건.

현금 흐름 〈단위 : 억원〉
항목	2016	2017.2Q
영업활동		4,574
투자활동		-1,230
재무활동		-1,643
순현금흐름		1,721
기말현금		7,523

시장 대비 수익률
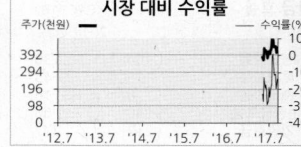

결산 실적 〈단위 : 억원〉
항목	2012	2013	2014	2015	2016	2017
매출액	—	—	—	—	—	—
영업이익	—	—	—	—	—	—
당기순이익	—	—	—	—	—	—

분기 실적 〈단위 : 억원〉
항목	2016.1Q	2016.2Q	2016.3Q	2016.4Q	2017.1Q	2017.2Q
매출액	—	—	—	—	—	41,97
영업이익	—	—	—	—	—	2,51
당기순이익	—	—	—	—	—	3,95

재무 상태 〈단위 : 억원〉
항목	2012	2013	2014	2015	2016	2017.2Q
총자산	—	—	—	—	—	136,30
유형자산	—	—	—	—	—	61,52
무형자산	—	—	—	—	—	14,50
유가증권	—	—	—	—	—	16,59
총부채	—	—	—	—	—	73,63
총차입금	—	—	—	—	—	50,40
자본금	—	—	—	—	—	60
총자본	—	—	—	—	—	62,66
지배주주지분	—	—	—	—	—	52,39

기업가치 지표
항목	2012	2013	2014	2015	2016	2017.2Q
주가(최고/저)(천원)	—/—	—/—	—/—	—/—	—/—	—/—
PER(최고/저)(배)	0.0/0.0	0.0/0.0	0.0/0.0	0.0/0.0	0.0/0.0	—/—
PBR(최고/저)(배)	0.0/0.0	0.0/0.0	0.0/0.0	0.0/0.0	0.0/0.0	0.9/0.0
EV/EBITDA(배)	0.0	0.0	0.0	0.0	0.0	
EPS(원)	—	—	—	—	—	29.5○
BPS(원)	—	—	—	—	—	475,78
CFPS(원)	—	—	—	—	—	37,0○
DPS(원)	—	—	—	—	—	
EBITDAPS(원)	—	—	—	—	—	28,44

재무 비율 〈단위 : % 〉
연도	영업이익률	순이익률	부채비율	차입금비율	ROA	ROE	유보율	자기자본비율	EBITDA마진율
2016	0.0	0.0	0.0	0.0	0.0	0.0	0.0	0.0	0.0
2015	0.0	0.0	0.0	0.0	0.0	0.0	0.0	0.0	0.0
2014	0.0	0.0	0.0	0.0	0.0	0.0	0.0	0.0	0.0
2013	0.0	0.0	0.0	0.0	0.0	0.0	0.0	0.0	0.0

현대로템 (A064350)
HYUNDAI ROTEM

종 목 : 운송인프라		시 장 : 거래소	
신용등급 : (Bond) — (CP) —		기업규모 : 시가총액 중형주	
페 이 지 : www.hyundai-rotem.co.kr		연 락 처 : 055)273-1341	
본 사 : 경남 창원시 의창구 창원대로 488			

설 립 일 1999.07.01	종 업 원 수 3,555명	대 표 이 사 김승탁
상 장 일 2013.10.30	감 사 의 견 적정 (삼일)	계 열
결 산 기 12월	보 통 주 8,500만주	종속회사수 9개사
액 면 가 5,000원	우 선 주	구 상 호

주주구성 (지분율,%)		출자관계 (지분율,%)		주요경쟁사 (외형,%)	
현대자동차	43.4	메인트란스	80.0	현대로템	100
SPE Metro-Investment AB	24.8	그린에어	51.0	서부T&D	2
(외국인)	28.1	무안환경비전	30.0	선광	4

매출구성		비용구성		수출비중	
전동차	49.8	매출원가율	90.4	수출	—
제철프레스환경운반설비	24.2	판관비율	6.1	내수	—
방산물자	20.2				

회사 개요
동사는 철도부문, 중기부문, 플랜트부문 및 기타부문으로 구성되어있음. 국내 철도시장은 국책사업으로 추진되고 있는 고속철도망의 증가로 더욱 성장할 것으로 보임. 동사의 국내 철도차량시장 점유율은 수주금액 기준으로 90% 이상을 유지하고 있으며, 세계시장 점유율은 수출주력 차종인 교외통근형 전동차, 메트로 및 디젤차 등을 포함하여 약 2~3%의 점유율을 유지하고 있음.

실적 분석
동사의 2017년 연결기준 2분기 매출액은 1조3,204.1억원으로 전년동기 대비 8.7% 감소함. 외형 축소에도 원가부담이 늘면서 영업이익은 전년동기 대비 28.2% 감소한 501.4억원을 기록. 비영업수지도 적자를 지속하면서 당기순이익 역시 68.5% 감소함. 지난 해 크게 부진했던 철도부문 수주, 특히 해외수주가 올 들어 빠르게 회복추세에 있어 실적 개선의 기대감이 존재하나, 환율 및 플랜트 부문의 불확실성이 공존하고 있음.

현금 흐름		〈단위 : 억원〉	
항목	2016	2017.2Q	
영업활동	6,111	2,347	
투자활동	556	329	
재무활동	-3,435	-4,361	
순현금흐름	3,269	-1,694	
기말현금	5,802	4,108	

시장 대비 수익률

결산 실적					〈단위 : 억원〉	
항목	2012	2013	2014	2015	2016	2017
매출액	31,166	32,994	31,911	33,091	29,848	—
영업이익	1,750	1,744	66	-1,929	1,062	—
당기순이익	994	1,261	-151	-3,045	231	—

분기 실적					〈단위 : 억원〉	
항목	2016.1Q	2016.2Q	2016.3Q	2016.4Q	2017.1Q	2017.2Q
매출액	7,241	7,225	6,825	8,557	6,514	6,690
영업이익	308	390	76	289	348	153
당기순이익	16	227	-166	155	49	28

재무 상태					〈단위 : 억원〉	
항목	2012	2013	2014	2015	2016	2017.2Q
총자산	36,704	42,749	44,008	50,439	44,732	41,009
유형자산	13,919	14,277	13,694	13,538	12,415	12,118
무형자산	1,498	1,542	1,822	1,589	1,444	1,423
유가증권	640	252	264	213	223	223
총부채	24,871	24,854	26,622	36,063	30,060	26,295
총차입금	11,491	11,069	13,749	21,437	18,128	13,723
자본금	3,197	4,250	4,250	4,250	4,250	4,250
총자본	11,832	17,895	17,387	14,377	14,672	14,714
지배주주지분	11,138	17,135	16,610	13,587	13,920	13,968

기업가치 지표						
항목	2012	2013	2014	2015	2016	2017.2Q
주가(최고/저)(천원)	—/—	38.6/28.5	30.9/20.0	22.9/14.7	24.0/10.9	—/—
PER(최고/저)(배)	0.0/0.0	22.1/16.3	—/—	—/—	93.4/42.4	—/—
PBR(최고/저)(배)	0.0/0.0	1.9/1.4	1.6/1.0	1.4/0.9	1.5/0.7	1.4/1.1
EV/EBITDA(배)	4.3	14.1	36.4		15.3	—
EPS(원)	1,371	1,756	-197	-3,602	257	73
BPS(원)	17,419	20,159	19,541	15,985	16,376	16,433
CFPS(원)	2,395	2,791	680	-2,811	1,159	558
DPS(원)		125				
EBITDAPS(원)	3,761	3,608	954	-1,478	2,152	1,074

재무 비율								〈단위 : % 〉	
연도	영업이익률	순이익률	부채비율	차입금비율	ROA	ROE	유보율	자기자본비율	EBITDA마진율
2016	3.6	0.8	204.9	123.6	0.5	1.6	227.5	32.8	6.1
2015	-5.8	-9.2	250.8	149.1	-6.5	-20.3	219.7	28.5	-3.8
2014	0.2	-0.5	153.1	79.1	-0.4	-1.0	290.8	39.5	2.5
2013	5.3	3.8	138.9	61.9	3.2	8.4	303.2	41.9	7.4

현대리바트 (A079430)
HYUNDAI LIVART FURNITURE

업 종 : 내구소비재		시 장 : 거래소	
신용등급 : (Bond) — (CP) —		기업규모 : 시가총액 중형주	
홈 페 이 지 : www.hyundailivart.co.kr		연 락 처 : 031)331-9114	
본 사 : 경기도 용인시 처인구 남사면 경기동로 316			

설 립 일 1999.06.10	종 업 원 수 445명	대 표 이 사 김화응
상 장 일 2005.11.22	감 사 의 견 적정 (한영)	계 열
결 산 기 12월	보 통 주 1,726만주	종속회사수 3개사
액 면 가 1,000원	우 선 주	구 상 호 리바트

주주구성 (지분율,%)		출자관계 (지분율,%)		주요경쟁사 (외형,%)	
현대그린푸드	28.5	현대리바트M&S	100.0	현대리바트	100
국민연금공단	12.8			한샘	263
(외국인)	7.8	HYUNDAILIVARTVINACO.,LTD	100.0	퍼시스	31

매출구성		비용구성		수출비중	
가구/목공,주방	38.5	매출원가율	76.8	수출	—
가정용 가구	31.9	판관비율	17.5	내수	—
자재용 보드류	19.7				

회사 개요
동사는 1993년에 설립되어 가정용, 사무용, 아파트용 가구 등을 제조 및 판매하는 주요사업으로 영위중인 종합가구회사임. 동사는 2012년에 최대주주가 현대그린푸드로 변경되어 현대백화점그룹으로 편입됐고, 2014년에 사명을 리바트에서 현대리바트로 변경함. 동사는 경기도 용인시와 안성시, 경상북도 경주시 등에 공장이 위치하고 있음. 동사는 2017년 주방가구 고급수요를 공략하기 위해 해외 유명브랜드인 윌리엄 소노마와 10년 독점계약을 체결함.

실적 분석
동사는 2017년 상반기 누적 매출액과 영업이익이 3,892.2억원, 226.9억원으로 전년 동기 대비 각각 14.5%, 31.7% 증가함. 빌트인 가구 부문의 실적이 매출 신장을 이끌었음. 2017년 2분기말 기준으로 빌트인 가구 수주잔액이 1,182.4억원임. 동사는 대형 직영전시장 등을 새로 늘리며 유통망을 강화하고 있음. 동사는 판매관리비를 적절히 통제해 수익성이 향상됐고, 당기순이익은 전년 동기보다 36.8% 증가한 161.2억원임.

현금 흐름		〈단위 : 억원〉	
항목	2016	2017.2Q	
영업활동	55	172	
투자활동	-211	-61	
재무활동	-20	-14	
순현금흐름	-178	98	
기말현금	246	344	

시장 대비 수익률

결산 실적					〈단위 : 억원〉	
항목	2012	2013	2014	2015	2016	2017
매출액	5,049	5,546	6,429	6,942	7,356	—
영업이익	32	128	342	390	422	—
당기순이익	36	73	269	288	332	—

분기 실적					〈단위 : 억원〉	
항목	2016.1Q	2016.2Q	2016.3Q	2016.4Q	2017.1Q	2017.2Q
매출액	1,713	1,686	1,843	2,114	1,949	1,943
영업이익	85	88	97	152	109	118
당기순이익	68	50	88	126	72	89

재무 상태					〈단위 : 억원〉	
항목	2012	2013	2014	2015	2016	2017.2Q
총자산	3,269	3,327	3,452	3,792	4,199	4,342
유형자산	1,318	1,301	1,288	1,322	1,523	1,538
무형자산	33	28	24	19	15	15
유가증권	10	9	1	6	2	2
총부채	1,386	1,397	1,263	1,335	1,424	1,421
총차입금	337	148	30	35	29	28
자본금	173	173	173	173	173	173
총자본	1,884	1,929	2,189	2,458	2,774	2,921
지배주주지분	1,884	1,929	2,189	2,458	2,774	2,921

기업가치 지표						
항목	2012	2013	2014	2015	2016	2017.2Q
주가(최고/저)(천원)	8.1/5.1	12.2/5.4	47.5/12.4	75.6/31.0	43.0/21.2	—/—
PER(최고/저)(배)	39.4/24.9	29.2/13.0	30.7/8.0	45.5/18.7	22.4/11.1	—/—
PBR(최고/저)(배)	0.8/0.5	1.1/0.5	3.7/1.0	5.3/2.2	2.7/1.3	1.8/1.3
EV/EBITDA(배)	12.5	10.3	15.4	12.5	7.9	—
EPS(원)	210	421	1,561	1,670	1,921	934
BPS(원)	11,105	11,370	12,875	14,430	16,264	17,116
CFPS(원)	519	761	1,901	2,021	2,312	1,147
DPS(원)	60	60	80	80	80	
EBITDAPS(원)	494	1,083	2,322	2,613	2,833	1,527

재무 비율								〈단위 : % 〉	
연도	영업이익률	순이익률	부채비율	차입금비율	ROA	ROE	유보율	자기자본비율	EBITDA마진율
2016	5.7	4.5	51.4	1.0	8.3	12.7	1,526.4	66.1	6.7
2015	5.6	4.2	54.3	1.4	8.0	12.4	1,343.0	64.8	6.5
2014	5.3	4.2	57.7	1.4	8.0	13.1	1,187.5	63.4	6.2
2013	2.3	1.3	72.4	7.7	2.2	3.8	1,037.0	58.0	3.4

현대모비스 (A012330)
HYUNDAI MOBIS

업 종 : 자동차부품		시 장 : 거래소	
신용등급 : (Bond) — (CP) —		기업규모 : 시가총액 대형주	
홈 페 이 지 : www.mobis.co.kr		연 락 처 : 02)2018-5114	
본 사 : 서울시 강남구 테헤란로 203			

설 립 일 1977.07.01	종 업 원 수 9,423명	대 표 이 사 정몽구,임영득	
상 장 일 1989.09.05	감 사 의 견 적정 (삼정)	계 열	
결 산 기 12월	보 통 주 9,734만주	종속회사수 33개사	
액 면 가 5,000원	우 선 주 만주	구 상 호	

주주구성 (지분율,%)		출자관계 (지분율,%)		주요경쟁사 (외형,%)	
기아자동차	16.9	현대아이에이치엘	90.0	현대모비스	100
국민연금공단	9.0	에이치엘그린파워	51.0	한온시스템	15
(외국인)	49.0	지아이티	45.9	현대위아	20

매출구성		비용구성		수출비중	
샤시, 칵핏모듈 등	82.5	매출원가율	86.2	수출	60.0
A/S 보수용품 등	17.5	판관비율	6.2	내수	40.0

회사 개요
동사는 자동차부품 전문 생산 업체로서 자동차 3대 핵심모듈인 샤시모듈, 칵핏모듈, 프론트엔드모듈 등을 생산하여 현대기아차에 공급하는 모듈사업과 국내외에서 운행 중인 모든 현대기아차에 소요되는 보수용부품을 공급하는 부품사업을 영위하고 있음. 종속기업인 현대라이프생명보험을 통해 금융업도 영위. 모듈 및 부품제조사업부문의 매출비중이 대부분이나, 수익성 면에서는 A/S용 부품사업부문이 우수한 이익률을 시현하고 있음.

실적 분석
동사의 2017년 2분기기준 누적 매출액은 전년동기대비 -8.6% 하락한 175,501억원을 기록하였음. 비용면에서는 전년동기대비 매출원가는 감소 하였으며 인건비는 증가 했고 광고선전비도 증가, 기타판매비와관리비는 감소함. 그에 따라 매출액 하락 등에 의해 전년동기대비 영업이익은 11,610.9억원으로 -22.8% 크게 하락하였음. 최종적으로 전년동기대비 당기순이익은 크게 하락하여 12,440.7억원을 기록함.

현금 흐름 〈단위 : 억원〉

항목	2016	2017.2Q
영업활동	28,542	14,234
투자활동	-29,609	-6,455
재무활동	-3,363	-3,137
순현금흐름	-4,486	4,146
기말현금	20,493	24,639

시장 대비 수익률

결산 실적 〈단위 : 억원〉

항목	2012	2013	2014	2015	2016	2017
매출액	307,890	341,986	351,266	360,197	382,617	—
영업이익	29,064	29,244	31,412	29,346	29,047	—
당기순이익	35,420	33,964	33,925	30,400	30,473	—

분기 실적 〈단위 : 억원〉

항목	2016.1Q	2016.2Q	2016.3Q	2016.4Q	2017.1Q	2017.2Q
매출액	93,395	98,541	87,781	102,901	92,677	82,824
영업이익	7,184	7,847	7,217	6,799	6,687	4,924
당기순이익	7,952	8,488	7,058	6,974	7,619	4,822

재무 상태 〈단위 : 억원〉

항목	2012	2013	2014	2015	2016	2017.2Q
총자산	300,470	344,303	391,119	377,748	417,116	407,922
유형자산	37,139	38,874	44,349	79,467	85,164	83,346
무형자산	10,469	9,790	9,673	9,310	9,610	9,424
유가증권	11,393	17,838	44,380	23,803	32,154	35,890
총부채	130,073	142,371	158,258	120,986	131,536	114,551
총차입금	27,274	30,628	33,636	33,087	33,198	32,901
자본금	4,911	4,911	4,911	4,911	4,911	4,911
총자본	170,397	201,932	232,861	256,762	285,580	293,371
지배주주지분	169,044	200,996	231,627	256,218	284,945	292,611

기업가치 지표

항목	2012	2013	2014	2015	2016	2017.2Q
주가(최고/저)(천원)	306/246	301/235	308/220	258/180	284/228	—/—
PER(최고/저)(배)	8.8/7.1	9.0/7.0	9.1/6.5	8.5/5.9	9.2/7.4	—/—
PBR(최고/저)(배)	1.9/1.5	1.5/1.2	1.3/1.0	1.0/0.7	1.0/0.8	0.9/0.7
EV/EBITDA(배)	7.2	7.0	4.8	5.9	5.9	
EPS(원)	36,556	35,149	35,165	31,387	31,205	12,763
BPS(원)	174,861	207,676	239,187	266,859	296,189	304,064
CFPS(원)	41,266	40,921	40,271	36,948	37,845	16,304
DPS(원)	1,900	1,950	3,000	3,500	3,500	
EBITDAPS(원)	34,566	35,814	37,382	35,707	36,477	15,469

재무 비율 〈단위 : %〉

연도	영업이익률	순이익률	부채비율	차입금비율	ROA	ROE	유보율	자기자본비율	EBITDA마진율
2016	7.6	8.0	46.1	11.6	7.7	11.2	5,771.2	68.5	9.3
2015	8.2	8.4	47.1	12.9	7.9	12.5	5,189.8	68.0	9.7
2014	8.9	9.7	68.0	14.4	9.2	15.8	4,641.3	59.5	10.4
2013	8.6	9.9	70.5	15.2	10.5	18.5	4,017.6	58.7	10.2

현대미포조선 (A010620)
Hyundai Mipo Dockyard

업 종 : 조선		시 장 : 거래소	
신용등급 : (Bond) BBB+ (CP) A3+		기업규모 : 시가총액 중형주	
홈 페 이 지 : www.hmd.co.kr		연 락 처 : 052)250-3114	
본 사 : 울산시 동구 방어진순환도로 100 (주)현대미포조선			

설 립 일 1975.04.28	종 업 원 수 3,229명	대 표 이 사 한영석	
상 장 일 1983.12.20	감 사 의 견 적정 (삼일)	계 열	
결 산 기 12월	보 통 주 2,000만주	종속회사수 9개사	
액 면 가 5,000원	우 선 주 만주	구 상 호	

주주구성 (지분율,%)		출자관계 (지분율,%)		주요경쟁사 (외형,%)	
현대삼호중공업	42.3	현대이엔티	100.0	현대미포조선	100
국민연금공단	12.0	하이투자증권	85.3	현대중공업	932
(외국인)	13.4	현대중공업	8.0	삼성중공업	247

매출구성		비용구성		수출비중	
선박(P.C선, B.C선,LPG선,PCTC선) 등	81.7	매출원가율	86.9	수출	74.0
금융서비스	18.3	판관비율	8.1	내수	26.0

회사 개요
동사는 현대중공업 계열의 조선업체로서 중형선박 건조부문 세계 최고의 조선소로 성장. 에탄렌 운반선, 자동차운반선, 냉동 컨테이너선, 컨-로(CON-RO)선, 아스팔트운반선, 해양작업지원선(PSV) 등 고부가 특수 선박시장에도 성공적으로 진출하며 선종 다변화를 도모하는 중. 1996년 베트남에 합작설립한 현대-비나신 조선소를 통해 조선부문을 확장하고, 2008년 지분을 취득한 하이투자증권 및 하이자산운용을 통해 금융투자업에 진출함.

실적 분석
금융부문(하이투자증권)에서 대우조선해양 관련 채권평가손실을 반영하며 적자 전환. 조선부문의 매출감소도 더해지며 영업이익은 전년동기대비 39.9% 감소. 글로벌 석유화학설비증설은 역사적으로 MR탱커 발주 증대의 시그널. 현재 글로벌 에틸렌 capa 증설함에는 추세로 MR 탱커 발주가 지속될 것으로 전망. 글로벌 MR 탱커 1위 기업인 동사의 발주량 증대가 예상됨.

현금 흐름 〈단위 : 억원〉

항목	2016	2017.2Q
영업활동	-1,557	-5,958
투자활동	2,852	5,991
재무활동	179	-149
순현금흐름	1,477	-122
기말현금	8,044	7,921

시장 대비 수익률

결산 실적 〈단위 : 억원〉

항목	2012	2013	2014	2015	2016	2017
매출액	44,154	39,858	39,675	46,524	42,196	—
영업이익	940	-2,752	-8,677	666	2,075	—
당기순이익	873	-2,671	-6,793	257	396	—

분기 실적 〈단위 : 억원〉

항목	2016.1Q	2016.2Q	2016.3Q	2016.4Q	2017.1Q	2017.2Q
매출액	11,444	10,564	9,265	10,923	9,856	8,61
영업이익	576	741	383	374	512	27
당기순이익	500	992	351	-1,447	359	1,35

재무 상태 〈단위 : 억원〉

항목	2012	2013	2014	2015	2016	2017.2Q
총자산	77,228	102,277	100,637	94,380	92,263	96,54
유형자산	9,174	8,450	8,513	8,358	11,263	10,83
무형자산	3,401	3,371	2,939	2,888	1,789	1,78
유가증권	40,652	64,103	55,134	53,333	52,943	48,95
총부채	43,301	69,867	81,371	76,412	69,679	71,19
총차입금	21,953	44,792	54,853	55,490	54,352	51,27
자본금	1,000	1,000	1,000	1,000	1,000	1,00
총자본	33,927	32,410	19,266	17,968	22,584	25,35
지배주주지분	31,832	30,926	17,973	16,750	21,425	24,19

기업가치 지표

항목	2012	2013	2014	2015	2016	2017.2Q
주가(최고/저)(천원)	162/102	185/106	190/69.6	96.0/45.1	83.6/50.2	—/—
PER(최고/저)(배)	33.7/21.3	—/—	—/—	50.3/23.6	48.4/29.0	—/—
PBR(최고/저)(배)	1.0/0.6	1.2/0.7	2.1/0.8	1.1/0.5	0.8/0.5	1.0/0.
EV/EBITDA(배)	16.8			11.2	6.8	
EPS(원)	4,876	-11,889	-31,642	1,910	1,729	8,39
BPS(원)	161,427	156,900	91,343	84,070	107,443	121,28
CFPS(원)	8,211	-8,560	-28,311	5,282	4,348	9,68
DPS(원)	1,500	800				
EBITDAPS(원)	8,035	-10,429	-40,054	6,701	12,995	5,25

재무 비율 〈단위 : %〉

연도	영업이익률	순이익률	부채비율	차입금비율	ROA	ROE	유보율	자기자본비율	EBITDA마진율
2016	4.9	0.9	308.5	240.7	0.4	1.8	2,048.9	24.5	6.
2015	1.4	0.6	425.3	308.8	0.3	2.2	1,581.4	19.0	2.
2014	-21.9	-17.1	422.4	284.7	-6.7	-25.9	1,726.9	19.1	-20.
2013	-6.9	-6.7	215.6	138.2	-3.0	-7.6	3,038.0	31.7	-5.

현대백화점 (A069960)
Hyundai Department Store

업 종 : 백화점		시 장 : 거래소	
신용등급 : (Bond) AA+ (CP) A1		기업규모 : 시가총액 대형주	
홈페이지 : www.ehyundai.com		연락처 : 02)549-2233	
본 사 : 서울시 강남구 압구정로 201			

설 립 일	2002.11.01	종 업 원 수	2,597명	대 표 이 사	정지선,이동호,박동운(각자대표)
상 장 일	2002.11.25	감 사 의 견	적정 (삼일)	계 열	
결 산 월	12월	보 통 주	2,340만주	종속회사수	4개사
액 면 가	5,000원	우 선 주		구 상 장	

주주구성 (지분율,%)		출자관계 (지분율,%)		주요경쟁사 (외형,%)	
정지선	17.1	현대쇼핑	100.0	현대백화점	100
현대백화점에이치앤에스	12.1	현대백화점면세점	100.0	롯데쇼핑	1,612
(외국인)	28.2	현대송도개발	90.0	신세계	161

매출구성		비용구성		수출비중	
상품매출(상품)	94.9	매출원가율	17.2	수출	0.0
용역매출(용역)	5.1	판관비율	61.9	내수	100.0

회사 개요
동사는 국내백화점시장에서 롯데쇼핑에 이어 시장 점유율 2위 업체임. 계열회사로 한무쇼핑과 현대쇼핑 등을 보유하고 있음. 2003년 중동점 오픈 이후 재무구조 개선을 위해 7년간 신규 출점이 없어 타 경쟁사 대비 성장은 제한적이었음. 지난 2013년 하반기 무역업 증축이 완료되었으며, 2015년 8월 수도권 최대규모인 현대백화점 판교점, 2016년 3월 현대디티아울렛 동대문점, 2016년 4월 현대프리미엄아울렛 송도점을 성공적으로 개점함.

실적 분석
동사의 연결기준 2017년 2분기 누적 매출액은 9,310.2억원으로 전년 대비 2.5%증가. 영업이익은 전년동기대비 15.1% 늘어난 2,075.3억원을 기록. 부가세 경정청구 환입에 따른 일회성 이익이 약 407억원이 반영되며 영업이익 큰 폭으로 증가. 신규면세점 영업개시 기간 연기 검토로 12월오픈 예정이었던 현대백화점의 면세점 계획도 조정 가능성이 있는 것으로 판단.

현금 흐름		〈단위 : 억원〉
항목	2016	2017.2Q
영업활동	4,420	2,242
투자활동	-5,244	-1,258
재무활동	1,084	-1,455
순현금흐름	260	-471
기말현금	700	229

시장 대비 수익률

결산 실적					〈단위 : 억원〉	
항목	2012	2013	2014	2015	2016	2017
매출액	15,200	15,337	15,519	16,570	18,318	—
영업이익	4,263	3,932	3,637	3,628	3,832	—
당기순이익	3,644	3,376	2,910	2,803	3,211	—

분기 실적					〈단위 : 억원〉
항목	2016.1Q	2016.2Q	2016.3Q	2016.4Q	2017.1Q	2017.2Q
매출액	4,586	4,496	4,236	5,001	4,952	4,359
영업이익	1,024	779	819	1,210	1,385	691
당기순이익	862	672	637	1,040	1,191	609

재무 상태					〈단위 : 억원〉
항목	2012	2013	2014	2015	2016	2017.2Q
총자산	54,001	56,007	56,839	61,608	65,873	65,859
유형자산	34,679	37,523	41,170	43,968	45,768	47,571
무형자산	399	528	519	470	455	447
유가증권	1,387	1,082	1,277	1,299	3,094	2,365
총부채	21,635	20,546	18,949	21,300	22,767	21,196
총차입금	8,577	7,491	5,006	7,195	8,591	7,489
자본금	1,170	1,170	1,170	1,170	1,170	1,170
총자본	32,365	35,461	37,890	40,309	43,106	44,663
지배주주지분	27,488	30,211	32,443	34,499	36,938	38,274

기업가치 지표					
항목	2012	2013	2014	2015	2016	2017.2Q
주가(최고/저)(천원)	180/116	170/143	164/117	165/115	147/107	—/—
PER(최고/저)(배)	13.4/8.7	13.6/11.5	14.6/10.4	16.2/11.3	12.5/9.2	—/—
PBR(최고/저)(배)	1.5/1.0	1.3/1.1	1.2/0.9	1.1/0.8	0.9/0.7	0.7/0.6
EV/EBITDA(배)	8.5	9.1	7.8	8.2	6.8	—
EPS(원)	13,755	12,771	11,470	10,294	11,784	6,629
BPS(원)	119,746	131,382	140,923	151,083	161,839	168,244
CFPS(원)	17,924	17,519	16,374	15,699	17,915	9,635
DPS(원)	650	650	700	700	700	—
EBITDAPS(원)	22,384	21,551	20,443	20,909	22,504	11,874

재무 비율						〈단위 : % 〉	
연도	영업이익률	순이익률	부채비율	차입금비율	ROA	ROE	유보율	자기자본비율	EBITDA마진율
2016	20.9	17.5	52.8	19.9	5.0	7.7	3,136.8	65.4	28.8
2015	21.9	16.9	52.8	17.9	4.7	7.2	2,921.7	65.4	29.5
2014	23.4	18.8	50.0	13.2	5.2	8.6	2,718.5	66.7	30.8
2013	25.6	22.0	57.9	21.1	6.1	10.4	2,527.6	63.3	32.9

현대비앤지스틸 (A004560)
HYUNDAI BNG STEEL

업 종 : 금속 및 광물		시 장 : 거래소	
신용등급 : (Bond) A- (CP) —		기업규모 : 시가총액 소형주	
홈페이지 : www.hyundai-bngsteel.com		연락처 : 055)268-4114	
본 사 : 경남 창원시 성산구 적현로 124			

설 립 일	1966.04.07	종 업 원 수	439명	대 표 이 사	정일선
상 장 일	1987.03.24	감 사 의 견	적정 (삼일)	계 열	
결 산 월	12월	보 통 주	1,508만주	종속회사수	1개사
액 면 가	5,000원	우 선 주	11만주	구 상 장	

주주구성 (지분율,%)		출자관계 (지분율,%)		주요경쟁사 (외형,%)	
아이앤아이스틸	41.1	애드스테인리스	19.9	현대비앤지스틸	100
Peter beck & Partners	5.0	솔트룩스	2.3	세아특수강	101
(외국인)	7.7	HYUNDAIBNGSTEELUSA,INC.	100.0	유성티엔에스	67

매출구성		비용구성		수출비중	
스테인리스 강판(상품및제품)	96.9	매출원가율	89.2	수출	20.0
자동차부품	3.1	판관비율	5.3	내수	80.0

회사 개요
동사는 1966년 삼양특수강주식회사 설립된 스테인리스 냉연강판을 생산하는 제조업체로 스테인리스 강판의 매출액 비중이 전체 매출액의 95%이상을 차지하고 있음. 동사는 독점규제 및 공정거래에 관한 법률상 현대자동차그룹에 속한 계열회사임. 동사가 제조하는 스테인리스 냉연강판은 건설, 기계, 자동차, 조선 등 중공업 분야에 널리 사용돼 전방산업의 영향을 크게 받는 편임. 국내 냉연강판 시장에서 동사의 점유율은 한국철강협회 자료로 25.2%임.

실적 분석
동사는 2017년 상반기 내수 수요의 확대로 매출액이 3787.9억원으로 전년 동기 대비 17.3% 증가했으나, 영업이익은 138.7억원으로 전년 동기 223.1억원에서 37.8% 감소 했음. 주요 원재료인 S/S HRC(304)의 kg 당 가격이 2016년말 1889원에서 2017년 2분기말 2368원으로 상승해 매출원가가 상대적으로 가파르게 증가해 수익성이 악화됨. 생산설비의 가동률은 1분기 99.6%에서 2분기 95.8%로 소폭 하락함.

현금 흐름		〈단위 : 억원〉
항목	2016	2017.2Q
영업활동	722	-219
투자활동	-66	-47
재무활동	-656	-8
순현금흐름	1	-274
기말현금	501	227

시장 대비 수익률

결산 실적					〈단위 : 억원〉	
항목	2012	2013	2014	2015	2016	2017
매출액	7,472	6,967	7,116	6,890	6,608	—
영업이익	176	459	484	145	363	—
당기순이익	114	296	296	38	219	—

분기 실적					〈단위 : 억원〉
항목	2016.1Q	2016.2Q	2016.3Q	2016.4Q	2017.1Q	2017.2Q
매출액	1,553	1,677	1,567	1,810	1,953	1,835
영업이익	41	182	21	120	149	-11
당기순이익	-7	137	11	78	111	-25

재무 상태					〈단위 : 억원〉
항목	2012	2013	2014	2015	2016	2017.2Q
총자산	6,235	6,266	6,304	5,812	5,677	5,693
유형자산	2,449	2,374	2,263	2,140	1,924	1,843
무형자산	161	162	189	183	179	172
유가증권	12	8	4	1	10	0
총부채	3,577	3,308	3,078	2,567	2,205	2,150
총차입금	2,646	2,553	2,292	1,964	1,332	1,042
자본금	759	759	759	759	759	759
총자본	2,658	2,957	3,226	3,245	3,472	3,542
지배주주지분	2,658	2,957	3,226	3,245	3,472	3,542

기업가치 지표					
항목	2012	2013	2014	2015	2016	2017.2Q
주가(최고/저)(천원)	15.7/8.9	16.1/9.7	24.0/12.5	16.9/8.7	13.0/8.2	—/—
PER(최고/저)(배)	21.2/12.1	8.4/5.1	12.5/6.5	68.1/34.9	9.1/5.7	—/—
PBR(최고/저)(배)	0.9/0.5	0.8/0.5	1.1/0.6	0.8/0.4	0.6/0.4	0.6/0.5
EV/EBITDA(배)	10.2	6.0	6.2	8.1	4.7	—
EPS(원)	749	1,946	1,951	250	1,440	564
BPS(원)	17,499	19,471	21,240	21,364	22,859	23,323
CFPS(원)	1,994	3,309	3,370	1,713	2,909	564
DPS(원)			100		100	—
EBITDAPS(원)	2,403	4,387	4,607	2,419	3,861	913

재무 비율						〈단위 : % 〉	
연도	영업이익률	순이익률	부채비율	차입금비율	ROA	ROE	유보율	자기자본비율	EBITDA마진율
2016	5.5	3.3	63.5	38.4	3.8	6.5	357.2	61.2	8.9
2015	2.1	0.6	79.1	60.5	0.6	1.2	327.3	55.8	5.3
2014	6.8	4.2	95.4	71.0	4.7	9.6	324.8	51.2	9.8
2013	6.6	4.2	111.9	86.3	4.7	10.5	289.4	47.2	9.6

현대산업개발 (A012630)
Hyundai Development- Engineering & Construction-

업 종 : 건설		시 장 : 거래소	
신용등급 : (Bond) A+ (CP) A2+		기업규모 : 시가총액 대형주	
홈 페 이 지 : www.hyundai.dvp.com		연 락 처 : 02)2008-9114	
본 사 : 서울시 용산구 한강대로 23길 55 현대아이파크몰 9층 현대산업개발			

설 립 일	1977.10.14	종 업 원 수	1,745명	대 표 이 사	정몽규,김재식
상 장 일	1996.09.19	감 사 의 견	적정 (삼일)	계 열	
결 산 기	12월	보 통 주	7,538만주	종속회사수	19개사
액 면 가	5,000원	우 선 주		구 상 호	

주주구성 (지분율,%)
정몽규	13.4
국민연금공단	10.0
(외국인)	43.9

출자관계 (지분율,%)
지개남산도시고속화도로	100.0
통영에코파워	100.0
현대PCE	100.0

주요경쟁사 (외형,%)
현대산업	100
현대건설	396
대림산업	207

매출구성
외주주택 등	30.2
자체공사	26.0
토목 외	18.3

비용구성
매출원가율	81.2
판관비율	8.0

수출비중
수출	—
내수	—

회사 개요
동사는 1986년 합병 설립된 종합건설업체로서 아이파크 브랜드 파워를 바탕으로 주택사업에 강점을 보유하고 있음. 주택개발 사업 이외에도 주택도급 사업, 재개발/재건축, 공공건축 및 토목 사업도 전개 중이며 민간 개발형 도급사업을 꾸준히 수주하여 업계 상위권의 시장지위를 확보하고 있음. 국내 민자 SOC 시장에서도 활발히 참여하고 있음. 주요 종속 회사로 현대EP, 아이서비스, 아이앤콘스, 현대아이파크몰, 영창뮤직 등이 있음.

실적 분석
동사의 연결기준 2017년 2분기 누적매출액은 전년동기 대비 14.1% 증가한 2조 4,972.5억원을 기록하였음. 이 기간 원가율이 소폭 상승하였지만 판관비 절감 노력으로 영업이익은 14.5% 증가한 2,822.2억원을 기록하였음. 전년동기 182.8억원 규모이던 비영업부문 손실이 8억원으로 줄었으며 당기순이익은 전년동기보다 25.7% 증가한 2,118.8억원을 기록함.

현금 흐름
〈단위 : 억원〉
항목	2016	2017.2Q
영업활동	8,398	48
투자활동	-890	-265
재무활동	-1,458	-1,155
순현금흐름	6,045	-1,369
기말현금	11,522	10,154

시장 대비 수익률

결산 실적
〈단위 : 억원〉
항목	2012	2013	2014	2015	2016	2017
매출액	33,341	42,169	44,774	46,026	47,499	—
영업이익	1,034	-1,479	2,253	3,895	5,172	—
당기순이익	53	-2,012	833	2,386	3,310	—

분기 실적
〈단위 : 억원〉
항목	2016.1Q	2016.2Q	2016.3Q	2016.4Q	2017.1Q	2017.2Q
매출액	9,800	12,083	11,647	13,968	11,331	13,642
영업이익	858	1,608	1,422	1,284	1,410	1,412
당기순이익	485	1,200	884	740	1,028	1,090

재무 상태
〈단위 : 억원〉
항목	2012	2013	2014	2015	2016	2017.2Q
총자산	66,385	64,208	59,365	55,101	57,846	59,693
유형자산	8,935	8,708	8,556	8,445	8,510	9,224
무형자산	230	206	195	146	159	162
유가증권	5,089	4,667	4,583	4,443	4,591	131
총부채	42,106	42,185	36,636	30,391	30,297	32,178
총차입금	26,121	23,635	19,769	13,196	12,164	12,547
자본금	3,769	3,769	3,769	3,769	3,769	3,769
총자본	24,278	22,023	22,729	24,710	27,549	27,515
지배주주지분	23,523	21,217	21,806	23,576	26,220	26,187

기업가치 지표
항목	2012	2013	2014	2015	2016	2017.2Q
주가(최고/저)(천원)	27.1/16.4	27.3/18.7	44.1/21.9	76.4/35.8	52.3/34.8	—/—
PER(최고/저)(배)	—/—	—/—	50.1/24.8	27.3/12.8	13.1/8.7	—/—
PBR(최고/저)(배)	0.9/0.5	1.0/0.7	1.5/0.8	2.4/1.1	1.5/1.0	1.4/1.1
EV/EBITDA(배)	26.8		16.9	8.4	6.1	—/—
EPS(원)	-5	-2,768	913	2,876	4,069	2,698
BPS(원)	32,316	29,257	30,039	32,386	35,893	37,893
CFPS(원)	529	-2,107	1,468	3,440	4,621	2,953
DPS(원)	200	0	300	500	700	0
EBITDAPS(원)	1,906	-1,301	3,544	5,732	7,413	4,000

재무 비율
〈단위 : % 〉
연도	영업이익률	순이익률	부채비율	차입금비율	ROA	ROE	유보율	자기자본비율	EBITDA마진율
2016	10.9	7.0	110.0	44.2	5.9	12.3	617.9	47.6	11.8
2015	8.5	5.2	123.0	53.4	4.2	9.6	547.7	44.8	9.4
2014	5.0	1.9	161.2	87.0	1.4	3.2	500.8	38.3	6.0
2013	-3.5	-4.8	191.6	107.3	-3.1	-9.3	485.2	34.3	-2.3

현대상선 (A011200)
HYUNDAI MERCHANT MARINE

업 종 : 해상운수		시 장 : 거래소	
신용등급 : (Bond) D (CP) —		기업규모 : 시가총액 중형주	
홈 페 이 지 : www.hmm21.com		연 락 처 : 02)3706-5114	
본 사 : 서울시 종로구 율곡로 194			

설 립 일	1976.03.25	종 업 원 수	1,271명	대 표 이 사	유창근
상 장 일	1995.09.06	감 사 의 견	적정 (삼일)	계 열	
결 산 기	12월	보 통 주	19,181만주	종속회사수	30개사
액 면 가	5,000원	우 선 주	186만주	구 상 호	

주주구성 (지분율,%)
한국산업은행	12.8
한국선박해양	7.3
(외국인)	7.5

출자관계 (지분율,%)
현대해양서비스	100.0
현대상선퍼시픽	100.0
해영선박	80.0

주요경쟁사 (외형,%)
현대상선	100
팬오션	41
흥아해운	18

매출구성
컨테이너 운송	81.4
벌크화물 운송	12.7
터미널, 공사 등	5.8

비용구성
매출원가율	111.3
판관비율	6.9

수출비중
수출	—
내수	—

회사 개요
동사는 컨테이너, 벌크 화물, 탱커 운송 사업을 영위하는 대형 해운선사임. 해영선박, 현대해양서비스, 현대상선퍼시픽, HMM AMERICA 등을 연결대상 종속회사로 보유하고 있음. 매출은 컨테이너부문 86.23%, 벌크부문 10.86%, 기타부문 2.91%로 구성됨. 컨테이너 및 건화물 운임과 글로벌 경기에 따른 물동량 변화, 유가, 환율 등이 영업에 미치는 주요 요인임.

실적 분석
2017년 상반기 연결기준 동사는 매출액 2조 5,444.4억원을 기록함. 전년도 같은 기간 매출인 2조2,347.5억원에서 13.9% 성장함. 매출원가가 6.1%늘고 영업이익은 적자가 지속됐지만 손실 폭은 4,169.7억원에서 2,593.2억원으로 감소함. 비영업부문은 3,878.2억원 흑자에서 6,495.2억원 손실로 적자전환 됨. 이로 인해 당기순이익 역시 적자를 벗어나지 못함.

현금 흐름
〈단위 : 억원〉
항목	2016	2017.2Q
영업활동	-6,410	-2,200
투자활동	14,760	871
재무활동	-5,030	512
순현금흐름	3,301	-905
기말현금	5,337	4,432

시장 대비 수익률

결산 실적
〈단위 : 억원〉
항목	2012	2013	2014	2015	2016	2017
매출액	80,469	70,687	65,150	56,451	45,848	—
영업이익	-5,096	-3,627	-2,350	-2,793	-8,334	—
당기순이익	-9,886	-7,140	218	-6,270	-4,842	—

분기 실적
〈단위 : 억원〉
항목	2016.1Q	2016.2Q	2016.3Q	2016.4Q	2017.1Q	2017.2Q
매출액	12,179	10,168	10,784	12,716	13,025	12,420
영업이익	-1,626	-2,543	-2,303	-1,861	-1,312	-1,281
당기순이익	-2,761	2,160	2,971	-7,211	-7,346	-1,737

재무 상태
〈단위 : 억원〉
항목	2012	2013	2014	2015	2016	2017.2Q
총자산	89,824	88,426	72,658	59,425	43,981	34,193
유형자산	42,792	43,543	42,551	34,260	22,762	14,174
무형자산	2,219	2,713	1,792	540	297	192
유가증권	2,695	2,352	1,164	806	336	386
총부채	78,871	81,549	65,802	56,604	34,193	27,178
총차입금	67,480	53,220	53,220	49,036	26,926	20,266
자본금	7,714	8,464	9,114	11,825	9,683	9,683
총자본	10,953	6,877	6,855	2,821	9,788	7,015
지배주주지분	9,872	4,664	5,945	2,391	9,753	6,969

기업가치 지표
항목	2012	2013	2014	2015	2016	2017.2Q
주가(최고/저)(천원)	216/151	166/62.3	106/60.3	75.8/28.6	28.9/6.5	—/—
PER(최고/저)(배)	—/—	—/—	84.3/47.9	—/—	—/—	—/—
PBR(최고/저)(배)	4.7/3.3	7.9/3.0	6.7/3.8	13.9/5.3	5.3/1.2	2.6/1.9
EV/EBITDA(배)			1,515.9			—/—
EPS(원)	-46,521	-30,772	1,258	-15,041	-4,444	-4,972
BPS(원)	6,700	3,030	3,262	1,011	5,427	3,599
CFPS(원)	-4,903	-2,783	1,584	-1,777	-2,738	-4,617
DPS(원)						
EBITDAPS(원)	-1,649	-660	24	-214	-5,921	-1,062

재무 비율
〈단위 : % 〉
연도	영업이익률	순이익률	부채비율	차입금비율	ROA	ROE	유보율	자기자본비율	EBITDA마진율
2016	-18.2	-10.6	349.3	275.1	-9.4	-80.0	8.5	22.3	-14.1
2015	-5.0	-11.1	일부잠식	일부잠식	-9.5	-147.8	-79.8	4.8	-0.8
2014	-3.6	0.3	일부잠식	일부잠식	0.3	7.0	-34.8	9.4	0.1
2013	-5.1	-10.1	일부잠식	일부잠식	-9.5	-95.7	-39.4	7.8	-1.5

현대시멘트 (A006390)
Hyundai Cement

종 목 : 건축소재		시 장 : 거래소	
용 등 급 : (Bond) — (CP) —		기 업 규 모 : 시가총액 중형주	
페 이 지 : www.hdcement.co.kr		연 락 처 : 02)520-2114	
본 사 : 서울시 서초구 서초대로398 플래티넘타워			

설 립 일 1969.12.30	종 업 원 수 401명	대 표 이 사 이주환
상 장 일 1975.12.26	감 사 의 견 적정 (우리)	계 열
결 산 기 12월	보 통 주 1,676만주	종속회사수
액 면 가 5,000원	우 선 주	구 상 호

주주구성 (지분율,%)		출자관계 (지분율,%)		주요경쟁사 (외형,%)	
에이치엘케이홀딩스	84.6	신라상호저축은행	7.3	현대시멘트	100
—동부비에스자산운용(공동매각분)	2.2	한일대우시멘트	6.3	아세아시멘트	120
(외국인)	0.1	씨씨케이	5.8	성신양회	181

매출구성		비용구성		수출비중	
시멘트	99.8	매출원가율	73.9	수출	0.0
임대매출외	0.2	판관비율	12.0	내수	100.0

회사 개요

동사는 시멘트 제조 및 판매업을 주요사업으로 영위하고 있음. 시멘트는 중량품이면서 대량소비품목으로 5월과 10월에 소비가 가장 높고, 1월과 2월이 가장 낮게 나타나는 등 성수기와 비수기가 뚜렷하게 구분되는 계절성이 큰 상품임. 동사의 시멘트부문 국내시장점유율은 2016년 기준 9.7%이며 전년과 동일한 수준임. 건설경기 및 부동산경기 회복세에 따라 국내 총수요가 증가할 것으로 예상되나, 대체적 사용량의 증가로 출하량 개선폭은 제한적일 전망임.

실적 분석

동사의 2017년 2분기 누적 매출액은 1,776.1억원으로 전년동기 대비 다소 감소하였으나, 원가는 상승하여 마진율이 크게 악화됨. 또한 인건비가 대폭 증가함에 따라 영업이익이 대폭 감소함. 출자전환부채평가손실이 해소되어 순이익은 흑자전환함. 시멘트는 성수기와 비수기가 뚜렷하게 구분되는 계절성이 큰 상품이며, 주된 수요처가 건설부문인 관계로 건설경기의 변화에 민감하게 반응함.

현금 흐름 *IFRS 별도 기준 〈단위 : 억원〉

항목	2016	2017.2Q
영업활동	779	286
투자활동	-543	-309
재무활동	-200	-65
순현금흐름	37	-87
기말현금	274	187

시장 대비 수익률

결산 실적 〈단위 : 억원〉

항목	2012	2013	2014	2015	2016	2017
매출액	2,985	3,264	3,257	3,632	3,789	—
영업이익	291	457	485	525	534	—
당기순이익	-388	-3,475	2,834	-110	-1,500	—

분기 실적 *IFRS 별도 기준 〈단위 : 억원〉

항목	2016.1Q	2016.2Q	2016.3Q	2016.4Q	2017.1Q	2017.2Q
매출액	781	1,090	886	1,032	748	1,028
영업이익	36	256	102	140	-196	213
당기순이익	-659	-2,171	164	1,166	92	326

재무 상태 *IFRS 별도 기준 〈단위 : 억원〉

항목	2012	2013	2014	2015	2016	2017.2Q
총자산	5,338	4,793	4,696	5,051	5,199	5,430
유형자산	3,129	3,023	2,904	2,866	2,859	2,845
무형자산	43	33	33	29	23	23
유가증권	28	28	24	21	0	0
총부채	4,690	7,557	4,137	4,741	3,769	3,563
총차입금	3,719	6,595	3,129	3,301	2,315	1,883
자본금	367	367	438	438	838	838
총자본	648	-2,764	559	310	1,430	1,867
지배주주지분	648	-2,764	559	310	1,430	1,867

기업가치 지표 *IFRS 별도 기준

항목	2012	2013	2014	2015	2016	2017.2Q
주가(최고/저)(천원)	43.6/21.4	28.3/15.5	29.8/11.5	28.2/12.9	47.1/17.9	—/—
PER(최고/저)(배)	—/—	—/—	0.6/0.2	—/—	—/—	—/—
PBR(최고/저)(배)	0.5/0.2	-0.1/-0.1	3.1/1.2	4.2/1.9	5.5/2.1	2.7/1.6
EV/EBITDA(배)	9.5	11.6	6.3	6.8	8.8	
EPS(원)	-37,364	-342,918	53,495	-1,254	-13,442	2,494
BPS(원)	12,584	-33,869	9,541	6,675	8,533	11,138
CFPS(원)	-3,295	-45,430	56,079	315	-12,160	2,930
DPS(원)						
EBITDAPS(원)	5,836	8,089	11,746	7,568	6,065	538

재무 비율 〈단위 : % 〉

연도	영업이익률	순이익률	부채비율	차입금비율	ROA	ROE	유보율	자기자본비율	EBITDA 마진율
2016	14.1	-39.6	263.6	161.9	-29.3	-172.4	70.7	27.5	17.9
2015	14.5	-3.0	일부잠식	일부잠식	-2.3	-25.3	33.5	6.1	18.2
2014	14.9	87.0	740.0	559.8	59.8	전기잠식	90.8	11.9	19.1
2013	14.0	-106.5	완전잠식	완전잠식	-68.7	당기잠식	-778.6	-57.8	18.2

현대아이비티 (A048410)
HYUNDAI IBT CO

업 종 : 디스플레이 및 관련부품		시 장 : KOSDAQ	
신 용 등 급 : (Bond) — (CP) —		기 업 규 모 : 중견	
홈 페 이 지 : www.hyundaiibt.com		연 락 처 : 070)7008-0141	
본 사 : 경북 김천시 아포읍 아포공단길 106			

설 립 일 2000.05.25	종 업 원 수 62명	대 표 이 사 오상기
상 장 일 2002.07.27	감 사 의 견 적정 (한울)	계 열
결 산 기 12월	보 통 주 3,248만주	종속회사수 3개사
액 면 가 500원	우 선 주	구 상 호

주주구성 (지분율,%)		출자관계 (지분율,%)		주요경쟁사 (외형,%)	
씨앤팜	9.7			현대아이비티	100
토마토상호저축은행	3.1			HB테크놀러지	749
(외국인)	0.1			동아엘텍	599

매출구성		비용구성		수출비중	
LCD모니터(기타)	61.9	매출원가율	66.8	수출	25.0
바이오 제품 (양모제 등)(기타)	29.9	판관비율	52.5	내수	75.0
디지털사이니지(기타)	5.8				

회사 개요

동사는 이천 본사, 김천 공장과 유럽, 미주, 일본의 판매법인을 통해 글로벌 생산, 판매망을 구축하고, LCD모니터, 디지털 사이니지 등 디스플레이 제품의 제조, 판매를 주요 사업으로 영위하고 있으며 매년 매출액의 90% 이상을 수출로 달성하고 있음. 디스플레이 사업의 경쟁이 심화됨에 따라 2012년 상반기부터 바이오 신규사업을 추진하고 있음. 바이오사업의 매출액이 전체 매출액에서 차지하는 비중은 아직 크지 않으나 지속적으로 확대할 계획임.

실적 분석

동사의 2017년 상반기 연결기준 누적 매출액은 125.1억원으로 전년 동기 대비 25.6% 감소함. 매출이 큰 폭으로 감소하면서 매출원가와 판관비도 줄었지만 매출 감소에 따른 고정비용 증가효과로 인해 영업이익은 전년 동기 대비 62.2% 감소하여 1.0억원을 시현함. 비영업손익 부문에서도 금융손실 등으로 인한 적자가 지속되면서 당기순손실은 10.5억원으로 적자폭이 전년 동기 대비 확대됨.

현금 흐름 〈단위 : 억원〉

항목	2016	2017.2Q
영업활동	-43	-20
투자활동	-100	24
재무활동	121	-20
순현금흐름	-22	-16
기말현금	97	81

시장 대비 수익률

결산 실적 〈단위 : 억원〉

항목	2012	2013	2014	2015	2016	2017
매출액	371	255	289	407	361	—
영업이익	-52	-83	6	14	-70	—
당기순이익	-80	-104	-31	7	-81	—

분기 실적 〈단위 : 억원〉

항목	2016.1Q	2016.2Q	2016.3Q	2016.4Q	2017.1Q	2017.2Q
매출액	97	71	84	109	59	66
영업이익	4	-1	-15	-57	-4	5
당기순이익	1	-3	-21	-58	-11	1

재무 상태 〈단위 : 억원〉

항목	2012	2013	2014	2015	2016	2017.2Q
총자산	321	308	328	434	534	492
유형자산	72	57	57	54	101	97
무형자산	9	9	10	6	22	20
유가증권	6	6	6	6	4	3
총부채	132	90	103	188	352	271
총차입금	77	50	49	134	273	215
자본금	102	149	151	151	151	156
총자본	189	218	225	246	182	221
지배주주지분	189	218	225	246	182	221

기업가치 지표

항목	2012	2013	2014	2015	2016	2017.2Q
주가(최고/저)(천원)	3.9/1.5	3.1/1.3	5.5/1.3	9.6/4.6	8.3/4.4	—/—
PER(최고/저)(배)	—/—	—/—	—/—	406.8/196.4	—/—	—/—
PBR(최고/저)(배)	4.4/1.7	4.3/1.8	7.3/1.7	11.8/5.7	13.8/7.4	12.1/5.4
EV/EBITDA(배)			85.8	76.1		
EPS(원)	-400	-443	-105	23	-266	-33
BPS(원)	923	734	742	812	601	708
CFPS(원)	-331	-358	-67	59	-226	-7
DPS(원)						
EBITDAPS(원)	-184	-272	59	80	-189	29

재무 비율 〈단위 : % 〉

연도	영업이익률	순이익률	부채비율	차입금비율	ROA	ROE	유보율	자기자본비율	EBITDA 마진율
2016	-19.3	-22.4	193.1	150.0	-16.7	-37.7	20.3	34.1	-15.9
2015	3.3	1.8	76.4	54.3	1.9	3.0	62.5	56.7	6.0
2014	2.2	-10.8	45.9	21.8	-9.8	-14.0	48.5	68.5	6.1
2013	-32.7	-40.5	41.5	23.1	-32.9	-50.9	46.8	70.7	-24.9

현대약품 (A004310)
Hyundai Pharmaceutical

업 종 : 제약	시 장 : 거래소
신용등급 : (Bond) — (CP) —	기업규모 : 시가총액 소형주
홈페이지 : www.hyundaipharm.co.kr	연 락 처 : 041)570-5114
본 사 : 충남 천안시 동남구 풍세면 잔다리길 55	

설 립 일 1965.07.16	종업원수 389명	대표이사	이한구,김영학
상 장 일 1978.06.28	감사의견 적정 (한영)	계 열	
결 산 기 11월	보 통 주 2,800만주	종속회사수	
액 면 가 500원	우 선 주	구 상 호	

주주구성 (지분율,%)		출자관계 (지분율,%)		주요경쟁사 (외형,%)	
이한구	18.4	에이앤펩	40.4	현대약품	100
이상준	4.9	현대I&S	18.6	테라젠이텍스	84
(외국인)	2.6	현대B&F	15.0	삼성제약	40

매출구성		비용구성		수출비중	
마이녹실, 미에로화이바등	65.2	매출원가율	60.7	수출	0.0
타코실, 액틱 등	34.0	판관비율	37.3	내수	100.0
임대료 등	0.8				

회사 개요
동사는 1965년 7월 시노카 등의 의약품과 미에로화이바 등의 건강기능음료의 제조, 판매 등을 주 영업 목적으로 설립됨. 1978년 5월 유가증권시장에 상장됨. 2017년 상반기 제품 매출액은 408.5억원으로 전체 매출의 61.9%임. 최내 인슐린 분비를 조절하는 경구용 제2형 당뇨병 치료제 신약 과제인 HDNO-1605 (구 과제코드: HD-6277)는 유럽 임상 1상 IND 승인을 획득하여 임상 1상 진행 예정에 있음.

실적 분석
동사의 2017년 2분기 누적 매출액은 전년 동기 대비 9.4% 증가한 660.0억원을 기록함. 매출원가는 13.9% 증가하여 매출총이익은 2.6% 증가한 247.8억원에 그침. 광고선전비 등 마케팅 비용의 통제로 판매비와관리비는 0.9% 증가함. 그 결과 영업이익은 36.2% 신장된 15.8억원을 시현함. 영업이익의 증가에도 비영업손익의 감소로 당기순이익은 전년 동기 대비 3.4% 증가한 8.5억원을 기록하였음.

현금 흐름 *IFRS 별도 기준 〈단위 : 억원〉

항목	2016	2017.2Q
영업활동	-27	-4
투자활동	-28	2
재무활동	37	-14
순현금흐름	-18	-16
기말현금	86	70

시장 대비 수익률

결산 실적 〈단위 : 억원〉

항목	2012	2013	2014	2015	2016	2017
매출액	1,023	1,081	1,078	1,098	1,200	
영업이익	-43	22	23	17	23	
당기순이익	-48	15	15	16	13	

분기 실적 *IFRS 별도 기준 〈단위 : 억원〉

항목	2016.1Q	2016.2Q	2016.3Q	2016.4Q	2017.1Q	2017.2Q
매출액	277	326	297	300	309	351
영업이익	12	-0	9	3	8	8
당기순이익	4	5	2	2	4	5

재무 상태 *IFRS 별도 기준 〈단위 : 억원〉

항목	2012	2013	2014	2015	2016	2017.2Q
총자산	1,492	1,434	1,473	1,465	1,505	1,570
유형자산	330	333	327	325	327	328
무형자산	24	18	18	17	32	38
유가증권	54	58	110	102	74	85
총부채	501	422	426	421	505	585
총차입금	293	207	188	210	269	288
자본금	140	140	140	140	140	140
총자본	992	1,012	1,047	1,044	1,001	985
지배주주지분	992	1,012	1,047	1,044	1,001	985

기업가치 지표 *IFRS 별도 기준

항목	2012	2013	2014	2015	2016	2017.2Q
주가(최고/저)(천원)	1.8/1.1	2.1/1.4	2.9/1.6	5.9/2.3	7.1/3.5	—/—
PER(최고/저)(배)	—/—	42.4/28.9	56.6/31.1	106.3/42.2	158.8/78.3	—/—
PBR(최고/저)(배)	0.5/0.3	0.5/0.4	0.7/0.4	1.5/0.6	1.8/0.9	1.2/1.0
EV/EBITDA(배)		13.2	17.9	33.4	32.0	—/—
EPS(원)	-173	52	52	57	45	30
BPS(원)	4,025	4,098	4,222	4,125	4,031	4,052
CFPS(원)	-90	128	121	127	125	74
DPS(원)	38	43	45	48	48	—
EBITDAPS(원)	-70	153	149	131	163	100

재무 비율 〈단위 : %〉

연도	영업이익률	순이익률	부채비율	차입금비율	ROA	ROE	유보율	자기자본비율	EBITDA마진율
2016	1.9	1.1	50.4	26.9	0.9	1.2	706.3	66.5	3.8
2015	1.6	1.5	40.3	20.1	1.1	1.5	725.0	71.3	3.3
2014	2.1	1.4	40.7	17.9	1.0	1.4	744.4	71.1	3.9
2013	2.0	1.4	41.7	20.5	1.0	1.5	716.0	70.6	4.0

현대에이치씨엔 (A126560)
HYUNDAI HCN CO

업 종 : 미디어	시 장 : 거래소
신용등급 : (Bond) — (CP) —	기업규모 : 시가총액 중형주
홈페이지 : www.hcn.co.kr	연 락 처 : 070)8100-1000
본 사 : 서울시 서초구 반포대로 19, 에이치씨엔빌딩	

설 립 일 1992.03.16	종업원수 428명	대표이사	유정석
상 장 일 2010.12.23	감사의견 적정 (삼정)	계 열	
결 산 기 12월	보 통 주 11,288만주	종속회사수 2개사	
액 면 가 500원	우 선 주	구 상 호	

주주구성 (지분율,%)		출자관계 (지분율,%)		주요경쟁사 (외형,%)	
현대홈쇼핑	35.3	현대미디어	100.0	현대에이치씨엔	100
현대쇼핑	11.1	에브리온티브이	100.0	SBS미디어홀딩스	173
(외국인)	18.1	케이블티비브이오디	17.8	나스미디어	24

매출구성		비용구성		수출비중	
방송	42.9	매출원가율	60.2	수출	0.0
광고	35.5	판관비율	23.0	내수	100.0
인터넷	18.0				

회사 개요
동사는 방송, 인터넷, 광고를 주 사업으로 하는 업체로서 종합유선방송사업에서는 티브로드, CJ헬로비전, 씨앤앰에 이어 국내 4위의 시장점유율을 보유함. 총 8개 사업권역에서 서비스를 제공하고 있으며 방송수익, 인터넷수익 등 4가지 매출 구성을 통해 균형잡힌 사업구성을 구비하고 있음. 동사의 매출은 주로 개인 방송가입자들이 납부하는 시청료 혹은 광고료에 의해 구성됨.

실적 분석
동사의 2017년도 2분기 연결기준 누적 매출액은 1,463.6억원으로 전년동기 대비 비슷한 수준을 유지함. 주요 수익원인 방송매출은 감소했으나, 광고매출은 소폭 증가함. 업체간 경쟁이 치열한 인터넷 부문은 결합상품의 판매 호조로 안정적인 수익원으로 자리잡음. 다양한 컨텐츠와 DMC사업장 인수를 통해 최상의 인프라 구축에 힘쓰고 있음. 또한, 고마진의 홈쇼핑 및 광고서비스에 대한 증대를 성장전략으로 삼음.

현금 흐름 〈단위 : 억원〉

항목	2016	2017.2Q
영업활동	965	342
투자활동	-530	-413
재무활동	-139	-44
순현금흐름	295	-115
기말현금	632	517

시장 대비 수익률

결산 실적 〈단위 : 억원〉

항목	2012	2013	2014	2015	2016	2017
매출액	2,754	3,051	3,062	2,912	2,921	
영업이익	653	578	568	454	492	
당기순이익	557	547	466	382	456	

분기 실적 〈단위 : 억원〉

항목	2016.1Q	2016.2Q	2016.3Q	2016.4Q	2017.1Q	2017.2Q
매출액	716	736	728	740	719	74
영업이익	141	150	146	55	125	14
당기순이익	115	135	124	82	119	12

재무 상태 〈단위 : 억원〉

항목	2012	2013	2014	2015	2016	2017.2Q
총자산	5,841	6,111	6,412	6,522	6,911	7,03
유형자산	1,600	1,511	1,408	1,367	1,221	1,22
무형자산	1,696	2,130	2,146	2,134	2,126	2,11
유가증권	118	18	21	23	19	1
총부채	925	777	680	556	627	55
총차입금	382	262	120	—	—	
자본금	539	539	539	539	564	56
총자본	4,916	5,334	5,732	5,966	6,284	6,47
지배주주지분	4,610	5,039	5,410	5,774	6,284	6,47

기업가치 지표

항목	2012	2013	2014	2015	2016	2017.2Q
주가(최고/저)(천원)	5.3/2.6	6.0/4.1	5.7/3.8	5.4/3.2	4.1/3.1	—/—
PER(최고/저)(배)	11.4/5.5	13.2/9.0	14.4/9.6	16.1/9.6	10.0/7.6	—/—
PBR(최고/저)(배)	1.3/0.6	1.3/0.9	1.2/0.8	1.0/0.6	0.7/0.6	0.8/0.8
EV/EBITDA(배)	2.6	3.0	2.9	1.8	1.7	—/—
EPS(원)	484	477	408	343	412	21
BPS(원)	4,273	4,671	5,015	5,353	5,653	5,82
CFPS(원)	925	947	862	787	840	40
DPS(원)	40	40	40	40	40	—
EBITDAPS(원)	1,047	1,006	981	865	885	42

재무 비율 〈단위 : %〉

연도	영업이익률	순이익률	부채비율	차입금비율	ROA	ROE	유보율	자기자본비율	EBITDA마진율
2016	16.9	15.6	10.0	0.0	6.8	7.4	1,030.6	90.9	32.
2015	15.6	13.1	9.3	0.0	5.9	6.6	970.6	91.5	32.0
2014	18.6	15.2	11.9	2.1	7.4	8.4	903.0	89.4	34.
2013	19.0	17.9	14.6	4.9	9.2	10.7	834.2	87.3	35.

현대엘리베이터 (A017800)
Hyundai Elevator

업 종 : 기계		시 장 : 거래소	
신용등급 : (Bond) A- (CP) —		기업규모 : 시가총액 중형주	
홈 페 이 지 : www.hyundaielevator.co.kr		연 락 처 : 031)644-5114	
본 사 : 경기도 이천시 부발읍 경충대로 2091 현대엘리베이터(주)			

설 립 일	1984.05.23	종 업 원 수	2,236명	대 표 이 사	장병우
상 장 일	1996.07.03	감 사 의 견	적정 (삼일)	계 열	
결 산 기	12월	보 통 주	2,463만주	종속회사수	13개사
액 면 가	5,000원	우 선 주		구 상 호	

주주구성 (지분율,%)		출자관계 (지분율,%)		주요경쟁사 (외형,%)	
Schindler Holdings AG	17.1	현대투자파트너스제1호벤처투자조합	97.5	현대엘리베이	100
국민연금공단	9.9	현대종합연수원	97.1	두산중공업	790
(외국인)	29.0	현대엘앤알	83.7	두산인프라코어	326

매출구성		비용구성		수출비중	
승강기 등	75.1	매출원가율	77.5	수출	15.0
승강기 유지보수 등	16.0	판관비율	12.1	내수	85.0
관광상품 등	5.1				

회사 개요

동사는 1984년 설립됐으며 1996년 유가증권시장에 상장됨. 엘리베이터, 에스컬레이터, 무빙워크 등 운반기계류와 물류자동화설비, 승강장 스크린도어, 주차설비 등 최첨단 설비와 관련분야 제품의 생산, 설치, 유지보수사업 등을 영위하고 있음. 산업 특성상 전반적인 경기변동과 설비투자 동향에 민감함. 수요산업인 건축경기에 민감하고 건축공사 공정 마무리 단계에 동사 제품이 투입되기 때문에 건설경기에 비해 1~2년 정도 후행함.

실적 분석

동사의 2017년 2/4분기 연결기준 누적 매출액은 9,817.3억원으로 전년동기 대비 20.6% 증가함. 외형확대에도 불구하고 매출원가와 판관비가 전년동기 대비 각각 25.7%, 16.8% 증가함에 따라 영업이익은 전년동기 대비 14.3% 감소한 698.3억원을 시현하는데 그침. 그러나 비영업부문의 손실이 전년동기 386.6억원에서 64.4억원으로 대폭 축소됨에 따라 당기순이익은 전년동기 대비 92.2% 증가한 401.7억원을 시현함.

현금 흐름		〈단위 : 억원〉
항목	2016	2017.2Q
영업활동	1,586	565
투자활동	3	-435
재무활동	-1,001	-1,314
순현금흐름	604	-1,199
기말현금	4,899	3,700

시장 대비 수익률

결산 실적					〈단위 : 억원〉	
항목	2012	2013	2014	2015	2016	2017
매출액	9,156	10,662	13,056	14,487	17,588	
영업이익	493	986	1,338	1,565	1,816	
당기순이익	-2,710	-3,427	504	-50	1,169	

분기 실적					〈단위 : 억원〉	
항목	2016.1Q	2016.2Q	2016.3Q	2016.4Q	2017.1Q	2017.2Q
매출액	3,657	4,484	4,477	4,970	4,554	5,264
영업이익	364	450	539	463	299	399
당기순이익	-346	555	-364	1,324	259	142

재무 상태					〈단위 : 억원〉	
항목	2012	2013	2014	2015	2016	2017.2Q
총자산	12,661	12,043	10,729	17,727	21,076	20,525
유형자산	828	1,000	1,209	4,392	6,835	6,787
무형자산	45	56	66	480	1,805	1,779
유가증권	805	2,328	510	56	138	224
총부채	8,696	10,443	7,012	11,309	13,165	12,483
총차입금	6,367	7,479	3,383	3,805	3,529	2,375
자본금	602	682	982	1,232	1,232	1,232
총자본	3,965	1,601	3,717	6,418	7,911	8,042
지배주주지분	3,965	1,592	3,706	6,415	7,785	8,016

기업가치 지표						
항목	2012	2013	2014	2015	2016	2017.2Q
주가(최고/저)(천원)	122/62.4	107/38.0	59.1/26.9	86.4/46.4	71.8/38.8	—/—
PER(최고/저)(배)	—/—	—/—	23.9/10.9	—/—	13.9/7.5	—/—
PBR(최고/저)(배)	4.3/2.2	10.6/3.8	3.4/1.6	3.4/1.8	2.3/1.2	2.0/1.7
EV/EBITDA(배)	29.9		10.2	9.1	7.8	6.1
EPS(원)	-20,831	-22,989	2,499	-178	5,225	2,047
BPS(원)	32,956	11,680	18,878	26,044	31,605	32,543
CFPS(원)	-23,382	-25,936	3,215	225	6,207	2,602
DPS(원)					500	
EBITDAPS(원)	4,979	8,176	7,654	7,299	8,354	3,390

재무 비율								〈단위 : %〉
연도	영업이익률	순이익률	부채비율	차입금비율	ROA	ROE	유보율	자기자본비율	EBITDA마진율
2016	10.3	6.7	166.4	44.6	6.0	18.1	532.1	37.5	11.7
2015	10.8	-0.4	176.2	59.3	-0.4	-0.8	420.9	36.2	11.4
2014	10.3	3.9	188.7	91.0	4.4	19.1	277.6	34.6	11.0
2013	9.3	-32.1	652.4	467.2	-27.7	-123.2	133.6	13.3	9.9

현대위아 (A011210)
HYUNDAI WIA

업 종 : 자동차부품		시 장 : 거래소	
신용등급 : (Bond) — (CP) —		기업규모 : 시가총액 중형주	
홈 페 이 지 : www.hyundai-wia.com		연 락 처 : 055)280-9114	
본 사 : 경남 창원시 성산구 정동로 153			

설 립 일	1976.03.29	종 업 원 수	3,378명	대 표 이 사	윤준모
상 장 일	2011.02.21	감 사 의 견	적정 (안진)	계 열	
결 산 기	12월	보 통 주	2,720만주	종속회사수	8개사
액 면 가	5,000원	우 선 주		구 상 호	

주주구성 (지분율,%)		출자관계 (지분율,%)		주요경쟁사 (외형,%)	
현대자동차	25.4	현대위아터보	100.0	현대위아	100
기아자동차	13.4	위아마그나파워트레인	50.0	현대모비스	504
(외국인)	12.9	현대종합특수강	40.0	한온시스템	75

매출구성		비용구성		수출비중	
엔진,변속기,등속조인트,소재	56.3	매출원가율	92.4	수출	—
부품모듈	28.5	판관비율	4.1	내수	—
공작기계,전용기,산업용로봇	12.3				

회사 개요

동사의 사업은 크게 자동차부품 사업군과 기계사업군으로 구분되며, 자동차부품 사업군이 매출의 85%를 차지하고 있음. 동 사업군은 변속기, 등속조인트, 엔진, 샤시모듈, 부품모듈 등을 포괄하는 자동차 부품사업(매출비중: 98%)과 공작기계, 산업설비와 같은 기계사업(2%), 방산 및 항공기 부품 등 특수사업(1%)으로 구성돼 있음. 자동차 모듈부품은 광주, 안산 사업장에서 생산함. 대부분 현대기아차에 샤시, 타이어모듈 공급.

실적 분석

동사의 연결기준 2017년 2분기 연결기준 매출액은 3조 6,851.0억원으로 전년 대비 2.7% 감소함. 해외 엔진 생산능력의 확대와 고마진 부품 비중이 증가추세가 꺾이면서 영업이익은 전년 동기대비 57.1% 감소한 732.2억원을 시현함. 비영업손실은 313.1원이 발생하여 적자지속함. 당기순이익은 60.5% 감소한 422.8억원을 기록함. 국내최초 후륜기반 4륜구동시스템을 양산하며 신시장을 개척하며 매출 부진을 타개하려 노력 중.

현금 흐름		〈단위 : 억원〉
항목	2016	2017.2Q
영업활동	3,550	-3,764
투자활동	-4,700	-619
재무활동	3,310	809
순현금흐름	2,147	-3,604
기말현금	7,993	4,388

시장 대비 수익률

결산 실적					〈단위 : 억원〉	
항목	2012	2013	2014	2015	2016	2017
매출액	70,211	70,920	75,956	78,842	75,894	
영업이익	5,397	5,292	5,256	5,009	2,627	
당기순이익	4,246	4,250	4,392	3,269	1,307	

분기 실적					〈단위 : 억원〉	
항목	2016.1Q	2016.2Q	2016.3Q	2016.4Q	2017.1Q	2017.2Q
매출액	18,387	19,487	17,439	20,581	18,718	18,133
영업이익	800	908	640	280	431	301
당기순이익	487	585	7	229	20	403

재무 상태					〈단위 : 억원〉	
항목	2012	2013	2014	2015	2016	2017.2Q
총자산	45,735	48,605	59,373	66,831	70,221	68,981
유형자산	13,977	15,879	19,282	23,228	25,483	25,463
무형자산	1,300	1,712	2,256	2,433	2,457	2,544
유가증권	310	521	701	692	708	709
총부채	26,914	25,492	30,884	35,199	37,635	36,462
총차입금	9,899	9,559	12,283	15,782	19,620	20,602
자본금	1,287	1,287	1,360	1,360	1,360	1,360
총자본	18,821	23,113	28,489	31,632	32,586	32,518
지배주주지분	18,330	22,546	28,489	31,632	32,586	32,518

기업가치 지표						
항목	2012	2013	2014	2015	2016	2017.2Q
주가(최고/저)(천원)	186/120	193/123	223/149	188/89.3	113/67.2	—/—
PER(최고/저)(배)	11.8/7.6	12.3/7.8	13.8/9.2	16.0/7.6	23.8/14.2	0.7/0.5
PBR(최고/저)(배)	2.7/1.7	2.3/1.5	2.1/1.4	1.6/0.8	0.9/0.6	
EV/EBITDA(배)	7.5	7.9	7.5	5.0	5.1	
EPS(원)	16,262	16,224	16,733	12,020	4,807	1,555
BPS(원)	71,238	87,626	109,053	120,611	123,986	123,737
CFPS(원)	20,633	21,146	22,427	18,734	12,891	5,953
DPS(원)	500	500	800	1,100	1,100	
EBITDAPS(원)	25,346	25,491	25,940	25,135	17,745	7,090

재무 비율								〈단위 : %〉
연도	영업이익률	순이익률	부채비율	차입금비율	ROA	ROE	유보율	자기자본비율	EBITDA마진율
2016	3.5	1.7	115.5	60.2	1.9	4.1	2,379.7	46.4	6.4
2015	6.4	4.2	111.3	49.9	5.2	10.9	2,312.2	47.3	8.7
2014	6.9	5.8	108.4	43.1	8.1	17.0	2,081.1	48.0	8.9
2013	7.5	6.0	110.3	41.4	9.0	20.4	1,652.5	47.6	9.3

현대이피 (A089470)
Hyundai Engineering Plastics

업 종 : 자동차부품	시 장 : 거래소
신 용 등 급 : (Bond) — (CP) —	기 업 규 모 : 시가총액 소형주
홈 페 이 지 : www.hyundai-ep.com	연 락 처 : 041)350-0500
본 사 : 충남 당진시 석문면 대호만로 1221-32	

설 립 일 2000.01.15	종 업 원 수 392명	대 표 이 사 강창균	
상 장 일 2006.09.25	감 사 의 견 적정 (삼일)	계 열	
결 산 기 12월	보 통 주 3,190만주	종속회사수 5개사	
액 면 가 500원	우 선 주	구 상 호	

주주구성 (지분율,%)		출자관계 (지분율,%)		주요경쟁사 (외형,%)	
현대산업개발	46.3	아이콘트롤스	14.8	현대EP	100
SK에너지	5.0	HEPGUANGCHENG	100.0	S&T홀딩스	179
(외국인)	6.8	HEPYANCHENG	100.0	S&T중공업	54

매출구성		비용구성		수출비중	
[PO]복합PP/PE	55.5	매출원가율	86.3	수출	38.0
[PS]EPS	14.3	판관비율	5.7	내수	62.0
[PS]HIPS	12.9				

회사 개요
동사는 2000년 설립되어 자동차 부품 및 산업재, 소비재 용도로 사용되는 플라스틱 소재를 공급하는 PO사업부문과 전기전자 산업, 단열재 용도로 사용되는 PS 및 EPS 소재를 공급하는 PS사업부문, 그리고 배관 및 바닥난방용 난방관을 공급하는 건자재사업부문 등 3개 사업부문으로 나누어 사업을 영위하고 있음. 자동차, 전기전자, 건축자재, 파이프 등에 사용되는 복합PP, 복합PE 및 PS/EPS 제품, 건자재 등을 생산, 판매함.

실적 분석
동사의 2017년도 상반기 연결기준 매출액은 4,485.4억원으로 전년동기 대비 5.8% 증가하였음. 영업이익은 190.4억원으로 전년동기 대비 49.6% 감소. 당기순이익 또한 144.2억원으로 47.1% 감소하여 이익 저하. PP사업부문은 전년 동기 대비 0.7% 증가, PE사업부문의 매출은 33.5% 감소, PS사업부문은 17.2% 증가, 건자재사업부문은 58.3% 증가하였음.

현금 흐름
〈단위 : 억원〉

항목	2016	2017.2Q
영업활동	496	-49
투자활동	-140	-71
재무활동	-384	.121
순현금흐름	-27	-2
기말현금	315	313

시장 대비 수익률

결산 실적
〈단위 : 억원〉

항목	2012	2013	2014	2015	2016	2017
매출액	8,071	9,182	9,450	8,677	8,612	—
영업이익	287	346	428	607	689	—
당기순이익	190	221	279	449	511	—

분기 실적
〈단위 : 억원〉

항목	2016.1Q	2016.2Q	2016.3Q	2016.4Q	2017.1Q	2017.2Q
매출액	2,078	2,162	2,068	2,303	2,211	2,275
영업이익	185	192	164	148	103	87
당기순이익	135	138	85	154	76	68

재무 상태
〈단위 : 억원〉

항목	2012	2013	2014	2015	2016	2017.2Q
총자산	4,835	5,472	5,638	5,606	5,772	5,797
유형자산	1,614	1,317	1,378	1,371	1,381	1,402
무형자산	51	51	49	43	61	63
유가증권	2	5	4		4	—
총부채	3,545	3,974	3,849	3,420	3,121	3,125
총차입금	2,350	2,473	2,475	2,154	1,837	2,050
자본금	172	172	172	172	172	172
총자본	1,290	1,498	1,789	2,187	2,650	2,672
지배주주지분	1,290	1,498	1,789	2,187	2,650	2,672

기업가치 지표

항목	2012	2013	2014	2015	2016	2017.2Q
주가(최고/저)(천원)	6.7/4.4	7.5/4.2	8.0/5.8	11.3/6.8	10.9/8.0	—/—
PER(최고/저)(배)	12.1/7.8	11.5/6.4	9.5/6.9	8.3/4.9	6.9/5.1	—/—
PBR(최고/저)(배)	1.8/1.2	1.7/1.0	1.5/1.1	1.7/1.0	1.3/1.0	1.1/0.9
EV/EBITDA(배)	10.7	10.4	9.1	7.7	5.8	—/—
EPS(원)	596	694	875	1,406	1,603	452
BPS(원)	4,044	4,697	5,609	6,855	8,396	8,658
CFPS(원)	797	925	1,122	1,674	1,885	600
DPS(원)	60	80	100	130	140	—
EBITDAPS(원)	1,101	1,316	1,590	2,171	2,440	745

재무 비율
〈단위 : % 〉

연도	영업이익률	순이익률	부채비율	차입금비율	ROA	ROE	유보율	자기자본비율	EBITDA마진율
2016	8.0	5.9	117.8	69.3	9.0	21.1	1,457.1	45.9	9.0
2015	7.0	5.2	156.4	98.5	8.0	22.6	1,171.4	39.0	8.0
2014	4.5	3.0	215.1	138.3	5.0	17.0	940.3	31.7	5.4
2013	3.8	2.4	265.2	165.0	4.3	15.9	771.2	27.4	4.6

현대일렉트릭 (A267260)
HYUDAI Electric & Energy SystemsLTD

업 종 : 전기장비	시 장 : 거래소
신 용 등 급 : (Bond) A- (CP) A2-	기 업 규 모 : —
홈 페 이 지 : www.hyundai-elec.com	연 락 처 : 02)746-7545
본 사 : 서울시 종로구 율곡로 75	

설 립 일 2017.04.01	종 업 원 수 2,858명	대 표 이 사 주영걸	
상 장 일 2017.05.10	감 사 의 견 적정 (삼정)	계 열	
결 산 기 12월	보 통 주 371만주	종속회사수 1개사	
액 면 가 5,000원	우 선 주	구 상 호	

주주구성 (지분율,%)		출자관계 (지분율,%)		주요경쟁사 (외형,%)	
현대로보틱스	35.6	자본재공제조합	0.5	현대일렉트릭	
국민연금공단	10.8	건설공제조합		LS산전	
(외국인)	5.1	전기공사공제조합		대한전선	

매출구성		비용구성		수출비중	
		매출원가율	0.0	수출	65.0
		판관비율	0.0	내수	35.0

회사 개요
동사는 2017년 4월 현대중공업의 인적분할 후 5월에 재상장됨. 분할 전 회사인 현대중공업의 사업부문 중 전기전자시스템사업본부를 영위하게 됨. 계열사로는 Hyundai Technologies Center Hungary kft.가 존재함. 향후 미주, 유럽지역에서 노후 설비 교체, 전력 인프라 정비에 따른 교체 수요가 증가될 것으로 예상되고, 중동 및 동남아시아는 경제성장에 따른 전력인프라 투자 증가로 신규수요가 기대됨.

실적 분석
동사는 2017년 4월 재상장 기업으로 2분기 재무제표는 4월 1일부터 6월까지의 기간에 해당함. 연결기준 매출액은 4,911.7억원, 영업이익은 306.1억원이며 순이익은 216.7억원을 시현함. 중동 등 신흥국의 산업화 및 경제성장으로 송배전망이 확대될 선진국에서는 신재생 에너지 확대 및 전력효율화를 위한 노후설비 교체수요가 증가할 예정으로 밝은 전망.

현금 흐름
〈단위 : 억원〉

항목	2016	2017.2Q
영업활동		465
투자활동		-151
재무활동		-545
순현금흐름		-230
기말현금		1,863

시장 대비 수익률

결산 실적
〈단위 : 억원〉

항목	2012	2013	2014	2015	2016	2017
매출액	—	—	—	—	—	—
영업이익	—	—	—	—	—	—
당기순이익	—	—	—	—	—	—

분기 실적
〈단위 : 억원〉

항목	2016.1Q	2016.2Q	2016.3Q	2016.4Q	2017.1Q	2017.2Q
매출액						4,912
영업이익						306
당기순이익						217

재무 상태
〈단위 : 억원〉

항목	2012	2013	2014	2015	2016	2017.2Q
총자산						19,267
유형자산						4,627
무형자산						550
유가증권						18
총부채						11,444
총차입금						6,274
자본금						186
총자본						7,823
지배주주지분						7,823

기업가치 지표

항목	2012	2013	2014	2015	2016	2017.2Q
주가(최고/저)(천원)	—/—	—/—	—/—	—/—	—/—	—/—
PER(최고/저)(배)	0.0/0.0	0.0/0.0	0.0/0.0	0.0/0.0	0.0/0.0	—/—
PBR(최고/저)(배)	0.0/0.0	0.0/0.0	0.0/0.0	0.0/0.0	0.0/0.0	—/—
EV/EBITDA(배)	0.0	0.0	0.0	0.0	0.0	1.6/1.1
EPS(원)						5,841
BPS(원)						214,967
CFPS(원)						8,619
DPS(원)						—
EBITDAPS(원)						11,028

재무 비율
〈단위 : % 〉

연도	영업이익률	순이익률	부채비율	차입금비율	ROA	ROE	유보율	자기자본비율	EBITDA마진율
2016	0.0	0.0	0.0	0.0	0.0	0.0	0.0	0.0	0.0
2015	0.0	0.0	0.0	0.0	0.0	0.0	0.0	0.0	0.0
2014	0.0	0.0	0.0	0.0	0.0	0.0	0.0	0.0	0.0
2013	0.0	0.0	0.0	0.0	0.0	0.0	0.0	0.0	0.0

현대자동차 (A005380)
Hyundai Motor

업　　종 : 자동차		시　　장 : 거래소	
신용등급 : (Bond) AAA　(CP) —		기업규모 : 시가총액 대형주	
홈페이지 : www.hyundai.com		연 락 처 : 02)3464-1114	
본　　사 : 서울시 서초구 헌릉로 12 (양재동)			

설 립 일 1967.12.29	종 업 원 수 68,254명	대 표 이 사 정몽구,윤갑한,이원희(각자대표이사)
상 장 일 1974.06.28	감 사 의 견 적정 (안진)	계　　　열
결 산 기 12월	보 통 주 22,028만주	종 속 회 사 수 117개사
액 면 가 5,000원	우 선 주 6,520만주	구 상 호

주주구성 (지분율,%)		출자관계 (지분율,%)		주요경쟁사 (외형,%)	
현대모비스	20.8	현대케피코	100.0	현대차	100
국민연금공단	8.0	신현HNPP벤자S모중권투자신탁제34호	100.0	기아차	56
(외국인)	44.8	교보악사Tomorrow시모중권투자신탁12호	100.0	쌍용차	4

매출구성		비용구성		수출비중	
차량부문	83.1	매출원가율	81.1	수출	53.0
기타부문	10.8	판관비율	13.3	내수	47.0
금융부문	6.1				

회사 개요

동사는 글로벌 완성차업체로 자동차와 자동차부품의 제조 및 판매, 차량정비 등의 사업을 운영. 차량부문의 매출이 79%, 차량할부금융 및 결제대행업무 등의 사업을 운영하는 금융부문의 매출이 14%, 철도차량 제조 등 기타 매출이 7%를 차지함. 환율과 FTA 효과를 가운데 산업 수요가 정체되고 있음. 동사는 지속가능한 경영을 위해 친환경차 개발, 저탄소 사회 조성 등 사회적 가치 창출을 위해 노력 중.

실적 분석

동사의 2017년도 반기 매출액은 전년동기 대비 1.4% 증가한 47조 6,740억원을 시현. 이는 국내시에서의 그랜저 신차 판매 영향과 유럽 시장에서의 성장이 지속된 것이 원인으로 보임. 영업이익은 2조 5,952억원으로 전년동기 대비 16.4% 감소, 당기순이익도 2조 3,193억원으로 전년동기 대비 34.3% 감소하여 수익성 부진. 중국시장에서의 어려움 가중되는 상황으로 상품 개발, 가격 정책 및 서비스를 통한 고객 만족 제고에 노력중.

현금 흐름 〈단위 : 억원〉

항목	2016	2017.2Q
영업활동	16,191	22,466
투자활동	-69,285	-23,260
재무활동	56,861	-4,523
순현금흐름	5,586	-6,441
기말현금	78,901	72,460

시장 대비 수익률

결산 실적 〈단위 : 억원〉

항목	2012	2013	2014	2015	2016	2017
매출액	844,697	873,076	892,563	919,587	936,490	—
영업이익	84,406	83,155	75,500	63,579	51,935	—
당기순이익	90,611	89,935	76,495	65,092	57,197	—

분기 실적 〈단위 : 억원〉

항목	2016.1Q	2016.2Q	2016.3Q	2016.4Q	2017.1Q	2017.2Q
매출액	223,506	246,767	220,837	245,380	233,660	243,080
영업이익	13,424	17,618	10,681	10,212	12,508	13,445
당기순이익	17,681	17,639	11,188	10,688	14,057	9,136

재무 상태 〈단위 : 억원〉

항목	2012	2013	2014	2015	2016	2017.2Q
총자산	1,215,378	1,334,215	1,472,251	1,653,679	1,788,359	1,787,569
유형자산	207,399	214,626	225,423	286,989	294,057	293,724
무형자산	28,832	31,291	38,217	42,981	45,862	45,753
유가증권	225,112	241,324	396,224	365,183	397,374	388,849
총부채	736,202	768,387	846,046	984,865	1,064,914	1,050,788
총차입금	457,118	485,510	546,918	657,531	736,056	718,538
자본금	14,890	14,890	14,890	14,890	14,890	14,890
총자본	479,176	565,828	626,206	668,814	723,446	736,780
지배주주지분	440,391	519,311	576,548	620,240	671,897	683,567

기업가치 지표

항목	2012	2013	2014	2015	2016	2017.2Q
주가(최고/저)(천원)	244/181	244/168	232/140	173/117	154/125	—/—
PER(최고/저)(배)	9.0/6.7	8.9/6.1	9.8/5.9	8.2/5.5	8.4/6.8	—/—
PBR(최고/저)(배)	1.7/1.3	1.4/1.0	1.2/0.7	0.8/0.6	0.7/0.5	0.7/0.6
EV/EBITDA(배)	5.7	6.5	5.6	6.8	7.5	—/—
EPS(원)	30,008	29,921	25,735	22,479	18,938	7,522
BPS(원)	158,218	185,863	206,420	222,828	241,103	245,191
CFPS(원)	38,849	38,858	34,667	32,266	30,704	13,513
DPS(원)	1,900	1,950	3,000	4,000	4,000	—
EBITDAPS(원)	38,408	38,065	35,379	32,058	29,958	15,082

재무 비율 〈단위 : % 〉

연도	영업이익률	순이익률	부채비율	차입금비율	ROA	ROE	유보율	자기자본비율	EBITDA마진율
2016	5.6	6.1	147.2	101.7	3.3	8.4	4,522.6	40.5	9.1
2015	6.9	7.1	147.3	98.3	4.2	10.7	4,172.2	40.4	10.0
2014	8.5	8.6	135.1	87.3	5.5	13.4	3,857.6	42.5	11.3
2013	9.5	10.3	135.8	85.8	7.1	17.8	3,463.5	42.4	12.5

현대정보기술 (A026180)
Hyundai Information Technology

업　　종 : IT 서비스		시　　장 : KOSDAQ	
신용등급 : (Bond) —　(CP) —		기업규모 : 중견	
홈페이지 : www.hit.co.kr		연 락 처 : 02)2626-6000	
본　　사 : 서울시 금천구 가산디지털2로 179			

설 립 일 1989.05.15	종 업 원 수 542명	대 표 이 사 마용득
상 장 일 2000.07.26	감 사 의 견 적정 (삼정)	계　　　열
결 산 기 12월	보 통 주 5,954만주	종 속 회 사 수 1개사
액 면 가 1,000원	우 선 주	구 상 호

주주구성 (지분율,%)		출자관계 (지분율,%)		주요경쟁사 (외형,%)	
롯데정보통신	59.7	SGI코리아	17.2	현대정보기술	100
하이닉스반도체	3.9	이씨뱅크	13.9	동양네트웍스	56
(외국인)	0.8	키움인베스트먼트	2.5	오상자이엘	36

매출구성		비용구성		수출비중	
시스템 통합	81.2	매출원가율	96.6	수출	3.0
시스템 관리운영	17.4	판관비율	2.1	내수	97.0
임대기타	1.4				

회사 개요

동사는 ITO(Information Technology Outsourcing)서비스 및 시스템 통합(System Integration)사업 등을 포함한 정보처리 및 정보서비스의 제조, 판매를 주요사업으로 영위함. 현재는 롯데정보통신이 최대주주임. 신호감지시스템 등 철도 사업과 대형병원 업무 프로세스 및 정보표준화, 그리고 차세대 의료정보시스템의 구축 경험, 해외 전자정부 구축의 사업 경험 등을 살려 U-교통, 헬스케어 등에 주력할 계획임.

실적 분석

동사의 2017년 2분기 누적 연결기준 매출액은 전년대비 8.8% 감소한 703.3억원을 기록함. 매출액 감소는 주로 SI사업의 부진에 기인함. 외형 축소에도 원가율은 통제되어 영업이익 11.7억원을 시현하였으나 비영업손실 확대로 당기순손실 0.3억원을 보이며 적자전환함. 영업이익의 대부분은 ITO서비스부문에서 발생함. 상반기 기준 매출비중은 SI 75.38%, ITO서비스 23.12% 및 기타로 구성됨.

현금 흐름 〈단위 : 억원〉

항목	2016	2017.2Q
영업활동	37	71
투자활동	-1	-40
재무활동	-39	-18
순현금흐름	-3	14
기말현금	9	23

시장 대비 수익률

결산 실적 〈단위 : 억원〉

항목	2012	2013	2014	2015	2016	2017
매출액	1,895	1,517	1,424	1,484	1,678	—
영업이익	-50	-160	-61	16	21	—
당기순이익	-64	-192	-91	-19	7	—

분기 실적 〈단위 : 억원〉

항목	2016.1Q	2016.2Q	2016.3Q	2016.4Q	2017.1Q	2017.2Q
매출액	421	350	344	563	318	385
영업이익	-5	15	1	9	3	9
당기순이익	-10	12	-5	9	-7	7

재무 상태 〈단위 : 억원〉

항목	2012	2013	2014	2015	2016	2017.2Q
총자산	1,561	1,502	1,484	1,654	1,736	1,849
유형자산	759	688	643	646	654	707
무형자산	40	44	67	51	48	42
유가증권	37	44	55	58	61	61
총부채	1,051	1,168	1,202	1,168	1,232	1,344
총차입금	556	641	679	612	616	617
자본금	503	503	503	595	595	595
총자본	510	335	282	486	504	505
지배주주지분	510	335	282	486	504	505

기업가치 지표

항목	2012	2013	2014	2015	2016	2017.2Q
주가(최고/저)(천원)	2.9/1.9	2.4/1.6	2.5/1.3	3.0/1.3	2.7/1.8	—/—
PER(최고/저)(배)					242.8/157.9	—/—
PBR(최고/저)(배)	2.9/1.9	3.6/2.4	4.4/2.4	3.6/1.6	3.2/2.1	2.4/2.0
EV/EBITDA(배)	21.9		73.9	15.0	13.9	—/—
EPS(원)	-127	-381	-181	-37	11	-0
BPS(원)	1,013	666	561	817	848	849
CFPS(원)	105	-185	-20	137	178	84
DPS(원)						—
EBITDAPS(원)	133	-122	39	206	202	104

재무 비율 〈단위 : % 〉

연도	영업이익률	순이익률	부채비율	차입금비율	ROA	ROE	유보율	자기자본비율	EBITDA마진율
2016	1.3	0.4	일부잠식	일부잠식	0.4	1.4	-15.2	29.1	7.2
2015	1.1	-1.3	일부잠식	일부잠식	-1.2	-4.8	-18.3	29.4	7.0
2014	-4.3	-6.4	일부잠식	일부잠식	-6.1	-29.5	-43.9	19.0	1.4
2013	-10.5	-12.7	일부잠식	일부잠식	-12.5	-45.4	-33.4	22.3	-4.0

현대제철 (A004020)
HYUNDAI STEEL

업　　종 : 금속 및 광물	시　　장 : 거래소
신용등급 : (Bond) AA　(CP) A1	기업규모 : 시가총액 대형주
홈페이지 : www.hyundai-steel.com	연락처 : 032)760-2114
본　　사 : 인천시 동구 중봉대로 63	

설 립 일	1964.09.01	종 업 원 수	11,233명	대 표 이 사	우유철,강학서
상 장 일	1987.05.23	감 사 의 견	적정 (삼정)	계　　열	
결 산 기	12월	보 통 주	13,345만주	종 속 회 사 수	20개사
액 면 가	5,000원	우 선 주		구 상 호	

주주구성 (지분율,%)		출자관계 (지분율,%)		주요경쟁사 (외형,%)	
기아자동차	17.3	현대종합특수강	60.0	현대제철	100
정몽구	11.8	현대비앤지스틸	40.8	POSCO	318
(외국인)	24.5	현대그린파워	29.0	세아베스틸	15

매출구성		비용구성		수출비중	
판재	79.1	매출원가율	85.3	수출	—
봉형강	29.7	판관비율	6.1	내수	—
반제품, 부산물 外	6.5				

회사 개요
동사는 1953년 대한중공업공사로 설립돼 1960년대부터 인천중공업 또는 인천제철로 불리던 업체임. 2004년 한보철강의 당진제철소 자산을 인수한 이후 당진공장 일관제철소의 상업생산이 2010년 시작되어 고로-전기로 제품을 모두 생산할 수 있는 제품 포트폴리오를 갖추게 됨. 전기로 제강을 통해 철근, H형강 등 각종 봉형강류와 고로제강을 통한 열연코일, 후판 등의 판재류를 생산하며 건설, 자동차, 조선 산업 등에 판매하고 있음.

실적 분석
동사의 2017년 연결기준 상반기 매출액은 9조2,666.1억원으로 전년동기 대비 16.3% 증가함. 이는 종속회사 실적 호조 영향으로 볼 수 있음. 고정비 증가로 영업이익은 7,005.5억원으로 전년과 비슷한 실적을 시현함. 동사는 기술선도 제품 개발 및 지속적 R&D 능력 확보를 위한 인프라 구축할 예정이며, 전략제품 판매 확대 및 지속적 원가절감을 통한 수익증대를 기대해봄.

현금 흐름　〈단위 : 억원〉

항목	2016	2017.2Q
영업활동	29,638	4,669
투자활동	-20,230	-5,274
재무활동	-10,170	1,190
순현금흐름	-831	596
기말현금	7,372	7,968

결산 실적　〈단위 : 억원〉

항목	2012	2013	2014	2015	2016	2017
매출액	148,934	135,328	167,624	161,325	166,915	—
영업이익	8,893	7,626	14,911	14,641	14,450	—
당기순이익	8,031	7,094	7,823	7,392	8,340	—

분기 실적　〈단위 : 억원〉

항목	2016.1Q	2016.2Q	2016.3Q	2016.4Q	2017.1Q	2017.2Q
매출액	37,438	42,257	40,634	46,586	45,741	46,925
영업이익	2,692	4,322	3,562	3,874	3,497	3,509
당기순이익	1,586	2,546	3,007	1,202	3,411	1,384

재무 상태　〈단위 : 억원〉

항목	2012	2013	2014	2015	2016	2017.2Q
총자산	234,663	295,203	289,338	319,364	323,893	326,707
유형자산	152,269	196,048	195,723	214,107	216,452	214,783
무형자산	1,569	13,503	13,410	18,526	17,931	17,602
유가증권	17,997	17,068	13,911	14,509	15,545	14,782
총부채	134,781	161,556	151,190	164,164	160,256	160,081
총차입금	106,042	130,009	122,641	129,539	121,304	125,022
자본금	4,266	5,827	5,827	6,672	6,672	6,672
총자본	99,882	133,647	138,148	155,200	163,636	166,626
지배주주지분	98,309	131,897	136,239	152,420	160,704	163,630

기업가치 지표

항목	2012	2013	2014	2015	2016	2017.2Q
주가(최고/저)(천원)	112/71.5	86.7/58.4	80.8/59.9	77.4/47.5	62.6/43.3	—/—
PER(최고/저)(배)	12.6/8.1	11.2/7.5	12.8/9.5	13.6/8.3	10.3/7.2	—/—
PBR(최고/저)(배)	1.0/0.7	0.8/0.5	0.7/0.5	0.7/0.4	0.5/0.4	0.5/0.4
EV/EBITDA(배)	10.5	13.3	7.1	6.9	6.8	—
EPS(원)	9,335	8,102	6,562	5,866	6,136	3,548
BPS(원)	115,433	113,276	117,001	115,590	121,394	123,587
CFPS(원)	18,009	16,468	16,760	16,049	16,535	8,927
DPS(원)	500	500	750	750	750	—
EBITDAPS(원)	19,098	17,296	22,992	21,890	21,228	10,628

재무 비율　〈단위 : %〉

연도	영업이익률	순이익률	부채비율	차입금비율	ROA	ROE	유보율	자기자본비율	EBITDA마진율
2016	8.7	5.0	97.9	74.1	2.6	5.2	2,327.9	50.5	17.0
2015	9.1	4.6	105.8	83.5	2.4	5.1	2,211.8	48.6	17.0
2014	8.9	4.7	109.4	88.8	2.7	5.7	2,240.0	47.8	16.0
2013	5.6	5.2	120.9	97.3	2.7	6.0	2,165.5	45.3	10.9

현대종합상사 (A011760)
Hyundai

업　　종 : 무역	시　　장 : 거래소
신용등급 : (Bond) —　(CP) —	기업규모 : 시가총액 소형주
홈페이지 : www.hyundaicorp.co.kr	연락처 : 02)390-1919
본　　사 : 서울시 종로구 율곡로2길 25 연합미디어센터빌딩 16층	

설 립 일	1976.12.08	종 업 원 수	269명	대 표 이 사	정몽혁
상 장 일	1977.12.01	감 사 의 견	적정 (삼일)	계　　열	
결 산 기	12월	보 통 주	1,323만주	종 속 회 사 수	13개사
액 면 가	5,000원	우 선 주		구 상 호	

주주구성 (지분율,%)		출자관계 (지분율,%)		주요경쟁사 (외형,%)	
현대씨앤에프	19.4			현대상사	100
브이아이피투자자문	9.0			포스코대우	463
(외국인)	14.5			LG상사	336

매출구성		비용구성		수출비중	
상품매출(상품)	100.0	매출원가율	97.0	수출	96.0
		판관비율	2.1	내수	4.0

회사 개요
동사는 1976년 설립되어 수출입업, 삼국간 무역, 브랜드사업 및 해외자원개발 프로젝트를 영위하고 있음. 2016.3.21 현대중공업 기업집단으로부터 계열분리하여 현대씨앤에프가 최대주주임. 산업플랜트, 차량, 철강, 화학, 자원개발, 기타 등 총 6개의 사업부문으로 구성됨. 각 사업부문별로 자동차, 철강, 기계 등을 수출하고 있으며, 선박, 플랜트 등의 수출입대행과 수입상품의 국내판매, 유전개발 등의 자원개발사업을 영위중임.

실적 분석
동사의 2017년 상반기 연결기준 누적 매출액은 2조 981.0억원으로 전년동기 대비 18.1% 증가함. 매출원가 상승에도 불구하고 판관비 감소 등 비용절감 노력에 따라 영업이익은 전년동기 대비 0.5% 늘어난 190억원을 기록함. 국제유가의 회복이 지연됨에 따라 산유국들의 재정 여력이 악화되며 중동 발주 산업플랜트의 비 우호적 영업환경이 조성 중인 상황에서도 사업다각화 노력으로 매출 성장을 시현함.

현금 흐름　〈단위 : 억원〉

항목	2016	2017.2Q
영업활동	464	531
투자활동	-291	-75
재무활동	1,036	-529
순현금흐름	1,238	-104
기말현금	1,936	1,832

결산 실적　〈단위 : 억원〉

항목	2012	2013	2014	2015	2016	2017
매출액	54,684	50,825	52,649	42,619	35,588	—
영업이익	288	220	294	234	305	—
당기순이익	516	1,082	339	1,472	81	—

분기 실적　〈단위 : 억원〉

항목	2016.1Q	2016.2Q	2016.3Q	2016.4Q	2017.1Q	2017.2Q
매출액	9,353	8,407	8,855	8,972	10,500	10,48
영업이익	107	83	45	71	85	10
당기순이익	53	67	19	-58	67	19

재무 상태　〈단위 : 억원〉

항목	2012	2013	2014	2015	2016	2017.2Q
총자산	19,148	17,181	19,267	15,040	15,142	14,31
유형자산	436	38	51	53	45	4
무형자산	680	608	559	312	293	27
유가증권	977	908	647	884	905	84
총부채	15,049	11,237	12,596	10,140	10,812	9,99
총차입금	6,606	4,079	4,597	3,048	4,340	3,88
자본금	1,116	1,116	1,116	661	661	66
총자본	4,099	5,944	6,670	4,900	4,329	4,31
지배주주지분	4,081	5,938	6,663	4,892	4,320	4,30

기업가치 지표

항목	2012	2013	2014	2015	2016	2017.2Q
주가(최고/저)(천원)	22.9/15.2	29.7/17.1	32.2/24.2	35.7/21.5	27.6/19.3	—/—
PER(최고/저)(배)	11.0/7.3	6.6/3.8	22.8/17.1	5.1/3.1	46.9/32.8	—/—
PBR(최고/저)(배)	1.4/0.9	1.2/0.7	1.8/0.9	1.0/0.6	0.9/0.6	0.7/0.4
EV/EBITDA(배)	15.3	26.5	18.8	17.4	13.3	—
EPS(원)	2,309	4,867	1,512	7,336	602	1,96
BPS(원)	18,278	26,591	29,839	36,989	33,210	33,48
CFPS(원)	3,271	5,392	2,120	7,887	1,249	2,09
DPS(원)	500	500	500	750	500	—
EBITDAPS(원)	2,252	1,508	1,924	1,720	2,952	1,56

재무 비율　〈단위 : %〉

연도	영업이익률	순이익률	부채비율	차입금비율	ROA	ROE	유보율	자기자본비율	EBITDA마진율
2016	0.9	0.2	249.7	100.2	0.5	1.7	564.2	28.6	1.
2015	0.6	3.5	207.0	62.2	8.6	25.5	639.8	32.6	0.
2014	0.6	0.6	188.9	68.9	1.9	5.4	496.8	34.6	0.
2013	0.4	2.1	189.1	68.6	6.0	21.7	431.8	34.6	0.

현대중공업 (A009540)
Hyundai Heavy Industries

종 목 : 조선			시 장 : 거래소	
용 등 급 : (Bond) A-	(CP) A2-		기 업 규 모 : 시가총액 대형주	
페 이 지 : www.hhi.co.kr			연 락 처 : 052)202-2114	
본 사 : 울산시 동구 방어진 순환도로 1000				

설 립 일	1973.12.28	종 업 원 수	16,920명	대 표 이 사	권오갑,강환구(각자대표이사)	
상 장 일	1999.08.24	감 사 의 견	적정 (삼정)	계	열	
결 산 기	12월	보 통 주	5,667만주	종 속 회 사 수	45개사	
액 면 가	5,000원	우 선 주		구 상 호		

주주구성 (지분율,%)		출자관계 (지분율,%)		주요경쟁사 (외형,%)	
현대로보틱스	27.8	현대중공업그린에너지	100.0	현대중공업	100
국민연금공단	9.3	호텔현대	100.0	삼성중공업	26
(외국인)	18.0	현대힘스	100.0	현대미포조선	11

매출구성		비용구성		수출비중	
선 박	37.3	매출원가율	88.4	수출	84.0
휘발유 外	29.7	판관비율	7.4	내수	16.0
해상구조물,화공	14.9				

회사 개요
동사는 수주량 기준으로 전세계 1위의 시장 점유율을 보이고 있는 조선부문, 해상구조물 제작 및 설치를 담당하는 해양부문, 화공설비 및 발전설비 등을 담당하는 플랜트부문, 건설기계장비 등을 생산하는 건설장비부문 등의 사업을 영위하고 있으며, 정유사업을 영위하는 종속기업 오일뱅크가 있다. 전체 매출액의 47.8%를 차지하고 있는 조선부문의 경우, 막대한 초기설비자금이 필요한 장치산업이며 최근 신조시황이 위축되어 발주물량이 감소하고 있음.

실적 분석
동사의 2017년 2/4분기 연결기준 누적 매출액은 9조 4,370.1억원으로 전년 동기 대비 26.6% 감소하였음. 그러나 매출원가 및 판관비가 감소하며 영업이익은 3,152.2억원으로 전년동기 대비 대폭 증가함. 그러나 비영업부문에서 1,196.0억원의 손실을 시현하며 이익폭이 축소되었음. 이에 따라 당기순이익은 전년동기 대비 383.3% 증가한 3조 773.7억원을 기록함. 자재비 절감으로 전반적인 실적이 개선됨.

금 흐름		〈단위 : 억원〉
항목	2016	2017.2Q
영업활동	20,814	8,406
투자활동	-5,009	4,991
재무활동	-3,681	-17,427
순현금흐름	12,216	-4,092
기말현금	43,269	39,177

시장 대비 수익률

산 실적						〈단위 : 억원〉
항목	2012	2013	2014	2015	2016	2017
매출액	549,737	541,881	525,824	462,317	393,173	—
영업이익	20,055	8,020	-32,495	-15,401	16,419	—
당기순이익	10,296	1,463	-22,061	-13,632	6,567	—

기 실적						〈단위 : 억원〉
항목	2016.1Q	2016.2Q	2016.3Q	2016.4Q	2017.1Q	2017.2Q
매출액	67,823	60,762	88,392	176,196	48,078	46,292
영업이익	105	1,756	3,218	11,339	1,635	1,518
당기순이익	2,445	3,922	3,344	-3,145	4,623	26,150

무 상태						〈단위 : 억원〉
항목	2012	2013	2014	2015	2016	2017.2Q
총자산	492,732	532,050	533,844	497,328	492,492	331,498
유형자산	155,565	157,130	160,602	163,200	190,113	117,023
무형자산	22,974	22,856	22,116	21,402	19,630	1,525
유가증권	51,693	75,862	68,486	54,268	46,385	43,406
총부채	305,318	341,754	367,458	342,339	313,594	204,027
총차입금	158,101	184,405	200,291	196,019	190,343	111,929
자본금	3,800	3,800	3,800	3,800	3,800	2,833
총자본	187,414	190,296	166,386	154,990	178,898	127,471
지배주주지분	168,808	172,496	151,738	137,361	159,365	115,354

업가치 지표						〈단위 : 원〉
항목	2012	2013	2014	2015	2016	2017.2Q
가(최고/저)(천원)	339/192	286/175	254/95.1	154/81.2	158/81.2	—/—
PER(최고/저)(배)	25.1/14.2	74.9/45.7	—/—	—/—	21.0/10.8	—/—
PBR(최고/저)(배)	1.4/0.8	1.1/0.7	1.1/0.4	0.8/0.4	0.7/0.4	0.9/0.6
EV/EBITDA(배)	10.4	18.3			8.9	—/—
EPS(원)	13,061	3,667	-23,279	-17,762	7,173	43,596
BPS(원)	240,543	245,395	218,082	193,461	222,413	205,010
CFPS(원)	26,157	16,577	-9,882	-3,706	18,908	48,856
DPS(원)	2,500	2,000				
EBITDAPS(원)	39,485	23,462	-29,359	-6,209	33,338	9,986

무 비율								〈단위 : % 〉
연도	영업 이익률	순 이익률	부채 비율	차입금 비율	ROA	ROE	유보율	자기자본 비율	EBITDA 마진율
'016	4.2	1.7	175.3	106.4	1.3	3.7	4,348.3	36.3	6.4
'015	-3.3	-3.0	220.9	126.5	-2.6	-9.3	3,769.2	31.2	-1.0
'014	-6.2	-4.2	220.9	120.4	-4.1	-10.9	4,261.6	31.2	-4.2
'013	1.5	0.3	179.6	96.9	0.3	1.6	4,807.9	35.8	3.3

현대통신 (A039010)
Hyundai Telecommunication

업 종 : 보안장비			시 장 : KOSDAQ	
신용등급 : (Bond) —	(CP) —		기 업 규 모 : 벤처	
홈 페 이 지 : www.hyundaitel.co.kr			연 락 처 : 02)2240-9211	
본 사 : 서울시 영등포구 여의대방로 107(신길동, 현대통신빌딩)				

설 립 일	1998.04.25	종 업 원 수	129명	대 표 이 사	이건구	
상 장 일	2000.07.11	감 사 의 견	적정 (신한)	계	열	
결 산 기	12월	보 통 주	863만주	종 속 회 사 수	1개사	
액 면 가	500원	우 선 주		구 상 호		

주주구성 (지분율,%)		출자관계 (지분율,%)		주요경쟁사 (외형,%)	
이건구	24.0	HYUNDAITELECOMJAPAN	65.0	현대통신	100
이내흔	14.5			코콤	130
(외국인)	6.2			슈프리마	48

매출구성		비용구성		수출비중	
HNT-4000 외	66.2	매출원가율	78.1	수출	1.0
HKT-300 외	11.4	판관비율	9.7	내수	99.0
용역매출 외	8.3				

회사 개요
하이닉스의 사업구조조정에 따라 HA사업부문이 분사하여 설립되었으며, 홈오토메이션 및 홈네트워크 시스템을 제조/판매하고 있음. 매출 구성은 2017년 상반기 기준 홈네트워크 시스템이 63%, 무인경비시스템 7%, 주방TV 14%, 그외 LED 보안등과 디지털도어락 등 기타 상품이 차지. 홈네트워크 시스템은 신규 아파트에서 주로 수요가 발생하는 특성을 가지고 있는데, 공동주택 수직증축 리모델링 허용에 따른 추가적인 매출 발생 요인이 존재함.

실적 분석
2017년 상반기 매출액은 전 부문 실적 호조로 531.4억원을 기록하며 전년동기 대비 30.8% 증가함. 특히 매출 비중이 가장 높은 스마트홈 부문이 26.4% 성장하였으며 주방TV, 무인경비시스템 모두 22~23% 매출 신장률을 보임. 원가율과 판관비율 하락으로 영업이익은 83.3% 상승한 84.0억원을 시현함. 수주잔고는 2,347.3억원. IoT가 다양한 가전 및 디바이스에 적용됨에 따라 동 부문의 시장성장이 예상됨.

현금 흐름		〈단위 : 억원〉
항목	2016	2017.2Q
영업활동	66	37
투자활동	-142	-50
재무활동	-11	-4
순현금흐름	-86	-17
기말현금	43	26

시장 대비 수익률

결산 실적						〈단위 : 억원〉
항목	2012	2013	2014	2015	2016	2017
매출액	456	469	733	787	878	—
영업이익	2	-4	53	86	107	—
당기순이익	-1	-1	56	88	105	—

분기 실적						〈단위 : 억원〉
항목	2016.1Q	2016.2Q	2016.3Q	2016.4Q	2017.1Q	2017.2Q
매출액	196	211	216	256	228	304
영업이익	18	28	29	32	32	52
당기순이익	21	30	24	30	27	42

재무 상태						〈단위 : 억원〉
항목	2012	2013	2014	2015	2016	2017.2Q
총자산	384	477	545	634	718	854
유형자산	105	101	99	98	97	97
무형자산	29	25	25	26	26	25
유가증권	3	4	31	69	129	173
총부채	151	246	258	263	260	337
총차입금	—	13	—	—	—	—
자본금	43	43	43	43	43	43
총자본	233	231	287	370	458	517
지배주주지분	233	231	287	370	458	517

기업가치 지표						〈단위 : 원〉
항목	2012	2013	2014	2015	2016	2017.2Q
주가(최고/저)(천원)	6.0/2.0	3.5/1.8	5.5/2.4	13.2/4.8	9.8/6.5	—/—
PER(최고/저)(배)	—/—	—/—	8.9/3.8	13.4/4.8	8.2/5.4	—/—
PBR(최고/저)(배)	2.3/0.8	1.3/0.7	1.7/0.7	3.2/1.1	1.9/1.3	1.6/1.3
EV/EBITDA(배)	17.0	94.4	5.7	5.9	4.1	—/—
EPS(원)	-8	-16	645	1,018	1,220	803
BPS(원)	2,700	2,677	3,324	4,291	5,305	5,994
CFPS(원)	70	66	693	1,067	1,261	845
DPS(원)			70	100	130	
EBITDAPS(원)	101	30	660	1,052	1,279	1,016

재무 비율								〈단위 : % 〉
연도	영업 이익률	순 이익률	부채 비율	차입금 비율	ROA	ROE	유보율	자기자본 비율	EBITDA 마진율
2016	12.2	12.0	56.9	0.0	15.6	25.4	961.0	63.7	12.6
2015	11.0	11.2	71.1	0.0	14.9	26.7	758.1	58.4	11.5
2014	7.2	7.6	89.9	0.0	10.9	21.5	564.7	52.7	7.8
2013	-0.9	-0.3	106.3	5.4	-0.3	-0.6	435.5	48.5	0.6

현대투자증권 (A001500)
HMC INVESTMENT SECURITIES

업 종 : 증권		시 장 : 거래소	
신용등급 : (Bond) A (CP) A1		기업규모 : 시가총액 소형주	
홈페이지 : www.hmcib.com		연 락 처 : 02)3787-2114	
본 사 : 서울시 영등포구 국제금융로 2길 32			

설 립 일	1955.07.26	종업원수	703명	대표이사	이용배
상 장 일	1990.06.09	감사의견	적정(한영)	계	열
결 산 기	12월	보 통 주	2,934만주	종속회사수	18개사
액 면 가	5,000원	우 선 주		구상호	HMC투자증권

주주구성 (지분율,%)
현대자동차	27.5
현대모비스	17.0
(외국인)	6.5

출자관계 (지분율,%)
도미누스신성장사모투자회사	19.0
더함투자자문	9.0
이지스자산운용	8.4

주요경쟁사 (외형,%)
현대차투자증권	100
SK증권	93
한화투자증권	-4

수익구성
금융상품관련이익	26.0
파생상품거래이익	24.6
수수료수익	22.7

비용구성
이자비용	14.5
파생상품손실	24.9
판관비	25.5

수출비중
수출	—
내수	—

회사 개요
1955년 신흥증권으로 설립된 동사는 2008년 5월 현대자동차그룹 계열사로 편입, 동사는 금융투자업 및 이에 부수되는 사업을 영위하고 있으며, 2017년 3월말 현재 15개 국내지점, 5개의 국내영업점을 운영하고 있음. 현대차 그룹에 편입된 이후 두 차례 유상증자를 단행해 자본 3,552억원을 확충함. 동사는 계열사와의 시너지를 바탕으로 퇴직연금, IB, 브로커리지 영업 등에서 잠재력을 가지고 있음.

실적 분석
2017년 2분기 동사는 K-IFRS 연결기준으로 세전이익 314억원(세후 239억원)을 시현하며 전년 동기 대비 감소하였음. 실적이 둔화된 데는 거래 둔화로 위탁매매 수수료 수익이 급감하였고 M&A 시장 침체로 IB 부문 수익성 또한 다소 둔화하였기 때문으로 판단됨. 향후 업황 호전시 수익성 개선 가능성이 있으며 안정적인 리스크 관리로 차별화된 실적이 가능할 것으로 판단됨.

현금 흐름 〈단위 : 억원〉
항목	2016	2017.2Q
영업활동	1,979	-2,734
투자활동	-553	-1,254
재무활동	-1,953	3,914
순현금흐름	-527	-74
기말현금	1,212	1,138

시장 대비 수익률

결산 실적 〈단위 : 억원〉
항목	2012	2013	2014	2015	2016	2017
순영업손익	1,992	1,072	1,820	2,016	1,830	—
영업이익	407	-79	140	682	528	—
당기순이익	308	-72	66	504	398	—

분기 실적 〈단위 : 억원〉
항목	2016.1Q	2016.2Q	2016.3Q	2016.4Q	2017.1Q	2017.2Q
순영업손익	546	511	486	286	480	564
영업이익	214	182	153	-21	138	179
당기순이익	165	140	115	-23	107	133

재무 상태 〈단위 : 억원〉
항목	2012	2013	2014	2015	2016	2017.2Q
총자산	40,851	45,521	55,926	58,526	58,871	81,110
유형자산	125	72	2,003	1,984	2,850	2,842
무형자산	315	297	249	242	235	253
유가증권	31,054	32,913	41,313	40,672	42,930	52,004
총부채	34,055	38,851	49,187	51,326	50,709	72,856
총차입금	21,193	25,650	32,866	35,248	33,427	37,459
자본금	1,467	1,467	1,467	1,467	1,467	1,467
총자본	6,796	6,670	6,739	7,200	8,162	8,253
지배주주지분	6,796	6,670	6,739	7,200	8,162	8,253

기업가치 지표
항목	2012	2013	2014	2Q15	2016	2017.2Q
주가(최고/저)(천원)	13.7/10.3	11.9/8.6	12.2/7.9	14.2/8.9	10.5/8.6	—/—
PER(최고/저)(배)	14.5/11.0	—/—	59.9/38.7	9.0/5.6	8.1/6.6	—/—
PBR(최고/저)(배)	0.7/0.5	0.6/0.4	0.6/0.4	0.6/0.4	0.4/0.3	0.5/0.3
PSR(최고/저)(배)	0.0/0.0				2/1	—/—
EPS(원)	1,051	-246	225	1,716	1,356	—
BPS(원)	23,166	22,736	22,972	24,542	27,822	28,132
CFPS(원)	1,504	.23	468	1,964	1,582	941
DPS(원)	150	—	150	450	400	—
EBITDAPS(원)	1,386	-268	476	2,326	1,800	1,081

재무 비율 〈단위 : %〉
연도	계속사업이익률	순이익률	부채비율	차입금비율	ROA	ROE	유보율	자기자본비율	총자산증가율
2016	28.9	21.8	621.3	409.6	0.7	5.2	456.4	13.9	0.6
2015	34.2	25.0	712.9	489.6	0.9	7.2	390.9	12.3	4.7
2014	5.6	3.6	729.9	487.7	0.1	1.0	359.4	12.1	36.9
2013	-8.5	-6.7	582.5	384.6	-0.2	-1.1	354.7	14.7	11.4

현대해상화재보험 (A001450)
Hyundai Marine&Fire Insurance

업 종 : 보험		시 장 : 거래소	
신용등급 : (Bond) AA (CP) —		기업규모 : 시가총액 대형주	
홈페이지 : www.hi.co.kr		연 락 처 : 02)1588-5656	
본 사 : 서울시 종로구 세종대로 163 현대해상화재보험빌딩			

설 립 일	1955.03.05	종업원수	4,122명	대표이사	이철영,박찬종
상 장 일	1989.08.25	감사의견	적정(삼일)	계	열
결 산 기	12월	보 통 주	8,940만주	종속회사수	9개사
액 면 가	500원	우 선 주		구상호	

주주구성 (지분율,%)
정몽윤	21.9
국민연금공단	6.1
(외국인)	49.6

출자관계 (지분율,%)
현대인베스트먼트자산운용	100.0
현대하이카손해사정	100.0
현대씨앤알	100.0

주요경쟁사 (외형,%)
현대해상	100
삼성생명	133
삼성화재	148

수익구성
장기	61.2
자동차	24.0
특종	6.5

비용구성
책임준비금전입	18.8
보험금비용	32.8
사업비	8.6

수출비중
수출	—
내수	—

회사 개요
동사는 동방해상보험으로 설립돼, 1985년 현대해상화재보험으로 사명이 변경됨. 계열회사는 총 14개로 이 중 상장사는 동사가 유일함. 동사의 연결대상 종속회사로는 손해사정업과 긴급출동서비스를 맡는 현대하이카손해사정, 소프트웨어업을 영위하는 현대HDS, 자산운용업을 영위하는 현대인베스트먼트자산운용 등이 있음. 2016년 1분기 기준 동사의 손해보험시장 시장점유율은 16.7%임.

실적 분석
현대해상의 2분기 당기순이익은 1,667억원으로 전년 동기 대비 55.6% 증가하였음. 큰 폭의 실적 개선은 장기 위험손해율이 크게 하락했기 때문이며, 자동차보험 손해율도 양호한 수준을 기록. 장기위험손해율은 84.1%로 전년 동기 대비 8.1%포인트 하락하였으며, 자동차손해율 또한 77%로 2.7%포인트 개선되었고, 일반 손해율도 56.9%로 3.6%포인트 하락하였음. 원수보험료는 3.2조원으로 전년 동기 대비 1.1% 증가.

현금 흐름 〈단위 : 억원〉
항목	2016	2017.2Q
영업활동	21,399	1,750
투자활동	-24,051	-5,941
재무활동	1,494	3,916
순현금흐름	-1,118	-314
기말현금	9,475	9,161

시장 대비 수익률

결산 실적 〈단위 : 억원〉
항목	2012	2013	2014	2015	2016	2017
보험료수익	106,051	84,198	117,253	124,751	126,431	—
영업이익	5,045	3,006	3,302	3,310	5,439	—
당기순이익	3,721	2,106	2,349	2,123	4,099	—

분기 실적 〈단위 : 억원〉
항목	2016.1Q	2016.2Q	2016.3Q	2016.4Q	2017.1Q	2017.2Q
보험료수익	30,685	32,224	31,439	32,083	31,245	32,33
영업이익	1,285	1,575	1,773	805	1,606	2,30
당기순이익	925	1,145	1,483	545	1,164	1,75

재무 상태 〈단위 : 억원〉
항목	2012	2013	2014	2015	2016	2017.2Q
총자산	214,573	245,361	286,104	327,814	370,574	387,72
유형자산	6,382	6,699	6,278	6,103	7,139	8,08
무형자산	737	644	468	429	536	57
유가증권	107,134	119,769	139,161	160,978	183,534	195,79
총부채	193,013	224,833	262,381	302,787	342,092	356,88
총차입금	382		793	5,161	6,040	11,14
자본금	447	447	447	447	447	44
총자본	21,560	20,527	23,723	25,027	28,482	30,83
지배주주지분	21,391	20,339	23,723	25,027	28,482	30,83

기업가치 지표
항목	2012	2013	2014	2015	2016	2017.2Q
주가(최고/저)(천원)	33.1/23.3	30.2/25.5	30.3/23.2	34.7/22.5	36.1/27.0	—/—
PER(최고/저)(배)	9.1/6.4	14.2/12.0	12.6/9.7	15.2/10.1	8.2/6.1	—/—
PBR(최고/저)(배)	1.6/1.1	1.4/1.2	1.2/1.0	1.3/0.8	1.2/0.9	1.1/0.
PSR(최고/저)(배)						—/—
EPS(원)	4,140	2,334	2,628	2,375	4,585	—
BPS(원)	24,152	22,975	26,760	28,414	32,278	34,91
CFPS(원)	4,803	2,848	3,269	2,867	5,087	3,54
DPS(원)	1,050	550	750	750	1,350	—
EBITDAPS(원)	5,643	3,362	3,694	3,702	6,083	4,37

재무 비율 〈단위 : %〉
연도	계속사업이익률	순이익률	부채비율	차입금비율	ROA	ROE	유보율	자기자본비율	총자산증가율
2016	4.2	3.2	1,201.1	21.2	1.2	15.3	6,355.6	7.7	13.
2015	2.4	1.7	1,209.8	20.6	0.7	8.7	5,582.8	7.6	14.
2014	2.5	2.0	1,106.0	3.3	0.9	10.7	5,252.1	8.3	33.
2013	3.4	2.0	1,095.3	0.0	0.9	10.0	4,495.0	8.4	14.

현대홀딩스 (A227840)
HYUNDAI HOLDINGS

종 목 : 식료품		시 장 : 거래소	
용 등 급 : (Bond) — (CP) —		기업 규모 : 시가총액 소형주	
페이지 : www.hyundaicorpholdings.com		연 락 처 : 02)390-1114	
사 : 서울시 종로구 율곡로2길 25			

설 립 일	2015.10.02	종 업 원 수	55명	대 표 이 사	장안석
상 장 일	2015.10.23	감 사 의 견	적정 (삼일)	계	열
결 산 기	12월	보 통 주	910만주	종 속 회 사 수	4개사
액 면 가	5,000원	우 선 주		구 상 호	현대씨앤에프

주주구성 (지분율,%)		출자관계 (지분율,%)		주요경쟁사 (외형,%)	
정몽혁	18.0	현대종합상사	20.2	현대홀딩스	100
케이씨씨	12.0				
(외국인)	4.3				

매출구성		비용구성		수출비중	
상품매출(제품)	87.1	매출원가율	85.4	수출	—
기타	12.9	판관비율	8.5	내수	—

회사 개요
동사는 현대종합상사를 모태로 인적분할을 통해 코스피에 재상장. 해외무역·자원개발은 존속법인인 현대종합상사가 담당하고 브랜드 식료사업은 신설법인인 현대씨앤에프가 맡음. 분할기일은 10월 1일이며 존속회사 현대종합상사와 신설회사 현대씨앤에프 간 분할계정비율은 0.59대 0.41임. 축산물 도매업이 전체 매출액의 86.3%를 차지하고 브랜드 사업이 13%를 차지함. '현대'라는 브랜드 파워에 기반한 글로벌 네트워크를 활용하여 마케팅 격상를 꾀함.

실적 분석
동사의 2017년 연결기준 상반기 매출액은 650.4억원을 기록. 영업이익은 34.1억원으로 21% 하락했으나, 당기순이익은 관련기업 지분법평가이익 증가로 인해 77.2억원 기록하며 전년동기 대비 43% 증가. 현대종합상사의 지분법평가이익이 크게 증가하여 영업이익은 크게 줄었음에도 불구하고 당기순이익은 크게 증가. 동사는 '현대'라는 브랜드 파워에 기반한 브랜드 정체성 유지 관리와 마케팅 역량을 강화해 매출 증대를 꾀함.

금 흐름		〈단위 : 억원〉
항목	2016	2017.2Q
영업활동	95	26
투자활동	-14	9
재무활동	-18	-36
순현금흐름	63	-2
기말현금	599	598

시장 대비 수익률

산 실적						〈단위 : 억원〉
항목	2012	2013	2014	2015	2016	2017
매출액	—	—	—	380	1,536	
영업이익	—	—	—	26	94	
당기순이익	—	—	—	182	64	

기 실적						〈단위 : 억원〉
항목	2016.1Q	2016.2Q	2016.3Q	2016.4Q	2017.1Q	2017.2Q
매출액	351	420	—	—	334	316
영업이익	14	29	—	—	16	18
당기순이익	22	32	—	—	27	50

무 상태						〈단위 : 억원〉
항목	2012	2013	2014	2015	2016	2017.2Q
총자산				2,076	2,103	2,064
유형자산				1	0	3
무형자산				212	211	211
유가증권						
총부채				155	229	161
총차입금						
자본금				455	455	455
총자본				1,921	1,874	1,902
지배주주지분				1,921	1,874	1,902

업가치 지표						
항목	2012	2013	2014	2015	2016	2017.2Q
가 (최고/저) (천원)	#VALUE!	—/—	—/—	—/—	—/—	—/—
ER (최고/저) (배)	0.0/0.0	0.0/0.0	0.0/0.0	19.5/13.5	44.2/20.3	—/—
BR (최고/저) (배)	0.0/0.0	0.0/0.0	0.0/0.0	1.8/1.3	1.5/0.7	0.8/0.7
V/EBITDA (배)	0.0	0.0	0.0	87.1	9.4	—/—
EPS (원)	—	—	—	1,997	705	848
BPS (원)	—	—	—	21,124	20,612	20,916
CFPS (원)	—	—	—	1,999	719	856
DPS (원)	—	—	—	200	400	
EBITDAPS (원)	—	—	—	285	1,050	382

무 비율								〈단위 : % 〉
연도	영업이익률	순이익률	부채비율	차입금비율	ROA	ROE	유보율	자기자본비율	EBITDA마진율
016	6.1	4.2	12.2	0.0	3.1	3.4	312.2	89.1	6.2
015	6.8	47.8	8.1	0.0	0.0	322.5	92.5	6.8
014	0.0	0.0	0.0	0.0	0.0			
013	0.0	0.0	0.0	0.0	0.0			

현대홈쇼핑 (A057050)
HYUNDAI HOME SHOPPING NETWORK

업 종 : 온라인쇼핑		시 장 : 거래소	
신용 등급 : (Bond) — (CP) —		기 업 규 모 : 시가총액 중형주	
홈 페 이 지 : www.hyundaihmall.com		연 락 처 : 02)2143-2000	
본 사 : 서울시 강동구 올림픽로 70길 34			

설 립 일	2001.05.29	종 업 원 수	555명	대 표 이 사	정교선,강찬석(각자대표이사)
상 장 일	2010.09.13	감 사 의 견	적정 (삼정)	계	열
결 산 기	12월	보 통 주	1,200만주	종 속 회 사 수	1개사
액 면 가	5,000원	우 선 주		구 상 호	

주주구성 (지분율,%)		출자관계 (지분율,%)		주요경쟁사 (외형,%)	
현대백화점	15.8	현대렌탈케어	100.0	현대홈쇼핑	100
현대그린푸드	15.5	현대에이치씨엔	35.3	GS홈쇼핑	113
(외국인)	23.3	한섬	34.6	CJ오쇼핑	228

매출구성		비용구성		수출비중	
상품매출(상품)	63.2	매출원가율	9.5	수출	0.0
기타	31.2	판관비율	79.0	내수	100.0
수수료매출(기타)	5.6				

회사 개요
동사는 TV홈쇼핑, 인터넷쇼핑몰, 카탈로그 등의 매체를 이용하여 상품 및 서비스를 제공하는 통신판매사업자임. 정수기 렌탈사업을 영위하는 현대렌탈케어를 연결대상 종속회사로 보유하고 있음. 2017년 상반기 기준 동사가 속한 현대백화점 그룹 계열사는 현대백화점을 포함해 총 29개사임. 2011년 TV홈쇼핑 사업 중국 진출을 시작으로 베트남, 태국 등지로 시장을 확대해나가고 있음.

실적 분석
2017년 상반기 연결기준 동사의 매출액은 5172.6억원임. 전년도 같은 기간 매출인 4718.5억원에서 9.6% 성장한 매출임. 매출원가가 35.7% 늘고 판매비와 관리비 또한 7.5% 증가했으나 매출증가가 이를 상회함. 이에 영업이익은 전년도 같은 기간 647.4억원에서 7.5% 증가한 695.8억원을 기록함. 비영업부문 수익이 40.8% 증가해 당기순이익은 16.5% 성장한 745억원을 시현함.

현금 흐름		〈단위 : 억원〉
항목	2016	2017.2Q
영업활동	979	716
투자활동	-1,996	677
재무활동	718	-1,257
순현금흐름	-299	136
기말현금	48	184

시장 대비 수익률

결산 실적						〈단위 : 억원〉
항목	2012	2013	2014	2015	2016	2017
매출액	7,605	7,999	8,679	8,960	9,694	
영업이익	1,528	1,448	1,451	1,046	1,113	
당기순이익	1,040	1,955	1,478	1,111	1,295	

분기 실적						〈단위 : 억원〉
항목	2016.1Q	2016.2Q	2016.3Q	2016.4Q	2017.1Q	2017.2Q
매출액	2,349	2,369	2,290	2,686	2,610	2,563
영업이익	382	266	183	283	423	273
당기순이익	399	240	197	458	466	279

재무 상태						〈단위 : 억원〉
항목	2012	2013	2014	2015	2016	2017.2Q
총자산	13,064	14,290	15,503	16,664	19,030	18,810
유형자산	877	922	917	985	1,094	1,197
무형자산	52	49	52	57	47	46
유가증권	573	564	7,826	8,119	9,324	8,723
총부채	3,317	2,739	2,847	3,095	4,477	3,808
총차입금	50				960	
자본금	600	600	600	600	600	600
총자본	9,747	11,552	12,655	13,569	14,553	15,002
지배주주지분	9,747	11,552	12,655	13,569	14,553	15,002

기업가치 지표						
항목	2012	2013	2014	2015	2016	2017.2Q
주가 (최고/저) (천원)	146/85.7	181/116	183/118	138/105	140/105	
PER (최고/저) (배)	17.8/10.4	11.6/7.4	15.4/9.9	15.3/11.6	13.1/9.8	—/—
PBR (최고/저) (배)	1.9/1.1	2.0/1.3	1.8/1.1	1.2/0.9	1.2/0.9	1.1/0.8
EV/EBITDA (배)	5.6	10.5	6.0	5.2	4.3	—/—
EPS (원)	8,664	16,290	12,321	9,259	10,788	6,208
BPS (원)	81,224	96,266	107,224	114,833	123,500	128,232
CFPS (원)	9,420	16,804	12,996	10,014	11,890	6,916
DPS (원)	1,100	1,100	1,300	1,500	1,500	
EBITDAPS (원)	13,492	12,579	12,770	9,469	10,376	6,506

재무 비율								〈단위 : % 〉
연도	영업이익률	순이익률	부채비율	차입금비율	ROA	ROE	유보율	자기자본비율	EBITDA마진율
2016	11.5	13.4	30.8	6.6	7.3	9.2	2,370.0	76.5	12.8
2015	11.7	12.4	22.8	0.0	6.9	8.5	2,196.7	81.4	12.7
2014	16.7	17.0	22.5	0.0	9.9	12.2	2,044.5	81.6	17.7
2013	18.1	24.4	23.7	0.0	14.3	18.4	1,825.3	80.8	18.9

현성바이탈 (A204990)
HS Vital CO

업 종 : 식료품		시 장 : KOSDAQ	
신용등급 : (Bond) — (CP) —		기업규모 : 신성장	
홈 페 이 지 : www.hsvital.com		연 락 처 : 02)2628-0575	
본 사 : 서울시 영등포구 선유로 146, 207호(양평동 3가 이앤씨드림타워)			

설 립 일	2006.08.04	종 업 원 수	112명	대표이사	신지윤
상 장 일	2015.04.03	감사의견	적정 (새시대)	계	열
결 산 월	12월	보 통 주	3,165만주	종속회사수	
액 면 가	500원	우 선 주		구 상 호	

주주구성 (지분율,%)		출자관계 (지분율,%)		주요경쟁사 (외형,%)	
신지윤	68.6	현성바이탈	100		
신현우	2.5	동서	1,795		
(외국인)	0.7	롯데푸드	6,158		

매출구성		비용구성		수출비중	
수소수기	29.0	매출원가율	55.6	수출	0.0
환	27.1	판관비율	16.8	내수	100.0
화장품 등	20.1				

회사 개요
동사는 2006년 건강기능식품제조업을 영위할 목적으로 설립됨. 균형생식환 및 수소수기 사업, 화장품 사업 등을 부가적으로 영위함. 동사는 매출처 다변화의 일환으로 2014년 NS유통과 헛개페퍼스, 국감당 등 2개 제품에 대해 3년 공급 계약을 체결함. NS유통은 전국 고속도로 휴게소에 물품을 공급하는 사업자임. 매출 구성은 액상, 수소수기, 환 등으로 구성돼 있음.

실적 분석
동사의 2017년 상반기 연결기준 누적 매출액은 130.2억원으로 전년 동기 대비 0.6% 증가함. 매출이 늘었지만 매출원가는 오히려 5% 감소하면서 영업이익은 전년 동기 대비 4.4% 증가한 36.6억원을 기록함. 비영업손익 부문에서 금융손익 등 흑자기조가 유지되면서 당기순이익은 30.6억원으로 전년 동기 대비 3.4% 증가함. 매출과 수익성 모두 조금씩 좋아지고 있음.

현금 흐름 *IFRS 별도 기준 〈단위 : 억원〉

항목	2016	2017.2Q
영업활동	-1	-84
투자활동	37	15
재무활동	118	0
순현금흐름	154	-70
기말현금	176	107

시장 대비 수익률

결산 실적 〈단위 : 억원〉

항목	2012	2013	2014	2015	2016	2017
매출액	169	191	225	258	286	—
영업이익	8	28	76	96	79	—
당기순이익	5	15	60	80	68	—

분기 실적 *IFRS 별도 기준 〈단위 : 억원〉

항목	2016.1Q	2016.2Q	2016.3Q	2016.4Q	2017.1Q	2017.2Q
매출액	45	84	89	67	54	76
영업이익	5	30	30	14	11	26
당기순이익	6	24	25	12	12	19

재무 상태 *IFRS 별도 기준 〈단위 : 억원〉

항목	2012	2013	2014	2015	2016	2017.2Q
총자산	155	174	230	322	505	547
유형자산	47	58	64	68	69	66
무형자산	0	0	2	2	2	3
유가증권	5	0	0	0	0	5
총부채	73	77	47	61	58	68
총차입금	23	6				
자본금	38	38	100	100	109	109
총자본	82	97	182	262	448	478
지배주주지분	82	97	182	262	448	478

기업가치 지표 *IFRS 별도 기준

항목	2012	2013	2014	2015	2016	2017.2Q
주가(최고/저)(천원)	—/—	—/—	—/—	32.0/2.7	26.6/5.1	—/—
PER(최고/저)(배)	0.0/0.0	0.0/0.0	0.0/0.0	80.3/6.7	79.3/15.2	—/—
PBR(최고/저)(배)	0.0/0.0	0.0/0.0	0.0/0.0	24.5/2.0	12.9/2.5	4.2/2.4
EV/EBITDA(배)	—	—	—	24.1	12.7	—/—
EPS(원)	116	131	345	399	336	141
BPS(원)	1,076	1,279	912	1,309	2,059	2,201
CFPS(원)	338	285	384	436	374	158
DPS(원)	—	—	—	—	—	—
EBITDAPS(원)	420	457	478	479	431	186

재무 비율 〈단위 : %〉

연도	영업이익률	순이익률	부채비율	차입금비율	ROA	ROE	유보율	자기자본비율	EBITDA마진율
2016	27.6	23.6	12.9	0.0	16.3	19.0	311.9	88.6	30.3
2015	37.2	30.9	23.1	0.0	28.9	35.9	161.8	81.2	40.0
2014	33.6	26.4	25.8	0.0			82.5	79.5	36.6
2013	14.9	8.1	79.0	5.8	9.4	17.2	155.7	55.9	18.2

현우산업 (A092300)
HYUNWOO INDUSTRIAL

업 종 : 전자 장비 및 기기		시 장 : KOSDAQ	
신용등급 : (Bond) — (CP) —		기업규모 : 중견	
홈 페 이 지 : www.hyunwoopcb.com		연 락 처 : 032)876-6105	
본 사 : 인천시 남구 염전로 181			

설 립 일	1996.10.08	종 업 원 수	403명	대표이사	문병선
상 장 일	2007.10.24	감사의견	적정 (새시대)	계	열
결 산 월	12월	보 통 주	1,229만주	종속회사수	
액 면 가	500원	우 선 주		구 상 호	

주주구성 (지분율,%)		출자관계 (지분율,%)		주요경쟁사 (외형,%)	
문병선	31.1	쓰리비젼	28.6	현우산업	100
시너지투자자문	2.2			로보쓰리	0
(외국인)	1.3			S&K폴리텍	53

매출구성		비용구성		수출비중	
다층(PCB제품)	61.0	매출원가율	90.6	수출	87.0
양면(PCB제품)	37.0	판관비율	5.1	내수	13.0
부산물(PCB기타)	1.9				

회사 개요
동사는 1987년 설립 이래 30년간 인쇄회로기판(PCB)만을 생산해온 PCB전문 기업으로, 디스플레이와 자동차 및 전기차전장, 일반 IT기기, O.A, 백색가전 분야의 국내외 주요 고객사에 PCB를 공급함. 2016년 기준, 인터플렉스, 대덕전자 등에 이어 국내 9위권의 시장 점유율을 보유 중임. 주 고객사는 LG전자, LG디스플레이 등이며, 매출 구성은 내수 13%, 수출 87%임.

실적 분석
동사의 2017년도 2분기 누적 매출액은 608.1억원으로 전년동기 대비 2.4% 증가함. LG전자 해외사이트 판로확대 중이며, 이 중 폴란드와 멕시코 등에서 꾸준한 물량공급을 예상함. 주 수요처인 LG전자의 OLED 등 생산호조로 내수부분의 안정적인 물량공급이 지속될 것으로 전망함. 또한 전장업체 잠재적 고객과의 샘플거래를 통해 매출 다변화에도 노력 중임.

현금 흐름 *IFRS 별도 기준 〈단위 : 억원〉

항목	2016	2017.2Q
영업활동	182	44
투자활동	-50	-58
재무활동	-2	-12
순현금흐름	129	-12
기말현금	164	152

시장 대비 수익률

결산 실적 〈단위 : 억원〉

항목	2012	2013	2014	2015	2016	2017
매출액	985	949	854	1,064	1,191	—
영업이익	11	-19	-44	36	51	—
당기순이익	14	-25	-38	5	28	—

분기 실적 *IFRS 별도 기준 〈단위 : 억원〉

항목	2016.1Q	2016.2Q	2016.3Q	2016.4Q	2017.1Q	2017.2Q
매출액	311	283	301	296	311	
영업이익	12	13	12	14	14	
당기순이익	8	2	11	6	6	

재무 상태 *IFRS 별도 기준 〈단위 : 억원〉

항목	2012	2013	2014	2015	2016	2017.2Q
총자산	1,173	1,261	1,192	1,172	1,209	1,20
유형자산	837	873	816	783	760	
무형자산	8	8	6	6	6	
유가증권	4	85	86	2	4	
총부채	576	671	643	623	604	58
총차입금	413	487	479	356	324	
자본금	50	50	50	51	61	6
총자본	597	591	549	549	605	62
지배주주지분	597	591	549	549	605	62

기업가치 지표 *IFRS 별도 기준

항목	2012	2013	2014	2015	2016	2017.2Q
주가(최고/저)(천원)	3.1/2.2	4.1/1.7	2.4/1.5	2.4/1.5	3.7/2.0	—/—
PER(최고/저)(배)	24.6/17.5	—/—	—/—	480.6/305.8	14.8/8.0	—/—
PBR(최고/저)(배)	0.6/0.4	0.8/0.3	0.5/0.3	0.5/0.3	0.8/0.4	0.9/0
EV/EBITDA(배)	6.6	7.7	9.9	4.1	3.9	—/—
EPS(원)	139	-248	-379	5	257	18
BPS(원)	5,969	5,908	5,486	5,408	4,992	5,05
CFPS(원)	1,013	672	574	925	1,061	59
DPS(원)	50	30	30	60	80	
EBITDAPS(원)	985	729	516	1,277	1,278	52

재무 비율 〈단위 : %〉

연도	영업이익률	순이익률	부채비율	차입금비율	ROA	ROE	유보율	자기자본비율	EBITDA마진율
2016	4.3	2.3	99.8	53.5	2.3	4.8	898.4	50.1	11
2015	3.4	0.1	113.5	64.8	0.1	0.1	981.5	46.8	12
2014	-5.1	-4.4	117.2	87.4	-3.1	-6.7	997.2	46.0	6
2013	-2.0	-2.6	113.5	82.5	-2.0	-4.2	1,081.7	46.8	5

현진소재 (A053660)
Hyunjin Materials

종 목 : 조선	시 장 : KOSDAQ
용 등 급 : (Bond) — (CP) —	기업규모 : —
페이지 : www.hjmco.co.kr	연 락 처 : 051)602-7700
본 사 : 부산시 강서구 녹산산단289로 92	

설 립 일 1978.04.25	종 업 원 수 170명	대 표 이 사 이창규	
상 장 일 2002.01.31	감사의견 적정 (삼덕)	계 열	
결 산 기 12월	보 통 주 3,527만주	종 속 회 사 수	
액 면 가 500원	우 선 주	구 상 호	

주주구성 (지분율,%)		출자관계 (지분율,%)		주요경쟁사 (외형,%)	
이창규	12.2	삼현엔지니어링	19.3	현진소재	100
네오투자조합1호	10.4	더이앤엠	16.7	에스앤더블류	24
(외국인)	0.3	선우CS	10.7	인화정공	55

매출구성		비용구성		수출비중	
Main Shaft 등	43.1	매출원가율	87.5	수출	53.0
Connecting Rod 등	38.1	판관비율	7.4	내수	47.0
단조품(제품)	9.4				

회사 개요
1978년 4월 설립해 금속단조제품의 제조와 판매업 등을 주요 사업목적으로 선박엔진부품 및 풍력발전부품 외 자유단조제품을 생산하고 있음. 기존 조선기자재 업체에서 발전부품전문 업체로의 변화를 꾀하고 있음. 동사는 전체 매출의 약 45% 이상이 수출품목이며, 수출액 증대를 위하여 중국, 유럽, 미주 등 신규시장 개척을 통한 영업력 확대에도 주력하고 있음. 기존의 조선기자재업체에서 발전부품전문업체로의 변화를 도모하고 있는 상황임.

실적 분석
2017년 연결기준 2분기 누적 매출액은 전년동기 대비 25.7% 감소한 711.8억원을 기록함. 장기간 이어진 침체기는 2016년을 저점으로 2018년까지 회복세를 보일 전망. 선종별로는 벌커와 컨테이너가 2017년에 회복될 것으로 예상되며, 탱커는 2016년 수준을 보일 것으로 전망. 본격적인 회복세는 2018년 이후에 나타날 것으로 예상되나 2017~18년 연평균 발주량은 2010~15년 연평균 발주량의 70% 수준에 머물 것으로 예상됨

현금 흐름 *IFRS 별도 기준 〈단위 : 억원〉

항목	2016	2017.2Q
영업활동	152	-94
투자활동	449	26
재무활동	-577	39
순현금흐름	24	-28
기말현금	42	13

시장 대비 수익률

결산 실적 〈단위 : 억원〉

항목	2012	2013	2014	2015	2016	2017
매출액	3,410	2,430	3,237	2,332	1,729	—
영업이익	84	-189	-562	-170	88	—
당기순이익	17	-176	-713	-828	17	—

분기 실적 *IFRS 별도 기준 〈단위 : 억원〉

항목	2016.1Q	2016.2Q	2016.3Q	2016.4Q	2017.1Q	2017.2Q
매출액	504	455	393	377	388	324
영업이익	25	20	11	32	20	-10
당기순이익	-9	45	-21	1	-12	19

재무 상태 *IFRS 별도 기준 〈단위 : 억원〉

항목	2012	2013	2014	2015	2016	2017.2Q
총자산	3,966	4,179	4,784	3,160	2,038	2,022
유형자산	1,436	1,527	2,534	1,019	909	873
무형자산	16	16	12	11	4	4
유가증권	14	28	31	647	236	337
총부채	1,957	2,404	4,047	2,717	1,926	1,847
총차입금	1,586	1,906	3,400	2,073	1,460	1,475
자본금	74	74	80	152	166	176
총자본	2,009	1,775	738	443	111	174
지배주주지분	2,009	1,775	738	443	111	174

기업가치 지표 *IFRS 별도 기준

항목	2012	2013	2014	2015	2016	2017.2Q
주가(최고/저)(천원)	11.5/5.7	7.5/3.5	6.5/3.0	4.0/1.0	1.8/1.1	—/—
PER(최고/저)(배)	59.1/29.3	—/—	—/—	—/—	32.3/19.8	—/—
PBR(최고/저)(배)	0.9/0.5	0.7/0.3	1.5/0.7	2.8/0.7	5.1/3.2	3.2/2.4
EV/EBITDA(배)	11.6	136.7			8.4	
EPS(원)	196	-1,478	-8,736	-3,815	54	21
BPS(원)	13,584	12,004	4,638	1,460	341	498
CFPS(원)	913	-871	-8,106	-3,067	433	166
DPS(원)	50					
EBITDAPS(원)	1,274	107	-2,882	-37	667	176

재무 비율 〈단위 : % 〉

연도	영업이익률	순이익률	부채비율	차입금비율	ROA	ROE	유보율	자기자본비율	EBITDA마진율
2016	5.1	1.0	일부잠식	일부잠식	0.6	6.0	-31.8	5.5	11.8
2015	-7.3	-35.5	613.0	467.6	-19.3	-97.6	191.9	14.0	-0.3
2014	-17.4	-22.0	265.9	229.1	-12.8	-37.9	1,474.9	27.3	-11.5
2013	-7.8	-7.3	171.8	145.7	-3.7	-5.7	2,317.2	36.8	-2.6

형지아이앤씨 (A011080)
HYUNGJI INNOVATION & CREATIVE

업 종 : 섬유 및 의복	시 장 : KOSDAQ
신용등급 : (Bond) — (CP) —	기업규모 : 중견
홈페이지 : www.hyungjinc.com	연 락 처 : 02)2107-6500
본 사 : 서울시 강남구 도곡로 206 (도곡동, 지오빌딩)	

설 립 일 1976.02.25	종 업 원 수 159명	대 표 이 사 최혜원	
상 장 일 2004.07.02	감사의견 적정 (광교)	계 열	
결 산 기 12월	보 통 주 3,896만주	종 속 회 사 수 1개사	
액 면 가 500원	우 선 주	구 상 호 우성I&C	

주주구성 (지분율,%)		출자관계 (지분율,%)		주요경쟁사 (외형,%)	
최병오	39.5	형지엘리트	13.9	형지&C	100
바우하우스	5.3			방림	117
(외국인)	0.8			에스마크	22

매출구성		비용구성		수출비중	
남성복(제품)	67.7	매출원가율	38.0	수출	0.0
남성복(상품)	32.1	판관비율	62.7	내수	100.0
남성복(기타)	0.3				

회사 개요
동사는 의류의 제조(외주가공) 및 도소매 등 국내에서 의류패션사업을 영위하고 있음. 국내 1위 셔츠 브랜드인 예작을 포함, 본, 본지플로어, 랑방컬렉션 등 총 4개의 남성 프레스티지 및 캐쥬얼 브랜드를 보유하고 있으며, 백화점 및 가두점(대리점)에 영업기반을 두고 있음. 2012년에 패션그룹 형지에 인수되었고, 최근 모회사와 함께 국내 학생복 시장 1위 기업인 에리트베이직을 인수해 학생복 사업에 진출함.

실적 분석
동사의 2017년 상반기 매출액은 599.7억원으로 전년 동기 대비 9.0% 감소함. 영업이익은 12.1억원으로 전년 대비 10.6억원 증가함. 당기순손실은 4.4억원으로 적자지속함. 동사의 강점은 차별화된 디자인으로 고정고객을 확보하고 있다는 것임. 백화점 브랜드 내 상위권으로 안정적인 영업망 구축함. 유통 채널이 대부분 백화점이어서 판매수수료 비중이 큼. 연구개발비율은 1.53%임.

현금 흐름 〈단위 : 억원〉

항목	2016	2017.2Q
영업활동	-30	31
투자활동	14	-14
재무활동	8	-4
순현금흐름	-7	13
기말현금	24	37

시장 대비 수익률

결산 실적 〈단위 : 억원〉

항목	2012	2013	2014	2015	2016	2017
매출액	613	644	929	1,178	1,286	—
영업이익	-104	11	21	15	-10	—
당기순이익	-100	12	17	35	-41	—

분기 실적 〈단위 : 억원〉

항목	2016.1Q	2016.2Q	2016.3Q	2016.4Q	2017.1Q	2017.2Q
매출액	319	340	241	387	296	304
영업이익	3	-2	-14	3	-1	13
당기순이익	-0	-21	-18	-4	-4	-0

재무 상태 〈단위 : 억원〉

항목	2012	2013	2014	2015	2016	2017.2Q
총자산	382	530	977	1,100	1,075	1,005
유형자산	73	73	92	50	49	44
무형자산	0	0	64	4	47	47
유가증권	0	0	1			
총부채	235	249	547	614	550	485
총차입금	87	93	240	340	272	271
자본금	59	109	163	163	195	195
총자본	147	281	429	486	525	520
지배주주지분	147	281	429	486	525	520

기업가치 지표

항목	2012	2013	2014	2015	2016	2017.2Q
주가(최고/저)(천원)	1.7/0.5	2.2/0.9	2.0/1.1	2.9/1.2	4.0/1.4	—/—
PER(최고/저)(배)		31.1/12.9	33.3/18.6	27.2/11.5	—/—	—/—
PBR(최고/저)(배)	1.6/0.4	1.7/0.7	1.5/0.9	2.0/0.8	3.0/1.1	1.3/1.1
EV/EBITDA(배)		11.3	16.2	22.4	48.6	
EPS(원)	-755	71	60	107	-105	-11
BPS(원)	1,257	1,295	1,315	1,487	1,348	1,334
CFPS(원)	-740	156	117	179	-32	26
DPS(원)			15	15		
EBITDAPS(원)	-775	152	130	118	49	68

재무 비율 〈단위 : % 〉

연도	영업이익률	순이익률	부채비율	차입금비율	ROA	ROE	유보율	자기자본비율	EBITDA마진율
2016	-0.7	-3.2	104.7	51.8	-3.8	-8.1	169.7	48.9	1.5
2015	1.3	3.0	126.5	70.0	3.4	7.7	197.5	44.2	3.3
2014	2.3	1.9	127.4	55.9	2.3	4.9	163.0	44.0	4.1
2013	1.8	1.9	88.6	33.2	2.6	5.6	159.0	53.0	4.0

형지엘리트 (A093240)
hyungji Elite

업　　종 : 섬유 및 의복	시　　장 : 거래소
신용등급 : (Bond) — (CP) —	기업규모 : 시가총액 소형주
홈페이지 : www.hyungji-elite.com	연 락 처 : 02)3279-8015
본　　사 : 서울시 강남구 테헤란로38길 12 디앤와이빌딩	

설 립 일	2002.04.25	종 업 원 수	65명	대 표 이 사	최병오
상 장 일	2009.09.28	감사의견 (삼정)	적정 (삼정)	계　　　열	
결 산 기	06월	보 통 주	1,847만주	종속회사수	
액 면 가	500원	우 선 주		구 상 호	에리트베이직

주주구성 (지분율,%)
패션그룹형지	16.5
우성아이앤씨	13.9

출자관계 (지분율,%)
라젤로	100.0
형지에스콰이아	99.3
엘리트싸이언테크	25.0

주요경쟁사 (외형,%)
형지엘리트	100
LS네트웍스	312
월비스	199

매출구성
중고교 교복 및 용품	79.2
기업체 유니폼	20.2
임대매출	0.6

비용구성
매출원가율	64.6
판관비율	39.3

수출비중
수출	0.0
내수	100.0

회사 개요
동사는 국내 최초의 학생복 브랜드 '엘리트'를 제조, 판매하고 있음. 1969년 삼성그룹 제일모직에서 시작해 1972년 제일합섬, 1997년 새한, 2002년 에리트 베이직으로 분사 독립했음. 2014년 패션그룹형지에 45억원에 팔렸음. 동사는 5개의 총판과 180개의 대리점으로 운영되고 있으며, 유통형태는 크게 직판과 총판 체제로 나뉨. 유통업, 항공업, 여행업 및 금융업 종사자들의 유니폼으로 사업영역을 확대하며, 중국시장에 진출 중임.

실적 분석
6월 결산법인인 동사의 3월까지의 매출액은 1,354.5억원으로 전년동기 대비 12%증가함. 영업손실은 14.5억원으로 적자지속함. 당기순손실은 30.1억원으로 전년 대비 적자폭을 줄임. 동사는 2013년 여성바지 전문브랜드 '나인핏'을 론칭해 여성복 시장에도 진출함. 백화점, 패션전문 쇼핑몰을 중심으로 판매를 확대할 계획임. 에리트베이직에서 형지엘리트로 사명을 변경하고 CI통합을 수행하여 종합패션업체로서의 도약을 모색 중임.

현금 흐름 〈단위 : 억원〉
항목	2016	2017.3Q
영업활동	-285	-258
투자활동	-168	469
재무활동	353	-249
순현금흐름	-100	-37
기말현금	81	44

시장 대비 수익률

결산 실적 〈단위 : 억원〉
항목	2012	2013	2014	2015	2016	2017
매출액	1,001	993	916	854	1,560	—
영업이익	72	58	49	11	-61	—
당기순이익	36	24	24	235	-240	—

분기 실적 〈단위 : 억원〉
항목	2016.2Q	2016.3Q	2016.4Q	2017.1Q	2017.2Q	2017.3Q
매출액	471	431	351	362	533	459
영업이익	-6	-3	-36	-24	27	-17
당기순이익	-137	-23	-43	-27	21	-25

재무 상태 〈단위 : 억원〉
항목	2012	2013	2014	2015	2016	2017.3Q
총자산	783	762	745	1,880	2,076	1,865
유형자산	162	155	127	437	91	116
무형자산	8	6	7	25	28	26
유가증권	2	2	1		94	0
총부채	317	268	176	968	1,384	1,203
총차입금	125	94	94	682	726	764
자본금	52	52	62	81	89	89
총자본	466	494	568	912	692	661
지배주주지분	466	495	569	893	690	660

기업가치 지표
항목	2012	2013	2014	2015	2016	2017.3Q
주가(최고/저)(천원)	3.1/1.9	3.2/2.2	3.1/2.5	3.1/2.0	11.6/2.1	—/—
PER(최고/저)(배)	7.9/4.8	11.3/7.6	14.5/11.8	1.9/1.2	—/—	—/—
PBR(최고/저)(배)	0.7/0.5	0.7/0.5	0.7/0.6	0.6/0.4	3.0/0.6	2.4/1.2
EV/EBITDA(배)	3.4		3.1	55.9		—/—
EPS(원)	429	300	215	1,639	-1,392	-166
BPS(원)	4,615	4,867	4,645	5,546	3,902	3,740
CFPS(원)	517	364	260	1,687	-1,268	-31
DPS(원)	125	125	—			
EBITDAPS(원)	911	625	467	128	-233	53

재무 비율 〈단위 : % 〉
연도	영업이익률	순이익률	부채비율	차입금비율	ROA	ROE	유보율	자기자본비율	EBITDA마진율
2016	-3.9	-15.4	199.9	104.9	-12.1	-30.1	680.4	33.4	-2.6
2015	1.3	27.6	106.2	74.8	17.9	32.2	1,009.1	48.5	2.2
2014	5.4	2.7	31.0	16.5	3.2	4.7	829.0	76.3	5.9
2013	5.8	3.1	54.3	19.0	4.0	6.4	873.4	64.8	6.5

혜인 (A003010)
Hae In

업　　종 : 기계	시　　장 : 거래소
신용등급 : (Bond) — (CP) —	기업규모 : 시가총액 소형주
홈페이지 : www.haein.com	연 락 처 : 02)3498-4500
본　　사 : 서울시 서초구 동산로 86 혜인빌딩	

설 립 일	1960.10.17	종 업 원 수	322명	대 표 이 사	원경희
상 장 일	1988.09.20	감사의견 (안진)	적정 (안진)	계　　　열	
결 산 기	12월	보 통 주	1,271만주	종속회사수	5개사
액 면 가	500원	우 선 주		구 상 호	

주주구성 (지분율,%)
원경희	12.6
원중희	8.2
(외국인)	1.5

출자관계 (지분율,%)
혜인자동차	100.0
혜인산업	100.0
미래에너지개발	77.0

주요경쟁사 (외형,%)
혜인	100
우진플라임	108
	86

매출구성
[상품매출]건설기계, 엔진, 부품	68.1
제품매출	18.4
[정비수입]건설기계 및 엔진	6.3

비용구성
매출원가율	84.5
판관비율	13.1

수출비중
수출	1.0
내수	99.0

회사 개요
1960년 설립됨. 취급품목은 캐터필라 굴삭기, 불도저 등 건설기계, 선박 및 산업용 엔진/발전기, 물류장비와 이와 관련된 부품공급과 정비. 건설사, 건설기계임대업자, 광산/골재업체, 대형 조선업체, 완성차업체 등이 주요 수요처임. 2013년부터 포드 링컨 브랜드의 일부 지역 판매를 담당했던 자회사 혜인자동차는 2016년 7월 포드코리아의 공식 딜러인 더파크모터스에 매각함.

실적 분석
동사의 2017년 연결기준 상반기 매출액은 전년동기대비 16.1% 증가한 1,130.2억원을 시현함. 이는 세계 경기 불확실성, 내수시장 침체 등 악재가 많았기때문으로 보여짐. 원가율 상승, 판관비 증가로 매출액 증가에도 불구하고 영업이익은 51.9% 감소한 14.8억원 기록. 당기순손실은 전년 동기 12.6억원 대비 -3.4억원을 기록하여 적자전환함.

현금 흐름 〈단위 : 억원〉
항목	2016	2017.2Q
영업활동	16	-205
투자활동	-98	96
재무활동	23	124
순현금흐름	-58	15
기말현금	34	48

시장 대비 수익률

결산 실적 〈단위 : 억원〉
항목	2012	2013	2014	2015	2016	2017
매출액	1,974	2,288	2,599	2,043	2,110	—
영업이익	-18	7	77	47	52	—
당기순이익	-53	-67	11	-45	4	—

분기 실적 〈단위 : 억원〉
항목	2016.1Q	2016.2Q	2016.3Q	2016.4Q	2017.1Q	2017.2Q
매출액	588	572	563	386	472	658
영업이익	10	23	11	7	4	10
당기순이익	3	9	17	-26	9	-12

재무 상태 〈단위 : 억원〉
항목	2012	2013	2014	2015	2016	2017.2Q
총자산	2,506	2,289	2,571	2,366	2,346	2,395
유형자산	969	1,024	1,011	981	1,006	1,014
무형자산	7	7	7	9	9	9
유가증권	8		8	4	26	7
총부채	1,487	1,328	1,608	1,454	1,432	1,488
총차입금	1,064	869	1,130	916	942	1,074
자본금	62	63	64	64	64	64
총자본	1,019	961	963	913	913	907
지배주주지분	1,076	1,033	1,040	1,001	1,007	981

기업가치 지표
항목	2012	2013	2014	2015	2016	2017.2Q
주가(최고/저)(천원)	5.4/3.2	4.6/3.1	4.1/3.1	4.0/2.8	4.4/2.8	—/—
PER(최고/저)(배)	—/—	—/—	37.4/28.6	—/—	60.3/38.2	—/—
PBR(최고/저)(배)	0.6/0.4	0.6/0.4	0.5/0.4	0.5/0.4	0.5/0.3	—/—
EV/EBITDA(배)	35.3	17.0	10.5	10.9	12.1	0.7/0.5
EPS(원)	-303	-386	113	-260	74	-28
BPS(원)	9,204	8,660	8,702	8,396	8,446	8,245
CFPS(원)	154	96	566	170	470	168
DPS(원)	50	50	50	30	40	
EBITDAPS(원)	311	539	1,061	799	802	312

재무 비율 〈단위 : % 〉
연도	영업이익률	순이익률	부채비율	차입금비율	ROA	ROE	유보율	자기자본비율	EBITDA마진율
2016	2.5	0.1	156.9	103.2	0.1	0.9	1,589.2	38.9	4.8
2015	2.3	-2.2	159.3	100.3	-1.8	-3.2	1,579.3	38.6	5.0
2014	3.0	0.4	166.9	117.3	0.5	1.4	1,640.4	37.5	5.2
2013	0.3	-3.0	138.3	90.5	-2.8	-4.6	1,632.0	42.0	3.0

호전실업 (A111110)
HOJEON

업 종 : 섬유 및 의복	시 장 : 거래소
신용등급 : (Bond) — (CP) —	기업규모 : —
페이지 : www.hojeon.com	연 락 처 : (02)706-6613
주 소 : 서울시 마포구 마포대로 19 (마포동, 신화빌딩) 11~12층	

설 립 일	1985.03.18	종 업 원 수	141명	대 표 이 사	박용철박진호
상 장 일	2017.02.02	감 사 의 견	적정 (한울)	계	열
결 산 기	12월	보 통 주	800만주	종속회사수	6개사
액 면 가	500원	우 선 주	64만주	구 상 호	

주주구성 (지분율,%)		출자관계 (지분율,%)		주요경쟁사 (외형,%)	
박진호	24.3	호전실업	100		
박용철	16.5	영무무역	631		
(외국인)	1.1	코데즈컴바인	5		

매출구성		비용구성		수출비중	
상품	86.8	매출원가율	77.3	수출	—
제품	13.1	판관비율	13.9	내수	—
수입임대료	0.1				

회사 개요
동사는 1985년 설립됐으며, 스포츠 의류 및 고기능성 아웃도어 의류를 제조, 판매, 수출함. 동사는 1994년부터 인도네시아에서 가죽 가공사업을 영위하고 있음. 원피를 구매해 일련의 가공공정을 거쳐 운동화에 활용되는 가죽 제품을 인도네시아 나이키, 아디다스 등 주요 신발 브랜드 현지 공장에 공급하고 있음. 동사는 Woven의 원단을 사용하는 스포츠웨어 및 아웃웨어 시장에서 1.41%의 글로벌 점유율을 차지함.

실적 분석
동사의 2017년 2분기 누적 매출액은 1,300억원으로 전년 대비 소폭감소함. 영업손실은 33.3억원으로 전년 대비 적자전환함. 당기순손실은 70.3억원으로 전년 대비 적자전환함. 동사는 관계회사인 호전리테일을 통해 국내 교복 사업을 진행 중임. 국내의 교복 유통망과 제휴를 통해 샘플을 개발하고 해외 생산법인의 생산 시스템을 구축, 완료됨. 2017년부터 매출이 실현되고 있음. 국내 교복 시장은 약 4,000억원 규모임.

현금 흐름 〈단위 : 억원〉
항목	2016	2017.2Q
영업활동	72	-293
투자활동	40	-275
재무활동	-71	680
순현금흐름	43	108
기말현금	91	199

시장 대비 수익률

결산 실적 〈단위 : 억원〉
항목	2012	2013	2014	2015	2016	2017
매출액	2,442	2,048	2,538	2,969	3,170	
영업이익	160	129	189	250	280	
당기순이익	57	78	118	258	161	

분기 실적 〈단위 : 억원〉
항목	2016.1Q	2016.2Q	2016.3Q	2016.4Q	2017.1Q	2017.2Q
매출액	492	822	1,154	702	569	731
영업이익	-31	108	219	-15	-27	-6
당기순이익	-22	60	92	30	-45	-25

재무 상태 〈단위 : 억원〉
항목	2012	2013	2014	2015	2016	2017.2Q
총자산	799	1,055	1,753	2,283	2,427	3,033
유형자산	55	54	29	589	665	654
무형자산	—	—	14	103	112	106
유가증권	12	11	5			417
총부채	469	586	1,232	1,692	1,531	1,969
총차입금	425	530	1,082	1,315	1,162	1,666
자본금	20	21	20	34	41	47
총자본	330	468	520	591	896	1,064
지배주주지분	330	468	520	588	891	1,064

기업가치 지표
항목	2012	2013	2014	2015	2016	2017.2Q
주가(최고/저)(천원)	—/—	—/—	—/—	—/—	—/—	—/—
PER(최고/저)(배)	0.0/0.0	0.0/0.0	0.0/0.0	0.0/0.0	0.0/0.0	1.9/1.4
PBR(최고/저)(배)	0.0/0.0	0.0/0.0	0.0/0.0	0.0/0.0	0.0/0.0	0.0/0.0
EV/EBITDA(배)	1.0	0.8	3.3	3.3	2.1	
EPS(원)	1,100	1,509	1,974	4,324	2,317	-847
BPS(원)	127,759	156,968	174,404	9,478	12,961	13,297
CFPS(원)	22,846	30,963	40,311	4,389	3,224	-452
DPS(원)						
EBITDAPS(원)	62,907	50,816	64,242	4,247	4,981	-29

재무 비율 〈단위 : % 〉
연도	영업이익률	순이익률	부채비율	차입금비율	ROA	ROE	유보율	자기자본비율	EBITDA마진율
2016	8.8	5.1	170.9	129.6	6.8	21.5	2,075.7	36.9	10.8
2015	8.4	8.7	286.4	222.6	12.8	46.6	1,650.1	25.9	8.5
2014	7.5	4.6	236.8	207.9			2,569.0	29.7	7.6
2013	6.3	3.8	125.1	113.1	8.4	19.6	2,078.7	44.4	6.4

호텔신라 (A008770)
Hotel Shilla

업 종 : 호텔 및 레저	시 장 : 거래소
신용등급 : (Bond) AA (CP) —	기업규모 : 시가총액 중형주
홈페이지 : www.hotelshilla.net	연 락 처 : (02)2233-3131
주 소 : 서울시 중구 동호로 249	

설 립 일	1973.05.09	종 업 원 수	2,429명	대 표 이 사	이부진
상 장 일	1991.03.12	감 사 의 견	적정 (삼정)	계	열
결 산 기	12월	보 통 주	3,925만주	종속회사수	14개사
액 면 가	5,000원	우 선 주	75만주	구 상 호	

주주구성 (지분율,%)		출자관계 (지분율,%)		주요경쟁사 (외형,%)	
국민연금공단	12.2	신라스테이	100.0	호텔신라	100
삼성생명보험	7.7	에이치디씨신라면세점	50.0	강원랜드	46
(외국인)	17.3	보세판매장운영협의회	20.0	GKL	15

매출구성		비용구성		수출비중	
수입, 토산 상품 등	89.9	매출원가율	0.0	수출	—
객실, 연회, 식음료, 레포츠, BTM 등	11.1	판관비율	97.9	내수	—
연결조정	-0.9				

회사 개요
동사는 1973년 5월 설립됐으며 1991년 3월 한국거래소 시장에 상장. 면세유통사업과 호텔사업의 글로벌 경쟁력을 강화함과 동시에 여행사업 등의 생활레저사업을 영위하고 있음. 2017년 2분기 기준 면세점유통부문 매출이 전체 약 90%를 차지함. 2008년 인천공항 면세점 입점을 시작으로 세계 최초로 루이비통을 공항면세점에 유치하는 등 지속적인 사업 확장을 통해 선진 유통기업으로의 면모를 갖춰가고 있음. 국내 호텔로는 처음으로 해외에 진출함.

실적 분석
동사의 2017년 2분기 연결기준 누적 매출액은 전 사업부문의 고른 성장을 기반으로 전년 동기 대비 4.2% 성장한 1조9,208.7억원을 기록. 단판관비가 전년보다 900억원 가까이 오르며 영업이익은 전년 대비 28.4% 감소한 272.5억원을 기록. 중장기적으로 관광한국을 통한 중국 성장 전망 양호하나 단기적으로는 중국 당국의 규제 강화에 따른 요우커 감소가 불가피.

현금 흐름 〈단위 : 억원〉
항목	2016	2017.2Q
영업활동	1,144	220
투자활동	1,458	-1,325
재무활동	-2,363	1,379
순현금흐름	208	283
기말현금	3,467	3,750

시장 대비 수익률

결산 실적 〈단위 : 억원〉
항목	2012	2013	2014	2015	2016	2017
매출액	22,196	22,970	29,090	32,517	37,153	
영업이익	1,293	866	1,390	772	790	
당기순이익	1,010	108	735	185	278	

분기 실적 〈단위 : 억원〉
항목	2016.1Q	2016.2Q	2016.3Q	2016.4Q	2017.1Q	2017.2Q
매출액	8,889	9,541	9,377	9,346	10,211	8,997
영업이익	193	187	253	156	100	173
당기순이익	126	28	108	16	27	30

재무 상태 〈단위 : 억원〉
항목	2012	2013	2014	2015	2016	2017.2Q
총자산	15,476	17,121	19,075	21,767	20,410	21,615
유형자산	4,821	6,434	7,036	7,356	7,069	7,019
무형자산	262	233	327	300	482	442
유가증권	453	201	194	6	8	8
총부채	8,584	10,335	11,775	14,328	13,794	15,086
총차입금	4,694	5,886	5,986	8,582	7,515	9,077
자본금	2,000	2,000	2,000	2,000	2,000	2,000
총자본	6,892	6,786	7,300	7,439	6,615	6,529
지배주주지분	6,892	6,786	7,300	7,439	6,615	6,529

기업가치 지표
항목	2012	2013	2014	2015	2016	2017.2Q
주가(최고/저)(천원)	56.7/39.2	71.0/40.7	131/62.7	136/76.7	77.9/47.0	—/—
PER(최고/저)(배)	23.0/15.9	267.5/153.4	72.7/34.7	298.7/167.3	112.8/68.0	—/—
PBR(최고/저)(배)	3.4/2.3	4.2/2.4	7.3/3.5	7.4/4.1	4.1/2.5	3.3/2.3
EV/EBITDA(배)	11.1	21.7	19.9	23.8	15.1	
EPS(원)	2,525	270	1,837	462	696	142
BPS(원)	17,328	17,062	18,348	18,697	19,150	18,934
CFPS(원)	3,647	1,548	3,433	2,312	2,558	1,047
DPS(원)	300	150	350	350	350	
EBITDAPS(원)	4,354	3,442	5,070	3,779	3,836	1,586

재무 비율 〈단위 : % 〉
연도	영업이익률	순이익률	부채비율	차입금비율	ROA	ROE	유보율	자기자본비율	EBITDA마진율
2016	2.1	0.8	208.5	113.6	1.3	4.0	283.0	32.4	4.1
2015	2.4	0.6	192.6	115.4	0.9	2.5	273.9	34.2	4.7
2014	4.8	2.5	161.3	82.0	4.1	10.4	267.0	38.3	7.0
2013	3.8	0.5	152.3	86.8	0.7	1.6	241.3	39.6	6.0

홈센타홀딩스 (A060560)
Home Center Holdings

업 종: 건축소재		시 장: KOSDAQ	
신용등급: (Bond) — (CP) —		기업규모: 우량	
홈페이지: www.homecenterholdings.com		연락처: (053)210-5140	
본 사: 대구시 북구 노원로 139-6			

설립일 1988.07.25	종업원수 55명	대표이사 박병윤			
상장일 2002.07.03	감사의견 적정(안경)	계 열			
결산기 12월	보통주 4,226만주	종속회사수 7개사			
액면가 500원	우선주 —	구상호 홈센타			

주주구성 (지분율,%)
박병준	15.2
박진모	9.8
(외국인)	4.0

출자관계 (지분율,%)
홈센타	100.0
대동산업	100.0
보광레미콘	100.0

주요경쟁사 (외형,%)
홈센타홀딩스	100
보광산업	50
일신석재	44

매출구성
건축자재 도소매	48.4
레미콘 제조	37.6
수영장,헬스클럽,사우나 등	9.8

비용구성
매출원가율	92.1
판관비율	7.8

수출비중
수출	—
내수	—

회사 개요
동사는 1988년 소방설비공사를 목적으로 설립되어 2002년 코스닥시장에 상장됨. 동사의 매출구분은 크게 상품매출, 제품매출, 건설매출, 레미콘매출, 레져스포츠 부문으로 나눌 수 있으며, 이중 건설 매출과 레미콘 매출이 전체의 약 65%를 차지함. 동사의 건설 사업부문은 2015년 4월 1일 기준 양도 결정됨. 매출구성은 2016년 기준 레미콘 사업부문이 37.56%, 건축자재 상품매출이 48.44%, 레저 9.77%의 실적을 나타냄.

실적 분석
동사의 연결기준 2017년 2분기 매출액은 1,086.7억원으로 전년대비 115.7% 증가하였음. 판관비와 매출원가도 같이 증가하여 외형성장에도 불구하고 영업이익이 2.4억원 발생하며 전년동기 대비 69.2% 감소함. 비영업부문에서 5억원의 이익이 발생하여, 당기순이익 2.5억원을 실현함. 동사는 최근 운영자금과 기타자금 마련을 위해 250억원 규모의 무기명식 이권부 무보증 사채를 발행하기로 결정하였음.

현금 흐름 〈단위 : 억원〉
항목	2016	2017.2Q
영업활동	40	57
투자활동	-723	-80
재무활동	697	99
순현금흐름	14	75
기말현금	52	127

시장 대비 수익률

결산 실적 〈단위 : 억원〉
항목	2012	2013	2014	2015	2016	2017
매출액	989	1,101	1,075	1,195	957	
영업이익	3	21	-26	22	1	
당기순이익	43	25	-9	43	158	

분기 실적 〈단위 : 억원〉
항목	2016.1Q	2016.2Q	2016.3Q	2016.4Q	2017.1Q	2017.2Q
매출액	231	273	212	241	515	572
영업이익	-2	24	-6	-1	-10	12
당기순이익	0	7	-5	156	-12	15

재무 상태 〈단위 : 억원〉
항목	2012	2013	2014	2015	2016	2017.2Q
총자산	1,384	1,391	1,383	1,453	3,873	3,920
유형자산	599	615	687	742	1,417	1,430
무형자산	36	37	36	36	1,582	1,564
유가증권	40	39	46	25	35	37
총부채	515	523	386	412	1,678	1,750
총차입금	182	219	88	113	1,096	1,198
자본금	98	98	136	136	204	204
총자본	869	868	997	1,041	2,195	2,170
지배주주지분	869	868	997	1,041	1,601	1,585

기업가치 지표
항목	2012	2013	2014	2015	2016	2017.2Q
주가(최고/저)(천원)	5.8/2.5	3.8/2.6	3.1/2.1	2.9/2.0	5.6/2.3	—/—
PER(최고/저)(배)	29.9/13.1	33.7/23.8	—/—	19.0/13.2	10.1/4.2	—/—
PBR(최고/저)(배)	1.5/0.6	0.9/0.7	0.8/0.6	0.8/0.5	1.3/0.6	1.1/0.9
EV/EBITDA(배)	42.8	16.7		14.3	146.1	
EPS(원)	199	115	-36	158	561	-17
BPS(원)	4,425	4,550	3,768	3,931	4,278	4,239
CFPS(원)	279	204	31	235	637	66
DPS(원)				50	50	
EBITDAPS(원)	79	185	-32	156	79	89

재무 비율 〈단위 : %〉
연도	영업이익률	순이익률	부채비율	차입금비율	ROA	ROE	유보율	자기자본비율	EBITDA마진율
2016	0.1	16.5	76.5	49.9	5.9	12.0	755.7	56.7	2.3
2015	1.8	3.6	39.6	10.9	3.0	4.2	686.2	71.7	3.6
2014	-2.4	-0.9	38.8	8.9	-0.7	-1.0	653.5	72.1	-0.8
2013	1.9	2.2	60.3	25.2	1.8	2.8	809.9	62.4	3.3

홈캐스트 (A064240)
Homecast

업 종: 셋톱박스		시 장: KOSDAQ	
신용등급: (Bond) — (CP) —		기업규모: 우량	
홈페이지: www.homecast.net		연락처: 02)3400-8300	
본 사: 서울시 강남구 언주로 726 두산빌딩 14층(논현동)			

설립일 2000.04.27	종업원수 56명	대표이사 권영철	
상장일 2003.06.11	감사의견 적정(삼화)	계 열	
결산기 12월	보통주 3,222만주	종속회사수 1개사	
액면가 500원	우선주 —	구상호	

주주구성 (지분율,%)
에이치바이온	4.9
한국증권금융	4.1
(외국인)	1.2

출자관계 (지분율,%)
디엠티	30.6
에이치바이온	22.0
룩센터	15.5

주요경쟁사 (외형,%)
홈캐스트	100
휴맥스	1,106
가온미디어	358

매출구성
D-STB	91.7
STB부품	7.2
기타	1.2

비용구성
매출원가율	67.0
판관비율	18.5

수출비중
수출	99.0
내수	1.0

회사 개요
동사는 2000년 설립되어 영상, 음향 및 정보통신기기 관련 소프트웨어 및 통신장비 개발 제조와 판매를 주요 사업으로 함. 주요 제품인 셋톱박스의 경우 대외 시장여건에 따라 가격변동이 발생하며, 전자제품의 특성상 시간의 흐름에 따라 전반적인 가격하락이 발생하는 사업임. 당기 일부 지분 처분 및 경영진 변경으로 (주)룩센터, (주)스포라이브가 종속회사에서 제외됨.

실적 분석
동사의 2017년 반기 매출액은 전년동기 대비 68.2% 감소한 255.1억원을 기록하였으며, 원가율 하락에도 불구하고 급격한 외형 축소 여파로 전년동기 대비 수익성 크게 감소한 모습. 디지털 셋톱박스 사업에서 북미와 남미, 아시아에서의 수요증가와 하이엔드급 IP하이브리드 제품 판매 증가 등에 힘입어 지난해 실적 크게 상승하였으나, 1분기 이후 급격하게 둔화된 모습. 향후 북미에서의 안정적인 매출과 신규시장에서의 매출 회복이 실적개선의 관건임.

현금 흐름 〈단위 : 억원〉
항목	2016	2017.2Q
영업활동	9	163
투자활동	58	-181
재무활동	123	-60
순현금흐름	193	-79
기말현금	399	320

시장 대비 수익률

결산 실적 〈단위 : 억원〉
항목	2012	2013	2014	2015	2016	2017
매출액	985	759	715	972	1,221	
영업이익	-7	-74	51	79	177	
당기순이익	-31	-162	13	77	121	

분기 실적 〈단위 : 억원〉
항목	2016.1Q	2016.2Q	2016.3Q	2016.4Q	2017.1Q	2017.2Q
매출액	415	387	230	188	149	10
영업이익	79	72	22	3	14	
당기순이익	52	64	-10	16	-14	

재무 상태 〈단위 : 억원〉
항목	2012	2013	2014	2015	2016	2017.2Q
총자산	726	673	1,144	1,230	1,458	1,29
유형자산	225	278	198	103	97	
무형자산	41	19	42	8	11	
유가증권	27	10	41	73	3	
총부채	158	273	438	229	318	15
총차입금	76	136	327	17	133	
자본금	76	76	123	158	164	16
총자본	568	400	706	1,001	1,140	1,13
지배주주지분	572	408	714	1,001	1,140	1,13

기업가치 지표
항목	2012	2013	2014	2015	2016	2017.2Q
주가(최고/저)(천원)	4.7/2.4	6.7/2.2	14.7/2.5	10.1/5.0	29.4/6.2	—/
PER(최고/저)(배)	—/—	—/—	225.1/38.1	40.2/19.9	76.6/16.1	—/
PBR(최고/저)(배)	1.2/0.6	2.2/0.7	4.9/0.8	3.1/1.5	8.2/1.7	5.1/2
EV/EBITDA(배)	84.9		31.2	20.1	29.9	
EPS(원)	-187	-1,069	65	251	384	-1
BPS(원)	4,109	2,990	3,027	3,261	3,587	3,57
CFPS(원)	-93	-986	132	275	398	-8
DPS(원)	50					
EBITDAPS(원)	46	-416	311	277	573	

재무 비율 〈단위 : %〉
연도	영업이익률	순이익률	부채비율	차입금비율	ROA	ROE	유보율	자기자본비율	EBITDA마진율
2016	14.5	9.9	27.9	11.7	9.0	11.3	606.5	78.2	14
2015	8.1	8.0	22.9	1.7	6.5	9.1	541.9	81.4	8
2014	7.2	1.8	62.0	46.4	1.5	2.5	493.0	61.7	9
2013	-9.7	-21.3	68.4	34.0	-23.1	-32.2	478.5	59.4	-7

홍

화성밸브 (A039610)
HS valve

종 목 : 기계		시 장 : KOSDAQ	
용 등 급 : (Bond) — (CP) —		기업 규모 : 중견	
페 이 지 : www.hsvalve.com		연 락 처 : 053)353-5789	
본 사 : 대구시 서구 팔달로2길 29 (비산동)			

설 립 일 1987.04.27	종 업 원 수 214명	대 표 이 사 장원규,장성필(각자대표)			
상 장 일 2000.03.16	감 사 의 견 적정 (안경)	계 열			
결 산 기 03월	보 통 주 728만주	종속회사수			
액 면 가 500원	우 선 주	구 상 호 화성			

주주구성 (지분율,%)		출자관계 (지분율,%)		주요경쟁사 (외형,%)	
장원규	19.3			화성밸브	100
장보필	10.8			우진플라임	417
(외국인)	0.5				331

매출구성		비용구성		수출비중	
플랜지식밸브	34.3	매출원가율	84.5	수출	5.0
나사식밸브	27.0	판관비율	10.4	내수	95.0
기타	14.5				

회사 개요
동사는 각종 밸브 생산업체로 가스밸브 및 고온용 스팀밸브 등을 생산함. 전국 도시가스업체들의 신규 배관망에 대한 투자가 지속되고 있으나 수도권 도시가스 평균보급률이 90%에 이르고 있어 성장은 제한적임. 이를 타개하기 위해 미주지역에 현지법인을 설립하고 중국에 합작 또는 투자법인 설립을 통한 해외시장 개척에 노력중임. CE인증 획득으로 유럽 및 중동시장도 개척할 예정임.

실적 분석
동사의 2017년 연결기준 1분기 매출액은 122.1억원으로 전년동기 대비 5.8% 감소함. 엘피지 용기용 밸브 및 매몰 용접형 밸브의 매출 감소가 주 원인임. 매출 감소와 더불어 원가율 상승 및 판관비 증가 영향으로 영업이익이 전년동기 대비 52.4% 감소한 5.1억원을 시현하는데 그침. 비영업손익 부문에서도 개선세를 나타내지 못함에 따라 당기순이익은 또한 지난해 같은 기간 대비 54.9% 감소한 상황.

현금 흐름 *IFRS 별도 기준 〈단위 : 억원〉

항목	2016	2017.1Q
영업활동	-7	2
투자활동	-36	-4
재무활동	33	44
순현금흐름	-10	41
기말현금	27	68

결산 실적 〈단위 : 억원〉

항목	2012	2013	2014	2015	2016	2017
매출액	657	586	458	503	547	
영업이익	70	60	49	24	28	
당기순이익	58	43	39	19	19	

분기 실적 *IFRS 별도 기준 〈단위 : 억원〉

항목	2015.4Q	2016.1Q	2016.2Q	2016.3Q	2016.4Q	2017.1Q
매출액	108	130	126	168	124	122
영업이익	0	11	4	9	4	5
당기순이익	5	8	1	8	2	4

재무 상태 *IFRS 별도 기준 〈단위 : 억원〉

항목	2012	2013	2014	2015	2016	2017.1Q
총자산	668	681	667	688	752	804
유형자산	158	162	158	162	223	223
무형자산	7	7	7	10	7	7
유가증권	1	1	1	19	7	7
총부채	231	203	156	165	213	263
총차입금	90	52	41	79	119	180
자본금	36	36	36	36	36	36
총자본	438	478	511	523	539	541
지배주주지분	438	478	511	523	539	541

기업가치 지표 *IFRS 별도 기준

항목	2012	2013	2014	2015	2016	2017.1Q
주가(최고/저)(천원)	5.3/3.6	5.3/3.8	6.2/3.8	8.8/4.6	6.7/5.6	—/—
PER(최고/저)(배)	7.3/4.8	9.8/6.9	12.4/7.6	34.9/17.5	25.2/21.0	—/—
PBR(최고/저)(배)	0.9/0.6	0.9/0.6	0.9/0.6	1.3/0.7	0.9/0.7	0.8/0.7
EV/EBITDA(배)	5.4	5.3	5.3	8.3	13.1	12.9
EPS(원)	792	586	539	273	268	49
BPS(원)	6,191	6,749	7,204	7,379	7,601	7,630
CFPS(원)	919	722	677	415	421	89
DPS(원)				400	50	
EBITDAPS(원)	1,090	958	810	471	540	109

재무 비율 〈단위 : % 〉

연도	영업이익률	순이익률	부채비율	차입금비율	ROA	ROE	유보율	자기자본비율	EBITDA마진율
2016	5.1	3.6	39.5	22.2	2.7	3.7	1,420.1	71.7	7.2
2015	4.8	4.0	31.6	15.2	2.9	3.9	1,375.8	76.0	6.8
2014	10.7	8.6	30.5	8.0	5.8	7.9	1,340.7	76.7	12.9
2013	10.2	7.3	42.4	10.8	6.3	9.3	1,249.8	70.3	11.9

화성산업 (A002460)
Hwasung Industrial

업 종 : 건설		시 장 : 거래소	
신용 등급 : (Bond) — (CP) —		기업 규모 : 시가총액 소형주	
홈 페 이 지 : www.hwasung.com		연 락 처 : 053)767-2111	
본 사 : 대구시 수성구 동대구로 111			

설 립 일 1958.09.01	종 업 원 수 354명	대 표 이 사 이인중			
상 장 일 1988.09.29	감 사 의 견 적정 (안경)	계 열			
결 산 기 12월	보 통 주 1,245만주	종속회사수			
액 면 가 5,000원	우 선 주	구 상 호 화성			

주주구성 (지분율,%)		출자관계 (지분율,%)		주요경쟁사 (외형,%)	
이인중	10.9	제주항공우주호텔	18.0	화성산업	100
화성개발	9.3	대성에너지환경	15.0	국보디자인	41
(외국인)	15.0	대구뮤지엄서비스	10.5	한라	371

매출구성		비용구성		수출비중	
[건축공사]민간	70.7	매출원가율	87.0	수출	0.0
[토목공사]관급	23.0	판관비율	4.1	내수	100.0
[토목공사]민간	5.2				

회사 개요
동사는 1958년 설립됐으며, 1988년 유가증권시장에 상장됨. 토목, 건축, 환경, 플랜트, 주택, 엔지니어링 컨설팅 분야가 주 사업임. 급변하는 경영 환경에 대응하기 위해 엔지니어링 환경, 신재생에너지 사업 등 미래형 사업과 대형 개발사업 및 해외사업 등 신성장사업에 적극 참여해 규모를 키우고자 함. 건축 및 토목 부문이 전체 매출의 85.1%를 차지하고 있으며, 건축과 기타 부문의 매출이 전분기 대비 증가했음.

실적 분석
동사의 연결기준 2017년 2분기 누적매출액은 2,755.8억원으로 전년동기 대비 20.6% 증가하였음. 외형 확대로 인해 매출원가와 판관비가 함께 상승하였음에도 매출총이익은 24.5% 증가했으며 영업이익 역시 전년동기 대비 26.3% 증가한 215.2억원을 시현하였음. 동사는 비영업부문에서도 흑자전환에 성공하였으며 그 이익 폭이 확대된 결과 당기순이익은 전년 동기 대비 56.3% 증가, 177.1억원을 기록하였음.

현금 흐름 *IFRS 별도 기준 〈단위 : 억원〉

항목	2016	2017.2Q
영업활동	378	-371
투자활동	-157	142
재무활동	-68	-80
순현금흐름	154	-309
기말현금	866	557

결산 실적 〈단위 : 억원〉

항목	2012	2013	2014	2015	2016	2017
매출액	3,513	3,527	4,207	4,801	4,943	—
영업이익	89	78	152	247	439	—
당기순이익	127	163	237	243	337	—

분기 실적 *IFRS 별도 기준 〈단위 : 억원〉

항목	2016.1Q	2016.2Q	2016.3Q	2016.4Q	2017.1Q	2017.2Q
매출액	1,023	1,262	1,253	1,405	1,170	1,586
영업이익	59	111	139	129	78	137
당기순이익	40	73	115	109	67	110

재무 상태 *IFRS 별도 기준 〈단위 : 억원〉

항목	2012	2013	2014	2015	2016	2017.2Q
총자산	3,992	4,190	5,242	4,735	5,041	4,955
유형자산	592	448	448	547	559	552
무형자산	5	5	6	5	5	5
유가증권	564	662	743	660	705	590
총부채	1,770	1,818	2,583	1,875	1,915	1,733
총차입금	161	221	218	111	111	111
자본금	623	623	623	623	623	623
총자본	2,222	2,372	2,659	2,859	3,126	3,222
지배주주지분	2,222	2,372	2,659	2,859	3,126	3,222

기업가치 지표 *IFRS 별도 기준

항목	2012	2013	2014	2015	2016	2017.2Q
주가(최고/저)(천원)	3.9/2.3	5.3/3.4	13.4/5.4	27.6/10.9	14.2/9.6	—/—
PER(최고/저)(배)	5.8/3.4	5.5/3.6	8.0/3.2	15.5/6.1	5.5/3.7	—/—
PBR(최고/저)(배)	0.3/0.2	0.3/0.2	0.7/0.3	1.3/0.5	0.6/0.4	0.6/0.5
EV/EBITDA(배)		1.0		2.1	1.0	
EPS(원)	813	1,108	1,900	1,951	2,704	1,422
BPS(원)	18,603	19,809	21,605	23,214	25,351	26,128
CFPS(원)	959	1,275	2,127	2,203	2,962	1,559
DPS(원)	100	250	400	520	680	
EBITDAPS(원)	855	798	1,449	2,235	3,781	1,865

재무 비율 〈단위 : % 〉

연도	영업이익률	순이익률	부채비율	차입금비율	ROA	ROE	유보율	자기자본비율	EBITDA마진율
2016	8.9	6.8	61.3	3.5	6.9	11.3	407.0	62.0	9.5
2015	5.1	5.1	65.6	3.9	4.9	8.8	364.3	60.4	5.8
2014	3.6	5.6	97.1	8.2	5.0	9.4	332.1	50.7	4.3
2013	2.2	4.6	76.5	9.3	4.0	7.1	296.9	56.7	2.8

화승알앤에이 (A013520)
HWASEUNG R & A

업 종 : 자동차부품		시 장 : 거래소	
신용 등급 : (Bond) BBB- (CP) —		기업규모 : 시가총액 소형주	
홈페이지 : www.hsrna.com		연 락 처 : 055)370-3331	
본 사 : 경남 양산시 충렬로 61			

설 립 일	1978.09.15	종 업 원 수	1,185명	대 표 이 사	현지호,백대현,이정두
상 장 일	1991.02.22	감 사 의 견	적정 (우리)	계 열	
결 산 기	12월	보 통 주	6,456만주	종 속 회 사 수	19개사
액 면 가	500원	우 선 주		구 상 호	

주주구성 (지분율,%)		출자관계 (지분율,%)		주요경쟁사 (외형,%)	
현지호	20.0	화승소재	100.0	화승알앤에이	100
현승훈	17.9	화승티엔씨	100.0	평화정공	76
(외국인)	5.5	화승엑스윌	100.0	서연	197

매출구성		비용구성		수출비중	
Fluid Products/Sealing Products	67.0	매출원가율	79.6	수출	—
합성고무, 원사 철강 등	14.8	판관비율	13.9	내수	—
CMB/TPE/실리콘	13.9				

회사 개요
동사는 자동차용 고무제품을 생산 판매하는 회사로 1978년 설립됨. 1991년 유가증권 시장에 상장됨. 자동차부품이 전체 매출에서 차지하는 비중은 64%로 가장 큼. 이밖에 소재, 산업고무(도소매), 종합 무역 등의 사업을 영위함. 자동차용 고무제품 중에서도 누수방지용 고무, 호스류 등이 현대차 등에 납품 됨. 현대자그룹으로부터 품질 5스타를 획득할 정도로 품질을 인정받고 있음.

실적 분석
동사의 2017년 2분기기준 누적 매출액은 전년동기대비 7% 하락한 7,673억원을 기록하였음. 비용면에서 전년동기대비 매출원가는 감소 하였으며 인건비는 증가 했고 광고선전비도 증가, 기타판매비와관리비는 감소함. 그에 따라 매출액 하락 등에 의해 전년동기대비 영업이익은 351억원으로 -37.2% 크게 하락 하였음. 최종적으로 전년동기대비 당기순이익은 크게 하락하여 44.7억원을 기록함.

현금 흐름
〈단위 : 억원〉

항목	2016	2017.2Q
영업활동	773	-27
투자활동	-50	-124
재무활동	-360	-14
순현금흐름	341	-142
기말현금	1,070	928

시장 대비 수익률

결산 실적
〈단위 : 억원〉

항목	2012	2013	2014	2015	2016	2017
매출액	14,336	16,323	16,966	16,795	16,161	—
영업이익	488	732	857	1,100	1,053	—
당기순이익	113	-347	95	770	588	—

분기 실적
〈단위 : 억원〉

항목	2016.1Q	2016.2Q	2016.3Q	2016.4Q	2017.1Q	2017.2Q
매출액	4,091	4,172	3,667	4,230	3,849	3,824
영업이익	277	283	184	310	168	183
당기순이익	88	187	188	125	38	6

재무 상태
〈단위 : 억원〉

항목	2012	2013	2014	2015	2016	2017.2Q
총자산	9,565	11,316	11,593	12,995	13,398	12,896
유형자산	3,449	4,216	4,427	4,663	4,503	4,573
무형자산	115	318	300	315	388	396
유가증권	29	31	26	315	1,053	558
총부채	7,194	9,377	9,685	10,307	10,146	9,750
총차입금	4,615	6,712	6,947	7,284	7,046	7,054
자본금	323	323	323	323	323	323
총자본	2,371	1,939	1,907	2,688	3,253	3,146
지배주주지분	2,371	1,953	1,922	2,686	3,246	3,133

기업가치 지표

항목	2012	2013	2014	2015	2016	2017.2Q
주가(최고/저)(천원)	16.4/9.6	17.8/10.1	36.5/14.3	48.7/27.1	45.8/31.8	—/—
PER(최고/저)(배)	10.1/5.9	—/—	25.6/10.0	4.2/2.3	5.2/3.6	—/—
PBR(최고/저)(배)	0.5/0.3	0.6/0.4	1.3/0.5	1.2/0.7	0.9/0.6	0.8/0.7
EV/EBITDA(배)	5.6	5.9	5.8	5.5	5.3	—/—
EPS(원)	176	-526	148	1,191	902	66
BPS(원)	37,248	30,777	30,298	42,141	50,808	4,906
CFPS(원)	7,449	1,511	8,467	19,350	16,668	461
DPS(원)	250	250	250	500	500	
EBITDAPS(원)	13,257	18,114	20,264	24,472	23,958	940

재무 비율
〈단위 : % 〉

연도	영업이익률	순이익률	부채비율	차입금비율	ROA	ROE	유보율	자기자본비율	EBITDA마진율
2016	6.5	3.6	311.9	216.6	4.5	19.6	916.2	24.3	9.6
2015	6.6	4.6	383.5	271.0	6.3	33.4	742.8	20.7	9.4
2014	5.1	0.6	507.8	364.2	0.8	4.9	506.0	16.5	7.7
2013	4.5	-2.1	483.6	346.1	-3.3	-15.7	515.5	17.1	7.2

화승엔터프라이즈 (A241590)
HWASEUNG ENTERPRISE CO

업 종 : 섬유 및 의복		시 장 : 거래소	
신용 등급 : (Bond) — (CP) —		기업규모 : 시가총액 중형주	
홈페이지 : www.hsenterprise.co.kr		연 락 처 : 02)588-8043	
본 사 : 서울시 서초구 서초대로 396 (서초동, 강남빌딩)			

설 립 일	2015.11.17	종 업 원 수	5명	대 표 이 사	이계영
상 장 일	2016.10.04	감 사 의 견	적정 (삼일)	계 열	
결 산 기	12월	보 통 주	2,693만주	종 속 회 사 수	4개사
액 면 가	500원	우 선 주		구 상 호	

주주구성 (지분율,%)		출자관계 (지분율,%)		주요경쟁사 (외형,%)	
화승인더스트리	70.9	HWASEUNG VINA Co.,Ltd		화승엔터프라이즈	100
국민연금공단	7.1			LS네트웍스	76
(외국인)	4.3			일신방직	75

매출구성		비용구성		수출비중	
ADIDAS ODM제품,REEBOK ODM제품/신발관련상품	96.9	매출원가율	85.4	수출	—
화학용품/산업용품	8.9	판관비율	7.8	내수	—
내부거래 매출액 제거	-5.8				

회사 개요
동사는 1953년 동양고무공업을 모태로 기차표라는 브랜드로 고무신 시대를 이끈 화승그룹의 계열사임. 1994년 리복 OEM 사업을 시작했으며, 2002년 베트남에 리복 OEM 사업을 위해 화승비나를 설립함. 2006년 아디다스가 리복을 인수하게 되어 화승비나는 아디다스 제품을 생산하게 됨. 현재 신발제조 기술력을 인정받아 제조업자개발생산(ODM) 사업을 영위하고 있음.

실적 분석
동사의 2017년도 2분기 연결기준 누적 매출액은 3,419.8억원으로 전년동기 대비 13.3% 증가함. 아디다스 ODM, 리복 ODM 제품 등 신발 부문의 매출액이 95.6%를 차지하고 있음. 2016년 상장에 따른 공모자금을 회승비나에 출자한바 있음. 또한, 화승비나의 신발생산 CAPA 증대 투자계획을 가지고 있음. 베트남 내 자차트럭을 통한 내륙운송 사업을 진행 예정임.

현금 흐름
〈단위 : 억원〉

항목	2016	2017.2Q
영업활동	327	346
투자활동	-552	-636
재무활동	943	148
순현금흐름	730	-155
기말현금	778	623

시장 대비 수익률

결산 실적
〈단위 : 억원〉

항목	2012	2013	2014	2015	2016	2017
매출액					6,402	—
영업이익				-0	438	—
당기순이익				-0	349	—

분기 실적
〈단위 : 억원〉

항목	2016.1Q	2016.2Q	2016.3Q	2016.4Q	2017.1Q	2017.2Q
매출액	1,272	1,748	1,327	2,056	1,657	1,763
영업이익	56	121	77	184	77	122
당기순이익	41	91	67	150	58	85

재무 상태
〈단위 : 억원〉

항목	2012	2013	2014	2015	2016	2017.2Q
총자산				2,605	4,367	4,687
유형자산				1,168	1,617	1,963
무형자산				14	22	22
유가증권				1	1	1
총부채				1,975	2,439	2,692
총차입금				1,264	1,346	1,429
자본금				104	135	135
총자본				630	1,928	1,995
지배주주지분				628	1,923	1,985

기업가치 지표

항목	2012	2013	2014	2015	2016	2017.2Q
주가(최고/저)(천원)	—/—	—/—	—/—	—/—	—/—	—/—
PER(최고/저)(배)	0.0/0.0	0.0/0.0	0.0/0.0	0.0/0.0	10.0/8.4	—/—
PBR(최고/저)(배)	0.0/0.0	0.0/0.0	0.0/0.0	0.0/0.0	2.2/1.8	—/—
EV/EBITDA(배)	0.0	0.0	0.0	0.0	7.2	2.6/1.9
EPS(원)				-1	1,551	525
BPS(원)				3,030	7,140	7,371
CFPS(원)				-1	2,369	935
DPS(원)					35	
EBITDAPS(원)				-1	2,778	1,150

재무 비율
〈단위 : % 〉

연도	영업이익률	순이익률	부채비율	차입금비율	ROA	ROE	유보율	자기자본비율	EBITDA마진율
2016	6.9	5.5	126.5	69.8	10.0	27.2	1,327.9	44.2	9.7
2015	0.0	0.0	313.2	200.5	0.0	0.0	506.0	24.2	0.0
2014	0.0	0.0			0.0	0.0		0.0	0.0
2013	0.0	0.0			0.0	0.0		0.0	0.0

화승인더스트리 (A006060)
HWASEUNG Industries

업 종 : 섬유 및 의복		시 장 : 거래소	
신용등급 : (Bond) — (CP) —		기업규모 : 시가총액 중형주	
홈 페 이 지 : www.hsi.co.kr		연 락 처 : 051)311-0081	
본 사 : 부산시 연제구 중앙대로 1079 (연산동, 장천빌딩6층)			

설 립 일	1969.05.07	종 업 원 수	391명	대 표 이 사	대표이사현석호
상 장 일	1991.02.04	감 사 의 견	적정 (삼정)	계 열	
결 산 기	12월	보 통 주	5,532만주	총 속 회 사 수	16개사
액 면 가	500원	우 선 주		구 상 호	

주주구성 (지분율,%)		출자관계 (지분율,%)		주요경쟁사 (외형,%)	
현석호	16.2	에이치인베스트먼트	100.0	화승인더	100
화승알앤에이	10.0	휴노믹	100.0	한세예스24홀딩스	222
(외국인)	14.2	화승엔터프라이즈	70.9	LF	151

매출구성		비용구성		수출비중	
ADIDAS ODM제품,	81.7	매출원가율	83.5	수출	—
BOPP,통기성,PET필름,EVA시트 등	11.1	판관비율	8.8	내수	—
화학용품/산업용품	7.3				

회사 개요
동사와 16개 종속회사는 크게 필름, 신발, 유통 부문 등 3개 사업으로 나뉨. 필름부문은 OPP, PET, 통기성 필름, EVA시트, 화학용품 등의 제조와 패키징상품 등의 판매사업을 영위하며, 신발부문은 아디다스와 리복의 ODM제품을 제조함. 유통부문은 화장/산업용품을 제조함. 화승비나는 아디다스 그룹의 운동화 ODM 제조를 담당. 2016년 기준으로 아디다스 그룹의 운동화부문 내 M/S는 13%로 2위를 차지함.

실적 분석
2017년 상반기 매출액은 5,548.3억원으로 전년동기 대비 16.4% 증가함. 영업이익과 당기순이익은 각각 3.7% 증가, 4.8% 감소함. 신발, 필름 부문 모두 매출 성장. 아디다스 그룹이 대만 업체의 생산 비중을 줄여나가는 동시에 중국 지역의 인건비 상승 등으로 베트남이나 인도네시아 지역의 생산 비중을 높여가고 있어 화승비나의 생산 비중이 상승할 것으로 예상. 11월 최대주주인 화승인더스트리를 대상으로 530억원 규모의 유상증자 예정.

현금 흐름
<단위 : 억원>

항목	2016	2017.2Q
영업활동	299	482
투자활동	-933	-835
재무활동	1,547	182
순현금흐름	923	-193
기말현금	1,263	1,070

결산 실적
<단위 : 억원>

항목	2012	2013	2014	2015	2016	2017
매출액	5,599	5,984	5,854	7,468	10,112	
영업이익	124	91	147	443	781	
당기순이익	42	-64	-111	215	487	

분기 실적
<단위 : 억원>

항목	2016.1Q	2016.2Q	2016.3Q	2016.4Q	2017.1Q	2017.2Q
매출액	2,110	2,656	2,300	3,046	2,694	2,854
영업이익	118	223	175	266	147	207
당기순이익	79	152	92	164	98	123

재무 상태
<단위 : 억원>

항목	2012	2013	2014	2015	2016	2017.2Q
총자산	4,573	4,730	5,177	5,611	8,039	8,427
유형자산	1,680	1,718	1,709	1,962	2,818	3,332
무형자산	42	41	289	317	338	336
유가증권	51	64	272	344	242	247
총부채	3,201	3,650	4,179	4,315	5,162	5,434
총차입금	2,464	2,737	3,032	3,006	3,519	3,602
자본금	277	277	277	277	277	277
총자본	1,371	1,080	998	1,296	2,877	2,993
지배주주지분	1,233	1,080	998	1,294	2,307	2,403

기업가치 지표

항목	2012	2013	2014	2015	2016	2017.2Q
주가(최고/저)(천원)	1.1/0.8	1.3/0.8	1.8/0.9	7.5/0.9	11.4/5.9	—/—
PER(최고/저)(배)	41.3/27.9	—/—	—/—	19.4/2.4	14.2/7.4	2.7/2.2
PBR(최고/저)(배)	0.5/0.4	0.7/0.4	1.0/0.5	3.2/0.4	2.7/1.4	2.2
EV/EBITDA(배)	7.2	8.8	7.9	10.1	8.1	
EPS(원)	29	-98	-200	390	804	320
BPS(원)	2,233	1,955	1,807	2,342	4,173	4,347
CFPS(원)	350	259	144	779	1,290	617
DPS(원)	25			25	25	
EBITDAPS(원)	545	522	610	1,191	1,899	936

재무 비율
<단위 : % >

연도	영업이익률	순이익률	부채비율	차입금비율	ROA	ROE	유보율	자기자본비율	EBITDA마진율
2016	7.7	4.8	179.5	122.3	7.1	24.7	734.6	35.8	10.4
2015	5.9	2.9	332.9	231.9	4.0	18.8	368.4	23.1	8.8
2014	2.5	-1.9	419.0	303.9	-2.2	-10.7	261.3	19.3	7.4
2013	1.5	-1.1	338.1	253.6	-1.4	-4.7	291.0	22.8	4.8

화신 (A010690)
HwaShin

업 종 : 자동차부품		시 장 : 거래소	
신용등급 : (Bond) — (CP) —		기업규모 : 시가총액 소형주	
홈 페 이 지 : www.hwashin.co.kr		연 락 처 : 054)330-5114	
본 사 : 경북 영천시 도남공단길 94-2			

설 립 일	1975.07.01	종 업 원 수	828명	대 표 이 사	정서진
상 장 일	1993.12.16	감 사 의 견	적정 (한영)	계 열	
결 산 기	12월	보 통 주	3,492만주	총 속 회 사 수	6개사
액 면 가	500원	우 선 주		구 상 호	

주주구성 (지분율,%)		출자관계 (지분율,%)		주요경쟁사 (외형,%)	
글로벌오토트레이딩	15.5	HBJ	100.0	화신	100
신영자산운용	6.8	HAL	100.0	평화정공	98
(외국인)	4.7	HIN	100.0	서연	255

매출구성		비용구성		수출비중	
Link류	32.9	매출원가율	89.0	수출	—
Arm류 외	19.9	판관비율	7.3	내수	—
Module	18.1				

회사 개요
동사는 1975년 설립된 자동차 부품을 생산하는 업체임. 1994년 유가증권 시장에 상장됨. 자동차 조향 장치의 주요 구성품인 멤버, 콘트롤 암, CTBA, 차체를 구성하는 연료 탱크, 판넬 등을 생산함. 해외에서는 인도, 중국, 미국, 브라질 법인을 두고 완성차 업체(현대차)에 부품을 공급하고 있음. 현대차그룹 내 시장점유율 수준으로 1위 업체임. 현대차와 함께 브라질, 러시아 동반진출함.

실적 분석
동사의 2017년 2분기 누적 매출액은 전년동기대비 11.8% 하락한 5,525억원을 기록하였음. 비용면에서 전년동기대비 매출원가는 감소 했으며 인건비는 증가, 광고선전비는 크게 감소 하였고 기타판매비와관리비도 마찬가지로 감소함. 그에 따라 매출 하락 등으로 전년동기대비 영업손실은 108억원으로 적자전환하였음. 최종적으로 전년동기대비 당기순손실은 적자전환하여 164억원을 기록함.

현금 흐름
<단위 : 억원>

항목	2016	2017.2Q
영업활동	576	1
투자활동	-354	-385
재무활동	32	2
순현금흐름	286	-426
기말현금	1,199	773

결산 실적
<단위 : 억원>

항목	2012	2013	2014	2015	2016	2017
매출액	16,261	14,835	13,136	12,517	12,497	
영업이익	989	664	412	192	462	
당기순이익	246	16	439	-246	482	

분기 실적
<단위 : 억원>

항목	2016.1Q	2016.2Q	2016.3Q	2016.4Q	2017.1Q	2017.2Q
매출액	3,122	3,145	2,820	3,411	2,995	2,531
영업이익	162	188	67	45	20	-128
당기순이익	178	164	-37	176	-40	-124

재무 상태
<단위 : 억원>

항목	2012	2013	2014	2015	2016	2017.2Q
총자산	8,536	7,816	9,275	9,005	9,641	8,715
유형자산	3,186	3,305	3,737	4,018	4,084	4,003
무형자산	47	47	46	47	44	40
유가증권	189	200	200	154	153	141
총부채	4,872	4,470	5,499	5,371	5,703	5,008
총차입금	1,521	2,292	3,250	3,134	3,293	3,193
자본금	175	175	175	175	175	175
총자본	3,664	3,346	3,776	3,634	3,938	3,707
지배주주지분	3,401	3,327	3,759	3,628	3,930	3,704

기업가치 지표

항목	2012	2013	2014	2015	2016	2017.2Q
주가(최고/저)(천원)	12.9/7.7	14.6/9.3	12.6/7.1	7.9/5.1	9.7/5.3	—/—
PER(최고/저)(배)	20.3/12.1	539.3/343.6	10.5/5.8		7.2/3.9	0.7/0.5
PBR(최고/저)(배)	1.4/0.8	1.6/1.0	1.2/0.7	0.8/0.5	0.9/0.5	
EV/EBITDA(배)	3.1	4.8	4.7	6.3	4.4	
EPS(원)	677	29	1,259	-664	1,368	-456
BPS(원)	9,827	9,644	10,880	10,504	11,367	10,719
CFPS(원)	1,936	1,296	2,611	785	2,888	335
DPS(원)	100	100	100	100	100	
EBITDAPS(원)	4,093	3,168	2,530	1,998	2,843	481

재무 비율
<단위 : % >

연도	영업이익률	순이익률	부채비율	차입금비율	ROA	ROE	유보율	자기자본비율	EBITDA마진율
2016	3.7	3.9	144.8	83.6	5.2	12.6	2,173.5	40.9	7.9
2015	1.5	-2.0	147.8	86.2	-2.7	-6.3	2,000.7	40.4	5.6
2014	3.1	3.3	145.6	86.1	5.1	12.4	2,075.9	40.7	6.7
2013	4.5	0.1	133.6	68.5	0.2	0.3	1,828.8	42.8	7.5

화신정공 (A126640)
HWASHIN PRECISION

업 종 : 자동차부품	시 장 : KOSDAQ
신용등급 : (Bond) — (CP) —	기업규모 : 우량
홈페이지 : hsp.hwashin.co.kr	연 락 처 : (054)330-5151
본 사 : 경북 영천시 도남공단3길 96	

설 립 일	2010.04.28	종업원수	181명	대표이사 정서진
상 장 일	2010.08.31	감사의견	적정 (삼일)	계 열
결 산 기	12월	보 통 주	3,637만주	종속회사수
액 면 가	100원	우 선 주	—	구 상 호

주주구성 (지분율,%)
정서진	11.7
글로벌오토트레이딩	9.5
(외국인)	2.4

출자관계 (지분율,%)
에이치앤디	15.0
화신	6.7

주요경쟁사 (외형,%)
화신정공	100
오리엔트정공	35
대우부품	26

매출구성
COIL(톤)(제품)	43.6
샤시류(제품)	25.8
정밀가공부품(제품)	15.9

비용구성
매출원가율	95.9
판관비율	1.9

수출비중
수출	—
내수	—

회사 개요
동사는 2010년 기업인수목적법인으로 설립돼 구 화신정공과의 합병을 통해 2011년 코스닥 시장에 합병신주를 추가 상장함. 자동차 섀시와 정밀가공부품을 주력 제품으로 생산함. 정밀가공부품인 일체형 Axle Housing을 개발해 현재 양산 중임. 상용차 정밀가공부품의 공급을 통해 안정적인 매출에 기여하고 있음. 알루미늄 섀시 개발로 경량화 추세에 앞장서고 있음. 2012년 상반기부터 경산공장을 완공해 원소재 1차 가공사업도 본격 가동 중임.

실적 분석
동사의 2017년 연결기준 2분기 매출액은 970.3억원으로 전년동기 대비 4.8% 감소를 기록함. 영업이익은 매출 감소 및 판관비용 증가에 따라 전년동기 대비 50.5% 감소한 17.4억원을 기록하였음. 당기순이익은 전년동기 대비 38.9% 감소한 17.7억원을 기록함. 반면 동사는 틈새시장인 보수용부품, 정밀가공부품, 원소재 1차 가공품의 생산으로 경쟁사와의 차별화를 시도하고 있음.

현금 흐름 *IFRS 별도 기준 〈단위 : 억원〉
항목	2016	2017.2Q
영업활동	74	43
투자활동	-65	-26
재무활동	-6	-10
순현금흐름	9	7
기말현금	84	91

시장 대비 수익률

결산 실적 〈단위 : 억원〉
항목	2012	2013	2014	2015	2016	2017
매출액	1,870	2,548	2,490	2,323	2,050	—
영업이익	72	82	63	52	45	—
당기순이익	63	54	50	43	38	—

분기 실적 *IFRS 별도 기준 〈단위 : 억원〉
항목	2016.1Q	2016.2Q	2016.3Q	2016.4Q	2017.1Q	2017.2Q
매출액	496	523	437	594	487	483
영업이익	18	17	1	8	13	5
당기순이익	17	12	1	9	13	5

재무 상태 *IFRS 별도 기준 〈단위 : 억원〉
항목	2012	2013	2014	2015	2016	2017.2Q
총자산	1,085	1,195	1,113	1,047	1,175	1,150
유형자산	395	457	452	436	428	431
무형자산	2	2	2	2	2	2
유가증권	329	362	246	162	176	176
총부채	346	389	339	257	352	317
총차입금	40	61	31	20	34	40
자본금	36	36	36	36	36	36
총자본	739	806	773	790	823	833
지배주주지분	739	806	773	790	823	833

기업가치 지표 *IFRS 별도 기준
항목	2012	2013	2014	2015	2016	2017.2Q
주가(최고/저)(천원)	1.8/1.2	1.8/1.1	1.8/1.2	1.6/1.3	2.0/1.3	—/—
PER(최고/저)(배)	10.9/7.1	12.7/8.0	13.7/9.4	13.6/10.8	19.6/12.4	—/—
PBR(최고/저)(배)	0.9/0.6	0.8/0.5	0.9/0.6	0.7/0.6	0.9/0.6	0.8/0.7
EV/EBITDA(배)	4.3	5.3	4.8	5.1	6.1	
EPS(원)	176	150	138	119	105	49
BPS(원)	2,125	2,299	2,180	2,227	2,316	2,344
CFPS(원)	243	241	259	248	238	116
DPS(원)	18	20	20	20	20	
EBITDAPS(원)	269	320	295	271	256	115

재무 비율 〈단위 : % 〉
연도	영업이익률	순이익률	부채비율	차입금비율	ROA	ROE	유보율	자기자본비율	EBITDA마진율
2016	2.2	1.9	42.9	4.2	3.4	4.7	2,215.6	70.0	4.5
2015	2.2	1.9	32.5	2.5	4.0	5.6	2,126.8	75.5	4.2
2014	2.5	2.0	43.9	4.1	4.3	6.3	2,080.4	69.5	4.3
2013	3.2	2.1	48.2	7.6	4.7	7.0	2,199.2	67.5	4.5

화신테크 (A086250)
Hwashin Tech

업 종 : 자동차부품	시 장 : KOSDAQ
신용등급 : (Bond) — (CP) —	기업규모 : 중견
홈페이지 : www.hstech.co.kr	연 락 처 : (053)663-5400
본 사 : 대구시 달성군 유가면 테크노중앙대로 1	

설 립 일	1985.05.03	종업원수	134명	대표이사 정재형,정유진
상 장 일	2006.11.10	감사의견	적정 (안경)	계 열
결 산 기	12월	보 통 주	970만주	종속회사수
액 면 가	500원	우 선 주	—	구 상 호

주주구성 (지분율,%)
정유진	19.9
화신테크티피	6.7
(외국인)	0.3

출자관계 (지분율,%)
화신테크티피	42.9
자본재조합	
금형조합	

주요경쟁사 (외형,%)
화신테크	100
케이엔더블유	189
풍강	239

매출구성
[일반금형]자동차 차체 및 샤시판넬	93.1
[특수금형]자동차 샤시 PIPE용	6.5
작업폐주물 판매	0.3

비용구성
매출원가율	116.4
판관비율	17.3

수출비중
수출	64.0
내수	36.0

회사 개요
동사는 1985년 설립돼 차체용 프레스금형 생산을 주사업으로 영위하고 있음. 동사는 축적된 기술력과 경쟁력을 바탕으로 고부가가치 제품인 Hydroforming 및 Hot Press Forming능 특수금형을 제조·판매하고 있음. 동사는 주거래업체인 현대자동차로부터 2006~2011년 연속 베스트 금형업체로 선정됐고, 국내 5대 완성차업체와 세계적인 부품업체인 MAGNA그룹과 독일 벤트라그룹에 금형을 납품하고 있음.

실적 분석
동사의 2017년 2분기 연결기준 매출액은 글로벌 경기 둔화에 따른 수주량 감소로 165.5억원을 기록, 전년동기 대비 9.9% 감소함. 영업손실은 18.7억원을 기록, 적자지속함. 동사는 적극적인 해외수주 활동을 위해 2016년 미주 영업소를 미국지사로 변경함과 아울러 인도지사를 개소함. 2017년 2월엔 성서공장 토지 및 건물을 매각하여 공장통합에 따른 영업 효율성 증대 및 현금 유동성 확보에 따른 차입금 상환으로 재무구조 개선이 예상됨.

현금 흐름 〈단위 : 억원〉
항목	2016	2017.2Q
영업활동	-52	40
투자활동	12	-27
재무활동	59	-25
순현금흐름	19	-12
기말현금	44	32

시장 대비 수익률

결산 실적 〈단위 : 억원〉
항목	2012	2013	2014	2015	2016	2017
매출액	355	350	482	520	361	—
영업이익	10	19	-23	-74	-122	—
당기순이익	24	91	-12	-79	-137	—

분기 실적 〈단위 : 억원〉
항목	2016.1Q	2016.2Q	2016.3Q	2016.4Q	2017.1Q	2017.2Q
매출액	126	58	93	84	85	81
영업이익	-10	-58	-29	-25	-13	-6
당기순이익	-12	-63	-28	-34	-8	1

재무 상태 〈단위 : 억원〉
항목	2012	2013	2014	2015	2016	2017.2Q
총자산	579	689	921	952	842	799
유형자산	123	243	623	593	484	488
무형자산	5	5	8	7	9	9
유가증권	27	31	5	5	4	4
총부채	209	265	348	463	489	453
총차입금	98	110	218	333	409	385
자본금	49	49	49	49	49	49
총자본	370	423	573	490	353	346
지배주주지분	370	423	404	364	286	290

기업가치 지표
항목	2012	2013	2014	2015	2016	2017.2Q
주가(최고/저)(천원)	2.4/1.5	2.5/1.6	3.8/2.3	3.7/2.4	4.5/2.6	—/—
PER(최고/저)(배)	10.2/6.5	2.8/1.8	47.5/28.4	—/—	—/—	—/—
PBR(최고/저)(배)	0.7/0.4	0.6/0.4	0.9/0.6	1.0/0.6	1.5/0.8	1.0/0.7
EV/EBITDA(배)	16.0	6.3				
EPS(원)	251	936	83	-362	-792	44
BPS(원)	3,903	4,454	4,320	3,908	3,110	3,149
CFPS(원)	300	992	303	41	-386	159
DPS(원)	50	60	60			
EBITDAPS(원)	153	254	-15	-361	-848	-79

재무 비율 〈단위 : % 〉
연도	영업이익률	순이익률	부채비율	차입금비율	ROA	ROE	유보율	자기자본비율	EBITDA마진율
2016	-33.7	-38.0	138.4	115.8	-15.3	-23.6	522.0	41.9	-22.8
2015	-14.3	-15.1	94.6	68.1	-8.4	-9.1	681.5	51.4	-6.7
2014	-4.7	-2.5	60.6	38.1	-1.5	2.0	763.9	62.3	-0.3
2013	5.4	26.0	62.7	26.0	14.3	22.9	790.9	61.5	7.0

화이브라더스코리아 (A204630)
Huayi Brothers Korea

업 종 : 미디어		시 장 : KOSDAQ	
신용등급 : (Bond) — (CP) —		기업규모 : 중견	
홈 페 이 지 : www.huayibrothersent.com		연 락 처 : (02)2299-8089	
본 사 : 서울시 성동구 독서당로 39길 37-37 302호 (옥수동,루하우스)			

설 립 일 2014.08.12	종 업 원 수 44명	대 표 이 사 지승범
상 장 일 2014.12.29	감 사 의 견 적정 (도원)	계 열
결 산 기 12월	보 통 주 2,861만주	종속회사 3개사
액 면 가 100원	우 선 주 —	구 상 호 화이브라더스

주주구성 (지분율,%)		출자관계 (지분율,%)		주요경쟁사 (외형,%)	
Huayi & Joy Entertainment Limited	27.5	이김프로덕션 0.6		화이브라더스코리아	100
심정운	8.6			YG PLUS	242
(외국인)	30.6			초록뱀	364

매출구성		비용구성		수출비중	
매니지먼트매출	43.3	매출원가율	74.7	수출	8.0
영화/드라마제작매출	41.2	판관비율	27.3	내수	92.0
상품매출	11.3				

회사 개요
컨텐츠를 제공하기 위해 2005년 설립된 동사는 2012년 이후 영화 및 드라마 제작 등에 투자하며 가시적인 성과를 보이고 있음. 2015년 6월 현대드림SPAC2호와의 합병을 통해 코스닥 시장에 상장되었으며 현재 다양한 드라마와 영화 제작을 진행 중임. 주요 소속 배우로 김윤석, 유해진, 김상호, 강지환, 주원 등이 있으며 업계에서 신인 배우 발굴 및 육성의 요람으로 평가 받고있음.

실적 분석
홈쇼핑유통 등을 영위할 목적으로 2016년 1월 20일에 뷰티플마인드코리아를 자회사로 설립함. 동사의 연결 재무제표 기준 2017년 반기 매출액은 전년 동기 140.4억원 대비 74.1% 증가한 244.5억원 기록. 매출호조에도 불구하고 동사가 및 판매비와 관리비의 큰폭 증가로 인하여 영업손실 6.3억원을 기록, 전년 동기 대비 적자전환함. 당기순손실(지배주주지분)은 역시 15.9억원을 기록하며 적자전환.

현금 흐름 〈단위 : 억원〉

항목	2016	2017.2Q
영업활동	-8	-60
투자활동	-98	-74
재무활동	310	6
순현금흐름	204	-128
기말현금	221	94

시장 대비 수익률

결산 실적 〈단위 : 억원〉

항목	2012	2013	2014	2015	2016	2017
매출액	—	116	152	207	291	
영업이익	—	10	17	11	-6	
당기순이익	—	7	13	-68	-6	

분기 실적 〈단위 : 억원〉

항목	2016.1Q	2016.2Q	2016.3Q	2016.4Q	2017.1Q	2017.2Q
매출액	55	86	97	54	79	165
영업이익	5	1	4	-19	1	-7
당기순이익	3	0	4	-13	-3	-13

재무 상태 〈단위 : 억원〉

항목	2012	2013	2014	2015	2016	2017.2Q
총자산	—	84	85	239	572	608
유형자산	—	15	14	33	71	77
무형자산	—	2	3	2	20	21
유가증권	—	0	2	72	59	133
총부채	—	59	47	46	140	142
총차입금	—	20	17	14	92	64
자본금	—	8	9	17	28	29
총자본	—	25	38	193	432	466
지배주주지분	—	25	38	193	430	465

기업가치 지표

항목	2012	2013	2014	2015	2016	2017.2Q
주가(최고/저)(천원)	—/—	—/—	2.1/2.0	3.6/2.1	14.5/2.3	—/—
PER(최고/저)(배)	0.0/0.0	0.0/0.0	22.3/22.2	—/—	—/—	—/—
PBR(최고/저)(배)	0.0/0.0	0.0/0.0	7.8/7.8	3.2/1.8	9.1/1.5	3.8/2.3
EV/EBITDA(배)		0.0	7.5	21.7		
EPS(원)		52	92	-431	-24	-55
BPS(원)		13,096	20,199	1,121	1,597	1,660
CFPS(원)		5,720	8,628	-412	-3	-42
DPS(원)						
EBITDAPS(원)		7,380	10,442	91	-3	-9

재무 비율 〈단위 : % 〉

연도	영업이익률	순이익률	부채비율	차입금비율	ROA	ROE	유보율	자기자본비율	EBITDA마진율
2016	-2.0	-2.0	32.4	21.3	-1.4	-1.9	1,496.5	75.5	-0.2
2015	5.5	-32.9	23.8	7.3	-41.9	-58.9	1,021.0	80.8	7.0
2014	10.9	8.7	125.1	43.6	15.6	42.3	336.5	44.4	12.9
2013	9.0	6.5	241.0	81.7	0.0	0.0	198.7	29.3	11.3

화인베스틸 (A133820)
FINE BESTEEL

업 종 : 금속 및 광물		시 장 : 거래소	
신용등급 : (Bond) — (CP) —		기업규모 : 시가총액 소형주	
홈 페 이 지 : www.finebesteel.com		연 락 처 : (055)259-2000	
본 사 : 경남 창녕군 창녕읍 창밀로 259-33			

설 립 일 2007.10.01	종 업 원 수 174명	대 표 이 사 장인화
상 장 일 2014.07.22	감 사 의 견 적정 (안경)	계 열
결 산 기 12월	보 통 주 3,210만주	종속회사 —
액 면 가 500원	우 선 주 —	구 상 호

주주구성 (지분율,%)		출자관계 (지분율,%)		주요경쟁사 (외형,%)	
장인화	21.2	에프엔인베스트먼트 22.1		화인베스틸	100
동일철강	14.9			포스코엠텍	163
(외국인)	1.2			동양철관	79

매출구성		비용구성		수출비중	
제품	84.5	매출원가율	90.2	수출	70.0
상품	13.8	판관비율	7.2	내수	30.0
기타	1.6				

회사 개요
동사는 2007년 9월에 설립되어 열간 압연 및 압출 제품 제조업을 주요사업으로 하고 있음. 동사의 경쟁력은 빠른 납기와 다양한 제품군임. 동사가 갖춘 생산력과 원자재의 조달이 국내에서 이뤄짐을 감안하면 수요자가 원하는 시기에 납품이 대부분 가능하고, 계열회사인 동일철강에서 생산하는 중/소형 형강제품부터 대형까지 다양한 제품군을 갖춤. 고부가가치 형강인 조선용형강인 인버티드형강은 국내에서 동사와 현대제철만 생산이 가능함.

실적 분석
동사의 2017년 2분기 매출액은 601.2억원으로 전년동기 대비 30.7% 감소함. 매출 감소는 전방산업인 철강 및 조선업의 불황에 따른 조선소의 판매단가의 급격한 인하로 인한 것으로 보임. 매출원가 및 판관비의 감소로 영업이익은 26억원으로 전년동기 대비 109.3% 증가함. 당기순이익은 6.2억원으로 흑자전환됨. 동사는 향후 조선 향외의 일반 형강 시장 매출확대를 계획중에 있음.

현금 흐름 *IFRS 별도 기준 〈단위 : 억원〉

항목	2016	2017.2Q
영업활동	114	98
투자활동	-113	-11
재무활동	12	-91
순현금흐름	13	-4
기말현금	32	28

시장 대비 수익률

결산 실적 〈단위 : 억원〉

항목	2012	2013	2014	2015	2016	2017
매출액	2,439	2,243	2,575	2,137	1,631	
영업이익	137	241	254	57	42	
당기순이익	67	169	183	12	8	

분기 실적 *IFRS 별도 기준 〈단위 : 억원〉

항목	2016.1Q	2016.2Q	2016.3Q	2016.4Q	2017.1Q	2017.2Q
매출액	427	440	344	420	289	312
영업이익	0	11	-2	31	11	15
당기순이익	-7	4	-8	19	1	5

재무 상태 *IFRS 별도 기준 〈단위 : 억원〉

항목	2012	2013	2014	2015	2016	2017.2Q
총자산	2,037	2,027	2,533	2,227	2,265	2,127
유형자산	1,238	1,178	1,236	1,326	1,288	1,262
무형자산	15	15	15	15	22	22
유가증권	2	1	0	2	0	0
총부채	1,642	1,449	1,484	1,217	1,248	1,104
총차입금	1,249	932	1,157	1,006	1,018	927
자본금	385	128	161	161	161	161
총자본	395	578	1,050	1,010	1,017	1,023
지배주주지분	395	578	1,050	1,010	1,017	1,023

기업가치 지표 *IFRS 별도 기준

항목	2012	2013	2014	2015	2016	2017.2Q
주가(최고/저)(천원)	—/—	—/—	5.2/4.0	4.7/2.0	3.5/1.8	—/—
PER(최고/저)(배)	0.0/0.0	0.0/0.0	8.2/6.3	125.0/52.4	147.6/77.2	—/—
PBR(최고/저)(배)	0.0/0.0	0.0/0.0	1.6/1.2	1.4/0.6	1.1/0.6	1.1/0.7
EV/EBITDA(배)	5.3	2.6	7.6	11.7	14.1	—/—
EPS(원)	262	660	637	38	24	19
BPS(원)	10,529	2,251	3,271	3,293	3,316	3,335
CFPS(원)	4,258	1,050	946	315	299	154
DPS(원)						
EBITDAPS(원)	6,080	1,329	1,195	456	405	216

재무 비율 〈단위 : % 〉

연도	영업이익률	순이익률	부채비율	차입금비율	ROA	ROE	유보율	자기자본비율	EBITDA마진율
2016	2.6	0.5	122.8	100.1	0.3	0.8	563.2	44.9	8.0
2015	2.7	0.6	120.5	99.6	0.5	1.2	558.7	45.3	6.9
2014	9.9	7.1	141.3	110.3	8.0	22.5	554.1	41.4	13.3
2013	10.8	7.6	250.8	161.2	8.3	34.8	350.3	28.5	15.2

화일약품 (A061250)
HWAIL PHARMACEUTICAL COLTD

업 종 : 제약		시 장 : KOSDAQ	
신 용 등 급 : (Bond) — (CP) —		기업규모 : 우량	
홈 페 이 지 : www.hwail.com		연 락 처 : 031)628-3521	
본 사 : 경기도 화성시 향남읍 제약공단3길 57			

설 립 일	1980.11.18	종 업 원 수	125명	대 표 이 사	조중명,박필준
상 장 일	2002.04.11	감 사 의 견	적정 (신우)	계 열	
결 산 기	12월	보 통 주	1,441만주	종속회사수	
액 면 가	500원	우 선 주		구 상 호	

주주구성 (지분율,%)		출자관계 (지분율,%)		주요경쟁사 (외형,%)	
크리스탈지노믹스	21.7	화일인터내셔날	100.0	화일약품	100
박필준	11.1	크리스탈생명과학	28.9	하이테팜	49
(외국인)	2.6	포스코플루터스프로젝트1호투자조합	24.4	우리들제약	64

매출구성		비용구성		수출비중	
기타	48.0	매출원가율	86.8	수출	2.0
SLIDAL등	43.7	판관비율	11.0	내수	98.0
EDST	5.9				

회사 개요
1980년 의약품 원료의 제조, 판매 등을 주 영업 목적으로 설립된 동사는 1987년부터 제조시설을 갖추고 원료의약품 제조업체로 변신함. 2002년 4월 코스닥 시장에 상장됨. 원료의약품 사업분야에서 '코엔자임큐텐'을 비롯한 식품원료, 완제 의약품 세팔로스포린계 항생제 사업으로 사업분야를 다각화함. 2015년 10월말 CGMP급 설비시설을 갖춘 원료합성 공장을 신축하여 BGMP승인을 받았음.

실적 분석
동사의 2017년 2분기 누적 매출액은 전년 동기 대비 11.4% 감소한 537.4억원을 기록함. 이에 따라 매출총이익 역시 전년 동기 대비 2.6% 감소한 77.5억원을 기록함. 대손상각비의 큰 폭 증가로 영업이익은 전년 동기 대비 25.4% 감소한 19.0억원을 기록하였음. 비영업손익의 적자전환에 따라 당기순이익은 8.6억원을 기록하며 전년 동기 대비 89.3% 감소.

현금 흐름 〈단위 : 억원〉

항목	2016	2017.2Q
영업활동	96	—
투자활동	77	—
재무활동	-138	—
순현금흐름	36	—
기말현금	83	—

시장 대비 수익률

결산 실적 〈단위 : 억원〉

항목	2012	2013	2014	2015	2016	2017
매출액	918	942	961	1,061	1,115	
영업이익	76	56	57	17	25	
당기순이익	51	42	41	55	64	

분기 실적 〈단위 : 억원〉

항목	2016.1Q	2016.2Q	2016.3Q	2016.4Q	2017.1Q	2017.2Q
매출액	315	292	262	246	278	—
영업이익	17	8	10	-10	17	—
당기순이익	53	25	5	-20	9	—

재무 상태 〈단위 : 억원〉

항목	2012	2013	2014	2015	2016	2017.2Q
총자산	1,131	1,230	1,229	1,403	1,286	—
유형자산	298	389	390	377	357	—
무형자산	7	42	48	48	42	—
유가증권	14	14	10	82	36	—
총부채	309	367	339	413	288	—
총차입금	178	217	217	268	151	—
자본금	70	72	72	72	72	—
총자본	822	863	891	989	999	—
지배주주지분	822	863	891	989	999	—

기업가치 지표

항목	2012	2013	2014	2015	2016	2017.2Q
주가(최고/저)(천원)	7.5/2.7	11.3/4.7	7.1/5.2	9.7/5.5	11.6/6.1	—/—
PER(최고/저)(배)	19.0/6.7	41.7/17.3	26.3/19.4	26.7/15.1	26.8/14.1	—/—
PBR(최고/저)(배)	1.3/0.5	1.9/0.8	1.1/0.8	1.4/0.8	1.6/0.9	0.0/0.0
EV/EBITDA(배)	11.9		13.3	12.8	25.6	22.2
EPS(원)	431	293	287	378	443	
BPS(원)	6,327	6,439	6,630	7,315	7,379	
CFPS(원)	550	391	417	571	649	
DPS(원)	100	100	100	150	150	
EBITDAPS(원)	770	486	523	307	380	

재무 비율 〈단위 : %〉

연도	영업이익률	순이익률	부채비율	차입금비율	ROA	ROE	유보율	자기자본비율	EBITDA마진율
2016	2.3	5.7	28.8	15.1	4.8	6.4	1,375.8	77.6	4.9
2015	1.6	5.1	41.8	27.1	4.1	5.8	1,363.1	70.5	4.2
2014	5.9	4.3	38.0	24.3	3.4	4.7	1,226.0	72.5	7.9
2013	5.9	4.5	42.5	25.2	3.6	5.0	1,187.7	70.2	7.4

화진 (A134780)
HWAJIN

업 종 : 자동차부품		시 장 : KOSDAQ	
신 용 등 급 : (Bond) — (CP) —		기업규모 : 우량	
홈 페 이 지 : www.hwajin-corp.com		연 락 처 : 054)335-9655	
본 사 : 경북 영천시 도남공단3길 26 (도남동)			

설 립 일	1992.04.29	종 업 원 수	285명	대 표 이 사	권성우
상 장 일	2011.08.10	감 사 의 견	적정 (서일)	계 열	
결 산 기	12월	보 통 주	1,233만주	종속회사수	4개사
액 면 가	500원	우 선 주		구 상 호	

주주구성 (지분율,%)		출자관계 (지분율,%)		주요경쟁사 (외형,%)	
메타센스	12.2			화진	100
DIC Corporation	11.7			넥센테크	72
(외국인)	12.5			동국실업	553

매출구성		비용구성		수출비중	
우드그레인외(제품)	75.9	매출원가율	80.6	수출	29.0
카랩외(상품)	24.1	판관비율	12.5	내수	71.0

회사 개요
동사는 2011년 8월 코스닥에 상장되었으며, 자동차 부품제조 기업임. 특히 자동차 내장재용 부품제조를 주요 사업으로 하고 있으며, 자동차 카랩 및 인쇄물 도매업도 영위함. 주요 제품으로 고급 자동차 내장재용 우드그레인과 IPE를 생산하고 있음. 자동차 내장재에 사용되는 IPE는 경쟁자가 없어 100% 시장점유율을 기록함. 화진인터내셔널과 중국에 화진고신장식재료유한공사 등 5개의 종속회사로 구성됨

실적 분석
동사의 2017년 2분기 연결기준 누적 매출액은 462억원으로 전년동기 대비 20% 줄어든 수치임. 매출원가 또한 16.4% 감소하였으나 판관비의 비중과 외형감소로 인해 영업이익은 24.8억원으로 전년동기 대비 52% 축소됨. 비영업부문에서 또한 3.5억원의 손실이 발생함에 따라 당기순이익은 16억원으로 62% 감소함. 수출이 높은 비율을 차지하는 사업구조상 세계경기의 장기부진과 엔저의 영향이 매출 부진의 영향으로 보임.

현금 흐름 〈단위 : 억원〉

항목	2016	2017.2Q
영업활동	133	77
투자활동	-47	10
재무활동	-33	-60
순현금흐름	53	24
기말현금	168	193

시장 대비 수익률

결산 실적 〈단위 : 억원〉

항목	2012	2013	2014	2015	2016	2017
매출액	992	1,149	1,226	1,188	1,133	
영업이익	118	145	130	96	78	
당기순이익	103	142	106	83	100	

분기 실적 〈단위 : 억원〉

항목	2016.1Q	2016.2Q	2016.3Q	2016.4Q	2017.1Q	2017.2Q
매출액	283	294	249	307	227	23
영업이익	20	32	12	13	9	1
당기순이익	16	26	5	53	1	1

재무 상태 〈단위 : 억원〉

항목	2012	2013	2014	2015	2016	2017.2Q
총자산	827	1,081	1,317	1,366	1,344	1,24
유형자산	339	451	656	674	606	57
무형자산	18	16	75	61	34	3
유가증권	55	37	5	26	27	2
총부채	311	413	553	536	463	40
총차입금	117	146	227	263	233	24
자본금	61	62	62	62	62	6
총자본	516	668	764	829	881	84
지배주주지분	515	667	754	825	881	84

기업가치 지표

항목	2012	2013	2014	2015	2016	2017.2Q
주가(최고/저)(천원)	6.5/3.3	7.5/3.9	8.6/5.1	6.5/3.9	8.3/4.0	—/—
PER(최고/저)(배)	8.7/4.5	7.1/3.7	10.8/6.4	9.6/5.8	10.3/5.0	—/—
PBR(최고/저)(배)	1.7/0.9	1.6/0.8	1.5/0.9	1.0/0.6	1.2/0.6	1.5/0.
EV/EBITDA(배)	3.3	4.3	4.7	3.7	4.9	—
EPS(원)	848	1,174	862	716	826	13
BPS(원)	4,258	5,411	6,117	6,723	7,253	7,12
CFPS(원)	1,241	1,593	1,265	1,331	1,459	13
DPS(원)	100	150	150	175	175	
EBITDAPS(원)	1,370	1,613	1,455	1,397	1,265	20

재무 비율 〈단위 : %〉

연도	영업이익률	순이익률	부채비율	차입금비율	ROA	ROE	유보율	자기자본비율	EBITDA마진율
2016	6.9	8.9	52.5	26.4	7.4	12.0	1,350.7	65.6	9.3
2015	8.1	7.0	64.7	31.7	6.2	11.2	1,244.5	60.7	14.
2014	10.6	8.6	72.4	29.8	8.8	15.0	1,123.4	58.0	14.
2013	12.6	12.4	61.8	21.8	14.9	24.1	982.3	61.8	14.

화천기계 (A010660)
Hwacheon Machinery

업　　종 : 기계		시　　장 : 거래소	
신용등급 : (Bond) — (CP) —		기업규모 : 시가총액 소형주	
홈 페 이 지 : www.hwacheon.com		연 락 처 : 02)523-7766	
본　　사 : 서울시 서초구 방배로 46 (방배동, 화천기계빌딩)			

설 립 일 1975.06.14	종 업 원 수 343명	대 표 이 사 권영열,권형석	
상 장 일 1988.12.12	감 사 의 견 적정 (삼정)	계　　　열	
결 산 기 12월	보 통 주 220만주	종속회사수	
액 면 가 5,000원	우 선 주	구 상 호	

주주구성 (지분율,%)		출자관계 (지분율,%)		주요경쟁사 (외형,%)	
화천기공	30.0	여수MBC	10.0	화천기계	100
신영자산운용	8.2	에프앤가이드	7.9	아세아텍	52
(외국인)	8.6	제이티비씨	0.8	나라엠앤디	67

매출구성		비용구성		수출비중	
CNC공작기계	55.7	매출원가율	90.4	수출	23.0
자동차부품	22.9	판관비율	9.7	내수	77.0
범용공작기계	21.4				

회사 개요
동사는 1975년 설립된 공작기계 전문 기업으로서 범용 공작기계를 생산 판매하고, 화천기공으로부터 공급받는 CNC 공작기계를 내수 판매함. 또한 현대차 및 기아차에 실린더블럭을 가공, 납품 중임. 다각화 일환으로 대형 가공기계 신제품을 출하중이며, 지속적 시설투자로 성장여력 확대 중임. 동시장은 뿌리 산업에 대한 이해도 증진되고 있으며 제품 성능이 복잡화, 다기능화되면서 부가가치도 높아지고 있음.

실적 분석
M-center 및 실린더블럭 등 주력제품의 매출 확대로 외형은 전년동기 대비 5.8% 증가함. 외형 확대와 더불어 원가율 하락 및 판관비 비중 축소 등 고정비 부담 완화로 14.4억원의 영업이익 시현하며 지난해 대비 수익성 확대. 생산성이 높고 24시간 무인가동이 가능한 IT 융합 대형기종의 수요가 있어 이에 대한 라인업을 확대, 신기종 출하함. 전반적으로 업황 자체가 정체된 모습이나, 꾸준한 연구개발 노력으로 극복 가능할 것으로 기대.

현금 흐름　*IFRS 별도 기준　〈단위 : 억원〉

항목	2016	2017.2Q
영업활동	257	-24
투자활동	-160	-4
재무활동	-18	-2
순현금흐름	81	-31
기말현금	187	155

시장 대비 수익률

결산 실적　〈단위 : 억원〉

항목	2012	2013	2014	2015	2016	2017
매출액	2,592	2,606	2,753	2,319	1,955	
영업이익	128	89	65	38	-3	
당기순이익	121	87	69	23	-25	

분기 실적　*IFRS 별도 기준

항목	2016.1Q	2016.2Q	2016.3Q	2016.4Q	2017.1Q	2017.2Q
매출액	490	542	400	523	551	541
영업이익	-4	10	-13	5	8	7
당기순이익	-2	11	-6	-27	8	7

재무 상태　*IFRS 별도 기준

항목	2012	2013	2014	2015	2016	2017.2Q
총자산	1,753	1,738	1,829	1,598	1,616	1,666
유형자산	595	598	579	555	671	675
무형자산	29	29	29	23	15	15
유가증권	69	69	70	50	28	31
총부채	601	515	566	335	388	421
총차입금	115	64	35	14	3	1
자본금	110	110	110	110	110	110
총자본	1,152	1,223	1,263	1,262	1,228	1,245
지배주주지분	1,152	1,223	1,263	1,262	1,228	1,245

기업가치 지표　*IFRS 별도 기준

항목	2012	2013	2014	2015	2016	2017.2Q
주가(최고/저)(천원)	28.0/20.7	30.3/21.8	33.7/24.7	34.3/24.7	26.5/20.6	—/—
PER(최고/저)(배)	5.7/4.2	8.3/5.9	11.2/8.2	33.2/23.9	0.5/0.4	0.4/0.4
PBR(최고/저)(배)	0.6/0.4	0.6/0.4	0.6/0.4	0.6/0.4	0.5/0.4	—/—
EV/EBITDA(배)	2.6	3.7	5.7	4.1	2.2	—/—
EPS(원)	5,520	3,970	3,144	1,049	-1,139	666
BPS(원)	53,162	56,380	58,221	58,183	56,606	57,369
CFPS(원)	6,622	5,182	4,497	2,407	209	1,515
DPS(원)	1,000	1,000	900	350		
EBITDAPS(원)	6,935	5,243	4,293	3,069	1,228	1,502

재무 비율　〈단위 : % 〉

연도	영업이익률	순이익률	부채비율	차입금비율	ROA	ROE	유보율	자기자본비율	EBITDA마진율
2016	-0.1	-1.3	31.6	0.2	-1.6	-2.0	1,032.1	76.0	1.4
2015	1.6	1.0	26.6	1.1	1.4	1.8	1,063.7	79.0	2.9
2014	2.4	2.5	44.8	2.8	3.9	5.6	1,064.4	69.1	3.4
2013	3.4	3.4	42.1	5.3	5.0	7.4	1,027.6	70.4	4.4

화천기공 (A000850)
Hwacheon Machine Tool

업 종 : 기계		시　　장 : 거래소	
신용등급 : (Bond) — (CP) —		기업규모 : 시가총액 소형주	
홈 페 이 지 : www.hwacheon.com		연 락 처 : 062)951-5111	
본　　사 : 광주시 광산구 하남산단4번로 123-17 (장덕동)			

설 립 일 1977.10.12	종 업 원 수 338명	대 표 이 사 각자대표이사권영두,권영렬	
상 장 일 1999.11.10	감 사 의 견 적정 (승일)	계　　　열	
결 산 기 12월	보 통 주 220만주	종속회사수 5개사	
액 면 가 5,000원	우 선 주	구 상 호	

주주구성 (지분율,%)		출자관계 (지분율,%)		주요경쟁사 (외형,%)	
권영열	31.0	화천기계	33.3	화천기공	100
FID Low Priced Stock Fund	10.0	서암기계공업	32.2	SIMPAC	153
(외국인)	16.3	에프앤가이드	7.4	영풍정밀	35

매출구성		비용구성		수출비중	
CNC선반, CNC밀링 및 MC부품	82.8	매출원가율	83.8	수출	—
주물(제품)	11.2	판관비율	13.8	내수	—
주물(상품)	6.0				

회사 개요
동사는 1952년 설립 이후 60년간 공작기계에 전념하는 화천그룹의 모회사임. 대형 공작기계와 차 부품을 생산하는 유가증권상장사 화천기계와 기어, 축 등을 만드는 코스닥상장사 서암기계, 자동화 설비를 제작하는 TPS Korea와 함께 밸류체인을 구축함. 수치제어 공작기계는 직접 생산 및 수출도 영위. 국내 동시장은 두산, 위아와 동사 등 3사가 과점 체제를 구축 중인데 최근 5년간 꾸준히 동사의 점유율 향상 중임.

실적 분석
동사의 2017년 반기 매출액은 979억원으로 전년동기 대비 14.4% 증가하였으며, 영업이익 또한 26.3% 증가한 모습. 견조한 외형상 승과 함께 판관비 비중 축소에 따른 영향. 지난해는 국내 공작기계업의 전반적인 생산, 내수, 수출이 감소하고 있는 상황이었으나, 공작기계 시장이 점차 가격보다 품질 경쟁으로 옮아가면서 기술력과 품질을 겸비한 동사의 실적 또한 개선되고 있음. 지속적인 신제품 개발로 시장선도 업체로 발전중임.

현금 흐름　〈단위 : 억원〉

항목	2016	2017.2Q
영업활동	184	-22
투자활동	-125	-33
재무활동	-68	39
순현금흐름	-15	-16
기말현금	101	85

시장 대비 수익률

결산 실적　〈단위 : 억원〉

항목	2012	2013	2014	2015	2016	2017
매출액	2,404	2,195	2,456	1,993	1,748	
영업이익	107	133	219	111	42	
당기순이익	154	150	213	160	72	

분기 실적

항목	2016.1Q	2016.2Q	2016.3Q	2016.4Q	2017.1Q	2017.2Q
매출액	423	432	408	485	482	497
영업이익	26	20	-4	0	28	29
당기순이익	24	48	-13	12	15	34

재무 상태　〈단위 : 억원〉

항목	2012	2013	2014	2015	2016	2017.2Q
총자산	3,069	3,161	3,304	3,407	3,463	3,617
유형자산	413	433	455	471	469	471
무형자산	18	19	18	18	16	18
유가증권	860	782	801	827	873	866
총부채	844	862	815	770	749	889
총차입금	185	172	131	174	139	205
자본금	110	110	110	110	110	110
총자본	2,225	2,299	2,489	2,637	2,714	2,729
지배주주지분	2,225	2,299	2,489	2,637	2,714	2,729

기업가치 지표

항목	2012	2013	2014	2015	2016	2017.2Q
주가(최고/저)(천원)	51.5/36.0	54.1/38.8	73.7/45.7	75.4/49.7	57.2/47.0	—/—
PER(최고/저)(배)	8.4/5.9	8.8/6.3	8.2/5.1	10.9/7.2	18.0/14.8	—/—
PBR(최고/저)(배)	0.6/0.4	0.6/0.4	0.7/0.4	0.7/0.4	0.5/0.4	0.5/0.4
EV/EBITDA(배)	6.0	5.2	4.3	5.2	5.9	—/—
EPS(원)	6,978	6,826	9,700	7,278	3,251	2,230
BPS(원)	101,117	104,493	113,144	119,883	123,374	124,025
CFPS(원)	8,559	8,541	11,573	9,225	5,100	3,085
DPS(원)	1,000	1,500	1,500	1,500	1,250	
EBITDAPS(원)	6,430	7,755	11,816	6,985		3,473

재무 비율　〈단위 : % 〉

연도	영업이익률	순이익률	부채비율	차입금비율	ROA	ROE	유보율	자기자본비율	EBITDA마진율
2016	2.4	4.1	27.6	5.1	2.1	2.7	2,367.5	78.4	4.7
2015	5.6	8.0	29.2	6.6	4.8	6.0	2,297.7	77.4	7.7
2014	8.9	8.7	32.8	5.3	6.6	8.9	2,162.9	75.3	10.6
2013	6.1	6.8	37.5	7.5	4.8	6.6	1,989.9	72.7	7.8

환인제약 (A016580)
Whan In Pharm

업　종 : 제약
신용등급 : (Bond) —　　(CP) —
홈페이지 : www.whanin.co.kr
본　사 : 서울시 송파구 새말로 117

시　장 : 거래소
기업규모 : 시가총액 소형주
연락처 : 02)405-3000

설립일	1982.12.16	종업원수	445명	대표이사	이광식,이원범(각자대표이사)
상장일	1996.07.03	감사의견	적정 (안진)	계열	
결산기	12월	보통주	1,860만주	종속회사수	
액면가	500원	우선주		구상호	

주주구성 (지분율,%)		출자관계 (지분율,%)		주요경쟁사 (외형,%)	
이광식	18.6	비보존	4.0	환인제약	100
FID Low Priced Stock Fund	9.4			알보젠코리아	128
(외국인)	24.7			유나이티드제약	125

매출구성		비용구성		수출비중	
정신신경용제	71.8	매출원가율	51.0	수출	0.0
기타	9.8	판관비율	33.7	내수	100.0
순환계용약	6.7				

회사 개요
동사는 정신신경계 전문의약품에 특화된 제약업체임. 전체 매출의 절반 이상을 정신신경용제 의약품이 차지하고 있음. 소화성궤양용제, 순환계용약이 큰 비율로 차지함. 주력 제품으로는 정신계열 의약품인 리페리돈, 쿠에타핀, 알프릴 등이 있음. 그 외에도 위궤양치료제, 알코올중독치료제, 뇌기능 개선제 등을 보유하고 있음. 2017년 상반기 연구개발비용은 46.4억원으로 매출액의 6.4%를 차지함.

실적 분석
동사의 2017년 2분기 누적 매출액은 전년 동기대비 1.5% 증가한 728.1억원을 기록함. 원가율개선으로 매출원가는 전년 동기 대비 12.3% 감소하여 매출총이익은 16.0% 증가함. 경상개발비와 광고선전비는 증가하였으나 대손충당금환입으로 전체 판관비는 0.1% 증가에 그침. 영업이익은 전년 동기 대비 47.8% 증가한 173.0억원을 기록하였음. 비영업손익의 증가에 힘입어 당기순이익도 57.3% 증가한 149.8억원을 기록함.

현금 흐름 　*IFRS 별도 기준 〈단위 : 억원〉

항목	2016	2017.2Q
영업활동	198	120
투자활동	-68	-124
재무활동	-38	-38
순현금흐름	92	-43
기말현금	578	535

시장 대비 수익률

결산 실적 〈단위 : 억원〉

항목	2012	2013	2014	2015	2016	2017
매출액	1,072	1,045	1,207	1,454	1,414	—
영업이익	183	201	240	254	216	—
당기순이익	158	146	188	205	164	—

분기 실적 *IFRS 별도 기준 〈단위 : 억원〉

항목	2016.1Q	2016.2Q	2016.3Q	2016.4Q	2017.1Q	2017.2Q
매출액	350	367	356	341	361	367
영업이익	57	60	65	34	91	82
당기순이익	48	48	50	19	74	76

재무 상태 *IFRS 별도 기준 〈단위 : 억원〉

항목	2012	2013	2014	2015	2016	2017.2Q
총자산	1,814	1,931	2,178	2,351	2,434	2,556
유형자산	381	377	520	524	577	637
무형자산	47	38	18	22	12	18
유가증권	238	353	434	326	292	326
총부채	189	199	293	285	233	241
총차입금	—	—	—	—	—	—
자본금	97	97	97	97	97	97
총자본	1,625	1,732	1,885	2,066	2,201	2,315
지배주주지분	1,625	1,732	1,885	2,066	2,201	2,315

기업가치 지표 *IFRS 별도 기준

항목	2012	2013	2014	2015	2016	2017.2Q
주가(최고/저)(천원)	9.3/5.1	13.0/8.5	25.7/10.3	25.7/17.2	20.6/14.2	—/—
PER(최고/저)(배)	12.1/6.6	17.7/11.5	26.4/10.6	24.0/16.1	23.7/16.3	—/—
PBR(최고/저)(배)	1.1/0.6	1.4/0.9	2.5/1.0	2.3/1.5	1.7/1.2	1.5/1.1
EV/EBITDA(배)	4.5	5.5	13.6	10.8	9.1	—/—
EPS(원)	849	784	1,011	1,103	882	805
BPS(원)	9,258	9,832	10,655	11,627	12,355	12,964
CFPS(원)	928	876	1,113	1,206	990	863
DPS(원)	250	250	250	250	250	—
EBITDAPS(원)	1,062	1,176	1,392	1,469	1,271	988

재무 비율 〈단위 : %〉

연도	영업이익률	순이익률	부채비율	차입금비율	ROA	ROE	유보율	자기자본비율	EBITDA마진율
2016	15.3	11.6	10.6	0.0	6.9	7.7	2,269.1	90.4	16.7
2015	17.5	14.1	13.8	0.0	9.1	10.4	2,129.5	87.9	18.8
2014	19.9	15.6	15.6	0.0	9.2	10.4	1,943.2	86.5	21.5
2013	19.3	14.0	11.5	0.0	7.8	8.7	1,785.4	89.7	20.9

황금에스티 (A032560)
Hwang Kum Steel & Technology

업　종 : 금속 및 광물
신용등급 : (Bond) —　　(CP) —
홈페이지 : www.hwangkum.com
본　사 : 경기도 안산시 단원구 엠티브이1로 25

시　장 : 거래소
기업규모 : 시가총액 소형주
연락처 : 031)363-8000

설립일	1986.08.24	종업원수	126명	대표이사	김종현
상장일	1997.04.22	감사의견	적정 (참)	계열	
결산기	12월	보통주	1,400만주	종속회사수	4개사
액면가	500원	우선주		구상호	

주주구성 (지분율,%)		출자관계 (지분율,%)		주요경쟁사 (외형,%)	
김종현	24.9	이상네트웍스	24.9	황금에스티	100
김종식	9.3			GMR 머티리얼즈	30
(외국인)	10.3			금강철강	72

매출구성		비용구성		수출비중	
[제품]스테인레스 판 외	51.7	매출원가율	81.8	수출	0.0
공사수익	28.3	판관비율	9.2	내수	100.0
[상품]스테인레스 판 외	16.7				

회사 개요
동사는 1986년에 설립되어 스테인리스/철강 소재 전문 기업으로 스테인리스 열연 및 냉연판, 특수강을 생산, 판매하는 스테인리스 사업과 탄소강 판 등을 생산, 판매하는 탄소강 사업과 3차원 측정장비 판매업을 영위하고 있음. 동사의 연결대상 종속회사로는 스테인리스 파이프 제조업체인 유메스티, 교량 설계 및 시공업체인 인터컨스텍 등 총 4개이고, 계열회사는 동사 포함 총 8개임. 동사의 사업은 전방산업인 건설경기의 영향을 받고 있음.

실적 분석
동사는 2017년 상반기 매출액이 1,099.6억원으로 전년 동기 대비 1.3% 증가했고, 영업이익이 146.0억원으로 전년 동기에 비해 122% 증가함. 동사는 건설, 기계설비, 자동차 등 연간 1,000여개의 거래처를 확보하고 있음. 매월 고정적인 수요에 맞추어 주문, 생산, 판매하는 등 안정적인 수요를 확보하고 있으며 원가철감 노력으로 매출원가를 줄이고, 판매관리비 인상폭을 통제해 수익성을 크게 개선함.

현금 흐름 　*IFRS 별도 기준 〈단위 : 억원〉

항목	2016	2017.2Q
영업활동	405	241
투자활동	-58	-154
재무활동	-389	-63
순현금흐름	116	30
기말현금	310	340

시장 대비 수익률

결산 실적 〈단위 : 억원〉

항목	2012	2013	2014	2015	2016	2017
매출액	1,784	1,833	1,868	1,729	2,253	—
영업이익	52	80	120	85	202	—
당기순이익	61	68	89	54	249	—

분기 실적 *IFRS 별도 기준 〈단위 : 억원〉

항목	2016.1Q	2016.2Q	2016.3Q	2016.4Q	2017.1Q	2017.2Q
매출액	510	576	521	647	562	53
영업이익	9	57	57	79	93	5
당기순이익	28	37	77	107	85	3

재무 상태 *IFRS 별도 기준 〈단위 : 억원〉

항목	2012	2013	2014	2015	2016	2017.2Q
총자산	2,445	2,537	2,507	2,941	3,719	3,73
유형자산	1,072	1,095	1,169	1,244	1,651	1,71
무형자산	0	0	0	0	66	6
유가증권	37	37	35	29	31	3
총부채	787	819	707	1,098	1,483	1,37
총차입금	600	588	490	649	1,004	65
자본금	70	70	70	70	70	7
총자본	1,657	1,718	1,800	1,844	2,236	2,35
지배주주지분	1,560	1,615	1,686	1,722	1,981	2,07

기업가치 지표

항목	2012	2013	2014	2015	2016	2017.2Q
주가(최고/저)(천원)	4.9/3.3	4.4/3.6	7.0/4.0	6.9/4.6	9.6/5.4	—/—
PER(최고/저)(배)	13.0/8.8	10.2/8.3	12.9/7.3	22.6/14.9	6.5/3.7	—/—
PBR(최고/저)(배)	0.5/0.3	0.4/0.3	0.6/0.3	0.6/0.4	0.7/0.4	0.7/0.0
EV/EBITDA(배)	12.3	9.7	7.3	10.1	6.9	—/—
EPS(원)	398	445	553	309	1,480	76
BPS(원)	11,144	11,538	12,042	12,302	14,151	14,83
CFPS(원)	667	716	853	635	2,012	1,03
DPS(원)	50	50	50	25	75	—
EBITDAPS(원)	638	845	1,158	930	1,974	1,312

재무 비율 〈단위 : %〉

연도	영업이익률	순이익률	부채비율	차입금비율	ROA	ROE	유보율	자기자본비율	EBITDA마진율
2016	9.0	11.1	66.3	44.9	7.5	11.2	2,730.1	60.1	12.3
2015	4.9	3.1	59.5	35.2	2.0	2.5	2,360.4	62.7	7.5
2014	6.4	4.8	39.3	27.2	3.5	4.7	2,308.4	71.8	8.7
2013	4.4	3.7	47.7	34.2	2.7	3.9	2,207.7	67.7	9.4

효성 (A004800)
Hyosung

업 종 : 복합 산업		시 장 : 거래소	
신용등급 : (Bond) A+ (CP) A2+		기업규모 : 시가총액 대형주	
홈 페 이 지 : www.hyosung.com		연 락 처 : 02)707-7000	
본 사 : 서울시 마포구 마포대로 119 (공덕동)			

설 립 일	1966.11.03	종 업 원 수	7,854명	대 표 이 사	Hyun-JunCho, Kyoo-YoungKim
상 장 일	1973.06.30	감 사 의 견	적정 (삼일)	계	열
결 산 기	12월	보 통 주	3,512만주	종속회사수	85개사
액 면 가	5,000원	우 선 주		구 상 호	

주주구성 (지분율,%)		출자관계 (지분율,%)		주요경쟁사 (외형,%)	
조현준	14.3	효성굿스프링스	100.0	효성	100
조현상	12.2	에프엠케이	100.0	삼성물산	236
(외국인)	25.6	효성트랜스월드	100.0	LG	.90

매출구성		비용구성		수출비중	
변압기,차단기등(기타)	27.0	매출원가율	81.9	수출	—
기타	22.8	판관비율	9.6	내수	—
종합무역(기타)	22.7				

회사 개요
동사는 1966년 11월에 설립됐으며, 동사 및 종속회사가 영위하는 사업은 섬유, 산업자재, 화학, 중공업, 건설, 무역, 금융 등 7개 부문으로 구성되어 있음. 나이론, 스판덱스를 생산하는 섬유부문 및 산업용 섬유를 생산하는 산업자재 부문에서 세계 1위의 시장지위를 보유함. 매출구성은 산업자재 20.6%, 중공업 20.3%, 섬유 16.8%, 무역 18.1%, 화학 10.1%, 건설 7.0%, 기타 5.6%, 금융 1.6%로 구성됨.

실적 분석
동사의 2017년 상반기 연결기준 누적 매출액은 전년 동기 대비 1.4% 증가한 5조9795.6억원을 기록함. 매출은 늘었지만 매출원가는 더 큰 폭으로 증가하면서 영업이익은 전년 동기 대비 18.3% 감소한 4520.1억원을 시현함. 비영업손익 부문에서 적자가 지속됐지만 금융손실 등에서 적자 폭이 줄고 외환손익은 흑자전환 함. 당기순이익은 2908.9억원으로 전년 동기 대비 3.5% 감소함.

현금 흐름
〈단위 : 억원〉

항목	2016	2017.2Q
영업활동	18,310	1,691
투자활동	-9,074	-3,008
재무활동	-10,182	982
순현금흐름	-816	-506
기말현금	4,317	3,811

시장 대비 수익률

결산 실적
〈단위 : 억원〉

항목	2012	2013	2014	2015	2016	2017
매출액	126,117	125,792	121,771	124,585	119,291	—
영업이익	2,231	4,859	6,003	9,502	10,163	—
당기순이익	1,416	-2,362	2,920	5,259	4,754	—

분기 실적
〈단위 : 억원〉

항목	2016.1Q	2016.2Q	2016.3Q	2016.4Q	2017.1Q	2017.2Q
매출액	28,131	30,823	28,421	31,916	28,712	31,084
영업이익	2,223	3,310	2,480	2,151	2,323	2,197
당기순이익	1,269	1,745	1,968	-228	1,611	1,298

재무 상태
〈단위 : 억원〉

항목	2012	2013	2014	2015	2016	2017.2Q
총자산	137,727	135,934	136,621	140,132	141,208	142,811
유형자산	50,942	54,509	54,857	56,288	58,450	57,721
무형자산	4,075	4,401	4,098	4,527	4,201	3,976
유가증권	2,423	1,676	3,017	4,629	4,706	5,184
총부채	107,601	109,193	107,668	105,411	102,796	104,239
총차입금	80,340	82,221	79,545	78,111	70,793	72,099
자본금	1,756	1,756	1,756	1,756	1,756	1,756
총자본	30,126	26,741	28,953	34,721	38,412	38,572
지배주주지분	29,269	25,988	27,920	32,583	36,190	36,492

기업가치 지표

항목	2012	2013	2014	2015	2016	2017.2Q
주가(최고/저)(천원)	66.3/40.6	71.2/44.2	74.9/54.7	142/60.8	148/102	—/—
PER(최고/저)(배)	16.6/10.3	—/—	10.7/7.8	10.8/4.6	11.8/8.1	1.7/1.2
PBR(최고/저)(배)	0.9/0.5	1.1/0.7	1.0/0.7	1.6/0.7	1.5/1.0	1.7/1.2
EV/EBITDA(배)	12.7	9.8	8.8	7.6	7.3	—
EPS(원)	4,460	-6,526	7,667	14,030	12,972	8,017
BPS(원)	84,321	74,978	80,480	93,756	104,034	104,887
CFPS(원)	20,739	9,226	22,498	30,263	30,722	17,173
DPS(원)	1,000	1,000	2,000	3,500	5,000	—
EBITDAPS(원)	22,630	29,589	31,927	43,290	46,692	22,028

재무 비율
〈단위 : % 〉

연도	영업이익률	순이익률	부채비율	차입금비율	ROA	ROE	유보율	자기자본비율	EBITDA마진율
2016	8.5	4.0	267.6	184.3	3.4	13.3	1,980.7	27.2	13.8
2015	7.6	4.2	303.6	225.0	3.8	16.3	1,775.1	24.8	12.2
2014	4.9	2.4	371.9	274.7	2.1	10.0	1,509.6	21.2	9.2
2013	3.9	-1.9	408.3	307.5	-1.7	-8.3	1,399.6	19.7	8.3

효성아이티엑스 (A094280)
HYOSUNG ITX

업 종 : 상업서비스		시 장 : 거래소	
신용등급 : (Bond) — (CP) —		기업규모 : 시가총액 소형주	
홈 페 이 지 : www.hyosungitx.com		연 락 처 : 02)2102-8400	
본 사 : 서울시 영등포구 선유동2로 57 (양평동4가)			

설 립 일	1997.05.09	종 업 원 수	8,215명	대 표 이 사	남경환
상 장 일	2007.10.25	감 사 의 견	적정 (서일)	계	열
결 산 기	12월	보 통 주	1,156만주	종속회사수	3개사
액 면 가	500원	우 선 주	87만주	구 상 호	

주주구성 (지분율,%)		출자관계 (지분율,%)		주요경쟁사 (외형,%)	
조현준	37.9	ITX마케팅	100.0	효성ITX	100
효성	30.1	행복누드리미	100.0	쎄트렉아이	10
(외국인)	2.8	아이티엑스엠앤에스	100.0	한국전자금융	63

매출구성		비용구성		수출비중	
컨택센터 서비스	77.1	매출원가율	91.9	수출	0.0
IT 서비스	12.8	판관비율	4.8	내수	100.0
Display Solution	6.7				

회사 개요
동사는 1997년 컨택센터 서비스를 영위할 목적으로 설립되어 2007년 유가증권시장에 상장됨. 컨택센터는 콜센터에서 한단계 진화한 고객관리 시스템으로 IVR, 웹채팅, 팩스 등의 다양한 채널을 이용하여 고객의 정보를 종합적으로 관리할 수 있는 시스템을 의미함. 전체 매출의 79.77%가 컨택센터 서비스 부문에서 발생함. 인공지능 솔루션인 Xtrm VOC와 같은 신규 사업을 추진하고 있음.

실적 분석
동사의 2017년 상반기 매출액은 1790.2억원으로 전년 동기 대비 14.1% 증가함. 영업이익은 64.5억원으로 6.6% 증가함. 당기순이익 또한 55.1억원으로 19.5% 증가함. 동사의 주력 사업인 컨택센터와 함께 클라우드와 CDN서비스를 제공하는 정보기술(IT)부문, NEC의 프로젝터를 수입 판매하는 디스플레이 부문 모두 안정적인 성장세를 나타내고 있음.

현금 흐름
〈단위 : 억원〉

항목	2016	2017.2Q
영업활동	128	122
투자활동	-10	-73
재무활동	-53	-99
순현금흐름	66	-49
기말현금	70	21

시장 대비 수익률

결산 실적
〈단위 : 억원〉

항목	2012	2013	2014	2015	2016	2017
매출액	2,133	2,617	2,878	3,157	3,404	—
영업이익	57	94	117	111	113	—
당기순이익	44	76	88	74	73	—

분기 실적
〈단위 : 억원〉

항목	2016.1Q	2016.2Q	2016.3Q	2016.4Q	2017.1Q	2017.2Q
매출액	755	814	918	916	909	881
영업이익	29	31	28	24	31	33
당기순이익	23	23	25	2	34	22

재무 상태
〈단위 : 억원〉

항목	2012	2013	2014	2015	2016	2017.2Q
총자산	717	857	1,032	1,202	1,224	1,266
유형자산	92	167	110	120	125	142
무형자산	11	10	33	32	40	41
유가증권	220	163	237	361	339	369
총부채	438	569	640	696	692	684
총차입금	144	161	191	220	213	133
자본금	62	62	62	62	62	62
총자본	279	288	393	506	531	582
지배주주지분	279	288	393	506	531	582

기업가치 지표

항목	2012	2013	2014	2015	2016	2017.2Q
주가(최고/저)(천원)	4.9/2.8	6.9/3.7	21.2/5.3	21.3/12.8	15.2/10.0	—/—
PER(최고/저)(배)	14.3/8.3	11.7/6.3	30.8/7.8	36.5/22.0	26.2/17.3	—/—
PBR(최고/저)(배)	2.3/1.3	3.0/1.6	6.8/1.7	5.2/3.1	3.4/2.2	3.8/2.2
EV/EBITDA(배)	5.7	5.5	13.8	11.7	9.2	—
EPS(원)	357	610	708	597	589	444
BPS(원)	2,242	2,375	3,217	4,183	4,600	4,982
CFPS(원)	740	1,009	1,138	1,012	986	647
DPS(원)	25	50	75	100	200	—
EBITDAPS(원)	841	1,160	1,371	1,311	1,305	723

재무 비율
〈단위 : % 〉

연도	영업이익률	순이익률	부채비율	차입금비율	ROA	ROE	유보율	자기자본비율	EBITDA마진율
2016	3.3	2.2	130.4	40.0	6.0	14.1	820.0	43.4	4.8
2015	3.5	2.4	137.4	43.5	6.6	16.5	736.7	42.1	5.2
2014	4.1	3.1	163.0	48.7	9.3	25.9	543.3	38.0	5.9
2013	3.6	2.9	197.2	55.7	9.6	26.7	375.1	33.6	5.5

효성오앤비 (A097870)
Hyosung ONB

업　　종 : 화학		시　　장 : KOSDAQ	
신용등급 : (Bond) ― (CP) ―		기업규모 : 중견	
홈페이지 : www.hsonb.com		연 락 처 : 041)545-8116	
본　　사 : 충남 아산시 온천대로 1785 (신동)			

설 립 일 1984.08.23	종업원수 94명	대 표 이 사 박태현	
상 장 일 2008.04.08	감사의견 적정 (이촌)	계 속 회 열	
결 산 기 06월	보 통 주 580만주	종속회사수	
액 면 가 500원	우 선 주	구 상 호	

주주구성 (지분율,%)
		출자관계 (지분율,%)		주요경쟁사 (외형,%)	
박태현	20.3	HYOSUNG ONB(PVT)LTD	100.0	효성오앤비	100
박문현	14.2			경농	593
(외국인)	1.8			바이오빌	95

매출구성
		비용구성		수출비중	
혼합유박(펠렛)	54.6	매출원가율	61.7	수출	0.0
부숙유기질	14.7	판관비율	22.5	내수	100.0
혼합유박(분상) 외	12.7				

회사 개요
동사는 1984년 충남 아산을 본사로 유기질 비료의 제조 판매를 목적으로 설립되어 1994년부터 현재까지 농협 계통 유기질 비료 납품 1위를 유지하고 있음. 제품 판매의 약 90%가 농협중앙회를 통하여 전국에 계통계약 형태로 판매가 이루어지고 있어 안정적인 판로를 확보하고 있음. 동사가 100% 지분을 보유한 스리랑카 소재의 종속회사인 HYOSUNG ONB(PVT)LTD의 매출 대부분은 동사로의 원재료 매출과 유기질비료 OEM 매출임.

실적 분석
동사는 6월 결산법인으로 당분기 (2016.07~2017.03)에 218.6억원의 매출액을 시현하며 전년동기 267.3억원 대비 18.2% 매출 하락함. 한편 주요원재료 가격 하락 등으로 매출원가도 축소되면서 원가 부담이 완화되어 영업이익 33.9억원을 시현하였는데, 전년동기 대비하여서는 줄어듦. 비영업손익면에서 3.1억원 이익이 발생하며 당기순이익은 전년동기 29.3억원 대비 30.4억원으로 3.8% 증가함.

현금 흐름
〈단위 : 억원〉
항목	2016	2017.3Q
영업활동	81	27
투자활동	-22	-2
재무활동	-36	-127
순현금흐름	22	-102
기말현금	157	55

시장 대비 수익률

결산 실적
〈단위 : 억원〉
항목	2012	2013	2014	2015	2016	2017
매출액	306	331	379	408	404	344
영업이익	54	59	72	89	64	61
당기순이익	42	52	68	69	51	53

분기 실적
〈단위 : 억원〉
항목	2016.2Q	2016.3Q	2016.4Q	2017.1Q	2017.2Q	2017.3Q
매출액	74	153	137	34	61	124
영업이익	6	36	27	-2	6	30
당기순이익	8	32	21	1	3	26

재무 상태
〈단위 : 억원〉
항목	2012	2013	2014	2015	2016	2017.3Q
총자산	598	554	576	706	712	619
유형자산	165	159	246	272	268	261
무형자산	0	0	0	0	0	0
유가증권	49	34	13	12	12	2
총부채	205	118	71	144	115	44
총차입금	158	75	24	101	79	5
자본금	29	29	29	29	29	29
총자본	393	436	506	562	597	575
지배주주지분	393	436	506	562	597	575

기업가치 지표
항목	2012	2013	2014	2015	2016	2017.3Q
주가(최고/저)(천원)	10.1/5.1	7.8/5.5	15.1/6.0	35.6/14.5	36.1/13.2	―/―
PER(최고/저)(배)	15.7/7.9	9.5/6.7	13.8/5.4	31.4/12.7	43.0/15.8	―/―
PBR(최고/저)(배)	1.6/0.8	1.1/0.8	1.9/0.7	3.9/1.6	3.7/1.3	1.6/1.0
EV/EBITDA(배)	6.7	5.5	10.3	19.2	9.5	―/―
EPS(원)	725	896	1,170	1,194	874	525
BPS(원)	6,903	7,653	8,717	9,684	10,294	10,628
CFPS(원)	880	1,050	1,337	1,377	1,076	667
DPS(원)	150	200	230	250	200	―
EBITDAPS(원)	1,089	1,171	1,402	1,715	1,307	726

재무 비율
〈단위 : % 〉
연도	영업이익률	순이익률	부채비율	차입금비율	ROA	ROE	유보율	자기자본비율	EBITDA마진율
2016	15.9	12.6	19.2	13.3	7.2	8.8	1,958.7	83.9	18.8
2015	21.8	17.0	25.6	18.0	10.8	13.0	1,836.8	79.6	24.4
2014	18.9	17.9	14.0	4.7	12.0	14.4	1,643.5	87.8	21.4
2013	17.8	15.7	27.0	17.1	9.0	12.6	1,430.6	78.7	20.5

후성 (A093370)
Foosung

업　　종 : 화학		시　　장 : 거래소	
신용등급 : (Bond) ― (CP) ―		기업규모 : 시가총액 중형주	
홈페이지 : www.foosungchem.com		연 락 처 : 031)627-4322	
본　　사 : 경기도 화성시 팔탄면 현대기아로 72-37			

설 립 일 2006.11.24	종업원수 309명	대 표 이 사 송한주,김용민	
상 장 일 2006.12.22	감사의견 적정 (삼일)	계 속 회 열	
결 산 기 12월	보 통 주 9,240만주	종속회사수 2개사	
액 면 가 500원	우 선 주	구 상 호	

주주구성 (지분율,%)
		출자관계 (지분율,%)		주요경쟁사 (외형,%)	
김용민	22.8	트래닛	31.5	후성	100
김근수	15.4	한텍	10.2	유니드	386
(외국인)	3.4	후성정공	9.8	미원홀딩스	150

매출구성
		비용구성		수출비중	
냉매가스,반도체용 특수가스 2차전지재료등	100.0	매출원가율	69.0	수출	15.0
		판관비율	12.1	내수	85.0

회사 개요
동사는 냉매가스사업과 2차전지 전해질사업을 주력 사업부문으로 영위하고 있음. 국내 냉매가스 시장 선두업체로서 에어컨용 냉매인 K-22의 경우 국내 수요량의 70~80%인 연 7,500M/T 가량을 판매하는 등 독점적 지위를 향유하고 있으며 주요 고객으로는 삼성전자, LG전자, 캐리어, 벽산, 현대자동차, 기아자동차, 르노삼성자동차 등이 있음. 2차전지 전해질부문은 LG화학, 테크노세미켐, 파낙스이텍 등을 주요고객으로 사업을 영위함.

실적 분석
동사의 2017년 2분기기준 누적 매출액은 전년동기대비 34% 상승한 1,252.1억원을 기록하였음. 비용면에서 전년동기대비 매출원가는 증가 하였으며 인건비도 증가, 기타판매비와관리비도 마찬가지로 증가함. 이와 같이 상승한 매출액 만큼 비용증가도 있었으나 매출액의 더 큰 상승에 힘입어 그에 따라 전년동기대비 영업이익은 215.4억원으로 24.1% 상승하였음. 최종적으로 전년동기대비 당기순이익은 상승하여 160.8억원을 기록함.

현금 흐름
〈단위 : 억원〉
항목	2016	2017.2Q
영업활동	349	342
투자활동	-133	-87
재무활동	-68	-104
순현금흐름	79	149
기말현금	203	352

시장 대비 수익률

결산 실적
〈단위 : 억원〉
항목	2012	2013	2014	2015	2016	2017
매출액	2,227	2,034	1,870	1,612	1,921	
영업이익	-59	-159	-92	152	364	
당기순이익	169	-303	-687	137	656	

분기 실적
〈단위 : 억원〉
항목	2016.1Q	2016.2Q	2016.3Q	2016.4Q	2017.1Q	2017.2Q
매출액	475	460	623	363	595	65
영업이익	79	95	106	85	105	11
당기순이익	76	82	92	406	129	3

재무 상태
〈단위 : 억원〉
항목	2012	2013	2014	2015	2016	2017.2Q
총자산	3,218	2,901	2,320	2,614	3,151	3,19
유형자산	2,018	1,803	1,322	1,521	1,595	1,60
무형자산	65	61	51	48	36	3
유가증권	99	95	67	126	131	16
총부채	1,613	1,581	1,706	1,634	1,517	1,41
총차입금	1,258	1,236	1,310	1,215	1,024	91
자본금	424	424	424	462	462	46
총자본	1,604	1,320	614	980	1,634	1,78
지배주주지분	1,477	1,197	495	861	1,514	1,66

기업가치 지표
항목	2012	2013	2014	2015	2016	2017.2Q
주가(최고/저)(천원)	8.1/4.2	5.1/3.1	3.9/2.1	5.4/2.8	8.2/4.0	―/―
PER(최고/저)(배)	40.5/21.2	―/―	―/―	34.2/17.4	11.7/5.7	―/―
PBR(최고/저)(배)	4.7/2.5	3.6/2.2	6.6/3.6	5.7/2.9	5.0/2.4	6.0/3.
EV/EBITDA(배)	28.5	40.7	32.3	20.8	14.0	―/―
EPS(원)	200	-345	-792	158	704	17
BPS(원)	1,759	1,429	601	948	1,644	1,80
CFPS(원)	493	-44	-547	322	902	1
DPS(원)	―	―	―	―	―	
EBITDAPS(원)	221	118	148	336	592	23

재무 비율
〈단위 : % 〉
연도	영업이익률	순이익률	부채비율	차입금비율	ROA	ROE	유보율	자기자본비율	EBITDA마진율
2016	19.0	34.2	92.9	62.7	22.8	54.8	228.7	51.9	28.
2015	9.4	8.5	166.7	124.0	5.6	20.6	89.6	37.5	18.
2014	-4.9	-36.7	278.0	213.5	-26.3	-80.6	20.2	26.5	6.
2013	-7.8	-14.9	119.8	93.6	-9.9	-22.2	185.8	45.5	4.

휘닉스소재 (A050090)
Phoenix Materials

종 목 : 디스플레이 및 관련부품		시 장 : KOSDAQ	
신용등급 : (Bond) — (CP) —		기업규모 : 중견	
페이지 : www.phoenixmaterials.kr		연 락 처 : (054)470-0885	
본 사 : 경북 구미시 첨단기업1로 87			

설 립 일 2000.06.17	종 업 원 수 54명	대 표 이 사 홍석규,고승범각자대표
상 장 일 2004.06.29	감 사 의 견 적정 (삼일)	계 열
결 산 기 12월	보 통 주 6,914만주	종속회사수
액 면 가 500원	우 선 주	구 상 회

주주구성 (지분율,%)		출자관계 (지분율,%)		주요경쟁사 (외형,%)	
홍석규	8.9	포스코ESM	24.7	휘닉스소재	100
윤한상	4.0			베셀	102
(외국인)	1.1			스킨앤스킨	89

매출구성		비용구성		수출비중	
Solar Paste Touch Paste	78.6	매출원가율	89.0	수출	—
Solder Ball	21.3	판관비율	8.2	내수	—
기타	0.0				

회사 개요
동사는 디스플레이부문의 PDP Powder, CRT 부품, 반도체소재부문의 Heat Sink, Solder Ball등의 사업을 영위하고 있음. 2차 전지용 양극활물질 사업은 포스코ESM에서 경영함. 기존의 음극선관(CRT), 플라즈마디스플레이패널(PDP) 등 디스플레이소재 사업을 기반으로 차세대 신성장동력으로 추진 중인 2차전지와 태양전지 사업 등 그린소재 전문기업으로 동반 성장한다는 계획임.

실적 분석
동사의 2017년 2분기기준 누적 매출액은 전년동기대비 거의 동일한 195.8억원을 기록하였음. 하지만 비용에서 원가 및 인건비가 증가하였기 때문에 전년동기대비 영업이익은 -7.3억원으로 적자전환하였음. 최종적으로 전년동기대비 당기순이익은 적자전환하여 -10.1억원을 기록함. 기술의 발전에 따라 시장환경은 계속 우호적인 상황이므로 점진적 성장세를 이룰것이라 보고 있음.

현금 흐름	*IFRS 별도 기준	〈단위 : 억원〉
항목	2016	2017.2Q
영업활동	-4	-12
투자활동	6	83
재무활동	—	-55
순현금흐름	2	17
기말현금	8	24

시장 대비 수익률

결산 실적						〈단위 : 억원〉
항목	2012	2013	2014	2015	2016	2017
매출액	589	109	132	207	430	
영업이익	19	27	11	1	12	
당기순이익	86	-16	-153	-58	-34	

분기 실적	*IFRS 별도 기준					〈단위 : 억원〉
항목	2016.1Q	2016.2Q	2016.3Q	2016.4Q	2017.1Q	2017.2Q
매출액	83	113	103	132	91	105
영업이익	6	10	1	-4	-3	-4
당기순이익	1	4	-15	-24	0	-10

재무 상태	*IFRS 별도 기준					〈단위 : 억원〉
항목	2012	2013	2014	2015	2016	2017.2Q
총자산	1,226	1,175	806	536	519	448
유형자산	473	437	220	198	124	122
무형자산	55	55	52	57	50	50
유가증권	11	7	4	—	—	—
총부채	614	561	527	317	229	124
총차입금	494	456	287	287	187	89
자본금	271	271	271	271	325	346
총자본	612	614	280	219	291	325
지배주주지분	612	614	280	219	291	325

기업가치 지표	*IFRS 별도 기준					
항목	2012	2013	2014	2015	2016	2017.2Q
주가 (최고/저)(천원)	1.7/1.2	1.7/1.1	2.1/1.1	1.9/0.7	2.1/1.2	—/—
PER (최고/저)(배)	3.7/2.7	583.2/367.8	—/—	—/—	—/—	—/—
PBR (최고/저)(배)	1.5/1.1	1.5/0.9	3.8/2.1	4.5/1.7	4.6/2.6	3.5/2.1
EV/EBITDA(배)	11.4	15.7	15.4	100.3	60.0	—
EPS(원)	460	3	-281	-108	-53	-15
BPS(원)	1,147	1,151	536	424	465	486
CFPS(원)	599	101	-187	-90	-39	-10
DPS(원)						
EBITDAPS(원)	175	148	115	20	32	-6

재무 비율								〈단위 : % 〉
연도	영업이익률	순이익률	부채비율	차입금비율	ROA	ROE	유보율	자기자본비율 EBITDA마진율
2016	2.7	-8.0	일부잠식	일부잠식	-6.5	-13.4	-7.1	56.0 4.8
2015	0.7	-28.3	일부잠식	일부잠식	-8.7	-23.6	-15.2	40.9 5.3
2014	8.5	-115.8	188.3	102.6	-16.8	-43.4	5.6	34.7 47.5
2013	25.0	-15.2	134.1	106.4	-1.6	-4.0	62.2	42.7 81.0

휠라코리아 (A081660)
FILA KOREA

업 종 : 섬유 및 의복		시 장 : 거래소	
신용등급 : (Bond) — (CP) —		기업규모 : 시가총액 중형주	
홈페이지 : www.fila.co.kr		연 락 처 : (02)523-6100	
본 사 : 서울시 서초구 명달로 6 (서초동, 11호)			

설 립 일 1991.07.23	종 업 원 수 319명	대 표 이 사 윤윤수,김진면
상 장 일 2010.09.28	감 사 의 견 적정 (삼일)	계 열
결 산 기 12월	보 통 주 1,222만주	종속회사수 51개사
액 면 가 5,000원	우 선 주	구 상 회

주주구성 (지분율,%)		출자관계 (지분율,%)		주요경쟁사 (외형,%)	
에이치엠앤디홀딩스	20.1	매그너스홀딩스	100.0	휠라코리아	100
KB자산운용	16.2	매그너스홀딩스2	100.0	코데즈컴바인	2
(외국인)	24.5	지엘비에이치코리아	51.0	영원무역	207

매출구성		비용구성		수출비중	
상품판매	94.4	매출원가율	56.7	수출	3.0
로열티수익 등	5.7	판관비율	42.1	내수	97.0

회사 개요
동사는 1991년 섬유제품, 의복, 신발, 가죽제품, 시계, 화장품, 골프 장비 등 제조, 도소매, 수출입을 목적으로 설립됨. 현재 휠라 브랜드의 매출 비중은 54.74%임. 국내와 미국, 캐나다 등 해외에 52개의 계열회사를 보유하고 있음. 아웃도어 부문은 시장의 포화로 인하여 2015년말 사업을 종료함. 자회사인 아쿠쉬네트(동사 지분 53.1%)가 뉴욕거래소에 상장됨.

실적 분석
동사의 2017년 상반기 매출액은 1조 3465.7억원으로 전년 동기 대비 256.8% 증가함. 영업이익은 1304.4억원으로 전년 대비 319.3% 증가함. 당기순이익은 723억원으로 전년 대비 209.7% 증가함. 2016년 스포츠복 시장은 전년 대비 5.4% 하락한 7조 5208억원으로 첫 역신장을 기록. 그러나 2017년 들어 1.6% 상승하며 7조 6404억원에 달하는 시장 규모 형성 예상. 2020년까지 4%대 성장률 전망됨.

현금 흐름		〈단위 : 억원〉
항목	2016	2017.2Q
영업활동	-35	-789
투자활동	-2,691	-171
재무활동	3,701	1,231
순현금흐름	1,025	102
기말현금	1,494	1,595

시장 대비 수익률

결산 실적						〈단위 : 억원〉
항목	2012	2013	2014	2015	2016	2017
매출액	6,704	7,361	7,975	8,157	9,671	
영업이익	914	981	935	806	118	
당기순이익	1,223	962	576	-1,333	3,111	

분기 실적						〈단위 : 억원〉
항목	2016.1Q	2016.2Q	2016.3Q	2016.4Q	2017.1Q	2017.2Q
매출액	1,682	2,092	1,755	4,142	6,537	6,929
영업이익	63	248	62	-255	489	816
당기순이익	73	160	-695	3,573	255	468

재무 상태						〈단위 : 억원〉
항목	2012	2013	2014	2015	2016	2017.2Q
총자산	8,620	9,714	10,434	9,789	33,849	32,589
유형자산	447	419	395	445	3,445	3,271
무형자산	3,795	3,777	3,815	3,966	16,269	15,346
유가증권	101	41	31	31	153	147
총부채	4,627	4,793	4,750	4,998	20,828	19,645
총차입금	2,942	2,981	3,083	3,274	11,922	12,743
자본금	497	497	522	565	570	611
총자본	3,993	4,920	5,684	4,791	13,022	12,944
지배주주지분	4,075	5,018	5,736	4,799	8,576	8,410

기업가치 지표						
항목	2012	2013	2014	2015	2016	2017.2Q
주가 (최고/저)(천원)	88.6/57.8	80.4/56.8	117/78.0	120/88.9	105/61.4	—/—
PER (최고/저)(배)	7.2/4.7	8.4/5.9	21.8/14.5	—/—	3.7/2.2	—/—
PBR (최고/저)(배)	2.2/1.4	1.6/1.1	2.2/1.4	2.9/2.1	1.4/0.8	1.2/1.0
EV/EBITDA(배)	8.7	9.4	13.7	14.9	71.3	—
EPS(원)	12,485	9,730	5,418	-11,987	28,420	3,184
BPS(원)	41,007	50,489	54,898	42,440	75,175	68,806
CFPS(원)	13,423	10,727	6,344	-11,109	30,173	3,184
DPS(원)	250	250	250	250	250	
EBITDAPS(원)	10,294	10,871	9,996	8,148	2,794	10,866

재무 비율								〈단위 : % 〉
연도	영업이익률	순이익률	부채비율	차입금비율	ROA	ROE	유보율	자기자본비율 EBITDA마진율
2016	1.2	32.2	160.0	91.6	14.3	48.4	1,403.5	38.5 3.3
2015	9.9	-16.3	104.3	68.3	-13.2	-25.2	748.8	48.9 11.1
2014	11.7	7.2	83.6	54.3	5.7	10.4	998.0	54.5 12.9
2013	13.3	13.1	97.4	60.6	10.5	21.3	909.8	50.7 14.7

휴니드테크놀러지스 (A005870)
Huneed Technologies

업 종 : 통신장비		시 장 : 거래소	
신용등급 : (Bond) — (CP) —		기업규모 : 시가총액 소형주	
홈페이지 : www.huneed.com		연 락 처 : 032)457-6000	
본 사 : 인천시 연수구 벤처로 87			

설 립 일 1968.12.11	종 업 원 수 358명	대 표 이 사 신종석
상 장 일 1991.07.31	감사의견 적정 (한미)	계 열
결 산 기 12월	보 통 주 1,412만주	종속회사수
액 면 가 5,000원	우 선 주	구 상 호

주주구성 (지분율,%)		출자관계 (지분율,%)		주요경쟁사 (외형,%)	
김유진	21.1	휴니드	100		
The Boeing Company	11.7	유비쿼스홀딩스	67		
(외국인)	19.2	웨이브일렉트로	25		

매출구성		비용구성		수출비중	
HCTRS 외	95.5	매출원가율	83.8	수출	54.0
네트워크 장비 외	4.6	판관비율	5.7	내수	46.0

회사 개요
동사는 전술통신사업 및 전술시스템사업으로 구성된 방산사업과, 전략적 제휴를 통해 철충교역 업무 및 해외 협력업체들과 추진하는 해외사업, MRO사업 및 업무용 전산기기 유통 사업 등으로 구성된 민수사업을 영위하고 있음. 방산분야에선 전술용 무전기, 특수장비, 지휘통제체계, 무기체계 등의 소프트웨어 등임. 매출 비중은 방산, 해외사업이 95% 가량임. 방위산업은 국가의 국방예산에 영향을 받고, 상대적으로 경기변동에 영향을 적게 받음.

실적 분석
동사가 수주하는 제품은 대부분 방산제품으로 2016년 4분기까지 약 617억원의 신규수주를 하였음. 또한 동사 대부분의 사업은 생산 기간이 장기간 소요되기 때문에 매출이 하반기에 집중되는 경향이 있으므로 분기별 매출 및 손익에 영향을 미침. 동사의 2017년 반기 매출액은 전년 대비 33.3% 감소한 160.5억원을 기록하였으며, 영업손실은 전년 대비 12.7억원으로 적자전환 하였음.

현금 흐름 *IFRS 별도 기준 〈단위 : 억원〉
항목	2016	2017.2Q
영업활동	241	-210
투자활동	-226	72
재무활동	38	-11
순현금흐름	53	-149
기말현금	275	127

시장 대비 수익률

결산 실적 〈단위 : 억원〉
항목	2012	2013	2014	2015	2016	2017
매출액	410	568	403	605	1,789	—
영업이익	-43	2	4	21	188	—
당기순이익	-77	-9	16	12	179	—

분기 실적 *IFRS 별도 기준 〈단위 : 억원〉
항목	2016.1Q	2016.2Q	2016.3Q	2016.4Q	2017.1Q	2017.2Q
매출액	140	100	89	1,459	91	70
영업이익	4	3	3	178	-6	-7
당기순이익	3	2	1	173	-4	-1

재무 상태 *IFRS 별도 기준 〈단위 : 억원〉
항목	2012	2013	2014	2015	2016	2017.2Q
총자산	1,288	1,328	1,346	1,641	1,692	1,752
유형자산	725	722	707	697	733	753
무형자산	95	87	102	126	113	120
유가증권	31	27	23	15	17	17
총부채	674	719	703	854	706	766
총차입금	489	486	475	374	389	369
자본금	509	509	532	673	696	706
총자본	614	609	643	787	987	986
지배주주지분	614	609	643	787	987	986

기업가치 지표 *IFRS 별도 기준
항목	2012	2013	2014	2015	2016	2017.2Q
주가(최고/저)(천원)	4.8/2.8	4.7/3.1	7.3/3.5	15.2/4.5	18.0/10.4	—/—
PER(최고/저)(배)	—/—	—/—	46.1/22.1	149.8/44.6	13.7/7.9	—/—
PBR(최고/저)(배)	0.8/0.4	0.7/0.5	1.1/0.6	2.5/0.7	2.5/1.4	2.0/1.5
EV/EBITDA(배)		23.1	28.6	51.5	8.2	—/—
EPS(원)	-760	-89	158	101	1,319	-37
BPS(원)	6,380	6,329	6,380	6,108	7,338	7,238
CFPS(원)	-490	181	394	283	1,555	89
DPS(원)						
EBITDAPS(원)	-151	292	274	360	1,618	35

재무 비율 〈단위 : % 〉
연도	영업이익률	순이익률	부채비율	차입금비율	ROA	ROE	유보율	자기자본비율	EBITDA마진율
2016	10.5	10.0	71.6	39.5	10.8	20.2	46.8	58.3	12.3
2015	3.4	1.9	108.5	47.5	0.8	1.6	22.2	48.0	6.9
2014	1.0	4.1	109.3	73.9	1.2	2.6	27.6	47.8	7.1
2013	0.4	-1.6	118.1	79.8	-0.7	-1.5	26.6	45.8	5.2

휴맥스 (A115160)
HUMAX

업 종 : 셋톱 박스		시 장 : KOSDAQ	
신용등급 : (Bond) — (CP) A2-		기업규모 : 우량	
홈페이지 : www.humaxdigital.com		연 락 처 : 031)776-6114	
본 사 : 경기도 용인시 처인구 영문로 2 (유방동)			

설 립 일 2009.10.15	종 업 원 수 809명	대 표 이 사 김태훈
상 장 일 2009.11.16	감사의견 적정 (안진)	계 열
결 산 기 12월	보 통 주 2,391만주	종속회사수 19개사
액 면 가 500원	우 선 주	구 상 호

주주구성 (지분율,%)		출자관계 (지분율,%)		주요경쟁사 (외형,%)	
휴맥스홀딩스	32.1	휴맥스오토모티브	100.0	휴맥스	100
국민연금공단	12.8	메쉬코리아	14.2	홈캐스트	9
(외국인)	22.2	매드스퀘어	8.7	가온미디어	32

매출구성		비용구성		수출비중	
셋톱박스, 비디오 게이트웨어,브로드밴드 게이트	83.9	매출원가율	80.1	수출	—
카 오디오	16.1	판관비율	18.4	내수	—

회사 개요
동사는 전자장비 개발, 시스템 제조 및 판매업 등을 영위할 목적으로 2009년 8월 휴맥스홀딩스 주주총회 결의로 2009년 10월 인적분할에 따라 설립됨. 해외 현지법인을 판매 거점으로 수출 중심의 셋톱박스 사업을 영위함. 두바이, 영국, 미국 등의 현지에 18개의 연결대상 종속회사를 보유하고 있음. 케이블, 위성, 지상파 등 전통적인 방송 플랫폼이 IP와 결합되기 시작하면서, IP 하이브리드 셋톱박스 등 IP 관련 제품 수요가 증가하고 있음.

실적 분석
동사의 2017년 상반기 연결기준 매출액은 6988.3억원으로 전년 동기 대비 13.3% 증가함. 매출이 늘면서 매출 확대도 고 판관비 부담도 증가하면서 영업이익은 전년 동기 대비 오히려 93.5% 감소한 10.9억원 시현함. 비영업손익 부문에서도 외환손실 등으로 적자 전환하면서 당기순손실은 20.9억원으로 전년 동기(202.6억원) 대비 적자 전환함.

현금 흐름 〈단위 : 억원〉
항목	2016	2017.2Q
영업활동	534	-376
투자활동	-152	-324
재무활동	-43	242
순현금흐름	352	-495
기말현금	1,877	1,382

시장 대비 수익률

결산 실적 〈단위 : 억원〉
항목	2012	2013	2014	2015	2016	2017
매출액	10,243	11,394	14,438	14,267	13,505	—
영업이익	307	305	331	485	201	—
당기순이익	137	260	204	302	32	—

분기 실적 〈단위 : 억원〉
항목	2016.1Q	2016.2Q	2016.3Q	2016.4Q	2017.1Q	2017.2Q
매출액	3,090	3,076	3,331	4,008	3,522	3,46
영업이익	101	66	15	18	5	
당기순이익	75	127	-207	37	-38	

재무 상태 〈단위 : 억원〉
항목	2012	2013	2014	2015	2016	2017.2Q
총자산	7,174	8,349	9,436	9,518	10,184	10,52
유형자산	674	997	1,043	1,272	1,265	1,24
무형자산	76	503	530	532	478	43
유가증권	168	115	62	371	231	32
총부채	3,134	3,956	4,896	4,618	5,480	5,94
총차입금	1,224	1,411	1,676	1,870	2,123	2,38
자본금	114	114	114	120	120	12
총자본	4,040	4,393	4,541	4,900	4,703	4,63
지배주주지분	4,040	4,222	4,390	4,755	4,703	4,63

기업가치 지표
항목	2012	2013	2014	2015	2016	2017.2Q
주가(최고/저)(천원)	12.7/7.3	13.4/10.0	13.7/9.6	19.3/14.1	16.6/12.0	—/—
PER(최고/저)(배)	22.6/12.9	12.1/9.1	15.4/10.8	15.2/11.1	63.7/46.0	—/—
PBR(최고/저)(배)	0.8/0.4	0.7/0.6	0.7/0.5	1.0/0.7	0.8/0.6	0.7/0.00
EV/EBITDA(배)	6.4	6.8	6.7	5.4	7.0	—
EPS(원)	599	1,154	919	1,295	263	-8
BPS(원)	18,039	18,837	19,502	20,093	20,101	19,79
CFPS(원)	955	1,674	1,930	2,439	1,445	50
DPS(원)	200	150	150	150	150	
EBITDAPS(원)	1,699	1,853	2,456	3,174	2,021	63

재무 비율 〈단위 : % 〉
연도	영업이익률	순이익률	부채비율	차입금비율	ROA	ROE	유보율	자기자본비율	EBITDA마진율
2016	1.5	0.2	116.5	45.1	0.3	1.3	3,920.1	46.2	3
2015	3.4	2.1	94.3	38.2	3.2	6.8	3,918.5	51.5	5
2014	2.3	1.4	107.8	36.9	2.3	4.9	3,800.4	48.1	3
2013	2.7	2.3	90.1	32.1	3.4	6.4	3,667.4	52.6	3

휴맥스홀딩스 (A028080)
Humax Holdings

종　　　목 : 셋톱 박스		시　　　장 : KOSDAQ	
신용등급 : (Bond) — (CP) —		기업규모 : 중견	
페 이 지 : www.humaxdigital.com/hd		연 락 처 : 031)776-6114	
본　　　사 : 경기도 용인시 처인구 영문로 2			

설 립 일	1989.01.09	종 업 원 수	4명	대 표 이 사	변대규
상 장 일	1997.04.16	감 사 의 견	적정 (안진)	계	열
결 산 기	12월	보 통 주	1,258만주	종속회사수	3개사
액 면 가	500원	우 선 주		구 상 호	

주주구성 (지분율,%)		출자관계 (지분율,%)		주요경쟁사 (외형,%)	
변대규	35.7	휴맥스아이앤씨	100.0	휴맥스홀딩스	100
이선자	6.4	휴맥스글로벌	48.2	디엠티	1,377
		휴맥스	32.1	홈캐스트	2,172

매출구성		비용구성		수출비중	
관리용역수익 등(용역)	71.6	매출원가율	0.0	수출	—
배당수익(기타)	25.3	판관비율	38.6	내수	—
로열티수익(기타)	3.1				

회사 개요

동사는 셋톱박스의 개발, 제조 및 판매 사업을 영위하는 휴맥스를 분할 설립하고, 지주회사로 전환. 휴맥스, 휴맥스아이앤씨, 휴맥스글로벌, 건인투자를 자회사로 보유하고 있음. 지난 4월 회사본부, 지주회사 및 경영컨설팅 서비스업으로 업종변경을 완료하였음. 주요계열사인 휴맥스는 수익성이 가장 높은 중동과 일본 시장에서의 매출 확대가 기대되지만 전반적인 시장 침체로 매출이 정체돼 있음.

실적 분석

동사의 2017년 상반기 연결기준 누적 매출액은 17.5억원으로 전년 동기 대비 무려 79% 감소함. 매출은 줄었지만 판관비는 오히려 증가하면서 영업손실은 15.4억원으로 전년 동기와 비교해 적자전환함. 비영업손익 부문에서도 금융손실 등으로 인해 적자가 발생하면서 당기순손실은 18.1억원으로 전년 동기(흑자 73.2억원) 대비 적자 전환함. 매출이 대폭 줄어들면서 수익성이 크게 악화됐음.

현금 흐름 〈단위 : 억원〉

항목	2016	2017.2Q
영업활동	-3	14
투자활동	-40	-0
재무활동	50	-11
순현금흐름	7	2
기말현금	25	27

시장 대비 수익률

결산 실적 〈단위 : 억원〉

항목	2012	2013	2014	2015	2016	2017
매출액	135	223	167	157	56	—
영업이익	79	168	98	77	35	—
당기순이익	48	72	22	-237	-24	—

분기 실적 〈단위 : 억원〉

항목	2016.1Q	2016.2Q	2016.3Q	2016.4Q	2017.1Q	2017.2Q
매출액	32	51	8	-35	9	9
영업이익	25	44	-64	29	-17	2
당기순이익	33	40	-64	-34	-19	1

재무 상태 〈단위 : 억원〉

항목	2012	2013	2014	2015	2016	2017.2Q
총자산	2,429	2,486	2,410	2,221	2,215	2,179
유형자산	4	2	1	1	1	2
무형자산	0	0	30	0	—	—
유가증권	56	4	0	64	146	146
총부채	176	186	136	207	288	287
총차입금	147	148	49	154	249	249
자본금	63	63	63	63	63	63
총자본	2,253	2,300	2,274	2,014	1,927	1,892
지배주주지분	2,206	2,240	2,256	2,018	1,930	1,895

기업가치 지표

항목	2012	2013	2014	2015	2016	2017.2Q
주가(최고/저)(천원)	12.3/5.3	11.8/6.2	11.3/8.3	12.9/8.2	8.6/6.7	—/—
PER(최고/저)(배)	34.0/14.7	23.3/12.3	57.1/42.0	—/—	—/—	—/—
PBR(최고/저)(배)	0.7/0.3	0.7/0.3	0.6/0.5	0.8/0.5	0.5/0.4	0.4/0.4
EV/EBITDA(배)	11.2	7.7	12.8	15.5	31.7	—
EPS(원)	388	530	205	-1,856	-194	-142
BPS(원)	18,722	18,996	18,861	16,965	16,532	16,258
CFPS(원)	411	545	212	-1,840	-193	-141
DPS(원)	150	100	100	100	100	—
EBITDAPS(원)	652	1,355	785	630	276	-121

재무 비율 〈단위 : %〉

연도	영업이익률	순이익률	부채비율	차입금비율	ROA	ROE	유보율	자기자본비율	EBITDA 마진율
2016	61.4	-43.4	15.0	12.9	-1.1	-1.2	3,206.3	87.0	61.8
2015	49.1	-150.6	10.3	7.7	-10.2	-10.9	3,292.9	90.7	50.3
2014	58.7	13.4	6.0	2.2	0.9	1.2	3,672.2	94.4	59.3
2013	75.6	32.3	8.1	6.4	2.9	3.0	3,699.2	92.5	76.5

휴메딕스 (A200670)
Humedix

업　　　종 : 바이오		시　　　장 : KOSDAQ	
신용등급 : (Bond) — (CP) —		기업규모 : 벤처	
홈페이지 : www.humedix.com		연 락 처 : (070)7492-5600	
본　　　사 : 경기도 안양시 동안구 학의로 268(관양동), 안양메가밸리 603호			

설 립 일	2003.02.07	종 업 원 수	148명	대 표 이 사	정구완
상 장 일	2014.12.26	감 사 의 견	적정 (한영)	계	열
결 산 기	12월	보 통 주	892만주	종속회사수	
액 면 가	500원	우 선 주		구 상 호	

주주구성 (지분율,%)		출자관계 (지분율,%)		주요경쟁사 (외형,%)	
휴온스글로벌	40.4	파나시	50.1	휴메딕스	100
윤연상	0.6	명신	15.0	썹바이오텍	124
(외국인)	5.2	지디케이화장품	6.3	파마리서치프로덕트	97

매출구성		비용구성		수출비중	
관절염 치료제, 더말필러 등	92.9	매출원가율	52.3	수출	12.0
기타	6.4	판관비율	20.5	내수	88.0
기타	0.7				

회사 개요

동사는 2003년 2월 27일 기능성식품 제조 및 판매를 주 목적으로 한앙마위이라는 사명으로 설립됨. 2010년 3월 30일 상호를 휴메딕스로 변경했고, 2014년 12월 코스닥시장에 상장됨. 생체적합성이 매우 우수한 히알루론산 기반의 특화된 원천기술과 PEG 유도체 합성 및 이를 응용하는 PEGnology의 특화된 기술을 가지고 있는 연구개발 전문기업임. 2015년 12월 동사의 필러 '엘라비에'가 4종 유럽 CE인증을 획득함.

실적 분석

동사의 2017년도 연결기준 상반기 매출액은 269.1억원으로 전년동기 대비 20.7% 증가함. 매출 확대에도 불구하고 매출원가 상승과 판관비 증가로 영업이익은 전년 동기 보다 18.3% 줄어든 54.9억원을 기록함. 당기순이익은 78.0억원으로 전년 동기 25.1% 증가함. 주력 제품인 필러와 신성장동력인 에스테틱 및 원료의약품 사업 부문의 매출이 성장하면서 전체 매출을 견인하였음

현금 흐름 〈단위 : 억원〉

항목	2016	2017.2Q
영업활동	76	40
투자활동	-205	-147
재무활동	49	-63
순현금흐름	-80	-168
기말현금	598	430

시장 대비 수익률

결산 실적 〈단위 : 억원〉

항목	2012	2013	2014	2015	2016	2017
매출액	117	235	292	421	471	—
영업이익	9	75	80	140	128	—
당기순이익	5	91	66	116	105	—

분기 실적 〈단위 : 억원〉

항목	2016.1Q	2016.2Q	2016.3Q	2016.4Q	2017.1Q	2017.2Q
매출액	107	116	—	—	126	143
영업이익	35	33	—	—	28	27
당기순이익	31	32	—	—	23	55

재무 상태 〈단위 : 억원〉

항목	2012	2013	2014	2015	2016	2017.2Q
총자산	173	239	592	1,159	1,312	1,299
유형자산	62	88	84	178	313	443
무형자산	4	5	5	6	9	8
유가증권	11	4	—	137	103	100
총부채	118	91	55	61	182	226
총차입금	101	92	24	0	106	131
자본금	20	23	32	44	44	45
총자본	55	147	536	1,098	1,130	1,072
지배주주지분	55	147	536	1,098	1,091	1,018

기업가치 지표

항목	2012	2013	2014	2015	2016	2017.2Q
주가(최고/저)(천원)	—/—	—/—	33.9/30.8	96.0/34.8	67.4/29.0	—/—
PER(최고/저)(배)	0.0/0.0	0.0/0.0	33.0/29.9	71.0/25.8	59.4/25.5	—/—
PBR(최고/저)(배)	0.0/0.0	0.0/0.0	5.2/4.7	7.6/2.8	5.2/2.2	2.6/2.1
EV/EBITDA(배)	2.2	0.1	29.6	30.4	16.8	—
EPS(원)	86	1,530	1,048	1,379	1,152	706
BPS(원)	1,175	2,823	8,230	13,198	13,460	12,891
CFPS(원)	366	2,062	1,507	1,588	1,430	910
DPS(원)				300	510	—
EBITDAPS(원)	450	1,741	1,770	1,881	1,724	819

재무 비율 〈단위 : %〉

연도	영업이익률	순이익률	부채비율	차입금비율	ROA	ROE	유보율	자기자본비율	EBITDA 마진율
2016	27.2	22.2	16.1	9.4	8.5	9.4	2,591.9	86.2	32.0
2015	33.4	27.6	5.6	0.0	13.3	14.2	2,539.7	94.7	36.9
2014	27.5	22.8	10.3	4.5	16.0	19.4	1,598.1	90.7	31.7
2013	32.0	38.8	62.2	45.3	44.4	90.4	538.1	61.7	37.0

휴벡셀 (A212310)
HUVEXEL

업 종 : 의료 장비 및 서비스		시 장 : KONEX
신용등급 : (Bond) — (CP) —		기업규모 : —
홈 페 이 지 : www.diomedical.com		연 락 처 : 031)776-3690
본 사 : 경기도 성남시 중원구 사기막골로 124, 101~105호(상대원동, 에스케이엔테크노파크 메가센터동)		

설 립 일	2006.11.10	종 업 원 수	56명	대 표 이 사	김종우
상 장 일	2016.07.26	감사의견	적정(정동)	계 열	
결 산 기	12월	보 통 주		종속회사수	
액 면 가		우 선 주		구 상 호	디오메디칼

주주구성 (지분율,%)		출자관계 (지분율,%)		주요경쟁사 (외형,%)	
김종우	44.5	DioMedical,Corp.	100.0	휴벡셀	100
김종운	17.1			엘앤케이바이오	396
				제이브이엠	1,129

매출구성		비용구성		수출비중	
척추 임플란트	77.0	매출원가율	47.9	수출	68.0
수입/유통	8.5	판관비율	50.8	내수	32.0
하청제품	7.0				

회사 개요
동사는 정형외과와 신경외과에서 주로 사용되는 척추 임플란트, 척추 수술용 기구를 제조, 판매하는 의료기기 전문기업임. 척추의 퇴행, 협착, 외부충격 또는 종양으로 인한 척추 불안정성을 치료하기 위한 수술 척추 임플란트 제품을 주요 제품으로 제조, 판매 및 수출하고 있음. 3D프린터를 개발하여 생체흡수성 소재를 이용한 신경외과 및 정형외과 시술용 제품을 개발해 올해 출시 예정임

실적 분석
동사의 2016년 누적 매출액은 86.9억원, 매출총이익은 45.3억원임. 최근 3년간 28.95%, 0.53%, 15.94%의 매출성장률을 기록함. 해외매출 가운데 특히 미국법인은 설립 초기 단계를 거쳐 본격적인 매출 증가로 성장세가 이어짐. 2015년 척추 관련 제품의 라인업 확대로 인해 지속적인 매출 증가가 예상됨. 3D 프린터를 이용해 기존의 신경외과 및 정형외과 고고정용 임플란트 수요를 대체할 수 있을 것으로 기대함.

현금 흐름 *IFRS 별도 기준 〈단위 : 억원〉
항목	2016	2017.2Q
영업활동	-23	
투자활동	-20	
재무활동	15	
순현금흐름	-28	
기말현금	16	

시장 대비 수익률

결산 실적 〈단위 : 억원〉
항목	2012	2013	2014	2015	2016	2017
매출액	—	61	—	71	87	
영업이익	—	14	11	9	1	
당기순이익	—	11	8	8	-2	

분기 실적 *IFRS 별도 기준 〈단위 : 억원〉
항목	2016.1Q	2016.2Q	2016.3Q	2016.4Q	2017.1Q	2017.2Q
매출액	11	—	—	—	—	—
영업이익	-3	—	—	—	—	—
당기순이익	-4	—	—	—	—	—

재무 상태 *IFRS 별도 기준 〈단위 : 억원〉
항목	2012	2013	2014	2015	2016	2017.2Q
총자산	—	72	117	166	166	
유형자산		9	11	30	28	
무형자산		0	0	0	1	
유가증권		7	10	0	0	
총부채		41	74	84	88	
총차입금		28	59	66	65	
자본금		8	8	11	11	
총자본		31	43	83	78	
지배주주지분		31	43	83	78	

기업가치 지표 *IFRS 별도 기준
항목	2012	2013	2014	2015	2016	2017.2Q
주가(최고/저)(천원)	—/—	—/—	—/—	—/—	20.0/12.9	—/—
PER(최고/저)(배)	0.0/0.0	0.0/0.0	0.0/0.0	0.0/0.0	—/—	—/—
PBR(최고/저)(배)	0.0/0.0	0.0/0.0	0.0/0.0	0.0/0.0	5.8/3.7	0.0/0.0
EV/EBITDA(배)	0.0	1.5	2.5	1.5	46.5	—/—
EPS(원)	—	702	492	477	-99	
BPS(원)	—	19,343	26,466	3,833	3,464	
CFPS(원)	—	7,705	6,346	779	188	
DPS(원)	—					
EBITDAPS(원)	—	9,392	8,044	797	340	

재무 비율 〈단위 : %〉
연도	영업이익률	순이익률	부채비율	차입금비율	ROA	ROE	유보율	자기자본비율	EBITDA마진율
2016	1.4	-2.5	112.0	83.4	-1.3	-2.7	592.8	47.2	8.6
2015	12.4	11.9	101.4	79.7	6.0	13.5	666.6	49.7	19.9
2014	17.2	12.8	172.9	137.2	8.3	21.4	429.3	36.6	20.9
2013	22.7	18.3	132.6	92.2	0.0	0.0	287.1	43.0	24.5

휴비스 (A079980)
HUVIS

업 종 : 화학		시 장 : 거래소
신용등급 : (Bond) — (CP) —		기업규모 : 시가총액 소형주
홈 페 이 지 : www.huvis.com		연 락 처 : 02)2189-4567
본 사 : 서울시 강남구 학동로 343, POBA강남타워 12층		

설 립 일	2000.11.01	종 업 원 수	1,063명	대 표 이 사	신유동
상 장 일	2012.02.23	감사의견	적정(한영)	계 열	
결 산 기	12월	보 통 주	3,450만주	종속회사수	3개사
액 면 가	5,000원	우 선 주		구 상 호	

주주구성 (지분율,%)		출자관계 (지분율,%)		주요경쟁사 (외형,%)	
삼양홀딩스	25.5	휴비스워터	95.3	휴비스	100
베어링자산운용	4.5	HuvisWaterVietnam	95.3	후성	17
(외국인)	5.0	사천휴비스화섬	95.0	유니드	65

매출구성		비용구성		수출비중	
폴리에스터 섬유 등	95.5	매출원가율	89.8	수출	74.0
기타	4.5	판관비율	8.8	내수	26.0

회사 개요
동사는 삼양홀딩스와 SK신텍이 공동출자한 폴리에스터 섬유제조업체임. 폴리에스터는 크게 장섬유(Filament Yarn)와 단섬유(Stable Fiber), 그리고 PET 소재, Bottle 및 필름 용도 등으로 쓰이는 폴리에스터 칩으로 나누어지는데 각각의 매출 구성은 폴리에스터칩이 90%, 기타 10%를 차지하고 있음. 화섬기술은 석유화학과 밀접한 관련을 갖는 자본집약적, 기술집약적 산업임.

실적 분석
동사의 2017년 연결기준 상반기 매출액은 6,102.3억원으로 전년동기 대비 6.3% 증가함. 안정적인 원료가격과 주요 제품 판매가격 상승에 따라 수익성이 개선됨. 반면 매출원가 및 판관비의 증가로 영업이익은 78.6억원을 기록, 전년동기 대비 22.2% 감소함. 원료가격 안정화가 지속되고 시장 수급상황도 점차 나아지고 있어 향후 수익성 회복이 본격화될 것으로 기대함.

현금 흐름 〈단위 : 억원〉
항목	2016	2017.2Q
영업활동	435	317
투자활동	-745	-156
재무활동	383	-247
순현금흐름	66	-91
기말현금	480	388

시장 대비 수익률

결산 실적 〈단위 : 억원〉
항목	2012	2013	2014	2015	2016	2017
매출액	15,625	15,329	13,717	12,051	11,435	
영업이익	588	431	435	336	151	
당기순이익	526	374	284	211	91	

분기 실적 〈단위 : 억원〉
항목	2016.1Q	2016.2Q	2016.3Q	2016.4Q	2017.1Q	2017.2Q
매출액	2,874	2,867	2,732	2,963	3,143	2,96
영업이익	59	42	28	22	6	7
당기순이익	37	30	26	-2	9	1

재무 상태 〈단위 : 억원〉
항목	2012	2013	2014	2015	2016	2017.2Q
총자산	8,255	8,263	8,997	8,566	9,141	9,15
유형자산	3,497	3,575	3,952	3,988	4,545	4,52
무형자산	67	65	799	791	761	72
유가증권	2	39	10	9	11	
총부채	4,668	4,594	5,153	4,596	5,163	5,24
총차입금	1,381	1,511	2,090	2,027	2,497	2,34
자본금	1,725	1,725	1,725	1,725	1,725	1,72
총자본	3,586	3,669	3,844	3,970	3,978	3,91
지배주주지분	3,574	3,653	3,789	3,915	3,925	3,86

기업가치 지표
항목	2012	2013	2014	2015	2016	2017.2Q
주가(최고/저)(천원)	11.6/6.6	10.9/8.3	11.6/9.0	11.2/7.0	8.7/6.8	—/—
PER(최고/저)(배)	8.8/5.0	11.5/8.8	15.8/12.3	19.9/12.4	35.6/27.7	—/—
PBR(최고/저)(배)	1.3/0.7	1.1/0.9	1.1/0.9	1.0/0.6	0.8/0.6	0.7/0
EV/EBITDA(배)	4.2	5.5	6.5	5.7	8.6	—/—
EPS(원)	1,552	1,074	812	607	255	16
BPS(원)	10,361	11,112	11,507	11,871	11,899	11,71
CFPS(원)	2,421	1,948	1,725	1,668	1,418	8
DPS(원)	300	300	300	300	300	
EBITDAPS(원)	2,609	2,122	2,174	2,035	1,600	88

재무 비율 〈단위 : %〉
연도	영업이익률	순이익률	부채비율	차입금비율	ROA	ROE	유보율	자기자본비율	EBITD마진율
2016	1.3	0.8	129.8	62.8	1.0	2.2	138.0	43.5	4
2015	2.8	1.8	115.8	51.1	2.4	5.4	137.4	46.3	4
2014	3.2	2.1	134.0	54.4	3.3	7.5	130.1	42.7	4
2013	2.8	2.4	125.2	41.2	4.5	10.3	122.2	44.4	4

휴비츠 (A065510)
Huvitz

종 목 : 의료 장비 및 서비스		시 장 : KOSDAQ	
용 등 급 : (Bond) — (CP) —		기업규모 : 우량	
페이지 : www.huvitz.com		연 락 처 : (031)428-9100	
사 : 경기도 안양시 동안구 부림로 170번길 38 (관양동)			

설 립 일 1999.04.27	종 업 원 수 159명	대 표 이 사 김현수	
상 장 일 2003.10.31	감 사 의 견 적정 (이촌)	계 열	
결 산 기 12월	보 통 주 1,188만주	종속회사수 1개사	
액 면 가 500원	우 선 주	구 상 호	

주주구성 (지분율,%) / 출자관계 (지분율,%) / 주요경쟁사 (외형,%)

주주구성 (지분율,%)		출자관계 (지분율,%)		주요경쟁사 (외형,%)	
김현수	19.7	상해휴비츠정밀의기	67.0	휴비츠	100
ondrian Investment Partners Limited	7.8			인터로조	110
(외국인)	9.8			엘앤케이바이오	51

매출구성 / 비용구성 / 수출비중

매출구성		비용구성		수출비중	
자동검안기	36.9	매출원가율	56.3	수출	82.0
렌즈가공기	24.6	판관비율	25.2	내수	18.0
리프렉터	17.2				

회사 개요
동사는 안과 및 안경점용 필수 진단기기인 자동검안기, 자동렌즈미터, 근접 시력 진단기, 디지털리프렉터, 차트 프로젝터, 리프렉션 테이블, 세극등현미경을 개발, 생산, 판매하는 간 광학의료기기 전문기업임. 전체 매출액의 약 85%가 수출로부터 발생함. 진단기기는 시장 규모면에서 미국, 유럽 주요국가, 일본 약 70% 이상을 차지하고 있어 향후 선진국 시장 이외에 개발국으로의 매출비중 확대가 예상됨.

실적 분석
동사의 2017년 상반기 연결기준 누적매출액은 339.7억원으로 전년동기대비 1.4% 감소함. 비용측면에서 매출원가와 판관비는 각각 8.2%, 3.3% 늘면서 영업이익은 전년동기보다 32.2% 줄어든 48.5억원을 기록함. 당기순이익도 41.1억원으로 31.5% 감소함. 대체로 수요는 기존 제품의 대체 또는 신규 오픈 안경점에서 발생함. 동사는 전세계적으로 114여국가의 Distributor를 확보해 영업에 활용, 매출 증대에 노력하고 있음.

현금 흐름 〈단위 : 억원〉

항목	2016	2017.2Q
영업활동	124	38
투자활동	-337	-124
재무활동	135	58
순현금흐름	-77	-28
기말현금	77	49

시장 대비 수익률

결산 실적 〈단위 : 억원〉

항목	2012	2013	2014	2015	2016	2017
매출액	673	641	640	697	669	
영업이익	126	56	28	113	124	
당기순이익	118	3	16	74	114	

분기 실적 〈단위 : 억원〉

항목	2016.1Q	2016.2Q	2016.3Q	2016.4Q	2017.1Q	2017.2Q
매출액	168	176	158	167	155	184
영업이익	34	38	21	31	17	32
당기순이익	23	37	17	36	6	35

재무 상태 〈단위 : 억원〉

항목	2012	2013	2014	2015	2016	2017.2Q
총자산	839	1,016	1,068	1,145	1,395	1,490
유형자산	290	440	431	489	769	890
무형자산	157	105	132	131	119	128
유가증권	3	15	0	0	0	0
총부채	186	363	417	403	568	640
총차입금	118	299	307	303	435	499
자본금	52	53	54	59	59	59
총자본	653	653	651	742	827	849
지배주주지분	619	612	608	689	772	795

기업가치 지표

항목	2012	2013	2014	2015	2016	2017.2Q
가(최고/저)(천원)	17.1/8.0	25.6/13.9	17.5/11.1	23.1/12.7	18.0/11.4	—/—
ER(최고/저)(배)	16.7/7.8	—/—	136.2/86.4	40.8/22.3	19.4/12.3	—/—
BR(최고/저)(배)	3.0/1.4	4.5/2.4	3.0/1.9	3.9/2.1	2.7/1.7	2.1/1.7
EV/EBITDA(배)	9.3	16.9	26.3	12.5	12.1	—
EPS(원)	1,059	-25	131	575	932	331
BPS(원)	5,898	5,829	5,910	6,083	6,837	7,027
CFPS(원)	1,471	459	577	1,002	1,299	523
DPS(원)	150	50	100	100	100	—
EBITDAPS(원)	1,617	1,022	712	1,419	1,415	601

재무 비율 〈단위 : % 〉

연도	영업이익률	순이익률	부채비율	차입금비율	ROA	ROE	유보율	자기자본비율	EBITDA마진율
2016	18.6	17.0	68.7	52.6	9.0	15.2	1,267.5	59.3	25.1
2015	16.2	10.7	54.4	40.8	6.7	10.1	1,116.6	64.8	23.1
2014	4.4	2.5	64.0	47.1	1.6	2.3	1,082.1	61.0	11.7
2013	8.8	0.5	55.6	45.8	0.3	-0.4	1,065.7	64.3	16.8

휴스틸 (A005010)
Husteel

업 종 : 금속 및 광물		시 장 : 거래소	
신용등급 : (Bond) — (CP) —		기업규모 : 시가총액 소형주	
홈페이지 : www.husteel.com		연 락 처 : (02)828-9000	
본 사 : 서울시 강남구 테헤란로 512 (대치동, 신안빌딩 14층)			

설 립 일 1967.04.18	종 업 원 수 629명	대 표 이 사 박훈	
상 장 일 1973.06.29	감 사 의 견 적정 (삼정)	계 열	
결 산 기 12월	보 통 주 692만주	종속회사수 1개사	
액 면 가 5,000원	우 선 주	구 상 호	

주주구성 (지분율,%) / 출자관계 (지분율,%) / 주요경쟁사 (외형,%)

주주구성 (지분율,%)		출자관계 (지분율,%)		주요경쟁사 (외형,%)	
박순석	27.7	신안종합리조트	25.8	휴스틸	100
신안	6.0	디에이테크놀로지	14.4	포스코엠텍	73
(외국인)	6.0	HUSTEELUSA	100.0	동양철관	36

매출구성 / 비용구성 / 수출비중

매출구성		비용구성		수출비중	
흑관 백관 등(제품)	94.3	매출원가율	89.4	수출	58.0
흑관 백관 등(상품)	3.8	판관비율	10.2	내수	42.0
부산물 수탁가공	2.0				

회사 개요
동사는 강관의 제조 및 판매 등을 영위할 목적으로 1967년에 설립됨. 주요 제품으로는 OCTG(Oil Country Tubular Goods) 및 송유관(LINE PIPE), 철탑구조용 강관, 보일러 및 열교환기용 강관, 전선관, 일반 배관용 강관, 압력 배관용 강관, 내황산부식 강관, 강관말뚝 등임. 동사는 신안그룹 24개 계열회사 중 하나임. 동사는 한국철강협회 자료로 국내 탄소강관 시장의 7.7%, STS강관의 7.5% 점유율을 차지함.

실적 분석
동사는 2017년 상반기 매출 3,178.0억원을 기록해 전년 동기 대비 82% 증가했고, 영업이익은 88.3억원으로 전년 동기 30.8억원 적자에서 흑자전환함. 동사의 실적은 전방산업인 건설과 조선, 자동차, 기계 등의 영향을 크게 받음. 건설 경기의 회복으로 동사는 국내 수요가 회복세고, 국외시장은 원유가격의 회복되면서 미주지역의 유전개발 및 셰일가스 프로젝트가 증가하면서 실적이 호전됨. 특히 강관 수출액이 크게 증가함.

현금 흐름 〈단위 : 억원〉

항목	2016	2017.2Q
영업활동	-230	-421
투자활동	-96	-153
재무활동	638	232
순현금흐름	312	-342
기말현금	617	275

시장 대비 수익률

결산 실적 〈단위 : 억원〉

항목	2012	2013	2014	2015	2016	2017
매출액	5,889	5,478	5,538	4,385	3,640	—
영업이익	414	173	194	82	13	—
당기순이익	259	62	150	7	-6	—

분기 실적 〈단위 : 억원〉

항목	2016.1Q	2016.2Q	2016.3Q	2016.4Q	2017.1Q	2017.2Q
매출액	911	836	829	1,065	1,361	1,817
영업이익	-38	8	-1	45	55	33
당기순이익	-36	8	-15	45	13	34

재무 상태 〈단위 : 억원〉

항목	2012	2013	2014	2015	2016	2017.2Q
총자산	5,560	5,616	5,787	5,140	5,868	6,659
유형자산	2,408	2,372	2,408	2,609	2,536	2,498
무형자산	46	50	46	42	42	42
유가증권	627	856	606	574	518	396
총부채	1,672	1,555	1,813	1,203	2,009	2,886
총차입금	1,088	1,007	1,264	641	1,344	1,643
자본금	346	346	346	346	346	346
총자본	3,889	4,060	3,974	3,937	3,859	3,772
지배주주지분	3,889	4,060	3,974	3,937	3,859	3,772

기업가치 지표

항목	2012	2013	2014	2015	2016	2017.2Q
주가(최고/저)(천원)	26.0/15.3	24.6/16.2	19.1/14.4	22.1/14.5	16.7/13.1	—/—
PER(최고/저)(배)	8.3/4.9	31.4/20.6	9.7/7.3	233.6/153.2	—/—	—/—
PBR(최고/저)(배)	0.6/0.3	0.5/0.3	0.4/0.3	0.4/0.3	0.3/0.2	0.3/0.3
EV/EBITDA(배)	4.9	6.9	6.2	6.7	13.1	—
EPS(원)	3,741	894	2,174	100	-80	679
BPS(원)	56,206	58,687	57,438	56,902	55,779	54,524
CFPS(원)	5,136	2,668	4,056	2,009	1,700	1,519
DPS(원)	1,000	700	700	400	500	—
EBITDAPS(원)	7,372	4,277	4,693	3,097	1,975	2,118

재무 비율 〈단위 : % 〉

연도	영업이익률	순이익률	부채비율	차입금비율	ROA	ROE	유보율	자기자본비율	EBITDA마진율
2016	0.4	-0.2	52.1	34.8	-0.1	-0.1	1,015.6	65.8	3.8
2015	1.9	0.2	30.6	16.3	0.1	0.2	1,038.0	76.6	4.9
2014	3.5	2.7	45.6	31.8	2.6	3.7	1,048.8	68.7	5.9
2013	3.2	1.1	38.3	24.8	1.1	1.6	1,073.7	72.3	5.4

휴온스 (A243070)
HUONS CO

업 종 : 제약		시 장 : KOSDAQ	
신용등급 : (Bond) — (CP) —		기업규모 : 우량	
홈페이지 : www.huons.com		연 락 처 : 070)7492-5075	
본 사 : 경기도 성남시 분당구 판교로 253 C-902			

설 립 일	2016.05.03	종 업 원 수	529명	대 표 이 사	엄기안
상 장 일	2016.06.03	감 사 의 견	적정(대주)	계 열	
결 산 기	12월	보 통 주	619만주	종속회사수	
액 면 가	500원	우 선 주		구 상 호	

주주구성 (지분율,%)		출자관계 (지분율,%)		주요경쟁사 (외형,%)	
휴온스글로벌	40.8	바이오토피아	59.2	휴온스	100
트러스톤자산운용	3.9	휴온스내츄럴	57.6		
(외국인)	9.9	BeijingHuonsandPharmaceuticalCo.,Ltd.	42.0		

매출구성		비용구성		수출비중	
전문의약품	42.6	매출원가율	47.2	수출	—
웰빙의약품	25.3	판관비율	40.1	내수	—
수탁	12.3				

회사 개요
동사는 2016년 05월 01일자로 존속회사인 주식회사 휴온스글로벌과 신설회사 휴온스로 분할되어 2016년 05월 03일 설립되었음. 의약품 제조 및 판매를 주된 사업으로 영위하는 제약회사로서 최근 FTA 확대 및 보험약가 인하, 리베이트에 대한 강력한 규제와 cGMP 품질기준 강화 등 제약환경의 변화로 인해 기존의 사업과 더불어 성장을 위한 해외 현지법인 진출, 의료기기 판매 및 수탁 생산 등 사업의 다각화를 진행중임.

실적 분석
자체 개발한 신약의 해외 판매 비중 상승에 따라 동사 2017년 2분기기준 누적 매출액은 전년동기대비 232.6% 이상 크게 상승함. 상승한 매출액 만큼 비용증가도 있었으나 전년동기대비 영업이익은 158.8억원으로 262.5% 크게 상승하였음. 최종적으로 전년동기대비 당기순이익은 크게 상승하여 162.3억원을 기록함. 중동, 남미, 동남아 등 수출이 꾸준히 상승함에 따라 점진적인 성장이 기대됨.

현금 흐름
〈단위 : 억원〉

항목	2016	2017.2Q
영업활동	289	107
투자활동	-172	6
재무활동	22	21
순현금흐름	140	134
기말현금	160	294

시장 대비 수익률

결산 실적
〈단위 : 억원〉

항목	2012	2013	2014	2015	2016	2017
매출액	—	—	—	—	1,690	—
영업이익	—	—	—	—	215	—
당기순이익	—	—	—	—	148	—

분기 실적
〈단위 : 억원〉

항목	2016.1Q	2016.2Q	2016.3Q	2016.4Q	2017.1Q	2017.2Q
매출액	—	413	620	657	652	721
영업이익	—	44	103	69	71	87
당기순이익	—	34	85	30	96	67

재무 상태
〈단위 : 억원〉

항목	2012	2013	2014	2015	2016	2017.2Q
총자산					1,793	1,909
유형자산					451	451
무형자산					31	21
유가증권					65	41
총부채					836	812
총차입금					357	401
자본금					29	31
총자본					957	1,097
지배주주지분					939	1,085

기업가치 지표

항목	2012	2013	2014	2015	2016	2017.2Q
주가(최고/저)(천원)	#VALUE!	—/—	—/—	—/—	—/—	—/—
PER(최고/저)(배)	0.0/0.0	0.0/0.0	0.0/0.0	0.0/0.0	40.0/20.8	—/—
PBR(최고/저)(배)	0.0/0.0	0.0/0.0	0.0/0.0	0.0/0.0	6.5/3.4	3.5/2.7
EV/EBITDA(배)	0.0	0.0	0.0	0.0	15.9	
EPS(원)	—	—	—	—	2,477	2,720
BPS(원)	—	—	—	—	16,003	17,622
CFPS(원)	—	—	—	—	3,311	3,261
DPS(원)	—	—	—	—	25	—
EBITDAPS(원)	—	—	—	—	4,361	3,106

재무 비율
〈단위 : % 〉

연도	영업이익률	순이익률	부채비율	차입금비율	ROA	ROE	유보율	자기자본비율	EBITDA마진율
2016	12.7	8.8	87.3	37.3	0.0	0.0	3,100.6	53.4	15.2
2015	0.0	0.0	0.0	0.0	0.0	0.0	0.0	0.0	0.0
2014	0.0	0.0	0.0	0.0	0.0	0.0	0.0	0.0	0.0
2013	0.0	0.0	0.0	0.0	0.0	0.0	0.0	0.0	0.0

휴온스글로벌 (A084110)
Huons Global

업 종 : 제약		시 장 : KOSDAQ	
신용등급 : (Bond) — (CP) —		기업규모 : 우량	
홈페이지 : www.huonsglobal.com		연 락 처 : 070)7492-5029	
본 사 : 경기도 성남시 분당구 판교로 253 씨-901 (삼평동, 판교이노밸리)			

설 립 일	1987.07.10	종 업 원 수	77명	대 표 이 사	윤성태,김완섭(각자대표)
상 장 일	2006.12.19	감 사 의 견	적정(삼정)	계 열	
결 산 기	12월	보 통 주	991만주	종속회사수	1개사
액 면 가	500원	우 선 주		구 상 호	휴온스

주주구성 (지분율,%)		출자관계 (지분율,%)		주요경쟁사 (외형,%)	
윤성태	41.4	휴온스메디케어	68.4	휴온스글로벌	100
윤인상	4.1	휴온스	40.8	에스티팜	122
(외국인)	4.6	휴베나	40.6	종근당	508

매출구성		비용구성		수출비중	
의약품(휴온스)	33.8	매출원가율	45.8	수출	—
수탁 외	23.6	판관비율	36.5	내수	—
전문의약품	21.0				

회사 개요
동사는 분할 전인 2016년 05월 01일(분기기준일)까지 의약품 사업을 영위하였으며, 분할 후 존속회사인 주식회사 휴온스글로벌은 분할전 사업부문을 제외한 투자사업부문과 보톡스사업을 영위함과 동시에 지주회사로서의 역할을 수행함. 분할 후 신설회사인 주식회사 휴온스는 의약품 사업부문 일체를 영위함. 2016년 05월 03일(분할등기일) 기업 분할에 따라서 '주식회사 휴온스글로벌'로 사명을 변경함.

실적 분석
동사의 2017년 2분기 연결기준 누적 매출액은 1,554.5억원을 기록하며 전년 대비 324.1% 증가함. 영업이익은 270.2억원을 기록하며 전년 대비 242.4% 성장하였음. 당기순이익은 전년동기 대비 96.2% 감소한 197.2억원을 기록함. 중국현지법인에서 히알루론산 인공눈물, 결막염, 각막염 등의 점안제가 현재 중국 국가식품약품감독관리총국(CFDA)에 허가 신청 중에 있으며 순차적으로 중국 품목승인을 받아 생산할 계획.

현금 흐름
〈단위 : 억원〉

항목	2016	2017.2Q
영업활동	195	155
투자활동	-182	-209
재무활동	104	-23
순현금흐름	117	-73
기말현금	911	837

시장 대비 수익률

결산 실적
〈단위 : 억원〉

항목	2012	2013	2014	2015	2016	2017
매출액	1,341	1,582	1,823	654	1,637	—
영업이익	148	279	301	120	289	—
당기순이익	72	228	245	405	5,262	—

분기 실적
〈단위 : 억원〉

항목	2016.1Q	2016.2Q	2016.3Q	2016.4Q	2017.1Q	2017.2Q
매출액	149	218	536	734	734	82
영업이익	37	42	91	119	114	15
당기순이익	132	5,009	65	57	82	11

재무 상태
〈단위 : 억원〉

항목	2012	2013	2014	2015	2016	2017.2Q
총자산	1,855	2,062	2,545	3,141	5,571	5,74
유형자산	684	763	761	797	1,031	1,17
무형자산	70	68	59	58	1,960	1,95
유가증권	131	51	173	267	222	26
총부채	926	810	661	748	1,032	1,09
총차입금	702	546	367	335	556	64
자본금	47	53	57	57	49	5
총자본	929	1,252	1,884	2,393	4,539	4,64
지배주주지분	883	1,146	1,529	1,689	3,198	3,28

기업가치 지표

항목	2012	2013	2014	2015	2016	2017.2Q
주가(최고/저)(천원)	11.5/6.3	33.2/9.4	49.7/26.9	93.9/40.0	72.0/30.5	—/—
PER(최고/저)(배)	16.7/9.2	20.9/6.0	27.0/14.7	34.3/14.6	1.3/0.6	—/—
PBR(최고/저)(배)	1.3/0.7	3.2/0.9	3.8/2.1	6.2/2.7	2.2/0.9	1.3/0.
EV/EBITDA(배)	7.2	12.7	13.3	54.2	11.7	—/
EPS(원)	719	1,635	1,886	2,788	55,410	1,09
BPS(원)	9,670	10,873	13,533	15,695	33,465	33,64
CFPS(원)	1,704	2,517	2,895	3,509	57,383	1,72
DPS(원)	150	200	400	550	410	
EBITDAPS(원)	2,596	3,529	3,737	1,722	4,045	3,35

재무 비율
〈단위 : % 〉

연도	영업이익률	순이익률	부채비율	차입금비율	ROA	ROE	유보율	자기자본비율	EBITDA마진율
2016	17.7	321.4	22.7	12.3	120.8	210.6	6,592.9	81.5	20.
2015	18.4	61.9	31.3	14.0	14.3	20.1	3,039.0	76.2	30.
2014	16.5	13.4	35.1	19.5	10.6	15.7	2,606.6	74.0	22.
2013	17.7	14.4	64.7	43.6	11.7	17.1	2,074.6	60.7	23.

휴젤 (A145020)
Hugel

종 목 : 제약
용 등 급 : (Bond) — (CP) —
페 이 지 : www.hugel.co.kr
사 : 강원도 춘천시 신북읍 신북로 61-20
시 장 : KOSDAQ
기업규모 : 벤처
연 락 처 : 033)255-3882

설 립 일	2001.11.22	종 업 원 수	183명	대 표 이 사	문경엽,심주엽(공동대표이사)
상 장 일	2015.12.24	감 사 의 견	적정 (삼정)	계 열	
결 산 월	12월	보 통 주	429만주	종속회사수	6개사
액 면 가	500원	우 선 주	—	구 상 호	

주주구성 (지분율,%)		출자관계 (지분율,%)		주요경쟁사 (외형,%)	
guh Issuer Designated Activity Company	23.0	휴젤메디텍	100.0	휴젤	100
동양에이치씨	18.6	휴젤파마	100.0	에스티팜	161
(외국인)	50.9	에이비바이오	60.0	종근당	670

매출구성		비용구성		수출비중	
보툴렉스, 더채움	89.6	매출원가율	24.0	수출	61.0
기타(상품)	10.4	판관비율	25.1	내수	39.0

회사 개요
동사는 생물의학관련 제품의 개발, 제조, 판매 및 수출 등을 영위할 목적으로 2001년11월 설립됨. 2015년 12월 코스닥시장에 상장됨. 동사는 보툴렉스 개발/제조기업인 동시에 보툴렉스와 더채움 등의 판매전문 기업 휴젤파마와 필러 개발/제조기업 아크로스, 뇌질환 충재술용 의료기기 도매기업 휴텐, 무통 신 연구개발기업 에이비바이오 등의 계열사를 보유하고 있는 사업 지주사임.

실적 분석
동사의 2017년 2분기 연결기준 누적매출액은 904.1억원으로 전년 동기 대비 68.7% 증가함. 이는 주력 제품인 보툴리눔 톡신과 HA 필러의 국내매출 증가세 지속 및 해외매출의 가파른 성장에 기인함. 보툴리눔톡신과 필러 사업으로 축적된 역량을 통한 고기능성 화장품 개발 및 판매, 뇌질환 관련 충재술 사용 재료 치료제 신약 개발 및 흉터 치료제 신규사업 진출로 매출 증대를 꾀하는 중임.

현금 흐름		〈단위 : 억원〉
항목	2016	2017.2Q
영업활동	451	361
투자활동	-539	-204
재무활동	31	-0
순현금흐름	-56	157
기말현금	649	806

시장 대비 수익률

결산 실적					〈단위 : 억원〉
항목	2012	2013	2014	2015	2016	2017
매출액	207	292	403	651	1,242	—
영업이익	81	116	155	178	633	—
당기순이익	59	73	132	359	509	—

분기 실적					〈단위 : 억원〉
항목	2016.1Q	2016.2Q	2016.3Q	2016.4Q	2017.1Q	2017.2Q
매출액	227	309	328	378	443	462
영업이익	88	164	179	202	258	273
당기순이익	68	140	143	158	209	205

재무 상태					〈단위 : 억원〉
항목	2012	2013	2014	2015	2016	2017.2Q
총자산	246	781	972	2,336	2,943	3,437
유형자산	89	271	316	489	588	596
무형자산	0	6	10	643	639	636
유가증권	17	20	20	1	49	53
총부채	50	512	546	184	204	210
총차입금	21	469	483	14	3	3
자본금	11	11	11	16	16	16
총자본	197	269	427	2,152	2,739	3,227
지배주주지분	197	269	427	2,078	2,528	2,968

기업가치 지표					
항목	2012	2013	2014	2015	2016	2017.2Q
주가(최고/저)(천원)	—/—	—/—	—/—	199/168	483/190	—/—
PER(최고/저)(배)	0.0/0.0	0.0/0.0	0.0/0.0	15.7/13.3	36.7/14.4	—/—
PBR(최고/저)(배)	0.0/0.0	0.0/0.0	0.0/0.0	3.1/2.7	6.1/2.4	6.1/3.3
EV/EBITDA(배)	—	1.7	1.2	30.2	14.3	—
EPS(원)	2,702	3,115	5,293	12,625	13,177	11,234
BPS(원)	8,892	10,904	17,095	63,290	79,022	92,411
CFPS(원)	3,086	3,359	5,538	13,201	14,641	12,221
DPS(원)	—	—	—	—	—	—
EBITDAPS(원)	4,063	5,183	6,479	7,184	20,727	17,173

재무 비율								〈단위 : % 〉
연도	영업이익률	순이익률	부채비율	차입금비율	ROA	ROE	유보율	자기자본비율	EBITDA마진율
2016	50.9	41.0	7.4	0.1	19.3	18.8	15,704.4	93.1	54.8
2015	27.3	55.1	8.5	0.7	21.7	27.1	12,557.9	92.1	29.7
2014	38.4	32.6	127.9	113.3	15.0	37.8	3,709.6	43.9	39.9
2013	39.7	25.1	190.2	174.4	14.2	31.4	2,333.3	34.5	41.7

휴켐스 (A069260)
Huchems Fine Chemical

업 종 : 화학
신용 등급 : (Bond) A+ (CP) —
홈 페 이 지 : www.huchems.com
본 사 : 서울시 중구 퇴계로 173, 19층
시 장 : 거래소
기업규모 : 시가총액 중형주
연 락 처 : 02)2262-0600

설 립 일	2002.09.17	종 업 원 수	260명	대 표 이 사	최금성
상 장 일	2002.10.07	감 사 의 견	적정 (삼정)	계 열	
결 산 월	12월	보 통 주	4,088만주	종속회사수	3개사
액 면 가	1,000원	우 선 주	—	구 상 호	

주주구성 (지분율,%)		출자관계 (지분율,%)		주요경쟁사 (외형,%)	
태광실업	33.6	정산컴퍼니	62.6	휴켐스	100
국민연금공단	10.0	일렘테크놀러지	50.6	송원산업	116
(외국인)	12.3	태광파워홀딩스	20.0	삼영무역	37

매출구성		비용구성		수출비중	
DNT, MNB 등 판매	61.4	매출원가율	78.2	수출	15.0
질산, 초안 등 판매	28.3	판관비율	8.9	내수	85.0
탄소배출권, 암모니아, PB-1 등 판매	10.3				

회사 개요
태광실업의 계열사로 2002년 남해화학으로부터 기업분할을 통해 설립된 동사는 질산, DNT, MNB 등을 생산하고 있음. 매출의 90% 이상을 차지하는 4가지 주력제품(질산, DNT, MNB, 초안)은 국내 시장에서 독점적인 점유율을 유지하고 있음. 2012년 9월 MNB공장을 증설하고, 40만 톤 규모의 질산공장도 2012년 9월에 완공해 생산량을 늘리고 있음. 공장 가동률은 NT계열 77%, NA계열 92%임.

실적 분석
동사의 2017년 상반기 연결기준 누적매출액은 3,729.1억원으로 전년동기대비 26.6% 증가함. 비용측면에서 매출원가와 판관비 상승에도 불구하고 매출확대에 힘입어 영업이익은 전년동기보다 154.9% 늘어난 831.3억원을 기록함. 3분 일부 설비의 정기보수가 진행되었으나, 4분기에 반영되었던 일회성 비용 120억원 소멸 효과와 DNT제품 스프레드 상승이 상반기 실적호조의 원인임.

현금 흐름		〈단위 : 억원〉
항목	2016	2017.2Q
영업활동	1,155	574
투자활동	-551	-970
재무활동	-510	292
순현금흐름	58	-105
기말현금	145	40

시장 대비 수익률

결산 실적					〈단위 : 억원〉
항목	2012	2013	2014	2015	2016	2017
매출액	7,133	7,957	7,166	6,004	5,982	—
영업이익	659	597	528	436	769	—
당기순이익	522	503	380	342	399	—

분기 실적					〈단위 : 억원〉
항목	2016.1Q	2016.2Q	2016.3Q	2016.4Q	2017.1Q	2017.2Q
매출액	1,378	1,567	1,540	1,497	1,878	1,851
영업이익	105	221	187	256	423	408
당기순이익	29	162	117	91	293	372

재무 상태					〈단위 : 억원〉
항목	2012	2013	2014	2015	2016	2017.2Q
총자산	7,710	7,765	7,429	7,106	7,489	8,187
유형자산	3,389	3,210	3,014	2,794	2,620	2,578
무형자산	213	179	183	174	128	122
유가증권	1,777	15	291	342	44	535
총부채	3,105	3,129	2,698	2,377	2,556	2,828
총차입금	2,093	2,278	1,834	1,680	1,404	1,926
자본금	409	409	409	409	409	409
총자본	4,605	4,636	4,731	4,729	4,933	5,358
지배주주지분	4,522	4,591	4,711	4,730	4,931	5,371

기업가치 지표					
항목	2012	2013	2014	2015	2016	2017.2Q
주가(최고/저)(천원)	23.6/17.1	24.0/15.8	25.5/19.8	26.7/13.7	23.6/13.7	—/—
PER(최고/저)(배)	20.6/14.9	20.2/13.3	27.8/21.5	31.4/16.2	22.9/13.3	—/—
PBR(최고/저)(배)	2.4/1.7	2.2/1.5	2.3/1.7	2.2/1.2	1.8/1.1	1.9/1.4
EV/EBITDA(배)	11.3	9.7	11.5	6.9	7.6	—
EPS(원)	1,308	1,320	993	896	1,055	1,653
BPS(원)	11,299	11,967	12,261	12,623	13,143	14,356
CFPS(원)	1,988	2,291	1,888	1,790	1,891	2,036
DPS(원)	700	750	550	500	500	—
EBITDAPS(원)	2,293	2,431	2,186	1,961	2,717	2,416

재무 비율								〈단위 : % 〉
연도	영업이익률	순이익률	부채비율	차입금비율	ROA	ROE	유보율	자기자본비율	EBITDA마진율
2016	12.9	6.7	51.8	28.5	5.5	8.9	1,214.3	65.9	18.6
2015	7.3	5.7	50.3	35.5	4.7	7.8	1,162.3	66.6	13.4
2014	7.4	5.3	57.0	38.8	5.0	8.7	1,126.1	63.7	12.5
2013	7.5	6.3	67.5	49.1	6.5	13.1	1,096.7	59.7	12.5

흥구석유 (A024060)
Hung-Gu Oil

업 종 : 석유 및 가스	시 장 : KOSDAQ
신용등급 : (Bond) — (CP) —	기업규모 : 중견
홈페이지 : www.hunggu.kr	연 락 처 : 053)424-3395
본 사 : 대구시 중구 동덕로 38길 5 (동인동1가)	

설 립 일	1966.12.16	종 업 원 수	96명	대 표 이 사	김상우
상 장 일	1994.12.07	감 사 의 견	적정 (세영)	계 열	
결 산 기	12월	보 통 주	1,500만주	종 속 회 사 수	
액 면 가	100원	우 선 주		구 상 호	

주주구성 (지분율,%)
김상우	31.6
서상덕	25.6
(외국인)	0.2

출자관계 (지분율,%)
흥구석유	100
아이에	8
중앙에너비스	64

주요경쟁사 (외형,%)

매출구성
상품매출(상품)	100.0

비용구성
매출원가율	94.7
판관비율	4.7

수출비중
수출	0.0
내수	100.0

회사 개요
동사는 휘발유, 등유, 경유, 방카-C유, 액화석유가스 등을 GS칼텍스에서 매입하여 대구, 경북지역에 판매하는 석유류 도소매업체로 20여개의 주유소 및 충전소를 보유하고 있음. 대구, 경북지역내의 시장은 4.58%를 점유하고 있으며 국내외 경제악화로 소비심리가 위축되어 석유류 수요가 감소하고 있으며, 과다경쟁 등으로 인한 유통마진 축소로 수익구조가 악화되어 일반대리점의 경영위축이 가속화되고 있는 실정임.

실적 분석
동사의 2017년 연결기준 2분기 매출액은 전년 동기(700.8억원) 대비 10.4% 증가한 773.4억원을 기록함. 단 매출 원가율 상승 및 판관비 증가 영향으로 영업손실 1.7억원을 기록하여 적자전환함. 비영업손익이 소폭 개선됐지만 당기순이익은 전년 동기 대비 30.8% 감소한 4.9억원에 그침. 석유류 유통구조 변화와 유가자율화 등 급변하는 환경 변화에 대처하기 위한 경영전략을 구축하여 매출 정상화에 힘쓸 예정임.

현금 흐름   *IFRS 별도 기준   〈단위 : 억원〉
항목	2016	2017.2Q
영업활동	11	13
투자활동	-23	-4
재무활동	1	-15
순현금흐름	-11	-1
기말현금	14	14

시장 대비 수익률

결산 실적   〈단위 : 억원〉
항목	2012	2013	2014	2015	2016	2017
매출액	2,729	2,486	1,932	1,551	1,438	—
영업이익	7	-2	12	5	10	—
당기순이익	14	7	18	29	22	—

분기 실적   *IFRS 별도 기준   〈단위 : 억원〉
항목	2016.1Q	2016.2Q	2016.3Q	2016.4Q	2017.1Q	2017.2Q
매출액	352	349	347	391	389	384
영업이익	5	-4	5	3	0	-2
당기순이익	7	0	7	8	3	2

재무 상태   *IFRS 별도 기준   〈단위 : 억원〉
항목	2012	2013	2014	2015	2016	2017.2Q
총자산	747	712	691	781	791	786
유형자산	447	446	406	403	381	380
무형자산	1	1	0	1	1	1
유가증권	0	0	0	4	55	54
총부채	105	64	30	98	100	103
총차입금	75	40	—	50	60	60
자본금	15	15	15	15	15	15
총자본	642	647	662	682	692	682
지배주주지분	642	647	662	682	692	682

기업가치 지표   *IFRS 별도 기준
항목	2012	2013	2014	2015	2016	2017.2Q
주가(최고/저)(천원)	2.6/1.3	2.8/1.5	2.9/1.8	3.0/2.0	3.9/2.6	—/—
PER(최고/저)(배)	30.4/15.3	63.7/33.4	26.1/16.6	16.4/10.7	27.9/18.4	—/—
PBR(최고/저)(배)	0.7/0.3	0.7/0.4	0.7/0.4	0.7/0.5	0.9/0.6	0.8/0.7
EV/EBITDA(배)	26.4	163.4	17.8	56.1	37.7	—/—
EPS(원)	96	49	119	195	145	32
BPS(원)	4,328	4,360	4,457	4,594	4,657	4,594
CFPS(원)	124	76	147	222	171	46
DPS(원)	30	30	50	80	100	
EBITDAPS(원)	77	14	105	57	90	

재무 비율   〈단위 : % 〉
연도	영업이익률	순이익률	부채비율	차입금비율	ROA	ROE	유보율	자기자본비율	EBITDA마진율
2016	0.7	1.5	14.4	8.7	2.8	3.2	4,557.3	87.4	0.9
2015	0.3	1.9	14.4	7.3	4.0	4.4	4,494.0	87.4	0.6
2014	0.6	0.9	4.5	0.0	2.6	2.7	4,356.6	95.7	0.8
2013	-0.1	0.3	10.0	6.2	1.0	1.1	4,260.2	91.0	0.1

흥국 (A010240)
HEUNGKUK METALTECH

업 종 : 기계	시 장 : KOSDAQ
신용등급 : (Bond) — (CP) —	기업규모 : 중견
홈페이지 : www.heungkuk.co.kr	연 락 처 : 041)546-7771
본 사 : 충남 아산시 둔포면 아산밸리로 357	

설 립 일	1974.10.17	종 업 원 수	99명	대 표 이 사	류명준
상 장 일	2009.05.12	감 사 의 견	적정 (한영)	계 열	
결 산 기	12월	보 통 주	616만주	종 속 회 사 수	1개사
액 면 가	500원	우 선 주		구 상 호	

주주구성 (지분율,%)
류명준	13.6
류광준	8.4
(외국인)	6.8

출자관계 (지분율,%)
흥국과기무석유한공사	100.0

주요경쟁사 (외형,%)
흥국	100
수성	45
	27

매출구성
건설기계부품(제품)	89.5
단조품(제품)	9.6
부자재 외(상품)	0.9

비용구성
매출원가율	84.6
판관비율	7.2

수출비중
수출	—
내수	—

회사 개요
동사는 1974년에 설립하여 자유단조품 및 형단조품을 생산하기 시작하였으며, 1978년 10월 본사 및 공장을 수원공장으로 이전하여 본격적인 형단조품 사업을 수행하였음. 그리고 1990년 11월에는 충남 아산시에 온양공장을 준공하여 트랙롤러(Track Roller), 트랙링크(Track Link) 등 건설기계부품을 가공, 조립하고 자동차부품을 정밀가공하기 시작함. 2005년 7월 중국 강소성 무석시에 흥국과기(무석)유한공사를 설립하였음.

실적 분석
2017년 상반기 연결기준 동사 매출은 446.4억원으로 전년도 동기 301.4억원에서 48.1% 성장함. 매출원가가 45.2% 늘어나고 판매비와 관리비도 25.9% 증가했으나 외형성장이 이를 상회해 영업이익은 25.6억원에서 50%으로 두 배 가까이 증가했음. 비영업부문도 흑자전환해 전년 동기 17.9억원이었던 당기순이익이 120% 성장한 39.3억원을 기록함.

현금 흐름   〈단위 : 억원〉
항목	2016	2017.2Q
영업활동	69	26
투자활동	-2	11
재무활동	-103	-29
순현금흐름	-37	7
기말현금	18	25

시장 대비 수익률

결산 실적   〈단위 : 억원〉
항목	2012	2013	2014	2015	2016	2017
매출액	903	788	730	643	627	—
영업이익	55	50	31	26	52	—
당기순이익	35	33	17	14	36	—

분기 실적   〈단위 : 억원〉
항목	2016.1Q	2016.2Q	2016.3Q	2016.4Q	2017.1Q	2017.2Q
매출액	143	158	155	171	213	233
영업이익	10	16	13	13	26	24
당기순이익	6	12	10	9	20	20

재무 상태   〈단위 : 억원〉
항목	2012	2013	2014	2015	2016	2017.2Q
총자산	895	840	791	734	695	725
유형자산	461	438	402	364	331	304
무형자산	2	1	6	4	0	0
유가증권	0	0	0	0	0	0
총부채	469	390	332	266	198	200
총차입금	369	284	237	197	100	80
자본금	31	31	31	31	31	31
총자본	426	450	459	468	497	525
지배주주지분	426	450	459	468	497	525

기업가치 지표
항목	2012	2013	2014	2015	2016	2017.2Q
주가(최고/저)(천원)	5.5/3.2	4.1/3.4	4.4/3.3	4.7/3.3	12.5/3.9	—/—
PER(최고/저)(배)	11.0/6.5	8.4/7.1	17.2/12.8	21.2/15.1	21.6/6.8	—/—
PBR(최고/저)(배)	0.9/0.5	0.6/0.5	0.6/0.5	0.6/0.5	1.6/0.5	1.3/0.7
EV/EBITDA(배)	5.7	5.3	5.7	6.0	7.5	—/—
EPS(원)	572	528	271	229	587	637
BPS(원)	6,909	7,304	7,454	7,600	8,070	8,523
CFPS(원)	1,141	1,180	938	911	1,241	914
DPS(원)	150	100	100	100	150	
EBITDAPS(원)	1,469	1,462	1,172	1,112	1,491	1,087

재무 비율   〈단위 : % 〉
연도	영업이익률	순이익률	부채비율	차입금비율	ROA	ROE	유보율	자기자본비율	EBITDA마진율
2016	8.2	5.8	39.7	20.1	5.1	7.5	1,514.1	71.6	14.6
2015	4.1	2.2	56.8	42.1	1.9	3.0	1,420.1	63.8	10.7
2014	4.3	2.3	72.3	51.7	2.1	3.7	1,390.7	58.0	9.9
2013	6.3	4.1	86.8	63.0	3.8	7.4	1,360.8	53.6	11.4

흥국에프엔비 (A189980)
HYUNGKUK F&B

업　　종 : 음료			시　　장 : KOSDAQ		
신용등급 : (Bond) — (CP) —			기업규모 : 중견		
홈페이지 : www.hyungkuk.com			연 락 처 : 043)882-5666		
본　　사 : 충북 음성군 삼성면 하이텍산단로 116-23					

설 립 일	2008.03.25	종 업 원 수	137명	대 표 이 사	박철범,오길영
상 장 일	2015.08.07	감 사 의 견	적정 (삼정)	계　　열	
결 산 기	12월	보 통 주	734만주	종속회사수	3개사
액 면 가	500원	우 선 주	—	구 상 호	

주주구성 (지분율,%)		출자관계 (지분율,%)		주요경쟁사 (외형,%)	
오길영	49.1	모닝듀에프엔비	100.0	흥국에프엔비	100
KODBC Pioneer Champ 2010 4호	2.7	카페뉴	100.0	네이처셀	65
(외국인)	1.2	상해상하무역유한공사	100.0	풍국주정	234

매출구성		비용구성		수출비중	
과일농축액(에이드베이스 등): Mom's 에이드 등	46.0	매출원가율	62.3	수출	1.0
기타: 스노우빙 등	17.4	판관비율	28.2	내수	99.0
스무디: NEO 스무디 등	16.0				

회사 개요

동사는 2008년 천연과일주스 등의 음료 제조 및 판매업을 주요 사업으로 영위하기 위해 설립됨. 오길영 외 9인이 최대주주로 52.79%의 지분을 보유함. (2015년 8월 9일 기준) 동사에서 공급하는 과일, 채소 음료류는 외식, 커피 프랜차이즈를 비롯해 다수 개인 카페에서 다양한 음료의 주원료로 널리 사용됨. 최종 제품으로는 에이드, 주스, 스무디 등의 제품으로 최종 소비자에게 판매되고 있음.

실적 분석

동사의 2017년 2분기기준 누적 매출액은 전년동기대비 12.1% 상승한 232.3억원을 기록하였음. 비용면에서 전년동기대비 매출원가는 증가 했으며 인건비도 증가, 광고선전비는 감소 하였고 기타판매비와관리비는 증가 하였음. 이와 같이 상승한 매출액 대비 비용증가가 높아 그에 따라 전년동기대비 영업이익은 23.4억원으로 -9.6% 하락하였음. 최종적으로 전년동기대비 당기순이익은 하락하여 18.7억원을 기록함.

현금 흐름		〈단위 : 억원〉
항목	2016	2017.2Q
영업활동	45	11
투자활동	-41	-41
재무활동	-107	26
순현금흐름	-66	-4
기말현금	25	21

시장 대비 수익률

결산 실적					〈단위 : 억원〉
항목	2012	2013	2014	2015	2016	2017
매출액	242	303	350	396	414	—
영업이익	43	67	80	86	39	—
당기순이익	33	47	61	66	33	—

분기 실적						〈단위 : 억원〉
항목	2016.1Q	2016.2Q	2016.3Q	2016.4Q	2017.1Q	2017.2Q
매출액	77	130	127	79	86	147
영업이익	8	17	23	-9	3	20
당기순이익	7	14	17	-4	1	18

재무 상태						〈단위 : 억원〉
항목	2012	2013	2014	2015	2016	2017.2Q
총자산	275	330	411	751	669	742
유형자산	168	201	214	334	344	348
무형자산	2	4	5	5	9	13
유가증권	0	0	0	0	0	0
총부채	174	182	166	111	114	175
총차입금	148	148	124	74	81	115
자본금	25	25	27	37	37	37
총자본	101	148	245	640	555	566
지배주주지분	101	148	245	640	555	566

기업가치 지표						
항목	2012	2013	2014	2015	2016	2017.2Q
주가(최고/저)(천원)	—/—	—/—	—/—	66.0/30.1	36.1/12.1	—/—
PER(최고/저)(배)	0.0/0.0	0.0/0.0	0.0/0.0	64.5/29.4	79.7/26.7	—/—
PBR(최고/저)(배)	0.0/0.0	0.0/0.0	0.0/0.0	7.7/3.5	4.1/1.4	1.6/1.3
EV/EBITDA(배)	2.5	1.7	1.0	23.5	14.5	—
EPS(원)	656	924	1,132	1,037	456	254
BPS(원)	1,987	2,908	4,485	8,721	8,913	9,071
CFPS(원)	853	1,203	1,500	1,397	903	510
DPS(원)					200	100
EBITDAPS(원)	1,053	1,599	1,841	1,711	981	574

재무 비율								〈단위 : % 〉
연도	영업이익률	순이익률	부채비율	차입금비율	ROA	ROE	유보율	자기자본비율	EBITDA마진율
2016	9.5	8.1	20.6	14.7	4.7	5.6	1,682.6	82.9	17.4
2015	21.7	16.7	17.3	11.6	11.4	14.9	1,644.3	85.3	27.5
2014	22.7	17.5	67.9	50.6	16.5	31.2	796.9	59.6	28.4
2013	22.1	15.5	123.3	100.6	15.5	37.8	481.6	44.8	26.8

흥국화재해상보험 (A000540)
Heungkuk Fire & Marine Insurance

업　　종 : 보험			시　　장 : 거래소		
신용등급 : (Bond) A (CP) —			기업규모 : 시가총액 소형주		
홈페이지 : www.heungkukfire.co.kr			연 락 처 : 02)2002-6000		
본　　사 : 서울시 종로구 새문안로 68					

설 립 일	1948.03.15	종 업 원 수	1,186명	대 표 이 사	권중원
상 장 일	1974.12.05	감 사 의 견	적정 (삼정)	계　　열	
결 산 기	12월	보 통 주	6,424만주	종속회사수	1개사
액 면 가	5,000원	우 선 주	92만주	구 상 호	

주주구성 (지분율,%)		출자관계 (지분율,%)		주요경쟁사 (외형,%)	
흥국생명보험	60.4	제이씨에이치앤파트너스제일차전문사모	11.4	흥국화재	100
태광산업	19.9	토러스투자자문	2.7	동양생명	183
(외국인)	1.8	대신증권국제일호사모투자전문	1.1	한화손해보험	148

수익구성		비용구성		수출비중	
[손해보험]장기	87.0	책임준비금전입	25.6	수출	—
[손해보험]자동차	7.6	보험금비용	27.6	내수	—
[손해보험]특종	3.7	사업비	6.7		

회사 개요

1948년에 설립된 동사는 손해보험업을 영위해왔으며, 2006년 태광그룹에 편입됐음. 동사가 소속된 태광그룹은 상장사인 태광산업, 대한화섬을 비롯해 제조, 방송통신, 금융, 건설 등의 분야에 총 35개 계열회사를 두고 있음. 동사는 2016년도 3분기 기준 국내 손해보험업 분야에서 시장점유율 4.6%를 차지하며 2014년 신용등급(한국신용평가 기준)이 A+로 한단계 상승한 뒤로 현재까지 유지하고 있음.

실적 분석

동사의 2017년도 2분기 누적 기준 영업수익은 2조 1,587억원으로 전년 동기 대비 소폭 감소하였음. 같은 기간 영업이익과 당기순이익은 771억원, 591억원을 각각 기록하였음. 영업이익은 흑자전환 하였으며, 당기순이익은 전년 대비 증가세를 이어감. 동사는 장기 보험료 누적효과를 최대화하기 위해 고객 서비스 증대, 판매조직의 불완전판매 제재, 완전판매를 위한 모니터링 등을 통하여 계약 유지율을 제고하는 전략을 시행 중.

현금 흐름		〈단위 : 억원〉
항목	2016	2017.2Q
영업활동	9,855	5,106
투자활동	-11,739	-4,737
재무활동	973	-32
순현금흐름	-910	338
기말현금	220	558

시장 대비 수익률

결산 실적					〈단위 : 억원〉
항목	2012	2013	2014	2015	2016	2017
보험료수익	29,634	22,460	30,158	33,187	33,344	—
영업이익	604	344	453	177	157	—
당기순이익	737	119	320	197	315	—

분기 실적						〈단위 : 억원〉
항목	2016.1Q	2016.2Q	2016.3Q	2016.4Q	2017.1Q	2017.2Q
보험료수익	8,338	8,477	8,375	8,154	8,075	7,989
영업이익	-225	69	245	68	135	636
당기순이익	40	50	185	40	109	482

재무 상태						〈단위 : 억원〉
항목	2012	2013	2014	2015	2016	2017.2Q
총자산	58,750	65,809	77,076	89,879	102,160	107,261
유형자산	599	639	625	649	669	909
무형자산	215	403	341	297	260	237
유가증권	31,673	30,395	35,915	41,787	53,948	58,638
총부채	55,054	62,902	73,060	85,458	96,637	101,056
총차입금	1,020	1,416	1,510	2,014	2,061	2,061
자본금	3,258	3,258	3,258	3,258	3,258	3,258
총자본	3,697	2,908	4,016	4,420	5,523	6,206
지배주주지분	3,697	2,908	4,016	4,420	5,523	6,206

기업가치 지표						
항목	2012	2013	2014	2015	2016	2017.2Q
주가(최고/저)(천원)	5.3/4.4	5.4/4.1	4.5/3.5	4.7/3.7	4.1/3.3	—/—
PER(최고/저)(배)	4.7/3.9	29.5/22.5	9.1/7.1	15.7/12.1	8.5/6.9	—/—
PBR(최고/저)(배)	0.9/0.8	1.2/0.9	0.7/0.6	0.7/0.5	0.5/0.4	0.6/0.4
PSR(최고/저)(배)	0/0	0/0	0/0			
EPS(원)	1,131	183	492	302	483	—
BPS(원)	5,673	4,462	6,163	6,783	8,475	9,523
CFPS(원)	1,260	311	679	477	677	1,023
DPS(원)						
EBITDAPS(원)	927	528	696	272	241	1,183

재무 비율								〈단위 : % 〉
연도	계속사업이익률	순이익률	부채비율	차입금비율	ROA	ROE	유보율	자기자본비율	총자산증가율
2016	0.5	0.9	1,749.9	37.3	0.3	6.3	69.5	5.4	13.7
2015	0.5	0.6	1,933.4	45.6	0.2	4.7	35.7	4.9	16.6
2014	1.4	1.1	1,819.3	37.8	0.5	9.3	23.3	5.2	31.2
2013	0.8	0.5	일부잠식	일부잠식	0.2	-10.8	4.4	12.0

흥아해운 (A003280)
Heung-A Shipping

업　종 : 해상운수		시　장 : 거래소	
신용등급 : (Bond) BB+　(CP) —		기업규모 : 시가총액 소형주	
홈페이지 : www.heung-a.co.kr		연락처 : 02)3449-3000	
본　사 : 서울시 송파구 새말로5길 21 흥아해운 빌딩			

설 립 일	1961.12.08	종 업 원 수	949명	대 표 이 사	이윤재,박석묵(각자대표이사)
상 장 일	1976.06.29	감 사 의 견	적정 (안경)	계	열
결 산 기	12월	보 통 주	12,771만주	종속회사수	4개사
액 면 가	500원	우 선 주	—	구 상 호	

주주구성 (지분율,%)
Fairmont Partners Ltd	19.1
한화자산운용	3.3
(외국인)	24.2

출자관계 (지분율,%)
하스매니지먼트	100.0
흥아프로퍼티그룹	50.0
에이치앤브이물류	50.0

주요경쟁사 (외형,%)
흥아해운	100
키위미디어그룹	1
인터지스	56

매출구성
해상운송	93.6
부동산임대 외	6.4

비용구성
매출원가율	95.5
판관비율	3.8

수출비중
수출	—
내수	—

회사 개요
동사는 1961년에 설립돼 아시아 지역 내 컨테이너화물과 액체석유화학제품의 해상운송을 주업으로 하고 있으며, 컨테이너야드 임대와 부동산임대업을 행하고 있음. 계열회사 22개사(국내 11개, 해외 11개)를 보유하고 있음. 매출은 컨테이너화물 해상운송 81.65%, 석유화학제품 해상운송 11.34%, 컨테이너야드, 부동산 임대 및 연결대상회사 실적 7.01%로 구성됨.

실적 분석
2017년 상반기 연결 기준 동사의 매출액은 전년도 대비 소폭 하락한 4,075.6억원을 시현함. 매출 감소로 인해 전년도 같은 기간 51.3억원을 기록한 영업이익은 적자전환됨. 비영업부문 손실도 117.4억원에서 289.5억원으로 손실 폭이 커짐. 이에 당기순손실 역시 75.3억원에서 309.4억원으로 손실 폭 증가. 2018년부터 업황이 점진적으로 개선될 것으로 예상됨.

현금 흐름
〈단위 : 억원〉
항목	2016	2017.2Q
영업활동	-14	-45
투자활동	-147	85
재무활동	103	71
순현금흐름	-63	115
기말현금	141	256

시장 대비 수익률

결산 실적
〈단위 : 억원〉
항목	2012	2013	2014	2015	2016	2017
매출액	7,265	7,699	8,251	8,451	8,317	—
영업이익	342	193	186	212	59	—
당기순이익	164	182	183	105	-172	—

분기 실적
〈단위 : 억원〉
항목	2016.1Q	2016.2Q	2016.3Q	2016.4Q	2017.1Q	2017.2Q
매출액	2,087	2,095	2,007	2,128	1,962	2,113
영업이익	23	28	-38	45	-62	30
당기순이익	-49	-26	-211	114	-303	-6

재무 상태
〈단위 : 억원〉
항목	2012	2013	2014	2015	2016	2017.2Q
총자산	5,336	5,711	6,492	7,916	9,585	9,157
유형자산	2,404	2,229	3,236	4,833	6,710	6,203
무형자산	10	10	10	11	11	11
유가증권	11	10	42	20	11	4
총부채	4,089	4,157	4,818	6,186	7,660	7,593
총차입금	2,603	2,555	2,384	2,593	2,573	2,835
자본금	354	424	424	424	639	639
총자본	1,247	1,553	1,674	1,731	1,925	1,564
지배주주지분	1,247	1,553	1,674	1,731	1,925	1,564

기업가치 지표
항목	2012	2013	2014	2015	2016	2017.2Q
주가(최고/저)(천원)	1.1/0.6	2.1/0.9	2.8/1.1	3.9/1.5	2.3/1.2	—/—
PER(최고/저)(배)	5.4/2.9	9.7/3.9	13.7/5.5	33.4/12.9	—/—	—/—
PBR(최고/저)(배)	0.7/0.4	1.2/0.5	1.5/0.6	2.0/0.8	1.5/0.8	1.8/1.1
EV/EBITDA(배)	5.7	7.9	13.2	9.0	13.0	—
EPS(원)	207	220	207	119	-169	-242
BPS(원)	1,801	1,865	2,008	2,075	1,528	1,246
CFPS(원)	427	416	361	348	79	-134
DPS(원)	7	9	—	—	—	—
EBITDAPS(원)	679	431	364	475	306	84

재무 비율
〈단위 : % 〉
연도	영업이익률	순이익률	부채비율	차입금비율	ROA	ROE	유보율	자기자본비율	EBITDA마진율
2016	0.7	-2.1	398.0	133.7	-2.0	-9.4	205.6	20.1	3.7
2015	2.5	1.2	357.4	149.8	1.5	6.2	314.9	21.9	4.8
2014	2.3	2.2	287.8	142.4	3.0	11.4	301.5	25.8	3.7
2013	2.5	2.4	267.6	164.5	3.3	13.0	273.1	27.2	4.4

희림종합건축사사무소 (A037440)
Heerim Architects & Planners

업　종 : 건설		시　장 : KOSDAQ	
신용등급 : (Bond) —　(CP) —		기업규모 : 중견	
홈페이지 : www.heerim.com		연락처 : 02)3410-9000	
본　사 : 서울시 강동구 상일로 6길 39 (상일동)			

설 립 일	1996.07.30	종 업 원 수	1,091명	대 표 이 사	정영균,이목운,황의표(각자대표)
상 장 일	2000.01.22	감 사 의 견	적정 (영앤진)	계	열
결 산 기	12월	보 통 주	1,392만주	종속회사수	1개사
액 면 가	500원	우 선 주	—	구 상 호	

주주구성 (지분율,%)
정영균	26.8
이영희	8.5
(외국인)	1.4

출자관계 (지분율,%)
스튜엇프라이스앤파트너스	49.0
피투엘디큐브	30.0
건축설계정보	14.6

주요경쟁사 (외형,%)
희림	100
성도이엔지	304
세보엠이씨	277

매출구성
[건축설계용역]민간	45.3
[감리용역]관급	17.8
[감리용역]민간	16.9

비용구성
매출원가율	85.5
판관비율	10.7

수출비중
수출	7.0
내수	93.0

회사 개요
건축물의 설계와 감리 등 건설 관련 서비스제공업체로서 중앙정부와 지방자치단체에서 발주하는 관급공사의 Turn Key 및 CM서비스 제공이 주요 수입원임. 따라서 동사의 실적은 건설경기 및 정부의 건설관련 정책과 밀접한 관계를 가짐. 해외 진출을 위한 우수한 기술인력확보와 새로운 설계시스템 등의 구축에도 투자를 계속하여 중국, 베트남, 아랍에미리트 등에서 해외설계 용역을 수주하고 있음.

실적 분석
2017년 반기 연결기준 매출액과 영업이익은 전년동기대비 각각 10.1%, 23% 증가한 742.3억원, 32억원을 기록함. 공항, 경기장, 병원, 호텔, 초고층빌딩 등 고부가가치 특수 설계 세계적 경쟁력을 확보하고 있음. 베트남 롱탄국제공항을 비롯해 국내 대규모 공항 발주, 내진 설계 기준 강화 등 특수설계 분야 발주시장 개선으로 수혜 예상. 더불어 공공주도로 진행될 가능성이 높은 도시재생 뉴딜정책과 관련해서 CM부문 고성장 기대됨.

현금 흐름
〈단위 : 억원〉
항목	2016	2017.2Q
영업활동	74	83
투자활동	-5	-4
재무활동	-48	-56
순현금흐름	21	16
기말현금	183	198

시장 대비 수익률

결산 실적
〈단위 : 억원〉
항목	2012	2013	2014	2015	2016	2017
매출액	1,454	1,496	1,356	1,358	1,398	—
영업이익	55	71	-99	70	54	—
당기순이익	0	13	-140	36	21	—

분기 실적
〈단위 : 억원〉
항목	2016.1Q	2016.2Q	2016.3Q	2016.4Q	2017.1Q	2017.2Q
매출액	324	351	360	363	352	390
영업이익	12	15	19	19	13	19
당기순이익	3	6	3	10	2	10

재무 상태
〈단위 : 억원〉
항목	2012	2013	2014	2015	2016	2017.2Q
총자산	1,275	1,292	1,389	1,425	1,434	1,496
유형자산	80	77	74	17	33	21
무형자산	20	32	35	33	30	48
유가증권	26	23	27	—	29	28
총부채	713	719	957	947	946	1,006
총차입금	387	446	551	527	500	458
자본금	70	70	70	70	70	70
총자본	563	573	432	478	489	490
지배주주지분	563	573	432	478	489	490

기업가치 지표
항목	2012	2013	2014	2015	2016	2017.2Q
주가(최고/저)(천원)	6.9/5.5	6.5/5.3	6.3/4.4	4.7/3.8	6.6/4.0	—/—
PER(최고/저)(배)	98.6/79.0	72.5/60.0	—/—	18.7/15.3	43.8/26.5	—/—
PBR(최고/저)(배)	1.5/1.2	1.2/1.0	1.7/1.2	1.2/1.0	1.7/1.0	1.3/1.1
EV/EBITDA(배)	19.2	14.3	—	10.7	15.2	—
EPS(원)	74	94	-1,003	262	154	85
BPS(원)	4,742	4,783	3,749	4,035	4,099	4,108
CFPS(원)	166	184	-912	351	235	85
DPS(원)	50	50	—	100	100	—
EBITDAPS(원)	486	602	-617	589	469	230

재무 비율
〈단위 : % 〉
연도	영업이익률	순이익률	부채비율	차입금비율	ROA	ROE	유보율	자기자본비율	EBITDA마진율
2016	3.9	1.5	193.5	102.3	1.5	4.4	719.8	34.1	4.7
2015	5.1	2.7	198.0	110.3	2.6	8.0	707.0	33.6	6.0
2014	-7.3	-10.3	221.5	127.4	-10.4	-27.8	649.9	31.1	-6.3
2013	4.8	0.9	125.5	77.8	1.0	2.3	856.6	44.3	5.6

힘스 (A238490)
HIMS CO

업종 : 디스플레이 및 관련부품	시 장 : KOSDAQ
신용등급 : (Bond) — (CP) —	기업규모 : 벤처
홈페이지 : www.hims.co.kr	연 락 처 : 032)821-2511
본 사 : 인천시 남동구 남동서로 126	

설 립 일 1999.01.15	종 업 원 수 191명	대 표 이 사 김주환	
상 장 일 2017.07.20	감 사 의 견 적정 (신승)	계 열	
결 산 기 12월	보 통 주 524만주	종 속 회 사 수	
액 면 가 500원	우 선 주	구 상 호	

주주구성 (지분율,%)		출자관계 (지분율,%)		주요경쟁사 (외형,%)	
김주환	11.3	IVOTSINC	18.9	힘스	100
김주일	9.4			인베니아	298
(외국인)	0.6			신화인터텍	424

매출구성		비용구성		수출비중	
OLED 장비	95.7	매출원가율	68.0	수출	7.0
비전모듈 등	2.7	판관비율	19.0	내수	93.0
Non-oled ? 장비	1.3				

회사 개요

동사는 1999년 1월 15일에 OLED 등 평판 디스플레이(Flat Panel Display) 관련 장비와 부품 등의 제조 및 판매를 목적으로 설립함. 디스플레이 제조사에 OLED 제조관련 마스크 공정 및 Glass 검사공정에 관련 장비를 제조, 판매하는 사업을 주요사업으로 영위하고 있음. 올해 7월 코스닥 시장에 등록했으며 FMM 공정장비서 세계적 기술력을 갖고 있음.

실적 분석

동사의 2017년 상반기 연결기준 누적 매출액은 466.8억원으로 전년 동기 대비 460.7% 증가함. 매출 증가에 따라 매출원가와 판관비도 큰 폭으로 증가했지만 고정비용 감소효과로 인해 영업이익은 116.9억원으로 전년 동기 대비 흑자전환에 성공함. 비영업손익 부문에서 금융이나 외환 등 일부 손실이 발생했지만 영업이익이 워낙 크게 늘어난 탓에 당기순이익은 88.2억원으로 전년 동기 대비 흑자전환함.

현금 흐름
*IFRS 별도 기준 〈단위 : 억원〉

항목	2016	2017.2Q
영업활동	61	2
투자활동	-29	-13
재무활동	9	—
순현금흐름	44	-13
기말현금	62	50

시장 대비 수익률

결산 실적
〈단위 : 억원〉

항목	2012	2013	2014	2015	2016	2017
매출액	320	332	268	249	509	—
영업이익	40	26	2	-11	66	—
당기순이익	35	21	6	-6	50	—

분기 실적
*IFRS 별도 기준 〈단위 : 억원〉

항목	2016.1Q	2016.2Q	2016.3Q	2016.4Q	2017.1Q	2017.2Q
매출액	41	43	—	—	226	241
영업이익	-12	-2	—	—	49	68
당기순이익	-13	-4	—	—	35	53

재무 상태
*IFRS 별도 기준 〈단위 : 억원〉

항목	2012	2013	2014	2015	2016	2017.2Q
총자산	297	266	296	246	485	621
유형자산	158	164	160	154	174	175
무형자산	2	3	4	4	6	7
유가증권	2	—	—	—	—	4
총부채	166	113	137	124	262	308
총차입금	113	62	62	80	43	44
자본금	21	21	21	21	21	21
총자본	131	153	159	123	223	312
지배주주지분	131	153	159	123	223	312

기업가치 지표
*IFRS 별도 기준

항목	2012	2013	2014	2015	2016	2017.2Q
주가(최고/저)(천원)	#VALUE!	—/—	—/—	—/—	—/—	—/—
PER(최고/저)(배)	0.0/0.0	0.0/0.0	0.0/0.0	0.0/0.0	0.0/0.0	—/—
PBR(최고/저)(배)	0.0/0.0	0.0/0.0	0.0/0.0	0.0/0.0	0.0/0.0	0.0/0.0
EV/EBITDA(배)	2.1	1.2	4.5	—	—	—/—
EPS(원)	799	484	137	-147	1,195	2,129
BPS(원)	3,038	3,550	3,696	3,703	5,381	7,540
CFPS(원)	891	638	331	58	1,413	2,268
DPS(원)	—	—	—	—	—	—
EBITDAPS(원)	1,020	752	236	-57	1,805	2,959

재무 비율
〈단위 : % 〉

연도	영업이익률	순이익률	부채비율	차입금비율	ROA	ROE	유보율	자기자본비율	EBITDA마진율
2016	12.9	9.7	117.4	19.2	13.6	28.6	976.2	46.0	14.7
2015	-4.5	-2.5	100.7	65.4	-2.3	-4.4	640.7	49.8	-1.0
2014	0.7	2.2	86.2	38.7	2.1	3.8	667.7	53.7	3.8
2013	7.8	6.3	74.1	40.8	7.4	14.7	637.5	57.5	9.8

ETF

KODEX 200 （A069500）

- 벤치마크 : **KOSPI200**
- 테마분류 : —
- 위험등급 : **3등급**
- 평가등급(3년) : ★★★★

펀드 현황

운용사(매니저)	삼성자산운용
판매사	—
설정일(존속기간)	2002.10.14 (14년11개월)
설정액	14,228.74억원
순자산	14,228.74억원

시장 정보 (2017년 09월 22일 기준)

52주최고(원)	32,325	수익률(12M, %)	26.68
52주최저(원)	24,925	수익률(YTD, %)	22.87
거래량(20일, 주)	6,691,424	변동성(120일)	0.01
거래대금(20일, 원)	208,164,965,824	구성종목수(개)	201
베타(1D/1Y)	0.975950	Spread(원)	-34.77

누적 수익률

(억원) / (%)
18,000 / 30.00
16,000 / 25.00
14,000 / 20.00
12,000 / 15.00
10,000 / 10.00
8,000 / 5.00
6,000 / 0.00
4,000 / -5.00
2,000
0
'16/09 '17/01 '17/05 '17/09
설정액(좌,억원) —Fund(우,%) —BM(우,%)

기간별 수익률 (%)

구분	수익률	BM초과	유형초과	%순위
1주	1.83	-0.01	-0.00	40.09
1개월	3.26	-0.02	0.01	21.40
3개월	3.55	0.06	-0.00	32.84
6개월	12.56	0.43	-0.00	34.36
연초이후	22.87	0.47	0.13	19.47
1년	26.68	2.62	0.19	16.13
3년	27.72	6.40	0.48	14.84

보수 (%, 年)

TER	0.150
운용	0.120
판매	0.005
수탁	0.010
일반사무	0.015

투자 전략

KOSPI200지수를 추적하는 상장지수 투자신탁으로 신탁재산의 대부분을 주식 또는 주가지수선물 등의 파생상품에 투자합니다.

KOSEF 200 （A069660）

- 벤치마크 : **KOSPI200**
- 테마분류 : —
- 위험등급 : **3등급**
- 평가등급(3년) : ★★★★

펀드 현황

운용사(매니저)	키움투자자산운용
판매사	—
설정일(존속기간)	2002.10.14 (14년11개월)
설정액	1,583.60억원
순자산	1,583.60억원

시장 정보 (2017년 09월 22일 기준)

52주최고(원)	32,445	수익률(12M, %)	26.87
52주최저(원)	25,015	수익률(YTD, %)	23.12
거래량(20일, 주)	178,252	변동성(120일)	0.01
거래대금(20일, 원)	5,632,525,332	구성종목수(개)	174
베타(1D/1Y)	0.959510	Spread(원)	-63.44

누적 수익률

(억원) / (%)
1,700 / 30.00
1,650 / 25.00
1,600 / 20.00
1,550 / 15.00
1,500 / 10.00
1,450 / 5.00
1,400 / 0.00
1,350 / -5.00
1,300
1,250
'16/09 '17/01 '17/05 '17/09
설정액(좌,억원) —Fund(우,%) —BM(우,%)

기간별 수익률 (%)

구분	수익률	BM초과	유형초과	%순위
1주	1.85	0.01	0.02	30.41
1개월	3.32	0.04	0.07	10.70
3개월	3.67	0.18	0.12	12.25
6개월	12.77	0.65	0.21	19.49
연초이후	23.12	0.72	0.38	10.53
1년	26.87	2.80	0.37	10.22
3년	28.08	6.75	0.84	8.39

보수 (%, 年)

TER	0.130
운용	0.090
판매	0.010
수탁	0.010
일반사무	0.020

투자 전략

상장지수투자신탁(ETF)에 투자하여 시장수익률을 추종하며 주식에의 투자는 업종대표종목에 투자하여 주식시장 상승 시에 초과수익 추구. ETF에의 투자하여 운용의 투명성 및 거래비용 절감 등 효율성을 증대시키며 시장변 동성에 능동적으로 대처할 수 있는 수단(Tactical Strategy)으로 적극 활용.

KODEX 반도체 (A091160)

● 벤치마크 : **KRX 반도체**
● 테마분류 : ―

● 위험등급 : **2등급**
● 평가등급(3년) : ★★★★

펀드 현황

운용사(매니저)	삼성자산운용
판매사	―
설정일(존속기간)	2006.06.27 (11년3개월)
설정액	55.44억원
순자산	55.44억원

시장 정보 (2017년 09월 22일 기준)

52주최고(원)	27,440	수익률(12M, %)	40.81
52주최저(원)	18,180	수익률(YTD, %)	32.07
거래량(20일, 주)	21,462	변동성(120일)	0.01
거래대금(20일, 원)	566,951,925	구성종목수(개)	32
베타(1D/1Y)	1.108580	Spread(원)	-104.71

누적 수익률

기간별 수익률 (%)

구분	수익률	BM초과	유형초과	%순위
1주	-0.80	-0.01	-2.11	64.15
1개월	7.55	-0.07	4.98	24.53
3개월	9.20	-0.17	8.31	16.98
6개월	33.89	-0.60	20.54	6.38
연초이후	32.07	-0.50	14.72	10.64
1년	40.81	0.12	30.47	13.64
3년	57.37	1.80	48.50	15.38

보수 (%, 年)

TER	0.450
운용	0.340
판매	0.050
수탁	0.020
일반사무	0.040

투자 전략

KODEX반도체 상장지수투자신탁(ETF)은 추적대상지수가 한국증권선물거래소가 발표하는 KRX Semicon지수인 상장지수투자신탁. 따라서 이 펀드는 당해 투자신탁의 수익률이 추적대상지수의 수익률과 동일한 수익률을 실현합니다.

KODEX 은행 (A091170)

● 벤치마크 : **KRX 은행**
● 테마분류 : ―

● 위험등급 : **2등급**
● 평가등급(3년) : ★★★

펀드 현황

운용사(매니저)	삼성자산운용
판매사	―
설정일(존속기간)	2006.06.27 (11년3개월)
설정액	1,058.31억원
순자산	1,058.31억원

시장 정보 (2017년 09월 22일 기준)

52주최고(원)	9,740	수익률(12M, %)	43.95
52주최저(원)	6,415	수익률(YTD, %)	29.37
거래량(20일, 주)	453,784	변동성(120일)	0.01
거래대금(20일, 원)	4,036,600,940	구성종목수(개)	11
베타(1D/1Y)	0.999090	Spread(원)	-1.92

누적 수익률

기간별 수익률 (%)

구분	수익률	BM초과	유형초과	%순위
1주	4.06	-0.02	2.75	9.43
1개월	-1.62	0.00	-4.19	45.28
3개월	6.99	0.18	6.10	28.30
6개월	15.18	-0.09	1.83	31.91
연초이후	29.37	-0.58	12.01	17.02
1년	43.95	3.12	33.61	9.09
3년	14.91	7.13	6.04	34.62

보수 (%, 年)

TER	0.450
운용	0.340
판매	0.050
수탁	0.020
일반사무	0.040

투자 전략

KODEX은행 상장지수투자신탁(ETF)은 추적대상지수가 한국증권선물거래소가 발표하는 KRX Banks지수(추적대상 지수)인 상장지수투자신탁. 따라서 이 펀드는 당해 투자신탁의 수익률이 추적대상지수의 수익률과 동일한 수익률 실현합니다.

KODEX 자동차 (A091180)

● 벤치마크 : **KRX 자동차**
● 테마분류 : —

● 위험등급 : **2등급**
● 평가등급(3년) : ★★

펀드 현황

운용사(매니저)	삼성자산운용
판매사	—
설정일(존속기간)	2006.06.27 (11년3개월)
설정액	50.85억원
순자산	50.85억원

시장 정보 (2017년 09월 22일 기준)

52주최고(원)	18,720	수익률(12M, %)	-13.34
52주최저(원)	15,290	수익률(YTD, %)	-8.95
거래량(20일, 주)	9,765	변동성(120일)	0.01
거래대금(20일, 원)	154,368,277	구성종목수(개)	21
베타(1D/1Y)	0.532120	Spread(원)	-8.35

누적 수익률

설정액(좌,억원) —Fund(우,%) —BM(우,%)

기간별 수익률 (%)

구분	수익률	BM초과	유형초과	%순위
1주	0.83	-0.01	-0.47	39.62
1개월	-8.04	-0.01	-10.61	98.11
3개월	-11.62	0.11	-12.51	90.57
6개월	-10.56	0.14	-23.91	97.87
연초이후	-8.95	0.05	-26.30	95.74
1년	-13.34	1.36	-23.68	90.91
3년	-21.56	3.19	-30.43	76.92

보수 (%, 年)

TER	0.450
운용	0.340
판매	0.050
수탁	0.020
일반사무	0.040

투자 전략

KODEX자동차 상장지수투자신탁(ETF)은 추적대상지수가 한국증권선물 거래소가 발표하는 KRX Autos지수인 상장지수투자신탁.수익률이 추적대상지수의 수익률과 동일한 수익률 실현. KODEX 자동차 ETF의 자산운용회사인 삼성투신운용는 KRX Autos 지수를 구성하는 종목을 완전히복제하는 방식으로 포트폴리오를 구성합니다.

TIGER KRX100 (A091210)

● 벤치마크 : **KRX100**
● 테마분류 : —

● 위험등급 : **3등급**
● 평가등급(3년) : ★★★

펀드 현황

운용사(매니저)	미래에셋자산운용
판매사	—
설정일(존속기간)	2006.06.27 (11년3개월)
설정액	81.08억원
순자산	81.08억원

시장 정보 (2017년 09월 22일 기준)

52주최고(원)	49,995	수익률(12M, %)	24.15
52주최저(원)	39,050	수익률(YTD, %)	21.79
거래량(20일, 주)	231	변동성(120일)	0.01
거래대금(20일, 원)	11,151,304	구성종목수(개)	101
베타(1D/1Y)	0.892280	Spread(원)	-0.97

누적 수익률

설정액(좌,억원) —Fund(우,%) —BM(우,%)

기간별 수익률 (%)

구분	수익률	BM초과	유형초과	%순위
1주	2.09	-0.04	-0.29	40.81
1개월	3.25	-0.05	-1.59	55.86
3개월	4.17	-0.05	-0.50	48.79
6개월	13.07	-0.04	-4.64	56.63
연초이후	21.79	-0.20	-5.77	55.67
1년	24.15	1.86	-6.60	57.45
3년	20.56	5.51	-3.28	69.23

보수 (%, 年)

TER	0.220
운용	0.130
판매	0.040
수탁	0.020
일반사무	0.030

투자 전략

한국증권선물거래소가 발표하는 KRX100을 추적대상 지수로 하는 상장지수투자신탁으로서, 펀드의 수익률이 추적대상 지수인 KRX100의 수익률과 동일한 수익률을 실현하도록 하는 것을 그 운용목적으로 합니다.

TIGER 은행 (A091220)

● 벤치마크 : **KRX 은행**
● 테마분류 : 一

● 위험등급 : **2등급**
● 평가등급(3년) : ★★★

펀드 현황

운용사(매니저)	미래에셋자산운용
판매사	一
설정일(존속기간)	2006.06.27 (11년3개월)
설정액	71.81억원
순자산	71.81억원

시장 정보 (2017년 09월 22일 기준)

52주최고(원)	10,015	수익률(12M, %)	44.19
52주최저(원)	6,495	수익률(YTD, %)	29.67
거래량(20일, 주)	4,844	변동성(120일)	0.01
거래대금(20일, 원)	44,087,216	구성종목수(개)	11
베타(1D/1Y)	1.046480	Spread(원)	-1.38

누적 수익률

기간별 수익률 (%)

구분	수익률	BM초과	유형초과	%순위
1주	4.06	-0.02	2.75	7.55
1개월	-1.68	-0.06	-4.25	47.17
3개월	6.93	0.12	6.04	30.19
6개월	15.10	-0.17	1.75	34.04
연초이후	29.67	-0.28	12.31	14.89
1년	44.19	3.36	33.85	6.82
3년	16.61	8.82	7.73	30.77

보수 (%, 年)

TER	0.460
운용	0.300
판매	0.100
수탁	0.030
일반사무	0.030

투자 전략

한국증권선물거래소가 발표하는 KRX BANKS을 추적대상 지수로 하는 상장지수투자신탁으로 펀드의 수익률이 추적대상 지수인 KRX BANKS의 수익률과 동일한 수익률 실현합니다.

TIGER 반도체 (A091230)

● 벤치마크 : **KRX 반도체**
● 테마분류 : 一

● 위험등급 : **2등급**
● 평가등급(3년) : ★★★★

펀드 현황

운용사(매니저)	미래에셋자산운용
판매사	一
설정일(존속기간)	2006.06.27 (11년3개월)
설정액	51.18억원
순자산	51.18억원

시장 정보 (2017년 09월 22일 기준)

52주최고(원)	27,900	수익률(12M, %)	43.21
52주최저(원)	18,310	수익률(YTD, %)	34.07
거래량(20일, 주)	18,019	변동성(120일)	0.01
거래대금(20일, 원)	484,313,492	구성종목수(개)	32
베타(1D/1Y)	1.084910	Spread(원)	-3.37

누적 수익률

기간별 수익률 (%)

구분	수익률	BM초과	유형초과	%순위
1주	-0.80	-0.01	-2.11	62.26
1개월	7.46	-0.16	4.89	26.42
3개월	9.22	-0.15	8.33	15.09
6개월	35.54	1.05	22.20	4.26
연초이후	34.07	1.49	16.71	8.51
1년	43.21	2.51	32.86	11.36
3년	60.80	5.23	51.92	7.69

보수 (%, 年)

TER	0.460
운용	0.300
판매	0.100
수탁	0.030
일반사무	0.030

투자 전략

한국증권선물거래소가 발표하는 KRX SEMICON을 추적대상 지수로 하는 상장지수투자신탁으로 펀드의 수익률이 추적대상 지수인 KRX SEMICON의 수익률과 동일한 수익률 실현합니다.

TREX 중소형가치 (A097750)

- 벤치마크 : **MKF 중소형가치**
- 테마분류 : —
- 위험등급 : **3등급**
- 평가등급(3년) : ★★

펀드 현황

운용사(매니저)	유리자산운용
판매사	—
설정일(존속기간)	2007.07.30 (10년1개월)
설정액	49.88억원
순자산	49.88억원

시장 정보 (2017년 09월 22일 기준)

52주최고(원)	8,765	수익률(12M, %)	8.44
52주최저(원)	7,305	수익률(YTD, %)	8.34
거래량(20일, 주)	1,787	변동성(120일)	0.01
거래대금(20일, 원)	14,789,189	구성종목수(개)	219
베타(1D/1Y)	0.753970	Spread(원)	24.09

누적 수익률

기간별 수익률 (%)

구분	수익률	BM초과	유형초과	%순위
1주	-0.65	0.02	-3.03	90.13
1개월	-2.32	0.02	-7.16	89.64
3개월	-4.32	-0.07	-8.99	94.20
6개월	4.47	-0.16	-13.25	96.43
연초이후	8.34	-0.09	-19.23	88.66
1년	8.44	1.93	-22.31	90.43
3년	8.34	-1.83	-15.51	85.38

보수 (%, 年)

TER	0.460
운용	0.300
판매	0.100
수탁	0.030
일반사무	0.030

투자 전략

매일경제신문이 발표하는 'MKF중소형가치지수'를 추적하는 상장지수투자신탁으로서, 펀드의 수익률이 'MKF중소형가치지수'의 수익률과 동일한 수익률을 실현하도록 하는 것을 그 운용목적으로 합니다.

TIGER 방송통신 (A098560)

- 벤치마크 : **KRX 미디어통신**
- 테마분류 : —
- 위험등급 : **2등급**
- 평가등급(3년) : ★★★

펀드 현황

운용사(매니저)	미래에셋자산운용
판매사	—
설정일(존속기간)	2007.09.07 (10년)
설정액	81.17억원
순자산	81.17억원

시장 정보 (2017년 09월 22일 기준)

52주최고(원)	10,810	수익률(12M, %)	7.97
52주최저(원)	8,550	수익률(YTD, %)	4.43
거래량(20일, 주)	2,751	변동성(120일)	0.01
거래대금(20일, 원)	26,924,710	구성종목수(개)	11
베타(1D/1Y)	0.312240	Spread(원)	9.10

누적 수익률

기간별 수익률 (%)

구분	수익률	BM초과	유형초과	%순위
1주	-0.11	-0.01	-1.42	50.94
1개월	-5.89	-0.07	-8.46	83.02
3개월	-9.42	0.03	-10.31	75.47
6개월	-6.74	-0.18	-20.09	87.23
연초이후	4.43	-0.34	-12.93	74.47
1년	7.97	1.78	-2.37	54.55
3년	-2.51	4.41	-11.38	65.38

보수 (%, 年)

TER	0.460
운용	0.300
판매	0.100
수탁	0.030
일반사무	0.030

투자 전략

상장지수투자신탁으로서 KRX MEDIA & TELECOM 지수의 수익률을 추종하는 것을 목적으로 합니다.

KODEX China H (A099140)

● 벤치마크 : **World - MSCI - EMF ASIA (KRW Unhedged)**　　● 위험등급 : **2등급**
● 테마분류 : **—**　　● 평가등급(3년) : **★★**

펀드 현황

운용사(매니저)	삼성자산운용
판매사	—
설정일(존속기간)	2007.10.10 (9년11개월)
설정액	619.21억원
순자산	619.21억원

시장 정보 (2017년 09월 22일 기준)

52주최고(원)	20,710	수익률(12M, %)	16.02
52주최저(원)	16,700	수익률(YTD, %)	9.63
거래량(20일, 주)	7,521	변동성(120일)	0.01
거래대금(20일, 원)	154,109,642	구성종목수(개)	41
베타(1D/1Y)	0.471350	Spread(원)	4.34

누적 수익률

기간별 수익률 (%)

구분	수익률	BM초과	유형초과	%순위
1주	0.60	0.92	0.71	0.50
1개월	0.93	-0.39	0.45	30.35
3개월	4.06	0.54	-0.54	44.60
6개월	9.92	1.71	-1.29	47.18
연초이후	9.63	-6.97	-8.85	88.51
1년	16.02	-8.28	-12.28	78.64
3년	18.25	-6.69	-4.51	58.72

보수 (%, 年)

TER	0.370
운용	0.250
판매	0.050
수탁	0.040
일반사무	0.030

투자 전략

KODEX China H 상장지수투자신탁(ETF)은 홍콩증권거래소에 상장되어 있고 HSI ServicesLimited가 발표하는 Hang Seng China Enterprises Index를 추적대상지수로 하는 상장지수투자신탁(ETF)입니다. 따라서 이 투자신탁은 당해 투자신탁의 수익률이 추적대상지수의 변동과 환율변동을 모두 포함한 수익률과 유사한 수익률을 실현합니다.

KOSEF KRX100 (A100910)

● 벤치마크 : **KRX100**　　● 위험등급 : **3등급**
● 테마분류 : **—**　　● 평가등급(3년) : **★★★**

펀드 현황

운용사(매니저)	키움투자자산운용
판매사	—
설정일(존속기간)	2008.01.23 (9년8개월)
설정액	98.95억원
순자산	98.95억원

시장 정보 (2017년 09월 22일 기준)

52주최고(원)	5,045	수익률(12M, %)	24.34
52주최저(원)	3,965	수익률(YTD, %)	21.95
거래량(20일, 주)	151	변동성(120일)	0.01
거래대금(20일, 원)	739,260	구성종목수(개)	101
베타(1D/1Y)	0.953390	Spread(원)	11.17

누적 수익률

기간별 수익률 (%)

구분	수익률	BM초과	유형초과	%순위
1주	2.12	-0.00	-0.26	39.91
1개월	3.28	-0.02	-1.55	54.05
3개월	4.17	-0.05	-0.50	48.31
6개월	13.07	-0.04	-4.64	57.14
연초이후	21.95	-0.04	-5.61	55.15
1년	24.34	2.05	-6.41	56.38
3년	20.72	5.67	-3.12	68.46

보수 (%, 年)

TER	0.230
운용	0.130
판매	0.050
수탁	0.025
일반사무	0.025

투자 전략

KRX100지수에 편입된 주식 등에 중장기투자하여 비교지수*와 유사한 투자수익률을 추구하며, 추적대상지수가 증권선물거래소가산출하여 발표하는 RX100 지수로 하는 상장지수간접투자신탁입니다.

KODEX 일본TOPIX100 (A101280)

● 벤치마크 : **World - MSCI - AC ASIA PACIFIC FREE (KRW Unhedged)**　　● 위험등급 : **2등급**
● 테마분류 : —　　● 평가등급(3년) : ★★★★

펀드 현황	
운용사(매니저)	삼성자산운용
판매사	—
설정일(존속기간)	2008.02.20 (9년7개월)
설정액	102.69억원
순자산	102.69억원

시장 정보 (2017년 09월 22일 기준)			
52주최고(원)	12,290	수익률(12M, %)	5.52
52주최저(원)	10,460	수익률(YTD, %)	7.92
거래량(20일, 주)	1,173	변동성(120일)	0.01
거래대금(20일, 원)	14,117,317	구성종목수(개)	99
베타(1D/1Y)	0.093880	Spread(원)	-1.79

누적 수익률

기간별 수익률 (%)				
구분	수익률	BM초과	유형초과	%순위
1주	-0.49	0.33	-0.53	90.48
1개월	0.91	0.16	-0.27	54.39
3개월	0.99	-0.35	-3.19	99.11
6개월	1.33	-3.67	-4.93	87.32
연초이후	7.92	-2.00	-7.75	73.60
1년	5.52	-7.46	-15.08	97.91
3년	12.98	-3.54	-10.09	93.62

보수 (%, 年)	
TER	0.370
운용	0.250
판매	0.050
수탁	0.040
일반사무	0.030

투자 전략

KODEX Japan 상장지수투자신탁(ETF)은 동경증권거래소에 상장되어 있고 TSE가 발표하는 TokyoStock Price Index 100 를 추적대상지수로 하는 상장지수투자신탁(ETF)입니다.

TIGER 200 (A102110)

● 벤치마크 : **KOSPI200**　　● 위험등급 : **3등급**
● 테마분류 : —　　● 평가등급(3년) : ★★★★

펀드 현황	
운용사(매니저)	미래에셋자산운용
판매사	—
설정일(존속기간)	2008.04.03 (9년5개월)
설정액	17,184.77억원
순자산	17,184.77억원

시장 정보 (2017년 09월 22일 기준)			
52주최고(원)	32,295	수익률(12M, %)	26.61
52주최저(원)	24,940	수익률(YTD, %)	22.78
거래량(20일, 주)	1,881,026	변동성(120일)	0.01
거래대금(20일, 원)	58,464,237,166	구성종목수(개)	201
베타(1D/1Y)	0.973840	Spread(원)	-28.36

누적 수익률

기간별 수익률 (%)				
구분	수익률	BM초과	유형초과	%순위
1주	1.83	-0.00	0.00	33.64
1개월	3.28	-0.00	0.03	15.81
3개월	3.60	0.11	0.06	22.06
6개월	12.56	0.44	-0.00	33.85
연초이후	22.78	0.38	0.04	25.79
1년	26.61	2.55	0.12	18.82
3년	27.96	6.64	0.73	10.97

보수 (%, 年)	
TER	0.050
운용	0.026
판매	0.004
수탁	0.010
일반사무	0.010

투자 전략

한국증권선물거래소가 발표하는 KOSPI200을 추적대상 지수로 하는 상장지수투자신탁으로서, 주식에 60% 이상 투자하여 펀드의 수익률이 추적대상 지수인 KOSPI200의 수익률과 유사한 수익률을 실현하도록 하는 것을 그 운용목적으로 합니다.

KODEX 삼성그룹 (A102780)

● 벤치마크 : **삼성그룹**
● 테마분류 : ―

● 위험등급 : **2등급**
● 평가등급(3년) : ★★

펀드 현황

운용사(매니저)	삼성자산운용
판매사	―
설정일(존속기간)	2008.05.21 (9년4개월)
설정액	7,099.21억원
순자산	7,099.21억원

시장 정보 (2017년 09월 22일 기준)

52주최고(원)	6,785	수익률(12M, %)	30.48
52주최저(원)	5,105	수익률(YTD, %)	28.49
거래량(20일, 주)	214,564	변동성(120일)	0.01
거래대금(20일, 원)	1,405,663,759	구성종목수(개)	16
베타(1D/1Y)	1.057010	Spread(원)	-25.67

누적 수익률

(억원) / (%)
'16/09 '17/01 '17/05 '17/09
■설정액(좌,억원) ―Fund(우,%) ―BM(우,%)

기간별 수익률 (%)

구분	수익률	BM초과	유형초과	%순위
1주	2.08	-0.02	-0.30	42.15
1개월	5.63	-0.06	0.80	28.38
3개월	7.20	-0.04	2.53	5.31
6개월	16.54	-0.11	-1.17	42.86
연초이후	28.49	-0.46	0.93	36.08
1년	30.48	0.98	-0.27	38.83
3년	16.24	3.62	-7.60	79.23

보수 (%, 年)

TER	0.250
운용	0.215
판매	0.005
수탁	0.010
일반사무	0.020

투자 전략

삼성 KODEX 삼성그룹주 상장지수투자신탁(ETF)은 주식회사 리만브라더스와 에프앤가이드가 산출하여 한국증권선물거래소를 통하여 발표하는 삼성그룹지수 (Samsung Group Index)를 추적대상지수로 하는 상장지수투자신탁입니다. 따라서 이 투자신탁은 당해투자신탁의 수익률이 추적대상지수의 수익률과 유사한 수익률을 실현하는 것을 그 운용목적으로 하고 있습니다

KODEX 기계장비 (A102960)

● 벤치마크 : **KRX 조선**
● 테마분류 : ―

● 위험등급 : **1등급**
● 평가등급(3년) : ★

펀드 현황

운용사(매니저)	삼성자산운용
판매사	―
설정일(존속기간)	2008.05.29 (9년3개월)
설정액	295.31억원
순자산	295.31억원

시장 정보 (2017년 09월 22일 기준)

52주최고(원)	6,930	수익률(12M, %)	-1.43
52주최저(원)	5,705	수익률(YTD, %)	-0.93
거래량(20일, 주)	7,242	변동성(120일)	0.01
거래대금(20일, 원)	42,417,957	구성종목수(개)	26
베타(1D/1Y)	0.800780	Spread(원)	-105.00

누적 수익률

(억원) / (%)
'16/09 '17/01 '17/05 '17/09
■설정액(좌,억원) ―Fund(우,%) ―BM(우,%)

기간별 수익률 (%)

구분	수익률	BM초과	유형초과	%순위
1주	2.29	-0.02	0.98	18.87
1개월	-0.75	-0.03	-3.32	41.51
3개월	-9.91	-0.01	-10.81	77.36
6개월	-9.52	-0.17	-22.87	95.74
연초이후	-0.93	-0.33	-18.28	80.85
1년	-1.43	0.19	-11.77	70.45
3년	-45.27	0.18	-54.14	100.00

보수 (%, 年)

TER	0.450
운용	0.340
판매	0.050
수탁	0.020
일반사무	0.040

투자 전략

KRX Shipbuilding 지수를 추적대상 지수로 하여 1좌당 순자산가치의 변동률을 추적대상지수의 변동률과 유사하도록 투자신탁재산을 운용함을 그 운용목적으로 합니다.

KODEX 증권 (A102970)

- 벤치마크 : **KRX 증권**
- 테마분류 : —
- 위험등급 : **1등급**
- 평가등급(3년) : ★★★

펀드 현황	
운용사(매니저)	삼성자산운용
판매사	—
설정일(존속기간)	2008.05.29 (9년3개월)
설정액	1,843.44억원
순자산	1,843.44억원

시장 정보 (2017년 09월 22일 기준)			
52주최고(원)	8,125	수익률(12M, %)	28.34
52주최저(원)	5,170	수익률(YTD, %)	31.47
거래량(20일, 주)	220,860	변동성(120일)	0.02
거래대금(20일, 원)	1,572,988,742	구성종목수(개)	14
베타(1D/1Y)	1.631720	Spread(원)	0.53

누적 수익률

기간별 수익률 (%)

구분	수익률	BM초과	유형초과	%순위
1주	1.63	-0.02	0.32	26.42
1개월	-2.36	-0.01	-4.93	58.49
3개월	-3.66	-0.09	-4.55	58.49
6개월	9.42	-0.29	-3.93	46.81
연초이후	31.47	-1.87	14.12	12.77
1년	28.34	2.03	18.00	27.27
3년	8.31	5.94	-0.56	50.00

보수 (%, 年)	
TER	0.450
운용	0.340
판매	0.050
수탁	0.020
일반사무	0.040

투자 전략

KRX Securities 지수를 추적대상 지수로 하여 1좌당 순자산가치의 변동률을 추적대상 지수의 변동률과 유사하도록 투자신탁재산을 운용함을 그 운용목적으로 합니다.

KOSEF 블루칩 (A104520)

- 벤치마크 : **MKF 블루칩**
- 테마분류 : —
- 위험등급 : **3등급**
- 평가등급(3년) : ★★

펀드 현황	
운용사(매니저)	키움투자자산운용
판매사	—
설정일(존속기간)	2008.07.29 (9년1개월)
설정액	86.82억원
순자산	86.82억원

시장 정보 (2017년 09월 22일 기준)			
52주최고(원)	8,350	수익률(12M, %)	11.56
52주최저(원)	6,800	수익률(YTD, %)	13.82
거래량(20일, 주)	4,863	변동성(120일)	0.01
거래대금(20일, 원)	38,976,816	구성종목수(개)	44
베타(1D/1Y)	0.878150	Spread(원)	12.26

누적 수익률

기간별 수익률 (%)

구분	수익률	BM초과	유형초과	%순위
1주	0.33	-0.02	-2.05	78.92
1개월	0.50	-0.06	-4.33	77.48
3개월	-0.53	-0.05	-5.20	85.51
6개월	8.02	-0.15	-9.69	79.59
연초이후	13.82	-0.24	-13.74	80.41
1년	11.56	1.41	-19.19	81.91
3년	14.94	3.40	-8.90	80.00

보수 (%, 年)	
TER	0.400
운용	0.240
판매	0.100
수탁	0.030
일반사무	0.030

투자 전략

우리CS KOSEF 블루칩 상장지수간접투자신탁은 주로 MKF 블루칩 지수에 편입된 주식 등에 중장기 투자하여 비교지수와 유사한 투자수익률을 추구하며 추적대상지수가 매경-에프앤가이드가 산출하여 발표하는 MKF 블루칩 지수로 하는 상장지수간접투자신탁입니다. 따라서 이 펀드는 당해 투자신탁의 수익률이 추적대상지수의 수익률과 동일한 수익률을 실현합니다.

KOSEF 고배당 (A104530)

- 벤치마크 : **MKF Wealth 고배당20**
- 테마분류 : ―
- 위험등급 : **3등급**
- 평가등급(3년) : ★★★★★

펀드 현황

운용사(매니저)	키움투자자산운용
판매사	―
설정일(존속기간)	2008.07.29 (9년1개월)
설정액	133.43억원
순자산	133.43억원

시장 정보 (2017년 09월 22일 기준)

52주최고(원)	9,550	수익률(12M, %)	20.26
52주최저(원)	7,440	수익률(YTD, %)	16.19
거래량(20일, 주)	4,105	변동성(120일)	0.01
거래대금(20일, 원)	36,897,902	구성종목수(개)	21
베타(1D/1Y)	0.825720	Spread(원)	17.68

누적 수익률

기간별 수익률 (%)

구분	수익률	BM초과	유형초과	%순위
1주	0.40	-0.01	-1.98	78.03
1개월	-3.10	-0.01	-7.93	94.14
3개월	1.65	0.01	-3.02	70.53
6개월	7.79	-0.12	-9.93	81.12
연초이후	16.19	-0.25	-11.37	74.74
1년	20.26	3.42	-10.49	67.02
3년	30.29	8.69	6.45	36.92

보수 (%, 年)

TER	0.400
운용	0.240
판매	0.100
수탁	0.030
일반사무	0.030

투자 전략

우리CS KOSEF 고배당 상장지수간접투자신탁은 주로 MKF 웰스 고배당 20지수에 편입된 주식 등에 중장기 투자하여 비교지수와 유사한 투자수익률을 추구하며 추적대상지수가 매경-에프앤가이드가 산출하여 발표하는 MKF 웰스 고배당 20지수("추적대상 지수")로 하는 상장지수간접투자신탁입니다.

TIGER 라틴35 (A105010)

- 벤치마크 : **World - MSCI - EMF LATIN AMERICA (KRW Unhedged)**
- 테마분류 : ―
- 위험등급 : **2등급**
- 평가등급(3년) : ★★★★★

펀드 현황

운용사(매니저)	미래에셋자산운용
판매사	―
설정일(존속기간)	2008.08.27 (9년)
설정액	52.93억원
순자산	52.93억원

시장 정보 (2017년 09월 22일 기준)

52주최고(원)	4,270	수익률(12M, %)	22.27
52주최저(원)	3,140	수익률(YTD, %)	13.62
거래량(20일, 주)	4,603	변동성(120일)	0.01
거래대금(20일, 원)	19,187,308	구성종목수(개)	36
베타(1D/1Y)	0.269360	Spread(원)	32.46

누적 수익률

기간별 수익률 (%)

구분	수익률	BM초과	유형초과	%순위
1주	0.69	1.49	0.40	―
1개월	0.93	0.09	-0.33	75.47
3개월	6.32	2.04	-1.73	75.47
6개월	20.77	1.50	-3.45	76.92
연초이후	13.62	-1.67	-0.43	54.17
1년	22.27	3.36	-2.83	72.34
3년	34.98	8.07	5.55	34.09

보수 (%, 年)

TER	0.490
운용	0.300
판매	0.100
수탁	0.050
일반사무	0.040

투자 전략

The Bank of New York Mellon 이 발표하는 The Bank of New York Mellon Latin America 35 ADR Index 를 추적대상지수로 하는 상장지수투자신탁으로서, 미국 주식시장에 상장되어 거래되는 라틴아메리카 기업의 주식예탁증서에 60% 이상 투자하여 보수차감전 펀드의 수익률이 추적대상지수 수익률과 유사하도록 운용하는 것을 그 목적으로 합니다.

KINDEX 200 (A105190)

● 벤치마크 : **KOSPI200**　　　　　　　　　　　　　　● 위험등급 : **3등급**
● 테마분류 : ―　　　　　　　　　　　　　　　　　　　● 평가등급(3년) : ★★★★

펀드 현황	
운용사(매니저)	한국투신운용
판매사	―
설정일(존속기간)	2008.09.10 (9년)
설정액	4,901.00억원
순자산	4,901.00억원

시장 정보 (2017년 09월 22일 기준)			
52주최고(원)	32,360	수익률(12M, %)	26.70
52주최저(원)	24,960	수익률(YTD, %)	22.80
거래량(20일, 주)	293,191	변동성(120일)	0.01
거래대금(20일, 원)	9,129,502,111	구성종목수(개)	199
베타(1D/1Y)	0.963300	Spread(원)	-50.68

누적 수익률

누적 수익률 차트 (억원/설정액, Fund(우,%), BM(우,%)) '16/09 ~ '17/09

기간별 수익률 (%)				
구분	수익률	BM초과	유형초과	%순위
1주	1.83	-0.00	0.00	35.48
1개월	3.27	-0.01	0.02	19.07
3개월	3.55	0.06	0.00	30.88
6개월	12.50	0.38	-0.06	44.62
연초이후	22.80	0.41	0.07	23.68
1년	26.70	2.64	0.21	13.44
3년	27.66	6.33	0.42	16.13

보수 (%, 年)	
TER	0.090
운용	0.050
판매	0.010
수탁	0.010
일반사무	0.020

투자 전략

한국증권선물거래소가 발표하는 "한국종합주가지수200(Korea Stock PriceIndex 200, 이하의 수익률을 추적하도록 주식에 주로 투자하는 상장지수투자신탁으로서 이 투자신탁 수익증권 1좌당 순자산가치(투자신탁보수 차감전을 말함)의 변동률을 KOSPI200의 변동률과 유사하도록 신탁재산을 운용함을 그 목적으로 합니다.

KBSTAR 5대그룹주 (A105780)

● 벤치마크 : **MKF 5대그룹주**　　　　　　　　　　　● 위험등급 : **3등급**
● 테마분류 : ―　　　　　　　　　　　　　　　　　　　● 평가등급(3년) : ★★

펀드 현황	
운용사(매니저)	KB자산운용
판매사	―
설정일(존속기간)	2008.10.22 (8년11개월)
설정액	90.05억원
순자산	90.05억원

시장 정보 (2017년 09월 22일 기준)			
52주최고(원)	5,700	수익률(12M, %)	25.38
52주최저(원)	4,360	수익률(YTD, %)	22.84
거래량(20일, 주)	14,762	변동성(120일)	0.01
거래대금(20일, 원)	82,705,443	구성종목수(개)	28
베타(1D/1Y)	0.845110	Spread(원)	7.14

누적 수익률

누적 수익률 차트 (억원/설정액, Fund(우,%), BM(우,%)) '16/09 ~ '17/09

기간별 수익률 (%)				
구분	수익률	BM초과	유형초과	%순위
1주	1.19	-0.01	-1.19	66.37
1개월	3.51	-0.05	-1.33	51.80
3개월	4.56	0.02	-0.11	45.41
6개월	13.23	-0.13	-4.49	53.57
연초이후	22.84	-0.36	-4.72	52.06
1년	25.38	1.56	-5.37	54.26
3년	14.78	4.98	-9.06	80.77

보수 (%, 年)	
TER	0.400
운용	0.300
판매	0.050
수탁	0.020
일반사무	0.030

투자 전략

FnGuide가 산출하고 한국증권선물거래소를 통하여 공표되는 5대그룹주지수(Maekyung FnGuide Top5 Group Index)를 추적대상지수로 하는 상장지수투자신탁으로, 추적대상지수의 수익률과 유사한 수익률을 실현하는 것을 목표로 합니다.

KINDEX 삼성그룹섹터가중 (A108450)

- 벤치마크 : **MKF SAMs Sector Weighted**
- 테마분류 : —
- 위험등급 : **2등급**
- 평가등급(3년) : ★★

펀드 현황

운용사(매니저)	한국투신운용
판매사	—
설정일(존속기간)	2009.01.23 (8년8개월)
설정액	162.40억원
순자산	162.40억원

시장 정보 (2017년 09월 22일 기준)

52주최고(원)	9,975	수익률(12M, %)	36.74
52주최저(원)	6,920	수익률(YTD, %)	34.73
거래량(20일, 주)	3,285	변동성(120일)	0.01
거래대금(20일, 원)	31,899,834	구성종목수(개)	16
베타(1D/1Y)	1.135690	Spread(원)	-1.00

누적 수익률

기간별 수익률 (%)

구분	수익률	BM초과	유형초과	%순위
1주	2.49	-0.02	0.11	34.53
1개월	7.13	-0.05	2.30	7.66
3개월	7.44	0.00	2.77	4.83
6개월	18.26	-0.00	0.54	35.20
연초이후	34.73	-0.13	7.16	20.10
1년	36.74	1.25	5.98	32.45
3년	18.78	3.64	-5.06	73.08

보수 (%, 年)

TER	0.150
운용	0.095
판매	0.010
수탁	0.020
일반사무	0.025

투자 전략

추적대상지수인 MKF SAMs SW 지수를 구성하고 있는 종목 대부분을 편입하는 것을 원칙으로 합니다. 다만, 자산운용회사가 추적오차의 최소화 등을 위하여 필요하다고 판단하는 경우 주가지수선물 등의 파생상품에 투자할 수도 있으며, 신규 편입 예정종목에도 투자할 수 있습니다.

TREX 200 (A108590)

- 벤치마크 : **KOSPI200**
- 테마분류 : —
- 위험등급 : **3등급**
- 평가등급(3년) : ★★★★

펀드 현황

운용사(매니저)	유리자산운용
판매사	—
설정일(존속기간)	2009.01.23 (8년8개월)
설정액	130.60억원
순자산	130.60억원

시장 정보 (2017년 09월 22일 기준)

52주최고(원)	32,625	수익률(12M, %)	26.30
52주최저(원)	25,265	수익률(YTD, %)	22.61
거래량(20일, 주)	332	변동성(120일)	0.01
거래대금(20일, 원)	10,627,301	구성종목수(개)	178
베타(1D/1Y)	0.940480	Spread(원)	-39.50

누적 수익률

기간별 수익률 (%)

구분	수익률	BM초과	유형초과	%순위
1주	1.82	-0.01	-0.01	45.62
1개월	3.19	-0.09	-0.06	47.44
3개월	3.41	-0.07	-0.13	55.39
6개월	12.29	0.17	-0.27	64.62
연초이후	22.61	0.21	-0.13	35.79
1년	26.30	2.23	-0.20	28.49
3년	27.80	6.47	0.56	13.55

보수 (%, 年)

TER	0.325
운용	0.200
판매	0.080
수탁	0.020
일반사무	0.025

투자 전략

신탁재산의 60%이상을 주식에 투자하여 이 투자신탁 수익증권 1좌당 순자산가치(투자신탁보수 차감전을 말함)의 변동률을 (KOSPI200)의 변동률과 유사하도록 운용합니다.

KBSTAR 국고채3년 (A114100)

- 벤치마크 : **국공채 만기종합**
- 테마분류 : ―
- 위험등급 : **5등급**
- 평가등급(3년) : ★★★★★

펀드 현황	
운용사(매니저)	KB자산운용
판매사	―
설정일(존속기간)	2009.07.29 (8년1개월)
설정액	831.43억원
순자산	831.43억원

시장 정보 (2017년 09월 22일 기준)			
52주최고(원)	112,365	수익률(12M, %)	0.94
52주최저(원)	110,280	수익률(YTD, %)	0.55
거래량(20일, 주)	319	변동성(120일)	0.00
거래대금(20일, 원)	35,416,422	구성종목수(개)	4
베타(1D/1Y)	0.006220	Spread(원)	11.26

누적 수익률

기간별 수익률 (%)				
구분	수익률	BM초과	유형초과	%순위
1주	-0.02	0.03	―	45.52
1개월	-0.08	0.09	-0.02	53.73
3개월	0.17	-0.25	-0.03	46.27
6개월	0.11	0.20	-0.01	50.77
연초이후	0.55	-0.09	―	48.06
1년	0.94	0.16	0.14	40.80
3년	0.30	2.04	0.21	51.64

보수 (%, 年)	
TER	0.160
운용	0.080
판매	0.055
수탁	0.010
일반사무	0.015

투자 전략

한국거래소가 산출 및 공표하는 "KTBINDEX 시장가격지수"를 추적대상지수로 하는 상장지수 집합투자기구로, 추적대상지수의 수익률과 유사한 수익률을 실현하는 것을 목표로 합니다.

KODEX 국고채3년 (A114260)

- 벤치마크 : **MKF 국고채(총수익지수)**
- 테마분류 : ―
- 위험등급 : **5등급**
- 평가등급(3년) : ★★★★

펀드 현황	
운용사(매니저)	삼성자산운용
판매사	―
설정일(존속기간)	2009.07.29 (8년1개월)
설정액	341.99억원
순자산	341.99억원

시장 정보 (2017년 09월 22일 기준)			
52주최고(원)	56,250	수익률(12M, %)	0.22
52주최저(원)	55,220	수익률(YTD, %)	0.85
거래량(20일, 주)	5,449	변동성(120일)	0.00
거래대금(20일, 원)	302,425,149	구성종목수(개)	4
베타(1D/1Y)	0.007910	Spread(원)	-16.40

누적 수익률

기간별 수익률 (%)				
구분	수익률	BM초과	유형초과	%순위
1주	-0.08	0.01	-0.02	52.99
1개월	0.15	-0.05	-0.05	52.99
3개월	0.10	-0.05	-0.02	52.31
6개월	0.48	-0.10	-0.07	56.59
연초이후	0.85	-0.14	0.04	47.20
1년	0.22	-0.17	0.13	55.74
3년	6.84	-0.69	0.62	47.06

보수 (%, 年)	
TER	0.150
운용	0.075
판매	0.050
수탁	0.010
일반사무	0.015

투자 전략

MKF 국고채 지수를 추적대상 지수로 하여 1좌당 순자산가치의 변동률을 추적대상지수의 변동률과 유사하도록 투자신탁재산을 운용함을 그 운용목적으로 합니다.

KINDEX 중기국고채 (A114460)

- 벤치마크: **국공채 만기종합**
- 테마분류: **—**
- 위험등급: **5등급**
- 평가등급(3년): **★★★★**

펀드 현황

운용사(매니저)	한국투신운용
판매사	—
설정일(존속기간)	2009.07.30 (8년1개월)
설정액	154.00억원
순자산	154.00억원

시장 정보 (2017년 09월 22일 기준)

52주최고(원)	107,085	수익률(12M, %)	0.82
52주최저(원)	105,205	수익률(YTD, %)	0.49
거래량(20일, 주)	1,461	변동성(120일)	0.00
거래대금(20일, 원)	154,549,794	구성종목수(개)	4
베타(1D/1Y)	0.004400	Spread(원)	-5.19

누적 수익률

기간별 수익률 (%)

구분	수익률	BM초과	유형초과	%순위
1주	-0.02	0.02	—	50.75
1개월	-0.09	0.08	-0.03	61.19
3개월	0.16	-0.27	-0.04	50.75
6개월	0.10	0.19	-0.02	53.85
연초이후	0.49	-0.16	-0.07	55.81
1년	0.82	0.04	0.01	49.60
3년	0.18	1.92	0.09	58.20

보수 (%, 年)

TER	0.150
운용	0.075
판매	0.050
수탁	0.010
일반사무	0.015

투자 전략

"KTBINDEX 시장가격지수"의 수익률을 추적하도록 국채에 주로 투자하는 상장지수투자신탁으로서 이 투자신탁 수익증권 1좌당 순자산가치수의 변동률을 KTBINDEX 시장가격지수의 변동률과 유사하도록 투자신탁재산을 운용함을 그 목적으로 합니다.

KOSEF 국고채3년 (A114470)

- 벤치마크: **국공채 만기종합**
- 테마분류: **—**
- 위험등급: **5등급**
- 평가등급(3년): **★★★★**

펀드 현황

운용사(매니저)	키움투자자산운용
판매사	—
설정일(존속기간)	2009.07.29 (8년1개월)
설정액	677.14억원
순자산	677.14억원

시장 정보 (2017년 09월 22일 기준)

52주최고(원)	112,100	수익률(12M, %)	0.87
52주최저(원)	110,070	수익률(YTD, %)	0.51
거래량(20일, 주)	450	변동성(120일)	0.00
거래대금(20일, 원)	49,751,960	구성종목수(개)	4
베타(1D/1Y)	-0.008590	Spread(원)	-0.70

누적 수익률

기간별 수익률 (%)

구분	수익률	BM초과	유형초과	%순위
1주	-0.02	0.02	—	55.22
1개월	-0.10	0.08	-0.04	65.67
3개월	0.16	-0.27	-0.04	48.51
6개월	0.10	0.19	-0.02	53.08
연초이후	0.51	-0.14	-0.05	52.71
1년	0.87	0.08	0.06	44.80
3년	0.24	1.98	0.15	54.92

보수 (%, 年)

TER	0.150
운용	0.080
판매	0.045
수탁	0.010
일반사무	0.015

투자 전략

추적대상지수를 지수산출기관인 한국거래소가 제공하는 KTBINDEX로 하여, 추적대상지수인 KTBINDEX에 편입된 채권 등에 중장기 투자하는 상장지수 증권투자신탁입니다.

KODEX 인버스 (A114800)

● 벤치마크 : **F-KOSPI200**   ● 위험등급 : **3등급**
● 테마분류 : —   ● 평가등급(3년) : ★★

펀드 현황	
운용사(매니저)	삼성자산운용
판매사	—
설정일(존속기간)	2009.09.15 (8년)
설정액	18,690.00억원
순자산	18,690.00억원

시장 정보 (2017년 09월 22일 기준)			
52주최고(원)	7,950	수익률(12M, %)	-20.62
52주최저(원)	6,100	수익률(YTD, %)	-18.37
거래량(20일, 주)	8,965,870	변동성(120일)	0.01
거래대금(20일, 원)	56,658,269,370	구성종목수(개)	4
베타(1D/1Y)	-0.967550	Spread(원)	-23.59

누적 수익률

설정액(좌,억원) —Fund(우,%) —BM(우,%)

기간별 수익률 (%)				
구분	수익률	BM초과	유형초과	%순위
1주	-1.87	-0.04	0.42	46.30
1개월	-3.25	-0.12	0.86	50.00
3개월	-3.49	-0.28	1.04	48.08
6개월	-10.99	-0.51	2.70	51.92
연초이후	-18.37	-0.65	3.80	57.69
1년	-20.62	-0.91	4.27	62.79
3년	-19.29	-2.52	3.21	42.11

보수 (%, 年)	
TER	0.640
운용	0.580
판매	0.020
수탁	0.020
일반사무	0.020

투자 전략

KOSPI200주가지수선물의 가격수준을 종합적으로 표시하는 지수(이하"기초지수"라 한다)를 기초지수로 하여 1좌당 순자산가치의 일간변동률을 기초지수 일간변동률의 음(陰)의 1배수로 연동하여 투자신탁재산을 운용합니다.

TIGER 국채3년 (A114820)

● 벤치마크 : **국공채 만기종합**   ● 위험등급 : **5등급**
● 테마분류 : —   ● 평가등급(3년) : ★★★★

펀드 현황	
운용사(매니저)	미래에셋자산운용
판매사	—
설정일(존속기간)	2009.08.24 (8년1개월)
설정액	431.48억원
순자산	431.48억원

시장 정보 (2017년 09월 22일 기준)			
52주최고(원)	110,885	수익률(12M, %)	0.84
52주최저(원)	108,905	수익률(YTD, %)	0.50
거래량(20일, 주)	1,354	변동성(120일)	0.00
거래대금(20일, 원)	148,066,710	구성종목수(개)	4
베타(1D/1Y)	-0.008700	Spread(원)	-106.09

누적 수익률

설정액(좌,억원) —Fund(우,%) —BM(우,%)

기간별 수익률 (%)				
구분	수익률	BM초과	유형초과	%순위
1주	-0.02	0.02	—	55.97
1개월	-0.09	0.08	-0.03	64.18
3개월	0.16	-0.27	-0.04	49.25
6개월	0.11	0.19	-0.02	51.54
연초이후	0.50	-0.15	-0.06	54.26
1년	0.84	0.06	0.03	48.00
3년	0.20	1.94	0.11	57.38

보수 (%, 年)	
TER	0.150
운용	0.070
판매	0.055
수탁	0.010
일반사무	0.015

투자 전략

국내 채권(국고채)을 주된 투자대상자산으로 하여 "KTBINDEX(시장가격지수)"를 추적대상 지수로 하여 보수차감전 1좌당 순자산가치의 변동률을 지수의 변동률과 유사하도록 투자신탁재산을 운용함을 목적으로 합니다.

KODEX 에너지화학 (A117460)

- 벤치마크 : **KRX 에너지화학**
- 테마분류 : —
- 위험등급 : **2등급**
- 평가등급(3년) : ★★★★★

펀드 현황

운용사(매니저)	삼성자산운용
판매사	—
설정일(존속기간)	2009.10.12 (7년11개월)
설정액	90.15억원
순자산	90.15억원

시장 정보 (2017년 09월 22일 기준)

52주최고(원)	13,760	수익률(12M, %)	37.90
52주최저(원)	9,960	수익률(YTD, %)	25.43
거래량(20일, 주)	26,791	변동성(120일)	0.01
거래대금(20일, 원)	355,371,594	구성종목수(개)	34
베타(1D/1Y)	0.960000	Spread(원)	-35.85

누적 수익률

설정액(좌,억원) ━ Fund(우,%) ━ BM(우,%)

기간별 수익률 (%)

구분	수익률	BM초과	유형초과	%순위
1주	-3.30	-0.00	-4.61	96.23
1개월	3.87	-0.05	1.30	33.96
3개월	15.16	0.14	14.27	5.66
6개월	18.84	-0.07	5.49	23.40
연초이후	25.43	0.35	8.08	25.53
1년	37.90	2.96	27.56	15.91
3년	58.92	6.29	50.05	11.54

보수 (%, 年)

TER	0.450
운용	0.340
판매	0.050
수탁	0.020
일반사무	0.040

투자 전략

KRX Energy & Chemicals 지수(이하 "기초지수"라 한다)를 기초지수로 하여 1좌당 순자산가치의 변동률을 기초지수의 변동률과 유사하도록 투자신탁재산을 운용함을 그 운용목적으로 합니다.

KODEX 철강 (A117680)

- 벤치마크 : **KRX 철강**
- 테마분류 : —
- 위험등급 : **2등급**
- 평가등급(3년) : ★★

펀드 현황

운용사(매니저)	삼성자산운용
판매사	—
설정일(존속기간)	2009.10.30 (7년10개월)
설정액	69.59억원
순자산	69.59억원

시장 정보 (2017년 09월 22일 기준)

52주최고(원)	11,235	수익률(12M, %)	17.83
52주최저(원)	8,445	수익률(YTD, %)	7.29
거래량(20일, 주)	22,984	변동성(120일)	0.01
거래대금(20일, 원)	241,635,110	구성종목수(개)	17
베타(1D/1Y)	0.890600	Spread(원)	9.32

누적 수익률

설정액(좌,억원) ━ Fund(우,%) ━ BM(우,%)

기간별 수익률 (%)

구분	수익률	BM초과	유형초과	%순위
1주	-3.06	-0.01	-4.37	92.45
1개월	-7.80	-0.04	-10.37	96.23
3개월	5.99	-0.04	5.10	35.85
6개월	3.06	0.14	-10.29	68.09
연초이후	7.29	0.01	-10.07	65.96
1년	17.83	1.82	7.49	38.64
3년	-5.22	4.11	-14.09	69.23

보수 (%, 年)

TER	0.450
운용	0.340
판매	0.050
수탁	0.020
일반사무	0.040

투자 전략

KRX Steels 지수를 기초지수로 하여 1좌당 순자산가치의 변동률을 기초지수의 변동률과 유사하도록 투자신탁재산을 운용함을 그 운용목적으로 합니다.

TIGER 차이나항셍25 (A117690)

- 벤치마크 : **World - MSCI - EMF ASIA (KRW Unhedged)**
- 테마분류 : —
- 위험등급 : **2등급**
- 평가등급(3년) : ★★★

펀드 현황

운용사(매니저)	미래에셋자산운용
판매사	—
설정일(존속기간)	2009.10.21 (7년11개월)
설정액	53.56억원
순자산	53.56억원

시장 정보 (2017년 09월 22일 기준)

52주최고(원)	17,275	수익률(12M, %)	21.66
52주최저(원)	13,540	수익률(YTD, %)	16.18
거래량(20일, 주)	509	변동성(120일)	0.01
거래대금(20일, 원)	8,605,617	구성종목수(개)	26
베타(1D/1Y)	0.449940	Spread(원)	11.73

누적 수익률

기간별 수익률 (%)

구분	수익률	BM초과	유형초과	%순위
1주	0.42	0.74	0.53	3.27
1개월	1.80	0.48	1.32	7.36
3개월	5.19	1.68	0.60	24.82
6개월	12.90	4.69	1.68	23.59
연초이후	16.18	-0.42	-2.30	50.06
1년	21.66	-2.65	-6.65	61.03
3년	21.26	-3.68	-1.50	46.19

보수 (%, 年)

TER	0.490
운용	0.300
판매	0.100
수탁	0.050
일반사무	0.040

투자 전략

해외주식인 홍콩거래소에 상장된 주식을 주된 투자대상자산으로 하여 "항생메인랜드25지수"를 추적대상지수로 하여 보수차감전 1좌당 순자산가치의 변동률을 원화로 환산한 지수의 변동률과 유사하도록 투자신탁재산을 운용함을 목적으로 합니다.

KODEX 건설 (A117700)

- 벤치마크 : **KRX 건설**
- 테마분류 : —
- 위험등급 : **1등급**
- 평가등급(3년) : ★

펀드 현황

운용사(매니저)	삼성자산운용
판매사	—
설정일(존속기간)	2009.10.30 (7년10개월)
설정액	309.15억원
순자산	309.15억원

시장 정보 (2017년 09월 22일 기준)

52주최고(원)	3,175	수익률(12M, %)	-5.16
52주최저(원)	2,625	수익률(YTD, %)	-3.83
거래량(20일, 주)	46,855	변동성(120일)	0.01
거래대금(20일, 원)	128,702,994	구성종목수(개)	29
베타(1D/1Y)	0.949190	Spread(원)	-5.13

누적 수익률

기간별 수익률 (%)

구분	수익률	BM초과	유형초과	%순위
1주	0.01	-0.01	-1.30	49.06
1개월	-4.20	-0.02	-6.77	69.81
3개월	-10.32	-0.02	-11.21	81.13
6개월	-7.87	-0.22	-21.22	89.36
연초이후	-3.83	-0.24	-21.18	85.11
1년	-5.16	0.69	-15.50	77.27
3년	-31.09	1.32	-39.97	92.31

보수 (%, 年)

TER	0.450
운용	0.340
판매	0.050
수탁	0.020
일반사무	0.040

투자 전략

KRX Constructions 지수를 기초지수로 하여 1좌당 순자산가치의 변동률을 기초지수의 변동률과 유사하도록 투자신탁재산을 운용함을 그 운용목적으로 합니다.

ARIRANG 코스피50 (A122090)

● 벤치마크 : **KOSPI50**
● 테마분류 : ―

● 위험등급 : **2등급**
● 평가등급(3년) : ★★★★

펀드 현황

운용사(매니저)	한화자산운용
판매사	―
설정일(존속기간)	2010.01.07 (7년8개월)
설정액	358.40억원
순자산	358.40억원

시장 정보 (2017년 09월 22일 기준)

52주최고(원)	21,585	수익률(12M, %)	32.09
52주최저(원)	16,125	수익률(YTD, %)	25.98
거래량(20일, 주)	3,413	변동성(120일)	0.01
거래대금(20일, 원)	70,447,098	구성종목수(개)	51
베타(1D/1Y)	1.102750	Spread(원)	-5.69

누적 수익률

기간별 수익률 (%)

구분	수익률	BM초과	유형초과	%순위
1주	2.33	-0.01	-0.05	35.87
1개월	4.64	-0.02	-0.19	38.74
3개월	5.71	0.08	1.04	26.09
6개월	14.11	0.08	-3.60	47.45
연초이후	25.98	0.05	-1.58	45.88
1년	32.09	2.24	1.34	36.70
3년	34.44	6.08	10.60	21.54

보수 (%, 年)

TER	0.330
운용	0.245
판매	0.040
수탁	0.020
일반사무	0.025

투자 전략

한국거래소에서 발표하는 "KOSPI50"을 기초지수로 하여 보수차감후 1좌당 순자산가치의 변동률을 기초지수의 변동률과 유사하도록 투자신탁재산을 운용함을 목적으로 합니다.

KOSEF 통안채1년 (A122260)

● 벤치마크 : **국공채 만기종합**
● 테마분류 : ―

● 위험등급 : **6등급**
● 평가등급(3년) : ★★★

펀드 현황

운용사(매니저)	키움투자자산운용
판매사	―
설정일(존속기간)	2010.01.14 (7년8개월)
설정액	680.00억원
순자산	680.00억원

시장 정보 (2017년 09월 22일 기준)

52주최고(원)	101,805	수익률(12M, %)	1.11
52주최저(원)	100,515	수익률(YTD, %)	0.72
거래량(20일, 주)	110,886	변동성(120일)	0.00
거래대금(20일, 원)	11,269,874,133	구성종목수(개)	7
베타(1D/1Y)	-0.003090	Spread(원)	-3.89

누적 수익률

기간별 수익률 (%)

구분	수익률	BM초과	유형초과	%순위
1주	―	0.04	0.01	20.90
1개월	0.01	0.19	0.07	18.66
3개월	0.12	-0.30	-0.08	72.39
6개월	0.31	0.40	0.19	30.00
연초이후	0.72	0.08	0.17	15.50
1년	1.11	0.33	0.30	15.20
3년	1.25	2.99	1.16	24.59

보수 (%, 年)

TER	0.150
운용	0.105
판매	0.020
수탁	0.010
일반사무	0.015

투자 전략

거래가 이루어지는 장외채권시장에서 거래되는 집합투자규약 제17조에서 정의된 채권을 주된 투자대상자산으로 하여 1좌당 순자산가치의 변동율을 지수의 변동율과 유사하도록 투자신탁재산을 운용함을 목적으로 합니다.

KODEX 레버리지 (A122630)

● 벤치마크 : **KOSPI200**
● 테마분류 : 一

● 위험등급 : **1등급**
● 평가등급(3년) : ★★★

펀드 현황	
운용사(매니저)	삼성자산운용
판매사	一
설정일(존속기간)	2010.02.18 (7년7개월)
설정액	10,900.00억원
순자산	10,900.00억원

시장 정보 (2017년 09월 22일 기준)

52주최고(원)	17,320	수익률(12M, %)	54.82
52주최저(원)	10,255	수익률(YTD, %)	47.39
거래량(20일, 주)	13,985,644	변동성(120일)	0.01
거래대금(20일, 원)	224,529,589,593	구성종목수(개)	211
베타(1D/1Y)	1.931120	Spread(원)	-59.93

누적 수익률

기간별 수익률 (%)

구분	수익률	BM초과	유형초과	%순위
1주	3.78	1.95	1.40	12.11
1개월	6.45	3.17	1.62	14.86
3개월	6.41	2.92	1.74	18.84
6개월	24.43	12.31	6.72	15.82
연초이후	47.39	24.99	19.83	11.34
1년	54.82	30.76	24.07	7.98
3년	41.77	20.45	17.93	8.46

보수 (%, 年)	
TER	0.640
운용	0.580
판매	0.020
수탁	0.020
일반사무	0.020

투자 전략

한국종합주가지수200(KOSPI200주가지수, 이하"기초지수"라 한다)를 기초지수로 하여 1 좌당 순자산가치의 일간변동률을 기초지수 일간변동률의 양(陽)의 2배수로 연동하여 투자신탁재산을 운용합니다.

TIGER 인버스 (A123310)

● 벤치마크 : **F-KOSPI200**
● 테마분류 : 一

● 위험등급 : **3등급**
● 평가등급(3년) : ★★★

펀드 현황	
운용사(매니저)	미래에셋자산운용
판매사	一
설정일(존속기간)	2010.03.29 (7년5개월)
설정액	780.00억원
순자산	780.00억원

시장 정보 (2017년 09월 22일 기준)

52주최고(원)	8,545	수익률(12M, %)	-20.14
52주최저(원)	6,575	수익률(YTD, %)	-18.03
거래량(20일, 주)	2,202,297	변동성(120일)	0.01
거래대금(20일, 원)	14,998,054,091	구성종목수(개)	4
베타(1D/1Y)	-0.964080	Spread(원)	-2.40

누적 수익률

기간별 수익률 (%)

구분	수익률	BM초과	유형초과	%순위
1주	-1.87	-0.04	0.42	48.15
1개월	-3.21	-0.08	0.90	44.44
3개월	-3.34	-0.13	1.19	32.69
6개월	-10.73	-0.25	2.96	38.46
연초이후	-18.03	-0.31	4.14	44.23
1년	-20.14	-0.43	4.75	46.51
3년	-18.78	-2.01	3.72	31.58

보수 (%, 年)	
TER	0.090
운용	0.060
판매	0.010
수탁	0.010
일반사무	0.010

투자 전략

국내 주식관련 장내파생상품을 주된 투자대상자산으로 하며, KOSPI200주가지수선물의 가격수준을 종합적으로 표시하는 지수인"F-KOSPI200 지수"를 기초지수로 하여 1좌당 순자산가치의 일간 변동률을 기초지수의 일간 변동률의 음(陰)의 1배수로 연동하여 투자신탁재산을 운용합니다.

TIGER 레버리지 (A123320)

● 벤치마크 : **KOSPI200**
● 테마분류 : ─

● 위험등급 : **1등급**
● 평가등급(3년) : ★★★

펀드 현황

운용사(매니저)	미래에셋자산운용
판매사	─
설정일(존속기간)	2010.04.09 (7년5개월)
설정액	210.00억원
순자산	210.00억원

시장 정보 (2017년 09월 22일 기준)

52주최고(원)	15,795	수익률(12M, %)	56.30
52주최저(원)	9,270	수익률(YTD, %)	48.79
거래량(20일, 주)	135,126	변동성(120일)	0.01
거래대금(20일, 원)	1,986,082,233	구성종목수(개)	205
베타(1D/1Y)	1.855120	Spread(원)	14.02

누적 수익률

기간별 수익률 (%)

구분	수익률	BM초과	유형초과	%순위
1주	3.63	1.80	1.25	19.28
1개월	6.51	3.23	1.68	13.51
3개월	6.71	3.22	2.04	9.66
6개월	25.34	13.22	7.63	6.63
연초이후	48.79	26.39	21.23	3.09
1년	56.30	32.23	25.55	3.19
3년	43.87	22.54	20.02	2.31

보수 (%, 年)

TER	0.090
운용	0.060
판매	0.010
수탁	0.010
일반사무	0.010

투자 전략

국내주식으로 구성된 주가지수인 KOSPI200주가지수를 기초지수로 하는 상장지수집합투자기구를 주된 투자대상자산으로 하며, 국내 주식으로 구성된 주가지수인 KOSPI200주가지수를 기초지수로 하여 1좌당 순자산가치의 일간변동률을 기초지수 일간변동률의 양(陽)의 2배수로 연동하여 투자신탁재산을 운용합니다.

TIGER 원유선물Enhanced(H) (A130680)

● 벤치마크 : **S&P GSCI Crude Oil Enhanced Index ER**
● 테마분류 : ─

● 위험등급 : **1등급**
● 평가등급(3년) : ★

펀드 현황

운용사(매니저)	미래에셋자산운용
판매사	─
설정일(존속기간)	2010.08.02 (7년1개월)
설정액	4,035.00억원
순자산	4,035.00억원

시장 정보 (2017년 09월 22일 기준)

52주최고(원)	4,675	수익률(12M, %)	-16.63
52주최저(원)	3,555	수익률(YTD, %)	-5.19
거래량(20일, 주)	528,292	변동성(120일)	0.01
거래대금(20일, 원)	1,995,028,626	구성종목수(개)	8
베타(1D/1Y)	0.185230	Spread(원)	-13.35

누적 수익률

기간별 수익률 (%)

구분	수익률	BM초과	유형초과	%순위
1주	0.93	─	0.18	43.59
1개월	0.96	─	0.75	15.38
3개월	1.15	─	-0.67	79.22
6개월	7.14	─	1.39	31.58
연초이후	-5.19	─	-4.87	78.67
1년	-16.63	─	-13.56	100.00
3년	-3.56	─	-4.95	63.38

보수 (%, 年)

TER	0.700
운용	0.630
판매	0.000
수탁	0.030
일반사무	0.040

투자 전략

WTI원유를 기초자산으로 하여 파생상품시장에서 거래되는 장내파생상품을 법시행령 제94조제2항 제4호에서 규정하는 주된 투자대상자산으로 하며, 원유선물지수인 S&P GSCI Crude Oil Enhanced Index Excess Return의 원화환산전 수익률를 추종합니다.

KOSEF 단기자금 (A130730)

● 벤치마크 : **CD 6개월(26주)**   ● 위험등급 : **6등급**
● 테마분류 : —   ● 평가등급(3년) : —

펀드 현황

운용사(매니저)	키움투자자산운용
판매사	—
설정일(존속기간)	2010.07.29 (7년1개월)
설정액	969.00억원
순자산	969.00억원

시장 정보 (2017년 09월 22일 기준)

52주최고(원)	101,860	수익률(12M, %)	1.01
52주최저(원)	100,585	수익률(YTD, %)	0.68
거래량(20일, 주)	12,737	변동성(120일)	0.00
거래대금(20일, 원)	1,293,698,320	구성종목수(개)	14
베타(1D/1Y)	0.000780	Spread(원)	3.00

누적 수익률

설정액(좌,억원) — Fund(우,%) — BM(우,%)

기간별 수익률 (%)

구분	수익률	BM초과	유형초과	%순위
1주	—	—	—	40.54
1개월	0.02	-0.01	—	60.81
3개월	0.11	-0.01	-0.02	78.38
6개월	0.31	-0.07	-0.08	82.61
연초이후	0.68	-0.09	-0.12	81.82
1년	1.01	-0.12	-0.16	80.39
3년	1.30	-0.21	-0.18	78.72

보수 (%, 年)

TER	0.150
운용	0.105
판매	0.020
수탁	0.010
일반사무	0.015

투자 전략

1좌당 순자산가치의 변동율을 지수의 변동율과 유사하도록 투자신탁재산을 운용합니다.

KINDEX 삼성그룹동일가중 (A131890)

● 벤치마크 : **MKF SAMs Equal Weighted**   ● 위험등급 : **2등급**
● 테마분류 : —   ● 평가등급(3년) : ★

펀드 현황

운용사(매니저)	한국투신운용
판매사	—
설정일(존속기간)	2010.09.16 (7년)
설정액	54.69억원
순자산	54.69억원

시장 정보 (2017년 09월 22일 기준)

52주최고(원)	12,435	수익률(12M, %)	23.81
52주최저(원)	9,095	수익률(YTD, %)	28.37
거래량(20일, 주)	996	변동성(120일)	0.01
거래대금(20일, 원)	11,794,603	구성종목수(개)	16
베타(1D/1Y)	0.967570	Spread(원)	8.92

누적 수익률

설정액(좌,억원) — Fund(우,%) — BM(우,%)

기간별 수익률 (%)

구분	수익률	BM초과	유형초과	%순위
1주	1.09	-0.01	-1.29	69.96
1개월	2.89	-0.03	-1.94	60.36
3개월	3.73	-0.08	-0.94	57.00
6개월	14.03	-0.16	-3.68	47.96
연초이후	28.37	-0.41	0.81	36.60
1년	23.81	0.80	-6.94	59.57
3년	4.87	2.35	-18.97	91.54

보수 (%, 年)

TER	0.150
운용	0.095
판매	0.010
수탁	0.020
일반사무	0.025

투자 전략

주식회사 에프앤가이드가 산출·공표하는 "MKF SAMs EW 지수 (Maekyung FnGuide SAMs Equal Weighted Index)"의 수익률을 추적하도록 주식에 주로 투자하는 상장지수투자신탁으로서 이 투자신탁 수익증권 1좌당 순자산가치의 변동률을 "MKF SAMs EW 지수"의 변동률과 유사하도록 신탁재산을 운용합니다.

KODEX 골드선물(H) (A132030)

- 벤치마크 : **S&P GSCI Gold Index(TR)**
- 테마분류 : —
- 위험등급 : **2등급**
- 평가등급(3년) : ★★★★★

펀드 현황

운용사(매니저)	삼성자산운용
판매사	—
설정일(존속기간)	2010.09.30 (6년11개월)
설정액	560.00억원
순자산	560.00억원

시장 정보 (2017년 09월 22일 기준)

52주최고(원)	10,240	수익률(12M, %)	13.53
52주최저(원)	8,630	수익률(YTD, %)	5.42
거래량(20일, 주)	87,941	변동성(120일)	0.01
거래대금(20일, 원)	875,257,204	구성종목수(개)	6
베타(1D/1Y)	-0.219500	Spread(원)	33.72

누적 수익률

(억원) / (%)
900 / 5.00
800 / 0.00
700 / -5.00
600 / -10.00
500 / -15.00
400 / -20.00
300
200
100
0
'16/09 '17/01 '17/05 '17/09

설정액(좌,억원) ── Fund(우,%) ── BM(우,%)

기간별 수익률 (%)

구분	수익률	BM초과	유형초과	%순위
1주	0.29	—	-0.45	80.77
1개월	-0.94	—	-1.15	87.18
3개월	1.81	—	-0.01	48.05
6개월	5.11	—	-0.65	42.11
연초이후	5.42	—	5.74	6.67
1년	13.53	—	16.60	4.11
3년	-2.10	—	-3.49	42.25

보수 (%, 年)

TER	0.680
운용	0.500
판매	0.100
수탁	0.040
일반사무	0.040

투자 전략

원자재선물 중에서 금선물(Gold Futures, 이하 '금(金)선물) 가격을 기초로 하는 S&PGSCI Gold TR 지수를 기초지수로 하여 1좌당 순자산가치의 변동률을 기초지수의 변동률과 유사하도록 투자신탁재산을 운용함을 그 운용목적으로 하는 특별자산상장지수투자신탁[금-파생형]입니다.

TIGER 미국나스닥100 (A133690)

- 벤치마크 : **World - MSCI - NORTH AMERICA (KRW Unhedged)**
- 테마분류 : —
- 위험등급 : **2등급**
- 평가등급(3년) : ★★★★★

펀드 현황

운용사(매니저)	미래에셋자산운용
판매사	—
설정일(존속기간)	2010.10.18 (6년11개월)
설정액	50.00억원
순자산	50.00억원

시장 정보 (2017년 09월 22일 기준)

52주최고(원)	30,790	수익률(12M, %)	14.05
52주최저(원)	23,775	수익률(YTD, %)	11.80
거래량(20일, 주)	2,107	변동성(120일)	0.01
거래대금(20일, 원)	63,964,612	구성종목수(개)	109
베타(1D/1Y)	0.509790	Spread(원)	-38.94

누적 수익률

(억원) / (%)
60 / 30.00
50 / 25.00
40 / 20.00
30 / 15.00
20 / 10.00
10 / 5.00
0 / 0.00
/ -5.00
'16/09 '17/01 '17/05 '17/09

설정액(좌,억원) ── Fund(우,%) ── BM(우,%)

기간별 수익률 (%)

구분	수익률	BM초과	유형초과	%순위
1주	0.10	0.47	-0.11	52.45
1개월	-0.49	-0.87	-0.86	100.00
3개월	2.55	0.52	-1.36	83.92
6개월	3.38	0.99	-0.45	41.43
연초이후	11.80	4.50	4.54	1.49
1년	14.05	9.63	1.37	22.88
3년	26.17	9.77	9.61	2.73

보수 (%, 年)

TER	0.490
운용	0.300
판매	0.100
수탁	0.050
일반사무	0.040

투자 전략

미국의 나스닥증권시장에 상장된 해외주식을 주된 투자대상자산으로 하여 "더나스닥헌드레드인덱스"를 기초지수로 하여 보수차감전 1좌당 순자산가치의 변동률을 원화로 환산한 지수의 변동률과 유사하도록 투자신탁재산을 운용함을 목적으로 합니다

KBSTAR 중기우량회사채 (A136340)

- 벤치마크 : **KOBI Credit**
- 테마분류 : —
- 위험등급 : **5등급**
- 평가등급(3년) : —

펀드 현황

운용사(매니저)	KB자산운용
판매사	—
설정일(존속기간)	2011.04.12 (6년5개월)
설정액	510.00억원
순자산	510.00억원

시장 정보 (2017년 09월 22일 기준)

52주최고(원)	104,310	수익률(12M, %)	0.86
52주최저(원)	101,885	수익률(YTD, %)	1.34
거래량(20일, 주)	950	변동성(120일)	0.00
거래대금(20일, 원)	97,425,357	구성종목수(개)	13
베타(1D/1Y)	0.001380	Spread(원)	-80.57

누적 수익률

기간별 수익률 (%)

구분	수익률	BM초과	유형초과	%순위
1주	-0.07	0.03	-0.04	100.00
1개월	0.21	0.01	0.02	21.43
3개월	0.36	0.21	-0.10	100.00
6개월	0.83	0.25	-0.17	100.00
연초이후	1.34	0.35	-0.24	100.00
1년	0.86	0.47	-0.45	100.00
3년	7.31	-0.22	0.16	—

보수 (%, 년)

TER	0.250
운용	0.150
판매	0.075
수탁	0.010
일반사무	0.015

투자 전략

KIS채권평가가 산출 및 공표하는 "KOBI Credit Index(총수익지수)"를 기초지수로 하는 상장지수집합투자기구로, 기초지수의 수익률과 유사한 수익률을 실현하는 것을 목표로 합니다.

TIGER 농산물선물Enhanced(H) (A137610)

- 벤치마크 : **S&P GSCI Agriculture Enhanced Index(ER)**
- 테마분류 : —
- 위험등급 : **2등급**
- 평가등급(3년) : ★★★

펀드 현황

운용사(매니저)	미래에셋자산운용
판매사	—
설정일(존속기간)	2011.01.11 (6년8개월)
설정액	1,020.00억원
순자산	1,020.00억원

시장 정보 (2017년 09월 22일 기준)

52주최고(원)	6,495	수익률(12M, %)	-7.87
52주최저(원)	5,400	수익률(YTD, %)	-8.71
거래량(20일, 주)	26,198	변동성(120일)	0.01
거래대금(20일, 원)	143,832,614	구성종목수(개)	9
베타(1D/1Y)	0.158210	Spread(원)	-4.12

누적 수익률

기간별 수익률 (%)

구분	수익률	BM초과	유형초과	%순위
1주	0.96	—	0.22	26.92
1개월	0.43	—	0.22	55.13
3개월	0.54	—	-1.28	97.40
6개월	-4.88	—	-10.64	100.00
연초이후	-8.71	—	-8.38	96.00
1년	-7.87	—	-4.80	64.38
3년	-12.06	—	-13.45	94.37

보수 (%, 년)

TER	0.700
운용	0.530
판매	0.100
수탁	0.030
일반사무	0.040

투자 전략

농산물을 기초자산으로 하는 것으로서 농산물선물지수인 S&P GSCI Agriculture Enhanced Select Index Excess Return의 수익률 추종 합니다.

마이다스 200커버드콜5%OTM (A137930)

- 벤치마크 : **KOSPI200 커버드콜**
- 테마분류 : —

- 위험등급 : **3등급**
- 평가등급(3년) : ★★★★★

펀드 현황

운용사(매니저)	마이다스에셋자산운용
판매사	
설정일(존속기간)	2011.02.11 (6년7개월)
설정액	340.00억원
순자산	340.00억원

시장 정보 (2017년 09월 22일 기준)

52주최고(원)	13,705	수익률(12M, %)	25.66
52주최저(원)	10,590	수익률(YTD, %)	21.03
거래량(20일, 주)	840	변동성(120일)	0.01
거래대금(20일, 원)	11,046,687	구성종목수(개)	152
베타(1D/1Y)	0.646570	Spread(원)	-14.39

누적 수익률

(억원) / (%)
'16/09 '17/01 '17/05 '17/09
설정액(좌,억원) Fund(우,%) BM(우,%)

기간별 수익률 (%)

구분	수익률	BM초과	유형초과	%순위
1주	1.87	0.10	0.04	24.88
1개월	3.41	0.17	0.17	6.51
3개월	4.06	0.37	0.51	3.43
6개월	11.66	0.25	-0.90	93.33
연초이후	21.03	0.17	-1.71	87.89
1년	25.66	2.94	-0.83	56.99
3년	30.18	7.19	2.94	1.29

보수 (%, 年)

TER	0.450
운용	0.300
판매	0.090
수탁	0.030
일반사무	0.030

투자 전략

주식을 주된 투자대상자산으로 하며, 수익증권 1좌당 순자산가치의 변동률을 추적대상지수(KOSPI200 커버드콜 지수)의 변동률과 유사하도록 운용함을 목적으로 합니다.

KOSEF 미국달러선물 (A138230)

- 벤치마크 : **F-USDKRW(미국달러선물지수)**
- 테마분류 : —

- 위험등급 : **4등급**
- 평가등급(3년) : —

펀드 현황

운용사(매니저)	키움투자자산운용
판매사	—
설정일(존속기간)	2011.02.24 (6년7개월)
설정액	704.55억원
순자산	704.55억원

시장 정보 (2017년 09월 22일 기준)

52주최고(원)	12,415	수익률(12M, %)	1.90
52주최저(원)	11,280	수익률(YTD, %)	-5.61
거래량(20일, 주)	29,437	변동성(120일)	0.00
거래대금(20일, 원)	340,410,831	구성종목수(개)	4
베타(1D/1Y)	-0.349890	Spread(원)	1.72

누적 수익률

(억원) / (%)
'16/09 '17/01 '17/05 '17/09
설정액(좌,억원) Fund(우,%) BM(우,%)

기간별 수익률 (%)

구분	수익률	BM초과	유형초과	%순위
1주	-0.01	0.02	-0.62	60.61
1개월	-0.49	0.08	-1.52	51.52
3개월	-0.67	0.19	-2.12	50.00
6개월	1.70	0.37	-2.52	50.00
연초이후	-5.61	0.54	-5.28	22.22
1년	1.90	0.66	-0.99	—
3년	9.21	3.44	19.17	—

보수 (%, 年)

TER	0.370
운용	0.200
판매	0.120
수탁	0.025
일반사무	0.025

투자 전략

미국달러선물 가격을 기초로 하는 미국달러선물지수를 기초지수로 하여 1좌당 순자산가치의 변동률을 기초지수의 변동률과 유사하도록 투자신탁재산을 운용함을 그 운용목적으로 하는 특별자산상장지수투자신탁[미국달러-파생형]입니다.

TIGER 삼성그룹펀더멘털 (A138520)

- 벤치마크 : **MKF SAMs FW**
- 테마분류 : —
- 위험등급 : **2등급**
- 평가등급(3년) : ★★

펀드 현황

운용사(매니저)	미래에셋자산운용
판매사	—
설정일(존속기간)	2011.03.07 (6년6개월)
설정액	51.97억원
순자산	51.97억원

시장 정보 (2017년 09월 22일 기준)

52주최고(원)	9,195	수익률(12M, %)	36.31
52주최저(원)	6,495	수익률(YTD, %)	31.64
거래량(20일, 주)	851	변동성(120일)	0.01
거래대금(20일, 원)	7,390,710	구성종목수(개)	17
베타(1D/1Y)	1.022750	Spread(원)	-34.34

누적 수익률

기간별 수익률 (%)

구분	수익률	BM초과	유형초과	%순위
1주	2.54	-0.02	0.16	34.08
1개월	5.49	-0.04	0.66	28.83
3개월	4.98	0.01	0.31	33.33
6개월	15.19	-0.03	-2.53	44.39
연초이후	31.64	-0.42	4.08	34.54
1년	36.31	0.96	5.56	34.04
3년	18.13	4.06	-5.71	74.62

보수 (%, 年)

TER	0.150
운용	0.093
판매	0.020
수탁	0.012
일반사무	0.025

투자 전략

에프앤가이드가 발표하는"MKF SAMs FW 지수"를 추적대상지수로 하여 1좌당 순자산가치의 변동률을 지수의 변동률과 유사하도록 투자신탁재산을 운용합니다.

TIGER LG그룹+ 펀더멘털 (A138530)

- 벤치마크 : **MKF LG그룹+FW**
- 테마분류 : —
- 위험등급 : **2등급**
- 평가등급(3년) : ★★★★

펀드 현황

운용사(매니저)	미래에셋자산운용
판매사	—
설정일(존속기간)	2011.03.10 (6년6개월)
설정액	52.57억원
순자산	52.57억원

시장 정보 (2017년 09월 22일 기준)

52주최고(원)	8,730	수익률(12M, %)	34.19
52주최저(원)	5,965	수익률(YTD, %)	28.82
거래량(20일, 주)	12,970	변동성(120일)	0.01
거래대금(20일, 원)	110,490,088	구성종목수(개)	20
베타(1D/1Y)	0.925970	Spread(원)	-15.44

누적 수익률

기간별 수익률 (%)

구분	수익률	BM초과	유형초과	%순위
1주	-3.81	-0.00	-6.19	100.00
1개월	2.37	-0.01	-2.46	63.96
3개월	1.40	-0.04	-3.27	72.95
6개월	15.24	-0.21	-2.48	43.88
연초이후	28.82	-0.34	1.26	35.57
1년	34.19	1.65	3.44	35.11
3년	29.77	4.17	5.93	39.23

보수 (%, 年)

TER	0.150
운용	0.093
판매	0.020
수탁	0.012
일반사무	0.025

투자 전략

에프앤가이드(FnGuide)가 발표하는"MKF LG그룹+ FW 지수"를 추적대상지수로 하여 1좌당 순자산가치의 변동률을 지수의 변동률과 유사하도록 투자신탁재산을 운용합니다.

TIGER 현대차그룹+ 펀더멘털 （A138540）

- 벤치마크 : **MKF 현대차그룹+FW**
- 테마분류 : ー
- 위험등급 : **2등급**
- 평가등급(3년) : ★

펀드 현황

운용사(매니저)	미래에셋자산운용
판매사	ー
설정일(존속기간)	2011.03.10 (6년6개월)
설정액	102.94억원
순자산	102.94억원

시장 정보 (2017년 09월 22일 기준)

52주최고(원)	20,060	수익률(12M, %)	-5.06
52주최저(원)	16,290	수익률(YTD, %)	-6.80
거래량(20일, 주)	2,009	변동성(120일)	0.01
거래대금(20일, 원)	34,697,810	구성종목수(개)	16
베타(1D/1Y)	0.755210	Spread(원)	-67.32

누적 수익률

기간별 수익률 (%)

구분	수익률	BM초과	유형초과	%순위
1주	1.54	-0.01	-0.84	57.40
1개월	-9.60	0.04	-14.43	100.00
3개월	-13.35	0.17	-18.02	100.00
6개월	-13.33	0.22	-31.04	100.00
연초이후	-6.80	0.07	-34.36	100.00
1년	-5.06	1.59	-35.81	99.47
3년	-21.96	3.17	-45.80	100.00

보수 (%, 年)

TER	0.150
운용	0.093
판매	0.020
수탁	0.012
일반사무	0.025

투자 전략

에프앤가이드(FnGuide)가 발표하는"MKF 현대차그룹+ FW 지수"를 추적대상지수로 하여 1좌당 순자산가치의 변동률을 지수의 변동률과 유사하도록 투자신탁재산을 운용합니다.

KODEX 구리선물(H) （A138910）

- 벤치마크 : **MKF Metal sector ER**
- 테마분류 : ー
- 위험등급 : **2등급**
- 평가등급(3년) : ★★★★

펀드 현황

운용사(매니저)	삼성자산운용
판매사	ー
설정일(존속기간)	2011.03.14 (6년6개월)
설정액	90.00억원
순자산	90.00억원

시장 정보 (2017년 09월 22일 기준)

52주최고(원)	6,680	수익률(12M, %)	31.90
52주최저(원)	4,590	수익률(YTD, %)	14.99
거래량(20일, 주)	17,660	변동성(120일)	0.01
거래대금(20일, 원)	113,316,007	구성종목수(개)	6
베타(1D/1Y)	0.167710	Spread(원)	-73.88

누적 수익률

기간별 수익률 (%)

구분	수익률	BM초과	유형초과	%순위
1주	-0.39	0.15	-0.60	71.79
1개월	0.07	-0.10	-1.75	100.00
3개월	14.15	5.35	8.39	11.84
6개월	8.75	1.38	9.08	4.00
연초이후	14.99	-0.67	18.06	2.74
1년	31.90	17.95	30.51	1.41
3년	-10.97	-12.49	7.01	32.79

보수 (%, 年)

TER	0.680
운용	0.500
판매	0.100
수탁	0.040
일반사무	0.040

투자 전략

COMEX(Commodity Exchange, 뉴욕상품거래소)에서 거래되는 원자재선물 중에서 구리선물가격을 기초로 하는 S&P GSCI North American Copper TR 지수를 기초지수로 하여 1좌당 순자산가치의 변동률을 기초지수의 변동률과 유사하도록 투자신탁재산을 운용함을 그 운용목적으로 하는 특별자산상장지수투자신탁[구리-파생형]입니다.

KODEX 콩선물(H) (A138920)

● 벤치마크 : **MKF Agricuture sector ER**　　　　● 위험등급 : **2등급**
● 테마분류 : —　　　　● 평가등급(3년) : ★★★

펀드 현황	
운용사(매니저)	삼성자산운용
판매사	—
설정일(존속기간)	2011.03.14 (6년6개월)
설정액	50.00억원
순자산	50.00억원

시장 정보 (2017년 09월 22일 기준)			
52주최고(원)	12,130	수익률(12M, %)	-7.96
52주최저(원)	9,970	수익률(YTD, %)	-8.23
거래량(20일, 주)	4,344	변동성(120일)	0.01
거래대금(20일, 원)	44,878,262	구성종목수(개)	6
베타(1D/1Y)	0.266540	Spread(원)	49.56

누적 수익률

설정액(좌,억원) ━Fund(우,%) ━BM(우,%)

기간별 수익률 (%)				
구분	수익률	BM초과	유형초과	%순위
1주	1.04	1.19	0.83	14.10
1개월	3.45	2.15	1.63	12.99
3개월	2.81	6.76	-2.95	71.05
6개월	-5.55	1.19	-5.23	80.00
연초이후	-8.23	-1.45	-5.16	69.86
1년	-7.96	3.46	-9.35	83.10
3년	-7.31	11.55	10.67	29.51

보수 (%, 年)	
TER	0.680
운용	0.500
판매	0.100
수탁	0.040
일반사무	0.040

투자 전략

CBOT에서 거래되는 원자재선물 중에서 콩선물 가격을 기초로 하는 S&P GSCI Soybeans TR 지수를 기초지수로 하여 1좌당 순자산가치의 변동률을 기초지수의 변동률과 유사하도록 투자신탁재산을 운용함을 그 운용목적으로 하는 특별자산상장지수투자신탁[콩-파생형]입니다.

TIGER 200 건설 (A139220)

● 벤치마크 : **KOSPI200 건설기계**　　　　● 위험등급 : **2등급**
● 테마분류 : —　　　　● 평가등급(3년) : ★

펀드 현황	
운용사(매니저)	미래에셋자산운용
판매사	—
설정일(존속기간)	2011.04.06 (6년5개월)
설정액	204.40억원
순자산	204.40억원

시장 정보 (2017년 09월 22일 기준)			
52주최고(원)	3,015	수익률(12M, %)	-5.03
52주최저(원)	2,450	수익률(YTD, %)	-4.72
거래량(20일, 주)	38,205	변동성(120일)	0.01
거래대금(20일, 원)	94,719,897	구성종목수(개)	14
베타(1D/1Y)	0.827740	Spread(원)	6.57

누적 수익률

설정액(좌,억원) ━Fund(우,%) ━BM(우,%)

기간별 수익률 (%)				
구분	수익률	BM초과	유형초과	%순위
1주	0.52	-0.01	-0.78	43.40
1개월	-4.35	0.01	-6.92	71.70
3개월	-11.83	0.06	-12.72	92.45
6개월	-9.29	-0.06	-22.64	93.62
연초이후	-4.72	0.45	-22.08	87.23
1년	-5.03	1.33	-15.37	75.00
3년	-34.77	1.72	-43.64	96.15

보수 (%, 年)	
TER	0.400
운용	0.270
판매	0.070
수탁	0.030
일반사무	0.030

투자 전략

국내 주식을 주된 투자대상자산으로 하며, 한국거래소가 발표하는"KOSPI 200 건설기계 지수"를 추적대상지수로 하여 1좌당 순자산가치의 변동률을 지수의 변동률과 유사하도록 투자신탁재산을 운용함을 목적으로 합니다.

TIGER 200 중공업 (A139230)

● 벤치마크 : **KOSPI200 조선운송**
● 테마분류 : —

● 위험등급 : **1등급**
● 평가등급(3년) : ★★

펀드 현황

운용사(매니저)	미래에셋자산운용
판매사	—
설정일(존속기간)	2011.04.06 (6년5개월)
설정액	178.87억원
순자산	178.87억원

시장 정보 (2017년 09월 22일 기준)

52주최고(원)	4,040	수익률(12M, %)	4.24
52주최저(원)	3,020	수익률(YTD, %)	7.89
거래량(20일, 주)	15,422	변동성(120일)	0.01
거래대금(20일, 원)	52,019,805	구성종목수(개)	11
베타(1D/1Y)	0.866130	Spread(원)	2.83

누적 수익률

(억원) / (%)
'16/09 '17/01 '17/05 '17/09
설정액(좌,억원) —Fund(우,%) —BM(우,%)

기간별 수익률 (%)

구분	수익률	BM초과	유형초과	%순위
1주	1.50	-0.08	0.19	30.19
1개월	-1.94	0.02	-4.51	52.83
3개월	-10.57	0.34	-11.46	83.02
6개월	-5.00	6.81	-18.35	85.11
연초이후	7.89	7.50	-9.47	63.83
1년	4.24	7.46	-6.10	61.36
3년	-17.99	6.55	-26.86	73.08

보수 (%, 年)

TER	0.400
운용	0.270
판매	0.070
수탁	0.030
일반사무	0.030

투자 전략

국내 주식을 주된 투자대상자산으로 하며, 한국거래소가 발표하는"KOSPI 200 조선운송 지수"를 추적대상지수로 하여 1좌당 순자산가치의 변동률을 지수의 변동률과 유사하도록 투자신탁재산을 운용함을 목적으로 합니다

TIGER 200 철강소재 (A139240)

● 벤치마크 : **KOSPI200 철강소재**
● 테마분류 : —

● 위험등급 : **2등급**
● 평가등급(3년) : ★★★

펀드 현황

운용사(매니저)	미래에셋자산운용
판매사	—
설정일(존속기간)	2011.04.06 (6년5개월)
설정액	108.21억원
순자산	108.21억원

시장 정보 (2017년 09월 22일 기준)

52주최고(원)	11,570	수익률(12M, %)	23.36
52주최저(원)	8,545	수익률(YTD, %)	8.46
거래량(20일, 주)	2,636	변동성(120일)	0.01
거래대금(20일, 원)	28,665,364	구성종목수(개)	11
베타(1D/1Y)	0.931630	Spread(원)	-27.41

누적 수익률

(억원) / (%)
'16/09 '17/01 '17/05 '17/09
설정액(좌,억원) —Fund(우,%) —BM(우,%)

기간별 수익률 (%)

구분	수익률	BM초과	유형초과	%순위
1주	-2.93	-0.00	-4.23	90.57
1개월	-6.77	-0.05	-9.34	92.45
3개월	7.89	0.00	7.00	22.64
6개월	4.31	0.14	-9.04	57.45
연초이후	8.46	0.07	-8.90	59.57
1년	23.36	1.98	13.02	36.36
3년	9.06	3.93	0.18	46.15

보수 (%, 年)

TER	0.400
운용	0.270
판매	0.070
수탁	0.030
일반사무	0.030

투자 전략

국내 주식을 주된 투자대상자산으로 하며, 한국거래소가 발표하는"KOSPI 200 철강소재 지수"를 추적대상지수로 하여 1좌당 순자산가치의 변동률을 지수의 변동률과 유사하도록 투자신탁재산을 운용함을 목적으로 합니다.

TIGER 200 에너지화학 (A139250)

- 벤치마크 : **KOSPI200 에너지화학**
- 테마분류 : —
- 위험등급 : **2등급**
- 평가등급(3년) : ★★★★★

펀드 현황

운용사(매니저)	미래에셋자산운용
판매사	—
설정일(존속기간)	2011.04.06 (6년5개월)
설정액	683.57억원
순자산	683.57억원

시장 정보 (2017년 09월 22일 기준)

52주최고(원)	15,565	수익률(12M, %)	37.55
52주최저(원)	11,325	수익률(YTD, %)	25.82
거래량(20일, 주)	16,705	변동성(120일)	0.01
거래대금(20일, 원)	253,287,258	구성종목수(개)	25
베타(1D/1Y)	0.962560	Spread(원)	3.50

누적 수익률

기간별 수익률 (%)

구분	수익률	BM초과	유형초과	%순위
1주	-2.23	-0.01	-3.54	81.13
1개월	3.99	-0.06	1.42	32.08
3개월	14.38	0.08	13.49	7.55
6개월	18.90	-0.12	5.55	21.28
연초이후	25.82	0.17	8.46	23.40
1년	37.55	2.48	27.21	18.18
3년	66.75	6.24	57.88	3.85

보수 (%, 年)

TER	0.400
운용	0.270
판매	0.070
수탁	0.030
일반사무	0.030

투자 전략

한국거래소가 발표하는"KOSPI 200 에너지화학 지수"를 추적대상지수로 하여 1좌당 순자산
가치의 변동률을 지수의 변동률과 유사하도록 투자신탁재산을 운용합니다.

TIGER 200 IT (A139260)

- 벤치마크 : **KOSPI200 정보통신**
- 테마분류 : —
- 위험등급 : **2등급**
- 평가등급(3년) : ★★★★

펀드 현황

운용사(매니저)	미래에셋자산운용
판매사	—
설정일(존속기간)	2011.04.06 (6년5개월)
설정액	1,106.42억원
순자산	1,106.42억원

시장 정보 (2017년 09월 22일 기준)

52주최고(원)	23,555	수익률(12M, %)	54.22
52주최저(원)	14,440	수익률(YTD, %)	46.01
거래량(20일, 주)	457,767	변동성(120일)	0.01
거래대금(20일, 원)	10,303,947,199	구성종목수(개)	19
베타(1D/1Y)	1.280270	Spread(원)	-14.44

누적 수익률

기간별 수익률 (%)

구분	수익률	BM초과	유형초과	%순위
1주	1.72	-0.02	0.42	24.53
1개월	11.36	-0.06	8.79	7.55
3개월	9.32	0.00	8.42	13.21
6개월	28.70	-0.08	15.35	14.89
연초이후	46.01	-0.29	28.66	4.26
1년	54.22	1.24	43.87	4.55
3년	51.98	3.05	43.10	23.08

보수 (%, 年)

TER	0.400
운용	0.270
판매	0.070
수탁	0.030
일반사무	0.030

투자 전략

국내 주식을 주된 투자대상자산으로 하며, 한국거래소가 발표하는"KOSPI 200 정보통신 지
수"를 추적대상지수로 하여 1좌당 순자산가치의 변동률을 지수의 변동률과 유사하도록 투자신탁재
산을 운용함을 목적으로 합니다.

TIGER 200 금융 (A139270)

● 벤치마크 : **KOSPI200 금융**
● 테마분류 : —

● 위험등급 : **2등급**
● 평가등급(3년) : ★★★★

펀드 현황

운용사(매니저)	미래에셋자산운용
판매사	—
설정일(존속기간)	2011.04.06 (6년5개월)
설정액	531.77억원
순자산	531.77억원

시장 정보 (2017년 09월 22일 기준)

52주최고(원)	9,305	수익률(12M, %)	30.44
52주최저(원)	6,630	수익률(YTD, %)	21.73
거래량(20일, 주)	14,461	변동성(120일)	0.01
거래대금(20일, 원)	120,347,708	구성종목수(개)	18
베타(1D/1Y)	0.994230	Spread(원)	-26.80

누적 수익률

기간별 수익률 (%)

구분	수익률	BM초과	유형초과	%순위
1주	3.05	-0.01	1.74	13.21
1개월	-2.02	-0.03	-4.59	54.72
3개월	4.63	0.01	3.74	43.40
6개월	11.33	-0.17	-2.02	44.68
연초이후	21.73	-0.61	4.37	36.17
1년	30.44	2.54	20.10	22.73
3년	14.48	6.86	5.60	38.46

보수 (%, 年)

TER	0.400
운용	0.270
판매	0.070
수탁	0.030
일반사무	0.030

투자 전략

국내 주식을 주된 투자대상자산으로 하며, 한국거래소가 발표하는"KOSPI 200 금융 지수"를 추적대상지수로 하여 1좌당 순자산가치의 변동률을 지수의 변동률과 유사하도록 투자신탁재산을 운용함을 목적으로 합니다.

TIGER 경기방어 (A139280)

● 벤치마크 : **KOSPI200 필수소비재**
● 테마분류 : —

● 위험등급 : **3등급**
● 평가등급(3년) : ★★★

펀드 현황

운용사(매니저)	미래에셋자산운용
판매사	—
설정일(존속기간)	2011.04.06 (6년5개월)
설정액	2,200.25억원
순자산	2,200.25억원

시장 정보 (2017년 09월 22일 기준)

52주최고(원)	14,505	수익률(12M, %)	-9.62
52주최저(원)	12,075	수익률(YTD, %)	1.64
거래량(20일, 주)	77,576	변동성(120일)	0.01
거래대금(20일, 원)	992,638,001	구성종목수(개)	56
베타(1D/1Y)	0.555100	Spread(원)	-2.27

누적 수익률

기간별 수익률 (%)

구분	수익률	BM초과	유형초과	%순위
1주	0.10	0.87	-1.21	47.17
1개월	-3.98	2.70	-6.55	67.92
3개월	-7.38	2.30	-8.27	67.92
6개월	0.93	3.77	-12.42	74.47
연초이후	1.64	2.94	-15.72	78.72
1년	-9.62	1.99	-19.96	81.82
3년	6.49	5.51	-2.39	53.85

보수 (%, 年)

TER	0.400
운용	0.270
판매	0.070
수탁	0.030
일반사무	0.030

투자 전략

국내 주식을 주된 투자대상자산으로 하며, 한국거래소가 발표하는"KOSPI 200 필수소비재 지수"를 추적대상지수로 하여 1좌당 순자산가치의 변동률을 지수의 변동률과 유사하도록 투자신탁재산을 운용함을 목적으로 합니다

TIGER 200 경기소비재 (A139290)

● 벤치마크 : **KOSPI200 자유소비재**　　　　　　　● 위험등급 : **3등급**
● 테마분류 : —　　　　　　　　　　　　　　　　　● 평가등급(3년) : ★★

펀드 현황

운용사(매니저)	미래에셋자산운용
판매사	—
설정일(존속기간)	2011.04.06 (6년5개월)
설정액	138.96억원
순자산	138.96억원

시장 정보 (2017년 09월 22일 기준)

52주최고(원)	17,185	수익률(12M, %)	-9.71
52주최저(원)	14,650	수익률(YTD, %)	-5.59
거래량(20일, 주)	1,889	변동성(120일)	0.01
거래대금(20일, 원)	28,153,983	구성종목수(개)	41
베타(1D/1Y)	0.696070	Spread(원)	-29.78

누적 수익률

기간별 수익률 (%)

구분	수익률	BM초과	유형초과	%순위
1주	0.82	-0.01	-0.49	41.51
1개월	-6.47	-0.02	-9.04	88.68
3개월	-10.04	0.10	-10.93	79.25
6개월	-8.24	0.10	-21.59	91.49
연초이후	-5.59	-0.03	-22.95	89.36
1년	-9.71	1.36	-20.05	84.09
3년	-22.56	3.08	-31.44	80.77

보수 (%, 年)

TER	0.400
운용	0.270
판매	0.070
수탁	0.030
일반사무	0.030

투자 전략

국내 주식을 주된 투자대상자산으로 하며, 한국거래소가 발표하는"KOSPI 200 자유소비재 지수"를 추적대상지수로 하여 1좌당 순자산가치의 변동률을 지수의변동률과 유사하도록 투자신탁 재산을 운용함을 목적으로 합니다

TIGER 금속선물(H) (A139310)

● 벤치마크 : **Metal sector ER**　　　　　　　　　● 위험등급 : **2등급**
● 테마분류 : —　　　　　　　　　　　　　　　　　● 평가등급(3년) : ★★★★

펀드 현황

운용사(매니저)	미래에셋자산운용
판매사	—
설정일(존속기간)	2011.04.08 (6년5개월)
설정액	60.00억원
순자산	60.00억원

시장 정보 (2017년 09월 22일 기준)

52주최고(원)	6,005	수익률(12M, %)	31.19
52주최저(원)	4,425	수익률(YTD, %)	17.48
거래량(20일, 주)	1,522	변동성(120일)	0.01
거래대금(20일, 원)	8,926,627	구성종목수(개)	7
베타(1D/1Y)	0.062070	Spread(원)	26.78

누적 수익률

기간별 수익률 (%)

구분	수익률	BM초과	유형초과	%순위
1주	0.92	1.46	0.70	20.51
1개월	2.05	1.88	0.23	40.26
3개월	14.67	5.87	8.91	6.58
6개월	9.65	2.28	9.98	2.67
연초이후	17.48	1.82	20.55	1.37
1년	31.19	17.24	29.80	2.82
3년	-10.81	-12.33	7.18	31.15

보수 (%, 年)

TER	0.700
운용	0.530
판매	0.100
수탁	0.030
일반사무	0.040

투자 전략

산업용 비철금속을 기초자산으로 하는 것으로서 해외의 파생상품시장에서 거래되는 장내파생상품을 주된 투자대상자산으로 하며, 금속선물지수인 S&P GSCI Industrial Metals Select Index Total Return의 수익률을 추종합니다.

TIGER 금은선물(H) (A139320)

- 벤치마크 : **Metal sector ER**
- 테마분류 : —
- 위험등급 : **2등급**
- 평가등급(3년) : ★★★★

펀드 현황

운용사(매니저)	미래에셋자산운용
판매사	—
설정일(존속기간)	2011.04.08 (6년5개월)
설정액	60.00억원
순자산	60.00억원

시장 정보 (2017년 09월 22일 기준)

52주최고(원)	8,315	수익률(12M, %)	-3.66
52주최저(원)	7,005	수익률(YTD, %)	12.11
거래량(20일, 주)	6,259	변동성(120일)	0.01
거래대금(20일, 원)	50,271,743	구성종목수(개)	7
베타(1D/1Y)	-0.106050	Spread(원)	-5.87

누적 수익률

설정액(좌,억원)　—Fund(우,%)　—BM(우,%)

기간별 수익률 (%)

구분	수익률	BM초과	유형초과	%순위
1주	-1.21	-0.66	-1.42	88.46
1개월	1.71	1.53	-0.12	57.14
3개월	4.93	-3.87	-0.83	53.95
6개월	4.30	-3.07	4.63	28.00
연초이후	12.11	-3.55	15.19	5.48
1년	-3.66	-17.61	-5.05	67.61
3년	1.74	0.22	19.72	11.48

보수 (%, 年)

TER	0.700
운용	0.530
판매	0.100
수탁	0.030
일반사무	0.040

투자 전략

귀금속을 기초자산으로 하는 것으로서 해외의 파생상품시장에서 거래되는 장내파생상품을 귀금속선물지수인 S&P GSCI Precious Metals Index Total Return의 수익률 추종을 목적으로 합니다.

KOSEF 미국달러선물인버스 (A139660)

- 벤치마크 : **미국달러선물지수**
- 테마분류 : —
- 위험등급 : **4등급**
- 평가등급(3년) : ★★★★★

펀드 현황

운용사(매니저)	키움투자자산운용
판매사	—
설정일(존속기간)	2011.03.31 (6년5개월)
설정액	96.00억원
순자산	96.00억원

시장 정보 (2017년 09월 22일 기준)

52주최고(원)	11,470	수익률(12M, %)	-1.96
52주최저(원)	10,370	수익률(YTD, %)	6.16
거래량(20일, 주)	1,250	변동성(120일)	0.00
거래대금(20일, 원)	13,804,660	구성종목수(개)	3
베타(1D/1Y)	0.361290	Spread(원)	-4.77

누적 수익률

설정액(좌,억원)　—Fund(우,%)　—BM(우,%)

기간별 수익률 (%)

구분	수익률	BM초과	유형초과	%순위
1주	0.03	0.06	2.32	11.11
1개월	0.55	1.12	4.66	7.41
3개월	0.81	1.67	5.33	9.62
6개월	-1.41	-2.75	12.28	3.85
연초이후	6.16	12.31	28.33	9.62
1년	-1.96	-3.20	22.93	2.33
3년	-6.18	-11.95	16.32	5.26

보수 (%, 年)

TER	0.490
운용	0.350
판매	0.080
수탁	0.030
일반사무	0.030

투자 전략

투자신탁은 미국달러선물의 가격수준을 표시하는 지수(이하"기초지수"라 한다)를 기초지수로 하여 1좌당 순자산가치의 일간변동률을 기초지수 일간변동률의 음(陰)의 1배수로 연동하여 투자신탁 재산을 운용합니다.

KBSTAR 수출주 (A140570)

- 벤치마크 : **MKF 수출주**
- 테마분류 : —
- 위험등급 : **2등급**
- 평가등급(3년) : ★

펀드 현황

운용사(매니저)	KB자산운용
판매사	—
설정일(존속기간)	2011.04.15 (6년5개월)
설정액	117.80억원
순자산	117.80억원

시장 정보 (2017년 09월 22일 기준)

52주최고(원)	10,000	수익률(12M, %)	21.71
52주최저(원)	7,715	수익률(YTD, %)	19.16
거래량(20일, 주)	2,625	변동성(120일)	0.01
거래대금(20일, 원)	25,882,852	구성종목수(개)	51
베타(1D/1Y)	0.861410	Spread(원)	1.44

누적 수익률

설정액(좌,억원) —Fund(우,%) —BM(우,%)

기간별 수익률 (%)

구분	수익률	BM초과	유형초과	%순위
1주	-1.00	-0.01	-3.38	95.52
1개월	0.85	-0.05	-3.98	74.32
3개월	3.00	-0.05	-1.67	63.77
6개월	11.98	-0.22	-5.73	62.76
연초이후	19.16	-0.38	-8.41	64.95
1년	21.71	0.88	-9.05	63.30
3년	9.47	2.45	-14.37	83.08

보수 (%, 年)

TER	0.400
운용	0.300
판매	0.050
수탁	0.020
일반사무	0.030

투자 전략

FnGuide가 산출하고 한국거래소를 통하여 공표되는 수출주 지수(Maekyung FnGuide Exporters Index)를 추적대상지수로 하는 상장지수집합투자기구로, 추적대상지수의 수익률과 유사한 수익률을 실현

KBSTAR 우량업종 (A140580)

- 벤치마크 : **MKF 우량업종대표주**
- 테마분류 : —
- 위험등급 : **3등급**
- 평가등급(3년) : ★★

펀드 현황

운용사(매니저)	KB자산운용
판매사	—
설정일(존속기간)	2011.04.15 (6년5개월)
설정액	34.34억원
순자산	34.34억원

시장 정보 (2017년 09월 22일 기준)

52주최고(원)	11,825	수익률(12M, %)	24.51
52주최저(원)	9,415	수익률(YTD, %)	18.95
거래량(20일, 주)	1,014	변동성(120일)	0.01
거래대금(20일, 원)	11,682,497	구성종목수(개)	39
베타(1D/1Y)	0.628930	Spread(원)	-27.34

누적 수익률

설정액(좌,억원) —Fund(우,%) —BM(우,%)

기간별 수익률 (%)

구분	수익률	BM초과	유형초과	%순위
1주	-0.44	-0.05	-2.81	84.75
1개월	-0.52	-0.09	-5.35	82.88
3개월	4.08	-0.04	-0.59	51.21
6개월	12.96	-0.29	-4.76	58.67
연초이후	18.95	-0.42	-8.61	65.98
1년	24.51	1.77	-6.25	55.85
3년	11.04	4.87	-12.81	82.31

보수 (%, 年)

TER	0.400
운용	0.300
판매	0.050
수탁	0.020
일반사무	0.030

투자 전략

FnGuide가 산출하고 한국거래소를 통하여 공표되는 우량업종대표주 지수(Maekyung FnGuide Leading Industry Blue-chip Index)를 추적대상지수로 하는 상장지수집합투자기구로, 추적대상지수의 수익률과 유사한 수익률을 실현합니다.

KODEX 보험 (A140700)

● 벤치마크 : **KRX 보험**
● 테마분류 : ━

● 위험등급 : **2등급**
● 평가등급(3년) : ★★★★

펀드 현황

운용사(매니저)	삼성자산운용
판매사	━
설정일(존속기간)	2011.04.26 (6년5개월)
설정액	52.13억원
순자산	52.13억원

시장 정보 (2017년 09월 22일 기준)

52주최고(원)	10,400	수익률(12M, %)	12.42
52주최저(원)	8,300	수익률(YTD, %)	10.65
거래량(20일, 주)	16,350	변동성(120일)	0.01
거래대금(20일, 원)	154,715,485	구성종목수(개)	13
베타(1D/1Y)	0.472590	Spread(원)	1.53

누적 수익률

기간별 수익률 (%)

구분	수익률	BM초과	유형초과	%순위
1주	1.17	-0.02	-0.14	33.96
1개월	-4.93	-0.07	-7.50	81.13
3개월	4.74	-0.21	3.84	41.51
6개월	11.36	-0.46	-1.99	42.55
연초이후	10.65	-0.82	-6.71	53.19
1년	12.42	1.73	2.08	45.45
3년	16.84	5.42	7.96	26.92

보수 (%, 年)

TER	0.450
운용	0.340
판매	0.050
수탁	0.020
일반사무	0.040

투자 전략

KRX Insurance지수를 기초지수로 하여 1좌당 순자산가치의 변동률을 기초지수의 변동률과 유사하도록 투자신탁재산을 운용합니다.

KODEX 운송 (A140710)

● 벤치마크 : **KRX 운송**
● 테마분류 : ━

● 위험등급 : **2등급**
● 평가등급(3년) : ★★

펀드 현황

운용사(매니저)	삼성자산운용
판매사	━
설정일(존속기간)	2011.04.26 (6년5개월)
설정액	158.48억원
순자산	158.48억원

시장 정보 (2017년 09월 22일 기준)

52주최고(원)	3,720	수익률(12M, %)	1.42
52주최저(원)	2,755	수익률(YTD, %)	15.31
거래량(20일, 주)	68,453	변동성(120일)	0.01
거래대금(20일, 원)	230,696,746	구성종목수(개)	14
베타(1D/1Y)	0.839200	Spread(원)	6.64

누적 수익률

기간별 수익률 (%)

구분	수익률	BM초과	유형초과	%순위
1주	-2.76	-0.00	-4.07	86.79
1개월	-7.13	-0.03	-9.70	94.34
3개월	-12.19	-0.09	-13.08	94.34
6개월	2.65	-0.25	-10.70	70.21
연초이후	15.31	-0.39	-2.04	44.68
1년	1.42	0.09	-8.92	63.64
3년	-27.35	0.90	-36.22	88.46

보수 (%, 年)

TER	0.450
운용	0.340
판매	0.050
수탁	0.020
일반사무	0.040

투자 전략

KRX Transportation 지수를 기초지수로 하여 1좌당 순자산가치의 변동률을 기초지수의 변동률과 유사하도록 투자신탁재산을 운용합니다.

파워 코스피100 (A140950)

● 벤치마크 : **파워 K100**
● 테마분류 : —

● 위험등급 : **3등급**
● 평가등급(3년) : ★★★★

펀드 현황

운용사(매니저)	교보악사자산운용
판매사	—
설정일(존속기간)	2011.04.29 (6년4개월)
설정액	831.80억원
순자산	831.80억원

시장 정보 (2017년 09월 22일 기준)

52주최고(원)	24,805	수익률(12M, %)	28.88
52주최저(원)	18,895	수익률(YTD, %)	24.17
거래량(20일, 주)	1,997	변동성(120일)	0.01
거래대금(20일, 원)	47,652,235	구성종목수(개)	101
베타(1D/1Y)	0.995380	Spread(원)	-85.14

누적 수익률

기간별 수익률 (%)

구분	수익률	BM초과	유형초과	%순위
1주	2.02	-0.01	-0.36	43.05
1개월	3.72	0.00	-1.12	50.45
3개월	4.21	0.09	-0.46	47.34
6개월	13.13	0.33	-4.58	55.61
연초이후	24.17	0.25	-3.39	50.52
1년	28.88	2.47	-1.87	42.55
3년	30.25	7.39	6.41	37.69

보수 (%, 年)

TER	0.155
운용	0.110
판매	0.010
수탁	0.010
일반사무	0.025

투자 전략

한국종합주가지수100(이하 "KOSPI 100"이라 함)을 기초지수로 하여 보수차감후 1좌당 순자산가치의 일간변동률을 기초지수의 변동률과 유사하도록 투자신탁재산을 운용합니다.

ARIRANG 코스피100동일가중 (A141240)

● 벤치마크 : **KOSPI100 동일가중**
● 테마분류 : —

● 위험등급 : **3등급**
● 평가등급(3년) : ★★

펀드 현황

운용사(매니저)	한화자산운용
판매사	—
설정일(존속기간)	2011.05.18 (6년4개월)
설정액	59.83억원
순자산	59.83억원

시장 정보 (2017년 09월 22일 기준)

52주최고(원)	10,965	수익률(12M, %)	12.42
52주최저(원)	8,995	수익률(YTD, %)	13.16
거래량(20일, 주)	106	변동성(120일)	0.01
거래대금(20일, 원)	1,101,788	구성종목수(개)	101
베타(1D/1Y)	0.872970	Spread(원)	6.28

누적 수익률

기간별 수익률 (%)

구분	수익률	BM초과	유형초과	%순위
1주	-0.10	-0.01	-2.48	80.72
1개월	-1.47	-0.02	-6.30	83.78
3개월	-2.11	0.01	-6.78	89.86
6개월	7.25	-0.11	-10.46	84.18
연초이후	13.16	-0.22	-14.40	80.93
1년	12.42	1.39	-18.33	80.32
3년	5.56	3.87	-18.28	90.00

보수 (%, 年)

TER	0.330
운용	0.245
판매	0.040
수탁	0.020
일반사무	0.025

투자 전략

한국거래소에서 발표하는 "KOSPI100 동일가중지수"를 기초지수로 하여 1좌당 순자산가치의 변동률을 기초지수의 변동률과 유사하도록 투자신탁재산을 운용합니다.

KINDEX 밸류대형 (A143460)

● 벤치마크 : **FnGuide-RAFI Korea Large**
● 테마분류 : —
● 위험등급 : **3등급**
● 평가등급(3년) : ★★★★★

펀드 현황

운용사(매니저)	한국투신운용
판매사	—
설정일(존속기간)	2011.06.20 (6년3개월)
설정액	106.20억원
순자산	106.20억원

시장 정보 (2017년 09월 22일 기준)

52주최고(원)	7,975	수익률(12M, %)	30.05
52주최저(원)	6,010	수익률(YTD, %)	22.01
거래량(20일, 주)	3,785	변동성(120일)	0.01
거래대금(20일, 원)	28,965,177	구성종목수(개)	101
베타(1D/1Y)	0.959140	Spread(원)	-5.25

누적 수익률

기간별 수익률 (%)

구분	수익률	BM초과	유형초과	%순위
1주	1.49	-0.01	-0.89	59.64
1개월	0.95	-0.08	-3.89	72.07
3개월	2.47	0.05	-2.20	66.18
6개월	10.13	0.01	-7.58	69.90
연초이후	22.01	-0.23	-5.56	54.64
1년	30.05	2.26	-0.70	39.89
3년	31.47	7.63	7.63	30.00

보수 (%, 年)

TER	0.150
운용	0.095
판매	0.010
수탁	0.020
일반사무	0.025

투자 전략

에프앤가이드가 산출·공표하는 "FnGuide-RAFI Korea Large 지수"의 수익률을 추적하도록 주식에 주로 투자하는 상장지수투자신탁으로서 이 투자신탁 수익증권 1좌당 순자산가치(투자신탁보수 차감전을 말함)의 변동률를 "FnGuide-RAFI Korea Large 지수"의 변동률과 유사하도록 신탁재산을 운용합니다.

TIGER 미국S&P500선물(H) (A143850)

● 벤치마크 : **World - MSCI - NORTH AMERICA (KRW Unhedged)**
● 테마분류 : —
● 위험등급 : **3등급**
● 평가등급(3년) : ★★★★

펀드 현황

운용사(매니저)	미래에셋자산운용
판매사	—
설정일(존속기간)	2011.07.18 (6년2개월)
설정액	309.55억원
순자산	309.55억원

시장 정보 (2017년 09월 22일 기준)

52주최고(원)	29,720	수익률(12M, %)	12.02
52주최저(원)	24,125	수익률(YTD, %)	6.04
거래량(20일, 주)	5,939	변동성(120일)	0.00
거래대금(20일, 원)	174,632,303	구성종목수(개)	6
베타(1D/1Y)	0.602910	Spread(원)	-40.72

누적 수익률

기간별 수익률 (%)

구분	수익률	BM초과	유형초과	%순위
1주	0.03	0.41	-0.17	78.32
1개월	0.42	0.04	0.05	30.77
3개월	3.37	1.33	-0.55	37.06
6개월	2.93	0.54	-0.90	52.14
연초이후	6.04	-1.26	-1.22	56.72
1년	12.02	7.59	-0.67	49.15
3년	18.51	2.11	1.95	29.09

보수 (%, 年)

TER	0.300
운용	0.160
판매	0.070
수탁	0.030
일반사무	0.040

투자 전략

미국의 S&P 500을 기초자산으로 하여 파생상품시장에서 거래되는 장내파생상품을 주된 투자대상자산으로 하며, S&P 500 Futures Excess Return Index의 수익률 추종합니다.

TIGER 헬스케어 (A143860)

● 벤치마크 : **KRX 헬스케어** ● 위험등급 : **1등급**
● 테마분류 : — ● 평가등급(3년) : ★★★★★

펀드 현황	
운용사(매니저)	미래에셋자산운용
판매사	—
설정일(존속기간)	2011.07.18 (6년2개월)
설정액	880.23억원
순자산	880.23억원

시장 정보 (2017년 09월 22일 기준)			
52주최고(원)	29,680	수익률(12M, %)	-0.19
52주최저(원)	21,695	수익률(YTD, %)	19.94
거래량(20일, 주)	167,725	변동성(120일)	0.01
거래대금(20일, 원)	4,688,964,405	구성종목수(개)	78
베타(1D/1Y)	1.053420	Spread(원)	-16.54

누적 수익률

기간별 수익률 (%)				
구분	수익률	BM초과	유형초과	%순위
1주	5.02	0.01	3.71	—
1개월	11.53	0.44	8.96	3.77
3개월	7.66	0.49	6.77	24.53
6개월	28.95	0.65	15.60	12.77
연초이후	19.94	0.80	2.59	40.43
1년	-0.19	1.52	-10.53	68.18
3년	103.57	6.68	94.69	—

보수 (%, 年)	
TER	0.400
운용	0.270
판매	0.070
수탁	0.030
일반사무	0.030

투자 전략

국내 주식을 투자대상자산으로 하며, 한국거래소가 발표하는 "KRX Health Care 지수"를 추적대상지수로 하여 1좌당 순자산가치의 변동률을 지수의 변동률과 유사하도록 투자신탁재산을 운용합니다.

KODEX 은선물(H) (A144600)

● 벤치마크 : **S&P GSCI Silver Index(TR)** ● 위험등급 : **1등급**
● 테마분류 : — ● 평가등급(3년) : ★★

펀드 현황	
운용사(매니저)	삼성자산운용
판매사	—
설정일(존속기간)	2011.07.15 (6년2개월)
설정액	580.00억원
순자산	580.00억원

시장 정보 (2017년 09월 22일 기준)			
52주최고(원)	4,825	수익률(12M, %)	-12.84
52주최저(원)	3,660	수익률(YTD, %)	5.77
거래량(20일, 주)	64,517	변동성(120일)	0.01
거래대금(20일, 원)	267,407,246	구성종목수(개)	6
베타(1D/1Y)	-0.015320	Spread(원)	2.06

누적 수익률

기간별 수익률 (%)				
구분	수익률	BM초과	유형초과	%순위
1주	-3.01	-2.47	-3.22	100.00
1개월	1.33	1.16	-0.49	66.23
3개월	4.48	-4.32	-1.28	63.16
6개월	-2.19	-9.56	-1.87	68.00
연초이후	5.77	-9.89	8.84	31.51
1년	-12.84	-26.78	-14.22	95.77
3년	-12.89	-14.41	5.09	34.43

보수 (%, 年)	
TER	0.680
운용	0.500
판매	0.100
수탁	0.040
일반사무	0.040

투자 전략

COMEX에서 거래되는 원자재선물 중에서 은(銀) 선물(Silver Futures, 이하 '은(銀)선물) 가격을 기초로 하는 S&P GSCI Silver TR 지수를 기초지수로 하여 1 좌당 순자산가치의 변동률을 기초지수의 변동률과 유사하도록 투자신탁재산을 운용함을 그 운용목적으로 하는 특별자산상장지수투자신탁[은-파생형]입니다.

KINDEX 인버스 (A145670)

- 벤치마크 : **F-KOSPI200**
- 테마분류 : —
- 위험등급 : **1등급**
- 평가등급(3년) : ★★★

펀드 현황

운용사(매니저)	한국투신운용
판매사	—
설정일(존속기간)	2011.09.07 (6년)
설정액	130.00억원
순자산	130.00억원

시장 정보 (2017년 09월 22일 기준)

52주최고(원)	9,550	수익률(12M, %)	-20.26
52주최저(원)	7,345	수익률(YTD, %)	-18.13
거래량(20일, 주)	10,933	변동성(120일)	0.01
거래대금(20일, 원)	83,278,238	구성종목수(개)	5
베타(1D/1Y)	-0.931590	Spread(원)	-5.43

누적 수익률

기간별 수익률 (%)

구분	수익률	BM초과	유형초과	%순위
1주	-1.87	-0.04	0.42	50.00
1개월	-3.24	-0.11	0.87	48.15
3개월	-3.41	-0.20	1.12	36.54
6개월	-10.81	-0.33	2.88	44.23
연초이후	-18.13	-0.41	4.04	46.15
1년	-20.26	-0.56	4.62	48.84
3년	-18.51	-1.74	3.99	21.05

보수 (%, 年)

TER	0.150
운용	0.095
판매	0.010
수탁	0.020
일반사무	0.025

투자 전략

국내주식관련파생상품을 법시행령 제94조 제2항 제4호에서 규정하는 주된 투자대상자산으로 하며 한국종합주가지수200선물지수(F-KOSPI200)(이하 "지수"라 한다)의 변화에 연동하여 운용하는 것을 목표로 이 투자신탁 수익증권 1좌당 순자산가치의 일간변동률을 지수의 일간변동률의 음(-)의 1배수와 유사하도록 투자신탁재산을 운용합니다.

TREX 펀더멘탈 200 (A145850)

- 벤치마크 : **FnGuide-RAFI Korea200**
- 테마분류 : —
- 위험등급 : **3등급**
- 평가등급(3년) : ★★★★

펀드 현황

운용사(매니저)	유리자산운용
판매사	—
설정일(존속기간)	2011.09.23 (6년)
설정액	57.45억원
순자산	57.45억원

시장 정보 (2017년 09월 22일 기준)

52주최고(원)	37,555	수익률(12M, %)	27.95
52주최저(원)	25,500	수익률(YTD, %)	20.94
거래량(20일, 주)	2	변동성(120일)	0.01
거래대금(20일, 원)	64,364	구성종목수(개)	185
베타(1D/1Y)	0.999120	Spread(원)	-13.64

누적 수익률

기간별 수익률 (%)

구분	수익률	BM초과	유형초과	%순위
1주	1.30	-0.01	-1.08	63.68
1개월	0.75	0.00	-4.08	76.13
3개월	1.95	0.12	-2.72	68.12
6개월	9.68	0.12	-8.03	71.43
연초이후	20.94	-0.12	-6.62	57.73
1년	27.95	2.12	-2.80	44.15
3년	28.98	7.03	5.14	45.38

보수 (%, 年)

TER	0.340
운용	0.200
판매	0.080
수탁	0.030
일반사무	0.030

투자 전략

「FnGuide-RAFI Korea 200지수」를 기초지수로 하여 1좌당 순자산가치의 변동률을 기초지수의 변동률과 유사하도록 투자신탁재산을 운용합니다.

TIGER 모멘텀 (A147970)

- ● 벤치마크 : **모멘텀**
- ● 테마분류 : —
- ● 위험등급 : **2등급**
- ● 평가등급(3년) : ★★

펀드 현황	
운용사(매니저)	미래에셋자산운용
판매사	—
설정일(존속기간)	2011.10.26 (5년11개월)
설정액	102.18억원
순자산	102.18억원

시장 정보 (2017년 09월 22일 기준)			
52주최고(원)	24,330	수익률(12M, %)	15.28
52주최저(원)	19,505	수익률(YTD, %)	17.99
거래량(20일, 주)	2,473	변동성(120일)	0.01
거래대금(20일, 원)	58,552,714	구성종목수(개)	31
베타(1D/1Y)	0.951080	Spread(원)	7.87

누적 수익률

기간별 수익률 (%)				
구분	수익률	BM초과	유형초과	%순위
1주	-1.21	0.00	-3.59	96.86
1개월	-0.31	-0.02	-5.14	82.43
3개월	1.77	-0.05	-2.90	69.08
6개월	14.69	-0.31	-3.02	45.41
연초이후	17.99	-0.17	-9.57	67.53
1년	15.28	1.89	-15.47	72.87
3년	8.33	3.79	-15.52	86.15

보수 (%, 년)	
TER	0.290
운용	0.200
판매	0.030
수탁	0.030
일반사무	0.030

투자 전략

에프앤가이드(FnGuide)가 발표하는"에프앤가이드 모멘텀 지수(FnGuide Momentum Index)"를 추적대상지수로 하여 1좌 순자산가치의 변동률을 지수의 변동률과 유사하도록 투자신탁재산을 운용함을 목적으로 합니다.

KBSTAR 200 (A148020)

- ● 벤치마크 : **KOSPI200**
- ● 테마분류 : —
- ● 위험등급 : **3등급**
- ● 평가등급(3년) : ★★★★

펀드 현황	
운용사(매니저)	KB자산운용
판매사	—
설정일(존속기간)	2011.10.20 (5년11개월)
설정액	7,723.31억원
순자산	7,723.31억원

시장 정보 (2017년 09월 22일 기준)			
52주최고(원)	32,480	수익률(12M, %)	26.64
52주최저(원)	25,055	수익률(YTD, %)	22.83
거래량(20일, 주)	293,339	변동성(120일)	0.01
거래대금(20일, 원)	9,219,646,970	구성종목수(개)	201
베타(1D/1Y)	0.943010	Spread(원)	-38.71

누적 수익률

기간별 수익률 (%)				
구분	수익률	BM초과	유형초과	%순위
1주	1.83	-0.00	0.00	39.17
1개월	3.27	-0.01	0.02	18.14
3개월	3.58	0.09	0.03	27.45
6개월	12.55	0.43	-0.01	36.41
연초이후	22.83	0.43	0.09	21.58
1년	26.64	2.57	0.14	17.20
3년	28.09	6.76	0.85	7.74

보수 (%, 년)	
TER	0.045
운용	0.021
판매	0.004
수탁	0.010
일반사무	0.010

투자 전략

한국거래소가산출하여 공표하는 KOSPI200 지수(KOSPI200 Index)를 추적대상지수로 하는 상장지수집합투자기구로, 추적대상지수의 수익률과 유사한 수익률을 실현합니다.

KOSEF 국고채10년 (A148070)

● 벤치마크 : **국공채 만기종합**
● 테마분류 : —

● 위험등급 : **5등급**
● 평가등급(3년) : ★★★★

펀드 현황

운용사(매니저)	키움투자자산운용
판매사	—
설정일(존속기간)	2011.10.20 (5년11개월)
설정액	160.00억원
순자산	160.00억원

시장 정보 (2017년 09월 22일 기준)

52주최고(원)	125,330	수익률(12M, %)	-0.06
52주최저(원)	115,580	수익률(YTD, %)	0.32
거래량(20일, 주)	100	변동성(120일)	0.00
거래대금(20일, 원)	11,701,173	구성종목수(개)	5
베타(1D/1Y)	-0.021400	Spread(원)	-149.33

누적 수익률

기간별 수익률 (%)

구분	수익률	BM초과	유형초과	%순위
1주	-0.04	—	-0.03	85.82
1개월	-0.25	-0.08	-0.19	98.51
3개월	0.42	—	0.22	11.94
6개월	-0.67	-0.58	-0.79	96.15
연초이후	0.32	-0.32	-0.23	72.87
1년	-0.06	-0.84	-0.87	91.20
3년	-3.73	-1.99	-3.82	95.90

보수 (%, 年)

TER	0.150
운용	0.105
판매	0.020
수탁	0.010
일반사무	0.015

투자 전략

기초지수를 지수산출기관인 KIS 채권평가가 제공하는 "KIS KTB 10Y Index (KIS 10년 국고채 지수)"(총수익지수를 뜻합니다.)로 하여, 기초지수인 "KIS KTB 10Y Index (KIS 10년 국고채지수)"에 편입된 채권 등에 투자하는 증권상장지수투자신탁입니다.

TIGER 중국소비테마 (A150460)

● 벤치마크 : **중국내수테마**
● 테마분류 : —

● 위험등급 : **2등급**
● 평가등급(3년) : ★

펀드 현황

운용사(매니저)	미래에셋자산운용
판매사	—
설정일(존속기간)	2011.12.16 (5년9개월)
설정액	1,612.00억원
순자산	1,612.00억원

시장 정보 (2017년 09월 22일 기준)

52주최고(원)	8,470	수익률(12M, %)	-6.24
52주최저(원)	6,750	수익률(YTD, %)	3.44
거래량(20일, 주)	75,607	변동성(120일)	0.01
거래대금(20일, 원)	563,842,175	구성종목수(개)	46
베타(1D/1Y)	0.661250	Spread(원)	3.04

누적 수익률

기간별 수익률 (%)

구분	수익률	BM초과	유형초과	%순위
1주	-0.59	0.01	-2.97	88.34
1개월	-2.56	0.01	-7.40	93.24
3개월	-8.40	0.01	-13.07	99.03
6개월	3.37	-0.04	-14.34	98.47
연초이후	3.44	0.07	-24.12	98.97
1년	-6.24	1.09	-36.99	100.00
3년	-8.62	2.60	-32.47	99.23

보수 (%, 年)

TER	0.500
운용	0.340
판매	0.100
수탁	0.030
일반사무	0.030

투자 전략

국내 주식을 주된 투자대상자산으로 하며, 에프앤가이드(FnGuide)가 발표하는"에프앤가이드 중국내수테마 지수"를 추적대상지수로 하여 1좌당 순자산가치의 변동률을 지수의 변동률과 유사하도록 투자신탁재산을 운용합니다.

ARIRANG 200 (A152100)

- 벤치마크 : **KOSPI200**
- 테마분류 : —
- 위험등급 : **3등급**
- 평가등급(3년) : ★★★★

펀드 현황

운용사(매니저)	한화자산운용
판매사	—
설정일(존속기간)	2012.01.09 (5년8개월)
설정액	6,438.44억원
순자산	6,438.44억원

시장 정보 (2017년 09월 22일 기준)

52주최고(원)	32,425	수익률(12M, %)	26.61
52주최저(원)	25,030	수익률(YTD, %)	22.81
거래량(20일, 주)	92,508	변동성(120일)	0.01
거래대금(20일, 원)	2,871,018,008	구성종목수(개)	196
베타(1D/1Y)	0.973010	Spread(원)	-61.33

누적 수익률

기간별 수익률 (%)

구분	수익률	BM초과	유형초과	%순위
1주	1.82	-0.01	-0.01	42.40
1개월	3.24	-0.04	-0.01	29.30
3개월	3.49	0.00	-0.06	42.16
6개월	12.47	0.35	-0.09	46.67
연초이후	22.81	0.42	0.08	22.11
1년	26.61	2.55	0.12	18.28
3년	27.91	6.59	0.67	12.26

보수 (%, 年)

TER	0.140
운용	0.095
판매	0.010
수탁	0.010
일반사무	0.025

투자 전략

국내 주식을 주된 투자대상자산으로 하며, 수익증권 1좌당 순자산가치의 변동률을 한국거래소가 산출하여 공표하는 추적대상지수인 KOSPI200지수의 변동률과 유사하도록 운용함을 목적으로 합니다.

TIGER 생활필수품 (A152180)

- 벤치마크 : **생활소비재**
- 테마분류 : —
- 위험등급 : **2등급**
- 평가등급(3년) : ★★★

펀드 현황

운용사(매니저)	미래에셋자산운용
판매사	—
설정일(존속기간)	2012.01.16 (5년8개월)
설정액	51.92억원
순자산	51.92억원

시장 정보 (2017년 09월 22일 기준)

52주최고(원)	16,390	수익률(12M, %)	-16.02
52주최저(원)	12,995	수익률(YTD, %)	-5.71
거래량(20일, 주)	930	변동성(120일)	0.01
거래대금(20일, 원)	12,538,347	구성종목수(개)	36
베타(1D/1Y)	0.672690	Spread(원)	-0.17

누적 수익률

기간별 수익률 (%)

구분	수익률	BM초과	유형초과	%순위
1주	-1.22	-0.00	-2.53	67.92
1개월	-4.61	-0.02	-7.18	73.58
3개월	-11.11	-0.06	-12.01	88.68
6개월	-0.30	-0.26	-13.65	76.60
연초이후	-5.71	-0.21	-23.07	91.49
1년	-16.02	0.35	-26.36	95.45
3년	5.45	0.65	-3.42	61.54

보수 (%, 年)

TER	0.400
운용	0.270
판매	0.070
수탁	0.030
일반사무	0.030

투자 전략

국내 주식을 주된 투자대상자산으로 하며, 에프앤가이드(FnGuide)가 발표하는 "에프앤가이드 생활소비재 지수"를 추적대상지수로 하여 1좌당 순자산가치의 변동률을 지수의 변동률과 유사하도록 투자신탁재산을 운용함을 목적으로 합니다.

KOSEF 200 선물 (A152280)

● 벤치마크 : **F-KOSPI200**
● 테마분류 : ㅡ

● 위험등급 : **3등급**
● 평가등급(3년) : ㅡ

펀드 현황

운용사(매니저)	키움투자자산운용
판매사	ㅡ
설정일(존속기간)	2012.01.16 (5년8개월)
설정액	103.00억원
순자산	103.00억원

시장 정보 (2017년 09월 22일 기준)

52주최고(원)	13,885	수익률(12M, %)	25.82
52주최저(원)	10,625	수익률(YTD, %)	22.60
거래량(20일, 주)	966	변동성(120일)	0.01
거래대금(20일, 원)	12,907,920	구성종목수(개)	3
베타(1D/1Y)	0.993920	Spread(원)	10.36

누적 수익률

설정액(좌,억원) ━ Fund(우,%) ━ BM(우,%)

기간별 수익률 (%)

구분	수익률	BM초과	유형초과	%순위
1주	1.88	3.71	-0.50	52.02
1개월	3.34	6.47	-1.50	52.70
3개월	3.55	6.76	-1.12	58.45
6개월	12.35	22.83	-5.37	61.73
연초이후	22.60	40.32	-4.96	52.58
1년	25.82	45.52	-4.93	51.06
3년	24.78	41.54	0.94	58.46

보수 (%, 年)

TER	0.230
운용	0.140
판매	0.050
수탁	0.015
일반사무	0.025

투자 전략

집합투자규약 제17조에서 정의된 파생상품을 주된 투자대상자산으로 하고 있습니다.

KODEX 국채선물10년 (A152380)

● 벤치마크 : **국공채 만기종합**
● 테마분류 : ㅡ

● 위험등급 : **5등급**
● 평가등급(3년) : ★★★

펀드 현황

운용사(매니저)	삼성자산운용
판매사	ㅡ
설정일(존속기간)	2012.01.19 (5년8개월)
설정액	57.00억원
순자산	57.00억원

시장 정보 (2017년 09월 22일 기준)

52주최고(원)	69,000	수익률(12M, %)	-0.11
52주최저(원)	64,405	수익률(YTD, %)	0.18
거래량(20일, 주)	1,338	변동성(120일)	0.00
거래대금(20일, 원)	87,532,462	구성종목수(개)	3
베타(1D/1Y)	-0.027410	Spread(원)	-73.34

누적 수익률

설정액(좌,억원) ━ Fund(우,%) ━ BM(우,%)

기간별 수익률 (%)

구분	수익률	BM초과	유형초과	%순위
1주	-0.02	0.02	-0.01	63.43
1개월	-0.28	-0.11	-0.22	99.25
3개월	0.36	-0.07	0.16	24.63
6개월	-0.77	-0.69	-0.90	99.23
연초이후	0.18	-0.46	-0.37	89.92
1년	-0.11	-0.90	-0.92	94.40
3년	-3.79	-2.05	-3.88	97.54

보수 (%, 年)

TER	0.250
운용	0.200
판매	0.030
수탁	0.010
일반사무	0.010

투자 전략

한국거래소에 상장된 10년국채선물 최근월종목의 가격을 기초로 산출되는 10년국채선물지수(F-LKTB)(이하"기초지수"라 한다)를 기초지수로 하여 1 좌당 순자산가치의 변동률을 기초지수의 변동률과 유사하도록 투자신탁재산을 운용함을 그 운용목적으로 하는 증권상장지수투자신탁[채권-파생형]입니다.

KINDEX 레버리지 (A152500)

● 벤치마크 : **KOSPI200**
● 테마분류 : —

● 위험등급 : **1등급**
● 평가등급(3년) : ★★★

펀드 현황

운용사(매니저)	한국투신운용
판매사	—
설정일(존속기간)	2012.01.25 (5년8개월)
설정액	130.00억원
순자산	130.00억원

시장 정보 (2017년 09월 22일 기준)

52주최고(원)	6,675	수익률(12M, %)	55.11
52주최저(원)	3,940	수익률(YTD, %)	48.09
거래량(20일, 주)	24,920	변동성(120일)	0.01
거래대금(20일, 원)	154,132,791	구성종목수(개)	198
베타(1D/1Y)	1.814800	Spread(원)	-17.74

누적 수익률

기간별 수익률 (%)

구분	수익률	BM초과	유형초과	%순위
1주	3.74	1.91	1.37	17.04
1개월	6.48	3.20	1.65	13.96
3개월	6.55	3.07	1.88	14.98
6개월	25.00	12.87	7.28	9.69
연초이후	48.09	25.69	20.53	6.19
1년	55.11	31.04	24.36	5.85
3년	43.41	22.09	19.57	3.08

보수 (%, 年)

TER	0.300
운용	0.245
판매	0.010
수탁	0.020
일반사무	0.025

투자 전략

국내 주식 및 국내 주식관련파생상품을 법시행령 제94조 제2항 제4호에서 규정하는 주된 투자대상자산으로 하며 한국종합주가지수200(KOSPI200)(이하 "지수"라 한다)의 변화에 연동하여 운용하는 것을 목표로 이 투자신탁 수익증권 1좌당 순자산가치의 일간변동률을 지수의 일간변동률의 양(+)의 2배수와 유사하도록 투자신탁재산을 운용함을 그 목적으로 합니다.

파워 200 (A152870)

● 벤치마크 : **KOSPI200**
● 테마분류 : —

● 위험등급 : **3등급**
● 평가등급(3년) : ★★★★★

펀드 현황

운용사(매니저)	교보악사자산운용
판매사	—
설정일(존속기간)	2012.02.10 (5년7개월)
설정액	3,930.61억원
순자산	3,930.61억원

시장 정보 (2017년 09월 22일 기준)

52주최고(원)	32,740	수익률(12M, %)	26.63
52주최저(원)	25,285	수익률(YTD, %)	22.76
거래량(20일, 주)	8,507	변동성(120일)	0.01
거래대금(20일, 원)	269,290,517	구성종목수(개)	201
베타(1D/1Y)	0.946940	Spread(원)	-29.88

누적 수익률

기간별 수익률 (%)

구분	수익률	BM초과	유형초과	%순위
1주	1.85	0.01	0.02	29.95
1개월	3.32	0.04	0.07	10.23
3개월	3.62	0.13	0.07	18.14
6개월	12.51	0.39	-0.05	43.59
연초이후	22.76	0.36	0.02	27.89
1년	26.63	2.57	0.14	17.74
3년	28.70	7.37	1.46	5.16

보수 (%, 年)

TER	0.145
운용	0.100
판매	0.010
수탁	0.010
일반사무	0.025

투자 전략

한국종합주가지수200을 기초지수로 하여 보수차감후 1좌당 순자산가치의 일간변동률을 기초지수의 변동률과 유사하도록 투자신탁재산을 운용함을 목적으로합니다.

KODEX 단기채권 (A153130)

● 벤치마크 : **KRW Cash Index**
● 테마분류 : ―

● 위험등급 : **6등급**
● 평가등급(3년) : ―

펀드 현황

운용사(매니저) 판매사	삼성자산운용 ―
설정일(존속기간) 설정액 순자산	2012.02.21 (5년7개월) 11,596.00억원 11,596.00억원

시장 정보 (2017년 09월 22일 기준)

52주최고(원)	101,310	수익률(12M, %)	1.25
52주최저(원)	100,020	수익률(YTD, %)	0.98
거래량(20일, 주)	25,610	변동성(120일)	0.00
거래대금(20일, 원)	2,586,134,994	구성종목수(개)	18
베타(1D/1Y)	-0.000300	Spread(원)	1.77

누적 수익률

설정액(좌,억원) ― Fund(우,%) ― BM(우,%)

기간별 수익률 (%)

구분	수익률	BM초과	유형초과	%순위
1주	0.02	-0.00	-0.00	66.22
1개월	0.11	-0.01	-0.03	85.14
3개월	0.31	-0.05	-0.08	85.51
6개월	0.65	-0.09	-0.15	90.91
연초이후	0.98	-0.12	-0.20	88.24
1년	1.25	-0.18	-0.23	89.36
3년	4.72	-0.53	-0.28	37.50

보수 (%, 年)

TER	0.150
운용	0.110
판매	0.020
수탁	0.010
일반사무	0.010

투자 전략

잔존만기 1개월 이상 1년 이하의 국고채, 통화안정증권 등 30종목을 지수 구성 종목으로 하는 KRW Cash Index(총수익)를 기초지수로 하여 1좌당 순자산가치의 변동률을 기초지수의 변동률과 유사하도록 투자신탁재산을 운용

KOSEF 코스피100 (A153270)

● 벤치마크 : **KOSPI100**
● 테마분류 : ―

● 위험등급 : **3등급**
● 평가등급(3년) : ★★★★

펀드 현황

운용사(매니저) 판매사	키움투자자산운용 ―
설정일(존속기간) 설정액 순자산	2012.02.29 (5년6개월) 106.24억원 106.24억원

시장 정보 (2017년 09월 22일 기준)

52주최고(원)	24,740	수익률(12M, %)	29.19
52주최저(원)	18,840	수익률(YTD, %)	24.56
거래량(20일, 주)	170	변동성(120일)	0.01
거래대금(20일, 원)	4,066,764	구성종목수(개)	99
베타(1D/1Y)	1.028710	Spread(원)	-22.20

누적 수익률

설정액(좌,억원) ― Fund(우,%) ― BM(우,%)

기간별 수익률 (%)

구분	수익률	BM초과	유형초과	%순위
1주	2.03	-0.00	-0.35	42.60
1개월	3.70	-0.02	-1.13	50.90
3개월	4.14	0.03	-0.53	49.76
6개월	13.35	0.55	-4.36	51.02
연초이후	24.56	0.63	-3.01	48.97
1년	29.19	2.79	-1.56	40.96
3년	29.73	6.86	5.88	40.77

보수 (%, 年)

TER	0.195
운용	0.110
판매	0.040
수탁	0.020
일반사무	0.025

투자 전략

국내 주식을 주된 투자대상자산으로 하여 "KOSPI 100"을 추적대상지수로 하여 1좌당 순자산가치의 변동률을 지수의 변동률과 유사하도록 투자신탁재산을 운용합니다.

KODEX KOREA MSCI (A156080)

● 벤치마크 : **KOSPI TR**
● 테마분류 : ─

● 위험등급 : **3등급**
● 평가등급(3년) : ★★★★

펀드 현황

운용사(매니저)	삼성자산운용
판매사	─
설정일(존속기간)	2012.04.27 (5년4개월)
설정액	58.10억원
순자산	58.10억원

시장 정보 (2017년 09월 22일 기준)

52주최고(원)	14,515	수익률(12M, %)	25.81
52주최저(원)	10,940	수익률(YTD, %)	14.94
거래량(20일, 주)	9	변동성(120일)	0.01
거래대금(20일, 원)	121,719	구성종목수(개)	111
베타(1D/1Y)	0.893520	Spread(원)	12.63

누적 수익률

기간별 수익률 (%)

구분	수익률	BM초과	유형초과	%순위
1주	─	0.24	0.28	33.63
1개월	2.41	1.20	0.03	35.43
3개월	4.44	2.25	-0.39	47.30
6개월	5.02	2.80	0.35	31.40
연초이후	14.94	4.23	-2.77	44.90
1년	25.81	6.69	-1.75	46.39
3년	30.83	10.36	0.08	38.30

보수 (%, 年)

TER	0.250
운용	0.200
판매	0.010
수탁	0.020
일반사무	0.020

투자 전략

MSCI Korea 지수(이하 "기초지수"라 한다)를 기초지수로 하여 1좌당 순자산가치의 변동률을 기초지수의 변동률과 유사하도록 투자신탁재산을 운용함을 그 운용목적으로 합니다.

TIGER 단기통안채 (A157450)

● 벤치마크 : **CD 6개월(26주)**
● 테마분류 : ─

● 위험등급 : **6등급**
● 평가등급(3년) : ─

펀드 현황

운용사(매니저)	미래에셋자산운용
판매사	─
설정일(존속기간)	2012.05.15 (5년4개월)
설정액	6,727.00억원
순자산	6,727.00억원

시장 정보 (2017년 09월 22일 기준)

52주최고(원)	101,360	수익률(12M, %)	0.90
52주최저(원)	100,035	수익률(YTD, %)	0.62
거래량(20일, 주)	8,635	변동성(120일)	0.00
거래대금(20일, 원)	871,369,653	구성종목수(개)	12
베타(1D/1Y)	0.000660	Spread(원)	7.25

누적 수익률

기간별 수익률 (%)

구분	수익률	BM초과	유형초과	%순위
1주	─	─	─	43.24
1개월	0.02	-0.01	─	64.86
3개월	0.10	-0.02	-0.03	89.19
6개월	0.30	-0.07	-0.09	86.96
연초이후	0.62	-0.15	-0.18	96.97
1년	0.90	-0.23	-0.27	96.08
3년	1.25	-0.27	-0.23	91.49

보수 (%, 年)

TER	0.090
운용	0.055
판매	0.015
수탁	0.010
일반사무	0.010

투자 전략

국내 채권을 주된 투자대상자산으로 하며, "KIS MSB 3M Index(총수익지수)"를 추적대상지수로 하여 1좌당 순자산가치의 변동률을 지수의 변동률과 유사하도록 투자신탁재산을 운용함을 목적으로 합니다.

TIGER 소프트웨어 (A157490)

- **벤치마크 :** **소프트웨어**
- **테마분류 :** —
- **위험등급 :** **2등급**
- **평가등급(3년) :** ★★★

펀드 현황

운용사(매니저)	미래에셋자산운용
판매사	—
설정일(존속기간)	2012.05.15 (5년4개월)
설정액	43.24억원
순자산	43.24억원

시장 정보 (2017년 09월 22일 기준)

52주최고(원)	8,100	수익률(12M, %)	23.78
52주최저(원)	5,590	수익률(YTD, %)	34.15
거래량(20일, 주)	14,512	변동성(120일)	0.01
거래대금(20일, 원)	114,290,541	구성종목수(개)	16
베타(1D/1Y)	1.003330	Spread(원)	12.38

누적 수익률

(억원) / (%)
설정액(좌,억원) ━ Fund(우,%) ━ BM(우,%)
'16/09 '17/01 '17/05 '17/09

기간별 수익률 (%)

구분	수익률	BM초과	유형초과	%순위
1주	-0.62	-0.02	-1.93	56.60
1개월	8.77	-0.06	6.20	15.09
3개월	6.17	-0.07	5.28	33.96
6개월	17.49	-0.29	4.14	27.66
연초이후	34.15	-0.30	16.79	6.38
1년	23.78	0.27	13.44	34.09
3년	10.10	0.46	1.22	42.31

보수 (%, 年)

TER	0.400
운용	0.270
판매	0.070
수탁	0.030
일반사무	0.030

투자 전략

국내 주식을 주된 투자대상자산으로 하며, 에프앤가이드(FnGuide)가 발표하는"에프앤가이드 소프트웨어 지수"를 추적대상지수로 하여 1좌당 순자산가치의 변동률을 지수의 변동률과 유사하도록 투자신탁재산을 운용함을 목적으로 합니다.

TIGER 증권 (A157500)

- **벤치마크 :** **증권**
- **테마분류 :** —
- **위험등급 :** **1등급**
- **평가등급(3년) :** ★★★

펀드 현황

운용사(매니저)	미래에셋자산운용
판매사	—
설정일(존속기간)	2012.05.15 (5년4개월)
설정액	110.57억원
순자산	110.57억원

시장 정보 (2017년 09월 22일 기준)

52주최고(원)	5,000	수익률(12M, %)	25.71
52주최저(원)	3,255	수익률(YTD, %)	28.26
거래량(20일, 주)	22,304	변동성(120일)	0.02
거래대금(20일, 원)	98,575,884	구성종목수(개)	11
베타(1D/1Y)	1.556010	Spread(원)	5.32

누적 수익률

(억원) / (%)
설정액(좌,억원) ━ Fund(우,%) ━ BM(우,%)
'16/09 '17/01 '17/05 '17/09

기간별 수익률 (%)

구분	수익률	BM초과	유형초과	%순위
1주	1.60	-0.01	0.29	28.30
1개월	-2.08	-0.02	-4.65	56.60
3개월	-3.92	-0.08	-4.82	62.26
6개월	4.91	-0.24	-8.44	53.19
연초이후	28.26	-1.80	10.91	21.28
1년	25.71	2.14	15.37	31.82
3년	6.46	5.95	-2.42	57.69

보수 (%, 年)

TER	0.400
운용	0.270
판매	0.070
수탁	0.030
일반사무	0.030

투자 전략

국내 주식을 주된 투자대상자산으로 하며, 에프앤가이드(FnGuide)가 발표하는"에프앤가이드 증권 지수"를 추적대상지수로 하여 1좌당 순자산가치의 변동률을 지수의 변동률과 유사하도록 투자신탁재산을 운용함을 목적으로 합니다.

TIGER 자동차 (A157510)

- 벤치마크 : **자동차**
- 테마분류 : **—**
- 위험등급 : **2등급**
- 평가등급(3년) : ★★

펀드 현황	
운용사(매니저)	미래에셋자산운용
판매사	—
설정일(존속기간)	2012.05.15 (5년4개월)
설정액	52.63억원
순자산	52.63억원

시장 정보 (2017년 09월 22일 기준)			
52주최고(원)	15,650	수익률(12M, %)	-14.18
52주최저(원)	12,695	수익률(YTD, %)	-11.10
거래량(20일, 주)	1,368	변동성(120일)	0.01
거래대금(20일, 원)	17,901,700	구성종목수(개)	34
베타(1D/1Y)	0.552240	Spread(원)	-35.96

누적 수익률

기간별 수익률 (%)				
구분	수익률	BM초과	유형초과	%순위
1주	0.93	-0.04	-0.38	37.74
1개월	-8.92	0.03	-11.49	100.00
3개월	-12.85	0.12	-13.74	98.11
6개월	-12.87	0.15	-26.22	100.00
연초이후	-11.10	-0.00	-28.46	100.00
1년	-14.18	1.42	-24.52	93.18
3년	-22.56	3.30	-31.44	84.62

보수 (%, 年)	
TER	0.400
운용	0.270
판매	0.070
수탁	0.030
일반사무	0.030

투자 전략

국내 주식을 주된 투자대상자산으로 하며, 에프앤가이드(FnGuide)가 발표하는"에프앤가이드 자동차 지수"를 추적대상지수로 하여 1좌당 순자산가치의 변동률을 지수의 변동률과 유사하도록 투자신탁재산을 운용함을 목적으로 합니다.

TIGER 화학 (A157520)

- 벤치마크 : **화학**
- 테마분류 : **—**
- 위험등급 : **2등급**
- 평가등급(3년) : ★★★★

펀드 현황	
운용사(매니저)	미래에셋자산운용
판매사	—
설정일(존속기간)	2012.05.15 (5년4개월)
설정액	45.65억원
순자산	45.65억원

시장 정보 (2017년 09월 22일 기준)			
52주최고(원)	12,830	수익률(12M, %)	37.37
52주최저(원)	9,110	수익률(YTD, %)	21.89
거래량(20일, 주)	2,599	변동성(120일)	0.01
거래대금(20일, 원)	32,069,354	구성종목수(개)	25
베타(1D/1Y)	1.096800	Spread(원)	6.11

누적 수익률

기간별 수익률 (%)				
구분	수익률	BM초과	유형초과	%순위
1주	-3.76	-0.01	-5.07	98.11
1개월	3.78	-0.05	1.21	35.85
3개월	16.47	-0.19	15.58	3.77
6개월	17.92	-0.31	4.57	25.53
연초이후	21.89	-0.29	4.54	34.04
1년	37.37	0.97	27.03	20.45
3년	52.57	2.98	43.70	19.23

보수 (%, 年)	
TER	0.400
운용	0.270
판매	0.070
수탁	0.030
일반사무	0.030

투자 전략

국내 주식을 주된 투자대상자산으로 하며, 에프앤가이드(FnGuide)가 발표하는"에프앤가이드 화학 지수"를 추적대상지수로 하여 1좌당 순자산가치의 변동률을 지수의 변동률과 유사하도록 투자신탁재산을 운용함을 목적으로 합니다.

마이티 코스피100 (A159800)

- 벤치마크 : **KOSPI100**
- 테마분류 : ―

- 위험등급 : **2등급**
- 평가등급(3년) : ★★★★

펀드 현황

운용사(매니저)	동부자산운용
판매사	―
설정일(존속기간)	2012.07.04 (5년2개월)
설정액	82.45억원
순자산	82.45억원

시장 정보 (2017년 09월 22일 기준)

52주최고(원)	24,485	수익률(12M, %)	28.52
52주최저(원)	18,745	수익률(YTD, %)	23.88
거래량(20일, 주)	0	변동성(120일)	0.01
거래대금(20일, 원)	0	구성종목수(개)	100
베타(1D/1Y)	0.766070	Spread(원)	-19.82

누적 수익률

기간별 수익률 (%)

구분	수익률	BM초과	유형초과	%순위
1주	1.97	-0.07	-0.41	47.98
1개월	3.61	-0.10	-1.22	51.35
3개월	4.02	-0.09	-0.65	53.62
6개월	12.91	0.11	-4.80	59.69
연초이후	23.88	-0.05	-3.69	51.03
1년	28.52	2.11	-2.23	43.09
3년	28.56	5.70	4.72	46.15

보수 (%, 年)

TER	0.390
운용	0.300
판매	0.040
수탁	0.020
일반사무	0.030

투자 전략

국내 주식을 주된 투자대상자산으로 하여 "KOSPI 100"을 추적대상지수로 하여 1좌당 순자산가치의 변동률을 지수의 변동률과 유사하도록 투자신탁재산을 운용함을 목적으로 합니다.

TIGER 구리실물 (A160580)

- 벤치마크 : **S&P GSCI Cash Copper Index**
- 테마분류 : ―

- 위험등급 : **2등급**
- 평가등급(3년) : ★★★★

펀드 현황

운용사(매니저)	미래에셋자산운용
판매사	―
설정일(존속기간)	2012.12.14 (4년9개월)
설정액	104.06억원
순자산	104.06억원

시장 정보 (2017년 09월 22일 기준)

52주최고(원)	7,690	수익률(12M, %)	10.11
52주최저(원)	5,165	수익률(YTD, %)	10.96
거래량(20일, 주)	6,065	변동성(120일)	0.01
거래대금(20일, 원)	44,738,287	구성종목수(개)	2
베타(1D/1Y)	0.035190	Spread(원)	-109.40

누적 수익률

기간별 수익률 (%)

구분	수익률	BM초과	유형초과	%순위
1주	0.80	―	0.06	55.13
1개월	-0.12	―	-0.33	70.51
3개월	0.23	―	-1.59	98.70
6개월	13.16	―	7.40	13.16
연초이후	10.96	―	11.29	―
1년	10.11	―	13.18	27.40
3년	36.74	―	35.35	―

보수 (%, 年)

TER	0.850
운용	0.600
판매	0.150
수탁	0.050
일반사무	0.050

투자 전략

구리실물 보관에 따라 발행된 창고증권을 주된 투자대상자산으로 하며, "S&P GSCI® Cash Copper Index"를 기초지수로 하여 1좌당 순자산가치의 변동률을 기초지수(원화환산)의 변동률과 유사하도록 투자신탁재산을 운용함을 목적으로 합니다.

ARIRANG 경기방어주 (A161490)

● 벤치마크 : **경기방어주**
● 테마분류 : **—**

● 위험등급 : **2등급**
● 평가등급(3년) : **★★★**

펀드 현황

운용사(매니저)	한화자산운용
판매사	—
설정일(존속기간)	2012.08.28 (5년)
설정액	14.33억원
순자산	14.33억원

시장 정보 (2017년 09월 22일 기준)

52주최고(원)	8,180	수익률(12M, %)	6.58
52주최저(원)	6,505	수익률(YTD, %)	11.90
거래량(20일, 주)	5,164	변동성(120일)	0.01
거래대금(20일, 원)	39,375,137	구성종목수(개)	32
베타(1D/1Y)	0.731640	Spread(원)	-20.38

누적 수익률

기간별 수익률 (%)

구분	수익률	BM초과	유형초과	%순위
1주	-1.54	0.00	-3.92	97.76
1개월	-2.08	-0.02	-6.91	86.94
3개월	-6.20	-0.03	-10.87	97.58
6개월	1.79	-0.04	-15.93	99.49
연초이후	11.90	-0.12	-15.66	83.51
1년	6.58	1.89	-24.17	93.09
3년	12.87	5.04	-10.97	81.54

보수 (%, 年)

TER	0.230
운용	0.120
판매	0.060
수탁	0.020
일반사무	0.030

투자 전략

국내 주식을 법시행령 제94조 제2항 제4호에서 규정하는 주된 투자대상자산으로 하며, 수익증권 1좌당 순자산가치의 변동률을 주식회사 에프앤가이드(FnGuide)가 산출하여 공표하는 추적 대상지수인 에프앤가이드 경기방어주 지수의 변동률과 유사하도록 운용함을 목적으로 합니다.

ARIRANG 경기주도주 (A161500)

● 벤치마크 : **경기주도주**
● 테마분류 : **—**

● 위험등급 : **2등급**
● 평가등급(3년) : **★★★**

펀드 현황

운용사(매니저)	한화자산운용
판매사	—
설정일(존속기간)	2012.08.28 (5년)
설정액	32.46억원
순자산	32.46억원

시장 정보 (2017년 09월 22일 기준)

52주최고(원)	6,620	수익률(12M, %)	42.92
52주최저(원)	4,705	수익률(YTD, %)	31.37
거래량(20일, 주)	5,168	변동성(120일)	0.01
거래대금(20일, 원)	32,421,157	구성종목수(개)	31
베타(1D/1Y)	1.140810	Spread(원)	3.61

누적 수익률

기간별 수익률 (%)

구분	수익률	BM초과	유형초과	%순위
1주	2.15	-0.01	-0.23	39.46
1개월	6.97	-0.05	2.14	11.26
3개월	12.41	0.07	7.74	—
6개월	20.49	-0.34	2.78	22.45
연초이후	31.37	-0.28	3.81	35.05
1년	42.92	1.67	12.17	19.15
3년	40.71	5.40	16.87	12.31

보수 (%, 年)

TER	0.230
운용	0.120
판매	0.060
수탁	0.020
일반사무	0.030

투자 전략

국내 주식을 법시행령 제94조 제2항 제4호에서 규정하는 주된 투자대상자산으로 하며, 수익증권 1좌당 순자산가치의 변동률을 주식회사 에프앤가이드(FnGuide)가 산출하여 공표하는 추적 대상지수인 에프앤가이드 경기주도주 지수의 변동률과 유사하도록 운용함을 목적으로 합니다.

ARIRANG 고배당주 (A161510)

● 벤치마크 : **배당주**
● 테마분류 : —

● 위험등급 : **2등급**
● 평가등급(3년) : ★★★★★

펀드 현황

운용사(매니저)	한화자산운용
판매사	—
설정일(존속기간)	2012.08.28 (5년)
설정액	1,957.78억원
순자산	1,957.78억원

시장 정보 (2017년 09월 22일 기준)

52주최고(원)	14,370	수익률(12M, %)	20.21
52주최저(원)	11,575	수익률(YTD, %)	16.79
거래량(20일, 주)	216,909	변동성(120일)	0.01
거래대금(20일, 원)	2,958,855,542	구성종목수(개)	31
베타(1D/1Y)	0.765760	Spread(원)	13.41

누적 수익률

(억원) / (%)
2,500 / 30.00
2,000 / 25.00 / 20.00
1,500 / 15.00 / 10.00
1,000 / 5.00
500 / 0.00
0 / -5.00
'16/09 '17/01 '17/05 '17/09
설정액(좌,억원) ━ Fund(우,%) ─ BM(우,%)

기간별 수익률 (%)

구분	수익률	BM초과	유형초과	%순위
1주	0.84	-0.01	-1.54	73.54
1개월	-2.34	-0.02	-7.17	90.09
3개월	3.54	0.19	-1.13	58.94
6개월	9.35	0.26	-8.37	72.45
연초이후	16.79	0.29	-10.77	70.10
1년	20.21	4.17	-10.54	67.55
3년	27.22	11.86	3.38	50.00

보수 (%, 年)

TER	0.230
운용	0.120
판매	0.060
수탁	0.020
일반사무	0.030

투자 전략

국내 주식을 법시행령 제94조 제2항 제4호에서 규정하는 주된 투자대상자산으로 하며, 수익증권 1좌당 순자산가치의 변동률을 주식회사 에프앤가이드(FnGuide)가 산출하여 공표하는 추적 대상지수인 에프앤가이드 배당주 지수의 변동률과 유사하도록 운용함을 목적으로 합니다.

TIGER 200커버드콜5%OTM (A166400)

● 벤치마크 : **KOSPI TR**
● 테마분류 : —

● 위험등급 : **3등급**
● 평가등급(3년) : ★★★★

펀드 현황

운용사(매니저)	미래에셋자산운용
판매사	—
설정일(존속기간)	2012.10.24 (4년11개월)
설정액	80.00억원
순자산	80.00억원

시장 정보 (2017년 09월 22일 기준)

52주최고(원)	13,865	수익률(12M, %)	20.89
52주최저(원)	10,710	수익률(YTD, %)	11.53
거래량(20일, 주)	3,954	변동성(120일)	0.01
거래대금(20일, 원)	53,037,300	구성종목수(개)	207
베타(1D/1Y)	0.755700	Spread(원)	-42.46

누적 수익률

(억원) / (%)
90 / 30.00
80 / 25.00
70 / 20.00
60 / 15.00
50 / 10.00
40 / 5.00
30 / 0.00
20 / -5.00
10 / -10.00
'16/09 '17/01 '17/05 '17/09
설정액(좌,억원) ━ Fund(우,%) ─ BM(우,%)

기간별 수익률 (%)

구분	수익률	BM초과	유형초과	%순위
1주	-0.03	0.20	0.25	42.60
1개월	1.78	0.56	-0.60	55.61
3개월	3.25	1.06	-1.59	56.31
6개월	3.72	1.49	-0.96	57.49
연초이후	11.53	0.82	-6.18	63.78
1년	20.89	1.76	-6.68	58.25
3년	24.77	4.30	-5.98	55.32

보수 (%, 年)

TER	0.380
운용	0.250
판매	0.070
수탁	0.030
일반사무	0.030

투자 전략

국내 주식(주식을 기초자산으로 하는 장내파생상품을 포함한다)을 주된 투자대상자산으로 하며, 한국거래소에서 발표하는 KOSPI200 커버드콜 지수를 기초지수로 하여 1좌당 순자산가치의 변동률을 지수의 변동률과 유사하도록 투자신탁재산을 운용합니다.

KOSEF 국고채10년레버리지 (A167860)

- 벤치마크 : **국공채 만기종합**
- 테마분류 : —

- 위험등급 : **4등급**
- 평가등급(3년) : ★★★

펀드 현황

운용사(매니저)	키움투자자산운용
판매사	—
설정일(존속기간)	2012.10.29 (4년10개월)
설정액	60.00억원
순자산	60.00억원

시장 정보 (2017년 09월 22일 기준)

52주최고(원)	140,120	수익률(12M, %)	-1.20
52주최저(원)	119,930	수익률(YTD, %)	-0.10
거래량(20일, 주)	297	변동성(120일)	0.00
거래대금(20일, 원)	36,508,055	구성종목수(개)	6
베타(1D/1Y)	-0.072470	Spread(원)	-311.64

누적 수익률

기간별 수익률 (%)

구분	수익률	BM초과	유형초과	%순위
1주	-0.07	-0.03	-0.06	100.00
1개월	-0.55	-0.37	-0.49	100.00
3개월	0.70	0.28	0.51	—
6개월	-1.72	-1.63	-1.84	100.00
연초이후	-0.10	-0.74	-0.65	99.22
1년	-1.20	-1.98	-2.01	100.00
3년	-8.76	-7.02	-8.85	100.00

보수 (%, 年)

TER	0.300
운용	0.200
판매	0.075
수탁	0.010
일반사무	0.015

투자 전략

"KIS KTB 10Y Index (KIS 10년 국고채 지수)"를 기초지수로 하여 1좌당 순자산가치의 일간변동률을 기초지수 일간변동률의 2배수와 유사하도록 투자신탁재산을 운용함을 목적으로 합니다.

KTOP 코스피50 (A168300)

- 벤치마크 : **KOSPI TR**
- 테마분류 : —

- 위험등급 : **3등급**
- 평가등급(3년) : ★★★★

펀드 현황

운용사(매니저)	하나UBS자산운용
판매사	—
설정일(존속기간)	2012.11.09 (4년10개월)
설정액	145.85억원
순자산	145.85억원

시장 정보 (2017년 09월 22일 기준)

52주최고(원)	21,955	수익률(12M, %)	26.08
52주최저(원)	16,345	수익률(YTD, %)	14.39
거래량(20일, 주)	196	변동성(120일)	0.01
거래대금(20일, 원)	4,184,710	구성종목수(개)	51
베타(1D/1Y)	1.041210	Spread(원)	-121.44

누적 수익률

기간별 수익률 (%)

구분	수익률	BM초과	유형초과	%순위
1주	0.18	0.42	0.46	1.35
1개월	2.30	1.09	-0.08	36.32
3개월	4.61	2.42	-0.22	39.19
6개월	5.58	3.36	0.91	26.57
연초이후	14.39	3.68	-3.32	46.43
1년	26.08	6.95	-1.49	45.36
3년	32.20	11.73	1.45	36.17

보수 (%, 年)

TER	0.300
운용	0.200
판매	0.040
수탁	0.030
일반사무	0.030

투자 전략

국내 주식을 주된 투자대상자산으로 하여 "KOSPI50"을 추적대상지수로 하여 1좌당 순자산가치의 변동률을 지수의 변동률과 유사하도록 투자신탁재산을 운용합니다.

KINDEX 중국본토CSI300 (A168580)

● 벤치마크 : **World - MSCI - EMF ASIA (KRW Unhedged)**
● 테마분류 : —

● 위험등급 : **1등급**
● 평가등급(3년) : ★★★★★

펀드 현황

운용사(매니저)	한국투신운용
판매사	—
설정일(존속기간)	2012.11.21 (4년10개월)
설정액	664.03억원
순자산	664.03억원

시장 정보 (2017년 09월 22일 기준)

52주최고(원)	22,680	수익률(12M, %)	17.13
52주최저(원)	17,590	수익률(YTD, %)	18.94
거래량(20일, 주)	125,715	변동성(120일)	0.01
거래대금(20일, 원)	2,804,694,242	구성종목수(개)	311
베타(1D/1Y)	-0.060940	Spread(원)	-59.44

누적 수익률

설정액(좌,억원) ━Fund(우,%) ─BM(우,%)

기간별 수익률 (%)

구분	수익률	BM초과	유형초과	%순위
1주	-0.17	0.15	-0.06	60.56
1개월	-0.43	-1.75	-0.91	84.08
3개월	3.39	-0.12	-1.20	58.93
6개월	10.79	2.58	-0.43	39.64
연초이후	18.94	2.34	0.46	34.81
1년	17.13	-7.18	-11.18	76.29
3년	22.73	-2.22	-0.03	38.45

보수 (%, 年)

TER	0.700
운용	0.500
판매	0.100
수탁	0.060
일반사무	0.040

투자 전략

외국주식 및 외국주식관련파생상품에 주로 투자하는 모투자신탁을 법시행령 제94조 제2항 제4호에서 규정하는 주된 투자대상자산으로 하며 CSI300 (China Securities Index 300) (이하"지수"라 한다)의 변화에 연동하여 운용하는 것을 목표로 이 투자신탁 수익증권 1좌당 순자산가치의 변동률을 지수의 변동률과 유사하도록 투자신탁재산을 운용함을 그 목적으로 합니다.

KODEX 중국본토 A50 (A169950)

● 벤치마크 : **World - MSCI - EMF ASIA (KRW Unhedged)**
● 테마분류 : —

● 위험등급 : **1등급**
● 평가등급(3년) : ★★★★

펀드 현황

운용사(매니저)	삼성자산운용
판매사	—
설정일(존속기간)	2013.01.09 (4년8개월)
설정액	310.00억원
순자산	310.00억원

시장 정보 (2017년 09월 22일 기준)

52주최고(원)	16,040	수익률(12M, %)	19.98
52주최저(원)	11,995	수익률(YTD, %)	22.38
거래량(20일, 주)	363,396	변동성(120일)	0.01
거래대금(20일, 원)	5,749,313,025	구성종목수(개)	54
베타(1D/1Y)	-0.069340	Spread(원)	-65.25

누적 수익률

설정액(좌,억원) ━Fund(우,%) ─BM(우,%)

기간별 수익률 (%)

구분	수익률	BM초과	유형초과	%순위
1주	0.46	0.78	0.57	2.08
1개월	-0.16	-1.48	-0.64	77.01
3개월	2.99	-0.52	-1.60	66.30
6개월	10.02	1.81	-1.19	46.65
연초이후	22.38	5.78	3.90	19.45
1년	19.98	-4.32	-8.32	65.14
3년	27.21	2.27	4.45	25.18

보수 (%, 年)

TER	0.990
운용	0.670
판매	0.200
수탁	0.060
일반사무	0.060

투자 전략

기초지수인 FTSE China A50 지수를 추종하는 것을 목적으로 하여 중국 본토 A주에 주로 투자하는 모투자신탁 및 중국 본토 A 주 관련 파생상품에 주로 투자하는 모투자신탁을 주된 투자대상으로 하는 증권투자신탁[주식-파생형]입니다.

TIGER 베타플러스 (A170350)

● 벤치마크 : **베타플러스**
● 테마분류 : —
● 위험등급 : **2등급**
● 평가등급(3년) : ★★★

펀드 현황	
운용사(매니저)	미래에셋자산운용
판매사	—
설정일(존속기간)	2013.01.16 (4년8개월)
설정액	217.59억원
순자산	217.59억원

시장 정보 (2017년 09월 22일 기준)			
52주최고(원)	14,295	수익률(12M, %)	27.93
52주최저(원)	10,965	수익률(YTD, %)	22.42
거래량(20일, 주)	764	변동성(120일)	0.01
거래대금(20일, 원)	10,675,517	구성종목수(개)	71
베타(1D/1Y)	0.935020	Spread(원)	-4.54

누적 수익률

기간별 수익률 (%)				
구분	수익률	BM초과	유형초과	%순위
1주	1.59	-0.04	-0.79	56.50
1개월	2.89	-0.08	-1.94	60.81
3개월	1.84	0.05	-2.83	68.60
6개월	11.60	-0.02	-6.11	63.27
연초이후	22.42	-0.30	-5.14	53.61
1년	27.93	1.56	-2.82	44.68
3년	25.81	4.04	1.97	55.38

보수 (%, 年)	
TER	0.400
운용	0.280
판매	0.070
수탁	0.020
일반사무	0.030

투자 전략

국내 주식을 주된 투자대상자산으로 하며, 에프앤가이드(FnGuide)가 발표하는 "에프앤가이드 베타플러스 지수"를 기초지수로 하여 1좌당 순자산가치의 변동률을 지수의 변동률과 유사하도록 투자신탁재산을 운용함을 목적으로 합니다.

TIGER 로우볼 (A174350)

● 벤치마크 : **Low Volatility**
● 테마분류 : —
● 위험등급 : **2등급**
● 평가등급(3년) : ★★★

펀드 현황	
운용사(매니저)	미래에셋자산운용
판매사	—
설정일(존속기간)	2013.06.19 (4년3개월)
설정액	281.56억원
순자산	281.56억원

시장 정보 (2017년 09월 22일 기준)			
52주최고(원)	14,595	수익률(12M, %)	10.31
52주최저(원)	12,240	수익률(YTD, %)	8.08
거래량(20일, 주)	12,175	변동성(120일)	0.01
거래대금(20일, 원)	164,701,683	구성종목수(개)	41
베타(1D/1Y)	0.577570	Spread(원)	3.38

누적 수익률

기간별 수익률 (%)				
구분	수익률	BM초과	유형초과	%순위
1주	-0.62	-0.02	-3.00	89.69
1개월	-4.67	-0.03	-9.50	98.20
3개월	-3.28	-0.02	-7.95	90.82
6개월	5.11	-0.20	-12.60	91.84
연초이후	8.08	-0.43	-19.48	90.21
1년	10.31	1.53	-20.44	83.51
3년	8.34	5.04	-15.51	84.62

보수 (%, 年)	
TER	0.400
운용	0.280
판매	0.070
수탁	0.020
일반사무	0.030

투자 전략

국내 주식을 주된 투자대상자산으로 하며, 에프앤가이드(FnGuide)가 발표하는 "FnGuide Low Vol 지수"를 기초지수로 하여 1좌당 순자산가치의 변동률을 기초지수의 변동률과 유사하도록 투자신탁재산을 운용합니다.

KBSTAR 중국본토대형주CSI100 （A174360）

- 벤치마크 : **World - MSCI - EMF ASIA (KRW Unhedged)**
- 테마분류 : ―
- 위험등급 : **1등급**
- 평가등급(3년) : ★★★★★

펀드 현황

운용사(매니저)	KB자산운용
판매사	―
설정일(존속기간)	2013.05.29 (4년3개월)
설정액	270.00억원
순자산	270.00억원

시장 정보 (2017년 09월 22일 기준)

52주최고(원)	15,430	수익률(12M, %)	21.22
52주최저(원)	11,455	수익률(YTD, %)	23.28
거래량(20일, 주)	42,512	변동성(120일)	0.01
거래대금(20일, 원)	646,479,678	구성종목수(개)	103
베타(1D/1Y)	-0.187630	Spread(원)	17.37

누적 수익률

설정액(좌,억원) ━Fund(우,%) ─BM(우,%)

기간별 수익률 (%)

구분	수익률	BM초과	유형초과	%순위
1주	0.23	0.55	0.34	17.34
1개월	-0.10	-1.42	-0.58	68.16
3개월	3.75	0.23	-0.85	50.66
6개월	11.07	2.86	-0.15	36.88
연초이후	23.28	6.69	4.81	13.99
1년	21.22	-3.08	-7.08	63.15
3년	28.09	3.14	5.33	22.97

보수 (%, 年)

TER	0.650
운용	0.400
판매	0.150
수탁	0.060
일반사무	0.040

투자 전략

기초지수인 CSI100(China Securities Index 100)의 수익률과 유사한
수익률을 실현하는 것을 목표로 하여 중국관련 주식 및 집합투자증권 등에 주로 투자하는 모투
자신탁을 주된 투자대상으로 하는 상장지수투자신탁입니다.

파워 중기국고채 （A176710）

- 벤치마크 : **국공채 만기종합**
- 테마분류 : ―
- 위험등급 : **5등급**
- 평가등급(3년) : ★★★★

펀드 현황

운용사(매니저)	교보악사자산운용
판매사	―
설정일(존속기간)	2013.05.10 (4년4개월)
설정액	62.41억원
순자산	62.41억원

시장 정보 (2017년 09월 22일 기준)

52주최고(원)	104,315	수익률(12M, %)	0.83
52주최저(원)	100,465	수익률(YTD, %)	0.49
거래량(20일, 주)	26	변동성(120일)	0.00
거래대금(20일, 원)	2,595,068	구성종목수(개)	5
베타(1D/1Y)	-0.007680	Spread(원)	-67.50

누적 수익률

설정액(좌,억원) ━Fund(우,%) ─BM(우,%)

기간별 수익률 (%)

구분	수익률	BM초과	유형초과	%순위
1주	-0.01	0.03	―	43.28
1개월	-0.07	0.11	-0.01	51.49
3개월	0.16	-0.27	-0.04	50.00
6개월	0.09	0.18	-0.03	54.62
연초이후	0.49	-0.16	-0.07	55.04
1년	0.83	0.05	0.02	48.80
3년	0.15	1.90	0.06	59.02

보수 (%, 年)

TER	0.145
운용	0.075
판매	0.045
수탁	0.010
일반사무	0.015

투자 전략

한국거래소가 발표하는 "KTBINDEX 시장가격지수 (Korea Treasury Bond I
ndex Gross Price Index)"를 기초지수로 하여 보수차감후 1좌당 순자산가치의
일간변동률을 기초지수의 변동률과 유사하도록 투자신탁재산을 운용

KODEX 국채선물10년인버스 (A176950)

● 벤치마크 : **10년국채선물지수**
● 테마분류 : —

● 위험등급 : **5등급**
● 평가등급(3년) : ★★★★★

펀드 현황

운용사(매니저)	삼성자산운용
판매사	—
설정일(존속기간)	2013.05.30 (4년3개월)
설정액	390.00억원
순자산	390.00억원

시장 정보 (2017년 09월 22일 기준)

52주최고(원)	47,965	수익률(12M, %)	1.45
52주최저(원)	44,520	수익률(YTD, %)	0.72
거래량(20일, 주)	276	변동성(120일)	0.00
거래대금(20일, 원)	13,139,510	구성종목수(개)	3
베타(1D/1Y)	0.039720	Spread(원)	31.31

누적 수익률

설정액(좌,억원) Fund(우,%) BM(우,%)

기간별 수익률 (%)

구분	수익률	BM초과	유형초과	%순위
1주	0.03	—	0.13	7.41
1개월	0.30	—	2.59	3.70
3개월	-0.22	—	3.89	9.26
6개월	1.22	—	5.75	3.85
연초이후	0.72	—	14.41	—
1년	1.45	—	23.62	11.54
3년	5.58	—	30.46	—

보수 (%, 年)

TER	0.070
운용	0.045
판매	0.005
수탁	0.010
일반사무	0.010

투자 전략

한국거래소에 상장된 10년국채선물 최근월종목의 가격을 기초로 산출되는 지수(이하"기초지수"라한다)를 기초지수로 하여 1좌당 순자산가치의 일간변동률을 기초지수 일간변동률의 음(陰)의 1배수로 연동하여 투자신탁재산을 운용함을 그 운용목적으로 하는 증권상장지수투자신탁[채권-파생형]입니다.

KINDEX 미국다우존스리츠(합성 H) (A181480)

● 벤치마크 : **Dow Jones US Real Estate Index**
● 테마분류 : —

● 위험등급 : **1등급**
● 평가등급(3년) : —

펀드 현황

운용사(매니저)	한국투신운용
판매사	—
설정일(존속기간)	2013.07.30 (4년1개월)
설정액	50.00억원
순자산	50.00억원

시장 정보 (2017년 09월 22일 기준)

52주최고(원)	69,685	수익률(12M, %)	8.82
52주최저(원)	59,975	수익률(YTD, %)	5.19
거래량(20일, 주)	408	변동성(120일)	0.01
거래대금(20일, 원)	27,949,631	구성종목수(개)	3
베타(1D/1Y)	0.207870	Spread(원)	79.51

누적 수익률

설정액(좌,억원) Fund(우,%) BM(우,%)

기간별 수익률 (%)

구분	수익률	BM초과	유형초과	%순위
1주	-0.27	—	-0.01	59.26
1개월	-0.59	—	-0.06	61.54
3개월	2.03	—	0.40	3.85
6개월	0.44	—	0.97	—
연초이후	5.19	—	2.62	—
1년	8.82	—	5.24	—
3년	4.67	—	4.52	—

보수 (%, 年)

TER	0.300
운용	0.200
판매	0.045
수탁	0.025
일반사무	0.030

투자 전략

장외파생상품을 법시행령 제94조 제2항 제4호에서 규정하는 주된 투자대상자산으로 하며 Dow Jones이 산출·공표하는 "Dow Jones US Real Estate Index"의 수익율을 추적하도록 장외파생상품에 주로 투자하는 상장지수투자신탁입니다.

TIGER 미국MSCI리츠(합성 H) (A182480)

- 벤치마크 : **MSCI US REIT INDEX**
- 테마분류 : —
- 위험등급 : **3등급**
- 평가등급(3년) : —

펀드 현황

운용사(매니저)	미래에셋자산운용
판매사	—
설정일(존속기간)	2013.10.08 (3년11개월)
설정액	350.00억원
순자산	350.00억원

시장 정보 (2017년 09월 22일 기준)

52주최고(원)	13,535	수익률(12M, %)	5.94
52주최저(원)	11,845	수익률(YTD, %)	3.73
거래량(20일, 주)	4,152	변동성(120일)	0.01
거래대금(20일, 원)	53,545,816	구성종목수(개)	5
베타(1D/1Y)	0.278440	Spread(원)	18.75

누적 수익률

기간별 수익률 (%)

구분	수익률	BM초과	유형초과	%순위
1주	-0.29		-0.03	62.96
1개월	-0.45		0.08	3.85
3개월	2.31		0.69	—
6개월	0.04		0.57	16.00
연초이후	3.73	—	1.16	8.00
1년	5.94	—	2.36	4.00
3년	1.59	—	1.45	31.82

보수 (%, 年)

TER	0.250
운용	0.150
판매	0.045
수탁	0.025
일반사무	0.030

투자 전략

미국 리츠를 기초자산으로 하여 파생상품시장에서 거래되는 장외파생상품을 주된 투자대상자산으로 하며, "MSCI US REIT 지수"의 수익률 추종을 목적으로 합니다.

TIGER 단기선진하이일드(합성 H) (A182490)

- 벤치마크 : **Markit iBoxx USD Liquid High Yield 0-5 year Index**
- 테마분류 : —
- 위험등급 : **2등급**
- 평가등급(3년) : ★★★

펀드 현황

운용사(매니저)	미래에셋자산운용
판매사	—
설정일(존속기간)	2014.03.21 (3년6개월)
설정액	390.00억원
순자산	390.00억원

시장 정보 (2017년 09월 22일 기준)

52주최고(원)	11,135	수익률(12M, %)	4.49
52주최저(원)	10,280	수익률(YTD, %)	3.09
거래량(20일, 주)	24,288	변동성(120일)	0.00
거래대금(20일, 원)	268,471,434	구성종목수(개)	4
베타(1D/1Y)	0.018830	Spread(원)	34.51

누적 수익률

기간별 수익률 (%)

구분	수익률	BM초과	유형초과	%순위
1주	0.05		0.03	26.60
1개월	0.23		0.22	24.47
3개월	0.92		0.13	30.85
6개월	1.14		-0.17	61.96
연초이후	3.09	—	0.05	68.48
1년	4.49	—	-0.36	62.64
3년	7.19	—	-0.64	65.56

보수 (%, 年)

TER	0.250
운용	0.150
판매	0.045
수탁	0.025
일반사무	0.030

투자 전략

이 투자신탁은 하이일드 채권을 기초자산으로 하여 파생상품시장에서 거래되는 장외파생상품을주된 투자대상자산으로 하며, "Markit iBoxx USD Liquid High Yield 0
-5 지수"의 수익률 추종을 목적으로 합니다.

KBSTAR 채권혼합 (A183700)

- 벤치마크 :　**KOSPI TR(30%)*KIS채권종합(70%)**
- 테마분류 :　—
- 위험등급 :　**5등급**
- 평가등급(3년) :　★★★★★

펀드 현황

운용사(매니저)	KB자산운용
판매사	—
설정일(존속기간)	2013.10.16 (3년11개월)
설정액	150.32억원
순자산	150.32억원

시장 정보 (2017년 09월 22일 기준)

52주최고(원)	56,450	수익률(12M, %)	7.03
52주최저(원)	51,715	수익률(YTD, %)	4.00
거래량(20일, 주)	1,582	변동성(120일)	0.00
거래대금(20일, 원)	88,256,483	구성종목수(개)	194
베타(1D/1Y)	0.308110	Spread(원)	-108.64

누적 수익률

기간별 수익률 (%)

구분	수익률	BM초과	유형초과	%순위
1주	-0.03	0.06	0.08	32.30
1개월	0.49	0.21	0.44	18.08
3개월	1.09	0.20	1.11	16.20
6개월	1.13	0.39	1.53	22.37
연초이후	4.00	0.30	1.54	24.75
1년	7.03	0.82	3.62	13.45
3년	7.54	2.13	4.78	14.81

보수 (%, 年)

TER	0.200
운용	0.130
판매	0.045
수탁	0.010
일반사무	0.015

투자 전략

국내채권을 법에서 정하는 주된 투자대상으로 하되, 주식관련 자산에도 일정수준 이하로 투자하여 수익을 추구합니다. KOSPI200 구성종목과 KTB 3년지수의 구성종목으로 구성하여 한국 거래소가 산출 및 공표하는 "KRX 주식국채혼합(채권형)지수[COBIX, KRX COnservative Balanced IndeX]"를 기초지수로 하는 상장지수 집합투자기구로, 기초지수의 수익률과 유사한 수익률을 실현하는 것을 목표로 합니다.

KBSTAR 주식혼합 (A183710)

- 벤치마크 :　**KOSPI TR(50%)*KIS채권종합(50%)**
- 테마분류 :　—
- 위험등급 :　**4등급**
- 평가등급(3년) :　★★★★

펀드 현황

운용사(매니저)	KB자산운용
판매사	—
설정일(존속기간)	2013.10.16 (3년11개월)
설정액	105.53억원
순자산	105.53억원

시장 정보 (2017년 09월 22일 기준)

52주최고(원)	35,755	수익률(12M, %)	15.83
52주최저(원)	29,560	수익률(YTD, %)	8.83
거래량(20일, 주)	1,289	변동성(120일)	0.00
거래대금(20일, 원)	44,942,097	구성종목수(개)	200
베타(1D/1Y)	0.560630	Spread(원)	8.07

누적 수익률

기간별 수익률 (%)

구분	수익률	BM초과	유형초과	%순위
1주	-0.05	0.08	0.11	22.73
1개월	1.28	0.73	0.84	5.84
3개월	2.35	1.09	1.33	9.21
6개월	2.53	1.36	1.33	11.49
연초이후	8.83	3.16	2.30	16.31
1년	15.83	6.05	6.08	2.16
3년	18.06	8.50	7.91	—

보수 (%, 年)

TER	0.250
운용	0.180
판매	0.045
수탁	0.010
일반사무	0.015

투자 전략

국내주식을 법에서 정하는 주된 투자대상으로 하며, KOSPI200 구성종목과 KTB 3년지수 구성종목으로 구성하여 한국거래소가 산출 및 공표하는 "KRX 주식국채혼합(주식형)지수[MOBIX,KRX MOderate Balanced IndeX]"를 기초지수로 하는 상장지수 집합투자기구로, 기초지수의 수익률과 유사한 수익률을 실현하는 것을 목표로 합니다.

KODEX 미국S&P바이오(합성) (A185680)

- 벤치마크 : **World - MSCI - NORTH AMERICA (KRW Unhedged)**
- 테마분류 : —
- 위험등급 : **2등급**
- 평가등급(3년) : ★★★

펀드 현황

운용사(매니저)	삼성자산운용
판매사	—
설정일(존속기간)	2013.10.30 (3년10개월)
설정액	27.40억원
순자산	27.40억원

시장 정보 (2017년 09월 22일 기준)

52주최고(원)	21,450	수익률(12M, %)	32.40
52주최저(원)	13,605	수익률(YTD, %)	20.57
거래량(20일, 주)	2,306	변동성(120일)	0.01
거래대금(20일, 원)	48,121,747	구성종목수(개)	4
베타(1D/1Y)	0.261210	Spread(원)	-62.36

누적 수익률

기간별 수익률 (%)

구분	수익률	BM초과	유형초과	%순위
1주	2.10	2.47	1.89	0.70
1개월	1.92	1.53	1.55	2.80
3개월	12.80	10.76	8.89	—
6개월	12.08	9.68	8.24	—
연초이후	20.57	13.27	13.30	—
1년	32.40	27.97	19.71	—
3년	26.79	10.39	10.23	1.82

보수 (%, 年)

TER	0.250
운용	0.190
판매	0.020
수탁	0.020
일반사무	0.020

투자 전략

S&P Biotechnology Select Industry Index(KRW 기준, 환헷지
안함, 이하"기초지수"라 한다)를 기초지수로 하여 1좌당 순자산가치의 변동률을 기초지수 변
동률과 연동하여 투자신탁재산을 운용함을 그 운용목적으로 합니다.

ARIRANG 글로벌MSCI(합성 H) (A189400)

- 벤치마크 : **World - MSCI - AC WORLD INDEX FREE (KRW Unhedged)**
- 테마분류 : —
- 위험등급 : **2등급**
- 평가등급(3년) : ★★

펀드 현황

운용사(매니저)	한화자산운용
판매사	—
설정일(존속기간)	2013.12.06 (3년9개월)
설정액	51.00억원
순자산	51.00억원

시장 정보 (2017년 09월 22일 기준)

52주최고(원)	12,475	수익률(12M, %)	16.78
52주최저(원)	10,195	수익률(YTD, %)	9.20
거래량(20일, 주)	5,793	변동성(120일)	0.00
거래대금(20일, 원)	71,264,389	구성종목수(개)	4
베타(1D/1Y)	0.279220	Spread(원)	50.14

누적 수익률

기간별 수익률 (%)

구분	수익률	BM초과	유형초과	%순위
1주	0.15	0.64	0.11	20.29
1개월	0.68	0.14	0.34	31.27
3개월	3.79	1.81	0.94	26.94
6개월	4.90	1.24	2.46	15.29
연초이후	9.20	0.27	1.62	39.65
1년	16.78	9.13	3.68	24.24
3년	19.25	1.89	3.74	22.68

보수 (%, 年)

TER	0.400
운용	0.300
판매	0.045
수탁	0.025
일반사무	0.030

투자 전략

장외파생상품을 법시행령 제94조 제2항 제4호에서 규정하는 주된 투자대상자산으로 하며, 수익
증권 1좌당 순자산가치의 변동률을 MSCI(Morgan Stanly Capital Inter
national)가 산출해 발표하는 MSCI AC World Daily TR Net USD
Index의 변동률과 유사하도록 운용함을 목적으로 합니다.

ARIRANG 바벨 채권 (A190150)

- 벤치마크 : **종합 만기종합**
- 테마분류 : —
- 위험등급 : **5등급**
- 평가등급(3년) : ★★★

펀드 현황

운용사(매니저)	한화자산운용
판매사	—
설정일(존속기간)	2013.12.17 (3년9개월)
설정액	120.00억원
순자산	120.00억원

시장 정보 (2017년 09월 22일 기준)

52주최고(원)	112,655	수익률(12M, %)	0.46
52주최저(원)	109,990	수익률(YTD, %)	0.44
거래량(20일, 주)	54	변동성(120일)	0.00
거래대금(20일, 원)	6,011,039	구성종목수(개)	5
베타(1D/1Y)	-0.010200	Spread(원)	-74.86

누적 수익률

설정액(좌,억원) — Fund(우,%) — BM(우,%)

기간별 수익률 (%)

구분	수익률	BM초과	유형초과	%순위
1주	-0.01	0.02	—	45.50
1개월	-0.08	0.04	-0.03	54.50
3개월	0.21	-0.12	0.01	47.50
6개월	-0.07	-0.16	-0.32	91.16
연초이후	0.44	-0.31	-0.29	85.29
1년	0.46	-0.57	-0.62	92.17
3년	-0.71	-0.12	-1.11	70.99

보수 (%, 年)

TER	0.135
운용	0.080
판매	0.030
수탁	0.010
일반사무	0.015

투자 전략

국내 채권을 법시행령 제94조 제2항 제4호에서 규정하는 주된 투자대상자산으로 하며, 수익증권 1좌당 순자산가치의 변동률을 한국자산평가가 산출하여 공표하는 추적대상지수인 "KAPBarbell Index"의 변동률과 유사하도록 운용함을 목적으로 합니다.

ARIRANG 단기유동성 (A190160)

- 벤치마크 : **CD 6개월(26주)**
- 테마분류 : —
- 위험등급 : **6등급**
- 평가등급(3년) : —

펀드 현황

운용사(매니저)	한화자산운용
판매사	—
설정일(존속기간)	2013.12.17 (3년9개월)
설정액	2,110.00억원
순자산	2,110.00억원

시장 정보 (2017년 09월 22일 기준)

52주최고(원)	107,200	수익률(12M, %)	1.04
52주최저(원)	105,790	수익률(YTD, %)	0.69
거래량(20일, 주)	156	변동성(120일)	0.00
거래대금(20일, 원)	16,708,941	구성종목수(개)	23
베타(1D/1Y)	0.000780	Spread(원)	6.41

누적 수익률

설정액(좌,억원) — Fund(우,%) — BM(우,%)

기간별 수익률 (%)

구분	수익률	BM초과	유형초과	%순위
1주	—	—	—	10.81
1개월	0.02	-0.01	—	72.97
3개월	0.11	-0.01	-0.02	82.43
6개월	0.32	-0.05	-0.07	81.16
연초이후	0.69	-0.08	-0.11	80.30
1년	1.04	-0.10	-0.13	76.47
3년	1.33	-0.19	-0.15	76.60

보수 (%, 年)

TER	0.105
운용	0.060
판매	0.020
수탁	0.010
일반사무	0.015

투자 전략

국내 채권을 법시행령 제94조 제2항 제4호에서 규정하는 주된 투자대상자산으로 하며, 수익증권 1좌당 순자산가치의 변동률을 한국자산평가가 산출하여 공표하는 추적대상지수인 "KAPMoney Market Index"의 변동률과 유사하도록 운용함을 목적으로 합니다.

KINDEX 단기통안채 (A190620)

- 벤치마크 : **CD 6개월(26주)**
- 테마분류 : —
- 위험등급 : **5등급**
- 평가등급(3년) : —

펀드 현황

운용사(매니저)	한국투신운용
판매사	—
설정일(존속기간)	2013.12.19 (3년9개월)
설정액	1,117.00억원
순자산	1,117.00억원

시장 정보 (2017년 09월 22일 기준)

52주최고(원)	101,365	수익률(12M, %)	0.92
52주최저(원)	100,085	수익률(YTD, %)	0.63
거래량(20일, 주)	962	변동성(120일)	0.00
거래대금(20일, 원)	97,160,524	구성종목수(개)	9
베타(1D/1Y)	0.001290	Spread(원)	11.24

누적 수익률

기간별 수익률 (%)

구분	수익률	BM초과	유형초과	%순위
1주	—	—	—	44.59
1개월	0.02	-0.01	—	67.57
3개월	0.10	-0.03	-0.04	90.54
6개월	0.31	-0.07	-0.08	84.06
연초이후	0.63	-0.14	-0.17	95.45
1년	0.92	-0.21	-0.25	94.12
3년	1.25	-0.26	-0.23	85.11

보수 (%, 年)

TER	0.070
운용	0.040
판매	0.010
수탁	0.010
일반사무	0.010

투자 전략

국내 채권을 법시행령 제94조 제2항 제4호에서 규정하는 주된 투자대상자산으로 하며 KIS채권평가㈜가 발표하는 "KIS MSB 단기 INDEX(총수익지수)"의 수익률을 추적하도록 한국은행 통화안정증권에 주로 투자하는 상장지수투자신탁으로서 이 투자신탁 수익증권 1좌당 순자산가치(투자신탁보수 차감전을 말함)의 변동률을 KIS MSB 단기 INDEX(총수익지수)의 변동률과 유사하도록 투자신탁재산을 운용함을 그 목적으로 합니다.

TIGER 차이나CSI300 (A192090)

- 벤치마크 : **World - MSCI - EMF ASIA (KRW Unhedged)**
- 테마분류 : —
- 위험등급 : **2등급**
- 평가등급(3년) : ★★★★

펀드 현황

운용사(매니저)	미래에셋자산운용
판매사	—
설정일(존속기간)	2014.01.27 (3년7개월)
설정액	860.00억원
순자산	860.00억원

시장 정보 (2017년 09월 22일 기준)

52주최고(원)	8,895	수익률(12M, %)	17.31
52주최저(원)	6,945	수익률(YTD, %)	19.32
거래량(20일, 주)	554,392	변동성(120일)	0.01
거래대금(20일, 원)	4,872,631,154	구성종목수(개)	314
베타(1D/1Y)	0.111850	Spread(원)	-38.60

누적 수익률

기간별 수익률 (%)

구분	수익률	BM초과	유형초과	%순위
1주	-0.16	0.16	-0.05	59.66
1개월	-0.36	-1.69	-0.84	83.88
3개월	3.46	-0.06	-1.14	57.32
6개월	10.96	2.75	-0.25	37.41
연초이후	19.32	2.72	0.84	34.36
1년	17.31	-7.00	-11.00	75.70
3년	22.79	-2.16	0.03	38.08

보수 (%, 年)

TER	0.630
운용	0.490
판매	0.050
수탁	0.050
일반사무	0.040

투자 전략

중국본토 주식 및 주식관련파생상품에 주로 투자하는 모투자신탁을 주된 투자대상자산으로 하며, "CSI 300 지수"를 기초지수로 하여 1좌당 순자산가치의 변동률을 기초지수 변동률과 유사하도록 투자신탁재산을 운용함을 목적으로 합니다.

파워 고배당저변동성 (A192720)

- 벤치마크 : **KOSPI TR**
- 테마분류 : —
- 위험등급 : **2등급**
- 평가등급(3년) : ★★★★★

펀드 현황

운용사(매니저)	교보악사자산운용
판매사	—
설정일(존속기간)	2014.02.19 (3년7개월)
설정액	248.38억원
순자산	248.38억원

시장 정보 (2017년 09월 22일 기준)

52주최고(원)	32,560	수익률(12M, %)	14.34
52주최저(원)	26,080	수익률(YTD, %)	7.35
거래량(20일, 주)	1,280	변동성(120일)	0.01
거래대금(20일, 원)	39,653,132	구성종목수(개)	51
베타(1D/1Y)	0.742820	Spread(원)	57.97

누적 수익률

기간별 수익률 (%)

구분	수익률	BM초과	유형초과	%순위
1주	-0.51	-0.28	-0.24	63.68
1개월	-0.29	-1.50	-2.67	83.41
3개월	-2.08	-4.27	-6.92	87.39
6개월	0.14	-2.09	-4.53	80.68
연초이후	7.35	-3.37	-10.36	82.14
1년	14.34	-4.79	-13.22	79.90
3년	18.25	-2.22	-12.50	71.28

보수 (%, 年)

TER	0.230
운용	0.170
판매	0.010
수탁	0.020
일반사무	0.030

투자 전략

'KOSPI 200 고배당지수(KOSPI 200 Low Volatility High Dividend Index)'를 기초지수로 하여 보수차감전 1좌당 순자산가치의 일간변동률을 기초지수의 변동률과 유사하도록 투자신탁재산을 운용함을 목적으로 합니다.

TIGER 일본TOPIX(합성 H) (A195920)

- 벤치마크 : **World - MSCI - AC ASIA PACIFIC FREE (KRW Unhedged)**
- 테마분류 : —
- 위험등급 : **2등급**
- 평가등급(3년) : ★★

펀드 현황

운용사(매니저)	미래에셋자산운용
판매사	—
설정일(존속기간)	2014.04.29 (3년4개월)
설정액	220.00억원
순자산	220.00억원

시장 정보 (2017년 09월 22일 기준)

52주최고(원)	13,935	수익률(12M, %)	9.21
52주최저(원)	10,980	수익률(YTD, %)	6.50
거래량(20일, 주)	7,622	변동성(120일)	0.01
거래대금(20일, 원)	103,087,814	구성종목수(개)	4
베타(1D/1Y)	0.718010	Spread(원)	-9.34

누적 수익률

기간별 수익률 (%)

구분	수익률	BM초과	유형초과	%순위
1주	0.04	0.86	—	40.26
1개월	2.21	1.46	1.04	14.91
3개월	4.45	3.11	0.27	53.57
6개월	3.08	-1.93	-3.19	78.87
연초이후	6.50	-3.41	-9.16	83.76
1년	9.21	-3.77	-11.39	79.06
3년	22.96	6.44	-0.10	46.28

보수 (%, 年)

TER	0.250
운용	0.150
판매	0.045
수탁	0.025
일반사무	0.030

투자 전략

이 투자신탁은 일본에 상장된 주식을 기초자산으로 하여 파생상품시장에서 거래되는 장외파생상품을 주된 투자대상자산으로 하며, "TOPIX 지수"의 수익률 추종을 목적으로 합니다.

TIGER 유로스탁스50(합성 H) (A195930)

● 벤치마크 : **World - MSCI - EUROPE (KRW Unhedged)**
● 테마분류 : —

● 위험등급 : **2등급**
● 평가등급(3년) : ★

펀드 현황

운용사(매니저)	미래에셋자산운용
판매사	—
설정일(존속기간)	2014.04.29 (3년4개월)
설정액	300.00억원
순자산	300.00억원

시장 정보 (2017년 09월 22일 기준)

52주최고(원)	11,950	수익률(12M, %)	8.85
52주최저(원)	9,415	수익률(YTD, %)	3.78
거래량(20일, 주)	10,893	변동성(120일)	0.01
거래대금(20일, 원)	123,923,707	구성종목수(개)	4
베타(1D/1Y)	0.691190	Spread(원)	-79.78

누적 수익률

기간별 수익률 (%)

구분	수익률	BM초과	유형초과	%순위
1주	-0.12	0.30	-0.12	39.73
1개월	0.11	-0.75	-0.23	49.32
3개월	2.30	-0.19	—	50.68
6개월	-1.02	-5.69	-0.32	49.61
연초이후	3.78	-8.79	-3.02	75.63
1년	8.85	-2.55	-2.83	65.81
3년	20.41	-0.37	1.69	37.93

보수 (%, 年)

TER	0.250
운용	0.150
판매	0.045
수탁	0.025
일반사무	0.030

투자 전략

이 투자신탁은 유로존에 상장된 주식을 기초자산으로 하여 파생상품시장에서 거래되는 장외파생상품을 주된 투자대상자산으로 하며, "EURO STOXX 50 지수"의 수익률 추종을 목적으로 합니다.

ARIRANG 선진국MSCI(합성 H) (A195970)

● 벤치마크 : **World - MSCI - AC WORLD INDEX FREE (KRW Unhedged)**
● 테마분류 : —

● 위험등급 : **2등급**
● 평가등급(3년) : ★★

펀드 현황

운용사(매니저)	한화자산운용
판매사	—
설정일(존속기간)	2014.05.12 (3년4개월)
설정액	54.00억원
순자산	54.00억원

시장 정보 (2017년 09월 22일 기준)

52주최고(원)	10,475	수익률(12M, %)	20.36
52주최저(원)	8,425	수익률(YTD, %)	11.70
거래량(20일, 주)	4,408	변동성(120일)	0.01
거래대금(20일, 원)	45,493,312	구성종목수(개)	4
베타(1D/1Y)	0.302820	Spread(원)	20.30

누적 수익률

기간별 수익률 (%)

구분	수익률	BM초과	유형초과	%순위
1주	0.17	0.66	0.14	19.93
1개월	0.84	0.30	0.50	19.64
3개월	3.48	1.50	0.63	32.10
6개월	5.20	1.54	2.75	11.57
연초이후	11.70	2.77	4.12	11.89
1년	20.36	12.71	7.26	6.57
3년	19.69	2.32	4.17	19.07

보수 (%, 年)

TER	0.500
운용	0.400
판매	0.045
수탁	0.025
일반사무	0.030

투자 전략

이 투자신탁은 장외파생상품을 법시행령 제94조 제2항 제4호에서 규정하는 주된 투자대상자산으로 하며, 수익증권 1좌당 순자산가치의 변동률을 MSCI(Morgan Stanly Capital International)가 산출해 발표하는 MSCI EAFE Index의 변동률과 유사하도록 운용함을 목적으로 합니다.

ARIRANG 신흥국MSCI(합성 H) (A195980)

● 벤치마크 : **World - MSCI - EMF (EMERGING MARKETS FREE) (KRW Unhedged)**
● 테마분류 : —
● 위험등급 : **2등급**
● 평가등급(3년) : ★★

펀드 현황	
운용사(매니저)	한화자산운용
판매사	—
설정일(존속기간)	2014.05.12 (3년4개월)
설정액	118.00억원
순자산	118.00억원

시장 정보 (2017년 09월 22일 기준)

52주최고(원)	11,140	수익률(12M, %)	32.02
52주최저(원)	8,260	수익률(YTD, %)	15.65
거래량(20일, 주)	42,713	변동성(120일)	0.01
거래대금(20일, 원)	468,038,106	구성종목수(개)	4
베타(1D/1Y)	0.728520	Spread(원)	-54.79

누적 수익률

기간별 수익률 (%)

구분	수익률	BM초과	유형초과	%순위
1주	0.22	0.65	0.21	33.33
1개월	1.14	0.25	0.50	12.93
3개월	5.10	2.09	-1.06	68.42
6개월	11.06	1.72	-4.80	74.77
연초이후	15.65	1.30	-3.46	43.93
1년	32.02	11.95	3.55	6.86
3년	24.83	1.41	-2.77	51.96

보수 (%, 年)

TER	0.500
운용	0.400
판매	0.045
수탁	0.025
일반사무	0.030

투자 전략

이 투자신탁은 장외파생상품을 법시행령 제94조 제2항 제4호에서 규정하는 주된 투자대상자산으로 하며, 수익증권 1좌당 순자산가치의 변동률을 MSCI(Morgan Stanly Capital International)가 산출해 발표하는 MSCI Emerging Markets Index의 변동률과 유사하도록 운용함을 목적으로 합니다.

KINDEX 일본TOPIX레버리지(H) (A196030)

● 벤치마크 : **World - MSCI - AC ASIA PACIFIC FREE (KRW Unhedged)**
● 테마분류 : —
● 위험등급 : **1등급**
● 평가등급(3년) : —

펀드 현황	
운용사(매니저)	한국투신운용
판매사	—
설정일(존속기간)	2014.06.11 (3년3개월)
설정액	50.00억원
순자산	50.00억원

시장 정보 (2017년 09월 22일 기준)

52주최고(원)	15,845	수익률(12M, %)	20.93
52주최저(원)	9,860	수익률(YTD, %)	14.83
거래량(20일, 주)	7,759	변동성(120일)	0.01
거래대금(20일, 원)	117,290,741	구성종목수(개)	9
베타(1D/1Y)	1.320590	Spread(원)	-109.34

누적 수익률

기간별 수익률 (%)

구분	수익률	BM초과	유형초과	%순위
1주	0.28	1.11	0.25	19.48
1개월	4.17	3.42	3.00	0.44
3개월	9.35	8.00	5.16	0.45
6개월	7.13	2.12	0.86	47.89
연초이후	14.83	4.92	-0.83	51.78
1년	20.93	7.95	0.34	57.59
3년	51.86	35.34	28.79	—

보수 (%, 年)

TER	0.500
운용	0.360
판매	0.070
수탁	0.030
일반사무	0.040

투자 전략

일본의 도쿄증권거래소가 산출.발표하는 TOPIX(Tokyo Stock Price Index, 기초지수)의 변화에 연동하여 운용하는 것을 목표로 일본 주식, TOPIX를 기초지수로 하는 ETF, 레버리지 ETF,주가지수선물 등에 투자하여 이 투자신탁 수익증권 1좌당 순자산가치의 변동률을 기초지수의 일간 변동률의 양(+)의 2배수와 유사하도록 투자신탁재산을 운용할 예정입니다.

KBSTAR 일본TOPIX레버리지(H) (A196220)

- 벤치마크 :   World - MSCI - AC ASIA PACIFIC FREE (KRW Unhedged)
- 테마분류 : —
- 위험등급 : **1등급**
- 평가등급(3년) : ★★

펀드 현황

운용사(매니저)	KB자산운용
판매사	—
설정일(존속기간)	2014.06.11 (3년3개월)
설정액	60.00억원
순자산	60.00억원

시장 정보 (2017년 09월 22일 기준)

52주최고(원)	15,335	수익률(12M, %)	20.21
52주최저(원)	9,550	수익률(YTD, %)	14.07
거래량(20일, 주)	972	변동성(120일)	0.01
거래대금(20일, 원)	14,496,106	구성종목수(개)	9
베타(1D/1Y)	1.374900	Spread(원)	-1.93

누적 수익률

(억원) / (%) 그래프: 설정액(좌,억원), Fund(우,%), BM(우,%) — '16/09 ~ '17/09

기간별 수익률 (%)

구분	수익률	BM초과	유형초과	%순위
1주	0.32	1.14	0.29	18.61
1개월	4.35	3.60	3.18	—
3개월	9.40	8.06	5.22	—
6개월	6.87	1.87	0.61	48.36
연초이후	14.07	4.15	-1.60	52.28
1년	20.21	7.23	-0.38	58.12
3년	50.21	33.69	27.14	0.53

보수 (%, 年)

TER	0.500
운용	0.355
판매	0.070
수탁	0.035
일반사무	0.040

투자 전략

일본 주식관련 집합투자증권, 일본 주식관련 파생상품 및 일본 주식을 법에서 정하는 주된 투자대상으로 하며, 일본의 도쿄증권거래소가 산출.발표하는 "TOPIX Index"를 기초지수로 하여 1좌당 순자산가치의 변동률을 기초지수의 일일 변동률의 양(陽)의 2배에 연동하도록 투자신탁재산을 운용하는 것을 목적으로 하는 투자신탁입니다.

KBSTAR 단기통안채 (A196230)

- 벤치마크 : **국공채 만기종합**
- 테마분류 : —
- 위험등급 : **6등급**
- 평가등급(3년) : ★★

펀드 현황

운용사(매니저)	KB자산운용
판매사	—
설정일(존속기간)	2014.05.14 (3년4개월)
설정액	3,618.00억원
순자산	3,618.00억원

시장 정보 (2017년 09월 22일 기준)

52주최고(원)	103,870	수익률(12M, %)	1.00
52주최저(원)	102,545	수익률(YTD, %)	0.67
거래량(20일, 주)	401	변동성(120일)	0.00
거래대금(20일, 원)	41,640,492	구성종목수(개)	12
베타(1D/1Y)	0.000390	Spread(원)	4.68

누적 수익률

(억원) / (%) 그래프: 설정액(좌,억원), Fund(우,%), BM(우,%) — '16/09 ~ '17/09

기간별 수익률 (%)

구분	수익률	BM초과	유형초과	%순위
1주	—	0.05	0.02	17.16
1개월	0.02	0.20	0.08	4.48
3개월	0.11	-0.32	-0.09	88.06
6개월	0.31	0.40	0.19	26.92
연초이후	0.67	0.03	0.12	28.68
1년	1.00	0.22	0.19	32.80
3년	1.29	3.04	1.20	20.49

보수 (%, 年)

TER	0.130
운용	0.090
판매	0.020
수탁	0.010
일반사무	0.010

투자 전략

이 투자신탁은 국내채권을 법에서 정하는 주된 투자대상으로 하되, 잔존만기 10개월 이하의 한국은행 통화안정증권 10개 종목으로 구성된 "KIS MSB 5M Index(총수익지수)"을 기초지수로 하여 1좌당 순자산가치의 변동률을 기초지수의 변동률과 유사하도록 투자신탁재산을 운용함을 목적으로 하는 상장지수투자신탁입니다.

KODEX 미국S&P IT(합성) (A200020)

● 벤치마크 : **World - MSCI - NORTH AMERICA (KRW Unhedged)**
● 테마분류 : —
● 위험등급 : **2등급**
● 평가등급(3년) : ★★★★★

펀드 현황	
운용사(매니저)	삼성자산운용
판매사	—
설정일(존속기간)	2014.06.11 (3년3개월)
설정액	46.00억원
순자산	46.00억원

시장 정보 (2017년 09월 22일 기준)			
52주최고(원)	17,150	수익률(12M, %)	12.84
52주최저(원)	13,325	수익률(YTD, %)	11.18
거래량(20일, 주)	1,097	변동성(120일)	0.01
거래대금(20일, 원)	18,567,905	구성종목수(개)	5
베타(1D/1Y)	0.103190	Spread(원)	64.66

누적 수익률

설정액(좌,억원) ━Fund(우,%) ━BM(우,%)

기간별 수익률 (%)				
구분	수익률	BM초과	유형초과	%순위
1주	-0.01	0.36	-0.22	91.61
1개월	0.16	-0.22	-0.21	76.92
3개월	2.69	0.65	-1.22	83.22
6개월	4.53	2.14	0.69	7.86
연초이후	11.18	3.88	3.92	2.24
1년	12.84	8.41	0.15	37.29
3년	25.80	9.40	9.23	3.64

보수 (%, 年)	
TER	0.250
운용	0.190
판매	0.020
수탁	0.020
일반사무	0.020

투자 전략

S&P Select Sector Technology Index(KRW 기준, 환헷지 안함, 이하"기초지수"라 한다)를 기초지수로 하여 1좌당 순자산가치의 변동률을 기초지수 변동률과 연동하여 투자신탁재산을 운용함을 그 운용목적으로 합니다.

KODEX 미국S&P산업재(합성) (A200030)

● 벤치마크 : **World - MSCI - NORTH AMERICA (KRW Unhedged)**
● 테마분류 : —
● 위험등급 : **2등급**
● 평가등급(3년) : ★★★★

펀드 현황	
운용사(매니저)	삼성자산운용
판매사	—
설정일(존속기간)	2014.06.11 (3년3개월)
설정액	67.60억원
순자산	67.60억원

시장 정보 (2017년 09월 22일 기준)			
52주최고(원)	14,155	수익률(12M, %)	5.56
52주최저(원)	11,200	수익률(YTD, %)	8.35
거래량(20일, 주)	1,369	변동성(120일)	0.01
거래대금(20일, 원)	18,751,972	구성종목수(개)	5
베타(1D/1Y)	-0.025730	Spread(원)	53.48

누적 수익률

설정액(좌,억원) ━Fund(우,%) ━BM(우,%)

기간별 수익률 (%)				
구분	수익률	BM초과	유형초과	%순위
1주	1.08	1.45	0.87	2.80
1개월	2.20	1.81	1.83	2.10
3개월	4.36	2.32	0.45	16.78
6개월	1.87	-0.52	-1.97	80.00
연초이후	8.35	1.05	1.09	18.66
1년	5.56	1.13	-7.13	83.90
3년	24.63	8.23	8.07	4.55

보수 (%, 年)	
TER	0.250
운용	0.190
판매	0.020
수탁	0.020
일반사무	0.020

투자 전략

S&P Select Sector Industrial Index(KRW 기준, 환헷지 안함, 이하"기초지수"라 한다)를 기초지수로 하여 1좌당 순자산가치의 변동률을 기초지수 변동률과 연동하여 투자신탁재산을 운용함을 그 운용목적으로 합니다.

KODEX 미국S&P금융(합성) (A200040)

● 벤치마크 : **World - MSCI - NORTH AMERICA (KRW Unhedged)**
● 테마분류 : —

● 위험등급 : **2등급**
● 평가등급(3년) : ★★★

펀드 현황

운용사(매니저)	삼성자산운용
판매사	—
설정일(존속기간)	2014.06.11 (3년3개월)
설정액	35.20억원
순자산	35.20억원

시장 정보 (2017년 09월 22일 기준)

52주최고(원)	15,130	수익률(12M, %)	1.17
52주최저(원)	11,040	수익률(YTD, %)	5.13
거래량(20일, 주)	422	변동성(120일)	0.01
거래대금(20일, 원)	6,170,938	구성종목수(개)	4
베타(1D/1Y)	-0.049350	Spread(원)	41.29

누적 수익률

기간별 수익률 (%)

구분	수익률	BM초과	유형초과	%순위
1주	1.00	1.38	0.80	3.50
1개월	2.57	2.18	2.19	0.70
3개월	2.46	0.43	-1.45	84.62
6개월	2.80	0.41	-1.03	62.14
연초이후	5.13	-2.17	-2.13	72.39
1년	1.17	-3.25	-11.51	85.59
3년	31.59	15.19	15.03	—

보수 (%, 年)

TER	0.250
운용	0.190
판매	0.020
수탁	0.020
일반사무	0.020

투자 전략

S&P Select Sector Financials Index(KRW 기준, 환헷지 안함, 이하"기초지수"라 한다)를 기초지수로 하여 1좌당 순자산가치의 변동률을 기초지수 변동률과 연동하여 투자신탁재산을 운용함을 그 운용목적으로 합니다.

KODEX 독일MSCI(합성) (A200050)

● 벤치마크 : **World - MSCI - EUROPE (KRW Unhedged)**
● 테마분류 : —

● 위험등급 : **2등급**
● 평가등급(3년) : ★★★

펀드 현황

운용사(매니저)	삼성자산운용
판매사	—
설정일(존속기간)	2014.06.11 (3년3개월)
설정액	50.40억원
순자산	50.40억원

시장 정보 (2017년 09월 22일 기준)

52주최고(원)	11,250	수익률(12M, %)	12.40
52주최저(원)	8,820	수익률(YTD, %)	12.45
거래량(20일, 주)	2,740	변동성(120일)	0.01
거래대금(20일, 원)	29,678,369	구성종목수(개)	4
베타(1D/1Y)	0.055570	Spread(원)	-24.12

누적 수익률

기간별 수익률 (%)

구분	수익률	BM초과	유형초과	%순위
1주	-0.62	-0.19	-0.62	91.10
1개월	0.15	-0.71	-0.20	46.58
3개월	2.90	0.41	0.60	13.70
6개월	2.58	-2.10	3.28	4.72
연초이후	12.45	-0.12	5.65	5.04
1년	12.40	1.00	0.73	47.86
3년	24.11	3.33	5.39	5.17

보수 (%, 年)

TER	0.250
운용	0.190
판매	0.020
수탁	0.020
일반사무	0.020

투자 전략

MSCI Germany Index(KRW 기준, 환헷지 안함, 이하"기초지수"라 한다)를 기초지수로 하여 1좌당 순자산가치의 변동률을 기초지수 변동률과 연동하여 투자신탁재산을 운용함을 그 운용목적으로 합니다.

KOSEF 인도Nifty50(합성) (A200250)

● 벤치마크 : **World - MSCI - EMF ASIA (KRW Unhedged)**
● 테마분류 : —

● 위험등급 : **1등급**
● 평가등급(3년) : ★★

펀드 현황

운용사(매니저)	키움투자자산운용
판매사	—
설정일(존속기간)	2014.06.25 (3년3개월)
설정액	75.00억원
순자산	75.00억원

시장 정보 (2017년 09월 22일 기준)

52주최고(원)	13,020	수익률(12M, %)	23.96
52주최저(원)	10,125	수익률(YTD, %)	12.47
거래량(20일, 주)	9,689	변동성(120일)	0.01
거래대금(20일, 원)	124,402,388	구성종목수(개)	5
베타(1D/1Y)	0.429600	Spread(원)	-158.66

누적 수익률

기간별 수익률 (%)

구분	수익률	BM초과	유형초과	%순위
1주	-0.39	-0.07	-0.28	77.50
1개월	0.14	-1.18	-0.34	57.01
3개월	1.43	-2.09	-3.17	97.28
6개월	4.12	-4.09	-7.10	79.06
연초이후	12.47	-4.13	-6.01	68.03
1년	23.96	-0.34	-4.34	52.35
3년	18.71	-6.24	-4.05	57.86

보수 (%, 年)

TER	0.490
운용	0.390
판매	0.045
수탁	0.025
일반사무	0.030

투자 전략

이 투자신탁은 집합투자규약 제17조에서 정의된 장외파생상품을 주된 투자대상자산으로 하여 1좌당 순자산가치의 변동률을 기초자산인 "CNX Nifty Index"의 변동률과 유사하도록 투자신탁재산을 운용함을 목적으로 합니다.

TIGER 미국나스닥바이오 (A203780)

● 벤치마크 : **World - MSCI - NORTH AMERICA (KRW Unhedged)**
● 테마분류 : —

● 위험등급 : **2등급**
● 평가등급(3년) : ★

펀드 현황

운용사(매니저)	미래에셋자산운용
판매사	—
설정일(존속기간)	2014.08.26 (3년)
설정액	76.61억원
순자산	76.61억원

시장 정보 (2017년 09월 22일 기준)

52주최고(원)	14,860	수익률(12M, %)	16.41
52주최저(원)	11,070	수익률(YTD, %)	13.33
거래량(20일, 주)	3,595	변동성(120일)	0.01
거래대금(20일, 원)	52,660,014	구성종목수(개)	162
베타(1D/1Y)	0.123740	Spread(원)	-40.34

누적 수익률

기간별 수익률 (%)

구분	수익률	BM초과	유형초과	%순위
1주	1.22	1.60	1.02	1.40
1개월	-0.38	-0.76	-0.75	99.30
3개월	8.75	6.71	4.84	1.40
6개월	8.42	6.03	4.59	3.57
연초이후	13.33	6.03	6.07	0.75
1년	16.41	11.99	3.73	18.64
3년	14.05	-2.34	-2.51	75.45

보수 (%, 年)

TER	0.300
운용	0.160
판매	0.070
수탁	0.030
일반사무	0.040

투자 전략

이 투자신탁은 미국에 상장된 주식을 주된 투자대상자산으로 하며, "나스닥 바이오테크놀로지 지수(NASDAQ Biotechnology Index)"를 기초지수로 하여 1좌당 순자산가치의 변동률을 원화로 환산한 기초지수의 변동률과 유사하도록 투자신탁재산을 운용함을 목적으로 합니다.

ARIRANG 차이나H 레버리지(합성 H) (A204420)

- 벤치마크 : **World - MSCI - EMF ASIA (KRW Unhedged)**
- 테마분류 : —
- 위험등급 : **1등급**
- 평가등급(3년) : ★

펀드 현황

운용사(매니저)	한화자산운용
판매사	—
설정일(존속기간)	2014.08.22 (3년1개월)
설정액	120.00억원
순자산	120.00억원

시장 정보 (2017년 09월 22일 기준)

52주최고(원)	8,150	수익률(12M, %)	41.39
52주최저(원)	5,360	수익률(YTD, %)	9.15
거래량(20일, 주)	3,173	변동성(120일)	0.02
거래대금(20일, 원)	25,218,336	구성종목수(개)	193
베타(1D/1Y)	1.673530	Spread(원)	28.76

누적 수익률

(억원) / (%) — '16/09, '17/01, '17/05, '17/09
설정액(좌,억원) / Fund(우,%) / BM(우,%)

기간별 수익률 (%)

구분	수익률	BM초과	유형초과	%순위
1주	0.46	0.78	0.58	1.98
1개월	1.66	0.34	1.18	7.86
3개월	8.02	4.50	3.42	3.43
6개월	14.81	6.60	3.59	13.82
연초이후	9.15	-7.45	-9.33	90.22
1년	41.39	17.09	13.09	11.15
3년	24.58	-0.36	1.82	31.45

보수 (%, 年)

TER	0.800
운용	0.600
판매	0.145
수탁	0.025
일반사무	0.030

투자 전략

이 투자신탁은 장외파생상품을 주된 투자대상자산으로 하며 HSCEI 지수의 일일 등락률의 양(陽)의 2배 수익률을 추적대상으로 하여 1좌당 순자산가치의 일일 변동률을 HSCEI 지수의 일일 등락률의 양(陽)의 2배에 연동하도록 투자신탁재산을 운용함을 목적으로 합니다.

KODEX China H 레버리지(H) (A204450)

- 벤치마크 : **World - MSCI - EMF ASIA (KRW Unhedged)**
- 테마분류 : —
- 위험등급 : **2등급**
- 평가등급(3년) :

펀드 현황

운용사(매니저)	삼성자산운용
판매사	—
설정일(존속기간)	2014.09.11 (3년)
설정액	370.00억원
순자산	370.00억원

시장 정보 (2017년 09월 22일 기준)

52주최고(원)	9,215	수익률(12M, %)	46.55
52주최저(원)	5,885	수익률(YTD, %)	13.92
거래량(20일, 주)	99,752	변동성(120일)	0.02
거래대금(20일, 원)	889,778,649	구성종목수(개)	48
베타(1D/1Y)	1.559470	Spread(원)	6.00

누적 수익률

(억원) / (%) — '16/09, '17/01, '17/05, '17/09
설정액(좌,억원) / Fund(우,%) / BM(우,%)

기간별 수익률 (%)

구분	수익률	BM초과	유형초과	%순위
1주	0.42	0.74	0.54	2.87
1개월	1.80	0.48	1.33	7.26
3개월	8.48	4.96	3.89	2.72
6개월	20.59	12.38	9.37	1.81
연초이후	13.92	-2.68	-4.56	57.00
1년	46.55	22.24	18.24	5.16
3년	28.74	3.80	5.98	21.99

보수 (%, 年)

TER	0.640
운용	0.520
판매	0.040
수탁	0.040
일반사무	0.040

투자 전략

이 투자신탁은 HSCEI(Hang Seng China Enterprises Index, 이하 "기초지수"라 한다)를 기초지수로 하여 1좌당 순자산가치의 일간변동률을 기초지수 일간변동률의 양(陽)의 2배수로 연동하여 투자신탁재산을 운용함을 그 운용목적으로 합니다.

TIGER 차이나CSI300레버리지(합성) (A204480)

- 벤치마크 : **World - MSCI - EMF ASIA (KRW Unhedged)**
- 테마분류 : —
- 위험등급 : **1등급**
- 평가등급(3년) : ★★★

펀드 현황

운용사(매니저)	미래에셋자산운용
판매사	—
설정일(존속기간)	2014.08.28 (3년)
설정액	1,150.00억원
순자산	1,150.00억원

시장 정보 (2017년 09월 22일 기준)

52주최고(원)	21,650	수익률(12M, %)	30.69
52주최저(원)	14,190	수익률(YTD, %)	36.12
거래량(20일, 주)	139,117	변동성(120일)	0.01
거래대금(20일, 원)	2,949,728,542	구성종목수(개)	11
베타(1D/1Y)	-0.106340	Spread(원)	-198.35

누적 수익률

설정액(좌,억원)　—Fund(우,%)　—BM(우,%)

기간별 수익률 (%)

구분	수익률	BM초과	유형초과	%순위
1주	-0.28	0.04	-0.17	65.01
1개월	-0.83	-2.15	-1.30	90.35
3개월	6.68	3.16	2.09	8.68
6개월	20.28	12.07	9.06	2.02
연초이후	36.12	19.52	17.64	0.91
1년	30.69	6.39	2.39	35.68
3년	41.15	16.20	18.39	1.35

보수 (%, 年)

TER	0.590
운용	0.450
판매	0.070
수탁	0.030
일반사무	0.040

투자 전략

"이 투자신탁은 중국본토에 상장된 주식관련 집합투자증권 및 파생상품을 주된 투자대상자산으로 하며, 중국본토 주식으로 구성된 CSI300 지수를 기초지수로 하여 1좌당 순자산 가치의 일간변동률을 기초지수 일간변동률의 양(陽)의 2배수로 연동하여 투자신탁재산을 운용함을 목적으로 합니다."

KINDEX 일본TOPIX인버스(합성 H) (A205720)

- 벤치마크 : **TOPIX**
- 테마분류 : —
- 위험등급 : **1등급**
- 평가등급(3년) :

펀드 현황

운용사(매니저)	한국투신운용
판매사	—
설정일(존속기간)	2014.09.22 (3년)
설정액	150.00억원
순자산	150.00억원

시장 정보 (2017년 09월 22일 기준)

52주최고(원)	8,470	수익률(12M, %)	-11.40
52주최저(원)	6,405	수익률(YTD, %)	-8.24
거래량(20일, 주)	3,646	변동성(120일)	0.01
거래대금(20일, 원)	24,139,227	구성종목수(개)	3
베타(1D/1Y)	-0.678240	Spread(원)	-13.26

누적 수익률

설정액(좌,억원)　—Fund(우,%)　—BM(우,%)

기간별 수익률 (%)

구분	수익률	BM초과	유형초과	%순위
1주	-0.05	—	0.05	18.52
1개월	-2.24	—	0.05	79.63
3개월	-4.59	—	-0.48	74.07
6개월	-3.94	—	0.58	69.23
연초이후	-8.24	—	5.45	15.38
1년	-11.40	—	10.77	15.38
3년	-22.63	—	2.26	88.37

보수 (%, 年)

TER	0.500
운용	0.360
판매	0.070
수탁	0.030
일반사무	0.040

투자 전략

이 투자신탁은 장외파생상품을 법시행령 제94 조 제2항 제4호에서 규정하는 주된 투자대상자산으로 하여 1좌당 순자산가치의 변동률을 기초지수인 "TOPIX 지수 (시장가격지수, TOPIX Price Return Index)"의 일간변동률의 음(-)의 1배수와 유사하도록 투자신탁재산을 운용함을 목적으로 합니다 .

SMART 선진국MSCI World(합성 H) (A208470)

- 벤치마크 : **World - MSCI - AC WORLD INDEX FREE (KRW Unhedged)**
- 테마분류 : —
- 위험등급 : **2등급**
- 평가등급(3년) : —

펀드 현황

운용사(매니저)	신한BNP파리바자산운용
판매사	—
설정일(존속기간)	2014.11.21 (2년10개월)
설정액	110.00억원
순자산	110.00억원

시장 정보 (2017년 09월 22일 기준)

52주최고(원)	12,060	수익률(12M, %)	15.12
52주최저(원)	9,895	수익률(YTD, %)	8.37
거래량(20일, 주)	538	변동성(120일)	0.00
거래대금(20일, 원)	6,457,353	구성종목수(개)	3
베타(1D/1Y)	0.249450	Spread(원)	41.05

누적 수익률

기간별 수익률 (%)

구분	수익률	BM초과	유형초과	%순위
1주	0.14	0.63	0.10	24.64
1개월	0.62	0.08	0.28	32.00
3개월	3.59	1.61	0.74	29.52
6개월	4.27	0.61	1.82	24.79
연초이후	8.37	-0.55	0.79	44.93
1년	15.12	7.46	2.01	34.85
3년	18.78	1.41	3.26	28.87

보수 (%, 年)

TER	0.350
운용	0.250
판매	0.045
수탁	0.025
일반사무	0.030

투자 전략

이 투자신탁은 전세계 선진국 주식을 기초자산으로 하여 파생상품시장에서 거래되는 장외파생상품을 법시행령 제94조제2항제4호에서 규정하는 주된 투자대상자산으로 하며, MSCI World Index (Bloomberg Ticker: MXWO Index)의 수익률 추종을 목적으로 한다.

TIGER 코스피고배당 (A210780)

- 벤치마크 : **KOSPI TR**
- 테마분류 : —
- 위험등급 : **2등급**
- 평가등급(3년) : —

펀드 현황

운용사(매니저)	미래에셋자산운용
판매사	—
설정일(존속기간)	2014.12.04 (2년9개월)
설정액	133.00억원
순자산	133.00억원

시장 정보 (2017년 09월 22일 기준)

52주최고(원)	13,345	수익률(12M, %)	10.72
52주최저(원)	11,030	수익률(YTD, %)	8.75
거래량(20일, 주)	37,479	변동성(120일)	0.01
거래대금(20일, 원)	481,520,508	구성종목수(개)	51
베타(1D/1Y)	0.682810	Spread(원)	12.72

누적 수익률

기간별 수익률 (%)

구분	수익률	BM초과	유형초과	%순위
1주	-0.48	-0.25	-0.21	62.33
1개월	0.01	-1.20	-2.37	79.37
3개월	-1.96	-4.15	-6.79	86.04
6개월	0.55	-1.67	-4.12	78.26
연초이후	8.75	-1.96	-8.96	76.53
1년	10.72	-8.40	-16.84	85.57
3년	12.75	-7.72	-18.00	79.26

보수 (%, 年)

TER	0.290
운용	0.210
판매	0.030
수탁	0.020
일반사무	0.030

투자 전략

이 투자신탁은 국내 주식을 주된 투자대상자산으로 하며, 한국거래소가 발표하는"코스피 고배당 50 지수"를 기초지수로 하여 1좌당 순자산가치의 변동률을 기초지수의 변동률과 유사하도록 투자신탁재산을 운용함을 목적으로 합니다.

마이티 코스피고배당 (A211210)

● 벤치마크 : **KOSPI TR**　　　　　　　　　　　　　　● 위험등급 : **2등급**
● 테마분류 : ―　　　　　　　　　　　　　　　　　　● 평가등급(3년) : ―

펀드 현황

운용사(매니저)	동부자산운용
판매사	―
설정일(존속기간)	2014.12.10 (2년9개월)
설정액	197.15억원
순자산	197.15억원

시장 정보 (2017년 09월 22일 기준)

52주최고(원)	13,405	수익률(12M, %)	11.12
52주최저(원)	11,095	수익률(YTD, %)	8.91
거래량(20일, 주)	45,067	변동성(120일)	0.01
거래대금(20일, 원)	579,838,171	구성종목수(개)	51
베타(1D/1Y)	0.530830	Spread(원)	-16.71

누적 수익률

설정액(좌,억원) ━Fund(우,%) ━BM(우,%)

기간별 수익률 (%)

구분	수익률	BM초과	유형초과	%순위
1주	-0.49	-0.26	-0.21	62.78
1개월	-0.05	-1.27	-2.43	80.27
3개월	-1.99	-4.18	-6.82	86.49
6개월	0.45	-1.77	-4.22	78.74
연초이후	8.91	-1.81	-8.81	75.00
1년	11.12	-8.00	-16.44	84.54
3년	13.16	-7.31	-17.59	78.19

보수 (%, 年)

TER	0.280
운용	0.190
판매	0.040
수탁	0.020
일반사무	0.030

투자 전략

이 투자신탁은 국내 주식을 주된 투자대상자산으로 하여 "코스피 고배당 50 지수"를 추적대상지수로 하여 1좌당 순자산가치의 변동률을 지수의 변동률과 유사하도록 투자신탁재산을 운용함을 목적으로 합니다.

KINDEX 배당성장 (A211260)

● 벤치마크 : **KOSPI TR**　　　　　　　　　　　　　　● 위험등급 : **2등급**
● 테마분류 : ―　　　　　　　　　　　　　　　　　　● 평가등급(3년) : ―

펀드 현황

운용사(매니저)	한국투신운용
판매사	―
설정일(존속기간)	2014.12.10 (2년9개월)
설정액	53.99억원
순자산	53.99억원

시장 정보 (2017년 09월 22일 기준)

52주최고(원)	34,515	수익률(12M, %)	5.33
52주최저(원)	29,870	수익률(YTD, %)	6.30
거래량(20일, 주)	190	변동성(120일)	0.01
거래대금(20일, 원)	6,314,771	구성종목수(개)	51
베타(1D/1Y)	0.756890	Spread(원)	75.97

누적 수익률

설정액(좌,억원) ━Fund(우,%) ━BM(우,%)

기간별 수익률 (%)

구분	수익률	BM초과	유형초과	%순위
1주	-0.99	-0.75	-0.71	92.83
1개월	0.53	-0.68	-1.85	75.34
3개월	0.43	-1.75	-4.40	78.83
6개월	-1.73	-3.95	-6.40	88.89
연초이후	6.30	-4.41	-11.41	86.22
1년	5.33	-13.80	-22.23	96.39
3년	5.31	-15.16	-25.44	94.68

보수 (%, 年)

TER	0.150
운용	0.095
판매	0.010
수탁	0.020
일반사무	0.025

투자 전략

이 투자신탁은 국내 주식을 법시행령 제94조 제2항 제4호에서 규정하는 주된 투자대상자산으로 하며 한국거래소가 발표하는 "코스피 배당성장지수 50(KOSPI Dividend Growth 50)"의 수익률을 추적하도록 주식에 주로 투자하는 상장지수투자신탁으로서 이 투자신탁 수익증권 1좌당 순자산가치(투자신탁보수 차감전을 말함)의 변동률을 코스피 배당성장지수 50의 변동률과 유사하도록 투자신탁재산을 운용함을 그 목적으로 합니다.

TIGER 배당성장 (A211560)

● 벤치마크 : **KOSPI TR**
● 테마분류 : —

● 위험등급 : **2등급**
● 평가등급(3년) : —

펀드 현황

운용사(매니저)	미래에셋자산운용
판매사	—
설정일(존속기간)	2014.12.16 (2년9개월)
설정액	296.00억원
순자산	296.00억원

시장 정보 (2017년 09월 22일 기준)

52주최고(원)	17,085	수익률(12M, %)	4.94
52주최저(원)	14,980	수익률(YTD, %)	5.84
거래량(20일, 주)	5,467	변동성(120일)	0.01
거래대금(20일, 원)	90,236,214	구성종목수(개)	51
베타(1D/1Y)	0.709990	Spread(원)	16.53

누적 수익률

설정액(좌,억원) — Fund(우,%) — BM(우,%)

기간별 수익률 (%)

구분	수익률	BM초과	유형초과	%순위
1주	-0.98	-0.75	-0.70	92.38
1개월	0.54	-0.67	-1.84	74.44
3개월	0.46	-1.73	-4.38	78.38
6개월	-1.68	-3.90	-6.35	88.41
연초이후	5.84	-4.88	-11.87	88.27
1년	4.94	-14.18	-22.62	97.42
3년	4.96	-15.51	-25.79	95.74

보수 (%, 年)

TER	0.150
운용	0.105
판매	0.010
수탁	0.010
일반사무	0.025

투자 전략

이 투자신탁은 국내 주식을 주된 투자대상자산으로 하며, 한국거래소가 발표하는"코스피 배당성장 50 지수"를 기초지수로 하여 1좌당 순자산가치의 변동률을 기초지수의 변동률과 유사하도록 투자신탁재산을 운용함을 목적으로 합니다.

KODEX 배당성장 (A211900)

● 벤치마크 : **KOSPI TR**
● 테마분류 : —

● 위험등급 : **2등급**
● 평가등급(3년) : —

펀드 현황

운용사(매니저)	삼성자산운용
판매사	—
설정일(존속기간)	2014.12.16 (2년9개월)
설정액	378.45억원
순자산	378.45억원

시장 정보 (2017년 09월 22일 기준)

52주최고(원)	13,645	수익률(12M, %)	5.05
52주최저(원)	11,960	수익률(YTD, %)	5.91
거래량(20일, 주)	17,078	변동성(120일)	0.01
거래대금(20일, 원)	226,201,740	구성종목수(개)	51
베타(1D/1Y)	0.697690	Spread(원)	24.73

누적 수익률

설정액(좌,억원) — Fund(우,%) — BM(우,%)

기간별 수익률 (%)

구분	수익률	BM초과	유형초과	%순위
1주	-0.98	-0.74	-0.70	91.48
1개월	0.54	-0.68	-1.84	74.89
3개월	0.46	-1.72	-4.37	77.93
6개월	-1.62	-3.84	-6.29	87.92
연초이후	5.91	-4.80	-11.80	87.24
1년	5.05	-14.07	-22.51	96.91
3년	5.09	-15.38	-25.66	95.21

보수 (%, 年)

TER	0.150
운용	0.120
판매	0.010
수탁	0.010
일반사무	0.010

투자 전략

이 투자신탁은 코스피 배당성장50 지수(이하 "기초지수"라 한다)를 기초지수로 하여 1좌당 순자산가치의 변동률을 기초지수의 변동률과 유사하도록 투자신탁재산을 운용함을 그 운용목적으로 합니다.

KODEX 삼성그룹밸류 (A213610)

- 벤치마크 : **KOSPI TR**
- 테마분류 : —
- 위험등급 : **2등급**
- 평가등급(3년) : —

펀드 현황	
운용사(매니저)	삼성자산운용
판매사	—
설정일(존속기간)	2015.01.07 (2년8개월)
설정액	336.38억원
순자산	336.38억원

시장 정보 (2017년 09월 22일 기준)			
52주최고(원)	7,375	수익률(12M, %)	29.04
52주최저(원)	5,410	수익률(YTD, %)	14.47
거래량(20일, 주)	2,515	변동성(120일)	0.01
거래대금(20일, 원)	17,397,316	구성종목수(개)	17
베타(1D/1Y)	1.079340	Spread(원)	-32.35

누적 수익률

설정액(좌,억원) — Fund(우,%) — BM(우,%)

기간별 수익률 (%)				
구분	수익률	BM초과	유형초과	%순위
1주	-0.73	-0.49	-0.16	43.40
1개월	2.01	0.80	0.70	22.64
3개월	4.80	2.61	2.23	30.19
6개월	4.50	2.28	3.61	45.28
연초이후	14.47	3.76	1.12	36.17
1년	29.04	9.92	11.68	19.15
3년	28.16	7.69	17.82	29.55

보수 (%, 년)	
TER	0.150
운용	0.105
판매	0.010
수탁	0.010
일반사무	0.025

투자 전략

이 투자신탁은 삼성그룹밸류지수(WISEfn사가 제공하는 WISE삼성그룹밸류인덱스를 말하며, 이하 "기초지수"라 한다)를 기초지수로 하여 1좌당 순자산가치의 변동률을 기초지수의 변동률과 유사하도록 투자신탁재산을 운용함을 그 운용목적으로 합니다.

ARIRANG 미국다우존스고배당주(합성 H) (A213630)

- 벤치마크 : **World - MSCI - NORTH AMERICA (KRW Unhedged)**
- 테마분류 : —
- 위험등급 : **2등급**
- 평가등급(3년) : —

펀드 현황	
운용사(매니저)	한화자산운용
판매사	—
설정일(존속기간)	2015.01.23 (2년8개월)
설정액	65.00억원
순자산	65.00억원

시장 정보 (2017년 09월 22일 기준)			
52주최고(원)	12,135	수익률(12M, %)	6.22
52주최저(원)	10,410	수익률(YTD, %)	2.85
거래량(20일, 주)	267	변동성(120일)	0.01
거래대금(20일, 원)	3,184,675	구성종목수(개)	3
베타(1D/1Y)	0.341110	Spread(원)	49.78

누적 수익률

설정액(좌,억원) — Fund(우,%) — BM(우,%)

기간별 수익률 (%)				
구분	수익률	BM초과	유형초과	%순위
1주	—	0.38	-0.20	90.91
1개월	0.57	0.18	0.20	22.38
3개월	3.22	1.18	-0.69	62.24
6개월	0.43	-1.96	-3.41	87.86
연초이후	2.85	-4.45	-4.41	88.81
1년	6.22	1.79	-6.47	82.20
3년	11.94	-4.46	-4.62	83.64

보수 (%, 년)	
TER	0.400
운용	0.300
판매	0.045
수탁	0.025
일반사무	0.030

투자 전략

이 투자신탁은 장외파생상품을 법시행령 제94조 제2항 제4호에서 규정하는 주된 투자대상자산으로 하며, 수익증권 1좌당 순자산가치의 변동률을 S&P Dow Jones Indices가 산출해 발표하는 Dow Jones USSelect Dividend Index의 변동률과 유사하도록 운용함을 목적으로 합니다.

KODEX 단기채권PLUS (A214980)

- 벤치마크 : **종합 만기종합**
- 테마분류 : 一
- 위험등급 : **5등급**
- 평가등급(3년) : 一

펀드 현황

운용사(매니저)	삼성자산운용
판매사	一
설정일(존속기간)	2015.03.02 (2년6개월)
설정액	8,442.00억원
순자산	8,442.00억원

시장 정보 (2017년 09월 22일 기준)

52주최고(원)	101,380	수익률(12M, %)	1.03
52주최저(원)	100,025	수익률(YTD, %)	0.68
거래량(20일, 주)	4,598	변동성(120일)	0.00
거래대금(20일, 원)	464,501,072	구성종목수(개)	62
베타(1D/1Y)	0.001050	Spread(원)	5.31

누적 수익률

(억원) / (%) chart — 설정액(좌,억원), Fund(우,%), BM(우,%)

기간별 수익률 (%)

구분	수익률	BM초과	유형초과	%순위
1주	一	0.03	0.02	5.50
1개월	0.02	0.14	0.07	12.50
3개월	0.11	-0.22	-0.08	87.50
6개월	0.31	0.22	0.06	25.41
연초이후	0.68	-0.07	-0.05	44.12
1년	1.03	一	-0.05	44.58
3년	1.30	1.90	0.90	14.20

보수 (%, 年)

TER	0.150
운용	0.120
판매	0.010
수탁	0.010
일반사무	0.010

투자 전략

이 투자신탁은 한국자산평가社가 산출하는 KRW Cash PLUS Index(총수익)(이하 "기초지수"라 한다)를 기초지수로 하여 1 좌당 순자산가치의 변동률을 추적대상지수의 변동률과 유사하도록 투자신탁재산을 운용함을 그 운용목적으로 합니다.

흥국 S&P코리아로우볼 (A215620)

- 벤치마크 : **KOSPI TR**
- 테마분류 : 一
- 위험등급 : **2등급**
- 평가등급(3년) : 一

펀드 현황

운용사(매니저)	흥국자산운용
판매사	一
설정일(존속기간)	2015.03.24 (2년6개월)
설정액	247.59억원
순자산	247.59억원

시장 정보 (2017년 09월 22일 기준)

52주최고(원)	12,650	수익률(12M, %)	7.09
52주최저(원)	10,725	수익률(YTD, %)	4.87
거래량(20일, 주)	3,483	변동성(120일)	0.01
거래대금(20일, 원)	40,498,823	구성종목수(개)	50
베타(1D/1Y)	0.439750	Spread(원)	-22.60

누적 수익률

(억원) / (%) chart — 설정액(좌,억원), Fund(우,%), BM(우,%)

기간별 수익률 (%)

구분	수익률	BM초과	유형초과	%순위
1주	-0.59	-0.35	-0.31	66.82
1개월	-0.21	-1.43	-2.59	81.17
3개월	-4.11	-6.30	-8.94	96.40
6개월	-4.36	-6.58	-9.03	94.69
연초이후	4.87	-5.85	-12.84	94.39
1년	7.09	-12.03	-20.47	94.33
3년	8.88	-11.59	-21.87	87.23

보수 (%, 年)

TER	0.400
운용	0.300
판매	0.050
수탁	0.020
일반사무	0.030

투자 전략

이 투자신탁은 국내 주식을 법 시행령 제94조제2항제4호에서 규정하는 주된 투자대상자산으로 하며, "S&P Korea Low-Vol 지수"를 기초지수로 하여 1좌당 순자산가치의 변동률을 기초지수의 변동률과 유사하도록 투자신탁재산을 운용함을 목적으로 합니다.

TIGER 원유선물인버스(H) (A217770)

● 벤치마크 : **S&P GSCI Crude Oil Index ER**
● 테마분류 : —
● 위험등급 : **1등급**
● 평가등급(3년) : —

펀드 현황

운용사(매니저)	미래에셋자산운용
판매사	—
설정일(존속기간)	2015.04.28 (2년4개월)
설정액	65.00억원
순자산	65.00억원

시장 정보 (2017년 09월 22일 기준)

52주최고(원)	15,555	수익률(12M, %)	8.40
52주최저(원)	11,770	수익률(YTD, %)	-3.83
거래량(20일, 주)	12,894	변동성(120일)	0.02
거래대금(20일, 원)	172,741,191	구성종목수(개)	5
베타(1D/1Y)	-0.174080	Spread(원)	-10.11

누적 수익률

기간별 수익률 (%)

구분	수익률	BM초과	유형초과	%순위
1주	-1.54	—	-1.44	100.00
1개월	-1.90	—	0.39	55.56
3개월	-3.83	—	0.28	72.22
6개월	-14.57	—	-10.05	100.00
연초이후	-3.83	—	9.87	11.54
1년	8.40	—	30.57	5.77
3년	-10.87	—	14.01	9.30

보수 (%, 年)

TER	0.700
운용	0.530
판매	0.100
수탁	0.030
일반사무	0.040

투자 전략

이 투자신탁은 WTI원유(WTI Crude Oil)를 기초자산으로 하여 파생상품시장에서 거래되는 장내파생상품을 법시행령 제94조제2항제4호에서 규정하는 주된 투자대상자산으로 하며, 원유선물지수인 "S&P GSCI® CrudeOil Index Excess Return"를 기초지수로 하여 1좌당 순자산가치의 일간 변동률을 기초지수의 일간 변동률의 음(陰)의 1배수로 연동하여 투자신탁재산을 운용함을 목적으로 합니다.

TIGER 차이나CSI300인버스(합성) (A217780)

● 벤치마크 : **CSI 300**
● 테마분류 : —
● 위험등급 : **1등급**
● 평가등급(3년) : —

펀드 현황

운용사(매니저)	미래에셋자산운용
판매사	—
설정일(존속기간)	2015.06.08 (2년3개월)
설정액	400.00억원
순자산	400.00억원

시장 정보 (2017년 09월 22일 기준)

52주최고(원)	15,680	수익률(12M, %)	-14.31
52주최저(원)	12,310	수익률(YTD, %)	-15.38
거래량(20일, 주)	6,617	변동성(120일)	0.01
거래대금(20일, 원)	82,469,761	구성종목수(개)	6
베타(1D/1Y)	-0.014590	Spread(원)	132.69

누적 수익률

기간별 수익률 (%)

구분	수익률	BM초과	유형초과	%순위
1주	0.19	—	0.28	5.56
1개월	0.55	—	2.84	1.85
3개월	-3.10	—	1.01	37.04
6개월	-9.18	—	-4.66	96.15
연초이후	-15.38	—	-1.69	75.00
1년	-14.31	—	7.86	17.31
3년	-18.21	—	6.68	18.60

보수 (%, 年)

TER	0.590
운용	0.450
판매	0.070
수탁	0.030
일반사무	0.040

투자 전략

이 투자신탁은 CSI(China Securities Index Co., Ltd.)가 발표하는 "CSI 300 지수"를 기초지수로 하여 기초지수의일간수익률의 음(陰)의 1배수 수익률과 연동하는 것을 목적으로 하는 상장지수투자신탁으로서, 채권 및 채권관련 집합투자증권을 주된 투자대상으로 하여 투자신탁의 일간수익률이 기초지수 일간수익률의 음(陰)의 1배수 수익률과 연동하도록 운용합니다.

TIGER 가격조정 (A217790)

- 벤치마크 : **Contrarian**
- 테마분류 : —
- 위험등급 : **2등급**
- 평가등급(3년) : —

펀드 현황

운용사(매니저)	미래에셋자산운용
판매사	—
설정일(존속기간)	2015.04.28 (2년4개월)
설정액	147.31억원
순자산	147.31억원

시장 정보 (2017년 09월 22일 기준)

52주최고(원)	26,055	수익률(12M, %)	20.82
52주최저(원)	21,130	수익률(YTD, %)	-2.78
거래량(20일, 주)	2,842	변동성(120일)	0.01
거래대금(20일, 원)	71,541,342	구성종목수(개)	31
베타(1D/1Y)	0.755450	Spread(원)	43.01

누적 수익률

기간별 수익률 (%)

구분	수익률	BM초과	유형초과	%순위
1주	2.21	0.99	0.00	28.57
1개월	-1.10	0.76	0.03	25.00
3개월	-0.48	0.34	0.11	15.20
6개월	11.68	1.63	0.26	15.93
연초이후	-2.78	0.47	0.21	8.73
1년	20.82	1.74	0.19	24.27
3년	32.74	4.64	-0.32	35.82

보수 (%, 年)

TER	0.290
운용	0.200
판매	0.030
수탁	0.030
일반사무	0.030

투자 전략

이 투자신탁은 국내 주식을 법 시행령 제94조제2항제4호에서 규정하는 주된 투자대상자산으로 하며, 에프앤가이드(FnGuide)가 발표하는 "에프가이드 컨트레리안 지수(FnGuide Contrarian Index)"를 기초지수로 하여 1좌당 순자산가치의 변동률을 기초지수 의 변동률과 유사하도록 투자신탁재산을 운용함을 목적으로 합니다.

KODEX 미국S&P에너지(합성) (A218420)

- 벤치마크 : **World - MSCI - NORTH AMERICA (KRW Unhedged)**
- 테마분류 : —
- 위험등급 : **2등급**
- 평가등급(3년) : —

펀드 현황

운용사(매니저)	삼성자산운용
판매사	—
설정일(존속기간)	2015.04.27 (2년4개월)
설정액	119.60억원
순자산	119.60억원

시장 정보 (2017년 09월 22일 기준)

52주최고(원)	10,440	수익률(12M, %)	-16.71
52주최저(원)	7,975	수익률(YTD, %)	-2.63
거래량(20일, 주)	7,773	변동성(120일)	0.01
거래대금(20일, 원)	64,808,138	구성종목수(개)	4
베타(1D/1Y)	-0.039050	Spread(원)	-24.23

누적 수익률

기간별 수익률 (%)

구분	수익률	BM초과	유형초과	%순위
1주	1.11	1.49	0.91	2.10
1개월	2.24	1.85	1.87	1.40
3개월	7.68	5.65	3.77	7.69
6개월	2.24	-0.15	-1.59	71.43
연초이후	-2.63	-9.93	-9.89	99.25
1년	-16.71	-21.13	-29.39	99.15
3년	1.39	-15.01	-15.17	99.09

보수 (%, 年)

TER	0.250
운용	0.190
판매	0.020
수탁	0.020
일반사무	0.020

투자 전략

이 투자신탁은 S&P Select Sector Energy Index(KRW 기준, 환헷지 안함, 이하 "기초지수"라 한다)를 기초지수로 하여 1좌당 순자산가치의 변동률을 기초지수 변 동률과 연동하여 투자신탁재산을 운용함을 그 운용목적으로 합니다.

KBSTAR 미국S&P원유생산기업(합성 H) (A219390)

- 벤치마크 : **World - MSCI - NORTH AMERICA (KRW Unhedged)**
- 테마분류 : —
- 위험등급 : **1등급**
- 평가등급(3년) : —

펀드 현황

운용사(매니저)	KB자산운용
판매사	—
설정일(존속기간)	2015.06.01 (2년3개월)
설정액	140.00억원
순자산	140.00억원

시장 정보 (2017년 09월 22일 기준)

52주최고(원)	8,755	수익률(12M, %)	-21.30
52주최저(원)	5,710	수익률(YTD, %)	-9.81
거래량(20일, 주)	6,293	변동성(120일)	0.01
거래대금(20일, 원)	38,437,874	구성종목수(개)	4
베타(1D/1Y)	0.581580	Spread(원)	-43.09

누적 수익률

기간별 수익률 (%)

구분	수익률	BM초과	유형초과	%순위
1주	2.14	2.52	1.94	—
1개월	3.97	3.58	3.59	—
3개월	11.85	9.81	7.94	0.70
6개월	5.38	2.99	1.55	7.14
연초이후	-9.81	-17.11	-17.07	100.00
1년	-21.30	-25.72	-33.98	100.00
3년	-6.60	-23.00	-23.16	100.00

보수 (%, 年)

TER	0.250
운용	0.160
판매	0.045
수탁	0.020
일반사무	0.025

투자 전략

이 투자신탁은 장외파생상품을 법에서 정하는 주된 투자대상으로 하며, 스탠다드 앤 푸어스사가 산출·발표하는 "S&P Oil & Gas Exploration & Production Select Industry Index"를 기초지수로 하여 1좌당 순자산가치의 변동률을 기초지수의 변동률과 유사하도록 투자신탁재산을 운용하는 것을 목적으로 하는 투자신탁입니다.

KODEX 미국S&P500선물(H) (A219480)

- 벤치마크 : **World - MSCI - NORTH AMERICA (KRW Unhedged)**
- 테마분류 : —
- 위험등급 : **2등급**
- 평가등급(3년) : —

펀드 현황

운용사(매니저)	삼성자산운용
판매사	—
설정일(존속기간)	2015.05.27 (2년3개월)
설정액	140.00억원
순자산	140.00억원

시장 정보 (2017년 09월 22일 기준)

52주최고(원)	12,035	수익률(12M, %)	11.91
52주최저(원)	9,795	수익률(YTD, %)	5.90
거래량(20일, 주)	4,520	변동성(120일)	0.00
거래대금(20일, 원)	54,144,783	구성종목수(개)	6
베타(1D/1Y)	0.601540	Spread(원)	-13.85

누적 수익률

기간별 수익률 (%)

구분	수익률	BM초과	유형초과	%순위
1주	0.03	0.41	-0.17	77.62
1개월	0.43	0.05	0.06	27.27
3개월	3.34	1.31	-0.57	43.36
6개월	2.89	0.50	-0.94	54.29
연초이후	5.90	-1.40	-1.36	60.45
1년	11.91	7.49	-0.77	51.69
3년	18.16	1.76	1.59	30.91

보수 (%, 年)

TER	0.250
운용	0.190
판매	0.020
수탁	0.020
일반사무	0.020

투자 전략

이 투자신탁은 CME(Chicago Mercantile Exchange, 시카고상업거래소)에서 거래되는 주가지수선물 중에서 S&P500지수 E-Mini 선물(S&P500 E-Mini Futures, 이하 'S&P500 E-Mini선물') 가격을 기초로 하는 S&P500 Futures Total Return Index를 기초지수로 하여 1좌당 순자산가치의 변동률을 기초지수의 변동률과 유사하도록 투자신탁재산을 운용합니다.

KINDEX 중국본토CSI300레버리지(합성) (A219900)

- 벤치마크 : **World - MSCI - EMF ASIA (KRW Unhedged)**
- 테마분류 : —
- 위험등급 : **1등급**
- 평가등급(3년) : —

펀드 현황

운용사(매니저)	한국투신운용
판매사	—
설정일(존속기간)	2015.05.20 (2년4개월)
설정액	700.00억원
순자산	700.00억원

시장 정보 (2017년 09월 22일 기준)

52주최고(원)	4,015	수익률(12M, %)	28.92
52주최저(원)	2,645	수익률(YTD, %)	34.51
거래량(20일, 주)	190,594	변동성(120일)	0.01
거래대금(20일, 원)	729,510,033	구성종목수(개)	5
베타(1D/1Y)	-0.060240	Spread(원)	-80.87

누적 수익률

기간별 수익률 (%)

구분	수익률	BM초과	유형초과	%순위
1주	-0.35	-0.03	-0.23	74.13
1개월	-1.06	-2.38	-1.54	93.93
3개월	6.18	2.66	1.59	12.82
6개월	19.27	11.06	8.05	2.34
연초이후	34.51	17.91	16.03	1.02
1년	28.92	4.62	0.62	38:85
3년	39.17	14.23	16.41	2.83

보수 (%, 年)

TER	0.500
운용	0.360
판매	0.070
수탁	0.030
일반사무	0.040

투자 전략

이 투자신탁은 CSI300(China Securities Index 300) 원화환산지수의 일간수익률의 양(+)의 2배수에 연동하여 운용하는 것을 목표로 이 투자신탁 수익증권 1좌당 순자산가치의 변동률을 지수의 일간변동률의 양(+)의 2배수와 유사하도록 투자신탁재산을 운용함을 그 목적으로 합니다.

SMART 중국본토 중소형 CSI500(합성 H) (A220130)

- 벤치마크 : **World - MSCI - EMF ASIA (KRW Unhedged)**
- 테마분류 : —
- 위험등급 : **2등급**
- 평가등급(3년) : —

펀드 현황

운용사(매니저)	신한BNP파리바자산운용
판매사	—
설정일(존속기간)	2015.06.05 (2년3개월)
설정액	100.00억원
순자산	100.00억원

시장 정보 (2017년 09월 22일 기준)

52주최고(원)	5,465	수익률(12M, %)	11.75
52주최저(원)	4,470	수익률(YTD, %)	6.46
거래량(20일, 주)	6,233	변동성(120일)	0.01
거래대금(20일, 원)	33,353,786	구성종목수(개)	3
베타(1D/1Y)	0.267230	Spread(원)	13.61

누적 수익률

기간별 수익률 (%)

구분	수익률	BM초과	유형초과	%순위
1주	-1.31	-0.99	-1.20	100.00
1개월	-1.61	-2.93	-2.09	95.52
3개월	4.47	0.95	-0.13	36.73
6개월	12.61	4.40	1.40	28.48
연초이후	6.46	-10.14	-12.02	98.52
1년	11.75	-12.55	-16.55	89.55
3년	5.18	-19.76	-17.58	98.16

보수 (%, 年)

TER	0.600
운용	0.500
판매	0.045
수탁	0.025
일반사무	0.030

투자 전략

이 투자신탁은 중국 본토 중소형 주식을 기초자산으로 하여 파생상품시장에서 거래되는 장외파생상품을법 시행령 제94조제2항제4호에서 규정하는 주된 투자대상자산으로 하며, CSI 500 Index(BloombergTicker: SH000905 Index)의 USD 환산 지수 수익률 추종을 목적으로 한다.

ARIRANG S&P한국배당성장 (A222170)

- 벤치마크 : **KOSPI TR**
- 테마분류 : —
- 위험등급 : **2등급**
- 평가등급(3년) : —

펀드 현황

운용사(매니저)	한화자산운용
판매사	—
설정일(존속기간)	2015.06.26 (2년2개월)
설정액	51.25억원
순자산	51.25억원

시장 정보 (2017년 09월 22일 기준)

52주최고(원)	11,535	수익률(12M, %)	10.28
52주최저(원)	9,440	수익률(YTD, %)	6.76
거래량(20일, 주)	1,394	변동성(120일)	0.01
거래대금(20일, 원)	15,295,131	구성종목수(개)	51
베타(1D/1Y)	0.797520	Spread(원)	7.85

누적 수익률

범례: 설정액(좌,억원), Fund(우,%), BM(우,%)

기간별 수익률 (%)

구분	수익률	BM초과	유형초과	%순위
1주	-0.61	-0.37	-0.33	68.61
1개월	-0.56	-1.78	-2.94	87.00
3개월	-2.37	-4.56	-7.20	91.89
6개월	0.28	-1.94	-4.39	79.71
연초이후	6.76	-3.95	-10.95	84.69
1년	10.28	-8.85	-17.29	87.11
3년	14.11	-6.36	-16.65	74.47

보수 (%, 년)

TER	0.350
운용	0.270
판매	0.040
수탁	0.010
일반사무	0.030

투자 전략

이 투자신탁은 국내 주식을 법시행령 제94조 제2항 제4호에서 규정하는 주된 투자대상자산으로 하며, 수익증권 1좌당 순자산가치의 변동률을 S&P DOW JONES INDICES가 산출 하여 공표하는 추적대상지수인 S&P Korea Dividend Opportunity 지수 의 변동률과 유사하도록 운용함을 목적으로 합니다.

ARIRANG 스마트베타 Value (A222180)

- 벤치마크 : **KOSPI TR**
- 테마분류 : —
- 위험등급 : **2등급**
- 평가등급(3년) : —

펀드 현황

운용사(매니저)	한화자산운용
판매사	—
설정일(존속기간)	2015.06.26 (2년2개월)
설정액	121.70억원
순자산	121.70억원

시장 정보 (2017년 09월 22일 기준)

52주최고(원)	11,850	수익률(12M, %)	11.09
52주최저(원)	9,515	수익률(YTD, %)	7.36
거래량(20일, 주)	9,090	변동성(120일)	0.01
거래대금(20일, 원)	101,297,623	구성종목수(개)	51
베타(1D/1Y)	0.851830	Spread(원)	1.90

누적 수익률

범례: 설정액(좌,억원), Fund(우,%), BM(우,%)

기간별 수익률 (%)

구분	수익률	BM초과	유형초과	%순위
1주	-0.40	-0.17	-0.12	60.99
1개월	-0.84	-2.06	-3.22	93.72
3개월	-2.27	-4.45	-7.10	87.84
6개월	-1.33	-3.56	-6.00	86.96
연초이후	7.36	-3.35	-10.35	81.63
1년	11.09	-8.04	-16.48	85.05
3년	18.34	-2.13	-12.41	70.74

보수 (%, 년)

TER	0.350
운용	0.270
판매	0.040
수탁	0.010
일반사무	0.030

투자 전략

이 투자신탁은 주식회사 와이즈에프앤(WISEfn)이 산출하여 공표하는 추적대상지수인 WISE 스마트베타 Value 지수의 성과를 가장 효율적으로 추종할 수 있도록 추적대상지수를 구성하 고 있는 종목 대부분 을 편입하는 것을 원칙으로 합니다.

ARIRANG 스마트베타 Momentum (A222190)

● 벤치마크 : **KOSPI TR**　　　　　　　　　　　● 위험등급 : **2등급**
● 테마분류 : ―　　　　　　　　　　　　　　　　● 평가등급(3년) : ―

펀드 현황

운용사(매니저)	한화자산운용
판매사	―
설정일(존속기간)	2015.06.26 (2년2개월)
설정액	56.48억원
순자산	56.48억원

시장 정보 (2017년 09월 22일 기준)

52주최고(원)	9,885	수익률(12M, %)	10.63
52주최저(원)	8,355	수익률(YTD, %)	9.46
거래량(20일, 주)	403	변동성(120일)	0.01
거래대금(20일, 원)	3,784,702	구성종목수(개)	51
베타(1D/1Y)	0.781550	Spread(원)	9.57

누적 수익률

기간별 수익률 (%)

구분	수익률	BM초과	유형초과	%순위
1주	-0.54	-0.30	-0.26	64.57
1개월	-0.35	-1.56	-2.72	84.30
3개월	-1.65	-3.84	-6.48	84.23
6개월	-0.23	-2.45	-4.90	84.54
연초이후	9.46	-1.25	-8.25	71.94
1년	10.63	-8.49	-16.93	86.08
3년	4.82	-15.65	-25.93	96.28

보수 (%, 年)

TER	0.350
운용	0.270
판매	0.040
수탁	0.010
일반사무	0.030

투자 전략

이 투자신탁은 국내 주식을 법시행령 제94조 제2항 제4호에서 규정하는 주된 투자대상자산으로 하며, 수익증권 1좌당 순자산가치의 변동률을 주식회사 와이즈에프앤(WISEfn)이 산출하여 공표하는 추적대상지수인 WISE스마트베타Momentum 지수의 변동률과 유사하도록 운용함을 목적으로 합니다.

ARIRANG 스마트베타 Quality (A222200)

● 벤치마크 : **KOSPI TR**　　　　　　　　　　　● 위험등급 : **2등급**
● 테마분류 : ―　　　　　　　　　　　　　　　　● 평가등급(3년) : ―

펀드 현황

운용사(매니저)	한화자산운용
판매사	―
설정일(존속기간)	2015.06.26 (2년2개월)
설정액	55.80억원
순자산	55.80억원

시장 정보 (2017년 09월 22일 기준)

52주최고(원)	10,010	수익률(12M, %)	7.12
52주최저(원)	8,585	수익률(YTD, %)	3.88
거래량(20일, 주)	112	변동성(120일)	0.01
거래대금(20일, 원)	1,079,652	구성종목수(개)	50
베타(1D/1Y)	0.715120	Spread(원)	3.66

누적 수익률

기간별 수익률 (%)

구분	수익률	BM초과	유형초과	%순위
1주	-0.86	-0.62	-0.29	56.60
1개월	-2.31	-3.52	-3.61	84.91
3개월	-1.77	-3.96	-4.34	49.06
6개월	-2.69	-4.91	-3.58	56.60
연초이후	3.88	-6.83	-9.47	63.83
1년	7.12	-12.00	-10.23	68.09
3년	6.13	-14.34	-4.21	59.09

보수 (%, 年)

TER	0.350
운용	0.270
판매	0.040
수탁	0.010
일반사무	0.030

투자 전략

이 투자신탁은 주식회사 와이즈에프앤(WISEfn)이 산출하여 공표하는 추적대상지수인 WISE 스마트베타Quality 지수의 성과를 가장 효율적으로 추종할 수 있도록 추적대상지수를 구성하고 있는 종목 대부분을 편입하는 것을 원칙으로 합니다.

KODEX 200가치저변동 (A223190)

● 벤치마크 : **KOSPI TR**
● 테마분류 : —

● 위험등급 : **2등급**
● 평가등급(3년) : —

펀드 현황

운용사(매니저)	삼성자산운용
판매사	—
설정일(존속기간)	2015.06.25 (2년3개월)
설정액	878.97억원
순자산	878.97억원

시장 정보 (2017년 09월 22일 기준)

52주최고(원)	9,395	수익률(12M, %)	22.90
52주최저(원)	7,060	수익률(YTD, %)	12.38
거래량(20일, 주)	82,013	변동성(120일)	0.01
거래대금(20일, 원)	736,879,745	구성종목수(개)	195
베타(1D/1Y)	0.997920	Spread(원)	1.85

누적 수익률

기간별 수익률 (%)

구분	수익률	BM초과	유형초과	%순위
1주	0.09	0.33	0.37	10.31
1개월	1.97	0.75	-0.41	48.43
3개월	2.79	0.61	-2.04	61.71
6개월	4.01	1.79	-0.66	54.11
연초이후	12.38	1.66	-5.34	61.22
1년	22.90	3.78	-4.66	51.55
3년	29.75	9.28	-1.00	40.43

보수 (%, 年)

TER	0.300
운용	0.250
판매	0.010
수탁	0.020
일반사무	0.020

투자 전략

이 투자신탁은 기본적으로 지수 구성종목들의 비중을 단순시가총액이 아닌 내재가치를 기초로 산출하는 S&P의GIVI(Global Intrinsic Value Index) 방법론을 적용한 코스피 200 내재가치지수(이하 기초지수라 합니다)를 완전복제하는 방식으로 포트폴리오를 구성할 예정입니다.

TIGER 미국S&P500선물인버스(H) (A225030)

● 벤치마크 : **S&P 500 Futures Total Return Index**
● 테마분류 : —

● 위험등급 : **1등급**
● 평가등급(3년) : —

펀드 현황

운용사(매니저)	미래에셋자산운용
판매사	—
설정일(존속기간)	2015.07.27 (2년1개월)
설정액	120.00억원
순자산	120.00억원

시장 정보 (2017년 09월 22일 기준)

52주최고(원)	9,630	수익률(12M, %)	-11.12
52주최저(원)	7,840	수익률(YTD, %)	-5.82
거래량(20일, 주)	8,008	변동성(120일)	0.00
거래대금(20일, 원)	63,524,929	구성종목수(개)	5
베타(1D/1Y)	-0.618460	Spread(원)	29.48

누적 수익률

기간별 수익률 (%)

구분	수익률	BM초과	유형초과	%순위
1주	-0.01	—	0.08	11.11
1개월	-0.41	—	1.88	14.81
3개월	-3.26	—	0.85	61.11
6개월	-2.92	—	1.60	11.54
연초이후	-5.82	—	7.87	13.46
1년	-11.12	—	11.05	13.46
3년	-15.90	—	8.98	16.28

보수 (%, 年)

TER	0.590
운용	0.450
판매	0.070
수탁	0.030
일반사무	0.040

투자 전략

이 투자신탁은 주식관련 파생상품을 법 시행령 제94조제2항제4호에서 규정하는 주된 투자대상자산으로 하며, 미국 주식관련 장내파생상품으로 구성된 "S&P 500 Futures Total Return 지수"를 기초지수로 하여 1좌당 순자산가치의 일간변동률을 기초지수 일간변동률의 음의 1배수로 연동하여 투자신탁재산을 운용함을 목적으로 합니다.

TIGER 미국S&P500레버리지(합성 H) (A225040)

- 벤치마크 : **MSCI ACWI(KRW unhedged) 50% + KIS채권종합 50%**
- 테마분류 : —
- 위험등급 : **1등급**
- 평가등급(3년) : —

펀드 현황

운용사(매니저)	미래에셋자산운용
판매사	—
설정일(존속기간)	2015.07.27 (2년1개월)
설정액	100.00억원
순자산	100.00억원

시장 정보 (2017년 09월 22일 기준)

52주최고(원)	13,670	수익률(12M, %)	22.06
52주최저(원)	9,485	수익률(YTD, %)	10.36
거래량(20일, 주)	5,347	변동성(120일)	0.01
거래대금(20일, 원)	72,114,788	구성종목수(개)	6
베타(1D/1Y)	1.185570	Spread(원)	-86.04

누적 수익률

기간별 수익률 (%)

구분	수익률	BM초과	유형초과	%순위
1주	0.11	0.36	0.13	3.57
1개월	0.75	0.54	0.56	11.31
3개월	6.68	5.53	4.01	2.99
6개월	5.24	3.36	2.09	16.67
연초이후	10.36	5.54	2.75	20.39
1년	22.06	17.68	10.75	7.04
3년	34.22	26.05	24.37	1.56

보수 (%, 年)

TER	0.590
운용	0.450
판매	0.070
수탁	0.030
일반사무	0.040

투자 전략

이 투자신탁은 주식관련 파생상품 및 집합투자증권을 법 시행령 제94조제2항제4호에서 규정하는 주된 투자대상자산으로 하며, 미국 주식으로 구성된 S&P 500 지수를 기초지수로 하여 1 좌당 순자산가치의 일간변동률을 기초지수 일간변동률의 양(陽)의 2배수로 연동하여 투자신탁재산을 운용함을 목적으로 합니다.

TIGER 유로스탁스레버리지(합성 H) (A225050)

- 벤치마크 : **MSCI ACWI(KRW unhedged) 50% + KIS채권종합 50%**
- 테마분류 : —
- 위험등급 : **1등급**
- 평가등급(3년) : —

펀드 현황

운용사(매니저)	미래에셋자산운용
판매사	—
설정일(존속기간)	2015.07.27 (2년1개월)
설정액	100.00억원
순자산	100.00억원

시장 정보 (2017년 09월 22일 기준)

52주최고(원)	9,765	수익률(12M, %)	15.01
52주최저(원)	6,215	수익률(YTD, %)	5.08
거래량(20일, 주)	14,723	변동성(120일)	0.01
거래대금(20일, 원)	129,096,832	구성종목수(개)	6
베타(1D/1Y)	1.402870	Spread(원)	-80.79

누적 수익률

기간별 수익률 (%)

구분	수익률	BM초과	유형초과	%순위
1주	-0.24	0.02	-0.22	94.64
1개월	0.14	-0.08	-0.06	60.12
3개월	4.48	3.32	1.80	18.56
6개월	-2.46	-4.34	-5.60	99.36
연초이후	5.08	0.26	-2.53	62.50
1년	15.01	10.62	3.69	21.83
3년	39.27	31.10	29.42	0.78

보수 (%, 年)

TER	0.590
운용	0.450
판매	0.070
수탁	0.030
일반사무	0.040

투자 전략

이 투자신탁은 주식관련 파생상품 및 집합투자증권을 법 시행령 제94조제2항제4호에서 규정하는 주된 투자대상자산으로 하며, 유로존 주식으로 구성된 EURO STOXX 50 지수를 기초지수로 하여 1좌당 순자산가치의 일간변동률을 기초지수 일간변동률의 양의 2배수로 연동하여 투자신탁재산을 운용함을 목적으로 합니다.

TIGER 이머징마켓MSCI레버리지(합성 H) (A225060)

● 벤치마크 : **MSCI ACWI(KRW unhedged) 50% + KIS채권종합 50%**
● 테마분류 : —
● 위험등급 : **1등급**
● 평가등급(3년) : —

펀드 현황

운용사(매니저)	미래에셋자산운용
판매사	—
설정일(존속기간)	2015.07.27 (2년1개월)
설정액	100.00억원
순자산	100.00억원

시장 정보 (2017년 09월 22일 기준)

52주최고(원)	13,800	수익률(12M, %)	66.51
52주최저(원)	8,030	수익률(YTD, %)	28.37
거래량(20일, 주)	4,582	변동성(120일)	0.01
거래대금(20일, 원)	61,416,896	구성종목수(개)	6
베타(1D/1Y)	1.337910	Spread(원)	-209.18

누적 수익률

기간별 수익률 (%)

구분	수익률	BM초과	유형초과	%순위
1주	-0.02	0.24	—	61.31
1개월	2.09	1.87	1.89	—
3개월	9.42	8.27	6.75	—
6개월	21.03	19.15	17.88	—
연초이후	28.37	23.56	20.76	—
1년	66.51	62.13	55.20	—
3년	47.16	39.00	37.32	—

보수 (%, 年)

TER	0.590
운용	0.450
판매	0.070
수탁	0.030
일반사무	0.040

투자 전략

이 투자신탁은 주식관련 파생상품 및 집합투자증권을 주된 투자대상자산으로 하며, 이머징마켓 주식으로 구성된 MSCI Emerging Markets 지수를 기초지수로 하여 1좌당 순자산가치의 일간변동률을 기초지수 일간변동률의 양(陽)의 2배수로 연동하여 투자신탁재산을 운용함을 목적으로 합니다.

KINDEX 골드선물 레버리지(합성 H) (A225130)

● 벤치마크 : **S&P WCI GOLD Excess Return Index**
● 테마분류 : —
● 위험등급 : **1등급**
● 평가등급(3년) : —

펀드 현황

운용사(매니저)	한국투신운용
판매사	—
설정일(존속기간)	2015.07.20 (2년2개월)
설정액	170.00억원
순자산	170.00억원

시장 정보 (2017년 09월 22일 기준)

52주최고(원)	13,965	수익률(12M, %)	26.63
52주최저(원)	9,900	수익률(YTD, %)	9.95
거래량(20일, 주)	69,709	변동성(120일)	0.01
거래대금(20일, 원)	894,590,335	구성종목수(개)	4
베타(1D/1Y)	-0.406000	Spread(원)	-4.74

누적 수익률

기간별 수익률 (%)

구분	수익률	BM초과	유형초과	%순위
1주	0.29	—	-0.46	82.05
1개월	-1.78	—	-1.99	98.72
3개월	2.32	—	0.49	38.96
6개월	9.33	—	3.57	14.47
연초이후	9.95	—	10.27	1.33
1년	26.63	—	29.71	—
3년	-6.61	—	-8.00	81.69

보수 (%, 年)

TER	0.490
운용	0.350
판매	0.070
수탁	0.030
일반사무	0.040

투자 전략

이 투자신탁은 장외파생상품을 법시행령 제94조 제2항 제4호에서 규정하는 주된 투자대상자산으로 하여 S&P 가 산출 · 발표하는 S&P WCI Gold Excess Return Index 의 일간 수익률의 양(+)의 2배수에 연동하여 운용하는 것을 목표 합니다.

KOSEF 미국달러선물 레버리지(합성) (A225800)

- 벤치마크 : **미국달러 선물지수**
- 테마분류 : —

- 위험등급 : **1등급**
- 평가등급(3년) : —

펀드 현황

운용사(매니저)	키움투자자산운용
판매사	—
설정일(존속기간)	2015.08.05 (2년1개월)
설정액	1,020.00억원
순자산	1,020.00억원

시장 정보 (2017년 09월 22일 기준)

52주최고(원)	10,045	수익률(12M, %)	-12.57
52주최저(원)	8,320	수익률(YTD, %)	2.25
거래량(20일, 주)	369,004	변동성(120일)	0.01
거래대금(20일, 원)	3,212,879,604	구성종목수(개)	5
베타(1D/1Y)	-0.692750	Spread(원)	1.10

누적 수익률

기간별 수익률 (%)

구분	수익률	BM초과	유형초과	%순위
1주	0.79		0.58	—
1개월	-0.06		-0.67	72.73
3개월	-1.18		-2.20	81.82
6개월	-1.86		-3.32	80.00
연초이후	2.25	—	-1.97	12.50
1년	-12.57		-12.24	55.56
3년	1.06		-1.83	50.00

보수 (%, 年)

TER	0.640
운용	0.475
판매	0.100
수탁	0.025
일반사무	0.040

투자 전략

이 투자신탁은 집합투자규약 제17조에서 정의된 채권 및 파생상품을 법 시행령 제94조제2항제4호에서 규정하는 주된 투자대상자산으로 하여 1좌당 순자산가치의 일간변동률을 기초지수인 "미국달러선물지수(F-USDKRW)"의 일간변동률의 양(陽)의 2배수로 연동하여 투자신탁재산을 운용함을 목적으로 합니다.

KINDEX 한류 (A226380)

- 벤치마크 : **FnGuide 한류스타 지수**
- 테마분류 : —

- 위험등급 : **2등급**
- 평가등급(3년) : —

펀드 현황

운용사(매니저)	한국투신운용
판매사	—
설정일(존속기간)	2015.08.11 (2년1개월)
설정액	75.97억원
순자산	75.97억원

시장 정보 (2017년 09월 22일 기준)

52주최고(원)	7,090	수익률(12M, %)	20.60
52주최저(원)	5,700	수익률(YTD, %)	-3.07
거래량(20일, 주)	82	변동성(120일)	0.01
거래대금(20일, 원)	529,008	구성종목수(개)	54
베타(1D/1Y)	0.698180	Spread(원)	27.32

누적 수익률

기간별 수익률 (%)

구분	수익률	BM초과	유형초과	%순위
1주	2.20	0.98	-0.00	30.83
1개월	-1.19	0.67	-0.06	48.48
3개월	-0.77	0.04	-0.18	40.80
6개월	11.33	1.28	-0.09	28.32
연초이후	-3.07	0.18	-0.09	34.13
1년	20.60	1.52	-0.03	30.10
3년	30.21	2.11	-2.85	73.13

보수 (%, 年)

TER	0.500
운용	0.340
판매	0.100
수탁	0.030
일반사무	0.030

투자 전략

이 투자신탁은 국내 주식을 법시행령 제94조 제2항 제4호에서 규정하는 주된 투자대상자산으로 하며 에프앤가이드(FnGuide)가 산출·발표하는 "에프앤가이드 한류스타 지수(FnGuide K-culture Star Index)"를 기초지수로 하여 이 투자신탁 수익증권 1좌당 순자산가치의 변동률을 기초지수의 변동률과 유사하도록 투자신탁재산을 운용함을 목적으로 합니다.

KODEX 코스피 （A226490）

- 벤치마크 : **KOSPI TR**
- 테마분류 : —
- 위험등급 : **2등급**
- 평가등급(3년) : —

펀드 현황

운용사(매니저)	삼성자산운용
판매사	—
설정일(존속기간)	2015.08.21 (2년1개월)
설정액	975.76억원
순자산	975.76억원

시장 정보 (2017년 09월 22일 기준)

52주최고(원)	24,535	수익률(12M, %)	19.10
52주최저(원)	19,525	수익률(YTD, %)	10.86
거래량(20일, 주)	306,335	변동성(120일)	0.01
거래대금(20일, 원)	7,249,953,591	구성종목수(개)	730
베타(1D/1Y)	0.878050	Spread(원)	-85.16

누적 수익률

기간별 수익률 (%)

구분	수익률	BM초과	유형초과	%순위
1주	-0.23	—	0.04	57.40
1개월	1.22		-1.16	65.47
3개월	2.17	-0.01	-2.66	64.86
6개월	2.10	-0.12	-2.57	67.63
연초이후	10.86	0.14	-6.85	67.35
1년	19.10	-0.02	-8.46	65.46
3년	20.50	0.03	-10.25	66.49

보수 (%, 年)

TER	0.300
운용	0.250
판매	0.010
수탁	0.020
일반사무	0.020

투자 전략

이 투자신탁은 코스피 지수를 기초지수로 하여 1좌당 순자산가치의 변동률을 기초지수의 변동률과 유사하도록 투자신탁재산을 운용함을 그 운용목적으로 합니다.

파워 단기채 （A226810）

- 벤치마크 : **종합 만기종합**
- 테마분류 : —
- 위험등급 : **5등급**
- 평가등급(3년) : —

펀드 현황

운용사(매니저)	교보악사자산운용
판매사	—
설정일(존속기간)	2015.08.24 (2년1개월)
설정액	1,053.00억원
순자산	1,053.00억원

시장 정보 (2017년 09월 22일 기준)

52주최고(원)	103,030	수익률(12M, %)	1.06
52주최저(원)	98,860	수익률(YTD, %)	0.70
거래량(20일, 주)	842	변동성(120일)	0.00
거래대금(20일, 원)	86,728,904	구성종목수(개)	13
베타(1D/1Y)	0.143720	Spread(원)	-7.95

누적 수익률

기간별 수익률 (%)

구분	수익률	BM초과	유형초과	%순위
1주	—	0.03	0.01	8.50
1개월	0.02	0.13	0.07	14.00
3개월	0.12	-0.21	-0.08	86.50
6개월	0.33	0.24	0.07	22.10
연초이후	0.70	-0.05	-0.03	41.76
1년	1.06	0.03	-0.02	41.57
3년	1.35	1.95	0.95	13.58

보수 (%, 年)

TER	0.120
운용	0.080
판매	0.020
수탁	0.010
일반사무	0.010

투자 전략

투자신탁은 채권을 법 시행령 제94조제2항제4호에서 규정하는 주된 투자대상자산으로 하며, 한국자산평가가 발표하는 "KAP단기채권지수(총수익)"를 기초지수로 하여 보수차감후 1좌당 순자산가치의일간변동률을 기초지수의 변동률과 유사하도록 투자신탁재산을 운용함을 목적으로 합니다.

KODEX 200 중소형 (A226980)

● 벤치마크 : **KOSPI TR**
● 테마분류 : —

● 위험등급 : **2등급**
● 평가등급(3년) : —

펀드 현황

운용사(매니저)	삼성자산운용
판매사	—
설정일(존속기간)	2015.08.31 (2년)
설정액	390.73억원
순자산	390.73억원

시장 정보 (2017년 09월 22일 기준)

52주최고(원)	11,215	수익률(12M, %)	4.05
52주최저(원)	9,580	수익률(YTD, %)	3.82
거래량(20일, 주)	8,250	변동성(120일)	0.01
거래대금(20일, 원)	86,657,182	구성종목수(개)	101
베타(1D/1Y)	0.726380	Spread(원)	4.14

누적 수익률

설정액(좌,억원) ── Fund(우,%) ── BM(우,%)

기간별 수익률 (%)

구분	수익률	BM초과	유형초과	%순위
1주	-1.08	-0.84	-0.80	94.17
1개월	-0.68	-1.89	-3.06	91.48
3개월	-1.91	-4.10	-6.74	85.59
6개월	-4.07	-6.29	-8.74	92.75
연초이후	3.82	-6.89	-13.89	97.45
1년	4.05	-15.07	-23.51	98.45
3년	-1.29	-21.76	-32.04	97.87

보수 (%, 年)

TER	0.300
운용	0.250
판매	0.010
수탁	0.020
일반사무	0.020

투자 전략

이 투자신탁은 코스피200 중소형지수의 성과를 추적하는 운용목적을 달성하기 위하여 코스피200 중소형지수의 구성 종목을 중심으로 투자신탁재산을 운용합니다.나. 한국거래소가 산출 발표하는 코스피200 중소형지수를 기초지수로 하기 때문에 이 투자신탁은 아래에서 정하고 있는 비교지수를 사용합니다.

TIGER 200 헬스케어 (A227540)

● 벤치마크 : **KOSPI TR**
● 테마분류 : —

● 위험등급 : **2등급**
● 평가등급(3년) : —

펀드 현황

운용사(매니저)	미래에셋자산운용
판매사	—
설정일(존속기간)	2015.09.22 (2년)
설정액	176.88억원
순자산	176.88억원

시장 정보 (2017년 09월 22일 기준)

52주최고(원)	24,115	수익률(12M, %)	24.09
52주최저(원)	15,010	수익률(YTD, %)	31.63
거래량(20일, 주)	30,974	변동성(120일)	0.01
거래대금(20일, 원)	630,022,036	구성종목수(개)	19
베타(1D/1Y)	1.168690	Spread(원)	16.94

누적 수익률

설정액(좌,억원) ── Fund(우,%) ── BM(우,%)

기간별 수익률 (%)

구분	수익률	BM초과	유형초과	%순위
1주	-1.00	-0.76	-0.43	64.15
1개월	4.51	3.30	3.20	5.66
3개월	11.46	9.27	8.89	5.66
6개월	8.03	5.81	7.14	20.75
연초이후	31.63	20.91	18.28	8.51
1년	24.09	4.97	6.74	27.66
3년	-8.66	-29.13	-19.00	79.55

보수 (%, 年)

TER	0.400
운용	0.270
판매	0.070
수탁	0.030
일반사무	0.030

투자 전략

이 투자신탁은 한국거래소가 발표하는 "코스피 200 헬스케어 지수"를 기초지수로 하는 상장지수투자신탁으로서, 투자목적 달성을 위해서 국내 거래소에 상장된 주식에 투자신탁 자산총액의 60% 이상을 투자합니다.

TIGER 200 산업재 (A227550)

● 벤치마크 : **KOSPI TR**
● 테마분류 : ―

● 위험등급 : **2등급**
● 평가등급(3년) : ―

펀드 현황

운용사(매니저)	미래에셋자산운용
판매사	―
설정일(존속기간)	2015.09.22 (2년)
설정액	51.47억원
순자산	51.47억원

시장 정보 (2017년 09월 22일 기준)

52주최고(원)	7,000	수익률(12M, %)	-7.07
52주최저(원)	5,675	수익률(YTD, %)	-4.28
거래량(20일, 주)	590	변동성(120일)	0.01
거래대금(20일, 원)	3,504,796	구성종목수(개)	14
베타(1D/1Y)	0.713760	Spread(원)	6.11

누적 수익률

기간별 수익률 (%)

구분	수익률	BM초과	유형초과	%순위
1주	-2.87	-2.63	-2.30	100.00
1개월	-3.17	-4.48	-4.48	94.34
3개월	-4.62	-6.81	-7.19	75.47
6개월	-9.11	-11.33	-10.00	73.58
연초이후	-4.28	-15.00	-17.63	82.98
1년	-7.07	-26.19	-24.43	93.62
3년	-16.55	-37.02	-26.89	97.73

보수 (%, 年)

TER	0.400
운용	0.270
판매	0.070
수탁	0.030
일반사무	0.030

투자 전략

이 투자신탁은 한국거래소가 발표하는 "코스피 200 산업재 지수"를 기초지수로 하는 상장지수 투자신탁으로서, 투자목적 달성을 위해서 국내 거래소에 상장된 주식에 투자신탁 자산총액의 60% 이상을 투자합니다.

TIGER 200 생활소비재 (A227560)

● 벤치마크 : **KOSPI TR**
● 테마분류 : ―

● 위험등급 : **2등급**
● 평가등급(3년) : ―

펀드 현황

운용사(매니저)	미래에셋자산운용
판매사	―
설정일(존속기간)	2015.09.22 (2년)
설정액	50.30억원
순자산	50.30억원

시장 정보 (2017년 09월 22일 기준)

52주최고(원)	14,340	수익률(12M, %)	-2.67
52주최저(원)	12,130	수익률(YTD, %)	-4.09
거래량(20일, 주)	497	변동성(120일)	0.01
거래대금(20일, 원)	6,227,156	구성종목수(개)	38
베타(1D/1Y)	0.415660	Spread(원)	-48.02

누적 수익률

기간별 수익률 (%)

구분	수익률	BM초과	유형초과	%순위
1주	0.07	0.30	0.63	7.55
1개월	-0.78	-2.00	-2.09	60.38
3개월	-6.72	-8.90	-9.29	90.57
6개월	-10.70	-12.93	-11.60	86.79
연초이후	-4.09	-14.81	-17.44	80.85
1년	-2.67	-21.80	-20.03	82.98
3년	-10.91	-31.38	-21.26	86.36

보수 (%, 年)

TER	0.400
운용	0.270
판매	0.070
수탁	0.030
일반사무	0.030

투자 전략

이 투자신탁은 한국거래소가 발표하는 "코스피 200 생활소비재 지수"를 기초지수로 하는 상장지수투자신탁으로서, 투자목적 달성을 위해서 국내 거래소에 상장된 주식에 투자신탁 자산총액의 60% 이상을 투자합니다.

TIGER 우량가치 (A227570)

● 벤치마크 : **FnGuide 퀄리티 밸류 지수**
● 테마분류 : —

● 위험등급 : **2등급**
● 평가등급(3년) : —

펀드 현황

운용사(매니저)	미래에셋자산운용
판매사	—
설정일(존속기간)	2015.09.22 (2년)
설정액	106.95억원
순자산	106.95억원

시장 정보 (2017년 09월 22일 기준)

52주최고(원)	13,325	수익률(12M, %)	17.76
52주최저(원)	10,285	수익률(YTD, %)	10.38
거래량(20일, 주)	6,301	변동성(120일)	0.01
거래대금(20일, 원)	78,042,766	구성종목수(개)	51
베타(1D/1Y)	0.645380	Spread(원)	15.42

누적 수익률

기간별 수익률 (%)

구분	수익률	BM초과	유형초과	%순위
1주	-0.34	-0.01	-2.72	83.86
1개월	-3.52	-0.03	-8.35	95.05
3개월	-6.74	-0.01	-11.41	98.07
6개월	6.33	-0.29	-11.38	85.71
연초이후	10.38	-0.51	-17.18	86.60
1년	17.76	1.73	-12.99	71.81
3년	—	—	—	—

보수 (%, 年)

TER	0.400
운용	0.280
판매	0.070
수탁	0.020
일반사무	0.030

투자 전략

이 투자신탁은 국내 주식을 주된 투자대상자산으로 하며, 에프앤가이드가 발표하는"에프앤가이드 퀄리티 밸류 지수(FnGuide Quality Value Index)"를 기초지수로 하여 1좌당 순자산가치의 변동률을 기초지수의 변동률과 유사하도록 투자신탁재산을 운용함을 목적으로 합니다.

ARIRANG 코스피 (A227830)

● 벤치마크 : **KOSPI TR**
● 테마분류 : —

● 위험등급 : **3등급**
● 평가등급(3년) : —

펀드 현황

운용사(매니저)	한화자산운용
판매사	—
설정일(존속기간)	2015.09.22 (2년)
설정액	310.00억원
순자산	310.00억원

시장 정보 (2017년 09월 22일 기준)

52주최고(원)	24,880	수익률(12M, %)	19.39
52주최저(원)	19,765	수익률(YTD, %)	11.21
거래량(20일, 주)	19,421	변동성(120일)	0.01
거래대금(20일, 원)	465,230,476	구성종목수(개)	724
베타(1D/1Y)	0.958070	Spread(원)	16.70

누적 수익률

기간별 수익률 (%)

구분	수익률	BM초과	유형초과	%순위
1주	-0.23	0.01	0.05	56.95
1개월	1.20	-0.01	-1.18	65.92
3개월	2.17	-0.02	-2.66	65.77
6개월	2.19	-0.03	-2.48	67.15
연초이후	11.21	0.49	-6.51	65.31
1년	19.39	0.27	-8.17	62.89
3년	20.97	0.50	-9.78	65.43

보수 (%, 年)

TER	0.200
운용	0.140
판매	0.020
수탁	0.010
일반사무	0.030

투자 전략

이 투자신탁은 한국거래소가 산출하여 공표하는 추적대상지수인 KOSPI 지수의 성과를 가장 효율적으로 추종할 수 있도록 추적대상지수를 구성하고 있는 종목 대부분을 편입하는 것을 원칙으로 합니다.다만, 추적대상지수의 구성종목에 변경이 있을 경우에는 추적대상지수에 포함되지 않은 종목에 투자될 수도 있습니다.

TIGER 화장품 (A228790)

● 벤치마크 : **KOSPI TR**　　　　　　　　　　● 위험등급 : **2등급**
● 테마분류 : ―　　　　　　　　　　　　　　　● 평가등급(3년) : ―

펀드 현황

운용사(매니저)	미래에셋자산운용
판매사	―
설정일(존속기간)	2015.10.06 (1년11개월)
설정액	141.30억원
순자산	141.30억원

시장 정보 (2017년 09월 22일 기준)

52주최고(원)	5,355	수익률(12M, %)	-9.64
52주최저(원)	3,755	수익률(YTD, %)	-0.79
거래량(20일, 주)	117,581	변동성(120일)	0.02
거래대금(20일, 원)	457,515,583	구성종목수(개)	18
베타(1D/1Y)	0.786800	Spread(원)	2.37

누적 수익률

설정액(좌,억원)　—Fund(우,%)　—BM(우,%)

기간별 수익률 (%)

구분	수익률	BM초과	유형초과	%순위
1주	2.53	2.76	3.09	―
1개월	1.04	-0.17	-0.27	35.85
3개월	-3.36	-5.55	-5.93	62.26
6개월	-10.60	-12.82	-11.49	84.91
연초이후	-0.79	-11.51	-14.14	78.72
1년	-9.64	-28.76	-26.99	97.87
3년	-25.12	-45.59	-35.46	100.00

보수 (%, 年)

TER	0.500
운용	0.340
판매	0.100
수탁	0.030
일반사무	0.030

투자 전략

이 투자신탁은 와이즈에프엔이 발표하는 "와이즈 화장품 지수"를 기초지수로 하는 상장지수투자신탁으로서, 투자목적 달성을 위해서 국내 거래소에 상장된 주식에 투자신탁 자산총액의 60% 이상을 투자합니다.

TIGER 여행레저 (A228800)

● 벤치마크 : **KOSPI TR**　　　　　　　　　　● 위험등급 : **2등급**
● 테마분류 : ―　　　　　　　　　　　　　　　● 평가등급(3년) : ―

펀드 현황

운용사(매니저)	미래에셋자산운용
판매사	―
설정일(존속기간)	2015.10.06 (1년11개월)
설정액	80.23억원
순자산	80.23억원

시장 정보 (2017년 09월 22일 기준)

52주최고(원)	4,270	수익률(12M, %)	11.81
52주최저(원)	3,150	수익률(YTD, %)	3.99
거래량(20일, 주)	2,920	변동성(120일)	0.01
거래대금(20일, 원)	10,813,281	구성종목수(개)	16
베타(1D/1Y)	0.741670	Spread(원)	-4.94

누적 수익률

설정액(좌,억원)　—Fund(우,%)　—BM(우,%)

기간별 수익률 (%)

구분	수익률	BM초과	유형초과	%순위
1주	-1.72	-1.48	-1.15	84.91
1개월	-2.89	-4.10	-4.20	88.68
3개월	-6.37	-8.55	-8.94	86.79
6개월	-13.46	-15.68	-14.35	100.00
연초이후	3.99	-6.73	-9.36	59.57
1년	11.81	-7.31	-5.54	48.94
3년	-0.16	-20.63	-10.50	65.91

보수 (%, 年)

TER	0.500
운용	0.340
판매	0.100
수탁	0.030
일반사무	0.030

투자 전략

이 투자신탁은 와이즈에프엔이 발표하는 "와이즈 여행레저 지수"를 기초지수로 하는 상장지수투자신탁으로서, 투자목적 달성을 위해서 국내 거래소에 상장된 주식에 투자신탁 자산총액의 60% 이상을 투자합니다.

TIGER 미디어컨텐츠 (A228810)

● 벤치마크 : **KOSPI TR**
● 테마분류 : **—**

● 위험등급 : **2등급**
● 평가등급(3년) : **—**

펀드 현황

운용사(매니저)	미래에셋자산운용
판매사	—
설정일(존속기간)	2015.10.06 (1년11개월)
설정액	84.88억원
순자산	84.88억원

시장 정보 (2017년 09월 22일 기준)

52주최고(원)	5,985	수익률(12M, %)	2.50
52주최저(원)	4,790	수익률(YTD, %)	3.39
거래량(20일, 주)	319	변동성(120일)	0.01
거래대금(20일, 원)	1,737,972	구성종목수(개)	16
베타(1D/1Y)	0.752100	Spread(원)	19.08

누적 수익률

기간별 수익률 (%)

구분	수익률	BM초과	유형초과	%순위
1주	-1.41	-1.17	-0.84	77.36
1개월	-2.00	-3.22	-3.31	79.25
3개월	-0.31	-2.49	-2.88	39.62
6개월	-3.92	-6.14	-4.81	60.38
연초이후	3.39	-7.32	-9.96	65.96
1년	2.50	-16.62	-14.86	76.60
3년	-3.85	-24.32	-14.19	72.73

보수 (%, 年)

TER	0.500
운용	0.340
판매	0.100
수탁	0.030
일반사무	0.030

투자 전략

이 투자신탁은 와이즈에프엔이 발표하는 "와이즈 미디어컨텐츠 지수"를 기초지수로 하는 상장지수 투자신탁으로서, 투자목적 달성을 위해서 국내 거래소에 상장된 주식에 투자신탁 자산총액의 60% 이상을 투자합니다.

TIGER KTOP30 (A228820)

● 벤치마크 : **KOSPI TR**
● 테마분류 : **—**

● 위험등급 : **2등급**
● 평가등급(3년) : **—**

펀드 현황

운용사(매니저)	미래에셋자산운용
판매사	—
설정일(존속기간)	2015.10.13 (1년11개월)
설정액	56.54억원
순자산	56.54억원

시장 정보 (2017년 09월 22일 기준)

52주최고(원)	7,785	수익률(12M, %)	17.12
52주최저(원)	6,235	수익률(YTD, %)	7.79
거래량(20일, 주)	8,123	변동성(120일)	0.01
거래대금(20일, 원)	60,937,249	구성종목수(개)	31
베타(1D/1Y)	0.954900	Spread(원)	0.88

누적 수익률

기간별 수익률 (%)

구분	수익률	BM초과	유형초과	%순위
1주	-0.56	-0.33	-0.28	65.02
1개월	1.02	-0.20	-1.36	70.85
3개월	2.17	-0.02	-2.66	66.22
6개월	3.15	0.93	-1.52	63.29
연초이후	7.79	-2.93	-9.92	80.61
1년	17.12	-2.01	-10.45	69.59
3년	20.71	0.24	-10.04	65.96

보수 (%, 年)

TER	0.250
운용	0.200
판매	0.010
수탁	0.020
일반사무	0.020

투자 전략

이 투자신탁은 한국거래소가 발표하는 "KTOP 30 지수"를 기초지수로 하는 상장지수투자신탁으로서, 투자목적 달성을 위해서 국내 거래소에 상장된 주식에 투자신탁 자산총액의 60% 이상을 투자합니다.

KODEX 코스닥 150 (A229200)

- 벤치마크 : **KOSPI TR**
- 테마분류 : —
- 위험등급 : **2등급**
- 평가등급(3년) : —

펀드 현황

운용사(매니저)	삼성자산운용
판매사	—
설정일(존속기간)	2015.09.30 (1년11개월)
설정액	1,949.76억원
순자산	1,949.76억원

시장 정보 (2017년 09월 22일 기준)

52주최고(원)	10,955	수익률(12M, %)	16.21
52주최저(원)	8,590	수익률(YTD, %)	20.40
거래량(20일, 주)	1,624,835	변동성(120일)	0.01
거래대금(20일, 원)	17,110,155,668	구성종목수(개)	151
베타(1D/1Y)	0.908210	Spread(원)	7.86

누적 수익률

설정액(좌,억원) Fund(우,%) BM(우,%)

기간별 수익률 (%)

구분	수익률	BM초과	유형초과	%순위
1주	-0.91	-0.67	-0.63	88.79
1개월	1.33	0.12	-1.05	61.44
3개월	7.71	5.52	2.88	2.70
6개월	5.43	3.21	0.76	27.05
연초이후	20.40	9.69	2.69	22.96
1년	16.21	-2.91	-11.35	74.23
3년	7.75	-12.72	-23.00	91.49

보수 (%, 年)

TER	0.250
운용	0.200
판매	0.010
수탁	0.020
일반사무	0.020

투자 전략

이 투자신탁은 코스닥150지수의 성과를 추적하는 운용목적을 달성하기 위하여 코스닥150지수의 구성 종목을 중심으로 투자신탁재산을 운용합니다. 나. 한국거래소가 산출 발표하는 코스닥150지수를 기초지수로 하기 때문에 이 투자신탁은 아래에서 정하고 있는 비교지수를 사용합니다.

KODEX KTOP30 (A229720)

- 벤치마크 : **KOSPI TR**
- 테마분류 : —
- 위험등급 : **2등급**
- 평가등급(3년) : —

펀드 현황

운용사(매니저)	삼성자산운용
판매사	—
설정일(존속기간)	2015.10.13 (1년11개월)
설정액	178.52억원
순자산	178.52억원

시장 정보 (2017년 09월 22일 기준)

52주최고(원)	15,435	수익률(12M, %)	16.58
52주최저(원)	12,535	수익률(YTD, %)	7.28
거래량(20일, 주)	525	변동성(120일)	0.01
거래대금(20일, 원)	7,884,090	구성종목수(개)	31
베타(1D/1Y)	0.943650	Spread(원)	0.08

누적 수익률

설정액(좌,억원) Fund(우,%) BM(우,%)

기간별 수익률 (%)

구분	수익률	BM초과	유형초과	%순위
1주	-0.56	-0.33	-0.29	65.47
1개월	1.02	-0.19	-1.36	70.40
3개월	2.18	-0.01	-2.66	64.41
6개월	3.17	0.95	-1.50	62.80
연초이후	7.28	-3.44	-10.43	82.65
1년	16.58	-2.54	-10.98	71.13
3년	20.13	-0.34	-10.62	68.09

보수 (%, 年)

TER	0.250
운용	0.200
판매	0.010
수탁	0.020
일반사무	0.020

투자 전략

이 투자신탁은 한국거래소(KRX)가 산출하여 발표하는 KTOP 30지수를 기초지수로 하여 1좌당 순자산가치의 변동률을 기초지수의 변동률과 유사하도록 투자신탁재산을 운용함을 그 운용목적으로 합니다.

KOSEF 미국달러선물 인버스2X(합성) (A230480)

● 벤치마크 : **미국달러 선물지수**
● 테마분류 : —

● 위험등급 : **1등급**
● 평가등급(3년) : —

펀드 현황

운용사(매니저)	키움투자자산운용
판매사	—
설정일(존속기간)	2015.11.11 (1년10개월)
설정액	219.00억원
순자산	219.00억원

시장 정보 (2017년 09월 22일 기준)

52주최고(원)	10,925	수익률(12M, %)	11.10
52주최저(원)	8,925	수익률(YTD, %)	-3.79
거래량(20일, 주)	46,962	변동성(120일)	0.01
거래대금(20일, 원)	468,274,399	구성종목수(개)	5
베타(1D/1Y)	0.689220	Spread(원)	-10.13

누적 수익률

기간별 수익률 (%)

구분	수익률	BM초과	유형초과	%순위
1주	-0.80	—	-0.70	98.15
1개월	—	—	2.29	12.96
3개월	0.94	—	5.05	3.70
6개월	1.14	—	5.67	5.77
연초이후	-3.79	—	9.90	9.62
1년	11.10	—	33.27	3.85
3년	-5.63	—	19.26	6.98

보수 (%, 年)

TER	0.640
운용	0.475
판매	0.100
수탁	0.025
일반사무	0.040

투자 전략

이 투자신탁은 "미국달러선물지수(F-USDKRW)"를 기초지수로 하여 기초지수의 일간수익률의 음(陰)의 2 배수 수익률과 연동하는 것을 목적으로 하는 상장지수투자신탁으로서, 채권 및미국달러선물 관련 파생상품을 주된 투자대상으로 하여 투자신탁의 일간수익률이 기초지수 일간수익률의 음(陰)의 2 배수 수익률과 연동하도록 운용합니다.

TIGER 코스닥150 (A232080)

● 벤치마크 : **KOSPI TR**
● 테마분류 : —

● 위험등급 : **2등급**
● 평가등급(3년) : —

펀드 현황

운용사(매니저)	미래에셋자산운용
판매사	—
설정일(존속기간)	2015.11.11 (1년10개월)
설정액	1,115.93억원
순자산	1,115.93억원

시장 정보 (2017년 09월 22일 기준)

52주최고(원)	10,955	수익률(12M, %)	15.95
52주최저(원)	8,610	수익률(YTD, %)	20.23
거래량(20일, 주)	868,062	변동성(120일)	0.01
거래대금(20일, 원)	9,153,487,867	구성종목수(개)	151
베타(1D/1Y)	0.914660	Spread(원)	-10.46

누적 수익률

기간별 수익률 (%)

구분	수익률	BM초과	유형초과	%순위
1주	-0.91	-0.67	-0.63	88.34
1개월	1.32	0.11	-1.06	61.88
3개월	7.65	5.47	2.82	3.15
6개월	5.26	3.03	0.59	28.50
연초이후	20.23	9.52	2.52	23.47
1년	15.95	-3.18	-11.62	76.80
3년	7.51	-12.96	-23.24	92.02

보수 (%, 年)

TER	0.190
운용	0.140
판매	0.010
수탁	0.020
일반사무	0.020

투자 전략

이 투자신탁은 국내 주식을 주된 투자대상자산으로 하며, 한국거래소가 발표하는"코스닥 150 지수"를 기초지수로 하여 1좌당 순자산가치의 변동률을 기초지수의 변동률과 유사하도록 투자신탁재산을 운용함을 목적으로 합니다.

KINDEX 골드선물 인버스2X(합성 H) (A232590)

- 벤치마크 : **S&P WCI GOLD Excess Return Index**
- 테마분류 : —
- 위험등급 : **1등급**
- 평가등급(3년) : —

펀드 현황	
운용사(매니저)	한국투신운용
판매사	—
설정일(존속기간)	2015.11.27 (1년10개월)
설정액	130.00억원
순자산	130.00억원

시장 정보 (2017년 09월 22일 기준)			
52주최고(원)	8,140	수익률(12M, %)	-25.92
52주최저(원)	5,600	수익률(YTD, %)	-12.37
거래량(20일, 주)	56,323	변동성(120일)	0.01
거래대금(20일, 원)	328,850,180	구성종목수(개)	3
베타(1D/1Y)	0.354720	Spread(원)	-44.69

누적 수익률

기간별 수익률 (%)				
구분	수익률	BM초과	유형초과	%순위
1주	-0.30	—	-0.20	88.89
1개월	1.73	—	4.01	—
3개월	-3.05	—	1.06	31.48
6개월	-10.26	—	-5.74	98.08
연초이후	-12.37	—	1.32	73.08
1년	-25.92	—	-3.75	78.85
3년	-2.80	—	22.09	4.65

보수 (%, 年)	
TER	0.490
운용	0.350
판매	0.070
수탁	0.030
일반사무	0.040

투자 전략

이 투자신탁은 S&P가 산출 · 발표하는 S&P WCI(World Commodity Index) Gold Excess ReturnIndex(이하 "지수"라 한다)의 일간수익률의 음(-)의 2배수에 연동하여 운용하는 것을 목표로 이투자신탁 수익증권 1좌당 순자산가치의 변동률을 지수의 일간변동률의 음(-)의 2배수와 유사하도록 투자신탁재산을 운용함을 그 목적으로 합니다.

TIGER 코스닥150 레버리지 (A233160)

- 벤치마크 : **KOSPI TR**
- 테마분류 : —
- 위험등급 : **1등급**
- 평가등급(3년) : —

펀드 현황	
운용사(매니저)	미래에셋자산운용
판매사	—
설정일(존속기간)	2015.12.15 (1년9개월)
설정액	200.00억원
순자산	200.00억원

시장 정보 (2017년 09월 22일 기준)			
52주최고(원)	12,470	수익률(12M, %)	34.45
52주최저(원)	7,540	수익률(YTD, %)	43.61
거래량(20일, 주)	707,750	변동성(120일)	0.02
거래대금(20일, 원)	8,182,519,938	구성종목수(개)	154
베타(1D/1Y)	1.821220	Spread(원)	87.80

누적 수익률

기간별 수익률 (%)				
구분	수익률	BM초과	유형초과	%순위
1주	-1.69	-1.45	-1.41	99.55
1개월	2.80	1.59	0.42	24.22
3개월	15.57	13.38	10.73	0.45
6개월	10.19	7.96	5.51	0.97
연초이후	43.61	32.89	25.90	0.51
1년	34.45	15.32	6.88	24.23
3년	15.25	-5.22	-15.51	73.40

보수 (%, 年)	
TER	0.320
운용	0.250
판매	0.030
수탁	0.020
일반사무	0.020

투자 전략

이 투자신탁은 한국거래소가 발표하는 "코스닥 150 지수"를 기초지수로 하여 기초지수의 일간 수익률의 양(陽)의 2배수 수익률과 연동하는 것을 목적으로 하는 상장지수투자신탁으로서, 국내 주식 및 주식관련 파생상품을 주된 투자대상으로 하여 투자신탁의 일간수익률이 기초지수 일간 수익률의 양(陽)의 2배수 수익률과 연동하도록 운용합니다.

KODEX 코스닥150 레버리지 (A233740)

- 벤치마크 : **KOSPI TR**
- 테마분류 : —
- 위험등급 : **1등급**
- 평가등급(3년) : —

펀드 현황

운용사(매니저)	삼성자산운용
판매사	—
설정일(존속기간)	2015.12.16 (1년9개월)
설정액	1,160.00억원
순자산	1,160.00억원

시장 정보 (2017년 09월 22일 기준)

52주최고(원)	11,935	수익률(12M, %)	35.46
52주최저(원)	7,225	수익률(YTD, %)	44.35
거래량(20일, 주)	2,785,885	변동성(120일)	0.02
거래대금(20일, 원)	30,907,401,673	구성종목수(개)	154
베타(1D/1Y)	1.828880	Spread(원)	82.77

누적 수익률

기간별 수익률 (%)

구분	수익률	BM초과	유형초과	%순위
1주	-1.51	-1.28	-1.23	99.10
1개월	3.20	1.99	0.82	19.73
3개월	15.76	13.57	10.93	—
6개월	10.63	8.41	5.96	0.48
연초이후	44.35	33.63	26.63	—
1년	35.46	16.33	7.89	19.07
3년	16.29	-4.18	-14.46	72.34

보수 (%, 年)

TER	0.640
운용	0.550
판매	0.050
수탁	0.020
일반사무	0.020

투자 전략

투자신탁의 순자산가치의 일간변동률을 코스닥150지수의 일별 수익률의 양(陽)의 2배수의 수익
률로 추적하고자 하는 운용목적을 달성하기 위하여 코스닥150지수에 포함된 코스닥150주가지수
관련 파생상품 및 현금성 자산 또는 주식, 채권 등으로 포트폴리오를 구성하고, 필요에 따라
환매조건부증권의 매도 등 기타 효율적인 방법을 활용할 예정입니다

KBSTAR V&S셀렉트밸류 (A234310)

- 벤치마크 : **FnGuide 셀렉트밸류 지수**
- 테마분류 : —
- 위험등급 : **2등급**
- 평가등급(3년) : —

펀드 현황

운용사(매니저)	KB자산운용
판매사	—
설정일(존속기간)	2016.02.01 (1년7개월)
설정액	163.52억원
순자산	163.52억원

시장 정보 (2017년 09월 22일 기준)

52주최고(원)	11,835	수익률(12M, %)	12.12
52주최저(원)	9,705	수익률(YTD, %)	13.51
거래량(20일, 주)	27,424	변동성(120일)	0.01
거래대금(20일, 원)	313,381,031	구성종목수(개)	69
베타(1D/1Y)	0.574930	Spread(원)	-8.31

누적 수익률

기간별 수익률 (%)

구분	수익률	BM초과	유형초과	%순위
1주	-0.49	-0.01	-1.80	52.83
1개월	-1.78	-0.19	-4.35	50.94
3개월	-0.74	-0.51	-1.63	50.94
6개월	11.66	-0.52	-1.69	40.43
연초이후	13.51	-0.32	-3.84	46.81
1년	12.12	1.78	1.78	47.73
3년	—	—	—	—

보수 (%, 年)

TER	0.300
운용	0.250
판매	0.010
수탁	0.010
일반사무	0.030

투자 전략

이 투자신탁은 국내주식을 법에서 정하는 주된 투자대상으로 하며, FnGuide가 산출하는 "
FnGuide 셀렉트밸류 지수(FnGuide Select Value Index)"를 기초지수
로 하여 1좌당 순자산가치의 변동률을 기초지수의 변동률과 유사하도록 투자신탁재산을 운용하는
것을 목적으로 하는 투자신탁입니다.

TIGER 인도니프티50레버리지(합성) (A236350)

- 벤치마크 : **World - MSCI - EMF ASIA (KRW Unhedged)**
- 테마분류 : —
- 위험등급 : **1등급**
- 평가등급(3년) : —

펀드 현황

운용사(매니저)	미래에셋자산운용
판매사	—
설정일(존속기간)	2016.05.11 (1년4개월)
설정액	100.00억원
순자산	100.00억원

시장 정보 (2017년 09월 22일 기준)

52주최고(원)	15,520	수익률(12M, %)	50.00
52주최저(원)	9,615	수익률(YTD, %)	24.23
거래량(20일, 주)	20,502	변동성(120일)	0.01
거래대금(20일, 원)	310,270,202	구성종목수(개)	5
베타(1D/1Y)	0.734850	Spread(원)	-335.91

누적 수익률

기간별 수익률 (%)

구분	수익률	BM초과	유형초과	%순위
1주	-0.27	0.05	-0.16	64.82
1개월	-0.09	-1.41	-0.57	67.66
3개월	3.45	-0.06	-1.14	57.62
6개월	7.05	-1.16	-4.16	68.44
연초이후	24.23	7.63	5.75	12.17
1년	50.00	25.70	21.70	0.94
3년	35.57	10.63	12.81	5.77

보수 (%, 年)

TER	0.590
운용	0.450
판매	0.070
수탁	0.030
일반사무	0.040

투자 전략

이 투자신탁은 "Nifty 50 지수"를 기초지수로 하여 기초지수의 일간수익률의 양(陽)의 2배수 수익률과 연동하는 것을 목적으로 하는 상장지수투자신탁으로서, 인도 주식관련 파생상품 및 집합투자증권을 주된 투자대상으로 하여 투자신탁의 일간수익률이 기초지수 일간수익률의 양(陽)의 2배수 수익률과 연동하도록 운용합니다.

ARIRANG 스마트베타 LowVOL (A236460)

- 벤치마크 : **KOSPI TR**
- 테마분류 : —
- 위험등급 : **2등급**
- 평가등급(3년) : —

펀드 현황

운용사(매니저)	한화자산운용
판매사	—
설정일(존속기간)	2016.01.11 (1년8개월)
설정액	54.25억원
순자산	54.25억원

시장 정보 (2017년 09월 22일 기준)

52주최고(원)	11,730	수익률(12M, %)	11.49
52주최저(원)	9,600	수익률(YTD, %)	8.76
거래량(20일, 주)	310	변동성(120일)	0.01
거래대금(20일, 원)	3,455,075	구성종목수(개)	51
베타(1D/1Y)	0.620720	Spread(원)	9.01

누적 수익률

기간별 수익률 (%)

구분	수익률	BM초과	유형초과	%순위
1주	-0.58	-0.34	-0.01	33.96
1개월	-0.75	-1.96	-2.06	58.49
3개월	-4.63	-6.82	-7.20	77.36
6개월	-1.77	-3.99	-2.66	54.72
연초이후	8.76	-1.96	-4.59	48.94
1년	11.49	-7.63	-5.86	51.06
3년	10.58	-9.89	0.24	50.00

보수 (%, 年)

TER	0.350
운용	0.270
판매	0.040
수탁	0.010
일반사무	0.030

투자 전략

이 투자신탁은 주식회사 와이즈에프앤(WISEfn)이 산출하여 공표하는 추적대상지수인 WISE 스마트베타 LowVOL 지수의 성과를 가장 효율적으로 추종할 수 있도록 추적대상지수를 구성하고 있는 종목 대부분을 편입하는 것을 원칙으로 합니다.

KODEX 코스피100 （A237350）

● 벤치마크 :　**KOSPI TR**　　　　　　　　　　　　　　● 위험등급 :　**2등급**
● 테마분류 :　—　　　　　　　　　　　　　　　　　　● 평가등급(3년) :　—

펀드 현황

운용사(매니저)	삼성자산운용
판매사	
설정일(존속기간)	2016.01.26 (1년8개월)
설정액	150.71억원
순자산	150.71억원

시장 정보 (2017년 09월 22일 기준)

52주최고(원)	26,045	수익률(12M, %)	23.73
52주최저(원)	18,690	수익률(YTD, %)	12.80
거래량(20일, 주)	2,273	변동성(120일)	0.01
거래대금(20일, 원)	53,424,940	구성종목수(개)	101
베타(1D/1Y)	1.106540	Spread(원)	-33.29

누적 수익률

기간별 수익률 (%)

구분	수익률	BM초과	유형초과	%순위
1주	0.01	0.25	0.58	11.32
1개월	2.04	0.82	0.73	20.75
3개월	3.66	1.47	1.09	37.74
6개월	4.11	1.89	3.22	47.17
연초이후	12.80	2.08	-0.55	38.30
1년	23.73	4.60	6.37	31.91
3년	28.37	7.90	18.03	25.00

보수 (%, 年)

TER	0.150
운용	0.100
판매	0.010
수탁	0.020
일반사무	0.020

투자 전략

이 투자신탁은 코스피100지수를 기초지수로 하여 1좌당 순자산가치의 변동률을 기초지수의 변동률과 유사하도록 투자신탁재산을 운용함을 그 운용목적으로 합니다.

KODEX 배당성장채권혼합 （A237370）

● 벤치마크 :　**KOSPI TR(30%)*KIS채권종합(70%)**　　　● 위험등급 :　**4등급**
● 테마분류 :　—　　　　　　　　　　　　　　　　　　● 평가등급(3년) :　—

펀드 현황

운용사(매니저)	삼성자산운용
판매사	—
설정일(존속기간)	2016.01.26 (1년8개월)
설정액	192.11억원
순자산	192.11억원

시장 정보 (2017년 09월 22일 기준)

52주최고(원)	10,885	수익률(12M, %)	2.15
52주최저(원)	10,475	수익률(YTD, %)	2.16
거래량(20일, 주)	7,457	변동성(120일)	0.00
거래대금(20일, 원)	80,420,399	구성종목수(개)	55
베타(1D/1Y)	0.207700	Spread(원)	9.22

누적 수익률

기간별 수익률 (%)

구분	수익률	BM초과	유형초과	%순위
1주	-0.28	-0.19	-0.16	90.42
1개월	0.19	-0.09	0.13	41.73
3개월	0.25	-0.64	0.26	47.66
6개월	-0.31	-1.06	0.09	70.39
연초이후	2.16	-1.53	-0.30	63.13
1년	2.15	-4.07	-1.27	70.17
3년	1.77	-3.64	-0.99	70.72

보수 (%, 年)

TER	0.190
운용	0.150
판매	0.010
수탁	0.010
일반사무	0.020

투자 전략

이 투자신탁은 기본적으로 KRX배당성장채권혼합지수(이하 기초지수라 합니다)를 완전복제하는 방식으로 포트폴리오를 구성할 예정입니다. 다만, 필요에 따라서 기초지수의 구성종목 중에서 부도리스크, 유동성 등을 감안하여 투자가능대상 종목을 선별하고, 당해 투자가능대상종목 중에서 추적오차를 감안하여 최종 투자대상종목을 구성하는 표본추출(Sampling) 방식을병행할 수 있습니다.

TIGER 경기방어채권혼합 (A237440)

- 벤치마크 : **KOSPI TR(30%)*KIS채권종합(70%)**
- 테마분류 : —
- 위험등급 : **4등급**
- 평가등급(3년) : —

펀드 현황

운용사(매니저)	미래에셋자산운용
판매사	—
설정일 (존속기간)	2016.01.26 (1년8개월)
설정액	210.77억원
순자산	210.77억원

시장 정보 (2017년 09월 22일 기준)

52주최고(원)	10,180	수익률(12M, %)	1.08
52주최저(원)	9,560	수익률(YTD, %)	0.60
거래량(20일, 주)	9,390	변동성(120일)	0.00
거래대금(20일, 원)	92,573,957	구성종목수(개)	62
베타(1D/1Y)	0.161190	Spread(원)	3.98

누적 수익률

설정액(좌,억원) — Fund(우,%) — BM(우,%)

기간별 수익률 (%)

구분	수익률	BM초과	유형초과	%순위
1주	-0.04	0.05	0.08	33.69
1개월	-0.03	-0.31	-0.08	67.70
3개월	-1.08	-1.97	-1.07	97.20
6개월	-2.22	-2.97	-1.82	99.84
연초이후	0.60	-3.09	-1.86	89.73
1년	1.08	-5.13	-2.34	87.07
3년	-2.85	-8.27	-5.61	99.12

보수 (%, 年)

TER	0.200
운용	0.140
판매	0.040
수탁	0.010
일반사무	0.010

투자 전략

이 투자신탁은 한국거래소가 발표하는 "필수소비재 채권혼합 지수"를 기초지수로 하는 상장지수투자신탁으로서, 투자목적 달성을 위해서 채권 및 채권관련 집합투자증권에 투자신탁 자산총액의 90% 이하, 주식 및 주식관련 집합투자증권에 투자신탁 자산총액의 50% 이하를 투자합니다.

ARIRANG 스마트베타Quality채권혼합 (A238670)

- 벤치마크 : **KOSPI TR(30%)*KIS채권종합(70%)**
- 테마분류 : —
- 위험등급 : **4등급**
- 평가등급(3년) : —

펀드 현황

운용사(매니저)	한화자산운용
판매사	—
설정일 (존속기간)	2016.02.23 (1년7개월)
설정액	60.04억원
순자산	60.04억원

시장 정보 (2017년 09월 22일 기준)

52주최고(원)	10,220	수익률(12M, %)	2.73
52주최저(원)	9,675	수익률(YTD, %)	1.55
거래량(20일, 주)	708	변동성(120일)	0.00
거래대금(20일, 원)	7,164,319	구성종목수(개)	56
베타(1D/1Y)	0.219640	Spread(원)	1.42

누적 수익률

설정액(좌,억원) — Fund(우,%) — BM(우,%)

기간별 수익률 (%)

구분	수익률	BM초과	유형초과	%순위
1주	-0.27	-0.18	-0.16	89.95
1개월	-0.76	-1.04	-0.81	97.53
3개월	-0.43	-1.32	-0.41	86.60
6개월	-0.74	-1.48	-0.34	85.03
연초이후	1.55	-2.14	-0.91	76.60
1년	2.73	-3.49	-0.69	62.24
3년	1.97	-3.44	-0.78	67.37

보수 (%, 年)

TER	0.200
운용	0.140
판매	0.020
수탁	0.010
일반사무	0.030

투자 전략

이 투자신탁은 주식회사 와이즈에프앤(WISEfn)이 산출하여 공표하는 추적대상지수인 WISE-KAP스마트베타Quality채권혼합 지수의 성과를 가장 효율적으로 추종할 수 있도록 추적대상지수를 구성하고 있는 종목 대부분을 편입하고 채권부문과 주식비중이 매일 7:3으로 유지되도록 구성하는 것을 원칙으로 합니다.

KINDEX 일본Nikkei225(H)　(A238720)

● 벤치마크 : **World - MSCI - AC ASIA PACIFIC FREE (KRW Unhedged)**　　● 위험등급 : **2등급**
● 테마분류 : ―　　● 평가등급(3년) : ―

펀드 현황

운용사(매니저)	한국투신운용
판매사	―
설정일(존속기간)	2016.02.26 (1년6개월)
설정액	60.00억원
순자산	60.00억원

시장 정보 (2017년 09월 22일 기준)

52주최고(원)	12,805	수익률(12M, %)	7.16
52주최저(원)	10,215	수익률(YTD, %)	5.47
거래량(20일, 주)	1,739	변동성(120일)	0.01
거래대금(20일, 원)	21,482,994	구성종목수(개)	230
베타(1D/1Y)	0.673860	Spread(원)	0.88

누적 수익률

기간별 수익률 (%)

구분	수익률	BM초과	유형초과	%순위
1주	0.21	1.03	0.17	19.91
1개월	2.58	1.83	1.41	10.96
3개월	4.94	3.60	0.76	29.91
6개월	1.26	-3.74	-5.00	88.26
연초이후	5.47	-4.44	-10.19	85.28
1년	7.16	-5.81	-13.43	87.96
3년	22.32	5.80	-0.75	50.00

보수 (%, 年)

TER	0.300
운용	0.230
판매	0.020
수탁	0.020
일반사무	0.030

투자 전략

이 투자신탁은 일본 니혼게이자이가 산출 · 발표하는 "니케이225 지수 (Nikkei Stock Average Index,Nikkei225 Index)"를 기초지수로 하여 이 투자신탁 수익증권 1좌당 순자산가치의 변동률을 기초지수의 변동률과 유사하도록 투자신탁재산을 운용함을 목적으로 하며, 투자목적 달성을 위해 해외 주식 및 해외 주식관련파생상품에 투자신탁 자산 총액의 60%이상을 투자합니다.

ARIRANG 우량회사채50 1년　(A239660)

● 벤치마크 : **종합 만기종합**　　● 위험등급 : **5등급**
● 테마분류 : ―　　● 평가등급(3년) : ―

펀드 현황

운용사(매니저)	한화자산운용
판매사	―
설정일(존속기간)	2016.03.21 (1년6개월)
설정액	780.00억원
순자산	780.00억원

시장 정보 (2017년 09월 22일 기준)

52주최고(원)	102,185	수익률(12M, %)	1.11
52주최저(원)	100,625	수익률(YTD, %)	0.70
거래량(20일, 주)	66,624	변동성(120일)	0.00
거래대금(20일, 원)	6,804,896,809	구성종목수(개)	21
베타(1D/1Y)	0.004180	Spread(원)	-2.18

누적 수익률

기간별 수익률 (%)

구분	수익률	BM초과	유형초과	%순위
1주	-0.01	0.02		29.50
1개월	-0.02	0.10	0.03	23.00
3개월	0.10	-0.23	-0.10	92.50
6개월	0.27	0.18	0.02	32.60
연초이후	0.70	-0.05	-0.03	40.59
1년	1.11	0.08	0.04	36.75
3년	1.19	1.79	0.80	18.52

보수 (%, 年)

TER	0.135
운용	0.080
판매	0.030
수탁	0.010
일반사무	0.015

투자 전략

이 투자신탁은 KIS채권평가㈜에서 산출하여 공표하는 추적대상지수인 KOBI Half Credit Index(총수익)의 성과를 가장 효율적으로 추종할 수 있도록, 추적대상지수을 구성하고 있는 종목 대부분을 편입합니다.

TIGER 일본니케이225 (A241180)

● 벤치마크 : **World - MSCI - AC ASIA PACIFIC FREE (KRW Unhedged)**
● 테마분류 : —
● 위험등급 : **2등급**
● 평가등급(3년) : —

펀드 현황

운용사(매니저)	미래에셋자산운용
판매사	—
설정일(존속기간)	2016.03.29 (1년5개월)
설정액	100.00억원
순자산	100.00억원

시장 정보 (2017년 09월 22일 기준)

52주최고(원)	12,175	수익률(12M, %)	4.05
52주최저(원)	10,330	수익률(YTD, %)	6.63
거래량(20일, 주)	2,689	변동성(120일)	0.01
거래대금(20일, 원)	31,603,724	구성종목수(개)	229
베타(1D/1Y)	0.160680	Spread(원)	34.12

누적 수익률

기간별 수익률 (%)

구분	수익률	BM초과	유형초과	%순위
1주	-0.38	0.45	-0.41	83.55
1개월	0.89	0.14	-0.28	54.82
3개월	1.29	-0.05	-2.89	98.21
6개월	-0.98	-5.99	-7.24	99.53
연초이후	6.63	-3.29	-9.04	83.25
1년	4.05	-8.93	-16.54	98.95
3년	13.21	-3.31	-9.86	93.09

보수 (%, 年)

TER	0.350
운용	0.240
판매	0.050
수탁	0.030
일반사무	0.030

투자 전략

이 투자신탁은 니케이(Nikkei Inc)에서 발표하는 "니케이 225 지수"를 기초지수로 하는 상장지수투자신탁으로서, 이 지수를 구성하는 일본에 상장된 주식에 투자신탁 자산총액의 60% 이상 투자하여 투자신탁의 수익률이 기초지수 수익률과 유사하도록 운용하는 것을 그 목적으로 합니다.

KBSTAR V&S셀렉트밸류채권혼합 (A241390)

● 벤치마크 : **FnGuide 셀렉트밸류 채권혼합 지수**
● 테마분류 : —
● 위험등급 : **4등급**
● 평가등급(3년) : —

펀드 현황

운용사(매니저)	KB자산운용
판매사	—
설정일(존속기간)	2016.04.11 (1년5개월)
설정액	100.22억원
순자산	100.22억원

시장 정보 (2017년 09월 22일 기준)

52주최고(원)	10,545	수익률(12M, %)	4.81
52주최저(원)	9,635	수익률(YTD, %)	5.76
거래량(20일, 주)	562	변동성(120일)	0.00
거래대금(20일, 원)	5,830,806	구성종목수(개)	74
베타(1D/1Y)	0.266740	Spread(원)	-22.52

누적 수익률

기간별 수익률 (%)

구분	수익률	BM초과	유형초과	%순위
1주	-0.25	-0.00	-0.31	86.40
1개월	-0.64	-0.13	-0.63	92.37
3개월	-0.21	-0.23	0.19	68.26
6개월	4.88	-0.24	2.42	11.28
연초이후	5.76	-0.24	2.35	24.48
1년	4.81	0.47	2.05	35.10
3년	—	—	—	—

보수 (%, 年)

TER	0.230
운용	0.165
판매	0.020
수탁	0.015
일반사무	0.030

투자 전략

이 투자신탁은 국내채권을 주된 투자대상으로 하되, 주식관련 자산에도 일정수준 이하로 투자하여 기초지수인 FnGuide 셀렉트밸류채권혼합지수(FnGuide Select Value Balanced Index)의 수익률과 유사한 수익률을 실현하는 것을 목표로 하는 상장지수투자신탁입니다. 기초지수: FnGuide 셀렉트밸류채권혼합지수 * 100%

TIGER 200IT레버리지 (A243880)

● 벤치마크 : **KOSPI TR**
● 테마분류 : ―

● 위험등급 : **1등급**
● 평가등급(3년) : ―

펀드 현황

운용사(매니저)	미래에셋자산운용
판매사	―
설정일(존속기간)	2016.05.12 (1년4개월)
설정액	95.00억원
순자산	95.00억원

시장 정보 (2017년 09월 22일 기준)

52주최고(원)	31,650	수익률(12M, %)	106.65
52주최저(원)	12,215	수익률(YTD, %)	61.35
거래량(20일, 주)	61,980	변동성(120일)	0.02
거래대금(20일, 원)	1,788,930,152	구성종목수(개)	31
베타(1D/1Y)	2.255050	Spread(원)	-12.32

누적 수익률

(억원) / (%) ... '16/09 '17/01 '17/05 '17/09
설정액(좌,억원) ― Fund(우,%) ― BM(우,%)

기간별 수익률 (%)

구분	수익률	BM초과	유형초과	%순위
1주	-0.53	-0.30	0.03	32.08
1개월	3.41	2.19	2.10	11.32
3개월	23.59	21.41	21.03	―
6개월	17.61	15.39	16.72	1.89
연초이후	61.35	50.64	48.00	―
1년	106.65	87.53	89.30	―
3년	127.59	107.12	117.25	―

보수 (%, 年)

TER	0.690
운용	0.550
판매	0.080
수탁	0.030
일반사무	0.030

투자 전략

이 투자신탁은 한국거래소가 발표하는 "코스피 200 정보기술 지수"를 기초지수로 하여 기초지수의 일간 수익률의 양(陽)의 2배수 수익률과 연동하는 것을 목적으로 하는 상장지수투자신탁으로서, 국내 주식 및 주식관련 파생상품을 주된 투자대상으로 하여 투자신탁의 일간수익률이 기초지수 일간 수익률의 양(陽)의 2배수 수익률과 연동하도록 운용합니다.

TIGER 200에너지화학레버리지 (A243890)

● 벤치마크 : **KOSPI TR**
● 테마분류 : ―

● 위험등급 : **1등급**
● 평가등급(3년) : ―

펀드 현황

운용사(매니저)	미래에셋자산운용
판매사	―
설정일(존속기간)	2016.05.12 (1년4개월)
설정액	80.00억원
순자산	80.00억원

시장 정보 (2017년 09월 22일 기준)

52주최고(원)	15,685	수익률(12M, %)	53.93
52주최저(원)	8,415	수익률(YTD, %)	38.53
거래량(20일, 주)	16,603	변동성(120일)	0.02
거래대금(20일, 원)	246,721,283	구성종목수(개)	37
베타(1D/1Y)	1.788430	Spread(원)	325.09

누적 수익률

(억원) / (%) ... '16/09 '17/01 '17/05 '17/09
설정액(좌,억원) ― Fund(우,%) ― BM(우,%)

기간별 수익률 (%)

구분	수익률	BM초과	유형초과	%순위
1주	-0.36	-0.12	0.21	24.53
1개월	-4.31	-5.53	-5.62	100.00
3개월	7.89	5.70	5.32	20.75
6개월	30.55	28.33	29.66	―
연초이후	38.53	27.82	25.18	2.13
1년	53.93	34.81	36.58	2.13
3년	80.43	59.96	70.09	2.27

보수 (%, 年)

TER	0.690
운용	0.550
판매	0.080
수탁	0.030
일반사무	0.030

투자 전략

이 투자신탁은 한국거래소가 발표하는 "코스피 200 에너지화학 지수"를 기초지수로 하여 기초지수의 일간 수익률의 양(陽)의 2배수 수익률과 연동하는 것을 목적으로 하는 상장지수투자신탁으로서, 국내 주식 및 주식관련 파생상품을주된 투자대상으로 하여 투자신탁의 일간수익률이 기초지수 일간 수익률의 양(陽)의 2배수 수익률과 연동하도록 운용합니다.

KODEX 바이오 (A244580)

● 벤치마크 : **FnGuide 바이오 지수**
● 테마분류 : —

● 위험등급 : **2등급**
● 평가등급(3년) : —

펀드 현황

운용사(매니저)	삼성자산운용
판매사	
설정일(존속기간)	2016.05.12 (1년4개월)
설정액	91.56억원
순자산	91.56억원

시장 정보 (2017년 09월 22일 기준)

52주최고(원)	10,450	수익률(12M, %)	-11.52
52주최저(원)	7,235	수익률(YTD, %)	8.00
거래량(20일, 주)	50,932	변동성(120일)	0.01
거래대금(20일, 원)	446,759,480	구성종목수(개)	51
베타(1D/1Y)	1.073700	Spread(원)	-7.79

누적 수익률

설정액(좌,억원) —Fund(우,%) —BM(우,%)

기간별 수익률 (%)

구분	수익률	BM초과	유형초과	%순위
1주	2.36	-0.03	1.05	16.98
1개월	8.19	-0.07	5.62	18.87
3개월	3.95	-0.15	3.06	49.06
6개월	19.69	-0.43	6.34	19.15
연초이후	8.00	-0.43	-9.36	61.70
1년	-11.52	-0.30	-21.86	88.64
3년	—	—	—	—

보수 (%, 年)

TER	0.450
운용	0.390
판매	0.020
수탁	0.020
일반사무	0.020

투자 전략

이 투자신탁은 기본적으로 에프앤가이가 산출,발표하는 FnGuide 바이오지수(이하 기초지수라 합니다)를 완전복제하는 방식으로 포트폴리오를 구성할 예정입니다. 본 투자신탁의 기초지수는 국내 상장 기업 중 바이오 사업을 영위하는 국내 기업을 대상으로 시가총액과 거래대금 등의 조건을 감안하여 투자 대상 기업을 선별한 후 동일가중방식으로 산출한 지수입니다.

KODEX 모멘텀Plus (A244620)

● 벤치마크 : **FnGuide 모멘텀PLUS 지수**
● 테마분류 : —

● 위험등급 : **2등급**
● 평가등급(3년) : —

펀드 현황

운용사(매니저)	삼성자산운용
판매사	
설정일(존속기간)	2016.05.12 (1년4개월)
설정액	93.11억원
순자산	93.11억원

시장 정보 (2017년 09월 22일 기준)

52주최고(원)	10,155	수익률(12M, %)	2.20
52주최저(원)	8,210	수익률(YTD, %)	8.34
거래량(20일, 주)	768	변동성(120일)	0.01
거래대금(20일, 원)	7,614,818	구성종목수(개)	45
베타(1D/1Y)	0.908620	Spread(원)	-43.48

누적 수익률

설정액(좌,억원) —Fund(우,%) —BM(우,%)

기간별 수익률 (%)

구분	수익률	BM초과	유형초과	%순위
1주	-3.41	0.00	-5.79	99.55
1개월	1.66	-0.05	-3.17	67.12
3개월	1.57	-0.10	-3.11	71.98
6개월	11.49	-0.20	-6.23	64.29
연초이후	8.34	-0.41	-19.23	89.18
1년	2.20	0.70	-28.55	97.34
3년	—	—	—	—

보수 (%, 年)

TER	0.300
운용	0.250
판매	0.010
수탁	0.020
일반사무	0.020

투자 전략

이 투자신탁은 기본적으로 에프앤가이드가 산출,발표하는 FnGuide 모멘텀 Plus 지수를 완전복제하는방식으로 포트폴리오를 구성할 예정입니다. 본 투자신탁의 기초지수는 유가증권시장 상장기업 중 수익률 및 변동성, 영업과 관련된 수익성 지표들을 고려하여 장기 모멘텀이 상 위인 종목들을 구성 종목으로 편입하는 지수입니다.

KODEX 퀄리티Plus (A244660)

● 벤치마크 : **FnGuide 퀄리티PLUS 지수**
● 테마분류 : ━

● 위험등급 : **2등급**
● 평가등급(3년) : ━

펀드 현황

운용사(매니저)	삼성자산운용
판매사	━
설정일(존속기간)	2016.05.12 (1년4개월)
설정액	91.97억원
순자산	91.97억원

시장 정보 (2017년 09월 22일 기준)

52주최고(원)	10,645	수익률(12M, %)	3.66
52주최저(원)	8,250	수익률(YTD, %)	7.99
거래량(20일, 주)	388	변동성(120일)	0.01
거래대금(20일, 원)	3,704,002	구성종목수(개)	38
베타(1D/1Y)	0.546910	Spread(원)	0.93

누적 수익률

기간별 수익률 (%)

구분	수익률	BM초과	유형초과	%순위
1주	-1.62	-0.00	-4.00	98.21
1개월	-3.10	-0.02	-7.93	94.59
3개월	-8.10	-0.06	-12.77	98.55
6개월	5.90	-0.38	-11.82	87.76
연초이후	7.99	-0.33	-19.58	90.72
1년	3.66	0.72	-27.09	96.81
3년	━	━	━	━

보수 (%, 年)

TER	0.300
운용	0.250
판매	0.010
수탁	0.020
일반사무	0.020

투자 전략

이 투자신탁은 기본적으로 에프앤가이드가 산출,발표하는 FnGuide 퀄리티 Plus 지수를 완전복제하는방식으로 포트폴리오를 구성할 예정입니다. 본 투자신탁의 기초지수는 유가증권시장 상장기업 중 수익률 및 변동성, 영업과 관련된 수익성 지표들을 고려하여 영업 효율 및 수익이 상위인 종목들을 구성 종목으로 편입하는 지수입니다.

KODEX 밸류Plus (A244670)

● 벤치마크 : **FnGuide 밸류PLUS 지수**
● 테마분류 : ━

● 위험등급 : **2등급**
● 평가등급(3년) : ━

펀드 현황

운용사(매니저)	삼성자산운용
판매사	━
설정일(존속기간)	2016.05.12 (1년4개월)
설정액	81.01억원
순자산	81.01억원

시장 정보 (2017년 09월 22일 기준)

52주최고(원)	11,345	수익률(12M, %)	5.39
52주최저(원)	8,950	수익률(YTD, %)	2.84
거래량(20일, 주)	14,538	변동성(120일)	0.01
거래대금(20일, 원)	149,184,262	구성종목수(개)	43
베타(1D/1Y)	0.645230	Spread(원)	7.53

누적 수익률

기간별 수익률 (%)

구분	수익률	BM초과	유형초과	%순위
1주	-1.49	-0.00	-3.87	97.31
1개월	-5.66	-0.02	-10.49	99.55
3개월	-11.67	-0.02	-16.34	99.52
6개월	2.24	-0.39	-15.47	98.98
연초이후	2.84	-0.55	-24.72	99.48
1년	5.39	1.06	-25.36	94.15
3년	━	━	━	━

보수 (%, 年)

TER	0.300
운용	0.250
판매	0.010
수탁	0.020
일반사무	0.020

투자 전략

이 투자신탁은 기본적으로 에프앤가이드가 산출,발표하는 "FnGuide 밸류 Plus 지수를 완전복제하는방식으로 포트폴리오를 구성할 예정입니다.본 투자신탁의 기초지수는 유가증권시장 상장기업 중 PBR과 같은 가치지표, 영업과 관련된 수익성지표들을 고려하여 가치 지표가 상위인 종목들을 구성 종목으로 편입하는 지수입니다.

ARIRANG 스마트베타4종결합 (A244820)

● 벤치마크 : **KOSPI TR**
● 테마분류 : —

● 위험등급 : **2등급**
● 평가등급(3년) : —

펀드 현황

운용사(매니저)	한화자산운용
판매사	—
설정일(존속기간)	2016.05.18 (1년4개월)
설정액	54.56억원
순자산	54.56억원

시장 정보 (2017년 09월 22일 기준)

52주최고(원)	12,315	수익률(12M, %)	9.99
52주최저(원)	9,370	수익률(YTD, %)	7.27
거래량(20일, 주)	213	변동성(120일)	0.01
거래대금(20일, 원)	2,250,190	구성종목수(개)	119
베타(1D/1Y)	0.732550	Spread(원)	7.93

누적 수익률

기간별 수익률 (%)

구분	수익률	BM초과	유형초과	%순위
1주	-0.59	-0.36	-0.31	67.26
1개월	-1.06	-2.27	-3.44	96.41
3개월	-2.60	-4.79	-7.43	93.69
6개월	-1.51	-3.73	-6.18	87.44
연초이후	7.27	-3.44	-10.44	83.16
1년	9.99	-9.14	-17.57	88.14
3년	9.83	-10.64	-20.92	84.04

보수 (%, 年)

TER	0.350
운용	0.270
판매	0.040
수탁	0.010
일반사무	0.030

투자 전략

이 투자신탁은 와이즈에프엔(WISEfn)에서 산출하여 공표하는 추적대상지수인 WISE스마트베타지수의 성과를 가장 효율적으로 추종할 수 있도록, 추적대상지수를 구성하고 있는 종목 대부분을 편입합니다. 다만, 추적대상지수의 구성종목에 변경이 있을 경우에는 추적대상지수에 포함되지 않은 종목에 투자될 수도 있습니다.

TIGER 미국다우존스30 (A245340)

● 벤치마크 : **World - MSCI - NORTH AMERICA (KRW Unhedged)**
● 테마분류 : —

● 위험등급 : **2등급**
● 평가등급(3년) : —

펀드 현황

운용사(매니저)	미래에셋자산운용
판매사	—
설정일(존속기간)	2016.06.29 (1년2개월)
설정액	110.00억원
순자산	110.00억원

시장 정보 (2017년 09월 22일 기준)

52주최고(원)	12,770	수익률(12M, %)	7.46
52주최저(원)	9,815	수익률(YTD, %)	9.44
거래량(20일, 주)	2,596	변동성(120일)	0.00
거래대금(20일, 원)	32,296,036	구성종목수(개)	33
베타(1D/1Y)	0.036600	Spread(원)	-3.31

누적 수익률

기간별 수익률 (%)

구분	수익률	BM초과	유형초과	%순위
1주	0.65	1.03	0.45	4.20
1개월	1.32	0.94	0.95	3.50
3개월	3.16	1.13	-0.75	65.73
6개월	3.96	1.57	0.13	34.29
연초이후	9.44	2.14	2.18	12.69
1년	7.46	3.03	-5.23	71.19
3년	27.48	11.08	10.92	0.91

보수 (%, 年)

TER	0.350
운용	0.240
판매	0.050
수탁	0.030
일반사무	0.030

투자 전략

이 투자신탁은 S&P Dow Jones Indices에서 발표하는 "다우존스산업평균지수"를 기초지수로 하는 상장지수투자신탁으로서, 이 지수를 구성하는 미국에 상장된 주식에 투자신탁 자산총액의 60% 이상 투자하여 투자신탁의 수익률이 기초지수 수익률과 유사하도록 운용하는 것을 그 목적으로 합니다.

TIGER 유로스탁스배당30 (A245350)

- 벤치마크 : **World - MSCI - EUROPE (KRW Unhedged)**
- 테마분류 : —
- 위험등급 : **2등급**
- 평가등급(3년) : —

펀드 현황

운용사(매니저)	미래에셋자산운용
판매사	—
설정일(존속기간)	2016.06.29 (1년2개월)
설정액	100.00억원
순자산	100.00억원

시장 정보 (2017년 09월 22일 기준)

52주최고(원)	13,840	수익률(12M, %)	16.63
52주최저(원)	9,930	수익률(YTD, %)	18.25
거래량(20일, 주)	4,875	변동성(120일)	0.01
거래대금(20일, 원)	66,149,371	구성종목수(개)	33
베타(1D/1Y)	0.144050	Spread(원)	22.93

누적 수익률

기간별 수익률 (%)

구분	수익률	BM초과	유형초과	%순위
1주	-0.58	-0.16	-0.58	90.41
1개월	0.37	-0.49	0.02	34.25
3개월	2.35	-0.14	0.05	47.26
6개월	6.67	2.00	7.37	—
연초이후	18.25	5.67	11.45	—
1년	16.63	5.23	4.95	—
3년	32.69	11.91	13.97	—

보수 (%, 年)

TER	0.350
운용	0.240
판매	0.050
수탁	0.030
일반사무	0.030

투자 전략

이 투자신탁은 STOXX Limited에서 발표하는 "Euro STOXX Select Dividend 30 지수"를 기초지수로 하는 상장지수투자신탁으로서, 이 지수를 구성하는 유로존에 상장된 주식에 투자신탁 자산총액의 60% 이상 투자하여 투자신탁의 수익률이 기초지수 수익률과 유사하도록 운용하는 것을 그 목적으로 합니다.

TIGER 차이나HSCEI (A245360)

- 벤치마크 : **World - MSCI - EMF ASIA (KRW Unhedged)**
- 테마분류 : —
- 위험등급 : **2등급**
- 평가등급(3년) : —

펀드 현황

운용사(매니저)	미래에셋자산운용
판매사	—
설정일(존속기간)	2016.06.14 (1년3개월)
설정액	560.00억원
순자산	560.00억원

시장 정보 (2017년 09월 22일 기준)

52주최고(원)	13,410	수익률(12M, %)	15.93
52주최저(원)	10,820	수익률(YTD, %)	9.62
거래량(20일, 주)	86,344	변동성(120일)	0.01
거래대금(20일, 원)	1,148,644,579	구성종목수(개)	43
베타(1D/1Y)	0.463540	Spread(원)	69.92

누적 수익률

기간별 수익률 (%)

구분	수익률	BM초과	유형초과	%순위
1주	0.60	0.92	0.72	0.40
1개월	0.95	-0.38	0.47	28.16
3개월	4.04	0.52	-0.56	45.51
6개월	9.97	1.76	-1.25	46.76
연초이후	9.62	-6.98	-8.86	88.62
1년	15.93	-8.37	-12.37	79.23
3년	17.91	-7.03	-4.85	59.34

보수 (%, 年)

TER	0.350
운용	0.240
판매	0.050
수탁	0.030
일반사무	0.030

투자 전략

이 투자신탁은 중국(홍콩)에 상장된 주식을 주된 투자대상자산으로 하며, "HSCEI"를 기초지수로 하여 1좌당 순자산가치의 변동률을 원화로 환산한 기초지수의 변동률과 유사하도록 투자신탁 재산을 운용함을 목적으로 합니다.

KINDEX 베트남VN30(합성) (A245710)

● 벤치마크 : **World - MSCI - EMF ASIA (KRW Unhedged)**
● 테마분류 : ―

● 위험등급 : **2등급**
● 평가등급(3년) : ―

펀드 현황	
운용사(매니저)	한국투신운용
판매사	―
설정일(존속기간)	2016.06.28 (1년2개월)
설정액	350.00억원
순자산	350.00억원

시장 정보 (2017년 09월 22일 기준)			
52주최고(원)	12,100	수익률(12M, %)	17.11
52주최저(원)	9,655	수익률(YTD, %)	16.57
거래량(20일, 주)	77,928	변동성(120일)	0.01
거래대금(20일, 원)	925,271,964	구성종목수(개)	4
베타(1D/1Y)	-0.072910	Spread(원)	14.01

누적 수익률

기간별 수익률 (%)				
구분	수익률	BM초과	유형초과	%순위
1주	-0.11	0.20	―	54.41
1개월	-0.39	-1.71	-0.87	83.98
3개월	5.00	1.48	0.41	27.55
6개월	2.24	-5.97	-8.98	90.65
연초이후	16.57	-0.03	-1.91	45.39
1년	17.11	-7.20	-11.20	76.41
3년	17.63	-7.31	-5.13	60.93

보수 (%, 年)	
TER	0.700
운용	0.620
판매	0.020
수탁	0.030
일반사무	0.030

투자 전략

이 투자신탁은 베트남 호치민거래소(HOSE)가 산출·발표하는 VN30 지수(VN30 Price ReturnIndex)(이하 "지수"라 한다)의 변화에 연동하여 운용하기 위하여 이 투자신탁은 기초지수의 수익률 과 연동하여 수익이 결정되는 장외파생상품(Swap) 등에 주로 투자합니다. 또한, 동 지수수익률 추종을 위해 채권 및 어음, 기타 집합투자증권 등에도 일부 투자할 수 있습니다.

KODEX 가치투자 (A247780)

● 벤치마크 : **FnGuide 가치투자형 지수**
● 테마분류 : ―

● 위험등급 : **2등급**
● 평가등급(3년) : ―

펀드 현황	
운용사(매니저)	삼성자산운용
판매사	―
설정일(존속기간)	2016.06.23 (1년3개월)
설정액	79.94억원
순자산	79.94억원

시장 정보 (2017년 09월 22일 기준)			
52주최고(원)	12,335	수익률(12M, %)	16.06
52주최저(원)	9,670	수익률(YTD, %)	9.26
거래량(20일, 주)	207	변동성(120일)	0.01
거래대금(20일, 원)	2,408,458	구성종목수(개)	31
베타(1D/1Y)	0.669170	Spread(원)	24.83

누적 수익률

기간별 수익률 (%)				
구분	수익률	BM초과	유형초과	%순위
1주	-1.49	-0.00	-2.80	69.81
1개월	-3.96	-0.02	-6.53	66.04
3개월	-4.69	-0.04	-5.58	64.15
6개월	4.47	-0.53	-8.88	55.32
연초이후	9.26	-0.71	-8.09	57.45
1년	16.06	0.45	5.72	40.91
3년	―			

보수 (%, 年)	
TER	0.450
운용	0.390
판매	0.020
수탁	0.020
일반사무	0.020

투자 전략

이 투자신탁은 FnGuide社가 산출·발표하는 FnGuide 가치투자형 지수를 기초지수로 하여 1좌당 순자산가치의 변동률을 기초지수의 변동률과 유사하도록 투자신탁재산을 운용함을 그 운용목적으로 합니다.

KODEX 성장투자 (A247790)

- 벤치마크 : **FnGuide 성장투자형 지수**
- 테마분류 : —
- 위험등급 : **2등급**
- 평가등급(3년) : —

펀드 현황

운용사(매니저)	삼성자산운용
판매사	—
설정일(존속기간)	2016.06.23 (1년3개월)
설정액	79.49억원
순자산	79.49억원

시장 정보 (2017년 09월 22일 기준)

52주최고(원)	11,170	수익률(12M, %)	8.20
52주최저(원)	9,240	수익률(YTD, %)	5.58
거래량(20일, 주)	80	변동성(120일)	0.01
거래대금(20일, 원)	849,100	구성종목수(개)	32
베타(1D/1Y)	0.713400	Spread(원)	15.61

누적 수익률

기간별 수익률 (%)

구분	수익률	BM초과	유형초과	%순위
1주	-1.98	0.00	-3.29	75.47
1개월	-2.56	-0.11	-5.13	60.38
3개월	-5.10	-0.12	-5.99	66.04
6개월	3.91	-0.36	-9.44	61.70
연초이후	5.58	-0.28	-11.78	70.21
1년	8.20	1.12	-2.14	52.27
3년	—	—	—	—

보수 (%, 年)

TER	0.450
운용	0.390
판매	0.020
수탁	0.020
일반사무	0.020

투자 전략

이 투자신탁은 FnGuide社가 산출·발표하는 FnGuide 성장투자형 지수를 기초지수로 하여 1좌당 순자산가치의 변동률을 기초지수의 변동률과 유사하도록 투자신탁재산을 운용함을 그 운용목적으로 합니다.

KODEX 턴어라운드투자 (A247800)

- 벤치마크 : **FnGuide 턴어라운드투자형 지수**
- 테마분류 : —
- 위험등급 : **2등급**
- 평가등급(3년) : —

펀드 현황

운용사(매니저)	삼성자산운용
판매사	—
설정일(존속기간)	2016.06.23 (1년3개월)
설정액	80.11억원
순자산	80.11억원

시장 정보 (2017년 09월 22일 기준)

52주최고(원)	11,885	수익률(12M, %)	7.72
52주최저(원)	9,495	수익률(YTD, %)	5.27
거래량(20일, 주)	273	변동성(120일)	0.01
거래대금(20일, 원)	2,969,701	구성종목수(개)	31
베타(1D/1Y)	0.705830	Spread(원)	22.88

누적 수익률

기간별 수익률 (%)

구분	수익률	BM초과	유형초과	%순위
1주	-1.99	0.00	-3.30	77.36
1개월	-4.76	-0.13	-7.32	79.25
3개월	-7.48	-0.17	-8.37	69.81
6개월	1.41	-0.42	-11.94	72.34
연초이후	5.27	-0.55	-12.08	72.34
1년	7.72	0.70	-2.62	56.82
3년	—	—	—	—

보수 (%, 年)

TER	0.450
운용	0.390
판매	0.020
수탁	0.020
일반사무	0.020

투자 전략

이 투자신탁은 FnGuide社가 산출·발표하는 FnGuide 턴어라운드투자형 지수를 기초지수로 하여 1좌당 순자산가치의 변동률을 기초지수의 변동률과 유사하도록 투자신탁재산을 운용함을 그 운용목적으로합니다.

TIGER 일본TOPIX헬스케어(합성) (A248260)

- 벤치마크 : **World - MSCI - AC ASIA PACIFIC FREE (KRW Unhedged)**
- 테마분류 : —
- 위험등급 : **2등급**
- 평가등급(3년) : —

펀드 현황

운용사(매니저)	미래에셋자산운용
판매사	—
설정일(존속기간)	2016.06.29 (1년2개월)
설정액	100.00억원
순자산	100.00억원

시장 정보 (2017년 09월 22일 기준)

52주최고(원)	9,455	수익률(12M, %)	2.49
52주최저(원)	8,325	수익률(YTD, %)	4.29
거래량(20일, 주)	1,957	변동성(120일)	0.01
거래대금(20일, 원)	18,244,423	구성종목수(개)	5
베타(1D/1Y)	-0.092030	Spread(원)	-38.63

누적 수익률

설정액(좌,억원) —Fund(우,%) —BM(우,%)

기간별 수익률 (%)

구분	수익률	BM초과	유형초과	%순위
1주	-0.64	0.19	-0.67	95.24
1개월	-1.13	-1.88	-2.30	96.49
3개월	0.61	-0.73	-3.57	99.55
6개월	-1.35	-6.36	-7.62	100.00
연초이후	4.29	-5.63	-11.38	98.98
1년	2.49	-10.49	-18.11	100.00
3년	-0.70	-17.22	-23.77	100.00

보수 (%, 年)

TER	0.400
운용	0.300
판매	0.045
수탁	0.025
일반사무	0.030

투자 전략

이 투자신탁은TSE(Tokyo Stock Exchange, Inc)가 발표하는"TOPIX-1 7 Pharmaceutical지수"를 기초지수로 하는 상장지수투자신탁으로서, 기초지수의 수익률 추종을 목적으로 장외파생상품에 주로 투자합니다.

TIGER S&P글로벌헬스케어(합성) (A248270)

- 벤치마크 : **World - MSCI - AC WORLD INDEX FREE (KRW Unhedged)**
- 테마분류 : —
- 위험등급 : **2등급**
- 평가등급(3년) : —

펀드 현황

운용사(매니저)	미래에셋자산운용
판매사	—
설정일(존속기간)	2016.06.29 (1년2개월)
설정액	100.00억원
순자산	100.00억원

시장 정보 (2017년 09월 22일 기준)

52주최고(원)	11,150	수익률(12M, %)	12.17
52주최저(원)	9,105	수익률(YTD, %)	10.39
거래량(20일, 주)	391	변동성(120일)	0.01
거래대금(20일, 원)	4,313,330	구성종목수(개)	5
베타(1D/1Y)	-0.045250	Spread(원)	20.73

누적 수익률

설정액(좌,억원) —Fund(우,%) —BM(우,%)

기간별 수익률 (%)

구분	수익률	BM초과	유형초과	%순위
1주	0.27	0.76	0.04	46.75
1개월	-0.68	-1.21	-0.80	73.58
3개월	4.27	2.29	0.22	35.10
6개월	1.95	-1.71	-4.22	80.97
연초이후	10.39	1.47	4.22	12.74
1년	12.17	4.52	-0.01	39.11
3년	13.35	-4.01	3.65	44.57

보수 (%, 年)

TER	0.400
운용	0.300
판매	0.045
수탁	0.025
일반사무	0.030

투자 전략

이 투자신탁은 S&P Dow Jones Indices가 발표하는"S&P Global 1200 Health Care 지수"를 기초지수로 하는 상장지수투자신탁으로서, 기초지수의 수익률 추종을 목적으로 장외파생상품에 주로 투자합니다.

KBSTAR 차이나H주(H) (A250730)

- 벤치마크 : **World - MSCI - EMF ASIA (KRW Unhedged)**
- 테마분류 : —
- 위험등급 : **2등급**
- 평가등급(3년) : —

펀드 현황

운용사(매니저)	KB자산운용
판매사	—
설정일(존속기간)	2016.08.04 (1년1개월)
설정액	80.00억원
순자산	80.00억원

시장 정보 (2017년 09월 22일 기준)

52주최고(원)	12,825	수익률(12M, %)	23.70
52주최저(원)	9,970	수익률(YTD, %)	8.66
거래량(20일, 주)	22	변동성(120일)	0.01
거래대금(20일, 원)	279,308	구성종목수(개)	45
베타(1D/1Y)	0.513600	Spread(원)	49.33

누적 수익률

기간별 수익률 (%)

구분	수익률	BM초과	유형초과	%순위
1주	0.22	0.53	0.33	19.03
1개월	0.82	-0.50	0.34	34.73
3개월	4.34	0.83	-0.25	39.76
6개월	10.82	2.61	-0.39	39.21
연초이후	8.66	-7.93	-9.82	92.83
1년	23.70	-0.60	-4.60	52.82
3년	16.36	-8.58	-6.40	66.95

보수 (%, 年)

TER	0.400
운용	0.290
판매	0.050
수탁	0.030
일반사무	0.030

투자 전략

이 투자신탁은 홍콩에 상장된 중국관련 주식 및 파생상품을 법에서 정하는 주된 투자대상으로 하며,기초지수인 HSCEI(Hang Seng China Enterprises Index)(이하 "기초지수"라 한다) 지수의 수익률과 유사한 수익률을 실현하는 것을 목표로 하는 상장지수 투자신탁입니다.

TIGER 코스닥150선물인버스 (A250780)

- 벤치마크 : **F-코스닥150 지수**
- 테마분류 : —
- 위험등급 : **1등급**
- 평가등급(3년) : —

펀드 현황

운용사(매니저)	미래에셋자산운용
판매사	—
설정일(존속기간)	2016.08.09 (1년1개월)
설정액	75.00억원
순자산	75.00억원

시장 정보 (2017년 09월 22일 기준)

52주최고(원)	11,690	수익률(12M, %)	-15.87
52주최저(원)	8,825	수익률(YTD, %)	-17.87
거래량(20일, 주)	84,114	변동성(120일)	0.01
거래대금(20일, 원)	776,911,594	구성종목수(개)	4
베타(1D/1Y)	-0.985330	Spread(원)	-53.77

누적 수익률

기간별 수익률 (%)

구분	수익률	BM초과	유형초과	%순위
1주	0.78	—	0.87	—
1개월	-1.57	—	0.72	18.52
3개월	-7.41	—	-3.30	100.00
6개월	-5.84	—	-1.32	71.15
연초이후	-17.87	—	-4.18	76.92
1년	-15.87	—	6.30	19.23
3년	-10.98	—	13.91	11.63

보수 (%, 年)

TER	0.320
운용	0.250
판매	0.030
수탁	0.020
일반사무	0.020

투자 전략

이 투자신탁은 국내 주식관련장내파생상품을 주된 투자대상자산으로 하며, 코스닥150 지수선물의 가격수준을 표시하는 지수인"F-코스닥150 지수"를 기초지수로 하여 1좌당 순자산가치의 일간변동률을 기초지수의 일간변동률의 음(陰)의 1배수로 연동하여 투자신탁재산을 운용함을 목적으로 합니다.

KODEX 코스닥150선물인버스 (A251340)

● 벤치마크 : **F-코스닥150 지수** ● 위험등급 : **1등급**
● 테마분류 : — ● 평가등급(3년) :

펀드 현황	
운용사(매니저)	삼성자산운용
판매사	—
설정일(존속기간)	2016.08.09 (1년1개월)
설정액	190.00억원
순자산	190.00억원

시장 정보 (2017년 09월 22일 기준)			
52주최고(원)	11,670	수익률(12M, %)	-16.25
52주최저(원)	8,755	수익률(YTD, %)	-18.23
거래량(20일, 주)	318,216	변동성(120일)	0.01
거래대금(20일, 원)	2,886,962,904	구성종목수(개)	4
베타(1D/1Y)	-0.971310	Spread(원)	-45.78

누적 수익률

기간별 수익률 (%)				
구분	수익률	BM초과	유형초과	%순위
1주	0.67	—	0.77	3.70
1개월	-1.68	—	0.61	31.48
3개월	-7.35	—	-3.24	98.15
6개월	-5.97	—	-1.44	73.08
연초이후	-18.23	—	-4.54	78.85
1년	-16.25	—	5.92	21.15
3년	-11.33	—	13.56	13.95

보수 (%, 年)	
TER	0.640
운용	0.550
판매	0.050
수탁	0.020
일반사무	0.020

투자 전략

이 투자신탁은 KOSDAQ150 지수선물의 가격수준을 종합적으로 표시하는 F-KOSDAQ15
0 지수(이하"기초지수"라 한다)를 기초지수로 하여 1좌당 순자산가치의 일간변동률을 기초지수
일간변동률의 음(陰)의 1배수로 연하여 투자신탁재산을 운용함을 그 운용목적으로 합니다.

KODEX 선진국MSCI World (A251350)

● 벤치마크 : **World - MSCI - AC WORLD INDEX FREE (KRW Unhedged)** ● 위험등급 : **2등급**
● 테마분류 : — ● 평가등급(3년) : —

펀드 현황	
운용사(매니저)	삼성자산운용
판매사	—
설정일(존속기간)	2016.08.08 (1년1개월)
설정액	1,000.00억원
순자산	1,000.00억원

시장 정보 (2017년 09월 22일 기준)			
52주최고(원)	12,055	수익률(12M, %)	7.83
52주최저(원)	9,810	수익률(YTD, %)	9.20
거래량(20일, 주)	4,439	변동성(120일)	0.01
거래대금(20일, 원)	52,678,239	구성종목수(개)	1,635
베타(1D/1Y)	0.125210	Spread(원)	1.70

누적 수익률

기간별 수익률 (%)				
구분	수익률	BM초과	유형초과	%순위
1주	0.10	0.59	0.06	27.17
1개월	0.38	-0.16	0.04	52.00
3개월	2.79	0.81	-0.06	65.31
6개월	2.97	-0.69	0.53	52.48
연초이후	9.20	0.27	1.61	40.09
1년	7.83	0.18	-5.27	84.34
3년	20.40	3.04	4.88	17.53

보수 (%, 年)	
TER	0.500
운용	0.370
판매	0.050
수탁	0.040
일반사무	0.040

투자 전략

이 투자신탁은 MSCI World Index(이하 "기초지수"라 한다. 원화환산기준)를 추적
대상 지수로 하여 1좌당순자산가치의 변동률을 추적대상지수의 변동률과 유사하도록 투자신탁재산을
운용함을 그 운용목적으로 합니다.

ARIRANG 고배당저변동50 (A251590)

- 벤치마크 :　**FnGuide 고배당저변동50 지수**
- 테마분류 :　—
- 위험등급 :　**2등급**
- 평가등급(3년) :　—

펀드 현황

운용사(매니저)	한화자산운용
판매사	—
설정일(존속기간)	2016.08.10 (1년1개월)
설정액	191.78억원
순자산	191.78억원

시장 정보 (2017년 09월 22일 기준)

52주최고(원)	12,065	수익률(12M, %)	15.00
52주최저(원)	9,785	수익률(YTD, %)	10.30
거래량(20일, 주)	13,092	변동성(120일)	0.01
거래대금(20일, 원)	150,070,569	구성종목수(개)	49
베타(1D/1Y)	0.631900	Spread(원)	10.27

누적 수익률

기간별 수익률 (%)

구분	수익률	BM초과	유형초과	%순위
1주	0.26	-0.01	-1.05	45.28
1개월	-3.69	-0.02	-6.26	64.15
3개월	-1.38	-0.06	-2.27	52.83
6개월	7.21	-0.10	-6.14	51.06
연초이후	10.30	-0.14	-7.05	55.32
1년	15.00	2.70	4.66	43.18
3년	—			

보수 (%, 年)

TER	0.230
운용	0.160
판매	0.020
수탁	0.020
일반사무	0.030

투자 전략

이 투자신탁은 국내 주식을 주된 투자대상자산으로 하고, 수익증권 1좌당 순자산가치의 변동률을 에프앤가이드(FnGuide)에서 산출하여 공표하는 추적대상지수인 FnGuide 고배당저변동 50지수의 변동률과 유사하도록 운용함을 목적으로 합니다.

ARIRANG 고배당주채권혼합 (A251600)

- 벤치마크 :　**FnGuide 고배당주 채권혼합 지수**
- 테마분류 :　—
- 위험등급 :　**4등급**
- 평가등급(3년) :　—

펀드 현황

운용사(매니저)	한화자산운용
판매사	—
설정일(존속기간)	2016.08.10 (1년1개월)
설정액	211.21억원
순자산	211.21억원

시장 정보 (2017년 09월 22일 기준)

52주최고(원)	10,895	수익률(12M, %)	7.69
52주최저(원)	9,935	수익률(YTD, %)	6.98
거래량(20일, 주)	14,332	변동성(120일)	0.00
거래대금(20일, 원)	153,072,412	구성종목수(개)	37
베타(1D/1Y)	0.338490	Spread(원)	-23.19

누적 수익률

기간별 수익률 (%)

구분	수익률	BM초과	유형초과	%순위
1주	0.28	0.00	0.23	29.83
1개월	-0.81	-0.01	-0.80	93.77
3개월	1.50	0.05	1.90	13.65
6개월	3.97	-0.01	1.51	25.25
연초이후	6.98	-0.06	3.57	13.97
1년	7.69	1.14	4.93	13.40
3년	—			

보수 (%, 年)

TER	0.200
운용	0.130
판매	0.020
수탁	0.020
일반사무	0.030

투자 전략

이 투자신탁은 국내 채권을 주된 투자대상자산으로 하고, 국내 주식에도 일부 투자하며, 수익증권1좌당 순자산가치의 변동률을 에프앤가이드(FnGuide)에서 산출하여 공표하는 추적대상지수인 FnGuide고배당주 채권혼합 지수의 변동률과 유사하도록 운용함을 목적으로 합니다.

KINDEX 코스닥(합성) (A251890)

● 벤치마크 : **KOSPI TR**
● 테마분류 : —

● 위험등급 : **1등급**
● 평가등급(3년) : —

펀드 현황

운용사(매니저)	한국투신운용
판매사	—
설정일(존속기간)	2016.09.01 (1년)
설정액	100.00억원
순자산	100.00억원

시장 정보 (2017년 09월 22일 기준)

52주최고(원)	10,180	수익률(12M, %)	4.26
52주최저(원)	8,500	수익률(YTD, %)	8.10
거래량(20일, 주)	107	변동성(120일)	0.01
거래대금(20일, 원)	1,034,171	구성종목수(개)	3
베타(1D/1Y)	0.802180	Spread(원)	17.35

누적 수익률

설정액(좌,억원) ─Fund(우,%) ─BM(우,%)

기간별 수익률 (%)

구분	수익률	BM초과	유형초과	%순위
1주	-1.04	-0.80	-0.76	93.27
1개월	-0.66	-1.87	-3.04	90.58
3개월	3.10	0.92	-1.73	59.91
6개월	-0.82	-3.04	-5.49	86.47
연초이후	8.10	-2.61	-9.61	78.57
1년	4.26	-14.87	-23.31	97.94
3년	-3.11	-23.58	-33.86	98.40

보수 (%, 年)

TER	0.300
운용	0.230
판매	0.020
수탁	0.020
일반사무	0.030

투자 전략

이 투자신탁은 한국거래소(KRX)가 산출 · 발표하는 "코스닥150 지수(KRX KOSDAQ150 Index)"를 기초지수로 하여 1좌당 순자산가치의 변동율을 기초지수 일간 변동률의 양(+)의 2배수와 유사하도록 투자신탁재산을 운용함을 목적으로 하며, 투자목적 달성을 위해 국내 주식 및 국내주식관련파생상품에 투자신탁 자산총액의 60%이상을 투자합니다.

TIGER 200동일가중 (A252000)

● 벤치마크 : **KOSPI TR**
● 테마분류 : —

● 위험등급 : **2등급**
● 평가등급(3년) : —

펀드 현황

운용사(매니저)	미래에셋자산운용
판매사	—
설정일(존속기간)	2016.09.19 (1년)
설정액	118.50억원
순자산	118.50억원

시장 정보 (2017년 09월 22일 기준)

52주최고(원)	11,175	수익률(12M, %)	7.47
52주최저(원)	9,385	수익률(YTD, %)	5.33
거래량(20일, 주)	4,846	변동성(120일)	0.01
거래대금(20일, 원)	50,717,693	구성종목수(개)	201
베타(1D/1Y)	0.608190	Spread(원)	91.20

누적 수익률

설정액(좌,억원) ─Fund(우,%) ─BM(우,%)

기간별 수익률 (%)

구분	수익률	BM초과	유형초과	%순위
1주	-0.90	-0.66	-0.62	87.44
1개월	-0.60	-1.81	-2.98	88.79
3개월	-1.73	-3.92	-6.57	85.14
6개월	-3.84	-6.06	-8.51	92.27
연초이후	5.33	-5.39	-12.39	90.82
1년	7.47	-11.65	-20.09	93.30
3년	6.73	-13.74	-24.02	92.55

보수 (%, 年)

TER	0.250
운용	0.200
판매	0.010
수탁	0.020
일반사무	0.020

투자 전략

이 투자신탁은 한국거래소가 발표하는 "코스피 200 동일가중 지수"를 기초지수로 하는 상장지수투자신탁으로서, 투자목적 달성을 위해서 국내 거래소에 상장된 주식에 투자신탁 자산총액의 60% 이상을 투자합니다.

KBSTAR 200선물레버리지 (A252400)

- 벤치마크 : **KOSPI TR**
- 테마분류 : —
- 위험등급 : **1등급**
- 평가등급(3년) : —

펀드 현황

운용사(매니저)	KB자산운용
판매사	—
설정일(존속기간)	2016.09.08 (1년)
설정액	140.00억원
순자산	140.00억원

시장 정보 (2017년 09월 22일 기준)

52주최고(원)	15,700	수익률(12M, %)	47.51
52주최저(원)	9,335	수익률(YTD, %)	24.44
거래량(20일, 주)	81,008	변동성(120일)	0.01
거래대금(20일, 원)	1,171,001,064	구성종목수(개)	4
베타(1D/1Y)	1.907910	Spread(원)	17.22

누적 수익률

기간별 수익률 (%)

구분	수익률	BM초과	유형초과	%순위
1주	0.16	0.39	0.44	2.24
1개월	3.71	2.50	1.33	18.39
3개월	6.52	4.33	1.69	13.06
6개월	6.50	4.28	1.83	15.46
연초이후	24.44	13.73	6.73	15.31
1년	47.51	28.39	19.95	10.31
3년	54.46	33.99	23.70	10.64

보수 (%, 年)

TER	0.600
운용	0.450
판매	0.100
수탁	0.020
일반사무	0.030

투자 전략

이 투자신탁은 한국거래소가 산출하는 "F-KOSPI200 지수"를 기초지수로 하여 1좌당 순자산가치의 일간변동률을 기초지수의 일간변동률의 양(陽)의 2배수로 연동하여 투자신탁재산을 운용하는 것을 목표로 합니다.

KBSTAR 200선물인버스 (A252410)

- 벤치마크 : **코스피 200 선물지수**
- 테마분류 : —
- 위험등급 : **2등급**
- 평가등급(3년) : —

펀드 현황

운용사(매니저)	KB자산운용
판매사	—
설정일(존속기간)	2016.09.08 (1년)
설정액	140.00억원
순자산	140.00억원

시장 정보 (2017년 09월 22일 기준)

52주최고(원)	10,320	수익률(12M, %)	-18.39
52주최저(원)	7,890	수익률(YTD, %)	-11.00
거래량(20일, 주)	8,848	변동성(120일)	0.01
거래대금(20일, 원)	72,689,586	구성종목수(개)	5
베타(1D/1Y)	-0.995780	Spread(원)	-17.50

누적 수익률

기간별 수익률 (%)

구분	수익률	BM초과	유형초과	%순위
1주	-0.08	—	0.02	75.93
1개월	-1.85	—	0.44	42.59
3개월	-3.27	—	0.84	62.96
6개월	-3.49	—	1.04	46.15
연초이후	-11.00	—	2.69	53.85
1년	-18.39	—	3.78	59.62
3년	-20.63	—	4.26	65.12

보수 (%, 年)

TER	0.600
운용	0.450
판매	0.100
수탁	0.020
일반사무	0.030

투자 전략

이 투자신탁은 국내주식관련 장내파생상품을 법에서 정하는 주된 투자대상으로 하며, 한국거래소가 산출하는 "F-KOSPI200 지수"를 기초지수로 하여 1좌당 순자산가치의 일간변동률을 기초지수의 일간 변동률의 음(陰)의 1배수로 연동하여 투자신탁재산을 운용하는 것을 목적으로 하는 투자신탁입니다

KBSTAR 200선물인버스2X (A252420)

- 벤치마크 : **코스피 200 선물지수**
- 테마분류 : —

- 위험등급 : **1등급**
- 평가등급(3년) : —

펀드 현황

운용사(매니저)	KB자산운용
판매사	
설정일(존속기간)	2016.09.21 (1년)
설정액	1,850.00억원
순자산	1,850.00억원

시장 정보 (2017년 09월 22일 기준)

52주최고(원)	10,475	수익률(12M, %)	-34.12
52주최저(원)	6,090	수익률(YTD, %)	-21.40
거래량(20일, 주)	645,742	변동성(120일)	0.01
거래대금(20일, 원)	4,288,034,852	구성종목수(개)	6
베타(1D/1Y)	-1.936770	Spread(원)	-11.24

누적 수익률

설정액(좌,억원) ━ Fund(우,%) ━ BM(우,%)

기간별 수익률 (%)

구분	수익률	BM초과	유형초과	%순위
1주	-0.14	—	-0.04	79.63
1개월	-3.76	—	-1.47	87.04
3개월	-6.53	—	-2.42	85.19
6개월	-7.26	—	-2.74	78.85
연초이후	-21.40	—	-7.71	84.62
1년	-34.12	—	-11.95	84.62
3년	-37.96	—	-13.07	95.35

보수 (%, 年)

TER	0.600
운용	0.450
판매	0.100
수탁	0.020
일반사무	0.030

투자 전략

이 투자신탁은 한국거래소가 산출하는 "F-KOSPI200 지수"를 기초지수로 하여 1좌당 순자산가치의일간변동률를 기초지수의 일간변동률의 음(陰)의 2배수로 연동하여 투자신탁재산을 운용하는 것을 목표로 합니다.

KODEX 200동일가중 (A252650)

- 벤치마크 : **KOSPI TR**
- 테마분류 : —

- 위험등급 : **2등급**
- 평가등급(3년) : —

펀드 현황

운용사(매니저)	삼성자산운용
판매사	
설정일(존속기간)	2016.09.19 (1년)
설정액	217.25억원
순자산	217.25억원

시장 정보 (2017년 09월 22일 기준)

52주최고(원)	11,215	수익률(12M, %)	7.26
52주최저(원)	9,425	수익률(YTD, %)	5.05
거래량(20일, 주)	16,074	변동성(120일)	0.01
거래대금(20일, 원)	171,160,460	구성종목수(개)	201
베타(1D/1Y)	0.768920	Spread(원)	22.59

누적 수익률

설정액(좌,억원) ━ Fund(우,%) ━ BM(우,%)

기간별 수익률 (%)

구분	수익률	BM초과	유형초과	%순위
1주	-0.88	-0.65	-0.60	86.55
1개월	-0.60	-1.82	-2.98	89.24
3개월	-1.73	-3.92	-6.56	84.68
6개월	-3.81	-6.03	-8.48	91.79
연초이후	5.05	-5.66	-12.66	92.35
1년	7.26	-11.87	-20.31	93.81
3년	6.48	-13.99	-24.28	93.62

보수 (%, 年)

TER	0.250
운용	0.200
판매	0.010
수탁	0.020
일반사무	0.020

투자 전략

이 투자신탁은 기본적으로 한국거래소(KRX)가 산출,발표하는 코스피200동일가중지수를 완전복제 하는 방식으로 포트폴리오를 구성할 예정입니다.

KODEX 200선물인버스2X （A252670）

- 벤치마크 : **코스피 200 선물지수**
- 테마분류 : **—**
- 위험등급 : **1등급**
- 평가등급(3년) : **—**

펀드 현황

운용사(매니저)	삼성자산운용
판매사	—
설정일(존속기간)	2016.09.21 (1년)
설정액	6,890.00억원
순자산	6,890.00억원

시장 정보 (2017년 09월 22일 기준)

52주최고(원)	10,465	수익률(12M, %)	-34.13
52주최저(원)	6,085	수익률(YTD, %)	-21.43
거래량(20일, 주)	9,340,045	변동성(120일)	0.01
거래대금(20일, 원)	61,074,191,397	구성종목수(개)	4
베타(1D/1Y)	-1.963010	Spread(원)	-20.03

누적 수익률

설정액(좌,억원) — Fund(우,%) — BM(우,%)

기간별 수익률 (%)

구분	수익률	BM초과	유형초과	%순위
1주	-0.15	—	-0.06	83.33
1개월	-3.71	—	-1.42	85.19
3개월	-6.55	—	-2.45	88.89
6개월	-7.28	—	-2.76	80.77
연초이후	-21.43	—	-7.74	86.54
1년	-34.13	—	-11.96	86.54
3년	-37.99	—	-13.10	97.67

보수 (%, 年)

TER	0.640
운용	0.580
판매	0.020
수탁	0.020
일반사무	0.020

투자 전략

이 투자신탁의 순자산가치의 일간변동률을 F-KOSPI200 지수의 일별 수익률의 음(陰) 2 배수(-2배수)의수익률로 추적하고자 하는 운용목적을 달성하기 위하여 KOSPI200 지수 관련 파생상품 및 집합투자기구 등으로 포트폴리오를 구성하고, 필요에 따라 증권의 차입 등 기타 효율적인 방법을 활용할 예정입니다.

TIGER 200선물인버스2X （A252710）

- 벤치마크 : **코스피 200 선물지수**
- 테마분류 : **—**
- 위험등급 : **1등급**
- 평가등급(3년) : **—**

펀드 현황

운용사(매니저)	미래에셋자산운용
판매사	—
설정일(존속기간)	2016.09.21 (1년)
설정액	2,550.00억원
순자산	2,550.00억원

시장 정보 (2017년 09월 22일 기준)

52주최고(원)	10,480	수익률(12M, %)	-33.79
52주최저(원)	6,130	수익률(YTD, %)	-21.16
거래량(20일, 주)	1,945,944	변동성(120일)	0.01
거래대금(20일, 원)	12,829,147,754	구성종목수(개)	5
베타(1D/1Y)	-1.960140	Spread(원)	-9.31

누적 수익률

설정액(좌,억원) — Fund(우,%) — BM(우,%)

기간별 수익률 (%)

구분	수익률	BM초과	유형초과	%순위
1주	-0.17	—	-0.07	87.04
1개월	-3.67	—	-1.38	81.48
3개월	-6.49	—	-2.38	79.63
6개월	-7.10	—	-2.57	75.00
연초이후	-21.16	—	-7.47	80.77
1년	-33.79	—	-11.62	80.77
3년	-37.50	—	-12.61	90.70

보수 (%, 年)

TER	0.090
운용	0.050
판매	0.010
수탁	0.020
일반사무	0.010

투자 전략

이 투자신탁은 한국거래소가 발표하는 "코스피 200 선물지수"를 기초지수로 하는 상장지수투자신탁으로서, 국내 주식관련 장내파생상품 투자에 따른 위험평가액이 투자신탁 자산총액의 60% 이상이 되도록 투자하여 1좌당 순자산가치의 일간변동률을 코스피 200 선물지수의 일간변동률의 음(陰)의 2배수에 연동하도록 투자신탁재산을 운용함을 목적으로 합니다.

KBSTAR 모멘텀밸류 (A252720)

- 벤치마크 : **FnGuide 모멘텀&로우볼 지수**
- 테마분류 : —
- 위험등급 : **2등급**
- 평가등급(3년) : —

펀드 현황

운용사(매니저)	KB자산운용
판매사	—
설정일(존속기간)	2016.10.13 (11개월)
설정액	83.25억원
순자산	83.25억원

시장 정보 (2017년 09월 22일 기준)

52주최고(원)	13,320	수익률(12M, %)	—
52주최저(원)	9,600	수익률(YTD, %)	26.97
거래량(20일, 주)	1,068	변동성(120일)	0.01
거래대금(20일, 원)	13,630,054	구성종목수(개)	51
베타(1D/1Y)	1.035540	Spread(원)	11.59

누적 수익률

설정액(좌,억원) · Fund(우,%) · BM(우,%)

기간별 수익률 (%)

구분	수익률	BM초과	유형초과	%순위
1주	2.60	-0.24	0.22	30.49
1개월	2.00	-1.90	-2.83	66.67
3개월	5.21	-0.73	0.54	28.99
6개월	13.14	-3.25	-4.57	55.10
연초이후	26.97	0.90	-0.59	40.72
1년	—	—	—	—
3년	—	—	—	—

보수 (%, 年)

TER	0.350
운용	0.300
판매	0.010
수탁	0.020
일반사무	0.020

투자 전략

이 투자신탁은 국내주식을 주된 투자대상으로 하며, FnGuide가 산출하는 FnGuide 모멘텀&밸류 지수(FnGuide Momentum&Value Index)를 기초지수로 하여 1좌당 순자산가치의 변동률을 기초지수의 변동률과 유사하도록 투자신탁재산을 운용하는 것을 목적으로 하는 투자신탁입니다.

KBSTAR 모멘텀로우볼 (A252730)

- 벤치마크 : **FnGuide 모멘텀&밸류 지수**
- 테마분류 : —
- 위험등급 : **2등급**
- 평가등급(3년) : —

펀드 현황

운용사(매니저)	KB자산운용
판매사	—
설정일(존속기간)	2016.10.13 (11개월)
설정액	73.00억원
순자산	73.00억원

시장 정보 (2017년 09월 22일 기준)

52주최고(원)	12,640	수익률(12M, %)	—
52주최저(원)	9,570	수익률(YTD, %)	25.53
거래량(20일, 주)	108	변동성(120일)	0.01
거래대금(20일, 원)	1,304,437	구성종목수(개)	51
베타(1D/1Y)	0.995370	Spread(원)	-2.39

누적 수익률

설정액(좌,억원) · Fund(우,%) · BM(우,%)

기간별 수익률 (%)

구분	수익률	BM초과	유형초과	%순위
1주	2.82	0.18	0.44	20.18
1개월	3.83	1.75	-1.00	50.00
3개월	5.91	0.72	1.24	25.60
6개월	16.28	3.08	-1.43	43.37
연초이후	25.53	-1.95	-2.03	46.91
1년	—	—	—	—
3년	—	—	—	—

보수 (%, 年)

TER	0.350
운용	0.300
판매	0.010
수탁	0.020
일반사무	0.020

투자 전략

이 투자신탁은 국내주식을 주된 투자대상으로 하며, FnGuide가 산출하는 FnGuide 모멘텀&로우볼 지수(FnGuide Momentum&LowVol Index)를 기초지수로 하여 1좌당 순자산가치의 변동률을 기초지수의 변동률과 유사하도록 투자신탁재산을 운용하는 것을 목적으로 하는 투자신탁입니다.

ARIRANG 200선물레버리지 (A253150)

● 벤치마크 : **KOSPI TR**
● 테마분류 : ㅡ
● 위험등급 : **2등급**
● 평가등급(3년) : ㅡ

펀드 현황

운용사(매니저)	한화자산운용
판매사	ㅡ
설정일(존속기간)	2016.09.27 (12개월)
설정액	80.00억원
순자산	80.00억원

시장 정보 (2017년 09월 22일 기준)

52주최고(원)	30,965	수익률(12M, %)	ㅡ
52주최저(원)	18,355	수익률(YTD, %)	24.84
거래량(20일, 주)	1,736	변동성(120일)	0.01
거래대금(20일, 원)	48,858,908	구성종목수(개)	4
베타(1D/1Y)	1.909570	Spread(원)	5.27

누적 수익률

(억원) / (%)

'16/09 '17/01 '17/05

설정액(좌,억원) ━━Fund(우,%) ━━BM(우,%)

기간별 수익률 (%)

구분	수익률	BM초과	유형초과	%순위
1주	0.15	0.39	0.43	3.14
1개월	3.72	2.50	1.34	17.94
3개월	6.58	4.39	1.74	12.16
6개월	6.69	4.47	2.02	10.63
연초이후	24.84	14.13	7.13	10.20
1년	48.02	28.90	20.46	6.70
3년	ㅡ	ㅡ	ㅡ	ㅡ

보수 (%, 年)

TER	0.060
운용	0.015
판매	0.005
수탁	0.020
일반사무	0.020

투자 전략

이 투자신탁은 수익증권 1좌당 순자산가치의 변동률을 한국거래소에서 산출하여 공표하는추적대상지수인 F-KOSPI200지수의 일간변동률의 양(陽)의 2배와 유사하도록 운용함을 목적으로합니다.

ARIRANG 200선물인버스2X (A253160)

● 벤치마크 : **코스피 200 선물지수**
● 테마분류 : ㅡ
● 위험등급 : **1등급**
● 평가등급(3년) : ㅡ

펀드 현황

운용사(매니저)	한화자산운용
판매사	ㅡ
설정일(존속기간)	2016.09.20 (1년)
설정액	60.00억원
순자산	60.00억원

시장 정보 (2017년 09월 22일 기준)

52주최고(원)	20,705	수익률(12M, %)	-33.87
52주최저(원)	12,115	수익률(YTD, %)	-21.22
거래량(20일, 주)	4,467	변동성(120일)	0.01
거래대금(20일, 원)	58,560,572	구성종목수(개)	5
베타(1D/1Y)	-1.974340	Spread(원)	-18.10

누적 수익률

(억원) / (%)

'16/09 '17/01 '17/05

설정액(좌,억원) ━━Fund(우,%) ━━BM(우,%)

기간별 수익률 (%)

구분	수익률	BM초과	유형초과	%순위
1주	-0.16	ㅡ	-0.06	85.19
1개월	-3.71	ㅡ	-1.42	83.33
3개월	-6.53	ㅡ	-2.42	83.33
6개월	-7.13	ㅡ	-2.60	76.92
연초이후	-21.22	ㅡ	-7.53	82.69
1년	-33.87	ㅡ	-11.70	82.69
3년	-37.63	ㅡ	-12.74	93.02

보수 (%, 年)

TER	0.060
운용	0.015
판매	0.005
수탁	0.020
일반사무	0.020

투자 전략

이 투자신탁은 한국거래소에서 산출하여 공표하는 추적대상지수인 F-KOSPI200지수의 일간변동률의 -2배의 성과를 추종할 수 있도록, KOSPI200주가지수 관련 장내파생상품 및 집합투자증권 등을 편입합니다. 다만, 추적대상지수의 구성종목에 변경이 있을 경우에는 추적대상지수에 포함되지 않은 종목에 투자할 수도 있습니다.

KOSEF 200선물인버스2X (A253230)

● 벤치마크 : **코스피 200 선물지수**
● 테마분류 : —

● 위험등급 : **1등급**
● 평가등급(3년) : —

펀드 현황

운용사(매니저)	키움투자자산운용
판매사	—
설정일(존속기간)	2016.09.21 (1년)
설정액	181.00억원
순자산	181.00억원

시장 정보 (2017년 09월 22일 기준)

52주최고(원)	10,450	수익률(12M, %)	-34.17
52주최저(원)	6,080	수익률(YTD, %)	-21.48
거래량(20일, 주)	16,603	변동성(120일)	0.01
거래대금(20일, 원)	108,556,540	구성종목수(개)	3
베타(1D/1Y)	-1.932770	Spread(원)	4.95

누적 수익률

기간별 수익률 (%)

구분	수익률	BM초과	유형초과	%순위
1주	-0.14	—	-0.04	81.48
1개월	-3.76	—	-1.47	88.89
3개월	-6.58	—	-2.47	92.59
6개월	-7.30	—	-2.78	82.69
연초이후	-21.48	—	-7.79	88.46
1년	-34.17	—	-12.00	88.46
3년	-38.07	—	-13.18	100.00

보수 (%, 年)

TER	0.460
운용	0.360
판매	0.050
수탁	0.020
일반사무	0.030

투자 전략

이 투자신탁은 한국거래소가 발표하는 "F-KOSPI200 지수"를 기초지수로 하는상장지수투자
신탁으로서, 주식관련장내파생상품 투자에 따른 위험평가액이 투자신탁 자산총액의60% 이상이 되
도록 투자하여 1 좌당 순자산가치의 일간 변동률를 F-KOSPI200 지수의 일간 변동률의
음(陰)의 2 배수(-2 배수)에 연동되도록 투자신탁재산을 운용함을 목적으로 합니다.

KOSEF 200선물인버스 (A253240)

● 벤치마크 : **코스피 200 선물지수**
● 테마분류 : —

● 위험등급 : **1등급**
● 평가등급(3년) : —

펀드 현황

운용사(매니저)	키움투자자산운용
판매사	—
설정일(존속기간)	2016.09.09 (1년)
설정액	97.00억원
순자산	97.00억원

시장 정보 (2017년 09월 22일 기준)

52주최고(원)	10,315	수익률(12M, %)	-18.42
52주최저(원)	7,880	수익률(YTD, %)	-11.03
거래량(20일, 주)	1,601	변동성(120일)	0.01
거래대금(20일, 원)	12,941,797	구성종목수(개)	3
베타(1D/1Y)	-1.007750	Spread(원)	-5.87

누적 수익률

기간별 수익률 (%)

구분	수익률	BM초과	유형초과	%순위
1주	-0.08	—	0.02	74.07
1개월	-1.86	—	0.43	44.44
3개월	-3.29	—	0.82	64.81
6개월	-3.53	—	0.99	51.92
연초이후	-11.03	—	2.66	55.77
1년	-18.42	—	3.75	61.54
3년	-20.78	—	4.10	67.44

보수 (%, 年)

TER	0.460
운용	0.360
판매	0.050
수탁	0.020
일반사무	0.030

투자 전략

이 투자신탁은 한국거래소가 발표하는 "F-KOSPI200 지수"를 기초지수로 하는상장지수투자
신탁으로서, 주식관련장내파생상품 투자에 따른 위험평가액이 투자신탁 자산총액의60% 이상이 되
도록 투자하여 1 좌당 순자산가치의 일간 변동률을 F-KOSPI200 지수의 일간 변동률의
음(陰)의 1 배수(-1 배수)에 연동되도록 투자신탁재산을 운용함을 목적으로 합니다.

KOSEF 200선물레버리지 （A253250）

- 벤치마크 : **KOSPI TR**
- 테마분류 : 一

- 위험등급 : **1등급**
- 평가등급(3년) : 一

펀드 현황

운용사(매니저) 판매사	키움투자자산운용 —
설정일(존속기간)	2016.09.09 (1년)
설정액	158.00억원
순자산	158.00억원

시장 정보 (2017년 09월 22일 기준)

52주최고(원)	15,665	수익률(12M, %)	47.55
52주최저(원)	9,305	수익률(YTD, %)	24.46
거래량(20일, 주)	38,511	변동성(120일)	0.01
거래대금(20일, 원)	558,021,814	구성종목수(개)	3
베타(1D/1Y)	1.934210	Spread(원)	10.71

누적 수익률

기간별 수익률 (%)

구분	수익률	BM초과	유형초과	%순위
1주	0.13	0.37	0.41	3.59
1개월	3.71	2.49	1.33	18.83
3개월	6.53	4.35	1.70	12.61
6개월	6.56	4.34	1.89	14.49
연초이후	24.46	13.74	6.74	14.80
1년	47.55	28.43	19.99	9.79
3년	54.22	33.75	23.47	12.23

보수 (%, 年)

TER	0.460
운용	0.360
판매	0.050
수탁	0.020
일반사무	0.030

투자 전략

이 투자신탁은 한국거래소가 발표하는 "F-KOSPI200 지수"를 기초지수로 하는 상장지수투자신탁으로서, 주식관련장내파생상품 투자에 따른 위험평가액이 투자신탁 자산총액의60% 이상이 되도록 투자하여 투자신탁의 일간수익률이 기초지수 일간 수익률의 양(陽)의 2 배수 수익률과 연동하도록 투자신탁재산을 운용함을 목적으로 합니다.

KBSTAR 헬스케어 （A253280）

- 벤치마크 : **FnGuide 헬스케어 지수**
- 테마분류 : 一

- 위험등급 : **2등급**
- 평가등급(3년) : 一

펀드 현황

운용사(매니저) 판매사	KB자산운용 —
설정일(존속기간)	2016.09.22 (1년)
설정액	88.04억원
순자산	88.04억원

시장 정보 (2017년 09월 22일 기준)

52주최고(원)	10,685	수익률(12M, %)	-0.62
52주최저(원)	7,515	수익률(YTD, %)	24.04
거래량(20일, 주)	1,086	변동성(120일)	0.01
거래대금(20일, 원)	10,877,639	구성종목수(개)	39
베타(1D/1Y)	0.985790	Spread(원)	-0.48

누적 수익률

기간별 수익률 (%)

구분	수익률	BM초과	유형초과	%순위
1주	4.93	-0.08	3.63	3.77
1개월	10.47	0.23	7.90	13.21
3개월	6.33	-0.93	5.44	32.08
6개월	26.88	-1.11	13.53	17.02
연초이후	24.04	-1.08	6.68	29.79
1년	-0.62	-1.39	-10.97	68.18
3년	—	—	—	—

보수 (%, 年)

TER	0.400
운용	0.330
판매	0.030
수탁	0.020
일반사무	0.020

투자 전략

이 투자신탁은 에프앤가이드가 산출하는 "FnGuide 헬스케어채권혼합 지수(FnGuide Healthcare BalancedIndex)"를 기초지수로 하여 1좌당 순자산가치의 변동률을 기초지수의 변동률과 유사하도록 투자신탁재산을 운용하는 것을 목표로 합니다.

KBSTAR 헬스케어채권혼합 (A253290)

● 벤치마크 : **FnGuide 헬스케어 채권혼합 지수**
● 테마분류 : —

● 위험등급 : **4등급**
● 평가등급(3년) : —

펀드 현황

운용사(매니저)	KB자산운용
판매사	—
설정일(존속기간)	2016.09.22 (1년)
설정액	80.85억원
순자산	80.85억원

시장 정보 (2017년 09월 22일 기준)

52주최고(원)	10,210	수익률(12M, %)	0.09
52주최저(원)	9,070	수익률(YTD, %)	7.39
거래량(20일, 주)	1,568	변동성(120일)	0.00
거래대금(20일, 원)	15,650,774	구성종목수(개)	44
베타(1D/1Y)	0.295620	Spread(원)	-16.34

누적 수익률

기간별 수익률 (%)

구분	수익률	BM초과	유형초과	%순위
1주	1.42	0.00	1.37	1.39
1개월	3.18	0.04	3.19	
3개월	2.04	-0.29	2.44	4.93
6개월	7.89	-0.42	5.43	0.34
연초이후	7.39	-0.56	3.97	10.17
1년	0.09	-0.94	-2.67	89.77
3년	—			

보수 (%, 年)

TER	0.350
운용	0.280
판매	0.030
수탁	0.020
일반사무	0.020

투자 전략

이 투자신탁은 국내채권을 주된 투자대상으로 하되, 주식관련 자산에도 일정수준 이하로 투자하며, 에프앤가이가 산출하는 FnGuide 헬스케어채권혼합지수(FnGuide-healthcare Balanced Index)를 기초지수로 하여 1좌당 순자산가치의 변동률을 기초지수의 변동률과 유사하도록 투자신탁재산을 운용하는 것을 목적으로 하는 투자신탁입니다.

TIGER 대만TAIEX선물(H) (A253990)

● 벤치마크 : **World - MSCI - EMF ASIA (KRW Unhedged)**
● 테마분류 : —

● 위험등급 : **2등급**
● 평가등급(3년) : —

펀드 현황

운용사(매니저)	미래에셋자산운용
판매사	—
설정일(존속기간)	2016.10.05 (11개월)
설정액	100.00억원
순자산	100.00억원

시장 정보 (2017년 09월 22일 기준)

52주최고(원)	12,305	수익률(12M, %)	—
52주최저(원)	9,700	수익률(YTD, %)	10.36
거래량(20일, 주)	323	변동성(120일)	0.01
거래대금(20일, 원)	3,833,462	구성종목수(개)	6
베타(1D/1Y)	0.514600	Spread(원)	36.61

누적 수익률

기간별 수익률 (%)

구분	수익률	BM초과	유형초과	%순위
1주	0.58	0.90	0.70	0.59
1개월	0.58	-0.74	0.10	40.50
3개월	3.14	-0.38	-1.45	63.47
6개월	5.76	-2.46	-5.46	76.41
연초이후	10.36	-6.24	-8.12	82.82
1년	19.87	-4.43	-8.43	65.61
3년	—			—

보수 (%, 年)

TER	0.300
운용	0.170
판매	0.070
수탁	0.030
일반사무	0.030

투자 전략

이 투자신탁은 대만 주식을 기초자산으로 하여 파생상품시장에서 거래되는 장내파생상품을 주된 투자대상자산으로 하며, "Taiwan Stock Exchange Capitalization Weighted Stock 지수"의 수익률 추종을 목적으로 합니다.

KINDEX 인도네시아MSCI(합성) (A256440)

- 벤치마크 : **World - MSCI - EMF ASIA (KRW Unhedged)**
- 테마분류 : —
- 위험등급 : **1등급**
- 평가등급(3년) : —

펀드 현황

운용사(매니저)	한국투신운용
판매사	—
설정일(존속기간)	2016.10.27 (11개월)
설정액	160.00억원
순자산	160.00억원

시장 정보 (2017년 09월 22일 기준)

52주최고(원)	10,595	수익률(12M, %)	—
52주최저(원)	8,940	수익률(YTD, %)	8.17
거래량(20일, 주)	16,184	변동성(120일)	0.01
거래대금(20일, 원)	165,702,543	구성종목수(개)	3
베타(1D/1Y)	0.219140	Spread(원)	-9.58

누적 수익률

설정액(좌,억원) ━ Fund(우,%) ━ BM(우,%)

기간별 수익률 (%)

구분	수익률	BM초과	유형초과	%순위
1주	0.29	0.61	0.41	10.11
1개월	0.52	-0.80	0.04	40.60
3개월	-0.83	-4.35	-5.43	100.00
6개월	-0.94	-9.15	-12.16	99.36
연초이후	8.17	-8.42	-10.30	94.99
1년	9.52	-14.78	-18.79	94.95
3년	—	—	—	—

보수 (%, 年)

TER	0.700
운용	0.620
판매	0.020
수탁	0.030
일반사무	0.030

투자 전략

이 투자신탁은 장외파생상품을 주된 투자대상자산으로하여 MSCI가 산출 · 발표하는 MSCI 인도네시아 지수(MSCI Indonesia Price return Index)의 변화에 연동하여 운용하는 것을 목표로 이 투자신탁 수익증권 1좌당 순자산가치의 변동률을 지수의 변동률과 유사하도록 투자신탁재산을 운용함을 그 목적으로 합니다.

ARIRANG 심천차이넥스트(합성) (A256450)

- 벤치마크 : **World - MSCI - EMF ASIA (KRW Unhedged)**
- 테마분류 : —
- 위험등급 : **1등급**
- 평가등급(3년) : —

펀드 현황

운용사(매니저)	한화자산운용
판매사	—
설정일(존속기간)	2016.11.07 (10개월)
설정액	80.00억원
순자산	80.00억원

시장 정보 (2017년 09월 22일 기준)

52주최고(원)	10,375	수익률(12M, %)	—
52주최저(원)	7,595	수익률(YTD, %)	-0.25
거래량(20일, 주)	343	변동성(120일)	0.01
거래대금(20일, 원)	3,026,099	구성종목수(개)	4
베타(1D/1Y)	-0.208470	Spread(원)	45.80

누적 수익률

설정액(좌,억원) ━ Fund(우,%) ━ BM(우,%)

기간별 수익률 (%)

구분	수익률	BM초과	유형초과	%순위
1주	-1.00	-0.68	-0.89	96.33
1개월	-0.97	-2.29	-1.44	93.83
3개월	2.88	-0.64	-1.72	67.91
6개월	4.67	-3.54	-6.55	78.85
연초이후	-0.25	-16.85	-18.73	99.89
1년	-7.20	-31.50	-35.50	99.88
3년	—	—	—	—

보수 (%, 年)

TER	0.500
운용	0.400
판매	0.045
수탁	0.025
일반사무	0.030

투자 전략

이 투자신탁은 장외파생상품을 법시행령 제94조 제2항 제4호에서 규정하는 주된투자대상자산으로 하며, 수익증권 1좌당 순자산가치의 변동률을 Shenzhen Securities Information Co., Ltd가 산출해 발표하는 ChiNext Index(중국 심천거래소가 공표하는 지수 명칭은 "ChiNext Price Index")의 변동률과 유사하도록 운용함을 목적으로 합니다.

KODEX 심천ChiNext(합성) (A256750)

● 벤치마크 : **World - MSCI - EMF ASIA (KRW Unhedged)**
● 테마분류 : —
● 위험등급 : **2등급**
● 평가등급(3년) : —

펀드 현황

운용사(매니저)	삼성자산운용
판매사	—
설정일(존속기간)	2016.11.07 (10개월)
설정액	100.00억원
순자산	100.00억원

시장 정보 (2017년 09월 22일 기준)

52주최고(원)	10,410	수익률(12M, %)	—
52주최저(원)	7,630	수익률(YTD, %)	-0.36
거래량(20일, 주)	2,601	변동성(120일)	0.01
거래대금(20일, 원)	22,772,446	구성종목수(개)	4
베타(1D/1Y)	-0.209260	Spread(원)	65.99

누적 수익률

기간별 수익률 (%)

구분	수익률	BM초과	유형초과	%순위
1주	-1.10	-0.79	-0.99	97.42
1개월	-1.10	-2.42	-1.57	94.03
3개월	2.77	-0.75	-1.83	69.02
6개월	4.52	-3.69	-6.70	78.96
연초이후	-0.36	-16.96	-18.84	100.00
1년	-7.21	-31.52	-35.52	100.00
3년	—	—	—	—

보수 (%, 년)

TER	0.470
운용	0.400
판매	0.030
수탁	0.020
일반사무	0.020

투자 전략

이 투자신탁은 ChiNext Index(KRW 기준, 환헷지 안함, 이하"기초지수"라 한다)를 기초지수로 하여 1좌당순자산가치의 변동률을 기초지수 변동률과 연동하여 투자신탁재산을 운용함을 그 운용목적으로 합니다.

KOSEF 배당바이백Plus (A260200)

● 벤치마크 : **KOSPI TR**
● 테마분류 : —
● 위험등급 : **2등급**
● 평가등급(3년) : —

펀드 현황

운용사(매니저)	키움투자자산운용
판매사	—
설정일(존속기간)	2016.12.15 (9개월)
설정액	111.26억원
순자산	111.26억원

시장 정보 (2017년 09월 22일 기준)

52주최고(원)	15,690	수익률(12M, %)	—
52주최저(원)	13,385	수익률(YTD, %)	7.27
거래량(20일, 주)	310	변동성(120일)	0.01
거래대금(20일, 원)	4,636,663	구성종목수(개)	31
베타(1D/1Y)	0.682040	Spread(원)	30.44

누적 수익률

기간별 수익률 (%)

구분	수익률	BM초과	유형초과	%순위
1주	-0.85	-0.61	-0.57	82.51
1개월	-1.06	-2.27	-3.44	95.96
3개월	-0.76	-2.95	-5.59	83.33
6개월	-2.09	-4.32	-6.76	89.37
연초이후	7.27	-3.44	-10.44	83.67
1년	10.04	-9.09	-17.53	87.63
3년	—	—	—	—

보수 (%, 년)

TER	0.400
운용	0.300
판매	0.050
수탁	0.020
일반사무	0.030

투자 전략

이 투자신탁은 추적대상지수를 지수산출기관인 와이즈에프엔(WISEfn)사가 발표하는 WISE배당바이백플러스 지수(이하 "추적대상지수")로 하여, 추적대상지수에 편입된 주식 등에 투자하여 추적대상지수와 유사한 투자수익률을 추구하는 상장지수증권투자신탁 입니다.

KOSEF 저PBR가중 (A260270)

- 벤치마크 : **FnGuide 저PBR 가중지수**
- 테마분류 : —
- 위험등급 : **2등급**
- 평가등급(3년) : —

펀드 현황

운용사(매니저)	키움투자자산운용
판매사	—
설정일(존속기간)	2016.12.15 (9개월)
설정액	113.69억원
순자산	113.69억원

시장 정보 (2017년 09월 22일 기준)

52주최고(원)	15,320	수익률(12M, %)	—
52주최저(원)	13,210	수익률(YTD, %)	7.63
거래량(20일, 주)	1,563	변동성(120일)	0.01
거래대금(20일, 원)	22,414,963	구성종목수(개)	151
베타(1D/1Y)	0.643670	Spread(원)	41.40

누적 수익률

기간별 수익률 (%)

구분	수익률	BM초과	유형초과	%순위
1주	-0.99	-0.01	-3.37	94.62
1개월	-3.67	-0.04	-8.50	95.50
3개월	-4.60	-0.12	-9.27	96.14
6개월	5.02	0.33	-12.70	92.86
연초이후	7.63	0.27	-19.93	92.78
1년	—	—	—	—
3년	—	—	—	—

보수 (%, 年)

TER	0.400
운용	0.300
판매	0.050
수탁	0.020
일반사무	0.030

투자 전략

이 투자신탁은 추적대상지수를 지수산출기관인 에프엔가이드가 발표하는 FnGuide 저PBR가중지수("추적대상 지수")로 하여, 추적대상지수에 편입된 주식 등에 중장기 투자하여 비교지수*와 유사한 투자수익률을 추구하는 상장지수증권투자신탁입니다.

TIGER 코스닥150IT (A261060)

- 벤치마크 : **KOSPI TR**
- 테마분류 : —
- 위험등급 : **2등급**
- 평가등급(3년) : —

펀드 현황

운용사(매니저)	미래에셋자산운용
판매사	—
설정일(존속기간)	2016.12.14 (9개월)
설정액	109.03억원
순자산	109.03억원

시장 정보 (2017년 09월 22일 기준)

52주최고(원)	13,740	수익률(12M, %)	—
52주최저(원)	10,575	수익률(YTD, %)	15.36
거래량(20일, 주)	16,789	변동성(120일)	0.01
거래대금(20일, 원)	217,353,770	구성종목수(개)	45
베타(1D/1Y)	0.824290	Spread(원)	-11.12

누적 수익률

기간별 수익률 (%)

구분	수익률	BM초과	유형초과	%순위
1주	-1.10	-0.87	-0.54	66.04
1개월	-2.27	-3.49	-3.58	83.02
3개월	6.04	3.86	3.47	28.30
6개월	5.11	2.89	4.22	39.62
연초이후	15.36	4.65	2.01	29.79
1년	20.94	1.81	3.58	38.30
3년	—	—	—	—

보수 (%, 年)

TER	0.400
운용	0.280
판매	0.070
수탁	0.020
일반사무	0.030

투자 전략

이 투자신탁은 국내 주식을 주된 투자대상자산으로 하며, 한국거래소가 발표하는"코스닥 150 정보기술 지수"를 기초지수로 하여 1좌당 순자산가치의 변동률을 기초지수의 변동률과 유사하도록 투자신탁재산을 운용함을 목적으로 합니다.

TIGER 코스닥150바이오테크 (A261070)

- 벤치마크 : **KOSPI TR**
- 테마분류 : —

- 위험등급 : **2등급**
- 평가등급(3년) : —

펀드 현황

운용사(매니저)	미래에셋자산운용
판매사	
설정일(존속기간)	2016.12.14 (9개월)
설정액	127.13억원
순자산	127.13억원

시장 정보 (2017년 09월 22일 기준)

52주최고(원)	10,240	수익률(12M, %)	—
52주최저(원)	7,640	수익률(YTD, %)	30.43
거래량(20일, 주)	39,843	변동성(120일)	0.01
거래대금(20일, 원)	381,551,584	구성종목수(개)	42
베타(1D/1Y)	0.750060	Spread(원)	-18.77

누적 수익률

기간별 수익률 (%)

구분	수익률	BM초과	유형초과	%순위
1주	-0.70	-0.47	-0.14	41.51
1개월	2.48	1.27	1.17	15.09
3개월	12.30	10.11	9.73	1.89
6개월	9.74	7.52	8.85	11.32
연초이후	30.43	19.71	17.08	10.64
1년	17.75	-1.37	0.40	42.55
3년	—			

보수 (%, 年)

TER	0.400
운용	0.280
판매	0.070
수탁	0.020
일반사무	0.030

투자 전략

이 투자신탁은 국내 주식을 주된 투자대상자산으로 하며, 한국거래소가 발표하는"코스닥 150 생명기술 지수"를 기초지수로 하여 1좌당 순자산가치의 변동률을 기초지수의 변동률과 유사하도록 투자신탁재산을 운용함을 목적으로 합니다.

TIGER 미국달러선물레버리지 (A261110)

- 벤치마크 : **미국달러 선물지수**
- 테마분류 : —

- 위험등급 : **1등급**
- 평가등급(3년) : —

펀드 현황

운용사(매니저)	미래에셋자산운용
판매사	
설정일(존속기간)	2016.12.23 (9개월)
설정액	140.00억원
순자산	140.00억원

시장 정보 (2017년 09월 22일 기준)

52주최고(원)	10,115	수익률(12M, %)	—
52주최저(원)	8,550	수익률(YTD, %)	2.77
거래량(20일, 주)	70,304	변동성(120일)	0.01
거래대금(20일, 원)	618,670,630	구성종목수(개)	5
베타(1D/1Y)	-0.648600	Spread(원)	2.14

누적 수익률

기간별 수익률 (%)

구분	수익률	BM초과	유형초과	%순위
1주	0.78	—	0.57	3.03
1개월	-0.04		-0.65	69.70
3개월	-1.09		-2.11	75.76
6개월	-1.63		-3.08	73.33
연초이후	2.77		-1.45	—
1년	-11.88		-11.54	33.33
3년	—			

보수 (%, 年)

TER	0.470
운용	0.400
판매	0.030
수탁	0.020
일반사무	0.020

투자 전략

이 투자신탁은 미국달러를 기초자산으로 하여 파생상품시장에서 거래되는 장내파생상품을 주된 투자대상자산으로 하며, "미국달러선물지수"를 기초지수로 하여 1좌당 순자산가치의 일간변동률을 기초지수의 일간변동률의 양(陽)의 2배로 연동하여 투자신탁재산을 운용함을 목적으로합니다.

TIGER 미국달러선물인버스2X (A261120)

- 벤치마크 : **미국달러 선물지수**
- 테마분류 : —
- 위험등급 : **1등급**
- 평가등급(3년) : —

펀드 현황

운용사(매니저)	미래에셋자산운용
판매사	—
설정일(존속기간)	2016.12.23 (9개월)
설정액	130.00억원
순자산	130.00억원

시장 정보 (2017년 09월 22일 기준)

52주최고(원)	11,545	수익률(12M, %)	—
52주최저(원)	9,860	수익률(YTD, %)	-3.22
거래량(20일, 주)	19,757	변동성(120일)	0.01
거래대금(20일, 원)	220,315,849	구성종목수(개)	4
베타(1D/1Y)	0.656530	Spread(원)	-4.02

누적 수익률

기간별 수익률 (%)

구분	수익률	BM초과	유형초과	%순위
1주	-0.78	—	-0.68	94.44
1개월	0.03	—	2.32	9.26
3개월	1.03	—	5.13	1.85
6개월	1.40	—	5.93	1.92
연초이후	-3.22	—	10.47	5.77
1년	11.91	—	34.08	1.92
3년	—	—	—	—

보수 (%, 年)

TER	0.470
운용	0.400
판매	0.030
수탁	0.020
일반사무	0.020

투자 전략

이 투자신탁은 미국달러를 기초자산으로 하여 파생상품시장에서 거래되는 장내파생상품을주된 투자대상자산으로 하며, "미국달러선물지수"를 기초지수로 하여 1좌당 순자산가치의 일간변동률을 기초지수의 일간변동률의 음(陰)의 2배로 연동하여 투자신탁재산을 운용함을 목적으로합니다.

TIGER 우선주 (A261140)

- 벤치마크 : **KOSPI TR**
- 테마분류 : —
- 위험등급 : **2등급**
- 평가등급(3년) : —

펀드 현황

운용사(매니저)	미래에셋자산운용
판매사	—
설정일(존속기간)	2017.01.05 (8개월)
설정액	109.39억원
순자산	109.39억원

시장 정보 (2017년 09월 22일 기준)

52주최고(원)	11,500	수익률(12M, %)	—
52주최저(원)	9,415	수익률(YTD, %)	—
거래량(20일, 주)	9,107	변동성(120일)	0.01
거래대금(20일, 원)	103,027,382	구성종목수(개)	19
베타(1D/1Y)	1.064440	Spread(원)	-42.76

누적 수익률

기간별 수익률 (%)

구분	수익률	BM초과	유형초과	%순위
1주	-0.70	-0.47	-0.42	71.30
1개월	0.37	-0.84	-2.01	78.48
3개월	0.03	-2.16	-4.81	81.98
6개월	0.39	-1.83	-4.28	79.23
연초이후	12.97	2.25	-4.75	58.16
1년	—	—	—	—
3년	—	—	—	—

보수 (%, 年)

TER	0.290
운용	0.210
판매	0.030
수탁	0.020
일반사무	0.030

투자 전략

이 투자신탁은 한국거래소가 발표하는 "코스피 우선주 지수"를 기초지수로 하는 상장지수투자신탁으로서, 투자목적 달성을 위해서 국내 거래소에 상장된 주식에 투자신탁 자산총액의 60% 이상을 투자합니다.

KODEX WTI원유선물(H) (A261220)

● 벤치마크 :　**S&P GSCI Crude Oil Index ER**
● 테마분류 :　—

● 위험등급 :　**2등급**
● 평가등급(3년) :　—

펀드 현황	
운용사(매니저)	삼성자산운용
판매사	—
설정일(존속기간)	2016.12.23 (9개월)
설정액	100.00억원
순자산	100.00억원

시장 정보 (2017년 09월 22일 기준)			
52주최고(원)	20,360	수익률(12M, %)	—
52주최저(원)	15,100	수익률(YTD, %)	-0.23
거래량(20일, 주)	23,646	변동성(120일)	0.02
거래대금(20일, 원)	398,585,100	구성종목수(개)	5
베타(1D/1Y)	-0.142970	Spread(원)	34.72

누적 수익률

'16/12　'17/04　'17/08
설정액(좌,억원)　—Fund(우,%)　—BM(우,%)

기간별 수익률 (%)				
구분	수익률	BM초과	유형초과	%순위
1주	1.56	—	0.81	—
1개월	1.89	—	1.68	—
3개월	3.13	—	1.31	27.27
6개월	14.47	—	8.71	10.53
연초이후	-0.23	—	0.10	58.67
1년	-13.24	—	-10.16	95.89
3년	—	—	—	—

보수 (%, 年)	
TER	0.350
운용	0.290
판매	0.020
수탁	0.020
일반사무	0.020

투자 전략

이 투자신탁은 NYMEX(New York Mercantile Exchange, 뉴욕상업거래소)에서 거래되는 원자재선물 중에서 WTI 원유선물(NYMEX Light CrudeSweet Oil Futures, 이하 'WTI원유선물') 가격을 기초로 하는 S&P GSCI CrudeOil Index Excess Return를 기초지수로 하여 1좌당 순자산가치의 변동률을 기초지수의 변동률과 유사하도록 투자신탁재산을 운용함.

KODEX 미국달러선물 (A261240)

● 벤치마크 :　**미국달러 선물지수**
● 테마분류 :　—

● 위험등급 :　**2등급**
● 평가등급(3년) :　—

펀드 현황	
운용사(매니저)	삼성자산운용
판매사	—
설정일(존속기간)	2016.12.26 (9개월)
설정액	127.00억원
순자산	127.00억원

시장 정보 (2017년 09월 22일 기준)			
52주최고(원)	10,055	수익률(12M, %)	—
52주최저(원)	9,285	수익률(YTD, %)	1.76
거래량(20일, 주)	3,444	변동성(120일)	0.00
거래대금(20일, 원)	32,638,221	구성종목수(개)	3
베타(1D/1Y)	-0.305000	Spread(원)	4.30

누적 수익률

'16/12　'17/04　'17/08
설정액(좌,억원)　—Fund(우,%)　—BM(우,%)

기간별 수익률 (%)				
구분	수익률	BM초과	유형초과	%순위
1주	0.40	—	0.18	27.27
1개월	-0.02	—	-0.63	63.64
3개월	-0.50	—	-1.53	54.55
6개월	-0.65	—	-2.10	46.67
연초이후	1.76	—	-2.46	43.75
1년	-5.52	—	-5.19	11.11
3년	—	—	—	—

보수 (%, 年)	
TER	0.250
운용	0.190
판매	0.020
수탁	0.020
일반사무	0.020

투자 전략

이 투자신탁은 한국거래소(KRX)에서 거래되는 미국달러선물의 가격 수준을 종합적으로 표시하는 미국달러선물지수(이하 "기초지수"라 한다)를 기초지수로 하여 1좌당 순자산가치의 일간변동률을 기초지수 변동률과 유사하도록 투자신탁재산을 운용함을 그 운용목적으로 합니다.

KODEX 미국달러선물레버리지 (A261250)

● 벤치마크 : **미국달러 선물지수**
● 테마분류 : —

● 위험등급 : **1등급**
● 평가등급(3년) : —

펀드 현황

운용사(매니저)	삼성자산운용
판매사	—
설정일(존속기간)	2016.12.26 (9개월)
설정액	336.00억원
순자산	336.00억원

시장 정보 (2017년 09월 22일 기준)

52주최고(원)	10,125	수익률(12M, %)	—
52주최저(원)	8,570	수익률(YTD, %)	2.57
거래량(20일, 주)	165,683	변동성(120일)	0.01
거래대금(20일, 원)	1,464,639,049	구성종목수(개)	5
베타(1D/1Y)	-0.617870	Spread(원)	-10.02

누적 수익률

설정액(좌,억원) —Fund(우,%) —BM(우,%)

기간별 수익률 (%)

구분	수익률	BM초과	유형초과	%순위
1주	0.78	—	0.57	6.06
1개월	-0.03	—	-0.63	66.67
3개월	-1.11	—	-2.14	78.79
6개월	-1.73	—	-3.18	76.67
연초이후	2.57	—	-1.65	6.25
1년	-12.06	—	-11.73	44.44
3년	—	—	—	—

보수 (%, 年)

TER	0.450
운용	0.390
판매	0.020
수탁	0.020
일반사무	0.020

투자 전략

이 투자신탁은 한국거래소(KRX)에서 거래되는 미국달러선물의 가격수준을 종합적으로 표시하는 미국달러선물지수(이하 "기초지수"라 한다)를 기초지수로 하여 1좌당 순자산가치의 일간변동률을 기초지수 일간변동률의 양(陽)의 2배수로 연동하여 투자신탁재산을 운용함을 그 운용목적으로 합니다.

KODEX 미국달러선물인버스2X (A261260)

● 벤치마크 : **미국달러 선물지수**
● 테마분류 : —

● 위험등급 : **1등급**
● 평가등급(3년) : —

펀드 현황

운용사(매니저)	삼성자산운용
판매사	—
설정일(존속기간)	2016.12.26 (9개월)
설정액	75.00억원
순자산	75.00억원

시장 정보 (2017년 09월 22일 기준)

52주최고(원)	11,555	수익률(12M, %)	—
52주최저(원)	9,855	수익률(YTD, %)	-3.23
거래량(20일, 주)	8,970	변동성(120일)	0.01
거래대금(20일, 원)	99,959,728	구성종목수(개)	4
베타(1D/1Y)	0.608990	Spread(원)	-21.86

누적 수익률

설정액(좌,억원) —Fund(우,%) —BM(우,%)

기간별 수익률 (%)

구분	수익률	BM초과	유형초과	%순위
1주	-0.78	—	-0.68	96.30
1개월	0.06	—	2.35	5.56
3개월	1.05	—	5.16	—
6개월	1.44	—	5.96	—
연초이후	-3.23	—	10.46	7.69
1년	11.94	—	34.11	—
3년	—	—	—	—

보수 (%, 年)

TER	0.450
운용	0.390
판매	0.020
수탁	0.020
일반사무	0.020

투자 전략

이 투자신탁은 한국거래소(KRX)에서 거래되는 미국달러선물 가격 수준을 종합적으로 표시하는 미국달러선물지수(이하 "기초지수"라 한다)를 기초지수로 하여 1좌당 순자산가치의 일간 변동률을 기초지수 일간 변동률의 음(陰)의 2배수를 추종하도록 투자신탁재산을 운용함을 그 운용 목적으로 합니다.

KODEX 미국달러선물인버스 （A261270）

● 벤치마크 :　**미국달러 선물지수**
● 테마분류 :　—

● 위험등급 :　**1등급**
● 평가등급(3년) :　—

펀드 현황	
운용사(매니저)	삼성자산운용
판매사	—
설정일(존속기간)	2016.12.26 (9개월)
설정액	50.00억원
순자산	50.00억원

시장 정보 (2017년 09월 22일 기준)			
52주최고(원)	10,775	수익률(12M, %)	—
52주최저(원)	9,935	수익률(YTD, %)	-1.35
거래량(20일, 주)	5,550	변동성(120일)	0.00
거래대금(20일, 원)	58,797,567	구성종목수(개)	3
베타(1D/1Y)	0.299860	Spread(원)	-6.93

누적 수익률

(억원) 160 140 120 100 80 60 40 20 0
(%) 10.00 8.00 6.00 4.00 2.00 0.00 -2.00
'16/12　'17/04　'17/08
설정액(좌,억원)　—Fund(우,%)　—BM(우,%)

기간별 수익률 (%)				
구분	수익률	BM초과	유형초과	%순위
1주	-0.38	—	-0.29	90.74
1개월	0.03	—	2.32	7.41
3개월	0.57	—	4.68	5.56
6개월	0.83	—	5.36	7.69
연초이후	-1.35	—	12.34	1.92
1년	6.37	—	28.54	7.69
3년	—	—	—	—

보수 (%, 年)	
TER	0.450
운용	0.390
판매	0.020
수탁	0.020
일반사무	0.020

투자 전략

이 투자신탁은 한국거래소(KRX)에서 거래되는 미국달러선물 가격 수준을 종합적으로 표시하는 미국달러선물 지수(이하 "기초지수"라 한다)를 기초지수로 하여 1좌당 순자산가치의 일간 변동률을 기초지수 일간 변동 률의 음(陰)의 1배수를 추종하도록 투자신탁재산을 운용함을 그 운용목적으로 합니다.

KINDEX 필리핀MSCI(합성) （A261920）

● 벤치마크 :　**World - MSCI - EMF ASIA (KRW Unhedged)**
● 테마분류 :　—

● 위험등급 :　**1등급**
● 평가등급(3년) :　—

펀드 현황	
운용사(매니저)	한국투신운용
판매사	—
설정일(존속기간)	2016.12.23 (9개월)
설정액	60.00억원
순자산	60.00억원

시장 정보 (2017년 09월 22일 기준)			
52주최고(원)	17,195	수익률(12M, %)	—
52주최저(원)	15,265	수익률(YTD, %)	9.35
거래량(20일, 주)	241	변동성(120일)	0.01
거래대금(20일, 원)	4,013,460	구성종목수(개)	3
베타(1D/1Y)	-0.024390	Spread(원)	3.61

누적 수익률

(억원) 120 100 80 60 40 20 0
(%) 35.00 30.00 25.00 20.00 15.00 10.00 5.00 0.00 -5.00
'16/12　'17/04　'17/08
설정액(좌,억원)　—Fund(우,%)　—BM(우,%)

기간별 수익률 (%)				
구분	수익률	BM초과	유형초과	%순위
1주	0.94	1.26	1.05	0.30
1개월	2.26	0.94	1.78	3.28
3개월	3.30	-0.21	-1.29	61.35
6개월	0.45	-7.76	-10.77	97.66
연초이후	9.35	-7.24	-9.13	89.87
1년	7.62	-16.68	-20.68	95.89
3년	—	—	—	—

보수 (%, 年)	
TER	0.500
운용	0.420
판매	0.020
수탁	0.030
일반사무	0.030

투자 전략

이 투자신탁은 장외파생상품을 주된 투자대상자산으로 하여 MSCI가 산출ㆍ발표하는 MSCI 필리핀 지수(MSCI Philippines IMI Price return Index)의 변화에 연동하여 운용하는 것을 목표로 이 투자신탁 수익증권 1좌당 순자산가치의 변동률을 지수의 변동 률과 유사하도록 투자신탁재산을 운용함을 그 목적으로 합니다.

ARIRANG 단기우량채권 (A263190)

● 벤치마크 :　**CD 6개월(26주)**　　　　　　　● 위험등급 :　**5등급**
● 테마분류 : ―　　　　　　　　　　　　　　　　● 평가등급(3년) : ―

펀드 현황

운용사(매니저)	한화자산운용
판매사	―
설정일(존속기간)	2017.01.24 (8개월)
설정액	2,260.00억원
순자산	2,260.00억원

시장 정보 (2017년 09월 22일 기준)

52주최고(원)	50,520	수익률(12M, %)	―
52주최저(원)	50,020	수익률(YTD, %)	―
거래량(20일, 주)	15,446	변동성(120일)	0.00
거래대금(20일, 원)	780,104,484	구성종목수(개)	29
베타(1D/1Y)	-0.000530	Spread(원)	-8.97

누적 수익률

(억원) 3,000 / 2,500 / 2,000 / 1,500 / 1,000 / 500 / 0　(%) 1.20 / 1.00 / 0.80 / 0.60 / 0.40 / 0.20 / 0.00　'17/01　'17/05

설정액(좌,억원)　Fund(우,%)　BM(우,%)

기간별 수익률 (%)

구분	수익률	BM초과	유형초과	%순위
1주	―	-0.01	-0.01	100.00
1개월	―	-0.03	-0.02	100.00
3개월	0.11	-0.01	-0.02	79.73
6개월	0.32	-0.05	-0.07	79.71
연초이후	0.74	-0.03	-0.06	71.21
1년	―	―	―	―
3년	―	―	―	―

보수 (%, 年)

TER	0.120
운용	0.085
판매	0.010
수탁	0.010
일반사무	0.015

투자 전략

이 투자신탁은 국내 채권을 주된 투자대상자산으로 하고, 수익증권 1좌당 순자산가치의 변동률을 한국자산평가㈜에서 산출하여 공표하는 추적대상지수인 KAP Money Market Credit Index (TotalReturn)의 변동률과 유사하도록 운용함을 목적으로 합니다.

KINDEX 러시아MSCI(합성) (A265690)

● 벤치마크 :　**World - MSCI - EM EUROPE (KRW Unhedged)**　　● 위험등급 :　**2등급**
● 테마분류 : ―　　　　　　　　　　　　　　　　　　　　　● 평가등급(3년) : ―

펀드 현황

운용사(매니저)	한국투신운용
판매사	―
설정일(존속기간)	2017.03.16 (6개월)
설정액	60.00억원
순자산	60.00억원

시장 정보 (2017년 09월 22일 기준)

52주최고(원)	20,965	수익률(12M, %)	―
52주최저(원)	17,590	수익률(YTD, %)	―
거래량(20일, 주)	2,939	변동성(120일)	0.01
거래대금(20일, 원)	59,981,109	구성종목수(개)	3
베타(1D/1Y)	-0.111950	Spread(원)	-85.97

누적 수익률

(억원) 120 / 100 / 80 / 60 / 40 / 20 / 0　(%) 20.00 / 15.00 / 10.00 / 5.00 / 0.00 / -5.00 / -10.00 / -15.00　'17/01　'17/05

설정액(좌,억원)　Fund(우,%)　BM(우,%)

기간별 수익률 (%)

구분	수익률	BM초과	유형초과	%순위
1주	0.79	1.67	0.22	29.33
1개월	-0.51	0.74	-0.05	64.00
3개월	7.69	5.22	0.53	63.51
6개월	15.63	5.25	1.58	55.56
연초이후	1.34	-7.72	-6.05	100.00
1년	―	―	―	―
3년	―	―	―	―

보수 (%, 年)

TER	0.500
운용	0.420
판매	0.020
수탁	0.030
일반사무	0.030

투자 전략

이 투자신탁은 장외파생상품을 주된 투자대상자산으로 하여 1좌당 순자산가치의 변동률을 기초지수인 "MSCI 러시아 지수(시장가격지수, MSCI Russia 25%Capped Price return Index)"의 일간변동률과 유사하도록 투자신탁재산을 운용함을 그 목적으로합니다.

TIGER 지속배당 (A266140)

- 벤치마크 : **KOSPI TR**
- 테마분류 : —
- 위험등급 : **2등급**
- 평가등급(3년) : —

펀드 현황

운용사(매니저)	미래에셋자산운용
판매사	—
설정일(존속기간)	2017.03.29 (5개월)
설정액	88.74억원
순자산	88.74억원

시장 정보 (2017년 09월 22일 기준)

52주최고(원)	16,255	수익률(12M, %)	—
52주최저(원)	13,830	수익률(YTD, %)	—
거래량(20일, 주)	2,318	변동성(120일)	0.01
거래대금(20일, 원)	35,637,948	구성종목수(개)	31
베타(1D/1Y)	0.536580	Spread(원)	7.00

누적 수익률

기간별 수익률 (%)

구분	수익률	BM초과	유형초과	%순위
1주	-0.39	-0.16	-0.11	60.54
1개월	-0.27	-1.49	-2.65	82.96
3개월	-4.37	-6.55	-9.20	97.75
6개월	1.35	-0.87	-3.32	73.91
연초이후	—	—	—	—
1년	—	—	—	—
3년	—	—	—	—

보수 (%, 年)

TER	0.290
운용	0.210
판매	0.030
수탁	0.020
일반사무	0.030

투자 전략

이 투자신탁은 국내 주식을 법 시행령 제94조제2항제4호에서 규정하는 주된 투자대상자산으로 하며, 와이즈에프엔(WISEfn)이 발표하는"WISE 지속배당 지수"를 기초지수로 하여 1 좌당 순자산가치의 변동률을 기초지수의 변동률과 유사하도록 투자신탁재산을 운용함을 목적으로 합니다.

KBSTAR 고배당 (A266160)

- 벤치마크 : **FnGuide 고배당포커스 지수**
- 테마분류 : —
- 위험등급 : **2등급**
- 평가등급(3년) : —

펀드 현황

운용사(매니저)	KB자산운용
판매사	—
설정일(존속기간)	2017.04.13 (5개월)
설정액	461.94억원
순자산	461.94억원

시장 정보 (2017년 09월 22일 기준)

52주최고(원)	11,665	수익률(12M, %)	—
52주최저(원)	9,955	수익률(YTD, %)	—
거래량(20일, 주)	16,749	변동성(120일)	0.00
거래대금(20일, 원)	187,910,201	구성종목수(개)	81
베타(1D/1Y)	0.883260	Spread(원)	-5.71

누적 수익률

기간별 수익률 (%)

구분	수익률	BM초과	유형초과	%순위
1주	1.52	-0.11	-0.86	57.85
1개월	0.06	-0.41	-4.77	81.53
3개월	3.76	-0.48	-0.91	56.52
6개월	—			
연초이후	—	—	—	—
1년	—	—	—	—
3년	—	—	—	—

보수 (%, 年)

TER	0.200
운용	0.160
판매	0.010
수탁	0.010
일반사무	0.020

투자 전략

이 투자신탁은 국내주식을 법에서 정하는 주된 투자대상으로 하며, FnGuide 고배당포커스 지수(FnGuide High Dividend Focus Index)를 기초지수로 하여 1좌 당 순자산가치의 변동률을 기초지수의 변동률과 유사하도록 투자신탁재산을 운용하는 것을 목적으로 하는 투자신탁입니다.

KODEX IT소프트웨어 (A266360)

● 벤치마크 : **KOSPI TR**
● 테마분류 : ―

● 위험등급 : **2등급**
● 평가등급(3년) : ―

펀드 현황

운용사(매니저)	삼성자산운용
판매사	―
설정일(존속기간)	2017.03.27 (5개월)
설정액	79.56억원
순자산	79.56억원

시장 정보 (2017년 09월 22일 기준)

52주최고(원)	12,420	수익률(12M, %)	―
52주최저(원)	9,800	수익률(YTD, %)	―
거래량(20일, 주)	10,800	변동성(120일)	0.01
거래대금(20일, 원)	129,526,559	구성종목수(개)	23
베타(1D/1Y)	0.873640	Spread(원)	-18.99

누적 수익률

기간별 수익률 (%)

구분	수익률	BM초과	유형초과	%순위
1주	-1.86	-1.62	-1.29	90.57
1개월	-0.50	-1.71	-1.81	54.72
3개월	10.79	8.60	8.22	11.32
6개월	9.83	7.61	8.94	9.43
연초이후	―	―	―	―
1년	―	―	―	―
3년	―	―	―	―

보수 (%, 年)

TER	0.450
운용	0.390
판매	0.020
수탁	0.020
일반사무	0.020

투자 전략

이 투자신탁은 한국거래소(KRX)가 산출·발표하는 KRX IT소프트웨어 지수를 기초지수로 하여 1좌당 순자산가치의 변동률을 기초지수의 변동률과 유사하도록 투자신탁재산을 운용함을 그 운용목적으로 합니다.

KODEX IT하드웨어 (A266370)

● 벤치마크 : **KOSPI TR**
● 테마분류 : ―

● 위험등급 : **2등급**
● 평가등급(3년) : ―

펀드 현황

운용사(매니저)	삼성자산운용
판매사	―
설정일(존속기간)	2017.03.27 (5개월)
설정액	98.68억원
순자산	98.68억원

시장 정보 (2017년 09월 22일 기준)

52주최고(원)	13,525	수익률(12M, %)	―
52주최저(원)	9,890	수익률(YTD, %)	―
거래량(20일, 주)	48,101	변동성(120일)	0.01
거래대금(20일, 원)	611,685,403	구성종목수(개)	20
베타(1D/1Y)	1.311940	Spread(원)	-31.21

누적 수익률

기간별 수익률 (%)

구분	수익률	BM초과	유형초과	%순위
1주	-1.60	-1.37	-1.04	83.02
1개월	-1.72	-2.93	-3.02	71.70
3개월	8.24	6.06	5.67	16.98
6개월	8.29	6.06	7.39	18.87
연초이후	―	―	―	―
1년	―	―	―	―
3년	―	―	―	―

보수 (%, 年)

TER	0.450
운용	0.390
판매	0.020
수탁	0.020
일반사무	0.020

투자 전략

이 투자신탁은 한국거래소(KRX)가 산출·발표하는 KRX IT하드웨어 지수를 기초지수로 하여 1좌당 순자산가치의 변동률을 기초지수의 변동률과 유사하도록 투자신탁재산을 운용함을 그 운용목적으로 합니다.

KODEX 경기소비재 (A266390)

- 벤치마크 : **KOSPI TR**
- 테마분류 : —

- 위험등급 : **2등급**
- 평가등급(3년) : —

펀드 현황

운용사(매니저)	삼성자산운용
판매사	—
설정일(존속기간)	2017.03.27 (5개월)
설정액	82.65억원
순자산	82.65억원

시장 정보 (2017년 09월 22일 기준)

52주최고(원)	11,845	수익률(12M, %)	—
52주최저(원)	10,210	수익률(YTD, %)	—
거래량(20일, 주)	1,507	변동성(120일)	0.01
거래대금(20일, 원)	16,023,226	구성종목수(개)	48
베타(1D/1Y)	0.525570	Spread(원)	9.31

누적 수익률

(억원) / (%) — 설정액(좌,억원) —Fund(우,%) —BM(우,%) '17/03 '17/07

기간별 수익률 (%)

구분	수익률	BM초과	유형초과	%순위
1주	-0.41	-0.17	0.16	30.19
1개월	-1.91	-3.13	-3.22	73.58
3개월	-1.49	-3.68	-4.06	43.40
6개월	-8.44	-10.66	-9.33	71.70
연초이후	—	—	—	—
1년	—	—	—	—
3년	—	—	—	—

보수 (%, 年)

TER	0.450
운용	0.390
판매	0.020
수탁	0.020
일반사무	0.020

투자 전략

이 투자신탁은 한국거래소(KRX)가 산출·발표하는 KRX 경기소비재 지수를기초지수로 하여 1 좌당 순자산가치의 변동률을 기초지수의 변동률과 유사하도록 투자신탁재산을 운용함을 그 운용목적으로 합니다.

KODEX 필수소비재 (A266410)

- 벤치마크 : **KOSPI TR**
- 테마분류 : —

- 위험등급 : **2등급**
- 평가등급(3년) : —

펀드 현황

운용사(매니저)	삼성자산운용
판매사	—
설정일(존속기간)	2017.03.27 (5개월)
설정액	81.80억원
순자산	81.80억원

시장 정보 (2017년 09월 22일 기준)

52주최고(원)	11,930	수익률(12M, %)	—
52주최저(원)	9,800	수익률(YTD, %)	—
거래량(20일, 주)	582	변동성(120일)	0.01
거래대금(20일, 원)	6,150,152	구성종목수(개)	42
베타(1D/1Y)	0.347050	Spread(원)	4.79

누적 수익률

(억원) / (%) — 설정액(좌,억원) —Fund(우,%) —BM(우,%) '17/03 '17/07

기간별 수익률 (%)

구분	수익률	BM초과	유형초과	%순위
1주	-0.21	0.03	0.36	16.98
1개월	-1.09	-2.30	-2.40	66.04
3개월	-6.34	-8.53	-8.91	84.91
6개월	-12.50	-14.72	-13.39	96.23
연초이후	—	—	—	—
1년	—	—	—	—
3년	—	—	—	—

보수 (%, 年)

TER	0.450
운용	0.390
판매	0.020
수탁	0.020
일반사무	0.020

투자 전략

이 투자신탁은 한국거래소(KRX)가 산출·발표하는 KRX 필수소비재 지수를 기초지수로 하여 1좌당 순자산가치의 변동률을 기초지수의 변동률과 유사하도록 투자신탁재산을 운용함을 그 운용목적으로 합니다.

KODEX 헬스케어 (A266420)

● 벤치마크 : **KOSPI TR**
● 테마분류 : ―

● 위험등급 : **2등급**
● 평가등급(3년) : ―

펀드 현황

운용사(매니저)	삼성자산운용
판매사	―
설정일(존속기간)	2017.03.27 (5개월)
설정액	90.65억원
순자산	90.65억원

시장 정보 (2017년 09월 22일 기준)

52주최고(원)	12,940	수익률(12M, %)	―
52주최저(원)	10,135	수익률(YTD, %)	―
거래량(20일, 주)	1,968	변동성(120일)	0.01
거래대금(20일, 원)	24,296,368	구성종목수(개)	78
베타(1D/1Y)	1.008900	Spread(원)	-13.98

누적 수익률

설정액(좌,억원) ―Fund(우,%) BM(우,%)

기간별 수익률 (%)

구분	수익률	BM초과	유형초과	%순위
1주	-0.81	-0.58	-0.25	54.72
1개월	4.97	3.76	3.66	1.89
3개월	11.03	8.85	8.46	9.43
6개월	7.05	4.83	6.16	26.42
연초이후	―	―	―	―
1년	―	―	―	―
3년	―	―	―	―

보수 (%, 年)

TER	0.450
운용	0.390
판매	0.020
수탁	0.020
일반사무	0.020

투자 전략

이 투자신탁은 한국거래소(KRX)가 산출·발표하는 KRX 헬스케어 지수(이하 "기초지수"라 한다)를 기초지수로 하여 1좌당 순자산가치의 변동률을 기초지수의 변동률과 유사하도록 투자신탁재산을 운용함을 그 운용목적으로 합니다.

ARIRANG 중형주저변동50 (A266550)

● 벤치마크 : **FnGuide 중형주저변동50지수**
● 테마분류 : ―

● 위험등급 : **2등급**
● 평가등급(3년) : ―

펀드 현황

운용사(매니저)	한화자산운용
판매사	―
설정일(존속기간)	2017.03.27 (5개월)
설정액	107.53억원
순자산	107.53억원

시장 정보 (2017년 09월 22일 기준)

52주최고(원)	11,205	수익률(12M, %)	―
52주최저(원)	10,170	수익률(YTD, %)	―
거래량(20일, 주)	4,058	변동성(120일)	0.01
거래대금(20일, 원)	43,484,161	구성종목수(개)	50
베타(1D/1Y)	0.700310	Spread(원)	19.26

누적 수익률

설정액(좌,억원) ―Fund(우,%) BM(우,%)

기간별 수익률 (%)

구분	수익률	BM초과	유형초과	%순위
1주	-0.99	-0.00	-3.37	95.07
1개월	-2.31	-0.01	-7.15	88.74
3개월	-4.62	-0.09	-9.29	96.62
6개월	―	―	―	―
연초이후	―	―	―	―
1년	―	―	―	―
3년	―	―	―	―

보수 (%, 年)

TER	0.230
운용	0.160
판매	0.020
수탁	0.020
일반사무	0.030

투자 전략

이 투자신탁은 국내 주식을 주된 투자대상자산으로 하며, 수익증권 1좌당 순자산가치의 변동률을 주식회사 에프엔가이드(FnGuide)가 산출하여 공표하는추적대상지수인 FnGuide 중형주 저변동50 지수의 변동률과 유사하도록 운용함을 목적으로 합니다.

TIGER 코스닥150로우볼 (A267300)

- 벤치마크 : **KOSPI TR**
- 테마분류 : —

- 위험등급 : **2등급**
- 평가등급(3년) : —

펀드 현황

운용사(매니저)	미래에셋자산운용
판매사	—
설정일(존속기간)	2017.04.24 (5개월)
설정액	88.75억원
순자산	88.75억원

시장 정보 (2017년 09월 22일 기준)

52주최고(원)	11,130	수익률(12M, %)	—
52주최저(원)	10,300	수익률(YTD, %)	—
거래량(20일, 주)	40	변동성(120일)	0.00
거래대금(20일, 원)	432,831	구성종목수(개)	50
베타(1D/1Y)	0.759760	Spread(원)	-19.48

누적 수익률

기간별 수익률 (%)

구분	수익률	BM초과	유형초과	%순위
1주	-1.75	-1.51	-1.47	100.00
1개월	-1.66	-2.88	-4.04	98.65
3개월	1.09	-1.09	-3.74	68.47
6개월	-0.54	-2.76	-5.21	85.99
연초이후	—	—	—	—
1년	—	—	—	—
3년	—	—	—	—

보수 (%, 年)

TER	0.400
운용	0.280
판매	0.070
수탁	0.020
일반사무	0.030

투자 전략

이 투자신탁은 국내 주식을 법 시행령 제94조제2항제4호에서 규정하는 주된 투자대상자산으로 하며, 한국거래소가 발표하는 "코스닥 150 저변동성 지수"를 기초지수로 하여 1좌당 순자산가치의 변동률을 기초지수의 변동률과 유사하도록 투자신탁재산을 운용함을 목적으로 합니다.

KBSTAR 미국장기국채선물(H) (A267440)

- 벤치마크 : **S&P U.S. Treasury Bond Futures Excess Return Index**
- 테마분류 : —

- 위험등급 : **2등급**
- 평가등급(3년) : —

펀드 현황

운용사(매니저)	KB자산운용
판매사	—
설정일(존속기간)	2017.04.14 (5개월)
설정액	60.00억원
순자산	60.00억원

시장 정보 (2017년 09월 22일 기준)

52주최고(원)	10,470	수익률(12M, %)	—
52주최저(원)	9,810	수익률(YTD, %)	—
거래량(20일, 주)	3,088	변동성(120일)	0.00
거래대금(20일, 원)	31,703,520	구성종목수(개)	5
베타(1D/1Y)	-0.087360	Spread(원)	31.30

누적 수익률

기간별 수익률 (%)

구분	수익률	BM초과	유형초과	%순위
1주	-0.23	—	-0.44	87.88
1개월	-0.67	—	-1.28	84.85
3개월	-0.57	—	-1.59	57.58
6개월	-0.92	—	-2.38	53.33
연초이후	—	—	—	—
1년	—	—	—	—
3년	—	—	—	—

보수 (%, 年)

TER	0.400
운용	0.340
판매	0.020
수탁	0.020
일반사무	0.020

투자 전략

이 투자신탁은 미국채권 관련 장내파생상품을 법에서 정하는 주된 투자대상으로 하며, S&P DowJones Indices, LLC사가 산출·발표하는 S&P U.S Treasury Bond Futures Excess Return Index를 기초지수로 하여 1좌당 순자산가치의 변동률을 기초지수의 변동률과 유사하도록 투자신탁재산을 운용하는 것을 목적으로 하는 투자신탁입니다

KBSTAR 미국장기국채선물인버스(H) (A267450)

- 벤치마크 : **S&P U.S. Treasury Bond Futures Excess Return Index**
- 테마분류 : —
- 위험등급 : **2등급**
- 평가등급(3년) : —

펀드 현황

운용사(매니저)	KB자산운용
판매사	—
설정일(존속기간)	2017.04.14 (5개월)
설정액	60.00억원
순자산	60.00억원

시장 정보 (2017년 09월 22일 기준)

52주최고(원)	10,160	수익률(12M, %)	—
52주최저(원)	9,520	수익률(YTD, %)	—
거래량(20일, 주)	585	변동성(120일)	0.00
거래대금(20일, 원)	5,680,257	구성종목수(개)	5
베타(1D/1Y)	0.060920	Spread(원)	-43.36

누적 수익률

기간별 수익률 (%)

구분	수익률	BM초과	유형초과	%순위
1주	0.21	—	—	33.33
1개월	0.62	—	0.01	30.30
3개월	0.46	—	-0.56	36.36
6개월	0.75	—	-0.71	30.00
연초이후	—	—	—	—
1년	—	—	—	—
3년	—	—	—	—

보수 (%, 年)

TER	0.400
운용	0.340
판매	0.020
수탁	0.020
일반사무	0.020

투자 전략

이 투자신탁은 미국채권 관련 장내파생상품을 법에서 정하는 주된 투자대상으로 하며, S&P DowJones Indices, LLC사가 산출·발표하는 S&P U.S Treasury Bond Futures Excess Return Index를기초지수로 하여 1좌당 순자산가치의 일간변동률을 기초지수의 일간변동률의 음(陰)의 1배수로 연하여 투자신탁재산을 운용하는 것을 목적으로 하는 투자신탁입니다.

KBSTAR 미국장기국채선물레버리지(합성 H) (A267490)

- 벤치마크 : **S&P U.S. Treasury Bond Futures Excess Return Index**
- 테마분류 : —
- 위험등급 : **1등급**
- 평가등급(3년) : —

펀드 현황

운용사(매니저)	KB자산운용
판매사	—
설정일(존속기간)	2017.04.14 (5개월)
설정액	100.00억원
순자산	100.00억원

시장 정보 (2017년 09월 22일 기준)

52주최고(원)	10,890	수익률(12M, %)	—
52주최저(원)	9,650	수익률(YTD, %)	—
거래량(20일, 주)	2,191	변동성(120일)	0.00
거래대금(20일, 원)	23,240,342	구성종목수(개)	5
베타(1D/1Y)	-0.166350	Spread(원)	45.45

누적 수익률

기간별 수익률 (%)

구분	수익률	BM초과	유형초과	%순위
1주	-0.47	—	-0.68	93.94
1개월	-1.38	—	-1.99	100.00
3개월	-1.21	—	-2.23	84.85
6개월	-2.15	—	-3.61	83.33
연초이후	—	—	—	—
1년	—	—	—	—
3년	—	—	—	—

보수 (%, 年)

TER	0.500
운용	0.440
판매	0.020
수탁	0.020
일반사무	0.020

투자 전략

이 투자신탁은 미국채권 관련 장외파생상품을 법에서 정하는 주된 투자대상으로 하며, S&P DowJones Indices, LLC사가 산출·발표하는 S&P U.S Treasury Bond Futures Excess Return Index를기초지수로 하여 1좌당 순자산가치의 일간변동률을 기초지수의 일간변동률의 양(陽)의 2배수로 연동하여 투자신탁재산을 운용하는 것을 목적으로 하는 투자신탁입니다.

KBSTAR 미국장기국채선물인버스2X(합성 H) (A267500)

- 벤치마크 : **S&P U.S. Treasury Bond Futures Excess Return Index**
- 테마분류 : —
- 위험등급 : **1등급**
- 평가등급(3년) : —

펀드 현황

운용사(매니저)	KB자산운용
판매사	—
설정일(존속기간)	2017.04.14 (5개월)
설정액	100.00억원
순자산	100.00억원

시장 정보 (2017년 09월 22일 기준)

52주최고(원)	10,340	수익률(12M, %)	—
52주최저(원)	9,050	수익률(YTD, %)	—
거래량(20일, 주)	2,408	변동성(120일)	0.00
거래대금(20일, 원)	22,328,201	구성종목수(개)	5
베타(1D/1Y)	0.146570	Spread(원)	-61.26

누적 수익률

기간별 수익률 (%)

구분	수익률	BM초과	유형초과	%순위
1주	0.47	—	0.26	24.24
1개월	1.35	—	0.74	24.24
3개월	1.01	—	-0.02	30.30
6개월	1.29	—	-0.16	23.33
연초이후	—	—	—	—
1년	—	—	—	—
3년	—	—	—	—

보수 (%, 年)

TER	0.500
운용	0.440
판매	0.020
수탁	0.020
일반사무	0.020

투자 전략

이 투자신탁은 미국채권 관련 장외파생상품을 법에서 정하는 주된 투자대상으로 하며, S&P D owJones Indices, LLC사가 산출·발표하는 S&P U.S Treasury Bon d Futures Excess Return Index를기초지수로 하여 1좌당 순자산가치의 일 간변동률을 기초지수의 일간변동률의 음(陰)의 2배수로 연동하여 투자신탁재산을 운용하는 것을 목적으로 하는 투자신탁입니다.

TIGER 200선물레버리지 (A267770)

- 벤치마크 : **코스피 200 선물지수**
- 테마분류 : —
- 위험등급 : **1등급**
- 평가등급(3년) : —

펀드 현황

운용사(매니저)	미래에셋자산운용
판매사	—
설정일(존속기간)	2017.04.24 (5개월)
설정액	810.00억원
순자산	810.00억원

시장 정보 (2017년 09월 22일 기준)

52주최고(원)	12,970	수익률(12M, %)	—
52주최저(원)	10,220	수익률(YTD, %)	—
거래량(20일, 주)	1,763,951	변동성(120일)	0.00
거래대금(20일, 원)	21,258,221,435	구성종목수(개)	5
베타(1D/1Y)	2.096040	Spread(원)	1.89

누적 수익률

기간별 수익률 (%)

구분	수익률	BM초과	유형초과	%순위
1주	0.15		-0.07	36.36
1개월	3.66		3.05	—
3개월	6.48		5.45	3.03
6개월	6.58		5.13	3.33
연초이후	—	—	—	—
1년	—	—	—	—
3년	—	—	—	—

보수 (%, 年)

TER	0.090
운용	0.050
판매	0.010
수탁	0.020
일반사무	0.010

투자 전략

이 투자신탁은 국내 주식관련 장내파생상품을 법 시행령 제94조제2항제4호에서 규정하는 주된 투자대상자산으로 하며, 코스피 200 지수 선물의 가격수준을 종합적으로 표시하는 지수인"코 스피 200 선물지수"를 기초지수로 하여 1좌당 순자산가치의 일간변동률을 기초지수의 일간변 동률의 양(陽)의 2배수로 연동하여 투자신탁재산을 운용함을 목적으로 합니다.

TIGER S&P글로벌인프라(합성) (A269370)

- 벤치마크 : **World - MSCI - AC WORLD INDEX FREE (KRW Unhedged)**
- 테마분류 : —
- 위험등급 : **2등급**
- 평가등급(3년) : —

펀드 현황

운용사(매니저)	미래에셋자산운용
판매사	—
설정일(존속기간)	2017.05.15 (4개월)
설정액	100.00억원
순자산	100.00억원

시장 정보 (2017년 09월 22일 기준)

52주최고(원)	10,940	수익률(12M, %)	—
52주최저(원)	9,960	수익률(YTD, %)	—
거래량(20일, 주)	844	변동성(120일)	0.00
거래대금(20일, 원)	9,093,278	구성종목수(개)	5
베타(1D/1Y)	-0.115520	Spread(원)	6.08

누적 수익률

기간별 수익률 (%)

구분	수익률	BM초과	유형초과	%순위
1주	0.27	0.76	0.03	47.15
1개월	-0.04	-0.58	-0.16	56.50
3개월	1.05	-0.93	-3.00	93.88
6개월	3.23	-0.43	-2.94	62.83
연초이후	—	—	—	—
1년	—	—	—	—
3년	—	—	—	—

보수 (%, 年)

TER	0.400
운용	0.300
판매	0.045
수탁	0.025
일반사무	0.030

투자 전략

이 투자신탁은 주식을 기초자산으로 하여 파생상품시장에서 거래되는 장외파생상품을 법 시행령 제94조제2항제4호에서 규정하는 주된 투자대상자산으로 하며, "S&P Global Infrastructure 지수"를 기초지수로 하여 1좌당 순자산가치의 변동률을 원화로 환산한 기초지수의 변동률과 유사하도록 투자신탁재산을 운용함을 목적으로합니다.

KODEX S&P글로벌인프라(합성) (A269420)

- 벤치마크 : **World - MSCI - AC WORLD INDEX FREE (KRW Unhedged)**
- 테마분류 : —
- 위험등급 : **2등급**
- 평가등급(3년) : —

펀드 현황

운용사(매니저)	삼성자산운용
판매사	—
설정일(존속기간)	2017.05.15 (4개월)
설정액	100.00억원
순자산	100.00억원

시장 정보 (2017년 09월 22일 기준)

52주최고(원)	10,970	수익률(12M, %)	—
52주최저(원)	10,000	수익률(YTD, %)	—
거래량(20일, 주)	47,101	변동성(120일)	0.00
거래대금(20일, 원)	505,156,181	구성종목수(개)	5
베타(1D/1Y)	-0.109910	Spread(원)	24.31

누적 수익률

기간별 수익률 (%)

구분	수익률	BM초과	유형초과	%순위
1주	0.29	0.78	0.06	46.34
1개월	-0.04	-0.58	-0.16	56.10
3개월	1.01	-0.97	-3.04	95.51
6개월	3.10	-0.56	-3.08	65.49
연초이후	—	—	—	—
1년	—	—	—	—
3년	—	—	—	—

보수 (%, 年)

TER	0.260
운용	0.200
판매	0.020
수탁	0.020
일반사무	0.020

투자 전략

이 투자신탁은 S&P Global Infrastructure Index(KRW 기준, 환헷지 안함, 이하"기초지수"라 한다)를 기초지수로 하여 1좌당 순자산가치의 변동률을 기초지수 변동률과 연동하여 투자신탁재산을 운용함을 그 운용목적으로 합니다.

ARIRANG S&P글로벌인프라 (A269530)

● 벤치마크 :　World - MSCI - AC WORLD INDEX FREE (KRW Unhedged)　　● 위험등급 :　**2등급**
● 테마분류 :　—　　● 평가등급(3년) :

펀드 현황

운용사(매니저)	한화자산운용
판매사	—
설정일(존속기간)	2017.05.10 (4개월)
설정액	65.00억원
순자산	65.00억원

시장 정보 (2017년 09월 22일 기준)

52주최고(원)	10,890	수익률(12M, %)	—
52주최저(원)	9,950	수익률(YTD, %)	—
거래량(20일, 주)	355	변동성(120일)	0.00
거래대금(20일, 원)	3,813,119	구성종목수(개)	80
베타(1D/1Y)	-0.052160	Spread(원)	-56.78

누적 수익률

(억원)／(%)　'17/05 … '17/09　설정액(좌,억원)　—Fund(우,%)　—BM(우,%)

기간별 수익률 (%)

구분	수익률	BM초과	유형초과	%순위
1주	-0.47	0.02	-0.70	89.02
1개월	-0.46	-0.99	-0.58	69.11
3개월	0.43	-1.55	-3.62	100.00
6개월	2.76	-0.90	-3.41	72.12
연초이후	—	—	—	—
1년	—	—	—	—
3년	—	—	—	—

보수 (%, 年)

TER	0.300
운용	0.200
판매	0.020
수탁	0.040
일반사무	0.040

투자 전략

이 투자신탁은 해외 및 국내 주식을 법시행령 제94조 제2항 제4호에서 규정하는 주된 투자대상자산으로 하며, 수익증권 1좌당 순자산가치의 변동률을 주식회사 S&P Dow Jones Indices가산출하여 공표하는 추적대상지수인 S&P Global Infrastructure 지수의 변동률과 유사하도록 운용함을목적으로 합니다.

ARIRANG 미국S&P500(H) (A269540)

● 벤치마크 :　World - MSCI - NORTH AMERICA (KRW Unhedged)　　● 위험등급 :　**2등급**
● 테마분류 :　—　　● 평가등급(3년) :

펀드 현황

운용사(매니저)	한화자산운용
판매사	—
설정일(존속기간)	2017.05.11 (4개월)
설정액	170.00억원
순자산	170.00억원

시장 정보 (2017년 09월 22일 기준)

52주최고(원)	10,410	수익률(12M, %)	—
52주최저(원)	9,825	수익률(YTD, %)	—
거래량(20일, 주)	222	변동성(120일)	0.00
거래대금(20일, 원)	2,284,739	구성종목수(개)	507
베타(1D/1Y)	0.448270	Spread(원)	-32.01

누적 수익률

(억원)／(%)　'17/05 … '17/09　설정액(좌,억원)　—Fund(우,%)　—BM(우,%)

기간별 수익률 (%)

구분	수익률	BM초과	유형초과	%순위
1주	0.08	0.45	-0.13	62.94
1개월	0.43	0.04	0.05	27.97
3개월	3.48	1.44	-0.44	30.07
6개월	3.06	0.67	-0.77	46.43
연초이후	—	—	—	—
1년	—	—	—	—
3년	—	—	—	—

보수 (%, 年)

TER	0.300
운용	0.200
판매	0.020
수탁	0.040
일반사무	0.040

투자 전략

이 투자신탁은 해외 및 국내 주식을 법시행령 제94조 제2항 제4호에서 규정하는 주된투자대상자산으로 하며, 수익증권 1좌당 순자산가치의 변동률을 주식회사 S&P Dow Jones Indices가산출하여 공표하는 추적대상지수인 S&P 500 지수의 변동률과 유사하도록 운용함을 목적으로 합니다.

KBSTAR KQ고배당 (A270800)

● 벤치마크 : **FnGuide KQ고배당포커스 지수**
● 테마분류 : —

● 위험등급 : **2등급**
● 평가등급(3년) : —

펀드 현황

운용사(매니저)	KB자산운용
판매사	—
설정일(존속기간)	2017.07.06 (2개월)
설정액	215.76억원
순자산	215.76억원

시장 정보 (2017년 09월 22일 기준)

52주최고(원)	10,600	수익률(12M, %)	—
52주최저(원)	9,735	수익률(YTD, %)	—
거래량(20일, 주)	288,695	변동성(120일)	0.00
거래대금(20일, 원)	3,000,850,929	구성종목수(개)	78
베타(1D/1Y)	0.799800	Spread(원)	-37.64

누적 수익률

(억원) (%)

'17/07 — 설정액(좌,억원) — Fund(우,%) — BM(우,%)

기간별 수익률 (%)

구분	수익률	BM초과	유형초과	%순위
1주	-0.27	0.01	-2.65	82.51
1개월	4.19	0.01	-0.64	49.10
3개월	—			
6개월	—			
연초이후	—			
1년	—			
3년	—			

보수 (%, 年)

TER	0.300
운용	0.250
판매	0.010
수탁	0.020
일반사무	0.020

투자 전략

이 투자신탁은 국내주식을 법에서 정하는 주된 투자대상으로 하며, FnGuide KQ 고배당
포커스 지수(FnGuide KQ High Dividend Focus Index)를 기초지수
로 하여 1좌당 순자산가치의 변동률을 기초지수의 변동률과 유사하도록 투자신탁재산을 운용하는
것을 목적으로 하는 투자신탁입니다.

KBSTAR 코스닥150 (A270810)

● 벤치마크 : **KOSPI TR**
● 테마분류 : —

● 위험등급 : **2등급**
● 평가등급(3년) : —

펀드 현황

운용사(매니저)	KB자산운용
판매사	—
설정일(존속기간)	2017.06.15 (3개월)
설정액	140.65억원
순자산	140.65억원

시장 정보 (2017년 09월 22일 기준)

52주최고(원)	10,790	수익률(12M, %)	—
52주최저(원)	9,645	수익률(YTD, %)	—
거래량(20일, 주)	743,469	변동성(120일)	0.00
거래대금(20일, 원)	7,827,438,249	구성종목수(개)	150
베타(1D/1Y)	1.106650	Spread(원)	8.11

누적 수익률

(억원) (%)

'17/07 — 설정액(좌,억원) — Fund(우,%) — BM(우,%)

기간별 수익률 (%)

구분	수익률	BM초과	유형초과	%순위
1주	-0.93	-0.70	-0.37	58.49
1개월	1.32	0.11	0.01	32.08
3개월	7.56	5.38	4.99	22.64
6개월	5.17	2.94	4.27	37.74
연초이후	—	—	—	—
1년	—	—	—	—
3년	—	—	—	—

보수 (%, 年)

TER	0.180
운용	0.140
판매	0.010
수탁	0.010
일반사무	0.020

투자 전략

이 투자신탁은 국내주식을 법에서 정하는 주된 투자대상으로 하며, 코스닥150 지수(KOSDA
Q150 Index)를 기초지수로 하여 1좌당 순자산가치의 변동률을 기초지수의 변동률과 유사
하도록 투자신탁재산을 운용하는 것을 목적으로 하는 투자신탁입니다.

KODEX WTI원유선물인버스(H) (A271050)

- 벤치마크 : **S&P GSCI Crude Oil Index ER**
- 테마분류 : —
- 위험등급 : **2등급**
- 평가등급(3년) : —

펀드 현황

운용사(매니저)	삼성자산운용
판매사	—
설정일(존속기간)	2017.06.12 (3개월)
설정액	55.00억원
순자산	55.00억원

시장 정보 (2017년 09월 22일 기준)

52주최고(원)	21,770	수익률(12M, %)	—
52주최저(원)	18,220	수익률(YTD, %)	—
거래량(20일, 주)	3,174	변동성(120일)	0.00
거래대금(20일, 원)	59,968,818	구성종목수(개)	5
베타(1D/1Y)	-0.063980	Spread(원)	-73.61

누적 수익률

기간별 수익률 (%)

구분	수익률	BM초과	유형초과	%순위
1주	-1.54		-1.70	100.00
1개월	-1.85		-1.84	100.00
3개월	-3.63		-2.98	97.40
6개월	-14.12		-14.10	100.00
연초이후	—		—	—
1년	—		—	—
3년	—		—	—

보수 (%, 年)

TER	0.350
운용	0.290
판매	0.020
수탁	0.020
일반사무	0.020

투자 전략

이 투자신탁은 NYMEX에서 거래되는 원자재선물 중에서 WTI원유선물(NYMEX Light Sweet Crude Oil Futures, 이하 'WTI원유선물') 가격을 기초로 하는 S&P GSCI CrudeOil Index Excess Return(이하 "기초지수"라 한다)를 기초지수로 하여 1좌당 순자산가치의 일간변동률을 기초지수의 음(陰)의 1배의 일 간변동률과 유사하도록 투자신탁재산을 운용함

KODEX 3대농산물선물(H) (A271060)

- 벤치마크 : **S&P GSCI Grains Select Index Excess Return**
- 테마분류 : —
- 위험등급 : **2등급**
- 평가등급(3년) : —

펀드 현황

운용사(매니저)	삼성자산운용
판매사	—
설정일(존속기간)	2017.06.12 (3개월)
설정액	75.00억원
순자산	75.00억원

시장 정보 (2017년 09월 22일 기준)

52주최고(원)	11,105	수익률(12M, %)	—
52주최저(원)	9,145	수익률(YTD, %)	—
거래량(20일, 주)	48,662	변동성(120일)	0.00
거래대금(20일, 원)	448,930,165	구성종목수(개)	8
베타(1D/1Y)	0.159670	Spread(원)	-2.07

누적 수익률

기간별 수익률 (%)

구분	수익률	BM초과	유형초과	%순위
1주	0.78		0.63	11.69
1개월	0.55		0.57	9.09
3개월	-0.22		0.43	57.14
6개월	-7.42		-7.40	98.68
연초이후	—		—	—
1년	—		—	—
3년	—		—	—

보수 (%, 年)

TER	0.550
운용	0.490
판매	0.020
수탁	0.020
일반사무	0.020

투자 전략

이 투자신탁은 CBOT(Chicago Board of Trade, 시카고상품거래소)에 상장된 옥수수, 콩, 밀 선물가격의 움직임을 나타내는 지수 S&P GSCI Grains Select Index Excess Return(이하 "기초지수"라 한다)를 기초지수로하여 1좌당 순자산가치의 변동률을 기초지수의 변동률과 유사하도록 투자신탁재산을 운용함.

KINDEX 스마트모멘텀 (A272220)

- 벤치마크 : **FnGuide 스마트 모멘텀 지수**
- 테마분류 : —
- 위험등급 : **2등급**
- 평가등급(3년) : —

펀드 현황

운용사(매니저)	한국투신운용
판매사	—
설정일(존속기간)	2017.07.07 (2개월)
설정액	89.81억원
순자산	89.81억원

시장 정보 (2017년 09월 22일 기준)

52주최고(원)	13,255	수익률(12M, %)	—
52주최저(원)	12,445	수익률(YTD, %)	—
거래량(20일, 주)	23	변동성(120일)	0.00
거래대금(20일, 원)	293,688	구성종목수(개)	80
베타(1D/1Y)	1.066260	Spread(원)	-6.62

누적 수익률

누적 수익률 차트
(억원) 100 80 60 40 20 0 | (%) 4.00 3.00 2.00 1.00 0.00 -1.00 -2.00 -3.00 -4.00
'17/07
설정액(좌,억원) — Fund(우,%) — BM(우,%)

기간별 수익률 (%)

구분	수익률	BM초과	유형초과	%순위
1주	1.75	-0.03	-0.63	56.05
1개월	3.87	-0.07	-0.96	49.55
3개월	—	—	—	—
6개월	—	—	—	—
연초이후	—	—	—	—
1년	—	—	—	—
3년	—	—	—	—

보수 (%, 年)

TER	0.190
운용	0.140
판매	0.010
수탁	0.020
일반사무	0.020

투자 전략

이 투자신탁은 에프앤가이드가 산출·발표하는 "에프앤가이드 스마트 모멘텀 지수(Fnguide Smart MomentumIndex)"를 기초지수로 하여 이 투자신탁 수익증권 1좌당 순자산가치의 변동률을 기초지수의 변동률과 유사하도록 투자신탁재산을 운용함을 목적으로 합니다.

KINDEX 스마트밸류 (A272230)

- 벤치마크 : **FnGuide 스마트 밸류 지수**
- 테마분류 : —
- 위험등급 : **2등급**
- 평가등급(3년) : —

펀드 현황

운용사(매니저)	한국투신운용
판매사	—
설정일(존속기간)	2017.07.07 (2개월)
설정액	82.44억원
순자산	82.44억원

시장 정보 (2017년 09월 22일 기준)

52주최고(원)	12,240	수익률(12M, %)	—
52주최저(원)	11,565	수익률(YTD, %)	—
거래량(20일, 주)	31	변동성(120일)	0.00
거래대금(20일, 원)	360,152	구성종목수(개)	70
베타(1D/1Y)	0.954450	Spread(원)	-7.00

누적 수익률

누적 수익률 차트
(억원) 90 80 70 60 50 40 30 20 10 0 | (%) 5.00 4.00 3.00 2.00 1.00 0.00 -1.00 -2.00 -3.00
'17/07
설정액(좌,억원) — Fund(우,%) — BM(우,%)

기간별 수익률 (%)

구분	수익률	BM초과	유형초과	%순위
1주	1.57	-0.02	-0.81	56.95
1개월	2.17	-0.04	-2.66	65.32
3개월	—	—	—	—
6개월	—	—	—	—
연초이후	—	—	—	—
1년	—	—	—	—
3년	—	—	—	—

보수 (%, 年)

TER	0.190
운용	0.140
판매	0.010
수탁	0.020
일반사무	0.020

투자 전략

이 투자신탁은 국내 주식을 주된 투자대상자산으로 하며 에프앤가이드가 산출·발표하는 "에프앤가이드 스마트 밸류 지수(Fnguide Smart ValueIndex)"를 기초지수로 하여 이 투자신탁 수익증권 1좌당 순자산가치의 변동률을 기초지수의 변동률과 유사하도록 투자신탁재산을 운용함을 목적으로 합니다.

KBSTAR 단기국공채액티브 (A272560)

- 벤치마크 : **국공채 만기종합**
- 테마분류 : —
- 위험등급 : **6등급**
- 평가등급(3년) : —

펀드 현황

운용사(매니저)	KB자산운용
판매사	—
설정일(존속기간)	2017.06.28 (2개월)
설정액	2,664.00억원
순자산	2,664.00억원

시장 정보 (2017년 09월 22일 기준)

52주최고(원)	100,310	수익률(12M, %)	—
52주최저(원)	100,030	수익률(YTD, %)	—
거래량(20일, 주)	366,179	변동성(120일)	0.00
거래대금(20일, 원)	36,719,462,721	구성종목수(개)	17
베타(1D/1Y)	0.004430	Spread(원)	-8.46

누적 수익률

기간별 수익률 (%)

구분	수익률	BM초과	유형초과	%순위
1주	—	0.04	0.01	35.82
1개월	—	0.18	0.06	24.63
3개월	0.12	-0.31	-0.08	76.12
6개월	—	—	—	—
연초이후	—	—	—	—
1년	—	—	—	—
3년	—	—	—	—

보수 (%, 年)

TER	0.070
운용	0.055
판매	0.005
수탁	0.005
일반사무	0.005

투자 전략

이 투자신탁은 국내채권을 법에서 정하는 주된 투자대상으로 하되, 잔존만기 3개월 이상에서 1.5년이하의 국공채로 구성된 "KIS종합채권국공채3M~1.5Y 지수"을 비교지수로 하여 1좌당 순자산가치의 변동률을 비교지수의 변동률과 유사하도록 투자신탁재산을 운용하되, 비교지수 대비 안정적인 초과수익률 실현을 목적으로 하는 상장지수투자신탁입니다

KBSTAR 중장기국공채액티브 (A272570)

- 벤치마크 : **국공채 만기종합**
- 테마분류 : —
- 위험등급 : **6등급**
- 평가등급(3년) : —

펀드 현황

운용사(매니저)	KB자산운용
판매사	—
설정일(존속기간)	2017.06.28 (2개월)
설정액	2,005.00억원
순자산	2,005.00억원

시장 정보 (2017년 09월 22일 기준)

52주최고(원)	100,145	수익률(12M, %)	—
52주최저(원)	99,530	수익률(YTD, %)	—
거래량(20일, 주)	6	변동성(120일)	0.00
거래대금(20일, 원)	549,848	구성종목수(개)	10
베타(1D/1Y)	0.004650	Spread(원)	-121.29

누적 수익률

기간별 수익률 (%)

구분	수익률	BM초과	유형초과	%순위
1주	-0.02	0.02	-0.01	61.19
1개월	-0.12	0.05	-0.06	71.64
3개월	0.25	-0.17	0.05	32.84
6개월	—	—	—	—
연초이후	—	—	—	—
1년	—	—	—	—
3년	—	—	—	—

보수 (%, 年)

TER	0.070
운용	0.055
판매	0.005
수탁	0.005
일반사무	0.005

투자 전략

이 투자신탁은 국내채권을 법에서 정하는 주된 투자대상으로 하되, 잔존만기 4년 이상에서 5년이하의 국공채로 구성된 "KIS 종합채권 국공채 4~5Y 지수"을 비교지수로 하여 1좌당 순자산가치의 변동률을 비교지수의 변동률과 유사하도록 투자신탁재산을 운용하되, 비교지수 대

TIGER 단기채권액티브 (A272580)

- 벤치마크 : **KIS 통안채 3개월(총수익)**
- 테마분류 : —
- 위험등급 : **5등급**
- 평가등급(3년) : —

펀드 현황

운용사(매니저)	미래에셋자산운용
판매사	—
설정일(존속기간)	2017.06.28 (2개월)
설정액	1,631.00억원
순자산	1,631.00억원

시장 정보 (2017년 09월 22일 기준)

52주최고(원)	50,185	수익률(12M, %)	—
52주최저(원)	50,010	수익률(YTD, %)	—
거래량(20일, 주)	3,522	변동성(120일)	0.00
거래대금(20일, 원)	176,696,393	구성종목수(개)	12
베타(1D/1Y)	0.000410	Spread(원)	-1.98

누적 수익률

기간별 수익률 (%)

구분	수익률	BM초과	유형초과	%순위
1주	—	—	-0.21	57.58
1개월	0.02	—	-0.58	42.42
3개월	0.13	—	-0.90	48.48
6개월	—	—	—	—
연초이후	—	—	—	—
1년	—	—	—	—
3년	—	—	—	—

보수 (%, 年)

TER	0.070
운용	0.055
판매	0.005
수탁	0.005
일반사무	0.005

투자 전략

이 투자신탁은 국내 채권을 법 시행령 제94조제2항제4호에서 규정하는 주된 투자대상자산으로 하여 운용함을 목적으로 합니다. 국내 채권에 투자신탁 자산총액의 60% 이상을 투자합니다.

KINDEX 중장기국공채액티브 (A272910)

- 벤치마크 : **국공채 만기종합**
- 테마분류 : —
- 위험등급 : **5등급**
- 평가등급(3년) : —

펀드 현황

운용사(매니저)	한국투신운용
판매사	—
설정일(존속기간)	2017.06.23 (3개월)
설정액	1,358.00억원
순자산	1,358.00억원

시장 정보 (2017년 09월 22일 기준)

52주최고(원)	100,025	수익률(12M, %)	—
52주최저(원)	99,460	수익률(YTD, %)	—
거래량(20일, 주)	13	변동성(120일)	0.00
거래대금(20일, 원)	1,321,810	구성종목수(개)	14
베타(1D/1Y)	0.037440	Spread(원)	-4.01

누적 수익률

기간별 수익률 (%)

구분	수익률	BM초과	유형초과	%순위
1주	-0.02	0.02	-0.01	69.40
1개월	-0.11	0.06	-0.05	68.66
3개월	0.27	-0.15	0.07	29.85
6개월	—	—	—	—
연초이후	—	—	—	—
1년	—	—	—	—
3년	—	—	—	—

보수 (%, 年)

TER	0.080
운용	0.050
판매	0.010
수탁	0.010
일반사무	0.010

투자 전략

이 투자신탁은 국공채에 신탁재산의 60%이상 투자할 계획입니다.- 효율적인 투자전략을 통하여 시장 수익률 대비 초과수익을 추구합니다. ○ 동일 위험 → 수익률 극대화 추구, 동일 기대수익 → 낮은 위험과 유동성 높은 종목 선호 ○ 크레딧 투자시 펀더멘털(경제기초여건)뿐만 아니라 투자만기와 자금성격, 평가금리 반영 정도등을 종합적으로 고려 - 엄격한 리스크관리 규정과 금융지표 변동 예측으로 리스크 최소화를 추구합니다.

KODEX 종합채권(AA-이상)액티브 (A273130)

● 벤치마크 : **종합 만기종합**　　　　　　　　　　　● 위험등급 : **5등급**
● 테마분류 : ━　　　　　　　　　　　　　　　　　● 평가등급(3년) : ━

펀드 현황

운용사(매니저)	삼성자산운용
판매사	━
설정일(존속기간)	2017.06.16 (3개월)
설정액	6,351.00억원
순자산	6,351.00억원

시장 정보 (2017년 09월 22일 기준)

52주최고(원)	100,165	수익률(12M, %)	━
52주최저(원)	99,420	수익률(YTD, %)	━
거래량(20일, 주)	246	변동성(120일)	0.00
거래대금(20일, 원)	24,594,686	구성종목수(개)	140
베타(1D/1Y)	0.015420	Spread(원)	-32.43

누적 수익률

설정액(좌,억원)　━Fund(우,%)　━BM(우,%)

기간별 수익률 (%)

구분	수익률	BM초과	유형초과	%순위
1주	-0.02	0.01	-0.01	78.00
1개월	-0.12	━	-0.07	84.50
3개월	0.26	-0.07	0.07	25.50
6개월	0.06	-0.03	-0.19	65.19
연초이후	━	━	━	━
1년	━	━	━	━
3년	━	━	━	━

보수 (%, 年)

TER	0.070
운용	0.050
판매	0.005
수탁	0.005
일반사무	0.010

투자 전략

이 투자신탁은 우량 국내채권으로 포트폴리오를 구성하되, 주로 AA-등급 이상의 국채, 통안채, 공사채, 회사채, 금융채 등 국내 발행 채권 전체 섹터에 분산하여 투자하여 운용할 계획입니다.

KODEX 단기변동금리부채권액티브 (A273140)

● 벤치마크 : **종합 만기종합**　　　　　　　　　　　● 위험등급 : **5등급**
● 테마분류 : ━　　　　　　　　　　　　　　　　　● 평가등급(3년) : ━

펀드 현황

운용사(매니저)	삼성자산운용
판매사	━
설정일(존속기간)	2017.06.28 (2개월)
설정액	1,460.00억원
순자산	1,460.00억원

시장 정보 (2017년 09월 22일 기준)

52주최고(원)	100,285	수익률(12M, %)	━
52주최저(원)	100,015	수익률(YTD, %)	━
거래량(20일, 주)	14	변동성(120일)	0.00
거래대금(20일, 원)	1,438,644	구성종목수(개)	12
베타(1D/1Y)	0.002770	Spread(원)	-7.45

누적 수익률

설정액(좌,억원)　━Fund(우,%)　━BM(우,%)

기간별 수익률 (%)

구분	수익률	BM초과	유형초과	%순위
1주	0.01	0.04	0.02	0.50
1개월	0.03	0.15	0.08	2.50
3개월	0.11	-0.22	-0.09	89.00
6개월	━	━	━	━
연초이후	━	━	━	━
1년	━	━	━	━
3년	━	━	━	━

보수 (%, 年)

TER	0.150
운용	0.110
판매	0.020
수탁	0.005
일반사무	0.015

투자 전략

이 투자신탁은 신탁재산을 주로 은행이 발행한 1년 이내의 CD금리연계 변동금리부채권(FRN: FloatingRate Note)에 투자하며, 비교지수 대비 초과성과 창출을 목적으로 합니다.

KODEX MSCI모멘텀 （A275280）

- 벤치마크 : **KOSPI TR**
- 테마분류 : —
- 위험등급 : **2등급**
- 평가등급(3년) : —

펀드 현황

운용사(매니저)	삼성자산운용
판매사	—
설정일(존속기간)	2017.07.10 (2개월)
설정액	80.06억원
순자산	80.06억원

시장 정보 (2017년 09월 22일 기준)

52주최고(원)	10,680	수익률(12M, %)	—
52주최저(원)	9,675	수익률(YTD, %)	—
거래량(20일, 주)	2,151	변동성(120일)	0.00
거래대금(20일, 원)	22,046,079	구성종목수(개)	198
베타(1D/1Y)	1.273780	Spread(원)	-52.10

누적 수익률

(억원) / (%)
90 / 8.00
80 / 6.00
70 / 4.00
60 / 2.00
50 / 0.00
40 / -2.00
30 / -4.00
20
10
0
'17/07

설정액(좌,억원) —Fund(우,%) —BM(우,%)

기간별 수익률 (%)

구분	수익률	BM초과	유형초과	%순위
1주	0.26	0.50	0.54	0.90
1개월	2.47	1.25	0.09	34.98
3개월	7.08	4.89	2.25	8.11
6개월	—			
연초이후	—	—	—	—
1년	—	—	—	—
3년	—	—	—	—

보수 (%, 年)

TER	0.300
운용	0.250
판매	0.010
수탁	0.020
일반사무	0.020

투자 전략

이 투자신탁은 MSCI KOREA IMI Momentum 지수 (이하 "기초지수"라 한다)를 기초지수로 하여 1좌당순자산가치의 변동률을 기초지수의 변동률과 유사하도록 투자신탁재산을 운용함을 그 운용목적으로 합니다.

KODEX MSCI밸류 （A275290）

- 벤치마크 : **KOSPI TR**
- 테마분류 : —
- 위험등급 : **2등급**
- 평가등급(3년) : —

펀드 현황

운용사(매니저)	삼성자산운용
판매사	—
설정일(존속기간)	2017.07.10 (2개월)
설정액	160.04억원
순자산	160.04억원

시장 정보 (2017년 09월 22일 기준)

52주최고(원)	10,320	수익률(12M, %)	—
52주최저(원)	9,540	수익률(YTD, %)	—
거래량(20일, 주)	63,437	변동성(120일)	0.00
거래대금(20일, 원)	619,919,226	구성종목수(개)	81
베타(1D/1Y)	0.996050	Spread(원)	-51.65

누적 수익률

(억원) / (%)
200 / 4.00
/ 3.00
/ 2.00
150 / 1.00
/ 0.00
100 / -1.00
/ -2.00
50 / -3.00
/ -4.00
0 / -5.00
'17/07

설정액(좌,억원) —Fund(우,%) —BM(우,%)

기간별 수익률 (%)

구분	수익률	BM초과	유형초과	%순위
1주	-0.03	0.21	0.25	42.15
1개월	1.93	0.72	-0.45	49.78
3개월	1.20	-0.99	-3.63	68.02
6개월	—			
연초이후	—	—	—	—
1년	—	—	—	—
3년	—	—	—	—

보수 (%, 年)

TER	0.300
운용	0.250
판매	0.010
수탁	0.020
일반사무	0.020

투자 전략

이 투자신탁은 MSCI KOREA IMI Enhanced Value 지수 (이하 "기초지수"라 한다)를 기초지수로 하여 1좌당 순자산가치의 변동률을 기초지수의 변동률과 유사하도록 투자신탁재산을 운용함을 그 운용목적으로 합니다.

KODEX MSCI퀄리티 (A275300)

- 벤치마크 : **KOSPI TR**
- 테마분류 : —
- 위험등급 : **2등급**
- 평가등급(3년) : —

펀드 현황

운용사(매니저)	삼성자산운용
판매사	—
설정일(존속기간)	2017.07.10 (2개월)
설정액	117.53억원
순자산	117.53억원

시장 정보 (2017년 09월 22일 기준)

52주최고(원)	9,990	수익률(12M, %)	—
52주최저(원)	9,185	수익률(YTD, %)	—
거래량(20일, 주)	19,960	변동성(120일)	0.00
거래대금(20일, 원)	187,782,735	구성종목수(개)	71
베타(1D/1Y)	0.588450	Spread(원)	-45.23

누적 수익률

(억원) 140 120 100 80 60 40 20 0 '17/07
(%) 4.00 3.00 2.00 1.00 0.00 -1.00 -2.00 -3.00 -4.00 -5.00 -6.00
■ 설정액(좌, 억원) —Fund(우,%) —BM(우,%)

기간별 수익률 (%)

구분	수익률	BM초과	유형초과	%순위
1주	-1.20	-0.97	-0.92	97.76
1개월	-1.69	-2.90	-4.07	99.10
3개월	-2.31	-4.49	-7.14	88.29
6개월	—	—	—	—
연초이후	—	—	—	—
1년	—	—	—	—
3년	—	—	—	—

보수 (%, 年)

TER	0.300
운용	0.250
판매	0.010
수탁	0.020
일반사무	0.020

투자 전략

이 투자신탁은 MSCI KOREA IMI Quality 지수 (이하 "기초지수"라 한다)를 기초지수로 하여 1좌당 순자산가치의 변동률을 기초지수의 변동률과 유사하도록 투자신탁재산을 운용함을 그 운용목적으로 합니다.

파워 스마트밸류 (A275540)

- 벤치마크 : **KOSPI TR**
- 테마분류 : —
- 위험등급 : **2등급**
- 평가등급(3년) : —

펀드 현황

운용사(매니저)	교보악사자산운용
판매사	—
설정일(존속기간)	2017.07.10 (2개월)
설정액	211.39억원
순자산	211.39억원

시장 정보 (2017년 09월 22일 기준)

52주최고(원)	16,295	수익률(12M, %)	—
52주최저(원)	14,895	수익률(YTD, %)	—
거래량(20일, 주)	208	변동성(120일)	0.00
거래대금(20일, 원)	3,236,925	구성종목수(개)	76
베타(1D/1Y)	0.720700	Spread(원)	-63.30

누적 수익률

(억원) 250 200 150 100 50 0 '17/07
(%) 6.00 4.00 2.00 0.00 -2.00 -4.00 -6.00
■ 설정액(좌, 억원) —Fund(우,%) —BM(우,%)

기간별 수익률 (%)

구분	수익률	BM초과	유형초과	%순위
1주	-0.63	-0.39	-0.35	70.40
1개월	0.63	-0.59	-1.75	73.99
3개월	-3.80	-5.99	-8.63	95.95
6개월	—	—	—	—
연초이후	—	—	—	—
1년	—	—	—	—
3년	—	—	—	—

보수 (%, 年)

TER	0.250
운용	0.190
판매	0.010
수탁	0.020
일반사무	0.030

투자 전략

이 투자신탁은 "KRX 스마트 밸류지수(KRX Smart Value Index)"를 기초지수로 하여 보수차감전 1좌당 순자산가치의 일간변동률을 기초지수의 변동률과 유사하도록 투자신탁재산을 운용함을 목적으로 합니다.

KBSTAR 코스닥150선물인버스 (A275750)

● 벤치마크 : **F-코스닥150 지수**　　　　　　　　　● 위험등급 : **1등급**
● 테마분류 : —　　　　　　　　　　　　　　　　　　● 평가등급(3년) : —

펀드 현황

운용사(매니저)	KB자산운용
판매사	—
설정일(존속기간)	2017.07.31 (1개월)
설정액	80.00억원
순자산	80.00억원

시장 정보 (2017년 09월 22일 기준)

52주최고(원)	10,365	수익률(12M, %)	—
52주최저(원)	9,180	수익률(YTD, %)	—
거래량(20일, 주)	508,128	변동성(120일)	0.00
거래대금(20일, 원)	4,770,508,003	구성종목수(개)	3
베타(1D/1Y)	-1.173660	Spread(원)	-33.48

누적 수익률

기간별 수익률 (%)

구분	수익률	BM초과	유형초과	%순위
1주	0.69	—	0.79	1.85
1개월	-1.57	—	0.72	16.67
3개월	-7.07	—	-2.96	96.30
6개월				
연초이후	—	—	—	—
1년	—	—	—	—
3년	—	—	—	—

보수 (%, 年)

TER	0.000
운용	0.000
판매	0.000
수탁	0.000
일반사무	0.000

투자 전략

이 투자신탁은 국내주식관련 장내파생상품을 법에서 정하는 주된 투자대상으로 하며, 한국거래소가 산출하는 "F-코스닥150 지수"를 기초지수로 하여 1좌당 순자산가치의 일간변동률을 기초지수의 일간변동률의 음(陰)의 1배수로 연동하여 투자신탁재산을 운용하는 것을 목적으로 하는

TIGER 글로벌4차산업혁신기술(합성 H) (A275980)

● 벤치마크 : **World - MSCI - AC WORLD INDEX FREE (KRW Unhedged)**　　● 위험등급 : **2등급**
● 테마분류 : —　　　　　　　　　　　　　　　　　　　　　　　　● 평가등급(3년) : —

펀드 현황

운용사(매니저)	미래에셋자산운용
판매사	—
설정일(존속기간)	2017.07.28 (1개월)
설정액	600.00억원
순자산	600.00억원

시장 정보 (2017년 09월 22일 기준)

52주최고(원)	10,505	수익률(12M, %)	—
52주최저(원)	9,855	수익률(YTD, %)	—
거래량(20일, 주)	751,580	변동성(120일)	0.00
거래대금(20일, 원)	7,740,946,864	구성종목수(개)	5
베타(1D/1Y)	0.321330	Spread(원)	75.39

누적 수익률

기간별 수익률 (%)

구분	수익률	BM초과	유형초과	%순위
1주	0.46	0.95	0.23	36.18
1개월	1.35	0.81	1.23	15.04
3개월	6.36	4.38	2.31	11.43
6개월				
연초이후	—	—	—	—
1년	—	—	—	—
3년	—	—	—	—

보수 (%, 年)

TER	0.400
운용	0.300
판매	0.045
수탁	0.025
일반사무	0.030

투자 전략

이 투자신탁은 주식을 기초자산으로 하여 파생상품시장에서 거래되는 장외파생상품을 법 시행령 제94조제2항제4호에서 규정하는 주된 투자대상자산으로 하며, "Morningstar Exponential Technologies 지수"를 기초지수로 하여 1좌당 순자산가치의 변동률을 기초지수의 변동률과 유사하도록 투자신탁재산을 운용함을 목적으로 합니다.

TIGER 글로벌자원생산기업(합성 H) (A276000)

● 벤치마크 : **World - MSCI - AC WORLD INDEX FREE (KRW Unhedged)**
● 테마분류 : —
● 위험등급 : **2등급**
● 평가등급(3년) : —

펀드 현황

운용사(매니저)	미래에셋자산운용
판매사	—
설정일(존속기간)	2017.07.28 (1개월)
설정액	100.00억원
순자산	100.00억원

시장 정보 (2017년 09월 22일 기준)

52주최고(원)	10,440	수익률(12M, %)	—
52주최저(원)	9,870	수익률(YTD, %)	—
거래량(20일, 주)	195	변동성(120일)	0.00
거래대금(20일, 원)	2,011,684	구성종목수(개)	4
베타(1D/1Y)	0.026200	Spread(원)	-34.68

누적 수익률

설정액(좌,억원) ── Fund(우,%) ── BM(우,%)

기간별 수익률 (%)

구분	수익률	BM초과	유형초과	%순위
1주	0.17	0.66	-0.06	53.66
1개월	0.70	0.16	0.58	28.86
3개월	5.88	3.90	1.83	15.10
6개월	—	—	—	—
연초이후	—	—	—	—
1년	—	—	—	—
3년	—	—	—	—

보수 (%, 年)

TER	0.400
운용	0.300
판매	0.045
수탁	0.025
일반사무	0.030

투자 전략

이 투자신탁은 주식을 기초자산으로 하여 파생상품시장에서 거래되는 장외파생상품을 법 시행령 제94조제2항제4호로 규정하는 주된 투자대상자산으로 하며, "Morningstar Global Upstream Natural Resources 지수" 를 기초지수로 하여 1좌당 순자산가치의 변동률을 기초지수의 변동률과 유사하도록 투자신탁재산을 운용함을 목적으로 합니다.

KBSTAR 글로벌4차산업IT(합성 H) (A276650)

● 벤치마크 : **World - MSCI - AC WORLD INDEX FREE (KRW Unhedged)**
● 테마분류 : —
● 위험등급 : **2등급**
● 평가등급(3년) : —

펀드 현황

운용사(매니저)	KB자산운용
판매사	—
설정일(존속기간)	2017.08.14 (1개월)
설정액	70.00억원
순자산	70.00억원

시장 정보 (2017년 09월 22일 기준)

52주최고(원)	10,320	수익률(12M, %)	—
52주최저(원)	9,890	수익률(YTD, %)	—
거래량(20일, 주)	181,745	변동성(120일)	0.00
거래대금(20일, 원)	1,857,822,446	구성종목수(개)	3
베타(1D/1Y)	0.135630	Spread(원)	9.97

누적 수익률

설정액(좌,억원) ── Fund(우,%) ── BM(우,%)

기간별 수익률 (%)

구분	수익률	BM초과	유형초과	%순위
1주	-0.31	0.18	-0.54	87.40
1개월	0.40	-0.14	0.28	33.33
3개월	3.89	1.91	-0.16	40.00
6개월	—	—	—	—
연초이후	—	—	—	—
1년	—	—	—	—
3년	—	—	—	—

보수 (%, 年)

TER	0.000
운용	0.000
판매	0.000
수탁	0.000
일반사무	0.000

투자 전략

이 투자신탁은 국내외 주식 관련 장외파생상품에 주로 투자하여, 기초지수인 " S&P Global 1200 Information Technology Index"의 변동률과 이 투자신탁의 1좌당 순자산가치의 변동률이 유사하도록투자신탁재산을 운용하는 것을 목적으로 합니다. 또한, 장외파생상품 계약에 환헤지 전략을 반영할 계획입니다.

KODEX 미국S&P고배당커버드콜(합성 H) (A276970)

- 벤치마크 : **World - MSCI - NORTH AMERICA (KRW Unhedged)**
- 테마분류 : —
- 위험등급 : **2등급**
- 평가등급(3년) : —

펀드 현황

운용사(매니저)	삼성자산운용
판매사	—
설정일(존속기간)	2017.08.09 (1개월)
설정액	80.00억원
순자산	80.00억원

시장 정보 (2017년 09월 22일 기준)

52주최고(원)	10,135	수익률(12M, %)	—
52주최저(원)	9,930	수익률(YTD, %)	—
거래량(20일, 주)	228,794	변동성(120일)	0.00
거래대금(20일, 원)	2,298,279,860	구성종목수(개)	3
베타(1D/1Y)	0.173430	Spread(원)	53.84

누적 수익률

설정액(좌,억원) —Fund(우,%) BM(우,%)

기간별 수익률 (%)

구분	수익률	BM초과	유형초과	%순위
1주	0.15	0.52	-0.06	43.36
1개월	0.66	0.27	0.29	21.68
3개월	2.10	0.06	-1.82	92.31
6개월	—	—	—	—
연초이후	—	—	—	—
1년	—	—	—	—
3년	—	—	—	—

보수 (%, 年)

TER	0.000
운용	0.000
판매	0.000
수탁	0.000
일반사무	0.000

투자 전략

이 투자신탁은 S&P500 Dividend Aristocrat Covered Call(7.2 % Premium) Index(USD 기준, 환헷지 실행)를 기초지수로 하여 1좌당 순자산가치의 변동률을 기초지수 변동률과 연동하여 투자신탁재산을 운용함을 그 운용목적으로 합니다.

KODEX 글로벌4차산업로보틱스(합성) (A276990)

- 벤치마크 : **World - MSCI - AC WORLD INDEX FREE (KRW Unhedged)**
- 테마분류 : —
- 위험등급 : **2등급**
- 평가등급(3년) : —

펀드 현황

운용사(매니저)	삼성자산운용
판매사	—
설정일(존속기간)	2017.08.16 (1개월)
설정액	80.00억원
순자산	80.00억원

시장 정보 (2017년 09월 22일 기준)

52주최고(원)	10,770	수익률(12M, %)	—
52주최저(원)	9,925	수익률(YTD, %)	—
거래량(20일, 주)	345,384	변동성(120일)	0.00
거래대금(20일, 원)	3,576,250,577	구성종목수(개)	3
베타(1D/1Y)	-0.184790	Spread(원)	39.67

누적 수익률

설정액(좌,억원) —Fund(우,%) BM(우,%)

기간별 수익률 (%)

구분	수익률	BM초과	유형초과	%순위
1주	0.47	0.96	0.24	35.77
1개월	1.88	1.34	1.75	10.57
3개월	7.70	5.72	3.65	6.94
6개월	—	—	—	—
연초이후	—	—	—	—
1년	—	—	—	—
3년	—	—	—	—

보수 (%, 年)

TER	0.000
운용	0.000
판매	0.000
수탁	0.000
일반사무	0.000

투자 전략

이 투자신탁은 ROBO Global Robotics & Automation UCITS Price Return Index(KRW 기준, 환헷지 안함, 이하"기초지수"라 한다)를 기초지수로 하여 1좌당 순자산가치의 변동률을 기초지수 변동률과 연동하여 투자신탁재산을 운용함을 그 운용목적으로 합니다.

KINDEX S&P아시아TOP50 (A277540)

● 벤치마크 : **World - MSCI - AC ASIA PACIFIC FREE (KRW Unhedged)**
● 테마분류 : —
● 위험등급 : **2등급**
● 평가등급(3년) :

펀드 현황

운용사(매니저)	한국투신운용
판매사	—
설정일(존속기간)	2017.08.18 (1개월)
설정액	150.00억원
순자산	150.00억원

시장 정보 (2017년 09월 22일 기준)

52주최고(원)	10,425	수익률(12M, %)	—
52주최저(원)	10,060	수익률(YTD, %)	—
거래량(20일, 주)	174,354	변동성(120일)	0.00
거래대금(20일, 원)	1,780,562,062	구성종목수(개)	52
베타(1D/1Y)	0.425460	Spread(원)	48.15

누적 수익률

설정액(좌,억원) Fund(우,%) BM(우,%)

기간별 수익률 (%)

구분	수익률	BM초과	유형초과	%순위
1주	0.50	1.33	0.47	—
1개월	1.55	0.80	0.38	31.14
3개월	3.79	2.45	-0.39	62.95
6개월	—	—	—	—
연초이후	—	—	—	—
1년	—	—	—	—
3년	—	—	—	—

보수 (%, 年)

TER	0.000
운용	0.000
판매	0.000
수탁	0.000
일반사무	0.000

투자 전략

투자신탁은 국내·외 주식 및 주식관련 파생상품을 법시행령 제94조 제2항 제4호에서 규정하는 주된 투자대상자산으로 하며 아시아 주요국에 상장된 유동시가총액 상위 50종목으로 구성된 "S&PASIA50 Index"를 기초지수로 하여 이 투자신탁 수익증권 1좌당 순자산가치의 변동률을 기초지수의변동률과 유사하도록 투자신탁재산을 운용함을 목적으로 합니다.

TIGER 코스피 (A277630)

● 벤치마크 : **KOSPI TR**
● 테마분류 : —
● 위험등급 : **2등급**
● 평가등급(3년) :

펀드 현황

운용사(매니저)	미래에셋자산운용
판매사	—
설정일(존속기간)	2017.08.30 ()
설정액	94.89억원
순자산	94.89억원

시장 정보 (2017년 09월 22일 기준)

52주최고(원)	24,125	수익률(12M, %)	—
52주최저(원)	23,200	수익률(YTD, %)	—
거래량(20일, 주)	410	변동성(120일)	0.00
거래대금(20일, 원)	9,712,981	구성종목수(개)	646
베타(1D/1Y)	0.000000	Spread(원)	-15.10

누적 수익률

설정액(좌,억원) Fund(우,%) BM(우,%)

기간별 수익률 (%)

구분	수익률	BM초과	유형초과	%순위
1주	-0.23	0.01	0.05	56.95
1개월	1.22	0.01	-1.15	65.02
3개월	—	—	—	—
6개월	—	—	—	—
연초이후	—	—	—	—
1년	—	—	—	—
3년	—	—	—	—

보수 (%, 年)

TER	0.000
운용	0.000
판매	0.000
수탁	0.000
일반사무	0.000

투자 전략

이 투자신탁은 국내 주식을 법 시행령 제94조제2항제4호에서 규정하는 주된 투자대상자산으로 하며, 한국거래소가 발표하는"코스피 지수"를 기초지수로 하여 1좌당 순자산가치의 변동률을 기초지수의 변동률과 유사하도록 투자신탁재산을 운용함을 목적으로 합니다

TIGER 코스피대형주 (A277640)

● 벤치마크 : **KOSPI TR**
● 테마분류 : —

● 위험등급 : **2등급**
● 평가등급(3년) : —

펀드 현황

운용사(매니저)	미래에셋자산운용
판매사	—
설정일(존속기간)	2017.08.30 ()
설정액	92.62억원
순자산	92.62억원

시장 정보 (2017년 09월 22일 기준)

52주최고(원)	11,850	수익률(12M, %)	—
52주최저(원)	11,335	수익률(YTD, %)	—
거래량(20일, 주)	65	변동성(120일)	0.00
거래대금(20일, 원)	748,175	구성종목수(개)	101
베타(1D/1Y)	0.000000	Spread(원)	4.06

누적 수익률

설정액(좌,억원) ── Fund(우,%) ── BM(우,%)

기간별 수익률 (%)

구분	수익률	BM초과	유형초과	%순위
1주	-0.11	0.13	0.17	47.98
1개월	1.62	0.41	-0.76	56.05
3개월	—	—	—	—
6개월	—	—	—	—
연초이후	—	—	—	—
1년	—	—	—	—
3년	—	—	—	—

보수 (%, 年)

TER	0.000
운용	0.000
판매	0.000
수탁	0.000
일반사무	0.000

투자 전략

투자신탁은 국내 주식을 법 시행령 제94조제2항제4호에서 규정하는 주된 투자대상자산으로 하며, 한국거래소가 발표하는"코스피 대형주 지수"를 기초지수로 하여 1좌당 순자산가치의 변동률을 기초지수의 변동률과 유사하도록 투자신탁재산을 운용함을 목적으로 합니다.

TIGER 코스피중형주 (A277650)

● 벤치마크 : **KOSPI TR**
● 테마분류 : —

● 위험등급 : **2등급**
● 평가등급(3년) : —

펀드 현황

운용사(매니저)	미래에셋자산운용
판매사	—
설정일(존속기간)	2017.08.30 ()
설정액	80.71억원
순자산	80.71억원

시장 정보 (2017년 09월 22일 기준)

52주최고(원)	13,470	수익률(12M, %)	—
52주최저(원)	12,670	수익률(YTD, %)	—
거래량(20일, 주)	588	변동성(120일)	0.00
거래대금(20일, 원)	7,896,369	구성종목수(개)	198
베타(1D/1Y)	0.000000	Spread(원)	10.13

누적 수익률

설정액(좌,억원) ── Fund(우,%) ── BM(우,%)

기간별 수익률 (%)

구분	수익률	BM초과	유형초과	%순위
1주	-0.81	-0.58	-0.53	80.27
1개월	-1.16	-2.37	-3.54	96.41
3개월	—	—	—	—
6개월	—	—	—	—
연초이후	—	—	—	—
1년	—	—	—	—
3년	—	—	—	—

보수 (%, 年)

TER	0.000
운용	0.000
판매	0.000
수탁	0.000
일반사무	0.000

투자 전략

이 투자신탁은 국내 주식을 법 시행령 제94조제2항제4호에서 규정하는 주된 투자대상자산으로 하며, 한국거래소가 발표하는"코스피 중형주 지수"를 기초지수로 하여 1좌당 순자산가치의 변동률을 기초지수의 변동률과 유사하도록 투자신탁재산을 운용함을 목적으로 합니다.

KBSTAR 코스닥150선물레버리지 (A278240)

- 벤치마크 : **KOSPI TR**
- 테마분류 : —

- 위험등급 : **1등급**
- 평가등급(3년) : —

펀드 현황

운용사(매니저)	KB자산운용
판매사	—
설정일(존속기간)	2017.08.30 ()
설정액	130.00억원
순자산	130.00억원

시장 정보 (2017년 09월 22일 기준)

52주최고(원)	17,715	수익률(12M, %)	—
52주최저(원)	9,965	수익률(YTD, %)	—
거래량(20일, 주)	127,788	변동성(120일)	0.00
거래대금(20일, 원)	1,399,850,735	구성종목수(개)	3
베타(1D/1Y)	0.000000	Spread(원)	6,864.97

누적 수익률

기간별 수익률 (%)

구분	수익률	BM초과	유형초과	%순위
1주	-1.40	-1.17	-0.79	—
1개월	2.98	1.77	—	—
3개월	—	—	—	—
6개월	—	—	—	—
연초이후	—	—	—	—
1년	—	—	—	—
3년	—	—	—	—

보수 (%, 年)

TER	0.000
운용	0.000
판매	0.000
수탁	0.000
일반사무	0.000

투자 전략

이 투자신탁은 국내주식관련 장내파생상품을 법에서 정하는 주된 투자대상으로 하며, 한국거래소가 산출하는 "F-코스닥150 지수"를 기초지수로 하여 1좌당 순자산가치의 일간변동률을 기초지수의 일간변동률의 양(陽)의 2배수로 연동하여 투자신탁재산을 운용하는 것을 목적으로 하는 투자

ARIRANG ESG우수기업 (A278420)

- 벤치마크 : **KOSPI TR**
- 테마분류 : —

- 위험등급 : **2등급**
- 평가등급(3년) : —

펀드 현황

운용사(매니저)	한화자산운용
판매사	—
설정일(존속기간)	2017.08.29 ()
설정액	120.16억원
순자산	120.16억원

시장 정보 (2017년 09월 22일 기준)

52주최고(원)	9,965	수익률(12M, %)	—
52주최저(원)	9,570	수익률(YTD, %)	—
거래량(20일, 주)	24,566	변동성(120일)	0.00
거래대금(20일, 원)	239,896,573	구성종목수(개)	50
베타(1D/1Y)	0.000000	Spread(원)	9.38

누적 수익률

기간별 수익률 (%)

구분	수익률	BM초과	유형초과	%순위
1주	-0.36	-0.13	-0.09	60.09
1개월	-0.10	-1.32	-2.48	80.72
3개월	—	—	—	—
6개월	—	—	—	—
연초이후	—	—	—	—
1년	—	—	—	—
3년	—	—	—	—

보수 (%, 年)

TER	0.000
운용	0.000
판매	0.000
수탁	0.000
일반사무	0.000

투자 전략

이 투자신탁은 국내 주식을 주된 투자대상자산으로 하고, 수익증권 1좌당 순자산가치의 변동률을 와이즈에프엔(WISEfn)에서 산출하여 공표하는 추적대상지수인 WISE ESG우수기업 지수의 변동률과 유사하도록 운용함을 목적으로 합니다.

2017

MEMO

MEMO